THE COLLECTION OF THE SUPREME PEOPLE'S COURT'S JUDICIAL RULES (4rd)

最高人民法院
司法观点集成

〔第四版〕

刑 事 卷

①

人民法院出版社　编

人 民 法 院 出 版 社

图书在版编目（CIP）数据

最高人民法院司法观点集成. 刑事卷 / 人民法院出版社编. -- 4版. -- 北京 : 人民法院出版社, 2023.4
ISBN 978-7-5109-3787-3

Ⅰ. ①最… Ⅱ. ①人… Ⅲ. ①刑法－法律解释－中国
Ⅳ. ①D920.5

中国国家版本馆CIP数据核字(2023)第071011号

最高人民法院司法观点集成（第四版）· 刑事卷

人民法院出版社 编

责任编辑 尹立霞 罗羽净
装帧设计 天平文创视觉设计
出版发行 人民法院出版社
地　　址 北京市东城区东交民巷27号（100745）
电　　话 （010）67550640（责任编辑） 67550558（发行部查询）
　　　　 65223677（读者服务部）
客服QQ 2092078039
网　　址 http://www.courtbook.com.cn
E－mail courtpress@sohu.com
印　　刷 三河市国英印务有限公司
经　　销 新华书店

开　　本 787毫米×1092毫米 1/16
字　　数 4466千字
印　　张 228
版　　次 2023年4月第1版 2025年2月第2次印刷
书　　号 ISBN 978-7-5109-3787-3
定　　价 628.00元（全4册）

汇集最高法院司法观点大成
推动统一法律适用纵深发展

在中国式现代化背景下、全面依法治国进程中，最高人民法院坚持以习近平新时代中国特色社会主义思想为指导，坚持党对司法工作的绝对领导，进一步贯彻落实好党的二十大精神和习近平法治思想，以司法审判工作现代化服务保障中国式现代化，充分发挥监督指导全国审判工作、确保法律正确统一适用的职能作用，紧紧围绕“公正与效率”这个主题，履行为大局服务，为人民司法，促进厚植党执政的政治根基的职责使命，把能动司法贯穿新时代新发展阶段审判工作始终，努力让人民群众在每一个司法案件中感受到公平正义。

为准确理解和适用法律，最高人民法院根据立法法、人民法院组织法的授权，针对人民法院在审判工作中具体应用法律的问题，制定了大量刑事、民事、商事、行政、诉讼程序等司法解释，构建了多层次的司法解释框架体系。制定司法解释是法律赋予最高人民法院的重要职责，是在司法工作中确保法律统一正确实施的重要方式，为人民法院裁判各类案件提供了具体的规则。

为指导各级人民法院做好审判工作，最高人民法院还制定、印发了大量涉及法律适用问题的司法指导性文件、会议纪要、通知等，如《最高人民法院关于印发〈全国法院民商事审判工作会议纪要〉的通知》（法〔2019〕254号）、《最高人民法院、最高人民检察院印发〈关于常见犯罪的量刑指导意见（试行）〉的通知》（法发〔2021〕21号）、《最高人民法院关于虚开增值税专用发票定罪量刑标准有关问题的通知》（法〔2018〕226号），等等。这些司法政策性文件不能作为裁判依据直接援引，但应当在裁判文书的“本院认为”

部分作为说理依据。此外，在全国性审判工作会议上，最高人民法院院庭长讲话往往涉及一些重大、疑难法律适用问题阐述，也属于司法政策性文件的范畴。

为总结审判经验，发挥案例的指导作用，最高人民法院先后印发《最高人民法院印发〈关于案例指导工作的规定〉的通知》《最高人民法院关于统一法律适用加强类案检索的指导意见（试行）》，确定并统一发布对全国法院审判、执行工作具有指导作用的指导性案例，要求各级人民法院审判类似案例时应当参照。最高人民法院发布的典型案例及裁判生效的案件，也可以作为人民法院作出裁判的参考。

最高人民法院各审判庭、巡回法庭对全国法院相应的审判条线负有指导职责，也会以“答复”“法官会议纪要”“解答”等形式，总结类案审理的裁判规则，阐述对具体法律适用问题的意见或倾向性意见。这些审判业务意见虽然不具有普遍指导意义，但在不同的程度和层面反映和代表最高人民法院的司法态度和立场。

最高人民法院审判庭室在重要法律、司法解释颁布或修正后，通常会组织编写出版法律、司法解释“理解与适用”类图书，从学理分析和实务应用的双重角度，阐明法律、司法解释的精义和适用要点。这些“理解与适用”类图书是法官、检察官、律师等法律实务工作者、专家学者学习和运用法律、司法解释不可或缺的工具书。此外，最高人民法院各审判庭室及法官个人等，对审判工作中的新情况、新问题特别是疑难复杂问题的研究著述，对司法实务也具有一定影响，他们代表最高人民法院法官群体的主流观点，也具有参考性的意义，也是最高人民法院司法观点的组成部分。

为了让广大法律实务工作者能够全面、快捷、方便地查找与了解以上最高人民法院的司法观点，人民法院出版社以近十五年之功，精心打造一套集最高人民法院司法解释、司法政策文件、指导性案例、典型案例、答复、裁判文书与权威著述于一体，兼具检索与研习功能的大型法律适用工具书——《最高人民法院司法观点集成》，自 2009 年起，先后推出该书第一版、第二版、第三版和 2017~2020 年增补版。

各版次出版情况如下：

一、《最高人民法院司法观点集成》第一版

2009年年初，编辑出版《最高人民法院司法观点集成·民商事卷》（第1~3册）；2010年编辑出版《最高人民法院司法观点集成·行政、国家赔偿卷》（第4册）、《最高人民法院司法观点集成·刑事卷》（第5、6册）；2011年续编出版《最高人民法院司法观点集成·民商事卷续》（第7、8册）。

二、《最高人民法院司法观点集成》第二版

根据《最高人民法院2014年第一季度工作要点》（法办发〔2014〕2号）中要求人民法院出版社“做好《司法观点集成》（修订版）的编辑出版工作”的指示精神，人民法院出版社于2014年7月编辑出版《最高人民法院司法观点集成》第二版，含《刑事卷》《民事卷》《商事卷》《民事诉讼卷》《知识产权卷》《行政·国家赔偿卷》。

三、《最高人民法院司法观点集成》第三版

2014年以后，全国人民代表大会及其常务委员会制定了民法总则，修改了刑法、民事诉讼法、行政诉讼法、公司法等一系列重要的法律。最高人民法院也出台了若干重要的司法解释。根据《最高人民法院关于人民法院在互联网公布裁判文书的规定》，中国裁判文书网公布了大量的裁判文书。在此背景下，人民法院出版社对《最高人民法院司法观点集成》进行了全面修订，自2017年8月起陆续编辑出版《最高人民法院司法观点集成》第三版，含《刑事卷》《民事卷》《商事卷》《知识产权卷》《民事诉讼卷》《执行卷》《行政·国家赔偿卷》。

四、《最高人民法院司法观点集成》2017~2020年增补本

《最高人民法院司法观点集成》2017~2020年增补本含《刑事卷》《民事

卷》《商事卷》《民事诉讼卷》4卷，与第三版相关分卷形成无重复衔接和延伸，亦收录第三版中漏收的相关内容。

五、"民法典时代"的《最高人民法院司法观点集成》第四版

2021年起施行的民法典是新中国成立以来第一部以"法典"命名的法律，是新时代我国社会主义法治建设的重大成果。民法典完成了民商事法律规范的法典化、体系化，是我国社会主义法律体系成熟化、科学化的标志，自此我国民事法律制度迈入"民法典时代"。根据习近平总书记关于"民法典专业术语很多，要加强解读。要聚焦民法典总则编和各分编需要把握好的核心要义和重点问题，阐释好民法典关于民事活动平等、自愿、公平、诚信等基本原则，阐释好民法典关于坚持主体平等、保护财产权利、便利交易流转、维护人格尊严、促进家庭和谐、追究侵权责任等基本要求，阐释好民法典一系列新规定新概念新精神"[①]的重要指示精神，最高人民法院坚决贯彻落实党和国家重大决策部署，对标民法典立法精神和法律规定，完成对591件司法解释及相关规范性文件、139个指导性案例的清理工作，废止116件，修改111件，不再参照适用指导性案例2件；重点开展了社会关注度高、实践急需的如总则、物权、担保、人格权、婚姻家庭继承、时间效力等配套司法解释制定工作，解决新旧规范衔接适用问题，有针对性地出台了多批司法政策；并在实现司法系统全员培训的基础上，引导刑事、民事、商事、行政、诉讼程序等不同业务条线，对民法典的精神要义、基本原则、条文规范实现统一理解、准确把握，全力保障民法典得到统一实施。

《最高人民法院司法观点集成》第四版的编写根据最高人民法院贯彻落实党的二十大决策部署、推进统一法律适用工作向纵深发展的工作要求开展：

（一）注重对民法典立法精神的贯彻落实

民法典的颁布与实施，不仅对于民法适用具有重要意义，而且对于商法、刑法、行政法、程序法的法律适用等都具有很强的指引作用。在各卷编写中，

① 习近平：《习近平著作选读（第二卷）》，人民出版社2023年版，第317页。

我们从体系化、系统性角度，作出对包括刑事、民事、商事、刑民交叉、行政、行民交叉、诉讼程序等在内的不同业务条线的司法规范、审判会议意见、主流观点、裁判文书、案例评析等的全面清理，做到该更新的更新、该废止的废止、该修改的修改。

（二）注重对新制度、新规则的汇总梳理

2020年以来，刑法修正案（十一）、民事诉讼法及其司法解释等多部法律、司法解释出台、修改，不仅扩充了各类法律关系的调整内容，调整了各审判门类案件的裁判规则，也对当事人的利益衡量产生了重要影响。各卷的编写既汇集整理了体现新制度、新规则精神实质的各类规范，又认真梳理了体现在最高人民法院裁判文书中的法律适用标准的具体内容。

（三）注重对起到规则填补作用的相关资料的收集整合

“民法典时代”的司法实践仍有许多问题在被不断检验和探索，很多新问题、新情况正在案件的裁判过程中形成规则，对立法规范作出补充、细化。各卷的编写中结合了最高人民法院司法实践，尤其是具体适用民法典条文的最新裁判案例、观点等。

六、《最高人民法院司法观点集成》第四版的编写特点

《最高人民法院司法观点集成》第四版保留了前三版和2017~2020年增补本中仍有适用参考价值的部分内容，重点以2020年以来公布的法律规范、司法解释与司法政策、最高人民法院审理的案例等为素材和依据，删旧增新，逐件修订，并选摘部分最高人民法院法官的著述，针对当前审判实务中难点、疑点、热点以及前沿问题，全面系统地总结和梳理了数千个最高人民法院类案审判实践中的裁判理念和法律适用问题，以帮助读者深入全面地理解和把握最高人民法院指导审判实践的具体方法、办案依据和裁判尺度，对办理案件提供参考、借鉴，推进审判理念现代化。

本书具有三大特点：

（一）全面

本书以最高人民法院司法裁判资源为基础，囊括了最高人民法院发布的

司法解释、司法政策精神、答复、通知、问答、会议纪要，以及指导性案例、公报案例、裁判文书、典型案例等，并选摘了部分最高人民法院大法官著述、主流观点和案例解析等，将散见于各种司法文献资料中的对审判工作具有指导性、参考性的内容进行收集、分类、归纳，内容全面、丰富。

（二）务实

本书收录了最高人民法院各庭、室、局及巡回法庭的审判指导意见和法官对实践中新情况、新问题，尤其是疑难复杂问题的研究著述，解决司法实务工作者在实际办案中遇到难点、疑点、热点以及前沿问题时寻找确定性司法依据的需求问题，对审判实务具有重要参考意义。

（三）新颖

本书对最高人民法院公布的各项司法解释、司法政策文件、指导性案例、裁判文书等的法律效力进行仔细甄别，对因新法、新司法解释等实施而废止或修改的相关规范作出了准确、合理的对应性标注；剔除失效、过时的内容，只选取现行有效的文件和资料，同时增加新内容。对比之前的版本，第四版更新率近80%，新颖性更加突出。

《最高人民法院司法观点集成》第四版包括《刑事卷》《民事卷》《商事卷》《民事诉讼卷》《执行卷》《行政·国家赔偿卷》六卷。

由于我们掌握的资料有限，第四版内容可能有所疏漏；同时，由于我们水平有限，对观点的理解可能不准确，请读者指正，以便再版时及时修订。本书所梳理的最高人民法院司法观点仅供在司法实务中参考适用，并且其中有一定的滞后性，故凡与法律、司法解释有不一致的，或者今后法律、司法解释有新规定的，应当按法律、司法解释规定执行。

本书在编写过程中，引用了最高人民法院有关庭室和法官部分著述的内容，对此表示衷心感谢。

人民法院出版社

二〇二三年四月

凡 例

一、栏目设置

为深入开展统一法律适用工作，加强专业化审判体系建设，推进刑事审判理念现代化，《最高人民法院司法观点集成》第四版·刑事卷（以下简称刑事卷）从刑事审判实际出发，结合多年来的编写经验和读者反馈，对各栏目具体设定如下：

——**《中华人民共和国刑法修正案》条文。**1997 年《刑法》施行以来，全国人民代表大会常务委员会先后通过了一个决定、十一个刑法修正案，对《刑法》作出了修改和补充。2021 年起施行的《刑法修正案（十一）》是在中国特色社会主义进入新时代、深入推进全面依法治国的重大时代背景下对《刑法》作出的一次重要修改，条文内容丰富、所涉领域众多。为更好发挥《刑法》对于维护国家安全、社会稳定和保护人民的重要功能，刑事卷特摘编了与最高人民法院司法观点相关的刑法修正案条文。

——**最高人民法院司法解释。**刑事卷摘编最高人民法院重要的司法解释条文，为了加强条文理解，以附录形式收录相关的最高人民法院主流观点和最高人民法院法官著述等。

——**最高人民法院司法政策精神。**最高人民法院公布的各种审判指导意见、会议纪要、最高人民法院院长对审判工作有重要指导意义的讲话，最高人民法院各主管副院长在全国性审判工作会议上的讲话是审判工作中不可或缺的参考内容，本卷予以全面收录和摘选。

——**最高人民法院答复。**由最高人民法院及有关审判业务庭、局、室就下级法院及其他部门对法律适用问题或具体案件的处理问题的请示、函等所作出的答复。

——最高人民法院审判业务意见。包括由最高人民法院各审判业务庭及巡回法庭在各审判专业领域召开专业法官会议后形成的会议纪要、裁判规则等统一法律适用的成果，如“第一巡回法庭法官会议纪要”“第二巡回法庭法官会议纪要”“第四巡回法庭意见”“第五巡回法庭法官会议纪要”等。根据《最高人民法院关于完善人民法院专业法官会议工作机制的指导意见》（法发〔2021〕2号），专业法官会议是人民法院向审判组织和院庭长履行法定职责提供咨询意见的内部工作机制，讨论案件的法律适用问题或者与事实认定高度关联的证据规则适用问题。专业法官会议讨论形成的意见供审判组织和院庭长参考。就此，刑事卷对最高人民法院审判业务意见予以整理收录，还包括各审判业务庭庭长在全国性审判工作会议上的讲话。

——最高人民法院指导性案例、最高人民法院公报案例、最高人民法院裁判文书、最高人民法院公布的典型案例。根据《最高人民法院关于统一法律适用加强类案检索的指导意见（试行）》（法发〔2020〕24号），类案是指与待决案件在基本事实、争议焦点、法律适用问题等方面具有相似性，且已经人民法院裁判生效的案件。类案检索范围一般包括：第一最高人民法院发布的指导性案例；第二最高人民法院发布的典型案例及裁判生效的案件。检索到的类案为指导性案例的，人民法院应当参照作出裁判，检索到其他类案的，人民法院可以作为作出裁判的参考。就此，本卷全面整理收录了如下最高人民法院案件，包括：（1）最高人民法院指导性案例。由最高人民法院确立并统一发布的，对全国法院审判、执行工作具有指导作用的指导性案例，各级人民法院审判类似案例时应当参照。（2）最高人民法院公报案例。《最高人民法院公报》除登载最高人民法院终审裁判文书外，所选登的案例都是由最高人民法院正式选编并作为参考性案例公布的，虽然其中大部分案例不是由最高人民法院直接审理的，但通过这些案例分析提炼出的一般性规则，都得到了最高人民法院的认可，直接反映了最高人民法院对有关法律适用问题的具体意见。（3）最高人民法院裁判文书。由最高人民法院审判的、确立了一项新的裁判规则的案例，或者虽然未确立新的裁判规则，但对法律、司法解释中不够具体的规则进行了界定、解释或者例证的案例，包括在中国裁判文书网、法信网上公布的裁判文书。（4）最高人民法院公布的典型案例。最高人民法院公布的典型案例旨在以案例的形式将法律精神传播给社会大众，也是进一步彰显以公开促公正理念，切实推进司法公开工作的重要举措。

——**最高人民法院大法官著述。**最高人民法院大法官们在演讲、教学和撰写的文章中涉及法律适用问题的精彩内容。

——**附录：最高人民法院主流观点。**最高人民法院各庭、室、局组织编写的新法、新司法解释与适用类图书中代表最高人民法院实务观点的内容。为充分反映最高人民法院贯彻实施历次刑法修正案的举措成果，全面总结新时代审判经验，本书特广泛收录和挖掘了我社享有专属出版权的《〈刑法修正案十一〉条文及配套〈罪名补充规定（七）〉理解与适用》《〈刑法修正案（九）〉条文及配套司法解释理解与适用》《〈刑法修正案（八）〉条文及配套司法解释理解与适用》等最高人民法院审判实务丛书"富矿"，以帮助读者全面快速了解最高人民法院对审判实践中重点难点问题的立场、观点，将刑法、刑事诉讼法的核心精神、基本原则和具体制度贯彻落实到审判实务工作的各方面。

应予说明的是，部分司法解释修正或修订后尚未编写出版相应的新的司法解释理解与适用图书，我们选摘了这些司法解释修正或修订前的理解与适用图书仍有参考价值的内容。在刑事卷的相关部分不再逐一作出说明。

——**附录：最高人民法院法官著述。**最高人民法院各庭、室、局及巡回法庭的法官发表在最高人民法院审判指导类刊物上的著述。这些著述反映了最高人民法院各庭、室、局及巡回法庭的法官对一些法律问题研究、探讨的情况和倾向性意见，虽尚不具有普遍的指导意义，但具有一定的参考性。

——**附录：《司法信箱》等。**最高人民法院各庭、室、局主办的审判指导类刊物中的栏目，其内容一般由最高人民法院各庭、室、局的业务骨干以"本书编写组""本书研究组"的名义撰写。

二、编辑体例

刑事卷分为刑法总则、刑法分则、刑事诉讼程序共三十二章，因应人民法院刑事审判庭室审判领域或类案划分的一般分工，个别内容较集中的章再分为若干节，节下再分为专题，总体采用分门别类、提炼观点、串联观点的体例形式。

为了使读者更好地理解与适用上述司法观点，我们为部分法律问题编写了“说明”，以揭示该法律问题所具有的意义，对最高人民法院在不同时期存在不同观点的，则对其观点的发展作出必要的交代；所有附录观点皆位于最高人民法院司法政策精神、审判业务意见等相关内容之后。对每个专题均提炼出关键词，编制成“索引”，置于书末，以方便读者查阅。

在编辑过程中对原文做了必要的提炼，但对其所引用的法律简称、法条序号等均保留原貌，未作更动；对于最高人民法院主流观点、最高人民法院法官著述中引用的法律文本、司法解释已经修改、废止的情形，以脚注的形式作出了标注，本书中所引用的文件和著述，除规范文件外，亦尽量注明其出处。

三、资料来源

本书大多数内容来自以下公开出版物：“中国审判指导丛书”、《最高人民法院公报》、“法律与司法解释理解与适用丛书”“刑事审判参考丛书”和以最高人民法院各庭、室、局及巡回法庭名义编写的著作。对作者谨致谢忱。

总 目 录

第一编 刑法总则

第二编 刑法分则

第三编 程 序

目 录

第一编 刑法总则

第一章 刑法的任务、基本原则和适用范围

第二章 犯 罪

第三章 刑 罚

第四章　刑罚的具体运用

第一节　量　刑

第二节 累 犯

第三节 自首与立功

第四节　数罪并罚

第五节　缓刑及禁止令

第六节　减　刑

第七节　假　释

第八节　时　效

第二编 刑法分则

第五章 危害国家安全罪

第六章 危害公共安全罪

第七章　破坏社会主义市场经济秩序罪

第一节　生产、销售伪劣商品罪

第二节　走私罪

第三节　妨害对公司、企业的管理秩序罪

第四节　破坏金融管理秩序罪

第五节　金融诈骗罪

第六节　危害税收征管罪

第七节　侵犯知识产权罪

第八节　扰乱市场秩序罪

第八章　侵犯公民人身权利、民主权利罪

第九章　侵犯财产犯罪

第十章 妨害社会管理秩序犯罪

第一节 扰乱公共秩序罪

第二节　妨害司法罪

第三节 妨害国（边）境管理罪

第四节 妨害文物管理罪

第五节　危害公共卫生罪

第六节　破坏环境资源保护罪

第七节　走私、贩卖、运输、制造毒品罪

第八节 组织、强迫、引诱、容留、介绍卖淫罪

第九节 制作、贩卖、传播淫秽物品罪

第十一章　贪污贿赂罪

第十二章 渎职罪

第三编 程 序

第十三章 综 合

第十四章 管 辖

第十五章　辩　护

第十六章　证　据

第十七章　强制措施

第十八章　刑事附带民事诉讼

第十九章 立案、侦查、提起公诉

第二十章 审判组织

第二十一章 第一审程序

第二十二章　认罪认罚案件的审理

第二十三章 第二审程序

第二十四章 死刑复核程序

第二十五章　审判监督程序

第二十六章　涉外刑事案件程序的审理

第二十七章　刑事执行程序

第二十八章　未成年人刑事案件审理程序的规定

第二十九章　当事人和解的公诉案件诉讼程序

第三十章　犯罪嫌疑人、被告人逃匿、死亡案件违法所得的没收程序

第三十一章　依法不负刑事责任的精神病人的强制医疗程序

第三十二章　涉案赃物的处理

第一编　刑法总则

第一章　刑法的任务、基本原则和适用范围

1. 落实党的绝对领导和习近平法治思想，抓实抓好公正与效率，为大局服务为人民司法

关键词

公正与效率　人民司法　司法服务　审判质效

最高人民法院司法政策精神

“为大局服务，为人民司法，促进厚植党执政的政治根基，这是人民法院的职责使命。”而要履行好这个职责使命，就要紧紧围绕“公正和效率”这个主题，抓住审判工作这个“实处”，着力在促公正、提效率、强队伍上下功夫——

公正是根本要求。首先是实体公正，要切实避免简单的“依法办案”，“依法办案”只是底线要求，法定自由裁量范围内，要在法律空间中寻求最佳处理效果，让人民群众充分感受到公平正义。感受公平正义的主体是人民群众，不是我们自己。要重视程序公正。“老百姓到法院是为了解决问题的，绝不是来‘走程序’的。程序合乎规范，同时能实质解决问题，案结事了，才是诉讼的目的、才能体现诉讼的价值。”

效率是人民期盼。效率服务服从于公正，“快”必须以“好”为基础，一味图快，导致后续上诉、申诉、上访无休无止，这样不考虑公正、效果的效率是低效率甚至是负效率。“这样的越快其实越慢，更背离了公正。”“考核指标的设计要体现上述辩证关系，符合司法规律，坚持目标导向。这样，有责任的法官都会有正确的选择。”对近年来的司法裁判，要深入开展司法大数据分析，做实“抓前端、治未病”，向有关部门提出司法建议，促进强化诉源治理、综合治理。“‘办理典型一案，促进解决一片’才是最高的效率。”

队伍是有力保障。带好队伍的关键在于领导同志，“关键少数”必须以身作则、以上率下。党组的态度是严管厚爱，严管本身就是厚爱，不严不可能带出过硬队伍。各级法院党组要切实负起责任，各层级领导尤其是院庭长要

切实履行“一岗双责”。要狠抓“三个规定”落实，院庭长带头做到有问必录，发现不实的零报告严肃通报问责，促进形成风清气正的司法氛围。请纪检监察部门强化监督、有案必查、一查到底。

——《最高人民法院召开党组扩大会传达学习习近平总书记在全国两会期间系列重要讲话精神和全国两会精神 张军强调抓实抓好公正与效率 为大局服务为人民司法》（2023 年 3 月 16 日）

2. 践行习近平法治思想，贯彻新时代刑事司法理念

关键词

习近平法治思想 新时代刑事司法理念

最高人民法院司法政策精神

新时代刑事审判工作的总体要求是，始终坚持以习近平新时代中国特色社会主义思想为指导，深入学习贯彻习近平总书记全面依法治国新理念新思想新战略，坚持党对人民法院工作的绝对领导，增强“四个意识”、坚定“四个自信”、做到“两个维护”，围绕“努力让人民群众在每一个司法案件中感受到公平正义”的目标，坚持服务大局、司法为民、公正司法，贯彻总体国家安全观，落实宽严相济刑事政策，树立适应新时代新要求的刑事司法理念，深化刑事司法改革，加强刑事审判队伍建设，不断提高刑事司法水平，更好发挥刑事审判职能作用，为推动建设更高水平的平安中国、法治中国提供有力司法服务和保障。新时代刑事审判工作的主要任务是，全力维护国家政治安全，确保社会大局稳定，维护社会主义市场经济秩序，着力服务保障民生，加强人权司法保障，着力防范化解社会风险及审判工作风险，扎实推进刑事审判领域司法体制改革。

要树立适应新时代新要求的刑事司法理念，努力让人民群众在每一个司法案件中感受到公平正义。要准确理解刑事政策，突出打击重点，落实宽严相济刑事政策，确保罪责刑相适应。要正确适用刑事法律，兼顾天理国法人情，坚持严格公正司法，以严谨的法理彰显司法的理性，以公认的情理展示司法的良知。要深刻认识刑法的社会功能，主动服务经济社会发展，积极回应社会关切，保持刑法谦抑性，发挥公正裁判的引领作用，弘扬社会主义核心价值观。要严格遵循证明标准，强化责任意识，履行把关职责，坚持对法律负责、对历史负责，坚持疑罪从无，依法惩罚犯罪、保障人权。要推进繁简分流，科学合理配置审判力量，着力办好重点案件，推进庭审实质化、规范化建设，加强裁判说理，制作精品文书。要深化司法公开，不断拓展公开

的广度和深度，主动接受当事人和社会各界监督，实行阳光司法。

——《周强出席第七次全国刑事审判工作会议强调 牢记初心使命 忠诚履职尽责 努力把新时代刑事审判工作提高到新水平》，载《人民法院报》2019年10月18日。

习近平法治思想的“十一个坚持”深刻回答了事关全面依法治国理论和实践的方向性、根本性、全局性重大问题，为我们树立和贯彻新时代刑事司法理念、推动刑事审判实践提供了根本遵循。各级法院要坚持以习近平法治思想为指导，贯彻新时代刑事司法理念，不断提升刑事审判工作水平。

一是坚持党对司法工作的绝对领导，坚定不移走中国特色社会主义法治道路。人民法院首先是政治机关，是人民民主专政的“刀把子”，刑事审判领域体现得最为鲜明，筑牢政治忠诚、旗帜鲜明讲政治是刑事法官最基本的政治品质，要牢记政法姓党是政法机关永远不变的根和魂。要强化对党的创新理论学习运用，学深悟透习近平总书记“七一”重要讲话精神，践行习近平法治思想，真正用蕴含其中的马克思主义立场观点方法分析问题、端正理念、推动工作。要牢记“国之大者”，坚决贯彻党和国家刑事司法政策，自觉通过审判工作巩固党的执政基础、维护国家长治久安。要深刻领悟“讲政治和讲法律统一起来”的实践要求，办理案件、制定司法文件、谋划部署工作等，都要善于从政治高度、大局视野审视判断，实现法律效果、政治效果、社会效果有机统一。

二是坚守人民立场，努力让人民群众在每一个司法案件中感受到公平正义。习近平总书记指出：“江山就是人民、人民就是江山，打江山、守江山，守的是人民的心。”要坚持以人民为中心，把体现人民利益、反映人民意愿、维护人民权益、增进人民福祉落实到审判工作全过程。要深入践行习近平法治思想中蕴含的人民立场，维护最广大人民群众的根本利益，对人民群众深恶痛绝的犯罪零容忍，对人民群众在刑事诉讼中的急难愁盼问题用心解决，让人民群众对公平正义更加可感可触。要兼顾国法天理人情，将法律的专业判断与人民群众朴素的公平正义观结合起来，在定罪量刑上既要考虑具体法条适用，也要考虑刑法基本原则、立法目的和价值导向，以及我国现阶段的基本国情，坚持以严谨的法理彰显司法理性，以公认的情理展示司法良知，大力弘扬社会主义核心价值观。要坚持尊重民意与保持法治定力相统一，在办理案件过程中，自觉接受监督，倾听人民呼声，尊重人民群众朴素的正义感，同时，要严格公正司法、依法裁判，不能搞舆论审判，确保判决结果公平公正，符合最广大人民群众的根本利益。

三是精准落实宽严相济，努力用最低刑罚成本争取最好治理效果。近年来，各级法院准确贯彻宽严相济刑事政策和“保留死刑，严格控制和慎重适用死刑”政策，有力维护了社会公平正义，但也有少数法院在理解和落实上存在一些问题。要根据犯罪性质和具体情况，做到该宽则宽、当严则严、宽严相济、罚当其罪。一方面，用好用足“从严”的一面，对严重危害国家安全和公共安全、严重影响人民群众安全感、严重挑战法律和伦理底线的案件，该重判要重到位，该判处死刑的要坚决判处死刑，有力震慑犯罪；另一方面，切实体现“从宽”的一面，对具备法定、酌定从宽情节的案件，该从宽的依法从宽，发挥政策感召力，打击和孤立极少数，教育、感化和挽救大多数。要坚持罪责刑相适应，充分考虑犯罪行为的社会危害性、被告人的主观恶性和人身危险性，具体分析，区别对待。比如，对于婚姻家庭、邻里纠纷等民间矛盾激化引发的故意杀人、故意伤害等案件，应当与发生在社会上的严重危害社会治安案件有所区别。要从有利于化解矛盾出发，总体上可以考虑从宽处罚，特别是适用死刑要十分慎重，但也不是一律从宽，必须区分案发起因、犯罪后果、具体情节、作案手段、主观恶性、社会影响，等等，斟酌案件是否具备从宽条件。又比如，对于自首、立功、累犯的认定，要坚持全面审查、精准权衡、具体分析。对于各种法定酌定、从重从宽情节同时具备的，要考虑从重与从宽哪一方面情节更加突出，审慎作出判断。

——《最高人民法院党组副书记、常务副院长贺荣在全国法院刑事审判工作座谈会上的讲话（节选）》，载最高人民法院刑事审判第一、二、三、四、五庭编：《刑事审判参考》总第130辑，人民法院出版社2022年版，153~163页。

附录：最高人民法院主流观点

牢牢坚持党对司法工作的绝对领导。旗帜鲜明讲政治，以习近平新时代中国特色社会主义思想为指导，深入践行习近平法治思想，深刻领会“两个确立”的决定性意义，增强“四个意识”、坚定“四个自信”、做到“两个维护”，把党的领导贯穿刑事审判全过程和各方面，坚定不移走中国特色社会主义法治道路。坚决贯彻党中央重大决策部署，严格落实重大事项请示报告制度。在党的领导下汇聚各方面力量，形成维护公平正义的强大合力。

坚守人民立场。深入践行习近平法治思想蕴含的人民立场，坚持以人民为中心，对人民群众深恶痛绝的犯罪严惩不贷，把体现人民利益、反映人民意愿、维护人民权益、增进人民福祉落实到审判工作全过程。兼顾国法天理人情，将法律的专业判断与人民群众的公平正义观融合起来，实现司法与民意的良性互动，确保裁判结果符合最广大人民群众的根本意愿、根本利益。

切实维护公平正义。严格依法办案，维护法律权威，对于法律适用和量刑上众说纷纭的案件，保持法治定力，坚决守住维护公平正义的最后一道防线。依法审理上海复旦大学学生林森浩投毒案、石家庄村民贾敬龙杀害村支书案、唐慧女儿被强迫卖淫案等社会高度关注的案件，坚守法治底线，把热点案件办成“法治公开课”，以司法公正引领社会公正。

坚持惩罚犯罪与保障人权并重。既精准有效惩罚犯罪，又加强人权司法保障，统筹兼顾保护被告人、被害人的合法权益和社会公共利益。严格把握证明标准，落实证据裁判，对于主要证据之间存在矛盾、无法排除合理怀疑的案件坚持疑罪从无，同时对于证据虽有瑕疵但不影响定罪量刑的案件敢于担当、果断下判，确保无罪的人不受刑事追究、有罪的人受到公正惩罚，在更高层次上实现惩罚犯罪与保障人权相统一。

——最高人民法院编写组编：《习近平法治思想引领新时代人民法院工作创新发展》，人民法院出版社 2023 年版，第 144~145 页。

3. 要把能动司法贯穿新时代新发展阶段审判工作始终

关键词

能动司法　刑事审判理念现代化

最高人民法院司法政策精神

怎样推进刑事审判理念现代化？张军结合企业合规案例讲到，刑事审判要坚持治罪和治理并重，对企业末端处理与前端治理有机结合，推动企业因经营涉案诉源治理。“法院要主动延伸职能，与检察院在配合中制约，在制约中配合，各依职能共同让病企脱胎换骨，做实法治，促进营商环境越来越好。”

怎样推进民事审判理念现代化？张军指出，民事审判最大的实际就是案多，解决这个问题，就要求我们主动融入国家治理、社会治理，坚持办理一案、治理一片，坚持实质性化解矛盾、解决问题，坚持把诉调对接的“调”再向前延伸，促进实现“抓前端、治未病”。以解决“一案结多案生”问题为例，案件审理中必须把“案结事了”、依法实质性化解纠纷作为目标，避免“程序空转”、劳民伤财。在一审的时候就要把化解矛盾、服判息诉的功课做足，止于至善，尽量避免可以不发生的后续诉讼程序；在作判决的时候，责任分担是按三七还是四六裁量，不仅要依据案件事实证据，也要从执行方面考虑权利人的实际利益做出提示，尽力避免只管判不管执，造成因裁判考虑不周的实际不能执，更要考虑简单“依法”下判后会不会引发关联的多案，进而选择最合适，更有利双方当事人权益维护的“自由裁量”方案。优秀法官，从来没有随意裁判的自由！

怎样推进行政审判理念现代化？张军指出，行政审判要牢固树立双赢多赢共赢理念，把监督就是支持、支持就是监督贯穿到审判执行全过程各方面，支持促进政府加强对重点领域矛盾纠纷的源头治理，支持促进政府在行政程序环节化解矛盾纠纷，携手检察机关推动解决社会公共利益领域的突出问题。要进一步健全行政执法与司法审判的衔接联动机制，探索联合发布典型案例、开展同堂培训等方式，把以人民为中心的执法司法理念、裁判标准更明确具体落在行政执法和司法环节。"这样既能促进依法行政，又能实现案结事了政和的良好效果，进入法院的案件也能大量减少，这就做实了厚植党的执政根基。"

围绕深入开展学习贯彻习近平新时代中国特色社会主义思想主题教育，张军对统筹抓好新时代能动司法基础工作提出要求。要抓实政治建设，以政治建设统领业务建设、职业道德建设，以开展审判工作的效果、落实职业道德要求的效果来检验政治建设实不实。抓实能力提升，不断增强专业能力、群众工作能力、理论研究能力，适应能动司法对法官素质能力提出的更高要求。抓实科学管理，以审限内结案率等科学、符合司法内在规律的考核指标为抓手，让各级法院、广大法官放开手脚做深做实能动司法。抓实机制建设，完善审判工作态势分析、司法建议及各项联动工作机制，确保新时代能动司法落实落细。

——《国家法官学院 2023 年春季开学典礼举行 张军授课强调要把能动司法贯穿新时代新发展阶段审判工作始终》(2023 年 4 月 10 日)。

4. 新时代刑事审判工作的形势任务

关键词

刑事审判工作　新时代任务

最高人民法院司法政策精神

新时代新征程，我国正向着全面建成社会主义现代化强国的第二个百年奋斗目标迈进，人民法院刑事审判工作面临新的形势。概括起来有三个鲜明特征：世纪疫情与百年变局交织提出新挑战。新冠肺炎疫情使世界百年未有之大变局加速演进，国际环境日趋复杂，不稳定性不确定性明显增加，内外部风险传导传递，人民法院坚定维护国家政权安全、制度安全、意识形态安全的任务和挑战更加艰巨。统筹发展和安全提出新要求。高质量发展是"十四五"乃至更长时期我国经济社会发展的主题，在社会治安总体向好形势下，当前和今后一个时期仍是我国风险矛盾的易发期，疫情防控常态化影响国家安全和社会稳定的因素还不少，加上技术发展等因素叠加影响，犯罪态势、特点发生重大变化，网络犯罪、非法集资犯罪等频发，利用高科技手段实施的新类型犯罪增多，给审判工作带来一系列新情况新问题。人民群众对公平正义提出新期待。伴随我国社会主要矛盾变化，人民群众在民主、法治、公平、正义、安全、环境等方面的需求日益增长，诉求更加多元，对审判质量与效率、法律效果与社会效果、程序公正与实体公正提出更高要求。刑事审判工作必须主动适应形势任务变化，贯彻总体国家安全观，统筹发展和安全，树立底线思维、增强风险意识，切实履行好维护国家政治安全、确保社会大局稳定、促进社会公平正义、保障人民安居乐业的职责使命。

——《最高人民法院党组副书记、常务副院长贺荣在全国法院刑事审判工作座谈会上的讲话（节选）》，载最高人民法院刑事审判第一、二、三、四、五庭编:《刑事审判参考》总第130辑，人民法院出版社2022年版，153~163页。

5. 依法严惩严重刑事犯罪，坚决维护国家政治安全和社会大局稳定

关键词

刑事犯罪　国家政治安全　社会大局稳定

附录：最高人民法院主流观点

依法严惩危害国家安全犯罪、暴恐犯罪。审结周世锋等颠覆国家政权案、李亨利资助危害国家安全犯罪活动案等一批危害国家安全犯罪案件，严厉打击境内外敌对势力渗透、破坏、颠覆、分裂、间谍活动，坚决维护国家政治安全特别是政权安全、制度安全。出台指导意见，依法严厉打击暴力恐怖、宗教极端等犯罪，依法审结天安门“10·28”、昆明“3·01”、乌鲁木齐“5·22”等暴恐案件，对首要分子、骨干成员、罪行重大者坚决依法严惩，坚决打掉犯罪分子嚣张气焰。

依法严惩黑恶势力犯罪。坚决贯彻党中央决策部署，深入开展扫黑除恶专项斗争，积极推进扫黑除恶斗争常态化，完善制度机制，出台惩治黑恶势力、“套路贷”和“软暴力”等指导意见，确保打得准、打得狠。坚持依法从严惩处，2018年至2021年，审结涉黑涉恶犯罪案件3.6万件，对孙小果、杜少平、黄鸿发等黑恶势力犯罪分子依法判处死刑。强化“打财断血”，财产刑执行到位1304.35亿元，追缴、没收违法犯罪所得执行到位695.67亿元，彻底铲除黑恶势力经济基础。推进专项整治，巩固整治“村霸”“沙霸”“菜霸”“路霸”等成果，促进基层社会治理。

依法严惩严重危害社会治安犯罪。依法审结故意杀人、抢劫、绑架、放火、爆炸等严重暴力犯罪案件 30.31 万件，判处罪犯 37.76 万人，对罪行极其严重的犯罪分子依法严惩，充分发挥刑罚震慑作用，维护社会稳定。全国严重暴力犯罪案件总体呈持续下降趋势，我国已成为世界上最安全的国家之一。积极参与禁毒斗争，依法严惩走私、制造毒品等源头犯罪和毒枭、大宗贩毒等情形，加大对涉新型毒品、危害青少年、农村地区毒品犯罪惩处力度，审结毒品犯罪案件 90.01 万件，判处罪犯 97.82 万人，坚决遏制毒品蔓延势头。出台指导意见，依法打击整治涉枪支爆炸物犯罪。严惩袭警犯罪，维护法治权威。

依法惩处妨害疫情防控犯罪。坚持人民至上、生命至上，认真落实依法防控要求，出台指导意见统一裁判标准，依法审结各类涉疫刑事案件 1.64 万件，严惩侵害防疫工作人员、伪造售卖核酸检测报告、故意隐瞒中高风险地区行程、假冒慈善机构骗捐、哄抬物价、造谣传谣等犯罪，对杀害防疫工作人员的马建国、米志强等人依法判处死刑，维护疫情防控秩序。依法严惩暴力伤医犯罪，保障医务人员人身安全和合法权益，维护正常医疗秩序，保护抗疫中负重前行的“最美逆行者”。

——最高人民法院编写组编:《习近平法治思想引领新时代人民法院工作创新发展》，人民法院出版社 2023 年版，第 145~147 页。

6. 坚持以人民为中心，切实保障人民群众合法权益

关键词

以人民为中心　人民利益

附录：最高人民法院主流观点

切实维护民生安全利益。主动回应人民群众新需求，出台司法解释及指导文件，全方位服务保障民生。严惩制售伪劣种子、破坏种质资源等危害种业安全犯罪，助力“打好种业翻身仗”，维护国家粮食安全，确保饭碗牢牢端在自己手中。严惩制售“病猪肉”“毒草莓”“毒面膜”“问题疫苗”等危害食品药品安全犯罪，审结生产、销售有毒有害食品和生产、销售假药劣药案件 5.41 万件，守护百姓餐桌安全、用药安全。严惩危害生物安全犯罪，维护国家生物安全，保障人民生命安全和身体健康。

依法保护妇女儿童老年人残疾人合法权益。开展打击拐卖妇女儿童犯罪专项行动，审结相关犯罪案件 0.69 万件，其中对 0.64 万名拐卖犯罪分子判处五年有期徒刑以上重刑。依法保护未成年人身心健康，对性侵未成年人的

赵志勇、何龙、何爱宝等罪行极其严重的犯罪分子坚决依法判处死刑。认真落实反家庭暴力法，惩治虐待犯罪，促进建立平等、和睦、文明的家庭关系。严惩校园欺凌和“校园贷”等犯罪，保护学生合法权益。积极推进全国打击整治养老诈骗专项行动，依法严厉打击养老诈骗等严重损害老年人合法权益的犯罪，为老年人安享晚年提供有效司法服务。依法惩处强迫残疾人劳动、组织残疾人乞讨等侵害残疾人犯罪，切实维护残疾人合法权益。

切实保护人民群众财产权益。审结盗窃、敲诈勒索、抢夺、诈骗等侵犯财产犯罪案件285.10万件，判处罪犯351.80万人。依法严惩电信网络诈骗犯罪，审结张凯闵等85人特大跨境电信诈骗案、陈文雄等特大跨境电信诈骗案、徐玉玉被诈骗案等电信网络诈骗案件。严惩医保骗保犯罪，对幕后组织者和职业骗保人从重处罚，守好百姓“看病钱”“救命钱”。依法严惩“兼职刷单”“美容贷”等花样翻新的诈骗犯罪，切实维护人民群众财产安全。依法审结“e租宝”“泛亚”“权健”等集资诈骗、非法吸收公众存款、传销等涉众型经济犯罪案件11.45万件，积极追缴处置涉案财产，努力帮助人民群众挽回损失。

切实维护网络安全。加强对惩治网络新型犯罪问题研究，制定规范性文件，打击网络谣言和有害信息、网络赌博、网络组织淫秽表演等新型犯罪，依法审理“快播”“秦火火”“边民”等案件，促进净化网络空间，决不让网络成为法外之地。依法保护公民个人信息安全，审结侵犯公民个人信息犯罪案件1.66万件，严惩窃取倒卖身份证、通讯录、快递单、微信账号、患者信息等侵犯公民个人信息犯罪，严惩网络黑灰产业链犯罪。

——最高人民法院编写组编:《习近平法治思想引领新时代人民法院工作创新发展》，人民法院出版社2023年版，第147~148页。

7. 切实贯彻新发展理念，积极服务经济社会高质量发展

关键词

新发展理念　高质量发展

附录：最高人民法院主流观点

切实维护公共安全。依法惩治危害安全生产犯罪，审结天津“8·12”特大火灾爆炸事故、江苏响水“3·21”特大爆炸事故、山西襄汾“8·29”重大坍塌事故等重大责任事故犯罪案件1.74万件，推动安全生产责任制有效落实，促进安全生产形势持续稳定好转。审结追逐竞驶、醉驾等危险驾驶犯罪案件200.57万件，惩治“碰瓷”犯罪，切实维护群众出行安全。针对高空抛

物、偷盗窨井盖等犯罪，加大惩治力度，推动综合治理，切实维护群众“头顶上”“脚底下”的安全。

积极维护社会主义市场经济秩序。聚焦打好防范化解重大风险攻坚战，严惩操纵证券期货市场、内幕交易、涉地下钱庄、洗钱等犯罪，依法审结徐翔案、伊世顿案等破坏金融管理秩序、金融诈骗犯罪案件18.78万件，切实维护金融市场秩序。依法审结假冒注册商标、侵犯著作权、侵犯商业秘密等侵犯知识产权犯罪案件4.58万件，加强知识产权刑事司法保护。审结生产、销售伪劣商品、走私、商业贿赂等破坏市场秩序、竞争秩序犯罪案件11.38万件，保护经营者和消费者合法权益，维护公平竞争的市场环境，促进优化营商环境。审结逃税、虚开发票等危害税收征管犯罪案件5.50万件，严厉打击“阴阳合同”逃税行为，维护国家税收秩序。

加强产权刑事司法保护。坚决贯彻党中央决策部署，依法保护产权和各类市场主体合法权益，健全加强产权和企业家合法权益司法保护机制。依法妥善处理历史形成的产权案件，依法甄别纠正张文中、顾雏军等一批涉产权冤错案件，切实增强企业家人身和财产安全感。严格区分经济纠纷与经济犯罪、合法财产与犯罪所得、正当融资与非法集资，依法审慎适用强制措施，禁止超范围查封扣押冻结涉案财物，坚决防止将经济纠纷当作犯罪处理，坚决防止将民事责任变为刑事责任，让企业家专心创业、放心投资、安心经营。

促进人与自然和谐共生。深入践行“绿水青山就是金山银山”的理念，加大对污染大气、水源、土壤等犯罪惩治力度，审结破坏环境资源犯罪案件21.39万件。出台指导意见，加强长江、黄河流域生态环境保护，严惩非法排污、非法采砂、非法捕捞等犯罪。坚持生态环境系统保护思维和替代性修复理念，积极适用“补种复绿”“增殖放流”“护林护鸟”等责任承担方式，让犯罪者既承担刑事责任，又履行生态环境修复义务，实现惩治犯罪、修复生态环境、赔偿经济损失“一判三赢”。探索环境保护禁止令制度，禁止污染环境、破坏资源的被告人从事特定职业或者进入特定区域。

大力弘扬社会主义核心价值观。充分发挥刑事审判教育、评价、指引、规范功能，旗帜鲜明维护社会公共利益，弘扬社会主义核心价值观。加强英雄烈士合法权益保护，依法审理“辣笔小球”案、侮辱“冰雕连”案、旅游博主亵渎烈士墓碑案等案件，向社会传递“英烈不容诋毁、法律不容挑衅”的强烈信号。准确适用正当防卫制度，出台指导意见，支持见义勇为，切实矫正“谁死伤，谁有理”的错误倾向，坚决捍卫“法不能向不法让步”的法治精神，弘扬社会正气。制定惩治虚假诉讼司法解释，引导社会主体诚实守信、忠厚不欺。

积极参与社会治安综合治理。创新发展新时代“枫桥经验”，立足司法职能推动社会治理现代化。针对审判实践中发现的新情况新问题，及时提出司法建议，促进源头治理、综合治理、系统治理。认真做好辨法析理、服判息诉工作，促进矛盾纠纷的实质性解决。完善被害人救助制度，保障被害人合法权益，促进社会和谐。与有关部门共同推进对刑满释放人员、社区矫正对象等人群的帮教管理，促进罪犯改过自新。

——最高人民法院编写组编：《习近平法治思想引领新时代人民法院工作创新发展》，人民法院出版社 2023 年版，第 149~151 页。

8. 依法严惩贪污贿赂等犯罪，促进反腐败斗争深入开展

关键词

贪污贿赂犯罪　反腐败斗争

附录：最高人民法院主流观点

持续保持惩治腐败犯罪高压态势。认真落实党中央决策部署，依法严惩腐败犯罪，坚持“打虎拍蝇”不放松，审结贪污贿赂犯罪案件 18.79 万件 19.66 万人。依法审结周永康、郭伯雄、孙政才、令计划等重大职务犯罪案件，充分彰显党中央有腐必惩、有贪必肃的坚强决心，促进反腐败斗争深入开展。落实受贿行贿一起查，加大对行贿犯罪惩治力度，依法追缴行贿非法获利，斩断“围猎”腐蚀、权钱交易的利益链条。严厉打击侵占农业投资、贪污征地补偿款、危房改造补助款、农资补贴等犯罪，坚决惩治群众身边的基层腐败犯罪。

健全职务犯罪案件审判机制。认真落实《监察法》和《刑事诉讼法》，完善办理职务犯罪案件互相配合、互相制约机制，推动刑事司法与国家监察有机衔接。制定办理贪污贿赂案件司法解释，明确贪污罪、受贿罪的定罪量刑标准。对白恩培、武长顺、赵正永等依法适用终身监禁。完善对职务犯罪罪犯减刑、假释、暂予监外执行工作机制，对原县处级以上职务犯罪罪犯减刑、假释、暂予监外执行实行备案审查，一律上网公示，让“暗箱操作”没有空间。

配合做好境外追逃追赃工作。与国家监委等联合发布公告，敦促职务犯罪境外在逃人员投案自首，积极配合做好境外追逃追赃工作。依法审理“红通 1 号”杨秀珠、“红通 2 号”李华波等外逃腐败分子回国受审案件，决不让境外成为腐败分子“避罪天堂”。对主动投案、真诚悔罪的被告人依法从宽处理，引导外逃腐败分子回国投案。出台司法解释完善犯罪嫌疑人、被告人逃匿、死亡案件违法所得没收程序，依法审理任润厚、黄艳兰等案件，坚决对腐败分子违法所得一追到底，决不让腐败分子在经济上得到好处。

——最高人民法院编写组编：《习近平法治思想引领新时代人民法院工作创新发展》，人民法院出版社 2023 年版，第 151~152 页。

9. 坚持尊重和保障人权，不断加强人权刑事司法保障

关键词

人权刑事司法保障

附录：最高人民法院主流观点

依法防范和纠正冤错案件。出台防范刑事冤错案件意见，严格遵循罪刑法定，坚持证据裁判、非法证据排除、疑罪从无，坚决守住防范冤错案件的底线。结合《刑事诉讼法》修改情况，两次出台《关于适用〈中华人民共和国刑事诉讼法〉的解释》，充分保障被告人的诉讼权利。充分发挥一审、二审程序作用，落实庭审实质化，完善证据审查、案件审理、审核监督等机制。依法审理陶雪、范太应等案件，虽然被告人多次作出有罪供述，但案件证据存在重大疑点，法院顶住压力、坚守底线，依法作出无罪判决，有效避免冤错案件发生，不久查实真凶。坚持实事求是、有错必纠，坚决依法纠正“五周案”、呼格吉勒图案、聂树斌案等一批重大冤错案件，让正义最终得以实现。完善冤错案件主动发现、及时复查和依法纠正机制，以纠正错案推动制度完善和法治进步。

依法审慎做好死刑案件审判复核工作。严格执行刑事法律，准确贯彻党和国家宽严相济刑事政策和“保留死刑，严格控制和慎重适用死刑”政策，死刑适用标准更加精准统一，有力维护国家安全和社会稳定。建立完善死刑复核接受检察监督、法律援助、听取辩护律师意见、被害人救助等工作机制，在一审、二审和死刑复核阶段依法指派律师为被告人提供法律援助。始终恪守核准死刑“零差错”铁律，始终坚持最高的证据标准、最严的程序要求、最审慎的把关态度，确保把每一件死刑案件都办成经得起法律和历史检验的铁案。

不断加强未成年人审判工作。认真贯彻未成年人保护法和预防未成年人犯罪法，坚持最有利于未成年人原则，确保未成年人依法得到特殊、优先保护。出台加强未成年人审判工作意见，最高人民法院设立少年法庭工作办公室和 6 个巡回审判点，全国法院设立 2181 个少年法庭。坚决贯彻“教育、感化、挽救”方针和“教育为主、惩罚为辅”原则，最大限度挽救未成年人，同时坚持“宽容但不纵容”，对主观恶性深、手段残忍、后果严重的未成年被告人，坚决依法惩处。积极预防未成年人犯罪，未成年人犯罪案件连续下降。

延伸审判职能，推动完善社会调查、社区矫正机制，落实未成年人犯罪记录封存制度，加强回访帮教工作，切实帮助失足青少年回归社会、改过自新。

切实保障律师依法履职。加强律师执业权利保障，完善便利律师参与诉讼机制，依法保障辩护人会见、阅卷、收集证据和发问、质证、辩论辩护等权利。推动实现刑事案件律师辩护全覆盖，全面推进法律援助值班律师工作，在全国法院和看守所全部建立法律援助工作站，充分保障被告人依法获得律师辩护和法律帮助的权利。

——最高人民法院编写组编：《习近平法治思想引领新时代人民法院工作创新发展》，人民法院出版社2023年版，第152~154页。

10. 坚持目标导向问题导向，深入推进刑事司法改革

关键词

目标导向 问题导向 刑事司法改革

最高人民法院司法政策精神

要正确适用刑事法律，兼顾天理国法人情，坚持严格公正司法，以严谨的法理彰显司法的理性，以公认的情理展示司法的良知。要深刻认识刑法的社会功能，主动服务经济社会发展，积极回应社会关切，保持刑法谦抑性，发挥公正裁判的引领作用，弘扬社会主义核心价值观。

——《周强出席第七次全国刑事审判工作会议 强调牢记初心使命 忠诚履职尽责努力把新时代刑事审判工作提高到新水平》，载《人民法院报》2019年10月18日，第1版。

附录：最高人民法院主流观点

深入推进以审判为中心的刑事诉讼制度改革。认真落实党中央改革部署，出台以审判为中心的刑事诉讼制度改革意见，推动构建诉讼以审判为中心、审判以庭审为中心、庭审以证据为中心的刑事诉讼新格局。完善证人、鉴定人、侦查人员出庭作证制度，提高证人出庭作证率，强化控辩平等对抗。严格执行庭前会议、排除非法证据、法庭调查“三项规程”，落实庭审实质化，充分发挥庭审在查明事实、认定证据、保护诉权、公正裁判中的决定性作用。推动完善讯问过程录音录像制度，强化侦查、检察机关对非法证据的审查和排除职责，加强对刑讯逼供和非法取证的源头预防。全面深化量刑规范化改革，出台量刑指导意见和量刑程序意见，完善量刑智能辅助系统，促进量刑公开公正。

准确有效实施认罪认罚从宽制度。根据全国人大常委会授权，2014年至2018年在全国18个地区开展认罪认罚从宽制度和速裁程序改革试点，为完善中国特色多层次刑事诉讼制度体系奠定实践基础、积累实践经验。2018年，全国人大常委会通过修改《刑事诉讼法》的决定，将试点实践经验上升为法律，改革试点取得圆满成功。认罪认罚从宽制度全国推开施行以来，在依法及时惩罚犯罪、加强人权司法保障、优化司法资源配置、促进社会和谐稳定、维护社会公平正义方面发挥了积极作用。2021年审结认罪认罚案件97.99万件，占同期审结刑事案件的80.09%，其中适用速裁程序审结的占32.05%，服判息诉率达93.53%，审判质效明显提升。

加强刑事审判信息化建设。充分运用大数据、云计算等现代科技，实现现代科技与刑事审判的深度融合，以信息化推进刑事审判体系和审判能力现代化。推进制定常见犯罪证据标准指引，推动公检法机关数据共享，运用科技手段防止刑事案件“起点错、跟着错、错到底”。推广文书智能辅助生成和智能纠错、“法信”类案智能推送，辅助法官办案。推动在看守所建设远程视频提讯系统，覆盖率达99%。新冠肺炎疫情期间，智慧法院建设成果充分显现，各地人民法院创新工作方式，通过网络、视频等方式完成文书送达、指定辩护、律师会见、开庭审理等工作，实现“审判执行不停摆、公平正义不止步”，效果良好。

在党的十八大以来的司法实践中，我们深化了对刑事审判工作的认识，积累了宝贵经验。一是必须坚持党的绝对领导。刑事审判事关国家安全、政权巩固、社会稳定、人民幸福，必须坚持以习近平新时代中国特色社会主义思想为指导，深入贯彻习近平法治思想，把党的领导贯穿刑事审判全过程和各方面，充分发挥中国特色社会主义的政治优势、制度优势。二是必须坚持以人民为中心。刑事审判工作维护国家安全和社会稳定，根本上是为了维护人民利益，必须坚定人民立场，切实保护人民群众的人身权、财产权和其他合法权益，必须坚持群众路线，保障群众参与，自觉接受群众监督。三是必须坚持证据裁判原则。避免冤错案件，必须坚持依法审查、采信证据，综合评判各类证据的客观性、关联性、合法性，必须严格把握证明标准，确保无罪的人不受刑事追究、有罪的人受到公正惩罚。四是必须贯彻宽严相济刑事政策。必须准确区分、正确处理不同性质的矛盾或原因引发的犯罪，坚持主客观相统一原则，依法严惩极少数，教育挽救大多数，努力以更少的刑罚成本争取更好的治理犯罪效果。五是必须坚持法律效果、政治效果、社会效果相统一。这是坚持党的领导、人民当家作主、依法治国有机统一的必然要求，也是践行司法为民宗旨的必然要求，是我国传统法律文化追求国法、天理、人情相统一的进一步发展。六是必须锤炼并保持一支高素质刑事审判队伍。刑事审判责任重，压力大，要求高，需要办案经验、政策水平、社会阅历的长期积累，需要锤炼并保持一支经过长期刑事审判工作历练，有相对稳定骨干力量和领军人物，对党忠诚、信念坚定、经验丰富、素质优良、作风过硬、清正廉洁的队伍。

展望未来，要继续坚持以习近平新时代中国特色社会主义思想为指导，深入贯彻习近平法治思想，充分发挥刑事审判职能作用，推动建设更高水平的平安中国、法治中国，以实际行动迎接党的二十大胜利召开。一是要牢牢坚持党的绝对领导，坚持以习近平新时代中国特色社会主义思想为指导，坚定不移走中国特色社会主义法治道路，紧紧依靠党的领导推进刑事审判工作。二是要全面落实总体国家安全观，依法惩治各类刑事犯罪，把维护政权安全、制度安全摆在首要位置，坚决维护国家安全和社会大局稳定。三是要认真贯彻新发展理念，依法服务保障经济社会高质量发展，积极营造市场化法治化国际化营商环境。四是要坚持以人民为中心，严厉打击人民群众深恶痛绝的犯罪，加强人权司法保障，努力增强人民群众的获得感、幸福感、安全感。五是要不断完善中国特色社会主义刑事司法制度，加快推进刑事审判体系和审判能力现代化。六是要努力建设高素质刑事审判队伍，把党的政治建设摆在首位，充实力量配备，提升能力水平，强化责任担当，为刑事审判工作健康长远发展提供有力组织保证。

——最高人民法院编写组编:《习近平法治思想引领新时代人民法院工作创新发展》，人民法院出版社 2023 年版，第 154~157 页。

11. 刑事审判要兼顾国法天理人情

最高人民法院司法政策精神

要兼顾国法天理人情，将法律的专业判断与人民群众朴素的公平正义观结合起来，在定罪量刑上既要考虑具体法条适用，也要考虑刑法基本原则、立法目的和价值导向，以及我国现阶段的基本国情，坚持以严谨的法理彰显司法理性，以公认的情理展示司法良知，大力弘扬社会主义核心价值观。

——《最高人民法院党组副书记、常务副院长贺荣在全国法院刑事审判工作座谈会上的讲话（节选）》，载最高人民法院刑事审判第一、二、三、四、五庭编:《刑事审判参考》总第 130 辑，人民法院出版社 2022 年版，153~163 页。

附录：最高人民法院法官著述

二、精准适用刑事法律，兼顾国法天理人情

全国法院刑事审判工作座谈会强调，要树立正确司法理念，兼顾国法天理人情，大力弘扬社会主义核心价值观。刑事审判既不能对民意无动于衷，搞机械司法，也不能被舆论左右，搞舆论审判，要将法律的专业判断与人民群众的公平正义观结合起来，以严谨的法理彰显司法理性，以公认的情理展示司法良知。

要坚持严格公正司法。司法机关要通过严格司法维护法律的尊严和权威，维护社会公平正义，特别是对法律判断和公众认知差异较大的案件，法律适用和量刑上众说纷纭的案件，有定案证据但存在重大疑点瑕疵的案件等，必须在众声喧哗中保持法治定力，坚守维护社会公平正义的最后一道防线。

同时，严格公正司法绝不是机械司法、就案论案，刑事审判也绝不是“自动售货机”式地把案件与法条简单“对号入座”。定罪量刑既要考虑具体的刑法分则条文，也要考虑刑法基本原则、立法目的和法条背后的价值导向，在坚守法律底线的前提下，努力使每一个案件都得到合法合情合理的处理。

要高度重视公正的相对性、具体性。同样是盗窃，同样的盗窃数额，不同情节、不同动机、不同场所、不同被害人，案件的社会危害性、被告人的主观恶性可能大相径庭，量刑甚至定罪都要有所区别。因此，在保持相对统一裁判尺度的前提下，要重视个案具体情况。必须坚持具体案件具体分析，关注具体犯罪行为的社会危害性、具体被告人的主观恶性和人身危险性，确保法律适用精准化，确保个案公正，让人民群众对每一个司法案件都有认同感、获得感。

要准确把握刑法的社会功能。一方面，刑事审判要主动回应社会关切，积极呼应群众期待，对严重影响社会安全感的犯罪，对危害食品药品安全、污染环境、电信网络诈骗等群众反映强烈的犯罪，以及其他危害民生犯罪，该出手时就要果断出手，该重判的就要依法重判。

另一方面，也要克服“刑法依赖症”，避免简单地把社会问题依法治理理解为依刑法治理，要根据经济社会发展状况及时调整完善司法政策，在遵循罪刑法定和罪责刑相适应原则的前提下，审慎把握缺乏实质犯罪性行为的入罪标准，对刑民交叉且事出有因的案件，能用民事、行政手段解决的，刑事司法就应当保持应有的谦抑、审慎。

——何莉：《精准发挥刑事审判职能作用　努力让人民群众在每一个司法案件中感受到公平正义》，载最高人民法院刑事审判第一、二、三、四、五庭编：《刑事审判参考》总第130辑，人民法院出版社2022年版，第173~177页。

第二章　犯　罪

12. 认定犯罪时应当坚持主客观相统一原则

关键词

犯罪认定　主客观相统一　主观罪过　社会危害程度

《刑事审判参考》指导案例

乌斯曼江、吐尔逊故意伤害案（《刑事审判参考》指导案例第 347 号）

裁判要点：被告人行为是否构成犯罪，应当从犯罪构成并结合本案的事实和证据进行全面分析。

犯罪构成是指我国刑法规定的，决定某一行为的社会危害性及其程度而为该行为构成犯罪所必需的一切主观要件和客观要件的有机统一。由此看来，犯罪构成的主要特征就是行为的主、客观相统一和社会危害性及其程度。

行为的主、客观相统一是犯罪构成的一大特征。任何犯罪都是在主观罪过支配下实施的行为，主观罪过产生于对客观世界的反映，而它产生后在客观上表现为特定行为对社会产生危害作用，而危害社会的行为等客观情况又成为检验主观方面的标准。因此，犯罪的主、客观要件是相互依存、互为前提、缺一不可的，形成了一个相互联系、相互作用又相互制约的有机统一体。

此外，行为的社会危害性及其程度是犯罪构成的另一重要特征。犯罪的本质特征是行为具有严重社会危害性，因此犯罪构成实质上是严重社会危害性的构成。凡是犯罪构成要件的事实特征理所当然地必须反映行为的社会危害性及其程度，这是衡量事实特征能否成为犯罪构成要件的客观标准。

——最高人民法院刑事审判第一庭、第二庭编：《刑事审判参考》2005 年第 3 集（总第 44 集），法律出版社 2006 年版，第 53~58 页。

13. 疑罪从无原则的贯彻

关键词

疑罪认定　疑罪从无原则

《刑事审判参考》指导案例

杨增龙故意杀人案（《刑事审判参考》指导案例第1168号）

裁判要点：二审法院依法排除非法证据后，其他证据达不到法定证明标准的，应当坚持疑罪从无原则，依法宣告上诉人无罪。

（二）二审法院依法排除非法证据后，其他证据达不到法定证明标准的，应当坚持疑罪从无原则，依法宣告上诉人无罪

为了避免二审法院反复发回重审导致案件久拖不决，造成超期羁押，2012年《刑事诉讼法》规定，二审法院以事实不清、证据不足为由发回重审的案件，原审法院作出判决后，被告人提出上诉或者人民检察院提出抗诉的，二审法院应当依法作出判决或者裁定，不得再发回原审法院重新审判。根据该规定，二审法院对于事实不清、证据不足的案件，要严格贯彻疑罪从无原则，不得二次发回重审，对于曾发回重审的案件，二审法院依法排除非法证据后，其他证据不足以认定上诉人有罪的，或者是检察机关补充证据材料后仍不足以认定上诉人有罪的，应当依法宣告上诉人无罪。

需要强调的是，被告人供述通常是公诉机关指控和一审法院定案的关键证据，一旦二审法院将被告人供述认定为非法证据并依法排除，其他证据就达不到事实清楚，证据确实、充分的证明标准，针对此类案件，二审法院此前往往会选择将案件发回重审。为了依法保障当事人合法权益，避免超期羁押，对于二审法院经审查后认为事实不清、证据不足的案件，如果不具备补查补正条件，发回重审亦无助于查清案件事实的，就应当严格落实疑罪从无原则，依法宣告上诉人无罪。

——最高人民法院刑事审判第一、二、三、四、五庭主办：《刑事审判参考》（总第108辑），法律出版社2017年版，第26~31页。

最高人民法院裁判文书

聂树斌故意杀人、强奸妇女案［最高人民法院（2016）最高法刑再3号刑事判决书］

裁判要旨：仅具有有罪供述，无其他客观证据，且有罪供述的真实性、合法性存疑，有罪供述与在卷其他证据供证一致的真实性、可靠性存疑，不能做有罪定论。

最高人民法院认为，原审认定原审被告人聂树斌犯故意杀人罪、强奸妇女罪的主要依据是聂树斌的有罪供述，以及聂树斌的有罪供述与在案其他证据印证一致。但综观全案，本案缺乏能够锁定聂树斌作案的客观证据，聂树斌作案时间不能确认，作案工具花上衣的来源不能确认，被害人死亡时间和死亡原因不能确认；聂树斌被抓获之后前5天讯问笔录缺失，案发之后前50天内多名重要证人询问笔录缺失，重要原始书证考勤表缺失；聂树斌有罪供述的真实性、合法性存疑，有罪供述与在卷其他证据供证一致的真实性、可靠性存疑，本案是否另有他人作案存疑；原判据以定案的证据没有形成完整锁链，没有达到证据确实、充分的法定证明标准，也没有达到基本事实清楚、基本证据确凿的定罪要求。原审认定聂树斌犯故意杀人罪、强奸妇女罪的事实不清、证据不足。根据1979年《中华人民共和国刑事诉讼法》的相关规定，不能认定聂树斌有罪。

——中国裁判文书网。

附录：最高人民法院法官著述

七、疑罪认定处理

聂案再审是按照疑罪从无原则宣告被告人无罪的。疑罪从无原则是一项基本司法原则。但对何谓“疑罪”，理论及实务上至今仍有认识分歧。聂案再审判决指出：“原判据以定案的证据没有形成完整锁链，没有达到证据确实、充分的法定证明标准，也没有达到基本事实清楚、基本证据确凿的定罪要求。原审认定聂树斌犯故意杀人罪、强奸妇女罪的事实不清、证据不足。”由此也就明确了疑罪的认定标准。

所谓疑罪，就是指定罪的事实不清、证据不足。如果按照“两高三部”2010年发布的《关于办理死刑案件审查判断证据若干问题的规定》(以下简称《规定》)对“证据确实、充分”证明标准的界定，所谓定罪的事实不清、证据不足，是指据以定罪的证据之间、证据与案件事实之间存在矛盾，或者根据证据认定案件事实的过程不符合逻辑和经验法则，全案证据不能得出被告人有罪的唯一结论。该界定对疑罪的范围作了限定，其一，排除了量刑上的事实不清、证据不足；其二，必须是定罪证据和主要案件事实上存在疑点，如果案件中存在一般的细枝末节问题和不影响定罪事实的疑点，不属于“疑罪”。

聂案发生于1994年，理应依据当时的“两个基本”来判断。“两个基本”

是指认定有罪必须达到"基本事实清楚，基本证据确凿"。其中，基本事实是指按照刑事法律规定足以影响定罪量刑的事实，即决定被告人的行为是否构成犯罪、构成何罪、罪行轻重的事实；基本证据是指对案件的基本事实起决定性证明作用的证据，即直接关涉定罪量刑的证据。"两个基本"旨在强调，办案不要纠缠案件事实证据的细枝末节，而要卡死案件的基本事实和基本证据。这是对证明对象的缩小，不是证明标准的降低。所以，"两个基本"与1979年刑事诉讼法实施以来我国一贯坚持的"证据确实、充分"的证明标准并无实质差异，故参考《规定》对"定罪的事实不清、证据不足"的具体阐释，来理解和把握"两个基本"也无多大问题。

聂案再审判决对"疑罪"作了很好的注解。一方面，从证实的角度来看，检察机关承担证明被告人有罪的举证责任，应当提供确实、充分的证据来证实被告人有罪。如果其提供的证据不足以认定犯罪行为系被告人实施，就是我们讲的"疑罪"。换言之，疑罪是检察机关未能实现证明责任的结果，本身不以被告人是否认罪为前提。即使被告人笼统认罪，但如其有罪供述的真实性缺乏保障，在案证据未能达到确实、充分标准，也不能认定被告人有罪。另一方面，从证伪的角度来看，疑罪不同于存在无罪证据的案件，如果有证据证明被告人是无辜者（如能确认王书金系真凶），则案件不再属于疑罪，而应当依法宣告被告人无罪。这种无罪不是基于疑罪从无原则宣告的无罪，而是事实上的无罪。

基于以上分析，对刑事案件证明标准的理解，也应当从正反两个方面来把握。详言之，作出有罪认定，要能保证所有的证据都指向被告人，且没有证据指向其他人（即定案证据体系上没有疑点或疑点得以排除）。换言之，既要从正面证实的角度做到内心确信，又要从反面证伪的角度排除合理怀疑、得出唯一结论。而所谓的"疑罪"，就是在案证据对被告人是否犯罪既不能证实也不能证伪的案件。这些案件，有的在司法证明上能够做到正面证实（在案证据都指向被告人），但未能实现反面证伪（案件尚有疑点，他人作案的可能性不能完全排除），有的干脆正反两方面都满足不了证明要求，这是作出有罪认定应予坚决避免的。

对于"疑罪"，在一些案件中未能作无罪宣判，部分作了疑罪从轻、疑罪从挂的处理。这些处理本质上都是有罪推定的表现，不符合人权保障的要求，也极易导致冤错案件，无论是可能的风险还是现实的危害都很大。这方面可谓教训深刻！聂案再审按照党的实事求是、有错必纠的一贯方针，果断地依法宣判被告人无罪，坚定地实践了党的十八届四中全会提出的证据裁判、疑罪从无等法律原则，这在人民法院的刑事审判工作中具有里程碑意义。试想一下，对这样一起20余年前被告人已经被执行死刑的"历史悬案"，都敢于按照疑罪从无原则宣告被告人无罪，在今后的刑事审判实践中，我们更要毫不顾虑地坚守疑罪从无！

——于同志：《刑事证据裁判的规则与方法——基于聂树斌案再审判决书的考察》，载《刑事审判参考》(总第108辑)，第206~219页。

14. 对共同犯罪中“零口供”的被告人如何认定其犯罪事实

关键词

共同犯罪　零口供

《刑事审判参考》指导案例

屠桂军等故意杀人案（《刑事审判参考》指导案例第789号）

裁判要点：认定多人共同犯罪案件中“零口供”被告人的犯罪事实，关键是在于对案件言词证据进行综合判断、运用。

（一）有多名目击证人的证言和同案被告人的供述等证据证实屠桂军纠集他人共同作案

第一，本案中有多名目击证人证实屠桂军持手枪恐吓在场人员，冯仲海持刀捅刺二被害人，滕友持猎枪射击二被害人等情节，所证内容基本一致，与其他证据之间不存在矛盾。其中，目击证人赵芬证实，屠桂军最先进入大厅，持手枪威胁在场人员不准动，屠桂军、冯仲海曾对在场人员进行辨认，作案目标明确指向被害人邱勇、张国荣。一个持长枪的人（滕友）击中张国荣右腿，冯仲海持尖刀捅刺张国荣胸部数下。目击证人王海林证实，第一个进门的人（体貌特征与屠桂军一致）持手枪，曾对在场人员进行辨认。目击证人刘立军证实，屠桂军带人进入大厅，手中有手枪，并先开了两枪（未朝二被害人开），滕友持长枪。目击证人王明宝证实，屠桂军持手枪最后离开现场。

第二，同案被告人均对屠桂军持手枪参与作案的事实作过供述，所供主要情节与证人证言一致。首先，滕友在屠桂军归案之后稳定供称，屠桂军是主谋，在龙泉娱乐城门口屠让冯取来装有猎枪、尖刀的包裹，冯递给屠一把卡簧刀。屠桂军让其跟踪从龙泉娱乐城出发的车辆，后到金融大厦找人，均未找到目标。屠桂军先进入吉祥宾馆大厅，持黑色手枪让一名男子别动，后持手枪砸二被害人，又持卡簧刀捅刺张国荣。滕友在屠桂军指使下开枪击中二被害人右腿，冯仲海持尖刀捅刺邱勇胸部数下。其次，张立忠的供述比较稳定，其在归案当日即供述了案发原因和作案过程。张称屠桂军和王冲有矛盾，案发当日屠主要是寻王冲复仇，二被害人是王冲的小弟，曾威胁过屠桂军。屠桂军等人先进现场，屠戴着黑色棒球帽，威胁喊“都别动”。屠手里有黑色手枪，但未直接动手。滕友持猎枪射击二被害人，冯仲海持尖刀捅刺二被害人。此外，冯仲海在侦查阶段详细供述了犯罪事实。冯仲海称，屠桂军与王冲有矛盾，曾在双鸭山宾馆与王冲打架，案发当日是要伺机报复王冲。二被害人是王冲的小弟，邱勇曾追砍过屠桂军。屠桂军长期将猎枪放在桑塔纳汽车内，准备用于报复王冲。在龙泉娱乐城门口等王冲时冯递给屠一把卡簧刀，屠让冯取来装有猎枪、尖刀的包裹。到现场时滕友持猎枪，冯持尖刀捅刺二被害人胸部。屠桂军最后离开现场，未见其动手。

第三，除以上证据外，本案另有多项证据证实屠桂军参与犯罪。有证人证实查获的猎枪、尖刀来源于屠桂军等人；有多名证人证实屠桂军王冲、邱勇有矛盾；有证据表明，屠桂军年龄最大，影响力较大，经济条件较好，有纠集、指挥其他三被告人的条件。

（二）屠桂军的无罪辩解及冯仲海、滕友、张立忠的相反供述均有明显矛盾之处，且在一些关键问题上不能作出合理解释，不足以推翻对屠桂军的指控

第一，被告人屠桂军虽然始终否认纠集、指使他人犯罪，否认案发原因是其与王冲的矛盾，也不承认寻找王冲等事实，但其辩解不足采信。首先，屠桂军辩称其与张立忠听到枪响后才进入现场，然后立即逃走，与目击证人证言以及其他被告人的供述相悖。其次，有证据证实屠桂军与王冲的矛盾较深，其一直伺机报复王，其也供认案发前想找王“谈谈”。但其辩称仅与王吵过嘴，时间、原因记不清。这些辩解明显不合常理。再次，作案工具为猎枪、尖刀，用渔具包包裹，体积较大，屠桂军所作一路上都未发现的辩解，也明显不合常理。最后，案发后屠桂军先后到多个地方躲藏。可见，屠桂军推卸罪责、逃避法律制裁的意图明显，其无罪辩解不能成立。

第二，滕友最先归案，起初供述案发原因系冯仲海与被害人有矛盾，冯指使其开枪，但此供述内容不足采信。因为滕友对屠桂军参与程度的供述不稳定，所供作案情节也与多位目击证人的证言相矛盾。滕友在屠桂军归案后称其以前的虚假供述是受屠教唆，不讲实情是怕屠报复，得知屠被抓后愿意如实供述。

第三，张立忠在一审、二审期间翻供，称其未见屠桂军拿枪，冯仲海、滕友先进现场，其与屠桂军听见枪声后才进入现场，其不知道屠桂军和王冲有什么矛盾，也不知道二被害人与王冲的关系，不知道是去打架。但是，张立忠所提其与屠桂军听见枪响后进入现场的情节与多位目击证人证言相矛盾。屠桂军等人持猎枪、尖刀进入现场，张应知是去作案。张供认和屠桂军是好朋友，当晚曾劝屠别再找王冲，后又辩称不知道屠、王二人有矛盾，其辩解

明显不合常理，故不足采信。

第四，冯仲海的供述不稳定，并在一审、二审期间翻供，称二被害人强奸过其女朋友，还曾多次向其要钱，捅刺二被害人不是屠桂军指使，由其指使滕友向二被害人开枪，作案用的猎枪从朋友处得到，不是屠提供的。冯仲海的上述翻供不足采信：首先，其供述的与二被害人有矛盾，其系从朋友处得到猎枪的事实无证据证实；其次，其指使滕友开枪伤人不具有可信性，前文对此已作分析；再次，其曾供述屠桂军教唆其做假口供，该情节与滕友、张立忠的相关供述相印证；最后，冯仲海的行为直接导致二被害人死亡，其对必然被判处死刑的预断，可能导致其为包庇屠而做虚假供述、承揽罪责。

综上，虽然屠桂军始终拒不供认杀人犯罪，但其无罪辩解与在案的其他证据明显矛盾，故不足采信。滕友在屠桂军归案后的供述稳定，且其在原审被判处死刑后亦未翻供，并称未受到刑讯逼供，其供述可信度较高。冯仲海、张立忠在侦查阶段的供述较稳定，庭审后翻供称杀人与屠桂军无关，二人的翻供内容与在案的其他证据明显矛盾，不足采信。滕友、冯仲海、张立忠在侦查阶段所供的案发起因、作案过程、各共同作案人的分工、作用等主要情节清晰、一致，且能与在案的证人证言等证据相印证。各证据之间能够形成完整链条，足以认定屠桂军与二被害人的“大哥”王冲有矛盾，持手枪带头进入现场并威胁在场人员，辨认二被害人后指挥其他人作案的事实。双鸭山市中级人民法院据此以故意杀人罪、非法持有枪支罪追究屠桂军的刑事责任是完全正确的。

总之，认定多人共同犯罪案件中“零口供”被告人的犯罪事实，关键是对在案言词证据进行综合判断、运用。首先，要对各证人证言和被告人供述进行纵向分析，如果证言、供述有变化，则须分析该言词证据改变的特点、原因，结合取证时间、环境及该人与案件是否有利害关系、是否可能受到诱导等因素，从宏观上判断该言词证据是否可信。其次，要对各证人证言和被告人供述进行横向分析，查找各言词证据之间是否有一致的内容，是否足以否定“零口供”被告人的辩解，从微观上判断哪些言词证据可采信。再次，要对各证人证言和被告人供述进行反向分析，合理排除证言、供述之间的矛盾，分析证言、供述间细节不一致是由主观判断差别造成的，还是由相关人员虚假性、包庇性作证造成的，特别是要确认被告人辩解和证人证言相结合尚不足以合理证明相反事实。最后，要对各证人证言和被告人供述进行立体分析，将证人证言和被告人供述指向一致的部分，结合案件其他事实证据，如各被告人与被害人的关系、有无矛盾，各被告人平时表现、相互间有无“隶属”关系等，判断能否形成完整的证据链条，最终确定“零口供”被告人的犯罪事实。

——最高人民法院刑事审判第一、二、三、四、五庭主办：《刑事审判参

考》2012 年第 4 集（总第 87 集），法律出版社 2013 年版，第 6~13 页。

15. 认定主观故意要查明行为人的认识状态和意志态度

关键词

犯罪故意　认识要素　意志要素

《刑事审判参考》指导案例

官其明故意杀人案（《刑事审判参考》指导案例第 344 号）

裁判要点：要准确认定行为人的主观故意，必须查明行为人的认识状态，即行为人是否对相应犯罪构成要件中的客观方面也就是事实有着明确的认识，以此为基础，再考察行为人的意志态度，从而判断行为人是否存在犯罪故意以及是直接故意还是间接故意。

行为人的主观故意是行为人实施犯罪行为时的一种主观心理状态，它包括认识因素和意志因素两个层面。要准确认定行为人的主观故意，首先必须查明行为人的认识状态，即行为人是否对相应犯罪构成要件中的客观方面也就是事实有着明确的认识，以此为基础，再考察行为人的意志态度，从而判断行为人是否存在犯罪故意以及何种故意（直接故意还是间接故意）。行为人的认识是否还包括违法性认识理论界有不同的意见，但按照现行刑法第 14 条“明知自己的行为会发生危害社会的结果，并且希望或者放任这种结果的发生，因而构成犯罪的，是故意犯罪”的规定，对于我国刑法中犯罪故意的主观认识为事实性认识并无争议。一般认为，事实性认识的内容包括以下几个方面：（1）对行为客观方面的认识，即知道自己在干什么。（2）对法律所规定的危险或结果的认识，在危险犯或结果犯中，行为人应认识到其行为会产生法律所设定的危险或结果。（3）对行为对象的认识。当行为的对象成为犯罪的构成要件时，行为人对行为所指向的对象必须有明确的认识，否则，行为人就会因为对其行为指向的对象无认识而不知晓行为所影响的社会关系。（4）对行为的时间、地点和方法、手段的认识。对于某些以一定的时间、地点和方法、手段作为特殊构成要件的个罪来说，行为人必须对行为的时间、地点和方法、手段有明确的认识。

由于认识属于人的主观范畴，因而对行为人事实性认识的判断较难把握。刑法理论关于事实性认识的判断标准主要有以下几种观点：一是纯粹的客观说，认为应根据事实的客观存在来判断行为人的事实性认识，没有必要考虑行为人的主观状况。二是纯粹的主观说，坚持以行为人的主张作为认定行为人事实性认识存在与否的唯一依据。三是合理的客观说，强调如果合理的人能预见产生的结果是其行为的自然的、盖然的结果时，就应该认定被告人也能够预见。四是合理的主观说，认为事实性认识的判断以行为人自身的认识为基础，同时参考一般人的认识。在我们看来，前三种标准或轻视甚至完全排除行为人的主观实际，或过分依赖行为人的主观实际而忽略一般人的情况，追求事物的两个极端，因而欠妥，相比之下，合理的主观说是可取的，因为事实性认识是认定行为人主观故意的基础，当然不能脱离行为人的主观认识，否则就有可能与行为人的实际情况不符，但是，行为人的主观故意是最终由法官来认定的，法官必然要考虑一般人（合理的人）的情况，以一般人（合理的人）能否认识为标准作出基础性的判断，然后根据行为人的具体情况进行修正。

——最高人民法院刑事审判第一庭、第二庭编：《刑事审判参考》2005年第3集（总第44集），法律出版社2006年版，第33~41页。

16. 不作为犯罪的构成要件

关键词

不作为犯罪　构成要件

《刑事审判参考》指导案例

杨某某故意伤害案（《刑事审判参考》指导案例第432号）

裁判要点：明知其先行行为可能引发严重危害后果，能采取而不采取积极有效措施予以防止，其行为系不作为犯罪。

1. 明知其先行行为可能引发严重危害后果，能采取而不采取积极有效措施予以防止，其行为系不作为犯罪

行为人在案件发生过程中，采取的不予告知、不阻止等消极行为是否属于不作为犯罪？对此，我们需要结合不作为犯罪的构成要件进行分析。

（1）不作为犯罪须以行为人负有某种特定义务为前提。这种特定义务通常来源于以下四个方面：法律明文规定的义务、职务上和业务要求的义务、法律行为引起的义务、行为人的先行行为引起的义务。其中先行行为引起的义务是指，由于行为人先前实施的行为，而使刑法所保护的某种法益处于危险状态时，行为人负有采取积极有效措施来排除危险或防止危害结果发生的

特定义务。行为人如果不履行这种义务，情节严重或造成严重后果的，就是以“不作为”形式实施的犯罪行为。先行行为的义务是由行为人先前实施的行为派生出来的，至于先前实施的行为是否违法，并不要求。本案被告人杨某某负有因其先行行为而产生的告诉被害人真相、防止危险发生的义务。

（2）不作为犯罪须是行为人有能力履行特定义务，而没有履行。这种没有履行的方式既可以表现为逃避履行义务的行为，也可以表现为抗拒履行义务的行为。本案被告人完全有时间、有能力履行告知义务，但杨某某采取消极态度不予履行，任由危害后果发生，其行为符合不作为犯罪的第二项构成条件。

（3）被告人的不作为与危害后果间有因果关系。不作为犯罪与危害后果的因果联系在于不作为人的作为能否防止结果的发生。因此，要判断不作为与危害后果间是否有因果关系，只能从当危害后果即将发生时，如果行为人实施一定的“作为”，即可以防止危害后果发生；而其不实施“作为”来防止此后果的发生，那么该“不作为”就与危害后果的发生有了必然的因果联系。本案应当认定杨某某的“不作为”是导致本案危害后果的必然原因，其“不作为”与危害后果间有刑法意义上的必然因果关系。

2.被告人杨某某对被害人的伤害后果持放任态度，系间接故意犯罪

犯罪故意是行为人对其所实施的危害社会的行为及其危害结果所持的一种主观心理态度，包括认识因素和意志因素两个方面的内容。犯罪故意的认识因素是指行为人明知自己的行为会发生危害社会的结果的心理态度，即行为人对自己的行为及结果具有社会危害性是有认识的。行为人的认识因素是认定行为人犯罪故意的前提和基本条件。犯罪故意的意志因素是认定犯罪故意的决定性因素。依意志因素形式的不同，犯罪故意分为直接故意和间接故意。直接故意是指行为人明知自己的行为会发生危害社会的结果，并且希望这种结果发生的心理态度。间接故意是指行为人明知自己的行为可能发生危害社会的结果，并且有意放任，以致发生这种结果的心理态度。间接故意的认识因素是指行为人认识到自己的行为可能发生危害社会的结果，而不包括认识到自己的行为必然发生危害社会的结果。如果行为人已认识到自己的行为必然发生危害结果而又决意实施的，则不存在放任的可能，当属直接故意。对于案件行为人的主观故意，应当从这两方面来分析，才能正确判断行为人主观上是否存在犯罪故意，以及是直接故意还是间接故意。

从意志因素上分析，杨某某对危害结果的发生持放任态度。因此可以判断，被告人杨某某在认识因素和意志因素上均符合间接故意犯罪的主观特征。

综上所述，本案被告人杨某某主观上具有间接伤害他人的犯罪故意，客观上不履行采取积极有效措施以防止危害后果发生的义务，给他人造成了严重的伤害后果，其行为符合故意伤害罪的犯罪构成特征，构成（间接）故意

伤害罪。一、二审法院考虑到本案案发起因是中学生因恋爱问题引发，且犯罪时被告人未满 18 周岁，对其从轻判处有期徒刑十年是适当的。

——最高人民法院刑事审判第一、二、三、四、五庭主办：《刑事审判参考》2007 年第 2 集（总第 55 集），法律出版社 2007 年版，第 6~12 页。

17. 介入原因中断因果关系的条件

关键词

因果关系　介入原因

《刑事审判参考》指导案例

张校抢劫案（《刑事审判参考》指导案例第 685 号）

裁判要点：成立中断的因果关系，必须具备以下条件：其一，须有另一原因的介入；其二，介入原因须为异常原因，即通常情况下不会介入的某种行为或自然力；其三，中途介入的原因须合乎规律地引起最后结果的发生。

刑法上的因果关系从形式上可以区分为简单因果关系、复杂因果关系、中断的因果关系三种。简单因果关系，是指一个危害行为直接而合乎规律地引起一个或几个危害结果的发生。复杂因果关系，是指两个或两个以上的危害行为共同作用或先后衔接产生一个或几个危害结果。所谓中断的因果关系，是指某种危害行为引起或正在引起某种危害结果，在因果关系的发展过程中，介入了另一原因，如介入了第三者的行为、被害人自身的行为或特殊自然事实等其他因素，从而切断了原来的因果关系，行为人只对另一原因介入前的情形负责，介入原因引起的最后结果与前因行为之间没有因果关系。成立中断的因果关系，必须具备以下条件：其一，须有另一原因的介入；其二，介入原因须为异常原因，即通常情况下不会介入的某种行为或自然力；其三，中途介入的原因须合乎规律地引起最后结果的发生。其具体判断标准为：一是先前行为对结果发生所起的作用大小。作用大，则先前行为与结果有因果关系，反之则无。二是介入因素的异常性大小。过于异常，则先前行为与结果无因果关系，反之则有。三是介入因素本身对结果发生所起的作用大小。作用大，则先前行为与结果无因果关系，反之则有。如甲持生锈刀具刺伤乙的手指，案发后不久公安机关即对乙作出鉴定，认定其伤势为轻微伤。但由于乙缺乏基本常识，未对破伤风情况作出有效预防，最终发生破伤风引发死亡。对此，我们断不会说要认定甲是故意伤害致死。又如，甲握拳击伤乙致其脾脏破裂，法医鉴定乙构成重伤，法院最终以甲故意伤害致人重伤对其处刑。但事隔两年后，乙因始终无法康复并引发其他并发症，导致死亡。我们也不会因此将甲重新送上法庭，判定他当初的伤害行为是故意伤害致人死亡，从而改变量刑。上述两个案例均显示被害人自身的行为对结果发生的作用力较前行为大，故阻断了前行为与死亡结果的因果关系。而本文所讨论的医院救治中的失误则属于上述的介入因素，故必须考察被告人抢劫这一先前行为与介入因素——医疗行为对于被害人死亡的结果各自作用的大小、医疗行为异常性大小。

——最高人民法院刑事审判第一、二、三、四、五庭主办：《刑事审判参考》2011 年第 2 集（总第 79 集），法律出版社 2011 年版，第 40~48 页。

18. 疏忽大意的过失的认定

关键词

犯罪过失　疏忽大意的过失

《刑事审判参考》指导案例

穆志祥过失致人死亡案（《刑事审判参考》指导案例第 201 号）

裁判要点：应当预见自己的行为可能发生危害社会的结果，因为疏忽大意而没有预见，或者已经预见而轻信能够避免，以致发生这种结果的，是过失犯罪。犯罪过失包括疏忽大意的过失和过于自信的过失两种。

《刑法》第 15 条规定："应当预见自己的行为可能发生危害社会的结果，因为疏忽大意而没有预见，或者已经预见而轻信能够避免，以致发生这种结果的，是过失犯罪。"据此规定，犯罪过失包括疏忽大意的过失和过于自信的过失两种。

疏忽大意的过失是指行为人应当预见自己的行为可能发生危害社会的结果，由于疏忽大意而没有预见的心理状态。构成疏忽大意的过失须具备三个要件：（1）行为人应当预见自己的行为可能发生危害社会的结果。所谓应当预见，一是指行为人有预见的义务，这种预见的义务或者来自法律和各种规章制度所规定的共同生活规则，或者来自社会多年积累形成的普遍认知；二是指行为人当时具有预见的能力（可能）。行为人是否应有预见的能力，应结合行为人本身的身心状况、知识经验、水平和能力等主观条件和行为时的各种客观条件全面考察。只有既具有预见义务又具备预见能力（可能）的，才能认定行为人应当预见。（2）行为人没有预见自己的行为可能发生危害社会的结果。（3）行为人对可能发生的危害结果缺乏认识，没能预见，是由于自己的疏忽大意造成的。过于自信的过失是指行为人已经预见到自己的行为可能发行危害社会的结果，但轻信能够避免的主观心理状态。这也就是说，过于自信的过失必须以实际已经预见为前提，同时又自信依据一定的主客观条件能够避免危害结果的发生。

——最高人民法院刑事审判第一庭、第二庭编：《刑事审判参考》2002 年第 5 辑（总第 28 辑），法律出版社 2003 年版，第 31~36 页。

19. 疏忽大意的过失和意外事件的区分

关键词

犯罪过失　疏忽大意的过失　意外事件

《刑事审判参考》指导案例

朱家平过失致人死亡案（《刑事审判参考》指导案例第 346 号）

裁判要点：意外事件与疏忽大意的过失区分的关键是判断行为人是否应当预见、能够预见。

意外事件与疏忽大意的过失有相似之处，表现在行为人事实上都没有预见到自己行为的危害结果，客观上又都发生了危害结果。但是，在意外事件中，行为人是不应当预见、不能够预见危害结果的发生，而疏忽大意的过失的行为人是应当预见、能够预见危害结果的发生，只是由于疏忽大意才没有预见。因此，二者区分的关键是判断行为人是否应当预见、能够预见。

疏忽大意的过失通常被称为无认识的过失，行为人没有预见到自己的行为可能发生危害社会的结果，没有预见并非行为人不能预见危害结果，而是在应当预见的前提下由于疏忽大意才没有预见，如果行为人小心谨慎、认真负责，那么就会预见到危害结果的发生。因此，有注意能力未尽注意义务是疏忽大意过失的行为人承担刑事责任的根据。在司法实践中，判断疏忽大意的过失，不是判断行为人是否疏忽大意，而是判断行为人是否应当预见、能够预见，如果应当预见、能够预见而没有预见就表明行为人疏忽大意了。

疏忽大意过失中的注意义务是为一般人所设定的，不需要考虑具体情况。

注意义务不仅来源于法律、法令、职务和业务方面的规章制度所确定的义务，而且包括日常生活准则所提出的义务，即“社会生活上必要的注意”。

预见能力因人而异，有高低大小之分，需要进行具体的判断：（1）判断的基础，应当把行为人的智能水平、行为本身的危险性和行为时的客观环境结合起来；（2）判断的方法，要坚持从客观到主观，把对一般人的注意义务与具体行为人的智能水平结合起来；（3）判断的标准，应当在考察一般人的预见能力基础上充分考虑行为人的具体智能情况。详言之，首先，考察行为人所属的一般人能否预见结果的发生；其次，再考虑行为人的智能水平是高于一般人还是低于一般人。如果一般人能够预见，但行为人智能水平低，则不宜认定过失；如果行为人的智能水平不低于一般人，则可以认定过失；如果一般人不能预见，而行为人的智能水平明显高于一般人，则可以认定为过失。

——最高人民法院刑事审判第一庭、第二庭编：《刑事审判参考》2005 年第 3 集（总第 44 集），法律出版社 2006 年版，第 49~52 页。

20. 户籍证明与其他证据材料互相矛盾或有重大瑕疵的，如何认定被告人犯罪时的年龄

关键词

户籍证明　刑事责任年龄　有利于被告人

最高人民法院司法解释

第四条　对于没有充分证据证明被告人实施被指控的犯罪时已经达到法定刑事责任年龄确实无法查明的，应当推定其没有达到相应法定刑事责任年龄。

——《最高人民法院关于审理未成年人刑事案件具体应用法律若干问题的解释》（2006 年 1 月 11 日，法释〔2006〕1 号）。

最高人民法院司法政策精神

第四十条　审查被告人实施犯罪时是否已满十八周岁，一般应当以户籍证明为依据；对户籍证明有异议，并有经查证属实的出生证明文件、无利害关系人的证言等证据证明被告人不满十八周岁的，应认定被告人不满十八周岁；没有户籍证明以及出生证明文件的，应当根据人口普查登记、无利害关系人的证言等证据综合进行判断，必要时，可以进行骨龄鉴定，并将结果作为判断被告人年龄的参考。

未排除证据之间的矛盾，无充分证据证明被告人实施被指控的犯罪时已满十八周岁且确实无法查明的，不能认定其已满十八周岁。

——《最高人民法院、最高人民检察院、公安部、国家安全部、司法部印发〈关于办理死刑案件审查判断证据若干问题的规定〉的通知》（2010年6月13日，法发〔2010〕20号）。

附录：理解与适用

《最高人民法院关于审理未成年人刑事案件具体应用法律若干问题的解释》（以下简称《解释》）第4条专门针对被告人年龄“确实无法查明的”情形应当如何处理作出规定，作为对《解释》第3条的补充。《解释》第4条区分了两种情形作出规定：

第一种情况是该条第1款规定的“对于没有充分证据证明被告人实施被指控的犯罪时已经达到法定刑事责任年龄且确实无法查明的，应当推定其没有达到相应法定刑事责任年龄。”准确适用该款应注意把握以下三个方面：（1）必须是在采取了所有手段和措施的情况下，仍然无法查明被告人年龄，属于年龄“确实无法查明”的，才可以适用该规定。需要补充说明的是，目前很多司法机关采取为被告人进行骨龄鉴定的做法。对于骨龄鉴定结论能够确定被告人年龄的，骨龄鉴定结论就可以作为重要依据。但是，有时骨龄鉴定结论只能测度出一个年龄区间，不能确定被告人的具体年龄，在这种情况下，骨龄鉴定结论就只能作为辅助性的参考证据材料。（2）确实无法查明的年龄涉及是否已满14周岁、已满16周岁、已满18周岁这三个重要年龄点的。主要是考虑到，这三个年龄点关系到未成年人罪与非罪、此罪与彼罪、应否从轻或者减轻处罚，甚至涉及能否适用死刑的问题。为此，从充分保护人权的角度出发，在涉及这三个年龄界点确实无法查清的，适用推定原则。（3）应当从有利于被告人的原则对其年龄作出推定，一般可以按照“就低不就高”原则推定被告人年龄，以避免对不应当追究刑事责任的未成年人追究了刑事责任，或者对不应当判处死刑的人判处了死刑等情况。

第二种情况是《解释》第4条第2款规定的“相关证据足以证明被告人实施被指控的犯罪时已经达到法定刑事责任年龄，但是无法准确查明被告人具体出生日期的，应当认定其已经达到相应法定刑事责任年龄。”适用该条应当注意：（1）有充分证据能够证明被告人在实施被指控犯罪时已满14、16或者18周岁，但被告人具体出生日期确实无法查明；（2）这种情况下不应因被告人的准确年龄确实无法查清而过分拖延案件的审理，而应当根据有充分证据证明的该被告人所处的法定刑事责任年龄段，依法对其定罪处刑。

——李兵：《〈关于审理未成年人刑事案件具体应用法律若干问题的解释〉的理解与适用》，载《人民司法》2006年4期（总第507期）。

《刑事审判参考》指导案例

伍金洪、黄南燕绑架案（《刑事审判参考》指导案例第 659 号）

裁判要点：户籍证明与其他证据材料存在矛盾时，如果其他证据材料能够相互印证，经审查能够证明被告人真实年龄的，可以排除户籍证明等法定证据，以其他证据来认定年龄；当户籍证明与其他证据材料的矛盾无法得到排除时，应当正确贯彻“有利于被告人”原则，准确认定被告人的年龄。

（一）如果其他证据材料能够相互印证，经审查能够证明被告人真实年龄的，可以排除户籍证明等法定证据，以其他证据来认定年龄

考虑到我国户籍证明有可能在其原始生成阶段因为种种原因而造成错误，因此，出生证明、计生办证明、学籍证明等其他证据若能够相互印证，共同补强被告人的供述或辩解，并能达到使一般人确信的程度，那么就可以合理地排除户籍证明，采信能够相互印证、共同补强的证据。

（二）当户籍证明与其他证据材料的矛盾无法得到排除时，应当正确贯彻“有利于被告人”原则，准确认定被告人的年龄

司法实践中，一些司法人员未能正确理解“有利于被告人”原则，一旦遇到不同于户籍证明的证据，就轻易否定户籍证明，盲目作出有利于被告人的认定。我们认为，对被告人提出的出生时间与户籍证明载明的时间不一致时，应当根据具体情况来分析判断：

1. 当被告人的出生时间涉及是否追究其刑事责任时，户籍证证实被告人作案时已经达到指控罪名的刑事责任年龄，但被告人提出相反意见时，其应当承担举证责任，向法庭提交有关证据。法庭对被告人提交的上述证据的合法性、真实性、关联性进行调查、审理、质证、认证后方可使用。只有这些证据足以证明控方提供的户籍证明等确实存在疑问时，才能根据“有利于被告人”的原则，认定被告人未达到相应刑事责任年龄。而不能认为，只要被告方提出相反证据，就应当作出“有利于被告人”的年龄推定。因为户籍证明是权威机关按照法定程序制作出具的，并且系早年形成，具有较强的证明效力，在被告方没有提供足够证据推翻的情况下，应当维护其证明价值，以此来认定被告人的出生时间。

2. 当被告人的出生时间涉及是否对其适用死刑时，对被告人举证责任要求可相对宽松一些。死刑是对生命权的剥夺，死刑案件的证明标准比其他刑事案件更加严格。对可能被判处死刑的被告人，在认定其作案时年龄的问题上，也应当适用死刑案件的“排除一切合理怀疑”这一最高证明标准。如果

被告人辩解其作案时不满18周岁并提出了一定证据，即使控方已经提出了户籍证明或其他相关证据，但只要其中某项证据存在疑问，或者在被告人及其辩护人提出的相反证据不能被完全否定的情况下，法庭应当尽最大努力仔细核查（包括请专家鉴定等），经核查后仍不能达到上述的证明标准时，应当不适用死刑立即执行。

3. 被告人的出生时间不影响对被告人的定罪、量刑时，一般情况下采用控方提交的户籍证明等书面法定证据。当被告方提出的法定证据足以推翻控方提交的证据时，经法庭质证，控方对这些证据的合法性、真实性、关联性不持异议时，可以采信被告方提供的证据。

——最高人民法院刑事审判第一、二、三、四、五庭主办:《刑事审判参考》2010年第6集（总第77集），法律出版社2011年版，第51~58页。

郭永明等绑架案（《刑事审判参考》指导案例第684号）

裁判要点：死刑案件的严格证明标准要求必须查证清楚被告人的年龄，并应精确到具体的年月日。经过反复调查仍无法查清的，则应推定其犯罪时未满18周岁，不能判处死刑。

（二）被告人犯罪时是否年满18周岁的证据存疑，应当按照“存疑有利于被告人”的原则掌握

由于死刑是剥夺人的生命权利的刑罚，因而办理死刑案件时必须更加严格遵循证据裁判原则，确保定罪准确，量刑适当。在刑事审判特别是在审理死刑案件时，必须把被告人犯罪时的实际年龄作为案件的重要事实予以查清。在一般情况下，认定被告人的实际年龄应当以户口登记为基本依据，结合人口普查登记和其他有关材料，并经过认真调查核实后加以确定。对被告人实际年龄有异议或者疑义时，更应当多方查证核实。如果有足够证据认定户口登记册上记载的年龄有误，就应以查明的实际年龄来认定。反复调查，确实查不清的，应当按照从宽的原则予以掌握，以留有余地。

2006年印发的《最高人民法院关于审理未成年人刑事案件具体应用法律若干问题的解释》第四条第一款规定:“对于没有充分证据证明被告人实施被指控的犯罪时已经达到法定刑事责任年龄确实无法查明的，应当推定其没有达到相应法定刑事责任年龄。”2010年7月1日起施行的《最高人民法院、最高人民检察院、公安部、国家安全部、司法部关于办理死刑案件审查判断证据若干问题的规定》第四十条规定:“审查被告人实施犯罪时是否已满十八周岁，一般应当以户籍证明为依据;对户籍证明有异议，并有经查证属实的出生证明文件、无利害关系人的证言等证据证明被告不满十八周岁的，

应认定被告人不满十八周岁；没有户籍证明以及出生证明文件的，应当根据人口普查登记、无利害关系人的证言等证据综合进行判断，必要时，可以进行骨龄鉴定，并将结果作为判断被告人年龄的参考。”“未排除证据之间的矛盾，无充分证据证明被告人实施被指控的犯罪时已满十八周岁且确实无法查明的，不能认定其已满十八周岁。”上述规定对被告人年龄处于刑事责任“临界点”的案件提供了具体可行的解决方案，是刑法谦抑原则在司法实务中的运用。对于被告人因罪行极其严重而可能判处死刑的，其犯罪时实际年龄是否已满18周岁，直接关系到对其能否适用死刑。死刑案件的严格证明标准要求必须查证清楚被告人的年龄，并应精确到具体的年月日，包括是公历还是农历。经过反复调查仍无法查清的，则应推定其犯罪时未满18周岁，不能判处死刑。

——最高人民法院刑事审判第一、二、三、四、五庭主办：《刑事审判参考》2011年第2集（总第79集），法律出版社2011年版，第27~39页。

乔某诈骗案（《刑事审判参考》指导案例第851号）

裁判要点：公安机关无正当理由变更原始户籍登记中的出生日期，且变更后的信息与在案证据存在冲突的，在穷尽调查手段后仍无法准确判断的，应当结合证据合法性和有利于被告人的角度进行判断。

被告人的刑事责任年龄既是重要的定罪依据，也是关键的量刑情节，必须依法查明。司法实践中，认定被告人刑事责任年龄的证据可能会有瑕疵或者与其他在案证据存在矛盾。在具体案件审判过程中，应当尽可能穷尽一切调查手段，并结合全部在案证据综合审查判断。对于没有充分证据证明被告人实施被指控的犯罪时已经达到法定刑事责任年龄且确实无法查明的，应当根据存疑有利于被告人的原则，推定其没有达到相应法定刑事责任年龄。

（一）审查判断被告人年龄证据的一般原则

司法实践中，常见的年龄证据主要有三类：第一类是书证，包括出生证明、户口簿、身份证、公安机关出具的户籍证明、卫生防疫档案、学籍档案等；第二类是鉴定意见，主要是指对被告人所作的骨龄鉴定；第三类是言词证据，包括被告人供述、证人证言等。此外，还存在以物证、视听资料等形式出现的年龄证据，但极为少见，这里不作详述。上述证据中，又以公安机关的户籍登记信息（包括户口簿、户籍证明等）最为常见。

由于我国各地经济社会发展不平衡，一些地方（尤其是偏远山区、农村）医疗条件有限，人口出生缺少相应的证明材料，加之当地户籍管理不规范，误报、漏报年龄的现象时常发生，从而给审判机关认定被告人的年龄带来困难。实践中，有关年龄认定的问题主要体现在以下四个方面：一是被告人以当地有以农历填报出生日期的习惯为由，主张户籍登记上的出生日期实际为农历；二是公安机关出具的证明材料与被告人的户籍登记信息存在冲突；三是当事人提供的有关书证、证人证言等证据材料证明的内容与户籍登记信息不一致；四是被告人身份信息不详，且骨龄鉴定对被告人犯罪时是否未成年存在正负差值的情况。对于上述问题，我们认为，应当综合运用证据审查、逻辑判断、常识检验、科学鉴定等多种手段，去伪存真，依法对被告人的犯罪年龄进行认定。在具体案件中，一般坚持以下审查判断原则：

1. 穷尽原则。对被告人年龄证据的审查一般要穷尽一切司法调查取证手段，通过建议补充侦查、委托有关部门协查、实地走访调查、进行骨龄鉴定等多种形式，查找与被告人年龄有关的证据，最大限度查明被告人实施犯罪行为时的真实年龄。

2. 公文性书证优先原则。公文性书证一般指国家机关、企业事业单位、人民团体在法定权限范围内制作的文书，并以此文书作为证明案件有关情况的书证。与年龄有关的公文性书证，一般包括公安机关的户籍信息材料、医院的出生证明、学校的学籍信息等。这类书证与其他证据相比，具有较强的权威性、可信性，具有较强的证明力。如果案件中存在多份内容不一致的公文性书证，则应当视具体情况予以认定：（1）以认定户籍登记信息为原则，以不采信户籍登记信息为例外。（2）医院的出生证明与户籍登记信息不一致的，如能作出合理解释，则出生证明的效力高于户籍登记信息，因为出生证明是户籍登记的基础。（3）在没有出生证明的情况下，户籍登记信息与医院的分娩病例或者被告人案发前的学籍信息、疫苗注射登记等原始信息不一致的，应当结合被告人的供述及家属证言，在能够得到合理解释的前提下，作出有利于被告人的认定。（4）公安机关出具的证明材料与户籍登记信息不一致的，原则应当按照原始户籍登记信息来认定被告人的年龄，在公安机关能说明理由，并对被告人的户籍登记信息依法作出修改后，可以结合在案证据，依照变更后的年龄予以认定。（5）村（居）委会、乡（镇）人民政府出具的证明材料如果没有加盖公安机关的户籍专用章，其证明力要低于公安机关出具的证明材料及户籍登记信息，且一般要与其他证据结合起来判定其证明效力。

3. 原始书证优先原则。有关年龄认定的原始证据，一般形成于案发之前，且直接来源于客观事实，具有较强的证明力。但原始证据中的言词证据具有不稳定、不准确等特点，其效力要低于原始书证。如村（居）委会的原始户籍登记材料已经交给派出所或者因时间久远而丢失，村（居）委会的当事者根据记忆形成书面证明材料并加盖村（居）委会乃至（乡）镇人民政府的公章，由于原始书证已无法查找，故上述表面上属于书证的证明材料，实质上为证人证言，属于原始言词证据，其单独作为证据使用的证明力较低。

4. 言词证据与其他类型证据结合判断的原则。言词证据（被告人供述、证人证言等）具有易变、模糊等特征，如果与其他类型的证据（如书证、鉴定意见）存在不一致之处，原则上应当以其他类型的年龄证据为准。但考虑到我国部分地方受客观条件所限、户籍登记混乱等因素，即使户籍登记信息完全可采，仍有可能在其生成阶段发生错误。因此，如果结合其他类型证据，能够相互印证补强，对户籍登记信息形成合理质疑，那么就可以采纳补强的言词证据作为裁判依据。如当时当地确实存在按照农历填报出生日期的习惯，接生婆、邻居、同班同学出具的证言均证明被告人的出生日期系按农历计算，同时通过骨龄鉴定无法排除被告人犯罪时未成年可能性的，可以认定被告人犯罪时尚未成年。

5. 存疑有利于被告人的原则。根据《最高人民法院关于审理未成年人刑事案件具体应用法律若干问题的解释》第四条的规定，对于没有充分证据证明被告人实施被指控的犯罪时已经达到法定刑事责任年龄且确实无法查明的，应当推定其没有达到相应法定刑事责任年龄。相关证据足以证明被告人实施被指控的犯罪时已经达到法定刑事责任年龄，但是无法准确查明被告人具体出生日期的，应当认定其达到相应法定刑事责任年龄。但需要注意的是，只有在穷尽一切司法调查手段仍无法查清被告人的具体出生日期的情况下，才能适用上述推定原则。

（二）公安机关无正当理由变更原始户籍登记中的出生日期，且变更后的信息与在案证据存在冲突的，应从证据合法性和有利于被告人的角度，严格进行审查判断

本案中，对于被告人乔某的行为构成诈骗罪不存在争议，但对于乔某犯罪时的真实年龄，存在三种意见：第一种意见认为，公安机关出具的户籍证明是认定被告人刑事责任年龄的法定证据形式，具有较强的证明力，在没有充分证据推翻的情况下，应当按照户籍证明来认定。第二种意见认为，虽然户籍证明具有较强的证明力，但是本案中被告人的户籍信息曾作变更，变更原因不明，且无变更的原始材料，故依据变更后的户籍信息出具的证明材料依据不足，存在严重瑕疵，应当按照变更前的户籍信息认定被告人的年龄。第三种意见认为，依据存疑有利于被告人的原则，综合现有证据，虽不能确定乔某的具体出生日期，但足可推定其实施指控罪行时已满 16 周岁不满 18 周岁。我们赞同第三种意见。

根据上述认定原则，本案关于乔某年龄的言词证据（乔某的供述、乔母的证言）和书面材料（严格讲村委会出具的书面证明材料实质上是村委会工作人员出具的证人证言）尚不足以推翻公安机关的户籍登记信息，司法机关

要进一步查明乔某的犯罪年龄，还应采取其他调查手段，调取更多的证据，将现有的言词证据与其他类型的证据结合起来考虑。据此，二审法院依法向乔某户籍地派出所调取了乔某的户籍信息变更情况，显示 2005 年派出所确实将乔小某的姓名变更为乔某，同时将乔小某的出生日期由原来的 1989 年 12 月 11 日变更为 1989 年 9 月 19 日，但未说明变更原因。后经承办人多次联系，当地派出所均无法对上述情况作出说明，亦无法提供乔某亲属当年提出变更年龄的申请材料和原始档案。鉴于此，二审法院又调取了乔某的小学和初中入学登记卡，结果显示小学入学登记卡上记载的姓名是乔某的原名乔小某，出生日期为 1989 年 12 月 11 日，而初中入学登记卡上的姓名为现在使用的乔某，出生日期为 1989 年 10 月 18 日。如此，乔某的出生日期就存在三个可能的时间：一是乔某母亲所称的与乔某小学入学登记卡及公安机关户籍登记底档记载相一致的 1989 年 12 月 11 日；二是现在公安机关户籍登记信息记载的 1989 年 9 月 19 日；三是乔某初中入学登记卡上记载的 1989 年 10 月 18 日（即农历九月十九日）。

按照被告人年龄认定的基本原则，在各类证据存在矛盾的情况下，原则应当以现在的户籍登记日期为准。但是，本案中的户籍登记却存在重大瑕疵。根据《户口登记条例》《公安部关于不得随意更改户口簿出生年月日的通知》（公信传〔1986〕94 号）等有关规定，对更改出生日期的，要持慎重态度，原则上不予更改，特殊情况需要更正的，一般应当由本人或者其监护人提出书面申请，提供原始户口底页或者迁移证存根及申请人原始档案资料，填写相应的审批表格，由派出所调查原始出生报户档案和户口迁转档案，必要时还要与相关当事人形成谈话笔录，并形成调查报告，经派出所所长核查签注意见后，报县级公安机关户政部门、区公安机关审核后，在派出所办理相关更正手续。然而，乔某户籍地的公安机关无法提供对乔某年龄进行变更的合法依据及原始档案资料，亦不能进行合理说明，故上述变更后的户籍登记信息存在重大瑕疵。另外，因乔某 2005 年户籍登记变更前的原始户籍底档中记载的出生日期现已作废，司法机关亦不能直接根据原始户籍底档认定其出生日期，何况上述户籍底档记载的出生日期与乔某中学的入学登记卡存在冲突。同理，由于被告人小学和中学的入学登记卡上记载的出生日期不一致，且中学入学登记日期又与被告人的供述、乔母的证言存在冲突，故亦不能直接按照小学或者中学入学登记卡的日期认定被告人的出生日期。二审法院在穷尽各种调查手段后（乔某的接生婆已去世、没有可供查询的医疗防疫记录、村委会没有当年报登年龄的原始记录等），综合在案证据，无法准确判断乔某的出生日期。因此，二审法院根据存疑有利于被告人的原则，依据最高人民法院相关司法解释，依法认定乔某实施全部犯罪时已达到法定责任年龄但属于减轻刑事责任年龄阶段，并据此予以改判。

——《乔某诈骗案——公安机关的户籍材料存在重大瑕疵的，如何认定被告人犯罪时的年龄》，载最高人民法院刑事审判第一、二、三、四、五庭主办：《刑事审判参考》2013 年第 2 集（总第 91 集），法律出版社 2014 年版，第 67~73 页。

21. 已满 14 周岁不满 16 周岁的未成年人实施《刑法》第 17 条第 2 款规定的以外行为的处理

关键词

未成年人犯罪 《刑法》第十七条第二款

最高人民法院司法解释

第五条 已满十四周岁不满十六周岁的人实施刑法第十七条第二款规定以外的行为，如果同时触犯了刑法第十七条第二款规定的，应当依照刑法第十七条第二款的规定确定罪名，定罪处罚。

——《最高人民法院关于审理未成年人刑事案件具体应用法律若干问题的解释》(2006 年 1 月 11 日，法释〔2006〕1 号)。

附录：理解与适用

（三）关于《最高人民法院关于审理未成年人刑事案件具体应用法律若干问题的解释》(以下简称《解释》) 第 5 条规定的理解与适用问题

《解释》第 5 条是关于刑法总则第十七条第二款适用问题的规定。该条主要针对司法实践中已满 14 周岁不满 16 周岁未成年人实施《刑法》第十七条第二款规定以外的行为，而这些行为与《刑法》第十七条第二款所列举行为的性质和危害程度相当甚至更为严重的情形，是否应当追究未成年人刑事责任以及定何种罪名的问题。

通过广泛征求意见和讨论，对《刑法》第十七条第二款的理解与适用形成以下三种意见：

第一，已满 14 周岁不满 16 周岁的人实施了《刑法》第十七条第二款没有列举的行为时，如果同时实施了《刑法》第十七条第二款规定的故意杀人等 8 种犯罪行为的，比如在绑架中杀人的、在拐卖妇女儿童中强奸的等，这种情况下应当对其追究刑事责任。主要理由是：该年龄段未成年人故意杀人、强奸的尚且应当负刑事责任，如果他同时有杀人和绑架或者拐卖妇女儿童和强奸两种行为，就更应当追究其刑事责任。

第二，该年龄段未成年人实施《刑法》第十七条第二款没有列举的行为，比如制造、走私毒品等行为，在刑法第十七条第二款中没有明确列举。这种情况下，如果未成年人没有同时实施《刑法》第十七条所规定的贩卖毒品行为的，这种情形即便制造、走私毒品等行为性质和危害程度与刑法所列举行为相当甚至更为严重，也不应追究其刑事责任，否则就违反了《刑法》第十七条第二款的规定，与罪刑法定原则的要求不符。

第三，对绑架中杀人的或者拐卖妇女儿童中强奸等这类情形，应当按照与《刑法》第十七条第二款的规定相对应的八个罪名定罪处罚，比如绑架杀人的，应当定故意杀人罪；拐卖妇女儿童中强奸的，定强奸罪。主要理由是：如果对该年龄段的人绑架杀人的定绑架罪、拐卖妇女儿童中强奸的定拐卖妇女儿童罪，则势必导致客观上对该年龄段未成年人实施的绑架、拐卖妇女儿童行为追究刑事责任的结果，与刑法规定该年龄段的人为限制刑事责任主体的立法本意相悖。

根据上述三种意见，《解释》第5条规定："已满十四周岁不满十六周岁的人实施刑法第十七条第二款规定以外的行为，如果同时触犯了刑法第十七条第二款规定的，应当依照刑法第十七条第二款的规定确定罪名，定罪处罚。"

——李兵：《〈关于审理未成年人刑事案件具体应用法律若干问题的解释〉的理解与适用》，载《人民司法》2006年4期（总第507期）。

最高人民法院审判业务意见

最高人民法院刑事审判第一庭、第二庭认为：对已满14周岁不满16周岁的人绑架并杀害被绑架人的，应当依照《刑法》第253条的规定，以故意杀人罪追究其刑事责任，理由概述如下：

一、《刑法》第17条第2款中的"故意杀人"泛指一种犯罪行为，而不是特指《刑法》第232条故意杀人罪这一具体罪名。

1.《刑法》修改在前，司法解释确定罪名在后，立法本身并未明确罪名。《刑法》第17条第2款中所称"犯……罪"只能是指某种罪行，而不可能预见性地明指嗣后司法解释确定的罪名。

2.《刑法》第17条第2款中的"故意伤害致人重伤或者死亡"的表述，很明显是指罪行而非具体的罪名，因为按司法解释，该种罪行应确定罪名为故意伤害罪，而非"故意伤害致人重伤或者死亡罪"。据此，也可以印证与其并列的"犯故意杀人罪"的表述，应当是指一种罪行，因为并列的表述在种属归类上应当是一致的。

3.犯罪行为是《刑法》立法规范的对象，罪名则是对犯罪行为本质特征的概括。《刑法》第17条第2款旨在解决已满14周岁不满16周岁的人负刑事责任的范围。《刑法》确定上述年龄段的人应负刑事责任范围的统一标准，只是犯罪行为本身，也即是规定哪些种类的犯罪行为应负刑事责任，不可能、也不会解决哪几种犯罪行为应为哪几种罪名。

4. 把《刑法》第 17 条第 2 款中的“故意杀人”理解为指一种犯罪行为，符合立法本意，并非任意地扩张解释，不违背罪刑法定原则。相反，如果将其理解为仅限于《刑法》第 232 条规定的故意杀人罪，而不包括杀害被绑架人的犯罪行为，对已满 14 周岁不满 16 周岁的人故意杀人的，要负刑事责任，而绑架杀人、劫持航空器杀人等不负刑事责任，这显然有悖立法本意，势必破坏立法确立的相对刑事责任年龄应负刑事责任的统一标准和基础。

二、《刑法》第 239 条中“绑架并杀害被绑架人的”，实质上是绑架和故意杀人两个行为的结合规定。根据《刑法》第 17 条第 2 款的规定，已满 14 周岁不满 16 周岁的人，虽不对绑架行为负刑事责任，但仍应对故意杀人行为负刑事责任。因此，应当依照《刑法》第 232 条以故意杀人罪追究其刑事责任。

需要指出的是，上述结论仅是针对已满 14 周岁不满 16 周岁的人绑架并杀害被绑架人的，主张应当依照《刑法》第 232 条追究其刑事责任。至于已满 16 周岁的人绑架并杀害被绑架人的，因其属于完全刑事责任年龄人，按《刑法》规定，既须对绑架行为负刑事责任，也须对故意杀人行为负刑事责任，因而，仍应当直接依照《刑法》第 239 条第 1 款以绑架罪定罪处罚。

——最高人民法院刑事审判第一、二庭：《关于已满 14 周岁不满 16 周岁的人绑架并杀害被绑架人的行为如何适用法律问题的研究意见》，载最高人民法院刑事审判第一庭、第二庭编：《刑事审判参考》2001 年第 1 辑（总第 12 辑），法律出版社 2001 年版，第 86~88 页。

22. 未成年人犯罪可能判处三年以下有期徒刑的，可以免予刑事处罚

关键词

未成年人犯罪　免予刑事处罚

最高人民法院司法解释

第十七条　未成年罪犯根据其所犯罪行，可能被判处拘役、三年以下有期徒刑，如果悔罪表现好，并具有下列情形之一的，应当依照刑法第三十七条的规定免予刑事处罚：

（一）系又聋又哑的人或者盲人；

（二）防卫过当或者避险过当；

（三）犯罪预备、中止或者未遂；

（四）共同犯罪中从犯、胁从犯；

（五）犯罪后自首或者有立功表现；

（六）其他犯罪情节轻微不需要判处刑罚的。

——《最高人民法院关于审理未成年人刑事案件具体应用法律若干问题的解释》（2006 年 1 月 11 日，法释〔2006〕1 号）。

附录：理解与适用

（九）关于《最高人民法院关于审理未成年人刑事案件具体应用法律若干问题的解释》（以下简称《解释》）第 17 条规定的理解与适用

《解释》第 17 条结合审判实践，对何种情形属于《刑法》第三十七条“情节轻微不需要判处刑罚”作出规定。正确执行该条应当注意把握以下两个方面条件：（1）适用该条的未成年罪犯应当首先是符合《刑法》第七十二条规定的可以宣告缓刑的条件，这是前提条件；（2）未成年罪犯还必须同时具有该条所列举其中一项法定从轻、减轻或者免除处罚情节的。适用《解释》第 17 条需要特别强调的，一是该条是对《刑法》第三十七条规定的“情节轻微不需要判处刑罚”所作的解释，具体执行中应当防止机械地对照该条规定对号入座，特别是对该条第四项、第五项规定的“共同犯罪中从犯”“犯罪后自首或者有立功表现”两种情形，在决定是否应予免予刑事处罚时，要注意结合具体个案情况综合考虑，只有符合《解释》第 17 条的规定，并且确实属于“情节轻微不需要判处刑罚的”，才应当免予刑事处罚。二是各级法院少年法庭对依法适用免予刑事处罚的未成年罪犯，应当严格地依照《最高人民法院关于办理未成年人刑事案件的若干规定》第 41、42、43 条规定的要求，坚持依法做好对判后未成年罪犯的跟踪帮教、预防重新犯罪的向后延伸工作，以便巩固少年法庭审判工作的法律效果和社会效果。

——李兵：《〈关于审理未成年人刑事案件具体应用法律若干问题的解释〉的理解与适用》，载《人民司法》2006 年 4 期（总第 507 期）。

《刑事审判参考》指导案例

李春伟、史熠东抢劫案（《刑事审判参考》指导案例第 480 号）

裁判要点：《最高人民法院关于审理未成年人刑事案件具体应用法律若干问题的解释》第 17 条的规定并未涵括所有免予刑事处罚的情形，也未禁止对犯法定刑为三年以上有期徒刑之罪的未成年被告人免予刑事处罚，在适用第 17 条决定是否免予刑事处罚时，要全面、有序地衡量各种从宽处罚情节，避免重复评价。

根据 2006 年《最高人民法院关于审理未成年人刑事案件具体应用法律若干问题的解释》（以下简称《解释》）第 17 条的规定，对符合《解释》第 17 条所规定条件的未成年被告人，不是“可以”而是“应当”免予刑事处罚。但是，本案被告人所犯罪行为抢劫罪，其法定最低刑为三年有期徒刑，对于此类犯法定刑三年以上有期徒刑犯罪的未成年被告人，能否适用免予刑事处罚？同时，《解释》第 17 条的规定存在从宽处罚情节竞合情况，在判断是否对被告人适用免予刑事处罚时，应当如何运用、考量这些情节，才能避免重复评价？现对这些问题分析如下：

1.《解释》第 17 条的规定并未涵括所有免予刑事处罚的情形，也未禁止对犯法定刑为三年以上有期徒刑之罪的未成年被告人免予刑事处罚

首先，《解释》第 17 条是对刑法第 37 条规定的免予刑事处罚条件的一种具体化，但并未涵括所有可能免予刑事处罚的情形。《刑法》第 37 条规定，对犯罪情节轻微不需要判处刑罚的，可以免予刑事处罚。这是对于免予刑事处罚的原则性规定，与之对应的是《刑法》总则和分则中一些关于免予刑事处罚的具体规定，如又聋又哑的人或者盲人犯罪，防卫过当，避险过当，犯罪预备或者中止，共同犯罪中的从犯或者胁从犯，自首或者重大立功，非法种植毒品原植物但在收获前自动铲除，行贿人在被追诉前主动交代行贿行为的，均可能免予刑事处罚。但不论基于哪种理由免予刑事处罚，都应当符合《刑法》第 37 条的一般规定，即属于“犯罪情节轻微不需要判处刑罚的”。《解释》第 17 条是就未成年人犯罪问题对《刑法》第 37 条免予刑事处罚条件的具体化，之所以采取列举式方法作出了如此具体的规定，并要求对符合这些条件的未成年被告人“应当”免予刑事处罚，就是为了充分贯彻“教育为主，惩罚为辅”的原则，并尽可能地增强审判中的可操作性，避免因自由裁量不当而对部分应免予刑事处罚的未成年被告人判处了刑罚。正因为规定的是“应当”免予刑事处罚的条件，所以起草时结合司法经验使用了较为严密的文字表述，以确保“应当”免予刑事处罚的都是“犯罪情节轻微”的未成年被告人。这样，该条文也就不可能把所有可能免予刑事处罚的情形都涵括进来，因此《解释》第 17 条第（6）项还规定了兜底条款，以涵括对于司法实践中出现的其他可免予刑事处罚的情形。

其次，“可能被判处拘役、三年以下有期徒刑”是指宣告刑而非法定刑，也就是说法定刑为三年徒刑以上时，也存在免予刑事处罚的余地。对《解释》第 17 条规定的刑罚条件，我们认为，这里规定的刑罚条件是指宣告刑而不是法定刑，即审判机关根据被告人犯罪的事实、性质、情节及对社会的危害程度，依法对被告人可能判处的刑罚。理由在于：（1）《解释》第 17 条明确使用了“可能被判处……”的表述，按照文义解释方法，显然是指宣告刑而不是法定刑；如果是指法定刑，则应当通过文字来直接表明。例如，《刑法》第

87 条关于时效的规定，明确使用了“法定最高刑”的表述，故不可能被认为是宣告刑;《刑法》第 72 条关于缓刑的适用条件明确使用了“被判处”的表述，所指则是宣告刑而不可能是法定刑。最高人民法院《关于执行〈中华人民共和国刑事诉讼法〉若干问题的解释》① 第 220 条规定:“刑事诉讼法第 174 条第（1）项规定的可能判处三年以下有期徒刑、拘役、管制、单处罚金的公诉案件，是指被告人被指控的一罪或者数罪，可能被宣告判处的刑罚为三年以下有期徒刑、拘役、管制、单处罚金的案件。”这实际上是对“判处”的含义作出了解释，即所指是宣告刑而不是法定刑。（2）《解释》第 17 条不可能把法定刑为三年以上有期徒刑的犯罪排除在可适用免予刑事处罚的范围之外。因为被告人的犯罪情节是否轻微，虽然主要但并不完全是由法定刑的高低来决定的，对于犯法定刑为三年以上有期徒刑的犯罪，根据具体案情也完全可能属于犯罪情节轻微。同时，《刑法》第 37 条并没有以法定刑作为适用免予刑事处罚的条件，因此《解释》第 17 条也不可能僭越立法权来不当缩小免予刑事处罚的适用范围。可见，本案被告人所犯抢劫罪的法定刑虽为有期徒刑三年以上，也可以根据具体案情决定是否适用免予刑事处罚。

2. 在适用《解释》第 17 条决定是否免予刑事处罚时，要全面、有序地衡量各种从宽处罚情节，避免重复评价

根据《解释》第 17 条，对未成年人犯罪“应当”免予刑事处罚的，要同时符合三项条件:（1）可能被判处三年以下有期徒刑或者拘役;（2）悔罪表现好;（3）具有六项从宽处罚情节之一。据此，在判断对被告人能否适用免予刑事处罚时，裁量过程具有很强的顺序性和逻辑性，不能笼统地同时运用各种情节“估推”出结论，否则就会出现对某一情节重复评价的现象。我们认为，对于未成年人免予刑事处罚的适用，可以分为以下三个步骤来权衡决定。

第一，以所犯罪行本身为基础判断对被告人可能适用的刑罚，也就是按照《刑法》第 61 条规定的量刑基准（犯罪的事实、犯罪的性质、情节和对于社会的危害程度）来量定刑罚。

第二，衡量悔罪表现的作用。一般认为，悔罪表现属于酌定从轻处罚情节，但对于适用缓刑而言，则是法定的必备条件。免予刑事处罚是比适用缓刑更宽大的处理方法，故自然要求被告人有更好的悔罪表现。对于“悔罪表现好”的具体含义，《解释》没有作出规定，通常认为是指到案后如实交代所犯罪行，向被害人真诚表达歉意，积极退赃，积极赔偿被害人的经济损失等。悔罪表现的有无与好坏直接反映被告人人身危险性的大小，对法官决定刑罚

① 本文件已被《最高人民法院关于适用〈中华人民共和国刑事诉讼法〉的解释》（法释〔2012〕21 号）废止。

量及其执行方式具有重要影响，故应当认真审查，严格把关。对于仅在庭审时简单地口头表示悔意，但有条件退赔而不退赔的，不能认定为悔罪表现好。

第三，对于具有《解释》第 17 条所列六项从宽处罚情节之一的被告人，应适用免予刑事处罚。对于符合适用缓刑条件的被告人是否进一步适用免予刑事处罚，关键看其是否具有《解释》第 17 条所列六项从宽处罚情节之一。在这六项从宽情节中，前五项属于《刑法》明确规定可能免予刑事处罚的情节，而第 6 项则属于兜底规定，以涵括前五项之外的其他可能免予刑事处罚的情节。

综上，二审法院维持一审法院对被告人李春伟的判决，并改判一审对被告人史熠东的判决，决定对其适用免予刑事处罚是正确的，准确地贯彻了对于未成年犯罪人"教育为主，惩罚为辅"的刑事政策精神。

——最高人民法院刑事审判第一、二、三、四、五庭主办：《刑事审判参考》2008 年第 2 集（总第 61 集），法律出版社 2008 年版，第 8~15 页。

23. 已满七十五周岁被告人的年龄认定及处罚原则

关键词

《刑法修正案（八）》 已满七十五周岁的人犯罪　处罚原则

附录：最高人民法院主流观点

对已满七十五周岁的故意犯罪人的刑事责任承担上是"可以从轻或者减轻处罚"，也就是说并非对每一个已满七十五周岁的故意犯罪人都一律从轻或减轻处罚。究竟是否从宽处罚，或者说是否该从轻还是减轻，应结合个案，根据犯罪行为的性质、情节和社会危害程度等因素确定。就立法倾向而言，一般先考虑从轻或减轻处罚，除非犯罪行为的性质严重、情节恶劣、社会危害程度较大等，才对此类行为人不予从轻或减轻处罚。

对于已满七十五周岁的过失犯罪人的刑事责任，第十七条之一规定"应当从轻或者减轻处罚"，但不能免除处罚。一方面，这是由过失犯罪主观恶性相对不深的性质所决定的；另一方面，已满七十五周岁的老年人认识和控制自己行为性质和后果的能力较青壮年有所减弱，其刑事责任亦相应较轻。在过失犯罪的情况下，与已满 14 周岁不满 18 周岁的人犯罪的处罚原则是相同的，都是"应当从轻或者减轻处罚"。

三、需要注意的问题

（一）关于已满七十五周岁的人犯罪年龄的认定

在以往的司法实践中，由于没有将"已满七十五周岁"的年龄作为量刑情节，对老年犯罪嫌疑人、被告人年龄的认定争议不大，一般采用户籍年龄。在此应当说明，公安部门出具的户籍证明要求加盖户口专用章，从人口信息网上下载的《人口信息登记表》不符合要求，因为此信息未必是最新和真实的，不能真实地反映老年犯罪嫌疑人、被告人的身份状况。《刑法修正案（八）》生效以后，由于“已满七十五周岁”成为法定的量刑身份，难免对是否已满七十五周岁的问题上引起争议，应当引起我们的注意，积极寻求司法对策。

在审查老年人是否已满七十五周岁的问题上，鉴于老年人年事已高，出生证明等相关材料较难取得，如果发生争议，尽一切手段仍无法查实的情况下，完全有必要借助骨骼年龄的鉴定结论认定老年人的实际年龄。但是，人的生长发育受遗传因素影响，不同的人发育规律不尽一致，同时，营养水平、饮食习惯、气候环境、人文环境等多种因素也决定了不同的人在同一年龄阶段的骨骼发育状况可能也不完全相同，因此，骨龄与实际年龄也许会产生一定的误差。对于骨龄鉴定结论的审查判断，应当注意从以下几个方面把握：

1. 注意审查鉴定机构、鉴定人员的资质。骨龄鉴定结论属于一种科学证据，只有具有相应专门科学知识的人才能运用自身的知识作出判断，得出相应的结论。因此，从事骨龄鉴定的机构和从业者必须具备相应资格。否则，鉴定结论不予认可。

2. 结合被告人供述等其他证据进行判断。由于骨龄鉴定不能得出确定唯一的结论，在审查判断时应参考犯罪嫌疑人、被告人的供述等，可能的情况下，还应调取学历登记、父母、亲戚、邻居等的证言，综合参考判断。

3. 注意鉴定时间与犯罪时间的差异。对老年犯罪嫌疑人、被告人进行骨龄鉴定的时间一般是在其被抓获后或审查起诉阶段，抑或法庭审理过程中，但无论在哪个时间进行鉴定，得出的结论都是被鉴定时的骨龄，与实施犯罪行为时的骨龄有时间上的间隔，因此，应根据鉴定结论推断犯罪时的年龄。

4. 要酌情考虑骨龄鉴定的误差因素。如果骨龄鉴定得出被鉴定人的年龄上限接近七十五周岁，而老年犯罪嫌疑人、被告人供述犯罪时已满七十五周岁，以及鉴定结论下限接近七十五周岁、上限超过七十五周岁的，应按照有利于被告人的原则，认定行为人犯罪时已满七十五周岁。①

（二）对《刑法修正案（八）》施行时已满七十五周岁的人实施犯罪的判决尚未生效案件或者施行后受理案件的处理

“法不溯及既往”是原则，而在新法有利于行为人时溯及既往适用为例外，逐渐成为国际社会刑事立法的通例。根据《刑法》第十二条第二款的规

① 李兵：《〈关于审理未成年人刑事案件具体应用法律若干问题的解释〉的理解与适用》，载《人民司法》2006年第4期（总第507期）。

定，“本法施行以前，依照当时的法律已经作出的生效判决，继续有效。”此处“本法”指现行刑法。《刑法修正案（八）》是对现行刑法的修正，所以“本法”自然包括《刑法修正案（八）》。在《刑法修正案（八）》施行以前，依照当时的法律对已满七十五周岁的人犯罪已经作出的生效判决，继续有效。也就是说，《刑法修正案（八）》对其生效以前的已满七十五周岁的人实施的犯罪行为不发生效力，即不溯及既往。但是，《刑法修正案（八）》对其施行时已满七十五周岁的人实施犯罪的判决尚未生效的案件，以及施行前发生而在施行后发现和处理的犯罪行为均具有溯及力，这是因为《刑法修正案（八）》第一条暨修正后《刑法》第十七条之一，对已满七十五周岁的人犯罪作出了从宽处罚的规定，而修正前刑法没有作出相关规定。

在此，应当指出的是，《刑法修正案（八）》第一条对已满七十五周岁的人故意犯罪规定的是“可以从轻或者减轻处罚”，在考量此类行为人的行为性质、情节和危害程度等以后，决定对其不从轻或减轻处罚的时候，尽管依据修正前后刑法对行为人都没有从轻或减轻处罚，仍然要适用修正后刑法即修正后《刑法》第十七条之一，理由是《刑法修正案（八）》即修正后《刑法》第十七条之一的规定轻于修正前刑法。

——张军、胡云腾主编：《〈刑法修正案（八）〉条文及配套司法解释理解与适用》，人民法院出版社 2011 年版，第 12~25 页。

24.“罪行极其严重”的含义

关键词

罪行极其严重　社会危害性　人身危险性

《刑事审判参考》指导案例

闫新华故意杀人、盗窃案（《刑事审判参考》指导案例第 393 号）

裁判要点：“罪行极其严重”包含三个方面的内容。判断被告人的犯罪行为是否极其严重，应当根据《刑法》和司法解释的有关规定，并综合考虑上述主客观因素，严格认定。

所谓罪行极其严重，是指犯罪性质极其严重，犯罪手段、后果等情节极其严重，被告人的主观恶性和人身危险性极大。“罪行极其严重”是死刑适用的实质条件，包含三个方面的内容：一是被告人的行为触犯了《刑法》规定的可以判处死刑的罪名，且行为性质极其恶劣；二是被告人所犯罪行的情节特别严重，且造成了特别严重的社会危害后果；三是被告人的主观恶性和人身危险性极大。判断被告人的犯罪行为是否极其严重，应当根据《刑法》和司法解释的有关规定，并综合考虑上述主客观因素，严格认定。

——最高人民法院刑事审判第一、二、三、四、五庭主办：《刑事审判参考》2006 年第 3 集（总第 50 集），法律出版社 2006 年版，第 1~8 页。

25. 如何理解和认定《刑法》第四十九条“以特别残忍手段致人死亡”

关键词

以特别残忍手段致人死亡　老年人犯罪

《刑事审判参考》指导案例

胡金亭故意杀人案（《刑事审判参考》指导案例第 830 号）

裁判要点：对《刑法》第四十九条中“以特别残忍手段”的理解，应当综合杀人手段、行为过程等方面，按照民众理解的一般观念予以认定。

（一）如何理解和认定“以特别残忍手段致人死亡”

随着生活质量、医疗水平的不断提高，我国的人均寿命正在不断延长，老年人口的绝对数量及其所占人口总数的相对比例也随之不断提高。针对老年人这一特殊群体的犯罪，世界上许多国家都规定了从宽处罚的制度。2011 年颁布的《刑法修正案（八）》第一条新增一条作为《刑法》第十七条之一，规定：“已满七十五周岁的人故意犯罪的，可以从轻或者减轻处罚；过失犯罪的，应当从轻或者减轻处罚。”第三条增加一款作为《刑法》第四十九条第二款，规定：“审判的时候已满七十五周岁的人，不适用死刑，但以特别残忍手段致人死亡的除外。”

由上述规定可知，在我国，对年满七十五周岁的老年人犯罪并非一概不适用死刑，如果年满七十五周岁的老年人犯故意杀人罪且属于“以特别残忍手段致人死亡”的，可以判处死刑。从逻辑结构分析，“以特别残忍手段致人死亡”可以分解为“以特别残忍手段”与“致人死亡”两部分，且这两部分之间存在刑法上的因果关系。其中，“致人死亡”比较容易理解，实践中引发争议的往往是对“特别残忍手段”的理解和认定。

1. 如何理解和认定“特别残忍手段”

众所周知，任何一个犯罪目的的实现都必须借助一定的犯罪手段。犯罪手段不仅可以反映犯罪行为的客观损害程度，还可以反映行为主体的主观恶性和人身危险性大小。因此，犯罪手段在我国司法实践中往往是一个重要的酌定量刑情节。司法实践中，在死刑判决、裁定书中的“裁判理由”部分，“犯罪手段残忍”“犯罪手段特别残忍”“犯罪手段极其恶劣”等表述充分表明“犯罪手段残忍”或者“犯罪手段特别残忍”已经成为适用死刑立即执行的一个重要依据，特别是在年满七十五周岁的老年人故意杀人案件中，“特别残忍手段”更是适用死刑的唯一法定依据。由此可见，对“手段特别残忍”的理解足以影响死刑在实践中的具体适用。

关于“特别残忍手段”的含义，当前立法、司法机关均未作出具体解释，司法实践中，往往只能由法官自由裁量。如此一来，在具体案件中适用不一以及量刑偏差自然是难以避免的问题。我们认为，对于故意杀人罪中的“特别残忍手段”可以参照故意伤害罪中的“特别残忍手段”进行认定。关于《刑法》第二百三十四条第二款中“致人死亡或者以特别残忍手段致人重伤造成严重残疾”中“特别残忍手段”的理解，全国人大常委会法制工作委员会刑法室编著的《中华人民共和国刑法释义》一书认为，该条中的“特别残忍手段”，是指故意造成他人严重残疾而采用毁容、挖人眼睛、砍掉人双脚等特别残忍的手段伤害他人的行为。这一解释依然是粗线条式的，同时亦存在循环定义的逻辑问题，对于具体司法适用问题的解决难以起到实质效果。

一般手段杀人与以特别残忍手段杀人，两者的相同之处在于侵害了被害人的生命权，两者的区别在于对善良风俗、伦理底线、人类恻隐心的侵犯程度不同。因此，对故意杀人罪中“特别残忍手段”的理解和认定，应当符合社会民众一般的观念。我们认为，在具体案件中，对“特别残忍手段”可以综合从以下几个方面理解和认定：（1）杀人手段：使用焚烧、冷冻、油煎、毒蛇猛兽撕咬、分解肢体、剥皮等凶残狠毒方法杀死被害人的。（2）行为过程：犯罪行为持续时间长、次数频繁、折磨被害人的主观故意强。如用凶器数十次捅刺被害人的；长时间暴力折磨被害人，故意加重其痛苦程度的；在被害人失去反抗能力后求饶、逃跑、呼救的过程中，仍然执意追杀被害人的。（3）以其他让社会民众普遍难以接受的手段和方式杀害被害人的。

本案中，胡金亭在作案手段上选择的是持刀杀人，而并非其他非常见的凶残狠毒方法；在行为次数上仅仅捅刺了一刀，并非连续捅刺；在被害人失去反抗能力之后也并没有再次捅刺。综上，胡金亭的犯罪手段一般，一审法院认定其作案以“特别残忍手段”不当，二审法院认定其作案手段不属于“以特别残忍手段致人死亡”，依法不适用死刑是正确的。

2. 对“特别残忍手段”与“情节特别恶劣”应当区别认定

有观点认为，《刑法》第四十九条第二款关于“以特别残忍手段致人死亡"的除外规定范围太小，应当扩大为"情节特别恶劣"。即对老年人犯罪是否适用死刑，除了要考虑犯罪行为是否特别残忍之外，还应当综合考虑主观恶性和人身危险性等因素，而不应仅凭手段残忍致人死亡这一情节作出判决。我们认为，"以特别残忍手段致人死亡"仅仅是"情节特别恶劣"的情形之一，"情节特别恶劣"涵盖的范围更广。如果将"以特别残忍手段致人死亡"替换为"情节特别恶劣"，无疑扩大了已满七十五周岁的老年人适用死刑的限制范围，有违《刑法》第四十九条第二款的立法初衷。

本案中，一审法院在认定"以特别残忍手段致人死亡"时，将胡金亭有预谋、事先准备凶器以及在公开场合行凶等事实情状作为认定"特别残忍手段"的依据，实际混淆了"特别残忍手段"与"情节特别恶劣"的认定，不当扩大了对老年人犯罪死刑适用的范围，与"有关老年人免除死刑"的立法精神相背离。二审法院认定胡金亭的故意杀人行为不属于"特别残忍手段"是正确的。

——《胡金亭故意杀人案——如何理解刑法第四十九条"以特别残忍手段致人死亡"》，载最高人民法院刑事审判第一、二、三、四、五庭主办：《刑事审判参考》2013年第1集（总第90集），法律出版社2013年版，第40~45页。

26. 对已满七十五周岁的老年人犯罪是否适用无期徒刑以及能否同时适用《刑法》第十七条之一的规定

关键词

已满七十五周岁的人犯罪　无期徒刑　从轻或者减轻处罚

《刑事审判参考》指导案例

胡金亭故意杀人案（《刑事审判参考》指导案例第830号）

裁判要点：对年满七十五周岁的老年人犯罪是否可以判处无期徒刑，取决于对年满七十五周岁的老年人故意犯罪是否适用从轻或减轻处罚。而是否适用从轻或减轻处罚，应当根据具体犯罪事实和犯罪情节予以综合认定。

（二）对已满七十五周岁的老年人犯罪是否适用无期徒刑以及能否同时适用《刑法》第十七条之一的规定

由于对《刑法》第四十九条第二款和刑法第十七条之一有不同的理解，

对年满七十五周岁的老年人犯罪是否适用无期徒刑的问题，理论界存在“肯定说”和“否定说”之争。

“否定说”认为，《刑法》第四十九条第二款规定：“审判的时候已满七十五周岁的人，不适用死刑”，这是禁止性规范；《刑法》第十七条之一规定：“对老年罪犯适用刑罚，可以从轻或者减轻处罚”这是命令性规范。上述两条规定并行不悖，在具体案件中，一般都同时适用。由于刑法第四十九条第二款明确排除了对老年罪犯适用死刑，因而其法定最高刑只能是无期徒刑，同时根据刑法第十七条的规定，对老年罪犯一般应予以从轻或者减轻处罚，而该条关于“从轻处罚”的规定无法在无期徒刑的范围内得以体现，所以，对老年人在适用从轻处罚的规定时不能适用无期徒刑。“肯定说”则认为，对老年人不适用死刑而判处无期徒刑，已经体现了从宽处罚，可以不再适用刑法第十七条之一的规定，因此，可以对老年人罪犯适用无期徒刑。

我们认为，从法律规定分析，是否同时适用刑法第十七条之一和第四十九条第二款的规定，要视具体情形而定：如果年满七十五周岁的老年人犯罪属于可以从轻或者减轻处罚但最终未适用从轻或者减轻处罚的，无须同时适用；如果年满七十五周岁的老年人犯罪属于可以从轻或者减轻处罚且最终适用从轻或者减轻处罚的，或者属于应当从轻或者减轻处罚的，应当同时适用。在认定不属于“以特别残忍手段致人死亡”的前提下：对于年满七十五周岁的老年人故意犯罪无须同时适用刑法第十七条之一和第四十九条第二款规定的情形，可以对年满七十五周岁的老年人判处无期徒刑；对于年满七十五周岁的老年人故意犯罪同时适用刑法第十七条之一和第四十九条第二款规定的情形，对年满七十五周岁的老年人不应判处无期徒刑。基于上述分析，对年满七十五周岁的老年人罪犯，是否可以判处无期徒刑，取决于对年满七十五周岁的老年人故意犯罪是否适用从轻或者减轻处罚，而是否适用从轻或者减轻处罚，应当根据具体犯罪事实和犯罪情节予以综合认定。

本案中，二审法院在认定被告人胡金亭犯罪手段不属于“以特别残忍手段致人死亡”的同时，综合本案具体犯罪事实和各种犯罪情节，认为胡金亭所犯罪行严重，对其不适用从轻或者减轻处罚，从而对其判处无期徒刑是正确的。由于刑法第十七条之一的规定可以延伸出适用从轻或者减轻处罚和不适用从轻或者减轻处罚的可能，故二审判决同时引用刑法第十七条之一和第四十九条第二款的规定，是规范、妥当的。

——《胡金亭故意杀人案——如何理解刑法第四十九条“以特别残忍手段致人死亡”》，载最高人民法院刑事审判第一、二、三、四、五庭主办：《刑事审判参考》2013 年第 1 集（总第 90 集），法律出版社 2013 年版，第 40~45 页。

27. 对限制刑事责任能力的精神病人的处罚

关键词

限制刑事责任能力　精神病人

《刑事审判参考》指导案例

阿古敦故意杀人案（《刑事审判参考》指导案例第 152 号）

裁判要点：对限制刑事责任能力的精神病人犯罪的，可以从轻或减轻处罚。

确定行为人无刑事责任能力或限制刑事责任能力的法定情形之一，是《刑法》第 18 条规定的精神病人。需要指出的是，从立法原意上看，对《刑法》第 18 条规定的精神病人应作广义的理解，即应理解为司法精神病学中所说的精神障碍或精神疾患。它既包括医学上通常所说的精神病，如精神分裂症、躁狂抑郁性精神病、偏执型精神病这些明确诊断的精神疾病，还应包括精神发育迟滞、精神发育不全以及非精神病性精神障碍，如神经官能症（包括癔症、强迫症、焦虑症、神经衰弱等）、人格障碍（又名变态人格）、性心理障碍（又名性变态）等。司法实践中，判断行为人是否患有精神病，患有何种精神病及其轻重程度，有无刑事责任能力，要经过司法精神病学专家鉴定和司法人员审查才能确认。只有经过司法人员审查确定的鉴定结论，才能够作为认定行为人是否应当负刑事责任，或者负何种程度的刑事责任的证据使用。

由于精神病人精神障碍的类别和程度不同，从而影响到其是否承担刑事责任，或是承担部分还是全部刑事责任。1979 年《刑法》对精神病人的刑事责任，采用的是"两分法"，即将精神病人的刑事责任分为无刑事责任和完全刑事责任。但在司法实践中，有的精神病人犯罪时并未完全丧失辨认能力和控制能力，只是因病使其辨认能力减弱和控制能力有所下降。对这部分人应如何处罚没有法律依据。修订《刑法》在保留和完善 1979 年《刑法》第 15 条规定的同时，增设了尚未完全丧失辨认或者控制能力的精神病人犯罪的刑事责任的规定，采用了"三分法"，即将精神病人的刑事责任划分为无刑事责任、完全刑事责任和限制刑事责任，弥补了 1979 年《刑法》对刑事责任规定不够完善的缺陷。

《刑法》第 18 条第 3 款规定："尚未完全丧失辨认或者控制自己行为能力

的精神病人犯罪，应当负刑事责任，但是可以从轻或者减轻处罚。”该款是对那些属于限制刑事责任能力的精神病人应当如何处罚的规定。所谓“尚未完全丧失辨认或者控制能力”，是指精神病人在实施危害社会的行为时，由于精神障碍，致使其辨认能力减弱，控制能力下降。这种精神病人一般包括以下两类：一是处于早期或部分缓解期的精神病人；二是某些非精神病性精神障碍人。这类精神病人在实施危害社会的行为时，一方面具有一定的辨认或者控制自己行为的能力，因此应当承担刑事责任；另一方面，其辨认能力或者控制能力又因精神疾病而受到明显削弱，所以在追究刑事责任时可以从轻或减轻处罚。值得注意的是，虽然该款规定的是“可以”而不是“应当”从轻或者减轻，但应当理解为在一般情况下都应该予以从轻或者减轻处罚。

——最高人民法院刑事审判第一庭、第二庭编：《刑事审判参考》2002 年第 1 辑（总第 24 辑），法律出版社 2002 年版，第 16~21 页。

28. 行为人因吸毒致神志异常而实施严重危害社会行为的，应当承担刑事责任

关键词

刑事责任能力　吸毒后犯罪　处罚原则

《最高人民法院公报》案例

福州市人民检察院诉彭崧故意杀人案（判决时间：2007 年 2 月 28 日，二审法院：福建省高级人民法院）

裁判摘要：行为人因吸毒后产生神志异常而实施危害社会的行为，构成犯罪的，依法应当承担刑事责任。

福建省高级人民法院二审认为：上诉人彭崧应对其杀人行为承担刑事责任。

首先，根据《刑法》的有关规定，在以下几种情形下行为人对其实施的造成一定损害后果的行为不负刑事责任：（1）行为人实施《刑法》规定的犯罪行为时尚未达到刑事责任年龄，即实施故意杀人、故意伤害致人重伤或者死亡、强奸、抢劫、贩卖毒品、放火、爆炸、投毒等犯罪行为时不满 14 周岁，实施《刑法》规定的其他犯罪行为时不满 16 周岁；（2）精神病人在不能辨认或者不能控制自己行为的时候造成危害结果，经法定程序鉴定确认的；（3）为了使国家、公共利益、本人或者他人的人身、财产和其他权利免受正

在进行的不法侵害，而采取的制止不法侵害的正当防卫行为，对不法侵害人造成损害但没有超过必要限度的；（4）为了使国家、公共利益、本人或者他人的人身、财产和其他权利免受正在发生的危险，不得已采取的紧急避险行为，造成损害但没有超过必要限度的。上诉人彭崧在服食摇头丸药性发作后实施杀人行为，导致被害人阮召森死亡，其行为具有严重的社会危害性，且显然不属于上述《刑法》规定的不负刑事责任的情形。

其次，上诉人彭崧并未患有任何精神病，其服食摇头丸后产生的短暂神志异常，与醉酒后的短暂神志异常在本质上是相同的。我国《刑法》第 18 条规定，醉酒的人犯罪，应当负刑事责任。根据该规定，因醉酒后出现短暂神志异常而犯罪的应当负刑事责任。因此，因吸毒后出现短暂神志异常而犯罪的，也应当负刑事责任。

再次，吸食包括摇头丸在内的毒品是违法行为。上诉人彭崧曾经多次服食摇头丸，并出现过服药后的幻想症状。对此彭崧自己完全清楚。案发当晚，作为一个具有正常行为能力的人，在明知自己吸食毒品后会产生短暂神志异常的情况下，彭崧仍然自愿服食摇头丸，最终导致神志异常而实施杀人行为。正是彭崧的自愿吸毒行为，使其陷于神志异常状态，并在此状态下实施犯罪行为，造成严重的危害后果。故彭崧应当对自己的行为承担刑事责任。

综上，福建省高级人民法院根据《刑法》第 232 条、第 67 条第 1 款、第 57 条第 1 款、《中华人民共和国刑事诉讼法》第 189 条第（1）项之规定，于 2007 年 2 月 28 日裁定：驳回上诉，维持原判。

——《最高人民法院公报》2007 年第 7 期。

29. 吸食毒品致精神障碍后故意杀人案件的处理原则

关键词

毒品　精神障碍　故意杀人　原因自由行为

《刑事审判参考》指导案例

陈万寿故意杀人案（《刑事审判参考》指导案例第 1242 号）

裁判要点：根据原因自由行为的法理，对于故意或者过失导致自己陷入限定责任能力状态进而实施犯罪的，应当追究刑事责任，而且不能适用从轻或者减轻处罚的规定。

本案在审理过程中形成两种意见：

第一种意见认为，本案案发时被告人陈万寿的精神状态与精神病患者相同，对自己的行为完全丧失控制能力，事后亦不知自己所为。陈万寿系在妄想支配下作案，此类案发时精神状态异常的被告人，属于控制适用死刑的范围，可不判处死刑立即执行，判处死刑缓期执行并限制减刑即可。

第二种意见认为，被告人陈万寿常年吸食毒品，曾因吸毒被强制戒毒，后又复吸，其对吸食毒品系违法行为有明确认知，且曾多次出现幻觉后打骂他人的现象，对吸食毒品会造成的危害后果可以预见，其吸食毒品是原因自由行为。陈万寿吸食毒品导致的精神障碍与精神病有显著区别，精神病系被动的受害者，吸食毒品所致精神障碍系自陷行为所致，具有主动性。吸食毒品导致精神障碍后犯罪与醉酒后犯罪类似，刑法明确规定“醉酒的人犯罪，应负刑事责任”，且吸食毒品本已违法，故吸毒致幻后犯罪更应负刑事责任。陈万寿吸毒致幻后，当众无故持刀砍切幼童的颈部，致一人死亡，犯罪手段残忍，情节、后果严重，无任何从轻情节，可依法判处死刑立即执行。

我们倾向于第二种意见，主要理由如下：

被告人陈万寿作案时，处于精神活性物质所致精神障碍发病期，其发病主要原因是其常年吸食毒品所致。其吸毒行为属于可控制行为，具有违法性和自陷性，其因常年吸毒而产生幻觉实施故意杀人的行为，属刑法理论上的“原因自由行为”，也称“自陷行为”。

原因自由行为，是指具有责任能力的行为人，故意或者过失使自己一时陷入丧失或者尚未完全丧失责任能力的状态，并在该状态下实施了符合客观构成要件的违法行为。使自己陷入丧失或者尚未完全丧失责任能力状态的行为，称为原因行为；在该状态下实施的符合客观构成要件的违法行为，称为结果行为。由于行为人可以自由决定自己是否陷入上述状态，故称为原因自由行为。例如，行为人明知自己有病理性醉酒的历史，醉酒后极易实施暴力行为致伤他人，仍故意大量饮酒而致自己呈现病理性醉酒状态，随即实施了暴力行为造成伤害他人的危害后果的，即属于原因自由行为。我国刑法没有对原因自由行为作出专门规定，但规定了醉酒人的刑事责任问题。1979 年刑法第十五条第三规定：“醉酒的人犯罪，应当负刑事责任。”1997 年刑法沿用了这一规定，在第十八条第四款作出了同样的表述，这就在刑事立法上确立了“醉酒人应当对其触犯刑事法律的危害行为负刑事责任”的原则。

按照我国刑法学界的通说，主客观相统一的原则是认定刑事责任的基本原则。主观罪过是行为人对自己行为的危害结果的心理态度，危害行为是行为人在自己意志支配下的身体动静，主观罪过和危害行为是有机统一的。而在原因自由行为的场合下，行为人的主观罪过与结果行为是“脱节”的。在原因行为时，行为人有责任能力，对将要实施的行为造成的危害结果有罪过；但在行为人实施结果行为时，处在无责任能力状态，自然也谈不上罪过的问题。为什么要追究陷入无责任能力状态的行为人的刑事责任呢？我们认为，从因果关系的角度来解释，行为人的结果行为纯粹是其实施犯罪的工具。行为人故意或过失造成自己的无责任能力状态并且在这种状态下造成了危害结果，这种利用自己为工具的行为应当被看作其实行行为，与利用物理工具的行为（如驱赶猛兽杀人）具有相同的刑法意义。在行为人起先没有实施暴行等结果行为的意思，但由于饮酒、吸毒等原因行为而产生了该意思时，可以肯定原因行为与结果之间存在因果关系。在行为人事先就有实施结果行为的意思，出于鼓起勇气等动机而饮酒、吸毒导致丧失责任能力，进而在该状态下实施了结果行为时，也可以肯定原因行为与结果之间的因果关系。既然行为人在实施与结果的发生具有因果关系的行为时具有责任能力，而且具有故意或者过失，就具有了可罚性。因此，根据原因自由行为的法理，对于故意或者过失导致自己陷入限定责任能力状态进而实施犯罪的，应当追究刑事责任，而且不能适用从轻或者减轻处罚的规定。

——最高人民法院刑事审判第一、二、三、四、五庭主办：《刑事审判参考》（总第113辑），法律出版社2019年版，第42~46页。

30. 如何把握正当防卫的起因条件

关键词

正当防卫　起因条件　不法侵害

最高人民法院司法政策精神

二、正当防卫的具体适用

5. 准确把握正当防卫的起因条件。正当防卫的前提是存在不法侵害。不法侵害既包括侵犯生命、健康权利的行为，也包括侵犯人身自由、公私财产等权利的行为；既包括犯罪行为，也包括违法行为。不应将不法侵害不当限缩为暴力侵害或者犯罪行为。对于非法限制他人人身自由、非法侵入他人住宅等不法侵害，可以实行防卫。不法侵害既包括针对本人的不法侵害，也包括危害国家、公共利益或者针对他人的不法侵害。对于正在进行的拉拽方向盘、殴打司机等妨害安全驾驶、危害公共安全的违法犯罪行为，可以实行防卫。成年人对于未成年人正在实施的针对其他未成年人的不法侵害，应当劝阻、制止；劝阻、制止无效的，可以实行防卫。

——《最高人民法院、最高人民检察院、公安部关于依法适用正当防卫制度的指导意见》（2020年8月28日，法发〔2020〕31号）。

附录：理解与适用

对非法限制他人人身自由等不法侵害，是否可以实行防卫，存在不同认识。从刑法规定来看，对不法侵害并未作出限制性规定，将部分不法侵害排除在正当防卫的起因之外，于法无据。基于此，最高人民法院、最高人民检察院、公安部联合发布《关于依法适用正当防卫制度的指导意见》(以下简称《正当防卫指导意见》）第5条专门规定："对于非法限制他人人身自由、非法侵入他人住宅等不法侵害，可以实行防卫"。实际上，这也是司法实践的通行做法。例如，在"于欢案"(最高人民法院指导案例93号"于欢故意伤害案"）中，杜某某等人对于欢及其母亲持续实施限制人身自由的非法拘禁行为，即被认定为不法侵害。再如，在"汪天佑正当防卫案"(《正当防卫指导意见》所附典型案例一）中，燕某某、赵某与汪天佑并不相识，且不表明身份、天黑时强行踹开纱门闯入汪天佑家，该非法侵入住宅的行为足以对汪天佑及其家人的人身、财产造成严重威胁，引发极大心理恐慌，也应认定为"不法侵害"，可以进行防卫。

——《正当防卫指导意见》起草小组:《〈关于依法适用正当防卫制度的指导意见〉的理解与适用》，载最高人民法院刑事审判第一、二、三、四、五庭编:《刑事审判参考》(总第128辑），人民法院出版社2021年版，第163~164页。

最高人民法院公布的典型案例

汪天佑正当防卫案——正当防卫起因条件的把握

裁判要旨：不法侵害既包括侵犯生命、健康权利的行为，也包括侵犯人身自由、公私财产等权利的行为；既包括针对本人的不法侵害，也包括危害国家、公共利益或者针对他人的不法侵害。要防止将不法侵害限缩为暴力侵害或者犯罪行为，进而排除对轻微暴力侵害或者非暴力侵害以及违法行为实行正当防卫。对于非法侵入他人住宅等不法侵害，可以实行防卫。

基本案情

被告人汪天佑与汪某某系邻居，双方曾因汪某某家建房产生矛盾，后经调解解决。2017年8月6日晚8时许，汪某某的女婿燕某某驾车与赵某、杨某某来到汪天佑家北门口，准备质问汪天佑。下车后，燕某某与赵某敲汪天佑家北门，汪天佑因不认识燕某某和赵某，遂询问二人有什么事，但燕某某等始终未表明身份，汪天佑拒绝开门。燕某某、赵某踹开纱门，闯入汪天佑家过道屋。汪天佑被突然开启的纱门打伤右脸，从过道屋西侧橱柜上拿起一铁质摩托车减震器，与燕某某、赵某厮打。汪天佑用摩托车减震器先后将燕某某和赵某头部打伤，致赵某轻伤一级、燕某某轻微伤。其间，汪天佑的妻子电话报警。

处理结果

河北省昌黎县人民法院判决认为：被害人燕某某、赵某等人于天黑时，未经允许，强行踹开纱门闯入被告人汪天佑家过道屋。在本人和家人的人身、财产安全受到不法侵害的情况下，汪天佑为制止不法侵害，将燕某某、赵某打伤，致一人轻伤一级、一人轻微伤的行为属于正当防卫，不负刑事责任。该判决已发生法律效力。

典型意义

根据刑法第二十条第一款的规定，正当防卫的前提是存在不法侵害，这是正当防卫的起因条件。司法适用中，要准确把握正当防卫的起因条件，既要防止对不法侵害作不当限缩，又要防止将以防卫为名行不法侵害之实的违法犯罪行为错误认定为防卫行为。

第一，准确把握不法侵害的范围。不法侵害既包括侵犯生命、健康权利的行为，也包括侵犯人身自由、公私财产等权利的行为；既包括针对本人的不法侵害，也包括危害国家、公共利益或者针对他人的不法侵害。要防止将不法侵害限缩为暴力侵害或者犯罪行为，进而排除对轻微暴力侵害或者非暴力侵害以及违法行为实行正当防卫。对于非法侵入他人住宅等不法侵害，可以实行防卫。本案中，燕某某、赵某与汪天佑并不相识，且不表明身份、天黑时强行踹开纱门闯入汪天佑家，该非法侵入住宅的行为不仅侵害了他人的居住安宁，而且已对他人的人身、财产造成严重威胁，应当认定为“不法侵害”，可以进行防卫。因此，汪天佑为制止不法侵害，随手拿起摩托车减震器，在双方厮打过程中将燕某某、赵某打伤，致一人轻伤一级、一人轻微伤的行为属于正当防卫。

第二，妥当认定因琐事引发的防卫行为。实践中，对于因琐事发生争执，引发打斗的案件，判断行为人的行为是否系防卫行为，较之一般案件更为困难，须妥当把握。特别是，不能认为因琐事发生争执、冲突，引发打斗的，就不再存在防卫的空间。双方因琐事发生冲突，冲突结束后，一方又实施不法侵害，对方还击，包括使用工具还击的，一般应当认定为防卫行为。本案中，汪天佑与汪某某系邻居，双方曾因汪某某家建房产生矛盾，但矛盾已经调解解决。此后，汪某某的女婿燕某某驾车与赵某、杨某某来到汪天佑家准备质问纠纷一事，进而实施了非法侵入住宅的行为。综合全案可以发现，汪天佑随手拿起摩托车减震器实施的还击行为，系为制止不法侵害，并无斗殴意图，故最终认定其还击行为属于正当防卫。

——《涉正当防卫典型案例》(2020 年 9 月 3 日)，载最高人民法院官网，https：//www.court.gov.cn。

《刑事审判参考》指导案例

周文友故意杀人案（《刑事审判参考》指导案例第 363 号）

裁判要点：存在“不法侵害”是正当防卫成立的前提条件，但只有这种不法侵害具有紧迫性时，才允许对其实行防卫。

《刑法》第 20 条规定：为了使国家、公共利益、本人或者他人的人身、财产和其他权利免受正在进行的不法侵害，而采取的制止不法侵害的行为，对不法侵害人造成损害的，属于正当防卫，不负刑事责任。正当防卫是我国《刑法》中规定的违法性阻却事由之一，在社会生活中，正当防卫从表面上看具有加害性，但实质并不具备犯罪构成要件，也不具有社会危害性，属于一种排除社会危害性的行为，它是我国《刑法》的重要制度之一。根据《刑法》的规定，正当防卫是为了合法权益免受侵害，在紧急情况下制止不法侵害，赋予公民实施自力救济以便保护合法权益的一项措施。存在“不法侵害”是正当防卫成立的前提条件，但只有这种不法侵害具有紧迫性时，才允许对其实行防卫。

——最高人民法院刑事审判第一庭、第二庭编：《刑事审判参考》2005 年第 5 集（总第 46 集），法律出版社 2006 年版，第 30~40 页。

31. 如何把握正当防卫的时间条件

关键词

正当防卫　不法侵害紧迫性

最高人民法院司法政策精神

6. 准确把握正当防卫的时间条件。正当防卫必须是针对正在进行的不法侵害。对于不法侵害已经形成现实、紧迫危险的，应当认定为不法侵害已经开始；对于不法侵害虽然暂时中断或者被暂时制止，但不法侵害人仍有继续实施侵害的现实可能性的，应当认定为不法侵害仍在进行；在财产犯罪中，不法侵害人虽已取得财物，但通过追赶、阻击等措施能够追回财物的，可以视为不法侵害仍在进行；对于不法侵害人确已失去侵害能力或者确已放弃侵害的，应当认定为不法侵害已经结束。对于不法侵害是否已经开始或者结束，应当立足防卫人在防卫时所处情境，按照社会公众的一般认知，依法作出合乎情理的判断，不能苛求防卫人。对于防卫人因为恐慌、紧张等心理，对不法侵害是否已经开始或者结束产生错误认识的，应当根据主客观相统一原则，依法作出妥当处理。

——《最高人民法院、最高人民检察院、公安部关于依法适用正当防卫制度的指导意见》（2020年8月28日，法发〔2020〕31号）。

附录：理解与适用

对于不法侵害是否应当具有紧迫性，以及如何把握紧迫性，存在争议。有观点认为，正在进行的不法侵害即具有紧迫性，不需要再行就“紧迫性”作出判断；也有观点认为，正在进行的不法侵害是否具有紧迫性，需要单独判断，如非法拘禁行为不具有紧迫性，不能正当防卫。从境外情况来看，英美法系一般要求不法侵害对“生命健康权造成迫在眉睫的危险”；大陆法系中，德国规定对人格、婚姻、房屋权等的不法侵害都可以进行正当防卫，而日本最高裁判所则认为“紧迫”主要指不法侵害正在进行，即着重考虑的是防卫时间问题。鉴于这一问题存在较大争议，《最高人民法院、最高人民检察院、公安部关于依法适用正当防卫制度的指导意见》（以下简称《正当防卫指导意见》）未作明确规定，司法实践在处理相关案件时，宜把握如下原则：正当防卫是紧急情况下保护合法权益的非常措施，因此不法侵害应当具有“紧迫性”；同时，对“紧迫性”不能作过于狭隘的理解和判断。具体而言，只要存在正在进行的不法侵害，通常就应当认定为具有防卫“紧迫性”，不能把“紧迫性”人为限缩为“造成人身伤害或者公共安全危险等重大后果”，对非法拘禁等不法侵害行为也可以进行防卫；但是，有些不法侵害，如侵犯知识产权行为、重婚等，采取加害性的防卫行为予以制止有悖常情常理，通过报案等方式解决更为可取的，不宜认为具有防卫的紧迫性和必要性。

根据刑法规定，正当防卫必须是针对正在进行的不法侵害，即不法侵害已经开始、尚未结束。《正当防卫指导意见》第6条对司法实践中准确把握正当防卫的时间条件应当注意的相关问题作了明确。

其一，关于不法侵害的开始时间。一般认为，可以将不法侵害的着手认定为开始时间。但在理论上和实践中，对于不同不法侵害行为着手的认定标准往往存在争议。因此，以着手作为认定标准，不够明确，难以统一认识。实际上，不法侵害是否开始，主要应当看不法侵害是否造成现实、紧迫危险。基于此，《正当防卫指导意见》第6条规定，“对于不法侵害已经形成现实、紧迫危险的，应当认定为不法侵害已经开始”。根据该规定，如果不法侵害已经实际危害人身、财产安全的，当然属于已经开始；虽未造成实际损害，但已经形成现实、紧迫危险，不进行防卫就会失去防卫时机，无法再进行有效防卫的，也应当认为不法侵害已经开始，允许进行防卫，即可以“先下手为强”。司法实践中有案件也是这样处理的。例如，在“刘敬章正当防卫案”[福建省长汀县人民法院（2013）汀刑初字第133号刑事裁定]中，刘敬章孤身一人住在深山寺庙，年过六旬。不法侵害人在提出借住寺庙的要求被拒绝后，攀墙进入庙内，持菜刀踢门闯入刘敬章的卧室。刘敬章因听到脚步声，用手机准备向他人求救，此时借助手机屏幕光亮看到持刀闯入的不法侵害人后，拿起放在床头边的柴刀向其猛砍一刀。此种情形下，不法侵害已经形成现实、紧迫危险，故刘敬章的行为具有防卫性质，属于正当防卫。

其二，关于不法侵害的结束时间。《正当防卫指导意见》第6条明确，“对于不法侵害虽然暂时中断或者被暂时制止，但不法侵害人仍有继续实施侵害的现实可能性的，应当认定为不法侵害仍在进行”“对于不法侵害人确已失去侵害能力或者确已放弃侵害的，应当认定为不法侵害已经结束”。司法实践中还需要注意把握好两个问题：（1）犯罪达到既遂状态，并不必然意味不法侵害已经结束。就继续犯而言，犯罪既遂后，犯罪行为与不法状态在一定时间内同时处于继续状态，显然不宜以犯罪既遂作为不法侵害的结束时间。（2）针对财产的不法侵害，侵害人取得财物后，不宜一概认定不法侵害已经结束，而应当根据案件具体情况作出判断。特别是，如果防卫行为从整体上看是一体的，应当认为不法侵害没有结束。“一体”一般指的是同一机会、同一场合、同一动机，中间没有明显中断。按照上述一体判断原则，对盗窃犯盗窃后逃跑时被害人发现，并追击、当场取回被窃财物的，可以根据案件具体情况认定属于正当防卫。实际上，《刑事诉讼法》第八十四条关于对“正在实行犯罪或者在犯罪后即时被发觉的”，可以立即扭送公安机关、人民检察院或者人民法院处理的规定，也可以佐证上述论断的妥当性。基于此，《正当防卫指导意见》第6条明确，“在财产犯罪中，不法侵害人虽已取得财物，但通过追赶、阻击等措施能够追回财物的，可以视为不法侵害仍在进行”。

其三，关于时间条件的判断方法。在紧张情境下，要求防卫人对不法侵害是否已经开始、是否还会继续，作出准确的、分毫不差的判断，实属强人所难。基于此，《正当防卫指导意见》第6条强调，“对于不法侵害是否已经开始或者结束，应当立足防卫人在防卫时所处情境，按照社会公众的一般认知，依法作出合乎情理的判断，不能苛求防卫人”。例如，在“昆山龙哥案”（最高人民检察院指导性案例第47号“于海明正当防卫案”）中，不法侵害人从轿车内取出砍刀对防卫人于海明实施侵害。在砍刀被于海明抢走后，侵害人又跑向之前藏匿砍刀的轿车。此种情形下，站在一般人的立场，完全可以认为侵害人很可能是要寻找其他凶器继续实施侵害，不法侵害并未结束。因此，于海明继续追砍两刀的行为，仍具有防卫性质。再如“涞源反杀案”（即“王新元、赵印芝正当防卫案”）中，防卫人王新元家居住在村边，周边住宅无人居住，案发时已是深夜，现场无灯光，不法侵害人持凶器翻墙进入王新元住宅，对王新元一家实施不法侵害，王新元等受到惊吓，呼救无应，精神高度紧张，心里极度恐慌，在侵害人倒地后，王新元等无法判断其是否还具有侵害能力，要求他们即刻停止防卫不具有合理性和现实性。故而，王新元等人行为并不违反正当防卫的时间条件。

其四，关于防卫不适时的法律责任。实践中较为突出的问题是有关事后防卫的认定与处理问题。从境外情况来看，有学者把事后防卫解释为“量的防卫过当”，主张适用防卫过当从宽处罚的规定。我国也有学者提倡引入这一规则。经研究认为，“量的防卫过当”概念的提出，具有一定合理性；但能否引入我国的司法实践，需要进一步研究。根据我国刑法规定，对不法侵害已经结束特别是明显已经结束的情况下实施“防卫”行为的，难以按防卫过当认定和处理，但考虑到在紧张情境下，对不法侵害是否已经结束往往不易作出准确判断，加之防卫人采取的防卫行为大多带有激情、激愤因素，故在定性特别是量刑时应当有所考虑。基于此，《正当防卫指导意见》第6条强调，“对于防卫人因为恐慌、紧张等心理，对不法侵害是否已经开始或者结束产生错误认识的，应当根据主客观相统一原则，依法作出妥当处理”。

——《正当防卫指导意见》起草小组：《〈关于依法适用正当防卫制度的指导意见〉的理解与适用》，载最高人民法院刑事审判第一、二、三、四、五庭编：《刑事审判参考》（总第128辑），人民法院出版社2021年版，第164页。

最高人民法院公布的典型案例

盛春平正当防卫案——正当防卫时间条件、限度条件的把握

裁判要旨：正当防卫必须是针对正在进行的不法侵害。对于不法侵害已经形成现实、紧迫危险的，应当认定为不法侵害已经开始。

基本案情

2018年7月30日，传销人员郭某（已判刑）以谈恋爱为名将盛春平骗至杭州市桐庐县。根据以“天津天狮”名义活动的传销组织安排，郭某等人接站后将盛春平诱至传销窝点。盛春平进入室内先在客厅休息，郭某、唐某某（已判刑）、成某某等传销人员多次欲将其骗入卧室，意图通过采取“洗脑”、恐吓、体罚、殴打等“抖新人”措施威逼其加入传销组织，盛春平发觉情况异常予以拒绝。后在多次请求离开被拒并遭唐某某等人逼近时，拿出随身携带的水果刀予以警告，同时提出愿交付随身携带的钱财以求离开，但仍遭拒绝。之后，事先躲藏的传销人员邓某某、郭某某、刘某某（已判刑）等人也先后来到客厅。成某某等人陆续向盛春平逼近，盛春平被逼后退，当成

某某上前意图夺刀时，盛春平持刀挥刺，划伤成某某右手腕及左颈，刺中成某某的左侧胸部，致心脏破裂。随后，盛春平放弃随身行李趁乱逃离现场。

当晚，传销人员将成某某送医院治疗。医院对成某某伤口进行处治后，嘱咐其回当地医院进行康复治疗。同年 8 月 4 日，成某某出院，未遵医嘱继续进行康复治疗。同年 8 月 11 日，成某某在传销窝点突发昏迷经送医抢救无效于当晚死亡。经法医鉴定：成某某系左胸部遭受锐器刺戳作用致心脏破裂，在愈合过程中继续出血，最终引起心包填塞而死亡。

处理结果

公安机关以盛春平涉嫌故意伤害罪（防卫过当）向检察机关移送审查起诉。浙江省杭州市人民检察院认定盛春平的行为构成正当防卫，作出不起诉决定。

典型意义

通常认为，成立正当防卫，应当同时符合起因、时间、主观、对象、限度等五个条件。本案在诸多方面，对于正确把握正当防卫的成立条件具有指导和参考意义。

第一，关于正当防卫的起因条件。正当防卫的前提是存在不法侵害。不法侵害既包括侵犯生命、健康权利的行为，也包括侵犯人身自由、公私财产等权利的行为；既包括犯罪行为，也包括违法行为。就本案而言，本案案发开始时和案发过程中盛春平并不知道成某某、郭某等人是传销组织人员，也不了解他们的意图。在整个过程中，盛春平始终不能明确认识到自己陷入的是传销窝点，甚至以为对方要摘自己的器官，其感受到人身安全面临不法侵害是有事实根据的。而且，盛春平进入传销窝点后即被控制，随着成某某、郭某等人行为的持续，盛春平的恐惧感不断增强。盛春平到桐庐是和郭某初次见面，且进入郭某自称的住处后，盛春平提出上厕所、给家里人打电话，均被制止，此时其已经感觉到了危险。之后一名陌生男子不断劝盛春平进入里面房间，而里面又出来一名陌生男子，盛春平感觉到危险升级，拒绝他们靠近。而后房间内又出来三名陌生男子逼近，对盛春平而言，不断升级的危险不仅客观而且紧迫。盛春平拿出随身携带的刀具警告阻吓不法侵害人无效后，精神紧张状态进一步增强。传销人员不断逼近，成某某上前夺刀。从当时情境看，盛春平面临客观存在且威胁、危害程度不断升级的不法侵害，其行为符合正当防卫的起因条件。

第二，关于正当防卫的时间条件。正当防卫必须是针对正在进行的不法侵害。对于不法侵害已经形成现实、紧迫危险的，应当认定为不法侵害已经开始。本案中，传销组织得知盛春平来杭后，一边指令郭某前去接站诱进，一边准备实施以恐吓、体罚、殴打和长期拘禁等违法犯罪行为为主要内容的“抖新人”措施威逼盛春平加入传销组织，系正在进行的有组织侵害行为。盛春平进入案发现场后，即遭多人逼近实施拘禁，其遂拿出随身携带的水果刀，警告阻吓传销人员放其离开，而传销组织人员反而增加人手进一步逼近，侵害手段不断升级。由此可见，本案中的不法侵害已经开始、正在进行，且危险程度不断升级，符合正当防卫的时间条件。

第三，关于正当防卫的对象条件。正当防卫必须针对不法侵害人进行。对于多人共同实施不法侵害的，既可以针对直接实施不法侵害的人进行防卫，也可以针对在现场共同实施不法侵害的人进行防卫。本案中，一群以“天津天狮”为名义的传销人员有组织地共同实施不法侵害。其中，成某某不仅参与围逼盛春平，而且当盛春平拿出随身携带的刀具警告时，还上前意图夺刀。此时，盛春平对其实施防卫，属于该种情境下一般人的正常反应，完全符合正当防卫的对象条件。

第四，关于正当防卫的限度条件。防卫是否“明显超过必要限度”，应当综合不法侵害的性质、手段、强度、危害程度和防卫的时机、手段、强度、损害后果等情节，考虑双方力量对比，立足防卫人防卫时所处情境，结合社会公众的一般认知作出判断。在判断不法侵害的危害程度时，不仅要考虑已经造成的损害，还要考虑造成进一步损害的紧迫危险性和现实可能性。本案中，多名传销组织人员对盛春平实施人身控制，盛春平在多次请求离开被拒并遭唐某某等人逼近时，拿出随身携带的水果刀予以警告，同时提出愿交付随身携带的钱财以求离开，但仍遭拒绝。其后，又有多名传销人员来到客厅。成某某等人陆续向盛春平逼近，并意图夺刀。此种情形下，盛春平持刀挥刺，划伤成某某右手腕及左颈，刺中成某某的左侧胸部，致心脏破裂。成某某受伤后经住院治疗，已经出院，但未遵医嘱继续进行康复治疗，导致心脏在愈合过程中继续出血，最终于出院一周后因心包填塞而死亡。考虑案发当场双方力量对比情况，特别是盛春平所面临的不法侵害的严重程度，同时考虑成某某的死亡过程和原因，应当认为盛春平的防卫行为没有明显超过必要限度，符合正当防卫的限度条件。

——《涉正当防卫典型案例》(2020年9月3日)，载最高人民法院官网，https：//www.court.gov.cn。

32. 正当防卫中的不法侵害人是否包括精神病人、未成年人

关键词

正当防卫　不法侵害人　精神病人　未成年人

最高人民法院司法政策精神

7. 准确把握正当防卫的对象条件。正当防卫必须针对不法侵害人进行。对于多人共同实施不法侵害的，既可以针对直接实施不法侵害的人进行防卫，也可以针对在现场共同实施不法侵害的人进行防卫。明知侵害人是无刑事责任能力人或者限制刑事责任能力人的，应当尽量使用其他方式避免或者制止侵害；没有其他方式可以避免、制止不法侵害，或者不法侵害严重危及人身安全的，可以进行反击。

——《最高人民法院、最高人民检察院、公安部关于依法适用正当防卫制度的指导意见》（2020 年 8 月 28 日，法发〔2020〕31 号）。

附录：理解与适用

对于不法侵害人是否包括精神病人、未成年人，存在不同认识。多数观点主张，对精神病人、未成年人等实施的侵害应当尽量采取避险行为。经研究认为，从人道主义精神出发，上述观点具有合理性；但需注意的是，此种情形下的退避是有条件的。如果没有退避可能，或者退避会造成更大损害结果发生，应当允许进行防卫。基于此，《最高人民法院、最高人民检察院、公安部关于依法适用正当防卫制度的指导意见》（以下简称《正当防卫指导意见》）第 7 条规定，“明知侵害人是无刑事责任能力人或者限制刑事责任能力人的，应当尽量使用其他方式避免或者制止侵害；没有其他方式可以避免、制止不法侵害，或者不法侵害严重危及人身安全的，可以进行反击”。司法实践也有案件肯定对精神病人可以实行正当防卫。例如，在“范尚秀防卫过当案”（《刑事审判参考》第 353 号案例）中，范尚秀被其患精神病的同胞兄弟追打，范尚秀在跑了几圈之后，因无力跑动，转身夺下木棒进行的反击，属于防卫行为。

对此，还要注意两个问题：（1）未成年防卫人面对未成年不法侵害人时，防卫人本身的自我保护能力弱，辨认控制能力不足，不能一味要求其退避。（2）某些情况下，不法侵害人是否属于精神病人或者未成年人不易判断。对于确实未认识到不法侵害人是精神病人或者未成年人的，不适用上述规则。

——《正当防卫指导意见》起草小组：《〈关于依法适用正当防卫制度的指导意见〉的理解与适用》，载最高人民法院刑事审判第一、二、三、四、五庭编：《刑事审判参考》（总第 128 辑），人民法院出版社 2021 年版，第 167~168 页。

《刑事审判参考》指导案例

范尚秀故意伤害案（《刑事审判参考》指导案例第 353 号）

裁判要点：对于不能辨认或者不能控制自己行为的精神病人实施的不法侵害行为可以实施正当防卫。具体而言，在遇到无刑事责任能力人的侵害时，如果明知侵害者是无刑事责任能力人并有条件用逃跑等其他方法避免侵害时，则不得实施正当防卫；如果不知道侵害者是无刑事责任能力人，或者不能用逃跑等其他方法避免侵害时，才可以实行正当防卫。

我们认为，对于不能辨认或者不能控制自己行为的精神病人实施的不法侵害行为可以实施正当防卫。具体而言，在遇到无刑事责任能力人的侵害时，如果明知侵害者是无刑事责任能力人并有条件用逃跑等其他方法避免侵害时，则不得实施正当防卫；如果不知道侵害者是无刑事责任能力人，或者不能用逃跑等其他方法避免侵害时，才可以实行正当防卫。理由是：

1. 为了保护自己的人身权利而直接对侵害人实施的制止行为，不属于紧急避险

根据《刑法》第 20 条和第 21 条的规定，正当防卫和紧急避险的目的均是为了保护国家、公共利益、本人或者他人的人身、财产和其他权利。二者的区别主要体现在对象和手段上。从对象上看，正当防卫的对象是正在进行的不法侵害，而紧急避险的对象是正在发生的危险；从手段上看，制止不法侵害行为的，属于正当防卫，而采用损害第三者合法权益的方法以挽救或者保护较大合法权益免受损害的，是紧急避险。被害人对被告人的人身权利实施侵害，被告人对侵害行为人采取制止行为不属于紧急避险。

2. 对于不能辨认或者不能控制自己行为的精神病人实施的不法侵害行为可以实施正当防卫

首先，《刑法》第 20 条第 1 款规定的“不法侵害”，不仅包括犯罪行为，还包括一般违法行为。虽然《刑法》第 20 条第 3 款将特殊防卫的前提条件限定为“严重危及人身安全的暴力犯罪”，但对一般防卫而言，《刑法》既没有要求是犯罪行为，也没有要求是一种严重违法行为，只要是违法行为损害了国家、公共利益以及公民的人身、财产和其他权利，均可以采取制止行为。

其次，无刑事责任能力的精神病人实施的侵害行为，也是危害社会的行为，仍属于不法侵害。虽然《刑法》第 18 条第 1 款规定，精神病人在不能辨认或者不能控制自己行为的时候造成危害结果，经法定程序鉴定确认的，不负刑事责任。但《刑法》并没有免除精神病人的民事违法责任。相反，民法通则[①] 第 133 条规定：“无民事行为能力人、限制民事行为能力人造成他人损害的，由监护人承担民事责任。监护人尽了监护责任的，可以适当减轻他的

---

① 本文件已被《中华人民共和国民法典》废止。

民事责任。有财产的无民事行为能力人、限制民事行为能力人造成他人损害的，从本人财产中支付赔偿费用。不足部分，由监护人适当赔偿，但单位担任监护人的除外。”由于民事违法行为仍是一种不法行为，不能辨认或者不能控制自己行为的精神病人实施的侵害行为仍属于一种不法侵害，因此不能完全将其排除在正当防卫的对象之外，对这种不法侵害当然是可以进行正当防卫的。但是，无刑事责任能力人的侵害行为明显不能等同于有刑事责任能力人的故意侵害，对于无刑事责任能力的精神病人的侵害行为实施正当防卫时，应当尽一切努力避免对精神病人造成不应有的身体或精神的损害。一般而言，在遇到无刑事责任能力人的侵害时，如果明知侵害者是无刑事责任能力人并有条件用逃跑等其他方法避免侵害时，则不得实施正当防卫；如果不知道侵害者是无刑事责任能力人，或者不能用逃跑等其他方法避免侵害时，才可以实行正当防卫。

3. 对于无刑事责任能力人的侵害行为实行正当防卫，不能超过必要限度造成重大损害

正当防卫的限度条件，是指正当防卫不能明显超过必要限度而对不法侵害人造成重大损害。《刑法》并未对正当防卫的必要限度规定具体的标准，在处理具体案件时，应当结合不法侵害的性质、危险性以及防卫的强度、后果等方面综合考虑。

——最高人民法院刑事审判第一庭、第二庭编：《刑事审判参考》2005 年第 4 集（总第 45 集），法律出版社 2006 年版，第 10~14 页。

33. 如何把握正当防卫的意图条件

关键词

正当防卫

最高人民法院司法政策精神

准确把握正当防卫的意图条件。正当防卫必须是为了使国家、公共利益、本人或者他人的人身、财产和其他权利免受不法侵害。对于故意以语言、行为等挑动对方侵害自己再予以反击的防卫挑拨，不应认定为防卫行为。

——《最高人民法院、最高人民检察院、公安部关于依法适用正当防卫制度的指导意见》（2020 年 8 月 28 日，法发〔2020〕31 号）。

附录：理解与适用

根据刑法规定，正当防卫必须具有正当的防卫意图。最高人民法院、最

高人民检察院、公安部联合发布《最高人民法院、最高人民检察院、公安部关于依法适用正当防卫制度的指导意见》(以下简称《正当防卫指导意见》)第8条规定:"正当防卫必须是为了使国家、公共利益、本人或者他人的人身、财产和其他权利免受不法侵害。对于故意以语言、行为等挑动对方侵害自己再予以反击的防卫挑拨,不应认定为防卫行为。"司法实践中理解和认定防卫意图,需要着重把握如下两个问题:

其一,《正当防卫指导意见》第10条明确,"对于显著轻微的不法侵害,行为人在可以辨识的情况下,直接使用足以致人重伤或者死亡的方式进行制止的,不应认定为防卫行为"。这是因为,所谓"防卫"行为与加害行为有明显、重大悬殊,严重不相称,无法认定行为人具有防卫意图。例如,为防止小偷偷走一个苹果而对其开枪射击的,即使当时没有其他制止办法,也不能认定行为人具有防卫意图,不成立正当防卫或者防卫过当。又如,在"刘金胜故意伤害案"(《正当防卫指导意见》所附典型案例五)中,刘金胜因家庭矛盾打了黄某甲(与刘金胜非婚生育四名子女)两耳光,黄某甲让其兄长黄某乙出面调处。黄某乙、李某某各打了坐在床上的刘金胜一耳光,刘金胜随即从被子下拿出菜刀砍伤黄某乙头部,并拽住见状欲跑的李某某,向其头部连砍三刀。黄某乙、李某某打刘金胜耳光的行为显属发生在一般争吵中的轻微暴力,有别于以给他人身体造成伤害为目的的攻击性不法侵害行为。因此,刘金胜因家庭婚姻情感问题矛盾激化被打了两耳光便径直持刀连砍他人头部的行为,不应当认定为防卫行为。当然,对于上述行为,考虑到事出有因,故在量刑时可以酌情从宽。

其二,《正当防卫指导意见》第10条还规定,"不法侵害系因行为人的重大过错引发,行为人在可以使用其他手段避免侵害的情况下,仍故意使用足以致人重伤或者死亡的方式还击的,不应认定为防卫行为"。按照上述规定,处理此类涉正当防卫案件,要综合考量前因后果,作出符合法理和情理的准确判断。例如,本夫看到妻子与奸夫一起逛商场,持自行车U型锁砸奸夫,奸夫本可逃跑,但却持匕首将本夫刺死。此种情形下,本夫的加害行为事出有因,且加害对象特定,与一般的故意伤害行为在社会危害性上存在较大不同。如果不考虑事件的起因,认定奸夫的行为属于防卫过当甚至正当防卫,对其只能在十年有期徒刑以下处刑,甚至要宣告无罪,从情理上难以为人民群众所认同。因此,对于行为人在起因方面有重大过错的情形,应当认为其有退避义务,只有在无法避让的情况下才能进行防卫。

——《正当防卫指导意见》起草小组:《〈关于依法适用正当防卫制度的指导意见〉的理解与适用》,载最高人民法院刑事审判第一、二、三、四、五庭编:《刑事审判参考》(总第128辑),人民法院出版社2021年版,第168~169页。

34.“正当防卫不能明显超过必要限度造成重大损害”的理解

关键词

正当防卫　非法侵入住宅　防卫限度

《刑事审判参考》指导案例

赵泉华被控故意伤害案（《刑事审判参考》指导案例第 297 号）

裁判要点：对实施非法侵入住宅的行为人可以实行正当防卫。对非法侵入住宅的行为人实行正当防卫，造成轻伤后果的，不承担故意伤害的刑事责任。

实施正当防卫就有可能对不法侵害人造成一定的伤害后果，但只要防卫行为没有明显超过必要限度造成重大损害，依法就不负刑事责任。这里关键的问题就是如何把握“正当防卫不能明显超过必要限度造成重大损害”。我们认为，这一要件实质上包含了两个并列的判断标准：一是防卫措施不能明显超过必要限度。一般而言，防卫人所采取的防卫措施应当与不法侵害行为基本相当。当然值得注意的是，《刑法》规定的标准是不能明显超过。“明显超过”，表明立法强调对防卫人所采取的防卫措施不必过于苛求。二是防卫结果不能造成重大损害。重大损害不等于一般损害。所谓重大损害，在有关司法解释没有明确之前，我们认为应当把握在没有造成不法侵害人人身重大损害，包括重伤以上这一限度内。以上两个标准必须同时具备，才能认定为防卫过当。具体说，行为人的防卫措施虽然明显超过必要限度但防卫结果客观上并未造成重大损害，或者防卫结果客观上虽造成严重损害但防卫措施并不明显超过必要限度，均不能认定为防卫过当。如行为人采取防卫措施，造成一人轻伤一人轻微伤，不属于造成重大损害，因此，行为人的防卫行为完全符合我国《刑法》第 20 条第 2 款关于正当防卫的规定，依法不应对不法侵害人的轻伤后果承担刑事责任。

——最高人民法院刑事审判第一庭、第二庭编：《刑事审判参考》2004 年第 3 集（总第 38 集），法律出版社 2004 年版，第 101~105 页。

35. 正当防卫与相互斗殴的界分

关键词

正当防卫　相互斗殴

最高人民法院司法政策精神

9. 准确界分防卫行为与相互斗殴。防卫行为与相互斗殴具有外观上的相似性，准确区分两者要坚持主客观相统一原则，通过综合考量案发起因、对冲突升级是否有过错、是否使用或者准备使用凶器、是否采用明显不相当的暴力、是否纠集他人参与打斗等客观情节，准确判断行为人的主观意图和行为性质。

因琐事发生争执，双方均不能保持克制而引发打斗，对于有过错的一方先动手且手段明显过激，或者一方先动手，在对方努力避免冲突的情况下仍继续侵害的，还击一方的行为一般应当认定为防卫行为。

双方因琐事发生冲突，冲突结束后，一方又实施不法侵害，对方还击，包括使用工具还击的，一般应当认定为防卫行为。不能仅因行为人事先进行防卫准备，就影响对其防卫意图的认定。

——《最高人民法院、最高人民检察院、公安部关于依法适用正当防卫制度的指导意见》(2020年8月28日，法发〔2020〕31号)。

附录：理解与适用

正当防卫是制止不法侵害的正当行为，属于“正对不正”；而相互斗殴则是互相加害的违法犯罪行为，属于“不正对不正”。显然，二者具有根本不同的属性。但是，正当防卫与相互斗殴都可能造成对方的损害，外在表现具有相似性，要准确区分两者，往往并非易事。司法实践中，个别案件存在“和稀泥”“各打五十大板”的现象，只要造成对方轻伤以上后果的就各自按犯罪处理，仅仅将可能具有的防卫因素作为量刑情节酌情考虑。这种处理方法“将复杂问题简单化”，看似“简单方便”，但模糊了“正”与“不正”之间的界限，混淆了违法阻却事由和酌定量刑情节之间的区别，既不符合正当防卫制度的法律规定和立法精神，也难以取得良好的社会效果。为指导司法实践，最高人民法院、最高人民检察院、公安部联合发布《最高人民法院、最高人民检察院、公安部关于依法适用正当防卫制度的指导意见》(以下简称《正当防卫指导意见》)专门对正当防卫与相互斗殴的界分这一重点和难点问题作出了规定。

其一，坚持主客观相统一原则和综合判断。《正当防卫指导意见》第 9 条第 1 款规定：“防卫行为与相互斗殴具有外观上的相似性，准确区分两者要坚持主客观相统一原则，通过综合考量案发起因、对冲突升级是否有过错、是否使用或者准备使用凶器、是否采用明显不相当的暴力、是否纠集他人参与打斗等客观情节，准确判断行为人的主观意图和行为性质。”根据上述规定，司法实践中，对正当防卫和相互斗殴进行综合判断的要点包括但不限于以下方面：（1）对引发矛盾是否存在过错；（2）是否先动手，导致冲突升级；（3）是否采用明显不相当的暴力进行回应；（4）是否使用管制刀具或者其他足以致人死伤的凶器；（5）是否纠集他人参与打斗等。通过综合判断，认定行为人具有泄愤、立威等意图或者其他非法目的的，应当认为具有互殴性质；反之，认定行为人是为了防止自身或者他人受到侵害的防卫行为。例如，在“陈天杰正当防卫案”中，陈天杰在其妻子被调戏、其被辱骂的情况下，面对冲上来欲对其殴打的不法侵害人，陈天杰欲还击，但被其妻子和他人拦开。陈天杰在扶被不法侵害人推倒在地的妻子时，多名侵害人先后冲过来对陈天杰拳打脚踢，继而持械殴打陈天杰。打斗中，陈天杰持刀捅刺，致一人死亡、多人受伤。综合上述情况，陈天杰是在其妻子被羞辱、自己被殴打后为维护自己与妻子的尊严、保护自己与妻子的人身安全，防止不法侵害而被动进行的还击，不具有伤害他人的犯罪故意，其行为属于正当防卫而非相互斗殴。

需要特别说明的是，上述判断应当是综合判断，不能简单地依据其中一项就断定是否属于正当防卫。实践中要避免如下两个判断误区：（1）“先动手原则”，即先动手的就是不法侵害，后动手的就是正当防卫。经研究认为，这种观点过于绝对。例如，行为人的车位无故被他人堵拦，行为人好言相劝，对方就是不挪，甚至态度蛮横，行为人被逼无奈，情急之下推搡、拉扯甚至拳击对方的，后动手的一方并不必然具有防卫性质。（2）对“打上门”的还击就是正当防卫。一般而言，双方事先约定到特定地点打斗的，是典型的相互斗殴；一方打上门，另一方还击的，通常具有防卫性质，但也不能绝对化。例如，在“江苏常熟何强、曾勇等聚众斗殴案”中，打斗双方“砍刀队”和“菜刀队”都具有涉恶背景，双方在打斗前恶语相向、互有挑衅，致矛盾升级。所谓的“防卫方”在公司内纠集人员、准备菜刀等工具，待人员就位、工具准备完毕后，主动邀约对方上门，随后双方相互持械斗殴。综合上述情况，所谓的“防卫方”主观上并非基于防卫的意图，而是想“以逸待劳”，对斗殴的发生持积极态度，应当认定为相互斗殴。

其二，妥当把握因琐事引发打斗所涉及的正当防卫与相互斗殴的界分。实践中，相约斗殴的情形已比较少见，更多的冲突是因琐事临时引发。需要注意的是，并非因琐事发生争执、冲突，引发打斗的，就一定是相互斗殴。此类案件也完全有可能成立正当防卫。例如，《正当防卫指导意见》第 9 条第

2款规定："因琐事发生争执，双方均不能保持克制而引发打斗，对于有过错的一方先动手且手段明显过激，或者一方先动手，在对方努力避免冲突的情况下仍继续侵害的，还击一方的行为一般应当认定为防卫行为。"

此外，双方曾因矛盾引发冲突，结束后，一方再次纠缠，另一方反击的，也可能成立正当防卫。此种情形下，前一次冲突仅为后一次打斗的"背景"和"缘由"，并不必然决定后一次打斗的性质。后一次打斗如果符合正当防卫成立条件，应当依法认定。《正当防卫指导意见》第9条第3款对此作出了明确，规定："双方因琐事发生冲突，冲突结束后，一方又实施不法侵害，对方还击，包括使用工具还击的，一般应当认定为防卫行为。不能仅因行为人事先进行防卫准备，就影响对其防卫意图的认定。"例如，在"武汉摸狗案"（《正当防卫指导意见》所附典型案例四"杨建伟故意伤害、杨建平正当防卫案"）中，彭某某因狗被杨建平摸了一下，与杨建平、杨建伟兄弟发生口角，彭某某扬言要找人报复时，杨建伟回应"那你来打啊"，该回应不能表明杨建伟系与彭某某相约打斗。杨建伟在彭某某出言挑衅，并扬言报复后，准备刀具系出于防卫目的。彭某某带人持械返回现场，冲至杨建伟家门口首先拳击其面部，杨建伟才持刀反击，应当肯定其行为的防卫性质。

——《正当防卫指导意见》起草小组：《〈关于依法适用正当防卫制度的指导意见〉的理解与适用》，载最高人民法院刑事审判第一、二、三、四、五庭编：《刑事审判参考》（总第128辑），人民法院出版社2021年版，第169~171页。

最高人民法院公布的典型案例

陈天杰正当防卫案——正当防卫与相互斗殴的界分

裁判要旨：对于因琐事发生争执，引发打斗的，在判断行为人的行为是互殴还是防卫时，要综合考量案发的起因、对冲突升级是否有过错、是否使用或者准备使用凶器、是否采用明显不相当的暴力、是否纠集他人参与打斗等客观情节，准确判断行为人的主观意图和行为性质。

基本案情

2014年3月12日晚，被告人陈天杰和其妻子孙某某等水泥工在海南省三亚市某工地加班搅拌、运送混凝土。22时许，被害人周某某、容某甲、容某乙（殁年19岁）和纪某某饮酒后，看到孙某某一人卸混凝土，便言语调戏孙某某。陈天杰推着手推车过来装混凝土时，孙某某将被调戏的情况告诉陈天杰。陈天杰便生气地叫容某乙等人离开，但容某乙等人不予理会。此后，周某某摸了一下孙某某的大腿，陈天杰遂与周某某等人发生争吵。周某某冲上去要打陈天杰，陈天杰也准备反击，孙某某和从不远处跑过来的刘某甲站在中间，将双方架开。周某某从工地上拿起一把铁铲（长约 2 米，木柄），冲向陈天杰，但被孙某某拦住，周某某就把铁铲扔了，空手冲向陈天杰。孙某某在劝架时被周某某推倒在地，哭了起来，陈天杰准备上前去扶孙某某时，周某某、容某乙和纪某某先后冲过来对陈天杰拳打脚踢，陈天杰边退边用拳脚还击。接着，容某乙、纪某某从地上捡起钢管（长约 1 米，空心，直径约 4 厘米）冲上去打陈天杰，在场的孙某某、刘某甲、容某甲都曾阻拦，容某甲阻拦周某某时被挣脱，纪某某被刘某甲抱着，但是一直挣扎往前冲。当纪某某和刘某甲挪动到陈天杰身旁时，纪某某将刘某甲甩倒在地并持钢管朝陈天杰的头部打去。因陈天杰头戴黄色安全帽，钢管顺势滑下打到陈天杰的左上臂。在此过程中，陈天杰半蹲着用左手护住孙某某，右手拿出随身携带的一把折叠式单刃小刀（打开长约 15 厘米，刀刃长约 6 厘米）乱挥、乱捅，致容某乙、周某某、纪某某、刘某甲受伤。水泥工刘某乙闻讯拿着一把铲子和其他同事赶到现场，周某某、容某乙和纪某某见状便逃离现场，逃跑时还拿石头、酒瓶等物品对着陈天杰砸过来。容某乙被陈天杰持小刀捅伤后跑到工地的地下室里倒地，后因失血过多死亡。经鉴定，周某某的伤情属于轻伤二级；纪某某、刘某甲、陈天杰的伤情均属于轻微伤。

处理结果

海南省三亚市城郊人民法院一审判决、三亚市中级人民法院二审裁定认为：被害人容某乙等人酒后滋事，调戏被告人陈天杰的妻子，辱骂陈天杰，不听劝阻，使用足以严重危及他人人身安全的凶器殴打陈天杰。陈天杰在被殴打时，持小刀还击，致容某乙死亡、周某某轻伤、纪某某轻微伤，属于正当防卫，依法不负刑事责任。

典型意义

第一，准确区分正当防卫与相互斗殴。正当防卫与相互斗殴在外观上具有相似性，但性质存在本质差异。对于因琐事发生争执，引发打斗的，在判断行为人的行为是互殴还是防卫时，要综合考量案发的起因、对冲突升级是否有过错、是否使用或者准备使用凶器、是否采用明显不相当的暴力、是否纠集他人参与打斗等客观情节，准确判断行为人的主观意图和行为性质。本案中，陈天杰在其妻子孙某某被调戏、其被辱骂的情况下，面对冲上来欲对其殴打的周某某，陈天杰也欲还击，被孙某某和刘某甲拦开。陈天杰在扶劝架时被推倒在地的孙某某时，周某某、容某乙和纪某某先后冲过来对陈天杰拳打脚踢，继而持械殴打陈天杰。陈天杰持刀捅伤被害人时，正是被容某乙等人持械殴打的紧迫期间。因此，陈天杰是在其妻子被羞辱、自己被打后为维护自己与妻子的尊严、保护自己与妻子的人身安全，防止不法侵害而被动进行的还击，其行为属于防卫而非斗殴。

第二，准确把握特殊防卫的起因条件。本案还涉及特殊防卫适用的相关问题。有观点提出，从双方关系和起因、容某乙等人选择打击的部位及强度看，容某乙等人的行为不属于严重危及人身安全的暴力犯罪。根据刑法规定，不能要求只有在不法侵害已经对人身安全实际造成严重危害时才能进行特殊防卫，在不法侵害足以严重危及人身安全的情况下就可以进行特殊防卫。本案中，容某乙等人持械击打的是陈天杰的头部，是人体的重要部位，在陈天杰戴安全帽的情况下致头部轻微伤，钢管打到安全帽后滑到手臂，仍致手臂皮内、皮下出血，可见打击力度之大。在当时的情形下，陈天杰只能根据对方的人数、所持的工具来判断自身所面临的处境。容某乙、纪某某、周某某三人都喝了酒，气势汹汹，并持足以严重危及他人重大人身安全的凶器，在场的孙某某、刘某甲都曾阻拦，但孙某某阻拦周某某、刘某甲阻拦纪某某时均被甩倒。而且，陈天杰是半蹲着左手护住其妻孙某某、右手持小刀进行防卫的，这种姿势不是一种主动攻击的姿势，而是一种被动防御的姿势，且手持的是一把刀刃只有6厘米左右的小刀，只要对方不主动靠近攻击就不会被捅刺到。综上，应当认为本案符合特殊防卫的适用条件，陈天杰的防卫行为造成不法侵害人伤亡的，不属于防卫过当，不负刑事责任。

第三，要准确把握正当防卫的对象条件。正当防卫必须针对不法侵害人进行。对于多人共同实施不法侵害的，既可以针对直接实施不法侵害的人进行防卫，也可以针对在现场共同实施不法侵害的人进行防卫。本案中，击打到陈天杰头部的虽然只是纪某某，但容某乙当时也围在陈天杰身边，手持钢管殴打陈天杰，亦属于不法侵害人，陈天杰可对其实行防卫。当时陈天杰被围打，疲于应对，场面混乱。容某乙等人持足以严重危及他人人身安全的凶器主动攻击陈天杰，严重侵犯陈天杰、孙某某的人身权利。此时，陈天杰用小刀刺、划正在对其围殴的容某乙等人，符合正当防卫的对象条件，属于正当防卫。

——《涉正当防卫典型案例》(2020年9月3日)，载最高人民法院官网，https：//www.court.gov.cn。

杨建伟故意伤害、杨建平正当防卫案——准备工具防卫与准备工具斗殴的界分

裁判要旨：要注意把握正当防卫的意图条件，准确界分防卫行为与相互斗殴、准备工具防卫与准备工具斗殴，以准确认定正当防卫、防卫过当。防卫行为在客观上也可能表现为双方相互打斗，具有互殴的形式与外观。二者界分的关键就在于行为人是具有防卫意

图还是斗殴意图。

基本案情

被告人杨建伟系被告人杨建平胞弟，住处相邻。2016 年 2 月 28 日中午 1 时许，杨建伟、杨建平坐在杨建平家门前聊天，因杨建平摸了经过其身边的一条狼狗而遭到狗的主人彭某某（殁年 45 岁）指责，兄弟二人与彭某某发生口角。彭某某扬言要找人报复，杨建伟即回应“那你来打啊”，后彭某某离开。杨建伟返回住所将一把单刃尖刀、一把折叠刀藏于身上。十分钟后，彭某某返回上述地点，其邀约的黄某、熊某某、王某持洋镐把跟在身后十余米。彭某某手指坐在自家门口的杨建平，杨建平未予理睬。彭某某接着走向杨建伟家门口，击打杨建伟面部一拳，杨建伟即持单刃尖刀刺向彭某某的胸、腹部，黄某、熊某某、王某见状持洋镐把冲过去对杨建伟进行围殴，彭某某从熊某某处夺过洋镐把对杨建伟进行殴打，双方打斗至杨建伟家门外的马路边。熊某某拳击，彭某某、黄某、王某持洋镐把，四人继续围殴杨建伟，致其头部流血倒地。彭某某持洋镐把殴打杨建伟，洋镐把被打断，彭某某失去平衡倒地。杨建平见杨建伟被打倒在地，便从家中取来一把双刃尖刀，冲向刚从地上站起来的彭某某，朝其胸部捅刺。杨建平刺第二刀时，彭某某用左臂抵挡。后彭某某受伤逃离，杨建平持刀追撵并将刀扔向彭某某未中，该刀掉落在地。黄某、熊某某、王某持洋镐把追打杨建平，杨建平捡起该刀边退边还击，杨建伟亦持随身携带的一把折叠刀参与还击。随后黄某、熊某某、王某逃离现场。经法医鉴定，被害人彭某某身有七处刀伤，且其系被他人以单刃锐器刺伤胸腹部造成胃破裂、肝破裂、血气胸致急性失血性休克死亡。另杨建伟、黄某、熊某某均受轻微伤。

处理结果

湖北省武汉市中级人民法院二审判决认为：被告人杨建伟持刀捅刺彭某某等人，属于制止正在进行的不法侵害，其行为具有防卫性质；其防卫行为是造成一人死亡、二人轻微伤的主要原因，明显超过必要限度造成重大损害，依法应负刑事责任，构成故意伤害罪。被告人杨建平为了使他人的人身权利免受正在进行的不法侵害，而采取制止不法侵害的行为，对不法侵害人造成损害，属于正当防卫，不负刑事责任。杨建伟的行为系防卫过当，具有自首情节，依法应当减轻处罚。据此，以故意伤害罪判处被告人杨建伟有期徒刑四年，并宣告被告人杨建平无罪。

典型意义

双方因琐事发生争执、冲突，引发打斗，特别是一方事先准备工具的，究竟是防卫行为还是相互斗殴，准确界分存在一定困难。司法适用中，要注意把握正当防卫的意图条件，准确界分防卫行为与相互斗殴、准备工具防卫与准备工具斗殴，以准确认定正当防卫、防卫过当。

第一，正当防卫必须出于免受不法侵害的正当动机。根据刑法第二十条第一款的规定，正当防卫的意图既包括使本人的人身、财产和其他权利免受不法侵害，也包括使国家、公共利益或者他人的人身、财产和其他权利免受不法侵害。本案中，彭某某返回现场用手指向杨建平，面对挑衅，杨建平未予理会。彭某某与杨建伟发生打斗时，杨建平仍未参与。彭某某等四人持洋镐把围殴杨建伟并将其打倒在地，致其头部流血，双方力量明显悬殊，此时杨建平持刀刺向彭某某。杨建平的行为是为了制止杨建伟正在遭受的严重不法侵害，符合正当防卫的意图条件。彭某某被刺后逃离，黄某等人对杨建伟的攻击并未停止，杨建平继续追赶彭某某的行为应认定为正当防卫。综上，杨建平的行为系正当防卫，不负刑事责任。

第二，妥当界分准备工具防卫与准备工具斗殴。实践中，防卫行为在客观上也可能表现为双方相互打斗，具有互殴的形式与外观。二者界分的关键就在于行为人是具有防卫意图还是斗殴意图。本案中，彭某某与杨建伟兄弟二人并不相识，突发口角，彭某某扬言要找人报复时，杨建伟回应“那你来打啊”，该回应不能认定杨建伟系与彭某某相约打斗。行为人为防卫可能发生的不法侵害，准备防卫工具的，不必然影响正当防卫的认定。杨建伟在彭某某出言挑衅，并扬言报复后，准备刀具系出于防卫目的。彭某某带人持械返回现场，冲至杨建伟家门口拳击其面部，杨建伟才持刀刺向彭某某胸腹部，该行为是为了制止正在进行的不法侵害，应当认定为防卫行为。

第三，把握正当防卫的限度条件以准确认定防卫过当。根据刑法第二十条第二款的规定，防卫过当应当同时具备“明显超过必要限度”和“造成重大损害”两个条件，缺一不可。本案中，彭某某空手击打杨建伟面部，杨建伟此时并非面临严重的不法侵害，却持刀捅刺彭某某胸、腹部等要害部位，杨建伟的防卫行为明显超过必要限度。杨建伟的防卫行为并非制止彭某某空手击打的不法侵害所必需，从损害后果看，彭某某要害部位多处致命刀伤系杨建伟所致，是其死亡的主要原因，杨建伟的防卫行为明显超过必要限度造成重大损害，属于防卫过当，构成故意伤害罪。具体而言，杨建伟对防卫行为明显超过必要限度造成重大损害主观上持故意，但对于造成死亡结果系过失，故对其防卫过当行为应当以故意伤害致人死亡作出评价。

第四，妥当把握防卫过当的刑罚裁量。根据刑法第二十条第二款的规定，防卫过当应当负刑事责任，但是应当减轻或者免除处罚。要综合考虑案件情况，特别是不法侵害人的过错，以确保刑罚裁量的准确和公正。本案中，杨建伟的防卫行为过当，构成故意伤害罪，对其减轻处罚，应当在三年以上十年以下有期徒刑的幅度内裁量刑罚。杨建伟明知他人报案，仍在案发现场等待，到案后能够如实供述主要犯罪事实，成立自首。综合考虑本案的犯罪事实、性质、情节和危害后果，以故意伤害罪判处杨建伟有期徒刑四年，符合社会公平正义观念，实现了法律效果与社会效果的有机统一。

——《涉正当防卫典型案例》（2020年9月3日），载最高人民法院官网，https：//www.court.gov.cn。。

36. 对于多人共同实施不法侵害，部分不法侵害人已被制伏，但其他不法侵害人仍在继续实施侵害的，仍然可以进行防卫

关键词

正当防卫　特殊防卫　行凶　宣告无罪

最高人民法院指导性案例

张那木拉正当防卫案（最高人民法院指导案例144号）

裁判要点：1. 对于使用致命性凶器攻击他人要害部位，严重危及他人人身安全的行为，应当认定为《刑法》第二十条第三款规定的“行凶”，可以适用特殊防卫的有关规定。

2. 对于多人共同实施不法侵害，部分不法侵害人已被制伏，但其他不法侵害人仍在继续实施侵害的，仍然可以进行防卫。

法院生效裁判认为，张那木拉的行为系正当防卫行为，而且是《刑法》第二十条第三款规定的特殊防卫行为。本案中，张那木拉是在周某强、陈某等人突然闯入其私人场所，实施严重不法侵害的情况下进行反击的。周某强、陈某等四人均提前准备了作案工具，进入现场时两人分别手持长约50厘米的砍刀，一人持铁锨，一人持铁锤，而张那木拉一方是并无任何思想准备的。周某强一方闯入屋内后径行对张那木拉实施拖拽，并在张那木拉转身向后挣脱时，使用所携带的凶器砸砍张那木拉后脑部。从侵害方人数、所持凶器、打击部位等情节看，以普通人的认识水平判断，应当认为不法侵害已经达到现实危害张那木拉的人身安全、危及其生命安全的程度，属于《刑法》第二十条第三款规定的“行凶”。张那木拉为制止正在进行的不法侵害，顺手从身边抓起一把平时生活所用刀具捅刺不法侵害人，具有正当性，属于正当防卫。

另外，监控录像显示陈某倒地后，周某强跑向屋外后仍然挥舞砍刀，此时张那木拉及其兄张某人身安全面临的危险并没有完全排除，其在屋外打伤周某强的行为仍然属于防卫行为。

根据《刑法》第二十条第三款的规定，对正在进行行凶、杀人、抢劫、

强奸、绑架以及其他严重危及人身安全的暴力犯罪，采取防卫行为，造成不法侵害人伤亡的，不属于防卫过当，不负刑事责任。本案中，张那木拉的行为虽然造成了一死一伤的后果，但是属于制止不法侵害的正当防卫行为，依法不负刑事责任。

——《最高人民法院关于发布第26批指导性案例的通知》(2020年12月31日，法〔2020〕352号)。

说明

指导性案例144号《张那木拉正当防卫案》，旨在明确对于使用致命性凶器攻击他人要害部位，严重危及他人人身安全的行为，应当认定为刑法第二十条第三款规定的“行凶”，可以适用特殊防卫的有关规定。该案例确认的裁判规则准确把握了正当防卫制度的立法精神，对类似案件中如何认定特殊防卫具有指导意义。该案例曾被评为天津法院2018年度十大影响性案例，具有良好的法律效果和社会效果。

37. 使用为预防不法侵害而携带的防范性刀具可成立正当防卫

关键词

正当防卫　携带防范性刀具

《刑事审判参考》指导案例

李明故意伤害案（《刑事审判参考》指导案例第433号）

裁判要点：为预防不法侵害的发生携带防范性刀具，不能阻却其在遭遇不法侵害时运用该刀具实施的防卫行为成立正当防卫。区分正当防卫和互殴的关键在于有无防卫意图。

1. 为预防不法侵害而携带防范性刀具的定性

《刑法》规定正当防卫，其目的在于抵制正在发生的不法侵害，保护合法权益。

本案被告人为预防不法侵害的发生携带防范性刀具，不能阻却其在遭遇不法侵害时运用该刀具实施的防卫行为成立正当防卫。只要其行为对不法侵害者所造成的损害与其保护的合法权益的价值之间不明显失衡，且防卫的效果又是针对正在进行的不法侵害，就应当认定为正当防卫。当然，也只有在预防措施的效果是针对不法侵害的发生而进行时，方成立正当防卫。在预先采取防范措施的场合，防范的对象一般是不特定的，在有的情况下，其行为是针对不法侵害人发生作用，而在有的情况下，则会损害无辜者的合法权益。因此，如果该行为不是对不法侵害发生了效果，而是造成其他无辜人员的伤亡或者财产损失，也不能成立正当防卫，应依具体情况对该危害行为追究相应的刑事责任。

2. 互殴与正当防卫的界限在于有无防卫意图

区分正当防卫和互殴的关键在于有无防卫意图。互殴行为之所以不能构成正当防卫，正是因为斗殴双方缺乏防卫意图。在互相斗殴中，斗殴双方都具有殴击、伤害对方的故意，双方都以侵害对方为目的，并在此意图支配下积极实施侵害对方的行为，根本不存在正当防卫所要求的防卫意图，因此斗殴双方的任何一方均不得主张正当防卫的权利。

由于互殴行为和正当防卫行为在其主观构成上有着显著的区别，因此，在司法实践中，判断某一行为属于互殴还是正当防卫，可以从行为人主观上的认识因素和意志因素两方面来进行。从认识因素来说，互殴行为一般多具有预谋性，行为人对互殴的时间、地点、相对人比较明确，有相对具体的计划，往往为之作出充分准备，并很可能携带互殴所需凶器等。而正当防卫行为一般多具有突发性，侵害事件突然发生，行为人对该侵害事件发生的时间、地点以及相对人事先往往并不明知，为了保护自己的合法权益，被迫采取措施进行抵御或者反击。从意志因素看，互殴行为具有主动性和不法侵害性，互殴行为人主观上都有侵害对方的故意，在此侵害对方的故意意图支配下，其行为往往表现出明显的主动性，斗殴双方一般会主动地采取促使其侵害意图达成的多种措施以使对方遭受侵害，并积极追求或放任对方伤害结果的发生。正当防卫行为则具有被动性和防卫性。在突遭他人不法侵害的情况下，防卫人往往没有选择的余地，只能被动地采取措施，加入到事件中。其可能被动地防御，也可能主动地反击，但不管以何种方式，行为人的主观目的在于制止不法侵害，保护合法权益，行为往往表现出防卫性和一定的节制性。

——最高人民法院刑事审判第一、二、三、四、五庭主办：《刑事审判参考》2007 年第 2 集（总第 55 集），法律出版社 2007 年版，第 13~20 页。

38. 互殴停止后因他方突然袭击而防卫的行为属于正当防卫

关键词

正当防卫　互殴　防卫目的

《刑事审判参考》指导案例

张建国故意伤害案（《刑事审判参考》指导案例第 138 号）

裁判要点：互殴停止后又为制止他方突然袭击而防卫的行为，系被侵害人出于防卫目的而依法实施的制止不法侵害的行为，属于正当防卫。

互殴停止后又加害对方的，性质就可能发生变化。这可以分为两种情况：一是双方停止斗殴后，一方受他人鼓动或出于报复侵害的目的又突然袭击对方的；二是一方自动放弃斗殴或主动退出斗殴现场，另一方继续殴打对方的。上述两种情况，均是因情况发生变化，互殴转变为一方殴打另一方。被殴打方已从互殴时的侵害者转变为被侵害者。根据我国《刑法》第 20 条的规定，被侵害人为维护合法权益不受侵害而实施的制止不法侵害的行为属于正当防卫。据此，互殴停止后，一方突然袭击或继续实施侵害行为，另一方依法享有正当防卫的权利。被侵害人出于防卫目的而依法实施的制止不法侵害的行为，依法具有正当防卫的性质。需要指出的是，由双方互殴转变为一方自动放弃斗殴或主动退出斗殴现场，应该具有彻底性，并表现出明显的阶段性，而不包括互殴双方打斗中的此消彼长、强弱转换等情形变化。

——最高人民法院刑事审判第一庭、第二庭编：《刑事审判参考》2001 年第 11 辑（总第 22 辑），法律出版社 2001 年版，第 5~9 页。

39. 滥用防卫权行为的认定

关键词

滥用防卫权

最高人民法院司法政策精神

防止将滥用防卫权的行为认定为防卫行为。对于显著轻微的不法侵害，行为人在可以辨识的情况下，直接使用足以致人重伤或者死亡的方式进行制止的，不应认定为防卫行为。不法侵害系因行为人的重大过错引发，行为人在可以使用其他手段避免侵害的情况下，仍故意使用足以致人重伤或者死亡的方式还击的，不应认定为防卫行为。

——《最高人民法院、最高人民检察院、公安部关于依法适用正当防卫制度的指导意见》（2020 年 8 月 28 日，法发〔2020〕31 号）。

最高人民法院公布的典型案例

刘金胜故意伤害案——滥用防卫权行为的认定

裁判要旨：对于针对轻微不法侵害实施致人死伤的还击行为，要根据案件具体情况，准确认定是正当防卫、防卫过当还是一般违法犯罪行为。对于因恋爱、婚姻、家庭、邻里纠纷等民间矛盾激化或者因劳动纠纷、管理失当等原因引发的不法侵害，特别是发生在亲友之间的，要求优先选择其他制止手段，而非径直选择致人死伤的还击行为。

基本案情

被告人刘金胜与黄某甲非婚生育四名子女。2016 年 10 月 1 日晚 9 时许，被告人刘金胜与黄某甲因家庭、情感问题发生争吵，刘金胜打了黄某甲两耳光。黄某甲来到其兄长黄某乙的水果店，告知黄某乙其被刘金胜打了两耳光，让黄某乙出面调处其与刘金胜分手、孩子抚养等问题。黄某乙于是叫上在水果店聊天的被害人李某某、毛某某、陈某某，由黄某甲带领，于当晚 10 时许来到刘金胜的租住处。黄某乙质问刘金胜，双方发生争吵。黄某乙、李某某各打了坐在床上的刘金胜一耳光，刘金胜随即从被子下拿出一把菜刀砍伤黄某乙头部，黄某乙逃离现场。李某某见状欲跑，刘金胜拽住李某某，持菜刀向李某某头部连砍三刀。毛某某、陈某某、黄某甲随即上前劝阻刘金胜，毛某某、陈某某抱住刘金胜并夺下菜刀后紧随李某某跑下楼报警。经鉴定，黄某乙的伤情属于轻伤一级，李某某的伤情属于轻伤二级。

处理结果

广东省佛山市禅城区人民法院判决认为：正当防卫以存在现实的不法侵害为前提，对轻微不法侵害直接施以暴力予以反击，能否认定为正当防卫，应当结合具体案情评判。黄某乙、李某某各打被告人刘金胜一耳光，显属发生在一般争吵中的轻微暴力。此种情况下，刘金胜径直手持菜刀连砍他人头部，不应认定为防卫行为。综合案件具体情况，以故意伤害罪判处被告人刘金胜有期徒刑一年。该判决已发生法律效力。

典型意义

根据刑法第二十条第一款的规定，正当防卫是针对正在进行的不法侵害，而采取的对不法侵害人造成损害的制止行为。司法适用中，既要依法维护公民的正当防卫权利，也要注意把握界限，防止滥用防卫权，特别是对于针对轻微不法侵害实施致人死伤的还击行为，要根据案件具体情况，准确认定是正当防卫、防卫过当还是一般违法犯罪行为。

第一，注意把握界限，防止权利滥用。本案中，黄某乙、李某某打刘金胜耳光的行为，显属发生在一般争吵中的轻微暴力，有别于以给他人身体造成伤害为目的的攻击性不法侵害行为。因此，刘金胜因家庭婚姻情感问题矛盾激化被打了两耳光便径直手持菜刀连砍他人头部，致人轻伤的行为，没有防卫意图，属于泄愤行为，不应当认定为防卫行为。

第二，注重查明前因后果，分清是非曲直。办理涉正当防卫案件，要根据整体案情，结合社会公众的一般认知，做到依法准确认定。要坚持法理情统一，确保案件的定性处理于法有据、于理应当、于情相容，符合人民群众的公平正义观念。对于因恋爱、婚姻、家庭、邻里纠纷等民间矛盾激化或者因劳动纠纷、管理失当等原因引发的不法侵害，特别是发生在亲友之间的，要求优先选择其他制止手段，而非径直选择致人死伤的还击行为，符合人民群众的公平正义观念，契合我国文化传统。对于相关案件，在认定是否属于正当防卫以及防卫过当时，要综合案件具体情况、特别是被害方有无过错以及过错大小进行判断。本案中，刘金胜与黄某甲因家庭、情感问题发生争吵，刘金胜打了黄某甲两耳光，这是引发后续黄某乙、李某某等实施上门质问争吵行为的直接原因。换言之，本案因家庭琐事引发，且刘金胜具有重大过错。据此，法院对刘金胜致人轻伤的行为，以故意伤害罪判处其有期徒刑一年，契合人民群众公平正义观念，实现了法律效果与社会效果的有机统一。

——《涉正当防卫典型案例》(2020 年 9 月 3 日)，载最高人民法院官网，https：//www.court.gov.cn。

40. 正当防卫及防卫过当的判断

关键词

故意伤害　非法限制人身自由　正当防卫　防卫过当

最高人民法院指导性案例

于欢故意伤害案（最高人民法院指导案例 93 号）

裁判要点：1. 对正在进行的非法限制他人人身自由的行为，应当认定为《刑法》第二十条第一款规定的“不法侵害”，可以进行正当防卫。

2. 对非法限制他人人身自由并伴有侮辱、轻微殴打的行为，不应当认定为《刑法》第二十条第三款规定的“严重危及人身安全的暴力犯罪”。

3. 判断防卫是否过当，应当综合考虑不法侵害的性质、手段、强度、危害程度，以及防卫行为的性质、时机、手段、强度、所处环境和损害后果等情节。对非法限制他人人身自由并伴有侮辱、轻微殴打，且并不十分紧迫的不法侵害，进行防卫致人死亡重伤的，应当认定为《刑法》第二十条第二款规定的“明显超过必要限度造成重大损害”。

被告人于欢持刀捅刺杜某2等四人，属于制止正在进行的不法侵害，其行为具有防卫性质；其防卫行为造成一人死亡、二人重伤、一人轻伤的严重后果，明显超过必要限度造成重大损害，构成故意伤害罪，依法应负刑事责任。鉴于于欢的行为属于防卫过当，于欢归案后如实供述主要罪行，且被害方有以恶劣手段侮辱于欢之母的严重过错等情节，对于欢依法应当减轻处罚。原判认定于欢犯故意伤害罪正确，审判程序合法，但认定事实不全面，部分刑事判项适用法律错误，量刑过重，遂依法改判于欢有期徒刑五年。

本案在法律适用方面的争议焦点主要有两个方面：一是于欢的捅刺行为性质，即是否具有防卫性、是否属于特殊防卫、是否属于防卫过当；二是如何定罪处罚。

一、关于于欢的捅刺行为性质

《刑法》第二十条第一款规定：“为了使国家、公共利益、本人或者他人的人身、财产和其他权利免受正在进行的不法侵害，而采取的制止不法侵害的行为，对不法侵害人造成损害的，属于正当防卫，不负刑事责任。”由此可见，成立正当防卫必须同时具备以下五项条件：一是防卫起因，不法侵害现实存在。不法侵害是指违背法律的侵袭和损害，既包括犯罪行为，又包括一般违法行为；既包括侵害人身权利的行为，又包括侵犯财产及其他权利的行为。二是防卫时间，不法侵害正在进行。正在进行是指不法侵害已经开始并且尚未结束的这段时期。对尚未开始或已经结束的不法侵害，不能进行防卫，否则即是防卫不适时。三是防卫对象，即针对不法侵害者本人。正当防卫的对象只能是不法侵害人本人，不能对不法侵害人之外的人实施防卫行为。在共同实施不法侵害的场合，共同侵害具有整体性，可对每一个共同侵害人进行正当防卫。四是防卫意图，出于制止不法侵害的目的，有防卫认识和意志。五是防卫限度，尚未明显超过必要限度造成重大损害。这就是说正当防卫的成立条件包括客观条件、主观条件和限度条件。客观条件和主观条件是定性条件，确定了正当防卫“正”的性质和前提条件，不符合这些条件的不是正当防卫；限度条件是定量条件，确定了正当防卫“当”的要求和合理限度，不符合该条件的虽然仍有防卫性质，但不是正当防卫，属于防卫过当。防卫过当行为具有防卫的前提条件和制止不法侵害的目的，只是在制止不法侵害过程中，没有合理控制防卫行为的强度，明显超过正当防卫必要限度，并造成不应有的重大损害后果，从而转化为有害于社会的违法犯罪行为。根据本案认定的事实、证据和我国刑法有关规定，于欢的捅刺行为虽然具有防卫性，但属于防卫过当。

首先，于欢的捅刺行为具有防卫性。案发当时杜某2等人对于欢、苏某持续实施着限制人身自由的非法拘禁行为，并伴有侮辱人格和对于欢推搡、拍打等行为；民警到达现场后，于欢和苏某想随民警走出接待室时，杜某2等人阻止二人离开，并对于欢实施推拉、围堵等行为，在于欢持刀警告时仍出言挑衅并逼近，实施正当防卫所要求的不法侵害客观存在并正在进行；于欢是在人身自由受到违法侵害、人身安全面临现实威胁的情况下持刀捅刺，且捅刺的对象都是在其警告后仍向其靠近围逼的人。因此，可以认定其是为了使本人和其母亲的人身权利免受正在进行的不法侵害，而采取的制止不法侵害行为，具备正当防卫的客观和主观条件，具有防卫性质。

其次，于欢的捅刺行为不属于特殊防卫。《刑法》第二十条第三款规定："对正在进行行凶、杀人、抢劫、强奸、绑架以及其他严重危及人身安全的暴力犯罪，采取防卫行为，造成不法侵害人伤亡的，不属于防卫过当，不负刑事责任。"根据这一规定，特殊防卫的适用前提条件是存在严重危及本人或他人人身安全的暴力犯罪。本案中，虽然杜某2等人对于欢母子实施了非法限制人身自由、侮辱、轻微殴打等人身侵害行为，但这些不法侵害不是严重危及人身安全的暴力犯罪。其一，杜某2等人实施的非法限制人身自由、侮辱等不法侵害行为，虽然侵犯了于欢母子的人身自由、人格尊严等合法权益，但并不具有严重危及于欢母子人身安全的性质；其二，杜某2等人按肩膀、推拉等强制或者殴打行为，虽然让于欢母子的人身安全、身体健康权遭受了侵害，但这种不法侵害只是轻微的暴力侵犯，既不是针对生命权的不法侵害，又不是发生严重侵害于欢母子身体健康权的情形，因而不属于严重危及人身安全的暴力犯罪；其三，苏某、于某1系主动通过他人协调、担保，向吴某借贷，自愿接受吴某所提10%的月息。既不存在苏某、于某1被强迫向吴某高息借贷的事实，又不存在吴某强迫苏某、于某1借贷的事实，与司法解释以借贷为名采用暴力、胁迫手段获取他人财物以抢劫罪论处的规定明显不符。可见杜某2等人实施的多种不法侵害行为，符合可以实施一般防卫行为的前提条件，但不具备实施特殊防卫的前提条件，故于欢的捅刺行为不属于特殊防卫。

最后，于欢的捅刺行为属于防卫过当。《刑法》第二十条第二款规定："正当防卫明显超过必要限度造成重大损害的，应当负刑事责任，但是应当减轻或者免除处罚。"由此可见，防卫过当是在具备正当防卫客观和主观前提条件下，防卫反击明显超越必要限度，并造成致人重伤或死亡的过当结果。认定防卫是否“明显超过必要限度”，应当从不法侵害的性质、手段、强度、危害程度，以及防卫行为的性质、时机、手段、强度、所处环境和损害后果等方面综合分析判定。本案中，杜某2一方虽然人数较多，但其实施不法侵害的意图是给苏某夫妇施加压力以催讨债务，在催债过程中未携带、使用任何器械；在民警朱某等进入接待室前，杜某2一方对于欢母子实施的是非法限制人身自由、侮辱和对于欢拍打面颊、揪抓头发等行为，其目的仍是逼迫苏某夫妇尽快还款；在民警进入接待室时，双方没有发生激烈对峙和肢体冲突，当民警警告不能打架后，杜某2一方并无打架的言行；在民警走出接待室寻找报警人期间，于欢和讨债人员均可透过接待室玻璃清晰看见停在院内的警车警灯闪烁，应当知道民警并未离开；在于欢持刀警告不要逼过来时，杜某2等人虽有出言挑衅并向于欢围逼的行为，但并未实施强烈的攻击行为。因此，于欢面临的不法侵害并不紧迫和严重，而其却持刃长15.3厘米的单刃尖刀连续捅刺四人，致一人死亡、二人重伤、一人轻伤，且其中一人系被背后捅伤，故应当认定于欢的防卫行为明显超过必要限度造成重大损害，属于防卫过当。

——《最高人民法院关于发布第18批指导性案例的通知》（2018年6月20日，法〔2018〕164号）。

说明

指导案例93号《于欢故意伤害案》旨在统一刑法中正当防卫认定的具体裁判标准，对于被告人行为所涉法律适用问题进行了明确，包括是否具有防卫性，是否属于特殊防卫，是否属于防卫过当，以及如何定罪量刑。该案例明确了刑法第二十条规定的“不法侵害”“严重危及人身安全的暴力犯罪”的概念和内涵，明确了审理此类防卫过当案件应当考虑的因素和定罪量刑的标准，对于准确把握正当防卫的立法精神，统一裁判标准具有重要指导意义。

41. 防卫过当的认定和处罚

关键词

防卫过当　不法侵害

《刑事审判参考》指导案例

韩霖故意伤害案（《刑事审判参考》指导案例第569号）

裁判要点：为免受他人殴打，在逃离的过程中，捅刺追赶的不法侵害人，造成不法侵害人死亡的后果，构成防卫过当。

首先，韩霖为使自身人身权利免受正在进行的不法侵害而采取制止不法侵害的行为，具有防卫的正当性。

本案中，韩霖所实施的防卫行为，满足存在不法侵害且不法侵害正在进行的正当防卫时间条件。所谓“不法侵害”，应包括犯罪行为但并不止于犯罪的一切违法、危害社会行为，这些行为给社会秩序和公民权益带来现实危害，均属于不法侵害的范围。本案中，被害人王某仅因嫉妒，即纠集多人，先在网吧滋事，再行殴打韩霖，韩霖的人身安全权利因此遭受到现实的不法侵害。所谓“不法侵害正在进行”，其起止时间应以不法侵害人着手实行侵害行为时始，至不法侵害停止或已不可能继续侵害或威胁合法权益时止。把握不法侵害是否正在进行，其实质是考量合法权益是否处于紧迫、现实的侵害和威胁之下，以使防卫行为成为保护法益的必要手段。结合本案案情考察，被害人一方纠集多人，进网吧拖拽、在门口守候和殴打被害人，其先期行为已经严重威胁并已侵犯韩霖的人身安全权益，应认定其不法行为已经实施；面对被害人一方明显的不法侵害意图和已经实施的殴打等不法侵害行为，韩霖为免遭不法侵害的继续而逃脱，被害人等仍然群起追赶，可见被害人一方的不法侵害对韩霖的人身安全所造成的威胁并没有消除或停止，并可能进一步加重，对韩霖的不法侵害行为处于持续状态。因此，韩霖实施反击时，正值不法侵害行为正在进行的紧迫期间，其实施防卫行为是适时的。认为只有当韩霖在遭受被害人殴打的瞬间予以反击，方能满足正当防卫成立的时间条件，否则属于事后防卫的观点是不准确的。

韩霖实施反击行为，还满足遭受不法侵害的当场、针对不法侵害人实施的场合及对象条件。本案的案发原因是被害人王某因嫉妒而欲殴打韩霖，王某在其中起了纠集他人、唆使他人进入网吧寻衅以及积极主动地单独、亲自实施进入网吧滋事、殴打及追赶韩霖的行为，是组织、指挥、实施寻衅滋事的主要不法侵害人；韩霖是在被害人王某追上其且有其他同伙尾随被害人正在追击的时候，针对被害人本人，当场实施反击，抵制其所实行的不法侵害行为，以使其停止侵害或丧失侵害能力，符合防卫的目的。

综上所述，韩霖以防卫的意识而实施防卫的行为，是在满足刑法所规定的正当防卫时空条件情形之下实施的，对此二审法院判决认定韩霖对不法侵害人实施防卫行为是适时的、必要的意见是正确的。

其次，韩霖的防卫行为明显超过必要限度，造成重大损害，属于防卫过当。

根据我国刑法第二十条第二款的规定，正当防卫明显超过必要限度造成重大损害的，应当负刑事责任，刑法理论上将此种情况称为防卫过当。根据刑法的规定，认定防卫过当的标准在于防卫行为是否超过“必要限度”。从积极行使的方面说，防卫行为须是必要的，是制止不法侵害、保护法益的合理需要。从这方面看，是否“必需”，要分析不法侵害行为的危险程度、侵害者的主观心态以及侵害手段、强度、人员多少与强弱、现场所处客观环境与形势等。从消极限制的方面说，防卫行为必须是有限度的，因而所造成的危害是应有的、必需的，是制止不法侵害所需要的。从这方面看，表现在防卫行为所保护的合法权益与防卫行为所造成的损害后果之间不能悬殊过大，不能为了保护微小权利而造成不法侵害人重伤或者死亡。当然，并非凡是超过必要限度的防卫行为都是过当，只有“明显”超过其必要性并造成重大损害的，才是防卫过当。

具体分析本案情况，被害人王某一方所实施的不法侵害行为，从目的和意志上看，案发前并没有明确预谋，在案发过程中，意图已明朗并限于拳脚殴打的范围之内；从手段上看，被害人一方赤手空拳，没有持械，仅实施了拖拉、撕扯、脚踢、围堵、追赶等行为，采取的手段及暴力强度尚未达到对韩霖人身安全造成严重危害的程度。在这种情况下，从必要性方面看韩霖所实施的行为，韩霖作为一名在校大学生，能够认知其采取持刀捅刺不法侵害人的防卫手段、强度，已经远远超过足以制止不法侵害人所实施的侵害行为的手段和强度。从限制性方面看，韩霖实施的行为所造成的致不法侵害人死亡的严重后果，实际上也已经超出不法侵害人对其殴打行为通常可能造成的人身安全损害后果，两者存在过于巨大的悬殊和明显的失衡，造成了不该有的重大人身伤亡的严重后果。综上，足以认定韩霖的防卫行为符合明显超过必要限度造成重大损害，属于防卫过当。

对于被告人韩霖的二审辩护人提出韩的行为是针对正在进行的严重危及人身安全的暴力犯罪所采取的防卫行为，不属于防卫过当的辩护意见，我们认为，刑法第二十条第三款所规定的特殊正当防卫制度，是对防卫正在进行行凶、杀人、抢劫、强奸、绑架以及其他严重危及人身安全的暴力犯罪的行为规定的无过当防卫条款，刑法之所以作出这样的规定，是因为此类暴力犯罪侵害强度极大，对人身安全的危害极严重，而且具有高度紧迫性和危险性，防卫人往往必须采取可能导致不法侵害人重大伤亡后果的极端手段，才足以达到制止不法侵害。而综观本案，仅能说明被害人意图殴打被告人，尚无充足证据表明被害人欲对被告人行凶甚至杀害。因此，被害人一方实施的不法侵害行为不属于该款法条列举的侵害行为情况，韩霖采取的防卫措施只能适用一般正当防卫的规定。二审法院认定韩霖的行为系防卫过当，且构成故意伤害罪是正确的。

最后，韩霖所实施防卫过当行为，应当负刑事责任，但是依法应当减轻或免除处罚。

我国刑法规定，正当防卫不负刑事责任，表明了国家对于和犯罪行为作斗争，以保护公共利益、公民人身和其他权利的防卫行为所持肯定的法律评价态度。相应地，刑法规定，对于防卫过当行为，应当减轻或者免除处罚，这是因为，此类行为，从主观上考察防卫人的心理状态，行为人具备制止不法侵害、保护合法权益的意图，其主观恶性小；从客观行为上看，其在遭受不法侵害的迫切情势下进行反击，社会危害性比传统意义上的一般犯罪形式小；从处理案件的法律效果和社会效果上看，对于防卫过当行为予以从宽处罚，有利于保护和鼓励公民同犯罪作斗争的积极性，以及保护公民进行正当防卫的合法权益。

本案中，被告人韩霖在遭受不法侵害时，在具备正当防卫的法定时空条件下，以防卫的意识实施的防卫行为，具有一定正当性，但是，其防卫行为超出必要限度并造成了被害人死亡的结果。二审法院依法认定被告人韩霖的行为属于防卫过当，构成故意伤害罪；并考虑韩霖有自首情节，以及取得被害人家属谅解的情况，改判其有期徒刑七年，符合刑法的规定，体现了宽严相济的刑事政策精神。

——最高人民法院刑事审判第一、二、三、四、五庭主办：《刑事审判参考》2009 年第 4 集（总第 69 集），法律出版社 2010 年版，第 40~47 页。

42. 防卫过当“明显超过必要限度，造成重大损害”是一个要件还是两个要件

关键词

防卫过当　必要限度　重大损害

最高人民法院司法政策精神

三、防卫过当的具体适用

11. 准确把握防卫过当的认定条件。根据刑法第二十条第二款的规定，认定防卫过当应当同时具备“明显超过必要限度”和“造成重大损害”两个条件，缺一不可。

——《最高人民法院、最高人民检察院、公安部关于依法适用正当防卫制度的指导意见》（2020 年 8 月 28 日，法发〔2020〕31 号）。

附录：理解与适用

关于“明显超过必要限度，造成重大损害”是一个要件还是两个要件，存在不同认识。有观点主张应当作为一个要件来把握，但多数观点主张作为两个不同要件来把握。经研究认为，从立法表述分析，“明显超过必要限度”和“造成重大损害”应是两个相互独立的要件，前者是对行为相当性的考察，

后者是对结果相当性的考察；从司法实践来看，造成重大损害但未明显超过必要限度的案件比比皆是，明显超过必要限度但未造成重大损害的情况也客观存在。例如，相对弱小的不法侵害人徒手侵害，体格强壮的防卫人持械还击，符合“明显超过必要限度”要件，但只要没有造成重大损害的，则不构成防卫过当。比较而言，将“明显超过必要限度”和“造成重大损害”作为两个要件把握更为妥当，更符合为正当防卫适当“松绑”的立法精神。基于此，《最高人民法院、最高人民检察院、公安部关于依法适用正当防卫制度的指导意见》第 11 条要求准确把握防卫过当的认定条件，即“根据《刑法》第二十条第二款的规定，认定防卫过当应当同时具备‘明显超过必要限度’和‘造成重大损害’两个条件，缺一不可”。

——《正当防卫指导意见》起草小组：《〈关于依法适用正当防卫制度的指导意见〉的理解与适用》，载最高人民法院刑事审判第一、二、三、四、五庭编：《刑事审判参考》（总第 128 辑），人民法院出版社 2021 年版，第 172 页。

43. 如何认定正当防卫“造成重大损害”

关键词

正当防卫　造成重大损害

最高人民法院司法政策精神

准确认定“造成重大损害”。“造成重大损害”是指造成不法侵害人重伤、死亡。造成轻伤及以下损害的，不属于重大损害。防卫行为虽然明显超过必要限度但没有造成重大损害的，不应认定为防卫过当。

——《最高人民法院、最高人民检察院、公安部关于依法适用正当防卫制度的指导意见》（2020 年 8 月 28 日，法发〔2020〕31 号）。

44. 如何认定防卫是否“明显超过必要限度”

最高人民法院司法政策精神

三、防卫过当的具体适用

12. 准确认定“明显超过必要限度”。防卫是否“明显超过必要限度”，应当综合不法侵害的性质、手段、强度、危害程度和防卫的时机、手段、强度、损害后果等情节，考虑双方力量对比，立足防卫人防卫时所处情境，结合社会公众的一般认知作出判断。在判断不法侵害的危害程度时，不仅要考虑已经造成的损害，还要考虑造成进一步损害的紧迫危险性和现实可能性。不应当苛求防卫人必须采取与不法侵害基本相当的反击方式和强度。通过综合考量，对于防卫行为与不法侵害相差悬殊、明显过激的，应当认定防卫明显超过必要限度。

——《最高人民法院、最高人民检察院、公安部关于依法适用正当防卫制度的指导意见》(2020年8月28日，法发〔2020〕31号)。

附录：理解与适用

所谓“明显超过必要限度”，简单地讲，就是指防卫行为的强度和力度与不法侵害的强度和力度“相差悬殊”。要防止“唯结果论”，避免只要造成不法侵害人重伤、死亡的，就一律认定为明显超过必要限度；而且，在防卫行为与不法侵害之间进行比较时，应当站在防卫人当时的情境之中，从一般人的角度去考察。基于此，《最高人民法院、最高人民检察院、公安部关于依法适用正当防卫制度的指导意见》(以下简称《正当防卫指导意见》)第12条明确要求，“防卫是否‘明显超过必要限度’，应当综合不法侵害的性质、手段、强度、危害程度和防卫的时机、手段、强度、损害后果等情节，考虑双方力量对比，立足防卫人防卫时所处情境，结合社会公众的一般认知作出判断。在判断不法侵害的危害程度时，不仅要考虑已经造成的损害，还要考虑造成进一步损害的紧迫危险性和现实可能性”。例如，在“盛春平正当防卫案”(《正当防卫指导意见》所附典型案例二)中，多名传销组织人员对盛春平实施人身控制，盛春平多次请求离开被拒。在多名传销人员逼近，成某某意图夺刀的情形下，盛春平持刀挥刺，刺中成某某。成某某出院后未遵医嘱继续进行康复治疗，导致心脏在愈合过程中继续出血，于数日后死亡。考虑案发当场双方力量对比情况，特别是盛春平所面临的不法侵害的严重威胁程度，同时考虑成某某的死亡过程和原因，应当认为盛春平的防卫行为没有明显超过必要限度，符合正当防卫的限度条件，成立正当防卫。

要反对“对等武装论”，避免苛求防卫人必须采取与不法侵害基本相当的反击方式和强度，更不能机械地理解为反击行为与不法侵害行为的方式、强度要对等、相同。例如，不法侵害人徒手，防卫人持刀，是否必然明显超过必要限度，不能一概而论，须作综合判断。特别是，要把防卫人作为“常人”而不是“圣人”来看待，不能当“事后诸葛亮”，要求防卫人对防卫程度把握得恰到好处、不差分毫。基于此，《正当防卫指导意见》第12条规定，“不应当苛求防卫人必须采取与不法侵害基本相当的反击方式和强度。通过综合考量，对于防卫行为与不法侵害相差悬殊、明显过激的，应当认定防卫明显超过必要限度”。例如，在“赵宇正当防卫案”(《正当防卫指导意见》所附典型案例六)中，虽然赵宇的行为造成了不法侵害人重伤二级的后果，但是从行为手段上看，双方都是赤手空拳，赵宇的拉拽行为与不法侵害人的侵害行为基本相当。从行为过程来看，赵宇制止不法侵害的行为是连续的，是自然而然发生的，是当时场景下的本能反应。因此，应当认定赵宇的行为没有“明显超过必要限度”。又如，在“陈某正当防卫案”（最高人民检察院指导性案例第45号）中，陈某的防卫行为致三人重伤，客观上造成了重大损害。但是，陈某被九人围住殴打，其中有人使用了钢管、石块等工具，双方实力相差悬殊，陈某借助水果刀增强防卫能力，在手段强度上合情合理。并且，对方在陈某逃脱时仍持续追打，共同侵害行为没有停止，所以就制止整体不法侵害的实际需要来看，陈某持刀挥刺也没有不相适应之处。综合来看，陈某的防卫行为没有“明显超过必要限度”。

需要注意的是，制止不法侵害所“必需”的防卫，是否就属于“必要”的防卫？经研究认为，不宜一概而论。一方面，正如前文所述，对显著轻微的不法侵害采取的严重失衡的制止行为，即使属于保护该细小利益所“必需”，也不能认可其为“必要”的防卫行为。另一方面，如强调只能采取“必需”的防卫措施，则给防卫人附加了过多的“退避义务”，缩小了正当防卫的成立空间，亦不符合为正当防卫适当“松绑”的政策取向。

——《正当防卫指导意见》起草小组：《〈关于依法适用正当防卫制度的指导意见〉的理解与适用》，载最高人民法院刑事审判第一、二、三、四、五庭编：《刑事审判参考》（总第128辑），人民法院出版社2021年版，第172~174页。

最高人民法院公布的典型案例

赵宇正当防卫案——“明显超过必要限度”的认定

裁判要旨：对防卫行为“明显超过必要限度”的判断，应当坚持综合考量原则。在判断不法侵害的危害程度时，不仅要考虑已经造成的损害，还要考虑造成进一步损害的紧迫危险性和现实可能性。不应当苛求防卫人必须采取与不法侵害基本相当的反击方式和强度，更不能机械地理解为反击行为与不法侵害行为的方式要对等，强度要精准。防卫行为虽然超过必要限度但并不明显的，不能认定为防卫过当。

基本案情

2018年12月26日晚11时许，李某与在此前相识的女青年邹某一起饮酒后，一同到达福州市晋安区某公寓邹某的暂住处，二人在室内发生争吵，随后李某被邹某关在门外。李某强行踹门而入，谩骂殴打邹某，引来邻居围观。暂住在楼上的赵宇闻声下楼查看，见李某把邹某摁在墙上并殴打其头部，即上前制止并从背后拉拽李某，致李某倒地。李某起身后欲殴打赵宇，威胁要叫人“弄死你们”，赵宇随即将李某推倒在地，朝李某腹部踩一脚，又拿起凳子欲砸李某，被邹某劝阻住，后赵宇离开现场。经鉴定，李某腹部横结肠破裂，伤情属于重伤二级；邹某面部挫伤，伤情属于轻微伤。

处理结果

公安机关以赵宇涉嫌故意伤害罪立案侦查，侦查终结后，以赵宇涉嫌过失致人重伤罪向检察机关移送审查起诉。福建省福州市晋安区人民检察院认定赵宇防卫过当，对赵宇作出相对不起诉决定。福州市检察院经审查认定赵宇属于正当防卫，依法指令晋安区人民检察院对赵宇作出绝对不起诉决定。

典型意义

根据刑法第二十条第二款的规定，防卫过当应当同时具备“明显超过必要限度”和“造成重大损害”两个条件，缺一不可。造成重大损害是指造成不法侵害人重伤、死亡，对此不难判断。实践中较难把握的是相关防卫行为是否明显超过必要限度，不少案件处理中存在认识分歧。司法适用中，要注意综合考虑案件具体情况，结合社会公众的一般认知，对防卫行为是否“明显超过必要限度”作出准确判断。

第一，防卫过当仍属于防卫行为，只是明显超过必要限度并造成重大损害。本案中，李某强行踹门进入他人住宅，将邹某摁在墙上殴打其头部，赵宇闻声下楼查看，为了制止李某对邹某以强欺弱，出手相助，拉拽李某。赵宇的行为属于为了使他人的人身权利免受正在进行的不法侵害，而采取的制止不法侵害的行为，符合正当防卫的起因条件、时间条件、对象条件和意图条件等要件，具有防卫性质。

第二，对防卫行为“明显超过必要限度”的判断，应当坚持综合考量原则。防卫是否“明显超过必要限度”，应当综合不法侵害的性质、手段、强度、危害程度和防卫的时机、手段、强度、损害后果等情节，考虑双方力量对比，立足防卫人防卫时所处情境，结合社会公众的一般认知作出判断。在判断不法侵害的危害程度时，不仅要考虑已经造成的损害，还要考虑造成进一步损害的紧迫危险性和现实可能性。不应当苛求防卫人必须采取与不法侵害基本相当的反击方式和强度，更不能机械地理解为反击行为与不法侵害行为的方式要对等，强度要精准。防卫行为虽然超过必要限度但并不明显的，不能认定为防卫过当。本案虽然造成了李某重伤二级的后果，但是，从赵宇的行为手段、行为目的、行为过程、行为强度等具体情节来看，没有“明显超过必要限度”。赵宇在阻止、拉拽李某的过程中，致李某倒地，在李某起身后欲殴打赵宇，并用言语威胁的情况下，赵宇随即将李某推倒在地，朝李某腹部踩一脚，导致李某横结肠破裂，属于重伤二级。从行为手段上看，双方都是赤手空拳，赵宇的拉拽行为与李某的不法侵害行为基本相当。从赵宇的行为过程来看，赵宇制止李某的不法侵害行为是连续的，自然而然发生的，是在当时场景下的本能反应。李某倒地后，并未完全被制服，仍然存在起身后继续实施不法侵害的现实可能性。此时，赵宇朝李某腹部踩一脚，其目的是阻止李某继续实施不法侵害，并没有泄愤报复等个人目的，应当认定为正当防卫。

——《涉正当防卫典型案例》（2020 年 9 月 3 日），载最高人民法院官网，https：//www.court.gov.cn。

45. 如何把握防卫过当的刑罚裁量

关键词

防卫过当　刑罚裁量

最高人民法院司法政策精神

14. 准确把握防卫过当的刑罚裁量。防卫过当应当负刑事责任，但是应当减轻或者免除处罚。要综合考虑案件情况，特别是不法侵害人的过错程度、不法侵害的严重程度以及防卫人面对不法侵害的恐慌、紧张等心理，确保刑罚裁量适当、公正。对于因侵害人实施严重贬损他人人格尊严、严重违反伦理道德的不法侵害，或者多次、长期实施不法侵害所引发的防卫过当行为，在量刑时应当充分考虑，以确保案件处理既经得起法律检验，又符合社会公平正义观念。

——《最高人民法院、最高人民检察院、公安部关于依法适用正当防卫制度的指导意见》（2020 年 8 月 28 日，法发〔2020〕31 号）。

附录：理解与适用

根据《刑法》第二十条第二款的规定，防卫过当的应当负刑事责任，但是应当减轻或者免除处罚。"防卫过当"并非独立的罪名，没有配置独立的法定刑。对于防卫过当，首先要确定防卫人所触犯的罪名；在决定减轻处罚还是免除处罚以及减轻处罚的具体幅度时，要综合考虑案件情况，实现罪责刑相适应。基于此，《最高人民法院、最高人民检察院、公安部关于依法适用正当防卫制度的指导意见》第 14 条要求，"要综合考虑案件情况，特别是不法侵害人的过错程度、不法侵害的严重程度以及防卫人面对不法侵害的恐慌、紧张等心理，确保刑罚裁量适当、公正"。

处理防卫过当案件时，如果不法侵害具有特殊情节，在刑罚裁量时应作特别考虑，以确保量刑结果为社会公众所认同。基于此，《最高人民法院、最高人民检察院、公安部关于依法适用正当防卫制度的指导意见》第14条明确要求，“对于因侵害人实施严重贬损他人人格尊严、严重违反伦理道德的不法侵害，或者多次、长期实施不法侵害所引发的防卫过当行为，在量刑时应当充分考虑，以确保案件处理既经得起法律检验，又符合社会公平正义观念”。例如，长期遭丈夫虐待的妻子，在丈夫施暴时将丈夫杀死的，如果认定为防卫过当，在量刑时应当尽量从宽，以符合人民群众的公平正义观念。又如“于欢案”，于欢的防卫行为明显超过必要限度并造成多人伤亡的严重后果，超出法律所容许的限度，依法应当承担刑事责任。但是，不法侵害人裸露下体侮辱于欢母亲的行为是引发本案的重要原因，相关行为严重违法、亵渎人伦，在刑罚裁量时应当作为对于欢有利的情节重点考虑。综合考虑全案情节，判处于欢有期徒刑五年，既符合法律规定，也契合社会公平正义观念。

——《正当防卫指导意见》起草小组：《〈关于依法适用正当防卫制度的指导意见〉的理解与适用》，载最高人民法院刑事审判第一、二、三、四、五庭编：《刑事审判参考》（总第128辑），人民法院出版社2021年版，第174~175页。

46. 在互相打斗过程中，一方为了使前来劝阻的妻子免受不法侵害，造成另一方死亡的，构成防卫过当

关键词

互相打斗　防卫过当

《刑事审判参考》指导案例

石龙回故意伤害案（《刑事审判参考》指导案例第1456号）

裁判要点：在互相打斗过程中，一方为了使前来劝阻的妻子免受不法侵害，造成另一方死亡的，构成防卫过当。

我们认为，本案构成防卫过当。正当防卫和相互斗殴虽然具有根本不同的属性，但是，两者都可能造成对方的损害，外在表现形式上具有相似性，要准确区分往往并非易事。《最高人民法院、最高人民检察院、公安部关于依法适用正当防卫制度的指导意见》（以下简称《正当防卫指导意见》）第9条中规定：“防卫行为与相互斗殴具有外观上的相似性，准确区分两者要坚持主客观相统一原则，通过综合考量案发起因、对冲突升级是否有过错、是否使

用或者准备使用凶器、是否采用明显不相当的暴力、是否纠集他人参与打斗等客观情节，准确判断行为人的主观意图和行为性质。”“因琐事发生争执，双方均不能保持克制而引发打斗，对于有过错的一方先动手且手段明显过激，或者一方先动手，在对方努力避免冲突的情况下仍继续侵害的，还击一方的行为一般应当认定为防卫行为。”因此，并非因琐事发生争执、冲突，引发打斗的，就一定是相互斗殴；也不能因为因琐事发生争执、冲突，引发打斗的，就不再存在防卫的空间。对于因琐事发生争执，引发打斗的案件，判断行为人的行为是否系防卫行为，较之一般案件更为困难，须妥当把握。

（一）本案中石某的行为系劝阻行为

1. 从事实上来看，证人石某称其怕李某跟被告人石龙回打起来就过去夹在中间想把他们分开，李某要进入房屋其就把他往外推；石龙回供认石某见李某和其扭打起来过来站在中间想劝架；证人刘某证实在啤酒瓶砸碎后，其看到李某靠在墙边，左手拉着一个女的衣服领子，当时这个女的在中间位置哭；证人周某的证言亦证实石某在石龙回的前面。从上述证据来分析，石某当时处在李某和石龙回中间进行劝阻的主观意图有相应的客观依据。

2. 从情理上来看，被告人石龙回、证人石某、刘某等人均证实李某敲门的声音很响，一开门就开始骂人，说明李某并不是以一种平和方式上门理论，加之李某和石龙回都是酒后状态，由一开始的互相对骂转变为肢体冲突，但此时并没有发生激烈的打斗，石某见状，出于劝阻目的站在两个男人之间，并用手推李某更符合情理。

3. 从性质上来看，本案李某因琐事与被告人石龙回发生争执，李某与石龙回均不能保持克制而引发对骂以及肢体冲突，但不能因为石某系石龙回的妻子，其来到两人中间的行为就认定为帮助石龙回参与斗殴行为。据此，石某的行为不能认定为参与相互斗殴，其行为认定为劝阻行为，符合客观实际，也符合常情常理。

（二）本案中被告人石龙回的行为系防卫过当

1. 本案存在不法侵害

《正当防卫指导意见》第 5 条规定：“正当防卫的前提是存在不法侵害。不法侵害既包括侵犯生命、健康权利的行为，也包括侵犯人身自由、公私财产等权利的行为；既包括犯罪行为，也包括违法行为。不应将不法侵害不当限缩为暴力侵害或者犯罪行为。对于非法限制他人人身自由、非法侵入他人住宅等不法侵害，可以实行防卫。不法侵害既包括针对本人的不法侵害，也包括危害国家、公共利益或者针对他人的不法侵害。……”本案被害人李某虽为噪音问题而来到被告人石龙回出租房理论，但借着酒后状态猛敲房门，未经石龙回等人同意，欲强行进入出租房内，侵害了石龙回的居住安宁；李某与石龙回发生争吵后，两人发生对骂、肢体冲突，石某见状为避免更大的冲突而进行劝阻，李某却用拳头击打石某头面部，故李某的行为具有不法性，侵害了石某的身体权及健康权。从当时的情境看，石某面临客观存在的且威胁、危害程度可能不断升级的不法侵害，石龙回的行为符合防卫的起因条件。

2. 本案不法侵害正在进行并且是紧迫的

《正当防卫指导意见》第 6 条规定："正当防卫必须是针对正在进行的不法侵害。对于不法侵害已经形成现实、紧迫危险的，应当认定为不法侵害已经开始……" 本案中，李某系一米八以上的壮汉，案发当晚又系酒后状态，从被告人石龙回当时所处的情境来看，按照社会公众的一般认知，不法侵害呈现升级趋势，具有一定的危险性，不论是侵入住宅还是侵害他人身体健康，均能认定不法侵害正在进行，且该不法侵害并非显著轻微，具有紧迫性，石龙回的行为符合防卫的时间条件。

3. 本案被告人石龙回的反击行为是针对不法侵害人进行的

《正当防卫指导意见》第 7 条中规定："正当防卫必须针对不法侵害人进行。"根据上述分析，李某非法进入出租房、拳打石某，系不法侵害人，石龙回的行为符合防卫的对象条件。

4. 本案被告人石龙回的反击行为是为了他人的人身权利不受侵害

《正当防卫指导意见》第 8 条中规定："正当防卫必须是为了使国家、公共利益、本人或者他人的人身、财产和其他权利免受不法侵害。"本案中，石龙回认识到石某的人身安全正受到威胁，情急之下用啤酒瓶击打李某头部的行为是希望制止李某侵害石某，是为了保护石某的合法权益，其行为属于该种情境下一般人的正常反应，符合防卫的意图条件。

5. 本案被告人石龙回的行为同时具备"明显超过必要限度"和"造成重大损害"两个条件

《正当防卫指导意见》第 12 条规定："防卫是否'明显超过必要限度'，应当综合不法侵害的性质、手段、强度、危害程度和防卫的时机、手段、强度、损害后果等情节，考虑双方力量对比，立足防卫人防卫时所处情境，结合社会公众的一般认知作出判断。在判断不法侵害的危害程度时，不仅要考虑已经造成的损害，还要考虑造成进一步损害的紧迫危险性和现实可能性……" 第 13 条规定："'造成重大损害'是指造成不法侵害人重伤、死亡……" 本案中李某空手来到石龙回出租房，用拳头击打石某头面部，未使用致命性凶器，亦没有严重危及他人人身安全，对石某人身权利的侵害较轻，石龙回用啤酒瓶重击李某的要害部位，并造成李某死亡的危害结果，符合"明显超过必要限度造成重大损害"的规定。

司法实践中，我们应该根据案件发生的整体经过，立足行为人反击时的具体情境，结合一般人在类似情境下的可能反应，综合考虑案件的起因条件、时间条件、对象条件、意图条件和限度条件。本案中，被告人石龙回的行为具有防卫性质，但防卫行为明显超过必要限度造成重大损害，依法应当认定为防卫过当。

——卢益民、王永兴撰稿、于同志审编：《石龙回故意伤害案——在互相打斗过程中，一方为了使前来劝阻的妻子免受不法侵害，造成另一方死亡的如何认定》，载最高人民法院刑事审判第一、二、三、四、五庭编：《刑事审判参考》（总第 130 辑），最高人民法院出版社 2022 年版，第 69~74 页。

47.“特殊防卫”的认定

关键词

特殊防卫

附录：最高人民法院主流观点

最高人民法院刑一庭认为：1979 年《刑法》第 17 条对正当防卫和防卫过当规定得比较抽象、笼统，特别是将防卫过当界定为“超过必要限度造成不应有的危害”，因在实践中缺乏可操作性，致使对正当防卫的限度条件掌握过严，束缚了防卫人正当防卫权的行使，不利于同犯罪行为作斗争。1997 年《刑法》不但完善了正当防卫的概念，进一步明确了防卫过当的行为，而且特别增加了一款，即第 20 条第 3 款，规定“对正在进行行凶、杀人、抢劫、强奸、绑架以及其他严重危及人身安全的暴力犯罪，采取防卫行为，造成不法侵害人伤亡的，不属于防卫过当，不负刑事责任”。此款规定使守法的人在受到严重危害人身安全的暴力侵害，采取防卫行为时，可以不必过于顾虑防卫的手段、结果。当前，各种暴力犯罪在一些地方较为猖獗，严重危害了人身安全，也严重破坏了社会治安秩序，《刑法》这一新的规定有利于鼓励人民群众同严重危及公民人身安全的暴力犯罪作斗争，弘扬正气，震慑犯罪，这是该款立法目的之所在。

该款规定不同于一般的正当防卫，我们称之为“特殊防卫”，有人称其为“无限防卫”。它具有以下特点：特殊防卫的前提必须是针对严重危及公民人身安全的暴力犯罪。首先，不法侵害行为是针对人身安全的，即危害公民的生命权、健康权、自由权和性权利，而不是人身之外的财产权利、民主权利等其他合法权益，对其他合法权益的不法侵害行为采取防卫行为的，适用一般防卫的规定。这是特殊防卫区别于一般防卫的一个重要特征。如抢夺所侵犯的客体是财产权利，对抢夺行为进行的防卫则不应当适用特殊防卫。其次，针对人身安全的不法侵害行为具有暴力性，属于犯罪行为。这与一般防卫的只属“不法”性侵害有明显不同。如行凶、杀人、抢劫、强奸、绑架行为，均属严重犯罪行为。应当指出的是，对杀人、抢劫、强奸、绑架应作广义的理解，它不仅仅指这四种犯罪行为，也包括以此种暴力性行为为手段，而触犯其他罪名的犯罪行为，如以抢劫为手段的抢劫枪支、弹药、爆炸物行为，以绑架为手段的拐卖妇女、儿童行为。此外，针对人的生命、健康采取放火、爆炸、决水等其他暴力方法实施侵害，也是具有暴力性的侵害行为。再次，这种不法侵害行为应当达到一定的严重程度。必须是严重危及人身安全，即这种危害有可能造成人身严重伤害，甚至危及生命。对一些充其量只能造成轻伤害的轻微暴力侵害，则不能适用特殊防卫。因此，对"行凶"行为要注意区分危害的严重性程度。该款规定的"行凶"行为仅指严重危及人身安全的非法伤害行为，如使用凶器暴力行凶、有可能致人重伤的伤害行为。

根据该款规定，只要符合以上条件，则防卫人采取的防卫手段、造成的结果法律没有限制，即使造成不法侵害人伤亡的，依法也不属防卫过当，不负刑事责任。这是特殊防卫区别于一般防卫在防卫后果上的本质特征。这一规定，是针对这类严重危及人身安全的暴力犯罪具有侵害性质严重、手段凶残的特点作出的。对此类犯罪行为，防卫人往往处于被动、孤立、极为危险的境地，这种情况下，如对防卫人限制过苛，则难以取得制止犯罪，保护公民人身权利不受侵害的效果，亦不利于鼓励人民群众对犯罪行为作斗争。

毫无疑问，《刑法》第 20 条第 3 款是人民群众同严重危害人身安全的犯罪行为作斗争的有力武器。但在实际审判业务中，此类案件往往情况复杂、造成的后果严重，因此要注意案件发生的前因后果，把握住正当防卫的正义性这一基本要素，排除防卫挑拨、假想防卫等情况，既要保护人民群众依法维护自己合法权利的行为，又要防止坏人假借防卫而犯罪，以体现《刑法》该条款的立法原意。

——最高人民法院刑事审判第一庭：《叶永朝故意杀人案——〈刑法〉第 20 条第 3 款应如何理解与适用》，载《法律适用》2000 年第 6 期（总第 243 期）。

《刑事审判参考》指导案例

李小龙等被控故意伤害案（《刑事审判参考》指导案例第 261 号）

裁判要点：对正在进行行凶、杀人、抢劫、强奸、绑架以及其他严重危及人身安全的暴力犯罪，采取防卫行为，造成不法侵害人伤亡的，不属于防卫过当，不负刑事责任。只有持那种足以严重危及他人的重大人身安全的凶器、器械伤人的行为，才可以认定为特殊防卫中的"行凶"。

特殊防卫不同于一般防卫就在于其防卫起因上的特殊性。一般防卫所针对的是正在进行的不法侵害行为，而特殊防卫所针对的却是对正在进行的行凶、杀人、抢劫、强奸、绑架以及其他严重危及人身安全的暴力犯罪。这也正是成立特殊防卫的必要条件。正确理解特殊防卫的条件，应当着重把握以下要点：

1. 必须是正在进行的暴力犯罪行为。暴力犯罪，简言之，就是以暴力为手段实施的犯罪行为。对非以暴力为手段实施的其他严重犯罪行为，不能实施特殊防卫。对以非暴力手段实施的抢劫、绑架等条文明确列举的犯罪行为，一般也不宜实施特殊防卫。正在进行的暴力犯罪，是指暴力犯罪行为已经着手实施，尚未实行完毕。在暴力侵害行为尚未着手的情况下，显然是不能进行特殊防卫的。也就是不能以严重的暴力犯罪正在预备，马上就要付诸实施为借口，实施特殊防卫。值得注意的是《刑法》规定特殊防卫的条件是暴力犯罪，是否构成犯罪，严格地说应由司法机关依照法定程序判定。对防卫人而言，由于特殊防卫都是在现实的、紧迫的危急状态下实施的，无法要求防卫人判定正在实施的暴力侵害行为已然构成犯罪，才可以实施特殊防卫。法律之所以使用暴力犯罪这一表述，意仅在强调正在进行的暴力侵害行为，其对他人的人身危险性已足以达到相当严重的程度。

2. 足以严重危及人身安全。人身安全主要包括他人的生命安全、健康安全，妇女的性的不可侵犯的权利。非针对他人人身安全的暴力犯罪行为，如对抢夺等针对物所实施的暴力犯罪行为，就不能实施特殊防卫。所谓严重危及人身安全，主要是强调暴力侵害行为对他人人身安全危害的现实性、急迫性和严重性。如暴力侵害程度足以危及他人的生命安全，足以对他人的健康造成严重损害后果的，无疑都是可以实施特殊防卫的。但需要说明的是，暴力侵害也有程度之分，对轻微的暴力伤害，就不能实施特殊防卫。对正在进行的暴力侵害行为，能否实施特殊防卫，关键要看该行为是否足以严重危及他人的重大的人身安全。特殊防卫是以可以杀死不法侵害人为代价的，因此，特殊防卫所要保护的也必须是相等的公民的重大法益。只有他人的生命安全、重大的健康安全、妇女性的不可侵犯的权利，才可以视为相等的重大的法益。

3. 对以暴力实施的杀人、抢劫、强奸、绑架犯罪行为可以实施特殊防卫，比较容易把握。但是何谓“行凶”呢？我们认为，对“行凶”的理解应当遵循上述关于特殊防卫条件的基本认识，即首先“行凶”必须是一种已着手的暴力侵害行为，其次，“行凶”必须足以严重危及他人的重大人身安全。故“行凶”不应该是一般的拳脚相加之类的暴力侵害，持械殴打也不一定都是可以实施特殊防卫的“行凶”。只有持那种足以严重危及他人的重大人身安全的凶器、器械伤人的行为，才可以认定为“行凶”。

——最高人民法院刑事审判第一庭、第二庭编：《刑事审判参考》2003 年

第 5 集（总第 34 集），法律出版社 2004 年版，第 13~19 页。

48. 关于特殊防卫“行凶”的理解和把握

关键词

特殊防卫　行凶

最高人民法院司法政策精神

四、特殊防卫的具体适用

15. 准确理解和把握“行凶”。根据刑法第二十条第三款的规定，下列行为应当认定为“行凶”：（1）使用致命性凶器，严重危及他人人身安全的；（2）未使用凶器或者未使用致命性凶器，但是根据不法侵害的人数、打击部位和力度等情况，确已严重危及他人人身安全的。虽然尚未造成实际损害，但已对人身安全造成严重、紧迫危险的，可以认定为“行凶”。

——《最高人民法院、最高人民检察院、公安部关于依法适用正当防卫制度的指导意见》（2020 年 8 月 28 日，法发〔2020〕31 号）。

附录：理解与适用

“行凶”不是刑法规定的独立罪名，这就使得司法实践中有时难以准确把握其内涵和外延，对具体案件的处理存在不同认识。为统一司法适用《最高人民法院、最高人民检察院、公安部关于依法适用正当防卫制度的指导意见》（以下简称《正当防卫指导意见》）第 15 条对“行凶”作了例举性的规定。具体而言，下列行为应当认定为“行凶”：

一是“使用致命性凶器，严重危及他人人身安全的”。司法实践中，通常表现为行为人持管制刀具、枪支等凶器实施侵害。例如，在“陈月浮正当防卫案”（《正当防卫指导意见》所附典型案例七）中，不法侵害人无故持菜刀凌晨上门砍伤陈月浮，属于使用致命性凶器实施的严重危及他人人身安全的不法侵害，应当认定为“行凶”，对此可以实行特殊防卫。

二是“未使用凶器或者未使用致命性凶器，但是根据不法侵害的人数、打击部位和力度等情况，确已严重危及他人人身安全的”。对此，需要根据案件具体情况准确判断是否达到“确已严重危及他人人身安全”的程度。例如，侵害人针对心脏、颅颈等致命部位实施侵害的，或者多人对一人长时间围殴，已致被害人头破血流仍不罢休的，则可以认定为“行凶”。作出上述规定，旨在提醒办案人员，不能仅因不法侵害人没有使用致命性凶器或者没有使用凶器就简单排除特殊防卫的适用。

同时，《正当防卫指导意见》第 15 条还明确，“虽然尚未造成实际损害，但已对人身安全造成严重、紧迫危险的，可以认定为‘行凶’”。例如，在“陈天杰正当防卫案”中，有意见认为，从双方关系和起因、不法侵害人选择打击的部位及强度来看，侵害人的行为不属于严重危及人身安全的暴力犯罪。但是，经审理查明，侵害人持械击打的是陈天杰的头部，属于人体的重要部位，在陈天杰戴安全帽的情况下致头部轻微伤，钢管打到安全帽后滑到手臂，致手臂皮内、皮下出血，可见打击力度之大；侵害人喝了酒，气势汹汹，并持足以严重危及他人人身安全的凶器，在场的其他人员都曾阻拦，但阻拦时均被侵害人甩倒。鉴此，应当认为侵害人已对他人人身安全造成严重、紧迫危险，可以实行特殊防卫。

需要强调的是，《正当防卫指导意见》第 15 条只是对“行凶”作了例举性规定，未能囊括司法实践的所有情形。对于明文规定以外的情形，要根据上述规定的精神，把握“严重危及人身安全”这一实质要件，作出准确判断。

——《正当防卫指导意见》起草小组:《〈关于依法适用正当防卫制度的指导意见〉的理解与适用》，载最高人民法院刑事审判第一、二、三、四、五庭编:《刑事审判参考》(总第 128 辑)，人民法院出版社 2021 年版，第 175~176 页。

最高人民法院公布的典型案例

陈月浮正当防卫案——特殊防卫的具体适用

裁判要旨：行凶、杀人、抢劫、强奸、绑架等不法侵害必须严重危及人身安全且系暴力犯罪，才能实行特殊防卫；相关不法侵害没有严重危及人身安全的，应当适用一般防卫的法律规定。对于相关不法侵害是否严重危及人身安全，应当注意从不法侵害是否具有暴力性、是否严重危及人身安全、是否达到犯罪程度等方面作出判断。

基本案情

2009 年 1 月 25 日凌晨 2 时许，被害人陈某某酒后来到被告人陈月浮家，用随身携带的一把菜刀敲击陈月浮家铁门，叫陈月浮出来打架。陈月浮的妻子下楼，佯称陈月浮不在家。陈某某继续敲击铁门，陈月浮便下楼打开铁门，陈某某遂用菜刀砍中陈月浮脸部，致陈月浮轻伤。陈某某再次砍向陈月浮时，被陈月浮挡开，菜刀掉在地上，陈月浮上前拳击陈某某的胸部等部位，二人在地上扭打。后陈某某因钝性物体作用胸部致心包、心脏破裂致失血性休克死亡。

处理结果

广东省普宁市人民法院一审判决、揭阳市中级人民法院二审裁定认为：陈某某无故持刀上门砍伤陈月浮，陈月浮为了使本人的人身免受正在进行的不法侵害，对正在进行的危害人身安全的暴力犯罪采取防卫行为，造成不法侵害人陈某某死亡的，不属于防卫过当，不负刑事责任。

典型意义

根据刑法第二十条第三款的规定，对正在进行行凶、杀人、抢劫、强奸、绑架以及其他严重危及人身安全的暴力犯罪，采取防卫行为，造成不法侵害人伤亡的，不属于防卫过当，不负刑事责任。司法适用中，要妥当把握特殊防卫的起因条件，准确理解和把握“行凶”。

第一，根据刑法规定，特殊防卫的起因条件限于正在进行的行凶、杀人、抢劫、强奸、绑架以及其他严重危及人身安全的暴力犯罪。与一般防卫不同，特殊防卫起因条件的实质在于不法侵害系“严重危及人身安全”的暴力犯罪。需要注意的是，行凶、杀人、抢劫、强奸、绑架等不法侵害必须严重危及人身安全且系暴力犯罪，才能实行特殊防卫；相关不法侵害没有严重危及人身安全的，应当适用一般防卫的法律规定。对于相关不法侵害是否严重危及人身安全，应当注意从不法侵害是否具有暴力性、是否严重危及人身安全、是否达到犯罪程度等方面作出判断。本案中，陈某某无故持菜刀凌晨上门砍伤陈月浮，属于使用致命性凶器实施的严重危及他人人身安全的不法侵害，应当认定为“行凶”，对此陈月浮可以实行特殊防卫。

第二，刑法第二十条第三款规定的“行凶”，可以是使用致命性凶器实施的严重危及他人人身安全的行为，也可以是以其他形式实施的严重危及他人人身安全的行为。不法侵害人的具体故意内容不确定，但根据侵害行为发生的时间、地点及不法侵害人持有凶器判断，暴力侵害行为足以严重危及人身安全的，防卫人可以实行特殊防卫。本案中，陈某某持菜刀砍中陈月浮脸部致其轻伤，陈某某再次砍向陈月浮时被其挡开，菜刀掉到地上。此时，要求陈月浮被菜刀砍伤后保持高度冷静，在将行凶者打倒之后，还要仔细判断行凶者有没有继续行凶的能力，这对于在黑夜之中高度惊恐的防卫人，是强人所难。因此，综合考虑案件的具体情况，应当认为在陈某某菜刀掉到地上之后仍然可以实行防卫。

第三，准确理解和把握正当防卫的刑法规定和立法精神，对于符合正当防卫认定条件的，坚决依法认定。实践中，受“人死为大”观念的影响，在处理因防卫致人死亡的案件时，办案机关往往面临外部压力，存有心理顾虑，以致有的情况下将原本属于正当防卫的行为认定为防卫过当，甚至连防卫因素也不予认定。这是极端错误的。作为司法机关，严格依法办案是天职，决不能为了所谓的“息事宁人”牺牲法律原则。否则，既不利于维护法律的尊严，也不利于为全社会树立正确导向，对正当防卫人来说更是有失公正。对于确系正当防卫的案件，应当勇于担当，严格公正司法，坚决依法认定。实践证明，只有依法判决，才能赢得好的效果；只要依法判决，就能赢得好的效果。本案就是例证，依法宣判陈月浮不负刑事责任后，获得了社会公众的普遍肯定，弘扬了社会主义核心价值观，实现了法律效果与社会效果的有机统一。

——《涉正当防卫典型案例》(2020 年 9 月 3 日)，载最高人民法院官网，https：//www.court.gov.cn。

49. 如何理解和把握特殊防卫“杀人、抢劫、强奸、绑架”

关键词

特殊防卫　起因条件

最高人民法院司法政策精神

四、特殊防卫的具体适用

准确理解和把握“杀人、抢劫、强奸、绑架”。刑法第二十条第三款规定的“杀人、抢劫、强奸、绑架”，是指具体犯罪行为而不是具体罪名。在实施不法侵害过程中存在杀人、抢劫、强奸、绑架等严重危及人身安全的暴力犯罪行为的，如以暴力手段抢劫枪支、弹药、爆炸物或者以绑架手段拐卖妇女、儿童的，可以实行特殊防卫。有关行为没有严重危及人身安全的，应当适用一般防卫的法律规定。

——《最高人民法院、最高人民检察院、公安部关于依法适用正当防卫制度的指导意见》(2020 年 8 月 28 日，法发〔2020〕31 号)。

附录：理解与适用

根据司法实践反映的问题，《最高人民法院、最高人民检察院、公安部关于依法适用正当防卫制度的指导意见》(以下简称《正当防卫指导意见》) 第 16 条对特殊防卫起因条件所涉及的“杀人、抢劫、强奸、绑架”的理解和把握问题作了明确，着重强调了两点：

其一，“杀人、抢劫、强奸、绑架”是指具体犯罪行为而非具体罪名，司法实践中要根据行为性质作具体把握。对此，《正当防卫指导意见》第 16 条规定，“在实施不法侵害过程中存在杀人、抢劫、强奸、绑架等严重危及人身安全的暴力犯罪行为的，如以暴力手段抢劫枪支、弹药、爆炸物或者以绑架手段拐卖妇女、儿童的，可以实行特殊防卫”。

其二，《正当防卫指导意见》第 16 条规定，“有关行为没有严重危及人身安全的，应当适用一般防卫的法律规定”。这主要是考虑，虽是杀人、抢劫、强奸、绑架等行为，但方式不同，紧迫程度有异，如客观上尚未严重危及人身安全，不宜一律主张适用没有限度要求的特殊防卫，否则不符合比例原则，会走上另一个极端，导致防卫权的滥用。例如，没有携带凶器，以“掏钱出来，不然就揍你”的方式进行抢劫的，不宜认为符合特殊防卫的起因条件。

——《正当防卫指导意见》起草小组:《〈关于依法适用正当防卫制度的指导意见〉的理解与适用》，载最高人民法院刑事审判第一、二、三、四、五庭编:《刑事审判参考》(总第128辑)，人民法院出版社2021年版，第176~177页。

50. 关于特殊防卫“其他严重危及人身安全的暴力犯罪”的理解和把握

关键词

特殊防卫　起因条件

最高人民法院司法政策精神

17. 准确理解和把握“其他严重危及人身安全的暴力犯罪”。刑法第二十条第三款规定的“其他严重危及人身安全的暴力犯罪”，应当是与杀人、抢劫、强奸、绑架行为相当，并具有致人重伤或者死亡的紧迫危险和现实可能的暴力犯罪。

——《最高人民法院、最高人民检察院、公安部关于依法适用正当防卫制度的指导意见》(2020年8月28日，法发〔2020〕31号)。

附录：理解与适用

根据司法实践反映的问题，最高人民法院、最高人民检察院、公安部联合发布《关于依法适用正当防卫制度的指导意见》(以下简称《正当防卫指导意见》)第17条对特殊防卫起因条件所涉及的“其他严重危及人身安全的暴力犯罪”的理解和把握问题作了明确。“其他严重危及人身安全的暴力犯罪”应当与杀人、抢劫、强奸、绑架行为的暴力程度相当。这是体系解释的当然要求，也是特殊防卫立法意旨的当然要求。基于此，《正当防卫指导意见》第17条规定:“《刑法》第二十条第三款规定的‘其他严重危及人身安全的暴力犯罪’，应当是与杀人、抢劫、强奸、绑架行为相当，并具有致人重伤或者死亡的紧迫危险和现实可能的暴力犯罪。”

司法实践中，对“其他严重危及人身安全的暴力犯罪”的认定应当坚持综合判断，审查判断不法侵害是否属于“其他严重危及人身安全的暴力犯罪”时，应当注意从不法侵害是否具有暴力性、是否严重危及人身安全、是否达到犯罪程度等方面作出判断。例如，在人流密集的公共场所驾车冲撞，危害公共安全的，无疑可以认定为“其他严重危及人身安全的暴力犯罪”，符合特殊防卫的起因条件。

——《正当防卫指导意见》起草小组：《〈关于依法适用正当防卫制度的指导意见〉的理解与适用》，载最高人民法院刑事审判第一、二、三、四、五庭编：《刑事审判参考》（总第 128 辑），人民法院出版社 2021 年版，第 177 页。

51. 如何把握特殊防卫与一般防卫的关系

关键词

特殊防卫　一般防卫

最高人民法院司法政策精神

18. 准确把握一般防卫与特殊防卫的关系。对于不符合特殊防卫起因条件的防卫行为，致不法侵害人伤亡的，如果没有明显超过必要限度，也应当认定为正当防卫，不负刑事责任。

——《最高人民法院、最高人民检察院、公安部关于依法适用正当防卫制度的指导意见》（2020 年 8 月 28 日，法发〔2020〕31 号）。

附录：理解与适用

关于《刑法》第二十条第三款规定的特殊防卫与第一款规定的一般防卫的关系，存在“提示性规定说”和“法律拟制说”两种不同观点。提示说认为，特殊防卫中的起因条件即“行凶、杀人、抢劫、强奸、绑架以及其他严重危及人身安全的暴力犯罪”本身侵害程度相当严重，此种情形下，被侵害人采取防卫行为，造成不法侵害人伤亡的，本来就应当认为并未明显超过必要限度，法律专门规定，只不过是为了进一步提示办案人员；拟制说认为，对“行凶、杀人、抢劫、强奸、绑架以及其他严重危及人身安全的暴力犯罪”的不法侵害实施防卫，本来也有限度要求，应作具体判断，只是法律基于此类不法侵害的严重性、特殊性，为进一步给正当防卫适当“松绑”，特别规定此种情形下“造成不法侵害人伤亡的，不属于防卫过当，不负刑事责任”。无论采取哪种观点，实际均是认为相关行为成立正当防卫，不是防卫过当。因此，在我们看来，两种观点虽然在理论分析的基础上存在差异，但用诸实践，对案件的认定意见通常并无不同。

结合实践情况，对于特殊防卫与一般防卫的区分，关键是要注意，一般防卫也可能致不法侵害人死亡，只要未明显超过必要限度的，仍然成立正当防卫，不负刑事责任。对此，最高人民法院、最高人民检察院、公安部联合发布《关于依法适用正当防卫制度的指导意见》第18条明确："对于不符合特殊防卫起因条件的防卫行为，致不法侵害人伤亡的，如果没有明显超过必要限度，也应当认定为正当防卫，不负刑事责任。"

——《正当防卫指导意见》起草小组：《〈关于依法适用正当防卫制度的指导意见〉的理解与适用》，载最高人民法院刑事审判第一、二、三、四、五庭编：《刑事审判参考》（总第128辑），人民法院出版社2021年版，第177~178页。

52. 办理涉正当防卫案件要做好侦查取证、依法公正处理案件、强化释法析理和做好法治宣传

关键词

正当防卫案件　侦查取证　释法析理

最高人民法院司法政策精神

五、工作要求

19. 做好侦查取证工作。公安机关在办理涉正当防卫案件时，要依法及时、全面收集与案件相关的各类证据，为案件的依法公正处理奠定事实根基。取证工作要及时，对冲突现场有视听资料、电子数据等证据材料的，应当第一时间调取；对冲突过程的目击证人，要第一时间询问。取证工作要全面，对证明案件事实有价值的各类证据都应当依法及时收集，特别是涉及判断是否属于防卫行为、是正当防卫还是防卫过当以及有关案件前因后果等的证据。

20. 依法公正处理案件。要全面审查事实证据，认真听取各方意见，高度重视犯罪嫌疑人、被告人及其辩护人提出的正当防卫或者防卫过当的辩解、辩护意见，并及时核查，以准确认定事实、正确适用法律。要及时披露办案进展等工作信息，回应社会关切。对于依法认定为正当防卫的案件，根据刑事诉讼法的规定，及时作出不予立案、撤销案件、不批准逮捕、不起诉的决定或者被告人无罪的判决。对于防卫过当案件，应当依法适用认罪认罚从宽制度；对于犯罪情节轻微，依法不需要判处刑罚或者免除刑罚的，人民检察院可以作出不起诉决定。对于不法侵害人涉嫌犯罪的，应当依法及时追诉。人民法院审理第一审的涉正当防卫案件，社会影响较大或者案情复杂的，由人民陪审员和法官组成合议庭进行审理；社会影响重大的，由人民陪审员和

法官组成七人合议庭进行审理。

21. 强化释法析理工作。要围绕案件争议焦点和社会关切，以事实为根据、以法律为准绳，准确、细致地阐明案件处理的依据和理由，强化法律文书的释法析理，有效回应当事人和社会关切，使办案成为全民普法的法治公开课，达到办理一案、教育一片的效果。要尽最大可能做好矛盾化解工作，促进社会和谐稳定。

22. 做好法治宣传工作。要认真贯彻“谁执法、谁普法”的普法责任制，做好以案说法工作，使正当防卫案件的处理成为全民普法和宣扬社会主义核心价值观的过程。要加大涉正当防卫指导性案例、典型案例的发布力度，旗帜鲜明保护正当防卫者和见义勇为人的合法权益，弘扬社会正气，同时引导社会公众依法、理性、和平解决琐事纠纷，消除社会戾气，增进社会和谐。

——《最高人民法院、最高人民检察院、公安部关于依法适用正当防卫制度的指导意见》（2020 年 8 月 28 日，法发〔2020〕31 号）。

53. 假想防卫不构成故意犯罪

关键词

假想防卫　认识错误　过失犯罪

《刑事审判参考》指导案例

王长友过失致人死亡案（《刑事审判参考》指导案例第 124 号）

裁判要点：夜间误认来人为非法侵入住宅者而以防卫的故意暴力致对方死亡的，构成假想防卫；假想防卫不构成故意犯罪。

需要指出的是，假想防卫对并不存在的“不法侵害”或“不法侵害人”，是基于行为人主观想象或推测，但这种主观想象或推测，绝不是脱离实际情形的任意想象，而是需要一定的客观前提，也就是说，假想防卫人在实行假想防卫时，主观上误认为发生了某种实际并不存在的不法侵害，是要有一定合理的根据的。

假想防卫是过失犯罪还是故意犯罪，是司法实践中必须要搞清楚的一个问题。首先，我们应该对“故意犯罪”有个正确的理解，不能把刑法理论上讲的故意与心理学理论上所讲的故意等同、混淆起来。根据《刑法》第 14 条的规定，故意犯罪是指行为人明知自己的行为会发生危害社会的结果，并且希望或放任这种结果发生，而假想防卫则是建立在行为人对其行为性质即其行为不具有社会危害性的错误认识的基础上发生的。假想防卫虽然是故意的行为，但这种故意是建立在对客观事实错误认识基础上的，自以为是在对不法侵害实行正当防卫。行为人不仅没有认识到其行为会发生危害社会的后果，而且认为自己的行为是合法正当的，而犯罪故意则是以行为人明知自己的行为会发生危害社会的后果为前提的。因此，假想防卫的故意只有心理学上的意义，而不是刑法上的犯罪故意。这也就是说，假想防卫的行为人，在主观上是为了保护自己的合法权益免遭侵害，其行为在客观上造成的危害是由于认识错误所致，其主观上没有犯罪故意，因此，假想防卫中是不可能存在故意犯罪的。如果构成相关过失犯罪的，可以以过失犯罪处理。

——最高人民法院刑事审判第一庭、第二庭编：《刑事审判参考》2001 年第 9 辑（总第 20 辑），法律出版社 2001 年版，第 9~13 页。

54. 不履行紧急避险行为引起的作为义务的行为的定性

关键词

紧急避险　先行行为　作为义务　不作为犯罪

《刑事审判参考》指导案例

王仁兴破坏交通设施案（《刑事审判参考》指导案例第 295 号）

裁判要点：紧急避险是一种排除社会危害性的行为。不履行因紧急避险行为引起的作为义务可以构成不作为犯罪。

紧急避险是一种排除社会危害性的行为，其特点在于：在两个合法权益发生冲突，又只能保存其中一个的紧急情况下，法律允许为了保护较大的权益而牺牲较小的权益。因此，从整体上看，紧急避险行为是有益于社会的合法行为。法律要求避险所损害的权益（必须是现实的权益而非期待的权益）必须小于所要保护的权益，才能认为是合法的。否则，就应视为避险超过必要限度。

刑法上的不作为，是指行为人应当履行某种特定的法律义务且有能力履行而不去履行。构成不作为犯必须以行为人负有履行特定的法律义务为前提，即负有作为义务。实践中，行为人的作为义务主要来自于三个方面：一是法律明文规定的义务；二是职务上或者业务上所要求必须承担的义务；三是行为人先行行为引起的义务。所谓先行行为引起的义务，是指由于行为人先前实施的行为，使某种合法权益处于危险状态时，该行为人负有采取有效措施积极防止危害结果发生的义务。行为人只要有能力履行而不履行该先行行为所引起的作为义务就可以构成不作为犯罪，先行行为是合法行为也不能免除行为人的作为义务。

——最高人民法院刑事审判第一庭、第二庭编：《刑事审判参考》2004 年第 3 集（总第 38 集），法律出版社 2004 年版，第 82~87 页。

55. 意图实施两项犯罪但实施一个犯罪预备行为的只能构成一罪

关键词

犯罪预备　犯意表示　禁止重复评价原则

《刑事审判参考》指导案例

张正权等抢劫案（《刑事审判参考》指导案例第 467 号）

裁判要点：为实施特定犯罪而准备工具、制造条件的，应当认定为犯罪预备。同一个行为，不能被两个犯罪构成重复评价。

1. 为实施特定犯罪而准备工具、制造条件的，应当认定为犯罪预备

根据《刑法》第 22 条第 1 款的规定，犯罪预备是指为了犯罪，准备工具、制造条件的行为。据此，成立犯罪预备应当具有四个特征，即行为人主观上是为了实行犯罪，客观上实施了犯罪预备行为，事实上未能着手实行犯罪，未能着手实行犯罪是由于行为人意志以外的原因。犯罪预备作为故意犯罪的初期形态，虽然还没有着手实行犯罪，但客观上造成了对法益的现实威胁或者侵害的现实可能性，依照《刑法》应当追究刑事责任；由于预备犯还没有造成犯罪结果，对法益的侵害通常小于既遂犯，因此《刑法》规定对于预备犯，可以比照既遂犯从轻、减轻或者免除处罚。

犯意表示是指行为人通过一定的方式，将内心的犯罪意图表现于外部的行为。其特征是：（1）犯意表示是一种单纯将犯罪意图表现于外部的行为；（2）它需要借助语言、文字或者具体的行为举动等一定的方式能够被他人所感知；（3）它是一种犯罪意图的单纯流露，对以后可能实施的犯罪是否易于实行、便于完成尚不能起到制造条件的作用。

犯意表示与犯罪预备的本质区别在于，犯罪预备是对实行犯罪起促进作用的行为，即准备犯罪工具、制造条件，也就是有实现其犯罪故意的行为；而犯意表示行为只是单纯流露犯意，不是实现犯意的具体行为，没有对法益构成现实威胁，因此，犯意表示并不是我国《刑法》所规定的可以构成犯罪

的“危害社会的行为”，只有建立在为了该犯意表示而“准备工具、制造条件”的基础之上的具体行为，才能评价为“危害社会的行为”从而可能成立犯罪预备。

从成立犯罪预备的核心要求看，仅有犯意表示而没有具体准备工具、制造条件行为的，不能认定为犯罪预备。根据《刑法》规定，犯罪预备要求的行为包括两类：（1）准备工具，即准备实行犯罪的工具，如购买犯罪工具、制造犯罪工具、改装物品使之适应犯罪需要以及盗窃他人物品作为犯罪工具等。（2）制造条件，即除准备工具以外的一切为实行犯罪制造条件的预备行为，可以表现为：①制造实行犯罪的客观条件，如调查犯罪场所和被害人行踪、出发前往犯罪场所或者守候被害人的到来、诱骗被害人前往犯罪场所等；②创造实行犯罪的主体条件，如勾结纠集犯罪同伙、寻找共犯人等；③制造实行犯罪的现实作案条件，如商议犯罪的实行计划、进行分工等。

本案中，被告人张正权、张文普、徐世五共同预谋到偏僻地段针对单身女性行人实施抢劫，并先后购买了匕首、透明胶带等作案工具，多次携带匕首和透明胶带到安吉县递铺镇阳光工业园区附近潜伏，伺机等候合适的目标出现后实施抢劫，这些行为都是典型的抢劫犯罪预备行为，远远超出了犯意表示的范畴，客观上造成了对法益的现实威胁，应当以抢劫罪（犯罪预备）定罪处罚。至于三被告人是否同时成立强奸罪（犯罪预备），下文详述。

2. 同一个行为，不能被两个犯罪构成重复评价

刑法理论上的禁止重复评价原则，是指在定罪量刑时禁止对同一犯罪构成事实予以两次或两次以上的法律评价，据此，当然包括禁止对同一行为被两个或两个以上的犯罪构成同时评价。从功能上讲，该原则是对罪责刑相适应原则的一种贯彻，对于犯罪人的人权保障具有重要意义。本案中，被告人张正权、张文普、徐世五预谋实施抢劫犯罪过程中，张正权与张文普曾商议如果遇有漂亮女性则实施强奸，徐世五明确表示不参与强奸犯罪，无强奸的共同故意，自然不能认定为强奸罪。但对于被告人张正权、张文普，其商议实施强奸的行为在成立抢劫罪（犯罪预备）的同时是否能够构成强奸罪（犯罪预备）？结论是否定的。理由是：基于禁止重复评价原则，如果同一行为既为抢劫犯罪的预备行为，又为强奸犯罪的预备行为时，不能被抢劫、强奸的犯罪构成所同时评价，也就是说不能同时成立抢劫罪（犯罪预备）和强奸罪（犯罪预备）。从本案被告人张正权、张文普、徐世五实施的整个行为过程看，其先后购买并携带匕首、透明胶带等作案工具到安吉县递铺镇阳光工业园区附近潜伏，伺机等候作案目标出现的行为应视为刑法意义上的一个行为，虽然可以将三被告人的犯罪预备行为既可以理解为抢劫犯罪准备工具、创造条件，也可视为强奸犯罪准备工具、创造条件，但从禁止重复评价原则出发，作为一个行为只能为一个犯罪构成所评价，而不能被两个犯罪构成予以重复

评价，在《刑法》没有明文规定的情况下，不能既认定为抢劫罪的预备，又认定为强奸罪的预备，而应按照择一重罪的原则定罪处罚。从本案情况看，我们认为，应当选择抢劫罪对被告人张正权、张文普定罪处罚。从罪质看，强奸罪侵犯的客体为人身权，而抢劫罪侵犯的是复杂客体，既侵犯人身权，又侵犯财产权，抢劫罪的罪质重于强奸罪；从刑罚处罚看，抢劫罪与强奸罪可处自由刑的幅度相同，但抢劫犯罪还应当并处财产刑，因而也是抢劫罪重于强奸罪；从本案实际情况看，张正权、张文普的一系列准备工具、预谋分工、寻找作案目标等行为，对实施抢劫犯罪来说是确定的，而对是否实施强奸犯罪则是附条件的，因为二被告人预谋当抢劫对象如果是漂亮女性才同时实施强奸犯罪，该条件是否能成就，取决于抢劫犯罪的实施情况及合适犯罪对象的出现，具有一定偶然性，因此从犯意确定角度看，以抢劫罪对二被告人定罪处罚更为准确。

综上所述，法院对被告人张正权、张文普、徐世五的预备行为仅定抢劫罪（犯罪预备），而没有同时认定为强奸罪（犯罪预备）是正确的。

——最高人民法院刑事审判第一、二、三、四、五庭主办：《刑事审判参考》2007年第6集（总第59集），法律出版社2008年版，第26~31页。

56. 预备犯的刑事责任

关键词

犯罪预备　社会危害程度　刑事责任

《刑事审判参考》指导案例

黄斌等抢劫案（《刑事审判参考》指导案例第139号）

裁判要点：仅仅为实施犯罪准备工具，制造条件的，构成犯罪预备，对于预备犯，应当结合社会危害程度决定从轻、减轻或者免除处罚，情节显著轻微危害不大的，可不作为犯罪处理。

需要指出的是，《刑法》第22条第1款，只是犯罪预备行为的概念，却非预备犯的完整内涵。完整的预备犯概念，还需揭示出犯罪预备与犯罪未遂以及犯罪预备过程中的犯罪中止的区别。结合《刑法》第23条第1款、第24条第1款有关犯罪未遂和犯罪中止的规定，除上述两个特征外，预备犯还应具有以下两个基本特征：一是尚未着手实行犯罪。是否已经着手实行犯罪，是犯罪预备和犯罪未遂的本质区别。倘若行为人已经着手实行犯罪，那就不可能再有犯罪预备的问题了。司法实践中，判断是否“着手”，还是应根据具体案件的具体情况，结合《刑法》条文的有关规定，具体分析、认定。具体到抢劫案件而言，由于抢劫罪的成立，必须以行为人已实施了暴力、威胁等法定的犯罪方法为要件，因此，只有行为人已开始了实施上述特定的方法行为，才能视为犯罪着手。二是未着手实行犯罪是由于行为人意志以外的原因。这是犯罪预备与预备阶段中的犯罪中止的根本区别。预备阶段中的犯罪中止是指在犯罪预备过程中，行为人自动放弃犯罪预备行为或是在可以着手实行犯罪的情况下，自动放弃着手犯罪。无论何种情形，行为人均必须是主观上自愿主动放弃，而不是因外部原因被迫放弃。

我国《刑法》第22条第2款规定："对于预备犯，可以比照既遂犯从轻、减轻或者免除处罚。"单从这一条文来看，似乎我国对预备犯是采均须定罪处罚的原则，至多是定罪免予处罚。其实不然，由于我国《刑法》第十三条在规定犯罪概念时，又同时规定“但情节显著轻微危害不大的，不认为是犯罪。”因此，司法实践中，对那些情节显著轻微危害不大的预备犯，如一些轻罪的预备犯，不予追究，不仅有依据，而且也是必要的。对预备犯是否定罪，如何量刑，是否从轻，是从轻、减轻还是免除处罚，总的来说，要看其预备行为的社会危害性程度。而衡量犯罪预备行为的社会危害性程度，又无外乎要借助以下因素加以分析，这包括预备实行的犯罪的性质、所准备的工具的类型、制造条件的充分程度等等。显然，行为人欲实行犯罪的性质越严重，所准备工具的凶险性、杀伤力越大，制造的条件越充分，犯罪对象面临的危险性越大，预备行为的社会危害性程度也就越大，反之亦然。

——最高人民法院刑事审判第一庭、第二庭编：《刑事审判参考》2001年第11辑（总第22辑），法律出版社2001年版，第10~15页。

夏洪生抢劫、破坏电力设备案（《刑事审判参考》指导案例第644号）

裁判要点：骗乘出租车欲到目的地抢劫因唯恐被发觉而在中途放弃的，应当认定为抢劫预备阶段的犯罪中止。

抢劫被害人周喜章的行为构成抢劫预备阶段的中止。第一，被告人夏洪生伙同张金宝乘出租车，并要求司机行驶至偏僻地点，确实属于确定抢劫目标并为抢劫创造条件的行为，符合刑法关于犯罪预备的规定。第二，将“乘坐出租车”的行为认定为着手抢劫有过早之嫌。“着手实施犯罪”意味着给法益已经带来急迫的危险，就抢劫罪而言，只有当犯罪行为人使被害人的人身或财产法益面临急迫的危险之时，才宜认定为“着手抢劫”。具体到抢劫出租车司机这一类型犯罪，“着手抢劫”的认定标准应与其他类型的抢劫犯罪一致，即以出租车司机的人身和财产法益所面临的危险是否具有急迫性来判断。如果犯罪行为人以抢劫为目的乘坐出租车，但还未采取任何暴力、胁迫手段，则法益所面临危险急迫性并不明显。第三，一般人携带刀具乘坐出租车的行为，与本案在客观方面完全一致。前者显然无罪，若认定本案已经构成“着手实施抢劫”，仅依据二被告人的主观故意而定罪，难免有主观定罪之嫌。所以，抢劫周喜章的行为仍处于抢劫预备阶段。本案中，夏洪生、张金宝乘坐周喜章的出租车行驶了一段路程，周喜章拒绝前行至夏洪生指定的偏僻地点，二被告人遂下车。无论是采取认定犯罪中止的主观说，即被告人担心实施抢劫有可能被发现而自动放弃犯罪；还是采取认定犯罪中止的客观说，即以一般人观点来看，在当时情况下二被告人仍有实施抢劫之可能性而自动放弃犯罪，均可认为二被告人构成犯罪中止。综上，夏洪生、张宝抢劫周喜章的行为构成抢劫预备阶段的中止。

——最高人民法院刑事审判第一、二、三、四、五庭主办：《刑事审判参考》2010 年第集（总第 76 集），法律出版社 2011 年版，第 1~10 页。

57. 对象不能犯的定罪处罚

关键词

犯罪未遂　绝对不能犯　相对不能犯

《刑事审判参考》指导案例

胡斌、张筠筠等故意杀人、运输毒品（未遂）案（《刑事审判参考》指导案例第 37 号）

裁判要点：对象不能犯中的相对不能犯，应当治罪处罚，但属于犯罪未遂，对其中行为的社会危害性小于欲犯之罪的，一般应当从轻或者减轻处罚，对其中行为的社会危害性大于欲犯罪之罪的，不应当从轻、减轻处罚。

对于不能犯能否予以治罪，应当区分绝对不能犯与相对不能犯两种情形作出处理。

绝对不能犯与相对不能犯的主要区别在于：前者意欲实施的行为与其实际实施的行为是一致的，但因使用的手段与目的之间的因果关系是建立在反科学、超自然的基础上，故该种手段行为在任何情况下都不可能引起危害结果发生，不具有实质的社会危害性；后者所认识到的手段与目的之间的因果联系是真实的、有科学根据的，只是因为行为人一时疏忽致使意欲实施的行为与其实际实施的行为形似而质异，才未能造成犯罪结果。否则，其所使用的手段或工具就能合乎规律地引起危害结果发生，实现其犯罪目的。因此，刑法理论上一般认为，绝对不能犯不构成犯罪，而相对不能犯则构成犯罪未遂。

不能犯未遂并非对社会没有危害，在决定对其是否从轻处罚时，应当区分不同情况处理：

其一，对于行为的客观危害性相对较小的，如误把头痛粉当“白粉”（即海洛因）予以出售，因头痛粉对人体健康的危害不大，一般应依法予以从轻或者减轻处罚；

其二，对于行为的客观危害性虽比欲犯之罪较小，但也具有较为严重社会危害性的，如本案被告人转移、藏匿尸体的行为，客观上必然严重妨害刑事侦查活动，同样具有严重的社会危害性，可以适当予以从轻处罚；

其三，对于行为的客观危害性大于欲犯之罪的，如误把海洛因当作麝香进行走私，因走私毒品罪重于欲犯的走私珍贵动物制品罪，即欲犯较轻之罪而实犯较重之罪，虽然应依法认定犯罪未遂，但一般不能予以从轻处罚。

在司法实践中，应当根据具体案情区分不同情况，决定对不能犯之未遂具体如何处罚。

——最高人民法院刑事审判第一庭编：《刑事审判参考》1999 年第 5 辑（总第 5 辑），法律出版社 1999 年版，第 34~39 页。

58.《刑法》第二十三条第二款具有量刑情节和确定未遂部分法定刑幅度的双重功能

关键词

犯罪未遂　量刑

附录：最高人民法院主流观点

我国刑法分则关于法定刑幅度的设置，是以犯罪既遂形态为标本的。对于未遂犯，根据刑法总则的规定，一般应当予以处罚，只是目前有的司法解释提高了未遂犯的入罪门槛。“两高”于 2011 年 4 月 8 日起施行的《关于办理诈骗刑事案件具体应用法律若干问题的解释》（以下简称《诈骗案件解释》）第 5 条规定，“诈骗未遂，以数额巨大的财物为诈骗目标的，或者具有其他严重情节的，应当定罪处罚”。2013 年 4 月 2 日“两高”公布的《关于办理盗窃刑事案件适用法律若干问题的解释》第 12 条作了类似的规定。刑法分则并未单独就未遂犯另行设置法定刑幅度，只是在《刑法》第二十三条第二款规定，“对于未遂犯，可以比照既遂犯从轻或者减轻处罚”。在以往司法实践中，对于数额犯，无论全案只有未遂，还是并存的既遂部分不够定罪条件，但根据有关司法解释的规定既遂和未遂总数额达到入罪标准，就以犯罪未遂处理，或者说既遂与未遂并存且均构成犯罪的情况下，一直以犯罪总数额确定法定刑幅度，然后认定全案未遂，将未遂作为量刑情节，比照既遂犯从轻或者减轻处罚。在这一过程中，《刑法》第二十三条第二款的规定，一直作为量刑情节对待，是在法定刑幅度、量刑起点及基准刑确定之后对未遂情节的评价。

《诈骗案件解释》第6条规定：“诈骗既有既遂，又有未遂，分别达到不同量刑幅度的，依照处罚较重的规定处罚；达到同一量刑幅度的，以诈骗罪既遂处罚。”因此，对于诈骗既遂与未遂并存且均构成犯罪的，在确定全案适用的法定刑幅度之前，应当就既遂部分与未遂部分分别对应的法定刑幅度进行比较。也就是说，首先需要确定既遂部分与未遂部分分别对应的法定刑幅度。鉴于刑法分则中的法定刑幅度是针对既遂犯设置的，未遂部分并无直接对应的法定刑幅度，这就给如何确定未遂部分的法定刑幅度带来了问题。笔者认为，要准确理解和适用《诈骗案件解释》的上述规定，在既遂与未遂并存且均单独构成犯罪的情况下，确定未遂部分对应的法定刑幅度，应当根据《刑法》第二十三条第二款的规定，与未遂部分对应的既遂形态（即既遂犯）进行比较，决定是否对单独构成犯罪的未遂部分减轻处罚，即决定是否减轻处罚后选择法定刑幅度，进而确定未遂部分对应的法定刑幅度，再与既遂部分对应的法定刑幅度进行比较。在这一过程中，《刑法》第二十三条第二款并非作为量刑情节在确定法定刑幅度、量刑起点、基准刑后对全案适用，而是在量刑起点确定之前的法定刑幅度确定过程中适用，这与以往仅将《刑法》第二十三条第二款理解为量刑情节是截然不同的。也就是说，对于《刑法》第二十三条第二款，不能仅仅理解为对全案适用的未遂量刑情节，在既遂与未遂并存且均构成犯罪的情况下，还需理解为确定未遂部分对应的法定刑幅度的原则，进而作为对我国刑法分则以犯罪既遂形态设置法定刑幅度这一原则的补充。唯其如此，才能将《刑法》第二十三条第二款“对于未遂犯，可以比照既遂犯从轻或者减轻处罚”的规定，全面贯彻到具体案件中。据此，《刑法》第二十三条第二款具有双重功能，在全案未遂的情况下，该规定的适用体现为未遂情节对基准刑的调节功能；在全案认定既遂且未遂部分构成犯罪的情况下，该规定的适用体现为在确定未遂部分法定刑幅度过程中对其对应的既遂犯法定刑幅度的调节功能。

这一问题产生的根源，在于我国刑法理论中关于罪数问题，对于既遂未遂并存的，无论在认识上、评价上还是科刑上，均是作为一罪处理。如果在科刑上作为数罪处理，对于《刑法》第二十三条第二款的规定，仅仅理解为未遂量刑情节即可，无需赋予其对未遂犯对应既遂犯法定刑幅度的调节功能，与以往惯例并无二致。

——最高人民法院案例指导工作办公室：《指导案例62号〈王新明合同诈骗案〉的理解与参照》，载《人民司法·案例》2017年第23期（总第790期）。

59. 数额犯既遂与未遂并存的，应择一重确定法定刑幅度

关键词

犯罪数额　犯罪既遂　犯罪未遂　法定刑

附录：最高人民法院主流观点

在《最高人民法院、最高人民检察院关于办理诈骗刑事案件具体应用法律若干问题的解释》（以下简称《诈骗案件解释》）之前，对于数额犯，实践中一直以既遂和未遂的总数额作为犯罪数额，进而确定全案的法定刑幅度，将未遂部分作为未遂情节对全案适用。例如，在有关办理生产、销售伪劣商品刑事案件等个别司法解释中，明确规定既遂数额不够定罪条件的情况下，将未遂的入罪数额标准提高到既遂的入罪数额标准的3倍以上。但该司法解释只是提高了全案未遂的入罪数额标准，对于既遂与未遂并存且已够定罪条件的情况下，实践中同样以既遂和未遂的总数额作为犯罪数额，进而确定全案的法定刑幅度，将未遂部分作为未遂情节对全案适用。2001年4月9日《最高人民法院、最高人民检察院关于办理生产、销售伪劣商品刑事案件具体应用法律若干问题的解释》第2条第2款规定，“伪劣商品尚未销售，货值金额达到刑法第一百四十条规定销售金额三倍以上的，以生产、销售伪劣产品罪（未遂）定罪处罚”。2010年3月2日《最高人民法院、最高人民检察院关于办理非法生产、销售烟草专卖品等刑事案件应用法律若干问题的解释》也有类似规定。上述司法解释将未遂的入罪数额标准提高到既遂的入罪数额标准的3倍。但根据犯罪形态的一般理论，在既遂与未遂并存且既遂部分构成犯罪的情况下，由于部分行为已经既遂且构成犯罪，整个犯罪就已经既遂，就不存在未遂的问题。为了解决实践中存在的部分行为已经既遂且既遂部分已经达到定罪数额标准的情况下，仅因存在未遂部分又认定整个犯罪属于未遂的理论困境，同时避免因对全案运用部分行为未遂的未遂情节减轻处罚导致量刑畸轻，《诈骗案件解释》第6条确定了以既遂部分和未遂部分分别对应的法定刑幅度择一重的处理原则，而不以既遂和未遂累计的犯罪总数额确定法定刑幅度。对于《诈骗案件解释》就既遂与未遂并存且均构成犯罪情况下

法定刑幅度确定思路的转变，有观点认为，是以重行为对轻行为的吸收关系为基础（不能理解为既遂行为对未遂行为的吸收）。笔者认为，姑且不论刑法理论中吸收犯的成立侵害的法益是否必须为同一法益（既遂与未遂并存的情况下，侵害数个法益的情况很常见），但是对于上述解释第6条中的“达到同一量刑幅度的，以诈骗罪既遂处罚”的规定，显然不能认为达到同一量刑幅度的未遂行为一定比既遂行为轻，前述有关吸收犯的理论无法在该解释中一以贯之。该解释对既遂与未遂并存且均构成犯罪情况下法定刑幅度确定思路的转变，出发点是为了解决实践中利用部分未遂对全案大幅度减轻的量刑畸轻问题，是对量刑过程中的自由裁量权进行规范，是在不违背刑法总则第二十三条第二款规定的情况下，对以往不当量刑方法的纠正。

此后，“两高”出台的有关办理知识产权刑事案件，非法生产、销售烟草专卖品刑事案件，盗窃刑事案件等司法解释重申了这一处理原则。据此，尽管“两高”没有明确办理合同诈骗案件是否贯彻这一原则，但按照在没有特殊规定的情况下，对于同类问题应当同样处理的原则，对于处理其他既遂与未遂并存的案件，在既遂数额、未遂数额均达到定罪标准的情况下，也应当贯彻这一处理原则。即比较既遂数额、未遂数额所对应的法定刑幅度，在较重法定刑幅度内量刑。

在只有既遂或者只有未遂的情况下，确定法定刑幅度的数额与犯罪数额是一致的，但是在既遂与未遂并存的情况下，确定法定刑幅度的数额不再是既遂和未遂累计的犯罪总数额，而分别是既遂部分的犯罪数额或者未遂部分的犯罪数额。具体而言，有以下几种情形：

1. 全案只有既遂或者只有未遂的。这种情况下，确定法定刑幅度的数额与全案犯罪数额是一致的。

2. 既遂与未遂并存但只有一者符合定罪条件的。这种情况下，确定法定刑幅度的数额为构成犯罪的既遂数额或者未遂数额，不构成犯罪的既遂部分或者未遂部分并不存在确定法定刑幅度的问题。

3. 既遂与未遂并存二者均符合定罪条件的。这种情况下，既遂部分与未遂部分均对应相应的法定刑幅度。根据《诈骗案件解释》的规定，全案的法定刑幅度根据二者中对应的法定刑幅度较重的确定；在二者对应的法定刑幅度一致的情况下，以既遂处罚，即根据既遂部分对应的法定刑幅度确定全案的法定刑幅度。该种情形下，决定全案适用的法定刑幅度的数额并非全案犯罪总数额，而是既遂部分数额或者未遂部分数额。

4. 既遂与未遂并存，均未单独构成犯罪但总数额符合定罪条件的。对于这种情况能否作为犯罪处理，认识上并不统一，实践中做法也不尽一致，目前只有最高人民法院、最高人民检察院于2010年3月公布的《关于办理非法生产、销售烟草专卖品等刑事案件具体应用法律若干问题的解释》予以明确。

该解释第2条规定："伪劣卷烟、雪茄烟等烟草专卖品尚未销售，货值金额达到刑法第一百四十条规定的销售金额定罪起点数额标准的三倍以上的，或者销售金额未达到五万元，但与未销售货值金额合计达到十五万元以上的，以生产、销售伪劣产品罪（未遂）定罪处罚。"对于这种情况，根据既遂与未遂累计的犯罪总数额确定全案适用的法定刑幅度，并认定全案具有未遂情节。这里需要注意的是，该种处理方式仅仅适用于解决既遂与未遂均不够定罪条件但总数额已够定罪条件的入罪问题，只涉及第一刑档。如果未遂部分已经达到第二量刑档次，则依据上文的第二种处理原则处理。

决定全案法定刑幅度的数额，也就是选择刑罚档次的数额，为了表述的方便，可以称之为刑档数额，以便与犯罪数额相区别。《诈骗案件解释》公布后，在既遂与未遂并存的情况下，刑档数额与犯罪总数额并不完全一致，也不能等同于既遂数额或者未遂数额。在具体案件中，应当根据上述不同情形分别确定刑档数额。

本案例中，被告人王新明的合同诈骗犯罪行为既遂部分为30万元，对应法定刑幅度为有期徒刑3年以上10年以下；未遂部分为70万元，在未考虑未遂情节的情况下，对应的法定刑幅度为10年以上有期徒刑、无期徒刑，比既遂部分对应的法定刑幅度重。一审法院仅以诈骗既遂的30万元作为刑档数额，将对应的法定刑幅度确定为全案适用的法定刑幅度，而未与诈骗未遂的70万元所对应的法定刑幅度相比较，确定全案应当适用的法定刑幅度，存在不当。鉴于本案既遂部分与未遂部分均构成犯罪，根据上述所列第三种处理情形，检察机关所提应当以王新明的犯罪总数额100万元确定法定刑幅度的抗诉意见也存在不当。

——最高人民法院案例指导工作办公室：《指导案例62号〈王新明合同诈骗案〉的理解与参照》，载《人民司法·案例》2017年第23期（总第790期）。

60. 在既遂与未遂并存且未遂部分对应的法定刑幅度重于既遂部分的，如何确定未遂部分对应的法定刑幅度

关键词

诈骗罪　犯罪既遂　犯罪未遂　法定刑

附录：最高人民法院主流观点

在既遂与未遂并存且未遂部分对应的法定刑幅度重于既遂部分对应的法定刑幅度的情况下，比较难处理的是如何确定未遂部分对应的法定刑幅度。

尽管《最高人民法院、最高人民检察院关于办理诈骗刑事案件具体应用法律若干问题的解释》（以下简称《诈骗案件解释》）规定了既遂与未遂并存以分别对应的法定刑幅度择一重的处理原则，但并没有明确如何确定未遂部分对应的法定刑幅度，以及能否对未遂部分减轻、如何减轻等具体问题。对此，实践中存在不同看法。

一种意见认为，直接根据未遂部分的犯罪数额确定对应的法定刑幅度，与既遂部分比较后，择一重确定全案适用的法定刑幅度。如果未遂部分对应的法定刑幅度重，将既遂部分与未遂部分的未遂情节在量刑过程中综合予以评价；如果既遂部分对应的法定刑幅度重或者一样，则将未遂部分及未遂情节在量刑过程中综合评价。这种方法在实践中简单易行，便于操作。该意见仍然是将未遂部分的未遂情节作为包括既遂部分在内的整个犯罪的未遂情节对待，进而对整个犯罪从轻或者减轻处罚。

笔者认为，未遂部分的未遂情节应当仅适用于未遂部分，不能适用于整个犯罪。应当根据未遂情节对未遂部分先进行是否减轻的评价后，确定未遂部分对应的法定刑幅度，再与既遂部分进行比较，确定全案适用的法定刑幅度，并将未做评价的既遂数额在量刑时予以考虑。主要理由是：

1. 当未遂部分对应的法定刑幅度重于既遂部分时，在二者对应的法定刑幅度差别较大的情况下，允许减轻处罚，能够防止量刑畸重。以诈骗罪为例，如果行为人诈骗 50.5 万，其中 5000 元既遂，50 万元未遂，则需要在诈骗 5000 元既遂和诈骗 50 万元未遂分别对应的法定刑幅度之间择一重。如果对诈骗 50 万元未遂部分，确定法定刑幅度之前不进行未遂情节的减轻与否的评价，则确定的法定刑幅度为第三量刑档次（即 10 年以上有期徒刑或者无期徒刑），与诈骗 5000 元既遂部分所对应的第一量刑档次（即 3 年有期徒刑以下刑罚）比较后，对被告人量刑的法定刑幅度则为第三量刑档次，即 10 年以上有期徒刑或者无期徒刑。由于整个犯罪已经既遂，对全案不能适用未遂情节，那么在对既遂部分及未遂部分的未遂情节综合评价后，在没有其他法定减轻情节并排除特别减轻的前提下，即使从轻幅度再大，最低也要判处 10 年有期徒刑。而如果行为人诈骗 500 万元或更多，且未遂，即使无其他法定减轻情节，也可以根据未遂情节减轻判处 10 年有期徒刑以下刑罚。然后，就二者的社会危害性比较，实践中很难作出诈骗 500 万元（或者犯罪数额更大）未遂的社会危害性比诈骗 50 万元未遂、5000 元既遂的社会危害性更大的判断，从而导致后者的量刑畸重。所以，在此情况下，在确定与既遂部分比较的未遂部分对应的法定刑幅度时，应当允许先行考虑未遂部分是否需要减轻处罚。

2. 当未遂部分对应的法定刑幅度重于既遂部分时，在二者对应的法定刑幅度差别较小的情况下，先考虑未遂部分是否减轻处罚，有利于发挥既遂部分对未遂部分从宽幅度过大的限制功能，避免量刑畸轻。同样以诈骗为例。

如行为人诈骗既遂部分49万元，未遂部分500万元，且没有其他法定减轻情节。在确定未遂部分500万元应当对应（而非直接对应）的法定刑幅度过程中，如不予减轻选择法定刑幅度，自然避免了量刑畸轻情况的发生。这里关注的是，如果综合全案其他案件事实，予以减轻选择法定刑幅度，即《刑法》第二百六十六条的第二量刑档次（即有期徒刑3年以上10年以下），那么就与诈骗既遂部分49万元对应的法定刑幅度一致，根据《诈骗案件解释》第5条的规定，以诈骗罪既遂处罚，也就是以既遂部分犯罪数额作为刑档数额确定法定刑幅度，将未遂部分在量刑中予以考虑。在此过程中，既遂部分体现出了对未遂部分在量刑上从宽幅度过大的限制功能，从而有利于避免量刑畸轻。而在前一种意见中，未遂500万元的未遂情节对全案适用，既遂49万元仅作为量刑过程中的因素之一影响未遂情节的从宽幅度，而非直接以既遂部分的49万元作为刑档数额且将未遂500万元作为从重因素，既遂部分对未遂部分从宽幅度的限制功能就难以得到有效发挥。

3. 在既遂部分对应的法定刑幅度重于未遂部分或者二者一致时，这样处理能够避免在未遂问题上的自相矛盾。对未遂部分，在与既遂部分比较法定刑幅度轻重时，先进行是否减轻的评价，而不是与既遂部分对应的法定刑幅度进行比较后进行是否减轻的评价，能够将对未遂部分是否减轻的评价限定于未遂部分，而不扩展到包括既遂部分在内的全案犯罪事实，从而避免了既认定全案既遂又将未遂部分的未遂情节作为全案未遂情节的情况。

4. 这样处理符合办理类似案件司法解释的要求。上述第二种意见与《诈骗案件解释》第5条规定的精神以及该解释起草者对该条文的阐释是相符的。在该解释的理解与适用文章中，起草者对《诈骗案件解释》第5条进行了阐释，在诈骗既遂与未遂并存且均构成犯罪的情形下，“对于此类案件，首先要分别根据行为人的既遂数额和未遂数额判定其各自所对应的法定刑幅度，未遂部分还需同时考虑可以从轻或者减轻处罚；之后根据比较结果，如果既遂部分所对应的量刑幅度较重，或者既、未遂所对应的量刑幅度相同的，以既遂部分所对应的量刑幅度为基础酌情从重处罚；反之，如未遂部分对应的量刑幅度较重的，则以该量刑幅度为基础，酌情从重处罚”。[①] 合同诈骗是从诈骗中分离出来的，二者诸多相似，可以参照适用诈骗的有关规定。

5. 这样做也符合《最高人民法院关于常见犯罪的量刑指导意见》的规定精神。最高人民法院2013年12月23日印发的该意见规定，具有未成年人犯罪、老年人犯罪、限制行为能力的精神病人犯罪、又聋又哑的人或者盲人犯罪，防卫过当、避险过当、犯罪预备、犯罪未遂、犯罪中止，从犯、胁从犯

---

① 胡云腾、周加海等：《〈关于办理诈骗刑事案件具体应用法律若干问题的解释〉的理解与适用》，载《人民司法·应用》2011年第9期（总第620期）。

和教唆犯等量刑情节的，先适用该量刑情节对基准刑进行调节，在此基础上，再适用其他量刑情节进行调节。

——最高人民法院案例指导工作办公室：《指导案例 62 号〈王新明合同诈骗案〉的理解与参照》，载《人民司法·案例》2017 年第 23 期（总第 790 期）。

61. 间接故意犯罪不存在未遂形态

关键词

犯罪未遂　间接故意　危害结果

《刑事审判参考》指导案例

曹成金故意杀人案（《刑事审判参考》指导案例第 129 号）

裁判要点：间接故意犯罪不存在未遂形态，行为人如果出于间接故意而实施危害行为，没有造成法定后果的，不构成相应犯罪的未遂。

《刑法》第 23 条第 1 款规定："已经着手实行犯罪，由于犯罪分子意志以外的原因而未得逞的，是犯罪未遂。"犯罪未遂的成立一般应具备以下三个特征：第一，行为人已经着手实施犯罪。即行为人开始实施《刑法》分则规定的犯罪构成要件中具体的犯罪行为。至于行为是否实行完毕，不影响犯罪未遂的成立。第二，没有发生犯罪分子所追求的危害结果。这是区别犯罪未遂与既遂的主要标志。第三，没有发生危害结果是犯罪分子意志以外的原因所致。这一特征将犯罪未遂与犯罪中止区别开来。

由于本案被告人曹成金的行为没有发生死亡或者伤害的严重后果，其行为是否构成故意杀人罪（未遂）或者故意伤害罪（未遂），应取决于这种结果是否由于其意志以外的原因所致。从案件起因上看，被告人曹成金与郑林等人没有利害关系，事先不存在非法剥夺郑林等人生命或者伤害郑林等人的直接故意；在其到铜陵市劝说熊燕随其回江西被拒绝后，掏出非法携带的枪支，现有证据只能证实是为了吓唬郑林等人，不能证实是为了实施故意杀人或者伤害行为；在争夺枪支的过程中，曹成金突然对郑开枪，此行为具有突发性，是一种不计后果的行为，在主观上应认定为是一种间接故意，即对其行为可能造成他人或死亡、或受伤、或者无任何物质损害结果，都是行为人放任心理所包含的内容，并非单纯地希望发生危害结果。正因为在间接故意中，行为人对危害结果的发生与否是持一种放任态度，当法律上的危害结果发生时，则已成立犯罪既遂，如造成被害人死亡的，应以故意杀人罪定罪处罚；造成被害人受伤（轻伤以上）的，应以故意伤害罪定罪处罚；而没有造成人员伤亡，也是行为人这种放任心理所包含的，而不是什么意志以外的原因所致，无所谓“得逞”与否，犯罪未遂也就无从谈起了。因此，对本案被告人曹成金的行为，不能以故意杀人罪（未遂）或者故意伤害罪（未遂）追究刑事责任。公诉机关指控的罪名不准确，辩护人的辩护意见也不能采纳。

——最高人民法院刑事审判第一庭、第二庭编：《刑事审判参考》2001 年第 10 辑（总第 21 辑），法律出版社 2001 年版，第 13~17 页。

62. 中止犯罪中“损害”的认定和适用

关键词

中止犯罪

《刑事审判参考》指导案例

朱高伟强奸、故意杀人案（《刑事审判参考》指导案例第 601 号）

裁判要点：中止犯造成的“损害”是建立在犯罪成立评价前提下的，不能等同于一般意义上的损伤。犯罪行为的危害结果如果尚未达到刑法惩处的严重程度，不能认定其犯罪中止造成了损害，对该犯罪行为应当免除处罚。

1997 年修订刑法时完善了 1979 年《刑法》关于中止犯的处罚原则，将“损害”概念引入，明确规定“对于中止犯，没有造成损害的，应当免除处罚；造成损害的，应当减轻处罚”。因此，确定损害的内涵对于正确处理中止犯具有重要意义。犯罪中止是指犯罪过程中，自动放弃犯罪或者自动有效地防止犯罪结果发生的情形。对于中止犯，由于犯罪人在能够完成犯罪的情况下主动放弃犯罪或者积极有效地防止犯罪结果的发生，其主观恶性相对较轻，且没有造成客观危害结果，因此刑法对于中止犯采取了应当或者免除处罚的谦抑态度。

中止犯要构成犯罪，必须满足《刑法》第十三条关于犯罪概念的规定，即中止犯应当是具有严重社会危害性的行为，是能够为刑法所评价的行为，对于那些情节显著轻微、危害不大的行为，不能认定为犯罪，自然也就谈不上成立中止犯的可能。这是确立中止犯惩罚标准“损害”的基本点。因此，中止犯造成的“损害”是建立在犯罪成立评价前提下的，不能等同于一般意义上的损伤。作为刑法规定的中止犯中的“损害”概念：从质的方面来说，损害是指犯罪行为对犯罪对象造成的破坏，根据犯罪对象不同可以分为物质性损害和非物质性损害。物质性损害，如人体机能损伤、物体毁损等，是由以物质为对象的犯罪行为造成的；非物质性损害，如名誉的毁损、人格的损害等，是由以非物质为对象的犯罪行为造成的。从量的方面来说，损害是为刑法所评价的达到一定严重社会危害程度的后果，而不是一般意义上的损伤，否则就存在刑法对中止犯的评价比既遂犯还要严苛的可能，违背刑法设置中止犯的初衷。例如，在不考虑行为人主观方面的情况下，如果一个行为造成被害人轻微伤，如果考虑定故意伤害罪，因该损伤尚未达到刑法评价的严重程度，不能以犯罪追究；但如果认定为故意杀人罪中止犯的损害，则根据刑法规定，应当在三年至十年有期徒刑之间量刑。如此认定中止犯的“损害”，中止犯反而成为法律从严惩处的情节，有违立法初衷。

本案中，被告人朱高伟在对被害人实施强奸后为掩盖罪行，意图杀人灭口而实施掐脖、勒颈等行为显然已构成故意杀人罪。朱高伟在用手掐、用毛巾勒被害人颈部意图杀人过程中，因发现被害人的脸涨得通红，头不停地摇，面部恐怖，感到害怕，不忍心下手遂解开被害人手脚上的绳子而放弃犯罪，对此被害人陈某也陈述，因其向朱高伟求饶，朱高伟将其松开，让其回家，可见，朱高伟在能够继续实施杀人行为的情况下主动放弃了犯罪，符合刑法规定的犯罪中止成立条件，应当构成故意杀人罪的中止犯。朱高伟的杀人行为从给被害人造成的危害，从物质性损害角度看造成了被害人部勒痕等轻微伤，从非物质性损害角度看对被害人的精神造成极大恐慌，那么这些是否属于刑法意义上的故意杀人犯罪中止造成的损害呢？我们认为，首先，故意杀人罪的行为人实施故意杀人行为追求的犯罪目的是造成他人的死亡，故意杀人罪作为一种重刑处罚的犯罪，刑法评价其社会危害性主要是从给被害人造成的物质性损害而言的，即对于被害人的身体造成的伤害，而并非从精神损害上进行评价，因而故意杀人罪犯罪中止所造成损害应指的是对被害人的身体伤害，对于本案中因朱高伟的故意杀人行为给被害人造成的精神上极大恐慌，不能成为认定故意杀人罪犯罪中止所造成损害的根据。其次，虽然朱高伟的故意杀人行为客观给被害人造成颈部勒痕等轻微伤结果，但刑法对于侵犯公民人身权利犯罪追究刑事责任的损害结果要求至少达到轻伤标准，典型的如故意伤害罪，举轻以明重，故意杀人罪作为比故意伤害罪更重的犯罪，亦应对故意杀人犯罪中止的损害进行相应的要求，否则就会出现中止犯反而成为法律从严惩处的情节，有违罪刑均衡，也不符合刑法设置中止犯的初衷，因此，对于本案中的轻微伤结果，不能认定为故意杀人罪犯罪中止所造成损害。

综上，由于本案被告人朱高伟的故意杀人行为仅给被害人造轻微伤，其危害尚未达到刑法惩处的严重程度，故不能认定其犯罪中止造成了损害，依照法律规定，对于朱高伟的故意杀人行为应免除处罚，据此，二审法院对朱高伟所犯故意杀人罪免予刑事处罚是正确的。

——最高人民法院刑事审判第一、二、三、四、五庭主办:《刑事审判参考》2010 年第 1 集（总第 72 集），法律出版社 2010 年版，第 32~37 页。

63. 自动放弃重复侵害行为的一般应认定为犯罪中止

关键词

犯罪中止　自动放弃重复侵害行为

《刑事审判参考》指导案例

李官容抢劫、故意杀人案（《刑事审判参考》指导案例第 611 号）

裁判要点：在具体案件中应当客观分析判断行为人停止犯罪究竟是自动性为主，还是被迫性为主，如果有足够依据判定行为人停止犯罪是以被迫性为主，则可以认定犯罪停止形态为未遂。

（一）放弃重复侵害行为并不必然属于犯罪中止

“放弃重复实施的侵害行为”的特征主要有主客观两方面的条件：一是客观上，已经实施的侵害行为未能发生预期的危害结果，而且，同时存在着继续实施犯罪行为的可能性；二是主观上，认识到可以重复继续实施自己的犯罪行为而放弃重复实施，并且行为人预期的法定结果始终没有发生。一般而言，自动放弃重复侵害行为可以认定为犯罪中止。因为行为人在客观上具备可以继续实施犯罪的条件，主观上对继续实施犯罪的可能性亦有清醒的认识，放弃本来可以继续实施的犯罪行为，表现出放弃犯罪的自觉性。

然而，现实情况非常复杂，必须具体情况具体分析。如果停止犯罪完全是出于被告人的本意，放弃本来可以继续实施的犯罪行为，自然应当认定为犯罪中止。但是，如果不是完全自动地放弃重复侵害行为，而是既有自动性，也有被迫性，就应当实事求是，客观分析判断究竟是自动性为主，还是被迫性为主，如果有足够依据判定行为人停止犯罪是以被迫性为主，则可以认定犯罪停止形态为未遂。

——最高人民法院刑事审判第一、二、三、四、五庭主办:《刑事审判参考》2010 年第 2 集（总第 73 集），法律出版社 2010 年版，第 17~24 页。

附录：最高人民法院主流观点

自动放弃重复侵害行为，是指行为人实施了足以造成既遂危害结果的第一次侵害行为，由于意志以外的原因而未发生既遂的危害结果，在当时有继续重复实施侵害行为实际可能时，行为人自动放弃了实施重复侵害行为，因而使既遂的危害结果没有发生的情况。对自动放弃重复行为的性质，存在犯罪未遂与犯罪中止两种主张。我们认为，自动放弃重复侵害行为是犯罪中止而不是犯罪未遂，主要理由：一是行为人对可能重复的侵害行为的放弃，是发生在犯罪实行未了过程中，而不是在犯罪行为已实行终了时被迫停止的未遂形态。犯罪行为是否实行终了，不应以完成犯罪活动中的某个具体行为或动作为标志，而应以是否完成某种罪的犯罪构成所要求的整个犯罪活动为标准。在放弃重复侵害行为案件里，行为人的犯罪行为和整个犯罪活动都尚未终了，存在着中止犯罪所需要的时空条件。二是行为人对可能重复的侵害行为的放弃是自动的而不是被迫的。以用枪杀人的案件为例，行为人意志以外的原因仅仅导致第一枪未能射中而不是阻止了整个犯罪活动的继续进行。行为人在整个犯罪行为尚未终了，在客观上可以继续犯罪而且主观上对可以继续犯罪有认识的情况下，出于本意放弃了本来可以继续实施的犯罪行为，从而表现出他放弃犯罪的自动性。三是由于行为人对可能重复的侵害行为自动而彻底地放弃，使犯罪结果没有发生，犯罪未达既遂形态。将自动放弃重复侵害行为定性为犯罪中止，也是切实贯彻罪刑相适应原则及惩办与宽大相结合刑事政策的需要。

——高憬宏、杨万明主编：《基层人民法院法官培训教材（实务卷·刑事审判篇）》，人民法院出版社 2005 年版，第 12~13 页。

64. 犯罪中止与犯罪未遂的区别

关键词

犯罪中止　犯罪未遂

《刑事审判参考》指导案例

王元帅、邵文喜抢劫、故意杀人案（《刑事审判参考》指导案例第 242 号）

裁判要点：已经着手实施犯罪，由于犯罪分子意志以外的原因而未得逞的，是犯罪未遂。在犯罪过程中，自动放弃犯罪或者自动

有效地防止犯罪结果发生的，是犯罪中止。

犯罪未遂和犯罪中止都是没有完成犯罪的行为状态，二者在以下几个方面均有所不同：

1. 发生的时间不同。犯罪未遂发生在已经着手实施犯罪以后，犯罪预备阶段不存在犯罪未遂。犯罪中止则要求必须在犯罪过程中放弃犯罪，即在实施犯罪预备或者在着手实施犯罪以后，达到即遂以前放弃犯罪，均能构成犯罪中止。

2. 未能完成犯罪的原因不同。在犯罪未遂中，犯罪未能得逞是由于行为人意志以外的原因，犯罪的实际结果违背行为人的本意，即欲为而不能为。在犯罪中止中，行为人出于自己的意志而主动放弃当时可以继续实施和完成的犯罪，即能为而不为。这是犯罪中止与犯罪未遂的根本区别。

3. 行为结果不同。犯罪未遂的结果是犯罪未得逞，是指行为人没有完成某一犯罪的全部构成要件，并不等于不发生任何损害结果。犯罪中止要求行为人必须彻底地放弃犯罪。自动有效地防止犯罪结果发生的犯罪中止还要求行为人必须有效地防止他已经实施的犯罪行为之法定犯罪结果的发生。

4. 刑事责任不同。根据我国《刑法》的规定，对于未遂犯，可以比照既遂犯从轻或者减轻处罚；对于中止犯，没有造成损害的，应当免除处罚，造成损害的，应当减轻处罚。对中止犯的处罚轻于未遂犯，其目的是鼓励犯罪分子不要把犯罪行为进行下去，从而有效地保护国家和人民的利益免遭犯罪的侵害。

——最高人民法院刑事审判第一庭、第二庭编：《刑事审判参考》2003年第3辑（总第32辑），法律出版社2003年版，第24~28页。

65. 共同致一人死亡的案件中，如何认定罪责最严重的主犯

关键词

共同犯罪　致人死亡　定罪处罚　主犯

《刑事审判参考》指导案例

郭光伟、李涛抢劫案（《刑事审判参考》指导案例第1224号）

裁判要点：共同致一人死亡的案件，存在两名或两名以上的主犯的，在主犯之间分清各自在共同犯罪中的地位、作用，进一步区分罪责大小，从而区别量刑，不能轻易以不能分清主次为由，简单

地一律判处死刑立即执行。

共同犯罪案件中，如果各被告人之间存在主从犯的区别，认定各被告人的罪责、准确量刑是很容易的。但如两个或两个以上的被告人都是主犯，且罪责相当，如何进一步区分主犯之间的罪责以及如何量刑，就成为司法实践中的一个难题。

我们认为，虽然二被告人共同实施抢劫致人死亡的犯罪行为，二人均系主犯，但是从犯罪预谋、犯罪实行等环节可以看出，郭光伟在共同抢劫犯罪中的地位作用略大于李涛，罪责相对更大。因此，应判处罪责最严重的郭光伟死刑立即执行，对李涛可判处死缓并限制减刑。理由如下：

（一）共同致死一人的案件，一般不应判处两名以上被告人死刑

共同致一人死亡的案件，存在两名或两名以上的主犯的，在主犯之间进一步区分罪责大小，从而区别量刑，是刑法罪责刑相适应原则的体现，也是贯彻宽严相济刑事政策的需要。最高人民法院于2016年发布的《关于审理抢劫刑事案适用法律若干问题的指导意见》明确指出，对于两名以上被告人共同抢劫致死一名被害人的案件，要注意分清各被告人作用，准确确定各被告人罪责。一案中有两名以上主犯的，要从犯罪提意、预谋、准备、行为实施、赃物处理等方面区分出罪责最大者和较大者。除犯罪手段特别残忍、情节及后果特别严重、社会影响特别恶劣、严重危害社会治安的外，一般不应同时判处两名以上被告人死刑。应当在认真分清罪责的基础上，详细分析各被告人的地位和作用，特别是对罪责大小要作出准确认定，一般只对作用最突出、罪行最为严重的主犯判处死刑立即执行。罪行最严重的主犯如系未成年人而不适用死刑，或者因具有自首、立功等法定从宽处罚情节而不判处死刑立即执行的，不能不加区别地对其他主犯判处死刑立即执行。

（二）司法实践中如何认定罪责最为严重的共同致死被告人

1.认定罪责最严重的共同致死被告人可考量的因素

共同致死案件中如有多名主犯的，如何在主犯中区分出罪责最为严重者和较为严重者，是正确适用死刑的关键。如何认定地位作用最突出、罪责最严重的主犯，我们认为，应当全面考察犯意形成、犯罪实施、犯罪后各阶段的行为案外因素等，确定各被告人在共同犯罪中的具体地位、作用及主观恶性、人身危险性。区分被告人罪责时，可结合全案的犯罪事实，综合考虑下列因素：

（1）从犯罪动机的角度，一般来说，动机卑劣的被告人主观恶性深，如具有奸夫淫妇谋害本夫、出于恶意竞争杀害竞争对手、预谋杀人或杀人决意明显、性情残暴动辄肆意杀人、抢劫杀害孤寡老人或少年儿童等动机、因素的被告人，罪责相对较大。

（2）从犯意产生的角度，一般来说，提起犯意的被告人罪责相对较大。通常提起犯意的被告人往往会积极实施犯罪，且对共同犯罪行为有一定的控制力，故作用相突出，罪责相对较大。但如果二人均有犯意，仅一人首先提出，另一人一拍即合并积极参与预谋，起意者在实行阶段作用并不突出的，也可不认定起意者罪责最大。此外，实践中常有各被告人供述不一、互相推诿的情形，这就需要结合各被告人前后供述、自身情况及与被害人的关系等因素，综合认定，确实无法确定起意者的，也可认定为共同起意。

（3）从参与犯罪积极程度的角度，一般来说，主动参加、纠集他人参与犯罪、全程参与、积极实施、直接行凶的被告人罪责相对较大。如某一被告人组织、策划、指挥整个犯罪过程，则应认定其罪责较大，而听从他人指挥实施犯罪的，可认定为罪责相对较小。

（4）从犯罪准备的角度，一般来说，提出并积极准备犯罪工具、物色作案对象、策划犯罪路线、实施踩点等行为的被告人罪责相对较大。

（5）从实施致死行为的角度，实施最核心和最重要致死行为的被告人罪责相对较大，即在能够分清各被告人的行为对死亡结果所起的具体作用的情况下，实施直接致死行为的被告人罪责较大。一人下手凶狠，连续捅刺多刀，另一人捅刺一两刀，明显有节制，则捅刺刀数多的被告人罪责较大。一人击打或者捅刺的是被害人的胸腹部等要害部位，另一人捅刺的是腿部、臀部等次要部位，则捅刺要害部位的被告人罪责较大。采取扼掐颈部方法杀人，一人动手掐，另一人按住被害人手脚，则直接扼掐的被告人罪责较大。二人以上先后用同样凶器捅刺被害人的同样部位，伤害程度相当的，则先实施行为的被告人罪责较大。

（6）从案后抛尸、毁灭罪证等的角度，一般来说，作案后提议破坏案发现场、毁灭尸体及作案工具等罪证，并积极实施的，其罪责相对较大。

（7）从赃款赃物处理的角度，一般来说，对赃款赃物的分配具有决定权或者分得较多赃款赃物的被告人罪责相对较大。

（8）从案外因素的角度，如被告人的性别、年龄及成长经历，是否有犯罪前科，是否更熟悉作案地点及周边情况，被告人之间的相互关系等，这些因素可以从侧面说明哪个被告人的犯意更坚决，犯罪经验更丰富，犯罪过程中的主导性更强，也可用于区分各被告人的地位作用、罪责轻重。

（9）从犯罪后的表现来看，作案后有自首、立功、认罪悔罪、积极赔偿、主动施救、取得被害人谅解等情节的被告人，罪责要比没有这些情节的被告人相对较小。

在审判实践中，判断被告人罪责的大小需要从不同角度同时展开，而不能局限于某一角度。对被告人最终罪责的认定，应是综合分析判断的结果。而对于在犯罪过程中地位、作用明显大于其他被告人，即使被告人犯罪后有自首或立功表现，但该情节依法不足以从轻处罚的，也可以对该被告人判处死刑立即执行。另外，在共同犯罪人罪责确实难以区分时，如果其中某个被告人系累犯，也可从主观恶性和人身危险性的角度予以区分。

如果通过以上各个方面的仔细区分，仍然难以区分罪责大小的，也不宜一律判处两名以上被告人死刑立即执行。如果犯罪性质不是特别恶劣，情节、后果不是特别严重的，基于“严格控制、慎重适用”的死刑政策，也可以对各被告人均不判处死刑立即执行。

2. 在雇凶杀人、伤害案中如何认定罪责最严重的主犯

在雇凶杀人、伤害致一人死亡的案件中，一般不宜同时判处雇凶者与受雇者死刑立即执行，应根据雇凶犯罪的不同情况，准确认定罪责最严重的主犯。

一般而言，下列情形也可以认定雇凶者是罪责最严重的主犯：（1）雇凶者不仅雇用他人犯罪，而且与受雇者共同直接实施；（2）雇凶者虽没有直接实施犯罪，但参与了共同犯罪的策划，实施了具体组织、指挥行为的；（3）雇凶者雇用未成年人实施犯罪的；（4）多名受雇者地位作用相当，责任相对分散或者责任难以分清，雇凶者应对全案负责，应认定雇凶者为罪责最严重的主犯。

一般而言，下列情形可以认定受雇者是罪责最严重的主犯：（1）雇凶者只是笼统提出犯意，没有实施组织、指挥行为，而系受雇者积极主动实施杀人、伤害行为的；（2）受雇者明显超出雇凶者授意范围实施故意杀人、故意伤害犯罪，因行为过限造成更严重危害后果的。

——最高人民法院刑事审判第一、二、三、四、五庭主办：《刑事审判参考》（总第112辑），法律出版社2018年版，第30~36页。

66. 共同故意杀人犯罪中各被告人地位、作用的区分

关键词

共同犯罪　故意杀人　毒品

《刑事审判参考》指导案例

白云江、谭蓓蓓故意杀人、抢劫、强奸案（《刑事审判参考》指导案例第1256号）

裁判要点：在共同故意杀人犯罪中，有两名以上主犯的，应进一步细分其地位、作用。

在共同犯罪中，准确认定各被告人的地位、作用，区分主从犯，并在此基础上更进一步区分各主犯之间或各从犯之间作用大小，对最终确定各被告人的量刑至关重要。在一些故意杀人的共同犯罪案件，特别是两人共同犯罪的案件中，被告人共同预谋，分工配合，共同实施杀人行为，均系主犯。对这种案件，如果仅致一人死亡又依法应当判处死刑的，原则上不能同时判处两名被告人死刑，而应当仔细区分、综合判定各被告人在共同犯罪中的地位、作用，尽可能进一步区分罪责大小，只对其中地位、作用最突出，罪责最严重者判处死刑。审判中要防止为了追求严惩，以难以分清罪责为由，简单地一律判处死刑的做法。同时，需要注意的是，有的案件中，罪责相对较大的被告人因具有法定从宽处罚情节而不能判处死刑的，如犯罪时未成年或者系怀孕的妇女，作案后自首、立功等，此时不能为了追求适用死刑，而把共犯中罪责相对较轻又没有法定从宽处罚情节的被告人升格判处死刑。

有意见认为，既然都是主犯；地位和作用基本相同，技术上很难再进一步区分罪责大小。我们认为，尽管这种区分确实有困难，但仍可以从犯罪过程的各个阶段对各被告人的作用进行综合分析、认定。就故意杀人犯罪而言，主要有提起犯意，纠集同案人，准备作案工具，选择、确定犯罪目标，制定犯罪计划，对参与人员进行分工，实施具体犯罪过程中的行为（如实施直接致人死亡的行为），资助同案人出逃等环节。具体到个案，上述情节的认定，主要依靠各被告人的供述，在各被告人利益存在冲突的情况下，很可能存在互相推诿的情况，这就需要对各被告人的供述进行认真分析，对供述真伪作出判断，进而对各被告人的地位、作用进行区分。

——最高人民法院刑事审判第一、二、三、四、五庭主办：《刑事审判参考》（总第 114 辑），法律出版社 2019 年版，第 38~44 页。

高洪雷等贩卖、运输毒品，介绍卖淫案（《刑事审判参考》指导案例第 1279 号）

裁判要点：要从预谋、出资、分配利润、购买和出售毒品等多个角度准确区分各被告人在毒品共同犯罪中的地位、作用。

（一）要从预谋、出资、分配利润、购买和出售毒品等多个角度准确区分各被告人在毒品共同犯罪中的地位、作用

准确区分行为人在共同犯罪中的地位、作用，是审理共同犯罪案件中一个非常重要的问题，因为共同犯罪中的地位、作用直接决定罪责轻重，而罪责轻重直接影响刑罚适用。刑法第二十六条和第二十七条分别规定了主犯、从犯及其处罚原则，即对组织、领导犯罪集团的首要分子，按照集团所犯的

全部罪行处罚；对组织、领导犯罪集团的首要分子以外的其他主犯，应当按照其所参与的或者组织、指挥的全部犯罪处罚；对于从犯，应当从轻、减轻处罚或者免除处罚。共同犯罪案件中一般情况下有主犯、从犯之分，有的案件中则可能出现两名以上主犯的情形。两名以上主犯由于所处地位和所实施的犯罪行为并不完全相同，其主观恶性、人身危险性也往往存在差别，故其在共同犯罪中的作用大小及罪行严重程度并不完全相同，判处的刑罚自然也会有区别。实践中，贩卖、运输毒品共同犯罪案件往往有多人参与，从起意贩毒、纠集人员到筹集毒资、联系毒品上家、商谈交易数量和价格、确定交易地点，再到支付毒资、接取毒品、运送毒品、保管毒品、销售毒品、收取毒赃、掌管账目、利润分成，涉及众多环节。各共同犯罪人的参与程度以及所实施的具体行为也多种多样，有的参与部分环节，有的全程参与，有的幕后指挥，有的直接实施，等等。此外，出于趋利避害和侥幸心理，各共同犯罪人尤其是多名主犯对自己及其他人在毒品犯罪中具体行为的供述往往不尽一致。因此，准确区分各共同犯罪人尤其是多名主犯在共同犯罪中所处地位和所起作用是实践中比较疑难、复杂的问题，对此必须审慎地分析判断。

——最高人民法院刑事审判第一、二、三、四、五庭主办：《刑事审判参考》（总第 115 辑），法律出版社 2019 年版，第 79~85 页。

67. 间接正犯中的实行行为人超出间接正犯的授意实施的行为是否构成实行行为过限

关键词

间接正犯　实行行为过限

《刑事审判参考》指导案例

徐文斌诈骗案（《刑事审判参考》指导案例第 1439 号）

裁判要点：间接正犯中实施过限行为的行为人自己承担过限部分的行为责任，没有共同故意的其他共同犯罪人，不应对此承担刑事责任。

典型的实行行为过限存在于普通的共同犯罪中，一般指在共同犯罪中，部分共同犯罪人实施了超过原共同商定的犯罪故意范围以外的行为。共同犯罪要求共同犯罪人具有共同故意，对行为的性质及可能造成的危害结果具有共同的认知和意志。根据主客观相一致的原则和责任主义原则，实施过限行为的行为人自己承担过限部分的行为责任，没有共同故意的其他共同犯罪人，不应对此承担刑事责任。如甲与乙商议共同抢劫丙家的财物，两人进入丙家控制丙后即分头搜找财物，但乙不仅盗窃了财物，还强奸了丙的妻子。乙的强奸行为明显超出了甲与乙共同故意的范围，甲应对甲、乙搜得的所有财物负责，但不对乙的强奸行为负责。

间接正犯是一种特殊、复杂的犯罪形态。基于我国刑法规定“共同犯罪是指二人以上共同故意犯罪”，因此间接正犯不属于共同犯罪，所以一直作为单个人的犯罪来处理，追究个人的刑事责任。但因为间接正犯中毕竟存在支配利用他人的犯罪人与被支配利用的实行行为人，实行行为人当然有可能超出授意范围行事。而且，实行行为过限不仅仅局限于行为性质的过限，也包括数额的过限。如甲明确授意 13 岁的儿童乙到丙家中盗窃丙放在衣柜里的金银首饰，但乙到丙家中取得金银首饰后又拿走了丙的钱包，并单独占有了该钱包，甲对此亦不知情，乙因未到刑事责任年龄故无论是对金银首饰还是钱包都不构成盗窃罪，甲也不应对乙超出授意范围取得的钱包负责。当然，如果甲的授意是概括故意，那么即使乙背着甲额外窃取的数额也未超出甲的故意范围，甲虽不知情仍应负责。

本案中，公诉机关认为，被告人徐文斌利用了张某、卢某等人的行为实施诈骗，行为最终造成了被害人 31 万余元的钱财被骗，虽然张某、卢某等人只交给了徐文斌 20 万余元，但因张某、卢某等人不构成犯罪，徐文斌单独构成诈骗罪，且 31 万余元被骗的结果是徐文斌造成的，故徐文斌的诈骗数额应为 31 万余元。根据上文分析，我们认为，本案中徐文斌系诈骗罪的间接正犯，而张某、卢某等人为实行行为人，张某、卢某等人单独“加码”额外获利的行为超出了徐文斌的授意范围，而且多收取的 8 万余元也没有交给徐文斌，徐文斌对此毫不知情，本案属于实行过限中数额过限的情形。根据主客观相一致的原则，徐文斌不应对张某、卢某等人超出其授意范围获得的 8 万元承担刑事责任。

——曹东方、商俊峰撰稿、陆建红审编：《徐文斌诈骗案——间接正犯是否存在实行行为过限》，载最高人民法院刑事审判第一、二、三、四、五庭编：《刑事审判参考》（总第 129 辑），人民法院出版社 2022 年版，第 44~45 页。

68. 共同犯罪不要求各共同犯罪人的犯罪故意内容完全一致

关键词

共同犯罪　犯罪故意内容　犯罪动机　意思联络

《刑事审判参考》指导案例

刘岗、王小军、庄志德金融凭证诈骗案（《刑事审判参考》指导案例第168号）

裁判要点：犯罪故意内容不一致的，可以构成共同犯罪。

构成共同犯罪，必须具备主、客观两个方面的要件，即共同犯罪故意、共同犯罪行为。作为共同犯罪主观要件的共同犯罪故意，指的是各共同犯罪人通过犯意联络，明知自己与他人配合共同实施犯罪会造成某种危害结果，并且希望或者放任这种危害结果发生的心理态度。可见，各共同犯罪人之间的犯意联络及对行为危害结果的预见是构成共同犯罪故意的实质性内容，而对危害结果的态度却可以有希望或者放任两种不同形式。也就是说，在共同犯罪故意的认定中，并不要求各共同犯罪人的犯罪故意内容完全一致，也并不要求各共同犯罪人分别独自具备某具体犯罪的主观要件的全部内容，如特定目的等，而只以各共同犯罪人的犯意相互连接，共同形成某一具体犯罪的主观要件整体为满足。实际上，各个共同犯罪人由于其地位、角色的不同，他们的犯罪故意内容往往是有所不同的，比如，组织犯的组织故意、实行犯的实行故意、教唆犯的教唆故意、帮助犯的帮助故意，均有其各自不同的特点。对于帮助故意的认定，只要求证明帮助犯明知他人将要实行犯罪，并积极提供帮助、创造便利条件即可，至于有无特定的犯罪目的、犯罪结果是否其所积极追求的，均不影响帮助故意的认定。如妇女帮助男子实施强奸行为，该妇女虽并不具有强奸目的，但仍能成立强奸罪共犯。这一点在我国的立法例及司法解释上也得到了充分的体现，比如《刑法》第156条关于走私罪共犯的规定、《关于办理生产、销售伪劣商品刑事案件具体应用法律若干问题的解释》第9条关于生产、销售伪劣商品犯罪的共犯的规定等。

——最高人民法院刑事审判第一庭、第二庭编：《刑事审判参考》2002年第2辑（总第25辑），法律出版社2002年版，第25~31页。

焦祥根、焦祥林故意杀人案（《刑事审判参考》指导案例第633号）

裁判要点：各行为人的犯罪动机是否一致，不影响共同犯罪的成立。在发生了危害结果的情况下，各行为人的行为作为一个整体与危害结果之间具有因果关系，故可以肯定各人的行为与危害结果之间具有因果关系，各人均应对危害结果承担责任。

（一）二被告人的行为符合共同犯罪的主客观条件，构成共同犯罪

刑法第二十五条第一款规定："共同犯罪是指二人以上共同故意犯罪。"据此，认定共同犯罪须具备主客观两方面的条件，即各行为人具有共同的犯罪故意和共同的犯罪行为。"共同故意"意味着各行为人都明知共同犯罪行为的性质、危害结果，并且希望或者放任危害结果的发生，也要求各行为人主观上有意思联络，都意识到自己不是在孤立地实施犯罪，而是同他人一起共同犯罪。这种意思联络能够起到相互促进、强化犯意、激励犯罪的作用，这是共同犯罪不同于单独犯罪的一个显著特征。至于各行为人的犯罪动机是否一致，不影响共同犯罪的成立。犯罪动机只是刺激、促使行为人实施犯罪行为的内心起因或思想活动，只反映行为人基于何种心理原因实施犯罪行为，对于认定犯罪是否成立基本没有实质意义。"共同行为"不仅指各行为人都实施了属于同一犯罪构成的行为，而且指各人的行为在共同故意支配下相互配合、相互协调、相互补充，形成一个整体。在发生了危害结果的情况下，各自的行为作为一个整体与危害结果之间具有因果关系，故也可以肯定各人的行为与危害结果之间具有因果关系，各人均应对危害结果承担责任。

——最高人民法院刑事审判第一、二、三、四、五庭主办：《刑事审判参考》2010 年第 4 集（总第 75 集），法律出版社 2011 年版，第 16~23 页。

69. 共同故意的认定

关键词

共同故意　明知

《刑事审判参考》指导案例

叶燕兵非法持有枪支案（《刑事审判参考》指导案例第 644 号）

裁判要点：为帮其他人解决纠纷而邀约持枪者携枪帮忙，主观上有非法控制、使用枪支的意图，客观上又通过持枪者实现了对枪支非法持有的状态，二人属于共同犯罪。

非法持有枪支罪的共同犯罪，要求各行为人在主观上明知所持有的枪支为管制物品，明知自己缺乏持有枪支的合法条件和资格而持有，同时各行为人之间对持有枪支的行为具有意思联络。具体到本案中，被告人韩勇杰虽在持有枪支前与叶燕兵并无通谋，但非法持有枪支属于继续犯，只要行为人非法持有着枪支，这种不法行为就一直处于持续状态，即一直处于犯罪过程中。

叶燕兵明知枪支属于管制物品，其和韩杰均不具有合法的持枪资格，但却在韩勇杰非法持有枪支期间邀约韩携枪帮忙。叶燕兵主观上具有非法使用韩勇杰所持枪支的意图，韩勇杰对此表示同意，而使用枪支的必然前提就是对枪支的持有，因此，自韩勇杰同意携枪与叶燕兵一道前去帮忙之时起，二人已就非法持有枪支达成合意，形成非法持有枪支的共同犯罪故意。

对于韩勇杰携枪支、弹药上车时，叶燕兵要求韩勇杰将枪支交由自己保管，并让韩勇杰不要一起去，被韩勇杰拒绝并坚持自己携带枪支一同前往这一情节，我们认为，两人事实上就已经达成了非法持有枪支的共同故意，而后谁直接持有枪支，只是具体行为方式不同，并不影响共同犯罪故意的形成，且韩勇杰拒绝的是叶燕兵对枪支单独、直接的持有。不论韩勇杰出于何种考虑，只要没有拒绝叶燕兵让其持有枪支前去帮忙的邀请，二人在非法持有枪支的行为上就达成了共同的犯罪故意。

——最高人民法院刑事审判第一、二、三、四、五庭主办：《刑事审判参考》2010 年第 5 集（总第 76 集），法律出版社 2011 年版，第 11~16 页。

70. 共同犯罪与同时犯的区分

关键词

共同犯罪　同时犯　意思联络

《刑事审判参考》指导案例

刘正波、刘海平强奸案（《刑事审判参考》指导案例第 658 号）

裁判要点：共同犯罪行为人必须对共同犯罪具有故意，但如果各行为人之间欠缺相互协同实施特定犯罪行为的意思沟通，则不构成共同犯罪，只不过是同时犯，作为单独犯只对所实施的犯罪行为承担责任。

根据我国刑法第二十五条第一款的规定，共同犯罪是指二人以上共同故意犯罪。一般认为，共同犯罪必须具备主观上的共同犯罪故意和客观上的共同犯罪行为两个必要条件。共同的犯罪故意主要是指各行为人之间必须存在关于共同实施特定犯罪行为的犯意联络。共同的犯罪行为主要是指各行为人在犯意联络的基础上共同实施相应的犯罪行为。

实践中，对共同犯罪故意的认定需要关注以下两个方面的内容：一是共同犯罪故意的认识因素和意志因素；二是共同犯罪人之间的犯意联络。具体言之，共同犯罪故意的认识因素是指各行为人对本人和他人共同实施的犯罪行为所具有的社会危害性的认识。共同犯罪故意的意志因素即各行为人在认识到共同犯罪社会危害性的基础上决意共同实施犯罪行为，希望或者放任共同犯罪危害结果发生的心理态度。而共同犯罪的犯意联络则是指各行为人关于相互协同实施特定犯罪行为的意思沟通，这种意思沟通可以采用明示或者默示的方式进行，其实质上是指各行为人共同实施特定犯罪行为的“合意”。共同犯罪行为人必须对共同犯罪具有故意，但如果各行为人之间欠缺相互协同实施特定犯罪行为的意思沟通，则不构成共同犯罪，只不过是同时犯，作为单独犯只对所实施的犯罪行为承担责任。

——最高人民法院刑事审判第一、二、三、四、五庭主办：《刑事审判参考》2010年第6集（总第77集），法律出版社2011年版，第42~50页。

71. 事前通谋型共同犯罪的认定

关键词

共同犯罪　事先通谋

《刑事审判参考》指导案例

冉国成、冉儒超、冉鸿雁故意杀人、包庇案（《刑事审判参考》指导案例第254号）

裁判要点：事前通谋的共同犯罪，是指各共犯在着手实行犯罪以前，相互之间就准备实施的犯罪予以沟通、谋划和准备，如邀约同伙，决定犯罪的时间、地点、对象、方式，对参与犯罪的人员进行分工，谋划犯罪后逃避处罚的对策等。

在刑法理论上，根据共同犯罪故意形成的时间，将共同犯罪分为事前通谋的共同犯罪和事前无通谋的共同犯罪（事中通谋的共同犯罪）。所谓“事前”，就是在着手实行犯罪以前；所谓“通谋”，是指为犯罪而同谋共议。具体而言，是指各共犯在着手实行犯罪以前，相互之间就准备实施的犯罪予以沟通、谋划和准备，如邀约同伙，决定犯罪的时间、地点、对象、方式，对参与犯罪的人员进行分工，谋划犯罪后逃避处罚的对策等。在事前通谋的共同犯罪中，共同的犯罪故意是各共犯在着手实行犯罪之前的通谋之中形成的，因此，各共犯之间的意思联络即表现为通谋。通谋之后，各共犯基于在通谋中所形成的共同犯罪故意而实施的一切行为都是共同的犯罪行为。故对于为他人犯罪提供帮助的行为，无论是事前提供帮助还是事后提供帮助，也无论是为实行犯罪提供帮助，还是为犯罪分子逃避处罚提供帮助，只要帮助人与犯罪实行人之间事前有通谋，那么，该帮助行为都是共同犯罪中的组成部分，是在共同犯罪故意的支配下实施的共同犯罪行为，应以共同犯罪论处。《刑法》第 310 条第 2 款规定，窝藏、包庇犯罪的人，事前通谋的，以共同犯罪论处，其理由就在于此。值得注意的是，这里所说的“事前”，应当理解为被窝藏、包庇的犯罪人实行犯罪之前，而不是实施窝藏、包庇行为之前。如果将其理解为实施窝藏、包庇行为之前，不仅不符合共同犯罪的原理，而且也使该条规定没有必要。至于事中通谋的共同犯罪，一般而言，共同的犯罪故意是在着手实施犯罪之时或在实行犯罪之中，通过共同参与犯罪或为他人实施犯罪提供帮助而形成的，故共犯之间的意思联络主要表现为犯罪行为之间的相互配合。如果共同犯罪故意是在实行犯罪过程中形成的，而帮助犯的行为是在实行犯的行为完成后才实施，仍然应以共犯论处。

在共同犯罪中，无论是事前有无通谋，共犯之间的意思联络是必不可少的，否则，就无法形成共同的犯罪故意。必须强调的是，这种意思联络是相互的和双向的，即在认识因素上，各行为人不仅认识到自己在犯罪，而且认识到其他共犯也在与其一起实施犯罪，同时，还都认识到他们共同的犯罪行为会引起的某种危害结果的发生，正如所谓的“知己知彼”。在意志因素上，都决意参与共同犯罪，并希望或放任共同的犯罪行为引起某种犯罪后果。如果行为人仅仅认识到自己在实施犯罪，而没有认识到其他犯罪人在配合其实施该犯罪，或者行为人虽然认识到他人在实施犯罪，但自己却未以其行为或语言向其他犯罪人表明自己决意参与该犯罪，那么，二者之间就因缺乏意思联络而未形成共同的犯罪故意，因而不构成共同犯罪。

——最高人民法院刑事审判第一庭、第二庭编：《刑事审判参考》2003 年第 4 集（总第 33 集），法律出版社 2003 年版，第 26~33 页。

附录：最高人民法院主流观点

仅仅参与共谋，但未参与实行犯罪行为的，是否构成共同犯罪，其犯罪形态如何界定？这是司法实务中经常碰到的一个问题。对于共谋而未实行者是否构成共同犯罪存在两种不同观点。一种观点认为，仅仅参与共谋，不构成共同犯罪。另一种观点认为，共谋而未实行，构成共同犯罪。认为共同行为不仅指犯罪的实行行为，而且指犯罪的教唆行为或帮助行为，其中自然包括共谋行为。因为共谋是指数人就准备实施的犯罪进行谋议，它可能是对犯罪的教唆，也可能是对犯罪的帮助，因而共谋本身就是共同犯罪行为。我们同意后一种观点。因为，共谋是二人以上相互的意思联络，它已经超出了单纯的犯意表示，而是属于行为的范畴。共谋者之间相互影响、相互促进、共同启发、共同策划，共谋而未实行者对共谋而实行者而言，或诱发其犯意，或坚定其犯意，或为其出谋划策，其共谋行为对实行行为所造成的危害结果具有原因力，因而应成立共同犯罪。

对于共谋而未实行者犯罪形态的认定，应结合全案行为人的犯罪进程来考虑。从犯罪阶段上讲，共谋属于犯罪的预备阶段。但是，如果实行者的实行行为已完成，造成了法定的危害结果，则共谋而未实行者因对这种危害结果的形成具有原因力，因此，应当承担既遂的刑事责任。例如，甲乙共谋杀害丙，在前去丙家之前，甲改变了主意，明确对乙讲不想杀丙了，并拒绝和乙一起前去，结果乙单独前去将丙杀死。在这种情况下，尽管甲在实施杀丙行为之前主动放弃了犯罪，但由于其共谋行为对杀害丙具有原因力，甲没有消除丙死亡的结果，故仍应负故意杀人既遂的刑事责任，不能认定为犯罪中止。但如果甲阻止了乙实施杀丙行为，或在乙实施杀丙行为之后防止了丙死亡的结果，则甲构成犯罪中止。

对于共谋而未实行者在共同犯罪中的作用，要具体问题具体分析。对于首倡犯意并策划犯罪方法而未实行者，一般应认定为主犯；对于只是一般参与共谋而未实行者，一般应当认定为从犯；对于参与共谋作用轻微又没有实行者，可以认定为“情节显著轻微危害不大”，不构成犯罪。

——高憬宏、杨万明主编:《基层人民法院法官培训教材（实务卷·刑事审判篇）》，人民法院出版社2005年版，第13~15页。

72. 共同犯罪与身份问题

关键词

共同犯罪　身份犯　特殊主体

附录：最高人民法院主流观点

《刑法》规定有些犯罪是特殊主体，其犯罪主体必须具有一定的特殊身份，比如，贪污罪的主体身份必须是国家工作人员或者受委托经手、管理公共财物的人员，刑讯逼供罪的主体必须是司法工作人员等。一般认为，无特殊身份的人不能单独构成要求特殊主体才能构成的犯罪。在非特殊主体与特殊主体实施共同犯罪时候，非特殊主体只能是组织犯、帮助犯或者教唆犯，而不能是实行犯。司法实践中，面临的主要问题是，身份犯（特殊主体）与非身份犯（非特殊主体）构成共同犯罪时候，共同犯罪的性质如何确定。对此，主要存在三种观点：

一种观点认为，应以主犯的犯罪性质来确定。主犯是有身份者，应按有身份者所构成之罪定罪，主犯是无身份者，应按无身份者所构成之罪定罪。“两高”1985 年《关于当前办理经济犯罪案件中具体应用法律的若干问题的解答（试行）》[①] 第 1 条第 2 项规定：“内外勾结进行贪污或者盗窃活动的共同犯罪（包括一般共同犯罪和集团犯罪），应按其共同犯罪的基本特征定罪。共同犯罪的基本特征一般是由主犯犯罪的基本特征决定的。如果共同犯罪中主犯犯罪的基本特征是贪污，同案犯中不具有贪污罪主体身份的人，应以贪污罪的共犯论处。……如果共同犯罪中主犯犯罪的基本特征是盗窃，同案犯中的国家工作人员不论是否利用职务上的便利，应以盗窃罪的共犯论处”。

第二种观点认为，应分别定性。根据犯罪主体的不同区别对待，有身份者按身份犯处理，无身份者按普通犯罪论处。如有学者在区分贪污罪与盗窃罪时指出，“利用职务上的便利是以行为人具备一定的身份为前提的。如果没有一定的身份，就不存在利用职务上的便利问题。因此，没有国家工作人员身份的人，不可能实施这样的实行行为。如果国家工作人员与非国家工作人员共同盗窃，虽然构成共同犯罪，但应分别定为贪污罪与盗窃罪。”也有人指出，这种情况下，身份犯构成贪污罪无疑，非身份犯属于贪污罪与盗窃罪的想象竞合犯，应遵循以重罪论处的原则，对其以盗窃罪处理。

第三种观点认为，应以身份犯的犯罪性质来确定。刑法理论认为，区分此罪与彼罪的标准在于不同犯罪的构成要件，其性质主要取决于犯罪行为的特征，共同犯罪符合哪种犯罪构成要件的要求，就应当定哪种罪。对于利用特殊主体的身份实施的共同犯罪，犯罪性质是由特殊主体的实行行为来确定的，也即共同犯罪的性质是由身份犯的性质决定的。《最高人民法院关于审理贪污、职务侵占案件如何认定共同犯罪几个问题的解释》第 1 条规定：“行为人与国家工作人员勾结，利用国家工作人员的职务便利，共同侵吞、窃取、骗取或者以其他手段非法占有公共财物的，以贪污罪共犯论处。”

上述观点都有其合理的地方，权衡利弊，我们同意第三种观点。分别定性不符合共同犯罪的基本理论，以身份犯定性才能准确揭示犯罪本质。因为非身份犯只有通过身份犯才能实施和完成共同犯罪，身份犯起主要和决定作用。所以，对于无身份者与有身份者相勾结，利用有身份者的身份因素共同实行犯罪的，应当以有身份者所触犯之罪认定共同犯罪的性质，对无身份者以该种身份犯罪的共犯论处。

如果两种不同身份的人，分别利用各自的身份因素（尤其是职务便利），共同实施了同一种行为，应当按什么原则处理，理论界和实务部门存在着相当大的争议。下面以学界对公司、企业中国家工作人员与非国家工作人员相

---

① 本文件已被《最高人民法院、最高人民检察院关于废止 1980 年 1 月 1 日至 1997 年 6 月 30 日期间制发的部分司法解释和司法解释性质文件的决定》（法释〔2013〕1 号）废止。

勾结，分别利用各自职务便利，共同实施窃取、骗取单位财物行为的定性探讨为例，对该问题予以分析。据归纳，学界对此主要有以下几种观点：

1. 分别定罪说。该说认为应根据主体的不同身份分别定罪。即对公司、企业或者其他单位中的国家工作人员定贪污罪，对公司、企业或者其他单位中的非国家工作人员定职务侵占罪。该说的法律根据是，新《刑法》按主体身份的不同分别规定了贪污罪、职务侵占罪，身份的不同表明其社会危害性和人身危险性的差异，分别定罪有利于罪刑相适应。

2. 主犯决定说。该说认为应以主犯的身份来确定共同犯罪的罪名，主犯是国家工作人员的，应全案认定为贪污罪，主犯是公司、企业或者其他单位中的非国家工作人员的，应全案认定为职务侵占罪。该说的法律根据是，1985 年“两高”《关于当前办理经济犯罪案件中具体应用法律若干问题的解答（试行）》[①] 第 1 条第 2 项“关于内外勾结进行贪污或者盗窃活动的共同犯罪案件如何定罪的问题”，确立了按主犯性质定罪的原则。

3. 主犯决定说与分别定罪说的折中。该说认为如果主犯的身份是公司、企业或者其他单位中的非国家工作人员的，全案都定职务侵占罪；如果主犯的身份是公司、企业或者其他单位中的国家工作人员的，对具有国家工作人员身份的定贪污罪，对其中的非国家工作人员定职务侵占罪。

4. 国家工作人员犯罪性质决定说。该说认为这种情况下，不管国家工作人员处于何种地位，也不管其起何作用，非法占有单位财物的行为均是利用了国家工作人员的职务之便实施的，非国家工作人员与国家工作人员的犯罪行为联成一个密不可分的有机整体，而构成只有国家工作人员才能构成的贪污罪。该说的法律依据是，认为《刑法》第 382 条第 3 款明确规定，与具备贪污罪主体资格的人勾结，伙同贪污的，以共犯论处，那么，公司、企业或者其他单位中的非国家工作人员符合该款规定条件的，当然也应以贪污罪的共犯定罪处罚。

上述观点，各有其合理的地方，究竟哪一种更为科学？我们认为，根据有关刑法理论和《刑法》规定，解决上述共犯问题，必须坚持以下两项原则：

1. 根据共同犯罪案件的整体性质定罪的原则。根据《刑法》第 25 条第 1 款的规定，共同犯罪是指二人以上共同故意犯罪。正是由于各共同犯罪人之间主观上犯罪故意的联络、沟通，客观上犯罪行为的互相配合、互相协作，使共同犯罪形成了一个主客观相统一的不可分割的整体，因此对这种犯罪理应根据其案件的整体性质定罪。而如果根据各共同犯罪人的不同身份分别定罪，就人为地割裂了各共同犯罪人之间主客观上的内在联系，从而也就使共

---

① 本文件已被《最高人民法院、最高人民检察院关于废止 1980 年 1 月 1 日至 1997 年 6 月 30 日期间制发的部分司法解释和司法解释性质文件的决定》（法释〔2013〕1 号）废止。

同犯罪理论失去了意义。

2. 贯彻罪刑相适应的原则。根据《刑法》第 5 条的规定，刑罚的轻重，应当与犯罪分子所犯罪行和承担的刑事责任相适应。在共同犯罪中，由于各犯罪人的地位不同、身份条件不同，其行为的社会危害性和人身危险性是不一样的。在公司、企业或者其他单位中，非国家工作人员和国家工作人员利用各自的职务便利共同犯罪的情况下，全案按照国家工作人员的身份定罪无疑可能加重非国家工作人员的刑事责任。

据此，我们认为主犯决定说的观点是相对更为可行和科学的，正因为如此，《最高人民法院关于审理贪污、职务侵占案件如何认定共同犯罪几个问题的解释》第 3 条，确定了不同特殊主体利用各自的职务便利共同非法占有本单位的财物的，以主犯性质定罪的原则。当然，以主犯性质定罪，在遇到共同犯罪中无法区分主、从犯，或者共同犯罪中有两个以上的主犯，其身份既有国家工作人员，又有非国家工作人员的案件时，也有适用上的两难境地。对此，2003 年《全国法院审理经济犯罪案件座谈会纪要》明确："对于在公司、企业或者其他单位中，非国家工作人员与国家工作人员勾结，分别利用各自的职务便利，共同将本单位财物非法占有的，应当尽量区分主从犯，按照主犯的犯罪性质定罪。司法实践中，如果根据案件的实际情况，各共同犯罪人在共同犯罪中的地位、作用相当，难以区分主从犯的，可以贪污罪定罪处罚。"

——高憬宏、杨万明主编：《基层人民法院法官培训教材（实务卷·刑事审判篇）》，人民法院出版社 2005 年版，第 16~20 页。

73. 共同犯罪如何认定为犯罪集团

关键词

犯罪集团　共同犯罪

《刑事审判参考》指导案例

练永伟等贩卖毒品案（《刑事审判参考》指导案例第 413 号）

裁判要点：犯罪集团内部都具有较强的组织性和一定的稳定性，这是犯罪集团成立的必要条件，也是区别一般共同犯罪的主要特征。

司法实践中，对于那些具有明确分工、多次实施同一犯罪的共同犯罪是否能够认定成立犯罪集团往往成为案件审理的难点。

1997年修订的《刑法》在总结以往有关规定经验的基础上，对犯罪集团进行了更为科学、合理的界定，《刑法》第26条第2款规定："三人以上为共同实施犯罪而组成的较为固定的犯罪组织，是犯罪集团。"根据这一规定，犯罪集团的成立必须具备以下条件：（1）参加人数必须是三人以上；（2）具有较为明确的犯罪目的性，即犯罪集团是其成员以反复多次实施一种或几种犯罪为目的而组织起来的；（3）具有相当的稳固性，即犯罪集团的成员是为了在较长时期内多次进行犯罪活动而组织起来的，而不是临时或者偶尔纠合在一起的，有明显的首要分子，主要成员固定，一般在实施一次犯罪后，犯罪人之间的相互联系和组织形式仍然存在；（4）具有较强的组织性，即犯罪集团具有较严密的组织，表现在组织制度上，往往通过一定的成文或不成文的律规维系在一起，有较严格的组织纪律，明确的组织宗旨；在组织结构上，成员较为固定，并且内部之间有较明确、固定的组织分工和等级划分，存在领导与被领导的明显层级关系，可分为首要分子、骨干分子、一般成员分子等。当然，不同的犯罪集团在组织严密程度上各有不同，有的组织性很强，甚至有成文"纪律""帮规"来维系和约束集团成员的活动，而有的组织性则相对弱一些。但总体来说犯罪集团内部都具有较强的组织性和一定的稳定性，这是犯罪集团成立的必要条件，也是区别一般共同犯罪的主要特征。

——最高人民法院刑事审判第一、二、三、四、五庭主办：《刑事审判参考》2006年第5集（总第52集），法律出版社2007年版，第29~41页。

74. 共同犯罪中实行犯、教唆犯、帮助犯犯罪中止的认定

关键词

共同犯罪　实行犯　教唆犯　帮助犯　犯罪中止

《刑事审判参考》指导案例

韩江维等抢劫、强奸案（《刑事审判参考》指导案例第750号）

裁判要点：指认被害人住址并多次参与蹲守，但此后未参与实施抢劫的，不属于犯罪中止。

对于共同犯罪的中止，我国刑法没有作出明确规定，需要根据刑法有关犯罪中止和共同犯罪的规定，区分共同实行犯、教唆犯、帮助犯三种共同犯罪形态，运用刑法理论进行分析认定。

对于共同实行犯，各共犯人之间按照分工，相互利用，相互配合，共同

完成犯罪，其责任原理是“部分实行全部责任”，故只有当共同犯罪人均中止犯罪，没有发生犯罪结果时，构成整个共同犯罪的中止；对于部分人主动放弃犯罪的，则要根据具体情形认定犯罪停止形态，主要有以下三种情形：第一，如果共同犯罪中的部分人主动放弃犯罪，并有效阻止其他人继续犯罪，或者阻止犯罪结果发生的，主动放弃者属于犯罪中止。此种情形下的其他共犯人，如果系经劝说后自动停止犯罪的，也属于犯罪中止。如果系因客观原因而未能完成犯罪的，则属于犯罪未遂。第二，如果共同犯罪中的部分人主动退出，但没有采取任何措施阻止其他共犯继续犯罪的，对主动退出者仍应当认定为犯罪既遂，如因其提前退出而导致在共同犯罪中所起的作用较小，可依法对退出者从轻处罚。第三，如果部分人在实行过程中主动停止犯罪，且积极采取措施阻止其他人继续犯罪，但最终未能有效阻止犯罪结果发生的，对主动退出者是否认定犯罪中止，存在争议。有观点认为，在此种情形下考虑主动退出者为阻止犯罪付出了积极努力，主观恶性和人身危险性明显下降，可以考虑按照犯罪中止或者未遂来处罚。这种观点在主观考虑方面具有一定合理性，但毕竟客观危害结果已经发生，因此司法实践中尚难以认同。目前实践中比较普遍的做法是对主动退出者仍认定为犯罪既遂，但量刑时应当考虑其主动退出并阻止其他共犯人继续完成犯罪的情节，如主动退出者符合从犯特征的，依法认定为从犯，应当从轻处罚。

教唆犯是促使本来没有犯意的人实施犯罪。教唆者在被教唆者产生犯意，后实施犯罪之前撤回自己的教唆，并劝说被教唆者放弃犯罪，但最终未能阻止被教唆者继续实行犯罪的，教唆犯的停止形态应认定为既遂。如果教唆者撤销教唆后，被教唆者接受教唆犯的劝说，最终放弃或者有效防止犯罪结果发生的，则教唆犯和实行犯均构成犯罪中止。如果教唆者撤回教唆后，原有的教唆无法对被教唆者提供心理上的支持，被教唆者的犯罪行为是在新的动机作用下实施的，此种情况下教唆犯仍构成犯罪中止。

帮助犯，是指故意帮助他人实行犯罪。这种帮助可以分为物理（有形）帮助和心理（无形）帮助。物理帮助，是指帮助者在他人实行犯罪之前或者实行犯罪过程中给予行为上的帮助，使他人易于实行犯罪或者易于完成犯罪行为。如提供资金、作案工具，传授使用作案工具的方法，提供被害人的住址、电话、作息规律等重要个人信息等。心理帮助，是指帮助者实施的使本有犯意的人强化其犯意的言语激励等行为。帮助犯在提供帮助后，如果主动停止帮助，及时阻止实行犯实施犯罪或者有效防止犯罪结果发生的，可以构成犯罪中止。如果帮助犯在实行犯着手前主动退出犯罪，且已消除其帮助行为与犯罪结果之间的因果关系的，则属于预备阶段的中止。如果帮助犯仅是自行退出，而没有消除已提供的帮助与犯罪结果之间的因果关系的，则属于犯罪既遂。如果帮助犯为消除已提供的帮助付出了诚挚的努力，但仍未能阻止实行犯实施犯罪或者有效防止犯罪结果发生的，虽构成犯罪既遂，但在量刑时对帮助犯阻止犯罪付出的努力应作适当考虑，可以从轻处罚。

——最高人民法院刑事审判第一、二、三、四、五庭主办：《刑事审判参考》2012 年第 1 集（总第 84 集），法律出版社 2012 年版，第 38~43 页。

黄土保等故意伤害案（《刑事审判参考》指导案例第 199 号）

裁判要点：教唆犯在实施完其教唆行为后，在其他被教唆人为犯罪进行预备活动时，仅是其个人表示放弃犯罪意图，或仅仅通知其中一个或几个被教唆人，停止实施其教唆的犯罪行为，不能认为该教唆犯是“自动放弃犯罪”，从而成立犯罪中止。教唆犯在实施完其教唆行为后，在其他被教唆人已经着手实施犯罪以后，虽其个人意图中止犯罪，但未能积极参与有效阻止犯罪结果发生，也不能认为该教唆犯成立犯罪中止。

犯罪中止发生在犯罪过程中，而犯罪过程又可包括犯罪预备与犯罪实行两个阶段。因此，犯罪中止可以包括预备阶段的中止和实行阶段的中止两种情况。预备阶段的犯罪中止，就是指条文中“自动放弃犯罪”的情形。也就是说行为人在犯罪预备阶段，只要主观上放弃了犯罪意图，客观上自动停止了犯罪的继续实施，就可以成立犯罪中止。实行阶段的中止，是指行为人已经着手实施犯罪行为以后的中止。实行阶段的中止，如不足以产生危害结果，只要自动停止实行行为即可；如足以产生危害结果的，就必须以“自动有效地防止犯罪结果发生”为必要。对行为人来说，“自动放弃犯罪”或“自动有效地防止犯罪结果的发生”，只要满足其中一项即构成犯罪中止。但是我们也应意识到，上述关于犯罪中止的规定，主要是针对单独犯罪这种情形作出的。在单独犯罪中，按照上述规定认定犯罪中止是相对比较容易把握的。但是共同犯罪中也同样存在着犯罪中止的情形。由于共同犯罪是由各共犯基于主观上的共同犯罪故意而实施的共同犯罪行为，并形成一个相互联系、相互作用、相互制约的整体，成为犯罪结果发生的共同原因，这就决定了共同犯罪中止有区别于单独犯罪中止的复杂性。比如，教唆犯在实施完其教唆行为后，在其他被教唆人为犯罪进行预备活动时，仅是其个人表示放弃犯罪意图，或仅仅通知其中一个或几个被教唆人，停止实施其教唆的犯罪行为，不能认为该教唆犯是“自动放弃犯罪”，从而成立犯罪中止。又比如，教唆犯在实施完其教唆行为后，在其他被教唆人已经着手实施犯罪以后，虽其个人意图中止犯罪，但未能积极参与有效阻止犯罪结果发生，也不能认为该教唆犯成立犯罪中止。

——最高人民法院刑事审判第一庭、第二庭编：《刑事审判参考》2002 年第 5 辑（总第 28 辑），法律出版社 2003 年版，第 16~24 页。

张烨等强奸、强制猥亵妇女案（《刑事审判参考》指导案例第 125 号）

裁判要点：实施强奸行为后，出于猥亵的故意又对被害人实施猥亵行为的，应以强奸罪和强制猥亵妇女罪数罪并罚；强奸的帮助犯在实行犯实施强奸行为后，放弃对被害人实施奸淫的，不构成犯罪中止。

罪数的判断应当根据主客观相统一的犯罪构成标准说。根据这一标准，确定罪数的单复，应该以犯罪构成的个数为依据，即行为人的犯罪事实具备一个犯罪构成的为一罪，具备数个犯罪构成的则为数罪。如果行为人以强奸的故意对被害人实施奸淫行为，符合强奸罪的犯罪构成，构成强奸罪；如果在奸淫行为完成后，又以猥亵的故意，实施猥亵行为，以发泄其性欲，符合强制猥亵罪的犯罪构成，成立强制猥亵妇女罪，二行为之间不存在相互包容等关系。虽然二行为侵害的是同一犯罪对象，但这并不能影响其犯罪构成的独立性。在着手强奸前及实行强奸过程中的强制猥亵行为应当为强奸所包容、吸收，是因为这种强制猥亵可以作为强奸罪的预备行为或实行行为中自然可能具有的附随行为来理解，但在强奸行为完成后，另起犯意猥亵被害人，就不能被先前的强奸行为所包容吸纳，当然此猥亵行为更不是强奸行为的必然延伸，二者之间不存在吸收或者牵连关系。所以，对行为人的行为应当定两罪，而不是强奸一罪。

强奸的帮助犯在实行犯实施强奸行为后，放弃对被害人实施奸淫的，不构成犯罪中止。成立犯罪中止，不仅要求行为人客观上放弃了犯罪行为，而且还要求行为人主观上必须自动、彻底地放弃该犯罪意图。四是中止的有效性，即在犯罪行为实行终了而犯罪结果尚未发生的情况下，要成立犯罪中止，仅消极地停止犯罪行为还不够，行为人还必须采取积极措施有效地防止犯罪结果的发生，倘未能有效地防止犯罪结果发生，则行为人仍不能成立犯罪中止。总之，犯罪中止必须是主客观的统一，主观上行为人必须自动彻底地放弃了犯罪意图，客观上行为人必须放弃了犯罪行为或有效地防止了结果的发生。司法实践中，根据上述规则认定个人单独犯罪的中止问题，一般而言是较容易的。但是共同犯罪不同于单独犯罪，共同犯罪的中止较单独犯罪的中止又复杂些。由于共同犯罪的各个行为之间相互联结，相互补充、利用，形成有机整体，与犯罪结果之间存在着整体上的因果关系，因此，各犯罪人不仅要对本人行为负责，还要对其他共同犯罪人的行为负责。故一般情况下，共同犯罪的中止要求在放弃本人的犯罪行为时，还必须有效地制止其他共同犯罪人的犯罪行为，防止犯罪结果的发生。易言之，在共同犯罪的场合，犯罪一经着手，单个的共同犯罪人，仅是消极地自动放弃个人的实行行为，但没有积极阻止其他共同犯罪人的犯罪行为，并有效地防止共同犯罪结果的发生，对共同犯罪结果并不断绝因果关系，就不能构成中止犯，也不能免除其对共同犯罪结果的责任。

——最高人民法院刑事审判第一庭、第二庭编:《刑事审判参考》2001 年第 9 辑（总第 20 辑），法律出版社 2001 年版，第 14~21 页。

75. 共同犯罪中主从犯的认定

关键词

共同犯罪　实行犯　教唆犯　帮助犯　犯罪中止

《刑事审判参考》指导案例

于爱银、戴永阳故意杀人案（《刑事审判参考》指导案例第 388 号）

裁判要点：共同的犯罪故意和共同的犯罪行为，是构成共同犯罪的两个必要条件。从犯与其他主犯的区别应综合考虑共同犯罪中所处的地位、参与程度、犯罪情节以及对造成危害结果产生作用的大小等各方面的因素来确定。

1. 共同犯罪的理解

所谓共同犯罪故意，是指共同犯罪人通过意思联络，认识到他们共同的犯罪行为会发生危害社会的结果，并决意共同实施犯罪，希望或者放任该结果发生的心理态度。“共同”不仅有“相同”的含义，而且有“合意”的含义。它包括两方面内容：一是各共同犯罪人都有相同的犯罪故意，要求各共犯人都明知共同犯罪行为的性质、危害社会的结果，并且希望或者放任危害结果的发生。各共犯人均对同一犯罪持有故意，而不要求故意的形式和具体内容完全相同。就故意形式而言，双方均为直接故意、间接故意以及一方直接故意一方间接故意，只要是同一犯罪的故意，都可成立共同犯罪。就故意的具体内容来说，只要求各共犯人具有法定的认识因素（即明知自己的行为会发生危害社会的结果的主观心理状态）和意志因素（即希望或者放任危害结果发生的主观心理态度），即使故意的具体内容不完全相同，如实行犯与帮助犯的故意，也可成立共同犯罪。二是各共犯人之间具有意思联络，都认识到自己不是在孤立地实施犯罪，而是在和他人一起共同犯罪。

所谓共同犯罪行为，不仅指各共犯人都实施了同一犯罪构成的行为，而且各共犯人的行为在共同故意支配下相互配合、相互协调、相互补充，形成一个整体。“共同行为”意味着各共犯人的行为都是共同犯罪行为这一整体的组成部分；在发生危害结果的情况下，各共犯人的行为作为一个整体与危害结果之间具有因果关系。共同犯罪行为的分工情况可能表现为四种情况：实行行为、组织行为、教唆行为或者帮助行为。也就是说，共同犯罪行为可以分为实行行为和非实行行为，非实行行为包括组织行为、教唆行为或者帮助行为。共同行为有两种表现形式：一是简单共同行为，所有行为主体的行为都符合具体的作为犯罪构成要件行为的基本特征，而组合成共同行为；二是复杂共同行为，行为具有明确的分工，每一行为主体的单独行为并不完全具备完整的行为结构，甚至并不属于犯罪构成要件的行为，但经过组合后，整体的行为不仅能够全面满足具体的行为要件，并且成为危害结果的合一原因的共同行为。

2. 主、从犯的认定

在处理共同犯罪案件时，要注意将从犯与主犯区别开来。在共同犯罪案件中，可能共同犯罪人都是主犯，但不可能都是从犯，一般说来总是有主有从。从犯与犯罪集团的首要分子不难区别，问题在于从犯与其他主犯的区别，区别的根据是在共同犯罪中所起的作用是主要作用还是次要或者辅助作用。这应综合考虑其在共同犯罪中所处的地位、参与程度、犯罪情节以及对造成危害结果产生作用的大小等各方面的因素来确定。从审判实践来看，主犯一般在事前提出犯意，担当导演角色，纠集、邀约他人，出谋划策；实施犯罪时积极参加，担当主角，往往还指挥、协调他人的行动，所犯罪行较重，或者直接造成严重的危害后果；有的事后还有策划掩盖罪行、毁灭罪证、逃避处罚的行为。而从犯在客观上担当配角，不直接实施具体犯罪构成客观要件的行为，帮助准备、实施犯罪，为共同犯罪创造有利条件和环境，或者虽然直接参与实施了犯罪行为，但罪行较轻，没有直接造成危害后果或者危害后果并不严重；在主观上，犯罪时与其他共同犯罪人具有共同的犯罪故意，但听从主犯的安排、授意和指挥，主观恶性较小。

——最高人民法院刑事审判第一、二、三、四、五庭主办：《刑事审判参考》2006 年第 2 集（总第 49 集），法律出版社 2002 年版，第 17~25 页。

龙世成、吴正跃故意杀人、抢劫案（《刑事审判参考》指导案例第 634 号）

裁判要点：如果各被告人均系主犯，且罪责相当，应从多种角

度进一步区分主犯之间的罪责大小，进而准确适用刑罚。

如果各被告人均系主犯，且罪责相当的，如何进一步区分主犯之间的罪责，便成为棘手问题。不少案件，由于区分主犯之间罪责的困难，常有对两名被告人均判处死刑的做法。然而，这种做法是不妥当的，根据死刑政策精神应从多种角度进一步区分主犯之间的罪责大小，进而准确适用死刑。

首先，可以从各被告人在犯罪中的具体行为来分析其地位、作用。在犯罪预备阶段，通常包括提起犯意、选择犯罪对象、准备犯罪工具等环节。区分各被告人在这一阶段的具体作用，原则上以提起犯意者为主。通常，预谋过程中提起犯意的被告人往往会积极实施犯罪，且常常对共同犯罪行为有一定的控制力，故作用相对突出。对于起意后积极准备工具，直接参与实施抢劫和杀人行为的，即使其在实行阶段的作用与其他被告人相同甚至略小，可以认定其整体罪责较大。但是，如果二人均有犯意，仅是其中一人先说出，另一人一拍即合，并积极参与预谋，起意者在实行阶段作用不突出的，则不宜认定起意者罪责最大。实践中，证实有关犯罪预备事实，尤其是犯意提起这一事实的证据往往只有各被告供述，如果被告人供述一致，自然容易认定。但常有各被告人供述不一致、相互推诿的情形，这就要结合各被告人自身情况、与被害人的关系等因素，综合分析认定。在实行阶段，关键看谁的行为对造成被害人死亡的结果所起作用相对较大。大体上，实施抢劫和伤人行为越主动的，罪责越大，而使用暴力手段有所节制者，罪责相对较小。例如，各被告人均积极动手杀人，但有的连续捅刺多刀，有的仅捅刺一两刀，则捅刺刀数多的罪责较大；再如，一人击打或者捅刺的是被害人的胸腹部等要害部位，另一人捅刺的是腿部、臀部等次要部位，则捅刺要害部位的罪责较大；又如，两被告人一前一后用同样凶器伤及被害人的同样部位，伤害程度也基本相当，则先实施伤害行为的罪责相对大。在犯罪后续阶段，通常有毁灭罪证、分赃等环节。分析各被告人在这一阶段的具体行为，对于区分他们在共同犯罪中的作用具有补充作用，特别是在无法准确区分各被告人在前两个阶段的作用时，区分各被告人在此阶段的作用大小，有利于准确适用死刑。在一般情况下，可通过下列环节比较所起作用的大小：抛尸、分尸或实施其他毁灭罪证行为的被告比没有参与这些行为的被告人作用大；主持分赃的被告人比其他被告人作用大；分赃多的被告人比分赃少的被告人作用大；负责分赃的被告人比其他被告人作用大。

其次，区分各被告人在主观恶性、人身危险性等方面的差异，是确定各被告人罪责的重要依据。如果通过比较犯罪的具体作用无法准确区分被告人罪责大小的，还应当考察各被告人自身情况、犯罪前后表现等因素，来确定各被告人的罪责。例如，一般情况下，成年人和未成年人共同犯罪的，成年人罪责较大；父子或者兄弟共同犯罪的，父亲或者兄长的罪责较大；有累犯、再犯情节或者违法记录的被告人，比素行良好的初犯的罪责更大。从犯罪后表现看，作案后自首、立功、认罪悔罪、积极赔偿、取得被害人谅解的比不具备这些情节的被告人的罪责要小。当然，对被告人最终罪责的认定，均是综合分析判断的结果。对于犯罪情节十分恶劣、犯罪后果极其严重的案件，如果被告人在预谋、实施、分赃方面作用明显较大，即使其犯罪后有自首或者立功表现，但该情节不足以从轻处罚的，也可以依法判处死刑。

——最高人民法院刑事审判第一、二、三、四、五庭主办：《刑事审判参考》2010 年第 4 集（总第 75 集），法律出版社 2011 年版，第 24~30 页。

76. 共同犯罪中实行过限的认定

关键词

共同犯罪　实行过限　教唆犯　实行犯

最高人民法院审判业务意见

最高人民法院刑一庭、刑二庭认为：所谓实行过限，是指在共同犯罪中，由实行犯实施的某种超出共同犯罪人共同谋议之罪范围的犯罪行为，其具有以下特征：一、实行过限行为首先必须是一种犯罪行为；二、实行过限行为发生在共同谋议之罪的实施过程当中；三、这种行为是由实行犯基于本人的故意或过失单独实施的；四、这种行为超出了共同犯罪人共同谋议之罪的范围。由于实行过限行为，是实行犯在实施共同犯罪过程中单独实施的超出共同犯罪人共同谋议的犯罪行为，其他共犯对这种行为在主观上没有罪过，因此，过限行为的刑事责任只能由该实行犯独自承担，其他共犯对此不承担刑事责任，而仅承担共同谋议之罪的刑事责任。认定是不是实行过限，总的来说，是看实行犯的实行行为是否超出了共同犯罪人共同谋议之罪的范围。由于共同犯罪的复杂性，共同谋议之罪的范围往往存在模糊性、不确定性。司法实践中，认定是不是实行过限，常会有些难度，需要运用有关证据审慎加以判定。就教唆人和被教唆人共同犯罪而言，主要是要认真研究教唆人的教唆内容。实践中，教唆人的教唆内容不外乎有两种情形：一种是教唆内容明确，另一种是教唆内容概括、不明确。具体地说，在教唆人的教唆内容明确、特定的情况下，被教唆人实施了超出教唆内容范围以外的行为，即属于实行过限，对教唆人和被教唆人就应当按照实行过限的刑事责任承担原则，分别追究不同的刑事责任；在教唆人的教唆内容不明确或不太明确的情况下，只要是由于教唆人的教唆行为使被教唆人产生了犯意并实施的，就应当视为没有超出教唆内容范围，不属于实行过限，教唆人和被教唆人应共同对其承担刑事责任。如教唆人以某种犯罪为教唆内容进行教唆，而被教唆人却实施了另种罪行，以及教唆人以某种犯罪为教唆内容，且对犯罪目标、程度等均有明确指示时，而被教唆人却在超出目标、程度外予以实施，这都是实行过限的例子；反之，教唆人以实行此罪或彼罪为内容而教唆，或者仅以实施某种犯罪为内容予以教唆，但对犯罪的目标或程度等却没有明确的指示，则被教唆人无论是实行了此罪或彼罪，或二者都实施了，或者无论是在多大范围或程度上实施了该罪，都不属于实行过限，教唆人和被教唆人都必须对被教唆人的实行行为承担共同犯罪的刑事责任。

——最高人民法院刑事审判第一、二庭:《实行过限、转化犯的司法认定及处理》，载最高人民法院刑事审判第一庭、第二庭编:《刑事审判参考》2001 年第 11 辑（总第 22 辑），法律出版社 2001 年版，第 75~79 页。

《刑事审判参考》指导案例

陈卫国、余建华故意杀人案（《刑事审判参考》指导案例第 408 号）

裁判要点：共同犯罪人不应对实行过限行为承担责任。

根据我国刑法主客观相统一的原则和共同犯罪的有关理论，每个共同犯罪人承担刑事责任都必须以他对所实施的犯罪行为具备犯罪故意为前提，也必须以其实施的犯罪行为对危害结果具有因果联系为前提。共同犯罪人的主观故意可以是概括的故意，但这一概括的故意是有限度的，如果部分共同犯罪人这一故意内容在犯罪行为实施阶段没有明显转化，仍停留在对原来的认识内容上，则由于对转化后的故意内容缺乏刑法意义上的认识，对过限行为不应承担责任。但是，如果部分共犯人所实施的行为客观上与实行过限行为所导致的结果存在有一定关联，在量刑时应酌情考虑这一情节。

——最高人民法院刑事审判第一、二、三、四、五庭主办:《刑事审判参考》2006 年第 5 集（总第 52 集），法律出版社 2007 年版，第 1~4 页。

王兴佰、韩涛、王永央故意伤害案（《刑事审判参考》指导案例第 409 号）

裁判要点：共同犯罪中有共同实行犯罪、教唆犯罪、帮助犯罪等几种情形，每种情形的实行过限都有不同的判定原则。

共同犯罪中有共同实行犯罪、教唆犯罪、帮助犯罪等几种情形，每种情形的实行过限都有不同的判定原则。

1. 教唆犯中的实行过限认定

教唆犯是犯意的发起者，没有教唆犯的教唆，就不会有该犯罪行为的发生，特别是使用威胁、强迫、命令等方法的教唆犯，因此教唆犯在共同犯罪中往往起主要作用。在教唆犯罪的情形下，判定实行行为过限的基本原则是看被教唆人的行为是否超出了教唆的范围。在教唆内容较为确定的情况下，认定被教唆人的行为是否属于实行过限较为容易，但如果教唆犯的教唆内容较为概括，由于教唆内容不太明确，确定被教唆人的行为是否实行过限就较为困难。尤其是在一些教唆伤害的案件中，教唆者出于教唆伤害他人的故意往往使用诸如“收拾一顿”“整他一顿”“弄他”“摆平他”“教训”等内涵外延较为模糊的言语，在不同的语言环境中，不同阅历背景的人理解的含义往往是有分歧的。对于这种盖然性教唆，实际的危害结果取决于实行行为的具体实施状况，轻伤、重伤甚至死亡的危害结果都可能发生，但无论哪一种结果的出现都是由教唆犯的授意所引起，均可涵盖在教唆犯的犯意中。因此，在这种情况下，由于教唆犯的盖然性教唆而使被教唆人产生了犯意，实施了教唆故意涵括内的犯罪行为，只要没有明显超出教唆范围的，都不应视为实行过限。

司法实践中，对于教唆故意范围的认定，主要看教唆者的教唆内容是否明确，即教唆犯对被教唆人的实行行为有无明确要求：或正面明确要求用什么犯罪手段达到什么犯罪后果，如明确要求用棍棒打断被害人的一条腿；或从反面明确禁止实行犯采用什么手段，不得达到什么犯罪结果等，如在伤害中不得使用刀具、不得击打被害人头部，不得将被害人打死等。如果教唆内容明确，则以教唆内容为标准判断实行者行为是否过限。如果教唆内容不明确，则属于一种盖然的内容，一般情况下不应认定实行行为过限，除非实行行为显而易见地超出教唆内容。

2. 实行犯中的实行过限认定

在共同实行犯罪的情形下，判定实行行为过限的基本原则是看其他实行犯对个别实行犯所谓的“过限行为”是否知情。如果共同实行犯罪人中有人实施了原来共同预谋以外的犯罪，其他共同实行犯根本不知情，则判定预谋外的犯罪行为系实行过限行为，由实行者本人对其过限行为和后果承担责任；如果其他实行犯知情，除非其有明确、有效的制止行为，则一般认为实行犯之间在实施犯罪当场临时达成了犯意沟通，其他人对实行者的行为予以了默认或支持，个别犯罪人的行为不属于实行过限，其行为造成的危害结果由各实行犯共同承担责任。

——最高人民法院刑事审判第一、二、三、四、五庭主办：《刑事审判参考》2006 年第 5 集（总第 52 集），法律出版社 2007 年版，第 5~10 页。

附录：最高人民法院主流观点

实行过限，又称为共同犯罪中的过剩行为，是指实行犯实施了超出共同犯罪故意的行为。司法实践中，实行过限的情况比较复杂，有可能是超出与其他共同实行犯、组织犯、教唆犯甚至帮助犯的共同犯意而实行过限。我国《刑法》对于共同犯罪中的实行过限没有明文规定，但根据我国刑法理论，行为人只有在对某一危害结果主观上具有罪过的情况下才能负刑事责任。而过限行为超出了共同犯罪故意的范围，因此应当由实行的人对过限行为单独承担刑事责任，其他共同犯罪人对过限行为不负刑事责任，这就是我国《刑法》处理实行过限的原则。

认定是否属于实行过限，根本上还是要把握《刑法》规定的共同犯罪的特征，即是否具备共同故意和共同行为，尤其是是否具有共同故意。司法实践中，有两种情况值得注意：

1. 区别实行过限与临时起意的共同犯罪

所谓共同犯罪过程中临时起意的共同犯罪行为，是指共同犯罪人预谋犯甲罪，但在实行甲罪的过程中，临时起意共犯乙罪。在这种情况下，当然应由各实行犯共同承担刑事责任。如甲乙共同入室盗窃，见到女主人一人在家即临时起意轮奸，便成立盗窃与强奸的共犯。问题是，有些情况下，共同犯罪人中一人临时起意犯其他罪，其他人虽未参与实施但明知其中一人在实施其他犯罪活动的，是否也成立其他罪的共犯？如甲乙共谋后一起实施强奸犯罪，乙临时起意杀人灭口，在未与甲商量的情况下，当着甲的面将人杀死。对此，我们认为乙的杀人行为虽然是临时起意，但甲对此并非全然不知，而是明知乙要杀死他人，但却采取了容忍的态度，表明乙的杀人行为并不违背甲的意志。因此，尽管甲没有亲手杀人，也应对杀人承担刑事责任。总之，在认定共同实行犯的实行过限的时候，必须注意考察实行犯对某一临时起意的犯罪是否知情。除非当时根本不知情，对于临时起意的犯罪，尽管一方并未亲自实施，亦不应认定为实行过限，免除其相应的刑事责任。

2. 区别概然性教唆与实行过限

在认定被教唆人的实行过限的时候，必须对教唆犯的教唆内容进行认真考察，确定被教唆的人是否超出了教唆的范围。在教唆内容较为确定的情况下，认定被教唆的人是否实行过限较为容易。但如果教唆的内容较为概括，则就使确定被教唆的人是否实行过限发生困难。在刑法理论上，一般把这种教唆内容较为概括的教唆称为概然性教唆。在概然性教唆的情况下，由于教唆的内容不太明确，甚至毫不明确，因此，一般来说，只要由于教唆犯的概然性教唆而使被教唆的人产生了犯意，无论实施了何种犯罪，没有明显超出教唆范围的，都不应视为实行过限。如在买凶杀人案件中，教唆者对被教唆人称："给我好好收拾（修理）他！"但并无明确是伤害还是杀死，那么，无论被教唆者杀人还是伤害，均应认定未超出教唆者的教唆范围，成立共同犯罪，而不是实行过限。

——高憬宏、杨万明主编：《基层人民法院法官培训教材（实务卷·刑事审判篇）》，人民法院出版社2005年版，第15~16页。

77. 教唆未满14周岁未成年人犯罪的处罚

关键词

共同犯罪　教唆犯　未成年人犯罪　从重处罚

最高人民法院审判业务意见

最高人民法院刑一庭、刑二庭、刑三庭、刑四庭、刑五庭认为：教唆未满14周岁的未成年人犯罪的，应当依照《刑法》第29条第1款的规定从重处罚，具体理由如下：《刑法》之所以对教唆未成年人犯罪的行为规定为法定从重处罚情节，主要是出于对未成年人的特殊保护。未成年人思想不够成熟，社会经验不足，辨别是非能力弱，容易被其他人利用。未成年人年龄越小，其辨别和控制能力越差，越容易被其他人教唆利用。因此，教唆人往往利用未成年人的辨认、控制能力较差的弱点，唆使其犯罪。教唆年龄越小的未成年人犯罪，其社会危害性就越大。所以，《刑法》第29条第1款规定对教唆人予以从重处罚，是有科学根据和完全必要的。同时，对这里的"犯罪"，应当主要从实施的犯罪行为角度去理解，并非指被教唆者的行为一定要符合犯罪构成要件从而构成犯罪。《刑法》条文中多处用到"犯罪"一词，但并非全部指的是构成犯罪的理解。这一点，相关解释也有指明。2002年7月24日全国人大常委会法制工作委员会在《关于已满14周岁不满16周岁的人承担刑事责任范围的答复意见》中指出：《刑法》第17条第2款规定的八种犯罪，是指具体犯罪行为而不是具体罪名。基于这种理解，虽然教唆不满14周岁的未成年人实施犯罪的，教唆人成立间接正犯，但并不影响在教唆人与被教唆人非成立共同犯罪的间接正犯情况下，对教唆人依法进行从重处罚。

综上，《刑法》第29条第1款中"教唆不满18周岁的人实施犯罪"应当理解为教唆不满18周岁的人实施犯罪行为，既包括被教唆者达到刑事责任年龄的情形，也包括被教唆者未达到刑事责任年龄的情形，既包括教唆人与被教唆者构成共同犯罪的情形，也包括教唆人与被教唆者不构成共同犯罪的情形。只要被教唆者不满18周岁，不论教唆人与被教唆的未成年人是否构成共同犯罪，对于教唆人都应当适用《刑法》第29条第1款的规定从重处罚。

——最高人民法院刑事审判第一、二、三、四、五庭:《教唆未满14周岁未成年人犯罪的如何处罚》,载最高人民法院刑事审判第一、二、三、四、五庭主办:《刑事审判参考》2007年第1集(总第54集),法律出版社2007年版,第141页。

78. 被雇佣人的犯罪行为超出雇佣人授意范围的责任认定

关键词

共同犯罪 教唆犯 雇佣犯罪 过限行为

《刑事审判参考》指导案例

吴学友故意伤害案(《刑事审判参考》指导案例第200号)

裁判要点:被雇佣人实施的行为未达到犯罪的程度又超出授意的范围,对雇佣人一般也应追究刑事责任。对被雇佣人超出雇佣范围实施的他种罪行,雇佣人不承担刑事责任。

我们认为,对雇佣犯罪处理,应遵循《刑法》有关教唆犯罪的一般规定。从《刑法》规定上看,教唆犯的成立只须具备两个要件:一是主观方面须具有教唆他人实行犯罪的故意;二是客观方面须具有引起他人实行犯罪意图的教唆行为。原则上讲,教唆犯的成立,不以被教唆人实际产生犯罪意图或者实行被教唆之罪为必要,而只要教唆人基于教唆的故意实施了教唆行为即可。如果被教唆者接受了教唆,实施了被教唆之罪,则教唆者与被教唆者之间,成立共同犯罪关系。反之,二者之间不存在共犯关系,对教唆犯应以单独犯罪论处。为此,《刑法》第29条第2款规定:“如果被教唆的人没有犯被教唆的罪,对于教唆犯可以从轻或者减轻处罚”,此即是关于教唆未遂的处罚规定。根据此项规定,对教唆未遂的教唆犯一般都需要定罪处罚(因为《刑法》未规定可以免除处罚),尤其是对那些教唆他人犯某一重罪或者教唆未成年人犯罪的行为人而言,更应如此,除非根据《刑法》第十三条认为系“情节显著轻微,不认为是犯罪的”或者根据《刑法》第37条认为系“犯罪情节轻微不需要判处刑罚,可以免予刑事处罚”的。实践中,所谓教唆未遂的情形,既可表现为被教唆人没有实施被教唆之罪,也可以表现为被教唆人虽实施了被教唆的犯罪行为,但由于某种原因未能达到法定的后果而未达到犯罪程度等。此外,如教唆人教唆A罪,而被教唆人却实施了B罪,也都可以视为“没有犯被教唆之罪”。实践中,还有一种常会出现的情况是:教唆人教唆A

罪的加重形态，而被教唆人却仅实施了A罪的基本形态，或者教唆人教唆A罪的基本形态，而被教唆人却实施了A罪的加重形态。前种情况，由于被教唆人的实行行为没有达到教唆、雇佣的要求，教唆、雇佣人仅对已发生的实际后果负责，不按加重形态论处。后种情况被教唆人虽然超出了教唆授意的程度，但被教唆人所犯之罪又确系按教唆人授意所为，故教唆人仍应对被教唆人实际实行的犯罪后果承担相应的刑事责任。需要指出的是，“教唆犯”不是罪名，不能定教唆罪，对于教唆犯，应当按照其所教唆的实际内容确定罪名。根据上述规定和理解，我们认为，对雇佣犯罪中的雇佣者而言，只要其具备了雇佣犯罪的意图，而且实施了雇佣犯罪的行为，不论被雇佣的人有无按其雇佣要求实行了雇佣犯罪行为，或实行到何种程度，一般都应按其所雇佣的犯罪罪名，来对其追究其雇佣犯罪未遂的刑事责任。除非其雇佣犯罪情节显著轻微，可不认为是犯罪，或者是雇佣犯罪情节轻微可不需要判处刑罚。

在雇佣犯罪关系中，如果被雇佣人没有实施被雇佣的犯罪行为，则雇佣人和被雇佣人之间不存在共同犯罪关系，对雇佣人一般应按其所雇佣的犯罪罪名来单独追究其雇佣犯罪未遂的刑事责任。相反，在被雇佣者实行了所雇佣的犯罪的情况下，除要求雇佣行为与被雇佣者的实行行为之间具有因果关系外，还要求雇佣人所授意之罪与被雇佣人实行之罪具有同一性。只有在这种情况下，雇佣人和被雇佣人才能就所雇佣之罪的罪名构成共同犯罪。如果被雇佣人在实施雇佣犯罪的过程中又另行实施了雇佣之罪以外的他种犯罪，对此，雇佣人和被雇佣人之间就该“过限的行为”不存在共同犯罪关系。因为，就该“过限的行为”而言，双方没有共同故意，被雇佣人单方的“过限行为”超出了雇佣人的雇佣意图和要求之外。对此，雇佣人只按其所雇佣的犯罪负刑事责任，而“过限行为”则应由被雇佣人个人负责。

——最高人民法院刑事审判第一庭、第二庭编：《刑事审判参考》2002年第5辑（总第28辑），法律出版社2003年版，第25~30页。

79. 单位犯罪与个人犯罪的区分

关键词

单位犯罪　违法所得归属

最高人民法院司法解释

为依法惩治单位犯罪活动，根据刑法的有关规定，现对审理单位犯罪案件具体应用法律的有关问题解释如下：

第一条　刑法第三十条规定的“公司、企业、事业单位”，既包括国有、集体所有的公司、企业、事业单位，也包括依法设立的合资经营、合作经营企业和具有法人资格的独资、私营等公司、企业、事业单位。

第二条 个人为进行违法犯罪活动而设立的公司、企业、事业单位实施犯罪的，或者公司、企业、事业单位设立后，以实施犯罪为主要活动的，不以单位犯罪论处。

第三条 盗用单位名义实施犯罪，违法所得由实施犯罪的个人私分的，依照刑法有关自然人犯罪的规定定罪处罚。

——《最高人民法院关于审理单位犯罪案件具体应用法律有关问题的解释》（1999年6月25日，法释〔1999〕14号）。

最高人民法院司法政策精神

根据刑法和最高人民法院《关于审理单位犯罪案件具体应用法律有关问题的解释》的规定，以单位名义实施犯罪，违法所得归单位所有的，是单位犯罪。

——《最高人民法院全国法院审理金融犯罪案件工作座谈会纪要》（2001年1月21日，法〔2001〕8号）。

《刑事审判参考》指导案例

马汝方等贷款诈骗、违法发放贷款、挪用资金案（《刑事审判参考》指导案例第305号）

裁判要点：单位行为与个人行为的区分，应从单位是否真实、依法成立，是否属于单位整体意志支配下的行为，是否为单位谋取利益，是否以单位名义等方面来加以具体判断。

单位犯罪首先是单位整体犯罪，同时，单位犯罪又必须通过作为其组成人员的自然人来实施。作为单位组成人员的自然人，一方面具备单位人员身份，受制于单位意志；另一方面又是具有独立思想的个体，可以实施独立于单位之外的个人行为。作为单位组成人员的自然人的这种双重身份决定了他在社会生活中的行为既可能是单位行为，也可能是个人行为。因此，如何判断单位成员所实施的行为（尤其是数个单位成员共同实施的行为）是单位行为还是个人行为，就成为实践中认定犯罪行为是否属于单位犯罪的关键。

根据《刑法》和有关司法解释的规定，单位行为与个人行为的区分，在实践中可以结合以下几个方面来加以具体判断：（1）单位是否真实、依法成立。单位是依照有关法律设立，具备财产、名称、场所、组织机构等承担法律责任所需条件的组织。对于为了进行违法犯罪活动而设立的公司、企业、事业单位实施犯罪的，或者公司、企业、事业单位设立后，以实施犯罪为主要活动的，由于不符合单位设立的宗旨，且通常具有借此规避法律制裁的非法目的，故应按自然人犯罪处理。（2）是否属于单位整体意志支配下的行为。单位犯罪是在单位意志支配下实施的，行为人的行为是单位意志的体现；而个人犯罪则完全是在其个人意志支配下实施的，体现的是其个人意志。单位意志一般由单位决策机构或者有权决策人员通过一定的决策程序来加以体现。未经单位集体研究决定或者单位负责人决定、同意的行为，一般不能认定为单位意志行为。（3）是否为单位谋取利益。在故意犯罪尤其是牟利型犯罪中，只有在为本单位谋利益的情况下，才能认定为单位行为。如为单位谋取非法利益而进行走私，违法所得全部归单位所有的，即属单位行为，相反，即便以单位名义走私，但违法所得由参与人个人私分的，则一般应认为是自然人共同犯罪。（4）是否以单位名义。一般情况下，单位犯罪要求以单位名义实施。对于这里的“以单位名义”应作实质性理解。对于打着单位旗号，利用单位名义为个人谋利益而非为单位谋利益的不法行为，不能认定为单位犯罪。根据最高人民法院在《关于审理单位犯罪案件具体应用法律有关问题的解释》中的规定，盗用单位名义实施犯罪，违法所得由实施犯罪的个人取得的，不是单位犯罪，应当依照《刑法》有关自然人犯罪的规定定罪处罚。

——最高人民法院刑事审判第一庭、第二庭编：《刑事审判参考》2004年第4集（总第39集），法律出版社2005年版，第1~10页。

附录：最高人民法院主流观点

2001年1月21日，最高人民法院下发的《全国法院审理金融犯罪案件工作座谈会纪要》首次以司法文件的形式明确了单位犯罪的两个构成要件，即“以单位名义实施犯罪，违法所得归单位所有的，是单位犯罪”。

1. 以单位名义实施犯罪

所谓“以单位名义实施犯罪”，是指由单位的决策机构按照单位的决策程序来决定实施危害社会的行为。这可从两个方面来考察：主观上，单位犯罪体现了单位的意志，是指单位法定代表人、主要负责人、主管人员、直接责任人员和单位其他成员，在单位意志的支配下，以单位名义和为了单位利益，故意实施的危害社会的行为。单位意志不是凭空产生，也不是哪个人的任意意志，而是单位成员的意志经过一定程序转化和上升为单位意志。单位作为一个社会组织，离开人并不能产生意志。单位意志是将单位法定代表人、主要负责人、主管人员和其他直接责任人员的个人意志，经过一定的法定程序上升为单位意志，它的形成有一定的程序。每一个单位都有决策机关、都有一定的决策程序。决策机关就是形成单位意志的机关，决策程序亦即形成单位意志的具体形式。不同的单位针对不同的具体事项，决策机关和决策程序各不相同。有的由单位的法定代表人或主要负责人决定，或由领导层（董事会、理事会、厂委会）讨论决定，或由单位全体成员（股东大会、职工代表大会等）讨论决定，经过这些程序后单位成员的意志转化而成了单位意志。经过这些程序形成的单位意志已是一种整体意志，完全不同于单位成员的个人意志。单位成员根据单位决策机关的策划、授意、批准、指挥或默许实施的犯罪也绝不同于单位成员自己决定或擅自实施的犯罪。客观上，要看实施者是否以单位的名义实施，是否执行单位意志而实施，是否执行单位职务而实施，是否为单位谋取非法利益。因此，这一条件将盗用、冒用单位名义实施的犯罪行为，或者单位内部成员未经单位决策机构批准、同意或者认可而实施的犯罪行为，或者单位内部成员实施的与其职务活动无关的犯罪行为排除在单位犯罪之外。单位成员以个人名义实施的犯罪不能归责于单位，只能按自然人犯罪论处。单位成员假借单位名义、非履行单位职责实施为个人谋利的犯罪行为，也不能按单位犯罪论处。

2. 违法所得归单位所有

所谓“违法所得归单位所有”，是指因犯罪行为所产生的非法收益归单位所有。是否为单位谋取非法利益，是区分单位犯罪与个人犯罪的明显标志之一。单位犯罪的故意内容一般都体现为为单位谋取一定的非法利益，具体表现在实施犯罪时获利归单位所有。单位成员实施犯罪如完全是为个人谋取非法利益，即使以单位名义实施，也应认定为个人犯罪。因此，对于以单位名义实施犯罪，但犯罪所得归实施犯罪行为的个人使用或者占有的，不能认定为单位犯罪。

由于不具有法人资格的私营公司、企业对其债务承担有无限责任，公司、企业的财产实际上是投资人个人的财产，即使犯罪是以公司、企业的名义实施，但犯罪所得归投资人个人所有，因此，《最高人民法院关于审理单位犯罪案件具体应用法律有关问题的解释》（以下简称《单位犯罪案件解释》）将不具有法人资格的私营公司、企业从单位犯罪的主体中排除。但《单位犯罪案件解释》并未限定国有、集体所有的公司、企业、事业单位和依法设立的合资经营，合作经营的性质，并未要求“国有、集体所有的公司、企业、事业单位和依法设立的合资经营、合作经营企业”构成单位犯罪须具有法人资格。这是因为在我国的国有、集体所有的公司、企业、事业单位和合资经营、合作经营企业中，许多公司、企业的分支机构或者内设部门，具有相对独立的经营管理权，不是所有的经营活动都需要得到法人决策机构的批准，如果对于法人的分支机构或者内设部门以自己的名义实施的犯罪，并且占有犯罪所得的，让法人承担刑事责任，不符合罪责自负的刑罚原则。同时，我国《刑法》没有采用法人犯罪的概念，《刑法》中规定的“单位”外延大于法人，既包括企业、事业、机关和团体等法人组织，也包括一些非法人组织，如法人的分支机构或者内设机构、部门等。

《单位犯罪案件解释》规定的“机关”，既可以是机关法人，也可以是机关的内设部门，如庭、处、室等。“团体”主要是指社会团体，即由中国公民自愿组成，为实现会员共同愿望，按照其章程开展活动的非营利性社会组织，既包括依照《社会团体登记管理条例》登记成立的社会团体法人，也包括参加中国人民政治会议的人民团体、由国务院机构编制管理机关核定并经国务院批准免于登记的团体和机关、团体、企业事业单位内部经本单位批准成立、在本单位内部活动的团体。在此需要特别指出的是，近年来，发生了一些村民委员会组织村民盗伐、滥伐林木的案件，盗伐、滥伐的林木也归村集体使用，对于此类案件能否追究刑事责任，即村民委员会能否为单位犯罪的主体，争论较大。但村民委员会作为村民自我管理、自我教育、自我服务的基层群众性的自治组织，属于经县级人民政府批准成立，并且不需要登记的社会团体，当然可以成为单位犯罪的主体。对于以村民委员会名义实施的犯罪，犯罪所得归村民集体所有或者使用的，应当认定为单位犯罪。

——高憬宏、杨万明主编:《基层人民法院法官培训教材（实务卷·刑事审判篇）》，人民法院出版社 2005 年版，第 24~25 页，22~23 页。

80. 以单位的分支机构或者内设机构、部门的名义实施犯罪且违法所得归上述机构所有的应认定为单位犯罪

关键词

单位犯罪　犯罪主体　分支机构　内设机构

最高人民法院司法政策精神

以单位的分支机构或者内设机构、部门的名义实施犯罪，违法所得亦归分支机构或者内设机构、部门所有的，应认定为单位犯罪。不能因为单位的分支机构或者内设机构、部门没有可供执行罚金的财产，就不将其认定为单位犯罪，而按照个人犯罪处理。

——《最高人民法院关于印发〈全国法院审理金融犯罪案件工作座谈会纪要〉的通知》(2001 年 1 月 21 日，法〔2001〕8 号)。

81. 境外公司、企业的单位犯罪主体资格认定

关键词

单位犯罪　犯罪主体　境外公司

最高人民法院答复

天津市高级人民法院：

你院津高法〔2003〕30号《关于韩国注册企业在我国犯走私普通货物罪能否按单位犯罪处理的请示》收悉。经研究，答复如下：

符合我国法人资格条件的外国公司、企业、事业单位，在我国领域内实施危害社会的行为，依照我国《刑法》构成犯罪的，应当依照我国《刑法》关于单位犯罪的规定追究刑事责任。

个人为在我国领域内进行违法犯罪活动而设立的外国公司、企业、事业单位实施犯罪的，或者外国公司、企业、事业单位设立后在我国领域内以实施违法犯罪为主要活动的，不以单位犯罪论处。

——《最高人民法院研究室关于外国公司、企业、事业单位在我国领域内犯罪如何适用法律问题的答复》(2003年10月15日，法研〔2003〕153号)。

附录：最高人民法院主流观点

虽然《最高人民法院关于审理单位犯罪案件具体应用法律有关问题的解释》没有明确境外公司、企业可以成为单位犯罪的主体，但《刑法》第30条并没有限制公司、企业的性质，同时，《刑法》第107条明确规定境外的机构、组织可以成为资助危害国家安全犯罪活动罪的犯罪主体。因此，对于境外公司、企业在我国境内实施的犯罪，或者针对我国国家或者公民实施的犯罪，只要符合单位犯罪的构成特征的，应当按照单位犯罪的有关规定定罪处罚。

——高憬宏、杨万明主编：《基层人民法院法官培训教材（实务卷·刑事审判篇）》，人民法院出版社2005年版，第26页。

82. 私营公司、企业的单位犯罪主体资格认定

关键词

单位犯罪　犯罪主体　私营公司、企业

《刑事审判参考》指导案例

上海新客派信息技术有限公司王志强虚开增值税专用发票案（《刑事审判参考》指导案例第 725 号）

裁判要点：依法成立的一人公司可以成为单位犯罪的主体。

（三）一人公司单位犯罪主体适格的具体条件

并不是所有的一人公司都可以成为单位犯罪的主体，从刑法的实质合理性标准来考察，只有依法成立，取得法人地位，具有独立人格的一人公司，才有可能成为单位犯罪的主体。

1. 一人公司必须严格依法成立。首先，一人公司必须依法成立，经过工商登记注册，取得法人地位。没有经过工商登记注册取得法人地位的一人公司不能成为单位犯罪的主体，构成犯罪的，按照自然人犯罪处理。其次，一人公司必须按照公司法而不是按照个人独资企业法注册登记。按照个人独资企业法成立的独资企业不能取得法人资格，投资者必须以其个人财产对企业债务承担无限责任，这种独资企业不能成为单位犯罪的主体。

2. 一人公司必须具有独立的人格。公司的独立人格主要体现在财产的独立和意志独立上。就一人公司而言：首先，一人公司必须达到公司法规定的最低注册资本数。按照公司法的规定，一人公司的注册资本最低必须达到 10 万元，而且必须一次性缴足。如果一人公司实施犯罪行为时注册资本没有到位，因而影响到责任的承担，则在这种情况下不能成为单位犯罪的主体。如果一人公司成立时虽然没有一次性缴足注册资本，但实施犯罪行为时注册资本已经缴足，则这种行为虽然违反了公司法，但只是一种行政违法行为，依照相关规定予以行政处罚就可以了，不影响公司单位犯罪的主体资格。其次，公司的财产必须和股东的财产能够分离，如果股东的财产和公司的财产混合，公司成为股东的另外一个自我，甚至成为股东实施不法行为乃至犯罪行为的一个工具。公司没有自己独立的人格，既没有自己的独立意志，也不能独立承担责任，故不可能成为单位犯罪的主体。按照公司法的规定，一人公司必须在每一会计年度终了时编制财务会计报告，并经会计师事务所审计。一人公司股东不能证明公司财产独立于股东自己财产的，应当对公司债务承担连带责任。在这种情况下，公司不能成为单位犯罪的主体，以公司名义实施的犯罪应当按照自然人犯罪处理。应当明确的是，公司的财产是否与股东的个人财产相分离，股东应当承担证明责任；如果股东不愿或者不能承担证明责任的，就要承担导致公司人格被否定的法律后果。

3. 一人公司必须具有公司法所要求的法人治理结构。比如，一人公司应当有自己的章程，股东行使公司法所规定的职权时必须以书面形式作出，并置于公司备案。鉴于一人公司只有一个股东，公司行为与股东个人行为容易发生竞合，故公司的经营行为应当以公司的名义进行。凡是以股东个人的名义进行的行为，均应当视为股东的个人行为，构成犯罪的，追究股东的自然人责任，而不能以单位犯罪处理。

4. 一人公司成立的目的必须是依法从事经营活动，且客观上确实从事了一定的合法经营活动。如果一人公司是以从事非法甚至犯罪活动为目的而成立，或者成立后主要是从事非法或犯罪活动的，不能成为单位犯罪的主体。

从本案来看，被告单位新客派公司系按照我国公司法关于一人公司的规定依法注册登记成立，具有独立的人格和法人治理结构，客观上也确实从事了一定的合法经营活动，故其实施的犯罪应当按照单位犯罪而不是个人犯罪处理。

——最高人民法院刑事审判第一、二、三、四、五庭主办：《刑事审判参考》2012 年第 1 集（总第 82 集），法律出版社 2012 年版，第 1~14 页。

周敏合同诈骗案（《刑事审判参考》指导案例第 726 号）

裁判要点：一人公司实施犯罪情况下，应从是否具有独立的财产利益、是否具有独立的意志、是否具有公司法所要求的法人治理结构、是否依照章程规定的宗旨运转、是否依照法定的条件和程序成立等方面判断一人公司是否具有独立人格。

我们认为，与其他单位一样，一人公司的行为能否构成单位犯罪的标准同样在于其是否具有独立人格。有观点认为，一人公司实质上与股东个人在人格、意志、利益上均无法有效区分：一人公司只有一个股东，出资和经营均由该股东一人所为，利益也归属于该特定股东，没有公司独立的利益，不能区分公司财产和股东个人财产；一人公司的股东一人控制着公司的经营活动，公司的意志和股东的意志无法区分，公司没有独立的意志。这与我国刑法规定的单位犯罪主体特征不符，所以一人公司实施的犯罪只能按个人犯罪论处，而不可能构成单位犯罪。

上述观点从公司的独立人格人手来论证单位犯罪的思维是正确的，但对一人公司独立性的判断值得进一步商榷。一人公司不是只有一个人的公司，而是指股东仅为一人（自然人或法人）并由该股东持有公司全部出资的有限责任公司。一人公司完全有可能具有独立的法人人格，其与传统有限责任公司唯一的区别仅仅是股东的个数不同。正如前文所述，股东的个数及身份与单位犯罪的成立毫无关系，一人公司完全有可能构成单位犯罪。一人公司的特殊性仅仅在于其只有一名股东，该股东持有公司的全部出资。由于只有一位出资人，出资人与公司之间容易产生关联交易而导致人格混同，一人公司的人格因为其股东的单一性而具有不稳定性：因此，判断具体犯罪行为中的一人公司是否具有独立人格，应当根据以下几项标准：

第一，是否具有独立的财产利益。公司的财产和出资人的财产必须能够分离，公司的财产状况必须是独立的。一人公司虽然只有一个出资人，但是一旦出资人依照法律程序办理手续成为股东，地位就发生了变化，其个人出资的财产也不再是其个人财产，而是公司财产，成为公司开展正常经营活动的重要保证，具有相对独立性。如果股东的财产和公司的财产混合，公司成为股东随意支配的对象，甚至成为股东实施违法犯罪行为的工具，那么公司就没有自己独立的人格。既然公司连独立的财产都没有，独立的意志和独立的人格就无从谈起。没有独立的意志和人格，就不能独立承担责任，也就不能成为单位犯罪的主体。独立的财产是公司具有独立人格的基本前提，因此，修订后的公司法规定：“一人有限责任公司的股东不能证明公司财产独立于股东自己的财产的，应当对公司债务承担连带责任。”公司法人的本质特征在于股东的有限责任，如果法律要求一人公司的股东对外承担连带责任，就意味着否定了公司的独立人格：也就是说，如果公司财产不能持续地独立于股东财产，二者之间发生混同，公司就将丧失独立人格，公司财产成为股东的个人财产，以公司名义进行的犯罪行为也只能是股东的个人行为，而不是单位犯罪。公司的财产独立性的证明责任应当由股东自己来承担，如果其无法承担证明责任的，原则上就应当否定公司的独立人格。

第二，是否具有独立的意志。一人公司的意志是否独立是判断其是否具备单位犯罪主体适格性的实质要件。在一人公司的股东与管理人分离的情况下，公司的独立意志是比较明显的。在股东与管理者系一人的情况下，一人公司的意志虽然来源于唯一股东，却与其自然人意志不可混为一谈。公司的意志体现为决策权限的法定性和程序性，如果股东为了公司利益在法律及公司章程规定的职权范围内依照一定程序实施特定行为，则这种行为就应当视为公司的决策而不是股东的个人意志。判断一人公司是否有独立的意志，还要看公司形式是否被滥用，公司的人格只有在法律和公司章程规定的程序中才存在。如果滥用公司形式，违背公司的根本利益或者超出法定权限、程序，则股东的行为意志就与公司的意志相背离，公司就失去了独立的意志，而与股东、管理人员混同，这种情形下显然只需要处罚自然人。比如，一人公司的股东为了偿还个人赌债，以公司的名义实施合同诈骗，好处归个人所有的，则公司在行为过程中并不具备独立意志，而成为个人犯罪的工具，显然不能当作单位犯罪来处理。

第三，是否具有公司法所要求的法人治理结构。依照法律规定，具有独立人格的公司必须要有一定的场所、人员和组织机构，股东行使公司法所规定的职权时必须以书面形式作出并置于公司备案。一人公司只有一个股东，公司行为与股东个人行为容易发生竞合，故公司的经营行为应当以公司的名义进行，一人公司必须拥有独立的名义。只有行为是以公司名义实施，且其目的是追求公司利益或履行公司职责，才能视为单位行为。如果行为是以公司名义实施，甚至在形式上已经过集体决议，但实质上并非追求公司利益或履行公司职责，则不能视为单位行为，不能作为单位犯罪处理。如果行为是以股东个人名义进行的，原则上应当视为股东的个人行为，构成犯罪的，也不能作为单位犯罪处理。

第四，是否依照章程规定的宗旨运转。具有独立人格的一人公司应当有自己的章程和特定宗旨，公司的章程、宗旨等还要符合法律规定，因为这些是公司人格的具体体现之一。一人公司的设立及存在均有其特定的目的和宗旨，并在法律允许的范围内追求其利益。其收益首先应对公司所负债务负责，而不是直接转为股东的个人私利。一人公司成立的目的必须是依法从事经营活动，且客观上确实从事了一定的合法经营活动。当单一股东或其他成员实施的行为与公司目标完全相反时，就超出了公司的意志范围。因此，如果个人为进行违法犯罪活动而设立的一人公司，或者一人公司设立后以实施犯罪为主要活动的，不能构成单位犯罪，而只能视为股东的个人犯罪。

第五，是否依照法定的条件和程序成立。一人公司的设立以及存续均应当具有合法性。合法性要求实体合法与程序合法，在实体或程序方面不合法的一人公司属于应当予以取消的对象，不具备法律承认的独立人格，不能成为单位行为的主体。首先，一人公司必须依法成立，经过工商行政管理部门登记注册，依法取得法人地位。没有经过工商登记注册的一人公司不能成为单位犯罪的主体，构成犯罪的，按照个人犯罪处理。其次，一人公司要符合公司法规定的最低注册资本数，而且必须一次性缴足。在因设立瑕疵造成一人公司人格否定、公司成立自始无效的情况下，该一人公司不符合独立法人的形式标准，因此，不具备构成刑法上的单位主体的基本前提。

——最高人民法院刑事审判第一、二、三、四、五庭主办:《刑事审判参考》2012 年第 1 集（总第 82 集），法律出版社 2012 年版，第 15~22 页。

附录：最高人民法院主流观点

有的同志认为，私营公司、企业是个人开办的，它所谓的为本单位谋利，就等于是为它的老板谋利，因此主张对私营公司、企业，按个人犯罪处理。如果按单位犯罪处理，有可能放纵犯罪。针对这个问题，最高人民法院发布的司法解释明确规定，单位犯罪的主体包括上人有法人资格的独资、私营等公司、企业和事业单位。《最高人民法院关于审理单位犯罪案件具体应用法律有关问题的解释》规定只有具有法人资格的独资、私营等公司、企业和事业单位，才能成为单位犯罪的主体，主要基于以下理由：

第一，《刑法》第 30 条规定的单位犯罪的主体是公司、企业、事业单位、机关、团体，并没有限定公司、企业、事业单位的性质，而且，从立法的原意看，处罚单位犯罪的原理与处罚法人犯罪是相同的，我们国家之所以用单位犯罪的称谓，而不叫法人犯罪，主要是考虑到我国除了法人以外，还有大量的非法人团体、非法人组织。像银行系统，工商银行有法人资格的就是中国工商银行总行，下面的分行、支行都没有法人资格，保险公司也是这样的情况。如果叫法人犯罪的话，不能把它们包括进去。所以《刑法》中的单位包括法人，而且比法人范围广。作为有法人资格的私营的公司、企业和事业单位，都办理了法人的营业执照，取得法人资格，应当属于《刑法》中单位的范畴。

第二，私营公司、企业与个人不同，私营公司、企业财产与私有企业主个人的财产在法律地位上也是不同的。具有法人资格的私营公司企业已经按照现代企业制度要求发展成为有限责任公司和股份有限公司，公司、企业的经营方针、发展方向都是领导和决策机构决定的，体现的是公司、企业的整体利益和股东利益。而且其中一些公司、企业有上百上千上万的职工，他们犯罪显然已经超出了个人犯罪的范畴，只有按单位犯罪来处理，才比较客观，符合实际，也符合法律的规定。

第三，在社会主义市场经济条件下，我国现行法律政策是鼓励各种性质的经济实体的平等竞争，要平等地保护各种市场主体的合法权益。私有公司、企业，包括外商企业、公司，也应当受到我国法律的平等保护，犯罪以后也应当受到与国有公司、企业同等的制裁，这样才能体现法律面前平等的原则。尤其是我国加入世界贸易组织后，根据世贸组织规则所要求的非歧视原则，人民法院在审判和执行过程中，不管是国有的、集体的、个体的、私人的还是中方的、外方的、本地的、当地的，都应当一律严格地适用我国的法律，平等地审判和执行，保障司法公正，为改革开放和市场经济的发展创造良好的法治环境。

第四，从对公司、企业的实际管理情况来看，具有法人资格的公司、企业、事业单位，包括私营有限责任公司、私营股份有限公司，都是按照《公司法》的规定设立的，都对债务承担有限责任，在对外交往，包括经济往来、管理上，没有太大的差别，工商部门都把他们作为法人来看待。

第五，不会放纵犯罪分子。修订前《刑法》中，对有些犯罪单位和个人犯罪处罚差别比较大；修订后的《刑法》中，大多数单位犯罪，对有关责任人员的处罚和个人的处罚没有太大的区别，《刑法》多数条文都是讲的依照前款的规定，也就是对单位犯罪直接责任人员的处罚依照前款的规定，即个人犯罪的规定处罚，而且对单位犯罪还要判处罚金，所以对私有公司、企业，按照单位犯罪来处罚，一般来说，不仅不会轻纵犯罪分子，而且由于大多数单位犯罪属于经济犯罪，对它判处罚金，更有利于惩治和预防犯罪。如果按个人犯罪处理，对单位本身就无法判处罚金。

——高憬宏、杨万明主编：《基层人民法院法官培训教材（实务卷·刑事审判篇）》，人民法院出版社 2005 年版，第 28~30 页。

83. 企业犯罪后被合并的如何追究刑事责任

关键词

单位犯罪　企业合并　罚金数额

最高人民法院答复

人民检察院起诉时该犯罪企业已被合并到一个新企业的，仍应依法追究原犯罪企业及其直接负责的主管人员和其他直接人员的刑事责任。人民法院审判时，对被告单位应列原犯罪企业名称，但注明已被并入新的企业，对被告单位所判处的罚金数额以其并入新的企业的财产及收益为限。

——《最高人民法院研究室关于企业犯罪后被合并应当如何追究刑事责任问题的答复》（1998 年 11 月 18 日）。

84. 单位犯罪中直接负责的主管人员和其他直接责任人员的认定和责任区分

关键词

单位犯罪　犯罪主体　直接责任人员

最高人民法院司法解释

湖北省高级人民法院：

你院鄂高法〔1999〕374 号《关于单位犯信用证诈骗罪案件中对其“直接负责的主管人员”和“其他直接责任人员”是否划分主从犯问题的请示》收悉。经研究，答复如下：

在审理单位故意犯罪案件时，对其直接负责的主管人员和其他直接责任人员，可不区分主犯、从犯，按照其在单位犯罪中所起的作用判处刑罚。

此复

——《最高人民法院关于审理单位犯罪案件对其直接负责的主管人员和其他直接责任人员是否区分主犯、从犯问题的批复》（2000 年 9 月 30 日，法释〔2000〕31 号）。

最高人民法院司法政策精神

单位犯罪直接负责的主管人员和其他直接责任人员的认定：直接负责的主管人员，是在单位实施的犯罪中起决定、批准、授意、纵容、指挥等作用的人员，一般是单位的主管负责人，包括法定代表人。其他直接责任人员，是在单位犯罪中具体实施犯罪并起较大作用的人员，既可以是单位的经营管理人员，也可以是单位的职工，包括聘任、雇佣的人员。应当注意的是，在单位犯罪中，对于受单位领导指派或奉命而参与实施了一定犯罪行为的人员，一般不宜作为直接责任人员追究刑事责任。对单位犯罪中的直接负责的主管人员和其他直接责任人员，应根据其在单位犯罪中的地位、作用和犯罪情节，分别处以相应的刑罚，主管人员与直接责任人员，在个案中，不是当然的主、从犯关系，有的案件，主管人员与直接责任人员在实施犯罪行为的主从关系不明显的，可不分主、从犯。但具体案件可以分清主、从犯，且不分清主、从犯，在同一法定刑档次、幅度内量刑无法做到罪刑相适应的，应当分清主、从犯，依法处罚。

——《最高人民法院关于印发〈全国法院审理金融犯罪案件工作座谈会纪要〉的通知》（2001 年 1 月 21 日，法〔2001〕8 号）。

《刑事审判参考》指导案例

北京匡达制药厂偷税案（《刑事审判参考》指导案例第 251 号）

裁判要点：未参与策划、组织、实施单位犯罪行为的单位法定代表人，不能因单位犯罪而追究其刑事责任。

对“直接负责的主管人员”的理解，我国《刑法》及相关司法解释未作具体规定，我们认为，应从以下两个方面来加以把握：一是直接负责的主管人员是在单位中实际行使管理职权的负责人员；二是对单位具体犯罪行为负有主管责任。该两个条件缺一不可，如非单位的管理人员，就谈不上主管人员；如与单位犯罪无直接关系，就不能说对单位犯罪负有直接责任。司法实践中，主管人员主要包括单位法定代表人、单位的主要负责人、单位的部门负责人等。但以上单位的管理人员并非在任何情况下都要对单位犯罪承担刑事责任，只有当其在单位犯罪中起着组织、指挥、决策作用，所实施的行为与单位犯罪行为融为一体，成为单位犯罪行为组成部分之时，上述人员才能成为单位犯罪的处罚主体，对单位犯罪承担刑事责任。需强调指出的是，单位的法定代表人，也即“一把手”，作为单位的最主要的领导成员，在单位里对重要问题的决定会起着至为重要的作用，在单位实施犯罪的情况下，是否均需对单位犯罪负责？对此，同样不能一概而论，应否承担刑事责任，仍需视其是否具体介入了单位犯罪行为，在单位犯罪过程中是否起到了组织、指挥、决策作用而定。如主持单位领导层集体研究、决定或者依职权个人决定实施单位犯罪的情况下，当属“直接负责的主管人员”；反之，在由单位其他领导决定、指挥、组织实施单位犯罪、不在其本人职权分工范围之内、本人并不知情的情况下，则不应以单位犯罪直接负责的主管人员追究其刑事责任。当然，单位的法定代表人因失职行为，依法构成其他犯罪的，另当别论。

——最高人民法院刑事审判第一庭、第二庭编：《刑事审判参考》2003年第4集（总第33集），法律出版社2003年版，第1~6页。

附录：最高人民法院主流观点

作为犯罪单位中直接负责的主管人员和其他直接责任人员，首先应当是犯罪单位中的工作人员，非犯罪单位工作人员实施的行为，即使与单位犯罪有关，也不能认定为直接负责的主管人员或者其他直接责任人员，只能认定为单位犯罪的共犯。其次，应当在单位犯罪中起了重要作用，要么是对单位犯罪起决定、组织、领导作用，要么具体实施犯罪。没有参与单位犯罪活动的犯罪单位工作人员，不能成为直接负责的主管人员和其他直接责任人员。其中，“直接负责的主管人员”，是指在单位实施的犯罪中起决定、批准、授意、纵容、指挥等作用的人员，一般是单位的主管负责人，包括法定代表人。直接负责的主管人员，应当是犯罪单位决策机构的成员，但不能将犯罪单位中决策机构的所有成员都认定为直接负责的主管人员。对于没有参加实施单位犯罪决策的成员或者虽然参加了实施单位犯罪的决策会议，但明确表示反对意见，只是因为少数意见未被采纳的决策机关成员，不应认定为直接负责的主管人员。同时，单位的法定代表人也不必然是直接负责的主管人员。由单位法定代表人直接决定或者最后拍板实施的单位犯罪，法定代表人当然是直接负责的主管人员，但对于根据单位内部管理规定，对单位领导成员的职责进行了明确的分工，由分管领导决定实施的单位犯罪，单位的法定代表人虽然负有疏于监督、管理责任，但不应认定为直接负责的主管人员。“其他直接责任人员”，是指在单位犯罪中具体实施犯罪并起较大作用的人员，既可以是单位的经营管理人员，也可以是单位的职工，包括聘任、雇佣的人员。

根据《刑法》第25条第1款的规定，“共同犯罪是指二人以上共同故意犯罪”。但在司法实践中追究犯罪单位中直接负责的主管人员和其他直接责任人员的刑事责任时，对于直接负责的主管人员和其他直接责任人员是否属于共同犯罪、有无必要区分主犯、从犯问题，各地在理解和执行时并不一致，主要有两种截然相反的做法：一是按照直接负责的主管人员和其他直接责任人员在单位犯罪中所起的作用，在《刑法》规定的具体刑罚种类和幅度之内判处刑罚，没有区分主、从犯；二是在认定行为人是“直接负责的主管人员”或者“直接责任人员”的同时，区分主、从犯。为了正确、统一适用《刑法》，最高人民法院于2000年10月10日颁行了《关于审理单位犯罪案件对其直接负责的主管人员和其他直接责任人员是否区分主犯、从犯问题的批复》，规定：“在审理单位故意犯罪案件时，对其直接负责的主管人员和其他直接责任人员，可不区分主犯、从犯，按照其在单位犯罪中所起的作用判处刑罚。”对于消除司法实践的困惑，正确解决不同作用情况直接负责的主管人员和其他责任人员的刑事责任问题，具有重要意义。

鉴于《刑法》关于单位犯罪只追究直接负责的主管人员和其他直接责任人员刑事责任的规定，已明确了单位犯罪中应追究刑事责任的自然人所处的地位或者所起的作用，司法实践中，可以根据其对单位犯罪所起的作用，根据罪、责、刑相适应的原则，分别处以相应的刑罚，没有必要再区分主、从犯；从《刑法》规定看，主犯、从犯的区分是针对自然人共同犯罪而言的，犯罪单位中主管人员和直接责任人员的共同犯罪不同于自然人的共同犯罪：共同犯罪是两个以上犯罪主体共同故意实施的犯罪，而单位犯罪是一个由若干自然人组成的单位整体实施的犯罪，是单一犯罪主体，形成了一个概括的犯罪故意。此外，共同犯罪必须是故意犯罪，而单位犯罪中包含着故意和过失。因此，《最高人民法院关于审理单位犯罪案件对其直接负责的主管人员和其他直接责任人员是否区分主犯、从犯问题的批复》规定，在审理单位故意犯罪案件时，对其直接负责的主管人员和其他直接责任人员，可不区分主、从犯。

虽然单位犯罪是以单位整体名义实施的，但单位是法律拟制的组织，其犯罪行为只能由单位内部的有关人员代表单位实施。在以单位名义实施犯罪时，有关责任人员具有共同的、实施单位犯罪的故意和共同的、实施单位犯罪的行为，从这一意义上讲，可以成立共同犯罪。而且有关责任人员存在着直接负责的主管人员和其他直接责任人员的区分，他们对于单位犯罪所起的作用也不尽相同，有主要作用和次要作用之分，根据《刑法》第26条、第27条的规定，就可以有主、从犯之分。因此，根据具体案件的特殊情况，不能完全排除区分主、从犯。所谓特殊情况，主要是指根据具体案情，如果不区分主、从犯，在对被告人决定刑罚时很难做到罪、责、刑相适应。例如，一般情况下，犯罪单位中直接负责的主管人员处于决策和指挥实施犯罪的地位，具有概括的犯罪故意，应该对单位故意范围内的整个犯罪结果负责，即应负主要责任；其他直接责任人员处于具体实施犯罪的地位，具有具体的犯罪故意，应该对其在单位故意范围内具体实施的行为负责。但是，犯罪单位中直接负责的主管人员并不是对于任何单位故意犯罪都起主要作用，其他直接责任人员也并不都起次要作用。在某些特殊情况下，直接负责的主管人员对在单位犯罪中所起的作用明显轻于其他直接责任人员，如果对于主管人员不减轻或者免除处罚，就不能做到罪、责、刑的完全适应，不能准确地对直接负责的主管人员和其他直接责任人员判处刑罚。在这种情况下，可以而且应当区分主、从犯，依法处罚。

——高憬宏、杨万明主编：《基层人民法院法官培训教材（实务卷·刑事审判篇）》，人民法院出版社2005年版，第26~29页。

附录：《刑事审判参考》编辑部答疑

问题：我们在审理一起单位走私案件中，对于单位犯罪的主管人员和直接责任人员能否区分主从犯理解不一，存有肯定与否定两种对立观点。请问对单位犯罪的有关责任人员能否区分主、从犯？

《刑事审判参考》编辑部认为：关于这一问题，最高人民法院曾作出有关批复，2000年10月10日起施行的《最高人民法院关于审理单位犯罪案件对其直接负责的主管人员和直接责任人员是否区分主犯、从犯问题的批复》指出，在审理单位故意犯罪案件时，对其直接负责的主管人员和直接责任人员，可不区分主、从犯，按照其在单位犯罪中实际所起的作用判处刑罚。随后，在2001年1月21日印发的《全国法院审理金融犯罪案件工作座谈会纪要》中又强调指出：对单位犯罪中的直接负责的主管人员和其他直接责任人员，应根据其在单位犯罪中的地位、作用和犯罪情节，分别处以相应的刑罚，主管人员与直接责任人员，在个案中，不是当然的主、从犯关系，有的案件，主管人员与直接责任人员实施犯罪行为的主从关系不明显的，可不分主、从犯。但具体案件可以分清主、从犯，且不分清主、从犯，在同一法定刑档次、幅度内量刑无法做到罪刑相适应的，应当分清主、从犯，依法处罚。

我们认为，主、从犯是针对共同犯罪而言的，单位犯罪不同于共同犯罪，单位犯罪还包括非共同犯罪的过失犯罪。因此，对单位内部的直接负责的主管人员和其他直接责任人员，原则上一般情况下不区分主、从犯，按照责任人所起作用，在《刑法》规定的具体刑罚种类和幅度内判处刑罚。但是，特殊情况下，单位故意犯罪的责任人员在犯罪活动中的地位、作用不同，根据具体案情可以分清主、从犯，且不分清主、从犯，在同一法定刑档次、幅度内量刑无法做到罪刑相适应的，可将单位故意犯罪中有关责任人员的犯罪行为作为一种特殊的共同犯罪，分清主、从犯，按照《刑法》分则具体条文以及总则有关规定判处刑罚，对其中起次要作用的从犯，应当减轻或者免除处罚。

——最高人民法院刑事审判第一、二、三、四、五庭主办：《刑事审判参考》2006 年第 6 集（总第 53 集），法律出版社 2007 年版，第 111~112 页。

85. 如何认定单位犯罪中直接负责的主管人员，以及开票单位未到案时能否认定受票单位构成犯罪

关键词

虚开增值税专用发票罪　单位犯罪　受票单位

《刑事审判参考》指导案例

苏州市安派精密电子有限公司、庞美兴、罗正华虚开增值税专用发票案
（《刑事审判参考》指导案例第 1284 号）

裁判要点：直接负责的主管人员应为单位的管理人员，不包括一般工作人员，单位的管理人员应对单位犯罪直接负责，开票单位未到案的，可依证据认定受票单位构成虚开增值税专用发票罪。

（一）如何认定单位犯罪中直接负责的主管人员

我们认为，可以从以下两个方面把握：

1. 直接负责的主管人员应为单位的管理人员，不包括一般工作人员

单位犯罪是由单位决策机构按照单位决策程序决定，产生单位犯意，再由直接责任人员实施的。而单位犯意一经产生，即表现为单位的整体意志。单位决策机构的成员范围并不及于单位的全体成员，在一般情况下，能够跻身单位决策层的，往往是单位的管理人员。这部分人涵盖多个层级，既可以是单位的高层管理人员，如董事会成员、党组成员、法定代表人等；也可以是单位的中下层管理人员，如分公司负责人、部门负责人等。进入决策机构意味着上述人员可以按照单位内部既有的决策程序，参与决定单位运行过程中的重大事项，包括实施单位犯罪。

相对于管理人员，单位中的一般工作人员往往不担负管理职责，其参与单位事务的主要方式不是决策，而是执行。作为单位意志的执行者，尽管一般工作人员也可以在有限的范围内影响单位决策，但其无法决定单位意志的产生、形成和变更。因此，一般工作人员不属于直接负责的主管人员，只可能作为其他直接责任人员而存在。

2. 单位的管理人员应对单位犯罪直接负责

2001 年 1 月 21 日最高人民法院发布的《全国法院审理金融犯罪案件工

作座谈会纪要》(以下简称《纪要》)在“关于单位犯罪问题”的第二条规定,直接负责的主管人员,是在单位实施的犯罪中起决定、批准、授意、纵容、指挥等作用的人员,一般是单位的主管负责人,包括法定代表人。

应当注意的是,直接负责包括“直接”和“负责”两个方面,在强调“负责”的同时,不能忽视“直接”。如前所述,单位犯意产生于单位的决策机构按照预设的决策程序所作的决定,而单位的决策机构中包含众多管理人员,并非每个管理人员都会参与决策的制定和完善。实践中,不同管理人员在决策程序的不同阶段的参与程度千差万别。例如,虚开增值税专用发票常伴有资金的走账和回流,一般而言,单位在对外支付大额资金前需要履行内部审批程序,如先由采购部门填写付款申请单,然后报采购部门主管审批同意,再报分管业务经理审批同意,最后交由董事长审批同意后付款。如果董事长召集各环节管理人员开会,研究决定购买发票抵扣税款,并敦促各环节管理人员在合同签订、资金走账和回流以及货物入库、单据制作等方面提供审批便利,则可以认为各环节的管理人员存在犯意沟通,均为单位犯罪的顺利实施提供了相应的保障,各环节的管理人员均应对单位犯罪直接负责,承担相应的刑事责任。但在司法实践中,并非每个案件都属于上述这种典型的审批流程各环节的管理人员沟通犯意、各司其职,全部参与决策单位犯罪的情形。单位的管理人员在预谋犯罪时,出于封锁消息、逃避处罚的目的,往往会限定参与犯罪的人员范围,可能表现为上级管理人员选择审批流程中重要环节的负责人参与,而对次要环节的负责人则隐瞒实情,仅以行政命令的方式要求其贯彻上级决定;也可能表现为下级管理人员欺瞒上级,以伪造的合同、送货单、入库单等手续骗得上级的同意和审批,以单位名义决策、实施犯罪。在上述情形中,审批流程各环节的管理人员对单位犯罪所承担责任的性质是有区别的。其中,明确知晓单位犯意、积极参与单位犯罪的决策和组织,并为上下环节实施犯罪提供职务便利的管理人员应对单位犯罪直接负责;而因受蒙蔽不当履行工作职责,或者虽然知晓他人意图实施犯罪,但本人并未实际参与决定、批准、授意、纵容、指挥等重要工作,只是出于下级对上级的服从,受上级指派或者奉命完成本职工作的管理人员,因缺乏犯罪的故意或主动性,且其权限通常仅涉及程序性事项,难以对单位犯罪的最终决策产生实质影响,一般不宜认定为直接责任人员,以避免不当扩大打击范围。

需要指出的是,相比单位中下层管理人员而言,高层管理人员在单位中的地位更高,决策权限更大,影响单位犯罪的能力也更强。因此,在单位犯罪中,高层管理人员的决策权比中下层管理人员更具有实质意义,但这并不意味着高层管理人员就当然地构成犯罪,中下层管理人员就与犯罪无缘。是否构成犯罪与职务级别、地位高低、权力大小并无必然联系,关键在于该管理人员在单位犯罪中的参与程度是否起到了《纪要》中所论及的“决定、批准、授意、纵容、指挥等”五种重要作用。如果没起到上述重要作用，即便该管理人员是单位的“一把手”、主要负责人，也不应对单位犯罪直接负责。

（二）开票单位未到案的，可依证据认定受票单位构成虚开增值税专用发票罪

在司法实践中，虚开增值税专用发票罪常表现为“无货虚开”，即开票单位与受票单位之间没有真实的业务往来，无真实货物交易，受票单位出于抵扣进项税额，减轻企业税负的目的，通过支付一定数额的开票费，向开票单位购买增值税专用发票。证明“无货”是办理该类案件的关键所在。

由于货物交易存在于上下家单位之间，要证实“无货”，一般需要开票单位和受票单位的相关负责人都到案，双方供证一致，再以银行账户交易记录等证据证实资金走账和回流等情况佐证，确定“无货”属实，方可认定。在真实的货物交易中，买卖双方一般不会有资金回流的情况，货款单向流入卖方。在交接货物时，通常需要填写送货单、入库单、货物清点记录等文书，并由买卖双方签字确认；而在“无货”的情况下，开票单位和受票单位为了掩盖罪行，往往会签订虚假的买卖合同，伪造送货单、入库单、清点记录等文书材料，这需要我们进行认真审查、甄别。比如，有些文书材料没有交接人员的签名，只有上下家的单位公章，显然与正常的商品交易习惯不符，则可以从侧面印证“无货”的事实。

需要说明的是，有时开票单位与受票单位为了规避税务稽查，会以支付现金的方式交易开票费，“全程无痕”，致使资金的走账和回流无迹可查，给准确认定“无货”带来困难。此时，若仅有受票单位一方供认“无货”，无其他证据印证，在审查时应倍加慎重。

——郑毅撰稿、韩维中审编：《苏州市安派精密电子有限公司、庞美兴、罗正华虚开增值税专用发票案——如何认定单位犯罪中直接负责的主管人员，以及开票单位未到案时能否认定受票单位构成犯罪》，载最高人民法院刑事审判第一、二、三、四、五庭主办：《刑事审判参考》（总第117集），法律出版社2019年版，第9~16页。

86. 单位责任人员在实施单位犯罪的同时，其个人又犯相同之罪的处理

关键词

单位犯罪　同种数罪　数罪并罚

《刑事审判参考》指导案例

张俊等走私普通货物案（《刑事审判参考》指导案例第455号）

裁判要点：单位责任人员在实施单位犯罪的同时，其个人又犯与单位犯罪相同之罪的，应数罪并罚。

由于本案被告人张俊、高飞的行为触犯了两个相同的罪名，对二被告人是否应当数罪并罚，需要区分这两个犯罪是属于同种数罪，还是异种数罪。

在我国《刑法》中，对于单位和自然人，如果犯同种罪的，由于犯罪行为的主要特征与侵犯的直接客体相同，只是主体不同，立法并没有根据犯罪主体的不同而对此设定不同的罪名，因此，虽然单位犯罪与其相应的自然人犯罪的罪名相同，但这并不等于单位实施与自然人实施罪名相同的犯罪二者就是同种犯罪，因为二者的犯罪构成显然不同：（1）主体不同。单位犯罪主体是单位这个法律“拟制人”；而自然人犯罪主体就是自然人本身。（2）主观要件不同。单位犯罪要求犯罪行为体现的是单位意志，其犯罪目的一般是为实现单位利益；而自然人犯罪的主观方面则是体现自然人本人的意志，追求个人利益或其他目的的实现。（3）客观要件不同。单位犯罪带来的非法利益通常归单位所得（当然，各行为人可能因其在单位犯罪得到利益，但那只是在单位获得利益后再次分配问题）；而自然人犯罪所得利益归个人所得。在一些具体罪名中，有的还因主体不同，刑法及有关司法解释对单位犯罪和个人犯罪的具体定罪标准要求以及量刑幅度都有不同要求。如走私普通货物罪中，根据《刑法》第153条和最高人民法院《关于审理走私刑事案件具体应用法律若干问题的解释》第10条的规定，自然人的定罪标准是偷逃应缴税额在5万元以上，而单位的定罪标准则在25万元以上。

由此可见，本案被告人张俊、高飞分别作为各自所在单位的直接责任人员实施了（单位）走私普通货物罪，此外还以自然人身份独立实施了走私普通货物罪，虽然这两种犯罪罪名相同，但二者的犯罪构成具有本质的不同，显然属于两种犯罪，因此，这种情况应属于异种数罪，应当适用《刑法》第69条的规定进行数罪并罚。

——最高人民法院刑事审判第一、二、三、四、五庭主办：《刑事审判参考》2007年第5集（总第58集），法律出版社2008年版，第1~10页。

87. 单位实施的《刑法》没有明文规定为单位犯罪的处理

关键词

单位犯罪

附录：最高人民法院主流观点

司法实践中，对于单位组织实施《刑法》分则没有规定单位犯罪的危害社会行为，应当区别不同的案件性质分别处理：

1. 对于单位以谋取经济利益为目的组织实施的图利性危害社会行为，是否需要通过刑罚干预，立法机关已在《刑法》分则中予以明确，如生产、销售伪劣商品、走私、扰乱市场秩序等。《刑法》分则没有规定单位盗窃、诈骗等其他图利性危害社会行为构成单位犯罪，不应是立法的疏漏（即使是立法疏漏，不按照犯罪处理，也是罪刑法定原则的应有代价），而是由于这种危害社会行为通过民事、行政手段解决同样能达到保护公私财的目的，不需要刑罚的特别干预。如单位组织实施的盗窃电力案件，是单位盗窃中的多发性案件，在按照《电力法》第 71 条的规定对窃电单位“处应缴电费五倍以下的罚款”可以达到惩治和预防此类行为的目的的情况下，就没有必要运用刑罚予以调整。同时，由于该类图利生危害社会行为所直接产生的非法所得均归单位所有，如果按照自然人犯罪追究直接负责的主管人员和其他直接责任人员的刑事责任，难以做到罪刑相适应，而减轻处罚又无法律依据。因此，对于单位组织实施《刑法》分则没有规定单位犯罪的盗窃等图利性案件，在立法没有作出相应的修改以前，既不应追究单位的刑事责任，也不能追究单位中直接负责的主管人员和其他直接责任人员的刑事责任。

2.《刑法》分则对于相同性质危害社会的行为规定了专门的罪名，而没有规定单位可构成该罪，但单位组织实施的危害社会行为符合其他单位犯罪构成要件的，应当认定为单位犯罪。如司法实践中，贷款诈骗行为尤其是数额较大或者巨大的贷款诈骗行为，往往为单位所实施，而根据《刑法》第 193 条的规定，单位不构成贷款诈骗罪。因此，对于单位贷款诈骗行为，既不能以贷款诈骗罪追究单位的刑事责任，也不能以贷款诈骗罪追究单位中直接负责的主管人员和其他直接责任人员的刑事责任。但是，单位贷款诈骗行为基本上都是单位利用签订、履行借款合同实施的，符合合同诈骗罪的构成特征，对于单位在签订、履行借款合同进行过程中，骗取金融机构钱款，数额较大，完全符合《刑法》第 224 条、第 231 条规定的合同诈骗罪构成要件的，应当以合同诈骗罪定罪处罚。在此需要说明的是，由于《刑法》没有规定单位可构成贷款诈骗，单位贷款诈骗犯罪行为不存在法条竞合关系，以合同诈骗罪追究单位贷款诈骗行为的刑事责任，并不违反法条竞合情况下，应优先适用特别法条的法律适用原则。

3. 对于单位组织实施的危害国家安全、危害公共安全、侵犯公民人身权利、民主权利等非图利性案件，应当按照《刑法》关于自然人犯罪的规定追究有关人员的刑事责任。理由是：第一，非图利性危害社会的行为仅为单位组织实施，但单位不能直接占有组织实施犯罪所产生的经济利益，不符合单位犯罪的构成条件。第二，单位组织实施非图利性危害社会行为所产生的危害后果，通过非刑罚手段进行调整，不能起到惩治和预防的目的。第三，参与单位组织实施非图利性犯罪的自然人，均明知其行为会发生危害社会的后果，实质上是自然人之间的共同犯罪。

——高憬宏、杨万明主编：《基层人民法院法官培训教材（实务卷·刑事审判篇）》，人民法院出版社2005年版，第30~32页。

第三章 刑 罚

88. 对被告人免予刑事处罚应排斥罚金刑的适用

关键词

免予刑事处罚 罚金刑

附录：司法信箱

问题：某院在审理一起抢劫案中，一被告人的辩护人提出该被告人系未满16周岁的少年犯，且系初犯、偶犯、从犯。根据《最高人民法院关于办理未成年人刑事案件适用法律的若干问题的解释》及《最高人民法院关于适用财产刑若干问题的规定》之规定，应对该被告人免予刑事处罚，并减轻适用罚金500元。对该辩护观点有两种意见。一种意见认为，罚金刑虽属附加刑，但也是刑罚的一种，既然对被告人免予刑事处罚，就不能再适用罚金。另一种意见认为，罚金刑是犯抢劫罪必须并处的附加刑，免予刑事处罚仅指免予主刑的处罚，仍可适用罚金。

《人民司法》研究组认为：对刑事案件被告人决定判处免予刑事处罚，其前提是该罪犯的犯罪情节轻微，不需要判处刑罚。而罚金刑是我国《刑法》总则规定的一种附加刑，因此，如果根据刑事案件的具体情况决定对被告人适用免予刑事处罚的，就不应再对其判处罚金刑。

——《人民司法》2003年第10期（总第477期）。

89. 未成年人免予刑事处罚的条件

关键词

未成年人 免予刑事处罚

最高人民法院司法解释

第十七条 未成年罪犯根据其所犯罪行，可能被判处拘役、三年以下有期徒刑，如果悔罪表现好，并具有下列情形之一的，应当依照刑法第三十七条的规定免予刑事处罚：

（一）系又聋又哑的人或者盲人；

（二）防卫过当或者避险过当；

（三）犯罪预备、中止或者未遂；

（四）共同犯罪中从犯、胁从犯；

（五）犯罪后自首或者有立功表现；

（六）其他犯罪情节轻微不需要判处刑罚的。

——《最高人民法院关于审理未成年人刑事案件具体应用法律若干问题的解释》（2006 年 1 月 11 日，法释〔2006〕1 号）。

最高人民法院司法政策精神

15. 被告人的行为已经构成犯罪，但犯罪情节轻微，或者未成年人、在校学生实施的较轻犯罪，或者被告人具有犯罪预备、犯罪中止、从犯、胁从犯、防卫过当、避险过当等情节，依法不需要判处刑罚的，可以免予刑事处罚。对免予刑事处罚的，应当根据刑法第三十七条规定，做好善后、帮教工作或者交由有关部门进行处理，争取更好的社会效果。

——《最高人民法院印发〈关于贯彻宽严相济刑事政策的若干意见〉的通知》（2010 年 2 月 8 日，法发〔2010〕9 号）。

附录：理解与适用

（九）关于《最高人民法院关于审理未成年人刑事案件具体应用法律若干问题的解释》（以下简称《解释》）第 17 条规定的理解与适用

《解释》第 17 条结合审判实践，对何种情形属于《刑法》第三十七条“情节轻微不需要判处刑罚”作出规定。正确执行该条应当注意把握以下两个方面条件：（1）适用该条的未成年罪犯应当首先是符合《刑法》第七十二条规定的可以宣告缓刑的条件，这是前提条件；（2）未成年罪犯还必须同时具有该条所列举其中一项法定从轻、减轻或者免除处罚情节的。适用《解释》第 17 条需要特别强调的，一是该条是对《刑法》第三十七条规定的“情节轻微不需要判处刑罚”所作的解释，具体执行中应当防止机械地对照该条规定对号入座，特别是对该条第四项、第五项规定的“共同犯罪中从犯”“犯罪后自首或者有立功表现”两种情形，在决定是否应予免予刑事处罚时，要注意结合具体个案情况综合考虑，只有符合《解释》第 17 条的规定，并且确实属于“情节轻微不需要判处刑罚的”，才应当免予刑事处罚。二是各级法院少年法庭对依法适用免予刑事处罚的未成年罪犯，应当严格地依照《最高人民法院关于办理未成年人刑事案件的若干规定》第41、42、43条规定的要求，坚持依法做好对判后未成年罪犯的跟踪帮教、预防重新犯罪的向后延伸工作，以便巩固少年法庭审判工作的法律效果和社会效果。

——李兵：《〈关于审理未成年人刑事案件具体应用法律若干问题的解释〉的理解与适用》，载《人民司法》2006年4期（总第507期）。

90. 未被羁押的被告人被判处管制的刑期起算方式

关键词

管制　刑期起算方式

附录：司法信箱

问题：未被羁押的被告人袁某于2006年11月21日被法院判处管制6个月。对本案管制的刑期如何起算，有两种不同意见：一是认为因判决书是11月23日送达被告人的，而刑事案件的上诉期为10日，故其管制刑期自2006年12月4日起至2007年6月3日止。二是认为应以宣判之日作为其刑期的起算日，故其管制刑期自2006年11月21日起至2007年5月20日止。理由在于：对于判处管制刑的案件，一般都是在宣告判决的同时就将被告人交付执行。

《人民司法》研究组认为：根据《刑法》第41条规定，管制的刑期从判决执行之日起计算。因此，管制刑期不是从判决宣判之日或者上诉期满之日起算，而是从判决执行之日起算。关于你们信中提及的未被羁押的被告人被判处管制的刑期起算问题，经研究认为，要看被告人是否上诉或者检察机关是否抗诉。如果没有上诉或者抗诉的，上诉期满后判决生效，从人民法院将被告人交付执行之日起算；如果被告人上诉或者检察机关抗诉，则判决不能生效，不能交付执行，更谈不上刑期起算，而应当待二审法院作出判决后计算。

——《人民司法·应用》2007年第13期（总第528期）。

91. 被告人因同一事实被刑事拘留二次，第一次被拘留的时间应当折抵刑期

关键词

刑期折抵　刑事拘留二次

附录：司法信箱

问题：某院审理的被告人王某故意伤害一案中，王某于1996年3月29日因伤害被刑事拘留，后被害人的伤情经市检察院法医鉴定，构不成轻伤，故县检察院未批捕，王某于当年5月1日被释放。后被害人的伤情又经市公、检、法法医鉴定，认定已构成轻伤，县公安局于8月8日再次对王某刑事拘留。法院在计算刑期时，是否应将被告人第一次被拘留的时间计算在内？

《人民司法》研究组认为：关于被告人被刑事拘留两次，第二次拘留后因与前次拘留系同一事实被人民法院判处刑罚，其第一次被刑事拘留的日期能否折抵刑期的问题，应分别不同情况处理。根据来信提供的情况分析，如果第一次刑事拘留被依法撤销，被告人已依法获得赔偿的，其被拘留的日期不予折抵刑期；如果第一次刑事拘留未被撤销，被告人未获得国家赔偿的，其因同一事实一次被刑事拘留的日期应予折抵刑期。

——《人民司法》1998年第1期（总第420期）。

92. 并案处理中前案未认定为犯罪的，前案羁押日期也应折抵刑期

关键词

刑期折抵　并案处理

附录：司法信箱

问题：某院在审理被告人郭某诈骗罪一案时，发现被告人郭某在2006年11月12日因涉嫌诈骗60万元被A县公安局刑事拘留。在该拘留期限内，A县公安局发现被告人郭某在B县又涉嫌另外一起诈骗案件，且被告人郭某系B县人，遂将被告人郭某移交给B县公安局，B县公安局于2006年12月9日又为郭某办理了刑事拘留手续。后检察机关以郭某涉嫌该两起诈骗犯罪向法院提起公诉。法院经审理后，认为郭某在A县实施的那一起诈骗事实不清、

证据不足，没有认定，只认定了在B县实施的那一起诈骗，遂依法判处被告人郭某有期徒刑10年。在计算被告人郭某的起刑日期时，存有两种意见：一种意见认为，既然没有认定A县的那一起诈骗，那么不应将在A县的羁押日期进行折抵，应从B县的刑事拘留日期开始计算；另一种意见认为，虽然没有认定A县的那一起诈骗系并案处理，应当视为因同一个案件而被公安机关采取强制措施，应当从A县的刑事拘留日期开始计算郭某的起刑日期。

《人民司法》研究组认为：《刑法》第47条规定，判决执行以前先行羁押的，羁押一日折抵刑期一日。据此，《最高人民法院关于刑事裁判文书中刑期起止日期如何表述问题的批复》进一步明确刑期从羁押之日起算。来信中提到的案例，虽然判决没有认定A县诈骗案，但公安机关采取了刑事拘留措施，剥夺了被告人的人身自由，该羁押时间应当从判处的刑期中折抵。因此，同意来信中后一种意见，即刑期应当从A县的刑事拘留之日起算。

——《人民司法·应用》2009年第5期（总第568期）。

93. 罪犯羁押日期的起算方式

关键词

羁押日期

附录：司法信箱

问题：《刑法》第44条、第47条规定：拘役的刑期、有期徒刑的刑期，“从判决执行之日起计算；判决执行以前先行羁押的，羁押1日折抵刑期1日”。那么，羁押日期从何时起算？由于现行法律和司法解释都未作明确规定，目前，在我国法院审判实务中，各地法院甚至各个法院对罪犯羁押日期的起算都各不相同。据了解，大致有这样几种起算方式：一是从犯罪嫌疑人被抓获之日起算，其起算依据是侦查机关办案人员个人或者单位写的抓捕证明（有的是说明）。二是从犯罪嫌疑人投案自首之日起算，其起算依据是接待单位写的证明，或者是侦查机关接待人员作的接待自首的笔录。三是从对犯罪嫌疑人宣布刑事拘留之日起算，其起算依据是公安机关的刑事拘留证。四是从对犯罪嫌疑人逮捕之日起算，其起算依据是公安机关的逮捕证。笔者认为，罪犯的羁押日期只能依据上述第三、第四种方式，即对犯罪嫌疑人实行刑事拘留的，从犯罪嫌疑人在刑事拘留证上签字之日起起算；没有实行刑事拘留而直接逮捕的，从犯罪嫌疑人在逮捕证上签字之日起起算。

《人民司法》研究组认为：关于羁押日期从何时起算问题，通常认为，对犯罪嫌疑人采取拘留、逮捕强制措施时起属于开始羁押。根据刑事诉讼法及

《公安机关办理刑事案件程序规定》的有关规定，拘留、逮捕犯罪嫌疑人时，必须出示拘留证、逮捕证，被拘留、逮捕人要在拘留证、逮捕证上签名（盖章）、捺指印。因此，羁押日期应当从对犯罪嫌疑人采取拘留、逮捕强制措施之日起算。至于来信中提到的犯罪嫌疑人被抓获之日、犯罪嫌疑人投案自首之日，这些并不是对犯罪嫌疑人采取羁押措施的规范表述，不能作为羁押日期起算。

——《人民司法·应用》2007年第17期（总第532期）。

说明

实践中，羁押日期通常以犯罪嫌疑人丧失人身自由时起算，通常也就是犯罪嫌疑人被抓获之日或者到案之日。

94. 前罪判处无期徒刑减为有期徒刑后，发现漏罪被判处无期徒刑，减刑应如何计算刑期

关键词

减刑案件　刑期重新确认　时间效力

最高人民法院答复

黑龙江省高级人民法院：

你院《关于罪犯郭春雷等人刑期能否重新确认的请示报告》收悉。经研究，我院《关于刘文占减刑一案的答复》（以下简称《答复》）虽不属于司法解释，但实际上明确了此类案件的处理原则，也符合刑法第七十条所确立的"先并后减"并罚规则。罪犯郭春雷、高福成、黄军的情况与刘文占案相似，可以参照《答复》精神并综合考虑各罪犯刑罚执行的不同情况，予以妥善处理。

——《最高人民法院关于罪犯郭春雷等人刑期能否重新确认的请示的电话答复》（2021年11月15日，〔2021〕最高法刑他106号）。

河北省高级人民法院：

你院〔1999〕冀刑执字第486号减刑裁定，没有法定程序、法定理由撤销。

罪犯刘文占犯盗窃罪被判处无期徒刑，减为有期徒刑十八年之后，发现其在判决宣告之前犯有强奸罪、抢劫罪。沧州市中级人民法院作出新的判决，对刘文占以强奸罪、抢劫罪分别定罪量刑，数罪并罚，决定对罪犯刘文占执

行无期徒刑是正确的。

现监狱报请为罪犯刘文占减刑，你院在计算刑期时，应将罪犯刘文占第一次减为有期徒刑十八年之后至漏罪判决之间已经执行的刑期予以扣除。

——《最高人民法院关于刘文占减刑一案的答复》(2007 年 8 月 11 日，〔2006〕刑监他字第 7 号)。

95. 被告人在境外被羁押会对量刑产生何种影响

关键词

境外羁押　量刑

《刑事审判参考》指导案例

许超凡贪污、挪用公款案(《刑事审判参考》指导案例第 1465 号)

裁判要点：被告人在境外先行羁押的时间能否依照《刑法》第四十七条的规定折抵刑期不能一概而论，只有在满足一定条件的情况下，才有折抵的可能。

随着我国反腐败国际合作工作的不断深入推进，很多国家和地区对我国在反腐败领域提出的合作请求予以积极回应，对处于本国、本地区境内的外逃分子进行羁押，并启动遣返、引渡等程序。被告人回国后如被判处有期徒刑以上的刑罚，其在境外已经被羁押的时间能否折抵我国判处的刑期是当前司法机关量刑时面临的一个问题。许超凡及其辩护人在庭审过程中，也反复提及其在境外被羁押的情况，人民法院并未将其在境外的羁押时间折抵应判处的刑期，而仅将其作为量刑的考量因素之一，这一态度也反映了我们的立场，即被告人在境外的羁押时间只有满足一定条件才能折抵刑期。

关于境外羁押时间是否折抵刑期，存在如下两种观点：

第一种观点认为，刑法第十条规定："凡在中华人民共和国领域外犯罪，依照本法应当负刑事责任的，虽然经过外国审判，仍然可以依照本法追究，但是在外国已经受过刑罚处罚的，可以免除或者减轻处罚。"第四十七条规定："有期徒刑的刑期，从判决执行之日起计算；判决执行以前先行羁押的，羁押一日折抵刑期一日。"根据上述两条规定的精神，如果被告人在境外被羁押的事由与其在我国境内的犯罪行为相关，从有利于被告人的原则出发，可以对被告人在境外的羁押时间于刑期中予以折抵。

第二种观点认为，被告人在境外先行羁押的时间能否依照刑法第四十七条的规定折抵刑期不能一概而论，只有在满足一定条件的情况下，才有折抵的可能。

我们赞同第二种观点。主要理由及具体条件如下：

一是基于司法主权原则，境外羁押期间可以而非必然折抵刑期。我国法律对被告人在引渡、遣返程序的羁押期间能否折抵刑期没有明确的规定。刑法第六条第一款规定："凡在中华人民共和国领域内犯罪的，除法律有特别规定的以外，都适用本法。"许超凡实施贪污、挪用公款犯罪行为地、结果地均在中华人民共和国境内，依法应当适用我国刑法，其在国外因本案相关的行为被羁押，不影响我国对本案的司法管辖权，不影响司法机关根据其犯罪事实依法定罪量刑，这也是国家司法主权的具体体现。同时，刑法第十条规定了对外国刑事判决的消极承认，即"可以"免除或者减轻处罚，而不是"应当"免除或者减轻处罚。因此，对外逃人员境外羁押期间是否折抵刑期，如何折抵需要我国的司法机关根据案件的具体情况来决定。

二是被告人在境外被羁押的原因行为与正在审理的犯罪行为应当具有同一性。最高人民法院研究室（1957）法研字第 20358 号批复、1988 年 2 月 23 日《关于行政拘留日期折抵刑期问题的电话答复》规定，如果被告人被判处刑罚的犯罪行为和以前受行政拘留处分的行为系同一行为，其被拘留的日期应予折抵刑期。参照上述两个文件的精神，如果被告人在境外被羁押的原因，并非其在当地实施违法或犯罪行为，而是基于其在我国境内的犯罪行为，境外主管机关应我方提出的请求对被告人采取临时羁押措施，其羁押期间才可以被折抵。

三是被告人主动回国投案是刑期折抵的先决条件。如前文所述，境外羁押与境内羁押的性质不同，能否折抵刑期涉及司法主权问题，需要司法机关综合个案的具体情况加以判断，其中被告人的认罪悔罪态度是一个重要的考量因素。在国际追逃追赃案件中，主动回国投案是被告人认罪悔罪最明显的表现形式。而且，主动回国投案的行为加快了追逃的进度，有效节约了司法资源，让主动回国投案的被告人享有刑期折抵的红利，也可以进一步鼓励外逃人员主动回国投案。如果被告人不是主动回国，对其境外羁押的时间原则上不予折抵。

四是如有条约规定刑期折抵或有外交承诺折抵刑期，应当遵守条约和承诺。我国与部分国家引渡条约规定，羁押日期可予折抵刑期。如《中华人民共和国和突尼斯共和国引渡条约》第十四条中规定："如果同意引渡，缔约双方应商定移交的地点、时间，被请求方应通知请求方被请求引渡人受到羁押的时间，以便折抵该人的刑期。"如果外逃人员是从突尼斯引渡回国，突尼斯方面如提出刑期折抵要求，我国应当认真审核后予以准许。实践中还存在一种情况，就是我国政府在引渡、遣返过程中已就刑期折抵问题对外国政府作出了承诺。例如，从B国引渡回国的“红通人员”H，虽然其没有主动回国投案的行为，但是因为我国对M国作出了外交承诺，“承认办理引渡期间H在B国的监禁时间”，故人民法院在实际计算刑期时会将H在B国羁押时间予以折抵。

许超凡在美国以欺诈、洗钱、转移盗取资金、护照和签证诈欺等罪名被判处刑罚，虽然相关行为与其在国内的贪污、挪用等行为密切相关，但与我国司法机关指控的贪污、挪用事实不具有同一性。其在境外被羁押是因为触犯了当地的法律，当地主管机关基于自身的管辖权剥夺了许超凡的人身自由，是所在国的司法或行政行为，并非我国行使司法管辖权的结果，故不能将其在美国被羁押的时间在刑期中直接予以折抵。

——黄嵩、周颖佳撰稿、逄锦温审编：《许超凡贪污、挪用公款案——如何把握重大国际追逃追赃案件中的量刑情节》，载最高人民法院刑事审判第一、二、三、四、五庭编：《刑事审判参考》（总第131辑），人民法院出版社2022年版，第2~7页。

96.未成年人犯罪情节极其严重的，可否判处无期徒刑

关键词

未成年人犯罪　情节严重　无期徒刑

最高人民法院司法解释

第十三条　未成年人犯罪只有罪行极其严重的，才可以适用无期徒刑。对已满十四周岁不满十六周岁的人犯罪一般不判处无期徒刑。

——《最高人民法院关于审理未成年人刑事案件具体应用法律若干问题的解释》（2006年1月11日，法释〔2006〕1号）。

附录：理解与适用

（六）关于《最高人民法院关于审理未成年人刑事案件具体应用法律若干问题的解释》（以下简称《解释》）第13条的理解与适用

司法实践中，对未成年人犯罪能否判处无期徒刑存在不同意见。一些同志认为，依据《刑法》第四十九条“对未成年人犯罪不适用死刑”的规定，以及《刑法》第十七条第三款规定的对未成年人犯罪应当从轻或者减轻处罚原则，对未成年人犯罪不能判处无期徒刑，对未成年人犯罪依法能够判处的最高法定刑是有期徒刑15年，数罪并罚的不超过有期徒刑20年。考虑到刑法仅仅规定了对未成年人犯罪不适用死刑，并没有规定不适用无期徒刑；司

法实践中一些未成年人犯罪案件手段极为残忍、情节特别恶劣、后果特别严重，论罪应当判处死刑的，对这些极少数未成年人如果不依法判处无期徒刑，就不能很好地贯彻执行罪刑相适应原则。我国刑法规定的无期徒刑不是所谓“没有释放可能的终身监禁”，被判处无期徒刑的未成年罪犯依法可以获得减刑，根据其改造表现，可以减为刑期长短不等的有期徒刑。综上，对极少数罪行极其严重的未成年罪犯依法适用无期徒刑并不违背《儿童权利公约》的有关规定，它既是严格执行刑法的要求，也符合审判实践。为此，《解释》第13条明确规定，对未成年人罪行极其严重的，可以适用无期徒刑。但是，依据该条规定，对未成年人适用无期徒刑应当予以严格掌握。具体要从以下两方面严格掌握：（1）要根据具体案情，只有对极少数未成年人所犯罪行极其严重、论罪依法应当判处死刑的情况，才可以适用无期徒刑。（2）鉴于14~16周岁年龄段未成年人属于未成年人犯罪当中的低龄犯，他们对危害社会行为的认知程度和自我控制能力都较16~18周岁年龄段未成年人更低，因此，《解释》规定，对14~16周岁未成年人犯罪原则上不判处无期徒刑，但不排除在极个别案件中，根据案件具体情况，对14~16周岁罪行极其严重的未成年人依法判处无期徒刑。

——李兵：《〈关于审理未成年人刑事案件具体应用法律若干问题的解释〉的理解与适用》，载《人民司法》2006年4期（总第507期）。

《刑事审判参考》指导案例

扎西达娃等抢劫案（《刑事审判参考》指导案例第184号）

裁判要点：对罪行极其严重的未成年被告人除另有从重情节外，一般可不判处无期徒刑。

一般而言，对罪行极其严重的未成年被告人除另有法定或酌情从重情节外，不判处无期徒刑当然是可以的，也是较为适宜的。不过，对于罪行极其严重的未成年犯罪人也并不是一律不能判处无期徒刑。首先，从立法角度看，《刑法》仅规定对未成年人不适用死刑，也就是说对未成年人所处的刑罚最高刑为无期徒刑。如果依第一种意见，则等于对未成年人既不能适用死刑，也不能适用无期徒刑。这显然并不合乎立法原意，否则立法可以直接规定对未成年人不适用无期徒刑。其次，从司法实践来看，对于那些罪行极其严重，同时又具有一个或多个法定从重处罚情节的未成年犯罪人，法官仍可以根据案件的具体情况，酌情决定是否适用无期徒刑的刑罚。因为，在同时具有法定应当从重和法定应当从轻相反量刑情节的情况下，就有从轻情节与从重情节在量刑上的平衡问题。遇有此种情形时，决定如何适用刑罚，当然也不能简单地一概而论，一方面应当从有利于未成年被告人出发，另一方面也要考虑具体犯罪事实，符合罪责刑相一致的原则。需要指出的是，“重复适用”的说法是不尽科学的。《刑法》在规定对未成年犯罪人不适用死刑的同时又规定对未成年犯罪人，应当从轻处罚，前者为死刑排除规则，实质上是宣布对未成年犯罪人取消死刑（包括死缓），并将其法定最高刑限制在无期徒刑以内。后者则为具体量刑时应当把握的法定情节，旨在突出对未成年犯罪人与成年犯罪人区别对待的刑事政策，体现对未成年犯罪人从宽量刑的立法精神。这是两个层次上的问题，并非所谓的“重复适用”，否则《刑法》就完全可以规定是可以从轻而非应当从轻。总之，对未成年犯罪人适用刑罚，既要注意将未成年人犯罪与成年人犯罪区别开来，又要注意统筹考虑，避免简单化。

——最高人民法院刑事审判第一庭、第二庭编：《刑事审判参考》2002 年第 3 辑（总第 26 辑），法律出版社 2002 年版，第 57~63 页。

附录：司法信箱

问题：某院审理一起故意杀人、奸淫幼女案，被告人汤某作案时已满 14 周岁不满 18 周岁。本案论罪应当判处死刑，但根据《刑法》第 49 条的规定，对该被告人不适用死刑。同时，根据《刑法》第 17 条第 3 款的规定，已满 14 周岁不满 18 周岁的人犯罪，应当从轻或减轻处罚。请问对该被告人应判处无期徒刑还是有期徒刑？如果对该被告人判处无期徒刑，是否违背《刑法》第 17 条第 3 款关于“应当从轻或者减轻处罚”的规定？

《人民司法》研究组认为：《刑法》第 17 条第 3 款“已满 14 周岁不满 18 周岁的人犯罪，应当从轻或减轻处罚”的规定，体现了法律对身体、智力尚未完全发育成熟的未成年人予以特殊保护的立法精神，而《刑法》第 49 条中关于“犯罪的时候不满 18 周岁的人不适用死刑”的规定，正是这一立法精神的具体体现。因此，对于已满 14 周岁不满 18 周岁的未成年人实施的犯罪行为，如果论罪依法应当判处法定最高刑，而该罪的法定最高刑是死刑的，则不能判处死刑（包括死刑缓期二年执行），但是依法可以判处无期徒刑。

——《人民司法》1999 年第 7 期（总第 426 期）。

97.《人民陪审员法》关于“可能判处十年以上有期徒刑、无期徒刑、死刑”的认定和把握

关键词

人民陪审员法　刑期认定

附录：最高人民法院法官著述

“可能判处十年以上有期徒刑、无期徒刑、死刑”要根据人民检察院起诉书并综合案件实际情况，由人民法院作出判断。一般情况下，中级法院、高级法院审理的一审刑事案件属于可能判处无期徒刑、死刑的案件，如果同时“社会影响重大”，应当组成七人合议庭审理。对于有些案件即使人民检察院认为可能被判处十年以上有期徒刑，如果基层法院认为有法定和酌定情形，可能不会被判处十年以上有期徒刑，可以决定不组成七人合议庭审理。这里需要特别注意的是，可能判处十年以上有期徒刑、无期徒刑、死刑，是指实际结果上有可能被判处十年以上有期徒刑、无期徒刑、死刑，不是指公诉到法院时涉案罪名可能判处十年以上有期徒刑、无期徒刑、死刑。当然，这些案件，不适用七人合议庭审理，如果符合人民陪审员法第十五条的条件，可以由人民陪审员和法官组成三人合议庭审理。

——姚宝华:《人民陪审员法第十六条第一项理解之我见》，载最高人民法院刑事审判第一、二、三、四、五庭主办:《刑事审判参考》(总第117集)，法律出版社2019年版，第206~207页。

98. 原判有期徒刑的罪犯被再审改判无期徒刑应如何计算实际执行刑期

关键词

再审改判　实际执行刑期

最高人民法院审判业务意见（研究室研究意见）

有关部门就原判有期徒刑的罪犯被再审改判无期徒刑应如何计算实际执行刑期问题征求最高人民法院研究室意见。最高人民法院研究室经研究认为：

原判有期徒刑的罪犯经再审改判为无期徒刑的，无期徒刑的执行期间从再审判决确定之日起计算。但是，改判前原判确定之日起已经执行的刑期，在决定假释时应当计算为无期徒刑实际执行的刑期。

——最高人民法院研究室:《关于原判有期徒刑的罪犯被再审改判无期徒刑应如何计算实际执行刑期问题的研究意见》，载张军主编、最高人民法院研究室编著:《司法研究与指导》2012年第2辑（总第2辑），人民法院出版社2012年版，第158~162页。

99. 死缓期间发现漏罪，判决后仍决定执行死缓的核准及执行期间计算

关键词

死缓期间发现漏罪

《刑事审判参考》指导案例

范昌平抢劫、盗窃案（《刑事审判参考》指导案例第 402 号）

裁判要点：被判处死刑缓期二年执行的犯罪分子，在死缓执行期间发现判决宣告前还有其他犯罪没有判决，经对漏罪判决后，仍决定执行死刑缓期二年执行的，新的死缓判决应报请高级人民法院重新核准。被判处死刑缓期二年执行的犯罪分子，在死缓执行期间发现判决宣告前还有其他犯罪没有判决，经对漏罪判决后，仍决定执行死刑缓期二年执行的，死刑缓期执行的期间应从新的死缓判决确定之日起计算，已经执行的死缓期间不应计算在新的死缓判决的执行期间之内。

（一）新的死缓判决应报请高级人民法院重新核准

1996 年《刑事诉讼法》第 201 条[①]规定："中级人民法院判处死刑缓期二年执行的案件，由高级人民法院核准。"第 208 条第 3 项规定，最高人民法院核准的死刑的判决和高级人民法院核准的死刑缓期二年执行的判决，是发生法律效力的判决。《最高人民法院关于执行〈中华人民共和国刑事诉讼法〉若干问题的解释》[②]第 278 条第 1 款规定，"中级人民法院判处死刑缓期二年执行的第一审案件，被告人不上诉、人民检察院不抗诉的，应当报请高级人民法院核准"。根据上述法律、司法解释的规定，对于判处被告人死刑缓期二年执行的判决，必须经有核准权的人民法院核准以后才能发生法律效力。

（二）死刑缓期执行的期间应从新的死缓判决确定之日起计算，已经执行的死缓期间不应计算在新的死缓判决的执行期间之内

首先，《刑法》第 51 条规定，"死刑缓期执行的期间，从判决确定之日起

---

① 本条现为《中华人民共和国刑事诉讼法》（2018 年修正）第二百四十八条。

② 本文件已被《最高人民法院关于适用〈中华人民共和国刑事诉讼法〉的解释》（法释〔2012〕21 号）废止。

计算”。第 47 条规定，“有期徒刑的刑期，从判决执行之日起计算；判决执行以前先行羁押的，羁押一日折抵刑期一日”。显然，死缓执行期间的计算方法与有期徒刑的刑期计算方法明显不同。其次，只有有期徒刑才存在刑期问题，《刑法》第 70 条关于“已经执行的刑期，应当计算在新判决决定的刑期以内”的规定，只是针对有期徒刑以下的刑种而言的，而死缓不是一个独立的刑种，只是死刑的一种执行方式，死刑缓期二年执行中的“二年”是死缓的执行期间，具有考验罪犯的意义，如果罪犯在二年之内没有故意犯罪，对罪犯就不再执行死刑，因此，死刑缓期二年执行中的“二年”不属“已经执行的刑期”，不能予以折抵。

——最高人民法院刑事审判第一、二、三、四、五庭主办：《刑事审判参考》2006 年第 4 集（总第 51 集），法律出版社 2006 年版，第 15~19 页。

100. 经减刑裁定减去的刑期可否计入假释执行期限

关键词

减刑裁定　假释执行期限

附录：最高人民法院主流观点

关于经减刑裁定减去的刑期可否计入假释执行期限，实践中有两种观点。一种观点认为，从有利于被告人的角度出发，经减刑减去的刑期应该计入假释执行期限。另一种观点认为，《刑法》第八十一条明文规定必须执行原判刑期二分之一以上，如果符合条件，才可以假释，经减刑裁定减去的刑期不能并入假释执行期限。我们同意第二种意见。理由如下：第一，减刑是对罪犯服刑期间认罪悔罪，积极改造，确有悔改表现的奖励，是通过法定的程序缩短罪犯拟服刑的刑期，并非实际服刑的期限；第二，《最高人民法院关于罪犯因漏罪、新罪数罪并罚时原减刑裁定应如何处理的意见》规定：“罪犯被裁定减刑后，因被发现漏罪或者又犯新罪而依法进行数罪并罚时，经减刑裁定减去的刑期不计入已经执行的刑期。”该文件在出台之前，最高人民法院在办理张某、董某超案件时，曾书面向全国人大常委会法工委征求意见，法工委复函明确，经减刑减去的刑期，不计入已经执行的刑期。最高人民法院这一文件虽然针对的情形不同，但其明确了减刑减去的刑期不属于已经执行的刑期。①

① 2012 年《最高人民法院关于办理减刑、假释案件具体应用法律若干问题的规定》对相关问题的规定与现行司法解释一脉相承，其理解与适用内容仍有指导意义及适用价值，故本书予以收录。

——宫鸣等主编、最高人民法院审判监督庭编著：《最高人民法院关于减刑、假释司法解释理解与适用》，人民法院出版社 2014 年版，第 188~189 页。

101. 保外就医期间可否计入假释的执行期限

关键词

保外就医期间　假释执行期限

附录：最高人民法院主流观点

罪犯在保外就医期间被及时收监前的期间能否折抵刑期？根据 1988 年最高人民检察院、公安部、司法部联合颁布的《关于不允许暂予监外执行的罪犯外出经商问题的通知》第二条的规定，对于未经批准，擅自离开居住地的暂予监外执行罪犯，其外出期间不能计入刑期。根据 1989 年最高人民法院、最高人民检察院、公安部、司法部联合颁布的《关于依法加强对管制、剥夺政治权利、缓刑、假释和暂予监外执行罪犯监督考察工作的通知》[①] 第五条第二款的规定，经过批准外出的监外罪犯，其被许可外出的期间，应计入执行期，但超过许可的时间不计入执行期。根据 1990 年司法部、最高人民检察院、公安部联合颁布的《罪犯保外就医执行办法》[②] 第十六条的规定，罪犯保外就医期间计入执行刑期，但采取非法手段骗取保外就医、经查证属实的除外。保外就医罪犯未经公安机关批准擅自外出的期间不计入执行刑期。根据以上规定，法律一般允许保外就医期间应当折抵刑期，但骗保以及超过批准的时空范围所经过的时间不折抵刑期。

如果罪犯在保外就医地实施了违法犯罪行为，对于这样一种行为所造成的未及时收监的情形，主要有两种情况：一是执行机关自己的原因造成的，如玩忽职守等；二是罪犯采取隐瞒、抵抗、逃逸、欺骗等违法行为造成的，以至于其脱离了执行机关的监管。对于前一种情形，由于罪犯依然在执行机关的监管下，其人身自由依然受到了严格的限制，未及时收监而经过的时间应该折抵刑期。而对于后一种情形，由于其经过的时间丧失了人道主义基础和执行机关批准的前提，因此，该期间实质上不属于保外就医期间，不应当予以折抵刑期。如果未及时收监的结果是执行机关和罪犯共同造成的，那么

---

① 本文件已被《司法部关于废止 2000 年底以前发布的部分规章规范性文件的规定》（司发通〔2002〕62 号）废止。

② 本文件已被《最高人民法院、最高人民检察院、公安部、司法部、国家卫生计生委关于印发〈暂予监外执行规定〉的通知》（司发通〔2014〕112 号）废止。

就应当视主要原因而定。如果主要是执行机关的原因，就应当允许刑期折抵；如果主要是罪犯的原因，则不应当进行刑期折抵。

——宫鸣等主编、最高人民法院审判监督庭编著：《最高人民法院关于减刑、假释司法解释理解与适用》，人民法院出版社 2014 年版，第 189 页。

102. 行政拘留、留置盘问、强制戒毒等行政强制措施期间可否折抵假释期限

关键词

行政强制措施期间　折抵假释期限

附录：最高人民法院主流观点

1988 年《最高人民法院研究室关于行政拘留日期折抵刑期问题的电话答复》指出："如果被告人被判处刑罚的犯罪行为和以前受行政拘留处分的行为系同一行为，其被拘留的日期，应予折抵刑期。"根据这一司法解释的规定，行政拘留的期间可以计入假释服刑期限。

关于留置盘问期间的刑期折抵问题，人民警察法并未作出规定，而公安部作出的相关解释存在一定的矛盾。根据 1995 年《公安部关于公安机关执行〈人民警察法〉有关问题的解释》的规定，对被盘问人依法采取刑事拘留或者治安拘留的，其留置时间不予折抵。而根据 1998 年《公安部关于盘问留置时间可否折抵劳动教养期限的批复》[①] 的规定，在办理劳动教养案件时，对被劳动教养人采取留置等限制人身自由的强制措施先期羁押的，其被羁押时间应当折抵劳动教养期限；羁押一日折抵劳动教养期限一日。一方面，留置时间不能折抵刑期，可以折抵劳动教养期限，而另一方面，根据 1981 年《最高人民法院关于劳动教养日期可否折抵刑期问题的批复》[②] 的规定，如果被告人被判处刑罚的犯罪行为和被劳动教养的行为系同一行为，其被劳动教养的日期可以折抵刑期。这样的规定，存在一定矛盾。我们认为，应当允许将留置盘问期间折抵刑期。根据后法优先于前法的原则，在公安部所作的两个解释中，允许留置盘问期间折抵劳动教养的规定是有效的，而出于法律规定衔接性的考虑，将可以折抵劳动教养的留置盘问视同劳动教养折抵刑期是合适的。另

---

① 本文件已被《公安部关于废止部分有关劳动教养的规范性文件的通知》（公通字〔2002〕49 号）废止。

② 本文件已被《最高人民法院关于废止部分司法解释（第十三批）的决定》（法释〔2019〕11 号）废止。

外，根据上述公安部1995年解释的规定，经县级以上公安机关批准，公安派出所、城市公安分局和县（市）公安局可以设留置室，被留置盘问的人员被置于留置室中，可以长达四十八小时。这无异于一种拘留、羁押，并非简单的人身自由的限制。

关于强制戒毒等措施的刑期折抵问题，应视具体情况而定。被告人未被刑事拘留或逮捕而先予强制医疗隔离的，此期间不予折抵刑期。因为从强制行为的性质看，它既非诉讼目的上的强制措施，也不具有依法处罚性，而是属于一种治疗性措施；从引起原因看，强制医疗隔离不是因涉案的犯罪行为引起，而是因被隔离者吸毒或疾病等原因引起，此强制隔离行为与涉案犯罪行为之间没有必然联系。但是，被告人被刑事拘留或逮捕后被强制医疗隔离的，此期间应当折抵刑期。这可以视为是出于人道主义关怀而对被告人在特殊场所继续执行刑事拘留或逮捕措施，类似于保外就医，故仍然属于羁押行为，应按刑法关于先行羁押的规定折抵刑期。

——宫鸣等主编、最高人民法院审判监督庭编著：《最高人民法院关于减刑、假释司法解释理解与适用》，人民法院出版社2014年版，第189~190页。

103. 死缓限制减刑的适用对象和适用条件

关键词

死缓限制减刑

《中华人民共和国刑法修正案（八）》条文

四、将刑法第五十条修改为："判处死刑缓期执行的，在死刑缓期执行期间，如果没有故意犯罪，二年期满以后，减为无期徒刑；如果确有重大立功表现，二年期满以后，减为二十五年有期徒刑；如果故意犯罪，查证属实的，由最高人民法院核准，执行死刑。

"对被判处死刑缓期执行的累犯以及因故意杀人、强奸、抢劫、绑架、放火、爆炸、投放危险物质或者有组织的暴力性犯罪被判处死刑缓期执行的犯罪分子，人民法院根据犯罪情节等情况可以同时决定对其限制减刑。"

最高人民法院司法解释

第二条 2011年4月30日以前犯罪，判处死刑缓期执行的，适用修正前刑法第五十条的规定。

被告人具有累犯情节，或者所犯之罪是故意杀人、强奸、抢劫、绑架、放火、爆炸、投放危险物质或者有组织的暴力性犯罪，罪行极其严重，根据修正前刑法判处死刑缓期执行不能体现罪刑相适应原则，而根据修正后刑法判处死刑缓期执行同时决定限制减刑可以罚当其罪的，适用修正后刑法第五十条第二款的规定。

——《最高人民法院关于〈中华人民共和国刑法修正案（八）〉时间效力问题的解释》（2011 年 4 月 25 日，法释〔2011〕9 号）。

最高人民法院司法政策精神

延长部分死缓犯的实际执行刑期，绝不是单纯为了加大对死缓犯的惩处力度，而是为了有效解决我国过去刑罚结构所存在的死缓刑实际执行期限相对偏短、死刑与死缓刑的严厉程度未能有序衔接的问题，从而为不是必须判处的死刑立即执行设置既为改造罪行严重的犯罪分子所必须，更为广大人民群众所认同的替代措施。必须深刻领悟这一立法精神，从进一步贯彻宽严相济刑事政策和严格控制死刑政策的角度，正确理解和适用好《刑法修正案（八）》的有关规定。具体而言：（1）《刑法修正案（八）》有关延长部分死缓犯实际执行刑期规定的适用对象，实质是那些罪行极其严重，根据修正前刑法判处死缓不能体现罪刑相适应原则，而根据修正后刑法判处死缓同时决定限制减刑可以罚当其罪、更符合宽严相济刑事政策的犯罪分子。（2）对死缓限制减刑的规定，总体上应当把握限制适用的精神。如果判处死缓不限制减刑，也可以做到有效制裁犯罪、保证裁判效果的，就不需要同时决定限制减刑，以避免不必要的关押。

——张军：《认真学习刑法修正案（八）促进经济社会科学发展》，载《人民法院报》2011 年 5 月 4 日。

最高人民法院指导性案例

王志才故意杀人案（最高人民法院指导案例 4 号）

裁判要点：因恋爱、婚姻矛盾激化引发的故意杀人案件，被告人犯罪手段残忍，论罪应当判处死刑，但被告人具有坦白悔罪、积极赔偿等从轻处罚情节，同时被害人亲属要求严惩的，人民法院根据案件性质、犯罪情节、危害后果和被告人的主观恶性及人身危险性，可以依法判处被告人死刑，缓期二年执行，同时决定限制减刑，以有效化解社会矛盾，促进社会和谐。

被告人王志才的行为已构成故意杀人罪，罪行极其严重，论罪应当判处死刑。鉴于本案系因婚恋纠纷引发，王志才求婚不成，恼怒并起意杀人，归案后坦白悔罪，积极赔偿被害方经济损失，且平时表现较好，故对其判处死刑，可不立即执行。同时考虑到王志才故意杀人手段特别残忍，被害人亲属不予谅解，要求依法从严惩处，为有效化解社会矛盾，依照《中华人民共和国刑法》第五十条第二款等规定，判处被告人王志才死刑，缓期二年执行，同时决定对其限制减刑。

——《最高人民法院关于发布第一批指导性案例的通知》(2011年12月20日，法〔2011〕354号)。

说明

王志才故意杀人案旨在明确判处死缓并限制减刑的具体条件。该案例确认:《刑法修正案（八）》规定的限制减刑制度，可以适用于2011年4月30日之前发生的犯罪行为；对于罪行极其严重，应当判处死刑立即执行，被害方反应强烈，但被告人具有法定或酌定从轻处罚情节，判处死刑缓期执行，同时依法决定限制减刑能够实现罪刑相适应的，可以判处死缓并限制减刑。这有利于切实贯彻宽严相济刑事政策，既依法严惩严重刑事犯罪，又进一步严格限制死刑，最大限度地增加和谐因素，最大限度地减少不和谐因素，促进和谐社会建设。

附录：最高人民法院主流观点

因恋爱、婚姻矛盾激化引发的故意杀人案件，被告人犯罪手段残忍，论罪应当判处死刑，但被告人具有坦白悔罪、积极赔偿等从轻处罚情节，同时被害人亲属要求严惩的，人民法院根据案件性质、犯罪情节、危害后果和被告人的主观恶性及人身危险性，可以依法判处被告人死刑，缓期二年执行，同时决定限制减刑，以有效化解社会矛盾，促进社会和谐。理解和参照适用该裁判要点时，应当注意把握以下几个方面：

（一）应当遵循死缓限制减刑的有关原则

2011年2月25日，第十一届全国人民代表大会常务委员会第十九次会议审议通过了《刑法修正案（八）》，在《刑法》第50条增加了第2款，即“对被判处死刑缓期执行的累犯以及因故意杀人、强奸、抢劫、绑架、放火、爆炸、投放危险物质或者有组织的暴力性犯罪被判处死刑缓期执行的犯罪分子，人民法院根据犯罪情节等情况可以同时决定对其限制减刑”。为贯彻落实这一规定，最高人民法院于同年4月25日公布了《关于死刑缓期执行限制减刑案件审理程序若干问题的规定》，对此类案件审理程序作出规定，并在第一条指出“人民法院根据犯罪情节、人身危险性等情况”作出限制减刑决定。结合立法本意和司法实践，我们认为适用死刑缓期执行并限制减刑，应当遵循以下司法原则：

1. 要坚持罪刑法定原则。《刑法》第50条第2款对死缓限制减刑规定了三类情形，只有对符合这三类情形的案件，判处被告人死刑缓期执行的，才可以考虑同时限制减刑。除此之外，判处被告人死刑缓期执行的，一律不得限制减刑。需要注意的是，《刑法》第50条第2款列举的七种具体犯罪中，没有故意伤害罪。对于犯故意伤害罪被判处死刑缓期执行的，如果被告人系累犯或者故意伤害属于有组织的暴力性犯罪的，可以对被告人同时决定限制减刑。对于不属于这两种情形的故意伤害犯罪，对被告人判处死刑缓期执行的，则不能同时决定限制减刑。

2. 要坚持罪责刑相适应原则。《刑法》第5条规定："刑罚的轻重，应当与犯罪分子所犯罪行和承担的刑事责任相适应。"据此，死缓限制减刑应当仅适用于判处死刑立即执行偏重，但判处死刑缓期执行不限制减刑又偏轻的罪犯。也就是说，死缓限制减刑的适用对象，实质是那些罪行极其严重，根据修正前的《刑法》判处死缓不能罚当其罪，而根据修正后的《刑法》判处死缓并限制减刑可以罚当其罪、能更好体现罪责刑相适应原则要求的犯罪分子。尽管《刑法》和前述司法解释明确规定了死刑缓期执行限制减刑的范围和适用根据，但适用限制减刑的实体条件仍存在一定裁量空间，所以在司法适用中有必要强调严格遵循罪责刑相适应原则。具体讲，对被告人判处死刑缓期执行决定是否需要限制减刑时，要综合考虑犯罪的性质，犯罪的起因、动机、目的、手段等情节，犯罪危害后果，被告人的主观恶性和人身危险性等因素，全面分析量刑情节，严格依法适用，确保裁判取得良好法律效果和社会效果。对于判处死刑缓期执行不需要限制减刑，就能够达到罪责刑相适应、有效惩治和预防犯罪、取得良好裁判效果的，绝不能再限制减刑。对于被判处死缓的被告人，是否需要限制减刑把握不准或者两可的，也不宜适用限制减刑。

3. 要坚持限制适用的原则。从立法目的来看，对判处死刑缓期执行的被告人限制减刑，并不是为了单纯加重死缓的严厉性，而是为了严格执行死刑政策、限制死刑立即执行创造条件。即通过延长部分死缓犯的实际服刑期，充分体现死缓的严厉性，改变过去"死刑过重、生刑过轻"的刑罚执行不平衡现象。由此，一部分过去因判处死刑缓期执行仍难以罚当其罪而判处死刑立即执行的，尤其是过去因被害方反应强烈等原因而判处死刑立即执行的，今后依法可以判处死刑缓期执行并限制减刑。这样既有利于贯彻执行严格控制和慎重适用死刑的政策，也有利于实现对那些罪行特别严重的死缓犯的严惩，促进社会和谐稳定。但是，仅仅从《刑法》第50条条文修改前后比较本身难以准确理解这一立法目的。司法实践中可能有的以刑法对判处死刑立即执行和死刑缓期执行的条件没有变化为由，片面认为《刑法》只是单纯加重了对死缓犯的惩罚力度，而不是从控制死刑立即执行的角度来理解和适用对死缓犯限制减刑的规定，这样就有可能造成对死缓限制减刑的不当适用，从而出现死刑立即执行未得到控制而死刑缓期执行因再限制减刑又加重了的现象。因此，在适用这一规定时必须强调，对死缓犯适用限制减刑，应当有利于严格执行死刑政策，有利于贯彻落实宽严相济刑事政策，有利于案结事了，取得人民群众的理解和支持，实现案件法律效果和社会效果的良好统一，保障和促进社会和谐。在总体上必须把握限制适用的精神，凡是判处死缓不限制减刑，就能够有效惩治和预防犯罪，达到罪责刑相适应，裁判法律效果和社会效果良好的，绝不能再限制减刑。只有对那些判处死刑缓期执行，但因其实际服刑期过短，惩罚力度不够的，才可以在判处死缓的同时再限制减刑。

4. 要坚持"上诉不加刑"原则。《最高人民法院关于死刑缓期执行限制减刑案件审理程序若干问题的规定》第四条规定，高级法院审理判处死刑缓期执行没有限制减刑的上诉案件，认为应当限制减刑的，不得直接改判，也不得发回重审。确有必要限制减刑的，应当在第二审判决、裁定生效后，按照审判监督程序重新审判。高级法院复核判处死刑缓期执行没有限制减刑的案件，认为应当限制减刑的，不得以提高审级等方式对被告人限制减刑。据此，二审法院对判处死刑缓期执行的被告人改判限制减刑，必须遵循"上诉不加刑"原则。因为限制减刑的死刑缓期执行与不限制减刑的，在实际执行期上一般相差八年左右，前者更严厉，遵循"上诉不加刑"原则，有利于保障被告人行使上诉权。

（二）应当严格把握死缓限制减刑的条件

1. 应当严格把握死缓限制减刑的适用对象。判处死缓并限制减刑，虽不是独立的刑种，但实际已成为介于死刑立即执行与单纯死刑缓期执行之间的过渡刑罚，适用对象应当是判处死刑立即执行偏重，单纯判处死缓又偏轻的犯罪分子。结合该指导性案例，对于因恋爱、婚姻等民间矛盾激化引发的故意杀人案件，论罪可以判处死刑缓期执行的，如果被害方强烈要求判处死刑，民事赔偿调解工作难以有效开展，根据被告人的犯罪情节、人身危险性等情况，限制减刑有利于惩罚和预防犯罪，有利于化解矛盾、案结事了，促进社会和谐的，应当依法适用限制减刑。

对此类案件可以依法判处死缓并限制减刑，首先是因为此类案件往往事出有因，有临时突发性，在社会危害性上不同于其他严重危害社会治安和群众安全感的故意杀人案件，在死刑适用上也应当有所区别。对此，最高人民法院 1999 年印发的《全国法院维护农村稳定刑事审判工作座谈会纪要》就曾指出："对于因婚姻家庭、邻里纠纷等民间矛盾激化引发的故意杀人犯罪，适用死刑一定十分慎重，应当与发生在社会上的严重危害社会治安其他故意杀人犯罪案件有所区别。"2010 年印发的《关于贯彻宽严相济刑事政策的若干意见》第 22 条再次强调："对于因恋爱、婚姻、家庭、邻里纠纷等民间矛盾激化引发的犯罪，因劳动纠纷、管理失当等原因引发、犯罪动机不属恶劣的犯罪，因被害方过错或者基于义愤引发的或者具有防卫因素的突发性犯罪，应酌情从宽处罚。”其次，这样有利于严格执行死刑政策，实现裁判法律效果和社会效果的良好统一，保障和促进社会和谐稳定。自 2007 年最高人民法院统一行使死刑核准权以来，特别是近年来各级法院对因民间矛盾激化引发的故意杀人案件，严把死刑适用关，积极做好民事赔偿调解工作，对相当一部分被告人没有判处或者核准死刑立即执行，更好地贯彻了严格控制和慎重适用死刑的政策。但是，由于人民群众普遍存在“杀人偿命”的传统报应观念，一部分案件的被害人亲属对此不能完全理解和接受，甚至不断上访和闹访，强烈要求判处被告人死刑立即执行。因此，《刑法修正案（八）》实施后，可以通过判处死缓并限制减刑，减少此类案件的死刑立即执行的适用，更好地执行死刑政策，同时疏解被害方的报应情绪，做到案结事了，促进社会和谐稳定。

2. 注意防止两方面的适用不当。对于此类案件适用死刑缓期执行并限制减刑时，应当防止适用不当，注意以下两个方面。一方面，对于应当判处死刑立即执行的，仍要依法判处。对于虽系民间矛盾激化引发的故意杀人案件，但如果犯罪后果特别严重的，如杀害多人或者“灭门”案等，一般应当判处死刑立即执行，而不是判处死刑缓期执行并限制减刑。另一方面，对于通过民事赔偿调解工作，能够取得被害方谅解，判处死刑缓期执行能够做到罚当其罪和案结事了的，也不能简单地适用限制减刑，以免造成限制减刑的滥用。

3. 应当根据被告人犯罪情节、人身危险性等情况，综合分析判断。由于司法实践中情况比较复杂，一些案件被告人往往同时具有法定、酌定的从严和从宽处罚的情节，形成情节冲突的局面。对此，根据宽严相济刑事政策的要求，应当在全面考察犯罪的性质、情节和对社会危害程度的基础上，结合被告人的主观恶性、人身危险性等因素，充分考虑相关因素，进行综合分析判断，决定总体从严，或者总体从宽，依法作出罚当其罪、效果良好的裁判。本案例中，需要考虑的量刑情节即存在冲突，具体情况如下：

其一，本案是恋爱矛盾激化引发的故意杀人案件，被告人因多年的恋情受阻感到绝望而杀人，主观恶性较之其他严重影响群众安全感的暴力犯罪有所不同。2002 年被告人王志才与赵某某在山东省一科技职业学院同学期间建立恋爱关系，至 2008 年 10 月本案发生已保持恋爱关系数年，感情较好。后因赵某某的父母强烈反对，赵某某也逐渐动摇，提出分手，但在王志才的坚持下二人仍保持着恋爱关系。

其二，被告人王志才系临时起意，激情杀人，与其他有计划、有预谋的犯罪有所区别。2008 年 10 月 9 日中午，王志才在赵某某的集体宿舍内再次谈及婚恋问题，因赵某某明确拒绝，王志才感到绝望，从而产生杀死赵某某然后自杀的念头，即随手拿起赵某某宿舍内的一把尖刀将赵杀死，次日服农药自杀未遂。

其三，被告人王志才认罪态度好，坦白悔罪，其亲属有赔偿被害方经济损失的愿望和行动。王志才到案后，如实供述了全部犯罪事实，多次表达了自己的悔恨之情。根据《刑法》第六十七条第三款的规定，“坦白从宽”的刑事政策已上升为法定从轻量刑情节，根据该案具体情况，对其可以从轻处罚。王志才的父母、妹妹已筹款12万元，愿意通过积极赔偿经济损失取得被害方谅解。

其四，被告人王志才平时表现较好，没有前科劣迹。王志才所在单位同事普遍认为，王志才工作任劳任怨，对女朋友非常痴情，听说杀人，都倍感痛惜，请求给其一个改过自新的机会。

其五，被告人王志才犯罪手段残忍，系酌定从重处罚的情节。王志才持刀连续捅刺被害人颈部、胸腹部、背部等处多刀，致被害人失血性休克死亡，犯罪手段残忍。

其六，被害人亲属反应特别强烈，要求严惩。本案对被害人的家庭影响大，被害人的母亲事后出现精神失常症状；被害人的弟弟大学毕业后，因母亲精神状况不佳，在家务农并照顾母亲。一、二审法院多次做赔偿的调解工作，被害人的父母和弟弟不接受赔偿的调解，要求判处被告人死刑。

综上，虽然被告人王志才的行为构成故意杀人罪，罪行极其严重，论罪应当判处死刑，但是鉴于本案系因婚恋纠纷引发，王志才系临时起意、激情杀人，归案后坦白悔罪，积极赔偿被害方经济损失，且平时表现较好，尚有可改造的余地；同时犯罪手段残忍，且被害人亲属不予谅解，坚决要求从严惩处，社会矛盾难以化解，故山东省高级人民法院综合考虑上述各类相关情节后，依照《刑法》第50条第2款等规定，判处被告人王志才死刑，缓期二年执行，同时决定对其限制减刑。

（三）应当注意减刑和假释的有关规定

《刑法》第78条第2款规定：“减刑以后实际执行的刑期不能少于以下期限：……（三）人民法院依照本法第五十条第二款规定限制减刑的死刑缓期执行的犯罪分子，缓期执行期满后依法减为无期徒刑的，不能少于二十五年，缓期执行期满后依法减为二十五年有期徒刑的，不能少于二十年。”第81条第2款规定：“对累犯以及因故意杀人、强奸、抢劫、绑架、放火、爆炸、投放危险物质或者有组织的暴力性犯罪被判处十年以上有期徒刑、无期徒刑的犯罪分子，不得假释。”

据此，对于被判处死刑缓期执行的累犯以及因故意杀人、强奸、抢劫、绑架、放火、爆炸、投放危险物质或者有组织的暴力性犯罪被判处死刑缓期执行的犯罪分子，人民法院决定对其限制减刑的，如果缓期执行期满后减为无期徒刑，则减刑后的实际执行期不得少于二十五年，如果缓期执行期满后直接减为二十五年有期徒刑，则减刑后的实际执行期不得少于二十年。同时应当注意，对这部分限制减刑的罪犯不得假释。

（四）应当注意时间效力问题

《最高人民法院关于〈中华人民共和国刑法修正案（八）〉时间效力问题的解释》第2条规定："2011年4月30日以前犯罪，判处死刑缓期执行的，适用修正前刑法第五十条的规定。被告人具有累犯情节，或者所犯之罪是故意杀人、强奸、抢劫、绑架、放火、爆炸、投放危险物质或者有组织的暴力性犯罪，罪行极其严重，根据修正前刑法判处死刑缓期执行不能体现罪刑相适应原则，而根据修正后刑法判处死刑缓期执行同时决定限制减刑可以罚当其罪的，适用修正后刑法第五十条第二款的规定。"由于对判处死刑缓期执行的被告人限制减刑与不限制减刑比较，加重了对被告人的处罚，根据《刑法》第12条"从旧兼从轻"的适用原则，对于2011年4月30日以前判决已经发生法律效力的判处死刑缓期执行的案件，自然不适用修正后《刑法》第50条第2款和第78条第2款的规定。对于2011年4月30日以前犯罪，《刑法修正案（八）》实施后尚处于一审、二审或者死刑复核阶段的案件，依照修正前《刑法》本应判处死刑立即执行，但依照修正后《刑法》判处死刑缓期执行并限制减刑能够罚当其罪的，可以适用修正后的《刑法》第50条第2款和第78条第2款的规定。本案即属于此种情形。之所以可以这样做，是因为相对于判处死刑立即执行而言，判处死刑缓期执行并限制减刑属于较轻的刑罚。对此种情形的被告人适用修正后的刑法，对被告人处罚较轻、更为有利，完全符合"从旧兼从轻"原则。但是，需要强调的是，对于判处死刑缓期执行不限制减刑已经符合罪刑相适应原则，原本就不需要限制减刑的案件，即使在《刑法修正案（八）》施行后审理的，也不能限制减刑。否则，就违反了《刑法》第50条的立法本意和刑法"从旧兼从轻"原则。

——最高人民法院案例指导工作办公室：《指导案例4号〈王志才故意杀人案〉的理解与参照》。

说明

该指导性案例的发布具有重要意义，有利于正确理解和适用修正后的刑法第五十条的规定，贯彻落实宽严相济刑事政策和死刑政策，既依法严惩严重刑事犯罪，又进一步严格限制死刑，促进和谐社会建设。一是贯彻和体现了死缓刑罚的严厉性，有利于更好发挥刑罚惩治和预防犯罪功能。《刑法修正案（八）》设立了死刑缓期执行限制减刑制度，延长了部分严重犯罪的死缓犯的实际服刑期，使之通常被监禁二十五年以上，出狱后的人身危险性大大降低。通过依法适用死缓限制减刑，长期监禁和教育改造罪犯，不仅可以有效预防罪犯本人重新犯罪，而且强化了人们对死缓严厉性的认识，有利于告诫潜在的犯罪分子悬崖勒马，减少严重犯罪的发生。二是有利于严格控制和慎重适用死刑，最大限度地缓和与化解社会矛盾，促进社会和谐。过去由于死缓犯平均服刑十七八年，有的服刑十四年左右便可获释，被害人亲属出于担心自身安全和“杀人偿命”传统观念等考虑，往往对本可判处死缓的罪犯也强烈要求判处死刑立即执行。有相当一部分案件的被害人亲属提出，如果对被告人进行长期监禁，则可以接受死缓判决结果。《刑法修正案（八）》施行后，人民法院判处被告人死刑缓期执行并限制减刑，较之死缓不限制减刑，有助于减缓“杀人偿命”的传统报应观念，更能让被害人亲属接受，从而缓和被害人亲属与被告人及其亲属之间的长期对立情绪，防止引发相互复仇的恶性循环，最大限度地减少不和谐因素，也有利于贯彻落实严格控制和慎重适用死刑的政策，促进刑罚观念适应时代发展和进步，从而促进社会和谐稳定。

104. 死缓限制减刑的适用原则

关键词

死缓限制减刑

最高人民法院司法解释

第一条　根据刑法第五十条第二款的规定，对被判处死刑缓期执行的累犯以及因故意杀人、强奸、抢劫、绑架、放火、爆炸、投放危险物质或者有组织的暴力性犯罪被判处死刑缓期执行的犯罪分子，人民法院根据犯罪情节、人身危险性等情况，可以在作出裁判的同时决定对其限制减刑。

——《最高人民法院关于死刑缓期执行限制减刑案件审理程序若干问题的规定》（2011 年 4 月 25 日，法释〔2011〕8 号）。

附录：答记者问

最高人民法院发布了第三批指导性案例，其中指导案例 12 号李飞故意杀人案系为死缓限制减刑制度的理解与把握提供了指导。为了帮助广大读者准确理解该指导性案例和死缓限制减刑相关问题，最高人民法院研究室相关负责人就此回答了记者的提问。

问：这次发布的指导性案例李飞故意杀人案有什么指导意义？

答：该指导性案例旨在为正确理解和适用《中华人民共和国刑法修正案（八）》修正后的刑法第五十条规定的死缓限制减刑制度提供指导。发布这一案例，着眼于贯彻落实宽严相济刑事政策和死刑政策，体现了既依法严惩严重刑事罪犯，又有效限制死刑立即执行的适用，更好地做到罚当其罪，实现刑罚法律效果和社会效果的有机统一，以最大限度增加和谐因素，最大限度减少不和谐因素，保障和促进和谐社会建设。具体有三个方面的意义：

一是体现了死缓刑罚的严厉性，有利于更好发挥刑罚惩治和预防犯罪的功能。死缓限制减刑的立法完善，大大延长了部分严重犯罪的死缓犯的实际服刑期，使之被长期监禁，出狱后的人身危险性相应大大降低。通过长期监禁和教育改造，不仅可以有效预防罪犯本人重新犯罪，而且强化了人们对死缓严厉性的认识，有利于警示潜在的犯罪分子悬崖勒马，减少严重犯罪发生。

二是有利于严格控制和慎重适用死刑，彰显尊重和保障死刑被告人的生命权，从而避免死刑立即执行带来的副作用，最大限度地化解社会矛盾，促进社会和谐。

三是有利于化解被害方的死刑立即执行诉求。过去由于死缓犯平均服刑十六七年，有的服刑十四五年便可获释，被害人亲属出于罚不当罪的认识或担心自身安全或受“杀人偿命”传统观念支配，往往对本可判处死缓的罪犯也强烈要求判处死刑立即执行。有相当一部分案件的被害人亲属提出，如果对被告人长期监禁，则可以接受死缓判决结果。现在判处被告人死刑缓期执行并限制减刑，较之死缓不限制减刑，有助于缓解“杀人偿命”传统观念造成的对严格、正确适用刑法的误解、抵触，更易让被害人亲属接受，从而缓和被害人亲属与被告人及其亲属之间的尖锐对立情绪，有效化解被害方的报应诉求，也有利于贯彻落实严格控制和慎重适用死刑的政策，从而使刑罚观念适应时代发展和进步，促进社会和谐稳定。

问：有人认为死缓限制减刑是一部分死刑立即执行的替代刑，请问这一刑罚的严厉性体现在哪里？

答：2011年2月25日，第十一届全国人民代表大会常务委员会第十九次会议审议通过了《中华人民共和国刑法修正案（八）》，在刑法第五十条增加了第二款，即“对被判处死刑缓期执行的累犯以及因故意杀人、强奸、抢劫、绑架、放火、爆炸、投放危险物质或者有组织的暴力性犯罪被判处死刑缓期执行的犯罪分子，人民法院根据犯罪情节等情况可以同时决定对其限制减刑。”

刑法同时对限制减刑作了严格规定，不仅规定了较长的刑罚实际执行期，而且规定不得假释，使之与一般死缓犯可以减刑、假释明显不同，从而缩小了死刑立即执行与死刑缓期执行在严厉性上的差距，开拓性地对死缓犯实行区别对待，并对部分死缓犯从严惩处，体现了这一刑罚的极其严厉性。

根据刑法规定和司法实践，对此类罪犯的实际执行刑期，除重大立功外，不能少于25年，加上必须有的2年死缓考验期间以及从公安机关抓获犯罪嫌疑人开始羁押到作出裁判一般1年以上的时间，实际羁押的时间至少28年，有的可能达到30年左右。

假如犯罪分子25岁左右犯罪，到55岁左右才能出狱。这样一方面犯罪分子通过长期教育和改造，与被害方的矛盾随着时间推移而消减；另一方面，犯罪分子刑满释放后因年龄、体力、生理、心理等变化，基本丧失了重新犯罪再危害社会的能力。因此死缓限制减刑被认为是死刑的替代刑，可以更有效地实现刑罚惩罚和预防特定犯罪的目的。

问：请问如何把握死缓限制减刑的适用对象？

答：刑法第五十条第二款对死缓限制减刑适用对象作出了明确规定，即仅适用于被判处死刑缓期执行的累犯以及因故意杀人、强奸、抢劫、绑架、放火、爆炸、投放危险物质或者有组织的暴力性犯罪被判处死刑缓期执行的犯罪分子。只有对符合该情形的案件，并判处被告人死刑缓期执行的，才可以考虑同时限制减刑。因其他犯罪被判处死刑缓期执行的，一律不得限制减刑。

需要注意的是，刑法第五十条第二款列举的7种具体犯罪中，没有故意伤害罪。对于单独犯或者共同犯故意伤害罪被判处死刑缓期执行的，不得判处死缓限制减刑，但如果被告人系累犯或者故意伤害行为属于有组织的暴力性犯罪的，可以对被告人同时决定限制减刑。

从立法目的来看，对判处死刑缓期执行的被告人限制减刑，并不是为了单纯加重死缓的严厉性，而是为严格执行死刑政策、限制死刑立即执行提供更为科学的立法依据，创造更为有利的社会条件。即通过延长部分死缓犯的实际服刑期，充分体现死缓的严厉性，改变过去“死刑过重、生刑过轻”的刑罚执行不平衡现象。

判处死缓并限制减刑，虽不是独立的刑种，但实际上已成为介于死刑立即执行与单纯死刑缓期执行之间的过渡刑罚，是为不须判处死刑立即执行设置的替代措施，其适用对象实质是那些罪行极其严重，论罪本应判处死刑立即执行，因具有法定或者酌定从宽处罚情节，判处死刑立即执行偏重，但判处普通死刑缓期执行又偏轻的罪犯。

问：司法实践中正确适用死缓限制减刑需要注意哪些问题？

答：为贯彻落实死缓限制减刑规定，最高人民法院于2011年4月25日公布了《关于死刑缓期执行限制减刑案件审理程序若干问题的规定》，对此类案件审理程序作出规定，并在第一条要求“人民法院根据犯罪情节、人身危险性等情况”作出是否限制减刑的决定。

刑法和司法解释明确规定了死刑缓期执行限制减刑的范围和适用根据，在司法适用中必须严格遵循，并注意把握以下问题：

一是坚持罪责刑相适应原则，注意防止两方面的适用不当。一方面，对于应当判处死刑立即执行的，仍要坚持依法判处，该杀的必须杀掉。对于虽系民间矛盾激化引发的故意杀人案件，但如果犯罪后果特别严重的，如杀害多人或者“灭门”案等，应当根据法律明确规定和具体案情判处死刑立即执行，而不是判处死刑缓期执行并限制减刑。另一方面，对于通过依法审理，缓和矛盾，并取得了被害方谅解的严重犯罪，判处死刑缓期执行能够做到罚当其罪的，也不能简单地适用限制减刑，以免造成限制减刑的滥用。

二是应当根据被告人的犯罪情节、人身危险性等情况，综合分析决定。司法实践中，一些案件被告人往往同时具有法定、酌定的从严和从宽处罚的情节。对此，应当根据宽严相济刑事政策的要求，在全面考察犯罪的性质、情节和对社会危害程度的基础上，综合考虑犯罪的性质，犯罪的起因、动机、目的、手段等情节，犯罪危害后果，结合被告人的主观恶性和人身危险性等因素，决定总体上从严，或者总体上从宽，依法作出罚当其罪、效果良好的裁判。要考虑情节本身的特点，如对同样被判处死缓的累犯，也要注意对特殊累犯、同种犯罪累犯特别是暴力性犯罪的累犯应充分考虑适用限制减刑，因为这些累犯的人身危险性更大。

该指导案例中，被告人李飞故意杀人，罪行极其严重，论罪本应判处死刑立即执行。但本案毕竟系因民间矛盾引发的犯罪，事出有因，在社会危害性上不同于其他严重危害社会治安和人民群众安全感的犯罪；案发后李飞的母亲梁某某在得知李飞杀人后的行踪时，主动、及时到公安机关反映情况，并积极配合公安机关将李飞抓获归案；李飞在公安机关对其进行抓捕时，顺从归案，并在归案后始终如实供述自己的犯罪事实，认罪态度好；在本案审理期间，李飞的母亲代为赔偿被害方经济损失；李飞虽系累犯，但此前所犯盗窃罪的情节较轻。综合上述情节，可以对李飞酌情从宽处罚，对其可不判处死刑立即执行。同时，鉴于其故意杀人手段残忍，又系累犯，与被害方形成很深的矛盾，故依法判处被告人李飞死刑，缓期二年执行，同时决定对其限制减刑。

——《宽严相济罚当其罪依法准确适用死缓限制减刑——最高人民法院研究室负责人就死缓限制减刑指导性案例答记者问》，载《人民法院报》2012年9月26日。

最高人民法院指导性案例

李飞故意杀人案（最高人民法院指导案例12号）

裁判要点：对于因民间矛盾引发的故意杀人案件，被告人犯罪手段残忍，且系累犯，论罪应当判处死刑，但被告人亲属主动协助公安机关将其抓捕归案，并积极赔偿的，人民法院根据案件具体情节，从尽量化解社会矛盾角度考虑，可以依法判处被告人死刑，缓期二年执行，同时决定限制减刑。

被告人李飞的行为已构成故意杀人罪，罪行极其严重，论罪应当判处死刑。本案系因民间矛盾引发的犯罪；案发后李飞的母亲梁某某在得知李飞杀人后的行踪时，主动、及时到公安机关反映情况，并积极配合公安机关将李飞抓获归案；李飞在公安机关对其进行抓捕时，顺从归案，没有反抗行为，并在归案后始终如实供述自己的犯罪事实，认罪态度好；在本案审理期间，李飞的母亲代为赔偿被害方经济损失；李飞虽系累犯，但此前所犯盗窃罪的情节较轻。综合考虑上述情节，可以对李飞酌情从宽处罚，对其可不判处死刑立即执行。同时，鉴于其故意杀人手段残忍，又系累犯，且被害人亲属不予谅解，故依法判处被告人李飞死刑，缓期二年执行，同时决定对其限制减刑。

——《最高人民法院关于发布第三批指导性案例的通知》(2012年9月18日，法〔2012〕227号)。

附录：最高人民法院主流观点

对于因民间矛盾引发的故意杀人案件，被告人犯罪手段残忍，且系累犯，论罪应当判处死刑，但被告人亲属积极协助公安机关将其抓获归案，并积极赔偿的，人民法院根据案件具体情节，从尽量化解社会矛盾角度考虑，可以依法判处被告人死刑，缓期二年执行，同时决定限制减刑。按照《刑法修正案（八）》修正后的《刑法》第五十条第二款的规定，死刑缓期执行限制减刑只适用于“对被判处死刑缓期执行的累犯以及因故意杀人、强奸、抢劫、绑架、放火、爆炸、投放危险物质或者有组织的暴力性犯罪被判处死刑缓期执行的犯罪分子”，并且应当遵循罪刑法定、罪责刑相适应、上诉不加刑等原则，贯彻落实好宽严相济的刑事政策和“保留死刑，严格控制和慎重适用死刑”的死刑政策。从罪责刑相适应原则来讲，死刑缓期执行限制减刑只适用于判处死刑立即执行过重，判处死刑缓期执行不限制减刑又偏轻的罪犯。鉴于最高人民法院指导案例4号《王志才故意杀人案》的理解与参照，已对死缓限制减刑的原则、适用对象和条件、时间效力等相关问题进行了阐述，本文不再赘述。理解和参照适用该指导案例裁判要点时，需要注意把握以下问题：

（一）关于被判处死刑缓期执行的累犯的限制减刑

根据刑法规定，累犯一般是指因故意犯罪被判处有期徒刑以上刑罚，在刑罚执行完毕或者赦免以后5年内，再次故意犯应当判处有期徒刑以上刑罚之罪的犯罪分子，也包括因“危害国家安全犯罪、恐怖活动犯罪、黑社会性质的组织犯罪的犯罪分子，在刑罚执行完毕或者赦免以后，在任何时候再犯上述任一类罪”的特殊累犯。累犯因体现了犯罪分子较高的人身危险性和较深的主观恶性，所以刑法明确规定，对于累犯应当从重处罚。但是，累犯的前罪与后罪情况有多种情形：依罪行轻重程度来分，包括轻罪＋轻罪、轻罪＋重罪、重罪＋轻罪、重罪＋重罪；依犯罪行为的暴力性来分，包括非暴力性犯罪＋非暴力性犯罪、非暴力性犯罪＋暴力性犯罪、暴力性犯罪＋非暴力性犯罪、暴力性犯罪＋暴力性犯罪：依犯罪行为次数来分，又有一起犯罪＋一起犯罪、一起犯罪＋多起犯罪、多起犯罪＋一起犯罪和多起犯罪＋多起犯罪。在上述前罪与后罪之间的关系模式中，不同的关系模式所体现的累犯的人身危险性和主观恶性有所不同。因此要进一步区分累犯的人身危险性和主观恶性程度，并在量刑时有所区别和体现。具体而言，当累犯的前罪和后罪均为严重的暴力性犯罪、同类犯罪或者数罪时，累犯情节所体现的人身危险性和主观恶性就更大，对被告人一般应当限制减刑；当累犯的前罪并非暴力性犯罪或者虽系暴力性犯罪，但情节较轻的，尤其是因民间矛盾激化引发的犯罪，则累犯情节对于是否适用限制减刑的影响相对较小，要根据案件的具体情节和被告人的人身危险性，按照罪刑相适应原则的要求，决定是否限制减刑，而不能一律对其限制减刑。本案例中，被告人李飞前罪为盗窃罪，被判处有期徒刑二年，所犯前罪系非暴力性犯罪，被判处的刑罚亦较轻。从前罪与后罪的关系模式看，系轻罪＋重罪、非暴力性犯罪＋暴力性犯罪、一起犯罪＋一起犯罪。这说明李飞的人身危险性和主观恶性尚不是极其严重。结合本案其他情节，判处被告人死缓并限制减刑能够罚当其罪，收到较好的法律效果和社会效果。

值得注意的是，司法实践中还有一种情形，即被告人曾因犯罪被判刑，但不构成累犯的情形。对于这种情形的罪犯，如果本次犯罪被判处死刑缓期执行，也符合刑法规定限制减刑的前提条件，则应当根据其前罪与后罪的犯罪性质和具体情节，结合罪犯的人身危险性和主观恶性，决定是否对其限制减刑，而不能一律限制减刑或不限制减刑。

（二）关于因民间矛盾故意杀人被判处死缓的限制减刑

对于因民间矛盾激化引发的故意杀人案件，在死刑适用的把握上不同于其他严重危害社会治安的故意杀人、抢劫、绑架等暴力性犯罪案件。对此类案件的处理原则，最高人民法院早在 1999 年印发的《全国法院维护农村稳定刑事审判工作座谈会纪要》中就明确提出："对于因婚姻家庭、邻里纠纷等民间矛盾激化引发的故意杀人犯罪，适用死刑一定要十分慎重，应当与发生在社会上的严重危害社会治安的其他故意杀人犯罪案件有所区别。" 2010 年印发的《关于贯彻宽严相济刑事政策的若干意见》（以下简称《宽严相济意见》）第二十二条再次明确强调："对于因恋爱、婚姻、家庭、邻里纠纷等民间矛盾激化引发的犯罪，因劳动纠纷、管理失当等原因引发、犯罪动机不属恶劣的犯罪，因被害方过错或者基于义愤引发的具有防卫因素的突发性犯罪，应酌情从宽处罚。"

对处理这类案件的上述要求，是罪责刑相适应原则和宽严相济刑事政策的具体阐释，有利于促进社会主义和谐社会建设。首先，因民间矛盾激化引发的故意杀人，均事出有因、属于针对特定对象实施的犯罪，这与发生在社会上、针对不特定对象实施同类犯罪的被告人相比，在主观恶性、人身危险性上有明显区别。基于罪责刑相适应刑法基本原则的要求，从预防犯罪的刑罚目的出发，为保障案件处理取得良好法律效果，对此类案件的被告人理应区别对待。其次，因民间矛盾激化引发的犯罪，被告与被害方多存在邻里、同事、亲友或者婚恋等比较密切的关系，有的还是同一家庭的成员。对此类案件，如果简单地一杀了之，往往会使当事人双方结下更深冤仇，甚至是世代冤仇；相反，如果在审判案件的同时大力促进当事人双方的矛盾化解，在尽力做好被害方思想和善后工作，敦促被告人认罪悔罪、积极赔偿的基础上，酌情对被告人从宽处罚，有益于修复遭犯罪侵害的社会关系，使邻里、家庭、社区的社会生活秩序重归融合。因此，从促进社会和谐角度考虑，为保障案件处理取得良好社会效果，对此类案件的被告人也应当与发生在社会上、针对不特定对象实施同类犯罪的被告人有所区别。

对此类判处被告人死刑缓期执行的案件，是否限制减刑，应当根据被告人犯罪情节、人身危险性等情况，综合分析各种法定和酌定量刑情节，然后依法作出罚当其罪、效果良好的裁判。本案例中，对被告人李飞判处死缓并限制减刑主要考虑了以下几个方面：

1. 关于案件起因。如前所述，引发案件发生的原因不同，反映出被告人的主观恶性和人身危险性也不同。对于因民间矛盾引发、判处死缓的故意杀人案件，一般应先做民事调解工作，如果调解不成，可以综合考虑其他情节，决定是否限制减刑。当然即使调解不成，判处死刑缓期执行能够罚当其罪的，也不能再限制减刑。本案例被告人李飞在外地犯盗窃罪刑满释放后回到原籍，在其工作期间，因当地公安机关到其工作单位建立重点人档案，其前科情况被单位知晓，停止了李飞的工作。李飞前科情况被当地知晓已给李飞造成一定精神压力。在李飞怀疑自己被停止工作与其前女友徐某某有关并给徐打电话质问时，徐某某出于赌气等心理，竟然承认系自己所为。徐某某的表妹王某某在接听李飞打给徐某某的电话过程中，又被李飞认为王某某接听电话是为了故意浪费其电话费。由此导致矛盾激化而引发本案。李飞的犯罪对象特定，因与其前女友的矛盾激化而案发，事出有因，这种情况与发生在社会上针对不特定对象的严重危害社会治安的犯罪有所区别。

2. 关于犯罪手段。故意杀人的犯罪手段，按照其残忍程度，可以分为犯罪手段极其残忍、犯罪手段残忍和犯罪手段一般。反复折磨被害人，致被害人面目全非，杀人后焚尸、肢解或碎尸，属于作案手段极其残忍；多次砍刺、击打被害人，在被害人逃跑或哀求的情况下仍追杀或不停止加害，杀人后又奸尸或猥亵尸体等情形，属于犯罪手段残忍；采取普通手段，致使被害人死亡的，属于犯罪手段一般。对于故意杀人手段极其残忍的，如无其他从轻情节，一般可以判处死刑立即执行。对于犯罪手段残忍，但综合考虑全案其他情节，判处死刑立即执行仍显偏重的，判处死缓偏轻的，可以判处死缓限制减刑。本案例的被告人李飞持锤子先后砸击徐某某、王某某，后又持锤子再次分别对徐某某、王某某进行砸击，在王某某哀求时，仍然对王某某进行砸击，犯罪手段应属手段残忍，结合案件其他情节，依法被判处死缓并限制减刑。

3. 关于犯罪后果。司法实践中，因民间矛盾激化引发的故意杀人案件，造成一人死亡的一般属于犯罪后果严重，造成二人以上死亡或者造成一人死亡又致人重伤或轻伤的，属于后果极其严重。本案例被告人李飞造成一死一轻伤，且王某某头部和手部两处均为轻伤，属轻伤中比较重的轻伤。李飞故意杀人后果极其严重，结合其累犯情节，单纯判处死缓显然偏轻。

4. 关于被告人亲属协助抓获被告人。《宽严相济意见》第十七条第二款规定：对于亲属以不同形式协助司法机关抓获被告人，有的虽然不能认定为自首，但考虑到被告人亲属支持司法机关工作，促使被告人到案、认罪、悔罪，在决定对被告人具体处罚时，也应当予以充分考虑。《最高人民法院关于处理自首和立功若干具体问题的意见》第一条第四款规定：犯罪嫌疑人在亲友带领侦查人员前来抓捕时无拒捕行为，并如实供认犯罪事实的，虽然不能认定为自动投案，但可以参照法律对自首的有关规定酌情从轻处罚。本案例中，被告人李飞的母亲梁某某在得知李飞的行踪后，主动、及时到公安机关反映情况，并积极配合公安机关提前埋伏在李飞的姑母家中，将李飞抓获归案。李飞在公安机关对其进行抓捕时，顺从归案，并在归案后始终如实供述自己的犯罪事实，认罪态度好。

5. 关于民事赔偿。民事赔偿与量刑的关系是刑事审判中比较敏感和备受关注的问题。对此，最高人民法院在《关于刑事附带民事诉讼范围的规定》① 第四条规定："被告人已经赔偿被害人物质损失的，人民法院可以作为量刑情节予以考虑。"最高人民法院在《宽严相济意见》第二十三条具体要求："被告人案发后对被害人积极进行赔偿，并认罪、悔罪的，依法可以作为酌定量刑情节予以考虑。因婚姻、家庭等民间纠纷激化引发的犯罪，被害人及其家属对被告人表示谅解的，应当作为酌定量刑情节予以考虑。"这里的积极赔偿包括以下三种情形：一是被告人完全满足被害方赔偿要求；二是被告人虽未完全满足被害方赔偿要求，但已尽其所能进行赔偿，并确实可以弥补被害方

① 本文件已被《最高人民法院关于废止部分司法解释和司法解释性质文件（第十一批）的决定》（法释〔2015〕2号）废止。

一定损失；三是被告人处于有心无力的状况下，被告人亲属积极自愿代为赔偿，有利于弥补被害方损失，可以视同被告人积极赔偿。本案例中，被告人李飞的母亲在自己每月只有200元低保的情况下，仍然拿出4万元赔偿款，用于赔偿被害人亲属，虽然未与被害方达成赔偿谅解协议，但表现出赔偿的积极性，李飞也认罪悔罪，量刑时可以酌情考虑。

6. 关于被害方诉求。被害方对犯罪的危害性体会最深，感受最具体，这种感受也是犯罪社会危害性的重要体现。在审判案件时，要重视和理解被害人亲属的痛苦感受和反应，努力通过审判工作修复被害方受到的伤害。但是，由于被害方与案件有利害关系，他们表达的诉求和愿望往往带有一定的感情色彩和情绪化因素，所以对被害方的意愿，既要充分理解、尊重和考虑，又不能简单地把被害方意愿等同于民意，应当注意区分不同情况，依法慎重处理。对于被害方合法合理的诉求，要依法保护和支持；对于超出法律规定的要求，要做好说服教育和解释工作，尤其是依法不应当判处死刑的，不能因为被害方反应强烈，民事调解工作难以开展，就对被告人判处死刑。具体讲，对于因民间矛盾激化引发的故意杀人判处死刑缓期执行的案件，如被害人亲属强烈要求判处死刑立即执行，民事调解工作难以有效开展，根据犯罪情节和人身危险性等案件具体情况，可以对被告人判处死缓并限制减刑，从而缓和被害人亲属的情绪，减少此类案件的死刑立即执行的适用，促进严格控制和慎重适用死刑政策的进一步贯彻落实。对于通过认真开展民事调解工作，判处死刑缓期执行能够案结事了的，不能怕麻烦，不经认真做调解工作，就简单地适用限制减刑，也不能因为民事调解未成，被害人亲属上访、闹访而对被告人限制减刑，以免造成限制减刑的滥用。也就是说，只有判处死缓限制减刑符合罪刑相适应原则要求，且不限制减刑难以做到案结事了、达到法律效果和社会效果良好统一的，才可以考虑限制减刑。

综上所述，考虑到本案因民间矛盾激化引发、被告人李飞的母亲协助抓获被告人并积极进行赔偿，李飞认罪态度好，此前所犯盗窃罪情节较轻，对李飞可不判处死刑立即执行。同时鉴于犯罪手段残忍，又系累犯，被害人亲属不予谅解，故对李飞判处死刑，缓期2年执行，并限制减刑。

——最高人民法院案例指导工作办公室：《指导案例12号〈李飞故意杀人案〉的理解与参照》。

说明

该指导性案例的发布具有重要意义，有利于正确理解和适用修正后的刑法第五十条的规定，贯彻落实宽严相济刑事政策和死刑政策，既依法严惩严重刑事犯罪，又进一步严格限制死刑，促进和谐社会建设。一是贯彻和体现了死缓刑罚的严厉性，有利于更好发挥刑罚惩治和预防犯罪功能。《刑法修正案（八）》设立了死刑缓期执行限制减刑制度，延长了部分严重犯罪的死缓犯的实际服刑期，使之通常被监禁二十五年以上，出狱后的人身危险性大大降低。通过依法适用死缓限制减刑，长期监禁和教育改造罪犯，不仅可以有效预防罪犯本人重新犯罪，而且强化了人们对死缓严厉性的认识，有利于告诫潜在的犯罪分子悬崖勒马，减少严重犯罪的发生。二是有利于严格控制和慎重适用死刑，最大限度地缓和与化解社会矛盾，促进社会和谐。人民法院判处被告人死刑缓期执行并限制减刑，较之死缓不限制减刑，有助于减缓“杀人偿命”的传统报应观念，更能让被害人亲属接受，从而缓和被害人亲属与被告人及其亲属之间的长期对立情绪，防止引发相互复仇的恶性循环，最大限度地减少不和谐因素，也有利于贯彻落实严格控制和慎重适用死刑的政策，促进刑罚观念适应时代发展和进步，从而促进社会和谐稳定。三是有利于统一死缓限制减刑的裁判标准，维护司法公正。为了贯彻落实死缓限制减刑这一新制度，最高人民法院制定了《关于死刑缓期执行限制减刑案件审理程序若干问题的规定》和《关于〈中华人民共和国刑法修正案（八）〉时间效力问题的解释》等配套规定，主要规定了对死刑缓期执行罪犯限制减刑案件的审理程序，未具体明确适用限制减刑的实体条件。因此，在法律规定比较原则的情况下，通过发布指导性案例，可以加强对该类案件的审判指导，统一死缓限制减刑的适用标准，提高审判质量，实现审判案件法律效果和社会效果的良好统一。

《刑事审判参考》指导案例

宋江平、平建卫抢劫、盗窃案（《刑事审判参考》指导案例第739号）

裁判要点：对于判处死刑缓期执行的被告人决定限制判刑，应当遵循罪行法定原则、罪责刑相适应原则和有利于严格执行死刑政策的原则。

（一）对判处死刑缓期执行的被告人决定限制减刑，应当遵循三项基本原则：

一是罪刑法定原则。根据刑法第五十条第二款的规定，对被判处死刑缓期执行的被告人，仅在三种情形下可以同时决定限制减刑：（1）累犯；（2）因实施故意杀人、强奸、抢劫、绑架、放火、爆炸、投放危险物质7种具体犯罪而被判处死刑缓期执行；（3）因实施有组织的暴力性犯罪而被判处死刑缓期执行。对除此三种情形之外判处被告人死刑缓期执行的，一律不得限制减刑。

二是罪刑相适应原则。限制减刑应当仅适用于判处死刑立即执行过重，但判处死刑缓期执行不限制减刑又偏轻的案件。从刑法第五十条第二款的规定看，尽管刑法已将死刑缓期执行限制减刑的范围限制于前述三种情形，但因刑法规定是否限制减刑要由人民法院根据“犯罪情节等情况”作出决定，存在一定弹性或者裁量余地，故在司法适用中十分有必要强调遵循罪刑相适应原则。具体而言，对判处死刑缓期执行的被告人决定是否限制减刑，要综合考虑犯罪的性质、犯罪的起因、动机、目的、手段等情节，犯罪的后果，被告人的主观恶性和人身危险性等因素，全面分析量刑情节，严格依法适用，确保实现法律效果和社会效果的统一。对于判处死刑缓期执行不需限制减刑，就能做到有效制裁犯罪的案件，绝不应当对被告人限制减刑。工作中遇到是否须限制减刑把握不准的案件，则更应注重评估裁判的效果，避免简单适用限制减刑。

三是有利于严格执行死刑政策原则。这是在对判处死刑缓期执行的被告人决定是否限制减刑时要遵循的最重要的一条原则。从立法目的看，对判处死刑缓期执行的被告人限制减刑，并不是为了单纯加重死刑缓期执行刑的严厉性，而是为进一步严格执行死刑政策创造条件。即通过延长部分死刑缓期执行罪犯的实际执行期，改变以往“死刑过重、生刑过轻”的刑罚执行不平衡现象。由此，一部分以往因判处死刑缓期执行尚不足以罚当其罪而判处了死刑立即执行的案件，在《刑法修正案（八）》施行后，可以判处死刑缓期执行并限制减刑。也就是说，对判处死刑缓期执行的被告人适用限制减刑，针对的是以往应判处死刑立即执行的案件，而不是以往论罪应当判处死刑缓期执行的案件。这样把握，既有利于进一步严格执行死刑政策，也有利于实现对少数罪行极其严重的死刑缓期执行罪犯的严惩。如果认为刑法规定死刑缓期执行限制减刑制度只是单纯增强了死刑缓期执行刑的严厉性，而不从立法目的来把握限制减刑的适用条件，就会造成对限制减刑的不当适用甚至滥用，出现死刑未得到控制而生刑又加重了的违背立法目的的现象。因此，在审判工作中对判处死刑缓期执行的被告人限制减刑，必须以有利于严格执行死刑政策为前提。对每一个判处死刑缓期执行的被告人决定是否限制减刑，均应当围绕这一立法目的展开。

——最高人民法院刑事审判第一、二、三、四、五庭主办:《刑事审判参考》2011 年第 6 集（总第 83 集），法律出版社 2012 年版，第 33~41 页。

105. 共同犯罪案件中限制减刑的适用

关键词

共同犯罪　死缓限制减刑

《刑事审判参考》指导案例

宋江平、平建卫抢劫、盗窃案（《刑事审判参考》指导案例第 739 号）

裁判要点：被告人在抢劫共同犯罪中虽然行为积极主动，是致死被害人的直接责任人之一，可以判处死刑立即执行，但由于其在共同犯罪中处于受支配地位，且犯罪时刚满 18 周岁，归罪后认罪、悔罪态度好，且抢劫罪是刑法规定的可以限制减刑的犯罪之一，故而在对被告人判处死刑缓期执行时，应当同时决定对其限制判刑。

（二）对共同犯罪案件中判处死刑缓期执行的被告人适用限制减刑的条件

近年来为严格控制和慎重适用死刑，对于二人或者多人共同犯罪致一人死亡的案件，要进一步区分主犯之间的罪责大小，仅对其中罪责最大的主犯判处死刑立即执行。2010 年最高人民法院印发的《关于贯彻宽严相济刑事政策的若干意见》中规定“对于多名被告人共同致死一名被害人的案件，要进一步分清各被告人的作用，准确确定各被告人的罪责，以做到区别对待；不能以分不清主次为由，简单地一律判处重刑”。这里的“重刑”主要是指死刑立即执行。在有些案件中，数名主犯之间罪责差别不大，罪责相对略小的主犯被判处了死刑缓期执行。对这类主犯是否限制减刑，关键看其主观恶性和人身危险性的大小。如果被判处死刑缓期执行的被告人犯罪手段残忍，犯罪性质和情节恶劣，或者是累犯或者有前科，表现出较大的主观恶性和人身危险性的，在符合刑法第五十条第二款规定的前提下，可以决定对其限制减刑。这样把握，既体现出严格执行死刑政策，又充分体现了对此类主犯的严惩，实现与判处死刑立即执行主犯之间的量刑平衡。反之，如果判处死刑缓期执行的被告人犯罪手段和情节一般，也没有前科，不能认定其主观恶性深、人身危险性大的，则判处死刑缓期执行就已经体现严惩，并能实现与判处死刑立即执行主犯之间的量刑平衡，自然也就不应当再对其限制减刑。

本案中，被告人宋江平、平建卫伙同他人实施了一起抢劫和两起盗窃犯罪。其中，抢劫是主要罪行，二被告人也因该罪被一、二审法院判处死刑立即执行。最高人民法院复核后，对被告人宋江平核准死刑。理由是：宋江平伙同平建卫等人以故意杀人手段实施抢劫，捅刺被害人全身数十刀，手段特别残忍，罪行极其严重；宋江平虽未直接动手杀人，但其提议抢劫，纠集其他人参与作案，并负责组织、指挥，作用最为突出；同时，宋曾因犯抢劫罪被判刑 7 年，刑满释放后 2 年多又犯抢劫罪、盗窃罪，主观恶性深、人身危险性大，应当依法严惩，一、二审对其判处死刑适当。

但是，对于被告人平建卫，最高人民法院复核后对其改判了死刑缓期执行并限制减刑。主要理由在于，虽然平建卫在抢劫共同犯罪中行为积极主动，首先动手捅刺被害人，其供述自己一人捅刺被害人多刀，且系从正面捅刺，是致死被害人的直接责任人之一，罪行极其严重，论罪可以判处死刑立即执行。但是，平建卫系被宋江平纠集参与作案，在作案过程中听从宋的指挥，一定程度上处于受支配地位，且犯罪时刚满18周岁，归案后认罪、悔罪态度尚好，从严格执行死刑政策角度出发，尚不属于判处死刑必须立即执行；而抢劫罪是刑法第五十条第二款规定的可以限制减刑的7种具体犯罪之一。鉴于前两点理由，且为实现与第一主犯宋江平之间的量刑平衡，对平建卫判处死刑缓期执行，应当同时决定对其限制减刑。当然，如果本起抢劫犯罪手段不是这么残忍，尚不能认定平建卫主观恶性深、人身危险性大，则不应对其限制减刑。

——最高人民法院刑事审判第一、二、三、四、五庭主办：《刑事审判参考》2011年第6集（总第83集），法律出版社2012年版，第33~41页。

106.2011年4月30日以前犯罪的可以适用限制减刑

关键词

限制减刑 时间效力

最高人民法院司法解释

第二条 2011年4月30日以前犯罪，判处死刑缓期执行的，适用修正前刑法第五十条的规定。

被告人具有累犯情节，或者所犯之罪是故意杀人、强奸、抢劫、绑架、放火、爆炸、投放危险物质或者有组织的暴力性犯罪，罪行极其严重，根据修正前刑法判处死刑缓期执行不能体现罪刑相适应原则，而根据修正后刑法判处死刑缓期执行同时决定限制减刑可以罚当其罪的，适用修正后刑法第五十条第二款的规定。

——《最高人民法院关于〈中华人民共和国刑法修正案（八）〉时间效力问题的解释》（2011年4月25日，法释〔2011〕9号）。

《刑事审判参考》指导案例

宋江平、平建卫抢劫、盗窃案（《刑事审判参考》指导案例第739号）

裁判要点：根据修正前刑法判处死刑缓期执行不能体现罪刑相适应原则，而根据修正后刑法判处死刑缓期执行同时决定限制减刑

可以罚当其罪的，适用修正后《刑法》第五十条第二款的规定。

值得一提的是，本案的犯罪时间发生在2008年，而《刑法修正案（八）》自2011年5月1日起公布施行，似乎不能依据《刑法修正案（八）》对被告人平建卫限制减刑。但如前所述，死刑缓期执行限制减刑制度是从严格执行死刑政策的角度来适用的，限制减刑的对象是按照修正前刑法应当判处死刑立即执行，但因形势变化、宽严相济刑事政策的进一步贯彻以及死缓制度的完善，依照修正后刑法可不判处死刑立即执行者。相对于判处死刑立即执行而言，对被告人判处死刑缓期执行并限制减刑属于较轻的刑罚。在此种条件下，修正后的刑法对被告人有利，也完全符合“从旧兼从轻”的刑法适用原则。正是基于这些理由，《最高人民法院关于〈中华人民共和国刑法修正案（八）〉时间效力问题的解释》第二条第二款规定：“被告人具有累犯情节，或者所犯之罪是故意杀人、强奸、抢劫、绑架、放火、爆炸、投放危险物质或者有组织的暴力性犯罪，罪行极其严重，根据修正前刑法判处死刑缓期执行不能体现罪刑相适应原则，而根据修正后刑法判处死刑缓期执行同时决定限制减刑可以罚当其罪的，适用修正后刑法第五十条第二款的规定。”今后，对于此类案件适用限制减刑的时间效力问题，均应当依照司法解释的该项规定办理。

——最高人民法院刑事审判第一、二、三、四、五庭主办：《刑事审判参考》2011年第6集（总第83集），法律出版社2012年版，第33~41页。

107. 严格控制和慎重适用死刑

关键词

宽严相济刑事政策　慎用死刑

最高人民法院司法政策精神

要准确理解和严格执行“保留死刑，严格控制和慎重适用死刑”的政策。对于罪行极其严重的犯罪分子，论罪应当判处死刑的，要坚决依法判处死刑。要依法严格控制死刑的适用，统一死刑案件的裁判标准，确保死刑只适用于极少数罪行极其严重的犯罪分子。拟判处死刑的具体案件定罪或者量刑的证据必须确实、充分，得出唯一结论。对于罪行极其严重，但只要是依法可不立即执行的，就不应当判处死刑立即执行。

——《最高人民法院印发〈关于贯彻宽严相济刑事政策的若干意见〉的通知》（2010年2月8日，法发〔2010〕9号）。

附录：理解与适用

严格控制和慎重适用死刑。《意见》第29条强调要准确理解和严格执行“保留死刑，严格控制和慎重适用死刑”的政策。“保留死刑，严格控制和慎重适用死刑”是我们党和国家一贯的死刑政策，与宽严相济刑事政策也是完全一致的。保留死刑符合我国现阶段国情，是维护国家安全和社会稳定，维护人民群众安全感的客观需要。依法对罪行极其严重的犯罪分子适用死刑，在今后一个相当长的时期内，仍然是维护国家安全和社会稳定、保护人民群众根本利益、保障经济社会发展的重要手段。严格控制和慎重适用死刑，则是立足于教育、感化和挽救大多数，最大限度地减少社会对立面，促进社会和谐。

严格控制是对死刑适用总体上、战略上和趋势上的严格把握，就是要防止任何不必要的适用甚至滥用。严格控制，绝非人为减少死刑适用，而是要求必须通过严格依法、严格标准、严格适用，以确保死刑这一最严厉的刑罚真正只适用于极少数罪行极其严重、不堪教育改造的犯罪分子。慎重适用则是对死刑个案在具体事实认定、证据审查和法律适用、政策把握上的极其慎重态度，就是要绝对防止死刑案件出现任何人为差误，导致冤杀错判，确保每一起死刑案件都经得起历史检验、经得起人民群众检验、经得起法律检验，真正办成“铁案”。落实慎重适用，必须切实执行严格统一的证据裁判标准、严格统一的法律政策标准。一方面，适用死刑必须严格统一地坚持证据裁判的最高标准和最严要求。在事实、证据上，各级人民法院都不能冒一丝一毫的误判死刑的风险。对于定罪证据或者重要量刑证据有疑问、有欠缺，不能排除合理怀疑，不能得出唯一结论的，绝对不能适用死刑。另一方面，适用死刑必须严格统一地把握法律政策标准。对依法不应当判处死刑的案件，无论面临多大的压力，都要坚持对党的事业负责、对人民根本利益负责、对国家法律负责，绝不能违法适用死刑。

对依法可以判处死刑的案件，是否判处死刑，要结合被告人的犯罪原因、犯罪情节、危害后果、有无前科、认罪悔罪态度等法定、酌定量刑情节综合判定。具有法定从宽情节的，应当最大限度体现立法精神；有酌定从宽情节的，也应当充分体现政策，能不判处死刑立即执行的，尽最大努力做好工作，落实政策，争取更好的社会效果。对于一些罪行极其严重、论罪应判处死刑的犯罪分子，鉴于其具有自首、立功等法定从轻处罚情节，或者具有全部退缴赃款、因民间矛盾引发且取得被害人谅解等酌定从宽处罚情节，依法不判处其死刑立即执行，体现了死刑政策“严中有宽”的精神，符合宽严相济刑事政策的要求。要严格执行《最高人民法院关于审理故意杀人、故意伤害案件正确适用死刑问题的指导意见》《全国部分法院审理毒品犯罪案件工作座谈会纪要》等文件，切实贯彻已经形成共识的政策把握原则。对于具有自首、立功等法定从宽处罚情节的被告人，必须尽可能地兑现政策，依法从宽。对于共同犯罪、同时可能判处2人甚至多人死刑的案件，应当仔细区分、综合判定各被告人在共同犯罪中的地位、作用及其人身危险性，实行区别对待。对于从属性运输毒品犯罪，在量刑上，应当与走私、贩卖、制造毒品有所区别，不应仅以涉案毒品数量的大小而决定刑罚的适用。

——高贵君、李睿懿、毛宜全、侯宏林：《〈关于贯彻宽严相济刑事政策的若干意见〉的理解与适用》，载《人民司法·应用》2010年第7期（总第594期）。

《刑事审判参考》指导案例

张某故意杀人案（《刑事审判参考》指导案例第761号）

裁判要点：对于被告人是否判处死刑，应从罪行评价、预防犯罪、矛盾化解的角度进行综合考量，遵循罪责刑相适应的原则，作出慎重裁判。

（一）罪行评价角度

该案由家庭矛盾引发，两名被害人是被告人的父母。两名被害人在孝敬老人、管教子女等方面存在严重过错，且系激发被告人产生犯意的重要诱因，因此对被告人的罪行评价应当区别于一般故意杀人犯罪。

从主观方面分析，该案在犯罪起因上属多因一果情形。被告人对其父母即两名被害人的怨恨始于其中一名被害人殴打被告人的祖母、侵占其祖母的房产和对被告人长期采用暴力管教。

从客观方面分析，被害人的过错属于刑法中的过错，由此对被告人的罪行评价相应有所调整。被害人的过错不仅严重违背中国传统的家庭伦理，而且属于严重的违法行为。故意杀人犯罪案件中，被害人即便有过错，也不可像民事责任那样要求被害人分担部分刑事责任。然而，被害人是否有过错的认定直接影响到被告人主观恶性和人身危险性的评价，从而影响罪行评价，最终影响到量刑。本案被害人的严重过错是诱发本案发生的重要诱因，从中体现出被告人的主观恶性和人身危险性程度较一般故意杀人犯罪要低。

（二）预防犯罪角度

本案被告人刚过判处死刑年龄，性格可塑性强，改造难度小，客观、全面、综合把握各种从严、从宽情节，从预防犯罪目的考虑，本着贯彻宽严相济刑事政策和严格控制、慎重适用的死刑政策精神，可对被告人从轻处罚。

根据社会防卫论的研究成果，要从根本上预防犯罪，必须准确分析犯罪的社会原因和个体原因，有针对性地进行防范和矫治。被告人决意实施犯罪，有其性格偏激的原因，而这一性格的形成又与其家庭教育密不可分。加上被告人正处于未成年人向成年人过渡的阶段，对这一过渡年龄阶段的犯罪人，只要有足够的改造空间，被害人家属及广大民众无明显抵制情绪，就不应该放弃以教育为主的方式改造和预防犯罪。

（三）矛盾化解角度

本案被告人是两被害人的独生子，被告人的祖母因本案已经失去了儿子、儿媳，若对被告人再判处死刑立即执行，意味着断子绝孙，被告人的祖母就无人赡养，从而必然留下一定社会隐患，被告人的祖母多次不惜以死请求法院对被告人从轻处罚，当地社区民众均表示同情。因此，母系被害方不再坚决要求判处被告人死刑立即执行，父系被害人坚决要求不判处死刑立即执行，社区群众也希望不判处死刑立即执行。从社会矛盾化解角度分析，对被告人判处死缓不仅有利于社会矛盾化解，还准确体现了罪责刑相适应，更好地实现法律效果和社会效果的有机统一。

——最高人民法院刑事审判第一、二、三、四、五庭主办：《刑事审判参考》2012 年第 2 集（总第 85 集），法律出版社 2012 年版，第 32~37 页。

108. 主观恶性极深、人身危险性极大的被告人，即使通过赔偿取得被害方谅解也可判处死刑

关键词

主观恶性　死刑　赔偿

《刑事审判参考》指导案例

林明龙强奸案（《刑事审判参考》指导案例第 636 号）

裁判要点：如果被告人主观恶性极深，人身危险性极大，则即便被告人家属积极赔偿，取得被害方谅解，也不能作为应当型从轻处罚情节。

如何处理民事赔偿与量刑之间的关系，是刑事审判中一个重要而敏感的问题。《最高人民法院关于贯彻宽严相济刑事政策的若干意见》（以下简称《意见》）第二十三条规定："被告人案发后对被害人积极进行赔偿，并认罪、悔罪的，依法可以作为酌定量刑情节予以考虑。因婚姻家庭等民间纠纷激化引发的犯罪，被害人及其家属对被告人表示谅解的，应当作为酌定量刑情节

予以考虑。”这一规定是当前人民法院处理这一关系的基本政策法律依据。

被告人积极赔偿，认罪、悔罪，或是被害方谅解，属于犯罪后的情节，在一定程度上影响了被告人主观恶性和人身危险性的评价，因此，在量刑时应当予以充分考虑。但是，量刑是一个综合衡量的过程，各种量刑情节，包括从重、从轻的情节，法定、酌定的情节都需要权衡。其中，犯罪性质和犯罪行为给社会造成的危害程度是决定被告人刑罚的最基本因素，片面夸大积极赔偿或谅解等罪后情节的作用，忽视犯罪性质和犯罪行为本身的社会危害都是不正确的。实践中，在决定被告人最终刑罚时，除考虑犯罪的性质、情节、后果及被告人的主观恶性、人身危险性等因素外，还要结合宽严相济刑事政策的要求进行综合评判。因民间纠纷激化引发的犯罪，因为发生在特定的当事人之间，其社会危害性与严重危害社会治安的犯罪有区别，在处理时，如果被害方对被告人表示谅解，原则上应从轻处罚，而且人民法院还应当加大对此类案件的民事调解工作力度，化解当事人双方的矛盾，促成被害方的谅解。只要赔偿得好，被害方又谅解的，就可以大胆地从轻，一般都不考虑判处死刑立即执行，这是贯彻宽严相济刑事政策的要求，不属于“以钱买命”。但是，对于那些严重危害社会治安、严重影响人民群众安全感的案件、犯罪情节特别恶劣、犯罪后果特别严重的案件以及犯罪分子的主观恶性极深、人身危险性极大的案件，即使被告人积极赔偿，获得被害方谅解，但论罪应当判处死刑的，还是应依法判处死刑；也就是说，要着重考虑犯罪行为的社会危害性以及由此造成的严重社会影响，对量刑社会效果的评价不能仅局限于赔偿和被害方的谅解。

强奸致人死亡是严重危害社会治安的犯罪，与民间纠纷引发的犯罪存在明显区别，这类犯罪针对的对象往往不特定，严重损害人民群众的安全感，属于宽严相济刑事政策中从严惩处的重点对象。本案中，林明龙深夜尾随未成年被害人到住处，在居民楼的楼道上将被害人强奸致死，其犯罪性质特别严重，情节特别恶劣，犯罪后果特别严重，并在当地造成了恶劣的社会影响，属于罪行极其严重的犯罪分子，应当依法严惩。

联系本案，林明龙的家属私下找到被害人家属进行协商，达成书面谅解协议。根据协议，林明龙家属赔偿 45 万元，被害人家属对林明龙的行为表示谅解，并请求对其从轻处罚。从协议内容看，协议赔偿数额超出法院判决赔偿数额（判决赔偿 20 余万元）一倍多，而且大部分赔偿款（35 万元）以不判处林明龙死刑立即执行为前提。这种出于获取巨额赔偿款目的而表示的谅解，很难说得上是真诚的谅解。而且，本案被告人林明龙多次犯罪，系累犯。其先后被四次判刑、一次劳教，每次都是时隔不久又再犯案，可谓屡教不改，主观恶性极深，人身危险性极大。对如此恶劣的犯罪分子，如果仅因被告人家庭有钱赔偿就可以从轻处罚，实质上意味着有钱可以买命，如此不但会严重破坏法律的平等和公正，而且会损害人民法院的司法权威。因此，本案核准被告人林明龙死刑，没有因被告人家属积极赔偿、被害方谅解而对被告人从轻处罚是正确的。

——最高人民法院刑事审判第一、二、三、四、五庭主办：《刑事审判参考》2010年第4集（总第75集），法律出版社2011年版，第37~42页。

109. 罪行极其严重的故意杀人未遂案件可以适用死刑立即执行

关键词

死刑适用　故意杀人罪　犯罪未遂

《刑事审判参考》指导案例

覃玉顺强奸、故意杀人案（《刑事审判参考》指导案例657号）

裁判要点：对罪行极其严重的故意杀人未遂犯，可以依法判处死刑立即执行；对强奸后为毁灭证据而故意伤害、杀害被害人致被害人重伤、死亡的，不属于《刑法》第二百三十六条规定的因强奸"致使被害人重伤、死亡或者造成其他严重后果"，而应当分别认定为强奸罪、故意杀人罪或者故意伤害罪，实行数罪并罚。

（一）对罪行极其严重的故意杀人未遂犯，可以依法判处死刑即执行

刑法第六十一条规定："人民法院在对犯罪分子决定刑罚的时候，应当根据犯罪的事实、性质、情节和对于社会的危害程度，依照刑法的有关规定判处。"这是对量刑原则的基本规定，是罪刑相适应原则的具体化。量刑情节是反映罪行轻重以及行为人的人身危险程度，从而影响刑罚轻重的各种情况。量刑情节有法定情节和酌定情节之分。法定情节是刑法明文规定在量刑时应当予以考虑的情节，以刑法是否就法定情节的功能作出绝对性规定为标准，又可将法定情节分为应当型情节和可以型情节。前者是刑法明文定的，对量刑应当产生从宽或从严影响的情节，如中止犯与累犯；后者是刑法明文规定的，对量刑可能产生从宽影响的情节，如未遂犯。酌定情节是刑法未作明文规定，根据刑事立法精神与刑事政策，由法院从审判经验中总结出来的，在量刑时需要酌情考虑的情节。

犯罪未遂是司法实践中一种常见的法定从宽处罚情节。刑法第二十三条规定："已经着手实行犯罪，由于犯罪分子意志以外的原因而未得逞的，是犯罪未遂。对于未遂犯，可以比照既遂犯从轻或者减轻处罚。"这种规定的根据

在于，以犯罪未遂论处的行为完全符合犯罪构成要件，其社会危害性达到了应受刑罚处罚的程度，故应当负刑事责任。同时，以犯罪未遂论处的行为的社会危害性通常小于犯罪既遂的情形，故对于未遂犯原则上可以比照既遂犯从轻或者减轻处罚。“可以”而非“应当”从宽处罚，意味着刑法对未遂犯采取的从宽原则是得减主义而非必减主义，即通常给予从宽处罚，但法官根据案件的具体情况，也可以不予从宽处罚。这一原则也适用于处理犯罪未遂与死刑适用的关系。刑法规定，死刑只适用于罪行极其严重的犯罪分子。一般认为，没有造成被害人死亡的故意杀人未遂情形，因社会危害性小于故意杀人既遂，因此一般不判处被告人死刑立即执行。但有原则就有例外，对于犯罪动机极其卑劣、情节特别恶劣、手段特别残忍，致被害人严重伤害、社会影响极坏的案件，也可考虑判处死刑立即执行。

本案就是这种情况。被告人覃玉顺强奸被害人代某后欲杀人灭口，在持刀捅刺时因发现村民赶来而被迫放弃继续实施杀人行为，被害人经及时抢救亦未发生被告人所追求的死亡结果，故被告人的行为属于故意杀人未遂。但是，从覃玉顺犯罪的具体情况看，存在诸多应予以从严惩处的情节。具体包括：（1）覃玉顺为掩盖强奸罪行而持刀捅刺被害人，发现被害人未死后又多次持刀捅刺并扯断被害人漏出的小肠。（2）尽管被害人幸免于死，伤势却十分严重。（3）被告人的行为在当地亦造成了恶劣的社会影响。（4）被告人认罪、悔罪态度不好，对强奸被害人并扯断被害人小肠的情节予以否认、回避。综上，被告人覃玉顺故意杀人虽系未遂，但其行为已造成极其严重的后果，主观恶性极深、人身危险性极大，其未遂情节不足以对其从轻处罚，应依法判处死刑。

（二）二审期间不能对被告人以强奸罪判处死刑

首先，被告人覃玉顺的行为完全符合强奸罪和故意杀人罪的构成条件，应当认定为两个罪名。刑法第二百三十六条规定，强奸“致使被害人重伤、死亡或者造成其他严重后果的”，以强奸罪处十年以上有期徒刑、无期徒刑或者死刑。这里的“重伤、死亡”是指强奸行为导致被害人性器官严重损伤，或者系在强奸过程中为制服被害人反抗而施加暴力，导致被害人重伤、死亡，不包括强奸行为完成后出于报复、灭口等动机而故意伤害、杀害被害人的情形。对于后一种情形，应当分别认定为强奸罪、故意杀人罪或者故意伤害罪，实行数罪并罚。本案中，虽然被告人覃玉顺先持刀捅刺被害人胸部，再强奸被害人，但此处的损伤并未构成重伤，此时对其行为可认定为强奸罪一罪。强奸完毕后，被告人为掩盖罪行而另起杀人犯意，持刀捅刺被害人，并扯断其小肠，致被害人重伤，完全符合故意杀人罪的构成条件。故对覃玉顺的行为应当认定为强奸罪和故意杀人罪，数罪并罚。如单认定为强奸罪，则不能完全反映被告人试图杀害被害人的主观故意，不符合主客观相统一的定罪原则。

其次，二审期间如对被告人覃玉顺以强奸罪判处死刑，则违反上诉不加刑原则。本案中，一审法院作出判决，对被告人覃玉顺以故杀人罪判处死刑，剥夺政治权利终身；以强奸罪判处有期徒刑十年，决定执行死刑，剥夺政治权利终身。宣判后，被告人提出上诉，但检察院未提出抗诉，故二审法院应当对被告人适用上诉不加刑原则。即便有意见认为被告人的行为属于故意杀人未遂，不宜以故意杀人罪判处死刑，但也不能转而加重强奸罪的刑罚，以强奸罪判处被告人死刑。如果这样做，则显然违反上诉不加刑原则。据此，二审法院最后维持一审判决，是正确的。

——最高人民法院刑事审判第一、二、三、四、五庭主办：《刑事审判参考》2010年第6集（总第77集），法律出版社2011年版，第35~41页。

110. 对于兼有法定从轻和从重处罚情节的罪行极其严重的被告人，应慎用死刑立即执行

关键词

慎用死刑　量刑情节

《刑事审判参考》指导案例

闫新华故意杀人、盗窃案（《刑事审判参考》指导案例第393号）

裁判要点：对于既具有自首这样法定从轻处罚情节，又具有累犯这样法定从重处罚情节的罪行极其严重的被告人，应当综合衡量影响量刑的各种因素，审慎适用死刑立即执行。

根据我国《刑法》的规定，对于自首的被告人，可以从轻或者减轻处罚；对于犯罪较轻的，可以免除处罚。对法律规定中的“可以从轻”，应理解为从轻是原则，不从轻是例外。特别是对应判处死刑立即执行的，如果具有法定可以从轻或减轻处罚情节的，一般不应判处死刑立即执行。当然，对于具体案件最终是否从轻或减轻处罚，还是要由法官根据犯罪的客观危害和犯罪人的主观恶性以及自首、立功等情节的司法价值，以及法定、酌定从轻情节与从重情节等影响量刑的因素进行综合比较、平衡，依法裁量。强调因具有自首这一法定从轻情节而对被告人从轻处罚，或是强调因具有累犯这一法定从重情节而对被告人从重处罚都是片面的。是否应给予罪行极其严重的被告人从宽处罚，判处死刑缓期二年执行，不仅涉及对自首制度的立法意图及司法

价值准确把握的问题，还涉及对死缓制度中“不是必须立即执行的”规定的正确适用。

——最高人民法院刑事审判第一、二、三、四、五庭主办：《刑事审判参考》2006年第3集（总第50集），法律出版社2006年版，第1~8页。

111. 因同案犯在逃致被告人在共同犯罪中地位、作用不明的，应慎用死刑

关键词

慎用死刑　共同犯罪　同案犯在逃　明知

《刑事审判参考》指导案例

宋光军运输毒品案（《刑事审判参考》指导案例第405号）

裁判要点：对于同案犯在逃致使被告人在共同犯罪中地位、作用不明的，应慎用死刑。

（一）毒品犯罪中“明知”的认定

明知，究其实质而言，属于主观上的内容。被告人自己的供述，是认定其是否明知的一个重要依据。但是，如果完全依据被告人的供述，则可能导致放纵犯罪的结果。特别是在被告人先供后翻的情况下，许多案件就无法定案。如被告人对其行李包内是否藏有毒品，在侦查阶段作过“明知”的供述，但到了审判阶段，则作了“不明知”的辩解。在这种情况下，仅根据被告人的供述，是难以认定其是否明知包内藏有毒品的，故有必要在充分分析案件证据的基础上，根据法律逻辑推定被告人是否具有主观明知。

（二）因同案犯在逃而致被告人在共同犯罪中地位、作用不明的应慎用死刑

判断共犯所处的地位和作用，必须全面分析。由于同案犯在逃，其他共同被告人在共同犯罪中地位、作用难以查清。因此，应慎用死刑。

——最高人民法院刑事审判第一、二、三、四、五庭主办：《刑事审判参考》2006年第4集（总第51集），法律出版社2006年版，第33~37页。

112. 民间纠纷激化引发的案件应当慎用死刑

关键词

慎用死刑　民间纠纷

最高人民法院司法政策精神

（一）关于故意杀人、故意伤害案件

要准确把握故意杀人犯罪适用死刑的标准。对故意杀人犯罪是否判处死刑，不仅要看是否造成了被害人死亡结果，还要综合考虑案件的全部情况。对于因婚姻家庭、邻里纠纷等民间矛盾激化引发的故意杀人犯罪，适用死刑一定要十分慎重，应当与发生在社会上的严重危害社会治安的其他故意杀人犯罪案件有所区别。对于被害人一方有明显过错或对矛盾激化负有直接责任，或者被告人有法定从轻处罚情节的，一般不应判处死刑立即执行。

——《最高人民法院关于印发〈全国法院维护农村稳定刑事审判工作座谈会纪要〉的通知》（1999 年 10 月 27 日，法〔1999〕217 号）。

22. 对于因恋爱、婚姻、家庭、邻里纠纷等民间矛盾激化引发的犯罪，因劳动纠纷、管理失当等原因引发、犯罪动机不属恶劣的犯罪，因被害方过错或者基于义愤引发的或者具有防卫因素的突发性犯罪，应酌情从宽处罚。

——《最高人民法院印发〈关于贯彻宽严相济刑事政策的若干意见〉的通知》（2010 年 2 月 8 日，法发〔2010〕9 号）。

主要是因婚姻家庭、邻里纠纷等民间矛盾激化引发的故意杀人或故意伤害致死等严重刑事犯罪案件。对这类案件的处理原则，《全国法院维护农村稳定刑事审判工作座谈会纪要》（即济南会议纪要，以下简称《纪要》）有明确的要求，即："适用死刑一定要十分慎重，应当与发生在社会上的严重危害社会治安的其他故意杀人犯罪案件有所区别。"但从审判实践看，毋庸讳言，有些地方、有些法官还没有真正领会、理解《纪要》的上述要求，简单地认为对相同的罪行似乎没有足够道理仅因案发原因不同就要考虑作区别对待；而且，越是因民间矛盾激化引发的杀人、伤害致死案件，被告人、被害人两方矛盾化解的可能性往往越小，矛盾调处的难度往往越大，为了保障案件处理的社会效果，避免被害方出现过激举动，在处理时无须区别，该重判的仍然要重判。

无疑，这种认识是存在偏颇的。《纪要》的上述要求是对宽严相济政策精神的具体阐释。在大力构建社会主义和谐社会的新形势下，应当更加切实、更为严格地贯彻执行。首先，因民间矛盾激化引发的犯罪，不论罪行轻重程度如何，从性质上看，均属事出有因、针对特定对象实施的犯罪，这决定了实施此类犯罪的被告人的主观恶性、人身危险性（即再犯可能性），与发生在社会上、针对不特定对象实施同类犯罪的被告人相比，有明显区别。基于罪责刑相适应的《刑法》基本原则的要求，从预防犯罪的刑罚目的考量，为保障案件处理取得良好的法律效果，对此案件的被告人理应区别对待。其次因民间矛盾激化引发的犯罪，被告人、被害人双方多存在邻里、婚恋等较为密切的关系，有的还是同一家庭成员。对这类案件，如果简单地一判了之、一杀了之，往往会使当事人双方结下更深的冤仇，甚至是世代冤仇。相反，如果在审案的同时高度关注、大力促进当事人双方的矛盾化解，在尽最大努力做通被害方思想工作、善后工作，敦促被告人认罪悔过、积极赔偿的基础上，酌情对被告人从宽处罚，对于修复遭犯罪侵害的社会关系，使邻里、家庭、社区乃至整个社会的生活秩序重归融合而言，无疑是极为有益的。因此，从增进社会和谐的角度考虑，为保障案件处理取得良好的社会效果，对此类案件的被告人也不能不区别对待。最后，应当说明的是，宽严相济刑事政策在此类案件审理中的切实贯彻，关键在于必须牢固树立服务大局的社会主义法治理念，切实强化为和谐社会建设提供有力司法保障的责任意识，要勇于、善于耐心细致地做好附带民事诉讼调解工作以及相关方面的说服与引导工作。

——张军:《切实贯彻宽严相济刑事政策　全力促进社会和谐稳定》，载《人民司法 · 应用》2007 年第 21 期（总第 536 期）。

民间矛盾的主要特点，一是作案人一般都是普通百姓，常常是初犯、偶犯；二是一般发生在熟人之间，对象特定；三是作案人往往因为性格、认知和控制力上的弱点导致犯罪，具有突发性、偶然性。总之，民间矛盾引发的犯罪一般属于激情性犯罪，被告人主观恶性、人身危险性与严重危害社会治安的犯罪分子明显不同，对社会治安的危害相对较小。民间矛盾虽然属于人民内部矛盾，但并不是这类矛盾在性质上是一样的，还是存在对与错、善与恶、道德与不道德的区分，如欠钱不还、因奸情杀害本夫本妻、贪图他人利益、虐待老人、蛮横霸道不讲理等等，都属于错的、恶的、不道德的情形。因此，在民间矛盾中也要区分事情引发的责任和过错，认真分析判断。

对于因民间矛盾引发的，适用死刑应当慎重。要结合案件的犯罪原因、犯罪情节、被告人的前科、主观恶性、人身危险性、社会反映、被害人亲属的态度等法定、酌定量刑情节进行综合考虑。对被害人有明显过错、对矛盾激化负有主要责任的，一般应当从轻；对那些犯罪动机特别卑劣、滥杀无辜、致多人死亡的恶性案件，应当判处死刑立即执行的，还应依法判处。

——黄尔梅：《在六省区高级人民法院刑事审判工作座谈会上的讲话（摘录）》（2008 年 9 月 19 日）。

113. 被害人具有过错的案件应当慎用死刑

关键词

慎用死刑　被害人过错

《刑事审判参考》指导案例

贾淑芳故意杀人案（《刑事审判参考》指导案例第 362 号）

裁判要点：在被害方有明显过错的杀人案件中对被告人一般不应判处死刑立即执行。

那么如何正确把握应当判处死刑，但不是必须立即执行的情形呢？我们认为这需要不断总结司法实践经验。1999 年 10 月最高人民法院下发的《全国法院维护农村稳定刑事审判工作座谈会纪要》（以下简称《纪要》）中指出："要准确把握故意杀人犯罪适用死刑的标准。对故意杀人犯罪是否判处死刑，不仅要看是否造成了被害人死亡的后果，还要综合考虑案件的全部情况。对于因婚姻家庭、邻里纠纷等民间矛盾激化引发的故意杀人犯罪，适用死刑一定要十分慎重，应当与发生在社会上的严重危害社会治安的其他故意杀人犯罪案件有所区别。对于被害人一方有明显过错或对矛盾激化负有直接责任，或者被告人有法定从轻处罚情节的，一般不应当判处死刑立即执行。"上述这段话就是对故意杀人案件中，如何正确把握应当判处死刑，但不是必须立即执行的情形的司法实践经验的总结，具有司法政策的性质，各中级人民法院和具有死刑复核权的高级人民法院对此应当予以切实贯彻。

——最高人民法院刑事审判第一庭、第二庭编：《刑事审判参考》2005 年第 5 集（总第 46 集），法律出版社 2006 年版，第 26~29 页。

114. 罪行极其严重的被告人如实供述公安机关没有掌握的关键犯罪情节并赔偿经济损失的应当慎用死刑

关键词

慎用死刑　如实供述罪行　赔偿损失　从轻处罚

《刑事审判参考》指导案例

杜益忠故意伤害致人死亡案（《刑事审判参考》指导案例第 459 号）

裁判要点：被告人所犯罪行极其严重，论罪应对其判处死刑立即执行，但其如实供认公安机关没有掌握的致人死亡的关键情节，且其家属积极赔偿了附带民事诉讼原告人的经济损失，可以酌情从轻处罚，改判死刑缓期二年执行。

《刑法》第 48 条第 1 款规定："对于应当判处死刑的犯罪分子，如果不是必须立即执行的，可以判处死刑同时宣告缓期二年执行。"死缓制度的设立，是对死刑在实际执行上的特殊规定，从而使一部分罪该处死，但不是必须立即执行的犯罪分子有一个改过自新的机会，同时减少了死刑立即执行的实际适用，是我国严格限制死刑适用政策的具体体现。从司法实践看，所谓"不是必须立即执行"死刑的，在大部分情况下是因为犯罪的社会危害性同必须立即执行死刑的社会危害性有程度上的差别，在少数情况属于存在一定的特殊量刑情节应当在量刑时予以考虑，这是贯彻宽严相济刑事政策的基本要求。

综上，杜益忠的供认，对认定致命伤是谁形成的这一关键事实，有重要作用，其归案后如实供述自己犯罪事实的行为，应属于认罪态度好，在一定程度上反映了其悔罪心理及人身危险性的降低；况且，在二审期间，杜益忠的亲属积极代为承担了全部附带民事诉讼的赔偿责任，附带民事诉讼原告人表示愿意接受这笔赔偿，并对杜益忠表示了一定的谅解。参照最高人民法院《关于附带民事诉讼范围问题的规定》[①] 第 4 条的规定，对此可作为酌定量刑情节予以考虑。因此，虽然被告人杜益忠所犯罪行极其严重，论罪应对其判处死刑立即执行，但其如实供认公安机关没有掌握的致人死亡的关键情节，且其家属积极赔偿了附带民事诉讼原告人的经济损失，可以酌情从轻处罚，二审法院综合考虑全案情节，改判其死刑缓期二年执行，给予杜益忠改过自新的机会是适当的，正确贯彻了我国宽严相济的刑事政策，体现了法律效果与社会效果的统一。

——最高人民法院刑事审判第一、二、三、四、五庭主办：《刑事审判参考》2007 年第 5 集（总第 58 集），法律出版社 2008 年版，第 35~39 页。

---

① 本文件已被《最高人民法院关于适用〈中华人民共和国刑事诉讼法〉的解释》（法释〔2012〕21 号）相关规定修改。

115. 共同犯罪案件的死刑适用

关键词

死刑适用　共同犯罪

最高人民法院司法政策精神

主要是在多名被告人共同致死一名被害人的案件中如何体现宽严相济政策精神。在审理此类案件时，以分不清主次、难以分清主次为由，同时对两名以上被告人均判处最重刑死刑，是否适当?

共同犯罪案件，一个总体的处理原则是：应当在充分考虑各被告人在共同犯罪中地位和作用上的区别，以及在主观恶性和人身危险性方面的差异的基础上，准确地认定各被告人的罪责轻重并裁量适用刑罚；有多名主犯的，还要在主犯中进一步区分出罪责更为严重和最严重者。据此，对于多名被告人共同致死一名被害人的案件，要进一步分清各被告人的作用，确定各被告人的罪责，以做到区别对待，绝不能以分不清主次、难以分清主次为由，简单地一律判处死刑。对于只致一个人死亡的共同犯罪案件，无论是根据罪责刑相适用的《刑法》基本原则，还是从朴素的正义观念看，都不应当不加区别地判处多名被告人死刑。特殊情况下，认为确实应当判处两名以上被告人死刑的，必须要有绝对充分的理由、绝对无误的把握、群众绝对支持的社会效果。实践证明，以多杀来体现严惩，并不一定能获得社会认同，相反往往是事与愿违。

具体而言，在审理共同犯罪案件时，根据宽严相济政策精神，对提出犯意、组织、指挥犯罪的被告人应当体现从严，对在其授意下具体实施犯罪的被告人，处刑原则上应当有所区别。对于同案犯在逃的案件，如果确有证据证明到案被告人在共同犯罪中起次要或者辅助作用的，应当依法认定为从犯；对于被告人自我辩解或其辩护人提出被告人系从犯，而公诉机关指控其为主犯的证据尚不确实、充分的，应当留有余地。对于亲属共同犯罪案件，适用死刑案件，适用死刑要更为慎重，尽量避免同一家庭的多名成员同案被判处死刑。人情是国法的根基，死刑适用也不能不考虑人道、人伦、人情的观念。在一案中同时核准同一家庭两名以上成员死刑不利于赢得社会的同情、理解与支持。

——张军：《切实贯彻宽严相济刑事政策全力促进社会和谐稳定》，载《人民司法·应用》2007年第21期(总第536期)。

1. 在共同犯罪中，应当认真区分各被告人在犯罪中的地位、作用，注意各共犯的量刑平衡。

2. 致一人死亡的案件：判处两名以上被告人的，应有充分的理由，相当的把握；有多名主犯的，对其中罪行严重的可判处死刑立即执行，对罪行相对较轻的可不判处死刑立即执行；罪行最严重的主犯有自首、立功或者年龄未满 18 周岁等法定从轻处罚情节未被判处死刑立即执行的，对其他论罪就不应判处死刑的主犯，不能再判处死刑立即执行。

3. 在共同犯罪中，应明确提起犯意的指使者与具体实施致死行为者之间的区别，特别是对雇凶杀人、伤害、绑架的案件，不能机械规定判处雇凶者或者行凶者死刑立即执行。雇凶者一般是提起犯意的指使者，行凶者是为了谋取非法利益而受雇的实施者，他们的行为各自都具有独立性和主动性，要根据案件具体情况，具体分析他们的地位和作用以及主观恶性。在无法区分主从、两者作用相当的情况下，对雇凶者与行凶者均应加以严惩。

4. 共同行凶致人死亡，罪行极其严重，应当判处死刑立即执行的，但各被告人地位、作用相当，罪责相对分散，或者罪责确实难以分清，无法划分主、从犯的，要充分考虑犯罪的前因后果，各被告人在犯罪中的具体犯罪行为，例如犯意的提起与策划，犯罪工具的准备，犯罪过程中组织、纠集、分工，犯罪行为积极程度，案后分赃，以及前科劣迹，主观恶性和人身危险性，被害人亲属和群众的反映等多方面的差异，综合考虑分析，审慎决定。

5. 共同行凶致人死亡，多数案犯或者关键案犯已归案，各被告人的罪责可以区分的，对其中罪责最严重的被告人，可依法适用死刑立即执行；对多数案犯或者关键案犯在逃，根据现有证据虽可以定案，但不排除在逃被告人负有主要责任，不宜对在案被告人判处死刑立即执行。

6. 对毒品案件同案多被告人和共同犯罪的刑罚适用，应注意把握以下几点：一是要区别同案犯与共犯的关系。没有实施毒品犯罪的共同故意、共同行为，仅因客观上某点连接合并审理的被告人，贩卖毒品的上下家，不构成共同犯罪，只是并案审理，对此不能混淆。同案犯没有主从关系，一般没有可比性，要根据各自的毒品数量、地位、作用决定刑罚。如果并案的被告人各自的毒品数量、情节均不够判处死刑的，不能简单相加判处死刑；同样，如果并案的被告人各自的毒品数量、情节均应当判处死刑的，不能简单比较而使应当判处死刑的被告人逃避应有的惩罚。二是要正确区分主犯和从犯。毒品犯罪应当从犯意提起、具体分工、出资和分利多少、毒品数量以及共犯之间相互关系等方面，比较各个被告人在共同犯罪中的地位和作用。出资者、毒品所有者，或起意、策划、组织、纠集、雇佣、指使他人参与犯罪，以及其他起主要作用的是主犯；受雇佣、受指使、被纠集、帮助实施毒品犯罪的，一般为从犯。对于确有证据证明在共同犯罪中起次要或辅助作用的，不能因为其他共同犯罪人未归案而不认定为从犯，甚至将其认定为主犯或按主犯处罚。只要认定为从犯，无论主犯是否到案，均应依照《刑法》关于从犯的规定从轻、减轻或者免除处罚。三是要正确认定共同犯罪中主犯和从犯的毒品犯罪数量。根据法律规定，对于毒品犯罪集团的首要分子，应按集团毒品犯罪的总数量处罚；对一般共同犯罪的主犯，应按其所参与的或者组织、指挥的毒品犯罪数量处罚；对于从犯，应当按照其所参加的毒品共同犯罪的数量处罚。

——黄尔梅：《在六省区高级人民法院刑事审判工作座谈会上的讲话（摘录）》（2008年9月19日）。

《刑事审判参考》指导案例

练永伟等贩卖毒品案（《刑事审判参考》指导案件第413号）

裁判要点：家庭成员参与共同犯罪，依法均可判处死刑的，一般不宜对所有参与犯罪的家庭成员适用死刑立即执行。

对于一个家庭中有数名成员参与犯罪的死刑适用，已不单纯是法律问题，还涉及政策问题。虽然《刑法》及司法解释中没有对数名家庭成员共同犯罪，且罪行均极其严重的，对各被告人不宜均判处极刑作出相应的规定，但从法律效果和社会效果的有机统一出发，判处死刑不能不考虑我国社会的传统人情伦理观念，基于人道主义，在司法实践中，对于家庭成员共同犯罪的，可以根据各成员的地位、作用及对社会的危害程度，尽量有所区别，一般情况下不宜全部适用死刑立即执行。对在共同犯罪中地位相对较低、作用相对较小的判处死刑，缓期二年执行，既严惩了犯罪不会出现轻纵罪犯的不良后果，体现了法律的威严，也容易得到广大群众对于法院判决的理解和支持，有利于达到法院裁判的法律效果和社会效果的有机统一。

——最高人民法院刑事审判第一、二、三、四、五庭主办：《刑事审判参考》2006年第5集（总第52集），法律出版社2007年版，第29~41页。

116.“审判时怀孕的妇女”的认定

关键词

死刑适用　审判时怀孕的妇女

最高人民法院司法解释

河北省高级人民法院：

你院冀高法〔1998〕40 号《关于审判时对怀孕妇女在公安预审羁押期间自然流产，是否适用死刑的请示》收悉。经研究，答复如下：

怀孕妇女因涉嫌犯罪在羁押期间自然流产后，又因同一事实被起诉、交付审判的，应当视为“审判的时候怀孕的妇女”，依法不适用死刑。

此复

——《最高人民法院关于对怀孕妇女在羁押期间自然流产审判时是否可以适用死刑问题的批复》（1998 年 8 月 7 日，法释〔1998〕18 号）。

《刑事审判参考》指导案例

张怡懿、杨珺故意杀人案（《刑事审判参考》指导案件第 240 号）

裁判要点：审判时怀孕的妇女，不适用死刑。对怀孕妇女因涉嫌犯罪在羁押期间自然流产后，又因同一事实被起诉、交付审判的，应视为“审判时怀孕的妇女”。

《刑法》第 49 条规定：“审判时怀孕的妇女，不适用死刑。”从文义上看，上述规定中所谓的“审判时”，似乎仅指从人民检察院提起公诉时起至人民法院作出判决生效时止。但这样的文义理解过于狭窄，并不符合立法原意。为此，最高人民法院在 1983 年作出的〔83〕法研字第 18 号《关于人民法院审判严重刑事犯罪案件中具体应用法律的若干问题的答复》[①]中，针对刑法的有关规定，作出进一步的解释，即：人民法院对审判时怀孕的妇女，不适用死刑；如果在审判时发现，在羁押受审时已是孕妇的仍应不适用死刑，即使是被人工流产的，亦应视为“审判时怀孕的妇女”。1997 年刑法修订实施后，最高人民法院在法释〔1998〕18 号《关于对怀孕妇女在羁押期间自然流产审判时是否适用死刑问题的批复》中再次指出：对怀孕妇女因涉嫌犯罪在羁押期间自然流产后，又因同一事实被起诉、交付审判的，应视为“审判时怀孕的妇女”。该司法解释进一步明确将怀孕妇女从因涉嫌犯罪被羁押时起至人民检察院提起公诉时止的期间亦视为“审判时”，在原有的司法解释基础上又迈进了一步，其精神是为了确保胎儿的生命及婴儿的正常发育。胎儿、婴儿是无辜的，不能因孕妇有罪而诛及胎儿或婴儿。同时，也体现了司法对孕妇的

---

① 本文件已被《最高人民法院关于废止 1980 年 1 月 1 日至 1997 年 6 月 30 日期间发布的部分司法解释和司法解释性质文件（第九批）的决定》（法释〔2003〕2 号）废止。

人道关怀。可见，司法实践中，对“审判时”应作广义理解，即应是指从犯罪嫌疑人涉嫌犯罪而被羁押时起至人民法院依法作出判决生效时止的刑事诉讼全过程。

——最高人民法院刑事审判第一庭、第二庭编：《刑事审判参考》2003年第3辑（总第32辑），法律出版社2003年版，第13~18页。

韩雅利贩卖毒品、韩镇平窝藏毒品案（《刑事审判参考》指导案例第250号）

裁判要点：羁押期间做人工流产后脱逃，多年后又被抓获交付审判的，不能适用死刑。

我们认为，所谓“审判时怀孕的妇女”，不仅包括审判时正在怀孕的妇女，而且也应包括因犯罪被羁押时已怀孕，但在审判前因某种原因自然或人工流产的妇女，即适用于刑事诉讼的整个过程。也就是说，只要刑事诉讼程序已经启动，尚未结束，对此期间怀孕的妇女，无论基于何种原因，均不适用死刑。

在羁押期间脱逃，反映出被告人不愿承担刑事责任，不愿接受刑罚处罚的主观心态，该行为依法构成犯罪的应当另行定罪量刑，不构成犯罪的，可作为对脱逃前犯罪量刑的情节予以考虑。脱逃行为导致的是原诉讼程序的中止，并非结束，在其被抓捕归案后，原诉讼程序继续进行，而不是开始一个新的诉讼。该行为并没有改变脱逃前已形成的事实，如果被告人在脱逃前羁押时已是怀孕妇女，那么无论自然流产、人工流产，仍都视为审判的时候怀孕的妇女，不适用死刑。需要指出的是怀孕妇女羁押期间流产后，只有因同一犯罪事实被起诉，交付审判的，才依法不适用死刑。这一点在最高人民法院1998年在对河北省高级人民法院所作的《关于对怀孕妇女在羁押期间自然流产审判时是否可以适用死刑问题的批复》中已然明确。该答复称“怀孕妇女涉嫌犯罪在羁押期间自然流产后，又因同一事实被起诉，交付审判的，应当视为‘审判的时候怀孕的妇女’，依法不适用死刑”。很明显，批复强调了“因同一事实被起诉”这一要件，即是指怀孕妇女在羁押期间流产前所实施的犯罪被起诉审判，对该怀孕妇女不适用死刑。言下之意，如果起诉及审判的是流产之后的犯罪，则不属于同一事实的范围，不受上述规定的限制。

——最高人民法院刑事审判第一庭、第二庭编：《刑事审判参考》2003年第3辑（总第32辑），法律出版社2003年版，第74~78页。

117. 如何执行没收个人全部财产问题

关键词

没收个人全部财产

最高人民法院审判业务意见（研究室研究意见）

有关部门就如何执行没收个人全部财产问题征求最高人民法院研究室意见。最高人民法院研究室经研究认为：

刑法第五十九条规定："没收财产是没收犯罪分子个人所有财产的一部或者全部。没收全部财产的，应当对犯罪分子个人及其扶养的家属保留必需的生活费用。""在判处没收财产的时候，不得没收属于犯罪分子家属所有或者应有的财产。"第六十四条规定："犯罪分子违法所得的一切财物，应当予以追缴或者责令退赔。"据此，作为附加刑的没收个人全部财产，应当是没收犯罪分子个人合法所有的全部财产。如相关财产属于违法所得，应通过追缴、退赔程序予以追回；如相关财产确属犯罪分子家属所有或者应有的财产，也不得作为没收对象。在没收财产前，如犯罪分子的财产与其他家庭成员的财产处于共有状态，应当从中分割出属于犯罪分子个人所有的财产后予以没收。

——最高人民法院研究室：《关于如何执行没收个人全部财产问题的研究意见》，载张军主编、最高人民法院研究室编著：《司法研究与指导》2012年第2辑（总第2辑），人民法院出版社2012年版，第170~172页。

118. 未成年人犯罪案件中罚金刑的适用

关键词

罚金刑　未成年人犯罪

最高人民法院司法解释

第十五条　对未成年罪犯实施刑法规定的"并处"没收财产或者罚金的犯罪，应当依法判处相应的财产刑；对未成年罪犯实施刑法规定的"可以并处"没收财产或者罚金的犯罪，一般不判处财产刑。

对未成年罪犯判处罚金刑时，应当依法从轻或者减轻判处，并根据犯罪情节，综合考虑其缴纳罚金的能力，确定罚金数额。但罚金的最低数额不得少于五百元人民币。

对被判处罚金刑的未成年罪犯，其监护人或者其他人自愿代为垫付罚金的，人民法院应当允许。

——《最高人民法院关于审理未成年人刑事案件具体应用法律若干问题的解释》(2006年1月11日，法释〔2006〕1号)。

附录：理解与适用

（七）关于《最高人民法院关于审理未成年人刑事案件具体应用法律若干问题的解释》(以下简称《解释》) 第14条和第15条的理解与适用

《解释》第14条和第15条涉及未成年人犯罪适用附加刑的问题。对未成年人犯罪能否适用罚金、没收财产、剥夺政治权利这三种附加刑，刑法学界和司法实务部门一直有不同意见。对未成年人犯罪应否适用罚金刑和没收财产这两种财产刑多数同志主张财产刑不适用于未成年人。主要理由是：未成年人绝大多数没有个人财产，司法实践中对未成年人判处财产刑特别是罚金刑的，实际上最终受到处罚的是未成年人的监护人，这有违罪责自负原则。另一种观点则主张，对未成年人犯罪应当依法适用财产刑。对未成年人犯罪应否适用附加剥夺政治权利刑的问题，多数同志主张对未成年人犯罪不宜适用剥夺政治权利刑。主要理由是依据宪法有关公民所享有的政治权利的规定，未成年人因不满18周岁，实际上对其剥夺政治权利没有实际意义。

经过研究，我们认为：既然现行刑法没有将未成年人犯罪排除在财产刑适用范围之外，对未成年人犯罪就没有理由不依法判处附加刑，否则就违反了罪刑法定原则的要求；其次，未成年罪犯没有个人财产并非绝对情况，随着经济的发展，越来越多的未成年人靠继承、赠与、专利等途径取得了个人财产，还有一部分未成年人则靠劳动取得了一定报酬和收入；再者，对未成年罪犯适用财产刑，特别是依法尽可能多地适用单处罚金，可以避免他们因进入监改场所执行而交叉感染。因此，对未成年人犯罪应当依法适用财产刑。在未成年人犯罪刑种适用方面，刑法仅仅规定了未成年人犯罪不适用死刑，没有排除未成年人犯罪剥夺政治权利刑的适用。鉴于多数未成年罪犯送交执行后不久就已经成年（一部分犯罪时未成年的人在审判时就已经成年），对他们依法判处剥夺政治权利刑，特别是对那些被判处无期徒刑的未成年罪犯仍具有一定意义。因此，对未成年罪犯应当依法适用剥夺政治权利刑。

对未成年人犯罪如何适用附加刑问题，《解释》充分考虑了三种附加刑存在的不适应未成年人犯罪特点及未成年罪犯身心特点的因素，对未成年人犯罪判处附加刑从依法限制适用角度作出规定。《解释》具体从以下4方面体现对附加刑依法限制适用原则：1. 鉴于刑法总则及分则条文中对附加刑适用所作的规定有两种情况，一种规定“应当”判处附加刑，另一种则规定“可以”判处附加刑，《解释》规定，对凡是刑法规定“应当”判处附加刑的，对未成年罪犯就必须依法适用相应的附加刑；凡是刑法规定“可以”判处附加刑的，一般不判处附加刑。2.《解释》规定对主刑从轻或者减轻判处的同时，依法从轻或者减轻判处附加刑（这里主要指剥夺政治权利和罚金刑）。3. 对实施被指控犯罪时尚未成年但审判时已成年的被告人判处附加刑的，应注意按照对未成年罪犯的原则判处附加刑。4. 对未成年罪犯具体确定罚金数额，除根据犯罪情节外，还应考虑其缴纳罚金的能力，以避免造成罚金刑无法执行或者因判处罚金数额过大给未成年罪犯重返社会后的生活造成不利影响。

——李兵：《〈关于审理未成年人刑事案件具体应用法律若干问题的解释〉的理解与适用》，载《人民司法》2006 年 4 期（总第 507 期）。

附录：最高人民法院主流观点

根据《刑法》第五十二条的规定，“判处罚金，应当根据犯罪情节决定罚金数额”。目前，对未成年人犯罪判处罚金的数额，是否有必要再比照成年人从轻或者减轻处罚存在一定争议。持肯定观点的同志认为，不管主刑的确定是否已经体现了对未成年人从轻或者减轻处罚的规定，对未成年人判处罚金均应予以从轻或者减轻处罚。例如：某人因实施盗窃犯罪，在没有任何从宽情节的情况下，依法应判处四年有期徒刑，但因其犯罪时未成年，依法减轻处罚后被判处了二年有期徒刑。如果当地法院对于判处二年有期徒刑成年犯一般判处罚金 2000 元的话，那么本案对于该未成年被告人就一般判处 1000 元的罚金；而持否定观点的同志则提出，上述案例中，实施犯罪的未成年人已经因为犯罪时未成年被减轻处罚判处了二年有期徒刑，因而，罚金刑自然也随着有期徒刑的减轻而减轻了，否则其罚金刑应为 4000 元，而非 2000 元，故没有必要再对罚金刑予以减轻处罚。在适用剥夺政治权利附加刑的时候，也存在这样的情况。据了解，目前司法实践中较为常见的是第一种做法，即不管未成年人的主刑是否已经考虑到了犯罪时未成年的情节，对于罚金刑均单独予以减轻或者从轻判处。我本人也同意这种意见，对未成年人附加刑的适用，应当能轻则轻。

有两个问题需要研究，第一是同种类型犯罪罚金刑的适用标准问题。由于各地区的经济发展水平存在一定差异，因此，就全国范围而言，罚金刑适用的标准允许存在一定的差异。但是，各级法院应当力求做到辖区内所判处的同一类型的案件，在适用罚金刑的标准上是统一的。如上海市高院对未成年人犯罪的量刑实施细则中规定：对判处有期徒刑一年以下刑罚的犯罪，一般判处罚金人民币 500 元至 1000 元；对判处有期徒刑一年以上刑罚的犯罪，一般每增加一年有期徒刑增加罚金人民币 300 元至 500 元；对单纯财产性犯罪以及被判处管制、缓刑等非监禁刑罚的犯罪，可根据犯罪数额以及案件的具体情况，实事求是地确定罚金数额；河南省高院也有类似的规定。这些规定有利于罚金刑适用的规范，不足之处是没有考虑到被告人的财产状况，可能会造成形式上公正但实际上有失公正。

第二是不同类型犯罪罚金刑的适用标准问题。一般而言，对于不同类型的犯罪，应当结合犯罪的性质、情节以及对社会的危害程度分别确定不同的罚金刑适用标准。如北京二中院对于未成年人实施的盗窃犯罪，一般按照每增加有期徒刑一年，增加罚金500元的标准判处；而对于未成年人实施的抢劫犯罪，一般则按照每增加有期徒刑一年，增加罚金1000元的标准判处。这样区分符合重罪重附加刑、轻罪轻附加刑的原理，符合罪责刑相一致的刑法原则，但不足同样是没有考虑到被告人的财产状况。

——胡云腾：《宽严相济刑事政策与未成年人犯罪量刑》，载张军主编：《中国少年司法》2011第4辑（总第10辑），人民法院出版社2012年版，第1~12页。

附录：司法信箱

问题：未成年人犯抢劫罪，个人没有财产，是否可以并处罚金？如果处以罚金刑，能否命其法定代理人缴纳？

《人民司法》研究组认为：根据《刑法》第263条的规定，对于犯抢劫罪的，应当在判处一定刑罚的同时并处罚金或者没收财产，这当然包括未成年人犯抢劫罪的情形在内。对于未成年人被判处罚金刑，本人又没有财产可供执行的，应当依照《刑法》第53条的规定处理，即人民法院在任何时候发现被执行人有可以执行的财产，应当随时追缴。对于未成年人被判处罚金刑，其法定代理人代为缴纳的，人民法院可以收缴，但不能强制其代为缴纳。因为罚金刑作为刑罚，只能适用于犯罪者本人，而不能及于其他任何人。应当指出的是，对于未成年人适用罚金刑，同样应当根据《刑法》第17条第3款的规定，从轻或者减轻处罚。

——《人民司法》1999年第9期（总第440期）。

119. 对外国人不能附加剥夺政治权利

关键词

剥夺政治权利　外国人犯罪

《刑事审判参考》指导案例

方金青惠投毒案（《刑事审判参考》指导案例第98号）

裁判要点：对外国人不能附加剥夺政治权利。

对犯罪的外国人能否判处剥夺政治权利，以往实践中做法不一。我国《刑法》第 54 条规定，剥夺政治权利是剥夺下列权利：（一）选举权、被选举权；（二）言论、出版、集会、结社、游行、示威自由的权利；（三）担任国家机关职务的权利；（四）担任国有公司、企业、事业单位和人民团体领导职务的权利。上述权利是我国公民依法享有的参与国家管理和政治活动的权利，是《宪法》赋予中国公民的权利，外国籍被告人并不享有，也就不存在剥夺的问题。本案中方金青惠虽然已与中国公民结婚，但并未加入中国国籍，所以，对其不能附加剥夺政治权利。

——最高人民法院刑事审判第一庭、第二庭编：《刑事审判参考》2001 年第 5 辑（总第 16 辑），法律出版社 2001 年版，第 1~5 页。

120. 被判处剥夺政治权利的罪犯不能出版自然科学著作

关键词

剥夺政治权利　出版权

附录：司法信箱

问题：被判处剥夺政治权利的罪犯，在被剥夺政治权利的刑期内能否出版其自然科学著作？对此，存在两种意见。一种意见认为，根据《刑法》第 54 条，判处剥夺政治权利之后，出版权利也被剥夺。自然科学著作虽然不含有政治见解，但剥夺犯罪分子的出版权（包括出版自然科学著作的权利）是对其给予政治上的否定评价。剥夺政治权利针对的对象是人（犯罪分子），而不是物（著作），故被剥夺政治权利的罪犯不能出版其自然科学著作。另一种意见认为，出版自然科学著作的权利不属于政治权利，自然科学著作不具有政治主张的内容，对《刑法》第 54 条规定应理解为剥夺的是出版具有政治见解和思想的文章或著作的权利，因此，被判处剥夺政治权利的罪犯，享有出版自然科学著作的权利。

《人民司法》研究组认为：《刑法》第 54 条明确规定了剥夺政治权利的具体内容，其中第 2 项中的“出版权利”，既包括出版社会科学著作的权利，也包括出版自然科学著作的权利，即被判处剥夺政治权利的罪犯，不得出版任何内容的著作。因此，来信中的第一种意见是正确的。

——《人民司法》2001 年第 8 期（总第 451 期）。

121. 对于严重破坏社会秩序的被告人可以附加剥夺政治权利

关键词

剥夺政治权利

最高人民法院司法解释

福建省高级人民法院：

你院《关于对故意伤害、盗窃（重大）等犯罪分子被判处有期徒刑的，能否附加剥夺政治权利的请示》收悉。经研究，答复如下：

根据刑法第五十六条规定，对于故意杀人、强奸放火、爆炸、投毒、抢劫等严重破坏社会秩序的犯罪分子，可以附加剥夺政治权利。对故意伤害、盗窃等其他严重破坏社会秩序的犯罪，犯罪分子主观恶性较深、犯罪情节恶劣、罪行严重的，也可以依法附加剥夺政治权利。

——《最高人民法院关于对故意伤害、盗窃等严重破坏社会秩序的犯罪分子能否附加剥夺政治权利问题的批复》（1997年12月31日，法释〔1997〕11号）。

附录：司法信箱

问题：某院最近审理了一起生产、销售伪劣产品案件，根据被告人的犯罪行为，该院依照《刑法》第140条的规定对其判处有期徒刑15年，但对被告人应否剥夺政治权利产生了两种意见。一种意见认为，《刑法》第56条规定列举的可以附加剥夺政治权利的犯罪分子中，并不包括犯生产、销售伪劣产品罪的犯罪分子，故不应对其附加剥夺政治权利。另一种意见认为，《刑法》第56条规定列举的可以附加剥夺政治权利的犯罪分子中虽然没有生产、销售伪劣产品罪，但从该条内容看，既然规定“对于故意杀人、强奸、放火、爆炸、投毒、抢劫等严重破坏社会秩序的犯罪分子，可以附加剥夺政治权利”，就说明可以附加剥夺政治权利的犯罪分子不仅指该条列举的6种，只要是达到严重破坏社会秩序的犯罪分子，都可以附加剥夺政治权利。本案被告人的行为破坏了社会主义市场经济秩序，刑期又在10年以上，应属严重破坏社会秩序的犯罪分子，理所当然地可以附加剥夺政治权利。

《人民司法》研究组认为：《最高人民法院关于对故意伤害、盗窃等严重破坏社会秩序的犯罪分子能否附加剥夺政治权利问题的批复》规定，根据《刑法》第56条规定，对于故意杀人、强奸放火、爆炸、投毒、抢劫等严重破坏社会秩序的犯罪分子，可以附加剥夺政治权利。对故意伤害、盗窃等其他严重破坏社会秩序的犯罪，犯罪分子主观恶性较深、犯罪情节恶劣、罪行严重的，也可以依法附加剥夺政治权利。因此，对于生产、销售伪劣产品犯罪，如果严重破坏社会秩序，犯罪分子主观恶性较深、犯罪情节恶劣、罪行严重的，也可以依法附加剥夺政治权利。

——《人民司法·应用》2008 年第 19 期（总第 548 期）。

122. 罪犯减刑后又犯新罪的数罪并罚问题

关键词

减刑后又犯新罪　数罪并罚

最高人民法院司法政策精神

各省、自治区、直辖市高级人民法院，解放军军事法院，新疆维吾尔自治区高级人民法院生产建设兵团分院：

近期，我院接到一些地方高级人民法院关于判决宣告以后，刑罚执行完毕以前，罪犯因漏罪或者又犯新罪数罪并罚时，原减刑裁定应如何处理的请示。为统一法律适用，经研究，提出如下意见：

罪犯被裁定减刑后，因被发现漏罪或者又犯新罪而依法进行数罪并罚时，经减刑裁定减去的刑期不计入已经执行的刑期。在此后对因漏罪数罪并罚的罪犯依法减刑，决定减刑的频次、幅度时，应当对其原经减刑裁定减去的刑期酌予考虑。

——《最高人民法院关于罪犯因漏罪、新罪数罪并罚时原减刑裁定应如何处理的意见》(2012 年 1 月 18 日，法〔2012〕44 号)。

附录：理解与适用

我国《刑法》第七十一条规定了罪犯因又犯新罪的数罪并罚方法，即“先减后并”原则。《刑法》第七十一条规定：“判决宣告以后，刑罚执行完毕以前，被判刑的犯罪分子又犯罪的，应当对新犯的罪作出判决，把前罪没有执行的刑罚和后罪所判处的刑罚，依照本法第六十九条的规定，决定执行的刑罚。”但在刑罚执行过程中，对于罪犯经过减刑后被发现漏罪或者又犯新罪时应当如何数罪并罚，引发质疑和争论。问题主要由罪犯经过减刑后被发现漏罪而所引发，又犯新罪情形的主要问题是经减刑减去的刑期是否属于已经执行的刑期，以及其与漏罪情形之间的协调问题。

在坚持现行刑法规定以及新罪应当重于漏罪的一贯立法精神的基础上，经深入研究，2012 年 1 月 18 日，最高人民法院发布了《关于罪犯因漏罪、新罪数罪并罚时原减刑裁定应如何处理的意见》，该意见规定："罪犯被裁定减刑后，因被发现漏罪或者又犯新罪而依法进行数罪并罚时，经减刑裁定减去的刑期不计入已经执行的刑期。"据此，罪犯又犯新罪应当如何数罪并罚的问题得以明确。需要指出的是，漏罪、新罪两种情形在减刑减去的刑期是否计入已经执行的刑期的适用上应当是一致的，这与两种情形不同的数罪并罚原则并无关联。在罪犯又犯新罪而数罪并罚时，若将罪犯减刑后的刑期与新罪刑罚并罚，即新罪不遵循"经减刑减去的刑期不计入已经执行的刑期"原则，实践中法律适用又将形成新的不统一、不公正。例如，被判处十年有期徒刑的罪犯，实际执行四年后，获得减刑三年，其还有三年有期徒刑尚未执行。此时，若被发现漏罪，漏罪被判处六年有期徒刑，数罪并罚时，先与原判十年有期徒刑并罚，将可能被判处十年以上十六年以下有期徒刑。根据经减刑裁定减去的刑期不计入已经执行的刑期原则，"后减"时应减去其实际执行的四年，该罪犯将被决定执行六年以上十二年以下有期徒刑，取其中数为九年有期徒刑。同样情况下，若又犯新罪，新罪也被判处六年有期徒刑，此时若不适用经减刑裁定减去的刑期不计入已经执行的刑期的原则，把减刑减去的三年计入了已经执行的刑期。那么，在数罪并罚时，"先减"后没有执行完毕的刑罚将为三年有期徒刑，此时"后并"应是将三年与六年并罚，该罪犯将被决定执行六年以上九年以下有期徒刑，取其中数为七年六个月有期徒刑，就出现了漏罪与新罪两种情形之间不甚协调、合理的情况。

——宫鸣等主编、最高人民法院审判监督庭编著：《最高人民法院关于减刑、假释司法解释理解与适用》，人民法院出版社2014年版，第167~168页。

123. 终身监禁与死刑立即执行、死缓之间的关系及区别

关键词

终身监禁　死刑立即执行　死刑缓期执行

最高人民法院审判业务意见

这里的终身监禁，准确地说是贪污罪、受贿罪死缓减为无期徒刑后终身监禁，是指对部分死刑缓期执行二年期满依法减为无期徒刑后不再继续减刑、假释的一种刑罚执行措施。

《最高人民法院、最高人民检察院关于办理贪污贿赂刑事案件适用法律若干问题的解释》（以下简称《解释》）依据刑法的明确规定，对于贪污、受贿数额特别巨大，犯罪情节特别严重、社会影响特别恶劣、造成损失特别重大的，依法判处死刑立即执行。《解释》同时依法规定，对于符合死刑立即执行

条件，但同时具有法定从宽处罚情节，不是必须立即执行的，可以判处死刑缓期二年执行。死缓是附条件的不执行死刑，即在二年缓期执行期间没有故意犯罪的，依据刑法减为无期徒刑、有期徒刑。终身监禁是介于死刑立即执行与一般死缓之间、极为严厉的一种刑罚执行措施，它的设立，有效填补了死刑立即执行与死缓在实际执行中的空当。根据《刑法修正案（九）》的规定，终身监禁不适用刑法总则关于死缓二年缓期执行期间有重大立功表现减为二十五年有期徒刑的规定，也不适用二年缓期执行期满依法减为无期徒刑后再减为有期徒刑的规定，即不受死缓二年缓期执行期间及执行期间届满减为无期徒刑后服刑表现的影响而减为有期徒刑。对于一些判处死刑立即执行过重，判处一般死缓依法减刑后又偏轻的重大的贪污、受贿罪犯，终身监禁能够体现罪刑相适应的原则。正是基于这一精神，《解释》规定在一、二审裁判文书上就应当写明终身监禁的决定意见，而不能等到缓期执行期间届满再视情而定，意在强调终身监禁决定后，就必须一直执行监禁刑，而不得再予减刑、假释。

——《最高人民法院关于〈最高人民法院、最高人民检察院关于办理贪污贿赂刑事案件适用法律若干问题的解释〉的问答》，载最高人民法院刑事审判第一、二、三、四、五庭主办：《刑事审判参考》总第 106 集，法律出版社 2017 年版，第 275 页。

124. 落实教育机构、校外培训机制中犯罪人员从业禁止制度

关键词

教育培训　从业禁止

最高人民法院司法政策精神

一、依照刑法第三十七条之一的规定，教职员工利用职业便利实施犯罪，或者实施违背职业要求的特定义务的犯罪被判处刑罚的，人民法院可以根据犯罪情况和预防再犯罪的需要，禁止其在一定期限内从事相关职业。其他法律、行政法规对其从事相关职业另有禁止或者限制性规定的，从其规定。

未成年人保护法、教师法属于前款规定的法律，《教师资格条例》属于前款规定的行政法规。

二、依照未成年人保护法第六十二条的规定，实施性侵害、虐待、拐卖、暴力伤害等违法犯罪的人员，禁止从事密切接触未成年人的工作。

依照教师法第十四条、《教师资格条例》第十八条规定，受到剥夺政治权利或者故意犯罪受到有期徒刑以上刑罚的，不能取得教师资格；已经取得教

师资格的，丧失教师资格，且不能重新取得教师资格。

三、教职员工实施性侵害、虐待、拐卖、暴力伤害等犯罪的，人民法院应当依照未成年人保护法第六十二条的规定，判决禁止其从事密切接触未成年人的工作。

教职员工实施前款规定以外的其他犯罪，人民法院可以根据犯罪情况和预防再犯罪的需要，依照刑法第三十七条之一第一款的规定，判决禁止其自刑罚执行完毕之日或者假释之日起从事相关职业，期限为三年至五年；或者依照刑法第三十八条第二款、第七十二条第二款的规定，对其适用禁止令。

——《最高人民法院、最高人民检察院、教育部关于落实从业禁止制度的意见》(2022年11月10日，法发〔2022〕32号)。

附录：理解与适用

日前，最高人民法院会同最高人民检察院、教育部发布《关于落实从业禁止制度的意见》(法发〔2022〕32号，以下简称《意见》)，自2022年11月15日起施行。《意见》的公布施行，对于准确适用刑法、未成年人保护法的从业禁止规定，依法惩治教职员工实施侵害未成年人权益犯罪，推动未成年人司法保护、学校保护和社会保护协同发力，为未成年人健康成长提供平安清朗校园环境，具有重要意义，必将发挥重要作用。为便于司法实践中正确理解和适用，现就《意见》的制定背景、起草中的主要考虑和主要内容介绍如下。

一、《意见》的制定背景与经过

为了防止犯罪人“重操旧业”、再次犯罪，2015年，刑法修正案(九)增加第三十七条之一，规定了从业禁止制度，即对于利用职业便利实施犯罪，或者实施违背职业要求的特定义务的犯罪被判处刑罚的，人民法院可以根据犯罪情况和预防再犯罪的需要，判决禁止其从事相关职业，期限为3年至5年。法律、行政法规另有禁止或限制性规定的，从其规定。为了强化对未成年人保护，2020年修订的未成年人保护法新增了第六十二条，针对密切接触未成年人的工作规定了终身禁业制度，明确“密切接触未成年人的单位招聘工作人员时，应当向公安机关、人民检察院查询应聘者是否具有性侵害、虐待、拐卖、暴力伤害等违法犯罪记录；发现其具有前述行为记录的，不得录用。”“密切接触未成年人的单位应当每年定期对工作人员是否具有上述违法犯罪记录进行查询。通过查询或者其他方式发现其工作人员具有上述行为的，应当及时解聘。”

未成年人保护法修订后，对于如何协调刑法第三十七条之一与未成年人保护法第六十二条的关系，对符合未成年人保护法第六十二条规定情形的人民法院在判决中要否作出、如何作出从业禁止的决定，存在不同认识，实践中判法也不一致，有的甚至对本应终身禁业的情形只判处了一定期限禁业，引发社会议论。同时，由于教育行政部门不能及时掌握教职员工犯罪的判决结果，导致有的教师犯罪后隐瞒犯罪情况仍从事教师职业。

为深入贯彻落实习近平总书记重要指示批示和党的二十大精神，保障法律准确实施，有效落实从业禁止制度，净化校园环境，切实保护未成年人，最高人民法院会同最高人民检察院、教育部，在有关部门的大力支持下，深入调查研究，广泛征求意见，反复论证完善，起草了《意见》。

二、《意见》起草中的主要考虑

《意见》坚持以习近平新时代中国特色社会主义思想为指导，深入贯彻落实习近平法治思想和习近平总书记关于少年儿童工作重要指示批示精神，按照从小切口入手解决目前亟须解决的问题的思路，针对学校、幼儿园等教育机构、校外培训机构的教职员工犯罪问题，依法落实犯罪人员从业禁止制度，切实为保护未成年人提供强有力司法服务保障。具体而言，在起草过程中，着重注意把握了以下几点：

一是突出对未成年人的特殊、优先保护。按照最有利于未成年人的原则，《意见》明确规定，教职员工实施性侵害、虐待、拐卖、暴力伤害等犯罪的，人民法院应当依照未成年人保护法第六十二条的规定，判决禁止其从事密切接触未成年人的工作，即终身不得从事密切接触未成年人的工作。如此判决，既能够让被告人明确知晓自己被禁业的范围，也能够让用人单位更好落实入职查询义务，还能够向全社会宣示，起到监督和警示作用，充分体现了对未成年人的特殊、优先保护。同时，为严密未成年人保护法网，《意见》还明确，学校、幼儿园等教育机构、校外培训机构的举办者、实际控制人犯罪，参照本意见执行。

二是突出强化从业禁止制度的有效落实。《意见》明确人民法院判决生效后，犯罪教职员工所在单位、主管部门可以依照未成年人保护法、教师法等法律法规给予相应处理、处分和处罚。符合丧失教师资格或者撤销教师资格情形的，教育行政部门应当及时收缴其教师资格证书，这就从行政管理的角度进一步保障了从业禁止制度的有效落实。同时《意见》还规定，对于有必要适用从业禁止措施的，人民检察院在提起公诉时应当提出相应建议；对于判处从业禁止的，人民检察院应当就落实情况进行监督；对于有关单位未履行犯罪记录查询制度、从业禁止制度的，人民法院、人民检察院应当向该单位提出建议。

三是突出工作的协同配合和密切衔接。《意见》规定，所有教职员工犯罪案件，判决生效后，人民法院应当在30日内将裁判文书送达被告人单位所在地的教育行政部门。同时，考虑教育机构、校外培训机构主管行政部门复杂多样的现实，《意见》特别规定，不属于自己管理的教育机构、校外培训机构，教育行政部门应当将裁判文书转送有关主管部门。这样，就更加有利于及时送达裁判文书，有利于从业禁止制度的及时落实。

三、《意见》的主要内容

《意见》共10个条文，主要可以归纳为如下5个方面的问题：

（一）教职员工犯罪从业禁止的法律依据及其相互关系

在刑事司法领域，从业禁止制度的基本法律依据是刑法第三十七条之一。根据该条第一款规定，因利用职业便利实施犯罪，或者实施违背职业要求的特定义务的犯罪被判处刑罚的，人民法院可以根据犯罪情况和预防再犯罪的需要，禁止其在一定期限内从事相关职业。同时，第三款规定，其他法律、行政法规对其从事相关职业另有禁止或者限制性规定的，从其规定。具体到未成年人保护领域和教育行业，未成年人保护法第六十二条规定，实施性侵害、虐待、拐卖、暴力伤害等违法犯罪的人员，禁止从事密切接触未成年人的工作。教师法第十四条、《教师资格条例》第十八条规定，受到剥夺政治权利或者故意犯罪受到有期徒刑以上刑罚的，不能取得教师资格；已经取得教师资格的，丧失教师资格，且不能重新取得教师资格。这些规定属于从业禁止制度的特别规定。据此，《意见》第1条明确规定，未成年人保护法、教师法属于刑法第三十七条之一第三款款规定的法律，《教师资格条例》属于该款规定的行政法规。

（二）教职员工犯罪从业禁止的刑事裁判规则

《意见》第2条明确了对犯罪的教职员工判决从业禁止的具体规则。

其一，教职员工犯性侵害、虐待、拐卖、暴力伤害等犯罪的，人民法院应当依照未成年人保护法第六十二条的规定，判决禁止其从事密切接触未成年人的工作。

在理解和适用时，有4点需要注意：

（1）本款中的性侵害、虐待、暴力伤害犯罪是指实施的犯罪行为，其范围应当包括刑法第二百三十六条规定的强奸罪，第二百三十六条之一规定的负有照护职责人员性侵罪，第二百三十七条规定的强制猥亵、侮辱罪、猥亵儿童罪，第三百五十八条规定的组织卖淫罪、强迫卖淫罪、协助组织卖淫罪，第三百五十九条规定的引诱、容留、介绍卖淫罪、引诱幼女卖淫罪，第二百六十条规定的虐待罪，第二百六十条之一规定的虐待被监护、看护人罪，第二百三十二条规定的故意杀人罪，第二百三十三条规定的故意伤害罪等。对于本款规定中的“等”，我们认为应当作等外理解，但有关犯罪行为在性质、危害、手段等方面，应当与未成年人保护法第六十二条所明确列举的性侵害、虐待、拐卖、暴力伤害具有类似性。

（2）根据本款规定，对实施性侵害、虐待、拐卖、暴力伤害等犯罪的教职员工判决从业禁止，并不要求其必须利用职业便利实施犯罪或者违背职业要求的特定义务。例如，行为人奸淫幼女构成犯罪，即便奸淫的对象并非自己的学生，也应判决从业禁止。

（3）人民法院依据本款作出从业禁止判决时，援引的法律依据应当是刑法第三十七条之一第三款和未成年人保护法第六十二条。

（4）人民法院依据本款作出从业禁止判决时，其判项的表述应当是“禁止被告人×××从事密切接触未成年人的工作”。在执行过程中，密切接触未成年人的工作应当参照未成年人保护法第一百三十条的规定进行把握。

征求意见过程中，对于教职员工实施未成年人保护法第六十二条规定的4类犯罪的，各方一致认为应当依法禁止其从事密切接触未成年人的工作，但是，对于人民法院是否可以依照刑法第三十七条之一第三款规定作出从业禁止的判项，前期曾有分歧意见。有意见提出，应由有关部门、单位依照未成年人保护法的有关规定执行，人民法院无需就从业禁止作出判决。理由是：第一，刑法关于从业禁止的规定，相对于其他专门法律、行政法规的规定而言，具有一定的补充性。对于法律、行政法规已经有相应规定的，直接由主管部门依照法律、行政法规作出禁止从业的决定。第二，“从其规定”不仅指从业禁止的期限依照相关法律、行政法规的规定，而且包括给予从业禁止的主体、条件等也应依照有关法律、行政法规的规定，而不是指人民法院可以不受该条规定的3至5年的期限限制，直接根据有关法律、行政法规规定的期限，给予从业禁止的裁判。第三，目前有20余部法律、行政法规对从业禁止作了规定，情况较为复杂，如何做好刑法与行政法律的衔接和统一适用，需要进一步总结实践经验。

经认真研究，我们认为，人民法院应当依法作出判决，主要考虑：（1）就从业禁止作出判决更有利于贯彻落实最有利于未成年人的原则。（2）判决从业禁止的效果更好。人民法院判决后既可以让被告人明确知晓自己被禁业的范围，也可以让用人单位更好落实入职查询义务，还可以向全社会宣示，起到监督和警示作用，有利于堵塞可能出现的漏洞，有利于加强社会管理。（3）更有利于从业禁止的执行。如果被告人不遵守法院的从业禁止判决，公安机关可以根据刑法第三十七条之一第二款的规定进行处罚；情节严重的，可以按照拒不执行法院判决、裁定罪定罪处罚。（4）判决并不存在法律上的障碍。未成年人保护法并未规定有关的从业禁止由行政主管部门作出决定，人民法院不能判决。反之，如果不就从业禁止作出判决，则可能产生诸多问题。一是可能会引起当事人误解，认为不存在从业禁止。二是会引发困惑、疑问：相对较轻的犯罪判处从业禁止，严重侵害或者威胁未成年人的犯罪反而不判决从业禁止。三是在从业查询制度尚不健全的情况下，如果不就从业禁止作出判决，将会给用人单位落实从业查询制度带来困难。因此，《意见》作出了应当判决的有关规定，主要是为了有效落实未成年人保护法第六十二条的规定，体现对未成年人的优先、特殊保护。

其二，教职员工实施前款规定以外的其他犯罪，人民法院可以根据犯罪情况和预防再犯罪的需要，依照刑法第三十七条之一第一款的规定，判决禁止其自刑罚执行完毕之日或者假释之日起从事相关职业，期限为3年至5年；或者依照刑法第三十八条第二款、第七十二条第二款的规定，对其适用禁止令。本款与本条第一款比较周延地明确了教职员工犯罪从业禁止问题的刑事裁判规则。例如，学校的财务工作人员利用职务便利实施侵占犯罪，可以依据本款作出3年至5年从业禁止判决。

（三）教职员工犯罪从业禁止判决的送达

针对教育部门无法及时掌握教职员工犯罪判决结果的问题，《意见》第5条规定，教职员工犯罪的刑事案件，判决生效后，人民法院应当在30日内将裁判文书送达被告人单位所在地的教育行政部门；必要时，教育行政部门应当将裁判文书转送有关主管部门。因涉及未成年人隐私等原因，不宜送达裁判文书的，可以送达载明被告人的自然情况、罪名及刑期的相关证明材料。

在理解和适用时，有以下几个方面需要注意：

（1）送达的判决包括所有教职员工犯罪的判决，并非仅送达作出从业禁止的判决。判决必须是生效判决。

（2）送达的时间应当在判决生效后的30日内。30日的送达期间系综合地方法院和教育行政部门意见设定，既充分考虑了人民法院的工作实际，也保障了教育等行政主管部门能够及时掌握教职员工犯罪的判决结果，及时作出后续处理。

（3）送达的对象是被告人单位所在地的教育行政部门。不属于教育行政部门主管的，《意见》规定由教育行政部门转送。这主要是考虑，教育行政部门是教育机构、校外培训机构最主要的主管行政部门，由人民法院统一向教育行政部门送达，必要时再由教育行政部门向有关主管部门送达，有利于相关工作严密衔接。

（4）送达裁判文书时，应当注意对未成年人隐私的保护。需要指出的是，生效裁判文书由一审法院送达还是由二审法院送达，《意见》未作统一规定，留给各地法院根据工作实际作出安排。

（四）教职员工犯罪从业禁止判决与行业管理的衔接

目前，教育领域的很多法律、行政法规都对教职员工的职业资格、履职条件等作出了规定，并对违反有关要求的处理、处分等作出了规定，处理包括丧失教师资格、撤销教师资格、解聘、通报批评、责令检查、诫勉谈话、批评教育，以及取消在职务晋升、职称评定等方面的资格等。处分包括警告、记过、降低岗位等级或撤职、开除等。是中共党员的，应当同时给予党纪处分。

为加强教职员工犯罪从业禁止判决与行业管理的衔接，消除法律法规适用疑惑，切实落实从业禁止规定，《意见》第6条规定，教职员工犯罪的，人民法院作出的判决生效后，所在单位、教育行政部门或者有关主管部门可以依照未成年人保护法、教师法、《教师资格条例》等法律法规给予相应处理、处分和处罚。符合丧失教师资格或者撤销教师资格情形的，教育行政部门应当及时收缴其教师资格证书，避免有关人员继续持证上岗。

（五）其他问题

1.《意见》的适用范围。《意见》主要适用于学校、幼儿园等教育机构、校外培训机构教职员工犯罪案件。教职员工，是指在学校、幼儿园等教育机构工作的教师、教育教学辅助人员、行政人员、勤杂人员、安保人员，以及校外培训机构的相关工作人员。同时，针对司法实践反映的问题，根据地方法院建议，《意见》特别规定，学校、幼儿园等教育机构、校外培训机构的举办者、实际控制人犯罪，参照本《意见》执行。

2. 从业禁止制度有效落实的制度保障。为保障从业禁止制度得到有效落实，《意见》规定，人民检察院在提起公诉时，可以根据案件具体情况向人民法院提出相应的建议，在判决后对执行落实情况进行监督。同时，人民法院、人民检察院发现有关单位未履行犯罪记录查询制度、从业禁止制度时，可以向有关单位提出司法建议、检察建议。

3.《意见》的时间效力问题。《意见》自2022年11月15日起施行。因《意见》是对已有法律规定的贯彻落实，综合考虑从业禁止制度的性质、最有利于未成年人原则的要求等，我们认为，《意见》公布施行后，尚未处理或正在处理的案件，均应依照《意见》的规定办理。

——段农根、周加海、江继海、张济坤：《〈关于落实从业禁止制度的意见〉的理解与适用》，载《人民司法》2022年第34期。

第四章　刑罚的具体运用

第一节　量　刑

125. 量刑的指导原则和基本方法

关键词

量刑指导原则　量刑基本方法

最高人民法院司法政策精神

一、量刑的指导原则

（一）量刑应当以事实为根据，以法律为准绳，根据犯罪的事实、性质、情节和对于社会的危害程度，决定判处的刑罚。

（二）量刑既要考虑被告人所犯罪行的轻重，又要考虑被告人应负刑事责任的大小，做到罪责刑相适应，实现惩罚和预防犯罪的目的。

（三）量刑应当贯彻宽严相济的刑事政策，做到该宽则宽，当严则严，宽严相济，罚当其罪，确保裁判政治效果、法律效果和社会效果的统一。

（四）量刑要客观、全面把握不同时期不同地区的经济社会发展和治安形势的变化，确保刑法任务的实现；对于同一地区同一时期案情相似的案件，所判处的刑罚应当基本均衡。

二、量刑的基本方法

量刑时，应当以定性分析为主，定量分析为辅，依次确定量刑起点、基准刑和宣告刑。

（一）量刑步骤

1. 根据基本犯罪构成事实在相应的法定刑幅度内确定量刑起点。

2. 根据其他影响犯罪构成的犯罪数额、犯罪次数、犯罪后果等犯罪事实，在量刑起点的基础上增加刑罚量确定基准刑。

3. 根据量刑情节调节基准刑，并综合考虑全案情况，依法确定宣告刑。

（二）调节基准刑的方法

1. 具有单个量刑情节的，根据量刑情节的调节比例直接调节基准刑。

2. 具有多个量刑情节的，一般根据各个量刑情节的调节比例，采用同向相加、逆向相减的方法调节基准刑；具有未成年人犯罪、老年人犯罪、限制行为能力的精神病人犯罪、又聋又哑的人或者盲人犯罪，防卫过当、避险过当、犯罪预备、犯罪未遂、犯罪中止，从犯、胁从犯和教唆犯等量刑情节的，先适用该量刑情节对基准刑进行调节，在此基础上，再适用其他量刑情节进行调节。

3. 被告人犯数罪，同时具有适用于个罪的立功、累犯等量刑情节的，先适用该量刑情节调节个罪的基准刑，确定个罪所应判处的刑罚，再依法实行数罪并罚，决定执行的刑罚。

（三）确定宣告刑的方法

1. 量刑情节对基准刑的调节结果在法定刑幅度内，且罪责刑相适应的，可以直接确定为宣告刑；具有应当减轻处罚情节的，应当依法在法定最低刑以下确定宣告刑。

2. 量刑情节对基准刑的调节结果在法定最低刑以下，具有法定减轻处罚情节，且罪责刑相适应的，可以直接确定为宣告刑；只有从轻处罚情节的，可以依法确定法定最低刑为宣告刑；但是根据案件的特殊情况，经最高人民法院核准，也可以在法定刑以下判处刑罚。

3. 量刑情节对基准刑的调节结果在法定最高刑以上的，可以依法确定法定最高刑为宣告刑。

4. 综合考虑全案情况，独任审判员或合议庭可以在 20% 的幅度内对调节结果进行调整，确定宣告刑。当调节后的结果仍不符合罪责刑相适应原则的，应当提交审判委员会讨论，依法确定宣告刑。

5. 综合全案犯罪事实和量刑情节，依法应当判处无期徒刑以上刑罚、拘役、管制或者单处附加刑、缓刑、免予刑事处罚的，应当依法适用。

（四）判处罚金刑，应当以犯罪情节为根据，并综合考虑被告人缴纳罚金的能力，依法决定罚金数额。

（五）适用缓刑，应当综合考虑被告人的犯罪情节、悔罪表现、再犯罪的危险以及宣告缓刑对所居住社区的影响，依法作出决定。

——《最高人民法院、最高人民检察院印发〈关于常见犯罪的量刑指导意见（试行）〉的通知》（2021 年 6 月 16 日，法发〔2021〕21 号）。

126. 常见量刑情节的适用

关键词

常见量刑情节　量刑适用

最高人民法院司法政策精神

三、常见量刑情节的适用

量刑时应当充分考虑各种法定和酌定量刑情节，根据案件的全部犯罪事实以及量刑情节的不同情形，依法确定量刑情节的适用及其调节比例。对黑恶势力犯罪、严重暴力犯罪、毒品犯罪、性侵未成年人犯罪等危害严重的犯罪，在确定从宽的幅度时，应当从严掌握；对犯罪情节较轻的犯罪，应当充分体现从宽。具体确定各个量刑情节的调节比例时，应当综合平衡调节幅度与实际增减刑罚量的关系，确保罪责刑相适应。

（一）对于未成年人犯罪，综合考虑未成年人对犯罪的认知能力、实施犯罪行为的动机和目的、犯罪时的年龄、是否初犯、偶犯、悔罪表现、个人成长经历和一贯表现等情况，应当予以从宽处罚。

1. 已满十二周岁不满十六周岁的未成年人犯罪，减少基准刑的30%–60%；

2. 已满十六周岁不满十八周岁的未成年人犯罪，减少基准刑的10%–50%。

（二）对于已满七十五周岁的老年人故意犯罪，综合考虑犯罪的性质、情节、后果等情况，可以减少基准刑的40%以下；过失犯罪的，减少基准刑的20%–50%。

（三）对于又聋又哑的人或者盲人犯罪，综合考虑犯罪性质、情节、后果以及聋哑人或者盲人犯罪时的控制能力等情况，可以减少基准刑的50%以下；犯罪较轻的，可以减少基准刑的50%以上或者依法免除处罚。

（四）对于未遂犯，综合考虑犯罪行为的实行程度、造成损害的大小、犯罪未得逞的原因等情况，可以比照既遂犯减少基准刑的50%以下。

（五）对于从犯，综合考虑其在共同犯罪中的地位、作用等情况，应当予以从宽处罚，减少基准刑的20%–50%；犯罪较轻的，减少基准刑的50%以上或者依法免除处罚。

（六）对于自首情节，综合考虑自首的动机、时间、方式、罪行轻重、如实供述罪行的程度以及悔罪表现等情况，可以减少基准刑的40%以下；犯罪较轻的，可以减少基准刑的40%以上或者依法免除处罚。恶意利用自首规避法律制裁等不足以从宽处罚的除外。

（七）对于坦白情节，综合考虑如实供述罪行的阶段、程度、罪行轻重以及悔罪表现等情况，确定从宽的幅度。

1. 如实供述自己罪行的，可以减少基准刑的 20% 以下；

2. 如实供述司法机关尚未掌握的同种较重罪行的，可以减少基准刑的 10%–30%；

3. 因如实供述自己罪行，避免特别严重后果发生的，可以减少基准刑的 30%–50%。

（八）对于当庭自愿认罪的，根据犯罪的性质、罪行的轻重、认罪程度以及悔罪表现等情况，可以减少基准刑的 10% 以下。依法认定自首、坦白的除外。

（九）对于立功情节，综合考虑立功的大小、次数、内容、来源、效果以及罪行轻重等情况，确定从宽的幅度。

1. 一般立功的，可以减少基准刑的 20% 以下；

2. 重大立功的，可以减少基准刑的 20%–50%；犯罪较轻的，减少基准刑的 50% 以上或者依法免除处罚。

（十）对于退赃、退赔的，综合考虑犯罪性质，退赃、退赔行为对损害结果所能弥补的程度，退赃、退赔的数额及主动程度等情况，可以减少基准刑的 30% 以下；对抢劫等严重危害社会治安犯罪的，应当从严掌握。

（十一）对于积极赔偿被害人经济损失并取得谅解的，综合考虑犯罪性质、赔偿数额、赔偿能力以及认罪悔罪表现等情况，可以减少基准刑的 40% 以下；积极赔偿但没有取得谅解的，可以减少基准刑的 30% 以下；尽管没有赔偿，但取得谅解的，可以减少基准刑的 20% 以下。对抢劫、强奸等严重危害社会治安犯罪的，应当从严掌握。

（十二）对于当事人根据刑事诉讼法第二百八十八条达成刑事和解协议的，综合考虑犯罪性质、赔偿数额、赔礼道歉以及真诚悔罪等情况，可以减少基准刑的 50% 以下；犯罪较轻的，可以减少基准刑的 50% 以上或者依法免除处罚。

（十三）对于被告人在羁押期间表现好的，可以减少基准刑的 10% 以下。

（十四）对于被告人认罪认罚的，综合考虑犯罪的性质、罪行的轻重、认罪认罚的阶段、程度、价值、悔罪表现等情况，可以减少基准刑的 30% 以下；具有自首、重大坦白、退赃退赔、赔偿谅解、刑事和解等情节的，可以减少基准刑的 60% 以下，犯罪较轻的，可以减少基准刑的 60% 以上或者依法免除处罚。认罪认罚与自首、坦白、当庭自愿认罪、退赃退赔、赔偿谅解、刑事和解、羁押期间表现好等量刑情节不作重复评价。

（十五）对于累犯，综合考虑前后罪的性质、刑罚执行完毕或赦免以后至再犯罪时间的长短以及前后罪罪行轻重等情况，应当增加基准刑的 10%–40%，一般不少于 3 个月。

（十六）对于有前科的，综合考虑前科的性质、时间间隔长短、次数、处罚轻重等情况，可以增加基准刑的 10% 以下。前科犯罪为过失犯罪和未成年人犯罪的除外。

（十七）对于犯罪对象为未成年人、老年人、残疾人、孕妇等弱势人员的，综合考虑犯罪的性质、犯罪的严重程度等情况，可以增加基准刑的 20% 以下。

（十八）对于在重大自然灾害、预防、控制突发传染病疫情等灾害期间故意犯罪的，根据案件的具体情况，可以增加基准刑的 20% 以下。

——《最高人民法院、最高人民检察院印发〈关于常见犯罪的量刑指导意见（试行）〉的通知》(2021 年 6 月 16 日，法发〔2021〕21 号)。

127. 贯彻宽严相济刑事政策的具体要求

关键词

宽严相济刑事政策　经济犯罪　暴力犯罪

最高人民法院司法政策精神

二、准确把握宽严相济刑事政策

6. 继续坚持依法严惩严重刑事犯罪的方针。对危害国家安全犯罪、恐怖犯罪、黑社会性质组织犯罪以及爆炸、杀人、抢劫、绑架、毒品等严重危害社会治安、严重影响人民群众安全感的犯罪，始终保持高压态势，依法从严打击。对以农村留守妇女、儿童、老人及社会弱势群体为侵害对象，人民群众深恶痛绝的犯罪，坚决依法严惩。

对国家工作人员贪污贿赂、滥用职权、失职渎职的严重犯罪，包庇纵容黑恶势力犯罪、重大安全责任事故、制售伪劣食品、药品所涉及的国家工作人员职务犯罪，发生在社会保障、征地拆迁、灾后重建、企业改制、医疗、教育、就业等领域严重损害群众利益、社会影响恶劣的国家工作人员职务犯罪，发生在经济社会建设重点领域、重点行业的严重商业贿赂犯罪，依法从严惩处。

对集资诈骗、贷款诈骗、制贩假币等严重危害金融秩序的犯罪，生产、销售假药、劣药、有毒有害食品等严重危害食品药品安全的犯罪，严重侵犯知识产权和制售假冒伪劣商品犯罪，造成严重后果的重大安全责任事故犯罪，重大环境污染、非法采矿、采盗伐林木等严重破坏生态环境的犯罪，依法从严惩处。对受害群众较多的涉众型案件，积极配合有关部门做好善后处置工作，最大限度地维护群众的合法权益。

7. 区别对待不同性质的犯罪，做到该宽则宽，当严则严，宽严相济，罚当其罪。对严重刑事犯罪依法严厉惩处的同时，对具有法定或酌定从宽处罚情节的被告人，依法在量刑时予以考虑，最大限度地分化、瓦解犯罪分子，最大限度地减少社会对立面。对较轻刑事犯罪依法从轻处罚的同时，充分考虑被告人是否具有屡教不改、严重滋扰社会、群众反映强烈等酌定从严处罚的情况，在量刑上有所体现，使犯罪分子受到应有处罚。

对因生产生活、邻里纠纷、婚姻家庭等民间矛盾激化引发，事出有因，针对特定对象，对社会治安秩序没有重大影响的犯罪，要着眼于和谐稳定，下大力气做好矛盾化解工作。被害人及其亲属对被告人表示谅解的，应作为酌定从轻情节，量刑时充分考虑。

8. 精心审理刑事大案要案。对案情敏感、社会高度关注的刑事案件，在严格依法办案的前提下，充分运用政治智慧和法律智慧，确保裁判法律效果和社会效果高度统一，使案件的审理成为执行国家法律和政策的典范。案件审理过程中，及时回应社会关切，加强司法宣传和舆论引导，营造有利于案件依法妥善处理的良好环境。

——《最高人民法院印发〈关于充分发挥刑事审判职能作用深入推进社会矛盾化解的若干意见〉的通知》（2010年12月31日，法发〔2010〕63号）。

最高人民法院审判业务意见

一、宽严相济刑事政策在经济犯罪案件审判中的具体贯彻

（一）关于从严惩处的案件范围。根据最高人民法院《关于贯彻宽严相济刑事政策的若干意见》（以下简称《意见》）第9条规定，发生在经济领域、需依法从严惩处的主要是指下列严重犯罪：以高利率或高回报为诱饵，针对社会公众实施的非法集资、非法证券、传销、地下“六合彩”等涉众型犯罪；制售假冒伪劣、有毒、有害食品、药品等损害群众切身利益的犯罪；制售伪劣农药、兽药、化肥、种子等坑农害农的犯罪；制贩假币、操纵证券期货市场、金融诈骗等严重危害金融秩序的犯罪；走私，逃税、骗税，虚开增值税专用发票等严重侵害国家经济利益的犯罪；重大环境污染、非法采矿、盗伐林木等各种严重破坏环境资源的犯罪。

（二）关于政策法律界限。对于当前金融危机背景下的经济违法行为，应当根据《意见》第4条规定的“审时度势”原则、第5条规定的“两个效果相统一”原则以及第14条、第23条规定的从宽要求，审慎分析判断其社会危害性，从有利于保障经济增长、维护社会稳定的角度依法准确定罪量刑。以非法集资案件为例说明如下：一是要准确界定非法集资与民间借贷、商业

交易的政策法律界限。未经社会公开宣传，在单位职工或者亲友内部针对特定对象筹集资金的，一般可以不作为非法集资。二是要准确把握非法集资罪与非罪的界限。资金主要用于生产经营及相关活动，行为人有还款意愿，能够及时清退集资款项，情节轻微，社会危害不大的，可以免予刑事处罚或者不作为犯罪处理。此外，对于“边缘案”“踩线案”、罪与非罪界限一时难以划清的案件，要从有利于促进企业生存发展、有利于保障员工生计、有利于维护社会和谐稳定的高度，依法妥善处理，可定可不定的，原则上不按犯罪处理。特别对于涉及企业、公司法定代表人、技术人员因政策界限不明而实施的轻微违法犯罪，更要依法慎重处理。

（三）关于刑罚适用。（1）根据《意见》第 6 条关于从严处理的原则性规定以及第 29 条关于死刑适用政策的规定，对于数额特别巨大、情节特别恶劣、危害后果特别严重的经济犯罪，要依法从严惩处，对于罪行极其严重的经济犯罪分子，依法应当判处死刑的，要坚决适用死刑；对假币犯罪累犯、惯犯、涉案假币数额巨大或者全部流入社会的犯罪分子，应当依法从重判处；对于伪造货币集团的首要分子、骨干分子，伪造假币数额特别巨大或者有其他特别严重情节，罪行极其严重的犯罪分子，应当判处死刑的，要坚决依法判处死刑；对数额特别巨大，肆意挥霍集资资金或者归案后拒不交代赃款去向，造成特别重大经济损失或者致使被害人自杀身亡等严重后果的集资诈骗犯罪分子，应当依法从重判处；对造成严重疾患、伤亡后果或者以婴幼儿、危重病人为对象，社会影响恶劣的制售有毒有害食品、假药劣药犯罪分子，应当依法从重判处。（2）根据《意见》第 25 条规定的宽严“相济”要求，应当区分犯罪行为的具体情形区别对待。以走私犯罪为例，对海上偷运走私、绕关走私等未向海关报关的走私与价格瞒骗走私，走私特殊物品与走私普通货物、物品在具体量刑都应当有所区别；对进口走私象牙等珍贵动物制品犯罪在量刑时应当酌情考虑出口国家的法律规定以及行为人的主观认识因素。（3）要切实执行《意见》第 12 条有关“对于侵财型和贪利型犯罪，更要注重通过依法适用财产刑使犯罪分子受到经济上的惩罚”的规定，以最大限度地挽回国家和人民利益的损失，安抚受害群众。同时，此类犯罪的目的就是获得非法利益，有针对性地加大经济制裁，特别是执行的力度，以有效地剥夺犯罪分子重新犯罪的条件，发挥刑罚的预防犯罪功能。

二、宽严相济刑事政策在职务犯罪案件审判中的具体贯彻

（一）关于从严惩处的案件范围。保持惩治腐败的高压态势，依法从严惩治腐败，是我国惩治和预防腐败工作的一项长期政策。根据《意见》第 8 条第 1 款规定，当前要特别注意严肃惩处以下职务犯罪：发生在领导机关和领导干部中滥用职权、贪污贿赂、腐化堕落、失职渎职等职务犯罪；工程建设、土地出让、产权交易、医药购销、政府采购、资源开发和经销、金融等多发

易发领域的商业贿赂犯罪；在扩内需、保增长，灾后恢复重建等专项工作中发生的贪污贿赂、挪用公款、渎职等职务犯罪；黑恶势力犯罪、重大安全生产事故、重大食品安全等群体性事件背后的行贿受贿、徇私舞弊、滥用职权、玩忽职守等职务犯罪；贪污、挪用、侵占农业投资专项资金等职务犯罪。

（二）关于政策法律界限。在坚持依法从严惩处职务犯罪的同时，同样需要根据《意见》第 14 条、第 25 条的规定，体现宽严“相济”，做到严中有宽、宽以济严。以贿赂犯罪为例说明如下：（1）对于收受财物后于案发前退还或上交所收财物的，应当区分情况做出不同处理：收受请托人财物后及时退还或者上交的，因其受贿故意不能确定，同时为了感化、教育潜在受贿犯罪分子，故不宜以受贿处理；受贿后因自身或者与其受贿有关联的人、事被查处，为掩饰犯罪而退还或者上交的，因受贿行为既已完毕，且无主动悔罪之意思，故不影响受贿罪的认定。（2）对于行业、领域内带有一定普遍性、涉案人员众多的案件，要注意区别对待，防止因打击面过宽导致不良的社会效果；特别是对于普通医生的商业贿赂犯罪问题，更要注意运用多种手段治理应对。对收受回扣数额巨大的；明知药品伪劣，但为收受回扣而要求医院予以采购的；为收受回扣而给病人大量开药或者使用不对症药品，造成严重后果的；收受回扣造成其他严重影响的等情形，应依法追究刑事责任。（3）对于性质恶劣、情节严重、涉案范围广、影响面大的商业犯罪案件，特别是对于顶风作案的，或者案发后隐瞒犯罪事实、毁灭证据、订立攻守同盟、负案潜逃等企图逃避法律追究的，应当依照《意见》第 8 条第 2 款的规定依法从严惩处的同时，对于在自查自纠中主动向单位、行业主管（监管）部门讲清问题、积极退赃的，或者检举、揭发他人犯罪行为，有自首、立功情节的，应当依照《意见》有关规定依法从轻、减轻或者免予处罚。

（三）关于自首、立功等量刑情节的运用。自首、立功是法定的从宽情节。实践中要注意依照《意见》第 17 条、第 18 条等规定，结合“两高”《关于办理职务犯罪案件认定自首、立功等量刑情节若干问题的意见》的规定，做好职务犯罪案件审判工作中宽严相济刑事政策与法律规定的有机结合，具体如下：（1）要严格掌握自首、立功等量刑情节的法定标准和认定程序，确保自首、立功等量刑情节认定的严肃性和规范性的。（2）对于具有自首情节的犯罪分子，应当根据犯罪事实并结合自动投案的动机、阶段、客观环境，交代犯罪事实的完整性、稳定性以及悔罪表现等具体情节，依法决定是否从轻、减轻或者免除处罚以及从轻、减轻处罚的幅度。（3）对于具有立功情节的犯罪分子，应当根据犯罪事实并结合立功表现所起作用的大小、所破获案件的罪行轻重、所抓获犯罪嫌疑人可能判处的法定刑以及立功的时机等具体情节，依法决定是否从轻、减轻或者免除处罚以及从轻、减轻处罚的幅度。（4）对于犯罪分子依法不成立自首，但主动交代犯罪事实的，应当视其主动交代的犯罪事实情况及对证据收集的作用大小、酌情从轻处罚。（5）赃款赃物追回的，应当注意区分贪污、受贿等不同性质的犯罪以及犯罪分子在追赃中的具体表现，决定是否从轻处罚以及从轻处罚的幅度。

（四）关于缓刑等非监禁刑的适用。在依照《意见》第14条、第15条、第16条规定适用缓刑等非监禁刑时，应当充分考虑到当前职务犯罪案件缓刑等非监禁刑适用比例偏高的实际情况，以及职务犯罪案件适用非监禁刑所需要的社会民意基础和过多适用非监禁刑可能带来的社会负面影响。贪污、受贿犯罪分子具有下列情形之一的，一般不得适用缓刑：致使国家、集体和人民利益遭受重大损失或者影响恶劣的；不退赃或者退赃不积极，无悔罪表现的；犯罪动机、手段等情节恶劣，或者将赃款用于非法经营、走私、赌博、行贿等违法犯罪活动的；属于共同犯罪中情节严重的主犯，或者犯有数罪的；曾因职务、经济违法犯罪行为受过行政处分或者刑事处罚的；犯罪涉及的财物属于救灾、抢险、防汛、防疫、优抚、扶贫、移民、救济、捐助、社会保险、教育、征地、拆迁等专项款项和物资的。渎职犯罪分子具有下列情形之一的，一般不适用缓刑：（1）依法减轻处罚后判处三年有期徒刑以下刑罚的；（2）渎职犯罪造成特别恶劣影响的；（3）渎职行为同时构成其他犯罪，以渎职犯罪一罪处理或者实行数罪并罚的。

——最高人民法院刑二庭：《宽严相济在经济犯罪和职务犯罪案件审判中的具体贯彻》，载《人民法院报》2010年4月7日。

二、故意杀人、伤害案件审判中宽严相济的把握

1. 注意区分两类不同性质的案件。故意杀人、故意伤害侵犯的是人的生命和身体健康，社会危害大，直接影响到人民群众的安全感，《意见》第7条将故意杀人、故意伤害致人死亡犯罪作为严惩的重点是十分必要的。但是，实践中的故意杀人、伤害案件复杂多样，处理时要注意分别案件的不同性质，做到区别对待。

实践中，故意杀人、伤害案件从性质上通常可分为两类：一类是严重危害社会治安、严重影响人民群众安全感的案件，如极端仇视国家和社会，以不特定人为行凶对象的；一类是因婚姻家庭、邻里纠纷等民间矛盾激化引发的案件。对于前者应当作为严惩的重点，依法判处被告人重刑直至判处死刑。对于后者处理时应注意体现从严的精神，在判处重刑尤其是适用死刑时应特别慎重，除犯罪情节特别恶劣、犯罪后果特别严重、人身危险性极大的被告人外，一般不应当判处死刑。对于被害人在起因上存在过错或者是被告人案发后积极赔偿，真诚悔罪，取得被害人或其家属谅解的，应依法从宽处罚，对同时有法定从轻、减轻处罚情节的，应考虑在无期徒刑以下裁量刑罚。同时应重视此类案件中的附带民事调解工作，努力化解双方矛盾，实现积极的

“案结事了”，增进社会和谐，达成法律效果与社会效果的有机统一。《意见》第 23 条是对此审判经验的总结。

此外，实践中一些致人死亡的犯罪是故意杀人还是故意伤害往往难以区分，在认定时除从作案工具、打击的部位、力度等方面进行判断外，也要注意考虑犯罪起因等因素。对于民间纠纷引发的案件，如果难以区分是故意杀人还是故意伤害时，一般可考虑定故意伤害罪。

2. 充分考虑各种犯罪情节。犯罪情节包括犯罪的动机、手段、对象、场所及造成的后果等，不同的犯罪情节反映不同的社会危害性。犯罪情节多属酌定量刑情节，法律往往未作明确的规定，但犯罪情节是适用刑罚的基础，是具体案件决定从严或从宽处罚的基本依据，需要在案件审理中进行仔细甄别，以准确判断犯罪的社会危害性。有的案件犯罪动机特别卑劣，比如为了铲除政治对手而雇凶杀人的，也有一些人犯罪是出于义愤，甚至是“大义灭亲”“为民除害”的动机杀人。有的案件犯罪手段特别残忍，比如采取放火、泼硫酸等方法把人活活烧死的故意杀人行为。犯罪后果也可以分为一般、严重和特别严重几档。在实际中一般认为故意杀人、故意伤害一人死亡的为后果严重，致二人以上死亡的为犯罪后果特别严重。特定的犯罪对象和场所也反映社会危害性的不同，如针对妇女、儿童等弱势群体或在公共场所实施的杀人、伤害，就具有较大的社会危害性。以上犯罪动机卑劣，或者犯罪手段残忍，或者犯罪后果严重，或者针对妇女、儿童等弱势群体作案等情节恶劣的，又无其他法定或酌定从轻情节应当依法从重判处。如果犯罪情节一般，被告人真诚悔罪，或有立功、自首等法定从轻情节的，一般应考虑从宽处罚。

实践中，故意杀人、伤害案件的被告人既有法定或酌定的从宽情节，又有法定或酌定从严情节的情形比较常见，此时，就应当根据《意见》第 28 条，在全面考察犯罪的事实、性质、情节和对社会危害程度的基础上，结合被告人的主观恶性、人身危险性、社会治安状况等因素，综合作出分析判断。

3. 充分考虑主观恶性和人身危险性。《意见》第 10 条、第 16 条明确了被告人的主观恶性和人身危险性是从严和从宽的重要依据，在适用刑罚时必须充分考虑。主观恶性是被告人对自己行为及社会危害性所抱的心理态度，在一定程度上反映了被告人的改造可能性。一般来说，经过精心策划的、有长时间计划的杀人、伤害，显示被告人的主观恶性深；激情犯罪，临时起意的犯罪，因被害人的过错行为引发的犯罪，显示的主观恶性较小。对主观恶性深的被告人要从严惩处，主观恶性较小的被告人则可考虑适用较轻的刑罚。

人身危险性即再犯可能性，可从被告人有无前科、平时表现及悔罪情况等方面综合判断。人身危险性大的被告人，要依法从重处罚。如累犯中前罪系暴力犯罪，或者曾因暴力犯罪被判重刑后又犯故意杀人、故意伤害致人死亡的；平时横行乡里，寻衅滋事杀人、伤害致人死亡的，应依法从重判处。

人身危险性小的被告人，应依法体现从宽精神。如被告人平时表现较好，激情犯罪，系初犯、偶犯的；被告人杀人或伤人后有抢救被害人行为的，在量刑时应该酌情予以从宽处罚。

未成年人及老年人的故意杀人、伤害犯罪与一般人犯罪相比，主观恶性和人身危险性等方面有一定特殊性，在处理时应当依据《意见》的第 20 条、第 21 条考虑从宽。对犯故意杀人、伤害罪的未成年人，要坚持“教育为主，惩罚为辅”的原则和“教育、感化、挽救”的方针进行处罚。对于情节较轻、后果不重的伤害案件，可以依法适用缓刑，或者判处管制、单处罚金等非监禁刑。对于情节严重的未成年人，也应当从轻或减轻处罚。对于已满十四周岁不满十六周岁的未成年人，一般不判处无期徒刑。对于七十周岁以上的老年人犯故意杀人、伤害罪的，由于其已没有再犯罪的可能，在综合考虑其犯罪情节和主观恶性、人身危险性的基础上，一般也应酌情从宽处罚。

4. 严格控制和慎重适用死刑。故意杀人和故意伤害犯罪在判处死刑的案件中所占比例最高，审判中要按照《意见》第 29 条的规定，准确理解和严格执行“保留死刑，严格控制和慎重适用死刑”的死刑政策，坚持统一的死刑适用标准，确保死刑只适用于极少数罪行极其严重的犯罪分子；坚持严格的证据标准，确保把每一起判处死刑的案件都办成铁案。对于罪行极其严重，但只要有法定、酌定从轻情节，依法可不立即执行的，就不应当判处死刑立即执行。

对于自首的故意杀人、故意伤害致人死亡的被告人，除犯罪情节特别恶劣，犯罪后果特别严重的，一般不应考虑判处死刑立即执行。对亲属送被告人归案或协助抓获被告人的，也应视为自首，原则上应当从宽处罚。对具有立功表现的故意杀人、故意伤害致死的被告人，一般也应当体现从宽，可考虑不判处死刑立即执行。但如果犯罪情节特别恶劣，犯罪后果特别严重的，即使有立功情节，也可以不予从轻处罚。

共同犯罪中，多名被告人共同致死一名被害人的，原则上只判处一人死刑。处理时，根据案件的事实和证据能分清主从犯的，都应当认定主从犯；有多名主犯的，应当在主犯中进一步区分出罪行最为严重者和较为严重者，不能以分不清主次为由，简单地一律判处死刑。

三、黑社会性质组织犯罪案件审判中宽严相济的把握

1. 准确认定黑社会性质组织。黑社会性质组织犯罪由于其严重的社会危害性，在打击处理上不能等其坐大后进行，要坚持“严打”的方针，坚持“打早打小”的策略。但黑社会性质组织的认定，必须严格依照刑法和《全国人民代表大会常务委员会关于〈中华人民共和国刑法〉第二百九十四条第一款的解释》的规定，从组织特征、经济特征、行为特征和非法控制特征四个方面进行分析。认定黑社会性质组织犯罪四个特征必须同时具备。当然，实

践中许多黑社会性质组织并不是四个特征都很明显，在具体认定时，应根据立法本意，认真审查、分析黑社会性质组织四个特征相互间的内在联系，准确评价涉案犯罪组织所造成的社会危害。既要防止将已具备黑社会性质组织四个特征的案件“降格”处理，也不能因为强调严厉打击将不具备四个特征的犯罪团伙“拔高”认定为黑社会性质组织。在黑社会性质组织犯罪的审判中贯彻宽严相济刑事政策，要始终坚持严格依法办案，坚持法定标准，这是《意见》的基本要求。

2. 区别对待黑社会性质组织的不同成员。《意见》第30条明确了黑社会性质组织中不同成员的处理原则：分别情况，区别对待。对于组织者、领导者应依法从严惩处，其承担责任的犯罪不限于自己组织、策划、指挥和实施的犯罪，而应对组织所犯的全部罪行承担责任。实践中，一些黑社会性质组织的组织者、领导者，只是以其直接实施的犯罪起诉、审判，实际上是轻纵了他们的罪行。要在区分组织犯罪和组织成员犯罪的基础上，合理划定组织者、领导者的责任范围，做到不枉不纵。同时，还要注意责任范围和责任程度的区别，不能简单认为组织者、领导者就是具体犯罪中责任最重的主犯。对于组织成员实施的黑社会性质组织犯罪，组织者、领导者只是事后知晓，甚至根本不知晓，其就只应负有一般的责任，直接实施的成员无疑应负最重的责任。

对于积极参加者，应根据其在具体犯罪中的地位、作用，确定其应承担的刑事责任。确属黑社会性质组织骨干成员的，应依法从严处罚。对犯罪情节较轻的其他参加人员以及初犯、偶犯、未成年犯，则要依法从轻、减轻处罚。对于参加黑社会性质的组织，没有实施其他违法犯罪活动的，或者受蒙蔽、胁迫参加黑社会性质的组织，情节轻微的，则可以不作为犯罪处理。

此外，在处理黑社会性质组织成员间的检举、揭发问题上，既要考虑线索本身的价值，也要考虑检举、揭发者在黑社会性质组织犯罪中的地位、作用，防止出现全案量刑失衡的现象。组织者、领导者检举揭发与该黑社会性质组织及其违法犯罪活动有关联的其他犯罪线索，即使依法构成立功或者重大立功，在考虑是否从轻量刑时也应从严予以掌握。积极参加者、其他参加者配合司法机关查办案件，有提供线索、帮助收集证据或者其他协助行为，并对侦破黑社会性质组织犯罪案件起到一定作用的，即使依法不能认定立功，一般也应酌情对其从轻处罚。

——最高人民法院刑三庭：《在审理故意杀人、伤害及黑社会性质组织犯罪案件中切实贯彻宽严相济刑事政策》，载《人民法院报》2010年4月14日。

附录：最高人民法院主流观点

最高人民法院制定了《关于贯彻宽严相济刑事政策的若干意见》，该《意见》第一条规定，贯彻宽严相济刑事政策，要根据犯罪的具体情况，实行区别对待，做到该宽则宽，当严则严，宽严相济，罚当其罪，打击和孤立极少数，教育、感化和挽救大多数，最大限度地减少社会对立面，促进社会和谐稳定，维护国家长治久安。这是对关于贯彻宽严相济刑事政策总体要求方面的规定。关于宽严相济刑事政策中的从“严”，第六条规定，主要是指对于罪行十分严重、社会危害性极大，依法应当判处重刑或死刑的，要坚决地判处重刑或死刑；对于社会危害大或者具有法定、酌定从重处罚情节，以及主观恶性深、人身危险性大的被告人，要依法从严惩处。在审判活动中通过体现依法从“严”的政策要求，有效震慑犯罪分子和社会不稳定分子，达到有效遏制犯罪、预防犯罪的目的。关于宽严相济刑事政策中的从“宽”，第十四条规定，主要是指对于情节较轻、社会危害性较小的犯罪，或者罪行虽然严重，但具有法定、酌定从宽处罚情节，以及主观恶性相对较小、人身危险性不大的被告人，可以依法从轻、减轻或者免除处罚；对于具有一定社会危害性，但情节显著轻微危害不大的行为，不作为犯罪处理；对于依法可不监禁的，尽量适用缓刑或者判处管制、单处罚金等非监禁刑。关于宽严相济刑事政策中的“相济”，第二十五条规定，主要是指在对各类犯罪依法处罚时，要善于综合运用宽和严两种手段，对不同的犯罪和犯罪分子区别对待，做到严中有宽、宽以济严；宽中有严、严以济宽。笔者认为，对宽严相济之“严”、之“宽”、之“济”三方面可以作如下理解：

1.“严”是指严格、严厉。宽严相济之“严”中的“严格”之意，是指该作为犯罪处理的一定要作为犯罪处理，该受到刑罚处理的一定要受到刑罚处理，这也就是司法上的犯罪化与刑罚化。另一方面，宽严相济之“严”还含有“严厉”之意。这里的严厉主要是指判处较重刑罚，当然是指该重而重，而不是指不该重而重，也不是指刑罚过重。

2.“宽”是指从宽、轻缓，可以分为如下五种情形：(1) 该轻而轻，即对于那些较为轻微的犯罪，处以较轻的刑种和较短的刑期。这是罪责刑相适应原则的要求，也合乎刑法公正的要求。(2) 该重而轻，即所犯罪行较重，但行为人具有坦白、自首、立功或者未成年人身份等法定情节或者退赃、刑事和解等酌定情节的，在本应判处较重之刑的情况下判处较轻之刑。(3) 非犯罪化，即对一些轻微的危害社会行为在立法上不作为犯罪规定，如规定为犯罪，在审查起诉阶段作相对不起诉即微罪不起诉处理。(4) 非刑罚化，即在认定行为人有罪，应当追究其刑事责任的情况下，对其免除处罚。(5) 非监禁化，即对行为人定罪判刑，但不完全限制其人身自由，如对其适用缓刑、管制刑、财产刑或假释等。

3.“济”是指救济、协调与结合之意。因此，宽严相济刑事政策不仅是指对于犯罪应当有宽有严，而且在宽与严之间还应当具有一定的平衡，互相衔接，形成良性互动，以避免宽严皆误结果的发生。换言之，在宽严相济刑事政策的语境中，不能宽大无边或严厉过苛，宽严失当。

——张军、胡云腾主编:《〈刑法修正案（八）〉条文及配套司法解释理解与适用》，人民法院出版社 2011 年版，第 4~5 页。

128. 准确把握和正确适用宽严相济刑事政策中依法从“严”的政策要求

关键词

宽严相济刑事政策　从严处罚

最高人民法院司法政策精神

二、准确把握和正确适用依法从严的政策要求

6. 宽严相济刑事政策中的从“严”，主要是指对于罪行十分严重、社会危害性极大，依法应当判处重刑或死刑的，要坚决地判处重刑或死刑；对于社会危害大或者具有法定、酌定从重处罚情节，以及主观恶性深、人身危险性大的被告人，要依法从严惩处。在审判活动中通过体现依法从“严”的政策要求，有效震慑犯罪分子和社会不稳定分子，达到有效遏制犯罪、预防犯罪的目的。

7. 贯彻宽严相济刑事政策，必须毫不动摇地坚持依法严惩严重刑事犯罪的方针。对于危害国家安全犯罪、恐怖组织犯罪、邪教组织犯罪、黑社会性质组织犯罪、恶势力犯罪、故意危害公共安全犯罪等严重危害国家政权稳固和社会治安的犯罪，故意杀人、故意伤害致人死亡、强奸、绑架、拐卖妇女儿童、抢劫、重大抢夺、重大盗窃等严重暴力犯罪和严重影响人民群众安全感的犯罪，走私、贩卖、运输、制造毒品等毒害人民健康的犯罪，要作为严惩的重点，依法从重处罚。尤其对于极端仇视国家和社会，以不特定人为侵害对象，所犯罪行特别严重的犯罪分子，该重判的要坚决依法重判，该判处死刑的要坚决依法判处死刑。

8. 对于国家工作人员贪污贿赂、滥用职权、失职渎职的严重犯罪，黑恶势力犯罪、重大安全责任事故、制售伪劣食品药品所涉及的国家工作人员职务犯罪，发生在社会保障、征地拆迁、灾后重建、企业改制、医疗、教育、就业等领域严重损害群众利益、社会影响恶劣、群众反映强烈的国家工作人员职务犯罪，发生在经济社会建设重点领域、重点行业的严重商业贿赂犯罪等，要依法从严惩处。

对于国家工作人员职务犯罪和商业贿赂犯罪中性质恶劣、情节严重、涉

案范围广、影响面大的，或者案发后隐瞒犯罪事实、毁灭证据、订立攻守同盟、负案潜逃等拒不认罪悔罪的，要坚决依法从严惩处。

对于被告人犯罪所得数额不大，但对国家财产和人民群众利益造成重大损失、社会影响极其恶劣的职务犯罪和商业贿赂犯罪案件，也应依法从严惩处。

要严格掌握职务犯罪法定减轻处罚情节的认定标准与减轻处罚的幅度，严格控制依法减轻处罚后判处三年以下有期徒刑适用缓刑的范围，切实规范职务犯罪缓刑、免予刑事处罚的适用。

9. 当前和今后一段时期，对于集资诈骗、贷款诈骗、制贩假币以及扰乱、操纵证券、期货市场等严重危害金融秩序的犯罪，生产、销售假药、劣药、有毒有害食品等严重危害食品药品安全的犯罪，走私等严重侵害国家经济利益的犯罪，造成严重后果的重大安全责任事故犯罪，重大环境污染、非法采矿、盗伐林木等各种严重破坏环境资源的犯罪等，要依法从严惩处，维护国家的经济秩序，保护广大人民群众的生命健康安全。

10. 严惩严重刑事犯罪，必须充分考虑被告人的主观恶性和人身危险性。对于事先精心预谋、策划犯罪的被告人，具有惯犯、职业犯等情节的被告人，或者因故意犯罪受过刑事处罚、在缓刑、假释考验期内又犯罪的被告人，要依法严惩，以实现刑罚特殊预防的功能。

11. 要依法从严惩处累犯和毒品再犯。凡是依法构成累犯和毒品再犯的，即使犯罪情节较轻，也要体现从严惩处的精神。尤其是对于前罪为暴力犯罪或被判处重刑的累犯，更要依法从严惩处。

12. 要注重综合运用多种刑罚手段，特别是要重视依法适用财产刑，有效惩治犯罪。对于法律规定有附加财产刑的，要依法适用。对于侵财型和贪利型犯罪，更要注重通过依法适用财产刑使犯罪分子受到经济上的惩罚，剥夺其重新犯罪的能力和条件。要切实加大财产刑的执行力度，确保刑罚的严厉性和惩罚功能得以实现。被告人非法占有、处置被害人财产不能退赃的，在决定刑罚时，应作为重要情节予以考虑，体现从严处罚的精神。

13. 对于刑事案件被告人，要严格依法追究刑事责任，切实做到不枉不纵。要在确保司法公正的前提下，努力提高司法效率。特别是对于那些严重危害社会治安，引起社会关注的刑事案件，要在确保案件质量的前提下，抓紧审理，及时宣判。

——《最高人民法院印发〈关于贯彻宽严相济刑事政策的若干意见〉的通知》(2010 年 2 月 8 日，法发〔2010〕9 号)。

附录：理解与适用

贯彻落实《意见》应当注意的几项具体要求严惩职务犯罪和商业贿赂犯

罪。依法严惩贪污、贿赂等职务犯罪，促进反腐败斗争深入开展，是人民法院一项长期、艰巨的任务。《意见》第 8 条继续坚持从严惩处国家工作人员职务犯罪和商业贿赂犯罪的方针，对从严惩处的对象、范围、情节以及犯罪数额与量刑关系、适用缓刑等社会反映较多的热点问题进行了明确和阐释，便于司法实践中更好地掌握。

首先，列举了严惩的对象和范围，规定：对于国家工作人员贪污贿赂、滥用职权、失职渎职的严重犯罪，黑恶势力犯罪、重大安全责任事故、制售伪劣食品药品所涉及的国家工作人员职务犯罪，发生在社会保障、征地拆迁、灾后重建、企业改制、医疗、教育、就业等领域严重损害群众利益、社会影响恶劣、群众反映强烈的国家工作人员职务犯罪，发生在经济社会建设重点领域、重点行业的严重商业贿赂犯罪等，要依法从严惩处。

其次，明确了从严惩处的犯罪情节，强调对于国家工作人员职务犯罪和商业贿赂犯罪中性质恶劣、情节严重、涉案范围广、影响面大的，或者案发后隐瞒犯罪事实、毁灭证据、订立攻守同盟、负案潜逃等拒不认罪悔罪的，要坚决依法从严惩处。

再次，阐释了犯罪数额与量刑的关系，指出：对于被告人犯罪所得数额不大，但对国家财产和人民群众利益造成重大损失、社会影响极其恶劣的职务犯罪和商业贿赂犯罪案件，也应依法从严惩处。对职务犯罪的量刑不能唯数额论，需综合考虑其他情节，实践中已有诸多判例，如已被判处并执行死刑的国家食品药品监督管理局原局长郑筱萸，其受贿 600 余万元，与近年来被判处死缓或无期徒刑的贪官相比，受贿数额还不算最高。但考虑到其犯罪行为严重危害了人民群众用药安全及生命健康安全，在社会上造成了极其恶劣的影响，社会危害性极大，被依法判处死刑立即执行，体现了依法从严的精神。

最后，提出了规范缓刑、免予刑事处罚适用的要求。规定严格掌握职务犯罪法定减轻处罚情节的认定标准与减轻处罚的幅度，严格控制依法减轻处罚后判处 3 年以下有期徒刑适用缓刑的范围，切实规范职务犯罪缓刑、免予刑事处罚的适用。从而进一步规范了社会上反映职务犯罪适用缓刑和免于刑事处罚比例偏高的问题。

——高贵君、李睿懿、毛宜全、侯宏林：《〈关于贯彻宽严相济刑事政策的若干意见〉的理解与适用》，载《人民司法 · 应用》2010 年第 7 期（总第 594 期）。

最高人民法院审判业务意见

从严惩处不是对一切犯罪、一切犯罪分子都从严，而是要考虑社会治安形势，考虑人民群众的安全感以及惩治犯罪的实际需要。按照最高人民法院

《关于贯彻宽严相济刑事政策的若干意见》(以下简称《意见》) 的要求，要“注重从严打击严重危害国家安全、社会治安和人民群众利益的犯罪。”当前，从严惩处的重点主要包括以下几个方面：

一是依法严惩严重危害国家政权稳固和社会治安的犯罪、严重暴力犯罪和严重影响人民群众安全感的犯罪、严重危害人民群众健康的犯罪。国家安全、社会稳定是经济发展的基础，是广大人民群众的根本利益所在。因此，对于危害国家安全犯罪、恐怖组织犯罪、邪教组织犯罪、黑恶势力犯罪、故意危害公共安全犯罪等必须从严惩处。尤其对于极端仇视国家和社会，以不特定人为侵害对象，危害后果特别严重的犯罪分子，要坚决严惩直至判处死刑。严重暴力犯罪、重大侵财犯罪、毒品犯罪严重危害人民群众的生命、健康和财产安全，一直是司法机关打击的重点。当前，要严厉惩处故意杀人、故意伤害致人死亡的犯罪，保护公民的生命安全；严厉惩处强奸、拐卖妇女儿童的犯罪，保护妇女儿童的人身安全；严厉惩处抢劫、绑架、重大抢夺、重大盗窃犯罪，保护公民人身、财产安全；严厉惩处走私、贩卖、运输、制造毒品犯罪，保护公民身体健康。

二是依法严惩严重职务犯罪和严重商业贿赂犯罪。严重职务犯罪侵害了公务人员职务的廉洁性、合法性，侵犯了公民的合法权利，损害了群众的切身利益，严重影响党和政府在人民群众中的威信和形象，必须依法严惩。当前，对于国家工作人员贪污贿赂犯罪以及充当黑恶势力保护伞、失职渎职造成重大安全责任事故、食品药品安全事故的，侵占挪用社会保险、保障基金、灾后重建经费的，对于利用企业改制侵吞国有资产或造成国有资产流失的，对于医疗、教育、就业等领域的严重商业贿赂犯罪等，要依法从严惩处。要严格职务犯罪减轻处罚、缓刑、免刑的条件和标准，规范减轻处罚、缓刑、免刑的适用，特别是对那些造成国家财产和人民群众利益重大损失、社会影响极其恶劣的职务犯罪和商业贿赂犯罪，一般不宜适用缓刑、免予刑事处罚，以防止造成不良社会效果。

三是依法严惩严重经济犯罪，维护市场经济秩序，保障国家经济安全和金融安全。当前和今后一段时期，要依法严惩严重危害金融秩序的犯罪，主要是集资诈骗、贷款诈骗、制贩假币以及扰乱、操纵证券期货市场等犯罪，维护金融秩序；要严惩严重危害食品、药品安全的犯罪，主要是生产、销售假药劣药、有毒有害食品的犯罪，保护人民群众的身体健康；要严惩走私犯罪、重大安全责任事故犯罪、严重破坏环境资源犯罪，保护国家重大经济利益及生产秩序，保护自然资源环境。

对犯罪的从严惩处主要体现在对犯罪分子的量刑上。要根据案件的事实和法律的规定，对于罪行、情节严重的犯罪体现从严的精神。《意见》指出：“严惩严重刑事犯罪，必须充分考虑被告人的主观恶性和人身危险性”，“要注重综合运用多种刑罚手段，特别是要重视依法适用财产刑，有效惩治犯罪”。

一是要充分考虑犯罪行为的社会危害性，对于犯罪造成国家利益和人民群众生命、健康、财产重大损失的，要依法从重量刑。同时，要充分考虑案件的法定或酌定从重处罚情节。对于被告人有法定或酌定从重处罚情节的，如共同犯罪中的主犯、集团犯罪中的组织、策划、指挥者和骨干分子等，要依法从重处罚。

二是要充分考虑被告人的主观恶性、人身危险性对量刑的影响。主观恶性的大小是犯罪分子应负刑事责任的重要根据。对于主观恶性大的犯罪分子，如犯罪情节恶劣、犯罪手段残忍、犯罪动机卑劣的，特别是对于事先精心预谋、策划犯罪的被告人，要依法从严惩处。人身危险性的大小是对犯罪分子进行特殊预防的重要依据，对于惯犯、职业犯、累犯、再犯、在缓刑假释考验期内又犯罪等人身危险性特别大的犯罪分子，也要依法从严惩处。

三是对于罪行极其严重的犯罪分子，要坚决地适用重刑直至死刑，以震慑犯罪、伸张正义、鼓舞人民群众与严重犯罪行为作斗争。死刑是对罪行极其严重的犯罪分子的一种最严厉的刑罚方法，虽然我国采取严格控制、慎重适用死刑的方针，但是基于犯罪的客观形势和人民群众的要求，我们仍然保留死刑并适度使用，不仅震慑了犯罪，也满足了群众的正义要求，社会效果是好的。因此，人民法院对于那些罪行极其严重、人身危险性极大的犯罪分子，依法应当判处死刑立即执行的，要毫不手软，坚决判处。

四是对严重犯罪分子不仅可以判处死刑、徒刑，还要依法适用财产刑，如没收财产、罚金等刑罚。对侵财型和贪利型犯罪，要依法没收犯罪分子的犯罪所得，以剥夺犯罪分子重新犯罪的能力和条件。要把犯罪分子的退赃情况作为对其量刑轻重的重要依据，对于拒不退赃的，要依法从重处罚，对于赃款被挥霍客观上不能退赃的，也要适度从严。

——最高人民法院刑事审判第一庭：《准确把握和正确适用依法从严政策要求》，载《人民法院报》2010年3月24日。

129. 准确把握和正确适用宽严相济刑事政策中依法从“宽”的政策要求

关键词

刑罚的具体运用　宽严相济刑事政策　从宽处罚

最高人民法院司法政策精神

14. 宽严相济刑事政策中的从“宽”，主要是指对于情节较轻、社会危害性较小的犯罪，或者罪行虽然严重，但具有法定、酌定从宽处罚情节，以及主观恶性相对较小、人身危险性不大的被告人，可以依法从轻、减轻或者免除处罚；对于具有一定社会危害性，但情节显著轻微危害不大的行为，不作为犯罪处理；对于依法可不监禁的，尽量适用缓刑或者判处管制、单处罚金等非监禁刑。

15. 被告人的行为已经构成犯罪，但犯罪情节轻微，或者未成年人、在校学生实施的较轻犯罪，或者被告人具有犯罪预备、犯罪中止、从犯、胁从犯、防卫过当、避险过当等情节，依法不需要判处刑罚的，可以免予刑事处罚。对免予刑事处罚的，应当根据《刑法》第 37 条规定，做好善后、帮教工作或者交由有关部门进行处理，争取更好的社会效果。

16. 对于所犯罪行不重、主观恶性不深、人身危险性较小、有悔改表现、不致再危害社会的犯罪分子，要依法从宽处理。对于其中具备条件的，应当依法适用缓刑或者管制、单处罚金等非监禁刑。同时配合做好社区矫正，加强教育、感化、帮教、挽救工作。

17. 对于自首的被告人，除了罪行极其严重、主观恶性极深、人身危险性极大，或者恶意地利用自首规避法律制裁者以外，一般均应当依法从宽处罚。

对于亲属以不同形式送被告人归案或协助司法机关抓获被告人而认定为自首的，原则上都应当依法从宽处罚；有的虽然不能认定为自首，但考虑到被告人亲属支持司法机关工作，促使被告人到案、认罪、悔罪，在决定对被告人具体处罚时，也应当予以充分考虑。

18. 对于被告人检举揭发他人犯罪构成立功的，一般均应当依法从宽处罚。对于犯罪情节不是十分恶劣，犯罪后果不是十分严重的被告人立功的，从宽处罚的幅度应当更大。

19. 对于较轻犯罪的初犯、偶犯，应当综合考虑其犯罪的动机、手段、情节、后果和犯罪时的主观状态，酌情予以从宽处罚。对于犯罪情节轻微的初犯、偶犯，可以免予刑事处罚；依法应当予以刑事处罚的，也应当尽量适用缓刑或者判处管制、单处罚金等非监禁刑。

20. 对于未成年人犯罪，在具体考虑其实施犯罪的动机和目的、犯罪性质、情节和社会危害程度的同时，还要充分考虑其是否属于初犯，归案后是否悔罪，以及个人成长经历和一贯表现等因素，坚持“教育为主、惩罚为辅”的原则和“教育、感化、挽救”的方针进行处理。对于偶尔盗窃、抢夺、诈骗，数额刚达到较大的标准，案发后能如实交代并积极退赃的，可以认定为情节显著轻微，不作为犯罪处理。对于罪行较轻的，可以依法适当多适用缓刑或者判处管制、单处罚金等非监禁刑；依法可免予刑事处罚的，应当免予刑事处罚。对于犯罪情节严重的未成年人，也应当依照《刑法》第 17 条第 3 款的规定予以从轻或者减轻处罚。对于已满 14 周岁不满 16 周岁的未成年犯罪人，一般不判处无期徒刑。

21. 对于老年人犯罪，要充分考虑其犯罪的动机、目的、情节、后果以及悔罪表现等，并结合其人身危险性和再犯可能性，酌情予以从宽处罚。

22. 对于因恋爱、婚姻、家庭、邻里纠纷等民间矛盾激化引发的犯罪，因劳动纠纷、管理失当等原因引发、犯罪动机不属恶劣的犯罪，因被害方过错或者基于义愤引发的或者具有防卫因素的突发性犯罪，应酌情从宽处罚。

23. 被告人案发后对被害人积极进行赔偿，并认罪、悔罪的，依法可以作为酌定量刑情节予以考虑。因婚姻家庭等民间纠纷激化引发的犯罪，被害人及其家属对被告人表示谅解的，应当作为酌定量刑情节予以考虑。犯罪情节轻微，取得被害人谅解的，可以依法从宽处理，不需判处刑罚的，可以免予刑事处罚。

24. 对于刑事被告人，如果采取取保候审、监视居住等非羁押性强制措施足以防止发生社会危险性，且不影响刑事诉讼正常进行的，一般可不采取羁押措施。对人民检察院提起公诉而被告人未被采取逮捕措施的，除存在被告人逃跑、串供、重新犯罪等具有人身危险性或者可能影响刑事诉讼正常进行的情形外，人民法院一般可不决定逮捕被告人。

——《最高人民法院印发〈关于贯彻宽严相济刑事政策的若干意见〉的通知》（2010 年 2 月 8 日，法发〔2010〕9 号）。

130. 准确把握和正确适用宽严相济刑事政策中“相济”的政策要求

关键词

宽严相济刑事政策

最高人民法院司法政策精神

25. 宽严相济刑事政策中的“相济”，主要是指在对各类犯罪依法处罚时，要善于综合运用宽和严两种手段，对不同的犯罪和犯罪分子区别对待，做到严中有宽、宽以济严；宽中有严、严以济宽。

26. 在对严重刑事犯罪依法从严惩处的同时，对被告人具有自首、立功、从犯等法定或酌定从宽处罚情节的，还要注意宽以济严，根据犯罪的具体情况，依法应当或可以从宽的，都应当在量刑上予以充分考虑。

27. 在对较轻刑事犯罪依法从轻处罚的同时，要注意严以济宽，充分考虑被告人是否具有屡教不改、严重滋扰社会、群众反映强烈等酌定从严处罚的情况，对于不从严不足以有效惩戒者，也应当在量刑上有所体现，做到济之以严，使犯罪分子受到应有处罚，切实增强改造效果。

28. 对于被告人同时具有法定、酌定从严和法定、酌定从宽处罚情节的案件，要在全面考察犯罪的事实、性质、情节和对社会危害程度的基础上，结合被告人的主观恶性、人身危险性、社会治安状况等因素，综合作出分析判断，总体从严，或者总体从宽。

29. 要准确理解和严格执行“保留死刑，严格控制和慎重适用死刑”的政策。对于罪行极其严重的犯罪分子，论罪应当判处死刑的，要坚决依法判处死刑。要依法严格控制死刑的适用，统一死刑案件的裁判标准，确保死刑只适用于极少数罪行极其严重的犯罪分子。拟判处死刑的具体案件定罪或者量刑的证据必须确实、充分，得出唯一结论。对于罪行极其严重，但只要是依法可不立即执行的，就不应当判处死刑立即执行。

30. 对于恐怖组织犯罪、邪教组织犯罪、黑社会性质组织犯罪和进行走私、诈骗、贩毒等犯罪活动的犯罪集团，在处理时要分别情况，区别对待：对犯罪组织或集团中的为首组织、指挥、策划者和骨干分子，要依法从严惩处，该判处重刑或死刑的要坚决判处重刑或死刑；对受欺骗、胁迫参加犯罪组织、犯罪集团或只是一般参加者，在犯罪中起次要、辅助作用的从犯，依法应当从轻或减轻处罚，符合缓刑条件的，可以适用缓刑。

对于群体性事件中发生的杀人、放火、抢劫、伤害等犯罪案件，要注意重点打击其中的组织、指挥、策划者和直接实施犯罪行为的积极参与者；对因被煽动、欺骗、裹胁而参加，情节较轻，经教育确有悔改表现的，应当依法从宽处理。

31. 对于一般共同犯罪案件，应当充分考虑各被告人在共同犯罪中的地位和作用，以及在主观恶性和人身危险性方面的不同，根据事实和证据能分清主从犯的，都应当认定主从犯。有多名主犯的，应在主犯中进一步区分出罪行最为严重者。对于多名被告人共同致死一名被害人的案件，要进一步分清各被告人的作用，准确确定各被告人的罪责，以做到区别对待；不能以分不清主次为由，简单地一律判处重刑。

32. 对于过失犯罪，如安全责任事故犯罪等，主要应当根据犯罪造成危害后果的严重程度、被告人主观罪过的大小以及被告人案发后的表现等，综合掌握处罚的宽严尺度。对于过失犯罪后积极抢救、挽回损失或者有效防止损失进一步扩大的，要依法从宽。对于造成的危害后果虽然不是特别严重，但情节特别恶劣或案发后故意隐瞒案情，甚至逃逸，给及时查明事故原因和迅速组织抢救造成贻误的，则要依法从重处罚。

33. 在共同犯罪案件中，对于主犯或首要分子检举、揭发同案地位、作用较次犯罪分子构成立功的，从轻或者减轻处罚应当从严掌握，如果从轻处罚可能导致全案量刑失衡的，一般不予从轻处罚；如果检举、揭发的是其他犯罪案件中罪行同样严重的犯罪分子，或者协助抓获的是同案中的其他主犯、首要分子的，原则上应予依法从轻或者减轻处罚。对于从犯或犯罪集团中的一般成员立功，特别是协助抓获主犯、首要分子的，应当充分体现政策，依法从轻、减轻或者免除处罚。

34. 对于危害国家安全犯罪、故意危害公共安全犯罪、严重暴力犯罪、涉众型经济犯罪等严重犯罪；恐怖组织犯罪、邪教组织犯罪、黑恶势力犯罪等有组织犯罪的领导者、组织者和骨干分子；毒品犯罪再犯的严重犯罪者；确有执行能力而拒不依法积极主动缴付财产执行财产刑或确有履行能力而不积极主动履行附带民事赔偿责任的，在依法减刑、假释时，应当从严掌握。对累犯减刑时，应当从严掌握。拒不交代真实身份或对减刑、假释材料弄虚作假，不符合减刑、假释条件的，不得减刑、假释。

对于因犯故意杀人、爆炸、抢劫、强奸、绑架等暴力犯罪，致人死亡或严重残疾而被判处死刑缓期二年执行或无期徒刑的罪犯，要严格控制减刑的频度和每次减刑的幅度，要保证其相对较长的实际服刑期限，维护公平正义，确保改造效果。

对于未成年犯、老年犯、残疾罪犯、过失犯、中止犯、胁从犯、积极主动缴付财产执行财产刑或履行民事赔偿责任的罪犯、因防卫过当或避险过当而判处徒刑的罪犯以及其他主观恶性不深、人身危险性不大的罪犯，在依法减刑、假释时，应当根据悔改表现予以从宽掌握。对认罪服法，遵守监规，积极参加学习、劳动，确有悔改表现的，依法予以减刑，减刑的幅度可以适当放宽，间隔的时间可以相应缩短。符合刑法第 81 条第 1 款规定的假释条件的，应当依法多适用假释。

——《最高人民法院印发〈关于贯彻宽严相济刑事政策的若干意见〉的通知》(2010 年 2 月 8 日，法发〔2010〕9 号)。

131. 对逆向情节并存的案件的处理原则

关键词

刑罚的具体运用　量刑　逆向情节

最高人民法院司法政策精神

28. 对于被告人同时具有法定、酌定从严和法定、酌定从宽处罚情节的案件，要在全面考察犯罪的事实、性质、情节和对社会危害程度的基础上，结合被告人的主观恶性、人身危险性、社会治安状况等因素，综合作出分析判断，总体从严，或者总体从宽。

——《最高人民法院印发〈关于贯彻宽严相济刑事政策的若干意见〉的通知》(2010年2月8日，法发〔2010〕9号)。

132. 从宽情节与从严情节逆向并存时如何把握量刑尺度

关键词

故意杀人罪 逆向情节 量刑

《刑事审判参考》指导案例

黄志坚故意杀人案(《刑事审判参考》指导案例第994号)

裁判要点：在逆向情节并存时，首先考察案件各量刑情节对于量刑的影响程度，其次将这些情节对量刑的影响程度的大小进行分析比较，对于显著优势情节，在综合案情的前提下优先适用。最后，如果逆向情节相互间并无优势而大致相当，则先考虑从重情节估量出刑种与刑度，然后考虑从轻情节，确定最终的刑罚。

(一)逆向情节并存时量刑把握的一般原则

1. 逆向情节并存时量刑的基本步骤

《最高人民法院关于常见犯罪的量刑指导意见》(以下简称《量刑意见》)[①]规定："量刑时要充分考虑各种法定和酌定量刑情节，根据案件的全部犯罪事实以及量刑情节的不同情形，依法确定量刑情节的适用及其调节比例……具体确定各个量刑情节的调节比例时，应当综合平衡调节幅度与实际增减刑罚量的关系，确保罪责刑相适应。"虽然《量刑意见》主要是用于规范有期徒刑刑罚裁量时的标准，在拟适用死刑、无期徒刑刑种时无法体现各量刑情节的调节比例，但《量刑意见》所体现的罪责刑相适应等量刑基本原则和综合分析平衡的基本方法，对包括死刑案件在内的所有刑事案件，均具有参考和借鉴意义。

根据上述精神，基于量刑情节的复杂性，就本案所涉及的逆向情节并存的情况而言，我们认为，应当综合比较分析后予以判断。具体而言，包括三个步骤：一是考察案件各量刑情节对于量刑的影响程度。二是将这些情节对量刑的影响程度的大小进行分析比较，考察是否有一方情节占据较显著的优

① 已失效，现应执行《最高人民法院、最高人民检察院印发〈关于常见犯罪的量刑指导意见(试行)〉的通知》(2021年6月16日，法发〔2021〕21号)。

势。对于显著优势情节，一般应当在综合案情的前提下优先适用。三是如果逆向情节相互间并无优势而大致相当（主要是指只有从轻情节和从重情节并存的情形），则先考虑从重情节估量出刑种与刑度，然后考虑从轻情节，确定最终的刑罚。

2. 准确适用优势量刑情节应当把握以下原则

（1）罪中情节一般优于罪前、罪后情节。以犯罪情节与犯罪行为在时间上的先后关系为准，可分为罪前情节、罪中情节、罪后情节。罪前情节一般是指犯罪实施前的情节，如案发起因、一贯表现等；罪中情节一般是指犯罪过程中的各种情节，如犯罪手段、犯罪后果等；罪后情节一般是指犯罪后的态度，如案发后行为、悔罪态度等。罪中情节与犯罪构成紧密相关，是影响罪行的情节，反映了犯罪行为的事实要素，直接体现了犯罪行为社会危害性的大小。罪前、罪后情节主要是反映行为人主观恶性与人身危险性的情节，体现犯罪起因、动机，悔罪态度等。一般情况下，罪中情节对量刑的影响更为关键和重要。

（2）单一的应当型情节与可以型情节相比，单一的法定情节与酌定情节相比，前者一般为优势情节。应当型情节是对法定情节必须适用的绝对性规定，可以型情节则仍然有一定选择适用的余地；法定情节是刑法明文规定需要在量刑时考虑的情节，而酌定情节则是根据刑事政策和刑法精神，在量刑酌定考虑的情节。

（3）从重与减轻情节并存时，减轻情节一般为优势情节。因为从重只能在法定刑幅度内从重，而减轻则是在法定刑以下判处。不论犯罪的情节多么严重，在法定刑以内应当判处多重的刑罚，一旦适用减轻处罚，就应当依法在法定刑以下判处。此种情况下，即使有从重情节，也不应改变在法定刑以下判处刑罚的情况。因此，减轻情节对于从重处罚而言属于优势情节。具体操作时，应当在与罪行相应的法定刑最低刑的下一格量刑幅度内，估量出一定的刑罚，而后在该量刑幅度内，再从重处罚。

（4）从重与免刑情节并存时，免刑情节一般为优势情节。有观点认为，免刑情节是对一切可罚情节的彻底否定，是对任何法定刑罚的免除，故在从重与免刑情节并存时，应当不考虑从重处罚而直接裁量决定免除处罚。我们认为，对此应当综合分析，不宜过于绝对。我国刑法没有规定免刑的单一功能情节，免刑情节多以“从轻、减轻或者免除处罚”的多功能情节出现，可见立法者对免刑情节的规定较为慎重。在同时存在免除处罚和从重情节的情况下，一般应当慎用免刑情节。一般情况下，在多功能情节中选择是否免除处罚时，应当首先估量免刑情节对量刑结果的影响，而后再考虑从重情节，并“尽可能缩小从重处罚的分量”，以罪刑相适应原则为指引，谨慎决定是否免除处罚。另外，虽然从重情节与免刑情节并存时，是否免除刑罚应当慎重，但最终的量刑一般应当轻于从重与减轻情节并存的情形。

（5）优势情节可以由多个同向情节累积形成。如行为人实施诈骗行为刚达到当地数额巨大的标准，又系累犯，应当在三年以上有期徒刑从重处罚，但又存在自首和重大立功情节，且在共同诈骗中系从犯，则应当将以上从宽情节与从严情节各自累积后比较，相较之下从宽的情节占据优势，综合衡量后，对行为人可判处三年以下有期徒刑。

（6）应当型情节相对于可以型情节、法定情节相对于酌定情节的优势不是绝对的。我们认为，优势情节是相对而言，优势一方必须要综合全案不同情节的地位作用加以分析判断，一般不存在只要单一出现就完全排除其他任何逆向情节适用的绝对优势情节。优势情节的确立及其适用，必须牢牢把握罪责刑相适应原则，依据法律规定，通过综合分析来比较各种量刑情节对量刑结果的影响，最终决定实际的刑罚。

3. 关于从重与从轻情节并存难以确定优势情节时的量刑适用

从重情节与从轻情节并存的情况比较常见，这种逆向情节并存的情况往往难以确定优势一方。此种情况下，一般应当先考虑所有的从重处罚的情节，在此基础上先拟定一个要判处的刑罚，之后在从重处罚的基础上再考虑所有的从轻处罚情节，将拟处的刑罚幅度向下适当降低，即“先从重再从轻”。

有观点认为，先考虑从重情节，会导致在任何情况下，趋严的情节都是优先的、首要的情节，因此不利于被告人，也不利于司法机关公正合理地量刑。其实，这种观点是对本方法的误读。因为，并非先考虑哪个情节，哪个情节就更重要：先考虑从重情节，可在法定刑内确定上限，使裁判者明晓本案所能判处刑罚或者刑期的顶点；再从轻，可以使从轻情节得到充分体现。在此种方法下可以出现在法定刑下限判处的情况，有利于被告人。反之，如果采用先从轻后从重的方法，貌似优先考虑和趋向于从轻，但实际上则不利于从轻情节的体现：一是即使裁判者在先考虑从轻时已到了法定刑下限，再考虑从重则势必要在刑罚或者刑期上予以提升，难以出现在法定刑下限判处的情况；二是采取先轻后重往往在实际考虑从重情节时难以把握限度，有“上浮过限”的可能，导致从轻情节作用被弱化。综上，采取“先从重再从轻”，相较之下对被告人更为有利，符合刑法的谦抑性。

需要指出的是，从重、从轻的量刑适用顺序，不仅在操作上应当准确，而且在裁判文书中也应当清晰反映。否则，就可能造成量刑不当的误读。如某被告人参与抢劫，系共同犯罪中的从犯，但系累犯，一审判决表述为：被告人系从犯，应当从轻处罚，又系累犯，应当从重处罚，最终对其判处有期徒刑三年。检察机关认为，既然从犯应当从轻，从轻到了法定刑下限就是三年有期徒刑，那么之后表述的累犯这一从重情节根本没有体现，于是提起抗诉。此系文书表述中的“近因效应”，如果先表述从重再表述从轻，则从逻辑上在法定刑下限判处也就能够成立，不至于造成逻辑上的混乱和理解上的偏差。

（二）本案中逆向情节并存时如何考量

本案即是一起从宽情节与从严情节逆向并存的案件。我们认为，应当以综合比较的方法对本案并存的逆向情节加以分析，最终确定应当判处的刑罚。

本案的从严情节包括：（1）被告人黄志坚在与邻居发生矛盾时不能以合法方式正确对待和处理，以无辜妇孺为泄愤对象，致二死（含一幼童）、一重伤（幼童）、一轻伤（妇女、八级伤残），罪行及后果极为严重，社会危害极大。（2）黄志坚在整个作案过程中有二次加害、入户杀人、杀害无辜妇孺等情节，均体现了黄志坚极为坚决的杀人犯意，以及为泄愤而滥杀无辜的极深的主观恶性。

本案的从宽情节包括：（1）案发起因是由于民间矛盾、邻里纠纷激化引发，属于《最高人民法院关于贯彻宽严相济刑事政策的若干意见》中所列可以酌定从轻处罚的情节；（2）被告人作案后具有自首情节，系法定的从轻处罚情节。

经对本案两种逆向情节加以综合分析判断，我们认为，本案中从严情节具有比较明显的优势，理由如下：

1. 本案的从重情节多属于罪中情节，而从宽情节多介于罪前、罪后情节。如前所述，罪中情节更能直接体现犯罪行为本身的危害性，在犯罪构成上起决定作用，对量刑的影响至关重要。本案的从宽情节如民间矛盾引发、自首，均属于罪前或者罪后情节，而从严情节如作案手段极其残忍、持凶器入户行凶、二次加害、杀人意志极为坚决、犯罪后果极其严重等均为罪中情节。相比之下，从严情节对于量刑的影响更大。

2. 本案的从宽情节程度及价值均有限。“因民间矛盾引发”只是酌定从轻情节，是否从轻处罚需要综合全案考量。经查，被告人黄志坚不仅杀死了与其有矛盾的黄朝法，还迁怒于黄朝法亲属而滥杀无辜，黄志坚与黄朝法之间矛盾的是非曲直暂且不论，年仅 4 岁的被害人黄以轩、年仅 9 岁的被害人黄以晴与本案没有任何牵涉，纯属因黄志坚泄愤而无辜遇害，黄志坚犯罪的恶劣程度已超过民间矛盾的范畴。

3. 被告人黄志坚的自首价值有限。刑法规定对于自首的犯罪分子，可以从轻、减轻或者免除处罚。自首制度一方面旨在鼓励犯罪人认罪、悔罪，实现刑罚惩罚和教育的目的，投案主动性、自动性即体现了犯罪人人身危险性的减少；另一方面自首有利于节约司法资源，提高办案效率，减少诉讼成本。本案中，现场幸存的两名被害人均认识被告人且目击了被告人作案，犯罪嫌疑人明确，即使被告人不报案公安人员亦可马上确定其嫌疑并展开抓捕。因此，被告人的投案自首，对于侦破案件的价值相对有限。另外，被告人作案过程中有若干停止继续实施犯罪的节点，如打倒黄朝法后本可不闯入黄朝法家行凶，在黄家行凶后见黄朝法未死时，亦可不予二次侵害，但被告人在各节点均未停止犯罪，反而以坚决的犯意继续行凶杀人，造成极其严重的后果，体现了极深的主观恶性和人身危险性。故被告人自首价值有限，可以不从轻处罚。

4. 本案从严处罚符合相关法律规定及刑事政策的要求。（1）从保护未成年人的角度，本案从重惩处符合当前刑事司法政策。2004 年立法者将“国家尊重和保障人权”写入宪法，保障人权的理念已成社会共识，而包括未成年人在内的弱势群体权益的保障，则属于人权保障中更需要关注的方面。下一代的健康成长，是国家和社会有序、正常发展的基础，未成年人体力和智力不及成人，自我保护和防范能力差，刑法对此特殊群体规定了特殊的保护制度。《最高人民法院、最高人民检察院、公安部、司法部关于依法惩治性侵害未成年人犯罪的意见》等一系列司法解释性文件的出台，亦表明我国对于未成年人的刑事司法保护力度不断增强。（2）从打击严重暴力犯罪的角度分析，对本案被告人黄志坚从重处罚与刑事政策的精神要求一致。严重暴力犯罪危害人民群众的生命健康，一直是我国司法机关打击的重点。《最高人民法院关于贯彻宽严相济刑事政策的若干意见》指出：“对于……严重暴力犯罪……该重判的要坚决依法重判，该判处死刑的要坚决依法判处死刑”“对于罪行十分严重，社会危害性极大，依法应当判处重刑或死刑的，要坚决地判处重刑或死刑”“严惩严重刑事犯罪，必须充分考虑被告人的主观恶性和人身危险性”。《量刑意见》亦规定：“对严重暴力犯罪、毒品犯罪等严重危害社会治安犯罪，在确定从宽的幅度时，应当从严掌握。”可见，以未成年人等弱势群体为犯罪对象的严重暴力犯罪，极大威胁了人民群众安全感，社会危害性极大，社会影响极为恶劣，必须依法严惩。而本案即是一起严重暴力侵害包括未成年人在内的公民生命权及健康权的案件，属于依法应予从严打击的范围。

通过对上述从严情节与从宽情节的综合比较，本案从宽情节在程度和对量刑的影响方面较为有限，相对而言，从严情节性质明确、程度强烈，在对量刑的影响力上占据了较为明显的优势。一、二审法院以被告人黄志坚犯故意杀人罪，依法判处死刑，剥夺政治权利终身，定罪正确，量刑适当。

——最高人民法院刑一庭：《黄志坚故意杀人案》，载最高人民法院刑事审判第一、二、三、四、五庭主办：《刑事审判参考》2014 年第 3 集（总第 98 集），法律出版社 2014 年版，第 101~103 页。

133. 被告人兼有从重和从轻处罚情节的量刑

关键词

从重处罚　从轻处罚

《刑事审判参考》指导案例

耿三有受贿案（《刑事审判参考》指导案例第 1150 号）

裁判要点：首先应当根据被告人受贿的数额和基本情节确定基准刑；其次，针对被告人所具有的索贿情节，依法应予从重处罚，从重处罚的幅度，结合索贿的数额等情况，参照量刑规范化的一般要求，可掌握在基准刑的 20%~30% 上下；最后，考虑被告人检举、揭发他人贿赂犯罪的立功表现，依法予以从轻处罚，从轻处罚的幅度，根据相关司法解释，可以减少基准刑的 20% 以下，以此来最终确定被告人的刑罚。

（二）在兼有从重和从轻处罚情节时应在分别评判的基础上综合考虑量刑幅度

从本案查明的情况来看，被告人耿三有同时具有两种量刑情节：一是在收受孙建山等人的贿赂时，具有索贿的情节，依法应当从重处罚；二是在被羁押期间，检举、揭发他人行贿、受贿近 100 万元的事实，经查证属实，构成一般立功，依法可以从轻或者减轻处罚。

那么，对于同时具有从重和从轻处罚情节的被告人，应该如何量刑呢？一种意见认为，从重情节和从轻情节虽方向相逆，但性质相同，作用相似，都是为了修正刑罚的幅度，二者一加一减，可以相互抵销；另一种意见认为，兼有从重情节和从轻情节量刑时不能采取简单的抵销处理，而应根据不同情节的作用（包括正面和负面）大小和影响程度分别考量，然后再进行综合评价。

我们赞同后一种意见。因为，量刑情节是影响量刑的各种主客观事实情况，这些情况虽被归纳为几大类别，如自首、立功、犯罪预备、中止、未遂等，但具体分析，各种情节的价值或者说影响力并不是等量齐观的，即便是同一种量刑情节，其意义也不尽相同。以自首为例，一般自首和特别自首是不一样的，罪行还未被发现便已自首和被抓捕期间自首亦不相同。如果对各种量刑情节不加区分地相互抵销，就可能会犯以偏概全的错误。就本案来说，确定被告人耿三有的最终刑罚大致可分为几个步骤：首先，根据受贿的数额和基本情节确定基准刑，如耿三有受贿 70 多万元，结合其认罪态度、悔罪表现及实际退赃等情况，可确定其基准刑为四年半至五年；其次，针对耿三有所具有的索贿情节，依法应予从重处罚，从重处罚的幅度，结合索贿的数额等情况，参照量刑规范化的一般要求，可掌握在基准刑的 20%~30% 上下；最后，考虑耿三有检举、揭发他人贿赂犯罪的立功表现，依法予以从轻处罚，从轻处罚的幅度，根据《最高人民法院关于常见犯罪的量刑指导意见》[①]（2014 年 1 月 1 日起实施）的规定，"一般立功的，可以减少基准刑的 20% 以下"。综合全案的量刑情节，二审法院判处耿三有有期徒刑五年是适当的。

——最高人民法院刑四庭：《耿三有受贿案》，载最高人民法院刑事审判第一、二、三、四、五庭主办：《刑事审判参考》（总第 106 集），法律出版社 2017 年版，第 97~98 页。

134. 共同犯罪案件中宽严相济刑事政策的把握

关键词

刑罚的具体运用　宽严相济刑事政策　共同犯罪

最高人民法院司法政策精神

对于一般共同犯罪案件，应当充分考虑各被告人在共同犯罪中的地位和作用，以及在主观恶性和人身危险性方面的不同，根据事实和证据能分清主从犯的，都应当认定主从犯。有多名主犯的，应在主犯中进一步区分出罪行最为严重者。对于多名被告人共同致死一名被害人的案件，要进一步分清各被告人的作用，准确确定各被告人的罪责，以做到区别对待；不能以分不清主次为由，简单地一律判处重刑。

在共同犯罪案件中，对于主犯或首要分子检举、揭发同案地位、作用较次犯罪分子构成立功的，从轻或者减轻处罚应当从严掌握，如果从轻处罚可能导致全案量刑失衡的，一般不予从轻处罚；如果检举、揭发的是其他犯罪案件中罪行同样严重的犯罪分子，或者协助抓获的是同案中的其他主犯、首要分子的，原则上应予依法从轻或者减轻处罚。对于从犯或犯罪集团中的一般成员立功，特别是协助抓获主犯、首要分子的，应当充分体现政策，依法从轻、减轻或者免除处罚。

① 已失效，现应执行《最高人民法院、最高人民检察院印发〈关于常见犯罪的量刑指导意见（试行）〉的通知》（2021 年 6 月 16 日，法发〔2021〕21 号）。

——《最高人民法院印发〈关于贯彻宽严相济刑事政策的若干意见〉的通知》(2010年2月8日，法发〔2010〕9号)。

附录：理解与适用

对于共同犯罪严格实行区别对待。《意见》第30、31、33条对在共同犯罪案件中严格坚持区别对待作了指导性规定。对于恐怖组织犯罪、邪教组织犯罪、黑社会性质组织犯罪和进行走私、诈骗、贩毒等犯罪活动的犯罪集团，在处理时要分别情况，区别对待：对犯罪组织或集团中的为首组织、指挥、策划者和骨干分子，要依法从严惩处，该判处重刑或死刑的要坚决判处重刑或死刑；对受欺骗、胁迫参加犯罪组织、犯罪集团或只是一般参加者，在犯罪中起次要、辅助作用的从犯，依法应当从轻或减轻处罚，符合缓刑条件的，可以适用缓刑。

对于群体性事件中发生的杀人、放火、抢劫、伤害等犯罪案件，要注意重点打击其中的组织、指挥、策划者和直接实施犯罪行为的积极参与者；对因被煽动、欺骗、裹胁而参加，情节较轻，经教育确有悔改表现的，应当依法从宽处理。

对于一般共同犯罪案件，应当充分考虑各被告人在共同犯罪中的地位和作用，以及在主观恶性和人身危险性方面的不同，根据事实和证据能分清主从犯的，都应当认定主从犯。有多名主犯的，应在主犯中进一步区分出罪行最为严重者。对于多名被告人共同致死一名被害人的案件，要进一步分清各被告人的作用，准确确定各被告人的罪责，以做到区别对待；不能以分不清主次为由，简单地一律判处重刑。

对于共同犯罪中立功从宽处罚的把握，根据《意见》的规定，应坚持以功是否足以抵罪为标准，进行区别对待。共同犯罪的主犯、首要分子等，由于掌握同案犯、从犯、马仔的犯罪情况和个人信息，被抓获后往往能协助抓捕同案犯，获得立功或者重大立功。对其是否从宽处罚以及从宽幅度的大小，应当主要看功是否足以抵罪，即应结合被告人罪行的严重程度、立功大小综合考虑。要充分注意共同犯罪人之间的量刑平衡。对于毒枭等严重犯罪分子立功的，从轻或者减轻处罚应当从严掌握。如果其罪行极其严重，只有一般立功表现，功不足以抵罪的，可不予从轻处罚；如果其检举、揭发的是其他犯罪案件中罪行同样严重的犯罪分子，或者协助抓获的是同案中的其他首要分子、主犯，功足以抵罪的，原则上可以从轻或者减轻处罚；如果协助抓获的只是同案中的从犯或者马仔，功不足以抵罪，或者从轻处罚后全案处刑明显失衡的，不予从轻处罚。相反，对于从犯或犯罪集团中的一般成员立功，特别是协助抓获主犯、首要分子的，应当充分体现政策，依法从轻、减轻或者免除处罚。

——高贵君、李睿懿、毛宜全、侯宏林:《〈关于贯彻宽严相济刑事政策的若干意见〉的理解与适用》,载《人民司法·应用》2010年第7期(总第594期)。

135. 民间矛盾激化引发的刑事案件中宽严相济刑事政策的把握

关键词

刑罚的具体运用　宽严相济　民间矛盾

最高人民法院司法政策精神

(一)关于故意杀人、故意伤害案件

要准确把握故意杀人犯罪适用死刑的标准。对故意杀人犯罪是否判处死刑,不仅要看是否造成了被害人死亡结果,还要综合考虑案件的全部情况。对于因婚姻家庭、邻里纠纷等民间矛盾激化引发的故意杀人犯罪,适用死刑一定要十分慎重,应当与发生在社会上的严重危害社会治安的其他故意杀人犯罪案件有所区别。对于被害人一方有明显过错或对矛盾激化负有直接责任,或者被告人有法定从轻处罚情节的,一般不应判处死刑立即执行。

——《最高人民法院印发〈全国法院维护农村稳定刑事审判工作座谈会纪要〉的通知》(1999年10月27日,法〔1999〕217号)。

对于因恋爱、婚姻、家庭、邻里纠纷等民间矛盾激化引发的犯罪,因劳动纠纷、管理失当等原因引发、犯罪动机不属恶劣的犯罪,因被害方过错或者基于义愤引发的或者具有防卫因素的突发性犯罪,应酌情从宽处罚。

——《最高人民法院印发〈关于贯彻宽严相济刑事政策的若干意见〉的通知》(2010年2月8日,法发〔2010〕9号)。

136. 民间矛盾引发的死刑案件中,如何贯彻宽严相济刑事政策

关键词

民间矛盾　死刑　宽严相济刑事政策

《刑事审判参考》指导案例

张保林故意杀人案(《刑事审判参考》指导案例第1241号)

裁判要点：审理民间矛盾引发的死刑案件，不能仅看危害后果，还应综合考虑全案因素，严格贯彻宽严相济刑事政策，依法、谨慎作出裁判。

案件性质不同，被告人是否具有从轻、从重处罚情节，直接决定法院能否主动出面做民事调解工作，以及调解的力度和方式方法。因此，吃透案情，区分案件性质，判明被告人具有的量刑情节，是确定能否调解、如何调解的基础。

最高人民法院复核的死刑案件中，因民间矛盾激化引发的故意杀人案件占相当比例。对这类案件适用死刑，应当与诸如抢劫杀人、强奸杀人等严重危害社会治安的案件加以区别。所谓民间矛盾，主要指在普通老百姓之间，因为日常生活、生产中的具体琐事引发的矛盾纠纷。比如，家庭亲属因矛盾引发的纠纷，婚恋关系矛盾引发的纠纷，邻里之间因宅基地、山墙、道路等引发的纠纷，民间债权债务引发的纠纷，个人之间因说闲话、家长里短等引发的恩怨纠纷，等等。民间矛盾的主要特点，一是作案人一般都是普通百姓，常常是初犯、偶犯；二是一般发生在熟人之间，对象特定；三是作案人往往因为性格、认知和控制力上的弱点导致犯罪，具有突发性、偶然性。总之，民间矛盾引发的犯罪一般被告人主观恶性、人身危险性与严重危害社会治安的犯罪分子明显不同，对社会治安的危害相对较小，适用死刑立即执行应当慎重。

对于因民间矛盾激化引发的故意杀人案件，审理中要注重以下两方面工作：

一是重视对案发起因及双方责任大小的审查。案发起因可以反映被告人的主观恶性、人身危险性和罪责大小，直接关乎对被告人应否适用死刑，因此要重视对案件起因事实的审查，必要时要到案发地深入实地进行查证或者要求公安机关进行补查，同时了解当地群众对案件的反映情况。对被害人有明显过错、对矛盾激化负有主要责任，当地群众对被告人表示同情的，即使未最终达成调解，也可以不判处被告人死刑立即执行。

二是充分体现政策，加大民事调解工作力度。对于因婚姻家庭、邻里纠纷等民间矛盾激化引发，以及被告人具有自首等法定从轻处罚情节的案件，应充分体现政策。这些案件如果把工作真正做到家，把政策落实到位，不仅能够化解当事人之间的矛盾，维护社会和谐稳定，还有助于推动“严格控制和慎重适用死刑”的刑事政策的贯彻落实，社会意义重大。审判实践中，对民间矛盾引发的犯罪，不能因为案件复杂、被害人反应强烈，看似没有调解希望，就产生畏难情绪，应当积极地开展矛盾化解、调解工作，尽力去做、努力做好。

——最高人民法院刑事审判第一、二、三、四、五庭主办：《刑事审判参考》（总第 113 辑），法律出版社 2019 年版，第 35~41 页。

137. 对多人共同致死一人的严重暴力犯罪案件，如何把握宽严相济刑事政策和死刑政策

关键词

暴力犯罪　共同犯罪　宽严相济刑事政策　死刑

《刑事审判参考》指导案例

牛旭旭、张延明、郭华涛等人绑架案（《刑事审判参考》指导案例第 1275 号）

裁判要点：对严重暴力犯罪案件的裁判，整体上要体现宽严相济刑事政策中依法"从严"的政策要求；在共同犯罪案件中判处一名以上被告人死刑的，要充分考虑罪行的整体严重程度和各主犯的具体罪责。

本案的焦点问题是对罪行极其严重的多名被告人如何适用死刑，即审理多人共同致死一人的严重暴力犯罪案件，如何准确把握宽严相济刑事政策和死刑政策。我们认为，对于此类案件，应当充分考虑宽严相济和"严格控制、慎重适用死刑"的政策要求，在准确认定全案整体罪质和各被告人各自罪责大小的前提下，准确适用死刑，实现法律效果与社会效果的有机统一。下面对此从两个层面进行分析。

（一）对严重暴力犯罪案件的裁判，整体上要体现宽严相济刑事政策中依法"从严"的政策要求

2010 年 2 月，最高人民法院印发了《关于贯彻宽严相济刑事政策的若干意见》（以下简称《意见》），对各级人民法院在刑事审判工作中贯彻落实宽严相济刑事政策提出了具体要求。这项政策的关键是，根据犯罪的具体情况，做到该宽则宽、当严则严、宽严相济、罚当其罪。在"从严"方面，需要注意三点要求：一是毫不动摇地坚持依法严惩严重刑事犯罪的方针，始终将绑架、抢劫、故意杀人等严重暴力犯罪和严重影响人民群众安全感的犯罪作为打击重点；二是对于罪行十分严重、社会危害性极大，依法应当判处重刑或死刑的，要坚决地判处重刑或死刑；三是对于社会危害大或者具有法定、酌定从重处罚情节，以及主观恶性深、人身危险性大的被告人，要依法从严惩

处。绑架属于严重暴力犯罪，它不仅直接侵犯被绑架人的人身自由甚至生命权利，还往往侵犯被绑架人近亲属的财产权利，严重影响人民群众的安全感，具有极大的社会危害性，因此历来属于刑法严厉打击的对象，也是宽严相济刑事政策中“从严”惩处的重点。

本案裁判时，《刑法修正案（九）》尚未施行，当时《刑法》第二百三十九条第二款规定，犯绑架罪，致使被绑架人死亡或者杀害绑架人，处死刑，并处没收财产。《刑法修正案（九）》将此款改为，犯绑架罪，杀害被绑架人的，或者故意伤害被绑架人，致人重伤、死亡的，处无期徒刑或者死刑，并处没收财产。事实上，修订前后的法条都充分体现了刑法对侵犯被绑架人生命权的行为的否定性评价。通过对此类犯罪给予严厉惩罚，可以有效地震慑犯罪分子和社会不稳定分子，达到有效遏制犯罪、预防犯罪的目的。

（二）在共同犯罪案件中判处一名以上被告人死刑的，要充分考虑罪行的整体严重程度和各主犯的具体罪责

如上所述，对于绑架等严重暴力犯罪，在政策把握上应当体现“从严”的政策要求，该判处死刑的要坚决依法判处。同时，也需要充分注意到，由于死刑是最为严厉的刑罚，适用时应当贯彻执行“严格控制、慎重适用死刑”政策，防止不必要地过多适用死刑，从而背离宽严相济刑事政策的精神。根据《意见》第三十一条，对于多名被告人共同致死一名被害人的共同犯罪案件，应当充分考虑各被告人在共同犯罪中的地位和作用上的差别以及在主观恶性和人身危险性方面的差异，如果有多名主犯的，还要在主犯中进一步区分出罪行最为严重者。这是对共同犯罪案件各被告人决定刑罚时应当遵循的规则。即便按照“杀人偿命”“一命抵一命”的朴素正义观念，对两名以上被告人同时适用死刑也应当特别慎重，原则上不宜同时适用死刑。从近年来的司法实践来看，对于多人共同致死一名被害人的暴力犯罪案件，原则上只判处一人死刑，但是，作为例外，如果某一案件的整体罪行十分严重，各被告人的罪责又确实十分接近，需要通过判处两人死刑来体现严惩并实现量刑平衡的，也可以考虑同时判处两人死刑。

在这一前提下，需要细致区分各被告人在共同犯罪中的具体罪责，从而确定对哪些被告人可以适用死刑。显然，共同犯罪案件中组织、指挥他人实施犯罪的被告人，与被纠集和在他人指挥下具体实施犯罪的被告人，其主观恶性和人身危险性是有区别的。一般而言，应根据各被告人在案前、案中、案后阶段对犯罪行为发生、发展的控制程度和参与犯罪行为的主动性等因素，综合评判其主观恶性。具体来讲，主要看其是犯意提起者还是被纠集参与者，是预谋犯罪还是临时起意犯罪，预谋时是否已经决意杀人，是否精心策划犯罪方案，犯罪手段是否特别残忍，是否具有抛尸、分尸、焚尸、埋尸灭迹等恶劣情节，等等。而对各被告人人身危险性的评判，一般主要看其是初犯、

偶犯还是惯犯、职业犯，是否同时犯有其他罪行，是否曾因故意犯罪受过刑事处罚，是否在缓刑或者假释考验期内再次犯罪，是主动投案还是被动归案，归案后是否如实认罪、真诚悔罪，等等。

——最高人民法院刑事审判第一、二、三、四、五庭主办:《刑事审判参考》(总第 115 辑)，法律出版社 2019 年版，第 55~63 页。

138. 故意杀人与故意伤害案件中宽严相济政策的把握

关键词

故意杀人罪 故意伤害罪 宽严相济刑事政策

最高人民法院审判业务意见

(一) 注意区分两类不同性质的案件

故意杀人、故意伤害侵犯的是人的生命和身体健康，社会危害大，直接影响到人民群众的安全感，最高人民法院《关于贯彻宽严相济刑事政策的若干意见》(以下简称《意见》) 第 7 条将故意杀人、故意伤害致人死亡犯罪作为严惩的重点是十分必要的。但是，实践中的故意杀人、伤害案件复杂多样，处理时要注意分别案件的不同性质，做到区别对待。

实践中，故意杀人、伤害案件从性质上通常可分为两类：一类是严重危害社会治安、严重影响人民群众安全感的案件，如极端仇视国家和社会，以不特定人为行凶对象的；一类是因婚姻家庭、邻里纠纷等民间矛盾激化引发的案件。对于前者应当作为严惩的重点，依法判处被告人重刑直至判处死刑。对于后者处理时应注意体现从严的精神，在判处重刑尤其是适用死刑时应特别慎重，除犯罪情节特别恶劣、犯罪后果特别严重、人身危险性极大的被告人外，一般不应当判处死刑。对于被害人在起因上存在过错，或者是被告人案发后积极赔偿，真诚悔罪，取得被害人或其家属谅解的，应依法从宽处罚，对同时有法定从轻、减轻处罚情节的，应考虑在无期徒刑以下裁量刑罚。同时应重视此类案件中的附带民事调解工作，努力化解双方矛盾，实现积极的“案结事了”，增进社会和谐，达成法律效果与社会效果的有机统一。《意见》第 23 条是对此审判经验的总结。

此外，实践中一些致人死亡的犯罪是故意杀人还是故意伤害往往难以区分，在认定时除从作案工具、打击的部位、力度等方面进行判断外，也要注意考虑犯罪的起因等因素。对于民间纠纷引发的案件，如果难以区分是故意杀人还是故意伤害时，一般可考虑定故意伤害罪。

(二) 充分考虑各种犯罪情节

犯罪情节包括犯罪的动机、手段、对象、场所及造成的后果等，不同的犯罪情节反映不同的社会危害性。犯罪情节多属酌定量刑情节，法律往往未作明确的规定，但犯罪情节是适用刑罚的基础，是具体案件决定从严或从宽处罚的基本依据，需要在案件审理中进行仔细甄别，以准确判断犯罪的社会危害性。

实践中，故意杀人、伤害案件的被告人既有法定或酌定的从宽情节，又有法定或酌定从严情节的情形比较常见，此时，就应当根据《意见》第28条，在全面考察犯罪的事实、性质、情节和对社会危害程度的基础上，结合被告人的主观恶性、人身危险性、社会治安状况等因素，综合作出分析判断。

（三）充分考虑主观恶性和人身危险性

《意见》第10条、第16条明确了被告人的主观恶性和人身危险性是从严和从宽的重要依据，在适用刑罚时必须充分考虑。主观恶性是被告人对自己行为及社会危害性所抱的心理态度，在一定程度上反映了被告人的改造可能性。一般来说，经过精心策划的、有长时间计划的杀人、伤害，显示被告人的主观恶性深；激情犯罪，临时起意的犯罪，因被害人的过错行为引发的犯罪，显示的主观恶性较小。对主观恶性深的被告人要从严惩处，主观恶性较小的被告人则可考虑适用较轻的刑罚。

人身危险性即再犯可能性，可从被告人有无前科、平时表现及悔罪情况等方面综合判断。人身危险性大的被告人，要依法从重处罚。如累犯中前罪系暴力犯罪，或者曾因暴力犯罪被判重刑后又犯故意杀人、故意伤害致人死亡的；平时横行乡里，寻衅滋事杀人、伤害致人死亡的，应依法从重判处。人身危险性小的被告人，应依法体现从宽精神。如被告人平时表现较好，激情犯罪，系初犯、偶犯的，被告人杀人或伤人后有抢救被害人行为的，在量刑时应该酌情予以从宽处罚。

未成年人及老年人的故意杀人、伤害犯罪与一般人犯罪相比，主观恶性和人身危险性等方面有一定特殊性，在处理时应当依据《意见》的第20条、第21条考虑从宽。对犯故意杀人、伤害罪的未成年人，要坚持“教育为主，惩罚为辅”的原则和“教育、感化、挽救”的方针进行处罚。对于情节较轻、后果不重的伤害案件，可以依法适用缓刑、或者判处管制、单处罚金等非监禁刑。对于情节严重的未成年人，也应当从轻或减轻处罚。对于已满十四周岁不满十六周岁的未成年人，一般不判处无期徒刑。对于七十周岁以上的老年人犯故意杀人、伤害罪的，由于其已没有再犯罪的可能，在综合考虑其犯罪情节和主观恶性、人身危险性的基础上，一般也应酌情从宽处罚。

（四）严格控制和慎重适用死刑

故意杀人和故意伤害犯罪在判处死刑的案件中所占比例最高，审判中要按照《意见》第29条的规定，准确理解和严格执行“保留死刑，严格控制和慎重适用死刑”的死刑政策，坚持统一的死刑适用标准，确保死刑只适用于极少数罪行极其严重的犯罪分子；坚持严格的证据标准，确保把每一起判处死刑的案件都办成铁案。对于罪行极其严重，但只要有法定、酌定从轻情节，依法可不立即执行的，就不应当判处死刑立即执行。

对于自首的故意杀人、故意伤害致人死亡的被告人，除犯罪情节特别恶劣，犯罪后果特别严重的，一般不应考虑判处死刑立即执行。对亲属送被告人归案或协助抓获被告人的，也应视为自首，原则上应当从宽处罚。对具有立功表现的故意杀人、故意伤害致死的被告人，一般也应当体现从宽，可考虑不判处死刑立即执行。但如果犯罪情节特别恶劣，犯罪后果特别严重的，即使有立功情节，也可以不予从轻处罚。

共同犯罪中，多名被告人共同致死一名被害人的，原则上只判处一人死刑。处理时，根据案件的事实和证据能分清主从犯的，都应当认定主从犯；有多名主犯的，应当在主犯中进一步区分出罪行最为严重者和较为严重者，不能以分不清主次为由，简单地一律判处死刑。

——最高人民法院刑事审判第三庭:《在审理故意杀人、伤害及黑社会性质组织犯罪案件中切实贯彻宽严相济刑事政策》，载《人民法院报》2010 年 4 月 14 日。

139. 疑难案件宽严相济政策的具体把握

关键词

刑罚的具体运用　宽严相济刑事政策　疑难案件

最高人民法院司法政策精神

要根据经济社会的发展和治安形势的变化，尤其要根据犯罪情况的变化，在法律规定的范围内，适时调整从宽和从严的对象、范围和力度。要全面、客观把握不同时期不同地区的经济社会状况和社会治安形势，充分考虑人民群众的安全感以及惩治犯罪的实际需要，注重从严打击严重危害国家安全、社会治安和人民群众利益的犯罪。对于犯罪性质尚不严重，情节较轻和社会危害性较小的犯罪，以及被告人认罪、悔罪，从宽处罚更有利于社会和谐稳定的，依法可以从宽处理。

宽严相济刑事政策中的从“严”，主要是指对于罪行十分严重、社会危害性极大，依法应当判处重刑或死刑的，要坚决地判处重刑或死刑；对于社会危害大或者具有法定、酌定从重处罚情节，以及主观恶性深、人身危险性大的被告人，要依法从严惩处。在审判活动中通过体现依法从“严”的政策要求，有效震慑犯罪分子和社会不稳定分子，达到有效遏制犯罪、预防犯罪的目的。

宽严相济刑事政策中的从“宽”，主要是指对于情节较轻、社会危害性较小的犯罪，或者罪行虽然严重，但具有法定、酌定从宽处罚情节，以及主观恶性相对较小、人身危险性不大的被告人，可以依法从轻、减轻或者免除处罚；对于具有一定社会危害性，但情节显著轻微危害不大的行为，不作为犯罪处理；对于依法可不监禁的，尽量适用缓刑或者判处管制、单处罚金等非监禁刑。

——《最高人民法院印发〈关于贯彻宽严相济刑事政策的若干意见〉的通知》（2010 年 2 月 8 日，法发〔2010〕9 号）。

140. 老年人犯罪案件中宽严相济政策的把握

关键词

宽严相济刑事政策　老年罪犯

最高人民法院司法政策精神

21. 对于老年人犯罪，要充分考虑其犯罪的动机、目的、情节、后果以及悔罪表现等，并结合其人身危险性和再犯可能性，酌情予以从宽处罚。

34. 对于未成年犯、老年犯、残疾罪犯、过失犯、中止犯、胁从犯、积极主动缴付财产执行财产刑或履行民事赔偿责任的罪犯、因防卫过当或避险过当而判处徒刑的罪犯以及其他主观恶性不深、人身危险性不大的罪犯，在依法减刑、假释时，应当根据悔改表现予以从宽掌握。对认罪服法，遵守监规，积极参加学习、劳动，确有悔改表现的，依法予以减刑，减刑的幅度可以适当放宽，间隔的时间可以相应缩短。符合《刑法》第 81 条第 1 款规定的假释条件的，应当依法多适用假释。

——《最高人民法院印发〈关于贯彻宽严相济刑事政策的若干意见〉的通知》（2010 年 2 月 8 日，法发〔2010〕9 号）。

附录：理解与适用

对于老年人犯罪是否从宽处理，现行刑法没有规定，在司法实践中存在一定的争议。事实上，老年人由于年龄原因可能导致自我控制能力下降，其犯罪后的再犯可能性与青壮年相比也存在明显差异，如果对其犯罪不加区别地一律追究刑事责任，难以赢得社会认同，使刑罚效果打折扣。我国古代和当今世界一些国家与地区对老年人犯罪早有从轻处罚的立法先例。

基于上述考虑，《意见》在第 21 条明确规定，对于老年人犯罪，要充分考虑其犯罪的动机、目的、情节、后果以及悔罪表现等，并结合其人身危险性和再犯可能性，酌情予以从宽处罚。《意见》作为一个正式的法律文件，首次明确了对老年人犯罪予以酌情从宽处罚，是通过司法能动性来推进社会和谐的一个积极举措。需要说明的是，它并未突破现行法律规定，其法律依据是《刑法》第六十一条“对于犯罪分子决定刑罚的时候，应当根据犯罪的事实、犯罪的性质、情节和对于社会的危害程度，依照本法的有关规定判处”关于量刑基本原则的规定。

——高贵君、李睿懿、毛宜全、侯宏林：《〈关于贯彻宽严相济刑事政策的若干意见〉的理解与适用》，载《人民司法·应用》2010 年第 7 期（总第 594 期）。

141. 在自首、立功案件中宽严政策的把握

关键词

自首　立功　宽严相济刑事政策

最高人民法院司法政策精神

宽严相济刑事政策中的从“宽”，主要是指对于情节较轻、社会危害性较小的犯罪，或者罪行虽然严重，但具有法定、酌定从宽处罚情节，以及主观恶性相对较小、人身危险性不大的被告人，可以依法从轻、减轻或者免除处罚；对于具有一定社会危害性，但情节显著轻微危害不大的行为，不作为犯罪处理；对于依法可不监禁的，尽量适用缓刑或者判处管制、单处罚金等非监禁刑。

对于自首的被告人，除了罪行极其严重、主观恶性极深、人身危险性极大，或者恶意地利用自首规避法律制裁者以外，一般均应当依法从宽处罚。

对于亲属以不同形式送被告人归案或协助司法机关抓获被告人而认定为自首的，原则上都应当依法从宽处罚；有的虽然不能认定为自首，但考虑到被告人亲属支持司法机关工作，促使被告人到案、认罪、悔罪，在决定对被告人具体处罚时，也应当予以充分考虑。

对于被告人检举揭发他人犯罪构成立功的，一般均应当依法从宽处罚。对于犯罪情节不是十分恶劣，犯罪后果不是十分严重的被告人立功的，从宽处罚的幅度应当更大。

——《最高人民法院印发〈关于贯彻宽严相济刑事政策的若干意见〉的通知》（2010 年 2 月 8 日，法发〔2010〕9 号）。

142. 减刑假释案件宽严政策的把握

关键词

刑罚的具体运用　宽严相济刑事政策　减刑、假释案件

最高人民法院司法政策精神

对于危害国家安全犯罪、故意危害公共安全犯罪、严重暴力犯罪、涉众型经济犯罪等严重犯罪；恐怖组织犯罪、邪教组织犯罪、黑恶势力犯罪等有组织犯罪的领导者、组织者和骨干分子；毒品犯罪再犯的严重犯罪者；确有执行能力而拒不依法积极主动缴付财产执行财产刑或确有履行能力而不积极主动履行附带民事赔偿责任的，在依法减刑、假释时，应当从严掌握。对累犯减刑时，应当从严掌握。拒不交代真实身份或对减刑、假释材料弄虚作假，不符合减刑、假释条件的，不得减刑、假释。

对于因犯故意杀人、爆炸、抢劫、强奸、绑架等暴力犯罪，致人死亡或严重残疾而被判处死刑缓期二年执行或无期徒刑的罪犯，要严格控制减刑的频度和每次减刑的幅度，要保证其相对较长的实际服刑期限，维护公平正义，确保改造效果。对于未成年犯、老年犯、残疾罪犯、过失犯、中止犯、胁从犯、积极主动缴付财产执行财产刑或履行民事赔偿责任的罪犯、因防卫过当或避险过当而判处徒刑的罪犯以及其他主观恶性不深、人身危险性不大的罪犯，在依法减刑、假释时，应当根据悔改表现予以从宽掌握。对认罪服法，遵守监规，积极参加学习、劳动，确有悔改表现的，依法予以减刑，减刑的幅度可以适当放宽，间隔的时间可以相应缩短。符合刑法第八十一条第一款规定的假释条件的，应当依法多适用假释。

对减刑、假释案件，要采取开庭审理与书面审理相结合的方式。对于职务犯罪案件，尤其是原为县处级以上领导干部罪犯的减刑、假释案件，要一律开庭审理。对于故意杀人、抢劫、故意伤害等严重危害社会治安的暴力犯罪分子，有组织犯罪案件中的首要分子和其他主犯以及其他重大、有影响案件罪犯的减刑、假释，原则上也要开庭审理。书面审理的案件，拟裁定减刑、假释的，要在羁押场所公示拟减刑、假释人员名单，接受其他在押罪犯的广泛监督。

——《最高人民法院印发〈关于贯彻宽严相济刑事政策的若干意见〉的通知》（2010 年 2 月 8 日，法发〔2010〕9 号）。

最高人民法院审判业务意见

一、明确了区别对待的原则

区别对待是宽严相济刑事政策的基础。在减刑、假释工作中贯彻宽严相济刑事政策，实行区别对待原则，是指以刑罚个别化原则为指导，从不同罪犯的犯罪和改造的实际情况出发，针对不同罪犯的不同情况，依法采取宽严不同的减刑、假释政策，确保在兼顾一般预防的前提下充分发挥刑罚的特殊预防功能，获取最佳的刑罚执行效果。为了实现刑罚的惩治功能，有效的预防犯罪，对具有严重社会危害性和人身危险性的犯罪分子，如犯有危害国家安全犯罪、故意危害公共安全犯罪、严重暴力犯罪、涉众型经济犯罪等严重犯罪的犯罪分子，恐怖组织犯罪、邪教组织犯罪、黑恶势力犯罪等有组织犯罪的领导者、组织者和骨干分子，毒品犯罪再犯的严重犯罪者，要“当严则严”，在减刑、假释的条件，减刑的起始时间，减刑的幅度和减刑的频度等方面从严把握。另一方面，考虑到未成年罪犯可塑性较强，老年犯、残疾罪犯的再犯可能性较小，以及过失犯、中止犯、胁从犯、防卫过当或避险过当罪犯的主观恶性和人身危险性不大，在依法对他们进行减刑、假释时，要根据悔罪表现，在减刑、假释的条件，减刑的起始时间，减刑的幅度和减刑的频度等方面“该宽则宽”。

二、体现了三项新的精神

一是体现了减刑、假释与财产刑执行和民事赔偿责任履行情况挂钩的精神。当前，大部分法院在审理减刑、假释案件时，基本上不考虑罪犯财产刑执行和民事赔偿责任履行的情况。这种执（履）行与不执（履）行、执（履）行多与执（履）行少与减刑、假释不挂钩的局面，会形成错误的财产刑执行导向机制，加剧财产刑“空判”现象，进而损坏宽严相济刑事政策的落实。为了体现刑罚执行的严肃性和完整性，调动罪犯执行财产刑的积极性，《最高人民法院关于贯彻宽严相济刑事政策的若干意见》（以下简称《意见》）将财产刑执行和附带民事赔偿责任履行情况作为“该宽则宽、当严则严”的重要参考依据，规定：“确有执行能力而拒不依法积极主动缴付财产执行财产刑或确有履行能力而不积极主动履行附带民事赔偿责任的，在依法减刑、假释时，应当从严掌握；积极主动缴付财产执行财产刑或履行民事赔偿责任的罪犯，在依法减刑、假释时，应根据悔改表现予以从宽掌握。”

二是体现了保证因暴力犯罪被判处死缓和无期徒刑罪犯较长服刑期限的精神。在“严格控制和限制死刑”的政策指导下，人民法院对一些故意杀人、爆炸、抢劫、强奸、绑架致人死亡或严重残疾的暴力犯罪的罪犯判处了死刑缓期执行或者无期徒刑。在我国的司法实践中，死缓犯的实际执行期限一般不会超过二十年，有的甚至只有十三四年，无期徒刑罪犯一般服刑十五年左右即可出狱，有的只有十一二年。这种“死刑过重，生刑过轻”的不平衡现象，不仅使得死刑缓期执行和无期徒刑应有的严厉性在实践中得不到保证，而且难以保证罪犯的改造效果。为了维护公平正义，确保罪犯的改造效果，《意见》体现了要保证因暴力犯罪被判处死缓和无期徒刑罪犯较长服刑期限的精神，规定：“对于因故意杀人、爆炸、抢劫、强奸、绑架等暴力犯罪，致人死亡或严重残疾而被判处死刑缓期二年执行或无期徒刑的罪犯，严格控制减刑的频度和每次减刑的幅度，保证其相对较长的实际服刑期限。”

三是体现了程序公正的精神。程序是制约减刑、假释裁量权滥用的有效手段，是确保宽严相济刑事政策落到实处的重要保障。树立程序公正意识，构建程序公正机制是规范减刑、假释案件审理的必由之路。实践证明，对减刑、假释案件实行程序公正机制，具有非常积极的作用，不仅可以避免人民群众对减刑、假释审理工作“暗箱操作”的怀疑，增强人民群众对司法公正的信心，而且可以使人民法院在审理减刑、假释案件时听取多方面意见，使减刑、假释裁定最大程度地接近正义。因此，《意见》对减刑、假释的程序公正机制作了明确的规定。但是，由于面临案多人少的矛盾，要求所有减刑、假释案件一律实行开庭审理，目前尚不具备条件。因此，构建程序公正机制，必须要选好适用范围，才能取得预期的效果。针对实践中职务犯罪罪犯的减刑、假释，较之于普通罪犯，存在减刑幅度偏大、间隔时间偏短、减刑频率偏快、假释比例偏高等问题，《意见》要求对于职务犯罪案件，尤其是原为县处级以上领导干部罪犯的减刑、假释案件，要一律开庭审理。对于故意杀人、抢劫、故意伤害等严重危害社会治安的暴力犯罪分子，有组织犯罪案件的首要分子和其他主犯以及其他重大、有影响案件罪犯的减刑、假释，原则上也要开庭审理。对于由于条件所限，不能开庭审理的减刑、假释案件，要在羁押场所公示，接受其他在押罪犯的监督，确保司法权最大限度地在阳光下运行。

三、贯彻《意见》精神时要注意的几个突出问题

一是要注意全面审查，防止“唯分是举、以分折刑”。贯彻宽严相济的刑事政策，依法审理是前提，宽严有据是根本。要防止“想宽就宽、想严就严”的错误倾向，要做到宽严都有足够的事实和法律依据。目前，一些人民法院审理减刑、假释案件依然主要以百分考核的分数作为唯一的标准。我们认为，百分考核的分数，不能全面准确反映出罪犯的思想改造情况，无法全面反映罪犯的社会危害性和人身危险性，不符合宽严相济刑事政策的精神。各级人民法院要坚决摒弃“唯分是举”的错误做法，要树立全面审查的原则，既要将罪犯的改造表现作为宽严相济的重要根据，也要充分考虑罪犯的原判犯罪性质、情节、主观恶性、犯罪原因、原判刑罚情况、人身危险性、罪前社会表现、年龄、身体状况以及被害人意见等因素。只有这样，才能做到宽严有

理，宽严有据。

二是要注意具体情况具体分析，力求宽严皆当，宽严有效。宽严“相济”是宽严相济刑事政策的精髓。贯彻宽严相济的刑事政策，要在“相济”上下功夫。要准确把握宽严相济刑事政策的精神，做到统筹兼顾、协调运用，不能只讲“宽”而忽视“严”，也不能只讲“严”而忽视“宽”。要理性认识犯罪现象，正确把握犯罪规律，科学判断当前和今后一个时期社会治安的态势，充分考虑人民群众的社会安全感，具体情况具体分析，做到严中有宽、宽以济严，宽中有严、严以济宽，防止片面化和绝对化。对具有严重社会危害性和人身危险性罪犯从严掌握的同时，也要注意宽的一面，要给出路、给希望，鼓励其悔过自新、积极改造，实现刑罚的教育和矫治功能。对于未成年罪犯、老病残罪犯等主观恶性不深、人身危险性不大的罪犯从宽掌握的同时，也要体现严的一面，防止一味从宽，以体现刑罚的惩罚和警示功能。

三是要注意因地制宜，充分发挥假释的制度优势。假释是落实宽严相济刑事政策的一项重要制度。相对于减刑而言，假释在维持原判稳定性、促使罪犯自我改造和顺利回归社会、降低行刑成本方面具有一定的优势。但是，当前大部分人民法院假释的适用率不高，远远低于减刑适用率。针对这一情况，《意见》规定，符合《刑法》第八十一条第一款规定的假释条件的，应当依法多适用假释。在贯彻该意见时，首先，要克服害怕承担风险的心理。只要严格依照法定程序和正当程序审理假释案件，注意听取各方面的意见，正确行使裁量权，依法公正地进行裁决，严格遵守廉政规则和审判纪律，办案人员就不应当承担责任。其次，要正确把握假释的条件，综合考察原判犯罪的性质、情节、社会危害性等各种因素，具体分析，准确把握。此外，还要注重完善假释后的监管措施。最后，有必要指出的是，《意见》所说的依法“多”适用假释，不是对法律规定的假释条件的放宽，而是针对过去没有很好地发挥假释功能，假释适用比例过小的现象提出的要求。

——最高人民法院审判监督庭：《在减刑、假释工作中贯彻宽严相济刑事政策》，载《人民法院报》2010年5月5日。

143. 特殊情况下减轻处罚的适用

关键词

刑罚的具体运用　减轻处罚

《刑事审判参考》指导案例

程乃伟绑架案（《刑事审判参考》指导案例第182号）

裁判要点：《刑法》第 63 条对特殊情况减轻处罚作了规定。从《刑法》规定的精神上来理解，《刑法》第 63 条规定的“特殊情况”，当然应是指政治、外交等特殊情况。

《刑法》第 63 条规定，“犯罪分子虽然不具有本法规定的减轻处罚情节，但是根据案件的特殊情况，经最高人民法院核准，也可以在法定刑以下判处刑罚”。这就是特殊情况减轻处罚的规定。那么，应如何理解和认定这里所谓的“案件的特殊情况”呢？司法实践中有不同认识。有的将这一条件理解得很宽，认为只要被告人犯罪手段一般，数额不大，后果不严重，判处法定最低刑偏重等，就是“情况特殊”。而有的又将这一条件理解得过严，并根据最高人民法院 1997 年 10 月 29 日《关于办理减刑、假释案件具体应用法律若干问题的规定》对办理假释案件的“特殊情况”的解释，认为《刑法》第 63 条规定的“特殊情况”，是指涉及国家利益的情况，如涉及政治、外交、国防、宗教、民族、统战等重大问题的情况①。

我们认为，从《刑法》规定的精神上来理解，《刑法》第 63 条规定的“特殊情况”，当然应是指政治、外交等特殊情况。但也不应绝对化。理解得过宽不行，有违刑法从严控制特殊情况减轻处罚的立法目的；理解得过严又不利于更好地贯彻刑法确立的罪刑相适应的原则。

最高人民法院《关于执行〈中华人民共和国刑事诉讼法〉若干问题的解释》第 270 条②规定：“最高人民法院复核在法定刑以下判处刑罚的案件，予以核准的，作出核准裁定书；不予核准的，应当撤销原判决、裁定，发回原审人民法院重新审判，或者指定其他下级人民法院重新审判。”有些同志根据这一规定，认为最高人民法院复核在法定刑以下判处刑罚的案件，只能有两种处理结果，一种是核准原判决、裁定；另一种是发回原审法院重新审判或指定其他下级法院重新审判。也就是说，最高人民法院不能直接改判。我们认为这样理解是不对的。之所以产生上述认识，主要是没有正确理解该条所说的“不予核准的”的含义。这里所说的“不予核准”，是指原判决、裁定不应当在法定刑以下判处刑罚，因此不予核准，并不包括同意在法定刑以下判处刑罚，只是认为原判量刑仍然过重而不予核准原判决、裁定的情形。最高人民法院作为最高审判机关，对下级人民法院判处的案件，依法有权进行

---

① 2012 年《最高人民法院关于办理减刑、假释案件具体应用法律若干问题的规定》第十七条规定：“刑法第八十一条第一款规定的‘特殊情况’，是指与国家、社会利益有重要关系的情况。”

2016 年《最高人民法院关于办理减刑、假释案件具体应用法律的规定》第二十四条规定：“刑法第八十一条第一款规定的‘特殊情况’，是指有国家政治、国防、外交等方面特殊需要的情况。”

② 本文件已被《最高人民法院关于适用〈中华人民共和国刑事诉讼法〉的解释》（法释〔2012〕21 号）废止。

改判，包括在复核程序中的改判。比如在复核死刑案件时，最高人民法院认为不应当判处死刑的可以直接改判为其他刑罚。因此，无论从刑诉法的相关规定来看，还是从司法解释本身的逻辑性来看，最高人民法院都有权直接改判。

——最高人民法院刑事审判第一庭、第二庭编：《刑事审判参考》2002 年第 3 辑（总第 26 辑），法律出版社 2002 年版，第 45~50 页。

144. 如何理解“在法定刑以下判处刑罚”

关键词

在法定刑以下判处刑罚

最高人民法院答复

广东省高级人民法院：

你院粤高法〔2012〕120 号《关于对具有减轻处罚情节的案件在法定刑以下判处刑罚问题的请示》收悉。经研究，答复如下：

刑法第六十三条第一款规定的“在法定刑以下判处刑罚”，是指在法定量刑幅度的最低刑以下判处刑罚。刑法分则中规定的“处十年以上有期徒刑、无期徒刑或者死刑”，是一个量刑幅度，而不是“十年以上有期徒刑”、“无期徒刑”和“死刑”三个量刑幅度。

此复

——《最高人民法院研究室关于如何理解“在法定刑以下判处刑罚”问题的答复》（2012 年 5 月 30 日，法研〔2012〕67 号），载张军主编、最高人民法院研究室编著：《司法研究与指导》2012 年第 2 辑（总第 2 辑），人民法院出版社 2012 年版，第 86~89 页。

145. 法定刑以下判处刑罚的适用

关键词

法定刑以下判处刑罚　非法经营罪

《刑事审判参考》指导案例

王海旺非法经营案（《刑事审判参考》指导案例第 1237 号）

裁判要点：综合全案事实和情节可以认定存在《刑法》第六十三条第二款规定的“特殊情况”的，依法可以在法定刑以下判处刑罚。

法定刑以下判处刑罚是我国刑法规定的特别宽宥制度，即不存在法定减轻处罚情节，但是考虑到案件的特殊情况在法定刑以下判处刑罚的一项制度安排。刑法没有明确何为“特殊情况”，这为个案量刑更好地实现法、理、情的融合和平衡提供了弹性空间，而运用不当又有可能损及刑罚适用的统一性和规范性，这也是刑法规定法定刑以下判处刑罚须经最高人民法院核准的原因所在。在司法实践中，一方面，要严格掌握法定刑以下判处刑罚的适用范围，以此确保依法统一规范量刑；另一方面，对于确有特殊情况的案件又要敢于、善于适用，以此体现立法精神，实现宽严相济。

应当指出，案件是否具有法定刑以下判处刑罚的特殊情况，通常并不取决于某一个情节，而是多个情节综合认定的结果。综合本案事实和情节，对被告人王海旺在法定刑以下量刑是适当而必要的。一是行为表现。在案证据证明，王海旺的行为主要表现为明知是假冒注册商标的伪劣卷烟而予以保管、运输、帮助销售。帮助销售行为属于非法经营行为的具体表现，虽不影响其非法经营卷烟行为这一基本事实的认定，但在量刑上与指使或者单独销售卷烟的非法经营行为应有所区别。二是行为后果。王海旺非法经营的伪劣卷烟尚未售出，未造成具体危害结果，虽然由于非法经营行为的特殊性，行为人只要实施了生产、运输、销售等任何一个环节的行为，通常均应认定为既遂，但对此情节量刑时有必要酌予考虑。三是经营数额。根据《最高人民法院、最高人民检察院关于办理非法生产、销售烟草专卖品等刑事案件具体应用法律若干问题的解释》、2001 年公布的《最高人民法院、最高人民检察院关于办理生产、销售伪劣商品刑事案件具体应用法律若干问题的解释》、2004 年公布的《最高人民法院、最高人民检察院关于办理侵犯知识产权刑事案件具体应用法律若干问题的解释》等规定的精神，假冒伪劣卷烟的经营数额，原则上应优先以实际销售价格作为认定标准，在实际销售价格无法查明的情况下才以真品的市场价格认定。本案由于假烟尚未出售等原因，无法查清实际销售价格，故基于真品市场价格认定非法经营数额 37 万余元。有必要注意的是，假烟的实际销售价格和真品的市场价格通常是存在较大差别的，这一点在量刑时需要特别加以考虑。四是家庭情况。王海旺 14 周岁的女儿身患骨髓增生异常综合征，多次因失血性休克入院治疗，急需进行骨髓移植手术，手术费用高昂，王海旺既是家庭的经济支柱，同时还是女儿骨髓移植的优选供髓者。五是罪后情节。王海旺对一审判决认定的事实无异议，真诚悔罪，没有再犯罪的危险。上述事实和情节涉及基本事实、量刑情节、家庭伦理、未成年人权益保护等各个方面，这些因素的综合考量赋予了本案特殊性，据此在法定刑以下判处刑罚既符合法律，又合乎情理，有利于实现各种不同政策利益的平衡，实现个案处理法律效果和社会效果的有机统一。

需要特别指出的是，为确保本案公正、合理量刑，一、二审法院做了大量的基础调查工作。一是前往医院调取王海旺女儿诊断治疗过程中的就诊记录、诊断书、化验单、医学检验报告等病历资料，多次向主治医师详细询问相关情况，以全面准确了解其女儿病情和治疗方案。二是就对被告人王海旺适用非监禁刑委托社区矫正部门进行异地调查评估，并听取社区矫正部门的矫正管理意见。这些工作为本案恰如其分地量刑奠定了坚实的基础，值得充分肯定和借鉴。

——最高人民法院刑事审判第一、二、三、四、五庭主办：《刑事审判参考》（总第 113 辑），法律出版社 2019 年版，第 10~15 页。

146. 法定刑以下判处刑罚中“特殊情况”的把握

关键词

法定刑以下判处刑罚　挪用公款罪

最高人民法院裁判文书

杨某某、史某挪用公款案［最高人民法院（2018）最高法刑核 41244460 号刑事裁定书］

裁判要旨：1. 被告人为帮助他人完成揽储任务，将公款转存其他银行，不构成挪用公款进行营利活动。

2.《刑法》第 63 条第 2 款规定的酌定减轻处罚，不仅适用于事关国家利益的特殊案件，也适用于具有社会危害性和人身危险性明显偏小等“特殊情况”的一般刑事案件。

最高人民法院经复核认为：原审被告人杨某某、史某身为依照法律从事公务的基层组织人员，利用职务上的便利，挪用公款 267.07 万元归个人使用，超过 3 个月未还，情节严重，其行为已构成挪用公款罪。鉴于两被告人挪用公款的目的不是为了个人谋利，而是囿于人情，帮助他人完成揽储任务，主观恶性不大；将土地补偿款从农村信用社专用账户转存到邮政储蓄所，存款户名和类型均未发生变化，存款地点的变化并不影响对款项的控制，挪用公款的时间相对较短，且在案发几年前已全部发放到村民手中，社会危害性较小；两被告人认罪悔罪态度较好，史某占有的 5643 元利息也已全部退交等特殊情况，对两被告人可在法定刑以下判处刑罚。第一审判决、第二审裁定认定的事实清楚，证据确实、充分，定罪准确，量刑适当，审判程序合法，裁定核准河南省开封市中级人民法院（2017）豫 02 刑终 372 号维持第一审对被告人杨某某、史某以挪用公款罪，在法定刑以下分别判处有期徒刑二年，缓刑三年的刑事裁定。

——《法定刑以下判处刑罚中"特殊情况"的把握——杨某某、史某挪用公款案》，载中国应用法学研究所主编：《中华人民共和国最高人民法院案例选》（第二辑），法律出版社 2019 年版，第 119 页。

147. 对于犯故意杀人罪的被告人在无法定可减轻处罚情节下能否直接降格判处有期徒刑

关键词

故意杀人　直接故意　间接故意　主观恶性　量刑

最高人民法院裁判文书

张建故意杀人案［最高人民法院（2021）最高法刑申 118 号驳回申诉通知书］

裁判要旨：评判被告人主观故意及其恶性，应综合被告人前后行为及其认知，以及其他情况证据进行认定。故意杀人罪的起点刑是死刑，在无法定可减轻处罚情节下，原一审判决降格判处被告人有期徒刑 15 年，量刑明显不当，再审改判死刑，缓期二年执行，符合罪责刑相适应原则，并兼顾了国法天理人情。

最高人民法院认为，当作为雇工的被害人在作业中因操作不慎掉入一荒废铸造厂车间坑内（长 1.85 米、宽 1.5 米、深 2.8 米）后，作为雇主的原审被告人张建，基于个人私利，违背应当积极救助的作为义务，置昏迷中的被害人于不顾，不听现场其他人员劝阻，径直驾驶铲车铲推两车混有金属块（最大金属块长 1.3 米、宽 1.1 米、高 0.45 米）的渣土填入坑内，将被害人予以掩埋的行为，直接导致了被害人的死亡。离开现场后，张建又继续实施了统一现场人员口径、销毁被害人电动车、假意寻找被害人、报假案谎称被害人失踪等一系列企图逃避法律制裁的行为。原再审判决综合考量原审被告人张建此前后行为的性质、后果、情节、主观恶性，以及原审时被告人作为张建家属代为民事赔偿并取得被害人家属谅解等情况，撤销原判决中对被告人张建判处有期徒刑十五年，剥夺政治权利五年的量刑部分，改判原审被告人张建犯故意杀人罪，判处死刑，缓期二年执行，剥夺政治权利终身，符合罪责刑相适应原则，兼顾了国法天理人情。原再审裁定予以维持、核准正确。

——中国裁判文书网。

148. 刑法意义上"多次"的认定基本标准

关键词

多次

附录：最高人民法院法官著述

（一）每次行为性质相同

如多次盗窃，每次行为都必须是盗窃行为，而不能是盗窃行为加其他行为。不仅如此，而且必须是同一罪名下的相同性质行为。比如，关于抢劫罪，刑法除规定有抢劫罪外，还有抢劫枪支、弹药、爆炸物品罪。那么，《刑法》第二百六十三条第四项规定的多次抢劫中的抢劫，是否包括不是抢劫罪的其他抢劫犯罪？我们认为是不包括的，原因有两点：第一，刑法已经将抢劫枪支、弹药、爆炸物的犯罪行为单独定罪，将之与普通抢劫犯罪相隔离，二者不再属于同一犯罪，当然就无法相加、累计计算。第二，从刑法规定的法定刑来看，抢劫枪支、弹药、爆炸物的法定刑与普通抢劫罪的加重处罚情节的法定刑基本相同（仅在附加刑方面不同），故没有累计的必要性。也就是说，这里的多次抢劫，必须是在《刑法》第二百六十三条语境下的抢劫，当然也包括《刑法》第二百六十九条规定的转化型抢劫以及《刑法》第二百六十七条第二款规定的携带凶器抢夺。原因在于该两条款规定的行为均以抢劫罪定罪处罚，而没有自己单独的罪名和法定刑规定。

当然，这里所说的"多次"行为性质相同，未必是指每次都构成犯罪。因为，四种类型中的"多次"行为，并不完全都是以每次行为都构成犯罪为前提的。

（二）每次行为都是故意实施的行为

过失行为不能累加到"多次"之中。刑法之所以将原不构成犯罪的单次行为在累加达到"多次"后以犯罪论，或者将原不属于法定加重处罚情节的单次犯罪在累加达到"多次"后作为法定加重处罚情节，除考虑其社会危害性因行为次数的累加而呈几何级加大外，还在于行为人不思悔改甚至"变本加厉”的主观恶性。从实然法的角度考察，刑法及司法解释中有关“多次”行为的规定均属于故意犯罪的范畴。如此理解“多次”行为的罪过形式，符合行为人主观意图连续性和主观恶性整体性的特点。[①]

（三）每次行为都在法定追诉期限内

无论每次单独行为构成犯罪与否，都必须在法定追诉期内，才能计算在“多次”之中。当然，法定追诉期限的计算方式各有不同。

就犯罪行为来说，依照《刑法》第八十七条、第八十八条、第八十九条的规定，如果某次单独犯罪行为过了《刑法》第八十七条规定的追诉时效，不存在《刑法》第八十八条规定的逃避侦查或审判的情形，亦不属于《刑法》第八十九条规定的连续犯、继续犯罪状态或者在追诉期内又犯罪的情形的，则该次单独行为不能计算在“多次”之中。

就违法行为而言，必须是经过法定的计算期限。这里的法定期限有两种情形。一种情形是法律或者司法解释规定的期限。关于多次盗窃、多次抢夺、多次敲诈勒索等，每次均未构成犯罪，多次的数额累加也未达到法定构成标准，但次数达到“多次”而依法应予刑事追究的，其有关追诉问题：《最高人民法院、最高人民检察院关于办理盗窃刑事案件适用法律若干问题的解释》第三条第一款规定，二年内盗窃三次以上的，应当认定为“多次盗窃”；《最高人民法院、最高人民检察院关于办理敲诈勒索刑事案件适用法律若干问题的解释》第三条规定，二年内敲诈勒索三次以上的，应当认定为《刑法》第二百七十四条规定的“多次敲诈勒索”。关于“多次抢夺”问题，由于“多次抢夺”作为抢夺罪的构成要件之一，是2015年8月29日刑法修正案（九）才作的规定，而《最高人民法院、最高人民检察院关于办理抢夺刑事案件适用法律若干问题的解释》早已于2013年11月开始实施，因而该司法解释关于抢夺犯罪中多次抢夺如何认定还没有规定。但根据该司法解释第二条第三项规定，一年内抢夺三次以上的，达到“数额较大”标准百分之五十的，即可以抢夺罪定罪处罚。我们认为，在司法实践中，相关司法解释关于多次盗窃的认定方法可以参照适用。另一种情形是，法律或者司法解释未规定追诉期限，如《刑法》第三百零一条第一款规定，多次参加聚众淫乱活动的，与聚众进行淫乱活动的首要分子一样，构成聚众淫乱罪。但这里“多次”的法定追诉期刑法没有规定，至今尚无相应的司法解释。我们认为，由于单次参加聚众淫乱活动（非首要分子的情况下）的行为，虽然不构成犯罪，但却是违反治安管理处罚法第六十九条第一款第三项规定的违法行为。根据治安管理处罚法第二十二条第一款规定，违反治安管理行为六个月内没有被公安机关发现的，不再处罚，同时根据该条第二款规定，违反治安管理行为有连续

---

① 参见刘德法、孔德琴：《论多次犯》，载《法治研究》2011年第9期。

或者继续状态的，从行为终了之日起计算。因此，如果单次参加聚众淫乱活动行为后六个月内没有实施第二次参加聚众淫乱活动行为的，因其治安处罚都失去依据，自然就不能成为刑法的规制对象。也就是说，单次违法行为不构成犯罪，且超过治安处罚时效的，除刑法、司法解释明确有规定外，不能将其累计到“多次”之中。

（四）对“多次”行为进行犯罪化处理或者作为法定加重处罚情节，必须符合罪刑法定原则

罪刑法定原则中的“法定”，不仅指法律的字面规定，并且包括法律的逻辑精神。也就是说，法律规定包括两种情况：一是显形规定，二是隐形规定。显形规定是指字面上的直观规定，而隐形规定是指内容上的包容规定。显形规定通过字面可以确定，隐形规定则一般通过字面难以确定。①如多次盗窃、多次抢劫，就是法律的显形规定。那么，如何运用法律的隐形规定理解“多次”？我们认为，如果刑法明确规定了具体的构罪要件或法定加重处罚情节，而该要件中作不出其他理解时，则不能将“多次”作为构罪要件或法定加重处罚情节。如诈骗数额不到较大标准的，因其危害不大，不能以诈骗罪论处。原因在于，刑法对诈骗罪的构成条件以数额较大为唯一标准。并且，现行刑法与 1979 年刑法相比，已取消了惯骗罪。因此，不能再对虽有多次诈骗行为，但诈骗数额尚未达到较大的行为人，以诈骗罪定罪处罚。又如，根据《刑法》第二百三十四条第一款的规定，犯故意伤害罪（指致人轻伤）的，处三年以下有期徒刑、拘役或者管制。根据该条第二款的规定，故意伤害致人重伤的，才能处三年以上十年以下有期徒刑，而处十年有期徒刑以上刑罚的，必须符合致人死亡或者以特别残忍手段致人重伤造成严重残疾。也就是说，故意伤害罪的法定加重处罚情节，刑法条文已经清晰、明确地予以规定。这些法定加重处罚情节，无法推导出多次致人轻伤的，可处三年以上十年以下有期徒刑的刑罚，也无法推导出多次致人重伤但未造成严重残疾的，可处十年有期徒刑以上刑罚。那么，隐形规定在什么情况下才能推导出其暗含“多次”的内容呢？我们认为，只有在刑法条文中具有“情节严重”“情节恶劣”等相对模糊用语作为构罪条件或法定加重处罚情节的情况下，才可依法作出相应的推导。并且，作出这一推导的方式，应当尽量由司法解释作出规定为妥，以法官在具体案件中作出符合法理的解释为辅。比如，强奸妇女多人的，刑法明文规定为强奸罪的法定加重处罚情节，但对同一人强奸多次，甚至将同一妇女作为“性奴”的情形下，能否作为法定加重处罚情节？我们认为，《刑法》第二百三十六条虽然未对此明确予以规定，但该条规定中暗含了可以将此情形作为法定加重处罚情节的内容。因为该条第三款第一项将强奸妇女、

① 参见陈兴良：《刑法适用总论（上卷）》，法律出版社 1999 年版，第 27 页。

奸淫幼女情节恶劣的，作为强奸罪的法定加重处罚情节。而依常人理解，对同一人实施多次强奸甚至将其作为“性奴”，从某种意义上说，其危害并不亚于“强奸多人”这一法定加重处罚情节。因此，我们认为，将这一情形认定为强奸罪的“情节恶劣”，从而作为法定加重情节，符合罪刑法定原则。

——陆建红、田文莎:《刑法意义上“多次”的概念辨析及实践适用》，载最高人民法院刑事审判第一、二、三、四、五庭编:《刑事审判参考》（总第128辑），人民法院出版社2021年版，第241~244页。

149. 刑法意义“多次”的“次”的认定问题

关键词

多次

附录：最高人民法院法官著述

一般来说，基于一个故意，在同一个时间、同一个地点，实施一个行为，可以认定为一次。但在实践中，问题并非如此简单。

1. 基于一个概括故意，在同一个时间、同一地点实施了形式上的多个行为，实质上却只能认定为一次的情形。例如，《最高人民法院关于审理抢劫、抢夺刑事案件适用法律若干问题的意见》（以下简称《抢劫抢夺案件意见》）规定：对于“多次”的认定，应以行为人实施的每一次抢劫行为均已构成犯罪为前提，综合考虑犯罪故意的产生、犯罪行为实施的时间、地点等因素，客观分析、认定。对于行为人基于一个犯意实施犯罪的，如在同一地点同时对在场的多人实施抢劫的；或基于同一犯意在同一地点实施连续抢劫犯罪的，如在同一地点连续地对途经此地的多人进行抢劫的；或在一次犯罪中对一栋居民楼房中的几户居民连续实施入户抢劫的，一般应认定为一次犯罪。上述认定为“一次犯罪”的情形，是一种抢劫重复侵害行为，是有严格的时空条件限制的，即针对不同的对象连续实施的相同侵害行为，必须发生在“一个较短的时间内”和“大致相同的地点”。如果行为发生的间隔时间较长或者行为地属于相距较远的不同场所，就不能认定为“一次抢劫犯罪”。原因在于，刑法设定多次抢劫的量刑标准，是倾向于对惯犯、屡犯的惩处，而对于基于一个概括的犯意而实施的抢劫多次侵害行为，则应排除于外，这也符合罪责刑相适应的处罚原则。我们认为，界定是“一次抢劫”还是“多次抢劫”，一般要综合《抢劫抢夺案件意见》中规定的犯罪故意的产生、犯罪行为实施的时间、地点等因素，从犯罪故意的单复数、犯罪时间的连续性和地点的相近性三个因素综合判断。[①]

2. 行为处于哪一阶段才能认定为“一次”？

（1）单次行为不构成犯罪，刑法以“多次”作为构成要件时，每次应处于什么阶段才能累计到“多次”中？有的观点认为，只要行为人实施了违法行为即可，至于每次违法行为是否达到了既遂的程度，不影响“多次”的成立。我们不同意这一观点。我们认为，刑法之所以将每次都不构成犯罪的违法行为在符合“多次”的条件下将其犯罪化处理，乃是因为“多次”行为已达到了与犯罪构成要件同等罪量的程度。此其一。其二，预备、未遂、中止形态下的单次违法行为，对刑法保护的法益很难达到“侵害”的程度，即使“多次”行为累计计算后，其危害程度在一般情况下仍然难以与单次构成犯罪的危害程度相比。例如，三次盗窃均未遂，其对财产的侵犯几乎没有，其社会危害性岂能与单次盗窃达到数额较大的行为相比？至于预备、中止行为，其社会危害性则更是微乎其微。其三，从刑法的谦抑性原则出发，对未遂、预备和中止的违法行为，也没有刑事处罚的必要。

（2）每次行为均构成犯罪，“多次”作为法定加重处罚情节时，单次行为处于何种犯罪形态，才能累计到“多次”中？犯罪形态有犯罪预备、犯罪中止、犯罪未遂、犯罪既遂四种。毫无疑问，犯罪既遂的单次行为，应当累计到“多次”之中。但是，犯罪未遂、中止、预备行为是否应当累计到“多次”之中？我们认为，应当结合刑法总则的有关规定进行分析。一般来说，“多次”的认定，应当以行为人实施的每一次行为均已构成犯罪为前提。但上述三种形态下，虽均构成犯罪，然而根据刑法总则的规定和刑法谦抑性原则，却未必都要处以刑罚。因此，单次行为是否计入“多次”，不能一概而论。

①关于犯罪未遂。行为人已经将犯罪意志转化为实行行为，开始直接侵害犯罪客体，只是由于犯罪分子意志以外的原因才未能得逞。因此，犯罪未遂的结果，是违背犯罪分子的主观愿望的。无论是每次都未遂，还是部分未遂、部分既遂，都说明行为人的惯犯特征已经充分显露。同时，根据《刑法》第二十三条的规定，对于未遂犯，“可以比照既遂犯从轻或减轻处罚”。也就是说，犯罪未遂，除行为人还有法定免除处罚情节外，只能从轻或者减轻处罚，而不能免除处罚。综上，我们认为，犯罪未遂应当累计到“多次”中去。当然，在适用“多次”这一法定加重处罚情节量刑时，应当充分考虑“多次”中有部分或全部是未遂的实际情况。以多次抢劫为例，如果行为人实施了三次以上抢劫既遂，再有未遂的情况，只能在十年有期徒刑以上的刑罚幅度内从轻处罚，而不能以“未遂”为由，减轻为十年有期徒刑以下的刑罚。因为

① 参见张述元主编：《刑法条文理解适用与司法实务全书（根据刑法修正案 1–10 编定）》，中国法制出版社 2018 年版，第 2830 页。

未遂犯罪的处罚原则，只适用未遂的这次抢劫行为，而不适用于全案。如果行为人实施的抢劫既遂行为不到三次，加上抢劫未遂行为才达到多次抢劫的，量刑时可加大未遂犯处罚原则的适用力度，将全案刑罚减轻处罚至十年有期徒刑以下刑罚。这主要是因为，量刑必须根据罪责刑相适应原则，刑罚的轻重应当与被告人的人身危险性及行为的社会危害性相适应。例如，在抢劫既遂不到三次的情况下，考虑未遂的社会危害性小于既遂，如果其量刑与抢劫既遂三次相当，显然不合理。

②关于犯罪中止。《刑法》第二十四条规定，对于中止犯，没有造成损害的，应当免除处罚；造成损害的，应当减轻处罚。因此，单次中止犯罪是否计入“多次”，应结合犯罪是否造成损害而定。对造成损害的中止犯而言，虽然行为主观恶性相对较小，但客观上造成了损害的后果，因此，仍有严惩的必要，将之作为“多次”的构成次数来认定，既有充分的理论依据，也切合实际情况。由于“多次”犯罪作为法定加重处罚情节时，其法定刑罚比单次犯罪重得多，因此，对未造成损害后果的单次中止犯罪行为，因行为人的主观恶性较小，该次犯罪行为亦未对犯罪客体或犯罪对象造成实际侵害，可不作为“多次”的构成来认定。至于中止犯罪计入“多次”时的处罚原则，大致可参照前述包括未遂状态的“多次”的处罚原则。

③关于犯罪预备。《刑法》第二十三条规定，对于预备犯，可以比照既遂犯从轻、减轻处罚或免除处罚。首先，犯罪预备虽然也可构成犯罪，但毕竟未着手实行，而仅停留于准备工具、制造条件阶段。刑法将“多次”作为法定加重处罚情节，乃是因为刑法以严惩惯犯为旨趣。而犯罪预备行为，因其未着手实施，惯犯特征并不明显。其次，犯罪预备与犯罪未遂不同。犯罪未遂的行为人已将犯罪意志转化为实行行为，行为人的惯犯特征已经充分显露；与犯罪中止也不同，特别是造成损害后果的犯罪中止，不但已经开始实施行为（中止前的行为），而且造成了损害后果。最后，从法理而言，预备行为并不具备犯罪构成的完整要件，行为的社会危害性极其有限，行为人的人身危险性也不明显。综上，犯罪预备行为一般不宜计入作为法定加重处罚情节的“多次”中去。

3.“次”的特殊判定依据——以上游行为构成犯罪为前提。

窝藏罪，包庇罪，洗钱罪，掩饰、隐瞒犯罪所得、犯罪所得收益罪等犯罪有个共同的特点，即都是加入犯，行为是否构成犯罪，以上游犯罪事实是否成立为前提。如果上游行为不构成犯罪，则上述“加入犯”行为就不能作为“多次”行为中的“次”来计量。以掩饰、隐瞒犯罪所得、犯罪所得收益罪为例，刑法规定，犯该罪具有情节严重情形的，属于法定加重处罚情节。《最高人民法院关于审理掩饰、隐瞒犯罪所得、犯罪所得收益刑事案件适用法律若干问题的解释》（以下简称《掩饰犯罪所得案件解释》）第三条对“情节严重”进行了解释。该条第一款第二项规定，掩饰、隐瞒犯罪所得及其产生的收益十次以上，或者三次以上价值总额达到五万元以上的，应当认定为该罪的“情节严重”。以此为据，设若张三共实施了三次掩饰、隐瞒行为，其中第一、二次的上游行为人的盗窃行为不构成犯罪，第三次的上游行为人的行为构成盗窃罪，在这种情况下，张三的掩饰、隐瞒行为，可以计量到犯罪行为中的只有第三次。如果第三次掩饰、隐瞒行为的价值总额只有2000元的，则张三的行为依法不构成掩饰、隐瞒犯罪所得罪。我们认为，在认定掩饰、隐瞒的“三次”或“十次”时，应当把握以下几点：（1）每一次掩饰、隐瞒的行为，必须是一个独立的行为，即独立的主观意图，独立的掩饰、隐瞒行为，独立的行为结果；但如果基于同一个故意，在同一时间、同一地点，同时或者连续对多起上游犯罪实施掩饰、隐瞒行为的，一般应认定为一次掩饰、隐瞒犯罪所得及其产生的收益行为。为同一个上游犯罪人同一起犯罪事实的犯罪所得及其产生的收益而分多次予以窝藏、转移、收购、代为销售或者以其他方法掩饰、隐瞒的，由于其犯罪对象的同一性，因而也应认定为一次掩饰、隐瞒犯罪所得及其产生的收益行为。（2）每一次掩饰、隐瞒的行为，不以单独都构成犯罪为前提，即可能每一次掩饰、隐瞒行为都构成犯罪，也可能每次掩饰、隐瞒行为都不构成犯罪，还可能有的掩饰、隐瞒行为构成了犯罪，有的掩饰、隐瞒行为不构成犯罪。能否计量到“三次”或“十次”中去，最根本的标准是上游行为是否构成犯罪。（3）即使认定为一次掩饰、隐瞒犯罪所得及其产生的收益行为，可以计量到“三次”或“十次”中去的，仍然要遵循《掩饰犯罪所得案件解释》第四条第二款关于“多次实施掩饰、隐瞒犯罪所得及其产生的收益行为，未经行政处罚，依法应当追诉的，犯罪所得、犯罪所得收益的数额应当累计计算”的规定，并注意有关治安处罚时效和刑事追究时效的规定。单次掩饰、隐瞒行为不构成犯罪，且超过治安处罚时效的，不再累计次数；单次掩饰、隐瞒行为构成犯罪，但超过刑事追究时效的，也不再累计次数。（4）每一次掩饰、隐瞒行为都应由相应的证据证明，而不是模糊地认定次数。特别是掩饰、隐瞒的价值总额达到五万元以上不到十万元的时候，其掩饰、隐瞒行为是否在三次以上，以及掩饰、隐瞒行为是九次还是十次的关键节点，更是要求每一次掩饰、隐瞒行为都达到事实清楚，证据充分。（5）依照《掩饰犯罪所得案件解释》第八条第一款关于“认定掩饰、隐瞒犯罪所得、犯罪所得收益罪，以上游犯罪事实成立为前提”的规定，每一次掩饰、隐瞒行为，都必须以上游犯罪成立为前提。如果上游犯罪不成立，司法机关不能进行追诉，那么掩饰、隐瞒的行为也就不存在妨害司法活动的刑法否定评价的前提，因而不能认定为犯罪。例如，行为人收购了其他10人分别偷来的共10辆电动自行车，每辆电动自行车的价值为500元，每个上游行为人的盗窃行为均未达到构成盗窃罪的数额标准，收赃人的收赃总额虽然达到5000元，但是因为上游行为人尚未构成犯罪，故收赃人的收购对象并非犯罪所得，因不满足犯罪要件而无法认定构成犯罪，只能由公安机关依照治安管理处罚法的相关规定对收赃行为进行处罚。

4. 不能将行为人在未达到刑事责任年龄时所实施的行为，作为次数累计计算到“多次”中去。此问题比较明确、简单，本文不再赘述。

——陆建红、田文莎：《刑法意义上“多次”的概念辨析及实践适用》，载最高人民法院刑事审判第一、二、三、四、五庭编：《刑事审判参考》（总第128辑），人民法院出版社2021年版，第245~250页。

150. 正确区分“多次”作为入罪要件的两种情况

关键词

多次　入罪要件

附录：最高人民法院法官著述

刑法及有关司法解释将“多次”违法行为作为构成要件的情形有两种。第一种类型：在法定追诉期限内故意实施相同性质的违法行为即可，如多次盗窃。第二种类型：在法定期限内故意实施相同性质的违法行为且前两次违法行为均已受到行政处罚，之后又故意实施同一性质违法行为的，以犯罪论处。以逃税罪为例，根据《刑法》第二百零一条第四款规定，纳税人五年内因逃税受过刑事处罚或者被税务机关给予二次以上行政处罚，又故意实施逃税行为的，以逃税罪论处。这里，前行为受刑事处罚，再对后行为以犯罪论处的，不必达到“多次”；而如果前行为仅受行政处罚的，则违法行为必须达到三次以上才能以犯罪论处。理解《刑法》第二百零一条这一“多次”的构成条件，须明确以下几点：

1. 每次行为均为故意实施，均未达到犯罪的程度，而仅仅是违法的程度。

2. 必须有两次违法行为受过行政处罚，如果仅有一次违法行为受过行政处罚，其他行为未受过行政处罚的（不含刑事处罚，因刑事处罚不要求两次），则违法次数再多，只要违法逃税数额未达到《刑法》第二百零一条第一款规定的最低限度的，均不能以逃税罪追究刑事责任。

3. 多次违法行为必须均发生在五年之内。超过五年的，不能累计到“多次”之中。

4. 我国刑法对逃税行为规定了免责条款，即对于初犯，经税务机关下达追缴通知后，补缴了税款和滞纳金，履行了纳税义务，接受行政处罚的，可以不再作为犯罪追究逃税人的刑事责任。这一体现宽严相济基本刑事政策的规定，不适用于前述的“多次”逃税行为人。

5.《刑法》第二百零一条第三款规定，对多次实施前两款行为，未经处理的，按照累计数额计算。这一规定属于本文前述的“作为注意性规定意义上的多次”。

类似的规定，有关司法解释、司法文件也不少。如《最高人民法院、最高人民检察院、公安部、国家安全部关于依法办理非法生产销售使用“伪基站”设备案件的意见》第一条第一项第3目规定，虽未达到犯罪数额标准，但两年内曾因非法生产、销售“伪基站”设备受过两次以上行政处罚，又非法生产、销售“伪基站”设备的，以非法经营罪追究刑事责任。该意见的这一规定，其基本原理与逃税罪是一样的。所不同的是，前两次受行政处罚的行为与第三次违法行为必须发生在两年内，而逃税罪有关三次行为的存续时间为五年。司法实践中，要根据刑法或司法解释、司法文件的具体规定严格执行，不能违反罪刑法定原则。

在法律、司法解释未将受过刑事处罚作为累计“多次”依据的情况下，能否将法定期限内受过刑事处罚计入到次数之中？我们认为是不能的。主要理由是：（1）根据罪刑法定原则，法律、司法解释如果仅规定一定期限内前两次受行政处罚，第三次实施违法行为而构成犯罪的，我们应当严格遵循这样的法定入罪门槛，不宜突破。（2）有观点认为，“举轻以明重”，前两次行为受过行政处罚都可作为第三次违法行为入罪的条件，那么，前两次行为受过刑事处罚的，更可作为第三次违法行为入罪的条件。我们认为，在罪刑法定原则的框架内，适用“举轻以明重”规则要非常慎重，即无明文规定不得适用。如果第三次行为构成犯罪的，则可以累犯为由，从重处罚，而不能在犯罪构成上再作重复评价（法有明文规定除外），以免违背禁止重复评价原理的基本要义。

——陆建红、田文莎：《刑法意义上“多次”的概念辨析及实践适用》，载最高人民法院刑事审判第一、二、三、四、五庭编：《刑事审判参考》（总第128辑），人民法院出版社2021年版，第250~251页。

151.“多次”与其他入罪情节、法定加重情节并存时，如何处理

关键词

多次　入罪情节　法定加重情节

附录：最高人民法院法官著述

1.“多次”与其他入罪情节并存时的处理。以盗窃罪为例。盗窃罪的入罪

标准除多次盗窃外，还有数额较大、入户盗窃、携带凶器盗窃、扒窃等。也就是说，多次盗窃只是入罪的标准之一。这些入罪标准中，除多次盗窃外，其他的入罪标准均不需要次数的限制。其中，入户盗窃、携带凶器盗窃、扒窃等，不仅不需要次数的限制，甚至也不需要数额的限制。可见，在数额达到入罪标准或者具有入户盗窃、携带凶器盗窃、扒窃等情形之一时，盗窃次数不影响犯罪的成立。因此，我们认为，“多次盗窃”仅作为一种补充标准而存在。在不符合数额较大或者其他入罪标准的情况下，“多次盗窃”作为入罪标准才有意义。但在具体案件中，犯罪情形往往比较复杂，可能呈现同一行为人所实施的盗窃行为，既具有数额较大情节，又有入户盗窃、携带凶器盗窃、扒窃等情形，并且具有多次盗窃的情形。在众多入罪标准皆存的情况下，以何标准来认定行为人的行为构成盗窃罪？我们认为，没有必要在同一个被告人的同一案件中，将上述情形全部用来作为定罪依据。如此，显然是定罪标准运用上的浪费。根据盗窃罪侵犯客体是公私财产的所有权（或占有权）的本质，我们认为，数额较大是上列所有入罪标准的主要标准和基本标准，而其他入罪标准则兼含有保护公民的住宅安全、人身安全，保护社会秩序安全的因素。就实质而言，都是在未达到数额较大的情形下，才具有入罪标准的意义。① 综上，在数额较大成立的情况下，其他入罪标准都不作为入罪标准评价，而只是在定罪的前提下，将其他入罪标准作为量刑因素考虑。此其一。其二，行为人不具有数额较大的入罪情形，但同时具有入户盗窃、携带凶器盗窃、扒窃情形之一的，并且具有多次盗窃情形的，以何情节作为定罪的主要依据？我们认为，由于入户盗窃、携带凶器盗窃、扒窃等情形，仅有一次即可构成犯罪，无须三次以上的条件，故多次盗窃只是作为不具有其他任何入罪标准时的补充标准。因此，多次盗窃可不作为入罪标准评价，而只是在定罪的前提下，作为量刑因素考虑。

2.“多次”与其他法定加重处罚情节并存时的处理。在立法例和司法解释中，一般情况下，法定加重处罚情节往往不止有一种，特别是将“多次”作为法定加重处罚情节的，“多次”犯罪更只是法定加重处罚情节之一。就刑法条文而言，显形规定将“多次”犯罪作为法定加重处罚情节的主要有：多次抢劫的；多次聚众斗殴的；纠集他人多次寻衅滋事的；多次组织他人偷越国（边）境的；多次运送他人偷越国（边）境的；多次盗掘古文化遗址、古墓葬的；等等。这些情节中，除寻衅滋事罪，法定加重处罚情节仅一种情形且为“多次”犯罪情形，而且还必须具备每次都是纠集他人而不是行为人单独实施

---

① 这一点，在《最高人民法院关于常见犯罪的量刑指导意见》中也得到体现。该意见明确：“多次盗窃，数额达到较大以上的，以盗窃数额确定起点，盗窃次数可作为调节基准刑的量刑情节；数额未达到较大的，以盗窃次数确定量刑起点，超过三次的次数作为增加刑罚量的事实。”

或者参与的，其他罪名法定加重情节，刑法均规定了数种并列的情形。这些并列的法定加重情节之间无主次、先后之分，具备任何一种情节，都必须在该罪的基本罪刑单位的上一格罪刑幅度内对被告人进行处罚。以抢劫罪为例，法定加重处罚情节，除多次抢劫外，还有入户抢劫，在公共交通工具上抢劫，抢劫银行或者其他金融机构，抢劫数额巨大，抢劫致人重伤、死亡，冒充军警人员抢劫，持枪抢劫，抢劫军用物资或者抢险、救灾、救济物资等情节。如果被告人的抢劫犯罪，具有上述八种法定加重处罚情节两种或者以上情节的，均必须作为加重量刑情节予以运用。比如，行为人多次持枪入户抢劫且致人死亡的，则该犯罪分子的法定加重情节有：入户抢劫、多次抢劫、抢劫致人死亡、持枪抢劫。这四种情节均必须在确定被告人的刑罚时得到体现，不能仅评价其中的一种或数种。当然，由于抢劫犯罪既侵犯财产权，又侵犯公民人身权，在法定加重处罚情节的量刑幅度范围内，八种法定加重处罚情节对具体刑罚的影响力度还是有区别的。正如《最高人民法院关于审理抢劫刑事案件适用法律若干问题的指导意见》(以下简称《抢劫案件指导意见》)所指出的那样："应当根据抢劫的次数及数额、抢劫对人身的损害、对社会治安的危害等情况，结合被告人的主观恶性及人身危险程度，并根据量刑规范化的有关规定，确定具体的刑罚。"而在考虑判处无期徒刑以上刑罚时，八种法定加重处罚情节的作用也不一样。根据《抢劫案件指导意见》的规定，抢劫致人重伤、死亡的是首选，其他种类情节，须同时具备两种以上才可考虑。而"多次抢劫"和"抢劫数额巨大"一样，成为判处无期徒刑以上刑罚的依据，必须是"抢劫次数特别多""抢劫数额特别巨大"。在适用死刑时，八种法定加重处罚情节的作用更是不一样，仅具备"多次抢劫"这一情节，是不能对犯罪分子适用死刑的。但具备抢劫致人死亡这一情节，则可能对犯罪分子适用死刑。

——陆建红、田文莎：《刑法意义上"多次"的概念辨析及实践适用》，载最高人民法院刑事审判第一、二、三、四、五庭编：《刑事审判参考》(总第 128 辑)，人民法院出版社 2021 年版，第 253~255 页。

152.《刑法》第六十四条规定的"供犯罪所用的本人财物"如何认定

关键词

供犯罪所用　本人财物

《刑事审判参考》指导案例

郗菲菲、李超、蒋超超、林恺盗窃案（《刑事审判参考》指导案例第1302号）

裁判要点：对《刑法》第六十四条规定的应当予以没收的“供犯罪所用的本人财物”，应结合财物与犯罪的关联程度、是否损害他人合法民事权利等因素，综合衡量财物价值与犯罪情节的相当性作出认定。

对于专门用于犯罪的财物应认定为“供犯罪所用”没有争议。对于非专门用于犯罪的财物，可从以下两个方面去判断：

第一，财物与犯罪应该存在直接或者密切联系。所谓直接联系就是该财物对犯罪行为或结果的发生起到决定或者直接作用，或者说该财物是实施或者完成犯罪行为的必要条件或重要条件，比如在运输毒品犯罪中的轿车，就与犯罪有着直接联系；所谓密切联系，即财物和犯罪存在经常性的联系，财物经常用于犯罪，反复使用。

第二，被告人有将财物用于犯罪的主观认识。《刑法》第六十四条虽未限定没收“供犯罪所用的本人财物”必须发生在故意犯罪中，但从文义解释来看，“供犯罪所用”是被告人在主观上对财物用于犯罪有明确的认识，继而积极主动地在犯罪中使用该财物。由于过失犯罪中，被告人对犯罪实缺乏主动性，对犯罪目的实现也没有积极追求，对于财物在犯罪中的使用缺乏主动性和明确认识，故所涉财物不属于应当没收的情形。

——王琪轩撰稿、韩维中审编：《郗菲菲、李超、蒋超超、林恺盗窃案——“供犯罪所用的本人财物”的司法认定》，载最高人民法院刑事审判第一、二、三、四、五庭主办：《刑事审判参考》（总第120集），法律出版社2019年版，第36~38页。

153. 被告人赔偿和被追缴、退赔的情况与量刑的关系

关键词

赔偿　被追缴、退赔　量刑

最高人民法院司法解释

第十九条　刑事附带民事案件的未成年被告人有个人财产的，应当由本

人承担民事赔偿责任，不足部分由监护人予以赔偿，但单位担任监护人的除外。

被告人对被害人物质损失的赔偿情况，可以作为量刑情节予以考虑。

——《最高人民法院关于审理未成年人刑事案件具体应用法律若干问题的解释》（2006 年 1 月 11 日，法释〔2006〕1 号）。

最高人民法院司法政策精神

被告人案发后对被害人积极进行赔偿，并认罪、悔罪的，依法可以作为酌定量刑情节予以考虑。因婚姻家庭等民间纠纷激化引发的犯罪，被害人及其家属对被告人表示谅解的，应当作为酌定量刑情节予以考虑。犯罪情节轻微，取得被害人谅解的，可以依法从宽处理，不需判处刑罚的，可以免予刑事处罚。

——《最高人民法院印发〈关于贯彻宽严相济刑事政策的若干意见〉的通知》（2010 年 2 月 8 日，法发〔2010〕9 号）。

154. 对严重危害社会治安和影响人民群众安全感的犯罪，应慎重把握被告人亲属代为赔偿情节对被告人量刑的影响

关键词

宽严相济刑事政策　亲属代为赔偿　死刑

《刑事审判参考》指导案例

被告人胡方权故意杀人、非法拘禁案（《刑事审判参考》指导案例第 1239 号）

裁判要点：被告人积极赔偿和被害人及其亲属谅解虽然是重要的酌定从宽处罚情节，但在严重刑事犯罪中，是否对被告人从宽及从宽的幅度，必须结合犯罪事实、性质及其他情节进行综合衡量，给予适当、准确的评价。

本案二审期间，被告人亲属代为赔偿，取得了被害人的谅解。在此种情况下，能否对罪行极其严重的被告人从宽处罚，不适用死刑立即执行，二审及死刑复核审理中有两种不同意见：第一种意见持肯定立场，认为应据此改判被告人死刑缓期二年执行；第二种意见持否定立场，认为此案不适宜对被告人从宽判处，应当维持、核准死刑判决。

我们同意第二种意见，理由如下：

宽严相济是我国的基本刑事政策，即根据犯罪的具体情况，实行区别对待，做到该严则严，当宽则宽，宽严相济，罚当其罪。既要防止片面从严，也要避免一味从宽。《最高人民法院关于贯彻宽严相济刑事政策的若干意见》（以下简称《意见》）指出："对于被告人同时具有法定、酌定从严和法定、酌定从宽处罚情节的案件，要在全面考察犯罪的事实、性质、情节和对社会危害程度的基础上，结合被告人的主观恶性、人身危险性、社会治安状况等因素，综合作出分析判断，总体从严，或者总体从宽。"《意见》同时指出："被告人案发后对被害人积极进行赔偿，并认罪、悔罪的，依法可以作为酌定量刑情节予以考虑。因婚姻家庭等民间纠纷激化引发的犯罪，被害人及其亲属对被告人表示谅解的，应当作为酌定量刑情节考虑。"

据此，被告人积极赔偿和被害人及其亲属谅解是重要的酌定从宽处罚情节，但要注意准确、全面把握：第一，被告人案发后对被害人积极进行赔偿，"可以"从宽量刑，而非必须从宽处罚；并且，根据此情节对被告人从宽处罚，被告人不仅要有实际的赔偿，还应当认罪、悔罪。第二，被害人及其亲属谅解而对被告人从轻处罚的上述规定，一般适用于"因婚姻家庭等民间纠纷激化引发的犯罪"。第三，被害人及其亲属谅解的本质是被告人与被害人及其亲属双方在自愿协商一致的基础上，通过被告人真诚悔罪，赔礼道歉并支付被害人的损失，以此来取得被害人及其亲属的谅解，从而修复被破坏的社会关系。在被害人死亡或者无法独立表达意志的情况下，对被害人亲属谅解的背景、原因是否确系真实、自愿，更要从严审查和把握，要注意审查是否违背社会良好风尚和公众朴素的正义情感。第四，被告人积极赔偿和被害人及其亲属谅解虽然是重要的酌定从宽处罚情节，但在严重刑事犯罪中，是否对被告人从宽及从宽的幅度，必须结合犯罪事实、性质及其他情节进行综合衡量，给予适当、准确的评价。

——最高人民法院刑事审判第一、二、三、四、五庭主办：《刑事审判参考》（总第113辑），法律出版社2019年版，第24~29页。

155. 被告人亲属主动为被告人退赔赃款的可以视为被告人退赃

关键词

量刑　退赃

最高人民法院答复

广东省高级人民法院：

你院〔1986〕粤法刑经文字第42号《关于被告人亲属主动为被告人退缴赃款法院应如何处理的请示报告》收悉。经研究，答复如下：

一、被告人是成年人，其违法所得都由自己挥霍，无法追缴的，应责令被告人退赔，其家属没有代为退赔的义务。

被告人在家庭共同财产中有其个人应有部分的，只能在其个人应有部分的范围内，责令被告人退赔。

二、如果被告人的违法所得有一部分用于家庭日常生活，对这部分违法所得，被告人和家属均有退赔义务。

三、如果被告人对责令其本人退赔的违法所得已无实际上的退赔能力，但其亲属应被告人的请求，或者主动提出并征得被告人的同意，自愿代被告人退赔部分或者全部违法所得的，法院也可考虑其具体情况，收下其亲属自愿代被告人退赔的款项，并视为被告人主动退赔的款项。

四、属于以上三种情况，已作了退赔的，均可视为被告人退赃较好，可以依法适当从宽处罚。

五、如果被告人的罪行应当判处死刑，并必须执行，属于以上第一、二两种情况的，法院可以接收退赔的款项；属于以上第三种情况的，其亲属自愿代为退赔的款项，法院不应接收。

——《最高人民法院关于被告人亲属主动为被告人退缴赃款应如何处理的批复》(1987年8月26日，法〔研〕复〔1987〕32号)。

156. 被告人退缴了与指控数额一致的款物并不意味一定具有积极退赃情节

关键词

退缴款物　积极退赃　从宽处罚

附录：最高人民法院主流观点

退缴了与指控数额一致的款物是否属于从宽处罚的情节？我们认为，即使被告人退赃的数额与指控数额一致，并不意味着其一定具有积极退赃情节。根据《刑法》第64条的规定，犯罪分子违法所得的一切财物，应当予以追缴或者责令退赔。2014年《最高人民法院关于刑事裁判涉财产部分执行的若干规定》第10条规定，对赃款赃物及其收益，人民法院应当一并追缴。可见，积极退赃不仅要退缴犯罪直接获得的财产，还要退缴间接产生获得的部分。

例如，被告人某甲收受他人贿赂人民币200万元，其在出逃前通过地下钱庄将上述钱款汇至境外，外逃后使用该笔钱款在当地购买债券、股票，获益巨大。数年后，在中央追逃追赃的雷霆之势下，当地政府对其启动了洗钱等犯罪行为的调查，其担心自己在当地受到刑事追究，又得知对于主动回国的外逃人员，在量刑上能够得到较大的从宽处理，于是回国投案，并主动向司法机关退缴了 200 万元赃款。但当司法机关调查其赃款去向时，其隐瞒了使用赃款营利的事实，并谎称退缴 200 万元已尽自己最大的努力，将来缴纳罚金都存在困难。后经调查，某甲在境外购买的债券、股票价值折合人民币 600 万元。很明显，根据《刑法》和《最高人民法院关于刑事裁判涉财产部分执行的若干规定》的相关规定，某甲不仅需要退缴赃款本金，还要退缴其收益，也就是说某甲只有退缴 600 万元才能构成退缴全部赃款赃物。具体到该案，某甲隐匿赃款的真实去向，仅退缴部分赃款，不具有积极退赃的从宽处罚情节。

——裴显鼎主编：《追逃追赃案件疑难问题及程序指引》，人民法院出版社 2022 年版，第 174 页。

第二节 累 犯

157. 司法实践中如何认定“没有再犯罪的危险”

关键词

没有再犯罪的危险

附录：最高人民法院主流观点

在调查研究中了解到，如何准确具体地把握“没有再犯罪的危险”，仍然是司法实践中面临的难点问题。为了在司法实践中准确把握“没有再犯罪的危险”，增强其可操作性，2012 版《最高人民法院关于办理减刑、假释案件具体应用法律若干问题的规定》[①] 在广泛征求各方面意见的基础之上，经过反复权衡，在第十五条对之作出了明确规定，即“办理假释案件，判断‘没有再犯罪的危险’，除符合《刑法》第八十一条规定的情形外，还应根据犯罪的具体情节、原判刑罚情况，在刑罚执行中的一贯表现，罪犯的年龄、身体状况、

① 本文件已被《最高人民法院关于废止部分司法解释（第十三批）的决定》（法释〔2019〕11 号）废止。

性格特征，假释后生活来源以及监管条件等因素综合考虑”。[①] 这就为执法机关的因地制宜，依法扩大假释的适用提供了司法依据。

但是，由于“没有再犯罪的危险”仍属一种主观性判断，因而在司法实践中如何认定“没有再犯罪的危险”，仍然会是一个难以准确把握的问题。结合调研中的意见，我们认为，对“没有再犯罪的危险”的认定，可以从以下三个方面来把握：第一，认真遵守监规，接受教育改造，确有悔改表现。罪犯在改造期间内“确有悔改表现”是适用假释的重要前提和依据。第二，对罪犯人格状况进行综合考量。人格调查具有重要的刑罚价值。罪犯的人格状况一般是证明罪犯人身危险性的有关事项，具有一定的预测性。它包括罪犯犯罪前的一贯表现，罪犯原判犯罪事实和刑罚情况，罪犯的年龄、身体状况、性格特征和心理状态等。第三，罪犯假释后的社会接纳和防范情况。罪犯被假释后能否顺利重新回归社会，也是考量罪犯人身危险性情况，进而决定是否对罪犯予以假释的重要内容。因此，对罪犯假释后可能回归的社区环境也要作认真考量。

——宫鸣等主编、最高人民法院审判监督庭编著：《最高人民法院关于减刑、假释司法解释理解与适用》，人民法院出版社 2014 年版，第 239 页。

158. 累犯从重处罚的适用

关键词

刑罚的具体运用　累犯　从重处罚

附录：最高人民法院主流观点

修正后《刑法》第六十五条第一款规定：“被判处有期徒刑以上刑罚的犯罪分子，刑罚执行完毕或者赦免以后，在五年以内再犯应当判处有期徒刑以上刑罚之罪的，是累犯，应当从重处罚，但是过失犯罪和不满十八周岁的人犯罪的除外。”这就是说，除了符合构成累犯的其他条件之外，犯罪分子在犯前罪和后罪时必须都是年满十八周岁以上的人。如果犯前罪时是不满十八周岁的未成年人，即使犯后罪时年满十八周岁，也不构成累犯。

修正后普通累犯的构成要件是：第一，前罪和后罪都是年满十八周岁以上的人所犯；第二，前罪和后罪都是故意犯罪；第三，前罪被判处的刑罚和后罪应当被判处的刑罚都是有期徒刑以上刑罚；第四，后罪发生在前罪刑罚

① 2016 年《最高人民法院关于办理减刑、假释案件具体应用法律的规定》第二十二条规定相同。

执行完毕或者赦免以后五年以内。因此，我国刑法对于普通累犯的构成，是从主观条件、主体条件、刑度条件、时间条件等四方面加以限定的。累犯的法律后果是：应当从重处罚，并且不能适用缓刑和假释。

在审判实践中，有人认为是犯罪时还是审判时不满十八周岁的人不构成累犯不够明确。其实，法条规定是明确的，“不满十八周岁的人犯罪的除外”，即表明犯罪时不满十八周岁的人不构成累犯，只有犯前罪和后罪时都是年满十八周岁以上的人才为犯罪时而不是审判时，也是为了更好落实贯彻未成年人保护原则。

1. 累犯从重处罚的适用

对累犯从重处罚的理论依据在于累犯的人身危险性较大。刑法只规定对累犯从重处罚，但从重多少，刑法和司法解释没有进一步明确。为此，《人民法院量刑指导意见（试行）》在总结长期以来的量刑实践经验后规定，对于累犯，可以增加基准刑的10%~40%。在具体案件中，法官应当综合考虑前后罪的性质、刑罚执行完毕或者赦免以后至再犯罪时间的长短以及前后罪罪行轻重等情况确定具体比例。一般而言，前后罪行性质越近、与前罪间隔时间越短、前后罪罪行越重，就表明其人身危险性越大，越难以改造，需要从重的幅度就越大，反之就越小。

（1）前后罪的犯罪性质。犯罪性质虽然不影响一般累犯的认定，只是影响特殊累犯和毒品再犯的认定。但是，犯罪性质必然影响所有累犯从重的具体幅度。第一，犯罪性质越严重，人身危险性也越大。比如，曾因危害国家安全犯罪、黑社会性质的组织犯罪被判刑，刑罚执行完毕或者赦免以后又犯罪的，不仅其社会危害性更重，也表明其人身危险性更大，需要从重处罚的幅度越大。第二，前后罪性质相同或者相似的，一般表明其人身危险性更大，再犯可能性更高。因为，犯罪分子已经积累了犯罪经验、掌握了犯罪技能、锻炼了犯罪胆识等等，再犯同样的罪就轻车熟路，甚至熟能生巧了，显示其人身危险性更大，应当从重处罚。因此，相同情况下，一般应遵循下列原则：犯罪性质严重的累犯，从重幅度应当大于犯罪性质相对较轻的累犯；同种累犯的从重幅度应当大于非同种累犯；前后罪性质相近或者相似的累犯，其从重幅度又应当大于前后罪性质不同的累犯。

（2）前后罪的间隔时间。前后罪的间隔时间不仅影响到一般累犯的认定，也影响到累犯从重的具体幅度。一般而言，前后罪的间隔时间越短，表明犯罪分子的人身危险性越大，从重的幅度就应当越大。

（3）前后罪的罪行轻重。前后罪的罪行轻重是认定一般累犯成立与否的要件之一，也是考虑累犯从重幅度的重要因素。第一，前罪轻重。一般而言，前罪越重、关押的时间越长，出狱后再犯罪，表明其越不堪改造、人身危险性越大，因此需要从重的幅度越大。第二，后罪轻重。犯罪分子经过改造后，不思悔改，不仅再犯罪，而且是犯重罪，表明其人身危险性更大。因此，在相同情况下，后罪罪行越重，其人身危险性越大，需要从重处罚的幅度就越大。

2. 关于重复累犯

现实中的累犯所表现出的主观恶性和人身危险性有较大的差异，对于部分具有更深的主观恶性和更大的人身危险性的累犯来说，比如累犯出狱后再犯罪又构成累犯的，可称之为重复累犯，应当更大幅度从重处罚。

——张军、胡云腾主编：《〈刑法修正案（八）〉条文及配套司法解释理解与适用》，人民法院出版社 2011 年版，第 65~67 页，75~76 页。

159. 在十八周岁前后实施数罪或持续性的犯罪行为是否构成累犯的判断

关键词

十八周岁　抢劫罪　累犯

《刑事审判参考》指导案例

钟某抢劫案（《刑事审判参考》指导案例第 1173 号）

裁判要点：对于在十八周岁前后实施数罪或持续性的犯罪行为（包括连续犯、继续犯等情形），其中，十八周岁后实施的故意犯罪不是应当判处有期徒刑以上刑罚的，不构成累犯；十八周岁后实施的故意犯罪处于可能判处有期徒刑与拘役、管制、单处罚金等刑罚的临界点的，在前罪判处的刑罚执行完毕或者赦免以后五年内，再故意犯应当判处有期徒刑以上刑罚之罪的行为人，一般不认定为累犯。

2011 年 5 月 1 日起施行的《中华人民共和国刑法修正案（八）》第六条对累犯的认定条件作了修改，即“被判处有期徒刑以上刑罚的犯罪分子，刑罚执行完毕或者赦免以后，在五年以内再犯应当判处有期徒刑以上刑罚之罪的，是累犯，应当从重处罚，但是过失犯罪和不满十八周岁的人犯罪的除外”。与此前规定相比，不满十八周岁的人犯罪被排除在累犯之外。本案中，被告人钟某曾因多次盗窃被判处有期徒刑，而前次犯罪时年龄跨越十八周岁，其刑满释放后，在五年内故意再犯应当判处有期徒刑以上刑罚之罪，其行为是否构成累犯？审理中，存在两种不同意见：

第一种意见认为，被告人钟某的前科盗窃犯罪已被判处有期徒刑九个月，尽管前七起盗窃均系其不满十八周岁时实施，但其在实施第八起盗窃时已满十八周岁，盗窃数额达到 2280 元，无论从该八起盗窃事实整体所判处的刑罚，还是就第八起盗窃事实本身应当判处的刑罚来看，均属判处有期徒刑以上刑罚的故意犯罪，符合累犯的成立条件。

第二种意见认为，被告人钟某在前罪中共实施八起盗窃行为，不满十八周岁时实施的七起盗窃行为数额总计为 3580 元，钟某在实施第八起盗窃行为时已满十八周岁，数额达到 2280 元。故无论从盗窃次数还是数额来看，钟某不满十八周岁时所实施的犯罪行为所占的比例较大，同时具有认罪悔罪、退赃等从轻处罚情节，其十八周岁后实施的盗窃犯罪不是必然判处有期徒刑。从有利于被告人的原则出发，应当认定其前罪系不满十八周岁的人犯罪，继而不能认定其构成累犯。

我们原则上同意第二种意见，同时认为，判决依据的理由及其分析可进一步细化，即对于在十八周岁前后实施数罪或持续性的犯罪行为（包括连续犯、继续犯等情形），其中，十八周岁后实施的故意犯罪不是应当判处有期徒刑以上刑罚的，不构成累犯；十八周岁后实施的故意犯罪处于可能判处有期徒刑与拘役、管制、单处罚金等刑罚的临界点的，在前罪判处的刑罚执行完毕或者赦免以后五年内，再故意犯应当判处有期徒刑以上刑罚之罪的行为人，一般不认定为累犯。具体理由如下：

从《刑法》第六十五条第一款所体现的立法精神来看，是否构成累犯，一般需要符合罪质（即前后罪均须为故意犯罪）、刑度（即前后罪均应判处有期徒刑以上刑罚）、时间条件（即刑罚执行完毕后五年以内）三个方面的要求。同时，为体现对未成年犯罪人的特殊保护，即使符合构成累犯所要求的罪质、刑度和时间条件，如果前罪系不满十八周岁时实施的，也不能认定为累犯。实践中争议较大的一种情形是，被告人所犯前罪跨越了十八周岁年龄段，宣告刑或数罪并罚合并决定执行的刑罚系有期徒刑，那么，被告人是否属于前罪系不满十八周岁时实施、可不以累犯论处的例外情况？

我们认为，既不能因为前罪中有十八周岁前实施的犯罪，就一概认为不构成累犯，也不能完全不考虑十八周岁前后数罪的罪质及应判处的刑罚，只根据宣告刑或合并执行的刑罚是否是有期徒刑以上刑罚，来认定是否构成累犯。应当坚持刑法第六十五条第一款体现的对未成年人犯罪尽量从宽处罚的精神，兼顾便于司法实践操作，以十八周岁后实施的犯罪的罪质及应判处的刑罚为判断的侧重点，结合十八周岁前所犯之罪合并执行的刑罚执行完毕的期限，判断是否构成累犯。

试举例说明：甲于十八周岁前实施抢劫，十八周岁后实施盗窃，其中所犯抢劫罪被判有期徒刑三年，盗窃罪被判处拘役五个月，合并决定执行有期徒刑三年二个月。如果甲在刑罚执行完毕以后五年以内又实施了新的故意犯罪被判有期徒刑，那么，鉴于甲在十八周岁后实施的盗窃罪仅判处拘役，就不能简单以前罪合并执行的刑罚系有期徒刑为依据，认定甲构成累犯。

如果前罪即十八周岁前后实施的数罪为同种数罪或连续犯，即使最终判处的刑罚不体现每起犯罪独立的宣告刑，也可以根据其数罪情节分别对应的量刑幅度，确定十八周岁后实施的犯罪是否应当判处有期徒刑以上刑罚。如果应当判处有期徒刑的，在其他条件也符合的情况下，可以认定被告人系累犯。如果综合考虑被告人十八周岁前后所实施的全部罪行而对其判处有期徒刑，但单独考虑十八周岁后实施的部分犯罪行为的性质、情节，或者被告人具有自首、立功、从犯等从轻、减轻处罚情节，处于可判处有期徒刑与拘役或者管制、单处罚金等刑罚的临界点的，那么，从存疑有利于被告人及特殊保护未成年人的原则考虑，一般不宜认定为累犯。

——最高人民法院刑事审判第一、二、三、四、五庭主办：《刑事审判参考》（总第108辑），法律出版社2017年版，第59~62页。

160. 缓刑犯在考验期满后五年内再犯应当判处有期徒刑以上刑罚之罪不应认定为累犯

关键词

缓刑犯　考验期满　有期徒刑　累犯

最高人民法院司法政策精神

各省、自治区、直辖市高级人民法院、人民检察院，解放军军事法院、军事检察院，新疆维吾尔自治区高级人民法院生产建设兵团分院、新疆生产建设兵团人民检察院：

近来，部分省、自治区、直辖市高级人民法院、人民检察院请示缓刑犯在考验期满后五年内再犯应当判处有期徒刑以上刑罚之罪应否认定为累犯的问题。经研究，批复如下：

被判处有期徒刑宣告缓刑的犯罪分子，在缓刑考验期满后五年内再犯应当判处有期徒刑以上刑罚之罪的，因前罪判处的有期徒刑并未执行，不具备刑法第六十五条规定的"刑罚执行完毕"的要件，故不应认定为累犯，但可作为对新罪确定刑罚的酌定从重情节予以考虑。

此复

——《最高人民法院、最高人民检察院关于缓刑犯在考验期满后五年内再犯应当判处有期徒刑以上刑罚之罪应否认定为累犯问题的批复》（2020年1

月 20 日，高检发释字〔2020〕1 号）。

161. 累犯中“再犯应当判处有期徒刑以上刑罚之罪”的理解

关键词

刑罚的具体运用　累犯　再犯

《刑事审判参考》指导案例

南昌洙、南昌男盗窃案（《刑事审判参考》指导案例第 273 号）

裁判要点：“再犯应当判处有期徒刑以上刑罚之罪”，是兼及法律评价和刑事追究的复合要件。

对于《刑法》第 65 条关于累犯构成规定中的“再犯应当判处有期徒刑以上刑罚之罪”应作何种理解？“再犯应当判处有期徒刑以上刑罚之罪”，仅仅是一个单纯的事实要件，还是兼及法律评价和刑事追究的复合要件？我们同意后一意见。理由是，累犯是《刑法》基于再次犯罪行为及改造需要对犯罪人作出的更为严重的否定评价。它不同于犯罪学上的累犯，不仅仅是一个单纯的身份概念，而是犯罪人与犯罪行为的统一体，其中，犯罪行为更为《刑法》所关注。因为累犯作为一项量刑制度，是针对需要依法裁量决定刑罚的具体犯罪行为而言的，“再犯应当判处有期徒刑以上之罪”，既是构成累犯的基本条件，也是累犯“应当从重处罚”的法律后果必要的载体。因此，《刑法》规定的“应当判处有期徒刑以上之罪”必须是依法应予追究刑事责任之罪，否则，累犯法律制度将无从适用，从重处罚的规定也将无从落实。

——最高人民法院刑事审判第一庭、第二庭编：《刑事审判参考》2004 年第 6 集（总第 35 集），法律出版社 2001 年版，第 49~54 页。

162. 以制造社会恐怖为目的而实施的故意杀人、爆炸、绑架等犯罪可以认定为特殊累犯中的“恐怖活动犯罪”

关键词

刑罚的具体运用　累犯　特殊累犯　恐怖活动犯罪

附录：最高人民法院主流观点

以制造社会恐怖为目的而实施的故意杀人、爆炸、绑架等犯罪，是否可以认定为特殊累犯中的“恐怖活动犯罪”。对此问题也有分歧意见，肯定论认为，以制造社会恐怖为目的而实施的故意杀人、爆炸、绑架等犯罪，正是恐怖活动犯罪的典型形式，理应纳入特殊累犯的范围；否定论认为，以制造社会恐怖为目的而实施的故意杀人、爆炸、绑架等犯罪，在犯罪认定和罪名表述上与普通犯罪无异，比如在罪名中都不含“恐怖”两字，仅从罪名上无法辨认，在是否构成特殊累犯的认定上存在现实困难，因此，不宜将其纳入特殊累犯的范围。初步研究认为，特殊累犯中使用的“恐怖活动犯罪”，而不是“恐怖活动的组织犯罪”，说明不要求必须是组织、领导、参加恐怖组织罪或者必须是恐怖组织及其成员实施的恐怖活动犯罪才构成特殊累犯，只要有确凿证据证实是以制造社会恐怖为目的而实施的故意杀人、爆炸、绑架等犯罪，不管是由恐怖组织及其成员实施，还是由其他人实施，均宜认定为特殊累犯中的“恐怖活动犯罪”。当然，是否以制造社会恐怖为目的，必须从严掌握，特别是对于恐怖组织及其成员以外的其他人实施的犯罪，必须有确凿的证据，充分的理由和十足的把握才能认定，否则不宜轻易认定为恐怖活动犯罪，以免不当地扩大打击面。至于否定论提出的仅从罪名无从判定是否属于恐怖活动犯罪的问题，确实存在，必须高度重视、设法解决。初步考虑，修正后刑法实施后，可以在罪名之后用括号注明恐怖二字，如“故意杀人罪（恐怖）”“爆炸罪（恐怖）”等，以示跟普通刑事犯罪的区别。如果以后的司法解释有明确规定的，遵照其规定。另外，之所以将具有制造社会恐怖目的的故意杀人爆炸、绑架等犯罪纳入特殊累犯中的“恐怖活动犯罪”，原因还在于恐怖活动犯罪是一种国际性犯罪，往往是国外境外的恐怖组织派遣人员到国内进行恐怖活动犯罪，要认定在国内实施具体犯罪的行为人犯有组织、领导、参加恐怖组织罪，存在一定的现实困难。如果规定只有犯组织、领导、参加恐怖组织罪才构成特殊累犯，无疑不利于打击恐怖活动，与修正特殊累犯制度的立法目的相悖。

为此，恐怖活动犯罪不仅包括组织、领导、参加恐怖组织罪，还应当包括由恐怖活动组织及其成员或者其他人实施的，以制造社会恐怖为目的的危害公共安全、危害公民人身或者财产权利、危害社会管理秩序等犯罪，例如放火、决水、爆炸、投放危险物质，非法制造、买卖、运输、储存危险物质，故意杀人、故意伤害、绑架等犯罪。可见，构成特殊累犯的恐怖活动犯罪所涉罪名是比较广泛的。

——张军、胡云腾主编：《〈刑法修正案（八）〉条文及配套司法解释理解与适用》，人民法院出版社 2011 年版，第 72~73 页。

163. 恐怖活动组织成员的罪责认定

关键词

恐怖活动组织成员

《刑事审判参考》指导案例

依斯坎达尔·艾海提等组织、领导、参加恐怖组织，故意杀人案（《刑事审判参考》指导案例第 1220 号）

裁判要点：正确认定和区分三类恐怖活动组织成员就成为准确定罪量刑的关键，也要根据法律规定确定各行为人应当承担的刑事责任。

刑法第一百二十条将恐怖活动组织成员划分为组织者、领导者，积极参加者和其他参加者三类，并分别规定了不同的法定刑。因此，正确认定和区分三类恐怖活动组织成员就成为准确定罪量刑的关键。一般认为，组织者、领导者，是指发起、创建恐怖活动组织的人员以及对组织的运转、活动起策划、指挥、决定作用的人员；积极参加者，是指在恐怖活动组织中行为积极并起重要作用的成员，如自愿多次参加恐怖活动组织实施的恐怖活动，或者虽然是偶尔参加恐怖组织的活动，但在其参加的恐怖活动中起主要作用[①]的成员；其他参加者，是指除组织者、领导者、积极参加者之外的恐怖活动组织成员。就本案而言，被告人依斯坎达尔·艾海提多次邀约、纠集他人，宣扬宗教极端、暴力恐怖思想，参与策划昆明火车站暴力恐怖活动；吐尔洪·托合尼亚孜多次为组织提供资金支持，参与策划昆明火车站暴力恐怖活动，并提供购买作案刀具的资金；玉山·买买提邀约他人加入组织，并提供活动经费，参与策划昆明火车站暴力恐怖活动。3 人在恐怖活动组织中均起到组织、领导作用，均应认定为组织者、领导者。被告人帕提古丽托合提作为组织成员，积极参与实施昆明火车站恐怖杀人行为且作用突出，应认定为积极参加者。

正确认定和区分恐怖活动组织的三类成员以后，还需要根据法律规定确定各行为人应当承担的刑事责任。刑法第二十六条第三款、第四款规定："对组织、领导犯罪集团的首要分子，按照集团所犯的全部罪行处罚。对于第三

① 周道鸾、张军主编：《刑法罪名精释》（上），人民法院出版社 2013 年版，第 102 页。

款规定以外的主犯，应当按照其所参与的或者组织、指挥的全部犯罪处罚。”根据上述规定，作为犯罪集团的恐怖活动组织的组织者、领导者，应当按照组织所犯的全部罪行承担刑事责任；恐怖活动组织的积极参加者和其他参加者，应当按照其所参与的犯罪承担刑事责任。

值得注意的是，应当客观、正确对待恐怖活动组织成员地位与其应当承担的刑事责任的关系，不能为了判处重刑或者因为组织者、领导者已死亡或在逃而将积极参加者拔高认定为组织者、领导者；同时，即便只是积极参加者，如果在实施杀人、放火、爆炸等恐怖活动时行为积极、作用突出，而相关恐怖活动造成严重后果，仍可根据其实施的恐怖活动的行为性质以故意杀人罪、放火罪、爆炸罪等罪名依法判处重刑乃至死刑。

——最高人民法院刑事审判第一、二、三、四、五庭主办：《刑事审判参考》（总第 112 辑），法律出版社 2018 年版，第 1~7 页。

164. 暴力恐怖犯罪的死刑适用

关键词

暴力恐怖犯罪　死刑

《刑事审判参考》指导案例

依斯坎达尔·艾海提等组织、领导、参加恐怖组织，故意杀人案（《刑事审判参考》指导案例第 1220 号）

裁判要点：审理恐怖活动犯罪案件，应当在准确理解把握宽严相济刑事政策和“保留死刑，严格控制和慎重适用死刑”政策基础上，依法准确适用死刑。

宽严相济刑事政策是我国的基本刑事政策，“保留死刑，严格控制和慎重适用死刑”是我国的重要死刑政策。审理恐怖活动犯罪案件，应当在准确理解把握宽严相济刑事政策和“保留死刑，严格控制和慎重适用死刑”政策基础上，依法准确适用死刑，确保案件裁判法律效果和社会效果的有机统一。最高人民法院 2010 年 2 月印发的《关于贯彻宽严相济刑事政策的若干意见》（以下简称《宽严相济意见》）明确提出，对于危害国家安全犯罪、恐怖组织犯罪、邪教组织犯罪、黑社会性质组织犯罪、恶势力犯罪、故意危害公共安全犯罪等严重危害国家政权稳固和社会治安的犯罪，要作为严惩的重点，依法从重处罚，尤其对于极端仇视国家和社会，以不特定人为侵害对象，所犯罪行特别严重的犯罪分子，该重判的要坚决依法重判，该判处死刑的要坚决依法判处死刑。最高人民法院 2015 年 9 月印发的《关于充分发挥审判职能作用切实维护公共安全的若干意见》再次强调，“对暴力恐怖犯罪活动，要坚持严打方针不动摇，对首要分子、骨干成员、罪行重大者，该判处重刑乃至死刑的应当依法判处”。因此，对罪行极其严重的暴恐犯罪分子依法判处死刑，是贯彻宽严相济刑事政策的重要方面，也是贯彻“保留死刑，严格控制和慎重适用死刑”政策的重要方面。

在具体适用上，应当严格依照刑法第四十八条第一款关于“死刑只适用于罪行极其严重的犯罪分子”的规定，坚持罪刑法定、罪刑相适应等刑法基本原则，综合考虑犯罪情节、犯罪后果以及被告人的主观恶性和人身危险性等因素，依法准确裁量判断。同时，要注意突出打击重点，对于恐怖活动组织的组织者、领导者、骨干成员，应当作为严惩的重点，其中确属罪行极其严重依法应当判处死刑的，坚决依法判处死刑，但是，对于具有法定从宽处罚情节的，也要注意依法从宽处罚。结合本案来看，恐怖活动组织成员在昆明火车站采用持刀杀人的方式实施恐怖袭击，致 31 人死亡、141 人受伤，被告人依斯坎达尔·艾海提、吐尔洪·托合尼亚孜、玉山·买买提作为恐怖活动组织的组织者、领导者，又系昆明火车站恐怖袭击活动的策划者，被抓获后隐瞒组织成员即将实施恐怖袭击的情况，造成极其严重的犯罪后果，充分说明了 3 被告人主观恶性深，社会危害性大，所犯罪行极其严重，最高人民法院依法核准 3 被告人死刑，体现了宽严相济刑事政策中依法严惩严重刑事犯罪的要求。

《宽严相济意见》规定：“贯彻宽严相济刑事政策，必须严格依法进行，维护法律的统一和权威，确保良好的法律效果。”在严惩恐怖活动犯罪的同时，不能因为强调严厉打击而对罪行严重但依法不适用死刑的暴恐犯罪分子判处死刑。《刑法》第四十九条第一款规定：“犯罪的时候不满十八周岁的人和审判的时候怀孕的妇女，不适用死刑。”该款规定的“不适用死刑”，既包括不适用死刑立即执行，也包括不适用死刑缓期二年执行，因为死刑缓期二年执行不是独立的刑种，而是死刑的一种执行方式。同时，该款规定的不适用死刑是绝对不适用死刑，即对犯罪的时候不满十八周岁的人和审判的时候怀孕的妇女一律不适用死刑，不存在适用死刑的例外情况。1979 年刑法施行期间，最高人民法院研究室于 1991 年 3 月在《关于如何理解“审判的时候怀孕的妇女不适用死刑”问题的电话答复》中提出，在羁押期间已是孕妇的被告人，无论其怀孕是否属于违反国家计划生育政策，也不论其是否自然流产或者经人工流产以及流产后移送起诉或审判期间的长短，均应依照法律规定，不适用死刑。1997 年刑法施行以后，最高人民法院又于 1998 年 8 月在《关于对怀孕妇女在羁押期间自然流产审判时是否可以适用死刑问题的批复》中规定："怀孕妇女因涉嫌犯罪在羁押期间自然流产后，又因同一事实被起诉、交付审判的，应当视为'审判的时候怀孕的妇女'，依法不适用死刑。"根据上述规定，刑法第四十九条第一款规定的"审判的时候怀孕的妇女"应理解为在审判的时候被告人是怀孕的妇女，包括审判前在羁押时已经怀孕的妇女，也包括在羁押期间已怀孕但自然流产或人工流产的妇女。

需要说明的是，《刑法修正案（九）》对组织、领导、参加恐怖组织罪进行了修改，完善了刑罚配置，增设了财产刑，以更有效地剥夺犯罪分子再次犯罪的能力和条件，但因为本案发生在《刑法修正案（九）》施行之前，依照当时的刑法规定对 4 被告人不能附加判处财产刑。

——最高人民法院刑事审判第一、二、三、四、五庭主办：《刑事审判参考》（总第 112 辑），法律出版社 2018 年版，第 1~7 页。

165. 牵连犯的处罚原则

关键词

刑罚的具体运用　量刑　牵连犯

《刑事审判参考》指导案例

王昌和变造金融票证案（《刑事审判参考》指导案例第 71 号）

裁判要点：对牵连犯，《刑法》分则有特别规定的，应当适用特别规定定罪处罚；《刑法》分则没有规定的，按照择一重罪从重处罚的原则处理；在《刑法》规定的法定刑种及其幅度都相同的情况下，可以通过法定刑适用方式的不同来比较法定刑的轻重。

（一）对牵连犯，刑法分则有特别规定的，应当适用特别规定定罪处罚；刑法分则没有规定的，按照择一重罪从重处罚的原则处理

我们认为，对于牵连犯，"择一重罪从重处罚"的原则是一种比较成熟的刑法理论，已被司法实务部门所普遍接受，司法实践中也一直按这一原则处理。但 1997 年《刑法》修订时，《刑法》分则对一些实际生活中经常发生的牵连犯罪在定罪处刑上作了明确具体的规定，对这些牵连犯的处罚，无疑应当依照《刑法》的特别规定定罪处刑。

当然，对于《刑法》分则中没有特别规定的牵连犯，在立法没有作出明确规定以前，仍应坚持"择一重罪从重处罚"的原则，即选择被告人行为所触犯的法条中规定的法定刑较重的法条定罪从重处罚。实际上，《刑法》分则

有些对牵连犯的具体规定已经体现了这一原则，如《刑法》第 399 条第 3 款规定，司法工作人员贪赃枉法，构成徇私枉法罪或者枉法裁判罪，同时又构成受贿罪的，依照处罚较重的规定定罪处罚。

（二）在《刑法》规定的法定刑种及其幅度都相同的情况下，可以通过法定刑适用方式的不同来比较法定刑的轻重

应当指出，在《刑法》规定的法定刑种及其幅度都相同的情况下，法定刑适用方式上的不同，也是比较法定刑的轻重的重要标准。比较法定刑的轻重方法，应根据《最高人民法院关于适用刑法第十二条几个问题的解释》中所确定的原则，“法定刑较轻是指法定最高刑较轻，如果法定最高刑相同，则指法定最低刑较轻”，“如果刑法规定的某一犯罪有两个以上的法定刑幅度，法定最高刑或法定最低刑是指具体犯罪行为应当适用的法定刑幅度的最高刑或者最低刑”。应当特别注意的是，这里所说的法定刑，不仅仅是指主刑，还包括附加刑。对于主刑的法定最高刑和最低刑都完全相同的情况下，法律规定了附加刑的比没有规定附加刑的重；法律规定应当并处附加刑的比“可以”并处附加刑的重；法律规定“并处”附加刑的比“并处或者单处”附加刑的重。这里强调这一问题，是要说明，本案即使按照对牵连犯“择一重罪从重处罚”的一般原则处理，对于本案某县人民法院以变造金融票证罪定罪也是错误的。

——最高人民法院刑事审判第一庭编：《刑事审判参考》2000 年第 5 辑（总第 10 辑），法律出版社 2000 年版，第 11~14 页。

第三节　自首与立功

166. 对自首中“主要犯罪事实”的理解

关键词

自首　主要犯罪事实

最高人民法院司法解释

第一条第（二）项　如实供述自己的罪行，是指犯罪嫌疑人自动投案后，如实交代自己的主要犯罪事实。

犯有数罪的犯罪嫌疑人仅如实供述所犯数罪中部分犯罪的，只对如实供述部分犯罪的行为，认定为自首。

共同犯罪案件中的犯罪嫌疑人，除如实供述自己的罪行，还应当供述所知的同案犯，主犯则应当供述所知其他同案犯的共同犯罪事实，才能认定为自首。

犯罪嫌疑人自动投案并如实供述自己的罪行后又翻供的，不能认定为自首；但在一审判决前又能如实供述的，应当认定为自首。

——《最高人民法院关于处理自首和立功具体应用法律若干问题的解释》（1998 年 4 月 6 日，法释〔1998〕8 号）。

最高人民法院司法政策精神

二、关于"如实供述自己的罪行"的具体认定

《解释》第一条第（二）项规定如实供述自己的罪行，除供述自己的主要犯罪事实外，还应包括姓名、年龄、职业、住址、前科等情况。犯罪嫌疑人供述的身份等情况与真实情况虽有差别，但不影响定罪量刑的，应认定为如实供述自己的罪行。犯罪嫌疑人自动投案后隐瞒自己的真实身份等情况，影响对其定罪量刑的，不能认定为如实供述自己的罪行。

犯罪嫌疑人多次实施同种罪行的，应当综合考虑已交代的犯罪事实与未交代的犯罪事实的危害程度，决定是否认定为如实供述主要犯罪事实。虽然投案后没有交代全部犯罪事实，但如实交代的犯罪情节重于未交代的犯罪情节，或者如实交代的犯罪数额多于未交代的犯罪数额，一般应认定为如实供述自己的主要犯罪事实。无法区分已交代的与未交代的犯罪情节的严重程度，或者已交代的犯罪数额与未交代的犯罪数额相当，一般不认定为如实供述自己的主要犯罪事实。

犯罪嫌疑人自动投案时虽然没有交代自己的主要犯罪事实，但在司法机关掌握其主要犯罪事实之前主动交代的，应认定为如实供述自己的罪行。

——《最高人民法院印发〈关于处理自首和立功若干具体问题的意见〉的通知》（2010 年 12 月 22 日，法发〔2010〕60 号）。

附录：理解与适用

四、"如实供述自己的罪行"的具体认定

2. "主要犯罪事实"的认定

《解释》第 1 条第二项第一目规定："如实供述自己的罪行，是指犯罪嫌疑人自动投案后，如实交代自己的主要犯罪事实。"学术界有观点认为，主要犯罪事实，是指对犯罪嫌疑人行为的性质认定有决定意义的事实、情节（即定罪事实）以及对量刑有重大影响的事实、情节（即重大量刑事实）；而所谓"对量刑有重大影响的事实、情节"，则是指决定着对犯罪嫌疑人应适用的法定刑档次是否升格的情节，以及在总体危害程度上比其他事实、情节更重的

事实、情节。我们基本同意这种观点。主要犯罪事实首先包括定罪事实，自不待言，而对于量刑事实，则应区分已如实供述与未如实供述部分的严重程度，决定是否认定为如实供述自己的主要犯罪事实。

对于犯罪嫌疑人多次实施同种罪行的，《意见》规定，认定是否如实供述主要犯罪事实的基本标准，是已交代的犯罪事实与未交代的犯罪事实的危害程度。并规定了区分犯罪情节与犯罪数额两个具体标准，即如实交代的犯罪情节重于未交代的犯罪情节，或者如实交代的犯罪数额多于未交代的犯罪数额，一般应认定为如实供述自己的主要犯罪事实。在这里，犯罪数额的多少一般都有比较明确的界限，而犯罪情节的轻重，则要根据情节的危害程度、对量刑的影响加以判断。例如，被告人抢劫作案三起，其中第三起致人死亡，被告人投案后如实交代了前两起，隐瞒了第三起，由于致人死亡的一起犯罪对量刑有决定性的影响，如实交代的犯罪情节轻于未交代的犯罪情节，故不应认定为如实供述主要犯罪事实。

需要注意的是，上述标准不仅可以适用于犯罪嫌疑人多次实施同种罪行的情形，在犯罪嫌疑人仅实施一次犯罪行为的情形下也可以参照适用。例如，犯罪嫌疑人开枪将被害人打死后投案，谎称系枪支走火致死，由于嫌疑人隐瞒了持枪杀人这一对定罪量刑具有决定性影响的犯罪情节，因此不能认定为如实供述主要犯罪事实。在共同犯罪的场合下，犯罪嫌疑人投案后推、揽罪责，隐瞒重大犯罪情节的，也不能认定为如实供述主要犯罪事实。例如，犯罪嫌疑人结伙入户抢劫，直接致死一人，劫得财物数千元，但其自动投案后仅如实交代参与抢劫的基本事实，隐瞒了自己直接致死被害人的关键事实。在此情形下，犯罪嫌疑人虽然如实供述了参与抢劫的事实，但未如实供述直接致人死亡这一更严重的犯罪情节，故不能认定为如实供述主要犯罪事实。

还需要注意的是，《意见》对如实供述主要犯罪事实和如实供述身份的认定采用了不同的标准。只要如实供述的犯罪事实对量刑的影响大于所隐瞒的事实，就可以认定为如实供述主要犯罪事实，而只要隐瞒的身份情况对量刑有影响，就不能认定为如实供述身份。例如，犯罪嫌疑人实施一般抢劫犯罪三起，三起抢劫的犯罪情节大致相当，自动投案后如实交代了两起，可认定为自首；若其自动投案后如实交代了三起，但为隐瞒其盗窃前科而不如实供述身份，则不能认定为自首。在这里，虽然其隐瞒的一起抢劫罪行对量刑的影响可能要大于盗窃前科，但如前所述，不如实供述身份对司法实践的危害很大，既可能导致冤假错案的发生，又浪费诉讼资源，影响诉讼效率，因此，《意见》对不如实供述身份的情形规定了较为不利的法律后果。

此外，“主要犯罪事实”之“主要”，是相对于“次要”而言的，如果用百分比表示，“主要”是超过50%。因此，《意见》规定，在无法区分已交代的与未交代的犯罪情节的严重程度，或者已交代的犯罪数额与未交代的犯罪数额相当的情形下，一般不认定为如实供述主要犯罪事实。

——周峰、薛淑兰、孟伟：《〈关于处理自首和立功若干具体问题的意见〉的理解与适用》，载《审判业务资料》2011 年第 7 期（总第 212 期），第 136 页。

附录：最高人民法院主流观点

根据《最高人民法院关于处理自首和立功具体应用法律若干问题的解释》第 1 条第 2 项的规定，犯罪嫌疑人自动投案后，如实交代自己的主要犯罪事实的，属于“如实供述自己的罪行”。然而，对“主要犯罪事实”应当如何理解呢？我们认为：

1. 在具体案件的各种事实、情节中，能够决定行为人的行为是否犯罪、是构成此罪还是构成彼罪的定罪事实，无疑属于“主要犯罪事实”。因为如果行为人在这些事实、情节上不能如实供述，一方面，不能为国家顺利地追诉其所“主动交付追诉”的罪行创造实际条件；另一方面，也表明行为人缺乏认罪悔罪之诚意，有逃避应受责罚之企图或者有包庇他人的目的，根本不符合自首的本质特征，当然不能认为其如实供述了自己的主要犯罪事实。

2. “主要犯罪事实”不限于对其行为性质认定有决定意义的那些事实、情节，也包括对行为人的量刑有重大影响的特定事实、情节。具体而言，我们认为，下列两种情形下，可认为未对于其量刑有重要影响的事实、情节，即其“主要犯罪事实”作如实供述：（1）行为人未能如实供述决定着其应适用的法定刑档次是否升格的事实、情节的。例如，张某一次受贿数额 12 万元以上（一般本应在“十年以上有期徒刑、无期徒刑，可以并处没收财产”之刑档内量刑），但只交代受贿 6 万元（一般本应在“五年以上有期徒刑，可以并处没收财产”之刑档内量刑），甚至只交代受贿 1 万元（一般本应在“一年以上七年以下有期徒刑”之刑档内量刑）。（2）行为人未能如实供述的那部分事实、情节，在危害程度上如实供述的那部分事实、情节更重的。例如，李某贪污了 100 万元，但他却只供述贪污 15 万元。以上两种情形，在某些场合下存在交差之处，二者居其一，则均可认为未对于其量刑有重大影响的“主要犯罪事实”作如实供述。因为上述两种情形都说明行为人有避重就轻的企图，都反映其缺乏认罪悔罪的诚意，因此，不符合自首的本质特征，可以认定其没有如实供述自己的罪行。

综上，所谓“主要犯罪事实”，是指对认定行为人的行为性质有决定意义的事实、情节（即定罪事实）以及对量刑有重大影响的事实、情节（即重大量刑事实）；而所谓“对量刑有重大影响的事实、情节”，则是指决定着对行为人应适用的法定刑档次是否升格的情节，以及在总体危害程度上比其他部分事实、情节更大的事实、情节。

——高憬宏、杨万明主编：《基层人民法院法官培训教材（实务卷 · 刑事审判篇）》，人民法院出版社2005年版，第53~54页。

167.“司法机关尚未掌握的罪行”的理解及审查

关键词

自首　司法机关尚未掌握的罪行

最高人民法院司法解释

第二条　根据刑法第六十七条第二款的规定，被采取强制措施的犯罪嫌疑人、被告人和已宣判的罪犯，如实供述司法机关尚未掌握的罪行，与司法机关已掌握的或者判决确定的罪行属不同种罪行的，以自首论。

——《最高人民法院关于处理自首和立功具体应用法律若干问题的解释》（1998年4月6日，法释〔1998〕8号）。

最高人民法院司法政策精神

三、关于“司法机关还未掌握的本人其他罪行”和“不同种罪行”的具体认定

犯罪嫌疑人、被告人在被采取强制措施期间，向司法机关主动如实供述本人的其他罪行，该罪行能否认定为司法机关已掌握，应根据不同情形区别对待。如果该罪行已被通缉，一般应以该司法机关是否在通缉令发布范围内作出判断，不在通缉令发布范围内的，应认定为还未掌握，在通缉令发布范围内的，应视为已掌握；如果该罪行已录入全国公安信息网络在逃人员信息数据库，应视为已掌握。如果该罪行未被通缉、也未录入全国公安信息网络在逃人员信息数据库，应以该司法机关是否已实际掌握该罪行为标准。

犯罪嫌疑人、被告人在被采取强制措施期间如实供述本人其他罪行，该罪行与司法机关已掌握的罪行属同种罪行还是不同种罪行，一般应以罪名区分。虽然如实供述的其他罪行的罪名与司法机关已掌握犯罪的罪名不同，但如实供述的其他犯罪与司法机关已掌握的犯罪属选择性罪名或者在法律、事实上密切关联，如因受贿被采取强制措施后，又交代因受贿为他人谋取利益行为，构成滥用职权罪的，应认定为同种罪行。

——《最高人民法院印发〈关于处理自首和立功若干具体问题的意见〉的通知》（2012年12月22日，法发〔2010〕60号）。

附录：理解与适用

五、“司法机关还未掌握的本人其他罪行”和“不同种罪行”的具体认定

根据《刑法》第 67 条第 2 款和《解释》第 2 条的规定，被采取强制措施的犯罪嫌疑人、被告人和已宣判的罪犯，如实供述司法机关尚未掌握的罪行，与司法机关已掌握的或者判决确定的罪行属不同种罪行的，以自首论。这在理论上一般称为“余罪自首”。对如何认定“司法机关还未掌握的本人其他罪行”和“不同种罪行”，实践中存在一定争议，《意见》对此进行了明确。

1. “司法机关还未掌握的本人其他罪行”的认定

司法实践中，对被采取强制措施期间交代被通缉、被网上追逃（即录入全国公安信息网络在逃人员信息数据库）的其他罪行，能否认定为“司法机关还未掌握的本人其他罪行”，存在分歧意见。一种意见认为，判断司法机关是否掌握应当实事求是，以采取强制措施的司法机关是否实际掌握为标准；另一种意见认为，如果该司法机关在通缉令发布范围之内，或者该罪行已网上追逃，就应认为已掌握。

我们同意后一种意见，理由是：近年来，随着电脑网络技术的不断推广普及，公安机关的网上追逃系统已得到广泛运用，公安力量在相当程度上被有效地整合为一体。公安机关抓获犯罪嫌疑人后有上网比对的职责和工作程序，只要余罪被通缉且该公安机关又在通缉令发布范围之内，或者余罪被网上追逃，一般都能够查实。因此，《意见》明确规定，如果余罪已被通缉，而采取强制措施的司法机关又在通缉令发布范围之内，或者余罪已录入全国公安信息网络在逃人员信息数据库的，应视为司法机关已掌握，否则应以该司法机关是否实际掌握该罪行为标准。

2. “不同种罪行”的认定

何为“同种罪行”，何为“不同种罪行”，司法实践中一般是以罪名区分，这一标准便于操作，但对于所涉犯罪系选择性罪名等情形，各地掌握的标准不一，导致在认定是否为自首、是否从宽处罚方面差异较大。因此，《意见》规定，对不同种罪行的认定，首先要以罪名区分，罪名不同的，还要考虑余罪与已掌握的犯罪是否属于选择性罪名或者在法律、事实上密切关联，罪名不同且不属于选择性罪名，在法律、事实上也没有密切关联的，才能认定为不同种罪行。认定同种罪行的具体标准是：

（1）如实供述的其他犯罪与司法机关已掌握的犯罪为选择性罪名，如已掌握的是走私毒品罪行，又供述了制造毒品罪行，仍属同种罪行。

（2）如实供述的其他犯罪与司法机关已掌握的犯罪在法律、事实上密切关联，如因受贿被采取强制措施后，又交代因受贿为他人谋取利益的行为，构成滥用职权罪的，应认定为同种罪行。

在司法实践中，法律、事实关联的情形在抢劫、强奸等犯罪较为多见。例如，一种情形是，司法机关已掌握了犯罪嫌疑人的一起抢劫犯罪行为，其又如实供述了司法机关尚未掌握的该起抢劫后杀人灭口的犯罪行为，因抢劫罪与故意杀人罪系同一次犯罪的连续行为，故应当认定为同种罪行；另一种情形是，司法机关已掌握了犯罪嫌疑人的一起抢劫犯罪行为，其又如实供述了司法机关尚未掌握的另一起抢劫并杀人灭口的犯罪行为，此时司法机关尚未掌握的故意杀人犯罪行为与已经掌握的抢劫犯罪行为在法律、事实上都没有关联性，故应当认定为不同种罪行。

——周峰、薛淑兰、孟伟：《〈关于处理自首和立功若干具体问题的意见〉的理解与适用》，载《审判业务资料》2011 年第 7 期（总第 212 期），第 139~141 页。

《刑事审判参考》指导案例

何荣华强奸、盗窃案（《刑事审判参考》指导案例第 411 号）

裁判要点："尚未掌握"，一般是指司法机关还未有一定的客观线索、证据合理怀疑被采取强制措施的犯罪嫌疑人、被告人和正在服刑的罪犯还犯有其他罪行。这里的尚未掌握的"司法机关"不仅仅是指正在侦查、起诉、审判的司法机关，也包括其他的司法机关。

我们认为，这里的"尚未掌握"，一般是指司法机关还未有一定的客观线索、证据合理怀疑被采取强制措施的犯罪嫌疑人、被告人和正在服刑的罪犯还犯有其他罪行。同时，这里的尚未掌握的"司法机关"也不能简单理解，即不仅仅是指正在侦查、起诉、审判的司法机关，也包括其他的司法机关。具体而言，如果犯罪嫌疑人、被告人的所犯余罪尚未被查明、通缉，或者虽已被通缉，但通缉资料不全面，内容不明确，现行犯罪的侦查、起诉和审判的司法机关并不掌握或者很难、几乎不可能通过比对查证等方式在当时掌握该犯罪嫌疑人的所犯余罪的，则此时的"司法机关"仅指直接办案机关；如果在犯罪嫌疑人、被告人所犯前罪已被通缉，对现行犯罪的侦查、起诉和审判的司法机关可以通过通缉资料掌握该犯罪嫌疑人、被告人所犯前罪的情况下，此时的"司法机关"应当包括通缉令覆盖范围内的所有司法机关。比如，一个犯罪分子杀人以后逃跑，公安机关发布通缉令，通缉期间该犯罪分子因盗窃被抓获，抓获后交代了杀人的事情，这种情况就不能认定是余罪自首。因为这种情况下的犯罪事实一般在侦查、起诉、审判阶段都能够得到查实，所以这里指的"尚未掌握"的司法机关不能理解为其交代事实的那个司法机关没有掌握，也包括其他司法机关尚未掌握。但是，如果犯罪嫌疑人或被告人先行实施的犯罪行为虽已被其他司法机关掌握，但因地处偏僻、路途遥远或通讯不便等原因，客观上使现行羁押犯罪嫌疑人、被告人的司法机关在对现行犯罪的侦查、起诉和审判过程中，难以了解到或发现该先行发生的犯罪事实的，可以将该先行实施的犯罪视为司法机关尚未掌握的罪行，这时的司法机关其实是指直接办案的司法机关。因此，这里“司法机关”的外延应当根据具体案情具体分析，不能简单化作一致界定。

由于“余罪自首”缺乏构成一般自首要求的主动投案条件，故对于余罪自首中的“司法机关尚未掌握”这一要件须从严把握，防止有些负案在逃的犯罪分子因现行犯罪被抓获时故意隐瞒身份，在讯问过程中再交代真实身份，从而获取“自首”从宽处罚、规避法律的行为。当然，对于那些符合“余罪自首”法定条件的犯罪分子，应当及时兑现政策，在量刑时作为从宽情节予以考虑。

当然，不认定构成“余罪自首”，不等于不能对其从轻处罚。认罪态度好一直是司法实践中的酌情从轻处罚情节。在没有法定从重情节的情况下，对这种如实坦白余罪的犯罪分子从轻处罚，有利于鼓励犯罪分子主动配合司法机关工作，及时破案，降低侦查成本，也有利于罪犯的真正悔过、改造。因此，没有认定行为人“余罪自首”，但根据行为人能主动交代其犯罪事实的情况，可对其酌情予以从轻处罚。

——最高人民法院刑事审判第一、二、三、四、五庭主办:《刑事审判参考》2006 年第 5 集（总第 52 集），法律出版社 2007 年版，第 16~21 页。

蒋正文爆炸案、敲诈勒索案（《刑事审判参考》指导案例第 703 号）

裁判要点：交代的余罪与已被公安机关掌握的犯罪构成牵连犯，所交代的余罪不能认定为自首。

《最高人民法院关于处理自首和立功具体应用法律若干问题的解释》关于余罪自首的规定可以被理解为，被采取强制措施的犯罪嫌疑人、被告人和已宣判的罪犯，如实供述司法机关尚未掌握的罪行，与司法机关已掌握的罪行或者判决确定的罪行均构成不同罪名的，成立自首（按《关于处理自首和立功若干具体问题的意见》规定，属选择性罪名或者存在法律、事实关联的除外）；与司法机关已掌握的罪行或者判决确定的罪行构成相同罪名的，不成立自首。当然，如果司法机关已掌握的罪行经查不实，则应当以判决确定的罪名，来认定是否构成余罪自首。这里的“罪名”，不限于法院判决确定的罪名。认定罪名的法律标准是犯罪构成，数行为符合同一犯罪构成的，就是同一罪名；符合不同犯罪构成的，就是不同罪名。所以，《意见》规定的是“以罪名区分”，而不是以“判决确定的罪名区分”。

牵连犯，以实施某一犯罪为目的，其方法行为或者结果行为又触犯其他罪名的犯罪形态。牵连犯的特征之一就是实施两个行为，符合两个犯罪构成，触犯两个不同的罪名。所以说，牵连犯属实质的数罪，即行为本来构成两个罪，但按照刑法理论和司法惯例一般都择一重罪从重处罚，当然刑法有特殊规定的除外。被告人归案后主动如实供述的罪行，与公安机关已掌握的罪行构成牵连犯，属于同种罪行，不能认定为自首。

——最高人民法院刑事审判第一、二、三、四、五庭主办：《刑事审判参考》2011 年第 3 集（总第 80 集），法律出版社 2011 年版，第 62~68 页。

王志勤贪污、受贿案（《刑事审判参考》指导案例第 695 号）

裁判要点：对于被告人归案后交代的犯罪事实是否构成自首，不能单纯依赖侦查机关出具的说明材料，而综合各方面证据综合考虑。

对已被采取强制措施的被告人的余罪自首证据材料应如何进行审查?

《最高人民法院、最高人民检察院关于处理自首和立功若干具体问题的意见》（以下简称《意见》）第七条规定：“人民法院审查自首证据材料，应当包括被告人投案经过、有罪供述以及能够证明其投案情况的其他材料……”该规定意在强调法院应当对被告人的自首情节作为判决事实的重要组成部分进行审查，而不能单纯依赖侦查机关出具的说明材料，对于被告人归案后交代的犯罪事实是否构成自首，也应当按照该规定的精神执行。在国家工作人员贪污、贿赂犯罪案件自首情节的审查中，还应注意的一个问题是，这些案件往往是先经过纪检监察机关的立案调查，再移送检察机关立案侦查，根据《最高人民法院、最高人民检察院关于办理职务犯罪案件认定自首、立功等量刑情节若干问题的意见》（以下简称《职务意见》）的规定，“犯罪事实未被办案机关掌握，或者虽被掌握，但犯罪分子尚未受到调查谈话，或者未被采取调查措施时，向办案机关投案的，是自动投案；没有自动投案，在办案机关调查谈话、采取调查措施期间，如实交代办案机关掌握的线索所针对的事实的，不能认定为自首”。因此，人民法院在审查被告人是否构成自首时，应当注意审查纪检监察机关在立案、调查过程中形成的相关证据，而不能仅以侦查机关出具的证明材料为准。

——最高人民法院刑事审判第一、二、三、四、五庭主办：《刑事审判参考》2011 年第 3 集（总第 80 集），法律出版社 2011 年版，第 1~7 页。

说明

1998年《最高人民法院关于处理自首和立功具体应用法律若干问题的解释》规定:“被采取强制措施的犯罪嫌疑人、被告人和已宣判的罪犯，如实供述司法机关尚未掌握的罪行，与司法机关已掌握的或者判决确定的罪行属不同种罪行的，以自首论。”这里的“尚未掌握”，一般是指司法机关还未有一定的客观线索、证据合理怀疑被采取强制措施的犯罪嫌疑人、被告人和正在服刑的罪犯还犯有其他罪行。同时，这里的尚未掌握的“司法机关”也不能简单理解，即不仅仅是指正在侦查、起诉、审判的司法机关，也包括其他的司法机关。如果犯罪人后来归案的其他司法机关在对犯罪人采取强制措施或者进行审判时，已经通过有关资料（如通缉令、协查通知、互传信息等）可以判断出或者怀疑到该犯罪人还犯有前罪的，则应当认为犯罪人所犯前罪已被该司法机关掌握，此时的“司法机关”就应当包括已实际了解犯罪人所犯前罪事实的其他司法机关；反之，因犯罪人又涉嫌他罪被直接办案机关以外的其他司法机关采取强制措施或审判，但是事先该其他司法机关并未获悉犯罪人还犯有前罪的有关信息，或虽已获悉，在对犯罪人采取强制措施或进行审判当时并未意识、怀疑到该人就是还犯有前罪的犯罪人时，就不能认为犯罪人所犯前罪已被该司法机关掌握，此时的“司法机关”就不应当包括这些并未真正掌握犯罪人所犯前罪事实的司法机关。因此，这里“司法机关”的外延应当根据具体案情具体分析，不能简单化作一致界定。

168. 犯罪分子的投案动机和目的不影响自首成立

关键词

自首　投案动机和目的

《刑事审判参考》指导案例

董保卫、李志林等盗窃、收购赃物案（《刑事审判参考》指导案例第381号）

裁判要点：犯罪分子的投案动机和目的不影响自首成立。行为人不否认或基本不否认犯罪行为的客观事实方面，能如实交代行为的客观方面，而仅否认主观内容方面，不论是否认其主观犯罪故意，还是否认其客观行为的犯罪性质，均属于辩解，不影响自首的成立。

有人认为，如果犯罪分子不是为投案而是出于获取赏金、报复同案人等原因到有关部门交代案件事实的，由于欠缺“主动性”而不能被认定为自动投案。这种理解有片面性。在司法实践中，自动投案的动机多种多样，有的是出于真心悔罪；有的是为争取宽大处理，希望法院在量刑时能从轻处理；有的是基于亲友规劝和压力而勉强投案；有的是走投无路，基于巨大的精神压力和物质窘迫而不得不投案，所有这些动机均不影响对其自动投案的认定。

自首的立法精神主要是为瓦解分化犯罪分子，提高刑事案件的办案效率，节约司法成本。从犯罪分子投案及供述行为的客观结果考虑，只要有利于司法机关查清有关事实并顺利进行审判，就可认定为自动投案，因此，“投案后又逃跑的，不应当认定为自首”。至于犯罪分子出于何种动机，对于认定自动投案及自首并不起决定作用。因此，犯罪分子在被采取强制措施前，主动到有关单位反映案件事实，没有隐瞒自己在其中的作用，没有逃避可能的刑事处理，不论其反映案件事实的真实目的如何，均应认定为自动投案。

——最高人民法院刑事审判第一、二、三、四、五庭主办：《刑事审判参考》2006 年第 1 集（总第 48 集），法律出版社 2006 年版，第 23~29 页。

169. 被告人对行为性质的辩解不影响自首成立

关键词

刑罚的具体运用　自首　辩解

最高人民法院司法解释

广西壮族自治区高级人民法院：

你院 2003 年 6 月 10 日《关于被告人对事实性质的辩解是否影响投案自首的成立的请示》收悉。经研究，答复如下：

根据刑法第六十七条第一款和最高人民法院《关于处理自首和立功具体应用法律若干问题的解释》第一条的规定，犯罪以后自动投案，如实供述自己的罪行的，是自首。被告人对行为性质的辩解不影响自首的成立。

此复。

——《最高人民法院关于被告人对行为性质的辩解是否影响自首成立问题的批复》（2004 年 3 月 26 日，法释〔2004〕2 号）。

170. 自首情节中"确已准备去投案"的认定

关键词

故意杀人罪　自首

《刑事审判参考》指导案例

徐勇故意杀人案（《刑事审判参考》指导案例第 1078 号）

裁判要点：被告人作案后准备回家与家人告别后再去投案，此即准备投案的客观行为，而且此行为系为投案解除后顾之忧、安排后事，属于与投案相关的必要行为，被告人在醒来后即如实供述了犯罪事实，其投案意愿是明确的、连续的，以上事实除被告人的供述外，还得到了其亲属和公安人员证言的印证。因此，可以认定被告人的行为属于"经查实确已准备去投案"。

对这种"准备投案"的认定，应当强调的不仅仅是被告人的心理活动，更重要的是已经为投案实施了一定的准备活动，客观行为已经能够清楚地反映准备投案的主观心态。具体而言，可以从以下几个方面认定被告人是否"确已准备去投案"：

（一）必须有准备投案的客观行为

正如仅有犯意表示不构成犯罪一样，准备投案不能仅仅是被告人的一种纯粹的心理活动或者单纯的意思表示。原因在于，主观意愿如果没有外化为客观行为，并不具有法律意义，不仅如此，由于缺乏客观行为，司法机关对于被告人的心理活动也无从查证。这就要求，被告人必须在投案意愿的支配下，为投案实施了一定的准备行为，并且有客观的事实、证据来加以证明。例如，被告人已向他人表示将要投案，但在时间和条件允许的情况下，却一直没有任何为投案做准备的行为，这种情形就不能认定为准备投案。

（二）准备行为必须是与投案相关的必要行为

被告人作案后总会实施一系列活动，有的被告人归案后则辩称这些活动是为投案做准备。在这种情况下，就需要准确界定准备行为的范围。从司法实践来看，可以归入投案准备的行为主要有两类：一是为投案准备工具、创造条件的情形，如了解投案对象和场所路线，为投案准备交通工具、生活用具，请求父母、亲友陪同投案，正在书写供词准备带去投案，因受伤等原因正在寻找他人代为投案，等等；二是为投案解除后顾之忧、安排后事的情形，如投案前与亲友告别，交代债权债务，安排赡养老人、抚养子女事宜，等等。一般来说，以上情形都可以认定为是与投案相关的必要行为。反之，对那些与投案并无直接关系亦非必要的情形，则不能认定为准备投案。如被告人归案后辩称，归案前正在四处查找同案犯下落，准备找到之后带着立功线索投案的，即便该辩解有其他证据支持，但由于此情形并非投案的必要准备行为，在投案时间上也不可预期，故一般不能认定为准备投案。

（三）准备行为必须能够清楚地反映投案意愿

即便准备行为是与投案相关的必要行为，也要对是否能够清楚地反映出被告人的投案意愿进行审查。有的准备行为能够较为明显地反映出被告人的投案意愿，如请求亲友陪同投案，但也有一些准备行为具有双重性质，如准备交通工具、与家人告别，既可能是为投案创造条件或者解除后顾之忧，也可能是为潜逃做准备。对这种情形，如果仅有被告人供述，缺乏其他证据有力印证的，由于所谓的准备行为并不能清楚地反映出投案意愿，一般就不能认定为准备投案。

（四）投案意愿必须具有连续性

准备投案的情形之所以能认定为自动投案，是因为被告人确实在投案意愿的支配下实施了准备投案的行为，只是由于被公安机关及时抓获等意志以外的原因，才未能进一步实施投案行为。易言之，如果没有客观因素介入，被告人将会最终实际投案。这就要求，被告人的投案意愿必须具有连续性，产生投案意愿、准备投案之后又改变初衷的，或者犹豫不决的，一般不能认定为准备投案。例如，被告人在原籍地作案后外逃，在亲属的劝说下准备投案而返回原籍地，但返回后一个月一直未去投案，后被公安机关抓获，被告人辩称准备投案，其亲属也能证明说服被告人返回原籍地准备投案的过程。但是，所谓的“准备投案”竟然准备了一个月，这说明其投案意愿发生了变化。实际上，从客观行为看，被告人返回原籍地时确实是准备投案，但之后又放弃了投案意愿，所以不能认定为准备投案。又如，被告人确实是在准备投案途中被公安人员抓获，但在讯问时未能及时、如实供述犯罪事实，在多次讯问后才如实供述的，或者在抓捕时拒捕、逃跑的，都说明其投案意愿存在反复，一般也不能认定为准备投案。

（五）准备投案必须有相应的证据加以证明

对前述四个方面的审查认定，都离不开相应的证据。根据《解释》的规定，构成“准备投案”，必须要求“经查实确已准备去投案”，这里就存在一个证明标准的问题。对准备投案的证明标准当然不能要求过高，不能以“事实清楚，证据确实、充分”的定罪标准来衡量，但也不能动辄以有利于被告人为由，对其辩解在既无法查实也无法排除的情况下一概采信。因为《解释》强调，必须是“经查实确已准备去投案”，一方面要求“经查实”，另一方面要求被告人“确已”准备投案。对此，可以从被告人准备投案行为的客观表现、归案后供述的主动性和及时性、相关证人对被告人归案前言行的证言等方面进行综合审查判断。一般来说，被告人辩称准备投案，却提不出相应的证据线索，司法机关经查证也未发现确能证明其已为投案做准备的证据的，不能认定为准备投案。在有被告人供述及相关证人证言等证据证明被告人准备投案的情形下，必须认真审查言词证据的客观性、真实性、关联性，如分析供述与证言的印证关系、有无矛盾之处、供述与证言是否稳定、证言的制作时间、证人与被告人的亲疏利害关系，同时将言词证据与其他证据进行比对，审慎作出判断。

本案中，被告人徐勇作案后回家途中，姐夫刘俊及外甥媳妇陈选洪均打电话劝徐勇自首，徐勇称先回家与妻子陈红燕告别再去投案，关于此节相关证人证言及徐勇的供述可相互印证；徐勇回家后因酒性发作，未来得及安排善后即醉倒昏睡，此时刘俊报案并带领公安人员赶来；公安人员赶到徐勇家时，发现徐勇烂醉如泥，陈红燕称本想用三轮车送徐勇去投案，但力气不够，公安人员遂将徐勇带回派出所，徐勇醒酒后即如实供述了犯罪事实。可见，徐勇作案后准备回家与家人告别后再去投案，有准备投案的客观行为，而且此行为系为投案解除后顾之忧、安排后事，属于与投案相关的必要行为，徐勇醒来后即如实供述了犯罪事实，其投案意愿是明确的、连续的，以上事实除徐勇的供述外，还得到了其亲属和公安人员证言的印证。故一、二审法院根据已查明的事实、证据认定徐勇的行为属于“经查实确已准备去投案”，并结合其如实供述罪行，而依法认定为自首，是正确的。

——最高人民法院刑一庭：《徐勇故意杀人案》，载最高人民法院刑事审判第一、二、三、四、五庭主办：《刑事审判参考》（总第103集），法律出版社2016年版，第39~42页。

171. 自首能否免死

关键词

自首免死　情节恶劣　未成年人　强奸罪

最高人民法院裁判文书

杨光毅强奸案［最高人民法院（2021）最高法刑核78493152号刑事裁定书］

裁判要旨：本案是一起以残忍手段强奸未成年人致死的恶性案

件，自首能否免死取决于案件是否存在犯罪情节特别恶劣、手段特别残忍、后果特别严重等情况的裁判规则。最高人民法院指令再审，对严重违国法、悖天理、逆人情的被告人依法改判并执行死刑，体现了依法严惩未成年人犯罪，对挑战法律和社会伦理底线的各种严重罪行决不姑息。

最高人民法院认为，原审被告人杨光毅奸淫不满十四周岁的幼女，其行为构成强奸罪。杨光毅强奸幼女情节恶劣，且致被害人杨某某死亡，依法应当在十年以上有期徒刑、无期徒刑或者死刑的幅度内判处刑罚。杨光毅奸淫仅十周岁的幼女，依法应当从重、从严惩处。杨光毅为发泄私欲，无视国法，经事先预谋，携带刀具强行劫持幼女，采取掐颈、刺破眼球、捅刺颈部等极端残忍手段对杨某某实施奸淫，且奸淫之后将杨某某装袋捆扎，用扔、踢、滚等方式带下山，恐被害人不死又将其在水中浸泡，后抛尸于山林隐蔽处。杨光毅的犯罪动机卑劣，犯罪手段特别残忍，犯罪情节特别恶劣，危害后果特别严重。

案发后，原审被告人杨光毅在父亲陪同下到公安机关投案并如实供述了强奸致死被害人的主要犯罪事实，系自首。但杨光毅系在公安机关已掌握一定线索并对其排查询问后迫于压力而投案；虽交代了强奸致人死亡等主要犯罪事实，但对有关强奸的部分重要事实予以隐瞒；虽然认罪，但原审、再审及死刑复核期间并未实质悔罪；其投案虽对案件侦破起到积极作用，但并未达到至关重要的程度。是否因杨光毅自首而对其从宽处罚，应当在全面考察其所犯罪行的性质、情节和对社会的危害程度的基础上，结合其主观恶性、人身危险性和自首的具体情况等综合评判。

严厉惩处严重损害未成年人身心健康的犯罪行为是我国法律的明确规定。保留死刑，严格控制和慎重适用死刑，是我国现阶段的死刑政策。根据法律规定及死刑政策，对于罪行不是十分严重的犯罪分子，不得适用死刑，但是，对于罪行极其严重，严重影响人民群众安全感的暴力犯罪分子依法判处死刑，是我国的民情所在，民愿所向，民意所期。杨光毅的犯罪行为既违国法，又悖天理，更逆人情，严重突破国家法律界线，严重挑战伦理道德底线，严重冲击社会公共安全红线，社会危害性极大。杨光毅主观恶性深，人身危险性大，罪行极其严重，依法应当予以严惩。杨光毅虽有自首情节，但依法不足以对其从宽处罚。广西壮族自治区高级人民法院（2020）桂刑再6号刑事判决认定的事实清楚，证据确实、充分，定罪准确，量刑适当。审判程序合法。依照《中华人民共和国刑事诉讼法》第二百四十六条、第二百五十条和《最高人民法院关于适用〈中华人民共和国刑事诉讼法〉的解释》第三百五十条第（一）项的规定，裁定如下：核准广西壮族自治区高级人民法院（2020）

桂刑再 6 号维持第一审以强奸罪判处原审被告人杨光毅死刑，剥夺政治权利终身的刑事判决。

——最高人民法院刑事审判第一、二、三、四、五庭编:《刑事审判参考》(总第 129 辑)，人民法院出版社 2022 年版，第 241~242 页。

172.“形迹可疑”型自首的认定

关键词

刑罚的具体运用　自首　形迹可疑

最高人民法院司法解释

第一条　根据刑法第六十七条第一款的规定，犯罪以后自动投案，如实供述自己的罪行的，是自首。

(一)罪行尚未被司法机关发觉，仅因形迹可疑，被有关组织或者司法机关盘问、教育后，主动交代自己的罪行的；犯罪后逃跑，在被通缉、追捕过程中，主动投案的；经查实确已准备去投案，或者正在投案途中，被公安机关捕获的，应当视为自动投案。

——《最高人民法院关于处理自首和立功具体应用法律若干问题的解释》(1998 年 4 月 17 日，法释〔1998〕8 号)。

最高人民法院司法政策精神

一、关于“自动投案”的具体认定

罪行未被有关部门、司法机关发觉，仅因形迹可疑被盘问、教育后，主动交代了犯罪事实的，应当视为自动投案，但有关部门、司法机关在其身上、随身携带的物品、驾乘的交通工具等处发现与犯罪有关的物品的，不能认定为自动投案。

——《最高人民法院印发〈关于处理自首和立功若干具体问题的意见〉的通知》(2010 年 12 月 22 日，法发〔2010〕60 号)。

最高人民法院审判业务意见

最高人民法院刑事审判第一庭、第二庭认为：根据最高人民法院《关于处理自首和立功具体应用法律若干问题的解释》第 1 条第 1 款第 1 项的规定：“罪行尚未被司法机关发觉，仅因形迹可疑，被有关组织或者司法机关盘问、教育后，主动交代自己罪行的”，应当视为自动投案，并认定为自首。这一规定体现了惩办与宽大相结合的刑事政策，对于鼓励犯罪分子实施犯罪后投案自首、悔过自新，节约司法成本，提高诉讼效率有积极的意义。但在司法实践中，被告人因“形迹可疑”被盘问后交代自己罪行的原因、背景多种多样，情况复杂，是否认定为自首，尚需根据《刑法》关于自首的规定和有关司法解释的基本精神，具体分析认定。

我们认为，自动投案、主动交代自己所犯罪行，是自首的本质特征，因此，如果司法机关没有掌握行为人实施犯罪的任何证据、线索，行为人身上、所携带的物品也不能证明其有实施犯罪的嫌疑，仅因“形迹可疑”被有关组织或者司法机关盘问，或者有关组织或者司法机关进行例行检查，行为人如实交代自己所犯罪行的，应当视为自首。

如果司法机关掌握有一定的线索，已将行为人纳入排查范围；或者行为人因“形迹可疑”被盘问时，其身上或者所携物品能证实其有实施犯罪嫌疑的，如枪支、毒品、赃物等，行为人“主动”交代了自己罪行的，不能视为自动、主动交代自己的犯罪行为，不能认定为自首。

——最高人民法院刑事审判第一、二庭：《因“形迹可疑”被盘问后交代罪行的能否认定为自首》，载最高人民法院刑事审判第一庭、第二庭编：《刑事审判参考》2001年第6辑（总第17辑），法律出版社2001年版，第81~82页。

附录：最高人民法院主流观点

我们认为，所谓“形迹可疑”，应当是指这样两种情况：一是司法机关或有关组织尚未掌握行为人犯有某宗罪行的任何线索、证据，而仅凭行为人的举动、神态不正常，认为行为人可疑。这种“形迹可疑”是一种基于常理、常情或者特定的工作经验所形成的主观判断；二是司法机关或有关组织已经掌握了据以推测行为人可能与某宗罪行有联系的一定的线索、证据，但据此线索、证据尚不足以合理地将行为人确定为是某宗罪的犯罪嫌疑人。此种“形迹可疑”虽不属纯粹的主观判断，但仍主要属于直觉性的推测范畴。如果从案件查处的顺序看，“形迹可疑”通常又可表现为以下两种情形：一是司法机关或有关组织尚未将行为人与特定的待侦案件相联系。此种情形大多发生在司法机关或有关组织进行例行检查时（可将其概括为“以人找案”时）；二是司法机关已经凭借办案经验或者一些尚不充分的线索、证据（即尚不足以据之合理地将行为人推定为某起案件的犯罪嫌疑人）将行为人与特定的案件联系起来。此种情形大多发生在司法机关正在查处有关待侦案件时（可将其概括为“以案找人”时）。

在理解和掌握“形迹可疑”时，应当注意以下问题：

1. 切忌不能认为，一旦有关司法人员已经将行为人与特定的待侦案件相联系，此时行为人的犯罪事实就已被司法机关发觉，其就已成了“犯罪嫌疑人”，司法机关对他的询问就已是“讯问”。如前所分析的那样，在司法机关将某人与特定的案件事实相联系并将其列为侦查对象时，不一定意味着司法机关就已经掌握了足以合理怀疑行为人犯有某种罪行的线索、证据。此时若一概剥夺犯罪人的投案自首机会，则不利于鼓励犯罪人认罪悔过，对司法机关顺利查处案件也有消极影响。

2. 也不能片面地认为，凡是在例行盘查时发现的行为人，凡是尚不能将其与特定待侦案件联系起来的行为人，就一概都属于“形迹可疑”人。在有些场合，即便司法机关或有关组织对行为人的盘查仍只属于例行盘查，但若凭借某种证据已足可合理怀疑行为人犯有某宗罪行时，那么，即便此时尚不能了解行为人所犯罪行的性质及具体情况，也应当认为行为人已不属于“形迹可疑”人，而是犯罪嫌疑人。例如，公安巡逻人员在深夜发现某衣着褴褛的人拿着一密码箱，巡逻人员让该人开启箱子接受检查，该人推说密码忘了无法开启。巡逻人员在将该人带至警局后，采用技术手段将箱子打开，发现其中所装物品与该人所述并不一致。此时，就应当认为，司法机关已经掌握了足以合理怀疑该人犯有某宗罪行的证据。尽管该人是在接受例行盘查中被发现的，即使此时司法机关尚不能了解其所涉嫌的具体罪名，也应当认为其已不属于“形迹可疑”人；进而，即便他在司法人员的讯问下交代其有关犯罪事实的，也不能认定其成立自首。

3. 有一种情况应当特别注意：有些时候，行为人随身携带有足以可以合理怀疑其犯有某种罪行的特殊物品，例如枪支、弹药、毒品、大量假币等，此时，判断行为人是“形迹可疑”人还是犯罪嫌疑人，必须具体分析。如果司法机关或有关组织已经发现行为人携带有上述物品，那么，就不能认为行为人只是“形迹可疑”人，而已属于犯罪嫌疑人。反之，如果行为人虽随身携带有这些物品，但藏匿得较为隐蔽，司法机关或有关组织在对其进行检查前尚未发现其携带有这些物品，那么，就仍然应当认为行为人是“形迹可疑”人。如果他在司法机关或有关组织对其身体和所携带的物品进行搜查、检查前，即能供述其所犯罪行的，就仍然应当认定其成立自首。

4. 在判断司法机关或有关组织所掌握的线索、证据是否已达到足以将行为人合理地怀疑为某宗罪行的犯罪嫌疑人时，应当以一般司法人员的认知水平为准。由于一般社会公众欠缺查证犯罪的专业性知识和经验，而不同司法人员的办案水平和能力各有不同，因此既不应当以一般社会公众的认知水平，也不应当以直接负责对行为人进行盘查工作的特定司法人员或其他有关组织人员的认知水平，作为判断所掌握的线索、证据是否已达到足以将行为人合理怀疑为某宗罪行的犯罪嫌疑人的标准。

5. 应当承认的是，所谓“足以合理地将行为人确定为是某宗罪行的犯罪嫌疑人”，尚是一个弹性极大、不尽明确的用语。但是，若认同“形迹可疑”

人尚包括一些司法机关已掌握其可能犯有某宗罪行之线索、证据的行为人，那么，就只能使用这样的用语；对其理解和把握，也只能由负责案件审理工作的司法人员具体情况具体分析。只是，应当强调的一点是，在遇有难以确切判断凭借有关线索、证据是否“足以合理地将行为人确定为是某宗罪行的犯罪嫌疑人”时，则应当本着“疑案有利被告”的理念和鼓励犯罪人自首的刑事政策精神，认定此时尚不足以合理地将行为人确定为犯罪嫌疑人，也即，这类行为人若能在接受盘查（或者讯问）时能主动如实供述其罪行的，仍应当认定其成立自首。

——高憬宏、杨万明主编：《基层人民法院法官培训教材（实务卷·刑事审判篇）》，人民法院出版社 2005 年版，第 33~39 页。

173. 犯罪嫌疑与形迹可疑的区分

关键词

犯罪嫌疑　形迹可疑　自动投案

《刑事审判参考》指导案例

张某等抢劫盗窃案（《刑事审判参考》指导案例第 702 号）

裁判要点：接受公安人员盘问时，当场被搜出与犯罪有关的物品后，才交代犯罪事实的，不视为自动投案。

（一）“犯罪嫌疑”与“形迹可疑”的区别

我们认为“形迹可疑”型自首，其成立应具备以下条件：（1）行为人的罪行尚未被司法机关发觉，包括两种情况，一是犯罪事实尚未被司法机关发现；二是犯罪事实虽已被发现，但司法机关尚未将行为人确定为犯罪嫌疑人。（2）行为人仅因形迹可疑被盘问、教育，而非具有犯罪嫌疑。（3）行为人主动、如实交代了犯罪事实，其供述完全基于本人意愿，而非迫于证据压力被动交代。

司法实践中认定“形迹可疑”型自首，难点在于区分行为人系“形迹可疑”还是有“犯罪嫌疑”。如果行为人交代犯罪时已被认定具有“犯罪嫌疑”，则不可能成立“形迹可疑”型自首。所谓“形迹可疑”，是指行为人的举动、神态不正常，使人产生疑问。这种疑问是臆断性的心理判断，它的产生没有也不需要凭借一定的事实根据，是一种仅凭常理、常情判断而产生的怀疑。而“犯罪嫌疑”，是指侦查人员凭借一定的事实根据或者他人提供的线索，认定特定人有作案嫌疑。这种嫌疑是逻辑判断的结果，它的产生必须以一定的客观事实为依据，是一种有事实根据的怀疑。这两种怀疑的根本区别在于，是否有事实根据以及这种根据是否足以将行为人确定为犯罪嫌疑人。

区分“形迹可疑”与“犯罪嫌疑”的关键在于：一是司法机关是否掌握了行为人犯罪的一定证据或线索；二是行为人当时不如实交代能否自圆其说，能否作出合理解释。如果行为人不如实交代犯罪仍能自圆其说，足以消除司法机关对其产生的合理怀疑，那随后交代犯罪即具有主动性，可以视为自动投案。

（二）行为人因形迹可疑被盘问时，当场被搜出与犯罪有关的物品后，才交代犯罪事实的，不能视为自动投案

如上所述，行为人因形迹可疑被盘问时，当场被搜出与犯罪有关的物品后，行为人已不属于“形迹可疑”，而是具有“犯罪嫌疑”的明显证据，其罪行已被司法机关发觉，故交代犯罪事实对确定犯罪嫌疑人无实质意义，不能认定为投案自首。所谓“与犯罪有关的物品”，是指能够将行为人与某一或某种具体的犯罪联系在一起的物品，如来路不明的财物、毒品等违禁品，沾有血迹的物品等。需要指出的是，这种联系不需要具有明确的针对性，只要足以令人合理怀疑行为人实施了与该物品有关犯罪即可，不需要明确指向某一具体、特定的犯罪事实。此种情形下，即使行为人随即供述了犯罪事实，也不能视为自首。

值得强调的是，对于“形迹可疑”型自首的认定，重点在于审查行为人主动交代犯罪事实对确定犯罪嫌疑人是否具有实质意义。如果其交代对确定犯罪嫌疑人不具有实质意义，一般不能认定为自动投案。依此标准，行为人仅因形迹可疑被盘问、教育后主动交代犯罪事实的，若有关部门在其交代前或交代后即在其身上、随身物品、交通工具等处发现足以确定其犯罪嫌疑的证据的，不能认定为“形迹可疑”型自首。这里所说的证据，除了《意见》第一条第三款规定的“与犯罪有关的物品”外，还包括其他足以将行为人与某一或某种具体犯罪关联的情形。例如，公安人员设卡盘查故意杀人逃犯时，已从目击证人处了解到凶手右手臂有刀伤，故行为人因形迹可疑接受盘查时被发现右手臂有刀伤的，无论其是否交代犯罪事实，均不认定为自动投案，因为此时公安人员已掌握其犯罪证据，其交代犯罪事实对确定犯罪嫌疑人不具有实质意义。

——最高人民法院刑事审判第一、二、三、四、五庭主办：《刑事审判参考》2011 年第 3 集（总第 80 集），法律出版社 2011 年版，第 52~61 页。

刘长华抢劫案（《刑事审判参考》指导案例第 704 号）

裁判要点：判断行为人是属于“形迹可疑”还是“犯罪嫌疑”，关键在于司法机关是否掌握客观并据此足以合理怀疑行为人实施某种犯罪的证据，能否在行为人与具体案件之间建立起直接、明确、紧密的联系。

行为人如实供述罪行之前司法机关是否已经掌握客观的、据此足以合理怀疑行为人实施某种犯罪的证据或者线索，从而在行为人与具体案件之间建立起直接、明确、紧密的联系，是形迹可疑与犯罪嫌疑的本质区别，是正确认定“形迹可疑型”自首的关键所在。如果侦查人员从行为人身上或住处查获赃物、作案工具等客观性的证据，或者现场目击证人直接指认行为人系作案人，由于已有一定证据指向行为人，其具有较其他排查对象更高的作案嫌疑，便成为犯罪嫌疑人，而不仅仅是形迹可疑。而对于侦查机关来说，案件的侦查程度已经可以对行为人采取强制措施。也就是说，能够在行为人与具体案件之间建立起直接、明确、紧密联系的，行为人就属于犯罪嫌疑人；建立不起这种联系，而主要凭经验、直觉认为行为人有作案可能的，行为人就属于形迹可疑。行为人在因形迹可疑受到盘问、教育时主动交代自己所犯罪行的，应当认定为自动投案，构成自首。

——最高人民法院刑事审判第一、二、三、四、五庭主办：《刑事审判参考》2011 年第 3 集（总第 80 集），法律出版社 2011 年版，第 69~75 页。

174. 如何准确把握自首制度适用中“送亲投案”和“现场等待”等问题

关键词

自首　送亲投案

《刑事审判参考》指导案例

赵迎锋故意杀人案（《刑事审判参考》指导案例第 1455 号）

裁判要点：犯罪嫌疑人对于被送投案没有反抗的主观心态，愿意将自己置于司法机关控制之下，符合“送亲投案”的实质要求，应当视为自动投案。“明知他人报案而在现场等待”的“现场”应指犯罪现场；犯罪嫌疑人在作案后试图自杀，但只要其之后重新愿意将自己置于司法机关控制之下，并主动投案的，仍可以被认定为自动投案。

“送亲投案”的性质和要求以及与亲友捆绑送嫌疑人归案、亲友协助抓捕的区别

本案中，被告人赵迎锋将其犯罪事实告知其弟赵某某后，赵某某随即报警并寻找赵迎锋，在找到自杀未果的赵迎锋后，赵某某再次报警将具体位置告知公安机关，后公安人员将赵迎锋抓获。对于这种行为应当如何定性，审理中存在三种意见。第一种意见认为，该情形符合 1998 年《最高人民法院关于处理自首和立功具体应用法律若干问题的解释》(以下简称《解释》)第一条第一项的规定，属于“亲友主动报案后，将犯罪嫌疑人送去投案的”情形，应当视为自动投案；第二种意见认为，该情形符合 2010 年《最高人民法院关于处理自首和立功若干具体问题的意见》(以下简称《意见》)第一条第四款的规定，属于“在亲友带领侦查人员前来抓捕时无拒捕行为”，应认定为自动投案；第三种意见认为，本案中赵迎锋作案后服毒企图自杀，被亲友找到时已经失去逃跑能力，此时亲友电话报警行为应当视为类同于《意见》第一条第四款规定的“犯罪嫌疑人被亲友采用捆绑等手段送到司法机关”的情形，不能认定为自动投案。

我们同意第一种意见。“送亲投案”是指《解释》第一条第一项规定的“并非出于犯罪嫌疑人主动，而是经亲友规劝、陪同投案的；公安机关通知犯罪嫌疑人的亲友，或者亲友主动报案后，将犯罪嫌疑人送去投案”的情形。亲友将犯罪嫌疑人送去投案不仅客观上节约了司法资源，深层次上也能够反映犯罪嫌疑人对于被送投案没有反抗的主观心态，愿意将自己置于司法机关控制之下——至少并不反对、抗拒，与自首制度设立的初衷相符，因而《解释》将此种情形规定为“应当视为自动投案”。相对于“送亲投案”而言，亲友协助公安机关抓捕犯罪嫌疑人与捆绑送嫌疑人归案则明显不同，该两种情形虽然在一定程度上节约了司法资源，但无论哪一种情形，犯罪嫌疑人均缺乏自愿将自己置于司法机关控制之下接受审查这个核心要件，因此不能视为自动投案。

本案中，被告人赵迎锋在作案后主动联系亲友赵某某等人，并主动告知自己所处位置，当赵某某等亲友找到赵迎锋并再次报警告知警方具体位置时，赵迎锋对此是明知的，在案证据也证实赵迎锋虽已服毒却未丧失行动能力，可以驾车逃走。对于亲友报警，尤其是将具体位置告知公安人员，赵迎锋不但明知，而且没有反抗或抗拒，很大程度上能够反映其投案的主观意愿，这与亲友“捆绑送嫌疑人归案”中，嫌疑人对“归案”抗拒、抵触有着本质区别。从作用角度来讲，亲友将“控制”下的犯罪嫌疑人交付公安机关的行为具有主动性、决定性，远远大于亲友“协助抓捕”的附属性、配合性，完全符合“送亲投案”的实质要求，应当视为自动投案。

那么，亲友主动报案后，将犯罪嫌疑人送去投案的情形，是不是应当有

形式要求，也就是说是否需要将犯罪嫌疑人送至特定场所呢？我们认为，送亲投案的核心要件是犯罪嫌疑人亲友将嫌疑人交由司法机关等其他符合法律要求的单位、部门控制，客观上节约司法资源。因此，考量“送亲投案”应当从实质角度出发，而不应简单考虑地点和形式，只要是主动交由司法机关控制之下的行为，均应当视为“送亲投案”，包括但不局限于将犯罪嫌疑人送至具体特定场所。

（二）“明知他人报案而在现场等待”的“现场”范围

本案在审理过程中，有意见认为被告人赵迎锋明知他人报案而在现场等待，抓捕时无拒捕等行为，符合《意见》第一条第一款中规定的第 2 种情形，也应当视为自动投案。我们认为该观点对上述规定中“现场”范围的理解是值得商榷的。

我们认为，自动投案要求体现犯罪嫌疑人投案的主动性和自愿性。犯罪嫌疑人作案后明知他人报警，没有潜逃并在犯罪现场或附近等待，该行为能够体现其将自己交由司法机关控制之下的主观意愿，可以视为自动投案。因此，此处的“现场”应指犯罪现场，而非其他场所。在此基础上，认定“现场”的具体范围根据个案情况而有所不同，但范围不宜过大，且犯罪嫌疑人没有藏匿等行为，侦查人员到达犯罪现场后即可发现，或者通过简单排查、走访、询问便能找到犯罪嫌疑人，方可视为“现场等待”。反之，若犯罪嫌疑人作案后即逃离现场，或者虽未逃离但就地隐匿、伪装，公安机关到达现场后难以发现，需要更加深入的侦查才能锁定的，就不能视为“现场等待”。本案中，被告人赵迎锋作案后即驾车潜逃，抓捕现场与犯罪现场毫无关联且距离遥远，因此不能认定为明知他人报案而在现场等待，无拒捕行为，不能以该理由视为自动投案。

（三）作案后有自杀行为的能否认定自首应当具体分析

实践中，犯罪嫌疑人作案后有自杀行为的，一般不认定为自首。但是否一概不予认定还需结合具体案情进行具体分析。对于投案前有自杀行为，自动投案或者打电话投案后再无自杀行为，此后如实供述自己罪行的，可以认定为自首。[①] 因此，自杀行为并不是自动投案的必然排除要件，即使犯罪嫌疑人在作案后曾试图自杀，但只要其之后重新愿意将自己置于司法机关控制之下，并主动投案的，仍可以被认定为自动投案。

本案中，被告人赵迎锋虽然在作案后通过喝农药、撞车等方式自杀，但在自杀未果后主动联系亲属，并在亲属报警告知公安具体位置时，没有阻拦、潜逃或继续自杀，说明此时赵迎锋已经具备投案的主动性和自愿性，符合法

① 最高人民法院刑事审判第一庭编著：《最高人民法院自首、立功司法解释：案例指导与理解适用》，法律出版社 2012 年版，第 4 页。

律规定的，也可能构成自首。

综上，被告人赵迎锋作案后逃至郊外，主动联系亲属赵某某，赵某某等人将其找到后随即报警并将具体位置告知警方，属于《解释》第一条第一项规定的“亲友主动报案后，将犯罪嫌疑人送去投案的”情形，应当视为自动投案。赵迎锋在归案后如实供述自己的罪行，构成自首。

——踪训峰、柳杨撰稿、鹿素勋审编：《赵迎锋故意杀人案——如何准确把握自首制度适用中“送亲投案”和“现场等待”等问题》，载最高人民法院刑事审判第一、二、三、四、五庭编：《刑事审判参考》(总第130辑)，最高人民法院出版社2022年版，第62~68页。

175. 不同犯意支配下实施的连续行为定性及现场待捕型自首的认定

关键词

连续行为　自首　现场待捕

《刑事审判参考》指导案例

金复生以危险方法危害公共安全、故意杀人案（《刑事审判参考》指导案例第1236号）

裁判要点：对不同犯意支配下实施的连续行为，应综合考量行为发生、发展至结束的全过程，按照主客观相一致原则予以准确评价。作为“视为自动投案”的一种情形，现场待捕型自首的基础是行为人投案的主动性和自愿性，这种主动性和自愿性是通过明知司法机关必然到案发现场而在现场等待的形式表现出来的，包括相互依托的两个方面：一是明知他人报案；二是留在现场等待归案。

（一）对不同犯意支配下实施的连续行为，应综合考量行为发生、发展至结束的全过程，按照主客观相一致原则予以准确评价

该案的一个显著特点是被告人金复生在不同犯意支配下实施了连续危害社会的行为，对这些行为如何进行准确评价是本案审理中的突出问题。我们认为，对不同犯意支配下实施的连续行为应从犯罪构成要件入手，结合具体案情作出综合评价。我国刑法理论中的犯罪构成要件具有犯罪个别化机能，使一罪与其他犯罪相区别。根据刑法理论通说，犯罪主观方面是犯罪主体对其所实施的危害行为及危害后果所持的心理态度，包括故意、过失、动机、

目的等。一般来说，即使行为方式相同或类似，如果主观方面不同，所构成的犯罪也不尽相同。换言之，犯罪主体在不同主观故意支配下的行为构成不同的犯罪。例如，同样是持刀故意伤人的行为，甲多次扎刺被害人的头部、胸腹部等致命部位，而乙仅轻微划割被害人的四肢、臀部等非致命部位，显示出二人的主观故意不同，构成的犯罪亦不相同。因此，对不同犯意支配下行为人实施的具体行为应结合全案证据综合考量才能予以正确评价。

（二）对本案涉及的自首、立功等量刑情节应根据在案证据准确认定

本案涉及自首、立功、如实供述三种法定情节的认定问题。

首先，金复生在本案中的具体表现不能成立现场待捕型自首。金复生的辩护人认为，金复生连续撞人结束后，明知必然有人报警，能够逃跑而未逃跑，在车内等待民警前来抓捕，到案后如实供述犯罪事实，符合《最高人民法院关于处理自首和立功若干具体问题的意见》中“明知他人报案而在现场等待，抓捕时无拒捕行为，供认犯罪事实”的自动投案情形，构成现场待捕型自首。我们认为，作为“视为自动投案”的一种情形，现场待捕型自首的基础是行为人投案的主动性和自愿性，这种主动性和自愿性是通过明知司法机关必然到案发现场而在现场等待的形式表现出来的，包括相互依托的两个方面：一是明知他人报案；二是留在现场等待归案。两者的结合体现出行为人主动将自己置于司法机关控制之下的主观愿望和客观行为，在一定意义上等同于行为人自动投案，故可视为自动投案。实践中“他人报案”这一事实一般应是有具体的报案人和明确的报案内容，但在人员比较繁杂的案发现场，即使行为人不能确定具体的报案人员和报案的事实，但能够概括或笼统地知道有人报案，也可认定“明知”的成立。另外，从“明知他人报案”的结果来看，多数情况下“他人报案”应是有效或成功的报案，即司法机关通过本次报案掌握了案发的相关信息，并基于此信息而予以相应处理。如果行为人所明知的并不是一次有效或成功的报案，但行为人误以为他人报案成功而主动留在案发现场等待，最终被查获归案的，考虑到其归案的主动性和自愿性，一般也可认定为“明知他人报案”。

其次，金复生在押期间制止他人自杀的行为可认定为立功表现。《最高人民法院关于处理自首和立功具体应用法律若干问题的解释》第五条规定：“……犯罪分子到案后有检举、揭发他人犯罪行为，包括共同犯罪案件中的犯罪分子揭发同案犯共同犯罪以外的其他犯罪，经查证属实……具有其他有利于国家和社会的突出表现的，应当认定为有立功表现。”对此处的“其他有利于国家和社会的突出表现”，相关司法解释并无具体规定，实践中一般由人民法院根据案件的实际情况并参照立法精神、社会评价等因素进行认定。本案中，根据证人高某的证言以及北京市公安局监区医疗管理处出具的核查复函能够证实：2015 年 1 月 25 日凌晨，金复生起夜时发现同监室在押人员高某

在监室内用病号服裤子的弹性松紧带拴在床位护栏上，坐在地面。金复生迅速报告并与同监室人员一起将高某扶起。因金复生及时报告，民警对高某企图自缢情况进行了有效处置。故金复生救人的行为属于“有利于国家和社会的突出表现”的情形，可以认定为有立功表现。

最后，金复生主动交代了司法机关还未掌握的本人其他两起犯罪，应分别认定为特殊自首与坦白。公安机关出具的到案经过、工作说明证明：金复生因涉嫌在北京市朝阳区工人体育场院内以危险方法危害公共安全被民警当场抓获，其到案后除交代驾车在工人体育场撞人的事实外，还供述了其之前在第一现场驾车撞击康某，在第二现场驾车撞击吴某的事实。在金复生交代前，公安机关尚未掌握金复生驾车撞击康某、吴某的事实。康某、吴某的陈述也与上述证据相印证。根据前文的分析，虽然金复生驾车撞人的行为在时间上具有连续性，但其撞击康某的行为具有针对性，是意图杀害三里屯经济管理中心的人员，构成故意杀人罪，与之后所犯的以危险方法危害公共安全罪无论是在行为方式、后果，还是在主观故意、侵犯的客体上都有着明显不同，触犯的也是不同罪名，在犯罪事实上也不具有因果关系，属于如实供述司法机关尚未掌握的本人其他罪行的，以自首论。但金复生主动供述的司法机关尚未掌握的撞击吴某的事实则与其供述的撞击康某的事实性质不同，应认定为坦白。根据前文分析，金复生在第二现场撞击吴某的行为和在第三现场的行为是连续的整体行为，构成以危险方法危害公共安全罪，在犯罪事实上也有着密切联系，与司法机关掌握的罪行属于同种罪行，故对金复生主动交代该起犯罪事实的行为应认定为坦白。

——最高人民法院刑事审判第一、二、三、四、五庭主办：《刑事审判参考》（总第 113 辑），法律出版社 2019 年版，第 1~9 页。

176. 明知他人报案而在现场等待且抓捕时无拒捕行为的，构成自动投案

关键词

自动投案　无拒捕行为

《刑事审判参考》指导案例

熊华君故意伤害案（《刑事审判参考》指导案例第 699 号）

裁判要点：被告人知道他人已经报案而自愿在现场等待，配合公安机关的抓捕，如实供认自身罪行，符合刑法关于自首的立法本

意，构成自首。

根据《最高人民法院关于处理自首和立功若干具体问题的意见》的规定，并非所有留在现场等待抓捕的行为都成立现场待捕型自首。根据刑法和有关司法解释关于自首的立法精神，考虑到犯罪嫌疑人投案的主动性和自愿性，我们认为，认定现场待捕型自首还应该具备以下四个条件：

1. 现场待捕的非被动性。犯罪嫌疑人在作案后留在现场，尽管只是消极地等待公安人员的抓捕，没有积极主动的投案行为，但也必须是犯罪嫌疑人在没有强力控制、可以逃匿的前提下，出于其独立意愿主动留在案发现场，而不能是一种客观无奈的选择。如果犯罪嫌疑人作案后由于被害人阻拦、群众围堵等客观情况而难以离去，或因受伤、突发疾病等自身缘故无法离开现场，或留在现场是为了继续犯罪，或类似列举情形的，都不应该视为自首。当然，是否有强力控制、是否可以逃匿，应当采取主观说，即犯罪嫌疑人认为不存在外力强制或自认具备逃逸条件。

2. 对于他人报案的明知性。刑法中的明知有两层含义：知道、应当知道。因此，对犯罪嫌疑人犯罪后对于他人报案的明知性也应当分这两层含义理解：一是行为人听见、看见或者被明确告知已有人报案；二是依照一般常识判断，案发后现场应当有其他人报案，因此，只要行为人的精神、智力等同于常人，也可推断行为人应当知道有人已经报案。当然，对他人是否报案的合理推断，应当根据案件当时的实际情况，如案发的时间是白天还是晚上，案发当时是否有目击者、目击者的数量、目击者的行为表现等进行综合判断。犯罪嫌疑人明知他人已经报案，仍然留在现场等待抓捕，可以视为犯罪嫌疑人对他人报案行为的一种追认。

3. 被抓捕时行为的服从性。在公安人员到场后主动承认犯罪行为，表现为基于本人意志，自愿置身于司法控制之下。犯罪嫌疑人对于公安人员到现场的抓捕在行为上应表现为顺从配合，这种顺从配合不仅要表现在被抓捕时，还应表现在此后的押解过程中。

4. 供认犯罪事实的彻底性。犯罪嫌疑人应如实供述自身罪行，对犯罪事实供认不讳，这是自首"如实供述"条件的要求。值得注意的是，犯罪嫌疑人对自己行为性质的辩解不应被视为对如实供述自身罪行行为的否定。

——最高人民法院刑事审判第一、二、三、四、五庭主办：《刑事审判参考》2011 年第 3 集（总第 80 集），法律出版社 2011 年版，第 25~28 页。

177. “明知他人报案而在现场等待”情形的具体认定

关键词

故意伤害罪　自动投案

《刑事审判参考》指导案例

韩永仁故意伤害案（《刑事审判参考》指导案例第 1059 号）

裁判要点：被告人虽然没有在现场看到他人报案，但结合案发现场情况，其有合理依据判断会有人及时报案，客观上有足够时间、条件逃跑而未逃跑，符合立法本意，应视为自动投案的情形。

最高人民法院为明确认定自首的条件，先后出台了《最高人民法院关于处理自首和立功具体应用法律若干问题的解释》（以下简称《解释》）及《最高人民法院关于处理自首和立功若干问题的意见》（以下简称《意见》）。《解释》第一条第一项规定："自动投案，是指犯罪事实或者犯罪嫌疑人未被司法机关发觉，或者虽被发觉，但犯罪嫌疑人尚未受到讯问，未被采取强制措施时，主动、直接向公安机关、人民检察院或者人民法院投案。"这一规定反映了典型的自动投案所应具备的四个要素：投案时间、投案意志、投案对象、投案方式。结合司法实践中出现的问题，从鼓励行为人主动投案、节约司法资源的角度考虑，《解释》和《意见》又分别列举了多种视为自动投案的情形，其中《意见》规定了五类应该视为自动投案的情形，包括"明知他人报案而在现场等待，抓捕时无拒捕行为，供认犯罪事实"的情形。而在司法实践中，行为人犯罪后到案的过程较为复杂，有些行为并不完全符合自首的法律规定，但是符合自首的立法本意，对这些非典型的自首行为是否能够认定为自动投案，产生了很多争议。

在本案的审理过程中，对被告人韩永仁是否属于"明知他人报案而在现场等待，抓捕时无拒捕行为，供认犯罪事实"的情形，从而认定为自动投案，有两种不同意见：第一种意见认为，韩永仁查看被害人伤情后询问他人是否报"120"，仅可视为韩永仁对被害人有救治的意思，但"120"属于医疗机构，并非司法机关，韩永仁对现场有人拨打"110"报警并不知情，不能认定为自动投案。第二种意见认为，韩永仁虽然没有在现场看到他人报案，但结合案发现场情况，其有合理依据判断会有人及时报案，客观上有足够时间、条件逃跑而未逃跑，符合立法本意，应视为自动投案的情形。

我们同意第二种意见，理由如下：

（一）行为人根据现场情况，有合理依据判断有人及时报案的，属于“明知他人报案”

我们认为，《意见》规定的“明知他人报案”包括两种情况：一种是行为人作案后在现场等待，现场有人报案，行为人看到或者听到他人报案，当然属于“明知他人报案”；另一种是行为人虽然没有亲眼看到或者亲耳听到他人报案，但根据当时情况可以认定为“明知他人报案”的情形。判断后一种情形下的“明知他人报案”，主要是结合案件的具体情况和行为人的自身情况，推断其主观上是否“明知”。

本案中证人金岚首先拨打“120”急救电话，证人庞秀平来到现场后拨打“110”报案。那么被告人韩永仁是否“明知他人报案”？我们认为，从以下三个方面可以判断出被告人“明知他人报案”：

第一，金岚拨打“120”急救电话后，韩永仁再次来到大厅，询问金岚是否报“120”，得到答允后回到锅炉房休息室。韩永仁供述“我从锅炉房回到大厅是想看看逯永君怎样了，别人是否报警”。证人金岚证实“在救护车没来之前，韩永仁从锅炉房出来问报没报警，我说报警了，他就回锅炉房了”“我分不清报‘110’和‘120’”。从以上证据可以看出，虽然金岚拨打的是“120”急救电话，但无论是金岚还是韩永仁对于“110”与“120”的区别都不是很清楚，认为打“120”也是报警。

第二，在刑事案件发生后拨打“120”急救电话抢救被害人的过程中，需要将案发现场的地点，被害人受伤的原因和程度向急救中心详细说明，虽然急救中心没有处理刑事案件的职能，但根据实际情况，“120”与“110”一般都有联动关系，很多命案的报案人员都是急救医生。本案系证人庞秀平到现场后报案，但被害人已当场死亡，如果急救医生到现场发现被害人被他人伤害致死而没有报案，也会立即报案。

第三，韩永仁持刀捅刺被害人后，被害人持刀追撵韩永仁至饭店一楼大厅，被害人倒在大厅地上，尖刀则被在大厅值班的金岚捡起，其看到了这些情况，知道已经有人发现其犯罪事实，还掌握了作案工具。此后韩永仁再次来到饭店大厅，确认已经拨打“120”电话才回到第一作案现场——锅炉房。对于当时的被告人来说，犯罪事实已经昭然若揭，在场证人还打了电话，无论是拨打“110”还是“120”，韩永仁都有合理的依据相信警察会赶到现场，所以韩永仁供述“我没报警，我寻思应该有人报警”的情况是真实可信的。

（二）行为人在案发后有足够的时间、条件能逃跑而未逃跑，自愿在现场等待被抓捕的，属于“在现场等待”

广义上讲，“在现场等待”包括三种情况：一是行为人作案后无法离开现场，不得不在现场等待；二是行为人作案后有条件逃走，但为了毁灭证据、继续作案、观察四周情况等而留在现场；三是行为人有条件逃走而未逃走，自愿在现场等待被抓捕。

我们认为，“明知他人报案而在现场等待，抓捕时无拒捕行为，供认犯罪事实”的情形之所以能认定为自动投案，在于其具备自动投案的本质特征：投案的主动性和自愿性。而投案的主动性和自愿性集中体现在“在现场等待”这一行为中。故此处的“在现场等待”只能是上述第三种情况，即行为人有机会逃走而未逃走，留在现场等待抓捕，主动、自愿地将自己交付法律制裁。具体来说，首先需要判断行为人在当时的情况下是否有条件逃走，如果行为人因为受伤、意识不清、被群众包围等客观因素而不得不留在现场，并非能够自由选择是否留在现场，则不能认定为自动投案。其次需要判断行为人不逃走的主观目的是什么，如果滞留现场是为了寻找作案机会、继续作案等而非等待抓捕，则不能认定为自动投案。

本案中，被告人韩永仁在刺伤逯永君后，人身自由并未受到限制，其自行回到锅炉房的过程中没有任何人阻拦、包围，虽然经理庞秀平到达现场后派饭店两名员工到锅炉房看锅炉的运转情况及韩永仁的动向，但韩永仁在庞秀平及其他员工到来之前，仍有足够的时间逃走而未逃走，始终在锅炉房休息室待着直至被公安人员带走。根据现场客观情况，韩永仁系在作案后完全有条件逃离现场而未逃离。此外，韩永仁留在现场没有任何毁灭证据、试图再次作案的行为，在意识到他人已经知道自己的犯罪行为、会去报案的情况下，韩永仁对公安机关会对自己采取人身控制措施有充分的认识，在这种情况下留在现场，被抓捕时没有拒捕行为，应认定其自愿在现场等待被抓捕。

综上，被告人韩永仁明知他人报案而自愿在现场等待被抓捕，被抓捕时没有拒捕行为，具有自动投案的主动性和自愿性，应认定为自动投案。

（三）对并未主动报案，在现场等待抓捕型的自首，从宽幅度不宜过大

从鼓励行为人主动投案、节约司法资源的角度考虑，对自首认定的条件可以做适度的放宽。但在准确认定是否成立自首的同时，对不同形式的自首在量刑时考虑的从宽幅度应当有所区别。自首制度的功能主要体现在节约司法资源和被告人本身人身危险性的降低两个方面，应该结合被告人到案的经过，到案后的表现，对犯罪行为的认识，认罪、悔罪的程度等多个方面综合判断其自首的价值。对于自己并未主动报案，现场等待抓捕型的自首，虽也具有投案的主动性和自愿性，但和主动到公安机关投案的典型自首相比，在考虑从轻时应当有所区别，以确实做到量刑均衡。

综上，一审法院认定被告人韩永仁构成自首，并依法从轻处罚是适当的。

——最高人民法院刑四庭：《韩永仁故意伤害案》，载最高人民法院刑事审判第一、二、三、四、五庭主办：《刑事审判参考》2014 年第 7 集（总第 102 集），法律出版社 2016 年版，第 33~36 页。

178. 作案后报警但没有讲明自己为犯罪人，滞留犯罪现场等候警方处理的是自动投案

关键词

自首　自动投案

最高人民法院司法政策精神

一、关于“自动投案”的具体认定

《解释》第一条第（一）项规定七种应当视为自动投案的情形，体现了犯罪嫌疑人投案的主动性和自愿性。根据《解释》第一条第（一）项的规定，犯罪嫌疑人具有以下情形之一的，也应当视为自动投案：（1）犯罪后主动报案，虽未表明自己是作案人，但没有逃离现场，在司法机关询问时交代自己罪行的；（2）明知他人报案而在现场等待，抓捕时无拒捕行为，供认犯罪事实的……

——《最高人民法院印发〈关于处理自首和立功若干具体问题的意见〉的通知》（2010 年 12 月 22 日，法发〔2010〕60 号）。

《刑事审判参考》指导案例

陈国策故意伤害案（《刑事审判参考》指导案例第 394 号）

裁判要点：被告人在故意伤害犯罪过程中多次用电话报警，但报警内容未涉及自己的犯罪行为，案发后滞留现场等候警方处理，并在警方讯问后如实供述主要犯罪事实的，应当认定为自首。

主要理由是：其一，被告人滞留作案现场等候警方处理的行为，具有自动性，应当视为自动投案。根据最高人民法院《关于处理自首和立功具体应用法律若干问题的解释》第 1 条第 1 项的规定：“自动投案，是指犯罪事实或犯罪嫌疑人未被司法机关发觉，或者虽被发觉，但犯罪嫌疑人尚未受到讯问、未被采取强制措施时，主动、直接向公安机关、人民检察院或者人民法院投案。”《刑法》设立自首制度的目的，就是鼓励犯罪人自动投案和如实供述，以达到利用较低的司法成本查明案情，及时进行刑事追诉的目的。对于案发过程中，无论是被告人本人报警或由他人报警，也不论报警内容是否涉及被告人的犯罪行为，只要有证据证实被告人案发后滞留现场是出于等候警方处理之目的，即可认定被告人到案具有自动性，视为自动投案。其二，被告人在

警方询问（或者讯问）过程中，如实供述了本人及同案人的主要犯罪事实的，应当认定为“如实供述自己的罪行”。

——最高人民法院刑事审判第一、二、三、四、五庭主办:《刑事审判参考》2006 年第 3 集（总第 50 集），法律出版社 2006 年版，第 9~13 页。

179. 交通肇事后抢救伤者并向公安机关报告的，应认定为自动投案

关键词

刑罚的具体适用　交通肇事罪　自首

最高人民法院审判业务意见

一、关于“自动投案”的具体认定

交通肇事后保护现场、抢救伤者，并向公安机关报告的，应认定为自动投案，构成自首的，因上述行为同时系犯罪嫌疑人的法定义务，对其是否从宽、从宽幅度要适当从严掌握。交通肇事逃逸后自动投案，如实供述自己罪行的，应认定为自首，但应依法以较重法定刑为基准，视情决定对其是否从宽处罚以及从宽处罚的幅度。

——《最高人民法院印发〈关于处理自首和立功若干具体问题的意见〉的通知》（2010 年 12 月 22 日，法发〔2010〕60 号）。

《刑事审判参考》指导案例

谭继伟交通肇事案（《刑事审判参考》指导案例第 696 号）

裁判要点：交通肇事后报警并留在现场等候处理的，应认定为自动投案。

1. 对交通肇事罪的行为人适用自首规定，是罪刑法定原则的当然要求，是刑法第三条规定的应有之义。虽然《道路交通安全法》明确规定，肇事后停车报警、抢救伤员和财产、保护现场是肇事者的法定义务，但这只是行政法规对肇事者规定的行政法定义务，并不能成为成立刑法上自首的阻却理由，更不能因为多数肇事者事后履行行政法定义务的行为就否认其成立自首。

2. 对交通肇事罪的行为人适用自首规定，是刑法平等原则的必然要求。

3. 对交通肇事罪的行为人适用自首规定，体现了罪刑相适应原则。

4. 对交通肇事罪的行为人适用自首规定，不违背禁止重复评价原则。首

先，交通肇事后的法定义务是在《道路交通安全法》中规定的，在刑法中被规定为法定从轻情节，并不违反禁止重复评价原则。其次，履行行政法定义务与自首并非等同关系，最为明显的是，行为人虽然保护现场、抢救伤者并报警，但并不承认自己是肇事者即不如实供述自己罪行的，纵然履行了行政法定义务，也不符合自首条件，既然并非等同，就不存在重复评价的问题。换言之，不履行《道路交通安全法》规定的行政法定义务，所承担的是行政法的法律后果，履行此行政法定义务，虽然可以避免在行政法上承担更为严重的责任，但并没有成为行政处罚的从轻、减免情节。所以，在刑事审判过程中，依据刑法认定其自首，并不与行政法重复评价。

司法实践中，以下几类交通肇事后报警，并在现场等候处理的行为，均应认定为自首：（1）交通肇事后，立即报警，保护现场、抢救伤员和财产，归案后又如实供述自己罪行的；（2）交通肇事后，委托他人代为报警，自己忙于保护现场、抢救伤员和财产，归案后又如实供述自己罪行的；（3）交通肇事后，明知他人已经报警，自己在现场等候交警部门处理，归案后又如实供述自己罪行的。

——最高人民法院刑事审判第一、二、三、四、五庭主办：《刑事审判参考》2011 年第 3 集（总第 80 集），法律出版社 2011 年版，第 8~15 页。

附录：最高人民法院主流观点

我们认为，在此种情形下能否对行为人论以自首，应当根据《刑法》及《最高人民法院关于处理自首和立功具体应用法律若干问题的解释》的有关规定具体分析，不能一概而论。详言之，在以下两种情况下，可认定行为人成立自首（以行为人能如实供述其罪行为条件）：（1）行为人在犯罪后已及时自行通过电话等向有权接受其投案的单位或个人报案，或者已委托他人向有关单位或个人报案。上述单位或个人是在接到犯罪人本人或其委托的人的报案后，方赶往其抢救伤者或财产的现场将其抓获的。因为，此时行为人的行为完全符合司法解释关于“犯罪嫌疑人……为了减轻犯罪后果，委托他人先代为投案，或者先以信电投案的……应当视为自动投案”的规定。（2）行为人在抢救伤者或财产时，已明确对他人包括围观群众言明，其准备在将伤者送去救治后或将财产抢救完毕后向有关单位或个人投案的。因为此时行为人的行为完全符合自首和立功的司法解释关于“经查实确已准备去投案，……应当视为自动投案”的规定。反之，如行为虽有抢救伤者或财产的表现，但其本人并未采取适当措施及时报案，也未委托他人代为报案，且也无证据证明其确实准备在抢救伤者或财产后投案的，那么，就仍然不能认定其有自动投案的表现，不能认定其成立自首。

有必要指出的是，作如上处理，并不会如有些学者所说的那样，带来用刑不公的问题。因为，是否认定成立自首是一个问题，是否从宽处罚则是另外一个问题。对于为争取“从宽”而放弃抢救伤者或财产的犯罪人，即便认定其成立自首，也可依法不对其从宽处罚；相反，对于因抢救伤者或财产而耽误自首时机的犯罪人，即便不认定其成立自首，但考虑到其有抢救伤者或财产的情节，也可依法对其从宽处罚。

——高憬宏、杨万明主编:《基层人民法院法官培训教材（实务卷·刑事审判篇）》，人民法院出版社 2005 年版，第 39~40 页。

180. 外逃人员在遣返程序中主动提出回国可以认定其构成自动投案

关键词

外逃人员　遣返程序　自动投案

附录：最高人民法院主流观点

绝大部分的外逃人员在出逃的过程中可能存在使用虚假身份证明、隐瞒犯罪记录、洗钱等违法犯罪行为，触犯了当地法律，涉嫌移民欺诈，而被所在国主管机关启动遣返程序，如果被告人在移民遣返程序中提出要求主动回国，是否构成自动投案？有的观点认为，被告人回国不是因为主观上想回来投案，而是因为触犯了其他国家的法律，才被有关机关遣返，而且有的国家是在我国的推动下才启动移民遣返程序，被请求遣返人还因此被当地主管机关采取强制措施，限制人身自由，因此其回国不具有投案的主动性。我们认为，国际追逃工作因涉及他国司法主权的问题，与境内抓捕相比困难重重，从鼓励被告人主动回国、节约司法资源的角度，对于在遣返程序中主动要求回国的，可以认定其构成自动投案，主要理由如下：

一是遣返与否具有不确定性。遣返本质上属于一国内部的行政管理行为，不属国际刑事司法协助范畴，遣返国对此享有独立、排他的管辖权力，而追逃国往往只能提供相关的证据材料，最终能否作出遣返的决定，主要由遣返国在综合考虑两国外交关系等各方面因素的基础上自行决定，对于不遣返的决定，追逃国并无十分有效的救济手段。二是遣返过程可能耗时漫长。一些国家出于对被申请遣返人权利的保护，往往设置了烦琐的救济途径，不仅规定了行政审查程序，还设置了司法审查程序，宪法、人权保护程序。如果被申请遣返人执意对抗遣返，会在很大程度上拖延遣返的时间，如果其手中还有充裕的资金，聘请专业的律师，不到黄河不死心，非要穷尽所有的救济途径，那么遣返的过程将会非常漫长，如厦门远华特大走私案主犯赖某某，穷尽加拿大所有的法律程序，最终被遣返回国，耗时 12 年之久。相比之下，外逃 13 年，窜逃 6 国的“百名红通人员”第 1 号人员杨某某，在美国对其启动非法移民遣返程序后，经劝返同意“无条件回国接受法律惩处”，主动撤销避难申请，如果其顽抗到底，即使难民申请被驳回，根据美国对难民申请的救济程序，也极有可能在美国继续滞留数年之久。三是被申请遣返人离境后的去向并不一定是中国。在实践中，有些遣返国会将被申请遣返人遣送至追逃国以外的第三国。比如，《加拿大移民和难民保护法》第 241 条明确规定，遣返目的国包括从该国入境加拿大的国家、进入加拿大之前最后的长期居住国、相对人的国籍国、相对人的出生地国等。一旦外逃人员被遣返至第三国，这种遣返对我们的追逃工作并无实质性的推动，后续将其追逃回国还将消耗大量的外交资源、司法资源等。而被申请遣返人的个人意愿是遣返国决定目的地的一个重要参考，其主动要求回国的行为很大程度上能够促成其最终被遣返回中国。

——裴显鼎主编：《追逃追赃案件疑难问题及程序指引》，人民法院出版社 2022 年版，第 165~166 页。

181. 交通肇事后逃逸又自动投案的构成自首，但应从严掌握是否从轻处罚

关键词

交通肇事罪　逃逸　自动投案

《刑事审判参考》指导案例

王友彬交通肇事案（《刑事审判参考》指导案例第 697 号）

裁判要点：交通肇事后逃逸又自动投案的构成自首，应在逃逸情节的法定刑幅度内视情决定是否从轻处罚。

1. 刑法总则规定的自首制度，应对刑法分则各罪符合自首成立要件的情形普遍适用。按照刑法总则指导分则的原理，无论行为人交通肇事后是否逃逸，只要符合《刑法》第六十七条规定的自首成立要件，即自动投案、如实供述自己罪行两个要件，均可成立自首情节。

2. “交通肇事后逃逸”和“投案自首”是在两种主观故意支配下实施的两个独立行为，应分别进行法律评价。逃逸是行为人为逃避法律追究而实施的逃跑行为，自首是行为人出于本人意愿自动投案、如实供述罪行的行为，两

者相互独立，互不影响。不能因为行为人肇事后逃逸而否定其事后投案自首，也不能因为其事后自首而推翻对其先前逃逸行为的认定。

3. 对自动投案、如实供述罪行的交通肇事逃逸者适用自首，有利于鼓励肇事者主动投案，悔过自新；同时，有利于在最短时间内查清事实、分清责任，及时赔偿被害方，使案件得以及时侦破、审结，节约司法资源，符合刑法立法本意。

——最高人民法院刑事审判第一、二、三、四、五庭主办：《刑事审判参考》2011 年第 3 集（总第 80 集），法律出版社 2011 年 1 版，第 16~24 页。

182. 被公安机关口头或电话传唤到案后如实供述自己罪行的自首认定

关键词

自首　口头传唤　电话传唤

最高人民法院司法解释

第一条第（一）项　根据刑法第六十七条第一款的规定，犯罪以后自动投案，如实供述自己的罪行的，是自首。

（一）自动投案，是指犯罪事实或者犯罪嫌疑人未被司法机关发觉，或者虽被发觉，但犯罪嫌疑人尚未受到讯问、未被采取强制措施时，主动、直接向公安机关、人民检察院或者人民法院投案。

犯罪嫌疑人向其所在单位、城乡基层组织或者其他有关负责人员投案的；犯罪嫌疑人因病、伤或者为了减轻犯罪后果，委托他人先代为投案，或者先以信电投案的；罪行尚未被司法机关发觉，仅因形迹可疑，被有关组织或者司法机关盘问、教育后，主动交代自己的罪行的；犯罪后逃跑，在被通缉、追捕过程中，主动投案的；经查实确已准备去投案，或者正在投案途中，被公安机关捕获的，应当视为自动投案。

并非出于犯罪嫌疑人主动，而是经亲友规劝、陪同投案的；公安机关通知犯罪嫌疑人的亲友，或者亲友主动报案后，将犯罪嫌疑人送去投案的，也应当视为自动投案。

犯罪嫌疑人自动投案后又逃跑的，不能认定为自首。

——《最高人民法院关于处理自首和立功具体应用法律若干问题的解释》（1998 年 4 月 6 日，法释〔1998〕8 号）。

《刑事审判参考》指导案例

王春明盗窃案（《刑事审判参考》指导案例第 354 号）

裁判要点：被公安机关口头或电话传唤到案，应认定为“自动投案”，如实供述自己的罪行的，应认定为自首。

我们认为，对于经公安机关传唤到案，并如实供述自己罪行的，是否应认定为自首，关键在于犯罪嫌疑人经传唤到案是否属于自动投案。根据最高人民法院《关于处理自首和立功具体应用法律若干问题的解释》（以下简称《解释》）第 1 条第 1 项的规定，自动投案，是指犯罪事实或者犯罪嫌疑人尚未被司法机关发觉，或者虽被发觉，但犯罪嫌疑人尚未受到讯问、未被采取强制措施时，主动、直接向司法机关投案。犯罪嫌疑人经公安机关口头传唤到案的情况，符合上述《解释》的规定，应视为自动投案。

首先，传唤不属于强制措施。被传唤后归案符合《解释》第 1 条第 1 项规定的“在未受到讯问、未被采取强制措施之前”的时间范围。传唤和拘传不同，传唤是使用传票通知犯罪嫌疑人在指定的时间自行到指定的地点接受讯问的诉讼行为，它强调被传唤人到案的自觉性，且传唤不得使用械具。而拘传则是强制犯罪嫌疑人依法到案接受讯问的一种强制措施。通常情况下，拘传适用于经过依法传唤，无正当理由拒不到案的犯罪嫌疑人。可见，传唤与拘传有着本质的不同，法律并未将传唤包括在强制措施之内。

其次，经传唤归案的犯罪嫌疑人具有归案的自动性和主动性。犯罪嫌疑人经传唤后，自主选择的余地还是很大的，其可以选择归案，也可拒不到案甚至逃离，而其能主动归案，就表明其有认罪悔改、接受惩罚的主观目的，即具有归案的自动性和主动性。《解释》中尚有“犯罪后逃跑，在被通缉、追捕过程中，主动投案的”以及“通知犯罪嫌疑人的亲友，将犯罪嫌疑人送去投案的”视为自动投案的规定，而仅仅受到传唤便直接归案的，反而不视为自动投案，于法于理都不通，也不符合立法本意。

综上，犯罪嫌疑人被公安机关口头或电话传唤后直接到案，并如实供述自己的罪行的，应当认定为自首。

——最高人民法院刑事审判第一庭、第二庭编：《刑事审判参考》2005 年第 4 集（总第 45 集），法律出版社 2006 年版，第 15~17 页。

附录：最高人民法院主流观点

我们认为，对此种情形，一般仍应当认定为自首，主要理由是：（1）在有些时候，尤其是在犯罪人的罪行尚未被发觉的情况下，司法机关通知其到指定的地点，很难说是为了讯问，而完全有可能是将其作为一般的证人而向其了解案情，或者只是将他作为一般的盘查对象进行询问。（2）我国《刑事诉讼法》及有关司法解释规定，传唤犯罪嫌疑人的，必须向犯罪嫌疑人出示传唤通知书和有关证件。据此，口头通知，即便在某些情况下确实包含着传讯的意图，也不是法定的传唤方式。因此，将口头通知等同于传唤、讯问，是没有法律依据的。当然，如果司法机关对犯罪人发出某种“口头通知”，实质是诱捕犯罪人的一个策略，此时行为人若如约前往的，则应另当别论。在这种情况下，一旦犯罪人到达约定地点，司法人员往往即会对其采取强制措施，在此之后，即便他能如实供述自己的罪行，也不能再对其以自首论，因为此时他已出于被动归案的状态，已丧失了自动投案的时机。

——高憬宏、杨万明主编：《基层人民法院法官培训教材（实务卷·刑事审判篇）》，人民法院出版社 2005 年版，第 40~41 页。

183. 犯罪嫌疑人在“双规”“双指”期间如实交代自己罪行的自首认定

关键词

自首　双规　双指

附录：最高人民法院主流观点

这一问题比较复杂。我们初步认为，对此问题应当联系自首的本质特征进行考察。具体而言：

1. 如果举报人举报被查处人的犯罪事实比较清楚，也有一定证据的，纪检、监察部门据此将被查处人“双规”“双指”，其后，被查处人在讯问中交代所举报的罪行的，不能认定自首；

2. 纪检、监察部门事前掌握有关事实和证据，但尚未告知被查处人时，被查处人主动投案并如实交代了罪行，其后被“双规”“双指”的，应当认定自首；

3. 虽有举报，举报内容后来经查不实，但被“双规”“双指”的被查处人却主动交代了不为人知的犯罪事实，应当认定自首；

4. 虽有举报，但被“双规”“双指”的被查处人在如实交代了被举报的犯罪事实以外，还主动交代了纪检、监察部门事前并不掌握的其他犯罪事实的，则应视其所交代的其他犯罪事实的性质，确定是否成立自首。具体而言，如果其所交代的该其他犯罪事实与纪检、监察部门已经掌握的犯罪事实属于同种罪行的，不能认定成立自首（但根据《最高人民法院关于处理自首和立功具体应用法律若干问题的解释》第 4 条规定的精神，对被告人可以酌情从轻处罚；如果其如实供述的同种罪行较重的，一般应当从轻处罚）；反之，如果其所交代的该其他犯罪事实与纪检、监察部门已经掌握的犯罪事实属于不同种罪行的，则应以自首论。

——高憬宏、杨万明主编：《基层人民法院法官培训教材（实务卷·刑事审判篇）》，人民法院出版社 2005 年版，第 41~42 页。

184. 犯罪嫌疑人及代为投案人因客观原因未能与司法机关联系上，后被抓获的视为自动投案

关键词

自首　自动投案

最高人民法院司法解释

第一条第（一）项　根据刑法第六十七条第一款的规定，犯罪以后自动投案，如实供述自己的罪行的，是自首。

（一）……经查实确已准备去投案，或者正在投案途中，被公安机关捕获的，应当视为自动投案……

——《最高人民法院关于处理自首和立功具体应用法律若干问题的解释》（1998 年 4 月 6 日，法释〔1998〕8 号）。

《刑事审判参考》指导案例

薛佩军等盗窃案（《刑事审判参考》指导案例第 191 号）

裁判要点：犯罪嫌疑人及代为投案人由于客观原因未能与司法机关联系上，后被抓获的应视为自动投案。

自动投案一般应是犯罪嫌疑人本人直接向有关部门自动投案，对于因为客观原因不能亲自投案，委托他人先代为投案的，也应当视为自动投案。犯罪嫌疑人准备投案，但由于客观原因，本人及代为投案人未能与司法机关联系上，后被抓获的也可视为自动投案。因此，认定自动投案，投案的方式并非要求犯罪嫌疑人的投案行为必须将自己直接置于司法机关控制之下，只要有证据证明投案人具有投案的意思表示，并有投案的具体行为，均应认定为自动投案。对此，最高人民法院《关于处理自首和立功具体应用法律若干问题的解释》第 1 条规定："经查实确已准备去投案，或者正在投案途中，被公

安机关捕获的，应当视为自动投案。”

——最高人民法院刑事审判第一庭、第二庭编：《刑事审判参考》2002 年第 4 辑（总第 27 辑），法律出版社 2002 年版，第 27~33 页。

185. 被行政拘留、司法拘留或者劳动教养等其他人身自由被依法剥夺的人员，主动交代自己尚未被司法机关掌握的罪行的，可认定为自首

关键词

自首　如实供述罪行

最高人民法院审判业务意见

最高人民法院刑事审判第一庭、第二庭认为：对于在行政拘留期间如实供述司法机关尚未掌握的犯罪事实的行为，应当适用《刑法》第 67 条第 1 款，依法认定为自首。理由如下：

（一）由于《刑法》第 67 条第 2 款规定的“强制措施”，是指刑事诉讼法总则第六章规定的拘传、取保候审、监视居住、拘留和逮捕，适用对象仅限于犯罪嫌疑人、被告人和正在服刑的罪犯。而行政拘留或劳动教养并不是刑事诉讼法意义上的强制措施，被行政拘留或劳动教养的人员是因为其实施了扰乱社会治安的一般违法行为，也不是犯罪嫌疑人、被告人或者正在服刑的罪犯。因此，被行政拘留或劳动教养人员在行政拘留或者劳动教养期间，如实供述自己的罪行的，不能适用《刑法》第 67 条第 2 款。

（二）《刑法》第 67 条第 2 款规定，对于被采取强制措施的犯罪嫌疑人、被告人和正在服刑的罪犯，只要如实供述司法机关尚未掌握的本人其他罪行的，以自首论处。根据“举重以明轻”的原则，对于因实施一般违法行为而被行政拘留或劳动教养的人，主动如实供述司法机关尚未掌握的犯罪事实，也应当以自首论。如果因其未被采取强制措施而无法适用《刑法》第 67 条第 2 款规定，不以自首论，显然有失公平，且与自首制度设立的初衷不符。

（三）被行政拘留或劳动教养的人在行政拘留或劳动教养期间，向公安机关如实供述司法机关尚未掌握的犯罪事实的，实际上属于《解释》第 1 条规定的“罪行尚未被司法机关发觉，仅因形迹可疑被有关组织或者司法机关盘问、教育后，主动交代自己的罪行”的情形，应当视为自动投案，并因其如实供述自己的罪行，应当认定为自首。

——最高人民法院刑事审判第一、二庭：《行政拘留期间交代公安机关尚未掌握的犯罪事实的行为能否认定为自首》，载最高人民法院刑事审判第一

庭、第二庭编：《刑事审判参考》2003 年第 4 集（总第 33 集），法律出版社 2003 年版，第 166~169 页。

附录：最高人民法院主流观点

从《刑法》第 67 条看，被行政拘留、司法拘留或者劳动教养等其他人身自由受到依法剥夺的人员，主动交代自己尚未被司法机关掌握的罪行的行为，似乎既不符合该条第 1 款规定的一般自首的成立条件，因为此种情形下，行为人已处于被动归案的状态，不具备成立一般自首所需的“自动投案”的要件；也不符合该条第 2 款规定的准自首的成立条件，因为行为人并不属于“被采取强制措施的犯罪嫌疑人、被告人或者正在服刑的罪犯”，不符合准自首的主体条件。但是，在上述情形下，行为人的行为实质与准自首并无本质区别，也符合自首的一般特征，因为行为人主动交代自己尚未被司法机关掌握的罪行，显然也是主动将自己交付国家追诉。对其不以自首论，又有失公平。

我们认为，应当对《刑法》第 67 条第 2 款的“被采取强制措施的犯罪嫌疑人”作扩大解释，即包括被司法机关或者司法行政机关采取治安拘留、司法拘留等剥夺人身自由措施的行为人。上述人员主动如实供述司法机关还未掌握的罪行的，也认定为自首。正如有学者指出的，即使认为上述解释属于类推解释，也不违反罪刑法定原则，因为“当今的罪刑法定原则并不禁止有利于行为人的类推解释，因为禁止不利于被告人的类推解释对限制司法权力起着重要作用，而允许有利于被告人的类推解释则起到了实现公平、正义的作用。”

——高憬宏、杨万明主编：《基层人民法院法官培训教材（实务卷 · 刑事审判篇）》，人民法院出版社 2005 年版，第 55~56 页。

186. 犯罪嫌疑人向司法机关、其所在单位、城乡基层组织或者其他有关负责人员以外的人投案的行为的定性

关键词

自首　投案对象

附录：最高人民法院主流观点

我们认为，《最高人民法院关于处理自首和立功具体应用法律若干问题的解释》既已明确地将自动投案的投案对象限定在司法机关、犯罪人所在单位、城乡基层组织或其他负责人员的范围内，那么，就应当认为犯罪人向这些单

位或个人以外的其他单位或个人“投案”的，并不能当然发生“自动投案”的效力。申言之，如果这些单位或个人明确告诉犯罪人其无权接受“投案”的，那么，在一般情况下，犯罪人只有重新向司法解释规定的有权接受其投案的单位或个人投案，方可认定为自动投案。

但是，考虑到我国《刑法》及司法解释对犯罪人投案方式的规定灵活多样，在上述情形中，如果犯罪人并不反对、阻止其所投单位或个人将其移交给司法解释规定的投案对象，且在移交后亦能如实供述其罪行的，则可根据司法解释关于“经查实确已准备去投案……应当视为自动投案”的规定，认定犯罪人有自动投案的表现。例如，某犯罪人在犯罪后向当地县政府“投案”，县政府有关人员在得知其犯罪事实后，立即打电话给有关司法机关，告知犯罪人的“投案”情况，并要求派人将犯罪人带走，而该犯罪人则在旁静候，直至有关司法人员到场将其带走，对该犯罪人显然就应当适用前述规定，视为自动投案。

——高憬宏、杨万明主编：《基层人民法院法官培训教材（实务卷·刑事审判篇）》，人民法院出版社 2005 年版，第 44 页。

187. 亲属主动报案并带领民警抓获被告人的，如何量刑

关键词

亲属主动报案　量刑　自首

《刑事审判参考》指导案例

王宪梓故意杀人案（《刑事审判参考》指导案例第 1223 号）

裁判要点：亲属主动报案并带领公安人员抓获被告人，被告人并非自动投案，不构成自首，可据此对被告人从轻处罚。

（一）亲属主动报案并带领公安人员抓获被告人，被告人并非自动投案，不构成自首

自动投案是成立自首的必备条件。根据最高人民法院于 1998 年发布的《关于处理自首和立功具体应用法律若干问题的解释》（以下简称《自首立功解释》），2010 年发布的《关于处理自首和立功若干具体问题的意见》（以下简称《自首立功意见》），自动投案分为典型的自动投案和应当视为自动投案两种。

首先，《自首立功解释》第一条第一项规定，自动投案，是指犯罪事实或

者犯罪嫌疑人未被司法机关发觉，或者虽被发觉，但犯罪嫌疑人尚未受到讯问、未被采取强制措施时，主动、直接向公安机关、人民检察院或者人民法院投案。本案中被告人王宪梓显然不属于此种典型的自动投案。

其次，《自首立功解释》列举了七种应当视为自动投案的情形，其中第七种情形为“公安机关通知犯罪嫌疑人的亲友，或者亲友主动报案后，将犯罪嫌疑人送去投案”。本案中，被告人王宪梓的母亲虽然主动向公安机关报案，但未送王宪梓投案，故不属于此种应当视为自动投案的情形。

再次，《自首立功意见》在《自首立功解释》的基础上，增加四种应当视为自动投案的情形，还设立了兜底条款。其中第二种情形为“明知他人报案而在现场等待，抓捕时无拒捕行为，供认犯罪事实”。本案中，被告人王宪梓并不知道母亲报案，更不知道母亲带领公安人员对他进行抓捕，因此王宪梓也不符合此种应当视为自动投案的情形。

最后，从《自首立功解释》和《自首立功意见》中列举的应当视为自动投案的情形来看，《自首立功解释》和《自首立功意见》虽然对自动投案采取了较为宽松的认定标准，但没有也不可能突破自动投案应具有的主动性和自愿性要求。正是根据此要求，《自首立功意见》将犯罪嫌疑人没有投案主动性和自愿性的行为，认为是被动归案的情形，即被亲友采取捆绑等手段送到司法机关，或者在亲友带领侦查人员前来抓捕时无拒捕行为的，均不能认定为自动投案。本案中，被告人王宪梓的母亲报案并带领公安人员抓获王宪梓，在整个过程中，王宪梓没有主动投案、自愿投案的意思表示和行为，而是被动归案，故王宪梓友其辩护人所提王宪梓具有自首情节不能成立。

（二）亲属主动报案并带领公安人员抓获被告人的，可据此对被告人从轻处罚

本案在审理中，对于被告人王宪梓不具有自首情节的问题，没有分歧。但对于王宪梓母亲报案并带领公安人员将其抓获这一情节，能否据此对王宪梓从轻处罚，存在两种不同观点。

第一种观点认为，王宪梓杀人后肢解尸体，情节恶劣，后果严重，虽然王宪梓的母亲“大义灭亲”，不足以从轻处罚，判处王宪梓死刑适当。

第二种观点认为，王宪梓杀人后分尸、埋尸，性质恶劣，手段残忍，后果严重，论罪本应判处王宪梓死刑，但鉴于王宪梓的母亲在犯罪事实未被发现，仅怀疑王宪梓杀人的情况下，即主动到公安机关举报，并带领公安人员抓获王宪梓，对王宪梓判处死刑，可不立即执行。

我们同意第二种观点，理由如下：

1. 被告人王宪梓亲属举报王宪梓并带领公安人员抓获王宪梓的行为，属

于“大义灭亲”。史料记载的“大灭亲”最早见诸春秋时期。[①]“大义灭亲”的最初渊源，指为君臣大义而断绝父子私情，现多指为维护公义或正义而舍弃亲情血缘关系的举动或行为。现代法治社会所说的大义灭亲，是狭义上的概念，指犯罪人亲属在法定程序范围内作出指证犯罪人的行为，包括检举揭发犯罪行为、将犯罪人送交司法机关、出庭指证犯罪事实等。犯罪人亲友带领公安人员抓获犯罪人，可以使犯罪及时归案，避免犯罪人实施其他危害社会的行为，有助于提高司法机关办案效率，节约司法资源；同时，我国是一个非常重视亲情的国家，亲属能够舍弃亲情主动将犯罪人交付国家审判，表明其对党和国家政策法律高度信任，这是两权相衡下的一种正义选择，理应得到司法机关的认可和实际响应。

2. 对具有“大义灭亲”情形的被告人予以从宽处罚，符合现行刑事政策精神。《最高人民法院关于贯彻宽严相济刑事政策的若干意见》中规定：“对于亲属以不同形式送被告人归案或协助司法机关抓获被告人而认定为自首的，原则上都应当依法从宽处罚；有的虽然不能认定为自首，但考虑到被告人亲属支持司法机关工作，促使被告人到案、认罪、悔罪，在决定对被告人具体处罚时，也应当予以充分考虑。”《自首立功意见》更是明确规定了犯罪嫌疑人被亲友来用捆绑等手段送到司法机关，或者在亲友带领侦查人员前来抓捕时无拒捕行为，并如实供认犯罪事实的，虽然不能认定为自动投案，但可以参照法律对自首的有关规定酌情从轻处罚。从实际来看，“送子归案”虽不能认定被告人构成自首，但其价值通常局于一般自首，在量刑上应予以充分考虑，尤其在是否适用死刑立即执行的问题上，需要特别慎重。

——最高人民法院刑事审判第一、二、三、四、五庭主办：《刑事审判参考》（总第112辑），法律出版社2018年版，第25~29页。

188. 亲友将犯罪嫌疑人哄骗、捆绑、麻醉后送交司法机关、亲友带领或者联系侦查人员抓获犯罪嫌疑人行为的定性

关键词

自首　亲友哄骗、捆绑、麻醉

① 《左传·隐公》记载：春秋时期卫大夫石碏之子石厚与公子州吁杀桓公，而立州吁为君。石碏非常痛恨两人大逆不道的行为，就趁两人向自己请教治国安邦之策时设计将两人杀死，故而被称为“大义灭亲”。

最高人民法院司法政策精神

一、关于“自动投案”的具体认定

犯罪嫌疑人被亲友采用捆绑等手段送到司法机关，或者在亲友带领侦查人员前来抓捕时无拒捕行为，并如实供认犯罪事实的，虽然不能认定为自动投案，但可以参照法律对自首的有关规定酌情从轻处罚。

——《最高人民法院印发〈关于处理自首和立功若干具体问题的意见〉的通知》(2010年12月22日，法发〔2010〕60号)。

附录：理解与适用

三、“自动投案”的具体认定

5. 采用捆绑手段“送子归案”的情形

在《意见》制定过程中，对亲属采用捆绑手段“送子归案”的情形能否认定为自首也存在较大争议。有观点认为，此种情形与《解释》第1条第一项中的亲友陪同投案无本质差别，犯罪嫌疑人亲属舍弃亲情而将嫌疑人交付国家审判，目的是使犯罪嫌疑人得到从宽处罚，对这种“大义灭亲”的行为应予肯定和鼓励，因而应视为自动投案。我们经反复斟酌后认为，犯罪嫌疑人被亲友采用捆绑等手段送到司法机关，或者在不明知的情况下被亲友带领侦查人员前来抓获的，由于犯罪嫌疑人并无投案的主动性和自愿性，完全是被动归案，将此认定为自动投案既不符合自首的本质特征，也违背了主客观相统一的刑法原则，而且破坏了人们对于自首的一般理解。因此，上述情形不宜认定为自动投案。

但是，法律对这种“大义灭亲”的行为应予充分肯定和积极鼓励，在量刑时一般应当考虑犯罪嫌疑人亲友的意愿，参照法律对自首的有关规定酌情从轻处罚。当然，如果犯罪嫌疑人亲友是出于对犯罪嫌疑人的痛恨而实施“送子归案”等行为，并不要求对犯罪嫌疑人宽大处理，在量刑时也可以不予从轻处罚。

——周峰、薛淑兰、孟伟:《〈关于处理自首和立功若干具体问题的意见〉的理解与适用》，载《审判业务资料》2011年第7期（总第212期），第136页。

《刑事审判参考》指导案例

张义洋故意杀人案（《刑事审判参考》指导案例第241号）

裁判要点：犯罪嫌疑人的亲属报案后，由于客观原因没能将犯罪嫌疑人送去投案，但予以看守并带领公安人员将其抓获的，应视

为自动投案。

要正确适用最高人民法院《关于处理自首和立功具体应用法律若干问题的解释》(以下简称《解释》) 的相关规定，前提是要准确地理解此《解释》规定的相关条件。从《解释》规定的“亲友主动报案后，将犯罪嫌疑人送去投案的，也应当视为自动投案”的内容看，凡此种情形视为自动投案的，其条件是：第一，亲友主动报案；第二，亲友将犯罪嫌疑人送去投案。在这里，“送去投案”的基本含义应当是“送去”，即要有送的行为。但这并不等于全部含义，即不能仅以这句话表面意思对“送去”一词去作狭义的理解，限定为亲友将犯罪嫌疑人亲自“送到”司法机关的行为。而应当对这一规定从本质意义上做广义的理解。从亲友将犯罪嫌疑人送去投案这一行为的本身看，它的直接作用和效果就是使犯罪嫌疑人犯罪后不与司法机关对抗和逃匿，不至于隐匿于社会继续犯罪，有利于案件的及时侦破和审判。因而“将犯罪嫌疑人送去投案的”这一规定的本质含义是使行为人实施犯罪行为后能将其有效地置于司法机关的控制之下，并使其承担相应的法律后果。这也是刑法规定的构成自首两个必要法定条件之一的“自动投案”的本质属性。因此，只要犯罪嫌疑人的亲友能将犯罪嫌疑人置于司法机关的有效控制之下的，都应当看作“将犯罪嫌疑人送去投案”。因此，犯罪嫌疑人的亲属报案后，由于客观原因没能将犯罪嫌疑人送去投案，但予以看守并带领公安人员将其抓获的，应视为自动投案。

——最高人民法院刑事审判第一庭、第二庭编：《刑事审判参考》2003 年第 3 辑（总第 32 辑），法律出版社 2003 年版，第 19~23 页。

孙传龙故意杀人案（《刑事审判参考》指导案例第 369 号）

裁判要点：犯罪嫌疑人的亲友带领公安人员抓获犯罪嫌疑人，应视为犯罪嫌疑人自动投案。认定自首，需要从亲友是否有积极协助侦查人员抓获犯罪嫌疑人的行为以及犯罪嫌疑人在亲友带领公安人员抓获时是否予以配合角度考察。

（一）犯罪嫌疑人的亲友带领公安人员抓获犯罪嫌疑人，应视为犯罪嫌疑人自动投案

我们认为，要正确适用最高人民法院《关于处理自首和立功具体应用法律若干问题的解释》(以下简称《解释》) 的规定，对犯罪嫌疑人（或被告人）的亲友带领公安人员抓获犯罪嫌疑人能否视为自动投案、是否认定为自首，关键是不但要正确理解《解释》规定的相关条件，而且要准确把握《解释》

相关规定的实质。《解释》之所以突破刑法规定的构成自首必须具有的“自动投案”要件的范围，将陪首、送首也视为自动投案，是因为其符合刑法规定的自首的目的。刑法之所以规定自首制度，是为了鼓励犯罪嫌疑人自动投案，鼓励犯罪嫌疑人的亲友积极协助司法机关将犯罪嫌疑人抓获归案，分化瓦解犯罪分子，从而节省司法资源。《解释》规定“经亲友规劝、陪同投案的”“将犯罪嫌疑人送去投案的”，“也应当视为自动投案”，这一规定的本质含义，是使行为人实施犯罪后，能将其有效地置于司法机关的控制之下，并使其承担相应的法律后果，这也是自动投案的本质属性。因此，只要犯罪嫌疑人的亲友能将犯罪嫌疑人置于司法机关的有效控制之下，都应当看作是“将犯罪嫌疑人送去投案”。而不能仅从字面上机械理解“自动投案”“送去投案”的含义。否则，就不会得出正确的结论。如犯罪嫌疑人的亲友虽然将犯罪嫌疑人送去投案，但并非在公安机关通知后所为，或并未事先报案后所为，不符合《解释》的规定，如机械理解，也不能视为自动投案，显然是曲解了《解释》的本意。此外，所谓“视为自动投案”，言外之意就是行为人的行为不完全符合法律规定的自动投案的形式，但却具有与自动投案相同的法律效果。因此，对疑似投案行为的理解和认定，应从其本质出发，看是否具有与自动投案相同的法律效果，是否符合送去投案的本质。

司法实践中，经常遇到这样的情况：亲友了解到犯罪嫌疑人的藏匿地点后，带领公安人员前往抓获，犯罪嫌疑人也并不拒捕，比较配合。这种情况显然不能算是陪首和送首。但是，对这种情况也应视为是一种自动投案。如果说亲友将犯罪嫌疑人“送去投案”与犯罪嫌疑人自己“自动投案”没有实质上的区别的话，那么，犯罪嫌疑人的亲友带领公安人员将犯罪嫌疑人抓获与将犯罪嫌疑人送去投案也没有实质区别。送首是把人送去司法机关，这是带领公安人员去抓，而这一藏匿地点也只有他的亲友知道，亲友如果不带领公安人员去抓，那就可能抓不到。应当说，亲友的这种行为对于抓获犯罪嫌疑人起了关键作用，而犯罪嫌疑人本人又不抗拒，比较配合。犯罪嫌疑人亲友协助司法机关的动机，当时可能是出于义愤、大义灭亲、为其创造从轻条件等，一般来说，最终都会归于一种，希望对犯罪嫌疑人从宽处罚。对自首的认定不应局限于动机的种类，亲友协助抓获犯罪嫌疑人也不能受其动机的影响。因此，亲友积极带领公安人员抓获犯罪嫌疑人，应当视作是犯罪嫌疑人自动投案。如果仅从犯罪嫌疑人被动被抓获这一点，就一律否定自动投案的存在，是不妥的。

需要指出的是，对自首的认定，也不能受犯罪嫌疑人、被告人是否悔罪的限制。在审判实践中，有人认为，犯罪嫌疑人（或被告人）不是出于悔罪的自发行为而不能认定为自首，这种认识也是不符合刑法规定的精神的。修订后的《刑法》第 67 条规定：“犯罪以后自动投案，如实供述自己的罪行的，是自首。”因此，是否悔罪或悔改，并不是认定自首的前提和条件。自首了，并不一定就悔罪了或悔改了。审判实践中自首但并未悔罪或悔改的大有人在。悔罪或悔改只是自首的动机之一，并不符合于自首的所有情况。如果将悔罪作为自首的本质，将妨碍审判实践中对自首的正确认定。在刑法修订之前，将自首的本质理解为悔罪无可厚非，因为当时无论是司法解释还是刑法理论都将同时具备“自动投案、如实交代自己的罪行、接受审查和裁判”这三个条件，作为认定自首的必备要件。但是，在刑法修订之后仍然这样认为，就有点抱残守缺了。

（二）亲友带领公安人员抓获犯罪嫌疑人，对犯罪嫌疑人视作自首的条件

首先，亲友有积极协助侦查人员抓获犯罪嫌疑人的行为。这里所说的积极性，是指亲友得知犯罪嫌疑人藏匿地点或行踪后，主动向司法机关提供，并予以积极配合，指引路线、指认犯罪嫌疑人，协助擒获，也包括虽未亲自陪同抓获，但却提供了重要线索，对公安人员顺利抓获起了关键、决定作用的情况。如果开始亲友并不是出于主动，而是在公安人员做思想工作，进行劝说后，予以积极协助的，也应理解为积极协助，因为犯罪嫌疑人毕竟是其亲属，将其抓获交由司法机关，是要有一番思想斗争和一定勇气的。如果是公安人员已经得知犯罪嫌疑人藏匿处所或行踪，让其亲友同去，但其亲友未起到任何协助作用的，不能视为犯罪嫌疑人自首。同时，如果亲友虽有积极协助行为，但根据其提供的线索并未抓获犯罪嫌疑人，而是事后根据其他侦查线索予以抓获的，也不能视作犯罪嫌疑人自首。

其次，犯罪嫌疑人在亲友带领公安人员抓获时，要予以配合。配合是指犯罪嫌疑人虽然不是自愿归案，但没有明显反抗的表现，在亲友带领公安人员抓获时，束手就擒，予以归案。如果是本人反抗拒捕，或者挣脱、逃跑、袭警，则不能视作自动归案，这种情况说明其没有主动性、自动性。

——最高人民法院刑事审判第一庭、第二庭编：《刑事审判参考》2005 年第 6 集（总第 47 集），法律出版社 2006 年版，第 5~11 页。

吕志明故意杀人、强奸、放火案（《刑事审判参考》指导案例第 699 号）

裁判要点：如果亲友并不明知犯罪嫌疑人实施了犯罪行为，亲友主动与司法机关联系的目的并不是让犯罪嫌疑人接受司法机关的处理，而是为了撇清犯罪嫌疑，则不应认定为自动投案。

1.《解释》和《意见》虽然对“自动投案”采取了相对较宽的认定标准，但始终要求“自动投案”应具有主动性和自愿性，即行为人是在意志自由的前提下主动地、自愿地将自己置于司法机关的管束、控制下，准备接受司法

机关的处理。投案不论出于何种动机，只要行为人犯罪后主动将自己交由司法机关进行处置，都不影响投案的自动性，不影响自动投案的成立。但是，“自动投案”对于投案目的有特定要求，即行为人必须明确告知其到司法机关的目的是投案，接受司法机关的处理。如果行为人主动到司法机关的目的是为自己开脱罪责或者表明自己“清白”的，则不符合自动投案的本质要求，不能认定为自动投案。

2. 将“送亲归案”认定为自动投案的重要前提条件是，犯罪嫌疑人的亲友已知道犯罪嫌疑人实施了一种或几种犯罪行为。即犯罪嫌疑人的亲友明知犯罪嫌疑人实施了犯罪行为，仍然主动联系有关机关或人员，亲自“陪首”或者“送首”，目的是将犯罪嫌疑人有效地置于司法机关的控制之下，使犯罪嫌疑人承担相应的法律后果。如果亲友并不明知犯罪嫌疑人实施了犯罪行为，亲友主动与司法机关联系的目的并不是让犯罪嫌疑人接受司法机关的处理，而是为了撇清犯罪嫌疑，则不应认定为自动投案。

——最高人民法院刑事审判第一、二、三、四、五庭主办：《刑事审判参考》2011 年第 3 集（总第 80 集），法律出版社 2011 年版，第 29~35 页。

袁翌琳故意杀人案（《刑事审判参考》指导案例第 700 号）

裁判要点：判断亲属报警协助抓获被告人是否构成自首，不能一概而论，需要根据有关法律、司法解释和刑事政策的规定，结合被告人犯罪后的主观心态、客观行为、亲属报警所产生的效果、到案后的供述情况等方面因素加以综合分析，才能得出正确的结论。

（1）我国刑法第六十七条第一款规定：“犯罪以后自动投案，如实供述自己的罪行的，是自首……”按照此规定，构成自首应当符合两个条件：一是投案的“自动性”；二是供述的“彻底性”。具体而言，自首的构成要件可以从犯罪嫌疑人的主观心态、客观行为、实际效果三个方面来加以分析。犯罪嫌疑人的主观心态由通常所说的“自动”或者“自主”来反映；犯罪嫌疑人的客观行为表现为“投案”和“如实供述自己的罪行”；实际效果则要求犯罪嫌疑人被司法机关控制。在上述三个方面中，认定犯罪嫌疑人的主观心态的较为传统的观点，是强调犯罪嫌疑人在投案时主观上具有自觉主动性，强调犯罪分子作案后完全基于自己的自由意志选择向有关机关或个人投案，至于投案的动机是否出于真心悔过，在所不论。

《解释》允许犯罪嫌疑人到案时持有相对消极的主观心态，甚至可以带有一定的被迫性，但是只要犯罪嫌疑人不反对其亲属的报警及公安机关的抓捕，客观上也没有实施逃避侦查的对抗性行为，就可以视为自动投案。显然，《解释》的规定更加强调犯罪嫌疑人到案的非对抗性而不是主动性，更加强调自首构成要件中的客观行为和实际效果，而不是执着于判断犯罪嫌疑人的主观心态是否积极，这在一定程度上既突破了传统上对投案自动性的习惯性认识，又保留了投案自动性的合理内涵，确立了可称为“非对抗性”的认定标准。投案的非对抗性标准充分体现了投案自动性的核心价值，较之投案的自动性，对犯罪分子主观方面自主性的要求虽然有所降低，但是符合刑罚目的和自然伦理的要求，也有利于提高司法效率、节约司法资源。

审判实践中，要注意准确把握投案的非对抗性标准。例如，如果亲属事先已经对犯罪分子进行教育、劝导，但是，犯罪分子明确予以拒绝，或者在抓捕过程中拒捕，抗拒司法追究，表明其仍具有较强的对抗性，就不能认定其为自动投案。如果犯罪分子并不明知亲属已向公安机关报警或者公安机关正在前来抓捕，其主观方面的对抗性或非对抗性均无从体现，此种情形下即使犯罪分子没有拒捕行为，依照《最高人民法院关于处理自首和立功若干具体问题的意见》第一条的规定，也不能认定为自动投案，但可以参照法律对自首的有关规定酌情从轻处罚。

（2）对于亲属向公安机关报警并协助公安机关将犯罪分子抓获的案件，如果犯罪分子在此后的讯问中，因未能如实供述而不认定为自首的，一般情况下，在量刑时也可以酌情考虑。原因在于，亲属向公安机关报警并协助公安机关将犯罪分子抓获的行为，避免了犯罪分子继续危害社会，有利于公安机关及时准确地查清案件事实，是一种值得鼓励的行为，应当给予积极的司法评价。故只要亲属的行为产生了将犯罪分子置于司法机关控制之下的实际效果，即使犯罪分子不符合自首的条件，法院在量刑时也可将亲属的行为作为酌情从轻处罚的情节予以考虑，以体现刑法的谦抑性。

——最高人民法院刑事审判第一、二、三、四、五庭主办：《刑事审判参考》2011 年第 3 辑（总第 80 辑），法律出版社 2011 年版，第 36~41 页。

附录：最高人民法院主流观点

有一种观点认为，自动投案“要么主观上有主动投案的表示，要么客观上有投案的行为”，因而类似将犯罪人哄骗、捆绑或麻醉后送交司法机关的行为，显然都不能视为“亲友送去投案”。另一种观点则认为，对上述情形不以自动投案论，不符合《最高人民法院关于处理自首和立功具体应用法律若干问题的解释》的精神。

我们认为，在处理这类案件中，既不能从表面形式出发，仅以犯罪人的亲友对犯罪人采取了哄骗、捆绑、麻醉等手段为由，就一概认定其亲友送其归案行为违背了他本人的意志，也不能不加区别主张所谓可以将“亲友的主动性视为犯罪分子的主动性”，而应当通过分析犯罪人在其亲友送其归案前后以及此过程中的种种表现，以认定其归案行为是否具有主动性，并进而决定是否将其行为视为自动投案。具体而言：

1. 如果犯罪人在其亲友对其采取哄骗、捆绑、麻醉措施前，已明确向他们表示不会自行主动投案，也反对他们将其送交归案，并且在得知他们要将自己送交归案的真相后，仍坚决反对甚至激烈反抗，或者企图中途挣脱其亲友对其束缚的，那么，即使在其亲友将其送交有关单位或个人后，他不再反抗，并主动交代其罪行的，也不宜认定为“自动投案”。因为，犯罪人的种种行为已足说明，其亲友将其送交归案的行为，完全违背了他本人的意志；在归案过程中，犯罪人没有任何主动性可言。

2. 如果犯罪人在其亲友对其采取哄骗、捆绑、麻醉措施前，虽曾明确向他们表示不会自行主动投案，也反对他们将其送交归案，但若其在中途得知他们要将自己送交归案的真相后，不再明确表示反对，无任何对抗行为，而是十分顺从，则可认为其有了一定程度的投案主动性，故仍可为自动投案；只要他在其亲友将其送交到有关单位或个人处后，能如实供述自己的罪行的，就应当认定成立自首。

3. 犯罪人的亲友在对犯罪人采取哄骗、捆绑、麻醉措施前，犯罪人并未明确表示要投案，也未明确说明不准备投案，而直至其亲友将其送交有关单位或个人处理后，方得知其亲友送其归案的真相，此时，只要犯罪人不明确发表言辞对其亲友进行指责，无逃跑企图，则基于政策因素的考虑，仍宜推定犯罪人亲友送其归案的行为并不违背他本人的意志，仍宜认定为自动投案。但是，如果到案后，犯罪人对其亲友横加指责、肆意谩骂，甚至企图殴打他们或者逃跑的，则说明亲友送其归案的行为完全违背了他本人的意志，说明其根本没有任何投案的主动性，就不能认定为自动投案。

——高憬宏、杨万明主编：《基层人民法院法官培训教材（实务卷·刑事审判篇）》，人民法院出版社 2005 年版，第 45~46 页。

说明

最高人民法院《关于处理自首和立功若干具体问题的意见》颁布以前，相关的判例以及学者观点认为，亲属带领侦查人员抓获犯罪嫌疑人且犯罪嫌疑人没有拒捕情形的，可以认定为自动投案。上诉意见对此明确规定，亲友带领侦查人员前来抓捕且犯罪嫌疑人无拒捕行为的，不能认定为自动投案，但是可以比照自首规定酌情从轻处罚。

189. 被告人符合自首条件但其亲属阻碍抓捕的，被告人仍然构成自首

关键词

自首　阻碍抓捕

《刑事审判参考》指导案例

张东生故意杀人案（《刑事审判参考》指导案例第 598 号）

裁判要点：被告人具备自首要件，其亲属不配合抓捕的不影响自首的成立。

本案是一起因恋爱情感纠纷引发的故意杀人案件，事实清楚，证据确实、充分。在审理过程中，存在争议的问题是被告人张东生是否具有自首情节。对此，有两种不同意见：

一种意见认为，张东生被公安机关锁定为重大犯罪嫌疑人后，虽然其在胡同口看到公安人员时主动表明了身份及投案意思，但当其家人不配合公安人员工作时，张东生没有任何劝阻言行，主观上缺乏自首的主动意思表示，说明其内心并不反对家人拦阻抓捕的行为，因而张东生的行为不符合自首的成立条件。

另一种意见认为，张东生归案时，自动投案的条件已经具备。当其家人不配合公安人员工作时，张东生虽没有任何劝阻言行，但不影响自动投案成立，其投案后能如实交代自己的犯罪事实，应当认定具有自首情节。

我们认为后一种意见是正确的，具体理由如下：

《刑法》第六十七条规定，犯罪以后自动投案，如实供述自己的罪行的，是自首。据此，自首的成立需具备两个条件，即自动投案和如实供述所犯罪行。最高人民法院《关于处理自首和立功具体应用法律若干问题的解释》（以下简称《解释》）第一条规定，"犯罪后逃跑，在被通缉、追捕过程中，主动投案的；经查实确已准备去投案，或者正在投案途中，被公安机关抓获的，应当视为自动投案。""犯罪嫌疑人自动投案后又逃跑的，不能认定为自首。"据此，本案认定被告人张东生是否构成自首，主要应从两个方面分析：一方面是看张东生的行为是否具备"在被通缉、追捕过程中主动投案，或经查实确已准备去投案，以及正在投案途中，被公安机关抓获"等成立自首的基本要件；另一方面是看张东生是否有投案后又逃跑等否定其自首行为的反向情

节。具体分析如下：

一方面，从案件事实来看，被告人张东生存杀死被害人后，先后到了朋友和亲戚家，将杀死被害人的事告诉了亲友。亲友们都劝他自首。张东生也有投案的意愿，但想回家看一下生病的母亲后再去自首。亲友们送张东生回家，在返回其家的胡同口时看到前来抓捕的公安人员，在公安人员尚未采取抓捕措施、甚至在尚未确认他就是张东生之前，主动说出“我是张东生，我要自首”。因此，张东生虽然没有直接去公安机关投案，且是在看到公安人员后才表示自首，但分析张东生的供述及其看到公安人员后的言行表现，结合其他证人的证言等现有证据，能够确认张东生的确实准备“回家看一下生病的母亲后再去自首”，具有自首的内心意愿；且张东生在看到公安人员后主动说出自己的身份，并明确说要自首，已经有了投案的具体言行表示。在这一阶段，张东生的行为已符合自动投案的情形，无论张东生是在回家探母的路上还是在直接去公安机关投案的路上被抓获，均可认定为“确已准备去投案，或者正在投案途中”，不影响其“应当视为自动投案”这一基本要件的成立。关于这一点，不存在争议。

本案是否认定张东生构成自首的主要争议集中在另一方面：在公安人员已将张东生带上警车后，闻讯赶来的张东生父母不配合工作，和亲属、邻居数十人对民警进行围困，并企图抢回张东生，阻挠正常执法。在此期间，张东生没有任何劝阻言行，但也没有参与阻挠、围困或直接逃跑，最终还是被公安机关带回。这种情况下是否仍能认定自首，要对被告人的主观意志进行深入分析。如果张东生此时逃跑，或者家人抢回（这种情形与“投案后又逃跑”的情况类似），后未再主动投案，说明其已放弃了自动投案的想法，根据《解释》规定，当然不能认定为自首。而本案中，张东生投案后在家人围困、阻挠抓捕的情况下，虽然没有主动劝阻家人，但毕竟没有脱逃，主观上并无逃跑或抗拒抓捕的意思表示，客观上也没有实施配合家人阻挠抓捕的行为，只是态度有些消极，说明被告人当时主观上处于一种较为复杂的内心矛盾斗争之中，就其当时所处情境而言，出现这种想法也是正常的。从张东生的客观表现分析，当时他身处如此混乱的场面之中，既没有鼓动亲友闹事，更没有趁机逃脱，说明他并没有放弃自动投案的想法，不能因为他没有劝阻言行而否定其已作出的投案表示和行为，因此，这一阶段张东生家属不配合抓捕的行为不影响其自动投案的成立。

综上，在被告人张东生自动归案后如实交代自己的犯罪事实的情况下，可以认定其有自首情节，依法可以从轻处罚。最高人民法院以此为由依法对其不核准死刑，发回重审是适当的。

——最高人民法院刑事审判第一、二、三、四、五庭主办：《刑事审判参考》2010 年第 1 集（总第 72 集），法律出版社 2010 年版，第 15~19 页。

190. 举报同案犯并如实交代自己参与共同犯罪事实的应认定为自首

关键词

自首　自动投案　举报　同案犯

《刑事审判参考》指导案例

姚伟林、刘宗培、庄晓华非法制造注册商标标识案（《刑事审判参考》指导案例第 66 号）

裁判要点：被告人为泄私愤向公安机关举报同案犯的共同犯罪事实，且查证属实，不属于有立功表现，但被告人在举报同案犯时如实供述自己参与共同犯罪的事实，应当认定有自首情节并可依法从轻处罚。

自动投案的动机不影响自首的成立。行为人自动投案的动机多种多样，有的是真诚悔罪，有的是畏惧惩罚，有的是出于无奈，有的抱着其他想法，甚至有的还想钻法律的空子。投案的动机虽各有不同，但是都不影响自首的成立，只是司法机关在裁量决定对自首者是否从宽处罚以及从宽处罚幅度时考虑的因素。本案被告人姚伟林是由于与被告人刘宗培因印刷等费用发生纠葛后，出于泄私愤的动机，向公安机关举报刘宗培等人的犯罪事实的。但他举报的时候也如实交代了自己参与共同犯罪的事实，符合自首必须具备的“自动投案”“如实供述自己的罪行”的法定条件。其泄私愤的动机，并不影响自首的成立。

犯罪分子自动投案后，由于处于受刑事追诉的地位，在供述自己的犯罪事实的同时，还往往为自己的犯罪行为进行辩解。因此，在认定是否成立自首时，要对投案人的供述内容进行实事求是的分析。只要其交代自己主要犯罪事实的供述经查证是如实的，就应当认定为自首。不能因为在供述中有为自己的犯罪行为进行辩解的成分，就认为不是如实供述，不认定自首。为自己进行辩护，是法律赋予犯罪嫌疑人和被告人的诉讼权利。自动投案的犯罪嫌疑人或被告人在如实供述自己的主要犯罪事实前提下，在犯罪的动机、作用、罪责的大小和有无等问题上为自己所作的辩解，正是在行使依法享有的辩护权利，不影响对其自首的认定。但是，如果投案后采取隐瞒自己罪行、编造虚假事实或者如实供述自己的罪行后又翻供等方式，为自己开脱罪责，企图逃避惩罚的，不能认定为自首。

——最高人民法院刑事审判第一庭编：《刑事审判参考》2000 年第 4 辑（总第 9 辑），法律出版社 2000 年版，第 8~15 页。

附录：最高人民法院主流观点

自动投案是针对自己的罪行而言的，行为人所投之案是自己实施的，而检举、揭发则是针对他人罪行的，行为人所报的是他人的犯罪事实。二者一般并不难区分，但是，下列情况有时难以区别：行为人本是为了举报其同案犯，但在到案后亦能如实供述其自己的犯罪事实。例如，姚某与刘某、庄某结伙伪造他人注册商标。后由于姚某与刘某因印刷等费用发生纠葛，姚某出于泄愤动机向公安机关举报了刘某、庄某，同时交代了自己所参与的犯罪事实。对这类案件，能否认定为"自动投案"？能否认定其有自首表现？是应当认定成立自首、还是立功？

我们认为，对上述情形，应当认定行为人有自动投案行为，并成立自首。理由是：（1）行为人的初衷虽是为了举报同案犯的犯罪事实，但其行为在客观上仍具有投案性质；而在到案后也能如实供述自己的罪行，说明他在主观上也有同时将自己的罪行主动交付国家追诉的目的，至少可以说有这样的心理准备。由此，综合主客观两方面看，认定属于自动投案是有充分根据的。（2）《最高人民法院关于处理自首和立功具体应用法律若干问题的解释》第 1 条第 8 款、第 5 条以及第 6 条规定："共同犯罪案件中的犯罪嫌疑人，除如实供述自己的罪行，还应当供述所知的同案犯，主犯则应当供述所知其他同案犯的共同犯罪事实，才能认定为自首。""……犯罪分子到案后有检举、揭发他人犯罪行为，包括共同犯罪案件中的犯罪分子揭发同案犯共同犯罪以外的其他犯罪，经查证属实……应当认定为有立功表现"；"共同犯罪案件的犯罪分子到案后，揭发同案犯共同犯罪事实的，可以酌情予以从轻处罚。"据此，行为人虽本是为了举报他人的犯罪事实，但由于与该他人存在共同犯罪关系，故而其行为实质仍属自首自己的罪行，而不属于检举、揭发他人犯罪事实的立功行为。

——高憬宏、杨万明主编：《基层人民法院法官培训教材（实务卷·刑事审判篇）》，人民法院出版社 2005 年版，第 49~50 页。

191. 自动投案的行为发生在犯罪嫌疑人被办案机关控制之后的是否成立自首

关键词

自动投案　犯罪嫌疑人　自首

《刑事审判参考》指导案例

杨金凤、赵琪等诈骗案（《刑事审判参考》指导案例第 880 号）

裁判要点：犯罪嫌疑人被司法机关控制后，经允许脱离控制，又按指令自行到案并如实供述犯罪事实的，是否成立自首？

本案在审理过程中，对被告人赵琪的行为是否构成自首，形成两种意见：一种意见认为，犯罪嫌疑人投案的行为只有发生在其“被办案机关控制”之前，才能认定为自首中的“自动投案”。本案中，赵琪的投案行为发生在“被办案机关控制”之后，故赵琪的投案行为不成立自首；另一种意见认为，赵琪犯罪后虽然被公安人员发觉，但其在被采取强制措施或者接受讯问之前，因正当理由脱离了办案机关的控制，赵琪经过思想斗争，能逃而不逃，选择主动回到案发地点接受讯问的行为，属于自动投案，且其如实供述了其犯罪事实，应当构成自首。

我们赞同前一种意见，被告人赵琪的投案行为不成立自首。本案中，赵琪如实供述了自己的犯罪事实，因此，其是否构成自首，关键在于其是否属于自动投案。对此，可从以下几个方面进行分析：

（一）“侦查管控”的确定性、针对性

基于行文简洁角度考虑，下文将办案机关根据确切犯罪事实或者线索对犯罪嫌疑人实施强制性约束、讯问并告知犯罪嫌疑人必须接受调查的行为，称为“侦查管控”。“侦查管控”要求办案机关根据具体的案件线索，对犯罪嫌疑人及其所犯罪行有比较具体的认识：一方面，办案机关控制犯罪嫌疑人，系确定犯罪嫌疑人的基本情况后对其进行控制，此时办案人员基本了解案件事实，知晓嫌疑人的自然情况，控制行为具有确定性、针对性；另一方面，办案机关对嫌疑人涉嫌的罪名、罪行的性质有比较具体的认识，并向犯罪嫌疑人明确告知因涉嫌何种罪名必须接受办案机关调查。

只有深刻理解和把握“侦查管控”的确定性和针对性，才能将在“侦查管控”之后的投案与在一般性排查询问时或者仅因形迹可疑盘问时交代罪行的“视为自动投案”情形区分开来。

（二）“侦查管控”的强制性、义务性

首先，“侦查管控”系办案机关将嫌疑人置于实际约束、控制范围之内，进行调查、讯问、宣布采取调查措施或者强制措施，具有一定的强制性。其次，“侦查管控”包含但不限于刑事诉讼法规定的五种强制措施。只要办案机关采取合法手段对犯罪嫌疑人进行一定的约束，进行调查、讯问，并向犯罪嫌疑人告知涉嫌犯罪，即可认为犯罪嫌疑人被办案机关“侦查管控”。此外，犯罪嫌疑人被办案机关控制后，有义务如实回答办案人员的提问，配合办案人员调查案件情况并保障刑事诉讼程序的顺利进行。

只有深刻理解和把握“侦查管控”的强制性和义务性，才能够将“侦查管控”与电话传唤、犯罪嫌疑人被发觉但没有接受讯问或者被采取强制措施等情况区分开来。区分的关键在于犯罪嫌疑人在被电话传唤或者仅被办案机关发觉时，尚处于自由状态。

（三）“自动投案”的时间应当限制在犯罪嫌疑人“被办案机关控制”之前

法律之所以规定自首，旨在鼓励犯罪分子认罪、悔罪，降低社会危险性，节约司法成本并提高司法效率。犯罪嫌疑人在被办案机关控制之前自动投案并如实供述自己的罪行，体现了其认罪、悔罪的态度，降低了社会危险性，同时，也减少了办案机关发现案件线索、进行侦查、实施抓捕的成本，提高了案件侦破的效率。犯罪嫌疑人被办案机关控制后，虽然也可以通过如实供述来表达自己的悔罪态度，但主动性与自动投案不可同日而语，办案机关侦破案件的司法成本已被消耗，不存在节约司法成本、提高司法效率的可能性。本案犯罪嫌疑人经公安机关允许脱离控制，而后又按公安机关指令自行到案的行为，对其被办案机关控制前的认罪悔罪态度和司法成本的节约无任何影响，犯罪嫌疑人脱离“侦查管控”后又自行到案的行为，系被办案机关控制后应当履行的义务，不属于自首范畴内的自动投案。

《最高人民法院、最高人民检察院关于办理职务犯罪案件认定自首、立功等量刑情节若干问题的意见》规定：“犯罪事实或者犯罪分子未被办案机关掌握，或者虽然被掌握，但犯罪分子尚未受到调查谈话、讯问，或者未被宣布采取调查措施或者强制措施时，向办案机关投案的，是自动投案。”根据这一规定，我们认为，办案机关掌握犯罪事实、对嫌疑人调查谈话、讯问、宣布调查措施或者强制措施的行为，均系办案机关控制犯罪嫌疑人的行为，具有强制性、义务性、针对性、明确性的特征，而犯罪嫌疑人在上述情形下向办案机关投案的行为，均不属于自动投案。因此，犯罪嫌疑人自动投案只有发生在其被办案机关控制之前，才有可能构成自首。

（四）本案中赵琪的行为不属于“自动投案”

第一，本案中，侦查机关接到明确的举报——北京百佳联合企业管理中心内有人进行电话诈骗，而后在该公司的楼内查获了所有正在实施诈骗的工作人员，赵琪即为其中之一，且为公司的副总经理，办案机关的“侦查管控”行为具有确定性、针对性；第二，办案人员当面明确告知赵琪涉嫌犯诈骗罪必须接受调查。此时，办案机关对赵琪的控制行为具有强制性，赵琪有义务如实回答办案人员的提问，配合办案人员调查案件情况并保障刑事诉讼程序的顺利进行；第三，赵琪经办案人员同意，前往幼儿园接孩子回家后又回案发地点接受调查，虽然从表面上看具有自动投案的形式，但该行为发生在被赵琪被办案机关控制之后，不符合自首中的“自动投案”时间特征。

综上，本案被告人赵琪的投案行为不符合自首中“自动投案”的时间特征，不属于“自动投案”，一审、二审法院不认定其投案行为成立自首是正确的。

——宋振宇、王鹏：《杨金凤、赵琪等诈骗案——自动投案的行为发生在犯罪嫌疑人被办案机关控制之后的是否成立自首》，载最高人民法院刑事审判第一、二、三、四、五庭主办：《刑事审判参考》2013 年第 4 集（总第 93 集），法律出版社 2014 年版，第 56~60 页。

192. 取保候审期间脱逃后又主动投案并如实供述罪行的，能否认定为自首

关键词

取保候审　脱逃　主动投案　如实供述罪行　自首

《刑事审判参考》指导案例

潘平盗窃案（《刑事审判参考》指导案例第 1303 号）

裁判要点：取保候审期间脱逃又主动投案并如实供述罪行的，不能认定为自首。

我们认为，对该情形应不应认定为自动投案。主要理由有：一是上述情形不符合《刑法》关于自动投案的构成要件，犯罪嫌疑人最初的归案情节已经将其自动投案予以否定，其自首的前提条件已经被阻断；二是与自首制度的价值相冲突，如果该情形被认定为自首并予以从轻或减轻处罚，将存在鼓励已经归案的犯罪嫌疑人为获得自首利益而脱逃的隐患。

1. 犯罪嫌疑人在取保候审期间逃跑，逃避侦查，不具备成立自首情节要求的自动性

自动性不仅要求行为人出于本人的意志将自己的人身置于司法机关的控制之下接受审查、制裁，还意味着犯罪嫌疑人的投案应当只针对其犯罪行为本身，而不涉及对其他行为或情节的评价。首先，虽然1998年《最高人民法院关于处理自首和立功具体应用法律若干问题的解释》(以下简称《解释》)第一条规定，并非出于犯罪嫌疑人主动，而是经亲友规劝、陪同投案的；公安机关通知犯罪嫌疑人的亲友，或者亲友主动报案后，将犯罪嫌疑人送去投案的，也应当视为自动投案。但“陪首”和“送首”也是在犯罪嫌疑人同意或者默许接受司法机关制裁的情况下，才能成立。本案中，被告人在取保候审期间脱逃，表明其不愿意接受司法机关的制裁，不能体现其悔罪态度，不符合自首构成要件中“自动性”的要求。其次，《刑法》中的“自动投案”是具体而非抽象的判断，必须结合具体行为加以解释。本案中，被告人潘平的自动投案不完全是针对其盗窃犯罪行为，而是包括对其逃跑行为所产生后果的事后补救。如果犯罪嫌疑人不是在取保候审期间脱逃，而是在被公安机关羁押期间逃跑并构成脱逃罪的，那么其之后的投案可以评价为对脱逃罪构成自首。但对于之前的犯罪，则不再构成自首。

2. 逃跑后再次投案的，不符合成立自首所要求的自动投案

首先，《刑法》上的自动投案有时间限制。《刑法》第六十七条规定：“犯罪以后自动投案，如实供述自己的罪行的，是自首。”《解释》第一条第一项规定的“自动投案”，是指犯罪事实或者犯罪嫌疑人未被司法机关发觉，或者虽被发觉，但犯罪嫌疑人尚未受到讯问、未被采取强制措施时，主动、直接向公安机关、人民检察院或者人民法院投案。根据该规定，自动投案的时间应在犯罪以后、被采取强制措施之前。本案中，被告人潘平已经接受讯问并被采取强制措施，属于已经归案，此后再次潜逃，即使其又主动归案，只能被视为对不履行取保候审义务的弥补，并不符合自动投案的时间要求。

其次，自动投案与如实供述不同。是否如实供述，法律允许犯罪嫌疑人有所反复，但是否自动投案应是一次性判断，具有不可逆性。如果将犯罪以后已经归案又脱逃的状态等同于一直未归案，将会使自动投案的成立时间过于宽泛，认定标准随时可能发生变化，从而造成司法适用的混乱。

——吴献平、赵东东撰稿、管应时审编：《潘平盗窃案——取保候审期间脱逃又主动投案并如实供述罪行的，不能认定为自首》，载最高人民法院刑事审判第一、二、三、四、五庭主办：《刑事审判参考》(总第120集)，法律出版社2019年版，第40~42页。

193. 仅有自首意思表示而无自动投案行为的，不成立自首

关键词

自首　自首意思表示　自动投案

《刑事审判参考》指导案例

计永欣故意杀人案（《刑事审判参考》指导案例第 153 号）

裁判要点：仅有自首意思表示而无自动投案行为的，不构成自首。

自动投案，如实交代自己的罪行，是认定自首的两个必备条件。根据最高人民法院《关于处理自首和立功具体应用法律若干问题的解释》中对自动投案的规定，犯罪嫌疑人自动投案是包括本人主动投案，在亲友的规劝、陪同下投案或是由亲友送去投案等。自动投案必须要有已实际实施了投案的行为或者经查实确已准备去投案或正在投案途中的事实。如果犯罪嫌疑人仅有投案的意思表示（明示或默示），而无实际的投案行为或者不能证明确已准备去投案，就不能认定为自首。

——最高人民法院刑事审判第一庭、第二庭编：《刑事审判参考》2002 年第 1 辑（总第 24 辑），法律出版社 2002 年版，第 22~27 页。

194. 自动投案后掩饰、隐瞒对其定罪量刑具有重大影响的情节的，不能成立自首

关键词

自动投案　故意杀人　自首

《刑事审判参考》指导案例

许涛故意杀人案（《刑事审判参考》指导案例第 1244 号）

裁判要点：自首的成立要求自动投案以后，必须“如实供述自己的罪行”。如果掩饰、隐瞒对其定罪量刑具有重大影响的情节的，不应认定其具有自首情节。

根据《刑法》第六十七条的规定，自首是指犯罪分子犯罪以后自动投案，如实供述自己的罪行的行为。其中，自动投案是自首成立的前提条件，如实供述自己的罪行则是构成自首的核心要件。尽管上述规定较为明确，但由于司法实践中案件的情况差异较大，对于自首的认定仍时常存在理解分歧甚至认识误区。本案就是一个典型例证。在案件审理过程中，上下级法院之间以及同级法院审判组织内部对被告人许涛是否构成自首都存在不同认识，主要有两种观点：第一种观点认为，许涛作案后主动向公安机关投案，供述了采用扼颈方式致死被害人任某某的犯罪事实，并在原审庭审时供认在网上虚构"高利贷要账人员"威胁恐吓任某某等主要犯罪事实，应当认定构成自首。许涛所作其和任某某相约自杀的辩解，属对行为性质的辩解，不影响自首的成立。第二种观点认为，许涛虽然主动投案并供认杀死任某某的事实，但掩饰案发起因，隐瞒真实作案动机，将性质恶劣的故意杀人行为虚构为与任某某相约自杀，该情节对其定罪量刑具有重大影响，不应认定其具有自首情节。我们赞同第二种观点，分析如下：

（一）被告人没有如实供述主要犯罪事实

自首的成立要求自动投案以后，必须"如实供述自己的罪行"。根据《最高人民法院关于处理自首和立功具体应用法律若干问题的解释》（以下简称《自首解释》）第一条第二项的规定，如实供述自己的罪行，是指犯罪嫌疑人自动投案后，如实交代自己的主要犯罪事实。《自首解释》对如实供述的范围和程度提出了定量要求，即不要求犯罪嫌疑人必须交代全部犯罪事实，特别是细枝末节的边缘事实，而是将如实供述的内容限定于"主要犯罪事实"的范畴。犯罪嫌疑人对于主要犯罪事实需要如实供述，不能避重就轻，更不能刻意隐瞒、歪曲编造。对于主要犯罪事实的界定，目前学界和实务界观点较为一致，即对行为性质认定有决定意义及对量刑有重大影响的案件事实、情节。简言之，主要犯罪事实包括定罪事实和重大量刑事实两部分。因为有犯罪构成要件框定，对于定罪事实的理解不存在多大难度，争议相对较少，但对于对量刑有重大影响的事实、情节的认定极易产生分歧。对量刑有重大影响的事实、情节，通常是指决定对犯罪嫌疑人应当适用的法定刑档次是否升格的情节，以及在总体危害程度上比其他部分事实、情节更重大的事实、情节。对于刑法规定的法定量刑情节，认定其是否对量刑有重大影响较为容易，但对于酌定量刑情节及多个量刑情节竞合的情形，操作起来相对困难。一般而言，"主要"是相对于"次要"而言的，根据2010年制定的《最高人民法院关于处理自首和立功若干具体问题的意见》（以下简称《自首意见》）的相关规定，如实交代的犯罪情节重于未交代的犯罪情节，或者如实交代的犯罪数额多于未交代的犯罪数额，一般应认定为如实供述自己的主要犯罪事实。

（二）被告人所作其与被害人系相约自杀的辩解不属于对行为性质的辩解

2004 年制定的《最高人民法院关于被告人对行为性质的辩解是否影响自首成立问题的批复》规定，被告人对行为性质的辩解不影响自首的成立。因此，对于自动投案的犯罪嫌疑人对罪责进行辩解的情况，应当注意将如实供述与合理辩解加以区分，不能因为犯罪嫌疑人对犯罪行为有所辩解，就认为其认罪态度不好，进而否定自首的成立；也不能因为犯罪嫌疑人总体上承认“事是自己干的”，就罔顾辩解的性质与内容，而一概认定自首成立。关键是要审查犯罪嫌疑人所作辩解内容关涉事实叙述还是规范判断。如实供述属于事实判断，要求犯罪嫌疑人对作案过程的叙述与客观情况相符合，不得虚构事实、隐瞒真相以逃避或包揽罪责。只要犯罪嫌疑人的供述与经审理查明的事实一致，就应当认定为如实供述。而对行为性质的辩解属于规范判断，是犯罪嫌疑人对其行为的法律意义和价值的个人见解，涉及其行为是否构成犯罪、此罪彼罪及罪轻罪重等方面。因此，对行为性质的辩解是犯罪嫌疑人在客观地供述自己罪行的基础上，对其罪责有无及大小所作出的阐释、主张。如果犯罪嫌疑人投案以后，编造事实为自己开脱罪行，则不符合如实供述自己罪行的条件，且使其对行为性质的辩解丧失事实基础。

（三）被告人如实供述部分案发起因情节系在司法机关掌握其相关犯罪事实之后

司法实践中，犯罪嫌疑人投案后如实供述犯罪事实的时段各有不同，有的是在侦查机关掌握相关证据后才交代，有的是在一审庭审时交代，有的是在二审庭审时交代，还有的在最高人民法院复核提讯时交代，也有一直不交代主要犯罪事实的。刑法第六十七条将如实供述的时间起点规定为投案以后，但对后续截止时间并非没有限制。根据《自首解释》的规定，犯罪嫌疑人自动投案并如实供述自己的罪行后又翻供，但在一审判决前又能如实供述的，应当认定为自首。那么，在投案以后至一审判决前，是否犯罪嫌疑人只要如实供述自己的罪行，即可以认定为自首呢？对此，司法实践中存在争议。《自首意见》对上述问题予以明确，即犯罪嫌疑人自动投案时虽然没有交代自己的主要犯罪事实，但在司法机关掌握其主要犯罪事实之前主动交代的，应认定为如实供述自己的罪行。《自首意见》没有要求犯罪嫌疑人到案之初即交代主要犯罪事实，但基于自首制度的价值和立法本意，犯罪嫌疑人如果如实供述过迟，既影响其投案的价值，增加司法机关的办案负担，亦体现不出其认罪悔罪的态度，故将如实供述的截止时间限定在司法机关掌握其主要犯罪事实之前合乎情理与法理。由此，《自首解释》和《自首意见》为犯罪嫌疑人如实供述自己罪行设定了一个重要时间节点，即从案件侦破进度上要求在司法机关掌握其主要犯罪事实前。犯罪嫌疑人逾越该时间节点，即使再如实供述，亦不能认定为自首。

——最高人民法院刑事审判第一、二、三、四、五庭主办：《刑事审判参

考》（总第 113 辑），法律出版社 2019 年版，第 52~58 页。

195. 自动投案后在公安机关掌握其主要犯罪事实前未如实供述犯罪事实，其后才如实供述的，不能认定为自首

关键词

自动投案　自首　如实供述罪行　犯罪事实

《刑事审判参考》指导案例

方斌等组织卖淫案（《刑事审判参考》指导案例第 1268 号）

裁判要点：自动投案后在公安机关掌握其主要犯罪事实前未如实供述犯罪事实，其后才如实供述的，不能认定为自首。

（三）自动投案后在公安机关掌握其主要犯罪事实前未如实供述犯罪事实的，不能认定为自首

刑法第六十七条规定，犯罪以后自动投案，如实供述自己的罪行的，是自首。自首是法定从轻处罚情节。对于自首的认定，应当严格依照法律及相关司法解释来进行。一般情况下，自首的成立必须具备以下条件：一是自动投案。二是如实供述自己的罪行。本案被告人方斌自动投案是没有异议的，但方斌未在到案后的第一时间如实供述自己的罪行，能否认定为自首，在实践中容易出现争议。

如实供述自己的罪行是自首成立的重要条件，也是自首的本质特征。如实供述自己的罪行，是指犯罪分子自动投案后，应当"及时"如实供述自己的主要犯罪事实，也就是说，如实供述是有时间要求的。

关于"及时"如实供述，根据有关司法解释，有两种情形：第一种情形是，被告人在自动投案后，第一次供述时即如实交代自己的主要犯罪事实的，构成自首；即使如实供述后又翻供的，依照《最高人民法院关于处理自首和立功具体应用法律若干问题的解释》第一条第二项的规定，只要在一审判决前又能如实供述的，仍然可以认定为自首。这种情况下，犯罪嫌疑人的悔罪态度比较明显，其供述有利于降低办案成本，提高诉讼效率，故无论司法机关在其自动投案前是否已经掌握其主要犯罪事实，都应当认定为自首，以体现法律对自首的鼓励态度。第二种情形是，犯罪嫌疑人自动投案时虽然没有如实交代自己的主要犯罪事实，但在司法机关掌握其主要犯罪事实之前主动交代的，依照《最高人民法院关于处理自首和立功若干具体问题的意见》第

二条第三款的规定，应认定为如实供述自己的罪行。即犯罪嫌疑人自动投案时，司法机关尚未掌握其主要犯罪事实，犯罪嫌疑人一开始未如实交代，但只要在司法机关掌握其主要犯罪事实之前如实供述的，仍然构成自首，但在掌握其主要犯罪事实之后，其迫于压力才如实供述的，则不构成自首。这样规定的原因在于，法律对于自首的犯罪嫌疑人依法从宽处理，是因为其体现了犯罪嫌疑人的悔罪态度，又能节约司法资源，而犯罪嫌疑人在侦查机关掌握证据后才交代的，并不能体现出其悔罪态度，案件侦破主要是依靠侦查机关的努力，未体现出节约司法资源的宗旨，故这种情况不能认定为自首。

——最高人民法院刑事审判第一、二、三、四、五庭主办：《刑事审判参考》（总第 115 辑），法律出版社 2019 年版，第 11~18 页。

196. 作案后报案但是到案后没有如实供述自己罪行的不认定为自首

关键词

自首　如实供述罪行

最高人民法院司法政策精神

二、关于“如实供述自己的罪行”的具体认定

《解释》第一条第（二）项规定如实供述自己的罪行，除供述自己的主要犯罪事实外，还应包括姓名、年龄、职业、住址、前科等情况。犯罪嫌疑人供述的身份等情况与真实情况虽有差别，但不影响定罪量刑的，应认定为如实供述自己的罪行。犯罪嫌疑人自动投案后隐瞒自己的真实身份等情况，影响对其定罪量刑的，不能认定为如实供述自己的罪行。

犯罪嫌疑人多次实施同种罪行的，应当综合考虑已交代的犯罪事实与未交代的犯罪事实的危害程度，决定是否认定为如实供述主要犯罪事实。虽然投案后没有交代全部犯罪事实，但如实交代的犯罪情节重于未交代的犯罪情节，或者如实交代的犯罪数额多于未交代的犯罪数额，一般应认定为如实供述自己的主要犯罪事实。无法区分已交代的与未交代的犯罪情节的严重程度，或者已交代的犯罪数额与未交代的犯罪数额相当，一般不认定为如实供述自己的主要犯罪事实。

犯罪嫌疑人自动投案时虽然没有交代自己的主要犯罪事实，但在司法机关掌握其主要犯罪事实之前主动交代的，应认定为如实供述自己的罪行。

——《最高人民法院印发〈关于处理自首和立功若干具体问题的意见〉的通知》（2010 年 12 月 22 日，法发〔2010〕60 号）。

《刑事审判参考》指导案例

王洪斌故意杀人案（《刑事审判参考》指导案例第 80 号）

裁判要点：作案后前往公安机关报案但是没有如实供述自己罪行的不构成自首。

按照我国《刑法》第 67 条的规定，投案自首必须具备两个基本条件：一是自动投案，二是如实供述罪行。所谓自动投案，是指行为人犯罪之后，出于本人意志而向有关机关或个人承认自己实施了犯罪，并自愿置于有关机关或个人的控制之下，等待进一步交代犯罪事实，并最终接受国家的审查和裁判的行为。报假案，编造虚假情况，欺骗司法机关，则不属于自动投案。所谓如实供述自己的罪行，是指犯罪分子供述的必须是自己的犯罪行为和犯罪事实，而不是与犯罪无关的事实或其他人的犯罪事实。而且，应是按照实际情况彻底供述自己所实施的全部犯罪事实或是如实供述主要犯罪事实。如果在供述过程中推诿罪责，避重就轻，掩盖真相，企图减轻罪责，则不能认为是如实供述。

——最高人民法院刑事审判第一庭、第二庭编：《刑事审判参考》2001 年第 1 辑（总第 12 辑），法律出版社 2001 年版，第 1~6 页。

197. 犯罪嫌疑人在公安机关掌握主要证据后供述的，不构成自首

关键词

自首　故意杀人罪

《刑事审判参考》指导案例

闫光富故意杀人案（《刑事审判参考》指导案例第 565 号）

裁判要点：犯罪嫌疑人接到公安机关调查通知后到案，但未供述犯罪事实，在公安机关掌握了部分证据后始予供述的，不能构成自首。

本案是一起性质恶劣、后果极其严重的故意杀人犯罪案件，事实清楚，证据确实、充分，在审理过程中存在争议的问题是被告人闫光富是否具有自

首情节。对此，有两种不同意见：一种意见认为，闫光富接到公安机关的电话通知后前往公安机关，在公安机关尚未找到李国华的尸体，尚不能确认李已被害并且为其所害的情况下，主动向公安机关供述了其杀死李的事实，系自首；另一种意见认为，闫光富到达公安机关后，并未主动供述其杀害李国华的犯罪事实，公安技术人员在闫驾驶的汽车中检出残留血迹后，经讯问，闫才供认其犯罪事实。虽然李国华的尸体是在闫的带领下找到的，但该情节系闫光富供述其犯罪事实的组成部分，不能因此认定闫光富具有自首情节。

我们认为后一种意见是正确的。具体分析如下：

刑法第六十七条规定，犯罪以后自动投案，如实供述自己的罪行的，是自首。据此，自首的成立需具备两个条件，即自动投案和如实供述所犯罪行。根据《最高人民法院关于处理自首和立功具体应用法律若干问题的解释》（以下简称《解释》）的规定，自动投案是指犯罪事实或犯罪嫌疑人未被司法机关发觉，或者虽被发觉，但犯罪嫌疑人未受到讯问、未被采取强制措施时，主动直接向公安机关、人民检察院或者人民法院投案。也就是说，自动投案的时间既可以是在犯罪被发现之前，也可以是在犯罪被发现之后。实践中自动投案一般包括以下几种情况：（1）在犯罪事实和犯罪人均未被发现的情况下主动投案；（2）在犯罪事实已被发现，但尚未查清犯罪人的情况下主动投案；（3）在犯罪事实已被发现，仅因形迹可疑，被有关组织盘问、教育后，主动交代自己的罪行的；（4）犯罪事实和犯罪人均已被发现，但在尚未被司法机关讯问或采取强制措施以前主动投案；（5）犯罪后逃跑，在被通缉、追捕过程中主动投案；（6）经查实确已准备去投案，或者正在投案途中，被公安机关抓获的，视为自动投案。

本案中，被害人李国华失踪次日晚，其妻阮光玉即向公安机关报案，并向公安机关提供了李国华失踪前，其办公室电话的最后打入者系闫光富，闫欠李100余万元债务，李失踪前曾向闫催收未果，李失踪后在家中没有找到闫的借款凭据等情况。公安机关随即对闫光富进行调查，经调取闫光富的手机通话记录并查看主要路口收费站监控视频，发现闫光富于李国华失踪当晚曾驾车前往黔江区石柱县境内，后又连夜赶往万州区，行为反常，据此分析李国华很可能被害，闫光富具有作案嫌疑，遂于6月6日打电话通知闫光富到公安机关接受调查。闫光富于当日15时左右驾车到达公安机关，但并未主动供述其杀害李国华的犯罪事实。在公安机关技术人员对闫光富驾驶的轿车进行勘查，发现后备箱残留部分痕迹，经检验系人血后，闫光富的犯罪嫌疑上升，即于17时许开始对闫光富进行讯问，但闫仍隐瞒案发当天驾车离开忠县的事实，后经思想教育，闫于18时左右供述了杀害李国华的犯罪事实。当晚，在闫光富的带领下，公安机关找到了李的尸体。

可见，被告人闫光富的行为明显不符合前述第（1）（2）（4）（5）（6）种的情形。那么，闫光富的行为是否符合前述第（3）种因形迹可疑而投案的情形？这是审判过程中引发争议的关键之所在，其核心问题是如何界分形迹可疑与犯罪嫌疑。对此，从司法实践看，区分二者的关键在于司法机关是否已掌握了一定的具体证据，根据已掌握的证据能够把行为人同发生的犯罪案件联系起来，也即根据现有证据能否认定行为人具有犯罪嫌疑。如果司法人员只是根据经验、直觉认为行为人可能是作案人，而没有切实、具体的证据作为判断基础，则不能认为行为人具有犯罪嫌疑，仅属于形迹可疑；如果司法人员掌握了指向行为人犯罪的具体证据，如在其身上或住处发现赃物、作案工具、被害人血迹等，则可以认为行为人具有犯罪嫌疑，而不仅仅再是形迹可疑。行为人在因形迹可疑受到盘问、教育时主动交代自己所犯罪行的，应当认定自首；相反，在被确定为犯罪嫌疑人的情况下经讯问而交代犯罪事实的，不属于自动投案，不构成自首。本案被告人闫光富在供述犯罪事实前的行为可分为两个阶段，在到公安机关接受调查前，公安人员怀疑李国华可能被害，且闫光富有作案嫌疑，但这种怀疑主要来自经验和直觉，并没有切实、具体的证据来支持，故闫光富的行为更多地符合形迹可疑的特征。在闫光富到公安机关后，公安机关一边安排民警与其谈话，一边安排技术人员对其所驾驶轿车进行勘查。结果发现，闫光富的轿车后备箱被水冲洗过，并有浓烈的血腥气味，后备箱底部有暗红色斑迹，经提取作血迹预试验，确定系人血。在此情况下，公安人员遂开始对闫光富进行讯问，但闫仍试图隐瞒犯罪事实，后经思想教育，才供述了杀害李国华的犯罪事实。可见，在闫光富交代所犯罪行前，公安机关已经掌握了认定闫光富具有犯罪嫌疑的一定具体证据，虽然这时对从其轿车内检出的血迹尚未通过 DNA 鉴定确认系李国华的血迹，但结合李国华不正常失踪、闫光富欠其巨额债务、发案时间段内行为反常等情况，足以认定闫光富具有重大作案嫌疑，而不再是单纯的形迹可疑。闫光富此时交代所犯罪行，显然不属于因形迹可疑而自动投案，不能认定为自首。至于其带领公安人员找到被害人李国华的尸体，此情节系其应当如实供述所犯罪行的一部分，属于判断认罪态度好坏的依据，但不能据此认定其有自首表现。

综上，被告人闫光富不具有自首情节，虽然其到案后认罪态度较好，但鉴于其犯罪动机卑劣，手段凶残，后果和罪行极其严重，不足以从轻处罚，故最高人民法院依法对其核准了死刑立即执行。

——最高人民法院刑事审判第一、二、三、四、五庭主办：《刑事审判参考》2009 年第 4 集（总第 69 集），法律出版社 2010 年版，第 9~14 页。

198. 犯罪嫌疑人不明知自己已被公安机关实际控制而投案的，不认定为自首

关键词

自首　强制措施　投案

《刑事审判参考》指导案例

周元军故意杀人案（《刑事审判参考》指导案例第 701 号）

裁判要点：不明知自己已被公安机关实际控制而投案的，不认定为自首，但可酌情从轻处罚。

（1）衡量是否构成自动投案，重要标准就是看其是否具有投案的主动性、自愿性。是否具有投案的主动性和自愿性，需要根据犯罪人的客观行为与外在表现综合分析认定。主观意志支配客观行为，客观行为体现主观意志。通常情况下，客观行为与主观意愿是相统一的，但有时存在不一致甚至矛盾的情况。有些情况下，犯罪人客观上具有“主动归案”的外在表象，但“到案”后却否认或隐瞒与其相关的犯罪事实，企图蒙混过关逃避处罚；或者掩盖真相，避重就轻，试图减轻罪责，均没有投案的主动性和自愿性，不能认定为自动投案。与之相反，犯罪人客观上虽未使其自身处于公安机关的控制之下，但其他情况或证据表明犯罪人主观上有主动、自愿投案的意思，如符合自动投案的其他条件，则应视为自动投案处理。如因伤、病或行动不便，无法前往公安机关投案的，经查实具有主动投案意愿的，可予认定。

（2）在认定自动投案时，应当从司法机关是否将其作为犯罪嫌疑对象对其人身予以强制或控制来判断是否已被采取了“强制措施”。已被控制的，属于已被采取“强制措施”；未被控制的，属于尚未被采取“强制措施”。由此，我们可以得出结论，此处的“强制措施”是指“司法机关将犯罪嫌疑人作为嫌疑对象对其人身实施的实际控制”，包括刑事诉讼法规定的“强制措施”在内的实际控制。

需要进一步说明的是，自动投案中的“强制措施”与刑事诉讼法规定的“强制措施”既有区别又有联系，两者存在某种程度的交叉。前者是指对犯罪嫌疑人人身实施的实际控制或管控，尽管其不要求履行刑事诉讼法规定的程序，但对犯罪嫌疑人的实际控制也可能发生在已经对其适用刑事诉讼法规定的“强制措施”后，且这种情形在司法实践中发生的概率更高；另外，即使

犯罪嫌疑人已被采取了刑事诉讼法规定的“强制措施”，其人身仍有可能并未被司法机关实际控制，如在犯罪嫌疑人被取保候审后脱保，监视居住后潜逃，或者羁押期间脱逃。这些情况下，司法机关对犯罪嫌疑人并未形成事实上的控制，犯罪嫌疑人对其行为和活动仍能作自由决定，只要其实施了投案行为，就应当认为其是在尚未被采取“强制措施”前的自动投案。

司法实践中，还有一些因客观条件限制类似“逃无可逃”的情形，同样因为失去自动的客观前提，不能认定为自动投案。例如，自然环境与条件限制了犯罪人的行动自由，犯罪人作案后根本无条件和机会逃避抓捕，或者犯罪人在作案过程中遭遇生命、健康的重大危险，别无选择时报案求助于公安机关的，此类情况下，犯罪人处于“逃无可逃”、别无选择的情形，其投案并非主动、自愿所为，而是因客观条件使其别无选择，迫不得已而为之的，不能认定为自动投案。

——最高人民法院刑事审判第一、二、三、四、五庭主办：《刑事审判参考》2011 年第 3 集（总第 80 集），法律出版社 2011 年 12 月第 1 版，第 42~51 页。

199. 因运输毒品被抓获以后又供述司法机关未掌握的贩卖毒品罪行不构成自首

关键词

贩卖、运输毒品罪　自首

《刑事审判参考》指导案例

彭佳升贩卖、运输毒品案（《刑事审判参考》指导案例第 593 号）

裁判要点：因运输毒品被抓获后又如实供述司法机关未掌握的贩卖毒品罪行不构成自首。

本案中，对于被告人彭佳升因运输毒品被抓获又如实供述贩卖毒品的事实，能否构成自首的问题，在审理过程中曾有不同意见：一种意见认为，被告人因运输毒品被抓获，又主动供述了贩卖不同宗毒品，应认定为自首。理由在于：第一，是否属同种罪行，不能以对数个犯罪行为是否实行数罪并罚来确定，应以罪名为准，运输和贩卖不同宗毒品是两起相互独立的犯罪，犯罪构成不同，罪名不同，因此属于不同种罪行；第二，自首制度的本意是鼓励犯罪人认罪、悔罪，如实供述司法机关尚未掌握的罪行，以利于侦破案件，追诉犯罪，节约司法成本，即使对选择性罪名不实行数罪并罚，仍可以以自首论。另一种意见认为，无论被告人如实供述的贩卖毒品与公安机关掌握的运输的毒品是否为同一宗，均不构成自首。刑法第三百四十七条规定的走私、贩卖、运输、制造毒品罪是同种罪行；根据《最高人民法院关于处理自首和立功具体应用法律若干问题的解释》有关规定，对供述不同种罪行的，以自首论，对供述同种罪行的不能以自首论。彭佳升运输、贩卖毒品的行为属于同种罪行，故不构成自首。

法院最终采纳了第二种意见，具体理由如下：

（一）根据我国刑法的规定，行为人分别实施走私、贩卖、运输不同宗毒品的行为，属于同种罪行。

首先，犯罪的分类是由刑法规定的。我国刑法分则将犯罪分为十大类（十章），每个大类中又分成了若干小类。对某些犯罪在同一法律条款中也进行了分类，在每一类别中的各种犯罪均属该类的同类犯罪。但对某一条款中的数个罪行是否属于同种罪行，则应以刑法规定是否按一罪判处为标准，按一罪判处的就是同种罪行，按数罪判处的就是不同种罪行。我国刑法第三百四十七条将走私、贩卖、运输、制造毒品罪规定在同一法条中，并规定对多次走私、贩卖、运输、制造毒品，未经处理的，毒品的数量累计计算。最高人民法院 2008 年 12 月印发的《全国部分法院审理毒品犯罪案件工作座谈会纪要》进一步明确规定，“对不同宗毒品分别实施了不同种犯罪行为的，应对不同行为并列确定罪名，累计毒品数量，不实行数罪并罚”。根据以上规定，走私、贩卖、运输、制造毒品罪是选择性罪名，对行为人实施贩卖、运输毒品两种以上行为的，不论是否同一宗毒品，只定一个罪名，在量刑上只适用一个法定刑，不实行数罪并罚。刑法这一规定明确将这四个行为视为同种罪行，同时也表明这些行为的基本性质、社会危害性等是基本相同的。故对同一被告人，即使对不同宗的毒品分别实施了走私、贩卖或运输行为，也不再分别定罪量刑，而是将走私、贩卖、运输毒品的行为合并成一个选择性罪名，适用一个法定刑。

其次，选择性罪名中包含的数个不同罪名属于刑法规定的同种罪行。我国刑法分则在许多同一个条款中都规定了数个犯罪构成及相对应的数个罪名，有的属于并列罪名，有的属于选择性罪名，二者的功能是不同的，不能混淆。如对于并列罪名（如第一百一十四条），行为人实施该条款中的两个以上犯罪行为，就构成数罪，应实行数罪并罚，而不能合并为一罪。而对于选择性罪名则不然，数个罪名既可分解单独定罪，也可以合并组合为一罪（复合性罪名），事实上是两个以上的罪行，根据刑法规定按一罪判处，而不定数罪。如行为人实施其中一个行为的，就定其中一个罪名，该行为符合一个单一的犯罪构成；实施两种以上行为的，根据刑法规定只定一个复合性罪名，行为符合一个复合性犯罪构成。这种情况实质上是数个犯罪构成合并为一个复合性犯罪构成而成为一罪，该罪名中的各罪行系同种罪行。选择性罪名与单独罪名、并列罪名不同，它既可以分解成几个小罪名，又可以由不同的罪名组合成一个复合性罪名。而刑法之所以赋予选择性罪名如此灵活的处理方式，是因为选择性罪名所规定的数个犯罪行为是有内在联系、互为条件的，实践中经常交错实施，且对社会的危害程度是相同的。实践中，行为人对于同一宗毒品既可能连续实施以上全部行为，也可能有选择性地参与实施其中一种行为，还可能有选择性地参与不同宗毒品犯罪的某一阶段或全部的行为。为使这些行为、方式上具有选择性的犯罪受到相应的处罚，故刑法也简便、概括地规定了选择性罪名，同时也规定不论实施了几种犯罪行为，对行为人在法律上都按一罪处理，不存在数罪并罚的情况。这也符合刑法规定同一罪名中的数个罪行属于同种罪行的立法本意。

综上，选择性罪名的犯罪构成是一种法定的特别犯罪构成。不能简单地以触犯了不同的具体罪名，来确定是否属于同种罪行还是不同种罪行。根据我国刑法及司法解释的上述规定，本案中被告人彭佳升如实供述司法机关尚未掌握的贩卖不同宗毒品的罪行，与司法机关已经掌握的运输毒品的罪行属于同种罪行，故不能以自首论。

（二）对如实供述司法机关尚未掌握的选择性罪名中的某一罪行以自首论，会导致量刑上的不均衡。

运输毒品的行为人被抓获后供述司法机关尚未掌握的其他毒品犯罪，可能出现以下三种情况：（1）甲运输毒品被抓获，又供述了另一宗运输毒品的事实；（2）甲运输毒品被抓获，又供述了另一宗贩卖毒品的事实；（3）甲运输毒品被抓获，又供述了这宗毒品系其在甲地购买后准备运到乙地贩卖的事实，而后又供述了其他运输、贩卖毒品的事实。按照第一种意见，只有第（2）种情况对贩卖毒品应以自首论。但实际上这三种情况中被告人认罪、悔罪的态度是相当的，在三者并无本质区别的情况下，对于是否构成自首这一法定从轻、减轻情节作出不同判断，不仅逻辑上说不通，还会导致对这三种情况量刑的不均衡，有失刑事处罚的统一性。

（三）对于被告人如实供述司法机关尚未掌握的选择性罪名中的某一罪行不以自首论，并不意味着不可以对被告人从宽处罚，从而违背鼓励被告人认罪悔罪的立法精神。虽然此种情况与自首有所区别，但在刑事法律和司法实践中仍应给予鼓励，依法适当从宽处罚。《最高人民法院关于处理自首和立功具体应用法律若干问题的解释》第四条就明确规定，“如实供述司法机关尚未掌握的罪行，与司法机关已掌握的或者判决确定的罪行属同种罪行的，可以酌情从轻处罚”。本案被告人彭佳升具有这一酌情从轻处罚的情节，本可酌情从轻处罚，但被告人彭佳升运输甲基苯丙胺 6000 克、咖啡因 37000 克，贩卖氯胺酮 2800 克，毒品犯罪数额特别巨大，社会危害极大，属于罪行极其严重。因此其如实供述贩卖氯胺酮 2800 克的情节不足以对其从轻处罚。

——最高人民法院刑事审判第一、二庭：最高人民法院刑事审判第一、二、三、四、五庭主办：《刑事审判参考》2009 年第 6 集（总第 71 集），法律出版社 2010 年版，第 45~50 页。

200. 自动投案并如实供述自己罪行后在一审期间翻供，但二审期间又能如实供述的不能认定为自首

关键词

自首　一审翻供　二审如实供述

最高人民法院司法解释

第一条第（二）项　如实供述自己的罪行，是指犯罪嫌疑人自动投案后，如实交代自己的主要犯罪事实。

犯有数罪的犯罪嫌疑人仅如实供述所犯数罪中部分犯罪的，只对如实供述部分犯罪的行为，认定为自首。

共同犯罪案件中的犯罪嫌疑人，除如实供述自己的罪行，还应当供述所知的同案犯，主犯则应当供述所知其他同案犯的共同犯罪事实，才能认定为自首。

犯罪嫌疑人自动投案并如实供述自己的罪行后又翻供的，不能认定为自首；但在一审判决前又能如实供述的，应当认定为自首。

——《最高人民法院关于处理自首和立功具体应用法律若干问题的解释》（1998 年 4 月 6 日，法释〔1998〕8 号）。

最高人民法院审判业务意见

最高人民法院刑事审判第一庭、第二庭认为：1998 年 4 月最高人民法院发布的《关于处理自首和立功具体应用法律若干问题的解释》（下称《解释》）规定："犯罪嫌疑人自动投案并如实供述自己的罪行后又翻供的，不能认定为自首；但在一审判决前又能如实供述的，应当认定为自首。"本案被告人陈某某在案发后，虽能主动到公安机关投案，并如实供述了其所犯罪行，但在一审庭审时至一审判决前又翻供，拒不认罪。因此，一审法院在判决时不认定本案被告人陈某某的行为为自首是正确的。这一点，毫无疑问，也不会有任何争议。现在的问题是，被告人陈某某虽在一审期间翻供，但在二审开庭中又能如实供述其罪行，对此，二审法院能否再认定为自首呢？客观地说，《解

释》的规定并不十分明确。争议的焦点在于对《解释》中的所谓“一审判决前又能如实供述的，应当认定为自首”如何准确理解，即这里的“一审判决前”是不是认定自首的一个最后期限？一种意见认为该表述仅是针对在翻供情况下，一审判决时是否认定自首的规定，并非自首认定的最后限制性期限。也就是说，《解释》并未明确指出，二审期间又能如实供述的就肯定不能认定为自首。依照刑事诉讼法的规定，我国的刑事审判是二审终审制，在二审判决或裁定生效之前，审理活动并未终结，而是仍在继续进行过程之中。二审法院理应结合被告人的前后认罪态度，并将其置于一个统一、连续的完整过程中加以考虑，既然被告人有自动投案在前，最终又能如实供述罪行，自然完全符合自动投案和如实供述罪行两个法定要件，因此，原则上，只要被告人在判决生效前又能够如实供述自己罪行的，就应当认定自首。我们认为，这种观点虽不无道理，但是有悖《解释》的原意。理由如下：《解释》之所以使用“一审判决前”，而没有选择使用“生效或终审判决前”的字眼，这绝非疏忽，而是有其内在法理精神支持的。其意就是要把被告人表明“如实供述自己的罪行”这一决定自首认定与否的认罪态度的时限界定在一审判决前。这是因为，首先，如果没有这样的时限界定，被告人一审供，二审翻，复核审再翻，法院的判决岂不是要随着被告人认罪态度的反复而不停地反复吗？倘若仅依据被告人主观认罪态度的变化，判决或裁定就随之变来变去，不仅有损于判决或裁定的严肃性和权威性，也容易助长被告人能翻就翻，不能翻再供，肆意拖延诉讼，妄图规避法律的心态。其次，被告人认罪态度的变化，只是被告人主观方面的变化，绝非一审认定的事实、证据发生变化。在仅有被告人认罪态度变化而没有事实、证据变化的情况下，二审也没有变更一审正确判决的理由。最后，除自动投案外，被告人如实供述的认罪态度，也是成立自首的要件，它反映出被告人主观恶性的深浅，以及被告人正确对待自己罪行和应得惩处的心理动机。把如实供述的最后期限划定在一审判决前，对被告人来说，时间上已经十分充裕，能否成立自首，关键就看被告人自己如何表现了。因此，在没有新的司法解释出台前，我们同意后一种意见。对于本案被告人陈某某在二审中又如实供述其所犯罪行的，只应视为悔罪表现，虽可酌情予以从轻处罚，但不能认定为自首。

——《自动投案并如实供述自己罪行后在一审期间翻供但二审期间又能如实供述的能否认定为自首》，载最高人民法院刑事审判第一庭、第二庭编：《刑事审判参考》2002 年第 1 辑（总第 24 辑），法律出版社 2002 年版，第 207~209 页。

201. 自动投案后没有如实供述同案犯的不能认定为自首

关键词

自首 共同犯罪 同案犯

《刑事审判参考》指导案例

杜祖斌、周起才抢劫案（《刑事审判参考》指导案例第255号）

裁判要点：自动投案后没有如实供述同案犯的，不能认定为自首。

根据最高人民法院《关于处理自首和立功具体应用法律若干问题的解释》的规定，在共同犯罪案件中，自首的成立有不同于单个自然人犯罪的特点。即在单个自然人犯罪案件中，只要行为人自动投案后如实供述了自己实施的某一犯罪的主要事实，就成立自首。而在共同犯罪案件中，行为人在共同犯罪中所处的地位、所起的作用和参与犯罪的程度不同，成立自首所要求的“如实供述自己的罪行”的范围也是不同的。如就实行犯而言，有单独实行犯和共同实行犯之分。其中，单独实行犯是指行为人一人实施《刑法》分则规定的某个行为。因此，其所知道的同案犯主要是教唆犯或者帮助犯，在其自动投案后，如实供述了自己直接实施的犯罪行为，并交代其所知道的教唆犯或者帮助犯的犯罪行为，就应当认定为自首。但对于共同实行《刑法》分则规定的某个犯罪行为的共同实行犯而言，在其自动投案后如实供述自己的罪行时，必然要涉及与其一起实施犯罪的同案犯的犯罪行为。因此，共同实行犯成立自首，不仅要求其在自动投案后，如实供述自己直接实施的犯罪行为，还应如实供述与其共同实施犯罪的其他实行犯。否则，这种供述就是不彻底的、不如实的，因而不构成自首。

——最高人民法院刑事审判第一庭、第二庭编：《刑事审判参考》2003年第4集（总第33集），法律出版社2003年版，第34~40页。

202. 打电话报警但未承认自己实施犯罪行为的不构成自首

关键词

故意杀人罪 诈骗罪 自首

《刑事审判参考》指导案例

黄光故意杀人、诈骗案（《刑事审判参考》指导案例第 1044 号）

裁判要点：被告人打电话报警但未承认自己实施的犯罪事实，并不必然将自己置于犯罪嫌疑人的地位，其报警行为与公安机关将其作为犯罪嫌疑人采取强制措施之间没有关联性，被告人在刑事拘留后的第二天虽然如实供述了投毒杀人的事实，但此时公安机关已经掌握了相当证据证明被告人的投毒杀人行为。因此被告人不具有自首情节。

（一）打电话报警但未承认自己实施犯罪行为的不构成自首

根据刑法第六十七条的规定，自首，是指犯罪以后自动投案，如实供述自己罪行的行为。自首的成立，必须同时符合自动投案和如实供述两个要件。综观本案全案，被告人黄光打电话报警但未承认自己实施的犯罪事实，不构成自首。

1. 黄光缺少自动投案的要件。自动投案，一般是指犯罪事实或者犯罪嫌疑人未被司法机关发觉，或者虽然被发觉，但犯罪嫌疑人尚未受到办案机关的调查、谈话、讯问，或者未被宣布采取调查措施或者强制措施、未被群众扭送时，主动将自己置于办案机关的合法控制下，接受审查与裁判的行为。就本案而言，被害人龙利源、黄文及黄光本人食用有毒猫汤后均呈中毒状，送往医院抢救。在医院，黄光打电话报警称三人食物中毒，要求出警。但报警时并未称其投毒，且自始至终没有告知或者提示医生三人系因服用大茶药而中毒，致被害人龙利源因抢救无效而死亡。如果黄光告知或者提示医生三人系因服用大茶药而中毒，或许龙利源不致死亡。而且，公安机关出警后，仍不能明确谁是投毒行为实施人，黄光的报警，并不必然将自己置于犯罪嫌疑人的地位。案件事实也表明，2011 年 12 月 23 日发生的中毒事件，龙利源当天就死亡，黄光当天报警，但公安机关直到经过大量调查工作，取得一定证据后，才于同月 30 日对黄光刑事拘留。从 23 日至 30 日的 7 天中，公安机关曾 4 次对黄光调查询问，但黄光均未如实交代其投毒杀人的事实。公安机关的 4 次调查，均属于排查性质，并未将黄光列为犯罪嫌疑人。因此，黄光的报警与公安机关将黄光作为犯罪嫌疑人采取强制措施之间没有关联性，黄光缺乏自动投案的要件。

2. 黄光的到案不属于视为自动投案的情形。自动投案，是犯罪人基于自己的意志积极主动地投案。但实践中存在许多非典型地反映行为人积极主动投案，却符合自首的立法宗旨的行为，对于此类行为，可以视为自动投案。

最高人民法院1998年出台的《关于处理自首和立功具体应用法律若干问题的解释》规定了七种视为自动投案的情形。经过长期的司法实践，最高人民法院于2010年12月22日下发的《关于处理自首和立功若干具体问题的意见》，对视为自动投案的情形作了进一步补充和完善。从上述解释性文件可知，视为自动投案的情形，必须体现行为人投案的主动性和自愿性。

本案中，被告人黄光不具有主动性和自愿性的要件。公安机关对黄光刑事拘留时的案由是诈骗，并非故意杀人。黄光在刑事拘留后的第二天如实供述了投毒杀人的事实。表面看，似乎符合刑法第六十七条第二款的规定构成自首。[①]但根据本案的实际情况，公安机关虽然以诈骗罪立案并拘留黄光，但实际上已经掌握了相当证据证明黄光实施了投毒杀人的行为。理由如下：（1）公安机关一直是围绕投毒案件开展前期调查的，这从刑拘之前对黄光的几次询问笔录中清晰可见。（2）在黄光供述投毒杀人罪行之前，侦查机关从火锅店业主及一同食用猫汤的黄文处获悉，龙利源在抢救期间情绪激动并用手指着黄光；黄光当天行为反常，并在厨房进出频繁，特别是在火锅城厨房消毒柜顶上提取了剩余的大茶药片。同时，证人提交了龙利源与黄光有经济往来的相关票据，据此确定黄光有投毒的重大作案嫌疑。也就是说，侦查机关在黄光交代之前就已经掌握了黄光投毒的事实，并掌握了相当的证据。（3）公安机关之所以未以故意杀人罪立案而以诈骗罪立案并拘留黄光，一方面由于黄光犯诈骗罪的证据已经收集得比较充分，而诈骗罪正是黄光故意杀人罪的前因；另一方面公安机关已将相关物证送检，但检验报告未出正式结果。为了防止黄光毁灭证据、逃跑，故先以诈骗罪立案侦查。综上，黄光在被以诈骗罪立案并刑事拘留后交代的投毒杀人犯罪，不属于交代公安机关尚未掌握的犯罪事实。

——最高人民法院刑四庭：《黄光故意杀人、诈骗案》，载最高人民法院刑事审判第一、二、三、四、五庭主办：《刑事审判参考》2014年第6集（总第101集），法律出版社2015年版，第75~76页。

203. 被采取强制措施期间向司法机关主动交代真实身份及所犯不同种余罪的能否认定为余罪自首

关键词

余罪自首

---

① 《刑法》第六十七条第二款规定："被采取强制措施的犯罪嫌疑人、被告人和正在服刑的罪犯，如实供述司法机关还未掌握的本人其他罪行的，以自首论。"

《刑事审判参考》指导案例

孟令廷故意杀人、故意伤害案（《刑事审判参考》指导案例第 965 号）

裁判要点：被告人的隐瞒行为对公安机关掌握其余罪罪行并不构成实质障碍，在羁押期间如实供述自己真实身份及杀人罪行的行为不符合“如实供述司法机关还未掌握的本人其他罪行”的规定，不应认定为自首。

对于在被采取强制措施期间，如实述司法机关尚未掌握的本人其他罪行的情况，理论界一般称为余罪自首。对于余罪自首的认定，应当从以下三个方面进行审查：

第一，必须是如实供述余罪。《最高人民法院关于处理自首和立功若干具体问题的意见》（以下简称《意见》）规定，如实供述自己的罪行，“除供述自己的主要犯罪事实外，还应包括姓名、年龄、职业、住址、前科等情况”。该规定要求行为人不仅要供述所犯余罪罪行，还要交代其真实身份。对于隐瞒自己的真实身份等情况，影响对其定罪量刑的，不能认定为如实供述自己的罪行。被告人孟令廷因故意伤害被公安机关刑事拘留，在羁押期间向公安机关不仅主动交代了自己故意杀人的罪行，还如实供述了自己的真实身份，即之前是冒用其弟“孟令敏”的姓名等身份情况，其真实身份是孟令廷。

第二，所供余罪必须是本人的其他罪行，与所犯新罪不属于选择性罪名或者不存在事实、法律上的关联。《最高人民法院关于处理自首和立功具体应用法律若干问题的解释》第二条规定，“被采取强制措施的犯罪嫌疑人、被告人和已宣判的罪犯，如实供述司法机关尚未掌握的罪行，与司法机关已掌握的或者判决确定的罪行属不同种罪行的，以自首论”。《意见》对“不同种罪行”的认定又作了进一步规定：“犯罪嫌疑人、被告人在被采取强制措施期间如实供述本人其他罪行，该罪行与司法机关已掌握的罪行属同种罪行还是不同种罪行，一般应以罪名区分。虽然如实供述的其他罪行的罪名与司法机关已掌握犯罪的罪名不同，但如实供述的其他犯罪与司法机关已掌握的犯罪属选择性罪名或者在法律、事实上密切关联……应认定为同种罪行。”虽然孟令廷如实供述的故意杀人犯罪与司法机关已掌握的故意伤害犯罪，犯罪事实均系孟令廷因与被害人产生矛盾后，持菜刀砍击被害人，但两者分属不同罪名，且不存在法律或事实上的关联，属于不同种罪行。

第三，所供述余罪必须为司法机关不掌握。该条件是认定此类情形是否构成余罪自首的关键。对何为“司法机关还未掌握的本人其他罪行”，《意见》规定：“犯罪嫌疑人、被告人在被采取强制措施期间，向司法机关主动如实供述本人的其他罪行，该罪行能否认定为司法机关已掌握，应根据不同情形区别对待。如果该罪行已被通缉，一般应以该司法机关是否在通缉令发布范围内作出判断，不在通缉令发布范围内的，应当认定为还未掌握，在通缉令发布范围内的，应视为已掌握；如果该罪行已录入全国公安信息网络在逃人员信息数据库，应视为已掌握。如果该罪行未被通缉、也未录入全国公安信息网络在逃人员信息数据库，应以该司法机关是否已实际掌握该罪行为标准。”需要指出的是，该条意见针对的是行为人身份信息明确的情形。如果行为人潜逃期间或者因新罪到案后为掩盖漏罪或者前科，长期使用化名或者自报虚假身份，即便该行为人被公安机关上网通缉，该余罪亦难以为司法机关所掌握。因此，不能简单以“是否在司法机关通缉令发布范围内”或“该罪行是否录入全国公安信息网络在逃人员信息数据库”作为司法机关是否掌握的标准，而应本着实事求是、具体情况具体分析的态度审查判断，不宜搞“一刀切”。认定司机机关是否掌握余罪罪行，既不能把握得过窄，影响行为人交代余罪的积极性，又不能放得过宽，导致行为人借助余罪自首减轻罪责。对于行为人采用化名的情形，司法审判中应当综合审查在案证据结合公安机关侦查惯例等情况，具体分析司法机关有无掌握其余罪的条件与可能，对于行为人外逃后长期使用化名，司法机关对其真实身份的查证又无其他任何线索的，如果行为人因实施其他犯罪到案后如实交代真实身份信息及所犯余罪，可以认定构成余罪自首。如果司法机关有明确、清晰的查证身份线索，不宜认定行为人对余罪构成自首。

就本案而言，首先，根据公安机关出具的《在逃人员登记 / 撤销表》及《协查通报》，被告人孟令廷因故意杀人逃跑后，公安机关于 1997 年 10 月 7 日向各地公安机关、看守所等发布了抓捕孟令廷的协查通报；于 2002 年 4 月 1 日又在全国范围内对孟令廷上网追逃。虽然孟令廷因故意伤害在廊坊市公安局看守所羁押期间，如实供述了自己的杀人罪行，但公安机关具备了解和掌握其所犯余罪的客观条件和正规途径。其次，孟令廷使用“孟令敏”的化名已有数年，并以“孟令敏”的身份信息伪造了身份证。公安机关在孟令廷主动交代前，并不掌握其真实身份信息，但孟令廷所持有的第一、二代身份证，均系伪造且被公安机关起获，其冒充他人身份信息的情况已露出破绽。同时，孟令廷冒充的是其弟“孟令敏”的身份信息，根据公安机关侦查惯例，公安人员按照正常的工作程序，在调取“孟令敏”的户籍材料，查证行为人与“孟令敏”身份关系的活动中，亦能了解孟令廷的真实身份及所犯余罪罪行。由此可见，孟令廷使用“孟令敏”化名，对公安机关掌握其余罪罪行并不构成实质障碍。故孟令廷在廊坊公安局看守所羁押期间，如实供述自己真实身份及杀人罪行的行为不符合“如实供述司法机关还未掌握的本人其他罪行”的规定，不应认定为自首。

需要说明的是，之所以对余罪自首采用比一般自首更为严格的认定标准，主要考虑到犯罪嫌疑人已被采取强制措施，属被动归案，司法机关有深挖余罪的职责，犯罪嫌疑人有如实回答的义务。当然，上述对“司法机关是否掌握”认定标准的界定，并不会造成变相鼓励犯罪嫌疑人、被告人编造和使用没有任何查证线索的化名的情况。就孟令廷而言，其主动交代真实身份，如实供述其以前所犯罪行的行为，虽不能认定为余罪自首，但已构成坦白。2011 年施行的《刑法修正案（八）》已将坦白上升为法定从宽处罚情节，审判机关可以根据其坦白价值大小、所犯罪行严重程度等情节，在量刑时决定对其是否予以从轻。孟令廷故意杀人，致 2 人死亡、2 人轻伤，在逃期间又犯故意伤害罪，主观恶性与人身危险性大，虽有坦白情节，不足以从宽处罚，故法院判处并核准死刑。

——最高人民法院刑五庭：《孟令廷故意杀人、故意伤害案》，载最高人民法院刑事审判第一、二、三、四、五庭主办：《刑事审判参考》2014 年第 2 集（总第 97 集），法律出版社 2014 年版，第 54~56 页。

204. 单位自首的认定

关键词

自首　单位自首

《刑事审判参考》指导案例

陈德福走私普通货物案（《刑事审判参考》指导案例第 151 号）

裁判要点：犯罪单位既然可以成为犯罪主体，当然也应当能够成为自首的主体。只不过，如同单位犯罪是单位意志支配下由单位成员实施的一样，单位自首也必须体现单位的意志并由单位成员具体实施。

在认定犯罪单位自首以及参与单位犯罪的自然人自首时应具体案件具体分析：

1. 单位犯罪是经由集体研究决定实施的，犯罪单位又经由集体研究决定由能够代表单位意志的直接负责的主管人员自动投案并如实交代单位所实施的全部罪行的，或者单位经集体决定委派其他自然人去投案并如实交代单位所实施的全部罪行的，应认定单位的自首。在犯罪单位集体研究决定自首的情况下，所有参与单位犯罪的自然人，只要能认同单位自首意志，随时接受调查并如实交代个人参与单位犯罪事实的，均可同时认定为个人自首。

2. 单位犯罪事先未经集体研究决定，而是由能够代表单位意志的直接负责的主管人员自行以单位名义决定实施，犯罪所得归单位的，能够代表单位意志的直接负责的主管人员自行决定自动投案，如实供述单位犯罪以及其个人全部犯罪事实的，应认定为单位自首和其个人自首。由于该直接负责的主管人员的自行自首，虽可以代表单位意志以及其个人意志，但并不能代表所有参与单位犯罪的自然人的意志，所以其他参与单位犯罪的人如没有主动投案并如实交代自己罪行的人，则不能认定他们的个人自首。

3. 单位犯罪是由单位直接负责的主管人员和其他直接责任人员共同实施的，其他直接责任人员中有人自行主动投案并如实交代单位犯罪及其个人参与单位犯罪事实的，单位直接负责的主管人员和其他的直接责任人员未自动投案的，由于投案人的投案行为不能代表单位意志，仅系个人意志，因此，只认定自动投案并如实交代自己罪行的直接责任人员的自首，不能认定单位自首和其他参与单位犯罪决策和实施人的个人自首。同样，不具有代表单位意志身份的或未参与单位犯罪的单位内部人举报单位犯罪的，也不能认定单位自首。

《刑法》第 67 条规定："对于自首的犯罪分子，可以从轻或者减轻处罚。其中，犯罪较轻的可以免除处罚。"认定单位自首成立后，如何对犯罪单位适用自首的这一规定呢？我们认为，由于《刑法》对单位犯罪的刑罚，只设置了单一的不确定的罚金刑作为法定刑，而非像自然人犯罪的刑罚规定有不同的法定刑，因此，对构成自首的犯罪单位，在决定其应处的罚金刑时，不存在在法定刑以下如何减轻处罚的问题，一般可根据案件的具体情节判处较轻的罚金刑。

——最高人民法院刑事审判第一庭、第二庭编：《刑事审判参考》2002 年第 1 辑（总第 24 辑），法律出版社 2002 年版，第 9~15 页。

205. 自诉案件中自首的认定

关键词

自首　自诉案件

《刑事审判参考》指导案例

刘某诉江某故意伤害案（《刑事审判参考》指导案例第 172 号）

裁判要点：只要符合自首成立的法定条件，无论是公诉案件还

是自诉案件，都应当认定为自首，不能因自诉案件的犯罪事实和犯罪嫌疑人容易被司法机关发现和掌握，就不适用刑法关于自首的规定。

自诉案件是相对于公诉案件而言的，是我国《刑事诉讼法》根据提起诉讼的主体不同而作的程序上的分类。虽然《刑事诉讼法》规定人民法院在审理自诉案件过程中可以调解，宣告判决前，自诉人可以与被告人自行和解，或者撤回自诉，被告人在诉讼过程中可以对自诉人提起反诉，但都属于程序上的处理，主要解决诉权问题，不涉及对案件实体问题的认定。而对实体问题的认定，无论是公诉案件，还是自诉案件，其认定依据只能是刑法的规定。关于自首，我国《刑法》第 67 条仅规定了自首的成立条件及其处罚原则，并未对可以成立自首的案件性质作任何限制。也就是说，只要符合自首成立的法定条件，无论是公诉案件还是自诉案件，都应当认定为自首，不能因自诉案件的犯罪事实和犯罪嫌疑人容易被司法机关发现和掌握，就不适用《刑法》关于自首的规定。

——最高人民法院刑事审判第一庭、第二庭编：《刑事审判参考》2002 年第 2 辑（总第 25 辑），法律出版社 2002 年版，第 50~54 页。

206. 在自首的认定中如何确定同种罪行

关键词

自首情节　同种罪行

《刑事审判参考》指导案例

赛黎华、王翼龙贩卖毒品、赛黎华非法持有毒品案（《刑事审判参考》指导案例第 1348 号）

裁判要点：在法律上密切关联的犯罪，一般应从犯罪构成要件考察数种罪行在犯罪主体、客体、客观方面的行为、结果、对象要素上是否具有相近性或包容性；在事实上密切关联的犯罪，一般依托司法实践，结合日常经验，考察数种行为在发生概率、逻辑以及关系上是否具有关联性。

同种罪行主要包括以下三种：第一，相同罪名的罪行；第二，选择性罪名的罪行；第三，法律上、事实上存在密切关联的罪行。除此之外的才能被认定为不同种罪行。

前面两种在审判实践中比较明确，而对于第三种“法律上、事实上密切关联的罪行”的认定，往往在实践中会出现分歧。有观点认为，在法律上密切关联的犯罪，是指不同犯罪的构成要件有交叉或者不同犯罪之间存在对合（对向）关系、牵连关系、竞合关系或集合关系；在事实上密切关联的犯罪，是不同犯罪之间在犯罪的时间、地点、方法（手段）、对象、结果等客观事实特征方面有密切联系。[①] 我们认为，在法律上密切关联的犯罪，一般应从犯罪构成要件考察数种罪行在犯罪主体、客体、客观方面的行为、结果、对象要素上是否具有相近性或包容性；在事实上密切关联的犯罪，一般依托司法实践，结合日常经验，考察数种行为在发生概率、逻辑以及关系上是否具有关联性。如某人持枪杀人，其因故意杀人被抓获后，主动供述了购买枪支的行为，其购买枪支的行为构成非法买卖枪支罪，与司法机关此前掌握的故意杀人罪虽不是同一罪名，但因其在供述故意杀人犯罪事实时，必须如实供述作为犯罪工具的枪支的来源，因而，其所触犯的两个罪名在法律上、事实上均有紧密关联，其主动供述购买枪支的行为不能认定为自首。

本案当中，被告人赛黎华在公安机关未掌握其持有美沙酮的前提下，主动交代了持有美沙酮的行为，而且持有美沙酮的行为也被法院认定为非法持有毒品罪，与其构成的贩卖毒品罪是不同种罪名。然而，赛黎华所持有的美沙酮系其贩卖甲基苯丙胺对价的一部分，在法律上和事实上与贩卖毒品罪有密切关联，故其主动交代的非法持有毒品罪与公安机关掌握的贩卖毒品罪属于同种罪行，其非法持有毒品罪不应认定为自首。一审、二审法院根据案件事实和犯罪情节，对赛黎华判处的刑罚是适当的。

——姜琳炜撰稿、陆建红审编：《赛黎华、王翼龙贩卖毒品，赛黎华非法持有毒品案——如何认定毒品犯罪中的同种罪行及非法持有毒品罪中的“持有”》，载最高人民法院刑事审判第一、二、三、四、五庭主办：《刑事审判参考》（总第 122 集），法律出版社 2020 年版，第 102~106 页。

207. 坦白的认定

关键词

坦白　如实供述罪行

---

① 王飞跃：《自首制度中“如实供述”的理解与认定》，载《湘潭大学学报》2009 年第 5 期。

附录：最高人民法院主流观点

刑法所指坦白，是指犯罪嫌疑人除构成自首以外的如实供述自己罪行的行为。正确理解刑法中坦白的含义，必须掌握如下几点：

1. 坦白的主体是犯罪嫌疑人。《刑法》第六十七条第三款强调坦白的主体是“犯罪嫌疑人”，与第二款使用的“被采取强制措施的犯罪嫌疑人、被告人和正在服刑的罪犯”不同，也与第一款中的“犯罪分子”有所区别。在刑法修正过程中，曾有意见建议将坦白的主体规定为“犯罪嫌疑人、被告人”或者修改为“犯罪分子”，但均未被立法机关采纳。因此，必须正确解读犯罪嫌疑人的含义，认真领会立法的精神。

“犯罪嫌疑人”的字面含义是“因被怀疑实施了某种犯罪行为，而具有犯罪嫌疑的人”。从司法角度分析，“被怀疑实施了犯罪行为”是前提，“具有犯罪嫌疑”是结果。被怀疑是建立在尚不确实充分的证据之上，需要通过侦查进一步收集证据；或者虽然证据确实充分了，但尚未被提起公诉，还需要进行审查。简言之，以检察机关提起公诉为界，提起公诉前是犯罪嫌疑人，提起公诉后的身份就转变为被告人，而法院判决生效后，就变成罪犯了。因此，在侦查和审查起诉阶段的身份就是犯罪嫌疑人，到了审判阶段就是被告人，到了执行阶段就是罪犯。

立法机关将坦白的主体限定为犯罪嫌疑人，也就是说，只有在侦查和审查起诉阶段如实供述自己罪行的，才属于坦白；而在审判阶段如实供述自己罪行的，就不能认定为刑法意义上的坦白。刑法这样界定虽然与大众对“坦白从宽”政策中坦白的理解有所差别，但却更为严谨、合理。理由有二：一是将坦白的时间界限前置，更有利于发挥坦白的功能。一般而言，越早坦白，对于侦查机关及时收集证据、及早侦结案件越有帮助，越能节约司法资源、提高司法效率。若到了审判阶段才坦白，此时证据已经基本上确实充分，被告人坦白的意义和价值大不如从前，因此对于在侦查和审查起诉阶段如实供述自己罪行的，应当予以更大的奖励，从宽处罚的幅度要更大。二是将坦白的主体限定为犯罪嫌疑人，可以与认罪情节相区别。对于在审判阶段如实供述自己罪行的，《最高人民法院、最高人民检察院、司法部关于适用普通程序审理“被告人认罪案件”的若干意见（试行）》[①]和《关于适用简易程序审理公诉案件的若干意见》[②]均已明确规定：“人民法院对于自愿认罪的被告人，酌情

---

① 本文件已被《最高人民法院、最高人民检察院关于废止1997年7月1日至2011年12月31日期间制发的部分司法解释和司法解释性质文件的决定》（法释〔2013〕6号）废止。

② 本文件已被《最高人民法院、最高人民检察院关于废止1997年7月1日至2011年12月31日期间制发的部分司法解释和司法解释性质文件的决定》（法释〔2013〕6号）废止。

予以从轻处罚。”也就是说，司法实践中，对于被告人在审判阶段如实供述自己罪行的，已经单独认定为认罪情节了。刑法将坦白限制为在侦查和审查起诉阶段的如实供述，可以与法院阶段的认罪相区别。

2. 坦白的实质是如实供述自己罪行。不管狭义上的坦白，还是广义上的坦白，其实质都是如实供述自己罪行。对于坦白情节中的“如实供述自己罪行”，其认定标准如下：

（1）“如实供述自己罪行”，是指犯罪嫌疑人在犯罪事实被发觉，受到司法机关调查、盘问或者讯问时，如实交代自己的主要犯罪事实和真实身份，或者交代司法机关尚未发觉的其他同种罪行。犯罪嫌疑人在司法机关已经掌握主要犯罪事实，并且向其出示相关证据之后，不得已供述自己罪行的，不认定为坦白。

如实供述自己的真实身份，是如实供述自己罪行的应有之义。如果未供述自己的真实身份，使用假名或者他人名字，就等于是供述他人罪行，不宜认定为“如实供述自己罪行”。因此，《最高人民法院关于处理自首和立功若干具体问题的意见》将供述自己的真实身份纳入到“如实供述自己罪行”的范畴。规定：犯罪嫌疑人除供述自己的主要犯罪事实外，还应述自己的姓名、年龄、职业、住址、前科等基本情况。当然，犯罪嫌疑人供述的身份等情况与真实情况虽有差别，但不影响定罪量刑的，应认定为如实供述自己罪行。只有犯罪嫌疑人隐瞒自己的真实身份，影响对其定罪量刑的，才不能认定为如实供述自己罪行。

关于主要犯罪事实的理解。犯罪嫌疑人多次实施同种罪行的，应当综合考虑已交代的犯罪事实与未交代的犯罪事实的危害程度，决定是否认定为如实供述主要犯罪事实。虽然没有交代全部犯罪事实，但如实交代的犯罪情节重于未交代的犯罪情节，或者如实交代的犯罪数额多于未交代的犯罪数额，一般应认定为如实供述自己的主要犯罪事实。无法区分已交代的与未交代的犯罪情节的严重程度，或者已交代的犯罪数额与未交代的犯罪数额相当，一般不认定为如实供述自己的主要犯罪事实。

关于供述的主动性。有些犯罪嫌疑人归案后并非主动坦白，侦查机关不出示证据，就不交代，侦查机关出示多少证据，就供认多少事实。因此，在司法机关已经掌握主要犯罪事实，并且向其出示相关证据之后，才不得已供述自己罪行的，不应认定为坦白。因为这种情况下的坦白，并不能起到加快破案进度、节约司法资源、提高诉讼效率的目的，已经基本失去了坦白应有的价值和功能。当然，在有些案件中，虽然侦查机关掌握了主要犯罪事实，也掌握了相关犯罪证据，但是，侦查机关在首次盘问或者讯问前仍会习惯地让犯罪嫌疑人先交代，给其一个坦白从宽的机会，犯罪嫌疑人如果把握机会，在侦查机关出示证据之前就如实供述罪行的，仍可认定为坦白。

（2）共同犯罪案件中的犯罪嫌疑人，除如实供述自己罪行，还应当供述所知同案犯的基本情况和共同犯罪事实，才能认定为坦白。《最高人民法院关于处理自首和立功若干具体问题的解释》规定："共同犯罪案件中的犯罪嫌疑人，除如实供述自己的罪行，还应当供述所知的同案犯，主犯则应当供述所知其他同案的共同犯罪事实，才能认定为自首。""共同犯罪案件的犯罪分子到案后，揭发同案犯共同犯罪事实的，可以酌情予以从轻处罚。"《最高人民法院关于处理自首和立功若干具体问题的意见》规定："犯罪分子提供同案犯姓名、住址、体貌特征等基本情况，或者提供犯罪前、犯罪中掌握、使用的同案犯联络方式、藏匿地址，司法机关据此抓捕同案犯的，不认定为协助司法机关抓捕同案犯。"可见，"供述所知的同案犯"，不仅要供述同案犯的姓名，还应当供述所知同案犯的住址、体貌特征、联络方式等基本情况。另外，不管从犯还是主犯，都必须供述自己与同案犯的共同犯罪事实，否则不属于如实供述自己罪行。"共同犯罪案件的犯罪分子到案后，揭发同案犯共同犯罪事实"的行为之所以不构成立功，原因就在于实质上不是"揭发"他人犯罪，而是"供述"自己与同案犯的共同犯罪事实。因此，共同犯罪案件中的犯罪嫌疑人，除如实供述自己罪行，还应当供述所知同案犯的基本情况和共同犯罪事实，才能认定为坦白。

（3）犯罪嫌疑人如实供述自己罪行后又翻供的，不能认定为如实供述自己罪行，但在一审判决前又能如实供述的，应当认定为如实供述自己罪行。

3. 坦白的到案形式是被动归案。坦白与自首都要求如实供述自己罪行，区别主要在于自首必须是犯罪以后自动投案，若是被动归案，除非如实供述了司法机关还未掌握的其他不同种罪行，否则只能构成坦白。这就界定了坦白与自首的区别：一般情况下，以归案形式即可区分自首和坦白，凡自动投案后如实供述自己罪行的，属于自首；但在被动归案的情况下，还必须结合供述内容来判定，如供述的内容为司法机关尚未掌握的其他不同种罪行，属于自首，否则均属于坦白。总之，一句话，犯罪嫌疑人如实供述自己罪行，如果不认定为自首，就属于坦白。至于"自动投案"和"不同种罪行"的认定标准，相关司法解释和司法文件已有详细规定，不再赘述。

——张军、胡云腾主编：《〈刑法修正案（八）〉条文及配套司法解释理解与适用》，人民法院出版社 2011 年版，第 82~85 页。

208. 坦白情节的具体法律适用

关键词

坦白

最高人民法院司法解释

第四条　被采取强制措施的犯罪嫌疑人、被告人和已宣判的罪犯，如实供述司法机关尚未掌握罪行，与司法机关已掌握的或者判决确定的罪行属同种罪行的，可以酌情从轻处罚；如实供述的同种罪行较重的，一般应当从轻处罚。

——《最高人民法院关于处理自首和立功具体应用法律若干问题的解释》（1998年4月6日，法释〔1998〕8号）。

附录：最高人民法院主流观点

（二）坦白从宽的适用对于坦白，应当根据犯罪的事实、性质、情节，并考虑坦白的时间、程度、价值等具体情形确定是否从宽处罚以及从宽处罚的幅度。坦白有助于收集定案证据，坦白司法机关尚未掌握的同种罪行，或者交代同案犯共同犯罪事实的，一般应当从轻处罚；坦白对于定案证据的收集有重要作用，坦白司法机关尚未掌握的较重同种罪行，或者因坦白避免了严重后果发生的，一般应当较大幅度从轻处罚；罪行极其严重，或者坦白对于司法机关办案没有起到实际作用的，可以不从轻处罚。对具有坦白情节的被告人是否从宽处罚以及从宽处罚的幅度，应当综合考虑犯罪的事实、性质、情节和坦白的时间、程度、价值等情况确定。

1. 罪行的轻重

罪行轻重是决定坦白是否从宽处罚以及从宽处罚幅度的根本因素。比如故意杀人致五人死亡，则不管有什么法定从宽处罚情节，都不会从轻处罚，更不会减轻处罚。因此，对于罪行极其严重，有坦白情节，也可不从轻处罚。

2. 坦白的时间

犯罪分子被动归案后，在什么时间什么背景下坦白其罪行，是马上交代，还是经过一段比较长时间的沉默或者狡辩，经过政策攻心或者出示一定证据的情况下才交代。坦白时间的早晚和背景的不同，不仅说明了犯罪分子对自己所犯罪行悔悟的早晚，反映其人身危险性程度，还可能直接影响司法资源效益和刑事诉讼效率，从宽处罚时需区别对待。

3. 坦白的程度

即犯罪分子是彻底交代全部罪行还是只交代主要罪行，每交代一件罪行是较全面客观地交代主要事实和情节还是避重就轻。坦白程度不同，反映犯罪分子是真心悔改还是想蒙混过关，是被政策感召还是想钻政策空子等等。对于真心悔改的，要较大幅度从宽处罚；对避重就轻的，应较小幅度从宽甚至不从宽处罚。另外，在供述同种余罪的坦白中，还要看已掌握罪行与未掌握罪行之间的轻重关系。如果司法机关掌握的是轻罪，犯罪分子坦白的是重罪，说明其悔罪态度较好，主观恶性和人身危险性较小，从宽比例要大一些，毕竟犯罪分子自己不坦白的话，司法机关可能无法侦破此部分犯罪。反之，如果司法机关掌握的是重罪，犯罪分子坦白的是轻罪，从宽比例就不宜过大。因此，《最高人民法院关于处理自首和立功者若干具体问题的解释》规定："被采取强制措施的犯罪嫌疑人、被告人和已宣判的罪犯，如实供述司法机关尚未掌握的罪行，与司法机关已掌握的或者判决确定的罪行属同种罪行的，可以酌情从轻处罚；如实供述的同种罪行较重的，一般应当从轻处罚。""共同犯罪案件的犯罪分子到案后，揭发同案犯共同犯罪事实的，可以酌情予以从轻处罚。"

4. 坦白的价值

即犯罪分子的坦白交代在全案中的证据作用如何，是一般证据、重要证据还是关键证据。坦白的价值和作用不同，客观上影响司法机关认定和处理案件。有的案件没有犯罪分子的坦白交代，司法机关照样掌握其罪行，这种情况下，犯罪分子的坦白对破案定罪的作用相对要小，从宽幅度就要小；另外有些案件，没有犯罪分子的坦白交代，司法机关就难以充分握其罪行证据，或者难以详尽地掌握其犯罪事实，在这种情况下，犯罪分子的坦白，对破案及定罪的作用就相对较大，从宽处罚的幅度就要相应大一些。而如果坦白对于司法机关办案确实没有起到实际作用的，也可以不从轻处罚。因此，《最高人民法院、最高人民检察院关于办理职务犯罪案件认定自首、立功等量刑情节若干问题的意见》规定：办案机关掌握的证据不充分，犯罪分子如实交代有助于收集定案证据的，可以酌情从轻处罚；如实交代对于定案证据的收集有重要作用的，一般应当从轻处罚。

当前，全国法院正在试行量刑规范化改革，对常见量刑情节进行了量化，明确了具体的处罚幅度，以统一适用标准，实现量刑公正。最高人民法院于2010年9月制定的《人民法院量刑指导意见（试行）》[①]规定：对于坦白，应当根据坦白的阶段、如实供述罪行的程度以及悔罪程度等情况确定从宽的幅度：（1）坦白司法机关尚未掌握的同种罪行的，可以减少基准刑的10%~30%；（2）坦白司法机关已经掌握的罪行的，可以减少基准刑的20%以下。至于从宽的具体刑罚量，由法官根据坦白的时间、程度和价值等具体情况在规定幅度内确定。所谓基准刑，是指不考虑量刑情节的情况下，被告人所实施的犯罪行为应当判处的刑罚。

——张军、胡云腾主编：《〈刑法修正案（八）〉条文及配套司法解释理解与适用》，人民法院出版社2011年版，第85~87页。

---

① 已失效，现应执行《最高人民法院、最高人民检察院印发〈关于常见犯罪的量刑指导意见（试行）〉的通知》（2021年6月16日，法发〔2021〕21号）。

209."检举、揭发他人犯罪行为"的理解

关键词

立功 检举 揭发

最高人民法院司法解释

第五条 根据刑法第六十八条第一款的规定，犯罪分子到案后有检举、揭发他人犯罪行为，包括共同犯罪案件中的犯罪分子揭发同案犯共同犯罪以外的其他犯罪，经查证属实；提供侦破其他案件的重要线索，经查证属实；阻止他人犯罪活动；协助司法机关抓捕其他犯罪嫌疑人（包括同案犯）；具有其他有利于国家和社会的突出表现的，应当认定为有立功表现。

第六条 共同犯罪案件的犯罪分子到案后，揭发同案犯共同犯罪事实的，可以酌情予以从轻处罚。

第七条 根据刑法第六十八条第一款的规定，犯罪分子有检举、揭发他人重大犯罪行为，经查证属实；提供侦破其他重大案件的重要线索，经查证属实；阻止他人重大犯罪活动；协助司法机关抓捕其他重大犯罪嫌疑人（包括同案犯）；对国家和社会有其他重大贡献等表现的，应当认定为有重大立功表现。

前款所称"重大犯罪"、"重大案件"、"重大犯罪嫌疑人"的标准，一般是指犯罪嫌疑人、被告人可能被判处无期徒刑以上刑罚或者案件在本省、自治区、直辖市或者全国范围内有较大影响等情形。

——《最高人民法院关于处理自首和立功具体应用法律若干问题的解释》（1998年4月6日，法释〔1998〕8号）。

附录：最高人民法院主流观点

根据《刑法》第68条的规定，检举、揭发他人犯罪，经查证属实的，应当认定为有立功表现。在理解、适用上述规定时，需要注意以下问题：

1. 根据《自首立功解释》第5条、第6条的规定，共同犯罪案件的犯罪分子到案后，揭发同案犯共同犯罪事实的，可以酌情予以从轻处罚，但不能认定立功；只有揭发同案犯共同犯罪事实以外的其他犯罪事实的，才能认定立功。

2. 未达到法定责任年龄或者不具备刑事责任能力的人实施的危害社会的行为，因不属于"犯罪行为"，检举、揭发这类事实的，不能认定立功。

3. 被告人所检举、揭发的他人的行为，已经构成犯罪，但有关机关未依

法追究的，或者因该行为情节轻微有关机关作出不起诉决定或免除处罚判决的，仍然应当认定被告人有立功表现。

4. 被告人所检举、揭发的他人犯罪行为，如已为司法机关所掌握，则不构成立功。

——高憬宏、杨万明主编：《基层人民法院法官培训教材（实务卷·刑事审判篇）》，人民法院出版社 2005 年版，第 65 页。

210. 共同犯罪案件中自首和立功的区分与认定

关键词

共犯自首　共犯立功

最高人民法院司法解释

第一条第（二）项　如实供述自己的罪行，是指犯罪嫌疑人自动投案后，如实交代自己的主要犯罪事实。

……

共同犯罪案件中的犯罪嫌疑人，除如实供述自己的罪行，还应当供述所知的同案犯，主犯则应当供述所知其他同案犯的共同犯罪事实，才能认定为自首。

……

第五条　根据刑法第六十八条第一款的规定，犯罪分子到案后有检举、揭发他人犯罪行为，包括共同犯罪案件中的犯罪分子揭发同案犯共同犯罪以外的其他犯罪，经查证属实……应当认定为有立功表现。

第六条　共同犯罪案件的犯罪分子到案后，揭发同案犯共同犯罪事实的，可以酌情予以从轻处罚。

——《最高人民法院关于处理自首和立功具体应用法律若干问题的解释》（1998 年 4 月 6 日，法释〔1998〕8 号）。

最高人民法院审判业务意见

最高人民法院刑事审判第一庭、第二庭、第三庭、第四庭、第五庭认为：我国《刑法》对共犯的自首和立功没有特别的专门规定，而共犯的自首与立功在表现和认定上较个人犯罪更为复杂，实践中对于共犯自首中的“供述所知的同案犯”与立功中的“检举、揭发他人犯罪”和“协助司法机关抓捕同案犯”的界限还存在一些模糊认识和争议。如何准确区分和认定共犯的自首与立功，贯彻罪责刑相适应原则，在量刑中予以体现做到罚当其罪，关系刑事司法中人权的有效保护，理应得到更多的关注。

一、如何区分共犯自首中的“供述所知的同案犯”与立功中的“检举、揭发他人犯罪行为”

一般认为，我国刑法上的立功有广义与狭义之分。狭义立功是指《刑法》第 68 条规定的立功，是与自首、累犯等相并列的一项独立的刑罚裁量情节。广义立功除包括狭义立功外，还包括作为刑罚执行制度中的立功，如第 50 条规定的死缓犯的立功、第 499 条规定的犯罪军人戴罪立功。这里探讨的是共犯的自首与狭义立功的关系。所谓立功是指犯罪分子揭发他人犯罪行为，查证属实，或者提供重要线索，从而得以侦破其他案件等具有协助司法机关工作的属性，或者其他对国家和社会有利的行为。根据《刑法》第 68 条和《最高人民法院关于处理自首和立功具体应用法律若干问题的解释》，共犯的自首与立功一般不难区分，比较难以分清的是共犯自首中的“供述所知的同案犯”与共犯“检举、揭发他人犯罪”的立功。

共犯自首中的“供述所知的同案犯”与立功中的“检举、揭发他人犯罪行为”如何区别？或者说揭发同案犯，仅是共犯人自首的成立条件，还是在成立自首的同时还构成立功呢？对此，我国刑法学界有不同认识：第一种观点认为，对于共同犯罪案件，不要求共同犯罪人必须交代出其他共犯人单独实施的其他罪行，但是对于自己参与实施的犯罪涉及其他共同犯罪人的犯罪事实的，则必须如实交代，才能按自首论处。当然，如果犯罪分子不仅如实交代自己的罪行，而且还主动揭发、检举出其他犯罪分子（包括共犯）单独实施的罪行并经查证属实的，则可以按立功对待。第二种观点认为，不论是否同案共犯，重点应视其揭发的犯罪是否属实，如果揭发属实，即使是同案犯，也可以认为是立功表现。第三种观点认为，犯罪集团的首要分子如实供述犯罪集团其他成员的犯罪行为，犯罪集团首要分子以外的主犯，如实供述与其共同犯罪的其他人的犯罪行为或者受其组织、指挥的他人的犯罪行为的，不应认为是立功。因为这些他人的犯罪行为是主犯犯罪行为的组成部分，主犯如实供述这些他人的犯罪行为，实质上是如实供述自己的犯罪行为。由于从犯、胁从犯只对自己参与实施的犯罪行为承担相应刑事责任，他们揭发同案中的其他人的犯罪行为，查证属实的，应认为是立功表现。因此，揭发同案犯的犯罪行为，要具体分析，不宜一概认为是立功。

我们认为，第二种观点将共同犯罪人揭发同案犯的犯罪行为一概理解为立功表现，明显不当，因为同案犯的犯罪行为是共同犯罪的一部分，应当属于自首中如实供述的范围。第三种观点虽然认为主犯揭发同案犯的犯罪行为不是立功，有一定合理部分，但是认为从犯、胁从犯揭发同案犯的犯罪行为是立功表现，并不妥当。因为从犯、胁从犯如不供述所知的主犯或者其他共犯的犯罪，就不可能如实全面供述本人的罪行。

比较而言，第一种观点较为合理，符合我国《刑法》立功规定的精神和有关司法解释关于共犯自首和立功的规定。针对这些不同认识，为了区分共同犯罪案件中的自首与立功，1998 年最高人民法院在《关于处理自首和立功具体应用法律若干问题的解释》中对这一问题进行了明确规定，其中第 1 条规定："……共同犯罪案件中的犯罪嫌疑人，除如实供述自己的罪行，还应当供述所知的同案犯，主犯则应当供述所知其他同案犯的共同犯罪事实，才能认定为自首……"第 5 条规定："……犯罪分子到案后有检举、揭发他人犯罪行为，包括共同犯罪案件中的犯罪分子揭发同案犯共同犯罪以外的其他犯罪，经查证属实……应当认定有立功表现。"第 6 条规定："共同犯罪案件的犯罪分子到案后，揭发同案犯共同犯罪事实的，可以酌情予以从轻处罚。"据此，只有揭发同案犯除共同犯罪以外由其单独实施的犯罪行为，才能以立功论处。如果揭发的不是共同犯罪以外的其他罪行，不是立功，而是"如实供述自己罪行"，应属于构成自首的必要条件。

此外，理解共犯的自首和立功时，还需要注意以下两点：一是上述司法解释第 5 条规定中的"同案犯共同犯罪以外的其他犯罪"，既包括同案犯另外单独实施的或者与其他人共同实施的其他犯罪，也包括该同案犯在与自首人进行共同犯罪过程中，超出共同故意所另外实施的其他犯罪。因为共同犯罪中的过限行为只能由过限行为人承担责任，没有实施过限行为的其他人就该过限行为不构成共同犯罪。二是需要注意上述司法解释第 6 条规定的共同犯罪人坦白的情况。共同犯罪人到案后揭发同案犯共同犯罪事实的，属于对其自己罪行的坦白，在量刑上亦应予以体现，一般应当酌情从轻处罚。

二、如何区分共犯自首中的"供述所知的同案犯"与立功中的"协助司法机关抓捕同案犯"

我们认为，认定提供同案犯藏匿线索构成立功时，应当把握以下几个方面：第一，被告人提供了真实、具体的同案犯藏匿的情报。被告人提供的藏匿线索包括同案犯的逃跑路线、活动规律、藏匿地点等情报，并且该情报是真实、具体的，而不是虚假或者漫无边际的。第二，该情报事先不为有关机关所掌握或者有关机关按照正常工作程序无法掌握。如果有关机关事先已经掌握或者按照正常工作程序能够掌握该情报，就难以说明被告人起到协助作用。第三，有抓获了同案犯的结果。如果被告人虽然提供了同案犯的藏匿线索，司法机关按照其线索未能将同案犯抓获的，不能认定为立功。但是，如果由于司法机关自身的原因或者失职行为，未能将同案犯抓获的，责任不在被告人，可以作为立功的例外情况。第四，被告人的情报在抓获同案犯中确实起了作用。被告人提供情报的行为与抓获同案犯的结果，存有因果关系。也就是说，正是有了被告人的情报，才使公安机关得以抓获同案犯。

——最高人民法院刑事审判第一、二、三、四、五庭：《从一起个案看共犯的自首和立功的区别》，载最高人民法院刑事审判第一、二、三、四、五庭主办：《刑事审判参考》2006年第4集（总第51集），法律出版社2006年版，第165~170页。

说明

对于共同犯罪案件，不要求共同犯罪人必须交代出其他共犯人单独实施的其他罪行，但是对于自己参与实施的犯罪涉及其他共同犯罪人的犯罪事实的，必须如实交代，才能按自首论处。当然，如果犯罪分子不仅如实交代自己的罪行，而且还主动揭发、检举出其他犯罪分子（包括共犯）单独实施的罪行并经查证属实的，则可以按立功对待。如果揭发的不是共同犯罪以外的其他罪行，不是立功，而是“如实供述自己罪行”，应属于构成自首的必要条件。认定被告人是否构成该项立功，应当根据被告人在公安机关抓获同案犯中是否确实起了协助作用。如经被告人当场指认、辨认抓获了同案犯；带领公安人员抓获了同案犯；被告人提供了不为有关机关掌握或者有关机关按照正常工作程序无法掌握的同案犯藏匿的线索，抓获了同案犯等情况，均属于协助司法机关抓获同案犯，应认定为立功。

211. 揭发他人犯罪行为构成立功的认定要点

关键词

行贿罪　立功　揭发他人犯罪行为

《刑事审判参考》指导案例

被告单位成都主导科技有限责任公司、被告人王黎单位行贿案（《刑事审判参考》指导案例第1282号）

裁判要点：行贿人构成立功，必须是揭发受贿人与其行贿无关的其他犯罪事实。

（三）关于揭发他人犯罪行为构成立功的认定

关于被告人王黎是否构成立功，形成以下两种意见。

一种意见认为，王黎构成一般立功。理由是：（1）通过王黎的揭发行为，司法机关查明戴伟跃收受贿赂150余万元，有利于打击犯罪和节约司法资源，如不认定为立功，意味着对王黎的揭发行为没有作出法律评价，亦未体现激励政策导向。（2）王黎的行为符合《最高人民法院关于处理自首和立功具体应用法律若干问题的解释》第五条“提供侦破其他案件的重要线索，经查证属实”的规定。犯罪分子到案后有检举、揭发他人犯罪行为，经查证属实，应当认定为有立功表现。本案中，戴伟跃的受贿犯罪相对于王黎而言，属于他人犯罪行为，可以认定王黎具有立功表现。（3）戴伟跃犯罪数额为150万元，根据目前全国、河南省对受贿犯罪的判罚情况，一般不会被判处无期徒刑以上刑罚，而且戴伟跃案也不是在本省或者全国有较大影响的案件，故不宜认定王黎为重大立功，仅构成一般立功。

另一种意见认为，被告人王黎向戴伟跃的行贿行为，系王黎自己参与的对合犯罪，不构成立功。理由是：《最高人民法院、最高人民检察院关于办理行贿刑事案件具体应用法律若干问题的解释》（以下简称《行贿解释》）第九条规定，行贿人揭发受贿人与其行贿无关的其他犯罪行为，查证属实，构成立功。根据该规定，构成立功必须具备两个条件：一是与自己的行贿行为无关；二是揭发与本人行贿行为无关的他人其他犯罪。本案中，王黎虽然到案后主动供述司法机关尚未掌握的自己其他行贿犯罪事实，但因该事实属于与其行贿犯罪事实关联的事实，故王黎的行为不构成立功。

我们赞同后一种意见。主要理由是：根据《行贿解释》第九条的规定，行贿人构成立功，必须是揭发受贿人与其行贿无关的其他犯罪事实。本案中，王黎系因行贿犯罪（向刘瑞扬行贿）归案后，又主动供述司法机关尚未掌握的本人其他行贿事实（向戴伟跃行贿），该事实属于与其行贿在法律上、事实上有紧密关联的事实，而非揭发他人其他犯罪，故不应认定为立功。王黎如实供述自己行贿的犯罪事实，依法应当认定为坦白，可以从轻处罚。同时，需要注意的是，王黎虽然不具有立功情节，但王黎的主动交代行为在客观上为司法机关查明戴伟跃受贿案件起到了积极作用，在量刑时应予考虑。

此外，能否对被告人王黎适用缓刑也是本案讨论的重点之一。我们认为，本案不宜对王黎判处缓刑。理由如下：（1）王黎不属于追诉前主动供述，不构成立功，不具有法定减轻处罚情节；关于王黎的学术成就，难以认定为杰出贡献，不属于法定减轻情节。根据被告人的犯罪情节，在仅有从轻处罚情节的情况下，对其适用缓刑依据不足。（2）除了公诉机关指控的行贿数额外，对王黎于2010年送200万元现金、2012年报销30万元左右发票、2012年送10万元现金，刘瑞扬及王黎的相关笔录中均载明了相关事实，可见，王黎系多次向多人行贿，而公诉机关未予追诉。公诉机关指控的行贿数额明显少于实际数额，前后行贿的情形和性质类似，公诉机关以未牟取不正当利益作为不追诉的理由不够充分。根据刑事诉讼法不诉不理的原则，人民法院只能就公诉机关指控的事实进行裁判，但在量刑时可以酌情考虑。（3）在当前反腐败斗争形势依然严峻的情况下，为遏制腐败源头，深入贯彻打击行受贿并重的政策精神，在严厉打击受贿犯罪的同时，有必要加大对行贿犯罪的打击力度。本案行贿数额达数百万元，如果判处缓刑，社会效果不好。

——最高人民法院刑事审判第一、二、三、四、五庭主办：《刑事审判参考》（总第 115 辑），法律出版社 2019 年版，第 97~103 页。

212. 检举本人与他人共同盗窃中他人超出犯意致人死亡的行为，仅构成坦白，不构成立功

关键词

共同犯罪　致人死亡　坦白　立功

《刑事审判参考》指导案例

张才文等抢劫、盗窃案（《刑事审判参考》指导案例第 1225 号）

裁判要点：立功的内容仅限于法定内容，即通常是指犯罪分子揭发他人犯罪行为，经查证属实，或者提供重要线索，从而得以侦破其他案件，或者阻止他人犯罪活动，或者协助司法机关缉捕其他罪犯（包括同案犯），或者具有其他有利于国家和社会的突出表现的行为。

本案中，由于张才文归案后主动供述了与杨有军等人共同盗窃的事实，因此，对该交代行为视为具备“如实供述”的情形。要认定这一“如实供述”是否构成自首的情节，关键要看其如实供述的事实与司法机关先行掌握的犯罪事实是否属于“同种罪行”。由于其于 2010 年 8 月 18 日实施的盗窃犯罪事实被司法机关掌握在先，其主动供述与杨有军等人共同盗窃的事实在后，因此，其“如实供述”司法机关尚未掌握的与杨有军等人共同盗窃的行为与司法机关已经掌握的其单独盗窃犯罪行为属于同一种罪行，因而不构成自首。

当然，张才文如实供述司法机关尚未掌握的与杨有军等人共同盗窃的事实，虽然既不构成立功，也不构成自首，但是，根据《最高人民法院关于处理自首和立功具体应用法律若干问题的解释》第六条关于“共同犯罪案件的犯罪分子到案后，揭发同案犯共同犯罪事实的，可以酌情予以从轻处罚”的规定，其揭发杨有军致人死亡的实行过限行为，仍然构成坦白情节，因而可以酌情从轻处罚。但是，由于张才文的抢劫犯罪罪行极其严重，依法不足以从轻处罚。

——最高人民法院刑事审判第一、二、三、四、五庭主办：《刑事审判参考》（总第 112 辑），法律出版社 2018 年版，第 37~48 页。

213. 跨省异地执行刑罚的黑恶势力罪犯坦白检举构成自首立功的处理

关键词

黑恶势力罪犯　跨省异地　执行刑罚　坦白检举　自首　立功

最高人民法院司法政策精神

为认真贯彻落实中央开展扫黑除恶专项斗争的部署要求，根据刑法、刑事诉讼法和有关司法解释、规范性文件的规定，现对办理跨省异地执行刑罚的黑恶势力罪犯坦白交代本人犯罪和检举揭发他人犯罪案件提出如下意见：

一、总体工作要求

1. 人民法院、人民检察院、公安机关、监狱要充分认识黑恶势力犯罪的严重社会危害，在办理案件中加强沟通协调，促使黑恶势力罪犯坦白交代本人犯罪和检举揭发他人犯罪，进一步巩固和扩大扫黑除恶专项斗争成果。

2. 人民法院、人民检察院、公安机关、监狱在办理跨省异地执行刑罚的黑恶势力罪犯坦白、检举构成自首、立功案件中，应当贯彻宽严相济刑事政策，充分发挥职能作用，坚持依法办案，快办快结，保持密切配合，形成合力，实现政治效果、法律效果和社会效果的统一。

二、排查和移送案件线索

3. 监狱应当依法从严管理跨省异地执行刑罚的黑恶势力罪犯，积极开展黑恶势力犯罪线索排查，加大政策宣讲力度，教育引导罪犯坦白交代司法机关还未掌握的本人其他犯罪行为，鼓励罪犯检举揭发他人犯罪行为。

4. 跨省异地执行刑罚的黑恶势力罪犯检举揭发他人犯罪行为、提供重要线索，或者协助司法机关抓捕其他犯罪嫌疑人的，各部门在办案中应当采取必要措施，保护罪犯及其近亲属人身和财产安全。

5. 跨省异地执行刑罚的黑恶势力罪犯坦白、检举的，监狱应当就基本犯罪事实、涉案人员和作案时间、地点等情况对罪犯进行询问，形成书面材料后报省级监狱管理机关。省级监狱管理机关根据案件性质移送原办案侦查机关所在地省级公安机关、人民检察院或者其他省级主管部门。

6. 原办案侦查机关所在地省级公安机关、人民检察院收到监狱管理机关移送的案件线索材料后，应当进行初步审查。经审查认为属于公安机关或者人民检察院管辖的，应当按照有关管辖的规定处理。经审查认为不属于公安机关或者人民检察院管辖的，应当及时退回移送的省级监狱管理机关，并书面说明理由。

三、办理案件程序

7. 办案侦查机关收到罪犯坦白、检举案件线索或者材料后，应当及时进行核实。依法不予立案的，应当说明理由，并将不予立案通知书送达罪犯服刑监狱。依法决定立案的，应当在立案后十日内，将立案情况书面告知罪犯服刑监狱。依法决定撤销案件的，应当将案件撤销情况书面告知罪犯服刑监狱。

8. 人民检察院审查起诉跨省异地执行刑罚的黑恶势力罪犯坦白、检举案件，依法决定不起诉的，应当在作出不起诉决定后十日内将有关情况书面告知罪犯服刑监狱。

9. 人民法院审理跨省异地执行刑罚的黑恶势力罪犯坦白案件，可以依法适用简易程序、速裁程序。有条件的地区，可以通过远程视频方式开庭审理。判决生效后十日内，人民法院应当向办案侦查机关和罪犯服刑监狱发出裁判文书。

10. 跨省异地执行刑罚的黑恶势力罪犯在服刑期间，检举揭发他人犯罪、提供重要线索，或者协助司法机关抓捕其他犯罪嫌疑人的，办案侦查机关应当在人民法院判决生效后十日内根据人民法院判决对罪犯是否构成立功或重大立功提出书面意见，与案件相关材料一并送交监狱。

11. 跨省异地执行刑罚的黑恶势力罪犯在原审判决生效前，检举揭发他人犯罪活动、提供重要线索，或者协助司法机关抓捕其他犯罪嫌疑人的，在原审判决生效后才被查证属实的，参照本意见第 10 条情形办理。

12. 跨省异地执行刑罚的黑恶势力罪犯检举揭发他人犯罪，构成立功或者重大立功的，监狱依法向人民法院提请减刑。对于检举他人犯罪行为基本属实，但未构成立功或者重大立功的，监狱可以根据有关规定给予日常考核奖励或者物质奖励。

13. 公安机关、人民检察院、人民法院认为需要提审跨省异地执行刑罚的黑恶势力罪犯的，提审人员应当持工作证等有效证件和县级以上公安机关、人民检察院、人民法院出具的介绍信等证明材料到罪犯服刑监狱进行提审。

14. 公安机关、人民检察院、人民法院认为需要将异地执行刑罚的黑恶势力罪犯跨省解回侦查、起诉、审判的，办案地省级公安机关、人民检察院、人民法院应当先将解回公函及相关材料送监狱所在地省级公安机关、人民检察院、人民法院审核。经审核确认无误的，监狱所在地省级公安机关、人民检察院、人民法院应当出具确认公函，与解回公函及材料一并转送监狱所在地省级监狱管理机关审批。监狱所在地省级监狱管理机关应当在收到上述材料后三日内作出是否批准的书面决定。批准将罪犯解回侦查、起诉、审判的，办案地公安机关、人民检察院、人民法院应当派员到监狱办理罪犯离监手续。案件办理结束后，除将罪犯依法执行死刑外，应当将罪犯押解回原服刑监狱继续服刑。

15. 本意见所称“办案侦查机关”，是指依法对案件行使侦查权的公安机关、人民检察院。

——《最高人民法院、最高人民检察院、公安部、司法部关于跨省异地执行刑罚的黑恶势力罪犯坦白检举构成自首立功若干问题的意见》（2019 年 10 月 21 日，司发〔2019〕5 号）。

214. “协助公安机关抓获其他犯罪嫌疑人”的认定

关键词

立功　协助抓获犯罪嫌疑人

最高人民法院司法解释

第五条　根据刑法第六十八条第一款的规定，犯罪分子到案后有检举、揭发他人犯罪行为，包括共同犯罪案件中的犯罪分子揭发同案犯共同犯罪以外的其他犯罪，经查证属实；提供侦破其他案件的重要线索，经查证属实；阻止他人犯罪活动；协助司法机关抓捕其他犯罪嫌疑人（包括同案犯）；具有其他有利于国家和社会的突出表现的，应当认定为有立功表现。

——《最高人民法院关于处理自首和立功具体应用法律若干问题的解释》（1998 年 4 月 6 日，法释〔1998〕8 号）。

最高人民法院司法政策精神

五、关于“协助抓捕其他犯罪嫌疑人”的具体认定

犯罪分子具有下列行为之一，使司法机关抓获其他犯罪嫌疑人的，属于《解释》第五条规定的“协助司法机关抓捕其他犯罪嫌疑人”：（1）按照司法机关的安排，以打电话、发信息等方式将其他犯罪嫌疑人（包括同案犯）约至指定地点的；（2）按照司法机关的安排，当场指认、辨认其他犯罪嫌疑人（包括同案犯）的；（3）带领侦查人员抓获其他犯罪嫌疑人（包括同案犯）的；（4）提供司法机关尚未掌握的其他案件犯罪嫌疑人的联络方式、藏匿地址的，等等。

犯罪分子提供同案犯姓名、住址、体貌特征等基本情况，或者提供犯罪前、犯罪中掌握、使用的同案犯联络方式、藏匿地址，司法机关据此抓捕同案犯的，不能认定为协助司法机关抓捕同案犯。

——《最高人民法院印发〈关于处理自首和立功若干具体问题的意见〉的通知》（2010 年 12 月 22 日，法发〔2010〕60 号）。

最高人民法院审判业务意见

最高人民法院刑事审判第一庭、第二庭认为：1979年《刑法》对立功问题没有规定，1997年《刑法》在总结司法实践经验的基础上，对立功作出了规定，最高人民法院《关于处理自首和立功具体应用法律若干问题的解释》（下称《解释》）对立功问题又作出了具体的解释，这是我们认定立功的法律依据。《解释》第5条规定，协助公安机关抓获犯罪嫌疑人的，应当认定为有立功表现。该规定虽不以被抓获的人已经审判并被确认为有罪为条件，但必须以有权机关即侦查、公诉机关确认其涉嫌犯罪为前提，且确因被告人的作用，使该犯罪嫌疑人被司法机关抓获。法院认定被告人是否具有“协助公安机关抓获犯罪嫌疑人”的立功表现，必须以有权机关确认被抓获的人是否涉嫌犯罪为基础，如果被抓获的人不具有犯罪嫌疑，或者开始虽被列为犯罪嫌疑人，但法院在对被告人作出裁判前，被抓获的人的犯罪嫌疑被解除，则被告人不具有或开始虽具有但随后又丧失了构成立功的条件。这当然有可能出现以下两种情形：一是有权机关确认被抓获的人未涉嫌犯罪，但在法院对被告人作出不构成立功的判决后，被抓获的人又经法定程序被确认为有罪；二是有权机关确认被抓获的人涉嫌犯罪，但在法院对被告人作出立功的判决后，该犯罪嫌疑人又经法定程序被确认为无罪。无论属于上述何种情况，原判关于被告人是否属于立功的认定都将出错。但这种错误是程序运作本身所可能蕴含的，是无法绝对避免的，且错也不在原判法院。因为，第一，确认被告人协助公安机关抓获的人是否涉嫌犯罪的职权和职责在于公安或检察机关，法院无职权也无职责自行对被抓获的人是否涉嫌犯罪进行侦查，因而只能依据公安或检察机关的意见行事；第二，囿于法定审理期限的限制，法院通常不可能去等待被抓获的犯罪嫌疑人经法院审判被确认犯罪后再认定被告人是否构成立功。因此，司法解释从及时审判和有利于被告人的角度出发，只要求对被抓获的人经有权机关确认涉嫌犯罪即可。至于法院据此认定被告人构成立功或不构成立功后又发生的变化，只能依照法定程序再作相应的处理，如二审改判或提起再审。

需要说明的是，司法实践中，确实存在侦查或公诉机关在确认被告人“协助抓获的人”是不是“犯罪嫌疑人”时发生错误的可能，从而直接影响到法院对被告人是否构成立功的认定，有时甚至影响到法院对被告人要不要判处死刑立即执行。在这种情形下，如法院确实不能排除被告人有可能构成立功时，应当在对被告人量刑时留有余地，以待将来纠正、弥补。

——最高人民法院刑事审判第一、二庭：《协助公安机关抓获未被检察机关起诉的犯罪嫌疑人的行为是否构成立功》，载最高人民法院刑事审判第一庭、第二庭编：《刑事审判参考》2002年第3辑（总第26辑），法律出版社

2002年版，第208~211页。

附录：理解与适用

七、“协助抓捕其他犯罪嫌疑人”的具体认定

鉴于同案犯的基本情况（包括同案犯的姓名、住址、体貌特征等信息）属于犯罪分子应当供述的范畴，而犯罪前、犯罪中掌握、使用的同案犯联络方式、藏匿地址，则属于预谋、实施犯罪的范畴，也是犯罪分子应当供述的内容，因此，《意见》规定，犯罪分子仅仅提供上述信息，司法机关据此抓捕同案犯的，不能认定为协助抓捕同案犯。但是，如果按照司法机关的安排，将同案犯约至指定地点、当场指认同案犯，或者带领侦查人员抓获同案犯的，则可认定为立功。因为此类协助抓捕，犯罪分子完全可以不予配合，而其一旦主动、积极协助，个人则要承受一定压力、承担一定风险，因此应当通过认定为立功予以鼓励。

——周峰、薛淑兰、孟伟：《〈关于处理自首和立功若干具体问题的意见〉的理解与适用》，载《审判业务资料》2011年第7期（总第212期），第141~142页。

《刑事审判参考》指导案例

汪光斌受贿案（《刑事审判参考》指导案例第607号）

裁判要点：虽然行为人检举的其他犯罪嫌疑人的藏匿地点是其户籍所在地，公安机关对户籍所在地的情况亦已掌握，但只要其提供的线索对公安机关抓获犯罪嫌疑人起到实际帮助作用，依法应当认定为“协助司法机关抓获其他犯罪嫌疑人”。

我国《刑法》第六十八条规定了立功制度。最高人民法院《关于处理自首和立功具体应用法律若干问题的解释》对立功的司法认定进行了细化，规定犯罪分子到案后协助司法机关抓获其他犯罪嫌疑人的（以下简称“协助抓捕”），应当认定为有立功表现。

司法实践中，协助抓捕行为，既包括为司法机关抓捕其他犯罪嫌疑人提供重要线索的行为，也包括直接带领司法人员去抓捕的行为。本案被告人汪光斌的行为属于第一种情形，但其特殊之处在于，网上逃犯李某某被抓获前的藏匿地点是其户籍所在地，而公安机关对李某某户籍所在地这一信息已经掌握并曾实施过抓捕但未果。此种情况下能否认定为立功，在本案的审理中曾有不同的认识。

有意见认为，本案被告人汪光斌检举李某某的藏匿地点为其户籍所在地，

在公安机关对此已经掌握的情况下，即使没有汪光斌的检举，公安机关如积极实施抓捕也能抓获李某某。因此，汪光斌的行为不能认定为立功，可作为酌定情节在量刑时予以考虑。

我们认为，判断行为人提供的线索是否属于抓捕其他犯罪嫌疑人的重要线索，关键在于行为人提供线索的行为在公安机关的抓捕行动中是否起到实际帮助作用，并且应当以公安机关是否实际将有关犯罪嫌疑人抓捕归案作为确认依据，即行为人的检举行为和公安机关抓获其他犯罪嫌疑人之间是否具有直接的因果关系。在本案中，汪光斌检举的李某某的藏匿地点是其户籍所在地，虽然该地址已为公安机关掌握，但该信息系被作为犯罪嫌疑人的基本信息情况，而非作为李某某被抓获前的明确藏匿地为公安机关所掌握。实际情况是，公安机关曾实施抓捕未果后即失去了李某某藏匿地的线索，而正是汪光斌的检举行为明确了李某某被捉获前的藏匿地点为其户籍所在地，才使得公安机关启动指向明确的追捕行动，并实际抓获了李某某。应当说，汪光斌的检举行为对公安机关成功抓获李某某起到了实际帮助作用，该检举行为与公安机关抓获李某某之间是有直接因果关系的。在汪光斌提供的线索指引下，公安机关及时抓获了犯罪嫌疑人，破获案件，节省了司法资源，符合立功制度设立的意旨，应当认定为协助司法机关抓获其他犯罪嫌疑人，汪光斌的检举行为属于立功表现。

——最高人民法院刑事审判第一、二、三、四、五庭主办:《刑事审判参考》2010 年第 1 集（总第 72 集），法律出版社 2010 年版，第 74~80 页。

王奕发、刘演平敲诈勒索案（《刑事审判参考》指导案例第 706 号）

裁判要点：仅简单提供同案犯姓名、住址、体貌特征等基本情况，司法机关据此抓捕同案犯的，不属于“协助司法机关抓捕其他犯罪嫌疑人”的情形。

如果被告人只是提供了同案犯的姓名、住址、体貌特征等基本情况，或者提供犯罪前、犯罪中掌握、使用的同案犯联络方式、藏匿地址，而没有当场辨认、指认同案犯，或者没有按照司法机关的安排将同案犯约至指定地点，或者没有带领侦查人员抓获同案犯的，按照《意见》第五条第二款的规定，是不能认定为“协助司法机关抓捕同案犯”的。

——最高人民法院刑事审判第一、二、三、四、五庭主办:《刑事审判参考》2011 年第 3 辑（总第 80 辑），法律出版社 2011 年版，第 84~88 页。

胡国栋抢劫案（《刑事审判参考》指导案例第 711 号）

裁判要点：自首后主动交代获悉的同案犯的关押场所并予以指认的，构成立功。

对于司法机关根据被告人自首时交代的情况抓获同案犯的，能否同时认定其有立功表现，可以区分以下情形具体分析：

第一，被告人自首时交代同案犯的姓名或绰号、性别、年龄、体貌特征、住址、籍贯、联系电话、QQ 号等个人信息的，属于其应供述的范围，是成立自首所必备的条件。如果被告人自首时不交代或不如实交代同案犯的这些基本信息，则不能认定为如实交代，不能认定为自首。公安机关根据自首被告人交代的同案犯基本信息抓获同案犯的，不能在认定自首之外再认定被告人有立功表现，否则就是评价过剩，属于适用法律不当。

第二，被告人自首时交代了同案犯的姓名、性别、年龄、体貌特征、住址、联系电话等基本信息，又提供了同案犯的可能藏匿地等线索，而该线索是司法机关通过正常工作程序能够掌握的，则也不能认定被告人有立功表现，仅应认定其有自首情节。

第三，被告人自首时交代了同案犯的罪行和基本信息，又提供了司法机关无法通过正常工作程序掌握的有关同案犯的线索，司法机关正是通过该线索将同案犯抓获归案的，那么，不论被告人是否带领公安机关前往现场抓捕，都应当认定其行为对司法机关抓获同案犯起到了必要的协助作用，构成立功。

四，判断被告人提供的同案犯信息是否属于司法机关通过正常工作程序能够掌握的范围，应当立足于已然事实。对共同犯罪的被告人自首时所交代的案犯的罪行和基本信息超越了“如实供述”的范围，并对抓获同案犯确实起到必要的协助作用的，应根据《解释》第五条的规定，同时认定具有自首和立功表现，依法从宽处罚。准确把握这一原则，对于切实贯彻宽严相济的刑事政策，分化瓦解犯罪分子，感召犯罪人改过自新，具有积极的现实意义。

——最高人民法院刑事审判第一、二、三、四、五庭主办：《刑事审判参考》2011 年第 3 集（总第 80 集），法律出版社 2011 年版，第 123~129 页。

刘伟等抢劫案（《刑事审判参考》指导案例第 712 号）

裁判要点：被告人带领公安人员抓捕同案犯过程中，未对同案犯住处及其本人进行指认，且公安机关是在当地警方和相关人员协助下抓获同案犯，被告人的带捉行为不构成立功。

根据《最高人民法院关于处理自首和立功具体应用法律若干问题的解释》（以下简称《解释》）第五条、第七条的规定，犯罪分子到案后协助司法机关抓捕其他犯罪嫌疑人（包括同案犯）的构成立功，其中抓获重大犯罪嫌疑人构成重大立功。所谓重大犯罪嫌疑人，一般是指犯罪嫌疑人、被告人可能被判处无期徒刑以上刑罚或者在本省、自治区、直辖市或者全国范围内有较大影响等情形。我国刑法所确立的立功制度和对立功犯从宽处罚的原则，具有重大的意义：一方面，可以激励犯罪分子悔过自新，重新做人，使其能以较为积极的态度协助司法机关工作，提高司法机关办案的效率，节省司法资源；另一方面，可以有效地瓦解犯罪势力，促使其他犯罪分子主动归案，减少因犯罪分子留在社会上而对社会构成的潜在威胁。司法实践中，对已到案的犯罪分子协助司法机关抓捕其他犯罪嫌疑人，构成立功的，要把握三个条件：一是确实有协助抓捕的必要；二是客观上有协助司法机关抓捕其他犯罪嫌疑人的具体行为；三是协助行为对抓捕其他犯罪嫌疑人确实起到了作用。犯罪分子到案后如实交代了同案犯姓名、住址、体貌特征（如面部疤痕、肢体残疾等）基本情况，或者犯罪前、犯罪过程中掌握的同案犯联系方式（如手机号、QQ 号等）、藏匿地址，公安机关据此抓捕同案犯的，该情形属于如实交代基本犯罪事实的范畴，不能认定为立功。协助抓捕其他犯罪嫌疑人的具体行为，包括按照司法机关的安排诱捕其他犯罪嫌疑人，带领公安人员抓捕其他犯罪嫌疑人，并当场指认其他犯罪嫌疑人等。审查判断协助抓捕行为是否构成立功，关键是审查该协助行为对司法机关抓捕其他犯罪嫌疑人是否确实起到了作用，如通过诱捕，抓获其他犯罪嫌疑人，或者带领公安人员抓捕其他犯罪嫌疑人，并当场指认其他犯罪嫌疑人的，就属于起到了协助作用，应认定为立功。反之，被诱捕的同案犯没有上钩；带领公安人员抓捕其他犯罪嫌疑人，没有抓到，公安机关通过其他途径抓获的其他犯罪嫌疑人，则属于没有起到协助抓捕作用，不应认定为立功。

在本案中，现有证据显示，谢辉、刘伟被抓获后分别交代了伙同姬义抢劫杀害董宝玲的犯罪事实，且谢辉先于刘伟交代，并交代出姬义案发前在廊坊火车站附近开小卖部，并在火车站附近铁锋旅馆租了一间房与其女友长期居住、生活，且姬义右手缺失。刘伟、谢辉交代同案犯姬义的基本情况包括姓名、住址、身体特征等属于坦白交代基本犯罪事实，仅表明其二人认罪态度好，不属于立功的范畴。关于这一点，不存在争议。本案争议的焦点在于，公安人员考虑到刘伟对当地相对较熟，为确保顺利抓获姬义，必要时可由刘伟对姬义及姬义住处予以指认。为此，押解刘伟到河北省廊坊市，但按照二人供述找到铁锋旅馆后，刘伟却说不出姬义具体的房间号，公安人员找到当地站前派出所民警配合抓捕，并从旅馆负责人处得知，有一缺少右臂男子在旅馆 9 号房间与其对象一起租住，公安人员在该房间将姬义当场抓获，且在该房间内当场搜出被抢联想笔记本电脑，整个抓捕过程中刘伟并未下车对姬义住处及其本人进行指认。以上事实可以看出，公安人员虽然押解刘伟到了抓捕现场，但却是在当地警方和相关人员帮助下找到并抓获姬义，刘伟对抓获姬义没有起到更实质性的作用，其行为不属于协助司法机关抓捕同案犯，天津市高级人民法院认定刘伟的行为不构成重大立功是适当的。

综上，审查已到案被告人协助司法机关抓捕其他犯罪嫌疑人（包括同案犯），不仅要凭公安机关出具的抓获经过等证明材料作出判断，而且还应结合全部在案证据，认真、仔细分析研究，如已到案全部被告人的供述，尤其是第一次供述是否如实交代了同案犯的姓名、住址、联系方式、身体特征等基本情况，协助抓捕的具体行为，重点审查协助行为对抓捕其他犯罪嫌疑人（包括同案犯）是否确实起到帮助作用，对其行为是否构成立功作出全面的分析、客观公正的认定，从而对其作出罚当其罪的判决，真正做到不枉不纵。

——最高人民法院刑事审判第一、二、三、四、五庭主办：《刑事审判参考》2011 年第 3 集（总第 80 集），法律出版社 2011 年版，第 130~136 页。

215. 劝说同案犯自首的行为可以构成立功

关键词

立功　劝说自首　同案犯

《刑事审判参考》指导案例

陆骅、茅顺君、石国伟抢劫案（《刑事审判参考》指导案例第 311 号）

裁判要点：带领公安人员抓捕同案犯未果后，电话劝说同案犯自首的，只要行为人的行为对于司法机关抓获同案犯起到了协助作用，就应认定为有立功表现。

司法实践中，对于向司法机关提供同案犯的藏匿地点、电话号码等线索的，一般需以进一步实施了带领司法人员抓获同案犯的行为为认定立功的条件；如果所提供的线索十分清楚没有必要“带捉”，且司法机关据此抓获了同案犯的，亦可以认定为具有立功表现。但对被告人带领公安人员抓捕同案犯未果后，电话劝说同案犯自首的，是否构成立功表现，在诉讼中有不同认识。

我们认为，对于协助抓获同案犯的行为是否认定为立功表现，关键在于行为人在公安机关抓获同案犯的过程中是否确实起到了协助作用。这种协助作用包括经被告人当场指认、辨认同案犯而抓获的，带领公安人员前往抓获的，以及提供不为司法机关掌握或司法机关按正常工作程序无法掌握的同案犯的藏匿地点而抓获的，等等。只要行为人的行为对于司法机关抓获同案犯起到了协助作用，就应当认定行为人具有立功表现。

——最高人民法院刑事审判第一庭、第二庭编：《刑事审判参考》2005 年第 1 集（总第 42 集），法律出版社 2005 年版，第 32~36 页。

霍海龙等虚开用于抵扣税款发票案（《刑事审判参考》指导案例第 708 号）

裁判要点：劝说、陪同同案犯自首的，可认定为立功。

（一）认定劝说、陪同同案犯自首为立功表现符合立功的立法本意

刑法设立立功制度，并对有立功表现的行为人给予从轻甚至减轻的刑罚优遇，其实质根据有两点：一是从法律上说，行为人在犯罪后揭发他人犯罪行为，或者提供重要线索，从而得以侦破其他案件，表明行为人对犯罪行为价值的否定，因而其再犯可能性会有所减小，利用刑罚对其进行个别预防的需要减弱。二是从政策上，对揭发他人犯罪行为，或者提供重要线索等行为，给予刑罚上的从轻，有利于鼓励行为人犯罪之后揭发他人犯罪、阻止他人犯罪、协助司法机关抓获其他犯罪嫌疑人等，有利于预防新的犯罪或司法机关及时发现、侦破已经发生的犯罪案件。

（二）劝说、陪同同案犯自首相比“协助司法机关抓捕其他犯罪嫌疑人（包括同案犯）”更具有效性

司法解释中明确规定“协助司法机关抓捕其他犯罪嫌疑人（包括同案犯）”为立功表现，而劝说、陪同同案犯自首的行为与该行为相比，明显经济效果更好。因为就共同犯罪而言，行为人在协助司法机关抓捕同案犯后，可能会出现同案犯拒不认罪、抵赖、推脱情形，从而加大查证的难度，增加办案的司法成本。而劝说、陪同同案犯自首，既省去了抓捕的环节，又可以较快地查明犯罪事实，这情形显然比协助司法机关抓捕其他犯罪嫌疑人更节省司法资源，更提高办案效率，更符合立功的精神，因此，当然应认定为立功。

（三）法律适用上应适用“具有其他有利于国家和社会的突出表现的”规定

比较劝说、陪同同案犯自首的行为与该司法解释其他立功表现情形，特别是协助司法机关抓捕其他犯罪嫌疑人（包括同案犯），劝说、陪同同案犯自首的情况，更加有利于司法机关对已经发生的犯罪的惩罚，也更有利于司法资源的节约，因此，理应认为是具有“突出表现的”。故而，对劝说、陪同同案犯自首的行为，认定其属于司法解释中“具有其他有利于国家和社会的突出表现的”的情形，构成刑法上的立功表现。相反，主张劝说、陪同同案犯自首属于“协助司法机关抓捕其他犯罪嫌疑人（包括同案犯）”的见解，将

会在被劝说、被陪同同案犯的处理上面临严重的逻辑矛盾。因为劝说、陪同同案犯自首仅仅涉及劝说者与陪同者的量刑情节的认定，即劝说者、陪同者是否构成立功表现，还涉及被劝说者与被陪同者即同案犯的量刑情节的认定。因为同案犯在行为人劝说、陪同下到公安机关投案，依法应构成自首，如果对行为人适用了“协助司法机关抓捕其犯罪嫌疑人（包括同案犯）”的规定，则一方面是行为人协助机关抓捕同案犯，而另一方面是同案犯到司法机关进行自首，这显然存在逻辑上的矛盾。

——最高人民法院刑事审判第一、二、三、四、五庭主办：《刑事审判参考》2011 年第 3 集（总第 80 集），法律出版社 2011 年版，第 98~102 页。

216. 被告人自首其窝藏罪行时提供被窝藏犯藏匿地点的应认定余罪自首及立功

关键词

窝藏罪　立功

最高人民法院审判业务意见

最高人民法院刑事审判第一庭、第二庭认为：被告人在自首其窝藏罪行的同时，因能提供重大犯罪嫌疑人的具体藏匿地点，使司法机关得以成功地抓获，又符合最高人民法院《关于处理自首和立功具体应用法律若干问题的解释》（以下简称《解释》）规定的“协助司法机关抓捕其他重大犯罪嫌疑人”的条件，应认定分别构成自首和重大立功。理由是：一、根据《刑法》和《解释》的规定，成立余罪自首，仅要求行为人能够如实供述司法机关尚未掌握的本人的其他非同种罪行即可。所谓供述罪行，就窝藏罪而言，仅要求行为人能够向司法机关交代其明知是犯罪的人而实施过为其提供隐藏处所、财物，帮助其逃匿的行为即可。行为人没有进一步向司法机关提供被其窝藏的罪犯的具体藏匿地点，不论属于何种原因，都不影响行为人就其窝藏罪自首的成立。可见行为人就其窝藏犯罪行为要成立自首，并不必须要求其如实交代出被窝藏的罪犯的具体藏匿地点。也就是说行为人向司法机关提供被其窝藏的罪犯的具体窝藏地点，不是其成立窝藏罪自首的当然内容和必要条件。二、关于认定被告人是否构成协助公安机关抓获其他重大犯罪嫌疑人的问题，根据《全国法院审理毒品犯罪案件工作座谈会纪要》中的规定精神，关键看被告人在公安机关抓获其他重大犯罪嫌疑人中是否确实起到了协助作用。这类协助作用包括经被告人当场指认、辨认其他重大犯罪嫌疑人而抓获的；带领公安机关前往抓获的，以及提供不为有关机关掌握或者有关机关按正常工作程序无法掌握的其他重大犯罪嫌疑人的藏匿地点而抓获的，等等。被告人因能提供公安机关不掌握的在逃的重大犯罪嫌疑人的具体藏匿地点，从而使司法机关得以成功地抓获，故应认定为“协助司法机关抓捕其他重大犯罪嫌疑人”。三、如前所述，作为余罪的窝藏罪自首的成立，仅以行为人能够主动如实供述其实施了为犯罪的人提供隐藏处所、财物，帮助其逃匿的行为即可，故行为人在自首其窝藏罪行的同时，如能进一步提供有关机关不掌握的被窝藏的罪犯具体藏匿地点，从而助使公安机关得以成功抓获该罪犯的，就应视为另一个可以构成立功的独立的行为，而不应看作是自首与立功的行为竞合，择一适用。因此，就被告人的行为而言，既应依法认定其构成窝藏罪的自首，又应同时认定其构成重大立功。

另外需要说明的是，对被告人既认定为构成窝藏罪的自首，又构成重大立功，但绝不能认为其符合《刑法》第 68 条第 2 款所规定的“犯罪后自首又有重大立功表现的，应当减轻或者免除处罚”的情节。该情节是指犯本罪后就本罪自首又另有重大立功表现的情形。如行为人犯故意杀人罪后，除就其故意杀人罪行自动投案，如实供述，构成自首外，同时又有其他重大立功表现的。

——最高人民法院刑事审判第一、二庭：《被告人归案后主动坦白其窝藏罪行并提供被窝藏犯藏匿地点的应认定余罪自首及立功》，载最高人民法院刑事审判第一庭、第二庭编：《刑事审判参考》2004 年第 5 集（总第 34 集），法律出版社 2004 年版，第 195~198 页。

217. 被窝藏人主动供述他人窝藏犯罪的，不能认定为立功

关键词

窝藏罪　立功

《刑事审判参考》指导案例

蔡勇、李光等故意伤害、窝藏案（《刑事审判参考》指导案例第 223 号）

裁判要点：被窝藏人主动供述他人窝藏犯罪的，不能认定为立功。

我们认为，《刑法》和司法解释规定的“揭发他人犯罪行为”，应该理解为与本人的违法犯罪行为无关的他人犯罪行为。甲揭发的乙的窝藏犯罪行为，与甲本人的犯罪行为及其逃匿行为皆有关联性，因此不能认定为立功表现。

具体应把握以下两个方面：一是犯罪分子本人实施的犯罪行为与其揭发的他人犯罪行为之间不得存在关联性，否则不属于揭发他人犯罪行为，这也就是说对偶犯相互揭发相对方的犯罪行为不能认定为立功表现。对偶犯是指必须由犯罪行为人双方共同实施对应行为才能完成的某种犯罪，比如重婚罪、受贿罪与行贿罪等。对偶犯中的任何一方在供述自己的犯罪行为时，必然要涉及相对一方的犯罪行为，否则就不能完整地叙述整个犯罪事实，故其性质属于如实供述的范畴，而不属于揭发他人犯罪行为，因而不能认定为立功。二是犯罪分子揭发的他人犯罪行为与本人实施的犯罪行为之间，不能存在因果关系，否则也不能认定为揭发他人犯罪行为，即揭发连累犯不能认定为立功。连累犯是指事先与他人无通谋，也未曾允诺事后会提供帮助，但在事后明知他人已经实施了犯罪，仍然向其提供帮助，帮助其逃避司法机关的刑事追诉的行为，比如窝藏犯、包庇犯等。连累犯的犯罪行为总是基于被帮助的犯罪分子的先行犯罪行为而实施，没有先行的犯罪行为，也就不会发生为犯罪分子提供帮助的犯罪行为。所以，接受连累犯帮助的犯罪分子对连累犯实施犯罪具有原因力，实际上是连累犯的制造者，双方的犯罪行为是相辅相成、缺一不可的，存在因果关系。接受帮助的犯罪分子在犯罪之后逃避司法机关追究其刑事责任的行为，客观上妨碍了司法机关对犯罪的刑事追诉和刑罚执行活动，并连动他人犯罪，该行为同样具有社会危害性。只是我国《刑法》未将这一行为规定为犯罪，因而对接受帮助的犯罪分子不认定为窝藏罪的共犯而为。尽管如此，但其确定是窝藏犯罪的制造者和参与者。所以，揭发连累犯犯罪行为的，不能认定为有立功表现。

——最高人民法院刑事审判第一庭、第二庭编：《刑事审判参考》2003 年第 1 辑（总第 30 辑），法律出版社 2003 年版，第 26~32 页。

218. 行贿犯检举受贿犯或者受贿犯检举行贿犯不构成立功

关键词

立功检举　贿赂犯罪

最高人民法院审判业务意见

最高人民法院刑事审判第一庭、第二庭认为：在处理贿赂犯罪案件的司法实践中，经常遇到所谓受贿人“检举揭发”他人行贿犯罪事实，或者行贿人“检举揭发”他人受贿犯罪事实，或者介绍贿赂人“检举揭发”他人行贿或者受贿犯罪事实，并被查证属实的情况。受贿人、行贿人或者介绍贿赂人据此辩称有立功表现，要求从轻或者减轻处罚。

具体判定刑法中的立功是否成立，除了刑法的原则规定，在理论和实践中可以把握这样一个标准和尺度，即“立功”是被告人可做可不做的自主行为。如果属于被告人不得不讲出的犯罪线索，显然不可能构成或者认定为刑法上的立功。据此，判定以上情况是否属于立功，应当取决于被告人检举揭发的是否属于自己参与的贿赂犯罪事实。只有在检举揭发与自己无关的贿赂犯罪事实的情况下，由于他完全可以不去检举揭发，而现在检举揭发了，因此可以构成刑法上的立功表现。相反，如果受贿人“检举揭发”的是他人向自己行贿，或者行贿人“检举揭发”的是自己的行贿对象，或者介绍贿赂人“检举揭发”的是自己介绍的行贿、受贿犯罪事实，均属其到案后应当在如实交代自己的犯罪行为时必须讲清、交代清楚的事实，否则，即属不如实交代自己的犯罪事实，故不能认定为有立功表现。

从《刑法》第 68 条规定的立功表现的具体内容看，“立功”是指犯罪分子揭发他人犯罪行为，查证属实的，或者提供重要线索，从而得以侦破其他案件等情形。根据最高人民法院《关于处理自首和立功具体应用法律若干问题的解释》第 5 条规定的精神，检举揭发他人的犯罪，不包括被告人自己参与的犯罪。在贿赂犯罪中，受贿与行贿、介绍贿赂行为之间存在着内在的联系，受贿人、行贿人或者介绍贿赂人在交代自己的贿赂犯罪事实时，必须讲清楚其受贿来源、行贿对象或者介绍贿赂双方的情况。这就不是被告人到案后可讲可不讲的他人犯罪事实。如其不讲，是拒不如实交代本人的全部犯罪事实；讲了，显然也就不是刑法意义上的“揭发他人犯罪行为”，更不属于提供重要犯罪线索，充其量只是其犯罪后的坦白交代。因此，在审判实践中，对于这种情况，只能作为被告人本人能够坦白交代犯罪的酌定量刑情节，可以考虑从轻处罚。

——最高人民法院刑事审判第一、二庭：《关于贿赂犯罪案件中被告人“检举揭发”他人贿赂犯罪线索如何正确认定立功的问题》，载最高人民法院刑事审判第一庭、第二庭编：《刑事审判参考》2001 年第 12 辑（总第 23 辑），法律出版社 2002 年版，第 77~78 页。

《刑事审判参考》指导案例

杨彦玲故意杀人案（《刑事审判参考》指导案例第 714 号）

裁判要点：如实供述自己所参与的对合型犯罪中对方的犯罪行为，不构成立功。

对合型犯罪又称对合犯、对向犯，是指某一犯罪的实施或完成必须基于行为双方之间的对应行为，双方互为实现特定犯罪构成的必要条件。对合型犯罪分为三种情形：一是双方的罪名与法定刑相同，如重婚罪；二是双方的罪名与法定刑都不相同，如行贿罪和受贿罪、拐卖妇女罪与收买被拐卖的妇女罪；三是只处罚一方的行为（片面的对合犯），如贩卖淫秽物品牟利罪，只处罚贩卖者，不处罚购买者。对于该种情形，立法者一般是考虑到对应的两方行为具有定型性、通常性，其中一方的行为需要用刑罚惩罚，而另一方的行为不具有可罚性，因而只规定了一方的行为构成犯罪。另一方的行为虽然未规定为犯罪，但通常也不具有合法性。

在对合型犯罪中，参与犯罪的一方如实供述自己的犯罪行为系其法定义务。因为，参与者双方的行为均系对方行为成立的必要条件，一方交代自己的犯罪事实必然包含了对方的犯罪事实；同样，交代对方的犯罪事实也必然包含了自己的犯罪事实。这种互相包含的必然性决定了犯罪分子的供述必然属于与自己实施的犯罪相关的问题，换言之，也就是交代的对方的行为不属于“他人犯罪行为”或“其他案件的重要线索”。

《最高人民法院关于处理自首和立功若干具体问题的意见》第四条关于立功线索来源的具体认定，从立功制度的初衷（一方面反映出犯罪分子的人身危险性较低，另一方面客观上有利于案件侦破）出发，对立功线索的来源作了必要的限制，对于四种途径获取的他人犯罪线索，均不能认定为立功。根据该条规定的精神，犯罪分子检举、揭发自己所参与的对合型犯罪中对方的行为的，因为线索来源上不具有正当性，因此，也不能认定为立功。

——最高人民法院刑事审判第一、二、三、四、五庭主办：《刑事审判参考》2011 年第 3 集（总第 80 集），法律出版社 2011 年版，第 145-152 页。

附录：最高人民法院法官著述

参照上述规定的精神，犯罪分子检举揭发对合犯罪行为的，也不能认定为立功。所谓对合犯，或称对向犯，一般是指实施行为者双方互为实现特定犯罪构成的必要条件，或者说互为实施犯罪的对方，如行贿与受贿、拐卖妇女与收买被拐卖的妇女、出售毒品与购买毒品等。以行贿与受贿为例，行贿人交代受贿人，只能认定为行贿人如实供述其行贿犯罪事实，而不能同时认定为揭发他人受贿犯罪，因为这是行贿人如实供述自己罪行的必然内容，而且，这一犯罪线索是行贿人通过贿赂的非法手段获取的，在线索来源上具有不正当性，故不能认定为立功。当然，如果行贿人检举揭发的是受贿人的其他受贿犯罪事实，则可以认定为立功。

——周峰、薛淑兰、孟伟：《〈关于处理自首和立功若干具体问题的意见〉的理解与适用》，载《审判业务资料》2011 年第 7 期（总第 212 期），第 141 页。

219. 立功线索的查证

关键词

立功　立功线索来源　查证程序

最高人民法院司法政策精神

四、关于立功线索来源的具体认定

犯罪分子通过贿买、暴力、胁迫等非法手段，或者被羁押后与律师、亲友会见过程中违反监管规定，获取他人犯罪线索并“检举揭发”的，不能认定为有立功表现。

犯罪分子将本人以往查办犯罪职务活动中掌握的，或者从负有查办犯罪、监管职责的国家工作人员处获取的他人犯罪线索予以检举揭发的，不能认定为有立功表现。

犯罪分子亲友为使犯罪分子“立功”，向司法机关提供他人犯罪线索、协助抓捕犯罪嫌疑人的，不能认定为犯罪分子有立功表现。

六、关于立功线索的查证程序和具体认定

被告人在一、二审审理期间检举揭发他人犯罪行为或者提供侦破其他案件的重要线索，人民法院经审查认为该线索内容具体、指向明确的，应及时移交有关人民检察院或者公安机关依法处理。

侦查机关出具材料，表明在三个月内还不能查证并抓获被检举揭发的人，或者不能查实的，人民法院审理案件可不再等待查证结果。

被告人检举揭发他人犯罪行为或者提供侦破其他案件的重要线索经查证不属实，又重复提供同一线索，且没有提出新的证据材料的，可以不再查证。

根据被告人检举揭发破获的他人犯罪案件，如果已有审判结果，应当依据判决确认的事实认定是否查证属实；如果被检举揭发的他人犯罪案件尚未进入审判程序，可以依据侦查机关提供的书面查证情况认定是否查证属实。检举揭发的线索经查确有犯罪发生，或者确定了犯罪嫌疑人，可能构成重大立功，只是未能将犯罪嫌疑人抓获归案的，对可能判处死刑的被告人一般要留有余地，对其他被告人原则上应酌情从轻处罚。

被告人检举揭发或者协助抓获的人的行为构成犯罪，但因法定事由不追究刑事责任、不起诉、终止审理的，不影响对被告人立功表现的认定；被告人检举揭发或者协助抓获的人的行为应判处无期徒刑以上刑罚，但因具有法定、酌定从宽情节，宣告刑为有期徒刑或者更轻刑罚的，不影响对被告人重大立功表现的认定。

——《最高人民法院印发〈关于处理自首和立功若干具体问题的意见〉的通知》(2010 年 12 月 22 日，法发〔2010〕60 号)。

220. 原负有查禁犯罪活动职责的国家机关工作人员犯罪后检举、揭发他人犯罪事实的立功认定

关键词

立功　国家机关工作人员犯罪

最高人民法院司法政策精神

四、关于立功线索来源的具体认定

……

犯罪分子将本人以往查办犯罪职务活动中掌握的，或者从负有查办犯罪、监管职责的国家工作人员处获取的他人犯罪线索予以检举揭发的，不能认定为有立功表现。

……

——《最高人民法院印发〈关于处理自首和立功若干具体问题的意见〉的通知》(2010 年 12 月 22 日，法发〔2010〕60 号)。

《刑事审判参考》指导案例

汪光斌受贿案(《刑事审判参考》指导案例第 607 号)

裁判要点：被告人在担任看守所副所长期间获得的立功线索，只要线索来源不是基于职务获取，可依法认定为立功。

最高人民法院、最高人民检察院《关于办理职务犯罪案件认定自首、立功等量刑情节若干问题的意见》(以下简称《意见》) 对职务犯罪分子立功的认定和处理进一步细化，明确了四种情形不能认定为立功：(1) 本人通过非法手段或者非法途径获取的；(2) 本人因原担任的查禁犯罪等职务获取的；(3) 他人违反监管规定向犯罪分子提供的；(4) 负有查禁犯罪活动职责的国家机关工作人员或者其他国家工作人员利用职务便利提供的。司法实践中对第 (1)、(3)、(4) 种情形一般没有疑义，但是对第 (2) 种情形中获取立功的线索来源是否需要利用“职务”没有明确规定，导致产生争议。在本案的审理过程中，对于是否认定汪光斌构成立功，产生了不同的意见：一种观点认为，汪光斌系人民警察，根据《意见》第二条关于“本人因原担任的查禁

犯罪等职务获取的”线索来源不能认定为立功的规定，汪光斌有查禁犯罪的职责，因此按照规定不能认定为立功；另一种观点认为，汪光斌虽系人民警察，但汪光斌获取的线索来源没有利用其查禁犯罪的职务上的便利或者利用职务形成的便利条件，依法可认定为立功。

我们同意第二种观点，汪光斌的检举行为依法可认定为立功。理由如下：

第一，从体系解释来看，在刑法、相关司法解释以及司法解释性文件中关于职务犯罪的提法，涉及“职务”以及相关用语“职权或者地位形成的便利条件”“职务上的便利”“职务上的行为”，等都有动词“利用”加以限定。虽然《意见》中没有使用“利用”一词，但我们不能由此认为，这里不需要利用职务上的便利。从法律对于职务犯罪的规定来看，刑法惩治的是利用“职务”的渎职行为，《意见》亦是针对职务犯罪专门出台的。负有查禁犯罪职责的行为人在案发前有报告、移送或者处置违法犯罪案件的职责，但没有及时报告、移送或处置的，是一种不履行职责的渎职行为。犯罪后将犯罪线索检举揭发，实质上是其职责的怠于履行，只能视为对其渎职的补救。《意见》规定的四种不能认定为立功的第（1）、（3）、（4）种情形均系违法行为。任何人不应从其违法行为中获利，这是基本的司法准则。因此，对于职务犯罪行为人利用职务获取的立功线索、材料来源，依法不应当认定为立功。但对于没有利用职务获取的犯罪线索应依法认定为立功。因为《刑法》规定的身份犯都是相对的，任何职务犯罪行为人除了其刑法评价的法定身份以外还有作为一般犯罪主体的非法定身份，对于具有特定身份的人基于非法定身份实施的行为，其身份对其进行刑法评价时不产生影响。例如，国家工作人员没有利用职务便利实施一般盗窃行为时，国家工作人员的身份对其定罪量刑是没有法定影响的，如果职务犯罪行为人没有利用其职务实施犯罪行为，难以构成职务犯罪。同理，没有利用职务获取立功线索、材料来源，对职务犯罪中立功等量刑情节的评价是不产生影响的。本案中，汪光斌获取的立功线索并没有利用职务上的便利，而是基于与被检举犯罪嫌疑人的亲友关系在生活中获取，与《意见》规制的相关范围并不一致，因此认定汪光斌的行为成立立功符合对《刑法》的体系解释。

第二，从《刑法》的规定来看，法律设立立功制度的目的在于鼓励犯罪分子检举揭发其他犯罪行为，协助司法机关及时侦破案件。成立立功的结果是犯罪分子可能得到从轻或者减轻处罚，其实质根据主要有两点：一方面，犯罪分子在犯罪后揭发他人犯罪行为或者提供重要线索从而得以侦破其他案件，将功抵过，体现了犯罪分子的一定悔罪态度；另一方面，犯罪分子在犯罪后揭发他人犯罪行为或者提供重要线索，有利于司法机关及时发现侦破其他犯罪案件，有利于节约司法资源，降低司法成本。可见，功利与公正并重是立功制度的本质特征。从制定《意见》的背景来看，主要是由于司法实践中职务犯罪案件轻刑适用比例偏高，立功等量刑情节的认定和运用不够规范，导致职务犯罪案件刑罚适用的统一性和严肃性大打折扣，致使部分职务犯罪案件在处理上失之于宽，需要严格加以规范。《意见》解决的是在立功线索来源上公正和功利两种价值诉求的内在平衡问题，即不能以牺牲公正为代价获取功利，行为人如果利用查禁犯罪的职务获取立功线索，不应当认定为立功。同理，没有利用职务获取的立功线索当然依法应认定为立功。本案中，汪光斌获取的立功线索并非利用职务便利获取，不属于《意见》规定的有关四种不认定立功的情形，其提供的线索实现了节省司法成本的效果，体现了其一定悔罪态度，认定立功符合《刑法》设立立功制度的目的。

第三，从《人民警察法》的规定来看，汪光斌获取立功线索的行为不属于职务行为。《人民警察法》第十九条规定：人民警察在非工作时间，遇有其职责范围内的紧急情况，应当履行职责。《人民警察法》第六条对公安机关人民警察的职责分为十三类，公安机关的内设机构也是根据《人民警察法》的规定相应地分为交通警察、刑事侦查警察、治安警察、户籍及出入境管理警察等。每个公安民警的职责依其所在部门和职位而确定。例外的情况是，《人民警察法》第二十一条规定：人民警察遇到公民人身、财产安全受到侵犯或者处于其他危难情形，应当立即救助。由以上规定出发，公安人员除遇到公民人身、财产受到侵犯或者出于其他危难情形以外，是不能随便超越职权行使职责的。本案中，汪光斌的立功线索针对的是该犯罪嫌疑人已经实施犯罪行为，是已发生了的犯罪事实，并不属于《人民警察法》第二十一条规定的公安机关的人民警察应当立即予以处理的情形。对于犯罪事实的侦查和犯罪嫌疑人的追捕按照相关规定也应由相关侦查人员负责。汪光斌作为异地看守所副所长，并没有侦破此案件的法定职责，因而认定汪光斌的行为成立立功并不违反《人民警察法》的规定。

——最高人民法院刑事审判第一、二、三、四、五庭主办：《刑事审判参考》2010年第1集（总第72集），法律出版社2010年版，第74~80页。

附录：最高人民法院主流观点

对此不能一概而论，应当具体分析，关键是看行为人所检举、揭发的他人犯罪事实，是否来源于其原职务便利：

1. 如果行为人所检举、揭发的他人犯罪事实系来源于其原职务便利，或者系其原职责范围内应当查禁处理的事项，则其行为不但不能构成立功，反而有可能构成徇私枉法罪、徇私舞弊不移交刑事案件罪等罪。

2. 如果行为人检举、揭发的他人犯罪事实，并非来源于其原职权便利，不属于原职责范围内所应查禁处理的事项，同时已经查证属实的，则仍应认定行为人有立功表现。

——高憬宏、杨万明主编：《基层人民法院法官培训教材（实务卷 · 刑事审判篇）》，人民法院出版社 2005 年版，第 67~68 页。

221. 间接协助公安机关抓获犯罪嫌疑人或间接检举重大犯罪行为性质的认定

关键词

重大立功

最高人民法院司法政策精神

四、关于立功线索来源的具体认定

……

犯罪分子亲友为使犯罪分子"立功"，向司法机关提供他人犯罪线索、协助抓捕犯罪嫌疑人的，不能认定为犯罪分子有立功表现。

——《最高人民法院印发〈关于处理自首和立功若干具体问题的意见〉的通知》（2010 年 12 月 22 日，法发〔2010〕60 号）。

附录：理解与适用

对于司法实践中经常遇到的犯罪分子亲友代为"立功"的情形，由于《刑法》规定的立功主体只能是犯罪分子，唯此才能体现出其"将功补过"的悔罪态度，故对与犯罪分子无关、纯粹由其亲友实施的"立功"行为，对其亲友应由社会予以褒奖，不宜认定为犯罪分子的立功表现。

——周峰、薛淑兰、孟伟：《〈关于处理自首和立功若干具体问题的意见〉的理解与适用》，载《审判业务资料》2011 年第 7 期（总第 212 期），第 141~142 页。

《刑事审判参考》指导案例

田嫣、崔永林等贩卖毒品案（《刑事审判参考》指导案例第 414 号）

裁判要点：被告人亲属代为"立功"的，不构成刑法上的立功，但可作为酌定从轻情节在量刑时予以适当考虑。

我们认为，对这种被告人亲友的"代为立功"是不能认定为被告人立功的，因为根据《刑法》的规定，构成刑法意义上的立功是有主体条件限定的，即只有犯罪分子包括被采取强制措施的犯罪嫌疑人、被告人和正在服刑的罪犯才存在刑法意义上的立功。因此，对完全与犯罪分子无关、纯粹由犯罪分子亲友实施的“立功”行为，不能认定为犯罪分子的立功表现。当然，亲友“代为立功”作为一种对社会有益的行为，应当给予一定的鼓励和奖励，考虑到被告人亲友系出于帮助被告人减轻罪责的动机才“代为立功”的，虽然不能认定为被告人有立功表现作为法定从轻情节，但将亲友“代为立功”作为酌定从轻情节在量刑时予以适当考虑，是符合我国刑事政策精神的。

需要指出的是，为有利于打击社会危害严重的毒品犯罪，维护社会安定，对犯罪分子亲友代为立功的行为，司法机关在没有据之对犯罪分子从轻量刑情况下应当根据相关规定对实施立功行为的人员予以一定奖励，以保护人民群众检举、揭发犯罪，同犯罪现象作斗争的积极性。

——最高人民法院刑事审判第一、二、三、四、五庭主办：《刑事审判参考》2006 年第 5 集（总第 52 集），法律出版社 2007 年版，第 42~48 页。

马良波、魏正芝贩卖毒品案（《刑事审判参考》指导案例第 539 号）

裁判要点：被告人提供在逃犯罪嫌疑人的藏匿地点与公安机关在被告人亲属协助下实际抓获该犯罪嫌疑人的地点不一致的，不能认定被告人立功。

《最高人民法院关于处理自首和立功具体应用法律若干问题的解释》第五条规定，根据刑法第六十八条第一款的规定，犯罪分子到案后有检举、揭发他人犯罪行为，包括共同犯罪案件中的犯罪分子揭发同案犯共同犯罪以外的其他犯罪，经查证属实；提供侦破其他案件的重要线索，经查证属实；阻止他人犯罪活动；协助司法机关抓捕其他犯罪嫌疑人（包括同案犯）；具有其他有利于国家和社会的突出表现的，应当认定为有立功表现。可见，刑法意义上的立功主体有明确范围，即只能是犯罪嫌疑人、被告人及正在服刑的罪犯。同时，法律和司法解释对检举揭发、提供侦破线索、协助抓捕等立功行为还要求具有实效性，即客观上必须是使案件得以侦破或实际将犯罪嫌疑人抓捕到案才能构成立功。也就是说，即使犯罪嫌疑人、被告人主观上有立功的愿望，客观上也有提供线索或协助抓捕的行为，但如果没有产生实际效果的，也不能认定为立功。

立功中协助抓捕的情形多种多样，并不以被告人亲自带领抓捕为要件。实践中，为了使被告人有从轻、减轻处罚的机会，经常出现被告人亲属协助抓捕的情形。如果被告人将准确的线索转给亲属，由亲属根据该线索抓获犯罪嫌疑人，或者亲属协助公安机关根据该线索将犯罪嫌疑人抓获，可认定被告人立功。但是，如果被告人告知亲属的线索并不准确，亲属是根据其他线索将犯罪嫌疑人抓获并扭送公安机关，或被告人将不准确的线索提供给公安机关，公安机关是根据被告人亲属提供的其他线索抓获了犯罪嫌疑人，在这些情形下，虽然被告人也有提供线索的行为，但因该行为对抓获犯罪嫌疑人没有产生实际作用，故不能认定被告人构成立功。

本案中，被告人马良波提供的犯罪嫌疑人（该人涉嫌多起抢劫、盗窃）的藏匿地点与该犯罪嫌疑人最终被抓获的藏匿地点相差较远，也即依马良波提供的线索并没有直接将犯罪嫌疑人抓获，所以马良波的行为没有产生抓获犯罪嫌疑人的实效性，不能认定为立功。公安人员在马良波亲属的协助下在其他地点抓获了在逃的犯罪嫌疑人，而马良波亲属不是立功的主体，不能由此认定马良波的行为构成立功。但是，被告人亲属是出于减轻被告人罪责、使被告人获得从轻处罚的目的，并冒着一定的风险而协助公安机关抓获其他犯罪嫌疑人的，这种“代为立功”的行为对维护社会治安、有效打击犯罪客观上有一定积极作用，应当鼓励。因此，虽不认定被告人构成立功，但从政策上权衡．根据案件的具体情节，可以考虑在量刑时对被告人酌予从轻处罚。同时，考虑到本案被告人马良波还交代了向其贩卖海洛因的“上家”及提供了他人涉嫌故意杀人的线索，这些也尚需继续查证，故最高人民法院综合考虑上述情节，作出不核准死刑的裁定。需要指出的是，由于亲属代为立功不是对被告人从轻处罚的法定情节，且此种做法在实践中也可能产生一些负面弊端，故在处理具体案件时，是否因被告人亲属“代为立功”而对被告人从宽处罚，要具体情况具体分析，不能一概而论。

——最高人民法院刑事审判第一、二、三、四、五庭主办:《刑事审判参考》2009 年第 2 集（总第 67 集），法律出版社 2010 年版，第 71~75 页。

冯绍龙等强奸案（《刑事审判参考》指导案例第 713 号）

裁判要点：被告人亲属协助公安机关抓获其他犯罪嫌疑人的，不认定为立功。

（一）2009 年最高人民法院、最高人民检察院联合出台的《关于办理职务犯罪案件认定自首、立功等量刑情节若干问题的意见》（以下简称《职务意见》）中明确规定了立功必须是犯罪分子本人实施的行为，亲友代为实施的，不应认定为犯罪分子的立功表现；同时，对立功线索来源作出限制性规定，明确以非法手段或途径获取的以及因职务获取的等均不能认定为立功。

（二）综观我国刑事立法、司法解释关于立功的规定，不难解读在宽严相济的刑事政策下，国家鼓励犯罪分子以多种有益于国家、社会的方式积极立功，争取宽大处理。同时，在结合司法实践经验的基础上，为避免或减少不正当立功形式的出现，实现立功制度的公正性，严格限制立功的成立要件，更加注重立功的正当性和亲力性。在此情况下，被告人亲属代为立功的，因被告人未亲自实施立功行为，不具备亲力性，认定其立功缺乏正当性依据，不能认定被告人立功成为应有之义。

《职务意见》适用范围是职务犯罪案件，但根据刑事法律体系的贯通性和一致性，可借助《职务意见》的规定对普通刑事案件中存在的同样法律问题进行系统解释，自然可得出被告人亲属代为立功的行为不能认定为被告人立功这一结果。

（三）被告人亲属代为立功的行为，虽然不能认定为被告人的行为，但在具备一定条件时，可酌情对被告人从轻处罚。不认定被告人立功，就避免违背促进犯罪分子真心悔罪这一立法目的；在具备一定条件时，可酌情对被告人从轻处罚，这样即使未认定被告人立功，但因其亲属代为立功的行为同样可为其带来从轻处罚的结果时，就会鼓励被告人亲属多立功，同样可实现提高司法机关的办案效率、分化瓦解犯罪的立法目的。

（四）需要注意的是，不是所有被告人亲属代为立功的都可以对被告人从轻处罚，我们认为需具备以下条件：（1）被告人亲属的立功结果是基于被告人提供的线索或者相关信息，也就是说，被告人亲属之所以能够提供其他案件的重要线索或者能协助司法机关抓获其他犯罪嫌疑人，与被告人提供信息有关；（2）被告人及其亲属在获取线索来源及亲属在代为立功过程中，不能通过非法手段或有违法行为。如此，在亲属代为立功过程中，要求被告人必须在某种程度上亲自参与，这是对其从轻处罚的前提；代为立功的整个过程具备合法性是对被告人从轻处罚的法定条件。如果被告人亲属为使被告人获得从轻处罚，而单方面地代为立功，因被告人并未参与，不能体现出被告人主观上是否有悔罪表现，故不能对被告人从轻处罚；或者被告人及其亲属的立功线索或机会系采取非法手段获得的，根据《意见》第四条的规定，也不能认定被告人的行为系立功，不能据此对被告人从轻处罚。

——最高人民法院刑事审判第一、二、三、四、五庭主办：《刑事审判参考》2011 年第 3 集（总第 80 集），法律出版社 2011 年版，第 137~144 页。

附录：最高人民法院主流观点

在实践中，存在罪犯对某重大犯罪嫌疑人不能直接协助抓捕，但提供了间接帮助，协助司法机关破获了重大案件或抓捕到了重大犯罪嫌疑人的情形，对此不能一概而论，应分情况具体分析处理。第一，罪犯要求知道重大犯罪嫌疑人情况的亲友对司法机关抓捕重大犯罪嫌疑人提供协助或向司法机关检举重大犯罪活动，这种情况下虽然罪犯的亲友是基于罪犯的要求才为司法机关提供协助，但是因为该协助行为并非罪犯本人所为，所以不能成立重大立功。第二，对罪犯提供同案犯姓名、住址、体貌特征等基本情况，或者提供犯罪前、犯罪中掌握、使用的同案犯联络方式、藏匿地址，司法机关据此抓捕同案犯的，按照《自首和立功意见》的规定，不能认定为协助司法机关抓捕同案犯，不能认定为重大立功。

——官鸣等主编、最高人民法院审判监督庭编著：《最高人民法院关于减刑、假释司法解释理解与适用》，人民法院出版社 2014 年版，第 68 页。

222. 被告人请求其亲属协助司法机关将在逃同案犯抓捕的，不能认定为立功

关键词

立功　帮助立功

最高人民法院审判业务意见

最高人民法院刑事审判第一庭、第二庭认为：请求协助行为不属最高人民法院《关于处理自首和立功具体应用法律若干问题的解释》第 5 条规定的“协助司法机关抓捕其他犯罪嫌疑人（包括同案犯）”行为，不应认定为立功，但应作为酌定从轻情节，在适用刑罚时予以充分考虑。理由如下：

（一）犯罪分子到案后请求他人协助抓捕其他犯罪嫌疑人（包括同案犯）的行为，不属具体协助行为，不应依据最高人民法院《关于处理自首和立功具体应用法律若干问题的解释》第 5 条关于“协助司法机关抓捕其他犯罪嫌疑人（包括同案犯）”的规定，认定为立功。首先，主体方面，具体协助行为是由被告人的亲属作出的，而非被告人本人。被告人对同案犯逃跑之后的行踪并不知晓，亦无协助公安机关抓获同案犯的实际能力。其次，客观方面，被告人写信要求其父母如发现同案犯的行踪及时通知公安机关并提供协助的行为，不属具体协助行为，且与同案犯被抓获两者之间不存在客观上的因果关系。诚然，同案犯之所以被抓获，与被告人的写信行为是有联系的，而且协助行为也可以有诸多表现形式，但不能据此就不加分析地认定被告人的行为属于协助行为。协助行为需有具体内容，须对抓捕其他犯罪嫌疑人具有实质性意义。被告人在写给其父母的信中并未涉及同案犯的行踪情况，依据该通信内容无从抓捕其同案犯，其通信行为本身不具有协助抓捕的作用。同案犯之所以被抓捕，完全是其父母及亲属协助的结果。认为被告人构成立功的意见，未能注意到协助是作为具体行为而存在的，且其与抓捕后果之间须具有的客观关联性。被告人的通信内容所表达出来的仅仅是一种请求协助的意愿，而非协助行为本身，与同案犯被抓捕之间不具有客观关联性。如认可协

助行为可由他人代劳，并因此作为其本人的立功表现，依法从宽处罚，不仅会使作为量刑制度之一的立功标准失之过宽，且有可能会损及刑罚适用的公正性和平等性，不利于对犯罪分子的教育改造。

（二）请求协助行为反映了犯罪分子悔罪、赎罪的主观意思，应作为酌定从轻情节，在适用刑罚时予以充分考虑。第一，被告人的人身自由已被依法剥夺，不可能掌握在逃同案犯的行踪情况，即使有协助抓捕的意愿，也是力所不能及的。但被告人的协助请求行为的确反映出了其将功赎罪的主观意愿，说明其主观方面的人身危险性有所减弱。第二，将同案犯抓获归案虽非被告人本人协助之结果，但不能否认两者之间存在一定的联系，被告人的请求协助行为本身对国家司法活动的顺利进行是有所助益的。第三，被告人的行为不属立功表现，不作为法定从轻情节对待，不应成为认定酌定从轻情节的障碍，而且，通常情况下将之认定为酌定从轻情节是合适的，也是必要的。最高人民法院《关于处理自首和立功具体应用法律若干问题的解释》第4条、第6条分别将供述同种罪行及揭发同案犯共同犯罪事实的行为规定为酌定从轻处罚的情节。对被告人的请求协助行为，也应当体现同样的刑事政策精神，在适用刑罚时，作为酌定从轻处罚情节，予以充分考虑。

——最高人民法院刑事审判第一、二庭：《犯罪分子请求其亲属协助司法机关将在逃同案犯抓捕的，能否认定为立功》，载最高人民法院刑事审判第一庭、第二庭编：《刑事审判参考》2003年第6集（总第35集），法律出版社2004年版，第208~211页。

223. 被羁押期间将他人串供字条交给监管人员对查证犯罪起到一定协助作用的行为不认定为立功

关键词

立功　从轻处罚

《刑事审判参考》指导案例

石敬伟偷税、贪污案（《刑事审判参考》指导案例第710号）

裁判要点：被羁押期间将他人串供字条交给监管人员，对进一步查证他人犯罪起了一定的协助作用，虽不认定为立功，但可酌情从轻处罚。

评价犯罪分子的行为是否属于立功，一方面，要从实效性角度，考查其行为是否对国家和社会有较大贡献；另一方面，还要从法定性角度，考查其行为是否符合法律关于立功的规定。

（一）被告人向监管人员提供他人串供字条的行为，不属于《解释》第五条规定的第一、二种情形，即不属于"检举、揭发他人犯罪行为，经查证属实""提供侦破其他案件的重要线索，经查证属实"的情形。首先，《解释》第五条规定的上述情形均应发生在司法机关侦破被检举、揭发的案件之前。其次，这里所讲的犯罪"线索"，是指关于具体犯罪活动的相关信息，这些信息通常会给司法机关侦破案件提供具体犯罪人的信息。但是，一旦案件侦破后，再向司法机关提供该案相关犯罪活动信息的，由于该信息对案件的侦破并不具有实质意义，将不再属于"提供侦破其他案件的重要线索"。

（二）被告人向监管人员提供他人串供字条的行为，不属于《解释》第五条规定的第三种情形，即不属于"阻止他人犯罪活动"的情形。

（三）被告人向监管人员提供他人串供字条的行为，不属于《解释》第五条规定的第四种情形，即不属于"协助司法机关抓捕其他犯罪嫌疑人"的情形。协助司法机关抓捕其他犯罪嫌疑人的前提，是行为人在向法机关提供协助之前，该犯罪嫌疑人尚未被抓捕，人身自由尚未被限制，仍然处于在逃的状态。

（四）被告人向监管人员提供他人串供字条的行为，是有利于国家和社会的行为，但未达到"突出表现"的程度，故不属于《解释》第五条规定的第五种情形，即不属于"具有其他有利于家和社会的突出表现"的情形。

（五）被告人向监管人员提供他人串供字条的行为虽不能认定立功，但鉴于其有利于社会，可以酌情从轻处罚。

——最高人民法院刑事审判第一、二、三、四、五庭主办：《刑事审判参考》2011 年第 3 集（总第 80 集），法律出版社 2011 年版，第 113~122 页。

224. 带领侦查人员抓捕同案犯，但当时并未捕获的能否认定有立功表现

关键词

抓捕　同案犯　立功

《刑事审判参考》指导案例

江彬、余志灵、陈浩保险诈骗、诈骗案（《刑事审判参考》指导案例第 1365 号）

裁判要点：已归案的犯罪分子协助司法机关抓捕其他犯罪嫌疑人（包括同案犯）的，能否认定有立功表现，关键在于如何理解行为人是否有协助抓捕行为以及协助行为对抓捕其他犯罪嫌疑人（包括同案犯）是否起决定性作用。

本案在审理过程中，对于各被告人行为的定性争议不大。但对于被告人江彬归案后供述同案犯相关信息，又带领侦查人员抓捕同案犯，当时并未抓获的情形能否认定为有立功表现，存在两种不同观点：

第一种观点认为，被告人江彬归案后，供述同案犯的居住地等信息，并带领公安人员进行辨认，属如实供述自己罪行的范畴，而当时并未因此捕获同案犯，故江彬的行为不构成立功。

第二种观点认为，根据本案的具体情况，被告人江彬供述同案犯居住地信息不属如实供述自己罪行的范畴，况且江彬有带领侦查人员捕获同案犯的行为，是否当场捕获并不当然阻却立功的认定，江彬的行为应认定有立功表现。

我们同意第二种观点。已归案的犯罪分子协助司法机关抓捕其他犯罪嫌疑人（包括同案犯）的，能否认定有立功表现，关键在于如何理解行为人是否有协助抓捕行为以及协助行为对抓捕其他犯罪嫌疑人（包括同案犯）是否起决定性作用。本案中被告人江彬的行为构成立功，主要理由如下：

1. 应结合案件具体情况综合分析被告人的相关供述是否属于如实供述自己罪行的范畴

《最高人民法院关于处理自首和立功若干具体问题的意见》第五项关于“协助抓捕其他犯罪嫌疑人”的具体认定中规定：“犯罪分子提供同案犯姓名、住址、体貌特征等基本情况，或者提供犯罪前、犯罪中掌握、使用的同案犯联络方式、藏匿地址，司法机关据此抓捕同案犯的，不能认定为协助司法机关抓捕同案犯。”该项规定明确上述内容属于被告人如实供述的范畴，如果既认定被告人有如实供述这一法定的从轻处罚情节，再认定被告人具有立功情节，有重复评价之嫌。

本案中，三被告人实施的犯罪行为均在2015年5月之前，江彬于犯罪行为完成后在正常社会交往过程中知晓陈浩于同年6月搬到新的租住地点，可见陈浩的租住地与本案的犯罪行为之间没有关联性，那么江彬即便不向公安机关陈述陈浩新的租住地，亦能够把其伙同他人共同实施犯罪的行为说清楚，不影响司法机关对其如实供述情节的认定。江彬对同案犯陈浩租住地的陈述已超出了其应当如实供述的范畴。后公安机关借助江彬提供的信息及时抓获同案犯，江彬供述同案犯的住址信息，可以看作为公安机关捕获同案犯提供了重要线索。

2. 带领公安机关抓捕同案犯的行为与如实供述不能混同

最高人民法院在《全国部分法院审理毒品犯罪案件工作座谈会纪要》规定："共同犯罪中同案犯的基本情况，包括同案犯姓名、住址、体貌特征、联络方式等信息，属于被告人应当供述的范围。公安机关根据被告人供述抓获同案犯的，不应认定其有立功表现。被告人在公安机关抓获同案犯过程中确实起到协助作用的，例如，经被告人现场指认、辨认抓获了同案犯；被告人带领公安人员抓获了同案犯等，属于协助司法机关抓获同案犯，应认定为立功。"

参照上述规定，本案中，被告人江彬带领侦查人员去同案犯的租住地进行现场指认，公安机关依据江彬的指认，最终在该租住处将同案犯陈浩抓获。江彬的带领行为客观上为公安机关顺利捕获同案犯起到很大的协助作用，因此，不能与如实供述相混同。

3. 未当场抓获不影响立功的认定

前述第一种观点认为，该案中被告人江彬带领侦查人员并没有将陈浩当场抓获，所以不构成立功。我们认为，相关司法解释中均只强调构成立功需有其他犯罪嫌疑人（包括同案犯）被抓获的实际结果，并没有规定带领侦查人员抓获其他犯罪嫌疑人（包括同案犯）的，需要当场抓获才构成立功。因此，是否当场抓获并不当然阻却立功的认定。具体到本案，江彬提供了公安机关未掌握的同案犯租住地这一重要线索，并带领侦查人员指认具体地点，其协助抓捕行为已经完成。侦查人员在掌握了以上信息后于次日直接到该地点将陈浩抓获，并未再付出时间和精力去排查，江彬在整个过程中所起的作用与带领侦查人员将陈浩当场抓获基本无异，江彬提供信息的行为与抓获同案犯陈浩的结果之间有因果关系，正是借助于江彬提供的信息，公安机关才得以及时抓获同案犯。如果一定要以是否当场抓获来确定立功与否，则侦查人员若在第二日将江彬从看守所提出，让江彬重复指认一遍，再将同案犯抓获，则江彬构成立功；若侦查人员自行前往抓获，江彬即不构成立功，这显然是不合理的。

4. 被告人的带领抓捕行为客观上节约了司法资源，符合立功制度的本质

本案中，被告人江彬对同案犯的租住地并不能说出具体门牌号，只能提供一个大概的方位，若公安机关通过具体排查、技术侦查或者其他途径抓获同案犯，就说明江彬仅是为抓捕提供方向，并未对抓捕同案犯起到真正的协助作用，不能认定为立功。但本案中，江彬除如实供述同案犯陈浩的租住地外，还有带领侦查人员到现场指认的行为。根据公安机关对抓捕过程出具的说明，侦查人员在当晚根据江彬现场指认确定陈浩的租住处后，因出租房内未亮灯，判断房内无人，未实施抓捕，并将江彬送回看守所。次日民警根据江彬前一天晚上的指认，以检查暂住证的名义敲开房门，核实陈浩身份后将

其抓获。如果没有江彬的带领、指认行为，公安机关只能进行排查抓捕，势必消耗大量的人力物力。因而，江彬的协助抓捕行为客观上为公安机关顺利抓捕同案犯起到了关键作用，节约了司法资源，提高了办案效率，符合立功的本质特征，认定其构成立功符合立法本意。

综上，被告人江彬供述同案犯居住地信息不属应当如实供述自己罪行的范畴，一审、二审法院认定其带领侦查人员现场指认同案犯住处的行为构成立功是准确的。

——金朝文、李萌欣撰稿、陆建红审编：《江彬、余志灵、陈浩保险诈骗、诈骗案——带领侦查人员抓捕同案犯，但并未当场捕获的，能否认定有立功表现》，载最高人民法院刑事审判第一、二、三、四、五庭主办：《刑事审判参考》（总第124集），法律出版社2020年版，第12~16页。

225. 被告人翻供不影响立功的成立

关键词

立功　翻供　法定情节

附录：《刑事审判参考》编辑部答疑

问题：我们在审理一起贩毒案件中遇到这种情况：公安人员证实，被告人李某被抓获归案后，根据李的指认，公安机关又抓获了两名与其共同贩毒的重大犯罪嫌疑人。但是，李某在庭审中翻供，否认自己曾参与贩毒，称自己并不认识上述两名嫌疑人，同时否认曾协助公安人员抓获同案重大犯罪嫌疑人，称公安人员抓获该两名犯罪嫌疑人与己无关。请问李某的行为是否构成重大立功？

《刑事审判参考》编辑部认为：我们认为，回答应当是肯定的。从立功或重大立功的基本构成要件看，其与自首的基本构成要件是不同的。自首的基本构成要件是犯罪分子自动投案并如实供述自己的罪行。犯罪分子如果翻供，则自首就不能成立。而立功或重大立功并不是以行为人如实供述自己罪行为要件的。因此，只要有证据证明被告人确实实施了协助公安人员抓捕其他犯罪嫌疑人或重大犯罪嫌疑人的行为，就应当认定为其有立功表现或重大立功表现，并不因被告人当庭否认自己的罪行和协助行为而改变。

对来函中反映的情况，我们认为，如果有证据证实李某协助公安人员抓获了同案的重大犯罪嫌疑人，则不能因李某自己否认这一客观事实，而不认定李某有重大立功表现。即使被告人翻供，也不影响其立功表现这一法定情节的成立。

——最高人民法院刑事审判第一、二、三、四、五庭主办:《刑事审判参考》2006 年第 3 集 (总第 50 集),法律出版社 2006 年版,第 142~143 页。

226. 阻止未达刑事责任年龄的人实施犯罪活动的行为构成立功

关键词

阻止他人犯罪活动　未被追究刑事责任　立功

《刑事审判参考》指导案例

沈同贵受贿案(《刑事审判参考》指导案例第 707 号)

裁判要点:阻止他人犯罪活动,他人因未达刑事责任年龄而未被追究刑事责任的,行为人的阻止行为仍构成立功。

(一)"阻止他人犯罪活动"立功,并未要求"他人犯罪活动"实际上构成犯罪。第一,从词源本义来看。"阻止他人犯罪活动"中的"犯罪活动"是作为名词使用的,从字义上来说,应是指为达到犯罪目的而采取的行动,而并不等同于犯罪。第二,从立法用语来看。虽然《解释》对什么是"犯罪活动"未作明确规定,但这种表述已经体现了立法的取向,即此处的"犯罪活动"并不等于实际的"犯罪",此与该词语本身的含义也是一致的。第三,"构成犯罪"应从形式上理解,是指行为具有社会危害性,具备了某种犯罪构成的客观要件。至于该行为因主体不具备刑事责任能力而不追究刑事责任,或因情节显著轻微、已过追诉时效、被赦免、被告人死亡等原因而不立案、撤销案件、不起诉、终止审理或宣告无罪的,不影响对立功的认定。

(二)"阻止他人犯罪活动"立功成立的要件

第一,对于"犯罪活动"的理解。只要某人的行为具有社会危害性,且具备了某种犯罪的客观外在表现,即可认定其行为是"犯罪活动"。

第二,对"阻止"的理解。当阻止犯罪活动一般情况下都要具备相应的风险,但我们认为"阻止"在行为方式上并不要求一定是有高度人身危险的激烈对抗,也可以是较为和缓的劝告、说服,或者是向司法机关告发等。此外,"阻止"不但要求有"阻"的行为,还要求有"止"的效果,即他人的犯罪活动停止,或者在特定时间内不再继续,或者法益受侵犯的状态或结果及时得到控制或消除。司法实践中,若行为人虽然积极拦阻他人犯罪活动,但因势单力孤或意外事件等原因而未产生使犯罪活动在客观上停止的实际效果,那么就不能认定为立功。当然,尽管此情形不构成立功,但行为人实施此行为反映了其悔罪态度，表明其人身危险性、再犯可能性相对降低，在实际量刑中可结合行为人在阻止犯罪活动中的介入程度、作用大小等具体情形，将其作为从轻处罚的酌定情节，以此体现国家和社会对这种积极行为的肯定及鼓励，从而更好地贯彻宽严相济刑事政策。

第三，对"他人"的理解。这里的"他人"既包括自然人，也包括单位。对于其中的自然人，不受犯罪主体中刑事责任能力的限制，包括由于年龄、精神状态等原因而无刑事责任能力或限制刑事责任能力的人。我们认为，如果阻止的是与被阻止人共同犯罪之外的其他犯罪活动，应当视为立功；如果是在共同犯罪中阻止共犯犯罪，在我国刑法中这属于共同犯罪形态的问题，不属于立功适用的范畴。

第四，"他人犯罪活动"必须与阻止行为之间具备因果关系，即必须是因为阻止行为的介入，犯罪活动才得以停止。

第五，"阻止他人犯罪活动"必须是在当场，有特定的时间、空间的限制。这里的"当场"，可以理解为行为人进行犯罪预备的现场、实施犯罪活动的现场以及当即被追捕过程中的现场。对此的理解主要涉及两个方面：其一，犯罪活动被阻止大多发生在犯罪实行中，合法权益被侵害的紧迫性较高，但在紧迫性未必很高的犯罪预备时即予以制止，依然可以成立"阻止他人犯罪活动"；其二，若受侵害的事实已发生，但是实施犯罪活动的人尚未脱离特定时空，存在及时维护受侵害法益或使其免受进一步侵害的可能性，亦可成立"阻止他人犯罪活动"。

——最高人民法院刑事审判第一、二、三、四、五庭主办：《刑事审判参考》2011年第3集（总第80集），法律出版社2011年版，第89~97页。

227. 判前有重大立功行为，判后才得到确认，罪犯的重大立功行为未在量刑中得以从轻、减轻体现的，应如何处理

关键词

重大立功　减刑

附录：最高人民法院主流观点

对于罪犯在判前有重大立功行为，判后才得以查证的是否认定为重大立功并体现在减刑中，实践中有不同意见。有的观点认为，虽然在判前有重大立功表现，但是在判决后才得到确认的，不能反映罪犯在改造中的态度和改造成果，所以不宜认定为重大立功。持该种观点的理是：第一，根据《刑法》第七十八条的规定，减刑的前提是立功或者重大立功表现发生在执行期

间，而罪犯在判决生效前有立功或者重大立功表现的，不属于执行期间。第二，裁判生效前有立功或重大立功表现，在未经法庭质证、认证的情况下予以认定，一定程度上有违刑事诉讼法理念，且如何进行查证尚不明确。第三，如此规定可能成为人民法院掩饰其原审未认定被告人有立功或重大立功情节而错误裁判的工具，或者发生不同主体在认定立功或重大立功问题上的矛盾冲突。也有观点认为，报请减刑的刑罚执行机关或者人民法院可以根据司法机关出具的罪犯在判前有重大立功的说明材料，按重大立功予以减刑。鉴于目前法律对此问题并没有明确的规定，我们认为，如果国家司法机关并没有就罪犯的判前重大立功启动审判监督程序进行再审，则可以根据《刑法》第七十八条和本《规定》的精神在减刑时酌情考虑。主要是考虑到：首先，由于诉讼期限是有限的，有些立功或者重大立功表现无法在裁判生效前查清。如果在裁判生效后查清，及时予以兑现，既体现了公平性，又有利于社会效果的实现。其次，在技术层面上也是可行的，因为《刑法》第六十八条中的判前立功和《刑法》第七十八条规定的判后立功在本质上是一致的，都是对被告人或罪犯作出有利于国家和社会行为的一种奖励。再次，这一规定可以在一定程度上发挥再审的功能，避免罪犯以出现新证据为由申请再审，维护了原判的稳定性。虽然反对意见在法理上有一定道理，但从给予罪犯最大程度的公正以及维护司法稳定性的角度出发，将该种情况认定为重大立功为宜，可根据司法机关出具的情况说明或司法建议等材料在减刑时酌情予以考虑。

——宫鸣等主编、最高人民法院审判监督庭编著：《最高人民法院关于减刑、假释司法解释理解与适用》，人民法院出版社 2014 年版，第 69~70 页。

228. 一般立功与重大立功的区别

关键词

刑罚的具体运用　一般立功　重大立功

最高人民法院司法解释

第五条　根据刑法第六十八条第一款的规定，犯罪分子到案后有检举、揭发他人犯罪行为，包括共同犯罪案件中的犯罪分子揭发同案犯共同犯罪以外的其他犯罪，经查证属实；提供侦破其他案件的重要线索，经查证属实；……应当认定为有立功表现。

第七条　根据刑法第六十八条第一款的规定，犯罪分子有检举、揭发他人重大犯罪行为，经查证属实；提供侦破其他重大案件的重要线索，经查证属实；……应当认定为有重大立功表现。

前款所称“重大犯罪”“重大案件”“重大犯罪嫌疑人”的标准，一般是指犯罪嫌疑人、被告人可能被判处无期徒刑以上刑罚或者案件在本省、自治区、直辖市或者全国范围内有较大影响等情形。

——《最高人民法院关于处理自首和立功具体应用法律若干问题的解释》（1998 年 4 月 6 日，法释〔1998〕8 号）。

最高人民法院司法政策精神

第七条 根据刑法第六十八条第一款的规定，犯罪分子有检举、揭发他人重大犯罪行为，经查证属实；提供侦破其他重大案件的重要线索，经查证属实；阻止他人重大犯罪活动；协助司法机关抓捕其他重大犯罪嫌疑人（包括同案犯）；对国家和社会有其他重大贡献等表现的，应当认定为有重大立功表现。

前款所称“重大犯罪”、“重大案件”、“重大犯罪嫌疑人”的标准，一般是指犯罪嫌疑人、被告人可能被判处无期徒刑以上刑罚或者案件在本省、自治区、直辖市或者全国范围内有较大影响等情形。

——《最高人民法院印发〈关于处理自首和立功若干具体问题的意见〉的通知》（2010 年 12 月 22 日，法发〔2010〕60 号）。

《刑事审判参考》指导案例

张令、樊业勇抢劫、盗窃案（《刑事审判参考》指导案例第 614 号）

裁判要点：协助抓获盗窃同案犯，该同案犯因他罪被判处死缓，能否认定为重大立功应从立功的法定要件具体分析。

（一）认定的主观要求

主客观相统一原则是贯穿我国刑事立法和司法总的基本原则，立功制度也必须坚持这一总的原则。首先，从意识因素分析：其一，立功必然有主观目的，虽然认罪、悔罪态度不在要求之列，但要求犯罪分子必须是有意识地为减轻罪责而实施的行为。犯罪分子无意间透露了他人的犯罪线索，或者在不能控制自己的意志时碰巧阻止了他人的犯罪行为，都不能认定为立功；其二，犯罪分子对立功的内容有一个概括的认识，尽管这一认识不要求十分精确。如犯罪分子是协助抓捕其他重大犯罪嫌疑人，那么应当对其他犯罪嫌疑人所实施的重大犯罪事实有一定的掌握。其次，从意志因素分析，犯罪分子对立功内容必须不是持反对态度。犯罪分子对协助抓捕行为不但是持希望的态度，而且对司法机关能够查证认定立功所依据的犯罪事实持不反对的态度。

本案被告人张令在因盗窃被抓获的情况下，既未供述自己的抢劫事实，也未揭发同案犯樊业勇的抢劫事实，可见其主观上不希望他们的抢劫事实被司法机关发现，其对司法机关抓获樊业勇之后所查证的犯罪事实结果在内心持反对之态。因此，认定立功的依据只能是司法机关所查证属实的盗窃事实，而不是抢劫事实。

（二）认定的时间要求

在协助抓捕型立功中，认定是否属于《解释》中的重大犯罪嫌疑人应当有一定的时间要求，即应当以实施协助抓捕行为时犯罪分子所揭发的犯罪事实或者侦查机关所掌握的犯罪事实为依据。犯罪分子协助抓捕其他犯罪嫌疑人时，根据犯罪分子揭发的犯罪事实或者侦查机关已经掌握的犯罪事实可能判处无期徒刑以上刑罚的，应认定该犯罪分子为重大犯罪嫌疑人；根据当时犯罪分子揭发的犯罪事实或者司法机关已经掌握的犯罪事实虽然尚不能明确能否判处无期徒刑以上刑罚，但根据已经掌握的犯罪线索，通过继续侦查所查证的犯罪事实，确定可能判处无期徒刑以上刑罚的，也可以认定为重大犯罪嫌疑人。但是，如果根据当时犯罪分子揭发的犯罪事实或者侦查机关已经掌握的犯罪事实不能确定为重大犯罪嫌疑人，而是根据抓捕之后查明的其他犯罪事实才确定其为重大犯罪嫌疑人的，不属于《解释》第七条中的“重大犯罪嫌疑人”。

——最高人民法院刑事审判第一、二、三、四、五庭主办：《刑事审判参考》2010 年第 2 集（总第 73 集），法律出版社 2010 年版，第 36~43 页。

附录：最高人民法院主流观点

一般情况下，二者之间的界限并不难区分。有疑问的主要是这样一类案件：犯罪分子甲检举、揭发的本是犯罪分子乙所犯的可能判处无期徒刑以上刑罚的重大犯罪行为，但是，当乙被抓获归案后，乙又实施了重大立功行为，导致其实际可能被判处的刑罚降到无期徒刑以下的，对甲是应当认定有一般立功表现，还是有重大立功表现？

我们认为，对上述案件中的甲，应当认定为有重大立功表现。主要理由在于：

1.《最高人民法院关于处理自首和立功具体应用法律若干问题的解释》（以下简称《解释》）以是否属于“重大犯罪”“重大案件”“重大案件犯罪嫌疑人”（为表述简洁，以下简称“重大案件”）作为区分一般立功和重大立功的标准，主要是因为在重大案件上的立功行为对社会的积极意义更大。从客观方面看，重大案件往往会给社会造成更大的不安定因素，其侦破通常要耗费更多的司法资源，因此，在重大案件上有立功表现，有利于在更大程度上减少社会的不安定因素，有利于在更大程度上节约司法资源；从主观方面看，相对而言，犯罪分子若能在重大案件上有立功表现，往往更能表明其有悔过自新、改过向善的诚意。而以上这主客观两方面的积极意义，应当是在甲实施立功行为之时就已经客观确定的。换言之，即使重大案件的犯罪嫌疑人归案后，其又实施了立功行为，导致其实际可能判处的刑罚有所降低，也不能改变甲当初的立功行为对社会的积极意义的程度，不应因此降低对甲当初的立功行为的《刑法》评价，否则便有失公平。

2.《解释》第7条第2款只是规定，重大案件的标准，是指犯罪嫌疑人、被告人"可能"被判处无期徒刑以上刑罚等情形，而没有规定是指犯罪嫌疑人、被告人"依法应当"或者"实际"被判处无期徒刑以上刑罚等情形。这也在一定程度上说明，所谓"重大案件"，应当是指根据犯罪分子实施立功行为之时就已经存在的案件的主客观事实、情节，犯罪嫌疑人、被告人依法可能被判处无期徒刑以上刑罚，而不是指犯罪嫌疑人、被告人归案后实际被判处的刑罚必须在无期徒刑以上。

——高憬宏、杨万明主编:《基层人民法院法官培训教材（实务卷·刑事审判篇）》，人民法院出版社2005年版，第68~69页。

229. 对具有自首、立功情节的犯罪分子的从宽处罚幅度

关键词

自首　立功　从宽处罚幅度

最高人民法院司法政策精神

八、关于对自首、立功的被告人的处罚

对具有自首、立功情节的被告人是否从宽处罚、从宽处罚的幅度，应当考虑其犯罪事实、犯罪性质、犯罪情节、危害后果、社会影响、被告人的主观恶性和人身危险性等。自首的还应考虑投案的主动性、供述的及时性和稳定性等。立功的还应考虑检举揭发罪行的轻重、被检举揭发的人可能或者已经被判处的刑罚、提供的线索对侦破案件或者协助抓捕其他犯罪嫌疑人所起作用的大小等。

具有自首或者立功情节的，一般应依法从轻、减轻处罚；犯罪情节较轻的，可以免除处罚。类似情况下，对具有自首情节的被告人的从宽幅度要适当宽于具有立功情节的被告人。

虽然具有自首或者立功情节，但犯罪情节特别恶劣、犯罪后果特别严重、被告人主观恶性深、人身危险性大，或者在犯罪前即为规避法律、逃避处罚而准备自首、立功的，可以不从宽处罚。

对于被告人具有自首、立功情节，同时又有累犯、毒品再犯等法定从重

处罚情节的，既要考虑自首、立功的具体情节，又要考虑被告人的主观恶性、人身危险性等因素，综合分析判断，确定从宽或者从严处罚。累犯的前罪为非暴力犯罪的，一般可以从宽处罚，前罪为暴力犯罪或者前、后罪为同类犯罪的，可以不从宽处罚。

在共同犯罪案件中，对具有自首、立功情节的被告人的处罚，应注意共同犯罪人以及首要分子、主犯、从犯之间的量刑平衡。犯罪集团的首要分子、共同犯罪的主犯检举揭发或者协助司法机关抓捕同案地位、作用较次的犯罪分子的，从宽处罚与否应当从严掌握，如果从轻处罚可能导致全案量刑失衡的，一般不从轻处罚；如果检举揭发或者协助司法机关抓捕的是其他案件中罪行同样严重的犯罪分子，一般应依法从宽处罚。对于犯罪集团的一般成员、共同犯罪的从犯立功的，特别是协助抓捕首要分子、主犯的，应当充分体现政策，依法从宽处罚。

——《最高人民法院印发〈关于处理自首和立功若干具体问题的意见〉的通知》(2010 年 12 月 22 日，法发〔2010〕60 号)。

附录：理解与适用

八、对自首，立功的被告人的处罚

1. 自首对量刑的影响一般大于立功

《意见》第 8 条第 2 款规定，“类似情况下，对具有自首情节的被告人的从宽幅度要适当宽于具有立功情节的被告人”。之所以这样规定，主要是考虑到自首情节对每一名犯罪分子机会均等，而立功不是人人都有机会，且自首比立功更能充分体现出犯罪分子的悔罪态度，故对自首的认定标准和从宽幅度的掌握要更宽一些。最高人民法院 2010 年 9 月 13 日印发的《人民法院量刑指导意见（试行）》[①] 规定，对于自首情节，可以减少基准刑的 40% 以下，犯罪较轻的，可以减少基准刑的 40% 以上或者依法免除处罚；对于立功情节，一般立功的，可以减少基准刑的 20% 以下，重大立功的，可以减少基准刑的 20%~50%，重大立功且犯罪较轻的，可以减少基准刑的 50% 以上或者依法免除处罚。《意见》的规定也体现了这种政策精神。

——周峰、薛淑兰、孟伟：《〈关于处理自首和立功若干具体问题的意见〉的理解与适用》，载《审判业务资料》2011 年第 7 期（总第 212 期），第 142~143 页。

① 本文件已被《最高人民法院关于废止部分司法解释和司法解释性质文件（第十一批）的决定》（法释〔2015〕2 号）废止。

《刑事审判参考》指导案例

刘群、李国才抢劫、诈骗案（《刑事审判参考》指导案例第289号）

裁判要点：如果对有重大立功表现的犯罪分子不予减轻或者免除处罚，一般也要考虑予以从轻处罚。对有重大立功表现的犯罪分子一般不应适用死刑立即执行。

虽然《刑法》条文没有明确对有重大立功表现的可以从轻处罚，但如果对有重大立功表现的不予减轻或者免除处罚，一般也要考虑予以从轻处罚，这样解释是符合立法解释和法律逻辑的。对于立功特别是重大立功予以刑法上的积极评价，并在对行为人裁量刑罚时作为从轻、减轻处罚的事由充分予以考虑，适当从宽处理，体现惩办与宽大相结合的刑事政策，有利于分化瓦解犯罪分子，有利于犯罪分子的教育改造，有利于社会的长治久安。本案被告人刘群揭发宋全成拐卖妇女犯罪行为，查证属实，宋全成被判处无期徒刑，按照最高人民法院《关于处理自首和立功具体应用法律若干问题的解释》的规定构成重大立功表现。在裁量刑罚时，对其所犯诈骗罪，因自首并有重大立功表现，依法应当减轻处罚；对其所犯抢劫罪，由于抢劫数额巨大，情节恶劣，后果严重，虽然有重大立功表现，也可以不予减轻处罚，但在量刑上还是要体现政策，适当予以从轻考虑。

从制度设置的目的来看，死缓实质上就是从少杀、慎杀的原则出发，对于罪行极其严重，依法应当判处死刑的犯罪分子，除必须判处死刑且必须立即执行的以外，再给其留一线生机，促其改恶从善，成为新人。因此，适用死缓不以具有法定从轻、减轻情节为条件。只要根据案件的具体情况，认为判处死刑但还不是必须立即执行的，就可以适用死缓。例如，对于由于婚姻、家庭、民间纠纷以及被害人一方严重过错引发的伤害致死致残案件，适用死刑就应当从严把握，即使犯罪分子不具有法定从轻、减轻情节，一般也不判处死刑立即执行。司法实践中，对于具有法定可以从轻、减轻情节的犯罪分子，如果认为罪行极其严重，对其可不予从轻、减轻处罚，仍然应当依法判处其死刑的，在决定是否必须立即执行死刑的时候，应当充分考虑这些法定从轻、减轻处罚情节。因为，自首、立功特别是重大立功表现，在一定程度上表明了犯罪分子有悔罪之意，愿意接受国家法律的制裁，或者以实际行动补偿自己对社会的侵害，其人身危险性也有所减小，通过刑罚改造后复归社会的可能性增大。在对其不予从轻、减轻处罚的情况下，如果仍然判处死刑立即执行，不仅会降低惩办与宽大相结合政策的社会感召力，而且也不能取得犯罪分子亲属和社会公众的同情。因此，对于具有法定从轻特别是减轻处罚情节的犯罪分子，一般不应适用死刑立即执行。

——最高人民法院刑事审判第一庭、第二庭编：《刑事审判参考》2004 年第 2 集（总第 37 集），法律出版社 2004 年版，第 37~46 页。

230. 累犯与重大立功量刑情节并存的处理

关键词

重大立功　累犯　量刑

《最高人民法院公报》案例

湖南省岳阳市人民检察院诉杨湘海贩卖、运输毒品案（判决时间：2001 年 6 月 22 日，二审法院：浙江省高级人民法院）

裁判摘要：被告人非法贩卖、运输海洛因，毒品数额大，构成贩卖、运输毒品罪。此外，被告人在刑罚执行完毕后五年内重新犯案，系累犯，依法应从重处罚；鉴于被告人在复核期间揭发他人非法制造、销售枪支，查证属实，构成重大立功，依法应从轻处罚。

最高人民法院认为：被告人杨湘海非法贩卖、运输海洛因的行为，已构成贩卖、运输毒品罪，且贩卖、运输毒品数量大，依法应予惩处。杨湘海在刑罚执行完毕后五年内重新犯罪，系累犯，依法应从重处罚。一、二审法院判决未认定累犯不当，二审判决认定的事实清楚，证据确实、充分，定罪准确，量刑适当，审判程序合法。鉴于杨湘海在我院复核期间，揭发他人非法制造、销售枪支，经查证属实，构成重大立功，依法应予以从轻处罚。

——《最高人民法院公报》2002 年第 1 期。

附录：最高人民法院法官著述

八、对自首、立功的被告人的处罚

2. 自首、立功情节与从重情节并存案件的处理

《意见》规定，对具有自首、立功情节（包括重大立功）的被告人从宽处罚、从宽处罚的幅度，应当从犯罪行为，被告人的主观恶性和人身危险性，自首、立功的具体情节三方面综合考虑，一般应依法从轻、减轻处罚。这里的“一般应”强调的是没有其他特殊情况的都要从宽，以准确贯彻宽严相济刑事政策精神，争取更好的法律效果和社会效果。如果案件同时具备自首、立功情节和累犯、毒品再犯等法定从重情节，或者犯罪情节特别恶劣；犯罪

后果特别严重、被告人主观恶性深、人身危险性大等酌定从重情节，在考虑犯罪行为和被告人主观恶性、人身危险性的基础上，要重点分析各种量刑情节的性质及具体情况，如自首的主动性、立功的大小、累犯的前罪的性质和严重程度等，根据各情节反映的社会危害性和人身危险性的程度，具体考量每个情节对刑罚裁量的影响，最终确定从宽、从重处罚或者将从宽、从重情节予以抵消。

——周峰、薛淑兰、孟伟：《〈关于处理自首和立功若干具体问题的意见〉的理解与适用》，载《审判业务资料》2011 年第 7 期，第 143 页。

231. 被告人具有重大立功表现，不宜减轻或者免除处罚时，可否从轻处罚

关键词

重大立功　从轻处罚

最高人民法院审判业务意见（刑四庭审判长联席会议纪要）

最高人民法院刑事审判第四庭于 2017 年 2 月 28 日召开审判长联席会议，对具有重大立功表现，又不宜减轻或者免除处罚时，能否从轻处罚的问题进行了研究。认为：

在一般情况下，犯罪分子具有重大立功表现，又不宜减轻或者免除处罚时，可以给予从轻处罚。理由如下：

1. 法律条文规定了减轻处罚或者免除处罚并没有排斥从轻处罚。唐律中有关于“举重以明轻”“举轻以明重”的规定，这是适用刑罚的一个基本原理，至今，刑事司法工作中仍然沿用。依此原理，可以认为，既然一般的立功都可以从轻或者减轻处罚，那么重大立功更可以从轻处罚，对具有重大立功表现但不宜减轻或者免除处罚的罪犯予以从轻处罚，并不违背法律逻辑。

2. 我国现行的司法解释和刑事政策性文件对从宽处罚的有关规定，也说明在“具有重大立功表现，又不宜减轻或者免除处罚时”，可以从轻处罚。（1）《最高人民法院关于贯彻宽严相济刑事政策的若干意见》（法发〔2010〕9 号，自 2010 年 2 月 8 日起实施）第二十六条规定：“在对严重刑事犯罪依法从严惩处的同时，对被告人具有自首、立功、从犯等法定或酌定从宽处罚情节的，还要注意宽以济严，根据犯罪的具体情况，依法应当或可以从宽的，都应当在量刑上予以充分考虑。”这里将自首、立功、从犯等均以从宽处罚情节表述，而不是简单地表述为从轻处罚情节或者减轻处罚情节。可见，从轻处罚情节和减轻处罚情节都属于从宽处罚情节的范畴，在实践中，适用

从轻处罚还是减轻处罚，往往需要根据案件的具体情况选择适用。（2）《最高人民法院关于常见犯罪的量刑指导意见》（法发〔2017〕7号）在第三部分“常见量刑情节的适用”第七条规定：对于立功情节，综合考虑立功的大小、次数、内容、来源、效果以及罪行轻重等情况，确定从宽的幅度。①一般立功的，可以减少基准刑的20%以下。②重大立功的，可以减少基准刑的20%~50%，犯罪较轻的，减少基准刑的50%以上或者依法免除处罚。这里的20%~50%，未必是减轻处罚。如某被告人抢劫，按其犯罪事实，基准刑为七年，其具有重大立功表现，减少基准刑50%，实际量刑为三年六个月。而这一刑罚，按照抢劫罪三年至十年有期徒刑的量刑幅度，就属于从轻处罚，而不是减轻处罚。（3）在司法实践中，不具有法定从轻处罚情节但具有酌定从轻处罚情节的，也可以从轻处罚。既然酌定情节都可以作为从轻处罚的依据，那么，法定从宽情节，特别是法定减轻处罚情节，更可以作为从轻处罚的依据。

3. 不能以实践中的某些个案否定从轻处罚的适用。实践中确实有个别案件，犯罪分子虽然具有重大立功表现，但具有非常特殊的情形，或者具有多个从重处罚情节，确实不宜从轻处罚。但大多数案件并不存在这样的情况。我们不能以法律适用的个别性来否定法律适用的普遍性。

4. 在法律文书中如何表述的问题。可以表述为：被告人虽然具有重大立功表现，但根据本案的具体情况（具体案件中应说明什么具体情况），不宜减轻处罚或者免除处罚，但可从轻处罚。

——最高人民法院刑四庭：《被告人具有重大立功表现，不宜减轻或者免除处罚时，可否从轻处罚》，载最高人民法院刑事审判第一、二、三、四、五庭编：《刑事审判参考》（总第125辑），人民法院出版社2020年版，第194~196页。

232. 判前立功，判后查证属实，如何处理

关键词

判前立功　减刑

附录：最高人民法院主流观点

对于罪犯在判决生效前有立功行为，在判决生效后才查证属实的，是否在其后的减刑中可以根据该条文的规定按立功来减刑，目前在法律上并无明确规定，在实践中亦有不同做法。目前的争议主要有：第一，是否应以“新的证据证明原判决、裁定认定的事实确有错误”为由，通过审判监督程序予

以救济，对此情况一律不予以立功报请减刑；第二，从对罪犯有利和公平角度出发，应参照本条规定予以减刑。立功制度在本质上是国家机关对被告人或罪犯作出对国家有利行为的一种褒奖，人民法院在审判阶段对被告人的立功行为在查证属实的情况下一般都能给予从轻或者减轻处罚，对罪犯在刑罚执行过程中确有悔改并有立功表现的减刑幅度一般会高于仅有悔改表现的罪犯。2012年版《减刑假释规定》及此前《1997年减刑假释规定》关于立功的规定精神与刑法关于判前立功可以从轻、减轻处罚的精神是一致的，是基于对罪犯作出有利于国家、他人行为的一种肯定和奖励，但是鉴于判前立功，判后查证属实的兑现问题情况较为复杂，各方还没有达成较统一的意见，在操作层面尚需征求各部门意见以及在操作中总结经验，故本次司法解释对此没有明确规定。我们倾向于认为，对于判前立功，判后查证属实的问题，在有司法机关出具的证明文书的基础上，可以参照本条的规定精神酌情予以减刑，虽然审判阶段的立功和刑罚执行阶段的立功在成立时间、针对性、示范功能等方面均有不同，但如此操作并不违反法律对立功褒奖的基本价值取向，也避免了关于该问题是否需提起审判监督程序的争论，对罪犯也是公平的。

——宫鸣等主编、最高人民法院审判监督庭编著：《最高人民法院关于减刑、假释司法解释理解与适用》，人民法院出版社2014年版，第49~50页。

233. 对他人“送功”“买功”“代为立功”性质的认定

关键词

送功　买功　代为立功

附录：最高人民法院主流观点

对于“送功”，在实践中一般有两种情形：一种是同监人员将自己知悉或自己所犯重大犯罪活动的情况告诉他人，后者再向监管部门检举的情形；另一种是罪犯的亲友在会见罪犯时将可构成重大立功的案件情况告诉罪犯，再由罪犯检举的情形。我们倾向于认为，在排除立功线索系贿买、暴力、威胁或违反监规等非法手段获取的以外，一般情况下可以认定为重大立功。这是因为，立功反映的是罪犯改恶从善、争取早日回归社会的愿望，同时，罪犯的立功行为对国家和社会是有利的，能够促使司法机关及时发现犯罪，查证犯罪，打击犯罪。所以，罪犯在不违反监规的情况下，将从亲友或其他罪犯处听来的能构成重大立功的情况向监管部门或司法机关检举的，在查证属实后，宜认定为重大立功。对于罪犯亲友在监狱会见罪犯时，将可构成重大立功的情况告诉罪犯，罪犯再检举的，是否属于违反监规而不应认定为重大立功？我们倾向于认为，由于监狱法及相关的法律法规并没有禁止服刑人员与亲属会见时谈论案情的规定，所以在排除亲友以暴力、贿买等非法手段获取立功线索再告诉罪犯的情形下，上述情况可以认定为重大立功。

对于“买功”，实践中存在有的罪犯为获取财物将知道的重大立功线索卖与他人，其他罪犯为立功从他人处买来重大立功线索，也包括其亲友从他人处买到立功线索告诉罪犯，再由罪犯检举以期获取重大立功表现的情形。对于“买功”能否成立立功或重大立功，2010 年 12 月 22 日起实施的《自首和立功意见》第四条就立功线索来源问题作出了具体规定：“犯罪分子通过贿买、暴力、胁迫等非法手段，或者被羁押后与律师、亲友会见过程中违反监管规定，获取他人犯罪线索并‘检举揭发’的，不能认定为有立功表现。犯罪分子将本人以往查办犯罪职务活动中掌握的，或者从负有查办犯罪、监管职责的国家工作人员处获取的他人犯罪线索予以检举揭发的，不能认定为有立功表现。”所以，凡是“买功”的情况，不论是通过什么渠道、向谁买到的重大立功线索，均不能认定为重大立功表现。

对于“代为立功”的情形，《自首和立功意见》第四条也作了规定：“犯罪分子亲友为使犯罪分子‘立功’，向司法机关提供他人犯罪线索、协助抓捕犯罪嫌疑人的，不能认定为犯罪分子有立功表现。”

——宫鸣等主编、最高人民法院审判监督庭编著：《最高人民法院关于减刑、假释司法解释理解与适用》，人民法院出版社 2014 年版，第 67~68 页。

234. 职务犯罪中对自首、立功问题的具体规定

关键词

自首　立功　职务犯罪

最高人民法院司法政策精神

一、关于自首的认定和处理

根据刑法第六十七条第一款的规定，成立自首需同时具备自动投案和如实供述自己的罪行两个要件。犯罪事实或者犯罪分子未被办案机关掌握，或者虽被掌握，但犯罪分子尚未受到调查谈话、讯问，或者未被宣布采取调查措施或者强制措施时，向办案机关投案的，是自动投案。在此期间如实交代自己的主要犯罪事实的，应当认定为自首。

犯罪分子向所在单位等办案机关以外的单位、组织或者有关负责人员投案的，应当视为自动投案。

没有自动投案，在办案机关调查谈话、讯问、采取调查措施或者强制措

施期间，犯罪分子如实交代办案机关掌握的线索所针对的事实的，不能认定为自首。

没有自动投案，但具有以下情形之一的，以自首论：（1）犯罪分子如实交代办案机关未掌握的罪行，与办案机关已掌握的罪行属不同种罪行的；（2）办案机关所掌握线索针对的犯罪事实不成立，在此范围外犯罪分子交代同种罪行的。

单位犯罪案件中，单位集体决定或者单位负责人决定而自动投案，如实交代单位犯罪事实的，或者单位直接负责的主管人员自动投案，如实交代单位犯罪事实的，应当认定为单位自首。单位自首的，直接负责的主管人员和直接责任人员未自动投案，但如实交代自己知道的犯罪事实的，可以视为自首；拒不交代自己知道的犯罪事实或者逃避法律追究的，不应当认定为自首。单位没有自首，直接责任人员自动投案并如实交代自己知道的犯罪事实的，对该直接责任人员应当认定为自首。

对于具有自首情节的犯罪分子，办案机关移送案件时应当予以说明并移交相关证据材料。

对于具有自首情节的犯罪分子，应当根据犯罪的事实、性质、情节和对于社会的危害程度，结合自动投案的动机、阶段、客观环境，交代犯罪事实的完整性、稳定性以及悔罪表现等具体情节，依法决定是否从轻、减轻或者免除处罚以及从轻、减轻处罚的幅度。

二、关于立功的认定和处理

立功必须是犯罪分子本人实施的行为。为使犯罪分子得到从轻处理，犯罪分子的亲友直接向有关机关揭发他人犯罪行为，提供侦破其他案件的重要线索，或者协助司法机关抓捕其他犯罪嫌疑人的，不应当认定为犯罪分子的立功表现。

据以立功的他人罪行材料应当指明具体犯罪事实；据以立功的线索或者协助行为对于侦破案件或者抓捕犯罪嫌疑人要有实际作用。犯罪分子揭发他人犯罪行为时没有指明具体犯罪事实的；揭发的犯罪事实与查实的犯罪事实不具有关联性的；提供的线索或者协助行为对于其他案件的侦破或者其他犯罪嫌疑人的抓捕不具有实际作用的，不能认定为立功表现。

犯罪分子揭发他人犯罪行为，提供侦破其他案件重要线索的，必须经查证属实，才能认定为立功。审查是否构成立功，不仅要审查办案机关的说明材料，还要审查有关事实和证据以及与案件定性处罚相关的法律文书，如立案决定书、逮捕决定书、侦查终结报告、起诉意见书、起诉书或者判决书等。

据以立功的线索、材料来源有下列情形之一的，不能认定为立功：（1）本人通过非法手段或者非法途径获取的；（2）本人因原担任的查禁犯罪等职务获取的；（3）他人违反监管规定向犯罪分子提供的；（4）负有查禁犯罪活动职责的国家机关工作人员或者其他国家工作人员利用职务便利提供的。

犯罪分子检举、揭发的他人犯罪，提供侦破其他案件的重要线索，阻止他人的犯罪活动，或者协助司法机关抓捕的其他犯罪嫌疑人，犯罪嫌疑人、被告人依法可能被判处无期徒刑以上刑罚的，应当认定为有重大立功表现。其中，可能被判处无期徒刑以上刑罚，是指根据犯罪行为的事实、情节可能判处无期徒刑以上刑罚。案件已经判决的，以实际判处的刑罚为准。但是，根据犯罪行为的事实、情节应当判处无期徒刑以上刑罚，因被判刑人有法定情节经依法从轻、减轻处罚后判处有期徒刑的，应当认定为重大立功。

对于具有立功情节的犯罪分子，应当根据犯罪的事实、性质、情节和对于社会的危害程度，结合立功表现所起作用的大小、所破获案件的罪行轻重、所抓获犯罪嫌疑人可能判处的法定刑以及立功的时机等具体情节，依法决定是否从轻、减轻或者免除处罚以及从轻、减轻处罚的幅度。

三、关于如实交代犯罪事实的认定和处理

犯罪分子依法不成立自首，但如实交代犯罪事实，有下列情形之一的，可以酌情从轻处罚：（1）办案机关掌握部分犯罪事实，犯罪分子交代了同种其他犯罪事实的；（2）办案机关掌握的证据不充分，犯罪分子如实交代有助于收集定案证据的。

犯罪分子如实交代犯罪事实，有下列情形之一的，一般应当从轻处罚：（1）办案机关仅掌握小部分犯罪事实，犯罪分子交代了大部分未被掌握的同种犯罪事实的；（2）如实交代对于定案证据的收集有重要作用的。

——《最高人民法院、最高人民检察院印发〈关于办理职务犯罪案件认定自首、立功等量刑情节若干问题的意见〉的通知》（2009年3月12日，法发〔2009〕13号）。

附录：理解与适用

二、《意见》的主要内容

《意见》共分四条。第一条关于自首的认定和处理意见，着重解决纪检监察等办案机关采取调查措施期间的自首认定问题，同时对单位自首等问题提出了一般性处理意见；第二条关于立功的认定和处理意见的规定，主要解决“协助立功”、“抽象立功”、查证属实、线索来源等司法实践中存在分歧的问题。第三条关于如实交代犯罪事实的认定和处理意见，主要是针对实践中对坦白在量刑上的意义的认识不足而作出的规定，第四条关于赃款赃物追回之于量刑的影响，主要是针对实践中在该问题的处理上存在不同意见而作出的细化规定，逐条说明如下：

（一）关于自首的认定和处理

在自首的认定和处理问题上，《意见》作了五个方面的规定。

1. 办案机关采取调查措施期间的自首认定

对于纪检监察机关采取调查措施期间交代罪行的，能否认定为自首，理论和实践部门长期存在分歧：一种意见认为，纪检监察等办案机关不是法律规定的司法机关，纪检监察机关调查期间如实交代罪行的，均可认定为自首；另一种意见认为，不宜一概以有无自动投案作为是否成立自首的条件。该意见论者又分为两种不同观点：一种观点主张以办案机关是否立案作为成立自首与否的认定基准；另一种观点主张以办案机关是否确切掌握犯罪事实作为认定基准。

经研究，自动投案和如实供述自己的罪行是成立自首的两个法定要件，两者缺一不可，必须同时具备，在纪检监察机关采取调查措施期间交代罪行的自首认定，同样应当以此为准。纪检监察部门的办案活动虽然不属于司法活动，但其所采取的调查谈话、调查措施与司法机关的讯问、强制措施的内容、目的、效果基本相同，两者具有可比性。当前职务犯罪案件多以纪检监察部门的调查为前置程序，如将纪检监察部门调查期间交代罪行的一概以自首论。势必导致职务犯罪案件自首认定的不当扩大，并在职务犯罪案件和非职务犯罪案件的自首认定中产生实质性的不公。从有利于案件查办的角度出发主张区别情形分别认定的意见，缺乏法律和理论支撑；一方面，在办案机关立案之前的初步核实阶段即有可能采取“两规”、“两指”等调查措施，办案实践中的立案具有一定的迟滞性；另一万面自首的认定问题与办案机关是否掌握犯罪事实的确切证据无关。

为此，《意见》规定：“没有自动投案，在办案机关调查谈话、讯问、采取调查措施或者强制措施期间，犯罪分子如实交代办案机关掌握的线索所针对的事实的，不能认定为自首。”同时，鉴于纪检监察机关办案的特殊性，《意见》对自动投案规定了具体的认定标准，即“犯罪事实或者犯罪分子未被办案机关掌握，或者虽被掌握，但犯罪分子尚未受到调查谈话、讯问，或者未被宣布采取调查措施或者强制措施时，向办案机关投案的，是自动投案”。

在理解本规定时，应注意以下四点：

第一，犯罪事实、犯罪分子是否被掌握，犯罪分子是否被采取调查措施或者强制措施，是相对于办案机关而言的。这里的办案机关仅限定为纪检、监察、公安、检察等法定职能部门，为避免实践执行中可能产生的误解，《意见》进一步明确：“犯罪分子向所在单位等办案机关以外的单位、组织或者有关负责人员投案的，应当视为自动投案。

第二，纪检、监察机关办案程序一般是先初步核实，后立案，再调查，依照有关规定，在初步核实阶段也可以采取包括“两规”在内的调查措施。因此，这里的“调查”，指的是措施意义上的调查，非程序意义上的调查。

第三，“调查谈话”不同于戒勉谈话，一般指的是立案后依照有关调查程序进行的谈话，考虑到办案实践中立案情况较为复杂，为方便实践部门根据案件情况作出更为合理的认定，故《意见》对此未作进一步明确。

第四，《意见》特别规定“被宣布采取调查措施”，主要是考虑到调查措施与刑事司法中的强制措施有所不同，在被调查人对调查活动不知情的情况下，自动投案并如实交代罪行的，仍应认定为自首。只有在被宣布采取调查措施期间，被调查人已经知道对其采取调查活动的情况下才丧失自动投案的可能。

2.“准自首”的认定

根据职务犯罪案件的实际情况，在刑法和《最高人民法院关于处理自首和立功具体应用法律若干问题的解释》有关规定的基础上，《意见》明确了两种无自动投案的准自首的具体情形，即（1）犯罪分子如实交代办案机关未掌握的罪行，与办案机关已掌握的罪行属不同种罪行的；（2）办案机关所掌握线索针对的犯罪事实不成立，在此范围外犯罪分子交代同种罪行的。

对于上述第二种情形，有意见主张按坦白处理，以增强司法可操作性。经研究，此情形属于实质上的准自首，故未采纳。

3. 单位自首的认定

2002 年由最高人民法院、最高人民检察院、海关总署联合发布的《关于办理走私刑事案件适用法律若干问题的意见》中对单位走私犯罪案件的自首认定问题提出了一个初步意见，但实践中对于该规定是否具有普遍适用性以及单位自首的具体认定标准存在不同看法。鉴于职务犯罪案件特别是贿赂犯罪案件中较多存在单位犯罪情形，《意见》对单位犯罪的自首认定问题予以专门规定，即“单位犯罪案件中，单位集体决定或者单位负责人决定而自动投案，如实交代单位犯罪事实的；或者单位直接负责的主管人员自动投案，如实交代单位犯罪事实的，应当认定为单位自首。单位自首的，直接负责的主管人员和直接责任人员未自动投案，但如实交代自己知道的犯罪事实的，可以视为自首；拒不交代自己知道的犯罪事实或者逃避法律追究的，不应当认定为自首。单位没有自首，直接责任人员自动投案并如实交代自己知道的犯罪事实的，对该直接责任人员应当认定为自首”。

准确理解本规定，关键在于把握四个要点：（1）单位可以成立自首；（2）区分单位自首与个人自首、检举、揭发的关键在于投案人代表的是单位还是个人；（3）单位自首的效果可及于个人，但需以个人如实交代其掌握犯罪行为条件；（4）个人自首的成立不以单位自首为条件，但个人自首的效果不能及于单位。

讨论中有意见提出，应对单位直接负责的主管人员的自首认定为单位自首的情形加以必要限制。即具有在单位法定代表人、负责人不知情的情况下实施单位犯罪的，直接负责的主管人员自动投案并如实交代才能构成单位自首。经研究，单位直接负责的主管人员一般也是单位的负责人，其个人意志也代表单位的意志，其个人决定实施的犯罪一般均作单位犯罪处理，故将其未经单位法定代表人以及其他负责人同意，或者在单位法定代表人以及其他负责人不知情的情况下的自首视同为单位自首，是妥当的，且这样规定也有利于鼓励单位直接负责的主管人员自首，防止“铁板一块”。同时，单位自首并不意味着单位法定代表人或者其他负责人当然成立自首，根据本款规定确定的原则，单位法定代表人或者其他负责人拒不交代自己知道的犯罪事实或逃避法律追究的，同样不能认定为自首。本规定体现了刑事司法的一般原则和宽严相济政策的要求，故未采纳。

4. 认定自首的事实根据

鉴于职务犯罪案件查办主体的复杂性，纪律处分与司法处理性质上的不同，纪检监察机关移送司法机关查处的案件还须进行证据转化等程序。为加强配合，确保各办案环节的有机衔接以及自首认定的规范性和严肃性，《意见》规定：“对于具有自首情节的犯罪分子，办案机关移送案件时应当予以说明并移交相关证据材料。”

需要注意的是，为方便实际办案，本规定要求仅适用于存在自首问题的情形，不存在自首问题的无须说明和移交证据材料，以免给办案机关增加不必要的负担。同时，《意见》的这一精神应当一体适用于坦白、退赃等量刑情节。至于移送的具体范围和方式等问题，目前有关机关正在加紧研究解决。

5. 自首情节的具体运用

对于具有自首情节的犯罪分子，是否从轻、减轻或者免除处罚以及从轻、减轻处罚的幅度，取决于犯罪行为和自首行为两个方面的具体情况。为此，《意见》对可供参考判断的相关考量因素作了细化规定，即（1）犯罪的事实、性质、情节和对于社会的危害程度；（2）自动投案的动机、阶段、客观环境，交代犯罪事实的完整性、稳定性以及悔罪表现等。

（二）关于立功的认定和处理

在立功的认定和处理问题上，《意见》作了六个方面的规定，分别是“协助立功”、“抽象立功”、立功事实的审查、线索来源与立功认定、重大立功中无期徒刑以上刑罚的理解以及立功情节的运用原则。

1. “协助立助”

实践中，犯罪分子请求亲友“协助立功”或者犯罪分子的亲友主动“协助立功”的情形屡有发生；司法认定中也存在不同意见。我们认为，立功应该具有亲为性，由犯罪分子的亲友而非其本人直接实施的行为，不能归之于犯罪分子，故“协助立功”不属于刑法规定中的立功。为此，《意见》规定：“为使犯罪分子得到从轻处理，犯罪分子的亲友直接向有关机关揭发他人犯罪行为，提供侦破其他案件的重要线索，或者协助司法机关抓捕其他犯罪嫌疑人的，不应当认定为犯罪分子的立功表现。”

在理解本规定时，应注意两点：

第一，《意见》强调“直接”二字，意在说明亲友的协助行为与犯罪分子本人并无实质性联系。如犯罪分子本人掌握了他人的犯罪行为，其他案件线索，或者其他犯罪嫌疑人的藏匿地点，因客观原因借由其亲友帮助得以将其他案件侦破或者将其他犯罪嫌疑人抓捕的，则另当别论。

第二，犯罪分子的亲友应犯罪分子的要求直接向有关机关揭发他人犯罪行为，提供侦破其他案件的重要线索，或者协助司法机关抓捕其他犯罪嫌疑人的，客观上起到了积极作用，而且在一定程度上也体现了犯罪分子的主观意愿，虽不成立立功，但在量刑时可以结合案件具体情况适当考虑。

2.“抽象立功”

“抽象立功”指的是没有具体证据材料和犯罪事实指向的检举、揭发行为。比如，仅根据一夜暴富或者关系密切而检举、揭发他人有贪污或者受贿行为。对此，我们认为，检举、揭发须以具体犯罪事实为前提，此种情形下即便事后查明被检举、揭发的人确有犯罪事实，但因与所谓的检举、揭发行为并无实质性关联，故不属于立功。为此，《意见》规定，“据以立功的线索或者协助行为犯罪分子揭发他人犯罪行为时没有指明具体犯罪事实的；揭发的犯罪事实与查实的犯罪事实不具有关联性的”，不能认定为立功表现。同时，为进一步强调据以立功的线索或者协助行为对于侦破案件或者抓捕罪犯应当具有客观效果这一点，《意见》规定：“提供的线索或者协助行为对于其他案件的侦破或者其他犯罪分子的抓捕不具有实际作用的，不能认定为立功表现。”

3. 立功事实的审查

“查证属实”是认定立功的一个法定要求。实践中一些案件往往只有简单说明，司法机关难以据此得出结论。为有效防止立功认定的随意性，确保立功认定的严肃性，《意见》规定，审查是否构成立功，不仅要审查办案机关的说明材料，还要审查有关事实和证据以及与案件定性处罚相关的法律文书。

4. 线索来源与立功认定

立功的认定，应否考虑据以立功的线索、材料的来源情况，实践中存在不同看法。一种意见认为，基于立功这一制度安排的基本价值诉求，立功材料的具体来源一般情况下不影响立功的认定，只是在决定是否从轻、减轻处罚以及从轻、减轻处罚的幅度时应予以考虑。

经研究，在线索来源问题上，需要兼顾公正与功利两种价值诉求的内在平衡，任何功利的获取不得以牺牲公正为代价，作为社会公平正义的守护者，司法机关更应坚守这一原则，为正确发挥司法导向作用，维护社会公平正义理念，《意见》对据以立功的线索、材料来源作出了限制性规定。明确以下情形不能认定为立功：（1）犯罪分子通过非法手段或者非法途径获取的；（2）犯罪分子因原担任的查禁犯罪等职务获取的；（3）他人违反监管规定向犯罪分子提供的；（4）负有查禁犯罪活动职责的国家机关工作人员或者其他国家工作人员利用职务便利提供的。

上述四种情形不得认定为立功，是由其行为本身的违法性所决定的，任何人不得从其违法行为中获利，是一个基本的司法准则。其中，第三、四种情形属于国家工作人员滥用公权，其本身即为违纪、违法甚至是犯罪行为。

讨论中，有意见提出，来源不正当的应一概不认定为立功。经研究，"不正当"一词过于模糊，内涵外延难以界定。而且，不正当手段是否一概作为排除立功认定的事由，需作进一步研究。比如，在押人员之间的"买功"行为，是否属于不正当手段以及是否一概不应认定为立功，均存疑问，故未采纳。

5. 重大立功中无期徒刑以上刑罚的理解

根据《最高人民法院关于处理自首和立功具体应用法律若干问题的解释》的有关规定，犯罪分子检举、揭发他人犯罪，提供侦破其他案件的重要线索，阻止他人的犯罪活动，或者协助司法机关抓捕的其他犯罪嫌疑人，犯罪嫌疑人、被告人依法可能被判处无朋徒刑以上刑罚的，应当认定为有重大立功表现。对于这里的"可能被判处无期徒刑以上刑罚"的判断依据，司法实践中存在法定刑、宣告刑、执行刑等不同看法。比如，有意见认为，"可能被判处无期徒刑以上刑罚"，是指根据被检举、揭发的犯罪行为本身的严重程度来判断该行为可能判处无朗徒刑以上刑罚。案件结案后，是否实际判处无期徒刑以上刑罚，不影响重大立功的认定。据此意见，在有确定的判决作为认定依据的情形下，如果被检举、揭发、协助抓获的罪犯的犯罪行为本身应当依法判处无期徒刑以上刑罚，只是由于该罪犯具有自首、立功、未成年人等犯罪行为事实以外的从轻、减轻量刑情节而被判处无期徒刑以下刑期的，对该罪犯仍应认定"重大犯罪嫌疑人"。另有意见认为，"可能被判处无期徒刑以上刑罚"应当理解为针对人民法院对有关人员尚未作出判决情形下所作的规定，相关"重大案件"已经作出判决，被检举、揭发、协助抓获的罪犯已经被实际判处有期徒刑以下刑罚的，表明该罪犯已经不存在判处无期徒刑以上刑罚的可能性，因而不应对检举者、揭发者、协助抓获者认定为重大立功，唯有如此，才能找到明确的判断界限。

经研究，上述两种意见均有可取之处但又失于绝对，《意见》在综合两种意见的基础上规定，"可能被判处无期徒刑以上刑罚，是指根据犯罪行为的事实、情节可能判处无期徒刑以上刑罚。案件已经判决的，以实际判处的刑罚为准。但是，根据犯罪行为的事实、情节应当判处无期徒刑以上刑罚，因被判刑人有法定情节经依法从轻、减轻处罚后判处有期徒刑的，应当认定为重大立功”。

在理解本规定时，应注意以下两点：

第一，“可能被判处无期徒刑以上刑罚”，是指根据立功行为实施时就已经存在的案件的主客观事实、情节，依法可能被判处无期徒刑以上刑罚。

第二，案件已经判决的，除因被判刑人在立功行为实施后形成新的量刑情节经依法从轻、减轻处罚后判处有期徒刑之外，应当以实际判处的刑罚为准。

6. 立功情节的具体运用

对于具有立功表现的犯罪分子，在具体适用刑罚时应当充分考虑犯罪行为和立功表现两个方面的具体情况，为方便实践操作，《意见》对该两个方面的具体情况均作了细化规定。

（三）关于如实交代犯罪事实的认定和处理

《意见》第三条对依法不成立自首，但如实交代犯罪事实的犯罪分子，区分具体情况提出了程度不同的处理意见，该条规定自首情形属于“坦白”范畴，但较通常理解的坦白范围要窄一些。一般而言，犯罪分子在被动归案后，如实供述自己的罪行，不管司法机关掌握程度如何，均应视为坦白。《意见》仅列举了四种情形，为避免逻辑上的不周延，故未使用“坦白”这一称谓。

坦白是一个酌定量刑情节，实践中没有疑问。《意见》之所以特别强调坦白的量刑意义，主要有两点考虑：一是宽严相济。坦白对于案件的侦破和顺利起诉、审判，具有重要作用，特别是在一些较为隐蔽、难以取证的职务犯罪案件中，坦白所起的作用不一定小于自首等法定量刑情节，而这一点往往为我们办案人员所忽视，在量刑上没有得到应有的体现。二是疏堵并举。刑法在贪污、受贿罪的法定刑规定上存在一些不足，集中体现在计赃论罚这一单一量刑模式所带来的量刑失衡问题。为实现量刑均衡，一些检察院、法院在个别案件处理上有意识地放宽自首的认定标准。《意见》在严格自首认定条件的同时，强调坦白在量刑中的作用，既有效防止了自首认定的随意性，又能确保在法律限度内尽可能地实现个案公正。

《意见》列举了四种坦白情形，即（1）办案机关掌握部分犯罪事实，犯罪分子交代了同种其他犯罪事实的；（2）办案机关掌握的证据不充分，犯罪分子如实交代有助于收集定案证据的；（3）办案机关仅掌握小部分犯罪事实，犯罪分子交代了大部分未被掌握的同种犯罪事实的；（4）如实交代对于定案证据的收集有重要作用的，是对职务犯罪案件办理实践的经验总结，同时也是量刑方面的实际需要。具有本条规定的坦白情节的，量刑上均应不同程度地加以考虑，特别是后两种情形，一般应当从轻处罚。对于司法机关已经完全掌握犯罪分子的犯罪事实情况下的坦白，量刑上则不一定要考虑，实践意义不大，故《意见》未作规定。

对于本条列举的情形，讨论中存在一些不同意见。

一种意见认为，对于主动交代司法机关未掌握的同种罪行，尤其是在主动交代的犯罪事实成为案件的主要犯罪事实的，是否一概认定为坦白，理论和实践均存在争议。鉴于职务犯罪案件自身的特点和此类案件查办工作的特殊性，从有利于敦促犯罪分子悔罪、交代余罪的办案需要出发，建议区分情况，将犯罪分子交代同种主要犯罪事实的，以自首论。经研究，对于交代同种犯罪事实的处理，《最高人民法院关于处理自首和立功具体应用法律若干问题的解释》已有明确规定，而且区分主要犯罪事实和次要犯罪事实在实践中不易操作，故未采纳。

另一种意见认为，"如实交代对于定案证据的收集有重要作用"，意味着办案机关掌握的证据不充分，不交代不足以认定犯罪。此种情形类似于因形迹可疑被盘查而主动交代犯罪事实的情形，应以自首论。经研究，形迹可疑意味着犯罪事实尚未被发觉，这里所规定的基于一定的证据而对犯罪事实有所发觉的情形存在根本性的不同。而且，从案件查办活动看，证据的收集一般都有一个渐次充实的过程，故未采纳。

（四）关于赃款赃物追缴等情形的处理

对该问题，《意见》主要明确了三点意见：一是赃款赃物追缴对于贪污和受贿在量刑意义上应当有所不同；二是"退赃"与"追赃"的量刑意义应当适当区分；三是立案后挽回的经济损失或者因客观原因减少的损失不影响损失后果的认定。

1.《意见》规定，赃款赃物全部或者大部分追缴的，贪污案件一般应当考虑从轻处罚，受贿案件则需视具体情况酌定从轻处罚。这里区分贪污与受贿，主要是考虑到贪污和受贿在侵害客体上各有侧重：前者主要侵犯的是公共财产关系，退赃对此具有一定的恢复补救作用；后者主要侵犯的是职务廉洁性或者不可收买性，危害性主要体现在国家、人民利益遭受重大损失或者恶劣社会影响方面，退赃对此不具有直接的补救作用。如郑筱萸一案，尽管受贿赃款全部追回，但考虑到其受贿行为造成了特别重大的损失和极为恶劣的影响，仍然被依法从重处理。

2.《意见》规定，犯罪分子及其亲友主动退赃或者在办案机关追缴赃款赃物过程中积极配合的，在量刑时应当与办案机关查办案件过程中依职权追缴赃款赃物的有所区别。区分主动退赃和办案机关依职权追缴，主要原因是两者所反应出来的主观认罪态度存在明显差别。特别在此加以说明，主要是考虑到当前在实践中存在一种倾向，只要赃款追回的，都一概视为有退赃表现，而不再细究犯罪分子（或其家属）在赃款追缴过程中的主观态度或者实际作用。这种只问结果不问过程的做法，客观上导致了一些职务犯罪分子被不当从轻处罚。

3.《意见》规定，经济损失的计算以立案时为准，立案后挽回的经济损失或者因客观减少的损失不影响职务犯罪案件特别是渎职侵权案件后果的认定。应当说，该认定原则在此前相关司法文件中业已明确。比如，2006年发布的《最高人民检察院关于渎职侵权犯罪案件立案标准的规定》即明确："直接经济损失和间接损失，是指立案时确已造成的经济损失"。这里再次重申，主要是考虑到不同司法机关之间在此问题上仍然存在分歧。同时，考虑到立案后挽回经济损失，因客观原因损失减少（如股市上涨股值提升等），在客观上降低了犯罪行为的社会危害性，《意见》将立案后挽回经济损失或者客观原因损失减少的情形规定为酌定从轻量刑情节。

——刘为波：《〈最高人民法院关于办理职务犯罪案件认定自首、立功等量刑情节若干问题的意见〉的理解与适用》，载《人民司法》2009年第9期。

《刑事审判参考》指导案例

吴江、李晓光挪用公款案（《刑事审判参考》指导案例第709号）

裁判要点：职务犯罪案件中，被告人须在纪律监察部门对其采取明确的调查措施前投案方能构成自动投案，在此前提下符合自首其他构成要件的，依法应认定为自首。

职务犯罪的侦查具有不同于普通犯罪的特点，主要表现为一般具有纪律监察部门的前置性调查程序，因此，必须对这种前置性的调查程序予以实事求是的认定，以准确界定职务犯罪案件中自首的成立标准。

由于纪律监察部门的办案活动所采取的调查谈话、调查措施与司法机关的侦查措施在内容、目的、效果方面具有相似性，立足于自首主要反映被告人认罪悔罪及有利于司法机关侦破案件的制度特征和价值取向，最高人民法院在《关于办理职务犯罪案件认定自首、立功等量刑情节若干问题的意见》中规定："没有自动投案，在办案机关调查谈话、讯问、采取调查措施或者强制措施期间，犯罪分子如实交代办案机关掌握的线索所针对的事实的，不能认定为自首。"同时，上述《意见》对职务犯罪中的自动投案也予以了明确规定："犯罪事实或者犯罪分子未被办案机关掌握，或者虽被掌握，但犯罪分子尚未受到调查谈话、讯问，或者未被宣布采取调查措施或者强制措施时，向办案机关投案的，是自动投案。"这里的办案机关包括纪检机关及刑事侦查机关等法定职能部门，如果犯罪分子在其犯罪事实未被司法机关掌握之前，向所在单位等办案机关以外的单位、组织或者有关负责人员投案的，应当视为自动投案。

——最高人民法院刑事审判第一、二、三、四、五庭主办：《刑事审判参

考》2011 年第 3 集（总第 80 集），法律出版社 2011 年版，第 103~112 页。

235. 同案犯罪嫌疑人带领被害方抓捕同案犯的行为，在同案犯被抓捕并被扭送司法机关的情况下，可以认定为有立功表现

关键词

同案犯　立功表现

最高人民法院审判业务意见（研究室研究意见）

有关部门就带领被害方抓捕同案犯能否认定为有立功表现问题征求最高人民法院研究室意见。最高人民法院研究室经研究认为：

共同犯罪嫌疑人带领被害方抓捕同案犯的行为，在同案犯被抓捕并被扭送司法机关的情况下，可以认定为有立功表现。

——最高人民法院研究室：《关于带领被害方抓捕同案犯能否认定为有立功表现问题的研究意见》，载张军主编、最高人民法院研究室编著：《司法研究与指导》2012 年第 2 辑（总第 2 辑），人民法院出版社 2012 年版，第 182~184 页。

第四节　数罪并罚

236. 执行附加剥夺政治权利期间再犯罪的并罚方法

关键词

剥夺政治权利　重新犯罪　数罪并罚

最高人民法院司法解释

上海市高级人民法院：

你院《关于被告人在执行附加刑剥夺政治权利期间重新犯罪适用法律问题的请示》（沪高法〔2008〕24 号）收悉。经研究，批复如下：

一、对判处有期徒刑并处剥夺政治权利的罪犯，主刑已执行完毕，在执行附加刑剥夺政治权利期间又犯新罪，如果所犯新罪无须附加剥夺政治权利的，依照刑法第 71 条的规定数罪并罚。

二、前罪尚未执行完毕的附加刑剥夺政治权利的刑期从新罪的主刑有期徒刑执行之日起停止计算，并依照刑法第 58 条规定从新罪的主刑有期徒刑执行完毕之日或者假释之日起继续计算；附加刑剥夺政治权利的效力施用于新罪的主刑执行期间。

三、对判处有期徒刑的罪犯，主刑已执行完毕，在执行附加刑剥夺政治权利期间又犯新罪，如果所犯新罪也剥夺政治权利的，依照刑法第 55 条、第 57 条、第 71 条的规定并罚。

——《最高人民法院关于在执行附加刑剥夺政治权利期间犯新罪应如何处理的批复》（2009 年 5 月 25 日，法释〔2009〕10 号）。

《刑事审判参考》指导案例

焦军盗窃案（《刑事审判参考》指导案例第 442 号）

裁判要点：剥夺政治权利的执行可以发生中止，在计算前罪尚未执行完毕的剥夺政治权利的刑期时应以被告人重新犯罪的被羁押时间作为中止时间。

（二）应当以被告人因后罪被羁押之日作为前罪剥夺政治权利的中止时间

将羁押之日作为中止日期与剥夺政治权利的执行特点相适应。如前文所述，当被告人因重新犯罪被羁押后，被强制性地改变了处所，在后罪不需要附加剥夺政治权利的情况下，将此后的时间作为中止时间，在被羁押至中止执行这段时间内，前罪剥夺政治权利的执行机关无法继续执行。而如果将在羁押之前的日期如重新犯罪的时间作为中止时间，在被告人重新犯罪至被羁押的这段时间内，将会放任被告人在剥夺政治权利期间对其政治权利的行使。而且，实践中对大部分案件而言，执行机关也无法及时掌握被告人重新犯罪的时间，将重新犯罪的时间作为中止时间不具有可行性。

同时，将羁押之日作为中止时间也符合主刑刑期的计算方式。如前文所述，除无期徒刑与死刑缓期执行的以外，主刑起算日期实际上为重新犯罪的被羁押时间，如果将此后的时间如拘留时间、逮捕时间、宣判时间或生效时间作为中止时间，在后罪附加判处剥夺政治权利的情况下，只要被羁押时前罪附加刑剥夺政治权利尚未执行完毕，就会存在前后罪剥夺政治权利期限重合的问题。而且，如果将宣判时间作为中止时间，就可能出现前文所述的一审与二审仅仅因为尚未执行完毕的剥夺政治权利的刑期的不同而出现不同的判决；如果将生效时间作为中止时间，很显然，一审判决时无从知道是否将经过二审程序或二审何时宣判，也就无从计算尚未执行完毕的剥夺政治权利的刑期。

对于个别案例中被告人因后罪被羁押后变更强制措施为取保候审或监视居住的，由于取保候审及监视居住的时间不能折抵刑期，因此，这段时间内应当继续执行剥夺政治权利，由于取保候审与监视居住应在被告人住所地或居住地执行，因此，并不会出现剥夺政治权利的执行机关无法执行的情况。如果后又被逮捕或收监执行，剥夺政治权利的执行就应中止。

——最高人民法院刑事审判第一、二、三、四、五庭主办：《刑事审判参考》2007 年第 3 集（总第 56 集），法律出版社 2007 年版，第 24~30 页。

附录：最高人民法院主流观点

（一）关于附加剥夺政治权利期间再犯罪的并罚问题

判处有期徒刑的罪犯在主刑执行完毕后执行附加刑剥夺政治权利期间又犯罪的，是否实行数罪并罚，是实践中的一个老问题。对此，最高人民法院 1994 年 5 月 16 日曾作出《关于在附加剥夺政治权利执行期间重新犯罪的被告人是否适用数罪并罚问题的批复》（简称《1994 年批复》）①，规定：如果所犯新罪无须判处附加刑剥夺政治权利的，应当在对被告人所犯新罪作出判决时，将新罪所判处的刑罚和前罪没有执行完毕的附加刑剥夺政治权利，按照数罪并罚原则，决定执行的刑罚，即在新罪所判处的刑罚执行完毕以后，继续执行前罪没有执行完毕的附加刑剥夺政治权利。但是，由于《1994 年批复》是针对 1979 年刑法有关规定所作的解释，能否适用于现行刑法的有关规定，且该批复未明确如何计算前罪尚未执行完毕的附加刑剥夺政治权利、剥夺政治权利是否施用于新罪的主刑执行期间以及剥夺政治权利如何并罚，以致在审判实践中产生不同认识和较大争议。

2008 年，上海市高级人民法院针对审判中遇到的一起案件，专门就执行附加剥夺政治权利期间又犯罪如何适用法律问题向最高人民法院请示。最高人民法院经调研、论证后，于 2009 年 5 月 25 日作出了《关于在执行附加刑剥夺政治权利期间犯新罪应如何处理的批复》（简称《批复》），对该问题的处理作出了更为具体的规定：（1）对判处有期徒刑并处剥夺政治权利的罪犯，主刑已执行完毕，在执行附加刑剥夺政治权利期间又犯新罪，如果所犯新罪无须附加剥夺政治权利的，依照《刑法》第七十一条的规定数罪并罚。（2）前罪尚未执行完毕的附加刑剥夺政治权利的刑期从新罪的主刑有期徒刑执行之日起停止计算，并依照《刑法》第五十八条规定从新罪的主刑有期徒刑执行完毕之日或者假释之日起继续计算；附加刑剥夺政治权利的效力施用于新罪的主刑执行期间。（3）对判处有期徒刑的罪犯，主刑已执行完毕，在执行

① 本文件已被《最高人民法院关于废止 1980 年 1 月 1 日至 1997 年 6 月 30 日期间发布的部分司法解释和司法解释性质文件（第九批）的决定》（法释〔2013〕2 号）废止。

附加刑剥夺政治权利期间又犯新罪，如果所犯新罪也剥夺政治权利的，依照《刑法》第五十五条、第五十七条、第七十一条的规定并罚。《批复》第1项和第3项规定的是对前罪所判处的附加剥夺政治权利与后罪判处的刑罚应当予以并罚的问题，较为明确。第2项规定的主要是前罪尚未执行完毕的附加剥夺政治权利刑期的计算问题。在理解和适用“前罪尚未执行完毕的附加刑剥夺政治权利的刑期从新罪的主刑有期徒刑执行之日起停止计算”时，需要注意把握以下两个问题：

第一，对于判决以前先行羁押的，前罪尚未执行完毕的附加刑剥夺政治权利的刑期可从因涉嫌犯新罪被羁押之日起停止计算。主要理由是，首先，可以与主刑刑期的实际起算时间一致。《刑法》第四十七条规定有期徒刑刑期从判决执行之日起计算，判决执行前先行羁押的，羁押一日折抵刑期一日。对于先行羁押的，新罪所判处有期徒刑的刑期实际上从羁押之日起算，《批复》将羁押之日作为停止计算时间，便于计算剥夺政治权利的执行期间。其次，也符合剥夺政治权利的实际执行情况，有利于执行机关执行。剥夺政治权利的执行，由罪犯居住地县级公安机关指定派出所执行，基层组织或者罪犯的原所在单位协助进行监督。而罪犯再因犯新罪被羁押，原执行机关实际上难以对其继续执行前罪附加刑剥夺政治权利。在这种情况下，也确有必要从被羁押之日起停止计算前罪所判处的附加剥夺政治权利的刑期。据此，对于罪犯因新罪被羁押后又变更强制措施为取保候审或监视居住的，由于取保候审、监视居住的时间不能折抵刑期，且二者和剥夺政治权利都由罪犯居住地的公安机关执行，故这段时间内应当继续执行前罪尚未执行完毕的剥夺政治权利。如果此后又被羁押的，则前罪的剥夺政治权利应停止执行。

第二，对于判决前未予羁押的，可以将一审判决作出之日作为前罪尚未执行完毕的剥夺政治权利停止计算的时间点。主要理由是，罪犯犯新罪后，其原有的被剥夺政治权利状态不应因犯新罪而改变，犯新罪本身并不自然剥夺其政治权利，故在新罪判决的有期徒刑执行之日前，都是前罪剥夺政治权利的执行期间。对罪犯剥夺政治权利的依据只能是正在执行的前罪的附加剥夺政治权利的生效判决，而不能以新罪尚未作出的判决为依据。但是，由于新罪的一审判决作出时，尚无法确定新罪的有期徒刑执行之日，也就无法确定一审时尚未执行完毕的剥夺政治权利的刑期。鉴此，在技术操作上，可以将一审判决作出之日作为前罪尚未执行完毕的剥夺政治权利停止计算的时间点，并将应当从尚未执行完毕的刑期中扣除的一审判决作出之日至新罪有期徒刑执行之日的期间，计算在新判决确定剥夺政治权利的刑期以内。当然，如果在一审判决作出之后、新罪有期徒刑执行之日前，前罪的剥夺政治权利执行完毕，则不存在再执行前罪的剥夺剥夺政治权利问题。

——张军、胡云腾主编：《〈刑法修正案（八）〉条文及配套司法解释理解与适用》，人民法院出版社 2011 年版，第 100~102 页。

237. 判决宣告以后又发现犯罪分子同种漏罪情形的处理

关键词

数罪并罚　发现漏罪　漏罪

最高人民法院答复

江西省高级人民法院：

你院赣高法〔1992〕39 号《关于判决宣告后又发现被判刑的犯罪分子的同种漏罪是否按数罪并罚处理的请示》收悉。经研究，人民法院的判决宣告并已发生法律效力以后，刑罚还没有执行完毕以前，发现被判刑的犯罪分子在判决宣告以前还有其他罪没有判决的，不论新发现的罪与原判决的罪是否属于同种罪，都应当依照刑法第六十五条的规定实行数罪并罚。但如果在第一审人民法院的判决宣告以后，被告人提出上诉或者人民检察院提出抗诉，判决尚未发生法律效力的，第二审人民法院在审理期间，发现原审被告人在第一审判决宣告以前还有同种漏罪没有判决的，第二审人民法院应当依照刑事诉讼法第一百三十六条第（三）项的规定，裁定撤销原判，发回原审人民法院重新审判，第一审人民法院重新审判时，不适用刑法关于数罪并罚的规定。

——《最高人民法院关于判决宣告后又发现被判刑的犯罪分子的同种漏罪是否实行数罪并罚问题的批复》(1993 年 4 月 16 日，法复〔1993〕3 号)。

238. 附加财产刑尚未执行完毕以前再犯罪的，前罪判处的财产刑不应并罚

关键词

刑罚的具体运用　数罪并罚　附加刑　财产刑

附录：最高人民法院主流观点

（二）关于附加财产刑尚未执行完毕前再犯罪的并罚问题

罪犯在主刑执行完毕后的财产刑执行完毕之前，也可能会再犯罪，所犯新罪可能不附加财产刑，也可能附加财产刑。在此情形下，是否要将前罪尚未执行完毕的财产刑与新罪判处的刑罚并罚？对此，《最高人民法院关于适用

财产刑若干问题的规定》等相关司法解释没有作出规定。实践中有不同处理意见。一种意见认为，罚金、没收财产等财产刑与剥夺政治权利都是附加刑，既然《最高人民法院关于在执行附加刑剥夺政治权利期间犯新罪应如何处理的批复》已经明确规定对附加剥夺政治权利期间再犯罪的应当实行并罚，那么，对于附加财产刑执行完毕之前再犯罪的，应当参照此规定实行并罚。另一种意见认为，附加财产刑虽然同剥夺政治权利一样也是附加刑，但附加剥夺政治权利的执行有期限限制，而附加财产刑的执行没有期限限制，且附加财产刑能否执行完毕受多种因素影响，故对于在前罪所判附加财产刑没有执行完毕之前再犯罪的，不论后罪是否判处附加财产刑，均不应当实行并罚。

我们认为，后一种意见更为妥当，即不宜实行并罚。主要理由有三点：第一，附加罚金、没收财产等财产刑虽然也是附加刑，但与附加剥夺政治权利在执行方式上有很大区别。附加剥夺政治权利有明确的执行期限，即“从徒刑、拘役执行完毕之日或者从假释之日起计算”，而附加财产刑尤其是罚金刑并没有明确的执行期限，对于罪犯不能全部缴纳罚金的，人民法院在任何时候发现被执行人有可以执行的财产，应当随时追缴。据此，对于在前罪判处的附加财产刑执行完毕之前被告人又犯新罪的，如果实行并罚，则不论前罪时间多么久远，只要再次犯罪，均要进行并罚，这不切合实际。第二，附加财产刑的执行一直是人民法院执行工作中的一个难题，对于没有多少财产的个人，附加财产刑往往沦为“空判”，不可能执行到位。即使对于有财产的，也常因其财产被转移、隐藏或未与家庭其他成员的财产分割开，而难以执行到位。也就是说，财产刑的执行比附加剥夺政治权利要复杂得多，能否执行到位，受多种因素影响，并非通过与新罪并罚的方式能有效解决的。第三，如果对此种情形要求实行并罚，客观上会给人民法院刑事审判庭的工作带来不必要的负担。当前，流动人口犯罪所占比例很高，对于被告人曾在异地犯罪且被判处罚金刑的，如果要求实行并罚，则意味着审判新罪的法院要调查前罪所判处的附加财产刑是否已执行，这在当前人民法院尚未建立全国统一的财产刑执行查询系统的情况下，显然很难做到，会给刑事审判工作增加大量不必要的负担。即使查实前罪的财产刑未执行，与新罪所判刑罚并罚，其结果仍往往是空判，没有实际意义。有意见认为，如果对此情形不实行并罚，则当被告人因新罪被判处没收全部财产的，而前罪的罚金刑又还没有执行的，对该罚金刑是否还须继续执行？我们认为，这种情形与被告人因犯数罪同时被判处没收个人全部财产和罚金刑的情形有所不同，对后者应当按照相关司法解释的规定采取吸收原则，不再执行罚金刑，但前者因新罪判处没收个人全部财产后，不必然说明被告人没有能力缴纳罚金。如果被告人因新罪被判处死刑，且没收个人全部财产的，说明不可能再缴纳罚金，对前罪没有执行的罚金刑，可以终结执行。如果被告人因新罪被判处的主刑是死缓或者无期徒刑，且没收个人全部财产的，考虑被告人将来仍可出狱，仍有可能获得经济收入，故可待其将来有财产时再继续追缴。

——张军、胡云腾主编：《〈刑法修正案（八）〉条文及配套司法解释理解与适用》，人民法院出版社 2011 年版，第 102~104 页。

239. 对减刑后正在服刑的罪犯发现漏罪的，原减刑裁定如何处理

关键词

刑罚的具体运用　减刑　漏罪　数罪并罚

最高人民法院司法政策精神

各省、自治区、直辖市高级人民法院，解放军军事法院，新疆维吾尔自治区高级人民法院生产建设兵团分院：

近期，我院接到一些地方高级人民法院关于判决宣告以后，刑罚执行完毕以前，罪犯因漏罪或者又犯新罪数罪并罚时，原减刑裁定应如何处理的请示。为统一法律适用，经研究，提出如下意见：

罪犯被裁定减刑后，因被发现漏罪或者又犯新罪而依法进行数罪并罚时，经减刑裁定减去的刑期不计入已经执行的刑期。

在此后对因漏罪数罪并罚的罪犯依法减刑，决定减刑的频次、幅度时，应当对其原经减刑裁定减去的刑期酌予考虑。

——《最高人民法院关于罪犯因漏罪、新罪数罪并罚时原减刑裁定应如何处理的意见》（2012 年 1 月 18 日，法〔2012〕44 号）。

最高人民法院审判业务意见

最高人民法院刑事审判第一庭、第二庭认为：对减刑后正在服刑的罪犯发现漏罪应如何进行数罪并罚。对于此种情形，应在维持原减刑裁定合法有效性的同时，直接适用《刑法》第 70 条规定，在漏罪判决与原判决所判处的刑罚之间进行并罚。理由如下：第一，将减刑裁定视为原判决的一个组成部分，与立法本意不符。减刑裁定与原判决（包括原裁定）是基于不同事由，服从于不同目的的需要，在不同的阶段上作出的，两者不可同日而语。第二，将减刑之后的刑期作为并罚基准，势必损及《刑法》第 70 条规定的“先并后减”并罚原则。减刑裁定属事后裁定，因减刑裁定所缩短的刑期与因服刑期间实际执行而自然缩短的刑期均属行刑范畴问题，在性质上并无不同。将减刑之后的刑期作为并罚基准，究其实质，就是先减后并。第三，主张直接与

原判决确定的刑罚并罚，与承认减刑裁定的合法有效性，两者并行不悖，不存在法律适用及法理上的障碍。首先，既然法律已有明确规定，已经执行的刑期应当计算在新判决决定的刑期以内，那么同样可以将裁定所减刑期计算在新判决决定的刑期以内，两者道理是相通的，只不过一个是基于客观事实，一个是基于法定事实而已。其次，“先并后减”更为有利于被告人。有利于被告人是罪刑法定框架下的一个基本的法律解释原则。虽然究竟是“先并后减”还是“先减后并”更为有利于被告人，不好一概而论，但可以肯定的是，多数情况下“先并后减”对被告人更为有利。第四，为避免执行上可能出现的不必要的误解及执行所依据文书上的多头性，可以考虑在新判决上，将原减刑裁定的内容吸收进来，这在技术处理上也不复杂，说明一下已经执行的刑期及 ×× 裁定所减刑期均需计算在新判决决定的刑期以内即可。

——最高人民法院刑事审判第一、二庭:《对减刑后正在服刑的罪犯发现漏罪应如何进行数罪并罚》，载最高人民法院刑事审判第一庭、第二庭编:《刑事审判参考》2003 年第 6 集（总第 35 集），法律出版社 2004 年版，第 215~217 页。

附录:《刑事审判参考》编辑部答疑

问题: 被告人王某某因犯故意伤害罪，于 1999 年 3 月被某中级人民法院判处无期徒刑，剥夺政治权利终身。2001 年 11 月，省高级人民法院裁定将王某某的刑期减为有期徒刑 18 年，剥夺政治权利 8 年。2006 年 6 月，某市人民检察院发现王某某在 1998 年还犯有强奸罪，遂向某市中级人民法院提起公诉。某市中级人民法院经审理后，认为对王某某所犯的强奸罪应判处有期徒刑四年。但在数罪并罚时，有两种观点。一种观点认为，应当根据《刑法》第 70 条的规定，将前后两个判决所判处的刑罚，依照《刑法》第 69 条的规定，决定执行的刑罚，即对王某某判处无期徒刑，剥夺政治权利终身。但根据这种观点判决所带来的问题是，王某某已经执行的刑期，如何计算在新判决的刑期以内？省高级人民法院的减刑裁定是否需要撤销？如果要撤销，由哪个法院撤销？第二种观点认为，省高级人民法院的减刑裁定是发生法律效力的裁定，应当得到执行，因此，王某某前罪即故意伤害罪所判处的刑罚可以理解为有期徒刑 18 年，剥夺政治权利 8 年。对其数罪并罚，应依照《刑法》第 69 条规定，在有期徒刑 18 年以上 20 年以下酌情决定执行的刑期，已经执行的刑期，从 2001 年 11 月起至新判决宣告日止的刑期，应当计算在新判决决定的刑期以内。笔者倾向于第一种观点。望《刑事审判参考》编辑部予以解答。

《刑事审判参考》编辑部认为: 经研究，我们同意来信中的第一种观点。理由如下:

一、《刑法》第70条明确规定，是将前后两个判决所判处的刑罚，依照《刑法》第69条的规定，决定执行的刑罚。来信所述案例中前一判决所判处的刑罚，是指对王某某故意伤害行为所判处的无期徒刑刑罚，而不是第二种观点所说的有期徒刑18年。有期徒刑18年是在无期徒刑执行期间裁定减刑后的刑罚，不是判决所判处的刑罚。

二、关于王某某已经执行的刑期，如何计算在新判决的刑期以内的问题。我们认为，由于新判决数罪并罚后决定执行的刑罚为无期徒刑，因而在新判决中不存在如何计算已经执行的刑期问题。

三、关于减刑裁定是否需要撤销的问题。我们认为，不必撤销减刑裁定。减刑裁定的事实依据是罪犯在服刑期间的悔改表现，不是罪犯的犯罪行为。新判决作出后，减刑裁定的效力自然消失。

四、对原判无期徒刑减刑后，实际执行时间较长或者新发现漏罪较轻的，考虑到新判决确定的刑罚为无期徒刑且从新判决确定之日起重新计算无期徒刑的服刑期限，对被告人可能有所不利，可以在执行期间减刑时充分考虑这一因素。

——最高人民法院刑事审判第一、二、三、四、五庭主办：《刑事审判参考》2006年第6集（总第53集），第115~116页。

说明

《刑法修正案（八）》对1997年《刑法》第六十九条主要作了两点修正。一是对有期徒刑的数罪并罚做了重大改动，将以前的“有期徒刑最高不能超过20年”改为两种情形：“有期徒刑总和刑期不满35年的，最高不能超过20年；总和刑期在35年以上的，不能超过25年”。二是对附加刑的数罪并罚进行了明确规定：“附加刑种类相同的，合并执行，种类不同的，分别执行。”

修正后的《刑法》第六十九条条文为：判决宣告以前一人犯数罪的，除判处死刑和无期徒刑的以外，应当在总和刑期以下、数刑中最高刑期以上，酌情决定执行的刑期，但是管制最高不能超过三年，拘役最高不能超过一年，有期徒刑总和刑期不满三十五年的，最高不能超过二十年，总和刑期在三十五年以上的，最高不能超过二十五年。

数罪中有判处附加刑的，附加刑仍须执行，其中附加刑种类相同的，合并执行，种类不同的，分别执行。

240. 刑罚执行完毕以前发现漏罪或又犯新罪，漏罪、新罪判决作出时已过原判刑罚终止日期的，应当数罪并罚

关键词

刑罚执行完毕 数罪并罚

最高人民法院审判业务意见

最高人民法院刑事审判第一庭、第二庭、第三庭、第四庭、第五庭认为：《刑法》总则第四章第四节对数罪并罚作出了明确规定，其中第 70 条、第 71 条分别规定了刑罚执行期间发现漏罪或又犯新罪的并罚方法。但是，在实践中，由于诉讼过程需要一定时间等原因，可能出现对漏罪、新罪作出判决时，原判刑罚终止日期已过的情况，对此类情况如何处理，实践中不无争议。比如：被告人某甲 2001 年 4 月 5 日因犯抢劫罪被判处有期徒刑三年（刑期自 1999 年 12 月 12 日起至 2002 年 12 月 11 日止），在某监狱服刑期间，因发现其在判决宣告以前犯有强奸罪，于 2002 年 7 月押解至某看守所羁押。同年 11 月底至 2003 年 1 月，某甲多次与同监号被羁押人员预谋，计划挟持监管干部脱逃。因被监管干部发觉而未得逞。其行为已构成暴动越狱罪，属犯罪预备，应予惩处。2003 年 5 月，一审法院对某甲的上述罪行作出判决，但此时原判刑罚终止日期已过。

本案在量刑时对是否需要数罪并罚产生了两种不同意见：一种意见认为，本案漏罪、新罪判决作出时，原判决确定的刑罚终止日期已过，不需要再将漏罪、新罪判处的刑罚与原判刑罚数罪并罚，直接将漏罪、新罪判处的刑罚按照《刑法》第 69 条的规定并罚即可；另一种意见则主张，应将漏罪、新罪判处的刑罚和原判刑罚按照《刑法》规定的并罚原则和方法进行数罪并罚。

对此类情况究竟应当如何处理？我们认为：

一、判决宣告以后、刑罚执行完毕以前，发现漏罪或又犯新罪的，无论漏罪、新罪判决作出时是否已过原判决确定的刑罚终止日期，均应依法实行数罪并罚

1. 如何理解立法本意

本案中，某甲在前罪抢劫罪的刑罚执行完毕以前发现漏罪强奸罪，押解至看守所后又犯暴动越狱罪。其行为符合数罪并罚的条件，依法应实行数罪并罚。即对某甲应同时按照《刑法》第 70 条、第 71 条的规定进行并罚。《刑法》的这两条规定，在时间范围上仅明确要求“判决宣告以后，刑罚执行完毕以前”发现漏罪或又犯新罪的，除此之外没有其他任何适用时间上的限制。

因此，不能因诉讼过程的长短、宣判时间的不同而产生任何变化。否则，就会使《刑法》规定的数罪并罚制度增加了新的适用条件限制，进而使数罪并罚原则的适用因漏罪、新罪诉讼进程长短的差异而处于无法确定的状态，使相同罪行可能因诉讼时间长短的不同而受到不同的处罚，这不仅不符合罪刑法定原则，而且还违背了法律面前人人平等、同罪同罚的精神。

以本案为例，原判决确定的刑罚终止日期为 2002 年 12 月 11 日，如果对漏罪或新罪的判决在 2002 年 12 月 11 日以前作出，则适用数罪并罚，如果在 2002 年 12 月 12 日以后作出，则只须执行对漏罪或新罪作出的判决，不需再与前罪刑罚数罪并罚，这种做法显然于法无据；同时，这种做法还变相地加重了被告人的刑罚。例如，某被告人因犯甲罪被判处有期徒刑 10 年，执行 9 年零 6 个月后发现漏罪乙罪被押解回看守所，6 个月后其因乙罪被判处 5 年有期徒刑。按照数罪并罚原则，除按照最高总和刑期决定执行有期徒刑 15 年外，该被告人的最终刑罚应少于 15 年。如不进行并罚，漏罪刑罚从原判决确定的刑罚终止之次日起算，该被告人最终被判处的刑罚只能是 15 年。同理，对于新罪不进行并罚也存在此弊的可能。

2. 如何理解“刑罚执行完毕以前”

“刑罚执行完毕以前”应是指犯罪分子因发现漏罪或新罪时原判决尚未执行完毕，此后，其身份即转化为犯罪嫌疑人，并随着对其漏罪、新罪的立案侦查等诉讼程序的启动而进入诉讼阶段，其被羁押的期间自被视为对其作出新判决前的侦查、起诉、审判等诉讼活动期间。因此，不论其是否被解离执行机关（我国《监狱法》第六十条规定，对罪犯在监狱内犯罪的案件，由监狱进行侦查），对其原判刑罚的执行均应自其被发现漏罪、新罪时即告中止。以“发现漏罪”或“犯新罪”这一中断点为界，中断点之前的刑罚为原判已经执行的刑期，中断点之后的刑罚为尚未执行的刑期，即残余刑。需要强调的是，此处的“发现漏罪”有其特定的法律内涵，专指漏罪被“司法机关”发现。如果某一漏罪司法机关尚未发现，仅被他人知晓，显然不会产生数罪并罚。当然，司法机关“发现漏罪”或犯罪分子“犯新罪”的标志，不取决于任何组织或个人的主观认识，而应当是合理的、明确的法律标准，即应当是刑事诉讼程序的启动—立案。在刑罚执行期间既发现漏罪又犯新罪的情况下，则应以在刑罚执行期间漏罪或新罪中最先立案的时间作为标志。

但是，中止后的这段羁押期间应在新判决确定的刑罚期间中予以折抵，实际上，新判决确定的有期徒刑的起算时间为原判刑罚的中止时间。

二、在既发现漏罪又犯有新罪的情况下，漏罪、新罪与前罪的并罚应按照分别并罚、顺序并罚的方法进行

本案中某甲在判决宣告后，刑罚执行完毕以前，不仅发现有漏判的强奸罪，而且又犯新罪暴动越狱罪。对其数罪并罚同时涉及《刑法》第 70 条、第

71 条规定的并罚问题。对此种情形，我们认为，应先将漏罪刑罚与原判刑罚并罚，决定应当执行的刑罚，然后再将新罪刑罚与前一判决决定执行的刑罚中未执行的刑罚并罚，决定应执行的刑罚。

这是因为，在判决宣告以后、刑罚执行完毕以前，既发现漏罪又犯新罪的情况下所形成的罪数关系，不是典型的数罪关系，即不是仅适用《刑法》第 70 条解决的前罪与漏罪的数罪关系，也不是仅适用《刑法》第 71 条解决的前罪与新罪的数罪关系，而是既适用“先并后减”方法又适用“先减后并”方法予以解决的、同时由前罪、漏罪、新罪构成的复杂数罪关系。对于这种必然兼采“先并后减”和“先减后并”方法并罚的数罪，如果为了简便易行，只采用一种方法对漏罪和新罪同时进行并罚，无论是只采用“先并后减”的方法并罚，抑或只采用“先减后并”的方法并罚，都会因无条件、无根据地扩大相应规则的适用范围而背离刑法规定。此外，即使是对新罪和漏罪分别适用“先减后并”方法和“先并后减”方法进行并罚，也会因新罪并罚在先、漏罪并罚在后的不合理顺序，导致并罚的最终结果违背刑事立法本意。因此，对于在刑罚执行期间发现漏罪又犯新罪的情况下，应当采取对数罪分别判决、顺序并罚的方法，即在对漏罪和新罪分别定罪量刑的基础上，对漏罪、新罪分别适用先并后减、先减后并的方法作出判决，并按照漏罪在先、新罪在后的顺序进行两次并罚，所得结果即为整个数罪并罚的结果。

另有一点需要指出的是：如果罪犯的原判或漏罪所判刑罚是无期徒刑或死缓，按照吸收原则，则不论其执行刑期长短，只要是刑罚执行完毕以前发现漏罪的，都应并罚为无期徒刑或死缓，已经执行的刑期亦不能予以折抵。

——最高人民法院刑事审判第一、二、三、四、五庭：《刑罚执行期间发现漏罪、新罪判决作出时原判刑罚终止日期已过的如何处理》，载最高人民法院刑事审判第一、二、三、四、五庭主办：《刑事审判参考》2006 年第 6 集（总第 53 集），法律出版社 2007 年版，第 106~110 页。

241. 暂予监外执行期满后发现在暂予监外执行期间犯新罪的，不应当数罪并罚

关键词

监外执行期满　执行期间　新罪

《刑事审判参考》指导案例

田友兵敲诈勒索案（《刑事审判参考》指导案例第 797 号）

裁判要点：暂予监外执行期满后发现在暂予监外执行期间犯新罪的，不应当数罪并罚。

（一）关于暂予监外执行性质的理解

准确理解暂予监外执行的性质对于本案的处理具有重要意义。我们认为，暂予监外执行的性质，可以分以下两个层面来理解：

第一，暂予监外执行是一种特殊的刑罚执行方式。一般认为，“监外执行是指对符合法定条件的罪犯因某种特殊情况而暂予变更刑罚执行场所、刑罚执行方式的一种行刑制度”。监外执行就是在监狱外对罪犯执行刑罚的一种特别执行方法。暂予监外执行制度是指由于某种特殊情况的出现，通过一定的程序，将人民法院所判处的监禁刑的实刑改变为非监禁的刑罚执行方法，而且罪犯的刑期不因执行场所、执行方式的变更而中断，依然连续计算。可见，暂予监外执行是监禁刑执行的一种变通方式，其实质仍然是对罪犯监禁刑的执行过程，这与缓刑考验期有本质的区别。

第二，暂予监外执行不是对服刑人员的一项鼓励性措施，而是监狱机关对不适宜继续关押在监狱中的服刑人员采取的一项体现人道主义精神的刑罚变通执行方式。按照我国刑事诉讼法第二百五十四条的规定，被判处有期徒刑或者拘役的罪犯，如有严重疾病需要保外就医、怀孕或者正在哺乳自己婴儿的妇女，可以暂予监外执行；对被判处有期徒刑、拘役，生活不能自理，适用暂予监外执行不致危害社会的罪犯，也可以暂予监外执行。可见，暂予监外执行的条件与刑罚执行过程中的假释存在区别。

（二）暂予监外执行期间犯新罪，暂予监外执行并不当然中止

缓刑、假释是基于罪犯人身危险性小或者改造良好而给予的一种鼓励性措施。与缓刑、假释不同，暂予监外执行并非对服刑人员的考验或者鼓励措施，而是基于某种特定的客观事由或者情况的出现，不得已而采取的一种变通的刑罚执行方式。因此，暂予监外执行的撤销条件与缓刑、假释是不同的。

在缓刑、假释制度中，只要被判缓刑或者被假释的罪犯在缓刑或假释考验期限内犯新罪，则无论是在考验期内还是在考验期满后发现该新罪，都应当撤销缓刑或者假释，实行数罪并罚。因为缓刑、假释的制度设定与适用均是以服刑人员人身危险性的降低为基础的，被判缓刑、假释的罪犯在缓刑、假释考验期再犯新罪，说明其人身危险性并未降低到对社会无威胁的程度，这就从实质上消灭了对其适用缓刑、假释的条件，因而对其撤销缓刑、假释符合法理。而暂予监外执行的结束事由仅在于暂予监外执行适用的前提条件消失。关于这一点，我国刑事诉讼法、监狱法都有明确规定。1996 年刑事诉

讼法第二百一十六条[①]规定："暂予监外执行的情形消失后，罪犯刑期未满的，应当及时收监。罪犯在暂予监外执行期间死亡的，应当及时通知监狱。"监狱法第二十八条[②]规定："暂予监外执行的情形消失后，刑期未满的，负责执行的公安机关应当及时通知监狱收监；刑期届满的，由原关押监狱办理释放手续。罪犯在暂予监外执行期间死亡的，公安机关应当及时通知原关押监狱。"据此，罪犯在暂予监外执行期间犯新罪被发现犯新罪，才可能中止暂予监外执行。否则，罪犯仍应被视为暂予监外执行过程中。

（三）本案前罪的刑罚已执行完毕

暂予监外执行虽然改变了服刑场所，但本质上仍是刑罚的一种执行方式。1990 年 3 月 30 日，《最高人民法院关于监外执行的罪犯重新犯罪的时间是否计入服刑期问题的批复》（以下简称《批复》，已废止——编者注）[③]指出，"被准予监外执行之日起至新罪后新判决执行前这段时间，应视为所服前罪判决的刑期"。由《批复》可知，只要暂予监外执行没有终止，暂予监外执行期就应计入刑罚执行期，不管是否发现暂予监外执行期间罪犯是否犯新罪。就本案而言，2008 年 3 月 6 日，被告人田友兵犯聚众斗殴罪的暂予监外执行期届满，其刑罚执完毕，也就是说，田友兵已完全承担了其前罪而产生的刑事责任。

（四）关于刑法第七十一条的理解

经过如上分析，本案的问题可以相对简单地表述为：在刑罚执行完毕后，发现罪犯在刑罚执行期间又犯新罪的，应当如何处理？从上文所述的两种处理意见来看，分歧的关键在于对刑法第七十一条的理解适用问题。我们认为，刑法第七十一条不仅要求罪犯又犯新罪，更重要的是要求罪犯又犯新罪的时间、发现罪犯又犯新罪的时间均在前罪的刑罚执行完毕之前。就本案而言，虽然田友兵在刑罚执行完毕之前又犯新罪，但在新罪判决时，前罪已经执行完毕，没有可以并罚的余刑。因此，对本案被告人实行并罚并不符合刑法第七十一条的立法本意。

（五）对新罪从重处罚的理由

本案中，被告人田友兵在服刑期间又犯新罪，表明其在社会改造期间，主观恶性依然很深，社会危害性依然很大，应予严惩，因此，在对田友兵单独以敲诈勒索罪定罪量刑时，可将其在暂予监外执行期间再犯新罪作为酌定从重处罚情节，充分贯彻体现宽严相济的刑事政策。

---

① 本条现为《中华人民共和国刑事诉讼法》（2018 年修正）第二百六十八条。

② 本条现为《监狱法》第二十八条。

③ 本文件已被《最高人民法院、最高人民检察院关于废止 1980 年 1 月 1 日至 1997 年 6 月 30 日期间制发的部分司法解释和司法解释性质文件（第九批）的决定》（法释〔2013〕1 号）废止。

综上所述，对于罪犯在暂予监外执行期间犯新罪，但在暂予监外执行完毕后才发现的，无须数罪并罚，只须单独对所犯新罪定罪且在法定刑幅度内酌情从重处罚即可。

——最高人民法院刑事审判第一、二、三、四、五庭主办：《刑事审判参考》2012 年第 4 集（总第 87 集），法律出版社 2013 年版，第 55~59 页。

242. 服刑人员在劳动中致伤致残或者死亡如何处理

关键词

服刑人员　致伤致残　死亡

最高人民法院审判业务意见（研究室研究意见）

有关部门就服刑人员在劳动中致伤致残或者死亡如何处理问题征求最高人民法院研究室意见。我室经研究认为：

根据刑事诉讼法和监狱法的相关规定，对于被判处死刑缓期二年执行、无期徒刑、有期徒刑的罪犯，由监狱依法组织从事生产劳动，属于监狱执行刑罚的行为。监狱依据刑事诉讼法授权实施的执行刑罚的行为不应纳入行政复议及行政诉讼的受案范围。如果监狱对罪犯的工伤补偿行为存在国家赔偿法第十五条规定的情形，应当适用刑事赔偿程序处理。

——《最高人民法院研究室关于服刑人员在劳动中致伤致残或者死亡如何处理问题的研究意见》，载张军主编、最高人民法院研究室编著：《司法研究与指导》2012 年第 2 辑（总第 2 辑），人民法院出版社 2012 年版，第 148~151 页。

243. 无期徒刑减为有期徒刑后在执行期间发现漏罪，数罪并罚时原减刑裁定减去的刑期以及减为有期徒刑后已经执行的刑期如何处理

关键词

无期徒刑　有期徒刑　漏罪　数罪并罚　刑期

《刑事审判参考》指导案例

岳德分盗窃案（《刑事审判参考》指导案例第 1370 号）

裁判要点：先前的减刑裁定无须撤销，经减刑裁定减去的刑期以及减为有期徒刑之后已经执行的刑期均不计算在内，但在执行第二个无期徒刑过程中，在再次减刑时应当考虑减刑裁定减去的刑期，以及第一次无期徒刑减为有期徒刑之后至漏罪判决之间已经执行的刑期。

司法实践中，由于减刑、假释等刑罚执行制度的存在，判处无期徒刑的罪犯，除特殊情况外，一般可以减为有期徒刑。在无期徒刑减为有期徒刑或者被假释之后，刑罚执行完毕之前，行为人发现漏罪的情形并不少见。对于在假释考验期内发现漏罪的，根据《刑法》第八十六条之规定，直接撤销假释实行数罪并罚。然而，对于裁定减刑后出现漏罪的情形，实践中对于减刑裁定是否需要撤销，漏罪刑罚是与减刑后还是减刑前的原判刑罚并罚等问题争议较大。存在以下两种不同观点：

第一种观点认为，应当对漏罪作出判决，把新判决所确定的刑期与裁定减刑后的刑期依据《刑法》第六十九条数罪并罚后，再依据第七十条减去已经执行的刑期，从而确定最终的执行刑期。理由是：（1）减刑裁定是根据犯罪分子在刑罚执行过程中的表现，将原判刑罚予以减轻，是对原审判决的适当修正，应当视为与原判决具有同等的法律效力。与假释考验期内发现漏罪要撤销假释裁定的规定不同，在减刑后发现漏罪并无撤销减刑裁定的规定，如果在数罪并罚时对减刑裁定弃之不用，等于是变相地撤销了减刑裁定，势必会影响法院裁判文书的既判力和公信力，故应当将减刑后的刑期与新判决所确定的刑期实行并罚。（2）对于判处同样刑罚的服刑人员来说，其在执行期间有减刑的，有未减刑的，还有减刑程度不一的，如果在对漏罪处理时不考虑减刑裁定，就难以体现区别对待和公平原则，也不利于调动服刑人员的改造积极性。（3）根据《刑法》第七十条的规定，对于判决宣告后发现漏罪情形的并罚，已经执行的刑期，应当计算在新判决决定的刑期以内。然而，当前罪刑罚系死缓刑或者无期徒刑时，已经执行的刑期，在新判决中就无法予以扣除，显然不公平。

第二种观点认为，应当将前一判决所确定的无期徒刑刑罚与对漏罪所判刑罚依照“吸收原则”进行并罚后，确定其最终执行刑罚为无期徒刑。先前的减刑裁定无须撤销，经减刑裁定减去的刑期以及减为有期徒刑之后已经执行的刑期均不计算在内，但在执行第二个无期徒刑过程中，在再次减刑时应当考虑减刑裁定减去的刑期，以及第一次无期徒刑减为有期徒刑之后至漏罪判决之间已经执行的刑期。

我们同意第二种观点，具体理由如下：

（一）《刑法》第七十条关于数罪并罚规定中的“前后两个判决”，是指前

罪判决和漏罪判决，不包括减刑裁定

（二）经减刑裁定减去的刑期以及无期徒刑减为有期徒刑后已被执行的刑期，属于刑罚执行问题，虽然在数罪并罚后的新判决中无法体现，但可在新判决执行过程中予以考虑

（三）在将前罪与漏罪刑罚进行并罚作出新判决时无须撤销原减刑裁定

——聂昭伟撰稿、陆建红审编：《岳德分盗窃案——无期徒刑减为有期徒刑后在执行期间发现漏罪，应当如何处理？》，载最高人民法院刑事审判第一、二、三、四、五庭主办：《刑事审判参考》（总第124集），法律出版社2020年版，第47~51页。

244. 前罪判决因漏判附加剥夺政治权利被再审纠正的，数罪并罚时剩余剥夺政治权利刑期应如何计算

关键词

附加剥夺政治权利　数罪并罚　刑期计算

《刑事审判参考》指导案例

王斌盗窃案（《刑事审判参考》指导案例第1418号）

裁判要点：基于“附加剥夺政治权利的效力施用于主刑执行期间”的基本原则，被告人的主刑执行期间（包括因本罪被羁押期间）不应计入剥夺政治权利执行期间。

本案审理期间，被告人王斌2016年的前罪判决因遗漏剥夺政治权利的并罚被再审纠正。对于王斌因本罪被羁押的期间应否在计算剩余剥夺政治权利的期限时扣除，审理中存在不同的观点。

一种意见认为，基于“附加剥夺政治权利的效力施用于主刑执行期间”的基本原则，被告人王斌的主刑执行期间（包括因本罪被羁押期间）不应计入剥夺政治权利执行期间；另一种意见则认为，王斌前罪的再审判决已经将其因本罪被羁押的期间纳入剥夺政治权利的执行期间，基于对再审判决的尊重，不应进行扣除，且此系前罪错判所致，不宜将不利后果归责于被告人。

我们同意第一种意见。具体分析如下：

（一）剥夺政治权利执行期间犯新罪，主刑执行期间应停止计算剥夺政治权利刑期

刑法第五十八条第一款规定：“附加剥夺政治权利的刑期，从徒刑、拘役

执行完毕之日或者从假释之日起计算；剥夺政治权利的效力当然施用于主刑执行期间。”2009 年 5 月 25 日《最高人民法院关于在执行附加刑剥夺政治权利期间犯新罪应如何处理的批复》进一步明确，对于判处有期徒刑并处剥夺政治权利的罪犯，在执行附加剥夺政治权利期间犯新罪时，前罪尚未执行完毕的附加刑剥夺政治权利的刑期从新罪的主刑有期徒刑执行之日起停止计算，从新罪的主刑有期徒刑执行完毕之日或者假释之日起继续计算，剥夺政治权利的效力施用于主刑执行期间。从上述规定来看，剥夺政治权利的效力施用于主刑执行期间，但主刑执行期间并不计入剥夺政治权利的刑期。所以在剥夺政治权利执行期间犯新罪的数罪并罚中，如果新罪不判处附加剥夺政治权利的，并罚剥夺政治权利后，新罪所判的主刑执行期间也需实际执行剥夺政治权利，但该期间不计入所并罚的剥夺政治权利刑期。也即，在数罪并罚中需并罚剥夺政治权利的情况下，被告人所获的实际刑罚量可能要高于被并处的刑罚的总和，这也是剥夺政治权利在数罪并罚中有别于其他刑种的一个显著特点。

被告人王斌因本案被判处拘役六个月，而作出判决时其已被羁押六个月，按照规定，拘役从执行之日起计算，羁押一日，折抵刑期一日。王斌自 2018 年 2 月 27 日被羁押，同年 8 月 26 日被取保候审，其被羁押的六个月折抵刑期拘役六个月。根据上文分析，王斌在前判剥夺政治权利执行期间犯新罪，即使剥夺政治权利的实际执行并未因其被羁押而中断，但其被羁押的六个月应当不计入剥夺政治权利的刑期。如果将主刑执行期间也视为对附加剥夺政治权利刑期的执行，则显然不符合上述“剥夺政治权利的效力当然施用于主刑执行期间”的规定，有悖立法的基本精神。

（二）前罪再审改判确认的剥夺政治权利执行期间，不必然影响本罪应予并罚的剩余剥夺政治权利刑期的计算

本案存在特殊之处。一方面，被告人王斌 2016 年的前罪是在 2003 年的前罪主刑执行完毕、附加刑剥夺政治权利执行期间发生的，但 2016 年的前罪判决并未对其 2003 年前罪判决尚未执行完毕的剥夺政治权利予以并罚，而本案发生时，被告人前罪判决尚未经再审改判，故应为有效。那么，此时认定王斌在本案中系“在附加剥夺政治权利期间犯新罪”则是值得商榷的，因为本案发生时，前罪判决并未判处剥夺政治权利这一项，自然也就不存在“尚未执行完毕的剥夺政治权利”。另一方面，在本案审理期间，2016 年的前罪被再审改判，增加了被漏判的附加剥夺政治权利判项，但再审判决同时又确认了其已经执行的剥夺政治权利刑期，其中就包括王斌因本案被羁押的期间。

应当看到，再审改判纠正了前罪的错误判决。在本案判决过程中，我们应当尊重再审判决的效力，但同样不能忽视被告人附加刑剥夺政治权利的实际执行情况。2016 年的前罪判决遗漏并罚剥夺政治权利，并不直接导致其

2003年前罪判决中的附加刑剥夺政治权利执行中断，2003年前罪判决中的附加剥夺政治权利实际上仍在继续执行。被告人王斌2016年所犯盗窃罪并没有剥夺政治权利这一附加刑，也就是说，王斌本次犯罪并罚的对象不是2016年前罪判决中的附加刑，而是2003年前罪判决中尚未执行完毕的剥夺政治权利。这也解释了为什么本罪并罚的尚未执行完毕的剥夺政治权利刑期多于2016年前罪再审改判确认的刑期。因为作出再审判决时，本案尚未判决，王斌因本案被羁押的期间不能视为执行主刑，故该期间应计入剥夺政治权利执行刑期；而在本案判决时，其被羁押的期间已经折抵为主刑，剥夺政治权利的效力当然施用于此，故不应将该期间计入剥夺政治权利的刑期。因此，本案判决中应予并罚的尚未执行完毕的剥夺政治权利刑期应作相应延长。

综上，本案发生在前罪主刑执行完毕、附加剥夺政治权利执行期间，法院根据法律规定对其进行并罚，并从其新罪被释放后再继续计算剥夺政治权利的刑期是正确的。

——葛立刚撰稿、叶邵生审编：《王斌盗窃案——前罪判决因漏判附加剥夺政治权利被再审纠正的，数罪并罚时剩余剥夺政治权利刑期应如何计算》，载最高人民法院刑事审判第一、二、三、四、五庭编：《刑事审判参考》（总第128辑），人民法院出版社2021年版，第26~29页。

第五节　缓刑及禁止令

245. 依法积极稳妥地适用非监禁刑及相关的禁止令制度

关键词

非监禁刑　禁止令

最高人民法院司法政策精神

19. 重视依法适用非监禁刑。充分发挥非监禁刑轻缓、经济、执行多样的优势，使罪行较轻者避免因被监禁与其他罪犯“交叉感染”，尽可能减少对其家庭、社会关系的影响，减少社会对立面。

20. 依法正确把握非监禁刑适用的对象。对于犯罪性质恶劣、罪行严重、主观恶性深、人身危险性大，或者具有法定、酌定从重处罚情节，以及依法大幅度减轻处罚后的被告人，一般不适用非监禁刑。对于依法减轻处罚后判处三年有期徒刑以下刑罚的职务犯罪案件，严格控制缓刑适用。

21. 确保非监禁刑执行效果。配合有关部门积极推动社区矫正工作，充分利用社会力量帮助罪犯顺利回归社会。适用非监禁刑时，除考虑案件本身的性质、情节、社会危害等因素外，应注意当地非监禁刑的执行条件、实施社区矫正的可行性，保证非监禁刑执行到位，避免脱管、漏管。

——《最高人民法院印发〈关于充分发挥刑事审判职能作用深入推进社会矛盾化解的若干意见〉的通知》(2010 年 12 月 31 日，法发〔2010〕63 号)。

为正确适用《中华人民共和国刑法修正案（八）》，确保管制和缓刑的执行效果，根据刑法和刑事诉讼法的有关规定，现就判处管制、宣告缓刑的犯罪分子适用禁止令的有关问题规定如下：

第一条　对判处管制、宣告缓刑的犯罪分子，人民法院根据犯罪情况，认为从促进犯罪分子教育矫正、有效维护社会秩序的需要出发，确有必要禁止其在管制执行期间、缓刑考验期限内从事特定活动，进入特定区域、场所，接触特定人的，可以根据刑法第三十八条第二款、第七十二条第二款的规定，同时宣告禁止令。

第二条　人民法院宣告禁止令，应当根据犯罪分子的犯罪原因、犯罪性质、犯罪手段、犯罪后的悔罪表现、个人一贯表现等情况，充分考虑与犯罪分子所犯罪行的关联程度，有针对性地决定禁止其在管制执行期间、缓刑考验期限内"从事特定活动，进入特定区域、场所，接触特定的人"的一项或者几项内容。

第三条　人民法院可以根据犯罪情况，禁止判处管制、宣告缓刑的犯罪分子在管制执行期间、缓刑考验期限内从事以下一项或者几项活动：

（一）个人为进行违法犯罪活动而设立公司、企业、事业单位或者在设立公司、企业、事业单位后以实施犯罪为主要活动的，禁止设立公司、企业、事业单位；

（二）实施证券犯罪、贷款犯罪、票据犯罪、信用卡犯罪等金融犯罪的，禁止从事证券交易、申领贷款、使用票据或者申领、使用信用卡等金融活动；

（三）利用从事特定生产经营活动实施犯罪的，禁止从事相关生产经营活动；

（四）附带民事赔偿义务未履行完毕，违法所得未追缴、退赔到位，或者罚金尚未足额缴纳的，禁止从事高消费活动；

（五）其他确有必要禁止从事的活动。

第四条　人民法院可以根据犯罪情况，禁止判处管制、宣告缓刑的犯罪分子在管制执行期间、缓刑考验期限内进入以下一类或者几类区域、场所：

（一）禁止进入夜总会、酒吧、迪厅、网吧等娱乐场所；

（二）未经执行机关批准，禁止进入举办大型群众性活动的场所；

（三）禁止进入中小学校区、幼儿园园区及周边地区，确因本人就学、居住等原因，经执行机关批准的除外；

（四）其他确有必要禁止进入的区域、场所。

第五条 人民法院可以根据犯罪情况，禁止判处管制、宣告缓刑的犯罪分子在管制执行期间、缓刑考验期限内接触以下一类或者几类人员：

（一）未经对方同意，禁止接触被害人及其法定代理人、近亲属；

（二）未经对方同意，禁止接触证人及其法定代理人、近亲属；

（三）未经对方同意，禁止接触控告人、批评人、举报人及其法定代理人、近亲属；

（四）禁止接触同案犯；

（五）禁止接触其他可能遭受其侵害、滋扰的人或者可能诱发其再次危害社会的人。

第六条 禁止令的期限，既可以与管制执行、缓刑考验的期限相同，也可以短于管制执行、缓刑考验的期限，但判处管制的，禁止令的期限不得少于三个月，宣告缓刑的，禁止令的期限不得少于二个月。

判处管制的犯罪分子在判决执行以前先行羁押以致管制执行的期限少于三个月的，禁止令的期限不受前款规定的最短期限的限制。

禁止令的执行期限，从管制、缓刑执行之日起计算。

第七条 人民检察院在提起公诉时，对可能判处管制、宣告缓刑的被告人可以提出宣告禁止令的建议。当事人、辩护人、诉讼代理人可以就应否对被告人宣告禁止令提出意见，并说明理由。

公安机关在移送审查起诉时，可以根据犯罪嫌疑人涉嫌犯罪的情况，就应否宣告禁止令及宣告何种禁止令，向人民检察院提出意见。

第八条 人民法院对判处管制、宣告缓刑的被告人宣告禁止令的，应当在裁判文书主文部分单独作为一项予以宣告。

第九条 禁止令由司法行政机关指导管理的社区矫正机构负责执行。

第十条 人民检察院对社区矫正机构执行禁止令的活动实行监督。发现有违反法律规定的情况，应当通知社区矫正机构纠正。

第十一条 判处管制的犯罪分子违反禁止令，或者被宣告缓刑的犯罪分子违反禁止令尚不属情节严重的，由负责执行禁止令的社区矫正机构所在地的公安机关依照《中华人民共和国治安管理处罚法》第六十条的规定处罚。

第十二条 被宣告缓刑的犯罪分子违反禁止令，情节严重的，应当撤销缓刑，执行原判刑罚。原作出缓刑裁判的人民法院应当自收到当地社区矫正机构提出的撤销缓刑建议书之日起一个月内依法作出裁定。人民法院撤销缓刑的裁定一经作出，立即生效。

违反禁止令，具有下列情形之一的，应当认定为“情节严重”：

（一）三次以上违反禁止令的；

（二）因违反禁止令被治安管理处罚后，再次违反禁止令的；

（三）违反禁止令，发生较为严重危害后果的；

（四）其他情节严重的情形。

第十三条　被宣告禁止令的犯罪分子被依法减刑时，禁止令的期限可以相应缩短，由人民法院在减刑裁定中确定新的禁止令期限。

——《最高人民法院、最高人民检察院、公安部、司法部印发〈关于对判处管制、宣告缓刑的犯罪分子适用禁止令有关问题的规定（试行）〉的通知》（2011 年 4 月 28 日，法发〔2011〕9 号）。

要依法积极、稳妥地适用非监禁刑及相关的禁止令制度。刑法修正案（八）对管制、缓刑、假释等非监禁刑制度作了重要完善，进一步明确了缓刑的适用条件，并规定对不满十八周岁的人、怀孕的妇女和已满七十五周岁的人，符合条件的，应当宣告缓刑；规定对判处管制、宣告缓刑的犯罪分子，人民法院可以根据犯罪情况，同时禁止其在管制执行、缓刑考验期间从事特定活动，进入特定区域、场所，接触特定的人；规定对管制犯、缓刑犯、假释犯依法实行社区矫正。随着非监禁刑制度的进一步完善，社区矫正工作的进一步深入、规范开展，过去对管制犯、缓刑犯、假释犯在执行、考验过程中所存在监管乏力甚至缺位等问题必将得到有效解决。要适应法律变革和形势发展，进一步贯彻宽严相济刑事政策，体现立法精神，依法适用非监禁刑，更加充分地发挥非监禁刑罚在避免交叉感染、节约司法资源等方面的积极、重要、独特功能。对符合条件但过去因监管原因“不敢”判处管制、宣告缓刑、决定假释的，要根据修改后刑法更加完善的执行条件，依法判处、适用、决定；对判处管制、宣告缓刑的犯罪分子，根据犯罪情况，认为确有必要的，可以同时宣告禁止令。

——张军：《认真学习刑法修正案（八）促进经济社会科学发展》，载《人民法院报》2011 年 5 月 4 日。

246. 适用禁止令时应当遵循的原则

关键词

禁止令

最高人民法院司法政策精神

第二条　人民法院宣告禁止令，应当根据犯罪分子的犯罪原因、犯罪性质、犯罪手段、犯罪后的悔罪表现、个人一贯表现等情况，充分考虑与犯罪分子所犯罪行的关联程度，有针对性地决定禁止其在管制执行期间、缓刑考验期限内“从事特定活动，进入特定区域、场所，接触特定的人”的一项或者几项内容。

——《最高人民法院、最高人民检察院、公安部、司法部印发〈关于对判处管制、宣告缓刑的犯罪分子适用禁止令有关问题的规定（试行）〉的通知》（法发〔2011〕9号，2011年4月28日）。

要依照适用禁止令的规定，确保管制和缓刑的执行效果。为确保禁止令这项新制度的正确适用，最高人民法院、最高人民检察院、公安部、司法部将联合发布《关于对判处管制、宣告缓刑的犯罪分子适用禁止令有关问题的规定（试行）》，对相关问题作了进一步明确。在理解和适用《规定》时，应当特别注意：（1）禁止令是一项新制度，尚缺乏充分的实践经验。在办理具体案件过程中，要依据修正后刑法和《规定》的相关规定，稳妥、审慎地决定是否宣告禁止令以及禁止令的具体内容和期限，不能因为禁止令而过于影响犯罪分子的正常生活以及各项法定权利的行使，要努力做到有利于罪犯的改造和转化。（2）从立法精神看，禁止令的主要目的在于强化对犯罪分子的有效监管，促进其教育矫正，防止其再次危害社会。因此，在斟酌是否宣告禁止令时，要根据对犯罪分子的犯罪情况和个人情况的综合分析，准确判断其有无再次危害社会的人身危险性，进而作出决定，而不能片面依据其所犯罪行客观危害的大小决定是否使用禁止令。（3）禁止令应当具有针对性。应当根据犯罪分子的犯罪原因、犯罪性质、犯罪手段、犯罪后的悔罪表现、个人一贯表现等情况，特别是要充分考虑与犯罪分子所犯罪行的关联程度，有针对性地决定禁止令的具体内容。例如，被告人因非法持有少量毒品被判处管制的，根据犯罪情况，可根据《规定》第五条第（五）项的规定，同时作出禁止被告人接触吸毒人群或者有毒品犯罪前科的人员的决定，但不能作出不加区别地禁止其接触有犯罪前科的人员；犯罪分子是因长期在网吧上网，形成网瘾，进而走上犯罪道路的，可作出禁止其进入网吧的决定，但不能一概禁止其进入所有娱乐场所等等。

——张军：《认真学习刑法修正案（八）促进经济社会科学发展》，载《人民法院报》2011年5月4日。

247. 禁止令内容的确定

关键词

禁止令　具体内容

附录：答记者问

一是禁止令应当具有针对性。应当根据犯罪分子的犯罪原因、犯罪性质、犯罪手段、犯罪后的悔罪表现、个人一贯表现等情况，充分考虑与犯罪分子所犯罪行的关联程度，有针对性地决定禁止其在管制执行期间、缓刑考验期限内“从事特定活动，进入特定区域、场所，接触特定的人”的一项或者几项内容。例如，犯罪分子是因长期在网吧上网，形成网瘾，进而走上犯罪道路的，可作出禁止其进入网吧的决定；如果犯罪分子是因为在夜总会、酒吧沾染恶习实施犯罪的，则可作出禁止其进入夜总会、酒吧的决定；犯罪分子在犯罪前后有滋扰证人行为的，可作出禁止其接触证人的决定；犯罪分子是在酒后犯罪，且有酗酒习性的，可作出禁止其饮酒的决定，等等。

二是禁止令应当具有可行性。禁止令的内容必须具有可行性，不能根本无从执行，也不能妨害犯罪分子的正常生活。例如，不能作出“禁止进入公共场所”等决定。

三是对于有关法律法规已经明确禁止的内容，不能再通过禁止令的形式予以禁止。例如，根据有关法律规定，任何人均不得吸食毒品，因此，不能作出“禁止吸食毒品”的禁止令；又如，相关法律已经规定，违反道路交通安全法律、法规的规定，发生重大交通事故，构成犯罪的，依法追究刑事责任，并由公安机关交通管理部门吊销机动车驾驶证，因此，对因犯相关罪行被判处管制、宣告缓刑的犯罪分子，也不能作出“禁止驾驶机动车”的禁止令。

——最高人民法院、最高人民检察院、公安部、司法部有关负责人就《〈关于对判处管制、宣告缓刑的犯罪分子适用禁止令有关问题的规定（试行）〉答记者问》，载《人民法院报》2011年5月4日。

248. 禁止令中禁止“从事特定活动”“进入特定区域、场所”“接触特定的人”的理解

关键词

禁止令　从事特定活动　进入特定区域、场所　接触特定的人

最高人民法院司法政策精神

第三条　人民法院可以根据犯罪情况，禁止判处管制、宣告缓刑的犯罪分子在管制执行期间、缓刑考验期限内从事以下一项或者几项活动：

（一）个人为进行违法犯罪活动而设立公司、企业、事业单位或者在设立公司、企业、事业单位后以实施犯罪为主要活动的，禁止设立公司、企业、事业单位；

（二）实施证券犯罪、贷款犯罪、票据犯罪、信用卡犯罪等金融犯罪的，禁止从事证券交易、申领贷款、使用票据或者申领、使用信用卡等金融活动；

（三）利用从事特定生产经营活动实施犯罪的，禁止从事相关生产经营活动；

（四）附带民事赔偿义务未履行完毕，违法所得未追缴、退赔到位，或者罚金尚未足额缴纳的，禁止从事高消费活动；

（五）其他确有必要禁止从事的活动。

第四条　人民法院可以根据犯罪情况，禁止判处管制、宣告缓刑的犯罪分子在管制执行期间、缓刑考验期限内进入以下一类或者几类区域、场所：

（一）禁止进入夜总会、酒吧、迪厅、网吧等娱乐场所；

（二）未经执行机关批准，禁止进入举办大型群众性活动的场所；

（三）禁止进入中小学校区、幼儿园园区及周边地区，确因本人就学、居住等原因，经执行机关批准的除外；

（四）其他确有必要禁止进入的区域、场所。

第五条　人民法院可以根据犯罪情况，禁止判处管制、宣告缓刑的犯罪分子在管制执行期间、缓刑考验期限内接触以下一类或者几类人员：

（一）未经对方同意，禁止接触被害人及其法定代理人、近亲属；

（二）未经对方同意，禁止接触证人及其法定代理人、近亲属；

（三）未经对方同意，禁止接触控告人、批评人、举报人及其法定代理人、近亲属；

（四）禁止接触同案犯；

（五）禁止接触其他可能遭受其侵害、滋扰的人或者可能诱发其再次危害

社会的人。

——《最高人民法院、最高人民检察院、公安部、司法部印发〈关于对判处管制、宣告缓刑的犯罪分子适用禁止令有关问题的规定（试行）〉的通知》（2011 年 4 月 28 日，法发〔2011〕9 号）。

附录：最高人民法院主流观点

二、对修改内容的理解和适用

（一）对"禁止犯罪分子在执行期间从事特定活动"的理解和适用

1. 特定活动禁止令的具体内容

本次修改《刑法》第三十八条，增加了"判处管制，可以根据犯罪情况，同时禁止犯罪分子在执行期间从事特定活动"的内容，这指的是人民法院在判处管制时，可以综合考虑犯罪分子的犯罪事实、性质、情节、对社会危害的程度及犯罪分子的个人情况、认罪悔罪表现等情况，同时判令禁止犯罪分子在管制执行期间从事下列一项或若干项特定活动。《最高人民法院、最高人民检察院、公安部、司法部关于对判处管制、宣告缓刑的犯罪分子适用禁止令有关问题的规定（试行）》（以下简称《规定》）对禁止的具体内容作出了规定，即"（一）个人为进行违法犯罪活动而设立公司、企业、事业单位或者在设立公司、企业、事业单位后以实施犯罪为主要活动的，禁止设立公司、企业、事业单位；（二）实施证券犯罪、贷款犯罪、票据犯罪、信用卡犯罪等金融犯罪的，禁止从事证券交易、申领贷款、使用票据或者申领、使用信用卡等金融活动；（三）利用从事特定生产经营活动实施犯罪的，禁止从事相关生产经营活动；（四）附带民事赔偿义务未履行完毕，违法所得未追缴、退赔到位，或者罚金尚未足额缴纳的，禁止从事高消费活动；（五）其他确有必要禁止从事的活动。"最后一项"其他确有必要禁止从事的活动"是兜底条款，根据案件实际情况确定，比如，可以考虑：

（1）驾驶机动车从事犯罪活动的，禁止驾驶机动车（这里并不是指因违章驾驶机动车而犯罪，而是指驾驶机动车从事其他犯罪。对于违章驾驶问题，道路交通安全法第一百零一条规定对违章驾驶构成犯罪的，除依法追究刑事责任外，"由公安机关交通管理部门吊销机动车驾驶证"，"造成交通事故后逃逸的，由公安机关交通管理部门吊销机动车驾驶证，且终生不得重新取得机动车驾驶证"。）

（2）酗酒成性、酒后犯罪的，禁止过量饮酒或滥用含酒精的饮料、食品。

（3）滥用麻醉品后犯罪的，禁止滥用麻醉品或类似药物。

（4）生产、销售某种伪劣商品犯罪的，禁止从事该种商品的生产、销售活动。

2. 适用特定活动禁止令时应注意的问题

禁止令具体内容的确定应当具有针对性，考虑禁止令的具体内容与犯罪分子的犯罪原因、犯罪性质的关联性。所谓“特定活动”，一般是与原犯罪行为相关联的活动，如与操纵证券、期货交易价格罪相关的炒股活动，与实施证券犯罪、贷款犯罪、票据犯罪、信用卡犯罪等犯罪相关的证券交易、申领贷款、使用票据或者申领、使用信用卡活动等等。

对尚有附带民事赔偿义务未履行完毕，或者违法所得未追缴、退赔到位，或者罚金尚未足额缴纳的犯罪分子，禁止其从事高消费活动，有助于维护被害人的合法权益，维护裁判的权威性，同时也能敦促犯罪分子积极改造，悔过自新。最高人民法院发布的《关于限制被执行人高消费的若干规定》，对“高消费活动”的概念作了较为明确的规定，司法实践中能够准确把握：

（二）对“禁止进入特定区域、场所”的理解和适用

1. 特定区域、场所禁止令的具体内容

《规定》中规定：“人民法院可以根据犯罪情况，禁止判处管制、宣告缓刑的犯罪分子在管制执行期间、缓刑考验期限内进入以下一类或者几类区域、场所：（一）禁止进入夜总会、酒吧、迪厅、网吧等娱乐场所；（二）未经执行机关批准，禁止进入举办大型群众性活动的场所；（三）禁止进入中小学校区、幼儿园园区及周边地区，确因本人就学、居住等原因，经执行机关批准的除外；（四）其他确有必要禁止进入的区域、场所。”最后一项“其他确有必要禁止进入的区域、场所”是：兜底条款，根据案件实际情况确定，比如，可以禁止惯常晚间外出作案的犯罪分子在晚间离开其居所。

2. 适用特定区域、场所禁止令时应注意的问题

“特定的区域、场所”的具体情形应当具有针对性，一般是指原犯罪的区域、场所或者诱发被告人走上犯罪道路的场所、区域，如与寻衅滋事，猥亵、侮辱妇女，组织、强迫、引诱、容留、介绍卖淫，制作、贩卖、传播淫秽物品，贩卖毒品，强奸，赌博，组织、领导、参加黑社会性质组织等犯罪有关的娱乐场所等。

将举办大型群众性活动的场所列为可禁止进入的区域、场所，防止犯罪分子在此实施寻衅滋事等犯罪。根据《大型群众性活动安全管理条例》第二条的规定，大型群众性活动是指法人或者其他组织面向社会公众举办的每场次预计参加人数达到1000人以上的体育比赛、演唱会、音乐会等活动。

将中小学校区、幼儿园园区及周边地区列为可禁止进入的区域、场所，防止犯罪分子在中小学校区、幼儿园园区及周边地区实施敲诈勒索、寻衅滋事等违法犯罪活动。结合《中小学幼儿园安全管理办法》等规定，司法实践中，中小学校区、幼儿园园区的周边地区的范围应把握在中小学校区、幼儿园园区周围200米范围内。

司法实践中对于判处管制、宣告缓刑的犯罪分子禁止进入特定区域、场

所的，需要根据案件的具体情况，选择适用具体的禁止进入的区域、场所，不宜抽象地禁止进入某类或者某几类场所。例如，犯罪分子在夜总会强制猥亵妇女的，根据犯罪情况确有必要适用禁止令的，可以禁止其进入夜总会，并非一定要禁止其进入娱乐场所这一类场所。

（三）对“禁止接触特定的人”的理解和适用

1. 特定人禁止令的具体内容

《规定》中规定：“（一）未经对方同意，禁止接触被害人及其法定代理人、近亲属；（二）未经对方同意，禁止接触证人及其法定代理人、近亲属；（三）未经对方同意，禁止接触控告人、批评人、举报人及其法定代理人、近亲属；（四）禁止接触同案犯；（五）禁止接触其他可能遭受其侵害、滋扰的人或者可能诱发其再次危害社会的人。”最后一项是兜底条款，根据案件实际情况确定，比如，对于侵犯儿童的管制犯，可以禁止其与非本人近亲属的幼女或儿童接触。

2. 适用特定人禁止令时应注意的问题

适用特定人禁止令，应主要针对如下两类人员设定“特定的人”的具体范围：

一类是与原犯罪相关联，犯罪分子可能侵害的人员，实践中主要包括被害人、证人、控告人、批评人、举报人，以及上述人员的法定代理人近亲属。同时，为了给犯罪分子创造表达悔过、争取谅解的机会，有利于化解社会矛盾，修复社会关系，在经被害人、证人、控告人、批评人、举报人等有关人员的同意后，可以接触。禁止接触上述人员，仅限于“未经对方同意”的情形。

另一类是可能对犯罪分子产生不良影响，诱发其再次犯罪的人员。例如，考虑到犯罪分子接触同案犯，不利于教育矫正，实现特殊预防，将同案犯列为可禁止接触的对象；又如，因贩卖毒品、非法持有毒品被判处管制、缓刑的，可禁止其故意接触吸毒人群、有毒品犯罪前科的人；再如，因盗窃被判处管制、缓刑的，可禁止其故意接触有抢劫、盗窃、诈骗、抢夺和掩饰、隐瞒犯罪所得、犯罪所得收益犯罪前科的人。

——张军、胡云腾主编：《〈刑法修正案（八）〉条文及配套司法解释理解与适用》，人民法院出版社 2011 年版，第 19~22 页。

249. 禁止令的期限

关键词

禁止令　期限

最高人民法院司法政策精神

第六条 禁止令的期限，既可以与管制执行、缓刑考验的期限相同，也可以短于管制执行、缓刑考验的期限，但判处管制的，禁止令的期限不得少于三个月，宣告缓刑的，禁止令的期限不得少于二个月。

判处管制的犯罪分子在判决执行以前先行羁押以致管制执行的期限少于三个月的，禁止令的期限不受前款规定的最短期限的限制。

禁止令的执行期限，从管制、缓刑执行之日起计算。

——《最高人民法院、最高人民检察院、公安部、司法部印发〈关于对判处管制、宣告缓刑的犯罪分子适用禁止令有关问题的规定（试行）〉的通知》(2011 年 4 月 28 日，法发〔2011〕9 号)。

附录：最高人民法院主流观点

《规定》第六条明确了禁止令的期限、例外规定、起止日期等问题。

禁止令的期限主要涉及如下两方面的内容：1. 禁止令的期限与管制执行、缓刑考验期限的关系问题。《刑法》第三十八条第二款、第七十二条第二款规定，对于管制犯、缓刑犯，可以同时禁止其在“执行期间”“缓刑考验期限内”从事特定活动，进入特定区域、场所，接触特定的人。据此，对禁止令的期限，有两种不同理解：一种意见认为，禁止令的期限应当与管制期间、缓刑考验期限相同；另一种意见则认为，禁止令的期限可以等于，也可以短于管制期间、缓刑考验期限。经研究认为，具体案件情况复杂，如有的案件中，犯罪人与被害人、证人等特定人员存在一定亲属关系，若规定禁止令的期限须一律与管制期间、缓刑考验期限相同，则意味着要在较长时间禁止犯罪人与相关人员的接触，可能并不利于双方关系的融合，不利于社会和谐。而采后一种意见，则更具灵活性，更能适应具体案件的复杂情况。故该条规定禁止令的期限既可以等于，也可以短于管制执行、缓刑考验的期限。因此，《规定》第六条第一款规定禁止令的期限，既可以与管制执行、缓刑考验的期限相同，也可以短于管制执行、缓刑考验的期限。2. 禁止令的最短期限问题。禁止令的期限如果过短，如仅仅为一天，一则会失去实际意义，二则也有损裁判的严肃性，故有必要为禁止令的期限设置底线。考虑到管制与缓刑的最短期限分别为三个月和二个月，参照该规定，《规定》将对管制犯、缓刑犯适用禁止令的最低期限分别限定为三个月、二个月。需要说明的是，虽然拘役的缓刑考验期最短为二个月，而有期徒刑的缓刑考验期最短为一年，但考虑到对有期徒刑缓刑犯也可能没有必要适用一年以上的禁止令，故对拘役缓刑犯和有期徒刑缓刑犯的禁止令期限不作区分，一律设置为两个月以上。

禁止令期限的例外规定。司法实践中可能存在管制犯判决执行以前先行羁押的刑期折抵引起的禁止令期限无法达到三个月的最短期限要求的现象。例如，判决执行以前先行羁押一个月，现被判处管制三个月，折抵后只需执行管制一个月，故禁止令最多只能执行一个月，这样就与第一款规定的“判处管制的，禁止令的期限不得少于三个月”形成冲突。因此，第二款专门规定，判处管制的犯罪分子在判决执行以前先行羁押以致管制执行的期限少于三个月的，适用禁止令不受前款规定的最短期限的限制。

禁止令的起止日期。考虑到禁止令属于管制、缓刑的执行监管措施，第三款明确规定适用禁止令，从管制、缓刑执行之日起计算。

——胡云腾、周加海、喻海松:《最高人民法院、最高人民检察院、公安部、司法部〈关于对判处管制、宣告缓刑的犯罪分子适用禁止令有关问题的规定（试行）〉理解与适用》，载张军主编:《中国少年司法》2011 第 2 辑（总第 8 辑），人民法院出版社 2011 年版，第 39~47 页。

250. 违反禁止令“情节严重”的理解

关键词

禁止令

最高人民法院司法政策精神

第十二条 被宣告缓刑的犯罪分子违反禁止令，情节严重的，应当撤销缓刑，执行原判刑罚。原作出缓刑裁判的人民法院应当自收到当地社区矫正机构提出的撤销缓刑建议书之日起一个月内依法作出裁定。人民法院撤销缓刑的裁定一经作出，立即生效。

违反禁止令，具有下列情形之一的，应当认定为“情节严重”：

（一）三次以上违反禁止令的；

（二）因违反禁止令被治安管理处罚后，再次违反禁止令的；

（三）违反禁止令，发生较为严重危害后果的；

（四）其他情节严重的情形。

——《最高人民法院、最高人民检察院、公安部、司法部印发〈关于对判处管制、宣告缓刑的犯罪分子适用禁止令有关问题的规定（试行）〉的通知》（法发〔2011〕9 号，2011 年 4 月 28 日）。

251. 对判处管制或者宣告缓刑的未成年被告人，可以根据其犯罪的具体情况以及禁止事项与所犯罪行的关联程度，对其适用“禁止令”

关键词

未成年人犯罪　判处管制或者宣告缓刑　禁止令

最高人民法院指导性案例

董某某、宋某某抢劫案（最高人民法院指导案例 14 号）

裁判要点：对判处管制或者宣告缓刑的未成年被告人，可以根据其犯罪的具体情况以及禁止事项与所犯罪行的关联程度，对其适用“禁止令”。对于未成年人因上网诱发犯罪的，可以禁止其在一定期限内进入网吧等特定场所。

法院生效裁判认为：被告人董某某、宋某某以非法占有为目的，以暴力威胁方法劫取他人财物，其行为均已构成抢劫罪。鉴于董某某、宋某某系持刀抢劫；犯罪时不满十八周岁，且均为初犯，到案后认罪悔罪态度较好，宋某某还是在校学生，符合缓刑条件，决定分别判处二被告人有期徒刑二年六个月，缓刑三年。考虑到被告人主要是因上网吧需要网费而诱发了抢劫犯罪；二被告人长期迷恋网络游戏，网吧等场所与其犯罪有密切联系；如果将被告人与引发其犯罪的场所相隔离，有利于家长和社区在缓刑期间对其进行有效管教，预防再次犯罪；被告人犯罪时不满十八周岁，平时自我控制能力较差，对其适用禁止令的期限确定为与缓刑考验期相同的三年，有利于其改过自新，因此，依法判决禁止二被告人在缓刑考验期内进入网吧等特定场所。

——《最高人民法院关于发布第四批指导性案例的通知》（2013 年 1 月 31 日，法〔2013〕24 号）。

附录：最高人民法院主流观点

该指导案例的裁判要点确认：对判处管制或者宣告缓刑的未成年被告人，可以根据其犯罪的具体情况以及禁止事项与所犯罪行的关联程度，对其适用“禁止令”。对于未成年人因上网诱发的犯罪，可以禁止其在一定期限内进入网吧等特定场所。现对该裁判要点相关的问题做如下说明：

2011 年 2 月 25 日，第十一届全国人大常委会第十九次会议审议通过了

《刑法修正案（八）》。该修正案第一次以修正案的形式对刑法总则进行了修改。其中在对《刑法》第三十八条和第七十二条的修改中，增加了对判处管制和宣告缓刑的罪犯，“可以根据犯罪情况，同时禁止犯罪分子在执行期间从事特定活动，进入特定区域、场所，接触特定的人”的规定。2011 年 4 月 28 日，最高人民法院、最高人民检察院、公安部、司法部又专门对禁止令适用问题，印发《关于对判处管制、宣告缓刑的犯罪分子适用禁止令有关问题的规定（试行）》（以下简称《规定》）。“两高”“两部”有关负责人还就理解和执行《规定》需要把握的主要问题回答了记者提问。根据刑法及《规定》的要求，审判实践中应注意准确理解和把握禁止令的性质、刑法增设禁止令的立法目的以及适用禁止令应当把握的原则等问题。

（一）禁止令的性质

《刑法修正案（八）》公布后，刑法学界和司法实务部门围绕修正案规定的禁止令的性质进行了研讨。有的观点提出，修正案有关可以对判处管制、宣告缓刑的罪犯宣告禁止“从事特定活动”的规定，包含了剥夺罪犯某种资格的内容，特别是《规定》第三条对有关“从事特定活动”的界定，更进一步明确了可以通过实施禁止令，在禁止令执行期间剥夺罪犯从事若干具体民事活动的权利和资格，因此，禁止令是对现行刑法规定的资格刑的进一步拓展和补充，在此基础上未来有可能增设新的资格刑种类。① 还有观点提出，“禁止令是刑法意义上的保安处分”，② 是我国将保安处分纳入刑法典的开端。“两高”“两部”有关负责人在《规定》答记者问中则明确指出，“禁止令不是一种新的刑罚，而是对管制犯、缓刑犯具体执行监管措施的革新”。③ 我们认为，审判实践中对禁止令性质的把握应当以“两高”“两部”解读的立场和观点为准。关于禁止令的性质，审判中应注意两方面问题：一是禁止令既然不是一种新的刑罚，那么决定对罪犯适用禁止令，除了要考虑其罪行因素外，应当以其人身危险性和在社区矫正过程中再犯罪的可能性等因素作为重点考量依据。二是如果罪犯不服法院作出的禁止令决定，是否允许其就禁止令上诉？或者说对禁止令的实施有没有司法救济的途径？这是与禁止令性质问题密切相关的另一个问题。当下学界相当一部分学者认为，此次新增加的禁止令实际上是保安处分司法化的情形。因此，罪犯可以就法官作出的禁止令提起上诉。而根据“两高”“两部”的解读，禁止令只是一种监管措施的创新，并未就禁止令能否上诉问题予以明确。鉴于此种情况，我们认为，对于罪犯不服

---

① 李怀胜：《禁止令的法律性质及其改革方向》，载《中国刑事法杂志》2011 年第 11 期。

② 张勇：《禁止令：保安处分刑法化的试金石》，载《检察日报》2011 年 7 月 18 日第 3 版。

③《正确适有禁止令相关规定　确保非监禁刑执行效果——最高人民法院、最高人民检察院、公安部、司法部有关负责人就〈关于对判处管制、宣告缓刑的犯罪分子适用禁止令有关问题的规定（试行）〉答记者问》，载《人民法院报》2011 年 5 月 4 日，第 3 版。

禁止令决定而提起上诉，考虑到《规定》已经明确将宣告禁止令的内容作为判决的主要事项之一，要求写在判决书的判决内容中；禁止令又是强制罪犯应当履行的法律义务等情况，依据刑事诉讼法第二百一十六条[①]“被告人、自诉人和他们的法定代理人，不服地方各级人民法院第一审的判决、裁定，有权用书状或者口头向上一级人民法院上诉”的规定，可以允许其依法提起上诉。

（二）禁止令的立法目的

此次修改刑法，从贯彻落实宽严相济的刑事政策，完善我国有关从宽处理方面的法律制度，规范非监禁刑适用的角度，根据实践中管制执行和缓刑考验期内加强对社区服刑罪犯管理的实际需要，增加规定了禁止令措施。其立法目的一是维护社会稳定，保护被害人、证人的人身安全；二是帮助适用管制、缓刑的犯罪分子改过自新，防止其再次犯罪。[②]“两高”“两部”有关负责人在就《规定》答记者问中进一步指出，“从立法精神看，禁止令的主要目的在于强化对犯罪分子的有效监管，促进其教育矫正、防止其再次危害社会”。[③]准确把握增设禁止令的立法目的，对于审判实践中正确执行禁止令规定也具有重要意义。比如法官在确定禁止令时，除了掌握罪犯的犯罪情况外，还要充分了解罪犯的性格特点、一贯表现等情况，以此为据来判断禁止令是否有适用的必要，并同样以此为据确定对矫正该罪犯能切实发挥作用的个性化禁止令内容。

（三）适用禁止令应当把握的原则

一是必要性原则。对被判处管制、宣告缓刑的罪犯不是一律应当同时宣告禁止令。是否宣告禁止令有赖于法官的自由裁量。考虑到禁止令虽然不是刑罚，但对罪犯而言毕竟是增加了带有法律强制性的义务，从刑法的谦抑性原则出发，法官行使这种自由裁量权应非常审慎，非确有必要的情况下不宜采取这项措施。禁止令是加强对罪犯监管的一项措施，只有针对社区矫正中确实有可能再犯罪、有一定人身危险性的罪犯才应当适用。实践中应避免主要依据犯罪分子罪行的客观危害大小来决定是否宣告禁止令，更不能将本不应适用管制、缓刑的犯罪分子降格判决，再适用禁止令进行量刑平衡，从而将禁止令作为一种刑罚的替代措施。

二是合法性原则。《刑法修正案（八）》规定了可以对犯罪分子予以禁

---

① 本条现为《中华人民共和国刑事诉讼法》（2018年修正）第二百二十七条。

② 黄太云：《〈中华人民共和国刑法修正案（八）〉的理解与适用》，载《公检法办案指南》2011年第3辑，第13页。

③ 《正确适用禁止令相关规定 确保非监禁刑执行效果——最高人民法院、最高人民检察院、公安部、司法部有关负责人就〈关于对判处管制、宣告缓刑的犯罪分子适用禁止令有关问题的规定（试行）〉答记者问》，载《人民法院报》2011年5月4日，第3版。

止的三种情况，即“从事特定活动，进入特定区域、场所，接触特定的人”。《规定》第三、四、五条又对上述三方面进行了进一步解读和规制。虽然禁止令是对管制和缓刑罪犯监管措施的革新，法官在决定禁止令中享有较大的自由裁量权；禁止令是修正案新增加的规定，审判实践中没有现成的经验做法可资借鉴，禁止令制度还有待于广大刑事法官在审判实践中大胆探索并加以完善。但应予明确的是，禁止令涉及对罪犯人身自由、人身权利的限制，因此，法官在审判实践中应当注意严格执行刑法的规定，不允许超越上述法律和相关规范性文件所确定的范围另外创设新的禁止令内容。

三是针对性原则。禁止令是一项个性化的社区矫正措施，应当针对罪犯本人的情况及其所实施犯罪的具体特点，决定应否对其适用以及如何适用禁止令，注意“对症施治”。针对性原则有两项具体要求：一是应否宣告禁止令以及禁止令的内容要适应不同罪犯的个体情况和特点，既不应不了解相关情况就草率地做出决定，也要避免做出的禁止令决定“放之四海而皆准”；二是要在规范性文件规定的期限内，决定适应不同罪犯的禁止令执行期限。《刑法修正案（八）》对适用禁止令条件规定得较为原则，即“根据犯罪情况”来宣告禁止令。《规定》则具体列举了属于“犯罪情况”应予考察的几个方面。《规定》第二条规定：“人民法院根据犯罪原因、犯罪性质、犯罪手段、犯罪后的悔罪表现、个人一贯表现等情况”决定适用禁止令，而上述几方面情况与禁止令适用之间的连接点在于“与犯罪分子所犯罪行的关联程度。”只有通过了解、分析这些关联点与犯罪发生的关联程度，才能据此确定应否适用禁止令以及适用何种禁止令，以便通过禁止令的实施，取得特殊预防和矫正罪犯的效果。

比如，《规定》第二条规定了犯罪原因。本案例中被告人董某某和宋某某就是因经常到网吧上网，沉迷于网络游戏不能自拔，为筹集上网费用而实施了抢劫犯罪。经常到网吧上网、沉迷于网络是诱发本案例中未成年人犯罪的直接原因，其与本案中未成年人犯罪有直接的关联。考虑到这两名罪犯一旦判处了缓刑，回归社区后，对其进入网吧行为如果不加以限制，极有可能重新诱发犯罪，本案例在充分考虑了未成年人犯罪原因的因素后，作出了其社区矫正期间禁止进入网吧等场所的禁止令。从以往全国法院判处的未成年人犯罪案件中，抢劫和盗窃罪占全部未成年人犯罪的50%以上；其中因网瘾到网吧上网缺少网费而引发抢劫、盗窃等侵犯财产犯罪的情况又在未成年人抢劫和盗窃犯罪案件中占相当比例。因此，本案例具一定典型性。从作出该项禁止令的法院后续跟踪所了解的情况看，禁止令对约束两名罪犯上网吧的行为，保证其顺利渡过缓刑考验期发挥了良好作用。

又如，《规定》第二条规定了将犯罪性质作为对罪犯适用禁止令应予考察的另一项内容。对此规定不能简单理解为凡是犯罪性质严重的罪犯就一律要对其适用禁止令。犯罪性质是对犯罪分子定罪量刑的一个重要依据，而禁止令的适用主要为了防止再犯罪，因此，应当通过对其犯罪性质的考察，分析其再犯罪可能性大小，如果其再犯罪可能性比较大，就应当适用禁止令。本案例中，未成年人实施的抢劫犯罪属于犯罪性质比较严重的一种侵犯财产犯罪，但这一点并没有作为本案例中对其适用禁止令的主要依据。相反，一些犯罪的性质虽然比较轻，但如果其在社区矫正过程中仍然有再犯罪较大可能的，也应对其适用禁止令。

再如，《规定》第二条规定了犯罪手段也应作为考察事项。该规定要求不仅要考察犯罪手段的恶劣程度，更重要的是要关注其犯罪方法或者手段是否具备重复实施的可能性。实践中某些犯罪的犯罪手段、行为模式因与其日常生产生活密切相关，易于重复实施。最典型的例子就是犯罪分子在从事日常生产经营活动中，掺杂、掺假牟取暴利的犯罪；还有一些犯罪分子掌握证券、贷款、票据、信用卡方面一定的专门知识、技能，他们利用这些知识技能实施了证券犯罪、贷款犯罪、票据犯罪、信用卡犯罪等，如果放任其社区矫正期间的行为而不予有针对性约束，那么他们就极有可能出于某种习惯或者其他原因故伎重施、继续从事危害社会的犯罪活动。

最后，《规定》第二条还规定要考察犯罪后的悔罪表现、个人一贯表现。本案例中，通过对未成年人一贯表现的调查发现，罪犯此前有六七年泡网吧的经历，有了一定网瘾；并且此前上网费用来源有时是偷家里的钱物，有时找同学借；家长和学校对他们上网吧的行为长期缺乏有效约束手段。根据上述情况及罪犯自我约束能力差的特点，法院决定对其适用了禁止令。因此，对自制力较差、不对其日常行为有效约束就可能再次犯罪的罪犯，应重点考虑宣告禁止令，以便有效约束其在社区的行为，防止重新犯罪。而对于罪犯悔罪表现好，平时一贯表现也比较好的罪犯，则一般可不对其适用禁止令。

总之，应当在客观了解、全面掌握罪犯的上述情况的前提下，从预防罪犯在社区矫正过程中重新犯罪、维护社会稳定、保护证人和被害人安全的角度出发，对罪犯宣告禁止令。

四是可操作性原则。禁止令作为法律义务，一方面要靠罪犯自觉履行，另一方面也要靠罪犯所在家庭、社区矫正机构的监督，以确保其不成为一纸空文。因此，确定禁止令内容时应充分考虑可操作性。可操作性原则在贯彻落实中主要应注意两方面问题：一是禁止令内容应当符合现阶段我国社区矫正试点工作发展的水平。如果禁止令宣告后，社区矫正机构根本无法或者无力对罪犯是否执行该项禁止令的情况进行有效掌控和监督，那么禁止令的宣告就流于形式，罪犯违反禁止令的情况无法及时知悉，可能影响判决的权威性。当然，人民法院在合理确定禁止令事项前提下，现阶段也应适度参与、积极配合社区矫正工作的开展，协助加强对罪犯执行禁止令情况的监督和管理。特别是对宣告禁止令的未成年罪犯，少年法庭应当坚持多年来行之有效的“向后延伸”工作制度，通过定期或者不定期走访管制或者缓刑罪犯，及时了解其社区矫正的情况和存在问题，帮助社区矫正机构对未成年罪犯的行为进行有效管束和矫正。二是注意不能因为禁止令而影响犯罪分子正常生活以及各项法定权利的行使。①

多年来，各地少年法庭坚持建立和完善对未成年被告人情况的调查报告制度，有的法院还探索通过心理测评的方法，对未成年罪犯人身危险性、再犯罪可能性进行评估，作为是否判处管制或者宣告缓刑、宣告禁止令的辅助参考。这些工作和经验都为未成年人犯罪案件准确适用禁止令打下良好基础，提供了有利条件。

“两高”“两部”有关负责人在《规定》答记者问中强调指出，“对于有关法律法规已经明确禁止的内容，不能再通过禁止令的形式予以禁止”。例如，根据有关法律规定，任何人均不得吸食毒品，因此，不能作出“禁止吸食毒品”的禁止令；又如，相关法律已经规定，违反道路交通安全法律、法规的规定，发生重大交通事故，构成犯罪的，依法追究刑事责任，并由公安机关交通管理部门吊销机动车驾驶证，因此，对犯有相关罪行被判处管制、宣告缓刑的犯罪分子，也不能作出“禁止驾驶机动车”的禁止令。上述意见主要是考虑到法律法规已经明确对某项行为予以禁止，如果法院再对罪犯宣告禁止该内容，反而容易引起歧义，产生禁止令执行完毕后是否就允许当事人实施类似行为的疑义。因此，审判实践中对此不能再宣告禁止令。有的观点提出，有关未成年人禁止进入网吧的问题，未成年人保护法已经作出了明确规定。根据上述“两高”“两部”的意见，对未成年罪犯就不应作出禁止进入网吧的禁止令。我们认为，未成年罪犯只要在判决生效时已经成年，就不属于违反未成年人保护法禁止性规定的情形，可以对其作出禁止进入网吧的禁止令。本案例中的两名罪犯在案件审理过程中就已年满十八周岁，因此，可以对其作出禁止进入网吧的禁止令。但需要注意的是，实践中如果遇到判决生效时未成年罪犯仍未满十八周岁的情形，则不宜再行宣告禁止进入网吧的禁止令。

——最高人民法院案例指导工作办公室：《指导案例14号〈董某某、宋某某抢劫案〉的理解与参照》。

---

① “正确适用禁止令相关规定　确保非监禁刑执行效果——最高人民法院、最高人民检察院、公安部、司法部有关负责人就《关于对判处管制、宣告缓刑的犯罪分子适用禁止令有关问题的规定（试行）》答记者问”，载《人民法院报》2011年5月4日，第3版。

说明

该指导案例涉及如何适用《中华人民共和国刑法修正案（八）》有关禁止令的规定，特别是针对未成年人因到网吧上网而诱发犯罪的如何适用禁止令，作出了示范性裁判，有利于指导审判实践正确适用禁止令规定，加强对被判处非监禁刑犯罪分子的有效监管，充分发挥其预防和减少再犯罪、维护社会和谐稳定的作用。

252. 撤销缓刑案件中的刑期折抵

关键词

撤销缓刑　管辖　刑期折抵

最高人民法院司法解释

各省、自治区、直辖市高级人民法院，解放军军事法院，新疆维吾尔自治区高级人民法院生产建设兵团分院：

最近，有的法院反映，关于在撤销缓刑时罪犯在宣告缓刑前羁押的时间能否折抵刑期的问题不明确。经研究，批复如下：

根据《刑法》第七十七条的规定，对被宣告缓刑的犯罪分子撤销缓刑执行原判刑罚的，对其在宣告缓刑前羁押的时间应当折抵刑期。

——《最高人民法院关于撤销缓刑时罪犯在宣告缓刑前羁押的时间能否折抵刑期问题的批复》（2002 年 4 月 10 日，法释〔2002〕11 号）。

《刑事审判参考》指导案例

王园被撤销缓刑案（《刑事审判参考》指导案例第 238 号）

裁判要点：根据《刑法》第 77 条的规定，被宣告缓刑的犯罪分子，在缓刑考验期限内犯新罪、发现判决宣告以前还有其他罪没有判决的和违反法律、行政法规或者国务院公安部门有关缓刑的监督管理规定，情节严重的，应当撤销缓刑，执行原判刑罚。

《刑法》第 77 条第 2 款规定，被宣告缓刑的犯罪分子在缓刑考验期内因违反法律、行政法规或者国务院公安部门有关缓刑监督管理规定，情节严重被依法撤销缓刑的，应当收监执行原判刑罚。由于原判是缓刑而非实刑，原判宣告之前被宣告缓刑的犯罪分子有可能已被先行羁押，同时被宣告缓刑的犯罪分子在缓刑考验期内因违反法律、行政法规或者国务院公安部门有关缓刑监督管理规定，情节严重在被依法撤销缓刑前也有可能被先行行政或刑事拘留，或者因涉嫌再犯新罪或者发现漏罪被先行羁押。那么，先行羁押的期间应当如何从撤销缓刑后实际执行的刑期中予以折抵扣除呢？我们认为，具体折抵扣除办法应当是：

1. 被宣告缓刑的犯罪分子在缓刑考验期内因再犯新罪或者发现漏罪依法被撤销缓刑的，首先应按照《刑法》第77条第1款的规定，对新罪作出判决，再依照刑法第69条确定应当实际执行的刑期。然后再将因前罪被先行羁押的时间和因新罪被先行羁押的时间一并从最后宣告的刑罚中予以折抵扣除。

2. 被宣告缓刑的犯罪分子在缓刑考验期内因违反法律、行政法规或者国务院公安部门有关缓刑监督管理规定，情节严重被依法撤销缓刑的，一般只应将因前罪被先行羁押的时间从撤销缓刑执行原判刑期中予以折抵扣除。缓刑犯在缓刑考验期内因违反法律、行政法规或者国务院公安部门有关缓刑监督管理规定，情节严重而被依法采取行政强制措施或行政处罚而羁押的时间，由于针对的是另一个行为，因此，不能从撤销缓刑后实际执行的刑期中予以折抵。

——最高人民法院刑事审判第一庭、第二庭编：《刑事审判参考》2003年第3辑（总第32辑），法律出版社2003年版，第1~6页。

253. 职务犯罪要严格适用缓刑、免予刑事处罚

关键词

缓刑　免予刑事处罚　职务犯罪

最高人民法院司法政策精神

为进一步规范贪污贿赂、渎职等职务犯罪案件缓刑、免予刑事处罚的适用，确保办理职务犯罪案件的法律效果和社会效果，根据刑法有关规定并结合司法工作实际，就职务犯罪案件缓刑、免予刑事处罚的具体适用问题，提出以下意见：

一、严格掌握职务犯罪案件缓刑、免予刑事处罚的适用。职务犯罪案件的刑罚适用直接关系反腐败工作的实际效果。人民法院、人民检察院要深刻认识职务犯罪的严重社会危害性，正确贯彻宽严相济刑事政策，充分发挥刑罚的惩治和预防功能。要在全面把握犯罪事实和量刑情节的基础上严格依照刑法规定的条件适用缓刑、免予刑事处罚，既要考虑从宽情节，又要考虑从严情节；既要做到刑罚与犯罪相当，又要做到刑罚执行方式与犯罪相当，切

实避免缓刑、免予刑事处罚不当适用造成的消极影响。

二、具有下列情形之一的职务犯罪分子，一般不适用缓刑或者免予刑事处罚：

（一）不如实供述罪行的；

（二）不予退缴赃款赃物或者将赃款赃物用于非法活动的；

（三）属于共同犯罪中情节严重的主犯的；

（四）犯有数个职务犯罪依法实行并罚或者以一罪处理的；

（五）曾因职务违纪违法行为受过行政处分的；

（六）犯罪涉及的财物属于救灾、抢险、防汛、优抚、扶贫、移民、救济、防疫等特定款物的；

（七）受贿犯罪中具有索贿情节的；

（八）渎职犯罪中徇私舞弊情节或者滥用职权情节恶劣的；

（九）其他不应适用缓刑、免予刑事处罚的情形。

三、不具有本意见第二条规定的情形，全部退缴赃款赃物，依法判处三年有期徒刑以下刑罚，符合刑法规定的缓刑适用条件的贪污、受贿犯罪分子，可以适用缓刑；符合刑法第三百八十三条第一款第（三）项的规定，依法不需要判处刑罚的，可以免予刑事处罚。

不具有本意见第二条所列情形，挪用公款进行营利活动或者超过三个月未还构成犯罪，一审宣判前已将公款归还，依法判处三年有期徒刑以下刑罚，符合刑法规定的缓刑适用条件的，可以适用缓刑；在案发前已归还，情节轻微，不需要判处刑罚的，可以免予刑事处罚。

四、人民法院审理职务犯罪案件时应当注意听取检察机关、被告人、辩护人提出的量刑意见，分析影响性案件案发前后的社会反映，必要时可以征求案件查办等机关的意见。对于情节恶劣、社会反映强烈的职务犯罪案件，不得适用缓刑、免予刑事处罚。

五、对于具有本意见第二条规定的情形之一，但根据全案事实和量刑情节，检察机关认为确有必要适用缓刑或者免予刑事处罚并据此提出量刑建议的，应经检察委员会讨论决定；审理法院认为确有必要适用缓刑或者免予刑事处罚的，应经审判委员会讨论决定。

——《最高人民法院、最高人民检察院印发〈关于办理职务犯罪案件严格适用缓刑、免予刑事处罚若干问题的意见〉的通知》（2012年8月8日，法发〔2012〕17号）。

254. 缓刑考验期内犯新罪的，前罪先行羁押的时间可以折抵刑期

关键词

数罪并罚 缓刑 新罪

《刑事审判参考》指导案例

代海业盗窃案（《刑事审判参考》指导案例第 648 号）

裁判要点：对被告人前罪先行羁押的时间予以折抵，应当在数罪并罚执行的刑罚决定后进行。

缓刑考验期内犯新罪如何数罪并罚?

第一，“缓刑考验期内”与刑法第七十一条规定的“刑罚执行完毕以前”属于两个不同层面的问题。“刑罚执行完毕以前”是相对于刑罚已经开始执行而言的，而缓刑是附条件的不执行，在缓刑考验期间原判刑罚是否执行尚处于不确定状态，故无从谈起刑罚是否已经执行完毕。此外，刑法第七十三条第三款规定“缓刑考验期限，从判决确定之日起计算”，这一规定未曾涉及任何先行羁押的时间折抵缓刑考验期的问题。因此，在缓刑考验期限内犯新罪与在判决宣告以后刑罚执行完毕以前犯新罪属于不同情形，两者不可混为一谈。在缓刑考验期限内犯新罪或者发现漏罪实行数罪并罚的，均不适用刑法第七十条或第七十一条有关数罪并罚的规定，而应适用刑法第七十七条的规定。

第二，缓刑的实质是暂缓刑罚的执行，如果犯罪分子在缓刑考验期内未发生撤销缓刑的法定情形，原判刑罚将不再执行，因此，在缓刑考验期间根本不存在刑罚执行问题。对宣告缓刑的罪犯来说，其“前罪没有执行的刑罚”就是其判决宣告的刑罚，而不应当将先行羁押的时间混同于已经执行的刑罚予以扣除。

第三，对被告人前罪先行羁押的时间予以折抵，应当在数罪并罚执行的刑罚决定后进行

《最高人民法院关于撤销缓刑时罪犯在宣告缓刑前羁押的时间能否折抵刑期问题的批复》(以下简称《批复》)规定:“根据刑法第七十七条的规定，对被宣告缓刑的犯罪分子撤销缓刑执行原判刑罚的，对其在宣告缓刑前羁押的时间应当折抵刑期。”虽然该《批复》针对的是“执行原判刑罚”的情形，但

其司法精神对数罪并罚的情形仍可适用。判决执行以前先行羁押时间折抵刑期的目的是确保被告人的合法权益，同时也便于计算有期徒刑的刑期和起止时间，属于判决执行的范畴，与理论上对刑法第七十条、第七十一条概括的数罪并罚原则“先减后并”或“先并后减”中的“减”根本不同，后者目的在于决定数罪执行的刑罚，至于实际执行的期限，则属于刑罚确定后执行有期徒刑的计算问题，包括先行羁押时间的折抵问题。缓刑犯在缓刑期间犯新罪，表明其主观恶性较大，在处理上应当体现从重处罚原则。但刑法第七十七条规定的是撤销缓刑，“把前罪和后罪所判处的刑罚，依照本法第六十九条的规定，决定执行的刑罚”，可见，立法对缓刑犯又犯新罪的从重处罚主要体现在对其缓刑的撤销，而不在于实际执行刑期方面。

——最高人民法院刑事审判第一、二、三、四、五庭主办：《刑事审判参考》2010年第5集（总第76集），法律出版社2011年版，第37~42页。

255. 在缓刑考验期限内又犯危险驾驶罪的处理以及有期徒刑与拘役如何并罚

关键词

危险驾驶罪　缓刑考验期限　刑期

《刑事审判参考》指导案例

吴升旭危险驾驶案（《刑事审判参考》指导案例第898号）

裁判要点：《刑法修正案（八）》施行后，被宣告缓刑的犯罪分子在缓刑考验期限内在道路上醉酒驾驶机动车，构成危险驾驶罪的，属于又犯新罪，应当撤销缓刑，前罪判处的有期徒刑和因危险驾驶罪判处的拘役，属不同刑种，应当按照先重后轻的顺序分别执行。[①]

在《中华人民共和国刑法修正案（八）》增设危险驾驶罪之前，被宣告缓刑的犯罪分子在缓刑考验期限内在道路上醉酒驾驶机动车，仅是违反道路交通安全法的行政违法行为，情节严重的，应当撤销缓刑，执行原判刑罚，不存在数罪并罚的问题。《中华人民共和国刑法修正案（八）》施行后，被宣告缓刑的犯罪分子在缓刑考验期限内在道路上醉酒驾驶机动车，构成危险驾驶

① 《刑法修正案（九）》第四条对此作出了新规定：“数罪中有判处有期徒刑和拘役的，执行有期徒刑。”

罪的，属于又犯新罪，应当撤销缓刑，对危险驾驶罪作出判决，与前罪所判处的刑罚，依照《刑法》第六十九条关于数罪并罚的规定，决定执行的刑罚。由于缓刑的适用条件之一是犯罪分子被判处拘役或三年以下有期徒刑，而危险驾驶罪的主刑是拘役，这就涉及前罪被判处有期徒刑时，如何对不同刑种的主刑并罚的问题。

对于有期徒刑与拘役如何并罚，《刑法》及相关司法解释均未规定明确、具体的原则，实践中做法不一。本案审理过程中，对被告人吴升旭犯危险驾驶罪的定性不存在争议，争议的焦点在撤销缓刑后前罪判处的有期徒刑和以危险驾驶罪判处的拘役如何并罚。对此形成三种意见：第一种意见认为应当折算，先将拘役折算成有期徒刑，拘役一日折抵有期徒刑一日，然后再按照限制加重原则，决定应当执行的刑罚。第二种意见认为应当吸收，按照重刑吸收轻刑的原则，执行较重的有期徒刑。第三种意见认为应当并科，分别执行，按照从重到轻的顺序，先执行有期徒刑，再执行拘役。

我们赞同第三种意见，具体理由如下：

第一，数罪并罚时将拘役折抵为有期徒刑的做法缺乏法律根据。根据刑法第四十四条、第四十七条的规定，被判处拘役、有期徒刑，判决执行以前先行羁押的，羁押一日折抵刑期一日。从有期徒刑、拘役与先行羁押的时间长短换算标准相同这一角度分析，拘役似乎可以与有期徒刑实行同值换算。然而，值得注意的是，该规定是针对犯罪分子在判决执行前已经先行羁押的情况，为充分保护犯罪分子权益，在不得不折抵的前提下经权衡而作出的刑期折抵规定，而数罪并罚情形不属于必须折抵的情形，因此，不能由刑法第四十四条、第四十七条的规定得出在数罪并罚过程中有期徒刑与拘役之间可进行同值换算的结论。

第二，拘役与有期徒刑之间不宜相互折抵。虽然拘役与有期徒刑在执行上有相似之处，即均实行关押，剥夺犯罪分子自由，并予以劳动改造，从而具有一定的折抵换算基础。然而，拘役与有期徒刑在服刑待遇、执行场所、法律后果等方面依然区别明显，故不宜进行相互折抵。最高人民法院研究室在其 1984 年 9 月 17 日发布的《关于对拘役犯在缓刑期间发现其隐瞒余罪判处有期徒刑应如何执行问题的电话答复》中强调，不能“将有限制的剥夺人身自由的刑罚拘役一日，换算为完全剥夺人身自由的刑罚有期徒刑一日”。

第三，有期徒刑不宜吸收拘役。关于审理过程中提出的有期徒刑吸收拘役的观点，我们认为缺乏法律和实践依据。吸收原则仅适用于两种以上刑罚不能同时或者不能相继执行的情形，如死刑与其他主刑并罚、无期徒刑与有期徒刑并罚的情况。当两种以上刑罚能够同时或相继执行时，如采用吸收原则，有轻纵犯罪之虞。因此，拘役与有期徒刑并罚时不宜采用吸收原则。

第四，拘役与有期徒刑之间应当按照先重后轻的顺序分别执行。关于拘役和有期徒刑并罚后如何执行的问题，最高人民法院研究室在其 1988 年 3 月 24 日发布的《关于被判处拘役缓刑的罪犯在考验期内又犯新罪应如何执行问题的电话答复》中强调，拘役和有期徒刑在执行方法上不完全相同，可在对新罪所判处的有期徒刑执行完毕后，再执行前罪所判处的拘役。这一原则，早在 1981 年 7 月 27 日发布的《最高人民法院关于管制犯在管制期间又犯新罪被判处拘役或有期徒刑应如何执行的问题的批复》中已有所体现。该批复规定，由于管制和拘役、有期徒刑不属于同一刑种，执行的方法也不同，如何按照数罪并罚的原则决定执行的刑罚，在刑法中尚无具体规定。因此，仍可按照 1957 年 2 月 16 日最高人民法院法研字第 3540 号复函的意见办理，即"对新罪所判处的有期徒刑或者拘役执行完毕后，再执行前罪所没有执行完的管制"。根据上述文件精神，对类似本案的情形，应当对前罪判处的有期徒刑和新罪所判拘役分别执行，即先执行有期徒刑，再执行拘役。这样的执行顺序，使刑罚的严厉性呈梯度递减，犯罪分子的处遇逐步趋好，其因重罪而受重罚，因轻罪而受轻罚的体验明显，有利于对犯罪分子的教育改造。

需要说明的是，虽然我们赞成分别执行的做法，但并不代表这一做法就不存在问题。如犯罪分子前罪被判处有期徒刑，当其再犯被判处有期徒刑之罪时，刑法规定并罚时采取对犯罪分子有利的限制加重原则，而当其再犯被判处刑罚相对较轻的拘役之罪时，却要并科执行，逻辑上似有矛盾，客观上可能加重对犯罪分子的惩罚。因此，对于不同种自由刑如何并罚的问题，亟须法解释予以明确或者立法予以完善。

——最高人民法院刑五庭:《吴升旭危险驾驶罪》，载最高人民法院刑事审判第一、二、三、四、五庭主办:《刑事审判参考》2013 年第 5 集（总第 94 集），法律出版社 2014 年版，第 47~49 页。

第六节　减　刑

256. 坚决整治顽瘴痼疾，切实完善制度机制，进一步规范"减假暂"工作

关键词

减刑　假释　暂予监外执行　权力运行的监督制约

最高人民法院司法政策精神

减刑、假释、暂予监外执行作为刑罚变更执行的重要措施，是我国刑法、刑事诉讼法等法律所规定的重要制度，是宽严相济刑事政策在刑罚执行过程中的具体体现，也是刑罚执行人道主义的重要载体，对于激励罪犯积极改造，促进罪犯回归、融入社会，具有非常重要的意义。党的十八大以来，党中央高度重视“减假暂”工作，习近平总书记多次作出重要指示、批示，要求严格规范减刑、假释、暂予监外执行，切实杜绝司法腐败，提高司法公信力。为贯彻落实党中央决策部署，最高人民法院先后出台了一系列司法解释及规范性文件，建立了备案审查、案件评查、常态化监督检查等制度机制，加强信息化建设，取得了一定的工作成效。但是，近年来，云南孙小果案、北京郭文思案等案件也暴露出“减假暂”工作中还存在一些短板和不足。2021 年以来开展的全国政法队伍教育整顿，将违规违法办理减刑、假释、暂予监外执行案件作为顽瘴痼疾之一予以集中整治。目前，第一批教育整顿工作取得了阶段性成效，第二批教育整顿工作正在深入开展。2021 年 7 月 9 日，全国法院刑事审判工作座谈会在黑龙江省哈尔滨市召开，按照最高人民法院党组部署，最高人民法院党组副书记、常务副院长贺荣同志在讲话中强调，要全面排查整治违规违法办理“减假暂”案件，完善健全制度机制，促进“减假暂”工作规范开展。我们必须深刻认识到违规违法“减假暂”的重大危害，以刀刃向内、刮骨疗毒的决心和勇气，坚决整治违规违法“减假暂”顽瘴痼疾，切实提升“减假暂”工作质量，确保“减假暂”案件办理公平公正。

一、深入推进违规违法“减假暂”排查整治

违规违法“减假暂”，是刑罚变更执行环节的典型问题，有的还涉及司法腐败，影响恶劣，危害极大，人民群众深恶痛绝，严重危害法治权威和司法公信力。人民法院作为办理“减假暂”案件的重要部门之一，必须严格按照党中央决策部署，明确目标任务，严格工作责任，切实强化第一批教育整顿成果运用，推动整治工作走深走实，坚决按照党中央关于开展第二批政法队伍教育整顿的工作部署，继续深入推进违规违法“减假暂”的排查整治工作。一是坚持依法纠错，对于明显违规违法、裁判处理确有错误的案件，要坚决依法予以纠正。二是准确把握政策界限，把握不同时期法律、司法解释以及相关政策规定，严格区分不规范办案和违规违法办案的性质，依法分类妥善处置，实现政治效果、法律效果和社会效果的有机统一。三是严肃惩处司法腐败，对司法人员存在权钱交易、徇私舞弊、滥用职权、严重渎职等行为的，发现一起，查处一起。四是坚持以问题为导向，加强调查研究，强化成果运用，努力推进制度机制创新，推动顽瘴痼疾整治常治长效。

二、加强减刑、假释案件实质化审理

依照我国法律规定，减刑、假释案件由刑罚执行机关提出建议书，报请人民法院审理并作出裁定，人民检察院依法进行监督。2014 年，最高人民法院出台了《关于减刑、假释案件审理程序的规定》，规定对六类案件应当开庭审理，实践中人民法院均严格予以贯彻落实。但是，由于减刑、假释案件的特殊性，案件审理流于形式的问题没有得到根本解决。因此，人民法院有必要采取相应措施，加大实质化审理的力度。一是转变司法理念。过去人民法院在办理减刑、假释案件时，往往过度依赖于刑罚执行机关提交的罪犯改造计分考核材料，忽视结合罪犯的犯罪性质、社会危害程度、原判刑罚等因素，综合判断罪犯主观世界的改造效果，导致对证据材料的审查不够全面、细致，案件质量不高。为切实改变这一做法，确保案件办理公平、公正，有必要进一步转变司法理念，坚持全面、严格审查证据材料，从主客观两方面综合判断罪犯是否确有悔改表现，切实贯彻宽严相济刑事政策，确保最大限度地发挥刑罚的功能，实现刑罚目的。二是严格审查实体条件。重点围绕罪犯改造表现考核材料、立功、重大立功材料、罪犯履行财产性判项的能力、再犯罪危险评估材料、实际服刑刑期等容易产生问题的证据材料或者环节进行认真审查和从严把握，不断提高案件质量。三是强化案件办理程序机制。充分发挥庭审功能，对有疑问的证据重点进行核实，必要时采取讯问、询问、庭外调查等多种方式，切实改变案件审理流于形式的状况，督促有关机关依法履职，确保审判职能作用得到充分发挥。

三、注重与有关部门形成工作合力

“减假暂”工作涉及人民法院、人民检察院、公安机关、监狱、社区矫正机构等多部门的职责，需要各部门各司其职、分工负责、相互配合、相互制约。因此，人民法院在具体工作中，要注意加强与有关部门的沟通协调，必要时建立会商、联动等工作机制，在充分发挥各部门职能作用的基础上形成工作合力。在办理减刑、假释案件中，通过对案件的严格把关，倒逼刑罚执行机关提高案件报请质量，促进检察机关切实加强法律监督，共同做好相关工作。在办理暂予监外执行案件中，严格审查罪犯是否符合暂予监外执行的条件，依法作出决定，罪犯被暂予监外执行后，人民法院要加强与社区矫正机构的联系，及时掌握罪犯情况。罪犯暂予监外执行情形消失或者违反监督管理规定应当收监执行的，要及时作出收监决定，并积极协调公安、检察、刑罚执行机关等部门及时将罪犯收监执行。

四、强化权力运行的监督制约

为加强对审判权力运行的监督制约，“将权力关进制度的牢笼”，就需要强化内部监督与外部监督的全方位监督体系。一是加强内部监督，按照司法体制综合配套改革的具体要求，进一步强化院庭长监督管理职责，充分发挥院庭长在重大、疑难、复杂案件中的审核把关作用；切实发挥专业法官会议在聚集经验智慧、提供判断参考等方面的作用；有效发挥审判委员会的集体讨论决策作用。严格落实审判管理、备案审查、案件评查、专项检查等制度机制。二是加强外部监督，自觉接受同级人民代表大会及其常委会的监督，主动汇报工作；依法接受检察机关的法律监督，充分听取检察机关的意见、建议；主动接受社会监督，积极回应人民群众关切。三是严格落实“四个一律”工作要求，切实依法做到立案有公示、开庭有公告、庭审有公开、文书有公布，充分保障人民群众的知情权、参与权、监督权，最大限度推动司法公开，实现阳光司法。通过对权力运行的监督制约，让暗箱操作没有空间，让司法腐败无处藏身，促进“减假暂”工作规范、有序开展。

五、健全完善配套制度机制

进一步规范“减假暂”工作，需要健全完善配套制度机制作为保障，以适应“减假暂”工作的新形势、新任务，满足人民群众对“减假暂”工作的新要求、新期待。一是加强人员保障。加强审判队伍建设，高度重视“减假暂”案件审判力量严重不足的问题，配足配强审判力量，不断适应实质化审理的需要；保持队伍相对稳定，加强审判专业化建设；加强对法官的政治教育和业务培训，不断提升能力素质，为案件审理提供有力保障。二是加强激励保障。科学评估“减假暂”案件工作量，建立科学、合理的考评机制，保护、激励法官办案积极性，确保相关改革顺利推进。三是加强科技保障。大力推进信息化建设，尽快推动对减刑、假释网上协同办案平台和减刑、假释、暂予监外执行信息网的改造升级，依托信息化协同办案平台、大数据平台、执行信息平台等，不断拓展信息化运用的深度和广度，通过智能化手段提升案件办理质效，加强权力运行监督制约。四是加强履职保障。加强法官依法履职保护，完善违法追责机制，在对违法违纪案件进行严肃查处的同时，要切实保护法官依法履职行为，解除法官依法作为的后顾之忧。

——韩维中：《坚决整治顽瘴痼疾　切实完善制度机制　进一步规范“减假暂”工作》，载最高人民法院刑事审判第一、二、三、四、五庭编：《刑事审判参考》总第 130 辑，人民法院出版社 2022 年版，第 208~212 页。

257. 准确把握减刑、假释案件实质化审理的基本要求

关键词

减刑、假释　实质化审理

最高人民法院司法政策精神

1. 坚持全面依法审查。审理减刑、假释案件应当全面审查刑罚执行机关

报送的材料，既要注重审查罪犯交付执行后的一贯表现，同时也要注重审查罪犯犯罪的性质、具体情节、社会危害程度、原判刑罚及生效裁判中财产性判项的履行情况等，依法作出公平、公正的裁定，切实防止将考核分数作为减刑、假释的唯一依据。

2. 坚持主客观改造表现并重。审理减刑、假释案件既要注重审查罪犯劳动改造、监管改造等客观方面的表现，也要注重审查罪犯思想改造等主观方面的表现，综合判断罪犯是否确有悔改表现。

3. 坚持严格审查证据材料。审理减刑、假释案件应当充分发挥审判职能作用，坚持以审判为中心，严格审查各项证据材料。认定罪犯是否符合减刑、假释法定条件，应当有相应证据予以证明；对于没有证据证实或者证据不确实、不充分的，不得裁定减刑、假释。

4. 坚持区别对待。审理减刑、假释案件应当切实贯彻宽严相济刑事政策，具体案件具体分析，区分不同情形，依法作出裁定，最大限度地发挥刑罚的功能，实现刑罚的目的。

——《最高人民法院、最高人民检察院、公安部、司法部关于加强减刑、假释案件实质化审理的意见》（2021 年 12 月 1 日，法发〔2021〕31 号）。

258. 严格审查减刑、假释案件的实体条件

关键词

减刑、假释　实体条件

最高人民法院司法政策精神

5. 严格审查罪犯服刑期间改造表现的考核材料。对于罪犯的计分考核材料，应当认真审查考核分数的来源及其合理性等，如果存在考核分数与考核期不对应、加扣分与奖惩不对应、奖惩缺少相应事实和依据等情况，应当要求刑罚执行机关在规定期限内作出说明或者补充。对于在规定期限内不能作出合理解释的考核材料，不作为认定罪犯确有悔改表现的依据。

对于罪犯的认罪悔罪书、自我鉴定等自书材料，要结合罪犯的文化程度认真进行审查，对于无特殊原因非本人书写或者自书材料内容虚假的，不认定罪犯确有悔改表现。

对于罪犯存在违反监规纪律行为的，应当根据行为性质、情节等具体情况，综合分析判断罪犯的改造表现。罪犯服刑期间因违反监规纪律被处以警告、记过或者禁闭处罚的，可以根据案件具体情况，认定罪犯是否确有悔改表现。

6. 严格审查罪犯立功、重大立功的证据材料，准确把握认定条件。对于检举、揭发监狱内外犯罪活动，或者提供重要破案线索的，应当注重审查线索的来源。对于揭发线索来源存疑的，应当进一步核查，如果查明线索系通过贿买、暴力、威胁或者违反监规等非法手段获取的，不认定罪犯具有立功或者重大立功表现。

对于技术革新、发明创造，应当注重审查罪犯是否具备该技术革新、发明创造的专业能力和条件，对于罪犯明显不具备相应专业能力及条件、不能说明技术革新或者发明创造原理及过程的，不认定罪犯具有立功或者重大立功表现。

对于阻止他人实施犯罪活动，协助司法机关抓捕其他犯罪嫌疑人，在日常生产、生活中舍己救人，在抗御自然灾害或者排除重大事故中有积极或者突出表现的，除应当审查有关部门出具的证明材料外，还应当注重审查能够证明上述行为的其他证据材料，对于罪犯明显不具备实施上述行为能力和条件的，不认定罪犯具有立功或者重大立功表现。

严格把握“较大贡献”或者“重大贡献”的认定条件。该“较大贡献”或者“重大贡献”，是指对国家、社会具有积极影响，而非仅对个别人员、单位有贡献和帮助。对于罪犯在警示教育活动中现身说法的，不认定罪犯具有立功或者重大立功表现。

7. 严格审查罪犯履行财产性判项的能力。罪犯未履行或者未全部履行财产性判项，具有下列情形之一的，不认定罪犯确有悔改表现：

（1）拒不交代赃款、赃物去向；

（2）隐瞒、藏匿、转移财产；

（3）有可供履行的财产拒不履行。

对于前款罪犯，无特殊原因狱内消费明显超出规定额度标准的，一般不认定罪犯确有悔改表现。

8. 严格审查反映罪犯是否有再犯罪危险的材料。对于报请假释的罪犯，应当认真审查刑罚执行机关提供的反映罪犯服刑期间现实表现和生理、心理状况的材料，并认真审查司法行政机关或者有关社会组织出具的罪犯假释后对所居住社区影响的材料，同时结合罪犯犯罪的性质、具体情节、社会危害程度、原判刑罚及生效裁判中财产性判项的履行情况等，综合判断罪犯假释后是否具有再犯罪危险性。

9. 严格审查罪犯身份信息、患有严重疾病或者身体有残疾的证据材料。对于上述证据材料有疑问的，可以委托有关单位重新调查、诊断、鉴定。对原判适用《中华人民共和国刑事诉讼法》第一百六十条第二款规定判处刑罚的罪犯，在刑罚执行期间不真心悔罪，仍不讲真实姓名、住址，且无法调查核实清楚的，除具有重大立功表现等特殊情形外，一律不予减刑、假释。

10. 严格把握罪犯减刑后的实际服刑刑期。正确理解法律和司法解释规定的最低服刑期限，严格控制减刑起始时间、间隔时间及减刑幅度，并根据罪犯前期减刑情况和效果，对其后续减刑予以总体掌握。死刑缓期执行、无期徒刑罪犯减为有期徒刑后再减刑时，在减刑间隔时间及减刑幅度上，应当从严把握。

——《最高人民法院、最高人民检察院、公安部、司法部关于加强减刑、假释案件实质化审理的意见》（2021 年 12 月 1 日，法发〔2021〕31 号）。

259. 切实强化减刑、假释案件办理程序机制

关键词

减刑、假释　办理程序

最高人民法院司法政策精神

11. 充分发挥庭审功能。人民法院开庭审理减刑、假释案件，应当围绕罪犯实际服刑表现、财产性判项执行履行情况等，认真进行法庭调查。人民检察院应当派员出庭履行职务，并充分发表意见。人民法院对于有疑问的证据材料，要重点进行核查，必要时可以要求有关机关或者罪犯本人作出说明，有效发挥庭审在查明事实、公正裁判中的作用。

12. 健全证人出庭作证制度。人民法院审理减刑、假释案件，应当通知罪犯的管教干警、同监室罪犯、公示期间提出异议的人员以及其他了解情况的人员出庭作证。开庭审理前，刑罚执行机关应当提供前述证人名单，人民法院根据需要从名单中确定相应数量的证人出庭作证。证人到庭后，应当对其进行详细询问，全面了解被报请减刑、假释罪犯的改造表现等情况。

13. 有效行使庭外调查核实权。人民法院、人民检察院对于刑罚执行机关提供的罪犯确有悔改表现、立功表现等证据材料存有疑问的，根据案件具体情况，可以采取讯问罪犯、询问证人、调取相关材料、与监所人民警察座谈、听取派驻监所检察人员意见等方式，在庭外对相关证据材料进行调查核实。

14. 强化审判组织的职能作用。人民法院审理减刑、假释案件，合议庭成员应当对罪犯是否符合减刑或者假释条件、减刑幅度是否适当、财产性判项是否执行履行等情况，充分发表意见。对于重大、疑难、复杂的减刑、假释案件，合议庭必要时可以提请院长决定提交审判委员会讨论，但提请前应当先经专业法官会议研究。

15. 完善财产性判项执行衔接机制。人民法院刑事审判部门作出具有财产性判项内容的刑事裁判后，应当及时按照规定移送负责执行的部门执行。刑

罚执行机关对罪犯报请减刑、假释时，可以向负责执行财产性判项的人民法院调取罪犯财产性判项执行情况的有关材料，负责执行的人民法院应当予以配合。刑罚执行机关提交的关于罪犯财产性判项执行情况的材料，可以作为人民法院认定罪犯财产性判项执行情况和判断罪犯是否具有履行能力的依据。

16. 提高信息化运用水平。人民法院、人民检察院、刑罚执行机关要进一步提升减刑、假释信息化建设及运用水平，充分利用减刑、假释信息化协同办案平台、执行信息平台及大数据平台等，采用远程视频开庭等方式，不断完善案件办理机制。同时，加强对减刑、假释信息化协同办案平台和减刑、假释、暂予监外执行信息网的升级改造，不断拓展信息化运用的深度和广度，为提升减刑、假释案件办理质效和加强权力运行制约监督提供科技支撑。

——《最高人民法院、最高人民检察院、公安部、司法部关于加强减刑、假释案件实质化审理的意见》(2021 年 12 月 1 日，法发〔2021〕31 号)。

260. 单处剥夺政治权利的，能否减刑

关键词

剥夺政治权利　减刑

附录：最高人民法院主流观点

有观点认为，设立减刑制度的目的就是为了鼓励罪犯加速改造，早日成为对社会有用的新人。对于单处剥夺政治权利的罪犯，如果其在刑罚执行期间表现突出，甚至有立功或重大立功表现，将其剥夺政治权利的期限适当缩减，则有利于罪犯的改造，这是符合减刑制度目的要求的。

我们认为，上述观点有一定的道理，但根据《刑法》第七十八条“被判处管制、拘役、有期徒刑、无期徒刑的犯罪分子，在执行期间，如果认真遵守监规，接受教育改造，确有悔改表现的，或者有立功表现的，可以减刑；有重大立功表现的，应当减刑”的规定，减刑适用的对象只能是被判处自由刑的犯罪分子。2012 年《最高人民法院关于办理减刑、假释案件具体应用法律若干问题的规定》在有期徒刑罪犯减刑时，允许对附加剥夺政治权利的期限可以酌减，也是以作为主刑的有期徒刑减刑为前提的[①]。因此，在法律及规定未再修改前，单处剥夺政治权利的减刑尚缺少法律依据。

——宫鸣等主编、最高人民法院审判监督庭编著：《最高人民法院关于减刑、假释司法解释理解与适用》，人民法院出版社 2014 年版，第 150~151 页。

---

① 该内容与 2016 年版《规定》规定相同。

261. 贪污贿赂罪判处刑罚的原具有国家工作人员身份的罪犯如何适用减刑、假释情节

关键词

贪污贿赂犯罪　原具有国家工作人员身份　减刑、假释

最高人民法院司法解释

第一条　对拒不认罪悔罪的，或者确有履行能力而不履行或者不全部履行生效裁判中财产性判项的，不予假释，一般不予减刑。

第二条　被判处十年以上有期徒刑，符合减刑条件的，执行三年以上方可减刑；被判处不满十年有期徒刑，符合减刑条件的，执行二年以上方可减刑。

确有悔改表现或者有立功表现的，一次减刑不超过六个月有期徒刑；确有悔改表现并有立功表现的，一次减刑不超过九个月有期徒刑；有重大立功表现的，一次减刑不超过一年有期徒刑。

被判处十年以上有期徒刑的，两次减刑之间应当间隔二年以上；被判处不满十年有期徒刑的，两次减刑之间应当间隔一年六个月以上。

第三条　被判处无期徒刑，符合减刑条件的，执行四年以上方可减刑。

确有悔改表现或者有立功表现的，可以减为二十三年有期徒刑；确有悔改表现并有立功表现的，可以减为二十二年以上二十三年以下有期徒刑；有重大立功表现的，可以减为二十一年以上二十二年以下有期徒刑。

无期徒刑减为有期徒刑后再减刑时，减刑幅度比照本规定第二条的规定执行。两次减刑之间应当间隔二年以上。

第四条　被判处死刑缓期执行的，减为无期徒刑后，符合减刑条件的，执行四年以上方可减刑。

确有悔改表现或者有立功表现的，可以减为二十五年有期徒刑；确有悔改表现并有立功表现的，可以减为二十四年六个月以上二十五年以下有期徒刑；有重大立功表现的，可以减为二十四年以上二十四年六个月以下有期徒刑。

减为有期徒刑后再减刑时，减刑幅度比照本规定第二条的规定执行。两次减刑之间应当间隔二年以上。

第五条　罪犯有重大立功表现的，减刑时可以不受上述起始时间和间隔时间的限制。

第六条　对本规定所指贪污贿赂罪犯适用假释时，应当从严掌握。

——《最高人民法院关于办理减刑、假释案件具体应用法律的补充规定》（2019 年 4 月 24 日，法释〔2019〕6 号）。

附录：答记者问

问：请问《补充规定》的适用对象是什么？

答：《补充规定》明确指出，其适用对象为《刑法修正案（九）》施行后，依照刑法分则第八章贪污贿赂罪判处刑罚的原具有国家工作人员身份的罪犯。具体而言，一是限定了时间节点，即《刑法修正案（九）》施行后判处刑罚；二是限定了罪名，即贪污贿赂罪；三是限定了罪犯身份，即原具有国家工作人员身份的罪犯。即：时间节点 + 罪名 + 身份，同时符合以上三个条件的，方可适用《补充规定》。因此，对于《刑法修正案（九）》施行前判处刑罚的贪污贿赂罪犯，《刑法修正案（九）》施行后判处的非贪污贿赂罪犯，或者不具有国家工作人员身份的罪犯等，均不适用《补充规定》，而仍然适用现行司法解释相应规定。

问：请介绍一下《补充规定》的主要内容有哪些？

答：《补充规定》共有七条。主要规定了以下内容：一是明确了适用对象，上面已经说过，不再重复；二是明确了对上述罪犯适用假释时，比照其他罪犯从严掌握，体现了对上述罪犯假释从严的原则；三是规定了对拒不认罪悔罪或者拒不履行财产性判项的上述罪犯，不得假释且一般不予减刑的具体要求；四是明确了从严减刑的具体标准和尺度，具体用三个条文分别对被判处有期徒刑、无期徒刑、死刑缓期执行的上述罪犯的减刑起始时间、间隔时间、减刑幅度予以规定，以利于司法实践中准确掌握和执行；五是规定了对有重大立功表现的罪犯减刑时可以不受起始时间和间隔时间的限制，这也是法律和历次司法解释的一贯规定，体现出国家对作出重大贡献罪犯的特殊奖励，有利于激励罪犯积极改造，多做贡献；六是规定了《补充规定》施行时间和效力。

——《最高法审监庭负责人就〈最高人民法院关于办理减刑、假释案件具体应用法律的补充规定〉答记者问》，载《人民法院报》2019 年 05 月 31 日。

262. 罪犯在刑罚执行期间的发明创造能否按照重大立功表现作为对其漏罪审判时的量刑情节

关键词

刑罚执行期间　发明创造　重大立功　漏罪

最高人民法院答复

青海省高级人民法院：

你院〔2010〕青刑终字第62号《关于被告人在刑罚执行期间的发明创造能否按照重大立功表现作为对其漏罪审判时的量刑情节问题的请示》收悉。经研究，答复如下：

罪犯在服刑期间的发明创造构成立功或者重大立功的，可以作为依法减刑的条件予以考虑，但不能作为追诉漏罪的法定量刑情节考虑。

——《最高人民法院研究室关于罪犯在刑罚执行期间的发明创造能否按照重大立功表现作为对其漏罪审判时的量刑情节问题的答复》(2011年6月14日，法研〔2011〕79号)，载张军主编、最高人民法院研究室编著：《司法研究与指导》2012年第2辑（总第2辑），人民法院出版社2012年版，第75~78页。

263. 自由刑罪犯的减刑幅度、起始时间、间隔时间等的确定

关键词

刑罚的具体适用　减刑幅度　起始时间　间隔时间

最高人民法院司法解释

第六条　被判处有期徒刑的罪犯减刑起始时间为：不满五年有期徒刑的，应当执行一年以上方可减刑；五年以上不满十年有期徒刑的，应当执行一年六个月以上方可减刑；十年以上有期徒刑的，应当执行二年以上方可减刑。有期徒刑减刑的起始时间自判决执行之日起计算。

确有悔改表现或者有立功表现的，一次减刑不超过九个月有期徒刑；确有悔改表现并有立功表现的，一次减刑不超过一年有期徒刑；有重大立功表现的，一次减刑不超过一年六个月有期徒刑；确有悔改表现并有重大立功表现的，一次减刑不超过二年有期徒刑。

被判处不满十年有期徒刑的罪犯，两次减刑间隔时间不得少于一年；被判处十年以上有期徒刑的罪犯，两次减刑间隔时间不得少于一年六个月。减刑间隔时间不得低于上次减刑减去的刑期。

罪犯有重大立功表现的，可以不受上述减刑起始时间和间隔时间的限制。

第七条　对符合减刑条件的职务犯罪罪犯，破坏金融管理秩序和金融诈骗犯罪罪犯，组织、领导、参加、包庇、纵容黑社会性质组织犯罪罪犯，危害国家安全犯罪罪犯，恐怖活动犯罪罪犯，毒品犯罪集团的首要分子及毒品

再犯，累犯，确有履行能力而不履行或者不全部履行生效裁判中财产性判项的罪犯，被判处十年以下有期徒刑的，执行二年以上方可减刑，减刑幅度应当比照本规定第六条从严掌握，一次减刑不超过一年有期徒刑，两次减刑之间应当间隔一年以上。

对被判处十年以上有期徒刑的前款罪犯，以及因故意杀人、强奸、抢劫、绑架、放火、爆炸、投放危险物质或者有组织的暴力性犯罪被判处十年以上有期徒刑的罪犯，数罪并罚且其中两罪以上被判处十年以上有期徒刑的罪犯，执行二年以上方可减刑，减刑幅度应当比照本规定第六条从严掌握，一次减刑不超过一年有期徒刑，两次减刑之间应当间隔一年六个月以上。

罪犯有重大立功表现的，可以不受上述减刑起始时间和间隔时间的限制。

第八条 被判处无期徒刑的罪犯在刑罚执行期间，符合减刑条件的，执行二年以上，可以减刑。减刑幅度为：确有悔改表现或者有立功表现的，可以减为二十二年有期徒刑；确有悔改表现并有立功表现的，可以减为二十一年以上二十二年以下有期徒刑；有重大立功表现的，可以减为二十年以上二十一年以下有期徒刑；确有悔改表现并有重大立功表现的，可以减为十九年以上二十年以下有期徒刑。无期徒刑罪犯减为有期徒刑后再减刑时，减刑幅度依照本规定第六条的规定执行。两次减刑间隔时间不得少于二年。

罪犯有重大立功表现的，可以不受上述减刑起始时间和间隔时间的限制。

第九条 对被判处无期徒刑的职务犯罪罪犯，破坏金融管理秩序和金融诈骗犯罪罪犯，组织、领导、参加、包庇、纵容黑社会性质组织犯罪罪犯，危害国家安全犯罪罪犯，恐怖活动犯罪罪犯，毒品犯罪集团的首要分子及毒品再犯，累犯以及因故意杀人、强奸、抢劫、绑架、放火、爆炸、投放危险物质或者有组织的暴力性犯罪的罪犯，确有履行能力而不履行或者不全部履行生效裁判中财产性判项的罪犯，数罪并罚被判处无期徒刑的罪犯，符合减刑条件的，执行三年以上方可减刑，减刑幅度应当比照本规定第八条从严掌握，减刑后的刑期最低不得少于二十年有期徒刑；减为有期徒刑后再减刑时，减刑幅度比照本规定第六条从严掌握，一次不超过一年有期徒刑，两次减刑之间应当间隔二年以上。

罪犯有重大立功表现的，可以不受上述减刑起始时间和间隔时间的限制。

第十六条 被判处管制、拘役的罪犯，以及判决生效后剩余刑期不满二年有期徒刑的罪犯，符合减刑条件的，可以酌情减刑，减刑起始时间可以适当缩短，但实际执行的刑期不得少于原判刑期的二分之一。

第十七条 被判处有期徒刑罪犯减刑时，对附加剥夺政治权利的期限可以酌减。酌减后剥夺政治权利的期限，不得少于一年。

被判处死刑缓期执行、无期徒刑的罪犯减为有期徒刑时，应当将附加剥夺政治权利的期限减为七年以上十年以下，经过一次或者几次减刑后，最终剥夺政治权利的期限不得少于三年。

第十八条 被判处拘役或者三年以下有期徒刑，并宣告缓刑的罪犯，一般不适用减刑。

前款规定的罪犯在缓刑考验期内有重大立功表现的，可以参照刑法第七十八条的规定予以减刑，同时应当依法缩减其缓刑考验期。缩减后，拘役的缓刑考验期限不得少于二个月，有期徒刑的缓刑考验期限不得少于一年。

——《最高人民法院关于办理减刑、假释案件具体应用法律的规定》（2016年11月14日，法释〔2016〕23号）。

第五条 有期徒刑罪犯在刑罚执行期间，符合减刑条件的，减刑幅度为：确有悔改表现，或者有立功表现的，一次减刑一般不超过一年有期徒刑；确有悔改表现并有立功表现，或者有重大立功表现的，一次减刑一般不超过二年有期徒刑。

第六条 有期徒刑罪犯的减刑起始时间和间隔时间为：被判处五年以上有期徒刑的罪犯，一般在执行一年六个月以上方可减刑，两次减刑之间一般应当间隔一年以上。被判处不满五年有期徒刑的罪犯，可以比照上述规定，适当缩短起始和间隔时间。

确有重大立功表现的，可以不受上述减刑起始和间隔时间的限制。

有期徒刑的减刑起始时间自判决执行之日起计算。

第七条 无期徒刑罪犯在刑罚执行期间，确有悔改表现，或者有立功表现的，服刑二年以后，可以减刑。减刑幅度为：确有悔改表现，或者有立功表现的，一般可以减为二十年以上二十二年以下有期徒刑；有重大立功表现的，可以减为十五年以上二十年以下有期徒刑。

第八条 无期徒刑罪犯经过一次或几次减刑后，其实际执行的刑期不能少于十三年，起始时间应当自无期徒刑判决确定之日起计算。

第十一条 判处管制、拘役的罪犯，以及判决生效后剩余刑期不满一年有期徒刑的罪犯，符合减刑条件的，可以酌情减刑，其实际执行的刑期不能少于原判刑期的二分之一。

第十二条 有期徒刑罪犯减刑时，对附加剥夺政治权利的期限可以酌减。酌减后剥夺政治权利的期限，不能少于一年。

第十三条 判处拘役或者三年以下有期徒刑并宣告缓刑的罪犯，一般不适用减刑。

前款规定的罪犯在缓刑考验期限内有重大立功表现的，可以参照刑法第七十八条的规定，予以减刑，同时应依法缩减其缓刑考验期限。拘役的缓刑考验期限不能少于二个月，有期徒刑的缓刑考验期限不能少于一年。

第十四条 被判处十年以上有期徒刑、无期徒刑的罪犯在刑罚执行期间又犯罪，被判处有期徒刑以下刑罚的，自新罪判决确定之日起二年内一般不予减刑；新罪被判处无期徒刑的，自新罪判决确定之日起三年内一般不予减刑。

——《最高人民法院关于办理减刑、假释案件具体应用法律若干问题的规定》(2012 年 1 月 17 日，法释〔2012〕2 号)。

最高人民法院司法政策精神

最高人民法院《关于办理减刑、假释案件具体应用法律若干问题的规定》(以下简称《规定》)第 2、3 条对每次减刑的幅度、两次减刑的间隔，根据刑期的不同，有一个“一般”的规定。这样规定，是为了减刑的有序，防止减刑过快，避免出现服刑后期无法减刑的情形，从而影响监管秩序的稳定。但《规定》并没有对减刑幅度和两次减刑间隔时间作硬性规定，这主要是考虑减刑案件的情况比较复杂，如果过于具体，没有一点灵活掌握的余地，在实践中遇到特殊情形就容易造成不公平和不合理。例如，有的服刑人员前期由于种种原因没有得到减刑，后期减刑幅度有可能大一点，两次减刑间隔短一点。要准确把握《规定》中的“一般”：第一，在正常情况下，减刑要按照《规定》中第 2、3 条规定的减刑幅度、减刑间隔来办理。第二，遇到一些特殊情况需要突破这一幅度和间隔的，可以由法院根据具体案情来决定，不要一有所突破就认为“超幅度”“超间隔”，认定是“违法”。当然，为了使裁判权不被滥用，在程序上作一些限制是可以的。第三，《规定》所说的减刑间隔，是指一般情况下两次减刑最小的时间跨度。只有达到这一间隔，才能考虑减刑，而不是到了这一时间，就应当减刑。

——姜兴长:《在全国法院减刑、假释工作座谈会上的讲话》(2005 年 11 月 23 日)，载最高人民法院刑事审判第一庭、第二庭编:《刑事审判参考》2005 年第 5 集(总第 46 集)，法律出版社 2006 年版，第 161 页。

说明

该规定已于 2013 年 2 月 26 日被《最高人民法院关于废止 1997 年 7 月 1 日至 2011 年 12 月 31 日期间发布的部分司法解释和司法解释性质文件(第十批)的决定》废止；最高人民法院先后于 2012 年 1 月 17 日、2016 年 11 月 14 日、2019 年 4 月 24 日先后发布了 2012 年版《关于办理减刑、假释案件具体应用法律若干问题的规定》和 2016 年版《关于办理减刑、假释案件具体应用法律的规定》、2019 年版《最高人民法院关于办理减刑、假释案件具体应用法律的补充规定》，虽然 2016 年版《关于办理减刑、假释案件具体应用法律的规定》对 2012 年版《关于办理减刑、假释案件具体应用法律若干问题的规定》作了大幅修改，但对相关问题的规定一脉相承，书中相关讲话内容及法官观点仍有指导意义。2019 年版适用对象则为《刑法修正案（九）》施行后，依照刑法分则第八章贪污贿赂罪判处刑罚的原具有国家工作人员身份的罪犯。因此，对于《刑法修正案（九）》施行前判处刑罚的贪污贿赂罪犯，《刑法修正案（九）》施行后判处的非贪污贿赂罪犯，或者不具有国家工作人员身份的罪犯等，均不适用《补充规定》，而仍然适用 2016 司法解释相应规定。

264. 死缓及死缓限制减刑罪犯的减刑

关键词

死刑缓期执行　死缓限制减刑

最高人民法院司法解释

第十条　被判处死刑缓期执行的罪犯减为无期徒刑后，符合减刑条件的，执行三年以上方可减刑。减刑幅度为：确有悔改表现或者有立功表现的，可以减为二十五年有期徒刑；确有悔改表现并有立功表现的，可以减为二十四年以上二十五年以下有期徒刑；有重大立功表现的，可以减为二十三年以上二十四年以下有期徒刑；确有悔改表现并有重大立功表现的，可以减为二十二年以上二十三年以下有期徒刑。

被判处死刑缓期执行的罪犯减为有期徒刑后再减刑时，比照本规定第八条的规定办理。

第十一条　对被判处死刑缓期执行的职务犯罪罪犯，破坏金融管理秩序和金融诈骗犯罪罪犯，组织、领导、参加、包庇、纵容黑社会性质组织犯罪罪犯，危害国家安全犯罪罪犯，恐怖活动犯罪罪犯，毒品犯罪集团的首要分子及毒品再犯，累犯以及因故意杀人、强奸、抢劫、绑架、放火、爆炸、投放危险物质或者有组织的暴力性犯罪的罪犯，确有履行能力而不履行或者不全部履行生效裁判中财产性判项的罪犯，数罪并罚被判处死刑缓期执行的罪犯，减为无期徒刑后，符合减刑条件的，执行三年以上方可减刑，一般减为二十五年有期徒刑，有立功表现或者重大立功表现的，可以比照本规定第十条减为二十三年以上二十五年以下有期徒刑；减为有期徒刑后再减刑时，减刑幅度比照本规定第六条从严掌握，一次不超过一年有期徒刑，两次减刑之间应当间隔二年以上。

第十二条　被判处死刑缓期执行的罪犯经过一次或者几次减刑后，其实际执行的刑期不得少于十五年，死刑缓期执行期间不包括在内。

死刑缓期执行罪犯在缓期执行期间不服从监管、抗拒改造，尚未构成犯罪的，在减为无期徒刑后再减刑时应当适当从严。

第十三条　被限制减刑的死刑缓期执行罪犯，减为无期徒刑后，符合减刑条件的，执行五年以上方可减刑。减刑间隔时间和减刑幅度依照本规定第十一条的规定执行。

第十四条　被限制减刑的死刑缓期执行罪犯，减为有期徒刑后再减刑时，一次减刑不超过六个月有期徒刑，两次减刑间隔时间不得少于二年。有重大立功表现的，间隔时间可以适当缩短，但一次减刑不超过一年有期徒刑。

第十五条　对被判处终身监禁的罪犯，在死刑缓期执行期满依法减为无期徒刑的裁定中，应当明确终身监禁，不得再减刑或者假释。

——《最高人民法院关于办理减刑、假释案件具体应用法律的规定》（2016 年 11 月 14 日，法释〔2016〕23 号）。

265. 对宣告缓刑罪犯的减刑方法

关键词

宣告缓刑　减刑

最高人民法院司法解释

第十八条　被判处拘役或者三年以下有期徒刑，并宣告缓刑的罪犯，一般不适用减刑。

前款规定的罪犯在缓刑考验期内有重大立功表现的，可以参照刑法第七十八条的规定予以减刑，同时应当依法缩减其缓刑考验期。缩减后，拘役的缓刑考验期限不得少于二个月，有期徒刑的缓刑考验期限不得少于一年。

——《最高人民法院关于办理减刑、假释案件具体应用法律的规定》（2016 年 11 月 14 日，法释〔2016〕23 号）。

266. 对暂予监外执行的犯人是否可以适用减刑

关键词

暂予监外执行　减刑

附录：最高人民法院主流观点

2012 年《刑事诉讼法》第二百五十四条[①] 规定："对被判处有期徒刑或者

① 本条现为《中华人民共和国刑事诉讼法》（2018 年修正）第二百六十五条。

拘役的罪犯，有下列情形之一的，可以暂予监外执行：（一）有严重疾病需要保外就医的；（二）怀孕或者正在哺乳自己婴儿的妇女；（三）生活不能自理，适用暂予监外执行不致危害社会的。对判处无期徒刑的罪犯，有前款第二项规定情形的，可以暂予监外执行。”2012 年修改司法解释对暂予监外执行的罪犯是否可以减刑没有规定[①]，我们倾向于认为，减刑的对象一般指被羁押在监管场所内的犯人，正因为其处于被监管改造状态，监管人员才能根据其改造情况考察其是否确有悔改表现等，如果脱离了监管状态，在没有立功的情况下判断是否具有减刑条件就失去了依据，所以在一般情况下以对暂予监外执行的罪犯不适用减刑为宜。但是，对于在暂予监外执行期间有立功表现或者重大立功表现的，仍可以根据法律、司法解释的具体规定予以减刑，但应比照在监狱内服刑的罪犯在同等情形下在减刑幅度等方面适当有所限制。

——宫鸣等主编、最高人民法院审判监督庭编著：《最高人民法院关于减刑、假释司法解释理解与适用》，人民法院出版社 2014 年版，第 79 页。

267. 对有期徒刑数罪并罚后减刑的处理

关键词

漏罪　数罪并罚　减刑

最高人民法院司法解释

第三十三条　罪犯被裁定减刑后，刑罚执行期间因故意犯罪而数罪并罚时，经减刑裁定减去的刑期不计入已经执行的刑期。原判死刑缓期执行减为无期徒刑、有期徒刑，或者无期徒刑减为有期徒刑的裁定继续有效。

第三十四条　罪犯被裁定减刑后，刑罚执行期间因发现漏罪而数罪并罚的，原减刑裁定自动失效。如漏罪系罪犯主动交代的，对其原减去的刑期，由执行机关报请有管辖权的人民法院重新作出减刑裁定，予以确认；如漏罪系有关机关发现或者他人检举揭发的，由执行机关报请有管辖权的人民法院，在原减刑裁定减去的刑期总和之内，酌情重新裁定。

——《最高人民法院关于办理减刑、假释案件具体应用法律的规定》（2016 年 11 月 14 日，法释〔2016〕23 号）。

---

① 2016 年《最高人民法院关于办理减刑、假释案件具体应用法律的规定》对暂予监外执行的罪犯是否可以减刑也没有规定。

268. 数罪并罚为无期徒刑的罪犯的减刑

关键词

数罪并罚　无期徒刑　减刑

最高人民法院司法解释

第三十四条　罪犯被裁定减刑后，刑罚执行期间因发现漏罪而数罪并罚的，原减刑裁定自动失效。如漏罪系罪犯主动交代的，对其原减去的刑期，由执行机关报请有管辖权的人民法院重新作出减刑裁定，予以确认；如漏罪系有关机关发现或者他人检举揭发的，由执行机关报请有管辖权的人民法院，在原减刑裁定减去的刑期总和之内，酌情重新裁定。

第三十七条　被判处无期徒刑的罪犯在减为有期徒刑后因发现漏罪，依据刑法第七十条规定数罪并罚，决定执行无期徒刑的，前罪无期徒刑生效之日起至新判决生效之日止已经实际执行的刑期，应当在新判决的无期徒刑减为有期徒刑时，在减刑裁定决定执行的刑期内扣减。

无期徒刑罪犯减为有期徒刑后因发现漏罪判处三年有期徒刑以下刑罚，数罪并罚决定执行无期徒刑的，在新判决生效后执行一年以上，符合减刑条件的，可以减为有期徒刑，减刑幅度依照本规定第八条、第九条的规定执行。

原减刑裁定减去的刑期依照本规定第三十四条处理。

——《最高人民法院关于办理减刑、假释案件具体应用法律的规定》（2016 年 11 月 14 日，法释〔2016〕23 号）。

269. 前罪符合犯罪记录封存条件，在假释考验期限内犯新罪应如何处理

关键词

犯罪记录封存　假释考验期限　新罪

《刑事审判参考》指导案例

沈超故意杀人、抢劫案（《刑事审判参考》指导案例第 1300 号）

裁判要点：犯罪记录封存并非犯罪记录消灭，并不排斥在封存后的刑事诉讼中对已封存的犯罪记录进行法律评价。

我们认为，尽管犯罪记录已经封存，但在审理减刑、假释案件的诉讼中仍应对犯罪记录进行援引和评价。同理，罪犯假释期间违反《刑法》第八十六条第三款规定的，应撤销假释，收监执行未执行完毕的刑罚，在审理撤销假释案件过程中也可以对封存的犯罪记录进行援引和评价，这样才不至于因为未成年人的犯罪记录封存而架空《刑法》关于减刑、假释的规定。

——訾效云、曲鹏程撰稿、韩维中审编：《沈超故意杀人、抢劫案——前罪符合犯罪记录封存条件，在假释考验期限内犯新罪应如何处理》，载最高人民法院刑事审判第一、二、三、四、五庭主办：《刑事审判参考》（总第120集），法律出版社2019年版，第22~25页。

第七节 假 释

270. 假释时间效力法律适用问题

关键词

假释时间效力

最高人民法院答复

安徽省高级人民法院：

你院〔2011〕皖刑他字第10号《关于假释时间效力法律适用问题的请示》收悉。经研究，答复如下：

一、根据刑法第十二条的规定，应当以行为实施时，而不是审判时，作为新旧法选择适用的判断基础。故《最高人民法院关于适用刑法时间效力规定若干问题的解释》第八条规定的“1997年9月30日以前犯罪，1997年10月1日以后仍在服刑的累犯以及因杀人、爆炸、抢劫、强奸、绑架等暴力性犯罪被判处十年以上有期徒刑、无期徒刑的犯罪分子”，包括1997年9月30日以前犯罪，已被羁押尚未判决的犯罪分子。

二、经《中华人民共和国刑法修正案（八）》修正前刑法第八十一条第二款规定的“暴力性犯罪”，不仅包括杀人、爆炸、抢劫、强奸、绑架五种，也包括故意伤害等其他暴力性犯罪。

——《最高人民法院研究室关于假释时间效力法律适用问题的答复》（2011年7月15日，法研〔2011〕97号），载江必新主编、最高人民法院研究室编著：《司法研究与指导》2013年第1辑（总第3辑），人民法院出版社2013年版，第 142 页。

271. 适用假释的最低执行期限要求

关键词

假释　最低实际执行刑期

最高人民法院司法解释

第二十三条　被判处有期徒刑的罪犯假释时，执行原判刑期二分之一的时间，应当从判决执行之日起计算，判决执行以前先行羁押的，羁押一日折抵刑期一日。

被判处无期徒刑的罪犯假释时，刑法中关于实际执行刑期不得少于十三年的时间，应当从判决生效之日起计算。判决生效以前先行羁押的时间不予折抵。

被判处死刑缓期执行的罪犯减为无期徒刑或者有期徒刑后，实际执行十五年以上，方可假释，该实际执行时间应当从死刑缓期执行期满之日起计算。死刑缓期执行期间不包括在内，判决确定以前先行羁押的时间不予折抵。

第二十八条　罪犯减刑后又假释的，间隔时间不得少于一年；对一次减去一年以上有期徒刑后，决定假释的，间隔时间不得少于一年六个月。

罪犯减刑后余刑不足二年，决定假释的，可以适当缩短间隔时间。

——《最高人民法院关于办理减刑、假释案件具体应用法律的规定》（2016 年 11 月 14 日，法释〔2016〕23 号）。

附录：答记者问

这次出台的司法解释和 2012 年的司法解释相比，更加科学完备，呈现出三个突出的特点：

第一，充分贯彻了宽严相济的刑事政策，对依法该宽的，我们在减刑、假释相关规定上充分体现，对于罪行严重的，我们设计相应条款予以从严，我在回答前面记者朋友的问题时已经讲了，不再重复。这是司法解释一个非常突出的特点，就是充分贯彻宽严相济的刑事政策，这里面有很多条款都可以体现出这个特点。

第二，制度设计更加科学合理，体现在三个方面：一是对减刑条件做了科学的调整，包括减刑的起始时间、减刑的间隔时间、减刑的幅度等方面。对实践中存在的问题，我们整理之后逐个认真研究，对减刑基本要件、基本结构，通过科学测算作出相应调整，保证刑罚功能得到更好地实现。通过调整，解决过去实践中存在的减刑过快、实际执行时间偏短这些突出的问题。二是内容更加全面，这次新增了 20 多个条文，主要是从实体上对减刑、假释进行规范，对过去不规范的、需要规范的、社会普遍关注的热点问题，以及过去实践中标准不统一的问题，各地呼声很高、需要我们来解决的问题，都予以明确。解决裁判尺度和执法标准不统一的问题，不仅法院有了明确的裁判尺度，刑罚执行机关向法院报请减刑、假释也有了明确的尺度，检察院对刑法执行机关，对法院进行监督也有了一个明确的标准。三是删除了过去司法解释中一些程序性的条文。2014 年我们已经专门出台了减刑、假释程序性的规定，该司法解释从程序上解决减刑、假释公开透明等程序问题，今天发布的司法解释是从实体上来解决减刑、假释进一步规范的问题，这是一个单纯的实体性规范。程序跟实体相分离后，通过两个司法解释共同保障减刑、假释制度得到更好地、更科学地、更规范地落实。

第三，操作性更强。为推进减刑、假释庭审实质化打下了坚实的基础，这也是一个非常突出的特点。各位可能注意到了，减刑、假释案件的审理程序跟其他普通的刑事案件有很大的不同，普通刑事案件有公诉方，有辩护人，大家在法庭上可以举证、质证，可以答辩、可以辩论，但是减刑、假释案件的审理不一样，是由刑罚执行机关来报请的，是一审终结的程序。基于这些特点，过去这类案件审理曾经有一些流于形式的现象，现在不一样了，我们这个实体性的司法解释，把减刑、假释的条件做实了，把要件做实了，比如，罪犯重大立功中的发明创造怎么认定？现在要求必须是以罪犯为主，或者独立完成的，成果必须有国家主管部门确认。开庭审理有什么证据来证实这些内容？拿出证据来，这样庭审就有东西可审了。再比如，财产性判项，就是判决里面财产刑，赃款赃物追缴，包括附带赔偿义务这些内容怎么和减刑、假释挂钩？现在我们规定，如果有能力履行这些财产性判项而不履行，或者不全部履行的，不但要从严，而且还可以不减刑，不假释。在减刑假释的时候，如何认定罪犯到底有没有财产性判项，执行情况怎么样，到底执行了没有，在什么阶段执行的，都需要有一些实际操作的办法，这次我们在司法解释中也做了明确具体的规定。所以，新的司法解释操作性更强，改变过去流于形式的审理方式，为今后审理减刑、假释案件法庭庭审实质化打下了客观的基础。这样一来在减刑假释案件办理中作弊就不可能了，暗箱操作就失去空间了，司法腐败也不可能进行了，新的司法解释将从总体上推进减刑、假释案件的办理更加规范、更加公正、更加公信，使这项工作更好地落实。

——《最高人民法院审监庭负责人就〈关于办理减刑、假释案件具体应用法律的规定〉答记者问》，载《解读最高人民法院司法解释（含指导性案例）刑事卷》，人民法院出版社 2019 年版，第 833~835 页。

272. 假释考验期满后发现犯罪分子在假释期间有违法犯罪行为的处理

关键词

假释考验期

附录:《刑事审判参考》编辑部答疑

我们认为,《刑法》第 81 条对假释制度规定了严格的适用条件,即罪犯认真遵守监规,接受教育改造,确有悔改表现,假释后不致再危害社会。《刑法》第 86 条规定的应当撤销假释的三种情形,实质上是不具备假释适用条件的具体表现。只要发现被假释的犯罪分子具备《刑法》第 86 条规定的应当撤销假释的三种情形之一的,就应当撤销假释。但在具体处理方式上应有区别:

在假释考验期满后发现犯罪分子在假释考验期限内犯新罪,或者在判决宣告以前还有其他罪没有判决,如果新罪或者漏罪没有超过追诉期限,应当撤销假释,实行数罪并罚;如果新罪或者漏罪已过追诉期限,应当撤销假释,收监执行未执行完毕的刑罚。

在假释考验期满后发现犯罪分子在假释考验期限内有违反法律、行政法规或者国务院公安部门有关假释的监督管理规定的行为,尚未构成犯罪的,应当撤销假释,收监执行未执行完毕的刑罚。

——最高人民法院刑事审判第一、二庭:《假释考验期满后发现犯罪分子在假释期间有违法犯罪行为的如何处理》,载最高人民法院刑事审判第一庭、第二庭编:《刑事审判参考》2004 年第 6 集(总第 41 集),法律出版社 2005 年版,第 169~171 页。

273. 在假释考验期限内或者缓刑考验期内犯罪的罪犯是否可以假释

关键词

假释考验期限　缓刑考验期　假释

最高人民法院司法解释

第二十九条　罪犯在假释考验期内违反法律、行政法规或者国务院有关部门关于假释的监督管理规定的,作出假释裁定的人民法院,应当在收到报请机关或者检察机关撤销假释建议书后及时审查，作出是否撤销假释的裁定，并送达报请机关，同时抄送人民检察院、公安机关和原刑罚执行机关。

罪犯在逃的，撤销假释裁定书可以作为对罪犯进行追捕的依据。

——《最高人民法院关于办理减刑、假释案件具体应用法律的规定》（2016年11月14日，法释〔2016〕23号）。

附录：最高人民法院主流观点

假释是附条件的释放，如果在假释考验期限内没有出现法定的应当撤销假释的情形，假释考验期满，就认为原判刑罚已执行完毕。因此，假释期间相当于服刑期间，对于假释考验期限内犯罪和缓刑考验期限内犯罪，如何处理法律有明文规定。是否可以再次提请假释，虽然法律没有禁止假释，但应当从严掌握，严格条件，力求准确适当。

——宫鸣等主编、最高人民法院审判监督庭编著：《最高人民法院关于减刑、假释司法解释理解与适用》，人民法院出版社2014年版，第210页。

274. 在办理减刑、假释案件中如何审查处理罪犯财产刑执行情况

关键词

减刑、假释案件　财产刑

最高人民法院司法解释

第三十八条　人民法院作出的刑事判决、裁定发生法律效力后，在依照刑事诉讼法第二百五十三条、第二百五十四条的规定将罪犯交付执行刑罚时，如果生效裁判中有财产性判项，人民法院应当将反映财产性判项执行、履行情况的有关材料一并随案移送刑罚执行机关。罪犯在服刑期间本人履行或者其亲属代为履行生效裁判中财产性判项的，应当及时向刑罚执行机关报告。刑罚执行机关报请减刑时应随案移送以上材料。

人民法院办理减刑、假释案件时，可以向原一审人民法院核实罪犯履行财产性判项的情况。原一审人民法院应当出具相关证明。

刑罚执行期间，负责办理减刑、假释案件的人民法院可以协助原一审人民法院执行生效裁判中的财产性判项。

第四十一条　本规定所称“财产性判项”是指判决罪犯承担的附带民事赔偿义务判项，以及追缴、责令退赔、罚金、没收财产等判项。

——《最高人民法院关于办理减刑、假释案件具体应用法律的规定》

（2016 年 11 月 14 日，法释〔2016〕23 号）。

附录：最高人民法院主流观点

对于在办理减刑、假释案件中如何审查处理罪犯财产刑执行情况，主要应注意以下两个方面：

1. 将罪犯财产刑执行情况明确作为减刑、假释案件的审查范围。对于被判处财产刑的罪犯，刑罚执行机关应告知其财产刑履行情况将影响到对其认罪悔罪态度的认定。对于如何正确审查认定罪犯是否具备财产刑的执行能力，法律没有规定，也没有具体的司法解释。在办理减刑、假释案件中，可以通过生效判决认定的罪犯获利情况、赃款有无被追缴、罚金有无主动履行等事实，利用听证、个别谈话、向监狱机关调查了解罪犯的消费情况等方式，确定罪犯有无财产刑执行能力。在审查中应综合考虑各方面的情况，不能仅凭监狱证明或者罪犯原户籍所在地派出所、村（居）委会等单位证明对罪犯的财产刑执行能力作简单认定，而是要对能反映罪犯财产刑执行能力的所有情况进行全面审查，即对罪犯财产刑执行能力进行实质审查。全面审查的主要对象包括：有关单位对罪犯家庭经济情况的证明；罪犯对赃款赃物去向的说明；侦查机关侦查情况；罪犯亲属会见时花费情况、汇款情况以及罪犯在监每月平均消费水平；监狱证明；罪犯入监填写的家庭经济状况；罪犯暂缓执行财产刑申请报告；附带民事诉讼原告证明；罪犯提供的其他能够证明其财产刑执行能力的相关材料。

2. 对于罪犯确无财产刑执行能力而未履行财产刑判决的，不应以其未履行财产刑判决而影响对其减刑、假释。罪犯在监狱服刑期间的表现是罪犯能否减刑、假释的主要考量因素，财产刑的执行只是一个方面。罪犯不执行财产刑的原因很多，既有能力执行而拒不执行，也有确无执行能力而未执行。不能简单采取“一刀切”的办法，不能对未执行财产刑的罪犯一味不予减刑、假释，否则就会让那些确无能力执行的罪犯产生抗拒改造的心理。实践中，办理减刑、假释案件，应坚持贯彻宽严相济的刑事政策，坚持审慎原则和区分原则：对积极执行财产刑的罪犯，在减刑、假释时适度从宽掌握；对明显有执行能力而没有执行的，从严掌握；对确有证据证明具有执行能力而拒不执行的，不予减刑、假释。对拟不予减刑、假释的罪犯，均进行听证；对确无执行能力的罪犯，不影响减刑、假释。

——宫鸣等主编、最高人民法院审判监督庭编著：《最高人民法院关于减刑、假释司法解释理解与适用》，人民法院出版社 2014 年版，第 44~45 页。

275. 财产刑执行情况与减刑、假释的关系

关键词

减刑　假释　财产刑执行情况

最高人民法院司法解释

第二条　对于罪犯符合刑法第七十八条第一款规定“可以减刑”条件的案件，在办理时应当综合考察罪犯犯罪的性质和具体情节、社会危害程度、原判刑罚及生效裁判中财产性判项的履行情况、交付执行后的一贯表现等因素。

第二十七条　对于生效裁判中有财产性判项，罪犯确有履行能力而不履行或者不全部履行的，不予假释。

——《最高人民法院关于办理减刑、假释案件具体应用法律的规定》（2016年11月14日，法释〔2016〕23号）。

最高人民法院司法政策精神

办理减刑、假释案件，应否考虑原判财产刑的执行情况，对此各地法院看法不尽一致，也希望最高人民法院有一个明确态度。

“确有悔改表现”是法律规定的适用减刑、假释都应当具备的要件。根据2012年版《关于办理减刑、假释案件具体应用法律若干问题的规定》第1条，认定“确有悔改表现”应同时具备以下四个方面的情形，即：“认罪服法；认真遵守监规，接受教育改造；积极参加政治、文化、技术学习；积极参加生产劳动，完成生产任务”。其中，“认罪服法”中的“认罪”是一种思想状态，表明罪犯真正认识到了自己所犯罪行的社会危害性；而“服法”则是一种行动状态，反映出罪犯服从法律制裁，切实履行刑罚执行活动所附加的法律义务。我们认为“服法”应当既包括自由刑的执行，也包括财产刑的执行。因此，适用减刑、假释时充分考虑财产刑的执行情况是符合法律规定的。在司法实践中，经审查，服刑人员确有财产刑执行能力而拒不执行的，就可以认定其不符合“确有悔改表现”的要件。对于财产刑执行好以及附带民事赔偿好的服刑人员，在减刑、假释时，可以适度从宽；对于明显有执行能力而没有执行的，应当认真、严格掌握；确有证据证明具有执行能力而拒不执行的，则不予减刑、假释。

但是也应当看到，财产刑执行困难带有一定的普遍性。其原因是多方面的，其中，有的是服刑人员客观上确实没有执行能力的问题。在这种情况下，

如果一味强调财产刑没有执行，就不能减刑、假释，实践中就有可能产生“交得起钱的可以减刑、假释；交不起钱的得不到减刑、假释”的现象。因此，我们强调的是，服刑人确有财产刑的执行能力而拒不执行的，则不予减刑、假释。问题的关键是如何审查服刑人员是否确实具有财产刑的实际执行能力。有些法院总结出了一些做法，主要从以下几个方面来分析判断：一是审查原判认定的犯罪，看是否属于涉及大量财产的犯罪，犯罪是否获利、获利数量及追缴情况；二是审查服刑人员原来的经济条件和状况；三是审查服刑人员在服刑期间的开支情况。上述做法可供大家在实践中，结合本地实际参考、借鉴。

——姜兴长：《在全国法院减刑、假释工作座谈会上的讲话》(2005年11月23日)，载最高人民法院刑事审判第一庭、第二庭编：《刑事审判参考》2005年第5集（总第46集），法律出版社2006年版，第158~159页。

276. 无期徒刑罪犯减为有期徒刑后被发现漏罪的处理

关键词

无期徒刑 漏罪 数罪并罚 减刑

最高人民法院司法解释

第三十七条 被判处无期徒刑的罪犯在减为有期徒刑后因发现漏罪，依据刑法第七十条规定数罪并罚，决定执行无期徒刑的，前罪无期徒刑生效之日起至新判决生效之日止已经实际执行的刑期，应当在新判决的无期徒刑减为有期徒刑时，在减刑裁定决定执行的刑期内扣减。

无期徒刑罪犯减为有期徒刑后因发现漏罪判处三年有期徒刑以下刑罚，数罪并罚决定执行无期徒刑的，在新判决生效后执行一年以上，符合减刑条件的，可以减为有期徒刑，减刑幅度依照本规定第八条、第九条的规定执行。

原减刑裁定减去的刑期依照本规定第三十四条处理。

——《最高人民法院关于办理减刑、假释案件具体应用法律的规定》（2016年11月14日，法释〔2016〕23号）。

277. 无期徒刑减为有期徒刑后再减刑的注意事项

关键词

无期徒刑 再次减刑

最高人民法院司法解释

第六条 被判处有期徒刑的罪犯减刑起始时间为：不满五年有期徒刑的，应当执行一年以上方可减刑；五年以上不满十年有期徒刑的，应当执行一年六个月以上方可减刑；十年以上有期徒刑的，应当执行二年以上方可减刑。有期徒刑减刑的起始时间自判决执行之日起计算。

确有悔改表现或者有立功表现的，一次减刑不超过九个月有期徒刑；确有悔改表现并有立功表现的，一次减刑不超过一年有期徒刑；有重大立功表现的，一次减刑不超过一年六个月有期徒刑；确有悔改表现并有重大立功表现的，一次减刑不超过二年有期徒刑。

被判处不满十年有期徒刑的罪犯，两次减刑间隔时间不得少于一年；被判处十年以上有期徒刑的罪犯，两次减刑间隔时间不得少于一年六个月。减刑间隔时间不得低于上次减刑减去的刑期。

罪犯有重大立功表现的，可以不受上述减刑起始时间和间隔时间的限制。

第八条 被判处无期徒刑的罪犯在刑罚执行期间，符合减刑条件的，执行二年以上，可以减刑。减刑幅度为：确有悔改表现或者有立功表现的，可以减为二十二年有期徒刑；确有悔改表现并有立功表现的，可以减为二十一年以上二十二年以下有期徒刑；有重大立功表现的，可以减为二十年以上二十一年以下有期徒刑；确有悔改表现并有重大立功表现的，可以减为十九年以上二十年以下有期徒刑。无期徒刑罪犯减为有期徒刑后再减刑时，减刑幅度依照本规定第六条的规定执行。两次减刑间隔时间不得少于二年。

罪犯有重大立功表现的，可以不受上述减刑起始时间和间隔时间的限制。

——《最高人民法院关于办理减刑、假释案件具体应用法律的规定》（2016年11月14日，法释〔2016〕23号）。

附录：最高人民法院主流观点

无期徒刑罪犯经减刑减为有期徒刑之后，需要再次减刑的，应当按照有期徒刑罪犯减刑的有关规定办理。无期徒刑的减刑相比较有期徒刑而言，有期徒刑的减刑是一般规定，无期徒刑的减刑是特殊规定。无期徒刑减为有期徒刑后，按照有期徒刑的规定进行减刑时，应当注意以下几点：

（一）无期徒刑罪犯减为有期徒刑后的最低实际执行刑期的问题

根据《刑法》第七十八条第二款的规定，有期徒刑罪犯减刑以后实际执行的刑期不能少于原判刑期的二分之一。那么，无期徒刑罪犯在减为有期徒刑后，其实际执行的刑期是否也应当遵循有期徒刑的相关规定？答案是否定的。对于无期徒刑罪犯减为有期徒刑的，其实际执行的刑期仍然应当遵循无期徒刑罪犯最低执行刑期的规定，即《刑法》第七十八条第二款规定的不能少于十三年。例如，被判处无期徒刑的罪犯，执行二年以后被减为二十年有期徒刑，若按照有期徒刑罪犯实际执行的刑期不能少于原判刑期二分之一的规定，该罪犯还需最低执行十年有期徒刑；而若按照无期徒刑罪犯实际执行刑期不能少于十三年的规定，该罪犯还需执行十一年有期徒刑（十三年减去已经执行的二年）。

（二）无期徒刑罪犯减为有期徒刑后再次减刑的起始时间问题

根据 2012 版《最高人民法院关于办理减刑、假释案件具体应用法律若干问题的规定》(以下简称《2012 年规定》) 第六条关于有期徒刑罪犯减刑起始时间和间隔时间的规定，“有期徒刑罪犯的减刑起始时间和间隔时间为：被判处五年以上有期徒刑的罪犯，一般在执行一年六个月以上方可减刑，两次减刑之间一般应当间隔一年以上。”①

那么，无期徒刑罪犯减为有期徒刑后，若按照有期徒刑的起始时间，需一年六个月以后才能再次减刑；而若按照有期徒刑的间隔时间，则一年以后就可以再次减刑。对罪犯规定明确的减刑起始时间，是充分考察其人身危险性的需要。一般而言，罪犯减刑的起始时间会相对较长一点。无期徒刑罪犯减刑需要执行二年以后才能减刑，在减为有期徒刑以后，其再次减刑应当根据有期徒刑减刑的间隔时间而非起始时间来确定再次减刑的时间。也就是说，无期徒刑罪犯减为有期徒刑后，一般需再执行一年以上即可以获得减刑。

（三）无期徒刑罪犯减为有期徒刑后的附加剥夺政治权利酌减问题

根据《刑法》第五十七条的规定，“在死刑缓期执行减为有期徒刑或者无期徒刑减为有期徒刑的时候，应当把附加剥夺政治权利的期限改为三年以上十年以下。”有意见提出，无期徒刑罪犯减为有期徒刑、剥夺政治权利期限改为三年以上十年以下后，剥夺政治权利期限是否还可以酌减？如果可以酌减，是否可以改为一年以上三年以下？一般认为，根据《2012 年规定》第十二条的规定，“有期徒刑罪犯减刑时，对附加剥夺政治权利的期限可以酌减。酌减后剥夺政治权利的期限，不能少于一年。”无期徒刑罪犯在减为有期徒刑、剥夺政治权利期限改为三年以上十年以下后，罪犯在有期徒刑执行期间有重大立功表现等情形的，在对其有期徒刑刑期减刑时，附加剥夺政治权利的期限

---

① 2016 年《最高人民法院关于办理减刑、假释案件具体应用法律的规定》第六条规定：“被判处有期徒刑的罪犯减刑起始时间为：不满五年有期徒刑的，应当执行一年以上方可减刑；五年以上不满十年有期徒刑的，应当执行一年六个月以上方可减刑；十年以上有期徒刑的，应当执行二年以上方可减刑。有期徒刑减刑的起始时间自判决执行之日起计算。

“确有悔改表现或者有立功表现的，一次减刑不超过九个月有期徒刑；确有悔改表现并有立功表现的，一次减刑不超过一年有期徒刑；有重大立功表现的，一次减刑不超过一年六个月有期徒刑；确有悔改表现并有重大立功表现的，一次减刑不超过二年有期徒刑。

“被判处不满十年有期徒刑的罪犯，两次减刑间隔时间不得少于一年；被判处十年以上有期徒刑的罪犯，两次减刑间隔时间不得少于一年六个月。减刑间隔时间不得低于上次减刑减去的刑期。”

也可以酌减。但是，酌减后的剥夺政治权利期限一般不宜低于三年。刑法规定的无期徒刑罪犯减为有期徒刑后剥夺政治权利期限应当改为三年以上十年以下，实际上是对无期徒刑罪犯剥夺政治权利期限的限制。虽然无期徒刑罪犯在减为有期徒刑之后，剥夺政治权利的期限可以随着有期徒刑的减刑而酌减，但是，除了确实需要通过酌减剥夺政治权利期限才能对罪犯体现公平公正的特殊情况，无期徒刑罪犯减为有期徒刑后，剥夺政治权利期限的酌减应当受到不能少于三年的限制。

——宫鸣等主编、最高人民法院审判监督庭编著：《最高人民法院关于减刑、假释司法解释理解与适用》，人民法院出版社 2014 年版，第 110~112 页。

278. 犯罪人员犯罪记录制度和未成年人犯罪记录封存制度

关键词

犯罪记录　封存制度

最高人民法院司法政策精神

二、犯罪人员犯罪记录制度的主要内容

（一）建立犯罪人员信息库

为加强对犯罪人员信息的有效管理，依托政法机关现有网络和资源，由公安机关、国家安全机关、人民检察院、司法行政机关分别建立有关记录信息库，并实现互联互通，待条件成熟后建立全国统一的犯罪信息库。

犯罪人员信息登记机关录入的信息应当包括以下内容：犯罪人员的基本情况、检察机关（自诉人）和审判机关的名称、判决书编号、判决确定日期、罪名、所判处刑罚以及刑罚执行情况等。

（二）建立犯罪人员信息通报机制

人民法院应当及时将生效的刑事裁判文书以及其他有关信息通报犯罪人员信息登记机关。

监狱、看守所应当及时将《刑满释放人员通知书》寄送被释放人员户籍所在地犯罪人员信息登记机关。

县级司法行政机关应当及时将《社区服刑人员矫正期满通知书》寄送被解除矫正人员户籍所在地犯罪人员信息登记机关。

国家机关基于办案需要，向犯罪人员信息登记机关查询有关犯罪信息，有关机关应当予以配合。

（三）规范犯罪人员信息查询机制

公安机关、国家安全机关、人民检察院和司法行政机关分别负责受理、审核和处理有关犯罪记录的查询申请。

上述机关在向社会提供犯罪信息查询服务时，应当严格依照法律法规关于升学、入伍、就业等资格、条件的规定进行。

辩护律师为依法履行辩护职责，要求查询本案犯罪嫌疑人、被告人的犯罪记录的，应当允许，涉及未成年人的犯罪记录被执法机关依法封存的除外。

（四）建立未成年人犯罪记录封存制度

为深入贯彻落实党和国家对违法犯罪未成年人的“教育、感化、挽救”方针和“教育为主、惩罚为辅”原则，切实帮助失足青少年回归社会，根据刑事诉讼法的有关规定，结合我国未成年人保护工作的实际，建立未成年人轻罪犯罪记录封存制度，对于犯罪时不满十八周岁，被判处五年有期徒刑以下刑罚的未成年人的犯罪记录，应当予以封存。犯罪记录被封存后，不得向任何单位和个人提供，但司法机关为办案需要或者有关单位根据国家规定进行查询的除外。依法进行查询的单位，应当对被封存的犯罪记录的情况予以保密。

执法机关对未成年人的犯罪记录可以作为工作记录予以保存。

（五）明确违反规定处理犯罪人员信息的责任

负责提供犯罪人员信息的部门及其工作人员应当及时、准确地向犯罪人员信息登记机关提供有关信息。不按规定提供信息，或者故意提供虚假、伪造信息，情节严重或者造成严重后果的，应当依法追究相关人员的责任。

负责登记和管理犯罪人员信息的部门及其工作人员应当认真登记、妥善管理犯罪人员信息。不按规定登记犯罪人员信息、提供查询服务，或者违反规定泄露犯罪人员信息，情节严重或者造成严重后果的，应当依法追究相关人员的责任。

使用犯罪人员信息的单位和个人应当按照查询目的使用有关信息并对犯罪人员信息予以保密。不按规定使用犯罪人员信息，情节严重或者造成严重后果的，应当依法追究相关人员的责任。

——《最高人民法院、最高人民检察院、公安部、国家安全部、司法部印发〈关于建立犯罪人员犯罪记录制度的意见〉的通知》（2012 年 5 月 10 日，法发〔2012〕10 号）。

279. 未成年人犯罪记录封存制度

关键词

犯罪记录封存　未成年人

最高人民法院司法政策精神

第一条 为了贯彻对违法犯罪未成年人教育、感化、挽救的方针，加强对未成年人的特殊、优先保护，坚持最有利于未成年人原则，根据刑法、刑事诉讼法、未成年人保护法、预防未成年人犯罪法等有关法律规定，结合司法工作实际，制定本办法。

第二条 本办法所称未成年人犯罪记录，是指国家专门机关对未成年犯罪人员情况的客观记载。应当封存的未成年人犯罪记录，包括侦查、起诉、审判及刑事执行过程中形成的有关未成年人犯罪或者涉嫌犯罪的全部案卷材料与电子档案信息。

第三条 不予刑事处罚、不追究刑事责任、不起诉、采取刑事强制措施的记录，以及对涉罪未成年人进行社会调查、帮教考察、心理疏导、司法救助等工作的记录，按照本办法规定的内容和程序进行封存。

第四条 犯罪的时候不满十八周岁，被判处五年有期徒刑以下刑罚以及免予刑事处罚的未成年人犯罪记录，应当依法予以封存。

对在年满十八周岁前后实施数个行为，构成一罪或者一并处理的数罪，主要犯罪行为是在年满十八岁周岁前实施的，被判处或者决定执行五年有期徒刑以下刑罚以及免予刑事处罚的未成年人犯罪记录，应当对全案依法予以封存。

第五条 对于分案办理的未成年人与成年人共同犯罪案件，在封存未成年人案卷材料和信息的同时，应当在未封存的成年人卷宗封面标注“含犯罪记录封存信息”等明显标识，并对相关信息采取必要保密措施。对于未分案办理的未成年人与成年人共同犯罪案件，应当在全案卷宗封面标注“含犯罪记录封存信息”等明显标识，并对相关信息采取必要保密措施。

第六条 其他刑事、民事、行政及公益诉讼案件，因办案需要使用了被封存的未成年人犯罪记录信息的，应当在相关卷宗封面标明“含犯罪记录封存信息”，并对相关信息采取必要保密措施。

第七条 未成年人因事实不清、证据不足被宣告无罪的案件，应当对涉罪记录予以封存；但未成年被告人及其法定代理人申请不予封存或者解除封存的，经人民法院同意，可以不予封存或者解除封存。

第八条 犯罪记录封存决定机关在作出案件处理决定时，应当同时向案件被告人或犯罪嫌疑人及其法定代理人或近亲属释明未成年人犯罪记录封存制度，并告知其相关权利义务。

第九条 未成年人犯罪记录封存应当贯彻及时、有效的原则。对于犯罪记录被封存的未成年人，在入伍、就业时免除犯罪记录的报告义务。

被封存犯罪记录的未成年人因涉嫌再次犯罪接受司法机关调查时，应当主动、如实地供述其犯罪记录情况，不得回避、隐瞒。

第十条　对于需要封存的未成年人犯罪记录，应当遵循《中华人民共和国个人信息保护法》不予公开，并建立专门的未成年人犯罪档案库，执行严格的保管制度。

对于电子信息系统中需要封存的未成年人犯罪记录数据，应当加设封存标记，未经法定查询程序，不得进行信息查询、共享及复用。

封存的未成年人犯罪记录数据不得向外部平台提供或对接。

第十一条　人民法院依法对犯罪时不满十八周岁的被告人判处五年有期徒刑以下刑罚以及免予刑事处罚的，判决生效后，应当将刑事裁判文书、《犯罪记录封存通知书》及时送达被告人，并同时送达同级人民检察院、公安机关，同级人民检察院、公安机关在收到上述文书后应当在三日内统筹相关各级检察机关、公安机关将涉案未成年人的犯罪记录整体封存。

第十二条　人民检察院依法对犯罪时不满十八周岁的犯罪嫌疑人决定不起诉后，应当将《不起诉决定书》、《犯罪记录封存通知书》及时送达被不起诉人，并同时送达同级公安机关，同级公安机关收到上述文书后应当在三日内将涉案未成年人的犯罪记录封存。

第十三条　对于被判处管制、宣告缓刑、假释或者暂予监外执行的未成年罪犯，依法实行社区矫正，执行地社区矫正机构应当在刑事执行完毕后三日内将涉案未成年人的犯罪记录封存。

第十四条　公安机关、人民检察院、人民法院和司法行政机关分别负责受理、审核和处理各自职权范围内有关犯罪记录的封存、查询工作。

第十五条　被封存犯罪记录的未成年人本人或者其法定代理人申请为其出具无犯罪记录证明的，受理单位应当在三个工作日内出具无犯罪记录的证明。

第十六条　司法机关为办案需要或者有关单位根据国家规定查询犯罪记录的，应当向封存犯罪记录的司法机关提出书面申请，列明查询理由、依据和使用范围等，查询人员应当出示单位公函和身份证明等材料。

经审核符合查询条件的，受理单位应当在三个工作日内开具有 / 无犯罪记录证明。许可查询的，查询后，档案管理部门应当登记相关查询情况，并按照档案管理规定将有关申请、审批材料、保密承诺书等一同存入卷宗归档保存。依法不许可查询的，应当在三个工作日内向查询单位出具不许可查询决定书，并说明理由。

对司法机关为办理案件、开展重新犯罪预防工作需要申请查询的，封存机关可以依法允许其查阅、摘抄、复制相关案卷材料和电子信息。对司法机关以外的单位根据国家规定申请查询的，可以根据查询的用途、目的与实际需要告知被查询对象是否受过刑事处罚、被判处的罪名、刑期等信息，必要时，可以提供相关法律文书复印件。

第十七条 对于许可查询被封存的未成年人犯罪记录的，应当告知查询犯罪记录的单位及相关人员严格按照查询目的和使用范围使用有关信息，严格遵守保密义务，并要求其签署保密承诺书。不按规定使用所查询的犯罪记录或者违反规定泄露相关信息，情节严重或者造成严重后果的，应当依法追究相关人员的责任。

因工作原因获知未成年人封存信息的司法机关、教育行政部门、未成年人所在学校、社区等单位组织及其工作人员、诉讼参与人、社会调查员、合适成年人等，应当做好保密工作，不得泄露被封存的犯罪记录，不得向外界披露该未成年人的姓名、住所、照片，以及可能推断出该未成年人身份的其他资料。违反法律规定披露被封存信息的单位或个人，应当依法追究其法律责任。

第十八条 对被封存犯罪记录的未成年人，符合下列条件之一的，封存机关应当对其犯罪记录解除封存：

（一）在未成年时实施新的犯罪，且新罪与封存记录之罪数罪并罚后被决定执行刑罚超过五年有期徒刑的；

（二）发现未成年时实施的漏罪，且漏罪与封存记录之罪数罪并罚后被决定执行刑罚超过五年有期徒刑的；

（三）经审判监督程序改判五年有期徒刑以上刑罚的；

被封存犯罪记录的未成年人，成年后又故意犯罪的，人民法院应当在裁判文书中载明其之前的犯罪记录。

第十九条 符合解除封存条件的案件，自解除封存条件成立之日起，不再受未成年人犯罪记录封存相关规定的限制。

第二十条 承担犯罪记录封存以及保护未成年人隐私、信息工作的公职人员，不当泄漏未成年人犯罪记录或者隐私、信息的，应当予以处分；造成严重后果，给国家、个人造成重大损失或者恶劣影响的，依法追究刑事责任。

第二十一条 涉案未成年人应当封存的信息被不当公开，造成未成年人在就学、就业、生活保障等方面未受到同等待遇的，未成年人及其法定代理人可以向相关机关、单位提出封存申请，或者向人民检察院申请监督。

第二十二条 人民检察院对犯罪记录封存工作进行法律监督。对犯罪记录应当封存而未封存，或者封存不当，或者未成年人及其法定代理人提出异议的，人民检察院应当进行审查，对确实存在错误的，应当及时通知有关单位予以纠正。

有关单位应当自收到人民检察院的纠正意见后及时审查处理。经审查无误的，应当向人民检察院说明理由；经审查确实有误的，应当及时纠正，并将纠正措施与结果告知人民检察院。

第二十三条 对于2012年12月31日以前办结的案件符合犯罪记录封存条件的，应当按照本办法的规定予以封存。

第二十四条 本办法所称“五年有期徒刑以下”含本数。

第二十五条 本办法由最高人民法院、最高人民检察院、公安部、司法部共同负责解释。

第二十六条 本办法自2022年5月30日起施行。

——《最高人民法院、最高人民检察院、公安部、司法部关于未成年人犯罪记录封存的实施办法》(2022年5月24日)。

280. 上一级人民法院同意在法定刑以下判处刑罚的法律文书制作

关键词

受贿罪 裁判文书

《刑事审判参考》指导案例

周标受贿案（《刑事审判参考》指导案例第1017号）

裁判要点：上一级人民法院同意在法定刑以下判处刑罚的，可以不制作裁定文书，但应当制作书面报告层报最高人民法院核准。

（二）上一级人民法院同意在法定刑以下判处刑罚的，可以不制作裁定文书，但应当制作书面报告层报最高人民法院核准

对于上一级人民法院同意原判的，应当以何种形式逐级报请最高人民法院核准，实践中意见分歧较大，主要存在以裁定和以书面报告两种形式的意见。

我们认为，上一级人民法院同意原判的，不必作出裁定，但应当制作书面报告层报最高人民法院核准。主要理由如下：首先，根据刑法第六十三条第二款的规定，只有最高人民法院有权核准在法定刑以下判处刑罚的判决，其他上一级人民法院没有实质意义上的核准权，只是在层报过程中起到“把关”作用，没有制作同意原判裁定的法理依据。其次，如上一级人民法院都可以作出同意原判的裁定，那么最高人民法院是核准原审判决还是其上一级人民法院的裁定，容易引起混乱。最后，2013年施行的《最高人民法院关于适用〈中华人民共和国刑事诉讼法〉的解释》(以下简称《解释》)第三百三十六条规定，上一级人民法院复核下级法院未上（抗）诉法定刑以下判处刑

罚的案件，同意原判的，应当书面层报最高人民法院核准；不同意的，应当裁定发回重新审判。该规定对上一级人民法院何种情况下适用裁定进行了明确的限定，同意原判的应当以书面报告形式层报最高人民法院核准。《解释》出台后，有必要依照《解释》的规定对此类问题进行统一和规范。

——最高人民法院刑二庭：《周标受贿案》，载最高人民法院刑事审判第一、二、三、四、五庭主办：《刑事审判参考》2014 年第 4 集（总第 99 集），法律出版社 2015 年版，第 116~117 页。

281. 二审期间因刑法修改及司法解释出台导致罚金刑标准发生变化的应如何处理

关键词

受贿罪　上诉不加刑

《刑事审判参考》指导案例

李明辉受贿案（《刑事审判参考》指导案例第 1146 号）

裁判要点：根据刑法及司法解释的适用原则以及其中蕴含的有利于被告人的精神，修正后刑法及相关司法解释较旧法比较是轻法时，应当整体适用新法。而并处罚金是贪污贿赂犯罪的法定刑构成中不可拆分的一部分，不具有独立的溯及力。主刑、附加刑分别适用新、旧法是对刑法条文完整性的侵害，同时也违背了罪刑法定原则。

（一）二审期间应当整体适用刑法修正案（九）和最高人民法院、最高人民检察院《关于办理贪污贿赂刑事案件适用法律若干问题的解释》（以下简称《解释》）进行量刑

关于刑法的溯及力，刑法第十二条明确规定了从旧兼从轻原则。而对于司法解释的溯及力问题，学术界历来有争论。《最高人民法院、最高人民检察院关于适用刑事司法解释时间效力问题的规定》（以下简称《规定》）第二条指出："对于司法解释实施前发生的行为，行为时没有相关司法解释，司法解释施行后尚未处理或者正在处理的案件，依照司法解释的规定办理。"第三条指出："对于新的司法解释实施前发生的行为，行为时已有相关司法解释，依照行为时的司法解释办理，但适用新的司法解释对犯罪嫌疑人、被告人有利的，适用新的司法解释。"上述规定一方面明确了司法解释对施行前的行为是

适用的，有别于刑法原则上不溯及既往的效力；另一方面也明确了司法解释适用的从轻原则。

根据刑法及司法解释的适用原则以及其中蕴含的有利于被告人的精神，交叉引用新、旧刑法的不同法条在司法实践已经得到确认。例如，《最高人民法院关于〈中华人民共和国刑法修正案（八）〉时间效力问题的解释》中规定了关于普通累犯适用修正前刑法第六十五条的规定。关于坦白适用修正后刑法第六十七条的规定，不难想象，如果一被告人同时具备上述两种情节时，判决中必须分别适用新、旧刑法。但是交叉引用新、旧法应当以罪刑式法条为最基本的单位，不能继续进行拆分。[①] 法条作为刑法条文最基础的单位，相对独立并完整，作为条文内部的罪状、法定刑的概念、文字、数字并没有独立的意义。在评价修正后刑法及《解释》是轻法的同时，已经包含了并处罚金刑这一情形。因而，并处罚金是贪污贿赂犯罪的法定刑构成中不可拆分的一部分，不具有独立的溯及力。主刑、附加刑分别适用新、旧法是对刑法条文完整性的侵害，同时也违背了罪刑法定原则。

刑法条文的整体适用也是罪责刑相适应原则的要求。贪污贿赂犯罪属于贪利型犯罪，基于“刑罚应当尽量与犯罪的性质相似”[②] 的原则，为了加大对腐败犯罪的经济处罚力度，提高腐败犯罪的经济成本，刑法修正案（九）增加了贪污贿赂犯罪的罚金刑规定。自由刑和财产刑的组合共同构成了贪污贿赂犯罪的刑罚体系，共同承担刑罚的惩罚与预防功能。如果仅选择主刑而不附加并处罚金，则会破坏犯罪与刑罚之间、主刑与附加刑之间的内在平衡关系，也会造成对被告人不当的双重从轻处罚，影响刑罚效果。

讨论中还有观点认为，本案的附加刑可以适用修正后刑法，但是对于罚金的幅度不必适用《解释》，即适用新法旧解释，根据《最高人民法院关于适用财产刑若干问题的规定》，综合考虑犯罪情节和被告人缴纳罚金的能力，在财产刑部分改判“并处罚金人民币一万元”。

我们认为，在确定整体适用修正后刑法、对被告人并处罚金的基础上，应当同时适用《解释》第十九条关于罚金幅度的规定。首先，《最高人民法院关于适用财产刑若干问题的规定》第二条与《解释》第十九条并不是新、旧解释的关系，而是一般性规定与特殊规定的关系。对贪污贿赂犯罪并处罚金是刑法修正案（九）在量刑上作出的调整，之前并无相关司法解释，因而根据《规定》第二条和《解释》第十九条具有溯及力；其次，司法解释是对司法工作中具体应用法律问题的解释，具有依附于法律的溯及力。就本案而言，

---

① 罪刑式法条，可以是一个独立的条文，也可以是一个独立的条款，还可以是规定一个具体犯罪的几个刑法分则条文。参见曲新久：《论从旧兼从轻原则》，载《人民检察》2012 年第 1 期。

② ［英］边沁：《立法理论——刑法典原理》，孙力等译，中国人民公安大学出版社 1993 年版。

《解释》第一条、第十九条共同构成对刑法第三百八十三条第一款第一项罪刑关系的解释，既然刑法条文不可以割裂适用，《解释》这两条也不可以分开适用。因而，对本案被告人应当在“十万元以上五十万元以下”的幅度内并处罚金。

（二）二审提高财产刑并不违背上诉不加刑的原则

上诉不加刑作为刑事诉讼的一项特殊原则，被视为国家对于刑事被告人上诉的司法承诺，旨在保障被告人依法享有上诉权，使其不至于因为害怕上诉后有可能被加重刑罚而放弃上诉权，从而确保上诉审制度不致成为虚设，因而被称为“保障被告人上诉权的基石”。对上诉不加刑原则，《最高人民法院关于适用〈中华人民共和国刑事诉讼法〉的解释》第三百二十五条[①]第一款第七项作出了明确规定：“原判事实清楚，证据确实、充分，但判处的刑罚畸轻、应当适用附加刑而没有适用的，不得直接加重刑罚、适用附加刑，也不得以事实不清、证据不足为由发回第一审人民法院重新审判。”《最高人民法院关于刑事第二审判决改变第一审判决认定的罪名后能否加重附加刑的批复》[②]也强调，“第一审人民法院没有判处附加刑的，第二审人民法院判决改变罪名后，不得判处附加刑；第一审人民法院原判附加刑较轻的，第二审人民法院不得改判较重的附加刑，也不得以事实不清或者证据不足发回第一审人民法院重新审理”。可见，上诉不加刑原则实质是国家为了保障刑事被告人的诉讼权利而对刑罚权、审判权作出的一种让渡，因而上文所述的刑法条文整体适用的实体正当性并不能当然地成为二审加重财产刑的理由，还应当从程序价值上进行分析。

从上诉不加刑原则的设立本意和内在价值分析，其核心是“不得加重刑罚”。上文中刑事诉讼法的解释和批复都强调了附加刑的加重同样也是加重刑罚，因而问题的实质在于主刑和附加刑并存时刑罚轻重的比较。

刑法修正前后对同一罪名主刑和附加刑的规定可能存在以下几种变化情形：第一种情形是主刑不变、附加刑变化或者附加刑不变、主刑变化；第二种情形是主刑、附加刑发生同向变化，即同时变重或同时变轻。上述两种情形下刑罚的轻重比较一目了然。第三种情形则是主刑、附加刑发生逆向变化，即主刑变重，附加刑变轻或者附加刑变重，主刑变轻。在这种情形下，刑罚轻重的比较原则上应当以主刑为比较对象。这是因为：首先，主刑包括生命刑和自由刑，附加刑包括财产性和资格刑，主刑剥夺的是犯罪人更根本更重

① 本条现为《最高人民法院关于适用〈中华人民共和国刑事诉讼法〉的解释》（法释〔2021〕1号）第四百零一条。

② 本文件已被《最高人民法院关于废止部分司法解释（第十三批）的决定》（法释〔2019〕11号）废止。

要的权利。现代社会的基本价值观也决定了在刑罚体系中，生命刑重于自由刑，自由刑重于财产刑、资格刑；其次，主刑是刑罚体系的主干，是国家惩治犯罪的主要措施。主刑的轻重是区分轻罪与重罪的主要标准，体现了国家对犯罪否定性评价的尺度和等级。因此，一般情况下，应当以主刑是否加重来判断刑罚是否加重。结合本案情形，二审将主刑从一审判决的有期徒刑十年减为二年六个月，将附加刑从一审的没收财产 1 万元增加为罚金 10 万元，是不违背上诉不加刑原则的。

本案中，二审法院根据《解释》的规定，在大幅度减轻被告人主刑的情况下，结合被告人受贿数额及犯罪情节，对被告人并处罚金人民币 10 万元是正确的。

——最高人民法院刑二庭：《李明辉受贿案》，载最高人民法院刑事审判第一、二、三、四、五庭主办：《刑事审判参考》（总第 106 集），法律出版社 2017 年版，第 70~73 页。

第八节　时　效

282. 新的司法解释降低受贿行为对应的法定刑幅度后，已经立案侦查并进入诉讼程序的受贿案件是否需要重新计算诉讼时效

关键词

法定刑　立案侦查　诉讼程序　诉讼时效　受贿罪

最高人民法院答复

福建省高级人民法院：

你院闽高法〔2016〕250 号《关于立案追诉后因法律司法解释修改导致追诉时效发生变化的案件法律适用问题的请示》收悉。经研究，答复如下：

追诉时效是依照法律规定对犯罪分子追究刑事责任的期限，在追诉时效期限内，司法机关应当依法追究犯罪分子刑事责任。对于法院正在审理的贪污贿赂案件，应当依据司法机关立案侦查时的法律规定认定追诉时效。依据立案侦查时的法律规定未过时效，且已经进入诉讼程序的案件，在新的法律规定生效后应当继续审理。

此复。

——《最高人民法院关于被告人林少钦受贿请示一案的答复》（2017 年 2

月 13 日，〔2016〕最高法刑他 5934 号）。

《刑事审判参考》指导案例

林少钦受贿案（《刑事审判参考》指导案例第 1296 号）

裁判要点：追诉行为一旦开始就具有独立的程序价值。无论从保护社会公众的信赖利益，还是从节约有限的司法资源的角度分析，追诉行为一旦已经开始，通常整个刑事诉讼程序发生法律效力，便不再受追诉时效期限的限制，也无须根据新生效的法律重新计算追诉期限。

我国《刑法》第八十九条只规定了追诉期限开始计算的日期，却没有规定追诉期限停止计算的日期，但事实上，已经立案侦查并进入诉讼程序的追诉行为不再受追诉期限的限制，符合司法解释的规定，也是司法实践中一以贯之的做法。最高人民法院印发的《关于执行刑法中若干问题的初步经验总结》（1981 年 11 月）中提到："根据刑法第七十八条的规定，追诉期限应当从犯罪构成之日起计算；如果犯罪行为有连续或者继续状态的，从犯罪行为终了之日起计算。在法定追诉期限内，自诉案件从自诉之日，公诉案件从采取强制措施之日都视为已被追诉，此后的侦查、起诉、审判时间不再受追诉期限的限制。"虽然该文件是立足于 1979 年刑法的规定，以采取强制措施之日作为公诉案件不受追诉期限限制的起点，但是明确了追诉行为的效力及于侦查、起诉、审判整个刑事诉讼程序。1982 年 8 月 19 日，最高人民检察院印发的《关于贪污罪追诉时效问题的复函》[①]（已废止）指出："检察机关决定立案时未过追诉期限的贪污犯罪，在立案以后的侦查、起诉或者判处时超过追诉期限的，不得认为是超过追诉时效的犯罪，应当继续依法追究。"这不仅明确规定了立案中止计算追诉期限的法律效力及于整个刑事诉讼程序，还明确规定及于"判处时"。2012 年 12 月 26 日最高人民法院、最高人民检察院公布的《关于办理行贿刑事案件具体应用法律若干问题的解释》明确规定刑法第三百九十条第二款规定的"被追诉前"，是指检察机关对行贿人的行贿行为刑事立案前，再次明确指出立案是判定刑事追诉行为开始的标志性诉讼活动。

《最高人民法院关于被告人林少钦受贿请示一案的答复》（〔2016〕最高法刑他 5934 号）指出，"追诉时效是依照法律规定对犯罪分子追究刑事责任的

---

① 失效依据《最高人民检察院关于废止部分司法解释和规范性文件的决定（2）》（高检发释字〔2002〕2 号）。

期限，在追诉时效期限内，司法机关应当依法追究犯罪分子刑事责任。对于法院正在审理的贪污贿赂案件，应当依据司法机关立案侦查时的法律规定认定追诉时效。依据立案侦查时的法律规定未过时效，且已经进入诉讼程序的案件，在新的法律规定生效后应当继续审理。”

我们认为，该答复虽然是针对个案审理所作出的，不属于《最高人民法院关于司法解释工作的规定》第六条所规定的“解释”“规定”“批复”“决定”四种司法解释的形式之一，但是该答复进一步明确了对已经立案侦查并进入诉讼程序的追诉行为不受追诉期限的限制，符合司法解释的规定，对实践中明确追诉时效计算规则具有一定的独立意义，体现了有利于被告人原则在指导追诉时效规则和定罪量刑规则适用上应有的区别，对明确具体法律规定的含义和适用，以及其他类似案件的办理都同样具有指导意义。

——谢俊翔、徐浩、余欣雯撰稿、韩维中审编：《林少钦受贿案——新的司法解释降低受贿行为对应的法定刑幅度后，已经立案侦查并进入诉讼程序的受贿案件是否需要重新计算诉讼时效》，载最高人民法院刑事审判第一、二、三、四、五庭主办：《刑事审判参考》（总第 117 集），法律出版社 2019 年版，第 91~97 页。

第二编　刑法分则

第五章　危害国家安全罪

283. 恐怖活动和极端主义犯罪案件性质的认定

关键词

恐怖犯罪案件　极端主义犯罪案件

最高人民法院司法政策精神

一、准确认定犯罪

（一）具有下列情形之一的，应当认定为刑法第一百二十条规定的“组织、领导恐怖活动组织”，以组织、领导恐怖组织罪定罪处罚：

1. 发起、建立恐怖活动组织的；

2. 恐怖活动组织成立后，对组织及其日常运行负责决策、指挥、管理的；

3. 恐怖活动组织成立后，组织、策划、指挥该组织成员进行恐怖活动的；

4. 其他组织、领导恐怖活动组织的情形。

具有下列情形之一的，应当认定为刑法第一百二十条规定的“积极参加”，以参加恐怖组织罪定罪处罚；

1. 纠集他人共同参加恐怖活动组织的；

2. 多次参加恐怖活动组织的；

3. 曾因参加恐怖活动组织、实施恐怖活动被追究刑事责任或者二年内受过行政处罚，又参加恐怖活动组织的；

4. 在恐怖活动组织中实施恐怖活动且作用突出的；

5. 在恐怖活动组织中积极协助组织、领导者实施组织、领导行为的；

6. 其他积极参加恐怖活动组织的情形。

参加恐怖活动组织，但不具有前两款规定情形的，应当认定为刑法第一百二十条规定的“其他参加”，以参加恐怖组织罪定罪处罚。

犯刑法第一百二十条规定的犯罪，又实施杀人、放火、爆炸、绑架、抢劫等犯罪的，依照数罪并罚的规定定罪处罚。

（二）具有下列情形之一的，依照刑法第一百二十条之一的规定，以帮助恐怖活动罪定罪处罚：

1. 以募捐、变卖房产、转移资金等方式为恐怖活动组织、实施恐怖活动的个人、恐怖活动培训筹集、提供经费，或者提供器材、设备、交通工具、武器装备等物资，或者提供其他物质便利的；

2. 以宣传、招收、介绍、输送等方式为恐怖活动组织、实施恐怖活动、恐怖活动培训招募人员的；

3. 以帮助非法出入境，或者为非法出入境提供中介服务、中转运送、停留住宿、伪造身份证明材料等便利，或者充当向导、帮助探查偷越国（边）境路线等方式，为恐怖活动组织、实施恐怖活动、恐怖活动培训运送人员的；

4. 其他资助恐怖活动组织、实施恐怖活动的个人、恐怖活动培训，或者为恐怖活动组织、实施恐怖活动、恐怖活动培训招募、运送人员的情形。

实施恐怖活动的个人，包括已经实施恐怖活动的个人，也包括准备实施、正在实施恐怖活动的个人。包括在我国领域内实施恐怖活动的个人，也包括在我国领域外实施恐怖活动的个人。包括我国公民，也包括外国公民和无国籍人。

帮助恐怖活动罪的主观故意，应当根据案件具体情况，结合行为人的具体行为、认知能力、一贯表现和职业等综合认定。

明知是恐怖活动犯罪所得及其产生的收益，为掩饰、隐瞒其来源和性质，而提供资金账户，协助将财产转换为现金、金融票据、有价证券，通过转账或者其他结算方式协助资金转移，协助将资金汇往境外的，以洗钱罪定罪处罚。事先通谋的，以相关恐怖活动犯罪的共同犯罪论处。

（三）具有下列情形之一的，依照刑法第一百二十条之二的规定，以准备实施恐怖活动罪定罪处罚：

1. 为实施恐怖活动制造、购买、储存、运输凶器，易燃易爆易制爆品，腐蚀性、放射性、传染性、毒害性物品等危险物品，或者其他工具的；

2. 以当面传授、开办培训班、组建训练营、开办论坛、组织收听收看音频视频资料等方式，或者利用网站、网页、论坛、博客、微博客、网盘、即时通信、通讯群组、聊天室等网络平台、网络应用服务组织恐怖活动培训的，或者积极参加恐怖活动心理体能培训，传授、学习犯罪技能方法或者进行恐怖活动训练的；

3. 为实施恐怖活动，通过拨打电话、发送短信、电子邮件等方式，或者利用网站、网页、论坛、博客、微博客、网盘、即时通信、通讯群组、聊天室等网络平台、网络应用服务与境外恐怖活动组织、人员联络的；

4. 为实施恐怖活动出入境或者组织、策划、煽动、拉拢他人出入境的；

5. 为实施恐怖活动进行策划或者其他准备的情形．

（四）实施下列行为之一，宣扬恐怖主义、极端主义或者煽动实施恐怖活动的，依照刑法第一百二十条之三的规定，以宣扬恐怖主义、极端主义、煽动实施恐怖活动罪定罪处罚：

1. 编写、出版、印刷、复制、发行、散发、播放载有宣扬恐怖主义、极端主义内容的图书、报刊、文稿、图片或者音频视频资料的；

2. 设计、生产、制作、销售、租赁、运输、托运、寄递、散发、展示带有宣扬恐怖主义、极端主义内容的标识、标志、服饰、旗帜、徽章、器物、纪念品等物品的；

3. 利用网站、网页、论坛、博客、微博客、网盘、即时通信、通讯群组、聊天室等网络平台、网络应用服务等登载、张贴、复制、发送、播放、演示载有恐怖主义、极端主义内容的图书、报刊、文稿、图片或者音频视频资料的；

4. 网站、网页、论坛、博客、微博客、网盘、即时通信、通讯群组，聊天室等网络平台、网络应用服务的建立、开办、经营、管理者，明知他人利用网络平台、网络应用服务散布、宣扬恐怖主义、极端主义内容，经相关行政主管部门处罚后仍允许或者放任他人发布的；

5. 利用教经、讲经、解经、学经、婚礼、葬礼、纪念、聚会和文体活动等宣扬恐怖主义、极端主义、煽动实施恐怖活动的；

6. 其他宣扬恐怖主义、极端主义、煽动实施恐怖活动的行为。

（五）利用极端主义，实施下列行为之一的，依照刑法第一百二十条之四的规定，以利用极端主义破坏法律实施罪定罪处罚：

1. 煽动、胁迫群众以宗教仪式取代结婚、离婚登记，或者干涉婚姻自由的；

2. 煽动、胁迫群众破坏国家法律确立的司法制度实施的；

3. 煽动、胁迫群众干涉未成年人接受义务教育，或者破坏学校教育制度、国家教育考试制度等国家法律规定的教育制度的；

4. 煽动、胁迫群众抵制人民政府依法管理，或者阻碍国家机关工作人员依法执行职务的；

5. 煽动、胁迫群众损毁居民身份证、居民户口簿等国家法定证件以及人民币的；

6. 煽动、胁迫群众驱赶其他民族、有其他信仰的人员离开居住地，或者干涉他人生活和生产经营的；

7. 其他煽动、胁迫群众破坏国家法律制度实施的行为。

（六）具有下列情形之一的，依照刑法第一百二十条之五的规定，以强制穿戴宣扬恐怖主义、极端主义服饰、标志罪定罪处罚：

1. 以暴力、胁迫等方式强制他人在公共场所穿着、佩戴宣扬恐怖主义、极端主义服饰的；

2. 以暴力、胁迫等方式强制他人在公共场所穿着、佩戴含有恐怖主义、极端主义的文字、符号、图形、口号、徽章的服饰、标志的；

3. 其他强制他人穿戴宣扬恐怖主义、极端主义服饰、标志的情形。

（七）明知是载有宣扬恐怖主义、极端主义内容的图书、报刊、文稿、图片、音频视频资料、服饰、标志或者其他物品而非法持有，达到下列数量标准之一的，依照刑法第一百二十条之六的规定，以非法持有宣扬恐怖主义、极端主义物品罪定罪处罚：

1. 图书、刊物二十册以上，或者电子图书、刊物五册以上的；

2. 报纸一百份（张）以上，或者电子报纸二十份（张）以上的；

3. 文稿、图片一百篇（张）以上，或者电子文稿、图片二十篇（张）以上，或者电子文档五十万字符以上的；

4. 录音带、录像带等音像制品二十个以上，或者电子音频视频资料五个以上，或者电子音频视频资料二十分钟以上的；

5. 服饰、标志二十件以上的

非法持有宣扬恐怖主义、极端主义的物品，虽未达到前款规定的数量标准，但具有多次持有，持有多类物品，造成严重后果或者恶劣社会影响，曾因实施恐怖活动、极端主义违法犯罪被追究刑事责任或者二年内受过行政处罚等情形之一的，也可以定罪处罚。

多次非法持有宣扬恐怖主义、极端主义的物品，未经处理的，数量应当累计计算。非法持有宣扬恐怖主义、极端主义的物品，涉及不同种类或者形式的，可以根据本条规定的不同数量标准的相应比例折算后累计计算。

非法持有宣扬恐怖主义、极端主义物品罪主观故意中的“明知”，应当根据案件具体情况，以行为人实施的客观行为为基础，结合其一贯表现，具体行为、程度、手段、事后态度，以及年龄、认知和受教育程度、所从事的职业等综合审查判断。

具有下列情形之一，行为人不能做出合理解释的，可以认定其“明知”，但有证据证明确属被蒙骗的除外：

1. 曾因实施恐怖活动、极端主义违法犯罪被追究刑事责任，或者二年内受过行政处罚，或者被责令改正后又实施的；

2. 在执法人员检查时，有逃跑、丢弃携带物品或者逃避、抗拒检查等行为，在其携带、藏匿或者丢弃的物品中查获宣扬恐怖主义、极端主义的物品的；

3. 采用伪装、隐匿、暗语、手势、代号等隐蔽方式制作、散发、持有宣扬恐怖主义、极端主义的物品的；

4. 以虚假身份、地址或者其他虚假方式办理托运，寄递手续，在托运、寄递的物品中查获宣扬恐怖主义、极端主义的物品的；

5. 有其他证据足以证明行为人应当知道的情形。

（八）犯刑法第一百二十条规定的犯罪，同时构成刑法第一百二十条之一至之六规定的犯罪的，依照处罚较重的规定定罪处罚。

犯刑法第一百二十条之一至之六规定的犯罪，同时构成其他犯罪的，依照处罚较重的规定定罪处罚。

（九）恐怖主义、极端主义，恐怖活动，恐怖活动组织，根据《中华人民共和国反恐怖主义法》等法律法规认定。

——《最高人民法院、最高人民检察院、公安部、司法部关于办理恐怖活动和极端主义犯罪案件适用法律若干问题的意见》(2018年3月16日，高检会〔2018〕1号)。

284. 恐怖活动和极端主义犯罪案件性质的适用程序

关键词

恐怖犯罪案件　极端主义犯罪案件

最高人民法院司法政策精神

二、正确适用程序

（一）组织、领导、参加恐怖组织罪，帮助恐怖活动罪，准备实施恐怖活动罪，宣扬恐怖主义、煽动实施恐怖活动罪，强制穿戴宣扬恐怖主义服饰、标志罪，非法持有宣扬恐怖主义物品罪的第一审刑事案件由中级人民法院管辖；宣扬极端主义罪，利用极端主义破坏法律实施罪，强制穿戴宣扬极端主义服饰、标志罪，非法持有宣扬极端主义物品罪的第一审刑事案件由基层人民法院管辖。高级人民法院可以根据级别管辖的规定，结合本地区社会治安状况、案件数量等情况，决定实行相对集中管辖，指定辖区内特定的中级人民法院集中审理恐怖活动和极端主义犯罪第一审刑事案件，或者指定辖区内特定的基层人民法院集中审理极端主义犯罪第一审刑事案件，并将指定法院名单报最高人民法院备案。

（二）国家反恐怖主义工作领导机构对恐怖活动组织和恐怖活动人员作出认定并予以公告的，人民法院可以在办案中根据公告直接认定。国家反恐怖主义工作领导机构没有公告的，人民法院应当严格依照《中华人民共和国反恐怖主义法》有关恐怖活动组织和恐怖活动人员的定义认定，必要时，可以商地市级以上公安机关出具意见作为参考。

（三）宣扬恐怖主义、极端主义的图书、音频视频资料，服饰、标志或者其他物品的认定，应当根据《中华人民共和国反恐怖主义法》有关恐怖主义、极端主义的规定，从其记载的内容、外观特征等分析判断。公安机关应当对涉案物品全面审查并逐一标注或者摘录，提出审读意见，与扣押、移交物品清单及涉案物品原件一并移送人民检察院审查。人民检察院、人民法院可以结合在案证据、案件情况、办案经验等综合审查判断。

（四）恐怖活动和极端主义犯罪案件初查过程中收集提取的电子数据，以及通过网络在线提取的电子数据，可以作为证据使用。对于原始存储介质位于境外或者远程计算机信息系统上的恐怖活动和极端主义犯罪电子数据，可以通过网络在线提取。必要时，可以对远程计算机信息系统进行网络远程勘验。立案后，经设区的市一级以上公安机关负责人批准，可以采取技术侦查措施。对于恐怖活动和极端主义犯罪电子数据量大或者提取时间长等需要冻结的，经县级以上公安机关负责人或者检察长批准，可以进行冻结。对于电子数据涉及的专门性问题难以确定的，由具备资格的司法鉴定机构出具鉴定意见，或者由公安部指定的机构出具报告。

——《最高人民法院、最高人民检察院、公安部、司法部关于办理恐怖活动和极端主义犯罪案件适用法律若干问题的意见》（2018 年 3 月 16 日，高检会〔2018〕1 号）。

第六章　危害公共安全罪

285. 审理危害公共安全罪案件的司法政策精神

关键词

危害公共安全罪

最高人民法院司法政策精神

各省、自治区、直辖市高级人民法院，解放军军事法院，新疆维吾尔自治区高级人民法院生产建设兵团分院：

一段时间以来，各地连续发生一些重大公共安全事故，特别是火灾、公众聚集场所人员死亡、危险化学品泄漏、爆炸、道路交通等事故，以及假冒伪劣商品损害人民群众生命健康的案件，给人民群众生命财产安全造成了重大损失，影响了社会秩序。对于已经发生的重大公共安全事故和安全生产工作中存在的隐患，国家有关部门采取积极的应对措施予以处理和防范。一些构成犯罪的案件或者民事、行政案件已诉至人民法院，进入司法程序处理。为切实做好此类案件的审判工作，依法维护公共安全，维护公民、法人和其他组织的合法权益，现就有关问题通知如下：

一、各级人民法院要从维护社会稳定的高度，认识审理好涉及重大公共安全事故等案件的重要性和迫切性。公共安全关系到广大人民群众的根本利益，关系到改革发展稳定的大局。依法保障广大人民群众的生命财产安全，是各级人民法院践行“三个代表”重要思想，落实司法为民要求的重要内容。各级人民法院要充分认识确保社会公共领域安全的严峻性，增强做好这项工作的责任感、紧迫感；充分认识新形势下保障公共安全的长期性、艰巨性和复杂性，牢固树立常抓不懈的思想，进一步加大对相关案件的审理力度，严惩各类危害公共安全、危害人民群众生命健康和财产安全的违法犯罪活动，切实维护社会稳定，依法促进经济社会全面协调发展。

二、深入研究涉及重大公共安全事故案件的法律适用问题，保护人民群众生命健康和财产安全。涉及重大公共安全事故的案件牵涉面广，法律关系复杂，为社会广泛关注。有关人民法院应当依照法律和司法解释的有关规定，抓紧研究相关的法律适用问题，确保案件审判取得法律效果与社会效果的有机统一。特别是对于发生在学校、地铁、商场、工矿企业、建设工地、化学危险品仓库、加油站、餐饮娱乐场所、大型社会活动和人员密集公共场所的安全责任事故案件；生产、销售伪劣商品损害人民群众生命健康和财产安全的案件；在传染病防治工作中发生的案件；违反国家规定，严重扰乱市场经济秩序的案件；以及因相关责任人玩忽职守、失职渎职、责任不落实导致重特大事故构成犯罪的案件，要抓紧制定相应的审判工作预案，坚决依法严惩危害国家和人民利益的犯罪行为，有效遏制此类犯罪案件的发生；及时处理有关损害赔偿的民事责任问题，使受害人及时、有效地得到司法救济。

三、切实抓好大案要案的审判工作，把加强司法审判与加强司法宣传结合起来。对于已经起诉到法院的涉及重大公共安全事故的案件，受案法院要将其作为当前审判工作的一项重点任务，主要领导要切实负起领导责任，抽调精干审判力量，严把案件的事实关、证据关、程序关和适用法律关，保证此类案件的依法及时审结。要精心做好此类案件的开庭审判工作，确保定案事实清楚、证据确实充分、审判程序合法、裁判公正及时。各级人民法院在办理相关案件的过程中，要把加强司法审判与加强司法宣传结合起来，通过公开审判、公开宣判、庭审直播等形式，扩大审判的社会效果，教育、帮助生产单位、有关部门和人民群众增强公共安全意识和生产安全意识，提高安全防范能力，充分发挥审判一案、教育一片的法制宣传作用，以有效地预防和遏制类似案件的发生。

四、加强司法建议工作，促进依法行政和重大公共安全事故应急处理机制的健全。各级人民法院在审判工作中，要注重认真分析此类案件的特点，归纳总结重大公共安全事故发生的原因，查找问题、发现隐患，有针对性地向有关部门提出司法建议，防范和化解各类风险，促进行政机关依法行政，堵塞公共安全管理方面的漏洞，促进经济社会的协调健康发展。

以上通知，请认真遵照执行。对于在审判工作中遇到的新情况，新问题，要积极争取党委、人大和政府的支持，并及时向上级人民法院报告，以确保各项审判职能作用的充分发挥，为全面建设小康社会提供更加有力的司法保障。

——《最高人民法院关于加大对涉及重大公共安全事故等案件的审判力度全力维护社会稳定的通知》(2004 年 6 月 4 日，法〔2004〕107 号)。

286. 以危险方法危害公共安全罪的正确适用

关键词

以危险方法危害公共安全罪

附录：最高人民法院主流观点

根据《刑法》第114条和第115条第1款的规定，放火、决水、爆炸以及投放毒害性、放射性、传染病病原体等物质或者以其他危险方法危害公共安全，尚未造成严重后果的，处三年以上十年以下有期徒刑；致人重伤、死亡或者使公私财产遭受重大损失的，处十年以上有期徒刑、无期徒刑或者死刑。以危险方法危害公共安全罪是与放火罪、决水罪、爆炸罪、投放危险物质罪并列的重罪，最低刑为有期徒刑三年，最高可判处死刑。但是，《刑法》并未对以危险方法危害公共安全罪的罪状作出具体阐述，导致本罪的行为方式“以其他危险方法危害公共安全”的内涵和外延不够明确，实践中对本罪的适用范围呈现扩大化趋势。

研究认为，根据《刑法》中的同类解释方法和罪责刑相适应原则，以危险方法危害公共安全罪中的“其他危险方法”，不是指任何具有危害公共安全可能性的方法，而应当限定为与放火、决水、爆炸、投放危险物质行为具有同质性和相当性的特定危险方法。具体来讲，可能构成以危险方法危害公共安全罪的行为，在行为的危险程度上应当与放火、决水、爆炸、投放危险物质等行为的危险性相当甚至超过上述行为的危险性；客观上必须对不特定多数人的生命、健康或者重大公私财产产生了威胁，具有足以造成不特定多数人重伤、死亡或者公私财产重大损失的高度危险性和现实可能性。不能满足上述两个条件的行为，不宜认定为《刑法》规定的“其他危险方法”，不能以以危险方法危害公共安全罪定罪处罚。多个司法解释和规范性文件中有不少适用以危险方法危害公共安全罪定罪的细化规定。例如，针对传染病疫情防控的刑法规制问题，2003年公布的《最高人民法院、最高人民检察院关于办理妨害预防、控制突发传染病疫情等灾害的刑事案件具体应用法律若干问题的解释》第1条第1款规定：“故意传播突发传染病病原体，危害公共安全的，依照刑法第一百一十四条、第一百一十五条第一款的规定，按照以危险方法危害公共安全罪定罪处罚。”2020年公布的《最高人民法院、最高人民检察院、公安部、司法部关于依法惩治妨害新型冠状病毒感染肺炎疫情防控违法犯罪的意见》规定：“故意传播新型冠状病毒感染肺炎病原体，具有下列情形之一，危害公共安全的，依照刑法第一百一十四条、第一百一十五条第一款的规定，以以危险方法危害公共安全罪定罪处罚：1. 已经确诊的新型冠状病毒感染肺炎病人、病原携带者，拒绝隔离治疗或者隔离期未满擅自脱离隔离治疗，并进入公共场所或者公共交通工具的；2. 新型冠状病毒感染肺炎疑似病人拒绝隔离治疗或者隔离期未满擅自脱离隔离治疗，并进入公共场所或者公共交通工具，造成新型冠状病毒传播的。”具体案件处理过程中，要严格依照《刑法》和相关司法解释、规范性文件的规定，坚持罪刑法定原则和罪责刑相适应原则，对《刑法》规定的“其他危险方法”的具体范围进行严格依法认定，防止将本罪的适用范围不当扩大，特别是需要正确确定本罪与妨害传染病防治罪等罪名的区分标准，防止罪责刑不相适应。如果某种行为符合其他罪名的构成要件，以其他罪名论处符合罪责刑相适应原则的，就应当尽量认定为其他罪名，不宜再认定为以危险方法危害公共安全罪。

——马世忠主编、最高人民法院政治部编：《审判实务前沿问题解读——人民法院大讲堂实录》，人民法院出版社 2023 年版，第 487~488 页。

287. 危害公共安全犯罪中“不特定多数人”的理解

关键词

以危险方法危害公共安全罪　不特定多数人

《刑事审判参考》指导案例

黄世华以危险方法危害公共安全案（《刑事审判参考》指导案例第 912 号）

裁判要点：“不特定多数人”是指不特定并且多数的人，其中“不特定”是一种客观的判断，它包含犯罪对象的不确定性和危害后果的不确定性。实施危害公共安全犯罪的行为人，有些在主观上有将要侵犯的特定对象，同时也会对损害的可能范围有一定预判，虽然其在某一特定阶段可能指向特定的目标，但行为最终造成或者可能造成的危害后果是行为人难以控制的，从而危害到之前特定人之外的人身或者财产安全。

（一）危害公共安全犯罪中的“不特定人”

本案在审理过程中，对被告人黄世华醉酒驾车肇事后为逃避处罚而驾车冲撞其他车辆，致人员伤亡及财物损失的行为构成以危险方法危害公共安全罪没有异议，但对其致被害人沈建国死亡这一节事实如何定性，即能否被危害公共安全犯罪所涵盖，则存在两种不同意见：一种意见认为，沈建国在被黄世华追尾后，拦在黄世华的汽车前欲与其理论，此时沈建国对于黄世华而言是“特定的人”，在此情形下，黄世华不顾沈建国的人身安危，驾车将沈建国顶在汽车引擎盖上逃逸，致沈建国死亡的行为应当定性为故意杀人罪，与其后驾车冲撞其他车辆，致多人死伤行为所构成的以危险方法危害公共安全罪，应当并罚。另一种意见认为，黄世华当时处于一种不顾一切执意驾车逃离现场的状态，其行为并非针对某一特定的人或者车，纵观案发过程，应当将其驾车将沈建国顶在汽车引擎盖上逃逸的行为与其后驾车冲撞其他车辆，致多人死伤的行为作为一个整体行为来评价，其行为构成以危险方法危害公共安全罪一罪。

上述争议的焦点在于对危害公共安全罪中“不特定人”的理解和认定问题。刑法理论通说一般认为，危害公共安全犯罪中的“危害公共安全”是指故意或者过失危害“不特定多数人”的生命、健康或者重大公私财产安全。[①] 据此，危害公共安全不仅是指对多数人的生命、健康或者重大财产造成损害，而且要求这种损害所针对的对象是不特定的，这也是危害公共安全犯罪和侵犯公民人身权利犯罪、侵犯财产犯罪的主要区别之一。然而，要对此作出准确的区分，必须对“不特定多数人”的涵义有一个准确的理解。“不特定多数人”是指不特定并且多数的人，它排斥“特定的多数人”“特定的少数人”“不特定的少数人”等情形。“不特定”是一种客观的判断，它包含两个方面的内容：一是犯罪对象的不确定性，二是危害后果的不确定性。司法实践中，被认定为危害公共安全犯罪的通常有两种情形：一种情形是行为针对的对象是不特定的，并且行为人事先也没预料到危害后果，危害后果也是不特定的；另一种情形是行为针对的对象是特定的，但实际造成的后果却是行为人没有预料，也不能控制的。从危害公共安全犯罪的这两种情形分析，“不特定多数人”中的“不特定”，是相对于其他犯罪对象的“特定”而言的，而“多数”则是相对于其他犯罪只能危害到个别少数对象而言的。侵害不特定多数人，并不是说行为人没有特定的侵犯对象或者目标。实施危害公共安全犯罪的行为人，有些在主观上有将要侵犯的特定对象，同时也会对损害的可能范围有一定预判，虽然其在某一特定阶段可能指向特定的目标，但行为最终造成或者可能造成的危害后果是行为人难以控制的，从而危害到之前特定人之外的人身或者财产安全。因此，不能将危害公共安全犯罪中的“不特定多数人”理解为没有特定的侵犯对象或者目标。

在行为人具有特定侵犯对象或者目标的犯罪中，如何确定行为构成危害公共安全犯罪还是其他犯罪？我们认为，不能仅以行为人的主观认识为标准，

---

① 王作富主编：《刑法分则实务研究》（上），中国方正出版社 2007 年版，第 55 页。

而应当采取客观主义的立场，即犯罪行为一经实施，不论行为人主观上是否针对特定的对象，只要在一定条件下造成了众多人员伤亡或者公私财产的广泛损失，或者形成对公众人身、财产安全的重大威胁，就应当认定其构成危害公共安全犯罪。

本案中，被告人黄世华醉酒驾车追尾被害人沈建国的出租车后，为逃避处罚而驾车逃逸，在路口遇红灯停车后，沈建国赶上并拦在黄世华的汽车前与其理论，但黄世华不顾沈建国的人身安危，强行启动汽车，将沈建国顶在引擎盖上高速行驶，此时，沈建国对于黄世华来说是特定的行为对象，黄世华将特定对象顶在引擎盖上高速行驶，至少有放任被害人伤亡的故意，因此，此节行为符合故意伤害罪或者故意杀人罪的构成特征。但结合案发的时空环境，黄世华系白天在车流人流密集的城市主干道醉酒驾车，将沈建国顶在车辆引擎盖上高速行驶，其主观目的虽然是想摆脱被害人，但客观上对该路段不特定多数人的生命、健康及财产安全构成重大威胁，且其行为的后果不仅导致了沈建国被撞身亡，还造成被撞车辆内多人死伤和重大财产损失。黄世华虽然看似针对沈建国这一特定的对象实施犯罪行为，但其在实施针对特定对象的犯罪过程中，无视不特定多数人的生命、健康和财产安全，并实际造成了不特定多数人的伤亡和重大财产损失。故其之前针对特定对象和之后造成不特定对象伤亡的行为应当从整体上评价为一个法律行为，应以危险方法危害公共安全罪一罪论处。

——最高人民法院刑三庭：《黄世华以危险方法危害公共安全案》，载最高人民法院刑事审判第一、二、三、四、五庭主办：《刑事审判参考》2013 年第 5 集（总第 94 集），法律出版社 2014 年，第 98~100 页。

288. 醉酒后点燃停放在居民住宅旁电动车的行为定性

关键词

放火罪　危害公共安全　犯罪故意

《刑事审判参考》指导案例

陈俊伟放火案（《刑事审判参考》指导案例第第 1448 号）

裁判要点：放火罪的认定应当客观上足以危害公共安全且主观上具有放火的故意，这是放火罪区别于其他犯罪的关键所在。

故意杀人、故意毁坏财物、寻衅滋事等犯罪均可以放火的手段实施，如何区分放火罪和以放火手段实施的其他犯罪，关系到被告人的准确定罪量刑，实践中存在争议。根据我国刑法第一百一十四条、第一百一十五条的规定，放火罪属于危害公共安全的犯罪。我们认为，放火罪的认定应当客观上足以危害公共安全且主观上具有放火的故意，这是放火罪区别于其他犯罪的关键所在。具体可以从以下方面区分：

1. 对象是否特定

所谓公共安全是指不特定多数人的生命、健康或重大公私财产的安全。一般而言，如果行为人采取放火方法，侵害的是特定对象，并有意识地把损害限制在特定对象范围内，则不宜认定放火罪。如果行为人使用放火的方法，尽管动机上追求的是侵害特定对象和目标，而实际损害对象范围是不特定的，则属放火罪。

2. 危险是否具体

一般认为，危险犯是指以发生某种危险状态作为构成要件的犯罪，分为具体危险犯和抽象危险犯。在区分具体危险犯与抽象危险犯时，主要考虑两个因素：一是危险是否属于行为之外的独立构成要件要素，如果属于，系具体危险犯，反之则是抽象危险犯；二是危险的存在与否，是需要由司法者根据个案事实进行具体的判断，还是立法者基于对相关类型化行为的一般判断作出推定，具体危险犯需要司法者进行个别化判断，抽象危险犯仅需立法者进行类型化判断。由此可知，放火罪属于具体危险犯。一是因为刑法第一百一十四条在规定了放火的实行行为后还专门规定了危害公共安全的要件；二是不是任何放火的行为都会造成公共危险，而是要结合案件情况具体分析。

3. 后果是否可控

放火行为一经实施，就可能造成不特定多数人的伤亡或者使不特定的公私财产遭受难以预料的重大损失。这种犯罪后果的严重性和广泛性往往是难以预料的，甚至是行为人自己也难以控制的，这也是放火罪与以放火方法实施的故意杀人罪、故意毁坏财物罪、寻衅滋事罪的本质区别。如果行为人实施放火行为，而将火势有效地控制在较小范围内，没有危害也不足以危害不特定多数人的生命、健康和重大公私财产安全，就不构成放火罪，而应根据案件具体事实情节，认定相应的犯罪。

4. 是否追求或放任后果发生

认定是否存在故意，不能以被告人的供述作为唯一或者最重要的证据，关键还是要结合案件的客观情况认定。具体而言：一是被告人主观上对行为在客观上导致结果发生的可能性的认识程度；二是被告人对结果发生的追求程度。如果行为在客观上导致公共安全危害结果发生的可能性很高，而被告人主观上也清楚地认识到这一点，却放任甚至积极追求该结果，则应认定成立放火的故意；如果行为在客观上导致公共安全危害结果发生的可能性很高，而被告人没有认识到行为会导致结果的发生，或虽认识到但轻信可以避免，则更可能成立过失；如果行为导致危害公共安全结果发生的概率较低，且被告人也不追求、未放任该结果，则不构成放火的故意，根据案件具体情况构成相应其他犯罪。

——王永兴撰稿、于同志审编：《陈俊伟放火案——醉酒后点燃停放在居民住宅旁电动车的行为定性》，载最高人民法院刑事审判第一、二、三、四、五庭编：《刑事审判参考》（总第130辑），人民法院出版社2022年版，第1~7页。

289. 涉枪支、弹药、爆炸物犯罪案件的法律适用

关键词

枪支、弹药、爆炸物犯罪

最高人民法院司法政策精神

四是依法妥善处理涉枪涉爆案件。当前，全国正在开展深化打击整治枪爆违法犯罪专项行动。要一以贯之坚持严控枪支方针，对涉枪涉爆犯罪继续保持高压态势，对重大、恶性枪爆犯罪案件坚持快审快判。要准确理解、把握《最高人民法院、最高人民检察院关于涉以压缩气体为动力的枪支、气枪铅弹刑事案件定罪量刑问题的批复》规定，综合考虑涉案枪支的致伤力以及行为人的动机目的等情节，考虑决定刑事责任的追究问题。对于近年来出现的买卖气瓶等通用散件问题，必须认真审查被告人主观上是否明知。对于使用散件制造的枪支致伤力明显不大的，可按照批复精神，综合评估社会危害性，恰当定罪量刑。

——《最高人民法院党组副书记、常务副院长贺荣在全国法院刑事审判工作座谈会上的讲话（节选）》，载最高人民法院刑事审判第一、二、三、四、五庭编：《刑事审判参考》总第130辑，人民法院出版社2022年版，153~163页。

二、正确认定犯罪

4. 非法制造、买卖、运输、邮寄、储存、盗窃、抢夺、抢劫、持有、私藏、走私枪支、弹药、爆炸物，并利用该枪支、弹药、爆炸物实施故意杀人、故意伤害、抢劫、绑架等犯罪的，依照数罪并罚的规定处罚。

三、准确把握刑事政策 10. 对于非法制造、买卖、运输、邮寄、储存、持有、私藏、走私枪支、弹药，以及非法制造、买卖、运输、邮寄、储存爆

炸物的行为，应当依照刑法和《最高人民法院关于审理非法制造、买卖、运输枪支、弹药、爆炸物等刑事案件具体应用法律若干问题的解释》《最高人民法院、最高人民检察院关于办理走私刑事案件适用法律若干问题的解释》等规定，从严追究刑事责任。14. 将非法枪支、弹药、爆炸物主动上交公安机关，或者将未经依法批准或者许可生产、储存、使用、经营、运输的易燃易爆危险物品主动上交行政执法机关处置的，可以从轻处罚；未造成实际危害后果，犯罪情节轻微不需要判处刑罚的，可以依法不起诉或者免予刑事处罚；成立自首的，可以依法从轻、减轻或者免除处罚。有揭发他人涉枪支、弹药、爆炸物、易燃易爆危险物品犯罪行为，查证属实的，或者提供重要线索，从而得以侦破其他涉枪支、弹药、爆炸物、易燃易爆危险物品案件等立功表现的，可以依法从轻或者减轻处罚；有重大立功表现的，可以依法减轻或者免除处罚。

——《最高人民法院、最高人民检察院、公安部等部门关于依法惩治涉枪支、弹药、爆炸物、易燃易爆危险物品犯罪的意见》（2021 年 12 月 31 日，法发〔2021〕35 号）。

附录：理解与适用

《最高人民法院、最高人民检察院、公安部等部门关于依法惩治涉枪支、弹药、爆炸物、易燃易爆危险物品犯罪的意见》（以下简称《意见》）根据刑法和最高人民法院、最高人民检察院《关于涉以压缩气体为动力的枪支、气枪铅弹刑事案件定罪量刑问题的批复》（以下简称《压缩气枪批复》）等司法解释和规范性文件的规定进一步重申，对于非法制造、买卖、运输、邮寄、储存、持有、私藏、走私以压缩气体为动力且枪口比动能较低的枪支以及气枪铅弹的行为，应当综合考虑案件情节，综合评估社会危害性，坚持主客观相统一原则，决定是否追究刑事责任以及如何裁量刑罚，确保罪责刑相适应，不能唯数量论。另外，《意见》还根据调研掌握的涉枪支、弹药、爆炸物犯罪案件情况，对司法实践中存在的其他问题作了进一步明确规定。主要包括以下两个方面：

（一）涉枪支、弹药、爆炸物刑事案件中的罪数处断行为人采用非法制造、买卖、运输、邮寄、储存、盗窃、抢夺、抢劫、持有、私藏、走私等手段非法获取枪支、弹药、爆炸物后，又利用该枪支、弹药、爆炸物实施故意杀人、故意伤害、抢劫、绑架等侵害人身权利、财产权利犯罪的，可能构成刑法理论上的牵连犯。关于牵连犯的处罚原则，理论上有从一重处罚、从一重从重处罚和数罪并罚等多种观点。我们经研究认为，在上述情况下，行为人先后实施了两个独立的行为，分别侵害了枪支、弹药、爆炸物管理制度和他人人身、财产权利两个不同的法益，以涉枪支、弹药、爆炸物犯罪罪名和侵害人身权利、财产权利犯罪罪名数罪并罚，才符合罪责刑相适应原则要求。《意见》第4条明确，对上述情况依照数罪并罚的规定处罚。《意见》起草制定过程中，有意见提出，行为人采用非法手段获取枪支，又利用该枪支实施抢劫犯罪的，由于持枪抢劫属于抢劫罪的加重情节，如果以涉枪支犯罪罪名和抢劫罪数罪并罚，属于重复评价，这种情况下，对作为手段的非法获取枪支行为不应再单独定罪，以抢劫罪一罪定罪处罚即可。我们经研究认为，刑法规定的犯罪构成要件是成立犯罪所必须具备的条件，具有犯罪个别化机能，特定情况下予以数罪并罚是否属于重复评价，一般应当以刑法规定的犯罪构成要件为基础进行分析判断。具体来讲，如果刑法规定的某个罪名的构成要件足以包含行为人所实施行为的所有不法要素，无需再适用其他罪名的构成要件进行进一步评价，根据禁止重复评价原则，就不能再认定为其他罪名；与之相反，如果仅适用一个罪名的构成要件无法包含所有不法要素，此时如果仅认定为一个罪名，会导致刑法评价不足，则应当同时认定为其他罪名，予以数罪并罚。在行为人同时实施了多个行为的情况下，对某些构成其他犯罪的行为不作评价，人为地加以忽略，将数罪“视为”一罪，作为处断上的一罪处理，会产生评价不足的问题，难以实现刑罚积极的一般预防功能。具体到抢劫罪而言，刑法之所以将持枪抢劫规定为抢劫罪的加重情节，原因在于行为人持枪实施抢劫具有造成被害人人身伤亡的高度危险，即刑法的评价重点是枪支导致人身伤亡的高度危险性，而行为人无论持采用合法手段获取的枪支，还是持采用非法手段获取的枪支实施抢劫，均属于刑法规定的持枪抢劫。这种情况下，如果仅以抢劫罪一罪论处，则不能对行为人采用非法手段获取枪支行为的不法要素进行评价，存在评价不足的问题。对于行为人采用非法手段获取枪支的行为和利用该枪支实施抢劫的行为，分别认定为涉枪支犯罪罪名和抢劫罪，并予以数罪并罚，才能充分评价行为人所实施行为的所有不法要素，不违反禁止重复评价原则。

（二）关于宽严相济刑事政策为最大限度体现宽严相济刑事政策，充分发挥刑法的威慑作用和教育功能，《意见》同时对涉枪支、弹药、爆炸物犯罪从严和从宽两个方面的处理原则作出了规定。《意见》第10条明确，对于非法制造、买卖、运输、邮寄、储存、持有、私藏、走私枪支、弹药，以及非法制造、买卖、运输、邮寄、储存爆炸物的行为，应当依照刑法和相关司法解释的规定，从严追究刑事责任。不能认为《压缩气枪批复》对涉气枪、气枪铅弹刑事案件的定罪量刑标准作了适当调整，就改变了对涉枪支、弹药、爆炸物犯罪依法从严惩处的总体原则和政策。另一方面，《意见》第14条对涉枪支、弹药、爆炸物犯罪的从宽处罚情节作了集中规定，明确将非法枪支、弹药、爆炸物主动上交公安机关处置，或者有自首、立功情节的，可以从宽处罚，符合特定条件的可以依法不起诉或者免予刑事处罚，以达到区别对待、分化瓦解犯罪分子的积极效果。

——滕伟、王军强、李加玺：《〈关于依法惩治涉枪支、弹药、爆炸物、易燃易爆危险物品犯罪的意见〉的理解与适用》，载《人民法院报》2022年6月30日。

290. 使用铱（放射性同位素）射线工业探伤机照射他人，致使他人重伤行为的定性和刑罚适用

关键词

投放危险物质罪　放射性同位素　量刑

《刑事审判参考》指导案例

古计明、方振华投放危险物质案（《刑事审判参考》指导案例第358号）

裁判要点：被告人出于泄愤的动机，利用铱射线工业探伤机对被害人进行照射，致被害人重伤。由于工业探伤机被放置于公共场所，当其开机照射被害人时，不可避免地将照射与被害人相邻的他人，被告人行为构成投放危险物质罪。在量刑时应留有余地。

被告人出于泄愤的动机，为了报复被害人，利用铱射线工业探伤机对被害人进行照射，致被害人重伤。此外，由于工业探伤机被放置于公共场所，当其开机照射被害人时，不可避免地将照射与被害人相邻的他人，其犯罪行为侵害了社会的公共安全，即不特定多数人的生命健康，正常的生活、生产、工作的安全和重大公私财产的安全。依照《中华人民共和国刑法修正案（三）》第2条，被告人行为均已构成投放危险物质罪。

需指出的是，从危害后果而言，受工业探伤机照射会产生核辐射损伤，而核辐射损伤有远后效应和遗传效应两大显著特点。对被辐射的群体而言，远后效应和遗传效应必然在某些人身上出现。但对于被辐射的某个人而言，远后效应和遗传效应未必会出现。这既与被照射的剂量有关，也与个体身体差异有关。就现在的医疗水平而言，放射性损伤可以引起致畸、致癌、致突变等远后效应，尚无法对此进行确切评价。另外，我们现行适用的《人体重伤鉴定标准》、《人体轻微伤鉴定标准》[①] 没有将放射性造成的器官损伤列入其

---

① 最高人民法院、最高人民检察院、公安部2013年8月30日发布的《人体损伤程度鉴定标准》废止并取代了上述两个鉴定标准。

中，只有原则性规定，尚不能解决本案的重伤、轻伤标准问题。因此，量刑应留有余地。

——最高人民法院刑事审判第一庭、第二庭编：《刑事审判参考》2005 年第 5 集（总第 46 集），法律出版社 2006 年版，第 1~7 页。

291. 向药品生产企业销售假冒药品辅料行为的定性

关键词

以危险方法危害公共安全罪　销售假药辅料

《刑事审判参考》指导案例

王桂平以危险方法危害公共安全、销售伪劣产品、虚报注册资本案（《刑事审判参考》指导案例第 503 号）

裁判要点：被告人以二甘醇冒充药用丙二醇销售给制药企业，致使制药企业生产出来的药品投入市场后，造成多名患者病情加重、死亡的严重后果的行为，构成以危险方法危害公共安全罪。

被告人王桂平以二甘醇冒充药用丙二醇销售给制药企业，致使制药企业生产出来的药品投入市场后，造成多名患者病情加重、死亡的严重后果的行为，应当以以危险方法危害公共安全罪追究其刑事责任，主要理由如下：

1. 认定被告人王桂平的行为构成销售假药罪的法律依据不足。被告人王桂平以二甘醇冒充药用丙二醇进行销售，属于以一种工业用产品冒充药品辅料进行销售，其行为既不属于销售“假药”，也不属于销售“按假药处理的药品”。如上所述，由于认定为销售“按假药处理的非药品”亦缺乏明确的法律依据，且未得到有关专业部门的认可，故不宜按销售假药罪处理。

2. 被告人王桂平的行为导致的后果极其严重，严重危害了公共安全，若视为销售伪劣产品，以销售金额评价其社会危害性，有违罪刑相适应的刑法基本原则。

3. 被告人王桂平的行为符合以危险方法危害公共安全罪的构成要件，应当以以危险方法危害公共安全罪定罪处罚。首先，从主观方面看，王桂平具有以危险方法危害公共安全罪的故意。其次，从行为的性质看，王桂平以二甘醇冒充药用丙二醇销售给制药企业用于生产药品的行为，与放火、决水、爆炸、投放危险物质等行为尽管手法不同，但在刑法上的性质相同，同样危害了公共安全，完全可以理解为《刑法》第 114 条、第 115 条规定的“其他危险方法”的范畴。最后，从危害后果看，本案危害后果的发生，不仅与齐齐哈尔第二制药有限公司（相关责任人员以重大责任事故罪另案处理）生产销售假药的行为直接相关，而且与王桂平以二甘醇假冒药用丙二醇销售的行为具有刑法上的因果关系，属于多因一果，王桂平应当依法对危害后果承担刑法上的责任。

——最高人民法院刑事审判第一、二、三、四、五庭主办：《刑事审判参考》2008 年第 5 集（总第 64 集），法律出版社 2009 年版，第 1~7 页。

292. 投放危险物质罪与故意杀人罪、故意伤害罪的区别

关键词

投放危险物质罪　故意杀人罪　故意伤害罪

《刑事审判参考》指导案例

方金青惠投毒案（《刑事审判参考》指导案例第 98 号）

裁判要点：针对特定的被害人投放毒物致死致伤多人的行为，构成故意杀人罪。

由于投毒罪与以投毒为手段的故意杀人罪在手段、后果上相类似，司法实践中二者容易混淆。投毒罪与故意杀人罪分属不同的犯罪种类，区别两者主要看犯罪的客体与主观故意内容。

从犯罪客体上看，作为危害公共安全罪的一种，投毒罪侵犯的是公共安全，也就是不特定多数人的生命、健康、财产的安全；故意杀人罪属于侵犯公民人身权利的犯罪，其侵犯的客体是公民的人身权利，即特定公民的人身权利。简而言之，投毒罪指向不特定多数人，而故意杀人罪以特定的人为对象。从主观故意内容看，投毒罪的主体须具有危害公共安全即不特定多数人生命、健康、财产安全的故意，而故意杀人罪的主体则具有剥夺特定人生命的故意。在实践中，当某人投放毒物目的在于剥夺特定人的生命而不危及公共安全时，应认定为故意杀人罪。

——最高人民法院刑事审判第一庭、第二庭编：《刑事审判参考》2001 年第 5 辑（总第 16 辑），法律出版社 2001 年版，第 1~5 页。

陈美娟投放危险物质案（《刑事审判参考》指导案例第 276 号）

裁判要点：投放危险物质罪，是指故意投放毒害性、放射性、传染病病原体等物质，危害公共安全的行为。区分投放危险物质罪和故意杀人罪，关键在于行为人所实施的投放危险物质行为，是否具有同时威胁或危害其他不特定人生命、健康或者财产安全，即危害公共安全的危险性质。

在司法实践中，对一些以杀害特定少数人为目的而实施投放危险物质行为的案件的定性常常会产生争议。我们认为，对这类案件的定性，关键在于要对下列事实形成准确判断，即行为人所实施的投放危险物质行为，是否具有同时威胁或危害其他不特定人生命、健康或者财产安全，即危害公共安全的危险性质。具体而言，如果行为人所实施的投放危险物质的行为，除了可能造成其意图杀害的特定少数人死亡的结果外，还可能威胁或危害到其他不特定人的生命、健康或者财产安全，且行为人对此又有认识，则说明行为人在积极追求特定少数人死亡结果发生的同时，还存在放任危害公共安全结果发生的心态，此时，行为人的行为属于（间接故意）投放危险物质罪与（直接故意）故意杀人罪的想象竞合犯，依照想象竞合犯之"从一重处断"原则，应当对其以投放危险物质罪论处；这里需要说明的是，投放危险物质罪与故意杀人罪的法定刑虽然完全相同，但是，由于危害公共安全罪在整体上要重于侵犯公民人身权利、民主权利罪（一般认为，我国《刑法》分则章节基本是按由重至轻的顺序排列的）；故意杀人罪的减轻构成（属于结果犯）要比投放危险物质罪的基本构成（属于危险犯）相对更为严格；在观念上，一般认为投放危险物质罪要比故意杀人罪更为严重，因此，在上述两罪发生竞合的情况下，按照"从一重处断"的原则，应当对行为人以投放危险物质罪论处。反之，如果行为人的投放危险物质行为在客观上并不具有威胁或危害其他不特定人生命、健康或者财产安全的性质，或者虽具有这种性质，但行为人对此没有认识，则其行为不符合投放危险物质罪的构成，应当认定其构成故意杀人罪。

——最高人民法院刑事审判第一庭、第二庭编：《刑事审判参考》2004 年第 1 集（总第 36 集），法律出版社 2004 年版，第 1~10 页。

附录：最高人民法院主流观点

投放危险物质罪与以投毒等投放危险物质为手段的故意杀人罪、故意伤害罪在司法实践中区分起来有时比较困难，主要是因为这种故意杀人罪、故意伤害罪的行为人也实施了投放危险物质的行为，可能也造成了人员伤亡的后果。应当明确，投放危险物质罪与此种故意杀人罪、故意伤害罪尽管在犯罪手段上虽然相同，但其行为危害的对象及后果是有明显区别的：

首先，投放危险物质行为危害的对象是不特定多数人的生命、健康，而故意杀人、故意伤害行为危害的一般是特定的人。

其次，投放危险物质行为的危害后果是危害了公共安全，已经造成或者可能造成致不特定的多人重伤、死亡，而故意杀人、故意伤害行为的危害后果在既遂的情况下一般是剥夺了特定人的生命、伤害了特定人的健康。

因此，在司法实践中，应当根据投放危险物质行为是否危及公共安全来区分投放危险物质罪与故意杀人罪、故意伤害罪。行为人如果采用投放危险物质的手段杀害、伤害特定人，但没有危及不特定多数人的生命、健康安全的，则不构成投放危险物质罪，而应以故意杀人罪或故意伤害罪定罪处罚。虽然投放危险物质行为指向的是特定人，但危及公共安全，危害了其他多数人的生命、健康安全的，则应当以投放危险物质罪定罪处罚。

——高憬宏、杨万明主编：《基层人民法院法官培训教材（实务卷·刑事审判篇）》，人民法院出版社 2005 年版，第 84~85 页。

说明

司法实践中，投放危险物质罪与以投毒等投放危险物质为手段的故意杀人罪、故意伤害罪在区分起来有时比较困难，一般应当根据投放危险物质行为是否危及公共安全来区分投放危险物质罪与故意杀人罪、故意伤害罪。具体而言，如果行为人所实施的投放危险物质的行为，除了可能造成其意图杀害的特定少数人死亡的结果外，还可能威胁或危害到其他不特定人的生命、健康或者财产安全，且行为人对此又有认识，则说明行为人在积极追求特定少数人死亡结果发生的同时，还存在放任危害公共安全结果发生的心态。此时，行为人的行为属于（间接故意）投放危险物质罪与（直接故意）故意杀人罪的想象竞合犯，依照想象竞合犯之“从一重处断”原则，应当对其以投放危险物质罪论处。

293. 依法惩治涉窨井盖犯罪

关键词

破坏交通设施罪　以危险方法危害公共安全罪　故意伤害　盗窃　窨井盖

最高人民法院司法政策精神

一、盗窃、破坏正在使用中的社会机动车通行道路上的窨井盖，足以使汽车、电车发生倾覆、毁坏危险，尚未造成严重后果的，依照刑法第一百一十七条的规定，以破坏交通设施罪定罪处罚；造成严重后果的，依照刑法第一百一十九条第一款的规定处罚。

过失造成严重后果的，依照刑法第一百一十九条第二款的规定，以过失损坏交通设施罪定罪处罚。

二、盗窃、破坏人员密集往来的非机动车道、人行道以及车站、码头、公园、广场、学校、商业中心、厂区、社区、院落等生产生活、人员聚集场所的窨井盖，足以危害公共安全，尚未造成严重后果的，依照刑法第一百一十四条的规定，以以危险方法危害公共安全罪定罪处罚；致人重伤、死亡或者使公私财产遭受重大损失的，依照刑法第一百一十五条第一款的规定处罚。

过失致人重伤、死亡或者使公私财产遭受重大损失的，依照刑法第一百一十五条第二款的规定，以过失以危险方法危害公共安全罪定罪处罚。

三、对于本意见第一条、第二条规定以外的其他场所的窨井盖，明知会造成人员伤亡后果而实施盗窃、破坏行为，致人受伤或者死亡的，依照刑法第二百三十四条、第二百三十二条的规定，分别以故意伤害罪、故意杀人罪定罪处罚。

过失致人重伤或者死亡的，依照刑法第二百三十五条、第二百三十三条的规定，分别以过失致人重伤罪、过失致人死亡罪定罪处罚。

四、盗窃本意见第一条、第二条规定以外的其他场所的窨井盖，且不属于本意见第三条规定的情形，数额较大，或者多次盗窃的，依照刑法第二百六十四条的规定，以盗窃罪定罪处罚。

故意毁坏本意见第一条、第二条规定以外的其他场所的窨井盖，且不属于本意见第三条规定的情形，数额较大或者有其他严重情节的，依照刑法第二百七十五条的规定，以故意毁坏财物罪定罪处罚。

五、在生产、作业中违反有关安全管理的规定，擅自移动窨井盖或者未做好安全防护措施等，发生重大伤亡事故或者造成其他严重后果的，依照刑法第一百三十四条第一款的规定，以重大责任事故罪定罪处罚。

窨井盖建设、设计、施工、工程监理单位违反国家规定，降低工程质量标准，造成重大安全事故的，依照刑法第一百三十七条的规定，以工程重大安全事故罪定罪处罚。

六、生产不符合保障人身、财产安全的国家标准、行业标准的窨井盖，或者销售明知是不符合保障人身、财产安全的国家标准、行业标准的窨井盖，造成严重后果的，依照刑法第一百四十六条的规定，以生产、销售不符合安全标准的产品罪定罪处罚。

七、知道或者应当知道是盗窃所得的窨井盖及其产生的收益而予以窝藏、转移、收购、代为销售或者以其他方法掩饰、隐瞒的，依照刑法第三百一十二条和《最高人民法院关于审理掩饰、隐瞒犯罪所得、犯罪所得收益刑事案件适用法律若干问题的解释》的规定，以掩饰、隐瞒犯罪所得、犯罪所得收益罪定罪处罚。

八、在窨井盖采购、施工、验收、使用、检查过程中负有决定、管理、监督等职责的国家机关工作人员玩忽职守或者滥用职权，致使公共财产、国家和人民利益遭受重大损失的，依照刑法第三百九十七条的规定，分别以玩忽职守罪、滥用职权罪定罪处罚。

九、在依照法律、法规规定行使窨井盖行政管理职权的公司、企业、事业单位中从事公务的人员以及在受国家机关委托代表国家机关行使窨井盖行政管理职权的组织中从事公务的人员，玩忽职守或者滥用职权，致使公共财产、国家和人民利益遭受重大损失的，依照刑法第三百九十七条和《全国人民代表大会常务委员会关于〈中华人民共和国刑法〉第九章渎职罪主体适用问题的解释》的规定，分别以玩忽职守罪、滥用职权罪定罪处罚。

十、对窨井盖负有管理职责的其他公司、企业、事业单位的工作人员，严重不负责任，导致人员坠井等事故，致人重伤或者死亡，符合刑法第二百三十五条、第二百三十三条规定的，分别以过失致人重伤罪、过失致人死亡罪定罪处罚。

十一、国家机关工作人员利用职务上的便利，收受他人财物，为他人谋取与窨井盖相关利益，同时构成受贿罪和刑法分则第九章规定的渎职犯罪的，除刑法另有规定外，以受贿罪和渎职犯罪数罪并罚。

十二、本意见所称的“窨井盖”，包括城市、城乡结合部和乡村等地的窨井盖以及其他井盖。

——《最高人民法院、最高人民检察院、公安部关于印发〈关于办理涉窨井盖相关刑事案件的指导意见〉的通知》（2020年3月16日，高检发〔2020〕3号）。

294. 在城市主干路驾驶机动车撞击他人车辆制造交通事故以勒索钱财的行为如何定罪

关键词

以危险方法危害公共安全罪　故意杀人罪　其他危险方法

《刑事审判参考》指导案例

李跃等以危险方法危害公共安全案（《刑事审判参考》指导案例第587号）

裁判要点：在城市主干路采用故意驾驶机动车撞击他人车辆制造交通事故的手段勒索钱财构成以危险方法危害公共安全罪。

关于本案的定性，在审理中曾有两种不同意见：一种意见认为，李跃等被告人的行为构成敲诈勒索罪；另一种意见认为，李跃等被告人的行为构成以危险方法危害公共安全罪。

敲诈勒索罪，是指以非法占有为目的，对被害人实施威胁或者要挟的方法，强行索取数额较大的公私财物的行为。以危险方法危害公共安全罪，是指使用除放火、决水、爆炸、投放危险物质以外的其他方法，危害公共安全的行为。本案中，李跃等被告人驾车在城市主干道及部分高速公路上故意撞击他人车辆，制造交通事故，并采用要挟甚至威胁的方法，向被害人索要钱财，符合敲诈勒索罪的构成特征；同时，李跃等被告人驾车故意撞击他人车辆，制造交通事故的手段行为，也符合以危险方法危害公共安全罪的构成要件。具体理由如下：

首先，从客观方面看，被告人在城市主干道及部分高速公路上驾车“碰瓷”足以危害到公共安全。所谓公共安全，指不特定多数人的生命、健康和重大公私财产的安全。这里的“不特定”，是相对其他犯罪的后果是“特定”而言的。侵犯公民人身权利的犯罪和侵犯财产的犯罪也会造成多人、多物的损害，但其是以某个、某几个特定的人或者某种特定的财产为侵犯对象的，可能造成的危害后果的范围有一定局限性，并且多是可以预料、可以控制的。但以危险方法危害公共安全罪，侵害的对象往往具有不特定性或虽然对象特定但是危害后果具有不特定性。其危害后果或者可能造成的危险不是限定于特定的个人或财产，而是不特定人或重大公私财产的安全，而且绝大多数犯罪往往在行为前无法确定其侵害的对象的范围，也无法预料和控制可能造成的后果及程度，所造成的危害后果常常超出了行为人的预料和控制。据此，行为是否具有危及不特定人的生命、健康和重大公私财产安全的现实可能性，应是判定其能否成立危害公共安全罪的关键。

需要指出的是，以危险方法危害公共安全罪的“不特定性”并不否认行为人在实施犯罪行为时有特定的对象，但其行为所造成或可能造成的危害后果则是行为人事先难以预料、难以控制的。因此，就这类犯罪的本质特征而言，不管行为人实施危害行为时主观上有无特定的侵犯对象，但只要其行为具有危害或足以危害公共安全的不特定性，即使行为人实施的犯罪对象是明确的，也应当认定此行为属于危害公共安全的犯罪。

本案中，虽然被告人的犯罪行为针对的是特定的对象，即每起犯罪均是被告人在众多潜在的被害人中通过精心选择而确定的勒索对象，最终也没有造成危害公共安全的严重后果，但是分析其发生的具体环境和采用的手段，不难得出这种行为具有危及公共安全的属性。因为，在城市主干路及高速路上，车流量大且行车速度快，由于行为人所采取的突然变速冲撞正在正常行驶的被害车辆的方法，很可能造成快速行驶的被害车辆因突然受到撞击或紧急避让而失去控制，进而造成不特定人的死伤或者公私财产遭受重大损失。换言之，此类行为已具有危及公共安全的现实可能性。因此，应认定其已经具有危害公共安全的属性。当然，发生在道路交通事故中的“碰瓷”案件情况多样，不能一概认定为危害公共安全犯罪。对于利用道路混乱、机动车停车起步阶段以及违规行驶等，用身体故意或假装与机动车发生碰撞而声称受伤，要求对方“赔偿”，以及在居民区、行人稀少的街道等场所，车流量少，行车速度慢，驾驶机动车制造“碰瓷”事故的，其发生危及不特定或多数人安全的结果之可能性很小，不具有危及公共安全的现实危险，故一般不能以以危险方法危害公共安全罪论处，应根据行为人的主观故意，以敲诈勒索罪、诈骗罪或者保险诈骗罪等来定罪处罚。

其次，从主观方面看，被告人在驾驶机动车“碰瓷”案件中，故意撞击他人车辆的主观目的是制造交通事故，从而勒索钱财，而对其行为可能产生危害公共安全的结果则持一种“放任”的态度，属于间接故意。以危险方法危害公共安全罪的主观方面是故意，包括直接故意和间接故意。不论行为的目的、动机如何，只要行为人主观上出于故意，并付诸实际行动，且由于其行为对公共安全造成了危害或者使公共安全处于一种危险的状态，就可以认定行为人构成本罪。至于所造成的危害结果是否超出行为人的预料和控制，即被告人对其行为造成的后果的具体认识，一般不影响其犯罪成立与否，实际上危害公共安全罪的主观要件也未有类似要求。所以，那种以驾驶机动车“碰瓷”时，未能预见会发生危害公共安全的后果，或者说危害结果是超出其预料和控制的范围，因而不构成以危险方法危害公共安全罪的观点，是不正确的。

此外，特定犯罪目的、动机的存在，可能会使罪名的认定出现竞合情况。对于“碰瓷”类犯罪而言，一般以非法获取他人钱财或者骗取保险偿付金为目的，故同时构成敲诈勒索罪或诈骗罪、保险诈骗罪等，属于刑法理论上的牵连犯，对此一般应从一重罪处罚。

最后，此种作案手段属于与放火、决水、爆炸、投放危险物质的危险性相当的“其他危险方法”。从刑法第一百一十四条、第一百一十五条规定看，“其他危险方法”是与“放火、决水、爆炸”等并列的行为方式，同属一个法条，适用同档法定刑。因此，基于罪刑相适应原则的精神，对其应参照放火、爆炸等罪的可罚性来理解，即在危险性上应当与放火、爆炸等行为具有可罚的相当性。既然刑法第一百一十五条已明确规定了第一百一十四条发展后的结果是“致人重伤、死亡或者公私财产遭受重大损失”，那么，作为可以直接转化为犯罪结果的具体危险犯，第一百一十四条的“其他危险方法”，在性质上就必须能够导致不特定多数人重伤、死亡或者公私财产遭受重大损失的结果，即实质上具有致不特定或者多数人重伤、死亡的现实可能性。具体而言，刑法第一百一十四条规定的所谓其他危险方法，一是指放火、决水、爆炸、投放危险物质以外的方法；二是指与放火、决水、爆炸、投放危险物质的危险性相当的、足以危害公共安全的方法。使用这些危险方法，同放火、决水、爆炸、投放危险物质一样，一经实施就可能危及不特定多数人的生命、健康或者重大公私财产的安全。本案中，由于城市主干路和高速路是国家及地区的重要交通干道，具有车流量大、行车速度快以及行人众多等特点，一旦在某路段出现突发性事件，极有可能在瞬间造成重大交通事故。特别是此类行为是采取突然变速冲撞正在正常行驶的其他车辆的方法，从一般人的常识判断，很有可能使被害车辆因受到撞击或紧急避让而失去控制，从而酿成车毁人亡的严重后果。可见，这种作案手段与放火、决水、爆炸、投放危险物质的危险性相当，足以危害公共安全。因此，将其认定为以危险方法危害公共安全罪，是符合该罪的本质和立法精神的。

综上所述，被告人李跃等在实施敲诈勒索的目的犯罪行为过程中，其驾车冲撞其他车辆制造交通事故的手段行为又触犯了以危险方法危害公共安全罪，按照牵连犯从一重罪处断的原则，应按照以危险方法危害公共安全罪定罪处罚。

——最高人民法院刑事审判第一、二、三、四、五庭主办：《刑事审判参考》2009 年第 6 集（总第 71 集）。法律出版社 2009 年版，第 9~16 页。

295. 驾车撞人行为是否构成以危险方法危害公共安全罪

关键词

驾车撞人行为　以危险方法危害公共安全罪

附录：最高人民法院主流观点

实践中，对于行为人违反道路运输管理法规，醉酒、吸毒或者无证驾驶机动车、驾驶安全条件不合格的机动车上路行驶，导致发生重大事故、造成群死群伤的行为，应当认定为交通肇事还是以危险方法危害公共罪，容易引发争议。特别是在一些案件发生后，被告人没有投保机动车商业险，本人及其亲属又没有赔偿能力，被害人及亲属的经济损失无法得到足额赔偿、心理创伤无法平复，态度激烈，强烈要求对被告人从重处罚、判处重刑甚至极刑。这种情况下，如何正确认定罪名，对审理法院和法官是一个很大的挑战。为明确此类案件的法律适用标准，最高人民法院先后出台了多个规范性文件，2009年印发《关于醉酒驾车犯罪法律适用问题的意见》(以下简称2009年《意见》)，同时还公布了两起醉酒驾车犯罪典型案例；2013年又会同最高人民检察院、公安部印发《关于办理醉酒驾驶机动车刑事案件适用法律若干问题的意见》。其中，2009年《意见》规定，行为人明知酒后驾车违法、醉酒驾车会危害公共安全，却无视法律醉酒驾车，特别是在肇事后继续驾车冲撞，造成重大伤亡，说明行为人主观上对持续发生的危害结果持放任态度，具有危害公共安全的故意，对此类醉酒驾车造成重大伤亡的，应依法以以危险方法危害公共安全罪定罪。根据上述规定的精神，对于驾车撞人案件的定罪处罚，可以大体上区分为两种情况：一是行为人违规驾车肇事后立即停止行驶，即仅有"一次碰撞"。在这种情况下，除非有充分的证据证明行为人对危害结果的发生持希望或者放任的主观心态，否则难以认定其具有危害公共安全的直接故意或者间接故意，一般情况下应当以交通肇事罪等罪名定罪处罚。而要认定行为人对危害结果的发生是否具有主观故意心态，应当重点审查其是否有报复社会、滥杀无辜等犯罪动机。例如，辽宁省大连市"5·22"宝马车撞人案，宝马车驾驶人刘某因为投资失败起意报复社会，在等候交通信号灯期间突然启动车辆撞击行人，对危害后果的发生具有放任的间接故意甚至积极追求的直接故意心态，可以认定为以危险方法危害公共安全罪。而在其他一些案例中，行为人在醉酒、吸毒后驾驶机动车过程中车辆突然失控，撞击到非机动车或者路边行人，肇事后无继续驾车冲撞再次肇事行为，一般不宜认定为以危险方法危害公共安全罪。二是违规驾车肇事后继续驾车行驶，以至于再次肇事，造成了更为严重的后果，即所谓发生了"二次碰撞"。在这种情况下，行为人将他人的生命置于高度危险之中，行为人本人已经没有能力对这种危险进行有效控制，危险随时随地都会发生，而行为人却依然不管不顾、置之不理，反映出其完全不顾忌自己违规驾车行为可能造成的严重后果，对造成他人伤亡、危害公共安全的危害后果持有间接故意心态，应当认定为以危险方法危害公共安全罪。

——马世忠主编、最高人民法院政治部编：《审判实务前沿问题解读——人民法院大讲堂实录》，人民法院出版社2023年版，第488~490页。

296. 高空抛物行为是否构成以危险方法危害公共安全罪

关键词

高空抛物行为　以危险方法危害公共安全罪

附录：最高人民法院主流观点

为了维护人民群众“头顶上”和“脚底下”的安全，最高人民法院 2019 年印发《关于依法妥善审理高空抛物、坠物案件的意见》，2020 年又会同最高人民检察院、公安部印发《关于办理涉窨井盖相关刑事案件的指导意见》。根据《最高人民法院关于依法妥善审理高空抛物、坠物案件的意见》的规定，故意从高空抛弃物品，尚未造成严重后果，但足以危害公共安全的，依照《刑法》第 114 条规定的以危险方法危害公共安全罪定罪处罚；致人重伤、死亡或者使公私财产遭受重大损失的，依照《刑法》第 115 条第 1 款的规定处罚。《刑法修正案（十一）》研究审议过程中，有意见提出，高空抛掷物品行为与放火、决水、爆炸、投放危险物质等刑法明确列举的危害公共安全行为并不有相当性，行为人实施高空抛掷物品行为，有可能是故意，也可能是过失，甚至可能是意外，主观上一般没有故意危害公共安全的故意，认定为以危险方法危害公共安全罪，法定刑明显过高，处刑过重，实践中把大量的高空抛物行为认定为以危险方法危害公共安全罪并不妥当。基于以上考虑，《刑法修正案（十一）》综合各方面意见，在《刑法》分则第 6 章“妨害社会管理秩序罪”第 1 节“扰乱公共秩序罪”中增设了高空抛物罪。增设的《刑法》第 291 条之二规定，从建筑物或者其他高空抛掷物品，情节严重的，处一年以下有期徒刑、拘役或者管制，并处或者单处罚金。根据《刑法》的规定，高空抛物罪和以危险方法危害公共安全罪的构成要件存在明显区别，高空抛掷物品一般不具有危害公共安全的现实危险性，达到情节严重的标准才构成高空抛物罪，而以危险方法危害公共安全行为具有危害公共安全的现实危险性，不需要情节严重或者造成严重后果就可以构成犯罪。在《刑法修正案（十一）》规定高空抛物罪之后，实践中，对于高空抛掷物品的行为，如果没有特殊情况，一般不宜再认定为以危险方法危害公共安全罪。另外，《刑法》第 291 条之二第 2 款还规定，有高空抛物行为，同时构成其他犯罪的，依照处罚较重的规定定罪处罚。该款中所称的“其他犯罪”，包括以危险方法危害公共安全罪、故意杀人罪、故意伤害罪、故意毁坏财物罪、过失致人死亡罪和过失致人重伤罪等罪名。对于极少数情况下的某些高空抛掷物品等行为，例如故意从建筑物或者其他高空向人员密集的公共道路、广场等公共场所连续抛掷多个重物、刀具等物品的行为，足以危及公共安全，具有造成不特定多数人人身伤亡的现实危险性，以高空抛物罪定罪、判处一年以下有期徒刑、拘役或者管制明显偏轻，可以按照《刑法》第 291 条之二第 2 款的规定精神，以以危险方法危害公共安全罪定罪处罚。

——马世忠主编、最高人民法院政治部编：《审判实务前沿问题解读——人民法院大讲堂实录》，人民法院出版社 2023 年版，第 490~491 页。

297. 盗窃电力设备过程中对过往群众施以暴力行为的定性

关键词

盗窃电力设备　破坏电力设备罪　抢劫罪

《刑事审判参考》指导案例

杨辉、石磊等破坏电力设备案（《刑事审判参考》指导案例第 575 号）

裁判要点：盗窃电力设备过程中，以暴力手段控制无抓捕意图的过往群众的不构成抢劫罪，构成破坏电力设备罪。

（一）盗窃电力设备犯罪过程中，以暴力手段控制、殴打无抓捕意图的过往群众，不构成抢劫罪。

抢劫罪，是指以非法占有为目的，以对被害人当场实施暴力或者以当场实施暴力相威胁，或者以使被害人不能抗拒的方法，迫使其当场交出财物或者夺走其财物的行为。在抢劫罪中，行为人采用暴力、胁迫或其他手段，对被害人实施人身攻击，使之产生恐惧，不能反抗或不敢反抗，以达到非法占有他人财物的目的。行为人的抢劫行为有两个指向目标：一种是为劫取财物，对财物所有人、保管人或持有人实施暴力、胁迫或其他人身强制行为（手段行为），这种行为侵害的客体是人身权利；一种是劫取财物的行为（目的行为），它侵害的客体是他人的财产权。与抢劫罪的双重客体相对应，抢劫罪的行为对象因此也是双重的，即除了财物外，还包括人。“人”作为抢劫罪的行为对象，即被害人，常态表现的是针对财物的所有者、保管者或持有者，而不是与对象财物无关的其他人。因为针对财物所有人、保管人或持有人之外的在场人实施暴力，一般情况下达不到迫使财物所有人、保管人、持有人被迫交出财物的目的，不符合抢劫罪的暴力劫财的本质特征。当然，在特定情况下，如在盗窃现场，行为人对财物所有者和协助抓捕的群众实施暴力，也可以实现暴力劫财的效果，符合刑法有关以抢劫定罪的规定。本案中，各被告人长期以盗剪电缆为生，组织严密，分工明确，形成了比较固定的盗窃团伙，他们一般采取秘密窃取的方法盗剪电缆，但当有群众从案发现场附近经过时，为保证犯罪行为的顺利实施，即持凶器控制过往群众，若遇反抗，则殴打反抗者。各被告人采用暴力手段控制过往群众的目的是顺利实施盗剪电缆这一犯罪行为，而不是为了占有过往群众的财物。客观上，各被告人也只是实施了盗剪电缆的行为，并未劫取被其控制之群众的财物；同时，本案中的过往群众也非被剪电缆的所有人或守护人，也无抓捕被告人的意图或行为。各被告人实施暴力，控制过往群众的行为只是手段行为，剪取电缆才是其目的行为，上述行为特征符合破坏电力设备罪和故意伤害罪的牵连犯，应择一重罪处罚。就本案而言，各被告人的行为仅构成破坏电力设备罪，而非抢劫罪，一审法院定性错误，二审法院改判是正确的。

（二）盗窃电力设备过程中，为抗拒抓捕而当场使用暴力或者以暴力相威胁的，可以适用刑法第二百六十九条的规定，以抢劫罪定罪处罚。

前文分析了在盗窃电力设备过程中，行为人控制、殴打对其并无抓捕意图的过往群众的行为不构成转化型抢劫罪，但在司法实践中，行为人盗窃正在使用中的电力设备，为抗拒抓捕而对电力设备的管理者或实施抓捕者当场使用暴力或以暴力相威胁的情况并不鲜见（与此类似的还有盗窃广播电视设施、盗伐林木等），在这种情况下，对行为人能否依刑法第二百六十九条的规定，以抢劫罪定罪处罚，学界的意见并不统一，归纳起来主要有以下三种观点：一是否定说。此观点认为，刑法第二百六十九条规定的“犯盗窃、诈骗、抢夺罪”，只限于侵犯财产罪一章中的普通盗窃、诈骗、抢夺罪，且该前行为必须独立成罪，其他特殊类型的盗窃（如盗窃电力设备）、诈骗（如金融诈骗）、抢夺（如抢夺枪支、弹药）由于刑法规定了单独的罪名和法定刑，就有别于普通盗窃、诈骗、抢夺犯罪，在刑法无明文规定的情况下，不能转化为抢劫罪。二是肯定说。此观点认为，盗窃电力设备，无论是构成破坏电力设备罪，还是盗窃罪；或者是既不构成破坏电力设备罪，也不构成盗窃罪；或者是同时构成破坏电力设备罪与盗窃罪，都不影响其在法定条件下可以转化为抢劫罪。三是区别对待说。此观点认为，对于盗窃电力设备不构成破坏电力设备罪，但构成盗窃罪的，可以转化为抢劫罪；但盗窃电力设备没有构成盗窃罪，只构成破坏电力设备罪的，则不能转化为抢劫罪，理由是破坏电力设备罪属于危害公共安全的犯罪，与转化型抢劫罪的前提条件“犯盗窃罪”不符。

我们认为，盗窃电力设备过程中，为抗拒抓捕而实施暴力或以暴力相威胁的，可以转化为抢劫罪。

首先，转化型抢劫罪的成立并不以前行为构成犯罪为必要。尽管刑法第二百六十九条表述的是“犯盗窃、诈骗、抢夺罪”，但并不意味着要求这些行为事实上已经构成犯罪。因为抢劫罪的成立没有数额限制，故转化型抢劫罪的成立也不应有数额限制，由于转化型抢劫行为人也是“当场”使用暴力或以暴力相威胁，与普通抢劫并无本质区别，所以只能将其理解为行为人有犯盗窃罪、诈骗罪、抢夺罪的故意和行为，才谈得上向抢劫罪的转化，否则会不当缩小转化型抢劫罪的打击范围，有违立法意图。对此，有关司法解释也予以了肯定。1988 年最高人民法院、最高人民检察院发布的《关于如何适用刑法第一百五十三条的批复》[①] 指出："在司法实践中，有的被告人实施盗窃、诈骗、抢夺行为，虽未达到'数额较大'，但为窝藏赃物、抗拒逮捕或者毁灭罪证而当场使用暴力或者以暴力相威胁，情节严重的，可按照刑法第一百五十三条的规定，依照刑法（注：1979 年刑法）第一百五十条抢劫罪处罚"；2005 年《最高人民法院关于审理抢劫、抢夺刑事案件适用法律若干问题的意见》中也再次对此给予明确。据此，只要行为人故意实施了盗窃、诈骗、抢夺行为，无论是否达到构成犯罪的标准，都符合转化型抢劫罪成立的前提条件。

其次，刑法第二百六十九条规定的"盗窃、诈骗、抢夺罪"应理解为类罪。上述否定说的论据之一为，盗窃罪、诈骗罪、抢劫罪都规定在侵犯财产罪一章，其侵犯的共同客体是公私财物的所有权，因此，具有转化为抢劫罪的客体基础；而破坏电力设备罪规定在危害公共安全罪一章，与财产犯罪侵犯的客体不同，不能转化。我们认为，抢劫罪属于侵犯财产犯罪，因此，转化型抢劫罪，其先行行为之对象必须是公私财物，犯罪主观方面也必须具有非法占有的目的。以特定财物为犯罪对象，如盗窃电力设备，与盗窃普通财物在侵犯公私财物所有权这一客体上并无本质的不同，只是罪名有差异。在此情况下，盗窃电力设备的行为构成破坏电力设备罪与盗窃罪的想象竞合，虽然有的情况下不以盗窃罪定罪而以破坏电力设备罪定罪，这是因为在想象竞合的情况下，某一行为同时触犯两个罪名应择一重罪论处，并非其行为不属盗窃行为，不构成盗窃罪，而是根据相关法律适用原则，不以盗窃罪定罪处罚而已。且如前所述，应将刑法第二百六十九条规定的"犯盗窃、诈骗、抢夺罪"理解为实施了盗窃、诈骗、抢夺性质的行为，而不拘泥于罪名，此外，从转化抢劫的立法意图出发，这些特殊盗窃、诈骗、抢夺虽在罪名上有所区别，侵犯的对象有所区别，而其本质上是一样的，都以非法占有为目的，秘密窃取公私财物，或以虚构事实或隐瞒真相的方法骗取他人财物，或公开抢夺公私财物，因此，从理论上讲，普通的盗窃罪、诈骗罪、抢夺罪可以转化为抢劫罪，那么，特殊的盗窃罪、诈骗罪、抢夺罪更可以转化为抢劫罪。如果因为刑法将特殊的盗窃罪、诈骗罪、抢夺罪从普通盗窃罪、诈骗罪、抢夺罪种中分离出来规定为不同罪名，反而使得这些特殊罪不能转化为抢劫罪，这显然破坏了刑法体系解释的当然结论，有违罪刑相适应的原则。因此，刑法第二百六十九条规定的"盗窃、诈骗、抢夺罪"应理解为类罪，而非特指盗窃、诈骗、抢夺三个个罪。

需要指出的是，肯定盗窃电力设备的行为在法定条件下可以转化为抢劫

---

① 本文件已被《最高人民法院、最高人民检察院关于废止 1980 年 1 月 1 日至 1997 年 6 月 30 日期间制发的部分司法解释和司法解释性质文件（第九批）的决定》（法释〔2013〕1 号）废止。

罪，并不意味着最终对行为人以抢劫罪定罪处罚。根据《最高人民法院关于审理盗窃案件具体应用法律若干问题的解释》[①]第十二条的规定，盗窃使用中的电力设备，同时构成盗窃罪和破坏电力设备罪的，应择一重罪处罚。因此，当对盗窃行为选择破坏电力设备罪处罚较重，而盗窃行为又具备转化型抢劫罪的构成时，对行为人应在破坏电力设备罪和抢劫罪中择一重罪处罚。

——最高人民法院刑事审判第一、二、三、四、五庭主办：《刑事审判参考》2009 年第 5 集（总第 70 集），法律出版社 2009 年版，第 1~10 页。

298. 在家中释放天然气用以自杀，但引发室内、室外数次爆炸的，如何认定因果关系

关键词

天然气

《刑事审判参考》指导案例

阎某以危险方法危害公共安全案（《刑事审判参考》指导案例第 1198 号）

裁判要点：因天然气泄漏引发爆炸的案件比较罕见，审理时既要全面审查、判断证实行为人实施故意释放天然气行为的相关证据是否确实、充分，也要综合运用在案证据排除由其他因素引发爆炸的可能性，同时还要对有关疑问作出科学、合理的解释，最终得出唯一的结论。

在司法实践中，因故意释放天然气引发爆炸而构成犯罪的案件并不多见。从实施释放天然气的行为到他人人身财产遭受损害，一般要经历较为复杂的过程，包括长时间释放天然气、空气中天然气达到一定浓度、天然气被引燃、燃烧过程中引发爆炸、爆炸造成人身财产损失等一系列环节。同时，天然气系日常使用的易燃易爆气体，在发生爆炸的场所可能有多个用户在爆炸前使用天然气，确定引发爆炸的天然气来源于行为人故意释放的天然气，需要排除其他用户泄漏天然气引发爆炸的可能性，故认定过程有一定复杂性。

本案是比较典型的在居民区故意释放天然气引发爆炸，致居民楼及其他住户遭受损害的案件。被告人阎某为求自杀而在家中割断天然气软管，致使

---

① 本文件已被《最高人民法院、最高人民检察院关于办理盗窃刑事案件适用法律若干问题的解释》（法释〔2013〕8 号）废止。

天然气大量泄漏的事实，有充分的证据证实，认定上并无疑义。而对于先后发生在阎某楼上住户的小规模爆炸和阎某家中的大规模爆炸，是否均由阎某家中泄漏的天然气引发，在案件审理过程中存在不同意见：一种意见认为，根据在案证据尚无法认定阎某持刀割断天然气软管释放天然气与两次爆炸有因果关系，存在阎某楼上住户或其他住户天然气泄漏的可能性；同时，亦无法认定两次爆炸系天然气爆炸，不排除其他易燃易爆物质爆炸后引发天然气燃烧的可能性。另一种意见认为，根据在案证据足以认定两次爆炸均由阎某家中泄漏的天然气引发，其持刀割断天然气软管释放天然气行为与两次爆炸有因果关系。我们同意第二种意见，具体分析如下。

（一）在案证据足以证实第一次爆炸由 403 室释放的天然气引发

从在案证据来看，发生在 503 室的第一次爆炸由被告人阎某居住的 403 室释放的天然气引发。

（二）在案证据足以证实第二次爆炸发生在 403 室，且由被告人阎某开灯引发

综合分析证据，可以认定第二次爆炸发生在 403 室，且由被告人阎某开灯点燃厨房泄漏的天然气引发。

发生在 403 室的第二次爆炸比第一次更为剧烈，且直接造成被害人詹某某死亡，在通过在案证据认定被告人阎某开灯引发天然气爆炸事实的同时，从排除合理怀疑的角度出发，还应对以下两个问题进行合理解释：一是 403 室内空气中的天然气浓度在爆炸前是否达到爆炸临界点？是否有其他易燃易爆物质引发爆炸？二是为什么爆炸发生在 403 室厨房，但卧室受损更为严重，爆炸产生的冲击波还造成邻居詹某某死亡，而身处厨房的阎某本人仅受轻伤？

1. 关于第一个问题。据相关专家介绍，空气中天然气含量达到一定比例（一般为 5%~15%）后会引发爆炸，但割断胶管后释放出的天然气总量无法准确计算，根据以往办案经验，天然气释放两三个小时后足以达到发生爆炸的浓度。403 室建筑面积为 $36m^2$（实际使用面积不详），按此类房屋通常层高 2.7 米计算，则室内总体积为 $97.2m^3$，若按实际使用面积计算，总体积应不超过 $90m^3$，考虑到室内设施、用品还占有一定体积，故实际可容纳气体的体积明显小于 $90m^3$。该室燃气表显示每小时最大释放量为 $4m^3$，按阎某所供至第二次爆炸时已放气约两小时，可释放天然气约 $8m^3$，天然气如无外泄，则室内浓度为 8.9%（室内总体积以 $90m^3$ 计算）。即使有部分天然气泄漏至楼上，考虑到该室容纳气体的实际体积不足 $90m^3$，厨房处天然气浓度可能相对较高等情况，认定该室发生爆炸时天然气浓度（至少是局部浓度）已达到爆炸临界点与科学常理并无明显矛盾。也就是说，在没有其他易燃易爆物质参与的情况下，该室内的天然气遇到电火花后足以发生燃烧、爆炸。上述测

算虽然并不精确，但对解释爆炸发生的原因，增强内心确信有较大帮助。此外，现场勘查情况及相关技术鉴定显示，现场并未发现天然气以外的其他易燃易爆物质爆炸的痕迹。

2. 关于第二个问题。据相关专家介绍，天然气爆炸确有距离爆炸点较远的位置受损反而更严重的特点，引发爆炸的起火点处往往爆炸并不剧烈，冲击波经过传导可在较远处形成更剧烈的爆炸，大量的实际案例中存在这种现象，但形成此现象的具体原理尚待研究。本案第二次爆炸发生在厨房，但在卧室及室外造成更严重的损害，符合天然气爆炸的特点。

综上，根据在案证据及相关论证可认定先后发生的两次爆炸均由被告人阎某释放的天然气引发。因天然气泄漏引发爆炸的案件比较罕见，证实此类犯罪的证据体系也与抢劫、故意杀人等常见犯罪明显不同，审理时既要全面审查、判断证实行为人实施故意释放天然气行为的相关证据是否确实、充分，也要综合运用在案证据排除由其他因素引发爆炸的可能性，同时还要对有关疑问作出科学、合理的解释，最终得出唯一的结论。

——最高人民法院刑事审判第一、二、三、四、五庭主办：《刑事审判参考》（总第 110 辑），法律出版社 2018 年版，第 34~38 页。

299. 非法制造、买卖、运输、邮寄、储存枪支、弹药、爆炸物罪中“非法储存”的理解

关键词

非法制造、买卖、运输、邮寄、储存枪支、弹药、爆炸物罪　非法储存

最高人民法院司法解释

第八条　刑法第一百二十五条第一款规定的“非法储存”，是指明知是他人非法制造、买卖、运输、邮寄的枪支、弹药而为其存放的行为，或者非法存放爆炸物的行为。

——《最高人民法院关于审理非法制造、买卖、运输枪支、弹药、爆炸物等刑事案件具体应用法律若干问题的解释》（2009 年 11 月 16 日修正）。

附录：理解与适用

《最高人民法院〈关于修改《关于审理非法制造、买卖、运输枪支、弹药、爆炸物等刑事案件具体应用法律若干问题的解释》的决定〉的理解与适用》第 1 条是对非法储存定义的修改。《解释》第 8 条第 1 款的内容为：“《刑法》第一百二十五条第一款规定的‘非法储存’，是指明知是他人非法制造、

买卖、运输、邮寄的枪支、弹药、爆炸物而为其存放的行为。”《决定》第 1 条将其修改为：“《刑法》第一百二十五条第一款规定的‘非法储存’，是指明知是他人非法制造、买卖、运输、邮寄的枪支、弹药而为其存放的行为，或者非法存放爆炸物的行为。”这样修改，就把非法存放通过各种途径获得的爆炸物都囊括进来，既堵塞了在打击非法储存爆炸物犯罪方面的漏洞，又继续坚持了《解释》确定的非法储存枪支、弹药罪和非法持有、私藏枪支、弹药罪的区分标准。

——周海洋：《〈关于修改《关于审理非法制造、买卖、运输枪支、弹药、爆炸物等刑事案件具体应用法律若干问题的解释》的决定〉的理解与适用》，载《人民司法·应用》2010 年第 1 期（总第 588 期）。

《最高人民法院公报》案例

李发奎、李成奎、李向奎、苏正喜、苏强正、邓开兴非法买卖、储存爆炸物，非法采矿，重大劳动安全事故罪，不报安全事故，行贿案

裁判要点：非法购买炸药、雷管用于生产，构成非法买卖、储存爆炸物罪。

被告人李发奎、李成奎、苏正喜等非法买卖、储存炸药、雷管，造成严重后果，情节严重，构成非法买卖、储存爆炸物罪；被告人李发奎、李成奎、李向奎、苏正喜、苏强全、邓开兴违反矿产资源法规，未取得采矿许可证擅自采矿，被责令停止开采而拒不执行，造成矿产资源严重破坏，构成非法采矿罪；被告人李发奎、李成奎、李向奎明知矿井安全生产设施和安全生产条件不符合国家规定，仍然组织矿工进行井下生产作业，造成重大伤亡事故，情节特别恶劣，构成重大劳动安全事故罪；被告人李发奎、李成奎、李向奎、苏正喜、苏强全在安全事故发生后，分工负责，相互配合，隐瞒事故真相，贻误事故抢救，情节特别严重，构成不报安全事故罪；被告人李发奎、李成奎、李向奎为谋取不正当利益，共同或单独多次给予国家工作人员钱物，构成行贿罪；被告人李发奎在非法买卖、储存爆炸物、非法采矿、重大劳动安全事故、不报安全事故、行贿犯罪中起主要作用，应承担主要责任。被告人李成奎在非法买卖、储存爆炸物罪具体实施中作用次于李发奎，可依法从轻处罚；在其他犯罪中应承担主要责任。被告人李向奎、苏正喜、苏强全、邓开兴在犯罪中地位、作用次于李发奎、李成奎。被告人苏强全有自首情节，依法从轻处罚。

——《最高人民法院公报》2012 年第 3 期。

说明

2009年11月16日，最高人民法院公布了《关于修改〈关于审理非法制造、买卖、运输枪支、弹药、爆炸物等刑事案件具体应用法律若干问题的解释〉的决定》对2001年的《关于审理非法制造、买卖、运输枪支、弹药、爆炸物等刑事案件具体应用法律若干问题的解释》（法释〔2001〕15号）进行修正，该决定自2010年1月1日起施行。

300. 以收藏为目的购买枪支、弹药的行为的定性

关键词

非法买卖枪支、弹药罪　非法持有枪支、弹药罪

《刑事审判参考》指导案例

王挺等走私武器、弹药，非法买卖枪支、弹药，非法持有枪支、弹药案
（《刑事审判参考》指导案例第1075号）

裁判要点：被告人出于个人爱好而购买枪支、弹药，其行为已经构成买卖枪支、弹药罪，但考虑到其目的不是实施违法犯罪活动或转卖牟利，客观上枪弹也没有流入社会用于其他违法犯罪活动，其行为的危害性相对较小，因此在量刑时可以适当从宽处罚。

（二）从实质解释的角度来看，行为人是否具有牟利目的，不影响对非法买卖枪支、弹药行为的定性

刑法及相关司法解释均未规定非法买卖枪支、弹药罪需具有牟利目的，涉枪犯罪属于严重危害公共安全的犯罪，不是经济犯罪，要求构成此类犯罪具有牟利目的也不具有犯罪构成上的正当性。实践中，对因个人爱好，出于收藏目的购买枪支、弹药行为的危害，存在一定的认识误区。有观点认为，行为人买枪后未用于非法活动，亦未转卖牟利，对公共安全未造成严重危害的，认定为非法持有型犯罪足以罚当其罪。我们认为，我国历来严格控制枪支、弹药的流转，禁止个人买卖、持有。非法买卖的行为人对获取枪支、弹药具有较强的主动性，往往根据其需要通过非法渠道购买，这种非法交易既刺激了枪支、弹药的非法流转，也使其持有规模随意扩大，一旦枪支、弹药因被盗等原因流入社会，后果不堪设想，对公共安全具有极大的潜在风险，必须依法以非法买卖枪支、弹药罪予以惩处。本案中，被告人薛风非法购买

各类枪支8支，另非法持有各类枪支6支、弹药3万余发。如果不是非法购买，其不可能持有数量巨大、种类多样的枪支、弹药。刑法规定非法买卖枪支、弹药罪，是基于此类行为对公共安全造成的抽象危险，并不要求造成实际损害，因此不能因为未发生实际损害，不具有牟利目的，就转而认定为较轻罪名，对此类犯罪蕴藏的巨大潜在危害，必须给予充分的刑法评价。

同时也应注意，被告人薛风、刘正东、张鹏飞、刘欢等4人对枪支、弹药的喜好，不属于生产、生活需要，但考虑到薛风等人买枪的目的不是实施违法犯罪活动或转卖牟利，客观上枪弹也没有流入社会用于其他违法犯罪活动，其行为的危害性相对较小，量刑时可以比照司法解释的有关规定适当从宽。一、二审法院在法定量刑幅度内对薛风等人从宽处罚，也体现了这一点。

——最高人民法院刑五庭:《王挺等走私武器、弹药，非法买卖枪支、弹药，非法持有枪支、弹药案》，载最高人民法院刑事审判第一、二、三、四、五庭主办:《刑事审判参考》(总第103集)，法律出版社2016年版，第22~24页。

301. 确因生产、生活所需，非法买卖爆炸物的行为的定罪量刑

关键词

非法买卖爆炸物罪　生产、生活所需　情节严重

最高人民法院司法解释

第九条　因筑路、建房、打井、整修宅基地和土地等正常生产、生活需要，或者因从事合法的生产经营活动而非法制造、买卖、运输、邮寄、储存爆炸物，数量达到本《解释》第一条规定标准，没有造成严重社会危害，并确有悔改表现的，可依法从轻处罚；情节轻微的，可以免除处罚。

具有前款情形，数量虽然达到本《解释》第二条规定标准的，也可以不认定为刑法第一百二十五条第一款规定的“情节严重”。

在公共场所、居民区等人员集中区域非法制造、买卖、运输、邮寄、储存爆炸物，或者因非法制造、买卖、运输、邮寄、储存爆炸物三年内受到两次以上行政处罚又实施上述行为，数量达到本《解释》规定标准的，不适用前两款量刑的规定。

——《最高人民法院关于审理非法制造、买卖、运输枪支、弹药、爆炸物等刑事案件具体应用法律若干问题的解释》(2009年11月16日修正)。

最高人民法院司法政策精神

各省、自治区、直辖市高级人民法院，解放军军事法院、新疆维吾尔自治区高级人民法院生产建设兵团分院：

我院于2001年9月17日发出《对执行〈关于审理非法制造、买卖、运输枪支、弹药、爆炸物等刑事案件具体应用法律若干问题的解释〉有关问题的通知》（以下简称《通知》）后，一些高级人民法院向我院请示，对于符合《通知》的要求，但是已经依照我院于2001年5月16日公布的《关于审理非法制造、买卖、运输枪支、弹药、爆炸物等刑事案件具体应用法律若干问题的解释》（以下简称《解释》）作出生效裁判的案件，当事人提出申诉的，人民法院能否根据《通知》精神再审改判等问题。为准确适用法律和司法解释，现就有关问题通知如下：

《解释》公布后，人民法院经审理并已作出生效裁判的非法制造、买卖、运输枪支、弹药、爆炸物等刑事案件，当事人依法提出申诉，经审查认为生效裁判不符合《通知》规定的，人民法院可以根据案件的具体情况，按照审判监督程序重新审理，并依照《通知》规定的精神予以改判。

——《最高人民法院关于处理涉枪、涉爆申诉案件有关问题的通知》（2003年1月15日，法〔2003〕8号）。

附录：理解与适用

《〈关于修改《关于审理非法制造、买卖、运输枪支、弹药、爆炸物等刑事案件具体应用法律若干问题的解释》的决定〉的理解与适用》第2条共3款，解决了三个方面的问题：一是将生产、生活明确为筑路、建房、打井、整修宅基地和土地等正常生产、生活以及合法的生产经营活动，这就明确界定了生产、生活的范围，有利于审判实践操作；二是解决了《解释》没有规定减轻处罚而带来的刑罚适用难题，将定罪量刑的数量标准和其他情节结合起来，综合考察犯罪行为是否达到了情节严重的程度，以此来决定是否适用情节严重所对应的法定刑；三是规定了从轻、不认定为情节严重、免除处罚的除外情形，对在公共场所、居民区等人员集中区域实施涉爆炸物犯罪行为，即使因筑路、建房、打井、整修宅基地和土地等正常生产、生活所需以及从事合法的生产经营活动，也不能降低刑事处罚强度，以更为有效地维护公共安全。

《决定》第3条没有实质性内容，由于《决定》第2条是对《解释》新增加的一条，作为《解释》的第9条，那么《解释》的原第9条就变更为第10条。《决定》第3条是对此变更的一个说明。

关于生产、生活内涵的明确。《决定》第2条对生产、生活的内涵进行了明确，将其限定为筑路、建房、打井、整修宅基地和耕地等正常的生产、生活和合法的生产经营活动，这一规定符合法律精神和当前实际。在调研中我们了解到，原来利用非法制造、买卖、运输的爆炸物进行非法生产经营活动的地区，主要是非法采挖矿产资源较为严重的山西以及非法生产、销售烟花爆竹的湖南等地。现在，这些地区的行政管理力度进一步加大，行政执法行为进一步规范，对非法生产经营活动的整治力度不断加强，非法开采的煤窑和非法生产烟花爆竹的小作坊等基本被打击、取缔、关闭，为非法生产经营活动而非法制造、买卖、运输爆炸物的现象经有关管理部门重点整治、打击，现在已大大减少。

将生产、生活的内涵进行这样的限定，有利于打击非法的生产经营活动，体现刑法的严肃性和导向功能。非法的生产经营活动本身就是应当被禁止的，因进行非法的生产经营活动而实施非法的涉爆行为，安全性是无法保障的，更应当制止，不能迁就。同时，这样规定能够为行政执法和监管提供有力的刑事保障，促进经济健康安全发展，更好地实现科学发展的目标。另外，从维护国家安全和社会治安需要出发，打击"三股势力"、严重暴力犯罪的任务短期内不会减轻，对枪支、弹药、爆炸物的管控只能进一步加强，而不能有丝毫的放松。杜绝和堵塞枪支、弹药、爆炸物流入不法分子手中的一切可能途径，是包括法院在内的司法机关的重要职责。

关于情节严重的理解。有同志认为，《决定》规定因正常生产、生活需要和合法的生产经营活动而实施涉爆犯罪，数量虽然达到处10年以上有期徒刑、无期徒刑或者死刑的标准，但可以不认定为情节严重，这是否意味着规定了减轻处罚情节？我们认为，这不是规定了减轻处罚，而是此类犯罪行为没有达到情节严重，所以不能按照情节严重处罚。由于现实情况的复杂性，一些因正常生产、生活和合法的生产经营活动而实施的非法涉爆行为并没有造成严重的社会危害，其社会危害性决定了不能在10年以上有期徒刑、无期徒刑或者死刑的幅度内判处刑罚。一般讲，法院的司法解释不宜直接规定哪些情节具有减轻处罚功能，但有权规定哪些情节属于情节严重，哪些情节不属于情节严重。《决定》第2条第2款规定："具有前款情形（第一款规定的情形：因筑路、建房、打井、整修宅基地和土地等正常生产、生活需要，或者因从事合法的生产经营活动而非法制造、买卖、运输、邮寄、储存爆炸物，没有造成严重社会危害，并确有悔改表现的），数量虽达到本解释第2条规定标准的，也可以不认定为《刑法》第一百二十五条第一款规定的'情节严重'。"这样规定能够将数量和其他情形结合起来认定犯罪行为是否情节严重，而不仅仅根据数量认定情节严重，更符合实际情况，也更符合立法精神。根据这一规定，对于那些数量虽达到《解释》第2条规定的标准，但如果具有上述特定情形的行为，不认定为情节严重，人民法院就可以在第一个法定刑幅度内量刑，这样就有效地解决了此前需要减轻处罚才能解决的难题。

——周海洋：《〈关于修改《关于审理非法制造、买卖、运输枪支、弹药、爆炸物等刑事案件具体应用法律若干问题的解释》的决定〉的理解与适用》，载《人民司法·应用》2010年第1期（总第588期）。

《最高人民法院公报》案例

铜陵市狮子山区人民检察院诉查从余、黄保根非法买卖爆炸物案（判决时间：2004年11月5日，最高人民法院复核）

裁判摘要：被告人非法买卖炸药的行为，已构成非法买卖爆炸物罪，但鉴于其确因生活所需非法买卖炸药，没有造成严重社会危害，经教育确有悔改表现，可以在法定刑以下判处刑罚。

最高人民法院复核认为：被告人查从余、黄保根非法买卖炸药的行为，已构成非法买卖爆炸物罪。非法买卖爆炸物情节严重，应依法惩处。鉴于查从余、黄保根确因生活所需非法买卖炸药，没有造成严重社会危害，经教育确有悔改表现，对二被告人可以在法定刑以下判处刑罚。一、二审判决认定的事实清楚，证据确实、充分，定罪准确。审判程序合法。二审判决量刑适当。

——《最高人民法院公报》2005年第5期。

《刑事审判参考》指导案例

吴传贵等非法制造、买卖爆炸物案（《刑事审判参考》指导案例第361号）

裁判要点：行为人确因生产、生活所需而非法制造、买卖爆炸物，没有造成严重社会危害，经教育确有悔改表现的，可依法免除或者从轻处罚。炸药的爆炸是在炸药卖出后的存储中发生，非法制造、买卖炸药的行为与爆炸的发生不是典型的直接的因果关系，应从轻处罚。

鉴于这种情况，最高人民法院又于2001年9月17日公布了《对执行〈关于审理非法制造、买卖、运输枪支、弹药、爆炸物等刑事案件具体应用法律若干问题的解释〉有关问题的通知》(以下简称《通知》)[①]。《通知》规定，对于《解释》施行后发生的行为，行为人确因生产、生活所需而非法制造、买卖爆炸物，没有造成严重社会危害，经教育确有悔改表现的，可依法免除或者从轻处罚。这一规定实际上在《解释》确立的追究刑事责任的数量标准中划出了一部分，即对于确因生产、生活所需而非法制造、买卖爆炸物的案件，在确定刑罚时，不以数量为标准，而且确立了对这种情况的免除和从轻处罚的精神。行为人非法生产的炸药主要卖给煤矿用于生产，对这种非法制造炸药的行为，应当依照《通知》的精神，从轻处罚。

《刑法》第125条规定的“情节严重”，与非法制造、买卖、运输、邮寄、存储爆炸物之间应当是直接的因果关系。炸药的爆炸是在炸药卖出后的存储中发生，非法制造、买卖炸药的行为与爆炸的发生不是典型的直接的因果关系。即非法制造炸药的行为与炸药发生爆炸这一后果之间的距离比典型的因果关系之间的距离远，相应地，行为人承担这一后果的刑事责任也应当轻。

——最高人民法院刑事审判第一庭、第二庭编:《刑事审判参考》2005年第5集(总第46集)，法律出版社2006年版，第19~25页。

302. 非法制造、买卖、运输、邮寄、储存、持有、私藏、走私以压缩气体为动力且枪口比动能较低的枪支的定罪量刑

关键词

非法制造、买卖、运输、邮寄、储存枪支、弹药、爆炸物罪　非法持有、私藏枪支、弹药罪　走私武器、弹药罪

最高人民法院司法解释

一、对于非法制造、买卖、运输、邮寄、储存、持有、私藏、走私以压缩气体为动力且枪口比动能较低的枪支的行为，在决定是否追究刑事责任以及如何裁量刑罚时，不仅应当考虑涉案枪支的数量，而且应当充分考虑涉案枪支的外观、材质、发射物、购买场所和渠道、价格、用途、致伤力大小、是否易于通过改制提升致伤力，以及行为人的主观认知、动机目的、一贯表现、违法所得、是否规避调查等情节，综合评估社会危害性，坚持主客观相统一，确保罪责刑相适应。

——《最高人民法院、最高人民检察院关于涉以压缩气体为动力的枪支、

① 本文件已被《最高人民法院关于废止1997年7月1日至2011年12月31日期间发布的部分司法解释和司法解释性质文件(第十批)的决定》(法释〔2013〕7号)废止。

气枪铅弹刑事案件定罪量刑问题的批复》（2018 年 3 月 8 日，法释〔2018〕8 号）。

附录：理解与适用

《最高人民法院、最高人民检察院关于涉以压缩气体为动力的枪支、气枪铅弹刑事案件定罪量刑问题的批复》（以下简称《批复》）第 1 条规定："对于非法制造、买卖、运输、邮寄、储存、持有、私藏、走私以压缩气体为动力且枪口比动能较低的枪支的行为，在决定是否追究刑事责任以及如何裁量刑罚时，不仅应当考虑涉案枪支的数量，而且应当充分考虑涉案枪支的外观、材质、发射物、购买场所和渠道、价格、用途、致伤力大小、是否易于通过改制提升致伤力，以及行为人的主观认知、动机目的、一贯表现、违法所得、是否规避调查等情节，综合评估社会危害性，坚持主客观相统一，确保罪责刑相适应。"据此，对于非法制造、买卖、运输、邮寄、储存、持有、私藏、走私以压缩气体为动力且枪口比动能较低的枪支案件，在决定是否追究刑事责任以及如何裁量刑罚时，不应当唯枪支数量论，而应当根据案件情况综合评估社会危害性。具体而言，除涉案枪支的数量外，还应当充分考虑如下情况：

一是涉案枪支的外观、材质、发射物、购买场所和渠道、价格。这主要是考虑到实践中一些以压缩气体为动力且枪口比动能较低的枪支，虽然经鉴定枪口比动能达到了枪支认定标准，但是从其外观看一般人明显不会认识到系枪支（如玩具枪），材质通常不同于一般枪支（如使用材质较差的塑料），发射物明显致伤力较小（如发射 BB 弹），就购买场所和渠道而言一般人认为购买不到枪支（如玩具市场），就价格而言一般人认为不可能是枪支的对价（如仅花费了几十元钱）。对于上述情形，在决定是否追究刑事责任以及如何裁量刑罚时，就应当根据相应情节作出特别考虑。

二是涉案枪支的致伤力大小、是否易于通过改制提升致伤力。以压缩气体为动力的枪支的枪口比动能区间较大，且由于发射物不同，枪支致伤力存在明显差异。因此，在办理具体案件时，应当要求公安机关做好涉案枪支的鉴定工作，涉案枪支的鉴定意见要载明枪支的数量、发射物、枪口比动能的具体数值等情况，以便判断其致伤力大小。此外，此类枪支中的部分枪支，其本身致伤力不大，但易于通过改制达到较大致伤力，具有更大的社会危害性。对于是否易于通过改制提升致伤力，应当由公诉机关予以证明，必要时可以通过鉴定人、有专门知识的人出庭作证的方式作进一步判断。

三是涉案枪支的用途和行为人的主观认知、动机目的、一贯表现、违法所得、是否规避调查等情节。这主要侧重从行为人角度对社会危害性进行考量。特别是，要坚持主客观相统一，防止客观归罪，即只要涉案枪支经鉴定认定为枪支即追究刑事责任，而对行为人主观上是否明知涉案物品系枪支置之不顾。根据主客观相统一原则的要求，对于此类案件的处理，要根据在案证据对行为人主观明知作出准确认定，对于不能认定行为人主观上明知涉案物品系枪支的，不认定为犯罪。例如，赵某某、朱某某夫妇在集贸市场内销售玩具枪，公安机关从其作为玩具出售的枪状物中起获 43 支，经鉴定均为以弹簧为动力转化为压缩气体发射球形弹丸，其中有 18 支为枪支。在本案的审查起诉阶段，检察机关认为，赵某某、朱某某夫妇在集贸市场内销售玩具枪，认定其主观上明知出售的物品系枪支，进而认定其主观上具有非法买卖枪支的故意的证据不足，依法作出存疑不起诉处理。该案的处理，正是从主观明知方面作了准确判断，体现了主客观相统一原则的基本要求。

此外，对行为人的动机目的、违法所得的考量，主要考虑以牟利或者实施其他违法犯罪为目的，非法制造、买卖、运输、邮寄、储存、持有、私藏、走私枪支的行为，社会危害性较大。相反，对于以收藏、娱乐为目的，非法购买、持有以压缩气体为动力、枪口比动能较低且不属于易于通过改制提升致伤力的枪支的，社会危害性相对较小，应当依法从宽处罚；如果行为人系初犯，确有悔改表现，没有造成严重后果的，可以依法不起诉或者免予刑事处罚；情节显著轻微危害不大的，不以犯罪论处；确有必要判处刑罚的，可以非法持有枪支罪依法从宽处罚。对行为人是否规避调查的考量，主要考虑行为人是否采用伪装、隐藏等有意规避有关部门调查的方式实施上述涉枪违法犯罪的行为。

需要注意的是，涉以压缩气体为动力的枪支的案件情况非常复杂，在决定是否追究刑事责任以及如何裁量刑罚时，需要考量的因素较多。基于此，《批复》未对枪口比动能较低的具体数值作出规定，以避免影响具体案件的妥当处理。司法实践中，可以大致以 11 焦耳 / 平方厘米作为枪口比动能高低的界分标准，但不应受制于这一数值，而应当根据案件具体情况综合评估社会危害性，确保案件处理的法律效果与社会效果的统一。

顺带提及的是，司法实践中对于涉火柴枪等其他致伤力较低的枪支的案件的处理，同样存在类似的问题。鉴于相关问题尚待进一步总结司法经验，《批复》未作明确规定。但是，处理具体案件时，可以根据《批复》的精神，在决定是否追究刑事责任以及如何裁量刑罚时，综合评估社会危害性，坚持主客观相统一，实现罪责刑相适应。

——最高人民法院研究室刑事处：《〈关于涉以压缩气体为动力的枪支、气枪铅弹刑事案件定罪量刑问题的批复〉的理解与适用》，载《人民司法·应用》2018 年第 13 期（总第 816 期）。

303. 非法制造、买卖、运输、邮寄、储存、持有、私藏、走私气枪铅弹的定罪量刑

关键词

非法制造、买卖、运输、邮寄、储存枪支、弹药、爆炸物罪　私藏枪支、弹药罪　走私武器、弹药罪　气枪铅弹

最高人民法院司法解释

二、对于非法制造、买卖、运输、邮寄、储存、持有、私藏、走私气枪铅弹的行为，在决定是否追究刑事责任以及如何裁量刑罚时，应当综合考虑气枪铅弹的数量、用途以及行为人的动机目的、一贯表现、违法所得、是否规避调查等情节，综合评估社会危害性，确保罪责刑相适应。

——《最高人民法院、最高人民检察院关于涉以压缩气体为动力的枪支、气枪铅弹刑事案件定罪量刑问题的批复》（2018 年 3 月 8 日，法释〔2018〕8 号）。

附录：理解与适用

《最高人民法院、最高人民检察院关于涉以压缩气体为动力的枪支、气枪铅弹刑事案件定罪量刑问题的批复》（以下简称《批复》）第 2 条规定："对于非法制造、买卖、运输、邮寄、储存、持有、私藏、走私气枪铅弹的行为，在决定是否追究刑事责任以及如何裁量刑罚时，应当综合考虑气枪铅弹的数量、用途以及行为人的动机目的、一贯表现、违法所得、是否规避调查等情节，综合评估社会危害性，确保罪责刑相适应。"据此，对于非法制造、买卖、运输、邮寄、储存、持有、私藏、走私气枪铅弹的行为，也要避免唯数量论，而应当根据案件情况综合评估社会危害性，妥当决定是否追究刑事责任以及如何裁量刑罚，确保罪责刑相适应。

顺带提及的是，除气枪铅弹外，用其他金属加工的气枪弹与气枪铅弹具有大致相当的致伤力。因此，为避免司法实践中对气枪铅弹作机械把握，《批复》明确气枪铅弹是指用铅、铅合金或者其他金属加工的气枪弹。

——最高人民法院研究室刑事处：《〈关于涉以压缩气体为动力的枪支、气枪铅弹刑事案件定罪量刑问题的批复〉的理解与适用》，载《人民司法·应用》2018 年第 13 期（总第 816 期）。

304.“非法买卖”毒害性物质并不需要兼有买进和卖出的行为

关键词

非法买卖、储存危险物质

最高人民法院指导性案例

王召成等非法买卖、储存危险物质案（最高人民法院指导案例 13 号）

裁判要点：“非法买卖”毒害性物质，是指违反法律和国家主管部门规定，未经有关主管部门批准许可，擅自购买或者出售毒害性物质的行为，并不需要兼有买进和卖出的行为。

被告人王召成、金国淼、孙永法、钟伟东、周智明在未取得剧毒化学品使用许可证的情况下，违反国务院《危险化学品安全管理条例》等规定，明知氰化钠是剧毒化学品仍非法买卖、储存，危害公共安全，其行为均已构成非法买卖、储存危险物质罪，且系共同犯罪。关于王召成的辩护人提出的辩护意见，经查，氰化钠虽不属于禁用剧毒化学品，但系列入危险化学品名录中严格监督管理的限用的剧毒化学品，易致人中毒或者死亡，对人体、环境具有极大的毒害性和极度危险性，极易对环境和人的生命健康造成重大威胁和危害，属于刑法第一百二十五条第二款规定的“毒害性”物质；“非法买卖”毒害性物质，是指违反法律和国家主管部门规定，未经有关主管部门批准许可，擅自购买或者出售毒害性物质的行为，并不需要兼有买进和卖出的行为；王召成等人不具备购买、储存氰化钠的资格和条件，违反国家有关监管规定，非法买卖、储存大量剧毒化学品，逃避有关主管部门的安全监督管理，破坏危险化学品管理秩序，已对人民群众的生命、健康和财产安全产生现实威胁，足以危害公共安全，故王召成等人的行为已构成非法买卖、储存危险物质罪，上述辩护意见不予采纳。王召成、金国淼、孙永法、钟伟东、周智明到案后均能如实供述自己的罪行，且购买氰化钠用于电镀生产，未发生事故，未发现严重环境污染，没有造成严重后果，依法可以从轻处罚。根据五被告人的犯罪情节及悔罪表现等情况，对其可依法宣告缓刑。公诉机关提出的量刑建议，王召成、钟伟东、周智明请求从轻处罚的意见，予以采纳，故依法作出如上判决。

——《最高人民法院关于发布第四批指导性案例的通知》（2013 年 1 月 31 日，法〔2013〕24 号）。

说明

该指导案例裁判要点根据立法本意，明确了剧毒化学品氰化钠等属于刑法规定的毒害性物质，非法买卖毒害性物质并不需要兼有买进和卖出的行为，从而解决了司法实践中的认识分歧和争议，对于统一司法标准，依法惩治相关犯罪，促进危险化学品的依法安全生产、经营和管理，防范和遏制安全事故发生，防治环境污染，保障社会公共安全，具有重要现实意义。同时，该案例具有宣传法治和教育群众的作用，有利于引导大家在生产经营中自觉守法，杜绝违法生产和经营，防患于未然，从而促进平安中国和美丽中国建设。

附录：最高人民法院主流观点

（二）关于买卖危险物质是否必须兼有买进和卖出行为问题

对这一问题，司法实践中有两种相反的不同意见：持肯定意见的认为，这里的“买卖”应当兼有“买”和“卖”的行为，为自己使用而购买且没有出卖行为的，不构成买卖危险物质罪。持否定意见的则认为，买卖危险物质，只要有买的行为或者卖的行为即可构成犯罪，无需兼有买和卖的行为。

持肯定意见的主要理由如下：其一，从文义解释来看，单纯购买行为不属于刑法规定的“买卖”。“买卖”是指“生意”，是一种买进后再卖出的商业经营活动，仅仅是为自己使用而买进的行为不能称之为“买卖”。其二，刑法和司法解释并未明确规定单纯购买行为也构成“买卖”型犯罪。刑法在其他罪名中规定销售、收购、出售、购买等，而不用买卖来概括，就是例证。其三，单纯购买人为了自己生产或生活使用，一般不会造成危害公共安全的严重后果。且此类购买者往往众多，对买者进行刑事追究，打击面过大。因此，五被告人中只有王召成同时有购买和加价出售氰化钠的行为，应以非法买卖危险物质罪追究刑事责任，其余被告人仅有购买行为，不构成非法买卖危险物质罪。

该指导案例持否定意见，认为买卖危险物质是指购买或者出售危险物质，并不需要兼有买进和卖出的行为。主要理由如下：

1. 从刑法规定来看，在刑法规定的买卖型犯罪中，单纯的买进或者卖出、兼有买进和卖出的行为均可构成犯罪。从买卖的语义范围及其行为表现方式来看，买卖包括既买进又卖出、买进、卖出三种情形。对于买卖型犯罪，如果同时惩罚买卖的行为，刑法在罪状表述上一般直接采用“买卖”一词，如买卖国家机关公文、证件、印章罪，非法买卖警用装备罪，买卖毒品原植物种子、幼苗罪，非法买卖枪支、弹药、爆炸物罪；或者同时表述买和卖的行为，如出售、购买、运输假币罪；或对买和卖的行为各自确定罪名，如非法出售增值税专用发票罪、非法购买增值税专用发票罪、购买伪造的增值税专用发票罪。如果刑法仅惩罚出卖行为，则在罪状表述上采用“出卖、贩卖、销售、倒卖”等，如擅自出卖国有档案罪，贩卖毒品罪，销售有毒、有害食品罪，倒卖车船票罪。

2. 从体系解释来看，刑法中相同用语应当具有相同含义。司法实践中，对于其他买卖型犯罪，也并未要求兼有买和卖的行为。例如，非法买卖枪支、弹药、爆炸物罪，贩卖毒品罪，买卖国家机关公文、证件、印章罪，非法买卖警用装备罪，非法买卖制毒物品罪，非法买卖毒品原植物种子、幼苗罪，买卖武装部队公文、证件、印章罪，非法买卖军用标志罪等，只要有买或卖的行为之一，即可构成犯罪，并不需要兼有买和卖的行为。反之，如果要求非法买卖毒害性物质兼有买、卖行为，不仅破坏了刑法用语的一致性，而且会放纵大部分买卖型犯罪，难以有效惩治此类犯罪和保障公共安全。

3. 从相关司法解释来看，买卖并不需要兼有买进和卖出。早在1994年12月20日，《最高人民法院关于执行〈全国人民代表大会常务委员会关于禁毒的决定〉的若干问题的解释》[①]第二部分“走私、贩卖、运输、制造毒品罪”中就曾指出：“贩卖毒品，是指明知是毒品而非法销售或者以贩卖为目的而非法收买毒品的行为。”尽管这一司法解释因刑法修订而失效，但修订后的刑法对该罪的规定没有变化，仍然具有参照价值。2012年5月16日《最高人民检察院、公安部关于公安机关管辖的刑事案件立案追诉标准的规定（三）》中第一条第三款指出，该条（走私、贩卖、运输、制造毒品罪）规定的“贩卖”是指明知是毒品而非法销售或者以贩卖为目的而非法收买的行为。第六条第三款规定只要有销售易制毒化学品的情形，即可以非法买卖制毒物品案立案追诉，并未要求兼有买、卖行为。

4. 从与行政法规协调角度来看，“买卖”无须兼有买进和卖出。国务院《危险化学品安全管理条例》第三十八条、第四十条、第四十二条规定，个人不得购买剧毒化学品（农药除外），禁止向个人销售剧毒化学品，使用剧毒化学品的单位不得出借、转让其购买的剧毒化学品。因此，为了保障该法规的实施，搞好刑法与行政法规的衔接和协调，非法买卖毒害性物质，不应当仅限于兼有买进和卖出的行为。

5. 从社会危害性来看，非法买进或者卖出危险物质的行为，与兼有买进与卖出危险物质的行为同样具有社会危害性。非法买卖毒害性物质的社会危害性，主要是体现在非法买进或者卖出危险物质，违反了国家监管规定，对社会公共安全造成严重威胁，而不体现在买进、卖出危险物质的行为区别上。从《刑法》第一百二十五条的立法原意看，追究此类犯罪刑事责任的原因在

---

① 本文件已被《最高人民法院、最高人民检察院关于废止1980年1月1日至1997年6月30日期间制发的部分司法解释和司法解释性质文件（第九批）的决定》（法释〔2013〕1号）废止。

于买卖危险物质对公共安全的严重威胁，购买危险物质用于生产的行为与兼有买进和卖出的经营危险物质的行为，同样会对公共安全造成危险。在买进或者卖出氰化钠等危险物质过程中，没有资质的单位或者个人，逃避监管，破坏危险物质管理秩序，已对公共安全形成威胁。特别是遇到台风、暴雨等天气或者运输途中发生交通事故，大量群众可能因饮用受到污染的水源而中毒伤亡，从而发生严重的环境污染或者人身伤亡等危害公共安全的严重后果。对非法买进或者卖出氰化钠等剧毒化学品的行为进行惩处，主要是为了防止行为人买进后可能用于投毒或者破坏生产、污染环境，防止在买进或者卖出剧毒化学品过程中对环境或者人民群众的生命、健康造成威胁或者危害。

（三）关于贯彻宽严相济刑事政策问题

当前，在民营经济比较发达的地区，有的不具备购买、运输、储存氰化钠等剧毒化学品资格和条件的个体经营者和中小企业，往往在未取得购买、运输许可证的情况下，非法买卖、储存氰化钠用于电镀。由于非法买卖、储存危险物质，潜在危害大，严重危害公共安全，对于符合刑事追诉标准的，应当严格依法查处，以遏制非法买卖、储存危险物质犯罪活动，促进企业依法生产经营。当然，为了避免打击面过大，根据最高人民法院2010年2月8日印发的《关于贯彻宽严相济刑事政策的若干意见》的有关要求，参照《最高人民法院关于审理非法制造、买卖、运输枪支、弹药、爆炸物等刑事案件具体应用法律若干问题的解释》第九条的规定，对于确因正常生产、生活需要，非法买卖、储存危险物质，没有造成严重社会危害而构成犯罪，情节较轻、社会危害性较小的，或者具有法定、酌定从宽处罚情节，或者没有造成严重后果，并有悔改表现的，以及主观恶性较小、人身危险性不大的被告人，可以区别不同案件具体情况，依法从轻、减轻或者免除处罚；对于确因正常生产、生活需要，非法买卖、储存少量危险物质，没有造成严重社会危害，不致危害公共安全的，可不以犯罪论处。

——最高人民法院案例指导工作办公室：《指导案例13号〈王召成等非法买卖、储存危险物质案〉的理解与参照》。

305. 国家严格监督管理的氰化钠等剧毒化学品应属于“毒害性”物质

关键词

非法买卖、储存危险物质　氰化钠　毒害性物质

最高人民法院指导性案例

王召成等非法买卖、储存危险物质案（最高人民法院指导案例 13 号）

裁判要点：国家严格监督管理的氰化钠等剧毒化学品，易致人中毒或者死亡，对人体、环境具有极大的毒害性和危险性，属于《刑法》第一百二十五条第二款规定的“毒害性”物质。

被告人王召成、金国淼、孙永法、钟伟东、周智明在未取得剧毒化学品使用许可证的情况下，违反国务院《危险化学品安全管理条例》等规定，明知氰化钠是剧毒化学品仍非法买卖、储存，危害公共安全，其行为均已构成非法买卖、储存危险物质罪，且系共同犯罪。关于王召成的辩护人提出的辩护意见，经查，氰化钠虽不属于禁用剧毒化学品，但系列入危险化学品名录中严格监督管理的限用的剧毒化学品，易致人中毒或者死亡，对人体、环境具有极大的毒害性和极度危险性，极易对环境和人的生命健康造成重大威胁和危害，属于刑法第一百二十五条第二款规定的“毒害性”物质；“非法买卖”毒害性物质，是指违反法律和国家主管部门规定，未经有关主管部门批准许可，擅自购买或者出售毒害性物质的行为，并不需要兼有买进和卖出的行为；王召成等人不具备购买、储存氰化钠的资格和条件，违反国家有关监管规定，非法买卖、储存大量剧毒化学品，逃避有关主管部门的安全监督管理，破坏危险化学品管理秩序，已对人民群众的生命、健康和财产安全产生现实威胁，足以危害公共安全，故王召成等人的行为已构成非法买卖、储存危险物质罪，上述辩护意见不予采纳。王召成、金国淼、孙永法、钟伟东、周智明到案后均能如实供述自己的罪行，且购买氰化钠用于电镀生产，未发生事故，未发现严重环境污染，没有造成严重后果，依法可以从轻处罚。根据五被告人的犯罪情节及悔罪表现等情况，对其可依法宣告缓刑。公诉机关提出的量刑建议，王召成、钟伟东、周智明请求从轻处罚的意见，予以采纳，故依法作出如上判决。

——《最高人民法院关于发布第四批指导性案例的通知》（2013 年 1 月 31 日，法〔2013〕24 号）。

说明

该指导案例裁判要点根据立法本意，明确了剧毒化学品氰化钠等属于刑法规定的毒害性物质，非法买卖毒害性物质并不需要兼有买进和卖出的行为，从而解决了司法实践中的认识分歧和争议，对于统一司法标准，依法惩治相关犯罪，促进危险化学品的依法安全生产、经营和管理，防范和遏制安全事

故发生，防治环境污染，保障社会公共安全，具有重要现实意义。同时，该案例具有宣传法治和教育群众的作用，有利于引导大家在生产经营中自觉守法，杜绝违法生产和经营，防患于未然，从而促进平安中国和美丽中国建设。

附录：最高人民法院主流观点

（一）关于氰化钠等剧毒化学品是否属于刑法规定的毒害性物质问题

对于这一问题，刑法和司法解释没有明确具体规定，司法实践中也有不同意见。持否定意见的认为，氰化钠等剧毒化学品不属于《刑法》第一百二十五条第二款规定的毒害性物质。持肯定意见的认为，氰化钠等剧毒化学品，属于《刑法》第一百二十五条第二款规定的毒害性物质。

持否定意见的主要理由是最高人民法院、最高人民检察院2003年9月4日颁发的《关于办理非法制造、买卖、运输、储存毒鼠强等禁用剧毒化学品刑事案件具体应用法律若干问题的解释》第六条明确规定，本解释所称“毒鼠强等禁用剧毒化学品”是指国家明令禁止的毒鼠强、氟乙酰胺、氟乙酸钠、毒鼠硅、甘氟。因此，《刑法》第一百二十五条第二款所指的“毒害性”物质应当是指国家明令禁止的有毒物质，而氰化钠等属限用剧毒化学品，但不属于禁止使用的化学品，不宜将其认定为《刑法》第一百二十五条第二款规定的“毒害性”物质。

该指导案例对这一问题持肯定意见，认为氰化钠等剧毒化学品属于《刑法》第一百二十五条第二款规定的毒害性物质。主要理由如下：

1. 刑法规定所指的“毒害性”物质并非仅限于上述司法解释所指的毒鼠强等禁用剧毒物质。首先，上述司法解释只是说明毒鼠强等五种禁用剧毒化学品系“毒害性”物质，并没有将《刑法》第一百二十五条第二款中的毒害性物质限定在所列举的五种禁用剧毒化学品。上述司法解释列举的五种剧毒化学品，主要用于生产、生活中灭鼠，因生产工艺简单，利润高，大量充斥城乡市场，由此类剧毒化学品导致的投毒等严重危害公共安全事件频繁发生。该司法解释正是针对禁用灭鼠药严重威胁公共安全的实际情况，为了配合在全国开展的收缴毒鼠强等禁用剧毒鼠药的专项行动，从源头上遏制利用毒鼠强等危害公共安全犯罪案件发生的需要而制定的，并不是对毒害性物质的全面解释，更没有说限用的剧毒化学品不属于毒害性物质。该司法解释列明的毒鼠强等五种禁用剧毒化学品，只是刑法中毒害性物质的一小部分，二者相去甚远，更不能划等号。其次，举轻以明重。在国家安全生产监督管理局、公安部等八部委公布的剧毒化学品名录中，还存在与毒鼠强等处于同一毒性级别，以及在毒性上高于毒鼠强的剧毒化学品。如果将刑法规定的毒害性物质仅限定在司法解释的五种剧毒杀鼠剂，那么犯罪对象是毒性上高于或者等同于五种杀鼠剂的剧毒化学品时则不能定罪处罚。这显然不符合刑法立法原意。最后，2013 年 6 月 19 日起施行的《最高人民法院、最高人民检察院关于办理环境污染刑事案件适用法律若干问题的解释》第十条第二项，从污染环境的角度，将剧毒化学品、列入重点环境管理危险化学品名录的化学品以及含有上述化学品的物质，认定为“有毒物质”。这更充分说明“毒害性”物质并非仅限于毒鼠强等禁用剧毒物质。

2. 从文义解释角度看，氰化钠等剧毒化学品显然属于毒害性物质。目前我国法律对何为毒害性物质尚无明确规定，从词语含义上讲，毒害性物质就是指能够对人产生毒害，破坏体内组织和生理机能，引起机体功能障碍、疾病甚至死亡的物质，包括化学性毒物（如酚、氰、氯、磷等）、生物性毒物和微生物类毒物等。刑法规定的毒害性物质是从公共危险性角度来考虑的，包括所有能够对人产生毒害、危害公共安全的物质，化学性毒物仅是其中的一部分。

3. 从体系解释的角度看，对刑法中相同用语应当作统一理解。《刑法》第一百一十四条、第一百一十五条、第一百二十五条、第一百二十七条、第一百三十六条和第二百九十一条之一都有“毒害性物质”的表述，在司法实践中，对于氰化钠等剧毒化学品属于刑法其他条文中的毒害性物质并无争议。因此，从刑法对毒害性物质的概念保持一致性的角度看，对《刑法》第一百二十五条中的毒害性物质与其他条文中的毒害性物质也应当作同样理解。

（二）关于毒害性物质的认定问题

认定某一物质是否属于毒害性物质，首先要看该物质是否具有“毒害性”的特性，能否破坏体内组织和生理机能，引起功能障碍、疾病甚至死亡。其次要看该物质是否具有公共危险性。刑法将非法制造、买卖、运输、储存危险物质罪列入危害公共安全罪中，就说明该罪侵犯的客体是公共安全，因此认定毒害性物质时，应当审查该物质和相关行为是否具有公共危险性，是否足以威胁公共安全，可能造成不特定多数人伤亡或者公私财产损失。再次要看该物质在生产、流通等环节是否受到法律法规禁止或者限制。

鉴于毒害性物质的特性，为了保障安全生产、经营和生活，国务院相关部门制定了对毒害性物质的一系列管理制度和监管名录，这为我们判断某一物质是否属于毒害性物质提供了参考和帮助。根据《危险化学品安全管理条例》规定，危险化学品是指具有毒害、腐蚀、爆炸、燃烧、助燃等性质，对人体、设施、环境具有危害的剧毒化学品和其他化学品。危险化学品名录，由国务院安全生产监督管理部门会同工业和信息化、公安、环境保护、卫生、检验检疫、交通运输、农业主管部门，根据化学品危险特性的鉴别和分类标准进行确定、公布，并适时调整。现已制定和公布了《危险化学品名录》《首批重点监管的危险化学品名录》《剧毒化学品名录》《一般毒物品目录》和《高毒物品目录》。《剧毒化学品名录》中所列的化学品只是危险化学品中剧毒的那一部分，是否列入该目录以一定的口服、注射和吸入的致死量为标准，没有列入的物品，并不表明其不具有毒害性。也就是说，即使没有列入《剧毒化学品名录》中的化学品，也可能具有毒害性，仍然属于毒害性物质。例如，磷化铝虽然可以作为用于防治储粮害虫的农药，但是它吸潮或遇水自行分解，释放出的磷化氢气体对人体有剧毒，达到0.14MG/L时，使人呼吸困难，以至死亡，具有很强的毒害性。公安部1993年10月发布且现在仍然有效的《剧毒物品品名表》，列入了磷化铝和磷化铝农药。因此，磷化铝属于刑法中规定的毒害性物质。[①]可见，危险化学品与毒害性物质在范围上存在交叉，危险化学品中的剧毒化学品属于毒害性物质，其他化学品不一定具有毒害性，而毒害性物质不限于剧毒化学品。需要说明的是，对于没有列入监管名录而难以确定是否具有毒害性的物质，应当聘请毒物专家进行鉴定。

本案例中的氰化钠为白色粒状或熔块，在湿空气中吸湿并分解产生微量氰化氢气体，剧毒，最小致死量2.85MG/KG，有腐蚀性，易致人中毒或者死亡，对人体、环境具有相当大的毒害性和极度危险性，极易对环境和人的生命健康造成重大威胁，一直被国家列入《剧毒化学品名录》中重点监管，系国家严格监督管理的限用剧毒化学品。也就是说，氰化钠不仅具有毒害性，而且具有公共危险性，在生产、流通、储存等环节受到法律法规的管理和限制，显然属于毒害性物质。

（三）关于未造成严重后果是否构成犯罪问题

对于这一问题，司法实践中有的认为，非法买卖、储存危险物质用于生产，未造成严重后果或环境污染的，不构成犯罪。本案例中，各被告人将购得的氰化钠用于电镀生产，未造成环境污染或破坏事故，没有造成严重后果，不应追究刑事责任。其主要理由如下：一是最高人民检察院、公安部2008年6月25日印发的《关于公安机关管辖的刑事案件立案追诉标准的规定（一）》第二条规定，对造成人员伤亡、经济损失、严重环境污染等后果的，应予立案追诉，而对案例中的情形没有明确列举。二是公安部《剧毒化学品购买和公路运输许可证件管理办法》（2005年8月1日起施行）第二十条规定，对无证买卖、运输剧毒化学品的，进行行政处罚；对发生重大事故，造成严重后果的，依法追究刑事责任。[②]

---

① 参见周海洋：《关于磷化铝是否属于刑法规定的毒害性物质的研究意见》，载最高人民法院研究室编：《司法研究与指导》（总第1辑），人民法院出版社2012年版，第194~195页。该案案情是被告人李某某在未办理小卖店营业执照和未取得农药经营许可证的情况下，将磷化铝熏蒸杀虫剂卖给同村韩某某三十五粒。韩在用其杀灭自家储存玉米中虫害时，致女儿死亡。某县法院以非法买卖危险物质罪判处李某某有期徒刑三年。

② 参见梁健、阮铁军：《危险物质及其非法买卖的认定》，载《人民司法·案例》2012年第14期。

我们认为，非法买卖、储存危险物质罪的构成并不要求必须造成严重危害后果或者重大事故，只要实施非法买卖、储存危险物质行为，危害公共安全的即可构成犯罪。案例中的被告人王召成等人购买、储存氰化钠，虽用于电镀生产，未发生事故或者造成严重环境污染，但其不具备购买、储存氰化钠的资格和条件，逃避有关主管部门的安全监督管理，违反国家规定买卖、储存大量剧毒化学品，已对人民群众的生命、健康和财产安全产生现实威胁，足以危害公共安全，其行为已构成非法买卖、储存危险物质罪。主要理由如下：

1. 符合刑法立法规定的原意。根据《刑法》第一百二十五条第一款和第二款规定，非法买卖、储存危险物质，危害公共安全的，即可构成犯罪；情节严重的，则判处更重的刑罚。我国刑法理论通说也认为，由于毒害性物质因其自身的特性而具有巨大的杀伤力和危险性，只要实施了非法买卖、储存危险物质的行为，原则上都要定罪处罚。① 至于是否足以危害公共安全，要从毒害性物质的毒性、数量，制造、运输、储存条件和环境以及行为人及其所在单位的防范措施等方面综合分析。

2. 符合有关司法解释的规定。司法解释对非法买卖“毒鼠强”等毒害性物质的定罪标准并不限于造成严重危害后果，危险物质的数量同样是定罪处罚标准之一。上述《关于公安机关管辖的刑事案件立案追诉标准的规定（一）》第二条，虽然仅在第三项列出了非法制造、买卖、运输、储存毒鼠强等五种灭鼠药的数量的追诉标准，但是第七项还有“其他危害公共安全的情形”的兜底性表述，可以涵盖非法买卖、储存氰化钠等剧毒化学品危害公共安全的情形。

3. 符合立法法有关上位法与下位法效力的规定。公安部2005年上述有关规章中仅对发生重大事故或者造成严重后果的追究刑事责任的表述，不仅与2008年上述立案追诉标准的有关规定不协调，而且与国务院有关行政法规不一致。公安部《剧毒化学品购买和公路运输许可证件管理办法》第二十条规定，对无证买卖、运输剧毒化学品的，进行行政处罚，对发生重大事故，造成严重后果的，依法追究刑事责任。第二十四条第二款规定，未按运输通行证核准载明的要求运输剧毒化学品的，尚未造成严重后果的予以行政处罚，构成犯罪的，依法追究刑事责任。国务院在2002年1月26日公布并于2011年2月16日修订的《危险化学品安全管理条例》第七十五条规定，违反该条例规定，“构成犯罪的，依法追究刑事责任”。可见，国务院行政法规的有关规定与刑法相关规定协调，而公安部有关规章的表述有不尽完善之处。根据

① 参见高铭暄、马克昌主编：《中国刑法解释（上卷）》，中国社会科学出版社2005年版，第1028页。

我国立法法第七十九条法律的效力高于法规和规章，行政法规的效力高于地方性法规和规章的规定，应当适用刑法和行政法规的规定。

——最高人民法院案例指导工作办公室：《指导案例13号〈王召成等非法买卖、储存危险物质案〉的理解与参照》。

306. 磷化铝是否属于刑法规定的毒害性物质

关键词

毒害性物质

最高人民法院审判业务意见（研究室研究意见）

有关部门就磷化铝片剂是否属于刑法第一百二十五条规定的毒害性物质征求最高人民法院研究室意见。最高人民法院研究室经研究认为：

磷化铝片剂属于刑法中规定的毒害性物质，但是结合磷化铝在粮食储存中被广泛使用以及案件的具体情况，可以对被告人从宽处理。

——《最高人民法院研究室关于磷化铝是否属于刑法规定的毒害性物质的研究意见》，载张军主编、最高人民法院研究室编：《司法研究与指导》2012年第1辑（总第1辑），人民法院出版社2012年版，第194~196页。

307. 私藏枪支弹药罪中“配备、配置枪支的条件消除”的理解

关键词

私藏枪支、弹药罪　配备、配置枪支

《刑事审判参考》指导案例

郭继东私藏枪支弹药宣告无罪案（《刑事审判参考》指导案例第359号）

裁判要点：配备枪支条件的消除应当是指出现法律、法规规定的情形，经相关部门审查，取消其配枪资格，收回其持枪证件。

我们认为：应当根据《枪支管理法》等法律、法规的规定来理解并认定郭继东配备、配置枪支的条件是否消除。《枪支管理法》第26条“配备公务用枪的人员不再符合持枪条件时，由所在单位收回枪支和持枪证件”。公安部《公安机关公务用枪管理使用规定》第17条规定了佩带、使用枪支的人

民警察应当具备的条件，第20条、第21条规定了收回持枪证件和枪支的条件。根据上述规定，配备枪支条件的消除应当是指出现法律、法规规定的情形，经相关部门审查，取消其配枪资格，收回其持枪证件。因此，以执行完具体任务或工作调动时即为配备、配置枪支条件消除的理解是不可取的。《枪支管理法》第23条规定："配备、配置枪支的单位和个人必须妥善保管枪支，确保枪支安全……对交由个人使用的枪支，必须建立严格的枪支登记、交接、检查、保养等管理制度，使用完毕，及时收回。"上述规定说明枪支使用完毕及时交回是在依法配备、配置枪支期间，对枪支使用的规定，不涉及配备、配置枪支条件消除的问题。将枪支使用过程中的管理规定理解为配备、配置枪支条件的消除不符合法律、法规的精神。简而言之，若将用后及时交回作为条件消除理解的话，那么按照枪支使用管理的规定，执行任务结束后将枪支交回，即为配备、配置枪支条件消除，再接受任务时需要重新具备配备、配置枪支的条件，这种理解显然不符合法律、法规的规定。此外，《公安机关公务用枪管理使用规定》[①]第20条第1项规定，"因退休或工作调动等原因离开配备公务用枪岗位的"收回持枪证，个人保管的枪支由所在单位收回。但此项规定中并未涉及取消配备、配置枪支条件。

——最高人民法院刑事审判第一庭、第二庭编：《刑事审判参考》2005年第5集（总第46集），法律出版社2006年版，第8~9页。

308. 持有不能正常击发的枪支不构成非法持有枪支罪

关键词

非法持有枪支罪 "枪支"的认定

附录：《刑事审判参考》编辑部答疑

问题：公安机关在李某身上查获仿军用手枪一支。经鉴定，该枪状物具备枪支的基本结构，但不能正常击发。请问，李某的行为是否构成非法持有枪支罪？

《刑事审判参考》编辑部认为：根据《枪支管理法》的规定，枪支是指以火药或者压缩气体等为动力，利用管状器具发射金属弹丸或者其他物质，足以致人伤亡或者丧失知觉的各种枪支。据此，枪支的本质特征是必须具有杀伤力。

---

① 本文件已被《中华人民共和国公安部公告——关于公安部规章和规范性文件目录以及公安部决定废止的规范性文件目录予以公布的公告》废止。

根据《刑法》第128条的规定，认定非法持有枪支罪中的“枪支”应当依据有关枪支的管理规定进行确定。李某持有的枪支，虽然具备枪支的基本结构，但因不能正常击发，不具备杀伤力，故不具备枪支的本质特征。因此，该枪支不属于刑法规范所调整的枪支对象，李某的行为不构成非法持有枪支罪。

——最高人民法院刑事审判第一、二、三、四、五庭主办：《刑事审判参考》2007年第5集（总第58集），法律出版社2008年版，第89页。

309. 交通肇事罪的量刑

关键词

交通肇事罪　量刑

最高人民法院司法解释

第二条　交通肇事具有下列情形之一的，处三年以下有期徒刑或者拘役：

（一）死亡一人或者重伤三人以上，负事故全部或者主要责任的；

（二）死亡三人以上，负事故同等责任的；

（三）造成公共财产或者他人财产直接损失，负事故全部或者主要责任，无能力赔偿数额在三十万元以上的。

交通肇事致一人以上重伤，负事故全部或者主要责任，并具有下列情形之一的，以交通肇事罪定罪处罚：

（一）酒后、吸食毒品后驾驶机动车辆的；

（二）无驾驶资格驾驶机动车辆的；

（三）明知是安全装置不全或者安全机件失灵的机动车辆而驾驶的；

（四）明知是无牌证或者已报废的机动车辆而驾驶的；

（五）严重超载驾驶的；

（六）为逃避法律追究逃离事故现场的。

第四条　交通肇事具有下列情形之一的，属于“有其他特别恶劣情节”，处三年以上七年以下有期徒刑：

（一）死亡二人以上或者重伤五人以上，负事故全部或者主要责任的；

（二）死亡六人以上，负事故同等责任的；

（三）造成公共财产或者他人财产直接损失，负事故全部或者主要责任，无能力赔偿数额在六十万元以上的。

第九条　各省、自治区、直辖市高级人民法院可以根据本地实际情况，在三十万元至六十万元、六十万元至一百万元的幅度内，确定本地区执行本解释第二条第一款第（三）项、第四条第（三）项的起点数额标准，并报最高人民法院备案。

——《最高人民法院关于审理交通肇事刑事案件具体应用法律若干问题的解释》（2000 年 11 月 15 日，法释〔2000〕33 号）。

最高人民法院司法政策精神

（一）交通肇事罪

1. 构成交通肇事罪的，根据下列情形在相应的幅度内确定量刑起点。

（1）致人重伤、死亡或者使公私财产遭受重大损失的，在二年以下有期徒刑、拘役幅度内确定量刑起点。

（2）交通运输肇事后逃逸或者有其他特别恶劣情节的，在三年至五年有期徒刑幅度内确定量刑起点。

（3）因逃逸致一人死亡的，在七年至十年有期徒刑幅度内确定量刑起点。

2. 在量刑起点的基础上，根据事故责任、致人重伤、死亡的人数或者财产损失的数额以及逃逸等其他影响犯罪构成的犯罪事实增加刑罚量，确定基准刑。

3. 构成交通肇事罪的，综合考虑事故责任、危害后果、赔偿谅解等犯罪事实、量刑情节，以及被告人的主观恶性、人身危险性、认罪悔罪表现等因素，决定缓刑的适用。

——《最高人民法院、最高人民检察院印发〈关于常见犯罪的量刑指导意见（试行）〉的通知》（2021 年 6 月 16 日，法发〔2021〕21 号）。

310. 交通肇事中“肇事逃逸”的理解与适用

关键词

交通肇事罪　肇事逃逸

最高人民法院司法解释

第三条　“交通运输肇事后逃逸”，是指行为人具有本解释第二条第一款规定和第二款第（一）至（五）项规定的情形之一，在发生交通事故后，为逃避法律追究而逃跑的行为。

——《最高人民法院关于审理交通肇事刑事案件具体应用法律若干问题的解释》（2000 年 11 月 15 日，法释〔2000〕33 号）。

《刑事审判参考》指导案例

周立杰交通肇事案（《刑事审判参考》指导案例第 176 号）

裁判要点：“交通运输肇事后逃逸”，是指行为人的交通肇事行为首先已构成交通肇事罪的基本犯后，为逃避法律追究而逃跑的行为。

最高人民法院 2000 年 11 月通过的《关于审理交通肇事刑事案件具体应用法律若干问题的解释》（以下简称《解释》）第 3 条规定，“交通运输肇事后逃逸”，是指行为人具有本解释第 2 条第 1 款规定和第 2 条第 2 款第 1 至第 5 项规定的情形之一，在发生交通事故后，为逃避法律追究而逃跑的行为。据此，成立“交通肇事后逃逸”必须同时具备以下要件：

1. 行为人的交通肇事行为具有《解释》第 2 条第 1 款规定和第 2 条第 2 款第 1 至第 5 项规定的情形之一，也即是行为人的交通肇事行为首先必须已构成交通肇事罪的基本犯。

2. 行为人必须是基于为逃避法律追究的目的而逃跑。所谓逃逸，客观上表现为逃离事故现场、畏罪潜逃的行为。

除上面已论及的在认定行为人有无逃避法律追究目的时，应充分考虑区分不同情况，把握有无报案条件和可能的因素以外，在有些交通肇事案件中，还应注意把握行为人对其肇事行为的认识情况以及逃逸后又自首的情形。如果行为人确已构成交通肇事后逃逸，那么，即便行为人在逃逸过程中或是在逃逸状态持续过程中，能及时放弃其逃避法律追究的目的，主动投案，如实供述，听候处理，且也不论其中止逃逸是基于个人良心发现还是害怕罪责加重等何种缘故，该事后“中止逃逸”的行为均不得推翻对其先前逃逸行为的认定，而仅认定其事后的行为为自首，即分开认定，而不宜相互冲抵。理由如下：（1）《刑法》第 24 条规定的犯罪中止，是指在犯罪过程中，自动放弃犯罪或者自动有效地防止犯罪结果的发生。交通肇事罪是过失犯、结果犯，不可能存在犯罪中止的情形。交通肇事后逃逸仅是交通肇事罪中的法定加重量刑情形之一，对中止逃逸的行为，不能与犯罪中止相类比，更不能混为一谈；（2）所谓“逃逸中止”实质上是行为人主动结束逃逸继续状态，与犯罪人事后主动退赃并无本质差异，该事后行为在能成立自首的情况下，应当认定为自首，在不符合自首的情况下，也可以作为对其酌情从轻判处的情节，但不影响对其先前行为性质的认定；（3）在发生因肇事人逃逸而致受伤人由于得不到及时救助而死亡的情况下，所谓的“中止逃逸”行为不影响“逃逸致人死亡”的认定，同理，也不影响“交通肇事后逃逸”行为的认定。

——最高人民法院刑事审判第一庭、第二庭编:《刑事审判参考》2002 年第 3 辑（总第 26 辑），法律出版社 2002 年版，第 7~12 页。

孙贤玉交通肇事案（《刑事审判参考》指导案例第 415 号）

裁判要点：肇事人离开现场时是否“积极履行救助义务”是认定“逃逸”性质的本质要件。肇事人离开现场时是否“立即投案”是评判“逃逸”性质的形式要件。“积极履行救助义务”与“立即投案”均是“接受法律追究”的表现形式，两者具有内在联系。

在司法实践中，肇事人逃逸的目的大多是为了逃避法律追究，但也有少数肇事人的逃逸确实是出于害怕受害方或者其他围观群众对其进行殴打或是当时精神高度紧张慌乱而逃等原因。结合立法设置“交通肇事后逃逸”加重处罚情节的初衷，我们认为，认定肇事人“逃逸”不能仅仅看肇事人是否离开现场，其关键在于肇事人是否同时具备“积极履行救助义务”和“立即投案”的行为特征。如果肇事人肇事后积极对被害人进行救助，如拦截车辆将被害人送往医院，并立即报案在医院守候等待公安机关的审查处理，虽然其离开了肇事现场，但系为了救助被害人所致，当然不属于交通肇事后“逃逸”。反之，如果肇事人积极履行救助义务后没有立即投案，如将被害人送往医院后而逃跑的；或者虽然肇事人立即投案但有能力履行却没有积极履行救助义务，均属于肇事后“为逃避法律追究”的“逃逸”行为。

（一）肇事人离开现场时是否“积极履行救助义务”是认定“逃逸”性质的本质要件

刑法禁止交通肇事后逃逸，主要目的在于最大限度地保护被害人的利益，维护交通管理秩序。交通运输关系着公民生命财产的安全，交通事故一旦发生，被害人生命安全将处于危险状态，任何延误都可能导致被害人生命危险的加剧，甚至可能导致被害人死亡结果的发生。早一分钟抢救，被害人就多一分被挽救的希望，损失就有可能减少一分。而作为造成这一危险状态的肇事者，只要他还有行动的能力和自由，抢救伤者就是他的首要义务，特别是在没有其他救助者在场的场合，其自身的这种义务就愈发重要和突出。

（二）肇事人离开现场时是否“立即投案”是评判“逃逸”性质的形式要件

2000 年最高人民法院《关于审理交通肇事刑事案件具体应用法律若干问题的解释》中明确规定了“逃逸”是指“为逃避法律追究而逃跑的行为”，因而，肇事人离开肇事现场后是否“立即投案”，能够反映出肇事人是否具有“接受法律追究”的主观故意，如果肇事人“立即投案”，说明肇事人离开现场与“主动投案”两个行为之间具有密切的不可分割的连续性，反映出肇事人在主观上具有“接受法律追究”的意向，客观上也已经开始实施“接受法律追究”的行为，不应认定其“逃逸”；如果肇事人“逃离现场”后没有立即投案，而是经过一段时间后“事后投案”，则说明肇事人的“逃离”与“投案”分属两个独立的行为，这种“事后投案”不能成为否定其肇事后“逃逸”的理由。应认定为“逃逸”。至于是“立即投案”还是“事后投案”，应当根据投案路途远近、投案时间间隔长短等案件当时的客观情况，结合日常生活经验来认定。

（三）“积极履行救助义务”与“立即投案”均是“接受法律追究”的表现形式，两者具有内在联系

大多数情况下，交通肇事后的逃逸都存在逃离现场、不履行救助义务及畏罪潜逃的情形，但也存在着“救助后逃跑”或者“不救助但投案”或者“先救助后逃跑再投案”等情形。从交通肇事后“逃逸”的法律文义理解，“逃逸”应当包含两层解释，一是逃离现场，不履行救助义务；二是为逃避法律追究而畏罪潜逃。从这一角度而言，“畏罪潜逃”包含了“不履行救助义务”，“不履行救助义务”是“畏罪潜逃”的外在表现之一。因此，我们认为“积极履行救助义务”与“立即投案”均是“接受法律追究”的表现形式，两者具有内在联系，缺一不可。

——最高人民法院刑事审判第一、二、三、四、五庭主办：《刑事审判参考》2006年第6集（总第53集），法律出版社2007年版，第1~6页。

王友彬交通肇事案（《刑事审判参考》指导案例第697号）

裁判要点：在接受交警部门首次处理前，为逃避法律追究擅自离开与其肇事行为具有紧密联系的抢救医院，构成交通肇事后的逃逸行为，且一经实施即告成立。即使逃离抢救场所后又主动到交警部门接受处理，仍不影响认定其成立“交通肇事后逃逸”。

被告人王友彬在交通肇事后擅自离开就诊医院，十余小时后才到交警部门接受调查处理，其行为是否构成“交通肇事后逃逸”？对此，审理过程中存在不同意见。第一种意见认为，王友彬在交通事故发生后擅自离开就诊医院，属于逃离事故现场，已构成逃逸，无论逃逸多久、多远，也无论其事后有何举动，均不影响认定逃逸；第二种意见认为，王友彬虽然擅自离开就诊医院，但数小时后即到交警部门接受调查处理，并未逃避法律追究，不构成逃逸；第三种意见认为，王友彬只是离开就诊医院，不属于逃离事故现场，不构成逃逸。

我们同意第一种意见，被告人王友彬构成“交通肇事后逃逸”。在此，有必要对“交通肇事后逃逸”的时间、地点进行界定，以明晰其成立要件。

（一）对交通肇事后逃逸的时空界定

刑法第一百三十三条规定：“违反交通运输管理法规，因而发生重大事故，致人重伤、死亡或者使公私财产遭受重大损失的，处三年以下有期徒刑或者拘役；交通运输肇事后逃逸或者有其他特别恶劣情节的，处三年以上七年以下有期徒刑；因逃逸致人死亡的，处七年以上有期徒刑。”该规定将“交通肇事后逃逸”“因逃逸致人死亡”作为交通肇事罪的法定加重情节，并设定了不同的法定刑幅度。

最高人民法院《关于审理交通肇事刑事案件具体应用法律若干问题的解释》（以下简称《解释》）第三条规定：“‘交通运输肇事后逃逸’，是指行为人具有本解释第二条第一款规定和第二款第（一）至（五）项规定的情形之一，在发生交通事故后，为逃避法律追究而逃跑的行为。”据此，判断行为人是否构成“交通肇事后逃逸”，应从以下几方面来进行分析：

1. 考察行为人的交通肇事行为是否已构成交通肇事罪的基本犯。根据《解释》第二条第一款和第二款第一至五项的规定，行为人只有具备以下八种情形，才可能构成交通肇事罪基本犯，即（1）死亡一人或者重伤三人以上，负事故全部或者主要责任的；（2）死亡三人以上，负事故同等责任的；（3）造成公共财产或者他人财产直接损失，负事故全部或者主要责任，无能力赔偿数额在三十万元以上的；（4）酒后、吸食毒品后驾驶机动车辆的，交通肇事致一人以上重伤，负事故全部或者主要责任；（5）无驾驶资格驾驶机动车辆的，交通肇事致一人以上重伤，负事故全部或者主要责任；（6）明知是安全装置不全或者安全机件失灵的机动车辆而驾驶的，交通肇事致一人以上重伤，负事故全部或者主要责任；（7）明知是无牌证或者已报废的机动车辆而驾驶的，交通肇事致一人以上重伤，负事故全部或者主要责任；（8）严重超载驾驶的，交通肇事致一人以上重伤，负事故全部或者主要责任。因此，如果行为人肇事情节轻微，负事故次要或同等责任，未造成人员伤亡或重大财产损失的，由于其行为不构成交通肇事罪的基本犯，即使其在交通事故发生后逃逸，也不构成“交通肇事后逃逸”。

2. 考察行为人是否明知自己造成了交通事故。这里所说的“明知”，是指行为人“知道”或者“应当知道”。如果行为人“应当知道”自己造成了交通事故而装作不知道，逃离事故现场的，仍应认定为“交通肇事后逃逸”。判断行为人是否明知，应坚持主客观相统一的原则，不仅要看行为人的供述，还应从肇事当时的时间、地点、路况、行为人具备的知识、经验等方面客观地评判其是否明知，从而确定其是否构成逃逸。

3. 考察行为人是否具有逃避法律追究的主观目的。这里的“逃避法律追究”，既包括逃避刑事法律追究，也包括逃避民事法律追究、行政法律追究。具体而言，就是不履行相关法定义务，如保护现场、抢救伤者、迅速报案、听候处理等义务，逃避承担相应的法律责任，如民事赔偿、行政处罚、刑事定罪处刑等责任。行为人在发生交通事故后，只要逃避上述任何一种法律责任追究，即为“逃避法律追究”。

4. 考察行为人客观上是否实施了逃离现场的行为。具体而言，是指行为人交通肇事后，在接受事故处理机关首次处理前，故意逃离事故现场或相关场所，使自身不受被害方、群众或事故处理人员控制的行为。这里就涉及对“交通肇事后逃逸”的时空界定问题，只有对“逃逸”的时间、地点予以明确，才能准确判断行为人是否实施了逃离现场的行为。

首先，必须对行为人“逃逸”的时间予以界定。《解释》将“逃逸”的时间界定为“在发生交通事故后”。那么，是否在事故发生后的任何时间逃跑，均可认定为逃逸？我们认为不是。只有发生在交通事故发生后、行为人接受事故处理机关首次处理前这一段时间内的逃跑行为方能成立本规定中的“逃逸”。所谓首次处理，是指事故处理机关将行为人列为肇事嫌疑人采取的首次处理措施，如接受审讯、酒精含量检测、行政拘留、刑事拘留等。如行为人交通肇事后留在现场接受调查，但未如实供述，且让他人顶罪，事故处理机关对其询问时并未将其列为肇事嫌疑人，其事后逃跑的，也应认定为交通肇事后逃逸。但如果行为人接受首次处理后逃跑，由于被害人一般都已经得到救治，事故行为人也已确定，行为人的逃跑不会再扩大或加重对被害人的危害后果，实为脱离事故处理机关控制、监管的脱逃行为，故不应再将其认定为交通肇事后的逃逸行为，对此，依法追究其脱逃行为的责任即可。如果行为人在事故发生后已被公安机关采取刑事拘留或者取保候审等强制措施的，又实施逃离现场行为的，可依法追究其脱逃行为的责任，而不应再将其脱逃行为认定为交通肇事后的逃逸行为。

需要注意的是，行为人为逃避法律追究，在事故发生后、被作为肇事嫌疑人接受事故处理机关首次处理前，实施逃离现场行为的，一经实施即告成立，不论其逃离现场多远或逃逸的时间有多久，也不论其逃逸后有何举动，均不影响对其逃逸行为性质的认定。因此，行为人为逃避法律追究，逃离事故现场，后基于个人良心发现而返回现场、接受处理，或者逃离现场不远即被拦截、抓获，均不影响“交通肇事后逃逸”情节的成立。

其次，必须对行为人“逃逸”的空间予以界定。《解释》未对逃跑的场所作出限定，但从其条文意旨看，应不局限于“事故发生现场”。所谓现场，是指犯罪分子作案的地点和遗留与犯罪有关的痕迹、物品的一切场所。我们认为，交通肇事逃逸的现场不仅包括事故发生现场，而且包括与事故发生现场具有紧密联系的场所，如抢救事故伤亡者的医院、调查事故责任的交警部门等。因为逃离事故发生现场固然会使事故责任认定等陷于困境，但逃离医院、交警部门等场所也会妨碍事故处理，逃避法律追究。例如，行为人交通肇事后未逃离事故现场，主动将伤者送往医院抢救，后恐承担医疗费用或者为了逃避刑事责任而擅自离开医院的，属逃离现场，应认定为逃逸。又如，行为人交通肇事后主动前往交警部门办公楼，欲投案自首，后畏罪潜逃，其离开事故发生现场时虽未产生逃避法律追究目的，但离开事故处理现场的目的是逃避法律追究，亦属逃离现场，应认定为逃逸。

——最高人民法院刑事审判第一、二、三、四、五庭主办：《刑事审判参考》2011 年第 3 集（总第 80 集），法律出版社 2011 年版，第 16~24 页。

刘本露交通肇事案（《刑事审判参考》指导案例第 788 号）

裁判要点：交通肇事后，行为人因受伤在医院治疗，公安机关向其询问案情时，拒不交代肇事经过，并虚构身份信息，后逃离医院的行为，应认定为交通肇事后逃逸。

（一）“交通肇事后逃逸”的认定标准

“交通肇事后逃逸”的基本含义是指发生交通事故后，肇事者不履行保护现场、积极抢救、迅速报案等义务，而逃跑的行为。根据《最高人民法院关于审理交通肇事刑事案件具体应用法律若干问题的解释》（以下简称《解释》）第三条的规定，要认定逃逸，行为人主观上必须具有“为了逃避法律追究”的目的，客观上实施了逃跑行为，且这里的逃跑不应限定为仅从事故现场逃跑。

司法实践中，存在大量交通肇事后逃逸的情形。有的肇事者因在事故中受伤而没有现场逃跑的条件，却在治疗中见机逃离，如本案被告人刘本露；有的肇事者将伤者送到医院抢救后发现伤势严重或者死亡，则留下假名、假电话后失踪。这些情况同样体现出行为人的主观恶性加深，加大了案件的侦破难度，增加了被害人生命财产损失的风险。基于上述分析，我们认为，只要是在交通肇事后为逃避法律追究而逃离的行为，都应当认定为“交通肇事后逃逸”。

（二）认定“交通肇事后逃逸”的时空界限

本案争议的焦点之一是逃逸行为是否仅限定在事故现场。我们认为，将逃逸行为仅限定在事故现场值得商榷。一是法律、法规及相关规范性文件均未对逃逸的时间和地点作限制规定。如果仅将逃逸行为限定在事故现场，那么性质同样恶劣的逃避法律追究的行为就得不到有效规制，如此势必会影响此类犯罪的惩处力度，也与相关立法精神不符。二是在司法实践中，肇事者往往在事故现场无法逃离，如肇事者自己受伤或者被卡在车内、遭被害人亲属围堵或者公安人员及时赶到现场等情形。但在调查取证或者医院治疗期间，肇事者往往借对其人身约束相对放松的机会而逃离。因此，对事后逃逸行为有必要与事故现场逃逸行为一样予以打击。将交通肇事逃逸场所限制理解为事故现场是机械套用公安部的《规定》，忽略了刑法第一百三十三条及《解释》所体现的立法和政策精神。

当然，对于交通肇事后逃离行为，也不能一概认定为交通肇事逃逸。实践中，在交通事故发生后，肇事者在事故现场遭到被害人亲属等围攻，被害人亲属等由于悲愤情绪对肇事者实施殴打报复的情形并不少见。这种在事故现场肇事者因害怕被殴打报复而暂时躲避，或者在将被害人送到医院抢救后，因害怕被殴打报复而暂时躲避，事后又主动归案的，不应认定为交通肇事逃逸。对于在事故现场，肇事者因害怕遭到被害人亲属等的殴打而逃离现场所涉及的主观认定，必须从严，必须是在被害人亲属等可能及时赶到事故现场的情形。在该情形下，肇事者逃离现场一般不会严重影响到对被害人的抢救治疗，更何况肇事者事后又主动归案，表明其并未有逃避相关法律责任的主观心理和客观表现。如果肇事者明知被害人亲属等不可能及时赶到现场，则表明肇事者并非因害怕遭到殴打而逃离现场，其对被害人的生死具有置之不理的心理，因此对其逃离事故现场行为应当认定为交通肇事逃逸。对于肇事者将被害人送到医院抢救的情形，肇事者因害怕家属殴打报复，暂时躲避，事后又主动归案的，表明肇事者已履行了抢救义务，客观上又未逃避法律责任，亦不能认定为交通肇事逃逸。

（三）被告人刘本露交通肇事后逃逸具有逃避法律追究的故意

本案中，被告人刘本露的行为构成交通肇事罪毋庸置疑，但其选择在交通肇事后逃逸的行为能否体现出其在主观上具有逃避法律追究的故意，需要结合具体案情以及有关附随情状综合认定。基于以下几个方面的分析，我们认为，刘本露在交通肇事后主观上具有逃避法律追究的故意：（1）刘本露不具备现场逃离的条件，其自己在事故中也受伤；（2）刘本露离开时未受到任何束缚，并非因害怕殴打、报复一类的原因而暂时躲避；（3）刘本露未承担任何救助、赔付义务，对被害人不闻不问即逃离；（4）刘本露在医院时未向其询问情况的公安人员如实交代事故经过，即逃离前已经暴露有逃避法律追究的客观行为表现。

综上，台州市黄岩区人民法院认定本案被告人刘本露在医院逃离的行为为逃逸情节是正确的，及时建议检察机关补充起诉也是适当的。

——最高人民法院刑事审判第一、二、三、四、五庭主办：《刑事审判参考》2012 年第 4 集（总第 87 集），法律出版社 2013 年版，第 1~5 页。

说明

交通运输肇事后逃逸，是指行为人的交通肇事行为首先已构成交通肇事罪的基本犯后，为逃避法律追究而逃跑的行为。在司法实践中，肇事人逃逸的目的大多是为了逃避法律追究，但也有少数肇事人的逃逸确实是出于害怕受害方或者其他围观群众对其进行殴打或是当时精神高度紧张慌乱而逃等原因。认定肇事人“逃逸”不能仅仅看肇事人是否离开现场，其关键在于肇事人是否同时具备“积极履行救助义务”和“立即投案”的行为特征。如果肇事人肇事后积极对被害人进行救助，如拦截车辆将被害人送往医院，并立即报案在医院守候等待公安机关的审查处理等情形下，虽然其离开了肇事现场，但为了救助被害人的，当然不属于交通肇事后“逃逸”。反之，如果肇事人积极履行救助义务后没有立即投案，如将被害人送往医院后而逃跑的，或者虽然肇事人立即投案但有能力履行却没有积极履行救助义务，均属于肇事后“为逃避法律追究”的逃逸行为。如行为人确已构成交通肇事后逃逸，即使其在逃逸过程中或是在逃逸状态持续过程中及时放弃其逃避法律追究的目的，主动投案、如实供述并听候处理的，该事后“中止逃逸”的行为不能推翻对其先前逃逸行为的认定，而仅可认定其事后的行为为自首。

311. “交通运输肇事后逃逸”中“为逃避法律追究而逃跑”的要件

关键词

交通肇事罪　为逃避法律追究而逃跑

《刑事审判参考》指导案例

赵双江故意杀人、赵文齐交通肇事案（《刑事审判参考》指导案例第1169号）

裁判要点：认定“交通运输肇事后逃逸”，应当定位于为“逃避法律追究而逃跑”，且“逃跑”并不限于“当即从现场逃跑”。

（一）认定“交通运输肇事后逃逸”，应当定位于为“逃避法律追究而逃跑”，且“逃跑”并不限于“当即从现场逃跑”

“交通运输肇事后逃逸”是1997年刑法修订时增加规定的加重处罚情节。实践中，交通肇事后逃逸的行为具有较大的危害性，往往导致被害人无法得到救助、损失无法得到赔偿、案件查处难度增大等。

刑法第一百三十三条规定了构成交通肇事罪的一般情形、“交通运输肇事后逃逸或者有其他特别恶劣情节”和“因逃逸致人死亡”两种特殊情形。根据《最高人民法院关于审理交通肇事刑事案件具体应用法律若干问题的解释》（以下简称《解释》）第三条的规定，“交通运输肇事后逃逸”，是指行为人具有该解释第二条第一款规定和第二款第一至五项规定的情形之一，在发生交通事故后，为逃避法律追究而逃跑的行为。

据此，构成交通肇事后逃逸的条件包括以下几方面：一是有交通肇事行为的发生，且符合《解释》第二条第一款规定和第二款第一至五项规定的情形之一。二是为逃避法律追究而逃逸。这里的法律追究包括刑事追究、民事追究、行政追究。实践中，肇事人逃跑的目的大多是想逃避法律追究，但也有少数肇事人逃跑的目的是怕受害方或者其他围观群众因激愤而对其进行报复、殴打等。如果是后者，在逃离现场后，通常能够通过报告单位领导或者报警等方式，自愿接受法律处理。因此，不能推定所有逃离现场的行为都是为逃避法律追究。对逃跑行为作出上述必要的限制，是为了保证准确适用法律，不枉不纵。三是《解释》规定的“逃跑”，并没有固定时间和场所的限定。有意见认为，交通肇事后逃逸，应当理解为“逃离事故现场”的行为，实践中大多也属于这种情况。但是，有的肇事人并未在肇事后立即逃离现场（有的是不可能逃跑），而是在将伤者送到医院后或者在等待交通管理部门处理的时候逃跑，类似的情形有很多。如果仅将逃逸界定为当即逃离现场，那么性质同样恶劣的逃避法律追究的行为就得不到相应的追责，可能会影响对这类犯罪行为的惩处。因此，只要是在肇事后为逃避法律追究而逃跑的行为，都应视为“交通肇事后逃逸”。

从刑法和《解释》的意图来看，立足点在于鼓励行为人在发生交通事故后，采取积极措施对被害人进行救助。如果没有逃逸，因被害人救治及时，行为人则存在不构成犯罪的可能性。但如果行为人在交通事故后逃逸，致被害人因得不到救助而死亡，则行为人构成交通肇事罪（特殊情形的重罪）。简言之，如果交通事故发生后，被害人已经死亡，行为人逃逸的，则只构成《解释》第三条规定的法定加重情节，对行为人应当在三年以上七年以下有期徒刑的法定刑范围内处罚；如果被害人没有死亡，但由于行为人的逃逸而致使被害人因得不到救助而死亡的，则行为人的行为构成交通肇事罪的重罪情形，应在七年以上有期徒刑的法定刑范围内处罚。

——最高人民法院刑事审判第一、二、三、四、五庭主办：《刑事审判参考》（总第108辑），法律出版社2017年版，第32~38页。

312.《刑法》第一百三十三条中“其他特别恶劣情节”的认定

关键词

交通肇事罪　其他特别恶劣情节

《刑事审判参考》指导案例

张超泽交通肇事案（《刑事审判参考》指导案例第918号）

裁判要点：通过对《最高人民法院关于审理交通肇事刑事案件具体应用法律若干问题的解释》（以下简称《解释》）第二条第一款和第二款规定的比较可以说明《解释》在交通肇事罪的入罪标准上，区分了一般情形和毒驾等特殊情形。根据这一规定精神，在量刑上也应区分不同情形确定从严处罚的尺度。一般情况下“死亡二人以上或者重伤五人以上，负事故全部或者主要责任的”属于“其他特别恶劣情节”，那么对于具有毒驾情节的，可比照该项规定适当降低致人伤亡的程度，如果毒驾肇事致一人以上死亡、多人受伤的，就可以考虑认定为“其他特别恶劣情节”。

（二）吸毒后驾驶机动车交通肇事造成特别严重后果的，属于刑法第一百三十三条规定的“其他特别恶劣情节”

刑法第一百三十三条对交通肇事罪规定了三个不同的量刑幅度，其中交通运输肇事后逃逸或者有其他特别恶劣情节的，处三年以上七年以下有期徒刑。《解释》第四条对“其他特别恶劣情节”列举了三种情形：一是死亡2人以上或者重伤5人以上，负事故全部或者主要责任的；二是死亡6人以上，负事故同等责任的；三是造成公共财产或者他人财产直接损失，负事故全部或者主要责任，无能力赔偿数额在60万元以上的。本案中，被告人张超泽吸毒后在繁华路段驾车冲撞多车、多人，造成了1人死亡、5人轻伤、7人轻微伤的严重后果，社会影响恶劣，但并不在《解释》规定的上述三种情形之列。在此情况下，能否认定张超泽的行为属于“其他特别恶劣情节”，存在一定争议。有观点认为，《解释》第四条没有设置兜底条款，故除了该条列举的上述三种情形外，均不属于交通肇事罪“其他特别恶劣情节”。我们认为，对“其他特别恶劣情节”的把握，要采取原则性与灵活性相统一的原则。

第一，从《解释》第四条的规定看，并未绝对排除该条规定之外的其他情形属于“其他特别恶劣情节”。司法解释是对如何适用法律的进一步明确，既涉及对概念性术语的界定，又涉及对一些具体情节的细化，应当区分司法解释的对象，准确把握其内涵和精神。以《解释》第三条规定为例："'交通运输肇事后逃逸'，是指行为人具有本解释第二条第一款规定和第二款第（一）至（五）项规定的情形之一，在发生交通事故后，为逃避法律追究而逃跑的行为。"该条对"交通运输肇事后逃逸"的解释，就属于概念界定，内容十分明确。而《解释》第四条规定"交通肇事具有下列情形之一的，属于'有其他特别恶劣情节'"。这种列举式的表述方式则相对灵活，对于符合《解释》列举的三种情形之一的，应当认定为"有其他特别恶劣情节"，而对其他情形是否属于"其他特别恶劣情节"，《解释》则未作出排除性或者禁止性规定。故判断其他情形是否属于"其他特别恶劣情节"，可以依照刑法和《解释》规定的精神，结合具体案情作出判断。

第二，从《解释》第二条规定的精神看，应当将吸毒后驾驶致多人死伤的行为认定为"其他特别恶劣情节"。《解释》第二条第一款规定，致1人死亡或者3人以上重伤，负事故全部或者主要责任的，构成交通肇事罪。同时，该条第二款规定，交通肇事致1人以上重伤，负事故全部或者主要责任，并具有该款列举的六种情形之一的，亦构成交通肇事罪。其中，第一项即是"酒后、吸食毒品后驾驶机动车辆的"，说明《解释》在交通肇事罪的入罪标准上，区分了一般情形和毒驾等特殊情形。根据这一规定精神，在量刑上也应区分不同情形确定从严处罚的尺度。一般情况下"死亡二人以上或者重伤五人以上，负事故全部或者主要责任的"属于"其他特别恶劣情节"，那么，对于具有毒驾情节的，可比照该项规定适当降低致人伤亡的程度。如果毒驾肇事致一人以上死亡、多人受伤的，就可以考虑认定为"其他特别恶劣情节"。本案中，张超泽交通肇事致1人死亡、5人轻伤、7人轻微伤，后果特别严重，结合其吸毒后驾车的情节，可以认定为"其他特别恶劣情节"，在三年以上七年以下有期徒刑幅度内判处刑罚。鉴于本案社会影响恶劣，一审法院顶格判处张超泽有期徒刑七年，准确贯彻体现了宽严相济刑事政策依法从严的精神。

——最高人民法院刑五庭：《张超泽交通肇事案》，载最高人民法院刑事审判第一、二、三、四、五庭主办：《刑事审判参考》2013年第5集（总第94集），法律出版社2014年版，第138~140页。

313. 肇事者交通事故后滞留现场不履行救助义务，在后车发生第二次事故后，隐瞒身份并离开现场，能否构成“因逃逸致人死亡”

关键词

肇事者　交通事故　救助义务　第二次事故

《刑事审判参考》指导案例

汪庆樟交通肇事案（《刑事审判参考》指导案例第 1364 号）

裁判要点：隐匿行为从本质上说仍是一种交通肇事后的逃逸行为，人在现场与不在现场没有本质区别，因为现场的人民群众和警察都无法发现其就是肇事者，其自身不受被害方、群众或者事故处理人员控制。因此，被告人在有救助能力的情况下未履行救助义务，可以认定其属于“因逃逸致人死亡”中的“逃逸”。

本案的主要争议在于被告人的行为是否属于“因逃逸致人死亡”，主要有以下两种意见：

第一种意见认为，被告人汪庆樟构成交通肇事罪中的因逃逸致人死亡。理由如下：（1）虽然汪庆樟在事故发生后没有立即逃跑，而是在后车发生事故后离开现场，但其在此期间没有暴露自己是肇事者，而是将自己隐匿在现场。（2）虽然有第三人的碾轧行为介入被告人肇事与被害人死亡之间，但从案发时间、地点、环境和被害人的情况来看，此介入因素的发生并未超出被告人合理预见的能力范围，并不能阻断被告人肇事与被害人死亡之间的因果关系，应认定为交通肇事逃逸致人死亡。

第二种意见认为，被告人不构成交通肇事罪中的因逃逸致人死亡，属于一般交通肇事后逃逸。理由是认定交通肇事逃逸必须具备离开事故现场这一客观要件，而被告人汪庆樟在第一次事故后并没有离开事故现场，且被害人在第一次事故后并未死亡，而是第二次事故后死亡的，故不能认定为交通肇事逃逸致人死亡。

我们同意第一种意见。理由如下：

根据《最高人民法院关于审理交通肇事刑事案件具体应用法律若干问题的解释》（以下简称《交通刑事解释》）第五条规定，“因逃逸致人死亡”是指行为人在交通肇事后为逃避法律追究而逃跑，致使被害人得不到救助而死亡的情形。不论是“交通肇事后逃逸”还是“因逃逸致人死亡”的加重处罚基础均为未履行法定义务，前者侧重于未履行报警、保护现场等义务，以及对其后交通状况所造成的抽象危险等，后者则突出救助义务。上述规定明确了认定“因逃逸致人死亡”的主观和客观条件，一般来说，需要符合以下四个条件：

（一）被告人交通事故后有救助义务及救助能力

根据《道路交通安全法》第七十条[①]的规定，肇事者发生交通事故后必须立即停车，保护现场；造成人身伤亡的，应当立即抢救受伤人员，并迅速报告执勤的交通警察或者公安机关交通管理部门。由此可见，保护事故现场、抢救伤员、报警并接受公安机关的处理，是肇事者必须履行的法定义务。除了上述法律明文规定外，基于交通肇事这一先行行为，交通肇事者在肇事后也负有救助义务。

肇事者是否具有救助能力，应依据肇事者所在现场的时空条件来认定。一是肇事者本人处于清醒状态并具有活动能力。二是肇事者明确知晓被害人受伤。三是当时现场有充分的条件允许肇事者进行救助。认定上述内容，不仅要看肇事者的供述，还应从事故的时间、地点、路况、行为人的知识、能力，经验等方面客观地评判肇事者是否具有救助能力。如果肇事者不具备救助的条件，“法律不能强人所难”，肇事者虽负有救助义务，但也不能过分要求肇事者在没有救助能力时履行救助义务。

从本案的相关证据来看，被告人驾驶二轮电动车与同向行走的被害人发生碰撞，致被害人倒在车道中，被告人连人带车摔倒后站在路边白线外，并开始捡东西、扶二轮电动车。此时来往车辆车速比较缓慢，行驶在被害人倒地一侧车道的车辆经过事故点时，都做短暂停顿，接着借道对向车道行驶，被告人完全有机会将被害人搬离到安全的路边或阻拦呼叫车辆施救，但其未采取任何救助措施。上述事实足以说明被告人明知自己交通肇事，且在当时现场的时空条件下具有救助能力。

（二）被告人交通事故发生后逃逸，未履行救助义务

《刑法》规定对逃逸加重处罚，一是为了及时抢救伤者，防止事故损失的扩大；二是便于尽快查清事故责任，处理事故善后。司法实践中，对以下几种情形应当区分处理：一是肇事者交通肇事后为逃避法律追究，不顾被害人的受伤结果，拒不履行救助义务而逃跑，致被害人因得不到及时救助而死亡，应构成“因逃逸致人死亡”；二是肇事者履行了救助行为，如将被害人送往医院，但肇事者履行救助义务后为逃避法律追究又逃跑，被害人因抢救无效而死亡，不能认定肇事人“因逃逸致人死亡”，只能认定肇事人“交通肇事逃逸”；三是肇事者将受害人带离事故现场后隐藏或者遗弃，致使被害人无法得

---

① 本条现为《中华人民共和国道路交通安全法》第七十条。

到救助而死亡或者造成严重残疾的，则应当按照《交通刑事解释》第六条的规定，以故意杀人罪或者故意伤害罪定罪处罚。

本案的特殊性在于，被告人在交通事故发生后并未马上离开现场，而在后车发生第二次事故后，隐瞒身份并离开现场，该行为能否认定为逃逸，存在争议。我们认为，是否认定"因逃逸致人死亡"中的逃逸，不应仅限于交通事故后逃离事故现场，还需要根据肇事者的主观目的与社会危害性进行评判。

1. 逃离现场不是交通肇事逃逸的唯一要件

《道路交通事故处理程序规定》中规定，交通肇事逃逸，是指发生道路交通事故后，当事人为逃避法律责任，驾驶或者遗弃车辆逃离道路交通事故现场以及潜逃藏匿的行为。司法实践中，大多数情形下，逃逸表现为逃离现场，但现实的情况千差万别，有的没有逃离现场也可能构成逃逸，而有的离开现场却不构成逃逸。同样，《交通刑事解释》的原文使用的是抽象的"逃跑"，可见《交通刑事解释》并没有把是否在"现场"作为硬性要件，而"逃跑"的手段与形式也是多种多样，核心问题仍在于是否逃避法律的追究。司法实践中，在事故现场躲藏、在现场却谎称不是肇事者或者虽在现场但指使、同意他人冒名顶替等情形，其最终目的是隐瞒肇事者身份、逃避法律的追究，仍然可以构成"逃逸"。

《浙江省高级人民法院关于在审理交通肇事刑事案件中正确认定逃逸等问题的会议纪要》第三条规定，让人顶替的情形有多种，有的肇事者让同车人顶替或者打电话让人来现场顶替；有的肇事者逃离现场后叫顶替者到现场，应认定为交通肇事逃逸并从重处罚。处理这类案件，还要区分肇事者是否逃离了事故现场。对肇事者让人顶替但自己没有逃离现场的，可酌情从轻处罚。参考这一规定，在一定条件下即使没有离开事故现场也可以构成交通肇事逃逸。

2. 认定"因逃逸致人死亡"中"逃逸"的关键是有救助能力而不履行救助义务

交通肇事后逃逸行为的本质特征就是为了逃避法律追究不履行法定义务，因而正确认定"逃逸"也应当围绕肇事者在肇事后是否履行了法定义务去考察。"因逃逸致人死亡"中的逃逸，应着重于审查肇事者在有救助能力的情况下是否履行了救助义务。

首先，本案被告人的供述及其他在案证据证实，在后车肇事者问询时，被告人隐瞒了自己的肇事者身份，并马上驾驶电动车逃离现场，反映了被告人在肇事后有逃避法律追究的主观故意。其次，两次事故是一个整体的延续状态。根据视频监控显示，事故发生后，被告人下车开始捡东西、扶二轮电动车。在后车发生事故后，被告人驾驶二轮电动车离开。在这个三分钟的延续状态里，被告人神志清醒、行动自如、未受到任何威胁，其在有救助能力和条件的情形下，未采取任何救助措施，而是在短时间内实施了逃离事故现场的行为。最后，本案第二次碰撞后，后车肇事者下车查看，并问被告人有什么东西，被告人回答没有。虽然被告人第一次事故发生后没有立即逃跑，而是在第二次事故后才离开现场，但其在此期间没有表明自己是肇事者，而是将自己隐匿在现场。隐匿行为从本质上说仍是一种交通肇事后的逃逸行为，人在现场与不在现场没有本质区别，因为现场的人民群众和警察都无法发现其就是肇事者，其自身不受被害方、群众或者事故处理人员控制。因此，被告人在有救助能力的情况下未履行救助义务，可以认定其属于“因逃逸致人死亡”中的“逃逸”。

（三）被告人的逃逸行为与被害人死亡之间存在因果关系

在案件事实存在介入因素的场合，要判断后车的第二次碰撞行为是否阻断前车碰撞、逃逸行为与被害人死亡之间的因果关系需要考虑以下因素：（1）逃逸行为导致被害人死亡结果发生的危险性大小；（2）后车第二次碰撞行为的异常性大小；（3）后车第二次碰撞行为对结果的发生的作用大小；（4）后车第二次碰撞行为是否为逃逸行为的可控范围。但最重要的是判断哪个行为对结果的发生起到了决定性作用，同时也要考虑后车行为的可能性。

就本案而言，被告人肇事后明知受害人受伤倒地不能自救，在晚上来往车辆较多的公路上，正常人都会合理预见被害人若得不到救助，随时有被后车碾轧的可能。被告人的先行肇事行为使受害人面临生命安全的紧迫危险，负有采取有效措施排除危险或防止结果发生的特定义务，如果被告人履行救助义务，或者即使没有救助但保护了现场，危害结果便不会发生，但此时被告人选择了逃逸、不作为。因此，后车事故行为的发生和介入在被告人合理预见的能力范围之内，被告人的逃逸行为导致被害人再次被碾轧甚至死亡发生的危险性增大。后车事故行为虽然介入被告人肇事、逃逸与被害人死亡之间的因果进程，但不属于异常介入因素，即使不是该第三人驾车驶过，也可能是其他司机驾车碾轧被害人，因而后车事故行为并不能阻断被告人、逃逸与被害人死亡之间的因果关系。

（四）被告人的逃逸行为与故意杀人行为不具有相当性

《交通刑事解释》第六条规定行为人将被害人带离事故现场后隐藏或者遗弃的，可以以故意杀人罪定罪。实施隐藏、抛弃或移动至危险地带等积极移置性行为，使被害人得不到救助而死亡或发生再次碾轧事故，致被害人死亡的风险增加，其与杀人行为具有相当性，因而不再认定为“逃逸致人死亡”。此外，在判断逃逸行为与故意杀人是否具有相当性时，还应考虑逃逸行为对结果的客观归责程度以及肇事者不履行义务对结果的原因力大小，而不是仅从形式上是否有积极移置行为来加以判断。如果第二次碰撞的肇事者被认定不负责任，则说明第二次事故发生具有较大可能性，那么逃逸行为与故意杀人行为仍然具有相当性，死亡结果完全归责于逃逸行为，则应根据案件的具体情况来判断先前逃逸的肇事人是否构成故意杀人罪；如果第二次碰撞肇事者被认定负有责任，则说明第二次事故发生存在偶然性，不能将被害人被第二次碰撞致死完全归责于逃逸行为，一般认定“因逃逸致人死亡”。本案中，被告人不存在上述积极移置性行为，不符合《交通刑事解释》第六条的规定，同时，经事故认定，第二次碰撞肇事者负次要责任，存在一定过错，被告人的逃逸行为与故意杀人行为不相当。

综上，被告人撞倒被害人后，在具备救助条件的情况下，置被害人生命处于高度危险状态而不顾，并故意隐瞒自己的肇事者身份，不履行作为肇事者应该履行的法定义务，意图逃避法律追究，致使被害人被后车碾轧致死，应当认定被告人的行为属交通肇事后逃逸致人死亡。一审、二审法院根据犯罪的事实、性质、情节和对社会的危害程度，以交通肇事罪判处被告人汪庆樟有期徒刑七年，是合适的。

——王永兴、黄江南撰稿、王晓东审编：《汪庆樟交通肇事案——肇事者交通事故后滞留现场不履行救助义务，在二次事故发生后，隐瞒身份并离开现场，可以构成因逃逸致人死亡》，载最高人民法院刑事审判第一、二、三、四、五庭主办：《刑事审判参考》（总第124集），法律出版社2020年版，第3~8页。

314. 行人引起的交通肇事案件的司法认定

关键词

行人　交通肇事罪

《刑事审判参考》指导案例

胡伦霞交通肇事案（《刑事审判参考》指导案例第1297号）

裁判要点：依据我国《刑法》和相关司法解释的规定，行人可以成为交通肇事罪的主体。

依据《中华人民共和国道路交通安全法》第一百一十九条，“道路”，是指公路、城市道路和虽在单位管辖范围但允许社会机动车通行的地方，包括广场、公共停车场等用于公众通行的场所；“车辆”，是指机动车和非机动车；“机动车”，是指以动力装置驱动或者牵引，上道路行驶的供人员乘用或者用于运送物品以及进行工程专项作业的轮式车辆；“非机动车”，是指以人力或者畜力驱动，上道路行驶的交通工具，以及虽有动力装置驱动但设计最高时速、空车质量、外形尺寸符合有关国家标准的残疾人机动轮椅车、电动自行车等交通工具；“交通事故”，是指车辆在道路上因过错或者意外造成的人身伤亡或者财产损失的事件。

构成交通事故，应当具备以下要素：一是由车辆（包括机动车辆和非机动车辆）造成的；二是在道路上发生；三是在运动中发生；四是有事态（如碰撞、剐蹭等）发生；五是造成事态的原因是人为的；六是有损害后果发生；七是当事人心理状态是过失或者其他意外因素。其中，根据事故双方是否驾驶车辆，交通事故可以分成车辆与车辆的事故、车辆与行人的事故，而行人与行人之间的事故，不能认定为交通事故。

虽然车辆是交通事故中不可缺少的要素，但我们不能就此得出结论，认为交通肇事刑事案件（交通肇事罪）只追究机动车及其驾驶人的责任。

《刑法》第一百三十三条规定，违反交通运输管理法规，因而发生重大事故，致人重伤、死亡或者公私财产遭受重大损失的，处三年以下有期徒刑或者拘役。可以看出，自 1997 年《刑法》修订之后，交通肇事罪的主体扩大为一般主体。[①] 而《最高人民法院关于审理交通肇事刑事案件具体应用法律若干问题的解释》（以下简称《解释》）第一条规定：“从事交通运输人员或者非交通运输人员，违反交通运输管理法规发生重大交通事故，在分清事故责任的基础上，对于构成犯罪的，依照刑法第一百三十三条的规定定罪处罚。”《解释》进一步明确了交通肇事罪的主体包括非交通运输人员，即包括行人及非机动车的驾驶人。从实际发生的交通肇事案件来看，因行人和非机动车驾驶人违章造成交通事故的情形也时有发生，给公民的生命、健康和公私财产安全造成了危害。因此，虽然行人和非机动车驾驶人在道路交通中属于相对的弱者，应给予特别的关照，但其违反交通管理法规发生交通事故，也危及了交通安全，理应依法按照交通肇事罪处罚。

——陈雁琴、温文凯撰稿、韩维中审编：《胡伦霞交通肇事案——行人引起的交通肇事案件的司法认定》，载最高人民法院刑事审判第一、二、三、四、五庭主办：《刑事审判参考》（总第 120 集），法律出版社 2019 年版，第 1~4 页。

---

① 1979 年《刑法》规定，交通肇事罪的主体为“从事交通运输的人员”。

315. 车主指使驾驶人员逃逸致被害人遭连环辗轧死亡的刑事责任认定

关键词

交通肇事罪　逃逸致死　刑事责任

《刑事审判参考》指导案例

王爱华、陈玉华交通肇事案（《刑事审判参考》指导案例第 1450 号）

裁判要点：连续辗轧情形下，不能确定被害人第一次辗轧是否死亡，采取谦抑和有利于被告人的原则，未认定前车行为人逃逸致人死亡。

（一）车主指使他人违章驾驶并逃逸的责任认定

在不能确定被害人是否系因得不到救助而死亡的情况下，车主指使驾驶人员逃逸，车主需要具备交通肇事的基础犯罪，才能够为刑法所评价。在车主的行为构成交通肇事罪的前提下，才能进一步评价车主是否属于"交通运输肇事后逃逸"情形。

本案中，对于车辆实际所有人王爱华的行为定性有两种不同的意见：

一种意见认为，根据本案现有证据不能证实被害人的死亡原因系因得不到救助而死亡，故被告人王爱华指使他人逃逸的行为不符合《交通肇事刑事案件解释》第五条第二款规定的"交通肇事后，单位主管人员、机动车所有人、承包人或者乘车人指使肇事人逃逸，致使被害人因得不到救助而死亡的，以交通肇事罪的共犯论处"之情形，不能构成共犯，在刑法中无法评价。故王爱华仅根据《交通肇事刑事案件解释》第七条规定的情形承担责任，构成交通肇事罪但不属于"交通运输肇事后逃逸"。

另一种意见认为，虽然不能认定"因逃逸致人死亡"，但是被告人王爱华明知车辆没有相关手续，仍指使驾驶员陈玉华违章驾驶不符合安全技术性能的车辆，因而发生重大交通事故的行为，根据《交通肇事刑事案件解释》第七条的规定已经构成犯罪。《道路交通安全法》第七十条规定："在道路上发生交通事故，车辆驾驶人应当立即停车，保护现场；造成人身伤亡的，车辆驾驶人应当立即抢救受伤人员，并迅速报告执勤的交通警察或者公安机关交通管理部门。"交通肇事后救助伤者的义务是因交通肇事人自身实施先行行为导致的，但王爱华为逃避法律追究，在交通肇事后仍指使驾驶人员逃逸，应构成交通肇事逃逸。

我们同意后一种意见，理由是：被告人王爱华作为肇事车辆所有人，指使被告人陈玉华驾驶不符合安全技术性能的车辆，系《交通肇事刑事案件解释》第七条所规定的“指使他人违章驾驶”，王爱华的基础行为已经与交通肇事结果之间产生了因果关系。发生重大交通事故，驾驶人员陈玉华对多因一果造成的被害人死亡承担主要责任，无论车主王爱华的行为对交通肇事的因果关系的大小如何，按照《交通肇事刑事案件解释》第七条的规定，已经符合交通肇事的基本犯罪构成要件，应当认为王爱华构成交通肇事罪。此时，王爱华指使驾驶人员为逃避法律追究而逃跑，应属于《刑法》第一百三十三条规定的“交通运输肇事后逃逸”。王爱华在明知自己先前的行为可能被处罚的情况下为逃避法律追究而逃跑，在刑法中应被评价，此情节系对基本犯罪构成的加重，应认定为情节加重犯，适用升格法定刑，在三年以上七年以下有期徒刑一档量刑。

（二）连续辗轧情形下，因果关系及介入因素的评定

本案不能排除被害人系由两辆车辆连续辗轧而导致死亡。在第一肇事者被告人陈玉华过失撞击被害人倒地后，第二肇事者樊红居再次辗轧的行为，是否中断陈玉华的先行行为与被害人死亡结果之间的因果关系？通说认为，因果关系的介入因素是指在先行行为引起危害结果发生的过程中，介入第三人行为、被害人行为、行为人的第二次行为或者自然事件，从而引起因果关系可能发生异常变化的情况。介入因素是否阻断实行行为的因果关系，主要从以下几个方面考虑：第一，实行行为导致结果发生的概率大小；第二，介入因素是否异常，如果介入原因属于通常介入，则一般不中断因果关系；第三，介入因素对结果发生作用的大小。如果实行行为已经具备造成损害后果发生的极大可能性，后续的介入因素只是起到推进作用，即使具体的死亡是由介入因素直接导致的，也应归责于在先的实行行为，也即，实行行为与损害后果之间存在因果关系。

本案发生时间是凌晨4时许，二被告人在明知发生交通事故后，理应驻车报警积极实施救助，但是合谋后却选择逃逸，根据二被告人供述，不能确定受害人当场是否已死亡。本案在审理中出现一个逻辑障碍：如果被害人第一次辗轧已经死亡，则二被告人仅承担肇事后逃逸的刑事责任，而不适用“逃逸致人死亡”的量刑幅度，且后面的辗轧人不需要承担责任；如果被害人是第二次辗轧才死亡，则前车的行为人需要承担“逃逸致人死亡”的刑事责任，后车的行为人也需要承担责任。

本案在对前车行为人的刑事责任的认定中，采取了谦抑和有利于被告人的原则，未认定前车行为人逃逸致人死亡。在对后车行为人责任的认定中，认为樊红居的肇事介入因素不能阻断本案二被告人成立交通肇事罪，依据交

通肇事罪的入罪标准，樊红居不应被追究刑事责任。但在民事责任中，共同侵权人依法均应承担民事赔偿责任。此种认定与刑事判决并不相悖，故本案裁判也可以将民事责任与刑事责任的承担协调起来。

——闫歌撰稿、于同志审编：《王爱华、陈玉华交通肇事案——车主指使驾驶人员逃逸致被害人遭连环辗轧死亡的刑事责任认定》，载最高人民法院刑事审判第一、二、三、四、五庭编：《刑事审判参考》（总第 130 辑），人民法院出版社 2022 年版，第 16~23 页。

316. 交通肇事罪转化为故意杀人罪主观故意的认定

关键词

故意杀人罪　交通肇事罪　主观方面

《刑事审判参考》指导案例

韩正连故意杀人案（《刑事审判参考》指导案例第 439 号）

裁判要点：在肇事者自己先前的交通肇事行为使被害人的生命处于现实危险状态的情况下，肇事行为人负有防止死亡危险结果发生的特定义务，如果能够履行而故意不履行，造成被害人死亡结果的就构成刑法上的不作为故意杀人犯罪。

在交通肇事转化为故意杀人罪的条件中，如何把握交通肇事转化为故意杀人罪的主观故意，是审理此类案件的难点。行为人由过失交通肇事的行为到故意杀人的行为，存在一个主观心理转变的过程。行为人交通肇事造成他人伤害主观上是出于过失，在因交通肇事已经致被害人伤害结果而使其陷于死亡的现实危险状态情况下，被害人的生命安全依赖肇事行为人的及时救护，而行为人为了逃避法律追究，不采取措施防止死亡结果的发生，而是将被害人带离事故现场后隐藏或者遗弃，致使被害人因得不到及时的救护而死亡，其承担的刑事责任不再是交通肇事的结果加重犯的责任，而是因其先行行为造成他人死亡危险状态构成的不作为的刑事责任。《道路交通事故处理办法》第 7 条明确规定："发生交通事故的车辆必须立即停车，当事人必须保护现场，抢救伤者和财产"，同时，由于肇事者自己先前的交通肇事行为才使被害人的生命处于现实危险状态，因此，从法律明文规定和行为人先行行为看，肇事行为人负有防止死亡危险结果发生的特定义务，如果能够履行而故意不履行，造成被害人死亡结果的就构成刑法上的不作为故意杀人犯罪。这种情况下，行为人对于造成被害人死亡的主观心态既可能希望被害人死亡，也可能是放任被害人死亡。因为行为人对被害人处于急需救助、生命安全处于危险状态是明知的，此时，再将被害人带离事故现场后隐藏或者遗弃，如果是明知自己的行为必然发生被害人死亡的结果，则属于直接故意杀人；如果仅是明知自己的行为可能会发生被害人死亡的结果，而放任这种结果的发生，则属于不作为的间接故意杀人。至于个案中被告人的主观心理状态的认定，一般可以从其实施的客观行为、肇事后被害人的伤害情况、当时的特定环境以及社会一般人的通常认识程度等方面进行综合分析判断。

——最高人民法院刑事审判第一、二、三、四、五庭主办：《刑事审判参考》2007 年第 3 集（总第 56 集），法律出版社 2007 年版，第 1~5 页。

317. 车辆所有人在交通肇事后将被害人隐藏致使被害人无法得到救助而死亡的，如何认定

关键词

故意杀人罪　交通肇事罪

《刑事审判参考》指导案例

赵双江故意杀人、赵文齐交通肇事案（《刑事审判参考》指导案例第 1169 号）

裁判要点：车辆所有人在交通肇事后将被害人隐藏致使被害人无法得到救助而死亡的，应当以故意杀人罪论处。

本案在审理过程中，对被告人赵双江的行为如何定罪，有两种意见：

第一种意见认为，被害人徐占齐的死亡原因是交通事故所致颅脑损伤，而不是赵双江将徐占齐拖拽到沟里而使其得不到救治而死亡，因此，赵双江的行为不构成犯罪。第二种意见认为，赵双江的行为构成故意杀人罪。

我们同意第二种意见。首先，赵双江的行为应当认定为交通肇事罪的共犯。《最高人民法院关于审理交通肇事刑事案件具体应用法律若干问题的解释》（以下简称《解释》）第五条对单位主管人员、机动车辆所有人、承包人或者乘车人（以下简称主管人员等）设置了一个特别义务，即不得指使肇事人逃逸，否则，致使被害人因得不到救助而死亡的，以交通肇事论。这里，对主管人员等构成交通肇事罪规定了两个前因条件：（1）指使肇事人逃逸。本案中，赵双江自己供述和赵文齐商量过将被害人拽到公路边，但没有得到

赵文齐供述的印证。但是，赵双江实施了主动搭载赵文齐逃离现场的行为。举轻以明重，既然指使逃逸的行为都可认定为共犯，那么，比指使逃逸性质更严重的搭载肇事人逃逸的行为，更应以交通肇事的共犯论处。(2)致使被害人因得不到救助而死亡。如前所述，虽然本案中，被害人死亡的原因主要是交通事故，被害人即使得到救助也可能死亡，但是被害人得不到救助是肯定存在的，而且，即使徐占齐因得到救助而没有死亡的概率极低，也不等于绝对没有。赵双江与发生交通事故后已经昏迷的赵文齐不同，其是在明知徐占齐还有呼吸的情况下，将徐占齐拽入沟中从而使其完全失去了被抢救的可能。因此，对赵双江而言，可以认定为“致使被害人因得不到救助而死亡”。

其次，对赵双江可以适用《解释》第六条的规定，以“交通肇事”转化为“故意杀人”论，主要原因就是其在构成交通肇事罪的共犯后，必然随之产生行政法上对交通肇事行为人规定的一些附随义务，主要是抢救的义务。《解释》第六条也是针对这一附随义务而作出禁止性规定的，即行为人不得将被害人带离事故现场隐藏或者遗弃，否则，就要转化为故意杀人罪或者故意伤害罪(转化为何罪以结果论)。但赵双江正是实施了《解释》第六条规定的禁止性行为，将徐占齐拽入沟中，致救护人员到事故现场后找不到被害人。更为恶劣的是，在救护人员因找不到被害人而打赵双江电话时，赵双江明知可能是救护人员的电话，却不接听。

——最高人民法院刑事审判第一、二、三、四、五庭主办：《刑事审判参考》(总第108辑)，法律出版社2017年版，第32~38页。

318. 超速驾车撞死人行道内行人的构成交通肇事罪

关键词

交通肇事罪　以危险方法危害公共安全罪　量刑

《刑事审判参考》指导案例

胡斌交通肇事案（《刑事审判参考》指导案例第588号）

裁判要点：超速驾车撞死人行道内行人构成交通肇事罪。

(一)被告人胡斌的行为应当定性为交通肇事罪，不能认定为以危险方法危害公共安全罪或者过失以危险方法危害公共安全罪

本案系一起广受媒体关注的交通肇事案件，在审理过程中，对于被告人胡斌严重超速驾车撞死一人的行为如何定性有三种不同的意见：第一种意见

认为，胡斌的行为构成交通肇事罪；第二种意见认为，胡斌的行为构成以危险方法危害公共安全罪；第三种意见认为，胡斌的行为构成过失以危险方法危害公共安全罪。

我们认为，根据本案情况，对被告人胡斌应以交通肇事罪进行定罪，理由是：从犯罪构成看，以危险方法危害公共安全罪、过失以危险方法危害公共安全罪与交通肇事罪侵犯的客体都是公共安全，客观方面均表现为行为人实施了一定危害公共安全的行为，这三个罪名在犯罪客体与客观方面存在一定的相同之处，但这三个罪名之间的区别还是比较明显的。其中，以危险方法危害公共安全罪是故意犯罪，行为人的主观心态是故意，是希望或者放任危害公共安全危害结果的发生；而交通肇事罪与过失以危险方法危害公共安全罪的主观方面是过失，包括过于自信的过失和疏忽大意的过失，即应当预见到自己的行为可能发生危害社会公共安全的结果，因为疏忽大意而没有预见或已经预见而轻信能够避免。根据本案庭审查明的事实，被告人胡斌平时喜欢开快车，但其认为凭自己的驾驶技术能够避免事故的发生。案发当晚，虽然胡斌属于在城市主要道路上严重超速驾驶，但在驾车过程中未违反交通信号灯指令，遇红灯时能够停车，只是因为没有注意观察前方路面情况而撞上在人行横道上行走的被害人谭卓，可见，其当晚驾车除了违反交通法规超速行驶外还是能够基本遵守交通规则的。当胡斌发现撞人后，立即踩刹车并下车查看谭卓的伤势情况，随即拨打了120急救电话以及122报警电话，并留在现场等候处理。这一系列行为反映了胡斌肇事时主观上不希望交通事故的发生，也没有放任交通事故发生的表现，对被害人谭卓的死亡其内心是持否定和排斥态度的，应当属于过失的心态，因此，胡斌行为的主观方面不符合以危险方法危害公共安全罪的主观要件，其行为不能构成以危险方法危害公共安全罪。

过失以危险方法危害公共安全罪和交通肇事罪的主观心态都是过失，刑法第一百一十五条第二款规定的过失以危险方法危害公共安全罪，是针对行为人实施了刑法分则没有明确规定具体危险方法的过失危害公共安全的行为，对于这种刑法分则没有规定但行为的社会危害性具有危害公共安全的过失行为，就应该以过失以危险方法危害公共安全罪进行定罪量刑。而对于违反交通运输管理法规，发生重大事故，致人重伤、死亡或者使公私财产遭受重大损失的，刑法分则第二章危害公共安全罪中专门规定了交通肇事罪。据此，在交通运输过程中，如果行为人违反交通运输管理法规，过失造成重大事故发生法定危害结果的，应以交通肇事罪定罪处罚。因此，根据罪刑法定原则，本案被告人胡斌在城市主要道路上严重违章超速驾车撞死一人的行为不符合过失以危险方法危害公共安全罪的构成要件，应以交通肇事罪定罪。

（二）对于被告人胡斌如何量刑

首先，被告人胡斌犯交通肇事罪，但不能认定其有“其他特别恶劣情节”。

根据刑法第一百三十三条的规定，犯交通肇事罪如果没有逃逸或者其他特别恶劣情节的，应在第一档法定刑幅度内量刑，即在三年以下有期徒刑或者拘役内量刑。本案庭审中，被害人的诉讼代理人提出胡斌有其他特别恶劣情节，应在三年以上七年以下有期徒刑幅度内从重处罚。对此，法院没有采纳，依据的是最高人民法院的司法解释。2000 年 11 月最高人民法院《关于审理交通肇事刑事案件具体应用法律若干问题的解释》第四条对于交通肇事罪的“其他特别恶劣情节”进行了规定，即交通肇事具有下列情形之一的，属于“有其他特别恶劣情节”，处三年以上七年以下有期徒刑：（1）死亡 2 人或者重伤 5 人以上，负事故全部或者主要责任的；（2）死亡 6 人以上，负事故同等责任的；（3）造成公共财产或者他人财产直接损失，负事故全部或者主要责任，无能力赔偿数额在 60 万元以上的。对照以上规定，胡斌的行为显然不具备以上司法解释所规定的三种其他特别恶劣情节的情形。因此，在被告人胡斌违章驾车肇事致 1 人死亡的情况下，不能对其在三年以上七年以下有期徒刑幅度内量刑，只能适用第一档法定刑幅度。

其次，根据本案的具体情况，可以顶格判处被告人胡斌有期徒刑三年。

根据刑法第一百三十三条规定，对被告人胡斌交通肇事的行为应在三年以下有期徒刑或者拘役幅度内量刑。案发后，胡斌亲属积极代为赔偿了被害人家属的经济损失，根据《最高人民法院关于刑事附带民事诉讼范围问题的规定》[①]第四条关于“被告人已经赔偿被害人物质损失的，人民法院可以作为量刑情节予以考虑”的规定，对胡斌可以酌情从轻处罚。但是，在本案中，胡斌具有以下多项酌定从重情节：（1）胡斌驾驶的是非法改装的车辆，车辆本身的安全条件就不符合有关规定，其对此明知而仍开车上路，主观受谴责性较高；（2）胡斌无视限速规定，在城市主要道路上严重超速行驶，作为驾驶员明知违法而为之，主观恶性较大；（3）胡斌在驾车过程中有与同伴相互追赶的情形，无视在住宅密集区域相互追赶对公共财产和行人安全可能造成的危险，行为恶劣；（4）撞死在人行道内的一名行人，危害后果严重，且在当地造成了恶劣的社会影响。综上，虽然胡斌有积极赔偿被害方经济损失的酌定从轻情节，但其肇事行为恶劣，危害后果严重，尚不足以减轻其罪责。为了引导民众进一步尊重生命安全，警醒和督促司机在驾驶车辆过程中充分履行注意义务，减少交通违章肇事行为，法院综合全案情节，在法定刑幅度内顶格判处胡斌有期徒刑三年是妥当的。

---

① 本文件已被《最高人民法院关于废止部分司法解释和司法解释性质文件（第十一批）的决定》（法释〔2015〕2 号）废止。

——最高人民法院刑事审判第一、二、三、四、五庭主办：《刑事审判参考》2009 年第 6 集（总第 71 集），法律出版社 2009 年版，第 17~21 页。

319. 对运输货车自行滑坡造成他人死亡如何定性处理

关键词

交通肇事罪　死亡　因果关系

最高人民法院审判业务意见（研究室研究意见）

有关部门就对运输货车自行滑坡造成他人死亡如何定性处理问题征求最高人民法院研究室意见。最高人民法院研究室经研究认为：

行为人严重超载与事故发生之间如有因果关系，行为人的行为已符合交通肇事罪的构成，但考虑到本案发生具有一定的偶发性，如通过民事赔偿能够化解矛盾，被害方不坚持追诉，也可不追究行为人的刑事责任。如行为人严重超载与事故发生之间不能认定存在因果关系，则应认定为意外事件。

——《最高人民法院研究室关于对运输货车自行滑坡造成他人死亡如何定性处理问题的研究意见》，载张军主编、最高人民法院研究室编著：《司法研究与指导》2012 年第 2 辑（总第 2 辑），人民法院出版社 2012 年版，第 102~104 页。

320. 吸毒后驾驶机动车致使发生交通事故行为的定性

关键词

交通肇事罪　毒驾

《刑事审判参考》指导案例

张超泽交通肇事案（《刑事审判参考》指导案例第 918 号）

裁判要点：被告人对自己吸毒后的不良反应认识尚浅，对交通事故的发生在意志上持反对、否定态度，其罪过形式系过失，应当依照交通肇事罪定罪处罚。

（一）对于吸食毒品后驾驶机动车发生重大交通事故的行为，应当结合具体案情进行定性分析交通肇事罪、过失以危险方法危害公共安全罪、以危险方法危害公共安全罪均被规定在刑法分则第二章，侵害的客体均是公共安全。一般违反交通法规的驾驶行为，如超速、闯红灯、逆向行驶等，虽具有一定的危险性，但与放火、决水、爆炸、投放危险物质等危险方法相比，在侵害对象的范围、危害后果的严重程度上存在明显区别，此类违规驾驶行为往往具有一定的可控性，故发生交通事故的一般构成交通肇事罪。但吸毒后驾驶机动车（以下简称毒驾）、醉酒驾驶机动车（以下简称醉驾）的驾驶员处于高度兴奋或者疲惫的不清醒状态，有的甚至出现严重意识障碍、行为失控，其对车辆的操控能力大大减弱，交通事故发生的可能性、危及范围、后果的严重程度均处于不可控的状态，故容易成为与放火、决水、爆炸、投放危险物质等程度相当的危险方法。毒驾、醉驾发生重大事故的案件，对行为人的定性往往需要在交通肇事罪、过失以危险方法危害公共安全罪、以危险方法危害公共安全罪三者中作出辨析。既要从客观上进行审查分析，也要从主观上进行审查分析。如果行为人在意志状态上系反对、否定危害结果发生的态度，即罪过形式系过失，则同时符合过失以危险方法危害公共安全罪和交通肇事罪的构成特征，因二者系一般条款与特别条款的关系，故以交通肇事罪定罪更为妥当；如果行为人在意志状态系放任态度，即罪过形式系间接故意，则构成以危险方法危害公共安全罪；如果行为人在意志状态上系希望态度，即罪过形式系直接故意，则需要判断行为对象是否特定以及是否危害公共安全，在故意杀人罪、故意伤害罪与以危险方法危害公共安全罪等罪中进行辨析。

——最高人民法院刑五庭：《张超泽交通肇事案》，载最高人民法院刑事审判第一、二、三、四、五庭主办：《刑事审判参考》2013 年第 5 集（总第 94 集），法律出版社 2014 年版，第 135~138 页。

321. 酒后驾驶造成重大伤亡的行为定性

关键词

交通肇事罪　以危险方法危害公共安全罪

《刑事审判参考》指导案例

杜军交通肇事案（《刑事审判参考》指导案例第 909 号）

裁判要点：被告人酒后驾驶致三人死亡、一人受伤，其主观上系过于自信的过失，客观上仅实施了一次撞击的行为，对其所造成的后果持反对、否定的态度，应当认定其行为构成交通肇事罪。

（一）被告人杜军在主观上系过于自信的过失，而非间接故意

以危险方法危害公共安全罪和交通肇事罪在犯罪客体（公共安全）、部分犯罪客观方面（驾车行为引发事故）、犯罪主体（一般主体）这三个方面的特征基本相同，但在犯罪主观方面、部分犯罪客观方面又存在明显区别。首先，就主观方面而言，前者的罪过形式是故意，醉酒驾驶案件中多表现为间接故意，即放任的意志状态；而后者的罪过形式是过失，多为过于自信的过失。根据刑法理论界和实务界的通说观点，对此类犯罪的罪过形式，应当根据“主观支配客观，客观反映主观”的原理，结合案件具体情况进行认定。具体而言，应当结合行为人是否具有驾驶资质、是否正常行驶、行驶速度、车况路况、能见度、案发地点车辆及行人多少、肇事后的表现以及行为人关于主观心态的供述、相关证人的证言等情况，进行综合认定。

本案中，认定被告人杜军在主观上没有放任危害结果发生的间接故意，其对三死一伤的后果系过于自信的过失，主要是基于以下三点理由：（1）杜军为避免危害后果发生采取了一定的措施。杜军饮酒后并未立即开车，而是休息数小时后才开车，表明其已经认识到酒后开车对公共安全有较大的危险，并为避免发生这种危险而采取了一定的措施。虽然这项措施客观上没有完全消除醉酒状态，但反映出行为人主观上既不希望也不放任危害后果发生的心态。（2）当杜军意识到其驾驶的汽车撞人后立即采取了制动措施，并下车查看情况，发现确实撞到人后立即报警，表明其并非不顾危害结果的发生，而是对危害后果的发生持反对、否定的态度。（3）杜军的行车速度比较正常，从现场刹车印迹分析，肇事时车速为68~71公里/小时，不属于超速行驶，表明杜军不具有因醉酒后过于兴奋而超速驾车放任危害后果发生的故意。

（二）被告人杜军在客观上仅实施了一次撞击的行为

2009年下发的《最高人民法院关于醉酒驾车犯罪法律适用问题的意见》（以下简称《意见》）第一条规定：“行为人明知酒后驾车违法、醉酒驾车会危害公共安全，却无视法律醉酒驾车，特别是在肇事后继续驾车冲撞，造成重大伤亡，说明行为人主观上对持续发生的危害结果持放任态度，具有危害公共安全的故意。对此类醉酒驾车造成重大伤亡的，应依法以以危险方法危害公共安全罪定罪。”从《意见》规定的精神分析，行为人发生二次或者二次以上冲撞的，行为人对其行为造成的后果持放任态度的可能性大（在惊慌失措情形下为避免后果发生二次碰撞的除外），倾向认定为以危险方法危害公共安全罪。而行为人仅发生一次冲撞、造成严重后果的，行为人对其造成的后果持反对、否定的可能性大，故倾向认定为交通肇事罪。《意见》所配发的黎景全、孙伟铭醉酒驾车肇事案均是典型的醉酒驾车连续冲撞的案例。而本案被告人杜军仅发生一次冲撞。现场勘验、检查笔录证，肇事车辆的制动痕迹从路边斜向路中，有一连续的长26.3米的刹车痕迹，之后肇事车辆停驶，没有

再发动。四名被害人被车撞倒的位置分布在制动痕迹起点前后，止于停车位置，其中三名被害人倒地的位置均在制动起点之后。这充分说明杜军驾车撞击被害人系一个连续不间断的过程，且其发现撞人后立即踩刹车制动，只实施了一次撞击行为，而非发现撞人之后停车再开再撞。多名目击证人亦证实这一情节。故对杜军宜以交通肇事罪论处。

需要说明的是，仅发生一次冲撞行为还是有二次或者二次以上冲撞行为，只是体现行为人对危害后果所持意志状态的一个方面，不能将此作为划分交通肇事罪与以危险方法危害公共安全罪的唯一标准。对于仅发生一次冲撞行为的情形，并非绝对排除构成以危险方法危害公共安全罪的可能。对于具有以下情形之一，确有证据证实行为人明知酒后驾车可能发生交通事故，仍执意驾车，导致一次冲撞发生重大伤亡的，仍然可能依法构成以危险方法危害公共安全罪：（1）行为人曾有酒后驾车交通肇事经历的；（2）在车辆密集的繁华地段故意实施超速50%以上驾驶、违反交通信号灯驾驶、逆向行驶等严重威胁道路交通安全的行为；（3）驾车前遭到他人竭力劝阻，仍执意醉驾的；等等。这些情节一定程度上反映出行为人对危害后果可能持放任心态。

综上，淮安市楚州区人民法院认定被告人杜军的行为构成交通肇事罪是正确的。虽然杜军认罪态度较好，且积极赔偿了被害方一定的经济损失，但其行为致三死一伤，后果特别严重，故淮安市楚州区人民法院对杜军在法定刑幅度内从重处罚是妥当的。

——最高人民法院刑四庭：《杜军交通肇事案》，载最高人民法院刑事审判第一、二、三、四、五庭主办：《刑事审判参考》2013年第5集（总第94集），法律出版社2014年版，第82~84页。

322. 纵容他人醉酒驾驶造成重大交通事故的定性

关键词

纵容他人醉酒驾驶　重大交通事故　共同犯罪

最高人民法院审判业务意见（研究室研究意见）

有关部门就纵容他人醉酒驾驶造成重大交通事故定性问题征求最高人民法院研究室意见。最高人民法院研究室经研究认为：

对“纵容他人在道路上醉酒驾驶机动车造成重大交通事故”的，不宜以交通肇事罪追究刑事责任。主要考虑：将机动车交由醉酒者驾驶与指使、强令他人违章驾驶相比，行为人的主观故意明显不同，以交通肇事罪追究将机动车交由醉酒者驾驶的人的刑事责任，不符合共同犯罪原理，当事人之间对危害后果不存在共同罪过。

——《最高人民法院研究室关于纵容他人醉酒驾驶造成重大交通事故定性问题的研究意见》，载张军主编、最高人民法院研究室编著：《司法研究与指导》2012年第2辑（总第2辑），人民法院出版社2012年版，第99~101页。

323. 危险驾驶罪的量刑

关键词

危险驾驶罪　量刑

最高人民法院司法政策精神

（二）危险驾驶罪

1. 构成危险驾驶罪的，依法在一个月至六个月拘役幅度内确定宣告刑。

2. 构成危险驾驶罪的，根据危险驾驶行为、实际损害后果等犯罪情节，综合考虑被告人缴纳罚金的能力，决定罚金数额。

3. 构成危险驾驶罪的，综合考虑危险驾驶行为、危害后果等犯罪事实、量刑情节，以及被告人主观恶性、人身危险性、认罪悔罪表现等因素，决定缓刑的适用。

——《最高人民法院、最高人民检察院印发〈关于常见犯罪的量刑指导意见（试行）〉的通知》（2021年6月16日，法发〔2021〕21号）。

324. 醉驾型危险驾驶犯罪案件中的量刑情节把握

关键词

危险驾驶罪　量刑情节

《刑事审判参考》指导案例

罗代智危险驾驶案（《刑事审判参考》指导案例第898号）

裁判要点：被告人身为警察醉酒驾驶警车，在发生交通事故后逃逸，社会影响恶劣，具有多项从重处罚情节，到案后如实供述犯罪事实，积极赔偿被害人并取得被害人谅解，又具有可以从轻处罚的情节。在量刑时应当全面审查醉驾的具体情节，做到宽严相济，罚当其罪。

在道路上醉酒驾驶机动车的情况较为复杂，不同情形的醉驾，对公共安全的危险程度以及所反映出的行为人的主观恶性、人身危险性有较大差别。在处理醉驾型危险驾驶案件时，应当全面审查醉驾的具体情节，做到区别对待，宽严相济，罚当其罪。醉酒驾驶对他人人身财产和公共安全造成的危险程度是本罪处罚的依据。考察危险程度的主要参考要素有：（1）行为人是否造成现实的危害，即是否发生交通事故及事故的严重程度，具体包括财产损失和人员受伤情况。（2）行为人案发时的驾驶能力如何，主要以血液酒精含量为判断标准。《车辆驾驶人员血液、呼气酒精含量阈值与检验》（强制性国家标准 GBl9522—2010）根据一般人体质，规定驾驶人血液酒精含量大于或者等于 80 毫克 /100 毫升的，属于醉酒后驾驶。如果行为人血液酒精含量远远超过该标准，就应当认定其醉酒程度较高，驾驶能力受到较大影响，危险程度也较大，应当从重处罚。如果行为人血液酒精含量刚超过醉驾标准，且未发生交通事故，说明酒精对其驾驶能力的影响不大，现实危险性相对较小，可以酌情从轻处罚。判断驾驶能力的另一个参考因素是行为人有无驾驶资格，即是否属于无证驾驶或者与准驾车型不符。由于驾驶汽车具有高风险性，驾驶人员需要经过培训掌握驾驶技能和道路安全知识，通过考试并取得驾驶证后才有资格在道路上驾车。因此，如果行为人系无证驾驶，即认定其不具备驾驶能力，即使其实际掌握一定的驾驶技能，从严控风险的角度，原则上也应视为其不具备驾驶能力。特别是汽车、货车、客车等对驾驶技术要求较高的机动车，如系无证驾驶，一般可以考虑从重处罚。对于驾驶的车型系对驾驶技术要求相对较低的摩托车，没有发生交通事故的，可以根据案情适当考虑不予从重处罚。（3）行为人是否实施了严重违反道路交通安全法的其他行为。一般情况下，道路交通安全法禁止的行为都涉及安全驾驶，但有的行为如违章停车与安全驾驶关系不大，故判断是否严重违反道路交通安全法行为的标准，是看该违章行为是否对道路交通安全构成现实的严重威胁。如行为人超过规定时速 50% 以上驾驶，违反交通信号灯，逆向行驶或者违规超车；又如，行为人驾驶车辆的安全性能难以保证的，包括：明知是安全装置不全或者安全机件失灵的机动车而驾驶，明知是拼装、改装或者报废的机动车而驾驶，超载驾驶或者违法载人等。（4）醉驾行为严重威胁到不特定多数人的生命安全，一旦发生交通事故，后果会特别严重。如驾驶营运载客机动车，驾驶载有爆炸物品、易燃易爆化学物品以及剧毒、放射性等危险物品的机动车，在高速公路、城市快速路、闹市区、繁华路段醉驾等。

（二）考察行为人的主观恶性和人身危险大小

可以从行为人在以下三个阶段的表现来判断：（1）实施醉驾行为前的表现。如是否曾因酒后驾驶受过行政处罚或者刑事处罚，是否有多次严重违反道路交通安全法的行为，是否不顾他人劝阻坚持醉驾，是否故意遮挡、污损或者不按照规定安装号牌，或者明知是伪造、变造或者其他机动车号牌而使用的，等等。（2）被查获时的表现，是配合公安机关依法执行检查，还是实施了当场饮酒、锁车门不下车、抵制呼气酒精含量检测或者抗拒抽血检验等不配合检查，甚至冲卡逃避检查、暴力抗拒检查的行为；发生交通事故的，是否积极救援伤者，主动打电话报警，或者明知他人报警而在现场等候警方处理；等等。（3）归案后的认罪悔罪态度。如是否如实供述罪行，当庭表示认罪；是否积极赔偿被害人的经济损失，取得被害人的谅解；等等。

本案中，被告人罗代智具有多项从重处罚情节。一是发生了实际的危害后果。罗代智驾驶的汽车与被害人苏耿利的电动车发生碰撞，致苏耿利倒地受轻微伤。二是醉酒程度较高。其血液酒精含量为 193.2 毫克 /100 毫升，远超过 80 毫克 /100 毫升的醉驾标准。三是在肇事后试图逃避法律追究。交通事故发生后，罗代智下车稍作查看，随即驾车逃逸，而未对被害人进行救助。四是案发后罗代智试图让下属顶罪，在公安机关对其第一次讯问对拒不承认酒后驾车及肇事的事实，企图逃避处罚。五是本案社会影响恶劣。罗代智身为警察知法犯法，醉酒驾驶警车，在市区繁华路段发生交通事故后驾车逃逸，现场多名群众围观，社会影响恶劣。同时，罗代智也有可以酌情从轻处罚的情节。罗代智在庭审中如实供述犯罪事实，悔罪态度较好，且在一审法院主持下与被害人达成民事赔偿调解协议，支付苏耿利赔偿款人民币 3500 元，取得苏耿利的谅解，对其可以酌情从轻处罚。综合考虑以上从重、从轻处罚情节，一审法院对被告人罗代智判处拘役五个月，并处罚金人民币五千元，量刑适当，体现了宽严相济刑事政策的精神。

——最高人民法院刑五庭：《罗代智危险驾驶案》，载最高人民法院刑事审判第一、二、三、四、五庭主办：《刑事审判参考》2013 年第 5 集（总第 94 集），法律出版社 2014 年版，第 31~33 页。

325. 确保醉酒驾车肇事构成以危险方法危害公共安全罪的量刑适当

关键词

以危险方法危害公共安全罪　量刑

《刑事审判参考》指导案例

黎景全以危险方法危害公共安全案（《刑事审判参考》指导案例第 908 号）

裁判要点：被告人系间接故意犯罪，与蓄意危害公共安全的直接故意犯罪相比，主观恶性和人身危险性均较小。并且被告人在犯罪时处于醉酒状态，辨认和控制能力有所减弱，归案后悔罪态度较好，积极赔偿受害人的经济损失，依法可以从轻处罚。

（二）对醉酒驾车肇事构成以危险方法危害公共安全罪的，应当结合行为人主观恶性和社会危害性等方面综合评定，不能只看造成后果的严重程度

根据刑法的规定，死刑只适用于罪行极其严重的犯罪分子。犯罪分子是否属于罪行极其严重，应当从犯罪分子的主观恶性、人身危险性和犯罪行为的社会危害性等方面进行综合分析认定，不能只看犯罪行为所造成的危害后果。醉酒驾车肇事最终认定为以危险方法危害公共安全罪的案件，与直接故意以放火、决水、爆炸、投放危险物质等危险方法危害公共安全的案件，以及以制造事端为目的而恶意驾车撞人并造成重大伤亡后果的案件相比，行为性质、犯罪情节、危害后果以及行为人的主观恶性、人身危险性都存在一定的不同。一般情况下，醉酒驾驶构成该罪的，行为人在主观上并不希望，也不追求危害结果的发生，即一般属于间接故意犯罪。这一特质应当在决定对行为人的刑罚时有所体现。醉酒状态下驾车，行为人的辨认和控制能力实际有所减弱，量刑时可以酌情考虑。此外，行为人积极赔偿被害方的经济损失，取得被害方谅解的，也可以酌情从宽处罚。本案中，被告人黎景全撞倒素不相识的李洁霞母子和交情深厚的梁锡全，并非出于直接故意，在处刑上应当与直接故意危害公共安全的行为有所区别。血液酒精含量鉴定意见证明，黎景全当时处于高度醉酒状态，其对自己行为的辨认和控制能力有所下降，在冲动之下造成惨剧，且其归案后认罪、悔罪态度较好，有积极赔偿被害人亲属的意愿，可以酌情从宽处罚。故最高人民法院依法裁定不核准黎景全死刑，发回广东省高级人民法院重新审判。

广东省高级人民法院重新审理期间，被告人黎景全的亲属倾其所有，筹集人民币 15 万元赔偿给被害方。广东省高级人民法院认为，黎景全醉酒驾车冲撞人群，犯罪情节恶劣，后果严重，但鉴于黎景全系间接故意犯罪，与蓄意危害公共安全的直接故意犯罪相比，主观恶性不是很深，人身危险性不是很大；犯罪时处于严重醉酒状态，辨认和控制能力有所减弱；归案后认罪、悔罪态度较好，且积极赔偿被害方的经济损失，依法可以从轻处罚。据此，广东省高级人民法院以被告人黎景全犯以危险方法危害公共安全罪，判处无期徒刑，剥夺政治权利终身。

最后，有必要附带提及的是，为依法严肃处理醉酒驾车犯罪案件，统一法律适用标准，最高人民法院于 2009 年 9 月 11 日发布了《关于醉酒驾车犯罪法律适用问题的意见》，并将本案作为典型案例一并印发。

——最高人民法院刑一庭：《黎景全以危险方法危害公共安全案》，载最高人民法院刑事审判第一、二、三、四、五庭主办：《刑事审判参考》2013 年第 5 集（总第 94 集），法律出版社 2014 年版，第 79~80 页。

326. 危险驾驶罪中“道路”的认定

关键词

危险驾驶罪　乡间小道

《刑事审判参考》指导案例

谢忠德危险驾驶案（《刑事审判参考》指导案例第 760 号）

裁判要点：对危险驾驶罪中“道路”的理解应重点把握驾驶行为发生地是否具有“公共性”，只要具有“公共性”，就应当认定为“道路”，“乡间小道”能够被认定为危险驾驶罪状中的“道路”。

本案中，被告人谢忠德的血液检材的酒精含量为 144.7mg/100ml，达到了醉酒的标准，谢忠德的行为构成醉酒驾驶没有问题。本案的特殊之处在于，谢忠德的醉驾行为发生在农村的乡间小道（北京市顺义区仁和镇河南村西口处）上。“乡间小道”能否被认定为危险驾驶罪状中的“道路”，值得进一步探讨。

关于道路的范围，2011 年修正的道路交通安全法第一百一十九条第一项作了明确界定：“‘道路’，是指公路、城市道路和虽在单位管辖范围但允许社会机动车通行的地方，包括广场、公共停车场等用于公众通行的场所。”其中，“公路”“城市道路”的具体范围，根据 1992 年最高人民法院、公安部联合发布的《关于处理道路交通事故案件有关问题的通知》[①] 第二条的规定，“公路是指《中华人民共和国公路管理条例》规定的，经公路主管部门验收认定的城间、城乡间、乡间能行驶汽车的公共道路（包括国道、省道、县道和乡道）”。由此，有观点认为，立法既然以列举的方式罗列了道路的范畴，这就将城市街道、胡同、国道、省道、县道和乡道以外的发生地排除在危险驾驶的发生地范围之外。换言之，在上述列举的地点以外发生的醉驾，不能被纳入危险驾驶的范畴。

① 本文件已被《最高人民法院关于废止 1980 年 1 月 1 日至 1997 年 6 月 30 日期间发布的部分司法解释和司法解释性文件（第九批）的决定》废止。

我们认为，此种理解看似严格遵循了立法的规定，实则偏离了立法的意图。随着“汽车社会”的到来，危险驾驶行为数量直线上升，这一现象带来的潜在危险和现实危害迫使立法者对危险驾驶行为的社会危害性重新作出评价。2011 年《刑法修正案（八）》将危险驾驶行为纳入刑法调整范围。危险驾驶罪的直接法益是交通安全，危害的是不特定的多数人的生命、健康或者重大公私财产的安全。危险驾驶以一定危险状态的产生作为构成犯罪的基本要件，危险驾驶罪是危险犯，无论是否实际发生了损害后果，都可以构成危险驾驶罪。唯其如此，立法将危险驾驶行为限定发生在“道路”这一特定的空间场域，其保护的不仅是特定事故的受损害方（在发生交通事故的情况下），而且包括不特定的多数人的生命、健康或者重大公私财产的安全。

在明确这一立法意图的基础上，我们认为，对危险驾驶罪中“道路”的理解应重点把握驾驶行为发生地是否具有“公共性”，只要具有“公共性”，就应当认定为“道路”。近年来，随着经济的发展，农村的一些道路出现了明显的公路化演变，行驶的机动车数量大量增多，机动车在农村道路上发生的交通事故也大幅增加。因此，将农村中具有一定规模和较强公共性的农村道路纳入“道路”范畴不仅符合立法的价值取向，而且也顺应了司法实践发展的需要。

本案发生在北京市顺义区仁和镇河南村西口处，为了慎重起见，北京市公安局顺义分局交通支队在经过实地调查后，为此地的“公共性”出具了相关证明，“谢忠德危险驾驶案发地为空旷地，可以通行社会车辆，根据道路交通安全法第一百一十九条第一项的规定，符合道路范畴”。因此，将被告人谢忠德在此地发生的醉驾行为定性为危险驾驶罪，是符合立法规定的。

——最高人民法院刑事审判第一、二、三、四、五庭主办：《刑事审判参考》2012 年第 3 集（总第 85 集），法律出版社 2012 年版，第 29~31 页。

327. 校园道路是否属于道路交通安全法规定的“道路”

关键词

交通肇事罪　校园道路

《刑事审判参考》指导案例

李启铭交通肇事案（《刑事审判参考》指导案例第 892 号）

裁判要点：肇事地点位于大学开放式园区，设有道路交通标志，允许社会车辆通行，具备相对完善的社会服务功能。因此，该校园

内道路属于《中华人民共和国道路交通安全法》规定的道路。

本案在审理过程中，因对被告人李启铭交通肇事路段河北大学新校区生活区道路是否属于《中华人民共和国道路交通安全法》（以下简称《道交法》）规定的“道路”存在认识分歧，故对李启铭醉酒驾车肇事的行为定性形成以下两种意见：

一种意见认为，本案的案发地点不属于《道交法》规定的“道路”，被告人李启铭的行为构成过失致人死亡罪。理由是：《道交法》第一百一十九条第一项规定：“‘道路’，是指公路、城市道路和虽在单位管辖范围但允许社会机动车通行的地方，包括广场、公共停车场等用于公众通行的场所。”而河北大学新校区生活区是一处有围墙、大门的封闭场所，平时外单位车辆可由生活区南门出入，但一般要登记车号，北门禁止车辆进出。如将社会机动车经登记就可进入的地方均理解为“允许社会机动车通行”的公共交通管理范围，《道交法》对“道路”的界定就失去了实际意义。因此，严格意义上，本案的案发地点不具有《道交法》规定的“道路”特征，不属于公共交通管理的范围。根据《最高人民法院关于审理交通肇事刑事案件具体应用法律若干问题的解释》（以下简称《解释》）第八条第二款的规定，“在公共交通管理的范围外，驾驶机动车辆或者使用其他交通工具致人伤亡或者致使公共财产或者他人财产遭受重大损失，构成犯罪的”，分别认定为重大责任事故罪、重大劳动安全事故罪或者过失致人死亡罪。本案属于发生在公共交通管理范围之外驾驶机动车辆过失致人伤亡的情况，应当以过失致人死亡罪定罪处罚。

另一种意见认为，本案的案发地点属于《道交法》规定的“道路”，被告人李启铭的行为构成交通肇事罪。理由是：李启铭肇事地点在河北大学新校区生活区，河北大学管理委员会安保部出具证明称，该校新校区生活区允许社会公共车辆通行。该证明可以代表肇事地点管理单位的意见，具有法律效力，说明河北大学新校区生活区的道路属于《道交法》规定的“虽在单位管辖范围但允许社会机动车通行的地方”。李启铭醉酒后过于轻信自己的驾驶能力，在校园道路超速驾驶，发生交通事故致一人死亡、一人轻伤，负事故全部责任，其行为构成交通肇事罪。

我们同意后一种观点，被告人李启铭驾车肇事地点河北大学新校区生活区路段属于《道交法》规定的“道路”，李启铭醉驾肇事的行为构成交通肇事罪。具体分析如下：

1. 从相关法律文件对“道路”规定的内容分析，“道路”的范围呈扩大趋势。1988 年公布施行的《中华人民共和国道路交通管理条例》（以下简称

《条例》)[①] 第二条规定:“本条例所称的道路,是指公路、城市街道和胡同(里巷),以及公共广场、公共停车场等供车辆、行人通行的地方。”据此,最高人民法院2000年制定的《解释》将“道路”明确为实行公共交通管理的范围,将机关、企事业单位、校园、厂矿等单位内部管辖的路段排除在“道路”的范围之外。但实践中,不少企事业单位、校园、厂矿的厂区、园区不断扩大,且系开放式管理,社会车辆、行人经常借道通行,在该路段发生人车相撞的事故越来越多,当事人常报警要求交通管理部门出警认定事故责任,以便于事故的后续处理。但受《条例》限制,对在这些路段驾驶交通工具发生的事故不能认定为交通事故,相关保险公司也不愿意承担赔付责任,致使肇事者和受害者的权益均难以得到有效保障。因此,《条例》关于“道路”的规定越来越不符合实践中不断出现的新情况。有鉴于此,2004年公布施行的《道交法》修改了“道路”的含义,扩大了公共交通管理的范围,将“道路”的范围明确为“公路、城市道路和虽在单位管辖范围但允许社会机动车通行的地方,包括广场、公共停车场等用于公众通行的场所”。这样,就把单位管辖范围内允许社会车辆通行的路段纳入“道路”范围,以更好地维护这些路段的交通秩序,保护肇事者和受害者的合法权益。

2. 本案肇事地点位于河北大学新校区生活区,属于典型的单位管辖范围。该生活区虽设有围墙、大门,相对封闭,但系开放式园区,具有比较完善的社会服务功能,社会车辆只需登记车号就可以进出生活区南门,门口也设有限速5公里的交通标志,说明河北大学对其新校区生活区的路段是按照“道路”进行管理的。公安机关收集的车辆监控录像和门卫的证言等证据显示,社会车辆实际上不经登记也可通行。故该生活区内的道路属于《道交法》规定的“虽在单位管辖范围但允许社会机动车通行的地方”。被告人李启铭违反交通运输管理法规,在校园道路醉驾并发生重大交通事故,致一人死亡、一人轻伤,负事故全部责任,其行为构成交通肇事罪。

——最高人民法院刑五庭:《李启铭交通肇事案》,载最高人民法院刑事审判第一、二、三、四、五庭主办:《刑事审判参考》2013年第5集(总第94集),法律出版社2014年版,第2~4页。

328. 醉酒驾驶超标电动自行车是否构成危险驾驶罪

关键词

危险驾驶罪　醉酒驾驶　机动车

① 本文件已被《中华人民共和国道路交通安全法实施条例》(国务院令第405号)废止。

《刑事审判参考》指导案例

林某危险驾驶案（《刑事审判参考》指导案例第 894 号）

裁判要点：在行政法规或者部门规章尚未明确规定超标电动自行车属于机动车的情况下，将超标车视为机动车，进而将醉酒驾驶超标车或者驾驶超标车追逐竞驶情节恶劣的行为认定为危险驾驶罪，有违罪刑法定原则。

实践中，对于汽车、货车等常见车型认定为机动车没有异议，但对于以动力装置驱动且设计最高时速、空车质量、外形尺寸超出有关国家标准，达到或者接近机动车标准的电动自行车等交通工具（以下简称超标车）是否属于机动车，争议较大。各地司法机关对醉酒驾驶超标电动自行车的行为是否构成危险驾驶罪，存在不同认识。

一种观点认为超标电动自行车属于机动车。主要理由是：（1）不符合国家标准的电动自行车不属于非机动车。《中华人民共和国道路交通安全法》（以下简称《道交法》）第一百一十九条第三项、第四项规定："'机动车'，是指以动力装置驱动或者牵引，上道路行驶的供人员乘用或者用于运送物品以及进行工程专项作业的轮式车辆。'非机动车'，是指以人力或者畜力驱动，上道路行驶的交通工具，以及虽有动力装置驱动但设计最高时速、空车质量、外形尺寸符合有关国家标准的残疾人机动轮椅车、电动自行车等交通工具。"根据《道交法》的规定，机动车、非机动车在逻辑上是非此即彼的排斥关系。既然符合国家标准的残疾人机动轮椅车、电动自行车等交通工具是非机动车，超标电动自行车则不属于非机动车。（2）超标电动自行车符合机动车类别中摩托车的技术条件。2012 年 9 月 1 日施行的《机动车运行安全技术条件》（强制性国家标准 GB7258—2012，以下简称《机动车国标》）将摩托车界定为由动力装置驱动，具有两个或者三个车轮的道路车辆，并将电驱动、最大设计车速不大于 20 公里 / 小时、具有人力骑行功能，且整车整备质量、外廓尺寸、电动机额定功率等指标符合国家标准规定的两轮车辆等四类车排除在外。其中，最大设计车速不大于 50 公里 / 小时的属于轻便摩托车，最大设计车速大于 50 公里 / 小时的属于普通摩托车。根据该规定，超标电动自行车已达到轻便摩托车甚至普通摩托车的技术条件，故属于机动车。（3）出于安全保障需要有必要将超标电动自行车认定为机动车。实践中，为满足消费者快捷出行的需求，大部分电动自行车生产厂商制造的电动自行车的最高车速大于 20 公里 / 小时，整车质量也超过 40 千克。这些超标电动自行车速度较快，安全性能较低，加之一些驾驶员无视道路交通安全法律、法规，导致交通事故频发，超标电动自行车已成为继摩托车之后事故最多发的车型之一。为有力保障道路交通安全和人民群众人身财产安全，对醉酒驾驶超标电动自行车的行为应当作为犯罪处理。

本案中，被告人林某醉酒后驾驶的电动自行车设计最高车速大于 20 公里 / 小时，整车质量超过 40 千克，已达到轻便摩托车的技术标准，属于机动车，据此应当认定林某醉酒驾驶电动自行车的行为构成危险驾驶罪。

另一种观点认为不宜将超标电动自行车认定为“机动车”，在道路上醉酒驾驶超标电动自行车的，不构成危险驾驶罪。

我们赞同后一种意见。具体分析如下：

（一）危险驾驶罪属于行政犯，对“机动车”等概念性法律术语的理解应当与其所对应的行政法规保持一致，不能随意扩大解释

目前，对于超标电动自行车是否属于机动车，相关行政法规并未作出明确规定。虽然根据《机动车国标》对摩托车的规定，部分超标电动自行车符合摩托车的技术条件，似属机动车，但《机动车国标》并未明确规定超标电动自行车属于机动车，只是规定符合国家标准的残疾人机动轮椅车、电动自行车不属于摩托车。退而言之，即使《机动车国标》明确规定超标电动自行车属于机动车，其法律性质与效力也存在疑问。《中华人民共和国标准化法》规定，保障人体健康、人身、财产安全的标准和法律、行政法规规定强制执行的标准是强制标准，必须执行。据此，《机动车国标》属于强制性国家标准，但强制性国家标准是否属于行政法规、部门规章，法律并无明确规定。虽然从其设置的权利义务和效力等实质要件判断，强制性国家标准与部门规章并无实质差异，但从其制定与发布的程序、体系结构、名称内容等形式要件判断，其不属于部门规章，只是接近于行政规范性文件。因此，国家标准对人民法院审理案件有一定的参考价值，但不具有法律规范意义上的约束力。只有行政法规或者部门规章明确规定超标电动自行车属于机动车之后，人民法院才能据此认定超标电动自行车属于法律意义上的机动车。在此之前，不应片面地以超标电动自行车符合《机动车国标》的规定，或者以《道交法》未排除超标电动自行车属于机动车为由，认定醉酒驾驶超标电动自行车或者驾驶超标电动自行车追逐竞驶情节恶劣的行为构成危险驾驶罪。这种认定，属于不合理的扩大解释，违反了罪刑法定原则，在实践层面还会造成行政执法的困境。《道交法》规定，无证驾驶机动车应当受行政处罚，但公安机关交通管理部门从未颁发过超标电动自行车驾驶证，故无权对无证驾驶超标电动自行车的行为进行处罚，对醉驾超标电动自行车者吊销机动车驾驶证的行政处罚更是无从谈起。

（二）将超标电动自行车作为机动车进行规定和管理存在较多困难

一是当前尚不具备将超标电动自行车规定为机动车的现实条件。2009 年

6 月 25 日制定的《电动摩托车和轻便摩托车通用技术条件》（强制性国家标准 GB24157—2009，以下简称《摩托车国标》）本拟于 2010 年 1 月 1 日施行，但其关于最大设计车速为 20~50 公里 / 小时的属于轻便摩托车的规定，遭到电动自行车生产厂商和消费者的抵制。因目前生产和销售的大部分电动自行车的最大设计车速已超过 20 公里 / 小时，如果将这部分电动自行车作为轻便摩托车进行管理，会导致大量生产厂商被迫停业停产整顿甚至转产，也会增加消费者的出行成本，导致购买力大幅下降。2009 年 12 月 15 日，国家标准化管理委员会不得不专门就电动摩托车相关标准实施事项下发通知（国标委工一〔2009〕98 号），决定暂缓实施《摩托车国标》等 4 项国家标准中涉及电动轻便摩托车的内容，并表示将加快电动自行车国家标准的修订工作。2012 年 5 月 11 日，《机动车国标》发布后，再次引发关于超标电动自行车是否属于机动车的争议。同年 8 月 14 日，国家标准化管理委员会在与公安部、工业和信息化部、交通运输部、中国轻工业联合会、中国自行车协会等部门代表和有关专家参加的座谈会上达成一致意见，国家标准《电动自行车通用技术条件》的修订要适应产业发展的新形势，其不受限于《机动车国标》等现有国家标准相关条款的规定。在《电动自行车通用技术条件》新标准出台后，国家标准化管理委员会将及时梳理和调整相关国家标准，保持国家标准之间的一致性。因此，超标车的性质仍需留待电动自行车国标修订完善时予以明确。二是将超标电动自行车作为机动车进行管理难度较大，且超标电动自行车在机动车道上行驶存在较大安全隐患。根据机动车管理的相关规定，机动车在上路行驶前，应当通过公安机关交通管理部门的登记审查，获得机动车登记证书、号牌和行驶证，投保机动车交通事故责任强制保险，机动车驾驶人还应当考取机动车驾驶证。这些工作需要投入大量的人力、物力和时间。超标电动自行车一旦证照齐全，就可以在机动车道上行驶。但如果有大量超标电动自行车与汽车、摩托车在有限的机动车道上抢行，无疑会造成一种无序状态，大大增加交通事故发生的概率。

（三）公众普遍认为超标电动自行车不属于机动车，此类醉酒驾驶或者追逐竞驶的行为人往往不具有相关违法性认识

与故意杀人、抢劫、强奸等自然犯不同，危险驾驶罪是行政犯，对行为人违法性认识的要求更高。不仅要求行为人认识到自己是在驾驶的事实，还要求行为人认识到驾驶的车辆属于法律意义上的机动车。从该罪防范社会危险的罪质特征考虑，判断行为人是否认识到其驾驶的车辆属于法律意义上的机动车，需要根据一般人的生活经验、认识水平和理解能力进行综合评价。如前所述，国家既未对超标电动自行车的法律属性作出明确规定，又未对其按照机动车进行管理，在此情况下要求普通公众认识到超标电动自行车属于机动车，既不现实，也不妥当，甚至有些强人所难。因此，目前醉酒驾驶超

标电动自行车或者驾驶超标电动自行车追逐竞驶的行为人普遍不具有构成危险驾驶罪所需的违法性认识。如对这种行为追究刑事责任，则违背了主客观相统一的定罪原则。实践中，有的地方为了解决行为人的主观故意的认识因素问题，由交通管理部门出具情况说明或者鉴定意见，称涉案的超标电动自行车属于机动车。然而，这种做法既不能证明行为人认识到自己驾驶的电动自行车属于超标电动自行车，更不能证明行为人认识到超标电动自行车属于机动车。况且，在相关行政法规未明确规定超标电动自行车属于机动车的情况下，地方交通管理部门或者鉴定机构认定超标电动自行车属于机动车，超出了其权限范围。本案被告人林某到案后认罪，且未提出上诉，并非因为其认为自己驾驶的电动自行车属于机动车，而是基于“醉酒驾车一律要受刑事处罚”的错误认识。故不能因为林某认罪，就简单认为其具有危险驾驶的违法性认识。

（四）将醉驾超标车等行为以危险驾驶罪定罪处罚，打击面过大，社会效果不好

电动自行车因其方便快捷，已成为人们常用的重要交通工具之一。据统计，我国电动自行车保有量目前已超过1.6亿辆，且逐年快速递增。由于大部分电动自行车都存在超标现象，如果将醉酒驾驶超标电动自行车等行为一律作为犯罪处理，将会大大扩大刑法的打击面。这样的效果并不好，毕竟驾驶电动自行车的绝大多数行为人都是没有前科劣迹的普通公民，一旦被贴上“犯罪人”的标签，对其工作、生活和家庭影响较大，甚至会出现影响社会稳定的不和谐因素。从这个角度考虑，对醉酒驾驶超标电动自行车等行为也不宜作为犯罪处理。行为人驾驶超标电动自行车超速行驶的（超过15公里/小时），可以对其处以警告、罚款或者扣留车辆的行政处罚。如果发生轻微交通事故，可以通过民事赔偿予以补救。如果发生重大交通事故，符合交通肇事罪构成要件的，可以依法处理。

当然，一些地方醉酒驾驶超标电动自行车的现象较为严重，发生多起交通事故，也确实需要高度重视超标电动自行车存在的安全隐患。这需要相关主管部门采取有力措施，规范电动自行车的生产和消费市场，修改完善电动自行车运行安全技术条件，适当提高电动自行车的最大设计车速。必要时，可以考虑将其中一部分符合摩托车技术条件的超标电动自行车作为机动车进行管理。但在有关部门明确将超标电动自行车纳入机动车产品目录进行规范之前，公安、司法机关不宜因醉酒驾驶超标电动自行车的行为对道路交通安全构成较大威胁，就将其认定为犯罪。综上考虑，类似本案情形，作无罪处理更为妥当。

——最高人民法院刑五庭：《林某危险驾驶案》，载最高人民法院刑事审判第一、二、三、四、五庭主办：《刑事审判参考》2013年第5集（总第94

集），法律出版社 2014 年版，第 10~15 页。

329. 危险作业罪的法律适用

关键词

危险作业罪　危害生产安全　法律适用

《中华人民共和国刑法修正案（十一）》条文

四、在刑法第一百三十四条后增加一条，作为第一百三十四条之一："在生产、作业中违反有关安全管理的规定，有下列情形之一，具有发生重大伤亡事故或者其他严重后果的现实危险的，处一年以下有期徒刑、拘役或者管制：

"（一）关闭、破坏直接关系生产安全的监控、报警、防护、救生设备、设施，或者篡改、隐瞒、销毁其相关数据、信息的；

"（二）因存在重大事故隐患被依法责令停产停业、停止施工、停止使用有关设备、设施、场所或者立即采取排除危险的整改措施，而拒不执行的；

"（三）涉及安全生产的事项未经依法批准或者许可，擅自从事矿山开采、金属冶炼、建筑施工，以及危险物品生产、经营、储存等高度危险的生产作业活动的。"

附录：理解与适用

根据各方面意见和实践情况，《刑法修正案（十一）》增加了本条规定。本罪在立法过程中总体上注意把握以下方面：一是入罪范围上严格限定条件，将那些只是由于救援及时或者其他完全侥幸、纯粹客观原因才避免重大伤亡事故或者其他严重后果发生，但甚至已经出现一些小事故、重大事故前兆而极易导致重大事故发生的情形纳入刑事制裁范围。因此，构成本罪，首先要求"具有发生重大伤亡事故或者其他严重后果的现实危险"。二是对重大危险作业行为明确列举。总结司法实践经验，将其中最为严重的情形分项列举，这样处理也是考虑到企业生产经营的实际情况，在强化企业安全生产主体责任、保障安全生产的同时，避免对企业的生产经营造成过度负担和正常生产经营的不当干扰。对一般违反安全生产管理的情况不作为犯罪处理。三是构成本罪不要求造成实际危害结果，属于较轻的犯罪，刑罚设置为一年以下有期徒刑、拘役或者管制。

本条为一款，列为三项，这三项行为是实践中多发易发的重大安全生产违法违规情形。

1. 第一项“关闭、破坏直接关系生产安全的监控、报警、防护、救生设备、设施，或者篡改、隐瞒、销毁其相关数据、信息的”。该项针对的是生产、作业中已经发现危险如瓦斯超标，但故意关闭、破坏报警、监控设备，或者修改设备阈值，破坏检测设备正常工作条件，使有关监控、监测设备不能正常工作，而继续冒险作业，逃避监管。关闭、破坏设备、设施或者篡改、隐瞒、销毁相关数据、信息的行为是故意的，但对结果不是希望或者追求结果，否则可能构成其他犯罪如以危险方法危害公共安全罪等。关闭、破坏的“设备、设施”属于“直接关系生产安全”的设备、设施，这是限定条件。“直接关系生产安全”，是指设备、设施的功能直接检测安全环境数据，关闭、破坏后可能直接导致事故发生，具有重大危险。关闭、破坏与安全生产事故发生不具有直接性因果关系的设备、设施的，不能认定为本项犯罪。立法过程中有意见提出，将应当配置而没有配置直接关系生产安全的监控、报警、防护、救生设备、设施，或者配置不合格的上述设备、设施的情形也增加规定为犯罪，如故意不安装切断阀、防静电装置，防爆、通风系统和装置，未建立瓦斯抽采系统等，或者为了降低企业成本，在安全生产设备设施投入中偷工减料或者故意使用不合格产品等。考虑到实践中这类情况比较复杂，安全生产标准和要求较为全面、严格，有的不安装行为并非具有直接导致重大危害结果的危险性，且涉及企业安全生产的投入，因此未作专门规定。对这类情况是否构成危险作业犯罪，需要结合实践情况慎重把握。

2. 第二项“因存在重大事故隐患被依法责令停产停业、停止施工、停止使用有关设备、设施、场所或者立即采取排除危险的整改措施，而拒不执行的”。这是本条危险作业犯罪的核心条款。第一项和第三项规定的行为都是具体的、明确的，入罪情形是清晰和限定的，这两项情况在实践中确有发生，但还不是重大隐患入刑想要解决的主体性问题。立法过程中如果采取“其他违反有关安全管理规定行为，可能直接导致重大事故发生的”这种兜底项，不好判断，范围可能过大。但同时如果没有兜底条款，可能无法适应安全生产各方面违法违规的复杂情况。因此，本项规定在违反安全生产管理规定的行为范围上是开放的，可以涵盖安全生产领域各类违反规定的行为，同时本项在标准条件上又是极为严格的：第一，存在重大事故隐患，重大事故隐患具有明确的国家标准、行业标准。安全生产法第一百一十三条第二款规定：“国务院安全生产监督管理部门和其他负有安全生产监督管理职责的部门应当根据各自的职责分工，制定相关行业、领域重大事故隐患的判定标准。”目前主要安全生产领域如煤矿、金属非金属矿山、化工和危险化学品、烟花爆竹、工贸行业、火灾隐患、水利工程、危险货物港口作业等领域，制定了重大隐患判断标准。从具体规定看，重大隐患判断标准中的内容涵盖的范围和要求较多，有的重大危险行为，可能直接导致危害后果发生，如瓦斯超标作业；也有一些内容属于管理培训制度、项目建设规范等方面的隐患，尚不足以直接导致事故的发生，因此，仅存在重大事故隐患还不足以纳入刑事处罚，本条规定还需经执法部门依法责令停产停业、停止施工、停止使用相关设施设备或者责令采取整改措施，拒不执行的，同时要求具备发生严重后果的现实危险的才纳入刑法；第二，被依法责令整改，而拒不执行。本条规定时强调因存在重大事故隐患被“依法”责令停产停业等措施，之所以强调依法，是指监管部门必须依照安全生产法律法规等规定，依法责令，不能超越职权、随意责令停产停业等措施；作出停产停业等决定通常是企业安全生产出现高度危险时，对于没有执法依据的责令停产停业而拒不执行的，不构成本条规定的犯罪。责令整改包括两种情况：一是被执法部门依法责令停产停业，停止施工，停止使用有关设备、设施、场所。安全生产法第六十七条规定，执法部门对存在重大事故隐患的，依法作出停产停业等决定，企业拒不执行，有发生生产安全事故的现实危险的，可以采取通知有关单位停止供电、停止供应民用爆炸物品等措施，强制生产经营单位履行决定。这种情况下冒险作业极易发生事故。例如，2013 年吉林某煤矿瓦斯爆炸事故，不执行停产停业禁止人员下井决定，多次擅自违规安排人员施工，造成后续重大事故发生。二是不采取排除危险的整改措施。监管部门虽未责令停产停业，但对采取排除危险的整改措施、期限等作出明确规定，而拒不执行，有发生生产安全事故危险的情况。例如，江苏响水“3 · 21”特别重大爆炸事故案，国家安全监管总局对江苏响水某化工企业检查中责令整改的十三项安全隐患问题，未整改。因违法违规堆放处置危险废物被行政处罚后，仍不落实责任有效整改。这一构成犯罪的条件是递进的。本项规定实际上要求附加行政部门前置处罚的规定，给予监管部门强有力刑法手段的同时，促使监管部门履职到位。这样既控制了处罚范围，又适应了实践情况和加强安全生产监管的实际需要。

3. 第三项涉及安全生产的事项未经依法批准或者许可，擅自从事矿山开采、金属冶炼、建筑施工，以及危险物品生产、经营、储存等高度危险的生产作业活动的。本项规定的是安全生产的事项未经批准擅自生产经营的，即通常所说的“黑矿山”“黑加油站”等。安全生产法第六十条规定：“负有安全生产监督管理职责的部门依照有关法律、法规的规定，对涉及安全生产的事项需要审查批准（包括批准、核准、许可、注册、认证、颁发证照等，下同）或者验收的，必须严格依照有关法律、法规和国家标准或者行业标准规定的安全生产条件和程序进行审查；不符合有关法律、法规和国家标准或者行业标准规定的安全生产条件的，不得批准或者验收通过。对未依法取得批准或者验收合格的单位擅自从事有关活动的，负责行政审批的部门发现或者接到举报后应当立即予以取缔，并依法予以处理。对已经依法取得批准的单位，负责行政审批的部门发现其不再具备安全生产条件的，应当撤销原批准。”同时，根据矿山安全法、《危险化学品安全管理条例》等法律法规的规定，从事矿山开采、金属冶炼、建筑施工、危险物品等行业生产经营，应当依法取得有关安全生产事项的批准。本项规定的行业是具有高度危险性的安全生产领域，在安全监管方面实行严格的批准或者许可制度。没有经过安全生产批准或者许可的，一般来说，安全生产条件不符合法定要求，极易导致重大事故发生。如矿山开采，需要建立一系列矿山安全规程和行业技术规范，未经审查的私自煤矿等开采行为，具有重大安全隐患，必须严加监管和追究法律责任。需要注意的是，本项规定的未经安全生产批准的领域要求是高度危险的生产作业活动，一般的安全生产行业、领域有关事项未经安全监管部门批准的，不构成本罪。第三项中列举的行业包括矿山开采、金属冶炼、建筑施工和危险物品等，需要注意的是建筑施工领域情况复杂，范围不能把握过宽，对于农村建房等施工领域，未取得有关安全生产事项批准的，不宜作为本罪处理。

4. 关于本条项前主文中“具有发生重大伤亡事故或者其他严重后果的现实危险的”理解。关于本罪门槛的规定及其准确表述是一个重要问题。在立法过程中曾反复研究，目的是控制好处罚范围，将那种特别危险、极易导致结果发生的重大隐患行为列入犯罪，而不能将一般的、数量众多的其他违反安全生产管理规定的行为纳入刑事制裁，毕竟本罪不要求发生现实危害结果。有的称之为过失犯罪的危险犯，在立法中是这种情况是极少的。本条没有使用“情节严重”，而是使用了“现实危险”的概念，这在刑法其他条文中是没有的，采用这一概念的目的是准确表述行为的性质和危险性。安全生产法第六十七条中使用了这一概念，“生产经营单位拒不执行，有发生生产安全事故的现实危险的，在保证安全的前提下，经本部门主要负责人批准，负有安全生产监督管理职责的部门可以采取通知有关单位停止供电、停止供应民用爆炸物品等措施，强制生产经营单位履行决定”，在安全生产工作实践中对“现实危险”也有相应的判断标准。“现实危险”主要是指，已经出现了重大险情，或者出现了“冒顶”“渗漏”等“小事故”，虽然最终没有发生重大严重后果，但这种没有发生的原因，有的是因为被及时制止了，有的是因为开展了有效救援，有的完全是偶然性的客观原因而未发生，对这“千钧一发”的危险才能认定为“具有发生现实危险”。具体判断标准将来还需要在进一步总结司法实践经验的基础上，在案件中把握或者出台有关司法解释等作出进一步明确。立法规定的这一要件为司法适用在总体上明确了指引和方向，防止将这类过失的危险犯罪的范围过于扩大，防止对企业正常生产经营的不当重大影响。

适用中需要注意的问题：

1. 妥善把握好犯罪界限和范围。认定本罪时，应当严格按照本条规定的条件认定。注意把握好不能因为企业存在重大事故隐患就予以刑事处罚，还要看重大安全隐患的具体情况，是否经责令整改而拒不执行，是否属于具有“现实危险”的行为等进行综合判断。

2. 在适用本条第一项、第三项的规定时，注意区分与其他犯罪的界限和罪数适用。特别是第三项的有关行为，可能同时构成非法采矿罪、非法运输、储存危险物质等其他犯罪，应当根据案件具体情况从一重罪处罚或者数罪并罚。

3. 符合本条规定的行为，如果发生了安全事故，达到重大责任事故罪等定罪量刑标准时，适用重大责任事故罪等相关犯罪处罚，不适用本条规定。如果发生的后果是小事故，尚不够重大责任事故罪等定罪量刑的标准，如重伤人数、经济损失数额没有达到标准，但同时具有造成更大事故的现实危险，符合本条规定的，仍应适用本条规定处罚。

——王爱立主编：《〈中华人民共和国刑法〉释解与适用（上）》，人民法院出版社 2021 年版。

最高人民法院司法解释

第二条　刑法第一百三十四条之一规定的犯罪主体，包括对生产、作业负有组织、指挥或者管理职责的负责人、管理人员、实际控制人、投资人等人员，以及直接从事生产、作业的人员。

第三条　因存在重大事故隐患被依法责令停产停业、停止施工、停止使用有关设备、设施、场所或者立即采取排除危险的整改措施，有下列情形之一的，属于刑法第一百三十四条之一第二项规定的“拒不执行”：

（一）无正当理由故意不执行各级人民政府或者负有安全生产监督管理职责的部门依法作出的上述行政决定、命令的；

（二）虚构重大事故隐患已经排除的事实，规避、干扰执行各级人民政府或者负有安全生产监督管理职责的部门依法作出的上述行政决定、命令的；

（三）以行贿等不正当手段，规避、干扰执行各级人民政府或者负有安全生产监督管理职责的部门依法作出的上述行政决定、命令的。

有前款第三项行为，同时构成刑法第三百八十九条行贿罪、第三百九十三条单位行贿罪等犯罪的，依照数罪并罚的规定处罚。

认定是否属于“拒不执行”，应当综合考虑行政决定、命令是否具有法律、行政法规等依据，行政决定、命令的内容和期限要求是否明确、合理，行为人是否具有按照要求执行的能力等因素进行判断。

第四条　刑法第一百三十四条第二款和第一百三十四条之一第二项规定的“重大事故隐患”，依照法律、行政法规、部门规章、强制性标准以及有关行政规范性文件进行认定。

刑法第一百三十四条之一第三项规定的“危险物品”，依照安全生产法第一百一十七条的规定确定。

对于是否属于“重大事故隐患”或者“危险物品”难以确定的，可以依据司法鉴定机构出具的鉴定意见、地市级以上负有安全生产监督管理职责的部门或者其指定的机构出具的意见，结合其他证据综合审查，依法作出认定。

第五条　在生产、作业中违反有关安全管理的规定，有刑法第一百三十四条之一规定情形之一，因而发生重大伤亡事故或者造成其他严重后果，构成刑法第一百三十四条、第一百三十五条至第一百三十九条等规定的重大责任事故罪、重大劳动安全事故罪、危险物品肇事罪、工程重大安全事故罪等犯罪的，依照该规定定罪处罚。

第十条　有刑法第一百三十四条之一行为，积极配合公安机关或者负有安全生产监督管理职责的部门采取措施排除事故隐患，确有悔改表现，认罪认罚的，可以依法从宽处罚；犯罪情节轻微不需要判处刑罚的，可以不起诉或者免予刑事处罚；情节显著轻微危害不大的，不作为犯罪处理。

——《最高人民法院、最高人民检察院关于办理危害生产安全刑事案件适用法律若干问题的解释（二）》（2022年12月15日，法释〔2022〕19号）。

附录：理解与适用

（二）关于危险作业罪的相关构成要件

《最高人民法院、最高人民检察院关于办理危害生产安全刑事案件适用法律若干问题的解释（二）》（以下简称《解释》）第2条和第3条对《刑法修正案（十一）》增设的危险作业罪的相关构成要件作出了规定。

第一，关于危险作业罪的犯罪主体。《刑法》第134条之一关于危险作业罪的罪状表述为“在生产、作业中违反有关安全管理的规定”，与第134条第1款关于重大责任事故罪的罪状表述总体一致，仅在是否造成实际危害后果方面存在区别，故危险作业罪的犯罪主体范围原则上应与重大责任事故罪相同。另外，第134条之一规定的三种行为方式中，第二种和第三种行为方式一般情况下仅能由对生产作业活动负有组织、指挥、管理职责的人员实施，但第一种行为方式“关闭、破坏直接关系生产安全的监控、报警、防护、救生设备、设施，或者篡改、隐瞒、销毁其相关数据、信息的”行为，负有组织、指挥、管理职责的人员和一线生产作业人员均可实施。《解释》第2条明确，危险作业罪的犯罪主体，包括对生产、作业负有组织、指挥或者管理职责的负责人、管理人员、实际控制人、投资人等人员，以及直接从事生产、作业的人员。

第二，关于危险作业罪具体行为方式的认定。司法实践中，对于《刑法》第134条之一第二项规定的“拒不执行”的内涵和外延存在一定争议，部分案件处理中对“拒不执行”的理解和界定过于狭窄，导致对危险作业行为的刑事处罚不力。研究认为，对于“拒不执行”的界定，应当服务于刑法规定的目的，遵循刑法解释的基本规则，立足于充分运用刑事手段依法惩治拒不执行安全生产监管部门行政决定、命令的危险作业行为。法律解释中的当然解释方法要求，运用逻辑的推演、考虑法律的规定目的，在法律条文文义的可能范围之内进行解释。在生产作业场所存在重大事故隐患的情况下，行为人无正当理由故意不执行责令停产停业、停止施工、停止使用有关设备、设施、场所或者立即采取排除危险的整改措施的，属于《刑法》第134条之一第二项规定的“拒不执行”。根据当然解释的要求，行为人在收到安全生产监管部门作出的上述行政决定、命令后，故意弄虚作假虚构重大事故隐患已经排除的事实，或者采取行贿等不正当手段，使安全生产监管部门解除上述处罚决定或者整改措施，规避、干扰有关行政决定、命令的执行的，与无正当理由故意不执行行为并无实质上的区别，而且社会危害性更加严重，认定为“拒不执行”符合刑法规定的目的。《解释》第3条第1款明确列举了上述三种可认定为“拒不执行”的行为方式。第2款依照《刑法》和已有司法解释确定的处断原则，明确以行贿等不正当手段规避、干扰执行依法作出的行政决定、命令，同时构成行贿罪、单位行贿罪等犯罪的，应当依法数罪并罚。

危险作业罪属于刑法理论上的行政犯，认定构成犯罪需要满足双重违法性要求，以行为违反行政法律法规的规定为前提。另外，司法机关对于某类行政违法行为是否构成犯罪，必须严格依照《刑法》规定进行判断，不能将所有违反行政法律法规的行为都认定为犯罪。安全生产行政执法的具体情况比较复杂，且现阶段安全生产行政执法工作在某些方面还在不断发展完善之中，认定某些类型的安全生产行政违法行为是否构成犯罪，更需要进行认真审查。《解释》第3条第3款对认定是否属于《刑法》第134条之一第二项规定的“拒不执行”作了进一步原则性规定，明确应当综合考虑相关行政决定、命令是否具有法律、行政法规等依据，行政决定、命令的内容和期限要求是否明确、合理，行为人是否具有按照要求执行的能力等因素进行判断。设置上述规定，有利于合理确定危险作业罪的适用范围，也可以进一步督促安全生产监管部门规范履行安全生产监管职责。

（三）关于危险作业罪与相关结果犯罪名的关系

对于危险作业罪与重大责任事故罪等危害生产安全犯罪结果犯罪名的关系，《解释》研究起草过程中存在一定争议。有意见认为，行为人实施《刑法》第134条之一规定的危险作业行为，符合危险作业罪的构成要件，该行为又进而导致发生重大伤亡事故或者其他严重后果的，还符合重大责任事故罪等罪名的构成要件，属于刑法理论上的想象竞合犯，应当按照从一重原则或者从一重从重原则进行处断。

研究认为，上述意见值得商榷。刑法理论上的想象竞合是指一行为同时触犯数个罪名的情形，即行为人实施了一个行为，但同时符合多个罪名的构成要件而形成的竞合关系。对于危险作业罪与重大责任事故罪等罪名而言，危险作业罪的定罪条件是“具有发生重大伤亡事故或者其他严重后果的现实危险”，属于具体危险犯；重大责任事故罪等罪名的构成要件是“发生重大伤亡事故或者造成其他严重后果”，属于结果犯。根据刑法理论，作为犯罪构成要件的危险与结果是两个不同的概念，危险进一步发展才会造成结果，故作为危险作业罪定罪条件的“现实危险”不应包括发生重大伤亡事故或者造成其他严重后果的情形。行为人实施了危险作业行为、导致发生重大伤亡事故或者造成其他严重后果的，符合重大责任事故罪等结果犯罪名的构成要件，但并不符合危险作业罪的构成要件，故不属于刑法理论上的想象竞合。危险作业罪与重大责任事故罪等结果犯罪名之间总体上属于基本犯与结果加重犯的关系，不构成想象竞合犯。《解释》第 5 条明确，在生产、作业中违反有关安全管理的规定，有《刑法》第 134 条之一规定情形之一，因而发生重大伤亡事故或者造成其他严重后果，构成重大责任事故罪等结果犯罪名的，应当依照基本犯与结果加重犯的关系原理，以结果加重犯即重大责任事故罪等罪名定罪量刑。

实践中适用第 5 条规定，需要注意处理好与《2015 年解释》有关规定条文的关系。《2015 年解释》第 12 条第 1 款规定了构成危害生产安全犯罪情况下的多种从重处罚的情形，该条第 1 款规定的部分情形，如未经许可违法违规从事生产经营活动，关闭、破坏必要的安全监控和报警设备等行为，属于《刑法》第 134 条之一规定的危险作业行为。根据《解释》第 5 条和《2015 年解释》第 12 条第 1 款的规定，行为人实施属于《刑法》第 134 条之一和《2015 年解释》第 12 条第 1 款规定范围内的危险作业行为，导致发生重大伤亡事故或者其他严重后果，构成重大责任事故罪等结果犯罪名的，应当以重大责任事故罪等结果犯罪名定罪处罚，同时还应体现《2015 年解释》第 12 条第 1 款的规定精神，在量刑时酌情从重处罚。从理论上讲，如果行为人实施的非法违法生产经营行为属于《刑法》第 134 条之一规定的危险作业罪行为，说明该行为本身即具有严重的社会危害性，在该行为导致发生重大伤亡事故或者其他严重后果、又构成重大责任事故罪等结果犯罪名的情况下，以重大责任事故罪等结果犯罪名定罪并酌情从重处罚，才能对该行为以及行为造成的危害后果进行充分评价。另外，《刑法》对危险作业罪的规定方式具有一定特殊性，仅选取了社会危害性较大的一部分非法违法生产经营行为作为犯罪处理，而非将所有的非法违法生产经营行为均规定为犯罪，这一点与《刑法》第 114 条、第 115 条等对放火罪等罪名基本犯和结果加重犯的规定方式存在明显不同。在危险作业行为导致发生重大伤亡事故或者其他严重后果、符合重大责任事故罪等结果犯罪名构成要件的情况下，如果在具体量刑时不对犯罪人酌情从重处罚，不利于做到与非法违法生产经营行为本身不符合危险作业罪行为构成要件的其他结果犯的量刑平衡。这种情况下，以重大责任事故罪等结果犯罪名定罪，并在量刑时酌情从重处罚，有利于做到罪责刑相适应。

……

（八）关于危险作业罪中“现实危险”的认定标准

《关于推进安全生产领域改革发展的意见》提出，“研究修改刑法有关条款，将生产经营过程中极易导致重大生产安全事故的违法行为列入刑法调整范围”。为贯彻落实党中央要求，满足实践需要，《刑法修正案（十一）》增设了危险作业罪。根据《刑法》第134条之一的规定，危险作业罪的定罪条件是“具有发生重大伤亡事故或者其他严重后果的现实危险”，不要求发生现实的重大危害后果，刑法理论上把此类犯罪称为“过失危险犯”，这在刑事立法中是非常少见的。“现实危险”这个概念在《刑法》条文中是第一次出现，其内涵和外延应当如何界定，存在较大争议。例如，有意见提出，《刑法》第134条之一规定的三种危险作业行为本身就具有发生重大伤亡事故或者其他严重后果的现实危险，行为人只要实施了该条规定的三种危险作业行为中的一种，就可以直接认定具有“现实危险”，进而以危险作业罪定罪处罚，否则不利于有效打击非法违法生产经营行为，可能会放纵犯罪。

如何确定《刑法》第134条之一规定的“现实危险”的认定标准，《解释》研究起草过程中进行了反复研究，对主要问题达成了共识。鉴于有关方面对如何确定具体认定标准还存在不同认识，《解释》对此未作明确规定，但此问题直接关系到危险作业罪的成立范围，还需要尽量统一思想认识，防止对司法实践造成困扰。

研究认为，上述认为只要实施了《刑法》第134条之一规定的三种危险作业行为之一就可以直接认定具有“现实危险”、进而以危险作业罪定罪处罚的意见，与立法本意不符，难以成立。如果认为行为人实施了危险作业行为就当然具有发生重大伤亡事故或者其他严重后果的现实危险，等于架空了《刑法》第134条之一设置的定罪条件，十分不利于正确区分行政违法和刑事犯罪，可能导致刑罚打击范围不当扩大，甚至可能干扰市场经济主体正常开展生产经营活动。刑罚是最严厉的法律制裁措施，危险作业罪虽然是轻罪，但从事生产经营活动的有关人员一旦被认定构成本罪，将对其造成严重影响，并进一步影响到其所在市场主体的生产经营活动，认定构成犯罪需要慎重。对于危险作业罪的成立范围，需要进行严格把握，特别是在现阶段社会公众对危险作业罪还缺乏全面、深刻认识的情况下，对本罪的成立范围更应当进行严格限制。

经反复慎重研究认为，综合立法原意和司法实践情况，《刑法》第134条之一规定的"现实危险"不仅是指具体危险，而且必须是十分紧迫的危险，原则上只有在行为已经导致出现重大险情，或者已经造成了小的事故，只是因为偶然性的客观因素或者及时开展救援等原因，未造成重大事故后果的，对于这种"千钧一发"的危险才能认定为"现实危险"，进而以危险作业罪定罪处罚。基于上述考虑，《刑法》第134条之一规定的"现实危险"主要包括两种情形：一是行为人实施了该条规定的三种行为之一，并且已经因为实施该行为引发了小的事故，只是因为及时开展抢救、救援或者其他偶然性的客观因素，小事故没有发展成重大事故、没有达到重大伤亡事故或者其他严重后果的认定标准；二是行为人实施了该条规定的三种行为之一，导致出现了矿山井下冒顶、透水或者危险物品泄漏等重大事故险情，但因为及时开展抢救、救援或者其他偶然性的客观因素，险情没有发展成事故。具有上述情况之一的，才可以认定为具有"现实危险"，进而对行为人以危险作业罪定罪处罚。对于不符合上述两种情形的行为，不宜认定构成危险作业罪，否则可能导致刑事手段不当介入应由行政手段调整的领域范围，过度影响市场主体的正常生产经营活动。

——滕伟、叶邵生、李加玺：《〈关于办理危害生产安全刑事案件适用法律若干问题的解释（二）〉的理解与适用》，载《中国应用法学》2022年第6期。

330. 依法严惩生产安全事故首要责任人

关键词

生产安全事故　首要责任人

最高人民法院公布的典型案例

杨某锵等重大责任事故、伪造国家机关证件、行贿案

裁判摘要：被告人违反安全管理规定，在无合法建设手续的情况下雇佣无资质人员，违法违规建设、改建钢结构大楼，违法违规组织装修施工和焊接加固作业，导致发生重大伤亡事故，造成严重经济损失，行为已构成重大责任事故罪，情节特别恶劣；单独或者伙同他人共同伪造国家机关证件用于骗取消防备案及特种行业许可证审批，导致违规建设的建筑物安全隐患长期存在，严重侵犯国家机关信誉与公信力，最终造成本案严重后果，行为已构成伪造国家机关证件罪，情节严重；为谋取不正当利益，单独或者伙同他人给

予国家工作人员以财物，致涉案建筑物、旅馆违法违规建设经营行为得以长期存在，最终发生坍塌，社会影响恶劣，行为已构成行贿罪，情节严重，应依法数罪并罚。

一、基本案情

被告人杨某锵，男，汉族，1955年2月23日出生，福建省泉州市鲤城区某旅馆经营者、实际控制人。

其他被告人身份情况略。

2012年，杨某锵在未取得相关规划和建设手续的情况下，在福建省泉州市鲤城区开工建设四层钢结构建筑物，其间将项目以包工包料方式发包给无钢结构施工资质人员进行建设施工，并委托他人使用不合格建筑施工图纸和伪造的《建筑工程施工许可证》骗取了公安机关消防设计备案手续。杨某锵又于2016年下半年在未履行基本建设程序且未取得相关许可的情况下，以包工包料方式将建筑物发包给他人开展钢结构夹层施工，将建筑物违规增加夹层改建为七层。2017年11月，杨某锵将建筑物四至六层出租给他人用于经营旅馆，并伙同他人采用伪造《消防安全检查合格证》和《不动产权证书》等方法违规办理了旅馆《特种行业许可证》。2020年1月中旬，杨某锵雇佣工人装修建筑物一层店面，工人发现承重钢柱变形并告知杨某锵，杨某锵要求工人不得声张暂停施工，与施工承包人商定了加固方案，但因春节期间找不到工人而未加固，后于同年3月5日雇佣无资质人员违规对建筑物承重钢柱进行焊接加固。3月7日17时45分，旅馆承租人电话告知杨某锵称旅馆大堂玻璃破裂，杨某锵到场查看后离开。当日19时4分和19时6分，旅馆两名承租人先后赶到现场发现旅馆大堂墙面扣板出现裂缝且持续加剧，再次电话告知杨某锵，杨某锵19时11分到达现场查看，旅馆承租人叫人上楼通知疏散，但已错失逃生时机。19时14分建筑物瞬间坍塌，造成29人死亡、50人不同程度受伤，直接经济损失5794万元。经事故调查组调查认定，旅馆等事故单位及其实际控制人杨某锵无视法律法规，违法违规建设施工，弄虚作假骗取行政许可，安全责任长期不落实，是事故发生的主要原因。

另查明，2012年至2019年间，杨某锵在建设旅馆所在建筑物、办理建筑物相关消防备案、申办旅馆《特种行业许可证》等过程中，为谋取不正当利益，单独或者伙同他人给予国家工作人员以财物。

二、处理结果

福建省泉州市丰泽区人民检察院对杨某锵以重大责任事故罪、伪造国家机关证件罪、行贿罪，对其他被告人分别以重大责任事故罪、提供虚假证明文件罪、伪造国家机关证件罪、伪造公司、企业印章罪提起公诉。泉州市丰泽区人民法院经审理认为，杨某锵违反安全管理规定，在无合法建设手续的情况下雇佣无资质人员，违法违规建设、改建钢结构大楼，违法违规组织装修施工和焊接加固作业，导致发生重大伤亡事故，造成严重经济损失，行为已构成重大责任事故罪，情节特别恶劣；单独或者伙同他人共同伪造国家机关证件用于骗取消防备案及特种行业许可证审批，导致违规建设的建筑物安全隐患长期存在，严重侵犯国家机关信誉与公信力，最终造成本案严重后果，行为已构成伪造国家机关证件罪，情节严重；为谋取不正当利益，单独或者伙同他人给予国家工作人员以财物，致涉案建筑物、旅馆违法违规建设经营行为得以长期存在，最终发生坍塌，社会影响恶劣，行为已构成行贿罪，情节严重，应依法数罪并罚。据此，依法对杨某锵以伪造国家机关证件罪判处有期徒刑九年，并处罚金人民币二百万元；以行贿罪判处有期徒刑八年，并处罚金人民币二十万元；以重大责任事故罪判处有期徒刑七年，决定执行有期徒刑二十年，并处罚金人民币二百二十万元。对其他被告人依法判处相应刑罚。一审宣判后，杨某锵等被告人提出上诉。泉州市中级人民法院裁定驳回上诉、维持原判。

三、典型意义

一段时期以来，因为违法违规建设施工导致的用于经营活动的建筑物倒塌、坍塌事故时有发生，部分事故造成重大人员伤亡和高额财产损失，人民群众反映强烈。司法机关要加大对此类违法犯罪行为的打击力度，依法从严惩治建筑施工过程中存在的无证施工、随意改扩建、随意加层、擅自改变建筑物功能结构布局等违法违规行为，对于危及公共安全、构成犯罪的，要依法从严追究刑事责任。特别是对于导致建筑物倒塌、坍塌事故发生负有首要责任、行为构成重大责任事故罪等危害生产安全犯罪罪名的行为人，该顶格处刑的要在法定量刑幅度范围内顶格判处刑罚，充分体现从严惩处危害生产安全犯罪的总体政策，切实保障人民群众生命财产安全。

——《人民法院、检察机关依法惩治危害生产安全犯罪典型案例》(2022年12月15日)，载最高人民法院官网，https：//www.court.gov.cn。

331. 危害生产安全犯罪和其他犯罪的区分与竞合

关键词

危害生产安全　数罪并罚

最高人民法院司法政策精神

四、准确适用法律

9. 严格把握危害生产安全犯罪与以其他危险方法危害公共安全罪的界限，

不应将生产经营中违章违规的故意不加区别地视为对危害后果发生的故意。

10. 以行贿方式逃避安全生产监督管理，或者非法、违法生产、作业，导致发生重大生产安全事故，构成数罪的，依照数罪并罚的规定处罚。

违反安全生产管理规定，非法采矿、破坏性采矿或排放、倾倒、处置有害物质严重污染环境，造成重大伤亡事故或者其他严重后果，同时构成危害生产安全犯罪和破坏环境资源保护犯罪的，依照数罪并罚的规定处罚。

11. 安全事故发生后，负有报告职责的国家工作人员不报或者谎报事故情况，贻误事故抢救，情节严重，构成不报、谎报安全事故罪，同时构成职务犯罪或其他危害生产安全犯罪的，依照数罪并罚的规定处罚。

12. 非矿山生产安全事故中，认定"直接负责的主管人员和其他直接责任人员"、"负有报告职责的人员"的主体资格，认定构成"重大伤亡事故或者其他严重后果"、"情节特别恶劣"，不报、谎报事故情况，贻误事故抢救，"情节严重"、"情节特别严重"等，可参照最高人民法院、最高人民检察院《关于办理危害矿山生产安全刑事案件具体应用法律若干问题的解释》的相关规定。

——《最高人民法院印发〈关于进一步加强危害生产安全刑事案件审判工作的意见〉的通知》（2011年12月30日，法发〔2011〕20号）。

附录：理解与适用

《意见》规定，以行贿方式逃避安全生产监督管理，或者非法、违法生产、作业，导致发生重大生产安全事故，构成数罪的，依照数罪并罚的规定处罚。违反安全生产管理规定，非法采矿、破坏性采矿或排放、倾倒、处置有害物质严重污染环境，造成重大伤亡事故或者其他严重后果，同时构成危害生产安全犯罪和破坏环境资源保护犯罪的，依照数罪并罚的规定处罚。《意见》还规定，安全事故发生后，负有报告职责的国家工作人员不报或者谎报事故情况，贻误事故抢救，情节严重，构成不报、谎报安全事故罪，同时构成职务犯罪或其他危害生产安全犯罪的，依照数罪并罚的规定处罚。

——孙军工：《〈关于进一步加强危害生产安全刑事案件审判工作的意见〉解读》，载《劳动保护》2012年第2期。

332. 危害生产安全犯罪案件的刑事政策和刑罚适用

关键词

危害生产安全　宽严相济刑事政策　刑罚适用

最高人民法院司法政策精神

五、准确把握宽严相济刑事政策

13. 审理危害生产安全刑事案件，应综合考虑生产安全事故所造成的伤亡人数、经济损失、环境污染、社会影响、事故原因与被告人职责的关联程度、被告人主观过错大小、事故发生后被告人的施救表现、履行赔偿责任情况等，正确适用刑罚，确保裁判法律效果和社会效果相统一。

14. 造成《关于办理危害矿山生产安全刑事案件具体应用法律若干问题的解释》第四条规定的“重大伤亡事故或者其他严重后果”，同时具有下列情形之一的，也可以认定为刑法第一百三十四条、第一百三十五条规定的“情节特别恶劣”：

（一）非法、违法生产的；

（二）无基本劳动安全设施或未向生产、作业人员提供必要的劳动防护用品，生产、作业人员劳动安全无保障的；

（三）曾因安全生产设施或者安全生产条件不符合国家规定，被监督管理部门处罚或责令改正，一年内再次违规生产致使发生重大生产安全事故的；

（四）关闭、故意破坏必要安全警示设备的；

（五）已发现事故隐患，未采取有效措施，导致发生重大事故的；

（六）事故发生后不积极抢救人员，或者毁灭、伪造、隐藏影响事故调查的证据，或者转移财产逃避责任的；

（七）其他特别恶劣的情节。

15. 相关犯罪中，具有以下情形之一的，依法从重处罚：

（一）国家工作人员违反规定投资入股生产经营企业，构成危害生产安全犯罪的；

（二）贪污贿赂行为与事故发生存在关联性的；

（三）国家工作人员的职务犯罪与事故存在直接因果关系的；

（四）以行贿方式逃避安全生产监督管理，或者非法、违法生产、作业的；

（五）生产安全事故发生后，负有报告职责的国家工作人员不报或者谎报事故情况，贻误事故抢救，尚未构成不报、谎报安全事故罪的；

（六）事故发生后，采取转移、藏匿、毁灭遇难人员尸体，或者毁灭、伪造、隐藏影响事故调查的证据，或者转移财产，逃避责任的；

（七）曾因安全生产设施或者安全生产条件不符合国家规定，被监督管理部门处罚或责令改正，一年内再次违规生产致使发生重大生产安全事故的。

16. 对于事故发生后，积极施救，努力挽回事故损失，有效避免损失扩大；积极配合调查，赔偿受害人损失的，可依法从宽处罚。

六、依法正确适用缓刑和减刑、假释

17. 对于危害后果较轻，在责任事故中不负主要责任，符合法律有关缓刑适用条件的，可以依法适用缓刑，但应注意根据案件具体情况，区别对待，严格控制，避免适用不当造成的负面影响。

18. 对于具有下列情形的被告人，原则上不适用缓刑：

（一）具有本意见第 14 条、第 15 条所规定的情形的；

（二）数罪并罚的。

19. 宣告缓刑，可以根据犯罪情况，同时禁止犯罪分子在缓刑考验期限内从事与安全生产有关的特定活动。

20. 办理与危害生产安全犯罪相关的减刑、假释案件，要严格执行刑法、刑事诉讼法和有关司法解释规定。是否决定减刑、假释，既要看罪犯服刑期间的悔改表现，还要充分考虑原判认定的犯罪事实、性质、情节、社会危害程度等情况。

——《最高人民法院印发〈关于进一步加强危害生产安全刑事案件审判工作的意见〉的通知》（2011 年 12 月 30 日，法发〔2011〕20 号）。

附录：理解与适用

进一步明确了危害生产安全犯罪案件中宽严相济刑事政策的把握尺度。

一方面，《意见》明确了实践中对安全生产危害严重，社会反响强烈，应当特别强调予以从严惩处的若干情形，规定具有这些情形的原则上不得适用缓刑，其中包括：非法、违法生产的；无基本劳动安全设施或未向生产、作业人员提供必要的劳动防护用品，生产、作业人员劳动安全无保障的；曾因安全生产设施或者安全生产条件不符合国家规定，被监督管理部门处罚或责令改正，一年内再次违规生产致使发生重大生产安全事故的；关闭、故意破坏必要安全警示设备的；已发现事故隐患，未采取有效措施，导致发生重大事故的；事故发生后不积极抢救人员，或者毁灭、伪造、隐藏影响事故调查的证据，或者转移财产逃避责任的；国家工作人员违反规定投资入股生产经营企业，构成危害生产安全犯罪的；贪污贿赂行为与事故发生存在关联性的；国家工作人员的职务犯罪与事故存在直接因果关系的；以行贿方式逃避安全生产监督管理，或者非法、违法生产、作业的；生产安全事故发生后，负有报告职责的国家工作人员不报或者谎报事故情况，贻误事故抢救，尚未构成不报、谎报安全事故罪的；事故发生后，采取转移、藏匿、毁灭遇难人员尸体，或者毁灭、伪造、隐藏影响事故调查的证据，或者转移财产，逃避责任的；曾因安全生产设施或者安全生产条件不符合国家规定，被监督管理部门处罚或责令改正，一年内再次违规生产致使发生重大生产安全事故的；数罪并罚的。刑罚执行过程中适用减刑、假释时，不仅要看其服刑期间的悔改表现，还要充分考虑原判认定的犯罪事实、性质、情节、社会危害程度等，从严掌握。另一方面，对于事故发生后，积极施救，努力挽回事故损失，有效避免损失扩大；积极配合调查，赔偿受害人损失的，可以依法从宽处罚，确保宽严并用、罚当其罪。

为加强与相关部门的协调配合，共同促进安全生产形势持续稳定好转，切实维护人民群众合法权益，《意见》强调，人民法院要积极参与安全生产综合治理工作。对于审判中发现的安全生产管理方面的突出问题，应当发出司法建议，促使有关部门强化安全生产意识和制度建设，完善事故预防机制。对于造成重大伤亡后果的案件，要充分运用财产保全等法定措施，切实维护被害人依法获得赔偿的权利。被告人没有赔偿能力的案件，应当依靠地方党委和政府做好善后安抚工作。对于社会关注的典型案件，要重视做好审判情况的宣传报道，规范裁判信息发布，及时回应社会关切，充分发挥重大、典型案件的教育警示作用。

严格依法，积极稳妥地审理好危害安全生产犯罪案件，对有效防范和遏制重特大事故，促进科学发展和社会和谐有着积极意义。人民法院将继续坚持能动司法，加强对危害生产安全犯罪案件的调查研究，依法严惩危害生产安全犯罪以及相关受贿、渎职等职务犯罪，进一步发挥刑事审判工作的职能作用，依法促进安全生产形势持续稳定好转。

——孙军工：《〈关于进一步加强危害生产安全刑事案件审判工作的意见〉解读》，载《劳动保护》2012年第2期。

333. 强令违章冒险作业罪的认定

关键词

强令违章冒险作业罪

最高人民法院公布的典型案例

李某、王某华、焦某东等强令违章冒险作业、重大责任事故案

裁判摘要：被告人李某明知存在事故隐患、继续作业存在危险，仍然违反有关安全管理的规定，利用组织、指挥、管理职权强制他人违章作业，因而发生重大伤亡事故，行为构成强令违章冒险作业罪。被告人王某华、焦某东在生产、作业中违反有关安全管理的规定，因而发生重大伤亡事故，行为均构成重大责任事故罪，情节特别恶劣。李某已经发现事故隐患，经有关部门提出后仍不采取措施，

酌情从重处罚。

一、基本案情

被告人李某，男，汉族，1981 年 2 月 24 日出生，江苏无锡某运输公司实际经营人和负责人。

被告人王某华，男，汉族，1983 年 6 月 13 日出生，江苏无锡某运输公司驾驶员。

被告人焦某东，男，汉族，1972 年 10 月 13 日出生，江苏无锡某运输公司驾驶员。

其他被告人身份情况略。

李某 2014 年 9 月成立江苏无锡某运输公司从事货物运输业务，担任公司实际经营人和负责人，全面负责公司经营管理。王某华 2019 年 4 月应聘成为该运输公司驾驶员，同年 6 月底与李某合伙购买苏 BQ7191 号重型半挂牵引车（牵引苏 BG976 挂号重型平板半挂车），约定利润平分，王某华日常驾驶该车；焦某东 2019 年 5 月底应聘成为运输公司驾驶员，驾驶苏 BX8061 号重型半挂牵引车（牵引苏 BZ030 挂号重型平板半挂车）。李某违反法律法规关于严禁超载的规定，在招聘驾驶员时明确告知对方称公司需要招聘能够“重载”（即严重超载）的驾驶员，驾驶员表示能够驾驶超载车辆才同意入职；在公司购买不含轮胎的货车后，通过找专人安装与车辆轮胎登记信息不一致且承重力更好的钢丝胎、加装用于给刹车和轮胎降温的水箱等方式，对公司货运车辆进行非法改装以提高承载力。经营期间，该运输公司车辆曾被运管部门查出多次超载运输，并曾因超载运输被交通运输管理部门约谈警告、因超载运输导致发生交通事故被判决承担民事赔偿责任，李某仍然指挥、管理驾驶员继续严重超载，且在部分驾驶员提出少超载一些货物时作出解聘驾驶员的管理决定。2019 年 10 月 10 日，王某华、焦某东根据公司安排到码头装载货物，焦某东当日下午驾驶苏 BX8061 号重型半挂牵引车牵引苏 BZ030 挂号重型平板半挂车（核载质量 32 吨）装载 7 轧共重 157.985 吨的钢卷先离开码头，王某华随后驾驶苏 BQ7191 号重型半挂牵引车牵引苏 BG976 挂号重型平板半挂车（核载质量 29 吨）装载 6 轧共重 160.855 吨的钢卷离开码头。当日 18 时许，焦某东、王某华驾车先后行驶通过 312 国道某路段上跨桥左侧车道时桥面发生侧翻，将桥下道路阻断。事故发生时焦某东刚驶离上跨桥桥面侧翻段，王某华正驾车通过上跨桥桥面侧翻段，车辆随侧翻桥面侧滑靠至桥面护栏，致王某华受伤。事故造成行驶在侧翻桥面路段上的车辆随桥面滑落，在桥面路段下方道路上行驶的车辆被砸压，导致 3 人死亡、9 辆机动车不同程度损坏。经鉴定，被毁桥梁价值约 2422567 元，受损 9 辆车辆损失共计 229015 元。经事故调查组调查认定，事故直接原因为，两辆重型平板半挂车严重超载、间距较近（荷载分布相对集中），偏心荷载引起的失稳效应远超桥梁上部结构稳定效应，造成桥梁支座系统失效，梁体和墩柱之间产生相对滑动和转动，从而导致梁体侧向滑移倾覆触地。事故发生后，焦某东向公安机关自动投案并如实供述了自己的罪行。

二、处理结果

江苏省无锡市锡山区人民检察院对李某以强令违章冒险作业罪，对王某华、焦某东和其他被告人以重大责任事故罪提起公诉。无锡市锡山区人民法院经审理认为，李某明知存在事故隐患、继续作业存在危险，仍然违反有关安全管理的规定，利用组织、指挥、管理职权强制他人违章作业，因而发生重大伤亡事故，行为已构成强令违章冒险作业罪，情节特别恶劣；王某华、焦某东在生产、作业中违反有关安全管理的规定，因而发生重大伤亡事故，行为均构成重大责任事故罪，情节特别恶劣。李某已经发现事故隐患，经有关部门提出后仍不采取措施，酌情从重处罚；焦某东有自首情节，依法从轻处罚。据此，依照经 2006 年《中华人民共和国刑法修正案（六）》修正的《中华人民共和国刑法》第 134 条第 2 款的规定，以强令违章冒险作业罪判处李某有期徒刑七年；以重大责任事故罪分别判处王某华、焦某东有期徒刑三年六个月和有期徒刑三年三个月。对其他被告人依法判处相应刑罚。一审宣判后，李某、王某华、焦某东提出上诉，后李某、王某华在二审期间申请撤回上诉。无锡市中级人民法院裁定准许李某、王某华撤回上诉，对焦某东驳回上诉、维持原判。

三、典型意义

对生产、作业负有组织、指挥或者管理职责的人员出于追求高额利润等目的，明知存在事故隐患，违背生产、作业人员的主观意愿，强令生产、作业人员违章冒险作业，极易导致发生重大事故，社会危害性大，应当予以从严惩处。《刑法修正案（六）》增设的刑法第 134 条第 2 款规定了强令违章冒险作业罪，“两高”《关于办理危害生产安全刑事案件适用法律若干问题的解释》第 5 条对强令违章冒险作业罪的行为方式作了列举式规定。《刑法修正案（十一）》对刑法第 134 条第 2 款规定的行为进行了扩充，罪名修改为强令、组织他人违章冒险作业罪。实践中，对生产、作业负有组织、指挥或者管理职责的人员虽未采取威逼、胁迫、恐吓等手段，但利用自己的组织、指挥、管理职权强制他人违章作业的，也可以构成强令违章冒险作业罪（强令他人违章冒险作业罪）。对于受他人强令违章冒险作业的一线生产、作业人员，应当综合考虑其所受到强令的程度、各自行为对引发事故所起作用大小，依法确定刑事责任。

——《人民法院、检察机关依法惩治危害生产安全犯罪典型案例》（2022 年 12 月 15 日），载最高人民法院官网，https：//www.court.gov.cn。

334. 认定强令、组织他人违章冒险作业罪应当注意的问题

关键词

强令、组织他人违章冒险作业罪　生产作业

附录：最高人民法院主流观点

1. 注意把握本罪发生的领域。“生产”与“作业”在词意上有一定的区别，“生产”是从大的方面讲的，“作业”则更具体，从立法文字表述上看，本罪“强令他人违章冒险作业”“或者明知存在重大事故隐患而不排除，仍冒险组织作业”的行为，似乎仅限于在“作业”的领域，但从司法实践和生产、作业的实际情况看，在强令、组织他人违章冒险作业罪中，“作业”系泛指，包括“生产”在内。

2. 注意划清罪与非罪的界限。本罪属于结果犯。行为人虽然实施了强令、组织他人违章冒险作业的行为，但如果没有发生重大伤亡事故或者造成其他严重后果，只属于一般责任事故，不构成犯罪。

——胡云腾主编：《刑法罪名精释（第五版）》，人民法院出版社2022年版，第165页。

335. 用人单位违反职业病防治法的规定，职业病危害预防设施不符合国家规定，因而发生重大伤亡事故或者造成其他严重后果的处理

关键词

重大劳动安全事故

最高人民法院答复

陕西省高级人民法院：

你院陕高法〔2009〕288号《关于被告人阮某重大劳动安全事故案有关法律适用问题的请示》收悉。经研究，答复如下：

用人单位违反职业病防治法的规定，职业病危害预防设施不符合国家规定，因而发生重大伤亡事故或者造成其他严重后果的，对直接负责的主管人员和其他直接责任人员，可以依照刑法第一百三十五条的规定，以重大劳动安全事故罪定罪处罚。

此复

——《最高人民法院研究室关于被告人阮某重大劳动安全事故案有关法律适用问题的答复》(2009年12月25日，法研〔2009〕228号)，载张军主编、最高人民法院研究室编:《司法研究与指导》2012年第1辑（总第1辑)，人民法院出版社2012年版，第108~115页。

336. 危险作业罪的认定标准

关键词

危险作业罪

附录：最高人民法院主流观点

安全生产理论研究和事故调查处理实践表明，几乎所有的重特大生产安全事故的背后，都存在着生产经营单位长时间的违法违规生产经营行为，违法违规生产经营行为造成的安全隐患长时间未得到有效排除整治，风险长期累积，最终引发事故。在《刑法修正案（十一)》施行之前，我国《刑法》规定的危害生产安全犯罪基本上属于过失犯和结果犯，构成犯罪都要求实际发生了安全事故、造成了重大人员伤亡或者其他严重后果。安全生产行政执法机关等有关方面提出，为了有效预防生产安全事故、惩治危害生产安全犯罪，对于一些虽然尚未发生事故、未造成严重后果，但具有导致重大事故发生的现实危险的重大隐患的行为，刑法应当提前介入，采用刑罚手段有效打击违法违规生产经营行为。2016年12月印发的《中共中央、国务院关于推进安全生产领域改革发展的意见》明确提出，研究修改刑法有关条款，将生产经营过程中极易导致重大生产安全事故的违法行为列入刑法调整的范围。为贯彻落实党中央要求，满足实践需要，《刑法修正案（十一)》增加规定了危险作业罪。增设的《刑法》第134条之一规定:“在生产、作业中违反有关安全管理的规定，有下列情形之一，具有发生重大伤亡事故或者其他严重后果的现实危险的，处一年以下有期徒刑、拘役或者管制:（一）关闭、破坏直接关系生产安全的监控、报警、防护、救生设备、设施，或者篡改、隐瞒、销毁其相关数据、信息的;（二）因存在重大事故隐患被依法责令停产停业、停止施工、停止使用有关设备、设施、场所或者立即采取排除危险的整改措施，而拒不执行的;（三）涉及安全生产的事项未经依法批准或者许可，擅自从事矿山开采、金属冶炼、建筑施工，以及危险物品生产、经营、储存等高度危险的生产作业活动的。”

根据《刑法》第134条之一的规定，危险作业罪的成立不要求发生现实危害后果，刑法理论上将这类犯罪称为过失危险犯，在刑事立法中非常少见。为了有效控制刑事处罚范围，立法机关对危险作业罪规定的定罪条件是“具有发生重大伤亡事故或者其他严重后果的现实危险”。“现实危险”这个概念在刑法条文中是第一次出现，其内涵和外延应当如何界定，值得进一步认真研究。自从 2021 年 3 月《刑法修正案（十一）》施行以来，如何理解“现实危险”、正确认定危险作业罪的入罪条件，各方面争议比较大。有意见提出，《刑法》第 134 条之一规定的三种危险作业行为本身就具有发生重大伤亡事故或者其他严重后果的现实危险，行为人只要实施了该条规定的三种危险作业行为中的一种，就可以直接认定具有现实危险，进而以危险作业罪定罪处罚，否则不利于有效打击违法违规生产经营行为，可能会放纵犯罪。

研究认为，上述意见与《刑法修正案（十一）》的立法本意不符，难以成立。如果认为行为人实施了危险作业行为就当然具有发生重大伤亡事故或者其他严重后果的现实危险，实际上等于架空了《刑法》第 134 条之一对危险作业罪设置的“具有发生重大伤亡事故或者其他严重后果的现实危险”这一入罪条件，不利于区分行政违法和刑事犯罪，可能导致刑罚的打击范围不当扩大，甚至可能干扰市场经济主体正常开展生产经营活动。刑罚是最严厉的法律制裁措施，危险作业罪虽然是轻罪，但从事生产经营活动的有关人员一旦被认定构成本罪，将对其自身甚至家庭造成严重影响，并进一步影响到其所在企业的生产经营活动，认定构成犯罪必须慎之又慎。对于危险作业罪的成立范围，必须进行严格把握，特别是在现阶段社会公众对危险作业罪还缺乏全面、深刻认识的情况下，对本罪的成立范围更应当进行严格限制。综合立法原意和司法实践经验，原则上只有在行为已经导致出现重大险情，或者已经造成了小的事故，只是因为偶然性的客观因素或者及时开展救援等原因，未造成重大严重后果的，对于这种“千钧一发”的危险才能认定为危险作业罪。根据上述标准，《刑法》第 134 条之一规定的“现实危险”，主要包括两种情况：一是行为人实施了《刑法》第 134 条之一规定的三种行为之一，并且已经因为实施危险作业行为引发了小的事故，只是因为及时开展抢救、救援或者其他偶然性的客观因素，小事故没有发展成重大事故、没有达到“重大伤亡事故或者其他严重后果”的标准；二是行为人实施了《刑法》第 134 条之一规定的三种行为之一，造成了矿山井下冒顶、透水或者危险物品泄漏等重大险情。具有上述情况之一的，才可以认定为具有“现实危险”，进而对行为人以危险作业罪定罪处罚。

例如，江苏省某基层法院审理的潘某某危险作业案。被告人潘某某未经依法批准和许可，擅自利用自行改装的面包车长期非法从事汽油加油业务，在其中一次加油过程中采用电瓶为油泵搭电，导致装有汽油的改装面包车起火成灾，但因为消防救援人员及时赶到实施救援，没有造成严重后果。一审法院认为潘某某未经许可擅自从事危险物品经营、储存活动，已经导致发生小的火灾事故，只是因为及时救援才没有造成严重危害后果，具有发生重大伤亡事故或者其他严重后果的现实危险，以危险作业罪判处其有期徒刑六个月、缓刑一年，宣判后，潘某某服判不上诉。在此类案件的审理过程中，必须严格依法确定危险作业罪的处罚范围，对于应急管理部门和其他行政执法机关移送的涉嫌危险作业罪的刑事案件，要依照《刑法》规定严格审查，正确区分行政违法和刑事犯罪，不能将一般的、现实中大量存在的违法生产经营行为认定为刑事犯罪，切实防止刑罚手段对企业的正常生产经营活动造成不当重大干扰，甚至影响经济社会的健康发展。

——马世忠主编、最高人民法院政治部编：《审判实务前沿问题解读——人民法院大讲堂实录》，人民法院出版社 2023 年版，第 491~494 页。

337. 与危险作业行为关联行为的罪名认定

关键词

危险作业罪

附录：最高人民法院主流观点

《刑法》第 134 条之一规定中第 3 项规定："涉及安全生产的事项未经依法批准或者许可，擅自从事矿山开采、金属冶炼、建筑施工，以及危险物品生产、经营、储存等高度危险的生产作业活动的"，涉及的关联罪名较多。可以根据具体情形认定：

（1）对于涉及安全生产的事项未经依法批准或者许可，擅自从事矿山开采的，造成具有发生重大伤亡事故或者其他严重后果的现实危险的，构成本罪。如果违反《矿产资源法》，未取得采矿许可证擅自采矿，擅自进入国家规划矿区、对国民经济具有重要价值的矿区和他人矿区范围采矿的，或者擅自开采国家规定实行保护性开采的特定矿种，情节严重的行为，又构成《刑法》第 343 条规定的非法采矿罪的，应从一重罪论处。

（2）未经批准或者许可，进行金属冶炼、建筑施工以及危险物品生产、经营的，造成具有发生重大伤亡事故或者其他严重后果的现实危险的，构成本罪。如果经营对象属于一般性经营许可的物品适用本罪的规定；如果经营对象属于法律、行政法规规定的限制买卖的物品，扰乱市场秩序，情节严重的，又构成《刑法》第 225 条的非法经营罪的，应从一重罪论处。

根据《安全生产法》第 112 条的规定，"危险物品"包括"易燃易爆物品、危险化学品、放射性物品等能够危及人身安全和财产安全的物品"，未经许可，对放射性物品进行制造、买卖、运输、储存行为，危及公共安全的，符合《刑法》第 125 条第 2 款规定的，构成非法制造、买卖、运输、储存危险物质罪；对危险化学品运输行为，违反危险化学品安全管理规定运输危险化学品，危及公共安全的，符合《刑法》第 133 条之一规定，构成危险驾驶罪。这些情形中还可能构成本罪。可根据案件具体情况从一重罪或者作数罪并罚处理。

——胡云腾主编：《刑法罪名精释（第五版）》，人民法院出版社 2022 年版，第 167~168 页。

338. 擅自从事易燃易爆危险物品生产、经营、储存等行为的定性

关键词

易燃易爆危险物品　生产、经营、储存行为

最高人民法院司法政策精神

二、正确认定犯罪

5. 违反危险化学品安全管理规定，未经依法批准或者许可擅自从事易燃易爆危险物品道路运输活动，或者实施其他违反危险化学品安全管理规定通过道路运输易燃易爆危险物品的行为，危及公共安全的，依照刑法第一百三十三条之一第一款第四项的规定，以危险驾驶罪定罪处罚。

在易燃易爆危险物品生产、经营、储存等高度危险的生产作业活动中违反有关安全管理的规定，有下列情形之一，具有发生重大伤亡事故或者其他严重后果的现实危险的，依照刑法第一百三十四条之一第三项的规定，以危险作业罪定罪处罚：

（1）委托无资质企业或者个人储存易燃易爆危险物品的；

（2）在储存的普通货物中夹带易燃易爆危险物品的；

（3）将易燃易爆危险物品谎报或者匿报为普通货物申报、储存的；

（4）其他涉及安全生产的事项未经依法批准或者许可，擅自从事易燃易爆危险物品生产、经营、储存等活动的情形。

实施前两款行为，同时构成刑法第一百三十条规定之罪等其他犯罪的，依照处罚较重的规定定罪处罚；导致发生重大伤亡事故或者其他严重后果，符合刑法第一百三十四条、第一百三十五条、第一百三十六条等规定的，依照各该条的规定定罪从重处罚。

6. 在易燃易爆危险物品生产、储存、运输、使用中违反有关安全管理的

规定，实施本意见第 5 条前两款规定以外的其他行为，导致发生重大事故，造成严重后果，符合刑法第一百三十六条等规定的，以危险物品肇事罪等罪名定罪处罚。

7. 实施刑法第一百三十六条规定等行为，向负有安全生产监督管理职责的部门不报、谎报或者迟报相关情况的，从重处罚；同时构成刑法第一百三十九条之一规定之罪的，依照数罪并罚的规定处罚。

8. 在水路、铁路、航空易燃易爆危险物品运输生产作业活动中违反有关安全管理的规定，有下列情形之一，明知存在重大事故隐患而不排除，足以危害公共安全的，依照刑法第一百一十四条的规定，以以危险方法危害公共安全罪定罪处罚；致人重伤、死亡或者使公私财产遭受重大损失的，依照刑法第一百一十五条第一款的规定处罚：

（1）未经依法批准或者许可，擅自从事易燃易爆危险物品运输的；

（2）委托无资质企业或者个人承运易燃易爆危险物品的；

（3）在托运的普通货物中夹带易燃易爆危险物品的；

（4）将易燃易爆危险物品谎报或者匿报为普通货物托运的；

（5）其他在水路、铁路、航空易燃易爆危险物品运输活动中违反有关安全管理规定的情形。

非法携带易燃易爆危险物品进入水路、铁路、航空公共交通工具或者有关公共场所，危及公共安全，情节严重的，依照刑法第一百三十条的规定，以非法携带危险物品危及公共安全罪定罪处罚。

9. 通过邮件、快件夹带易燃易爆危险物品，或者将易燃易爆危险物品谎报为普通物品交寄，符合本意见第 5 条至第 8 条规定的，依照各该条的规定定罪处罚。

——《最高人民法院、最高人民检察院、公安部等部门关于依法惩治涉枪支、弹药、爆炸物、易燃易爆危险物品犯罪的意见》（2021 年 12 月 31 日，法发〔2021〕35 号）。

附录：理解与适用

有关行政执法机关提出，天津“8·12”瑞海公司危险品仓库特大火灾爆炸事故等多起重特大事故中，均存在生产经营单位或者个人非法违法申报、储存易燃易爆危险物品的行为，建议在《最高人民法院、最高人民检察院、公安部等部门关于依法惩治涉枪支、弹药、爆炸物、易燃易爆危险物品犯罪的意见》（以下简称《意见》）中对此类行为的刑事责任予以明确。经研究，《意见》第 5 条第 2 款明确规定了此类行为应当适用的具体罪名。根据调研情况，将此类行为的典型行为方式归纳为 3 类：（1）委托无资质企业或者个人储存易燃易爆危险物品的；（2）在储存的普通货物中夹带易燃易爆危险物品的；（3）将易燃易爆危险物品谎报或者匿报为普通货物申报、储存的。同时设置第4项兜底条款，明确涉及安全生产的事项未经依法批准或者许可，擅自从事易燃易爆危险物品生产、经营、储存等高度危险的生产作业活动，具有发生重大伤亡事故或者其他严重后果的现实危险的，以危险作业罪定罪处罚。作出上述规定，有利于进一步贯彻落实中共中央、国务院《关于推进安全生产领域改革发展的意见》提出的“将生产经营过程中极易导致重大生产安全事故的违法行为列入刑法调整范围”的要求，充分运用刑事手段惩治非法违法生产经营行为，及时消除事故隐患，从根本上防止安全事故发生。

《刑法》第一百三十四条之一规定的危险作业罪的成立条件是“具有发生重大伤亡事故或者其他严重后果的现实危险”，如何正确认定现实危险、合理确定危险作业罪的成立范围，是一个重要问题。《意见》起草制定过程中，曾考虑设置专门条款，对现实危险的具体判断标准作出规定。征求意见过程中，有意见提出，《意见》第5条第2款仅对少量特定行为是否适用危险作业罪作出规定，而危险作业罪中现实危险的解释将涉及多个行业领域，涉及企业的正常生产经营问题，影响重大，且问题较为复杂，建议在将来制定有关司法解释时对这一问题再研究作出规定。经认真研究，《意见》删去了相应条款。对于现实危险的具体判断标准，还需要在广泛收集案例、深入总结审判经验的基础上进一步研究归纳。初步研究认为，结合安全生产法等行政法律法规的有关规定，《刑法》第一百三十四条之一规定的现实危险不应是抽象的危险，而应当是一种现实存在的、紧迫的危险，如果这种危险持续存在，将可能随时导致发生重大伤亡事故或者其他严重后果。考虑到生产经营活动涉及的行业领域情况各不相同，在具体案件处理过程中，对于是否具有发生重大伤亡事故或者其他严重后果的现实危险，需要结合行业属性、行为对象、现场环境、违规行为的严重程度、纠正整改措施的及时性和有效性等因素进行综合判断；难以确定的，可以依据负有安全生产监督管理职责的部门或者其指定机构出具的意见，结合其他证据进行综合认定。根据已有的实际案例来看，如果行为人未经许可擅自从事易燃易爆危险物品生产、经营、储存等活动，并因此引发安全事故，但因为其及时采取了有效制止措施、及时开展抢救，或者因为其他客观原因，最终未造成重大伤亡或者其他严重后果，这种情况下，说明该非法违法行为客观上具有导致发生重大伤亡事故或者其他严重后果的高度危险性，可以认定为具有发生重大伤亡事故或者其他严重后果的现实危险，进而对行为人以危险作业罪定罪处罚。

——滕伟、王军强、李加玺：《〈关于依法惩治涉枪支、弹药、爆炸物、易燃易爆危险物品犯罪的意见〉的理解与适用》，载《人民法院报》2022年6月30日。

339. 擅自从事易燃易爆危险物品运输行为的定性

关键词

易燃易爆危险物品　运输行为

最高人民法院司法政策精神

二、正确认定犯罪

5. 违反危险化学品安全管理规定，未经依法批准或者许可擅自从事易燃易爆危险物品道路运输活动，或者实施其他违反危险化学品安全管理规定通过道路运输易燃易爆危险物品的行为，危及公共安全的，依照刑法第一百三十三条之一第一款第四项的规定，以危险驾驶罪定罪处罚。

在易燃易爆危险物品生产、经营、储存等高度危险的生产作业活动中违反有关安全管理的规定，有下列情形之一，具有发生重大伤亡事故或者其他严重后果的现实危险的，依照刑法第一百三十四条之一第三项的规定，以危险作业罪定罪处罚：

（1）委托无资质企业或者个人储存易燃易爆危险物品的；

（2）在储存的普通货物中夹带易燃易爆危险物品的；

（3）将易燃易爆危险物品谎报或者匿报为普通货物申报、储存的；

（4）其他涉及安全生产的事项未经依法批准或者许可，擅自从事易燃易爆危险物品生产、经营、储存等活动的情形。

实施前两款行为，同时构成刑法第一百三十条规定之罪等其他犯罪的，依照处罚较重的规定定罪处罚；导致发生重大伤亡事故或者其他严重后果，符合刑法第一百三十四条、第一百三十五条、第一百三十六条等规定的，依照各该条的规定定罪从重处罚。

8. 在水路、铁路、航空易燃易爆危险物品运输生产作业活动中违反有关安全管理的规定，有下列情形之一，明知存在重大事故隐患而不排除，足以危害公共安全的，依照刑法第一百一十四条的规定，以以危险方法危害公共安全罪定罪处罚；致人重伤、死亡或者使公私财产遭受重大损失的，依照刑法第一百一十五条第一款的规定处罚：

（1）未经依法批准或者许可，擅自从事易燃易爆危险物品运输的；

（2）委托无资质企业或者个人承运易燃易爆危险物品的；

（3）在托运的普通货物中夹带易燃易爆危险物品的；

（4）将易燃易爆危险物品谎报或者匿报为普通货物托运的；

（5）其他在水路、铁路、航空易燃易爆危险物品运输活动中违反有关安全管理规定的情形。

非法携带易燃易爆危险物品进入水路、铁路、航空公共交通工具或者有关公共场所，危及公共安全，情节严重的，依照刑法第一百三十条的规定，以非法携带危险物品危及公共安全罪定罪处罚。

9. 通过邮件、快件夹带易燃易爆危险物品，或者将易燃易爆危险物品谎报为普通物品交寄，符合本意见第 5 条至第 8 条规定的，依照各该条的规定定罪处罚。

——《最高人民法院、最高人民检察院、公安部等部门关于依法惩治涉枪支、弹药、爆炸物、易燃易爆危险物品犯罪的意见》（2021 年 12 月 31 日，法发〔2021〕35 号）。

附录：理解与适用

根据《危险化学品安全管理条例》第八十七条的规定，委托未依法取得危险货物道路运输许可、危险货物水路运输许可的企业承运危险化学品，在托运的普通货物中夹带危险化学品，或者将危险化学品谎报或者匿报为普通货物托运的，由交通运输主管部门责令改正，处 10 万元以上 20 万元以下的罚款，有违法所得的，没收违法所得；拒不改正的，责令停产停业整顿；构成犯罪的，依法追究刑事责任。但是，在认定该条规定行为构成犯罪的情况下，应当适用哪个罪名追究行为人的刑事责任，实践中存在争议，导致对此类行为的法律责任无法充分落实。

《最高人民法院、最高人民检察院、公安部等部门关于依法惩治涉枪支、弹药、爆炸物、易燃易爆危险物品犯罪的意见》（以下简称《意见》）起草制定过程中，对于上述行为应当适用哪个罪名追究刑事责任，主要有 3 种意见。第一种意见认为，危险化学品运输活动属于《刑法》第一百三十四条之一第三项规定的危险物品生产、经营、储存等高度危险的生产作业活动，行为人未经依法批准或者许可擅自从事易燃易爆危险化学品或者其他易燃易爆危险物品运输的，应当以危险作业罪定罪处罚；第二种意见认为，易燃易爆危险化学品和其他易燃易爆危险物品均可认定为《刑法》第一百二十五条第二款规定的危险物质，行为人未经依法批准或者许可擅自从事易燃易爆危险化学品或者其他易燃易爆危险物品运输的，应当以非法运输危险物质罪定罪处罚；第三种意见认为，非法违法从事易燃易爆危险化学品或者其他易燃易爆危险物品运输的行为不符合危险作业罪和非法运输危险物质罪的构成要件，应当区分不同情况，以危险驾驶罪或者以危险方法危害公共安全罪定罪处罚。

经认真反复研究，《意见》采纳了上述第三种意见，认定非法违法从事易燃易爆危险化学品或者其他易燃易爆危险物品运输行为不符合危险作业罪和非法运输危险物质罪的构成要件，主要理由有两个方面。首先，运输行为不属于《刑法》第一百三十四条之一第三项规定的生产、经营行为。考察有关行政法律法规的规定，对于“生产”“经营”两个词语的使用方式不同，则其具体内涵和外延也不相同。安全生产法第二条规定：“在中华人民共和国领域内从事生产经营活动的单位（以下统称生产经营单位）的安全生产，适用本法。”将“生产”“经营”两个词语连起来，组成一个词语使用，其外延较为广泛。安全生产法所称的“生产经营”，既包括资源开采活动和各种产品的加工、制作活动，也包括各类工程建设和商业、娱乐业以及其他服务业的经营活动，单位和个人出于生产经营目的实施的生产、储存、运输、使用等活动，均可以包括在内。与之不同的是，《危险化学品安全管理条例》第二条规定：“危险化学品生产、储存、使用、经营和运输的安全管理，适用本条例。”将生产、经营两个词语分开使用，并与储存、使用、运输相并列，明显将运输行为排除在了生产、经营之外。根据法秩序统一原理的要求，《刑法》第一百三十四条之一第三项的表述方式与《危险化学品安全管理条例》相同，规定的危险物品生产、经营的内涵和外延也应当与《危险化学品安全管理条例》一致，故危险物品运输行为不应包含在《刑法》第一百三十四条之一第三项规定的危险物品生产、经营之内。其次，《刑法》第一百三十四条之一第三项和第一百二十五条第二款均采用了不完全列举的方式，但是，对于《刑法》第一百三十四条之一第三项未明确列举的其他高度危险的生产作业活动，以及第一百二十五条第二款未明确列举的其他危险物质，一般不宜由司法机关采取司法意见的方式作等外解释，否则可能违反罪刑法定原则，不当扩大危险作业罪和非法运输危险物质罪的适用范围。

《意见》第 5 条第 1 款和第 8 条明确，对于非法违法从事易燃易爆危险物品运输的行为，应当根据案件具体情况，选择适用不同的罪名。首先，违反危险化学品安全管理规定，未经依法批准或者许可擅自从事易燃易爆危险物品道路运输活动，危及公共安全的，以危险驾驶罪定罪处罚。《意见》第 5 条第 1 款对适用危险驾驶罪的具体行为方式还设置了兜底条款，为适应未来司法实践的需要留下了余地。例如，根据共同犯罪理论，易燃易爆危险物品的生产经营单位或者个人明知他人不具有合法资质，仍然违规委托其承运易燃易爆危险物品，或者故意在托运的普通货物中夹带易燃易爆危险物品的，属于刑法理论上的间接正犯，对该生产经营单位或者个人也应以危险驾驶罪定罪处罚。其次，非法违法从事水路、铁路、航空易燃易爆危险物品运输生产作业活动的，不符合危险驾驶罪的构成要件。由于水路、铁路、航空运输方式的特殊性，一旦在水路、铁路、航空运输过程中发生事故，救援难度极大，极易造成重大人身伤亡和巨额财产损失。《意见》第 8 条规定，行为人在从事水路、铁路、航空易燃易爆危险物品运输生产作业活动过程中违反有关安全管理的规定，明知存在重大事故隐患而不排除，足以危害公共安全的，可以认定为以危险方法危害公共安全罪。作出上述规定，有利于督促有关单位和个人在事故发生前及时消除安全隐患，确保水路、铁路、航空运输安全。需要注意的是，以危险方法危害公共安全罪是重罪，《意见》将本罪的适用范围严格限定在水路、铁路、航空易燃易爆危险物品运输生产作业活动过程中，实践中不能随意扩大适用范围。对于水路、铁路、航空旅客个人在随身携带或者托运的行李物品中夹带少量易燃易爆危险物品，危及公共安全，情节严重的，可以认定为非法携带危险物品危及公共安全罪，不宜以以危险方法危害公共安全罪定罪处罚。《意见》第 8 条第 2 款对此作出了规定。

——滕伟、王军强、李加玺：《〈关于依法惩治涉枪支、弹药、爆炸物、易燃易爆危险物品犯罪的意见〉的理解与适用》，载《人民法院报》2022 年 6 月 30 日。

340. 非法违法从事易燃易爆危险物品生产经营活动导致发生事故行为的定性

关键词

易燃易爆危险物品　生产经营活动

最高人民法院司法政策精神

二、正确认定犯罪

5. 违反危险化学品安全管理规定，未经依法批准或者许可擅自从事易燃易爆危险物品道路运输活动，或者实施其他违反危险化学品安全管理规定通过道路运输易燃易爆危险物品的行为，危及公共安全的，依照刑法第一百三十三条之一第一款第四项的规定，以危险驾驶罪定罪处罚。

在易燃易爆危险物品生产、经营、储存等高度危险的生产作业活动中违反有关安全管理的规定，有下列情形之一，具有发生重大伤亡事故或者其他严重后果的现实危险的，依照刑法第一百三十四条之一第三项的规定，以危险作业罪定罪处罚：

（1）委托无资质企业或者个人储存易燃易爆危险物品的；

（2）在储存的普通货物中夹带易燃易爆危险物品的；

（3）将易燃易爆危险物品谎报或者匿报为普通货物申报、储存的；

（4）其他涉及安全生产的事项未经依法批准或者许可，擅自从事易燃易爆危险物品生产、经营、储存等活动的情形。

实施前两款行为，同时构成刑法第一百三十条规定之罪等其他犯罪的，依照处罚较重的规定定罪处罚；导致发生重大伤亡事故或者其他严重后果，符合刑法第一百三十四条、第一百三十五条、第一百三十六条等规定的，依照各该条的规定定罪从重处罚。

6. 在易燃易爆危险物品生产、储存、运输、使用中违反有关安全管理的规定，实施本意见第 5 条前两款规定以外的其他行为，导致发生重大事故，造成严重后果，符合刑法第一百三十六条等规定的，以危险物品肇事罪等罪名定罪处罚。

7. 实施刑法第一百三十六条规定等行为，向负有安全生产监督管理职责的部门不报、谎报或者迟报相关情况的，从重处罚；同时构成刑法第一百三十九条之一规定之罪的，依照数罪并罚的规定处罚。

——《最高人民法院、最高人民检察院、公安部等部门关于依法惩治涉枪支、弹药、爆炸物、易燃易爆危险物品犯罪的意见》（2021 年 12 月 31 日，法发〔2021〕35 号）。

附录：理解与适用

刑法规定的重大责任事故罪、重大劳动安全事故罪、危险物品肇事罪等罪名均属于结果犯，以导致发生重大伤亡事故或者造成其他严重后果为必备构成要件。行为人非法违法从事易燃易爆危险物品生产经营活动，导致发生重大事故的，应当认定为危险物品肇事罪或者重大责任事故罪、重大劳动安全事故罪等罪名。行为人在发生安全事故后，故意不报、谎报或者迟报事故情况的，严重干扰事故应急救援和调查处理，社会危害性大，应当予以从重处罚；在事故发生后不报、谎报或者迟报事故情况的行为同时构成不报、谎报安全事故罪的，该不报、谎报、迟报行为直接侵害了国家的事故调查报告制度，不属于不可罚的事后行为，应当以不报、谎报安全事故罪和危险物品肇事罪或者重大责任事故罪、重大劳动安全事故罪等罪名数罪并罚。《最高人民法院、最高人民检察院、公安部等部门关于依法惩治涉枪支、弹药、爆炸物、易燃易爆危险物品犯罪的意见》第 7 条对此予以明确。

存在争议的是，行为人实施危险作业行为，因而发生重大伤亡事故或者造成其他严重后果，同时符合危险作业罪和危险物品肇事罪等结果犯罪名构成要件的，应当如何定罪处罚？有意见认为，上述情况下，应当按照重罪吸收轻罪和从一重处罚原则，以危险物品肇事罪等结果犯罪名定罪处罚即可。我们经研究认为，单纯以重罪吸收轻罪、按照从一重处罚原则处理，难以做到罪责刑相适应。这种情况下，行为人的非法违法行为属于危险物品肇事罪等结果犯罪名的必备构成要件，根据禁止重复评价原则，不宜以危险作业罪和危险物品肇事罪等结果犯罪名数罪并罚。但是，行为人的非法违法行为本身具有应受刑罚处罚的严重社会危害性，如果仅采用从一重处罚原则，无法体现出刑法对行为违法性的否定评价，存在刑法评价不足的问题，采取从一重从重处罚原则，才能充分体现刑法对危险作业行为和行为造成危害结果的否定评价。《最高人民法院、最高人民检察院、公安部等部门关于依法惩治涉枪支、弹药、爆炸物、易燃易爆危险物品犯罪的意见》第 5 条第 3 款和第 6 条区分不同情况作出了规定。具体来讲，行为人实施非法违法行为导致发生重大伤亡事故或者其他严重后果，符合危险物品肇事罪等结果犯罪名构成要件的，如果该非法违法行为本身不构成犯罪，则择一重罪以危险物品肇事罪等罪名定罪处罚；如果该非法违法行为同时构成危险作业罪的，则应以危险物品肇事罪等罪名定罪并从重处罚，以确保罪责刑相适应。

——滕伟、王军强、李加玺：《〈关于依法惩治涉枪支、弹药、爆炸物、易燃易爆危险物品犯罪的意见〉的理解与适用》，载《人民法院报》2022 年 6 月 30 日。

341. 易燃易爆危险物品的范围认定

关键词

易燃易爆危险物品

最高人民法院司法政策精神

23. 本意见所称易燃易爆危险物品，是指具有爆炸、易燃性质的危险化学品、危险货物等，具体范围依照相关法律、行政法规、部门规章和国家标准确定。依照有关规定属于爆炸物的除外。

——《最高人民法院、最高人民检察院、公安部等部门关于依法惩治涉枪支、弹药、爆炸物、易燃易爆危险物品犯罪的意见》（2021 年 12 月 31 日，法发〔2021〕35 号）。

附录：理解与适用

“危险物品”这个概念同时存在于行政法律法规和刑法之中。根据安全生产法第一百一十七条的规定，危险物品，是指易燃易爆物品、危险化学品、放射性物品等能够危及人身安全和财产安全的物品。根据《刑法》第一百三十四条之一和第一百三十六条的规定，刑法中的危险物品，是指具有爆炸性、易燃性、放射性、毒害性、腐蚀性等性质的物品，与安全生产法的有关规定内容并不存在实质性差别。《意见》基于实践需要，将规制范围限定为易燃易爆危险物品，第 23 条对其外延作了原则性、指引性规定。根据《意见》第 23 条规定，易燃易爆危险物品包括以下几种：第一，易燃易爆危险化学品，具体范围可以根据《危险化学品目录》确定；第二，易燃易爆危险货物，具体范围可以根据《危险货物品名表》确定；第三，其他易燃易爆危险物品，如具有明显爆炸性、易燃性的危险废物等。需要注意的是，易燃易爆危险物品的外延较为广泛，部分种类的爆炸物也可能包括在内。对于属于爆炸物范畴的易燃易爆危险物品，应当直接适用刑法中有关爆炸物的罪名定罪处罚，不再按照易燃易爆危险物品处理。

——滕伟、王军强、李加玺：《〈关于依法惩治涉枪支、弹药、爆炸物、易燃易爆危险物品犯罪的意见〉的理解与适用》，载《人民法院报》2022 年 6 月 30 日。

342. 煤矿投资人，虽然已将煤矿承包给他人，但仍负有管理职责，依法应当认定为重大责任事故罪的犯罪主体

关键词

重大责任事故罪　管理职责　犯罪主体

最高人民法院公布的典型案例

贵州省盘县金银煤矿“3·12”重大瓦斯爆炸事故（印华四、印华二、陆铭、张小学、孔维能、封正华重大责任事故案）

裁判要点：煤矿生产者拒不执行政府停产监管决定，擅自组织生产，对事故隐患未采取任何措施，导致发生特大责任事故，应当从重处罚。煤矿投资人，虽然已将煤矿承包给他人，但二人仍负有管理职责，且安排人员担任煤矿安全管理人和技术人员，依法应当认定为重大责任事故罪的犯罪主体。

（一）基本案情

被告人印华四，男，汉族，1971 年 6 月 11 日出生，贵州省盘县金银煤矿投资人。

被告人印华二，男，汉族，1965 年 12 月 18 日出生，盘县金银煤矿投资人。

被告人陆铭，男，汉族，1971 年 8 月 25 日出生，盘县金银煤矿承包人。

被告人张小学，男，汉族，1975 年 11 月 18 日出生，盘县金银煤矿承包人。

被告人孔维能，男，汉族，1973 年 7 月 2 日出生，盘县金银煤矿安全管理人。

被告人封正华，男，汉族，1964 年 2 月 1 日出生，盘县金银煤矿技术员。

1999 年，被告人印华四、印华二兄弟与印路保（另案处理）共同投资开办金银煤矿。因金银煤矿位于国家规划的松河矿区内，贵州省政府于 2007 年 4 月 26 日在《贵州日报》上公告关闭该煤矿，并注销了采矿权证。后经有关部门协调，金银煤矿与尖山煤矿、阿六寺煤矿整合为松河新成煤业复采四单元，并与松河公司共同组建新公司。整合完成后，印华四、印华二、印路保各占金银煤矿三分之一的股份，印华四担任主要负责人，负责复采四单元的全面管理工作，印华二负责后勤管理，印路保不负责具体管理工作。为解决全省电煤供应紧张问题，并考虑到复采改造单元长期停产可能诱发安全隐患，2007 年 10 月 22 日，盘县政府县长办公会议研究决定，同意金银煤矿作为松河新成煤业复采四单元的过渡生产系统恢复正常生产。2008 年 6 月 21 日，为加强对复采改造煤矿的安全监管，盘县政府专题会议作出决定，暂时停止松河新成煤业复采单元过渡系统生产活动。2009 年 5 月 6 日，盘县政府决定全面停止松河新成煤业复采单元过渡系统的一切生产活动。2010 年以后，贵州省各级政府又多次出台规定，严禁煤矿边建设边生产，严厉打击擅自启封已关闭系统组织生产行为。.

2008 年 7 月 21 日，被告人印华四、印华二明知松河新成煤业复采四单元老系统（即金银煤矿）是禁止开展生产的煤矿，仍将该矿发包给被告人张小学和陆铭开采，并安排被告人孔维能和印大春（另案处理）对煤矿进行安全管理，安排被告人封正华担任技术员，负责煤矿的巷道规划和图纸资料设计。张小学和陆铭承包煤矿后招聘工人，并在安全管理不到位、不具备相应安全生产条件的情况下组织工人生产。其间，当地煤炭管理部门和安全监管部门多次对金银煤矿进行查处，严禁该煤矿开展生产，但张小学、陆铭拒不执行监管决定。2011 年 3 月 9 日，盘县安监局淤泥安监站发现金银煤矿非法生产，遂依法关闭并砌封了矿井口。当日，张小学、孔维能、封正华等人擅自组织工人启封矿井恢复生产。由于该矿井通风设施不符合规定，且未安装瓦斯抽放系统，安全监测监控系统损坏后一直未重新安装，造成瓦斯不断积聚。同年 3 月 12 日 0 时许，金银煤矿在生产过程中放炮时母线短路产生火花，导致发生重大瓦斯爆炸事故，造成 19 名工人死亡、15 名工人受伤的严重后果。

（二）裁判结果

贵州省盘县人民法院一审判决认为，被告人印华四、印华二等人将共同投资开办的金银煤矿（松河新成煤业公司复采四单元）承包给被告人张小学和陆铭开采，印华四负责煤矿全面管理工作，印华二参与管理，印华四、印华二安排被告人孔维能负责煤矿安全管理，实际上履行安全矿长职责，安排被告人封正华担任金银煤矿技术员，负责煤矿生产技术规划管理，六被告人明知金银煤矿被有关部门公告关闭并被注销采矿权证，又经煤炭管理部门和安监部门多次查处并严禁生产，仍在安全管理不到位、不具备安全生产条件的情况下违反法律、法规和企业规章制度的规定，组织工人生产，导致发生重大责任事故，其行为均已构成重大责任事故罪，且情节特别恶劣。张小学案发后主动向公安机关投案并如实供述罪行，具有自首情况，其余五被告人被抓获后如实供述罪行，且事故发生后金银煤矿及各被告人共同积极赔偿事故遇难者经济损失，可以从轻处罚。综上，以重大责任事故罪，分别判处被告人印华四有期徒刑六年六个月，被告人印华二、孔维能、陆铭有期徒刑四年六个月，被告人张小学有期徒刑四年，被告人封正华有期徒刑三年。

（三）典型意义

被告人明知金银煤矿已被当地政府作出严禁开展生产的行政决定，且矿井口已被依法查封的情况下，拒不执行停产监管决定，擅自组织生产，对事故隐患未采取任何措施，导致发生特大责任事故，应当从重处罚。被告人印华四、印华二作为金银煤矿投资人，虽然已将煤矿承包给他人，但二人仍负有管理职责，且安排人员担任煤矿安全管理人和技术人员，依法应当认定为重大责任事故罪的犯罪主体。

——《最高人民法院12月15日发布危害生产安全犯罪典型案例》（2015年12月15日），载最高人民法院官网，https：//www.court.gov.cn。

343. 煤业公司隐名股东和实际控制人，负责煤矿安全生产管理，应认定为重大责任事故罪的犯罪主体

关键词

重大瓦斯爆炸事故　重大责任事故罪　犯罪主体

最高人民法院公布的典型案例

四川省泸州市桃子沟煤矿重大瓦斯爆炸事故（泸县桃子沟煤业公司、罗剑、李贞元、胡德友、徐英成非法储存爆炸物，罗剑、李贞元、胡德友、徐英成、谢胜良、姜大伦、陈天才、杨万平、卢德全、张长勇、陈远华、周明重大责任事故案）

裁判要点：煤业公司隐名股东和实际控制人之一，负责煤矿安全生产管理，应认定为重大责任事故罪的犯罪主体。在煤矿技改扩建期间违规组织生产，不安装瓦斯监控系统及传感器等必要的安全

监控和报警设备，采取不发放作业人员定位识别卡、检查前封闭巷道等弄虚作假手段故意逃避、阻挠负有安全监督管理职责的部门实施监督检查，应当从重处罚。

（一）基本案情

被告单位泸县桃子沟煤业有限公司（以下简称桃子沟煤业公司），又名桃子沟煤矿。

被告人罗剑，男，汉族，1981 年 8 月 29 日出生，桃子沟煤业公司出资人、法定代表人、执行董事。

被告人李贞元，男，汉族，1955 年 4 月 8 日出生，桃子沟煤业公司出资人、实际控制人。

被告人胡德友，男，汉族，1968 年 5 月 10 日出生，桃子沟煤业公司行政矿长、矿长助理。

被告人徐英成，男，汉族，1969 年 7 月 9 日出生，桃子沟煤业公司安全副矿长。

被告人谢胜良，男，汉族，1969 年 3 月 18 日出生，桃子沟煤业公司调度室主任。

被告人姜大伦，男，汉族，1966 年 1 月 11 日出生，桃子沟煤业公司生产副矿长。

被告人陈天才，男，汉族，1965 年 5 月 24 日出生，桃子沟煤业公司技术副矿长。

被告人杨万平，男，汉族，1968 年 12 月 5 日出生，桃子沟煤业公司掘进副矿长。

被告人卢德全，男，汉族，1963 年 4 月 29 日出生，桃子沟煤业公司机电副矿长。

被告人张长勇，男，汉族，1973 年 12 月 20 日出生，2013 年 4 月 15 日起任桃子沟煤业公司行政矿长。

被告人陈远华，男，汉族，1962 年 7 月 18 日出生，桃子沟煤业公司夜班副矿长兼掘进队长。

被告人周明，男，汉族，1979 年 5 月 17 日出生，桃子沟煤业公司股东、监事。

1. 非法储存爆炸物事实：四川省泸县桃子沟煤矿由被告人罗剑、李贞元共同经营，二人各占 50% 股份，罗剑任法定代表人、执行董事。2012 年 9 月，该矿更名为泸县桃子沟煤业公司，因技改扩建未验收，相关证照尚未更换，桃子沟煤矿和桃子沟煤业公司两个证照同时使用。2013 年 3 月，李贞元将其股份变更登记在其女婿被告人周明名下，由周明任监事，李贞元作为实际控制人之一，主要负责煤矿安全生产管理。桃子沟煤业公司先后聘任被告人胡德友、张长勇为行政矿长，其中胡德友 2012 年 10 月 15 日至 2013 年 4 月 14 日任行政矿长，4 月 15 日后改任矿长助理；张长勇 2013 年 4 月 15 日起任行政矿长。2013 年 3 月 15 日，桃子沟煤业公司任命被告人徐英成为安全副矿长、被告人谢胜良为调度室主任、被告人姜大伦为生产副矿长、被告人陈天才为技术副矿长、被告人杨万平为掘进副矿长、被告人卢德全为机电副矿长、被告人陈远华为夜班副矿长兼掘进队长。

2011 年 9 月，桃子沟煤业公司与当地其余 7 家煤矿以泸县厚源矿业公司名义，共同买下原泸县华叙爆破公司一民用爆炸物品库房，并共同以厚源矿业公司名义与安翔公司签订民用爆炸物品仓库委托管理合同，约定由安翔公司代为运输、储存、配送和回收 8 家煤矿生产所用民用爆炸物品。桃子沟煤业公司为提高效率、降低成本，2012 年底未经有关部门审查、验收，由被告人李贞元派人在井下建成用于储存、发放炸药、雷管的两个硐室。2013 年 3 月，桃子沟煤业公司技改扩建试运行后，未安排专人管理硐室，仅在早、中班轮班时指派一名兼职人员在硐室处发放炸药、雷管，剩余部分储存在硐室内。李贞元明知爆炸物品不按规定回收存在安全隐患，仍指使工人将生产过程中未用完的爆炸物品自行存放；被告人罗剑为掩盖本单位非法储存爆炸物的事实，与被告人胡德友一同指使库管员伪造爆炸物管理台账，逃避监管；胡德友和被告人徐英成无视自身岗位职责和相关法律法规规定，对本单位在井下建造硐室非法储存炸药、雷管和工人随意存放爆炸物不退库等行为未采取有效措施制止。2013 年 5 月 15 日，桃子沟煤业公司矿井被依法关闭时，在公安民警见证下，安翔公司工作人员从该矿井下共计回收非法储存的炸药 622.8 千克，雷管 1461 枚。

2. 重大责任事故事实：桃子沟煤业公司原设计生产能力为 3 万吨，2009 年 12 月经四川省经委批复技改扩建为 9 万吨。2012 年 9 月，泸州市经信委批复矿井联合试运行，2013 年 3 月 25 日泸县安监局批复同意该矿复工复产，并于同年 4 月 7 日核准该矿 2121 采煤工作面和 4 个掘进工作面进行生产。在技改扩建期间，被告人李贞元未经审批即安排被告人陈天才设计 3111 采煤工作面，安排被告人谢胜良、姜大伦等人组织工人布置 3111 采煤工作面，并伺机违规开采。同年 3 月中旬，李贞元经召集被告人胡德友、徐英成、谢胜良、姜大伦、陈天才、杨万平、卢德全开会讨论，决定开采 3111 采煤工作面。并于会后共谋以提高采煤单价的方式鼓励工人到 3111 采煤工作面采煤，同时采取只中班生产、不发放作业人员定位识别卡、不安装瓦斯监控系统及传感器、遇检查时提前封闭巷道等手段逃避监管；被告人张长勇、陈远华发现 3111 采煤工作面非法开采并存在严重安全隐患的情况后，未采取有效措施予以制止；被告人周明作为该矿股东和监事，对 3111 工作面亦未尽到相应监管职责。

2013 年 5 月 11 日 14 时 15 分，桃子沟煤业公司 3111 采煤工作面生产作业过程中因通风设施不完善，且未安装瓦斯监控系统及传感器，导致井下瓦斯积聚达到爆炸浓度的情况未得到有效监测，该工作面六支巷采煤作业点放炮残余炸药燃烧引起瓦斯爆炸，致使 28 名井下工人遇难，另有 18 名工人受伤，直接经济损失 2449 万余元。

（二）裁判结果

四川省泸县人民法院一审判决认为：被告单位桃子沟煤业公司违反法律法规规定，在生产矿井内设置爆炸物库房非法储存炸药、雷管，并允许工人在井下自存爆炸物，危害公共安全，情节严重，行为已构成非法储存爆炸物罪；被告人罗剑、李贞元、胡德友、徐英成均系单位直接负责的主管人员，依法应对单位非法储存爆炸物的犯罪行为承担刑事责任；胡德友系累犯，应依法从重处罚。被告人罗剑、李贞元、胡德友、徐英成、谢胜良、姜大伦、陈天才、杨万平、卢德全、张长勇、陈远华、周明在生产、作业过程中违反煤矿生产安全管理规定，未经审批违规作业，对存在的安全隐患未尽到监管职责，导致发生重大安全事故，情节特别恶劣，其行为均已构成重大责任事故罪，其中，罗剑、李贞元、胡德友、徐英成犯非法储存爆炸物罪和重大责任事故罪，应依法并罚。胡德友有多次故意犯罪前科，应酌情从重处罚。综合犯罪事实、情节以及社会危害后果，罗剑、李贞元虽有事故后积极抢救行为，李贞元还有自首情节，但不足以从轻处罚；胡德友、徐英成、谢胜良、姜大伦、陈天才、杨万平、卢德全、张长勇、陈远华、周明等具有自首情节或者事故后积极抢救的从宽情节，均可酌情从轻处罚。综上，对被告单位桃子沟煤业公司以非法储存爆炸物罪判处罚金人民币五十万元；对被告人罗剑、李贞元以非法储存爆炸物罪判处有期徒刑十五年，以重大责任事故罪判处有期徒刑七年，决定执行有期徒刑二十年；对被告人徐英成以非法储存爆炸物罪判处有期徒刑十二年，以重大责任事故罪判处有期徒刑六年六个月，决定执行有期徒刑十七年；对被告人胡德友以非法储存爆炸物罪判处有期徒刑十一年，以重大责任事故罪判处有期徒刑六年六个月，决定执行有期徒刑十六年；对被告人谢胜良、姜大伦、陈天才以重大责任事故罪判处有期徒刑六年六个月；对被告人张长勇以重大责任事故罪判处有期徒刑六年；对被告人杨万平、卢德全、陈远华、周明以重大责任事故罪判处有期徒刑五年。

（三）典型意义

被告人李贞元作为桃子沟煤业公司隐名股东和实际控制人之一，负责煤矿安全生产管理，应认定为重大责任事故罪的犯罪主体。被告人在煤矿技改扩建期间违规组织生产，不安装瓦斯监控系统及传感器等必要的安全监控和报警设备，采取不发放作业人员定位识别卡、检查前封闭巷道等弄虚作假手段故意逃避、阻挠负有安全监督管理职责的部门实施监督检查，应当从重处罚。

——《最高人民法院12月15日发布危害生产安全犯罪典型案例》(2015年12月15日)，载最高人民法院官网，https：//www.court.gov.cn。

344. 重大责任事故后“自动投案”的认定

关键词

重大责任事故罪　自首　自动投案

附录：最高人民法院法官著述

根据1998年《最高人民法院关于处理自首和立功具体应用法律若干问题的解释》第1条第1项的规定，“自动投案，是指犯罪事实或者犯罪嫌疑人未被司法机关发觉，或者虽被发觉，但犯罪嫌疑人尚未受到讯问、未被采取强制措施时，主动、直接向公安机关、人民检察院或者人民法院投案。”在认定自动投案的构成要素中，投案意志居于核心地位，即强调投案的“主动性和自愿性”，必须出于本人的真实意志，自愿将自己置于司法机关或有关组织的控制之下接受进一步处理，至于投案方式和投案对象，可以适当放宽，只要能达到启动司法程序对犯罪嫌疑人进行追诉、节约司法资源的效果即可。对于重大责任事故犯罪而言，一般情况下，除非为了抢救被害人来不及报案、投案或者不具备客观条件无法报案、投案之外，行为人必须在合理的时间内尽早向司法机关投案，能够充分反映其具有主动将自己交付司法机关接受进一步审查和裁判意愿的，才可以认定为自动投案。

实践中，重大责任事故的发生情形较为复杂，在事故发生领域、事故规模、造成的危害后果大小、涉案人员多寡、事故经过、原因的复杂程度上，存在较大差别，由此决定了相关责任人员的归案方式不同，大体可以概括为以下几种情形：

1. 事故规模及涉案人员范围相对有限，事故发生后及时报告事故情况并主动向司法机关投案。试举一例：

2008年4月30日上午9时许，在北京市朝阳区某住宅及配套项目施工现场中，被告人李某某在起重机重臂拆卸吊装作业中，既未向作业人员提供拆卸方案，也未在施工作业现场履行安全管理职责。一台塔式起重机倾翻，当场撞倒施工升降机轨道，导致一部正在运行的施工升降机迅速从高空坠落至地面。升降机内共有5名工人，其中2人当场死亡，另外3人受伤并被送往医院治疗，后1人因伤势过重经抢救无效死亡。事故发生后，被告人李某某及时向公安机关投案，如实供述事故经过及原因，并积极向死伤者家属做出了物质赔偿。法院依法认定李某某构成重大责任事故罪，并认定其具有自首情节。

在类似案件中，事故经过相对简单，事故一旦发生，危害后果、涉案人员的范围即已确定，相关责任人员及时向公安机关投案的，符合自动投案的认定条件。此外，在类似事故发生后，如果有关责任人首先向安全生产监督管理等相关部门报告事故情况，由于对被害人进行抢救尚未来得及向公安机关投案，在公安机关接他人报案前来调查或电话通知其到指定地点接受调查时，能够自愿置于公安机关控制之下，积极配合调查的，也可以视为自动投案。

2. 事故规模大，涉案人员多，事故经过、事故原因的认定较为复杂，有关责任人在事故发生后及时向安全生产监督管理部门报告事故情况、组织抢救。这种情形在重大矿山安全生产事故中较为常见。

由于责任认定涉及复杂专业技术知识，负有组织、管理、监督职责的人员及现场直接作业人员未必都能意识到自己对事故发生负有责任从而可能构成犯罪。因此，只是向安全生产监督管理部门报告事故情况以及随后协助配合事故调查的，通常不足以说明其有“自动投案”意愿。

需要指出的是，有种观点认为，是否认识到自己的行为构成犯罪，是否意在接受审查、裁判不是认定自首时应考虑的因素。例如，实际防卫行为过限，但自认为构成正当防卫而向有关机关投案的也构成自首。我们认为，是否构成犯罪应由法院依法裁判，不以行为人是否认识到自己的行为构成犯罪为转移。但是，要构成自首，必然内在要求行为人认为自己的行为已构成犯罪或至少准备承认犯罪事实与自己有关联，由此，其前往司法机关的行为才可以认定是为了“投案”。至于防卫过当的例子，行为人前去投案，其主观心理状态是复杂的，其虽然自认为对不法侵害者造成损害是正当的，但也准备承认客观上造成了犯罪事实（即故意造成了他人人身伤亡或财产损失），只是自己不应该承担刑事责任，因此，其之所以去投案仍然是意在接受进一步审查，让司法机关最终判断其是否构成犯罪。

此外，类似上述重大事故涉及的责任环节及责任人多，调查周期长，多大范围内的责任人涉嫌犯罪通常有一个逐步暴露的过程。随着事故调查的深入，可能陆续有更多人员被认定为负有过失责任且达到应追究刑事责任的程度，从而被列为犯罪嫌疑人被采取强制措施。即使事故发生后第一时间就向公安机关报告事故情况，在报告本身不能反映其对事故发生存在过失责任的情况下，公安机关一般也不会将其作为犯罪嫌疑人采取强制措施。这种特殊、复杂的归案方式决定：

其一，及时报告事故情况对于防止事故损失进一步扩大具有重要意义，影响对构成犯罪的责任人的量刑轻重，但报告行为本身既不能反映其有认罪或悔罪态度及主观可谴责性降低，与启动后续司法程序的关联性也较弱，对节约司法资源的意义不明显。因此，从自首制度设立的宗旨考虑，一般不宜认定为自动投案。

其二，重大责任事故犯罪往往是多种过失竞合造成的，处于上位的监督、管理者与处于下位的业务操作者之间，或处于对等地位的责任人之间，职责不同，掌握的信息不同，相应的注意义务亦不同。部分行为人因掌握信息较多、事故发生时在现场或第一时间接到现场报告等有利条件而得以首先向有关部门报告事故情况，如果将其认定为自动投案，对那些未在第一时间报告事故情况但知道事故已发生，自己可能负有过失责任，而未逃跑、积极配合事故调查组调查的责任人，如果不认定为自动投案，那么，上述两种归案行为所具有的功利价值或反映出的行为人的认罪悔罪态度，通常并不存在本质上的区别，因此区别对待的依据、理由不足。如果认定为自动投案，那么绝大部分在事故发生后未逃跑的责任人就都可能构成自首，导致自首的适用过滥，无形中贬损了自首制度对犯罪分子潜在的奖励、感召价值。因此，从司法实践的角度考虑，对类似重大事故责任人的归案方式，认定是否属于自动投案，确需通盘、慎重考虑，要防止顾此失彼。

3. 事故发生后逃匿，后主动向司法机关投案。对这种归案行为可以认定为自动投案，理由无须赘述。需要指出的是，将该情形认定为自动投案，与上述第二种情形一般不宜认定为自动投案，并不矛盾。因为在该情形中，行为人逃匿说明其具有明显的畏罪意识，后又向司法机关投案，足以反映其已认识到自己涉嫌犯罪仍主动、自愿将自己置于司法机关控制之下，以接受进一步审查、裁判，符合自动投案的本质。但是，对该种自动投案的行为人，即使构成自首，也可视情不予从宽处罚或者限制从宽的幅度，如果由于其负有报告职责未报告而逃匿导致贻误事故抢救的，还可能同时构成不报安全事故罪，应依法予以并罚。

我们注意到，由于重大责任事故发生、事故调查及有关责任人归案方式的复杂性，上述情形的划分只是相对的，界限并非完全清晰，也可能不尽全面，但一个基本的处理原则应该明确，即对该类犯罪自首的认定应审慎把握，只有那些能够充分反映责任人具有主动将自己交付司法机关接受进一步审查和裁判意愿的投案行为，才可以认定为自动投案。

重大责任事故罪的主要犯罪事实及“如实供述罪行”的认定

重大责任事故发生后，责任人自动投案并协助调查的，要注意区分该行为与自首所要求的“如实供述罪行”之间的差别。

成立一般自首，不仅要求自动投案，还必须如实供述自己的罪行。对于故意犯罪，因系犯罪嫌疑人有意为之，是否供述了主要犯罪事实，通常并不难判断。但是重大责任事故犯罪有所不同，是行为人“不意误犯”，危害后果虽容易暴露和证明，但认定是否构成犯罪，核心是行为人是否违反特定的规章制度所要求的注意义务，而是否严格遵守业务规章制度和认真履行特定监督管理职责，主要是事后基于第三人立场进行的评价判断，由此再去衡量事故责任人的供述是否全面，难度就更大。在现代社会，分工协作日趋细密，一些重大责任事故的发生，往往是多种过失竞合造成的。处于上位的监督、管理者与处于下位的业务操作者之间，或处于对等地位的业务人员之间，职责不同，注意义务不同特定危害结果之发生，究系哪些环节的过失行为所致有时需要经过长时间、专业的调查才能明确。实践中一些重大责任事故发生后，往往由安全生产监督管理部门主导成立专门调查组，经过严格的程序、多方长时间细致调查，才能初步查清事故真相，如相关责任人涉嫌犯罪的，遂移交司法机关处理。因此，在责任事故犯罪中，行为人及时向有关部门报告事故情况的，司法机关要通过全面、认真审查证据，查清其报告的内容仅是事故本身，还是包括了自己违反规章制度等的过失责任，如果仅是前者，还不能认定其如实供述了主要犯罪事实，另外也从侧面说明其先前实施报告行为根本不是为了“投案”。

从实践经验来看，对于事故规模及涉案人员范围相对有限、事故经过相对简单的重大责任事故犯罪，责任人能够相对全面地如实供述犯罪事实，构成自首的可能性大。而那些特别复杂的重大责任事故，考虑对事故发生原因和经过的调查及责任认定的专业性，责任人要全面、准确交代自己违反规章制度等的过失责任，通常难度较大，这也是一般情况下认定类似责任人是否构成自首应特别慎重的另外一个主要考虑因素。

——周峰、赵俊甫：《重大责任事故罪自首认定刍议》，载《人民司法·应用》2012 年第 3 期（总第 638 期）。

345. 重大劳动安全事故罪与重大责任事故罪竞合的处理

关键词

重大劳动安全事故罪　重大责任事故罪　法条竞合

《刑事审判参考》指导案例

尚知国等重大劳动安全事故案（《刑事审判参考》指导案例第 505 号）

裁判要点：在完全是由于安全生产设施或者安全生产条件不符合国家规定的情况下进行生产、作业，因而发生重大伤亡事故或者

造成其他严重后果的情况下，应当以重大劳动安全事故罪定罪量刑。在安全生产设施或者安全生产条件不符合国家规定的情况下，在生产、作业中又违反具体的安全管理规定，因而发生重大伤亡事故或者造成其他严重后果的，应区分不同情况选择较为妥当的罪名定罪量刑。

司法实践中，当工厂、矿山、林场、建筑企业或者其他企业、事业单位发生重大伤亡事故或者造成其他严重后果，当重大责任事故罪与重大劳动安全事故罪的客观方面和主体都出现竞合时，应当按照下列原则处理：

1. 在完全是由于安全生产设施或者安全生产条件不符合国家规定的情况下进行生产、作业，因而发生重大伤亡事故或者造成其他严重后果的情况下，应当以重大劳动安全事故罪定罪量刑。因为这是立法规定的典型重大劳动安全事故犯罪，即使这种行为本身也是一种违反有关安全管理规定的行为，从罪名评价的最相符合性考虑，一般不以重大责任事故罪认定。

2. 在安全生产设施或者安全生产条件不符合国家规定的情况下，在生产、作业中又违反具体的安全管理规定，因而发生重大伤亡事故或者造成其他严重后果的，应区分不同情况选择较为妥当的罪名定罪量刑。（1）当二罪中某一罪的情节明显重于另一罪时，应按情节较重的罪名定罪量刑。（2）当二罪的情节基本相当的情况下，对于实际控制人、投资人，他们对安全生产设施或者安全生产条件是否符合国家规定负有直接责任，在无法查清对生产、作业是否负有组织、指挥或者管理职责时，以重大劳动安全事故罪定罪量刑。如果对生产、作业同时负有组织、指挥或者管理职责时，我们认为，为了司法实践的统一，一般仍以重大劳动安全事故罪定罪为宜，而将“在生产、作业中违反有关安全管理的规定”的行为作为从重处罚的情节；对于负责人、管理人员，他们既对生产、作业负有组织、指挥或者管理职责，又对安全生产设施或者安全生产条件是否符合国家规定负有直接责任。出于同样的考虑，对他们一般也以重大劳动安全事故罪定罪为宜，而将“在生产、作业中违反有关安全管理的规定”的行为作为从重处罚的情节。对于“对安全生产设施或者安全生产条件负有管理、维护职责的电工、瓦斯检查工等人员”，亦参照上述原则处理。

——最高人民法院刑事审判第一、二、三、四、五庭主办：《刑事审判参考》2008 年第 5 集（总第 64 集），法律出版社 2009 年版，第 14~23 页。

346. 工程质量监督站属于工程重大安全事故罪的犯罪主体

关键词

工程重大安全事故罪　工程质量监督站　犯罪主体

《刑事审判参考》指导案例

赵祥忠工程重大安全事故案（《刑事审判参考》指导案例第 39 号）

裁判要点：工程质量监督站属于《刑法》第 137 条规定的工程重大安全事故罪主体，即工程监理单位。

工程重大安全事故罪的主体“工程监理单位”，是指依法对建筑工程进行监督管理，担任工程质量监督职责的单位。虽然工程质量监督站与监理公司在行政划分上有区别，质量监督站是事业单位，基于授权对工程实行质量监督；监理公司是企业单位，在订立合同的基础上对工程进行质量监督。但它们都共同具有工程质量监督的职责，都是工程质量监督单位。因此，从广义上讲，工程质量监督站亦属于“工程监理单位”。就本案而言，1994 年 11 月 5 日，质监站接受綦江县城建委就虹桥工程进行质量监督的申请，未再委托其他工程监理单位。质监站已成为唯一有权对虹桥工程质量进行监督的专门单位，不仅对虹桥工程质量进行宏观监控，而且对具体工程质量实施监督，特别是对虹桥工程的关键部件主拱钢管的生产负有不可推卸的质量监督职责。作为接受并履行工程质量监督职责的质监站，已实际承担了工程质量监督职责，为实际的工程监理单位。赵祥忠身为质监站站长，符合《刑法》第 137 条规定的主体身份。其在对虹桥工程履行质量监督职责过程中，违反建筑法规，降低工程质量标准，以致造成重大安全事故，对虹桥的垮塌负有重要的直接责任，其行为已构成工程重大安全事故罪。

——最高人民法院刑事审判第一庭编：《刑事审判参考》2000 年第 1 辑（总第 6 辑），法律出版社 2000 年版，第 1~5 页。

347. 明知接送幼儿专用车辆有安全隐患而未予检修的构成教育设施重大安全事故罪

关键词

教育设施重大安全事故罪　专用车辆

《最高人民法院公报》案例

高知先、乔永杰过失致人死亡案（判决时间：2003年3月6日，二审法院：郑州市中级人民法院）

裁判摘要：幼儿教育单位的负责人明知本单位接送幼儿的专用车辆有安全隐患，不符合行车要求，而不采取必要的检修措施，仍让他人使用该车接送幼儿，以致在车辆发生故障后，驾驶人员违规操作引起车辆失火，使被接送的幼儿多人伤亡，该负责人的行为构成《刑法》第138条规定的教育设施重大安全事故罪。

原审被告人乔永杰违反交通运输法规，驾驶机动车发生重大交通事故，致4人死亡、2人重伤、车辆烧毁的严重后果，情节特别恶劣，应依法惩处，一审以交通肇事罪定罪处罚，是正确的。主管人员、肇事车辆的管理所有人，只有在指使、强令他人违章驾驶而造成重大交通事故的情况下，才能以交通肇事罪定罪处罚。上诉人高知先既不是交通事故中的直接肇事者，本案证据也不能证明高知先指使、强令乔永杰违规操作，却能证明在得知车辆出现故障后，高知先租用其他车辆将故障车上的幼儿送走，并告知乔永杰修理故障车。可见，一审认定高知先指使乔永杰违规驾驶，缺乏证据支持，高知先的行为不应构成交通肇事罪。

《刑法》第138条规定："明知校舍或者教育教学设施有危险，而不采取措施或者不及时报告，致使发生重大伤亡事故的，对直接责任人员，处3年以下有期徒刑或者拘役；后果特别严重的，处3年以上7年以下有期徒刑。"这是《刑法》规定的教育设施重大安全事故罪。该罪侵犯的客体，是公共安全和教学管理秩序，主体是对教育教学设施负有维护义务的直接人员，主观方面表现为过失，客观方面表现为不采取措施或者不及时报告致使发生重大伤亡事故的行为。"不采取措施"，既包括没有采取任何措施，也包括没有采取任何有效措施。幼儿园是实施幼儿教育的机构；本案事故车辆，是月亮船幼儿园专用于接送幼儿的工具，是教育教学设施。上诉人高知先作为月亮船幼儿园园长，对该教育教学设施的安全负有直接责任。高知先明知该车油路堵塞急需检修，不履行职责将该车交给专业人员检修以便排除危险，却让原审被告人乔永杰使用这个已确定存在安全隐患的教育教学设施接送幼儿。本案车毁人伤亡的危害后果，固然是乔永杰违反交通运输法规的行为直接造成的，但其中3名幼儿被烧死、2名幼儿被烧伤，却与高知先明知教育教学设施有危险而将其继续投入使用的行为有因果关系。高知先的行为有严重的社会危害性，应当以教育设施重大安全事故罪追究其刑事责任。

——《最高人民法院公报》2005年第1期。

348. 有危险货物运输从业资格的人员、从事剧毒化学品运输工作的专业人员犯危险物品肇事罪的认定

关键词

危险物品肇事罪　特定义务

《最高人民法院公报》案例

康兆永、王刚危险物品肇事案（判决时间：2006年6月26日，一审法院：淮安市中级人民法院）

裁判摘要：一、有危险货物运输从业资格的人员，明知使用具有安全隐患的机动车超载运输剧毒化学品，有可能引发危害公共安全的事故，却轻信能够避免，以致这种事故发生并造成严重后果的，构成《刑法》第136条规定的危险物品肇事罪。

二、从事剧毒化学品运输工作的专业人员，在发生交通事故致使剧毒化学品泄漏后，有义务利用随车配备的应急处理器材和防护用品抢救对方车辆上的受伤人员，有义务在现场附近设置警戒区域，有义务及时报警并在报警时主动说明危险物品的特征、可能发生的危害，以及需要采取何种救助工具与救助方式才能防止、减轻以至消除危害，有义务在现场等待抢险人员的到来，利用自己对剧毒危险化学品的专业知识以及对运输车辆构造的了解，协助抢险人员处置突发事故。从事剧毒化学品运输工作的专业人员不履行这些义务，应当对由此造成的特别严重后果承担责任。

被告人康兆永驾驶不符合安全标准的机动车超载运输剧毒危险化学品液氯，被告人王刚不尽押运职责，纵容康兆永实施上述违法行为，二人共同违

反毒害性物品的管理规定，以致在运输中发生液氯泄漏的重大事故，其行为已经触犯《刑法》第 136 条规定，构成危险物品肇事罪。事故发生后，二人不尽救助对方受伤人员、设置警戒区域和协助抢险人员处置事故的法定义务，而是逃离现场，致使损害后果特别严重，依照《刑法》第 136 条规定，应当在 3 年以上 7 年以下有期徒刑的幅度内量刑。公诉机关指控的罪名成立，予以支持。

——《最高人民法院公报》2006 年第 8 期。

349. 贯彻宽严相济刑事政策依法惩处违法经营存储危化品犯罪

关键词

宽严相济刑事政策　危险作业罪

最高人民法院公布的典型案例

高某海等危险作业案

裁判摘要：被告人高某海、熊某华、熊甲、熊乙违反安全管理规定，在未取得批准、许可的情况下，擅自从事危险物品经营、存储等高度危险的生产作业活动，并已引发事故，具有发生重大伤亡事故的现实危险，行为已符合危险作业罪的构成要件。熊某华、熊甲、熊乙三人参与犯罪时间较短，在犯罪中主要负责提供犯罪场所、协助分装销售汽油，系初犯，具有认罪认罚情节，犯罪情节轻微，对熊某华、熊甲、熊乙作出不起诉决定，以危险作业罪对高某海提起公诉。

一、基本案情

被告人高某海，男，汉族，1984 年 10 月 30 日出生。

被不起诉人熊某华，男，汉族，1967 年 9 月 6 日出生。

被不起诉人熊甲，男，汉族，1987 年 3 月 19 日出生，系熊某华之子。

被不起诉人熊乙，男，汉族，1988 年 4 月 14 日出生，系熊某华之子。

2021 年 6 月起，高某海为谋取非法利益，在未经相关机关批准的情况下，通过熊某华租用熊乙位于贵州省贵阳市白云区沙文镇扁山村水淹组 136 号的自建房屋，擅自存储、销售汽油。后熊某华、熊甲和熊乙见有利可图，便购买高某海储存的汽油分装销售，赚取差价。同年 12 月 13 日 20 时许，高某海因操作不当引发汽油燃爆，导致高某海本人面部、四肢多处被烧伤，自有的别克轿车及存储汽油房屋局部被烧毁。

二、处理结果

贵州省贵阳市公安局白云分局以涉嫌危险作业罪对高某海、熊某华、熊甲、熊乙立案侦查，后移送贵阳市白云区人民检察院审查起诉。贵阳市白云区人民检察院经审查认为，高某海、熊某华、熊甲、熊乙违反安全管理规定，在未取得批准、许可的情况下，擅自从事危险物品经营、存储等高度危险的生产作业活动，并已引发事故，具有发生重大伤亡事故的现实危险，行为已符合危险作业罪的构成要件。熊某华、熊甲、熊乙三人参与犯罪时间较短，在犯罪中主要负责提供犯罪场所、协助分装销售汽油，系初犯，具有认罪认罚情节，犯罪情节轻微，对熊某华、熊甲、熊乙作出不起诉决定，以危险作业罪对高某海提起公诉。贵阳市白云区人民法院以危险作业罪判处高某海有期徒刑七个月。宣判后无上诉、抗诉，判决已生效。

三、典型意义

根据《危险化学品目录（2015 版）》规定，汽油属于危险化学品。根据《危险化学品安全管理条例》第 33 条的规定，国家对危险化学品经营实行许可制度，未经许可，任何单位和个人不得经营危险化学品。销售、储存汽油均应取得相应证照，操作人员应当经过专业培训、规范操作，储存汽油应当具备相应条件。司法机关在办理具体案件过程中，对于行为人在未经专业培训、无经营资质、无专业设备、无安全储存条件、无应急处理能力情况下，在居民楼附近擅自从事危险物品生产、经营、储存等高度危险的生产作业活动，并由于不规范操作造成行为人本人重度烧伤、周围物品烧毁的后果的，综合考虑其行为方式、案发地点及危害后果，可以认定为刑法第 134 条之一危险作业罪中"具有发生重大伤亡事故或者其他严重后果的现实危险"。同时，应当注意区别对待，对于其他为行为人提供便利条件、参与分装赚取差价的人员，综合考虑其在共同犯罪中所起作用以及认罪认罚等情节，可以依法作出不起诉决定，体现宽严相济刑事政策。

——《人民法院、检察机关依法惩治危害生产安全犯罪典型案例》（2022 年 12 月 15 日），载最高人民法院官网，https：//www.court.gov.cn。

350. 关闭消防安全设备"现实危险"的把握标准

关键词

消防安全设备　现实危险　危险作业罪

最高人民法院公布的典型案例

李某远危险作业案

裁判摘要：被告人擅自关闭可燃气体报警器的行为，具有发生重大伤亡事故或其他严重后果的现实危险：一是关闭可燃气体报警装置存在重大安全隐患。二是“危险”具有现实性。三是“危险”具有紧迫性。经消防检查，当即明确提出企业存在“擅自停用可燃气体报警装置”等消防安全隐患，但被告人一直未予整改。永康市人民检察院以危险作业罪对李某远提起公诉。永康市人民法院以危险作业罪判处李某远有期徒刑八个月。

一、基本案情

被告人李某远，男，汉族，1975 年 10 月 9 日出生，浙江省永康市雅某酒店用品有限公司（以下简称雅某公司）负责人。

2020 年，雅某公司因安全生产需要，在油漆仓库、危废仓库等生产作业区域安装了可燃气体报警器。2021 年 10 月以来，李某远在明知关闭可燃气体报警器会导致无法实时监测生产过程中释放的可燃气体浓度，安全生产存在重大隐患情况下，为节约生产开支而擅自予以关闭。2022 年 5 月 10 日，雅某公司作业区域发生火灾。同年 5 月 16 日至 17 日，消防部门对雅某公司进行检查发现该公司存在擅自停用可燃气体报警装置等影响安全生产问题，且在上述关闭可燃气体报警器区域内发现存放有朗格牌清味底漆固化剂 10 桶、首邦漆 A2 固化剂 16 桶、首邦漆五分哑耐磨爽滑清面漆 16 桶等大量油漆、稀释剂，遂责令该公司立即整改，并将上述案件线索移送永康市公安局。经检验，上述清面漆、固化剂均系易燃液体，属于危险化学品。

二、处理结果

浙江省永康市人民检察院依托数据应用平台通过大数据筛查发现，消防部门移送公安机关的李某远危险作业案一直未予立案。经进一步调取查阅相关案卷材料，永康市人民检察院认为李某远的行为已经涉嫌危险作业罪，依法要求公安机关说明不立案理由。永康市公安局经重新审查后决定立案侦查，立案次日再次对雅某公司现场检查发现，该公司虽然清理了仓库内的清面漆、固化剂等危险化学品，但可燃气体报警装置仍处于关闭状态。永康市公安局以李某远涉嫌危险作业罪移送永康市人民检察院审查起诉。

永康市人民检察院经审查认为，李某远擅自关闭可燃气体报警器的行为，具有发生重大伤亡事故或其他严重后果的现实危险：一是关闭可燃气体报警装置存在重大安全隐患。《建筑设计防火规范》（2018 年版）明确，建筑内可能散发可燃气体、可燃蒸气的场所应设置可燃气体报警装置。本案现场虽按规定设置了可燃气体报警装置，但李某远在得知现场可燃气体浓度超标会引发报警装置报警后，为了节省生产开支，未及时采取措施降低现场可燃气体浓度，而是直接关闭停用报警装置，导致企业的生产安全面临重大隐患。二是“危险”具有现实性。涉案现场不仅堆放了3瓶瓶装液化天然气（其中1瓶处于使用状态），还堆放了大量油漆、固化剂等危险化学品以及数吨油漆渣等危废物，企业的车间喷漆中也会产生大量挥发性可燃气体，一旦遇到明火或者浓度达到一定临界值，将引发火灾或者爆炸事故。三是“危险”具有紧迫性。案发前，涉案厂区曾发生过火灾，客观上已经出现了“小事故”，之所以没有发生重大伤亡等严重后果，只是因为在发生重大险情的时段，喷漆车间已经连续几天停止作业，相关区域的可燃气体浓度恰好没有达到临界值，且发现及时得以迅速扑灭，属于由于偶然因素侥幸避免。经消防检查，当即明确提出企业存在“擅自停用可燃气体报警装置”等消防安全隐患，但李某远一直未予整改。永康市人民检察院以危险作业罪对李某远提起公诉。永康市人民法院以危险作业罪判处李某远有期徒刑八个月。宣判后无上诉、抗诉，判决已生效。

三、典型意义

根据刑法第134条之一规定，危险作业罪中“具有发生重大伤亡事故或者其他严重后果的现实危险”，是指客观存在的、紧迫的危险，这种危险未及时消除、持续存在，将可能随时导致发生重大伤亡事故或者其他严重后果。司法实践中，是否属于“具有发生重大伤亡事故或者其他严重后果的现实危险”，应当结合行业属性、行为对象、现场环境、违规行为严重程度、纠正整改措施的及时性和有效性等具体因素，进行综合判断。司法机关在办理具体案件过程中要准确把握立法原意，对于行为人关闭、破坏直接关系生产安全的监控、报警、防护、救生设备、设施，已经出现重大险情，或者发生了“小事故”，由于偶然性的客观原因而未造成重大严重后果的情形，可以认定为“具有发生重大伤亡事故或者其他严重后果的现实危险”。

——《人民法院、检察机关依法惩治危害生产安全犯罪典型案例》（2022年12月15日），载最高人民法院官网，https：//www.court.gov.cn。

351. 矿山开采危险作业“现实危险”的把握标准

关键词

矿山开采危险作业　现实危险

最高人民法院公布的典型案例

赵某宽、赵某龙危险作业不起诉案

裁判要旨：涉案企业经营开采矿山作业，与金属冶炼、危险化学品等行业均属高危行业，其生产作业具有高度危险性。企业在安全生产许可证到期并被责令封闭所有地表矿洞的情况下仍强行进入矿洞作业，具有危及人身安全的现实危险。本案的“现实危险”具有现实紧迫性。

检察院认真贯彻少捕慎诉慎押刑事司法政策，将依法惩罚犯罪与帮助民营企业挽回和减少损失相结合，在听取被害人及当地基层组织要求从宽处理的意见后，对涉案人员依法适用认罪认罚从宽程序。鉴于赵某宽、赵某龙案发后积极抢救伤员、取得被害人谅解，且具有自首情节，犯罪情节较轻，对二人作出相对不起诉决定。

一、基本案情

被不起诉人赵某宽，男，汉族，1992 年 8 月 28 日出生，江西省玉山县某矿负责人。

被不起诉人赵某龙，男，汉族，1975 年 10 月 6 日出生，江西省玉山县某矿管理人员。

2021 年 6 月 4 日，江西省玉山县应急管理局对玉山县某矿开具现场处理措施决定书，收回同年 6 月 6 日到期的安全生产许可证，并责令其 6 月 7 日前封闭所有地表矿洞。6 月 12 日下午，因矿洞水泵在雨季需要维护，为排出积水使矿点不被淹没，赵某龙经赵某宽同意后，安排王某文拆除封闭矿洞的水泥砖。6 月 13 日 16 时许，王某文带领程某兴、张某才至矿深 150 米处维修水泵。因矿洞违规使用木板隔断矿渣，在被水浸泡后木板出现霉变破损，致程某兴在更换水泵过程中被矿渣围困受伤。经鉴定，程某兴伤情评定为轻伤一级。

二、处理结果

江西省玉山县公安局以涉嫌危险作业罪对赵某宽、赵某龙立案侦查，后移送玉山县人民检察院审查起诉。玉山县人民检察院经审查认为，赵某宽、赵某龙的行为“具有发生重大伤亡事故或者其他严重后果的现实危险”，符合刑法第 134 条之一第 3 项之规定，构成危险作业罪。一是本案的“现实危险”具有高度危险性。本案中，涉案企业经营开采矿山作业，与金属冶炼、危险化学品等行业均属高危行业，其生产作业具有高度危险性。企业在安全生产许可证到期并被责令封闭所有地表矿洞的情况下仍强行进入矿洞作业，具有危及人身安全的现实危险。二是本案的“现实危险”具有现实紧迫性。涉案企业所属矿洞因雨季被长期浸泡，现场防护设施不符合规定出现霉变情形，在矿深 150 米处进行维修水泵的作业过程中，发生隔断木板破损、矿渣掉落致人身体损伤，因为开展及时有效救援，未发生重特大安全事故，具有现实危险。

玉山县人民检察院认真贯彻少捕慎诉慎押刑事司法政策，将依法惩罚犯罪与帮助民营企业挽回和减少损失相结合，在听取被害人及当地基层组织要求从宽处理的意见后，对涉案人员依法适用认罪认罚从宽程序。鉴于赵某宽、赵某龙案发后积极抢救伤员、取得被害人谅解，且具有自首情节，犯罪情节较轻，对二人作出相对不起诉决定。同时，针对该企业在生产经营过程中尚未全面排除的安全隐患，向当地应急管理局、自然资源局制发检察建议，联合有关部门对企业后续整改进行指导，督促企业配备合格的防坠保护装置、防护设施及用品、专业应急救援团队等，确保企业负责人及管理人员安全生产知识和管理能力考核合格。该企业在达到申领条件后重新办理了安全生产许可证。

三、典型意义

司法机关在办理具体案件过程中，对于涉及安全生产的事项未经依法批准或者许可，擅自从事矿山开采、金属冶炼、建筑施工等生产作业活动，已经发生安全事故，因开展有效救援尚未造成重大严重后果的情形，可以认定为刑法第 134 条之一危险作业罪中“具有发生重大伤亡事故或者其他严重后果的现实危险”。办案中，司法机关应当依法适用认罪认罚从宽制度，全面准确规范落实少捕慎诉慎押刑事司法政策，对于犯罪情节轻微不需要判处刑罚的危险作业犯罪，可以作出不起诉决定。同时，应当注意与应急管理、自然资源等部门加强行刑双向衔接，督促集中排查整治涉案企业风险隐患，推动溯源治理，实现“治罪”与“治理”并重。

——《人民法院、检察机关依法惩治危害生产安全犯罪典型案例》(2022 年 12 月 15 日)，载最高人民法院官网，https：//www.court.gov.cn。

第七章 破坏社会主义市场经济秩序罪

第一节 生产、销售伪劣商品罪

352. 审理经济犯罪案件应当贯彻的刑事政策

关键词

经济犯罪 刑事政策

最高人民法院司法政策精神

34. 对于危害国家安全犯罪、故意危害公共安全犯罪、严重暴力犯罪、涉众型经济犯罪等严重犯罪；恐怖组织犯罪、邪教组织犯罪、黑恶势力犯罪等有组织犯罪的领导者、组织者和骨干分子；毒品犯罪再犯的严重犯罪者；确有执行能力而拒不依法积极主动缴付财产执行财产刑或确有履行能力而不积极主动履行附带民事赔偿责任的，在依法减刑、假释时，应当从严掌握。对累犯减刑时，应当从严掌握。拒不交代真实身份或对减刑、假释材料弄虚作假，不符合减刑、假释条件的，不得减刑、假释。

——《最高人民法院印发〈关于贯彻宽严相济刑事政策的若干意见〉的通知》(2010年2月8日，法发〔2010〕9号)。

最高人民法院审判业务意见

(一)关于从严惩处的案件范围。根据最高人民法院于2009年2月8日发布的《关于贯彻宽严相济刑事政策的若干意见》(以下称《意见》)第9条规定，发生在经济领域、需依法从严惩处的主要是指下列严重犯罪：以高利率或高回报为诱饵，针对社会公众实施的非法集资、非法证券、传销、地下"六合彩"等涉众型犯罪；制售假冒伪劣、有毒、有害食品、药品等损害群众切身利益的犯罪；制售伪劣农药、兽药、化肥、种子等坑农害农的犯罪；制贩假币、操纵证券期货市场、金融诈骗等严重危害金融秩序的犯罪；走私，逃税、骗税、虚开增值税专用发票等严重侵害国家经济利益的犯罪；重大环境污染、非法采矿、盗伐林木等各种严重破坏环境资源的犯罪。

（二）关于政策法律界限。对于当前金融危机背景下的经济违法行为，应当根据《意见》第 4 条规定的“审时度势”原则、第 5 条规定的“两个效果相统一”原则以及第 14 条、第 23 条规定的从宽要求，审慎分析判断其社会危害性，从有利于保障经济增长、维护社会稳定的角度依法准确定罪量刑。以非法集资案件为例说明如下：一是要准确界定非法集资与民间借贷、商业交易的政策法律界限。未经社会公开宣传，在单位职工或者亲友内部针对特定对象筹集资金的，一般可以不作为非法集资。二是要准确把握非法集资罪与非罪的界限。资金主要用于生产经营及相关活动，行为人有还款意愿，能够及时清退集资款项，情节轻微，社会危害不大的，可以免予刑事处罚或者不作为犯罪处理。此外，对于“边缘案”“踩线案”、罪与非罪界限一时难以划清的案件，要从有利于促进企业生存发展、有利于保障员工生计、有利于维护社会和谐稳定的高度，依法妥善处理，可定可不定的，原则上不按犯罪处理。特别对于涉及企业、公司法定代表人、技术人员因政策界限不明而实施的轻微违法犯罪，更要依法慎重处理。

（三）关于刑罚适用。（1）根据《意见》第 6 条关于从严处理的原则性规定以及第 29 条关于死刑适用政策的规定，对于数额特别巨大、情节特别恶劣、危害后果特别严重的经济犯罪，要依法从严惩处，对于罪行极其严重的经济犯罪分子，依法应当判处死刑的，要坚决适用死刑；对假币犯罪累犯、惯犯、涉案假币数额巨大或者全部流入社会的犯罪分子，应当依法从重判处；对于伪造货币集团的首要分子、骨干分子，伪造假币数额特别巨大或者有其他特别严重情节，罪行极其严重的犯罪分子，应当判处死刑的，要坚决依法判处死刑；对数额特别巨大，肆意挥霍集资资金或者归案后拒不交代赃款去向，造成特别重大经济损失或者致使被害人自杀身亡等严重后果的集资诈骗犯罪分子，应当依法从重判处；对造成严重疾患、伤亡后果或者以婴幼儿、危重病人为对象，社会影响恶劣的制售有毒有害食品、假药劣药犯罪分子，应当依法从重判处。（2）根据《意见》第 25 条规定的宽严“相济”要求，应当区分犯罪行为的具体情形区别对待。以走私犯罪为例，对海上偷运走私、绕关走私等未向海关报关的走私与价格瞒骗走私，走私特殊物品与走私普通货物、物品在具体量刑时都应当有所区别；对进口走私象牙等珍贵动物制品犯罪在量刑时应当酌情考虑出口国家的法律规定以及行为人的主观认识因素。（3）要切实执行《意见》第 12 条有关“对于侵财型和贪利型犯罪，更要注重通过依法适用财产刑使犯罪分子受到经济上的惩罚”的规定，以最大限度地挽回国家和人民利益的损失，安抚受害群众。同时，此类犯罪的目的就是获得非法利益，有针对性地加大经济制裁，特别是执行的力度，以有效地剥夺犯罪分子重新犯罪的条件，发挥刑罚的预防犯罪功能。

——最高人民法院刑二庭：《宽严相济在经济犯罪和职务犯罪案件审判中的具体贯彻》，载《人民法院报》2010 年 4 月 7 日。

353. 实施生产、销售伪劣商品犯罪，同时构成侵犯知识产权、非法经营等其他犯罪的，依照处罚较重的规定定罪处罚

关键词

生产、销售伪劣商品罪　销售假冒注册商标的商品罪　择一重罪论处

最高人民法院公布的典型案例

刘某某、王某销售伪劣产品案——销售假冒注册商标的伪劣口罩

裁判要旨：销售假冒注册商标的口罩，如口罩系不合格产品，在同时构成销售假冒注册商标的商品罪和销售伪劣产品罪的情况下，应“择一重罪论处”，依照处罚较重的规定定罪处罚。此外，一次性使用医用口罩等医用口罩属于二类医疗器械，销售不符合标准的医用口罩，足以严重危害人体健康的，可能构成销售不符合标准的医用器材罪，但需严格把握“足以严重危害人体健康”的认定，除涉案医用口罩防护功能不达标以外，还要结合涉案医用口罩的使用场所、人群等综合判断。

（一）简要案情

被告人刘某某系河南某药业有限公司销售员，被告人王某系河南某房地产经纪有限公司总经理。2020 年 1 月 20 日，江苏省宿迁市某区人民政府（以下简称区政府）因新冠肺炎疫情防控工作需要，向宿迁市某医药连锁有限公司股东年某某采购一次性使用医用口罩。1 月 24 日，年某某联系刘某某寻找货源。刘某某从王某处获悉河南省滑县一家庭小作坊（涉案嫌疑人另案处理，尚在侦查中）生产假冒“飘安”牌一次性使用医用口罩，二人商议由王某负责提供货源，销售口罩所得利润双方分成。1 月 25 日，刘某某将王某购买的假冒“飘安”牌口罩 30 箱计 30 万只、假冒“华康”牌口罩 24 箱计 21.6 万只，合计 54 箱 51.6 万只一次性使用医用口罩以 24.9 万元销售给年某某。年某某将上述“飘安”牌一次性使用医用口罩 30 箱运送至区政府

指定的某物流园仓库。1 月 26 日，区政府工作人员发现口罩合格证生产日期为 2020 年 2 月 6 日且口罩质量较差，遂予以封存。同日，某连锁医药有限公司法定代表人袁某将上述 24 箱“华康”牌一次性使用医用口罩销售给宿迁市某镇人民政府、宿迁市某产业园管理委员会等单位。后袁某得知上述“飘安”牌口罩质量存在问题，便联系相关单位，收回尚未使用的口罩，并全额退还了收取的口罩款。2 月 1 日，年某某向公安机关报案。经鉴定，涉案“飘安”牌、“华康”牌口罩均为假冒注册商标的商品；涉案“飘安”牌口罩的细菌过滤效率为 40.1% 至 44.15%，涉案“华康”牌口罩的细菌过滤效率为 50.3% 至 53.3%，均不符合产品标注的一次性使用医用口罩的细菌过滤效率要求（≥ 95%），且两种口罩的口罩带断裂强力亦不符合质量标准，均为不合格产品。

（二）裁判结果

江苏省宿迁市宿豫区人民法院经审理认为，被告人刘某某、王某在新冠肺炎疫情防控期间销售假冒注册商标的伪劣口罩，销售金额达 24.9 万元，其行为均构成销售伪劣产品罪。刘某某、王某在共同犯罪中均系主犯，刘某某作用大于王某。刘某某、王某如实供述自己的犯罪事实，认罪认罚，且全部退赔被害人经济损失。据此，于 2020 年 2 月 28 日以销售伪劣产品罪分别判处被告人刘某某有期徒刑二年九个月，并处罚金人民币十六万元；判处被告人王某有期徒刑二年六个月，并处罚金人民币十四万元。

（三）裁判要旨

根据《最高人民法院、最高人民检察院关于办理生产、销售伪劣商品刑事案件具体应用法律若干问题的解释》第十条的规定，实施生产、销售伪劣商品犯罪，同时构成侵犯知识产权、非法经营等其他犯罪的，依照处罚较重的规定定罪处罚。被告人销售假冒注册商标的口罩，如口罩系不合格产品，在同时构成销售假冒注册商标的商品罪和销售伪劣产品罪的情况下，应依照处罚较重的规定定罪处罚。本案销售金额达 24.9 万元，若以销售假冒注册商标的商品罪定罪，因销售金额在 5 万元以上不满 25 万元，依法应在三年以下有期徒刑或者拘役，并处或者单处罚金的幅度内量刑；若以销售伪劣产品罪定罪，因销售金额在 20 万元以上不满 50 万元，依法应在二年以上七年以下有期徒刑，并处销售金额百分之五十以上二倍以下罚金的幅度内量刑。两罪比较，后罪处罚重于前罪，人民法院以销售伪劣产品罪定罪处罚，符合司法解释关于此类情形“择一重罪论处”的规定。

此外，一次性使用医用口罩等医用口罩属于二类医疗器械，销售不符合标准的医用口罩，足以严重危害人体健康的，还可能构成销售不符合标准的医用器材罪，但需严格把握“足以严重危害人体健康”的认定，除涉案医用口罩防护功能不达标以外，还要结合涉案医用口罩的使用场所、人群等综合判断。如果涉案不符合标准的医用口罩主要销往医疗机构、供医护人员使用，通常可以认定为“足以严重危害人体健康”；如果涉案不符合标准的医用口罩销往非疫情高发地区供群众日常使用，则一般难以满足“足以严重危害人体健康”的要件。实践中，对于涉案医用口罩无确实、充分证据证明“足以严重危害人体健康”，适用生产、销售不符合标准的医用器材罪存在障碍或者争议，但是销售金额5万元以上，或者货值金额15万元以上的，根据刑法和相关司法解释的规定，可以依照生产、销售伪劣产品罪定罪处罚；构成销售假冒注册商标的商品、非法经营等其他犯罪的，也可以相关犯罪论处。具体到本案，涉案一次性使用医用口罩虽然防护功能不符合标准，但并非销往医疗机构、供医护人员使用，也无确实、充分证据证明“足以严重危害人体健康”，故不构成销售不符合标准的医用器材罪。

——《最高法发布第二批8个依法惩处妨害疫情防控犯罪典型案例》，载《人民法院报》2020年4月3日。

354. 明知他人以销售为目的而为他人加工伪劣产品行为的定性

关键词

生产、销售伪劣产品罪　委托加工

《刑事审判参考》指导案例

韩俊杰、付安生、韩军生生产伪劣产品案（《刑事审判参考》指导案例第143号）

裁判要点：明知他人以销售的目的委托加工伪劣产品，而为其加工的行为构成生产、销售伪劣产品罪；仅有伪劣产品的加工生产行为，但没有销售行为的，应以生产、销售伪劣产品罪（未遂）定罪。

（一）为他人加工伪劣产品的行为构成生产、销售伪劣产品犯罪

问题在于，《刑法》第一百四十条在生产、销售伪劣产品罪的罪状规定中要求“销售金额五万元以上”，这意味着，光有生产行为还不足以构成本罪。构成本罪，还必须在主观上具备销售伪劣产品的故意，或者客观上存在实施销售伪劣产品的行为。在行为人为他人加工的情况下，从表面上看，似乎客观上没有实际的销售行为，也不具有销售牟利的目的，只是加工取酬，获取加工费。但是，根据我国《刑法》关于共同犯罪的规定，加工者

明知委托者为了销售而委托，二者共同构成了生产、销售伪劣产品的完整行为。虽然两者在销售故意的具体内容上存在不同，集中体现在：后者出于销售牟利的目的，而前者不具有该目的，仅仅是加工取酬。这种目的上的不同，决定了加工者所持的是一种不同于销售者的放任的态度。对于这种主观意志、目的不同的情形，应当认定为共同犯罪故意。因为共同犯罪故意并不要求各共同犯罪人在故意内容上完全一致，而且，在存在组织犯、教唆犯、实行犯、帮助犯等多种类型的犯罪人的共同犯罪中，组织故意、教唆故意、实行故意、帮助故意，其故意内容也必将是有所不同的。认定共同犯罪故意的关键在于，各共同犯罪人是否均出于故意，并且彼此之间是否存在犯意联络。对于具体犯罪故意的内容及犯意联络的内容，则不要求保持一致。也就是说，在有认识的前提下，在具体犯罪的内容以及犯意联络的故意内容上，各共同犯罪人既可以是“希望”的，也可以是“放任”的，既可以是出于这种目的，也可以是出于那种目的，均不影响共同犯罪故意的认定。

（二）加工者在罪名上应以生产、销售伪劣产品罪定罪处罚，不宜定生产伪劣产品罪

从《刑法》第一百四十条的罪状表述来看，生产、销售伪劣产品罪属于选择性罪名。选择性罪名既可概括使用，也可分解拆开使用。因此，从理论上说，本罪的具体罪名应有3个，即生产伪劣产品罪、销售伪劣产品罪、生产、销售伪劣产品罪。如果行为人只生产伪劣产品的，构成生产伪劣产品罪；只销售伪劣产品的，构成销售伪劣产品罪；既生产、又销售伪劣产品的，构成生产、销售伪劣产品罪，不实行数罪并罚。但是，根据本罪的立法规定，单纯的生产伪劣产品罪是无从成立的。因为如果生产者只是生产了伪劣产品，而并没有推向市场，就谈不上销售金额较大，因而不符合本罪的客观要件。只有当生产者生产了伪劣产品，同时又推向市场时，才可能销售金额较大。然而在这种情况下，行为人已经不是单纯地生产伪劣产品，而是既生产又销售了伪劣产品。《解释》正是基于这一考虑，规定生产伪劣产品尚未销售的，以生产、销售伪劣产品罪（未遂）定罪处罚。

——最高人民法院刑事审判第一庭、第二庭编：《刑事审判参考》2001年第12辑（总第23辑），法律出版社2002年版，第1~8页。

355. 仅凭产品系非法入境、印制张贴虚假内容标签等行为不能推定系伪劣产品

关键词

伪劣产品 虚假内容标签 实质判断说

《刑事审判参考》指导案例

徐云、桑林华等非法经营案（《刑事审判参考》指导案例第 1453 号）

裁判要点：伪劣产品的界定采用实质判断说，即从产品本身质量、使用性能及性能高低来判定，对于无关产品性能及质量的行为，如仅有伪造或冒用生产商、产地、认证标志、张贴含有虚假内容标签等，则排除在伪劣产品的范围之外。

我们认为，刑法第一百四十条规定，生产、销售伪劣产品罪是指在产品中掺杂、掺假、以假充真、以次充好或者以不合格产品冒充合格产品的行为。2001 年《最高人民法院、最高人民检察院关于办理生产、销售伪劣商品刑事案件具体应用法律若干问题的解释》对何为掺杂、掺假、以假充真、以次充好、不合格产品进行释明，“不合格产品”是指不符合产品质量法第二十六条第二款[①]规定的质量要求的产品。对上述行为难以确定的，应当委托法律、行政法规规定的产品质量检验机构进行鉴定。从上述规定看，伪劣产品的界定采用实质判断说，即从产品本身质量、使用性能及性能高低来判定，对于无关产品性能及质量的行为，如仅有伪造或冒用生产商、产地、认证标志、张贴含有虚假内容标签等，则排除在伪劣产品的范围之外。被告人委托进行 4 次检测中有 3 次检测结果为黄曲霉毒素 ND 即合格，仅有 1 次检测黄曲霉毒素 B1 超标，某一次检测中某一项指标不达标，仅说明该批次产品质量存在一定程度的瑕疵，但不能据此推定出“全部产品不合格、属于伪劣产品”的结论。同理，当部分牧场反馈有奶牛拉稀等现象时没有立即停止销售行为，仅说明被告人对于产品质量存在的瑕疵有疏忽、侥幸或不认真对待之嫌，不能

① 《产品质量法》第二十六条第二款规定：“产品质量应当符合下列要求：（一）不存在危及人身财产安全的不合理的危险，有保障人体健康和人身、财产安全的国家标准、行业标准的，应当符合该标准；（二）具备产品应当具备的使用性能，对产品存在使用性能的瑕疵作出说明的除外；（三）符合在产品或者包装上注明采用的产品标准，符合以产品说明、实物样品等方式表明的质量状况。”

以此推断销售产品属于伪劣产品。对于非法入境的产品，不能仅凭国家禁止进口的行政规定，就推定属于刑法意义上的伪劣产品。①

在无法对产品质量进行实质性检测的情况下，仅凭非法入境、印制张贴虚假内容标签等行为，不能推定产品系伪劣产品，故本案不能认定构成销售伪劣产品罪。根据《最高人民法院、最高人民检察院关于办理危害食品安全刑事案件适用法律若干问题的解释》第十一条第二款，违反国家规定，生产、销售国家禁止生产、销售、使用的农药、兽药、饲料、饲料添加剂，或者饲料原料、饲料添加剂原料，情节严重的，依照非法经营罪定罪处罚。

——刘娟娟撰稿、逄锦温审编：《徐云、桑林华等非法经营案——仅凭产品系非法入境、印制张贴虚假内容标签等行为不能推定系伪劣产品》，载最高人民法院刑事审判第一、二、三、四、五庭编：《刑事审判参考》（总第130辑），最高人民法院出版社2022年版，第40~49页。

356. 向生猪注入肾上腺素和阿托品等非禁用药物，虽不能检测出药物残留，也应以生产、销售伪劣产品罪定罪处罚

关键词

生产、销售伪劣产品罪　生猪

最高人民法院司法解释

第十七条　违反国家规定，私设生猪屠宰厂（场），从事生猪屠宰、销售等经营活动，情节严重的，依照刑法第二百二十五条的规定以非法经营罪定罪处罚。

在畜禽屠宰相关环节，对畜禽使用食品动物中禁止使用的药品及其他化

① 这一思路在陆勇代购抗癌药一案及药品管理法关于假药规定的修订中亦有体现。尽管伪劣产品与假药的认定不能进行简单类比，二者的法律规定不尽相同，但思路可作参酌。陆勇系江苏省无锡市一名私营企业主，2002年查出患有慢粒性白血病，需要长期服用抗癌药品。国内正规“格列卫”瑞士进口每盒2.35万元，陆勇从日本购买印度生产的同类药品仅需每盒4000元，后直接从印度购买，并通过QQ群向病友推荐，之后药品价格降为每盒200元。为方便给印度公司汇款，陆勇购买3张信用卡帮病友代购药品。2013年11月，湖南省沅江市公安局以涉嫌妨害信用卡管理罪对陆勇刑事拘留。2014年7月，沅江市检察院以妨害信用卡管理罪、销售假药罪对陆勇提起公诉。后数百名白血病患者联名写信，请求对陆勇免予刑事处罚。2015年1月，沅江市检察院向沅江市法院撤回起诉；同年2月，对本案作出不起诉决定。案后，理论实务界对于药品管理法中非法入境的药品即认定为假药的规定，提出诸多质疑与讨论，随后2019年修订《药品管理法》时，取消上述规定，即不能仅凭药品系非法入境即判定为假药。（2001年修订的《药品管理法》第四十八条规定：“……有下列情形之一的，为假药：……（二）依照本法必须批准而未经批准生产、进口，或者依照本法必须检验而未经检验即销售的……”2019年修订后的药品管理法第九十八条取消上述第二项规定。）

合物等有毒、有害的非食品原料，依照刑法第一百四十四条的规定以生产、销售有毒、有害食品罪定罪处罚；对畜禽注水或者注入其他物质，足以造成严重食物中毒事故或者其他严重食源性疾病的，依照刑法第一百四十三条的规定以生产、销售不符合安全标准的食品罪定罪处罚，虽不足以造成严重食物中毒事故或者其他严重食源性疾病，但符合刑法第一百四十条规定的，以生产、销售伪劣产品罪定罪处罚。

——《最高人民法院、最高人民检察院关于办理危害食品安全刑事案件适用法律若干问题的解释》（2021年12月30日，法释〔2021〕24号）。

附录：理解与适用

（六）畜禽屠宰相关环节注水注药等行为的定性处理

《解释》第17条第2款明确了屠宰相关环节畜禽注水注药行为的定性处理。这里的屠宰相关环节，既包括进入屠宰厂（场）后的待宰环节，也包括屠宰前的运输等相关环节。

关于是否区分药物情况作出不同定性处理。

一种意见认为，只要在屠宰相关环节对畜禽使用兽药、人用药或者其他有毒、有害物质的，就以生产、销售有毒、有害食品罪定罪处罚。

另一种意见认为，应当区分药物情况适用不同罪名，对于使用禁用药物的，以生产、销售有毒、有害食品罪定罪处罚；使用非禁用药物的，根据具体情况，分别以生产、销售不符合安全标准的食品罪，生产、销售伪劣产品罪定罪处罚。

经研究认为，从刑法第一百四十四条的构成要件来看，只有在食品（含食用农产品）生产、销售过程中使用有毒、有害的非食品原料的行为，才能以生产、销售有毒、有害食品罪定罪处罚。将屠宰相关环节对畜禽使用兽药和人用药行为一律以生产、销售有毒、有害食品罪定罪处罚，未充分考虑不同种类药品的属性差异和可能造成的危害，不符合刑法第一百四十四条的规定构成要件，不符合罪责刑相适应原则，也不利于区别对待、从严惩治严重危害食品安全犯罪。

因此，我们采纳了第2种意见，根据对畜禽注入药物等物质的差异和可能造成的危害，适用不同罪名。另外，对于仅查明有注水行为的，也要区分不同情况，准确适用法律。

1. 对于使用盐酸克仑特罗、沙丁胺醇等禁用药物的，以生产、销售有毒、有害食品罪定罪处罚。

2. 对于使用允许使用的兽药的，如果肉品中兽药残留量超标，足以造成严重食物中毒事故或者其他严重食源性疾病的，以生产、销售不符合安全标准的食品罪定罪处罚；如果肉品中兽药残留量不超标，或者所注入的兽药未规定最大残留限量，但销售金额在5万元以上的，以生产、销售伪劣产品罪定罪处罚。

司法实践中，较为常见多发的是在屠宰相关环节对畜禽注入阿托品和肾上腺素。鉴于阿托品和肾上腺素均属允许使用的兽药，不是禁用药物，故不能以生产、销售有毒、有害食品罪定罪处罚。且阿托品和肾上腺素均未规定兽药最大残留量，此类案件又通常从肉品中检不出药物残留，难以认定足以造成严重食物中毒事故或者其他严重食源性疾病，故也难以以生产、销售不符合安全标准的食品罪定罪处罚。实施此类行为，销售金额在5万元以上的，应以生产、销售伪劣产品罪定罪处罚。

3. 对于不法分子使用自己购买或者配置的化学物质，如果可以证明属于其他有毒、有害物质的，以生产、销售有毒、有害食品罪定罪处罚；如果难以证明毒害性，但销售金额在5万元以上的，可以生产、销售伪劣产品罪定罪处罚。

鉴于畜禽注药或者注入其他化学物质后，由于药物代谢等原因，往往难以从肉品中检出药物残留，进而造成取证难、鉴定难、定性难，笔者认为，在屠宰相关环节只要证明有注药行为，注药后的肉品可认定为不合格产品，销售金额在5万元以上的，即可以生产、销售伪劣产品罪定罪处罚。这既满足打击此类犯罪的现实需要，也体现了罪责刑相适应的原则。

4. 仅查明有注水行为的，对于注入污水，致肉品微生物等污染物超标，足以造成严重食物中毒事故或者其他严重食源性疾病的，以生产、销售不符合安全标准的食品罪定罪处罚；对于肉品污染物未超标，但含水量超标，且销售金额在5万元以上的，以生产、销售伪劣产品罪定罪处罚；对于污染物和含水量均不超标的，不宜认定为犯罪，应由行政主管部门依法作出行政处罚。

——安翱、高雨、肖凤：《〈关于办理危害食品安全刑事案件适用法律若干问题的解释〉的理解与适用》，载《人民司法·应用》2022年第7期。

最高人民法院公布的典型案例

张某等生产、销售伪劣产品案——为非法牟利给待宰生猪打药注水

裁判要点：针对屠宰相关环节打药注水的不同情况，应作出不同的定罪。对于给生猪等畜禽注入禁用药物的，以生产、销售有毒、有害食品罪定罪处罚；对于注入肾上腺素和阿托品等非禁用药物的，足以造成严重食物中毒事故或者其他严重食源性疾病的，以生产、销售不符合安全标准的食品罪定罪处罚；虽不足以造成严重食物中毒事故或者其他严重食源性疾病，但销售金额在五万元以上的，以

生产、销售伪劣产品罪定罪处罚。

简要案情

被告人张某系辽宁省沈阳市某肉业有限公司实际经营者。2017 年 8 月，张某经人介绍结识被告人蒋某某，蒋某某称可通过给屠宰厂内待宰生猪打药注水，达到增加生猪出肉率的目的。张某为谋取非法利益，同意雇佣蒋某某等人给其屠宰厂的待宰生猪打药注水，并约定每注水一头生猪向蒋某某支付报酬 8 元。2017 年 8 月至 2018 年 5 月，蒋某某先后雇佣被告人高某某等 10 余人到张某经营的肉业公司，通过给待宰生猪注射兽用肾上腺素和阿托品后再注水的方式达到非法获利目的，共计给 5.5 万余头待宰生猪打药注水。经审计鉴定，打药注水后的生猪及其肉制品销售金额达 8250 万余元。

裁判结果

辽宁省锦州市中级人民法院审理认为，被告人张某雇佣他人给待宰生猪打药注水，使被打药注水的猪肉产品存在危及人身安全的食品安全风险，属于生产、销售不合格产品，其行为已构成生产、销售伪劣产品罪。张某销售金额达 200 万元以上，应处十五年有期徒刑或者无期徒刑，并处销售金额百分之五十以上二倍以下罚金或者没收财产。据此，以生产、销售伪劣产品罪判处被告人张某有期徒刑十五年，并处罚金人民币四千二百万元；其他被告人被判处有期徒刑七年至十五年不等刑期，并处罚金。

典型意义

当前，一些不法分子为了牟取非法利益，在生猪屠宰前给生猪注水的违法犯罪频发，导致大量注水肉流向百姓餐桌。更为恶劣的是，不法分子在注水的同时为了增强注水效果还同时给生猪打药。司法实践中，不法分子为了逃避打击，不断更新换代药物配方，目前常见多发的是使用肾上腺素和阿托品等允许使用的兽药，生猪注药后往往检测不出药物残留，导致对此类违法犯罪行为因取证难、鉴定难、定性难，影响了惩治效果。对此，《最高人民法院、最高人民检察院关于办理危害食品安全刑事案件适用法律若干问题的解释》第十七条第二款区分屠宰相关环节打药注水的不同情况，作出明确规定。对于给生猪等畜禽注入禁用药物的，以生产、销售有毒、有害食品罪定罪处罚；对于注入肾上腺素和阿托品等非禁用药物的，足以造成严重食物中毒事故或者其他严重食源性疾病的，以生产、销售不符合安全标准的食品罪定罪处罚；虽不足以造成严重食物中毒事故或者其他严重食源性疾病，但销售金额在五万元以上的，以生产、销售伪劣产品罪定罪处罚。本案中，被告人张某雇佣人员向生猪注入肾上腺素和阿托品等非禁用药物，虽不能检测出药物残留，也应以生产、销售伪劣产品罪定罪处罚。

——《最高人民法院、最高人民检察院联合发布危害食品安全刑事典型案例》（2021 年 12 月 31 日），载最高人民法院官网，https：//www.court.gov.cn。

357. 假冒燃油助力车名义销售的摩托车不属于刑法意义上的伪劣产品

关键词

非法经营罪　伪劣产品

《刑事审判参考》指导案例

朱海林、周汝胜、谢从军非法经营案（《刑事审判参考》指导案例第 1210 号）

裁判要点：认定某一产品是否系伪劣产品的关键在于该产品的质量是否存在问题。不能简单地以实际产品与标注不一致就认定存在质量问题。

关于本案中的涉案车辆是否属于刑法第一百四十条规定的“伪劣产品”，存在两种意见：

第一种意见认为，本案中的涉案车辆属于刑法第一百四十条规定的“伪劣产品”。第二种意见认为，本案中的涉案车辆不属于刑法第一百四十条规定的“伪劣产品”。我们同意第二种意见，主要理由如下：

1. 认定某一产品是否系伪劣产品的关键在于该产品的质量是否存在问题。根据《最高人民法院、最高人民检察院关于办理生产、销售伪劣商品刑事案件具体应用法律若干问题的解释》（以下简称《解释》）第一条第四款的规定，刑法第一百四十条规定的“不合格产品”，是指不符合产品质量法第二十六条第二款规定的质量要求的产品。本案中的涉案车辆经鉴定符合国家关于摩托车技术规范和安全标准的规定，就其质量本身而言，并不属于“不合格产品”。本案中的涉案车辆之所以成为道路安全隐患，是因为被告人朱海林等人将其以燃油助力车的名义销售，导致车辆脱离了应有的监管。简言之，是朱海林等人规避管理的销售方式而非产品质量问题导致涉案车辆存在安全隐患。

2. 不能简单地以实际产品与标注不一致就认定存在质量问题。实践中，经常出现生产、销售产品的实际规格与标注不一致的情况，对此应根据实际情况分析认定，不能简单地一概认定为质量有问题，更不能以销售方式来决定产品质量，进而认定属于“以次充好”的产品。产品质量主要是由生产过程决定的，单纯的销售方式无法影响产品质量。本案中的涉案车辆虽然是以燃油助力车的名义对外销售，附随的合格证上标注的也是助力车，但是其各项技术指标是按照摩托车的标准进行配置，经鉴定在属性上为摩托车，符合国家关于摩托车技术规范和安全标准的规定，不属于“以次充好”的情形。此外，根据《解释》第一条第二款规定，刑法第一百四十条规定的“以假充真”，是指以不具有某种使用性能的产品冒充具有该种使用性能的产品的行为。涉案车辆具有正常的道路行驶功能和使用性能，也不属于“以假充真”的情形。

3. 本案中三被告人的行为也不符合生产、销售伪劣产品罪的一般行为特征。从司法实践来看，生产、销售伪劣产品罪的犯罪分子对消费者往往具有欺骗行为，侵害了消费者的知情权，但在本案中，被告人朱海林等人在销售时不仅对涉案车辆的排量等真实情况作了说明，而且还以“大排小标”这一特征作为吸引消费者的噱头加以宣传，消费者对车辆的真实属性有明确的认识，其知情权并未受到侵犯。

——最高人民法院刑事审判第一、二、三、四、五庭主办：《刑事审判参考》（总第 111 辑），法律出版社 2018 年版，第 41~49 页。

358. 生产、销售假药与诈骗罪的牵连处理

关键词

生产、销售、提供假药罪　诈骗罪　牵连犯

《刑事审判参考》指导案例

熊漓斌等生产、销售假药案（《刑事审判参考》指导案例第 112 号）

裁判要点：假药的生产者以诈骗的方式销售假药的，不构成诈骗罪，而构成生产、销售假药罪；生产和销售行为只要具备其一就构成本罪；以一种药品冒充另一种药品的，应当认定为足以严重危害人体健康。

（一）生产与销售行为是否必须同时具备才能构成本罪是本案争议的一个焦点

实际生活中，生产假药即制造假药，销售假药即出售、供销假药，生产与销售往往是联系在一起的。但有时也不完全如此，有些案件中，生产者不一定是销售者，而销售者也不一定是生产者。根据我国《刑法》有关生产、销售假药罪的规定，只要实施了生产或者销售假药的一种行为，并且足以严

重危害人体健康的，就可构成犯罪。何况被告人熊漓斌等人已经将假药批发出去了，只是没有直接造成危害后果而已，因此，认为几被告人没有实施销售行为，不构成生产、销售假药罪的理由是不能成立的。

（二）是否足以严重危害人体健康是本案定性的关键所在

所谓“足以严重危害人体健康”，是指生产、销售的假药，具有严重危害人体健康的可能性，并不要求发生实际的严重危害后果，也不以实际上造成严重危害人体健康的结果为本罪既遂条件。

（三）如何认定以诈骗方式进行的销售行为

本案中几名被告人为了营利而生产假药，将假三金片销售给受害人，骗取受害人的钱财，确有以假充真的诈骗行为存在。诈骗行为在本案中是作为一种销售方式而存在的。而这种以假充真的诈骗方式构成本罪的特征。除本罪外，还有一些犯罪活动，也可能使用某种欺骗性手段，甚至也追求某些非法的经济利益，但并不构成诈骗罪，像有些以介绍婚姻为名的拐卖妇女的行为，就不应认定为诈骗罪。此外，生产、销售假药罪是以是否足以严重危害人体健康作为本罪的标准，而诈骗罪则是以诈骗公私财物的数额较大为构成本罪的标准，也就是说，只要生产销售的假药足以严重危害人体健康，不管行为人是否实施了以假药骗取钱财的行为，就应当认定为生产、销售假药罪，而不应认定为诈骗罪。

——最高人民法院刑事审判第一庭、第二庭编：《刑事审判参考》2001 年第 7 辑（总第 18 辑），法律出版社 2001 年版，第 8~12 页。

附录：最高人民法院主流观点

销售假药罪，从其构成要件分析，必然含有欺骗消费者的要素，仅从财产占有角度而言，销售假药罪与诈骗罪是种属关系。但毕竟销售假药罪的客体是国家药品管理制度和人体健康，所以其又不同于诈骗罪。

一般情况下，销售假药罪与诈骗罪不会构成牵连犯，但在有些案件中，如果行为人为达成销售假药的目的，使用了其他虚构事实、隐瞒真相行为，而且主要是因为这部分行为才导致消费者陷入认识错误的，就可能构成销售假药罪和诈骗罪的牵连犯。如 2009 年新疆李某销售假药案。在该案中，被告人李某虚构事实，以“中国慢性病康复协会”会诊的名义，用免费讲课、检测为诱饵、私售假“糖脂宁胶囊”，并在网络、电视和报纸等媒体上随意夸大药物疗效，骗取消费者购买假“糖脂宁胶囊”。后因新疆喀什地区两名糖尿病患者服用假“糖脂宁胶囊”后死亡而案发。[①] 本案中，李某为达成销售假“糖

---

① 古丽阿扎提·吐尔逊、阿地力江·阿布来提：《从两高司法解释看“假药”案件的司法认定问题》，载《中国检察官》2009 年第 8 期。

脂宁胶囊”的目的，使用了多种欺骗手段，其手段行为构成诈骗罪，目的行为构成销售假药罪，目的行为导致二人死亡，按照牵连犯从一重处断原则，应当以销售假药罪论处。

但如果销售假药的行为未导致食用者死亡或其他特别严重后果，且符合诈骗罪构成要件特征的，则存在以诈骗罪论处的可能。

——张军、胡云腾主编:《〈刑法修正案（八）〉条文及配套司法解释理解与适用》，人民法院出版社 2011 年版，第 188 页。

销售假药罪，从其构成要件分析，必然含有欺骗消费者的要素，仅从财产占有角度而言，销售假药罪与诈骗罪是种属关系。但毕竟销售假药罪的客体是国家药品管理制度和人体健康，所以其又不同于诈骗罪。一般情况下，销售假药罪与诈骗罪不会构成牵连犯，但在有些案件中，如果行为人为达成销售假药的目的，使用了其他虚构事实、隐瞒真相行为，而且主要是因为这部分行为才导致消费者陷入认识错误的，就可能构成销售假药罪和诈骗罪的牵连犯。如 2009 年新疆李某销售假药案。在该案中，被告人李某虚构事实，以“中国慢性病康复协会”会诊的名义，用免费讲课、检测为诱饵、私售假“糖脂宁胶囊”，并在网络、电视和报纸等媒体上随意夸大药物疗效，骗取消费者购买假“糖脂宁胶囊”。后因新疆喀什地区两名糖尿病患者服用假“糖脂宁胶囊”后死亡而案发。① 本案中，李某为达成销售假“糖脂宁胶囊”的目的，使用了多种欺骗手段，其手段行为构成诈骗罪，目的行为构成销售假药罪，目的行为导致二人死亡，按照牵连犯从一重处断原则，应当以销售假药罪论处。

但如果销售假药的行为未导致食用者死亡或其他特别严重后果，且符合诈骗罪构成要件特征的，则存在以诈骗罪论处的可能。

——胡云腾主编:《刑法罪名精释（第五版）》，人民法院出版社 2022 年版，第 197 页。

359. 被告人未及销售的假药应否计入销售金额及其犯罪形态的认定

关键词

销售假药罪

① 古丽阿扎提·吐尔逊、阿地力江·阿布来提:《从两高司法解释看“假药”案件的司法认定问题》，载《中国检察官》2009 年第 8 期。

《刑事审判参考》指导案例

王明等销售假药案（《刑事审判参考》指导案例第1415号）

裁判要点：为销售而购入、存储假药的行为，属于销售实行行为，现场查获的假药应当计入销售金额；销售假药罪既遂与否应以假药是否进入交易环节为准。如果因行为人意志以外的原因而未进行实质性的交易行为，则构成犯罪未遂。

（一）已购进但尚未销售的假药应当计入销售金额

关于现场查获的假药应否计入犯罪数额，实践中存在两种不同意见。第一种意见认为，现场查获的假药尚未进入销售环节，系犯罪未遂，不应计入销售金额。第二种意见认为，为销售而购入、存储假药的行为，属于销售实行行为，现场查获的假药应当计入销售金额。

我们赞同第二种意见。判定现场查获的假药是否计入销售金额，关键在于如何认定“销售”。至于何为“销售”，刑法没有作出明确规定。一般意义上的“销售”即指售出的行为。但是，法定的犯罪行为往往不同于生活行为。《最高人民法院、最高人民检察院关于办理生产、销售伪劣商品刑事案件具体应用法律若干问题的解释》（以下简称《伪劣商品解释》）第二条第一款规定：“刑法第一百四十条、第一百四十九条规定的‘销售金额’，是指生产者、销售者出售伪劣产品后所得和应得的全部违法收入。”据此，销售假药，是指将自己生产或者他人生产的假药非法出售（批发或零售）的行为。然而，《最高人民法院、最高人民检察院关于办理危害药品安全刑事案件适用法律若干问题的解释》（以下简称《药品解释》）第六条第二款规定：“医疗机构、医疗机构工作人员明知是假药、劣药而有偿提供给他人使用，或者为出售而购买、储存的行为，应当认定为刑法第一百四十一条、第一百四十二条规定的‘销售’。”因此，刑法语境下的“销售”，除了具有一般意义上的出售含义外，还应包括“有偿提供”以及“为出售而购买、储存”的中间环节行为。

实践中，有意见认为，该款仅是针对特殊主体即医疗机构、医疗机构工作人员销售假药、劣药行为作出的专门规定，不适用于非医疗机构、非医疗机构工作人员。我们认为，这种理解有失偏颇。理由是：2014年11月18日，最高人民法院、最高人民检察院举行《药品解释》新闻发布会时指出：“考虑到医疗机构及其工作人员从事生产销售假劣药行为的危害性更大，《药品解释》中明确此类行为应当酌情从重处罚，如明知是假劣药而有偿提供给他人使用，或者为出售而购买、储存的行为，应当认定为‘销售’。”可见，《药品解释》第六条第二款是一种提示性规定。该款规定与《药品解释》第一条第四项的目的一致，均在于加大对医疗机构或医疗机构工作人员实施危害药品安全犯罪的打击力度，而非将医疗机构、医疗机构工作人员以外的主体为出售而购买、储存假劣药的行为排除在刑事打击范围之外。否则，有违刑法修正案（八）删除生产、销售假药罪“足以严重危害人体健康”的入罪条件，以及依法严惩危害药品安全犯罪的修法目的和相关刑事政策。因此，非医疗机构、非医疗机构人员明知是假药而有偿提供给他人使用，或者为出售而购买、储存的行为，应当根据主客观相一致原则进行判断，既要考虑行为人的主观认识，也要考虑其客观行为。本案被告人郑凯文、董蕊虽然不是医疗机构人员，但其主观上具有出售的目的，客观上实施了为了销售而购买、储存假药的行为，且二人均已对外销售了部分假药，行为符合销售假药罪的构成要件。

关于销售金额的认定，根据《伪劣商品解释》第二条第一款的规定，生产、销售伪劣产品罪中的销售金额，是指生产者、销售者出售伪劣产品后所得和应得的全部违法收入，对于未售出的产品，通常计算在“货值金额”中。然而，生产、销售假（劣）药罪与生产、销售伪劣产品罪不同，并未以销售金额作入罪标准。但从《药品解释》可以看出，销售金额仍然是生产、销售假（劣）药罪量刑的重要考量因素。实践中，在多数情况下，要准确查明生产、销售假药、劣药者已实际销售的金额，往往存在很大困难；仅据销售金额定罪量刑，还存在轻纵犯罪问题，因此，对“销售金额”作广义理解，将货值金额也计入其中，是合理的、必要的。故《药品解释》对销售金额作出了不同于《伪劣商品解释》等相关司法解释或规范性文件的认定，《药品解释》第十五条规定：“本解释所称‘生产、销售金额’，是指生产、销售假药、劣药所得和可得的全部违法收入。”即将可得违法收入也纳入销售金额，具体包括：生产、销售后已实际得到的金额，已生产或者已购进但尚未销售的金额，已售出但尚未收到的金额。据此，现场查获的行为人已购进但尚未销售的假药的可得销售金额应当计入销售金额，否则会影响打击销售假药犯罪的力度，放纵犯罪，甚至会使犯罪分子想方设法销毁交易记录等证据，增加案件的查处难度。本案中，一审法院根据对被告人郑凯文、董蕊有利的原则，按照其对外销售的最低单价认定标价计算可得销售金额，并计入销售金额的做法符合法律规定。

（二）为销售而购买、存储假药的行为构成犯罪未遂

1. 生产、销售假药犯罪存在犯罪未遂

为惩治生产、销售假药、劣药犯罪，保障人民群众生命健康安全，维护药品市场秩序，刑法修正案（八）将销售假药罪从具体危险犯修改为行为犯，即只要实施了生产、销售假药的行为，即构成犯罪，并不要求一定要有实际的危险结果发生。故假药未及销售时是成立犯罪既遂、未遂还是预备，争议

点在于行为犯是否存在犯罪未遂。司法实践中，有一种观点认为，对于行为犯，只要行为人实施了犯罪行为，就应当认定为既遂。对此我们持否定观点。我国刑法理论的传统观点认为，行为犯是指只要实施刑法分则所规定的实行行为就成立既遂的犯罪。行为犯以法定的犯罪行为是否完成作为犯罪是否既遂的标志。而行为完成与否的判断，应紧密结合犯罪构成要件，以对法益的侵害是否实现为标准。这种法益侵害的实现具有一定的过程（当然，过程的长短有异），且要达到一定的程度，才能过渡到既遂状态，并非一着手即能完成。在这个过程中，完全可能出现因各种主客观原因而停止的情形，因此，行为犯也存在预备、未遂、中止的停止形态。对于未完成法定的犯罪行为或者实行行为未达到一定程度的，应认定为犯罪未遂。

2. 销售假药罪的既未遂标准

关于销售假药罪的既遂标准，实践中存在两种不同意见。第一种意见认为，销售假药罪既遂与否以假药是否售出为准，尚未售出即被查获的为犯罪未遂。第二种意见认为，销售假药罪既遂与否应以假药是否进入交易环节为准。如果因行为人意志以外的原因而未进行实质性的交易行为，则构成犯罪未遂。

我们同意第二种意见，主要理由是：犯罪既遂是指行为人实施了刑法规定的全部构成要件并已造成法益侵害结果的行为。销售假药罪的构成要件行为或者实行行为是销售行为。但是，准确把握实行行为的起点与终点并不容易。实际上，销售行为是一个过程，卖出或者成交是一种最终既遂的体现，但并不是销售行为的全部。一般意义上来说，产品销售可以分为准备产品、寻找客户、接待客户、咨询需求、推荐产品、处理异议、签订协议、产品成交、收货付款等多个环节。在刑法规范中，出售、有偿提供给他人使用或者为出售而购买、储存都是销售的实行行为。因此，准确判断哪个环节是实行行为着手，哪个环节是实行行为完成，是认定销售假药罪既未遂的关键。刑法第二十三条第一款规定："已经着手实行犯罪，由于犯罪分子意志以外的原因而未得逞的，是犯罪未遂。"着手本质上是造成侵害法益的紧迫危险的行为。在销售他人生产的假药案件中，为出售而购入假药即意味着随时可以上架进行销售，此时已经对国家药品监管制度产生了现实的严重侵害危险，只要该行为进一步实施即可造成侵害结果，所以，购入假药的行为应当认定为着手实行犯罪。当然，购入假药只是手段，对外出售才是目的。将假药置入销售环节进行销售则是直接造成法益侵害结果、最充分地实现构成要件的行为，标志着实行行为的完成，构成犯罪既遂。

——王东撰稿、韩维中审编：《王明等销售假药案——未及销售的假药应否计入销售金额及其犯罪形态的认定》，载最高人民法院刑事审判第一、二、三、四、五庭编：《刑事审判参考》（总第128辑），人民法院出版社2021年版，第 6~10 页。

360. 假劣药犯罪的定罪量刑标准

关键词

假劣药犯罪　定罪量刑标准

最高人民法院司法政策精神

第一条　生产、销售、提供假药，具有下列情形之一的，应当酌情从重处罚：

（一）涉案药品以孕产妇、儿童或者危重病人为主要使用对象的；

（二）涉案药品属于麻醉药品、精神药品、医疗用毒性药品、放射性药品、生物制品，或者以药品类易制毒化学品冒充其他药品的；

（三）涉案药品属于注射剂药品、急救药品的；

（四）涉案药品系用于应对自然灾害、事故灾难、公共卫生事件、社会安全事件等突发事件的；

（五）药品使用单位及其工作人员生产、销售假药的；

（六）其他应当酌情从重处罚的情形。

第二条　生产、销售、提供假药，具有下列情形之一的，应当认定为刑法第一百四十一条规定的“对人体健康造成严重危害”：

（一）造成轻伤或者重伤的；

（二）造成轻度残疾或者中度残疾的；

（三）造成器官组织损伤导致一般功能障碍或者严重功能障碍的；

（四）其他对人体健康造成严重危害的情形。

第三条　生产、销售、提供假药，具有下列情形之一的，应当认定为刑法第一百四十一条规定的“其他严重情节”：

（一）引发较大突发公共卫生事件的；

（二）生产、销售、提供假药的金额二十万元以上不满五十万元的；

（三）生产、销售、提供假药的金额十万元以上不满二十万元，并具有本解释第一条规定情形之一的；

（四）根据生产、销售、提供的时间、数量、假药种类、对人体健康危害程度等，应当认定为情节严重的。

第四条　生产、销售、提供假药，具有下列情形之一的，应当认定为刑法第一百四十一条规定的“其他特别严重情节”：

（一）致人重度残疾以上的；

（二）造成三人以上重伤、中度残疾或者器官组织损伤导致严重功能障碍的；

（三）造成五人以上轻度残疾或者器官组织损伤导致一般功能障碍的；

（四）造成十人以上轻伤的；

（五）引发重大、特别重大突发公共卫生事件的；

（六）生产、销售、提供假药的金额五十万元以上的；

（七）生产、销售、提供假药的金额二十万元以上不满五十万元，并具有本解释第一条规定情形之一的；

（八）根据生产、销售、提供的时间、数量、假药种类、对人体健康危害程度等，应当认定为情节特别严重的。

第五条 生产、销售、提供劣药，具有本解释第一条规定情形之一的，应当酌情从重处罚。

生产、销售、提供劣药，具有本解释第二条规定情形之一的，应当认定为刑法第一百四十二条规定的“对人体健康造成严重危害”。

生产、销售、提供劣药，致人死亡，或者具有本解释第四条第一项至第五项规定情形之一的，应当认定为刑法第一百四十二条规定的“后果特别严重”。

——《最高人民法院、最高人民检察院关于办理危害药品安全刑事案件适用法律若干问题的解释》（2022 年 3 月 6 日，高检发释字〔2022〕1 号）。

附录：理解与适用

《刑法》第一百四十一条、第一百四十二条分别规定了生产、销售、提供假药罪，生产、销售、提供劣药罪。《最高人民法院、最高人民检察院关于办理危害药品安全刑事案件适用法律若干问题的解释》（以下简称《解释》）第一条至第五条明确了相关定罪量刑标准。

1. 关于假劣药犯罪的从重处罚情节

《解释》第一条、第五条第一款参考药品管理法第一百三十七条关于对药品违法行为的从重处罚规定，并根据司法实践具体情况作了补充，明确了假劣药犯罪的从重处罚情节。具体而言，生产、销售、提供假药、劣药，具有下列情形之一的，应当酌情从重处罚：（1）涉案药品以孕产妇、儿童或者危重病人为主要使用对象的；（2）涉案药品属于麻醉药品、精神药品、医疗用毒性药品、放射性药品、生物制品（《药品管理法实施条例》第三十八条有“疫苗类制品、血液制品、用于血源筛查的体外诊断试剂以及国务院药品监督管理部门规定的其他生物制品”的表述），或者以药品类易制毒化学品冒充其他药品的；（3）涉案药品属于注射剂药品、急救药品的；（4）涉案药品系用于应对自然灾害、事故灾难、公共卫生事件、社会安全事件等突发事件的；

（5）药品使用单位及其工作人员生产、销售假药、劣药的；（6）其他应当酌情从重处罚的情形。

2. 关于生产、销售、提供假药罪的定罪量刑标准

根据《刑法》第一百四十一条的规定，生产、销售、提供假药罪是抽象危险犯，生产、销售、提供假药的，处三年以下有期徒刑或者拘役，并处罚金；对人体健康造成严重危害或者有其他严重情节的，处三年以上十年以下有期徒刑，并处罚金；致人死亡或者有其他特别严重情节的，处十年以上有期徒刑、无期徒刑或者死刑，并处罚金或者没收财产。

《解释》未设置入罪门槛，对于生产、销售、提供假药的行为，原则上都应当追究刑事责任。《解释》第二条至第四条进一步明确了生产、销售、提供假药罪的升档量刑标准。具体而言，生产、销售、提供假药，具有下列情形之一的，应当认定为《刑法》第一百四十一条规定的“对人体健康造成严重危害”：（1）造成轻伤或者重伤的；（2）造成轻度残疾或者中度残疾的；（3）造成器官组织损伤导致一般功能障碍或者严重功能障碍的；（4）其他对人体健康造成严重危害的情形。具有下列情形之一的，应当认定为《刑法》第一百四十一条规定的“其他严重情节”：（1）引发较大突发公共卫生事件的；（2）生产、销售、提供假药的金额二十万元以上不满五十万元的；（3）生产、销售、提供假药的金额十万元以上不满二十万元，并具有《解释》第一条规定情形之一的；（4）根据生产、销售、提供的时间、数量、假药种类、对人体健康危害程度等，应当认定为情节严重的。具有下列情形之一的，应当认定为《刑法》第一百四十一条规定的“其他特别严重情节”：（1）致人重度残疾以上的；（2）造成三人以上重伤、中度残疾或者器官组织损伤导致严重功能障碍的；（3）造成五人以上轻度残疾或者器官组织损伤导致一般功能障碍的；（4）造成十人以上轻伤的；（5）引发重大、特别重大突发公共卫生事件的；（6）生产、销售、提供假药的金额五十万元以上的；（7）生产、销售、提供假药的金额二十万元以上不满五十万元，并具有本《解释》第一条规定情形之一的；（8）根据生产、销售、提供的时间、数量、假药种类、对人体健康危害程度等，应当认定为情节特别严重的。需要提及的是，如果生产、销售、提供假药，延误诊治，虽未造成死亡、伤害等结果，但致人病情恶化、重度恶化的，可视情认定为“其他严重情节”或者“其他特别严重情节”。

3. 关于生产、销售、提供劣药罪的定罪量刑标准

根据《刑法》第一百四十二条的规定，生产、销售、提供劣药罪为结果犯，对人体健康造成严重危害的，处三年以上十年以下有期徒刑，并处罚金；后果特别严重的，处十年以上有期徒刑或者无期徒刑，并处罚金或者没收财产。《解释》第五条进一步明确了定罪量刑标准。具体而言，生产、销售、提供劣药，具有《解释》第二条规定情形之一的，应当认定为《刑法》第一百

四十二条规定的“对人体健康造成严重危害”；致人死亡，或者具有《解释》第四条第一项至第五项规定情形之一的，应当认定为《刑法》第一百四十二条规定的“后果特别严重”。

——周加海、喻海松、李静：《〈最高人民法院、最高人民检察院关于办理危害药品安全刑事案件适用法律若干问题的解释〉的理解与适用》，载最高人民法院刑事审判第一、二、三、四、五庭编：《刑事审判参考》（总第132辑），人民法院出版社2022年版，第127~129页。

361. 生产、销售、提供假药罪与以危险方法危害公共安全罪的区分

关键词

生产、销售、提供假药罪　以危险方法危害公共安全罪

附录：最高人民法院主流观点

生产、销售、提供假药罪，既侵犯了国家药品管理制度，又危害了人民群众的生命、健康安全。从某种意义上讲，其属于《刑法》第114条、第115条所规定的“以危险方法危害公共安全罪”的范畴，但《刑法》已对其作了单独规定，故有必要区别适用。生产、销售、提供假药罪，行为人主观上一般是以牟利为目的。为了牟取暴利，明知生产、销售、提供的是假药而仍予以生产、销售、提供。至于其行为给人体健康、生命安全造成的严重危害后果，不在行为人追求的直接故意范围之内，或存在过失心理，或属于间接故意心理。如果行为人生产、销售、提供假药，目的就是对他人的生命健康、财产安全造成损害，危害公共安全，则应以以危险方法危害公共安全罪定罪处罚。

——胡云腾主编：《刑法罪名精释（第五版）》，人民法院出版社2022年版，第196页。

362. 生产、销售假药罪与生产、销售伪劣商品罪的竞合处理

关键词

生产、销售假药罪　生产、销售伪劣商品罪

附录：最高人民法院主流观点

根据《刑法》第142条之一第2款的规定，实施妨害药品管理罪，同时又构成生产、销售、提供假药罪，生产、销售、提供劣药罪的，依照处罚较重的规定定罪处罚。而根据《刑法》第149条规定，生产、销售本节第141条至第148条所列产品，不构成各该条规定的犯罪，但是销售金额在5万元以上的，依照本节第140条的规定定罪处罚。生产、销售本节第141条至第148条所列产品，构成各该条规定的犯罪，同时又构成本节第140条规定之罪的，依照处罚较重的规定定罪处罚。《办理危害药品安全刑事案件解释》第8条第3款明确了与《刑法》第142条之一第2款同样的指导原则。同时，《办理危害药品安全刑事案件解释》第11条对生产、销售不符合药用要求的原料、辅料的行为定性明确了指导原则。对于以提供给他人生产、销售、提供药品为目的，违反国家规定，生产、销售不符合药用要求的原料、辅料，符合《刑法》第140条规定的，以生产、销售伪劣产品罪从重处罚；同时构成其他犯罪的，依照处罚较重的规定定罪处罚。

——胡云腾主编：《刑法罪名精释（第五版）》，人民法院出版社2022年版，第198页。

363. 生产、销售、提供假药罪的共犯的认定

关键词

生产、销售假药罪　共犯

附录：最高人民法院主流观点

司法实践中，生产、销售、提供假药罪的共同犯罪比较突出，有的人知道或者应当知道他人生产、销售假药，而为其提供资金等经济条件，有的提供生产技术，有的提供其他生产、经营便利条件，还有的为其进行广告等宣传活动。2009年《最高人民法院、最高人民检察院关于办理生产、销售假药、劣药刑事案件具体应用法律若干问题的解释》（已失效）第5条专门明确了指导原则。后2014年《最高人民法院、最高人民检察院关于办理危害药品安全刑事案件适用法律若干问题的解释　》（法释〔2014〕14号，已失效，以下简称2014年《办理危害药品安全刑事案件解释》）第8条针对新发生的提供网络销售渠道、提供标签、说明书的情形亦明确了共犯《办理危害药品安全刑

事案件解释》[①] 第 9 条在此基础上对销售渠道删去了网络销售的限制，同时增加了“提供虚假药物非临床研究报告、药物临床试验报告及相关材料的；”“提供其他帮助的”兜底项，进一步严密了法网。根据《办理危害药品安全刑事案件解释》第 9 条的规定，明知他人实施危害药品安全犯罪，而有下列情形之一的，以共同犯罪论处：（1）提供资金、贷款、账号、发票、证明、许可证件的；（2）提供生产、经营场所、设备或者运输、储存、保管、邮寄、销售渠道等便利条件的；（3）提供生产技术或者原料、辅料、包装材料、标签、说明书的；（4）提供虚假药物非临床研究报告、药物临床试验报告及相关材料的；（5）提供广告宣传的；（6）提供其他帮助的。

——胡云腾主编：《刑法罪名精释（第五版）》，人民法院出版社 2022 年版，第 198~199 页。

364. 生产、销售、提供劣药犯罪与其他犯罪竞合时的处理

关键词

生产、销售、提供劣药罪

附录：最高人民法院主流观点

实践中，生产、销售、提供假药罪，生产、销售、提供劣药罪，与生产、销售伪劣产品、侵犯知识产权、非法经营、非法行医、非法采供血等犯罪可能发生竞合。根据《刑法》第 142 条之一第 2 款的规定，实施妨害药品管理罪，同时又构成生产、销售、提供假药罪，生产、销售、提供劣药罪的，依照处罚较重的规定定罪处罚。依照《刑法》第 149 条第 2 款规定，生产、销售本节第 141 条至第 148 条所列产品，不构成各该条规定的犯罪，但是销售金额在 5 万元以上的，依照本节第 140 条的规定定罪处罚。生产、销售本节第 141 条至第 148 条所列产品，构成各该条规定的犯罪，同时又构成本节第 140 条规定之罪的，依照处罚较重的规定定罪处罚。《办理危害药品安全刑事案件解释》第 8 条第 3 款进一步明确，实施《刑法》第 142 条之一规定的行为，同时又构成生产、销售、提供假药罪、生产、销售、提供劣药罪或者其他犯罪的，依照处罚较重的规定定罪处罚。《办理危害药品安全刑事案件解释》第 11 条还规定，以提供给他人生产、销售、提供药品为目的，违反国家规定，生产、销售不符合药用要求的原料、辅料，符合《刑法》第 140 条规

① 本文件已被《最高人民法院、最高人民检察院关于办理危害药品安全刑事案件适用法律若干问题的解释》（高检发释字〔2022〕1 号）废止。

定的，以生产、销售伪劣产品罪从重处罚；同时构成其他犯罪的，依照处罚较重的规定定罪处罚。

——胡云腾主编：《刑法罪名精释（第五版）》，人民法院出版社 2022 年版，第 205 页。

365. 联系制作假药销售网站的行为构成生产、销售假药罪的共犯[①]

关键词

销售假药罪　共犯

《刑事审判参考》指导案例

杨智勇销售假药案（《刑事审判参考》指导案例第 1074 号）

裁判要点：被告人主观上明知他人生产的产品系假药，仍负责联系制作销售宣传网站，帮助销售假药，其行为构成销售假药罪的共犯。

本案犯罪行为发生于 2010 年至 2012 年期间，依据行为时的司法解释，即《最高人民法院、最高人民检察院关于办理生产、销售假药、劣药刑事案件具体应用法律若干问题的解释》[②]（2009 年 5 月 13 日发布，现已废止）第五条第四项的规定，知道或者应当知道他人生产、销售假药、劣药，仍提供广告等宣传的，以生产、销售假药罪或者生产、销售劣药罪等犯罪的共犯论处。2014 年出台的《最高人民法院、最高人民检察院关于办理危害药品安全刑事案件若干问题的解释》[③]（2014 年 11 月 3 日发布）第八条第四项亦规定，明知他人生产、销售假药、劣药，仍提供广告宣传等帮助行为的，以共同犯罪论处。

依据上述司法解释的规定，从“主观明知”和“行为表现”两个方面判断，被告人杨智勇联系制作假药销售网站的行为，应当认定为销售假药罪的

① 根据《最高人民法院、最高人民检察院关于执行〈中华人民共和国刑法〉确定罪名的补充规定（七）》，“生产、销售假药罪”已改为“生产、销售、提供假药罪”。

② 本文件已被《最高人民法院、最高人民检察院关于办理危害药品安全刑事案件适用法律若干问题的解释》（法释〔2014〕14 号）废止。

③ 本文件已被《最高人民法院、最高人民检察院关于办理危害药品安全刑事案件适用法律若干问题的解释》（高检发释字〔2022〕1 号）废止。

共同犯罪。具体分析如下：

（一）“主观明知”的认定

生产、销售假药罪中的“主观明知”，既包括有证据证明行为人知道生产、销售的是假药，也包括有证据证明行为人应当知道生产、销售的是假药。司法实践中，生产、销售假药的行为人往往以不明知生产、销售的药品系假药为由，意图逃避法律惩处。因此，准确判断行为人是否具有主观明知，是审理该类案件的常见难题。特别是对于销售者主观认识的判断更加困难，因为单纯的销售者没有亲自参与商品生产的过程，确有可能不辨真伪或者被蒙骗。

在司法实践中，如果行为人辩称主观上不明知生产、销售的系假药，就需要结合行为人具体实施的行为以及涉案各环节其他行为人的供述、相关证人证言和鉴定意见等证据进行全面分析，综合认定。具体可从以下方面入手进行分析：（1）对药品生产、经营资格准入制度的认知；（2）自身对药品真假的鉴别能力和资质的认知；（3）行为人在制售假药过程中违法追逐暴利的思想和行为表现；（4）销售环节行为人对药品真实性的怀疑或者应当引起的怀疑；（5）行为人涉足药品行业的时间和对药品常识及假药危害的知晓；（6）违法制售假药过程中各行为人供述及相关证人证言对犯罪事实的相互印证；（7）行为人的年龄、文化程度、职业、阅历等方面综合情况。

本案中，法院重点调查核实了以下证据：（1）同案被告人关于被告人杨智勇参与销售假药行为的供述。同案被告人杨占强、杨喜平、马耐烦的供述证实，杨智勇负责假药的宣传联系工作，对非法添加西药成分的事情是知道的，并曾提出反对添加西药成分的主张。（2）销售网站的制作情况。宣传网页及相关证人证言证实，为实现宣传企业和产品展销的目的，杨智勇联系他人制作了宣传网站，网站所需图片和药品批文是由杨智勇提供给制作人，网站宣传联系人署名为杨智勇。（3）杨智勇的知识背景和从业经历。杨智勇系高中学历，在北京注册有北京御华康生科技有限责任公司。其父亲杨占强曾是渑池县城关医院医生，长期从事糖尿病的药品研究。杨智勇对于药品常识、管制制度及假药危害是有一定认知的。（4）本案属于家庭成员共同犯罪的案件。杨智勇的父亲杨占强指挥生产、销售假药，负责提供生产假药的配方；杨智勇的姐姐杨喜平按照杨占强提供的假药配方配置原料进行生产；杨智勇的母亲马耐烦帮助照看门市，协助销售假药；杨智勇负责联系制作销售宣传网站。据此，法院依法认定杨智勇对销售假药行为在主观上是明知的。

（二）“行为表现”的认定

一切有偿提供假药的行为，都是销售假药的行为。销售的方式既可能是公开的，也可能是秘密的，可以直接交付，也可以间接交付。《最高人民法院、最高人民检察院关于办理危害药品安全刑事案件若干问题的解释》[①]第八条规定，明知他人生产、销售假药、劣药，而有下列情形之一的，以共同犯罪论处：（1）提供资金、贷款、账号、发票、证明、许可证件的；（2）提供生产、经营场所、设备或者运输、储存、保管、邮寄、网络销售渠道等便利条件的；提供生产技术或者提供原料、辅料、包装材料、标签、说明书的；提供广告宣传等帮助行为的。

本案中，在杨占强等人的授意下，被告人杨智勇明知杨占强等人制作假药，仍然联系制作企业宣传网站，应当认定为借助互联网为销售假药提供广告宣传的行为。主要理由如下：一是杨智勇联系制作宣传网站的目的是宣传和展销立康公司所生产的假药；二是从网站的内容方面来看，该网站除提供了大量关于立康公司"药品"功效的文字说明和实物图片等宣传内容外，还提供了联系人、联系电话、QQ 号等多种联系方式；三是从营销结果方面来看，一些消费者正是通过该网站了解立康公司的"药品"，并最终购买了该"药品"。

综上，被告人杨智勇主观上明知立康公司生产的黄精苦瓜胶囊等产品系假药，仍负责联系制作销售宣传网站，帮助销售假药，与杨占强等人构成销售假药罪的共同犯罪。一、二审法院对杨智勇行为的定性是准确的。

——最高人民法院刑三庭：《杨智勇销售假药案》，载最高人民法院刑事审判第一、二、三、四、五庭主办：《刑事审判参考》（总第 103 集），法律出版社 2016 年版，第 14~16 页。

366. 妨害药品管理罪的定罪量刑标准

关键词

妨害药品管理罪　定罪量刑标准

最高人民法院司法政策精神

第七条　实施妨害药品管理的行为，具有下列情形之一的，应当认定为刑法第一百四十二条之一规定的"足以严重危害人体健康"：

（一）生产、销售国务院药品监督管理部门禁止使用的药品，综合生产、销售的时间、数量、禁止使用原因等情节，认为具有严重危害人体健康的现实危险的；

① 本文件已被《最高人民法院、最高人民检察院关于办理危害药品安全刑事案件适用法律若干问题的解释》（高检发释字〔2022〕1 号）废止。

（二）未取得药品相关批准证明文件生产药品或者明知是上述药品而销售，涉案药品属于本解释第一条第一项至第三项规定情形的；

（三）未取得药品相关批准证明文件生产药品或者明知是上述药品而销售，涉案药品的适应症、功能主治或者成分不明的；

（四）未取得药品相关批准证明文件生产药品或者明知是上述药品而销售，涉案药品没有国家药品标准，且无核准的药品质量标准，但检出化学药成分的；

（五）未取得药品相关批准证明文件进口药品或者明知是上述药品而销售，涉案药品在境外也未合法上市的；

（六）在药物非临床研究或者药物临床试验过程中故意使用虚假试验用药品，或者瞒报与药物临床试验用药品相关的严重不良事件的；

（七）故意损毁原始药物非临床研究数据或者药物临床试验数据，或者编造受试动物信息、受试者信息、主要试验过程记录、研究数据、检测数据等药物非临床研究数据或者药物临床试验数据，影响药品的安全性、有效性和质量可控性的；

（八）编造生产、检验记录，影响药品的安全性、有效性和质量可控性的；

（九）其他足以严重危害人体健康的情形。

对于涉案药品是否在境外合法上市，应当根据境外药品监督管理部门或者权利人的证明等证据，结合犯罪嫌疑人、被告人及其辩护人提供的证据材料综合审查，依法作出认定。

对于“足以严重危害人体健康”难以确定的，根据地市级以上药品监督管理部门出具的认定意见，结合其他证据作出认定。

第八条 实施妨害药品管理的行为，具有本解释第二条规定情形之一的，应当认定为刑法第一百四十二条之一规定的“对人体健康造成严重危害”。

实施妨害药品管理的行为，足以严重危害人体健康，并具有下列情形之一的，应当认定为刑法第一百四十二条之一规定的“有其他严重情节”：

（一）生产、销售国务院药品监督管理部门禁止使用的药品，生产、销售的金额五十万元以上的；

（二）未取得药品相关批准证明文件生产、进口药品或者明知是上述药品而销售，生产、销售的金额五十万元以上的；

（三）药品申请注册中提供虚假的证明、数据、资料、样品或者采取其他欺骗手段，造成严重后果的；

（四）编造生产、检验记录，造成严重后果的；

（五）造成恶劣社会影响或者具有其他严重情节的情形。

实施刑法第一百四十二条之一规定的行为，同时又构成生产、销售、提

供假药罪、生产、销售、提供劣药罪或者其他犯罪的，依照处罚较重的规定定罪处罚。

——《最高人民法院、最高人民检察院关于办理危害药品安全刑事案件适用法律若干问题的解释》（2022 年 3 月 6 日，高检发释字〔2022〕1 号）。

附录：理解与适用

《刑法》第一百四十二条之一对妨害药品管理罪的定罪量刑标准规定为“足以严重危害人体健康”“对人体健康造成严重危害或者有其他严重情节”。《最高人民法院、最高人民检察院关于办理危害药品安全刑事案件适用法律若干问题的解释》（以下简称《解释》）第七条、第八条对妨害药品管理罪的定罪量刑标准作了进一步明确。

1. 关于入罪门槛

妨害药品管理罪的客观方面表现为四种行为方式，即生产、销售国务院药品监督管理部门禁止使用的药品，未取得药品相关批准证明文件生产、进口药品或者明知是上述药品而销售，药品申请注册中提供虚假的证明、数据、资料、样品或者采取其他欺骗手段，编造生产、检验记录。根据刑法规定，妨害药品管理罪为具体危险犯，并非一实施有关行为就构成犯罪，而是以“足以严重危害人体健康”为入罪要件。

经综合各方意见反复研究认为，对于“足以严重危害人体健康”，应当根据行为类型作出具体判断。根据《药品管理法》的相关规定，结合司法实践经验，《解释》第七条第一款规定了认定“足以严重危害人体健康”的具体情形：（1）就生产、销售国务院药品监督管理部门禁止使用的药品行为类型而言，将“综合生产、销售的时间、数量、禁止使用原因等情节，认为具有严重危害人体健康的现实危险”作为认定标准之一（第一项）。所谓“禁止使用原因”，主要是指《药品管理法》第六十七条“禁止进口疗效不确切、不良反应大或者因其他原因危害人体健康的药品”的规定所涉情形。之所以要求综合“生产、销售的时间、数量等情节”，主要是考虑此类药品此前经过批准生产，与自始未经批准的药品在对人体健康的危害程度方面尚有差异。（2）就未取得药品相关批准证明文件生产、进口药品或者明知是上述药品而销售行为类型而言，鉴于境内未经批准药品和走私境外药品存在差异，作了区分处理。对于未取得药品相关批准证明文件生产药品或者明知是上述药品而销售，以特定药品使用对象（以孕产妇、儿童或者危重病人为主要使用对象）、特定类型（麻醉药品、精神药品、医疗用毒性药品、放射性药品、生物制品，或者以药品类易制毒化学品冒充其他药品的，以及注射剂药品、急救药品）作为认定“足以严重危害人体健康”的情形之一（第二项）；根据经验和常识，药品的适应症、功能主治或者成分不明的，或者药品没有国家药品标准，且无核准的药品质量标准，但检出化学药成分的，通常质量无法保障，具有严重危险性，也作为认定情形（第三项、第四项）。对于未取得药品相关批准证明文件进口药品或者明知是上述药品而销售，如果有关药品系在境外合法上市的药品，不宜认为具有严重危害人体健康的危险性，反之，如在境外也未合法上市的，应作为认定“足以严重危害人体健康”情形（第五项）。（3）就药品申请注册中提供虚假的证明、数据、资料、样品或者采取其他欺骗手段行为类型而言，以故意使用虚假试验药品，或者瞒报与药物临床试验用药品相关的严重不良事件（第六项），以及故意损毁试验数据，或者编造试验数据对药品的安全性、有效性和质量可控性造成影响（第七项）作为认定情形。（4）就编造生产、检验记录行为类型而言，以影响药品的安全性、有效性和质量可控性（第八项）作为认定情形。此外，还设置了兜底项（第九项）。实践中，对于未经批准进口使人形成瘾癖的麻醉药品、精神药品或者明知是上述药品而销售，特别是面向未成年人销售，即使不构成毒品犯罪的，也可以根据案件情况考虑是否属于妨害药品管理罪规定的“其他足以严重危害人体健康的情形”。

为了便于司法实践操作，《解释》第七条第二款、第三款还设置了程序规定：对于涉案药品是否在境外合法上市，应当根据境外药品监督管理部门或者权利人的证明等证据，结合犯罪嫌疑人、被告人及其辩护人提供的证据材料综合审查，依法作出认定；对于“足以严重危害人体健康”难以确定的，根据地市级以上药品监督管理部门出具的认定意见，结合其他证据作出认定。

2. 关于升档量刑情节

根据《刑法》第一百四十二条之一的规定，实施妨害药品管理的行为，对人体健康造成严重危害或者有其他严重情节的，处三年以上七年以下有期徒刑，并处罚金。《解释》第八条第一款、第二款对升档量刑标准的具体情形作了明确。同时，第三款重申了《刑法》第一百四十二条之一第三款关于同时构成生产、销售、提供假药罪、生产、销售、提供劣药罪或者其他犯罪的，择一重罪处断的规定。

——周加海、喻海松、李静：《〈关于办理危害药品安全刑事案件适用法律若干问题的解释〉的理解与适用》，载《人民司法》2022年第10期。

附录：答记者问

问： 妨害药品管理罪是《刑法修正案（十一）》的新增罪名。请问《最高人民法院、最高人民检察院关于办理危害药品安全刑事案件适用法律若干问题的解释》对妨害药品管理罪有何规定？

答： 刑法修正案（十一）增设妨害药品管理罪，将修订前药品管理法按假药论处情形所涉部分行为以及违反药品生产质量管理规范的部分行为单独规定为犯罪，彰显了对危害药品安全犯罪的全方位惩治立场。《解释》根据修法精神，经充分调研司法实践情况，对妨害药品管理罪的定罪量刑标准和有关法律适用问题作了明确。

一是依法严惩生产、销售禁止使用药品的犯罪。《解释》规定，生产、销售国务院药品监督管理部门禁止使用的药品，综合生产、销售的时间、数量、禁止使用原因等情节，认为具有严重危害人体健康的现实危险的，应当认定为“足以严重危害人体健康”，处三年以下有期徒刑或者拘役；对人体健康造成严重危害或者有其他严重情节的，处三年以上七年以下有期徒刑。

二是依法严惩“黑作坊”生产药品或者销售相关药品犯罪。《解释》规定，未取得药品相关批准证明文件生产药品或者明知是上述药品而销售，涉案药品以孕产妇、儿童或者危重病人为主要使用对象，或者属于麻醉药品、精神药品、医疗用毒性药品、放射性药品、生物制品等特定药品类型的，即构成妨害药品管理罪；未经批准生产适应症、功能主治或者成分不明的药品，或者未经批准生产没有国家药品标准，且无核准的药品质量标准，但检出化学药成分的药品，也构成妨害药品管理罪。所涉药品系假药、劣药的，按生产、销售假药、劣药犯罪论处。

三是依法严惩药品申请注册造假犯罪。药品管理法规定，申请药品注册，应当提供真实、充分、可靠的数据、资料和样品，证明药品的安全性、有效性和质量可控性。刑法规定，药品申请注册中提供虚假的证明、数据、资料、样品或者采取其他欺骗手段，属于妨害药品管理罪的行为类型之一。对此，《解释》进一步明确，在药物非临床研究或者药物临床试验过程中故意使用虚假试验用药品，或者瞒报与药物临床试验用药品相关的严重不良事件的，属于“足以严重危害人体健康”，构成妨害药品管理罪。

四是依法严惩编造药品生产、检验记录犯罪。药品管理法规定，药品应当按照国家药品标准和经药品监督管理部门核准的生产工艺进行生产。生产、检验记录应当完整准确，不得编造。刑法规定，编造生产、检验记录，属于妨害药品管理罪的行为类型之一。对此，《解释》进一步明确，编造生产、检验记录，影响药品的安全性、有效性和质量可控性的，属于“足以严重危害人体健康”，构成妨害药品管理罪。

——《依法严惩危害药品安全犯罪、切实维护人民群众用药安全——最高人民法院研究室、最高人民检察院法律政策研究室负责人就〈最高人民法院、最高人民检察院关于办理危害药品安全刑事案件适用法律若干问题的解释〉答记者问》，载最高人民法院官网，https：//www.court.gov.cn。

367. 认定妨害药品管理罪应注意的问题

关键词

妨妨害药品管理罪

附录：最高人民法院主流观点

2019 年《药品管理法》修订时按照药品功效，对 2015 年《药品管理法》规定的假药、劣药范围作出了重大调整，由原来的假药、劣药和按假药、劣药论，修改为假药、劣药两类，不再保留按假、劣药论处的概念。根据《药品管理法》第 121 条规定，对假药、劣药的处罚决定，应当依法载明药品检验机构的质量检验结论。因此对于假药、劣药认定原则上须有检验结论通过药品质量予以证明，不再由法律拟制性规定直接予以认定。但是对于原规定中生产、销售以假药、劣药罪的论处的情形，《刑法》并非放任不管，如 2015 年《药品管理法》第 48 条[①] 第 3 款规定以假药论的，需要根据具体情形分别处理：有的作为本罪处理，对应本罪第 1 项规定“生产、销售国务院药品监督管理部门规定禁止使用的药品”，以及第 2 项中“未取得药品相关批准证明文件生产、进口药品的”情形；还有的情形，原规定以假药论第 3 项药品变质的、第 4 项药品被污染的，需要根据药品的质量检验结论，社会危害性程度，再确定罪名，可能构成生产假药罪，生产、提供劣药罪，或者仅作为行政处罚处理。

此外，《最高人民法院、最高人民检察院关于办理危害药品安全刑事案件适用法律若干问题的解释》（法释〔2014〕14 号，已失效，以下简称 2014 年《办理危害药品安全刑事案件解释》）[②] 第 7 条第 1 款规定：“违反国家药品管理法律法规，未取得或者使用伪造、变造的药品经营许可证，非法经营药品，情节严重的，依照《刑法》第二百二十五条的规定以非法经营罪定罪处罚。”2019 年《药品管理法》修订施行后，普遍认为对于未取得药品批准证明生产、进口药品的行为可以认定为非法经营罪，依照未取得药品批准证明生产、进口药品足以严重危害人体健康的行为才构成本罪。这种观点对于单纯的经营行为处以重罪，以非法经营罪定罪处罚，对于具有特定危险的行为却

① 本条现为《中华人民共和国药品管理法（2019 年修订）》（中华人民共和国主席令第三十一号）第九十八条。

② 本文件已被《最高人民法院、最高人民检察院关于办理危害药品安全刑事案件适用法律若干问题的解释》（高检发释字〔2022〕1 号）废止。

处以轻罪，明显会导致量刑失衡。因此，《刑法修正案（十一）》施行后，此类情形不宜按照非法经营罪论处。基于这一考虑，《办理危害药品安全刑事案件解释》删除了2014年《办理危害药品安全刑事案件解释》第7条，意味着对无证经营真药、挂靠经营真药的行为不宜按照非法经营罪论处。最高人民法院相关负责同志认为，对于无证经营真药的行为可以给予相应的行政处罚，不宜适用非法经营罪，构成其他犯罪的依照其他犯罪定罪处罚。危害后果特别严重、社会影响特别恶劣的案件，确有必要以非法经营罪追究刑事责任的，可作为特殊个案，根据2011年4月8日《最高人民法院关于准确理解和适用刑法中"国家规定"的有关问题的通知》要求，逐级向最高人民法院请示。①

——胡云腾主编：《刑法罪名精释（第五版）》，人民法院出版社2022年版，第210~211页。

368. 关于非法收购医保骗保购买的药品行为的处理

关键词

非法收购　医保骗保药品

最高人民法院司法政策精神

第十三条　明知系利用医保骗保购买的药品而非法收购、销售，金额五万元以上的，应当依照刑法第三百一十二条的规定，以掩饰、隐瞒犯罪所得罪定罪处罚；指使、教唆、授意他人利用医保骗保购买药品，进而非法收购、销售，符合刑法第二百六十六条规定的，以诈骗罪定罪处罚。

对于利用医保骗保购买药品的行为人是否追究刑事责任，应当综合骗取医保基金的数额、手段、认罪悔罪态度等案件具体情节，依法妥当决定。利用医保骗保购买药品的行为人是否被追究刑事责任，不影响对非法收购、销售有关药品的行为人定罪处罚。

对于第一款规定的主观明知，应当根据药品标志、收购渠道、价格、规模及药品追溯信息等综合认定。

——《最高人民法院、最高人民检察院关于办理危害药品安全刑事案件适用法律若干问题的解释》（2022年3月6日，高检发释字〔2022〕1号）。

① 周加海：《〈关于办理危害药品安全刑事案件适用法律若干问题的解释〉的解读》，载"首都公安法制"微信公众号，2022年3月28日。

附录：理解与适用

医保基金是人民群众的“救命钱”，事关广大群众的切身利益。当前，司法实践之中存在利用医保骗保购买药品的现象。这一现象情况复杂。不少是医保人员贪图“蝇头小利”偶尔骗购医保药品，有的则是长期、多次骗保，还存在医疗机构工作人员利用职务、职业便利骗取医保基金的情况。特别值得关注的是，存在一批以倒卖医保骗保药品为业的不法分子，他们指使、教唆、引诱医保人员骗保，或者从骗保者手中收购药品，之后加价出售。正因为这些不法分子“穿针引线”、推波助澜，医保骗保逐渐形成一个地下产业和市场，亟须有效整治、重点打击。

由于医保骗保的药品质量本身没有问题，无法适用假药、劣药相关犯罪和妨害药品管理罪的规定。基于此，《最高人民法院、最高人民检察院关于办理危害药品安全刑事案件适用法律若干问题的解释》（以下简称《解释》）第十三条第一款对相关收购、销售行为区分是否事前通谋，分别适用掩饰、隐瞒犯罪所得罪和诈骗罪，即“明知系利用医保骗保购买的药品而非法收购、销售，金额五万元以上的，应当依照《刑法》第三百一十二条的规定，以掩饰、隐瞒犯罪所得罪定罪处罚；指使、教唆、授意他人利用医保骗保购买药品，进而非法收购、销售，符合《刑法》第二百六十六条规定的，以诈骗罪定罪处罚”。

鉴于医保骗保案件情况复杂，《解释》第十三条第二款专门明确了此类案件的处理政策：（1）“对于利用医保骗保购买药品的行为人是否追究刑事责任，应当综合考虑骗取医保基金的数额、手段、认罪悔罪态度等案件具体情节，依法妥当决定”，即重点惩治医保骗保犯罪的组织者、职业骗保人和利用职务职业便利骗取医保基金的行为人；对于虽实施骗保行为，数额达到诈骗罪入罪标准，但具有系初犯、偶犯、受人指使、认罪悔罪、本人也是病患者等情节，经综合考量认为犯罪情节轻微的，可以依法不起诉或者免予刑事处罚；情节显著轻微危害不大的，不作为犯罪处理。（2）“利用医保骗保购买药品的行为人是否被追究刑事责任，不影响对非法收购、销售有关药品的行为人定罪处罚”，即要重点惩治倒卖医保骗保药品“中间商”，斩断“回流药”的产业链。对此需要说明两点：其一，传统上，一般认为帮助犯，包括共同犯罪中的帮助犯和事后帮助犯，罪责往往要相对轻于实行犯。但从医保骗保类案件情况看，倒卖医保骗保药品的“中间商”往往罪责更为严重，表现在，他们往往是“一对多”地从医保人员手中收购骗保药品；不少是以此为业；涉案数额往往特别巨大；是“回流药”形成产业、市场的关键因素。将其作为打击重点，完全符合罪责刑相适应的刑法基本原则和宽严相济刑事政策，因此，《解释》第十三条第二款作出了上述规定。其二，综合看来，《解释》第十三条第一款和第二款规定，在一定程度上系对《刑法》第三百一十二条所规定的“犯罪”作了更符合实际的解释，即不要求必须绝对查明上游行为已符合有关犯罪的入罪标准，只要非法收购、销售的金额累计在五万元以上即可（既收购又销售的，金额应以高者计）。这是因为，倒卖骗保药品的中间商，往往是“一对多”地从医保人员手中收购药品，其累计的危害重大；从实践看，要查明其上游行为人是否已达到诈骗罪的入罪标准，往往非常困难，也无必要；特别规定非法收购、销售的药品金额在五万元以上才以掩饰、隐瞒犯罪所得罪论处，已有适当控制刑事打击面的考虑，不会形成上下游行为“罪刑倒挂”的问题。这样的规定有先例可循。针对《刑法》第二百八十七条之二规定的帮助信息网络犯罪活动罪，“两高”《关于办理非法利用信息网络、帮助信息网络犯罪活动等刑事案件适用法律若干问题的解释》（法释〔2019〕15号）第十二条规定，对于帮助对象原则上应当达到犯罪程度，但是例外情形下，确因客观条件限制无法查证被帮助对象是否达到犯罪的程度，但帮助行为的相关数额巨大或者造成特别严重后果的，亦可以适用帮助信息网络犯罪活动罪的相关规定。

为指导司法实践，《解释》第十三条第三款进一步明确了此类案件中主观明知的综合认定规则，即可以综合药品标志、收购渠道、价格、规模及药品追溯信息等作出认定。需要提及的是，《国家药监局关于药品信息化追溯体系建设的指导意见》（国药监药管〔2018〕35号）提出：“药品上市许可持有人和生产企业在销售药品时，应向下游企业或医疗机构提供相关追溯信息，以便下游企业或医疗机构验证反馈。”“药品批发企业在采购药品时，向上游企业索取相关追溯信息，在药品验收时进行核对，并将核对信息反馈上游企业；在销售药品时，应向下游企业或医疗机构提供相关追溯信息。”据此，可以通过药品追溯信息的索取及相关活动，对行为人对涉案药品是否系医保骗保购买的药品作出判断。

——周加海、喻海松、李静：《〈关于办理危害药品安全刑事案件适用法律若干问题的解释〉的理解与适用》，载《人民司法》2022年第10期。

369. 关于特定生产、进口、销售药品行为的处理规则

关键词

特定生产、进口、销售药品　行为处理规则

最高人民法院司法政策精神

第十八条　根据民间传统配方私自加工药品或者销售上述药品，数量不

大，且未造成他人伤害后果或者延误诊治的，或者不以营利为目的实施带有自救、互助性质的生产、进口、销售药品的行为，不应当认定为犯罪。

对于是否属于民间传统配方难以确定的，根据地市级以上药品监督管理部门或者有关部门出具的认定意见，结合其他证据作出认定。

——《最高人民法院、最高人民检察院关于办理危害药品安全刑事案件适用法律若干问题的解释》（2022 年 3 月 6 日，高检发释字〔2022〕1 号）。

附录：理解与适用

我国民众用药情况复杂，药品供应渠道杂乱。长期以来，民众服用利用民间偏方、土方、秘方加工的药品的情况较为普遍。近些年，随着经济社会发展，擅自销售从国外、境外携带药品入境的情况逐渐增多。有的利用民间偏方、土方、秘方私自加工的“土药”，虽然未经有关部门批准，但当地群众已经普遍认可其疗效；未经批准擅自进口的“洋药”，尽管违反了我国药品管理制度，但不少并不会实际危害人体健康，相反对治疗有关疾病确有效果，有的甚至是高价购买的“救命药”。对于此类案件，一律纳入刑事规制范围，不符合实事求是的精神，也难以为社会公众理解。正是因此，《2014 年解释》第十一条第二款规定：“销售少量根据民间传统配方私自加工的药品，或者销售少量未经批准进口的国外、境外药品，没有造成他人伤害后果或者延误诊治，情节显著轻微危害不大的，不认为是犯罪。”当年限定为“少量”的情形，主要是因为根据修订前《药品管理法》的规定，有关药品属于应当按假药论处的情形，故只能对涉案药品系“少量”的案件，依据《刑法》第十三条但书的规定出罪。

《药品管理法》修订之后，对“假药”采取实质认定标准，根据民间传统配方私自加工的药品、未经批准走私进境的药品不能当然认定为假药；尽管有关行为仍属于违反修订后《药品管理法》规定的妨害药品管理行为，但根据《刑法修正案（十一）》新增的《刑法》第一百四十二条之一的规定，是否构成犯罪，需以“足以严重危害人体健康”为要件。因此，《解释》第十八条第一款对《2014 年解释》第十一条第二款作了修改完善，规定：“根据民间传统配方私自加工药品或者销售上述药品，数量不大，且未造成他人伤害后果或者延误诊治的，或者不以营利为目的实施带有自救、互助性质的生产、进口、销售药品的行为，不应当认定为犯罪。”该款规定从另一面对妨害药品管理罪的准确适用作出了明确。

司法实践中应当注意的是，“民间传统配方”的表述虽然相沿成习，但无明确界定。实践中，可以参考“中医药传统知识”的界定，即“基于中华民族长期实践积累、世代传承发展、具有现实或者潜在价值的中医药理论、技术和标志符号，包括但不限于中医药古籍经典名方、单验方、诊疗技术、中药炮制技术、制剂方法、养生方法等”，以将其与“黑窝点”界分开来。根据《解释》第十八条第二款的规定，对于是否属于民间传统配方难以确定的，根据地市级以上药品监督管理部门或者有关部门出具的认定意见，结合其他证据作出认定。

——周加海、喻海松、李静：《〈关于办理危害药品安全刑事案件适用法律若干问题的解释〉的理解与适用》，载《人民司法》2022 年第 10 期。

370. 关于“假药”“劣药”的认定规则

关键词

假药　劣药

最高人民法院司法政策精神

第十九条　刑法第一百四十一条、第一百四十二条规定的“假药”“劣药”，依照《中华人民共和国药品管理法》的规定认定。

对于《中华人民共和国药品管理法》第九十八条第二款第二项、第四项及第三款第三项至第六项规定的假药、劣药，能够根据现场查获的原料、包装，结合犯罪嫌疑人、被告人供述等证据材料作出判断的，可以由地市级以上药品监督管理部门出具认定意见。对于依据《中华人民共和国药品管理法》第九十八条第二款、第三款的其他规定认定假药、劣药，或者是否属于第九十八条第二款第二项、第三款第六项规定的假药、劣药存在争议的，应当由省级以上药品监督管理部门设置或者确定的药品检验机构进行检验，出具质量检验结论。司法机关根据认定意见、检验结论，结合其他证据作出认定。

——《最高人民法院、最高人民检察院关于办理危害药品安全刑事案件适用法律若干问题的解释》（2022 年 3 月 6 日，高检发释字〔2022〕1 号）。

附录：理解与适用

《药品管理法》第一百二十一条规定：“对假药、劣药的处罚决定，应当依法载明药品检验机构的质量检验结论。”实践中，对于该条文的适用，即哪些情形的假药、劣药的认定应当出具质量检验结论，存在不同认识。鉴此，国家药监局经征求法工委意见，于 2020 年作出《关于假药劣药认定有关问题的复函》，提出：“根据《药品管理法》第九十八条第二款第四项‘药品所标明的适应症或者功能主治超出规定范围’认定为假药，以及根据《药品管理法》第九十八条第三款第三项至第七项认定为劣药，只需要事实认定，不需要对涉案药品进行检验，处罚决定亦无需载明药品检验机构的质量检验结论。”

考虑到刑事案件中假药、劣药的认定与行政处罚具有类似性，《解释》第十九条吸收上述复函的精神，明确对相关情形的假药、劣药，能够根据现场查获的原料、包装，结合犯罪嫌疑人、被告人供述等证据材料作出判断的，可以由地市级以上药品监督管理部门出具认定意见；只有在是否属于《药品管理法》第九十八条第二款第二项、第三款第六项规定的假药、劣药存在争议的情形下，才出具质量检验结论。需要提及的是，对于其他情形，如依据“未标明或者更改有效期的药品”“未注明或者更改产品批号的药品”的规定认定劣药存在争议的，实际属于事实认定问题，无法通过质量检验结论解决问题。

此外，考虑到“以非药品冒充药品或者以他种药品冒充此种药品”情形的假药，同样存在能够根据现场查获的原料、包装，结合犯罪嫌疑人、被告人供述等证据材料作出判断的可能，如用面粉冒充药品，在制药现场发现面粉而无其他药品原料的，直接认定为“以非药品冒充药品”应无疑义，而无需再行出具质量检验结论。基于此，《解释》第十九条在上述复函的基础上，将“对于《中华人民共和国药品管理法》第九十八条第二款第二项……规定的假药，能够根据现场查获的原料、包装，结合犯罪嫌疑人、被告人供述等证据材料作出判断的”亦增加为可以不出具质量检验结论的情形。

顺带提及的是，对于依据《药品管理法》第九十八条第二款第二项规定的“以他种药品冒充此种药品”认定为假药的情形，通常是指以不具有特定功能主治的他种药品冒充此种药品的行为，如以感冒药冒充治疗高血压的药品。与之不同，对于以功能主治相同的他种药品冒充此种药品的，如药品成分、质量并无问题，不应认定属于“以他种药品冒充此种药品”，符合假冒注册商标罪等侵犯知识产权犯罪的，可按相应犯罪论处。

——周加海、喻海松、李静：《〈关于办理危害药品安全刑事案件适用法律若干问题的解释〉的理解与适用》，载《人民司法》2022 年第 10 期。

371. 生产、销售有毒、有害食品罪行为人主观明知的认定

关键词

生产、销售有毒、有害食品罪　明知

最高人民法院司法解释

第十条　刑法第一百四十四条规定的“明知”，应当综合行为人的认知能力、食品质量、进货或者销售的渠道及价格等主、客观因素进行认定。

具有下列情形之一的，可以认定为刑法第一百四十四条规定的“明知”，但存在相反证据并经查证属实的除外：

（一）长期从事相关食品、食用农产品生产、种植、养殖、销售、运输、贮存行业，不依法履行保障食品安全义务的；

（二）没有合法有效的购货凭证，且不能提供或者拒不提供销售的相关食品来源的；

（三）以明显低于市场价格进货或者销售且无合理原因的；

（四）在有关部门发出禁令或者食品安全预警的情况下继续销售的；

（五）因实施危害食品安全行为受过行政处罚或者刑事处罚，又实施同种行为的；

（六）其他足以认定行为人明知的情形。

——《最高人民法院、最高人民检察院关于办理危害食品安全刑事案件适用法律若干问题的解释》（2021 年 12 月 30 日，法释〔2021〕24 号）。

附录：理解与适用

根据刑法第一百四十四条的规定，认定行为人构成销售有毒、有害食品罪，要求行为人明知销售的是掺有有毒、有害的非食品原料的食品。基层执法部门普遍反映，实践中在行为人否认明知的情况下，认定明知存在困难。为此，《最高人民法院、最高人民检察院关于办理危害食品安全刑事案件适用法律若干问题的解释》第 10 条增加了相关规定。

征求意见过程中，有意见提出，《最高人民法院、最高人民检察院关于办理危害食品安全刑事案件适用法律若干问题的解释》列举的情形与明知的内容是掺有有毒、有害的非食品原料的食品之间没有必然关联，如以明显低于市场价格进货或者销售且无合理原因的，既可能明知销售的是掺有有毒、有害的非食品原料的食品，也可能明知销售的是不符合食品安全标准的食品。经研究，该意见涉及认定销售有毒、有害食品罪的“明知”，是否要求行为人确知所销售的食品是掺有有毒、有害的非食品原料的食品的问题。笔者认为，认定销售有毒、有害食品罪的“明知”不要求达到确知的程度，而只要达到概括性的程度即可，即只要行为人对所销售的食品存在食品安全隐患具有概括性的认识即可。这种概括性的认识，意味着食品无论是掺有有毒、有害的非食品原料，还是不符合食品安全标准，或者是伪劣食品，都没有超出行为人的主观认识。在具体案件认定时，应当遵循主客观统一原则，既要考虑行为人主观故意，也要考虑涉案食品的危害性。

——安翱、高雨、肖凤：《〈关于办理危害食品安全刑事案件适用法律若干问题的解释〉的理解与适用》，载《人民司法·应用》2022 年第 7 期。

《刑事审判参考》指导案例

王岳超等生产、销售有毒、有害食品案（《刑事审判参考》指导案例第715号）

裁判要点：在认定生产、销售有毒、有害食品罪的主观要件时，必须把握“明知”的要件。总则中的“明知”是对犯罪故意成立的总的要求，而分则中的“明知”，其内容则较为特定。分则中“明知”不能局限于犯罪故意的认定，还涉及定罪量刑标准等问题。

刑法第一百四十四条规定：“在生产、销售的食品中掺入有毒、有害的非食品原料的，或者销售明知掺有有毒、有害的非食品原料的食品的，处五年以下有期徒刑，并处罚金……”刑法虽然只对销售行为规定了明知要件，但这不意味着生产行为不需要明知要件。因此，本案中“明知”的认定不应当仅仅指“是否明知召回的乳制品三聚氰胺是否超标”，还包括是否明知召回乳制品在未经合理处理和严密检测的情况下就对外销售，将会导致危害他人生命健康等危害结果。实践中，在被告人拒不承认“明知”的情况下，“明知”的认定较为复杂。本案一审法院对行为人主观要素的认定，注重了从以下五个方面的把握：一是买卖双方的成交价格；二是货物来源渠道是否正当；三是行为人对食品的认识程度；四是是否在有关部门禁止或发出安全预警的情况下继续生产、销售；五是根据行为人的年龄、经历、学识、职业、职务、职责、素质等方面。上述五个方面应当综合考虑。

——最高人民法院刑事审判第一、二、三、四、五庭主办：《刑事审判参考》2011年第4集（总第81集），法律出版社2012年版，第1~8页。

372. 生产、销售不符合安全标准的食品罪与其他犯罪竞合时的认定

关键词

生产、销售不符合安全标准的食品罪　非法经营罪　想象竞合犯

最高人民法院司法解释

第十二条　在食品生产、销售、运输、贮存等过程中，使用不符合食品安全标准的食品包装材料、容器、洗涤剂、消毒剂，或者用于食品生产经营的工具、设备等，造成食品被污染，符合刑法第一百四十三条、第一百四十

四条规定的，以生产、销售不符合安全标准的食品罪或者生产、销售有毒、有害食品罪定罪处罚。

第十三条　生产、销售不符合食品安全标准的食品，有毒、有害食品，符合刑法第一百四十三条、第一百四十四条规定的，以生产、销售不符合安全标准的食品罪或者生产、销售有毒、有害食品罪定罪处罚。同时构成其他犯罪的，依照处罚较重的规定定罪处罚。

生产、销售不符合食品安全标准的食品，无证据证明足以造成严重食物中毒事故或者其他严重食源性疾病，不构成生产、销售不符合安全标准的食品罪，但构成生产、销售伪劣产品罪，妨害动植物防疫、检疫罪等其他犯罪的，依照该其他犯罪定罪处罚。

第十四条　明知他人生产、销售不符合食品安全标准的食品，有毒、有害食品，具有下列情形之一的，以生产、销售不符合安全标准的食品罪或者生产、销售有毒、有害食品罪的共犯论处：

（一）提供资金、贷款、账号、发票、证明、许可证件的；

（二）提供生产、经营场所或者运输、贮存、保管、邮寄、销售渠道等便利条件的；

（三）提供生产技术或者食品原料、食品添加剂、食品相关产品或者有毒、有害的非食品原料的；

（四）提供广告宣传的；

（五）提供其他帮助行为的。

第十五条　生产、销售不符合食品安全标准的食品添加剂，用于食品的包装材料、容器、洗涤剂、消毒剂，或者用于食品生产经营的工具、设备等，符合刑法第一百四十条规定的，以生产、销售伪劣产品罪定罪处罚。

生产、销售用超过保质期的食品原料、超过保质期的食品、回收食品作为原料的食品，或者以更改生产日期、保质期、改换包装等方式销售超过保质期的食品、回收食品，适用前款的规定定罪处罚。

实施前两款行为，同时构成生产、销售不符合安全标准的食品罪，生产、销售不符合安全标准的产品罪等其他犯罪的，依照处罚较重的规定定罪处罚。

——《最高人民法院、最高人民检察院关于办理危害食品安全刑事案件适用法律若干问题的解释》（2021 年 12 月 30 日，法释〔2021〕24 号）。

附录：最高人民法院主流观点

《食品安全法》第二十九条[①]规定："国家对食品生产经营实行许可制度。从事食品生产、食品流通、餐饮服务，应当依法取得食品生产许可、食品流

① 本条现为《食品安全法》第三十六条。

通许可、餐饮服务许可。”该法在法律责任一章中通过对刑事责任的规定，在法律意义上形成了与刑法相关条款的对接。《食品安全法》第九十八条规定：“违反本法规定，构成犯罪的，依法追究刑事责任。”而《刑法》第二百二十五条①规定，未经许可经营法律和行政法规规定的专营、专卖物品或者其他限制买卖物品和买卖其他法律、行政法规规定的经营许可证或者批准文件，情节严重的行为，均构成非法经营罪。因此，对于未经许可或者买卖经营许可证、批准文件而生产、销售不符合食品安全标准的食品行为，构成生产、销售不符合食品安全标准的食品罪和非法经营罪的想象竞合犯。对于这种竞合，具体如何处理，要视以下几种情形而定：

1. 个人生产、销售不符合食品安全标准的食品经营数额在五万元以上或者违法所得在一万元以上，又未对人体健康造成严重危害或者未有其他严重情节情形。如果以本罪定罪（排除其他具体适用情节），最高法定刑为三年；而如以非法经营罪定罪，则最高法定刑为五年，因此应以非法经营罪论处。

2. 如果个人生产、销售不符合食品安全标准的食品经营数额在二十万元以上，仅对人体健康造成了严重危害或有其他严重情节情形。如以本罪定罪（排除其他具体适用情节），最高法定刑为七年；而如以非法经营罪定罪，则最高法定性为十五年有期徒刑，因此应以非法经营罪论处。

3. 生产、销售不符合食品安全标准的食品行为造成了特别严重后果情形。如致一人死亡、三人以上重伤、十人以上轻伤的，如以本罪定罪（排除其他具体适用情节），法定刑为七年以上有期徒刑或者无期徒刑，显然高于非法经营罪的法定刑，因此应以本罪论处。

不过，如果行为人不是未经许可生产、销售，也不存在买卖经营许可证、批准文件的行为，则不构成非法经营罪，从而也不存在本罪与非法经营罪的想象竞合。此外，还必须注意的是，不是所有未经许可经营食品的行为均可认定为非法经营行为。根据《食品安全法》第二十九条②的规定，取得食品生产许可的食品生产者在其生产场所销售其生产的食品，不需要取得食品流通的许可；取得餐饮服务许可的餐饮服务提供者在其餐饮服务场所出售其制作加工的食品，不需要取得食品生产和流通的许可；农民个人销售其自产的食用农产品，不需要取得食品流通的许可。这类行为即使没有获得许可，也不构成本罪与非法经营罪的竞合。

——张军、胡云腾主编：《〈刑法修正案（八）〉条文及配套司法解释理解与适用》，人民法院出版社 2011 年版，第 196~197 页。

---

① 本条现为《食品安全法》第一百四十九条。

② 本条现为《食品安全法》第三十六条。

373. 关于食品滥用添加行为的定性

关键词

食品滥用添加行为　生产、销售不符合安全标准的食品罪

最高人民法院司法解释

第五条　在食品生产、销售、运输、贮存等过程中，违反食品安全标准，超限量或者超范围滥用食品添加剂，足以造成严重食物中毒事故或者其他严重食源性疾病的，依照刑法第一百四十三条的规定以生产、销售不符合安全标准的食品罪定罪处罚。

在食用农产品种植、养殖、销售、运输、贮存等过程中，违反食品安全标准，超限量或者超范围滥用添加剂、农药、兽药等，足以造成严重食物中毒事故或者其他严重食源性疾病的，适用前款的规定定罪处罚。

——《最高人民法院、最高人民检察院关于办理危害食品安全刑事案件适用法律若干问题的解释》(2021 年 12 月 30 日，法释〔2021〕24 号)。

附录：理解与适用

《最高人民法院、最高人民检察院关于办理危害食品安全刑事案件适用法律若干问题的解释》第 5 条是关于食品滥用添加行为的定性处理规定，基本沿用 2013 年《最高人民法院、最高人民检察院关于办理危害食品安全刑事案件适用法律若干问题的解释》第 8 条的规定。司法实践中需要注意的是：

（1）第 5 条第 1 款在适用过程中应注意把握食品滥用添加行为与食品非法添加行为的区别，特别是要注意“超范围滥用食品添加剂”与“掺入有毒、有害的非食品原料”的区分，避免将仅在部分食品中禁止使用的食品添加剂视为有毒、有害的非食品原料，进而混淆生产、销售不符合安全标准的食品罪与生产、销售有毒、有害食品罪。

（2）第 5 条第 2 款在适用时也存在同样的问题，应注意“超范围滥用农药、兽药”与“使用禁用农药、食品动物中禁止使用的药品及其他化合物等有毒、有害的非食品原料”的区分，避免将仅在部分食用农产品中禁止使用的农药、兽药认定为有毒、有害的非食品原料，进而混淆生产、销售不符合安全标准的食品罪与生产、销售有毒、有害食品罪。例如，根据农业农村部公告的禁限用农药名录，克百威禁止在蔬菜、瓜果、茶叶、菌类、中草药材上使用，但可在水稻、花生、大豆等食品农产品上使用，故在蔬菜、瓜果上使用克百威属于超范围滥用农药，应依照生产、销售不符合安全标准的食品

罪处理。对于超范围滥用克百威等农药的，如果农药残留量超出标准限量的，可以生产、销售不符合安全标准的食品罪定罪处罚，既坚持了罪刑法定原则，避免定罪标准不统一，也能够实现对此类具有较高食品安全风险的犯罪予以从严惩处的效果。

——安翱、高雨、肖凤：《〈关于办理危害食品安全刑事案件适用法律若干问题的解释〉的理解与适用》，载《人民司法·应用》2022年第7期。

374. 关于生产、销售不符合安全标准的食品罪“足以造成严重食物中毒事故或者其他严重食源性疾病”的认定标准

关键词

生产、销售不符合安全标准的食品罪　严重食物中毒事故　严重食源性疾病

最高人民法院司法解释

第一条　生产、销售不符合食品安全标准的食品，具有下列情形之一的，应当认定为刑法第一百四十三条规定的“足以造成严重食物中毒事故或者其他严重食源性疾病”：

（一）含有严重超出标准限量的致病性微生物、农药残留、兽药残留、生物毒素、重金属等污染物质以及其他严重危害人体健康的物质的；

（二）属于病死、死因不明或者检验检疫不合格的畜、禽、兽、水产动物肉类及其制品的；

（三）属于国家为防控疾病等特殊需要明令禁止生产、销售的；

（四）特殊医学用途配方食品、专供婴幼儿的主辅食品营养成分严重不符合食品安全标准的；

（五）其他足以造成严重食物中毒事故或者严重食源性疾病的情形。

——《最高人民法院、最高人民检察院关于办理危害食品安全刑事案件适用法律若干问题的解释》（2021年12月30日，法释〔2021〕24号）。

附录：理解与适用

《最高人民法院、最高人民检察院关于办理危害食品安全刑事案件适用法律若干问题的解释》（以下简称《解释》）第1条沿用了2013年《最高人民法院、最高人民检察院关于办理危害食品安全刑事案件适用法律若干问题的解释》（以下简称《2013年解释》）将实践中具有高度危险的一些典型情形予以类型化的认定方式，其中，第3项中“防控疾病”是指人类可能患有的疾病，

包括人畜共患疾病，但不包括非洲猪瘟等人类不会患有的疾病，因此生产、销售感染非洲猪瘟的生猪及其制品，不能适用《解释》第1条第2项、第3项的规定以生产、销售不符合安全标准的食品罪定罪处罚，但根据《解释》第13条第2款的规定，构成生产、销售伪劣产品罪，妨害动植物防疫、检疫罪等其他犯罪的，可依照该其他犯罪定罪处罚。

需要说明的是，《2013年解释》施行以来，一些基层执法部门建议以倍比数的方式明确第1条第1项“严重超出”和第1条第4项“严重不符合”的认定标准，部分地方制定了地方标准。征求意见过程中，有意见提出建议将农药残留、兽药残留及铅、汞、镉、铬、砷、铊、锑超过食品安全标准3倍及以上的认定为“严重超出”。我们经研究认为，该标准的制定不仅是法律问题，更是科学问题。鉴于食品中涉及的物质种类繁多，不同物质标准制定过程中考虑的因素多样，且超出标准后的危害差异性悬殊，如农药就有高毒、中毒、低毒和微毒之分，故难以在《解释》中一刀切地以倍比数的方式加以解决。

——安翱、高雨、肖凤：《〈关于办理危害食品安全刑事案件适用法律若干问题的解释〉的理解与适用》，载《人民司法·应用》2022年第7期。

375. 生产、销售有毒、有害食品罪中对有毒、有害的非食品原料的认定

关键词

生产、销售有毒、有害食品罪　有毒有害的非食品原料

最高人民法院司法解释

第九条　下列物质应当认定为刑法第一百四十四条规定的“有毒、有害的非食品原料”：

（一）因危害人体健康，被法律、法规禁止在食品生产经营活动中添加、使用的物质；

（二）因危害人体健康，被国务院有关部门列入《食品中可能违法添加的非食用物质名单》《保健食品中可能非法添加的物质名单》和国务院有关部门公告的禁用农药、《食品动物中禁止使用的药品及其他化合物清单》等名单上的物质；

（三）其他有毒、有害的物质。

——《最高人民法院、最高人民检察院关于办理危害食品安全刑事案件适用法律若干问题的解释》（2021年12月30日，法释〔2021〕24号）。

附录：理解与适用

在司法实践中，如何把握2013年《最高人民法院、最高人民检察院关于办理危害食品安全刑事案件适用法律若干问题的解释》第20条规定的“有毒、有害的非食品原料”范围，存在一定分歧。有的将法律、法规或者国务院公告的禁用物质完全等同于有毒、有害的非食品原料，不再进行有毒、有害的实质性判断。但实际上，国务院有关部门公告禁用物质的禁用原因复杂，一些物质并非因危害人体健康被禁用，有的系因工艺或者技术上没有必要添加等情况而被禁用。

针对上述问题，《最高人民法院、最高人民检察院关于办理危害食品安全刑事案件适用法律若干问题的解释》第9条第1项和第2项增加了“因危害人体健康”被禁用的限制性规定，强调对第1项和第2项的禁用物质要进行有毒、有害的实质性判断，避免将禁用物质完全等同于有毒、有害的非食品原料。在此特别强调的是，有毒、有害的非食品原料要求在食品、食用农产品以及食品、食用农产品生产、种植、养殖、销售、运输、贮存等环节均被禁止添加、使用，如果仅在部分食品、食用农产品中被禁止添加、使用，或者仅在部分环节被禁止添加、使用，均不能认定为有毒、有害的非食品原料。同时，在禁用物质毒害性不明时，根据《最高人民法院、最高人民检察院关于办理危害食品安全刑事案件适用法律若干问题的解释》第24条的规定，可以依据鉴定意见、检验报告、相关行政主管部门组织出具的书面意见，结合其他证据作出认定。

——安翱、高雨、肖凤：《〈关于办理危害食品安全刑事案件适用法律若干问题的解释〉的理解与适用》，载《人民司法·应用》2022年第7期。

最高人民法院指导性案例

北京阳光一佰生物技术开发有限公司、习文有等生产、销售有毒、有害食品案（最高人民法院指导案例70号）

裁判要点：行为人在食品生产经营中添加的虽然不是国务院有关部门公布的《食品中可能违法添加的非食用物质名单》和《保健食品中可能非法添加的物质名单》中的物质，但如果该物质与上述名单中所列物质具有同等属性，并且根据检验报告和专家意见等相关材料能够确定该物质对人体具有同等危害的，应当认定为《中华人民共和国刑法》第一百四十四条规定的“有毒、有害的非食品原料”。

法院生效裁判认为：刑法第一百四十四条规定，“在生产、销售的食品中掺入有毒、有害的非食品原料的，或者销售明知掺有有毒、有害的非食品原料的食品的，处五年以下有期徒刑，并处罚金；对人体健康造成严重危害或者有其他严重情节的，处五年以上十年以下有期徒刑，并处罚金；致人死亡或者有其他特别严重情节的，依照本法第一百四十一条的规定处罚。”最高人民法院、最高人民检察院《关于办理危害食品安全刑事案件适用法律若干问题的解释》（以下简称《解释》）① 第二十条 ② 规定，“下列物质应当认定为‘有毒、有害的非食品原料’：（一）法律、法规禁止在食品生产经营活动中添加、使用的物质；（二）国务院有关部门公布的《食品中可能违法添加的非食用物质名单》《保健食品中可能非法添加的物质名单》上的物质；（三）国务院有关部门公告禁止使用的农药、兽药以及其他有毒、有害物质；（四）其他危害人体健康的物质。”第二十一条规定，“‘足以造成严重食物中毒事故或者其他严重食源性疾病’‘有毒、有害非食品原料’难以确定的，司法机关可以根据检验报告并结合专家意见等相关材料进行认定。必要时，人民法院可以依法通知有关专家出庭作出说明。”本案中，盐酸丁二胍系在我国未获得药品监督管理部门批准生产或进口，不得作为药品在我国生产、销售和使用的化学物质；其亦非食品添加剂。盐酸丁二胍也不属于上述《解释》第二十条第二、第三项规定的物质。根据扬州大学医学院葛晓群教授出具的专家意见和南京医科大学司法鉴定所的鉴定意见证明，盐酸丁二胍与《解释》第二十条第二项《保健食品中可能非法添加的物质名单》中的其他降糖类西药（盐酸二甲双胍、盐酸苯乙双胍）具有同等属性和同等危害。长期服用添加有盐酸丁二胍的“阳光一佰牌山芪参胶囊”有对人体产生毒副作用的风险，影响人体健康、甚至危害生命。因此，对盐酸丁二胍应当依照《解释》第二十条第四项、第二十一条的规定，认定为刑法第一百四十四条规定的“有毒、有害的非食品原料”。

被告单位阳光一佰公司、被告人习文有作为阳光一佰公司生产、销售山芪参胶囊的直接负责的主管人员，被告人杨立峰、钟立檬、王海龙作为阳光一佰公司生产、销售山芪参胶囊的直接责任人员，明知阳光一佰公司生产、销售的保健食品山芪参胶囊中含有国家禁止添加的盐酸丁二胍成分，仍然进行生产、销售；被告人尹立新、谭国民明知其提供的含有国家禁止添加的盐酸丁二胍的原料被被告人习文有用于生产保健食品山芪参胶囊并进行销

① 本文件已被《最高人民法院、最高人民检察院关于办理危害药品安全刑事案件适用法律若干问题的解释》（高检发释字〔2022〕1 号）废止。

② 本条现为《最高人民法院、最高人民检察院关于办理危害食品安全刑事案件适用法律若干问题的解释》（法释〔2021〕24 号）第九条。

售，仍然向习文有提供该种原料，因此，上述单位和被告人均依法构成生产、销售有毒、有害食品罪。其中，被告单位阳光一佰公司、被告人习文有、尹立新、谭国民的行为构成生产、销售有毒、有害食品罪。被告人杨立峰的行为构成生产有毒、有害食品罪；被告人钟立檬、王海龙的行为均已构成销售有毒、有害食品罪。根据被告单位及各被告人犯罪情节、犯罪数额，综合考虑各被告人在共同犯罪的地位作用、自首、认罪态度等量刑情节，作出如上判决。

——《最高人民法院关于发布第十五批指导性案例的通知》(2016 年 12 月 28 日，法〔2016〕449 号)。

说明

该指导案例旨在明确行为人在食品生产经营中添加的虽然不是国务院有关部门公布的《食品中可能违法添加的非食用物质名单》和《保健食品中可能非法添加的物质名单》中的物质，但如果该物质与上述名单中所列物质具有同等属性，并且根据检验报告和专家意见等相关材料确定该物质对人体具有同等危害的，应当认定为《中华人民共和国刑法》第一百四十四条规定的“有毒、有害的非食品原料”。该指导案例有利于正确理解和适用刑法和相关司法解释的规定，在当前严峻的食品安全形势下，确保有效打击生产、销售有毒、有害食品犯罪，维护人民群众的生命健康安全。

376.“地沟油”犯罪的处理

关键词

生产、销售有毒、有害食品罪　地沟油

最高人民法院司法政策精神

一、依法严惩“地沟油”犯罪，切实维护人民群众食品安全

“地沟油”犯罪，是指用餐厨垃圾、废弃油脂、各类肉及肉制品加工废弃物等非食品原料，生产、加工“食用油”，以及明知是利用“地沟油”生产、加工的油脂而作为食用油销售的行为。“地沟油”犯罪严重危害人民群众身体健康和生命安全，严重影响国家形象，损害党和政府的公信力。各级公安机关、检察机关、人民法院要认真贯彻《刑法修正案（八）》对危害食品安全犯罪从严打击的精神，依法严惩“地沟油”犯罪，坚决打击“地沟油”进入食用领域的各种犯罪行为，坚决保护人民群众切身利益。对于涉及多地区的“地沟油”犯罪案件，各地公安机关、检察机关、人民法院要在案件管辖、调

查取证等方面通力合作，形成打击合力，切实维护人民群众食品安全。

二、准确理解法律规定，严格区分犯罪界限

（一）对于利用“地沟油”生产“食用油”的，依照刑法第 144 条生产有毒、有害食品罪的规定追究刑事责任。

（二）明知是利用“地沟油”生产的“食用油”而予以销售的，依照刑法第 144 条销售有毒、有害食品罪的规定追究刑事责任。认定是否“明知”，应当结合犯罪嫌疑人、被告人的认知能力，犯罪嫌疑人、被告人及其同案人的供述和辩解，证人证言，产品质量，进货渠道及进货价格、销售渠道及销售价格等主、客观因素予以综合判断。

（三）对于利用“地沟油”生产的“食用油”，已经销售出去没有实物，但是有证据证明系已被查实生产、销售有毒、有害食品犯罪事实的上线提供的，依照刑法第 144 条销售有毒、有害食品罪的规定追究刑事责任。

（四）虽无法查明“食用油”是否系利用“地沟油”生产、加工，但犯罪嫌疑人、被告人明知该“食用油”来源可疑而予以销售的，应分别情形处理：经鉴定，检出有毒、有害成分的，依照刑法第 144 条销售有毒、有害食品罪的规定追究刑事责任；属于不符合安全标准的食品的，依照刑法第 143 条销售不符合安全标准的食品罪追究刑事责任；属于以假充真、以次充好、以不合格产品冒充合格产品或者假冒注册商标，构成犯罪的，依照刑法第 140 条销售伪劣产品罪或者第 213 条假冒注册商标罪、第 214 条销售假冒注册商标的商品罪追究刑事责任。

（五）知道或应当知道他人实施以上第（一）、（二）、（三）款犯罪行为，而为其掏捞、加工、贩运“地沟油”，或者提供贷款、资金、账号、发票、证明、许可证件，或者提供技术、生产、经营场所、运输、仓储、保管等便利条件的，依照本条第（一）、（二）、（三）款犯罪的共犯论处。

（六）对违反有关规定，掏捞、加工、贩运“地沟油”，没有证据证明用于生产“食用油”的，交由行政部门处理。

（七）对于国家工作人员在食用油安全监管和查处“地沟油”违法犯罪活动中滥用职权、玩忽职守、徇私枉法，构成犯罪的，依照刑法有关规定追究刑事责任。

三、准确把握宽严相济刑事政策在食品安全领域的适用

在对“地沟油”犯罪定罪量刑时，要充分考虑犯罪数额、犯罪分子主观恶性及其犯罪手段、犯罪行为对人民群众生命安全和身体健康的危害、对市场经济秩序的破坏程度、恶劣影响等。对于具有累犯、前科、共同犯罪的主犯、集团犯罪的首要分子等情节，以及犯罪数额巨大、情节恶劣、危害严重，群众反映强烈，给国家和人民利益造成重大损失的犯罪分子，依法严惩，罪当判处死刑的，要坚决依法判处死刑。对在同一条生产销售链上的犯罪分子，

要在法定刑幅度内体现严惩源头犯罪的精神，确保生产环节与销售环节量刑的整体平衡。对于明知是“地沟油”而非法销售的公司、企业，要依法从严追究有关单位和直接责任人员的责任。对于具有自首、立功、从犯等法定情节的犯罪分子，可以依法从宽处理。要严格把握适用缓刑、免予刑事处罚的条件。对依法必须适用缓刑的，一般同时宣告禁止令，禁止其在缓刑考验期内从事与食品生产、销售等有关的活动。

——《最高人民法院、最高人民检察院、公安部关于依法严惩“地沟油”犯罪活动的通知》(2012 年 1 月 9 日，公通字〔2012〕1 号)。

附录：最高人民法院主流观点

“地沟油”犯罪，是指使用餐厨垃圾、废弃油脂、各类肉及肉制品加工废弃物等非食品原料，生产、加工“食用油”，以及明知是利用“地沟油”生产、加工的油脂而作为食用油销售的行为。具体应当根据《最高人民法院、最高人民检察院、公安部关于依法严惩“地沟油”犯罪活动的通知》的规定认定。

——胡云腾主编:《刑法罪名精释（第五版）》，人民法院出版社 2022 年版，第 223 页。

377. 使用“口水油”加工食品并用于出售构成生产、销售有毒、有害食品罪

关键词

食品加工　口水油　生产、销售有毒、有害食品罪

最高人民法院司法解释

第九条　下列物质应当认定为刑法第一百四十四条规定的“有毒、有害的非食品原料”:

（一）因危害人体健康，被法律、法规禁止在食品生产经营活动中添加、使用的物质;

（二）因危害人体健康，被国务院有关部门列入《食品中可能违法添加的非食用物质名单》《保健食品中可能非法添加的物质名单》和国务院有关部门公告的禁用农药、《食品动物中禁止使用的药品及其他化合物清单》等名单上的物质;

（三）其他有毒、有害的物质。

第十一条　在食品生产、销售、运输、贮存等过程中，掺入有毒、有害

的非食品原料，或者使用有毒、有害的非食品原料生产食品的，依照刑法第一百四十四条的规定以生产、销售有毒、有害食品罪定罪处罚。

在食用农产品种植、养殖、销售、运输、贮存等过程中，使用禁用农药、食品动物中禁止使用的药品及其他化合物等有毒、有害的非食品原料，适用前款的规定定罪处罚。

在保健食品或者其他食品中非法添加国家禁用药物等有毒、有害的非食品原料的，适用第一款的规定定罪处罚。

——《最高人民法院、最高人民检察院关于办理危害食品安全刑事案件适用法律若干问题的解释》(2021 年 12 月 30 日，法释〔2021〕24 号)。

《刑事审判参考》指导案例

邓文均、符纯宣生产、销售有毒、有害食品案(《刑事审判参考》指导案例第 1335 号)

裁判要点："口水油"作为废弃食用油脂，属于国家卫生主管机关明令禁止使用的非食用物质，属于刑法概念中的有毒、有害的非食品原料，使用"口水油"这一非食品原料加工食品并用于出售，构成生产、销售有毒、有害食品罪。

第一种观点认为，涉案的"口水油"与"地沟油"有别，经过高温烧煮后没有实质危害性，不属于废弃油脂，本案没有证据证实涉案的火锅汤料含有有毒、有害物质，故二被告人的行为不构成生产、销售有毒、有害食品罪。如果二被告人的行为足以造成严重食物中毒或者其他严重食源性疾病，可以构成生产、销售不符合安全标准的食品罪。

第二种观点认为，"口水油"中积聚大量的有毒有害物质，属于废弃食用油脂，能够认定为有毒、有害的非食品原料，使用"口水油"加工食品并用于出售，构成生产、销售有毒、有害食品罪。

我们同意第二种观点，具体理由如下：

(一)使用"口水油"会对人体健康造成严重危害

本案在审理中，二被告人辩解他们的做法是"四川老油"的传统做法。在此，有必要厘清传统"四川老油""地沟油"与上述被查出的"口油水"之间的区别与联系。传统"四川老油"不同于"口水油"，"老油"与"老汤(卤)"的做法类似，取自第一锅油，当第二次熬油时倒入保存的第一锅油，同时重新添加新油和新的调料进行熬制，熬好后再取出一定量予以保存，如此重复使用，使得"老油"内积聚的芳香物质越来越多，通过"老油"熬煮食物主料能够更加美味。这里"老油"的回收保存和重复使用仅限于厨房的加工制作阶段，没有掺入食物主料，更没有进入食用环节，与本案被查处的“口水油”明显不同。另外，关于“地沟油”与“口水油”的区分，大众理解的“地沟油”是指下水道污水中的油脂漂浮物、混杂着各种餐厨垃圾的泔水（潲水）中的油脂漂浮物以及劣质肉（含肉制品、下脚料）中的油脂等，而本案中被查处的“口水油”主要是指对剩余食物底料中的油脂进行回收和重复使用的油脂，没有与污水、垃圾、洗涤剂等物混杂，与狭义上的“地沟油”有别。但使用“口水油”同样具有严重危害，具体如下：（1）一些常见的诸如甲肝病毒、乙肝病毒、结核杆菌等传染性病菌均可以通过唾液传播，携带上述病菌的人食用后的食物底料中同样有可能残存上述病菌，再经提炼加工后反复使用这样的食物底料，存在交叉污染、感染他人的可能；（2）火锅店收集的剩余食物底料中的油水通常需要放置一段时间后才能重新熬煮，由于油水中除油脂外，还混合有水、各种食物主料（调料）残余、唾液酶等其他物质，很容易发生水解和氧化并导致油脂酸败、细菌（病菌）滋生，如空气中普遍存在的含毒性的黄曲霉菌等的滋生；（3）油脂经过多次加热使用后，在高温条件下会发生反式异构化、过氧化、热裂解等多种反应，油脂中的营养成分被破坏，有害的反式脂肪酸会增加，同时还会产生多种慢性致癌物质。另外，像黄曲霉菌等耐热性细菌即便经过高温处理，也难以有效去除。上述三种原因使得油脂中有毒、有害物质不断积聚，最终危害人体健康。以“口水油”制售火锅底料的商家对外打着传统“四川老油”的旗号，以增加食物美味度为噱头，实质上是出于减少经营成本、谋取高额利润的考量而枉顾国家法纪和消费者的身体健康，商家在高额利润的驱使下无限制地重复回收和使用经他人食用后的剩余火锅底料中的油脂，油脂中积聚的有毒、有害物质的数量巨大，“口水油”的危害性也就不言自明了。

（二）“口水油”属于有毒、有害的非食品原料

“口水油”属于废弃食用油脂。前述第一种观点认为，“口水油”没有混杂污水和垃圾，来自经他人食用后的剩余食物底料，不属于废弃食用油脂，这种观点与事实不符。

首先，“口水油”不符合人们的正常卫生生活习惯。经营食品的商家应当向消费者提供符合卫生要求的、未经污染未经食用的食物（含原料、辅料），这符合社会大众正常的、一般的消费心理要求，在观念上群众无法接受食用沾染过他人“口水”的食物。他人食用后的剩余食物底料应当废弃，不能重复回收和使用，这符合社会大众的普遍性认知。

其次，“口水油”不符合有关食品安全的法律法规标准。《食品安全法》第三十四条规定，禁止生产经营用非食品原料生产的食品……或者用回收食

品作为原料生产的食品。《餐饮业和集体用餐配送单位卫生规范》[①]第十四条规定，不得将回收后的食品（包括辅料）经烹调加工后再次供应。根据上述规定，即便没有混杂污水和垃圾，他人食用后的剩余食物底料也应禁止用于加工食品或再次供应。何况火锅店从餐桌上收集的剩余食物底料未经严格检查和分拣，还带有食物残渣（壳、骨、刺等）和其他非食品残留物（如烟头、纸巾、牙签等），故对他人食用后的剩余食物底料应认定为餐厨废弃物，上述底料中的油脂属于废弃食用油脂。根据原国家卫生计生委发布的《食品中可能违法添加的非食用物质名单》（第三批）的规定，废弃食用油脂属于非食用物质名单。

最后，有关司法解释对废弃油脂的性质也有专门解释。根据《最高人民法院、最高人民检察院关于办理危害食品安全刑事案件适用法律若干问题的解释》第九条、第二十条（对应 2021 年《最高人民法院、最高人民检察院关于办理危害食品安全刑事案件适用法律若干问题的解释》第十一条、第九条）的规定，国务院有关部门公布的《食品中可能违法添加的非食用物质名单》上的物质应当认定为"有毒、有害的非食品原料"。使用有毒、有害的非食品原料加工食品的，依照《刑法》第一百四十四条的规定以生产、销售有毒、有害食品罪定罪处罚。最高人民法院、最高人民检察院、公安部发布的《关于依法严惩"地沟油"犯罪的通知》中亦规定，废弃油脂属于非食品原料，用废弃油脂生产加工的食用油属于"地沟油"等。

由此可见，"口水油"作为废弃食用油脂，属于国家卫生主管机关明令禁止使用的非食用物质，属于刑法概念中的有毒、有害的非食品原料，使用"口水油"这一非食品原料加工食品并用于出售，构成生产、销售有毒、有害食品罪。

需要说明的是，"口水油"犯罪是继"地沟油"犯罪之后出现的新型危害食品安全的犯罪类型，是"地沟油"犯罪的变种。鉴于食品检验的有限性及依法从严打击食品安全犯罪的需要，目前在司法实践中不宜以证据材料中缺少对"口水油"是否含有有毒、有害物质的鉴定意见便认为证据不足，不将"口水油"认定为有毒、有害的非食品原料。鉴定意见虽然直观且客观，具有较高的信服度，但不能仅以此为标准，而应本着主客观相统一的原则，结合"口水油"具有实质危害性、回收和使用"口水油"的行政违法性以及法律和司法解释的相关规定，依法对"口水油"犯罪判处刑罚。

——张川撰稿、陆建红审编：《邓文均、符纯宣生产、销售有毒、有害食品案——在食品加工中使用"口水油"并销售的，应认定为生产、销售有毒、

① 本文件已被《国家卫生健康委员会关于宣布失效第三批委文件的决定》（国卫办发〔2018〕15号）废止。

有害食品罪》，载最高人民法院刑事审判第一、二、三、四、五庭主办：《刑事审判参考》（总第 122 集），法律出版社 2020 年版，第 11~15 页。

378. 采用冒充专家诊疗、伪造体检报告、虚假宣传等手段针对老年人实施保健食品诈骗的如何定罪

关键词

诈骗罪　生产、销售伪劣产品罪　保健食品　虚假宣传

最高人民法院司法解释

第十九条　违反国家规定，利用广告对保健食品或者其他食品作虚假宣传，符合刑法第二百二十二条规定的，以虚假广告罪定罪处罚；以非法占有为目的，利用销售保健食品或者其他食品诈骗财物，符合刑法第二百六十六条规定的，以诈骗罪定罪处罚。同时构成生产、销售伪劣产品罪等其他犯罪的，依照处罚较重的规定定罪处罚。

——《最高人民法院、最高人民检察院关于办理危害食品安全刑事案件适用法律若干问题的解释》（2021 年 12 月 30 日，法释〔2021〕24 号）。

最高人民法院公布的典型案例

陈某某诈骗案——采用冒充专家诊疗、伪造体检报告、虚假宣传等手段针对老年人实施保健食品诈骗

裁判要点：采用冒充专家诊疗、伪造体检报告、虚假宣传等手段针对老年人实施保健食品诈骗的，针对不同情况，应作出不同的定罪。利用广告对保健食品或者其他食品作虚假宣传，符合《刑法》第二百二十二条规定的，以虚假广告罪定罪处罚；以非法占有为目的，利用销售保健食品或者其他食品诈骗财物，符合《刑法》第二百六十六条规定的，以诈骗罪定罪处罚。同时构成生产、销售伪劣产品罪等其他犯罪的，依照处罚较重的规定定罪处罚。

简要案情

2011 年 5 月，被告人陈某某在江苏省南京市注册成立多家公司，以老年人为主要对象进行保健食品销售。陈某某对公司人员统一管理，统称“金鹰团队”。陈某某通过“金鹰团队”掌控整个犯罪集团，并对该犯罪集团在江苏、浙江、安徽等地设立的几十个销售平台实行网格化管理。2016 年，陈某

某引入“平台旅游会销”模式，销售人员以免费旅游的名义将老年人骗至销售平台。陈某某通过安排员工冒充知名医学专家进行门诊咨询、假冒医务人员进行虚假检测、伪造检测报告，虚假宣传公司销售的免疫球蛋白等保健食品能够预防和治疗心脑血管疾病、癌症肿瘤、糖尿病等，以及购买产品享有国家补贴等方式，使被害人相信自己有高患癌风险，须服用该产品预防，从而使被害人高价购买保健食品。至2018年案发时，陈某某组织、领导“金鹰团队”犯罪集团实施诈骗活动，诈骗金额达1161万余元。

裁判结果

江苏省常州市天宁区人民法院审理认为，被告人陈某某以非法占有为目的，采取虚构事实、隐瞒真相的手段，骗取他人财物，其行为已构成诈骗罪。陈某某为达到敛财目的，创设“平台旅游会销”诈骗模式，组成较为固定的犯罪集团实施犯罪活动。陈某某是该犯罪集团的首要分子，应按照集团所犯的全部罪行处罚。陈某某诈骗数额达1161万余元，应认定为“数额特别巨大”，处十年以上有期徒刑或者无期徒刑，并处罚金或者没收财产。据此，以诈骗罪判处被告人陈某某有期徒刑十四年，并处罚金人民币八百万元。其他被告人被判处有期徒刑一年二个月至十二年六个月不等刑期，并处罚金。

典型意义

保健食品俗称保健品。随着生活水平的提高，老年人“花钱买健康”的观念逐步深入人心。一些不法分子抓住老年人有保健需求的心理，先采用免费体检、“专家”义诊、免费旅游等方式吸引老年人参与，再通过虚假诊疗、伪造检测报告、夸大宣传保健品功能等手段，向老年人高价销售保健品，达到骗取财物的目的。通过营销保健品诈骗财物，不仅侵害当事人的财产权益，甚至还会延误正常诊疗，危害生命健康安全。对此，《最高人民法院、最高人民检察院关于办理危害食品安全刑事案件适用法律若干问题的解释》第十九条明确规定，违反国家规定，利用广告对保健食品或者其他食品作虚假宣传，符合刑法第二百二十二条规定的，以虚假广告罪定罪处罚；以非法占有为目的，利用销售保健食品或者其他食品诈骗财物，符合刑法第二百六十六条规定的，以诈骗罪定罪处罚。同时构成生产、销售伪劣产品罪等其他犯罪的，依照处罚较重的规定定罪处罚。

——《最高人民法院、最高人民检察院联合发布危害食品安全刑事典型案例》（2021年12月31日），载最高人民法院官网，https：//www.court.gov.cn。

379. 在食品生产或者加工过程中掺入罂粟壳等少量毒品行为的定性

关键词

生产、销售有毒、有害食品罪　罂粟壳　毒品

附录：最高人民法院主流观点

食品生产经营者为吸引顾客，用隐瞒事实真相或者用制造假象等欺骗手段，在食品生产经营或者餐饮加工过程中加入罂粟壳，以达到使他人上瘾后形成依赖而多销的目的，如何定性？这类行为，侵害的主要是社会主义市场经济秩序和不特定多数人的身体健康，主观目的是谋取非法利益，而不是欺骗他人吸食毒品或者谋取与毒品本身价值相称的对价，因此不构成引诱、欺骗他人吸毒罪或者贩卖毒品罪。如果符合入罪标准要求，应认定为生产、销售有毒、有害食品罪。

——张军、胡云腾主编：《〈刑法修正案（八）〉条文及配套司法解释理解与适用》，人民法院出版社2011年版，第204页。

380. 销售以“瘦肉精”饲养的肉猪致多人中毒行为的定性

关键词

生产、销售有毒、有害食品罪　非法经营罪　瘦肉精

最高人民法院司法解释

为依法惩治非法生产、销售、使用盐酸克仑特罗（CLENBUTEROLHY-DROCHLORIDE，俗称“瘦肉精”）等禁止在饲料和动物饮用水中使用的药品等犯罪活动，维护社会主义市场经济秩序，保护公民身体健康，根据刑法有关规定，现就办理这类刑事案件具体应用法律的若干问题解释如下：

第一条　未取得药品生产、经营许可证件和批准文号，非法生产、销售盐酸克仑特罗等禁止在饲料和动物饮用水中使用的药品，扰乱药品市场秩序，情节严重的，依照刑法第二百二十五条第（一）项的规定，以非法经营罪追究刑事责任。

第二条　在生产、销售的饲料中添加盐酸克仑特罗等禁止在饲料和动物饮用水中使用的药品，或者销售明知是添加有该类药品的饲料，情节严重的，

依照刑法第二百二十五条第（四）项的规定，以非法经营罪追究刑事责任。

第三条　使用盐酸克仑特罗等禁止在饲料和动物饮用水中使用的药品或者含有该类药品的饲料养殖供人食用的动物，或者销售明知是使用该类药品或者含有该类药品的饲料养殖的供人食用的动物的，依照刑法第一百四十四条的规定，以生产、销售有毒、有害食品罪追究刑事责任。

第四条　明知是使用盐酸克仑特罗等禁止在饲料和动物饮用水中使用的药品或者含有该类药品的饲料养殖的供人食用的动物，而提供屠宰等加工服务，或者销售其制品的，依照刑法第一百四十四条的规定，以生产、销售有毒、有害食品罪追究刑事责任。

第五条　实施本解释规定的行为，同时触犯刑法规定的两种以上犯罪的，依照处罚较重的规定追究刑事责任。

第六条　禁止在饲料和动物饮用水中使用的药品，依照国家有关部门公告的禁止在饲料和动物饮用水中使用的药物品种目录确定。

——《最高人民法院、最高人民检察院关于办理非法生产、销售、使用禁止在饲料和动物饮用水中使用的药品等刑事案件具体应用法律若干问题的解释》（2002 年 8 月 16 日，法释〔2002〕26 号）。

《刑事审判参考》指导案例

俞亚春生产、销售有毒、有害食品案（《刑事审判参考》指导案例第 166 号）

裁判要点：用“瘦肉精”饲养肉猪，销售后致多人中毒的，应以生产、销售有毒食品罪定罪处罚。

综上，行为人明知“瘦肉精”是国家明令禁止使用的饲料添加剂，仍将“瘦肉精”掺入饲料喂养肉猪，并将猪肉销售给他人，从而导致众多消费者食用猪肉后中毒，其行为已构成生产、销售有毒食品罪。

但应指出的是，《刑法》第 144 条规定的生产、销售有毒、有害食品罪是选择性罪名，并且属于行为加对象性选择适用罪名。审判实践中，对这种选择性罪名的适用，不仅要考虑被告人所实施的具体行为，还要考虑被告人所实施行为的具体对象。对于被告人没有实施的行为或者对象，不应适用为罪名。如生产、销售含有“瘦肉精”的食品，属于有毒食品，相应地只能适用生产、销售有毒食品罪，而不应适用“生产、销售有毒、有害食品罪”的罪名。

——最高人民法院刑事审判第一庭、第二庭编：《刑事审判参考》2002 年第 2 辑（总第 25 辑），法律出版社 2002 年版，第 11~15 页。

说明

在一段时间里，以销售含有“瘦肉精”的猪肉等有毒、有害食品的情况比较突出，为严厉打击此类危害人民群众身体健康的违法经营行为，最高人民法院、最高人民检察院制定并公布了《关于办理非法生产、销售、使用禁止在饲料和动物饮用水中使用的药品等刑事案件具体应用法律若干问题的解释》。实践中，要根据不同犯罪的行为特征，准确、公正地予以定罪处罚。

381. 生产、销售有毒、有害食品罪与投放危险物质罪的区分

关键词

生产、销售有毒、有害食品罪　投放危险物质罪

附录：最高人民法院主流观点

生产、销售的有毒、有害食品，最终必然面向市场，因此本罪在破坏市场经济管理秩序的同时，必然同时危害公共安全，由此导致了实践中生产销售有毒、有害食品罪与投放危险物质罪难以区分的现象。生产销售有毒、有害食品罪的最低法定刑是三年，而投放危险物质罪的最低法定刑是十年，虽然两者的最高刑相同，但整体上后者明显重于前者，因此有必要论及两者的区分。

在生产、销售过程中，出于牟利目的，在食品中掺入有毒物质的行为，可能同时构成投放危险物质罪和生产、销售有毒、有害食品罪。对于同时符合两罪的此类情形，一般情况下，基本上是适用法条竞合的一般原则（特别法优于一般法），以生产、销售有毒、有害食品罪论处，不适用想象竞合犯的处断原则（从一重处断）。但这一做法不是绝对的，在个别案件中，也存在不同的做法。如对出于牟利目的，为增加食品数量或者改变食品色、香、味而掺入大量剧毒物品的行为，有观点主张应以投放危险物质罪论处。理由是：掺入行为人的注意义务应高于一般人，行为人知道或者应当知道物品的剧毒性及行为后果的必然性。行为人明知自己的行为必然发生危害社会的结果，而仍然实施这种行为，在主观意志上不可能存在放任问题，应等同于希望。希望危害公共安全的结果发生而投放剧毒物品的行为，是典型的投放危险物质犯罪行为。我们认为，明知行为必然发生危害社会的结果而仍然实施行为的，应当认定为希望这种结果发生，这是当前刑法理论界和实务界的主流观点。然而，为增加食品数量或者改变食品色、香、味而掺入剧毒物品者未必明知行为必然发生危害公共安全的结果，更未必明知行为必然发生的危

害结果与放火、爆炸、决水等行为的危害程度相当，不能因为注意义务高于一般人就一概认定行为人主观上明知必然发生。对于危害后果达到了与放火、爆炸、决水等危害后果相当程度的掺入行为，如果有证据表明行为人主观上是明知必然发生，则应当认定为投放危险物质罪；反之，则应当认定为生产、销售有毒、有害食品罪。

——张军、胡云腾主编：《〈刑法修正案（八）〉条文及配套司法解释理解与适用》，人民法院出版社 2011 年版，第 205 页。

382. 生产、销售有毒、有害食品罪与以危险方法危害公共安全罪的区分

关键词

生产、销售有毒、有害食品罪　以危险方法危害公共安全罪

附录：最高人民法院主流观点

生产、销售有毒、有害食品罪与以危险方法危害公共安全罪的区分可以比照前文对本罪与投放危险物质罪的区分予以分析。一般情况下，基本上是适用法条竞合的一般原则（特别法优于一般法），以生产、销售有毒、有害食品罪论处，不适用想象竞合犯的处断原则（从一重处断）。但在个别案件中，也可能存在不同的做法。如有证据表明行为人主观上明知必然发生危害后果，且认识到所发生的后果与放火、爆炸、决水等的危害程度相当，则应当认定为以危险方法危害公共安全罪。实践中，有观点认为，以危险方法危害公共安全罪往往具有直接进攻性特征，其行为手段的危险性应与放火、爆炸、决水、投放危险物质等的危险性相当。我们认为，以危险方法危害公共安全罪，在主观要件上还包括间接故意，因此该罪并不完全体现直接进攻性的特征。但是该观点旨在强调对于直接进攻（危害）公共安全抑或直接追求危害公共安全后果的生产、销售有毒、有害食品行为，应确立以危险方法危害公共安全罪论处的定罪思路。从这一角度分析，上述观点又有一定的合理性。

除此之外，生产、销售有毒、有害食品罪一般发生在生产、销售过程中，且所生产、销售的对象必须是食品，对于不发生在生产、销售过程中或者无掺入行为抑或所生产、销售的对象不是食品的行为不能认定为生产、销售有毒、有害食品罪。如在“三鹿奶粉”系列案件中，主犯张玉军、张彦章生产、销售“三聚氰胺”的混合物（“蛋白粉”），这种混合物严格来说不是食品，张玉军、张彦章也无掺入行为，因此不能认定其行为构成生产、销售有毒、有害食品罪，而其他被告人是在生产、销售奶粉的过程中掺入了“三聚氰胺”

蛋白粉，生产、销售的对象是食品，掺入的是非食品原料，因此法院认定被告人张玉军、张彦章的行为构成以危险方法危害公共安全罪，而其他同案犯的行为构成生产、销售有毒、有害食品罪是正确的。

——张军、胡云腾主编：《〈刑法修正案（八）〉条文及配套司法解释理解与适用》，人民法院出版社 2011 年版，第 205 页。

383. 准确适用法律，依法严惩种子制假售假犯罪

关键词

种子制假售假　明知

最高人民法院司法政策精神

三、准确适用法律，依法严惩种子制假售假犯罪。对销售明知是假的或者失去使用效能的种子，或者生产者、销售者以不合格的种子冒充合格的种子，使生产遭受较大损失的，依照刑法第一百四十七条的规定以生产、销售伪劣种子罪定罪处罚。

对实施生产、销售伪劣种子行为，因无法认定使生产遭受较大损失等原因，不构成生产、销售伪劣种子罪，但是销售金额在五万元以上的，依照刑法第一百四十条的规定以生产、销售伪劣产品罪定罪处罚。同时构成假冒注册商标罪等其他犯罪的，依照处罚较重的规定定罪处罚。

——《最高人民法院印发〈关于进一步加强涉种子刑事审判工作的指导意见〉的通知》（2022 年 3 月 2 日，法〔2022〕66 号）。

384. 生产、销售伪劣种子罪中"伪劣种子"的认定

关键词

生产、销售伪劣种子罪　伪劣种子

《刑事审判参考》指导案例

李云平销售伪劣种子案（《刑事审判参考》指导案例第 106 号）

裁判要点：以此种品种种子冒充他种品种种子属伪劣种子，行为人以此种方式销售种子的，构成销售伪劣种子罪。

所谓生产、销售伪劣种子罪，是指生产者、销售者违反种子管理法规，生产、销售假种子、劣种子，使生产遭受较大损失的行为。本罪的犯罪对象是假种子和劣种子。关于假种子和劣种子的认定，《种子法》第 46 条有明确规定。本案中，被告人李云平将自己培育的 6 万余公斤玉米种冒充“鲁单 50 号”玉米种进行销售，无疑属于“以此种品种种子冒充他种品种种子”的销售假种子的行为。被告人的行为构成销售伪劣种子罪。

——最高人民法院刑事审判第一庭、第二庭编：《刑事审判参考》2001 年第 6 辑（总第 17 辑），法律出版社 2001 年版，第 1~5 页。

385. 解决鉴定难问题，准确认定伪劣种子

关键词

伪劣种子

最高人民法院司法政策精神

七、依法解决鉴定难问题，准确认定伪劣种子。对是否属于假的、失去使用效能的或者不合格的种子，或者使生产遭受的损失难以确定的，可以依据具有法定资质的种子质量检验机构出具的鉴定意见、检验报告，农业农村、林业和草原主管部门出具的书面意见，农业农村主管部门所属的种子管理机构组织出具的田间现场鉴定书等，结合其他证据作出认定。

——《最高人民法院印发〈关于进一步加强涉种子刑事审判工作的指导意见〉的通知》（2022 年 3 月 2 日，法〔2022〕66 号）。

第二节　走私罪

386. 单位走私犯罪的直接责任人员又实施同种自然人走私犯罪的处理

关键词

单位走私　自然人走私

最高人民法院司法政策精神

十八、关于单位走私犯罪及其直接负责的主管人员和直接责任人员的认定问题

具备下列特征的，可以认定为单位走私犯罪：

（1）以单位的名义实施走私犯罪，即由单位集体研究决定，或者由单位的负责人或者被授权的其他人员决定、同意；（2）为单位谋取不正当利益或者违法所得大部分归单位所有。

依照最高人民法院《关于审理单位犯罪案件具体应用法律有关问题的解释》第 2 条的规定，个人为进行违法犯罪活动而设立的公司、企业、事业单位实施犯罪的，或者个人设立公司、企业、事业单位后，以实施犯罪为主要活动的，不以单位犯罪论处。单位是否以实施犯罪为主要活动，应根据单位实施走私行为的次数、频度、持续时间、单位进行合法经营的状况等因素综合考虑认定。

根据单位人员在单位走私犯罪活动中所发挥的不同作用，对其直接负责的主管人员和其他直接责任人员，可以确定为一人或者数人。对于受单位领导指派而积极参与实施走私犯罪行为的人员，如果其行为在走私犯罪的主要环节起重要作用的，可以认定为单位犯罪的直接责任人员。

——《最高人民法院、最高人民检察院、海关总署关于印发〈办理走私刑事案件适用法律若干问题的意见〉的通知》（2002 年 7 月 8 日，法〔2002〕139 号），载《最高人民检察院公报》2003 年第 1 期（总第 72 号）。

附录：最高人民法院主流观点

行为人多次实施走私犯罪，部分行为构成单位走私犯罪，部分行为构成自然人走私犯罪，对于分别构成不同罪名的实行数罪并罚，实践中没有不同意见，但是对于构成同种走私犯罪的应如何处理，实践中存在多种意见分歧。第一种意见认为，对于单位犯罪和自然人犯罪应从犯罪数额、危害后果等方面区分主次，按主要的犯罪处理，即如果单位走私是主要的，全案均认定为单位犯罪，反之则全案认定为自然人犯罪；量刑时按相加后的数额确定刑罚，如果按单位犯罪处罚的，应当酌情从重，反之则酌情从轻。该观点的主要理由是同种数罪不得并罚。第二种意见认为，作为单位的主管人员或者直接责任人员构成的走私罪与其作为自然人犯罪主体构成的走私罪是两回事，不能混淆。因此，两者即使具体罪名相同，也应当实行数罪并罚。理由是：同种数罪不得并罚只是一条理论原则，不是刑法上的禁止性规定，应当允许有例外情况。判决宣告后发现漏罪或者又犯新罪的情形就属于例外。第三种意见认为，既不数罪并罚，也不将两种数额相加后再确定量刑档次，而是择一重

罪处罚，另外的行为从重情节考虑。[①]该三种意见各有考虑，究竟何者更为合理？

尽管此问题目前尚无相关司法解释规定，我们倾向于同意第二种意见，即单位走私和自然人走私分别定罪，实行并罚：主要考虑是：第一，单位犯罪具有不同于自然人犯罪的相对独立性，虽然适用同一罪名，但更接近于实质上的数罪，刑法对于单位犯罪和自然人犯罪作了不同法定刑规定的尤其如此。第二，实行数罪并罚，体现和尊重了犯罪事实的本来面貌，无需人为地去扭曲事实，也有效避免了部分评价的不足。第三，相比较而言，数罪并罚可以更大限度地达成量刑平衡，至少可以有效避免出现犯两罪处罚反而轻于一罪的不合理现象。第四，尽管与刑法中因主体不同而规定为不同犯罪的情形不尽相同，但相关处罚精神不无借鉴之处。以国家工作人员职务犯罪和非国家工作人员职务犯罪为例，2010 年最高人民法院、最高人民检察院《关于办理国家出资企业中职务犯罪案件具体应用法律若干问题的意见》第 5 条第 1 款规定："国家工作人员在国家出资企业改制前利用职务上的便利实施犯罪，在其不再具有国家工作人员身份后又实施同种行为，依法构成不同犯罪的，应当分别定罪，实行数罪并罚。"

——南英主编：《最高人民法院、最高人民检察院关于办理走私刑事案件适用法律若干问题的解释理解与适用》，中国法制出版社 2015 年版，第 437、440 页。

387. 单位走私犯罪与个人走私犯罪的区分

关键词

单位走私犯罪　个人走私犯罪

《刑事审判参考》指导案例

林春华等走私普通货物案（《刑事审判参考》指导案例第 18 号）

裁判要点：以公司名义进行走私，违法所得归个人所有的，是个人犯罪。

本案被告人用来进行走私的四个公司中，宏威公司是林春华与其妻兄共同注册的有限责任公司，属于《刑法》第 30 条所指的"公司"，但该公司实

① 参见黄勇民等：《单位走私犯罪适用法律问题探讨》，载《人民司法》2002 年第 3 期。

际由林春华个人出资、控制，走私的决定是林春华基于个人意志作出，违法所得亦归林个人所有，依解释规定不符合单位犯罪的条件；此外，宏威公司虽不是为走私而设，但1997年以后，该公司就是以进行走私为其主要活动，不能以单位犯罪论处。

——最高人民法院刑事审判第一庭编：《刑事审判参考》1999年第3辑（总第3辑），法律出版社1999年版，第9~16页。

王红梅、王宏斌、陈一平走私普通货物、虚开增值税专用发票案（《刑事审判参考》指导案例第336号）

裁判要点：以单位名义实施走私犯罪，没有证据证实违法所得被实施犯罪的个人占有或者私分的，应当根据有利于被告人的原则，认定为单位走私犯罪。

以单位名义实施走私犯罪，现有证据只能证实少量违法所得用于单位的经营活动，绝大部分违法所得的去向无法查清的，应当根据有利于被告人的原则，认定为单位走私犯罪，而非个人犯罪。相关人员应承担单位犯罪中直接负责的主管人员和其他直接责任人员的刑事责任。

——最高人民法院刑事审判第一庭、第二庭编：《刑事审判参考》2005年第2集（总第43期），法律出版社2005年版，第1~20页。

388. 单位走私犯罪中“其他直接责任人员”的认定

关键词

单位走私犯罪　其他直接责任人员

附录：最高人民法院主流观点

其他直接责任人员类似于共同犯罪中的实行犯和帮助犯。《全国法院审理金融犯罪案件工作座谈会纪要》（以下简称《金融犯罪纪要》）规定，“其他直接责任人员，是在单位犯罪中具体实施犯罪并起较大作用的人员，既可以是单位的经营管理人员，也可以是单位的职工，包括聘任、雇佣的人员。应当注意的是，在单位犯罪中，对于受单位领导指派或奉命而参与实施了一定犯罪行为的人员，一般不宜作为直接责任人员追究刑事责任。”参照该规定，其他直接责任人员的认定当中需要注意以下几点：

第一，其他直接责任人员以具体参与实施单位走私犯罪为事实根据。责任以过错为依托，过错以主观明知为依托。在单位走私犯罪中，即便行为人按照工作分工实施了具体犯罪事实，但如果其对于走私犯罪不具有主观明知，则不能将之认定为直接责任人员。以被告人何万生、符颂文、余家庆、古国彬、张成佳、郭好珍、潘钦南走私普通货物案为例说明如下：

2003年3月中山嘉华电子（集团）有限公司（以下简称嘉华公司）及其总经理杨鸿祥、该公司报关组副经理潘钦南委托中山市中粮公司进口200台液晶显示器，后因关税争议（海关要求每台缴纳关税、增值税约人民币1400元，而嘉华公司则认为不应交关税）而退货香港。同年4月，被告人潘钦南联系到中山骏邦快递营业部的郭好珍，商定以每公斤18元另加增值税17%的费用（约每台390元），委托被告人郭好珍代进该批液晶显示器。然后，被告人潘钦南便告知总经理杨鸿祥：该批货物已联系到其他渠道进来，不用缴关税，而且每台不超过500元，杨表示同意。随后，郭好珍通过温业庆找到澳门华通国际物流贸易行的副总经理符颂文，被告人符颂文又找到该行的总经理何万生（何万生、符颂文在珠海成立了华通物流有限公司经营运作，但未办理工商注册登记），商定该批液晶显示器以每台285元的费用代进。

5月21日嘉华公司将退运到香港的上述200台液晶显示器，在香港交给被告人郭好珍设在香港的快递公司发运到澳门。5月23日，被告人何万生、符颂文接货后，经密谋，安排被告人张成佳驾驶“MC-94-40/粤ZAL02澳”厢式货车，将上述200台液晶显示器夹藏在载有胶粒的车内，而以胶粒等货物名称从澳门报关运往横琴保税区，在从澳门至横琴保税区途中，被告人张成佳将车开到湾仔仓库，由被告人余家庆、古国彬等人锯开货车的关锁扣，搬出液晶显示器，将已准备好的等量报关货物装车，用“钢胶”等材料恢复关锁扣后，再将报关货物运往横琴保税区。同日，200台液晶显示器由被告人郭好珍派人在珠海上冲检查站外接走，经被告人潘钦南交给嘉华公司。接着，被告人潘钦南又按上述同等条件再委托被告人郭好珍进口液晶显示器275台，郭好珍又同样委托被告人何万生、符颂文代进。5月28日，同样由被告人张成佳驾驶上述牌号的厢式货车将货物经横琴口岸以胶粒名称申报办理转关至保税区的海关手续后，直接驶往在湾仔的仓库，由被告人余家庆、古国彬等人锯开关锁扣，将该车所装载的液晶显示器进行调换时，被缉私人员现场抓获。

经中国进出口商品检验珠海公司鉴定，该批走私货物为：液晶显示器475台、等离子彩色电视机6台、投影机3台、手提电脑主板47件、CD播放机55件、铝电解电容器、石英电子表芯、片状电阻等货物一批；经拱北海关关税处核定，该批走私货物偷逃应缴税额为人民币1249664.27元，其中被告人潘钦南委托被告人郭好珍走私二批475台液晶显示器的偷逃税额人民币885620.74元。

本案审理过程中，被告人郭好珍、潘钦南及其辩护人提出郭好珍、潘钦南没有走私的主观故意；被告人古国彬及其辩护人提出古国彬只应当对其明知的由郭好珍、潘钦南及澳门华通贸易行等共同策划的走私货物承担罪责，而对其不明知的其他走私货物则不应承担罪责。法院审理查明，被告人郭好珍、潘钦南均分别供称，其二人均明知该批液晶显示器必须缴纳关税才能进口，但仍以明显低于正常报关的应缴税额进口该批货物，郭好珍委托符颂文进口该批货物，明知没有正常的进口手续，仍委托进口，并事先约定了特殊的交易方式，即必须安全押至中山才交接。法院同时认为，被告人古国彬对全案的走私货物具有概括的犯罪故意，即其走私货物的行为对象是不确定的，法律只要求其对全案的犯罪事实有概括的认识即可，而并不要求其明确犯罪结果发生在什么对象上。据此，法院认定被告人郭好珍、潘钦南、古国彬均具有走私故意。

我们认为，法院的认定意见是正确的。本案提出了两个问题：一是明知的理解；二是明知的认定。首先，刑法中的明知包括确定性认识和可能性认识两种，而不限于明明白白、真真切切地知道。其次，刑法中的明知可以结合客观事实进行推定。单位犯罪、共同犯罪中的被告人辩解不知道走私犯罪，在审判实践中较为常见。对此，就需要结合相关客观事实进行推定。本案审理法院根据被告人郭好珍、潘钦南知道进口货物需要缴纳关税，未提供报关进口货物的资料，无报关单、发票，约定异常的交货方式等事实，根据被告人古国彬对部分走私有确定性认识的情况下仍实施同样的行为，推定三被告人对全案走私事实具有主观明知是可以成立的。

第二，并非参与实施人员都应以其他直接责任人员追究刑事责任。《金融犯罪纪要》强调指出，“在单位犯罪中，对于受单位领导指派或奉命而参与实施了一定犯罪行为的人员，一般不宜作为直接责任人员追究刑事责任。”《走私意见》第18条第3款进一步明确，“对于受单位领导指派而积极参与实施走私犯罪行为的人员，如果其行为在走私犯罪的主要环节起重要作用的，可以认定为单位犯罪的直接责任人员。”两个司法文件一正一反，对其他直接责任人员的认定范围作了较为全面的规定。据此，单位犯罪的追责范围与自然人共同犯罪追责范围有所不同，参与实施单位犯罪的人员不一定均需追究刑事责任；而参与自然人共同犯罪的人员一般均需追究刑事责任。这主要是基于单位犯罪参与人员较多、执行人员自主性较低、个人收益与犯罪所得未直接挂钩等特点而作出的一种政策性安排。那么，如何具体确定需要追究刑事责任的人员，这需要综合行为人在走私犯罪中主观意志的自主程度，具体行为之于走私犯罪的远近关系以及重要性等因素进行具体判断。其中，前者主要取决于行为人在单位走私犯罪中的地位，后者主要取决于行为人是否实施了重要环节的行为。比如，具有一定经营管理职责或者负责报关事务的人员一般均需纳入直接责任人员的范畴，而其他按部就班从事日常性事务、未直接实施具体走私犯罪行为仅为走私犯罪提供后勤服务保障、正常领取薪酬的人员如办公室文员、财务人员等，一般可不予追究其刑事责任。

第三，其他直接责任人员不必然排除管理人员。在刑法将直接负责的主管人员和其他直接责任人员并列规定的情况下，实践中往往将凡是有管理职责的人员一概认定为直接负责的主管人员。我们认为这种做法通常是可行的，但不能绝对化。如前所述，公司管理架构的复杂性决定了管理人员身份、地位的相对性，是否属于单位犯罪中的直接负责的主管人员，尚需视具体情况进行具体认定。对此，《金融犯罪纪要》有着明确说明，"其他直接责任人员，是在单位犯罪中具体实施犯罪并起较大作用的人员，既可以是单位的经营管理人员，也可以是单位的职工，包括聘任、雇佣的人员。"

——南英主编：《最高人民法院、最高人民检察院关于办理走私刑事案件适用法律若干问题的解释理解与适用》，中国法制出版社 2015 年版，第 403~406 页。

389. 单位走私犯罪自首的认定

关键词

单位走私犯罪　自首

最高人民法院司法政策精神

二十一、关于单位走私犯罪案件自首的认定问题

在办理单位走私犯罪案件中，对单位集体决定自首的，或者单位直接负责的主管人员自首的，应当认定单位自首。认定单位自首后，如实交代主要犯罪事实的单位负责的其他主管人员和其他直接责任人员，可视为自首，但对拒不交代主要犯罪事实或逃避法律追究的人员，不以自首论。

——《最高人民法院、最高人民检察院、海关总署关于印发〈办理走私刑事案件适用法律若干问题的意见〉的通知》（2002 年 7 月 8 日。法〔2002〕139 号），载《最高人民检察院公报》2003 年第 1 号（总第 72 号）。

附录：最高人民法院主流观点

第一种观点认为，只要单位犯罪的直接负责的主管人员自首，就应对单位认定自首；单位被认定自首后，单位负责的主管人员和直接责任人员，也就应当认定为自首，但对于拒不交代主要犯罪事实或逃避法律追究的部分责任人员，不得以自首论。第二种观点认为，认定单位自首后，如实交代主要

犯罪事实的单位负责的其他主管人员和其他直接责任人员不认定自首，但可以依照《刑法》第67条第1款的规定从轻、减轻或者免除处罚。《走私案件意见》基本上采纳了第一种观点：只要单位犯罪的直接负责的主管人员自首，就应对单位认定自首；单位被认定自首后，单位负责的主管人员和直接责任人员，也就应当认定为自首，但对于拒不交代主要犯罪事实或逃避法律追究的部分责任人员，不得以自首论。

——高憬宏、杨万明主编：《基层人民法院法官培训教材（实务卷·刑事审判篇）》，人民法院出版社2005年版，第142~143页。

390. 客观上积极帮助走私犯罪分子，或者在通关前或者通关过程中与走私犯罪分子存在通谋的行为，应区分情形来认定走私共犯还是放纵走私罪

关键词

走私共犯　放纵走私罪

附录：最高人民法院主流观点

实践中，对于负有查禁走私犯罪活动职责的国家机关工作人员放纵或者帮助他人实施犯罪活动能否构成关联犯罪的共犯，在何种情况下构成关联犯罪的共犯，构成共犯的情况下如何适用罪名等均不无疑问。我们认为，对于渎职犯罪的共犯认定，首先应当严格坚持只有共同故意犯罪才构成共同犯罪的刑法规定，其次要注意兼顾渎职犯罪的特点和实践打击需要，区分渎职犯罪的类型并根据主观内容进行具体判断。根据最高人民法院、最高人民检察院《关于办理渎职刑事案件具体应用法律若干问题的解释（一）》（以下简称《渎职解释》）第4条的规定，应当区分以下三种情形进行认定：

（1）明知类放纵走私犯罪的处理。此类渎职犯罪均以明知为其主观内容，且多数发生在其他犯罪行为实施过程当中，实施渎职犯罪的国家机关工作人员是否同时构成走私犯罪的共犯，实践中存在不同意见。我们认为，单纯的明知帮助行为宜适用渎职罪的刑法规定定罪处罚。主要理由有二：一是按照共同犯罪的一般理论，此情形确实同时构成了非国家工作人员实施的其他犯罪的共犯，但此情形下触犯数个罪名不是行为的复合性所致，而是法律规定的原因所致，宜认定为法条竞合而非想象竞合，即只要实施了单一的渎职行为将不可避免地同时构成其他犯罪的共犯。此种法条竞合属于特别法（渎职犯罪刑法规定）与一般法（共同犯罪刑法规定）之间的竞合，按照特别法优于一般法的法律适用原则应以渎职犯罪处理。二是所帮助的其他犯罪的法定

刑往往都重于渎职犯罪，如择一重罪处理，多数都需以其他犯罪的共犯处理，这将直接导致此类渎职犯罪的刑法规定被实际架空，显然背离了立法初衷。

（2）共谋类放纵走私犯罪的处理。一种意见认为此情形属于法条竞合犯，应当根据特别法优先适用原则一概以渎职犯罪处理。另一种意见认为应当对渎职犯罪和其他犯罪的共犯实行数罪并罚，如择一重罪处理渎职犯罪往往会被其他犯罪所吸收，不利于突出对于渎职犯罪的打击。对此，《渎职解释》明确了择一重罪处断的原则。主要考虑是：一是尽管渎职行为人只实施了一个行为，但渎职行为人通过与他人的主观共谋已经介入了他人的其他犯罪，同时构成其他犯罪的共犯不单是因为刑法规定，更重要的原因出在行为本身，故整体上属于想象竞合犯。二是与同时实施渎职和受贿两个相对独立行为的情形不同，此情形本质上只有一个渎职行为，如对此实行数罪并罚，将不可避免出现重复评价问题。三是为突出对渎职犯罪的打击而对本可以判处更重刑罚的行为以处罚更轻的渎职犯罪处罚，其实际效果值得商榷。相比之下，择一重罪处理更有利于体现从严从重打击需要。

（3）参与类放纵走私犯罪的处理。实践中还存在一种情形，国家机关工作人员除了通过渎职帮助他人犯罪行为之外，还通过非职务行为具体参与实施了他人犯罪。例如，海关工作人员与他人合谋走私假币，为此提供部分走私资金，之后利用其缉私职务上的便利将走私假币船只放行。对此，以往实践中通常择一重罪处理，《渎职解释》作出了调整，明确应当实行数罪并罚。其主要考虑是：此类行为比共谋类渎职犯罪又往前走了一步，多出了一个具体的非职务参与实施行为，形成了两个相互独立的渎职行为和其他犯罪行为，任何单一罪名均不足对其作出全面评价，有必要分别定罪处罚。①

——南英主编：《最高人民法院、最高人民检察院关于办理走私刑事案件适用法律若干问题的解释理解与适用》，中国法制出版社 2015 年版，第 80~81 页。

391. 既有既遂又有未遂的多次走私犯罪的数额计算

关键词

多次走私犯罪

① 参见刘为波等：《〈最高人民法院、最高人民检察院关于办理渎职刑事案件具体应用法律若干问题的解释（一）〉的理解与适用》，载最高人民法院刑事审判第一、二、三、四、五庭主办：《刑事审判参考》（第 95 集），法律出版社 2014 年版，第 154~160 页。

附录：最高人民法院主流观点

《刑法》第153条第3款规定，对多次走私未经处理的，按照累计走私货物、物品的偷逃应缴税额处罚。实践中，多次走私，有的既遂，有的未遂，既遂数额和未遂数额是否累计，如何累计？对此，司法当中存在不同意见：第一种意见认为，既遂数额与未遂数额应一并累计，即将所有的涉案数额简单相加，且全案认定为既遂，以累计的数额定罪处罚；第二种意见认为，既遂数额与未遂数额应分别累计，两者不再相加，且全案认定为既遂，以累计的既遂数额定罪处罚；第三种意见认为，既遂数额与未遂数额不能简单累计，且不应全案认定为既遂，既不能以既遂、未遂的累计数额进行处罚，也不能一味以累计的既遂数额对走私分子进行处罚，而是应当分别确定既遂部分和未遂部分对应的法定刑幅度，并根据较重的法定刑幅度来判处刑罚。在没有专门的司法解释文件规定的情况下，我们倾向于第三种意见。最高人民法院、最高人民检察院、公安部《关于办理侵犯知识产权刑事案件适用法律若干问题的意见》第8条在销售假冒注册商标的商品犯罪案件中尚未销售或者部分销售情形的定罪量刑问题当中规定："销售明知是假冒注册商标的商品，具有下列情形之一的，依照《刑法》第二百一十四条的规定，以销售假冒注册商标的商品罪（未遂）定罪处罚：（一）假冒注册商标的商品尚未销售，货值金额在十五万元以上的；（二）假冒注册商标的商品部分销售，已销售金额不满五万元，但与尚未销售的假冒注册商标的商品的货值金额合计在十五万元以上的。……销售金额和未销售货值金额分别达到不同的法定刑幅度或者均达到同一法定刑幅度的，在处罚较重的法定刑或者同一法定刑幅度内酌情从重处罚。"该规定确定的几条原则对于走私犯罪的数额认定具有直接参考意义，即：第一，既遂部分与未遂部分一般应分别计算，不得累计。只有在既遂部分和未遂部分均未达到定罪起点数额、合并计算达到定罪起点数额标准的情况下，才可以累计数额，但全案应认定为未遂。第二，在既遂部分和未遂部分其中之一达到定罪起点数额，按照达到定罪起点标准的部分处罚并据之相应认定为既遂或者未遂。第三，既遂部分和未遂部分分别达到不同的法定刑幅度或者在同一法定刑幅度的，在处罚较重的法定刑或者同一法定刑幅度内处罚。对于确定法定刑幅度当中未予体现的既遂或者未遂部分，作为量刑情节予以考虑。

——南英主编：《最高人民法院、最高人民检察院关于办理走私刑事案件适用法律若干问题的解释理解与适用》，中国法制出版社2015年版，第364~365页。

392. 直接购买走私成品油行为的认定处理

关键词

直接购买　走私成品油

最高人民法院司法政策精神

一、关于定罪处罚

走私成品油，构成犯罪的，依照刑法第一百五十三条的规定，以走私普通货物罪定罪处罚。

对不构成走私共犯的收购人，直接向走私人购买走私的成品油，数额较大的，依照刑法第一百五十五条第一项的规定，以走私罪论处；向非直接走私人购买走私的成品油的，根据其主观故意，分别依照刑法第一百九十一条规定的洗钱罪或者第三百一十二条规定的掩饰、隐瞒犯罪所得、犯罪所得收益罪定罪处罚。

在办理非设关地走私成品油刑事案件中，发现行为人在销售的成品油中掺杂、掺假，以假充真，以次充好或者以不合格油品冒充合格油品，构成犯罪的，依照刑法第一百四十条的规定，对该行为以生产、销售伪劣产品罪定罪处罚。

行为人与他人事先通谋或者明知他人从事走私成品油犯罪活动，而在我国专属经济区或者公海向其贩卖、过驳成品油的，应当按照走私犯罪的共犯追究刑事责任。

明知他人从事走私成品油犯罪活动而为其提供资金、贷款、账号、发票、证明、许可文件，或者提供运输、仓储等其他便利条件的，应当按照走私犯罪的共犯追究刑事责任。

对成品油走私共同犯罪或者犯罪集团中的主要出资者、组织者，应当认定为主犯；对受雇用的联络员、船长等管理人员，可以认定为从犯，如其在走私犯罪中起重要作用的，应当认定为主犯；对其他参与人员，如船员、司机、“黑引水”、盯梢望风人员等，不以其职业、身份判断是否追究刑事责任，应当按照其在走私活动中的实际地位、作用、涉案金额、参与次数等确定是否追究刑事责任。

对在非设关地走私成品油的犯罪嫌疑人、被告人，人民检察院、人民法院应当依法严格把握不起诉、缓刑适用条件。

——《最高人民法院、最高人民检察院、海关总署打击非设关地成品油走私专题研讨会会议纪要》(2019 年 10 月 25 日，署缉发〔2019〕210 号)。

附录：理解与适用

间接走私，是指《刑法》第一百五十五条第一项规定的走私行为，即直接向走私人非法收购国家禁止进口物品的，或者直接向走私人非法收购走私进口的其他货物、物品的行为。从内容上看，最高人民法院、最高人民检察院、海关总署《打击非设关地成品油走私专题研讨会会议纪要》(以下简称《纪要》)中“直接向走私人购买走私的成品油，数额较大的，依照《刑法》第一百五十五条第一项的规定，以走私罪论处”的规定，与《刑法》第一百五十五条第一项的规定并无二致，因此，准确理解《刑法》第一百五十五条第一项的规定，成为实践中准确适用《纪要》前述规定的关键。

我们认为，从《刑法》第一百五十五条第一项的字面含义看，间接走私的犯罪对象包括“国家禁止进口的货物、物品”和“其他货物、物品”；从实质上理解，间接走私的犯罪对象包括国家禁止进口的货物、物品，国家限制进出口的货物、物品和偷逃应缴税额较大的普通货物、物品。众所周知，“走私罪”是个类罪名，《刑法》第一百五十五条第一项规定“以走私罪论处”只是笼统抽象地指明了某种间接走私行为的犯罪性质，但未确定具体罪名，间接走私行为构成何罪还是应以其走私的犯罪对象作为认定标准。从走私罪的犯罪对象来看，间接走私可能触犯的罪名包括《刑法》第一百五十一条规定的走私武器、弹药罪，走私核材料罪，走私假币罪，走私文物罪，走私贵重金属罪，走私珍贵动物、珍贵动物制品罪，走私国家禁止进出口的货物、物品罪，以及《刑法》第一百五十二条规定的走私淫秽物品罪、走私废物罪和《刑法》第一百五十三条规定的走私普通货物、物品罪，另外，《刑法》第三百四十七条规定的走私毒品罪和《刑法》第三百五十条规定的走私制毒物品罪也可能成为该项规定行为可能适用的罪名。《最高人民法院、最高人民检察院关于办理走私刑事案件适用法律若干问题的解释》第二十条第一款规定，行为人直接向走私人非法收购走私进口的货物、物品，构成犯罪的，应当按照走私货物、物品的种类，分别依照《刑法》第一百五十一条、第一百五十二条、第一百五十三条、第三百四十七条、第三百五十条的规定定罪处罚。该款诠释了《刑法》第一百五十五条第一项规定的间接走私的认定及具体定罪量刑标准，即行为人无论直接收购何种货物、物品，只要达到对应的定罪量刑标准，均可直接按所构成的走私罪名处理。具体到直接购买走私成品油行为的认定处理，如前所述，成品油属于普通货物、物品，因此，明知是走私入境的成品油直接向走私犯罪分子非法收购的，应适用《刑法》第一百五十三条的规定，以走私普通货物、物品罪定罪处罚。

需要注意的是，直接购私人员如与走私犯罪分子有事前或者事中通谋行为，应当依照《刑法》第一百五十六条的规定，以走私罪的共犯论处，并依照其在共同犯罪中的地位作用依法确定其主、从犯身份，在此情况下，下游再行收购的人员属于一手购私而非二手购私行为，应依照《刑法》第一百五十五条第一项的规定追究其刑事责任。

——郭慧、王坤、阎丽、蔺剑、陈鹿林:《〈打击非设关地成品油走私专题研讨会会议纪要〉的理解与适用》，载最高人民法院刑事审判第一、二、三、四、五庭主办:《刑事审判参考》(总第 124 集)，法律出版社 2020 年版，第 196~197 页。

393. 向非直接走私人购买走私成品油行为的认定

关键词

走私罪　走私成品油

最高人民法院司法政策精神

一、关于定罪处罚

走私成品油，构成犯罪的，依照刑法第一百五十三条的规定，以走私普通货物罪定罪处罚。

对不构成走私共犯的收购人，直接向走私人购买走私的成品油，数额较大的，依照刑法第一百五十五条第一项的规定，以走私罪论处；向非直接走私人购买走私的成品油的，根据其主观故意，分别依照刑法第一百九十一条规定的洗钱罪或者第三百一十二条规定的掩饰、隐瞒犯罪所得、犯罪所得收益罪定罪处罚。

在办理非设关地走私成品油刑事案件中，发现行为人在销售的成品油中掺杂、掺假，以假充真，以次充好或者以不合格油品冒充合格油品，构成犯罪的，依照刑法第一百四十条的规定，对该行为以生产、销售伪劣产品罪定罪处罚。

行为人与他人事先通谋或者明知他人从事走私成品油犯罪活动，而在我国专属经济区或者公海向其贩卖、过驳成品油的，应当按照走私犯罪的共犯追究刑事责任。

明知他人从事走私成品油犯罪活动而为其提供资金、贷款、账号、发票、证明、许可文件，或者提供运输、仓储等其他便利条件的，应当按照走私犯罪的共犯追究刑事责任。

对成品油走私共同犯罪或者犯罪集团中的主要出资者、组织者，应当认定为主犯；对受雇用的联络员、船长等管理人员，可以认定为从犯，如其在走私犯罪中起重要作用的，应当认定为主犯；对其他参与人员，如船员、司机、“黑引水”、盯梢望风人员等，不以其职业、身份判断是否追究刑事责任，应当按照其在走私活动中的实际地位、作用、涉案金额、参与次数等确定是否追究刑事责任。

对在非设关地走私成品油的犯罪嫌疑人、被告人，人民检察院、人民法院应当依法严格把握不起诉、缓刑适用条件。

——《最高人民法院、最高人民检察院、海关总署打击非设关地成品油走私专题研讨会会议纪要》(2019 年 10 月 25 日，署缉发〔2019〕210 号)。

附录：理解与适用

对于向非直接走私人购买走私的成品油的行为应如何处理，最高人民法院、最高人民检察院、海关总署《打击非设关地成品油走私专题研讨会会议纪要》(以下简称《纪要》) 规定，应根据其主观故意，分别依照《刑法》第一百九十一条规定的洗钱罪或者第三百一十二条规定的掩饰、隐瞒犯罪所得、犯罪所得收益罪定罪处罚。实践中，为准确理解和掌握《纪要》的前述规定，应注意以下几点：

一是购买的对象应为非直接走私人出售的走私成品油。根据《刑法》第一百五十五条第一项的规定，明知走私的成品油而直接向走私人购买，偷逃应缴税额数额较大的，应以走私普通货物、物品罪定罪处罚；如行为人购买的对象并非“直接走私人”，而是经过倒手后的“二手”甚至是“三手”走私入境的成品油，对其不能再按照《刑法》第一百五十五条第一项的规定以走私普通货物、物品罪处理。在此情况下，应当以洗钱罪或者掩饰、隐瞒犯罪所得、犯罪所得收益罪定罪处罚。

二是应当根据行为人的主观故意来确定具体罪名。通常情况下，行为人向非直接走私人购买时，多数情况下均明知系走私入境的成品油，由于走私罪属于《刑法》第一百九十一条规定的洗钱罪的上游犯罪，因此，对其应当以洗钱罪追究刑事责任。从行为方式上看，由于行为人向非直接走私人购买走私入境的成品油多为现金交易方式，属于《刑法》第一百九十一条规定的“协助将财产转换为现金、金融票据、有价证券的”行为。此外，根据 2009 年《最高人民法院关于审理洗钱等刑事案件具体应用法律若干问题的解释》(法释〔2009〕15 号，以下简称《洗钱刑事案件解释》) 第三条的规定，行为人明知是犯罪所得及其产生的收益而予以掩饰、隐瞒，构成《刑法》第三百一十二条规定的掩饰、隐瞒犯罪所得、犯罪所得收益罪，同时又构成《刑法》第一百九十一条规定洗钱罪的，依照处罚较重的规定定罪处罚。行为人向非直接走私人购买走私入境的成品油可能同时触犯前述两个罪名，实践中应当注意根据查明的犯罪事实，依照《洗钱刑事案件解释》的前述规定，按照处罚较重的规定定罪处罚。实践中，也不排除行为人对于购买的成品油产生不属于走私入境的成品油，而是其他犯罪的犯罪所得或者收益的错误认识，在此情况下，根据主客观相一致的原则，应当以《刑法》第三百一十二条规定的掩饰、隐瞒犯罪所得、犯罪所得收益罪追究其刑事责任。需要注意的是，根据《洗钱刑事案件解释》第一条第二款的规定，行为人如将向非直接走私人购买的走私成品油误认为《刑法》第一百九十一条规定的上游犯罪范围内的其他犯罪违法所得及其收益的，即误认为系毒品犯罪、黑社会性质的组织犯罪、恐怖活动犯罪、贪污贿赂犯罪、破坏金融管理秩序犯罪、金融诈骗犯罪的所得及其产生的收益的，不影响该条规定的"明知"的认定，仍应以洗钱罪而非掩饰、隐瞒犯罪所得、犯罪所得收益罪追究其刑事责任。

三是应当注意，根据《洗钱刑事案件解释》第四条和2015年《最高人民法院关于审理掩饰、隐瞒犯罪所得、犯罪所得收益刑事案件适用法律若干问题的解释》(法释〔2015〕11号)第八条第一款的规定，行为人向非直接走私人购买走私成品油，构成洗钱罪或者掩饰、隐瞒犯罪所得收益罪的，应当以上游犯罪事实成立为认定前提。上游犯罪尚未依法裁判，但查证属实的，不影响洗钱罪或者掩饰、隐瞒犯罪所得、犯罪所得收益罪的适用。

——郭慧、王坤、阎丽、蔺剑、陈鹿林：《〈打击非设关地成品油走私专题研讨会会议纪要〉的理解与适用》，载最高人民法院刑事审判第一、二、三、四、五庭主办：《刑事审判参考》(总第124集)，法律出版社2020年版，第197~198页。

394. 非法经营走私入境成品油行为性质的认定

关键词

非法经营　走私入境成品油　行为性质

最高人民法院司法政策精神

一、关于定罪处罚

走私成品油，构成犯罪的，依照刑法第一百五十三条的规定，以走私普通货物罪定罪处罚。

对不构成走私共犯的收购人，直接向走私人购买走私的成品油，数额较大的，依照刑法第一百五十五条第一项的规定，以走私罪论处；向非直接走私人购买走私的成品油的，根据其主观故意，分别依照刑法第一百九十一条规定的洗钱罪或者第三百一十二条规定的掩饰、隐瞒犯罪所得、犯罪所得收益罪定罪处罚。

在办理非设关地走私成品油刑事案件中，发现行为人在销售的成品油中掺杂、掺假，以假充真，以次充好或者以不合格油品冒充合格油品，构成犯罪的，依照刑法第一百四十条的规定，对该行为以生产、销售伪劣产品罪定罪处罚。

行为人与他人事先通谋或者明知他人从事走私成品油犯罪活动，而在我国专属经济区或者公海向其贩卖、过驳成品油的，应当按照走私犯罪的共犯追究刑事责任。

明知他人从事走私成品油犯罪活动而为其提供资金、贷款、账号、发票、证明、许可文件，或者提供运输、仓储等其他便利条件的，应当按照走私犯罪的共犯追究刑事责任。

对成品油走私共同犯罪或者犯罪集团中的主要出资者、组织者，应当认定为主犯；对受雇用的联络员、船长等管理人员，可以认定为从犯，如其在走私犯罪中起重要作用的，应当认定为主犯；对其他参与人员，如船员、司机、“黑引水”、盯梢望风人员等，不以其职业、身份判断是否追究刑事责任，应当按照其在走私活动中的实际地位、作用、涉案金额、参与次数等确定是否追究刑事责任。

对在非设关地走私成品油的犯罪嫌疑人、被告人，人民检察院、人民法院应当依法严格把握不起诉、缓刑适用条件。

——《最高人民法院、最高人民检察院、海关总署打击非设关地成品油走私专题研讨会会议纪要》(2019 年 10 月 25 日，署缉发〔2019〕210 号)。

附录：理解与适用

对于未取得成品油经营许可证，从事走私入境的成品油销售、仓储、运输等经营行为应如何处理。最高人民法院、最高人民检察院、海关总署《打击非设关地成品油走私专题研讨会会议纪要》(以下简称《纪要》) 起草过程中，曾有意见提出，收购无合法证明的成品油或在未获得许可的情况下经营成品油，严重扰乱市场秩序，情节严重的，如不能认定为走私罪的，由于我国对成品油的经营实行许可证制度，成品油的经营需取得行政主管部门颁发的许可证，故成品油属于限制买卖的物品，未取得许可证的情况下从事成品油的经营活动，属于《刑法》第二百二十五条第一项规定的“法律、行政法规规定的专营、专卖物品或者其他限制买卖的物品”。理由是：成品油系国家严格控制的重要能源物资，是直接关系国计民生的重要生产资料。根据 2004 年 6 月 29 日国务院会议通过的《国务院对确需保留的行政审批项目设定行政许可的决定》和商务部 2006 年制定发布的《成品油市场管理办法》的规定，国家对成品油经营实行许可制度，从事成品油的批发、仓储或者零售，应取得商务部或者省级人民政府商务主管部门颁发的许可证，申请成品油零售经营资格的企业，除了应当具备设施、人员、供货渠道等客观性条件外，还必须符合当地加油站行业发展规划，说明国家对成品油的经营实施严格、特殊的市场准入制度，由此判断，成品油也应当属于限制买卖的物品。另有意见认为，即使不能认定成品油属于《刑法》第二百二十五条第一项规定的“其他限制买卖的物品”，也可依照该条第四项的规定，认定为“其他严重扰乱市场秩序的非法经营行为”。理由是：成品油经营资格审批是《国务院对确需保留的行政审批项目设定行政许可的决定》设定的行政许可，据此，未经许可从事成品油经营活动，属于违反国家规定的经营行为。《国务院对确需保留的行政审批项目设定行政许可的决定》属于《刑法》第九十六条规定的“国家规定”，故无证经营成品油的行为可以依照《刑法》第二百二十五条第四项的规定，认定为“其他严重扰乱市场秩序的非法经营行为”，可以非法经营罪追究其刑事责任。

经研究，我们认为，对于未取得成品油经营许可证的情况下从事成品油销售、仓储、运输等经营行为，按照非法经营罪处理应慎重。理由是：

首先，成品油不属于《刑法》第二百二十五条第一项规定的“法律、行政法规规定的专营、专卖物品或者其他限制买卖的物品”。从《刑法》第二百二十五条第一项的规定来看，该项规定的专营、专卖物品或者其他限制买卖的物品均应为“法律、行政法规”所明确规定。从关于成品油经营的规范性文件来看，《国务院对确需保留的行政审批项目设定行政许可的决定》虽然以国务院决定的形式明确了国家对成品油经营活动实行许可制度，但该决定毕竟不是法律或者行政法规。故成品油不属于《刑法》第二百二十五条第一项规定的“法律、行政法规规定的专营、专卖物品或者其他限制买卖的物品”，对于未取得成品油经营许可证的情况下从事成品油销售、仓储、运输等经营行为，不能适用《刑法》第二百二十五条第一项的规定追究刑事责任。

其次，对于无证经营成品油的行为不加区分地按非法经营罪处理，存在打击面过大的问题。从实践看，非法从事成品油经营的行为主要可以分为超范围经营和无证经营两种情形。对于有成品油经营许可证但超范围经营的行为，一般不宜认定为非法经营罪，主要考虑如下：有许可证但超范围经营成品泊的行为，虽然违反了商务部《成品油市场管理办法》中不得超越经营范围进行经营活动的规定，但是这种行为一般情况下社会危害性不大。例如，有成品油零售许可证但从事批发业务的，因从事成品油零售业务亦应符合《成品油市场管理办法》中规定的相应审批标注，且涉及的成品油都是从有成品油批发资质的企业批发而来，并不会造成国家税费的损失，虽然在一定程度上可能会造成零售市场的混乱，但所造成的危害有限，给予行政处罚即可，不宜按照犯罪处理。如根据《成品油市场管理办法》[①]第四十三条的规定，成品油经营企业超越经营范围进行经营活动的，法律、法规有具体规定的，从其规定，如法律、法规未作规定的，由所在地县级以上人民政府商务主管部门视情节依法给予警告、责令停业整顿、处违法所得3倍以下或3万元以下罚款的处罚。对于无证经营成品油的行为是否可按非法经营罪处理，也应慎重。从我国关于成品油经营的政策来看，总体上呈现逐渐放宽管制的趋势，《国务院对确需保留的行政审批项目设定行政许可的决定》对成品油的经营规定实行许可制度，从事成品油的批发、仓储或者零售，应取得商务部或者省级人民政府商务主管部门颁发的许可证。随着经济社会的发展和改革开放的不断深入，对于成品油这一对流通和消费领域具有重要意义的商品经营仍继续沿用严格的审批制度已不利于经济社会的发展。为推动流通创新发展，优化消费环境，促进商业繁荣，激发国内消费潜力，更好地满足人民群众消费需求，促进国民经济持续健康发展，经国务院同意，国务院办公厅于2019年8月16日发布的《关于加快发展流通促进商业消费的意见》（国办发〔2019〕42号）规定，扩大成品油市场准入，取消石油成品油批发仓储经营资格审批，将成品油零售经营资格审批下放至地市级人民政府。在此情况下，对于无证经营成品油的行为不加区分地按犯罪处理，不仅存在打击面过大的问题，也与国家逐渐放开成品油经营审批权，扩大成品油市场准入的政策趋势相悖。

最后，对于无证经营成品油的行为入罪，应严格遵循最高人民法院的有关规定。为规范各级法院对《刑法》中“国家规定”的适用，最高人民法院于2011年发布了《关于准确理解和适用刑法中“国家规定”的有关问题的通知》（法〔2011〕155号）。该通知规定，各级人民法院审理非法经营犯罪案件，要依法严格把握《刑法》第二百二十五条第四项的适用范围。对被告人的行为是否属于《刑法》第二百二十五条第四项规定的“其他严重扰乱市场秩序的非法经营行为”，有关司法解释未作明确规定的，应当作为法律适用问题，逐级向最高人民法院请示。考虑到实践中无证经营成品油的行为差别较大，是否按照犯罪处理，应结合具体案情综合考量，只能对“情节严重”的非法经营行为定罪处罚。要避免将一般的行政违法行为当作刑事犯罪处理，以犯罪论处的非法经营行为应当具有相当的社会危害性和刑事处罚的必要性。并且，判断被告人的行为是否属于《刑法》第二百二十五条第四项规定的“严重扰乱市场秩序的非法经营行为”，需要有法律、司法解释的明确规定。有关法律、司法解释未作明确规定的，应当作为法律适用问题，按照最高人民法院前述通知的规定，逐级报最高人民法院请示。

---

① 本文件已被《商务部关于废止部分规章的决定》（中华人民共和国商务部令2020年第1号）废止。

实践中，一些非法经营成品油的行为人为获取暴利，在销售的成品油中掺杂、掺假，以假充真，以次充好或者以不合格油品冒充合格油品销售。对此，《纪要》明确，在办理非设关地走私成品油刑事案件中，发现行为人在销售的成品油中掺杂、掺假，以假充真，以次充好或者以不合格油品冒充合格油品，构成犯罪的，应当依照《刑法》第一百四十条的规定，对该行为以生产、销售伪劣产品罪定罪处罚。

——郭慧、王坤、阎丽、蔺剑、陈鹿林：《〈打击非设关地成品油走私专题研讨会会议纪要〉的理解与适用》，载最高人民法院刑事审判第一、二、三、四、五庭主办：《刑事审判参考》（总第124集），法律出版社2020年版，第198~201页。

395. 走私成品油共犯的认定与处理

关键词

走私成品油　共犯

最高人民法院司法政策精神

一、关于定罪处罚

走私成品油，构成犯罪的，依照刑法第一百五十三条的规定，以走私普通货物罪定罪处罚。

对不构成走私共犯的收购人，直接向走私人购买走私的成品油，数额较大的，依照刑法第一百五十五条第一项的规定，以走私罪论处；向非直接走私人购买走私的成品油的，根据其主观故意，分别依照刑法第一百九十一条规定的洗钱罪或者第三百一十二条规定的掩饰、隐瞒犯罪所得、犯罪所得收益罪定罪处罚。

在办理非设关地走私成品油刑事案件中，发现行为人在销售的成品油中掺杂、掺假，以假充真，以次充好或者以不合格油品冒充合格油品，构成犯罪的，依照刑法第一百四十条的规定，对该行为以生产、销售伪劣产品罪定罪处罚。

行为人与他人事先通谋或者明知他人从事走私成品油犯罪活动，而在我国专属经济区或者公海向其贩卖、过驳成品油的，应当按照走私犯罪的共犯追究刑事责任。

明知他人从事走私成品油犯罪活动而为其提供资金、贷款、账号、发票、证明、许可文件，或者提供运输、仓储等其他便利条件的，应当按照走私犯罪的共犯追究刑事责任。

对成品油走私共同犯罪或者犯罪集团中的主要出资者、组织者，应当认定为主犯；对受雇用的联络员、船长等管理人员，可以认定为从犯，如其在走私犯罪中起重要作用的，应当认定为主犯；对其他参与人员，如船员、司机、“黑引水”、盯梢望风人员等，不以其职业、身份判断是否追究刑事责任，应当按照其在走私活动中的实际地位、作用、涉案金额、参与次数等确定是否追究刑事责任。

对在非设关地走私成品油的犯罪嫌疑人、被告人，人民检察院、人民法院应当依法严格把握不起诉、缓刑适用条件。

——《最高人民法院、最高人民检察院、海关总署打击非设关地成品油走私专题研讨会会议纪要》（2019 年 10 月 25 日，署缉发〔2019〕210 号）。

附录：理解与适用

实践中，一些行为人与他人事先通谋载者明知他人从事走私成品油犯罪活动，在我国专属经济区或者公海向其贩卖、过驳成品油，或者明知他人从事走私成品油犯罪活动而为其提供资金、贷款、账号、发票、证明、许可文件，或者提供运输、仓储等其他便利条件。

我们认为，上述行为认定处理的关键在于对行为人“通谋”和“明知”的认定。关于“通谋”的认定，根据《刑法》第一百五十六条的规定，与走私罪犯通谋，为其提供贷款资金、账号、发票、证明、海关单证，提供运输、保管、邮寄或者其他方便的，以走私罪的共犯论处。“通谋”是共同犯罪人之间的一种共同故意，通常是发生在行为前的意思联络，称为“事前通谋”，但也不排除“事中通谋”。最高人民法院、最高人民检察院、海关总署 2002 年联合发布的《办理走私刑事案件适用法律若干问题的意见》（法〔2002〕139 号，以下简称《走私意见》）第十五条对《刑法》第一百五十六条中的“通谋”作了阐明：“通谋是指犯罪行为人之间事先或者事中形成的共同的走私故意。下列情形可以认定为通谋：（一）对明知他人从事走私活动而同意为其提供贷款、资金、账号、发票、证明、海关单证，提供运输、保管、邮寄或者其他方便的；（二）多次为同一走私犯罪分子的走私行为提供前项帮助的。”关于“明知”，《走私意见》第五条第二款也作了阐明性的规定，可以作为认定“明知”他人从事走私成品油犯罪活动认定的依据：“走私主观故意中的‘明知’是指行为人知道或者应当知道所从事的行为是走私行为。具有下列情形之一的，可以认定为‘明知’，但有证据证明确属被蒙骗的除外：……；（二）用特制的设备或者运输工具走私货物、物品的；（三）未经海关同意，在非设关的码头、海（河）岸、陆路边境等地点，运输（驳载）、收购或者贩卖非法进出境货物、物品的；（四）提供虚假的合同、发票、证明等商业单证委托他人办理通关手续的；（五）以明显低于货物正常进（出）口的应缴税额委托他人代理进（出）口业务的；（六）曾因同一种走私行为受过刑事处罚或者行政处罚的；（七）其他有证据证明的情形。”

据此，最高人民法院、最高人民检察院、海关总署《打击非设关地成品油走私专题研讨会会议纪要》规定，行为人与他人事先通谋或者明知他人从事走私成品油犯罪活动，而在我国专属经济区或者公海向其贩卖、过驳成品油的，或者明知他人从事走私成品油犯罪活动而为其提供资金、贷款、账号、发票、证明、许可文件，或者提供运输、仓储等其他便利条件的，均应当按照走私犯罪的共犯追究其刑事责任。

——郭慧、王坤、阎丽、蔺剑、陈鹿林：《〈打击非设关地成品油走私专题研讨会会议纪要〉的理解与适用》，载最高人民法院刑事审判第一、二、三、四、五庭主办：《刑事审判参考》（总第 124 集），法律出版社 2020 年版，第 201~203 页。

396. 走私成品油犯罪案件不起诉和缓刑如何适用

关键词

走私成品油　不起诉　缓刑

最高人民法院司法政策精神

一、关于定罪处罚

走私成品油，构成犯罪的，依照刑法第一百五十三条的规定，以走私普通货物罪定罪处罚。

对不构成走私共犯的收购人，直接向走私人购买走私的成品油，数额较大的，依照刑法第一百五十五条第一项的规定，以走私罪论处；向非直接走私人购买走私的成品油的，根据其主观故意，分别依照刑法第一百九十一条规定的洗钱罪或者第三百一十二条规定的掩饰、隐瞒犯罪所得、犯罪所得收益罪定罪处罚。

在办理非设关地走私成品油刑事案件中，发现行为人在销售的成品油中掺杂、掺假，以假充真，以次充好或者以不合格油品冒充合格油品，构成犯罪的，依照刑法第一百四十条的规定，对该行为以生产、销售伪劣产品罪定罪处罚。

行为人与他人事先通谋或者明知他人从事走私成品油犯罪活动，而在我国专属经济区或者公海向其贩卖、过驳成品油的，应当按照走私犯罪的共犯追究刑事责任。

明知他人从事走私成品油犯罪活动而为其提供资金、贷款、账号、发票、证明、许可文件，或者提供运输、仓储等其他便利条件的，应当按照走私犯罪的共犯追究刑事责任。

对成品油走私共同犯罪或者犯罪集团中的主要出资者、组织者，应当认定为主犯；对受雇用的联络员、船长等管理人员，可以认定为从犯，如其在走私犯罪中起重要作用的，应当认定为主犯；对其他参与人员，如船员、司机、“黑引水”、盯梢望风人员等，不以其职业、身份判断是否追究刑事责任，应当按照其在走私活动中的实际地位、作用、涉案金额、参与次数等确定是否追究刑事责任。

对在非设关地走私成品油的犯罪嫌疑人、被告人，人民检察院、人民法院应当依法严格把握不起诉、缓刑适用条件。

——《最高人民法院、最高人民检察院、海关总署打击非设关地成品油走私专题研讨会会议纪要》（2019年10月25日，署缉发〔2019〕210号）。

附录：理解与适用

最高人民法院、最高人民检察院、海关总署《打击非设关地成品油走私专题研讨会会议纪要》（以下简称《纪要》）规定，对在非设关地走私成品油的犯罪嫌疑人、被告人，人民检察院、人民法院应当依法严格把握不起诉、缓刑适用条件。对此，有意见提出，前述规定有过于强调打击犯罪的倾向，实践中可能会造成可诉可不诉的尽量起诉、可缓可不缓的不判缓刑的情况。对此，我们认为，从统计数据看，相较于其他犯罪，包括非设关地走私成品油犯罪在内的走私犯罪普遍存在不起诉和适用缓刑率偏高的情况。这种情况的出现，一方面与走私犯罪“一头在外”的特殊犯罪形态有关，很多案件的“出资人”和“组织者”在内的主犯由于在境外未归案，被抓获的往往是运输人和联络人等从犯；另一方面也与部分司法机关对于不起诉和适用缓刑的标准掌握不够严格有关。为规范对非设关地成品油走私犯罪不起诉和缓刑的适用，《纪要》提出，应当依法严格把握不起诉、缓刑的适用条件。实践中，对于非设关地成品油走私犯罪不起诉和缓刑的适用，应当注意以下几点：

一是适用不起诉和缓刑应当以是否具备《刑法》和《刑事诉讼法》规定的适用条件为前提。《刑法》第七十二条规定，对于被判处拘役、三年以下有期徒刑的犯罪分子，同时符合犯罪情节较轻有悔罪表现、没有再犯罪的危险、宣告缓刑对所居住社区没有重大不良影响等条件的，可以宣告缓刑；对其中不满十八周岁的人、怀孕的妇女和已满七十五周岁的人，应当宣告缓刑。《刑事诉讼法》第一百七十七条第二款规定，对于犯罪情节轻微，依照《刑法》规定不需要判处刑罚或者免除刑罚的，人民检察院可以作出不起诉决定。这里的“依照刑法规定不需要判处刑罚”，主要是指虽然不具有免除处罚的情节，但犯罪嫌疑人的犯罪情节轻微，社会危害较小，综合全案具体情况，结合《刑法》和司法解释关于法定刑和量刑标准的规定，认为不需要判处刑罚；“依照刑法免除刑罚”主要是指具有《刑法》总则规定的可以或者应当免除处罚的诸类情形。综合《刑法》和《刑事诉讼法》的前述规定，非设关地成品油犯走私案件的犯罪嫌疑人和被告人如符合《刑法》和《刑事诉讼法》关于适用缓刑和作出不起诉决定的相关规定，可以依法对其宣告缓刑或者作出不起诉决定。

二是应当结合案件特点和实际情况掌握缓刑和不起诉的适用。根据《刑法》和《刑事诉讼法》的相关规定，结合非设关地成品油走私案件的特点，行为人如具有下列情形的，应当依法不予宣告缓刑和适用不起诉决定：（1）犯罪嫌疑人或者被告人系累犯或者犯罪集团的首要分子的；（2）依法应当判处三年以上有期徒刑的；（3）采用暴力、威胁等手段抗拒执法的；（4）销毁电子证据或者纸质单据等证据的；（5）认罪态度不好，具有包庇同案犯等情节的；（6）曾因走私犯罪被给予刑事追究或者行政处罚后又走私的。走私犯罪分子具有上述情形的，应当依法不予适用或者从严掌握缓刑和不起诉的适用。

——郭慧、王坤、阎丽、蔺剑、陈鹿林：《〈打击非设关地成品油走私专题研讨会会议纪要〉的理解与适用》，载最高人民法院刑事审判第一、二、三、四、五庭主办：《刑事审判参考》（总第124集），法律出版社2020年版，第204~205页。

397. 走私仿真枪案件中鉴定机构与计税依据的确定

关键词

走私普通货物、物品罪　仿真枪支　鉴定　核税依据

《刑事审判参考》指导案例

林永杰、卢志强走私普通货物案（《刑事审判参考》指导案例第423号）

裁判要点：走私仿真枪案件在审理过程中需要注意两个基本证据：一是仿真枪的枪形物品定性鉴定应该以公安部门作出的鉴定结论为准，不能仅仅依据中国进出口商品检验公司的鉴定结论；二是仿真枪偷逃税额的核定依据是《中华人民共和国海关进出口税则》93040000品目“其他武器”。

本案在全国首次以生效判决对走私仿真枪的行为予以定罪处罚，同时也

确定了走私仿真枪案件在审理过程中需要注意的两个基本证据：

（一）仿真枪的鉴定应该以公安部门作出的鉴定结论为准

在本案中，所涉枪形物品仿真度极高，其技术数据及性能在一定程度上与枪支近似，普通人难以从外观上区别其究竟为枪支还是仿真枪。1996 年《中华人民共和国枪支管理法》（以下简称《枪支管理法》）第 46 条规定：“本法所称枪支，是指以火药或者压缩气体等为动力，利用管状器具发射金属弹丸或者其他物质，足以致人死亡或者丧失知觉的各种枪支。”该批枪形物品也具有一定的杀伤力，也符合《枪支管理法》中对发射原理的描述。而《枪支管理法》对“足以致人死亡或者丧失知觉”标准没有明确规定，故非专业人员难以确定该批仿真枪的杀伤力是否达到上述标准，作为专业性问题，应当由有权部门进行专门鉴定才能作为定案依据。

对于枪支的管理机关，根据《枪支管理法》第 1 条、第 4 条的规定，除中国人民解放军、中国人民武装警察部队和民兵装备枪支的管理外，中华人民共和国境内的枪支管理工作由国务院公安部门主管。因此，鉴于本案走私的货物比较特殊，同时依据关于仿真枪的有关规定，对于是否“仿真枪”等有关枪形物品定性的鉴定问题不能仅仅依据上述中国进出口商品检验公司的鉴定结论，而应当以公安部门作出的鉴定结论作为定案依据。

（二）仿真枪核税依据的认定

经审理，法院对拱北海关将涉案仿真枪归入《中华人民共和国海关进出口税则》中 93040000（“其他武器”）进行核税的依据予以确认，理由是：

1.《中华人民共和国海关进出口税则》中对税号 93040000 的定义是：“其他武器（例如弹簧枪、气枪、气手枪、警棍）。”《海关进出口税则——统计目录商品及品目注释》中关于“气枪、气步枪、气手枪”的注释是：“这些枪类似普通步枪，但这类枪装有空气压缩筒，扣动扳机时压缩气体进入枪管把子弹射出”“利用同一原理但不用空气而使用其他气体发射子弹的气枪、气步枪及气手枪也应归入本品目”。

2. 根据本案拱北海关查获的走私仿真枪“商品随附资料”，显示该批仿真枪包括 MARUI、C&P、CLASSIC ARMY、UMAREX、WE、KSC 等 17 个品牌的多种型号产品。

3. 根据《中华人民共和国海关进出口税则》《海关进出口税则——统计目录商品及品目注释》对品目 9304 关于气步枪的描述，比照本案拱北海关查获的走私仿真枪“商品随附资料”显示的“枪支”状况，依照归类规则，应归入税号 93040000“其他武器”进行核税。同时，在本案中，拱北海关曾向上海归类分中心提供本案仿真枪的相关资料，上海归类分中心根据《中华人民共和国海关进出口税则》及国际通行的归类原则，认定仿真枪符合品目 9304 对气步枪的描述，应归入 93040000“其他武器”。

——最高人民法院刑事审判第一、二、三、四、五庭主办：《刑事审判参考》2007年第1集（总第54集），法律出版社2007年版，第1~9页。

398. 走私武器、弹药罪共同犯罪的认定

关键词

走私武器、弹药罪 共同犯罪

最高人民法院司法政策精神

十四、关于海上走私犯罪案件如何追究运输人的刑事责任问题

对刑法第一百五十五条第（二）项规定的实施海上走私犯罪行为的运输人、收购人或者贩卖人应当追究刑事责任。对运输人，一般追究运输工具的负责人或者主要责任人的刑事责任，但对于事先通谋的、集资走私的、或者使用特殊的走私运输工具从事走私犯罪活动的，可以追究其他参与人员的刑事责任。

十五、关于刑法第一百五十六条规定的“与走私罪犯通谋”的理解问题

通谋是指犯罪行为人之间事先或者事中形成的共同的走私故意。下列情形可以认定为通谋：

（一）对明知他人从事走私活动而同意为其提供贷款、资金、账号、发票、证明、海关单证，提供运输、保管、邮寄或者其他方便的；

（二）多次为同一走私犯罪分子的走私行为提供前项帮助的。

——《最高人民法院、最高人民检察院、海关总署关于办理走私刑事案件适用法律若干问题的意见》（2002年7月8日，法〔2002〕139号）。

附录：最高人民法院主流观点

《刑法》第25条第1款规定，共同犯罪是指二人以上共同故意犯罪。就走私武器、弹药罪而言，二人以上共同故意走私武器、弹药构成犯罪的，属于共同走私武器、弹药罪。关于共同走私武器、弹药罪的认定，司法实践中应注意以下几点：

（1）必须是两个以上具有刑事责任能力的主体共同实施犯罪。既可以是单位与单位的共同犯罪，也可以是单位与自然人的共同犯罪，还可以是自然人与自然人的共同犯罪。其中作为自然人走私武器、弹药，依照《刑法》第17条第1款、第18条的规定，应当已满16周岁且具备相应的辨认与控制能力。如系教唆、利用不满16周岁或是虽满16周岁，但系没有辨认与控制能力的精神病人实施走私武器、弹药行为的，不成立走私武器、弹药的共同犯

罪，由实施教唆、利用者承担全部刑事责任。

（2）行为人在主观上具有共同走私武器、弹药的犯罪故意，在客观上具有共同走私武器、弹药的犯罪行为。即所有主体对共同走私武器、弹药行为的犯罪故意，对共同走私武器、弹药行为具有同一认识，每个主体不仅认识到自己在故意实施走私犯罪，并且还认识到其他主体和自己一起共同实施走私犯罪，各犯罪人在主观上的意思联络明显。如系受蒙骗代他人走私武器、弹药的，不能认定为走私武器、弹药的共同犯罪。

（3）与走私武器、弹药罪犯通谋的帮助犯的认定。《刑法》第 156 条规定，与走私罪犯通谋，为其提供贷款、资金、账号、发票、证明，或者为其提供运输、保管、邮寄或者其他方便的，以走私罪的共犯论处。根据 2002 年《最高人民法院、最高人民检察院、海关总署关于办理走私刑事案件适用法律若干问题的意见》（以下简称《走私意见》）第 15 条的规定，这里的"通谋"是指走私武器、弹药的犯罪行为人之间事先或者事中形成的共同的走私武器、弹药的故意。具体来说，下列情形可以认定为通谋：①明知他人从事走私武器、弹药犯罪活动而同意为其提供贷款、资金、账号、发票、证明、海关单证，提供运输、保管、邮寄或者其他方便的；②多次为同一走私武器、弹药的犯罪分子的走私行为提供前项帮助的。在这里，构成共犯的条件之一是"与走私罪犯通谋"，也就是说，对于未直接参与走私武器、弹药犯罪活动，仅为走私犯罪提供条件和方便的帮助犯来说，要与走私武器、弹药的实行犯构成共同犯罪，必须有积极的表意、策划等意思联络。如果行为人事先并未与走私武器、弹药的犯罪分子有过通谋，即使在客观上为其走私武器、弹药提供了方便，也不构成共同犯罪；如果行为人虽然明知为他人运输、保管、邮寄的是武器、弹药，但不知是走私的武器、弹药的，亦不构成走私武器、弹药罪的共犯，对其应以非法运输、邮寄、储存枪支、弹药、爆炸物罪定罪处罚。

（4）海上走私武器、弹药的共犯认定。《走私意见》第 14 条规定，对《刑法》第 155 条第 2 项规定的实施海上走私犯罪行为的运输人、收购人或者贩卖人应当追究刑事责任。对运输人，一般追究运输工具的负责人或者主要责任人的刑事责任，但对于事先通谋的、集资走私的或者使用特殊的走私运输工具从事走私犯罪活动的，可以追究其他参与人员的刑事责任。

根据上述规定，对实施海上走私武器、弹药犯罪行为的运输人、收购人或者贩卖人均应追究刑事责任。对运输人，一般追究运输工具的负责人或者主要责任人的刑事责任，但对于事先通谋的、集资走私的或者使用特殊的走私运输工具从事走私武器、弹药犯罪活动的，可以追究其他参与人员的刑事责任。

——南英主编：《最高人民法院、最高人民检察院关于办理走私刑事案件适用法律若干问题的解释理解与适用》，中国法制出版社 2015 年版，第 44~45 页。

399. 走私武器、弹药罪与其他罪名的牵连、吸收

关键词

走私武器、弹药罪

附录：最高人民法院主流观点

实践中关于走私武器、弹药罪与其他罪名的牵连、吸收需要注意以下几个问题：

一是行为人在走私武器、弹药前后，非法持有武器、弹药的行为应如何处理。我们认为，行为人在走私武器、弹药的过程中对武器、弹药的持有行为，本身包含于走私武器、弹药罪中，应当按照吸收犯的处断原则，以走私武器、弹药罪一罪论处。行为人在走私武器、弹药成功逃避海关监管后，在境内非法持有武器、弹药的，属于走私武器、弹药的后续行为，仍应按走私武器、弹药罪一罪处理。只有在没有证据证明行为人非法持有的武器、弹药是其走私的情况下，才能以非法储存枪支、弹药、爆炸物罪或非法持有、私藏枪支、弹药罪等罪名处理。

二是行为人出于走私武器、弹药的目的而实施非法制造、买卖、运输、邮寄、储存武器、弹药的行为应如何处理。具体又可以分为两种情形：一种情形是行为人非法制造、买卖、运输、邮寄、储存武器、弹药后直接走私出入境的。这种情况下，非法制造、买卖、运输、邮寄、储存武器、弹药的行为是走私行为的必然前提或结果，二者存在原因与结果的关系，符合牵连犯的特征，应按牵连犯的处断原则，从一重论处。另一种情形是走私武器、弹药后又在境内买卖的情形。对此应分两种情况处理：①行为人出于出售目的，走私武器、弹药后又出售的，这种情况下，出售行为是目的行为，走私行为是方法行为，二者具有方法与目的的牵连关系，仍构成牵连犯，应从一重论处；②行为人走私武器、弹药的目的非是用于出售牟利，而是出于个人爱好、收藏等目的而走私，走私入境后又产生出售意图并出售的，对这种情况应数罪并罚。因为两行为之间是独立分离的关系，虽然客观上走私行为成为出售行为的方法行为，但行为人主观上并不存在牵连意图。

三是行为人出于实施其他违法犯罪活动的目的走私武器、弹药的行为应如何处理。这种情况下，走私武器、弹药的行为是实施其他犯罪活动的手段行为，二者属于手段与目的的牵连关系，应根据牵连犯的处断原则从一重论

处。行为人如果出于其他目的实施走私武器、弹药的行为，走私行为实施完毕后又产生使用走私的武器、弹药实施其他犯罪活动的，应以走私武器、弹药罪与其他犯罪数罪并罚。

——南英主编：《最高人民法院、最高人民检察院关于办理走私刑事案件适用法律若干问题的解释理解与适用》，中国法制出版社 2015 年版，第 46~47 页。

400. 走私假币犯罪直接、间接故意的认定

关键词

走私假币罪　犯罪直接故意　间接故意

最高人民法院司法政策精神

五、关于走私犯罪嫌疑人、被告人主观故意的认定问题

行为人明知自己的行为违反国家法律法规，逃避海关监管，偷逃进出境货物、物品的应缴税额，或者逃避国家有关进出境的禁止性管理，并且希望或者放任危害结果发生的，应认定为具有走私的主观故意。

走私主观故意中的“明知”是指行为人知道或者应当知道所从事的行为是走私行为。具有下列情形之一的，可以认定为“明知”，但有证据证明确属被蒙骗的除外：

（一）逃避海关监管，运输、携带、邮寄国家禁止进出境的货物、物品的；

（二）用特制的设备或者运输工具走私货物、物品的；

（三）未经海关同意，在非设关的码头、海（河）岸、陆路边境等地点，运输（驳载）、收购或者贩卖非法进出境货物、物品的；

（四）提供虚假的合同、发票、证明等商业单证委托他人办理通关手续的；

（五）以明显低于货物正常进（出）口的应缴税额委托他人代理进（出）口业务的；

（六）曾因同一种走私行为受过刑事处罚或者行政处罚的；

（七）其他有证据证明的情形。

——《最高人民法院、最高人民检察院、海关总署关于办理走私刑事案件适用法律若干问题的意见》（2002 年 7 月 8 日，法〔2002〕139 号）。

附录：最高人民法院主流观点

走私假币犯罪，是一种故意逃避海关监管，破坏金融管理制度和国家对外贸易管制的行为。司法实践中，走私假币犯罪的主观故意一般不难认定。行为人明知自己的行为违反国家法律法规，逃避海关监管，运输、携带假币进出境，即应当认定具有走私假币的主观故意。但从司法实践的角度看，走私犯罪行为人的主观故意的认定，往往是走私刑事案件中关乎行为人罪与非罪的争议焦点。走私犯罪主要依赖言词证据，外围客观证据及因果关系论证相对不足。毋庸讳言，当前实践中办理的走私假币类犯罪案件，往往言词证据对案件的定性起到了非常重要的作用。如果犯罪嫌疑人拒不供认、坚称自己不知涉案物品为假币，在没有其他客观证据相佐证的情况下，就难以形成完整的证据链条。从哲学和证据学的角度而言，意识指导实践，而实践又反过来作用于意识。即行为人在心智健全、能够有效认知的情况下，其客观行为必然是其主观心态的外在反映。因此，在犯罪嫌疑人坚称“不明知”的情况下，可以也只有通过外围取得的客观方面的证据，包括其行为方式、行程路线、具体时间、作案工具等来证明待证事实。而目前司法实践中，恰恰是行为人客观方面和外围的证据，以及这些证据与假币犯罪之间因果关系的论证相对缺乏。主要原因是犯罪嫌疑人首问证据不系统、针对性不强。司法实践中，嫌疑人的口供作为本人对自己整个行为的过程、目的、结果等方面的表述，是直接证据，具有较强的证明力。而且犯罪嫌疑人第一次在公安派出所接受侦查员询问以及刑拘后第一次接受讯问时的供述，由于其思考反侦查的时间相对较少，也没有看守所其他关押人员的所谓“经验传授”，一般而言，其供述相对真实可信。因此，首问证据在整个言词证据系统中，具有举足轻重的作用。但现实中，由于侦查员往往对假币类案件的知识储备不足、经验欠缺，首次询问、讯问的针对性不太强，收集的言词证据系统性也有所欠缺，导致嫌疑人在后续的时间里，有了充足时间来酝酿自己的“口供”，给假币类犯罪案件的办理带来被动。有鉴于此，在特定场合应当允许司法机关推定行为人具有走私的主观故意。为了严惩走私假币犯罪，明确证据标准，强化打击力度，有必要在司法解释中发挥原则的概括性和类型的具体性作用，采取一般原则加具体行为的方式，对犯罪嫌疑人何种行为可推定为“明知”予以明确规定，以期对司法办案实践起到积极的规范和引导作用。针对走私犯罪的一般特征，《最高人民法院、最高人民检察院、海关总署关于办理走私刑事案件适用法律若干问题的意见》就行为人主观明知的认定作了一般性规定。

针对走私假币犯罪的特殊性，对行为人对涉案假币是否明知的认定，应当依据行为人实施假币犯罪行为的过程、方式，假币被查获时的情形等证据，结合行为人的年龄、阅历、智力等情况，进行综合分析判断。具有下列情形之一，行为人不能作出合理解释的，可以认定其“明知”是假币，但有证据证明确属被蒙骗的除外：执法人员在口岸、机场、车站、港口和其他检查站点检查时，要求行为人申报为他人携带的物品，并告知其法律责任，而行为人未如实申报，在其携带的物品中查获假币的；以伪报、藏匿、伪装等蒙蔽手段，逃避执法机关检查，在其携带、运输、邮寄的物品中查获假币的；执法人员检查时，有逃跑、丢弃携带物品或者逃避、抗拒检查等行为，在其携带或者丢弃的物品中查获假币的；为获取不同寻常的高额、不等值报酬为他人携带、运输物品，从中查获假币的；采用高度隐蔽的方式携带、运输物品，从中查获假币的；采用高度隐蔽的方式交接物品，明显违背合法物品惯常交接方式，从中查获假币的；行程路线故意绕开检查站点，在其携带、运输的物品中查获假币的；以虚假身份或者地址办理托运手续，在其托运的物品中查获假币的；有其他证据足以认定行为人应当知道的。①

此外，在对行为人主观明知的认定环节，容易引起争议的是关于“应当知道”的表述。有观点认为，作为犯罪故意认识因素的“明知”，仅限于“已经知道”，但“应当知道”是指“应当知道而不知道”，属于犯罪过失的要素。我们认为，这种观点值得商榷。这里的“应当知道”是综合根据客观事实和社会平均人的意识推定行为人事实上知道，不能理解为行为人理应知道而事实上不知道，即在上述诸情形下人们的生活经验已经排除了行为人“事实上不知道”的可能性。这种主观心理与犯罪过失无关。实际上，现行法律和有关司法解释性文件已经运用“应知”或者“应当知道”来诠释犯罪故意的内容。例如，《刑法》第 219 条第 2 款规定：“明知或者应知前款所列行为，获取、使用或者披露他人的商业秘密的，以侵犯商业秘密论。”最高人民法院、最高人民检察院、公安部、国家工商行政管理局②于 1998 年 5 月联合发布的《关于依法查处盗窃、抢劫机动车案件的规定》（公通字〔1998〕第 31 号）也明确将“明知”解释为“知道或者应当知道”。

——南英主编：《最高人民法院、最高人民检察院关于办理走私刑事案件适用法律若干问题的解释理解与适用》，中国法制出版社 2015 年版，第 74~76 页。

① 参见张新宪、程建邑：《办理涉假币犯罪案件重在认定‘明知’》，载《检察日报》2009 年 11 月 15 日。

② 国家工商行政管理局现为国家市场监督管理总局。

401. 走私假币犯罪概括故意的认定

关键词

概括故意　走私假币罪

最高人民法院司法政策精神

六、关于行为人对其走私的具体对象不明确的案件的处理问题

走私犯罪嫌疑人主观上具有走私犯罪故意，但对其走私的具体对象不明确的，不影响走私犯罪构成，应当根据实际的走私对象定罪处罚。但是，确有证据证明行为人因受蒙骗而对走私对象发生认识错误的，可以从轻处罚。

——《最高人民法院、最高人民检察院、海关总署关于办理走私刑事案件适用法律若干问题的意见》(2002 年 7 月 8 日，法〔2002〕139 号)。

附录：最高人民法院主流观点

如在未设关的边境偷运伪造的人民币入境，被查获后自称不知道所运输的是假币，而以为是汽车配件，这种案件如何处理？实践中存在着两种观点。第一种观点认为，构成特定的走私犯罪，如走私假币罪、走私毒品罪等，行为人主观上仅有一般的走私故意还不够，必须对特定货物具有“明知”的认识。理由是：走私罪是一个类罪名，包括走私普通货物、物品罪、走私假币罪等多种具体犯罪，各种具体犯罪的认定必须符合具体的犯罪构成。因此，在认定犯罪故意时必须要求行为人对于具体的犯罪对象具有“明知”的认识。第二种观点认为，行为人主观上具有走私的犯罪故意，但对其走私的具体对象不明确的，理论上可以称为“概括的主观故意”，此种故意支配下的行为应当认定为犯罪行为。理由是：行为人主观上具有走私的主观故意，虽然尚无证据证明其对走私的具体对象有明确的认识，但这种实际对象已经涵盖在行为人所能认识到的对象范围之内。持这种观点的同志还认为，如果有证据证明行为人因受蒙骗而对走私对象发生认识错误的就不按实际走私的对象定罪，那么在实务上会发生困难：“不按实际走私的对象定罪”在许多场合意味着“按照所误解的走私对象定罪”，通常认定为走私普通货物、物品罪，而走私普通货物、物品罪是以偷逃应缴税额的大小为定罪量刑标准的，在上述场合显然无法认定偷逃应缴税额。为了避免此种困难并方便司法实务，应当将那种“把走私对象甲误认为走私对象乙”的情形一律作为概括故意的情形来处理，而不是作为涉及罪与非罪的对象认识错误案件来处理。

我们认为，后一种观点更为可取，故《最高人民法院、最高人民检察院、

海关总署关于办理走私刑事案件适用法律若干问题的意见》(以下简称《走私意见》) 采纳了后一种观点。但值得强调的是，概括故意的认定，必须以行为人存在走私故意为前提，只是对具体走私的对象无特定要求，即使走私的不是假币，是其他物品，也不违背其意愿。也只有在这种情况下，行为人对其走私的具体对象不明确的，不影响走私犯罪构成，应当根据实际的走私对象定罪处罚。

典型案例是最高人民法院曾经核准死刑的庄添活走私假币案。被告人庄添活于1998年7月23日受台湾地区的走私分子雇佣运载“电脑零件”从台湾到大陆海域交给大陆走私分子，双方欲交接货时被我公安缉私艇截获。缉私人员在被告人庄添活等驾驶的“天吉福”号渔船的暗仓里查获18箱百元面额的机制版假人民币，共计62647300元。案发后，被告人曾辩称其不知道所偷运入境的是假币，但知道是走私物品，至于具体是什么物品不明确。这就是所谓“具有走私的概括故意”。该案被告人庄添活已于2000年7月由最高人民法院核准死刑。但如行为人确实不知道也不应知道其是在实施走私行为的，即确实是在他人蒙骗情况下运输、携带假币入境的，则不应认定构成犯罪，否则便是客观归罪。相反，若行为人不能对此误解提供佐证，而只是简单地否认明知的，应当推定其明知所携带入境的是假币。

《走私意见》第6条规定，“走私犯罪嫌疑人主观上具有走私犯罪故意，但对其走私的具体对象不明确的，不影响走私犯罪构成，应当根据实际的走私对象定罪处罚。但是，确有证据证明行为人因受蒙骗而对走私对象发生认识错误的，可以从轻处罚。”我们认为，对该条应当作限制理解。首先，这里对“走私对象”的错误认识，必须是在行为人认识到其走私的对象为走私货物、物品的大前提下，否则不应认定行为人具有走私故意，从而亦不构成走私犯罪。其次，对因受蒙骗而对走私对象发生错误认识的情形是否从轻处罚，应当视具体情况而定，不能一概而论。如前所述，如果行为人确实不知道其是在实施走私犯罪行为的，应当认定其不构成犯罪，而不是从轻处罚。对于行为人辩解其不知道系在实施走私犯罪行为，在案证据无法证实行为人确实知道但能证实其应当知道的，总的原则应当从轻处罚。因为在这种情形下，大多数行为人在主观上可能持放任态度，相比持直接希望态度的行为人，主观恶性和人身危险性有所减弱。当然，上述情形下不排除行为人是在狡辩、抵赖，根本无认罪、悔罪表现，因此不应对此情形下的行为人从轻处罚。如果行为人明知其系在实施走私犯罪行为，但对走私的具体对象产生认识错误的，不管行为人对实际的走私对象是否发生认识错误，均属于概括的主观故意问题。这种情况下，即使行为人确实将走私对象甲误认为走私对象乙，仍然应当根据实际的走私对象定罪处罚，但不一定对行为人从轻处罚。这种情形具体又可以分为两种：一种是行为人所认识到的走私对象对应的犯罪重于实际对象对应的犯罪的，应当以实际对象定罪处罚，但不应当对行为人从轻处罚；另一种是行为人所认识到的走私对象对应的犯罪轻于实际对象对应的犯罪的，应当以实际对象定罪处罚，但可以对行为人从轻处罚。

——南英主编：《最高人民法院、最高人民检察院关于办理走私刑事案件适用法律若干问题的解释理解与适用》，中国法制出版社2015年版，第76~78页。

402. 走私古脊椎动物、古人类化石行为的定性

关键词

走私文物罪　古脊椎动物、古人类化石

《刑事审判参考》指导案例

蓑口义则走私文物案（《刑事审判参考》指导案例第416号）

裁判要点：走私古脊椎动物、古人类化石的行为应以走私文物罪定罪处罚，走私古脊椎动物、古人类化石以外的其他古生物化石的行为不能以走私文物罪定罪处罚。走私古脊椎动物、古人类化石不仅在定罪而且在量刑上均应与走私文物罪保持一致，在处罚时不应有所区别。

对于走私古生物化石的行为如何定性司法实践中存在争议：第一种观点认为，古生物化石不是文物，不能成为走私文物罪的犯罪对象，从罪刑法定原则出发，走私古生物化石的行为不可能构成走私文物罪；第二种观点认为，古生物化石虽不是文物，但其珍贵程度不亚于文物，应受到与文物同样的《刑法》保护，国家文物局的鉴定亦确认了本案涉及的大量古生物化石可以分别视同为国家一、二、三级文物，故古生物化石可以视同为文物予以保护，可以成为走私文物罪的犯罪对象；第三种观点则认为，古生物化石不是文物，能否视同为文物，与文物受同样的《刑法》保护，应当依据有关法律的规定予以确定。我们同意第三种观点，理由如下：

1. 古生物化石不是文物

一般认为，文物是历史遗留下来的在人类文化发展史上有价值的东西，是人类通过自身活动所形成的、反映人类社会一定时期的历史文化风貌、对研究人类文明发展史具有研究价值的物品。物品只有经过了修饰、加工等人类活动才有可能成为文物。而古生物化石则是古代生物的遗体或遗迹埋藏在

地层中，在自然力作用下，经过漫长的时间演化变成的化石，化石的形成与人类活动无关。从本质上看，古生物化石，同石油、煤炭等一样，是一种自然资源。

从我国管理和保护古生物化石的有关规定也可以得出古生物化石不是文物的结论。在我国，负责监督和管理古生物化石的行政主管部门是国土资源部及地方各级政府地质矿产主管部门，而负责监督、管理和保护文物的行政主管部门则是国家文物局及地方各级文物行政主管部门。可见，古生物化石是作为一种自然资源而不是作为文物加以管理和保护的。

综上，古生物化石不是文物，因此，走私古生物化石的行为不能简单地等同于走私文物的行为。

2. 古生物化石能否同文物一样受到保护应依据有关法律规定予以确认

虽然古生物化石不是文物，但是否走私古生物化石的行为就一概不能认定为走私文物罪呢？是否古生物化石就不能与文物一样受刑法保护呢？答案是否定的。这里首先需要明确的是，一个语词在刑法中设定时的含义、适用范围与实际生活中的需要不一定完全一致。如信用卡在生活中一般是专指具有贷款、透支功能的银行卡，不包括没有透支功能的借记卡，而全国人大常委会《关于〈中华人民共和国刑法〉有关信用卡规定的解释》则将刑法中的信用卡明确为具有一项或多项金融功能的银行卡，包括了贷记卡、借记卡等。作为划定“文物”范围或视同为“文物”、与“文物”受同样保护的其他物品范围的法律依据，自然是《文物保护法》。作为规定文物管理、保护的专门性法律，《文物保护法》明确规定了受国家保护的文物的范围及相应制度，同时，也明确了与文物一样受国家保护的物品的范围。所有以文物为对象的文物犯罪行为，如果行为针对的是上述化石，同样也构成文物犯罪行为，如走私文物罪虽然是以文物为犯罪对象，但如果走私的对象是上述化石，同样可构成走私文物罪。这一点已得到立法解释的支持，2005 年 12 月 29 日全国人大常委会通过的《关于〈中华人民共和国刑法〉有关文物的规定适用于具有科学价值的古脊椎动物化石、古人类化石的解释》指出，“刑法有关文物的规定，适用于具有科学价值的古脊椎动物化石、古人类化石”。

须明确的是，并不是所有古生物化石都适用刑法有关文物的规定。依据《文物保护法》的规定，只有走私古脊椎动物化石或古人类化石才能以走私文物罪定罪处罚，而走私其他古生物化石，即便这些古生物化石可能更为珍贵，科学研究价值可能更高，也不能以走私文物罪定罪处罚。

——最高人民法院刑事审判第一、二、三、四、五庭主办：《刑事审判参考》2006 年第 6 集（总第 53 集），法律出版社 2007 年版，第 7~18 页。

403. 走私废物罪与非法处置进口的固体废物罪的界限

关键词

走私废物罪　非法处置进口的固体废物罪

附录：最高人民法院主流观点

非法处置进口固体废物罪是指违反国家规定，将境外的固体废物进境倾倒、堆放、处置的行为。所谓倾倒，是指通过船舶、汽车等运载工具向我国境内任何地方倾卸固体废物的行为；堆放是指将境外的固体废物任意堆存在我国境内的任何地方；处置是指在中国境内将中国境外的固体废物进行焚烧和用其他方法改变固体废物物理、化学、生物特性的方法，达到减少已产生的固体废物数量，缩小固体废物体积，减少或者消除其危险成分的活动，或者将固体废物最终置于符合环境保护规定要求的场所或者设施不再取回的活动。我国《刑法》第339条第1款规定："违反国家规定，将境外的固体废物进境倾倒、堆放、处置的，处五年以下有期徒刑或者拘役，并处罚金；造成重大环境污染事故，致使公私财产遭受重大损失或者严重危害人体健康的，处五年以上十年以下有期徒刑，并处罚金；后果特别严重的，处十年以上有期徒刑，并处罚金。"走私废物罪与非法处置进口的固体废物罪的相同点是主体相同，无论是单位还是具有刑事责任能力的自然人均可成为犯罪主体。

走私废物罪与非法处置进口的固体废物罪的不同点在于：(1) 侵犯的客体不同。走私废物罪侵犯的客体是国家对境外废物进境的海关监管制度，属于破坏社会主义市场经济秩序的犯罪；非法处置进口的固体废物罪侵犯的客体是国家防治固体废物污染环境的管理制度，属于妨害社会管理秩序的犯罪。(2) 犯罪对象不同。走私废物罪的犯罪对象不仅包括固体废物，还包括液态和气态废物，既包括禁止进口的废物，也包括限制进口的废物；而非法处置进口的固体废物罪的犯罪对象只包括固体废物，且是国家允许进口的，主要是限制进口的固体废物。(3) 客观特征不同。走私废物罪的客观特征是违反海关法规，逃避海关监管，将境外废物运输进境，或者以原料利用为名进口不能用作原料的固体废物、液态废物和气态废物的行为，侧重点是逃避海关监管、运输进境；而非法处置进口的固体废物罪的客观特征是违反国家规定，将境外固体废物在我国境内倾倒、堆放、处置，侧重点是在我国境内非法处置。(4) 故意的内容不同。走私废物罪的主观故意的内容表现为，行为人明知运输进境的废物是国家限制进口或禁止进口的仍逃避海关监管或采取欺骗的手段而取得批准运输进境的；非法处置进口的固体废物罪的主观方面的故意表现为，行为人明知将境外的固体废物进境倾倒、堆放、处置的行为违反国家对环境保护和污染防治的管理活动和管理制度，并有可能污染环境而为之。（5）在通常情况下，走私废物罪属于结果犯，亦即有严重情节或造成环境严重污染的方构成犯罪（《解释》新增加了未达到“情节严重”的数量标准，但属于犯罪集团的首要分子，使用特种车辆从事走私活动亦可构成犯罪）；而非法处置进口的固体废物罪属于行为犯。

如果行为人走私固体废物并在我国境内倾倒、堆放、处置的，应当如何认定？一种观点认为，行为人既构成走私废物罪又构成非法处置进口的固体废物罪，应实行数罪并罚。理由是：行为人实施了两个行为，前者逃避海关监管，构成了走私废物罪；后者则不逃避海关监管，行为人将固体废物在我国境内倾倒、堆放、处置的行为构成非法处置进口的固体废物罪。另一种观点认为，如果行为人非法处置进口的固体废物既包括国家限制进口的废物又包括国家禁止进口的废物的，行为人就同时触犯了走私废物罪和非法处置进口固体废物罪，以上两罪应实行数罪并罚。对于禁止进口的固体废物，行为人将其非法入境，就已经构成走私废物罪，至于行为人是否将其处置，以及造成什么严重后果，应该属于走私废物罪的量刑情节。[①] 理由是：走私废物罪的对象是固体废物、液态废物、气态废物，包括国家限制进口的废物和国家禁止进口的废物，而非法处置进口的固体废物罪的对象仅指国家限制进口的固体废物，在境内倾倒、堆放、处置才构成犯罪。

我们认为上述观点有失偏颇，应分以下三种情形进行处理：

第一种情形是行为人非法处置的是国家禁止进口的固体废物，这种情形只构成走私废物罪，因为行为人将国家禁止进口的固体废物走私入境，其行为构成了走私废物罪，行为人对废物的处置行为属于不可罚的事后行为，至于非法处置造成什么严重后果，应属于走私废物罪的量刑情节，不再单独认定构成非法处置进口固体废物罪。

第二种情形是如果其进行走私就是为了把我国当作“垃圾处理场”，就是为了把固体废物、液态废物和气态废物在我国境内非法倾倒、堆放、处置的，则说明其走私行为与非法处置固体废物的行为存在牵连关系，应当以走私废物罪与非法处置进口的固体废物罪的牵连犯论处，从一重处。

第三种情形是行为人持有批文，将国家限制进口的固体废物进口入境，该进口行为就是合法的，如果行为人将废物运输进境后违反国家规定处置的，则构成非法处置进口的固体废物罪。

——南英主编：《最高人民法院、最高人民检察院关于办理走私刑事案件适用法律若干问题的解释理解与适用》，中国法制出版社 2015 年版，第

① 曹绍锐、张绍英：《走私废物罪司法认定研析》，载《中共郑州委党校学报》2005 年第 5 期。

245~247 页。

404. 利用他人许可证进口可用作原料的固体废物行为性质应如何认定

关键词

他人许可证　进口固体废物　走私废物罪

《刑事审判参考》指导案例

佛山市格利华经贸有限公司、王炽东、李伟雄走私废物案（《刑事审判参考》指导案例第 1434 号）

裁判要点：在明知他人无许可证的情况下，借用他人许可证并制作虚假报关单证，为他人走私进口国家限制进口可用作原料的固体废物，系走私废物犯罪的共犯，对其行为按走私废物罪处理。

根据《海关总署缉私局关于请予明确利用他人许可证进口国家限制进口可用作原料的废物行为定性问题的函》（缉私函字〔2013〕7 号，以下简称《缉私局函》）和《海关总署关于办理进口固体废物案件若干执法问题的指导意见》（署缉发〔2013〕130 号，以下简称《正当防卫指导意见》）的规定，利用他人许可证进口可用作原料的固体废物的行为中，可不按犯罪处理的有三种情形：一是已通过环境影响评价、具有废物加工资质的企业，因用量不足而购买许可证进口可用作原料的固体废物的；二是利用他人自动进口许可证进口可用作原料的固体废物，且不存在伪报、瞒报等情形的；三是实际收货人具备相应环境影响评价资质的。需要注意的是，考虑到可用作原料的固体废物的加工利用可能对环境造成的污染，在对实际收货人的环境影响评价资质的认定上应从严掌握，不能把具备相应环境影响评价资质或者通过环境影响评价、具有废物加工资质简单扩展为有环保加工能力。本案中，被告单位格利华公司和被告人王炽东、李伟雄逃避海关监管，在明知委托代理进口方没有许可证的情况下，承揽代理并利用他人许可证办理通关，委托代理进口方和实际收货人均不具备相应环境影响评价资质，虽然有部分实际收货人租借有环境影响评价资质的单位的场地进行拆解，但其实质上并不具备相应的环境影响评价资质。因此，格利华公司和二被告人的行为不属于前述《缉私局函》和《正当防卫指导意见》规定的可不作犯罪处理的三种情形，对其按犯罪处理符合《正当防卫指导意见》和《缉私局函》的规定精神。

——黄建屏、郭慧撰稿、王晓东审编：《佛山市格利华经贸有限公司、王炽东、李伟雄走私废物案——利用他人许可证进口可用作原料的固体废物行为性质的认定》，载最高人民法院刑事审判第一、二、三、四、五庭编：《刑事审判参考》（总第 129 辑），人民法院出版社 2022 年版，第 7~8 页。

405. 走私的废物中混有普通货物的，构成走私废物罪

关键词

走私废物罪　普通货物

《刑事审判参考》指导案例

程瑞洁走私废物案（《刑事审判参考》指导案例第 773 号）

裁判要点：走私的废物中混有普通货物的，构成走私废物罪，而不构成走私普通货物罪。对于在走私的废旧电器中混有全新电器这一事实，量刑时可以作为一个量刑情节酌情予以从重处罚。

本案事实清楚，海关缉私部门从被告人程瑞洁等 11 人驾船走私的集装箱中查获大量废旧电视机等固体废物，并从其中一个集装箱中查获一批全新电器。公诉机关指控程瑞洁等犯走私废物罪和走私普通货物罪两项罪名，法院最后只认定了走私废物罪一项罪名。本案涉及的主要法律问题是，在走私的废物中查获普通货物的，是认定为一罪还是数罪。我们认为，对此要具体情况具体分析。

（一）行为人基于概括故意而实施走私犯罪的，应当根据实际查获的物品性质来定罪

概括故意是一种不确定的故意。在概括故意犯罪中，发生行为人预见或应当预见范围内的各种犯罪后果均不违背其意志，故可以根据实际发生的后果定罪处罚。如果行为人基于概括故意实施走私犯罪，虽不明知所走私物品的具体种类，但因走私这些物品均不违背其意志，故仍应当根据实际走私的物品性质定罪处罚。对此，最高人民法院、最高人民检察院、海关总署 2002 年印发的《关于办理走私刑事案件适用法律若干问题的意见》（以下简称《意见》）第六条规定："走私犯罪嫌疑人主观上具有走私犯罪故意，但对其走私的具体对象不明确的，不影响走私犯罪构成，应当根据实际的走私对象定罪处罚。但是，确有证据证明行为人因受蒙骗而对走私对象发生认识错误的，可以从轻处罚。"这里的"受蒙骗"不影响犯罪成立，是因为行为人有走私犯

罪的故意，且对走私的物品性质持概括故意。如果行为人对走私物品的性质有明确认识，并基于这种认识而实施走私犯罪的，则不适用本规定。

（二）行为人在走私的普通货物、物品中藏匿刑法规定的特殊货物、物品的，以实际走私的货物、物品定罪处罚；构成数罪的，应予并罚

最高人民法院2006年出台的《关于审理走私刑事案件具体应用法律若干问题的解释（二）》（以下简称《解释（二）》）[①]第五条规定："对在走私的普通货物、物品或者废物中藏匿刑法第一百五十一条、第一百五十二条、第三百四十七条、第三百五十条规定的货物、物品，构成犯罪的，以实际走私的货物、物品定罪处罚；构成数罪的，实行数罪并罚。"根据上述规定，行为人在走私的普通货物、物品中藏匿武器、弹药、核材料、假币、文物、淫秽物品、毒品、制毒物品等刑法专门规定的货物、物品，由于行为人对特殊货物、物品的"藏匿"行为通常是明知的，故可以按照实际查获的货物、物品定罪处罚。如果走私普通货物、物品的行为本身也构成犯罪的，则予以数罪并罚。

（三）行为人受他人雇用实施走私犯罪，且知道走私货物、物品的性质，但因受蒙骗而不知走私的货物、物品中混有其他特殊货物、物品的，应当根据其主观上认识的走私货物、物品的性质来定罪处罚

这种情形与上述两种情形不同。一方面，行为人并非基于概括故意实施走私犯罪，而是知道所走私货物、物品的具体性质；另一方面，行为人并未直接在走私的货物、物品中藏匿某种特殊货物、物品，所查获的特殊货物、物品系他人藏匿，行为人并不知情。这种情况理论上称为抽象的事实认识错误‘应当根据行为人主观认识的犯罪对象的性质定罪处罚。如果根据实际，查获的货物、物品定罪处罚，则违背了主客观相统一的定罪原则，属于客观归罪。

具体到本案，有观点认为，被告人程瑞洁等人的行为构成走私废物罪和走私普通货物罪两罪。主要理由在于，虽然雇用者郭某对程瑞洁等人声称是走私废旧电器，但程瑞洁等人并没有参与装货、卸货等工作，亦没有打开集装箱检验，实际上并不确定走私的货物性质，各被告人主观上对所走私货物的性质持放任态度，具有概括故意。同时，如只认定构成走私废物罪，也不利于打击犯罪。因此，对于本案这种在走私的废旧电器中混装有全新电器的行为，应当根据《意见》的规定，认定各被告人因受老板蒙骗而对走私对象发生认识错误，构成走私废物罪和走私普通货物罪，但可从轻处罚。

我们认为，本案被告人程瑞洁等人的行为属于上述第三种情形，应当认定只构成走私废物罪一罪。主要理由在于，据现有证据可以认定程瑞洁等主

① 本解释已被《最高人民法院、最高人民检察院关于办理走私刑事案件适用法律若干问题的解释》（法释〔2014〕10号）废止。

观上仅具有走私废物罪的犯罪故意，而不是基于概括性故意实施走私犯罪。首先，程瑞洁等 11 名被告人到案后在侦查、审查起诉和审判阶段均辩称不知道废旧电器中混装有全新电器等普通货物。由于雇佣者郭某仍在逃，无法查证其事前是否向程瑞洁等人说明废旧电器中混装有全新电器，考虑到在案的 11 名被告人均辩称不知废旧电器中混有全新电器，在没有相反证据的情况下，按照有利被告人原则，应当采信被告人的供述和辩解。其次，据程瑞洁等的供述，2007 年 9 月至 10 月，被告人已成功偷运 3 次废旧电器入境，均是同一批人、同一条船，每次都是偷运 12 个集装箱的废旧电器入境。没有证据显示以往曾发生废旧电器中混有全新电器的情况。最后，侦查机关在本案破获前获得的情报也是该船从越南国鸿基港装载 12 个集装箱的废旧电器入境，没有提到其中混有全新电器的情节。综上，根据在案证据，应当认定程瑞洁等 11 名被告人不知道走私的废旧电器中混有全新电器等普通货物，主观上没有走私普通货物的故意。因此，对本案不适用《意见》第六条和《解释（二）》第五条的规定。根据主客观相统一的定罪原则，程瑞洁等被告人的行为只构成走私废物罪，而不构成走私普通货物罪。对于在走私的废旧电器中混有全新电器这一事实，量刑时可以作为一个量刑情节酌情予以从重处罚。

——最高人民法院刑事审判第一、二、三、四、五庭主办：《刑事审判参考》2013 年第 3 集（总第 86 集），法律出版社 2013 年版，第 6~10 页。

406. 关联公司共同走私犯罪的处理

关键词

关联公司　共同走私

附录：最高人民法院主流观点

关联公司走私在实践中的情况较为复杂，主要表现为三种情形：一是总公司与不具有法人资格的分公司或者内设部门共同走私；二是母公司与子公司共同走私；三是同一被告人设立的多个具有法人资格的公司共同走私。第一种情形的处理在前面已有论述，下面仅讨论后两种情形。

1. 母公司与子公司共同走私犯罪的处理

母公司与子公司是一组相对应的法律概念。母公司是指拥有另一公司一定比例以上的股份或通过协议方式能够对另一公司进行实际控制的公司。子公司是指一定比例以上的股份被另一公司所拥有或通过协议方式受到另一公司实际控制的公司。子公司受母公司的实际控制，母公司、子公司各为独立的法人。基于这种特殊的控制关系，子公司受母公司指使实施走私犯罪的应如何处理，实践中存在不同看法，以被告单位长沙新三昌公司、被告人具滋运、洪大承走私普通货物案为例说明如下：

被告单位长沙新三昌公司系 2001 年由 NBT 公司和韩国三昌企业株式会社共同投资（NBT 公司占股 82.4%）在湖南省长沙经济技术开发区星沙工业园设立的外资公司，法定代表人金斗喜。被告人具滋运于 2001 年开始担任该公司的副总经理，2002 年 9 月该公司总经理回国后，其开始负责公司的全面工作，履行总经理职责。该公司主要生产经营钢带的焊接、加工业务，生产和销售所需的不锈钢带、镍钢带及三金属带（其中镍钢带、三金属带又名冷扎合金钢带）等生产原材料和成品主要从 NBT 公司等公司进口。

NBT 公司在来中国投资设立长沙新三昌公司之前，就得知在中国，合金钢有几种不同的名称，中国对不同名称的合金钢征收不同税率的关税，特别是中国除对韩国的浦项综合制铁株式会社等 6 家公司实行优惠的低关税外，对韩国其他公司所生产的不锈钢则要征收 57% 的反倾销税，而对冷轧合金钢则不征收反倾销税。为了降低成本、尽可能地追求最大限度的盈利，NBT 公司就指示长沙新三昌公司，让其将所进口的 NBT 公司生产的不锈钢伪报成冷轧合金钢，向中国海关报关进口。2003 年 1 月至 2003 年 5 月，在 NBT 公司的直接指挥和授意下，长沙新三昌公司在上海海关报关进口不锈钢等生产原料时，先后 6 次将 NBT 公司生产的不锈钢带 84259 公斤（关税税率为 10%、增值税税率为 17%、另有反倾销税 57% 等）伪报为冷轧合金钢带（关税税率仅为 3%、增值税税率为 17%）进口，以逃避海关监管、偷逃应缴税款。经长沙海关关税部门核算，长沙新三昌公司共偷逃应缴税额人民币 1157053.47 元。

在本案中，被告单位长沙新三昌公司的辩护人提出，由于走私犯意系 NBT 公司提出，走私行为的很大一部分也由 NBT 公司实施，且走私的收益由 NBT 公司获得，本案两个自然人被告也没有从中获取任何属于个人的好处。因此，被告单位长沙新三昌公司在本案共同犯罪中处于从犯的地位，请求法庭认定被告单位长沙新三昌公司为从犯。被告人具滋运的辩护人提出，本案系 NBT 公司直接指挥和授意长沙新三昌公司偷逃关税，属于两个法人单位共同犯罪，在共同犯罪的过程中，NBT 公司是主犯，长沙新三昌公司是从犯。法院判决认为，被告单位长沙新三昌公司副总经理具滋运、管理部部长洪大承在其控股公司 NBT 公司的直接指挥下，为给公司谋取非法利益，逃避海关监管，将应缴纳反倾销税的韩国产不锈钢伪报成不需要缴纳反倾销税的韩国产冷轧合金钢从中国海关报关进口，偷逃应缴税额多达人民币 1157053.47 元，其行为已构成走私普通货物罪。被告单位长沙新三昌公司收到 NBT 公司内容不真实的装箱单、提单、发票等单证后，被告人具滋运虽提出了异议，但仍按 NBT 公司的指示指使被告人洪大承制作内容不实的合同向中国有关部门申请办理钢带进口许可证，以冷轧合金钢带的名义在上海海关报关进口不锈钢带，偷逃应缴关税。该事实表明在本案走私普通货物犯罪过程中，被告单位长沙新三昌公司在本案中起主要作用，系主犯，被告单位长沙新三昌公司、被告人具滋运、洪大承的辩护人提出的被告单位长沙新三昌公司系从犯的辩护意见不予采纳。

我们认为，法院的判决意见是妥当的。但是，本案仅起诉长沙新三昌公司而未起诉对于走私犯罪起着决定作用的NBT公司存在明显不足。被告单位、被告人的辩护人所提NBT公司与长沙新三昌公司构成共同犯罪，均应依法追究刑事责任的辩护意见是可以成立的。不同于前述分公司对于总公司的非独立隶属关系，子公司与母公司在法律上均为独立法人，子公司依法独立承担责任，故通常应对母公司与子公司以共同犯罪一并追究刑事责任，而在追究总公司单位犯罪的情况下，可不再追究分公司单位犯罪的刑事责任。实践中，另有一些公司为了规避法律，将内设机构注册为具有独立法人资格的子公司，但子公司在经营上和财务上均未实际独立，总公司有权决定子公司的具体经营活动，有权调拨、使用子公司的资金。这种情况下如果总公司决定实施走私犯罪，子公司具体负责实施，且子公司未参与分配犯罪所得的，一般可以仅追究总公司单位犯罪的刑事责任，因为这种子公司仅有其名而无其实，实际上类似于分公司。需要指出的是，是否追究“子公司”单位犯罪的刑事责任，不影响“子公司”中直接责任人员的刑事责任追究。

2. 同一股东设立多个公司分别实施单位走私犯罪的处理

公司具有独立于出资人的法律人格，因此，对一人所设多个公司共同犯罪通常应对公司以共同犯罪一并追究刑事责任，实践中没有不同意见。存在分歧的是，对于单位共同走私犯罪直接负有管理责任的该出资人应如何计算定罪处罚？以胡某等走私普通货物案为例说明如下：

2003年年底，胡某、赵某在广东注册成立了甲公司。2004年初，二人又在上海注册成立了乙公司。经查，2003年至2004年间，甲乙两公司在经营过程中，经胡某、赵某决定，均实施了走私进口汽车配件的行为。其中甲公司偷逃税款11万余元，乙公司偷逃税款19万余元。①

在本案的处理当中，存在两种不同意见。第一种意见认为，甲公司和乙公司都是合法注册成立的单位，具有独立承担刑事责任的能力，因此上述单位是两个独立的犯罪主体，由于其偷逃的数额均没有达到法定的数额，因而两家公司均不构成犯罪。第二种意见认为，这些名称不同且合法成立的数个单位密切关联，不具有相互独立性。《刑法》上的单位是否具有独立性，应当以有无独立的意志与行为为标准，不能单纯以工商部门登记注册或有权机关

① 参见贺卫、胡春健、于爽、朱峰：《单位走私犯罪法律适用若干问题探讨》，载《政治与法律》2009年第4期。

批准成立的文件为依据。《刑法》上的单位本身没有独立的意志，其实施犯罪行为必须通过自然人来实施，也就是单位意志必须由自然人的意志来体现。因此，认定单位是否构成犯罪，也就是看由自然人组成的单位是否具有犯罪的主观故意，并在该故意的支配下，以单位名义具体实施了走私行为。在同一自然人组成的单位意志下实施犯罪，就类似于对单个自然人实施的复数犯罪行为进行定罪量刑。本案中，胡某和赵某既是广东公司的股东，又是上海公司的股东，两个公司均在两人的意志支配下，实施走私犯罪行为，应当认定为一个走私犯罪行为，因此对两公司的走私行为应当进行累积计算，其数额已经达到25万元的标准，应认定为走私普通货物罪。否则，在实质上的一个单位意志行为体以形式上的数个单位名义实施犯罪的情况下，就可能导致放纵犯罪。该意见进一步提出，将数额累加之后，应当将胡某、赵某作为两个单位直接负责的主管人员列为被告人，并适用单位犯罪的条款追究刑事责任，单位不列为被告。[①]

我们认为，上述两种意见均有合理之处，但均失于偏颇。首先，应尊重犯罪单位之间的独立性，不能将单位与出资人混为一谈。实际上，第二种意见存在内在的矛盾，对于被告人定罪以单位构成犯罪为前提，同时又认为单位不得列为被告。既然认为可以把甲乙两单位视为一个单位，并据此认为本案数额已经达到《走私解释（一）》规定的单位走私普通货物、物品罪25万元的入罪门槛，那么，对甲乙两单位追究刑事责任也应无逻辑障碍。其次，应当注意到犯罪单位之间的关联性，在关联单位分别构成犯罪的前提下，对不同单位中直接责任人员的数额可以累加计算。依照第一种意见，不同的犯罪单位属于不同的犯罪主体，而直接责任人员的定罪处罚完全依附于单位犯罪，直接责任人员的定罪处罚将只能依照较重的单位犯罪进行处罚。该意见因必然导致直接责任人员的部分犯罪事实不能依法追究刑事责任而明显不妥。我们认为，在关联单位分别均已构成单位犯罪的情况下，可以考虑对各犯罪单位依照该单位自身的走私犯罪事实追究刑事责任，而对不同单位犯罪均负有直接责任的人员，可以在司法上拟制一个“单位”，要求其对不同单位的犯罪数额一并承担刑事责任，即累计走私数额，适用单位犯罪的规定处罚。该处理意见既兼顾到了单位的独立性和单位仅对自身行为承担责任的司法原则，同时也注意到了此种情形中直接责任人员作为刑罚主体的相对独立性，有利于最大程度地实现罪刑相一致的原则要求。

综上，我们认为，因甲、乙两公司均不构成犯罪，本案既不能对单位追究刑事责任，也不宜以单位犯罪追究被告人胡某、赵某的刑事责任。但是，

---

① 参见贺卫、胡春健、于爽、朱峰：《单位走私犯罪法律适用若干问题探讨》，载《政治与法律》2009年第4期。

假定甲、乙两公司当时分别偷逃了40万元的税款，则均已构成单位犯罪，那么对甲、乙两公司应适用《刑法》第153条第2款的处罚规定，依法判处三年有期徒刑以下的刑罚（按照《走私解释（一）》确定的数额标准），而被告人胡某、赵某的单位走私数额则可合并认定为80万元，适用《刑法》第153条第2款的处罚规定认定为“情节严重”，在3年以上10年以下有期徒刑的范围内判处刑罚。

——南英主编：《最高人民法院、最高人民检察院关于办理走私刑事案件适用法律若干问题的解释理解与适用》，中国法制出版社2015年版，第419~423页。

407. 伙同他人走私用于生产、销售的批量物资的行为的定性

关键词

走私普通货物、物品罪

《最高人民法院公报》案例

山东省济南市人民检察院诉高庆亭、刘贵良走私、放纵走私案（判决时间：1998年11月19日，二审法院：山东省高级人民法院）

裁判摘要：国家工作人员违反海关法规，伙同他人走私，走私物资系成批量的、且用于生产、销售领域，而非小量生活用品，故其行为构成走私普通货物罪，而非走私普通物品罪。

山东省高级人民法院经审理认为：一审认定上诉人高庆亭、原审被告人刘贵良的犯罪事实清楚，证据确实充分。高庆亭身为海关工作人员，置国家利益于不顾，伙同他人走私，偷逃关税数额巨大，情节特别严重。高庆亭的犯罪事实经查证据确凿，不容抵赖。高庆亭的犯罪行为，严重破坏了国家对外贸易管理制度，应予严惩，其上诉理由不能成立。高庆亭的辩护人认为应对其从轻或减轻的辩护意见，没有事实和法律依据，不予采纳。原审适用法律定罪准确，量刑适当，审判程序合法。

——《最高人民法院公报》1999年第1期。

408. 代理转口贸易中未如实报关行为的定性

关键词

走私普通货物、物品罪　代理转口贸易

《刑事审判参考》指导案例

宋世璋被控走私普通货物案（《刑事审判参考》指导案例第 267 号）

裁判要点：在代理转口贸易中不如实报关的行为，不构成走私普通货物罪。

走私普通货物罪在客观上表现为逃避海关监管，偷逃税款，造成国家税收损失的行为。走私普通货物行为不同于走私国家禁止出口的文物、黄金、白银等贵重金属和国家禁止进出口的珍贵动、植物及其制品及淫秽物品等其他违禁品的走私行为，其社会危害性不仅表现在违反国家海关监管制度方面，更主要是表现在偷逃关税，给国家税收造成损失。因此，行为人为进行转口贸易，将普通货物暂时转运进境，其行为在表面上虽采用了不如实报关的手段逃避海关监管，但由于在客观上没有偷逃税款，亦不会给国家造成关税损失，因此，不应以走私普通货物罪论处。

——最高人民法院刑事审判第一庭、第二庭编：《刑事审判参考》2004 年第 6 集（总第 35 集），法律出版社 2005 年版，第 1~6 页。

附录：最高人民法院主流观点

此类行为不应认定为走私普通货物罪。理由如下：走私普通货物行为不同于走私国家禁止出口的文物、黄金、白银等贵重金属和国家禁止进出口的珍贵动、植物及其制品及淫秽物品等其他违禁品的走私行为，其社会危害性不仅表现在违反国家海关监管制度方面，更主要是表现在偷逃关税，给国家税收造成损失。《海关法》第 59 条规定，经海关批准暂时进口或者暂时出口的货物，以及特准进口的保税货物，在货物收发货人向海关缴纳相当于税款的保证金或者提供担保后，准予暂时免纳关税。根据 1992 年 3 月 18 日国务院发布的《中华人民共和国进出口关税条例》第 30 条的规定，为转口而暂时进口仪器、工具等货物，可以申请海关免纳关税，货物收发货人对海关不承担税赋，亦不存在出口退税问题。根据 1993 年 4 月 1 日海关总署发布的《中华人民共和国海关法行政处罚实施细则》[①] 第三章关于违反海关监管规定的行为及处罚中第 9 条、第 11 条的规定，逃避海关监管，运输、携带、邮寄货物、物品进出境，但有关货物、物品不属于国家禁止进出境的物品、国家限制进出口或者依法应当缴纳关税的货物、物品的；不按照规定期限将暂行进出口货物复运出境或者复运进境、擅自留在境内或者境外的；不按照规定期限将过境、转运、通运货物运输出境，擅自留在境内的行为，属于违反海关监管规定的行为，不属走私行为，应处以货物、物品等值以下或者应缴税款两倍以下的罚款。可见，对于逃避海关监管，运输、携带、邮寄依法不应当缴纳关税的货物、物品、运输暂行进出口货物、过境、转运、通运货物进境的行为不属于走私行为。

——高憬宏、杨万明主编：《基层人民法院法官培训教材（实务卷 · 刑事审判篇）》，人民法院出版社 2005 年版，第 137~138 页。

409. 基于走私目的向海关人员行贿行为的定性

关键词

走私普通货物、物品罪　行贿罪　牵连犯

《刑事审判参考》指导案例

王红梅、王宏斌、陈一平走私普通货物、虚开增值税专用发票案（《刑事审判参考》指导案例第 336 号）

裁判要点：基于走私入境的犯罪目的，而向海关人员行贿的行为，与该走私普通货物的行为，构成牵连犯罪，不实行数罪并罚。

首先，之所以向海关人员行贿是为了将货物走私进口成功这一目的。因此，实施的走私普通货物行为与向海关人员行贿的两个独立的犯罪行为之间，在主观上符合牵连犯罪构成所必要的主观条件，即数行为之间是为了同一个犯罪目的。其次，向海关有关人员行贿的行为与将货物走私入境的行为之间，在客观上亦存在着不可分割的手段与目的的牵连关系，前者即行贿行为构成了后者即走私普通货物行为的组成部分，从而与后者构成了方法上的牵连犯罪。总之，向海关人员行贿的行为，与将货物走私入境的行为，属于两个独立的犯罪行为，触犯了两个性质完全不同的罪名即单位行贿罪与走私普通货

① 本文件已被《中华人民共和国海关行政处罚实施条例》（国务院令第 420 号）废止。

物罪，并且都是出于将货物走私进口成功这一犯罪目的，而且在客观上存在着手段与目的的牵连关系，因此，应以牵连犯罪论处，择一重罪即走私普通货物罪定罪处罚，而不应实行数罪并罚。

——最高人民法院刑事审判第一庭、第二庭编：《刑事审判参考》2005 年第 2 集（总第 43 集），法律出版社 2005 年版，第 1~20 页。

410. 武装掩护走私与暴力、威胁抗拒缉私行为的重合

关键词

武装掩护走私　暴力、威胁抗拒缉私

附录：最高人民法院主流观点

从司法实践的情况来看，武装掩护走私和以暴力、威胁方法抗拒缉私并非泾渭分明，二者有相互重合的部分，即利用掩护走私的武装来抗拒缉私，实践中也确实存在着武装掩护走私被缉私人员发现后，当场以携带的武器对缉私人员施以暴力或者威胁的情况。我们认为，这种情况下，应当同时适用《刑法》第 157 条第 1 款和第 2 款的规定，以武装掩护的走私犯罪与妨害公务罪实行数罪并罚。这是因为：第一，武装掩护的走私犯罪的构成并不要求动用武装，武装掩护的走私犯罪只要行为人武装掩护走私就已经构成，不因为后来使用掩护走私的武装抗拒缉私而影响犯罪的构成；第二，将利用掩护走私的武装抗拒缉私作为妨害公务罪的构成事实不违背禁止重复评价原则。武装掩护与抗拒缉私是两个行为，二者只有时间上的延续性，而没有行为上的连续性，抗拒缉私行为不是武装掩护走私的构成事实，在妨害公务罪中是对其第一次做否定性评价。所需注意的是抗拒缉私在充当定罪情节后，不可再作为武装掩护走私的加重或从重情节。

——南英主编：《最高人民法院、最高人民检察院关于办理走私刑事案件适用法律若干问题的解释理解与适用》，中国法制出版社 2015 年版，第 56~57 页。

第三节　妨害对公司、企业的管理秩序罪

411. 认定欺诈发行证券罪应当注意的问题

关键词

欺诈发行证券罪

附录：最高人民法院主流观点

认定欺诈发行证券罪应当注意划清罪与非罪的界限：

1. 行为人实施了在招股说明书、认股书、公司、企业债券募集办法等发行文件中隐瞒重要事实或者编造重大虚假内容的行为后，还必须实际发行了股票或者公司、企业债券、存托凭证或者国务院依法认定的其他证券。如果没有实施向社会发行股票、债券等证券的行为，不宜认定构成犯罪。

2. 构成本罪必须是欺诈发行股票、债券等证券，数额巨大、后果严重或者有其他严重情节的行为。如果数额不大、后果不严重或者没有其他严重情节的，也不构成犯罪，可以由行政监管部门视情节给予行政处罚。按照《最高人民检察院、公安部关于公安机关管辖的刑事案件立案追诉标准的规定（二）》第 5 条的规定，在招股说明书、认股书、公司、企业债券募集办法中隐瞒重要事实或者编造重大虚假内容，发行股票或者公司、企业债券，涉嫌下列情形之一的，应予立案追诉：（一）发行数额在五百万元以上的；（二）伪造、变造国家机关公文、有效证明文件或者相关凭证、单据的；（三）利用募集的资金进行违法活动的；（四）转移或者隐瞒所募集资金的；（五）其他后果严重或者有其他严重情节的情形。

——胡云腾主编：《刑法罪名精释（第五版）》，人民法院出版社 2022 年版，第 281 页。

412. 中小企业发行私募债券是否属于欺诈发行债券罪的规制范围

关键词

中小企业　发行私募债券　欺诈发行债券罪　规制范围

《刑事审判参考》指导案例

江苏北极皓天科技有限公司、杨佳业欺诈发行债券案（《刑事审判参考》指导案例第 1387 号）

裁判要点：私募债券仍然符合“依照法定程序发行、约定在一定期限还本付息”的公司债券的基本特征，因此理应属于欺诈发行债券罪的规制对象。

对于此种行为是否构成欺诈发行债券罪，审理中存在两种意见。第一种意见认为，《刑法》规制的是发行公募债券的行为，发行私募债券不应当认定为欺诈发行债券罪。第二种意见认为，无论是公募债券还是私募债券，均属于欺诈发行债券罪的行为对象。

我们同意第二种意见。理由如下：

根据《中华人民共和国公司法》规定，公司债券是指公司依照法定程序发行、约定在一定期限还本付息的有价证券。公司债券按发行方式划分，可分为公募债券和私募债券。公募债券是指按法定手续经国家监督管理机构批准，公开向社会投资者发行的公司债券。《公司法》《证券法》均对此作出了规定，称为公开发行的公司债券。依法公开发行的公司债券应在依法设立的证券交易所上市交易，或在全国中小企业股份转让系统或者在国务院批准的其他证券交易场所转让。

发行私募债券是解决中小企业融资难的一种方式。2012 年 5 月，上海和深圳证券交易所各自发布《中小企业私募债券业务试点办法》，经中国证监会批准，设置了私募债券业务。《上海证券交易所中小企业私募债券业务试点办法》①《深圳证券交易所中小企业私募债券业务试点办法》②第二条均规定，中小企业私募债券，是指中小微型企业在中国境内以非公开方式发行和转让，约定在一定期限还本付息的公司债券。与公募债券相比，私募债券的特点在于：（1）发行人应当以非公开方式发行私募债券，不得采用广告、公开劝诱和变相公开方式，每期私募债券的投资者合计不得超过 200 人。（2）私募债券的发行采用备案制（公募债券采用核准制）。发行人提交私募募集说明书等备案文件，并应当保证备案文件及信息披露内容真实、准确、完整，不得有虚假记载、误导性陈述或重大遗漏。（3）私募债券应当由证券公司承销。（4）投

① 本文件已被《上海证券交易所关于发布〈上海证券交易所非公开发行公司债券业务管理暂行办法〉的通知》（上证发〔2015〕50 号）废止。

② 本文件已被《深圳证券交易所关于废止部分业务规则的公告（第七批）》废止。

资者必须符合适格条件，公募债券则无此要求。可见，私募债券是指以特定的少数投资者为对象发行的债券，发行手续简单，一般不能公开上市交易。但究其本质，私募债券仍然符合“依照法定程序发行、约定在一定期限还本付息”的公司债券的基本特征，因此理应属于欺诈发行债券罪的规制对象。

——楼炯燕撰稿、韩维中审编：《江苏北极皓天科技有限公司、杨佳业欺诈发行债券案——如何把握欺诈发行债券罪的构成要件》，载最高人民法院刑事审判第一、二、三、四、五庭编：《刑事审判参考》（总第 125 辑），人民法院出版社 2020 年版，第 1~4 页。

413. 上市公司在申请上市前后连续财务造假的行为如何认定

关键词

上市公司　上市前后　连续财务造假

《刑事审判参考》指导案例

丹东欣泰电气股份有限公司及温德乙、刘明胜欺诈发行股票[①]、违规披露重要信息案（《刑事审判参考》指导案例第 1435 号）

裁判要点：对于不同阶段涉财务造假信息的违规披露行为，刑法规定了不同的罪名和相应刑罚。欺诈发行股票罪与违规披露重要信息罪是两个独立的罪名，侵犯的法益不同，二者也并非手段与目的的牵连关系，欺诈发行不意味着一定会违规披露，而违规披露也不一定是因为前面有欺诈发行行为。如果同时符合两个犯罪构成，就应当数罪并罚。

本案是上市公司在申请上市前后连续财务造假而受到刑事处罚并被依法强制退市的典型案例。目前我国正在推进以信息披露为核心的证券发行注册制，而欺诈发行、财务造假等违法犯罪行为，严重挑战信息披露制度的严肃性，破坏市场诚信基础，损害投资者利益。本案的依法处理充分体现了对资本市场违法犯罪行为“零容忍”的态度和决心。

有观点认为，被告单位欣泰电气公司、被告人温德乙和刘明胜因本案已受到最严厉的行政处罚，应将上市之前的欺诈行为与上市后的违规披露行为

---

① 此处使用的是修正前的罪名，根据 2021 年《最高人民法院、最高人民检察院关于执行〈中华人民共和国刑法〉确定罪名的补充规定（七）》，刑法第一百六十条罪名修改为欺诈发行证券罪。

按一个行为处理；即便构成两个犯罪，也不应以欺诈发行股票罪、违规披露重要信息罪数罪并罚，应择一重罪处罚。我们认为，上述观点是不正确的。

首先，行政执法与刑事司法间应有效衔接，不能以罚代刑，已经作出的行政处罚决定不影响司法机关追究刑事责任。本案中，证券监督管理部门和司法机关各司其职、相互配合，各自根据执法、司法工作的需要，及时追究相关市场主体的法律责任。因此，证券监督管理部门作出行政处罚后，认为相关人员构成犯罪的，及时移送线索至公安机关立案侦查，司法机关依法追究刑事责任是正确的。

其次，我们认为，对二被告人应当数罪并罚。理由如下：上市公司在发行、持续信息披露中的财务造假行为，严重蛀蚀了资本市场的诚信基础，损害投资者利益，应当予以惩治。资本市场财务造假行为主要通过信息违规披露的方式表现出来。对于不同阶段涉财务造假信息的违规披露行为，刑法规定了不同的罪名和相应刑罚。欺诈发行股票罪与违规披露重要信息罪是两个独立的罪名，侵犯的法益不同，二者也并非手段与目的的牵连关系，欺诈发行不意味着一定会违规披露，而违规披露也不一定是因为前面有欺诈发行行为。如果同时符合两个犯罪构成，就应当数罪并罚。经过检索相关案例，云南绿大地公司欺诈发行股票案和万福生科财务舞弊案等类似案件中也均作两罪处理，予以数罪并罚。

最后，具体到本案中，被告欣泰电气公司欺诈发行股票行为与违规披露重要信息行为发生在公司上市前后两个阶段。前一阶段欣泰电气公司通过虚构财务数据，使公司成功上市并发行股票，股票数额巨大，其所侵犯的是国家关于股票发行的管理制度；后一阶段是欣泰电气公司上市后，多次违规披露虚假的财务会计报告，最终导致公司发行的股票被终止上市交易，严重损害股东和他人的利益，其所破坏的是上市公司关于信息披露的管理制度。前后两个阶段的犯罪行为所侵犯的法益和所造成的社会危害均不相同，只有认定两罪，才能全面、客观评价其所犯罪行，真正体现罪责刑相适应原则。

需要说明的是，违规披露重要信息罪是单位犯罪，但实行单罚制，只处罚直接负责的主管人员和其他直接责任人员，从保护股东和投资者利益的角度出发对单位没有规定判处罚金。

——初立秀撰稿、高洪江审编：《丹东欣泰电气股份有限公司及温德乙、刘明胜欺诈发行股票、违规披露重要信息案——上市公司在申请上市前后连续财务造假的行为如何认定》，载最高人民法院刑事审判第一、二、三、四、五庭编：《刑事审判参考》（总第129辑），人民法院出版社2022年版，第12~15页。

414. 违规披露、不披露重要信息罪犯罪主体的认定

关键词

违规披露、不披露重要信息罪　犯罪主体

《刑事审判参考》指导案例

董博等提供虚假财会报告案（《刑事审判参考》指导案例第 285 号）

裁判要点：提供虚假财会报告罪中承担刑事责任的直接负责的主管人员和其他直接责任人员，既包括对公司财务会计报告的真实性、可靠性负有直接责任的公司董事长、董事、总经理、经理、监事，同时还包括直接参与虚假财务会计报告制作的工作人员。

由于提供虚假财会报告的客观行为不仅仅是提供行为，同时还内含着一个弄虚作假，制作虚假财会报告的行为，这也是提供虚假财会报告行为的应有之义，没有制假行为，自然无从谈起提供虚假财会报告的问题。所以，在认定提供虚假财会报告罪处罚主体时，需将虚假财会报告的制作和提供两方面的行为主体同时纳入分析、评价的范畴。具体言之，需对提供虚假财会报告罪承担刑事责任的直接负责的主管人员和其他直接责任人员，既包括对公司财务会计报告的真实性、可靠性负有直接责任的公司董事长、董事、总经理、经理、监事，同时还包括直接参与虚假财务会计报告制作的工作人员。前者一般表现为签署、审核财务会计报告的人员和授意、指使编制虚假的或者隐瞒重要事实的财务会计报告的公司负责人，但对制假报假不知情的公司管理人员，工作过失致使虚假财会报告提供出去的，因无主观故意，不应视为直接负责的主管人员；后者一般表现为具体编制或者参与编制虚假的或者隐瞒重要事实的财务会计报告的公司财会人员，因为公司的财会报告通常是由财会人员制作完成的，但不以财会人员为限：首先，凡是参与制作虚假报告的以及为直接编制虚假报告人员提供虚假凭证资料的人员均应视为相关责任人员；其次，是否属于需要追究刑事责任的直接责任人员，取决于该人员在犯罪中的地位和作用，而非是否具有财会人员的身份。

唯下述情形，即公司与承担审计职责的会计师事务所或其注册会计师合谋，由公司故意提供虚假的或者隐瞒重要事实的财务会计报告，同时由会计师事务所或其注册会计师出具虚假的审计报告，应如何对出具虚假审计报告的会计师事务所或其注册会计师进行定罪处罚，在实践中不无疑问，有必要

在此稍加说明。我们认为，尽管两者存在共同实施犯罪的故意，对于后者仍需按提供虚假证明文件罪处理：一方面，两者的故意内容有所不同，前者主要是出于虚夸业绩欺骗股东和社会公众，后者主要是出于业务考虑；另一方面，双方的行为在刑法上可以得到充分的、相应的评价，无需按共同犯罪处理。

——最高人民法院刑事审判第一庭、第二庭编：《刑事审判参考》2004年第2集（总第37集），法律出版社2004年版，第1~14页。

附录：最高人民法院主流观点

1. 对于“直接负责的主管人员”的理解，应从以下两个方面来加以把握：一是直接负责的主管人员是在单位中实际行使管理职权的负责人员；二是对单位具体犯罪行为负有主管责任。这两个条件缺一不可，如非单位的管理人员，就谈不上主管人员；如与单位犯罪无直接关系，就不能说对单位犯罪负有直接责任。司法实践中，主管人员主要包括单位法定代表人、单位的主要负责人、单位的部门负责人等。但以上单位的管理人员并非在任何情况下都要对单位犯罪承担刑事责任，只有当其在单位犯罪中起着组织、指挥、决策作用，所实施的行为与单位犯罪行为融为一体，成为单位犯罪行为组成部分之时，上述人员才能成为单位犯罪的处罚主体，对单位犯罪承担刑事责任。需强调指出的是，单位的法定代表人，也即“一把手”，作为单位的最主要的领导成员，在单位里对重要问题的决定会起着至为重要的作用，在单位实施犯罪的情况下，是否均需对单位犯罪负责？对此，同样不能一概而论，应否承担刑事责任，仍需视其是否具体介入了单位犯罪行为，在单位犯罪过程中是否起到了组织、指挥、决策作用而定。如主持单位领导层集体研究、决定或者依职权个人决定实施单位犯罪的情况下，当属“直接负责的主管人员”；反之，在由单位其他领导决定、指挥、组织实施单位犯罪、不在其本人职权分工范围之内、本人并不知情的情况下，则不应以单位犯罪直接负责的主管人员追究其刑事责任。当然，单位的法定代表人因失职行为，依法构成其他犯罪的，另当别论。

2. 提供虚假财会报告的客观行为不仅仅是提供行为，同时还内含着一个弄虚作假，制作虚假财会报告的行为，这也是提供虚假财会报告行为的应有之义，没有制假行为，自然无从谈起提供虚假财会报告的问题。所以，在认定提供虚假财务报告罪责任人员时，需将虚假财会报告的制作和提供两方面的行为主体同时纳入分析、评价的范畴。具体言之，需对提供虚假报告罪承担刑事责任的直接负责的主管人员和其他直接责任人员，既包括对公司财务会计报告的真实性、可靠性负有直接责任的公司董事长、董事、总经理、经理、监事，同时还包括直接参与虚假财务会计报告制作的工作人员。前者一般表现为签署、审核财务会计报告的人员和授意、指使编制虚假的或者隐瞒重要事实的财务会计报告的公司负责人，但对制假报假不知情的公司管理人员，工作过失致使虚假财会报告提供出去的，因无主观故意，不应视为直接负责的主管人员；后者一般表现为具体编制或者参与编制虚假的或者隐瞒重要事实的财务会计报告的公司财会人员，因为公司的财会报告通常是由财会人员制作完成的，但不以财会人员为限：首先，凡是参与制作虚假报告的以及为直接编制虚假报告人员提供虚假凭证资料的人员均应视为相关责任人员；其次，是否属于需要追究刑事责任的直接责任人员，取决于该人员在犯罪中的地位和作用，而非是否具有财会人员的身份。

——高憬宏、杨万明主编：《基层人民法院法官培训教材（实务卷·刑事审判篇）》，人民法院出版社2005年版，第148~150页。

415. 依法负有披露义务的公司、企业对依法应当披露的重要信息不按规定披露的，对直接负责的主管人员如何处理以及上市公司直接负责的主管人员违规向不具有清偿能力的控股股东提供担保的行为，如何定性

关键词

不披露重要信息罪　负有披露义务

《刑事审判参考》指导案例

于在青违规不披露重要信息案（《刑事审判参考》指导案例第824号）

裁判要点：依法负有披露义务的公司、企业对依法应当披露的重要信息不按规定披露的，对直接负责的主管人员和其他直接责任人员按违规不披露重要信息罪论处；上市公司直接负责的主管人员违规向明显不具有清偿能力的控股股东提供担保，但未给公司造成实际损失的，其行为不构成背信损害上市公司利益罪。

（一）依法负有披露义务的公司、企业对依法应当披露的重要信息不按规定披露的，对直接负责的主管人员以违规不披露重要信息罪论处

违规披露、不披露重要信息罪系根据刑法修正案（六）的规定，在刑法原第一百六十一条规定的提供虚假财会报告罪的基础上修改而来。

违规披露、不披露重要信息罪侵犯的客体是上市公司的信息披露制度和广大股东、投资人的利益。信息披露作为规制证券市场的一项重要法律制度，

自产生以来，在保护投资者、保证证券市场高效运转、有效发挥证券市场的资源配置功能等方面起到了巨大的推动作用。由于现代公司制度下的上市公司所有权与经营权高度分离，广大投资者尤其是中小投资者与上市公司的董事、监事和高级管理人员之间存在严重的“信息不对称”现象，上市公司的董事、监事和高级管理人员可能利用实际控制公司的职权便利获取自身利益，而置公司利益于不顾，甚至损害公司及其股东利益。特别是近年来，随着我国证券市场规模的进一步发展，暴露的上市公司违规披露、不披露重要信息案件大量增多。这类案件往往涉案金额巨大，社会影响极大，给证券市场的信用基础带来极大的损害。在这一背景下，刑法修正案（六）对刑法原第一百六十一条作了重大修改。

刑法修正案（六）对刑法原第一百六十一条作了以下几处修改：一是扩大了披露范围，从原来的财务会计报告扩大到所有依法应当披露的重要信息；二是增加了“其他严重情节”的表述，将本罪从结果犯修改为情节犯，扩大了打击范围，增强了实践可操作性；三是由提供虚假财会报告罪这一罪名修改为违规披露、不披露重要信息罪。

违规披露、不披露重要信息罪要求行为人客观上必须实施“严重损害股东或者其他人利益”的行为或者有“其他严重情节”的行为。对于“严重损害”“严重情节”的认定标准，目前尚无司法解释予以明确，实践中一般是参照适用最高人民检察院、公安部2010年5月7日联合制定的《关于公安机关管辖的刑事案件立案追诉标准的规定（二）》（以下简称《标准二》）的规定。《标准二》对违规披露、不披露重要信息案规定了以下具体的立案追诉标准：（1）造成股东、债权人或者其他人直接经济损失累计数额在50万元以上的；（2）虚增或者虚减资产达到当期披露的资产总额30%以上；（3）虚增或者虚减利润达到当期披露的利润总额的30%以上；（4）未按照规定披露的重大诉讼、仲裁、担保、关联交易或者其他重大事项所涉及的数额或者连续12个月的累计数额占净资产50%以上；（5）致使公司发行的股票、公司债券或者国务院依法认定的其他证券被终止上市交易或者多次被暂停上市交易；（6）致使不符合发行条件的公司、企业骗取发行核准并上市交易；（7）在公司财务会计报告中将亏损披露为盈利，或者将盈利披露为亏损；（8）多次（3次以上）提供虚假的或者隐瞒重要事实的财务会计报告，或者多次对依法应当披露的其他重要信息不按照规定披露；（9）其他严重损害股东、债权人或者其他人利益，或者有其他严重情节的情形。由上述标准可知，违规披露、不披露重要信息罪的成立，并不要求对股东和社会公众的经济利益造成实际损失，情节达到一定严重程度亦可构成本罪。本案中，被告人于在青作为上市公司的法定代表人和董事长，对上市公司依法应当披露的担保信息未按规定披露，担保金额达1.6亿余元，担保金额已经超过公司净资产，其中连续12个月的担保累计金额占净资产的比例远远超过 50%，而且连续 3 年对应当披露的重要信息不按照规定披露。虽然本案违规不披露重要信息的行为具体给股东和社会公众造成多大的经济损失不好认定，但根据上述情节，认定其构成违规不披露重要信息罪没有任何问题。

值得注意的是，违规披露、不披露重要信息罪虽然是单位犯罪，但与一般的单位犯罪不同，本罪实行单罚制，仅对“直接负责的主管人员和其他直接责任人员”进行刑事处罚。立法上之所以采用单罚制，主要是基于本罪的犯罪主体公司、企业在部分案件中也是违规披露、不披露重要信息行为的被害人，在此情况下，如果再对公司、企业判处罚金，势必加重公司、企业的负担，更不利于保护股东或者其他投资者的合法权益。

（二）上市公司直接负责的主管人员违规向不具有清偿能力的控股股东提供担保，未造成实际损失的，不构成背信损害上市公司利益罪

背信损害上市公司利益罪，是刑法修正案（六）规定的新罪名。根据刑法第一百六十九条之一的规定，成立背信损害上市公司利益罪，必须是上市公司的董事、监事、高级管理人员违背对公司的忠实义务，客观上实施了利用职务便利，操纵上市公司，致使上市公司利益遭受重大损失的行为。

1. 从主体要件分析。构成本罪的主体必须是上市公司的董事、监事、高级管理人员、控股股东或者实际控制人。本案被告人于在青是上市公司江苏琼花的法定代表人、董事长，其主体身份适格。

2. 从客体要件分析。本罪侵犯的客体是公司董事、监事、高级管理人员职务的廉洁性和上市公司的经济利益。其中，行为人违背对公司的忠实义务是构成本罪最基本的特征之一。对于公司的董事、监事、高级管理人员而言，这里的“忠实义务”具体体现在：对公司事务应当忠诚尽力、忠实于公司；当其自身利益与公司利益相冲突时，应当以公司利益为重，不得将自身利益置于公司利益之上；必须为公司利益善意处理公司事务、处置其所掌握的公司资产，不得受关联企业支配“掏空”公司资产、损害公司利益。于在青未将公司利益始终放在第一位，且未为公司利益善意处置其所掌握的公司资产，应当认定其违背对公司的忠实义务。

3. 从客观要件分析。具体又包括行为要件特征和结果要件特征。

（1）行为要件特征。根据刑法第一百六十九条之一的规定，成立背信损害上市公司利益罪要求行为人必须实施了操纵上市公司的行为。刑法第一百六十九条之一明文列举了五项具体行为，其中，第四项为“为明显不具有清偿能力的单位或者个人提供担保，或者无正当理由为其他单位或者个人提供担保”。本案中，被告人于在青利用其担任江苏琼花法定代表人的职务便利，为明显不具有清偿能力的控股股东等关联企业提供担保，符合背信损害上市公司利益罪的行为要件特征。（2）结果要件特征。根据刑法规定，成立背信

损害上市公司利益罪必须以“致使上市公司利益遭受重大损失”为要件。如果行为在客观上未给上市公司造成重大损失的，就不符合背信损害上市公司利益罪的客观要件特征。参照《标准二》第十八条的规定，“致使上市公司利益遭受重大损失”一般是指致使上市公司直接经济损失数额在150万元以上或者致使公司发行的股票、公司债券或者国务院认定的其他证券被终止上市交易或者多次被暂停上市交易。从本案情况看，被告人于在青的背信行为，不存在致使公司发行的股票、公司债券或者国务院认定的其他证券被终止上市交易或者多次被暂停上市交易的情况。于在青虽然操纵上市公司向明显不具有清偿能力的关联企业提供担保，但是在公安机关立案前，琼花集团、于在青均通过以股抵债或者用减持股票款方式向债权人清偿了全部债务，积极解除了江苏琼花的担保责任，从而未给江苏琼花造成直接经济损失。因此，于在青的行为不符合背信损害上市公司利益罪的结果要件特征，不构成背信损害上市公司利益罪。

综上，扬州市邗江区人民法院根据被告人于在青的犯罪情节、认罪悔罪表现，并结合自首情节，对公诉机关指控的背信损害上市公司利益罪不予支持，对于在青以违规不披露重要信息罪定罪处罚，定罪准确，量刑适当。

——《于在青违规不披露重要信息案——依法负有披露义务的公司、企业对依法应当披露的重要信息不按规定披露的，对直接负责的主管人员如何处理以及上市公司直接负责的主管人员违规向不具有清偿能力的控股股东提供担保的行为，如何定性》，载最高人民法院刑事审判第一、二、三、四、五庭主办:《刑事审判参考》2013年第1集（总第90集），法律出版社2013年版，第1~6页。

416. 认定违规披露、不披露重要信息罪应当注意的问题

关键词

违规披露、不披露重要信息罪　故意犯罪

附录：最高人民法院主流观点

认定违规披露、不披露重要信息罪应当注意划清罪与非罪的界限：

1. 违规披露、不披露重要信息，只有“严重损害股东或者其他人利益，或者有其他严重情节的”，才构成犯罪。按照《最高人民检察院、公安部关于公安机关管辖的刑事案件立案追诉标准的规定（二）》第6条的规定，依法负有信息披露义务的公司、企业向股东和社会公众提供虚假的或者隐瞒重要事实的财务会计报告，或者对依法应当披露的其他重要信息不按照规定披露，

并具有该条规定情形之一的，应予立案追诉。对于控股股东、实际控制人实施本罪的，不论是单位还是个人，原则上也应参照此标准执行，以体现从严惩处的立法精神。

2. 本罪是故意犯罪。如果是因为过失导致财会报告失真，或者依法应当披露的信息未按照规定披露的，不构成犯罪。

——胡云腾主编：《刑法罪名精释（第五版）》，人民法院出版社 2022 年版，第 285 页。

417. 妨害清算罪犯罪主体的认定

关键词

妨害清算罪　犯罪主体　分支机构

《刑事审判参考》指导案例

沈卫国等挪用资金、妨害清算案（《刑事审判参考》指导案例第 269 号）

裁判要点：妨害清算罪，是指公司、企业进行清算时，隐匿财产，对资产负债表或者财产清单作虚假记载，或者在未清偿债务前分配公司、企业财产，严重损害债权人或者其他人利益的行为。公司的分支机构可以构成妨害清算罪的主体。

作为单位犯罪，妨害清算罪只能由单位实施。不具有法人资格的分支机构，能否构成单位犯罪的主体呢？答案是肯定的。单位犯罪中的单位，不以法人资格为要件，公司的分支机构，只要具有相对独立的经营权，可以单独对外发生民事法律关系，其行为同样应认定为单位行为，其所实施的犯罪同样应认定为单位犯罪。这一点，最高人民法院 2001 年发布的《全国法院审理金融犯罪案件工作座谈会纪要》中予以了明确说明，以单位的分支机构或者内设机构、部门的名义实施犯罪，违法所得亦归分支机构或者内设机构、部门所有的，应认定为单位犯罪。该《纪要》同时强调指出，不得以单位的分支机构或者内设机构、部门没有可供执行罚金的财产，就不将其认定为单位犯罪，而按照个人犯罪处理。

——最高人民法院刑事审判第一庭、第二庭编：《刑事审判参考》2004 年第 6 集（总第 35 集），法律出版社 2005 年版，第 16~26 页。

418. 隐匿、故意销毁会计凭证、会计账簿、财务会计报告罪主体的认定

关键词

隐匿、故意销毁会计凭证、会计账簿、财务会计报告罪　犯罪主体　单位决策

《最高人民法院公报》案例

浙江省江山市人民检察院诉江山市造纸厂杨云法销毁会计资料案（判决时间：2001 年 11 月 16 日，被告人未上诉）

裁判摘要：被告单位为本单位私利，经单位决策机构集体研究同意后，烧毁依法应当保存的会计资料，构成销毁会计资料罪，被告作为被告单位直接负责的主管人员，依照销毁会计资料罪处罚。

被告人杨云法及其辩护人认为，烧毁会计资料只是沿用了被告单位江山造纸厂往年的做法，况且此举是为企业谋利，以此要求从轻处罚。《刑法》第 3 条规定："法律明文规定为犯罪行为的，依照法律定罪处刑；法律没有明文规定为犯罪行为的，不得定罪处刑。"第 4 条规定："对任何人犯罪，在适用法律上一律平等。不允许任何人有超越法律的特权。"江山造纸厂往年虽然烧毁过会计资料，但那些行为发生在《刑法》修正以前，根据罪刑法定和不溯及既往的原则，以往的这些行为不构成犯罪。在《刑法》将销毁会计资料的行为明确规定为犯罪后，江山造纸厂和杨云法仍不顾法律规定，为了本厂私利而以身试法，故不得不对其施以刑罚。杨云法及其辩护人所辩虽属事实，但不能成为要求从轻处罚的理由。考虑到杨云法归案后有悔罪表现，可酌情从轻处罚。

——《最高人民法院公报》2002 年第 4 期。

419. 未实施对抗监管部门监督检查的"隐匿"行为不构成隐匿会计凭证、会计账簿、财务会计报告罪

关键词

隐匿会计凭证、会计账簿、财务会计报告罪

《刑事审判参考》指导案例

林垦、金敏隐匿会计凭证、会计账簿、财务会计报告，非法持有枪支、弹药案（《刑事审判参考》指导案例第 1206 号）

裁判要点：客观上没有实施隐匿的行为，主观上没有隐匿的故意，实质上也未造成社会危害的，不构成隐匿会计凭证、会计账簿、财务会计报告罪。

对于本案中被告人林垦为争夺兰州正林公司控制权，要求被告人金敏将公司会计资料等运往郑州关联公司等处的行为应如何定性，在审理过程中有两种不同意见：

第一种意见认为，二被告人的行为构成隐匿会计凭证、会计账簿、财务会计报告罪。第二种意见认为，二被告人的行为不构成隐匿会计凭证、会计账簿、财务会计报告罪。我们同意第二种意见，具体理由如下：

隐匿会计凭证、会计账簿、财务报告罪是 1999 年 12 月《中华人民共和国刑法修正案》增设的罪名，作为刑法第一百六十二条之一，规定："隐匿或者故意销毁依法应当保存的会计凭证、会计账簿、财务会计报告，情节严重的，处五年以下有期徒刑或者拘役，并处或者单处二万元以上二十万元以下罚金。单位犯前款罪的，对单位判处罚金，并对其直接负责的主管人员和其他直接责任人员，依照前款的规定处罚。"关于本罪的追诉标准，《最高人民检察院、公安部关于公安机关管辖的刑事案件立案追诉标准的规定（二）》第八条规定："隐匿或者故意销毁依法应当保存的会计凭证、会计账簿、财务会计报告，涉嫌下列情形之一的，应予立案追诉：（一）隐匿、故意销毁的会计凭证、会计账簿、财务会计报告涉及金额在五十万元以上的；（二）依法应当向司法机关、行政机关、有关主管部门等提供而隐匿、故意销毁或者拒不交出会计凭证、会计账簿、财务会计报告的；（三）其他情节严重的情形。"本案会计凭证等涉及的金额高达 9000 余万元，远远超过了隐匿会计凭证、会计账簿、财务会计报告罪 50 万元的立案追诉标准。认定本案的关键在于，二被告人是否具有实施"隐匿"会计凭证、会计账簿、财务会计报告的主观故意和客观行为。

对于何为"隐匿"，刑法未作具体规定，目前也无司法解释涉及。从会计法规定的角度，可以窥见刑法设立该罪名的目的。会计法第三十五条规定："各单位必须依照有关法律、行政法规的规定，接受有关监督检查部门依法实施的监督检查，如实提供会计凭证、会计账簿、财务会计报告和其他会计资料以及有关情况，不得拒绝、隐匿、谎报。"也就是说，为了逃避有关监督检查部门依法实施的监督检查而实施的隐匿，才可能构成会计法意义上的“隐匿”。由于隐匿会计凭证、会计账簿、财务报告罪属于行政犯而非自然犯，刑法规定的该罪中的“隐匿”宜参照有关行政法来理解。会计法规定的隐匿会计凭证、会计账簿、财务报告的目的，应当成为评价某一隐匿行为是否能够进入刑事处罚领域的依据。因而，评价某一行为是否构成隐匿会计凭证、会计账簿、财务报告罪，首先需要判断行为人所实施的隐匿行为是否为了逃避有关监督检查部门依法实施的监督检查。

——最高人民法院刑事审判第一、二、三、四、五庭主办:《刑事审判参考》(总第 111 辑)，法律出版社 2018 年版，第 7~12 页。

420. 筹建中企业的工作人员利用职务便利非法收受、索取财物行为的定性

关键词

非国家工作人员受贿罪　筹建中的企业

《刑事审判参考》指导案例

杨志华企业人员受贿案（《刑事审判参考》指导案例第 320 号）

裁判要点：筹建中的公司、企业工作人员利用职务上的便利，为请托人谋取利益，非法收受、索取请托人财物的，构成公司、企业人员受贿罪。

对于被告人杨志华在担任青园大酒店筹建组负责人期间，利用职务上的便利，在建设及转让村办企业青园大酒店的过程中，为他人谋取利益，非法收受、索要人民币 26.5 万元的行为，应当以企业人员受贿罪定罪处罚。理由是：第一，由于《刑法》第 163 条既没有限定企业的性质，也没有限定企业的存在状态，因此，只要是依法设立的企业，其工作人员利用职务便利实施犯罪活动的，就应当适用《刑法》关于企业工作人员犯罪的条款。同时，企业的成立需要一个过程，不能将依法设立理解为取得营业执照。没有领取《企业法人营业执照》或者《营业执照》，不应影响其企业的性质。实践中，筹建中的公司、企业因管理不规范，更容易出现侵占、受贿、挪用等腐败问题，如不将筹建中的公司、企业认定为刑法意义上的公司、企业，会放纵大量此类犯罪行为。作为企业筹建组的负责人，实际履行了经营管理权，应当认定为企业工作人员。对于其利用职务上的便利实施犯罪行为的，应当适用

《刑法》关于企业人员犯罪的条款进行处理。第二，被告人非法收受、索要他人财物，与其在企业的筹建、转让方面为他人谋取的利益，有直接的因果关系。

——最高人民法院刑事审判第一庭、第二庭编：《刑事审判参考》2004 年第 6 集（总第 41 集），法律出版社 2005 年版，第 1~7 页。

421. 外国公职人员、国际公共组织官员的认定

关键词

对外国公职人员、国际公共组织官员行贿罪　外国公职人员　国际公共组织官员

附录：最高人民法院主流观点

《联合国反腐败公约》（以下称《公约》）第 2 条规定，"公职人员"系指：（1）无论是经任命还是经选举而在缔约国中担任立法、行政、行政管理或者司法职务的任何人员，无论长期或者临时，计酬或者不计酬，也无论该人的资历如何。（2）依照缔约国本国法律的定义和在该缔约国相关法律领域中的适用情况，履行公共职能，包括为公共机构或者公营企业履行公共职能或者提供公共服务的任何其他人员。（3）缔约国本国法律中界定为"公职人员"的任何其他人员。"外国公职人员"系指外国无论是经任命还是经选举而担任立法、行政、行政管理或者司法职务的任何人员，以及为外国，包括为公共机构或者公营企业行使公共职能的任何人员。"国际公共组织官员"系指国际公务员或者经此种组织授权代表该组织行事的任何人员。

根据上述规定，我们可以得出以下几点结论：第一，外国公职人员与本国公职人员的认定依据不完全一致。本国公职人员的认定依据主要是其本国的法律规定及法律实践，因而具有权宜性和不确定性；外国公职人员则依其职务活动的性质而定，仅限于在外国担任立法、行政、行政管理或者司法职务的人员以及为外国公共机构或者公营企业行使公共职能的人员两种，因而具有统一性和确定性。一定情况下本国公职人员的范围可能会宽于外国公职人员。以我国国有企业中从事公务的人员为例，根据《刑法》第九十三条的规定此类人员应当认定为国家工作人员，但明显不在外国公职人员的认定之列。第二，外国公职人员和国际公共组织官员的认定，关键在于其是否具有代表性，至于其身份的具体取得途径，是否具有正式官员身份，均不影响此类人员的认定。代表外国政府机构或者国际公共组织为完成某一特定事项而临时受聘的人员如专家、顾问、特使等，同样应当认定为外国公职人员或者

国际公共组织官员。这一点，与我国刑法中国家工作人员的认定精神基本一致。第三，外国公职人员和国际公共组织官员的认定取决于其所服务的机构，与其本人的国籍身份无关。在外国政府机构或者国际公共组织供职的本国人员，同样属于外国公职人员或者国际公共组织官员。

此外，在具体理解为公营企业行使公共职能的外国公职人员时，应注意与我国国家出资企业中的国家工作人员之间的区分。国外的公营企业，主要是指政府出资设立并由政府经营的企业，与我国国家出资但企业享有法人财产权和自主经营权的国家出资企业并非一个概念。所以，尽管《公约》规定外国公营企业中行使公共职能的人员属于公职人员，但与我国《刑法》第九十三条关于国有公司、企业中从事公务的人员属于国家工作人员的规定在实质内容上并不相同，实践中要避免将两者混为一谈。

——张军、胡云腾主编：《〈刑法修正案（八）〉条文及配套司法解释理解与适用》，人民法院出版社 2011 年版，第 217~218 页。

422. 非法经营同类营业罪与为亲友非法牟利罪的区分

关键词

非法经营同类营业罪　为亲友非法牟利罪

《刑事审判参考》指导案例

杨文康非法经营同类营业案（《刑事审判参考》指导案例第 187 号）

裁判要点：行为人利用职务便利，将所在公司的业务交由以其亲属名义设立的公司进行经营，就其行为客观方面，应当认定为非法经营同类营业，而非为亲友非法牟利。

对此，我们认为应当把握以下两个关键点：其一，非法经营同类营业罪要求行为人具有具体的经营活动。具体的经营活动包含两层含义，一是不管是为自己，还是为他人，行为人的经营行为必须是自己积极的作为，并且其经营行为具有实质性的意义；二是具体的经营活动必须是利用职务之便，如利用本单位经营的信息为自己经营的企业营利。其二，非法经营同类营业罪要求行为人获取非法利益。获取非法利益同样包含两层含义：一是所获取的非法利益必须与其经营活动具有直接的对应关系，具体表现为经营利润或者经营报酬；二是获取非法利益须数额巨大。相比之下，为亲友非法牟利罪表现为行为人在本单位的经营管理活动中，利用职务便利经营或者参与亲友的经营行为，此其一；其二，将本单位的盈利业务交由自己的亲友进行经营，其目的在于为自己的亲友谋取非法利益，行为人虽然也可能从中得到一定的“报酬”或者“好处费”，但是，该报酬并非直接源于行为人在本单位的具体经营行为，而是其利用职务便利行为所获，属于受贿性质。实践中，有的国有公司、企业的董事、经理利用职务便利，将本单位盈利业务交由其亲友的公司、企业，自己也参与经营、从中获取巨大的非法利益并给国家利益造成了重大损失，对此，应当根据具体情况择一罪定罪处罚。两罪构成要件不同，一为获利，一为造成损失。如只具一项，则以具备者定罪；如两项行为都具备，可以定非法经营同类营业罪。

——最高人民法院刑事审判第一庭、第二庭编：《刑事审判参考》2002 年第 4 辑（总第 27 辑），法律出版社 2002 年版，第 1~6 页。

423. 非法经营同类营业罪犯罪主体的认定

关键词

非法经营同类营业罪　犯罪主体

《刑事审判参考》指导案例

杨文康非法经营同类营业案（《刑事审判参考》指导案例第 187 号）

裁判要点：非法经营同类营业罪的主体是特殊主体，即国有公司、企业的董事、经理。中外合资经营公司，不应认定为国有公司。部门副经理不能成为非法经营同类营业罪的主体。

非法经营同类营业罪的主体是特殊主体，即国有公司、企业的董事、经理。实践中，一些国有公司、企业将其中层管理人员也称作经理，如部门经理、业务经理、项目经理等，有的还称为科长、处长、部长等等，这类经理因系日常称谓，而非法律用语，且其负责的不是整个公司、企业的管理，而是对某一部门、某一项目、某一项业务的管理，其经营、管理权有限，故公司法未对其作竞业禁止性规定。作为法定犯，非法经营同类营业罪的主体要件应直接援引相关法律规定，而不宜作出扩大解释。国有公司、企业的部门经理等中层管理人员，一般不构成非法经营同类营业罪的主体。

——最高人民法院刑事审判第一庭、第二庭编：《刑事审判参考》2002 年第 4 辑（总第 27 辑），法律出版社 2002 年版，第 1~6 页。

424. 非法经营同类营业罪的主体范围及对“同类营业”的准确理解

关键词

非法经营同类营业罪　主体要件　同类营业

《刑事审判参考》指导案例

吴小军非法经营同类营业、对非国家工作人员行贿案（《刑事审判参考》指导案例第 1298 号）

> **裁判要点：经委派到国家出资企业中从事公务的人员，虽然其所任职的企业不能被认定为《刑法》意义上的“国有公司、企业”，甚至委派他的单位也不是刑法意义上的“国有公司、企业”，但其本人在符合特定条件的情况下，仍可以被认定为“国有公司、企业人员”。**

随着我国经济体制改革的深入推进，市场经济体制的完善，国有经济更多地以国有控股、参股的形式出现，而《刑法》中存在大量以“国有公司、企业人员”为特殊主体的罪名，如按照上述观点，则相关罪名面临着被虚置的窘境，不利于对犯罪的打击。为了顺应经济发展现实，最高人民法院先后颁布了多个规范性文件，在坚持国有公司、企业既定外延（仅限于国有独资公司）的基础上，对“国有公司、企业人员”的范围进行了逐步的扩大。其中，2005 年《最高人民法院关于如何认定国有控股、参股股份有限公司中的国有公司、企业人员的解释》明确“国有公司、企业委派到国有控股、参股公司从事公务的人员，以国有公司、企业人员论”之后，针对多次委派、层层委派等问题，2010 年《最高人民法院、最高人民检察院关于办理国家出资企业中职务犯罪案件具体应用法律若干问题的意见》第六条规定，“经国家出资企业中负有管理、监督国有资产职责的组织批准或者研究决定，代表其在国有控股、参股公司及其分支机构中从事组织、领导、监督、经营、管理工作的人员，应当认定为国家工作人员。”

综上，《刑法》意义上“国有公司、企业”还仅限于国有独资公司、企业，但“国有公司、企业人员”的外延已经进行了调整。换句话说，经委派到国家出资企业中从事公务的人员，虽然其所任职的企业不能被认定为《刑法》意义上的“国有公司、企业”，甚至委派他的单位也不是刑法意义上的

"国有公司、企业"，但其本人在符合特定条件的情况下，仍可以被认定为"国有公司、企业人员"。所谓符合特定条件，主要从以下三个方面考察：一是委派的主体。适格的委派主体应当是国有公司、企业，或者国有控股、参股公司中负有管理、监督国有资产职责的组织。二是委派的实质内容，即委派是否体现国有单位、组织的意志。至于委派的具体形式、被委派单位是否通过特定程序对被委派人员进行任命等，均不影响委派的认定。三是是否从事公务，主要体现为"从事组织、领导、监督、经营、管理工作"。

——时恒支、王广田撰稿、韩维中审编：《吴小军非法经营同类营业、对非国家工作人员行贿案——非法经营同类营业罪的主体范围及对"同类营业"的准确理解》，载最高人民法院刑事审判第一、二、三、四、五庭主办：《刑事审判参考》(总第120集)，法律出版社2019年版，第7~12页。

425. 违反行政管理有关规定的经营行为是否构成非法经营罪

关键词

非法经营罪　社会危害性　刑事违法性

最高人民法院指导性案例

王力军非法经营再审改判无罪案（最高人民法院指导案例97号）

裁判要点：1. 对于《刑法》第二百二十五条第四项规定的"其他严重扰乱市场秩序的非法经营行为"的适用，应当根据相关行为是否具有与《刑法》第二百二十五条前三项规定的非法经营行为相当的社会危害性、刑事违法性和刑事处罚必要性进行判断。

2. 判断违反行政管理有关规定的经营行为是否构成非法经营罪，应当考虑该经营行为是否属于严重扰乱市场秩序。对于虽然违反行政管理有关规定，但尚未严重扰乱市场秩序的经营行为，不应当认定为非法经营罪。

内蒙古自治区巴彦淖尔市中级人民法院再审认为：原判决认定的原审被告人王力军于2014年11月至2015年1月期间，没有办理粮食收购许可证及工商营业执照买卖玉米的事实清楚，其行为违反了当时的国家粮食流通管理有关规定，但尚未达到严重扰乱市场秩序的危害程度，不具备与刑法第二百二十五条规定的非法经营罪相当的社会危害性、刑事违法性和刑事处罚必要性，不构成非法经营罪。原审判决认定王力军构成非法经营罪适用法律错误，检察机关提出的王力军无证照买卖玉米的行为不构成非法经营罪的意见成立，原审被告人王力军及其辩护人提出的王力军的行为不构成犯罪的意见成立。

——《最高人民法院关于发布第19批指导性案例的通知》（2018年12月19日，法〔2018〕338号）。

说明

指导案例97号《王力军非法经营再审改判无罪案》旨在明确刑法第二百二十五条非法经营罪第四项的适用问题，裁判要点确认对于虽然违反行政管理有关规定，但尚未严重扰乱市场秩序的经营行为，不应当认定为非法经营罪。该案再审法院撤销原一审判决，改判王力军无罪，用个案推动以良法善治为核心的法治进程及经济行政管理领域的改革，取得了法律效果和社会效果的统一。

426. 人民法院认定非法经营行为，不得单独依据行政机关内部文件

关键词

非法经营行为　行政机关内部文件

《最高人民法院公报》案例

上海市闵行区人民检察院诉卞飞非法经营案

裁判摘要：人民法院认定非法经营行为，应依据行政法律、法规的规定，对于行政机关内部文件，应当全面审查其是否符合行政法律法规的相关规定，不得单独据以认定行为人的行为构成犯罪。

上海市闵行区人民法院认为，非法经营罪属于行政犯，司法机关在案件审理时首先应对行为人的行为是否先行触犯行政法律、法规等作出判断。根据行政法“法无规定不禁止”“法无规定不处罚”的原则，行为人行为未被法律、法规明确禁止或明确认定属违法的，不是违法行为。涉案SE-生物能量仪属于新型产品，没有进入医疗器械名录，涉案物品只有在被列入医疗器械名录，由食药总局明确其定义，并将相应的规范性文件公之于众后，才能对“未经许可”进行生产或经营的行为人追究相应的法律责任。食药总局出具的复函系食药总局与上海食药局就相关问题的意见交流，属于不具有对外效力

的行政机关内部文件，不能作为行政处罚的依据。

上海市第一中级人民法院认为，食药总局、公安部、最高人民法院、最高人民检察院、国务院食品安全办于 2015 年 12 月 22 日印发的《食品药品行政执法与刑事司法衔接工作办法》第七条第二款规定："食品药品监管部门向公安机关移送涉嫌犯罪案件，应当附有下列材料：……（四）有关检验报告或者鉴定意见。"同时，该办法第二条规定："本办法适用于各级食品药品监管部门、公安机关、人民检察院、人民法院办理的食品（含食品添加剂）、药品、医疗器械、化妆品等领域涉嫌违法犯罪案件。"本案中，食药总局办公厅出具的《关于 SE- 生物能量仪产品界定分类问题的复函》及上海药监局出具的《关于对 SE- 生物能量仪系列产品委托认定的复函》，仅根据涉案的 SE- 生物能量仪使用参考书等资料载明的产品预期目的，认定该产品应作为第二类医疗器械管理，但是并未对扣押在案的产品进行实物检验或者鉴定，也未明确认定涉案产品所属第二类医疗器械的具体种类。综合在案证据材料，虽然足以证实卞飞作为医疗相关行业专业人士，具有规避法律监管的主观意图，但是尚不足以证实涉案的 SE- 生物能量仪属于第二类医疗器械，故认定卞飞的行为构成非法经营罪的证据尚不充分。

——《最高人民法院公报》2022 年第 11 期。

427. 农民转让自有宅基地的行为不宜按非法转让土地使用权罪定罪处罚

关键词

非法转让土地使用权罪　自有宅基地

《刑事审判参考》指导案例

王志芳非法转让土地使用权案（《刑事审判参考》指导案例第 1252 号）

裁判要点：农民转让自有宅基地的行为不宜按非法转让土地使用权罪定罪处罚。

对于如何认定被告人王志芳转让自有宅基地行为的性质，审理中有两种意见：

我们认为，被告人王志芳转让自有宅基地的行为不宜按非法转让土地使用权罪定罪处罚。理由是：

1. 从农村宅基地制度的政策导向来看，对转让自有宅基地的行为不宜追

究刑事责任

根据物权法、土地管理法、土地管理法实施条例等法律法规的规定，宅基地是农村的农户或个人用作住宅基地而占有、利用的本集体所有的土地，只有拥有农村户口的人才能在本集体所有的土地范围内申请宅基地。与一般集体土地和国有土地有所区别，农民宅基地大体上属于农民个人财产，农民拥有对自有宅基地的占有权和使用权，但这种占有受到很大限制。一户农民只能拥有一处宅基地且只能在本集体经济组织内部流转，出卖、出租住房或赠与他人后不得再申请宅基地。我国法律对农村宅基地流转的上述限制性规定本质上是为了保证农村土地集体所有性质不变，使农民的基本生活得到保障，防止农民因流转自住的宅基地而丧失安居之所。作为我国土地制度的重要组成部分，农村宅基地制度长期以来起到了保障农民居住权和维护农村社会稳定的作用。在经济利益和改善居住条件需求的驱动下，近年来在我国农村，农民之间的房产交易成为一种常见现象，农民通过转让、出租、抵押、入股等形式将住宅入市流转的情形大量出现。这种自发形成的隐性市场在一定程度上满足了农民渴望增加生活来源和提高生活质量的现实需求，缩小了城乡经济发展差距和贫富差距。但是，根据“房地一体”的原则，农村房产的交易必然伴随着宅基地使用权的实际转让。受限于农村宅基地使用权流转的严格限制，这些交易在法律方面缺乏保障，而且隐性市场毕竟缺乏正规化和有序化，存在交易风险和纠纷隐患。因此，改革创新宅基地管理制度，引导农民有序、合法流转宅基地使用权，成为新时期农村改革发展亟待解决的问题。

从我国宅基地制度的政策导向来看，在从中央到地方均尝试为农村宅基地流转搭建平台、积极放开政策性束缚的情况下，刑法不宜过度介入农村宅基地使用权流转这一尚未明朗的领域，且本案中的转让自有宅基地的行为在当前的农村普遍存在，从法律效果和社会效果来看，也不宜对农民有偿转让宅基地的行为定罪处罚。

2. 本案未达到非法转让土地使用权罪“情节严重”的入罪标准

刑法的谦抑性和最后手段性要求刑罚规制应当控制在维持社会秩序所必需的最小限度之内，在民事责任、行政责任可及的情况下无须动用刑罚手段处理。在我国关于农村宅基地使用权流转的政策正在逐步放宽的情况下，对于本案这类政策性强，争议问题复杂，社会各方高度关注的新类型案件，认定犯罪更要慎重，应当在穷尽了其他社会管理手段，包括行政、经济手段仍不能解决问题的情况下，才可考虑刑罚手段的介入。即使动用刑罚，也应从严把握。根据《最高人民法院关于审理破坏土地资源刑事案件具体应用法律若干问题的解释》第一条的规定，非法转让土地使用权罪“情节严重”的标准是指具有非法转让、倒卖基本农田五亩以上、基本农田以外的耕地十亩以上、其他土地二十亩以上、非法获利五十万元以上，或者非法转让、倒卖土地接近上述数量标准并具有曾因非法转让、倒卖土地使用权受过行政处罚、造成严重后果等情形。从立法逻辑上讲，前述五种入罪情形规定所体现的行为危害性应当大体相当，即行为人非法转让、土地使用权应达到一定的土地数量、非法获利达到一定的数额，或者接近上述数量、数额并具有相当程度的恶劣情形。

3. 参照最高人民法院关于涉农村宅基地刑事案件的批复精神，对于转让自有宅基地的行为不宜按犯罪处理

2010 年 5 月，贵州省高级人民法院就有关人员与民联合在农村宅基地、责任田上违法建房出售如何适用法律的问题请示最高人民法院。贵州省高级人民法院反映，近年来该省部分地区的城镇居民在城乡结合部、城市开发区和“城中村”，采取与有地农民通过“合作建房”“合伙联营”的方式，在农民所有的宅基地或者部分农用地上，未经批准或者超出批准范围、面积违法修建住宅楼后出售或者出租。对于上述行为应如何处理，研究过程中有意见提出可按非法转让土地使用权罪定罪处罚。对此，最高人民法院经研究未采纳该意见，理由主要是：（1）此类行为非法转让、倒卖、占用的土地数量一般较小，难以达到《最高人民法院关于审理破坏土地资源刑事案件具体应用法律若干问题的解释》规定的定罪处罚标准。（2）此类案件属于新类型案件，案件处理的法律、政策性强，涉及利益主体多，争议问题复杂，社会各方高度关注，暂不宜适用刑罚处理。（3）中央有关文件鼓励有条件的地方开展农村集体产权制度和农村集体建设用地流转改革试点。在未有结论的情况下，对此类行为不能贸然以犯罪处理。（4）从征求中央有关部门意见的情况来看，多数反馈意见认为，土地管理法、城乡规划法等法律法规对此类行为分别规定了相应的法律责任，在有关政策出台前，应按照现有法律法规的有关规定及精神妥善处置。

——最高人民法院刑事审判第一、二、三、四、五庭主办：《刑事审判参考》（总第 114 辑），法律出版社 2019 年版，第 7~14 页。

428. 签订、履行合同失职被骗罪犯罪主体和客观方面的认定

关键词

签订、履行合同失职被骗罪　犯罪主体　客观方面

《刑事审判参考》指导案例

高原、梁汉钊信用证诈骗，签订、履行合同失职被骗案（《刑事审判参

考》指导案例第 270 号）

裁判要点：国企公司的部门经理，属于单位直接负责的主管人员，符合签订、履行合同失职被骗罪的主体构成要件。签订、履行合同失职被骗罪的客观构成应符合三个方面的要件：一是本体要件，严重不负责任，在签订、履行合同过程中不履行职责，即通常所谓的失职行为；二是后果要件，失职行为给国家利益造成重大损失之现实后果；三是中介要件，或者说是附加要件，造成重大损失后果之直接原因系合同对方的诈骗行为。

将签订、履行合同失职被骗罪的主体规定为国有公司、企业、事业单位直接负责的主管人员，这是 1997 年修订《刑法》的一个创新。据此，构成本罪的主体是特殊主体，应无疑问。问题在于，如何理解和认定这里的直接负责的主管人员。对此，理论和实务均存在两种不同意见的分歧。一种意见认为，签订、履行合同失职被骗罪与国家机关工作人员签订、履行合同失职被骗罪两个罪名的分立，是立法技术处理的结果，两者共同构成完整的国家工作人员失职被骗犯罪。国家机关之外的国家工作人员均应视为签订、履行合同失职被骗罪的构成主体。另一种意见认为，直接负责的主管人员作为一个法定专用名词，源于单位犯罪处罚主体的规定，其内涵及外延明显窄于国家工作人员。两种意见的基本分歧在于，直接负责的主管人员是否包括单位管理人员之外的其他责任人员。我们同意后一种意见，理由有二：一是从相关的立法例来看，直接负责的主管人员应当有别于一般的国家工作人员，与国家机关工作人员对应的应为国有公司、企业、事业单位的工作人员，而且立法上将后者规定为犯罪主体的也不乏其例，比如为亲友非法牟利罪。二是从解释的法定性、一致性的角度，应当将作为犯罪主体的直接负责的主管人员与作为处罚主体的直接负责的主管人员作同一理解。一方面，作为单位犯罪中特有的法定称谓，沿用已久，不宜作突破解释；另一方面，《刑法》规定中先后出现的名词，宜作前后一致之连贯解释。由此，对这里的直接负责的主管人员的理解，应当把握以下两点：一是须有管理人员之身份，行使实际管理职权；二是对合同的签订、履行负有直接责任。其中，前者不限于单位的法定代表人，单位的分管副职领导、部门、分支机构的负责人等均属管理人员；后者的着眼点在于对合同的签订与履行有无法律及职务上的责任，不在于是否具体参与合同的签订与履行，尤其是不履行或者不正确履行职责的渎职等过失犯罪中，不要求具有决定、批准、授意等参与合同的签订、履行行为。

——最高人民法院刑事审判第一庭、第二庭编：《刑事审判参考》2004 年

第 6 集（总第 35 集），法律出版社 2005 年版，第 27~34 页。

附录：最高人民法院主流观点

问题在于，如何理解和认定这里的直接负责的主管人员。对此，理论和实务均存在两种不同意见的分歧。一种意见认为，签订、履行合同失职被骗罪与国家机关工作人员签订、履行合同失职被骗罪两个罪名的分立，是立法技术处理的结果，两者共同构成完整的国家工作人员失职被骗犯罪。国家机关之外的国家工作人员均应视为签订、履行合同失职被骗罪的构成主体。另一种意见认为，直接负责的主管人员作为一个法定专用名词，源于单位犯罪处罚主体的规定，其内涵及外延明显窄于国家工作人员。两种意见的基本分歧在于，直接负责的主管人员是否包括单位管理人员之外的其他责任人员。笔者同意后一种意见，理由有二：一是从相关的立法例来看，直接负责的主管人员应当有别于一般的国家工作人员，与国家机关工作人员对应的应为国有公司、企业、事业单位的工作人员，而且立法上将后者规定为犯罪主体的也不乏其例，比如为亲友非法牟利罪；二是从解释的法定性、一致性的角度，应当将作为犯罪主体的直接负责的主管人员与作为处罚主体的直接负责的主管人员作同一理解。一方面，作为单位犯罪中特有的法定称谓，沿用已久，不宜作突破解释；另一方面，《刑法》规定中先后出现的名词，宜作前后一致之连贯解释。由此，对这里的直接负责的主管人员的理解，应当把握以下两点：一是须有管理人员之身份，行使实际管理职权；二是对合同的签订、履行负有直接责任。其中，前者不限于单位的法定代表人，单位的分管副职领导、部门、分支机构的负责人等均属管理人员；后者的着眼点在于对合同的签订与履行有无法律及职务上的责任，不在于是否具体参与合同的签订与履行，尤其是不履行或者不正确履行职责的渎职等过失犯罪中，不要求具有决定、批准、授意等参与合同的签订、履行行为。

签订、履行合同失职被骗罪作为从玩忽职守罪中分离出来的一个罪名，其客观构成应符合以下三个方面的要件：一是本体要件，严重不负责任，在签订、履行合同过程中不履行职责，即通常所谓的失职行为；二是后果要件，失职行为给国家利益造成重大损失之现实后果；三是中介要件，或者说是附加要件，造成重大损失后果之直接原因系合同对方的诈骗行为。其中，失职行为包括当为、能为、不为三个层面的蕴意，即具有法定或者职务上的避免国家利益遭受损失的义务，正常履行职务本可避免损失，却不履行或者不正确履行义务；损失后果指的是现实的、具体的经济损失。可能的、间接的、潜在的或者非经济性的损失一般不能视为这里的损失后果。但不得将属于合同对方的诈骗行为直接造成的损失，或者直接的损失对象是第三方，但最终责任将落到该国有单位的损失理解为间接损失。诈骗行为需以构成犯罪为充足，不能将一般的民事欺诈行为理解为这里的诈骗行为，但无需以合同对方已经被人民法院判决构成诈骗犯罪作为认定本案当事人构成签订、履行合同失职被骗罪的前提，在程序上仅需认定对方当事人的行为已经涉嫌构成诈骗犯罪即可。

——高憬宏、杨万明主编:《基层人民法院法官培训教材（实务卷·刑事审判篇）》，人民法院出版社 2005 年版，第 154~156 页。

THE COLLECTION OF THE SUPREME PEOPLE'S COURT'S
JUDICIAL RULES (4rd)

最高人民法院
司法观点集成

〔第四版〕

刑 事 卷

②

人民法院出版社　编

人 民 法 院 出 版 社

总 目 录

第一编 刑法总则

第二编 刑法分则

第三编　程　序

第二册目录

第四节 破坏金融管理秩序罪

第五节　金融诈骗罪

第六节 危害税收征管罪

第七节 侵犯知识产权罪

第八节　扰乱市场秩序罪

第八章 侵犯公民人身权利、民主权利罪

第九章　侵犯财产犯罪

第四节 破坏金融管理秩序罪

429. 假币犯罪的认定

关键词

假币犯罪 货币

最高人民法院司法解释

第七条 本解释所称“货币”是指可在国内市场流通或者兑换的人民币和境外货币。

货币面额应当以人民币计算，其他币种以案发时国家外汇管理机关公布的外汇牌价折算成人民币。

——《最高人民法院关于审理伪造货币等案件具体应用法律若干问题的解释》(2000年9月14日，法释〔2000〕26号)。

第一条 仿照真货币的图案、形状、色彩等特征非法制造假币，冒充真币的行为，应当认定为刑法第一百七十条规定的“伪造货币”。

对真货币采用剪贴、挖补、揭层、涂改、移位、重印等方法加工处理，改变真币形态、价值的行为，应当认定为刑法第一百七十三条规定的“变造货币”。

——《最高人民法院关于审理伪造货币等案件具体应用法律若干问题的解释（二）》(2010年10月20日，法释〔2010〕14号)。

最高人民法院司法政策精神

2. 关于假币犯罪

假币犯罪的认定。假币犯罪是一种严重破坏金融管理秩序的犯罪。只要有证据证明行为人实施了出售、购买、运输、使用假币行为，且数额较大，就构成犯罪。伪造货币的，只要实施了伪造行为，不论是否完成全部印制工序，即构成伪造货币罪；对于尚未制造出成品，无法计算伪造、销售假币面额的，或者制造、销售用于伪造货币的版样的，不认定犯罪数额，依据犯罪情节决定刑罚。明知是伪造的货币而持有，数额较大，根据现有证据不能认定行为人是为了进行其他假币犯罪的，以持有假币罪定罪处罚；如果有证据证明其持有的假币已构成其他假币犯罪的，应当以其他假币犯罪定罪处罚。

假币犯罪罪名的确定。假币犯罪案件中犯罪分子实施数个相关行为的，在确定罪名时应把握以下原则：

（1）对同一宗假币实施了法律规定为选择性罪名的行为，应根据行为人所实施的数个行为，按相关罪名刑法规定的排列顺序并列确定罪名，数额不累计计算，不实行数罪并罚。

（2）对不同宗假币实施法律规定为选择性罪名的行为，并列确定罪名，数额按全部假币面额累计计算，不实行数罪并罚。

（3）对同一宗假币实施了刑法没有规定为选择性罪名的数个犯罪行为，择一重罪从重处罚。如伪造货币或者购买假币后使用的，以伪造货币罪或购买假币罪定罪，从重处罚。

（4）对不同宗假币实施了刑法没有规定为选择性罪名的数个犯罪行为，分别定罪，数罪并罚。

出售假币被查获部分的处理。在出售假币时被抓获的，除现场查获的假币应认定为出售假币的犯罪数额外，现场之外在行为人住所或者其他藏匿地查获的假币，亦应认定为出售假币的犯罪数额。但有证据证实后者是行为人有实施其他假币犯罪的除外。

制造或者出售伪造的台币行为的处理。对于伪造台币的，应当以伪造货币罪定罪处罚；出售伪造的台币的，应当以出售假币罪定罪处罚。

——《最高人民法院关于印发〈全国法院审理金融犯罪案件工作座谈会纪要〉的通知》（2001 年 1 月 21 日，法〔2001〕8 号）。

一、统一思想，提高认识。假币犯罪严重影响国家金融秩序和经济安全，侵害群众利益，破坏社会稳定，影响国家形象。世界各国无不对假币犯罪特别重视，严厉打击。特别是在国际金融危机影响不断加深加剧，人民币国际化已经迈出实质性步伐的背景下，严厉打击假币犯罪，意义特别重大。各地公安司法机关要进一步统一思想，提高认识，深刻认识到假币犯罪的严重危害性，把反假币工作作为一项十分重要的任务，始终摆在突出位置抓紧抓好。

二、密切配合，强化合力。在办理假币犯罪案件中，各地公安机关、人民检察院、人民法院要加强协调配合，及时沟通情况，形成打击合力，提高工作成效。公安机关要主动加强与检察机关的沟通，重大案件请检察机关提前介入；需要补充侦查的，要根据检察机关的要求尽快补充侦查。检察机关对公安机关立案侦查的假币犯罪案件，要及时介入，参加对重大案件的讨论，对案件的法律适用和证据的收集、固定等提出意见和建议。人民法院对于重大假币犯罪案件，要加强审理力量，依法快审快结。

根据刑事诉讼法的有关规定，假币犯罪案件的地域管辖应当遵循以犯罪地管辖为主，犯罪嫌疑人居住地管辖为辅的原则。假币犯罪案件中的犯罪地，既包括犯罪预谋地、行为发生地，也包括运输假币的途经地。假币犯罪案件中的犯罪嫌疑人居住地，不仅包括犯罪嫌疑人经常居住地和户籍所在地，也包括其临时居住地。几个公安机关都有权管辖的假币犯罪案件，由最初立案地或者主要犯罪地公安机关管辖；对管辖有争议或者情况特殊的，由共同的上级公安机关指定管辖。如需人民检察院、人民法院指定管辖的，公安机关要及时提出相关建议。经审查需要指定的，人民检察院、人民法院要依法指定管辖。

三、严格依法，从严惩处。各地公安司法机关办理假币犯罪案件要始终坚持依法严惩的原则，坚决杜绝以罚代刑、以拘代刑、重罪轻判、降格处理，充分发挥刑罚的震慑力。公安机关对于涉嫌假币犯罪的，必须依法立案，认真查证；对有证据证明有犯罪事实，可能判处徒刑以上刑罚的犯罪嫌疑人，要尽快提请批准逮捕并抓紧侦办，及时移送审查起诉。检察机关对于公安机关提请批准逮捕、移送审查起诉的假币犯罪案件，符合批捕、起诉条件的，要依法尽快予以批捕、起诉。共同犯罪案件中虽然有同案犯在逃，但对于有证据证明有犯罪事实的已抓获的犯罪嫌疑人，要依法批捕、起诉；对于确实需要补充侦查的案件，要制作具体、详细的补充侦查提纲。人民法院对于假币犯罪要依法从严惩处，对于假币犯罪累犯、惯犯、涉案假币数额巨大或者全部流入社会的犯罪分子，要坚决重判；对于伪造货币集团的首要分子、骨干分子，伪造货币数额特别巨大或有其他特别严重情节，罪行极其严重的犯罪分子，应当判处死刑的，要坚决依法判处死刑。上级法院要加强对下级法院审判工作的指导，保障依法及时正确审判假币犯罪案件。

四、强化宣传，营造声势。各地公安局司法机关要选择典型案例，充分利用各种新闻媒体，采取多种形式，大力开展宣传教育工作，让广大群众充分认识假币犯罪的社会危害性和严重法律后果，自觉抵制并积极检举揭发假币违法犯罪活动，形成严厉打击假币犯罪的强大舆论声势。

——《最高人民法院、最高人民检察院、公安部关于严厉打击假币犯罪活动的通知》(2009年9月15日，公通字〔2009〕45号)。

430. 伪造货币、变造货币行为的认定

关键词

伪造货币罪　变造货币

最高人民法院司法解释

第一条 仿照真货币的图案、形状、色彩等特征非法制造假币，冒充真币的行为，应当认定为刑法第一百七十条规定的“伪造货币”。

对真货币采用剪贴、挖补、揭层、涂改、移位、重印等方法加工处理，改变真币形态、价值的行为，应当认定为刑法第一百七十三条规定的“变造货币”。

——《最高人民法院关于审理伪造货币等案件具体应用法律若干问题的解释（二）》（2010年10月20日，法释〔2010〕14号）。

附录：理解与适用

对于伪造货币和变造货币行为的认定问题，早在最高人民法院1994年发布的《关于办理伪造国家货币、贩运伪造的国家货币、走私伪造的货币犯罪具体应用法律的若干问题的解释》（以下简称1994年解释）[①]中即有规定。根据该解释，伪造货币是指仿照国家货币的图案、形状、色彩等，使用各种方法，非法制造假货币，冒充国家货币的行为；变造货币是指对国家货币采用剪贴、挖补、揭层、涂改等方法加工处理，使国家货币改变形态、升值的行为。《最高人民法院关于审理伪造货币等案件具体应用法律若干问题的解释（二）》（以下简称《解释二》）对伪造货币和变造货币行为的理解重新予以规定，主要有3点考虑：一是1994年解释制定于1997年刑法修订之前，实践中对其适用效力存在不同意见；二是1994年解释确定的假币犯罪的对象范围已为1995年《全国人大常委会关于惩治破坏金融秩序犯罪的决定》和1997年修订刑法所修改；三是2003年发布的《中国人民银行假币收缴、鉴定管理办法》对变造货币定义进行了修改、补充和完善。

《解释二》第1条将伪造货币表述为仿照真货币的图案、形状、色彩等特征非法制造假币，冒充真币的行为；将变造货币表述为对真货币采用剪贴、挖补、揭层、涂改、移位、重印等方法加工处理，改变真币形态、价值的行为。较之于1994年解释，主要修改有三处：一是将国家货币修改为真货币；二是根据《中国人民银行假币收缴、鉴定管理办法》的相关规定对变造货币的行为方式予以进一步细化；三是将1994年解释第2款规定中的升值修改为改变价值。其中，将国家货币修改为真货币，主要是考虑到境内外货币同等保护的需要。

据此，在具体认定伪造货币行为时，应注意以下几个问题：

---

① 本文件已被《最高人民法院、最高人民检察院关于废止1980年1月1日至1997年6月30日期间制发的部分司法解释和司法解释性质文件（第九批）的决定》（法释〔2013〕1号）废止。

第一，伪造货币是否应以仿照真货币为前提条件？起草过程中有意见认为，不应将仿照真货币作为伪造货币的必要条件，制造生活中不存在的货币如一张面额为200元的人民币同样是伪造货币，没有货币发行权的人制造足以让人信以为真的货币，即应认定为伪造货币行为。而以仿造真币设限，会不当缩小伪造货币的范围，不利于对伪造货币犯罪的打击。解释坚持伪造货币需以仿照真货币为前提条件，主要考虑是：从字面而言，“伪”相对于“真”而存在，在真实货币不存在的情况下，难言伪造货币；从行为实质而言，伪造货币罪不仅侵犯了货币发行权，同时还侵犯了货币的公共信用和流通秩序，不以真实的货币为样本，仅凭行为人主观臆想而制造出来的“货币”（臆造币），由于国家根本没有发行过这种货币，故不存在破坏货币的公共信用和流通秩序的可能；从行为方式而言，臆造币的使用与伪造币的使用方式有所不同，后者侧重于伪造币的正常使用，前者侧重于虚构事实，骗取他人钱财。所以，对于非法制造臆造币的行为，以诈骗罪处理更为妥当。

第二，如何把握伪造货币的外观特征？实践中，由于技术、设备、材料等主客观条件的差异，伪造币的逼真度参差不齐，有的足以乱真，甚至可通过普通验钞机具，有的则制作粗糙，质量低劣，与真币差别较大。起草过程中，对于成立伪造货币罪是否应以伪造币具有相当的逼真度为条件，形成了两种不同意见。肯定意见认为，伪造的货币必须在外形上与法定货币极为近似，使一般人依照通常收受货币的习惯不易辨别而当作真币，才能认定为伪造货币罪；否定意见认为，假币逼真度的高低不影响本罪的构成，只要行为人实施了伪造货币的行为，即可构成本罪，不要求假币与真币完全同一。经研究，能否成立伪造货币，关键在于是否仿照真币，只要在图案、形状、色彩等方面具备了真币的基本要素，即可成立伪造货币。至于实际伪造出来的假币的外观效果和逼真程度如何，不应成为伪造货币的定罪要件，既不能因为伪造货币尚未制成成品，也不能因为做工粗糙而否认行为人实施了或者正在实施伪造货币的行为，所以，《解释二》未对伪造币的外观特征进行限定。

第三，伪造货币是否应以冒充真币为要件？起草过程中有意见建议删去1994年解释规定的冒充国家货币这一要件。《解释二》对此要件予以保留，并将其修改为冒充真币，主要是出于以下两点考虑：首先，冒充真币是仿照真币这一前提条件的逻辑延伸，冒充真币与仿照真币共同构成伪造货币行为的两个方面。明确这一点，有助于进一步区分伪造货币与非法制造臆造币两者的界限。其次，冒充真币与伪造货币的主观目的特征直接相关。对于伪造货币的目的要件，理论上存在3种不同意见：第一种意见认为存在主观故意即可构成本罪，具体出于什么目的不影响本罪的认定；第二种意见根据早期《妨害国家货币治罪条例》的规定认为本罪应以营利为目的；第三种意见借鉴国外立法规定，认为本罪应以意图流通或者行使为目的。其中第三种意见处于通说地位，并为司法实践所长期采用。明确冒充真币的要件，实际上间接地说明了伪造货币应以意图流通或者行使为其目的要件。据此，伪造后不以真币使用为目的，为炫耀画技或者供鉴赏、教学、科研使用而不进入流通领域的，不属于伪造货币行为。

在具体认定变造货币行为时，需要注意以下两点：

第一，变造货币行为方式的理解。《解释二》列举了剪贴、挖补、揭层、涂改、移位、重印6种变造货币的行为方式。其中，剪贴变造又称拼凑变造，是指对真币进行裁剪后重新粘贴、通过增加货币张数实现增值的行为。根据3/4以上票面实物形态的残缺币可兑换全额、1/2以上票面实物形态的残缺币可兑换半额的残缺币兑换办法，实践中的拼凑变造主要表现为将真币裁剪下不多于1/4的票面，在确保其原有价值不变的基础上，对裁剪下的票面进行粘贴，故剪贴变造币通常由4个1/4或者5个1/5的票面组成。挖补变造是指对票面局部图案或者材料挖走后采取一定的方式进行补全的变造行为。比如，将票面上的光变油墨挖走后通过手写、印刷等方式重新补全。揭层变造主要是指对真币进行一定的处理之后一揭为二，再用白纸等方式进行粘贴的变造行为。涂改变造主要是指对同颜色、同图案、同票幅而面额不同的真币涂改其票面金额的变造行为。此外，实践中还存在涂改年号或者冠字号等的变造行为。比如，今年年初公安机关查获的冠字号码为ET30410601−ET30410700的100张第四套人民币（1980版）50元纸币变造币，即为第四套人民币（1990版）50元纸币涂改而成，正面冠字号码开头字母“E”和背面“1980”字样均有涂改痕迹。移位变造是指将真币的关键性部位移至其他票面的变造行为，相当于挖补变造的反向行为。重印变造是对真币局部或者全部图案通过化学手段等进行脱胎换骨，其纸张质地以及水印、安全线等主要防伪特征都是真的，但金额以至图案却是假的。重印变造主要发生在旧版美元上，因为不同面额美元钞票的规格、色调等非常相似。

第二，变造货币不以升值为条件。起草过程中在升值还是改变价值的问题上存在分歧。一种意见主张变造货币必须以升值为要件，其主要理由是：用于取材的真币，在一部分被取走后，剩余的部分仍然是真币，按照《中国人民银行残缺、污损人民币兑换办法》，在现实中尚可能以全额、半额兑换，应属于被毁损的人民币，只有改变了形态并得以升值的部分才属于变造范畴。多数意见认为，变造货币不应以升值为条件，把50元变为10元同样是变造。经研究，实践中变造货币的情况较为复杂，除剪贴拼凑之外，还有挖补、涂改等方式，此类行为虽未必在面额上有所升值、张数上有所增加，但明显不属于毁损币，应当纳入变造币范畴。而且，变造货币的行为特征在于改变真币形态，危害实质在于侵害货币的公共信用，多数变造货币行为固然是为了非法牟利，但不排除存在牟利之外的其他动机如报复社会等。主张升值论者的一个重要考虑是变造货币犯罪数额的准确计算问题。对此，主张改变价值论者同样不会对仅仅剪开但未粘贴拼凑形成完整货币的残损部分计入变造货币的数额；至于粘贴拼凑形成完整货币的，理应按其实际形成的变造币总数计算，而无减去用于取材的真币数量的道理，比如将 4 张 100 元的真币裁剪后重新组合粘贴成 5 张 100 元的变造币，变造币的数额应为 500 元而非实际升值的 100 元。综上，升值不仅没有必要，反而容易引起误解，故《解释二》将 1994 年解释规定中的升值修改为改变价值。

——刘为波：《〈关于审理伪造货币等案件具体应用法律若干问题的解释（二）〉的理解与适用》，载《人民司法·应用》2010 年第 23 期（总第 610 期）。

431. 制造真伪拼凑货币行为的性质认定

关键词

伪造货币罪　真伪拼凑

最高人民法院司法解释

第二条　同时采用伪造和变造手段，制造真伪拼凑货币的行为，依照刑法第一百七十条的规定，以伪造货币罪定罪处罚。

——《最高人民法院关于审理伪造货币等案件具体应用法律若干问题的解释（二）》（2010 年 10 月 20 日，法释〔2010〕14 号）。

附录：理解与适用

真伪拼凑货币是近年来新出现的一种假币形态，但呈迅速蔓延趋势。从发案情况看，真伪拼凑货币主要见于百元钞，制作手法则五花八门。比如，将人民币一揭为二，正面保留，背面粘贴上伪造币；将人民币约 1/2 处裁切掉，粘贴上对应伪造币；将人民币局部揭开，正面保留，背面从水印部位与人民大会堂主图景结合处揭去，粘贴上伪造币；挖去人民币光变油墨面额数字，粘贴上伪造的光变油墨面额数字；揭去正面头像部分，粘贴上伪造币；将人民币水印部位的 1/4 部分裁切掉，粘贴上相应伪造币，等等。真伪拼凑货币就其基本材料而言，亦真亦假，故有人称之为伪造货币、变造货币之外的第三种假币，即伪变造货币。我国刑法只规定了伪造假币和变造假币的犯罪，这就给此种行为的法律适用带来了难题。非法制造真伪拼凑货币究竟应以变造货币还是伪造货币处理，不仅直接关系到司法定性的准确与否，而且还关系到刑事打击的力度和有效性：从两个罪名的法定刑规定看，一个是死刑，一个法定最高刑才10年有期徒刑，伪造货币罪的处罚远重于变造货币罪。

在以往的司法实践中，多数将制造真伪拼凑货币的行为认定为变造货币行为，《最高人民法院关于审理伪造货币等案件具体应用法律若干问题的解释（二）》（以下简称《解释二》）第2条规定此种行为以伪造货币罪定罪处罚，主要理由如下：

第一，真伪拼凑货币虽然存在局部变造，但并非完全取材于真币，在用材上与真币不具有同一性，真伪拼凑货币总体上属于伪造币。伪造行为的特征在于仿照真币，从无到有；变造行为特征在于以真币为基础改变其形态。伪造和变造两者的区分，关键在于把握两个同一：一是假币的用材与真币同一。变造货币的基本材料必须完全取自于真币，这一点从以往的司法解释和《最高人民法院关于审理伪造货币等案件具体应用法律若干问题的解释》关于"对国家货币……""在真币的基础上""对真币……加工处理"等表述以及所列举的6种具体变造手法可得以推断。二是假币的性质与真币同一。对真币形态的改变，必须确保不损害真币的同一性质。比如将金属币溶解后制成其他货币外观，则属伪造而非变造。据此，真伪拼凑货币虽然存在局部变造，但总体言之，应当认定为伪造的货币，因为真伪拼凑货币既有真币的成分，也有伪造货币的成分，并非完全取材于真币，在用材上与真币不具有同一性。

第二，对制作真伪拼凑货币的行为按伪造货币处理符合立法本意。当前多数国家均将伪造货币和变造货币规定为一个犯罪，适用一个处罚标准。区分伪造货币和变造货币，规定两个罪名，适用不同的处罚标准是我国刑事立法的一个特点。其立法背后的原因主要有两个：一是受行为方式的限制，变造货币的数量一般远远少于伪造货币的数量；二是在真币的基础上进行加工，行为人需事先投入一部分真币，变造货币所能牟取的非法利益要相对小于伪造货币。正因如此，对变造货币罪的刑罚规定要轻于伪造货币罪。而在真伪拼凑货币中，该两方面的情形均不复存在。首先，借助于伪造币，真伪拼凑货币批量制作成为可能，而且，由于难以辨认，特别是机具难以识别，真伪拼凑货币正日益成为假币犯罪分子的新宠；其次，一些真伪拼凑货币中真币比重极小，除了机具识别所需的少数关键部位之外绝大部分系伪造的货币。所以，对此类行为以伪造货币罪从严打击，符合立法本意。

第三，即便认为真伪拼凑货币中确实存在变造行为，但因单一的变造行为明显不能全面评价真伪拼凑货币这种特殊犯罪，其中伪造行为需另行评价，故真伪拼凑货币犯罪同时触犯了伪造货币和变造货币两个罪名。根据想象竞合犯择一重罪处断的司法原则，制造真伪拼凑货币的行为也应当以伪造货币罪定罪处罚。

——刘为波：《〈关于审理伪造货币等案件具体应用法律若干问题的解释（二）〉的理解与适用》，载《人民司法·应用》2010年第23期（总第

610 期)。

432. 对外国残损、变形硬币进行加工修复是否属于“变造货币”

关键词

变造货币 外国残损变形硬币

最高人民法院审判业务意见(研究室研究意见)

有关部门就对外国残损、变形硬币进行加工修复是否属于“变造货币”问题征求最高人民法院研究室意见。我室经研究认为:

对从废旧金属、洋垃圾中分拣的外国残损、变形硬币进行加工修复行为所涉情形较为复杂,应当区分情况处理:对其中内芯、外圈分离的硬币进行重新拼装,加工修复的,可以认定为“变造货币”;对分拣出的外国硬币进行清洗、挑选,或者对扭曲变形的外国硬币进行敲打、压平,不应认定为“变造货币”。

——《最高人民法院研究室关于对外国残损、变形硬币进行加工修复是否属于“变造货币”问题的研究意见》,载张军主编、最高人民法院研究室编:《司法研究与指导》2012 年第 2 辑(总第 2 辑),人民法院出版社 2012 年版,第 105~109 页。

433. 伪造境内不可兑换的境外货币行为的性质认定及数额计算

关键词

境外货币 伪造货币罪

最高人民法院司法解释

第七条 本解释所称“货币”是指可在国内市场流通或者兑换的人民币和境外货币。

货币面额应当以人民币计算,其他币种以案发时国家外汇管理机关公布的外汇牌价折算成人民币。

——《最高人民法院关于审理伪造货币等案件具体应用法律若干问题的解释(二)》(2000 年 9 月 14 日,法释〔2000〕26 号)。

第三条 以正在流通的境外货币为对象的假币犯罪,依照刑法第一百七十条至第一百七十三条的规定定罪处罚。

——《最高人民法院关于审理伪造货币等案件具体应用法律若干问题的解释（二）》（2010 年 10 月 20 日，法释〔2010〕14 号）。

最高人民法院审判业务意见

对于在中缅边境伪造边境地区可兑换的缅币的行为，可以伪造货币罪定罪处罚。理由说明如下：

第一，尽管 1997 年修订《刑法》未再对伪造货币罪中“货币”的范围予以说明，但根据相关立法，其范围明显不仅限于人民币，这一点，立法上的脉络应当说是很清晰的。我国刑事立法对于伪造货币罪犯罪对象的规定，经历了一个从人民币到外币的过程。1979 年《刑法》中的伪造国家货币罪，其犯罪对象仅限于人民币。随着我国改革开放的不断深入，与世界上其他国家和地区经贸往来的频繁，涉及国际核算货币的种类也越来越多，美元、英镑、马克、港币等境外货币已经愈来愈多地进入人们的生活。与此同时，伪造外币的行为也时有发生。1995 年全国人大常委会通过的《关于惩治破坏金融秩序犯罪的决定》（以下称《决定》）对 1979 年《刑法》进行的修改，将伪造国家货币罪修改为伪造货币罪，并且在第 23 条明确规定，伪造货币罪中的“货币”包括“人民币和外币”。对于外币予以同等保护，禁止伪造。1997 年《刑法》第 170 条基本上吸收了《决定》第 1 条的内容。虽然 1997 年《刑法》没有明确规定伪造货币罪中的“货币”包括人民币和外币，但《刑法》并没有废止《决定》第 23 条这一非刑事责任条款，而是在第 452 条第 2 款明确规定予以保留。

第二，从司法实践的情况来看，一些犯罪分子伪造在我国根本不能流通或者兑换的外币，甚至已经停止流通的外币，主要是为了冒充在我国可以兑换的外币骗取他人财物。这种行为不同于伪造货币的一般使用行为，此类行为在行为结构上具有一定的复合性，伪造货币更多地表现为实施诈骗的手段行为，其社会危害性也更多地体现为对他人财产权利的直接侵害，故对于此类行为可以诈骗罪追究刑事责任。在这一点上，《解释》将货币的范围限定为“可在国内市场流通或者兑换的人民币和境外货币”，将伪造已停止流通货币及以低值货币冒充高值货币等部分诈骗使用行为排除在伪造货币罪之外，具有一定的积极意义。但是，对于现实生活中已经发生的伪造缅币等国货币，并通过对伪造的货币进行正常使用从中获得非法利益的行为，以及单纯实施了非法印制假缅币等国货币而没有进行诈骗财物活动的，如果不作为伪造货币行为对待，在《刑法》分则中将找不到相应的罪名。很明显，这种行为具有严重的社会危害性，必须予以刑事处罚。我们认为，对这种行为按照伪造货币罪定罪处罚，没有法律上的障碍，与《解释》的规定也不冲突。相反，这样处理在对伪造货币犯罪刑事评价上更为全面。

第三，一些境外货币我国边境地区已经在事实上形成了可兑换的局面，将缅甸货币视为边境地区可兑换外币具有相关法规依据。根据《中华人民共和国外汇管理条例》第 54 条、银发〔2002〕283 号《中国人民银行关于调整外币现钞管理政策有关问题的通知》第 3 条、汇发〔2003〕113 号《国家外汇管理局关于印发〈边境贸易外汇管理办法〉的通知》第 4、14、27、28 条的规定，缅甸货币在我国云南省等边境地区可以作为边境贸易的结算货币，我国边贸企业可以保留并存入其毗邻国家货币的边境贸易账户，也可以根据意愿卖给外汇指定银行；云南省等边境地区的外汇指定银行，可以按规定加挂缅甸货币的汇价，办理其与人民币的兑换，并自行在规定的浮动范围内确定买卖差价。所以，缅甸货币可以与人民币实行有条件可兑换，只不过其范围仅限定在我国云南省等边境地区而已。

第四，从国际上看，对不属我国可兑换外币予以保护，是履行国际条约义务的要求。根据《防止伪造货币的国际公约》的规定，各缔约国应通力合作惩治伪造货币（包括伪造外币）的犯罪行为。把不属本国可兑换外币同样作为保护对象，也是当前世界各国的通行做法。随着国际经济贸易的发展和全球经济一体化进程的加快，保护货币的信用已经成为世界各国的共同义务，要求各国在打击货币犯罪时不能只看到对本国金融秩序的危害，而忽略对国际社会金融秩序的危害，否则，将不利于保护货币的公共信用。同时，对不属我国可兑换外币予以保护，也是寻求人民币获得国际保护的先决条件。基于此，在《解释》框架内对"国内市场流通或者兑换"作实质性理解，将在边境地区已经形成事实上可兑换局面的外币，一并视为国内可兑换外币，不失其必要性。

——最高人民法院刑事审判第一、二庭:《缅甸货币能否成为伪造货币罪的对象》，载最高人民法院刑事审判第一庭、第二庭编:《刑事审判参考》2004 年第 2 集（总第 37 集），法律出版社 2004 年版，第 202~205 页。

附录：最高人民法院法官著述

由于《最高人民法院关于审理伪造货币等案件具体应用法律若干问题的解释（一）》(以下简称《解释一》) 将货币犯罪中的货币限定为可在国内市场流通或者兑换的人民币和境外货币，伪造境内不可兑换的境外货币的行为不属于伪造货币犯罪，故《解释一》第 7 条第 2 款仅规定货币面额应当以人民币计算，其他币种以案发时国家外汇管理机关公布的外汇牌价折算成人民币，而未对国内不可兑换的境外货币的价格计算问题加以说明。为解决这一问题，同时考虑到《解释一》的规定也存在一些表述上的问题，故《最高人民法院关于审理伪造货币等案件具体应用法律若干问题的解释（二）》(以下简称《解释二》）第3条第2款对《解释一》第7条第2款的规定作了必要的修改和完善。在适用本款规定时，需要注意以下几点：

第一，境外假币犯罪的数额应当统一折算成人民币。坚持以人民币计算的原则，主要是为了统一计算标准，方便司法操作而作出的技术性规定。因为，司法解释不可能一一明确各种境外货币犯罪的数额标准，同时这样规定可以较好地解决兼有本外币的假币犯罪的数额认定问题。

第二，外汇价格的确定。（1）国内有外汇价格的，以国内价格为准。目前国家发布汇率牌价的有美元、日元、欧元、港币、英镑5种，此外，一些商业银行会自行发布一些汇率，连同上述5种在内，现有牌价的境外货币共约20余种。（2）国内没有相应外汇价格的境外货币，通过国际外汇市场以美元为中介进行套算。国际外汇市场的汇率可以通过上网等途径24小时查询，故不存在操作上的问题。（3）国家外汇管理局已经不再发布汇率，当前发布汇率的是中国外汇交易中心，故《解释二》作了相应修改。而关于中国人民银行授权机构的规定，主要是出于前瞻性的考虑，不排除将来中国人民银行有可能指定其他机构公布汇率。

第三，外汇价格的计算基准。对外汇应以行为当日还是案发当日的外汇价格折算，讨论中存在不同意见。一种意见主张应当以行为当日的外汇价格进行折算，它可以相对准确地认定涉案假币的数额，避免因行为当日与案发当日之间的时间差可能导致的外汇价格的差异而影响犯罪数额认定上的准确性。经研究，以行为当日的外汇价格进行折算确实更为准确，但是考虑到实践中往往由于各种原因对行为当日难以作出准确判定，而且一些假币犯罪具有阶段性特征，同时考虑到通常情况下一段时期内外汇价格相对稳定，行为当日与案发当日之间的时间差可能导致的外汇牌价的差异对认定犯罪数额的影响一般不大，为方便实践操作，《解释二》采取了案发当日的计算基准。

——刘为波：《〈关于审理伪造货币等案件具体应用法律若干问题的解释（二）〉的理解与适用》，载《人民司法·应用》2010年第23期（总第610期）。

434. 伪造、使用停止流通的货币的定性

关键词

伪造货币罪　诈骗罪　停止流通　货币

最高人民法院司法解释

第五条　以使用为目的，伪造停止流通的货币，或者使用伪造的停止流

通的货币的，依照刑法第二百六十六条的规定，以诈骗罪定罪处罚。

——《最高人民法院关于审理伪造货币等案件具体应用法律若干问题的解释（二）》（2010年10月20日，法释〔2010〕14号）。

附录：最高人民法院法官著述

已经停止流通的货币，不再具有货币属性，不再执行货币的任何功能。伪造已经停止流通的货币，犯罪人的目的往往是以此骗取钱财，而非通过对伪造的货币进行正常使用来获取利益，其主要侵犯的是公私财产的所有权而非货币的公共信用。此种行为在行为方式和侵害客体两个方面均与伪造货币罪的构成要件不符，但完全符合诈骗罪的构成要件，故《解释二》第5条规定以诈骗罪追究伪造或者使用伪造的停止流通货币行为的刑事责任。

在具体适用本条规定时，需要注意以下几点：

第一，只有以使用为目的的伪造停止流通币的行为才构成诈骗罪。使用目的是指意图流入市场，进而骗取他人财物。使用包括直接使用和间接使用，伪造停止流通币之后出售给他人使用的，应当认定为以使用为目的，即便他人明知系伪造的停止流通币。

第二，以使用为目的伪造停止流通币，尚未使用的，不影响诈骗罪的定罪。起草过程中有意见认为，伪造但未使用的行为，尚不具备诈骗罪的基本构成要件此种行为应以诈骗预备处理。经研究，此种行为不宜按诈骗预备处理，可以视具体情况按诈骗未遂处理。首先，就伪造的危害性而言，并不亚于使用，对之以未遂处理，可以保持量刑的基本均衡；其次，实践中的假币犯罪多为团伙性犯罪，伪造、运输、使用各个环节紧密相连，将此类诈骗的着手前移至伪造环节，符合此类假币犯罪的特点。

第三，关于停止流通币的理解。起草过程中有意见提出，如果某一货币在决定停止流通后仍可在事实上流通或者依法兑换的，则应以假币犯罪而非诈骗罪定罪处罚。经研究，停止某一货币流通，由中国人民银行报经国务院批准后决定并向社会公告。在决定停止流通某一货币之前，通常会有一个5年以上的市场稀释期，在此期间，银行只收不付；在公告决定停止流通之后，通常会有一个半年期的兑换时间，在兑换期结束次日起停止流通。停止流通币不再具有货币的功能，不得进入流通领域，通常也不再兑换。在历次停止流通公告中，目前只有第二套纸分币在停止流通后仍可到指定机构进行兑换其主要原因是该币市场保有量较大，短期内兑付有难度。所以，我国停止货币流通的程序严格、准备充分，停止流通币的性质清楚、内涵确定，对此类伪造、使用行为以诈骗罪定罪处罚，具有法律和事实依据。

根据该条规定的精神，还可以得出以下几点结论（1）变造或者使用变造的停止流通币的行为同样应以诈骗罪论处；（2）已经公告决定停止流通但尚未至停止流通之日，因货币仍具流通功能，故其间实施的犯罪应以假币犯罪论处；（3）以已届停止流通之日但仍可兑换的货币为对象实施的犯罪，因货币不再具有流通功能故应以诈骗罪论处；（4）仿照现行流通币对停止流通币进行加工处理，改变其形态并冒充现行流通币的，因其材质不再属于法律意义上的货币，故应认定为伪造行为而非变造行为。

——刘为波：《〈关于审理伪造货币等案件具体应用法律若干问题的解释（二）〉的理解与适用》，载《人民司法·应用》2010 年第 23 期（总第 610 期）。

《刑事审判参考》指导案例

杨吉茂伪造货币案（《刑事审判参考》指导案例第 23 号）

裁判要点：伪造外币构成伪造货币罪；伪造半成品货币构成伪造货币罪，但可酌情从轻处罚；伪造已不流通或者从来没有发行过的货币不构成伪造货币罪。

根据《刑法》第 170 条的规定，“伪造货币”，是指依照人民币或者外币的图案、形状、色彩等，使用印刷、复印、描绘、拓印等各种制作方法，制造假货币，冒充真货币的行为。本罪的对象是“货币”，不仅包括我国的国家货币即人民币，也包括外币在内。这里所说的“外币”是广义的，是指境外正在流通使用的货币。既包括可在中国兑换的外国货币如美元、英镑、马克等，也包括港、澳、台地区的货币，还包括不可在中国兑换的外国货币。只要伪造出的货币，不管是成品还是半成品，均应视为犯罪行为，但可根据案件具体情况，作为量刑情节予以考虑。如果伪造的对象货币虽已不在市场中流通，但通过银行仍可兑换成流通面值的，伪造行为仍应以伪造货币罪论处。但是，如果伪造的是货币所属国未发行过的货币，不应视为犯罪，因为没有这样的真币，也就不存在这样的假币。

——最高人民法院刑事审判第一庭编：《刑事审判参考》1999 年第 3 辑（总第 3 辑），法律出版社 1999 年版，第 40~46 页。

435. 购买假币后使用行为的定性与假币数额的确定

关键词

购买假币罪　犯罪数额　牵连犯

最高人民法院司法解释

第二条 行为人购买假币后使用，构成犯罪的，依照刑法第一百七十一条的规定，以购买假币罪定罪，从重处罚。

行为人出售、运输假币构成犯罪，同时有使用假币行为的，依照刑法第一百七十一条、第一百七十二条的规定，实行数罪并罚。

——《最高人民法院关于审理伪造货币等案件具体应用法律若干问题的解释》(2000 年 9 月 14 日，法释〔2000〕26 号)。

《刑事审判参考》指导案例

张顺发持有、使用假币案(《刑事审判参考》指导案例第 188 号)

裁判摘要：购买假币后持有、使用的行为应以购买假币罪定罪，从重处罚。购买假币后使用的假币数额，应当包括已经使用和准备使用的数额。

虽然购买、持有、使用假币三种行为可以互为独立，我国《刑法》也分别规定了独立的罪名(其中，持有、使用假币属于选择性罪名)，但是该三种行为在客观上存在内在的联系，构成牵连关系。结合我国的立法实际，一般认为，在《刑法》没有特别规定的情况下，对牵连犯应从一重罪从重处罚。我国《刑法》分则未对购买、持有、使用假币行为的处理作出专门规定，而从购买假币罪与持有、使用假币罪的法定刑来看，购买假币罪的处罚要重于持有、使用假币罪，故《假币案件解释》规定，"以购买假币罪定罪，从重处罚"。

因为购买和持有、使用是一个连贯的行为，购买并已使用的假币如属于同一宗假币，就表明购买是为了使用。只要购买的数额构成了购买假币罪，那么通常也就同时构成使用假币罪，即应当适用《解释》第 2 条的规定定罪量刑。也就是说，购买假币后使用的，不能将使用的"数额"仅仅理解为业已使用的假币数额，还应包括准备使用但因各种原因未使用出去的假币数额。

——最高人民法院刑事审判第一庭、第二庭编：《刑事审判参考》2002 年第 4 辑(总第 27 辑)，法律出版社 2002 年版，第 7~11 页。

附录：最高人民法院主流观点

《最高人民法院关于审理伪造货币等案件具体应用法律若干问题的解释》(以下简称《假币案件解释》)第 2 条第 1 款的规定，购买假币后使用，构成犯罪的，以购买假币罪定罪，从重处罚。这里存在一个具体理解问题，即行为人购买假币后使用，是使用假币数额要达到“数额较大”，构成使用假币罪，才以购买假币罪定罪，从重处罚，还是购买假币数额达到“数额较大”，只要有使用行为，就定购买假币罪，从重处罚。我们认为，《假币案件解释》第2条第1款的规定体现的是牵连犯的处理原则。牵连犯的一个前提条件就是要求存在两个以上独立的犯罪行为，所以，使用假币达到“数额较大”方能适用本条解释。但这里做这样的区分只具有理论上的意义，实践中并不能这样理解和处理这类案件。因为购买和持有、使用是一个连贯的行为，购买并已使用的假币如属于同一宗假币，就表明购买是为了使用。只要购买的数额构成了购买假币罪，那么通常也就同时构成使用假币罪，即应当适用《假币案件解释》第2条的规定定罪量刑。也就是说，购买假币后使用的，不能将使用的“数额”仅仅理解为业已使用的假币数额，还应包括准备使用但因各种原因未使用出去的假币数额。

——高憬宏、杨万明主编：《基层人民法院法官培训教材（实务卷·刑事审判篇）》，人民法院出版社2005年版，第161页。

436. 非金融机构非法从事金融活动行为的定性

关键词

擅自设立金融机构罪　非法金融活动

最高人民法院司法政策精神

1. 非金融机构非法从事金融活动案件的处理

1998年7月13日，国务院发布了《非法金融机构和非法金融业务活动取缔办法》。1998年8月11日，国务院办公厅转发了中国人民银行整顿乱集资、乱批设金融机构和乱办金融业务实施方案，对整顿金融“三乱”工作的政策措施等问题作出了规定。各地根据整顿金融“三乱”工作实施方案的规定，对于未经中国人民银行批准，但是根据地方政府或有关部门文件设立并从事或变相从事金融业务的各类基金会、互助会、储金会等机构和组织，由各地人民政府和各有关部门限期进行清理整顿。超过实施方案规定期限继续从事非法金融业务活动的，依法予以取缔；情节严重、构成犯罪的，依法追究刑事责任。因此，上述非法从事金融活动的机构和组织只要在实施方案规定期限之前停止非法金融业务活动的，对有关单位和责任人员，不应以擅自设立金融机构罪处理；对其以前从事的非法金融活动，一般也不作犯罪处理；这些机构和组织的人员利用职务实施的个人犯罪，如贪污罪、职务侵占罪、挪用公款罪、挪用资金罪等，应当根据具体案情分别依法定罪处罚。

——《最高人民法院关于印发〈全国法院审理金融犯罪案件工作座谈会纪要〉的通知》(2001 年 1 月 21 日，法〔2001〕8 号)。

附录：最高人民法院主流观点

前些年，乱集资、乱批设金融机构和乱办金融业务的情况比较严重。各类基金会、互助会、储金会、资金服务部、股金服务部等组织，未经中国人民银行批准，从事或者变相从事存贷款、资金结算等金融业务活动，不仅违反了有关金融法规，而且也触犯了《刑法》的有关规定。由于各类基金会、互助会、储金会、资金服务部、股金服务部等组织的情况复杂，这些组织非法从事的金融活动虽然未经中国人民银行批准，但又是根据有关部委文件或者地方政府文件设立和批准的。对此类案件如何处理，一直是困扰司法实践的一个难题。鉴于国务院于 1998 年 7 月颁行了《非法金融机构和非法金融业务活动取缔办法》，决定取缔非法金融机构和非法金融业务活动；1998 年 8 月，国务院办公厅又转发了中国人民银行《整顿乱集资、乱批设金融机构和乱办金融业务实施方案》，对处理乱集资、乱批设金融机构和乱办金融业务前政策措施等问题作出了具体规定，故《金融犯罪纪要》明确：根据有关部委或地方政府文件设立从事或变相从事金融业务的有关机构和组织，“只要在实施方案规定期限之前停止非法金融业务活动的，对有关单位和责任人员，不应以擅自设立金融机构罪处理；对其以前从事的非法金融活动，一般也不作犯罪处理”。应当注意的是，《整顿乱集资、乱批设金融机构和乱办金融业务实施方案》只涉及根据有关部委或者地方政府文件设立的基金会、互助会、储金会、资金服务部、股金服务部等组织非法从事或者变相从事的金融业务活动，不包括这些机构和组织的人员利用职务便利实施的个人犯罪。对于后者仍应依照《刑法》的有关规定追究刑事责任，如受国家机关、国有公司、企业、事业单位、人民团体委派担任管理职务的人员，利用职务上的便利，非法占有公共财产、收受贿赂，构成犯罪的，仍应追究其贪污罪、受贿罪的刑事责任；其他人员利用职务上的便利，非法占有公共财产、收受贿赂构成犯罪的，可依照职务侵占罪和公司、企业人员受贿罪的规定追究刑事责任。同时，对于农村合作基金会从业人员犯罪案件，应适用《最高人民法院关于农村合作基金会从业人员犯罪如何定性问题的批复》的有关规定处理。

——高憬宏、杨万明主编：《基层人民法院法官培训教材(实务卷·刑事审判篇)》，人民法院出版社 2005 年版，第 164~165 页。

437. 以转贷牟利为目的套取银行承兑汇票行为的定性

关键词

高利转贷罪　转贷牟利　银行信贷资金

《刑事审判参考》指导案例

姚凯高利转贷案（《刑事审判参考》指导案例第487号）

裁判要点：被告人以转贷牟利为目的，编造虚假交易关系并出具虚假购销合同取得银行承兑汇票的，属于《刑法》第175条规定的“套取金融机构信贷资金”的行为。只要转贷的利率高于银行的利率就应当属于高利转贷罪中的“高利”，不必要求转贷利率必须达到一定的倍数。

1. 被告人以转贷牟利为目的，编造虚假交易关系并出具虚假购销合同取得银行承兑汇票的，属于《刑法》第175条规定的“套取金融机构信贷资金”的行为

虽然银行承兑汇票与银行贷款表现形式不同，借贷关系与票据关系在法律上也有不同之处，但银行承兑汇票是纳入信贷科目管理的，在银行内部的管理模式和性质上是相同的，银行承兑汇票贴现时使用的资金属于银行的信贷资金，票据贴现也是银行借出信贷资金的一种表现形式，因此套取银行承兑汇票然后转让他人进行贴现的实质上属于套取了银行的信贷资金。

2. 正确理解和确定高利转贷罪中的“高利”标准

尽管在《刑法》和司法解释中均对“高利”未作规定，但鉴于该罪是以转贷牟利为目的，因此只要转贷的利率高于银行的利率就应当属于“高利”，不必要求转贷利率必须达到一定的倍数。主要理由在于：首先，《刑法》没有对本罪中的“高利”进行诠释，最高人民法院《关于人民法院审理借贷案件的若干意见》（以下简称《意见》）中关于高于银行贷款利率4倍的规定对于“高利”的认定虽然有参照意义，但二者针对的对象不同，故不能简单以《意见》规定为准。其次，根据《刑法》第175条的规定，只要“高利转贷他人”且违法所得数额较大，就构成高利转贷罪。根据最高人民检察院、公安部《关于经济犯罪案件追诉标准的规定》[①] 第23条规定，“个人高利转贷，违法所

① 本文件已被《最高人民检察院、公安部关于印发〈最高人民检察院公安部关于公安机关管辖的刑事案件立案追诉标准的规定（二）〉的通知》（法发〔2010〕22号）废止。

得数额在五万元以上的”“单位高利转贷，违法所得在十万元以上的”，应予追诉。可见，司法解释关于该罪追诉标准的规定只对违法所得数额进行了界定，对高利的具体认定未加以规定，这并不是司法解释的疏漏，而是表明了该罪中“高利”的认定标准并非必须达到银行贷款的利率一定倍数。

——最高人民法院刑事审判第一、二、三、四、五庭主办：《刑事审判参考》2008 年第 3 集（总第 62 集），法律出版社 2008 年版，第 1~6 页。

438. 骗取贷款、票据承兑、金融票证罪与贷款诈骗罪的界限

关键词

骗取贷款、票据承兑、金融票证罪　贷款诈骗罪

附录：最高人民法院主流观点

（1）侵害的客体不同。本罪的客体是国家金融管理秩序和安全；而贷款诈骗罪的客体是复杂客体，首先侵害银行等金融机构的财产所有权，同时亦侵害了国家有关金融管理秩序和安全。（2）犯罪对象不同。本罪的对象是指银行等金融机构的贷款或者信用；而贷款诈骗罪的对象仅是指银行等金融机构的贷款。本罪的犯罪对象比较贷款诈骗罪更为广泛。（3）犯罪主观方面不同。本罪与贷款诈骗罪从行为特征上看，虽然都采用了欺骗手段，但本罪的行为人主观上没有非法占有的目的。如有些单位知道自己不符合贷款条件或者经济效益很差，但为了从银行或金融机构获得贷款，隐瞒真相，编造虚假经济效益，获得贷款用以扩大生产规模、搞技术改造，或者为单位员工盖家属楼、发奖金、改善福利等，一般不应认定具有非法占有的目的。在司法实践中，认定是否具有非法占有的目的，应当坚持主客观相一致的原则，既要避免单纯根据损失结果客观归罪，也不能仅凭被告人自己的供述，而应当根据案件具体情况具体分析。因此，对于金融欺诈，如果能够证明行为人具有非法占有目的的，以贷款诈骗罪论处；如果不具有非法占有的目的或者该目的难以证明而又实施了虚假陈述的行为的情况，按骗取贷款、票据承兑、金融票证罪论处。如洪某刚、吴某琴贷款诈骗罪二审一案，法院认为，关于抗诉机关提出被告人洪某刚等人具有非法占有目的，应以贷款诈骗罪定罪的意见，经查根据现有证据，无法认定洪某刚等人具有非法占有的目的，故该抗诉意见不予支持。[1]（4）犯罪主体不同。本罪主体是一般主体，包括自然人和单位。而贷款诈骗罪的主体仅为自然人，单位不能成为贷款诈骗罪的主体。

---

① 河南省洛阳市中级人民法院（2019）豫 03 刑终 191 号。

——胡云腾主编:《刑法罪名精释（第五版）》，人民法院出版社 2022 年版，第 362 页。

439. 骗取贷款、票据承兑、金融票证罪与高利转贷罪的界限

关键词

骗取贷款、票据承兑、金融票证罪　高利转贷罪

附录：最高人民法院主流观点

两者侵犯的客体都是国家金融管理秩序，在行为过程中均存在虚假陈述，整体都属于金融欺诈。但同时又存在以下不同：

（1）犯罪客观方面不同。本罪客观方面表现为以欺骗手段取得银行或者其他金融机构贷款、票据承兑、信用证、保函等，欺骗的因果关系着眼于取得资格问题，即本来不能取得资格因为欺骗而取得；而高利转贷罪客观方面表现为套取金融机构信贷资金高利转贷给他人，客观上由套取金融机构信贷资金和高利转贷两个前后相继的行为构成。欺骗的目的在于改变资金使用用途。（2）犯罪主观方面不同。本罪主观上只有占用贷款的故意，而高利转贷罪则以转贷牟利为目的。如任沐时与赵淑新骗取贷款、票据承兑、金融票证罪一案，原审被告人赵淑新以欺骗手段骗取银行贷款，情节严重，以转贷牟利为目的，套取金融机构信贷资金高利转贷他人，违法所得数额较大，其行为已构成骗取贷款罪、高利转贷罪。鉴于原审被告人赵淑新部分骗取的贷款用于高利转贷，已对赵淑新以高利转贷罪追究刑事责任，故在骗取贷款罪量刑中相应数额应予以扣除。①

另一种情形：如果真实原因是其他原因，如银行实现了抵押权，但因银行工作人员在评估过程中对抵押价值严重高估，将本来 50% 的抵押率评估为 80%，与被告隐瞒未向银行说明宅基地已出售，乙和丙出资联建并入住的事实没有因果关系。由此表明，本案被告人虽然具有欺骗手段行为，但并非致使银行遭受重大损失的真实原因，即未发生刑法上的因果关系，故其行为不构成骗取贷款罪。

——胡云腾主编:《刑法罪名精释（第五版）》，人民法院出版社 2022 年版，第 362~363 页。

---

① 吉林省四平市中级人民法院（2020）吉 03 刑终 52 号。

440. 非法吸收公众存款的具体行为方式、界定及定罪量刑标准

关键词

非法吸收公众存款罪　行为方式　犯罪数额

最高人民法院司法解释

第一条　违反国家金融管理法律规定，向社会公众（包括单位和个人）吸收资金的行为，同时具备下列四个条件的，除刑法另有规定的以外，应当认定为刑法第一百七十六条规定的“非法吸收公众存款或者变相吸收公众存款”：

（一）未经有关部门依法许可或者借用合法经营的形式吸收资金；

（二）通过网络、媒体、推介会、传单、手机信息等途径向社会公开宣传；

（三）承诺在一定期限内以货币、实物、股权等方式还本付息或者给付回报；

（四）向社会公众即社会不特定对象吸收资金。

未向社会公开宣传，在亲友或者单位内部针对特定对象吸收资金的，不属于非法吸收或者变相吸收公众存款。

第二条　实施下列行为之一，符合本解释第一条第一款规定的条件的，应当依照刑法第一百七十六条的规定，以非法吸收公众存款罪定罪处罚：

（一）不具有房产销售的真实内容或者不以房产销售为主要目的，以返本销售、售后包租、约定回购、销售房产份额等方式非法吸收资金的；

（二）以转让林权并代为管护等方式非法吸收资金的；

（三）以代种植（养殖）、租种植（养殖）、联合种植（养殖）等方式非法吸收资金的；

（四）不具有销售商品、提供服务的真实内容或者不以销售商品、提供服务为主要目的，以商品回购、寄存代售等方式非法吸收资金的；

（五）不具有发行股票、债券的真实内容，以虚假转让股权、发售虚构债券等方式非法吸收资金的；

（六）不具有募集基金的真实内容，以假借境外基金、发售虚构基金等方式非法吸收资金的；

（七）不具有销售保险的真实内容，以假冒保险公司、伪造保险单据等方式非法吸收资金的；

（八）以网络借贷、投资入股、虚拟币交易等方式非法吸收资金的；

（九）以委托理财、融资租赁等方式非法吸收资金的；

（十）以提供“养老服务”、投资“养老项目”、销售“老年产品”等方式非法吸收资金的；

（十一）利用民间“会”“社”等组织非法吸收资金的；

（十二）其他非法吸收资金的行为。

第三条 非法吸收或者变相吸收公众存款，具有下列情形之一的，应当依法追究刑事责任：

（一）非法吸收或者变相吸收公众存款数额在100万元以上的；

（二）非法吸收或者变相吸收公众存款对象150人以上的；

（三）非法吸收或者变相吸收公众存款，给存款人造成直接经济损失数额在50万元以上的。

非法吸收或者变相吸收公众存款数额在50万元以上或者给存款人造成直接经济损失数额在25万元以上，同时具有下列情节之一的，应当依法追究刑事责任：

（一）曾因非法集资受过刑事追究的；

（二）二年内曾因非法集资受过行政处罚的；

（三）造成恶劣社会影响或者其他严重后果的。

第四条 非法吸收或者变相吸收公众存款，具有下列情形之一的，应当认定为刑法第一百七十六条规定的“数额巨大或者有其他严重情节”：

（一）非法吸收或者变相吸收公众存款数额在500万元以上的；

（二）非法吸收或者变相吸收公众存款对象500人以上的；

（三）非法吸收或者变相吸收公众存款，给存款人造成直接经济损失数额在250万元以上的。

非法吸收或者变相吸收公众存款数额在250万元以上或者给存款人造成直接经济损失数额在150万元以上，同时具有本解释第三条第二款第三项情节的，应当认定为“其他严重情节”。

第五条 非法吸收或者变相吸收公众存款，具有下列情形之一的，应当认定为刑法第一百七十六条规定的“数额特别巨大或者有其他特别严重情节”：

（一）非法吸收或者变相吸收公众存款数额在5000万元以上的；

（二）非法吸收或者变相吸收公众存款对象5000人以上的；

（三）非法吸收或者变相吸收公众存款，给存款人造成直接经济损失数额在2500万元以上的。

非法吸收或者变相吸收公众存款数额在2500万元以上或者给存款人造成直接经济损失数额在1500万元以上，同时具有本解释第三条第二款第三项情节的，应当认定为“其他特别严重情节”。

第六条 非法吸收或者变相吸收公众存款的数额，以行为人所吸收的资金全额计算。在提起公诉前积极退赃退赔，减少损害结果发生的，可以从轻或者减轻处罚；在提起公诉后退赃退赔的，可以作为量刑情节酌情考虑。

非法吸收或者变相吸收公众存款，主要用于正常的生产经营活动，能够在提起公诉前清退所吸收资金，可以免予刑事处罚；情节显着轻微危害不大的，不作为犯罪处理。

对依法不需要追究刑事责任或者免予刑事处罚的，应当依法将案件移送有关行政机关。

——《最高人民法院关于审理非法集资刑事案件具体应用法律若干问题的解释》(2022 年 2 月 23 日，法释〔2022〕5 号)。

《最高人民法院公报》案例

渭南市尤湖塔园有限责任公司、惠庆祥、陈创、冯振达非法吸收公众存款，惠庆祥挪用资金案

裁判摘要：未经中国人民银行批准，不以吸收公众存款的名义，向社会不特定对象吸收资金，但承诺履行的义务与吸收公众存款性质相同，即承诺在一定期限内返本付息的，属于《刑法》第 176 条规定的“变相吸收公众存款”。只要行为人实施了非法吸收公众存款的行为，无论采取何种非法吸收公众存款的手段、方式，均不影响非法吸收公众存款罪的成立。

根据取缔办法的规定，非法吸收公众存款，是指未经中国人民银行批准，向社会不特定对象吸收资金，出具凭证，承诺在一定期限内还本付息的活动；变相吸收公众存款，是指未经中国人民银行批准，不以吸收公众存款的名义，向社会不特定对象吸收资金，但承诺履行的义务与吸收公众存款性质相同的活动。在本案中，尤湖塔园公司与客户签订的合同，表面上是塔位销售合同，但双方在合同中明确约定，尤湖塔园公司对购买塔位的客户承担两年期还本返利的义务。此外，该公司推出的所谓“投资型”塔位不与特定死者的骨灰相对应，该公司承诺既可以根据塔位销售合同逐年返利，也可以更名、退单。所谓退单，是指由尤湖塔园公司按照市场价回购。由于尤湖塔园公司的虚假操作，在没有任何依据的情况下，投资型塔位的价格被不定期地不断调高，因此在退单的时候，尤湖塔园公司除了向用户返还购买时的原价，还需支付增值的部分，事实上就是变相的“返本付息”。因此，尤湖塔园公司的上述行为符合取缔办法第 4 条规定的变相吸收公众存款的特征，构成非法吸收公众存款罪，其上诉理由不能成立，不予采纳。

上诉人尤湖塔园公司未经金融主管机关批准，采取向社会公众销售投资型塔位，承诺到期退单兑付和向社会公众高息借款的手段，变相吸收公众存款，数额巨大，后果严重，严重扰乱了金融秩序和社会秩序，其行为已构成非法吸收公众存款罪，依法应予惩处。

——《最高人民法院公报》2008年第6期。

《刑事审判参考》指导案例

惠庆祥等非法吸收公众存款案（《刑事审判参考》指导案例第488号）

裁判要点：经中国人民银行批准，向社会不特定对象吸收资金，虽然不以吸收公众存款的名义，但承诺在一定期限内还本付息的，属于变相吸收公众存款，构成犯罪的应依法追究刑事责任。"民间借贷"只能是针对社会中少数个人或者特定对象之间的"借贷"行为，而对于"向社会不特定对象"吸收存款的行为当然不属于"民间借贷"。

1. 未经中国人民银行批准，向社会不特定对象吸收资金，虽然不以吸收公众存款的名义，但承诺在一定期限内还本付息的，属于变相吸收公众存款，构成犯罪的应依法追究刑事责任。

变相吸收公众存款的行为与非法吸收公众存款的行为在非法性特征和对象特征以及承诺的义务等方面均是相同的，所不同的是非法吸收公众存款是以直接的名义吸收存款，表现在其出具存款凭证，并承诺在一定期限内还本付息；而变相吸收公众存款则不以直接吸收存款的名义出现，而以成立资金互助会或以投资、集资入股等名义，但承诺履行的义务与吸收公众存款性质相同。这里的承诺的义务与吸收公众存款的性质相同，即都是承诺在一定期限内还本付息，从而达到吸收公众存款的目的。实践中，行为人以变相方式吸收存款的具体手段层出不穷、花样繁多。如有的单位未经批准成立资金互助组织吸收公众资金；有些企业以投资、集资等名义吸收公众资金，但并不按规定分配利润、派发股息，而是以一定利息支付；有的以代为饲养宠物，代为种植花木果树，营业房分零出售、代为出租等为名，许以高额回报以吸收资金；有的则以商品销售的方式吸收资金，以承诺返租、回购、转让等方式给予回报。这些行为以合法形式掩盖非法集资目的，犯罪分子往往与受害者签订合同，伪装成正常的生产经营活动，其实质仍然是变相抬高国家所规定的存款利率，情节严重者，必定扰乱整个社会的金融秩序，一旦行为人不能兑现承诺，必将引发社会群体性事件，影响社会稳定。

2. 如何区分合法的民间借贷和非法吸收公众存款行为？

在司法实践中，对于非法吸收公众存款罪争议最大的是如何将本罪行为与合法的民间借贷相区别。引发该问题争议的是 1999 年最高人民法院《关于如何确认公民与企业之间借贷行为效力问题的批复》(以下简称《批复》)[①]中的规定，在该《批复》中指出，"公民与非金融企业之间的借贷属于民间借贷，只要双方当事人意思表示真实即可有效"。而非法吸收公众存款和变相吸收公众存款的行为从本质上看，即向社会不特定对象筹集资金并承诺在一定期间还本付息，这当然也属于一种"借贷"，而且该《批复》对于民间借贷行为并未限定范围，那么如何理解《批复》的规定对合法民间借贷与非法吸收公众存款进行区分呢？我们认为，《刑法》是规定犯罪及其刑事责任的法律规范，即《刑法》规定的是犯罪行为，而其他法律规定的都是一般违法行为。非法吸收公众存款罪，尽管也表现为一定民间借贷的特征，但因为其借贷的范围具有不特定的公众性且扰乱了国家金融秩序，所以具有民间借贷不会造成的严重社会危害性，这是两者的根本区别。如果民间借贷的对象范围满足前文所讲的两个条件即"非法性"和"广延性"，即未经有权机关批准和向社会不特定对象吸收资金，且借款利率高于法定利率，扰乱了国家金融秩序，则就超出了民间借贷的范畴，演化为非法吸收公众存款。而对于像"只向少数个人或者特定对象如仅限于本单位人员等吸收存款"的行为当然不是本罪中的非法吸收公众存款的行为，因为这种"民间借贷"不可能对国家金融秩序造成破坏。所以，《批复》中所讲的"民间借贷"只能是针对社会中少数个人或者特定对象之间的"借贷"行为，而对于"向社会不特定对象"吸收存款的行为当然不属于"民间借贷"。唯有如此，才能将非法吸收公众存款与合法的民间借贷区别开来。

——最高人民法院刑事审判第一、二、三、四、五庭主办：《刑事审判参考》2008 年第 3 集（总第 62 集），法律出版社 2008 年版，第 7~16 页。

441. 以诈骗方法非法集资中"以非法占有为目的"的认定

关键词

诈骗方法　非法集资　非法占有

最高人民法院司法政策精神

第七条　以非法占有为目的，使用诈骗方法实施本解释第二条规定所列

① 本文件已被《最高人民法院关于废止部分司法解释（第十三批）的决定》（法释〔2019〕11 号）废止。

行为的，应当依照刑法第一百九十二条的规定，以集资诈骗罪定罪处罚。

使用诈骗方法非法集资，具有下列情形之一的，可以认定为“以非法占有为目的”：

（一）集资后不用于生产经营活动或者用于生产经营活动与筹集资金规模明显不成比例，致使集资款不能返还的；

（二）肆意挥霍集资款，致使集资款不能返还的；

（三）携带集资款逃匿的；

（四）将集资款用于违法犯罪活动的；

（五）抽逃、转移资金、隐匿财产，逃避返还资金的；

（六）隐匿、销毁账目，或者搞假破产、假倒闭，逃避返还资金的；

（七）拒不交代资金去向，逃避返还资金的；

（八）其他可以认定非法占有目的的情形。

集资诈骗罪中的非法占有目的，应当区分情形进行具体认定。行为人部分非法集资行为具有非法占有目的的，对该部分非法集资行为所涉集资款以集资诈骗罪定罪处罚；非法集资共同犯罪中部分行为人具有非法占有目的，其他行为人没有非法占有集资款的共同故意和行为的，对具有非法占有目的的行为人以集资诈骗罪定罪处罚。

——《最高人民法院关于审理非法集资刑事案件具体应用法律若干问题的解释》（2022 年 3 月 1 日，法释〔2022〕5 号）。

442. 非法吸收公众存款罪的量刑

关键词

非法吸收公众存款罪　量刑

最高人民法院司法政策精神

（三）非法吸收公众存款罪

1. 构成非法吸收公众存款罪的，根据下列情形在相应的幅度内确定量刑起点：

（1）犯罪情节一般的，在一年以下有期徒刑、拘役幅度内确定量刑起点。

（2）达到数额巨大起点或者有其他严重情节的，在三年至四年有期徒刑幅度内确定量刑起点。

（3）达到数额特别巨大起点或者有其他特别严重情节的，在十年至十二年有期徒刑幅度内确定量刑起点。

2. 在量刑起点的基础上，根据非法吸收存款数额等其他影响犯罪构成的犯罪事实增加刑罚量，确定基准刑。

3. 对于在提起公诉前积极退赃退赔，减少损害结果发生的，可以减少基准刑的40%以下；犯罪较轻的，可以减少基准刑的40%以上或者依法免除处罚。

4. 构成非法吸收公众存款罪的，根据非法吸收公众存款数额、存款人人数、给存款人造成的直接经济损失数额等犯罪情节，综合考虑被告人缴纳罚金的能力，决定罚金数额。

5. 构成非法吸收公众存款罪的，综合考虑非法吸收存款数额、存款人人数、给存款人造成的直接经济损失数额、清退资金数额等犯罪事实、量刑情节，以及被告人主观恶性、人身危险性、认罪悔罪表现等因素，决定缓刑的适用。

——《最高人民法院、最高人民检察院印发〈关于常见犯罪的量刑指导意见（试行）〉的通知》（2021年6月16日，法发〔2021〕21号）。

443. 非法吸收公众存款与内部集资的区分界限

关键词

非法吸收公众存款罪　内部集资

附录：最高人民法院主流观点

《审理非法集资刑事案件解释》第1条第2款规定："未向社会公开宣传，在亲友或者单位内部针对特定对象吸收资金的，不属于非法吸收或者变相吸收公众存款。"该款规定明确了非法吸收公众存款与内部集资的区分界限，在一定意义上也是非法吸收公众存款罪的公开性和社会性两个特征的逻辑展开和具体说明。在具体适用解释本款规定时，需注意以下问题：（1）关于"亲友"的理解。亲友只是特定对象的具体化，实践中判断是否亲友，关键在于对象是否特定，比如，亲友的亲友通常就不宜认定为亲友。（2）关于"单位内部"的理解。关键在于把握两点：一是集资对象限于单位内部职工；二是集资资金用于单位内部活动。

——胡云腾主编：《刑法罪名精释（第五版）》，人民法院出版社2022年版，第368页。

444. 非上市股份有限公司向社会公众转让股权构成擅自发行股票罪

关键词

擅自发行股票罪　非上市股份有限公司　社会公众　转让股权

《最高人民法院公报》案例

上海市浦东新区人民检察院诉上海安基生物科技股份有限公司、郑戈擅自发行股票案（判决时间：2009 年 9 月 24 日）

裁判摘要：非上市股份有限公司为筹集经营资金，在未经证券监管部门批准的情况下，委托中介机构向不特定社会公众转让公司股东的股权，其行为属于未经批准擅自发行股票的行为，数额巨大、后果严重或者有其他严重情节的，应当以擅自发行股票罪定罪处罚。

被告单位安基公司违反国家政策及相关法律规定，未经证券监管部门的批准，委托他人以公开方式向不特定社会公众发行股票，情节严重，被告人郑戈系安基公司直接负责的主管人员，其行为均已构成擅自发行股票罪。被告单位与被告人均有自首情节，依法从轻处罚。

《中华人民共和国刑法》（以下简称刑法）第一百七十九条规定："未经国家有关主管部门批准，擅自发行股票或者公司、企业债券，数额巨大、后果严重或者有其他严重情节的，构成擅自发行股票、公司、企业债券罪。"依据《中华人民共和国公司法》和《中华人民共和国证券法》的规定，股份公司的股权表现形式就是股票，也包括未上市股份公司的股权。因此，这里的"发行股票"包括未上市公司转让股权。据此，判断行为人的行为是否构成擅自发行股票罪，应从以下几个方面分析：

一、股权转让是否属于未经国家有关主管部门批准的擅自行为

1. 转让股权违反相关禁止性或限制性规定。国家一直禁止擅自进行非上市公司的股权交易。本案中，被告单位安基公司与被告人郑戈在 2001 年至 2007 年 8 月期间，连续不间断地擅自向社会公众转让股权，其行为违反上述规定，系在未经有关主管部门批准的情况下实施发行股票行为。

2. 转让股权的价格具有不确定性。合法的转让股权应由第三方对公司财务状况进行审计，结合审计结论、运营情况、公司拟上市后的预增利润等综合因素，由出让方确定统一合理的出让价格，报证券监管部门批准备案后向

全社会公布。本案中，转让股权价格未经过任何审计、批准备案、公开的程序，仅由被告人郑戈与中介公司商定，按照注册资本 3400 万元确定为 3400 万股，据审计报告显示，每股转让价格从 1.5 元到 4.2 元不等，包括 12 种不同价格。这充分说明涉案股权转让价格具有极大的随意性和不确定性。

3. 转让股权的运作模式不合规。由于涉及社会公众权益，转让股权必须接受多方面的监管，要求运作模式必须合法规范，包括中介机构的主体资格、签订合同的内容、披露信息的要求、财务情况公开、区分收费账户与公司账户、按约履行权利义务等等。本案中，被告单位安基公司与被告人郑戈转让股权没有详细工作计划，没有披露公司的详细财务状况，没有委托固定有资质的中介机构，没有签订规范的服务合同，在 2002 年到 2007 年 8 月间，被告方频繁地更换中介公司与个人，这种运作模式完全不符合规范。

二、有无实施发行股票的行为

根据本案事实，被告单位安基公司与被告人郑戈擅自向社会公众转让股权的行为，属于国务院办公厅《关于严厉打击非法发行股票和非法经营证券业务有关问题的通知》所严禁的行为，应当认定为刑法第一百七十九条规定的“擅自发行股票、公司、企业债券”的行为。

1. 受让人属于不特定对象。区分特定对象与不特定对象，应当结合投资者的选择程序、承担风险能力与人数等因素综合分析。通常情况下，出让方委托中介机构面向社会公众采用推广会等方式进行宣传，随后筛选出合适的投资人，审查投资人的资产价值与申报财产内容的真实性、是否具备识别并承担风险能力等内容，明确提示投资风险，有明确的人数和资金总量的限制。对于符合上述条件的，应当认定为属于特定对象。相反，对于不设定任何标准和人数条件，不考察投资人的具体情况，只要出资即予以接纳的情况，应当认为属于不特定对象。本案中，被告单位安基公司委托中介公司与个人，随机向上海及浙江宁波等地的居民进行推销，不审查财产状况且没有人数限制，应当认定为向不特定对象转让股权。

2. 采用公开的形式转让股权。判断公开与非公开方式的标准，是信息沟通渠道是否畅通。非公开发行是指基于相互信任与意思自治原则，双方能够交流获取真实有效的信息，无需借助第三方力量来传递信息达到沟通目的。而公开发行由于面向社会公众且信息不对称，出让方需要借助中介力量，利用广告、公告、广播、电话、推介会、说明会、网络等方式传递信息，以达到吸引投资人获取资金的目的。本案中，被告单位安基公司与被告人郑戈委托多家中介公司与个人，先采用随机拨打电话的方式，以提供理财帮助为名邀请不特定对象到中介公司，后由业务员介绍并推销股权，对于犹豫不决的客户，业务员反复打电话以动员劝诱。故可以认定涉案股权转让形式属于公开发行。

3. 募集资金全部用于经营活动和支付中介费用。实践中，存在利用擅自发行股票的方法取得资金以实施集资诈骗的情况发生，这种集资诈骗罪与擅自发行股票罪的主要区别在于主观上是否具有非法占有的目的。集资诈骗罪是以非法占有为目的，行为人发行股票只是诈骗财产的一种手段，在取得钱款后往往出现携款逃跑、挥霍滥用、抽逃转移资金、隐匿销毁账目等情况。擅自发行股票罪的主观方面则是为了非法募集生产经营资金，不具备非法占有的目的。本案中，被告单位安基公司募集资金1109万元均存入公司账户，有400万元支付中介代理费，另有600余万元用于公司的生产经营活动，包括租用厂房、购买设备、支付工资、研发费用等等，且公司财务账册中未反映有挪用抽逃等不正常现象发生，仅仅由于客观上经营不善导致钱款不能返还，不能认定主观上具有非法占有目的。

——《最高人民法院公报》2010年第9期。

445. “以其他方法操纵证券、期货市场”的认定

关键词

以其他方法操纵证券、期货市场

最高人民法院司法解释

第一条 行为人具有下列情形之一的，可以认定为刑法第一百八十二条第一款第四项规定的“以其他方法操纵证券、期货市场”：

（一）利用虚假或者不确定的重大信息，诱导投资者作出投资决策，影响证券、期货交易价格或者证券、期货交易量，并进行相关交易或者谋取相关利益的；

（二）通过对证券及其发行人、上市公司、期货交易标的公开作出评价、预测或者投资建议，误导投资者作出投资决策，影响证券、期货交易价格或者证券、期货交易量，并进行与其评价、预测、投资建议方向相反的证券交易或者相关期货交易的；

（三）通过策划、实施资产收购或者重组、投资新业务、股权转让、上市公司收购等虚假重大事项，误导投资者作出投资决策，影响证券交易价格或者证券交易量，并进行相关交易或者谋取相关利益的；

（四）通过控制发行人、上市公司信息的生成或者控制信息披露的内容、时点、节奏，误导投资者作出投资决策，影响证券交易价格或者证券交易量，并进行相关交易或者谋取相关利益的；

（五）不以成交为目的，频繁申报、撤单或者大额申报、撤单，误导投资

者作出投资决策，影响证券、期货交易价格或者证券、期货交易量，并进行与申报相反的交易或者谋取相关利益的；

（六）通过囤积现货，影响特定期货品种市场行情，并进行相关期货交易的；

（七）以其他方法操纵证券、期货市场的。

——《最高人民法院、最高人民检察院关于办理操纵证券、期货市场刑事案件适用法律若干问题的解释》(2019 年 6 月 27 日，法释〔2019〕9 号)。

附录：理解与适用

《刑法》第一百八十二条第一款第一至三项规定了联合、连续交易操纵、约定交易操纵、自买自卖操纵（也称洗售操纵）等三种操纵证券、期货市场的方法：一是联合、连续交易操纵，即单独或者合谋，集中资金优势、持股或者持仓优势或者利用信息优势，联合或者连续买卖，操纵证券、期货市场交易价格或者证券、期货交易量的行为；二是约定交易操纵，俗称“对倒”，即与他人串通，以事先约定的时间、价格和方式相互进行证券、期货交易，影响证券、期货交易价格或者证券、期货交易量的行为；三是自买自卖操纵，俗称“对敲”，在自己实际控制的账户之间进行证券交易，或者以自己为交易对象，自买自卖期货合约，影响证券、期货交易价格或者证券、期货交易量的行为。“对倒”“对敲”的违法本质是相同的，即在证券、期货交易市场中，行为人通过虚伪交易（虚买虚卖）进行“诱多”或者“诱空”，从而谋取非法利益的行为。同时，《刑法》第一百八十二条第一款第四项规定了“以其他方法操纵证券、期货市场”作为兜底条款。

实践中，由于相关规定不明确，对于“以其他方法操纵证券、期货市场”的认定存在不同认识。结合司法实践和实际案例，并参考相关法律、法规以及《中国证券监督管理委员会证券市场操纵行为认定指引（试行）》等规定，《解释》第一条明确了“以其他方法操纵证券、期货市场”的六种情形，同时考虑证券、期货市场操纵手段不断翻新，难以列举穷尽，该条第七项仍然以“以其他方法操纵证券、期货市场”作为兜底性规定。

1. “蛊惑交易操纵”，即利用虚假或者不确定的重大信息，诱导投资者作出投资决策，影响证券、期货交易价格或者证券、期货交易量，并进行相关交易或者谋取相关利益。其中“诱导投资者作出投资决策”，通常是指行为人故意编造虚假信息或者明知是虚假或不确定的信息而进行传播，使广大投资者信以为真做出错误的投资决策，从而影响交易价格或者交易量。“进行相关交易”是指进行与其蛊惑信息所涉证券、期货的交易，包括集合竞价阶段交易、连续竞价阶段交易、大宗交易、场外交易等。“谋取相关利益”，是相关交易之外的其他相关利益，如，影响定向增发价格，影响股权质押价格，影响大宗交易价格，打压他人基金排名，影响公司收购价格等。

2. “抢帽子交易操纵”，也就是利用“黑嘴”荐股操纵，即通过对证券及其发行人、上市公司、期货交易标的公开作出评价、预测或者投资建议，误导投资者作出投资决策，影响证券、期货交易价格或者证券、期货交易量，并进行与其评价、预测、投资建议方向相反的证券交易或者相关期货交易。《立案追诉标准（二）》规定该类操纵的主体为“证券公司、证券投资咨询机构、专业中介机构或者从业人员”。随着自媒体等现代通讯传播技术的快速发展，涉案主体既有持牌机构和分析师，也有网络工作室、网络大V、博主等非持牌机构以及一般公民，“黑嘴”荐股的方式多种多样，如微博、股吧、视频直播、微信以及QQ私聊建群等，最终目的是误导投资者作出投资决策而从中获利，有的是自己反向交易从中获利，有的诱导散户买入，帮助“庄家出货”获取报酬等。

3. “重大事件操纵”，即通过策划、实施资产收购或者重组、投资新业务、股权转让、上市公司收购等虚假重大事项，误导投资者作出投资决策，影响证券交易价格或者证券交易量，并进行相关交易或者谋取相关利益。本项规定主要针对股市中近几年出现的通过策划、实施虚假重组、虚假投资、虚假股权转让、虚假收购等重大事件，误导投资者作出投资决策，自己交易或者谋取相关利益的操纵行为，俗称证券市场中“编故事、画大饼”的操纵行为。如，上市公司的发起人为减持限售股，而提前策划收购、重组等重大虚假事项，推高股价后减持获利。

4. “控制信息操纵”，即通过控制发行人、上市公司信息的生成或者控制信息披露的内容、时点、节奏，误导投资者作出投资决策，影响证券交易价格或者证券交易量，并进行相关交易或者谋取相关利益。本项的“控制信息操纵”，与《刑法》第一百八十二条第一款第一项中规定的“利用信息优势操纵”的区分在于:《刑法》第一百八十二条第一款第一项中规定的“利用信息优势操纵”是指行为人利用已有的信息，基于其先知晓、知晓得完全等优势，通过交易进行操纵，其本质是交易型操纵，即“信息优势＋联合或连续买卖”。而本项“控制信息操纵”是指行为人控制信息生成和控制信息内容以及控制信息发布的时点、节奏，利用生成信息及控制信息本身，对市场投资者进行诱导，从而影响股价，本身不一定有联合或连续买卖股票，其本质是信息型操纵。此外，两者的犯罪主体不同,《立案追诉标准（二）》规定“利用信息优势操纵”的主体为特殊主体，即“上市公司及其董事、监事、高级管理人员、控股股东、实际控制人或其他关联人员”。从近年来处理的案例来看，参与“控制信息操纵”的主体身份越来越广泛，出现上述特殊主体与外部人员内外勾结，甚至外部人员收买内部人员，控制信息的生成和发布对证券市场进行操纵，故《解释》将该类操纵的主体规定为一般主体。

5. “恍骗交易操纵”（也称虚假申报操纵），即不以成交为目的，频繁申报、撤单或者大额申报、撤单，误导投资者作出投资决策，影响证券、期货交易价格或者证券、期货交易量，并进行与申报相反的交易或者谋取相关利益。在证券、期货交易市场中，报撤单是正常交易行为。该类操纵与正常报撤单的区分，要根据报撤单是否频繁，或者报撤单的金额是否巨大；是否进行与申报相反的交易；是否使用多个不同账户掩盖操作等客观方面进行综合判断。

6. “跨期、现货市场操纵”，即通过囤积现货，影响特定期货品种市场行情，并进行相关期货交易。这种操纵方法在期货市场中并不少见，甚至会发生“逼仓”现象，如小品种的期货交易中，多头持仓者预测现货不足时，凭借资金优势拉高期货价格，同时大量囤积现货，拉高现货价格，迫使空头要么高价买回期货合约认赔平仓出局，要么以高价买入现货进行实物交割，甚至空头因买不到现货交割受到违约罚款，从而出现“逼仓”现象，操纵者从而获取暴利。

——姜永义、陈学勇、朱宏伟：《〈关于办理操纵证券、期货市场刑事案件适用法律若干问题的解释〉的理解与适用》，载《人民法院报》2020 年 3 月 12 日。

446. “自己实际控制的账户”的认定

关键词

自己实际控制的账户　操纵证券、期货市场罪

最高人民法院司法解释

第五条　下列账户应当认定为刑法第一百八十二条中规定的“自己实际控制的账户”：

（一）行为人以自己名义开户并使用的实名账户；

（二）行为人向账户转入或者从账户转出资金，并承担实际损益的他人账户；

（三）行为人通过第一项、第二项以外的方式管理、支配或者使用的他人账户；

（四）行为人通过投资关系、协议等方式对账户内资产行使交易决策权的他人账户；

（五）其他有证据证明行为人具有交易决策权的账户。

有证据证明行为人对前款第一项至第三项账户内资产没有交易决策权的

除外。

——《最高人民法院、最高人民检察院关于办理操纵证券、期货市场刑事案件适用法律若干问题的解释》（2019 年 6 月 27 日，法释〔2019〕9 号）。

附录：理解与适用

实践中，行为人操纵证券、期货市场时，为规避监管，绝大多数不用自己名下的账户，而利用他人账户实施操纵行为，但行为人在被调查时往往拒不承认对他人账户的实际控制权。由于证券交易方式的网络化、电子化程度越来越高，技术定位越来越困难，对账户究竟由谁控制越来越难认定。结合实际，《解释》第五条规定了四种应当认定为行为人“自己实际控制的账户”的情形：第一项是行为人以自己名义开户并使用的实名账户，第二项是行为人向账户转入或者从账户转出资金，并承担实际损益的他人账户，第三项是行为人通过第一项、第二项以外的方式管理、支配或者使用的他人账户，第四项是行为人通过投资关系、协议等方式对账户内资产行使交易决策权的他人账户。同时还规定了“自己实际控制的账户”的例外情形，即有证据证明行为人对第一至三项账户内资产没有交易决策权的除外。

在操纵案中，“对他人账户的控制”的核心是对他人账户交易行为具有决策权，即有了对他人账户交易行为的决策权，才能利用该账户对证券、期货实施操纵。由于现实中很难证明交易决策权的存在，故一般根据行为人对账户存在实际使用情形，认定行为人对该账户具有交易决策权。但实践中也存在少数情况，虽然行为人对一个账户存在实际使用，但其对该账户的交易确实没有决策权，而是根据其他人的意志进行交易，故将有证据证明行为人对该条第一至三项账户内资产没有交易决策权的排除在外。

需要说明的是，该条对“自己实际控制的账户”的解释，主要是为了解决司法实践中“对他人账户的控制”的认定问题。虽然“自己实际控制的账户”的规定仅出现在《刑法》第一百八十二条第一款第三项中，但实践中该条第一款全部四项规定中均存在“自己实际控制的账户”的问题，故对“自己实际控制的账户”所在条款，笼统表述为“《刑法》第一百八十二条中”，而不具体规定为“《刑法》第一百八十二条第一款第三项中”。

——姜永义、陈学勇、朱宏伟：《〈关于办理操纵证券、期货市场刑事案件适用法律若干问题的解释〉的理解与适用》，载《人民法院报》2020 年 3 月 12 日。

447. 操纵"新三板"市场的认定

关键词

新三板　操纵证券、期货市场罪

最高人民法院司法解释

第十条　对于在全国中小企业股份转让系统中实施操纵证券市场行为，社会危害性大，严重破坏公平公正的市场秩序的，比照本解释的规定执行，但本解释第二条第一项、第二项和第四条第一项、第二项除外。

——《最高人民法院、最高人民检察院关于办理操纵证券、期货市场刑事案件适用法律若干问题的解释》(2019 年 6 月 27 日，法释〔2019〕9 号)。

附录：理解与适用

目前我国证券市场包括主板、中小板、创业板和"新三板"(全国中小企业股份转让系统)，以及新设立的科创板。"新三板"市场与主板市场的主要区别是公司入市的程序和资质不同，但对证券交易的诚信原则、公开公正公平交易原则、稳定有序的市场秩序的要求都是相同的，故对于新三板市场中的违法犯罪行为理应坚持相同的惩罚原则。操纵主板、中小板、创业板、"新三板"、科创板证券，构成操纵证券市场犯罪的，依照《解释》的规定定罪处罚。但对操纵"新三板"证券市场行为，考虑到目前"新三板"证券市场对合格投资者适当性有较高要求，市场流动性不高，特别是在一些交易稀少的证券中，一些轻微的操纵行为就可能达到本解释所规定的相关交易行为所占比例的入罪标准。据此，《解释》第十条规定对操纵"新三板"证券市场行为，比照本解释的规定执行，不适用本解释第二条第一、二项和第四条第一、二项有关比例标准，所参考的主要是行为类型、违法所得、交易金额等，相关交易行为所占比例的标准在适用时应当排除适用，确保准确惩治操纵"新三板"证券市场犯罪。

——姜永义、陈学勇、朱宏伟：《〈关于办理操纵证券、期货市场刑事案件适用法律若干问题的解释〉的理解与适用》，载《人民法院报》2020 年 3 月 12 日。

448. 认定操纵证券、期货市场罪与内幕交易罪的界限

关键词

认定操纵证券、期货市场罪　内幕交易罪

附录：最高人民法院主流观点

本罪与内幕交易罪的区别主要在于：一是有关“信息”特点有所不同。犯本罪所利用的信息，多是行为时已经公开的信息，但该信息在公开前行为人就已经掌握或者了解，并预先作了相关交易的准备。因此，行为人能在该信息公开后的第一时间进行交易，达到操纵证券、期货市场的目的；而内幕交易罪所利用的是内幕信息，即该信息尚未公开，行为人即利用该信息优势来进行证券、期货合约交易，达到非法获利的目的。二是行为方式有所不同。犯本罪是利用信息优势，人为操纵市场导致证券、期货价格变化，再从中非法获利或者转嫁风险；而内幕交易罪是在该信息公开前，买进或卖出有关证券、期货合约，不必再进行反向交易操作。需注意的是,《刑法》第 182 条第 1 款第 1 项规定的本罪行为中，有“利用信息优势联合或者连续买卖的”。这里的“信息优势”中“信息”范围很广，包括特殊的、影响证券、期货交易价格的内幕信息。就法条关系而言，存在本罪与内幕交易罪的竞合。对行为人利用内幕信息，同时构成操纵证券、期货市场罪和内幕交易罪的，按照牵连犯处断原则从一罪重罪论处。

——胡云腾主编:《刑法罪名精释（第五版）》，人民法院出版社 2022 年版，第 421 页。

449. 认定操纵证券、期货市场罪与编造并传播证券、期货交易虚假信息罪的界限

关键词

操纵证券、期货市场罪　编造并传播证券、期货交易虚假信息罪

附录：最高人民法院主流观点

实践中应当注意把握本罪与《刑法》第 181 条第 1 款编造并传播证券、期货交易虚假信息罪的界限。一是行为方式不同。本罪可以表现为利用虚假或者不确定的重大信息，诱导投资者进行证券、期货交易的行为，这里的

“虚假的重大信息”包括行为人本人编造并传播的重大信息，也包括行为人传播他人编造的重大信息；编造并传播证券、期货交易虚假信息罪表现为行为人本人编造并传播影响证券、期货交易的虚假信息，如果行为人只是编造而没有传播，或者道听途说又散布给他人，不构成该罪。二是主观目的有所不同。本罪的主观目的一般是通过操纵证券、期货市场行为从中谋取利益；后罪是否具有从中谋取利益的主观目的，不影响该罪的构成。三是有关信息特点有所不同。本罪既可以利用虚假信息，也可以利用真实的信息、不确定的信息；编造并传播证券、期货交易虚假信息罪中的“信息”必须是凭空捏造、虚构事实的虚假信息。对于行为人利用虚假信息诱导投资者进行证券、期货交易，同时构成编造并传播证券、期货交易虚假信息罪和操纵证券、期货市场罪的，应当按照牵连犯从一重罪处断原则，以操纵证券、期货市场罪定罪处罚。

——胡云腾主编：《刑法罪名精释（第五版）》，人民法院出版社 2022 年版，第 421~422 页。

450. 期货有限公司工作人员结伙违背受托义务，擅自运用客户资金的行为如何定性

关键词

受托义务　擅自运用客户资金　期货公司　背信运用受托财产罪

《刑事审判参考》指导案例

兴证期货大连营业部背信运用受托财产案（《刑事审判参考》指导案例第 1388 号）

裁判要点：单位犯罪如何认定，应结合单位的行为与意志加以认定，包括具体行为人擅自运用受托财产行为是否服从单位意志，擅用行为是否将为单位获取利益，如获得利益是否最终由单位享有等。

（一）单位行为的认定

单位犯罪如何认定，应结合单位的行为与意志加以认定，包括具体行为人擅自运用受托财产行为是否服从单位意志，擅用行为是否将为单位获取利益，如获得利益是否最终由单位享有等。本案中，首先，二被告人的主观目的是完成公司业绩目标，客户进行期货交易所产生的手续费是公司生存的基

础，实施擅自操作客户期货账户的行为是为了单位利益。其次，二被告人均是以兴证期货大连营业部的名义与高明进行接洽协商，系代表单位的职务行为。操作账户需要营业部经理被告人孟宪伟的同意，而孟宪伟的权限来自总部的日常经营授权，即其通过电脑终端可允许、暂停、终止其所辖期货保证金交易账户的操作。可见，虽未经集体上会讨论，但营业部经理运用总部的授权，实际已经相当于取得了总部的审批和同意。而从外部效力看，孟宪伟和被告人陈晶的背信运用受托财产的行为系服从于单位的意志。再次，犯罪所得收益归兴证期货大连营业部所享有。孟宪伟系为单位谋取不正当利益，其伙同陈晶擅自运用客户高明的期货账户内资金进行大量交易，产生手续费高达 153.36 万余元，其中兴证期货大连营业部留存手续费 82.53 万余元，高明这一客户产生的手续费占兴证期货大连营业部当年度手续费的 20% 左右。以上几点均符合单位犯罪的构成要件，应当认定兴证期货大连营业部构成单位犯罪。

（二）被告单位及二被告人构成背信运用受托财产罪

1. 被告单位与被害人之间存在受托关系

客户高明是基于被告人陈晶的介绍及保本保息的承诺选择在兴证期货有限公司开立账户，并且与兴证期货有限公司签订了期货经纪合同，期货经纪合同是由中国期货业协会备案审查、具备特定要素的格式合同，签订合同的双方平等、自愿，意思表示真实，合同一旦成立，高明办理完入金手续，即与兴证期货有限公司形成委托管理期货账户资金的法律关系，兴证期货有限公司应当遵循诚信原则，以专业的技能、勤勉尽责地执行客户的委托，维护客户的合法权益，而不得未经客户委托或者不按照客户委托内容擅自进行期货交易。

2. 被告单位兴证期货大连营业部与被告人孟宪伟、陈晶的行为属于擅自运用受托财产

根据被告人孟宪伟、陈晶的供述、被害人高明的陈述以及证人胡小兢、孙玲等人的证言，结合本案的相关书证和录音材料，可以认定陈晶向高明索取交易密码的本意是对接投资顾问，由投资顾问帮助高明操作期货账户达到赢利目的，然而因时间短没有投资顾问愿意接手，为了不流失高明这个大客户，陈晶在未告知高明也未征得高明同意的情形下利用掌握的交易密码自行操作高明的期货账户，孟宪伟明知陈晶私自操作高明账户，仍然向其提供交易建议并下达交易指令，实际上具体指导陈晶利用高明的账户资金进行期货买卖，属于擅自运用受托财产的行为。

——王钰、周发遴撰稿、韩维中审编：《兴证期货大连营业部背信运用受托财产案——背信运用受托财产罪的法律适用》，载最高人民法院刑事审判第一、二、三、四、五庭编：《刑事审判参考》（总第 125 辑），人民法院出版社

2020 年版，第 8~14 页。

451. 非法放贷行为的认定及定罪处罚依据

关键词

非法放贷行为　定罪处罚

最高人民法院司法政策精神

一、违反国家规定，未经监管部门批准，或者超越经营范围，以营利为目的，经常性地向社会不特定对象发放贷款，扰乱金融市场秩序，情节严重的，依照刑法第二百二十五条第（四）项的规定，以非法经营罪定罪处罚。

前款规定中的“经常性地向社会不特定对象发放贷款”，是指 2 年内向不特定多人（包括单位和个人）以借款或其他名义出借资金 10 次以上。

贷款到期后延长还款期限的，发放贷款次数按照 1 次计算。

——《最高人民法院、最高人民检察院、公安部、司法部关于办理非法放贷刑事案件若干问题的意见》（2019 年 7 月 23 日，法发〔2019〕24 号）。

附录：理解与适用

一是放贷行为的违法性。非法经营罪属于行政犯，需要“违反国家规定”才能入罪。国务院《非法金融机构和非法金融业务活动取缔办法》[①] 第四条第一款第三项规定：“本办法所称非法金融业务活动，是指未经中国人民银行批准，擅自从事的下列活动：……非法发放贷款、办理结算、票据贴现、资金拆借、信托投资、金融租赁、融资担保、外汇买卖”。同时，在第二十二条中规定：“设立非法金融机构或者从事非法金融业务活动，构成犯罪的，依法追究刑事责任……”银行业监督管理法第十九条规定：“未经国务院银行业监督管理机构批准，任何单位或者个人不得设立银行业金融机构或者从事银行业金融机构的业务活动。”第四十四条规定：“擅自设立银行业金融机构或者非法从事银行业金融机构的业务活动的，由国务院银行业监督管理机构予以取缔；构成犯罪的，依法追究刑事责任……”因此，从事发放贷款业务需要经过有关金融监管部门批准。“未经监管部门批准，或者超越经营范围”，是认定非法放贷行为并进而视情节对其以非法经营罪论处的必要条件。

二是放贷活动的职业性。有别于互助式的、偶然的民间资金融通行为，非法放贷作为一种经营行为，必然包含着出借目的营利性和出借行为反复性。

---

① 本文件已被《防范和处置非法集资条例》（中华人民共和国国务院令第 737 号）废止。

为了准确区分非法放贷行为和正常的民间借贷，揭示非法放贷行为人以放贷为业的行为实质，《最高人民法院、最高人民检察院、公安部、司法部关于办理非法放贷刑事案件若干问题的意见》（以下简称《意见》）第一条第一款规定非法放贷行为人需“以营利为目的，经常性地向社会不特定对象发放贷款”，并且在第一条第二款明确“前款规定中的‘经常性地向社会不特定对象发放贷款’，是指2年内向不特定多人（包括单位和个人）以借款或其他名义出借资金10次以上。”此外，《意见》第一条第三款还进一步明确了贷款到期后延长还款期限这一情况下，发放贷款次数的计算问题。应当注意的是，在延长还款期限后仅改变约定利率或者利息计算方式，但出借的本金金额未实际增加的，发放贷款次数仍按照1次计算；如果在延长还款期限后追加出借资金，或者将借款人已偿还贷款重新借出的，放贷次数另行计算。

三是放贷对象的不特定性。发放贷款行为的开放性，是非法放贷这一非法金融业务活动与民间借贷的又一重要区别。为此，《意见》第一条第一款强调非法放贷行为人发放贷款的对象是“社会不特定对象”，并且在《意见》第一条第二款将“社会不特定对象”解读为“不特定多人（包括单位和个人）”，即非法放贷行为人需要2年内累计向多个不特定的单位或者个人，以借款或其他名义出借资金10次以上。

——朱和庆、周川、李梦龙：《〈关于办理非法放贷刑事案件若干问题的意见〉的理解与适用》，载《人民法院报》2019年11月28日。

452. 办理非法放贷刑事案件“情节严重”“情节特别严重”的认定标准

关键词

非法放贷行为　情节严重　情节特别严重

最高人民法院司法政策精神

二、以超过36%的实际年利率实施符合本意见第一条规定的非法放贷行为，具有下列情形之一的，属于刑法第二百二十五条规定的“情节严重”，但单次非法放贷行为实际年利率未超过36%的，定罪量刑时不得计入：

（一）个人非法放贷数额累计在200万元以上的，单位非法放贷数额累计在1000万元以上的；

（二）个人违法所得数额累计在80万元以上的，单位违法所得数额累计在400万元以上的；

（三）个人非法放贷对象累计在50人以上的，单位非法放贷对象累计在

150 人以上的;

(四)造成借款人或者其近亲属自杀、死亡或者精神失常等严重后果的。

具有下列情形之一的，属于刑法第二百二十五条规定的“情节特别严重”:

(一)个人非法放贷数额累计在 1000 万元以上的，单位非法放贷数额累计在 5000 万元以上的;

(二)个人违法所得数额累计在 400 万元以上的，单位违法所得数额累计在 2000 万元以上的;

(三)个人非法放贷对象累计在 250 人以上的，单位非法放贷对象累计在 750 人以上的;

(四)造成多名借款人或者其近亲属自杀、死亡或者精神失常等特别严重后果的。

三、非法放贷数额、违法所得数额、非法放贷对象数量接近本意见第二条规定的“情节严重”“情节特别严重”的数额、数量起点标准，并具有下列情形之一的，可以分别认定为“情节严重”“情节特别严重”:

(一)2 年内因实施非法放贷行为受过行政处罚 2 次以上的;

(二)以超过 72% 的实际年利率实施非法放贷行为 10 次以上的。

前款规定中的“接近”，一般应当掌握在相应数额、数量标准的 80% 以上。

——《最高人民法院、最高人民检察院、公安部、司法部关于办理非法放贷刑事案件若干问题的意见》(2019 年 7 月 23 日，法发〔2019〕24 号)。

附录：理解与适用

根据《刑法》第二百二十五条规定，以非法经营罪追究刑事责任需要达到“情节严重”的程度。通过刑事司法入罪处刑，是最为严厉的法律制裁措施，故应只适用于社会危害性严重，民事、行政等其他法律手段都无法有效调整的行为。实践中，非法高利放贷是非法放贷活动中危害最突出的部分，所造成的后果和引发的问题是多方面的，不仅严重扰乱金融市场秩序，制约实体经济发展，使企业或个人陷入债务深渊，而且还诱发大量非法拘禁、寻衅滋事等违法犯罪活动，并为黑恶势力滋生蔓延提供土壤。因此，《最高人民法院、最高人民检察院、公安部、司法部关于办理非法放贷刑事案件若干问题的意见》(以下简称《意见》)将运用刑法手段打击的目标锁定为非法高利放贷，结合民事司法解释关于民间借贷利率的规定，明确“以超过 36% 的实际年利率实施符合本意见第一条规定的非法放贷行为”是认定非法放贷“情节严重”和“情节特别严重”的前提条件，从而有效防止扩大打击面，并为民事司法和行政执法留出必要空间。此外，根据司法统计和调研所掌握的情况，《意见》还从非法放贷数额、违法所得数额、非法放贷对象数量以及所造成的危害后果等方面，规定了非法放贷“情节严重”和“情节特别严重”的具体认定标准。

对于《意见》第二条第一款中的“以超过36%的实际年利率实施符合本意见第一条规定的非法放贷行为，具有下列情形之一的，属于《刑法》第二百二十五条规定的‘情节严重’，但单次非法放贷行为实际年利率未超过36%的，定罪量刑时不得计入”，执法办案时需要重点把握。例如，行为人2年内共向不特定多人以借款名义出借资金10次，但其中只有9次实际年利率超过36%，还有1次未超过，则其行为不符合“以超过36%的实际年利率实施符合本意见第一条规定的非法放贷行为”的标准，不能以非法经营罪定罪处罚。又如，行为人（个人）2年内共向不特定多人以借款名义出借资金15次，其中单次放贷行为实际年利率超过36%的有11次，非法放贷数额共计210万元；未超过36%的有4次，非法放贷数额共计900万元。按照《意见》规定，只能根据其中11次高利放贷行为及其相应的非法放贷数额210万元定罪量刑，该行为人非法放贷构成非法经营罪，但属于“情节严重”，而非“情节特别严重”，应在五年以下有期徒刑或者拘役，并处或者单处违法所得一倍以上五倍以下罚金的法定刑幅度内量刑。

实践中，一些犯罪嫌疑人、被告人曾因非法放贷行为受过行政处罚，但拒不悔改并再次实施。还有一些案件，犯罪嫌疑人、被告人以超高利率大量放贷，社会危害极为严重。针对这两种恶劣情形，《意见》第三条规定了“情节严重”“情节特别严重”的特别认定标准，相应降低入罪门槛，体现依法从严惩处精神。

——朱和庆、周川、李梦龙：《〈关于办理非法放贷刑事案件若干问题的意见〉的理解与适用》，载《人民法院报》2019年11月28日。

453. 如何把握“向社会不特定对象发放贷款”

关键词

向社会不特定对象发放贷款　非法放贷行为

最高人民法院司法政策精神

一、违反国家规定，未经监管部门批准，或者超越经营范围，以营利为目的，经常性地向社会不特定对象发放贷款，扰乱金融市场秩序，情节严重的，依照刑法第二百二十五条第（四）项的规定，以非法经营罪定罪处罚。

前款规定中的“经常性地向社会不特定对象发放贷款”，是指2年内向不特定多人（包括单位和个人）以借款或其他名义出借资金 10 次以上。

贷款到期后延长还款期限的，发放贷款次数按照 1 次计算。

四、仅向亲友、单位内部人员等特定对象出借资金，不得适用本意见第一条的规定定罪处罚。但具有下列情形之一的，定罪量刑时应当与向不特定对象非法放贷的行为一并处理：

（一）通过亲友、单位内部人员等特定对象向不特定对象发放贷款的；

（二）以发放贷款为目的，将社会人员吸收为单位内部人员，并向其发放贷款的；

（三）向社会公开宣传，同时向不特定多人和亲友、单位内部人员等特定对象发放贷款的。

——《最高人民法院、最高人民检察院、公安部、司法部关于办理非法放贷刑事案件若干问题的意见》（2019 年 7 月 23 日，法发〔2019〕24 号）。

附录：理解与适用

《最高人民法院、最高人民检察院、公安部、司法部关于办理非法放贷刑事案件若干问题的意见》（以下简称《意见》）第四条区分不同情况，对“向社会不特定对象发放贷款”的把握问题作出明确。如果行为人出借资金仅限定于亲友、单位内部人员等特定对象，其行为就不符合非法放贷这一非法金融业务活动的对象不特定性特征，不宜认定为非法放贷，更不能以非法经营罪论处。因此，《意见》第四条规定：“仅向亲友、单位内部人员等特定对象出借资金，不得适用本意见第一条的规定定罪处罚。”

针对司法实践中非法放贷行为手段不断翻新的实际情况，为避免行为人假借向亲友、单位内部人员等特定对象出借资金之名非法放贷，《意见》第四条明确，具有以下三种情形之一的，定罪量刑时应当与向不特定对象非法放贷的行为一并处理：一是通过亲友、单位内部人员等特定对象向不特定对象发放贷款的情形。二是以发放贷款为目的，将社会人员吸收为单位内部人员，并向其发放贷款的情形。三是向社会公开宣传，同时向不特定多人和亲友、单位内部人员等特定对象发放贷款的情形。

——朱和庆、周川、李梦龙：《〈关于办理非法放贷刑事案件若干问题的意见〉的理解与适用》，载《人民法院报》2019 年 11 月 28 日。

454. 非法放贷数额、实际年利率等的认定和计算标准

关键词

非法放贷数额　实际年利率

最高人民法院司法政策精神

五、非法放贷数额应当以实际出借给借款人的本金金额认定。非法放贷行为人以介绍费、咨询费、管理费、逾期利息、违约金等名义和以从本金中预先扣除等方式收取利息的，相关数额在计算实际年利率时均应计入。

非法放贷行为人实际收取的除本金之外的全部财物，均应计入违法所得。

非法放贷行为未经处理的，非法放贷次数和数额、违法所得数额、非法放贷对象数量等应当累计计算。

——《最高人民法院、最高人民检察院、公安部、司法部关于办理非法放贷刑事案件若干问题的意见》（2019 年 7 月 23 日，法发〔2019〕24 号）。

附录：理解与适用

根据《最高人民法院、最高人民检察院、公安部、司法部关于办理非法放贷刑事案件若干问题的意见》（以下简称《意见》）有关规定，实际年利率、非法放贷数额、违法所得数额、非法放贷对象数量等均是影响定罪量刑的重要因素。《意见》第五条针对调研中各方反映的问题，分别规定了实际年利率、非法放贷数额、违法所得数额等的计算方法，避免理解认识差异导致执法尺度不一。

首先，在非法放贷数额认定方面，从借款本金中预先扣除利息、计收复利等做法在非法放贷行为中极为常见，这就导致借据、收据、借条等凭证所载明的本金金额与非法放贷行为人实际出借的本金金额存在差异，究竟应以何种金额认定非法放贷数额需要明确。因此，《意见》第五条第一款结合民事法律和司法解释有关本金金额认定的规定，明确非法放贷数额应当以实际出借给借款人的本金金额，即按照借款人实际能够完全支配和使用的借款金额作出认定。

其次，在实际年利率计算方面，虽然逾期利息、违约金以及介绍费、咨询费、管理费等费用在民法上性质有所差异，但是在实践中非法放贷行为人为规避利率上限，经常假借以上名目，或者采用从本金中预先扣除等方式收取利息。《意见》第五条第一款结合民事法律和司法解释中对逾期利息、违约金、其他费用并存时，总计超过利率上限部分不予保护的规定精神，以从严管理角度出发，明确非法放贷行为人以介绍费、咨询费、管理费、逾期利息、违约金等名义和以从本金中预先扣除等方式收取利息的，相关数额在计算实际年利率时均应计入。例如，非法放贷行为人在单次非法放贷活动中实际出借本金 1000 万元，借期 1 年，同时与借款人约定，除按照年利率 24% 还本付息外，还需要支付 180 万元的管理费。根据《意见》规定，在计算该次非法放贷行为的实际年利率时，应当以本金 1000 万元为基数，将 240 万元约定利息和 180 万元管理费一并计入，计得该次非法放贷行为的实际年利率为 42%。

再次，在违法所得数额认定方面，考虑到借贷市场有着极强的复杂性，非法放贷行为人的资金来源千差万别，有的还极为隐蔽，为便于司法实践操作，《意见》第五条第二款规定“非法放贷行为人实际收取的除本金之外的全部财物，均应计入违法所得”。

最后，针对未经处理的非法放贷行为，《意见》第五条第三款明确，“非法放贷行为未经处理的，非法放贷次数和数额、违法所得数额、非法放贷对象数量等应当累计计算。”

——朱和庆、周川、李梦龙：《〈关于办理非法放贷刑事案件若干问题的意见〉的理解与适用》，载《人民法院报》2019 年 11 月 28 日。

455. 非法放贷与伴生、次生犯罪的罪数处断

关键词

非法放贷行为　伴生、次生犯罪　罪数处断

最高人民法院司法政策精神

六、为从事非法放贷活动，实施擅自设立金融机构、套取金融机构资金高利转贷、骗取贷款、非法吸收公众存款等行为，构成犯罪的，应当择一重罪处罚。

为强行索要因非法放贷而产生的债务，实施故意杀人、故意伤害、非法拘禁、故意毁坏财物、寻衅滋事等行为，构成犯罪的，应当数罪并罚。

纠集、指使、雇佣他人采用滋扰、纠缠、哄闹、聚众造势等手段强行索要债务，尚不单独构成犯罪，但实施非法放贷行为已构成非法经营罪的，应当按照非法经营罪的规定酌情从重处罚。

以上规定的情形，刑法、司法解释另有规定的除外。

——《最高人民法院、最高人民检察院、公安部、司法部关于办理非法放贷刑事案件若干问题的意见》(2019 年 7 月 23 日，法发〔2019〕24 号)。

附录：理解与适用

针对非法放贷活动易于诱发伴生、次生犯罪的特点，《最高人民法院、最高人民检察院、公安部、司法部关于办理非法放贷刑事案件若干问题的意见》(以下简称《意见》)第六条规定了非法放贷与相关犯罪的罪数处断原则。为从事非法放贷活动，实施擅自设立金融机构、套取金融机构资金高利转贷、骗取贷款、非法吸收公众存款等行为，非法放贷行为和前述行为同时构成犯

罪的，由于存在牵连或者竞合关系，所侵犯的客体具有类似性，《意见》明确除刑法、司法解释另有规定外，应当择一重罪处罚。对于非法放贷的次生犯罪，即非法放贷行为本身已构成犯罪，为强行索要因非法放贷而产生的债务，又实施故意杀人、故意伤害、非法拘禁、故意毁坏财物、寻衅滋事等行为，构成犯罪的，由于所侵犯的客体存在明显差异，《意见》明确除刑法、司法解释另有规定外，依法应当数罪并罚。

——朱和庆、周川、李梦龙：《〈关于办理非法放贷刑事案件若干问题的意见〉的理解与适用》，载《人民法院报》2019 年 11 月 28 日。

456. 对黑恶势力非法放贷的从严惩处

关键词

黑恶势力　非法放贷行为　从严处罚

最高人民法院司法政策精神

七、有组织地非法放贷，同时又有其他违法犯罪活动，符合黑社会性质组织或者恶势力、恶势力犯罪集团认定标准的，应当分别按照黑社会性质组织或者恶势力、恶势力犯罪集团侦查、起诉、审判。

黑恶势力非法放贷的，据以认定“情节严重”“情节特别严重”的非法放贷数额、违法所得数额、非法放贷对象数量起点标准，可以分别按照本意见第二条规定中相应数额、数量标准的 50% 确定；同时具有本意见第三条第一款规定情形的，可以分别按照相应数额、数量标准的 40% 确定。

——《最高人民法院、最高人民检察院、公安部、司法部关于办理非法放贷刑事案件若干问题的意见》（2019 年 7 月 23 日，法发〔2019〕24 号）。

附录：理解与适用

实践中，非法放贷是黑恶势力易于染指的重点领域。一方面，非法放贷行为人为了扩大业务范围，确保能够收回本金及高息，往往会有组织地发放贷款并采取暴力、威胁等方式催收，从而形成非法放贷、讨债团伙，如果任其发展，很容易蜕变为黑恶势力；另一方面，由于获利快、收益高，非法放贷也成为了一些黑恶势力聚敛钱财的重要手段。正是基于非法放贷与黑恶势力犯罪之间的客观联系，《最高人民法院、最高人民检察院、公安部、司法部关于办理非法放贷刑事案件若干问题的意见》（以下简称《意见》）才作为扫黑除恶专项斗争系列规范性文件出台，目的就是要聚焦重点领域精准发力，持续将专项斗争引向深入。为准确认定、惩处涉及非法放贷活动的黑恶势力违法犯罪组织，《意见》第七条第一款要求，有组织地非法放贷，同时又有其他违法犯罪活动，符合黑恶势力认定标准的，应当分别按照黑社会性质组织或者恶势力、恶势力犯罪集团侦查、起诉、审判。

此外，为了对黑恶势力非法放贷充分体现区别对待、依法严惩的政策精神，《意见》第七条第二款对黑恶势力非法放贷的入罪标准和加重处罚标准均大幅降低，明确据以认定"情节严重""情节特别严重"的非法放贷数额、违法所得数额、非法放贷对象数量起点标准，可以分别按照一般情况下相应数额、数量标准的50%确定；同时具有《意见》第三条第一款规定情形的，可以分别按照一般情况下相应数额、数量标准的40%确定。

——朱和庆、周川、李梦龙：《〈关于办理非法放贷刑事案件若干问题的意见〉的理解与适用》，载《人民法院报》2019年11月28日。

457. 洗钱罪的管辖问题

关键词

洗钱罪　地域管辖

附录：最高人民法院主流观点

洗钱罪的犯罪对象，即毒品犯罪、黑社会性质的组织犯罪、恐怖活动犯罪、走私犯罪、贪污贿赂犯罪、破坏金融管理秩序犯罪或者金融诈骗犯罪，发生在我国境内的，洗钱行为依《刑法》定罪处刑不存在问题。即上述7种犯罪都是指发生在我国境内，或者犯罪的行为或结果有一项是发生在我国境内的，其犯罪所得及其产生的收益在我国境内洗钱，应当依照我国《刑法》定罪处罚。但是，对于其中的毒品犯罪，无论是否发生在我国境内，犯罪所得及其产生的收益无论是来自我国境内还是境外，只要洗钱行为发生在我国境内，就应当依本罪定罪处罚。因为《刑法》第9条规定："对于中华人民共和国缔结或者参加的国际公约所规定的罪行，中华人民共和国在所承担条约义务的范围内行使刑事管辖权的，适用本法。"联合国1988年12月通过的《禁止非法贩运麻醉药品和精神药物公约》明确规定：各缔约国应将明知财产是毒品犯罪所得而故意隐瞒、掩饰其真实性质来源的行为规定为国内法上的犯罪行为。我国全国人大常委会1989年9月批准参加了该公约，理应在司法实践中履行我国已承诺履行的国际义务，对任何毒品犯罪，无论是否发生在我国境内，只要在我国境内洗钱，就应依法定罪处刑。

——胡云腾主编：《刑法罪名精释（第五版）》，人民法院出版社2022年版，第456页。

458. 居间贩卖变造、伪造金融票证行为的定性

关键词

伪造、变造金融票证罪　票据诈骗罪　居间贩卖

最高人民法院审判业务意见

最高人民法院刑一庭、刑二庭认为：参照最高人民法院、最高人民检察院《关于办理伪造、贩卖伪造的高等院校学历、学位证明刑事案件如何适用法律问题的解释》关于“明知是伪造高等院校印章制作的学历、学位证明而贩卖的，以伪造事业单位印章罪的共犯论处”的规定，明知是伪造、变造的金融票证而贩卖，或者明知他人用于金融票证诈骗而向其出售伪造、变造的金融票证的，以伪造、变造金融票证罪或者票据诈骗罪（金融凭证诈骗罪）的共犯论处。

——最高人民法院刑事审判第一、二庭：《关于对居间贩卖假金融票证行为如何适用法律问题的意见》，载最高人民法院刑事审判第一庭、第二庭编：《刑事审判参考》2002 年第 4 辑（总第 27 辑），法律出版社 2002 年版，第 204 页。

459. 内幕信息的知情人员、非法获取内幕信息的人员的范围及认定

关键词

内幕交易、泄露内幕信息罪　犯罪主体

最高人民法院司法解释

第一条　下列人员应当认定为刑法第一百八十条第一款规定的“证券、期货交易内幕信息的知情人员”：

（一）证券法第七十四条规定的人员；

（二）期货交易管理条例第八十五条第十二项规定的人员。

第二条　具有下列行为的人员应当认定为刑法第一百八十条第一款规定的“非法获取证券、期货交易内幕信息的人员”：

（一）利用窃取、骗取、套取、窃听、利诱、刺探或者私下交易等手段获取内幕信息的；

（二）内幕信息知情人员的近亲属或者其他与内幕信息知情人员关系密切的人员，在内幕信息敏感期内，从事或者明示、暗示他人从事，或者泄露内幕信息导致他人从事与该内幕信息有关的证券、期货交易，相关交易行为明显异常，且无正当理由或者正当信息来源的；

（三）在内幕信息敏感期内，与内幕信息知情人员联络、接触，从事或者明示、暗示他人从事，或者泄露内幕信息导致他人从事与该内幕信息有关的证券、期货交易，相关交易行为明显异常，且无正当理由或者正当信息来源的。

——《最高人民法院、最高人民检察院关于办理内幕交易、泄露内幕信息刑事案件具体应用法律若干问题的解释》（2012 年 3 月 29 日，法释〔2012〕6 号）。

《最高人民法院公报》案例

江苏省南通市人民检察院诉刘宝春、陈巧玲内幕交易案

裁判摘要：国家工作人员因履行工作职责而获取对证券交易价格具有重大影响的、尚未公开的信息的，属于内幕信息的知情人员。在内幕信息敏感期内，知情人员与关系密切人共同从事证券交易活动，情节严重的，应当以内幕交易罪定罪处罚。

根据《刑法》第一百八十条的规定，内幕信息的知情人员范围，依照法律、行政法规的规定确定。根据《证券法》第七十四条的规定，证券交易内幕信息的知情人包括相关公司人员、证券监管人员以及国务院证券监督管理机构规定的其他人。

本案中，被告人刘宝春代表南京市经委，作为十四所与高淳县政府洽谈十四所对高淳陶瓷公司资产重组事项的南京市政府部门联系人，参与了重组过程，在此期间，洽谈双方均多次告知刘宝春合作谈判的进展情况，刘宝春也多次向南京市政府分管领导进行汇报。刘宝春是因其担任的行政机关职务、履行其工作职责而获悉了内幕信息。刘宝春在价格敏感期内外借巨资买入巨额高淳陶瓷股票、谋取巨额利益的行为，也充分证明其是内幕信息知情人。作为国务院证券监督管理机构的中国证监会作出刘宝春属于《证券法》第七十四条规定的证券交易内幕信息知情人的认定，有充分的事实依据和法律依据，应予采信。刘宝春关于其不是内幕信息知情人的辩解及其辩护人关于刘宝春是政府机关公务人员、作为内幕交易罪的犯罪主体不适格的辩护意见均不能成立。

被告人刘宝春和被告人陈巧玲是夫妻关系，刘宝春知悉十四所重组高淳

陶瓷公司的内幕信息后，泄露给陈巧玲。在刘宝春的授意下，陈巧玲通过家庭实际控制的多个股票交易账户，将刘宝春所借巨资以及卖出其他股票所得资金全部买入高淳陶瓷股票，获得非法利益。上述事实充分说明刘宝春主观上知道高淳陶瓷公司资产重组的信息，其客观上实施具体操作股票交易、帮助实现犯罪目的的行为，构成共同犯罪。陈巧玲的辩护人关于陈巧玲的行为不构成共同犯罪的辩护意见不能成立。

——《最高人民法院公报》2013 年第 1 期。

《刑事审判参考》指导案例

杜兰库、刘乃华内幕交易，刘乃华泄露内幕信息案（《刑事审判参考》指导案例第 757 号）

裁判要点：对于利用专业知识判断出重组对象的人员是否认定为内幕信息的知情人员，关键要看该类人员在利用专业知识判断时有否依据因职务行为获取的信息。

对于具有专业知识的人员，不论其是否是利用专业知识掌握了内幕信息的内容，原则上只要其判断时依据了因其职务或工作获取的信息，就应当认定为内幕信息的知情人员。否则，就给证券、期货领域中具有证券、期货专业的人员开辟了一条绿色通道。这样的认定也符合当前打击证券、期货违法犯罪的政策精神。本案被告人杜兰库作为中电集团总会计师，负责分管集团内部的资本运作。2009 年 3 月 23 日晚，杜兰库从十四所所长、十四所副总经济师处获悉十四所拟收购、借壳公司的概况。虽然杜兰库是在 3 月 29 日回北京后通过互联网检索或根据专业知识判断出重组对象，但其如果没有依据职务所获悉的借壳公司的概况就不可能得出重组对象。更何况杜兰库当时对通过检索或专业知识所形成的判断并未形成确信，而促使其真正形成确信的是在 3 月 31 日十四所搬迁仪式期间获知南京市政府领导就十四所收购重组事宜出面协调一事。因此，杜兰库实质上属于利用职务活动获知内幕信息，应当认定为内幕信息的知情人员。

刘乃华不是内幕信息的知情人员，也不属于通过窃取、骗取、刺探等非法手段获取信息的人员，但其作为内幕信息知情人员的配偶，从知情人员处获取信息，且在内幕信息尚未公开前，从事和泄露内幕信息导致他人从事与该内幕信息有关的证券交易，违反了股票交易应当遵循的公开、公平和诚实、信用原则，破坏了国家对证券交易的管理制度；侵犯了投资者的合法权益。因此，内幕信息知情人员的近亲属或是与内幕信息的知情人员关系密切的人，即便是被动获悉内幕信息，也应当依法认定为非法获取内幕信息的人员。

——最高人民法院刑事审判第一、二、三、四、五庭主办:《刑事审判参考》2012 年第 2 集(总第 85 集),法律出版社 2012 年版,第 9~15 页。

460. 内幕交易、泄露内幕信息犯罪阻却事由的认定

关键词

内幕交易、泄露内幕信息罪　犯罪阻却事由

最高人民法院司法解释

第四条　具有下列情形之一的,不属于刑法第一百八十条第一款规定的从事与内幕信息有关的证券、期货交易:

(一)持有或者通过协议、其他安排与他人共同持有上市公司百分之五以上股份的自然人、法人或者其他组织收购该上市公司股份的;

(二)按照事先订立的书面合同、指令、计划从事相关证券、期货交易的;

(三)依据已被他人披露的信息而交易的;

(四)交易具有其他正当理由或者正当信息来源的。

——《最高人民法院、最高人民检察院关于办理内幕交易、泄露内幕信息刑事案件具体应用法律若干问题的解释》(2012 年 3 月 29 日,法释〔2012〕6 号)。

《刑事审判参考》指导案例

肖时庆受贿、内幕交易案(《刑事审判参考》指导案例第 756 号)

裁判要点:因获取让壳重组信息而指使他人购买让壳公司股票,后借壳公司改变的,不影响内幕信息的认定

内幕信息是否以真实性为构成特征,实践中存在不同观点。肯定观点认为,内幕信息必须是真实的。不真实的信息属于虚假信息,编造并传播这种信息,可能构成编造并传播证券、期货交易虚假信息罪。因误信这种信息而从事证券、期货交易的人是受害者,不能将这种虚假信息作为内幕信息而认定误信者构成内幕交易罪。反对观点则认为,内幕信息不以真实性为构成特征。实践中,国务院证券监督管理机构指定的报刊、媒体披露的信息未必都是真实的。如"银广夏""蓝田股份"等股票,一度被视为市场绩优股,然而其在指定报刊、媒体披露的利润都是虚假的。《深圳证券交易所股票上市规

则》《上海证券交易所股票上市规则》均有类似规定，即“本所根据有关法律、法规、规章对上市公司公开披露的信息进行形式审核，对其内容的真实性不承担责任”。该规定足以表明内幕信息内容上是虚假的情况完全可能存在。因此，真实性不是内幕信息的认定要件，只要信息向社会公开可能对证券、期货交易价格或者交易量产生重大影响，就应当认定为内幕信息。

上述两种观点之间没有原则性分歧，争议的焦点源于真实性的认定标准的差异。我们认为，内幕信息必须是真实的，但对真实性的认定应当坚持二元标准。

（1）对于最终公开的内幕信息，应当以相对真实为认定标准。所谓“相对真实”，是指相对于国务院证券监管机构指定的报刊、媒体首次公开的信息是真实的，只要信息与指定报刊、媒体首次公开的信息基本一致，就应当认定信息具有真实性。至于指定报刊、媒体公开的信息是否准确或者是否失实在所不问。这是基于广大股民对指定报刊、媒体信赖的考虑，信息只要经指定报刊、媒体公开，往往会对相关证券、期货的市场交易价格、交易量带来重大影响。即便该种信息不准确，甚至失实，但在尚未公开前，也应当被禁止用来从事证券、期货交易，因为利用这种相对真实的信息所带来的社会危害未必小于客观真实的信息。当然，如果信息连相对真实性都不具有，则交易人员、泄露信息人员不能构成内幕交易、泄露内幕信息罪，故意泄露人员可能构成编造并传播证券、期货交易虚假信息罪或者操纵证券、期货市场罪。如果根据社会上正常的人的预判，信息根本不可能影响有关证券、期货的交易价格或者交易量，则不管信息是否具有相对真实性，都不能认定为内幕信息，因为证券法第七十五条、刑法第一百八十条规定的“内幕信息”必须是对证券、期货交易价格或者交易量具有重大影响的信息。如果根据一般人的预判，信息对证券、期货的交易价格或者交易量具有重大影响，但实际并未产生影响的，不影响内幕信息的认定，这种情形下可能是因为偶然介入的因素导致一般人预判的影响未实现。

（2）对于因谈判失败或者公司高管人员故意违规不予披露等因素而最终未在指定报刊、媒体公开的内幕信息，应当以客观真实为认定标准。在该情形下，无法通过指定的报刊、媒体是否公开这一标准认定信息是否真实，应当以信息内容是否真正发生为认定标准。如果信息内容真实发生，就应当认定信息是真实的。

根据证券法第七十五条对内幕信息的定义和刑法第一百八十条关于内幕交易、泄露内幕信息罪罪状的描述，行为人获取的信息符合内幕信息的构成特征，应当认定为内幕信息。利用该信息从事与该信息有关的股票交易，情节严重的，应当认定构成内幕交易罪。

——最高人民法院刑事审判第一、二、三、四、五庭主办：《刑事审判参

考》2012 年第 2 集（总第 85 集），法律出版社 2012 年版，第 1~8 页。

肖时庆受贿、内幕交易案（《刑事审判参考》指导案例第 756 号）

裁判要点：对是基于专业知识的研判还是基于对内幕信息的确信而从事有关证券、期货交易的认定，要准确分析促使行为人作出交易决定的关键因素

在具体案件中，基于对内幕信息的确信而从事有关证券、期货交易的行为人往往会辩解其是基于专业知识的研判而作出交易决定的。对于这一辩解的真伪，要结合具体案情，准确分析促使行为人作出交易决定的因素中有无内幕信息的影响。

对于既利用了专业知识判断，又利用了获取的内幕信息而从事有关的证券、期货交易的行为，如何定性，实践中也存在一定的争议。鉴于近年来证券、期货市场犯罪的专业化、隐蔽化等特点，为从严打击证券、期货犯罪，对内幕信息的影响力不应作程度限制，不要求内幕信息对行为人交易决定的影响是唯一的，只要行为人获取的内幕信息对促使其交易决定有一定影响，即帮助其在一定程度上确信从事相关交易必定获得丰厚回报，就应当认定行为人是利用内幕信息从事内幕交易。具体把握的原则如下：

1. 对于具有专业知识的人员，即使是利用专业知识掌握了内幕信息的内容，只要其进行专业知识判断时依据其利用职务或工作便利获取的信息，也应当认定为内幕信息的知情人员。

2. 对于具有专业知识的人员，如果其通过非法手段获取了内幕信息，同时在此过程中也通过其专业知识加强了其判断，或者是先通过专业知识预判出重组对象，后通过获取内幕信息加强了对其预判的确信，原则上只要其从事与内幕信息有关的证券、期货交易，情节严重的，就应当追究内幕交易的刑事责任。

——最高人民法院刑事审判第一、二、三、四、五庭主办：《刑事审判参考》2012 年第 2 集（总第 85 集），法律出版社 2012 年版，第 1~8 页。

461. 内幕信息敏感期的认定

关键词

内幕交易、泄露内幕信息罪　内幕信息敏感期

最高人民法院司法解释

第五条 本解释所称“内幕信息敏感期”是指内幕信息自形成至公开的期间。

证券法第六十七条第二款所列“重大事件”的发生时间，第七十五条规定的“计划”“方案”以及期货交易管理条例第八十五条第十一项规定的“政策”“决定”等的形成时间，应当认定为内幕信息的形成之时。

影响内幕信息形成的动议、筹划、决策或者执行人员，其动议、筹划、决策或者执行初始时间，应当认定为内幕信息的形成之时。

内幕信息的公开，是指内幕信息在国务院证券、期货监督管理机构指定的报刊、网站等媒体披露。

——《最高人民法院、最高人民检察院关于办理内幕交易、泄露内幕信息刑事案件具体应用法律若干问题的解释》（2012 年 3 月 29 日，法释〔2012〕6 号）。

《刑事审判参考》指导案例

李启红等内幕交易、泄露内幕信息案（《刑事审判参考》指导案例第 735 号）

裁判要点：内幕信息敏感期应自内幕信息形成之时起至内幕信息公开时止。内幕信息知情人员建议他人买卖与内幕信息有关的证券，但没有获利的行为，构成内幕交易罪。

（一）内幕信息敏感期，是指自内幕信息开始形成之时起至内幕信息公开时止，该期间的确定直接关系内幕交易的认定。实践中，对于内幕信息的形成时间，法律法规没有明确的规定，控辩双方对此争议较大。内幕信息形成时间直接关系内幕交易性质的认定及内幕交易数额、获利数额的计算，因此，从哪个时间点上认定内幕信息已经形成，对于内幕交易罪的认定至关重要。正确认定内幕信息形成时间，关键是要准确理解和把握内幕信息特征。根据证券法的相关规定，内幕信息主要有两大特征：一是重要性；二是秘密性。重要性是指该信息本身对一般投资人的投资判断具有重大影响，足以使特定公司的证券、期货交易价格发生变动。秘密性是指该信息尚未公开，尚未被证券期货市场的投资者所知悉。在司法实践中，一般是将证券法第七十五条规定的“重大事件”“计划”“方案”等正式形成的时间认定为内幕信息形成之时。然而，对于影响内幕信息形成的决策者、筹划者、推动者或执行者决意、筹划、推动或者执行行为往往影响内幕信息的形成，足以影响证券期货交易价格。因此，上述人员决意、决策、动议或执行之时应认定为内幕信息形成之时。

（二）《中华人民共和国刑法修正案（七）》在刑法第一百八十条中增设“明示、暗示他人从事上述交易活动”的规定，解决了实践中对建议他人买卖证券行为是否构成犯罪理解上的分歧。从该规定分析，内幕交易、泄露内幕信息的行为方式有买卖证券、泄露信息和明示、暗示他人从事交易，是三种并列的行为方式，对建议人买卖与内幕信息有关的证券行为是构成泄露内幕信息罪，还是构成内幕交易罪存在不同观点。一种观点认为，内幕信息知情人员的建议行为是泄露内幕信息的具体方式之一，是一种采用暗示的方式泄露内幕信息的行为，因此，应当认定构成泄露内幕信息罪。另一种观点认为，内幕信息知情人员的建议行为不是泄露内幕信息的行为，而是内幕交易行为，应当认定构成内幕交易罪。我们同意后一种观点，理由如下：首先，泄露内幕信息的行为所指向的对象是内幕信息本身，即使是行为人在泄露时对内幕信息进行了加工、增加、缩减，其内容也必须与原信息基本一致，而建议他人买卖证券的行为，已不再是仅仅向他人提供内幕信息本身，因此不构成泄露内幕信息罪。其次，根据刑法关于共同犯罪的规定，内幕信息的知情人员建议他人买卖证券，极有可能是内幕交易实施者的犯意提起者、教唆者，建议者和交易者属于内幕交易的共同犯罪，均构成内幕交易罪。根据修正后的刑法第一百八十条，建议他人买卖证券行为的构成要件有：一是主体是内幕信息的知情人员或者非法获取内幕信息的人员；二是在他人交易前为他人提供交易建议，如提供交易时间、交易数额等；三是这些交易建议是基于知情内幕信息而作出的；四是他人根据交易建议实施了内幕交易。由此而论，无论建议人有否实际获利，或者建议人有否自己进行内幕交易，其建议行为均构成内幕交易罪。

——最高人民法院刑事审判第一、二、三、四、五庭主办：《刑事审判参考》2011 年第 6 集（总第 83 集），法律出版社 2012 年版，第 1~9 页。

462. 利用未公开信息交易罪中“明示、暗示他人从事相关交易活动”的认定

关键词

利用未公开信息交易罪　相关交易活动

最高人民法院司法解释

第三条　刑法第一百八十条第四款规定的“违反规定”，是指违反法律、

行政法规、部门规章、全国性行业规范有关证券、期货未公开信息保护的规定，以及行为人所在的金融机构有关信息保密、禁止交易、禁止利益输送等规定。

第四条 刑法第一百八十条第四款规定的行为人“明示、暗示他人从事相关交易活动”，应当综合以下方面进行认定：

（一）行为人具有获取未公开信息的职务便利；

（二）行为人获取未公开信息的初始时间与他人从事相关交易活动的初始时间具有关联性；

（三）行为人与他人之间具有亲友关系、利益关联、交易终端关联等关联关系；

（四）他人从事相关交易的证券、期货品种、交易时间与未公开信息所涉证券、期货品种、交易时间等方面基本一致；

（五）他人从事的相关交易活动明显不具有符合交易习惯、专业判断等正当理由；

（六）行为人对明示、暗示他人从事相关交易活动没有合理解释。

——《最高人民法院、最高人民检察院关于办理利用未公开信息交易刑事案件适用法律若干问题的解释》（2019 年 6 月 27 日，法释〔2019〕10 号）。

附录：理解与适用

实践部门反映，由于资本市场关系复杂，技术手段先进，涉及证券、期货、法律、会计、计算机、网络通信等诸多领域，犯罪分子往往具有较深的专业背景，熟悉资本市场运行规则和信息技术，惯于利用规则和制度的漏洞逃避法律追究，又加上证券、期货具有无纸化、信息化交易等特点，查处难度大。实践中，稽查部门查明某投资者账户与某金融机构账户的交易高度趋同，该金融机构某工作人员涉嫌对交易人“明示、暗示”相关交易活动，但双方均否认“明示、暗示”，这类案件能否移送侦查、起诉或者审判，存在不同认识，甚至发生相互扯皮、“踢皮球”的不良现象。我们认为，综合全案证据，足以认定行为人明示、暗示他人从事相关交易活动的，即使行为人和被明示、暗示人拒不交代，也应当定罪处罚。结合审判实践，并参考《最高人民法院、最高人民检察院关于办理内幕交易、泄露内幕信息刑事案件应用法律若干问题的解释》（以下简称《内幕交易罪司法解释》）有关规定，《解释》第四条从六个方面明确了“明示、暗示他人从事相关交易活动”的综合认定标准。

1. 第一项，行为人具有获取未公开信息的职务便利。即从主体方面判断行为人是否具有获取未公开信息的职务便利。本罪是特殊主体，行为人必须具备获取未公开信息的职务便利。行为人的职务不是金融机构的一般职务，而是涉密岗位的相关职务。对于非涉密岗位人员（如银行中与证券、期货投资无关的工作人员）偶然听到未公开信息而从事相关交易的，则不属于利用职务之便获取未公开信息。此外，还要结合《解释》第三条，看行为人是否违反所在金融机构对涉案信息的保密规定或者禁止交易的相关规定。

2. 第二项，行为人获取未公开信息的初始时间与他人从事相关交易活动的初始时间具有关联性。即从时间关联性来判断他人从事相关交易活动是否受到行为人的明示或者暗示。如，行为人系股票投资基金的决策者，他人在行为人投资决策期间买入了相关股票，行为人明示、暗示他人交易的关联性较强；如果他人系行为人投资决策之后买入相关股票，亦具有关联性，但关联性相对较弱，须结合其他项的规定进行综合判断；如果他人在行为人投资决策前或该信息失效后买入相关股票，则不具有关联性，应排除行为人明示、暗示他人从事相关交易活动的嫌疑。因此，要根据他人从事相关交易的初始时间，与未公开信息的生成时间、行为人获取信息的初始时间进行关联判断，是案件证据审查的重点内容之一。

3. 第三项，行为人与他人之间具有亲友关系、利益关联、交易终端关联等关联关系。即从行为人与他人之间的关联关系判断他人从事相关交易活动是否受到行为人的明示或者暗示。实践中，通常是从交易者与未公开信息知情人之间是否存在亲友关系、交易终端关联以及利益关联等方面进行排查，并据此发现明示、暗示他人交易的犯罪嫌疑人。如果交易者与行为人之间存在夫妻、父母、子女等密切关系，或者交易终端关联（共同使用交易的电脑、手机）等，一般可以锁定嫌疑人。如果交易者与某未公开信息知情人仅具有一般朋友关系，该知情人是否为明示、暗示人，则要结合其他证据进行综合判断。

4. 第四项，他人从事相关交易的证券、期货品种、交易时间与未公开信息所涉证券、期货品种、交易时间等方面基本一致。即从他人从事相关交易的证券、期货品种、交易时间与未公开信息所涉证券、期货品种、交易时间等方面是否基本一致，判断他人从事相关交易活动是否受到行为人的明示或者暗示。如，某个人账户与机构账户交易的多只股票重合度高，且在相近时间同买、同卖，即两个账户交易的股票品种及交易时间基本一致，实践中又称为“高度趋同交易”，这种情况下，明示、暗示他人从事相关交易活动的可能性就很大。趋同度的高低，通常是由证券交易所等监管机构以两个账户相近时间、交易方向相同的品种重合度等客观方面，再结合概率统计等科学方法，以百分比的方式计算趋同度。司法实践中，“高度趋同”一般是以趋同度达到 60% 以上为标准。这是认定他人利用未公开信息从事相关交易活动的重要客观依据。

5. 第五项，他人从事的相关交易活动明显不具有符合交易习惯、专业判断等正当理由。

6. 第六项，行为人对明示、暗示他人从事相关交易活动没有合理解释。即对明示、暗示他人从事相关交易活动的行为人和被明示、暗示人给予合理辩解的机会，并着重提示监管稽查人员及司法人员应当充分听取有关辩解，并查证辩解的合理性。

需要注意的是，行为人明示、暗示他人从事相关交易活动，如果“他人”是行为人的配偶、父母等特殊亲属，行为人与“他人”系不可分割的利益共同体，则可认定为共同犯罪。

——姜永义、陈学勇、王尚明：《〈关于办理利用未公开信息交易刑事案件适用法律若干问题的解释〉的理解与适用》，载《人民法院报》2020 年 4 月 30 日。

463. 利用未公开信息交易罪的犯罪数额认定和刑事处罚

关键词

利用未公开信息交易罪　犯罪数额　刑事处罚

最高人民法院司法解释

第八条　二次以上利用未公开信息交易，依法应予行政处理或者刑事处理而未经处理的，相关交易数额或者违法所得数额累计计算。

第九条　本解释所称“违法所得”，是指行为人利用未公开信息从事与该信息相关的证券、期货交易活动所获利益或者避免的损失。

行为人明示、暗示他人利用未公开信息从事相关交易活动，被明示、暗示人员从事相关交易活动所获利益或者避免的损失，应当认定为“违法所得”。

第十条　行为人未实际从事与未公开信息相关的证券、期货交易活动的，其罚金数额按照被明示、暗示人员从事相关交易活动的违法所得计算。

第十一条　符合本解释第五条、第六条规定的标准，行为人如实供述犯罪事实，认罪悔罪，并积极配合调查，退缴违法所得的，可以从轻处罚；其中犯罪情节轻微的，可以依法不起诉或者免予刑事处罚。

——《最高人民法院、最高人民检察院关于办理利用未公开信息交易刑事案件适用法律若干问题的解释》（2019 年 6 月 27 日，法释〔2019〕10 号）。

附录：理解与适用

1. 犯罪数额的认定问题。利用未公开信息交易的相关交易数额或者违法所得数额是定罪量刑的依据，依法应当累计计算，但犯罪数额累计计算的前提条件是，单次利用未公开信息交易行为必须是依法应予行政处理或者刑事处理而未经处理的。对于不构成犯罪但超过行政处罚时效期限，或者构成犯罪但超过追诉期限的，相关数额不应累计计算。据此，《解释》第八条规定，二次以上利用未公开信息交易，依法应予行政处理或者刑事处理而未经处理的，相关交易数额或者违法所得数额累计计算。

2. 违法所得的认定问题。实践中，利用未公开信息交易有两种情形，一是行为人利用未公开信息从事与该信息相关的证券、期货交易活动，二是行为人本人未利用未公开信息从事相关交易活动，但被明示、暗示人利用该未公开信息从事相关交易活动。据此，《解释》第九条第一款规定，“违法所得”，是指行为人利用未公开信息从事与该信息相关的证券、期货交易活动所获利益或者避免的损失。实践中对此没有争议。第九条第二款规定，行为人明示、暗示他人利用未公开信息从事相关交易活动，被明示、暗示人员从事相关交易活动所获利益或者避免的损失，应当认定为“违法所得”。起草过程中，对该款规定存在一定争议。《解释》之所以作这样的规定，主要考虑：(1) 通常情况下，被明示、暗示人与行为人之间并不构成共同犯罪，但他们从事相关交易活动属于利用未公开信息交易的重要组成部分，与行为人的明示、暗示具有直接因果关系，具有行政违法性，故他们所获利益或者避免的损失，也应当认定为“违法所得”。(2) 如果将被明示、暗示人从事相关交易活动所获利益或避免的损失，不认定为违法所得，不利于打击“老鼠仓”违法犯罪活动。(3)《内幕交易罪司法解释》已将内幕交易犯罪活中被明示、暗示人从事相关交易活动所获利益或避免的损失认定为“违法所得”，为保持司法解释的一致性，故加以明确。

3. 罚金刑的适用标准。根据刑法的规定，行为人本人利用未公开信息交易的，并处或者单处违法所得一倍以上五倍以下罚金。司法实践中，对于行为人未实际从事与未公开信息相关的证券、期货交易活动，而明示、暗示他人从事相关交易活动的，罚金数额应当如何计算，存在一定争议，《解释》第十条予以明确，行为人未实际从事与未公开信息相关的证券、期货交易活动的，其罚金数额按照被明示、暗示人从事相关交易活动的违法所得计算。

4. 从宽处罚问题。为切实贯彻宽严相济的刑事政策，在加大对利用未公开信息交易犯罪分子打击力度的同时，有必要依法对那些具有法定或者酌定从轻处罚情节的行为人予以从轻处罚。《解释》第十一条参照相关司法解释的规定，明确了从轻处罚及“出罪”的情形。由于利用未公开信息交易违法、犯罪案件的取证难度大，对于行为人如实供述犯罪事实，认罪悔罪，并积极配合调查，退缴违法所得的，依法可以从轻处罚，其中犯罪情节轻微的，可以依法不起诉或免予刑事处罚，目的是让一些罪行较轻、确有悔罪表现的行为人更好地回归社会，降低诉讼成本，取得好的办案效果。其中“犯罪情节轻微”的认定，应结合行为人犯罪动机、犯罪前后表现等客观方面，根据情理法相统一的原则进行综合判断。如，行为人符合“次数”或者“人数”的入罪标准，但交易成交额不大或者违法所得数额较少，又主动认罪认罚，积极配合调查的；又如，违法所得刚达入罪标准，只是偶犯一次，案发后认罪认罚的，等等。

为更好地衔接和落实认罪认罚从宽制度，《解释》第七条第二款规定，对于符合刑事诉讼法规定的认罪认罚从宽适用范围和条件的，依照刑事诉讼法的规定处理。需要注意的是，该条第一款只适用于《解释》第五条、第六条规定的在利用未公开信息交易罪第一档法定刑幅度定罪处罚的情形，不适用于第二档法定刑的情形。另外，对于因犯罪情节轻微而依法不起诉或者免予刑事处罚的，不影响对行为人的行政处理。

——姜永义、陈学勇、王尚明：《〈关于办理利用未公开信息交易刑事案件适用法律若干问题的解释〉的理解与适用》，载《人民法院报》2020年4月30日。

464. 中国证监会对内幕信息有关问题所作认定的效力

关键词

内幕交易、泄露内幕信息罪　内幕信息　证据

《最高人民法院公报》案例

江苏省南通市人民检察院诉刘宝春、陈巧玲内幕交易案

裁判摘要：中国证监会在法定职权范围内，对本案内幕信息、知情人员、价格敏感期起止日期以及利用内幕信息进行股票交易等出具的认定意见，是根据法律授权作出的专业认定，符合客观事实和法律规定，具有证明力。

中国证监会是国务院证券监督管理机构，依法行使监督管理全国证券期货市场、维护证券期货市场秩序的行政职能。《证券法》赋予中国证监会对内幕信息、知情人员等的认定权。最高人民法院、最高人民检察院、公安部、中国证监会《关于整治非法证券活动有关问题的通知》规定，对非法证券活动是否涉嫌犯罪，由公安机关、司法机关认定；公安机关、司法机关认为需要有关行政主管机关进行性质认定的，行政主管机关应当出具认定意见。故

中国证监会在法定职权范围内，对本案内幕信息、知情人员、价格敏感期起止日期以及利用内幕信息进行股票交易等出具的认定意见，是根据法律授权作出的专业认定，符合客观事实和法律规定，具有证明力。

至于上海证券交易所法律部受侦查机关的委托，经该所有关部门对涉案股票账户实际交易记录的相关数据进行核算后作出的专业统计，既与两被告人的供述、相关证人证言相一致，又与书证涉案账户股票交易的明细情况互相印证，亦具有证明力。因该回函所证明的案件事实已经查清，函件经办人员无必要再到庭作证。故两被告人的辩护人关于中国证监会、上海证券交易所法律部出具的函件不应作为本案的证据采用的辩护意见不能成立，被告人的辩护人要求出具上述函件的经办人员出庭接受质询的申请，不予采纳。

此外，对被告人刘宝春和陈巧玲关于买入高淳陶瓷股票之时没有意识到自己的行为是内幕交易犯罪的辩解，法院认为，行为时是否意识到犯罪，反映行为人主观恶性程度，可在量刑时酌情考量。但行为人对其行为的法律性质和法律后果存在认识上的错误，不影响司法机关对其行为的性质认定和责任追究。

对被告人刘宝春的辩护人关于侦查机关在 2010 年 3 月 30 日移送审查起诉以后再补充证据材料属程序违法，应当予以排除的辩护意见，法院认为，根据刑事诉讼法的规定，在审查起诉阶段，人民检察院可以要求公安机关补充提供法庭审判所必需的证据材料。因此，在本案移送审查起诉之后，侦查机关补充收集、调取证据材料，进一步核实有关案件事实，符合法律规定。故该辩护意见不能成立。

——《最高人民法院公报》2013 年第 1 期。

《刑事审判参考》指导案例

肖时庆受贿、内幕交易案（《刑事审判参考》指导案例第 756 号）

裁判要点：中国证监会应司法机关需要就内幕信息有关问题所作的认定，经审查具有客观性、合法性的，可以作为定案根据。

中国证监会就内幕交易有关问题出具的认定意见能否作为刑事诉讼证据的争议，由来已久。一种观点认为，中国证监会出具认定意见是依据行政处罚法而非刑事诉讼法作出的，作为行政主管机关，中国证监会无权收集刑事诉讼证据，因此其出具的认定意见不能作为刑事诉讼证据。另一种观点认为，中国证监会应司法机关的需要，基于其专业知识、经验的把握而出具的认定意见，可以作为刑事诉讼证据使用。

我们赞同后一种观点。对于行政执法机关根据行政法规合法收集的证据材料，是否可以直接作为刑事诉讼中的证据，曾有争议。2011 年最高人民法院、最高人民检察院、公安部、中国证监会联合印发的《关于办理证券期货违法犯罪案件工作若干问题的意见》第四条规定："……证券监管机构可以根据司法机关办案需要，依法就案件涉及的证券期货专业问题向司法机关出具认定意见。"修改后的刑事诉讼法第五十二条[①]也明确规定："行政机关在行政执法和查办案件过程中收集的物证、书证、视听资料、电子数据等证据材料，在刑事诉讼中可以作为证据使用。"据此，我们认为，对于在行政执法中收集的实物性证据，因其具有客观性、稳定性，可以直接在刑事诉讼中使用。对于行政机关依据上述实物证据作出的检验报告、认定结论等，经司法机关审查，具有客观性、真实性和合法性的，可以作为定案的证据。

值得注意的是，中国证监会出具的认定意见在内容上虽然具有鉴定意见的性质，但因主体不具有鉴定资质，所以在具体证据类别上不能归类为鉴定意见。目前，实践中比较倾向的观点是将中国证监会出具的认定意见作为一种准书证予以使用。

——最高人民法院刑事审判第一、二、三、四、五庭主办：《刑事审判参考》2012 年第 2 集（总第 85 集），法律出版社 2012 年版，第 1~8 页。

465. 非法侵入计算机信息系统抬高股票价格获利行为的定性

关键词

操纵证券、期货市场罪　破坏计算机信息系统　犯罪目的

《最高人民法院公报》案例

上海市静安区人民检察院诉赵喆操纵证券交易价格案（判决时间：1999 年 11 月 11 日，被告人未上诉）

裁判摘要：为了获取非法利益，利用修改计算机信息系统存储数据的方法，人为地操纵股票价格，扰乱股市交易秩序，侵犯了国家对证券的管理制度和投资者的合法权益，其行为构成操纵证券交易价格罪，而非破坏计算机信息系统罪。

《刑法》第 286 条第 2 款规定："违反国家规定，对计算机信息系统中存储、处理或者传输的数据和应用程序进行删除、修改、增加的操作，后果严

① 本条现为《中华人民共和国刑事诉讼法》（2018 年修正）第五十四条。

重的”，是破坏计算机信息系统罪。此罪侵犯的客体，是国家对计算机信息系统设立的安全保护制度。《刑法》第 182 条规定：“有下列情形之一，操纵证券交易价格，获取不正当利益或者转嫁风险，情节严重的”，构成操纵证券交易价格罪，其中第 4 项将“以其他方法操纵证券交易价格”规定为犯罪情形之一。此罪侵犯的客体，是国家对证券的管理制度和投资者的合法权益。被告人赵喆的整个行为，从现象上看是非法侵入了他人的计算机信息系统，修改了他人计算机信息系统中存储的数据，致使他人计算机信息系统的部分信息遭到破坏。这些表象，与《刑法》第 286 条第 2 款规定的犯罪行为相似。但是赵喆并非以破坏国家对计算机信息系统设立的安全保护制度为目的的实施犯罪行为，其行为主观上是想在引起股票价格异常上涨时抛售股票获利，客观上引起了股市价格的异常波动，结果也确实使自己及朋友获得了利益，而给三亚营业部造成 295 万余元的损失。赵喆的犯罪，虽然使用的手段牵连触犯了《刑法》第 286 条第 2 款的规定，但是侵犯的客体是《刑法》第 182 条所保护的国家对证券的管理制度和投资者的合法权益，因此构成的是操纵证券交易价格罪，不是破坏计算机信息系统罪。检察机关指控的罪名成立。

——《最高人民法院公报》2000 年第 2 期。

466. 最高人民法院有关骗汇犯罪的司法解释和全国人大常委会《关于惩治骗购外汇、逃汇和非法买卖外汇犯罪的决定》的溯及力

关键词

骗购外汇罪　非法经营罪　溯及力　从旧兼从轻

《刑事审判参考》指导案例

王建军等非法经营案（《刑事审判参考》指导案例第 34 号）

裁判要点：发生在 1979 年《刑法》颁布之后、1998 年 12 月 29 日全国人大常委会《关于惩治骗购外汇、逃汇和非法买卖外汇犯罪的决定》颁布之前的骗购外汇的行为，应当按照从旧兼从轻的原则，以非法经营罪处理。

根据 1979 年《刑法》的规定，对于以非法手段套取外汇再进行倒卖的行为，应以投机倒把罪定罪处罚。1997 年刑法对投机倒把罪作了分解，但对骗购外汇的行为构成什么罪没有明确规定。因此，对王建军等人的行为如何适用法律，是审理本案的一个焦点。鉴于骗购国家外汇的犯罪行为猖獗，给国

家经济造成了重大损失，1998 年 8 月 28 日最高人民法院作出了《关于审理骗购外汇、非法买卖外汇刑事案件具体应用法律若干问题的解释》（以下简称《解释》），于 1998 年 9 月 1 日起施行。该《解释》第 4 条规定的意图在于：一是骗购外汇的行为是非法经营行为，构成犯罪的，应按照《刑法》第 225 条第 3 项的规定，以非法经营罪定罪处罚；二是鉴于这类犯罪主要是单位所为，因此明确规定单位可构成本罪。由于非法经营罪，既可以由单位构成，也可以由个人构成，因此个人实施骗购外汇行为，构成犯罪的，理应以本罪定罪处罚。

全国人大常委会 1998 年 12 月 29 日《关于惩治骗购外汇、逃汇和非法买卖外汇犯罪的决定》（以下简称《决定》），增加了一个新的罪名——骗购外汇罪，该罪的法定最高刑为无期徒刑。根据《刑法》第 12 条第 1 款的规定，王建军、石小军等人骗购外汇的犯罪行为，发生于 1997 年 9 月至 1998 年 5 月，而在审理王建军等人骗购外汇一案时，《决定》已经公布实施。根据《刑法》第 12 条第 1 款规定的“从旧兼从轻”的溯及力原则，骗购外汇罪的法定最高刑比非法经营罪的法定最高刑（十五年有期徒刑）重，因此，对王建军等人仍应适用刑法，而不能适用《决定》。

——最高人民法院刑事审判第一庭编：《刑事审判参考》1999 年第 5 辑（总第 5 辑），法律出版社 1999 年版，第 9~22 页。

附录：最高人民法院主流观点

对于发生在 1997 年修订《刑法》实施之后、1998 年 8 月 28 日《最高人民法院关于审理骗购外汇、非法买卖外汇刑事案件具体应用法律若干问题的解释》（以下称《骗汇解释》）发布之前，审理于 1998 年 12 月 29 日全国人大常委会《关于惩治骗购外汇、逃汇和非法买卖外汇犯罪的决定》（以下称《骗汇决定》）公布之前的个人骗购外汇行为的处理，实践中有一种意见认为，《骗汇解释》规定骗购国家外汇的行为应依据《刑法》第 225 条第 3 项规定定罪处罚，其本身即说明修订后《刑法》并未规定骗购外汇的行为是犯罪，而是通过司法解释加以规定的。因此，对于这段时间内发生的个人骗购外汇行为，根据罪刑法定原则不应追究刑事责任。

我们认为，对于此类骗购外汇行为应依照《骗汇解释》规定，以非法经营罪定罪处罚，理由如下：

1. 根据 1979 年《刑法》的规定，对于以非法手段套取外汇再进行倒卖的行为，应以投机倒把罪定罪处罚。《刑法》对投机倒把罪作了分解，但对骗购外汇的行为构成什么罪没有明确规定。同时，鉴于骗购国家外汇的犯罪行为猖獗，给国家经济造成了重大损失，1998 年 8 月 28 日最高人民法院作出了《骗汇解释》，于 1998 年 9 月 1 日起施行。《骗汇解释》第 4 条规定，“公司、企业或者其他单位，违反有关外贸代理业务的规定，采用非法手段，或者明知是伪造、变造的凭证、商业单据，为他人向外汇指定银行骗购外汇，数额在五百万美元以上或者违法所得五十万元人民币以上的，按照《刑法》第 225 条第 3 项的规定定罪处罚。”该条虽然是对单位骗购外汇的处罚规定，但不等于说个人骗购外汇不构成犯罪。司法解释的确切意图在于：(1) 骗购外汇的行为是非法经营行为，构成犯罪的，应按照《刑法》第 225 条第 3 项的规定，以非法经营罪定罪处罚；(2) 鉴于这类犯罪主要是单位所为，故仅明确单位可构成本罪。非法经营罪，既可以由单位构成，也可以由个人构成，因此个人实施骗购外汇行为，构成犯罪的，理应以本罪定罪处罚。

2. 司法解释是对法律规定进行解释，即是在《刑法》条文已作出明确规定的前提下就如何具体适用法律问题所作的具体规定；司法解释本身不涉及溯及力问题，其一经公布施行，效力等同于其所解释的法律本身，对人民法院正在审理和尚未审理的案件具有法律效力。

3.《骗汇决定》增加了一个新的罪名，即骗购外汇罪，其最高法定刑为无期徒刑。根据《刑法》第 12 条第 1 款规定的“从旧兼从轻”的法律适用原则，骗购外汇罪的法定最高刑比非法经营罪的法定刑（十五年有期徒刑）重，因此，对于此类行为仍应依照《骗汇解释》规定，适用《刑法》非法经营罪定罪处罚。

——高憬宏、杨万明主编：《基层人民法院法官培训教材（实务卷 · 刑事审判篇）》，人民法院出版社 2005 年版，第 171~172 页。

说明

1998 年 12 月 29 日全国人大常委会《关于惩治骗购外汇、逃汇和非法买卖外汇犯罪的决定》规定，对于非法买卖外汇行为按照非法经营罪定罪处罚。而对于发生于 1997 年《刑法》修订之后，在上述决定之前的骗购外汇、非法买卖外汇的行为如何处罚，实践中存在不同的做法。最高人民法院的主流意见从 1998 年 8 月 28 日最高人民法院《关于审理骗购外汇、非法买卖外汇刑事案件具体应用法律若干问题的解释》的精神出发，认为司法解释作为对法律规定的解释，其本身不涉及溯及力问题，上述解释规定单位骗购外汇的行为是非法经营行为，那么，对个人行为而言也应是如此。

467.“非法买卖外汇”的认定

关键词

非法买卖外汇　非法经营罪

最高人民法院司法解释

第二条 违反国家规定，实施倒买倒卖外汇或者变相买卖外汇等非法买卖外汇行为，扰乱金融市场秩序，情节严重的，依照刑法第二百二十五条第四项的规定，以非法经营罪定罪处罚。

——《最高人民法院、最高人民检察院关于办理非法从事资金支付结算业务、非法买卖外汇刑事案件适用法律若干问题的解释》(2019 年 1 月 31 日，法释〔2019〕1 号)。

附录：理解与适用

根据《中华人民共和国外汇管理条例》第四十五条的规定，非法买卖外汇主要包括倒买倒卖外汇、变相买卖外汇等情形。实践中，地下钱庄非法买卖外汇主要有较为传统的以境内直接交易形式实施的倒买倒卖外汇行为和当前常见的以境内外“对敲”方式进行资金跨国（境）兑付的变相买卖外汇行为。倒买倒卖外汇，是指不法分子在国内外汇黑市进行低买高卖，从中赚取汇率差价。此类钱庄俗称为“换汇黄牛”。变相买卖外汇，是指在形式上进行的不是人民币和外汇之间的直接买卖，而采取以外汇偿还人民币或以人民币偿还外汇、以外汇和人民币互换实现货币价值转换的行为。资金跨国（境）兑付是一种典型的变相买卖外汇行为。跨国（境）兑付型地下钱庄，不法分子与境外人员、企业、机构相勾结，或利用开立在境外的银行账户，协助他人进行跨境汇款、转移资金活动。这类地下钱庄又被称为“对敲型”地下钱庄，即资金在境内外实行单向循环，没有发生物理流动，通常以对账的形式来实现“两地平衡”。现在多数地下钱庄的主要业务是资金跨国（境）兑付，导致巨额资本外流，社会危害性巨大，属重点打击对象。据此，《最高人民法院、最高人民检察院关于办理非法从事资金支付结算业务、非法买卖外汇刑事案件适用法律若干问题的解释》(以下简称《解释》)第二条规定，实施倒买倒卖外汇或者变相买卖外汇等非法买卖外汇行为，扰乱金融市场秩序，情节严重的，以非法经营罪定罪处罚。

——姜永义、陈学勇、陈新旺：《〈关于办理非法从事资金支付结算业务、非法买卖外汇刑事案件适用法律若干问题的解释〉的理解与适用》，载《人民法院报》2020 年 2 月 27 日。

468. 非法从事资金支付结算业务或者非法买卖外汇“情节严重”“情节特别严重”的认定标准

关键词

非法从事资金支付结算业务　非法买卖外汇

最高人民法院司法解释

第三条　非法从事资金支付结算业务或者非法买卖外汇，具有下列情形之一的，应当认定为非法经营行为“情节严重”：

（一）非法经营数额在五百万元以上的；

（二）违法所得数额在十万元以上的。

非法经营数额在二百五十万元以上，或者违法所得数额在五万元以上，且具有下列情形之一的，可以认定为非法经营行为“情节严重”：

（一）曾因非法从事资金支付结算业务或者非法买卖外汇犯罪行为受过刑事追究的；

（二）二年内因非法从事资金支付结算业务或者非法买卖外汇违法行为受过行政处罚的；

（三）拒不交代涉案资金去向或者拒不配合追缴工作，致使赃款无法追缴的；

（四）造成其他严重后果的。

——《最高人民法院、最高人民检察院关于办理非法从事资金支付结算业务、非法买卖外汇刑事案件适用法律若干问题的解释》（2019 年 1 月 31 日，法释〔2019〕1 号）。

附录：理解与适用

1.“情节严重”的认定标准

最高人民法院于 1998 年出台的《关于审理骗购外汇、非法买卖外汇刑事案件具体应用法律若干问题的解释》（以下简称《非法买卖外汇司法解释》）第三条规定，非法买卖外汇二十万美元以上的（注：根据当时人民币对美元的利率计算，约相当于二百万元人民币），或者违法所得五万元人民币以上的，属于“情节严重”。最高人民检察院、公安部于 2010 年出台的《关于公安机关管辖的刑事案件立案追诉标准的规定（二）》第七十九条第三项规定，非法从事资金支付结算业务，数额在二百万元以上的，或者违法所得数额在五万元以上的，应以非法经营罪立案追诉。《最高人民法院、最高人民检察院关于办理非法从事资金支付结算业务、非法买卖外汇刑事案件适用法律若干问题的解释》(以下简称《解释》) 第三条第一款规定，非法从事资金支付结算业务或者非法买卖外汇，非法经营数额在五百万元以上的，或者违法所得数额在十万元以上的，应当认定为非法经营行为“情节严重”。

2.“情节特别严重”的认定标准

司法实践中，由于相关司法解释没有明确非法从事资金支付结算业务、非法买卖外汇“情节特别严重”的认定标准，导致适用法律存在困难。为从严惩处涉地下钱庄犯罪，参照有关司法解释的规定,《解释》按照“情节严重”数额标准的五倍确定“情节特别严重”的认定标准，并规定可以认定为“情节特别严重”的“数额+情节”的情形，即非法经营数额在二千五百万元以上或者违法所得数额在五十万元以上的，应当认定为非法经营行为“情节特别严重”；非法经营数额在一千二百五十万元以上或者违法所得数额在二十五万元以上，且具有《解释》第三条第二款规定的四种情形之一的，可以认定为非法经营行为“情节特别严重”。

——姜永义、陈学勇、陈新旺:《〈关于办理非法从事资金支付结算业务、非法买卖外汇刑事案件适用法律若干问题的解释〉的理解与适用》，载《人民法院报》2020 年 2 月 27 日。

469. 非法从事资金支付结算业务、非法买卖外汇的犯罪数额认定和刑事处罚

关键词

犯罪数额　定罪处罚　罚金刑　从宽处罚

最高人民法院司法解释

第一条　违反国家规定，具有下列情形之一的，属于刑法第二百二十五条第三项规定的“非法从事资金支付结算业务”：

（一）使用受理终端或者网络支付接口等方法，以虚构交易、虚开价格、交易退款等非法方式向指定付款方支付货币资金的；

（二）非法为他人提供单位银行结算账户套现或者单位银行结算账户转个人账户服务的；

（三）非法为他人提供支票套现服务的；

（四）其他非法从事资金支付结算业务的情形。

第二条　违反国家规定，实施倒买倒卖外汇或者变相买卖外汇等非法买卖外汇行为，扰乱金融市场秩序，情节严重的，依照刑法第二百二十五条第

四项的规定，以非法经营罪定罪处罚。

第三条　非法从事资金支付结算业务或者非法买卖外汇，具有下列情形之一的，应当认定为非法经营行为“情节严重”：

（一）非法经营数额在五百万元以上的；

（二）违法所得数额在十万元以上的。

非法经营数额在二百五十万元以上，或者违法所得数额在五万元以上，且具有下列情形之一的，可以认定为非法经营行为“情节严重”：

（一）曾因非法从事资金支付结算业务或者非法买卖外汇犯罪行为受过刑事追究的；

（二）二年内因非法从事资金支付结算业务或者非法买卖外汇违法行为受过行政处罚的；

（三）拒不交代涉案资金去向或者拒不配合追缴工作，致使赃款无法追缴的；

（四）造成其他严重后果的。

第六条　二次以上非法从事资金支付结算业务或者非法买卖外汇，依法应予行政处理或者刑事处理而未经处理的，非法经营数额或者违法所得数额累计计算。

同一案件中，非法经营数额、违法所得数额分别构成情节严重、情节特别严重的，按照处罚较重的数额定罪处罚。

第七条　非法从事资金支付结算业务或者非法买卖外汇违法所得数额难以确定的，按非法经营数额的千分之一认定违法所得数额，依法并处或者单处违法所得一倍以上五倍以下罚金。

第八条　符合本解释第三条规定的标准，行为人如实供述犯罪事实，认罪悔罪，并积极配合调查，退缴违法所得的，可以从轻处罚；其中犯罪情节轻微的，可以依法不起诉或者免予刑事处罚。

符合刑事诉讼法规定的认罪认罚从宽适用范围和条件的，依照刑事诉讼法的规定处理。

第九条　单位实施本解释第一条、第二条规定的非法从事资金支付结算业务、非法买卖外汇行为，依照本解释规定的定罪量刑标准，对单位判处罚金，并对其直接负责的主管人员和其他直接责任人员定罪处罚。

——《最高人民法院、最高人民检察院关于办理非法从事资金支付结算业务、非法买卖外汇刑事案件适用法律若干问题的解释》（2019年1月31日，法释〔2019〕1号）。

附录：理解与适用

1. 关于犯罪数额的认定和处罚原则

非法从事资金支付结算业务、非法买卖外汇的非法经营数额或者违法所得数额是定罪量刑的依据，依法应当累计计算，但犯罪数额累计计算的前提条件是，单次非法从事资金支付结算业务或者非法买卖外汇行为必须是依法应予行政处理或者刑事处理而未经处理的。对于不构成犯罪但超过行政处罚时效期限，或者构成犯罪但超过追诉期限的，相关数额不应累计计算。据此，《最高人民法院、最高人民检察院关于办理非法从事资金支付结算业务、非法买卖外汇刑事案件适用法律若干问题的解释》(以下简称《解释》) 第六条第一款规定，对于二次以上非法从事资金支付结算业务或者非法买卖外汇，依法应予行政处理或者刑事处理而未经处理的，非法经营数额或者违法所得数额累计计算。

在非法从事资金支付结算业务或者非法买卖外汇刑事案件中，只要非法经营数额或者违法所得数额达到入罪标准，就构成犯罪。同一行为的非法经营数额、违法所得数额构成不同情节的，一般应按“从一重处断”原则进行定罪处罚。据此，《解释》第六条第二款规定，对于同一案件中，非法经营数额、违法所得数额分别构成情节严重、情节特别严重的，按照处罚较重的数额定罪处罚。

2. 关于罚金刑的适用标准

非法经营犯罪的违法所得，包括非法经营实际获利数额和预期获利数额，既是定罪量刑的标准，也是判处罚金刑的依据。《刑法》第二百二十五条对非法经营罪判处罚金作出了明确规定，即依法并处或者单处违法所得一倍以上五倍以下罚金。实践中，对于能查明违法所得的案件而言，判处罚金不存在困难，但对于确实难以查明违法所得数额的，则难以确定罚金数额。在难以查明违法所得的情况下，根据有关司法解释的规定，如果按照最低罚金数额标准判处一千元罚金，显然过轻；但如果在一千元以上判处数额不等的罚金，又于法无据，有的出现悬殊的情况，影响刑罚效果。

根据调研情况和相关案例，地下钱庄的利润空间（也即违法所得）通常在非法经营数额的千分之一至千分之五之间。为便于实际操作和规范罚金的适用，《解释》第七条规定，对于非法从事资金支付结算业务或者非法买卖外汇违法所得数额难以确定的，按非法经营数额的千分之一认定违法所得数额，依法并处或者单处违法所得一倍以上五倍以下罚金。

3. 关于从宽处罚标准

为切实贯彻宽严相济的刑事政策，在加大对涉地下钱庄刑事案件犯罪分子打击力度的同时，有必要对一些具有法定或者酌定从轻处罚情节的行为人依法予以从轻处罚。参照相关司法解释的规定，《解释》第八条第一款明确了从轻处罚和出罪标准，一方面，规定对于行为人如实供述犯罪事实，认罪悔罪，并积极配合调查，退缴违法所得的，可以从轻处罚，目的是鼓励行为人如实供述犯罪事实，积极配合调查，主动退缴违法所得，便于查明犯罪事实和违法所得，及时有效地惩治犯罪；另一方面，规定对于犯罪情节轻微的，可以依法不起诉或者免予刑事处罚，目的是让一些罪行较轻、确有悔罪表现的行为人更好地回归社会，降低诉讼成本，取得好的办案效果。同时，为更好地衔接和落实认罪认罚从宽制度，《解释》第八条第二款规定，对于符合刑事诉讼法规定的认罪认罚从宽适用范围和条件的，依照刑事诉讼法的规定处理。需要注意的是，该条第一款只适用于《解释》第三条规定的在非法经营罪第一档法定刑幅度定罪处罚的情形，不适用于第二档法定刑的情形。另外，对于因犯罪情节轻微而依法不起诉或者免予刑事处罚的，不影响对行为人的行政处理。

4. 关于单位犯罪的定罪处罚标准

根据《刑法》第二百三十一条的规定，单位可以成为非法经营罪的主体。近年来，地下钱庄的组织模式呈多样化，既可以是自然人犯罪，也可以是单位犯罪。为加大对地下钱庄单位犯罪的惩治力度，《解释》第九条明确了单位非法从事资金支付结算业务、非法买卖外汇的，适用自然人犯罪的定罪量刑标准，对于单位实施《解释》第一条、第二条规定的非法从事资金支付结算业务、非法买卖外汇行为的，依照本解释规定的定罪量刑标准，对单位判处罚金，并对其直接负责的主管人员和其他直接责任人员定罪处罚。

——姜永义、陈学勇、陈新旺：《〈关于办理非法从事资金支付结算业务、非法买卖外汇刑事案件适用法律若干问题的解释〉的理解与适用》，载《人民法院报》2020 年 2 月 27 日。

470. 对地下钱庄非法从事资金支付结算业务、非法买卖外汇的犯罪地的认定

关键词

犯罪地　互联网金融

最高人民法院司法解释

第十条　非法从事资金支付结算业务、非法买卖外汇刑事案件中的犯罪地，包括犯罪嫌疑人、被告人用于犯罪活动的账户开立地、资金接收地、资金过渡账户开立地、资金账户操作地，以及资金交易对手资金交付和汇出地等。

——《最高人民法院、最高人民检察院关于办理非法从事资金支付结算业务、非法买卖外汇刑事案件适用法律若干问题的解释》（2019 年 1 月 31 日，

法释〔2019〕1号）。

附录：理解与适用

随着互联网金融的发展，现代支付结算工具日新月异，为地下钱庄跨区域、跨国（境）非法从事资金支付结算业务、非法买卖外汇提供了便利，地下钱庄通过网银开展业务，有的甚至在国（境）外操作网银，关联客户账户遍布全国各地，此类刑事案件的资金普遍存在跨区域、跨国（境）的特点。司法实践中，对地下钱庄非法从事资金支付结算业务、非法买卖外汇的犯罪地有不同理解，从而产生管辖争议。考虑此类犯罪的特点，为依法、有效打击涉地下钱庄犯罪，根据《最高人民法院关于适用〈中华人民共和国刑事诉讼法〉的解释》第二条的规定，《最高人民法院、最高人民检察院关于办理非法从事资金支付结算业务、非法买卖外汇刑事案件适用法律若干问题的解释》第十条进一步明确了非法从事资金支付结算业务、非法买卖外汇刑事案件的犯罪地，将与犯罪行为相关联的各环节所在地，包括犯罪嫌疑人、被告人用于犯罪活动的账户开立地、资金接收地、资金过渡账户开立地、资金账户操作地，以及交易对手资金交付和汇出地等，均认定为犯罪地。涉地下钱庄刑事案件由犯罪地的公安机关立案侦查、人民检察院提起公诉、人民法院审判。

——姜永义、陈学勇、陈新旺：《〈关于办理非法从事资金支付结算业务、非法买卖外汇刑事案件适用法律若干问题的解释〉的理解与适用》，载《人民法院报》2020年2月27日。

471. 上游犯罪未经刑事判决确认的洗钱犯罪案件的处理

关键词

洗钱罪　上游犯罪

最高人民法院司法解释

第四条　刑法第一百九十一条、第三百一十二条、第三百四十九条规定的犯罪，应当以上游犯罪事实成立为认定前提。上游犯罪尚未依法裁判，但查证属实的，不影响刑法第一百九十一条、第三百一十二条、第三百四十九条规定的犯罪的审判。

上游犯罪事实可以确认，因行为人死亡等原因依法不予追究刑事责任的，不影响刑法第一百九十一条、第三百一十二条、第三百四十九条规定的犯罪的认定。

上游犯罪事实可以确认，依法以其他罪名定罪处罚的，不影响刑法第一百九十一条、第三百一十二条、第三百四十九条规定的犯罪的认定。

本条所称“上游犯罪”，是指产生刑法第一百九十一条、第三百一十二条、第三百四十九条规定的犯罪所得及其收益的各种犯罪行为。

——《最高人民法院关于审理洗钱等刑事案件具体应用法律若干问题的解释》(2009 年 11 月 4 日，法释〔2009〕15 号)。

《刑事审判参考》指导案例

潘儒民、祝素贞、李大明，龚媛洗钱案（《刑事审判参考》指导案例第 471 号）

裁判要点：上游犯罪行为人虽未定罪判刑，洗钱行为的证据确实、充分的，可以认定洗钱罪。是否通谋，是区分上游犯罪共犯与洗钱罪的关键。区分洗钱罪与掩饰、隐瞒犯罪所得、犯罪所得收益罪应当注意，成立洗钱罪要求其行为必须造成对国家金融管理秩序的侵害。

（一）上游犯罪行为人虽未定罪判刑，洗钱行为的证据确实、充分的，可以认定洗钱罪

洗钱罪与上游犯罪的关系密不可分，可以说，如果没有上游犯罪，就没有洗钱罪和掩饰、隐瞒犯罪所得、犯罪所得收益罪这些下游犯罪、派生犯罪。那么，是否必须上游犯罪行为人已经法院定罪判刑，才能认定洗钱罪？答案是否定的。我们认为，只要有证据证明确实发生了《刑法》第 191 条明文规定的上游犯罪，行为人明知系上游犯罪的所得及其产生的收益，仍然实施为上游犯罪行为人提供资金账户、协助将财产转换为现金等掩饰、隐瞒其来源和性质的帮助行为的，就可以认定洗钱罪成立。

（二）是否通谋，是区分上游犯罪共犯与洗钱罪的关键

一般而言，如果上游犯罪正在查处或已经查处完毕，比较容易判断洗钱行为人是否为上游犯罪的共犯；但在上游犯罪行为人在逃的情况下，因掌握的证据有限，可能难以判断是否事先有共谋。在这种情况下，法院应当根据已掌握的证据情况，认真进行甄别：能够认定事先确有共谋的，则认定为上游犯罪的共犯，并根据行为人在共同犯罪中的地位、作用作出判决；如果根据现有的证据难以判定其与上游行为人存在共谋，但其实施洗钱行为的证据确实、充分的，应当就轻认定为洗钱罪。

（三）洗钱罪与掩饰、隐瞒犯罪所得、犯罪所得收益罪的区别

洗钱罪与掩饰、隐瞒犯罪所得、犯罪所得收益罪的区别主要在于：第一，犯罪客体不完全相同。第二，上游犯罪的范围不同，洗钱罪的上游犯罪只限

于《刑法》第 191 条规定的犯罪，而掩饰、隐瞒犯罪所得、犯罪所得收益罪的上游犯罪为第 191 条规定的犯罪以外有犯罪所得的所有犯罪。第三，洗钱罪的犯罪主体既可以是个人也可以是单位，而掩饰、隐瞒犯罪所得、犯罪所得收益罪的犯罪主体只能是个人。

区分洗钱罪与掩饰、隐瞒犯罪所得、犯罪所得收益罪还应当注意的一点是，并非所有为《刑法》第 191 条规定的犯罪掩饰、隐瞒犯罪所得的，都构成洗钱罪。洗钱罪位列于刑法分则第三章第四节破坏金融管理秩序罪中，因此成立洗钱罪要求其行为必须造成对国家金融管理秩序的侵害，这是构成本罪客体要件的必然要求，从《刑法》第 191 条列举的上述几种行为方式可以看出，前四种行为方式均借助了金融机构的相关行为，虽然第五种行为方式作为兜底条款没有明确指出具体方式，但从洗钱罪侵犯的客体出发，实践中认定是否属于该种行为仍需要该行为体现出对国家金融管理秩序的侵害才能构成。如果行为人所实施的掩饰、隐瞒行为并未侵犯国家的金融监管秩序，例如行为人明知某一贵重物品系他人受贿所得，仍帮助他人窝藏、转移该物品，以逃避司法机关的查处，该行为主要侵害了司法机关的查处活动，并未侵害国家的金融监管秩序，因此不能认定符合《刑法》第 191 条规定的第五种行为方式，而是属于《刑法》第 312 条所规定的窝藏、转移赃物行为，应当认定为掩饰、隐瞒犯罪所得罪，而非洗钱罪。

——最高人民法院刑事审判第一、二、三、四、五庭主办:《刑事审判参考》2008 年第 1 集（总第 60 集），法律出版社 2008 年版，第 1~9 页。

说明

《刑法修正案（六）》大大扩展了洗钱罪的上游犯罪，实践中对于洗钱罪的司法认定也相应地更为复杂。只要有证据证明确实发生了《刑法》第 191 条明文规定的上游犯罪，行为人明知系上游犯罪的所得及其产生的收益，仍然实施为上游犯罪行为人提供资金账户、协助将财产转换为现金等掩饰、隐瞒其来源和性质的帮助行为的，就可以认定洗钱罪成立，而无需上游犯罪行为人已经法院定罪判刑。

第五节　金融诈骗罪

472. 金融诈骗犯罪中“非法占有目的”的认定

关键词

金融诈骗犯罪　非法占有目的

最高人民法院司法政策精神

1. 金融诈骗罪中非法占有目的的认定

金融诈骗犯罪都是以非法占有为目的的犯罪。在司法实践中，认定是否具有非法占有为目的，应当坚持主客观相一致的原则，既要避免单纯根据损失结果客观归罪，也不能仅凭被告人自己的供述，而应当根据案件具体情况具体分析。根据司法实践，对于行为人通过诈骗的方法非法获取资金，造成数额较大资金不能归还，并具有下列情形之一的，可以认定为具有非法占有的目的：

（1）明知没有归还能力而大量骗取资金的；

（2）非法获取资金后逃跑的；

（3）肆意挥霍骗取资金的；

（4）使用骗取的资金进行违法犯罪活动的；

（5）抽逃、转移资金、隐匿财产，以逃避返还资金的；

（6）隐匿、销毁账目，或者搞假破产、假倒闭，以逃避返还资金的；

（7）其他非法占有资金、拒不返还的行为。但是，在处理具体案件的时候，对于有证据证明行为人不具有非法占有目的的，不能单纯以财产不能归还就按金融诈骗罪处罚。

——《最高人民法院关于印发〈全国法院审理金融犯罪案件工作座谈会纪要〉的通知》（2001年1月21日，法〔2001〕8号）。

附录：最高人民法院主流观点

金融诈骗犯罪的8个罪名都有自己的特点，司法实践中，案件情况复杂，对于“以非法占有为目的”的认定，应在坚持上述原则的前提下，区别对待。为此，《全国法院审理金融犯罪案件工作座谈会纪要》规定，“根据司法实践，对于行为人通过诈骗的方法非法获取资金，造成数额较大资金不能归还，并具有下列情形之一的，可以认定为具有非法占有的目的：（1）明知没有归还能力而大量骗取资金的；（2）非法获取资金后逃跑的；（3）肆意挥霍骗取资金的；（4）使用骗取的资金进行违法犯罪活动的；（5）抽逃、转移资金、隐匿财产，以逃避返还资金的；（6）隐匿、销毁账目，或者搞假破产、假倒闭，以逃避返还资金的；（7）其他非法占有资金、拒不返还的行为。但是，在处理具体案件时，对于有证据证明行为人不具有非法占有目的的，不能单纯以财产不能归还就按金融诈骗罪处罚”。

司法实践中，资金流向是判断行为人是否具有非法占有目的的重要依据。《全国法院审理金融犯罪案件工作座谈会纪要》在集资诈骗罪的认定中规定：“要注意以下两点，一是不能仅凭较大数额的集资款不能返还的结果，推定行为人具有非法占有的目的；二是行为人将大部分资金用于投资或生产经营活动，而将少量资金用于个人消费或者挥霍的，不应仅以此便认定具有非法占有的目的。”在贷款诈骗罪的认定中强调，对于合法取得贷款后，没有按规定的用途使用贷款，到期没有归还贷款的，不构成贷款诈骗罪；对于不具备贷款的条件，但确实为了生产经营的需要，采取一定的欺诈手段获取贷款，但在案发前偿还贷款的，不应以贷款诈骗罪处理；案发前虽然没有偿还，但行为人没有抽逃、隐匿、转移、挥霍资金的行为，或者行为人有能力履行还贷义务的，或者确有证据证明行为人不具有非法占有目的，或者因经营风险造成不能归还的，也不应作贷款诈骗罪处理。这一规定不仅对认定集资诈骗罪和贷款诈骗罪适用，对认定其他金融犯罪也具有重要指导意义。

——高憬宏、杨万明主编：《基层人民法院法官培训教材（实务卷·刑事审判篇）》，人民法院出版社 2005 年版，第 177~181 页。

《刑事审判参考》指导案例

郭建升被控贷款诈骗案（《刑事审判参考》指导案例第 85 号）

裁判要点：在贷款过程中使用了部分欺诈行为，但不具有非法占有目的的，不构成贷款诈骗罪。

在本案中，被告人郭建升身为集体所有制和其他混合所有制企业、公司的法定代表人，在向银行申请贷款的过程中，提交的财务报表对部分数字的申报有推算和虚假成分，尽管不影响其代表该公司与银行签订的贷款人民币 300 万元的借款的效力，且此项贷款业务已由有关单位提供经银行确认为真实、有效的担保保证，但是其利用含有虚假项目的财务报表向银行申请贷款的行为，可以认定归属于贷款诈骗的“其他方法”的。但是该行为是否构成贷款诈骗罪，还必须进一步借助其他的行为事实来证明郭建升主观上是否具备“非法占有目的”。

综合本案中贷款的使用、不能归还贷款的原因以及郭建升对偿还贷款的主观态度等事实来分析，并不能证实郭建升在申请贷款的过程之中以及取得贷款之后具备“非法占有贷款的目的”。具体来说，郭建升最终将贷款人民币300万元分别以现金形式或者以所购房产用作贷款抵押等方式用于了企业经营活动，而并非用于其个人经营活动及挥霍；贷款未能如其归还，确因郭建升等人对公司、企业经营管理不善所致，但该公司始终表示将尽快归还贷款本息，且担保单位亦未拒绝承担担保责任。因此，利用含有虚假项目的财务报表进行申请贷款，能否认定为“以其他方法诈骗贷款”而构成贷款诈骗罪，关键在于结合案件的其他事实来证明行为人主观上是否具备“非法占有贷款的目的”。根据《纪要》的上述精神，分析本案中对郭建升行为的不同定性，检察院主张郭建升主观上具有“非法占有目的”并构成贷款诈骗罪，显然是未能正确区分贷款诈骗罪（刑事违法行为）与贷款诈欺（民事违法行为）在主观方面的界限，而法院认定郭建升因主观上不具备“非法占有目的”而不构成贷款诈骗罪，则准确地把握了两者主观方面的界限。

——最高人民法院刑事审判第一庭、第二庭编：《刑事审判参考》2001年第3辑（总第14辑），法律出版社2001年版，第1~9页。

说明

我国《刑法》规定了八个金融诈骗罪的罪名，其中集资诈骗罪和贷款诈骗罪规定要“以非法占有目的”实施犯罪行为，其余六个罪名并没有类似的规定。但是，从我国《刑法》关于金融诈骗罪的规定看，其立法思想仍然是在传统的财产型诈骗框架内。从金融诈骗罪的法定刑看，并不是重在处罚欺诈行为，而是重在惩罚诈骗所造成的财产损害的后果。《刑法》条文中未明确规定“以非法占有为目的”，并不说明这些犯罪不需要以此为成立要件，正如同不能因刑法典未规定盗窃、诈骗等取得型犯罪的非法占有目的，而否认盗窃罪、诈骗罪等的非法占有目的这一“不成文的构成要件要素”一样，不能因为《刑法》未明确规定，而否认“以非法占有为目的”在认定金融诈骗犯罪中的决定性作用。

473. 集资诈骗罪的量刑

关键词

集资诈骗罪　量刑

最高人民法院司法政策精神

（四）集资诈骗罪

1. 构成集资诈骗罪的，根据下列情形在相应的幅度内确定量刑起点：

（1）达到数额较大起点的，在三年至四年有期徒刑幅度内确定量刑起点。

（2）达到数额巨大起点或者有其他严重情节的，在七年至九年有期徒刑幅度内确定量刑起点。依法应当判处无期徒刑的除外。

2. 在量刑起点的基础上，根据集资诈骗数额等其他影响犯罪构成的犯罪事实增加刑罚量，确定基准刑。

3. 构成集资诈骗罪的，根据犯罪数额、危害后果等犯罪情节，综合考虑被告人缴纳罚金的能力，决定罚金数额。

4. 构成集资诈骗罪的，综合考虑犯罪数额、诈骗对象、危害后果、退赃退赔等犯罪事实、量刑情节，以及被告人主观恶性、人身危险性、认罪悔罪表现等因素，决定缓刑的适用。

——《最高人民法院、最高人民检察院印发〈关于常见犯罪的量刑指导意见（试行）〉的通知》（2021 年 6 月 16 日，法发〔2021〕21 号）。

474. 集资诈骗罪与非法吸收公众存款罪的界限

关键词

集资诈骗罪　非法吸收公众存款罪

附录：最高人民法院主流观点

两罪的主要区别在于：（1）犯罪的目的不同。前者的犯罪目的是非法占有所募集的资金；而后者的犯罪目的则是企图通过吸收公众存款的方式，进行营利，在主观上并不具有非法占有公众存款的目的，这是两罪最本质的区别。（2）犯罪行为不同。前者的行为人必须使用诈骗的方法；而后者则不以行为人是否使用了诈骗方法作为构成犯罪的要件之一。（3）侵犯的客体不同。前者侵犯的是双重客体；后者侵犯的主要是国家的金融管理秩序。

——胡云腾主编：《刑法罪名精释（第五版）》，人民法院出版社 2022 年版，第 460~461 页。

475. 事后故意不归还贷款行为的定性

关键词

贷款诈骗罪　不归还贷款

附录：最高人民法院主流观点

对于行为人以非法占有为目的，以虚构事实、隐瞒真相的方式骗取银行或者其他金融机构贷款的行为，应以贷款诈骗罪认定，基本没有分歧。但是，对于行为人在获取贷款时并无非法占有目的，而在事后却因各种各样的原因产生了占有的目的和占有的行为，应如何定性，理论和实践中争议较大。

司法实践中，此类情况主要表现为：

（1）以合法手段取得贷款后，再采取欺诈手段不归还贷款。这种情况往往是行为人通过合法的手段申请并获取银行或者其他金融机构的贷款后，在规定的归还日期到来之前，以经营亏损为由，采取转移或隐藏资金、携款潜逃等方式逃避归还贷款。有观点认为，事后故意虽然产生在取得贷款以后，但行为人仍具备“非法占有金融机构贷款”的主观目的。行为人客观行为方式符合《刑法》第 193 条第 5 项规定的“以其他方法诈骗贷款”的情况。因此，事后故意行为符合贷款诈骗罪的主客观构成要件，应以贷款诈骗罪处理。对此，《全国法院审理金融犯罪案件工作座谈会纪要》明确指出：对于合法取得贷款后，没有按规定的用途使用贷款，到期没有归还贷款的，不能以贷款诈骗罪定罪处罚；对于确有证据证明行为人不具有非法占有的目的，因为不具备贷款的条件而采取了欺骗手段获取贷款，案发时有能力履行还贷义务，或者案发时不能归还贷款是因为意志以外的原因，如经营不善、被骗、市场风险等，不应以贷款诈骗罪定罪处罚。

（2）以欺诈手段取得贷款后，先使用贷款再采取欺诈手段不归还贷款。这种情况主要是行为人在向银行或者其他金融机构申请并获取贷款时，虽然使用了一定的欺诈手段，但有证据证明行为人主观上并无非法占有目的，而只是想使用贷款，但在使用过程中，行为人萌发占有目的，以经营亏损为由，采取欺诈手段逃避归还贷款。有观点认为，如果行为人具有非法占有的目的，同时又采用了欺骗手段获取贷款且到期不归还的，则可以贷款诈骗罪论处。对于事后故意不归还贷款行为的定性，关键不在于行为人是合法取得贷款还是非法取得贷款，而主要在于查明行为人是否具有非法占有的目的，无论这种目的产生在贷款之前还是贷款之后，只要行为人具有非法占有的目的，均可构成贷款诈骗罪。而行为人如不具有非法占有的目的，即使以欺诈手段获取贷款，也不能构成贷款诈骗罪，而只能构成其他犯罪。[①]

——胡云腾主编：《刑法罪名精释（第五版）》，人民法院出版社 2022 年版，第 363~364 页。

476. 票据诈骗罪与伪造、变造金融票证罪的区分

关键词

票据诈骗罪　伪造、变造金融票证罪

附录：最高人民法院主流观点

伪造、变造金融票证罪惩治的是伪造、变造行为本身，票据诈骗罪惩治的是使用这些金融票据进行诈骗的行为。票据诈骗罪与伪造、变造金融票证罪的区别主要体现在以下几个方面：（1）主观方面不同。前者须以非法占有为目的；后者无此要求。（2）客体不同。前者侵犯的客体是票据管理秩序和公私财产所有权；后者所侵犯的是金融票据管理秩序。（3）客观方面表现不同。前者客观方面表现为《刑法》第 194 条规定的 5 种情形之一；后者的客观方面则相对简单，表现为伪造、变造金融票证的行为。（4）犯罪对象不同。前者的犯罪对象仅指汇票、本票、支票 3 种；而后者除包括上述 3 种外，还包括委托收款凭证、银行存单等其他金融凭证。可见，两者的区分界限是较为清楚的。

行为人伪造、变造票据并使用该伪造、变造的票据进行诈骗行为的，宜认定为牵连犯并择一重罪处理。行为人以诈骗为目的伪造、变造了票据，但尚未着手实施票据诈骗行为的，因不存在具体的诈骗行为，应以伪造、变造金融票证罪定罪处罚。

——胡云腾主编：《刑法罪名精释（第五版）》，人民法院出版社 2022 年版，第 469~470 页。

477. 信用卡诈骗罪的量刑

关键词

信用卡诈骗罪　量刑

---

① 刘宪权：《金融犯罪刑法学原理》，上海人民出版社 2017 年版，第 462 页。

最高人民法院司法政策精神

（五）信用卡诈骗罪

1. 构成信用卡诈骗罪的，根据下列情形在相应的幅度内确定量刑起点：

（1）达到数额较大起点的，在二年以下有期徒刑、拘役幅度内确定量刑起点。

（2）达到数额巨大起点或者有其他严重情节的，在五年至六年有期徒刑幅度内确定量刑起点。

（3）达到数额特别巨大起点或者有其他特别严重情节的，在十年至十二年有期徒刑幅度内确定量刑起点。依法应当判处无期徒刑的除外。

2. 在量刑起点的基础上，根据信用卡诈骗数额等其他影响犯罪构成的犯罪事实增加刑罚量，确定基准刑。

3. 构成信用卡诈骗罪的，根据诈骗手段、犯罪数额、危害后果等犯罪情节，综合考虑被告人缴纳罚金的能力，决定罚金数额。

4. 构成信用卡诈骗罪的，综合考虑诈骗手段、犯罪数额、危害后果、退赃退赔等犯罪事实、量刑情节，以及被告人主观恶性、人身危险性、认罪悔罪表现等因素，决定缓刑的适用。

——《最高人民法院、最高人民检察院印发〈关于常见犯罪的量刑指导意见（试行）〉的通知》（2021 年 6 月 16 日，法发〔2021〕21 号）。

478. 严厉打击和制裁企业兼并重组中的金融违法犯罪行为

关键词

企业兼并重组　金融违法犯罪

最高人民法院司法政策精神

14. 加强民间金融案件审理，有效化解金融风险。要妥善审理兼并重组引发的民间融资纠纷，依法保护合法的借贷利息，坚决遏制以兼并重组为名的民间高利贷和投机化倾向，有效降低企业融资成本。依法支持和规范金融机构在企业兼并重组领域的金融创新行为，依法审慎认定金融创新产品的法律效力。在审判执行工作中要注意发现和防范因诉讼纠纷引发的区域性、系统性风险，切实避免金融风险在金融领域和实体经济领域的相互传导。严厉打击和制裁非法吸收或变相吸收公众存款、集资诈骗等金融违法犯罪行为，为企业兼并重组创造良好的融资环境。

——《最高人民法院关于人民法院为企业兼并重组提供司法保障的指导

意见》（2014 年 6 月 3 日，法发〔2014〕7 号）。

479. 以非法侵占物进行抵押贷款并且逾期不还贷行为的定性

关键词

贷款诈骗罪　非法侵占物　抵押贷款

《刑事审判参考》指导案例

潘勇、王伟职务侵占、虚报注册资本、贷款诈骗案（《刑事审判参考》指导案例第 192 号）

裁判要点：以非法侵占物进行抵押贷款、逾期不还贷行为，不构成贷款诈骗罪。

首先，抵押物虽系非法侵占所得，但这对于提供贷款的银行的担保物权的实现并不构成妨碍，银行完全可以通过拍卖、变卖抵押车辆等形式实现其债权。作为抵押权人的贷款银行，对于抵押行为不存在任何过失，属于善意第三人。同时，因抵押权属于担保物权，是一种直接对物享有的权利，故银行可依据该抵押权对抗抵押物的所有权人。当行为人在贷款期限内不能偿还借款，贷款银行即抵押权人有权将抵押物折价或者以拍卖、变卖方式优先受偿。

其次，行为人将其非法占有物作贷款抵押的行为，应认定是一种对赃物的处置行为，属于职务侵占行为的延伸。我们认为，不管其主观上是否具有非法占有银行贷款不予归还的目的，因其贷款抵押行为的非法性直接源于职务侵占行为的非法性，也不宜对该种违法性进行二次评价。如果行为人非法骗取银行贷款而侵占他物作贷款抵押，则其侵占行为与骗取银行贷款行为之间，也构成牵连关系，只能以一重罪处罚。

——最高人民法院刑事审判第一庭、第二庭编：《刑事审判参考》2002 年第 4 辑（总第 27 辑），法律出版社 2002 年版，第 34~41 页。

480. 贷款诈骗罪和贷款纠纷的区分

关键词

贷款诈骗罪　贷款纠纷　非法占有目的

最高人民法院司法政策精神

二是要严格区分贷款诈骗与贷款纠纷的界限。对于合法取得贷款后，没有按规定的用途使用贷款，到期没有归还贷款的，不能以贷款诈骗罪定罪处罚；对于确有证据证明行为人不具有非法占有的目的，因不具备贷款的条件而采取了欺骗手段获取贷款，案发时有能力履行还贷义务，或者案发时不能归还贷款是因为意志以外的原因，如因经营不善、被骗、市场风险等，不应以贷款诈骗罪定罪处罚。

——《最高人民法院关于印发〈全国法院审理金融犯罪案件工作座谈会纪要〉的通知》(2001 年 1 月 21 日，法〔2001〕8 号)。

附录：理解与适用

从具体行为方式来看，贷款诈骗与贷款欺诈有许多相似或相同之处，主要表现在：第一，在取得贷款的过程中使用了虚构事实或者隐瞒真相的方法，例如，编造引进资金、项目等虚假理由，使用虚假的经济合同，使用虚假的证明文件，使用虚假的产权证明作担保或者超出抵押物价值重复担保，等等。也就是说，贷款欺诈行为也可以表现为《刑法》第 193 条列举的 5 种情形。第二，没有偿还到期贷款。但是，二者有着本质区别，这就是是否具有非法占有的目的。对于不具有非法占有目的的，即使在贷款过程中采用了欺骗手段，并且没有偿还到期贷款，也不能认定为贷款诈骗罪；而以非法占有为目的诈骗贷款的，无论行为人是在贷款之前产生非法占有的目的，还是在取得贷款之后、在归还贷款过程中产生非法占有目的，都不影响贷款诈骗罪的认定。还应注意的是，在贷款或者偿还贷款过程中是否采取了虚构事实或者隐瞒真相的手段，也是构成贷款诈骗罪的必要条件。对于贷款过程中没有采用《刑法》第 193 条规定的欺骗手段，取得贷款后，也没有抽逃、转移资金，隐匿财产，隐匿、销毁账目，或者搞假破产、假倒闭，以逃避返还贷款，亦没有肆意挥霍贷款的，即使在贷款时就没有偿还的能力，也不能以贷款诈骗罪追究行为人的刑事责任。因此，《纪要》强调："对于合法取得贷款后，没有按规定的用途使用贷款，到期没有归还贷款的，不能以贷款诈骗罪定罪处罚；对于确有证据证明行为人不具有非法占有的目的，因不具备贷款的条件而采取了欺骗手段获取贷款，案发时有能力履行还贷义务，或者案发时不能归还贷款是因为意志以外的原因，如因经营不善、被骗、市场风险等，不应以贷款诈骗罪定罪处罚。"

——郭清国：《审理金融犯罪案件适用法律的若干问题》，载《人民司法》2001 年第 8 期（总第 451 期）。

《刑事审判参考》指导案例

吴晓丽贷款诈骗案（《刑事审判参考》指导案例第 92 号）

裁判要点：没有证据证明行为人具有非法占有目的的贷款欺诈行为不构成贷款诈骗罪。

根据《刑法》第 193 条规定，以非法占有为目的，使用虚构事实或者隐瞒真相的方法，骗取银行或者其他金融机构贷款，数额较大的，构成贷款诈骗罪。而贷款欺诈通常属于贷款纠纷，是指因贷款人在签订、履行借款合同过程中采取了虚构事实或者隐瞒真相的方法而产生的经济纠纷。二者区分的标准主要应从借款人主观上是否具有非法占有目的上来分析。

“非法占有的目的”属于行为人主观上的心理活动，往往通过其客观行为表现出来。从行为人具体实施的客观行为事实来判断，某些行为本身就足以证明行为人主观上具有非法占有的目的，例如，行为人使用虚假的产权证明作担保，从金融机构获取贷款后，携款逃跑的，这一行为本身就直接表明行为人主观上具有非法占有的目的。但是，某些行为本身尚不能直接表明行为人主观上是否具有非法占有的目的，例如，编造引进资金的虚假理由取得贷款，使用虚假证明文件取得贷款等，而只能间接表明行为人主观上具有非法占有目的的可能性。也就是说，在某些情况下，并不能直接表明行为人主观上具有非法占有的目的，还必须借助相关的客观事实来加以分析认定。至于查明行为人在实施了某种间接表明其主观上具有非法占有目的可能性的行为之后，还需借助哪些具体客观事实来认定行为人主观上确实具有非法占有的目的，应根据不同的犯罪构成要件来加以分析。至于如何具体认定行为人有“非法占有目的”，在最高人民法院印发的《全国法院审理金融犯罪案件工作座谈会纪要》（以下简称《纪要》）已提出明确意见：“应当坚持主客观相一致的原则，既要避免单纯根据损失结果客观归罪，也不能仅凭被告人自己的供述，而应当根据案件具体情况具体分析。对于行为人通过诈骗的方法非法获取资金，造成数额较大资金不能归还，并具有下列情形之一的，可以认定为具有非法占有的目的：（1）明知没有归还能力而大量骗取资金的；（2）非法获取资金后逃跑的；（3）肆意挥霍骗取资金的；（4）使用骗取的资金进行违法犯罪活动的；（5）抽逃、转移资金、隐匿财产，以逃避返还资金的；（6）隐匿、销毁账目，或者搞假破产、假倒闭，以逃避返还资金的；（7）其他非法转移资金、拒不返还的行为。”也就是说，判断行为人主观上具有非法占有贷款的目的，必须同时具备以下客观事实：其一，行为人是通过欺诈的手段来取得贷款的；其二，行为人到期没有归还贷款；其三，行为人贷款时即明知不具有归还能力或者贷款后实施了某种特定行为，如携款逃跑，肆意挥霍贷款，抽逃、转移资金、隐匿财产以逃避返还贷款，等等。只有在借款人同时具备上述三个条件时，才能认定借款人在主观上具有非法占有贷款的目的。若借款人所实施的行为欠缺上述条件之一的，一般不能认定其主观上具有非法占有的目的。

——最高人民法院刑事审判第一庭、第二庭编：《刑事审判参考》2001 年第 4 辑（总第 15 辑），法律出版社 2001 年版，第 12~17 页。

张福顺贷款诈骗案（《刑事审判参考》指导案例第 306 号）

裁判要点：贷款民事欺诈行为与贷款诈骗犯罪主观上都意图欺骗金融机构，客观上均实施了一定程度的欺诈行为，二者区别的关键，是行为人是否具有非法占有金融机构贷款的目的。

要认定行为人是否具有非法占有的目的，必须首先明确“非法占有”的内涵。我们认为，刑法意义上的“非法占有”，不仅是指行为人意图使财物脱离相对人而非法实际控制和管理，而且意图非法所有或者不法所有相对人的财物，为使用、收益、处分之表示。因此，不能单纯以行为人使用欺诈手段实际获取了贷款或者贷款到期不能归还，就认定行为人主观上具有非法占有贷款的目的，而应坚持主客观相一致的原则，具体情况具体分析，在对行为人贷款时的履约能力、取得贷款的手段、贷款的使用去向、贷款无法归还的原因等方面及相关客观事实进行综合分析的基础上，判断行为人是否具有非法占有贷款的目的，以准确界定是贷款欺诈行为还是贷款诈骗犯罪。

——最高人民法院刑事审判第一庭、第二庭编：《刑事审判参考》2004 年第 4 集（总第 39 集），法律出版社 2005 年版，第 11~19 页。

481. 使用变造金融凭证诈骗行为的定性

关键词

金融凭证诈骗罪　票据诈骗罪　伪造、变造的金融凭证

《最高人民法院公报》案例

山东省潍坊市人民检察院诉曹娅莎、刘锦祥金融凭证诈骗案（判决时间：1999 年 3 月 6 日，最高人民法院复核）

裁判摘要：以非法占有为目的，使用变造的银行存单诈骗资金，诈骗数额特别巨大，其行为构成金融凭证诈骗罪，而非票据诈骗罪。对犯金融凭证诈骗罪法律法规都没有规定罚金刑，故不应对行为人并处罚金刑。

最高人民法院复核后认为：被告人曹娅莎伙同同案被告人刘锦祥，于1996年使用变造的银行存单诈骗资金，其行为已触犯全国人大常委会1995年6月30日公布的《关于惩治破坏金融秩序犯罪的决定》（以下简称《决定》）第12条第2款，构成犯罪。此款的罪名，最高人民法院在1996年12月16日发布的《关于审理诈骗案件具体应用法律的若干问题的解释》（以下简称法发〔1996〕32号文）第5条第4款中确定为票据诈骗罪。1997年10月1日开始施行的《刑法》第194条第2款与《决定》第12条第2款的规定相同。鉴于《中华人民共和国票据法》明确将“票据”规定为汇票、本票和支票，因此最高人民法院在1997年12月9日发布的《关于执行〈中华人民共和国刑法〉确定罪名的规定》中，将刑法第194条第2款的罪名确定为“金融凭证诈骗罪”。两个司法解释对罪名的确定相抵触，根据最高人民法院《关于认真学习宣传贯彻修订的〈中华人民共和国刑法〉的通知》第5条的规定，旧司法解释中相抵触的这一部分不再适用。曹娅莎所犯的是金融凭证诈骗罪，原审认定票据诈骗罪不当，应予纠正。

——《最高人民法院公报》1999年第3期。

482. 使用伪造的银行存单作抵押诈骗银行贷款行为的定性

关键词

金融凭证诈骗罪　贷款诈骗罪　伪造的银行存单　犯罪数额

《刑事审判参考》指导案例

朱成芳等金融凭证诈骗、贷款诈骗案（《刑事审判参考》指导案例第33号）

裁判要点：使用伪造的银行存单作抵押诈骗银行贷款构成金融凭证诈骗罪。

使用伪造的银行存单作抵押骗取贷款的行为，应以金融凭证诈骗罪认定、处罚。

其一，从立法本意看，《刑法》设立金融凭证诈骗罪时，对该罪的规定是广义的，只要是使用伪造的金融凭证进行诈骗，数额较大的，即构成此罪。

其二，从司法实践看，使用伪造的金融凭证诈骗贷款，与使用虚假的经济合同、证明文件等诈骗贷款有所不同。

其三，从刑法理论看，本案被告人共实施了三个行为：伪造公司、企业公文、印章，伪造金融凭证和诈骗贷款，三者存在牵连关系。其中，伪造公司、企业公文、印章和伪造金融凭证是手段行为，诈骗贷款是目的行为。使用伪造的金融凭证诈骗贷款，同时触犯了《刑法》第 193 条规定的贷款诈骗罪和 194 条第 2 款规定的金融凭证诈骗罪。该两罪的法律规定交叉，是一行为同时触犯数罪名，应从一重处，定金融凭证诈骗罪。金融凭证诈骗罪的手段较多，包括使用伪造的银行金融凭证，如银行存单。金融凭证诈骗罪诈骗的对象是不特定的，包括银行贷款。被告人使用伪造的金融凭证诈骗银行时，无论银行是从哪一项目支付款项，都不影响被告人非法占有的目的，都是用伪造的金融凭证诈骗银行。

——最高人民法院刑事审判第一庭编：《刑事审判参考》1999 年第 5 辑（总第 5 辑），法律出版社 1999 年版，第 1~8 页。

483. 使用伪造的银行信汇凭证骗取储户存款行为的定性

关键词

金融凭证诈骗罪　伪造的银行信汇凭证

《最高人民法院公报》案例

原北京市人民检察院分院诉张奇金融凭证诈骗案（判决时间：2000 年 12 月 7 日，最高人民法院复核）

裁判摘要：被告人伙同他人使用伪造的银行信汇凭证，骗取储户存款，诈骗数额特别巨大，其行为构成金融凭证诈骗罪。被告人在共同犯罪中起主要作用，系主犯，鉴于被告人所得赃款数额不大，认罪态度较好，对其判处死刑，可不立即执行。

最高人民法院认为，被告人张奇伙同他人使用伪造的银行信汇凭证，骗取储户存款，其行为构成金融凭证诈骗罪，诈骗数额特别巨大，给国家利益造成特别重大损失。在共同犯罪中，张奇参与预谋、比对假印章、伪造银行信汇凭证，并指使他人划款，参与分赃，起主要作用，系主犯。但鉴于张奇系帮助他人实施金融凭证诈骗，骗得的赃款绝大多数为他人或其他单位占有，张奇所得赃款数额不大，且认罪态度较好，在共同犯罪中的作用相对小于张洪发等人，对其判处死刑，可不立即执行。一、二审判决认定的事实清楚，证据确实、充分，定罪准确、审判程序合法，但量刑不当。

——《最高人民法院公报》2001 年第 1 期。

484. 变造银行存单并使用行为的定性

关键词

金融凭证诈骗罪　变造金融票证罪　变造银行存单

《刑事审判参考》指导案例

刘岗、王小军、庄志德金融凭证诈骗案（《刑事审判参考》指导案例第 168 号）

裁判要点：变造银行存单并使用的，应以金融凭证诈骗罪定罪处罚。

对于变造银行存单的，根据《刑法》第 177 条第 1 款第 2 项的规定，构成变造金融票证罪；使用变造的银行存单的，根据《刑法》第 194 条第 2 款的规定，以金融凭证诈骗罪定罪处罚。虽然《刑法》没有规定变造银行存单并使用的行为如何处理，但从行为人变造银行存单和使用变造的银行存单之间的关系来看，使用变造的银行存单骗取钱财是行为人的目的，变造银行存单是实现其骗取钱财的方法、手段，对于这种具有内在牵连关系的方法行为与目的行为分别构成犯罪的，在《刑法》理论上被称为牵连犯。对于牵连犯的处理，除《刑法》有明确规定的以外，一般择一重罪处罚。考虑到金融凭证诈骗罪设有死刑，且行为人变造金融票证的目的是实施金融凭证诈骗，因此，对变造银行存单并使用的行为，应以金融凭证诈骗罪一罪定性，不实行并罚。

——最高人民法院刑事审判第一庭、第二庭编：《刑事审判参考》2002 年第 2 辑（总第 25 辑），法律出版社 2002 年版，第 25~31 页。

485. 伪造企业网上银行转账授权书骗取资金行为的定性

关键词

金融凭证诈骗罪　转账授权书　银行结算凭证

《刑事审判参考》指导案例

张北海等人贷款诈骗、金融凭证诈骗案（《刑事审判参考》指导案例第424号）

裁判要点：网上银行企业客户账户查询、转账书符合金融凭证中的委托收款凭证的特征，属于金融凭证。行为人伪造企业网上银行转账授权书骗取资金的行为，构成金融凭证诈骗罪。

如何正确理解银行结算凭证的内涵和外延，是认定上述行为的关键。2000年8月的中国人民银行办公厅《关于单位定期存款开户证实书性质认定的批复》认为：支付结算是指单位、个人在社会经济活动中使用票据、信用卡和汇兑、托收承付、委托收款等结算方式进行货币给付及其资金清算的行为。中国人民银行为上述结算活动统一制定的书面凭证为结算凭证。2003年12月9日的中国人民银行办公厅《关于其他银行结算凭证有关问题的复函》再次明确：根据《支付结算办法》的有关规定，办理票据、信用卡和汇兑、托收承付、委托收款等转账结算业务所使用的凭证，均属银行结算凭证。此外，银行办理现金缴存或支取业务使用的有关凭证也属银行结算凭证，如现金解款单是客户到银行办理现金缴存业务的专用凭证，也是银行和客户凭以记账的依据，它证明银行与客户之间发生了资金收付关系，代表相互间债权、债务关系的建立，属于银行结算凭证。而单位定期存款开户证实书、对账单、银行询证函等，只具有证明或事后检查作用，不具有货币给付和资金清算作用，不属于结算凭证。因此，只要是在金融活动中具有货币给付和资金清算作用，并表明银行与客户之间已受理或已办结相关支付结算业务的凭据，均应认定为银行结算凭证。

就伪造企业网上银行转账授权书骗取资金的行为而言，所涉及的《中国工商银行网上银行企业客户账户查询、转账授权书》是用于网上电子银行进行收付、结算的唯一的、排他的重要依据，是用于特定主体（金融机构、存款人）之间以特定的格式记载双方的特定权利、义务的书面文件，同时也是双方记账的重要凭证，符合上述金融凭证中的委托收款凭证的特征，属于新兴电子银行业务中出现的一种非传统型的银行会计凭证，具有金融凭证所具有的转账、支付等功能，因而应属于金融票证的范畴。行为人采取诱骗企业到银行存款，办理网上银行业务后，私刻存款企业印鉴、银行印鉴，伪造存款企业网上银行转账授权书，将存款企业下挂到他公司名下作为分支机构，再利用网上银行骗取银行资金的行为，应以金融凭证诈骗罪定罪。

——最高人民法院刑事审判第一、二、三、四、五庭主办：《刑事审判参考》2007年第1集（总第54集，），法律出版社2007年版，第10~17页。

486. 金融机构工作人员利用工作之便以换折方式支取储户资金行为的定性

关键词

金融凭证诈骗罪　伪造金融票证罪　牵连犯

《刑事审判参考》指导案例

李路军金融凭证诈骗案（《刑事审判参考》指导案例第425号）

裁判要点：行为人利用窃取的他人存款信息资料伪造银行存折的行为，构成伪造金融票证罪，其后使用该伪造的存折到信用社取款的行为构成金融凭证诈骗罪。两行为之间具有手段与目的的牵连关系，成立牵连犯，应从一重处。

行为人窃取他人的存款信息资料并据此换折的行为，虽然体现出一定的秘密性，即是在利用工作便利趁其他工作人员不备之机偷偷进行的，但该行为只是为非法占有存款创造了条件，并不等于实际占有了相应的财产。也就是说，该行为只是为了下一步实施非法提取存款做准备，但尚未对存款造成实际侵害。

金融凭证诈骗罪是以非法占有为目的的犯罪，因此，是否构成金融凭证诈骗罪，不仅要看行为人是否实施了使用伪造、变造的银行结算凭证骗取钱款的行为，还要看行为人主观上是否具有非法占有的目的。行为人取款得手后，将部分诈骗所得用于购买轿车供个人使用，并携带剩余赃款出逃，足以认定其主观上具有非法占有的目的，其行为已经构成金融凭证诈骗罪。需要说明的是，储户的存折虽经行为人伪造并被提取了存款，但原存折仍是合法有效的存折，储户凭其存折当然能够依法向信用社主张提款的权利，而信用社在储户到期提款时也必须无条件向其支付存款本息。因此，实际上遭受财产损失的是信用社而不是储户，信用社才是被害人。

行为人利用窃取的他人存款信息资料伪造银行存折的行为，依法构成伪造金融票证罪，其后使用该伪造的存折到信用社取款的行为亦构成金融凭证诈骗罪，两个行为具有手段行为与目的行为的牵连关系，属于刑法理论上的牵连犯。对于牵连犯的处理，在刑法没有明确规定的情况下，刑法理论和司法实践中一般采用择一重罪论处的原则。比较行为人构成两罪应适用的法定刑幅度，显然金融凭证诈骗罪重于伪造金融票证罪，故对行为人应以金融票证诈骗罪论处。

——最高人民法院刑事审判第一、二、三、四、五庭主办：《刑事审判参考》2007 年第 1 集（总第 54 集，），法律出版社 2007 年版，第 18~24 页。

487. 盗取空白现金支票伪造后使用行为的定性

关键词

票据诈骗罪　盗窃罪

《刑事审判参考》指导案例

周大伟票据诈骗（未遂）案（《刑事审判参考》指导案例第 277 号）

裁判要点：盗取空白现金支票伪造后予以使用的，构成票据诈骗罪。

空白现金支票由于尚没有加盖出票人的印章，其性质如一张废纸。而印章齐全的现金支票则与之完全不同。以我国现行的现金支票制度来看，谁获得出票人印章齐全的现金支票就等于取得以该现金支票向相关金融机构的兑付权，金融机构在进行表面审核后（只需审核印章是否齐全、与预留印章是否一致、支票形式上是否真实，是否在有效期内，提款人身份证上的姓名是否与票面上的收款人一致）即当见票即付。因此，行为人盗窃印章齐全、已填写好票面金额，且数额较大的现金支票，本质上与盗窃等额的现金无异，即使未及时兑现，也应以盗窃罪处罚。行为人进而持该现金支票已从金融部门骗领现金的，其骗领行为的性质，属于兑现盗窃物品价值的行为，是盗窃行为自然所牵连的结果行为，因此，仍应定盗窃罪。上述情形下，认定盗窃数额以票面数额为准。行为人盗窃印章齐全、但未填写票面金额的现金支票，其行为性质仍为盗窃。其后，行为人自行填写票面金额，如已兑现的，以兑现数额认定为盗窃数额。有关上述问题的具体处理应以《最高人民法院关于审理盗窃案件具体应用法律若干问题的解释》第5条第2项的有关规定为依据。

——最高人民法院刑事审判第一庭、第二庭编：《刑事审判参考》2004年第1集（总第36集），法律出版社2004年版，第11~16页。

488. 利用保管他公司工商登记、经营证章的便利条件，以他公司名义申领、签发支票并非法占有公司资金行为的定性

关键词

票据诈骗罪　伪造金融票证罪

《刑事审判参考》指导案例

李兰香票据诈骗案（《刑事审判参考》指导案例第307号）

裁判要点：利用保管的公司相关证章擅自签发支票并加以使用，从而将该公司资金非法据为己有的行为，同时触犯了伪造金融票证罪和票据诈骗罪两个罪名，但因两者存在手段和目的之间的牵连关系，按照牵连犯的一般适用原则，应以票据诈骗罪一罪处理。

对于该行为的定性，存在两种分歧意见。一种意见认为被告人的行为构成侵占罪。理由是：由于委托人身处异地和未能及时支付手续费的原因，不能及时归还办理完的公司的有关证章，其对新成立公司的注册资金具有保管的义务，此种情形类似于公司财会人员利用公司证章占有公司财产的行为，不同的是前者是公司委托的财务人员，后者是公司聘用的财务人员，其行为是一种侵占行为，所以其行为构成侵占罪。另一种意见认为构成票据诈骗罪。理由是：被告人仅是受委托办理工商、税务登记的有关手续，在其完成公司有关手续的登记行为后，委托事项已经完成。由于被告人的身份不是新公司的成员，完成委托事项后仅是临时持有公司有关证章，而无权使用这些证章，对公司的财物不享有任何经营、管理权利，不能认定公司财物由其保管。因此，其冒领公司支票非法取得公司财产的行为既不属侵占，也不属职务侵占，应以票据诈骗罪定罪处罚。我们认为，根据行为事实和相关法律规定，将被告人的行为认定为票据诈骗罪是妥当的，理由如下：

第一，被告人行为不构成侵占罪。首先，本案不存在对物进行保管的前提。作为财产犯罪的侵占罪，不同于侵犯经济秩序犯罪，其所侵占的对象应当是具体的财产或者财产凭证。而在该行为中，被告人接受委托办理的事项

是公司设立登记，其代为保管的是公司设立登记所需和所形成的证章，而非注册资金，这两点是存在差别的，不能以对于公司有关证章的保管的认定，来替代对于公司具体财产的保管的认定。实际上，公司的注册资金也无需任何人具体保管。其次，被告人不是基于对物的保管关系实现对物的直接侵占。财产犯罪表现为对对象物的直接侵占、骗取或者毁损，因而具有直接性，作为财产犯罪的侵占罪自不例外。

第二，被告人在委托事项完成后，利用保管公司工商登记、经营证章的便利条件，以该公司名义申领、签发支票进而非法占有该公司财物的行为，构成票据诈骗罪。所谓票据诈骗罪，是指以非法占有为目的，以金融票据作为工具骗取数额较大财物的行为。被告人通过开领、签发、使用支票等手段取得公司的资金并携款潜逃，具备票据诈骗罪的一般特征，应无疑问。我们认为其行为属于使用伪造支票行为。应当说，没有代理权或者超越代理权以及利用所保管的出票权利人的印章开具票据并使用行为的具体认定，在理论和实务上均存在一定的分歧，本案即属于此种情形。我们之所以将此种情形认定为使用伪造支票行为，其主要理由是，冒用他人支票以真实、有效的支票即已存在为前提，是一种单纯的使用行为。而利用管理他人印章等便利条件冒用他人名义开具并使用支票，实际上包含着一个出票行为，尽管该出票行为具有表面上的真实性，但因未经权利人授权，非权利人的意志所为，根本上是一个伪造支票的行为，即假冒他人名义伪造票据，因而也是无效的。在这里，被告人利用其保管的公司相关证章擅自签发支票并加以使用，从而将该公司资金非法据为己有的行为，实际上同时触犯了伪造金融票证罪和票据诈骗罪两个罪名，但因两者存在手段和目的之间的牵连关系，按照牵连犯的一般适用原则，应以票据诈骗罪一罪处理。

——最高人民法院刑事审判第一庭、第二庭编：《刑事审判参考》2004 年第 4 集（总第 39 集），法律出版社 2005 年版，第 20~26 页。

489. 以非法占有为目的使用已经贴现的真实票据质押贷款行为的定性

关键词

票据诈骗罪　已贴现的真实票据

《刑事审判参考》指导案例

王世清票据诈骗、刘耀挪用资金案（《刑事审判参考》指导案例第 387 号）

裁判要点：没有利用贷款合同或者质押合同“骗取对方当事人财物”，其以非法占有为目的，使用已经贴现的真实票据质押贷款，不构成合同诈骗罪。以非法占有为目的，使用已经贴现的真实票据质押贷款的行为，属于《刑法》第 194 条第 1 款第 3 项规定的“冒用他人的汇票”进行诈骗活动，应当以票据诈骗罪定罪处罚。

对此案存在合同诈骗罪还是票据诈骗罪的争议。

根据《刑法》第 194 条第 1 款第 3 项的规定，冒用他人的汇票是构成票据诈骗罪的其中一种情形。冒用他人汇票是指擅自以合法持票人的名义，支配、使用、转让自己不具备支配权利的他人的汇票行为。“冒用”通常有三种表现形式：一是使用以非法手段获取的汇票，如以欺诈、偷盗或者胁迫等手段取得的汇票，或者明知是以上述手段取得的汇票而使用；二是没有代理权而以代理人名义使用或者代理人超越代理权限而使用；三是擅自使用他人委托代为保管的或者捡拾他人遗失的汇票。被告人以欺骗的手段从他人手中取得已经贴现过的承兑汇票，其票据的取得是非法的；在贷款过程中，明知该汇票已被贴现，自己对该汇票不具有支配权，而向银行隐瞒了事实真相，擅自以本公司作为合法持票人，使用不具备支配权的承兑汇票办理质押贷款，应视为《刑法》第 194 条第 1 款第 3 项规定的“冒用他人的汇票”。对于以非法占有为目的，冒用他人的汇票进行诈骗活动，构成犯罪的，应当以票据诈骗罪定罪处罚。

——最高人民法院刑事审判第一、二、三、四、五庭主办：《刑事审判参考》2006 年第 4 集（总第 49 集），法律出版社 2006 年版，第 8~16 页。

490. 票据诈骗罪主观故意的认定

关键词

票据诈骗罪　非法占有目的

《刑事审判参考》指导案例

姚建林票据诈骗案（《刑事审判参考》指导案例第 145 号）

裁判要点：票据诈骗罪是从传统的诈骗罪中分离出来的犯罪，构成票据诈骗罪需要具有非法占有目的。

作为侵犯财产犯罪的票据诈骗罪，是从传统的诈骗罪中分离出来的，与诈骗罪相同，以非法占有为目的是构成本罪的必要条件。虽然《刑法》在关于金融诈骗犯罪的条文中，只对集资诈骗罪、贷款诈骗罪和信用卡诈骗罪中的“恶意透支”行为明确规定了必须具有非法占有的目的，没有明确规定票据诈骗罪是“以非法占有为目的”的犯罪，但并不是说票据诈骗犯罪不要求有非法占有的目的。只是由于金融诈骗比普通诈骗犯罪的情况复杂，在认定行为人是否具有非法占有的目的上存在一定的特殊性。在非法集资（诈骗）、违法贷款（诈骗）和恶意透支信用卡行为中，行为人采取虚假手段集资、贷款或者恶意透支信用卡，并不一定都具有非法占有目的，因此，《刑法》才强调规定“以非法占有为目的”才能构成犯罪。而在其他金融诈骗犯罪中，如果没有相反证据证明行为人不具有非法占有目的，行为人采取《刑法》规定的方式、手段进行金融诈骗的，一般可以表明行为人主观上具有非法占有的目的，不需要《刑法》作出特别规定。正如抢劫罪、盗窃罪、诈骗罪都是以非法占有为目的的犯罪，但《刑法》没有规定“以非法占有为目的”是此类犯罪的构成要件。因此，认定票据诈骗罪，必须查明行为人是否具有非法占有的目的。

——最高人民法院刑事审判第一庭、第二庭编：《刑事审判参考》2001 年第 12 辑（总第 23 辑），法律出版社 2002 年版，第 15~20 页。

491. 骗取货物后以空头支票付款行为的定性

关键词

票据诈骗罪　合同诈骗罪　空头支票

《刑事审判参考》指导案例

季某票据诈骗、合同诈骗案（《刑事审判参考》指导案例第 93 号）

裁判要点：诈骗罪与合同诈骗罪、票据诈骗罪是法条竞合关系，一般应择一重处。骗取货物与使用空头支票付款的先后不应影响票据诈骗罪的成立。

第一，在构成要件上，票据诈骗罪、合同诈骗罪和诈骗罪都是以非法占有为目的，使用虚构事实或者隐瞒真相的方法，骗取数额较大的公私财物的行为。但是，具体犯罪行为不同，侵犯的犯罪客体不同，罪名都不容混淆。票据诈骗罪在客体上侵犯的是国家对票据的管理制度，在客观上仅限于使用本票、汇票和支票骗取数额较大的公私财物的行为。合同诈骗罪侵犯的客体是国家对合同的管理制度，在客观上限于在签订、履行合同过程中进行诈骗的行为。如果忽略这些特定的诈骗犯罪行为特征和犯罪侵犯的特殊客体不计，行为人实施金融诈骗、合同诈骗的行为，也完全符合诈骗罪的法定构成要件，这种情形在刑法理论上被称为法条竞合。所谓法条竞合，是指一个犯罪行为同时触犯了两个《刑法》分则条文，其中某一法条规定的全部内容包含于另一法条的内容之中（即两个法条发生重合），或者两个法条的部分内容相同（即有所交叉）的情形。票据诈骗罪、合同诈骗罪与诈骗罪之间就属于一种包含关系，票据诈骗罪与合同诈骗罪之间是一种交叉关系。对于法条竞合的处理，《刑法》没有明确规定，但在刑法理论上，一般认为应择一重处断，即按照《刑法》规定的法定刑较重的法条定罪处刑；如数个法条的法定刑相同，则按照特别法优于普通法的原则，以特别法的法条定罪处刑。由于1997年《刑法》规定的金融诈骗罪的法定刑重于诈骗罪，合同诈骗罪的法定刑与诈骗罪基本相同，因此，自1997年《刑法》施行以后，对于实施金融诈骗或者利用合同进行诈骗，构成犯罪的行为，不应当再笼统以诈骗罪定罪处罚。

第二，骗取货物与使用空头支票付款的先后不应影响票据诈骗罪的成立。签发空头支票是在骗取财物之前还是之后，不应当影响票据诈骗罪的成立。因为，行为人完成诈骗犯罪的行为是在其签发空头支票之后。而其一旦完成整个诈骗犯罪行为，其诈骗犯罪的具体行为、侵犯的客体才能最终确定，因此行为人无论是在取得货物之前、同时还是之后签发空头支票，其行为不仅侵犯了普通诈骗罪中他人公私财物所有权这一共同客体，更主要的是还侵犯了国家对票据的管理制度这一特殊客体，符合票据诈骗罪的特征。从另一个角度看，行为人先得到商品的行为，尚不能独立构成犯罪，因此，也就不能仅以此即确定其行为特征，进而确定其具体罪名。当然，行为人利用了购销合同，形式上也触犯了《刑法》第224条之规定，构成合同诈骗罪。但如前所述，对这种情形的法条竞合，应按照特别法条优于普通法条的原则，选择适用特别法条，对行为人应以票据诈骗罪定罪处刑。

——最高人民法院刑事审判第一庭、第二庭编：《刑事审判参考》2001年第4辑（总第15辑），法律出版社2001年版，第18~24页。

492. 盗窃银行承兑汇票并使用，骗取数额较大财物的行为构成票据诈骗罪

关键词

诈骗罪　盗窃罪　票据诈骗罪

《刑事审判参考》指导案例

张平票据诈骗案（《刑事审判参考》指导案例第 653 号）

裁判要点：盗窃银行承兑汇票并使用，骗取数额巨大财物的行为，构成票据诈骗罪而非盗窃罪。

（一）从银行承兑汇票的特点看，行为人盗窃的物品系有保护措施的财产性权利。银行承兑汇票虽然具有与现金相类似的支付结算功能，但它并不能完全等同于现金。银行承兑汇票是一种记名、可挂失、不能即时兑现、有较多保护措施的有价证券。张平盗窃银行承兑汇票，票面的数额不应作为定罪的标准。

（二）从所侵犯的法益看，盗窃该类银行承兑汇票的行为并不必然使持票人的财产受损。张平盗窃汇票后以票据权利人的名义使用票据的行为使接收张平交付汇票的人受到财产损失，该行为损害了国家对金融票据的管理制度和正常秩序，符合票据诈骗罪的客体特征。

（三）被告人张平的行为符合票据诈骗罪的客观要件特征

根据刑法规定，张平的行为符合"冒用他人的汇票"情形。张平明知自己不是所窃汇票的权利人，却仍向受票人明确表示票据为其所有，其以权利人的身份取得转让对价，完全符合冒用他人汇票的情形。张平骗取财物 8.7 万元，属于财产数额巨大的情形，齐备票据诈骗罪的客观要件。

（四）本案不宜参照适用刑法第一百九十六条第三款的规定

刑法第一百九十六条第三款的规定是特殊规定，虽然刑法规定盗窃信用卡并使用的行为构成盗窃罪，但盗窃汇票、本票、支票、信用证、有价证券并使用的行为并非一律以盗窃罪定罪。银行承兑汇票在流转过程中可能已被挂失，汇票所指向的财物可能已不存在。在该情形下，行为人要凭票获取财物主要依靠虚构事实或隐瞒真相的手段，而且行为对象不是汇票持有人，而是第三人。对于混合使用盗窃、骗取手段的行为定性，刑法理论界和实务界一般均以获取财物的关键行为作为定罪的标准。本案被告人盗窃银行承兑汇票时并未实现对银行承兑汇票项下款项的控制，其获取巨额财产的关键手段是其盗窃后的骗取行为，因此应当以票据诈骗罪定罪，而不宜认定为盗窃罪。

——最高人民法院刑事审判第一、二、三、四、五庭主办：《刑事审判参考》2010 年第 6 集（总第 77 集），法律出版社 2011 年版，第 1~9 页。

493. 信用卡诈骗罪中关于“以非法占有为目的”的认定

关键词

信用卡诈骗罪　主观要件　以非法占有为目的

最高人民法院司法解释

第六条　持卡人以非法占有为目的，超过规定限额或者规定期限透支，经发卡银行两次有效催收后超过三个月仍不归还的，应当认定为刑法第一百九十六条规定的“恶意透支”。

对于是否以非法占有为目的，应当综合持卡人信用记录、还款能力和意愿、申领和透支信用卡的状况、透支资金的用途、透支后的表现、未按规定还款的原因等情节作出判断。不得单纯依据持卡人未按规定还款的事实认定非法占有目的。

具有以下情形之一的，应当认定为刑法第一百九十六条第二款规定的“以非法占有为目的”，但有证据证明持卡人确实不具有非法占有目的的除外：

（一）明知没有还款能力而大量透支，无法归还的；

（二）使用虚假资信证明申领信用卡后透支，无法归还的；

（三）透支后通过逃匿、改变联系方式等手段，逃避银行催收的；

（四）抽逃、转移资金，隐匿财产，逃避还款的；

（五）使用透支的资金进行犯罪活动的；

（六）其他非法占有资金，拒不归还的情形。

——《最高人民法院、最高人民检察院关于办理妨害信用卡管理刑事案件具体应用法律若干问题的解释》（2018年11月28日，法释〔2018〕19号）。

附录：理解与适用

《刑法》第一百九十六条规定：“恶意透支，是指持卡人以非法占有为目的，超过规定限额或者规定期限透支，并且经发卡银行催收后仍不归还的行为。”《最高人民法院、最高人民检察院关于办理妨害信用卡管理刑事案件具体应用法律若干问题的解释》（以下简称《解释》）第6条第1款进一步明确了恶意透支的含义，规定：“持卡人以非法占有为目的，超过规定限额或者规定期限透支，并且经发卡银行两次催收后超过三个月仍不归还的，应当认定为《刑法》第一百九十六条规定的‘恶意透支’。”第2款规定了应当认定为以非法占有为目的的6种情形：明知没有还款能力而大量透支，无法归还的；肆意挥霍透支的资金，无法归还的；透支后逃匿、改变联系方式，逃避银行催收的；抽逃、转移资金，隐匿财产，逃避还款的；使用透支的资金进行违法犯罪活动的；其他非法占有资金，拒不归还的行为。上述规定对于准确认定非法占有目的发挥了重要作用，但在具体适用中也存在一些问题。根据实践反映的问题，《最高人民法院、最高人民检察院关于修改〈关于办理妨害信用卡管理刑事案件具体应用法律若干问题的解释〉的决定》（以下简称《修改决定》）第1条对《解释》第6条作了修改完善。

1. 以非法占有为目的的独立要件地位。根据《刑法》第一百九十六条的规定，以非法占有为目的是恶意透支的主观要件，是区分恶意透支与民事纠纷、民事欺诈的最重要标准。然而，以非法占有为目的的规定在实践中被虚化，具体表现为依据“经发卡银行两次催收后超过三个月仍不归还”的客观行为直接认定以非法占有为目的，以及对持卡人提出的不具有非法占有目的的辩解（如正在与发卡银行协商还款事宜等）置之不顾。为防止客观归罪，实现主客观相统一，《修改决定》第1条对《解释》第6条作了进一步完善，特别强调不得单纯依据未按规定还款的事实认定非法占有目的，凸显了以非法占有为目的在认定恶意透支中的独立要件地位。

2. 以非法占有为目的的综合考量。《修改决定》第1条对《解释》第6条作了补充，增加了第2款，规定：“对于以非法占有为目的，应当综合持卡人信用记录、还款能力和意愿、申领和透支信用卡的状况、透支资金的用途、透支后的表现、未按规定还款的原因等情节作出判断。”据此，对非法占有目的应当根据案件的具体情况综合认定，具体可以从如下几个方面考量：申领信用卡时提交材料是否真实，有无严重弄虚作假；使用信用卡时是否具有相对稳定的还款能力，如是否具有稳定合法的工作或者收入来源等；透支情况与收入水平是否基本相符；涉案信用卡是否存在大量套现情况；透支款项用途是否合法，是否用于违法犯罪活动；是否存在持续且有效的还款行为；透支后是否与发卡银行保持联系、积极沟通，是否存在故意逃避催收的情况，等等。对于持卡人原有合法、稳定收入来源，长期正常使用信用卡，信用记录良好，但在正常透支消费后，因突发重大疾病或者其他客观原因，导致一时无力还款，事后与发卡银行积极沟通说明情况、尽力筹措还款资金的，不应认定为以非法占有为目的。

3. 以非法占有为目的的推定情形。《修改决定》对《解释》第6条第2款关于以非法占有为目的的推定情形作进一步完善，主要有以下几个方面：（1）不再将“肆意挥霍透支的资金，无法归还的”作为认定非法占有为目的的情形之一。司法实践普遍反映，肆意挥霍的认定存在较大弹性，受持卡人自身情况和消费时间、地点等因素影响较大，且与信用卡透支消费这一最重要功能的界限难以准确把握，不利于信用卡功能的正常发挥和持卡人合法权益的有效维护。（2）将“使用虚假资信证明申领信用卡后透支，无法归还的”增设为认定非法占有目的的情形之一。实践中，一些持卡人通过提供虚假的财产状况、收入、职务等资信证明材料的方式，骗领信用卡或者提高信用卡的授信额度后透支，导致无法归还的情况时有出现。此种情形，反映持卡人具有相当的主观恶性，且往往是实施信用卡套现、信用卡诈骗的前提和基础，危害较大，有必要加以规制。基于此，将此种情形纳入认定非法占有目的的情形。(3)增加但书规定。鉴于司法实践的情况比较复杂，应当允许对具有本款规定推定以非法占有为目的的情形提出反证，即“有证据证明持卡人确实不具有非法占有目的的除外”。

——耿磊：《关于修改〈关于办理妨害信用卡管理刑事案件具体应用法律若干问题的解释〉的决定的理解与适用》，载《人民司法·应用》2019年第1期（总第840期）。

494. 信用卡诈骗罪中信用卡的认定

关键词

信用卡诈骗罪　信用卡

《刑事审判参考》指导案例

张国涛信用卡诈骗案（《刑事审判参考》指导案例第472号）

裁判要点：我国《刑法》中的信用卡，既包括国际通行意义上具有透支功能的信用卡，也包括了不具有透支功能的银行借记卡。

2004年12月29日，全国人大常委会作出了《关于〈中华人民共和国刑法〉有关信用卡规定的解释》。该解释规定：《刑法》规定的“信用卡”，是指由商业银行或者其他金融机构发行的具有消费支付、信用贷款、转账结算、存取现金等全部功能或者部分功能的电子支付卡。可见，立法机关的意图很明确，就是通过立法解释进一步扩大并统一刑法意义上“信用卡”的范围认定，即针对银行或者其他金融机构发行的电子支付卡，只要其具备消费支付、信用贷款、转账结算、存取现金等全部功能或者部分功能的，都属于刑法意义上的信用卡。据此，我国《刑法》中的信用卡应当既包括国际通行意义上具有透支功能的信用卡，也包括了不具有透支功能的银行借记卡。也就是说，在该立法解释出台后，刑法意义上的信用卡的范围与相关金融法规意义上的信用卡范围有所不同。作为专门性立法解释，自颁布之日起当然应当在刑事司法中遵照执行。

——最高人民法院刑事审判第一、二、三、四、五庭主办:《刑事审判参考》2008 年第 1 集(总第 60 集),法律出版社 2008 年版,第 10~15 页。

495. 信用卡诈骗罪中“催收”的认定

关键词

信用卡诈骗罪　恶意透支　催收

最高人民法院司法解释

第七条　催收同时符合下列条件的,应当认定为本解释第六条规定的“有效催收”:

(一)在透支超过规定限额或者规定期限后进行;

(二)催收应当采用能够确认持卡人收悉的方式,但持卡人故意逃避催收的除外;

(三)两次催收至少间隔三十日;

(四)符合催收的有关规定或者约定。

对于是否属于有效催收,应当根据发卡银行提供的电话录音、信息送达记录、信函送达回执、电子邮件送达记录、持卡人或者其家属签字以及其他催收原始证据材料作出判断。

发卡银行提供的相关证据材料,应当有银行工作人员签名和银行公章。

——《最高人民法院、最高人民检察院关于办理妨害信用卡管理刑事案件具体应用法律若干问题的解释》(2018 年 11 月 28 日,法释〔2018〕19 号)。

附录:理解与适用

根据《刑法》第一百九十六条第二款的规定,“经发卡银行催收后仍不归还”是认定恶意透支的条件之一。根据司法实践反映的问题,《最高人民法院、最高人民检察院关于修改〈关于办理妨害信用卡管理刑事案件具体应用法律若干问题的解释〉的决定》(以下简称《修改决定》)第 1 条明确刑法规定的催收应为有效催收,即发卡银行的催收,只有被持卡人确实收到后,方可认定为刑法规定的催收。作此限定,既符合司法实践的一贯做法,又可以防止催收形式化和不当扩大刑事处罚范围,实现立法通过催收限定刑事处罚范围的目的。有必要提及的是,对于持卡人与实际透支人不一致时的催收对象及相关问题,实践中存在不同认识。经研究认为,上述问题主要系实践操作问题,《修改决定》未予涉及。具体操作中,可以根据实际透支人获得信用卡的不同方式分别作出处理:(1)违背持卡人真实意愿情形的处理。以拾得、骗取、窃取、收买甚至抢劫、盗窃等方式获取他人信用卡后恶意透支，根据刑法和司法解释的有关规定，可以盗窃罪、信用卡诈骗罪（冒用他人信用卡）等规定定罪处罚，不需要催收。（2）未违背持卡人的真实意愿情形的处理。持卡人明知甚至与实际透支人共谋，共同使用自己的信用卡恶意透支的，对持卡人进行催收即可。因为此种情形下，持卡人与实际透支人一般存在某种关联，且双方违反了《中国人民银行银行卡业务管理办法》（银发〔1999〕17号）第二十八条“银行卡及其账户只限经发卡银行批准的持卡人本人使用，不得出租和转借”的规定。需要特别强调，此处只是明确催收对象是持卡人，但是否构成恶意透支型信用卡诈骗罪，以及追究的刑事责任具体主体，还需要根据案件具体情况作出判断。

——耿磊：《关于修改〈关于办理妨害信用卡管理刑事案件具体应用法律若干问题的解释〉的决定的理解与适用》，载《人民司法·应用》2019年第1期（总第840期）。

496. 信用卡诈骗罪中恶意透支的定罪量刑数额标准

关键词

信用卡诈骗罪　恶意透支　定罪量刑　犯罪数额

最高人民法院司法解释

第六条　持卡人以非法占有为目的，超过规定限额或者规定期限透支，经发卡银行两次有效催收后超过三个月仍不归还的，应当认定为刑法第一百九十六条规定的“恶意透支”。

对于是否以非法占有为目的，应当综合持卡人信用记录、还款能力和意愿、申领和透支信用卡的状况、透支资金的用途、透支后的表现、未按规定还款的原因等情节作出判断。不得单纯依据持卡人未按规定还款的事实认定非法占有目的。

具有以下情形之一的，应当认定为刑法第一百九十六条第二款规定的“以非法占有为目的”，但有证据证明持卡人确实不具有非法占有目的的除外：

（一）明知没有还款能力而大量透支，无法归还的；

（二）使用虚假资信证明申领信用卡后透支，无法归还的；

（三）透支后通过逃匿、改变联系方式等手段，逃避银行催收的；

（四）抽逃、转移资金，隐匿财产，逃避还款的；

（五）使用透支的资金进行犯罪活动的；

（六）其他非法占有资金，拒不归还的情形。

第八条　恶意透支，数额在五万元以上不满五十万元的，应当认定为刑法第一百九十六条规定的“数额较大”；数额在五十万元以上不满五百万元的，应当认定为刑法第一百九十六条规定的“数额巨大”；数额在五百万元以上的，应当认定为刑法第一百九十六条规定的“数额特别巨大”。

第九条　恶意透支的数额，是指公安机关刑事立案时尚未归还的实际透支的本金数额，不包括利息、复利、滞纳金、手续费等发卡银行收取的费用。归还或者支付的数额，应当认定为归还实际透支的本金。

检察机关在审查起诉、提起公诉时，应当根据发卡银行提供的交易明细、分类账单（透支账单、还款账单）等证据材料，结合犯罪嫌疑人、被告人及其辩护人所提辩解、辩护意见及相关证据材料，审查认定恶意透支的数额；恶意透支的数额难以确定的，应当依据司法会计、审计报告，结合其他证据材料审查认定。人民法院在审判过程中，应当在对上述证据材料查证属实的基础上，对恶意透支的数额作出认定。

发卡银行提供的相关证据材料，应当有银行工作人员签名和银行公章。

——《最高人民法院、最高人民检察院关于办理妨害信用卡管理刑事案件具体应用法律若干问题的解释》（2018年11月28日，法释〔2018〕19号）。

附录：理解与适用

修改完善恶意透支的定罪量刑数额标准，以进一步明确恶意透支罪与非罪、罪重罪轻的界限，是起草《最高人民法院、最高人民检察院关于修改〈关于办理妨害信用卡管理刑事案件具体应用法律若干问题的解释〉的决定》（以下简称《修改决定》）的重中之重。《修改决定》对《最高人民法院、最高人民检察院关于办理妨害信用卡管理刑事案件具体应用法律若干问题的解释》（以下简称《解释》）相关规定作了修改完善，形成了修改后《解释》第8条、第9条，适度调整了恶意透支的定罪量刑数额标准，进一步完善了恶意透支数额的计算方法。

1. 恶意透支定罪量刑数额标准的适度上调。根据我国经济社会发展情况和维护信用卡管理秩序的实际需要，在充分总结司法办案经验、实际做法和听取有关主管部门意见的基础上，经慎重研究，《修改决定》将恶意透支定罪量刑的数额标准提升至《解释》规定标准的5倍。修改后《解释》第8条规定：“恶意透支，数额在五万元以上不满五十万元的，应当认定为《刑法》第一百九十六条规定的‘数额较大’；数额在五十万元以上不满五百万元的，应当认定为《刑法》第一百九十六条规定的‘数额巨大’；数额在五百万元以上的，应当认定为《刑法》第一百九十六条规定的‘数额特别巨大’。”

此外，有必要提及两个问题：（1）有意见提出，恶意透支是信用卡诈骗罪的类型之一，与信用卡诈骗罪的其他类型（使用伪造的信用卡；使用以虚假的身份证明骗领的信用卡；使用作废的信用卡；冒用他人信用卡）没有本质区别，恶意透支定罪量刑的数额标准提高后，其他类型信用卡诈骗定罪量刑的数额标准宜作相应提高。经慎重考虑，暂未采纳这一意见。主要考虑是：恶意透支是信用卡诈骗罪的绝对多数类型，其定罪量刑的数额标准，是当前办理信用卡诈骗刑事案件面临的最为突出问题之一，有必要重点解决，而其他类型信用卡诈骗的定罪量刑数额标准未见突出问题，实施情况较好，可以继续适用。特别是，恶意透支主要属于持卡人与发卡银行的债权债务纠纷，危害相对较小，风险相对可控，其定罪量刑的数额标准，可以而且有必要与信用卡诈骗罪的其他类型保持较大差别。（2）有意见提出，恶意透支定罪量刑的数额标准，能否以及如何与信用卡诈骗罪其他类型的定罪量刑数额标准相互折抵，建议作出明确。经研究认为，恶意透支与信用卡诈骗罪的其他类型虽然适用同一罪名，但性质有所不同，不宜相互折抵，分别计算似更为适宜。当然，所涉问题较为复杂，可以作进一步深入研究，且主要是具体操作层面的问题，故《修改决定》未予涉及。

2. 恶意透支数额计算方法的完善。《解释》第6条第4款规定："恶意透支的数额，是指在第1款规定的条件下持卡人拒不归还的数额或者尚未归还的数额。不包括复利、滞纳金、手续费等发卡银行收取的费用。"对此，《修改决定》第4条予以吸收，并作了修改完善。修改后《解释》第9条第1款规定："恶意透支的数额，是指公安机关刑事立案时尚未归还的实际透支的本金数额，不包括利息、复利、滞纳金、手续费等发卡银行收取的费用。归还或者支付的数额，应当认定为归还实际透支的本金。"据此，对于恶意透支数额的认定，应当着重把握如下三个方面的问题：（1）恶意透支的数额是指实际透支的本金数额。恶意透支的犯罪对象主要是发卡银行的本金，而利息、复利、滞纳金、手续费等发卡银行收取的费用属于发卡银行的市场收入，通过民事等其他法律手段加以保护更为妥当，这也是《解释》第6条第4款的本意。但实践中，个别办案机关对《解释》第6条第4款的规定产生了不同理解，如有的认为利息不属于复利、滞纳金、手续费，应当计入恶意透支的数额。同时，为了避免将利息、复利、滞纳金、手续费等发卡银行收取的费用计入下个还款周期的本金，《修改决定》特别强调，恶意透支的本金，仅指持卡人实际透支的本金。（2）计算恶意透支数额的时间节点为"公安机关刑事立案时"。这是实践中的普遍做法，能够鼓励持卡人还款，有助于发卡银行及时挽回损失。（3）归还或者支付的数额，应当认定为归还实际透支的本金。实践中，持卡人逾期后归还的款项，是还本还是付息，认识不一，故此处明确为"还本"。如不作此规定，可能导致将发卡银行收取的费用变相计入恶意透支的数额，明显不当。需要强调，"归还或者支付的数额，应当认定为归还实际透支的本金"的规定，是公安、司法机关计算恶意透支犯罪数额的方法，而《信用卡管理办法》第五十七条“逾期 1—90 天（含）的，按照先应收利息或各项费用、后本金的顺序进行冲还；逾期 91 天以上的，按照先本金、后应收利息或各项费用的顺序进行冲还”的规定，则属于银行的信用卡业务规则，二者的法律依据、适用范围、制度目的等均不相同，应当并行但不能混同。

根据司法实践经验，修改后《解释》第 9 条第 2 款、第 3 款进一步明确了认定恶意透支数额的证据标准，规定：“检察机关在审查起诉、提起公诉时，应当根据发卡银行提供的交易明细、分类账单（透支账单、还款账单）等证据材料，结合犯罪嫌疑人、被告人及其辩护人所提辩解、辩护意见及相关证据材料，审查认定恶意透支的数额；恶意透支的数额难以确定的，应当依据司法会计、审计报告，结合其他证据材料审查认定。人民法院在审判过程中，应当在对上述证据材料查证属实的基础上，对恶意透支的数额作出认定。”“发卡银行提供的相关证据材料，应当有银行工作人员签名和银行公章。”对此，需要强调两点：其一，检察机关在审查起诉、提起公诉时，即应当收集、调取发卡银行提供的交易明细、分类账单（透支账单、还款账单）等证据材料，审查认定恶意透支的数额。其二，在一些案件中，恶意透支的数额难以确定的，检察机关应当要求有关部门出具司法会计报告或者审计报告，并结合案件其他证据审查认定恶意透支的数额，以提升恶意透支数额认定的准确性和案件处理的效率。

——耿磊：《关于修改〈关于办理妨害信用卡管理刑事案件具体应用法律若干问题的解释〉的决定的理解与适用》，载《人民司法·应用》2019 年第 1 期（总第 840 期）。

497. 信用卡诈骗罪恶意透支的从宽处理规则

关键词

信用卡诈骗罪　恶意透支　从宽处理

最高人民法院司法解释

第十条　恶意透支数额较大，在提起公诉前全部归还或者具有其他情节轻微情形的，可以不起诉；在一审判决前全部归还或者具有其他情节轻微情形的，可以免予刑事处罚。但是，曾因信用卡诈骗受过两次以上处罚的除外。

——《最高人民法院、最高人民检察院关于办理妨害信用卡管理刑事案件具体应用法律若干问题的解释》（2018 年 11 月 28 日，法释〔2018〕19 号）。

附录：理解与适用

修改后《最高人民法院、最高人民检察院关于办理妨害信用卡管理刑事案件具体应用法律若干问题的解释》(以下简称《解释》) 第10条规定:“恶意透支数额较大，在提起公诉前全部归还或者具有其他情节轻微情形的，可以不起诉；在一审判决前全部归还或者具有其他情节轻微情形的，可以免予刑事处罚。但是，曾因信用卡诈骗受过两次以上处罚的除外。”具体而言：(1) 适度限缩全部归还的对象，不再明确要求全部归还的对象为款息，实际调整为“实际透支的本金数额”，以与修改后《解释》第9条的规定保持一致。(2) 适度放宽从宽处理的时间范围，不再限制为公安机关立案前，以最大限度地发挥刑法的威慑和教育功能。只要在提起公诉前（含侦查、审查起诉、提起公诉阶段）归还全部恶意透支数额或者具有其他情节轻微情形的，检察机关可以不起诉；在检察机关提起公诉后、一审判决前归还全部恶意透支数额或者具有其他情节轻微情形的，人民法院可以对其免予刑事处罚。当然，如果情节显著轻微危害不大的，可以在个案中根据《刑法》第十三条但书的规定不作为犯罪处理。(3) 适度限制从宽处理的适用情形。鉴于《修改决定》调整了恶意透支的定罪量刑标准，故对于恶意透支达到数额巨大、数额特别巨大标准的，不适用本条规定。对于曾因信用卡诈骗受过两次以上处罚的，也不适用本条规定。

——耿磊:《关于修改〈关于办理妨害信用卡管理刑事案件具体应用法律若干问题的解释〉的决定的理解与适用》，载《人民司法·应用》2019年第1期（总第840期）。

498. 名为透支信用卡实为贷款情形的处理规则

关键词

信用卡诈骗罪　信用卡透支

最高人民法院司法解释

第十一条　发卡银行违规以信用卡透支形式变相发放贷款，持卡人未按规定归还的，不适用刑法第一百九十六条‘恶意透支’的规定。构成其他犯罪的，以其他犯罪论处。

——《最高人民法院、最高人民检察院关于办理妨害信用卡管理刑事案件具体应用法律若干问题的解释》(2018年11月28日，法释〔2018〕19号)。

附录：理解与适用

司法实践中，个别发卡银行不采用传统的抵押担保等具有较高安全性的贷款发放方式，而是以信用卡透支的形式发放贷款，既降低了银行发放贷款的审查要求，又可以将持卡人透支不还的行为认定恶意透支以通过刑事手段追索贷款，从而将银行的审慎义务转移给司法机关和持卡人。实践中，对于此种情况能否认定为《刑法》第一百九十六条规定的恶意透支，存在较大争议。经研究认为，该行为实质上是借用信用卡的形式发放贷款，所发放的信用卡的主要功能是作为贷款载体而非用于透支消费，不符合信用卡的本质特征，此种情况下持卡人透支不还的行为主要属于不及时归还贷款，不应适用恶意透支的规定定罪处罚。当然，如果符合《刑法》第一百七十五条之一规定的骗取贷款罪、第一百九十三条规定的贷款诈骗罪等其他犯罪的，可以依照其他犯罪定罪处罚。基于此，《最高人民法院、最高人民检察院关于修改〈关于办理妨害信用卡管理刑事案件具体应用法律若干问题的解释〉的决定》增加1条，作为修改后《最高人民法院、最高人民检察院关于办理妨害信用卡管理刑事案件具体应用法律若干问题的解释》第11条，规定："发卡银行违规以信用卡透支形式变相发放贷款，持卡人未按规定归还的，不适用《刑法》第一百九十六条'恶意透支'的规定。构成其他犯罪的，以其他犯罪论处。"

——耿磊：《关于修改〈关于办理妨害信用卡管理刑事案件具体应用法律若干问题的解释〉的决定的理解与适用》，载《人民司法·应用》2019年第1期（总第840期）。

499. 恶意透支型信用卡诈骗案件中对透支本金产生的费用如何处理

关键词

恶意透支型信用卡诈骗　透支本金

《刑事审判参考》指导案例

陈自渝信用卡诈骗案（《刑事审判参考》指导案例第841号）

裁判要点：在审理恶意透支型信用卡诈骗案件中，人民法院只应对犯罪所得即透支的本金部分作出判决。

在恶意透支型信用卡诈骗罪案件中，法院是否应当对透支本金产生的复利（包括正常利息和罚息）、滞纳金、手续费等银行收取的费用作出刑事裁判，即法院是否仅应当对透支的本金部分作出刑事判决。

本案的事实、证据以及定性不存在争议。争议的焦点在于人民法院对透支本金产生的其他费用是否应当纳入判决内容。审理过程中，存在三种意见：

第一种意见认为，不应当纳入判决，只就透支本金部分作刑事认定，透支本金产生的其他费用，刑事判决不应认定。理由是：刑法只对犯罪行为及犯罪数额作出评价，其他部分应当通过民事途径解决。在未提起刑事附带民事诉讼的情况下，人民法院不应主动进行裁判。

第二种意见认为，应当纳入判决，并且利息包括本金所产生的正常利息及复利、滞纳金、手续费等费用。理由是：银行贷款均会产生利息，其他费用也是银行的损失，故应当赔偿。

第三种意见认为，应当纳入判决，但只对本金所生正常利息进行裁判。此部分理由与第二种意见大致相同，但同时认为其他费用过高，如对其他费用进行判决则有失公正。

我们同意第一种观点，人民法院只应对犯罪所得即透支的本金部分作出判决。理由如下：

（一）犯罪数额只限于透支本金

恶意透支型信用卡诈骗罪是一种数额犯，只有恶意透支到一定数额时才对恶意透支的行为追究刑事责任。在恶意透支型信用卡诈骗罪中，行为人犯罪时所指向的对象只是透支的本金部分，至于后来透支本金所产生的各种费用并不是其犯罪时意图占有的部分。《最高人民法院、最高人民检察院关于办理妨害信用卡管理刑事案件具体应用法律若干问题的解释》第六条①第四款规定，"嫌疑人的透支数额，应为持卡人拒不归还的数额或尚未归还的数额，不包括复利、滞纳金、手续费等"，也就是通常所称的本金。因此，持卡人意图非法占有和实际非法占有的是本金部分，依据刑法第六十四条的规定，对犯罪分子违法所得予以追缴或者责令退赔的，也仅指恶意透支的本金部分。

（二）透支本金所产生的复利等不属于犯罪造成的直接经济损失

透支本金所产生的复利，包括正常利息和罚息以及其他费用，不能认定为银行的直接损失，即不能成为犯罪侵犯的法益。信用卡发卡行与持卡人之间是一种民事法律关系，其本质是债权债务关系；双方通过《领用信用卡协议》确定权利义务，持卡人有透支的权利，但也承担着按时还款的义务，而一旦不履行义务就会产生相应的责任。这种责任在协议中实际上已经约定，

---

① 本条现为《最高人民法院、最高人民检察院关于办理妨害信用卡管理刑事案件具体应用法律若干问题的解释》（2018 年修正）第六条。

就是会产生罚息、滞纳金、手续费等费用。可见，以上费用并不是银行的直接损失，而只是银行与持卡人约定的持卡人违反还款义务时承担的违约责任。而对于透支的本金产生的正常利息实际上也只是双方依据民事借款合同约定的利息，不能称之为银行的直接损失。故无论是本金产生的正常利息还是其他费用，都只是双方约定的义务的体现方式，而不能认定为银行的直接损失，从而也就不能成为该类犯罪侵犯的法益。

（三）对于透支本金所产生的复利、滞纳金等间接损失，应当通过民事救济途径解决

固然，复利、滞纳金等间接损失，对银行来说本属预期收益，也应受到法律保护。但刑事审判只限于保护被害人的直接经济损失，对于间接经济损失，即使是物质损失，也不能以追缴或者返还的方式在刑事裁判中判决。因此，银行可通过民事救济途径解决。2012 年修改后的刑事诉讼法第九十九条[①]规定："被害人由于被告人的犯罪行为而遭受物质损失的，在刑事诉讼过程中，有权提起附带民事诉讼。如果是国家机关、集体财产遭受损失的，人民检察院在提起公诉的时候，可以提起附带民事诉讼。"由该规定可知，对于透支本金所产生的复利、滞纳金等间接损失，不能通过附带民事诉讼解决。确有正当理由，应当通过民事救济途径解决的，被害人可以另行提起民事诉讼。

综上，在恶意透支型信用卡诈骗罪中，人民法院只应对犯罪所得即透支本金部分作出裁判，不应对复利——包括正常利息和罚息、滞纳金、手续费等费用作出处理。

——《陈自渝信用卡诈骗案——恶意透支型信用卡诈骗案件中对透支本金产生的费用如何处理》，载最高人民法院刑事审判第一、二、三、四、五庭主办：《刑事审判参考》2013 年第 2 集（总第 91 集），法律出版社 2014 年版，第 9~12 页。

500. 窃取他人开卡邮件并激活信用卡使用的行为如何定性

关键词

开卡邮件　信用卡

《刑事审判参考》指导案例

王立军等信用卡诈骗案（《刑事审判参考》指导案例第 874 号）

① 本条现为《中华人民共和国刑事诉讼法》（2018 年修正）第一百零一条。

裁判要点：窃取他人开卡邮件并激活信用卡使用的行为构成信用卡诈骗罪。

随着信用卡业务的井喷式发展，手机、网络等通信媒介的推动，信用卡诈骗手段已从传统的采用捡拾、窃取、手工涂改等手段发展到如今的套取持卡人信息、私自激活、冒名挂失补办卡片等，且更趋于专业化、组织化和智能化。实践中，截留开卡邮件，冒用持卡人名义将卡激活并使用的情形时有发生。实践中，对此类行为如何定性，存在认识分歧：第一种观点认为构成盗窃罪。根据刑法第一百九十六条第三款的规定，盗窃信用卡并使用的，以盗窃罪论处。被告人明知邮件中为他人申领的信用卡，仍秘密窃取，虽然新申领的信用卡须激活后才能使用，但因该卡初始密码、办理时预留的手机号码在邮件中均已写明，即卡片激活所需的必要要素已包含其中，此时该卡处于“准有效”状态，具有明确的价值属性。第二种观点构成信用卡诈骗罪。被告人虽然采用秘密手段窃取他人信用卡，但该卡并未激活，尚不具备信用卡具有的消费、提取现金等支付功能，实际上等同于作废、无效的卡片。被告人真正取得财物是通过激活信用卡并冒用的行为，故应当以信用卡诈骗罪论处。第三种观点认为，该行为中的手段行为构成刑法第二百五十二条规定的侵犯通信自由罪，结果行为触犯了信用卡诈骗罪，应当按照牵连犯的处理原则，择一重处，即以信用卡诈骗罪论处。

我们同意第二种观点。具体理由如下：

（一）被告人王立军私自取得未激活信用卡属于窃取行为

1. 邮件属于具有明确所有权指向的特殊物品。邮件一般通过邮寄的方式由一方传递到另一方。邮件属于封缄物，必须注有收件人的姓名、地址、联系方式等投递信息，权利义务关系明确且所有权指向鲜明。收件人对邮件的包装物及内容物有绝对所有权，其他邮件合法占有人的占有效力不能及于邮件的内容物，且仅为辅助占有。因此，当邮件由寄送人交付托运人之时，应当认为此时邮件的所有权已经转移给收件人。即使收件人尚未实际取得甚至尚未意识到该邮件的存在，其也对该物品具有间接的控制和管理权。一旦其权益遭到侵犯，收件人享有返还请求权、损害赔偿权等权利。本案中，发卡银行将装有信用卡的邮件寄送至被害人所在公司，公司代为签收后，与被害人之间形成了一种委托保管关系，公司对邮件构成辅助占有，被害人有权随时要求公司返还该邮件。被告人王立军未经许可，私自占有被害人邮件，属于秘密窃取行为。

2. 被告人王立军私藏他人邮件的行为不构成私自开拆、隐匿、毁弃邮件、电报罪，侵犯通信自由罪，盗窃罪。王立军私藏他人邮件的行为，虽然同时符合私自开拆、隐匿、毁弃邮件、电报罪，侵犯通信自由罪，盗窃罪的部分客观方面特征，但不完全符合上述三罪的构成要件或者入罪标准。首先，私自开拆、隐匿、毁弃邮件、电报罪的犯罪主体必须为“邮政工作人员”，王立军属于非从事邮政业务公司的一般工作人员，不符合本罪主体要件。其次，“情节严重”是侵犯通信自由罪的成立要件之一。一般认为必须具有以下情节之一，才属于侵犯公民通信自由权利“情节严重”：多次、经常隐匿、毁弃、非法开拆他人信件；一次性隐匿、毁弃、非法开拆他人信件数量较多；隐匿、毁弃、非法开拆他人信件的行为造成他人身体健康、精神受到巨大创伤或者重大财产损失。王立军隐匿邮件行为的次数、数量、价格均未达到“情节严重”的程度。且在刑法理论上，只有原因行为和结果行为均构成犯罪的情况下，才存在牵连犯的认定问题，故前述第三种关于构成牵连犯的观点不能成立。最后，盗窃罪要求窃取的物品到手时即具有价值属性，且“数额较大”。本案中，由于王立军窃取邮件时银行卡尚未被激活，银行对卡主的授信额度尚未生效，财物价值尚未生成，可透支额度不能等同于该信件价值，且王立军仅实施了该次行为，故亦不符合盗窃罪的入罪标准。综上，被告人私藏他人邮件行为不构成上述三罪。

（二）窃取他人信用卡后激活并使用的行为构成信用卡诈骗罪

刑法第一百九十六条第一款规定了构成信用卡诈骗罪的四种情形，即使用伪造的信用卡，使用以虚假的身份证明骗领的信用卡，使用作废的信用卡，冒用他人信用卡及恶意透支。本案被告人王立军的行为属于其中冒用他人信用卡的情形，且其套现 1.19 万元，已达到“数额较大”的标准，构成信用卡诈骗罪。

1. 私自激活他人信用卡并使用属于冒用他人信用卡行为。信用卡办理流程一般需经过申领、审核、寄送、激活、使用五个阶段。当事人申领信用卡通过审核后，银行一般会在 10 至 15 个工作日内将卡片通过信件的形式邮寄至申领人预留的地址，申领人签收后再将卡片激活并使用。所谓“激活”，即申领人按照发卡银行寄送信件指定的步骤，拨打银行服务电话，按照语音提示输入个人预留身份资料、手机号码、初始密码等重要私密信息，成功通过审核的过程。只有成功激活才能启动“沉睡”中的卡片的各项功能。因此，激活在信用卡的申办流程中占据核心地位，信用卡不特定的价值必须通过激活这一关键步骤的完成才能最终实现。信用卡的激活应当体现申领人的意志，一般由申领人或者经其授权的人进行操作。而王立军是在信用卡申领人不知情的情况下，利用截取的开卡信件及作为同事知晓申领人身份信息的便利，私自激活信用卡，并以信用卡卡主的身份刷卡取现或者消费，侵犯他人财产权的同时也侵害了国家对信用卡的管理制度，扰乱了正常的金融管理秩序，属于冒用他人信用卡的行为。

2. 未被激活的信用卡不属于“盗窃信用卡并使用”调整的范围。《全国人大常委会关于〈中华人民共和国刑法〉有关信用卡规定的解释》明确规定，刑法规定的“信用卡”，是指由商业银行或者其他金融机构发行的具有消费支付、信用贷款、转账结算、存取现金等全部功能或者部分功能的电子支付卡。当然，该卡应当是真实、有效的。正如有观点提出的，刑法规定的行为对象如果是某种物品而又未附注或者明确包含伪造、无效、虚假的，那就只能理解为真实、有效的，如刑法第二百八十条规定的盗窃、抢夺、毁灭国家机关公文、证件、印章罪中的“公文、证件、印章”原则上要求必须是真实、有效的。因此，刑法第一百九十六条第三款中的“盗窃信用卡并使用”中的“信用卡”应当是已被激活、能正常使用的信用卡，即具备消费、支付、转账、存取等全部或者部分功能。无效卡、伪造卡、变造卡、涂改卡均不能归入其中。该款立法意图在于将盗窃信用卡并使用的性质界定为事后不可罚的行为，这里的信用卡本身已经具有了财产的价值属性，能够直接转化成相应价值的资金或者财物。最高人民法院曾于 1986 年 11 月 3 日在对下级法院的答复中明确：“被告人盗窃信用卡后有仿冒卡主签名进行购物、消费的行为，是将信用卡本身所含的不确定价值转化为具体财物过程，是盗窃犯罪的继续，应定盗窃罪。”本案中，发卡行邮寄给申领人的信封中的卡片因未激活，还不具备信用卡的基本功能，属于广义上的无效卡范畴，故盗窃未激活的信用卡超出了刑法第一百九十六条第三款规定的“信用卡”外延。

3. 盗窃不同财产权利载体物的处理。随着经济活动日益频繁，有价支付凭证、有价证券、有价票证及信用卡等财产权利载体逐渐丰富。根据最高人民法院、最高人民检察院 2013 年出台的《关于办理盗窃刑事案件适用法律若干问题的解释》第五条的规定，盗窃不记名、不挂失的有价支付凭证、有价证券、有价票证的，按票面数额和盗窃时应得的孳息、奖金或者奖品等可得收益一并计算盗窃数额。盗窃记名的载体物，已经兑现的，按照兑现部分的财物价值计算盗窃数额；没有兑现，但失主无法通过挂失、补领、补办手续等方式避免损失的，按照给失主造成的实际损失计算盗窃数额。这里未区分记名载体物财物价值的不同兑现方式。实务中，可视不同情形作相应认定：（1）盗窃不记名、不挂失的财产权利载体物，因能即时兑现财产权利，行为人窃取后，就拥有了对相对应财物的控制权，以盗窃罪论处。（2）盗窃记名的票据、金融凭证、信用卡，行为人不论是否采取其他欺骗行为，在兑现时，须冒充权利人行使权利从而取得载体物财产价值，且“冒用”情形是票据诈骗罪、金融凭证诈骗罪、信用卡诈骗罪客观方面均要求的行为。行为人如果冒充权利人兑现财产价值，则以上述金融诈骗罪定罪量刑。（3）盗窃除（2）以外记名的权利载体物，如果采用伪造银行预留印鉴、印章，仿冒持票人签名等形式兑现财产价值的，由于其后续欺骗行为是取得财产的关键行为，以票据诈骗罪追究刑事责任；如果盗窃的是印鉴齐全的载体物，兑现时无须另行提供身份证明等资料，将其兑现行为视为实现窃取物价值的事后不可罚行为，则以盗窃罪处理。

本案被告人王立军的行为属于上述第二类行为。信用卡作为一种记名的、使用时必须附随一定印鉴、身份证件、密码的金融凭证，行为人盗窃未激活的信用卡后，并不能无条件地获取财物。兑现财物需实施冒名激活、冒名使用的欺诈行为，故以信用卡诈骗罪处理更为合适。

综上，法院认定被告人王立军窃取他人信件，激活信用卡并使用的行为构成信用卡诈骗罪是正确的。

——范莉、范凯：《王立军等信用卡诈骗案——窃取他人开卡邮件并激活信用卡使用的行为如何定性》，载最高人民法院刑事审判第一、二、三、四、五庭主办：《刑事审判参考》2013 年第 4 集（总第 93 集），法律出版社 2014 年版，第 12~17 页。

501. 保险诈骗罪主体与犯罪未遂的认定

关键词

保险诈骗罪　犯罪主体　犯罪未遂

《刑事审判参考》指导案例

曾劲青、黄剑新保险诈骗、故意伤害案（《刑事审判参考》指导案例第 296 号）

裁判要点：保险诈骗罪的犯罪主体属特殊主体，非特殊主体可以成为共犯。保险诈骗罪是结果犯，对以骗取数额巨大的保险费为目的，虽因意志以外原因未得逞，也可以构成保险诈骗罪而予以定罪处罚。

保险诈骗罪的犯罪主体属特殊主体。就其单独犯罪形态而言，只有投保人、被保险人或者受益人才能构成保险诈骗罪；就其共同犯罪形态而言，只有保险事故的鉴定人、证明人、财产评估人故意为保险诈骗行为人提供虚假的证明文件，为其进行保险诈骗提供条件的，才能以保险诈骗罪的共犯论处。上述是《刑法》对保险诈骗罪的主体及共犯构成要件的严格界定，如果行为人既不是投保人、被保险人或者受益人，也不是保险事故的鉴定人、证明人、财产评估人，不具有保险诈骗犯罪的主体资格和构成共犯的主体资格，故不构成保险诈骗罪。事实上，根据《刑法》总则规定的共同犯罪的一般原理，我们不仅自然能够得出“保险事故的鉴定人、证明人、财产评估人故意为保险诈骗行为人提供虚假的证明文件，为其进行保险诈骗提供条件的，应构成保险诈骗罪的共犯”的结论，而且当然也能得出：除此而外，其他明知保险诈骗行为人意欲进行保险诈骗而为其提供其他条件或帮助的人，同样也能够成立保险诈骗罪的帮助犯。

《刑法》第 198 条第 1 款列举的五种骗取保险金数额较大的情况，均为既遂行为，构成保险诈骗罪。但对保险诈骗未得逞即未遂，是否需要定罪处罚，《刑法》和相关司法解释并未作出明确规定。对以骗取数额巨大的保险费为目的，虽因意志以外原因未得逞，也可以构成保险诈骗罪而予以定罪处罚。

——最高人民法院刑事审判第一庭、第二庭编：《刑事审判参考》2004 年第 3 集（总第 38 集），法律出版社 2004 年版，第 88~100 页。

502. 被保险车辆的实际所有人利用挂靠单位的名义实施保险诈骗行为的定性

关键词

保险诈骗罪　犯罪主体　隐名被保险人　间接正犯

《刑事审判参考》指导案例

徐开雷保险诈骗案（《刑事审判参考》指导案例第 479 号）

裁判要点：挂靠车辆的实际所有者作为实际投保人和被保险人，对于保险标的具有直接的保险利益关系，可以成为保险诈骗罪的主体。行为人利用挂靠单位从保险公司骗得盗窃险保险金的行为，属于隐名被保险人（实际投保人）利用显名被保险人（名义投保人）名义实施的保险诈骗行为，构成保险诈骗罪的间接正犯。

我们认为，行为人作为被保险车辆的实际所有人和骗保资金的实际获取人，利用挂靠单位的名义实施的保险诈骗行为，符合保险诈骗罪的主体要件，应当认定为构成保险诈骗罪。具体理由如下：

第一，挂靠车辆的实际所有者作为实际投保人和被保险人，对于保险标的具有直接的保险利益关系，完全可以成为保险诈骗罪的主体。

一是挂靠者作为隐名被保险人和实际投保人，是保险合同权利义务的实际承受者。如所有挂靠经营方式导致名与实的分离，出于车辆行政管理的现状和实现运输目的的需要，机动车辆登记在挂靠单位名下，但实际由个人出资购买，并缴纳各项运输费用。使得在所有权领域，车辆在名义上归属挂靠单位，而实际所有人为挂靠个人。进入保险领域，车主挂靠的单位自然成为名义上的投保人或被保险人，而实际上，保险标的为挂靠者实际所有，各类保险费用也全部由挂靠者支付，挂靠者应认定为保险合同的权利义务实质承受主体。

二是对保险标的享有的保险利益实际属于挂靠者。挂靠经营双方主体与挂靠车辆之间存在明显的利益关系差异，挂靠单位通常仅负责出面办理各种运营证件、手续，代缴各项规费，向挂靠者收取管理费，并协助实际车主办理有关保险事务。除作为挂名车主外，挂靠单位与机动车辆之间无直接利害关系，即使投保车辆发生损害事故，挂靠单位实际并没有受到财产损失。相反，挂靠者作为车辆的实际所有者和经营者，与车辆有着切身的利害关系，一旦投保车辆发生意外事故，直接财产的损失承受者就是挂靠者。因此，挂靠单位对保险车辆只具有形式上的保险利益，挂靠者对投保车辆才存在着实质的保险利益。

三是挂靠者是实际的投保人和被保险人。挂靠者不以自己名义投保，是因为现实需要而与挂靠单位签订协议将车辆登记于挂靠单位名下所致。

第二，行为人利用挂靠单位从保险公司骗得盗窃险保险金的行为，属于隐名被保险人（实际投保人）利用显名被保险人（名义投保人）名义实施的保险诈骗行为，构成保险诈骗罪的间接正犯。

在具体的保险理赔操作中，保险公司只会受理名义上的被保险人（保险合同签订人）提出的理赔申请。也就是说，行为人单独对其利用挂靠单位实施的骗取保险金的行为承担刑事责任。可见，行为人利用挂靠单位从保险公司骗得保险金的行为，属于隐名被保险人（实际投保人）利用无犯罪故意的显名被保险人（名义投保人）名义实施的保险诈骗行为，构成保险诈骗罪的间接正犯。之所以不将行为人借他人之名实施的行为认定为是冒充他人的诈骗行为，而包容于诈骗客观要件内，正是因为行为人与被利用人是隐名与显名关系，隐名者利用显名者名义有其合法基础。行为人是实际被保险人的身份，而现实又不允许行为人以自己名义处理事务，即便在实施合法行为时，隐名被保险人的一切意图、行为也理所当然地必须借助于显名被保险人的名义付诸实施。事实上，无论是隐名者，还是显名者都明知对外的名义仅是为了事务处理的便利，隐名者才是事务的具体实施人、受益人，显名者通过提供名义、协助事务的处理等方式对隐名者利用其名义处理约定事务表示默认。也就是说隐名者利用显名者的名义处理约定事务是符合约定的，显名者对此也是明知的，无所谓冒名一说。

——最高人民法院刑事审判第一、二、三、四、五庭主办:《刑事审判参考》2008 年第 2 集（总第 61 集），法律出版社 2008 年版，第 1~7 页。

第六节　危害税收征管罪

503. 逃避缴纳税款数额的确定

关键词

逃避缴纳税款犯罪　增值税专用发票　偷税数额

《刑事审判参考》指导案例

樟树市大京九加油城、黄春发等偷税案（《刑事审判参考》指导案例第447号）

裁判要点：行为人购进货物时应当索要增值税专用发票而未索要，在账外销售货物后没有按照增值税征管规定纳税的，在计算偷税数额时，应当减除按照增值税征管规定可以申报抵扣的税额。

我们认为，《中华人民共和国增值税暂行条例》（以下简称《暂行条例》）第9条规定的内容看似与1998年国家税务总局《关于增值税一般纳税人发生偷税行为如何确定偷税数额和补税罚款的通知》（以下简称《税务总局通知》）第1条第2款规定的内容相矛盾，其实不然。《暂行条例》第9条规定的是违反增值税专用发票的使用规定不予抵扣的问题，行政机关之所以作出如此规定，其本意在于促使行为人在购进货物时，索要并保管好扣税凭证、严格按照相关规定在增值税扣税凭证上注明有关事项，及时申报抵扣，规范增值税专用发票的使用。如果行为人没有按照规定进行操作，作为对增值税专用发票的不规范使用的处罚，税务机关在对行为人征收税款时，禁止行为人将已缴纳的进项税额从销项税额中抵扣，也就是对本该抵扣的进项税额不得从销项税额中抵扣，从而会使行为人多缴纳税款，因此，法规作如此规定是对纳税人怠于保管好扣税凭证、没有规范使用增值税专用发票行为的惩罚，带有行政处罚的性质。而《税务总局通知》则针对的是行为人采取账外经营手段偷税数额如何计算的问题，即如果纳税人采取账外经营，购销活动均不入账，那么就属于典型的偷税行为，根据该规定，其偷税数额应为账外经营部分的销项税额抵扣账外经营部分中已销货物进项税额后的余额。可见，其立法本意是在认定行为人构成偷税的前提下，如何计算具体的偷税数额的问题。因此，《暂行条例》第 9 条规定的内容与《税务总局通知》第 1 条第 2 款之规定并不矛盾，针对的是不同性质的情况，《暂行条例》针对的是不按规定使用增值税专用发票的行政违法处罚问题，前提是行为人并未偷税；而《税务总局通知》第 1 条第 2 款则针对的是账外经营构成偷逃增值税的前提下如何认定偷税数额的问题。

根据最高人民法院《关于审理偷税抗税刑事案件具体应用法律若干问题的解释》第 3 条第 1 款之规定，偷税数额，是指在确定的纳税期间，不缴或者少缴各税种税款的总额，偷税罪的偷税数额应以纳税人不缴或者少缴的税款数额来认定。具体到偷逃增值税而言，在认定的偷税数额时，从增值税的缴纳特点出发，应当根据纳税人的实际缴税情况客观计算因偷税造成国家的税款损失。如果行为人在购买货物时缴纳了进项增值税，在计算其偷逃销项增值税数额时，应当减去其已销货物的进项税额，其余数额为偷税犯罪的数额，这也是《税务总局通知》第 1 条第 2 款规定的基本精神。

——最高人民法院刑事审判第一、二、三、四、五庭主办：《刑事审判参考》2007 年第 4 集（总第 57 集），法律出版社 2007 年版，第 1~9 页。

说明

《最高人民法院、最高人民检察院关于执行〈中华人民共和国刑法〉确定罪名的补充规定（四）》（2009 年 10 月 14 日，法释〔2009〕13 号）已将偷税罪罪名取消，将该罪名改为逃税罪。如何计算该罪中行为人的逃税数额，涉及国家税收运作的基本制度和规定细则，需要我们从法律法规的整个体系和内在精神着眼，准确选择合理的逃税数额计算依据和计算方法。行为人购进货物时应当取得但实际其未索要或并未索要增值税专用发票，销售货物后亦没有按照增值税征管规定纳税，偷逃了国家税款，对此，在计算行为人的逃税数额时，是否应当减除按照增值税征管规定可以申报抵扣的税额，就存在法律法规的选择适用问题。在《增值税暂行条例》和国家税务总局有关通知的规定不一致的情况下，主流观点认为，这两项规定之间并不矛盾，分别针对了不同性质的情况，而《刑法》中逃税罪的规定与国家税务总局有关通知的规定的基本精神是一致的，因此，在计算此时行为人的逃税数额时，应当扣除已销货物的进项税额，其余数额为逃税犯罪的数额。

504. 骗取出口退税罪主观故意的认定

关键词

骗取出口退税罪　明知　“四自三不见”行为

最高人民法院司法解释

第六条 有进出口经营权的公司、企业，明知他人意欲骗取国家出口退税款，仍违反国家有关进出口经营的规定，允许他人自带客户、自带货源、自带汇票并自行报关，骗取国家出口退税款的，依照刑法第二百零四条第一款、第二百一十一条的规定定罪处罚。

——《最高人民法院关于审理骗取出口退税刑事案件具体应用法律若干问题的解释》（2002 年 9 月 17 日，法释〔2002〕30 号）。

附录：最高人民法院主流观点

实践中存在一些有进出口经营权的公司、企业，出于各种目的和动机，利用进出口经营权的资格，在代理出口业务过程中，将空白单证交与他人，进行违法的“四自三不见”业务。所谓“四自三不见”，是指在“不见出口商品、不见供货货主、不见外商的情况下，允许或者放任他人自带客户、自带货源、自带汇票、自行报关”的行为，此类业务究其实质是一种买单行为，为国家明令禁止。在此类业务中，不法分子往往以委托代理或合作出口的名义，充任中间人，既为外贸企业联系“外商”，又为外贸企业提供“货源”，并代办一切手续，待手续齐全后，交由外贸企业办理出口退税，故极易被不法分子用于实施骗取出口退税犯罪。在“四自三不见”业务中，外贸公司、企业往往出于完成创汇任务和谋取提成、手续费、好处费等其他动机，在知道，或者知道他人可能是在骗取国家出口退税款的情况下，置国家有关禁令和国家出口退税款可能被骗的后果于不顾，积极向其提供空白单证，假报出口，并利用交回的单证申报退税，根据共同犯罪理论，对于这种行为，应以骗取出口退税罪的共犯处理。即使对方在逃或者不能查明外贸企业与对方存在勾结、通谋的事实，因其实行行为或者帮助行为系在明知他人意欲骗取出口退税款情形下提供的，亦应对其定罪处罚。基于此，《最高人民法院关于审理骗取出口退税刑事案件具体应用法律若干问题的解释》（以下简称《解释》）第 6 条规定：有进出口经营权的公司、企业，明知他人意欲骗取国家出口退税款，仍违反国家有关进出口经营之规定，允许他人自带客户、自带货源、自带汇票并自行报关，骗取国家出口退税款的，依照《刑法》第 204 条第 1 款、第 211 条之规定定罪处罚。

对于“明知他人意欲骗取出口退税款”的具体认定，我们认为，“四自三不见”是代理出口业务中的一种违规操作行为，是国家明令禁止的做法。《解释》第 6 条关于明知他人意欲骗取国家出口退税款，仍违反有关进出口经营之规定，允许他人采取“四自三不见”手段骗取出口退税的，以骗取出口退税罪定罪处罚之规定，是专门针对有进出口经营权的公司、企业而言的。对于这些公司、企业来说，“四自三不见”业务的违法性以及极易被他人用来实施骗取出口退税犯罪的风险性应当是十分清楚的。如果对方没有实施骗取出口退税行为，对于外贸公司、企业来说，就无所谓“明知”，一般可作为违规行为对待；如果对方意欲骗取出口退税，必然会在具体操作有关手续过程中弄虚作假，对此，外贸公司、企业在办理出口退税时，不可能一点也没有察觉。如果在察觉对方手续不全，单证虚假的情况下，仍然通过“四自三不见”方式为对方办理退税，不管其出于何种动机，至少在主观上具有放任他人实施骗取出口退税行为的故意。因此，对于“明知他人意欲骗取出口退税款”的认定，不能只听被告人的辩解，必须根据“主客观相一致”的原则，结合具体行为加以认定。

——高憬宏、杨万明主编：《基层人民法院法官培训教材（实务卷 · 刑事审判篇）》，人民法院出版社 2005 年版，第 212~214 页。

《刑事审判参考》指导案例

杨康林、曹培强等骗取出口退税案（《刑事审判参考》指导案例第 329 号）

裁判要点：有进出口经营权的公司在“四自三不见”的情况下，将代理出口业务伪造为自营出口业务，致使国家税款被骗的，应当认定具有骗取国家出口退税款的主观故意。

所谓“明知”，包括知道和应当知道。知道的情况比较好掌握，即根据案件事实、证据材料直接证实被告单位或被告人知道他人意欲骗税的目的。应当知道，则需根据行为当时的具体情况、客观条件来综合分析判断被告单位或被告人当时是否知道、能否知道，当时的心理状态究竟怎样。这是法律上的一种推定，而不是一般意义上的明知，是对客观行为的一种法律评价。“四自三不见”业务本是国家明令禁止的业务，如果在从事“四自三不见”业务中，又出现了其他一些不合常理的情况，而有进出口经营权的公司、企业仍继续坚持业务合作，造成国家税款流失，则可推定这些公司、企业主观上明知他人意欲骗税的故意，构成骗取出口退税罪。那么对明知的程度又该如何要求呢？是明知他人骗取出口退税的必然性才构成此罪，还是明知他人骗取出口退税的可能性即成立此罪？根据《解释》第 6 条之规定，只要有事实和证据证明有进出口经营权的公司、企业明知他人可能要骗取出口退税，仍违反规定从事“四自三不见”业务，造成国家税款流失，即可推定其主观上明知，而不要求有证据证明这些公司、企业明知他人必然要骗取出口退税。

——最高人民法院刑事审判第一庭、第二庭编：《刑事审判参考》2005 年

第 1 集（总第 42 集），法律出版社 2005 年版，第 14~25 页。

505. 虚开增值税专用发票罪的定罪量刑标准

关键词

开增值税专用发票罪

最高人民法院司法政策精神

为正确适用刑法第二百零五条关于虚开增值税专用发票罪的有关规定，确保罪责刑相适应，现就有关问题通知如下：

一、自本通知下发之日起，人民法院在审判工作中不再参照执行《最高人民法院关于适用〈全国人民代表大会常务委员会关于惩治虚开、伪造和非法出售增值税专用发票犯罪的决定〉的若干问题的解释》（法发〔1996〕30 号）第一条规定的虚开增值税专用发票罪的定罪量刑标准。

——《最高人民法院关于虚开增值税专用发票定罪量刑标准有关问题的通知》（2018 年 8 月 22 日，法〔2018〕226 号）。

附录：理解与适用

《最高人民法院关于虚开增值税专用发票定罪量刑标准有关问题的通知》（以下简称《通知》）第 1 条规定："自本通知下发之日起，人民法院在审判工作中不再参照执行《最高人民法院关于适用〈全国人民代表大会常务委员会关于惩治虚开、伪造和非法出售增值税专用发票犯罪的决定〉的若干问题的解释》（法发〔1996〕30 号，以下简称《1996 年解释》）第 1 条规定的虚开增值税专用发票罪的定罪量刑标准。"

作此规定，主要考虑有二：一是，《最高人民法院关于认真学习宣传贯彻修订的〈中华人民共和国刑法〉的通知》（以下简称《1997 年通知》）对参照执行的要求是"可"而非"应当"，可见，如果此前制定的司法解释的有关规定明显滞后，不再继续参照执行，不违反《1997 年通知》要求。二是，参照执行《1996 年解释》将导致对虚开增值税专用发票罪的量刑明显偏重，与骗取出口退税罪等类似犯罪之间的量刑严重失衡，不符合宽严相济刑事政策和罪责刑相适应原则，背离了人民群众的朴素正义感。

需要注意的是，《1996 年解释》第 1 条既规定了虚开增值税专用发票定罪量刑的数额标准，又规定了情节标准。从实践来看，与数额标准相似，情节标准同样可能导致处罚畸重，不合时宜。故而，《通知》第 1 条要求人民法院在审判工作中不再参照执行《1996 年解释》第 1 条规定的虚开增值税专用发票罪的定罪量刑标准，这里的“定罪量刑标准”既包括数额标准，也包括情节标准，即《1996 年解释》第 1 条规定的数额标准和情节标准均不再参照执行。

《通知》第 2 条规定：“在新的司法解释颁行前，对虚开增值税专用发票刑事案件定罪量刑的数额标准，可以参照《最高人民法院关于审理骗取出口退税刑事案件具体应用法律若干问题的解释》（法释〔2002〕30 号）第 3 条的规定执行，即虚开的税款数额在 5 万元以上的，以虚开增值税专用发票罪处 3 年以下有期徒刑或者拘役，并处 2 万元以上 20 万元以下罚金；虚开的税款数额在 50 万元以上的，认定为《刑法》第二百零五条规定的‘数额较大’；虚开的税款数额在 250 万元以上的，认定为《刑法》第二百零五条规定的‘数额巨大’。”

不再参照执行《最高人民法院关于适用〈全国人民代表大会常务委员会关于惩治虚开、伪造和非法出售增值税专用发票犯罪的决定〉的若干问题的解释》（以下简称《1996 年解释》）的相关规定后，对虚开增值税专用发票罪没有可以直接适用的司法解释。为暂时解决在新的司法解释出台前，虚开增值税专用发票的定罪量刑标准的“真空”问题，尽可能地明确法律适用标准，基本做到罪责刑相适应，《通知》第 2 条规定可以参照《最高人民法院关于审理骗取出口退税刑事案件具体应用法律若干问题的解释》（以下简称《骗取出口退税罪解释》）第 3 条规定的定罪量刑数额标准。主要考虑有三：一是，骗取出口退税罪与虚开增值税专用发票罪均属于危害税收征管的犯罪，危害性相当。二是，虚开增值税专用发票罪与虚开用于骗取出口退税发票罪属于选择性罪名，因此虚开增值税专用发票相当于骗取出口退税的手段行为，行为方式密切关联。三是，刑法对两个罪名的规定大体一致，例如均以数额和情节作为定罪量刑的标准，构成要件相似。

需要注意的是，《通知》只要求参照执行《骗取出口退税罪解释》第 3 条规定的定罪量刑数额标准，没有要求参照执行“其他严重情节”“其他特别严重情节”的认定标准，主要是考虑到当前办理虚开增值税专用发票刑事案件过程中最亟待解决的问题，主要是数额标准如何掌握。因此，在明确可以参照执行的数额标准的基础上，不对情节标准作出统一规定，交由司法实践自由裁量，应能基本满足司法实践的需要。而且，刑法对虚开增值税专用发票罪的规定，与骗取出口退税罪毕竟有所不同，两罪存在一定区别，定罪量刑标准能否完全等同，需要进一步研究论证，宜交由专门司法解释作出明确。

——耿磊：《〈关于虚开增值税专用发票定罪量刑标准有关问题的通知〉的理解与适用》，载《人民司法·应用》2018 年第 34 期（总第 837 期）。

506. 虚开用于抵扣税款的发票冲减营业额逃避缴纳税款行为的定性

关键词

逃避缴纳税款犯罪　虚开抵扣税款发票罪　犯罪目的

《刑事审判参考》指导案例

芦才兴虚开抵扣税款发票案（《刑事审判参考》指导案例第 107 号）

裁判要点：只有为增值税纳税人虚开或者介绍他人为增值税纳税税人虚开可以用于抵扣税款发票的，才能以虚开抵扣税款发票定罪处罚。虚开可以用于抵扣税款的发票，不是为了抵扣税款，而是出于其他目的，应当结合行为人的犯罪故意和实施的客观行为择定其他罪名定罪处罚，符合偷税罪构成要件的，以偷税罪定罪处罚。

虽然虚开抵扣税款发票罪是行为犯，只要行为人实施了虚开用于抵扣税款的发票，就可构成犯罪，至于是否已将发票用于抵扣税款，不影响虚开抵扣税款发票罪的成立。但行为人没有抵扣税款的故意，即使实施了虚开抵扣税款发票的行为，也不能以虚开抵扣税款发票罪定罪处罚。在这里，对《刑法》第 205 条中的“用于抵扣税款”的理解不能过于宽泛，“用于”应指主观上想用于和客观上实际用于，而不包括虽然可以用于但行为人主观上不想用于，客观上也没有用于，也不能将行为人使用发票意图不明的视为准备用于。虚开可以用于抵扣税款的发票，不是为了抵扣税款，而是出于其他目的，应当结合行为人的犯罪故意和实施的客观行为择定其他罪名定罪处罚。如果符合偷税罪的构成要件，可按偷税罪处理。

——最高人民法院刑事审判第一庭、第二庭编：《刑事审判参考》2001 年第 6 辑（总第 17 辑），法律出版社 2001 年版，第 6~12 页。

说明

《最高人民法院、最高人民检察院关于执行〈中华人民共和国刑法〉确定罪名的补充规定（四）》（2009 年 10 月 14 日，法释〔2009〕13 号）已将偷税罪罪名取消，将该罪名改为逃税罪。

507. 虚开增值税专用发票、用于骗取出口退税、抵扣税款发票罪、虚开发票罪中“虚开”的理解

关键词

虚开增值税专用发票、用于骗取出口退税、抵扣税款发票罪　虚开发票罪

最高人民法院司法政策精神

为正确适用刑法第二百零五条关于虚开增值税专用发票罪的有关规定，确保罪责刑相适应，现就有关问题通知如下：

一、自本通知下发之日起，人民法院在审判工作中不再参照执行《最高人民法院关于适用〈全国人民代表大会常务委员会关于惩治虚开、伪造和非法出售增值税专用发票犯罪的决定〉的若干问题的解释》（法发〔1996〕30号）第一条规定的虚开增值税专用发票罪的定罪量刑标准。

二、在新的司法解释颁行前，对虚开增值税专用发票刑事案件定罪量刑的数额标准，可以参照《最高人民法院关于审理骗取出口退税刑事案件具体应用法律若干问题的解释》（法释〔2002〕30号）第三条的规定执行，即虚开的税款数额在五万元以上的，以虚开增值税专用发票罪处三年以下有期徒刑或者拘役，并处二万元以上二十万元以下罚金；虚开的税款数额在五十万元以上的，认定为刑法第二百零五条规定的“数额较大”；虚开的税款数额在二百五十万元以上的，认定为刑法第二百零五条规定的“数额巨大”。

以上通知，请遵照执行。执行中发现的新情况、新问题，请及时报告我院。

——《最高人民法院关于虚开增值税专用发票定罪量刑标准有关问题的通知》（2018年8月22日，法〔2018〕226号）。

附录：理解与适用

《最高人民法院关于虚开增值税专用发票定罪量刑标准有关问题的通知》（以下简称《通知》）只是明确了虚开增值税专用发票刑事案件参照执行的数额标准，未涉及虚开增值税专用发票罪的其他构成要件，特别是“虚开”是否要求行为人具有骗取抵扣税款目的的问题。

但是，2015年，最高人民法院研究室曾作出《关于如何认定以“挂靠”有关公司名义实施经营活动并让有关公司为自己虚开增值税专用发票行为的性质征求意见的复函》（法研〔2015〕58号，以下简称《复函》），明确提出：“行为人利用他人的名义从事经营活动，并以他人名义开具增值税专用发票

的，即便行为人与该他人之间不存在挂靠关系，但如行为人进行了实际的经营活动，主观上并无骗取抵扣税款的故意，客观上也未造成国家增值税款损失的，不宜认定为《刑法》第二百零五条规定的‘虚开增值税专用发票’；符合逃税罪等其他犯罪构成条件的，可以其他犯罪论处。”可见，《复函》实际主张认定虚开增值税专用发票要求行为人具有骗取抵扣税款的目的。主要考虑如下：

（1）虚开增值税专用发票罪的危害，实质在于通过虚开行为骗取抵扣税款。对于有实际交易存在的代开行为，如果行为人主观上并无骗取抵扣税款的故意，客观上未造成国家增值税款损失的，不宜以虚开增值税专用发票罪论处。虚开增值税专用发票罪的法定最高刑为无期徒刑，系严重犯罪，如果将该罪理解为行为犯，只要虚开增值税专用发票，侵犯增值税专用发票管理秩序，即构成犯罪并判处重刑，不符合罪责刑相适应原则。

（2）如前所述，《1996年解释》虽然未被废止，但应当根据1997年《刑法》第二百零五条关于虚开增值税专用发票罪的规定，合理选择该解释中可以继续参照适用的条文。其中，该解释中关于“进行了实际经营活动，但让他人为自己代开增值税专用发票”也属于虚开的规定，与虚开增值税专用发票罪的规定不符，不应继续适用；如继续适用该解释的上述规定，则对于挂靠代开案件也要以犯罪论处，显然有失妥当。

（3）《刑事审判参考》曾刊登“芦才兴虚开抵扣税款发票案”。该案例提出，虚开可以用于抵扣税款的发票冲减营业额偷逃税款的行为，主观上明知所虚开的运输发票均不用于抵扣税款，客观上使用虚开发票冲减营业额的方法偷逃应纳税款，其行为不符合虚开用于抵扣税款发票罪的构成要件，属于偷税行为。2001年福建高院请示的泉州市松苑锦涤实业有限公司等虚开增值税专用发票案，被告单位不以抵扣税款为目的，而是为了显示公司实力以达到在与外商谈判中处于有利地位的目的而虚开增值税专用发票，最高人民法院答复认为该公司的行为不构成犯罪。可见，主张认定虚开增值税专用发票要求行为人具有骗取抵扣税款的目的，符合最高人民法院的一贯立场。

——耿磊：《〈关于虚开增值税专用发票定罪量刑标准有关问题的通知〉的理解与适用》，载《人民司法·应用》2018年第34期（总第837期）。

508. 税务机关利用代管监开的增值税专用发票“高开低征”行为的定性

关键词

虚开增值税专用发票罪　高开低征行为　直接责任人员

《刑事审判参考》指导案例

吴彩森、郭家春等虚开增值税专用发票案（《刑事审判参考》指导案例第231号）

裁判要点：税务机关利用代管监开的增税专用发票“高开低征”的行为，应以虚开增值税专用发票罪定罪量刑。

从主观方面看，税务机关具有放任受票人利用虚开的增值税专用发票抵扣税款或者骗取税款的故意。作为负责税收征管的税务机关，对于“高开低征”“开大征小”行为违反国家税收征管和发票管理制度，会导致受票人利用与真实的应税劳务、货物交易不符的增值税专用发票偷逃、骗取国家税款，毫无疑问是明知的，具备虚开增值税专用发票罪的主观特征。

从客观方面讲，税务机关实施了虚开增值税专用发票的行为。最高人民法院《关于适用〈全国人民代表大会常务委员会关于惩治虚开、伪造和非法出售增值税专用发票犯罪的决定〉若干问题的解释》（以下简称《解释》）主要实施了第1条第1项规定的为他人无货虚开增值税专用发票的行为和第1条第2项规定为他人开具数量或金额不实的增值税专用发票的行为，具备构成虚开增值税专用发票罪的客观特征。

另外，我们认为，税务机关“高开低征”“开大征小”的行为，不仅危害国家税收征管和发票管理制度，同时也侵犯国家税务机关职务行为的正当性。这样，税务机关的这一行为同时触犯了《刑法》规定的徇私舞弊不征、少征税款罪和虚开增值税专用发票罪，应当择一法定刑较重的犯罪定罪处罚。虚开增值税专用发票行为，相对于税务机关工作人员徇私舞弊不征、少征税款行为，是刑法规定的处罚较重的犯罪。

司法实践中，对单位犯罪中直接责任人员的认定，应当持慎重态度，既不能因为是单位行为而网开一面甚至放纵，也要注意不能打击面过宽。最高人民法院2001年1月印发的《全国法院审理金融犯罪案件工作座谈会纪要》指出：其他直接责任人员，是在单位犯罪中具体实施犯罪并起较大作用的人员，既可以是单位的经营管理人员，也可以是单位的职工，包括聘任、雇佣的人员。应当注意的是，在单位犯罪中，对于受单位领导指派或奉命而参与实施了一定犯罪行为的人员，一般不宜作为直接责任人员追究刑事责任。

税务机关票管员，受领导指派为他人开具增值税专用发票，积极、多次参与犯罪活动，而且持续时间长，虚开增值税专用发票的份数多、数额巨大，在单位犯罪活动中起到了重要作用，应以单位犯罪的直接责任人员追究刑事责任。

——最高人民法院刑事审判第一庭、第二庭编：《刑事审判参考》2003 年第 2 辑（总第 31 辑），法律出版社 2003 年版，第 1~18 页。

509. 在走私犯罪行为完成后以该走私货物让人虚开增值税专用发票抵扣税款行为的定性

关键词

虚开增值税专用发票罪　走私犯罪　牵连犯

《刑事审判参考》指导案例

王红梅、王宏斌、陈一平走私普通货物、虚开增值税专用发票案（《刑事审判参考》指导案例第 336 号）

裁判要点：走私犯罪行为完成后，行为人再以该走私货物让人虚开增值税专用发票以抵扣税款的行为，由于不具有同一犯罪目的，因而不构成牵连犯罪。

走私行为完成后再实施虚开增值税专用发票行为，两者虽然属于独立的犯罪行为，并且具备两个完全不同性质犯罪即走私普通货物罪与虚开增值税专用发票罪的构成条件，但两者并不是为了一个犯罪目的，前者是为了将货物逃避海关监管进口，从而偷逃应缴税款的走私目的，后者则是为了抵扣税款的目的，且虚开增值税专用发票的行为发生在走私行为完成后，后者既不是前者所必须采取的方法行为，两者之间从而并不存在手段与目的的关系，也不是前者所必然出现的结果行为，走私货物行为完成后根本不会由于为了走私货物这一犯罪目的而再出现虚开增值税专用发票行为这一结果行为，两者之间因而也不存在原因与结果的关系。

——最高人民法院刑事审判第一庭、第二庭编：《刑事审判参考》2005 年第 2 集（总第 43 集），法律出版社 2005 年版，第 1~20 页。

510. 制造、销售伪造增值税专用发票（普通发票）的印刷模版等印制工具的行为，如何定罪处罚？

关键词

出售伪造的增值税专用发票罪　购买伪造的增值税专用发票罪

《刑事审判参考》指导案例

曾珠玉等伪造增值税专用发票案（《刑事审判参考》指导案例第 252 号）

裁判要点：对于制造、销售伪造增值税专用发票（普通发票）的印刷模版等印制工具的行为，应以伪造增值税专用发票（普通发票）罪定罪处罚。

制造、销售用于伪造增值税专用发票（普通发票）的印刷模版等印制工具的行为如何定罪处罚?

我们认为，制造、销售伪造增值税专用发票（普通发票）的印刷模版等印制工具的行为，其社会危害性与伪造、出售伪造的增值税专用发票行为相比有过之而无不及，我们不能片面理解罪刑法定原则，以《刑法》没有明确规定而认为制造、销售伪造增值税专用发票（普通发票）的印刷模版等印制工具的行为不能以犯罪论处。制造、销售伪造增值税专用发票（普通发票）的印制工具的行为，本质上就是为伪造增值税专用发票（普通发票）提供条件。参照最高人民法院《关于审理伪造货币等案件具体应用法律若干问题的解释》第 1 条第 3 款之规定，行为人制造货币版样或者与他人事前通谋，为他人伪造货币提供版样的，依照《刑法》第一百七十条之规定定罪处罚，以及《全国法院审理金融犯罪案件工作座谈会纪要》中关于假币犯罪之规定，伪造货币的，只要实施了伪造行为，不论是否完成全部印制工序，即构成伪造货币罪；对于尚未制造出成品，无法计算伪造、销售假币面额的，或者制造、销售用于伪造货币的版样的，不认定犯罪数额，依据犯罪情节决定刑罚，对于制造、销售伪造增值税专用发票（普通发票）的印刷模版等印制工具的行为，应以伪造增值税专用发票（普通发票）罪定罪处罚。

——最高人民法院刑事审判第一庭、第二庭编:《刑事审判参考》2003 年第 4 集（总第 33 集），法律出版社 2003 年版，第 7~19 页。

511. 非法出售的增值税专用发票份数和票面额不同时的量刑

关键词

非法出售增值税专用发票罪　犯罪数额

《刑事审判参考》指导案例

邓冬蓉非法出售增值税专用发票案（《刑事审判参考》指导案例第

337号）

裁判要点：对于非法出售增值税专用发票的份数和票面额分别达到不同量刑档次的，应适用处罚较重之规定进行量刑。

我们认为，这个问题需要从非法出售增值税专用发票罪保护的客体出发才能得出正确答案。在我国，增值税专用发票作为销货方纳税义务和购货方进项税额的依据，是购货方或出口方据以向国家税务机关抵扣税款或申请出口退税的凭证依据，在我国境内从事应税活动的一般纳税人必须按规定如实开具，如果其中任何一个环节虚构销售或出口事实而被其他一般纳税人用于进项抵扣或出口退税，在纳税申报人事实上并未缴纳该笔税款的情况下，国家据之进行了所谓的税款抵扣或出口退税，就会造成国家税款流失。可见，由于增值税专用发票具有其他一般发票所不具备的作为抵扣税款和出口退税依据的功能，可以说《刑法》分则规定的所有有关增值税专用发票的犯罪直接侵犯的是国家对增值税专用发票的管理制度，最终会造成国家税款流失的危害后果，非法出售增值税专用发票罪也是如此。依照规定，增值税专用发票只能从国家税务部门领购，禁止买卖。增值税专用发票被非法出售后，就可能被他人利用进行抵扣税款和出口退税，从而造成国家税款损失。由于增值税专用发票的票面额和份数均能在一定程度上反映非法出售增值税专用发票行为的社会危害性，1996年的司法解释中采用了两种计算依据。在具体个案中，可能会出现本案这种依照两种计量依据需要适用不同的法定刑档次的情况。对此，为准确评价该种非法行为的社会危害性程度，应当适用处罚较重的量刑档次进行量刑。

——最高人民法院刑事审判第一庭、第二庭编：《刑事审判参考》2005年第2集（总第43集），法律出版社2005年版，第21~27页。

512. 虚开用于结算货款的普通发票并收取手续费行为的定性

关键词

非法出售发票罪　虚开普通发票　手续费

附录：《刑事审判参考》编辑部答疑

《刑事审判参考》编辑部认为： 虚开用于结算货款的普通发票并收取手续费，情节严重的，可以依照《刑法》第209条第4款规定的非法出售发票罪处理。理由在于：

第一，虚开用于结算货款的普通发票并收取手续费的行为，违反国家税收管理法规，破坏国家的发票管理制度。《中华人民共和国发票管理办法》第25条[①]规定，任何单位和个人不得转借、转让、代开发票，未经税务机关批准，不得拆本使用发票；不得自行扩大专业发票使用范围。禁止倒买倒卖发票、发票监制章和发票防伪专用品。《中华人民共和国发票管理办法实施细则》第33条[②]规定，填开发票的单位和个人必须在发生经营业务确认营业收入时开具发票。未发生经营业务一律不准开具发票。为他人虚开用于结算货款的普通发票的行为，主观上以牟取非法利益为目的（按开票金额2%~4%的比例收取手续费），客观上其虚开的发票可能被用于偷税、骗税、非法经营、贪污、侵占等违法犯罪活动，在开票额达到一定数值时，即具有严重的社会危害性，应当在罪刑法定的原则下定罪处罚。

第二，虚开发票并收取手续费的，行为本质是“非法出售发票”。按照《现代汉语词典》的解释，“出售”的含义为“卖”，“卖”的含义为“拿东西换钱”。虚开发票并收取手续费，就是“拿”票面填写内容虚假的普通发票换取对方以“手续费”名义给予的金钱。该行为违反国家法律规定，自然应理解为“非法出售”行为。2003年最高人民法院、最高人民检察院《关于办理妨害预防、控制突发传染病疫情等灾害的刑事案件具体应用法律若干问题的解释》第3条第2款规定，医疗机构或者个人，知道或者应当知道系前款规定的不符合保障人体健康的国家标准、行业标准的医疗器械、医用卫生材料而购买并有偿使用的，以销售不符合标准的医用器材罪定罪，依法从重处罚。此司法解释将“有偿使用”解释为销售，就是注意到了“卖”是销售的本质。因此，将虚开发票并收取手续费认定为“非法出售”发票，符合“出售”的字面含义，并不违反罪刑法定原则，而且有司法解释的相关内容作为参照。

第三，虚开普通发票并收取手续费的，实际包括两个行为，一是虚开行为，二是收取手续费的行为。根据《刑法》之规定，单纯虚开普通发票的，不构成犯罪；但是对于虚开普通发票并收取手续费的行为，如前所述，属于非法出售发票，符合《刑法》第209条第4款之规定，应以非法出售发票罪定罪处罚。

需要指出的是，虚开增值税专用发票或者虚开用于骗取出口退税、抵扣税款的其他发票并收取手续费的，因为有专门的虚开增值税专用发票、用于骗取出口退税、抵扣税款发票罪予以规范，不必以非法出售增值税专用发票

---

① 本条现为《中华人民共和国发票管理办法》（2019年修正）（中华人民共和国国务院令第709号）第二十四条。

② 本条现为《中华人民共和国发票管理办法实施细则》（2019年修正）（国家税务总局令第48号）第二十六条。

罪或者非法出售用于骗取出口退税、抵扣税款发票罪论处。

——《虚开用于结算货款的普通发票并收取手续费的行为如何处理》，载最高人民法院刑事审判第一、二、三、四、五庭主办：《刑事审判参考》2007年第2集（总第55集），法律出版社2007年版，第92页。

第七节 侵犯知识产权罪

513. 依法惩治侵犯知识产权犯罪

关键词

知识产权犯罪

最高人民法院司法政策精神

二是依法惩治侵犯知识产权犯罪。要积极回应日益强烈的知识产权刑事保护需求，把握最新立法修改精神，依法惩治侵犯商业秘密、假冒注册商标、侵犯著作权等各类侵犯知识产权犯罪，为创新创业营造良好法治环境，服务高水平科技自立自强。要深入研究深度链接、游戏外挂等涉网络新类型案件涉及的法律适用问题，严格遵循刑法规定和立法本意，认真审查知识产权的权利状态和权利归属，妥善处理案件。要依法严惩制售伪劣种子犯罪行为，保持对农资制假、售假犯罪的高压态势，依法保护种业知识产权，服务“打好种业翻身仗”。要充分发挥刑罚震慑和预防功能，严厉打击以侵犯知识产权为业和多次侵权行为，以强有力方式保护权利人和消费者合法权益，依法维护市场秩序。

——《最高人民法院党组副书记、常务副院长贺荣在全国法院刑事审判工作座谈会上的讲话（节选）》，载最高人民法院刑事审判第一、二、三、四、五庭编：《刑事审判参考》总第130辑，人民法院出版社2022年版，153~163页。

514. 涉产权保护刑事案件的法律适用

关键词

产权保护　法律适用　虚报注册资本罪

最高人民法院裁判文书

顾某某、姜某某等虚报注册资本，违规披露、不披露重要信息挪用资金案［最高人民法院（2018）最高法刑再 4 号刑事判决书］

裁判要旨：1. 虚报注册资本罪的构成需要参照《公司法》相关规定，2005 年修订的《公司法》对无形资产在注册资本中所占比例的限制性规定已经发生重大改变，刑法对虚报注册资本行为的评价亦应相应作出调整。

2.《刑法》及其修正案的时间效力遵循从旧兼从轻原则，行为人提供虚假财务会计报告的行为应当适用提供虚假财会报告罪，证据不足以证实“严重损害股东或者其他人利益”的，不能认定构成犯罪。

3. 公司资金的支配和使用必须依法依规进行，公司经营者不能擅自在关联公司之间调用资金，更不能将公司资金转归个人使用。将公司的资金挪归个人使用的，不属于正常资金拆借，构成挪用资金罪。

4.2002 年《全国人民代表大会常务委员会关于〈中华人民共和国刑法〉第 384 条第 1 款的解释》出台后，挪用公款归个人使用应当参照适用该立法解释，符合三种情形之一的才构成犯罪。

2019 年 4 月 10 日，最高人民法院对原审被告人顾某某等人虚报注册资本，违规披露、不披露重要信息，挪用资金再审一案进行公开宣判，判决撤销原判对顾某某犯虚报注册资本罪，违规披露、不披露重要信息罪的定罪量刑部分和挪用资金罪的量刑部分，对顾某某犯挪用资金罪改判有期徒刑五年；撤销原判对原审被告人张某犯违规披露、不披露重要信息罪的定罪量刑部分，维持原判以挪用资金罪对张某判处有期徒刑二年，缓刑二年的定罪量刑部分；对原审被告人姜某某、刘某甲、张某甲、严某某、晏某某、刘甲均宣告无罪。

最高人民法院经再审认为，原审认定顾某某、刘某甲、姜某某、张某甲在申请顺德格林柯尔公司变更登记过程中，使用虚假证明文件以 6.6 亿元不实货币置换无形资产出资的事实存在，但该行为系当地政府支持顺德格林柯尔公司违规设立登记事项的延续，未造成严重后果，且相关法律在原审时已进行修改，使本案以不实货币置换的、超出法定上限的无形资产所占比例由原来的 55% 降低至 5%，故顾某某等人的行为情节显著轻微危害不大，不认为是犯罪；原审认定科龙电器公司在 2002 年至 2004 年将虚增利润编入财会报告予以披露的事实存在，对其违法行为可依法予以行政处罚。但由于在案证据不足以证实科龙电器公司提供虚假财会报告的行为已造成刑法规定的“严重损害股东或者其他人利益”的后果，不应追究相关人员的刑事责任；原审认定顾某某、姜某某挪用扬州亚星客车公司6300万元给扬州格林柯尔公司的事实不清、证据不足，且适用法律错误，不应按犯罪处理，但原审认定顾某某、张某挪用科龙电器公司2.5亿元和江西科龙公司4000万元归个人使用，进行营利活动的事实清楚，证据确实、充分，顾某某及其辩护人提出的科龙集团欠格林柯尔系公司巨额资金的意见，与事实不符，不能成立。顾某某、张某的行为均已构成挪用资金罪，且挪用数额巨大。鉴于挪用资金时间较短，且未给单位造成重大经济损失。

——《涉产权保护刑事案件的法律适用——顾某某、姜某某等虚报注册资本，违规披露、不披露重要信息挪用资金案》，载中国应用法学研究所主编：《中华人民共和国最高人民法院案例选》（第二辑），法律出版社2019年版，第6~7页。

515. 侵犯知识产权犯罪中非法经营数额的认定

关键词

非法经营数额

最高人民法院司法解释

第十二条 本解释所称“非法经营数额”，是指行为人在实施侵犯知识产权行为过程中，制造、储存、运输、销售侵权产品的价值。已销售的侵权产品的价值，按照实际销售的价格计算。制造、储存、运输和未销售的侵权产品的价值，按照标价或者已经查清的侵权产品的实际销售平均价格计算。侵权产品没有标价或者无法查清其实际销售价格的，按照被侵权产品的市场中间价格计算。

多次实施侵犯知识产权行为，未经行政处理或者刑事处罚的，非法经营数额、违法所得数额或者销售金额累计计算。

——《最高人民法院、最高人民检察院关于办理侵犯知识产权刑事案件具体应用法律若干问题的解释》（2004年12月8日，法释〔2004〕19号）。

最高人民法院司法政策精神

十四、关于多次实施侵犯知识产权行为累计计算数额问题

依照《最高人民法院、最高人民检察院关于办理侵犯知识产权刑事案件具体应用法律若干问题的解释》第十二条第二款的规定，多次实施侵犯知识

产权行为，未经行政处理或者刑事处罚的，非法经营数额、违法所得数额或者销售金额累计计算。

二年内多次实施侵犯知识产权违法行为，未经行政处理，累计数额构成犯罪的，应当依法定罪处罚。实施侵犯知识产权犯罪行为的追诉期限，适用刑法的有关规定，不受前述二年的限制。

——《最高人民法院、最高人民检察院、公安部印发〈关于办理侵犯知识产权刑事案件适用法律若干问题的意见〉的通知》(2011 年 1 月 10 日，法发〔2011〕3 号)。

附录：理解与适用

关于多次实施侵犯知识产权行为累计计算数额问题。

《意见》第 14 条对《关于办理侵犯知识产权刑事案件适用法律若干问题的解释》第 12 条第 2 款中有关多次实施侵犯知识产权行为的数额累计计算问题进行了补充规定。主要考虑是，行政处罚法规定违法行为在 2 年内未被发现就不再给予行政处罚，与刑法规定的犯罪追诉期限不同。对于 2 年内多次实施的侵犯知识产权违法行为，每次均未达到定罪量刑标准的。如果未经行政处理，且累计数额构成犯罪的，依法定罪处罚。

需要说明的是，根据国务院《行政执法机关移送涉嫌犯罪案件的规定》第 11 条之规定，对于某一侵犯知识产权行为，达到定罪量刑标准的，即使已经过行政处理，仍应移送公安机关立案追究刑事责任。其追诉期间适用刑法有关规定，不受前述 2 年的限制。

——逄锦温、刘福谦、王志广、丛媛：《〈关于办理侵犯知识产权刑事案件适用法律若干问题的意见〉的理解与适用》，载《人民司法·应用》2011 年第 5 期（总第 616 期）。

516. 单位知识产权犯罪的处理

关键词

单位犯罪　定罪量刑标准

最高人民法院司法解释

第十五条　单位实施刑法第二百一十三条至第二百一十九条规定的行为，按照本解释规定的相应个人犯罪的定罪量刑标准的三倍定罪量刑。

——《最高人民法院、最高人民检察院关于办理侵犯知识产权刑事案件具体应用法律若干问题的解释》(2004 年 12 月 8 日，法释〔2004〕19 号)。

第六条 单位实施刑法第二百一十三条至第二百一十九条规定的行为，按照《最高人民法院、最高人民检察院关于办理侵犯知识产权刑事案件具体应用法律若干问题的解释》和本解释规定的相应个人犯罪的定罪量刑标准定罪处罚。

——《最高人民法院、最高人民检察院关于办理侵犯知识产权刑事案件具体应用法律若干问题的解释（二）》（2007年4月5日，法释〔2007〕9号）。

《刑事审判参考》指导案例

被告人邱进特、邱进生销售假冒注册商标的商品案（《刑事审判参考》指导案例第676号）

裁判要点：有些单位有正规的主营业务，但是在部分业务往来中没有按正常途径操作，或者是偶尔实施了不法行为，对于此类公司行为可以按单位犯罪来认定。但对于以实施犯罪为主要目的而设立单位或者单位设立后以实施犯罪为主要活动，即使是偶尔经营部分正当业务的，一般也不认定为单位犯罪。

（一）专门的"售假公司"不能成为单位犯罪的主体　单位行为是否构成单位犯罪，必须以刑法明文规定为前提。只有法律规定单位应负刑事责任的行为才可能构成单位犯罪，同时，也只有合法成立的公司、企业、事业单位、机关、团体才能成为单位犯罪的主体。在司法实践中，存在以单位意志决定而实施犯罪，而刑法未明文规定单位可成为此类犯罪主体的情形，如单位实施贷款诈骗罪、盗窃罪等，这类犯罪自然不能以单位犯罪论处。根据我国刑法的规定，暴力犯罪、传统的自然犯罪、货币犯罪、部分金融诈骗罪均不存在单位犯罪一说；刑法第二百二十条明文规定了单位犯第二百一十三条至二百一十九条规定之罪的处罚措施，因此，侵犯知识产权的犯罪均可由单位构成。

然而，对于公司实施的违法犯罪行为，应区别对待，并非绝对认定为或不认定为单位犯罪。为了维护社会秩序和经济秩序，保护人民的财产权，避免股东利用公司作为实施违法犯罪活动的幌子，拿公司作"挡箭牌"，以下几种情形通常不被认定为单位犯罪：（1）无法人资格的独资、合伙企业犯罪的；（2）个人以实施犯罪活动为主要目的而设立公司、企业、事业单位实施犯罪的；（3）单位设立后，以实施犯罪为主要活动的；（4）盗用单位名义实施犯罪，违法所得由个人私分的。对于此类犯罪一般不实行"双罚制"，而是依法追究直接负责的主管人员和其他直接责任人员的刑事责任。

在司法实践中，有些单位有正规的主营业务，但是在部分业务往来中没有按正常途径操作，或者是偶尔实施了不法行为，对于此类公司行为可以按单位犯罪来认定。但对于以实施犯罪为主要目的而设立单位或者单位设立后以实施犯罪为主要活动，即使是偶尔经营部分正当业务的，一般也不认定为单位犯罪。

具体到本案，被告人邱进特、邱进生以上海易才数码技术有限公司、广州特亿网络科技有限公司的名义招聘网络技术人员和网络销售业务员、在互联网上设立 LV、GUCCI 商品销售网站、通过互联网向外国客户销售假冒注册商标的 LV、GUCCI 商品，这此行为均是以公司合法形式掩盖非法目的的行为，是典型的公司设立后以实施犯罪为主要活动的行为，此类公司被俗称为“售假公司”。即使公司是合法成立，以公司的名义对外营业，且实施了部分合法的经营活动，也由于公司是以实施犯罪活动为主要业务，不能以单位犯罪论处。

——最高人民法院刑事审判第一、二、三、四、五庭主办:《刑事审判参考》2011 年第 1 集（总第 78 集），法律出版社 2011 年版，第 108~109 页。

说明

《最高人民法院、最高人民检察院关于办理侵犯知识产权刑事案件具体应用法律若干问题的解释》第十五条规定：单位实施刑法第二百一十三条至第二百一十九条规定的行为，按照本解释规定的相应个人犯罪的定罪量刑标准的三倍定罪量刑。《最高人民法院、最高人民检察院关于办理侵犯知识产权刑事案件具体应用法律若干问题的解释（二）》第六条则规定：单位实施刑法第二百一十三条至第二百一十九条规定的行为，按照《最高人民法院、最高人民检察院关于办理侵犯知识产权刑事案件具体应用法律若干问题的解释》和本解释规定的相应个人犯罪的定罪量刑标准定罪处罚。解释（二）实质上统一了单位犯罪与个人犯罪的定罪量刑标准，实际上大幅降低了单位犯罪的定罪门槛，这是对知识产权犯罪中单位犯罪现象比较普遍的现实状况的司法回应，符合我国建设创新型国家，加大对知识产权保护的发展需求。

517. 知识产权犯罪共犯的认定

关键词

提供便利条件　帮助犯罪　共犯论处

最高人民法院司法解释

第十六条 明知他人实施侵犯知识产权犯罪，而为其提供贷款、资金、账号、发票、证明、许可证件，或者提供生产、经营场所或者运输、储存、代理进出口等便利条件、帮助的，以侵犯知识产权犯罪的共犯论处。

——《最高人民法院、最高人民检察院关于办理侵犯知识产权刑事案件具体应用法律若干问题的解释》（2004 年 12 月 8 日，法释〔2004〕19 号）。

最高人民法院司法政策精神

明知他人实施侵犯知识产权犯罪，而为其提供生产、制造侵权产品的主要原材料、辅助材料、半成品、包装材料、机械设备、标签标识、生产技术、配方等帮助，或者提供互联网接入、服务器托管、网络存储空间、通讯传输通道、代收费、费用结算等服务的，以侵犯知识产权犯罪的共犯论处。

——《最高人民法院、最高人民检察院、公安部印发〈关于办理侵犯知识产权刑事案件适用法律若干问题的意见〉的通知》（2011 年 1 月 10 日，法发〔2011〕3 号）。

附录：理解与适用

《意见》第 15 条对《关于办理侵犯知识产权刑事案件适用法律若干问题的解释》第 16 条中侵犯知识产权犯罪共犯问题进行了补充规定。一是参照《关于办理非法生产、销售烟草专卖品等刑事案件具体应用法律若干问题的解释》等文件的规定，对近年来司法实践中发现行为人明知他人实施侵犯知识产权犯罪行为，而为其提供主要原材料、辅助材料、半成品、包装材料、机械设备、标签标识、生产技术、配方等行为的性质进行了明确。二是参照《关于办理利用互联网、移动通讯终端、声讯台制作、复制、出版、贩卖、传播淫秽电子信息刑事案件具体应用法律若干问题的解释（二）》《关于办理网络赌博犯罪案件适用法律若干问题的意见》的相关规定，对信息网络环境下侵犯知识产权犯罪共犯行为进行了明确，即明知他人实施侵犯知识产权犯罪，而为其提供互联网接入、服务器托管、网络存储空间、通讯传输通道、代收费、费用结算等服务的．以侵犯知识产权犯罪的共犯论处。

——逄锦温、刘福谦、王志广、丛媛：《〈关于办理侵犯知识产权刑事案件适用法律若干问题的意见〉的理解与适用》，载《人民司法·应用》2011 年第 5 期（总第 616 期）。

518. 侵犯知识产权犯罪中关于数额的认定

关键词

侵犯知识产权犯罪　销售金额　违法所得数额　非法经营数额　重大损失数额

最高人民法院审判业务意见

在《刑法》分则第三章第七节规定的“侵犯知识产权罪”中，“销售金额”是销售假冒注册商标的商品罪唯一的定罪量刑标准，也是认定假冒注册商标、非法制造、销售非法制造的注册商标标识、假冒专利和侵犯著作权等犯罪“情节”是否严重或者特别严重的重要依据。《刑法》没有对生产、销售侵犯知识产权产品的“销售金额”认定方法做出明确规定，目前也没有相应的司法解释。但是，《伪劣商品刑事解释》明确了生产、销售伪劣产品“销售金额”的认定方法，即“销售金额”，是指生产者、销售者出售伪劣产品后所得和应得的全部违法收入。这种认定方法应当同样适用于侵犯知识产权案件。因为无论是伪劣产品还是侵犯知识产权的产品，都是广义上的伪劣产品。《刑法》在相关罪名中规定的“销售金额”的内涵应是一致的。侵权产品的“销售金额”应以违法生产、销售的侵犯知识产权产品的标价计算；没有标价的，按照同类合格产品的市场中间价格计算。“销售金额”难以确定的，按照国家计划委员会、最高人民法院、最高人民检察院、公安部 1997 年 4 月 22 日联合发布的《扣押、追缴、没收物品估价管理办法》之规定，委托指定的估价机构确定。

——最高人民法院刑事审判第一、二庭：《如何认定侵权产品的“销售金额”》，载最高人民法院刑事审判第一庭、第二庭编：《刑事审判参考》2002 年第 2 辑（总第 25 辑），法律出版社 2002 年版，第 153 页。

附录：理解与适用

侵犯知识产权犯罪涉及的犯罪数额主要有“销售金额”“违法所得数额”“非法经营数额”和“重大损失数额”四种。对于这些数额如何理解，如何具体计算，关系着定罪量刑的准确与否，对于认定犯罪和区分罪与非罪具有重要意义。《关于办理知识产权刑事案件应用法律若干问题的解释》（以下简称《知识产权刑事解释》）规定的“非法经营数额”的计算方法是在综合考虑各方面因素的基础上加以规定的，基本计算方法是对已销售的侵权产品的价值，按照实际销售的价格计算。

值得注意的是,《知识产权刑事解释》在价值计算方面也有很大的突破，它还规定：制造、储存、运输和未销售的侵权产品的价值，按照标价或者已经查清的侵权产品的实际销售平均价格计算。没有标价或者无法查清实际销售价格的，按照被侵权产品的市场中间价格计算。考虑到实践中查获的案件多数是侵权产品未销售出去的案件，所以,《知识产权刑事解释》的这一规定是很重要的。

——胡云腾:《正确理解知识产权刑法解释　充分发挥刑法的保护功能》，载《人民司法》2005 年第 1 期（总第 492 期）。

519. 假冒注册商标罪情节的确定

关键词

假冒注册商标罪　情节严重　情节特别严重

最高人民法院司法解释

第一条　未经注册商标所有人许可，在同一种商品上使用与其注册商标相同的商标，具有下列情形之一的，属于刑法第二百一十三条规定的“情节严重”，应当以假冒注册商标罪判处三年以下有期徒刑或者拘役，并处或者单处罚金：

（一）非法经营数额在五万元以上或者违法所得数额在三万元以上的；

（二）假冒两种以上注册商标，非法经营数额在三万元以上或者违法所得数额在二万元以上的；

（三）其他情节严重的情形。

具有下列情形之一的，属于刑法第二百一十三条规定的“情节特别严重”，应当以假冒注册商标罪判处三年以上七年以下有期徒刑，并处罚金：

（一）非法经营数额在二十五万元以上或者违法所得数额在十五万元以上的；

（二）假冒两种以上注册商标，非法经营数额在十五万元以上或者违法所得数额在十万元以上的；

（三）其他情节特别严重的情形。

——《最高人民法院、最高人民检察院关于办理侵犯知识产权刑事案件具体应用法律若干问题的解释》（2004 年 12 月 8 日，法释〔2004〕19 号）。

最高人民法院司法政策精神

七、关于尚未附着或者尚未全部附着假冒注册商标标识的侵权产品价值

是否计入非法经营数额的问题

在计算制造、储存、运输和未销售的假冒注册商标侵权产品价值时，对于已经制作完成但尚未附着（含加贴）或者尚未全部附着（含加贴）假冒注册商标标识的产品，如果有确实、充分证据证明该产品将假冒他人注册商标，其价值计入非法经营数额。

——《最高人民法院、最高人民检察院、公安部印发〈关于办理侵犯知识产权刑事案件适用法律若干问题的意见〉的通知》（2011 年 1 月 10 日，法发〔2011〕3 号）。

《刑事审判参考》指导案例

被告人孙国强、钱书增、周健犯假冒注册商标案（《刑事审判参考》指导案例第 674 号）

裁判要点：当言词证据与物证能够相互印证，证明尚未附着或加贴假冒注册商标标识的产品将附着或加贴相关商标标识的，应当将产品价值计入非法经营数额。

我们认为，当言词证据与物证能够相互印证，证明尚未附着或加贴假冒注册商标标识的产品将附着或加贴相关商标标识的，应当将产品价值计入非法经营数额。本案公诉机关指控的数额不仅包括已经包装完毕并标有“思念”牌注册商标的箱装水饺，而且包括多达 6520 千克并放置在白色编织袋内尚未包装、装箱的散装水饺，这部分散装水饺的货值金额占到了整个指控金额的一半还多。行为人孙国强及其辩护人的主要辩护意见就是这部分散装水饺将会以其他商标品牌装箱对外销售，而不是以“思念”牌注册商标装箱对外销售。但是，一审法院注意到，被告人孙国强及同案犯钱书增、周健的供述以及大量证人的证言能够相互印证，并证实在公安机关查获的制假窝点一般都是将大量购入的散装水饺装入白色编织袋存放，然后均是以“思念”牌水饺的外包装对外销售。《知产意见》第七条明文规定：“在计算制造、储存、运输和未销售的假冒注册商标侵权产品价值时，对于已经制作完成但尚未附着（含加贴）或者尚未全部附着（含加贴）假冒注册商标标识的产品，如果有确实、充分证据证明该产品将假冒他人注册商标，其价值计入非法经营数额。”根据该条规定，本案的散装水饺属于侵权产品。不过，要认定这些散装水饺属于侵权产品，不但要审查本案的言词证据，还应该结合本案物证的审查来予以认定。在本案中，公安机关从孙国强的制假窝点内，不但起获了封口包装机、电子秤等作案工具，更为重要的是起获了数万个标有“思念”牌注册商标的水饺外包装袋及包装箱，这些物证强有力地印证了之前的言词证据，驳斥了孙国强的辩解。因此，一审法院在证据确实、充分的前提下，将散装水饺认定为侵权产品，并将散装水饺的价值计入非法经营数额，这一认定准确地反映了孙国强等人的犯罪行为所实际产生的社会危害性，做到了“不枉不纵”。在判定是否将尚未附着或加贴假冒注册商标标识的产品价值计入非法经营数额时，之所以要强调对物证的审查，从物证与言词证据相互印证的角度来确认相关事实是否已经达到了证据确实、充分的标准，是因为言词证据相对于物证而言，具有不稳定性、易变性。而假冒注册商标犯罪的特点，也决定了公安机关在抓获涉案被告人的同时，往往能起获大量制假工具、商标标识、外包装等重要物证。因此，法院在审理此类案件时，应当特别注意审查公安机关收集相关物证时所制作的起获经过、搜查笔录、清点记录、检查笔录、照片、录像，一方面是审查所起获物证的真实性以及与本案的关联性，另一方面则是审查公安机关取证过程的合法性。

——最高人民法院刑事审判第一、二、三、四、五庭主办：《刑事审判参考》2011 年第 1 集（总第 78 集），法律出版社 2011 年版，第 94~95 页。

520. 假冒注册商标罪的证据认定

关键词

假冒注册商标罪　非法经营数额　网络销售　刷信誉

最高人民法院指导性案例

郭明升、郭明锋、孙淑标假冒注册商标案（最高人民法院指导案例 87 号）

裁判要点：假冒注册商标犯罪的非法经营数额、违法所得数额，应当综合被告人供述、证人证言、被害人陈述、网络销售电子数据、被告人银行账户往来记录、送货单、快递公司电脑系统记录、被告人等所作记账等证据认定。被告人辩解称网络销售记录存在刷信誉的不真实交易，但无证据证实的，对其辩解不予采纳。

法院生效裁判认为，被告人郭明升、郭明锋、孙淑标在未经“SΛMSUNG”商标注册人授权许可的情况下，购进假冒“SΛMSUNG”注册商标的手机机头及配件，组装假冒“SΛMSUNG”注册商标的手机，并通过网店对外以“正品行货”销售，属于未经注册商标所有人许可在同一种商品上使用与其相同的商标的行为，非法经营数额达 2000 余万元，非法获利

200余万元，属情节特别严重，其行为构成假冒注册商标罪。被告人郭明升、郭明锋、孙淑标虽然辩解称其网店销售记录存在刷信誉的情况，对公诉机关指控的非法经营数额、非法获利提出异议，但三被告人在公安机关的多次供述，以及公安机关查获的送货单、支付宝向被告人郭明锋银行账户付款记录、郭明锋银行账户对外付款记录、“三星数码专柜”淘宝记录、快递公司电脑系统记录、公安机关现场扣押的笔记等证据之间能够互相印证，综合公诉机关提供的证据，可以认定公诉机关关于三被告人共计销售假冒的三星I8552手机20000余部，销售金额2000余万元，非法获利200余万元的指控能够成立，三被告人关于销售记录存在刷信誉行为的辩解无证据予以证实，不予采信。被告人郭明升、郭明锋、孙淑标，系共同犯罪，被告人郭明升起主要作用，是主犯；被告人郭明锋、孙淑标在共同犯罪中起辅助作用，是从犯，依法可以从轻处罚。故依法作出上述判决。

——《最高人民法院关于发布第十六批指导性案例的通知》(2017年3月6日，法〔2014〕53号)。

说明

本案旨在明确假冒注册商标犯罪中，对于非法经营数额、违法所得数额，应当综合被告人供述、证人证言、被害人陈述、网络销售电子数据、被告人银行账户往来记录、送货单、快递公司电脑系统记录、被告人等所作记账等证据认定。被告人辩解称网络销售记录存在刷信誉的不真实交易，但无证据证实的，对其辩解不予采纳。该案例对于此类案件证据如何认定，打消犯罪分子企图通过辩解称网络销售记录存在刷信誉的情况以否认非法经营数额和非法所得的目的，具有积极的意义。

521. 关于购买印有注册商标的产品零部件组装后销售的定性

关键词

印有注册商标的产品零部件

附录：最高人民法院主流观点

购买同一种商品的真品零部件组装成产品后，未经许可使用他人已经注册的商标，销售牟利的，属于未经注册商标所有人许可，在同一种商品上使用与其注册商标相同的商标，情节严重的，按照假冒注册商标罪论处；购买不同种注册商标的真品零部件组装成产品，未经许可使用他人已经注册的商标，销售牟利的，原则上按照假冒注册商标罪论处。如果行为人购买残次零部件组装成品，或者在组装过程中掺杂、掺假、以假充真、以次充好，或者以不合格产品冒充合格产品的，应当按照假冒注册商标罪和生产、销售伪劣商品罪重处罚较重的罪名定罪处罚。①

——胡云腾主编：《刑法罪名精释（第五版）》，人民法院出版社 2022 年版，第 540 页。

522. 关于利用非法回收印有注册商标的包装物灌装、装载商品的定性

关键词

假冒注册商标罪　生产、销售伪劣产品罪

附录：最高人民法院主流观点

实践中，行为人非法回收印有注册商标的商品包装盒和包装容器，灌装、装载其他商品出售，情节严重的，如果商品不属于伪劣产品或者无法鉴定为伪劣产品的，可以按照假冒注册商标罪论处。如果行为人在产品中掺杂掺假、以假充真、以次充好，或者以不合格产品冒充合格产品，同时构成假冒注册商标罪和生产、销售伪劣产品罪的，按照处罚较重的罪名定罪处罚。实践中有观点认为，低档白酒并未失去酒的使用性能，未必属于劣质酒，对于此类行为不应认定生产、销售伪劣产品罪。我们认为，虽然低档白酒具有白酒的一般使用性能，但是以低档白酒冒充高档白酒依然属于《刑法》第 140 条规定的“以次充好”行为，同时构成假冒注册商标罪和生产、销售伪劣产品罪的，应当按照处罚较重的罪名定罪处罚。

——胡云腾主编：《刑法罪名精释（第五版）》，人民法院出版社 2022 年版，第 540~541 页。

523. 销售假贵金属纪念币的定性

关键词

销售假贵金属纪念币　销售假冒注册商标的商品罪　出售假币罪

---

① 参见王惠华假冒注册商标罪案（江苏省镇江市经济开发区人民法院（2011）镇经知刑初字第 0004 号刑事判决书）。

附录：最高人民法院主流观点

以赵利辉销售假贵金属纪念币案为例。2007 年 7 月，被告人赵利辉明知其购进的是假冒的奥运会纪念币，仍分别以每套 1.28 万、1.2 万元的价格向他人销售 3 套、7 套。法院认为公诉机关指控被告人犯销售假冒注册商标的商品罪成立。[①] 该案之所以未认定出售假币罪，当时主要考虑贵金属纪念币不具有流通手段、价值尺度、支付手段等货币基本功能，不计入货币流通量；贵金属纪念币具有价值和使用价值，商品属性特征明显；制售成本以其实际价值为依托，不会对国家货币信用和金融秩序造成危害。本案判决生效后，最高人民法院制定出台了《关于审理伪造货币等案件具体应用法律若干问题的解释（二）》（法释〔2010〕14 号）。根据该解释第 4 的规定，以中国人民银行发行的普通纪念币和贵金属纪念币为对象的假币犯罪，依照假币犯罪的相关规定处理，今后类似本案的犯罪行为应当以出售假币罪定罪处罚。假普通纪念币犯罪的数额，以面额计算；假贵金属纪念币犯罪的数额，以贵金属纪念币的初始发售价格计算。

——胡云腾主编：《刑法罪名精释（第五版）》，人民法院出版社 2022 年版，第 547 页。

524. 假冒注册商标罪与生产、销售伪劣商品罪的竞合、牵连处理

关键词

假冒注册商标罪　生产、销售伪劣商品罪

附录：最高人民法院主流观点

假冒注册商标罪与本章第一节规定的 9 种生产、销售伪劣商品罪关系密切，实践中容易混淆。其关系通常表现为以下三种情形，办案时要根据具体情况处理：一是行为人生产、销售的是没有注册商标的伪劣商品或者自己是注册商标所有人的伪劣商品，这与假冒注册商标没有关系，不存在与本罪的区分问题。二是行为人生产、销售的伪劣商品一部分假冒了他人注册商标，一部分没有假冒他人注册商标，应当分别评价；都构成犯罪的，应当实行数罪并罚。三是行为人生产、销售的伪劣商品同时又假冒了他人的注册商标。

---

① 《赵利辉等销售假冒注册商标的商品案》，载裴显鼎等主编：《知识产权刑事案例选》，法律出版社 2015 年版，第 91~97 页。

行为人实施侵犯知识产权犯罪，同时构成生产、销售伪劣商品犯罪的，有的情形属于牵连犯，但也有的情形属于一个行为触犯数个罪名的想象竞合犯，均应当按照处罚较重的罪名处断。

——胡云腾主编：《刑法罪名精释（第五版）》，人民法院出版社 2022 年版，第 539 页。

525. 销售假冒注册商标的商品罪销售金额的确定

关键词

销售假冒注册商标的商品罪　数额较大　数额巨大　销售金额

最高人民法院司法解释

第二条　销售明知是假冒注册商标的商品，销售金额在五万元以上的，属于刑法第二百一十四条规定的“数额较大”，应当以销售假冒注册商标的商品罪判处三年以下有期徒刑或者拘役，并处或者单处罚金。

销售金额在二十五万元以上的，属于刑法第二百一十四条规定的“数额巨大”，应当以销售假冒注册商标的商品罪判处三年以上七年以下有期徒刑，并处罚金。

第九条第一款　刑法第二百一十四条规定的“销售金额”，是指销售假冒注册商标的商品后所得和应得的全部违法收入。

——《最高人民法院、最高人民检察院关于办理侵犯知识产权刑事案件具体应用法律若干问题的解释》（2004 年 12 月 8 日，法释〔2004〕19 号）。

《刑事审判参考》指导案例

被告人田龙泉、胡智慧犯销售假冒注册商标的商品案（《刑事审判参考》指导案例第 675 号）

裁判要点：根据《知产解释》第十二条的规定，侵权产品的价格按照“已销售的侵权产品的价格，按照实际销售价格计算；未销售的侵权产品的价格，按照标价或者已经查清的侵权产品的实际销售平均价格计算；没有标价或者无法查清实际销售价格的，按照被侵权产品的市场中间价格计算”。上述计算方法不是任选的，而是递进性的，只有按照前种方法无法认定侵权产品的价格时，才适用后种方法进行计算。

我们认为，在侵犯知识产权犯罪中，销售假冒注册商标的商品罪系数额犯，在犯罪构成中犯罪金额既是罪质要素，又是罪量要素，直接影响对被告人的定罪量刑。如何认定犯罪金额是审理销售假冒注册商标的商品案件的关键。

（一）"销售金额"与"非法经营数额"的关系

2004 年 12 月 22 日发布的《最高人民法院、最高人民检察院关于办理侵犯知识产权刑事案件具体应用法律若干问题的解释》（以下简称《知产解释》）明确了侵犯知识产权犯罪的七个罪名的定罪量刑标准。其中，第二条规定了销售假冒注册商标的商品罪的定罪量刑标准，即销售金额在五万元以上的，属于"数额较大"；销售金额在二十五万元以上的，属于"数额巨大"。至于如何计算销售金额，《知产解释》没有明确规定。然而，《知产解释》第十二条明确了非法经营数额的计算方法，即已销售的侵权产品的价值，按照实际销售的价格计算。制造、储存、运输和未销售的侵权产品的价值，按照标价或者已经查清的侵权产品的实际销售平均价格计算。侵权产品没有标价或者无法查清其实际销售价格的，按照被侵权产品的市场中间价格计算。该条规定能否作为销售假冒注册商标的商品罪中有关销售金额的计算依据，实践中有不同认识。本案原审法院在认定被告人销售侵权产品销售金额时没有援引《知产解释》第十二条的规定，说明在实践中第十二条有关非法经营数额计算方法的适用范围还有待明确。

我们认为，尽管销售金额与非法经营数额在表述上存在差异，但是非法经营数额的计算方法理应适用于销售假冒注册商标的商品罪的销售金额的计算。理由在于：（1）在刑法关于知识产权犯罪的规定中，并未出现"非法经营数额"这一术语，使用较多的是"情节严重"等表述方式。由于"情节严重"是关于侵权行为的定量规定，而量的主要表现形式是侵权行为的非法经营数额，所以在《知产解释》出台之前，相关司法解释和文件在解释"情节严重"时，使用的一般都是"非法经营数额"这一术语。在起草《知产解释》时，这一术语继续得以使用，并更为具体化。（2）刑法第二百一十三条至第二百一十九条在规定侵犯知识产权犯罪的七个罪名定罪量刑标准时采取了不同的表述，如"情节严重或情节特别严重""销售金额数额较大或巨大""违法所得数额较大或巨大""重大损失或特别严重后果"等。上述定罪量刑标准相对原则，缺乏可操作性。司法解释出台的宗旨是要解决实践操作问题，因此，《知产解释》第十二条有关犯罪金额的计算方法理应适用于侵犯知识产权犯罪的七个罪名，而不仅仅适用于以"非法经营数额"作为定罪量刑标准之一的假冒注册商标罪，非法制造、销售非法制造的注册商标标识罪，侵犯著作权罪等罪名。（3）从文义解释角度分析，非法经营数额，是指行为人在非法经营活动中所涉及的侵权产品的总数额，范围包括非法制造的侵权产品、运输的侵权产品、储存的侵权产品以及销售的侵权产品的数额等。因此，从非法经营数额与销售金额的内涵与外延来看，前者无疑可以包含后者。基于以上理由，本案二审在裁判时，增加援引了《知产解释》第十二条的规定，以说明销售假冒注册商标的商品罪中有关销售金额的计算可以适用非法经营数额的计算方法。

（二）“实际销售平均价格”的认定

根据《知产解释》第十二条的规定，侵权产品的价格按照以下方法计算：第一，已销售的侵权产品的价格，按照实际销售价格计算；第二，未销售的侵权产品的价格，按照标价或者已经查清的侵权产品的实际销售平均价格计算；第三，没有标价或者无法查清实际销售价格的，按照被侵权产品的市场中间价格计算。并且，这三种计算方法不是任选的，而是递进性的，只有按照前种方法无法认定侵权产品的价格时，才适用后种方法进行计算。本案中，尽管有证据表明被告人田龙泉和胡智慧有实际销售侵权产品的行为，但因为本案在一审审理中，控辩双方均确认田龙泉、胡智慧犯罪未遂；二审审理期间，控辩双方对此亦无异议，因此，二审审理中本案侵权商品的销售金额应当以查扣在案的田龙泉、胡智慧尚未销售的二十四种14216件侵权商品为计算依据。鉴于被告人田龙泉、胡智慧的供述和证人王鑫的证言均证实他们在销售侵权商品时没有标价，故涉案侵权商品价值的计算应当取决于侵权产品的实际销售平均价格能否查清。经查，证人王鑫、周通、孔维根（购买侵权商品的小商贩）的证言、被告人田龙泉、胡智慧的供述及相关销货清单、送货单等书证，共涉及九项实际销售的侵权商品的名称与价格。其中，除大海宝打火机和中国馆带灯打火机价格固定外，其他七种侵权商品的价格存在一定区间的浮动。检察机关认为，由于销售的侵权商品价格存在浮动，且已销售的侵权商品数量不明，导致侵权商品的实际销售平均价格无法查清。对此我们认为，《知产解释》第十二条有关“未销售的侵权产品的价值，按照已经查清的侵权产品的实际销售平均价格计算”的这一规定实际表明：（1）已销售的侵权产品实际销售价格客观上存在难以查清的情况；（2）已查清的侵权产品实际销售价格会存在一定幅度的浮动（否则，就不宜用实际销售平均价格来表述）；（3）实际销售平均价格可以用来计算未销售的侵权产品的价值。这一规定同时反映出销售侵权产品犯罪行为的隐蔽性以及量多价低、量少价高的市场交易惯例，比较契合本案被告人销售侵权产品的价格存在一定区间浮动、实际销售数量不明的事实。检察机关主张每次销售侵权商品的价格和数量固定才能计算实际销售平均价格的计算方法过于绝对，增加了知识产权犯罪中证据审查的难度。有鉴于此，我们以简单平均的方法计算实际销售平均价格，即存在两次或两次以上销售价格的，取其平均值，以此作为实际销售平均价格。

——最高人民法院刑事审判第一、二、三、四、五庭主办:《刑事审判参考》2011 年第 1 集（总第 78 集），法律出版社 2011 年版，第 101~105 页。

被告人杨昌君犯销售假冒注册商标的商品案（《刑事审判参考》指导案例第 677 号）

裁判要点：刑法分别设立了销售假冒注册商标的商品罪和销售伪劣产品罪，这说明假冒注册商标的商品并非必然属于伪劣产品。销售伪劣产品的行为人在主观上必然有假冒、欺诈的故意；而销售假冒注册商标的商品的行为人则未必。假冒注册商标的商品尚未销售，应当认定为犯罪未遂，以非法经营数额作为案件金额依据；在以假卖假案件中，非法经营数额应根据假冒注册商标的商品价值作为计算依据，而不能以被假冒的注册商标的商品价值作为计算依据。

我们认为，（一）区分销售假冒注册商标的商品罪和销售伪劣产品罪，应根据行为人对消费者是否具有欺诈故意。

在经济发展到一定阶段时，品牌效应对商品的销售会产生巨大的影响，甚至是决定性的因素。当前，我国消费者的消费能力空前增强，消费者崇尚品牌的心理也随之增强，一些知名品牌的商品日益受到消费者的青睐。这些知名品牌凝聚了经营者多年来的心血和汗水，且基本都经过注册成为注册商标，其商品往往价格高昂。在这种环境下，一个崇尚名牌又缺乏经济实力的消费者群体产生并不断扩大，这个群体的消费者图慕假冒商品的牌子，知假买假。以满足其消费高档商品的虚荣心。

销售假冒注册商标的商品行为是否构成销售伪劣产品罪，对案件的整体定性具有重大影响。在符合入罪标准的情况下，如果销售的假冒注册商标的商品同时属于伪劣产品，则一行为触犯二罪名，分别构成销售假冒注册商标的商品罪和销售伪劣产品罪，根据想象竞合犯“择一重罪处罚”的原则，按照销售伪劣产品罪论处。如果销售的假冒注册商标的商品不能认定为伪劣产品，则不能以销售伪劣产品罪论处，只能以销售假冒注册商标的商品罪论处。因此，要正确对案件定性，必须准确认定假冒注册商标的商品是否是伪劣产品的问题。

刑法第二百一十四条规定了销售假冒注册商标的商品罪，第一百四十条规定了销售伪劣产品罪。两罪的分别设立说明假冒注册商标的商品并非必然属于伪劣产品。“伪劣”一词并未出现在销售伪劣产品罪的罪状之中，而是有权解释机关在对罪名进行概括时，根据罪状提炼而来的。该罪的罪状认定了四种类型的伪劣产品，分别是“掺杂、掺假”“以假充真”“以次充好”“以不合格冒充合格”。《最高人民法院、最高人民检察院关于办理生产、销售伪劣商品刑事案件具体应用法律若干问题的解释》(以下简称《伪商解释》)第一条第三款规定:“刑法第一百四十条规定的‘以次充好’,是指以低等级、低档次产品冒充高等级、高档次产品,或者以残次、废旧零配件组合、拼装后冒充正品或者新产品的行为。”由该规定可知,要认定为伪劣产品,必须有以低等级、低档次产品冒充高等级、高档次产品的行为,二者之间应达到足够的差距,且低等级、低档次产品应近似于残次品。销售伪劣产品的行为.必然影响消费者对产品的使用。行为人为了销售伪劣商品,在主观上必然有假冒、欺诈的故意。

而销售假冒注册商标的商品的行为则不同。品牌商品,特别是国际知名品牌,除价格高昂外,品质也出众。要想销售假冒注册商标的商品,如果品质太差,则有可能无人问津。一旦此类商品品质尚可,又假冒了知名品牌的商标,就有可能吸引部分崇尚名牌而又缺乏经济实力的消费者。由于品牌商品的正品价格往往非常高昂,对于那些崇尚品牌的消费者来说,相对低廉的价格使他们对于假冒商品心知肚明,知假买假。销售者甚至会告诉消费者此商品为假冒品,而不需要对消费者进行欺诈。

具体联系本案,杨昌君所销售的包具有包的一般使用性能,没有证据证明包的质量低劣,或者不符合普通非品牌商品的质量标准。因此,虽然说其销售的包假冒了品牌,但不影响消费者对该包的使用,而且消费者往往是出于满足消费高档商品的虚荣心,知假买假,或者根据该商品的价格而对该商品为假冒心知肚明。因此,杨昌君的行为应认定为销售假冒注册商标的商品罪。

(二)假冒注册商标的商品尚未销售,应以非法经营数额作为定案依据,犯罪停止形态应认定为未遂。

销售假冒注册商标的商品是一种持续的行为,往往既有已经销售的部分,又有尚未销售的部分。由于购买者往往是知假买假,因此,报案或者配合司法机关取证的积极性并不高。司法机关对于销售者已经销售的商品金额往往难以查实,能够查实的,往往是其尚未销售的部分。严格地说,对于尚未销售部分根本无法计算“销售金额”。因为《最高人民法院、最高人民检察院关于办理侵犯知识产权刑事案件具体应用法律若干问题的解释》(以下简称《知产解释》)将“销售金额”解释为“销售假冒注册商标的商品后所得和应得的全部违法收入”。一般认为,“所得”的违法收入指行为人出售假冒注册商标的商品后已经得到的违法收入;“应得”的违法收入指行为人已经出售假冒注册商标的商品后按照合同或者依照约定将要得到的违法收入。假冒注册商标的商品尚未销售即被查获,销售金额无法确定,但不能据此认为该种行为不能入罪。否则,将会使大量销售假冒注册商标的商品行为得不到应有的打击。

行为人购进假冒注册商标的商品，目的在于销售牟利。在此情况下，应当根据非法经营数额，以销售假冒注册商标的商品罪论处。因为非法经营数额的高低决定了其销售金额的多少，可以反映出其对社会可能造成的危害的大小。

在确定以非法经营数额作为定罪量刑依据后，就需要解决犯罪形态问题。由于假冒注册商标的商品尚未销售即被查获，本罪的实质行为即“销售”行为尚未完成，也就没有完成刑法分则所规定的该罪的全部构成要件。销售行为未完成是因为被执法人员及时查获，属于行为人意志以外的原因，因此，假冒注册商标的商品尚未销售的犯罪停止形态，应当认定为未遂。另从行为的社会危害性角度分析，假冒注册商标的商品未实际销售出去，其危害后果必然小于该类商品已经销售出去流入社会的情形。不论是对商标权利人的侵害，还是对市场秩序的侵犯，都会因为产品未售出而减小，认定该犯罪行为为犯罪未遂更符合罪责刑相当原则。本罪的主要客观行为是“销售”而非刑法分则中其他罪名规定的“贩卖”或者“买卖”，所以不能把为了“卖出”而“买入”的行为作为其客观方面的实质行为，不能以“买入”行为作为判断构成要件是否齐备的临界点。如果因为行为人已经购进了假冒注册商标的商品，就认为其行为齐备了销售假冒注册商标的商品罪的基本构成要件，从而认定为犯罪既遂，或者因为行为人曾经实施过销售行为（虽然数额不能认定），就认定为犯罪既遂，既不符合刑法的基本理论，也难以做到罪责刑相当。2011年出台的《最高人民法院、最高人民检察院、公安部关于办理侵犯知识产权刑事案件适用法律若干问题的意见》对这类犯罪行为明确了以未遂形态处理的司法原则。

就本案而言，杨昌君从 2007 年 5 月起即开始实施销售假冒注册商标的商品的行为，但是究竟其已经销售出去多少包则无法查清。能够查清的就是起获在案的待售包的价值，所以应以待售包的价值作为定案依据。判决认定的犯罪金额都属于尚未销售的，所以应认定为犯罪未遂。

（三）在以假卖假案件中，假冒注册商标的商品尚未销售的，非法经营数额应根据假冒注册商标的商品价值作为计算依据，而不能以被假冒的注册商标的商品价值作为计算依据。

在假冒注册商标的商品已经销售的情况下，以其实际销售金额作为定案依据，实际销售金额以交易额计算，对此不会有争议。但是，在假冒注册商标的商品未销售的情况下，其非法经营数额如何计算成为司法实践中必须解决的问题。根据《知产解释》的规定，没有标价的，按照被侵权产品的市场中间价格计算。这一认定原则对于以假充真、销售伪而不劣的犯罪是可行的，因为从其犯罪的自然行为来看，消费者一般不会明知是假冒产品而购买，往往是当作被假冒的品牌产品购买的，支付的价格也往往与被假冒的品牌产品的价格相当，所以根据被侵权产品的价格计算是科学的。但对于以假卖假型销售行为，情况并非如此。通过销售者销售的场所、方式等因素，消费者一般明知是假名牌，属于知假买假，不会按照正品的价格支付。销售价格与正品价格会有很大差距，只有按照假冒的商品本身的价格计算，才符合实际情况。如果按照正品即被假冒的商品的价格计算，则严重背离了客观实际。

本案被告人杨昌君销售的包都是假冒国际知名品牌，如果按照正品的价格计算，则一个包就会价格数千元甚至数万元。在现实中，这些品牌的正品只有在大型商场或者专卖店才会有销售。杨昌君的销售场所和销售方式决定了从其处购买包的人必然知道这些包是假冒名牌的，支付的价格相当低廉。所以，价格鉴定机构实事求是，根据这种假冒名牌包的市场价格来计算，8425 个包作价 76 万余元，均价不足百元。司法机关据此作为定案依据，能够准确评价杨昌君犯罪行为的社会危害性，是符合实际的。综上，法院的判决是正确的。

——最高人民法院刑事审判第一、二、三、四、五庭主办：《刑事审判参考》2011 年第 1 集（总第 78 集），法律出版社 2011 年版，第 113~117 页。

526.“同一种商品”和“与注册商标相同的商标”的认定

关键词

同一种商品　与注册商标相同的商标

最高人民法院司法政策精神

五、关于刑法第二百一十三条规定的“同一种商品”的认定问题

名称相同的商品以及名称不同但指同一事物的商品，可以认定为“同一种商品”。“名称”是指国家工商行政管理总局商标局在商标注册工作中对商品使用的名称，通常即《商标注册用商品和服务国际分类》中规定的商品名称。“名称不同但指同一事物的商品”是指在功能、用途、主要原料、消费对象、销售渠道等方面相同或者基本相同，相关公众一般认为是同一种事物的商品。

认定“同一种商品”，应当在权利人注册商标核定使用的商品和行为人实际生产销售的商品之间进行比较。

六、关于刑法第二百一十三条规定的“与其注册商标相同的商标”的认定问题

具有下列情形之一，可以认定为“与其注册商标相同的商标”：

（一）改变注册商标的字体、字母大小写或者文字横竖排列，与注册商标之间仅有细微差别的；

（二）改变注册商标的文字、字母、数字等之间的间距，不影响体现注册商标显著特征的；

（三）改变注册商标颜色的；

（四）其他与注册商标在视觉上基本无差别、足以对公众产生误导的商标。

——《最高人民法院、最高人民检察院、公安部印发〈关于办理侵犯知识产权刑事案件适用法律若干问题的意见〉的通知》（2011 年 1 月 10 日，法发〔2011〕3 号）。

附录：理解与适用

关于《刑法》第二百一十三条规定的同一种商品的认定问题。

针对《刑法》第二百一十三条中规定的同一种商品名不甚明确、在实践中容易引起分歧等情况，《意见》第 5 条对此作出明确：名称相同的商品以及名称不同但指同一事物的商品，都属于同一种商品。理由是：

1. 国家工商行政管理总局商标局和商标评审委员会在《商标审查标准》中已明确商标法中的同一种商品包括名称相同和名称不同但指同一事物的商品。刑法和商标法对于假冒注册商标行为的规定是一致的，对其中相同的法律概念应作相同的理解，这也有利于实践中行政执法与刑事司法的有效衔接。

2. 经征求国家工商行政管理总局商标局意见，其中的“名称”是指国家工商行政管理总局商标局在商标注册工作中对商品使用的名称，通常即《商标注册用商品和服务国际分类》中规定的商品名称。

3. 对于“名称不同但指同一事物的商品”，国家工商行政管理总局商标局认为，应当是指在功能、用途、主要原料、消费对象、销售渠道等方面相同或基本相同，相关公众一般认为是同一种事物的商品。具体包括两种情形：一种情形是，虽然权利人和行为人对各自生产的商品起了不同的商品名称，但商标部门在商标注册工作中对这两件商品使用的名称是相同的，或者说两件商品实际对应的是《商标注册用商品和服务国际分类》中同一个商品名称。例如，权利人对其生产的商品起名为电吹风，行为人对其生产的商品起名为插电式风力干发器，但二者在《类似商品和服务区分表》中对应的商品名称均为“电吹风（C110020）”应判定为同一种商品。另一种情形是，权利人和行为人各自生产的商品在《商标注册用商品和服务国际分类》中对应不同的商品名称，但商品的功能、用途、主要原料、消费对象、销售渠道等方面相同．相关公众一般认为其实质上是同一种事物的商品。例如，“人用药（050328）”与“打虫药（人用）（050154）”“象棋（C280025）”与“国际象棋（C280026）”，“汽车转向指示灯（110255）”与“汽车灯（110256）”，虽然它们在《商标注册用商品和服务国际分类》中的确是不同的商品名称，甚至分属不同的商品类别，但商品的功能、用途、主要原料、消费对象、销售渠道等方面相同，从相关公众的角度看，其实质为同一事物，无法区分其不同，实践中应判定为同一种商品。

需要说明的是，按照上述要素判断同一种商品时，并不要求两商品的各个要素全部相同。例如，两商品的功能、用途和主要原料等相同，相关公众也认为其实质是指同一事物时，就可判定为同一种商品。相反，如果两商品的功能、用途和主要原料等相同，但相关公众能够将二者区分开来，就不应判定为相同。

此外，在认定同一种商品时，应在权利人注册商标核定使用的商品和行为人实际生产销售的商品之间进行比较。对于权利人超出核定使用商品范围的情况，如权利人核定使用的商品为牛奶，但其在实际生产经营中，将注册商标使用在了白酒上，此时即使行为人也在白酒上使用了与权利人相同的商标，也不予刑事处罚。

——逄锦温、刘福谦、王志广、丛媛：《〈关于办理侵犯知识产权刑事案件适用法律若干问题的意见〉的理解与适用》，载《人民司法·应用》2011 年第 5 期（总第 616 期）。

《刑事审判参考》指导案例

被告人孙国强、钱书增、周健犯假冒注册商标案（《刑事审判参考》指导案例第 674 号）

裁判要点：假冒注册商标罪的客观方面表现为行为人未经注册商标所有人许可，在同一种商品上使用与其注册商标相同的商标。在司法实践中，认定是否属于“同一种商品”，应当在权利人注册商标核定使用的商品和行为人实际生产销售的商品之间进行比较。未列入权利人注册商标核定使用范围内的商品，不应当被认定为假冒注册商标罪中的同一种商品。

我们认为，未列入权利人注册商标核定使用范围内的商品，不应当被认定为假冒注册商标罪中的同一种商品。商标，是指商品生产者或者经营者为了把自己销售的商品在市场上同其他商品生产者或者经营者的商品区分开来而使用的专用标志。而注册商标，是指经商标局核准注册的商标。在我国，商品生产者和经营者有权在商品上使用注册商标并享有注册商标的专用权，未经注册的商标，不受法律保护。因此，假冒注册商标犯罪是对他人的注册商标专用权和国家的商标管理制度的侵犯。同时，我国相关法律及规定对注册商标专用权的保护范围也有着明确的限定。例如,《商标法》第三十七条[①]规定:“注册商标的专用权,以核准注册的商标和核定使用的商品为限。”《商标使用许可合同备案办法》第十一条第五项规定,许可使用的商品超出了该注册商标核定使用的商品范围的,商标局将对相关商标使用许可合同不予备案。假冒注册商标罪的社会危害性一方面在于,犯罪人未经注册商标权利人的许可便擅自在同种商品上附着或加贴注册商标后对外销售,通过这种“搭便车”的手段,犯罪人不但能降低自身经营成本,而且可以获取高额利润。另一方面的社会危害性在于犯罪行为直接导致注册商标权利人在同种商品销售市场上本应获得的市场份额被非法大量挤占,造成巨额经济损失。由此而论,假冒注册商标体现为在同种商品市场份额争夺中所产生的不正当竞争行为。

在本案中,公诉机关所指控的犯罪数额包括假冒“思念”牌水饺、汤圆、羊肉片的货值金额。但一审人民法院注意到,公诉机关向法庭出示的商标注册证以及核准商标转让证明证实郑州思念食品有限公司系“思念”牌注册商标的所有权人,该注册商标核定使用商品的范围为:饺子、元宵、馄饨、包子、春卷、方便米饭、八宝饭、粽子、馒头、冰淇淋(商品截止)。也就是说,行为人孙国强等人实际生产销售的商品包括:水饺、汤圆、羊肉片。毫无疑问,这三种商品都属于食品,属于食品类,但刑法相关条文规定的是“同一种商品”,而并非“同一类商品”。《最高人民法院、最高人民检察院、公安部关于办理侵犯知识产权刑事案件适用法律若干问题的意见》(以下简称《知产意见》)第五条的规定,名称相同的商品以及名称不同但指同一事物的商品,可以认定为“同一种商品”。“名称”,是指国家工商行政管理总局商标局在商标注册工作中对商品使用的名称,通常即《商标注册用商品和服务国际分类》中规定的商品名称。“名称不同但指同一事物的商品”,是指在功能、用途、主要原料、消费对象、销售渠道等方面相同或者基本相同,相关公众一般认为是同一种事物的商品。在司法实践中,认定是否属于“同一种商品”,应当在权利人注册商标核定使用的商品和行为人实际生产销售的商品之间进行比较。本案中,“水饺”与“饺子”仅一字之差,“水饺”体现出对“饺子”这种食品的烹饪方式,二者所指向的实际是同一种事物,应当认定为“同一种商品”。“汤圆”与“元宵”这两种食品在主要原料、功能、用途等方面基本是相同的.只是由于地域文化差异等因素而叫法不同,在社会公众看来,二者指向的实际也是同一种事物,也应当认定为“同一种商品”。而“羊肉片”这种商品并未被列入“思念”牌注册商标的商品核定使用范围,而

① 本条现为《中华人民共和国商标法》(2019年修正)(中华人民共和国主席令第二十九号)第五十六条。

“羊肉片”与“思念”牌注册商标核定使用范围内的商品相比较，不仅名称不同，而且在主要原料等方面也存在根本性的差异，社会公众不会认为“羊肉片”与核定使用范围内的任何一种商品指向的是同一种事物，当然不能认定为是“同一种商品”，也就不会与权利人在同种商品领域产生竞争。可见，行为人虽然销售带有“思念”牌商标的“羊肉片”，但这一行为尚未侵犯权利人的注册商标专用权以及我国的商标的管理制度。因而，公诉机关指控中所涉及的“羊肉片”的货值金额不应当计入犯罪数额。

——最高人民法院刑事审判第一、二、三、四、五庭主办：《刑事审判参考》2011年第1集（总第78集），法律出版社2011年版，第89~94页。

527. 以销售为目的购进假冒注册商标的商品尚未销售行为的定性

关键词

销售假冒注册商标的商品罪　犯罪未遂

《刑事审判参考》指导案例

朱某销售假冒注册商标的商品案（《刑事审判参考》指导案例第128号）

裁判要点：以销售为目的购进假冒注册商标的商品，尚未销售就被查获的，应当以销售假冒注册商标的商品罪（未遂）定罪处罚；最高人民法院、最高人民检察院《关于办理生产、销售伪劣商品刑事案件具体应用法律若干问题的解释》规定的伪劣产品“货值金额”计算方法，可以适用于假冒注册商标的商品。

在司法实践中，对于类似的行为，司法解释已作出这样之规定，2001年4月9日最高人民法院和最高人民检察院发布的《关于办理生产、销售伪劣商品刑事案件具体应用法律若干问题的解释》（以下简称《伪劣商品刑事解释》）第2条第2款明确规定：伪劣产品尚未销售，货值金额达到《刑法》第一百四十条规定的销售金额三倍以上的，以生产、销售伪劣产品罪（未遂）定罪处罚。目前，对于购买假冒注册商标的商品还未销售就被查获的行为如何处理，虽然还没有司法解释，但是，这种行为与购买伪劣产品尚未销售的行为在社会危害性上性质相同。对于性质相同的案件应当按照同一的处理原则处理。所以，上述司法解释对于处理本案就有完全意义上的参照执行价值。

处理此类案件，由于大多数情况下是以同类产品的市场中间价格计算涉案商品的货值金额定罪处罚，相对于以“生产者、销售者出售伪劣产品后所得和应得的全部违法收入”计算的销售金额而言，可能会导致尚未销售假冒注册商标的商品的行为，比已经实施了销售行为的，在处理上还要重。因此，为了体现《刑法》第五条规定的罪刑相适应原则，在处理相关具体案件时应注意把握以下两点：一是销售金额数额“较大”“巨大”的标准应掌握在货值金额达到销售金额三倍以上；二是对于未遂犯罪，一般应当根据《刑法》第二十三条第一款之规定，比照既遂犯从轻或者减轻处罚。

《伪劣商品刑事解释》第 2 条第 3 款规定：货值金额以违法生产、销售的伪劣产品的标价计算；没有标价的，按照同类合格产品的市场中间价格计算。货值金额难以确定的，按照国家计划委员会、最高人民法院、最高人民检察院、公安部 1997 年 4 月 22 日联合发布的《扣押、追缴、没收物品估价管理办法》之规定，委托指定的估价机构确定。虽然这一规定是针对伪劣产品犯罪确定货值金额而言的，但这一规定实质上明确了假冒伪劣产品“货值金额”的计算方法，应适用于其他类似案件需要计算产品货值金额的情况，包括侵犯他人知识产权的犯罪行为。只要行为人生产、销售假冒他人知识产权的产品，无法查明其销售金额的，就应当依照这一规定对其销售金额或者货值金额依法认定。

处理此类案件，无论是行为人口头说明或者提供价格标签等证据证明其涉案产品的待销价格，都存在需要判别该待销价格真伪的问题，而判别的一个重要标准就是行为人提出的待销价格能否与其营利目的一致。在司法实践中，有一些生产、销售假冒伪劣产品的犯罪分子为规避法律，逃脱制裁，在其销售假冒伪劣产品被查获后，提供了证实其“标价”的证据，但这种“标价”明显偏低，甚至低于假冒伪劣产品的生产成本，而其实际销售价格又难以查明。对于此种情况，不应仅以其“标价”来计算销售金额或者货值金额，而应以同类产品的市场中间价格或者委托指定的估价机构确定其涉案产品真正的销售金额或者货值金额。

——最高人民法院刑事审判第一庭、第二庭编：《刑事审判参考》2001 年第 10 辑（总第 21 辑），法律出版社 2001 年版，第 7~12 页。

528. 销售假冒他人注册商标不合格产品行为的定性

关键词

销售假冒注册商标的商品罪　销售伪劣产品罪

《刑事审判参考》指导案例

陈建明等销售伪劣产品案（《刑事审判参考》指导案例第 115 号）

裁判要点：销售假冒注册商标的产品的，应按产品质量是否合格处理，产品质量合格的，以销售假冒注册商标的商品定罪处罚；产品质量不合格的，以销售假冒注册商标的商品罪或者销售伪劣产品罪从一重处罚。伪劣产品尚未销售出去的，货值金额达到《刑法》第 140 条规定的销售金额三倍以上的，以生产、销售伪劣产品罪（未遂）定罪处罚。

就假冒注册商标的商品而言，存在两种情况：其一，假冒商标，同时，商品本身质量未达到同类产品最低质量标准，属于不合格的产品；其二，假冒商标，但商品本身质量达到同类合格产品的最低质量标准，属于合格的产品。销售假冒注册商标的产品的行为具体构成何罪，关键在于所销售商品的质量是否合格：销售质量合格的假冒注册商标的商品，应当以销售假冒注册商标的商品罪定罪处罚；销售质量不合格的假冒注册商标的商品，则应按法条竞合情况下“择一重处”的处罚原则选择销售假冒注册商标的商品罪或者销售伪劣产品罪定罪处罚。例如，行为人销售假冒注册商标的伪劣产品，销售金额在五十万元以上的，虽然同时构成了销售伪劣产品罪和销售假冒注册商标的商品罪，但依照《刑法》第 214 条之规定，销售假冒注册商标的商品罪法定最高刑为七年有期徒刑，而以销售伪劣产品罪定罪，根据其销售金额的具体情况，可判处七年以上有期徒刑或者无期徒刑；如果行为人销售假冒商标的伪劣产品，销售金额不满五万元，依法不构成销售伪劣产品罪，但其行为危害后果、情节均特别严重，就应当以销售假冒注册商标的商品罪定罪处罚。因此，为准确适用《刑法》和《最高人民法院、最高人民检察院关于办理生产、销售伪劣商品刑事案件具体应用法律若干问题的解释》（以下简称《伪劣商品刑事解释》），严惩假冒伪劣商品犯罪，不放纵和轻纵犯罪分子，对于假冒伪劣犯罪案件中所涉产品是否属于伪劣产品，应当进行鉴定。对此，最高人民法院 2001 年 5 月 21 日下发的《关于审理生产、销售伪劣商品刑事案件有关鉴定问题的通知》明确规定：“一、对于提起公诉的生产、销售伪劣产品、假冒商标、非法经营等严重破坏社会主义市场经济秩序的犯罪案件，所涉生产、销售的产品是否属于‘以假充真’‘以次充好’‘以不合格产品冒充合格产品’难以确定的，应当根据《解释》第 1 条第 5 款之规定，由公诉机关委托法律、行政法规规定的产品质量检验机构进行鉴定。二、根据《伪劣商品刑事解释》第 3 条和第 4 条之规定，人民法院受理的生产、销售假药犯罪案件和生产、销售不符合卫生标准的食品犯罪案件，均需有‘省级以上药品监督管理部门设置或者确定的药品检验机构’和‘省级以上卫生行政部门确定的机构’出具的鉴定结论。三、经鉴定确系伪劣商品，被告人的行为既构成生产、销售伪劣产品罪，又构成生产、销售假药罪或者生产、销售不符合卫生标准的食品罪，或者同时构成侵犯知识产权、非法经营等其他犯罪的，根据《刑法》第 149 条第 2 款和《伪劣商品刑事解释》第 10 条之规定，应当依照处罚较重之规定定罪处罚。”

“销售金额”作为生产、销售伪劣产品罪定罪处刑的重要标准，根据《伪劣商品刑事解释》第 2 条第 1 款之规定，是“指生产者、销售者出售伪劣产品后所得和应得的全部违法收入”。“所得”的收入通常是指行为人在出售伪劣产品后，已经从买方实际得到的收入。“应得”的收入是指行为人由于某种原因虽没有实际取得收入，但根据合同或事先的约定，买方应该支付给行为人的产品价款，属于可期待收益。但如果行为人尚未实施销售行为，其“销售金额”的认定，则是司法实务中的难题。《伪劣商品刑事解释》考虑到伪劣产品尚未销售，社会危害性小于已销售出去的实际情况，其第 2 条第 2 款规定：伪劣产品尚未销售，货值金额达到《刑法》第 140 条规定的销售金额三倍以上的，以生产、销售伪劣产品罪（未遂）定罪处罚。从而对尚未销售行为的认定不仅从行为的犯罪形态的质上作出了明确规定，而且从销售金额的量上进行了规范，为司法实践中解决类似问题提供了明确的标准和依据。

为了依法正确、统一认定伪劣产品的销售金额，2000 年修订的《产品质量法》第 72 条明确规定：货值金额以违法生产、销售产品的标价计算；没有标价的，按照同类产品的市场价格计算。据此，《伪劣商品刑事解释》第 2 条第 3 款规定：货值金额以违法生产、销售的伪劣产品的标价计算；没有标价的，按照同类合格产品的市场中间价格计算。货值金额难以确定的，按照国家计划委员会、最高人民法院、最高人民检察院、公安部 1997 年 4 月 22 日联合发布的《扣押、追缴、没收物品估价管理办法》之规定，委托指定的估价机构确定，从而明确了确定伪劣产品价格认定的四种方法：一是只要能查明行为人出售伪劣产品的实际销售价格的，按实际销售价格计算；二是无法查明实际销售价格，但有标价的，按标价计算；三是既无法查明行为人的实际销售价格，也没有标价的，按照同类合格产品的市场中间价格计算；四是既无法查明行为人的实际销售价格，也没有标价和同类合格产品的市场价格的，委托指定的估价机构确定。应当说明的是，上述四种方法不是任选性的，而应是递进性的，即只有在按照前种方法无法认定伪劣产品的价格时，才应适用相应的后种方法计算。

——最高人民法院刑事审判第一庭、第二庭编：《刑事审判参考》2001 年第 8 辑（总第 19 辑），法律出版社 2001 年版，第 1~9 页。

529. 对销售假冒注册商标的商品未遂的认定及处罚标准

关键词

销售假冒注册商标的商品罪　犯罪未遂　处罚标准

《刑事审判参考》指导案例

刘某销售假冒注册商标的商品案（《刑事审判参考》指导案例第 576 号）

裁判要点：有条件地处罚销售假冒注册商标的商品罪的未遂犯，对于行为人通过购买或其他方式获得假冒注册商标的商品，尚未来得及销售，货值金额达到一定标准的，可以按照销售假冒注册商标的商品罪（未遂）定罪处罚。

（一）假冒注册商标的商品尚未销售的，只能认定货值金额，不能认定销售金额。

根据刑法第二百一十四条的规定，销售假冒注册商标的商品罪是指明知是假冒注册商标的商品而销售，销售数额较大的行为。由于销售金额能从量上直观反映行为人实施销售假冒注册商标商品行为的社会危害性和主观恶性，因此刑法将销售金额作为销售假冒注册商标的商品罪的唯一定罪处罚标准。根据 2004 年《最高人民法院、最高人民检察院关于办理侵犯知识产权刑事案件具体应用法律若干问题的解释》（以下简称《解释》）第九条的规定，销售假冒注册商标的商品罪的销售金额是指“销售假冒注册商标的商品后所得和应得的全部违法收入”。这里的“所得违法收入”通常是指行为人在销售假冒注册商标的商品后，已经从买方实际得到的收入；而“应得违法收入”是指行为人由于某种原因虽没有实际取得收入，但根据合同或事先的约定，买方应该支付给行为人的产品价款，即虽已售出但未实际收回货款的情形。由于其属于确定的可期待收益，故亦应将其纳入销售金额一并计算。

（二）销售假冒注册商标的商品罪处罚未遂的基本数额标准应当是货值金额达到销售数额的 3 倍以上，即 15 万元以上。

对于查获的尚未销售的假冒注册商标的商品，由于假冒的注册商标商品尚未销售，因此不存在销售金额，那么是否应对这种行为进行处罚？如果要进行处罚，那么处罚的标准是什么呢？这是本案涉及的第二个问题。

对此，我们认为，应当有条件地处罚销售假冒注册商标的商品罪的未遂犯，对于行为人通过购买或其他方式获得假冒注册商标的商品，尚未来得及销售，货值金额达到一定标准的，可以按照销售假冒注册商标的商品罪（未遂）定罪处罚。理由是：在司法实践中，从抓获的侵犯知识产权犯罪情况看，大多数案件很难查明实际销售金额，而查获的侵权产品大多还处于待销状态，如果对这种情况均不予处罚，显然不利于惩治此类犯罪，有违刑法设置本罪的初衷；而且，所查获的尚未销售的侵权产品的数量、货值金额，也能直接反映行为人实施侵犯他人知识产权行为的危害程度，对于其中数量较多或者货值金额较大的，其社会危害不小于那些达到法定销售金额标准的情况，以侵犯知识产权犯罪定罪处罚具有实质合理性。但是，需要指出的是，对于尚未销售的商品而言，由于其毕竟尚未销售，因此只有当这类行为的社会危害性已达到与既遂相当的程度，才具有处罚的合理性，才能作为犯罪进行处理。

那么，销售假冒注册商标的商品未遂的在何种情况下可以进行定罪处罚呢？对此，虽然最高人民法院在《关于办理侵犯知识产权刑事案件具体应用法律若干问题的解释》中没有作出明确的规定。但是，最高人民法院的相关司法解释为我们解决这一问题提供了相关的参考。例如，2001 年《最高人民法院、最高人民检察院关于办理生产、销售伪劣商品刑事案件具体应用法律若干问题的解释》第二条明确规定：伪劣产品尚未销售，货值金额达到刑法第一百四十条规定的销售金额 3 倍以上的（即 15 万元以上），以生产、销售伪劣产品罪（未遂）定罪处罚。又如，2003 年《最高人民法院、最高人民检察院、公安部、国家烟草专卖局关于办理假冒伪劣烟草制品等刑事案件适用法律问题座谈会纪要》指出：伪劣烟草制品的销售金额不满 5 万元，但与尚未销售的伪劣烟草制品的货值金额合计达到 15 万元以上的，以生产、销售伪劣产品罪（未遂）定罪处罚。可见，上述司法解释确立了此类犯罪处罚未遂的基本数额标准，即货值金额应达到实际销售数额 3 倍以上。由于销售假冒注册商标的商品罪与上述犯罪在社会危害性上具有共同性质，且在行为特征上也具有一定相似性，因此按照“同类案件应与按照同一的处理原则处理”的规则，此标准可以成为司法实践中对于销售假冒注册商标的商品未遂作为犯罪处理的参照标准。

——最高人民法院刑事审判第一、二、三、四、五庭主办：《刑事审判参考》2009 年第 5 集（总第 70 集），法律出版社 2009 年版，第 12~15 页。

530. 销售冒牌口罩的行为同时触犯销售假冒注册商标的商品罪、销售伪劣产品罪等罪名的，应如何定性

关键词

销售冒牌口罩　销售假冒注册商标的商品罪　销售伪劣产品罪

《刑事审判参考》指导案例

白升余销售假冒注册商标的商品案（《刑事审判参考》指导案例第1317号）

裁判要点：销售冒牌口罩的行为同时触犯销售假冒注册商标的商品罪、销售伪劣产品罪等罪名的，应择一重罪处罚。

根据《刑法》的规定，销售伪劣产品罪，是指销售者在产品中掺杂、掺假，以假充真，以次充好或以不合格产品冒充合格产品，销售金额在5万元以上的行为；销售假冒注册商标的商品罪，是指违反商标管理法规，销售明知是假冒注册商标的商品，销售金额较大的行为。两者在侵犯的法益、犯罪对象、行为方式上均存在差异，如销售伪劣产品罪侵犯的是国家产品质量监督管理制度及消费者的权益，犯罪对象是杂、假、次或者不合格的伪劣产品，而销售假冒注册商标的商品罪侵犯的是国家的商标管理秩序和他人合法的注册商标专用权，犯罪对象是他人已注册商标的商品。

一般情况下，两罪较好区分，销售假冒注册商标的商品不要求产品质量问题，如商品质量合格、性能达标，行为人销售"假而不劣"的商品，甚至是生产质量优于原注册商标的商品的，仍应认定为销售假冒注册商标的商品罪。但司法实践中，销售伪劣产品罪与销售假冒注册商标的商品罪并非泾渭分明，常存在一定程度的重合，行为人为了能够顺利地销售伪劣产品，常常要冒用知名产品的注册商标，以达到其兜售的目的。对于销售"既假又劣"的商品如何定性，存在以下两种观点：一种观点认为，行为人销售假冒注册商标的商品为伪劣产品时，构成想象竞合犯，一个行为触犯了数个罪名，应择一重罪处罚；另一种观点认为，销售伪劣产品罪与销售假冒注册商标的商品罪存在重合和交叉，为法条竞合关系，应按照特别法优于普通法的原则，以销售假冒注册商标的商品罪定罪处罚。

我们同意第一种观点，法条竞合关系是包容评价关系，触犯此罪必然触犯彼罪；而想象竞合关系是行为人的一行为偶然地符合多个罪名，是动态的竞合。从刑法对两罪的规定看，销售伪劣产品罪与销售假冒注册商标的商品罪并不存在必然的重合或交叉关系，伪劣产品并不一定假冒他人注册商标，而假冒注册商标的商品也不一定就是伪劣产品。因此，二者属于想象竞合而非法条竞合的关系。当行为人销售假冒注册商标的商品为伪劣产品时，应当适用想象竞合犯的处理原则，择一重罪处罚。《最高人民法院、最高人民检察院关于办理生产、销售伪劣商品刑事案件具体应用法律若干问题的解释》也明确规定："实施生产、销售伪劣商品犯罪，同时构成侵犯知识产权、非法经营等其他犯罪的，依照处罚较重的规定定罪处罚。"

本案中，根据鉴定意见，被告人白升余所销售的带有3M注册商标的工业口罩为侵犯3M注册商标专用权的商品，且外观印刷、产品材质、性能与正品均不符，属不合格产品。因此，被告人白升余的行为既构成销售伪劣产品罪，亦构成销售假冒注册商标的商品罪，应择一重罪处罚。被告人的销售金额为30万余元，如果认定为销售假冒注册商标的商品罪，属于"销售金额数额巨大"，应在三年以上七年以下有期徒刑的幅度内量刑；如果认定为销售伪劣产品罪，则应在二年以上七年以下有期徒刑的幅度内量刑。两相比较，销售假冒注册商标的商品罪的法定最低刑高于销售伪劣产品罪，因此处罚更重，故法院以销售假冒注册商标的商品罪对被告人白升余定罪量刑是妥当的。

——李国文、廖丽红撰稿、韩维中审编：《白升余销售假冒注册商标的商品案——防疫期间销售冒牌口罩的行为认定问题》，载最高人民法院刑事审判第一、二、三、四、五庭主办：《刑事审判参考》（总第121集），法律出版社2020年版，第21~24页。

531. 非法制造注册商标标识行为的认定

关键词

非法制造注册商标标识罪　假冒注册商标标识

《刑事审判参考》指导案例

被告人王学保非法制造注册商标标识案（《刑事审判参考》指导案例第678号）

裁判要点：商标标识是指与商品配套一同进入流通领域的带有商标的有形载体。带有注册商标的空旧酒瓶、包装物应属注册商标标识；将回收的空旧酒瓶、包装物与购买的假冒注册商标标识进行组装的行为属于简单的物理组合行为，但仍符合制造的本质特征，应当定性为"制造"，故将回收的空旧酒瓶、包装物与购买的假冒注册商标标识进行组装的行为构成非法制造注册商标标识罪。

我们认为，本案定性的关键是王学保的行为是否属于"伪造"，进而判断其行为是否构成"非法制造注册商标标识罪"。我们认为，被告人王学保将回收的空旧酒瓶、包装物与购买的假冒注册商标标识进行组装的行为构成非法制造注册商标标识罪。

（一）从行为性质分析，被告人的行为属于“伪造”型制造注册商标标识行为。

首先，带有商标的酒瓶、包装物属于商标标识。要对回收空旧酒瓶、包装物并与购买的假冒注册商标标识进行组装的行为进行准确定性，首先必须判断酒瓶、包装物是否属于商标标识。国家工商行政管理总局多次制定规范性文件对商标标识予以明确。如 1988 年 9 月国家工商行政管理局商标局《关于商标标识含义问题的复函》指出，商标标识一般是指独立于被标志商品的商标的物质表现形式。《商标印制管理办法》第十五条规定，商标标识是指与商品配套一同进入流通领域的带有商标的有形载体。1996 年 6 月《关于收缴商标标识有关问题的答复》[①] 中又明确规定，商标标识指的是带有商标但独立于被标志商品的物品，如带有商标的标签、封签、包装物等。参照上述文件规定，本案中带有注册商标的空旧酒瓶、包装物应属注册商标标识。其次，将酒瓶、包装物与购买的假冒注册商标标识进行组装是侵犯注册商标标识的行为。虽然该行为并未对带有注册商标标识的空瓶本身实施任何行为，但因为假冒和侵犯他人注册商标（包括商标标识）行为的本质特征是，“利用他人注册商标声誉，以生产的商品冒充商标注册人的商品，使一般消费者对商品来源产生误认，具有不同程度的欺骗性”，故该行为仍侵犯了他人注册商标标识。本案被告人王学保回收上述商标标识，又购买假冒商标标识，将两者组装后成套用于假冒上述名酒，属于侵犯注册商标权人的商标标识的行为。再次，王学保的行为属于制造注册商标标识。制造即“用人工使原材料成为可供使用的物品”，其实质就是行为人用人工使原本各自独立的物品重新整合成能达到目标功能的物品。其整合的方法多种多样，如提炼分离、按比例混合、化学方法、冷热加工、组装等。本案中，王学保回收的空酒瓶、包装物及购买的假标识均为用于制造的原材料，其用人工将这些原材料组合拼装成为可供再次使用的附有注册商标标识的酒类商品包装，其组装行为应当属于制造行为。2002 年《国家工商行政管理总局、国家商标局关于加工带有商标标识的包装物是否属于商标印制行为的批复》就类似物理组合行为的定性作了较为权威的确认，批复认为，北京新拓塑料包装制品公司在其生产的塑料瓶上套上他人印制的商标标识，经热缩紧固，制成带有商标标识的饮料瓶行为，属于“制作带有商标的包装物”的商标印制行为。因此，虽然王学保实施的是简单的物理组合行为，但仍符合制造的本质特征，应当定性为“制造”。最后，真伪并存的组装拼凑行为在整体上应认定为伪造行为。《最高人民法院关于审理伪造货币等案件具体应用法律若干问题的解释（二）》第二条明确规

---

① 本文件已被《国家工商行政管理局关于废止有关工商行政管理规章、规范性文件的决定》（工商法字〔2004〕第 98 号）废止。

定，同时采用伪造和变造手段制造真伪拼凑货币的行为，以伪造货币罪定罪处罚。参照该条规定，将空旧酒瓶、包装物与假冒注册商标标识进行组装的行为，也应认定为伪造注册商标标识行为，构成非法制造注册商标标识罪。

（二）从商标标识功能分析，被告人的行为侵犯了他人的注册商标专用权和国家的商标管理制度

国家工商行政管理总局制定的部门规章规定，商标标识是与商品配套一同进入流通领域的带有商标的有形载体。《商标法》亦有规定，注册商标的专用权，以核准注册的商标和核定使用的商品为限。由此表明：（1）注册商标标识不能单独流通，必须与国家核定使用的商品配套使用，不能成为商标权人以外的人交易的对象。（2）商标及其标识本质属性在于其识别性。商品耗尽后，商标标识亦同时失去意义。（3）商标标识即便被商标权人回收利用后，仍应与商品配套进入流通领域。本案中，各类酒品与酒瓶、包装物作为一个整体进入流通领域，共同体现其价值。理论上说，当酒被消耗后，酒瓶及包装物（包括其上的注册商标标识）均应被回收、销毁，不应再进入正常的流通环节，其商标标识也因商品的耗尽而失去意义和价值。被告人未征得注册商标权人的同意，对已经丧失区别商品来源等功能的商标标识进行回收整理，并使之重新进入流通领域，再次赋予商标标识功能，实质上侵犯了注册商标权人的专用权。该行为不仅使注册商标权人意图通过注册商标及其标识实现识别商品、标示商品质量、广告宣传等目的落空，还侵害了国家对注册商标的管理制度和秩序。

（三）从社会效果分析，将被告人的行为认定为非法制造注册商标标识罪，有利于打击侵犯知识产权的犯罪活动，切实保护知识产权权利人的合法权益

首先，将空旧酒瓶、包装物与假冒的注册商标标识组装行为的社会危害性大于超量印制注册商标标识行为，应当受到刑法规制。根据刑法第二百一十五条的规定，"擅自制造他人注册商标标识，情节严重"构成非法制造注册商标标识罪。既然经注册商标权人准许但超过印制真实的商标标识的行为应当承担刑事责任，那么王学保未经注册商标权人准许而组装相当数量的假注册商标标识的行为，更应承担刑事责任。其次，随着社会的发展，知识产权在社会经济生活中日益凸显其重要性，公众也充分认识到作为工业产权的注册商标的经济价值。与此同时，侵犯知识产权犯罪的规模正日趋扩大，手段推陈出新。目前，制售假冒伪劣酒品行为层出不穷，"真瓶装假酒"现象尤为泛滥。将回收的空旧酒瓶、包装物与购买的假冒注册商标标识进行组装的行为，认定为非法制造注册商标标识，可以强化群众的商标保护意识，震慑日趋严重的制售假酒的犯罪行为，割断犯罪链，更好地维护知识产权市场管理秩序，为我国文化市场的发展提供切实的司法保障。

综上，法院认定被告人王学保的行为构成非法制造注册商标标识罪是正确的。

——最高人民法院刑事审判第一、二、三、四、五庭主办：《刑事审判参考》2011年第1集（总第78集），法律出版社2011年版，第120~123页。

532. 侵犯商标权犯罪案件中尚未销售或者部分销售情形的定罪量刑

关键词

侵犯商标权犯罪

最高人民法院司法政策精神

八、关于销售假冒注册商标的商品犯罪案件中尚未销售或者部分销售情形的定罪量刑问题

销售明知是假冒注册商标的商品，具有下列情形之一的，依照刑法第二百一十四条的规定，以销售假冒注册商标的商品罪（未遂）定罪处罚：

（一）假冒注册商标的商品尚未销售，货值金额在十五万元以上的；

（二）假冒注册商标的商品部分销售，已销售金额不满五万元，但与尚未销售的假冒注册商标的商品的货值金额合计在十五万元以上的。

假冒注册商标的商品尚未销售，货值金额分别达到十五万元以上不满二十五万元、二十五万元以上的，分别依照刑法第二百一十四条规定的各法定刑幅度定罪处罚。

销售金额和未销售货值金额分别达到不同的法定刑幅度或者均达到同一法定刑幅度的，在处罚较重的法定刑或者同一法定刑幅度内酌情从重处罚。

九、关于销售他人非法制造的注册商标标识犯罪案件中尚未销售或者部分销售情形的定罪问题

销售他人伪造、擅自制造的注册商标标识，具有下列情形之一的，依照刑法第二百一十五条的规定，以销售非法制造的注册商标标识罪（未遂）定罪处罚：

（一）尚未销售他人伪造、擅自制造的注册商标标识数量在六万件以上的；

（二）尚未销售他人伪造、擅自制造的两种以上注册商标标识数量在三万件以上的；

（三）部分销售他人伪造、擅自制造的注册商标标识，已销售标识数量不满二万件，但与尚未销售标识数量合计在六万件以上的；

（四）部分销售他人伪造、擅自制造的两种以上注册商标标识，已销售标识数量不满一万件，但与尚未销售标识数量合计在三万件以上的。

——《最高人民法院、最高人民检察院、公安部印发〈关于办理侵犯知识产权刑事案件适用法律若干问题的意见〉的通知》（2011 年 1 月 10 日，法发〔2011〕3 号）。

附录：理解与适用

一、关于尚未附着或者尚未全部附着假冒注册商标标识的侵权产品价值是否计入非法经营数额的问题。

非法经营数额是认定商标犯罪的重要情节。司法实践中，由于犯罪情形复杂多样，非法经营数额的计算面临许多争议，一定程度上影响了案件的正确处理和对犯罪的打击力度。为此，《意见》第 7 条规定，在计算制造、储存、运输和未销售的假冒注册商标侵权产品价值时，对于已经制作完成但尚未附着（含加贴）或者尚未全部附着（含加贴）假冒注册商标标识的产品，如果有确实、充分证据证明该产品将假冒他人注册商标，其价值计入非法经营数额。这一规定主要基于以下考虑：一是实践中大量存在产品与假冒注册商标标识分离的情况。例如，有些不法分子为逃避打击，将未附着商标标识的产品与假冒注册商标标识分开存储，仅在买家求购时才按照买家要求附着商标标识；有些不法分子将产品与商标标识分开运输给买家；还有些不法分子在被侦查机关或者行政执法机关查处时，尚有大量产品未来得及附着或者全部附着假冒注册商标标识。上述行为的社会危害性是客观存在的，如果对上述行为中情节严重的情形不定罪处罚，将会使大多数假冒他人注册商标的不法分子逃避法律的制裁。二是侦查机关和行政执法部门反映。通常情况下查获的尚未附着或者尚未全部附着假冒注册商标标识的侵权产品数量与假冒注册商标标识数量不是一一对应关系，对此种情形如何计算非法经营数额认识不一。有的主张按照数量最小者来计算非法经营数额。我们认为，如果有确实、充分的证据证明查获的产品将假冒他人注册商标，就应当将其价值计入非法经营数额，而不是简单地依据查获的产品数量或者假冒注册商标标识数量之最小者来计算非法经营数额。例如，查获 1000 件未附着或者未全部附着假冒注册商标标识的侵权产品和 800 套假冒注册商标标识。如果有确实、充分的证据证明 1000 件产品都是要假冒他人注册商标的，则此 1000 件产品的价值均应计入非法经营数额。

二、关于销售假冒注册商标的商品犯罪案件中尚未销售或者部分销售情形的定罪量刑问题。

《意见》第 8 条共分 3 款，规定了尚未销售或者部分销售假冒注册商标的商品的定罪量刑标准。第 1 款明确了应当追究销售假冒注册商标的商品罪

（未遂）的刑事责任，并进一步明确了其定罪标准：一是假冒注册商标的商品尚未销售，货值金额在 15 万元以上的；二是假冒注册商标的商品部分销售，已销售金额不满 5 万元。但与尚未销售的假冒注册商标的商品的货值金额合计在 15 万元以上的。从司法实践中类似犯罪掌握的标准看，将未遂的犯罪金额确定为销售金额的 3 倍是妥当的。

第 2 款实际上规定了销售假冒注册商标的商品罪（未遂）数额巨大的标准。根据这一规定，假冒注册商标的商品尚未销售，货值金额达到 15 万元仅是入罪标准。在适用《刑法》第二百一十四条规定的各个量刑档次时，并不要求货值金额达到各个量刑档次规定数额的 3 倍以上，即“假冒注册商标的商品尚未销售，货值金额分别达到 15 万元以上不满 25 万元、25 万元以上的，分别依照《刑法》第二百一十四条规定的各法定刑幅度定罪处罚”。之所以作此规定，主要是考虑在构成犯罪未遂的情况下，数额巨大的未遂标准采用和既遂相同的标准。体现了从严惩处此类犯罪的精神，同时，也与司法实践中类似犯罪的处理原则保持了一致。如最高人民法院、最高人民检察院、公安部、国家烟草专卖局《关于办理假冒伪劣烟草制品等刑事案件适用法律问题座谈会纪要》明确规定：“伪劣烟草制品尚未销售，货值金额分别达到 15 万元以上不满 20 万元、20 万元以上不满 50 万元、50 万元以上不满 200 万元、200 万元以上的分别依照《刑法》第一百四十条规定的各量刑档次定罪处罚。”

第 3 款明确了销售金额与未销售货值金额分别达到不同法定刑幅度或者均达到同一法定刑幅度的处罚原则。实践中存在两种情形，一种情形是既遂和未遂的标准均已达到，但是分别处于不同的法定刑幅度，例如，销售金额在 5 万元以上不满 25 万元，达到了销售假冒注册商标的商品罪第一个法定刑幅度，而已经查清的未销售货值金额在 25 万元以上，达到了该罪第二个法定刑幅度。这种情况应当按照销售假冒注册商标的商品罪（未遂），在第二个法定刑幅度内酌情从重处罚。同时考虑刑法总则中对犯罪未遂的处罚原则。另一种情形是既遂和未遂的标准均已达到，且处于同一法定刑幅度，由于此种情形的社会危害性比单纯达到犯罪既遂或者未遂之一的危害性更大，故规定在所达到的同一法定刑幅度内酌情从重处罚。此类情形的处理原则已被司法实践所认可，如最高人民法院、最高人民检察院《关于办理非法生产、销售烟草专卖品等刑事案件具体应用法律若干问题的解释》第 2 条第 2 款即为适例。

三、关于销售他人非法制造的注册商标标识犯罪案件中尚未销售或者部分销售情形的定罪问题。

《意见》第 9 条规定了尚未销售或者部分销售他人非法制造的注册商标标识的定罪标准。由于非法制造的注册商标标识本身的成本和销售价格均非常低廉，虽然销售他人非法制造的注册商标标识罪的发案率高、涉及面广，但涉案金额往往很小，此类案件的社会危害性主要通过销售数量得以反映。司法实践中，大部分行为人为逃避打击，通常不设立账本.也没有销售记录，导致侦查机关难以查清甚至无法查清已销售部分的数量，能够查清的仅是尚未销售的非法制造的注册商标标识数量。如果不考虑尚未销售部分的数量，仅以已销售部分数量或者金额作为定罪处罚依据，则难以追究行为人的刑事责任，不利于有效遏制犯罪。为了依法严厉打击此类犯罪,《意见》将销售非法制造的注册商标标识罪（未遂）纳入惩治范围，并将其入罪标准掌握为该罪既遂入罪标准的3倍，进一步明确了构成销售非法制造的注册商标标识罪（未遂）的4种情形：一是尚未销售他人伪造、擅自制造的注册商标标识数量在6万件以上的；二是尚未销售他人伪造、擅自制造的两种以上注册商标标识数量在3万件以上的；三是部分销售他人伪造、擅自制造的注册商标标识，已销售标识数量不满2万件，但与尚未销售标识数量合计在6万件以上的；四是部分销售他人伪造、擅自制造的两种以上注册商标标识，已销售标识数量不满1万件，但与尚未销售标识数量合计在3万件以上的。

——逄锦温、刘福谦、王志广、丛媛:《〈关于办理侵犯知识产权刑事案件适用法律若干问题的意见〉的理解与适用》，载《人民司法·应用》2011年第5期（总第616期）。

533. 非法制造、回收印有注册商标的瓶子、包装物，装载商品的行为定性

关键词

制造、回收印有注册商标的瓶子、包装物　装载商品

附录：最高人民法院主流观点

具体包括以下四种情形：

第一种情形是瓶子、包装物未独立注册商标，尚未灌装、装载被标志的商品。未经注册商标权人许可，对已经丧失区别商品来源等功能的商标标识进行回收整理，并使之重新进入流通领域，再次赋予商标标识功能，实质上属于非法制造注册商标标识的行为。非法制造、回收瓶子、包装物，使用伪造的注册商标的，亦属于非法制造注册商标标识的行为。情节严重的，构成非法制造注册商标标识罪。此处的商标标识是指用于灌装、装载被标志商品的标识。以江苏省宜兴市人民法院审理的王某某非法制造注册商标标识案为例。王某某回收空酒瓶、包装物以及购买假冒的标识，系为了后来采取人工手段将这些原材料制造成可供再次使用的酒类商品包装，其行为属于非法制

造注册商标标识。《国家工商行政管理总局、国家商标局关于加工带有商标标识的包装物是否属于商标印制行为的批复》（商标监〔2002〕2 号）就类似物理组合行为的定性作了比较权威的确认。该批复认为，北京新拓塑料包装制品公司在其生产的塑料光瓶上套上他人印制的商标标识，经热缩紧固，制成带有商标标识的饮料瓶行为，属于“制作带有商标的包装物”的商标印制行为。同理，虽然王某某实施的是简单物理组合行为，但依然符合“制造”的本质特征，应当认定为“制造”。[①]关于将真伪并存的组装行为在整体上认定为“伪造”的依据还有《最高人民法院关于审理伪造货币等案件具体应用法律若干问题的解释（二）》。该解释第 2 条明确规定，同时采用伪造和变造手段，制造真伪拼凑货币的行为，以伪造货币罪定罪处罚。参照该条规定，将真品空旧酒瓶、包装物与假冒注册商标标识进行组装的行为，应当认定为伪造注册商标标识行为，情节严重的，构成非法制造注册商标标识罪。

第二种情形是瓶子、包装物未独立注册商标，已进行灌装、装载被标志的商品。既然瓶子、包装物未独立注册商标，就不可能成为注册商标的商品，意味着瓶子、包装物只能印有标识灌装、装载被标志商品的注册商标，瓶子、包装物与商标组合成灌装、装载被标志商品的注册商标标识。非法制造、回收印有此类注册商标的瓶子、包装物，情节严重的，构成非法制造注册商标标识罪。如果将非法制造、回收的印有灌装、装载商品注册商标的瓶子、包装物，进行灌装、装载被标志商品的，属于在（正品灌装、装载商品的）“同一种商品上”使用“与其注册商标相同的商标”，情节严重的，构成假冒注册商标罪。此类行为，同时构成非法制造注册商标标识罪、假冒注册商标罪，依照相关解释的规定，按照处罚较重的罪名定罪处罚。一般情况下，此种情形按照假冒注册商标罪定罪处罚。但有时可能非法制造、回收的瓶子、包装物的数量远大于已灌装、装载被标志商品数量的，或者灌装、装载行为未遂的，此种情形以非法制造注册商标标识罪进行处罚可能重于以假冒注册商标罪进行处罚，按照处罚较重的罪名处罚原则，应当以非法制造注册商标标识罪定罪处罚。

第三种情形是瓶子、包装物已独立注册商标，尚未灌装、装载被标志的商品。一般情况下，瓶子、包装物印有的注册商标是灌装、装载被标志商品的注册商标。如“飞天茅台”酒瓶上印有的注册商标是飞天茅台品牌酒的注册商标，而不是瓶子本身的注册商标。但有时，灌装瓶子与灌装液体分属于不同的厂家。以深圳市中级人民法院审理的廖某威、廖某觉非法制造、销售非法制造的注册商标标识案为例。该案中，PET 空瓶是印有注册商标的商品，该商标权人注册的商标包括塑料包装容器和饮料、苏打水两种，而第 6710079

① 江苏省宜兴市人民法院（2010）宜知刑初字第 2 号。

号、第 6766358 号商标均核定使用商品为第 20 类，包括塑料包装容器等。可见，商标权人针对 PET 空瓶的商标专门注册了商标，该商标标识的商品不是灌装物饮料、苏打水。廖某威等人未经许可生产印有注册商标的怡宝专用 PET 瓶，属于未经注册商标所有人许可，在同一种商品上使用与其注册商标相同的商标，情节严重的，构成假冒注册商标罪。同时，廖某威非法购买印有标识饮料、苏打水等灌装商品的假冒注册商标的矿泉水标签、瓶盖、纸箱、封箱纸、提手，与印有注册商标的空瓶配套对外销售，同时构成非法制造、销售非法制造的注册商标标识罪。[①] 由此可以认为，如果行为人同时使用了既标识空旧瓶子、包装物的假冒注册商标，又标识灌装、装载被标志商品的假冒注册商标，意味着同时构成假冒注册商标罪（针对空旧瓶子、包装物）和非法制造注册商标标识罪（针对灌装、装载商品）。而回收空旧瓶子、包装物是为了和标识灌装、装载商品的假冒注册的商标一起形成灌装、装载商品的商标标识，据此可以认定两种行为之间具有手段、目的牵连关系，按照相关司法解释规定，按照处罚较重的罪名定罪处罚。

第四种情形是瓶子、包装物已独立注册商标，已进行灌装、装载被标志的商品。此种情形，意味着行为人既假冒了瓶子、包装物等注册商标的商品，又假冒了灌装、装载物等注册商标的商品，依法构成假冒注册商标罪。依照《办理侵犯知产刑事案件解释》第 1 条规定的“假冒两种以上注册商标”的情形定罪处罚。

此外，上述行为过程中，行为人掺杂掺假、以假充真、以次充好或者以不合格产品冒充合格产品，情节严重的，同时构成生产、销售伪劣商品罪，按照处罚较重的罪名定罪处罚。

——胡云腾主编：《刑法罪名精释（第五版）》，人民法院出版社 2022 年版，第 551~553 页。

534. 擅自销售《党章》《十七大报告》行为的定性处理

关键词

侵犯著作权罪　非法经营罪　销售侵权复制品罪

《刑事审判参考》指导案例

被告人张顺、陈瑞、赵党清、王红勤侵犯著作权案（《刑事审判参考》指导案例第 680 号）

① 广东省深圳市中级人民法院（2019）粤 03 刑终 183 号。

裁判要点：《党章》和《十七大报告》作为党中央发布的官方文献，由一定的组织和人员负责起草，经特定的组织程序决议通过，在全党范围内具有约束力，可视为“具有立法、行政、司法性质的文件”，不存在著作权人。单纯销售、贩卖他人享有专有出版权的图书的，不属于“出版”此类图书，也就不构成侵犯著作权罪，但可能构成其他犯罪。相关机构授权人民出版社对《党章》和《十七大报告》享有专有的出版权，其他组织和个人的出版行为，侵犯了人民出版社的专有出版权，可能构成销售侵权复制品罪或非法经营罪。如同时构成上述两罪，则按想象竞合犯的处理原则，择一重罪处罚。

我们认为：（一）销售《十七大报告》单行本、《党章》等他人享有专有出版权的图书，不构成侵犯著作权罪。侵犯著作权罪，是指以营利为目的，违反著作权法的规定，侵犯他人著作权，违法所得数额较大或者有其他严重情节的行为。刑法第二百一十七条规定了四种可以构成该罪的情形：（1）未经著作权人许可，复制发行其文字作品、音乐、电影、电视、录像作品、计算机软件及其他作品；（2）出版他人享有专有出版权的图书；（3）未经录音录像制作者许可，复制发行其制作的录音录像；（4）制作、出售假冒他人署名的美术作品。

本案中，被告人擅自销售的图书有《党章》《十七大报告》单行本和盗版的《十七大报告辅导读本》。其中，《十七大报告辅导读本》的著作权归“本书编写组”，由人民出版社享有独家出版发行权，该书著作权人明确，故根据《知产解释（二）》的规定，四被告人在未经著作权人许可的情况下，以营利为目的发行该书，只要发行数量超过500本的定罪数量标准，即符合刑法第二百一十七条第一项情形下的“有其他严重情节”，可以按照侵犯著作权罪定罪处罚。

那么，四被告人擅自销售的《党章》或《十七大报告》单行本的数量是否应当计入其犯罪数额呢？这就涉及《党章》和《十七大报告》单行本的著作权归属问题。《著作权法》明确了该法的保护范围，并在第五条列举了不适用其保护的三类情形：（1）法律、法规、国家机关的决议、决定、命令和其他具有立法、行政、司法性质的文件，及其官方正式译文；（2）时事新闻；（3）历法、通用数表、通用表格和公式。显然，《党章》和《十七大报告》作为党中央发布的官方文献，由一定的组织和人员负责起草，经特定的组织程序决议通过，在全党范围内具有约束力，可视为“具有立法、行政、司法性质的文件”，属于上述第一类除外情形。换言之，《党章》和《十七大报告》都没有著作权人。为了规范《党章》和《十七大报告》的出版发行，相关机构授权人民出版社享有专有的出版权，其他任何组织和个人不得擅自出版。

其他组织和个人的出版行为，侵犯人民出版社的专有出版权，按照刑法第二百一十七条第二项的规定，可能构成侵犯著作权罪。“出版”一词具有特定的含义，《著作权法实施细则》规定，出版是指“将作品编辑加工后经过复制向公众发行”的行为，故单纯销售、贩卖他人享有专有出版权的图书的，不属于“出版”此类图书，也就不构成侵犯著作权罪，但可能构成其他犯罪。如果行为人明知是他人侵犯出版权出版的此类刊物而予以销售，违法所得数额达到10万元以上的，可以按照销售侵权复制品罪论处。如果行为人明知是非法出版物而销售，达到2000册以上的，可以根据《最高人民法院关于审理非法出版物刑事案件具体应用法律若干问题的解释》第十一条、第十二条之规定，按照非法经营罪定罪处罚。在同时构成销售侵权复制品罪和非法经营罪的情况下，按照想象竞合犯的处理原则，择一重罪处罚。

本案中，四被告人对《十七大报告》单行本、《党章》等他人享有专有出版权的图书实施了销售行为，但没有实施出版行为，故不符合刑法第二百一十七条规定的四种侵犯著作权的情形，不能认定构成侵犯著作权罪。四人销售这两种出版物的非法所得不应计入其侵犯著作权行为的犯罪数额。相关鉴定机构认定查获的《党章》《十七大报告》单行本属于侵权复制品，所指的是侵犯了他人的专有出版权，而不是著作权。同时，本案被告人销售非法出版物的行为尚未达到非法经营罪的定罪标准，故也不能以非法经营罪论处。

（二）销售盗版《十七大报告辅导读本》的行为构成侵犯著作权罪，而非销售侵权复制品罪。本案四被告人销售的《十七大报告辅导读本》具有明确的著作权人，且经鉴定属于侵权复制品。对于四被告人的行为是否构成犯罪以及构成何种犯罪，审判过程中有两种不同意见：一种意见认为，被告人张顺、陈瑞、赵党清未经著作权人许可，发行其文字作品，均在500册以上，其行为均构成侵犯著作权罪；被告人王红勤销售侵权复制品不足500册，尚未达到情节严重的程度，不构成犯罪。另一种意见认为，四被告人仅销售侵权复制品，未实施侵犯著作权罪要求的复制发行或者出版行为，故性质上属于销售侵权复制品；如违法所得数额巨大，可以认定为销售侵权复制品罪；如违法所得达不到数额巨大标准，则不构成犯罪。

因侵犯著作权罪和销售侵权复制品罪的犯罪对象相同，故上述意见分歧的关键在于如何理解刑法第二百一十七条中的“发行”和第二百一十八条中的“销售”。对此，有意见认为，刑法第二百一十七条侵犯著作权罪中的“发行”指的是首次发行、出售，而第二百一十八条的销售是指发行之后的再次销售行为，是侵犯著作权犯罪后果的进一步延伸。我们认为，这种意见并不稳妥。主要理由在于：《著作权法》第十条对发行权作了明确界定，即以出售或者赠与方式向公众提供作品的原件或者复制件的权利。这表明，《著作权法》并未将发行限于第一次发行或总发行，销售本身就是《著作权法》意义上发行作品的一种重要方式。而刑法也没有对“发行”作出不同于《著作权法》的界定，故应当认为，刑法第二百一十七条中“发行”的含义与《著作权法》第十条中的“发行”是一致的，即无论是出版社第一次公开销售作品、复制品，还是他人购入作品、复制品之后再向公众销售，均属于“发行”。相关司法解释也体现了这种立场。《知产解释（二）》明确将刑法第二百一十七条中的“复制发行”解释为复制、发行或者既复制又发行的行为，并未要求复制与发行同时具备。最高人民法院、最高人民检察院、公安部 2011 年联合印发的《关于办理侵犯知识产权刑事案件适用法律若干问题的意见》对“发行”作了进一步解释，即包括总发行、批发、零售、通过信息网络传播以及出租、展销等活动。可见，现行司法解释等规范性指导文件延续了《著作权法》对“发行”的界定。据此，对于行为人销售了侵犯他人著作权的复制品的，可把该行为认定为侵犯著作权罪中的“发行”，由于侵犯著作权罪的定罪标准低于销售侵权复制品罪，故客观上会造成销售侵权复制品罪司法适用范围的缩小。当然，如果行为人销售的是他人非法出版的《党章》《十七大报告》等没有著作权人的侵权复制品，在违法所得数额巨大的情况下，可以构成销售侵权复制品罪。

本案中，四被告人销售侵权复制品的违法所得均没有达到销售侵权复制品罪的定罪标准（人民币 10 万元），不能认定为该罪。前述关于本案定性的第二种意见不可取。下面进一步分析对本案四名被告人的定罪问题。第一，前文已述，四被告人擅自销售的《党章》或《十七大报告》单行本的数量不应当计入各自的犯罪数额，故被告人张顺、陈瑞、赵党清、王红勤的犯罪对象仅为盗版的《十七大报告辅导读本》，犯罪数量分别为 2300 本、1000 本、l500 本和 100 本。其中，张顺、陈瑞、赵党清未经著作权人许可，发行其文字作品的数量均超过了 500 本的定罪标准，属于刑法第二百一十七条规定的“有其他严重情节”，已构成侵犯著作权罪。而王红勤在未经著作权人许可的情况下，发行数量尚未达到 500 本的定罪标准，故从犯罪数额角度看，不应追究其刑事责任。第二，四被告人之间系买卖关系，相互之间缺乏共同犯罪的故意和行为，不属于共同犯罪，应分别对各自的行为负责，故被告人王红勤仅应对其销售的 100 本盗版的《十七大报告辅导读本》负责，尚不构成犯罪，检察机关撤回对王红勤的起诉是正确的。综上，被告人张顺、陈瑞、赵党清的行为均构成侵犯著作权罪，被告人王红勤的行为不构成犯罪。

——最高人民法院刑事审判第一、二、三、四、五庭主办：《刑事审判参考》2011 年第 1 集（总第 78 集），法律出版社 2011 年版，第 133~137 页。

535. 侵犯著作权罪中以营利为目的、未经著作权人许可的认定

关键词

侵犯著作权罪　以营利为目的

最高人民法院司法解释

第十一条第一款　以刊登收费广告等方式直接或者间接收取费用的情形，属于刑法第二百一十七条规定的"以营利为目的"。

第二款　刑法第二百一十七条规定的"未经著作权人许可"，是指没有得到著作权人授权或者伪造、涂改著作权人授权许可文件或者超出授权许可范围的情形。

——《最高人民法院、最高人民检察院关于办理侵犯知识产权刑事案件具体应用法律若干问题的解释》(2004 年 12 月 8 日，法释〔2004〕年 19 号)。

最高人民法院司法政策精神

十、关于侵犯著作权犯罪案件"以营利为目的"的认定问题

除销售外，具有下列情形之一的，可以认定为"以营利为目的"：

（一）以在他人作品中刊登收费广告、捆绑第三方作品等方式直接或者间接收取费用的；

（二）通过信息网络传播他人作品，或者利用他人上传的侵权作品，在网站或者网页上提供刊登收费广告服务，直接或者间接收取费用的；

（三）以会员制方式通过信息网络传播他人作品，收取会员注册费或者其他费用的；

（四）其他利用他人作品牟利的情形。

十一、关于侵犯著作权犯罪案件"未经著作权人许可"的认定问题

"未经著作权人许可"一般应当依据著作权人或者其授权的代理人、著作权集体管理组织、国家著作权行政管理部门指定的著作权认证机构出具的涉案作品版权认证文书，或者证明出版者、复制发行者伪造、涂改授权许可文件或者超出授权许可范围的证据，结合其他证据综合予以认定。

在涉案作品种类众多且权利人分散的案件中，上述证据确实难以一一取得，但有证据证明涉案复制品系非法出版、复制发行的，且出版者、复制发行者不能提供获得著作权人许可的相关证明材料的，可以认定为"未经著作权人许可"。但是，有证据证明权利人放弃权利、涉案作品的著作权不受我国著作权法保护，或者著作权保护期限已经届满的除外。

——《最高人民法院、最高人民检察院、公安部印发〈关于办理侵犯知识产权刑事案件适用法律若干问题的意见〉的通知》（2011年1月10日，法发〔2011〕31号）。

附录：理解与适用

关于侵犯著作权犯罪案件中以营利为目的的认定问题。

以营利为目的是侵犯著作权罪的主观方面要件，要求行为人主观上具有营利目的，至于行为人营利的方式以及实际营利与否，则在所不问。司法实践中，对于通过销售侵权复制品牟取利益属于以营利为目的的认定标准，已经形成共识。但是，随着侵犯著作权犯罪的手段不断翻新，行为人的营利方式也日益多样化。例如，行为人免费提供侵权复制品供他人使用，表面上没有通过销售方式营利．但是行为人在侵权复制品上刊登收费广告或者捆绑第三方作品，通过向广告主或者第三方收取费用的方式营利，就应当认定为以营利为目的。《意见》在过去司法解释规定的基础上，综合考虑实践中已出现的各种侵犯著作权犯罪行为方式．包括在线侵权和线下侵权，进一步细化了以刊登收费广告等方式直接或者间接收取费用的情形，明确下列几种情形属于以营利为目的：（1）以在他人作品中刊登收费广告、捆绑第三方作品等方式直接或者间接收取费用的；（2）通过信息网络传播他人作品，或者利用他人上传的侵权作品，在网站或者网页上提供刊登收费广告服务，直接或者间接收取费用的；（3）以会员制方式通过信息网络传播他人作品，收取会员注册费或者其他费用的；（4）其他利用他人作品牟利的情形。

需要说明的是，该条规定仅针对行为人主观方面的认定，至于行为人是否应当被依法追究刑事责任，则应当依照刑法规定的犯罪构成要件以及相关司法解释规定的定罪量刑标准进行认定。

关于侵犯著作权犯罪案件中未经著作权人许可的认定问题。

根据我国《刑法》第二百一十七条的规定，未经著作权人许可是侵犯著作权罪的构成要件之一，因此．正确认定未经著作权人许可，对于认定侵犯著作权罪具有重要意义。为了解决对未经著作权人许可的认定问题，《意见》第11条根据当前办理侵犯著作权犯罪的实际情况，共分两款对这一问题作了规定。第1款规定：认定未经著作权人许可，一般应当依据著作权人或者其授权的代理人、著作权集体管理组织、国家著作权行政管理部门指定的著作权认证机构出具的涉案作品版权认证文书，或者证明出版者、复制发行者伪造、涂改授权许可文件或者超出授权许可范围的证据，结合其他证据综合予以认定。这就要求公安机关一般要收集到上述证据，并结合本案的其他证据予以认定。但在有些案件中，由于涉案侵权作品的种类较多，且被侵权作品的权利人较为分散，有的甚至身居国外，公安机关难以取得这些著作权人或者其授权的代理人、著作权集体管理组织、国家著作权行政管理部门指定的著作权认证机构出具的涉案作品版权认证文书，或者本案中公安机关未能收集到证明出版者、复制发行者伪造、涂改授权许可文件或者超出授权许可范围的证据，在此情况下，如果仍然机械地要依据上述证据才能认定未经著作权人许可，无疑会导致许多案件无法处理．从而放纵犯罪的情况。鉴此，《意见》第2条第2款作了灵活规定，在涉案作品种类众多且权利人分散的案件中，上述证据确实难以一一取得，但有证据证明涉案复制品系非法出版、复制发行，且出版者、复制发行者不能提供获得著作权人许可的相关证明材料的，可以认定为未经著作权人许可。但是，有证据证明权利人放弃权利、涉案作品的著作权不受我国著作权法保护．或者著作权保护期限已经届满的除外。理解和掌握本款应当重点把握三点：第一，本款只适用于涉案作品种类众多且权利人分散的案件。第二，涉案作品有的已有证据证明未经著作权人许可，但全部查证认定难度较大。第三，有证据证明涉案复制品系非法出版、复制发行的，且出版者、复制发行者不能提供获得著作权人许可的相关证明材料。这里的有证据证明涉案复制品系非法出版、复制发行，就是指已有证据证明涉案复制品未遵守《出版管理条例》《音像制品管理条例》等有关法律法规的规定，系非法出版、复制发行。第四，有证据证明权利人放弃权利、涉案作品的著作权不受我国著作权法保护，或者著作权保护期限已经届满的除外。这里的有证据证明既可以是犯罪嫌疑人（被告人）或其他有关人员提供的经查证属实的证据，也可以是公安机关依法收集、调取的证据。

——逄锦温、刘福谦、王志广、丛媛：《〈关于办理侵犯知识产权刑事案件适用法律若干问题的意见〉的理解与适用》，载《人民司法·应用》2011年第5期（总第616期）。

《最高人民法院公报》案例

江苏省苏州市虎丘区人民检察院诉成都共软网络科技有限公司、孙显忠等人侵犯著作权案（判决时间：2009年8月20日，一审法院：江苏省苏州市虎丘区人民法院）

裁判摘要：行为人未经著作权人许可复制其计算机软件，通过修改相应程序捆绑其他软件后在互联网上发布供他人下载，并因此获取广告费等收益的，属于《刑法》第二百一十七条规定的“以营利为目的”的“复制发行”行为。

关于被告单位共软公司及被告人孙显忠、张天平、洪磊、梁焯勇实施涉案行为是否以营利为目的问题。最高人民法院、最高人民检察院《关于办理侵犯知识产权刑事案件具体应用法律若干问题的解释》第十一条第一款规定：“以刊登收费广告等方式直接或者间接收取费用的情形，属于刑法第二百一十七条规定的‘以营利为目的’。”本案中，虽然被告单位及各被告人通过互联网在“番茄花园”网站、“热度”网站发布涉案番茄花园版 Windows 系列软件时，是供公众免费下载的，没有直接从中营利，但在发布涉案“番茄花园”版 Windows 系列软件的同时，被告单位及各被告人通过修改浏览器主页、默认搜索页面、捆绑需推广的客户商业软件等手段，获得了广告费、推广费等巨额间接收入，共计人民币 2924287.09 元。因此，可以认定共软公司、孙显忠、张天平与洪磊、梁焯勇实施涉案行为的真实意图，正是在于追求巨额广告费、推广费收益，明显具有营利目的。

——《最高人民法院公报》2010 年第 9 期。

《刑事审判参考》指导案例

被告人凌永超侵犯著作权案（《刑事审判参考》指导案例第 679 号）

裁判要点：在刑事审判中，对于有证据证明涉案复制品系非法复制发行，且复制发行者不能提供获得著作权人许可的相关证明材料的，可以认定为“未经著作权人许可”。

在本案审理过程中，对于如何认定“未经著作权人许可”，存在两种意见：第一种意见认为，只有经过对著作权人或者其授权的代理人的调查取证，借助其陈述及相关书证，直接证明被告人没有取得授权，才能证明其行为构成“未经著作权人许可”。而本案中，侦查机关未一一查明涉案光碟的著作权人，当然也未收集到该光碟的著作权人未许可凌永超发行其作品的证据，虽然按常识判断，该批光碟应该是未经著作权人许可的侵权复制品，但从证据角度看，尚未达到确实充分的刑事证据标准，认定“未经著作权人许可”的证据尚不充分。第二种意见认为，目前侵权盗版现象日益猖獗，并呈组织化、专业化趋势，实践中查获的大量案件存在侵权产品品种多、数量大，被侵权人人数众多的情况。在“未经著作权人许可”的认定上，机械地遵循“逐一寻找权利人取证”原则，既不具备可操作性，也容易使办案机关陷入举证困境，造成司法资源的浪费。随着网络时代侵权盗版案件的增多，这样的证据要求愈发与现实办案实际相脱离。且这样的证据要求，无疑会导致大量的侵犯著作权犯罪行为不能受到应有的、恰当的刑事惩罚，不仅可能造成“侵犯著作权罪”的虚置，还可能使我国知识产权政策频频遭到指责，陷入被动。

《著作权法》第五十三条[①]规定："复制品的发行者不能证明其发行的复制品有合法来源的，应当承担法律责任。"也就是说，行为人应当就其发行行为经过合法授权承担举证责任，这一特殊的认定规则是 2001 年《著作权法》修正时专门针对著作权保护的特点设立的。侵权嫌疑人不能提供著作权人的权利证明，即推定其侵犯著作权，该原则是目前国际上比较通行的做法。在我国，刑法渊源除了刑法典和单行刑法以外，还有"附属刑法"，即附带规定于民法、经济法、行政法等非刑事法律中的罪行规范。这些附属刑法虽然没有直接规定犯罪的构成要件和法定刑，但并不影响其法律效力的存在。《著作权法》第五十二条规定的法律责任即指第四十七条规定的责任，其中包括"依法追究刑事责任"，而刑法第二百一十七条和著作权法第四十七条都出现了"未经著作权人许可"的概念。这是一个专业性很强的概念，我们认为在刑事法律没有明确规定的情况下，对于如何认定"未经著作权人许可"可以参照著作权法的相关规定。在刑事审判中，对于有证据证明涉案复制品系非法复制发行，且复制发行者不能提供获得著作权人许可的相关证明材料的，可以认定为"未经著作权人许可"。本案由于涉案光碟品种多、数量大，权利人分散，确实难以一一取得著作权人或者其授权的代理人、著作权集体管理组织等出具的涉案光碟的版权认证文书。但是，本案有被告人凌永超关于其明知所贩卖的系盗版光碟的供述、证人证言、行政执法机构出具的鉴定意见等证据证明涉案光碟系非法发行，且被告人凌永超也不能提供其得到了"著作权人许可"的证明材料。综合全案证据，可以认定凌永超"未经著作权人许可"。法院在本案判决时采纳了第二种意见。

我们认为，认定凌永超以营利为目的，未经著作权人许可，发行他人作品的行为构成侵犯著作权罪是正确的。《知产意见》第十一条规定："有证据证明涉案复制品系非法出版、复制发行的，且出版者、复制发行者不能提供获得著作权人许可的相关证明材料的，可以认定为'未经著作权人许可'。"这一规定明确了侵犯著作权罪中"未经著作权人许可"的司法认定标准，有利于司法实践中更加合法、高效地认定侵犯著作权罪"未经著作权人许可"这一要件，为加大知识产权刑事司法的保护力度，依法惩处侵犯知识产权的犯罪活动，有效遏制侵权盗版等侵犯知识产权犯罪活动提供有力的法律武器。

——最高人民法院刑事审判第一、二、三、四、五庭主办：《刑事审判参考》2011 年第 1 集（总第 78 集），法律出版社 2011 年版，第 128~130 页。

---

① 本条在《著作权法》2020 年修正时，修改为第五十九条："复制品的出版者、制作者不能证明其出版、制作有合法授权的，复制品的发行者或者视听作品、计算机软件、录音录像制品的复制品的出租者不能证明其发行、出租的复制品有合法来源的，应当承担法律责任。

在诉讼程序中，被诉侵权人主张其不承担侵权责任的，应当提供证据证明已经取得权利人的许可，或者具有本法规定的不经权利人许可而可以使用的情形。"

536. 侵犯著作权罪中复制发行的认定

关键词

侵犯著作权罪　复制发行

最高人民法院司法解释

各省、自治区、直辖市高级人民法院、人民检察院，解放军军事法院、军事检察院，新疆维吾尔自治区高级人民法院生产建设兵团分院、新疆生产建设兵团人民检察院：

最高人民法院、最高人民检察院《关于办理侵犯知识产权刑事案件具体应用法律若干问题的解释》发布以后，部分高级人民法院、省级人民检察院就关于办理侵犯著作权刑事案件中涉及录音、录像制品的有关问题提出请示。经研究，批复如下：

……

未经录音录像制作者许可，通过信息网络传播其制作的录音录像制品的行为，应当视为《刑法》第217条第（3）项规定的“复制发行”。

此复

——《最高人民法院、最高人民检察院关于办理侵犯著作权刑事案件中涉及录音录像制品有关问题的批复》(2005年10月13日，法释〔2005〕12号)。

第十一条第三款　通过信息网络向公众传播他人文字作品、音乐、电影、电视、录像作品、计算机软件及其他作品的行为，应当视为刑法第二百一十七条规定的“复制发行”。

——《最高人民法院、最高人民检察院关于办理侵犯知识产权刑事案件具体应用法律若干问题的解释》(2004年12月8日，法释〔2004〕19号)。

第二条　刑法第二百一十七条侵犯著作权罪中的“复制发行”，包括复制、发行或者既复制又发行的行为。

侵权产品的持有人通过广告、征订等方式推销侵权产品的，属于刑法第二百一十七条规定的“发行”。

非法出版、复制、发行他人作品，侵犯著作权构成犯罪的，按照侵犯著作权罪定罪处罚。

——《最高人民法院、最高人民检察院关于办理侵犯知识产权刑事案件具体应用法律若干问题的解释（二）》（2007 年 4 月 5 日，法释〔2007〕6 号）。

最高人民法院司法政策精神

十二、关于刑法第二百一十七条规定的“发行”的认定及相关问题

“发行”，包括总发行、批发、零售、通过信息网络传播以及出租、展销等活动。

非法出版、复制、发行他人作品，侵犯著作权构成犯罪的，按照侵犯著作权罪定罪处罚，不认定为非法经营罪等其他犯罪。

——《最高人民法院、最高人民检察院、公安部印发〈关于办理侵犯知识产权刑事案件适用法律若干问题的意见〉的通知》（2011 年 1 月 10 日，法发〔2011〕3 号）。

《最高人民法院公报》案例

江苏省苏州市虎丘区人民检察院诉成都共软网络科技有限公司、孙显忠等人侵犯著作权案（判决时间：2009 年 8 月 20 日，一审法院：江苏省苏州市虎丘区人民法院）

裁判摘要：行为人未经著作权人许可复制其计算机软件，通过修改相应程序捆绑其他软件后在互联网上发布供他人下载，并因此获取广告费等收益的，属于《刑法》第二百一十七条规定的“以营利为目的”的“复制发行”行为。

关于被告单位共软公司及被告人孙显忠、张天平、洪磊、梁焯勇是否未经著作权人许可而复制涉案系列软件的问题。经查，微软公司是微软 Windows 软件的合法著作权人。根据苏州市公安局信息网络安全监察处制作的远程勘验工作记录，“番茄花园”版 Windows 系列软件在界面上显示该软件系微软公司授权“番茄花园”制作，而根据微软公司出具的证明，微软公司没有授权任何个人、公司制作其软件。根据中国版权保护中心版权鉴定委员会出具的中版鉴字〔2008〕第 008 号至第 024 号鉴定报告以及中版鉴字〔2008〕第 008 号至第 024 号 –2 号鉴定报告的补充说明，涉案“番茄花园”版 Windows 系列软件与微软 Windows 软件相比对，二者的核心程序均集中在 Windows 目录下，且二者的目录结构和文件存在大量相同的内容。据此，可以认定涉案“番茄花园”版 Windows 系列软件是根据微软 Windows 软件核心程序进行复制的产物，被告单位及各被告人系在未经软件著作权人许可的情况下实施侵权复制行为。被告人孙显忠、张天平、洪磊、梁焯勇在供述中，亦承认涉案“番茄花园”版 Windows 系列软件系盗用微软 Windows 软

件加以修改、美化而成。

关于被告单位共软公司及被告人孙显忠、张天平、洪磊、梁焯勇是否实施了发行行为的问题。信息网络领域的“发行”存在一定的特殊性，与一般媒介的“发行”行为有区别。根据最高人民法院、最高人民检察院《关于办理侵犯知识产权刑事案件具体应用法律若干问题的解释》第十一条第三款的规定，行为人通过信息网络向公众传播他人文字作品、音乐、电影、电视、录像作品、计算机软件及其他作品的行为，应当视为刑法第二百一十七条规定的“发行”行为。据此，本案被告单位及各被告人通过互联网发布涉案“番茄花园”版 Windows 系列软件供不特定社会公众下载，无论其是否收取下载费用，都应当视为刑法第二百一十七条规定的“发行”行为。

——《最高人民法院公报》2010 年第 9 期。

《刑事审判参考》指导案例

被告人凌永超侵犯著作权案（《刑事审判参考》指导案例第 678 号）

裁判要点：销售普通侵权盗版光碟的行为属于《刑法》第二百一十七条规定的“发行”的一种方式。销售侵权复制品的行为具有非法经营的性质，销售侵权复制品的行为属于非法经营行为的一种。但并非所有的销售侵权复制品的行为，都可以认定为非法经营罪。非法出版行为以非法经营罪处罚的前提是该非法出版物属于具有反动性政治内容出版物、侵权复制品、淫秽物品等以外的其他严重危害社会秩序和扰乱市场秩序的非法出版物。

被告人凌永超贩卖普通侵权盗版光碟的行为应当认定为侵犯著作权罪，不能认定为非法经营罪或者销售侵权复制品罪。本案在审理过程中对凌永超贩卖 800 张淫秽光碟的行为构成贩卖淫秽物品牟利罪没有分歧。对于其贩卖 11240 张普通盗版光碟的行为如何定性有三种不同的意见：第一种意见认为应定性为侵犯著作权罪；第二种意见认为应定性为销售侵权复制品罪；第三种意见认为应定性为非法经营罪。

我们认为，根据本案具体情况，对被告人凌永超贩卖 11240 张普通侵权盗版光碟的行为应当以侵犯著作权罪定罪处罚。主要理由如下：

1. 凌永超贩卖普通侵权盗版光碟的行为属于刑法第二百一十七条规定的“发行”的一种方式。根据刑法第二百一十七条的规定，侵犯著作权罪是指“以营利为目的，未经著作权人许可，复制发行其文字作品、音乐、电影、电视、录像作品、计算机软件及其他作品；出版他人享有专有出版权的图书；未经录音录像制作者许可，复制发行其制作的录音录像；制作、出售假冒他人署名的美术作品，违法所得数额较大或者有其他严重情节”的行为。对于本罪客观构成要件中的“复制发行”如何理解，司法实践中亟须明确。根据1998年出台的《最高人民法院关于审理非法出版物刑事案件具体应用法律若干问题的解释》[以下简称《出版解释》]第三条的规定，刑法第二百一十七条第一项规定的“复制发行”，是指行为人以营利为目的，未经著作权人许可而实施的复制、发行或者既复制又发行的行为。该规定明确了复制行为与发行行为是否必须同时存在的问题，但并未明确如何理解“发行”的具体含义。

根据《中华人民共和国著作权法实施条例》第十条的规定，“发行权”是指以出售或者赠与方式向公众提供作品的原件或复制件的权利。中华人民共和国新闻出版总署第二十号令颁行的《出版物市场管理规定》第二条第三款规定：“本规定所称‘发行’，包括总发行、批发、零售以及出租、展销等活动。”2007年出台的《最高人民法院、最高人民检察院关于办理侵犯知识产权刑事案件具体应用法律若干问题的解释》(以下简称《知产解释》)第二条第二款规定：“侵权产品的持有人通过广告、征订等方式推销侵权产品的属于刑法第二百一十七条规定的‘发行’。”根据以上规定，应当认定销售侵权盗版光碟的行为也是发行的一种方式。

本案判决时，刑法和司法解释没有更加明确的规定，法院参照上述规定，认定批发、零售形式的销售行为是发行行为的方式之一，并依法认定凌永超贩卖普通侵权盗版光碟的行为属于刑法第二百一十七条规定的“发行”的一种方式是正确的。

2011年1月10日最高人民法院、最高人民检察院、公安部联合发布的《关于办理侵犯知识产权刑事案件适用法律若干问题的意见》(以下简称《知产意见》)第十二条第一款对刑法第二百一十七条规定的“发行”作了进一步明确。该款明确规定“发行”包括总发行、批发、零售、通过信息网络传播以及出租、展销等活动。这一规定为有效解决司法实践中对于如何认定刑法第二百一十七条规定的“发行”，在认识和处理上提供了法律依据。

2. 凌永超的行为符合侵犯著作权罪的定罪要件。首先，本案被告人的供述、证人证言、书证等证据充分证明凌永超以营利为目的实施了贩卖11000余张光碟的行为。对于这部分光碟，凌永超不能提供著作权人授权的证据，主观上明知该批光碟为盗版光碟，且行政执法机关的鉴定意见证明凌永超贩卖的该批光碟系非法出版物，因此应当认定该部分光碟是凌永超未经著作权人许可而发行的作品。其次，《最高人民法院、最高人民检察院关于办理侵犯知识产权刑事案件具体应用法律若干问题的解释(二)》[以下简称《知产解释(二)》]第一条规定：“以营利为目的，未经著作权人许可，复制发行其文字作品、音乐、电影、电视、录像作品、计算机软件及其他作品，复制品数量合计在五百张(份)以上的，属于刑法第二百一十七条规定的‘有其他严重情节’；复制品数量在二千五百张（份）以上的，属于刑法第二百一十七条规定的‘有其他特别严重情节’……”凌永超贩卖11000余张侵权盗版光碟，属于该解释规定的“有其他特别严重情节”。综上，法院认为，凌永超的行为符合侵犯著作权罪的构成要件，应当以侵犯著作权罪定罪处罚。

3. 贩卖普通侵权盗版光碟的行为不宜认定为非法经营罪。我们认为，凌永超销售侵权盗版光碟的行为同时具备非法经营的性质。非法经营罪的本质特征是违反国家有关许可经营的规定，不具备法定资格而非法从事某种经营活动或者滥用经营资格的经营行为。由于“侵权复制品”是违反国家有关保护知识产权法律、法规规定的产品，因此，销售侵权复制品的行为具有非法经营的性质，销售侵权复制品的行为属于非法经营行为的一种。然而并非所有的销售侵权复制品的行为，都认定为非法经营罪或者销售侵权复制品罪。《出版解释》第十一条规定：“违反国家规定，出版、印刷、复制、发行本解释第一条至第十条规定以外的其他严重危害社会秩序和扰乱市场秩序的非法出版物，情节严重的，依照刑法第二百二十五条第三项的规定，以非法经营罪定罪处罚。”这一规定明确了非法出版行为以非法经营罪处罚的前提是该非法出版物属于该解释第一至十条规定的具有反动性政治内容出版物、侵权复制品、淫秽物品等以外的其他严重危害社会秩序和扰乱市场秩序的非法出版物。2007年“两高”联合发布的《知产解释（二）》第二条第三款也明确规定：“非法出版、复制发行他人作品，侵犯著作权构成犯罪的，按照侵犯著作权罪进行处罚。”2011年发布的《知产意见》第十二条第二款再次明确规定：“非法出版、复制、发行他人作品，侵犯著作权构成犯罪的。按照侵犯著作权罪定罪处罚，不认定为非法经营罪等其他犯罪。”上述规定进一步明确了非法发行他人作品构成犯罪的，不再认定为非法经营罪或者销售侵权复制品罪，而应按照侵犯著作权罪进行定罪处罚。

——最高人民法院刑事审判第一、二、三、四、五庭主办：《刑事审判参考》2011年第1集（总第78集），法律出版社2011年版，第125~128页。

537. 共同盗印他人享有专有出版权图书行为的定性

关键词

侵犯著作权罪　非法经营罪　法条竞合

《刑事审判参考》指导案例

孟祥国、李桂英、金利杰侵犯著作权案（《刑事审判参考》指导案例第253号）

裁判要点：以营利为目的，共同盗印他人享有专有出版权图书的行为，应当以侵犯著作权罪定罪处罚。

我们认为，以非法出版物为犯罪对象的非法经营罪与侵犯著作权罪之间属于普通法条与特别法条之间的法条竞合关系。就以非法出版物为犯罪对象的非法经营罪与侵犯著作权罪而言，《刑法》第二百二十五条是普通法条，第二百一十七条是特别法条，在《刑法》没有作出特别规定的情况下，应当采用特别法条优于普通法条的适用原则，以侵犯著作权罪定罪处罚。《非法出版物刑事解释》第 11 条之规定也肯定了这一原则，即“违反国家规定，出版、印刷、复制、发行本解释第 1 条至第 10 条规定以外的其他严重危害社会秩序和扰乱市场秩序的非法出版物，情节严重的，依照《刑法》第二百二十五条第 3 项之规定，以非法经营罪定罪处罚”。也就是说，对于以非法出版物为犯罪对象的犯罪行为，只有在没有特别法条可以适用的情况下，才能适用《刑法》第的二百二十五条，以非法经营定罪处罚。《伪劣商品刑事解释》第 10 条关于“实施生产、销售伪劣商品犯罪，同时构成侵犯知识产权、非法经营等其他犯罪的，依照处罚较重之规定定罪处罚”之规定，是指在行为人生产、销售伪劣商品犯罪过程中，其手段、方法行为或者结果行为同时构成侵犯知识产权、非法经营等其他犯罪的情形，属于刑法理论中的牵连犯，当然应当适用处罚较重的刑法条款定罪处罚。

——最高人民法院刑事审判第一庭、第二庭编：《刑事审判参考》2003 年第 4 集（总第 33 集），法律出版社 2003 年版，第 20~25 页。

538. 销售侵权复制品罪中“明知”的认定

关键词

销售侵权复制品罪　明知

附录：最高人民法院主流观点

对于如何认定销售侵权复制品的“明知”，有观点主张可以参照贩卖毒品罪相关规范性文件的规定，从一系列主客观的证据中综合推断行为人是否“明知”。具体可以参照 2008 年《全国部分法院审理毒品犯罪案件工作座谈会纪要》的规定。毒品犯罪中，判断被告人对涉案毒品是否明知，不能仅凭被告人供述，而应当依据被告人实施毒品犯罪行为的过程、方式、毒品被查获时的情形等证据，结合被告人的年龄、阅历、智力等情况，进行综合分析判断。[①]我们认为，随着侵犯知识产权犯罪案件越来越多，对侵犯知识产权领域的主观明知的认定，逐渐形成了一套比较成熟的规则。鉴于侵犯知识产权犯罪的特殊性，对销售侵权复制品罪的主观明知可以参照销售假冒注册商标的商品罪中主观明知的认定。对行为人“主观明知”的认定，除了相关司法解释规定的三种情形，还可以综合销售商品质量和价格、货物来源和销售途径、交付凭证和发票手续、行为主体特点以及应急表现等进行评判。对于推定行为人“应当知道”的情形，应当充分听取辩解意见。有证据证明行为人确实不明知的，不应认定“明知”。行为人“明知”是构成销售假冒注册商标的商品罪的必要条件，主观明知包括知道和应当知道。《办理侵犯知产刑事案件解释》第9条第2款对销售假冒注册商标的商品罪中的行为人“明知”，明确了以下认定标准：（1）知道自己销售的商品上的注册商标被涂改、调换或者覆盖的；（2）因销售假冒注册商标的商品受到过行政处罚或者承担过民事责任、又销售同一种假冒注册商标的商品的；（3）伪造、涂改商标注册人授权文件或者知道该文件被伪造、涂改的；（4）其他知道或者应当知道是假冒注册商标的商品的情形。“法有限，情无穷”，实践中除了依据上述标准，还可以综合以下情形予以认定：（1）销售商品质量和价格。如销售商品的品牌知名度、质量检测报告、鉴定结论、批发和零售价格等。（2）货物来源和销售途径。如进货来源、销售渠道、交付时间、地点、方式，包括为进货销售进行沟通的网页、微信、短信、电话记录。（3）交付凭证和发票手续。如进货、销售公司盖印签字、发票真假、纳税申报等。（4）行为主体特点。行为人从事相关行业的时间、规模、销售的经验和认识水平，以及消费者举报、投诉或者评价情况等。（5）行为人应急表现。如面对有关监管机构的检查，行为人是否具有隐蔽销售、销毁证据等表现。

——胡云腾主编：《刑法罪名精释（第五版）》，人民法院出版社2022年版，第573~574页。

539. 销售侵权复制品罪与非法经营罪的区分

关键词

销售侵权复制品罪　非法经营罪

① 陈磊、卞飞、闵凯：《刑事案例诉辩审评——侵犯知识产权罪》，中国检察出版社2014年版，第38页。

《最高人民法院公报》案例

上海市人民检察院第二分院诉顾然地等人非法经营案（判决时间：2005年4月19日，一审法院：上海市第二中级人民法院）

裁判摘要：行为人以营利为目的，在未取得音像制品经营许可证的情况下，低价购进明知是侵权的音像复制品后高价向境外售出，违法所得数额巨大，构成了销售侵权复制品罪。

《刑法》第二百二十五条规定：违反国家规定，有下列非法经营行为之一，扰乱市场秩序，情节严重的，处五年以下有期徒刑或者拘役，并处或者单处违法所得一倍以上五倍以下罚金；情节特别严重的，处五年以上有期徒刑，并处违法所得一倍以上五倍以下罚金或者没收财产：（一）未经许可经营法律、行政法规规定的专营、专卖物品或者其他限制买卖的物品的；（二）买卖进出口许可证、进出口原产地证明以及其他法律、行政法规规定的经营许可证或者批准文件的；（三）未经国家有关主管部门批准，非法经营证券、期货或者保险业务的；（四）其他严重扰乱市场秩序的非法经营行为。没有音像制品经营许可证而销售侵权音像复制品，当然扰乱市场秩序，属于该条规定的非法经营犯罪行为中的一种行为。但音像制品涉及著作权，《刑法》第三章第七节“侵犯知识产权罪”对侵犯著作权行为有专门规定。当非法经营的犯罪行为涉及侵犯著作权时，第二百一十八条就与侵犯知识产权罪之规定构成普通法与特别法的关系。此种情况下，特别法应当优先适用。

对销售侵权音像复制品且违法所得数额巨大的行为，《刑法》第三章第七节中有两个条文涉及。第二百一十七条中的发行虽然涵盖了第二百一十八条中的销售行为，但很明显，第二百一十七条的立法目的，在于打击那些未经著作权或者邻接权人许可而复制，直接侵犯著作权或者邻接权的行为；就像盗窃后销赃一样，复制后发行，通常是此罪的一个后续的不另罚的行为。第二百一十八条的立法目的，则在于打击没有复制，只是单纯销售侵权复制品的间接侵犯著作权或者邻接权的行为。

被告人顾然地为了营利，在未取得音像制品经营许可证的情况下，低价购进明知是侵权的音像复制品，然后高价销往国外。这种行为虽然扰乱市场秩序，但在本案中，市场秩序不是受侵害的主要客体，那些著作权人和录音录像制作者的著作权与邻接权，才是我国《刑法》要保护而被顾然地的行为所侵害的主要客体。对顾然地的行为，应当依照《刑法》第二百一十八条规定的销售侵权复制品罪定罪量刑。

《最高人民法院、最高人民检察院关于办理侵犯知识产权刑事案件具体应用法律若干问题的解释》第 6 条规定："以营利为目的，实施刑法第二百一十八条规定的行为，违法所得数额在十万元以上的，属于'违法所得数额巨大'，应当以销售侵权复制品罪判处三年以下有期徒刑或者拘役，并处或者单处罚金。"第 16 条规定："明知他人实施侵犯知识产权犯罪，而为其提供贷款、资金、账号、发票、证明、许可证件，或者提供生产、经营场所或者运输、储存、代理进出口等便利条件、帮助的，以侵犯知识产权犯罪的共犯论处。"被告人顾然地销售明知是未经著作权人许可而复制的侵权音像复制品，违法所得 97 万余元，数额巨大，其行为构成销售侵权复制品罪。被告人吴东、库迪、吴世彪虽然受雇于顾然地，但在明知顾然地大量销售侵权音像复制品后，仍为了获取一己私利，给顾然地提供各种帮助，是销售侵权复制品的共犯，均应依法处惩。顾然地在共同犯罪中起主要作用，依照《刑法》第二十六条第一款之规定，是本案主犯；吴东、库迪、吴世彪在共同犯罪中起辅助或者次要作用，依照《刑法》第二十七条之规定，是从犯，应当从轻处罚。吴世彪有自首情节，依照《刑法》第六十七条第 1 款之规定，可以从轻处罚。顾然地、库迪是在我国领域内犯罪的外国人，依照《刑法》第六条、第三十五条之规定，对其判处刑罚可以附加适用驱逐出境。依照《刑法》第六十四条之规定，对违法所得财物和供犯罪所用的工具，予以没收。公诉机关指控 4 名被告人通过三美元 DVD 网站销售侵权音像复制品的事实成立，但就此指控的罪名不当，应当纠正。

——《最高人民法院公报》2005 年第 9 期。

540. 侵犯商业秘密罪与三种侵犯国家秘密犯罪的界限

关键词

侵犯商业秘密罪　侵犯国家秘密犯罪

附录：最高人民法院主流观点

《刑法》规定了三种侵犯国家秘密的犯罪，即《刑法》第 111 条的为境外窃取、刺探、收买、非法提供国家秘密、情报罪，第 282 条第 1 款的非法获取国家秘密罪和第 398 条第 1 款的故意泄露国家秘密罪（不包括第 2 款的过失泄露国家秘密罪）。本罪与前述三种侵犯国家秘密的犯罪的区别，主要在于犯罪对象不同：前者侵犯的是他人的即商业秘密的权利人的商业秘密，后者侵犯的则是国家秘密。按照 2010 年 4 月 29 日第十一届全国人大常委会第十四次会议修订的《保守国家秘密法》第 2 条的规定，"国家秘密是关系国家的安全和利益，依照法定程序确定，在一定时间内只限一定范围的人员知悉的事项。”国家秘密的范围，根据该法第 9 条的规定，包括国家事务重大决策中的秘密事项、国防建设和武装力量活动中的秘密事项、外交和外事活动中的秘密事项以及对外承担保密义务的秘密事项、国民经济和社会发展中的秘密事项、科学技术中的秘密事项、维护国家安全活动和追查刑事犯罪中的秘密事项等。其中“科学技术中的秘密事项”也属于国家秘密的范围。如果侵犯这种技术成果，就可能同时触犯侵犯商业秘密罪和侵犯国家秘密的有关犯罪。有观点认为，这种情况属于法规竞合，按照特别法优于普通法的原则处理，即按侵犯国家秘密的有关犯罪处理。①也有观点认为，此种情形属于想象竞合关系，应当从一重罪处理。②我们认为，《保守国家秘密法》第 9 条在“帽子”中限定了“涉及国家安全和利益的事项，泄露后可能损害国家在政治、经济、国防、外交等领域的安全和利益的”条件，虽然均属于“科学技术中的秘密事项”，但增加了特殊条件，故将此种法条竞合评价为特别法与一般法的关系更加准确。

——胡云腾主编：《刑法罪名精释（第五版）》，人民法院出版社 2022 年版，第 583 页。

541. 侵犯商业秘密罪损失数额和违法所得数额的具体认定标准

关键词

侵犯商业秘密罪　损失数额　违法所得数额

最高人民法院司法解释

第五条　实施刑法第二百一十九条规定的行为造成的损失数额或者违法所得数额，可以按照下列方式认定：

（一）以不正当手段获取权利人的商业秘密，尚未披露、使用或者允许他人使用的，损失数额可以根据该项商业秘密的合理许可使用费确定；

（二）以不正当手段获取权利人的商业秘密后，披露、使用或者允许他人使用的，损失数额可以根据权利人因被侵权造成销售利润的损失确定，但该损失数额低于商业秘密合理许可使用费的，根据合理许可使用费确定；

（三）违反约定、权利人有关保守商业秘密的要求，披露、使用或者允许

① 王作富主编：《刑法分则实务研究》（第 4 版）（中），中国方正出版社 2010 年版，第 721~722 页。

② 李少平、南英、张述元、刘学文、胡云腾主编：《中华人民共和国刑法案典》（下），人民法院出版社 2016 年版，第 2293 页。

他人使用其所掌握的商业秘密的，损失数额可以根据权利人因被侵权造成销售利润的损失确定；

（四）明知商业秘密是不正当手段获取或者是违反约定、权利人有关保守商业秘密的要求披露、使用、允许使用，仍获取、使用或者披露的，损失数额可以根据权利人因被侵权造成销售利润的损失确定；

（五）因侵犯商业秘密行为导致商业秘密已为公众所知悉或者灭失的，损失数额可以根据该项商业秘密的商业价值确定。商业秘密的商业价值，可以根据该项商业秘密的研究开发成本、实施该项商业秘密的收益综合确定；

（六）因披露或者允许他人使用商业秘密而获得的财物或者其他财产性利益，应当认定为违法所得。

前款第二项、第三项、第四项规定的权利人因被侵权造成销售利润的损失，可以根据权利人因被侵权造成销售量减少的总数乘以权利人每件产品的合理利润确定；销售量减少的总数无法确定的，可以根据侵权产品销售量乘以权利人每件产品的合理利润确定；权利人因被侵权造成销售量减少的总数和每件产品的合理利润均无法确定的，可以根据侵权产品销售量乘以每件侵权产品的合理利润确定。商业秘密系用于服务等其他经营活动的，损失数额可以根据权利人因被侵权而减少的合理利润确定。

商业秘密的权利人为减轻对商业运营、商业计划的损失或者重新恢复计算机信息系统安全、其他系统安全而支出的补救费用，应当计入给商业秘密的权利人造成的损失。

——《最高人民法院、最高人民检察院关于办理侵犯知识产权刑事案件具体应用法律若干问题的解释（三）》（2020 年 9 月 12 日，法释〔2020〕10 号）。

附录：理解与适用

司法实践中，对侵犯商业秘密行为给权利人造成重大损失的认定标准存在不同认识，《最高人民法院、最高人民检察院关于办理侵犯知识产权刑事案件具体应用法律若干问题的解释》（法释〔2020〕10 号，以下简称《解释》）根据实践情况，本着罪责刑相一致原则进一步进行了明确，区分不同行为的社会危害程度，规定不同的认定标准。

1. 通过不正当手段获取商业秘密但尚未披露、使用或者允许他人使用的情形。起草过程中主要有两种意见：一种意见认为，刑法将不正当手段获取商业秘密的行为明确规定为一种实行行为，意味着只要是非法获取了权利人的商业秘密，就可认定给权利人造成了损失。另一种意见认为，以不正当手段获取商业秘密后，因未将商业秘密用于经营活动，不宜认定给权利人造成实际损失。我们认为，鉴于以盗窃等不正当手段获取商业秘密的行为往往更加隐蔽、卑劣，权利人难以通过正常途径予以防范，社会危害性高于违反保密约定或者保密要求滥用商业秘密的行为，应当予以重点打击和防范。行为人通过不正当手段获取权利人的商业秘密，实际上节省了正常情况下获取商业秘密本应支付的许可使用费，该许可使用费正是权利人应当收取而未能收取的，应当属于遭受的损失。因此，此情形下按照该项商业秘密的合理许可使用费确定权利人的损失是合理的。适用本项时应当注意：一是以合理许可使用费作为认定损失的标准，应当限于以不正当手段获取商业秘密的情形，对于违约等其他侵犯商业秘密的行为，仍应当以商业秘密使用造成权利人销售利润的损失作为认定标准。二是合理许可使用费应当综合考虑涉案商业秘密权利人或者其他商业秘密权利人许可使用相同或者类似商业秘密收取的费用、不正当手段获取商业秘密后持有的时间等因素认定。实践中，将涉案商业秘密许可使用费的鉴定评估意见作为认定证据时，应当根据刑事诉讼法的有关规定对鉴定评估意见进行认真审查。

2. 以不正当手段获取权利人的商业秘密后，披露、使用或者允许他人使用的情形。原则上损失数额应当按照商业秘密用于经营造成权利人销售利润的减少这一损失计算，如同时存在前项规定的商业秘密合理许可使用费的，应当就高计算，不应当叠加认定或者任选其一认定。

3. 违约型侵犯商业秘密的情形。鉴于该情形下行为人对商业秘密的占有是合法正当的，较盗窃等不正当手段获取商业秘密行为而言社会危害性相对较小，在入罪门槛上应当有所区别。造成的损失按照行为人使用商业秘密造成权利人销售利润的损失计算，而不应当以商业秘密的合理许可使用费或者商业秘密的商业价值作为认定损失的依据。

4. “以侵犯商业秘密论”的情形。鉴于此种明知商业秘密来源不合法仍获取、使用、披露的“第二手”侵权行为，较直接不正当手段获取商业秘密及直接违约侵犯商业秘密行为而言，社会危害性相对小，造成的损失亦应当按照行为人使用商业秘密造成权利人销售利润的损失计算。

5. 侵权行为造成商业秘密丧失非公知性或者灭失的情形。该两种情形导致权利人的竞争优势丧失，可以将商业秘密的商业价值作为认定给权利人造成损失的依据。对于商业秘密的商业价值，可以根据该项商业秘密的研究开发成本、实施该项商业秘密的收益综合确定。需要注意的是，以商业秘密的商业价值作为认定损失的依据，只适用于商业秘密已为公众所知悉或者灭失的情形，而不应当扩大适用于其他侵犯商业秘密的情形。

《解释》第五条第一款第六项规定了违法所得的认定。实践中，行为人以不正当手段获取商业秘密后或者违反约定将商业秘密转让给第三人使用，第三人往往支付钱款等财物，《解释》规定可将该财物作为违法所得予以认定。《解释》将“财产性利益”纳入违法所得的范畴，旨在囊括实践中行为人将侵犯的商业秘密作价入股、技术出资的情形。需要注意的是，在员工“跳槽”违约侵犯商业秘密的情形下，新公司往往给予员工年薪、安家费等酬薪。如果员工酬薪的取得除了提供相关商业秘密外，还主要与其自身具备的技能、经验等有关，此种情况下，一般不宜将年薪、安家费等酬薪直接认定为违法所得。

侵犯商业秘密行为造成权利人销售利润的损失如何计算，《解释》第五条第二款进行了明确规定，采取递进方式认定。起草过程中，有意见认为，认定方式可以不分先后，根据案件情况具体适用。我们认为，递进方式能够更好地符合“给权利人造成重大损失”的立法本意。实践中，侵权人为获利往往低价销售侵权产品，如果直接以侵权产品销售量乘以每件侵权产品的合理利润计算权利人损失，会导致少计算相关损失，而以权利人减少的销售量乘以权利人每件产品的合理利润计算损失，能够更直接地体现侵权行为的社会危害性。有的案件中，因生产涉案产品的经营者除了商业秘密的权利人和行为人外，还有其他相关经营者，从市场竞争的不确定因素考虑，权利人被侵权后销售量的减少并不一定完全是行为人造成的结果，在这种情况下以侵权人侵权产品的销售量乘以权利人每件产品的合理利润确定损失，也是合理的。司法实践中，针对将商业秘密用于服务等非产品生产经营活动的，《解释》规定损失数额可以根据权利人因被侵权而减少的合理利润确定。

为进一步加大对商业秘密权利人利益的保护，维护良好的市场竞争秩序，《解释》第五条第三款规定，商业秘密的权利人为减轻对商业运营、商业计划的损失或者重新恢复计算机信息系统安全、其他系统安全而支出的补救费用，应当计入给商业秘密的权利人造成的损失。适用本款时应当注意，权利人支出的补救费用应当与侵犯商业秘密行为之间具有直接的因果关系，对于权利人怠于采取补救措施或者故意扩大损失而产生的费用，不应当计入给商业秘密权利人造成的损失。

总的来说，对给权利人造成重大损失的认定，应当以商业秘密实际使用造成权利人销售利润的损失为一般标准，以商业秘密的合理许可使用费、商业秘密的商业价值为特殊标准，且只适用于《解释》明文规定的情形。

——林广海、许常海：《〈关于办理侵犯知识产权刑事案件具体应用法律若干问题的解释（三）〉的理解与适用》，载最高人民法院刑事审判第一、二、三、四、五庭编：《刑事审判参考》（总第128辑），人民法院出版社2021年版，第191~194页。

542. 商业秘密的认定与重大损失的计算

关键词

侵犯商业秘密罪　重大损失

《最高人民法院公报》案例

上海市人民检察院第二分院诉周德隆等人侵犯商业秘密案（裁定时间：2004年3月8日，二审法院：上海市高级人民法院）

裁判摘要：违反与原单位的保密约定，伙同他人利用原单位专利技术以外不为公众知悉的工艺技术信息，生产与原单位相同的产品，并给原单位造成重大经济损失的，应根据《刑法》第219条第1款第（3）项和第2款之规定，按侵犯商业秘密罪论处。明知他人违反与原单位的保密约定，仍伙同其利用掌握原单位专利技术以外不为公众知悉的工艺技术信息，生产与原单位相同的产品，并给其原单位造成重大经济损失的，应根据《刑法》第219条第1款第3项和第2款之规定，按侵犯商业秘密罪论处。

根据《刑法》第219条第1款第3项和第2款之规定，周德隆、陶国强违反与原单位的保密约定，伙同他人利用原单位专利技术以外不为公众知悉的工艺技术信息，生产与原单位相同的产品，并造成原单位重大经济损失的行为，已构成侵犯商业秘密罪；陈伟明明知他人违反与原单位的保密约定，仍伙同他人利用掌握原单位专利技术以外不为公众知悉的工艺技术信息，生产与他人（原单位）相同的产品，并造成他人（原单位）重大经济损失的行为，亦构成侵犯商业秘密罪。

……

四、关于陈伟明是否明知周德隆、陶国强违反保密要求而共同实施侵犯亚恒公司商业秘密的行为的问题

经查：伟隆公司注册成立起源于周德隆向陈伟明提出成立一家生产与亚恒公司相同产品公司的建议。伟隆公司的设备均通过周德隆、陶国强向亚恒公司原供货单位采购，设备调试、安装及其他工艺技术问题，系利用陶国强掌握的亚恒公司相关技术予以解决。亚恒公司在获悉伟隆公司涉嫌侵犯其权利的情况下，先后于2001年2月、4月、9月，以各种形式向陈伟明、陶国强指出其行为涉嫌侵犯该公司商业秘密。在侦查阶段，陈伟明供称，“我认为

侵犯商业秘密是周德隆、陶国强，他们侵犯了（亚恒公司）商业秘密，他们与亚恒公司签订过保密协议，这个不关我的事，我又没有在亚恒公司工作过，又没有与亚恒公司签订过什么保密协议，不存在我侵犯亚恒公司的商业秘密的情况"。故应当认定陈伟明明知周德隆、陶国强侵犯亚恒公司商业秘密，仍与其共同实施侵犯商业秘密的行为，陈伟明及其辩护人的有关意见与事实不符，不予采信。

五、关于亚恒公司直接经济损失的计算问题。

经查：亚恒公司的直接经济损失，是分别以侵权人侵权产品的销售量和权利人被侵权后减少的产品销售量为基数计算的。根据前者计算的直接经济损失为 114 万余元；根据后者计算的直接经济损失为 108 万余元。亚恒公司因伟隆公司的侵权所造成的直接经济损失均超过 100 万元，原判以伟隆公司侵权产品的销售量计算亚恒公司直接经济损失，既反映侵权非法获利的客观事实，也反映了权利人被侵权后造成的直接经济损失，因此，认定亚恒公司的直接经济损失为 100 余万元，并无不当。

——《最高人民法院公报》2005 年第 3 期。

西安市人民检察院诉裴国良侵犯商业秘密案（判决时间：2006 年 10 月 11 日，二审法院：陕西省高级人民法院）

裁判摘要：根据最高人民法院《关于执行〈中华人民共和国刑事诉讼法〉若干问题的解释》第 86 条第 5 项之规定，行为人窃取他人技术秘密供自己所在的公司使用，从而给技术秘密权利人造成特别严重后果的，在追究行为人侵犯商业秘密罪的刑事责任时，可以根据附带民事诉讼原告人的请求，将行为人所在公司列为附带民事诉讼被告人一并追究侵权的民事责任。根据最高人民法院《关于刑事附带民事诉讼范围问题之规定》第 2 条之规定，权利人因技术秘密被窃取而遭受的物质损失，包括已经遭受的实际损失和必然遭受的市场份额被削减、竞争力被减弱等损失。侵权人利用窃取的技术秘密履行与他人签订的术合同，从而谋取巨额利润的，应当将侵权人在侵权期间因侵权所获得的利润确定为给秘密权利人的赔偿额。只能认定侵权人签订的合同总金额，无法确定侵权人在侵权期间因侵权所获得的利润的，可以按照该行业平均利润标准计算侵权人所获得的利润。

凌钢连铸机主设备设计具有实用性，不为公众所知悉，能为权利人带来经济利益，权利人为其采取了保密措施，因此该技术是权利人西安重研所依法受保护的商业秘密。上诉人裴国良身为西安重研所的高级工程师，明知凌钢连铸机主设备图纸是西安重研所的商业秘密，自己与西安重研所签订过含有保密条款的劳动合同，对西安重研所的商业秘密负有保密义务，仍利用工作上的便利，将凌钢连铸机主设备图纸的电子版私自复制据为己有，后又将该电子版交由中冶公司使用，以至给西安重研所造成特别严重的后果。裴国良的行为构成侵犯商业秘密罪，应依法惩处。原判定罪准确，量刑适当，审判程序合法，但适用的法律应当是《刑法》第 219 条第 1 款第 1、2 项、第 3 款、第 4 款。裴国良的上诉理由不能成立，应当驳回。

——《最高人民法院公报》2006 年第 12 期。

《刑事审判参考》指导案例

项军、孙晓斌侵犯商业秘密案（《刑事审判参考》指导案例第 233 号）

裁判要点：源代码是用源语言编制的计算机程序，一旦被公开，软件的核心技术即泄露，因此，源代码作为一种技术信息，当属商业秘密范畴。被告人违反合同约定义务，向他人提供权利人软件源代码，属于侵犯商业秘密的行为；明知被告人以不正当手段获取权利人的商业秘密仍加以使用，以侵犯商业秘密论。以权利人已经销出的涉案软件的销售价格来认定被告人的侵权行为给商业秘密权利人所造成的损失数额，是一种合理、合法的计算办法。

（一）本案所涉的 Webmail 软件源代码属于商业秘密

根据刑法第二百一十九条第三款的规定，商业秘密是指“不为公众所知悉，能为权利人带来经济利益，具有实用性并经权利人采取保密措施的技术信息和经营信息”。依照国家工商行政管理局《关于禁止侵犯商业秘密行为的若干规定》第二条第五款的规定，这里的“技术信息和经营信息”，应当包括设计、程序、产品配方、制作工艺、制作方法、管理诀窍、客户名单、货源情报、产销策略、招投标中的标底及标书内容等信息。《计算机软件保护条例》第二条规定，计算机软件包括计算机程序及其有关文档。源代码是用源语言编制的计算机程序，是计算机软件的核心内容和软件设计方案的具体表现。源代码一旦被公开，软件的核心技术即泄露，从而会失去应用的商业价值。因此，源代码作为一种技术信息，当属商业秘密范畴。但对于本案所涉的 Webmail 软件源代码能否认定为商业秘密，还应当取决于其是否属于刑法第二百一十九条第三款规定的“不为公众所知悉，能为权利人带来经济利益，具有实用性并经权利人采取保密措施”的技术信息。

本案中，凌码公司投入一定人力、物力开发了具有独立知识产权的加密电子邮件系统 Webmail 软件，且不断进行更新完善，该软件的权利人凌码公司未曾将该软件的源代码对外公开，涉案源代码作为电子邮件系统软件的核心内容仍“不为公众所知悉”。在被告人孙晓斌与凌码公司签订的聘用合同中已明确约定：“乙方（孙晓斌）在本合同期间，参与研制开发的各项产品和技术，产权均为甲方（凌码公司）所有。未经甲方许可，任何时候乙方不得将甲方的技术用于乙方或告知第三方。”由于该保密条款中除“甲方许可”之外无其他例外规定，因此该条款的内容可以对抗除凌码公司之外的任何人。这一保密条款足以说明凌码公司已采取一定措施防止这一技术成果的泄密，具有保密性。凌码公司以 9 万美元（折合人民币 74 万余元）将其复制品销售给香港中国青少年网股份有限公司门户网站，说明该软件具有实用性并能给权利人带来较大的商业利润。因此，凌码公司开发的 Webmail 软件源代码属于商业秘密。

（二）被告人项军和孙晓斌的行为均侵犯了凌码公司的商业秘密

根据刑法第二百一十九条第一款的规定，违反约定或者违反权利人有关保守商业秘密的要求，披露、使用或者允许他人使用其所掌握的商业秘密的行为，属于侵犯商业秘密；明知或者应知他人向其披露的商业秘密违反了约定或者违反了权利人有关保守商业秘密的要求，仍然获取、使用或者披露他人的商业秘密的，以侵犯商业秘密论。被告人孙晓斌参与了 Webmail 软件的开发工作，在项军许诺为其向 ARL 公司推荐工作的诱惑下，违反合同约定义务，将凌码公司的 Webmail 软件源代码提供给项军，其行为已侵犯了凌码公司的商业秘密；被告人项军明知孙晓斌为其提供 Webmail 软件源代码的行为违反了凌码公司有关保守商业秘密的要求，仍然将从孙晓斌处得到的软件源代码安装在 ARL 公司的服务器上，其行为应当以侵犯商业秘密论。至于二被告人及其辩护人提出，由于孙晓斌未将其中的关键技术提供给项军，致项军编成的软件无法实现全部功能，从而影响其应有的商业价值，但公安部计算机信息系统安全产品质量检验中心出具的鉴定结论证实，凌码公司提供的 Webmail 软件源代码和从项军手提电脑中获取的源代码有较大程度上的雷同，属于同一软件不同版本的源代码，并未发现其中之一的软件有关键技术上的缺损。因此，孙晓斌及其辩护人提出的此项辩解依据不足。

（三）被告人项军、孙晓斌的行为给商业秘密的权利人造成了重大损失，已构成侵犯商业秘密罪

根据刑法第二百一十九条的规定，“给权利人造成重大损失”是侵犯商业秘密罪的必要构成要件。在刑事司法实践中，“重大损失”，主要是指被害人由于被告人的犯罪行为而遭受的物质损失。依照《最高人民法院关于刑事附

带民事诉讼范围问题的规定》[①]第二条的解释："被害人因犯罪行为遭受的物质损失，是指被害人因犯罪行为已经遭受的实际损失和必然遭受的损失。"但由于商业秘密是一种能够创造财富的技术信息或者经营信息，属于无形资产，以不正当手段获取、披露、使用或者允许他人使用权利人的商业秘密，给权利人造成的损失，通常表现为权利人现实的利益和预期的合理利益的丧失，如市场份额被削减、权利人竞争力减弱、产品在市场上的地位受到打击等而使权利人遭受物质损失，具体数额也往往难以精确计算。在刑事司法实践中，一般参照法律规定的侵权行为人应当承担的民事赔偿数额确定给权利人造成的损失数额。就侵犯商业秘密而言，根据《中华人民共和国反不正当竞争法》第二十条第一款的规定，经营者侵犯商业秘密，给权利人造成损害的，应当承担损害赔偿责任。权利人的损失难以计算的，赔偿额为侵权人在侵权期间因侵权所获得的利润；并应当承担被侵害的经营者因调查该经营者侵害其合法权益的不正当竞争行为所支付的合理费用。据此，对于侵犯商业秘密犯罪行为给商业秘密权利人造成损失数额的认定，一般遵循以下原则：（1）对于能够计算权利人的损失的，应当计算权利人的损失数额；（2）权利人的损失数额难以计算的，以侵权人在侵权期间因侵犯商业秘密所获得的实际利润计算权利人的损失数额。然而，在某些情况下，权利人的损失数额和侵权人所获得的实际利润均难以查实。如本案，权利人凌码公司开发 Webmail 软件后仅出售 1 份后即被项军和孙晓斌以不正当手段非法披露，难以计算凌码公司的 Webmail 软件源代码被非法披露后已经遭受和必然遭受的损失，而被告人项军和孙晓斌非法披露 Webmail 软件源代码给 ARL 公司的目的是加盟 ARL 公司，得到的两台东芝笔记本电脑并非其出售 Webmail 软件源代码的报酬，因此，两台东芝笔记本电脑的价值不能反映侵权人所获得的实际利润。在此情况下，一、二审法院以凌码公司已经销出的 Webmail 软件的销售价格认定二被告人的侵权行为给商业秘密权利人所造成的损失数额，既能反映出二被告人非法披露商业秘密使他人少支付的费用，又能反映出权利人因此而遭受的最低物质损失，这种认定方法不仅对二被告人较为有利，且与法律规定并不相悖，不失为一种合理、合法的解决办法。

——最高人民法院刑事审判第一庭、第二庭编：《刑事审判参考》2003 年第 2 辑（总第 31 辑），法律出版社 2003 年版，第 40~43 页。

杨俊杰、周智平侵犯商业秘密案（《刑事审判参考》指导案例第 609 号）

---

① 本文件已被《最高人民法院关于废止部分司法解释和司法解释性质文件（第十一批）的决定》（法释〔2015〕2 号）废止。

裁判要点：权利人的涂料配方，应作为一个整体认定为商业秘密加以法律保护，不应区分公知技术和非公知技术。被告人曾经作为权利人的职员，违反保密协议，且不具备开发、研制涂料配方的能力，又未进行反向工程，可以认定其系不正当手段获取权利人的技术秘密。鉴于目前对侵犯商业秘密造成重大损失尚无统一、确定的计算方法，本案从自诉人所失和被告人所得两个方面综合认定自诉人的损失数额，并根据有利于被告人的事实认定原则，确定被告人因侵权获得的净利润为权利人的损失数额。

（一）关于本案技术信息秘密性的认定

刑法第二百一十九条规定，商业秘密是指不为公众所知悉，能为权利人带来经济利益，具有实用性并经权利人采取保密措施的技术信息和经营信息。本案自诉人所要求保护的技术信息和经营信息是否属于商业秘密，关键在于对秘密性的判定，即是否"不为公众所知悉"。自诉人的客户资料、油漆报价、工程标书等经营信息，显然不能从公开渠道直接获取，故不难认定具有秘密性。存在争议的是对技术信息秘密性的认定，鉴于这种认定涉及专业知识，一审法院受理本案后，依据《刑事诉讼法》第一百一十九条的规定，委托上海市科学技术委员会对自诉人卡伯公司主张的H800、D268、M203、D356、T600、Q586、D580、E508等配方进行是否为公知技术的鉴定。三名鉴定人分别对自诉人卡伯公司和被告人周智平、杨俊杰进行技术听证，并分别要求当事人提供用以鉴定的技术资料。被告人未提供有价值的技术资料，后经分析评议，鉴定人作出了自诉人的H800、D268、E508三种配方属于不公知技术的鉴定结论。法院经审查认为，该鉴定结论由具有鉴定资质的专家出具，鉴定程序合法，鉴定过程客观，鉴定结论有效，应依法采信，从而确认自诉人要求保护的三种技术信息具有秘密性。辩护人提出，对商业秘密的鉴定应当区分公知技术与非公知技术，否则没有证明效力。我们认为，对商业秘密区分公知技术与非公知技术是针对特定情形或者特定案件而言的，不具有普遍性。例如，甲公司掌握某项技术秘密，与乙公司联营合作后该技术秘密已公开，甲公司再要求保护该秘密中的产品配方和工艺，法院就应要求其将诉讼请求明确化，区分公知技术和非公知技术，否则可能侵犯公共利益。但本案的情形不同。自诉人的涂料配方除基础成分外，还有特殊的原料及配比。涂料助剂在涂料中具有特定性能，且每种助剂都有不同程度的副作用，会影响涂料的其他性能，故对助剂的选择、用量的确定都必须按照涂料产品的具体情况（如涂料性能、客户要求等）进行反复试验。同时，因各行各业对涂料的要求越来越高，功能性涂料发展迅猛，行业竞争十分激烈，助剂的使用更具重要意义。如何用好各种助剂往往成为涂料企业的技术关键。因此，对本案自诉人的涂料配方，应作为一个整体认定为商业秘密加以法律保护，不应区分公知技术和非公知技术。上海市科学技术委员会的技术鉴定结论也证实了这一点。

（二）关于被告人是否实施了侵犯商业秘密的行为

刑法第二百一十九条规定侵犯商业秘密有四种行为方式，其中该条第三项规定的侵犯商业秘密行为方式为：违反约定或者违反权利人有关保守商业秘密的要求，披露、使用或者允许他人使用其所掌握的商业秘密。这是一种违约型侵犯商业秘密的行为，以行为人与商业秘密权利人之间是否存在保守商业秘密的协议为前提。实践中，有时行为人掌握商业秘密本身是合法的，但由于其违反约定或者违反权利人有关保守商业秘密的要求，将自己因工作、职责掌握的商业秘密予以披露、使用，或者允许他人使用，从而构成侵权。本案被告人及其辩护人提出，被告人与自诉人之间没有保密协议，周智平还辩称其系通过反向工程掌握了该技术，不构成侵权。这种辩解和辩护意见不能成立。具体分析如下：

首先，自诉人对其技术信息和经营信息采取了保密措施，被告人违反了保密协议。对商业秘密采取保密措施，并不要求权利人采取的措施能做到万无一失，只要权利人采取了合理的保密措施，使负有保密义务以外的其他人不能轻易获得该秘密即可。关于措施是否合理，可以从以下几个角度考虑：（1）权利人是否明确了作为商业秘密保护的信息范围；（2）是否制定了相应的保密制度或以其他方法使他人知晓其掌握或接触的信息系应当保密的信息；（3）是否采取了一定的物理防范措施，除非通过不正当手段，他人轻易不能获得该信息。本案中，自诉人卡伯公司在1998年前已研制开发、生产销售各类油漆涂料，取得许可、授权，是生产、销售各类油漆涂料的权利人，并逐步形成了油漆生产技术和销售网络。该公司还制定了《保密制度》，在生产作业单上注明“保密资料”字样，并通过与员工签订《劳动合同》，明确了员工应遵守的各项规章制度。据此，应当认为，卡伯公司对其技术信息和经营油漆涂料信息采取了合理的保密措施。被告人周智平、杨俊杰在卡伯公司分别从事技术管理和经营管理，知悉该公司的商业秘密，在离开卡伯公司时擅自将自诉人的有关资料带走，且成立侨世公司后，利用上述资料生产和销售同类产品，违反了卡伯公司有关保守商业秘密的要求。周智平、杨俊杰到案后的历次供述与上述事实相符，且能相互印证，公安人员从卡伯公司的电脑中调取的《保密制度》也确认了相关事实，故应认为周智平、杨俊杰违反了卡伯公司的保密规定。

其次，被告人周智平并非通过反向工程获得自诉人的技术秘密。所谓反向工程，是指通过对终端产品的分析研究，找出该产品的原始配方或者生产工艺。反向工程是对商业秘密权的一种限制，一旦他人通过反向工程获得技术秘密，权利人则无权阻止他人披露和使用获得的技术信息。本案被告人周智平原是自诉人卡伯公司的技术部经理，仅高中文化，根据其履历反映，周不具备开发、研制涂料配方、改进生产工艺的能力。其辞职后，未经许可擅自将卡伯公司所有的意大利麦加油漆公司全套授权（原版）配方、内部色卡、客户资料、特种样品测试方法以及测试标准、产品底价、部分油漆报价单、原版产品检测报告、产品说明书、卡伯公司与客户的合同等技术资料带离卡伯公司，并伙同杨俊杰成立了分别由周妻赵某和杨母张某担任公司负责人的公司，生产销售同类产品。据此，可以认定周智平系以不正当手段而非反向工程获取了卡伯公司的技术秘密，属于侵犯商业秘密的行为。

（三）关于本案侵犯商业秘密造成重大损失的认定

侵犯商业秘密罪是结果犯，侵权行为给权利人造成重大损失是犯罪的构成要件。这种损失因商业秘密的种类、经济利用价值大小、新颖程度、使用状况、利用周期、市场竞争程度、市场前景、侵权时间长短、侵权方式的不同而有所区别。对于如何认定重大损失，刑法和有关办理侵犯知识产权刑事案件的两部司法解释均没有做出规定，实践中一般参照《反不正当竞争法》的有关规定来计算。该法第二十条规定：经营者违反本法规定，给被侵害的经营者造成损害的，应当承担损害赔偿责任，被侵害的经营者的损失难以计算的，赔偿数额为侵权人在侵权期间因侵权所获得的利润，并应当承担被侵害的经营者因调查该经营者侵害其合法权益的不正当竞争行为所支付的合理费用。据此，计算侵犯商业秘密造成的重大损失可遵循以下原则：（1）对于能够计算权利人损失的，以权利人的实际损失数额作为被告人应当赔偿的损失数额；（2）权利人的损失数额难以计算的，以侵权人在侵权期间因侵犯商业秘密所获得的实际利润计算权利人的损失数额。

本案在计算损失数额时参照了上述原则，从自诉人所失和被告人所得两个方面综合认定自诉人的损失数额。上海市科学技术委员会专家对卡伯公司的相关产品作出的鉴定结论证实，卡伯公司的 H800、D268、E508 三种产品配方不属于公知技术。根据公信中南会计师事务所对侨世公司涉嫌侵权产品所产生的净利润出具的《审计报告》，2000 年 11 月至 2002 年 2 月，侨世公司销售 H800、D268、E508 三种产品的净利润为 78 万余元。根据上海同诚会计师事务所、上海佳瑞会计师事务所对卡伯公司利润情况等进行审计出具的《审计报告》，卡伯公司 2000 年度、2001 年度、2002 年度的利润分别为 298 万余元、53 万余元、225 万余元，即卡伯公司遭受二被告人侵权期间减少的利润大于二被告人侵权获得的净利润。鉴于对侵犯商业秘密造成重大损失尚无统一、确定的计算方法，根据有利于被告人的事实认定原则，法院确认被告人杨俊杰、周智平给自诉人造成的损失数额为 78 万余元。

——最高人民法院刑事审判第一、二、三、四、五庭主办：《刑事审判参

考》2010 年第 2 集（总第 73 集），法律出版社 2010 年版，第 5~10 页。

附录：最高人民法院主流观点

对于侵犯商业秘密犯罪行为给商业秘密权利人造成损失数额的认定，一般遵循以下原则：（1）对于能够计算权利人的损失的，应当计算权利人的损失数额；（2）权利人的损失数额难以计算的，将侵权人在侵权期间因侵犯商业秘密所获得的实际利润认定为权利人的损失数额。然而，在某些情况下，权利人的损失数额和侵权人所获得的实际利润均难以查实，这就需要法官根据案件的具体情况，结合法律、司法解释之规定精神作出合理的认定。如上海法院审理的项军、孙晓斌非法披露软件源代码案，权利人开发计算机软件后仅出售一份后即被项军和孙晓斌以不正当手段非法披露，难以确定权利人的商业秘密被非法披露后已经遭受和必然遭受的损失，而项军和孙晓斌非法披露目的不是为了获取直接的利润，在此情况下，一、二审法院以权利人已经销出的软件销售价格认定二被告人的侵权行为给商业秘密权利人所造成的损失数额，既能反映出二被告人非法披露商业秘密使他人少支付的费用，又能反映出权利人因此而遭受的最低物质损失，这种认定方法不仅对二被告人较为有利，且与法律规定并不相悖，不失为一种合理、合法的解决办法。

——高憬宏、杨万明主编：《基层人民法院法官培训教材（实务卷 · 刑事审判篇）》，人民法院出版社 2005 年版，第 229~230 页。

543. 损害商业信誉、商品声誉罪中“他人”的界定

关键词

损害商业信誉、商品声誉罪　他人

《刑事审判参考》指导案例

訾北佳损害商品声誉案（《刑事审判参考》指导案例第 597 号）

裁判要点：损害商业信誉、商品声誉罪中的“他人”，应当具备一定的特定性，对这种特定性的理解不能过于僵化，如果侵害了一类市场主体的商业信誉、商品声誉，作为危害更大的犯罪，举轻以明重，应当构成犯罪。

（二）损害商业信誉、商品声誉罪中的“他人”的界定

根据刑法规定，损害商业信誉、商品声誉罪的侵害对象是他人的商业信誉、商品声誉，因而正确理解这里的“他人”对准确认定本罪具有重要意义。本案审理中，有观点认为，被告人訾北佳的行为损害的是北京市的整个包子行业的声誉，并不是“某个他人”的商品声誉，因而不构成《刑法》第二百二十一条规定之罪。我们认为，损害商业信誉、商品声誉罪中的“他人”，毋庸置疑应当具备一定的特定性，但对这种特定性的理解不能过于僵化，因为侵犯一个市场主体的商业信誉、商品声誉可以构成犯罪，但如果侵害了一类市场主体的商业信誉、商品声誉，作为危害更大的犯罪，举轻以明重，自然应当构成犯罪，这是逻辑解释的当然结论。结合实践中此类犯罪的实际情况，这种特定性可以从以下两个方面进行理解和界定：一方面，损害商业信誉、商品声誉罪侵害的对象应具有一定归属性，即侵害的商业信誉、商品声誉必须是他人拥有的，侵害自己所有的商业信誉、商品声誉不构成本罪。这里的他人包括所有的市场主体，即从事市场活动的个人、个体工商户、个人合伙、公司、企业在内的生产者、经营者，既包括某个具体的生产者、经营者，也包括某一类商品的生产者和经营者。另一方面，损害商业信誉、商品声誉罪侵害的对象必须具备一定指向性。这是从侵害行为的证据角度而言的，即侵害行为必须有明确的指向，或是某个具体的生产者、经营者，或是某类商品的生产者、经营者。如果行为人没有针对特定生产者、经营者的商业信誉、商品声誉或者说社会公众无法确定行为人所指向的具体对象，由于被侵害方不能认定，则不能构成本罪。

司法实践中，对于行为人明确指名进行的损害商业信誉、商品声誉行为，判断侵害对象的特定性比较容易，但对于那些并未明确指名而实施的侵害行为，应当根据社会一般公众的普遍认识标准来判断侵害对象的特定性。对于行为人捏造并散布虚伪事实，虽然没有明确指出所损害的对象，没有提及某个生产者、经营者的名称或者其商品的名称，但是相关生产经营者和消费者从其捏造并散布的事实的内容上完全能够推测出是指向某一个或数个生产者、经营者的，也应认定为损害了“特定的他人”的商业信誉和商品声誉。反之，如果社会公众无法确认行为人的行为所指向的具体“他人”，则不符合本罪中特定他人的构成要件。

本案中，在被告人訾北佳故意捏造事实编制的《纸做的包子》虚假电视节目里虽然没有明确指出是哪一家生产者，但公众观看该电视新闻后，显然会对整个北京地区的包子行业的商品质量产生质疑，这一点从该电视节目播出之后，整个北京地区包子行业的经营惨淡可以证实，故本案可以认定被告人的行为损害了相关行业的商品声誉。

——最高人民法院刑事审判第一、二、三、四、五庭主办：《刑事审判参考》2010 年第 1 集（总第 72 集），法律出版社 2010 年版，第 10~12 页。

544. 损害商业信誉、商品声誉罪的司法认定

关键词

损害商业信誉、商品声誉罪　捏造虚伪事实　重大损失

《最高人民法院公报》案例

上海市奉贤区人民检察院诉陈恩等人损害商品声誉案（判决时间：2003年6月26日，二审法院：上海市第一中级人民法院）

裁判摘要：为诋毁他人商品的声誉，故意歪曲、夸大事实，在公共场所砸毁他人商品，对他人的生产经营活动造成重大损失的，构成损害商品声誉罪。

上诉人陈恩、金月根、金家祥等人所称双菱牌空调存在的质量问题，主要是指空调的噪声问题，其依据是环境监测部门的检测结论和江苏质检中心的检验结论。上诉人及辩护人还向法庭提供连云港消费者保护协会的调解协议书、《服务导报》的相关报道及薛启华等人的证言等证据，以证明双菱牌空调确属质量低劣产品。但相关证据证实，上述检测结论与检验结论均未说明空调的噪声超标是由空调本身的质量问题引起的，且江苏质检中心的检验结论是生产方和销售方不在场的情况下由陈恩等人取样送检的，不符合产品质量检验程序，该中心亦已声明此结论不能用于质量鉴定和质量仲裁。因此，上诉人仅凭上述两份检测与检验结论并不能够得出双菱牌空调存在质量问题的结论。至于其他证据材料虽能反映个别空调存在瑕疵的可能，但并不能反映该批双菱牌空调的整体质量情况，更不能由此直接得出双菱牌空调质量低劣的结论。双菱牌空调可能存在的瑕疵与双菱牌空调整体的质量状况有本质的区别，一般质量问题与质量低劣是不同的概念。陈恩等人明知上述区别，但既没有通过规范途径查明问题所在，也没有采取法律规定的诉讼、仲裁等合法方式维护其权益，却多次向社会公众散布有关双菱牌空调"质量低劣""投诉无门"等与实际情况严重不符言论，其行为具有违法性。所谓"捏造"是指虚构、编造不符合事实真相或者并不存在的事实，既包括无中生有的完全虚构，也包括在真实情况的基础上虚构部分事实以歪曲事实真相。无论采取上述何种形式，只要加以散布，均可以产生损害他人商品声誉的效果。陈恩等人在只有个别空调可能存在瑕疵，且尚未通过其他合法途径解决纠纷的情况下，即向社会公众散布上述言论，应当属于捏造并散布虚假事实的行

为。上诉人金月根虽然提供了连云港市工商局拍摄的两张空调照片，以证明空调不制热，但该证据只能间接证明陈恩等人曾经向有关部门投诉过空调的质量问题，不能直接证明空调存在质量问题。因此，该证据和上诉人的行为不属于捏造并散布虚假事实行为的上诉理由及辩护意见，一并不予采纳。

上诉人钱广如于 2001 年 12 月 28 日与 2002 年 1 月 14 日发表在《南京晨报》上的两篇报道，是在听取了陈恩等人的介绍，旁听了协商谈判后，根据陈恩等人提供的环境监测报告及监测记录撰写的，其内容虽然与事实不尽相符，但在此背景下，不能排除钱广如作为一名记者，其主观上具有为消费者维权而进行舆论监督的心态，故此时不能认定钱广如的行为属损害商品声誉的行为。然而，后来钱广如在明知双菱公司已对空调是否存在质量问题提出异议，且报社有关领导已让其不再报道此事的情况下，不仅未对事实真相加以核实，反而在得知陈恩等人欲实施砸空调的行为时，向其提议砸空调的地点，草拟不符合事实的“双菱牌空调，质量低劣，投诉无门，砸毁有理”的宣传语，并为其积极联系媒体采访该事件、发出可以开始砸空调的信号。上述行为充分证明，钱广如主观上应当明知，在双菱牌空调质量是否低劣尚待确证、陈恩等人未依照合法途径维护其权益的情况下，轻率地向公众散布“双菱牌空调，质量低劣，投诉无门”的言论，显然会对双菱牌空调的声誉产生不利影响，在客观上积极实施草拟不实宣传语、联系媒体、发出开始砸空调信号等一系列损害双菱牌空调商品声誉的行为，均不属于正当舆论监督范畴，而是共同犯罪中的一个有机组成部分。关于钱广如向法庭提交的 2002 年 3 月 15 日及 5 月 14 日《南京晨报》的新闻报道，不足以推翻该报社副总编辑王荧所作的让钱广如停止继续报道空调事件的证言，也不影响对钱广如参与策划、实施损害他人商品声誉的犯罪行为的处理。钱广如辩称其主观上没有损害双菱牌空调商品声誉的故意，客观上也不存在捏造并散布双菱牌空调质量低劣行为的上诉理由与事实不符，不予采纳。

关于上诉人的行为是否给双菱公司造成重大损失或者有其他严重情节问题。经查，陈恩等人先后三次在上海、南京等地公开砸毁双菱牌空调，又散布捏造、诋毁双菱牌空调声誉的言论，致使多家媒体进行了新闻报道，众多商家质疑、被迫终止、变更销售合同，导致双菱公司的商品声誉受损，销售量下滑的后果。经上海公信中南会计师事务所审计，自 2001 年 12 月至 2002 年 8 月 7 日，发生退货 1065 台（套），造成退货产品可销售毛利损失为人民币 576091.97 元。又据南京腾远冷气设备有限公司、江苏经纬技术装备公司、北京市冰洋制冷销售中心等多家销售商的公函、退货清单及订货合同等证据，足以证实商家退货与上诉人所实施的诋毁双菱牌空调声誉行为有内在、必然的因果关系。对于本案双菱公司的经济损失认定，除现有的审计结论计算出的直接财产损失外，还应考虑包括企业商誉价值的降低等因素，故应认定上诉人的行为对双菱牌空调的声誉造成了重大恶劣影响。

——《最高人民法院公报》2004 年第 6 期。

《刑事审判参考》指导案例

王宗达损害商业信誉、商品声誉案（《刑事审判参考》指导案例第 85 号）

裁判要点：损害商业信誉、商品声誉罪中的“捏造虚伪事实”既可包括无中生有，凭空编造全部虚假事实的情形，也包括添油加醋，恶意歪曲、夸大事实或编造部分虚假事实的情形；“重大损失”一般是直接经济损失，但间接经济损失也是应当考虑的量刑情节；应根据案件具体事实具体认定被告人的行为侵犯的是商业信誉，还是商品声誉，抑或是商业信誉和商品声誉，确定相应的罪名。

第一，“捏造并散布虚伪的事实”是损害商业信誉、商品声誉的方法和手段。因为，无论是捏造整个虚假的事实，还是捏造部分虚假的事实，只要加以散布，都可以损害他人商业信誉和商品声誉，给竞争对手造成经济损失，达到不正当竞争的目的。

第二，损害商业信誉、商品声誉罪中的“重大损失”，一般是直接经济损失，但间接经济损失也是应当考虑的量刑情节。还应强调的是，在具体认定损害行为所造成的经济损失时，应特别注意损害行为与经济损失之间的因果关系，即不能将与捏造并散布虚伪事实的行为无因果关系和不是行为必然造成的损失计算在内。至于“其他严重情节”，一般是指行为人在捏造并散布虚假事实、损害他人的商业信誉和商品声誉的过程中的除“重大损失”以外的严重情节，例如，多次损害他人商业信誉和商品声誉；因损害他人商业信誉和商品声誉被有关主管部门处罚后又损害他人商业信誉和商品声誉；虚构并散布的虚伪事实传播面较广、在消费者中产生严重的不良影响；使用恶劣的手段、捏造恶毒事实，等等。

第三，损害商业信誉、商品声誉罪是选择性罪名。因此，在处理损害商业信誉、商品声誉案件时，应根据案件具体事实具体认定被告人的行为侵犯的是商业信誉，还是商品声誉，抑或是商业信誉和商品声誉，确定相应的罪名。例如，行为人捏造并散布的虚伪事实是关于他人在信守合约或履行合同中的信誉度或者他人的生产能力和资金状况方面等内容，则只侵害了他人的商业信誉，罪名就应确定为“损害商业信誉罪”；行为人捏造并散布的虚伪事实是关于他人的产品在质量、等级、效果、方法、价格等方面的内容，则只侵害了他人的商品声誉，罪名就应确定为“损害商品声誉罪”；行为人捏造并散布的虚伪事实既针对他人的商业信誉又针对他人的商品声誉的，罪名则应确定为“损害商业信誉、商品声誉罪”。

——最高人民法院刑事审判第一庭、第二庭主办：《刑事审判参考》2001年第2辑（总第13辑），法律出版社2001年版，第7~14页。

说明

损害商业信誉、商品声誉罪中的“重大损失”，一般是直接经济损失，但间接经济损失也是应当考虑的量刑情节。其中，造成直接经济损失的情形包括商品严重滞销、产品被大量退回、合同被停止履行、企业商誉显著降低、驰名产品声誉受到的严重侵损，销售额和利润的严重减少，应得收入的大量减少，上市公司股票价格大幅度下跌，商誉以及其他无形资产的价值显著降低等等。但对于被害人为了恢复受到损害的商业信誉和商品声誉所投入的资金（如广告费用等）或者为制止不法侵害事件而扩大的开支（如诉讼费用）等间接经济损失，不应认定为损害商业信誉、商品声誉所造成的损失，一般只在量刑或者附带民事诉讼赔偿时酌情加以考虑。

545. 在国有资产拍卖过程中，被告人串通竞买的行为不宜以构成串通投标罪定罪处罚

关键词

串通拍卖　串通投标

《刑事审判参考》指导案例

黄正田、许敬杰等串通投标案（《刑事审判参考》指导案例第1251号）

裁判要点：拍卖与投标是两种不同的行为，刑法也没有明确将串通拍卖行为规定为犯罪，按照罪刑法定原则，不宜将串通拍卖按照《刑法》第二百二十三条规定的串通投标罪定罪处罚。

（一）拍卖与招标投标是两个不同的概念，二者不能混同

拍卖是指以公开竞价的方式，将特定物品或财产权利转让给最高竞价者的买卖方式。而招标投标一般是指招标人就某特定事项向特定相对人或社会发出招标邀请，有多家投标人进行投标，最后由招标人通过对投标人在价格、质量、生产能力、交货期限和财务状况、信誉等诸方面进行综合考察，在平衡的基础上，选定投标条件最好的投标人，并与之进一步协调、商定最终成立合同法律关系的一种合同行为。从行为性质来讲，拍卖和招标投标都是竞

争性的交易方式，是合同缔结的一种特殊方式，二者具有一定的相似性。但是，招标投标和拍卖仍有本质区别，如二者在概念内涵、标的、目的以及适用法律等方面都存在差异。因此，招标投标和拍卖是两个不同的概念，其外延并无包容关系。从社会上一般人的观念来看，招标投标和拍卖也是两种不同的交易方式。

国土资源部2007年9月28日颁布的《招标拍卖挂牌出让国有建设用地使用权规定》第二条第一款规定："在中华人民共和国境内以招标、拍卖或者挂牌出让方式在土地的地表、地上或者地下设立国有建设用地使用权的，适用本规定。"该规范文件对"招标""拍卖"或者"挂牌出让"三种方式作了具体的规定。其中，招标出让国有建设用地使用权，是指市、县人民政府国土资源行政主管部门（以下简称出让人）发布招标公告，邀请特定或者不特定的自然人、法人和其他组织参加国有建设用地使用权投标，根据投标结果确定国有建设用地使用权人的行为；拍卖出让国有建设用地使用权，是指出让人发布拍卖公告，由竞买人在指定时间、地点进行公开竞价，根据出价结果确定国有建设用地使用权人的行为；挂牌出让国有建设用地使用权，是指出让人发布挂牌公告，按公告规定的期限将拟出让宗地的交易条件在指定的土地交易场所挂牌公布，接受竞买人的报价申请并更新挂牌价格，根据挂牌期限截止时的出价结果或者现场竞价结果确定国有建设用地使用权人的行为。

（二）从立法方面来看，拍卖法和招标投标法对拍卖行为与招标投标行为分别进行了规制

刑法第二百二十三条将投标人相互串通投标报价，损害招标人或者其他投标人利益，情节严重的行为，规定为犯罪。与此相适应，2000年施行的招标投标法第五十三条规定，投标人相互串通投标或者与招标人串通投标的，中标无效，对情节严重的串通投标行为，追究相应的刑事责任。而2004年修改的拍卖法在刑法未明确地将串通拍卖行为入罪的情况下，仅规定了行政责任，未对此种行为追究刑事责任。该法第三十七条规定，竞买人之间、竞买人与拍卖人之间不得恶意串通，损害他人利益。第六十五条规定，竞买人之间、竞买人与拍卖人之间恶意串通，给他人造成损害的，拍卖无效，应当依法承担赔偿责任。由工商行政管理部门对参与恶意串通的竞买人处最高应价百分之十以上百分之三十以下的罚款；对参与恶意串通的拍卖人处最高应价百分之十以上百分之五十以下的罚款。

考虑到拍卖和招标投标毕竟是两种不同的法律行为，立法上对两者分别作出规定，对串通投标设定了刑事责任，对串通拍卖则没有，故不宜以串通投标罪对串通拍卖行为定罪处罚。若将串通拍卖行为作为串通投标罪客观方面的一种表现形式予以处罚，有类推之嫌。

（三）被告人黄正田等人的行为也不符合其他犯罪构成要件

被告人串通拍卖中的竞买行为，既非未经许可买卖法律、行政法规规定的专营、专卖物品或者其他限制买卖的物品而构成非法经营罪，也非拍卖人基于错误认识处分财产而构成合同诈骗罪。

需要指出的是，按照罪刑法定原则，虽然对串通拍卖行为不能以串通投标罪论处，但如果被告人在拍卖过程中有贿赂、渎职等其他犯罪行为的，则可依照刑法的相关规定追究刑事责任。

——最高人民法院刑事审判第一、二、三、四、五庭主办：《刑事审判参考》（总第114辑），法律出版社2019年版，第1~6页。

第八节　扰乱市场秩序罪

546. 合同诈骗罪的量刑

关键词

合同诈骗罪　量刑

最高人民法院司法政策精神

（六）合同诈骗罪

1. 构成合同诈骗罪的，根据下列情形在相应的幅度内确定量刑起点：

（1）达到数额较大起点的，在一年以下有期徒刑、拘役幅度内确定量刑起点。

（2）达到数额巨大起点或者有其他严重情节的，在三年至四年有期徒刑幅度内确定量刑起点。

（3）达到数额特别巨大起点或者有其他特别严重情节的，在十年至十二年有期徒刑幅度内确定量刑起点。依法应当判处无期徒刑的除外。

2. 在量刑起点的基础上，根据合同诈骗数额等其他影响犯罪构成的犯罪事实增加刑罚量，确定基准刑。

3. 构成合同诈骗罪的，根据诈骗手段、犯罪数额、损失数额、危害后果等犯罪情节，综合考虑被告人缴纳罚金的能力，决定罚金数额。

4. 构成合同诈骗罪的，综合考虑诈骗手段、犯罪数额、危害后果、退赃退赔等犯罪事实、量刑情节，以及被告人主观恶性、人身危险性、认罪悔罪表现等因素，决定缓刑的适用。

——《最高人民法院、最高人民检察院印发〈关于常见犯罪的量刑指导

意见（试行）〉的通知》(2021年6月16日，法发〔2021〕21号)。

547. 合同诈骗罪中“以非法占有为目的”的认定

关键词

合同诈骗罪　非法占有目的

《最高人民法院公报》案例

浙江省温州市人民检察院诉吴联大合同诈骗案（判决时间：2002年3月12日，二审法院：浙江省高级人民法院）

裁判摘要：行为人在签订和履行合同过程的一些行为具有一定的欺骗性，但其主观上不具有以欺骗的手段非法占有对方公司财产的目的，客观上具备一定的履约能力，也有积极履行合同的诚意和行动，拒退保证金是事出有因，并不是企图骗取对方公司的财产，不属于“明知自己没有履行合同的能力而采取欺骗手段骗取他人财物的”或者“隐匿合同保证金等担保合同履行的财产，拒不返还”的情形，不构成合同诈骗罪。

被告人吴联大虽系根据与樱花公司的约定与长城公司洽谈签订协议，但其在中介过程中，违背诚信原则，为抬高身价，在协议的封面和内容上多处以西门子公司作为主体，给人以代表西门子分公司的印象，待签订协议之后，再予修正；并且在长城公司和樱花公司签订的低压成套项目协议上又私自加进其他内容。上述欺诈行为有相应的证据证实，原判也在事实部分作了相应的认定，检察机关抗诉对此部分提出的异议成立。但综观全案，吴联大在代表樱花公司与长城公司签订和履行技术合作中，一些行为虽然具有一定的欺骗性，但其主观上尚不具有以欺骗的手段非法占有长城公司财产的目的。吴联大与长城公司签约的直接动机，是希望西门子分公司的有关技术合作项目能够转让成功，使其本人能够从中获取高额技术转让费。在客观上，吴联大作为樱花公司的商务代理，具备一定的履约能力，也有积极履行合同的诚意和行动，拒退保证金是事出有因，并不是企图骗取长城公司的财产，不属于最高人民法院《关于审理诈骗案件具体应用法律若干问题的解释》中规定的“明知自己没有履行合同的能力而采取欺骗手段骗取他人财物的”或者“隐匿合同保证金等担保合同履行的财产，拒不返还”的情形。长城公司虽在与吴联大接洽初期，受吴联大某些不当行为的误导，但终究是在经过考察了解后，确认有获得西门子分公司技术合作的可能，同意与吴联大等人签约并支付有关款项，亦不属被骗；且长城公司通过樱花公司及吴联大等人的中介，最终达到了与西门子分公司技术合作的目的，已经成为受益者。有鉴于此，吴联大的行为不构成合同诈骗罪，检察机关要求按合同诈骗罪对其定罪处罚的抗诉理由不足，不予采纳。

——《最高人民法院公报》2003 年第 1 期。

附录：最高人民法院主流观点

1.“以非法占有为目的”的理解

刑法意义上的“非法占有”，不仅是指行为人意图使财物脱离相对人而非法实际控制和管领，而且意图非法所有或者不法所有相对人的财物，为使用、收益、处分之表示。

2.“以非法占有为目的”的认定

认定是否具有非法占有目的，应当坚持主客观相一致的原则，既要避免单纯根据损失结果客观归罪，也不能仅凭被告人自己的供述，而应当根据案件具体情况具体分析。实践中案件情况复杂，对于“以非法占有为目的”的认定，应结合行为人的履约能力、履约行为、对取得财物的处置情况、事后态度等方面情况，加以综合判定，具体如下：

（1）主体资格是否真实。在正常的经济交易活动中，交易主体签订合同，目的是履行合同，达到交易的预期目的，而交易的安全、顺利进行并最终完成势必首先要求交易的主体必须真实存在。即便是合同民事欺诈，由于行为人的目的是通过履行合同而谋取不当或非法利益，因而在主体资格上一般也不会弄虚作假。反之，在刑事诈骗中，行为人签约时往往会以虚假面目出现，以虚构的单位或者假冒他人的名义签订合同。

（2）行为人有无履约能力。在司法认定中应注意以下几点：行为人虽不具备实际条件，但有确凿的证据证明其在履行期限内具有相应的生产经营能力，履约有可靠的保障，应认定其具有履约能力；行为人原先有履行合同的能力，但在履行合同过程中，由于客观原因丧失了履约能力，导致无力归还他人财物的，不能以合同诈骗罪定罪处罚；行为人签订合同时没有履行合同的能力，但是在取得他人财物后为履行合同做了积极努力，但因被骗或者其他客观原因丧失归还能力的，不能以合同诈骗罪定罪处罚。

（3）行为人有无采取诈骗的行为手段。非法占有目的是主观心理内容，须通过具体行为方式及行为的实践效果去判断。手段的非法性是认定主观目的的重要依据。对诈骗犯罪而言，行为人非法占有的目的是与实施了诈骗行为联系在一起的。若行为人没有实施任何虚构事实、隐瞒真相的诈骗行为，即使最终没有履行合同，也不应认定为合同诈骗罪。值得注意的是，合同诈骗罪中的诈骗行为与合同纠纷中的民事欺诈行为，都含有欺骗的成分，但有欺骗成分的不一定就构成合同诈骗犯罪，还须进一步区分民事欺诈与刑事诈骗：首先要看欺骗的内容，如果认为行为人只是在合同标的的数量和质量上欺骗对方还属于民事欺诈的话，那么，在有无合同标的物上欺骗了对方，就已超出了民事欺诈的范围。另外，还要看欺诈的程度，即欺诈手段在签订、履行合同当中所起的作用。在刑事诈骗中，行为人完全虚构事实、隐瞒真相，没有履行合同的诚意和行为，欺诈手段在签订、履行合同当中起着根本性、绝对性的作用，而民事欺诈所追求的利益是希望通过实际履行实现，因此虽然在合同履行内容的某些内容或部分事实采取了欺骗手段，如夸大数量、质量或自己的信誉、履约能力，但对合同最终适当、全面履行的影响不存在根本的、全面的影响，属于意思表示有瑕疵的行为，应认定为一种履约前提下的民事欺诈。

（4）行为人有无实际履约行为。合同诈骗犯罪的行为人在签订合同时或在履行合同过程中没有履行或继续履行合同的诚意，其目的在于利用合同这一手段骗取对方财物，一般没有履行合同的实际履约行为或为履行合同做出努力。即使有一些履行合同的行为，那也不过是为了掩人耳目，绝不是诚心诚意地按合同规定完全彻底地履行合同，履行一小部分合同的目的是为骗财作掩护。行为人虽有履行合同的能力，但签订合同后没有为履行合同做任何努力或者仅履行少部分合同，将取得的他人财物挥霍、用于其他非经营性活动，丧失归还能力的，应认定行为人具有非法占有的目的。“拆东墙补西墙”的行为不属于履约行为，而是一种诈骗行为。

（5）行为人没有履行合同的原因。在合同诈骗犯罪和合同经济纠纷都会出现行为人没有履行合同的情形，但没有履行合同并不一定是合同诈骗，还需具体分析其没有履行合同的主、客观两方面的原因。

（6）行为人的履行态度是否积极。这一点与行为人不能履行合同的原因紧密相连，作为分析问题的一个角度，有单独提出的必要。倘若行为人在合同生效后不做任何努力，能履行而不积极履行，则说明其有诈骗故意。

（7）行为人对财物的主要处置方式。在不同的心理态度支配下，对合同标的物的处置也会有所不同。行为人将骗取的财物用于个人挥霍、非法活动、归还欠款、非经营性支出等方面的，一般可以认定行为人具有非法占有目的；对于行为人将骗取的资金用于实际经营活动，包括用于炒股、炒期货、开发房地产等高风险的经营活动，并造成资金客观上无法归还的，则不能以合同诈骗罪定罪处罚。需要指出的是，这里强调财物的主要处置形式，指的是确定全部或大部分资金的走向、用途。

（8）行为人的事后态度是否积极。行为人的事后态度，也是区分行为人主观上有无诈骗故意的重要标志。如果行为人因自己的行为导致合同没有履行之后，不是及时通知对方，积极采取补救措施，以减少对方的损失，而是无正当理由地表现出种种不愿承担责任的态度，拒不赔偿、返还对方财物，或找各种理由搪塞应付，东躲西藏，避而不见，甚至收受对方财物后逃匿，可认定其具有非法占有目的。相反，如果行为人事后能积极采取补救措施，用实际行动赔偿或者减少对方损失，就不能认定其具有非法占有目的。

3. 关于非法占有目的的产生时间

对于传统的诈骗罪来说，被害人“自愿”交付财物后，诈骗犯罪已经完成，行为人的非法占有目的一般产生于其非法控制公私财物之前。但在某些情况下，行为人先占有了被害人的财物，然后使用欺骗方法，使被害人自愿放弃财物，从而非法占有他人财产，也符合诈骗罪的特征。合同诈骗罪，行为人在被害人交付财物或者款项之前，可能没有非法占有的目的，也没有采用欺骗手段使被害人产生错误认识，而是在合法占有公私财物后，以非法占有为目的，采用虚构事实或者隐瞒真相的方法，拒不交付货物或者支付货款，或者不偿还资金。因此，行为人的非法占有目的可以在行为人签订、履行合同之前产生，也可以在签订、履行合同过程中产生。

——高憬宏、杨万明主编:《基层人民法院法官培训教材（实务卷 · 刑事审判篇）》，人民法院出版社 2005 年版，第 231~235 页。

548. 组织网络水军批量人工点击广告的，属于对广告推广合作合同的虚假履行，构成合同诈骗罪

关键词

合同诈骗罪　网络水军　人工点击广告

《刑事审判参考》指导案例

于典等合同诈骗案（《刑事审判参考》指导案例第 1480 号）

裁判要点：为赚取广告分成，人为组织网络水军进行恶意批量点击，从法律角度看，就是为获取不法利益制造的欺骗性表象，是对广告推广合作合同的虚假履行，根本无法实现合同目的，广告推广平台和广告主必然遭受直接经济损失，具有严重的社会危害性，因此构成合同诈骗罪。

（一）行为人组织网络水军批量人工点击广告，本质上属于带有欺骗性的无效恶意点击，不是对广告推广合作合同的正常履行，因此从平台处收取广

告费的，构成合同诈骗罪

当前，广告的网络数字营销基本模式是：广告主向广告推广平台投放广告需求——平台自主或联合加盟商共同推广——加盟商生产优质内容吸引用户浏览——用户在上述推广渠道中点击浏览广告。在这种模式下，处在最后两个环节的参与者，出于谋求优秀业绩甚至谋取不法利益的动机，有可能实施流量作弊，雇佣“黑灰产”进行批量恶意点击是最常见的作弊手段。近年来，制造恶意点击流量的方式大体上经历了两个阶段：前一阶段是通过控制机器人账号、频繁变更IP地址等技术手段，进行批量恶意点击；后一阶段是利用通讯群组等社交工具组织网络水军进行批量人工点击，本案就属于后一种情况。对控制机器批量点击行为的法律性质，司法实践中认识比较一致，认为该种行为只是客观上生成了点击量数据，并没有实际用户浏览广告内容，因此不可能产生广告推广发行的市场效果，属于欺骗广告主和广告推广平台的行为，构成刑法意义上的诈骗。而对于后来出现的组织网络水军进行人工点击行为的法律性质，司法实践中存在认识分歧。有观点认为，广告的网络推广目的是获得尽可能多用户的点击浏览，只要是真实的网民点击并浏览了内容即已达到推广目的，网民对广告的关注度及消费意愿的强弱并不影响广告推广行为的有效性，受雇佣的水军对广告的点击浏览与普通网民的点击浏览并无本质区别。为赚取广告费，组织网络水军批量点击被推广的广告，虽然目的不太正当，但实际上产生了广告推广的商业效果，说明行为人履行了合同义务，获得平台的广告分成是基于自身付出的劳务，不属于不劳而获，不具有“非法占有目的”，因此不构成诈骗类犯罪。

我们认为，这种观点是错误的。网络广告通过吸引点击进行推广营销的正常状态，通常是用户在自然、随机状态下偶然发现广告信息，出于进一步了解广告内容的动机点击浏览广告。其商业逻辑的核心是用户愿意主动了解广告内容，有意识地将自身潜在消费需求与广告作精准对接，因此商业变现的转化率较高，这种点击才是符合广告推广规律的，也是广告主及广告推广平台希望获得的有效流量。为赚取广告分成，人为组织网络水军进行恶意批量点击，虽然形式上也是真实用户点击并浏览了广告内容，但水军用户系出于牟利目的机械完成批量点击浏览任务，完全不具有获取广告信息的主动性，因此基本不可能实现商业转化。从广告的商业逻辑看，这种流量无疑是虚假的、无效的，而从法律角度看，就是为获取不法利益制造的欺骗性表象，是对广告推广合作合同的虚假履行，根本无法实现合同目的，广告推广平台和广告主必然遭受直接经济损失，具有严重的社会危害性，因此构成合同诈骗罪。

（二）广告推广平台与被告人构成合同关系，是合同诈骗罪的受害人

本案审理过程中有意见认为，受骗的被害人应是广告主而不是作为广告

推广平台的百度公司，理由是百度公司并未因本案遭受损失，相反还可能从中获益，没有资格作为被害人主张诉讼权利。这一问题关系到百度公司能否以被害人身份参与刑事诉讼程序，能否要求被告人退赔骗取的款项，对刑事诉讼程序的起点（报案）和终点（退赔）都有重要影响。百度公司作为网络广告的推广发行主体，实际上起中介平台作用，一方面承接广告主的推广需求，并按约定的推广效果向广告主收取费用，另一方面延伸串联起加盟的网站共同推广广告，并按约定的推广效果向加盟者支付费用。因此，持这种观点的人认为百度公司基于被告人制造的虚假流量先行向广告主收取了广告费，再依据合作协议向被告人支付相应的广告费分成，百度公司支付的广告费来源于广告主，自己只是中间商，实际上为虚假流量买单的是广告主，百度公司并没有受到实际经济损失。

我们认为，百度公司作为广告推广平台，是本案的受害人。从民事法律关系看，不存在广告主、百度平台、加盟推广人（于典等被告人）三方合作关系，而是广告主与百度平台之间、百度平台与加盟推广人之间的两组相互独立的合作关系。在两组合作中，百度公司分别对广告主和加盟推广人承担合同义务，广告主和加盟推广人之间没有直接的合同关系，互不承担权利义务。因此，广告主是否正常履行合同义务不影响百度公司向加盟推广人按约履行合同。同理，加盟推广人也只对百度公司负责，其实施的欺骗行为直接侵害百度公司的经济利益。如果该欺骗行为间接导致广告主与平台之间的合同履行出现问题，需要由平台与广告主根据实际情况处理。总之，平台是与推广加盟商签约的合作方，也是向其支付广告费分成的主体，因推广加盟商提供虚假点击数据被骗而支付相关费用后，即成为合同诈骗案件的被害人。

综上，原审法院认定被告人于典、汤传伟等人通过组织网络水军批量人工点击广告，进而收取推广平台广告分成的行为构成合同诈骗罪，并判决向百度公司发还各被告人退缴的违法所得是正确的。

——黄姚龙兵撰稿、王军强审编：《于典等合同诈骗案——组织网络水军批量人工点击广告的，属于对广告推广合作合同的虚假履行，构成合同诈骗罪》，载最高人民法院刑事审判第一、二、三、四、五庭编：《刑事审判参考》（总第 132 辑），人民法院出版社 2022 年版，第 35~37 页。

549. 合同诈骗的犯罪既遂部分与未遂部分在同一量刑幅度的，以犯罪既遂酌情从重处罚

关键词

合同诈骗罪　犯罪既遂

最高人民法院指导性案例

王新明合同诈骗案（最高人民法院指导案例 62 号）

裁判要点：在数额犯中，犯罪既遂部分与未遂部分分别对应不同法定刑幅度的，应当先决定对未遂部分是否减轻处罚，确定未遂部分对应的法定刑幅度，再与既遂部分对应的法定刑幅度进行比较，选择适用处罚较重的法定刑幅度，并酌情从重处罚；二者在同一量刑幅度的，以犯罪既遂酌情从重处罚。

法院生效裁判认为：王新明以非法占有为目的，冒用他人名义签订合同，其行为已构成合同诈骗罪。一审判决事实清楚，证据确实、充分，定性准确，审判程序合法，但未评价未遂 70 万元的犯罪事实不当，予以纠正。根据刑法及司法解释的有关规定，考虑王新明合同诈骗既遂 30 万元，未遂 70 万元但可对该部分减轻处罚，王新明如实供述犯罪事实，退赔全部赃款取得被害人的谅解等因素，原判量刑在法定刑幅度之内，且抗诉机关亦未对量刑提出异议，故应予维持。北京市石景山区人民检察院的抗诉意见及北京市人民检察院第一分院的支持抗诉意见，酌予采纳。鉴于二审期间王新明申请撤诉，撤回上诉的申请符合法律规定，故二审法院裁定依法准许撤回上诉，维持原判。

本案争议焦点是，在数额犯中犯罪既遂与未遂并存时如何量刑。最高人民法院、最高人民检察院《关于办理诈骗刑事案件具体应用法律若干问题的解释》第六条规定："诈骗既有既遂，又有未遂，分别达到不同量刑幅度的，依照处罚较重的规定处罚；达到同一量刑幅度的，以诈骗罪既遂处罚。"因此，对于数额犯中犯罪行为既遂与未遂并存且均构成犯罪的情况，在确定全案适用的法定刑幅度时，先就未遂部分进行是否减轻处罚的评价，确定未遂部分所对应的法定刑幅度，再与既遂部分对应的法定刑幅度比较，确定全案适用的法定刑幅度。如果既遂部分对应的法定刑幅度较重或者二者相同的，应当以既遂部分对应的法定刑幅度确定全案适用的法定刑幅度，将包括未遂部分在内的其他情节作为确定量刑起点的调节要素进而确定基准刑。如果未遂部分对应的法定刑幅度较重的，应当以未遂部分对应的法定刑幅度确定全案适用的法定刑幅度，将包括既遂部分在内的其他情节，连同未遂部分的未遂情节一并作为量刑起点的调节要素进而确定基准刑。

本案中，王新明的合同诈骗犯罪行为既遂部分为 30 万元，根据司法解释及北京市的具体执行标准，对应的法定刑幅度为有期徒刑三年以上十年以下；未遂部分为 70 万元，结合本案的具体情况，应当对该未遂部分减一档处罚，未遂部分法定刑幅度应为有期徒刑三年以上十年以下，与既遂部分 30 万元对应的法定刑幅度相同。因此，以合同诈骗既遂 30 万元的基本犯罪事实确定对王新明适用的法定刑幅度为有期徒刑三年以上十年以下，将未遂部分 70 万元的犯罪事实，连同其如实供述犯罪事实、退赔全部赃款、取得被害人谅解等一并作为量刑情节，故对王新明从轻处罚，判处有期徒刑六年，并处罚金人民币六万元。

——《最高人民法院关于发布第十三批指导性案例的通知》（2016 年 6 月 30 日，法〔2016〕214 号）。

说明

该指导案例论证了在数额犯中，当犯罪既遂与未遂情况并存时，应当先决定对未遂部分是否减轻处罚，确定未遂部分对应的法定刑幅度，再与既遂部分对应的法定刑幅度进行比较，之后再按有关司法解释的规定确定最终应判处的刑罚。发布本案例，对于统一类似案件的量刑规则，更好地贯彻罪责刑相适应的刑法原则，具有指导意义。

550. 通过欺骗手段兼并企业后恶意处分企业财产行为的定性

关键词

合同诈骗罪　欺骗手段　恶意处分

《刑事审判参考》指导案例

程庆合同诈骗案（《刑事审判参考》指导案例第 211 号）

裁判要点：以欺骗方法对集体企业实施“兼并”，恶意处分被兼并企业的财产并据为己有，其行为符合合同诈骗罪的特征，应以合同诈骗罪定罪处罚。

行为人通过签订“兼并”协议控制被兼并企业财产后恶意处分的行为，是否构成合同诈骗罪，关键取决于以下两个因素的认定：一是行为人在签订、履行兼并合同过程中是否采取了欺骗手段，二是行为人是否具有非法占有的目的。在实际经济生活中，因企业兼并而产生的经济纠纷大量存在，如何正确区分企业兼并中的经济纠纷与以兼并为名诈骗企业财产的界限呢？关键在于正确认定被告人是否具有非法占有的目的。

行为人不仅没有履行兼并合同的能力，而且在以零价格实施“兼并”后，并未按照兼并合同约定履行义务，而是恶意处分被兼并企业财产，其行为充分证明其主观上无任何履行兼并协议规定义务的诚意。因此，应当认定程庆主观上具有非法占有被“兼并”企业财产的主观故意。

——最高人民法院刑事审判第一庭、第二庭编：《刑事审判参考》2002 年第 6 辑（总第 29 辑），法律出版社 2002 年版，第 1~9 页。

551. 签订合同并收取对方的保证金后挪作他用是否可以认定具有非法占有目的

关键词

签订合同　保证金　非法占有目的

《刑事审判参考》指导案例

高淑华、孙里海合同诈骗案（《刑事审判参考》指导案例第 1299 号）

裁判要点：应当综合合同签订的背景、被告人为生产经营所作出的努力、钱款的去向和用途等方面来判断被告人是否具有非法占有的目的，而不能简单地从客观上被告人有欺骗行为直接得出被告人主观上具有非法占有目的的结论。

融资行为是判断被告人履约意愿的重要方面，但本案中关于被告人高淑华、孙里海融资行为的证据有限且真假未辨，无从认定。从整体来看，二被告人确实努力地在做曹信庄村新民居项目，尽管在与世达公司签约时有一些欺骗隐瞒行为，但从经验常识判断，房地产开发行业本身具有资金密集型的产业特点，资金投入大，经营风险高，鑫海公司虽然自身实力不足，但如果融资等经营行为得当，不能排除其最终盈利的可能性。因此，应当综合合同签订的背景、被告人为生产经营所作出的努力、钱款的去向和用途等方面来判断被告人是否具有非法占有的目的，而不能简单地从客观上被告人有欺骗行为直接得出被告人主观上具有非法占有目的的结论。

——郭慧、初立秀撰稿、韩维中审编：《高淑华、孙里海合同诈骗案——签订合同并收取对方的保证金后挪作他用是否可以认定具有非法占有目的》，载载最高人民法院刑事审判第一、二、三、四、五庭主办：《刑事审判参考》（总第 120 集），法律出版社 2019 年版，第 15~20 页。

552. 以签订出国聘请顾问协议书为名骗取他人钱财行为的定性

关键词

合同诈骗罪　聘请顾问协议书

《刑事审判参考》指导案例

宗爽合同诈骗案（《刑事审判参考》指导案例第 457 号）

裁判要点：以签订出国“聘请顾问协议书”的名义骗取他人钱款的行为，构成合同诈骗罪。

合同诈骗罪是一种利用合同进行诈骗的犯罪，诈骗行为发生在合同签订、履行过程中，行为人非法占有的财物，是与合同签订、履行有关的财物，这是此罪区别于诈骗罪的主要特征。行为人与他人签订“聘请顾问协议书”，以自己承包的公司及自己成立的公司的名义，对外承揽出国签证咨询业务，收取他人钱款，许诺如办不成出国签证，再如数退还钱款。行为人所签订的“聘请顾问协议书”，表面上像一个咨询性质的协议，具有技术服务性质，但根据其提供的所谓服务内容，实质上是一个代办出国签证性质的委托代理合同。这种委托代理合同，具有一定的代理服务内容并体现了一定市场经济活动性质，利用这种合同实施的诈骗犯罪严重扰乱了正常的代办出国签证的市场秩序，因此应认定为与经济活动有关的合同。行为人的诈骗行为发生在合同的签订、履行过程之中，骗取的钱款正是合同约定的报酬标的，在没有为他人办成出国签证的情况下，携款潜逃，可以认定具有非法占有目的，因此行为人的诈骗行为，应构成合同诈骗罪。

——最高人民法院刑事审判第一、二、三、四、五庭主办：《刑事审判参考》2007 年第 5 集（总第 58 集），法律出版社 2007 年版，第 18~25 页。

553. 以签订虚假工程施工合同为诱饵骗取钱财行为的处理

关键词

合同诈骗罪　虚假工程施工合同

《刑事审判参考》指导案例

王贺军合同诈骗案（《刑事审判参考》指导案例第 403 号）

裁判要点：以许诺让他人承揽虚假的工程项目为诱饵骗取钱财的行为，由于没有利用签订、履行合同的手段，不构成合同诈骗罪，而构成诈骗罪。

行为人假冒国家工作人员，伪造工程批文，假借承揽项目需要活动经费的名义骗取他人财物的行为，都是在签订合同之前实施的，即在与被害人签订所谓施工承包合同之前，其诈骗行为已经实施完毕，被害人的财物已经被被告人非法占有，其虚构事实骗取钱财的犯罪目的已经实现。此外，行为人诈取钱财的行为并没有伴随合同的签订、履行，其非法侵占的财物亦不是合同的标的物或其他与合同相关的财物。虽然行为人事后也与他人签订了一个虚假的工程施工承包合同，但这仅仅是掩盖其诈骗行为的手段，而不是签订、履行合同的附随结果，是否签订合同已经并不能影响其骗取财物行为的完成。可以看出，行为人虚构身份，以许诺给他人介绍承包虚假的工程项目为诱饵，借承揽工程需要各种费用为名目，利用他人想承揽有关工程项目的心理，骗取各被害人钱财的行为完全符合诈骗罪的特征，应当以诈骗罪定罪处罚。

——最高人民法院刑事审判第一、二、三、四、五庭主办：《刑事审判参考》2006 年第 4 集（总第 51 集），法律出版社 2006 年版，第 20~25 页。

554. 业务员冒用公司名义与他人签订合同违规收取货款的行为的定性

关键词

合同诈骗罪　冒用公司名义

《刑事审判参考》指导案例

谭某合同诈骗案（《刑事审判参考》指导案例第 577 号）

裁判要点：以非法占有为目的，冒用他人名义签订合同，在履行合同过程中，明知自己没有实际履行合同的能力，以先部分履行合同的方法，诱骗他人与其继续签订、履行合同，骗取他人财物的行为，构成合同诈骗罪。

（一）被告人谭某非法占有的款项属于纸箱厂的货款，因此其行为不构成职务侵占罪或挪用资金罪。

界定被告人谭某行为性质的关键在于其非法占有款项的归属性质，如果谭某占有的该款项应属其所在单位即煤气公司所有，则谭某的行为可能构成职务侵占罪或挪用资金罪；如果该款项的性质仍属于纸箱厂支付给谭某个人的货款，则谭某的行为属于合同诈骗性质。

（1）谭某的行为不能成立表见代理，谭某收取的纸箱厂的预付款不属于煤气公司所有。

纸箱厂与谭某以煤气公司名义签订合同的行为不具备成立表见代理的基本条件，因此，谭某冒用其所在公司名义与纸箱厂签订的液化气买卖协议不成立表见代理，且事后煤气公司也没有对该协议效力进行追认，故谭某与纸箱厂所签协议的效力不及于煤气公司，其收取的纸箱厂的合同货款不属于煤气公司所有。

（2）煤气公司从未实际掌控纸箱厂的全部货款。

被告人谭某行为占有的款项在案发时既非其所在单位所有，也未受其单位实际控制，该款项系其个人非法占有的纸箱厂所按合同交付的货款，因此，谭某侵占该款项的行为没有侵害到其所在单位煤气公司的利益，而侵害的是纸箱厂的财产利益，故其行为不能构成职务侵占罪或挪用资金罪。

（二）被告人谭某具有非法占有纸箱厂货款的目的，其行为符合合同诈骗罪的构成要件。

依据本案现有证据可以认定谭某具有非法占有的目的，理由在于：谭某以市场价格购入石油气，转手以明显低于市场价格卖出的行为，不但不能获取交易收入反而自己要赔钱，其在明知自己这种行为难以为继终将导致无法完全履行合同的情况下，仍然以先履行部分合同的方法，诱骗纸箱厂继续签订和履行瓶装液化石油气买卖协议，收取预付款，显然具有非法占有货款的目的。

综上所述，谭某明知自己没有履行合同的能力，以非法占有为目的，以先部分履行合同的方法欺骗纸箱厂，制造自己有能力履行合同的假象，不断诱骗纸箱厂继续签订合同支付预付款，收取纸箱厂预付款 155 万余元，最终给纸箱厂造成 47 万余元损失，完全符合合同诈骗罪的犯罪构成要件，应以合同诈骗罪定罪处罚。

——最高人民法院刑事审判第一、二、三、四、五庭主办：《刑事审判参考》2009 年第 5 集（总第 70 集），法律出版社 2009 年版，第 19~23 页。

555. 以公司代理人的身份，通过骗取方式将收取的公司货款据为己有行为的定性

关键词

合同诈骗罪　公司代理人

《刑事审判参考》指导案例

杨永承合同诈骗案（《刑事审判参考》指导案件第 716 号）

裁判要点：以公司代理人的身份，通过骗取方式将收取的公司货款据为己有，其行为构成合同诈骗罪。

诈骗犯罪的主体是一般主体，而职务侵占罪、挪用资金罪的主体是特殊主体，只限于公司、企业或其他单位的工作人员中不具有国家工作人员身份的人。在以骗取的方式实施诈骗犯罪、职务侵占罪和挪用资金时，三者容易产生混淆，认定的关键在于把握是否利用了职务之便这一要件。

职务是一项由单位分配给行为人从事的一种持续的、反复进行的工作，担当职务应当具有相对稳定性的特点，而非单位临时一次性地委托行为人从事某项事务。行为人并不是公司聘用的职工，而仅系公司临时一次性授权的、只负责某项业务洽谈的代理人，故其身份不符合职务侵占犯罪、挪用资金犯罪所要求的主体身份，不能认定其犯罪行为系利用职务上的便利而实施。

行为人行为属于以非法占有为目的，在履行其与公司的协议过程中，采用虚构事实、隐瞒真相的方法，骗取公司财产，数额特别巨大，其行为构成合同诈骗罪。可见，审判实践中，犯罪主体身份、犯罪主观故意、犯罪客观行为的准确界定对案件的定性至关重要。因此，在办案过程中，我们应当具体案件具体分析，做到事实认定清楚、法律适用准确，贯彻好罪责刑相适应的原则。

——最高人民法院刑事审判第一、二、三、四、五庭主办：《刑事审判参考》2011 年第 4 集（总第 81 集），法律出版社 2012 年版，第 9~13 页。

556. 通过向银行贷款的方式骗取担保人财产行为的定性

关键词

合同诈骗罪　贷款诈骗罪　担保人财产

《刑事审判参考》指导案例

秦文虚报注册资本、合同诈骗案（《刑事审判参考》指导案例第 352 号）

裁判要点：通过向银行贷款的方式骗取担保人财产的行为，应认定为合同诈骗罪，而非贷款诈骗罪。

司法实践中，经常遇到行为人向银行提供虚假证明文件，同时又骗取担保人的信任，以申请贷款的方式获取银行资金后，自己没有偿还贷款能力，而由担保人代为偿还部分或者全部贷款的情况，对此究竟应当以何罪论处存在一定争议，即究竟构成贷款诈骗罪还是合同诈骗罪？

我们认为，通过向银行贷款的方式骗取担保人财产的行为，表面上看是骗取银行贷款，实际上侵害的是担保人的财产权益，犯罪对象并非银行贷款而是担保合同一方当事人的财产，对此种行为应以合同诈骗罪论处。银行等金融机构为了确保所贷出的款项安全可靠，一般均要求借款人在申请贷款时提供必要的担保。担保人作为借款合同中的第三人，在借贷人不能偿还贷款本息时负责偿还贷款本息（一般担保）或承担与借款人共同偿还贷款的连带责任（连带担保）。行为人虚构事实骗取银行与担保人的信任，非法占有钱款后，银行可依据担保合同从担保人处获取担保，而担保人则是银行债务的实际承担者，受侵害的往往是担保人。即使担保人因某种客观原因如破产等情况导致无法偿还担保，银行的债权无法实现从而权益受到实际侵害，但只要担保人与银行之间所订立的担保合同具有法律效力，银行与担保人之间就成立债权、债务关系，法律关系的最终落脚点和行为侵害对象就应认定是担保人而非银行。当然，如果行为人提供虚假担保或者重复担保，骗取银行或者其他金融机构贷款的，则符合贷款诈骗罪的构成要件，理应以贷款诈骗罪论处。

——最高人民法院刑事审判第一庭、第二庭编：《刑事审判参考》2005 年第 4 集（总第 45 集），法律出版社 2005 年版，第 1~9 页。

557. 单位与自然人共同诈骗银行贷款行为的定性

关键词

合同诈骗罪　共同犯罪　单位犯罪

《刑事审判参考》指导案例

马汝方等贷款诈骗、违法发放贷款、挪用资金案（《刑事审判参考》指导案例第 305 号）

裁判要点：单位与自然人共同诈骗银行贷款的行为，应以合同诈骗罪定罪处罚。

单位与单位、单位与自然人之间可以构成共同犯罪，目前理论上和司法实务中均无疑问。刑法未将单位规定为贷款诈骗罪的主体，对单位实施的贷款诈骗行为，根据 2001 年《全国法院审理金融犯罪案件工作座谈会纪要》有关要求，不能以贷款诈骗罪定罪处罚，也不能以贷款诈骗罪追究直接负责的主管人员和其他直接责任人员的刑事责任。对于单位以非法占有为目的，利用签订、履行借款合同诈骗银行或其他金融机构贷款，符合《刑法》第 224 条规定的合同诈骗罪的构成要件的，应以合同诈骗罪定罪处罚。这就意味着，从自然人的角度，应认定为贷款诈骗罪，从犯罪单位的角度，则应以合同诈骗罪定罪处罚。所以，对单位与自然人共同诈骗银行贷款的行为，确实存在一个罪名的具体适用问题。对此，我们认为，可以参照最高人民法院《关于审理贪污、职务侵占案件如何认定共同犯罪几个问题的解释》的有关精神，根据全面评价的法律适用原则，结合主犯的犯罪性质来加以具体确定。如在实施贷款诈骗行为过程中，犯罪单位属于共同犯罪中的主犯，作为犯罪单位，只能构成合同诈骗罪。

——最高人民法院刑事审判第一庭、第二庭编：《刑事审判参考》2004 年第 4 集（总第 39 集），法律出版社 2005 年版，第 1~10 页。

558. 伪造购销合同，通过与金融机构签订承兑合同获取银行资金用于偿还其他个人债务致使反担保人遭受巨额财产损失的行为应认定为合同诈骗罪

关键词

合同诈骗罪　汇票　承兑合同　反担保人

《刑事审判参考》指导案例

曹戈合同诈骗案（《刑事审判参考》指导案例第 645 号）

裁判要点：伪造购销合同，通过与金融机构签订承兑合同，将获取的银行资金用于偿还其他个人债务，后因合同到期无力偿还银行债务而逃匿，致使反担保人遭受巨额财产损失的行为构成合同诈骗罪。

曹戈的行为符合合同诈骗罪的特征，构成合同诈骗罪

1. 反担保人能够成为主合同债务人的相对方，能够成为主合同债务人诈骗的对象。《担保法》[①] 第四条规定："第三人为债务人向债权人提供担保时，可以要求债务人提供反担保。反担保适用本法担保的规定。"第三十一条规定："保证人承担责任后，有权向债务人追偿。"无论是对于担保合同还是对于反担保合同，担保既是为了保证债权人能够对债务人享有的债权得到履行，也是为了保证债务人能够向债权人履行债务，因此，担保合同的对象应该是主合同的双方而不是单方，与债权人签订担保合同不影响与债务人存在担保合同的效力。既然反担保人始终能够成为主合同债务人的相对方，就能够成为主合同债务人诈骗的对象。

2. 曹戈具有间接、变相地非法占有反担保人恒通恒基公司担保财产的目的。根据刑法第二百二十四条的规定："有下列情形之一，以非法占有为目的，在签订、履行合同过程中，骗取对方当事人财物，数额较大的……（四）收受对方当事人给付的货物、货款、预付款或者担保财产后逃匿的；（五）以其他方法骗取对方当事人财物的。"本案被告人曹戈在没有偿还能力的情况下，采取伪造、虚构购销合同事实，隐瞒真相的手段与永宁县农信社签订 500 万元承兑汇票承兑合同，对于承兑汇票承兑合同中的 200 万元承兑后因

---

① 本文件已被《中华人民共和国民法典》废止。

其无力如约偿还债务，导致一连串多米诺骨牌效应式连锁反应，最终使反担保人恒通恒基公司为其承担了 200 万元损失而得不到追偿。曹戈在反担保人恒通恒基公司为其承担 200 万元承兑汇票债务而无法偿还的情况下，逃之夭夭，表面上看似乎占有的是永宁农信社承兑汇票的承兑款，并非恒通恒基公司的担保款，实质上却是间接、变相地实现了其非法占有恒通恒基公司 200 万元财物的目的，符合刑法第二百二十四条第四项或者第五项的规定，与直接非法占有主合同相对方财物的性质是一致的。

3. 曹戈具有概括的非法占有他人财物的犯罪故意和不确定的犯罪对象，不影响对其合同诈骗罪的定性。值得注意的是，曹戈在诈骗的对象和故意的内容方面具有一定的特殊性，即其合同诈骗的对象和犯罪故意属于概括性的对象和犯罪故意。曹戈诈骗的对象和犯罪故意的内容并非具体明确的，而是相对确定又具体移动可变的，既可能是永宁农信社，也可能是西北亚公司，还可能是反担保人恒通恒基公司，这是由于主从合同连带责任的不确定性所决定的。但是相对确定，并非绝对不确定，其犯罪对象和犯罪故意的内容最终的确定要看谁最终蒙受了损失。谁蒙受了损失，谁就成为其非法占有的受害方。曹戈通过一系列担保合同最终使恒通恒基公司蒙受了损失，所以曹戈的犯罪对象就最终确定为恒通恒基公司。根据法定符合说原理，曹戈诈骗对象和犯罪故意内容的相对不确定性并没有超过其诈骗合同相对方财物所可能指向的对象与故意内容的范围，符合合同诈骗罪的构成特征，应认定构成合同诈骗罪。

——最高人民法院刑事审判第一、二、三、四、五庭主办：《刑事审判参考》2010 年第 5 集（总第 76 集），法律出版社 2010 年版，第 17~23 页。

559. 通过支付预付款获得他人房产后以抵押方式向第三人借款的，既有欺骗卖房人的行为，也有欺骗抵押权人的行为，应当如何认定被害人

关键词

支付预付款

《刑事审判参考》指导案例

周有文、陈巧芳合同诈骗案（《刑事审判参考》指导案例第 876 号）

裁判要点：通过支付预付款获得他人房产后以抵押方式向第三人借款的，既有欺骗卖房人的行为，也有欺骗抵押权人的行为，应

当认定原房主为被害人。

通过支付预付款获得他人房产后以抵押方式获得第三人借款的，既有欺骗卖房人的行为，也有欺骗抵押权人的行为，应当认定原房主为被害人。

本案审理中，被告人周有文、陈巧芳通过支付预付款获得他人房产后以抵押方式获得第三人借款，所得款项并不用于支付剩余房款而用于个人挥霍，体现出其在与原房主签订房屋买卖合同之时即已具备了将来非法占有他人房产的主观故意，在该主观故意的支配下，二被告人相继实施了向原房主虚构自己本人或者帮助他人购买房产的事实，隐瞒其最终要以原房主的房产抵押套现的真实目的，在与多名房主签订并部分履行房屋买卖合同的过程中，骗取房产，再继续实现其他非法目的。二被告人的行为符合合同诈骗罪的构成特征，应当以合同诈骗罪论处。本案审理过程中对此定性并无争议。有争议的是如何确定此合同诈骗犯罪中的被害人，对此，主要形成三种意见：

第一种意见认为，本案被害人仅应认定为最初的卖房人即原房主，因为被告人根本不是为了买房，被害人损失的房屋余款从一开始就注定无法追回，而抵押权人的债权因为有经房产部门登记过的房屋抵押手续，该抵押权是受法律保护的，故其债权的实现有保障。

第二种意见认为，本案被害人仅应认定为后来的抵押权人。因为原房主将来可以依据生效的刑事判决书要求撤销原来的产权转让登记，这样原房主就没有损失，而抵押权人却在不知抵押行为可能不受法律保护的情况下付出了巨额资金，将来其债权的实现没有保障。

第三种意见认为，本案被害人既包括原房主，也包括后来的抵押权人。因为被告人先通过诈骗手段骗取原房主配合房屋过户登记，原房主最终也拿不到剩余房款；被告人接着又用其本质上无处分权的房产去抵押借款，抵押权的效力也不受法律保护，抵押权人实际在没有任何有效担保的情况下出借了资金，其损失同样无法弥补。

我们同意第一种意见。具体理由如下：

导致本案中被告人能够得逞的客观原因之一是南京市二手房买卖流程存在一定的缺陷，即以银行贷款方式支付购房尾款的二手房买卖过程中，买方在产权变更后、房款尚未完全支付前就可获得新的产权证，使不法分子有机可乘，但最主要的原因还是被告人实施了虚构事实和隐瞒真相的诈骗行为。表面上看，原房主和抵押权人都是欺骗对象，也都遭受了经济损失：首先，从欺骗对象角度看，被告人存在“两头骗”的行为，即先是骗了原房主，被告人并非真实想买房；之后又骗了抵押权人，被告人隐瞒了其对房屋的处分权是通过欺骗原房主得来的这一事实。其次，从经济损失角度看，原房主只收到房屋首付款，余款未能收回，抵押权人出借的巨额资金被被告人挥霍，至案发也未能收回。然而，从被告人的行为模式及案件最终处理结果分析，我们认为，本案中作为合同诈骗犯罪的被害人只能认定为原房主，抵押权人不是被害人。

（一）犯罪行为的完成是以房屋产权登记过户为节点

犯罪行为完成即犯罪既遂，通常是指行为发生了行为人所追求的、行为性质所决定的犯罪结果。例如，诈骗犯罪的既遂，是以犯罪是否得逞为认定标准的，即被害人失去对财物的控制或者行为人控制了财物，但在适用这一标准时仍应根据所诈骗财物的形态、被害人的占有状态等进行判断。

本案中，被告人的最终目的是用房产抵押套现以满足其个人需求。为实现该目的，被告人的行为包括了两个环节：第一个环节是选择卖房人，再想办法将卖房人的房产转变为其自己可以支配的状态；第二个环节是用其已经可以支配的房产抵押向他人借款，以实现其挥霍的目的。在被告人实现其最终目的的一系列行为中，有“骗”的成分，也有真实的部分。“骗”的行为集中在第一个环节，即找好傀儡人物冒充买房人，通过房产中介找到卖房人，假装要买房，让卖房人相信确实有人想从事二手房交易直至配合被告人完成所有的产权过户手续。至此，该房产已实际处于被告人的控制之下，卖房人既失去了房屋的产权又面临无法拿回剩余房款的被侵害状态，至此被告人的诈骗犯罪已经既遂。

在第二个环节中，被告人已实际控制的房产只是其后续行为的工具，用房产抵押借款则是其真实意思表示，其没有再实施“骗”的行为，签订借款协议和抵押合同、办理抵押登记手续都是在按程序进行，抵押权人出借钱款则是基于有真实的房子并办理抵押登记手续的前提，被告人的借钱和抵押权人的出借行为均是双方真实意思表示。若把被告人最终用房产抵押套现作为犯罪行为结束的节点，就难免会把被害人确定为抵押权人。

（二）本案抵押权人不应认定为合同诈骗犯罪中的被害人

本案中，因被告人无法归还欠款，抵押权人的债权也受到了侵害，但该种侵害源于被告人不按期履行还款的合同义务，应当定性为民事上的违约，与刑事意义上的犯罪具有本质区别。

1. 本案抵押权人不具备诈骗犯罪中的“被骗”特征。成立诈骗犯罪要求被害人陷入错误认识之后作出财产处分，在欺诈行为与处分财产之间，必须介入被害人的错误认识。如果被害人不是因欺诈行为产生错误认识而处分财产，就不成立诈骗犯罪。本案中，抵押权人出借钱款是因为双方在房产交易中心办理了真实的房屋抵押担保，正因如此，抵押权人并未过多了解被告人借款的真实目的和实际用途，被告人将来还不还钱或者能不能还钱并非抵押权人决定出借与否的主要原因。据此可以认为，抵押权人出借钱款并不是基于错误认识而作出的处分，而是其实现其个人利益（收取利息）的民事行为。

2. 本案抵押权人的损失不同于诈骗犯罪中被害人的损失。诈骗犯罪中，欺诈行为使被害人处分财产后行为人便获得财产，从而使被害人的财产受到损害，即被告人控制财产意味着被害人丧失财产，两者基本具有同时性。本案中，被告人与抵押权人之间的借款合同是主合同，抵押合同是从合同。如前所述，借款合同是有效的，抵押合同自然也有效，抵押权人在收不回借款时可以实现其抵押权以维护其权利。因此，被告人对借款的控制并不意味着抵押权人对该借款的损失。相反，在房产登记过户后，被告人即控制了原房主的房产，原房主只拿到首付款而无法再拿到剩余房款的受损状态也同时形成。因此，被告人的行为看似“两头骗”，但真正受骗的只有原房主。

（三）本案抵押权人取得抵押权的行为属于善意取得，抵押权应当受到法律保护

从我国物权法对善意取得制度的规定来看，善意第三人除取得所有权的受让人之外还包括其他善意的物权人。就抵押权而言，只要抵押权人在抵押物上设置抵押权时不存在故意损害他人利益，出借款项与抵押物价值相当，且已办理抵押登记手续，即可认定抵押权人是善意的，该抵押权应当受到法律保护。本案中，目前尚无证据证实抵押权人与被告人之前有串通行为，抵押权人掏出的是与抵押房产价值相当的“真金白银”，且已办理了抵押登记手续，应当认定为善意的物权人。此外，最高人民法院、最高人民检察院于2011年3月联合出台的《关于办理诈骗刑事案件具体应用法律若干问题的解释》第十条第二款明确规定：“他人善意取得诈骗财物的，不予追缴。”可见，无论从民事相关制度还是刑事司法解释考虑，本案抵押权人的善意抵押行为应当受到法律保护。

（四）从司法处理的角度看，原房主与抵押权人不应同等对待

本案审理过程中，主张将原房主和抵押权人均视为被害人的意见（第三种意见）的理由之一是案件判决生效后进行财产发还这一程序时，对原房主和抵押权人将会平等按照损失的比例发还，双方共同分担损失既能体现公平性，又会减少执行压力。这种观点看似合理，但与法理规定和精神背离。

刑法规定，犯罪分子违法所得的一切财物，应当予以追缴或者责令退赔。本案中，司法机关应当从被告人处追缴赃款发还原房主，以弥补剩余房款的损失。被告人将房产抵押给他人的行为本质上相当于销赃，但由于抵押权人是善意第三人，这种“销赃”又演变为受法律保护的民事法律行为，抵押权人对抵押权的主张将阻却司法机关因追赃可能对抵押权人带来的负面影响。从实际操作层面上看，涉案房产在先清偿抵押权人的债务后多余的价值才能作为被告人的财产用于弥补被害人损失。因此，对于被告人可供执行的财产，抵押权人的抵押权实现优先于司法机关的追赃。

若将抵押权人与原房主同等视为被害人，将可能出现两种情形：一是在被告人财产足够支付的情况下，司法机关对被告人借得的资金进行追缴并发还抵押权人；二是在被告人财产不足以同时支付的情况下，司法机关将按照原房主和抵押权人损失的比例发还。第一种情形导致的结果将是司法机关对民事法律行为的干涉，导致担保物权形同虚设；第二种情形则缺乏法律依据，按照相关司法解释规定，按比例发还适用于诈骗财物权属及其孳息不明确的时候。本案中，被告人与抵押权人设立抵押权时持的是已过户后的新证，在当时原房主尚未报案、房产也尚未涉讼之时应当认定为权属明确，让抵押权人与原房主共担损失是司法机关变相地侵害抵押权人利益的体现，将导致担保物权作为从属权利性质的丧失。

综上，通过支付预付款获得他人房产后以抵押方式获得第三人借款过程中，既有欺骗卖房人的行为，也有欺骗抵押权人的行为，应当认定原房主为被害人。

——洪彦：《周有文、陈巧芳合同诈骗案——通过支付预付款获得他人房产后以抵押方式向第三人借款的，既有欺骗卖房人的行为，也有欺骗抵押权人的行为，应当如何认定被害人》，载最高人民法院刑事审判第一、二、三、四、五庭主办：《刑事审判参考》2013 年第 4 集（总第 93 集），法律出版社 2014 年版，第 26~32 页。

560. 组织、领导传销活动的认定和处理

关键词

组织、领导传销活动

最高人民法院司法政策精神

一、关于传销组织层级及人数的认定问题

以推销商品、提供服务等经营活动为名，要求参加者以缴纳费用或者购买商品、服务等方式获得加入资格，并按照一定顺序组成层级，直接或者间接以发展人员的数量作为计酬或者返利依据，引诱、胁迫参加者继续发展他人参加，骗取财物，扰乱经济社会秩序的传销组织，其组织内部参与传销活动人员在三十人以上且层级在三级以上的，应当对组织者、领导者追究刑事责任。

组织、领导多个传销组织，单个或者多个组织中的层级已达三级以上的，可将在各个组织中发展的人数合并计算。

组织者、领导者形式上脱离原传销组织后，继续从原传销组织获取报酬

或者返利的，原传销组织在其脱离后发展人员的层级数和人数，应当计算为其发展的层级数和人数。

办理组织、领导传销活动刑事案件中，确因客观条件的限制无法逐一收集参与传销活动人员的言词证据的，可以结合依法收集并查证属实的缴纳、支付费用及计酬、返利记录，视听资料，传销人员关系图，银行账户交易记录，互联网电子数据，鉴定意见等证据，综合认定参与传销的人数、层级数等犯罪事实。

二、关于传销活动有关人员的认定和处理问题

下列人员可以认定为传销活动的组织者、领导者：

（一）在传销活动中起发起、策划、操纵作用的人员；

（二）在传销活动中承担管理、协调等职责的人员；

（三）在传销活动中承担宣传、培训等职责的人员；

（四）曾因组织、领导传销活动受过刑事处罚，或者一年以内因组织、领导传销活动受过行政处罚，又直接或者间接发展参与传销活动人员在十五人以上且层级在三级以上的人员；

（五）其他对传销活动的实施、传销组织的建立、扩大等起关键作用的人员。

以单位名义实施组织、领导传销活动犯罪的，对于受单位指派，仅从事劳务性工作的人员，一般不予追究刑事责任。

三、关于“骗取财物”的认定问题

传销活动的组织者、领导者采取编造、歪曲国家政策，虚构、夸大经营、投资、服务项目及盈利前景，掩饰计酬、返利真实来源或者其他欺诈手段，实施刑法第二百二十四条之一规定的行为，从参与传销活动人员缴纳的费用或者购买商品、服务的费用中非法获利的，应当认定为骗取财物。参与传销活动人员是否认为被骗，不影响骗取财物的认定。

四、关于“情节严重”的认定问题

对符合本意见第一条第一款规定的传销组织的组织者、领导者，具有下列情形之一的，应当认定为刑法第二百二十四条之一规定的“情节严重”：

（一）组织、领导的参与传销活动人员累计达一百二十人以上的；

（二）直接或者间接收取参与传销活动人员缴纳的传销资金数额累计达二百五十万元以上的；

（三）曾因组织、领导传销活动受过刑事处罚，或者一年以内因组织、领导传销活动受过行政处罚，又直接或者间接发展参与传销活动人员累计达六十人以上的；

（四）造成参与传销活动人员精神失常、自杀等严重后果的；

（五）造成其他严重后果或者恶劣社会影响的。

五、关于“团队计酬”行为的处理问题

传销活动的组织者或者领导者通过发展人员，要求传销活动的被发展人员发展其他人员加入，形成上下线关系，并以下线的销售业绩为依据计算和给付上线报酬，牟取非法利益的，是“团队计酬”式传销活动。

以销售商品为目的、以销售业绩为计酬依据的单纯的“团队计酬”式传销活动，不作为犯罪处理。形式上采取“团队计酬”方式，但实质上属于“以发展人员的数量作为计酬或者返利依据”的传销活动，应当依照刑法第二百二十四条之一的规定，以组织、领导传销活动罪定罪处罚。

六、关于罪名的适用问题

以非法占有为目的，组织、领导传销活动，同时构成组织、领导传销活动罪和集资诈骗罪的，依照处罚较重的规定定罪处罚。

犯组织、领导传销活动罪，并实施故意伤害、非法拘禁、敲诈勒索、妨害公务、聚众扰乱社会秩序、聚众冲击国家机关、聚众扰乱公共场所秩序、交通秩序等行为，构成犯罪的，依照数罪并罚的规定处罚。

七、其他问题

本意见所称“以上”、“以内”，包括本数。

本意见所称“层级”和“级”，系指组织者、领导者与参与传销活动人员之间的上下线关系层次，而非组织者、领导者在传销组织中的身份等级。

对传销组织内部人数和层级数的计算，以及对组织者、领导者直接或者间接发展参与传销活动人员人数和层级数的计算，包括组织者、领导者本人及其本层级在内。

——《最高人民法院、最高人民检察院、公安部关于办理组织领导传销活动刑事案件适用法律若干问题的意见》（2013 年 11 月 14 日，公通字〔2013〕37 号）。

561. 非法经营罪中“违法所得”认定问题

关键词

非法经营罪　违法所得

最高人民法院审判业务意见（研究室研究意见）

有关部门就非法经营罪中“违法所得”认定问题征求最高人民法院研究室意见。最高人民法院研究室经研究认为：

非法经营罪中的“违法所得”，应是指获利数额，即以行为人违法生产、销售商品或者提供服务所获得的全部收入（即非法经营数额），扣除其直接用于经营活动的合理支出部分后剩余的数额。

——《最高人民法院研究室关于非法经营罪中“违法所得”认定问题的研究意见》，载江必新主编、最高人民法院研究室编著：《司法研究与指导》2013 年第 1 辑（总第 3 辑），人民法院出版社 2013 年版，第 155 页。

562.“非法从事资金支付结算业务”的认定

关键词

非法从事资金支付结算

最高人民法院司法解释

第一条 违反国家规定，具有下列情形之一的，属于刑法第二百二十五条第三项规定的“非法从事资金支付结算业务”：

（一）使用受理终端或者网络支付接口等方法，以虚构交易、虚开价格、交易退款等非法方式向指定付款方支付货币资金的；

（二）非法为他人提供单位银行结算账户套现或者单位银行结算账户转个人账户服务的；

（三）非法为他人提供支票套现服务的；

（四）其他非法从事资金支付结算业务的情形。

——《最高人民法院、最高人民检察院关于办理非法从事资金支付结算业务、非法买卖外汇刑事案件适用法律若干问题的解释》（2019 年 1 月 31 日，法释〔2019〕1 号）。

附录：理解与适用

1. 关于虚构支付结算情形，即使用受理终端或者网络支付接口等方法，以虚构交易、虚开价格、交易退款等非法方式向指定付款方支付货币资金的。传统的信用卡套现行为，一般是指使用销售点终端机具（POS 机）等方法，以虚构交易、虚开价格、现金退货等方式向信用卡持卡人直接支付现金的行为。为打击频繁出现的信用卡套现行为，《最高人民法院、最高人民检察院关于办理妨害信用卡管理刑事案件具体应用法律若干问题的解释》（以下简称《信用卡管理司法解释》）第十二条规定，违反国家规定，使用销售点终端机具（POS 机）等方法，以虚构交易、虚开价格、现金退货等方式向信用卡持卡人直接支付现金，情节严重的，应当依据《刑法》第二百二十五条的规定，以非法经营罪定罪处罚。但随着互联网支付的兴起，支付结算的方式、方法发生了很大变化，支付方法包括但不限于 POS 机等终端机具，还包括其他各种受理终端和网络支付接口；套现的行为、方式也呈多样化，包括但不限于信用卡套现行为，还包括以各种非法方式向指定付款方支付货币资金的行为。据此，《最高人民法院、最高人民检察院关于办理非法从事资金支付结算业务、非法买卖外汇刑事案件适用法律若干问题的解释》（以下简称《解释》）第一条第一项规定，使用受理终端或者网络支付接口等方法，以虚构交易、虚开价格、交易退款等非法方式向指定付款方支付货币资金的，属于“非法从事资金支付结算业务”情形。例如，有的不法分子购得多家可使用“蚂蚁花呗”支付的淘宝店铺，意图套现用户点击相应链接购买商品，并申请由“蚂蚁花呗”代为支付，用户在无真实商品交易的情况下点击确认收货并随即申请退货，行为人扣除手续费后将剩余款项转入套现用户的支付宝账户，从而完成套现。行为人通过网购平台套取贷记卡资金的行为就属于“非法从事资金支付结算业务”。需要注意的是，信用卡套现行为属于虚构支付结算行为的一种形式，本《解释》的规定属于一般规定，《信用卡管理司法解释》关于信用卡套现行为的规定属于特别规定，按照特别规定优于一般规定的原则，对于信用卡套现行为的认定适用《信用卡管理司法解释》，对于其他虚构支付结算行为的认定适用本《解释》。

2. 关于“公转私”、套取现金情形，即非法为他人提供单位银行结算账户套现或者单位银行结算账户转个人账户服务的。实践中，不法分子通过设立空壳公司，开设大量对公账户和个人账户，假造业务往来，再通过“公转私”业务，采取网银转账等方式协助他人将对公账户非法转到对私账户、套取现金等进行非法支付结算。此类犯罪手法隐蔽、快速、交易量大，迎合了一些人非法转移资金、非法套现的需要。支付结算型地下钱庄主要就是这种情形，一方面非法为他人提供单位银行结算账户进行套现，另一方面非法为他人提供单位银行结算账户转个人账户服务，从中收取服务费。

3. 关于支票套现情形，即非法为他人提供支票套现服务。该种情形是在没有实际交易的情况下，不法分子将他人开具的支票转到自己控制的账户，从而为他人提供现金，俗称“串票”或“支票串现金”。

——姜永义、陈学勇、陈新旺：《〈关于办理非法从事资金支付结算业务、非法买卖外汇刑事案件适用法律若干问题的解释〉的理解与适用》，载《人民法院报》2020 年 2 月 27 日。

563. 行政机关超越职权范围“以罚代刑”处置的非法经营数额，应作为未经处理的犯罪数额予以累计计算

关键词

以罚代刑　非法经营数额

《刑事审判参考》指导案例

郭金元、肖东梅非法经营案（《刑事审判参考》指导案例第 378 号）

裁判要点：对于行政机关超越职权范围“以罚代刑”处置的非法经营数额，应作为未经处理的犯罪数额予以累计计算。

非法经营数额是判断行为人非法经营情节是否严重、行为是否构成非法经营罪的重要依据。非法经营罪作为一种行政犯，根据《刑法》第 225 条之规定，是指违反国家规定，从事非法经营活动，扰乱市场秩序情节严重的行为。根据我国刑法理论和司法实践，非法经营数额是判断非法经营情节是否严重的重要依据。对于多次未经处理的非法经营行为，犯罪数额应否累计计算，我国《刑法》第 225 条未作明确规定。但我国《刑法》对于以犯罪数额作为定罪量刑依据的其他犯罪，大都规定了累计计算的原则。如《刑法》第 153 条第 3 款规定：对多次走私未经处理的，按照累计走私货物、物品的偷逃应缴税额处罚。其他类似规定还见诸《刑法》第 201 条偷税罪、第 347 条走私、贩卖、运输、制造毒品罪、第 383 条贪污罪等。最高人民检察院 2002 年 7 月 8 日公布的《关于办理非法经营食盐刑事案件具体应用法律若干问题的解释》[①] 第 3 条明确规定：非法经营食盐行为未经处理的，其非法经营的数额累计计算。参照我国《刑法》的立法精神和司法解释的有关规定，多次非法经营烟草未经处理的，犯罪数额也应当累计计算，但是累计计算的前提条件是“未经处理”。未经处理，是指未经刑事处罚，也未经行政处理过。前述《关于办理假冒伪劣烟草制品刑事案件适用法律问题座谈会纪要》第 3 条第 3 项明确规定：曾因非法经营烟草制品行为受过二次以上行政处罚又非法经营的，非法经营数额在二万元以上的，构成犯罪。这其中暗含了业已经过行政处罚的数额不计入犯罪数额的精神。

---

① 本文件已被《最高人民检察院关于废止〈最高人民检察院关于办理非法经营食盐刑事案件具体应用法律若干问题的解释〉的决定》废止。

行政机关超越职权范围以罚代刑的非法经营数额应计入犯罪数额。我们认为，依照我国《刑法》和《行政处罚法》的相关规定，业经行政处罚过的非法经营数额应否计入犯罪数额，再予追究刑事责任，不能一概而论。对于行政机关未超越职权范围予以行政处罚的非法经营数额，不得累计计算作犯罪数额。对于行政机关超越职权范围“以罚代刑”处置的非法经营数额，应当作为未经处理的犯罪数额予以重新计算。构成犯罪的，追究刑事责任；多次非法经营的，犯罪数额累计计算。

——最高人民法院刑事审判第一、二、三、四、五庭主办：《刑事审判参考》2006 年第 1 集（总第 48 集），法律出版社 2006 年版，第 1~10 页。

564. 在疫情防控期间，办理哄抬物价类非法经营犯罪案件，应当从哪些方面准确把握

关键词

疫情防控　哄抬物价　非法经营

【最高人民法院司法政策精神】

二、准确适用法律，依法严惩妨害疫情防控的各类违法犯罪

（四）依法严惩哄抬物价犯罪。在疫情防控期间，违反国家有关市场经营、价格管理等规定，囤积居奇，哄抬疫情防控急需的口罩、护目镜、防护服、消毒液等防护用品、药品或者其他涉及民生的物品价格，牟取暴利，违法所得数额较大或者有其他严重情节，严重扰乱市场秩序的，依照刑法第二百二十五条第四项的规定，以非法经营罪定罪处罚。

——《最高人民法院、最高人民检察院、公安部、司法部印发〈关于依法惩治妨害新型冠状病毒感染肺炎疫情防控违法犯罪的意见〉的通知》（2020 年 2 月 6 日，法发〔2020〕7 号）。

附录：答记者问

在疫情防控期间，违反国家有关市场经营、价格管理等规定，囤积居奇，哄抬疫情防控急需的口罩、护目镜、防护服、消毒液等防护用品、药品或者其他涉及民生的物品价格，牟取暴利，违法所得数额较大或者有其他严重情节，严重扰乱市场秩序的，应当以非法经营罪定罪处罚。在疫情防控期间，办理哄抬物价类非法经营犯罪案件时，应当注意从以下三个方面加以把握：

一是注意把握“疫情防控期间”。2020 年 1 月 20 日，国家卫健委经国务院批准发布 2020 年第 1 号公告，将新型冠状病毒感染的肺炎纳入《传染病防

治法》规定的乙类传染病，并采取甲类传染病的预防、控制措施。疫情起始时间以该公告为准，疫情结束的时间届时以国家有关部门宣布疫情结束为准。在疫情防控期间，哄抬物价行为具有较平时更为严重的社会危害性，主要表现在：一是扰乱疫情防控急需物资和基本民生用品的统筹秩序，影响联防联控部署；二是制造或加剧恐慌性需求，破坏社会秩序；三是推高防护成本，导致不特定人群特别是低收入群体防护不足。因此，根据罪责刑相适应原则，对于疫情防控期间的此类行为应当依法从严惩处。

二是注意把握"防护用品、药品或者其他涉及民生的物品"的范围。根据《最高人民法院、最高人民检察院、公安部、司法部关于依法惩治妨害新型冠状病毒感染肺炎疫情防控违法犯罪的意见》和国家市场监管总局《关于新型冠状病毒感染肺炎疫情防控期间查处哄抬价格违法行为的指导意见》的规定，防护用品、药品主要是指口罩、护目镜、防护服，消毒杀菌用品、抗病毒药品和相关医疗器械、器材等；民生物品主要是指人民群众维持基本生活所必需的粮油肉蛋菜奶等食品。需要注意的是，各地的防疫形势和市场供应情况不同，在价格敏感的物品上会有一定差别，各级政府和有关部门对防疫用品和民生物品范围作出具体规定的，可以结合本地具体情况作出认定。

三是注意把握哄抬物价类非法经营犯罪的行为方式。根据《价格违法行为行政处罚规定》第六条的规定，哄抬价格违法行为包括三种行为方式：一是捏造、散布涨价信息，扰乱市场价格秩序的；二是除生产自用外，超出正常的存储数量或者存储周期，大量囤积市场供应紧张、价格发生异常波动的商品，经价格主管部门告诫仍继续囤积的；三是利用其他手段哄抬价格，推动商品价格过快、过高上涨的。2 月初，国家市场监管总局出台《关于新型冠状病毒感染肺炎疫情防控期间查处哄抬价格违法行为的指导意见》，对如何认定查处上述哄抬价格违法行为作了具体规定。实践中，在认定哄抬价格类非法经营犯罪行为时，应当参照上述规定，同时综合考虑本地疫情防控具体情况以及行为人的实际经营状况、主观恶性和行为社会危害性等因素，判断是否属于"违法所得数额较大或者有其他严重情节"，从而准确认定犯罪嫌疑人是否构成非法经营罪。对于一般的价格违法行为，可以由有关部门予以行政处罚。

——《〈依法惩治妨害疫情防控违法犯罪切实保障人民群众生命健康安全〉——"两高"相关负责人联合答记者问（一）》，载最高人民法院刑事审判第一、二、三、四、五庭主办：《刑事审判参考》（总第 121 集），法律出版社 2020 年版，第 235~237 页。

565. 在疫情防控期间，如何把握囤积居奇、哄抬物价类非法经营案件的入罪标准

关键词

疫情防控　哄抬物价　非法经营罪

【最高人民法院司法政策精神】

二、准确适用法律，依法严惩妨害疫情防控的各类违法犯罪

（四）依法严惩哄抬物价犯罪。在疫情防控期间，违反国家有关市场经营、价格管理等规定，囤积居奇，哄抬疫情防控急需的口罩、护目镜、防护服、消毒液等防护用品、药品或者其他涉及民生的物品价格，牟取暴利，违法所得数额较大或者有其他严重情节，严重扰乱市场秩序的，依照刑法第二百二十五条第四项的规定，以非法经营罪定罪处罚。

——《最高人民法院、最高人民检察院、公安部、司法部印发〈关于依法惩治妨害新型冠状病毒感染肺炎疫情防控违法犯罪的意见〉的通知》（2020年2月6日，法发〔2020〕7号）。

附录：答记者问

《最高人民法院、最高人民检察院、公安部、司法部关于依法惩治妨害新型冠状病毒感染肺炎疫情防控违法犯罪的意见》规定："在疫情防控期间，违反国家有关市场经营、价格管理等规定，囤积居奇，哄抬疫情防控急需的口罩、护目镜、防护服、消毒液等防护用品、药品或者其他涉及民生的物品价格，牟取暴利，违法所得数额较大或者有其他严重情节，严重扰乱市场秩序的，依照《刑法》第二百二十五条第四项的规定，以非法经营罪定罪处罚。"可见，囤积居奇、哄抬物价类非法经营案件的入罪标准是"违法所得数额较大或者有其他严重情节"。由于司法实践中情况比较复杂，难以简单地以经营数额、获利数额等作出"一刀切"的量化规定，因此对于是否达到入罪标准，仍然需要综合把握，即综合经营者经营成本变化、涨价幅度、经营数额、获利数额、社会影响等情况，同时考虑人民群众的公平正义观念，作出妥当判断。具体办案中，要着重把握以下三个方面：

第一，准确判断行为方式。囤积居奇、哄抬物价类非法经营案件实质上是严重扰乱市场秩序的行为，故对其客观行为方式的考察是评价社会危害性程度的重要方面。例如，行为人捏造、散布涨价信息，扰乱市场价格秩序，或者大量囤积市场供应紧张、价格异常波动的防护用品、药品或者其他涉及

民生的物品，哄抬物价的，就较之一般的单纯哄抬物价行为社会危害性更大，对前者更应当进行刑事惩治。又如，行为人哄抬物价，经价格主管部门告诫甚至行政处罚后继续实施相关行为的，社会危害性也更大，更加具有刑事惩治的必要。这些实际上都是认定相关非法经营案件客观行为方式和情节严重程度的重要因素。

第二，充分考虑非法经营和违法所得数额。此类案件表现为在经营活动中囤积居奇、哄抬物价，且要求“牟取暴利”，故非法经营数额本身的大小，特别是违法所得数额，是评判行为社会危害程度的重要因素。对于是否“牟取暴利”，既要考虑国家有关部门和地方政府关于市场经营、价格管理等规定，又要坚持一般人的认知标准，确保认定结果符合人民群众的公平正义观念。对于虽然超出有关价格管理规定，但幅度不大，违法所得不多，对疫情防控没有重大影响、未造成严重后果的，不应当纳入刑事处罚范围，可以由有关部门予以行政处罚。相反，对于利用物资紧俏的“商机”，坐地起价，牟取暴利的，则应当依法追究刑事责任。例如，熔喷布被称为口罩的“心脏”，原来每吨两万元左右，一些不法商家趁机通过囤积居奇、转手倒卖等方式，层层加码，牟取暴利，甚至有的竟然以高于进价或者成本价数倍甚至十几倍、几十倍的价格对外出售，最终把价格推高至每吨十几万元甚至数十万元的天价。对此，应当根据囤积、倒卖的数量、次数、加价比例和获利情况等，综合认定“违法所得数额”和“其他严重情节”。对于其中情节恶劣，严重扰乱市场秩序的，应当毫不手软，坚决惩治，且应从重处罚、以儆效尤。

第三，综合考虑疫情防控差异情况。办理囤积居奇、哄抬物价类非法经营案件，要考虑各地疫情防控的差异情况、不同物资的紧缺程度，做到精准发力，避免简单“一刀切”。各地面临的疫情形势和防控任务差异较大，同样的哄抬物价行为在疫情风险等级不同地区的社会危害性是不一样的，在办案中要有所体现。在疫情风险等级较高的地区，特别是对市场供应紧张的物资囤积居奇、哄抬价格，社会危害性较大，有必要予以刑事处罚。相反，在疫情风险等级较低的地区，随着相关物资市场供应紧张程度缓解，对于哄抬物价的行为要尽量给行政处罚留有足够空间，确保刑罚的审慎适用，即使要给予刑罚处罚也可以酌情从轻处罚。

——《〈依法惩治妨害疫情防控违法犯罪切实保障人民群众生命健康安全〉——“两高”相关负责人联合答记者问（二）》，载最高人民法院刑事审判第一、二、三、四、五庭主办：《刑事审判参考》（总第121集），法律出版社2020年版，第245~247页。

566. 非法经营烟花爆竹制品的行为，应当如何定性

关键词

非法经营　烟花爆竹制品

《刑事审判参考》指导案例

易某某非法经营案（《刑事审判参考》指导案例第 1336 号）

裁判要点：烟花爆竹制品不属于专营专卖物品和限制买卖物品，因此经营烟花爆竹制品的行为只能根据《刑法》第二百二十五条第四项的规定构成非法经营罪。

第一种意见认为，应当构成非法买卖爆炸物罪。理由是被告人易某某买卖的 8 发塑料圆盘击发帽内含烟火药，因此属于爆炸物，易某某的行为属于非法买卖爆炸物。

第二种意见认为，应当构成非法经营罪。理由是被告人易某某买卖的 8 发塑料圆盘击发帽虽然内含烟火药，是烟花爆竹制品，但不应认定为刑法意义上的爆炸物。易某某未取得相关行政许可买卖烟花爆竹制品，严重扰乱了市场秩序，其行为应构成非法经营罪。

我们同意第二种意见。理由如下：

《烟花爆竹安全管理条例》第三条规定，我国对烟花爆竹的生产、经营、运输和举办焰火晚会以及其他大型焰火燃放活动，实行许可证制度。未经许可，任何单位或者个人不得生产、经营、运输烟花爆竹，不得举办焰火晚会以及其他大型焰火燃放活动。有一种观点据此认为，被告人易某某在未取得《烟花爆竹经营（批发）许可证》和《烟花爆竹经营（零售）许可证》的情况下从事烟花爆竹经营活动，符合《刑法》第二百二十五条第一项规定的"未经许可经营法律、行政法规规定的专营、专卖物品或者其他限制买卖的物品"。其实，这是一种误解。

1. 烟花爆竹制品不属于"专营专卖物品"

专营专卖作为一种制度，是指国家以法律的形式明确规定某种商品的生产、买卖由国家设立或指定的机构运用统一的管理体系实行独占经营，从而形成一种特殊的行政管理手段。我国依法存在的专营专卖制度主要包括食盐专营、烟草专卖。因此，专营专卖具有国家垄断经营的性质。例如，根据《食盐专营办法》第八条规定，国家实行食盐定点生产制度，非食盐定点生产

企业不得生产食盐。该办法第十二条规定，国家实行食盐定点批发制度。非食盐定点批发企业不得经营食盐批发业务。因此，非食盐定点生产企业生产食盐，或者非食盐定点批发企业经营食盐批发业务，就是我国《刑法》第二百二十五条第一项所规定的“未经许可经营法律、法规规定的专营专卖物品”。这里的未经许可之许可并不是我国《行政许可法》所规定的许可，而是指未经法律授权。违反这个意义上的许可，就是违反国家法律的禁止性规定，具有违法性。除了违反专营专卖法以外的违反行政许可的经营行为不能归入《刑法》第二百二十五条第一项的规定，我国《行政许可法》规定的许可，无论是特许还是一般许可，都是对本来就有权实施的行为设定一定的条件，因此违反这种行政许可，还不能认定为是违反国家法律的禁止性规定。由此可见，违反行政许可与违反专营专卖的许可，两者的性质并不相同，在法律上不能等同视之。

2. 烟花爆竹制品也不属于“限制买卖的物品”

限制买卖的物品，是指国家在一定时期实行限制性经营的物品。例如，民用爆炸物，《民用爆炸物品安全管理条例》第三条规定：“国家对民用爆炸物品的生产、销售、购买、运输和爆破作业实行许可证制度。未经许可，任何单位或者个人不得生产、销售、购买、运输民用爆炸物品，不得从事爆破作业。严禁转让、出借、转借、抵押、赠送、私藏或者非法持有民用爆炸物品。”因此，民用爆炸物属于典型的限制买卖物品。两相比较可见，烟花爆竹和烟花爆竹制品不属于限制买卖物品，因为个人如果不是以经营为目的，而是为了满足燃放、娱乐需要，完全可以自由买卖烟花爆竹或者烟花爆竹制品。

因此，不能依据《刑法》第二百二十五条第一项认定未经许可经营烟花爆竹制品的行为构成非法经营罪。

3. 本案应当适用《刑法》第二百二十五条第四项的规定

《刑法》第二百二十五条第四项作为非法经营罪的兜底条款，在适用时一定要慎重。之所以能适用《刑法》第二百二十五条第四项的规定认定本案构成非法经营罪，原因如下：

根据《非法生产经营烟花爆竹通知》的规定，非法生产，经营烟花爆竹制品行为是可以构成非法经营罪的。前文我们已经论述过，烟花爆竹制品不属于专营专卖物品和限制买卖物品，因此经营烟花爆竹制品的行为只能根据《刑法》第二百二十五条第四项的规定构成非法经营罪。

非法经营烟花爆竹制品的行为要认定为“其他严重扰乱市场秩序的非法经营行为”构成非法经营罪，必须和第二百二十五条前三项在社会危害性方面具有相当性，同时符合以下三个特征，即违反国家规定、扰乱市场经济秩序和情节严重。

——刘山娴、肖波撰稿、韩维中审编：《易某某非法经营案——非法经营烟花爆竹制品行为的定性》，载最高人民法院刑事审判第一、二、三、四、五庭主办：《刑事审判参考》(总第122集)，法律出版社2020年版，第19~23页。

567. 未经许可从事保安服务业务经营的行为构成非法经营罪

关键词

非法经营罪　保安服务业务

《刑事审判参考》指导案例

周长兵非法经营宣告无罪案（《刑事审判参考》指导案例第1337号）

裁判要点：未经行政许可经营保安服务的主要社会危害在于对人民群众人身和财产安全可能造成一定的潜在危险，对保安服务业务经营行为是否属于《刑法》第二百二十五条第四项规定的非法经营行为的认定，重点应当考察经营行为有无实质上违法犯罪行为及严重后果。

一种意见认为，本案非法经营行为应认定为个人的行为。主要理由是：根据《最高人民法院关于审理单位犯罪案件具体应用法律有关问题的解释》(以下简称《单位犯罪解释》)第二条，个人为进行违法犯罪活动而设立的公司、企业、事业单位实施犯罪的，或者公司、企业、事业单位设立后，以实施犯罪为主要活动的，不以单位犯罪论处。本案被告人周长兵设立中安公司后主要从事非法经营犯罪行为，依照上述规定，不以单位犯罪论处，应以个人犯罪追究周长兵的刑事责任。

另一种意见认为，本案非法经营行为应认定为单位行为。主要理由如下：本案中安公司从事保安服务业务经营行为不属于《单位犯罪解释》中的“不以单位犯罪论处”情形。不应对实质上依照《保安服务管理条例》(国务院令第564号，以下简称《条例》)经营管理的保安服务业务行为，仅以未经许可这一形式要件，不但认定为非法经营犯罪，而且将本应认定为单位经营犯罪行为认定为个人经营犯罪行为，从而降低定罪处罚标准。

我们赞同上述后一种观点。鉴于上述两个问题既具有关联性又具有独立性，故分别予以阐述。

(一)本案被告人等非法从事保安服务业务经营行为不构成非法经营罪

关于本案未经许可从事保安服务业务经营行为属于非法经营行为，控辩双方形成一致意见。根据《刑法》第九十六条的规定，《刑法》中的“国家规定”是指全国人民代表大会及其常务委员会制定的法律和决定，国务院制定的行政法规、规定的行政措施、发布的决定和命令。《条例》是国务院发布的第 564 号令，属于《刑法》中的“国家规定”。《条例》第九条规定：“申请设立保安服务公司，应当向所在地设区的市级人民政府公安机关提交申请书以及能够证明其符合本条例第八条规定条件的材料。”中安公司未向公安机关提出申请保安服务许可证而经营保安服务业务的行为违反了国家规定，中安公司的行为属于非法经营行为。然而，在认定非法经营行为的前提下，要认定构成非法经营罪，还应认定该非法经营行为严重扰乱市场秩序，并达到“情节严重”的程度。

1. 是否属于严重扰乱市场秩序的非法经营行为应单独评价

《刑法》第二百二十五条规定，非法经营行为，扰乱市场秩序，情节严重的，构成非法经营罪。该条文同时列举了四项非法经营行为，其中第四项是兜底性条款，规定了“其他严重扰乱市场秩序的非法经营行为”。“情节严重”的认定是一种个案认定，多是参照规范性文件的量化标准，而行为是否属于严重扰乱市场秩序的认定是一种类案认定，两者应作为不同层面的问题进行分析。实践中，有的司法工作人员习惯于按照个案中具体数额多少认定“行为是否属于严重扰乱市场秩序的非法经营行为”，形成以“情节是否严重”的认定替代“行为是否属于严重扰乱市场秩序的非法经营行为”的认定。《刑法》第二百二十五条第一项至第三项规定的是已被实践检验的类型化行为，无须对经营行为是否严重扰乱市场秩序进行专门评价，但该条第四项规定的非法经营行为包罗万象，复杂多变，难以被一一类型化。因此，《最高人民法院关于准确理解和适用刑法中“国家规定”的有关问题的通知》（以下简称《通知》）要求，各级人民法院审理非法经营犯罪案件，要依法严格把握《刑法》第二百二十五条第四项的适用范围。《通知》所强调的“严格把握”主要是指对“经营行为是否属于严重扰乱市场秩序的非法经营行为”的严格把握（不排除对个别情节严重认定标准的审慎把握）。基于上述分析，无论是根据法理精神还是按照《通知》要求，都有必要对经营行为是否属于《刑法》第二百二十五条第四项规定的严重扰乱市场秩序的非法经营行为进行单独评价。

2. 本案经营行为不属于严重扰乱市场秩序的非法经营行为

非法经营罪属于《刑法》第三章“破坏社会主义市场经济秩序罪”第八节“扰乱市场秩序罪”，严重扰乱市场秩序，主要是指对市场经济秩序的严重扰乱。因此，对《刑法》第二百二十五条第四项严重扰乱市场秩序的非法经营行为的评价，重点应当围绕市场经济秩序这一法益。而对于主要危害不在市场经济秩序的非法经营行为，既要分析经营行为是否缺少特许的形式要件，更要分析经营行为在实体上是否造成其他严重后果或存在其他严重危险。首先，经营保安服务业务虽然属于行政特许行业，但根据《条例》第八条的规定，只要达到规定的条件就可以向公安机关提出申请，公安机关不批准的应当说明理由。因此，保安服务业务不属于严格意义上的限制经营许可业务。其次，未经行政许可经营保安服务的主要社会危害在于对人民群众人身和财产安全可能造成一定的潜在危险，对保安服务业务经营行为是否属于《刑法》第二百二十五条第四项规定的非法经营行为的认定，重点应当考察经营行为有无实质上违法犯罪行为及严重后果。对没有实施及产生《条例》第四十三条、《公安机关实施保安服务管理条例办法》第四十五条规定的泄露国家秘密、侵犯个人隐私、参与追索债务、采用暴力处理纠纷等后果的经营行为，不应认定为其他严重扰乱市场秩序的非法经营行为。

本案中，中安公司除了没有获取保安服务许可证这一形式要件外，并未实施其他违反《条例》《公安机关实施保安服务管理条例办法》的行为。中安公司的各项章程符合《公司法》的规定，其按照合同约定派驻保安员并提供保安服务，按时发放保安员工资，在经营保安服务业务过程中未发生其他危害后果，也未出现其他不好的反映和记录。因此，综合全案案情和基于严格把握的政策精神分析，中安公司的行为不属于严重扰乱市场秩序的非法经营行为，不构成非法经营罪。

顺便提及的是，关于从事保安服务业务经营行为应参照电信业务、POS机套现业务确定情节严重标准的观点，缺乏法律依据。2010年最高人民法院下发了《关于在经济犯罪审判中参照适用〈最高人民检察院、公安部关于公安机关管辖的刑事案件立案追诉标准的规定（二）〉的通知》，在没有新的司法解释或者相关指导性文件出台的前提下，应参照适用立案追诉标准的规定。保安服务行业是以人力资源为依托的一种服务行业，与电信业务、POS机套现业务区别明显，后者涉案数额普遍巨大，以100万元作为立案追诉标准，有其合理性，但将保安服务行业从数额上提升到100万元，与行业特点以及实际情况不符。

（二）本案经营保安服务业务行为不属于司法解释规定的“不以单位犯罪论处”情形

鉴于本案非法经营行为不属于严重扰乱市场秩序的经营行为，故本没有必要对下一阶段“情节严重”的认定展开分析。但由于单位犯非法经营罪和个人犯非法经营罪“情节严重”的认定标准不同，所以有必要准确论述《单位犯罪解释》第二条规定的“不以单位犯罪论处”的情形。根据《单位犯罪解释》第二条的规定，对单位实施的行为不以单位犯罪论处，必须是“为进行违法犯罪活动而设立公司”或者“公司设立后以实施犯罪为主要活动”两种情形。对上述规定，不能仅从形式逻辑角度进行教条式理解，应当从辩证逻辑角度进行限制把握。以本案为例，保安服务业务本身是一种治安服务，是预防和打击违法犯罪活动的辅助力量，只要保安服务业务本身规范经营，其对社会治安无疑具有一种正面辅助作用。事实上，中安公司在成立后提供了保安服务等正常业务，如果仅因中安公司未获取保安服务许可证这一形式要件而将这一行为认定为犯罪，进而因公司主要从事这一行为对公司的行为不以单位犯罪论处，而以个人犯罪追究责任，降低入罪门槛，实际对被告人产生了双重不利的后果，也背离了常识、常情、常理。基于上述考虑，我们认为，本案经营保安服务业务行为不属于司法解释规定的“不以单位犯罪论处”情形。

最后，值得注意的是，虽然本案最终宣告无罪，但并不意味着所有非法从事保安服务业务的经营行为都不构成非法经营罪。具体个案是否构成犯罪，仍要结合案情具体分析。

——《周长兵非法经营宣告无罪案——未经许可经营保安服务业的行为是否构成非法经营罪以及如何把握“不以单位犯罪论处”的情形》，载最高人民法院刑事审判第一、二、三、四、五庭主办：《刑事审判参考》（总第122集），法律出版社2020年版，第26~30页。

568. 非法经营弩和氯化琥珀胆碱行为性质的认定

关键词

非法经营罪　专营、专卖或者限制买卖的物品

《刑事审判参考》指导案例

徐昌勇、江兴平非法经营案（《刑事审判参考》指导案例第1482号）

裁判要点：《第412号决定》虽然不是法律或者行政法规，对二被告人的行为不能适用《刑法》第二百二十五条第一项的规定处理。但是，《第412号决定》系经国务院批准并以国务院令的形式发布，属于《刑法》第九十六条规定的“国家规定”，且二被告人销售弩和内含氯化琥珀胆碱成分的毒针，确有一定的社会危害性，故可认定为《刑法》第二百二十五条第四项规定的“其他严重扰乱市场秩序的非法经营行为”，以非法经营罪追究其刑事责任。

（一）非法经营弩行为性质的认定

对于本案中二被告人非法经营弩的行为性质应如何认定，存在两种意见。第一种意见认为，被告人徐昌勇、江兴平经营弩的行为不构成非法经营

罪。理由是，弩不属于刑法第二百二十五条第一项规定的专营、专卖或者限制买卖的物品。专营、专卖物品，是指由国家专门机构经营、销售的物品，如烟草等；限制买卖的物品，是指在一定时期内计划经营的物品，如化肥、农药等。根据刑法第二百二十五条第一项的规定，专营、专卖或者限制买卖的物品都必须由法律或者行政法规予以明确规定。关于弩的管理规定主要是公安部、原国家工商行政管理局于 1999 年联合发布的公治（1999）1646 号《关于加强弩管理的通知》（以下简称《第 1646 号通知》）和国务院 2004 年国务院令第 412 号《国务院对确需保留的行政审批项目设定行政许可的决定》（2009 年、2016 年两次修改，以下简称《第 412 号决定》），以及公安部公治（2010）360 号《关于进一步加强弩治安管理的通知》（以下简称《第 360 号通知》）中有所涉及。虽然《第 1646 号通知》《第 360 号通知》和《第 412 号决定》均规定，弩的制造、销售、进口、运输、使用应取得省级人民政府公安机关的批准且需要严格的审批程序，但是上述规范性文件均不属于法律或者行政法规，且公安机关无权认定某一行为是否构成犯罪，公安部关于弩的一系列规范性文件只是从治安管理的角度作出的规定，不能作为认定非法经营弩的行为是否构成犯罪的依据。因此，本案中二被告人未经许可经营弩的行为不构成犯罪。

第二种意见认为，被告人徐昌勇、江兴平非法经营弩的行为构成非法经营罪。理由是：《第 412 号决定》虽然不是法律或者行政法规，对二被告人的行为不能适用刑法第二百二十五条第一项的规定处理。但是，《第 412 号决定》系经国务院批准并以国务院令的形式发布，属于刑法第九十六条规定的“国家规定”，且二被告人销售弩和内含氯化琥珀胆碱成分的毒针，确有一定的社会危害性，故可认定为刑法第二百二十五条第四项规定的“其他严重扰乱市场秩序的非法经营行为”，以非法经营罪追究其刑事责任。

我们同意第二种意见，对于未经许可经营弩的行为，情节严重的，可依照刑法第二百二十五条第四项的规定追究刑事责任。理由是：

1. 未经许可经营弩的行为违反了刑法意义上的“国家规定”

根据刑法第九十六条的规定，违反国家规定，是指违反全国人民代表大会及其常务委员会制定的法律和决定，国务院制定的行政法规、规定的行政措施、发布的决定和命令。此外，根据最高人民法院法发〔2011〕155 号《关于准确理解和适用刑法中“国家规定”的有关问题的通知》第一条的规定，以国务院办公厅名义制发的文件，符合以下条件的，亦应视为刑法中的“国家规定”：（1）有明确的法律依据或者同相关行政法规不相抵触；（2）经国务院常务会议讨论通过或者经国务院批准；（3）在国务院公报上公开发布。从体例上看，《第 412 号决定》系国务院正式发布的决定，属于刑法第九十六条规定的“国家规定”，且系效力层级比较高的“国家规定”，可以作为适用刑法第二百二十五条第四项的依据。从内容上看，《第 412 号决定》中规定的均是国务院依据行政许可法和行政审批制度改革的有关规定，对由法律、行政法规设定的行政许可项目，以及虽然由法律、行政法规以外的规范性文件设定，但确需保留且符合行政许可法规定的行政审批项目，进行全面清理后予以保留并设定的行政许可项目。根据《第 412 号决定》的规定，弩的制造、销售、进口、运输、使用，由省级人民政府公安机关负责审批。公安部 2010 年《第 360 号通知》虽然从体例上看不属于刑法第九十六条规定的“国家规定”，但从内容上看，《第 360 号通知》系根据国务院《第 412 号决定》的授权，在 1999 年《第 1646 号通知》规定的基础上对弩的经营等行为作出的进一步细化规定。因此，实践中在办理非法经营弩的案件时，应结合国务院《第 412 号决定》和公安部《第 360 号通知》，准确认定行为人的违法行为性质和程度。

2. 未经许可经营弩的行为具备刑事处罚的必要性

国务院《第 412 号决定》规定的 500 种行政许可项目，除少量由地市级和县级行政主管部门审批的行政许可项目外，多数为省级以上行政主管部门负责审批，涵盖项目审批、证件核发、资质认定、经营许可等方方面面。从实践看，《第 412 号决定》虽然可以作为认定某一行为是否违反刑法第九十六条规定的“国家规定”的依据，但并非其中规定的所有行政许可项目均可成为非法经营罪的犯罪对象，认定某一行为是否具备刑事处罚的必要性时，仍应从实质危害的角度出发，结合该类行为的性质依法审慎认定。从性能上看，由于弩的杀伤性能不亚于某些以火药为动力发射枪弹的枪支，实践中除军警少量装备以及用于部分体育、娱乐设施的弩外，并无其他合法用途，非法买卖的弩在社会上多被用于实施违法犯罪活动，甚至被用来从事故意伤害、杀人等严重暴力犯罪。正如公安部和原国家工商行政管理局《第 1646 号通知》中所指出的：“弩在古代是一种攻击性、杀伤力都很强的兵器。经过现代科技改进后的弩具有便于携带、射程远、精度高等特点。进口弩还分手枪式、步枪式、冲锋枪式等多种式样……弩具有枪支、管制刀具的部分功能和特性，属于危险物品，如不严加控制和管理，极易被犯罪分子利用，危害公共安全。新疆公安机关已发现犯罪分子持弩作案，并在犯罪分子窝点中缴获过大量弩。”因此，非法经营弩的危害性不仅扰乱了关于弩的正常市场经营秩序，更可能对公共安全造成严重危害，相较于单纯扰乱市场秩序的经营行为，非法经营弩的行为危害性更大，具备刑事处罚的必要性。

3. 适用刑法第二百二十四条第四项时应注意的问题

当前，我国正大力推进减少政府审批和监管事项，随着市场经济的发展，此前一些需要管制或者经严格审批才可以从事经营活动的商品或者服务项目被放开，非法经营罪的传统适用对象也随之大量减少。在此背景下，非法经营罪的适用应逐渐从市场管制向社会管理转变，执法、司法机关对于非法经营罪的定罪思路也应作相应的调整，重点应从单纯扰乱市场秩序的行为转向禁止性经营行为，将本来就为“国家规定”所禁止的行为，特别是为特定的违法行为或者违反社会公序良俗行为提供支持的经营性行为纳入进来。此外，实践中还应注意，刑事定罪与“国家规定”的关联性在于某一行为是否违反“国家规定”，是否具有行政违法性，进而由司法机关判定该行为是否构成犯罪，而非只有“国家规定”明确规定要对某行为进行刑事打击才可以认定构成犯罪。

（二）非法经营氯化琥珀胆碱行为性质的认定

本案中，公诉机关并未就二被告人非法经营氯化琥珀胆碱的行为提起公诉，但鉴于该类物质的危害性，有必要就非法经营氯化琥珀胆碱行为的性质和处理原则加以研究。

氯化琥珀胆碱，又名琥珀胆碱、琥珀酰胆碱、司克林，是一种烟碱型乙酰胆碱受体阻断剂，被用于全身麻醉及破伤风等，是最佳的肌肉松弛药物。氯化琥珀胆碱通过肌肉或静脉注射进入受体后，会引起强烈的窒息感且作用迅速，可以在数秒至数分钟内使受体的肌肉瘫痪而失去行动能力，肌肉注射致死量为 0.02 克，静脉注射致死量约为 0.01 克，目前还没有针对氯化琥珀胆碱的特效解毒剂，正常医疗中在没有呼吸机等辅助措施保护的情况下禁止使用。氯化琥珀胆碱是原料药，医学上的常见形式是氯化琥珀胆碱注射液。在《国家基本药物目录》中，氯化琥珀胆碱注射液被归类为麻醉辅助药，在《兽用处方药品种目录》中，氯化琥珀胆碱注射液被归类为兽用全身麻醉药与化学保定药。经修订并于 2015 年 5 月 1 日起施行的新版《危险化学品名录》将氯化琥珀胆碱收录其中。无论在人用药还是兽用药领域，琥珀胆碱均系处方药，国家对其实行定点生产、经营制度，禁止零售。

综合以上情况，我们认为，发生在 2015 年 5 月 1 日前的非法经营氯化琥珀胆碱的行为，违反了国家关于药品管理的法律和行政法规，触犯了刑法第二百二十五条第一项的规定，应当以非法经营罪追究刑事责任；发生在 2015 年 5 月 1 日新版《危险化学品名录》施行后的非法买卖、运输、储存氯化琥珀胆碱的行为，同时构成非法经营罪和刑法第一百二十五条第二款规定的非法制造、买卖、运输、储存危险物质罪，系法规竞合，应当以非法制造、买卖、运输、储存危险物质罪追究刑事责任。理由是：

1. 刑法第一百二十五条第二款规定的“毒害性物质”应具备毒害性、公共危险性和法律、行政法规的禁止或者限制这三个本质特征

最高人民法院于 2013 年 1 月 31 日发布的第 13 号指导案例王召成等非法买卖、储存危险物质案中，对上述原则进行了确认，即国家严格监督管理，易致人死亡、对人体、环境具有极大的毒害性和危险性，并被《危险化学品

名录》收录的有毒性化学品，才属于刑法第一百二十五条第二款规定的“毒害性物质”。从氯化琥珀胆碱的性能和主要用途来看，其具备“毒害性”和公共危险性的特征。但是，由于自然界和人工合成的化学品数量极其庞大，这些化学品被广泛应用于各个领域中，很多都有一定的毒害性，使用或管理不当也会危害公共安全。因此，从确保公民的预测可能性，防止司法过分干预社会经济生活的角度考虑，还应确认该类物质在生产、流通环节是否受到法律、行政法规的禁止或者限制。

为了保障安全生产、经营和生活，国务院相关行政主管部门就“毒害性”物质制定了一系列管理制度和监管名录，为判断某一物质是否属于“毒害性”物质提供了参考和帮助:《危险化学品安全管理条例》第三条第一款规定，危险化学品是指具有毒害、腐蚀、爆炸、燃烧、助燃等性质，对人体、设施、环境具有危害的剧毒化学品和其他化学品；该条第二款规定，危险化学品目录由国务院安全生产监督管理部门会同公安、环保等部门，根据化学品危险特性的鉴别和分类标准确定、公布，并适时调整。综合来看，目前关于危险化学品的名录主要有《危险化学品名录》《首批重点监管的危险化学品名录》《剧毒化学品名录》等。其中，《首批重点监管的危险化学品名录》和《剧毒化学品名录》中所列的化学品均被《危险化学品名录》所涵盖。因此，在认定某类物质是否属于刑法意义上的“毒害性”物质时，还应确认其是否被《危险化学品目录》所收录。就本案来看，涉案的氯化琥珀胆碱虽然具备毒害性和公共危险性这两个特征，但在本案行为实施时尚未被《危险化学品名录》收录，因此，被告人徐昌勇、江兴平非法经营氯化琥珀胆碱的行为不构成非法制造、买卖、运输、储存危险物质罪。

2. 非法经营氯化琥珀胆碱的行为具备刑事处罚的必要性

我国对人用药和兽药实行处方药与非处方药分类管理的制度，相较于非处方药，处方药在经营、使用等方面的管理规定更为严格，如《药品管理法实施条例》第八十三条规定，处方药凭执业医师和执业助理医师处方方可购买、调配和使用。《兽药管理条例》第四十九条规定，禁止将兽用原料药拆零销售或者销售给兽药生产企业以外的单位和个人。对处方药的管理之所以如此严格，除了规范药品市场管理秩序，最主要的是考虑到处方药如被不当使用，所造成的后果较非处方药更为严重，部分处方药又具有一定的毒害性，如流入社会，可能会被用于其他违法犯罪活动。从法律、行政法规的规定来看，琥珀胆碱既属于化学品，也属于处方药，在人用药和兽药领域均有应用。在《国家基本药物目录》中，氯化琥珀胆碱注射液被归类为麻醉辅助药，在《兽用处方药品种目录》中，氯化琥珀胆碱注射液被归类为兽用全身麻醉药与化学保定药。因此，非法经营氯化琥珀胆碱的行为社会危害性严重，单靠行政处罚已不足以制裁该类违法行为。本案中，被告人徐昌勇、江兴平从非法渠道购入氯化琥珀胆碱，配制成毒针后或是单独销售，或是与弩搭配销售，这些含有氯化琥珀胆碱的毒针流入社会后常被用于偷狗等违法犯罪活动，甚至可能会被用于实施故意伤害、故意杀人等严重暴力犯罪，近年来的新闻报道中也多次出现了人被氯化琥珀胆碱毒箭射中死亡的案件，社会危害性严重，单靠行政处罚已不足以制裁其违法行为。

3. 对于发生在 2015 年《危险化学品名录》修订前的非法经营琥珀胆碱的行为，情节严重且尚未过追诉时效的，可以非法经营罪追究刑事责任

根据药品管理法、《药品管理法实施条例》和《兽药管理条例》的规定，我国对人用药和兽药实行专营、专卖制度，经营人用药和兽药必须获得药品监督管理部门或兽医行政管理部门批核发的经营许可证，无证经营的可依法追究刑事责任。被告人徐昌勇在没有药品经营许可证的情况下，非法从其他药品生产企业购买管制药品氯化琥珀胆碱，配制成毒针对外销售，其行为已违反了相关药品管理的法律、行政法规的规定，符合刑法第二百二十五条第一项规定的非法经营罪的构成要件，可以非法经营罪追究其刑事责任。这一处理原则，在 2002 年《最高人民法院、最高人民检察院关于办理非法生产、销售、使用禁止在饲料和动物饮用水中使用的药品等刑事案件具体应用法律若干问题的解释》中已有明确规定，可以参照适用：该解释第一条规定，未取得药品生产、经营许可证件和批准文号，非法生产、销售盐酸克仑特罗等禁止在饲料和动物饮用水中使用的药品，扰乱药品市场秩序，情节严重的，依照刑法第二百二十五条第一项的规定，以非法经营罪追究刑事责任。

综上，人民法院对二被告人的行为以非法经营罪定罪量刑，是正确的。

——郭慧撰稿、赵卫东审编：《徐昌勇、江兴平非法经营案——非法经营弩和氯化琥珀胆碱行为性质的认定》，载最高人民法院刑事审判第一、二、三、四、五庭编：《刑事审判参考》（总第 132 辑），人民法院出版社 2022 年版，第 48~54 页。

569. 在土地开发经营过程中，开发商以股权转让方式实现土地使用权流转行为不构成非法转让、倒卖土地使用权罪

关键词

土地使用权　股权转让　非法转让、倒卖土地使用权罪

《刑事审判参考》指导案例

青岛瑞驰投资有限公司、栾钢先非法转让土地使用权案（《刑事审判参考》指导案例第 1451 号）

裁判要点：从罪刑法定和保持刑法谦抑性的角度来看，目前并无强制性规定禁止以转让公司股权形式实现土地使用权或房地产项目的转让。

对于以股权转让方式实现土地使用权流转的行为，是否构成非法转让、倒卖土地使用权罪，司法实践中存在一定争议，目前主要有以下两种意见：

第一种意见认为，对于以牟利为目的，违反土地管理法规，未依照与国土资源部门签订的建设用地使用权合同约定进行开发，而假借公司股权转让的合法形式，掩盖非法转让、倒卖土地使用权的目的，并从中牟取巨额非法利益的，其行为违反了土地管理法规，扰乱了土地市场秩序，应当以非法转让、倒卖土地使用权罪追究刑事责任。

第二种意见认为，公司股权转让与土地使用权转让具有不同的法律性质，为两个独立的法律关系。现行法律法规并无强制性规定禁止以转让公司股权形式实现土地使用权或房地产项目转让的目的，且本案中公司股东虽然发生了变化，但作为土地使用权持有主体的公司没有改变，也没有发现因股权转让而造成当地土地使用权市场秩序被严重扰乱的后果，故被告单位及被告人依法不构成非法转让、倒卖土地使用权罪。

我们同意第二种意见。具体理由如下：

（一）从股权转让与土地使用权转让的法律性质来看，公司股权转让并不会直接导致作为公司独立财产的土地使用权的变动。（二）从非法转让、倒卖土地使用权罪构成要件来看，构成该罪既要具备“以牟利为目的”的主观要件，又要具备扰乱土地使用权正常流转秩序并达到情节严重程度的客观要件，对于在证据上难以认定有主观牟利目的并侵害相应法益的，依法不构成该罪。（三）从罪刑法定和保持刑法谦抑性的角度来看，目前并无强制性规定禁止以转让公司股权形式实现土地使用权或房地产项目的转让，以此追究行为人的刑事责任依据不足。（四）从优化生产要素市场化配置、促进土地流转体制机制改革等国家土地政策的发展方向来看，不宜将以股权转让形式出让土地使用权的行为入罪。

综上，土地使用权转让和公司股权转让的要件和法律依据不同，将“股权转让行为”认定为“土地使用权转让行为”没有法律依据。对以股权转让方式实现土地使用权流转的行为的认定，具有较强的政策性，应当全面把握犯罪构成要件、案件具体情况及国家土地政策精神，按照罪刑法定的原则综合加以评判。本案中涉案土地使用权利人并没有发生变化，且没有证据显示瑞驰投资公司转让股权的行为有明显的社会危害性，因而二审法院认定被告单位瑞驰投资公司和被告人栾钢先的行为不构成非法转让、倒卖土地使用权罪是正确的。

——张文波撰稿、于同志审编:《青岛瑞驰投资有限公司、栾钢先非法转让土地使用权案——在土地开发经营过程中，开发商以股权转让方式实现土地使用权流转行为的定性》，载最高人民法院刑事审判第一、二、三、四、五庭编:《刑事审判参考》(总第130辑)，最高人民法院出版社2022年版，第24~31页。

570. 公证员可以成为提供虚假证明文件罪主体

关键词

公证员　提供虚假证明文件罪

附录：最高人民法院主流观点

公证员能否成为本罪主体，存在争议。2009年最高人民检察院公布的《关于公证员出具公证书有重大失实行为如何适用法律问题的批复》指出，《公证法》施行以后，公证员在履行公证职责过程中，严重不负责任，出具的公证书有重大失实，造成严重后果的，以出具证明文件重大失实罪追究刑事责任。鉴于《刑法》第229条第3款明确规定出具证明文件重大失实罪的犯罪主体以“第1款规定的人员”，即本罪的主体为依据，从体系解释的角度来看，肯定公证员是本罪主体的观点妥当。[①]

——胡云腾主编:《刑法罪名精释(第五版)》，人民法院出版社2022年版，第646页。

571. 安全评价中介组织故意提供虚假证明文件，情节严重构成提供虚假证明文件罪

关键词

安全评价中介组织　提供虚假证明文件罪

最高人民法院公布的典型案例

江苏天某安全技术公司、柏某等提供虚假证明文件案

---

① 司法实践中也有支持这一观点的案例，例如卢某某、袁玉龙等提供虚假证明文件案，上海市第二中级人民法院（2020）沪02刑终897号。

裁判摘要：作为承担安全评价职责的中介组织，故意提供虚假证明文件，情节严重，行为构成提供虚假证明文件罪；行为人作为该公司提供虚假证明文件犯罪的其他直接责任人员，行为亦构成提供虚假证明文件罪。

一、基本案情

被告单位江苏天某安全技术有限公司（以下简称江苏天某安全技术公司）。

被告人柏某，男，汉族，1982年4月25日出生，江苏天某安全技术公司安全评价师。

其他被告人身份情况略。

江苏响水某化工公司是依法注册成立的化工企业，在生产过程中擅自改变工艺析出废水中的硝化废料，并对析出的硝化废料刻意隐瞒，大量、长期堆放于不具有安全贮存条件的煤棚、旧固废库等场所内。江苏天某安全技术公司具有国家安全评价机构甲级资质，在接受该化工公司委托开展安全评价服务过程中，检查不全面、不深入，仅安排安全评价师柏某一人到公司现场调研甚至不安排任何人员进行现场调研即编制安全评价报告。柏某未对该化工公司提供的硝化工艺流程进行跟踪核查，故意编制虚假报告，项目组其他成员均未实际履行现场调研等职责即在安全评价报告上签名，先后为该化工公司出具2013年和2016年安全评价报告、2016年重大危险源安全评估报告和2018年复产安全评价报告等4份与实际情况严重不符的虚假安全评价报告，共计收取费用17万元，致使该化工公司存在的安全风险隐患未被及时发现和得到整改。2019年3月21日14时48分许，贮存在该化工公司旧固废库内的大量硝化废料因积热自燃发生爆炸，造成78人死亡、76人重伤，640人住院治疗，直接经济损失198635.07万元。经事故调查组调查认定，中介机构弄虚作假，出具虚假失实文件，导致事故企业硝化废料重大风险和事故隐患未能及时暴露，干扰误导了有关部门的监管工作，是事故发生的重要原因。事故发生后，柏某经电话通知自动到案并如实供述了自己的罪行。

二、处理结果

江苏省阜宁县人民检察院以提供虚假证明文件罪对江苏天某安全技术公司和柏某等被告人提起公诉。阜宁县人民法院经审理认为，江苏天某安全技术公司作为承担安全评价职责的中介组织，故意提供虚假证明文件，情节严重，行为构成提供虚假证明文件罪；柏某作为该公司提供虚假证明文件犯罪的其他直接责任人员，行为亦构成提供虚假证明文件罪。柏某有自首情节，依法从轻处罚。据此，依照1997年修订的《中华人民共和国刑法》第229条第1款的规定，以提供虚假证明文件罪判处江苏天某安全技术公司罚金人民币三十万元；判处柏某有期徒刑三年六个月，并处罚金人民币二万五千元。对其他被告人依法判处相应刑罚。一审宣判后，江苏天某安全技术公司和柏某等被告人提出上诉。江苏省盐城市中级人民法院裁定驳回上诉、维持原判。

三、典型意义

随着市场经济的发展，中介组织发挥着越来越重要的作用。安全评价中介组织接受委托开展安全评价活动、出具安全评价报告，对生产经营单位能否获得安全生产监管部门的批准和许可、能否开展生产经营活动起到关键性作用，应当依法履行职责，出具真实客观的安全评价报告，否则可能承担刑事责任。司法机关对于安全评价中介组织及其工作人员提供虚假证明文件犯罪行为，在裁量刑罚时，应当综合考虑其行为手段、主观过错程度、对安全事故的发生所起作用大小以及获利情况、一贯表现等各方面因素，综合评估社会危害性，依照刑法规定妥当裁量刑罚，确保罪责刑相适应。

——《人民法院、检察机关依法惩治危害生产安全犯罪典型案例》(2022年12月15日)，载最高人民法院官网，https：//www.court.gov.cn。

572. 未经许可生产摩托车的行为构成非法经营罪

关键词

非法经营罪

《刑事审判参考》指导案例

朱海林、周汝胜、谢从军非法经营案(《刑事审判参考》指导案例第1210号)

裁判要点：非法生产摩托车的行为违反了国家规定、达到“情节严重”程度且严重扰乱了市场秩序的，该行为构成非法经营罪。

对于被告人朱海林无证生产摩托车的行为是否构成非法经营罪存在两种意见：第一种意见认为，被告人朱海林的行为不构成非法经营罪。第二种意见认为，被告人朱海林的行为构成非法经营罪。我们同意第二种意见，主要理由如下：

1. 被告人朱海林非法生产摩托车的行为违反了国家规定

我国对摩托车生产实行生产准入制度，个人和企业必须获得国家行政主管部门的许可才能从事摩托车的生产。国务院2004年公布的《对确需保留的行政审批项目设定行政许可的决定》(国务院令第412号，以下简称《决定》)

附件第4项对“道路机动车辆生产企业及产品公告”设定了行政许可，2009年、2016年，国务院对《决定》进行修正，保留了该项行政许可。原国家经贸委2002年发布的《摩托车生产准入管理办法》[①]规定，国家对摩托车生产实行准入制度，未经国家经贸委批准，任何企业和个人不得擅自从事摩托车生产。为严格执行许可制度，工信部、国家发改委等部委又下发多个文件，对委托生产等行为作出明确限制，强调摩托车生产企业本身必须获得行政许可，异地生产行为也应获得行政主管部门的批准。此外，根据《中华人民共和国工业产品生产许可证管理条例》等行政法规和规范性文件的规定生产助力车也需要获得许可。值得注意的是，有关规范性文件并未对销售摩托车和助力车的行为设定类似的行政许可。

本案中，朱海林的豪门公司本身无摩托车生产资质，其通过与其他企业签订挂靠协议的方式异地生产摩托车的行为未获得行政主管部门的批准，且其挂靠行为也不能使其获得生产摩托车的合法资格。综上，朱海林在没有生产资质的情况下生产摩托车的行为应属于无证生产，违反了国家规定。被告人周汝胜、谢从军只有销售摩托车的行为，未参与生产摩托车，我国目前对销售摩托车的行为并未如生产摩托车那样作出严格的准入规定，应认定周汝胜、谢从军的销售行为未违反国家规定，不构成犯罪，故一审法院裁定准许检察机关撤回对该二被告人的起诉。

2. 被告人朱海林违法生产摩托车的行为不同于一般的扰乱市场秩序的行为，已达到“情节严重”的程度

（1）朱海林的豪门公司违法生产的时间跨度长、销售数量和金额巨大。豪门公司从2010年上半年开始生产“新阳光”牌摩托车，至2012年案发，违法生产了1万余辆，仅2011年3月至2012年11月，朱海林向被告人周汝胜的胜隆经销部销售的摩托车就有1620辆，销售金额达400余万元。（2）朱海林违法生产摩托车的行为对公共安全造成了很大隐患。朱海林在销售过程中伪造合格证，以摩托车冒充燃油助力车，规避国家对机动车与非机动车分类管理的监管措施，使本应登记上牌、驾驶者需取得驾照才能上路行驶的摩托车，无须满足前述条件即可上路行驶，不仅破坏交通秩序，降低通行效率，这些本应在机动车道路上行驶的车辆得以在非机动车道路上行驶，更增加了交通事故隐患，严重危及公共安全。

3. 被告人朱海林无证生产摩托车的行为严重扰乱了市场秩序

从实践中的情况来看，因超标燃油助力车相对于摩托车具有很高的替代性，但又未如摩托车那样按机动车管理，不少商家为牟取暴利，违法生产摩

---

① 本文件已被《道路机动车辆生产企业及产品准入管理办法》（中华人民共和国工业和信息化部令第50号）废止。

托车并以燃油助力车的名义对外销售，对摩托车产销市场造成了很大冲击。本案车辆具备摩托车的属性，但以燃油助力车的名义以相对较低的价格对外销售，又不用按机动车管理，兼具摩托车的速度优势和助力车不受严格管理的便利，对消费者而言具有很强的吸引力。大量超标燃油助力车流入市场，必将严重扰乱正常的摩托车和助力车生产和销售秩序。

需要注意的是，考虑到实践中无证生产以及采用“大排小标”方式生产摩托车的行为具有一定普遍性，是否按照犯罪处理，应结合具体案情综合考量，只能对“情节严重”的非法经营行为定罪处罚。要避免将一般的行政违法行为当作刑事犯罪处理，以犯罪论处的非法经营行为应当具有相当的社会危害性和刑事处罚的必要性。并且，判断被告人的行为是否属于刑法第二百二十五条第四项规定的“严重扰乱市场秩序的非法经营行为”，需要有法律、司法解释的明确规定。有关法律、司法解释未作明确规定的，应当作为法律适用问题，按照最高人民法院 2011 年发布的《关于准确理解和适用刑法中“国家规定”的有关问题的通知》(法发〔2011〕155 号)，逐级报最高人民法院请示。

——最高人民法院刑事审判第一、二、三、四、五庭主办:《刑事审判参考》(总第 111 辑)，法律出版社 2018 年版，第 41~49 页。

573. 超越经营范围代理转让非上市公司股权行为的处理

关键词

非法经营罪　超越经营范围

《最高人民法院公报》案例

浙江省宁波市人民检察院诉宁波利百代投资咨询有限公司、陈宗纬、王文责、郑淳中非法经营案（判决时间：2007 年 6 月 14 日，二审法院：浙江省高级人民法院）

裁判摘要：为非法经营证券业务而设立公司，超越工商行政管理部门核准登记的公司经营范围，未经法定机关批准，向不特定的社会公众代理销售非上市股份有限公司的股权（股票），其行为属未经批准非法经营证券业务、扰乱国家证券市场的非法经营行为，情节严重的，应当以非法经营罪定罪处罚。

三上诉人在利百代公司成立后从事非上市股份有限公司股权代理转让业

务，明显超出了工商行政管理部门核准登记的经营范围。在因超范围经营被处罚后，该公司申请增加了“代办产权交易申请手续”的经营范围，但该项业务仅指接受产权所有人委托，以产权所有人的名义向产权交易机构提出产权交易申请，不包括非上市股份有限公司股权代理转让业务。根据一审庭审中出示并经质证的宁波市工商行政管理局施民伟、胡坚、范治华及证监会宁波监管局郑康斌出具的情况说明，在2004年5月召开的协调会上，有关行政执法部门向三上诉人指出：利百代公司在增加“代办产权交易申请手续”的经营范围后，经营非上市股份有限公司股权代理转让业务仍属超范围经营，要经营该项业务必须经有关证券监管部门批准。但在此后，三上诉人继续经营该项业务。据此可以认定，三上诉人具有非法经营范围的犯罪故意。三上诉人及其辩护人关于原审认定三上诉人在有关行政执法部门明确指出无权经营证券业务后仍不停止该经营行为没有证据、利百代公司增加了“代办产权交易申请手续”的经营范围后没有超范围经营即其没有非法经营的犯罪故意的上诉理由均不能成立，不予采纳。作为利百代公司的副总经理，郑淳中在共同犯罪中的地位、作用虽相对次于陈宗纬、王文责，但尚不属明显起次要或者辅助作用，不属于从犯，一审已对其酌情从轻处罚。郑淳中及其辩护人关于郑淳中在共同犯罪中只起次要作用或者辅助作用的上诉理由不能成立，不予采纳。

——《最高人民法院公报》2009年第1期。

574. 运输假冒台湾产香烟行为的定性

关键词

非法经营罪　假冒香烟　犯罪数额

最高人民法院司法解释

第一条第五款　违反国家烟草专卖管理法律制度，未经烟草专卖行政主管部门许可，无烟草专卖生产企业许可证、烟草专卖批发企业许可证、特种烟草专卖经营企业许可证、烟草专卖零售许可证等许可证明，而非法经营烟草专卖品，情节严重的，依照刑法第二百二十五条的规定，以非法经营罪处罚。

——《最高人民法院、最高人民检察院关于办理非法生产、销售烟草专卖品等刑事案件具体应用法律若干问题的解释》（2010年3月2日，法释〔2010〕7号）。

《刑事审判参考》指导案例

高秋生、林适应等非法经营案（《刑事审判参考》指导案例第 212 号）

裁判要点：非法经营假冒台湾产香烟，情节严重的，构成非法经营罪。

对假冒长寿牌香烟的价值总额的认定，属于“货值金额难以确定”的情形。“两高”《关于办理生产、销售伪劣商品刑事案件具体应用法律若干问题的解释》第 2 条第 3 款规定：货值金额以违法生产、销售的伪劣产品的标价计算；没有标价的，按照同类合格产品的市场中间价格计算。货值金额难以确定的，按照国家计划委员会、最高人民法院、最高人民检察院、公安部 1997 年 4 月 22 日联合发布的《扣押、追缴、没收物品估价管理办法》之规定，委托指定的估价机构确定。而《扣押、追缴、没收物品估价管理办法》第 4 条规定：对于扣押、追缴、没收的珍贵文物，珍贵、濒危动物及其制品，珍稀植物及其制品，毒品，淫秽物品，枪支、弹药等不以价格数额作为定罪量刑标准的，不需要估价。因台湾产“长寿”牌香烟未在中国内地市场流通，亦没有同类合格产品的市场价格可参考估价，而非法经营罪并不要求价格数额作为定罪量刑的唯一标准，故以运输假冒香烟的数量认定犯罪情节。

《中华人民共和国烟草专卖法》第 22 条①规定：托运或者自运烟草专卖品必须持有烟草专卖行政主管部门或者烟草专卖行政主管部门授权的机构签发的准运证；无准运证的，承运人不得承运。行为人无准运证运输香烟，《烟草专卖法》虽然没有规定对此种行为要追究刑事责任，但不能据此简单地认定不符合《刑法》第 225 条之规定，即不构成非法经营罪。关于非法运输行为的处理，按照我国《刑法》规定，对于运输枪支、弹药、爆炸物、核材料、假币、毒品、毒品原植物种子、幼苗等特定对象的行为，《刑法》分则有相应的罪名予以规范。对于明知他人系进行违法犯罪活动而为其提供运输服务的其他非法运输行为，根据《刑法》总则共同犯罪的有关规定，应成立共同犯罪，运输者系相关犯罪的帮助犯或者实行犯。因此，明知他人非法经营假烟而为他人提供运输服务的行为是否构成非法经营罪，关键是要看假烟的直接经营者是否构成该罪。

——最高人民法院刑事审判第一庭、第二庭编：《刑事审判参考》2002 年第 6 辑（总第 29 辑），法律出版社 2002 年版，第 10~16 页。

---

① 本条现为《中华人民共和国烟草专卖法》（2015 年修正）（中华人民共和国主席令第二十六号）第二十一条。

575. 非法从事外汇按金交易行为的定性

关键词

非法经营罪　非法从事外汇按金交易

最高人民法院司法解释

第三条　在外汇指定银行和中国外汇交易中心及其分中心以外买卖外汇，扰乱金融市场秩序，具有下列情形之一的，按照刑法第二百二十五条第（三）项的规定定罪处罚：

（一）非法买卖外汇二十万美元以上的；

（二）违法所得五万元人民币以上的。

——《最高人民法院关于审理骗购外汇、非法买卖外汇刑事案件具体应用法律若干问题的解释》（1998年8月28日，法释〔1998〕20号）。

《刑事审判参考》指导案例

高国华非法经营案（《刑事审判参考》指导案例第330号）

裁判要点：对于非法从事外汇按金交易，扰乱市场秩序，情节严重的，应当以非法经营罪定罪处罚。

第一，外汇按金交易是我国法律禁止的一种“在国家规定的交易场所以外非法买卖外汇”行为。由于外汇按金交易存在着高风险性和投机性，中国证监会、国家外汇管理局、国家工商行政管理局和公安部于1994年10月28日联合下发了《关于严厉查处非法外汇期货和外汇按金交易活动的通知》，明确：凡未经中国证监会和国家外汇管理局批准，且未在国家工商行政管理局登记注册的金融机构、期货经纪公司及其他机构擅自开展外汇期货和外汇按金交易，属于违法行为；客户（单位和个人）委托未经批准登记的机构进行外汇期货和外汇按金交易，无论以外币或人民币作保证金也属违法行为。依据《违反外汇管理处罚施行细则》之规定，组织和参与这种交易，属于私自经营外汇业务和私自买卖外汇，构成扰乱金融行为。未经批准，擅自从事外汇期货和外汇按金交易的双方不受法律保护。1997年6月25日中国证券监督管理委员会《关于坚决查处非法境外期货和外汇按金交易活动的通知》再次重申：对于非法从事境外期货和外汇按金交易的各类非法公司，一经查实，立即取缔并没收非法所得，构成犯罪的，追究相关人员的刑事责任。因此，外汇按金交易既属于《中华人民共和国外汇管理条例》第 41 条规定的“未经外汇管理机关批准，擅自经营外汇业务”，以及第 46 条规定的“私自买卖外汇、变相买卖外汇或者倒买倒卖外汇”行为，也属于全国人大常委会《关于惩治骗购外汇、逃汇和非法买卖外汇犯罪的决定》第 4 条第 1 款规定的“在国家规定的交易场所以外非法买卖外汇”行为。

第二，非法从事外汇按金交易，扰乱市场秩序，情节严重的，应当以非法经营罪定罪处罚。这里的“扰乱市场秩序，情节严重”，可参照执行 1998 年最高人民法院《关于审理骗购外汇、非法买卖外汇刑事案件具体应用法律若干问题的解释》第 3 条之规定，即“在外汇指定银行和中国外汇交易中心及其分中心以外买卖外汇，扰乱金融市场秩序，具有下列情形之一的，按照刑法第二百二十五条第（三）项之规定定罪处罚：（一）非法买卖外汇二十万元美元以上的；（二）非法所得五万元人民币以上的”。

第三，没有交付交易现金，亦没有实际占有非法获利款，均不影响非法经营罪的成立。由于外汇按金交易是一种远期外汇买卖方式，只要交付了部分的按金（保证金），就可以进行交易，未交付全部交易现金并不影响外汇按金交易的进行。至于没有实际占有非法获利款，并不影响非法经营罪的成立。

——最高人民法院刑事审判第一庭、第二庭编：《刑事审判参考》2005 年第 1 集（总第 42 集），法律出版社 2005 年版，第 26~31 页。

576. 以现货投资名义非法代理境外黄金合约买卖行为的定性

关键词

非法经营罪　现货投资　黄金买卖

《刑事审判参考》指导案例

刘溪、聂命湛、原维达非法经营案（《刑事审判参考》指导案例第 727 号）

裁判要点：以介绍现货黄金投资为名义，未经批准招揽国内客户参与境外市场的黄金合约买卖，属于组织变相期货交易活动，其行为构成非法经营罪。

根据国务院《期货交易管理条例》（以下简称《条例》）第八十九条的规定，变相期货交易的特征可以归纳如下：（1）交易集中进行，而非个别、分散协商：实践中有的意见认为，集中交易是指集中竞价交易。该观点有待进一步商榷。1999年发布的《期货交易管理暂行条例》[①]曾规定，期货交易实行集中竞价，按照价格优先、时间优先的撮合成交原则进行。而新的《条例》则将交易方式修改为公开的集中交易方式或者国务院期货监督管理机构批准的其他方式。从《条例》对交易方式的修改可知，集中竞价不再是交易方式的要件。因此，按照新规定，涉案交易即便采用报价等非竞价方式，也不影响变相期货交易的认定。（2）交易对象为标准化合约，即合约由交易一方为了通常和重复使用而预先拟定，并在实际使用时未与对方协商。（3）交易实行保证金制度，交易者应当按照规定标准交纳资金，用于结算和保证履约。（4）交易实行当日无负债结算制度，或称"逐日盯市"。有关机构或者市场在每日交易结束后，根据当日结算价计算客户当日的持仓盈亏。如有持仓亏损必须于下一交易日前补足，否则客户在手合约会被强制平仓。（5）保证金收取比例低于合约（或者合同）标的额的20%。总之，从本质层面解析，变相期货交易与现货买卖的本质区别在于，变相期货交易中参与者的主要目的不是转移商品所有权，而是套期保值或者从期货价格变动中获取投机利益。

总之，我们认为，人民法院在办理变相期货交易案件时，应当重点关注以下几个方面：（1）审慎认定交易手法是否符合《条例》中变相期货交易的行为特征。（2）综合全案证据及事实，判断交易目的是否是对冲合约获取风险利润。（3）如果所交易的合约到期应当被依法、全面、适当履行，当事人既不能擅自变更或者解除，也不能通过对冲替代履行，并且交易不具备变相期货交易的特征或者特征不明显的，则是现货交易。（4）在必要时征询、参考行政主管部门的意见。（5）留意我国特定时期的黄金市场监管政策。总之，应当综合平衡司法介入经济活动与打击经济犯罪之间的关系，既要保护灵活、新型、合法的投资手段，又要维护正常的黄金、期货市场秩序，注重保护投资者的合法利益。

——最高人民法院刑事审判第一、二、三、四、五庭主办：《刑事审判参考》2011年第5集（总第82集），法律出版社2012年版，第23~31页。

577. 刑法修正案颁布实施前未经国家有关主管部门批准，非法经营期货业务行为的定性

关键词

非法经营罪　期货业务

---

① 本文件已被《期货交易管理条例》（国务院令第489号）废止。

《刑事审判参考》指导案例

周新桥等非法经营案（《刑事审判参考》指导案例第 564 号）

裁判要点：在未经国家有关主管部门批准的前提下，非法经营股市指数期货业务和国内商品期货业务，构成非法经营罪。

（一）本案被告人周新桥等人在刑法修正案公布实施之日以前的经营期货业务行为，依照当时的相关行政法律规定和刑法第二百二十五条第三项的规定，应当认定为非法经营罪。

1999 年 12 月 25 日公布实施的刑法修正案（以下简称《修正案》）第八条规定："刑法第二百二十五条增加一项，作为第三项：'未经国家有关主管部门批准，非法经营证券、期货或者保险业务的；'原第三项改为第四项。"据此，将本案六被告人在 1999 年 12 月 25 日之后经营期货的行为认定为非法经营罪没有疑义，但对于六被告人在 1999 年 12 月 25 日之前经营期货的行为，是否也应当认定为非法经营罪，这就涉及如何理解适用在《修正案》出台前《刑法》第二百二十五条第三项："其他严重扰乱市场秩序的非法经营行为"的法律含义（理论上通常将其称为"兜底条款"）。因此，必须把以下几个方面的问题理解透彻，方能正确把握。

首先，非法经营罪中的"经营行为"的具体内涵与外延。作为"破坏社会主义市场经济秩序罪"中规定的非法经营犯罪行为，其"经营"一词理应是经济领域中的"经营"活动，通常指市场主体以营利为目的，从事某项能够为自己带来利益的活动。由此可知，经营行为具有营利的特点，包括从事工业、商业、服务业、交通运输业等经营活动。强调此"经营"行为以营利为目的是必要的，故"经营行为"应解释为以营利为目的的市场行为。

其次，非法经营罪中"非法"的法律含义。根据刑法第二百二十五条规定，"违反国家规定"是本罪成立的特定前提条件，即只要是"违反国家规定"的经营行为，就是本罪中的"非法"经营行为。根据刑法第九十六条的规定，"违反国家规定"是指违反全国人民代表大会及其常务委员会制定的法律和决定、国务院制定的行政法规、规定的行政措施、发布的决定和命令等。

最后，非法经营罪的"非法经营行为"必须具有行政违法性和刑事违法性的双重性质。随着社会经济的发展变化，国家会在不同时期对一些特殊物品实行专营、专卖以及对一些特殊的经营行为实施许可证、审批制度，以此禁止非法经营行为，维护国家的正常市场秩序。从刑法第二百二十五条列举的前三项非法经营行为可以看出，无论是专营、专卖物品或者其他限制买卖物品，还是进出口许可证以及其他经营许可证或者批准文件，都与国家特定的经营许可制度有关。换言之，非法经营罪的行政违法性是其刑事违法性的前提。只有违反了行政法规的行为，经过刑事法律的选择将其中严重的违法行为规定为犯罪，才构成非法经营犯罪。就此而言，可以说非法经营犯罪均具有行政违法和刑事违法的双重性，行政违法性是刑事违法性的前提。

需要注意的是，由于国家根据经济形势和社会发展的具体情况，不断对专营、专卖和限制性经营以及对实行许可证制度的范围进行调整，相应的法律、法规也随之发生变化，因此在把握本罪的特定犯罪前提条件时，应以行为当时有效的法律、法规为依据。法律、法规没有明文规定禁止经营的物品，任何人进行经营，即使造成了市场秩序的严重破坏，也不能以非法经营犯罪论处，这不仅是罪刑法定原则之要求，更是非法经营罪之法定犯特征使然。当然，如果行为人的经营行为触犯了刑法的其他规定，构成其他犯罪的，则应以其他犯罪依法追究。

根据以上分析，非法经营罪中的“其他严重扰乱市场秩序的非法经营行为”，就是指除第二百二十五条第（一）（二）（三）项以外的其他违反与经营许可制度有关法律、法规且严重扰乱市场秩序的行为。

本案被告人周新桥等人均未取得从事期货经营资格，在融汇公司注册成立后，为获取高额利润商定设立交易盘房，以培训经纪人和举办股民培训班的方法，招揽客户炒作香港恒生指数期货和国内商品期货，收取交易手续费，其行为是以营利为目的的经营行为。要认定本案六被告人在《修正案》颁布实施之前实施的经营期货的行为是否构成非法经营罪，取决于其行为时是否违反了国家当时对期货业务经营资格的许可制度。因此，有必要厘清我国关于期货业务经营的法律规定，才能作出正确裁判。

证券、期货或者保险业务，均属于金融业务。经营主体的经营资格、经营能力以及经营行为等，直接关系到广大社会公众的利益和整个市场经济的有序发展，国家对于期货经纪业务的市场准入资格有着明确和严格的规定。1993 年 11 月 4 日《国务院关于坚决制止期货市场盲目发展的通知》、1995 年 7 月 20 日《国务院关于批转国务院证券委员会 1995 年证券期货工作安排意见的通知》、1998 年 8 月 1 日《国务院关于进一步整顿和规范期货市场的通知》均明确规定了未取得许可证的机构和单位一律不得从事期货经纪业务。1999 年 9 月 1 日起施行的《期货交易管理暂行条例》[①] 规定中第六十五条明确规定：“任何单位或者个人违反本条例规定，擅自从事境外期货交易的，予以取缔，没收违法所得……构成犯罪的，依法追究刑事责任。任何单位或者个人非法设立或者变相设立期货交易所、期货经纪公司，或者擅自从事期货经纪业务的，予以取缔，并依照前款的规定处罚；构成犯罪的，依法追究刑事

① 本文件已被《期货交易管理条例》（国务院令第 489 号）废止。

责任。”2007 年 4 月 15 日起施行的《期货交易管理条例》重新明确了对期货业务经营的严格规定与资格许可制度以及追究刑事责任的规定。从上述规定可以看出，凡是未经特别许可经营期货或者期货经营者未达规定条件的，情节严重的，应当依法追究刑事责任。

——最高人民法院刑事审判第一、二、三、四、五庭主办：《刑事审判参考》2009 年第 4 集（总第 69 集），法律出版社 2009 年版，第 4~7 页。

578. 未经批准开展证券咨询业务行为的定性

关键词

非法经营罪　虚报注册资本罪

《刑事审判参考》指导案例

王丹、沈玮婷非法经营、虚报注册资本案（《刑事审判参考》指导案例第 1043 号）

裁判要点：被告人利用没有资格经营证券咨询业务的公司，采取与有资格经营证券咨询业务的公司签订合作协议，以有资格经营证券咨询业务的公司名义从事证券咨询业务，违背了证券法的立法目的，扰乱了正常的证券市场秩序，非法经营额近 3000 万元，情节严重，应当认定其行为构成非法经营罪。

（一）刑法第二百二十五条第三款规定的证券业务的具体内容包括证券咨询业务

一种意见认为，我国刑法第二百二十五条第三款规定了未经国家有关主管部门批准非法经营证券业务属非法经营，但并未明确指出证券业务是否包括证券咨询业务，因此，根据法无明文规定不为罪的刑法基本原则，被告人王丹等的行为没有违反刑法禁止性规定，不构成非法经营罪。我们认为，应当根据刑法第二百二十五条关于罪状的表述方式并结合证券法等相关法律来理解该条文的含义。该条款的基本表述属空白罪状，所谓空白罪状，就是“没有具体说明某一犯罪的构成特征，但指明了必须参照的其他法律、法令”。因此，准确适用刑法第二百二十五条的前提便是考察与该条文关系密切的其他法律，本案即应考察证券法的相关规定。根据证券法第一百二十二条[①]的规

① 本条已被《中华人民共和国证券法》（2019 年修订）。

定，设立证券公司，必须经国务院证券监督管理机构审查批准。证券法第一百二十五条[①]另规定，经国务院证券监督管理机构批准，证券公司可以经营证券投资咨询业务。换言之，设立证券公司和开展证券投资咨询业务，都需要经国务院证券监督管理机构批准。本案中，被告人王丹及其公司并未根据主管部门批准成立证券公司，当然更不可能依据证券监管部门的批准合法开展证券咨询业务。

（二）采取与有资格经营证券咨询业务的公司合作的方式不能规避应当接受证券业主管机构批准和监管的义务

本案另一个争议焦点是，没有资格经营证券咨询业务的公司采取与有资格经营证券咨询业务的公司签订合作协议，以有资格经营证券咨询业务的公司名义从事证券咨询业务，该种做法能否视为合法经营证券咨询业务。我们认为，根据证券法第一百二十五条[②]的规定，只有经国务院证券监督管理机构批准，证券公司才能经营证券投资咨询业务；无证券咨询资格的公司与具有证券咨询资格的公司之间的合作协议不能规避其应当接受审批和监管的义务。证券法对投资咨询业务所作的限制性规定，是为了维护广大投资者的利益，维护证券市场的健康发展。本案中，被告人王丹等利用智盈公司、金诚公司与有证券咨询资格的金证公司、禧达丰公司签订合作协议，并将自己公司选聘的多名股评分析师的从业资格证书挂靠到这些公司，借这些公司的证券咨询资格证明用于自己股评节目的资格审查。王丹、沈玮婷通过该合作方式以规避法律并牟取巨额利益，违背了证券法的立法目的，扰乱了正常的证券市场秩序，而其所获利益与从事证券咨询业务之间也存在必然的因果关系。如果刑法对这种规避证券监管的证券咨询行为不予以制裁，势必架空证券法对证券市场的规制和监管，助长无资格公司与有资格的公司勾结扰乱证券市场秩序的行为。

（三）未经批准开展证券咨询业务达到情节严重程度的才构成非法经营罪

刑法第二百二十五条规定，只有情节严重的扰乱市场秩序的行为才构成非法经营罪。这就是说，未经国家有关主管部门批准非法经营证券咨询业务的行为，并非一律认定为非法经营罪。我国刑法理论认为，刑法具有补充性。“补充性的基本含义是，只有当一般部门法不足以抑制某种法益侵害行为时，才由刑法禁止。”我国证券法第二百三十一条[③]规定，对违反证券法构成犯罪的，依法追究刑事责任。本案中，被告人王丹和沈玮婷利用与有经营证券咨询业务的公司合作的方式，非法经营证券咨询业务，非法经营额近3000万

---

① 本条现为《中华人民共和国证券法》（2019年修订）第一百二十条。

② 本条现为《中华人民共和国证券法》（2019年修订）第一百二十条。

③ 本条现为《中华人民共和国证券法》（2019年修订）第二百一十九条。

元。根据最高人民检察院、公安部《关于公安机关管辖的刑事案件立案追诉标准的规定（二）》的规定，未经国家有关主管部门批准，非法经营证券、期货、保险业务，数额在 30 万元以上的，或者违法所得数额在 5 万元以上的，应予追诉。据此，王丹、沈玮婷等人的行为应当认定为情节严重的非法经营行为，动用刑罚具有必要性和正当性。

——最高人民法院刑一庭：《王丹、沈玮婷非法经营、虚报注册资本案》，载最高人民法院刑事审判第一、二、三、四、五庭主办：《刑事审判参考》2014 年第 6 集（总第 101 集），法律出版社 2015 年版，第 70~71 页。

579. 利用 POS 终端机非法套现行为的定性

关键词

非法经营罪　非法套现　信用卡诈骗罪

最高人民法院司法解释

第十二条　违反国家规定，使用销售点终端机具（POS 机）等方法，以虚构交易、虚开价格、现金退货等方式向信用卡持卡人直接支付现金，情节严重的，应当依据刑法第二百二十五条的规定，以非法经营罪定罪处罚。

实施前款行为，数额在 100 万元以上的，或者造成金融机构资金 20 万元以上逾期未还的，或者造成金融机构经济损失 10 万元以上的，应当认定为刑法第二百二十五条规定的“情节严重”；数额在 500 万元以上的，或者造成金融机构资金 100 万元以上逾期未还的，或者造成金融机构经济损失 50 万元以上的，应当认定为刑法第二百二十五条规定的“情节特别严重”。

持卡人以非法占有为目的，采用上述方式恶意透支，应当追究刑事责任的，依照刑法第一百九十六条的规定，以信用卡诈骗罪定罪处罚。

——《最高人民法院、最高人民检察院关于办理妨害信用卡管理刑事案件具体应用法律若干问题的解释》（2018 年 11 月 28 日，法释〔2018〕19 号）。

附录：理解与适用

近年来，违反国家规定，使用销售点终端机具（POS 机）、网上支付、电话支付等方法，以虚构交易、虚开价格、现金退货等方式向信用卡持卡人直接支付现金的信用卡套现行为日益增多，已蔓延至全国，特别在当前全球金融危机和我国中小企业融资难的情况下，通过非法中介进行信用卡套现的情况急剧增加，套现金额和笔数增长迅速，涉及套现的以及不法中介公司的广告泛滥。2008 年由各发卡机构确认的套现欺诈金额近 15 亿元，涉及商户近 2

万户，同比分别增长了6倍和3倍多，严重扰乱了国家的金融管理秩序，有必要予以刑事打击。

信用卡套现，实践中一般表现为使用POS机、网上支付、电话支付等方法，通过虚构交易、虚开价格、现金退货等方式，在未发生真实商品交易的情况下，变相将信用卡的授信额度转化为现金，支付给信用卡持卡人的行为。违法商户在套现过程中一般通过收取一定比例的手续费来谋取不法利益。信用卡套现活动危害严重：一是非法经营金融业务，容易滋生地下金融活动，扰乱国家金融秩序，进而威胁社会正常经济秩序；二是套现行为制造的虚假交易会导致虚假的经济统计数据和虚假的经济繁荣景象，进而误导经济决策；三是侵犯信用卡业务的正常秩序，给发卡银行带来巨大的信贷风险；四是导致部分个人及中小企业处于高度负债状态，威胁社会安定和谐。故《解释》第7条专门对此进行了规定。该条共分3款，解释了使用POS机等进行信用卡套现行为的定性、处罚以及持卡人构成信用卡诈骗罪的情形。对信用卡套现如何定性处罚？主要有两种意见：一种意见认为，信用卡套现是将信用卡内的消费信贷额度直接转化为现金套取出来，相当于骗取银行贷款，应当依照《刑法》第一百七十五条之一骗取贷款罪定罪处罚。但骗取贷款罪的犯罪主体是信用卡持卡人，特约商户是持卡人的帮助犯，这样可能导致刑事处罚范围过大，不利于突出打击重点。另一种意见认为，信用卡套现行为中特约商户协助持卡人进行套现，是以收取手续费为目的，本质是一种非法经营行为，应依照《刑法》第二百二十五条非法经营罪定罪处罚。但存在的问题是目前尚无法律和行政法规明文规定禁止信用卡套现，有可能扩大非法经营罪的范围。

我们认为，刑法修正案（七）已将非法从事资金结算业务规定为非法经营罪的行为方式之一，因此对于实践中利用POS机、网上支付、电话支付等方法从事套现活动，情节严重，需要追究刑事责任的，可以适用《刑法》第二百二十五条规定处理。

故《解释》第7条第1款规定，信用卡套现以非法经营罪认定，并把打击重点定为使用POS机等方法实施信用卡套现的不法商户。由于信用卡套现行为的危害主要在于将金融机构资金置于高度风险之中，因此该条第2款把套现金额、逾期未还金额、金融机构经济损失作为定罪量刑的标准。我们在近年信用卡套现交易金额等统计数据的基础上，确定了该罪的定罪量刑标准，并将第二个量刑幅度掌握在第一个量刑幅度的5倍。根据中国银联商户风险监控系统的统计，2007年套现交易金额累计100万元的套现商户有8家，500万元以上的没有；2008年1月至9月，套现交易金额累计100万元的套现商户有79家，500万元以上的有2家。因此，将套现商户累计交易金额达100万元作为定罪标准，既能有效地惩治已造成严重危害的套现商户，对社会上其他潜在的套现商户形成极大的威慑，又能避免因刑事打击面过宽而引起不良影响。同时，根据对已发套现案件的调查，通常一起套现案件案发后，所涉及的累计套现交易总额中，至少有20%的套现交易额经发卡行采取电话、传真等一般催收措施后，仍会形成逾期3个月不能归还的透支额。此后，对于逾期3个月不能归还的透支额，经发卡银行采取上门催收、外包的专业催收、律师诉讼及公安、司法机关介入等特殊催收措施后，仍约有50%的透支额最终无法追回，形成发卡行的实际损失。如果以商户累计套现交易金额达100万元以上的数量标准为参考值，那么因商户从事套现造成金融机构资金20万元以上逾期未还的，或造成金融机构经济损失10万元以上的，其社会危害性基本相当，数量标准基本协调。因此，对信用卡套现构成非法经营罪的定罪量刑标准作出了如下规定：数额在100万元以上的，或者造成金融机构资金20万元以上逾期未还的，或者造成金融机构经济损失10万元以上的，应当认定为《刑法》第二百二十五条规定的情节严重；同时将情节特别严重的标准掌握在情节严重的5倍。

第3款对持卡人构成信用卡诈骗罪的情形作了规定。持卡人以套取现金为目的，通过POS机商户实施套现行为的，一般不按犯罪处理；但如果其以非法占有为目的，通过POS机商户实施套现行为的，则应当以信用卡诈骗罪定罪处罚。

——刘涛：《〈关于办理妨害信用卡管理刑事案件具体应用法律若干问题的解释〉的理解与适用》，载《人民司法·应用》2010年第1期（总第588期）。

《刑事审判参考》指导案例

张虹飚等非法经营案（《刑事审判参考》指导案例第863号）

裁判要点：1. 行为人为自己或者实际控制的信用卡套取现金，情节严重的，均构成非法经营罪，且套现数额均应计入非法经营犯罪数额。

2. 用后次所套取现金归还前次套取现金的，应当累计为非法经营数额。

3. 明知他人为非法套现借用POS机，无偿出借期间套现数额应当计入非法经营犯罪数额。

4. 租用POS机从事非法套现的行为人为作为出租人的持卡人非法套现的数额应当计入非法经营犯罪数额。

本案是以被告人张虹飚为团伙核心的信用卡套现案，涉案人员较多，各被告人在套现过程中存在为自己套现、“拆东墙补西墙”式套现、无偿租用给他人套现、租用后无偿为出租人套现等各种复杂情况，给人民法院准确认定行为性质以及非法经营数额造成一定的难度。

（一）行为人为自己或者实际控制的信用卡套取现金，情节严重的，均构成非法经营罪，且套现数额均应计入非法经营犯罪数额

在本案审理过程中，有观点认为，非法经营罪中“经营”在传统意义上是指企业的供销，在供销经营关系中包括经营者和经营相对方两方主体，是一种人与人之间的关系。而特约商户在自己申领的 POS 机上刷卡，只有一方主体，不属于对外“经营”的范畴。

我们认为，应当准确理解信用卡套现类非法经营罪的本质。2009 年 12 月 16 日出台的《解释》[①] 第七条规定：“违反国家规定，使用销售点终端机具（POS 机）等方法，以虚构交易、虚开价格、现金退货等方式向信用卡持卡人直接支付现金，情节严重的，应当依据刑法第二百二十五条的规定，以非法经营罪定罪处罚。”由上述规定，对信用卡套现类非法经营罪的本质特征可以从以下几个方面进行分析。首先，从客观方面分析，信用卡套现类非法经营罪规制的是行为人在无真实交易背景下向“信用卡持卡人”直接支付现金的行为，对象是信用卡持卡人，并不禁止行为人与持卡人主体重合。特约商户持自己或者实际控制的信用卡刷卡时，行为人具有两种重合的主体身份，一是特约商户，二是代表持卡人。在其虚构的交易行为中，行为人一人担当交易双方的角色。其次，从侵犯的法益分析，信用卡套现行为之所以构成非法经营罪，是因为行为人在未发生真实商品交易情况下，变相将信用卡的授信额度转化为现金，从而使金融机构资金置于高度风险之中，严重扰乱国家金融管理秩序。本案三被告人用自己或者实际控制的信用卡在自己的 POS 机上套取现金，已经现实地使银行资金置于高度风险之中，侵犯了设立非法经营罪所要保护的国家正常的金融市场秩序。再次，非法经营罪所体现的规范、指引、教育功能在于从事某种经营应当按照国家规定事先获取经营许可资格，或者遵守特定行业的特定规则。如果行为人未获取相关许可或者违反特定行业的特定规则，就应当认定为非法经营行为，情节严重的即可构成刑法第二百二十五条规定的非法经营罪。行为人申领 POS 机目的在于实施信用卡套现行为，不论是为他人还是为自己刷卡，均违反了不得虚构交易的特定行业规则，严重扰乱金融管理秩序，故特约商户不论是为他人套现，还是为自己套现，均属于刑法第二百二十五条规定的非法经营行为，不能因为特约商户与持卡人身份重合而将此类非法套现行为排除在刑法调整之外。

---

① 本条现为《最高人民法院、最高人民检察院关于办理妨害信用卡管理刑事案件具体应用法律若干问题的解释》（2018 年修正）第十二条。

既然为自己或者实际控制的信用卡套取现金，情节严重的，均构成非法经营罪，那么两种情形的套现数额均应计入非法经营犯罪数额，倪峥的辩护人所提不应将倪峥为其实际控制的信用卡套现的数额计入非法经营犯罪数额的观点，不能成立。

（二）用后次所套取现金归还前次套取现金的，应当累计为非法经营数额

本案中，倪峥等人为了不让信用卡信誉度降低，方便继续套现，在某张信用卡还款日到期前，采取拆东墙补西墙的手法，从其他信用卡套取现金归还欠款，从而出现滚动套现的情况。有观点认为，在计算此类套现行为的犯罪数额时应当以银行被占用资金（即“本数”）为基准。诈骗犯罪、挪用公款罪都是以“本数”确定犯罪数额。如《最高人民法院关于审理诈骗案件具体应用法律的若干问题的解释》（现已废止）第九条明确规定：“对于多次进行诈骗，并以后次诈骗财物归还前次诈骗财物，在计算诈骗数额时，应当将案发前已经归还的数额扣除，按实际未归还的数额认定，量刑时可将多次行骗的数额作为从重情节予以考虑。”《最高人民法院关于审理挪用公款案件具体应用法律若干问题的解释》第四条规定：“……多次挪用公款，并以后次挪用的公款归还前次挪用的公款，挪用公款数额以案发时未还的实际数额认定。”

我们认为，用后次所套取现金归还前次套取现金的，应当累计非法经营数额。首先，诈骗与挪用类犯罪侵犯的主要客体是财产所有权，如果挪用的对象是公款，则挪用类犯罪还侵犯了职务行为的廉洁性。故被害人或者被害单位的财产损失往往是衡量犯罪行为严重程度的主要因素之一，相关司法解释结合行为人主客观方面要素以最终未能归还的实际数额作为认定犯罪数额的标准的原理即在于此。而非法经营罪作为扰乱市场秩序的主要犯罪之一，其危害性主要体现在对正常市场经营秩序的严重扰乱，而不仅仅是金融机构资金的安全性。与内幕交易，操作证券、期货市场行为类似，行为人交易的次数、交易的数额本身就体现出行为扰乱市场经济秩序的严重程度。套现行为制造的虚假交易，使经济总量虚高，还可能导致虚假的经济统计数据和虚假的经济繁荣景象，进而误导经济决策。本案中，张虹飚在短短15个月左右的时间里单独或者伙同多人，非法套现2250万元，造成信用卡交易总量的虚假放大，对市场宏观经济秩序造成严重消极影响。倘若以“本数”为犯罪数额，在行为人归还了所套取的“本数”现金金额的情况下，就不能认定为犯罪，则必然背离非法经营罪设置的初衷。其次，从入罪标准看，也应当累计计算。考虑到套现交易金额可能不能直接反映行为对金融机构资金安全性的危害程度，《解释》将信用卡套现类非法经营行为“情节严重”的入罪标准规定为三项：商户套现交易金额、造成金融机构资金逾期未还金额、造成金融机构经济损失金额。从该规定分析，就第一项而言，即指客观上实际套现交易的数额，因此，对以后次套现归还前次套现的情形，套现数额应当累计

计算。

（三）明知他人为非法套现借用 POS 机，无偿出借期间套现数额应当计入非法经营犯罪数额

张虹飚的辩护人提出，张虹飚无偿出借给倪峥等人使用期间的套现数额应当从犯罪总额中扣除。

我们认为，明知他人为非法套现借用 POS 机，即使是无偿出借，他人在无偿出借期间套现数额应当计入非法经营犯罪数额。首先，作为共同犯罪中的帮助犯，应当对共同犯罪行为承担全部责任。本案中，张虹飚除了自己实施非法套现行为外，在明知他人租借其 POS 机系从事刷卡套现违法活动情况下，仍违反银联公司相关规定将 POS 机租借给他人，并提供个人印章、财务专用章、空白支票等。该情形下，其虽然未实施直接非法经营的实行行为，但向倪峥等人提供了该类犯罪能够得逞的关键设备，属于共同犯罪中的帮助犯。帮助犯是指共同犯罪中没有直接参与犯罪的实行行为，而是向实行犯提供帮助，使其便于实施犯罪，或者促使其完成犯罪的人。帮助行为通常表现为提供犯罪工具、指示犯罪目标、查看犯罪地点、排除犯罪障碍以及事前通谋答应事后隐匿罪犯、消灭罪迹、窝藏赃物来帮助实施犯罪等情况。按照共同犯罪“部分行为全部责任”理论，张虹飚应当对提供 POS 机期间套现的金额承担相应的法律责任。其次，非法经营罪的构成不要求以牟利为目的。信用卡套现构成非法经营罪必须具备以下条件：一是行为违反国家规定；二是利用 POS 机虚构交易等方法；三是向信用卡持卡人直接支付现金；四是行为达到情节严重的程度。而行为人是否以牟利为目的、是否最终牟取了利益不影响本罪的成立。故张虹飚为他人实施非法信用卡套现行为提供犯罪工具，有偿与否，不影响对其犯罪数额的认定。

（四）租用 POS 机从事非法套现的行为人为作为出租人的持卡人非法套现的数额应当计入非法经营犯罪数额

作为特约商户，不论是为他人套现，还是为自己套现，其套现数额均应当计入犯罪数额。以这个大原则为前提，如果行为人是 POS 机租用人，持卡人是出租人，行为人为作为出租人的持卡人非法套现的数额是否应当计入非法经营犯罪数额，在审理过程中对此存在分歧。倪峥的辩护人提出，由于 POS 机是倪峥向张虹飚租用的，所以倪峥使用 POS 机期间，张虹飚套现的数额应当在犯罪总数额中予以扣除。我们认为，该意见不能成立。首先，倪峥套取现金的行为符合本罪的犯罪构成要件。相关法律和司法解释对构成本罪的主体并没有特别限定，即并不必须是特约商户才能成为本罪的犯罪主体。倪峥违反国家规定，即使是租用 POS 机为 POS 机出租人即信用卡持卡人张虹飚套取现金，情节严重的，其行为也构成非法经营罪。其次，作为 POS 机的实际控制人和使用受益人，应当对使用期间套现数额总额负责。虽然倪峥

不是 POS 机的机主，但其是实际控制人，且经倪峥亲手操作为张虹飚套取现金。虽然张虹飚是持卡人，倪峥未收套现手续费，似乎并无直接经济收益，但潜在的、替代性的收益仍然存在，如张虹飚免除部分租用费，由张虹飚安排租用人之间相互调换使用 POS 机以逃避监管等其他形式的利益。况且，倪峥不收手续费的原因不论是双方合意，还是自愿免除，都是其非法经营行为的组成部分，其是否获利不影响非法经营犯罪行为的认定。因此，倪峥应当对其使用 POS 机期间的套现总额承担刑事责任。当然，在这种情况下，张虹飚作为倪峥非法经营的共犯也应当对其作为持卡人的套现数额负刑事责任。

——孙炜、范莉、徐克兵、郁松：《张虹飚等非法经营案——利用 POS 终端机非法套现的行为定性以及非法经营犯罪数额的认定》，载最高人民法院刑事审判第一、二、三、四、五庭主办：《刑事审判参考》2013 年第 3 集（总第 92 集），法律出版社 2014 年版，第 47~55 页。

附录：司法信箱

问题：对于非法套现行为是否有禁止性国家规定？

《人民司法》研究组认为：对于非法套现行为，国务院有关文件已有明确的禁止性规定。国务院 1988 年发布的《现金管理暂行条例》[①] 第二十一条规定，在银行和其他金融机构开立账户的单位和个人套取现金的行为是违法行为。国务院 1999 年发布的《金融违法行为处罚办法》第二十条则规定，金融机构应当遵守中国人民银行有关信用卡管理的规定，不得违反规定对持卡人透支或者帮助持卡人利用信用卡套取现金。另外《中华人民共和国刑法修正案（七）》第五条明确规定，“未经国家有关主管部门批准非法经营证券、期货、保险业务的，或者非法从事资金支付结算业务的”，应当按照非法经营罪处罚。因此，行为人利用 POS 机等工具从事信用卡套现活动，符合司法解释规定的条件，按照非法经营罪论处法律依据充分。

——《人民司法·应用》2011 年第 23 期（总第 634 期）。

580. 印刷、发行宣扬邪教内容出版物的定性

关键词

非法经营罪　组织、利用邪教组织破坏法律实施罪

① 已删除，删除依据《现金管理暂行条例（2011 年修订）》（国务院令第 588 号）。

《刑事审判参考》指导案例

王作武非法经营案（《刑事审判参考》指导案例第 73 号）

裁判要点：如果非法印制、发行宣扬法轮功邪教的书籍、图片及非法经销宣扬法轮功邪教的音像制品的行为，发生在我国政府明令取缔法轮功邪教组织之前，不应以组织、利用邪教组织破坏法律实施罪定罪处罚，而应以非法经营罪定罪处罚。如果以宣扬邪教为目的或者将非法所得资助法轮功邪教组织的印制、出售宣扬法轮功邪教组织书籍、图片及出售宣扬法轮功邪教组织音像制品的行为，发生在我国政府明令取缔法轮功邪教组织之后，应以组织、利用邪教组织破坏法律实施罪定罪处罚。

以宣扬邪教为目的或者将非法所得资助法轮功邪教组织的印制、出售宣扬法轮功邪教组织书籍、图片及出售宣扬法轮功邪教组织音像制品的行为，如果发生在 1999 年 7 月 22 日以后，根据最高人民法院、最高人民检察院《关于办理组织和利用邪教组织犯罪案件具体应用法律若干问题的解释》① 第 2 条之规定，应以《刑法》第 300 条第 1 款规定的组织、利用邪教组织破坏法律实施罪定罪处罚。印制、出售宣扬法轮功邪教组织的书籍、图片及出售宣扬法轮功邪教组织的音像制品的行为，同时触犯了《刑法》第 225 条第 3 项和《刑法》第 300 条规定的两个罪名，属于法规竞合。根据特别法优于普通法、重法优于轻法的原则，发生在 1999 年 7 月 22 日以后的印制、出售宣扬法轮功邪教组织的书籍、图片及出售宣扬法轮功邪教组织的音像制品的行为，应以组织、利用邪教组织破坏法律实施罪定罪处罚。

——最高人民法院刑事审判第一庭编：《刑事审判参考》2000 年第 5 辑（总第 10 辑），法律出版社 2000 年版，第 25~30 页。

581. 对于制售有严重政治问题的非法出版物行为的定性

关键词

非法经营罪　非法出版物

---

① 已失效，失效依据《最高人民法院、最高人民检察院关于办理组织、利用邪教组织破坏法律实施等刑事案件适用法律若干问题的解释》（法释〔2017〕3 号）。

最高人民法院司法解释

第十一条 违反国家规定，出版、印刷、复制、发行本解释第一条至第十条规定以外的其他严重危害社会秩序和扰乱市场秩序的非法出版物，情节严重的，依照刑法第二百二十五条第三项的规定，以非法经营罪定罪处罚。

——《最高人民法院关于审理非法出版物刑事案件具体应用法律若干问题的解释》(1998 年 12 月 17 日，法释〔1998〕30 号)。

《刑事审判参考》指导案例

梁俊涛非法经营案(《刑事审判参考》指导案例第 663 号)

裁判要点：对于违反国家规定，出版、印刷、复制、发行政治性非法出版物行为应认定为非法经营罪

(一)非法出版物的认定

何为非法出版物？1987 年国务院发布的《关于严厉打击非法出版活动的通知》明确规定："除国家批准的出版单位之外，任何单位和个人不得出版在社会上公开发行的图书、报刊和音像出版物，违者属于非法出版活动；非出版单位编印，翻录内部使用的非营利性的出版物，须报经主管单位批准，并经县级以上管理机关批准，违者也视为非法出版物。"新闻出版总署于 1991 年发布的《关于认定、查禁非法出版物的若干问题的通知》亦再次明确，凡不是国家批准的出版单位印制的在社会上公开发行的报纸、期刊、图书都属于非法出版物，其中还列举了非法出版物的主要形式。1997 年新闻出版总署出台的《出版管理行政处罚实施办法》第六十五条以部门规章的形式规定了什么是非法出版物，即违反《出版管理条例》，未经批准擅自出版的出版物；伪造、假冒出版单位或者报纸、期刊名称出版的出版物；擅自印刷发行的境外出版物、进口出版物，应当认定为非法出版物。

根据上述规定，非法出版物可以定义为"不是国家批准的出版单位出版的在社会上公开发行的图书、报刊和音像出版物，以及违反《出版管理条例》未经批准擅自出版的出版物即为非法出版物"。其表现形式有：盗用、假冒正式出版单位或者报纸、期刊名义出版的出版物；伪称根本不存在的出版单位或者报纸、期刊名称出版的出版物；盗印、盗制合法出版物而公开销售的；公开发行的不署名出版单位或者署名非出版单位的出版物；承印者以牟利为目的擅自加印、加制的出版物；被明令解散的出版单位的成员擅自重印或以原单位名义出版的出版物；未经新闻出版行政部门批准的内部资料性出版物；买卖书(刊、版)号出版的出版物；擅自印刷或复制的境外出版物；非法进

口的出版物。由此可见，此处的非法出版物实质上是形式违法的出版物，即无出版权或未经批准而擅自出版的出版物。

此外，还有一类非法出版物是内容违法的出版物，又称为违禁出版物。根据2001年《出版管理条例》第二十六条、第二十七条的规定，出版物禁载内容包括反对宪法确定的基本原则的；危害国家统一、主权和领土完整的；泄露国家秘密、危害国家安全或者损害国家荣誉和利益的；煽动民族仇恨、民族歧视，破坏民族团结，或者侵害民族风俗、习惯的；宣扬邪教、迷信的；扰乱社会秩序，破坏社会稳定的；宣扬淫秽、赌博、暴力或者教唆犯罪的；侮辱或者诽谤他人，侵害他人合法权益的；危害社会公德或者民族优秀文化传统的；以未成年人为对象的出版物，含有诱发未成年人模仿违反社会公德的行为和违法犯罪的行为的内容，含有恐怖、残酷等妨害未成年人身心健康的内容等。概括而言，内容违法的出版物主要包括了三个方面的内容：一是淫秽、色情出版物；二是政治性非法出版物；三是宣扬迷信、暴力的出版物。根据《新闻出版署出版物鉴定规则》的有关规定，认定出版物内容是否非法，由相关新闻出版单位提供鉴定结论。

最高人民法院1998年公布的《关于审理非法出版物刑事案件具体应用法律若干问题的解释》（以下简称《解释》）中的“非法出版物”就是一个大概念，既包括形式违法的出版物，也包括内容违法的出版物。从内容上分析，既包括宣扬色情、迷信、有政治问题的出版物，也包括淫秽出版物、侵犯著作权的出版物等；从出版主体上分析，既有非法成立的出版单位出版物，也有依法成立的出版单位违法、违规出版的出版物。

（二）对于制售有严重政治问题的非法出版物行为的定性

从立法沿革来看，非法经营罪是由1979年刑法规定的投机倒把罪分解而来的。在1979年刑法施行期间，最高人民法院、最高人民检察院于1987年11月27日制发的《关于依法惩治非法出版物犯罪的通知》[①]规定，以牟取暴利为目的，从事非法出版物的出版、印刷、发行、销售活动，非法经营或者非法获利的数额较大，情节严重的，以《刑法》第一百一十七条的投机倒把罪论处。最高人民法院、最高人民检察院、公安部于1991年1月30日再次制发《关于严厉打击非法出版犯罪活动的通知》[②]，规定对于从事非法出版活动构成犯罪的，依照投机倒把罪的罪名和数额标准追究刑事责任。可见，在1997年新刑法出台以前，对于经营内容有问题的非法出版物的行为是以投机

---

① 本文件已被《最高人民法院、最高人民检察院关于废止部分司法解释和规范性文件的决定》（法释〔2010〕17号）废止。

② 本文件已被《最高人民法院、最高人民检察院关于废止部分司法解释和规范性文件的决定》（法释〔2010〕17号）废止。

倒把罪来定罪处罚的。1997 年新刑法吸收了之前的有关内容，将涉及非法出版活动的投机倒把罪分解成侵犯著作权罪、销售侵权复制品罪及非法经营罪等罪名。

由于非法经营罪是行政犯，违反国家规定是构成非法经营罪的前提条件。根据新闻出版总署 1999 年发布的《出版市场管理暂行规定》[①] 规定："违反规定，发行、散发、附送或者出租含反对宪法，危害国家利益和主权，违反国家民族政策，宣扬淫秽、迷信、暴力及法律、法规禁止内容的出版物的；发行、散发、附送或者出租国家明令查禁的出版物的等，有上述行为之一的，由新闻出版行政部门没收违法发行的出版物和违法所得，并处违法所得二倍以上十倍以下的罚款；没收违法所得，处三千元以上一万元以下的罚款；情节严重的，由原发证部门责令停业整顿或者吊销许可证。"2001 年国务院公布实施的《出版管理条例》第五十六条[②] 规定："出版、进口含有本条例第二十六条、第二十七条禁止内容的出版物的；明知或者应知出版物含有本条例第二十六条、第二十七条禁止内容而印刷或者复制、发行的；明知或者应知他人出版含有本条例第二十六条、第二十七条禁止内容的出版物而向其出售或者以其他形式转让本出版单位的名称、书号、刊号、版号、版面，或者出租本单位的名称、刊号的，有上述行为之一，触犯刑律的，依照刑法有关规定，依法追究刑事责任；尚不够刑事处罚的，由出版行政部门责令限期停业整顿，没收出版物、违法所得，违法经营额一万元以上的，并处违法经营额五倍以上十倍以下的罚款；违法经营额不足一万元的，并处一万元以上五万元以下的罚款；情节严重的，由原发证机关吊销许可证。"可见，制售政治性非法出版物就违反了上述行政法规而具备了行政违法性。

根据《解释》第一条至第九条的规定，出版载有煽动分裂国家、破坏国家统一或者煽动颠覆国家政权、推翻社会主义制度的内容的出版物，可以构成煽动分裂国家罪或煽动颠覆政权罪；对于出版载有淫秽色情内容的出版物，可以构成制作、复制、出版、贩卖、传播淫秽物品牟利罪或传播淫秽物品罪等；对于出版载有侮辱、诽谤他人内容的出版物，可以构成侮辱罪或诽谤罪；对于出版载有歧视、侮辱少数民族内容的出版物，可以构成出版歧视、侮辱少数民族作品罪。因此，在处理出版、印刷、复制、发行非法出版物的犯罪时，首先要确定非法出版物的内容和性质。当行为人出版、印刷、复制、发行的系《解释》第一条至第十条规定之外的其他严重危害社会秩序和扰乱市场秩序的非法出版物时，则有成立非法经营罪的可能。

---

① 本文件已被《出版物市场管理规定》（2004 年修正）（新闻出版总署令第 23 号）废止。

② 本条现为《出版管理条例（2020 年修订）》（中华人民共和国国务院令第 732 号）第六十二条。

——最高人民法院刑事审判第一、二、三、四、五庭主办:《刑事审判参考》2011 年第 1 集（总第 78 集），法律出版社 2011 年版，第 1~9 页。

582. 非法出版物未经装订以及无法查明定价或者销售价格的情况下，如何认定册数和经营数额

关键词

非法出版物　经营数额

《刑事审判参考》指导案例

马智中、王现平非法经营案（《刑事审判参考》指导案例第 1211 号）

裁判要点：页码连贯、内容完整的出版物散页可以折算认定为刑法意义上的“册”。非法出版物没有装订且无法查明册数、定价或者销售价格的，可以散页的鉴定价格为依据计算非法经营数额。

（一）页码连贯、内容完整的出版物散页可以折算认定为刑法意义上的“册”

对于被告人马智中在被告人王现平处印刷的尚未装订的非法出版物应如何认定册数，审理中存在两种意见：

第一种意见认为，作为出版物计量单位的“册”，一般应理解为“装潢好的纸本子”。第二种意见认为，被告人马智中在被告人王现平处印刷的非法出版物虽未装订，但已完成印刷，在内容和形式上能够独立区分，可以认定为刑法意义上的“册”。我们同意第二种意见，页码连贯、内容完整的出版物散页可以折算为刑法意义上的“册”。理由是：

1. 应从实质意义上认定非法印刷行为

根据《最高人民法院关于审理非法出版物刑事案件具体应用法律若干问题的解释》（以下简称《非法出版物解释》）的规定，非法经营出版物的行为包括非法出版、印刷、复制、发行四种行为，行为人实施其中任何一种即可构成非法经营罪。本案中，二被告人虽然仅完成了非法印刷行为，但根据《印刷业管理条例》第二条第五款的规定，印刷经营活动，包括经营性的排版、制版、印刷、装订、复印、影印、打印等活动。被告人王现平出于营利目的，接受被告人马智中的委托非法印刷宗教出版物，在被侦查人员查获时，已完成了排版、制版、印刷三道工序，客观上实施了《印刷业管理条例》规定的印刷经营行为，故二被告人的行为属于《非法出版物解释》中规定的

“非法印刷”。

2. 已完成印刷的出版物散页，在页码连贯、内容完整的情况下，可以已装订完成的出版物为参照折算册数

本案中，被告人马智中在被告人王现平处印刷的非法出版物已完成了印刷工序，内容完整且已标注好页码，部分出版物甚至已完成折页工序。完成折页的出版物散页虽然在外观上有别于已装订完毕的出版物，但内容完整且连贯，基本不会影响阅读这一出版物的主要功能，与通常情况下的书籍并无本质区别。此外，由于出版物的页码数是确定的，折页工序是按照散页的页码顺序进行，因此，即使在未完成折页工序的情况下，如果已完成印刷工序，内容完整且标明页码，此种情况下的散页也完全可以根据内容和页码数来折算册数。

综上，页码连贯、内容完整的散页可以认定为刑法意义上的“册”。被告人王现平为被告人马智中印刷的非法类出版物虽未装订，但已完成印刷，内容完整且标明页码，且有部分已完成折页，在内容和形式上已能够做到独立区分，与已装订成册的出版物并无本质区别，可以按已装订完成的出版物折算认定为 9600 册。

（二）非法出版物没有装订且无法查明册数、定价或者销售价格的，可以散页的鉴定价格为依据计算非法经营数额

对于没有装订且无法查明册数、定价或者销售价格的散页，是否可以鉴定价格为依据计算非法经营数额，审理中也存在两种意见：

第一种意见认为，《非法出版物解释》中所称的“经营数额”，是指以非法出版物的定价乘以出版物数量所得的数额，没有定价的，应当按照行为人实际出售的价格认定。第二种意见认为，以装订好的出版物定价或者销售价格为依据认定非法经营数额，一般会高于散页的鉴定价格。因此，在无法查清定价或者销售价格的情况下，以散页的鉴定价格为依据认定“经营数额”有利于被告人，应作为非法经营数额的认定依据。

我们同意第二种意见，理由是：

出版物的定价或者销售价格以其成本价为基础确定，主要包括纸张、印刷、装订、发行等方面的费用，纸张和印刷费用只是成本的一部分。因此，对于未装订的散页而言，其鉴定价格通常情况下远低于出版物成品的定价或者销售价格，故以散页的鉴定价格为依据计算非法经营数额有利于被告人。本案中，在建兰新村 28 号仓库和民乐路 159 号仓库中查获的非法出版物散页由于无法以内容和页码为依据折算册数，只能以价格为基础认定非法经营数额。这些散页仅完成了印刷工序，即使不考虑后续装订等工序的成本，仅以单张散页 0.35 元的鉴定价格为标准计算，装订一本市场上正常流通的该出版物（604 个页码）的总价也仅为 13 元，远低于该出版物的一般定价或者销售

价格。因此，在非法出版物尚未销售或无法查明实际销售价格的情况下，以散页的鉴定价格为依据计算非法经营数额总体上有利于被告人。

从《非法出版物解释》的规定来看，非法出版物包括内容非法和程序违法两种情形，《非法出版物解释》分别规定了不同的处罚标准，其中第十五条关于非法经营程序违法出版物的处罚标准明显高于第一条至第十二条关于非法经营内容非法出版物的处罚标准，在具体适用时要注意区分情况分别处理。

——最高人民法院刑事审判第一、二、三、四、五庭主办：《刑事审判参考》（总第111辑），法律出版社2018年版，第50~55页。

583. 无证经营假冒伪劣卷烟行为的定罪

关键词

无证经营　假冒伪劣卷烟　想象竞合犯

《刑事审判参考》指导案例

王海旺非法经营案（《刑事审判参考》指导案例第1237号）

裁判要点：无证经营假冒伪劣卷烟的行为涉及多个罪名，属于想象竞合犯，应以处罚较重的罪名定罪。

2010年公布的《最高人民法院、最高人民检察院关于办理非法生产、销售烟草专卖品等刑事案件具体应用法律若干问题的解释》（以下简称《烟草解释》）第一条规定：生产、销售伪劣卷烟、雪茄烟等烟草专卖品，销售金额在5万元以上的，依照刑法第一百四十条的规定以生产、销售伪劣产品罪定罪处罚；销售明知是假冒他人注册商标的卷烟、雪茄烟等烟草专卖品，销售金额较大的，依照刑法第二百一十四条的规定以销售假冒注册商标的商品罪定罪处罚；违反国家烟草专卖管理法律法规，未经烟草专卖行政主管部门许可，无烟草专卖生产企业许可证、烟草专卖批发企业许可证、特种烟草专卖经营企业许可证、烟草专卖零售许可证等许可证明，非法经营烟草专卖品，情节严重的，依照刑法第二百二十五条的规定以非法经营罪定罪处罚。据此，无证销售假烟行为可能触犯的罪名有三个，分别是销售伪劣产品罪、销售假冒注册商标的商品罪和非法经营罪。

上述三个罪名并不必然同时构成。例如，根据刑法第一百四十条之规定，销售伪劣产品罪中的“伪劣产品”，包括“在产品中掺杂、掺假，以假充真，以次充好或者以不合格产品冒充合格产品”四种情形。2001年发布的《最高人民法院、最高人民检察院关于办理生产、销售伪劣商品刑事案件具体应用法律若干问题的解释》(以下简称《伪劣商品解释》)第一条对此进行进一步的明确，其中“在产品中掺杂、掺假”是指在产品中掺入杂质或者异物，致使产品质量不符合国家法律、法规或者产品明示质量标准规定的质量要求；“以假充真”是指以不具有某种使用性能的产品冒充具有该种使用性能的商品的行为。因而销售假冒注册商标的商品的行为，并不必然触犯销售伪劣产品罪，构成该罪还需要对所售产品质量进行检测，以确定其为伪劣产品。无证销售假冒他人注册商标的卷烟，但经鉴定所售卷烟不是伪劣产品，则只构成销售假冒注册商标的商品罪和非法经营罪，而不构成销售伪劣产品罪。因此行为人构成几个罪名，需要根据具体案件事实进行分析。

对于同时构成销售假冒注册商标的商品罪、销售伪劣产品罪和非法经营罪的经营假冒卷烟行为进行定罪处罚，实践中需要注意以下两点：一是此类竞合属于想象竞合而非法条竞合。有意见认为此类竞合属于法条竞合，并据此提出应按照“特别法优于一般法”的司法原则确定罪名。我们认为，无证销售假冒卷烟的行为之所以同时触犯三个罪名，非因该三个罪名的刑法规定存在重复或者交叉关系，而是此类行为的复合性导致其同时侵害数个不同客体所造成的，故应当认定为想象竞合而非法条竞合。也正是基于此，长期以来包括《烟草解释》等在内的相关司法解释无一例外地规定，对此类行为应当择一重罪定罪处罚。二是罪轻罪重不能笼统地从不同罪名的法定最高刑来判断，而是应当根据具体犯罪行为在不同罪名中所对应的法定刑幅度进行判断。

——最高人民法院刑事审判第一、二、三、四、五庭主办：《刑事审判参考》(总第113辑)，法律出版社2019年版，第10~15页。

584. 开采、加工、销售稀土矿产品的行为是否构成非法经营罪的认定

关键词

非法经营罪　稀土矿产品

《刑事审判参考》指导案例

曾海涵非法经营案（《刑事审判参考》指导案例第1253号）

裁判要点：开采行为客观上违反国家规定，但主观上没有违法开采的故意，且行为未达到情节严重的程度的，不宜追究刑事责任；

将碳酸盐稀土加工成草酸盐稀土的行为不属于冶炼分离加工，未违反国家规定。

（一）曾海涵开采、加工、销售稀土矿产品的行为不构成非法经营罪

非法经营罪的构成以违反国家规定为前提。本案审理过程中，对被告人曾海涵销售稀土矿产品的行为是否违反国家规定，我们认为，被告人曾海涵的行为可以分解为开采、加工和销售行为。这三个行为涉及三方面的国家规定。本案在案证据无法证明曾海涵销售的稀土矿产品来源，从有利被告人的角度出发，如果认定涉案稀土矿产品来源于广苏公司，系因抵债而得，那么曾海涵开采、加工、销售稀土矿产品的行为均不构成非法经营罪。理由如下：

1. 对曾海涵的开采行为不宜追究刑事责任

曾海涵的开采行为客观上虽然违反国家规定，但其主观上没有违法开采的故意，且其行为未达到情节严重的程度。根据矿产资源法第三条的规定，开采矿产资源必须经过批准、办理登记，并符合规定的资质条件。曾海涵和郭茂春与广苏公司订立合同，为广苏公司开采稀土矿产品提供技术和劳务支持。广苏公司没有获得采矿许可证，客观上广苏公司和曾海涵开采稀土的行为均违反了矿产资源法。然而，根据承包协议，广苏公司负责相关采矿许可证照的办理，郭茂春、曾海涵仅负责具体开采事宜。在履行劳务合同过程中，广苏公司隐瞒了采矿许可证照未成功办理的事实，向郭茂春、曾海涵提供了采矿许可证的虚假复印件。故不能认定郭茂春和曾海涵主观上具有违法开采的故意。另外，从本案发生的特殊背景分析，广苏公司虽然没有实际获得采矿许可证，但其是经过崇左政府招商引资为开采稀土矿而专门成立，其边开采边申请采矿许可的行为得到当地政府的默许，和一般的未经许可偷采行为不同。基于这一背景因素考虑，行政执法机关、司法机关均未追究广苏公司违法开采的责任。同理推之，对作为承包广苏公司劳务的曾海涵亦不应追究其违法开采的刑事责任，如对主观上不具有违法开采故意的行为追究刑事责任亦有客观归罪之嫌。

2. 将碳酸盐稀土加工成草酸盐稀土的行为不属于冶炼分离加工，未违反国家规定

本案中对涉案稀土存在氧化稀土、离子型稀土、碳酸盐稀土、草酸盐稀土等多种表述。离子型稀土矿是对矿山原始状态的称呼，经过加工之后生产出离子型稀土矿产品，草酸盐稀土和碳酸盐稀土属于离子型稀土矿产品。经向有关部门了解，稀土氧化物是稀土矿产品经过复杂的萃取、分离程序后得出的产品，其交易是不受限制的。草酸盐稀土和碳酸盐稀土都属于稀土矿产品，两者的区别在于沉淀的工艺不同。通过简单加工，碳酸盐稀土也可以转变为草酸盐稀土。根据《国务院关于促进稀土行业持续健康发展的若干意见》

（国发〔2011〕12 号）第二条第五项的规定，对稀土冶炼分离企业实行生产许可。《5 号通知》第四条规定，国家禁止个体从事离子型稀土矿产品的冶炼。如果认定曾海涵销售的稀土矿产品均来源于广苏公司，因广苏公司生产的是碳酸盐稀土，销售的稀土中有部分是草酸盐稀土，两者属于不同产品，曾海涵必然存在加工行为。然而，相关资料显示，将碳酸盐稀土加工成草酸盐稀土的行为不属于冶炼分离，故曾海涵的加工行为未违反上述国家规定。

3. 曾海涵的销售行为不属于自由买卖，未违反国家规定

矿产资源法第三十四条规定，国务院规定由指定的单位统一收购的矿产品，“任何其他单位或者个人不得收购”“开采者不得向非指定单位销售”。《5 号通知》第五条规定，离子型稀土矿产品属于国家统一收购的矿产品，个人不得收购，严禁自由买卖。《5 号通知》属于国家行政机关在进行行政管理活动时的临时行政措施，属于国家规定。然而，如果认定曾海涵系因抵债获得稀土，那么其并未实施收购稀土的行为，且销售的对象是有加工稀土资质的企业，属于定向选择，故不属于“自由买卖”，不应认定其违反矿产资源法和《5 号通知》的规定。此外，曾海涵系出于抵债原因而获得稀土，与出于牟利目的收购稀土本质不同，而且其合伙人郭茂春这种抵债方式已获得崇左中院调解书的确认。抵债后，曾海涵并未为了追求价位而将稀土矿产品自由销售，而是销售给有加工资质的公司，不同于一般的自由买卖行为，更与专门倒卖稀土行为有本质不同。另从期待可能性理论分析，如果认定曾海涵违反了国家规定，实际剥夺了其实现债权的权利，其当初的抵债就毫无意义。可见，曾海涵将抵债获得的稀土矿产品留而不卖不具有可期待性。相反，因抵债获得稀土矿产品后，曾海涵将稀土矿产品销售给有加工稀土资质的企业是比较合理的选择。故不应认定曾海涵违反“不得向非指定单位销售”“禁止自由买卖”的规定。

——最高人民法院刑事审判第一、二、三、四、五庭主办：《刑事审判参考》（总第 114 辑），法律出版社 2019 年版，第 15~22 页。

585. 非法买卖、运输盐酸氯胺酮注射液行为的定性

关键词

非法经营罪　贩卖、运输毒品罪　盐酸氯胺酮

《刑事审判参考》指导案例

古展群等非法经营案（《刑事审判参考》指导案例第 448 号）

裁判要点：案发时盐酸氯胺酮注射液并未被规定为毒品，非法买卖、运输盐酸氯氨酮注射液的行为不构成贩卖、运输毒品罪。案发时盐酸氯胺酮注射液不是制毒物品，非法买卖盐酸氯氨酮注射液的行为不构成非法买卖制毒物品罪。案发时盐酸氯氨酮注射液属于行政法规规定的专营、专卖物品，非法买卖盐酸氯氨酮注射液的行为，应以非法经营罪定罪处罚。

第一，案发时盐酸氯胺酮注射液并未被规定为毒品，非法买卖、运输盐酸氯氨酮注射液的行为不构成贩卖、运输毒品罪。毒品是指国家规定管制的能够使人形成瘾癖的麻醉药品和精神药品。我国《刑法》第 347 条第 1 款明确规定了毒品的范围，即鸦片、海洛因、甲基苯丙胺以及其他毒品。据此规定，可以看出，除《刑法》明文规定的三种毒品外，其他毒品的范围还需要根据行政法规来进行确定。需要注意的是，如果行为人非法贩卖、运输盐酸氯胺酮注射液的行为发生在 2003 年 11 月 1 日后，则其行为构成贩卖、运输毒品罪。

第二，案发时盐酸氯胺酮注射液不是制毒物品，非法买卖盐酸氯氨酮注射液的行为不构成非法买卖制毒物品罪。《刑法》第 350 条规定的非法买卖制毒物品罪，属于空白罪状，该罪规定的制毒物品还要参照其他有关法律、法规之规定来补充确定。用来补充说明和确定空白《刑法》分则罪状的法律、法规称为补充规范。补充规范起着填补《刑法》分则个罪构成要件的作用，是对刑法罪状进行补充说明的间接刑法渊源。在我国司法实践中，除了法律、法规可以作为《刑法》的补充规范外，司法解释也是空白刑法罪状补充规范的一种重要形式。

第三，案发时盐酸氯氨酮注射液属于行政法规规定的专营、专卖物品，非法买卖盐酸氯氨酮注射液的行为应以非法经营罪定罪处罚。尽管案发时盐酸氯胺酮注射液既非毒品也非制毒物品，却系国家专营、专卖物品，完全符合《刑法》第 225 条第 1 项规定的“行政法规规定的专营、专卖物品”的特征，只能在医疗机构凭医生处方使用，连零售药店都没有资格经营氯氨酮制剂，更不论个人经营了。因此，行为人在未经许可实际上也不可能得到许可的情况下非法经营盐酸氯胺酮注射液，扰乱了市场秩序，在性质上属于非法经营行为。

——最高人民法院刑事审判第一、二、三、四、五庭主办：《刑事审判参考》2007 年第 4 集（总第 57 集），法律出版社 2007 年版，第 10~17 页。

586. 擅自制作网络游戏外挂出售牟利行为的定性

关键词

非法经营罪　侵犯著作权罪　擅自制作网络游戏外挂

最高人民法院审判业务意见（研究室研究意见）

有关部门就制作、销售网络游戏外挂程序如何处理问题征求最高人民法院研究室意见。我室经研究认为：

对于制作、销售网络游戏外挂程序的行为，要全面综合判断行为的社会危害性，秉持刑法的谦抑性，慎用刑事制裁手段。对于社会危险性严重、确需追究刑事责任的制作、销售互联网游戏外挂程序行为，也应妥善选择适用罪名。对制作、销售网络游戏外挂程序的行为应以侵犯著作权罪定罪处罚，不宜适用非法经营罪、破坏计算机信息系统罪等其他罪名。

——《最高人民法院研究室关于制作、销售网络游戏外挂程序如何处理问题的研究意见》，载张军主编、最高人民法院研究室编：《司法研究与指导》2012 年第 2 辑（总第 2 辑），人民法院出版社 2012 年版，第 110~115 页。

《刑事审判参考》指导案例

谈文明等非法经营案（《刑事审判参考》指导案例第 473 号）

裁判要点：擅自制作网游外挂出售牟利，侵犯的是网络游戏权利人著作修改权而不是复制发行权，不构成侵犯著作权罪。擅自制作网游外挂出售牟利，既属于没有相应资质而从事出版活动的非法经营行为，也属于违反规定出版非法互联网出版物的非法经营行为。

第一，擅自制作网游外挂出售牟利，侵犯的是网络游戏权利人著作修改权而不是复制发行权，不构成侵犯著作权罪。根据《刑法》第 217 条之规定，以营利为目的，未经著作权人许可，复制发行其文字作品、音乐、电影、电视、录像作品、计算机软件及其他作品，违法所得数额较大或者有其他严重情节的，以侵犯著作权罪定罪处罚，也就是说，对于计算机软件的著作权，刑法只保护其中的复制发行权。因此，擅自制作网游外挂出售牟利的行为如果侵犯了复制发行权则可能构成侵犯著作权罪，如果仅仅侵犯著作权中的修改权，则不能以侵犯著作权罪论处。

根据最高人民法院、最高人民检察院《关于办理侵犯知识产权刑事案件具体应用法律若干问题的解释》（以下简称《解释》）第 11 条之规定，通过信息网络向公众传播他人文字作品、音乐、电影、电视、录像作品、计算机软件及其他作品的行为，应当视为《刑法》第 217 条规定的“复制发行”。行为人在制作外挂程序过程中，突破了游戏软件的技术措施，调用了部分数据及图像，在运营外挂程序时挂接在游戏上运营。但这些行为都是为了实现对游戏软件的原有功能的增加，不是将所调用的数据或图像进行简单的复制。行为人将外挂程序在互联网上出售牟利，也不是将游戏软件整体或部分复制后出售牟利。因此，擅自制作外挂出售牟利侵犯的是游戏软件的修改权而不是复制发行权，而刑法对于计算机软件著作权的保护仅限于软件的复制发行权，故行为人的行为不构成侵犯著作权罪。

第二，擅自制作网游外挂出售牟利，既属于没有相应资质而从事出版活动的非法经营行为，也属于违反规定出版非法互联网出版物的非法经营行为。《解释》规定的非法出版物既包括第 15 条规定的没有相应资质而从事出版活动，也包括第 11 条规定的违反国家规定出版非法互联网出版物的情形。非法出版物是个大概念，从内容上分析，既包括宣扬色情、迷信、有政治问题的出版物，也包括淫秽出版物、侵犯著作权的出版物等；从出版主体上分析，既有非法成立的出版单位出版的出版物，也有依法成立的出版单位违反规定出版的出版物。由于《解释》对两种不同情形的非法经营行为适用不同的条文，因此还需认定涉案行为是否同时属于违反规定出版非法互联网出版物的非法经营行为。

——最高人民法院刑事审判第一、二、三、四、五庭主办：《刑事审判参考》2008 年第 1 集（总第 60 集），法律出版社 2008 年版，第 16~25 页。

587. 经营彩票“优化”“缩水”不宜认定为犯罪

关键词

彩票

最高人民法院审判业务意见（研究室研究意见）

有关部门就经营彩票“优化”“缩水”业务定性问题征求最高人民法院研究室意见。最高人民法院研究室经研究认为：

经营彩票“优化”“缩水”业务是为彩民提供咨询服务的营利活动，由于目前国家有关彩票经营的规定并未禁止此种经营行为，不宜认定为犯罪。如果此种行为属于未经许可的擅自经营行为，可由行政机关予以行政处罚。

——《最高人民法院研究室关于经营彩票“优化”“缩水”业务定性问题

的研究意见》，载张军主编、最高人民法院研究室编著：《司法研究与指导》2012 年第 2 辑（总第 2 辑），人民法院出版社 2012 年版，第 152~155 页。

588. 未取得道路运输经营许可擅自从事长途大巴客运经营行为的定性

关键词

非法经营罪　道路运输经营许可

《刑事审判参考》指导案例

欧敏、关树锦非法从事长途大巴客运经营案（《刑事审判参考》指导案例第 1121 号）

裁判要点：被告人未取得道路经营许可，擅自组织大规模的非法营运的，且参与非法营运的车辆和人员多，违法所得数额大，情节严重，社会危害性大，故而应当认定二被告人的行为构成非法经营罪。

（一）未取得道路运输经营许可擅自从事长途大巴客运经营活动，违反了国家规定

根据《道路运输条例》第十条的规定，申请从事客运经营的，应当向相应级别的道路运输管理机构提出申请并提交相关材料。道路运输管理机构经审查作出许可或者不予许可的决定。予以许可的，向申请人颁发道路运输经营许可证，并向申请人投入运输的车辆配发车辆营运证。客运经营者应当持道路运输经营许可证依法向工商行政管理机关办理有关登记手续。根据《道路运输条例》[①] 第六十四条的规定，未取得道路运输经营许可，擅自从事道路运输经营的，由县级以上道路运输管理机构责令停止经营；有违法所得的，没收违法所得，构成犯罪的，依法追究刑事责任。同时，根据 2011 年修订的《无照经营查处取缔办法》第十四条的规定，对于无照经营行为，由工商行政管理部门依法予以取缔，没收违法所得；触犯刑律的，依照刑法关于非法经营罪、重大责任事故罪、重大劳动安全事故罪、危险物品肇事罪或者其他罪的规定，依法追究刑事责任。

根据上述规定，从事客运经营应当具备一定的条件，依照相关规定程序

---

① 本条现为《中华人民共和国道路运输条例》。

申请获得经营许可。必须具备“有与其（申请人）经营业务相适应并经检测合格的车辆、有符合相关条件的驾驶人员、有健全的安全生产管理制度”三个条件。申请从事班线客运经营的，还应当有明确的线路和站点方案。符合上述条件的，可以向有关道路运输管理机构提出申请。申请人取得道路运输经营许可证后，向工商行政管理机关办理有关登记手续。可见，欧敏、关树锦未取得道路运输经营许可，擅自从事客运经营的行为违反了《道路运输条例》和《无照经营查处取缔办法》的相关规定。根据《最高人民法院〈关于准确理解和适用刑法中“国家规定”的有关问题的通知〉》（法〔2011〕155号）的规定，《道路运输条例》和《无照经营查处取缔办法》都属于刑法中的“国家规定”，因此，欧敏、关树锦的行为违反了国家规定。

（二）非法从事长途大巴客运经营活动属于“其他严重扰乱市场秩序的非法经营行为”

判断某类经营行为是否属于“其他严重扰乱市场秩序的非法经营行为”，是对某类非法经营行为的属性进行判断，因此与情节是否严重的认定属于不同层面的问题，应当撇开个案特殊情节，从刑法因果关系的角度把握该类行为产生的实际危害和潜在危害，并以此进行综合认定。

非法从事长途大巴客运经营活动，不但严重扰乱道路运输市场秩序和行业秩序，危害人民群众的生命财产安全，侵害合法经营者的权益，影响行业和社会的稳定，影响道路交通安全和城市形象，而且导致交通事故频发，引发正规营运车主罢工和群众上访甚至暴力抗法的现象在全国范围内都比较普遍。（1）危害人民群众的生命财产安全。在脱离相关主管机关有效监督管理的情况下，非法营运安全隐患只会不断增多。非法营运车辆大都车况不佳、安全性能差、从业人员驾驶技术和交通安全意识良莠不齐，容易导致交通事故多发、频发。（2）引发社会不稳定因素。非法营运与团伙经营、暴力抗法等社会问题往往相伴相生，严重影响社会治安秩序。近年来，各地法院办理的多宗抢劫杀人案件，常有被告人或者被害人从事非法营运的因素。非法营运车辆多数无保险，在营运中一旦发生事故，乘客的合法权益得不到保障，容易激发上访、闹访等群体性事件，严重影响当地社会稳定。可见，非法营运已成为引发社会不稳定因素中一个不容忽视的问题。（3）破坏正常的市场秩序。非法营运公司不缴纳税费，造成国家的税收流失；争抢客源、抢夺市场份额，使正规的客运站点和合法营运者收入减少，损害合法营运车辆的正当权益，影响行业稳定；由于其没有纳入正常的管理体系，相关部门平时也无法对其进行有效管理。（4）激发潜在的犯罪心理。因非法营运利润率极高，绝大多数非法营运车主一直在观望，如果此类行为不能得到有效遏制，将会激发更多的非法营运车辆参与非法营运。

本案中，欧敏、关树锦组织非法营运的规模大，参与非法营运的车辆和人员多，虽无证据证明已发生客观危害结果，但潜在的社会危害严重。综合实际危害结果和潜在危害因素分析，应当认定欧敏、关树锦的非法营运行为属于“其他严重扰乱市场秩序的非法经营行为”。

（三）被告人欧敏、关树锦的非法经营数额、违法所得应当认定为情节严重

本案中，“港粤快车”股东有 17 人，员工最高峰时有上百名，案发时还有 40 人左右，且分工明确，车辆调度、发车、跟车、客服均有专门管理人员；深圳和珠海每天至少对发 5 班车，周末和节假日班次更多，一般一辆车可以载 40 个左右乘客，周末和节假日几乎是满座（50 个左右）。如此大的规模，已远远超出个人自驾“黑车”的性质范围。本案认定的被告人欧敏、关树锦组织非法营运的时间是 2012 年 6 月至 12 月，统计的 2012 年 8 月至 9 月非法经营长途客运业务的金额（180 余万元），2012 年 8 月 1 日至 10 月 15 日的违法所得金额（90 余万元），即仅统计了其中的一个时间段，其实际经营数额和违法所得数额应当更多。而且欧敏、关树锦在运营车辆多次受到行政处罚的情况下，仍然从事非法营运活动，故从经营数额、违法所得数额以及其他情节来看，应当达到非法经营罪的入罪标准。同时，鉴于非法从事长途大巴客运营运活动的复杂性，对此类行为不宜机械参照适用《最高人民检察院、公安部关于公安机关管辖的刑事案件立案追诉标准的规定（二）》第七十九条第八项的规定，故在暂无相关司法解释对此类行为“情节严重”和“情节特别严重”明确认定标准的情况下，深圳市福田区人民法院认定欧敏、关树锦的行为构成“情节严重”是妥当的。

（四）行政处罚效果不佳体现出对非法从事大巴客运营运活动具有刑事处罚的必要性

对于社会危害严重的非法营运行为，行政处罚体现出威慑效力不足的问题。本案被告人欧敏、关树锦从事非法营运时间长，在经历多次行政处罚后，依然不断扩大经营规模，体现出交通执法的打击手段和效果不能满足打击此类违法行为的需要。非法从事客运营运的行为屡禁不止，不仅直接侵犯合法经营者的权益，造成行业混乱，且容易引发其他犯罪，故加大打击力度，发挥刑罚的威慑功能具有一定的必要性和合理性。

同时，有必要强调的是，鉴于目前社会上出现的非法营运行为较为普遍，且原因复杂，在司法实践中一定要把握好是否追究刑事责任和追究刑事责任的范围问题。以非法经营罪追究刑事责任，主要是针对非法营运的出资者、组织者和主要管理者，特别是要打击那些欺行霸市、采取非法手段裹挟国家行政执法人员，带有黑社会性质的从事非法营运的团伙和人员。对于个人自驾“黑车”或者少数几个人联合从事非法营运，营运时间短、经营数额不大以及受雇用参与非法营运的，一般不予追究刑事责任，可以行政处罚等方式

追究其行政违法责任。

——最高人民法院刑二庭：《欧敏、关树锦非法从事长途大巴客运经营案》，载最高人民法院刑事审判第一、二、三、四、五庭主办：《刑事审判参考》（总第 105 集），法律出版社 2016 年版，第 40~43 页。

589. 未取得道路运输经营许可集合社会车辆对不特定的旅客招揽生意、拉客，从事出租汽车经营行为的定性

关键词

非法经营罪

《刑事审判参考》指导案例

喻江、李强非法从事出租汽车经营活动案（《刑事审判参考》指导案例第 1122 号）

裁判要点：被告人未经许可非法从事出租汽车营运活动，严重扰乱道路运输市场秩序和出租汽车行业秩序，危害人民群众的生命财产安全，侵害出租汽车从业人员的合法权益，影响出租汽车行业和社会的稳定，且其非法经营数额、违法所得数额巨大，情节严重，属于《刑法》第二百二十五条规定的“其他严重扰乱市场秩序的非法经营行为”。

（一）未取得道路运输经营许可证、出租汽车经营资格证，擅自从事出租汽车经营活动，违反了国家规定

根据《中华人民共和国道路运输条例》第十条的规定，申请从事客运经营的，应当向相应级别的道路运输管理机构提出申请并提交相关材料。道路运输管理机构经审查作出许可或者不予许可的决定。予以许可的，向申请人颁发道路运输经营许可证，并向申请人投入运输的车辆配发车辆营运证。客运经营者应当持道路运输经营许可证依法向工商行政管理机关办理有关登记手续。根据《无照经营查处取缔办法》第十四条的规定，“对于无照经营行为，由工商行政管理部门依法予以取缔，没收违法所得；触犯刑律的，依照刑法关于非法经营罪、重大责任事故罪、重大劳动安全事故罪、危险物品肇事罪或者其他罪的规定，依法追究刑事责任”。

2005 年 10 月 12 日国务院法制办公室对建设部《关于无证经营出租汽车行为是否适用〈无照经营查处取缔办法〉（国务院令第 370 号）的请示》的复

函（国法函〔2005〕431 号）和对交通部《关于请明确对未取得出租车客运经营许可擅自从事经营活动实施行政处罚法律依据的函》的复函（国法函〔2005〕432 号）载明：（经研究并征求建设部、交通部、国家工商总局意见）《国务院对确需保留的行政审批项目设定行政许可的决定》（国务院令第 412 号）第一百一十二项规定，出租汽车经营资格证的核发由县级以上地方人民政府出租汽车行政主管部门实施。根据《无照经营查处取缔办法》第十七条的规定，相关法律、法规对无证经营出租汽车行为的处罚没有规定的，县级以上地方人民政府出租汽车行政主管部门应当依照《无照经营查处取缔办法》第十四条、第十五条、第十六条的规定处罚。

2005 年 10 月 12 日《交通部转发国务院法制办关于明确对未取得出租车客运经营许可擅自从事经营活动实施行政处罚法律依据的复函的通知》（交公路发〔2005〕468 号）规定："地方性法规《道路运输管理条例》或《出租汽车管理条例》对无证经营的'黑车'已设定行政处罚的，各地应当按照其规定执行。""未制定《道路运输管理条例》或《出租汽车管理条例》的，应当依据《无照经营查处取缔办法》第十四条对未取得经营许可证件擅自从事出租汽车经营活动的行为实施行政处罚。……构成刑事犯罪的，移交公安机关依法追究刑事责任。"

根据《最高人民法院关于准确理解和适用刑法中"国家规定"的有关问题的通知》（法〔2001〕155 号）的规定，《中华人民共和国道路运输条例》和《无照经营查处取缔办法》都属于刑法中的国家规定，其他规范性文件系落实此两个文件的具体工作细则。从上述文件可知，未取得出租车客运经营许可，擅自从事出租汽车经营活动的行为，属于违反国家规定的行为。同时，《中华人民共和国道路运输条例》和《无照经营查处取缔办法》以及相关法规对此类行为构成犯罪追究刑事责任作了提示性规定，体现了在法律、行政法规制定时，对未取得出租车客运经营许可而擅自从事出租汽车经营活动行为的定性有了充分考虑，并有意对一般违法行为和刑事违法行为作了原则性区分和衔接，故对此类行为追究刑事责任并未违背立法初衷。

（二）未经许可非法从事出租汽车营运活动，属于严重扰乱市场秩序的非法经营行为

主张未经许可非法从事出租汽车营运活动不构成非法经营罪的一个主要理由是，出租汽车营运活动不属于法律、行政法规规定的专营专卖行业，也未有司法解释对其定性予以明确，故不属于刑法第二百二十五条规定的"其他严重扰乱市场秩序的非法经营行为"。我们认为，该观点难以成立。近年来，根据打击犯罪的实际需要，最高人民法院通过出台司法解释性文件不断调整了非法经营罪的适用范围。从这些解释性文件的规定来看，刑法规制的非法经营行为并不要求必须涉及法律、行政法规规定的专营专卖行业。一般

性准入经营行业，甚至法律、行政法规未规定准入制度但明显具有严重社会危害的经营行业，也可以成为非法经营罪的打击对象。例如，对于违反国家在预防、控制突发传染病疫情等灾害期间有关市场经营、价格管理等规定，哄抬物价、牟取暴利，严重扰乱市场秩序，违法所得数额较大或者有其他严重情节的，最高人民法院、最高人民检察院于2003年5月14日联合出台的《关于办理妨害预防、控制突发传染病疫情等灾害的刑事案件具体应用法律若干问题的解释》第六条明确规定可以构成非法经营罪。另从司法实践情况来看，各地法院也有根据上述文件精神将司法解释未予明确但性质相同的非法经营行为认定构成非法经营罪的实例，如对非法从事涉外婚姻介绍业务、非法从事出入境中介业务、非法从事保安服务业务、非法从事学历教育活动的行为，以非法经营罪追究刑事责任。

基于上述分析，我们认为，非法从事出租汽车营运活动是否属于严重扰乱市场秩序的非法经营行为，核心要看其经营行为的违法性以及扰乱市场秩序的严重程度，即要从其社会危害性认定其行为性质。从当前各地案发情况来看，非法从事出租汽车营运活动主要危害体现在：（1）所从事的经营行为严重危害人民群众的生命财产安全。非法营运车辆大都车况不佳、安全性能差、从业人员驾驶技术和交通安全意识良莠不齐，从而导致交通事故多发、频发。（2）引发社会不稳定因素。非法营运车主和合法营运车主经常发生冲突，近年来，不少地方因非法营运引发正规营运车主多次停运、罢工、上访。且非法营运车辆多数无保险，在营运中一旦发生事故，乘客的合法权益得不到保障，给相关部门处理事故造成极大的难度，甚至容易激发上访、闹访等群体性事件，严重影响当地社会稳定。（3）破坏正常的营运秩序。非法营运公司不缴纳税费，造成国家的税收流失；争抢客源、抢夺市场份额，使正规的客运站点和合法营运者收入减少，损害合法营运车辆的正当权益，影响行业稳定；由于其没有纳入正常的管理体系，相关部门平时也无法对其进行有效管理。（4）严重影响城市形象。非法营运车辆不仅车容不整，容易造成城市的视觉污染，而且在城区主要路口及繁华地段聚集候客，或者沿街随意乱停乱靠招客，严重影响道路交通安全。（5）因非法营运利润率极高，绝大多数非法营运车主一直在观望，如果此类行为不能得到有效遏制，将会激发更多的非法营运车辆加入非法营运团伙。

可见，非法从事出租汽车营运活动，严重扰乱道路运输市场秩序和出租汽车行业秩序，危害人民群众的生命财产安全，侵害出租汽车从业人员的合法权益，影响出租汽车行业和社会的稳定，属于刑法第二百二十五条规定的“其他严重扰乱市场秩序的非法经营行为”。严厉打击非法从事出租汽车经营活动，对于改善出租汽车营运环境、保障从业人员和广大群众的合法权益、促进出租汽车行业健康发展、维护市场秩序和市场公平、维护社会稳定具有重要意义。

（三）被告人喻江等人的非法经营数额、违法所得应当认定为情节严重

本案被告人喻江、李强 2011 年 1 月至 2012 年 1 月集合近 40 台社会车辆擅自从事道路运输经营，从公司获取服务费 658465 元，短号车服务收入 68095 元，加盟费收入 57950 万元，非法经营数额 784510 元，除去各项开支 163005 元，违法所得 621505 元。另外，该车队非法营运一年多期间，多次拉拢政府工作人员为其非法活动提供庇护；在其车队加盟车辆因非法营运多次被行政处罚的情况下仍从事非法营运活动。因此，无论是从非法经营数额、违法所得数额，还是从其他情节角度，均应达到入罪标准。同时，鉴于非法从事出租汽车营运活动的复杂性，对此类行为不宜机械参照适用《最高人民检察院、公安部关于公安机关管辖的刑事案件立案追诉标准的规定（二）》第七十九条第八项的规定，故在暂无相关司法解释对此类行为明确“情节严重”和“情节特别严重”认定标准的情况下，宁乡县人民法院认定被告人喻江、李强的行为构成情节严重是妥当的。

需要说明的是，鉴于“黑的士”等非法营运行为在全国较为普遍，且原因复杂，在具体案件中要注意把握追究刑事责任的范围问题。要严厉打击非法营运的牵头者和组织者，特别是要打击欺行霸市、垄断市场强迫交易，带有黑社会性质的非法营运和扰乱出租汽车市场经营秩序的团伙。对于个人自驾“黑车”或者少数几个人联合从事非法营运，营运时间短、经营数额不大以及被动参与非法营运的，一般不予追究刑事责任，可以行政处罚等方式追究其行政违法责任。

——最高人民法院刑二庭：《喻江、李强非法从事出租汽车经营活动案》，载最高人民法院刑事审判第一、二、三、四、五庭主办：《刑事审判参考》（总第 105 集），法律出版社 2016 年版，第 46~50 页。

590. 经营有偿讨债业务是否违反“国家规定”

关键词

非法经营罪　国家规定

《刑事审判参考》指导案例

李彦生、胡文龙非法经营案（《刑事审判参考》指导案例第 1077 号）

裁判要点：《刑法》明确规定：“本法所称违反国家规定，是指违反全国人民代表大会及其常务委员会制定的法律和决定，国务院

制定的行政法规、规定的行政措施、发布的决定和命令。”目前，以上主体尚未颁布相关法律和行政法规，因此不能认定经营有偿讨债业务的行为“违反国家规定”。

我们认为，认定被告人李彦生、胡文龙经营有偿讨债业务违反“国家规定”的依据不足，理由是：

1. 刑法第九十六条规定：“本法所称违反国家规定，是指违反全国人民代表大会及其常务委员会制定的法律和决定，国务院制定的行政法规、规定的行政措施、发布的决定和命令。”具体来说，刑法中的“国家规定”主要包括以下三个方面：（1）全国人民代表大会及其常务委员会通过的法律、带有单行法性质的决定，以及以修正案、立法解释等形式对现行法律作出的修改、补充的规定。全国人大常委会的内设机构如法制工作委员会等发布的文件不属于“国家规定”。（2）国务院制定的行政法规、规定的行政措施、发布的决定和命令。所谓“行政法规”，根据《中华人民共和国立法法》第五十六条、第六十一条以及《行政法规制定程序条例》第四条的规定，是指由国务院总理签署并以国务院令的形式公布的规范性文件，具体名称有“条例”“规定”“办法”等，行政法规的发文主体只能是国务院。所谓“行政措施”“决定”“命令”，目前并没有统一的法定解释，根据一般理解，应将其限定为除行政法规以外的由国务院制定、规定和发布的规范性文件，既包括以国务院名义制定或者发布的有关法规性质的文件，也包括由国务院有关部委制定，经国务院批准并以国务院名义发布的文件，如果是国务院有关部委制定并以该部委的名义发布，没有经过国务院批准并以国务院名义发布的，则不属于“国家规定”。（3）国务院办公厅制发（即“国办发”）的部分文件。国务院办公厅作为协助国务院领导同志处理国务院日常工作的机构，有权以“国办发”的名义制发文件，部分“国办发”文件会就行政措施做出规定，这部分文件虽然法律位阶低于以国务院的名义发布的规范性文件，但只要有明确的法律依据或者不与行政法规的规定相抵触，经国务院同意并公开向社会发布，效力和适用范围通常情况下应当高于地方性法规和部门规章，可视为国务院“规定的行政措施、发布的决定和命令”。最高人民法院于 2011 年发布的《关于“国家规定”的通知》第一条规定：“以国务院办公厅名义制发的文件，符合以下条件的，亦应视为刑法中的‘国家规定’：（1）有明确的法律依据或者同相关行政法规不相抵触。（2）经国务院常务会议讨论通过或者经国务院批准。（3）在国务院公报上公开发布。”

2. 国家经济贸易委员会、公安部、国家工商行政管理局于 2000 年 6 月 15 日联合发布的《关于取缔各类讨债公司严厉打击非法讨债活动的通知》（国经贸综合〔2000〕568 号，以下简称《打击非法讨债的通知》）规定：“取缔各类讨债公司，禁止任何单位和个人开办任何形式的讨债公司。对继续从事非法讨债活动，侵犯公民、法人和其他组织合法权益的，要坚决依法惩处……对采取恐吓、威胁或者其他方法干扰他人正常生活的讨债行为，公安机关要依据《中华人民共和国治安管理处罚条例》予以处罚；构成犯罪的，依法追究其刑事责任。"《打击非法讨债的通知》虽然系“经报请国务院同意”，但从制发主体以及发布形式来看，均与《关于“国家规定”的通知》中关于“国家规定”范围的规定不符，不属于刑法第九十六条中的“国家规定”：首先，《打击非法讨债的通知》中虽然规定禁止开办讨债公司、从事讨债业务，但至今也没有法律、行政法规就未经许可从事讨债业务的行为性质做出明确规定。其次，《打击非法讨债的通知》系原国家经贸委、公安部、国家工商行政管理局联合发布的规范性文件，未经国务院常务会议讨论通过，也未以国务院的名义发布。最后，《打击非法讨债的通知》发布的对象是“各省、自治区、直辖市、计划单列市及新疆生产建设兵团经贸委（经委、计经委）、公安厅（局）、工商局、国务院有关部门”，并未以“国办发”文件的形式通过国务院公报面向全社会公开发布，不符合《关于“国家规定”的通知》中关于“国办发”文件的规定。因此，《打击非法讨债的通知》非国务院“规定的行政措施、发布的决定和命令”，不属于刑法第九十六条中的“国家规定”。

3. 最高人民法院、最高人民检察院、公安部于 2013 年 4 月 23 日联合发布的《关于依法惩处公民个人信息犯罪活动的通知》（公通字〔2013〕12 号，以下简称《惩处信息犯罪的通知》）也指出：“近年来，随着我国经济快速发展和信息网络的广泛普及，侵害公民个人信息的违法犯罪日益突出，互联网上非法买卖公民个人信息泛滥，由此滋生的电信诈骗、网络诈骗、敲诈勒索、绑架和非法讨债等犯罪屡打不绝……非法调查公司根据这些信息从事非法讨债、诈骗和敲诈勒索等违法犯罪活动。"《惩处信息犯罪的通知》虽然系最高人民法院、最高人民检察院与公安部联合发布的规范性文件，其中也提到了经营有偿讨债业务是违法犯罪行为，但并未明示具体违反的是哪个层面的法律或者行政法规，且该通知主要是就打击侵害公民个人信息犯罪做出的规定，只是附带提到实践中存在利用非法获取的公民个人信息从事非法讨债、诈骗和敲诈勒索等违法犯罪活动。因此，《惩处信息犯罪的通知》亦不足以作为认定经营有偿讨债业务的行为“违反国家规定”的法律依据。

——最高人民法院刑二庭：《李彦生、胡文龙非法经营案》，载最高人民法院刑事审判第一、二、三、四、五庭主办：《刑事审判参考》（总第 103 集），法律出版社 2016 年版，第 33~35 页。

591. 未经许可从事非法经营行为，但审理期间相关行政审批项目被取消的，如何定性

关键词

非法经营　行政审判

《刑事审判参考》指导案例

于润龙非法经营案（《刑事审判参考》指导案例第 862 号）

裁判要点：被告人未经许可从事非法经营，但在审理期间相关行政审批项目被取消，该行为对象不属于限制买卖的物品，应当认定被告人的行为不属于严重扰乱市场秩序的经营行为。

我们认为，本案主要涉及两个方面的问题，最主要的是于润龙贩卖黄金行为的定性问题，其次是对于润龙采取的强制措施问题。下文逐一分析：

（一）关于于润龙贩卖黄金行为的定性

于润龙从事黄金经营期间，黄金属于刑法第二百二十五条第一项规定的“专营专卖物品”，但在原审一审期间，国发〔2003〕5 号文件发布后，黄金不再属于上述规定中的“专营专卖物品”。同时，于润龙的行为虽然违反《无照经营查处取缔办法》（国务院令 370 号）等相关国家规定，但根据实践中相关案件的普遍做法，并结合当时当地政府筹建黄金市场的特殊政策等因素，于润龙的行为也不属于刑法第二百二十五条第四项规定的“其他严重扰乱市场秩序的非法经营行为”，因此不构成非法经营罪。具体理由如下：

1. 行政法的溯及力亦实行“从旧兼从轻”原则

本案其实不涉及刑法的溯及力问题。非法经营罪的认定，必须以行为“违反国家规定”为前提，此处的“国家规定”主要是指行政法律、法规及国家规定层面的行政性规定。除涉及设定标准、规则等规定外，行政法律、法规（包括国家层面的行政性规定）的溯及力与刑法的溯及力一样，均适用“从旧兼从轻”原则。行政法理论界将行政法的溯及力概括为：“程序从新，实体从旧，有利被告的除外。”根据相关解释性规定，国发〔2003〕5 号文件属于国家层面的行政性规定。国发〔2003〕5 号文件发布于 2003 年，而《金银管理条例》出台于 1983 年，两者相冲突的地方，应当适用国发〔2003〕5 号文件的规定。

2. 于润龙经营的对象不属于限制买卖的物品

国发〔2003〕5号文件发布后，《金银管理条例》中关于黄金由中国人民银行统购统配的规定不应再适用，单位或者个人经营黄金均无须经由中国人民银行审核批准，黄金不再属于刑法第二百二十五条第一项规定中的“专营、专卖物品或者其他限制买卖的物品”。2003年中国人民银行办公厅《〈关于对“非法经营黄金行为”现阶段如何认定的函〉的复函》（以下简称《银办复函》）所提中国人民银行发布的《关于调整携带黄金有关规定的通知》（银发〔2002〕320号）针对的是企业，不包括个人的观点是正确的，但不能基于该《银办复函》推出国发〔2003〕5号文件取消行政审批针对的是单位而不是个人的观点。“法无明文授权即禁止，法无明文禁止即自由”，是现代法治通行的理念，前者是针对有限政府而言，后者是针对法治社会权利保障而言。国发〔2003〕5号文件发布后，没有任何法律法规规定禁止公民个人从事黄金经营，于润龙从事黄金经营没有违反相关行政许可的国家规定。原审一审、再审一审判决基于《银办复函》得出国发〔2003〕5号文件关于取消许可的规定所针对的不包括个人的观点，属于理解错位。

3. 于润龙的行为不属于严重扰乱市场秩序的经营行为

无照经营行为虽然违反《无照经营取缔办法》等相关国家规定，但从一些相关司法实践看，一般不将无照经营、超地域经营、零售变批发经营认定为“严重扰乱市场秩序的非法经营行为”。对该类行为，实践惯例一般是作为行政违法行为进行处理。更何况，本案中，关东金世界是经桦甸市政府批准设立，并由桦甸市个体劳动者私营协会为其办理了集体所有制企业法人的营业执照，且人民银行吉林市支行、桦甸市支行对其在业务上、经营上进行经常性指导。于润龙作为关东金世界名下23业户之一，虽然没有独立的营业执照，但均需向关东金世界交纳管理费，同时也需向税务机关交税。上述情况表明，于润龙实际是挂靠关东金世界从事黄金经营，有当地政府认同和支持的特定背景，应当视为具有营业执照。

（二）对于润龙采取的强制措施问题

经查，于润龙于2012年8月13日被丰满区人民法院决定逮捕，2012年10月15日被判处定罪免罚，根据1996年刑事诉讼法第二百零九条[①]（2012年修改后的刑事诉讼法第二百四十九条）的规定，第一审人民法院判决被告人无罪、免除刑事处罚的，如果被告人在押，在宣判后应当立即释放。丰满区人民法院判决后没有释放于润龙，丰满区人民检察院提出抗诉时，也未对于润龙变更强制措施。根据2012年修改后刑事诉讼法第二百四十九条[②]（修改前第二百零九条）的规定，第一审人民法院判决被告人无罪、免除刑事处罚

① 本条现为《中华人民共和国刑事诉讼法》（2018年修正）第二百六十条。

② 本条现为《中华人民共和国刑事诉讼法》（2018年修正）第二百六十条。

的，如果被告人在押，在宣判后应当立即释放。丰满区人民法院判决后没有立即释放于润龙，违反了刑事诉讼法第二百四十九条的规定，再审二审予以及时纠正是正确的。

——刘晓虎：《于润龙非法经营案——未经许可从事非法经营行为，但审理期间相关行政审批项目被取消的，如何定性》，载最高人民法院刑事审判第一、二、三、四、五庭主办：《刑事审判参考》2013 年第 3 集（总第 92 集），法律出版社 2014 年版，第 39~46 页。

592. 强迫交易罪与抢劫罪的区分

关键词

强迫交易罪　抢劫罪　犯罪客体

《最高人民法院公报》案例

重庆市渝中区人民检察院诉朱波伟、雷秀平抢劫案（判决时间：2006 年 1 月 27 日，一审法院：重庆市渝中区人民法院）

裁判摘要：出租车驾驶员在正常营运过程中，为牟取非法利益，采用暴力、威胁手段，强行向乘客索取与合理价格相差悬殊的高额出租车服务费，情节严重的，其行为构成《刑法》第 226 条规定的强迫交易罪，不应以抢劫罪定罪处罚。

二罪比较，犯罪的前提条件不同，犯罪侵犯的客体不同，犯罪目的不同，犯罪的客观方面也有所不同。抢劫罪无需任何前提条件，而强迫交易罪则必须在行为人与被害人之间存在一笔交易；抢劫罪侵犯的客体是公私财物所有权和公民人身权利，强迫交易罪侵犯的客体是交易相对方的合法权益和商品交易市场秩序；抢劫罪的目的是将公私财物非法占有，强迫交易罪的目的是在不合理的价格或不正当的方式下进行交易；二罪客观方面虽然都有暴力、胁迫内容，但由于犯罪侵犯的客体不同，决定了抢劫罪使用的暴力、胁迫手段，一般都足以危及被害人的身体健康或生命安全，其强度要大于强迫交易罪使用的暴力、威胁手段。

——《最高人民法院公报》2006 年第 4 期。

593. 强迫交易过程中致人重伤共同犯罪人刑事责任的认定

关键词

强迫交易罪　共同犯罪　实行过限

《刑事审判参考》指导案例

宋东亮、陈二永强迫交易、故意伤害案（《刑事审判参考》指导案例第278号）

裁判要点：在共同实施强迫交易的犯罪过程中，一人突发持刀重伤他人，超出了实施强迫交易犯罪活动中所形成的共同犯罪故意，被害人被刺而受重伤的后果只能由实施重伤行为的人承担。对其他参与共同强迫交易的被告人应以强迫交易罪定罪处罚。

行为人为牟取非法利益，共同实施强迫交易的行为，用拳殴打被害人，其已经构成强迫交易的共同犯罪行为。在实施强迫交易的犯罪过程中，一人突发持刀重伤他人，超出了实施强迫交易犯罪活动中所形成的共同犯罪故意，被害人被刺而受重伤的后果只能由实施重伤行为的人承担。所以，在共同强迫交易过程中，一人突发持刀重伤他人，对其他参与共同强迫交易的被告人应以强迫交易罪定罪处罚。

——最高人民法院刑事审判第一庭、第二庭编：《刑事审判参考》2004年第1集（总第36集），法律出版社2004年版，第17~21页。

594. “其他有价票证”的认定

关键词

其他有价票证　犯罪数额

《刑事审判参考》指导案例

赵志刚伪造有价票证案（《刑事审判参考》指导案例第170号）

裁判要点：伪造、倒卖伪造的有价票证罪的犯罪对象是车票、船票、邮票或其他有价票证。这里的“其他有价票证”应当是与

“车票、船票、邮票”具有同一属性的有价票证。“数额较大”是伪造、倒卖伪造的有价票证构成犯罪还是属于一般违法行为的界限标准。

对于经工商部门核准登记的营业性公共浴池的洗澡票，是经当地物价部门核定并在当地社会上流通使用，具有确定面额的一种书面凭证，尽管其在发行、使用范围上具有地域性，但从性质上讲，与车票、船票、邮票等具有相同的属性，应当属于《刑法》规定的“其他有价票证”。

“数额较大”是伪造有价票证构成犯罪还是仅属于一般违法行为的界限标准。这里的“数额”是指有价票证载明的价额。参照最高人民法院《关于审理倒卖车票刑事案件有关问题的解释》第 1 条“高价、变相加价倒卖车票或者倒卖坐席、卧铺签字号及订购车票凭证，票面数额在 5000 元以上，……构成刑法第 227 条第 2 款规定的‘倒卖车票情节严重’”之规定，伪造有价票证，票面数额在五千元以上的，可以认定为《刑法》第 227 条第 1 款规定的“数额较大”。

——最高人民法院刑事审判第一庭、第二庭编：《刑事审判参考》2002 年第 2 辑（总第 25 辑），法律出版社 2002 年版，第 41~44 页。

王珂伪造、倒卖伪造的有价票证、蔡明喜倒卖伪造的有价票证案（《刑事审判参考》指导案例第 426 号）

裁判要点：铁路乘车证及相关证件应认定为有价票证。无票面价额的有价票证的犯罪数额和“票证价额”的计算，应根据具体情况具体认定。

《刑法》第 227 条关于伪造、倒卖伪造的有价票证罪之规定，以“数额”作为定罪和判处主刑的标准，以“票证价额”作为判处罚金刑的依据。这里的“数额”和“票证价额”的含义是不同的，前者的范围要大于后者。如前所述，有价票证的情况非常复杂，比如本案这种铁路乘车证，与车票、船票、邮票相比，一个重大区别就是没有票面价额。因此，认定伪造、倒卖伪造有价票证“数额较大”“数额巨大”，需要综合考虑各种因素，在没有相关司法解释的情况下，司法机关在具体办理案件时应根据行为的社会危害性程度具体分析：对于有票面价额的有价票证，可以票面数额、非法所得数额等作为定罪量刑的依据，伪造有价票证的犯罪行为与倒卖车票犯罪行为的社会危害性在某种程度上具有可比性，执行中可参照最高人民法院《关于审理倒卖车票刑事案件有关问题的解释》之规定；对于无票面价额的有价票证，可以结合伪造或者倒卖伪造有价票证的张数，给国家、企业、公民个人等造成的损失，非法所得数额，伪造、倒卖伪造相关证件、证明文件的数量等综合认定。就行为人伪造、倒卖伪造的乘车证被他人免票乘车给铁路企业造成价款损失的情况。由于乘车证本身无票面价额，其价额应依使用情况定，使用人乘坐相应车次、铺席的票价即是乘车证的价额。如果是无人使用，则乘车证有价但尚无价额，被害方也无财产损失，不宜认定为犯罪数额。

——最高人民法院刑事审判第一、二、三、四、五庭主办:《刑事审判参考》2007 年第 1 集（总第 54 集），法律出版社 2007 年版，第 25~34 页。

说明

对于伪造、倒卖伪造的有价票证罪中“其他有价票证”的认定，是司法认定的难点。“其他有价票证”应当是与“车票、船票、邮票”具有同一属性的有价票证，是由有关部门统一发行和管理、能够证明持票人已付出票面标明金额的货币，从而有权持票要求相应的部门提供一定服务的票证。但问题在于有的有价票证本身没有面额，这给“数额较大”“数额巨大”等的认定带来一定的困难。有鉴于此，最高人民法院主流观点认为，对于无票面价额的有价票证，可以结合伪造或者倒卖伪造有价票证的张数，给国家、企业、公民个人等造成的损失，非法所得数额，伪造、倒卖伪造相关证件、证明文件的数量等综合认定。

595. 以出售牟利为目的购买大量车票尚未售出行为的定性

关键词

倒卖车票、船票罪　犯罪目的　犯罪既遂

最高人民法院司法解释

第一条　高价、变相加价倒卖车票或者倒卖坐席、卧铺签字号及订购车票凭证，票面数额在五千元以上，或者非法获利数额在二千元以上的，构成刑法第二百二十七条第二款规定的“倒卖车票情节严重”。

第二条　对于铁路职工倒卖车票或者与其他人员勾结倒卖车票；组织倒卖车票的首要分子；曾因倒卖车票受过治安处罚两次以上或者被劳动教养一次以上，两年内又倒卖车票，构成倒卖车票罪的，依法从重处罚。

——《最高人民法院关于审理倒卖车票刑事案件有关问题的解释》（1999 年 9 月 6 日，法释〔1999〕17 号）。

《刑事审判参考》指导案例

刘建场、李向华倒卖车票案（《刑事审判参考》指导案例第 379 号）

裁判要点：以出售牟利为目的购买大量车票尚未售出的行为，以犯罪既遂处理，但在量刑上应当有所区别。

我们认为，以出售牟利为目的购买车票的行为符合倒卖车票罪的客观特征，情节严重的，应认定齐备倒卖车票罪的犯罪构成要件，以犯罪既遂处理，但在量刑上应当有所区别。

根据最高人民法院《关于执行〈中华人民共和国铁路法〉中刑事罚则若干问题的解释》和最高人民法院《关于审理倒卖车票刑事案件有关问题的解释》之规定，购买车票后高价、变相加价卖出无疑属于倒卖车票的行为。但对于以高价或变相加价出售为目的而购买车票的行为，我们认为亦属于倒卖车票行为的表现形式之一。

所以，从倒卖行为的本质特征和倒卖车票罪侵犯的客体分析，为了出卖而买当然属于"倒卖"的应有之义。上述两个司法解释虽然只明确购买车票后高价、变相加价卖出的行为属于倒卖的表现形式，但并非将以加价出售牟利为目的购买车票的行为排除在倒卖的表现形式之外，因为现实情况的复杂多变，决定了司法解释不可能也没有必要穷尽一切情形。如果考察最高人民法院的其他司法解释，也能得出为卖而买属于倒卖的结论。1994 年最高人民法院《关于适用〈全国人民代表大会常务委员会关于禁毒的决定〉的若干问题的解释》① 曾规定：贩卖毒品是指明知是毒品而非法销售或者以贩卖为目的而非法收买毒品的行为。贩卖与倒卖的法律含义并无本质区别，既然司法解释把为了出卖而收买的行为认定为贩卖的表现形式，我们就没有理由将为了出卖而收买的行为排除在倒卖的含义之外，而应根据该司法解释的指引，作出合理、一致的认定。

——最高人民法院刑事审判第一、二、三、四、五庭主办：《刑事审判参考》2006 年第 1 集（总第 48 集），法律出版社 2006 年版，第 11~14 页。

① 本文件已被《最高人民法院、最高人民检察院关于废止 1980 年 1 月 1 日至 1997 年 6 月 30 日期间制发的部分司法解释和司法解释性质文件（第九批）的决定》（法释〔2013〕1 号）废止。

第八章　侵犯公民人身权利、民主权利罪

596. 提供农药由丈夫自行服下后未予施救致死的行为构成故意杀人罪

关键词

故意杀人罪　救助措施

《刑事审判参考》指导案例

刘祖枝故意杀人案（《刑事审判参考》指导案例第746号）

裁判要点：提供农药由丈夫自行服下后未采取任何救助措施导致丈夫中毒身亡的，构成故意杀人罪。

（一）提供农药由丈夫自行服下后来采取任何救助措施，导致丈夫中毒身亡的，构成故意杀人罪

刘祖枝的行为主要包括两个阶段：一是将农药提供给秦继明，并对其进行了言语刺激；二是在秦继明喝下农药后未采取任何救助措施。

关于第一阶段的行为，刘祖枝向秦继明提供农药，并对秦进行言语刺激，导致秦继明喝下农药中毒身亡：有观点认为，案发前秦继明多次有过自杀的念头，刘祖枝只是为秦继明的自杀创造条件，其行为不必然导致秦继明服毒死亡的结果发生，该结果在刘祖枝的意料之外，故刘祖枝的行为不构成犯罪。我们认为，对帮助自杀的行为是否追究刑事责任要根据帮助者的主观和客观两个方面的情况而定：如果帮助者没有意识到他人有强烈的自杀倾向，且所提供的帮助行为与自杀后果之间不具有刑法上的因果关系，对帮助者不追究刑事责任。如果帮助者主观上明知他人有强烈的自杀倾向，客观上仍通过言行进一步强化他人自杀的决意，并提供自杀工具或者帮助他人完成自杀行为的，应当认定帮助行为与他人死亡后果之间具有刑法上的因果关系，对帮助者应当以故意杀人罪追究刑事责任。本案属于后一种情形。被害人秦继明多

年患有遗传性小脑萎缩症，近年来病情恶化，因不堪病痛折磨，常在夜间叫喊，并多次产生自杀念头：案发当日，秦继明因病痛再次在深夜叫喊，引发女儿秦丽华和刘祖枝的不满。秦继明赌气说想死，刘祖枝一气之下将家中的农药敌敌畏倒入杯子，并提供给秦继明，同时说了一些“该死的相”“你不是想死吗，倒点药，看你喝不喝”“有本事你就喝”等之类的对秦继明有精神刺激的言语，导致秦继明服下杯中的敌敌畏。可见，刘祖枝主观上明知秦继明有强烈的自杀倾向，并意识到将敌敌畏提供给秦继明会发生秦继明服毒身亡的后果，客观上仍向秦继明提供农药，并通过言语刺激进一步增强秦继明的自杀决意，最终导致秦继明服毒身亡。刘祖枝所实施的行为与秦继明的死亡后果之间具有刑法上的因果关系，应当认定其行为构成故意杀人罪。

关于第二阶段的行为。刘祖枝在秦继明喝下农药毒性发作后未采取任何救助措施，导致秦继明中毒身亡后果的行为，符合不作为故意杀人罪的特征，不作为犯罪是指行为人负有实施某种积极行为的特定法律义务，且能够履行而不履行.从而导致危害后果发生的情形。不作为犯罪的成立需要具备以下条件：（1）行为人负有特定的作为义务；（2）行为人能够履行而不履行；（3）不履行作为义务与危害结果之间具有因果关系。作为义务的来源主要有四种，即法律明文规定的作为义务、职务或者业务要求的作为义务、法律行为引起的作为义务、先行行为引起的作为义务。

本案中，刘祖枝具有救助秦继明的义务，且当时能够履行而不履行，故其第二阶段的行为属于不作为的故意杀人。第一，刘祖枝有救助的义务。该义务来源包括先行行为产生的义务、法律明文规定的义务和基于社会公共伦理而产生的道德义务。首先，刘祖枝具有先行行为产生的义务。先行行为产生的义务，是指由于行为人先前实施的行为致使法律保护的某种法益处于危险状态，从而产生的防止危害结果发生的义务。刘祖枝向秦继明提供农药，并通过言语刺激进一步强化他人自杀的决意，刘祖枝的这一先行行为导致其负有防止秦继明死亡结果发生的义务。其次，刘祖枝具有法律规定的义务。婚姻法规定夫妻有互相扶养的义务，这种扶养包括夫妻在日常生活中的互相照料、互相供养和互相救助。刘祖枝是秦继明之妻，刘祖枝看到秦继明喝下农药毒性发作而不将其送往医院救治，违反了夫妻间互相救助的法律义务。此外，刘祖枝具有由社会道德伦理衍生的救助义务。如果秦继明的服毒地点是在人口较为密集的广场等公共场所，如果刘祖枝不实施救助，他人还可以实施救助。然而，本案发生在较为封闭的私人住所，不可能期待他人实施救助行为，因此刘祖枝具有由社会道德伦理衍生的救助义务。第二，刘祖枝有能力救助而未实施救助。秦继明喝药的时间是在凌晨3时许，之后就开始吐白沫，并出现呼吸困难。在场的女儿秦丽华问刘祖枝怎么办，刘祖枝回答不知道。当秦丽华给其他亲戚打电话说秦继明“快不行了”时，刘祖枝不让说是其给秦继明提供了农药。后当秦丽华提出要打“120”急救电话将秦继明送去医院，刘祖枝又说秦继明快不行了就不用送了。从凌晨3时许秦继明喝药到凌晨4时许死亡，在长达一个多小时的时间内，刘祖枝一直待在家里，没有采取任何有效的救助措施，且阻止女儿秦丽华采取救助措施，故属于有能力救助而不予救助。综合上述两点，刘祖枝对秦继明有义务、有能力救助而不予救助，放任秦继明中毒身亡的结果发生，符合不作为故意杀人罪的特征。

（二）对刘祖枝的行为可以认定为故意杀人“情节较轻”

根据刑法第二百三十二条的规定，故意杀人情节较轻的，处三年以上十年以下有期徒刑。对这里的“情节较轻”如何理解和把握，目前尚无相关司法解释进行明确。实践中一般综合考虑案件的性质，犯罪的起因、动机、目的、手段等情节，犯罪的后果，被告人的主观恶性和人身危险性等因素予以认定。把握的一般尺度是，对社会危害性较小，主观恶性和人身危险性也较小的，可以认定为故意杀人情节较轻。例如，青年男女因婚前性行为致女方怀孕产子后，因无抚养能力而杀死婴儿的；近亲属对一贯为非作恶者“大义灭亲”的；长期受被害人迫害者因不堪忍受折磨而将被害人杀死的；等等。

对于本案被告人刘祖枝的行为能否认定为故意杀人“情节较轻”，审理过程中存在一定争议。有观点认为，刘祖枝在秦继明喝下农药后，自己不予救助，还阻止女儿打急救电话抢救，犯罪情节较为恶劣，不应认定“情节较轻”。我们认为，综合本案案情，应当认定刘祖枝的行为“情节较轻”。具体理由如下：第一，秦继明多年身患重病，其因不堪病痛折磨曾多次产生轻生念头，刘祖枝能够长年坚持扶养和照料，不离不弃，已尽到夫妻之间的扶养义务。第二，近年来秦继明因病痛折磨，经常在晚上叫喊，影响其暂住地周围邻居休息，房东对此不满，要求刘祖枝尽快搬走，刘不想搬家，为此与秦继明争吵过。案发当天深夜，秦继明又在叫喊，招致秦丽华和刘祖枝的强烈不满，引发了刘祖枝与秦继明进行争吵。刘当时处于激情状态，容易作出过激反应。第三，刘祖枝向秦继明提供农药并进行言语刺激的行为，虽然与秦继明服毒身亡的结果之间存在刑法上的因果关系，但毕竟秦继明先具有自杀念头，且系本人服毒自杀，这与直接将农药灌入被害人口中的行为大相径庭，行为人的主观恶性和行为的社会危害性也不可同日而语。第四，案发后刘祖枝原籍所在地数十名村民联名出具担保书，证实刘祖枝数十年如一日地精心照顾秦继明患病的奶奶、母亲及秦继明本人，表现一贯良好；秦继明的四个兄弟姐妹也出具证明，证实秦继明现有亲属均对刘祖枝的行为表示谅解，放弃对刘祖枝提起附带民事赔偿诉讼。可见，刘祖枝具有良好的人缘关系，对其适用情节较轻进行从轻处罚不会激化社会矛盾。

此外，值得一提的是，根据最高人民法院出台的《关于〈中华人民共和国刑法修正案（八）〉时间效力问题的解释》第四条的规定，本案属于2011

年 4 月 30 日以前犯罪，应当适用修正后刑法第六十七条第三款的情形。修正后刑法第六十七条第三款规定："犯罪嫌疑人虽不具有前两款规定的自首情节，但是如实供述自己罪行的，可以从轻处罚。"被告人刘祖枝因事后没有委托他人报警，不属于主动投案，不构成自首。但刘祖枝在被公安机关传唤后如实交代犯罪事实，具有坦白情节，依法可以从轻处罚。

综上，法院认定被告人刘祖枝的行为构成情节较轻的故意杀人罪，依法对刘祖枝判处有期徒刑七年，定罪准确，量刑适当。

——最高人民法院刑事审判第一、二、三、四、五庭主办：《刑事审判参考》2012 年第 1 集（总第 84 集），法律出版社 2012 年版，第 11~16 页。

597. 见死不救行为的定性

关键词

故意杀人罪　先行行为　见死不救

《刑事审判参考》指导案例

颜克于等故意杀人案（《刑事审判参考》指导案例第 475 号）

裁判要点：虽然被害人偷窃自行车有过错，但被告人对被害人实施的殴打、追赶行为不属正当、合法行为，由此行为而致被害人自己跳入河中处于危险境地，负有法律上的救助义务；被告人目睹被害人挣扎，并沉入水中，却不实施任何救助行为，其对被害人的死亡具有放任故意，构成不作为的故意杀人罪。

（一）颜克于等被告人先前殴打、追赶周家龙的行为在法律上产生其对周家龙处于危险状态时的救助义务

本案的关键在于确认颜克于等被告人对跳水而面临死亡危险的周家龙是否具有法律上的救助义务。一般认为，不作为犯罪的义务来源包括：法律明文规定的义务；职务或业务要求的义务；法律行为引起的义务；先行行为产生的义务。先行行为产生的义务，是指由于行为人先前实施的行为致使法律所保护的某种权利处于危险状态而产生的防止危害结果发生的义务。考察颜克于等被告人先前殴打、追赶周家龙的行为，应当属于来源于先行行为产生的救助义务。先行行为必须符合一定的条件才负有作为义务：

1. 先行行为必须是行为人本人所实施的行为

先行行为应是行为人亲自实施的行为，而不能是行为人以外的第三者。

只有因自己行为导致发生（或引起）一定之危险者，始负有防止危险结果发生之义务。

2. 先行行为必须实际造成他人的危险状态存在

危险是指足以使合法权益遭受严重损害的一种事实状态。只有当该危险是由于行为人所实施的先行行为所直接造成时，行为人才负有防止危险结果发生的作为义务。

（二）颜克于等被告人的不作为与周家龙死亡结果之间具有刑法上的因果关系

就本案来说，颜克于等被告人的不履行先行行为产生的救助义务与周家龙死亡结果之间具有刑法意义上的因果关系。虽然周家龙死亡的直接原因是溺水死亡，但周家龙的死亡是一果多因的。没有颜克于等人的殴打、追赶行为，周家龙不会跳水；跳水后，如果颜克于等人履行了救助义务，周家龙就不会溺水死亡。也就是说，在周家龙跳水之后至溺水死亡之前，颜克于等人不实施救助行为即没有阻止周家龙由跳水向溺水死亡的方向发展，是引起周家龙溺水死亡结果的客观原因之一，殴打、追赶 – 跳水 – 不救助 – 溺水 – 死亡，是周家龙死亡的因果锁链。周家龙的死亡，其直接原因固然是溺水，然而却是颜克于等人没有实施救助义务，从而引起了周家龙死亡结果的发生。据此，颜克于等被告人具备对周家龙死亡承担刑事责任的客观基础。

（三）颜克于等被告人对周家龙的死亡后果持放任态度

我们认为，在不作为犯罪中，不作为者对危害结果的过错形式只能是间接故意。如果过错形式是直接故意的，就不存在不作为的问题，而是一种作为犯罪了，即行为人明知自己的不履行特定义务可能或必然发生危害社会的结果，并且希望该结果的发生，而利用客观上存在的自然力或其他人为因素，实现危害结果发生的目的。

间接故意不作为犯罪是行为人明知自己的不作为可能会发生危害社会的结果，并且放任该结果发生的犯罪形态。通常所说的“见死不救”，指的就是对可能死亡之人不实施救助，而不是指利用危险状态的客观条件致他人于死地。如果周家龙跳水后，要往岸上爬，颜克于等人却实施了阻拦周家龙上岸的行为，迫使周家龙溺水死亡，那么，此时就不是“见死不救”的问题了，而是直接利用溺水这一客观条件致周家龙死亡，属于直接故意杀人的范畴。

（四）颜克于等被告人的“见死不救”，应评价为故意杀人情节较轻

我们认为，判断故意杀人是否属于情节较轻，可以从行为人主观过错、案发原因、犯罪手段、因果关系、危害结果等主客观方面综合分析判定。颜克于等被告人的“见死不救”行为虽然造成了被害人的死亡后果，但综合全案情节应评价为故意杀人情节较轻。主要理由是：（1）周家龙有实施盗窃自行车的嫌疑，在案件起因上存在一定过错；（2）颜克于等人主观上没有故意

杀人的犯罪目的，其对周家龙的死亡后果只是持放任态度而不是积极追求；（3）颜克于等人没有直接实施剥夺他人生命的行为，只是在客观上实施了不正当殴打、追赶周家龙的行为，周家龙基于会游泳而跳入河中，生命处于危险境地后，颜克于等人能够履行救助义务而未履行；（4）本案的因果关系有其特殊性，周家龙的死亡系一果多因，且溺水死亡是直接原因，颜克于等人的不作为只是间接原因。因此，法院认定颜克于等人故意杀人犯罪属情节较轻是正确的。其中，被告人韩应龙积极赔偿，并取得被害人家属谅解，对其适用缓刑，也符合宽严相济的刑事政策精神。

——最高人民法院刑事审判第一、二、三、四、五庭主办：《刑事审判参考》2008 年第 1 集（总第 60 集），法律出版社 2008 年版，第 34~40 页。

598. 船舶碰撞发生船只倾覆、船员落水的后果，肇事责任人能够救助而不救助，逃离现场致使落水船员死亡的，能否认定为故意杀人罪

关键词

船舶碰撞　救助义务　故意杀人罪

《刑事审判参考》指导案例

陈君宏故意杀人案（《刑事审判参考》指导案例第 1285 号）

裁判要点：本案中船舶碰撞事故造成的落水船员溺水死亡后果，系由肇事船舶的先行碰撞行为和被告人不采取救助措施的行为所导致。这一认定不仅符合事实与刑法规定，而且符合刑法理论。由于被告人先行的过失碰撞行为使他人的生命处于危险境地，此时便产生救助义务，不履行救助义务而导致他人死亡的，可以认定为故意杀人罪，即不履行救助义务的间接故意杀人罪。

与车辆肇事不同，船舶碰撞一旦造成船员落水，船员的生命当即处于现实危险境地，肇事方不予救助的“逃逸行为”使落水船员失去获救的机会，放任了落水船员死亡后果的发生，认定为故意杀人罪符合刑法理论及相关司法解释的规定。

需要特别指出的是，肇事船舶的先前碰撞行为使落水人员处于危险境地，即产生救助义务，肇事船舶的逃逸行为背后反映的是不予救助的情节，这也是认定为不作为的故意杀人罪的主要依据，如果行为人虽因过失造成船舶碰

撞事故，但能够积极救助遇难人员的，则不能参照本案以故意杀人罪定罪处罚。此外，在个别情况下，大船与小船在海上发生碰撞事故时，大船自身对碰撞的感受并不明显，有的甚至误认为撞到了海上漂浮物。如果能够认定责任人确实不知道本船发生了碰撞事故而驶离现场的，由于其对由此产生的救助义务不明知，即便发生人员溺亡的后果，通常也不能按照故意杀人罪论处。

——赵微撰稿、于同志审编:《陈君宏故意杀人案——船舶碰撞发生船只倾覆、船员落水的后果，肇事责任人能够救助而不救助，逃离现场致使落水船员死亡行为的认定》，载最高人民法院刑事审判第一、二、三、四、五庭主办:《刑事审判参考》(总第117集)，法律出版社2019年版，第19~23页。

599. 网络雇凶杀人案件中罪责最为严重主犯的认定及死刑适用

关键词

雇凶杀人　死刑适用　主犯

《刑事审判参考》指导案例

叶得利、孙鹏辉故意杀人、孙鹏辉窝藏案（《刑事审判参考》指导案例第1454号）

裁判要点：1. 雇凶杀人案件一般不宜同时判处雇凶者与受雇者死刑并立即执行，可对罪责最为严重者适用死刑立即执行，对其他主犯适用相对较轻的刑罚。

2. 决定对雇凶者是否适用死刑时应以案中情节为主兼顾案外情节：有违社会道德的感情纠纷不能作为从宽事由；受雇者被“反杀”应纳入对雇凶者的量刑评价；坦白、立功情节一般的可以不予从宽；赔偿并获得谅解并不能绝对排除死刑的适用。

雇凶杀人案件中罪责最为严重主犯的认定应着眼于行为人的地位和作用

雇凶杀人属于一种典型的共同犯罪，存在雇凶者和受雇者两种角色，雇凶者作为犯意发起者，是犯罪产生的源头，受雇者具体实施犯罪行为，导致犯罪结果的发生。一般而言，雇凶者和受雇者的行为互相依赖、互相支配，雇凶者犯罪意图达成的程度、犯罪结果的发生依赖于受雇者具体犯罪行为的实施情况，受雇者犯罪对象的选定、犯罪行为的实施依赖于雇凶者的指示、指挥，雇凶者和受雇者都是主犯，但二者地位、所起作用和承担的罪责仍会存在一定差别。区分二者之间的罪责十分必要，特别是对雇凶杀人致一名被害人死亡的案件，“一命偿一命”既符合罪责刑相适应的刑法基本原则，也顺应朴素的正义观念，除特殊情况外，一般不宜同时判处雇凶者与受雇者死刑并立即执行，可对罪责最为严重者适用死刑立即执行，对其他主犯适用相对较轻的刑罚。

实践中，应从雇凶者和受雇者在共同犯罪中的地位和作用着手，准确认定罪责最为严重者。具体来说，一般可从以下几方面考虑：（1）雇凶者不仅提起犯意，还与受雇者共同直接实施犯罪，雇凶者罪责最为严重；（2）雇凶者虽没有直接实施犯罪，但参与了共同犯罪的策划，以其为主制定犯罪方案，组织、指挥受雇者实施犯罪，雇凶者罪责最为严重；（3）雇凶者雇用有刑事责任能力的未成年人实施犯罪，雇凶者罪责最为严重（如雇用无刑事责任能力的未成年人实施犯罪则属于间接正犯）；（4）雇凶者雇用多人作案，各受雇者地位作用相当，责任相对分散或者责任难以分清，雇凶者则应对全案负责，罪责最为严重；（5）受雇者要求退出犯罪、中止犯罪，雇凶者通过提高酬劳等方式坚定受雇者犯罪意志的，雇凶者罪责最为严重；（6）雇凶者仅笼统提出犯意，没有参与策划犯罪，没有实施组织、指挥行为，也没有实行行为的，受雇者积极主动实施犯罪行为，受雇者罪责最为严重；（7）受雇者明显超出雇凶者授意范围实施犯罪，因行为过限造成更严重危害后果，受雇者罪责最为严重；（8）雇凶者撤回犯意，要求受雇者停止犯罪，受雇者仍然坚持实施犯罪行为，受雇者罪责最为严重。

（二）决定对雇凶者是否适用死刑时应以案中情节为主兼顾案外情节

刑法第六十一条规定：“对犯罪分子决定刑罚的时候，应当根据犯罪的事实、犯罪的性质、情节和对社会的危害程度，依照本法的有关规定判处。”犯罪事实、性质等案中情节是犯罪行为社会危害性的直接体现，应是决定被告人刑罚的最基本因素。坦白、立功、积极赔偿并获得谅解等是被告人犯罪后的表现，属于案外情节，在一定程度上反映了被告人主观恶性和人身危险性，在量刑时一般也应予以考虑。简言之，量刑应以案中情节为主，兼顾案外情节。本案中，被告人叶得利存在犯罪动机卑劣、受雇者被“反杀”的案中从严情节以及坦白、立功、积极赔偿并获得谅解等案外从宽情节，各情节对最终量刑的影响一一分析如下。

1. 有违社会道德的感情纠纷不能作为从宽事由

《最高人民法院关于贯彻宽严相济刑事政策的若干意见》第22条规定，对于因恋爱、婚姻、家庭邻里纠纷等民间矛盾激化引发的犯罪，因劳资纠纷、管理失当等原因引发、犯罪动机不属恶劣的犯罪，因被害方过错或者基于义愤引发的或者具有防卫因素的突发性犯罪，应酌情从宽处罚。但民间矛盾也存在对与错、善与恶、道德与不道德的区分，如欠钱不还、因奸情杀害本夫本妻、贪图他人利益、虐待老人、蛮横霸道不讲理等，都属于错的、恶的、不道德的情形。因此，在民间矛盾中也要区分事情引发的责任和过错，认真分析判断。对那些犯罪动机特别卑劣、滥杀无辜、致多人死亡的案件，应当依法判处死刑立即执行的，还应依法判处。实践中，可以结合社会主义核心价值观对民间矛盾进行考量，对于被告人在民间矛盾中有违背社会主义核心价值观的行为的，不予从宽。

2. 受雇者被“反杀”应纳入对雇凶者的量刑评价

雇凶杀人案件中，受雇者按照雇凶者的指示实施杀人行为，因被害人防卫、还击而被“反杀”的，雇凶者对受雇者的死亡不用承担故意杀人的刑事责任，但毕竟受雇者系在受雇杀人过程中死亡，对雇凶者适用刑罚时亦应考虑此后果。

把受雇者被“反杀”的结果纳入对雇凶者的量刑评价，在理论上具有正当性。根据我国刑法规定，对故意杀人犯罪可以实施无限度防卫，杀人者自身也面临较高风险。除采用投毒、爆炸、枪击等特殊手段，或是杀人者在人数和力量上占据绝对优势，被杀者无法反抗外，被杀者一般不会坐以待毙，会奋起反抗、积极防卫，杀人者也可能面临被“反杀”的风险。从雇凶者主观因素来说，其在雇凶杀人时，除雇用的人数、指使受雇者采用的犯罪手段等方面占据绝对优势外，对于受雇者可能会遭遇防卫、受伤甚至死亡也是有一定预期的，这也是大多数雇凶者不亲自行凶的考虑之一，其主观上具有罪过。当然仅有主观罪过不能单独追究刑事责任，特别是不能以故意杀人罪追究刑事责任，但将之作为对雇凶杀人犯罪量刑的考量因素，则是客观而必要的。受雇者与被害人同时死亡，多出一条人命，犯罪后果更为严重，社会影响更为恶劣，更容易引发社会恐慌，对社会治安和群众社会安全感的影响更大。

3. 坦白、立功情节一般的可以不予从宽

刑法第六十七条第三款规定，犯罪嫌疑人虽然不具有自首情节，但是如实供述自己罪行的，可以从轻处罚。刑法第六十八条规定，犯罪分子有揭发他人犯罪行为，经查证属实的，或者提供重要线索，从而得以侦破其他案件等立功表现的，可以从轻或者减轻处罚。坦白、立功属于法定、可以型、从宽量刑情节，且属于案外情节，对司法实践具指导意义，但不具备刚性约束力。

对于具有坦白、立功情节的被告人是否适用从宽处罚以及从宽的幅度，应当考虑其犯罪事实、性质、情节、危害后果、社会影响、被告人主观恶性和人身危险性等。坦白还应考虑如实供述的时间、背景等因素，犯罪分子被动归案后，是在第一次接受讯问时就马上交代，还是经过较长时间的沉默、狡辩，经过法律政策攻心或者在一定证据的压力下才交代，不仅反映犯罪分子悔悟的早晚、人身危险性的程度，还可能直接影响司法资源投入和刑事诉讼效率，从宽处罚时应有所区别。立功还应考虑检举揭发他人罪行的时间、被检举揭发人罪行轻重、提供的线索对侦破案件或者协助抓捕其他犯罪嫌疑人所起作用大小等因素。

4. 赔偿并获得谅解并不能绝对排除死刑的适用

《最高人民法院关于贯彻宽严相济刑事政策的若干意见》第 23 条规定：“被告人案发后对被害人进行积极赔偿，并认罪、悔罪的，依法可以作为酌定量刑情节予以考虑。因婚姻家庭等民间纠纷激化引发的犯罪，被害人及其家属对被告人表示谅解的，应当作为酌定量刑情节予以考虑……”这一规定为处理民事赔偿与量刑之间的关系提供了基本法律政策依据，但实践中还应具体问题具体分析，不能简单将赔偿并获得谅解与从宽处理画上等号。

一般而言，被告人积极赔偿并获得被害方谅解是认罪、悔罪的重要表现，在一定程度上体现了被告人主观恶性和人身危险性降低，在量刑时一般应予考虑。但是，对于严重危害社会治安、严重影响人民群众安全感的案件，犯罪情节特别恶劣、犯罪后果特别严重的案件以及犯罪分子主观恶性极深、人身危险性极大的案件，即使被告人积极赔偿，获得被害人或被害人家属谅解，但论罪应当判处死刑的，应依法判处死刑立即执行。雇凶杀人案件严重危害社会治安，严重损害人民群众的安全感，依法应从严惩处，在对赔偿并获得谅解进行评价时应从严掌握。

——杜开林、胡元吉撰稿、鹿素勋审编：《叶得利、孙鹏辉故意杀人、孙鹏辉窝藏案——网络雇凶杀人案件中罪责最为严重主犯的认定及死刑适用》，载最高人民法院刑事审判第一、二、三、四、五庭编：《刑事审判参考》（总第 130 辑），最高人民法院出版社 2022 年版，第 50~61 页。

600. 在犯罪过程中为灭口杀害被害人行为的定性

关键词

故意杀人罪　盗窃后杀人　抢劫后杀人

《刑事审判参考》指导案例

肖明明故意杀人案（《刑事审判参考》指导案例第 490 号）

裁判要点：在盗窃过程中因被人发现，为灭口而杀害被害人的，应当以故意杀人罪定罪处罚。

（一）在盗窃过程中因被人发现，为灭口而杀害被害人的，应当以故意杀

人罪定罪处罚

肖明明的杀人灭口目的是非常明确的，其实施暴力的主观目的已不是为了强行劫走财物，而是单纯地为了剥夺他人的生命，具有杀人的故意而非抢劫的故意，不符合《刑法》第269条规定的转化抢劫的目的要件，应以故意杀人罪定罪处刑。而且，对于行为人的同一犯罪事实，不能援用不同的构成要件重复论罪；在某种因素（如行为、结果）已经被评价为一个犯罪的事实根据时，不能再将该因素作为另一个犯罪的事实根据进行评价。本案被告人仅实施了一个暴力行为，即杀人行为，此行为已作为故意杀人罪的构成要件进行了评价，不能再据此作为认定抢劫罪的根据。本案被告人系在盗窃过程中为灭口而杀人，并非“为劫取财物而预谋故意杀人或者在劫取财物过程中为制服被害人反抗而故意杀人，以及实施抢劫后为灭口而故意杀人”，不符合最高人民法院《关于抢劫过程中故意杀人案件如何定罪问题的批复》的规定，因此，本案被告人的行为不能以抢劫罪和故意杀人罪并罚。

——最高人民法院刑事审判第一、二、三、四、五庭主办：《刑事审判参考》2008年第3集（总第62集），法律出版社2008年版，第25~30页。

卜玉华、郭臣故意杀人、抢劫案（《刑事审判参考》指导案例第566号）

裁判要点：被告人在预谋时即产生作案后杀害被害人的故意，其暴力劫取他人财物并在抢劫后故意杀人的行为已分别构成抢劫罪和故意杀人罪，依法应数罪并罚。

从立法及司法解释的相关规定来看，抢劫罪中的手段行为包括故意杀人，抢劫罪的犯罪后果也相应包括抢劫中致人死亡。关于抢劫罪的手段行为是否包括故意杀人行为，在理论界曾经有过长期的争论。刑法第二百六十三条中规定的抢劫罪的客观方面表现为“以暴力、胁迫或者其他方法抢劫公私财物”，同时又规定了“抢劫致人重伤、死亡”的加重处罚情节，出于对“暴力”程度以及“致人重伤、死亡”的不同理解，产生了上述分歧。从字面解释来看，“暴力”不应排除故意杀害抢劫对象的情形，尤其针对抢劫罪这一严重暴力性犯罪；“致人重伤、死亡”在我国刑法的立法规定中，也并不特指过失致人重伤、死亡。《最高人民法院关于抢劫过程中故意杀人案件如何定罪问题的批复》（以下简称《批复》）中明确规定：“行为人为劫取财物而预谋故意杀人，或者在劫取财物过程中，为制服被害人反抗而故意杀人的，以抢劫罪定罪处罚。”据此，抢劫罪涵盖了为抢劫而实施的故意杀人行为，但并非意味着与抢劫有关的所有故意杀人行为都是抢劫行为的一部分，对此《批复》也明确规定：“行为人实施抢劫后，为灭口而故意杀人的，以抢劫罪和故意杀人罪定罪，实行数罪并罚。”刑法意义上的行为，是行为主体有意识、有目的的活动，上述规定明确阐释了行为目的对于行为性质的决定性作用。

为论述方便，我们将包含于抢劫中的故意杀人行为称为第一种情形，而将独立于抢劫的事后故意杀人行为称为第二种情形。

从故意杀人行为的主观目的来看，第一种情形中杀人行为是为劫取财物而实施的暴力手段中最为严重的一种表现形式。对于行为人来说，杀人是劫财的必要手段，不论是预谋先杀人再劫财，还是在劫财过程中为制服被害人反抗而杀人，其行为的目的均直指劫取他人财物；第二种情形中杀人行为的目的与劫取他人财物没有直接联系，此时劫取他人财物的行为已经完成，杀人通常是为了灭口或者主要是为了灭口，因此《批复》中将第二种情形明示为为灭口而故意杀人。

从故意杀人的行为与抢劫行为的关联程度来看，作为抢劫方式的故意杀人行为往往是行为人实现抢劫的主要行为方式，即行为人通过杀人的手段实现劫财的目的；独立于抢劫的故意杀人行为则不是实施抢劫的必要行为，因为行为人已通过其他暴力、胁迫等手段实现了劫财目的，此时的故意杀人行为往往是作为抢劫完成后的后续行为，为防止抢劫罪行暴露而实施的灭口行为。

从故意杀人的起意时间来看，在第一种情形下，杀人的故意只能在实施抢劫前的预谋阶段或抢劫过程中产生，而在第二种情形下，杀人的故意则可能在抢劫预谋阶段、实施阶段以及抢劫完成后产生，也即第二种情形下的杀人犯意产生的时间不影响抢劫后为灭口而实施的故意杀人的性质认定。

从犯罪构成来说，故意杀人行为是否是抢劫的手段行为，决定了是否应对该行为进行单独评价。第一种情形下，因为故意杀人行为正是抢劫罪实施暴力方面的客观表现，是犯罪构成的客观方面，如果将此种情形认定为同时构成抢劫罪和故意杀人罪，则该杀人行为既是抢劫罪的客观方面，又是故意杀人罪的客观方面，则对于同一杀人行为需要进行重复评价，不符合刑法的基本原理。同样，第二种情形下，因抢劫行为已经完成，在抢劫既遂的情况下再实施的故意杀人行为，也无法纳入抢劫罪的犯罪构成中进行评价，否则抢劫罪的客观方面的外延将会不当扩大。

综上，抢劫犯罪中故意杀人行为的性质由行为的目的决定，并且不受起意时间的限定，也即无论行为人何时起意杀人，只要杀人行为是为排除障碍，实现抢劫财物目的的，则该故意杀人行为属于抢劫的手段行为，是抢劫罪客观方面的表现，对此故意杀人行为无须单独评价，仅定抢劫罪一罪即可；如果杀人行为系抢劫完成后为防止罪行暴露而实施的灭口行为，则同样无论其杀人的故意于何时起意，仍应与抢劫行为分别评价，以抢劫罪和故意杀人罪并罚。

——最高人民法院刑事审判第一、二、三、四、五庭主办:《刑事审判参考》2009 年第 4 集(总第 69 集),法律出版社 2009 年版,第 15~23 页。

601. 对暴力抗拒行政执法致死案件,如何判定被害人是否有过错

关键词

暴力抗拒　行政执法　被害人过错

《刑事审判参考》指导案例

陈锦国故意杀人案(《刑事审判参考》指导案例第 1254 号)

裁判要点:对暴力抗拒行政执法致死案件,可以从以下几个方面分析被害人有无过错问题:(1)行政管理的目的与动机是否正当;(2)行政强制程序是否规范;(3)暴力抗法行为是否具有防卫因素。

在审判实践中,对此类故意杀人、伤害案件是否适用死刑,需要在查清案件起因的基础上,准确分析被害人有无过错,从而作出公正判决。结合本案的情况,可以从以下几个方面分析被害人有无过错问题。

(一)行政管理的目的与动机是否正当

为了保障社会生产、生活的正常进行,保障公民的合法权益,维持一个安定良好的社会秩序十分必要。行政管理是政府相关部门对社会公共事务进行的一种有组织的管理活动,目的是维护安定有序的社会环境,并非谋求行政机关或公务人员的特殊利益。服从行政管理是行政执法相对人应当履行的法定义务,相关公民即使认为行政执法人员的具体行政行为侵犯了其合法权益,也应当通过行政复议、行政诉讼等合法途径进行维权,而不应采取暴力手段直接妨碍、抗拒行政管理。一般来说,采用暴力手段抗拒行政执法的行为不仅干扰和破坏了正常的行政管理活动,也侵犯了行政执法人员的人身权利,具有较为严重的社会危害性。对合法的行政管理进行抗拒,主要是因为有的行政相对人法制观念淡薄,有的人性格冲动或者不明真相,有的则是妄图通过对抗来满足自己的不正当利益诉求。在这种情况下,行政执法者当然不存在过错。因此,对于被告人采用暴力手段抗拒行政执法引发的故意杀人、伤害案件,在判断被害人是否存在过错时应当重视对行政管理目的和动机的审查,具体分析案发起因,准确判断被害人是否存在过错。

(二)行政强制程序是否规范

行政强制是行政执法的方式之一。根据行政强制法第二条的规定，行政强制包括行政强制措施和行政强制执行。其中，行政强制措施是指行政机关在行政管理过程中为制止违法行为、防止证据损毁、避免危害发生、控制危险扩大等情形，依法对公民的人身自由实施暂时性限制，或者对公民、法人或者其他组织的财物实施暂时性控制的行为。行政强制执行是指行政机关或者行政机关申请人民法院，对不履行行政决定的公民、法人或者其他组织，依法强制履行义务的行为。本案中，檀溪镇人民政府决定整治月牙湖游泳场的村民摆摊秩序，在多次通知村民搬移摊位无效的情况下，派行政执法人员到场规劝村民履行搬移摊位的义务，应属于行政强制执行。行政强制法第四章规定了行政强制执行的程序，其中第三十五条规定，行政机关作出强制执行决定前，应当事先催告当事人履行义务。催告应当以书面形式作出。

（三）暴力抗法行为是否具有防卫因素

在暴力抗法引发的故意杀人、伤害案件中，被告人及其辩护人往往提出被告人遭到执法人员辱骂、殴打、伤害或者毁损财物等的辩护意见，主张被告人的犯罪行为具有防卫因素，被害人具有过错。行政强制法规定的行政强制措施包括对人身自由的暂时性限制和对物的暂时性控制，但仅限于为了制止违法行为、防止证据损毁、避免危害发生、控制危险扩大等合法目的。行政执法人员在执法过程中出于逞强、泄愤等原因，在没有行政强制的合理需要情况下，故意伤害、杀害行政相对人或者毁损行政相对人财物的，在性质上应属于其个人的违法犯罪行为。对此，行政相对人作为公民依法享有正当防卫的权利。即使行政相对人的正当防卫超过必要限度，也可以认为具有防卫因素，依法予以从宽处罚。反过来，如果行政执法人员正常执行公务时遭到行政相对人暴力抗法，在人身、财产安全受到不法侵害时，不仅拥有采取行政强制措施的职权，而且作为公民个人也同样享有采取正当防卫的权利。实践中，应当根据行政强制措施的实施情况、双方肢体冲突发生的原因、双方的损伤特征和损伤程度、财物毁损的原因和损失价值等实际情况，具体分析判断被告人的暴力抗法行为是否具有防卫因素。

——最高人民法院刑事审判第一、二、三、四、五庭主办：《刑事审判参考》（总第114辑），法律出版社2019年版，第23~29页。

602. 杀人伤害犯罪死刑的具体适用

关键词

故意杀人罪　故意伤害罪　死刑适用

最高人民法院大法官著述

故意杀人是故意非法剥夺他人生命的行为。它是最严重的侵犯公民人身权利的犯罪，也是最古老的自然犯罪和多发犯罪。故意伤害是故意非法损害他人身体健康的行为，也是一种多发的自然犯罪，在全部刑事案件中高居第二，仅次于盗窃罪。由于故意杀人、故意伤害犯罪严重侵犯了公民的人身权利，甚至非法剥夺了他人的生命，在司法实践中又常见多发。据统计，这两类犯罪适用死刑的数量占到了全部死刑案件的60%左右。因此，研究对这两类犯罪如何合理地适用死刑，对有效控制死刑的适用具有重要的意义。

1. 故意杀人罪的死刑适用

故意杀人行为以剥夺他人最为宝贵的生命权为内容，对这样性质严重的犯罪处以严厉的刑罚，是罪刑相适应原则的要求，也是维护社会稳定和保护公民生命安全的需要。正是基于这样的原因，除了部分废除死刑的国家外，各国刑法一般都规定将其最高刑规定为死刑，我国也不例外。《刑法》第二百三十二条规定："故意杀人的，处死刑、无期徒刑或十年以上有期徒刑。"但是，并非所有的故意杀人案件都是严重危害社会治安的犯罪，特别是一些民间纠纷引起的杀人案件。这些案件虽然都造成被害人死亡后果，但由于起因、动机、主观恶性不同，在量刑时要有所区别，特别是适用死刑立即执行更应当慎重。此外，即使是严重危害社会治安的故意杀人案件，只要具有法定、酌定从宽情节也应当充分考虑。因此，不能一发生被害人死亡的结果，就一律对犯罪人判处死刑，而应当结合全案情况综合考虑，以决定对被告人适用何种刑罚，那种"杀人偿命"的错误观念是人类野蛮时代"以血还血"的延伸，是一种过时的等害报应，我们应当坚决予以摒弃。

（1）对被告人是否判处死刑的证据有疑义的不能判处死刑。事实证据问题是死刑案件必须审核查清的首要问题。如果被告人是否构成故意杀人罪的证据存在疑问，就不能认定为故意杀人罪，现有证据不足以认定被告人有罪的，就应当坚决宣告其无罪，而不能只是在量刑上留有余地。同样，对于那些认定被告人构成故意杀人罪的证据确实充分，但是对被告人是否判处死刑的证据存在疑问时，也应当从保障被告人合法权益的角度出发，对其不适用死刑。那种认为在影响量刑的事实无法查清的情况下，对被告人依然可以适用死刑的观点，是典型的重刑主义思想。

（2）具有法定应当从轻情节的一律不得判处死刑。"应当型"量刑情节是指刑法规定对量刑结果必然产生影响的情节。这些情节的存在必然反映犯罪的社会危害程度的轻重和犯罪人主观恶性和人身危险性的大小。法官在量刑时必须认真考虑。如果具有应当从轻、减轻处罚的情节，不论罪行多么严重，社会危害多大，均不得对被告人判处死刑。这类从轻情节主要有犯罪时未满

18 周岁、审判时怀孕的妇女、犯罪后自首又有重大立功表现的、防卫过当、避险过当、中止犯、胁从犯、精神病人等，对具有这些情节的被告人都不得判处死刑。

（3）具有法定可以从轻情节的一般不判处死刑立即执行。“可以型”量刑情节是指刑法规定的法官可以根据案件具体情况决定其功能和作用的量刑情节，它虽然不像“应当型”量刑情节那样必然影响量刑结果，但在一般情况下法官也应当予以考虑，因此对具备《刑法》规定可以从轻、减轻处罚情节的犯罪人，原则上不判处死刑立即执行。这类从轻情节主要有自首、立功、又聋又哑的人或盲人犯罪等。其中，审判实践中比较常见的是自首、立功情节，对罪行比较严重的被告人，具有自首、立功等法定可以从轻情节，是否判处死刑立即执行，要结合自首、立功的具体情节和罪行的严重程度来综合考虑。

（4）具有酌定从轻情节的，一般也可考虑不判处死刑立即执行。在某些案件中，尽管犯罪人罪行极其严重，也没有法定从轻情节，但具有酌定从轻情节的，法官也应当按照宽严相济刑事政策的要求，结合案情以及当时、当地的情势慎重行使自由裁量权，能不判处死刑立即执行的就不判处死刑立即执行。由于酌定量刑情节掌握在法官手中，因而也是决定刑罚轻重的一个弹性的、灵活的调节器。同时，与法定量刑情节相比，酌定量刑情节广泛存在于几乎每个案件中。因此，限制死刑的适用，在酌定量刑情节这块空间很大，我们要很好地把握。在故意杀人案件中，酌定从轻的情节主要有：实施间接故意杀人的；因民间纠纷激化而杀人的；被害人一方有明显过错或对矛盾激化负有直接责任的；被告人赔偿了被害方的损失得到被害方谅解的；被告人犯罪前表现良好，犯罪后具有如实交代罪行，积极救助被害人等明显悔改表现的；基于义愤、大义灭亲或不堪忍受被害人的虐待、迫害而杀人的等。

2. 故意伤害罪的死刑适用

故意伤害罪，是指故意非法损害他人人身健康的行为，该罪所侵害的客体是他人的人身健康权利。一方面，人身健康同样属于最基本的人身权利，是公民的基本人权之一；另一方面，人身健康受到损害是人的生命受到损害的前奏，人身健康受到非法剥夺在本质上是侵害他人生命的危险。所以，故意伤害犯罪，尤其是其中致人重伤或死亡的行为，是侵犯公民人身权利的一种严重犯罪。从立法沿革来看，故意伤害罪法定刑设置中最初没有死刑的规定，但经过《刑法》修改和完善，现行《刑法》规定对故意伤害致人死亡或者以特别残忍的手段致人重伤造成严重残疾的可以处死刑。[①] 故意伤害案件与

---

① 参见高铭暄、马克昌主编：《中国刑法解释》（下编），中国社会科学出版社 2005 年版，第 1562~1563 页。

故意杀人案件相比，有时尽管都造成被害人死亡的后果，但行为人的主观恶性相对较小。因此，对其适用死刑的标准要更高，要求要更严。在致一人死亡的情况下，如果没有特别严重的情节；在致一人严重伤残的情况下，如果没有特别残忍的手段，一般不判处死刑。

（1）故意伤害致人死亡的死刑适用。故意伤害罪的法定刑中虽然包括死刑，但是不能一出现故意伤害致人死亡的情况就对行为人适用死刑，而应当将无期徒刑作为量刑的基准点，首先考虑对被告人在无期徒刑以下判处刑罚。与故意杀人罪一样，因婚姻、家庭、恋爱、邻里、劳资等纠纷引发的故意伤害致人死亡的，因激情、义愤临时起意故意伤害致人死亡的，悔罪态度好、积极赔偿、得到被害方谅解的，被害方有过错的，共同犯罪中责任相对分散的或者具有其他法定、酌定从轻情节的，原则上不判处死刑。此外，要严格区分故意伤害意志程度和伤害故意与一般殴打故意的界限。对出于意志程度较低的故意或一般的殴打故意而致人死亡，特别是造成具有特异体质的被害人死亡的不适用死刑。对于出于卑劣或违法犯罪动机，以特别残忍的手段，重伤犯意特别坚决的，涉黑、涉恶案件中致人死亡的首要分子或主犯，在公众场合当众故意伤害致人死亡、造成恶劣社会影响的，没有从轻情节或有多个从重情节、只有个别分量较轻的从轻情节的，致二人以上死亡的，可以考虑适用死刑。

（2）以特别残忍的手段致人重伤造成严重残疾的死刑适用。这种情形适用死刑必须同时具备两个条件：一是伤害的手段必须是特别残忍；二是必须致人重伤并造成严重残疾。所谓手段特别残忍，一方面，不能超出故意伤害罪实行行为质的规定性，应仅限于以他人身体健康为侵害目标的行为；另一方面，必须表现出令一般人不堪忍受的残酷性。比如用硫酸等化学物品或锐器毁容的，挖人眼睛致人失明的，切割他人生殖器的，长时间暴力伤害折磨的，砍抽被害人脚筋的等等。重伤必须达到严重残疾的程度，按照《全国法院维护农村稳定刑事审判工作座谈会纪要》的要求，必须达到六级以上的残疾。

——江必新：《刑事审判的理念、政策与机制》，人民法院出版社 2019 年版，第 338~342 页。

603. 因民间矛盾激化引发，被害方在案件前因上负有一定责任，但被害方要求判处死刑的情绪特别激烈的案件，如何准确贯彻我国的死刑政策

关键词

民间矛盾　死刑

《刑事审判参考》指导案例

张士禄故意杀人案（《刑事审判参考》指导案例第 1240 号）

裁判要点：对不应当判处死刑的案件，无论面对多大的压力，都不能违法适用死刑。在审理死刑案件时，应当考虑社情民意，但是当部分群众尤其是部分被害人亲属的要求带有强烈的个人感情色彩，背离法律、政策精神，甚至无原则地上访、闹访时，则不能一味地退让，对不应当判处死刑立即执行的案件，绝不能作出违反法律政策的判决，要坚决维护法治的权威。

（一）因民间矛盾激化引发、被害方在案件前因上负有一定责任的，在量刑时应酌情从宽处罚

根据《最高人民法院关于贯彻宽严相济刑事政策的若干意见》（以下简称《意见》）第二十二条的规定，对于因恋爱、婚姻、家庭、邻里纠纷等民间矛盾激化引发的犯罪，因被害方过错或者基于义愤引发的或者具有防卫因素的突发性犯罪，应酌情从宽处罚。此类被告人犯罪系事出有因，与发生在社会上针对不特定多数人的严重危害社会治安的暴力犯罪，在主观恶性、人身危险性和社会危害性上有明显差别，故在对被告人量刑时应体现差别。总体而言，对此类犯罪应酌情从宽，充分体现宽严相济刑事政策中区别对待的精神，从而更加有效地改造罪犯和预防犯罪。

（二）对被告人亲属协助司法机关抓获被告人，虽不构成自首，但在量刑时应予充分考虑

根据《意见》第十七条的规定，对于亲属以不同形式送被告人归案或协助司法机关抓获被告人而认定自首的，原则上都应依法从宽处罚；有的虽然不能认定自首，但考虑到被告人亲属支持司法机关工作，促使被告人到案、认罪、悔罪，在决定对被告人具体处罚时，也应当予以充分考虑。《意见》既规定了对自首从宽处罚的基本要求，也提出了在特殊情况下，被告人亲属

“大义灭亲”，协助司法机关抓获被告人，虽由于被告人系被动归案，不能认定为自首，但对亲属“大义灭亲”的行为应给予肯定，在对被告人量刑时亦应予以充分考虑。

（三）对依法可不判处死刑立即执行的案件，应当妥善处理被害方要求严惩的意愿与严格控制和慎重适用死刑政策之间的关系

《意见》第二十九条规定，要准确理解和严格执行“保留死刑，严格控制和慎重适用死刑”的政策。对于罪行极其严重的犯罪分子，只要是依法可不立即执行的，就不应当判处死刑立即执行。严格控制死刑是对死刑适用总体上、战略上、趋势上的严格把握，就是要防止任何不必要的适用甚至滥用。严格适用死刑，一方面必须严格统一地坚持证据裁判的最高标准和最严要求；另一方面必须严格统一地把握法律政策标准。对不应当判处死刑的案件，无论面对多大的压力，都不能违法适用死刑。在审理死刑案件时，应当考虑社情民意，但是当部分群众尤其是部分被害人亲属的要求带有强烈的个人感情色彩，背离法律、政策精神，甚至无原则地上访、闹访时，则不能一味地退让，对不应当判处死刑立即执行的案件，绝不能作出违反法律政策的判决，要坚决维护法治的权威。

——最高人民法院刑事审判第一、二、三、四、五庭主办：《刑事审判参考》（总第113辑），法律出版社2019年版，第30~34页。

604. 被告人始终供述伙同他人作案，且在案证据不排除他人参与共同犯罪的，不能对其适用死刑

关键词

共同犯罪　故意杀人　死刑

《刑事审判参考》指导案例

崔小虎故意杀人案（《刑事审判参考》指导案例第1257号）

裁判要点：根据法定的证明标准要求，对于定罪事实以及对被告人从重处罚的事实，都应当达到证据确实、充分的证明标准。这些事实主要包括“被指控的犯罪事实的发生；被告人实施了犯罪行为与被告人实施犯罪行为的时间、地点、手段、后果以及其他情节；影响被告人定罪的身份情况；被告人有刑事责任能力；被告人的罪过；是否共同犯罪及被告人在共同犯罪中的地位、作用；其他与定罪有关的事实；对被告人从重处罚的事实”。

本案的关键问题是，被告人崔小虎是否伙同张某某共同实施杀人？崔小虎归案后，自始供认张某某参与共同作案。从在案证据来看，不能排除张某某参与作案的可能性。但张某某却始终不承认自己参与作案，认定其参与犯罪的证据不足。对此，如何处理本案，有以下两种不同意见：

第一种意见认为，虽然崔小虎自始供认张某某参与作案，但是，认定张某某参与共同犯罪的证据不足，故应当对证据充分的崔小虎故意杀人犯罪事实依法作出裁判，而不认定张某某参与共同犯罪。第二种意见认为，虽然在案证据及经过补充侦查，仍然不能证明张某某参与共同杀人行为，但是，根据本案证据情况，无法排除张某某参与共同犯罪的可能性。我们同意第二种意见，理由如下：

我国刑事法律和刑事政策，对刑事案件的证明要求，始终坚持高标准、严要求的宗旨，即要求侦查终结移送审查起诉、提起公诉、作出有罪判决的证明标准都要达到“犯罪事实清楚，证据确实、充分”。而对死刑案件的证据要求，更是坚守“经得起历史检验”的底线和“必须得出唯一性结论”的红线。《最高人民法院关于贯彻宽严相济刑事政策的若干意见》第二十九条中明确规定：“拟判处死刑的具体案件定罪或者量刑的证据必须确实、充分，得出唯一结论。”刑事诉讼法第五十五条第二款对证明标准问题作出了进一步的解释：“证据确实、充分，应当符合以下条件：（一）定罪量刑的事实都有证据证明；（二）据以定案的证据均经法定程序查证属实；（三）综合全案证据，对所认定事实已排除合理怀疑。”综上，根据法定的证明标准要求，对于定罪事实以及对被告人从重处罚的事实，都应当达到证据确实、充分的证明标准。这些事实主要包括“被指控的犯罪事实的发生；被告人实施了犯罪行为与被告人实施犯罪行为的时间、地点、手段、后果以及其他情节；影响被告人定罪的身份情况；被告人有刑事责任能力；被告人的罪过；是否共同犯罪及被告人在共同犯罪中的地位、作用；其他与定罪有关的事实；对被告人从重处罚的事实”。

——最高人民法院刑事审判第一、二、三、四、五庭主办：《刑事审判参考》（总第 114 辑），法律出版社 2019 年版，第 45~51 页。

605. 故意杀人犯罪事实清楚，但不能排除其行为具有防卫性质的，不能适用死刑

关键词

故意杀人　死刑　正当防卫

《刑事审判参考》指导案例

张洁清故意杀人案（《刑事审判参考》指导案例第1258号）

裁判要点：防卫行为属于阻却犯罪事由，是应当有证据证明的定罪量刑事实，故意杀人犯罪事实清楚，但不能排除其行为具有防卫性质的，不能适用死刑。

本案在审理过程中，对于被告人张洁清实施的故意杀人行为是否达到死刑案件证据确实、充分的标准，我们认为，前述本案现有证据仅能证实被告人张洁清持木锤打击被害人邢某某头部致邢某某死亡这一基本事实，证实该基本事实的证据确实、充分，但张洁清到案后始终稳定供述因被害人邢某某持菜刀划其颈部，其才就地持木锤打击邢某某头部，在案证据不能排除张洁清有防卫的可能性，故全案证据没有达到确实、充分的标准，不能排除合理怀疑。理由如下：

（一）防卫行为属于阻却犯罪事由，是应当有证据证明的定罪量刑事实

在我国的刑事诉讼中，认定被告人有罪的证明标准是案件事实清楚，证据确实、充分。关于“证据确实、充分”的内涵，刑事诉讼法第五十五条第二款规定：“证据确实、充分，应当符合以下条件：（一）定罪量刑的事实都有证据证明；（二）据以定案的证据均经法定程序查证属实；（三）综合全案证据，对所认定事实已排除合理怀疑。”一般而言，定罪量刑的事实包括犯罪构成要件事实及影响刑罚裁量的事实，具体是指以下事实：（1）被指控的犯罪事实的发生；（2）被告人实施了犯罪行为及被告人实施犯罪行为的时间、地点、手段、后果以及其他情节；（3）影响被告人定罪的身份情况；（4）被告人有刑事责任能力；（5）被告人的罪过；（6）是否共同犯罪及被告人在共同犯罪中的地位、作用；（7）对被告人从重处罚的事实；（8）其他影响对被告人定罪量刑的事实。

（二）在案证据不能排除被告人的行为存在防卫性质的可能性

被告人张洁清自第一次接受讯问时起，始终稳定供述因被害人邢某某持菜刀划张洁清颈部，张洁清才就地持木锤打击邢某某头部。一、二审庭审中辩解称自己是在被害人先持刀对其实施伤害的情况下实施的自卫行为，没有杀人及伤害的故意。其辩护人提出，邢某某及张洁清颈部创口是如何形成的事实认定不清，不能排除邢某某用刀伤及被告人。关于上述辩解和辩护意见，一审法院认为没有证据支持，故不予采纳。二审法院认为，在案法医学鉴定书证实，张洁清颈部创口自伤可以形成，且除其本人辩解外，无其他证据证实被害人先持刀对其实施加害行为。张洁清所提其实施的是自卫行为，没有

杀人或伤害故意的上诉理由，不能成立。一、二审法院均未采纳张洁清及其辩护人的辩解和辩护理由，认为张洁清供述的该情节没有得到其他证据佐证，不予认定。

我们认为，一、二审在审判过程中对尸体鉴定意见中记载“邢某某颈部切割创口是在颅脑损伤之前形成，倾向于自己形成”这一关键证据重视程度不够，且对供证细节未能综合分析，对该节事实的判断过于草率，本案现有证据不能排除张洁清的行为存在防卫性质的可能。

——最高人民法院刑事审判第一、二、三、四、五庭主办：《刑事审判参考》（总第114辑），法律出版社2019年版，第52~58页。

606. 故意杀人后又取走被害人财物行为的定性

关键词

故意杀人罪　盗窃罪　牵连犯

《刑事审判参考》指导案例

计永欣故意杀人案（《刑事审判参考》指导案例第153号）

裁判要点：故意杀人后又窃取被害人财物的，应分别构成故意杀人罪和盗窃罪。

最高人民法院《关于抢劫过程中故意杀人案件如何定罪问题的批复》中规定：“行为人为劫取财物而预谋故意杀人，或者在劫取财物过程中，为制服被害人的反抗而故意杀人的，以抢劫罪定罪处罚。”此一规定表明，抢劫罪的手段可以是故意杀人行为，但此限制条件必须是“为劫取财物而预谋故意杀人，或者在劫取财物过程中，为制服被害人的反抗而故意杀人”。易言之，从时间上看，行为人劫取财物的目的在先，故意杀人的手段在后；从手段与目的关系来分析，故意杀人的手段服务于抢劫财物的目的，抢劫财物和故意杀人之间存着明显的目的与手段的关系。如果行为人先因他故，实施了杀人行为，尔后又临时起意取走被害人财物的，因为先前的杀人行为与事后的劫取财物行为之间并无手段与目的的关系，不能认定为抢劫罪，而只能分别认定为构成故意杀人和盗窃罪。

——最高人民法院刑事审判第一庭、第二庭编：《刑事审判参考》2002年第1辑（总第24辑），法律出版社2002年版，第22~27页。

李春林故意杀人案（《刑事审判参考》指导案例第 171 号）

裁判要点：为逃避债务故意杀人的，构成故意杀人罪。故意杀人后临时起意非法占有被害人财物的，应以盗窃罪定罪处罚。

第一，在抢劫过程中故意杀人以抢劫罪定罪处罚的行为必须是当场使用暴力故意杀人并当场劫取被害人财物的行为。其中，故意杀人是劫取财物的手段行为，劫取财物是行为人杀人的目的，符合刑法理论上的牵连犯。第二，《刑法》第 263 条明确规定抢劫罪的犯罪对象是“公私财物”。从当场劫取财物这一抢劫犯罪的客观特征来看，这里的“财物”须具有即时取得、可转移的特点，当场不能取得、不能转移的财物一般不能成为抢劫罪的犯罪对象。以逃避债务为目的的故意杀人，仅可以使原有的债权债务关系归于消灭，缺少抢劫罪的犯罪对象。第三，从犯罪的主观故意来看，在抢劫罪中，应是先产生非法占有的目的，后发生非法占有的行为，即行为人非法占有目的应产生于行为人实际占有他人财物之前。而在以逃避债务为目的的故意杀人行为中，行为人在产生非法占有他人财物的主观犯意之前，已实际占有了债权项下的财物，不需要通过故意杀人去劫取。

故意杀人后临时起意非法占有被害人财物的，由于行为人的这一非法占有目的产生于故意杀人之后，其非法占有行为与故意杀人行为之间不存在事实上的牵连或者吸收关系，既不能将故意杀人认定为非法占有财物的手段，也不能将非法占有认定为故意杀人的从行为，而是独立于故意杀人之外的行为。在这里，由于财物所有人已死亡，不复存在对所有人使用暴力、胁迫等手段抢劫的问题。行为人取得财物的手段如同从无人在场的他人处拿走财物一样，实际上是一种秘密窃取他人财物的行为。因此，对于这种故意杀人后见财起意，乘机非法占有被害人财物的行为，构成犯罪的，应以盗窃罪定罪处罚。

——最高人民法院刑事审判第一庭、第二庭编：《刑事审判参考》2002 年第 2 辑（总第 25 辑），法律出版社 2002 年版，第 45~49 页。

607. 为骗取保险金而抢劫、杀人行为的定性

关键词

故意杀人罪　保险诈骗罪　数罪并罚　牵连犯

《刑事审判参考》指导案例

王志峰、王志生故意杀人、保险诈骗案（《刑事审判参考》指导案例第198号）

裁判要点：为骗取保险金而杀害非被保险人的，以故意杀人罪进行处罚。

根据《刑法》第198条第2款的规定，投保人、受益人故意造成被保险人死亡，骗取保险金的，同时构成其他犯罪的，应当予以数罪并罚。如投保人、受益人故意杀害被保险人，骗取保险金的，就应当以保险诈骗罪和故意杀人罪，实行数罪并罚。但是，如果投保人、受益人故意杀害非被保险人，骗取保险金的，构成保险诈骗罪与故意杀人罪的牵连犯，应从一重处即以故意杀人罪论处。

——最高人民法院刑事审判第一庭、第二庭编：《刑事审判参考》2002年第5辑（总第28辑），法律出版社2002年版，第10~15页。

608. 为劫财而预谋杀人但仅致人轻伤且劫取财物数额不大的行为的定性

关键词

故意杀人罪　抢劫罪　犯罪未遂

最高人民法院审判业务意见

行为人为劫取财物而预谋故意杀人，且实施了杀人和劫取财物的行为，由于其意志以外的原因杀人未遂，被害人所受损伤为轻伤。该行为既符合故意杀人罪（未遂）构成要件，也符合抢劫罪的构成要件，但杀人和劫取财物两个行为之间具有手段与目的的牵连关系，并指向同一犯罪目的，故成立牵连犯。抢劫致人轻伤而非死亡或重伤，抢劫数额按照案发地确定的标准不属巨大，故只能认定为一般性质的抢劫案，法定刑为三年以上十年以下有期徒刑，并处罚金。而故意杀人罪的法定刑为死刑、无期徒刑或者十年以上有期徒刑；情节较轻的，处三年以上十年以下有期徒刑。行为人的故意杀人行为，显然不属于情节较轻，对于未遂犯，依法可以比照既遂犯从轻或者减轻处罚，但鉴于行为人的故意杀人行为属于实行终了的未遂，且犯罪情节恶劣、手段残忍，又牵连抢劫犯罪，故不应当适用减轻处罚。那么，按照对牵连犯“择一重罪处罚”的原则，对行为人以故意杀人罪（未遂）定罪处罚，应更为准确、适当。

——最高人民法院刑事审判第一、二庭：《为劫取财物而预谋故意杀人但又致人轻伤劫取财物数额不大的应如何定罪处罚》，载最高人民法院刑事审判第一庭、第二庭编：《刑事审判参考》2003 年第 1 辑（总第 30 辑），法律出版社 2003 年版，第 172~174 页。

609. 针对特定被害人投放毒物致死致伤多人行为的定性

关键词

故意杀人罪　投放危险物质罪　犯罪对象

《刑事审判参考》指导案例

方金青惠投毒案（《刑事审判参考》指导案例第 98 号）

裁判要点：针对特定的被害人投放毒物致死致伤多人的行为，构成故意杀人罪。

由于投毒罪与以投毒为手段的故意杀人罪在手段、后果上相类似，司法实践中二者容易混淆。投毒罪与故意杀人罪分属不同的犯罪种类，区别二者主要看犯罪的客体与主观故意内容。

从犯罪客体上看，作为危害公共安全罪的一种，投毒罪侵犯的是公共安全，也就是不特定多数人的生命、健康、财产的安全；故意杀人罪属于侵犯公民人身权利的犯罪，其侵犯的客体是公民的人身权利，即特定公民的人身权利。简而言之，投毒罪指向不特定多数人，而故意杀人罪以特定的人为对象。从主观故意内容看，投毒罪的主体须具有危害公共安全即不特定多数人生命、健康、财产安全的故意，而故意杀人罪的主体则具有剥夺特定人生命的故意。在实践中，当某人投放毒物目的在于剥夺特定人的生命而不危及公共安全时，应认定为故意杀人罪。在本案中，方金青惠主观上是想致特定人——简梅芳死亡；方金青忠数次投放毒鼠药均是在简梅芳家中，非公共场所；毒鼠药投在被害人简梅芳所用的食具、茶具、药煲内，非公共所用器具内。尽管实际上有多人误食、误饮了方金青惠投有鼠药的食物、饮品，但这些被害人并非方金青惠追求杀害的不特定对象，故方金青惠采用投毒的手段非法剥夺他人生命的行为构成故意杀人罪。

——最高人民法院刑事审判第一庭、第二庭编：《刑事审判参考》2001 年

第 5 辑（总第 16 辑），法律出版社 2001 年版，第 1~5 页。

说明

最高人民法院、最高人民检察院《关于执行〈中华人民共和国刑法〉确定罪名的补充规定》（2002 年 3 月 15 日，法释〔2002〕7 号）已将投毒罪取消，改为投放危险物质罪。

610. 投毒之后造成目标之外他人死亡发生的应当认定为间接故意杀人

关键词

故意杀人罪　间接故意

《刑事审判参考》指导案例

孙连义故意杀人案（《刑事审判参考》指导案例第 1007 号）

裁判要点：行为人投放毒药，应当知道不仅被害人可能会服用，其他人也可能会服用，其明知自己的行为可能会发生危害结果，却对于其他人是否服用持放任态度，应认定行为人主观上具有间接故意，由此导致其他人服用后中毒死亡的，行为人对其死亡也应构成故意杀人罪。

（二）投毒后放任目标之外他人死亡的，应当认定为间接故意杀人

本案审理过程中，如何确定被告人孙连义对谢欣死亡的刑事责任，主要形成两种意见：一种意见认为，孙连义投毒后，放任他人（孟淑兰以外的人）死亡，应当认定孙连义主观上具有间接故意，构成故意杀人罪；另一种意见认为，孙连义主观上并不希望造成谢欣死亡的结果，在孟淑兰死亡后也曾问过剩余药物的下落，故可以认定为过于自信的过失，构成过失致人死亡罪。

我们同意前一种意见。理由是：

间接故意是指行为人已经预见到自己的行为会导致某种结果发生而放任该结果的发生（结果的发生并不违背其主观意志），而过于自信的过失是指行为人已经预见到自己的行为会导致某种结果发生而轻信可以避免（结果的发生是违背其主观意志的）。二者区分的关键在于是否违背行为人的意愿。在具体案件中，对行为人主观的认定非常复杂，尤其是间接故意和过于自信的过失的区分更加复杂，一般要通过行为人具体的行为来分析其主观心态。从本

案来看，对孙连义主观心态的认定可以从以下几个方面进行分析：

1. 孙连义投毒到茯苓复合颗粒胶囊中，而该胶囊系保健药物，用于提高人体免疫力，并非某类病人专用，其他人也有可能服用，即服用人是非特定的，实际上也是如此，在孟淑兰死后谢欣也服用了该胶囊。孙连义在实施投毒行为时，就应当知道不仅被害人孟淑兰可能服用该胶囊，其他人也是有可能服用的，而其并未因此放弃投毒，故可以认定其对其他人是否服用该胶囊是持无所谓、放任的态度。

2. 从投毒之后的行为分析，根据孙连义的供述，其在孟淑兰死后，曾询问过药物下落，但在未查明具体下落时，孙连义并未继续采取其他有效措施防止他人服用这一后果的发生，实际上还是听之任之，放任结果的发生；而且，从谢玉华的证言来看，孙连义并未有过询问药物下落的行为。无论如何，孙连义在孟淑兰死亡后，并未采取有效措施预防其他后果的发生，应当认定其对其他后果的发生持放任态度。

综上，本案一、二审法院对各被告人的行为定性准确，处罚适当，很好地贯彻体现了罪责刑相适应原则。

——最高人民法院刑四庭：《孙连义故意杀人案》，载最高人民法院刑事审判第一、二、三、四、五庭主办：《刑事审判参考》2014 年第 4 集（总第 99 集），法律出版社 2015 年版，第 45~46 页。

611. 故意杀人后为掩盖罪行而写信勒索钱财并恐吓他人行为的定性

关键词

故意杀人罪　绑架罪　敲诈勒索罪

《刑事审判参考》指导案例

梁小红故意杀人案（《刑事审判参考》指导案例第 102 号）

裁判要点：故意杀人后为转移公安机关侦查视线，掩盖罪行而书写、投送勒索钱财信件的行为，不构成绑架罪和敲诈勒索罪，构成故意杀人罪。

绑架罪是指以勒索财物为目的，使用暴力、威胁或者其他方法，绑架他人或者绑架他人作为人质的行为。被告人梁小红在与被害人争执过程中采用勒颈、捂嘴的手段致被害人昏迷，后将被害人丢弃于水沟中，主观上是想杀害被害人。为转移公安机关的侦查视线，梁小红书写勒索信，但他未去收取赎金。所以，梁小红在主观上不具有勒索财物的目的。而且，梁小红给王刚父母写勒索信时，被害人已经死亡，不存在以被绑架人为人质的情况。在客观上，梁小红在与王刚争执的过程中采用勒颈、捂嘴的手段致王刚昏迷，后将王刚丢弃于水沟中，致被害人溺水死亡，梁小红并未实施绑架行为。因此，梁小红的行为，不构成绑架罪。同理，梁小红的行为不构成敲诈勒索罪。梁小红在与被害人发生争执时，故意勒被害人王刚的颈部，捂王刚的嘴，致被害人昏迷后又将被害人丢弃于水沟中，致被害人溺水死亡，其行为已构成故意杀人罪。

——最高人民法院刑事审判第一庭、第二庭编：《刑事审判参考》2001 年第 5 辑（总第 16 辑），法律出版社 2001 年版，第 22~27 页。

612. 利用不满 14 周岁的人投毒杀人行为的定性

关键词

故意杀人罪　未成年人犯罪　间接正犯

最高人民法院审判业务意见

最高人民法院刑事审判第一庭、第二庭认为：根据《刑法》第 29 条第 1 款的规定，教唆犯是故意教唆他人犯罪的人，应当按照他在共同犯罪中所起的作用处罚。构成教唆犯，必须具备主客观两方面的要件：在客观方面，必须有教唆他人犯罪的教唆行为，并且这一教唆行为同被教唆人实行的犯罪行为之间具有因果关系；在主观方面必须有教唆他人实施犯罪的故意。从这两个特征可以看出，教唆犯是共同犯罪人的一种，与被教唆人是一种共同犯罪的关系。根据《刑法》第 25 条的规定，共同犯罪是指“二人以上共同故意犯罪”，即两个以上都达到刑事责任年龄，具有刑事责任能力的人共同故意犯罪。因此，构成教唆犯也必然要求教唆人和被教唆人都达到一定的刑事责任年龄，具备刑事责任能力。达到一定的刑事责任年龄，具备刑事责任能力的人，指使、利用未达到刑事责任年龄的人或精神病人实施某种犯罪行为，是不符合共同犯罪的特征的。因为在这种情况下，就指使者而言，实质上是在利用未达到刑事责任年龄的人或精神病人作为犯罪工具实施犯罪。就被指使者而言，由于其不具有独立的意志，或者缺乏辨别能力，实际上是教唆者的犯罪工具。有刑事责任能力的人指使、利用未达到刑事责任年龄的人或者精神病人实施犯罪，在刑法理论上称之为“间接正犯”或“间接的实行犯”。“间接正犯”不属于共同犯罪的范畴。因被指使、利用者不负刑事责任，其实施的犯罪行为应视为指使、利用者自己实施，故指使、利用者应对被指使、利用人所实施的犯罪承担全部责任，也就是说，对指使、利用未达到刑事责任年龄的人或精神病人犯罪的人，应按照被指使、利用者实行的行为定罪处罚。唆使不满 14 周岁的人投毒杀人，由于被唆使人不具有刑事责任能力，因此唆使人与被唆使人不能形成共犯关系，唆使者是“间接正犯”，对其不能直接援引有关教唆犯的条款来处理，而应按被唆使者实行的故意杀人行为定罪处刑。在这种情况下行为人的行为也不符合传授犯罪方法罪的特征。传授犯罪方法罪是指把实施某种犯罪的具体经验和技能故意传授给他人的行为。就传授的内容而言，即“实施某种犯罪的具体经验和技能”，一般是被传授人先前所不知悉的，需要行为人特别的传授和被传授人的学习才掌握的，如传授怎样扒窃、制造毒品等的具体技能。鼠药可以毒死人，应当是一种常识，而唆使他人投毒杀人，只是指明可利用的犯罪手段，同指使他人用刀或用枪杀死被害人没有什么区别，并非传授具体的犯罪方法。另外，传授犯罪方法仅是将某种或某些犯罪方法传授于人，并不包括唆使他人去实施某种犯罪的行为。而教唆行为的本质特点，是将教唆者自己的犯罪意图灌输给本来没有犯意或者虽有犯意但不坚定的人，使他人决意实施教唆者所唆使的犯罪，故对行为人的行为不应定传授犯罪方法罪，只能定故意杀人罪。

——最高人民法院刑事审判第一、二庭：《利用不满 14 周岁的人投毒杀人的行为如何定性》，载最高人民法院刑事审判第一庭、第二庭编：《刑事审判参考》2001 年第 5 辑（总第 16 辑），法律出版社 2001 年版，第 74~76 页。

613. 驾车故意挤占车道致使追赶车辆车毁人亡行为的定性

关键词

故意杀人罪　破坏交通工具罪　间接故意

《刑事审判参考》指导案例

杨政锋利用交通工具故意杀人案（《刑事审判参考》指导案例第 50 号）

裁判要点：驾车故意挤占车道致使追赶车辆车毁人亡的行为构成故意杀人罪。

被告人杨政锋虽然没有追求韩瑞勇死亡的直接故意，但当韩瑞勇驾驶的小汽车处于杨政锋驾驶的货车左侧时，杨政锋作为经过正规培训取得驾驶执照的正式司机，应当知道在驾车高速曲线行驶的情况下占道逼车可能发生车辆倾覆、人员伤亡的严重后果，仍然左打方向盘，挤占小汽车车道，放任危害后果的发生，终将小汽车逼向路边与树木相撞，造成一人死亡、二人轻伤、小汽车严重损坏的后果。被告人杨政锋放任被害人韩瑞勇所驾追赶车辆车毁人亡的后果发生，其主观上具有间接杀人的故意，其行为符合故意杀人罪的特征，故对杨政锋应以故意杀人罪定罪处刑。陕西省高级人民法院改判杨政锋故意杀人罪是正确的。

——最高人民法院刑事审判第一庭编：《刑事审判参考》2000 年第 2 辑（总第 7 辑），法律出版社 2000 年版，第 20~25 页。

614. 拒不履行抚养义务，将出生不久的女婴遗弃在获救希望渺茫的深山野林行为的定性

关键词

故意杀人罪　遗弃

《刑事审判参考》指导案例

万道龙等故意杀人案（《刑事审判参考》指导案例第 993 号）

裁判要点：被告人拒不履行扶养义务，将出生不久的女婴遗弃在获救希望渺茫的深山野林，其不愿意让女婴获救、希望女婴死亡的主观故意十分明显，其行为构成故意杀人罪。

区分遗弃罪和采取遗弃手段实施的故意杀人罪，是处理本案的关键。

遗弃罪，是指对于年老、幼小、患病或者其他没有独立生活能力的人，负有扶养义务而拒绝扶养，情节恶劣的行为。故意杀人罪，是指故意非法剥夺他人生命的行为。两罪性质与危害程度相差较大，一般情况下不易混淆。但是，对于具有扶养义务的行为人拒不履行扶养义务，如不给新生儿喂奶、不给重病人治病、将婴幼儿遗弃在无法获救的地点等，导致或可能导致上述被害人死亡的行为，是以遗弃罪论处，还是以故意杀人罪定罪处罚，实践中容易混淆。两罪的法定刑差异很大，遗弃罪为五年以下有期徒刑、拘役或者管制；而故意杀人罪可判处死刑、无期徒刑或者十年以上有期徒刑，情节较轻的，处三年以上十年以下有期徒刑。因此，有必要对此类案件予以厘清，准确定罪，确保罪责刑相适应。

区分遗弃罪与采取遗弃手段实施的故意杀人罪，主要可从行为人的主观故意和客观行为两方面来分析。通常，故意杀人的行为人主观上对自己的遗

弃行为会导致被遗弃人死亡的危害后果有明确认识，并且对死亡结果的发生持希望或者放任态度。而遗弃的行为人可能认识到，也可能没有认识到自己的遗弃行为会给被害人的生命、健康带来危险，其主观上并不希望、不愿意、不放纵被害人死亡或者伤害的结果发生，即如果被害人死亡或者受伤，都是违背其意愿的。

理论上区分两种行为似乎不难，但实践中却容易混淆。行为人在供述其主观意图时往往会避重就轻，因此，要准确判断行为人主观上是遗弃故意还是杀人故意，还应当根据主客观相一致的原则，结合具体案情和行为人实施的客观行为来综合分析。一般可从行为人遗弃的原因、动机、时间、地点、对象、手段、后果、事后表现等情节进行研判。

第一，考察遗弃行为的原因和动机。当下，受我国经济发展水平的制约，因家庭经济困难、无力负担医疗费用而遗弃重病婴幼儿的现象时有发生。对于此类案件，应当查明行为人是出于何种动机实施遗弃行为，是希望孩子得到他人关注并获得有效救助，还是狠心抛弃任其自生自灭，抑或欲置其死地以求解脱。例如，父母将重病婴儿弃于医院或者民政局门口，附上婴儿病历或者介绍病情的字条，这明显是希望婴儿能够得到及时的关注和救治，此类行为，应当认定为遗弃；反之，父母将重病婴儿扔到车辆穿行的高速公路或者荒郊野外，明显表明其主观上不期望婴儿获救并且希望或者放任婴儿死亡，因此，应当认定其主观上具有杀害婴儿的故意，其行为构成故意杀人罪。

第二，考察遗弃的时间、地点、对象、手段、后果等客观要件。遗弃罪与故意杀人罪在客观方面的最重要区别在于“遗弃”行为是否会使被遗弃者面临生命被剥夺的紧迫危险，因此，遗弃的时间、地点、对象、手段就影响到对行为性质的判断。实践中，遗弃既可以采取积极的行为实施，也可以消极不作为实施，如果构成遗弃罪，本质上必须是对作为义务的违反，且不会使被遗弃者的命运处于行为人排他性的支配之下。例如，父母将新生婴儿弃于超市入口、车站站台、集市路边等地，这些地方人流量大，婴儿获得他人救助而存活下来的可能性较大，此种遗弃行为就构成遗弃罪而非故意杀人罪；反之，故意将无自主行为能力的被害人遗弃在不能获救或获救希望渺茫地点的，此种“遗弃”行为就属于故意杀人。

第三，考察行为人的案后表现。案后表现是考察行为人主观意愿的又一重要方面，发现遗弃行为导致被害人生命、健康受威胁后，行为人是置之不理，还是积极施救，抑或二次加害，可以反映其有无致死被遗弃人的主观故意，也是量刑时应当考虑的重要因素。例如，父母将婴幼儿遗弃路边后躲到附近角落观察，直至孩子被人抱走才离去；或者发现无人注意，又将孩子带到市政办事大厅内遗弃，虽属二次遗弃，但其变更遗弃地点，是希望幼儿能够得到他人关注、救助，关心幼儿性命安全，采取措施减少伤害。对于这样的行为，应当定性为遗弃。反之，父母将盲童带到河边后径直离去，导致盲童在摸索中掉入河内淹死，行为人主观上应当预见到盲童有掉入河中淹死的可能性，但其不管不顾，径直离去；或者发现盲童自己爬上岸后，又将盲童带至河边，最终导致盲童掉入河中被淹死的，可以认定其主观上有放任甚至追求盲童死亡的故意，应当以故意杀人罪论处。

综上，区分遗弃罪与以遗弃方式的故意杀人罪的关键点在于：行为人实施遗弃行为时，其是否考虑并给予了被害人获得救助的机会。如果是，则可以遗弃罪定罪；否则，应当以故意杀人罪来定罪。

具体到本案，被告人万道龙、徐爱霞获悉自己刚出生 4 天的女儿罹患重病，不仅不予救治，反而狠心抛弃，先是遗弃在医院附近的菜园里，因担心过路行人发现并施救，又将女婴载至深山野林中予以遗弃，二被告人不愿意让女婴获救、希望女婴死亡的主观故意十分明显。因此，本案以故意杀人罪定性是准确的。由于女婴被群众及时发现救回，二被告人系故意杀人未遂，可以比照既遂犯从轻或者减轻处罚。归案后，二被告人认罪态度好，具有悔罪表现。据此，人民法院对二被告人依法减轻处罚，以故意杀人罪（未遂）分别判处有期徒刑四年、二年，定罪准确，量刑适当。

——最高人民法院刑一庭：《万道龙等故意杀人案》，载最高人民法院刑事审判第一、二、三、四、五庭主办：《刑事审判参考》2014 年第 3 集（总第 98 集），法律出版社 2014 年版，第 93~95 页。

615. “安乐死”是否构成故意杀人罪

关键词

安乐死　帮助他人自杀　故意杀人罪

附录：最高人民法院主流观点

经他人主动要求或者征得他人同意而剥夺其生命的行为，是否构成犯罪进而是否应负刑事责任的问题，在刑法学界和司法实践中有不同看法。主张“安乐死”的同志认为，这种行为不构成犯罪，不应追究行为人的刑事责任。我们认为，“安乐死”的法律责任问题应当通过立法来解决。在立法未能解决前，这种行为在性质上属于帮助他人自杀，剥夺他人生命权利的行为，符合故意杀人罪的特征，应认定构成故意杀人罪，原则上应追究行为人的刑事责任，量刑时可从轻、减轻处罚或者免除处罚。但是，共谋自杀的行为，在相约自杀的过程中，没有强制或者诱骗的因素，不具备故意杀人罪的特征，因而不能认定为故意杀人罪，不应追究行为人的刑事责任。

——周道鸾、张军主编：《刑法罪名精释（第四版）》，人民法院出版社 2013 年版，第 506 页。

616. 自杀相关行为的定性

关键词

故意杀人罪　相约自杀　帮助他人自杀　教唆自杀

附录：最高人民法院主流观点

自杀是自愿结束自己生命的行为，不具有刑事违法性，不构成犯罪。司法实践中，应注意下列情形的处理：

1. 相约自杀，即二人以上相互约定自愿共同自杀

如果约定人均自杀身亡，就无法再追究刑事责任；如果约定人各自实施结束自己生命的行为，其中有的约定人死亡，有的约定人自杀未成，未死亡的约定人也不承担刑事责任；如果相约自杀，由其中一方杀死对方，继而自杀未逞的，应以故意杀人罪论处，量刑时可考虑从轻处罚。

2. 引起他人自杀，即行为人所实施的某种行为引起他人自杀身亡

此种行为既可以是正当行为，也可以是错误行为或者轻微违法行为，还可以是严重违法行为或者犯罪行为。引起他人自杀身亡是否具有犯罪构成要件意义，关键在于行为人所实施的引起他人自杀的行为是否具有刑事违法性。例如，侮辱他人行为本身的情节并不严重，但引起他人自杀身亡时，便可综合评价为“情节严重”，因而构成侮辱罪，此时的“引起他人自杀身亡”属于侮辱罪的综合要件。强奸妇女并引起被害妇女自杀的，仍只按强奸罪论处，而“引起他人自杀身亡”则属于强奸罪的结果加重情节。

3. 教唆或帮助自杀

教唆自杀，是指行为人故意用引诱、刺激、欺骗等方法，使他人产生自杀意图。帮助自杀，是指在他人已有自杀意图的情况下，帮助他人实现自杀意图。教唆或帮助自杀的，应以故意杀人罪论处。1999 年 10 月 30 日最高人民法院、最高人民检察院《关于办理组织和利用邪教组织犯罪案件具体应用法律若干问题的解释》第 4 条、2001 年 6 月 4 日最高人民法院、最高人民检察院《关于办理组织和利用邪教组织犯罪案件具体应用法律若干问题的解释（二）》第 9 条规定，组织和利用邪教组织制造、散布迷信邪说，指使、胁迫其成员或者其他人实施自杀行为的，组织、策划、煽动、教唆、帮助邪教组织人员自杀的，应以故意杀人罪论处。

——高憬宏、杨万明主编：《基层人民法院法官培训教材（实务卷·刑事

审判篇）》，人民法院出版社 2005 年版，第 243~244 页。

617. 严格掌握故意杀人罪死刑适用的标准

关键词

故意杀人罪　死刑

最高人民法院司法政策精神

（一）关于故意杀人、故意伤害案件

要准确把握故意杀人犯罪适用死刑的标准。对故意杀人犯罪是否判处死刑，不仅要看是否造成了被害人死亡结果，还要综合考虑案件的全部情况。对于因婚姻家庭、邻里纠纷等民间矛盾激化引发的故意杀人犯罪，适用死刑一定要十分慎重，应当与发生在社会上的严重危害社会治安的其他故意杀人犯罪案件有所区别。对于被害人一方有明显过错或对矛盾激化负有直接责任，或者被告人有法定从轻处罚情节的，一般不应判处死刑立即执行。

——《最高人民法院关于印发〈全国法院维护农村稳定刑事审判工作座谈会纪要〉的通知》（1999 年 10 月 27 日，法〔1999〕217 号）。

最高人民法院审判业务意见

（四）严格控制和慎重适用死刑

故意杀人和故意伤害犯罪在判处死刑的案件中所占比例最高，审判中要按照《意见》第 29 条的规定，准确理解和严格执行"保留死刑，严格控制和慎重适用死刑"的死刑政策，坚持统一的死刑适用标准，确保死刑只适用于极少数罪行极其严重的犯罪分子；坚持严格的证据标准，确保把每一起判处死刑的案件都办成铁案。对于罪行极其严重，但只要有法定、酌定从轻情节，依法可不立即执行的，就不应当判处死刑立即执行。

对于自首的故意杀人、故意伤害致人死亡的被告人，除犯罪情节特别恶劣，犯罪后果特别严重的，一般不应考虑判处死刑立即执行。对亲属送被告人归案或协助抓获被告人的，也应视为自首，原则上应当从宽处罚。对具有立功表现的故意杀人、故意伤害致死的被告人，一般也应当体现从宽，可考虑不判处死刑立即执行。但如果犯罪情节特别恶劣，犯罪后果特别严重的，即使有立功情节，也可以不予从轻处罚。

共同犯罪中，多名被告人共同致死一名被害人的，原则上只判处一人死刑。处理时，根据案件的事实和证据能分清主从犯的，都应当认定主从犯；有多名主犯的，应当在主犯中进一步区分出罪行最为严重者和较为严重者，不能以分不清主次为由，简单地一律判处死刑。

——最高人民法院刑事审判第三庭:《在审理故意杀人、伤害及黑社会性质组织犯罪案件中切实贯彻宽严相济刑事政策》，载《人民法院报》2010 年 4 月 14 日。

618. 在醉酒状态中故意杀人行为的定罪量刑

关键词

故意杀人罪　醉酒　死刑适用

《刑事审判参考》指导案例

房国忠故意杀人案（《刑事审判参考》指导案例第 554 号）

裁判要点：被告人系受被害人的邀请而大量饮酒，导致醉酒，并在醉酒状态下实施杀人犯罪，量刑时可以对此情况予以考虑，酌情从轻处罚。

（一）对于酒后犯罪，审判实践中应适当考虑醉酒犯罪的原因及状态。

对于醉酒后犯罪，我国刑法仅作了笼统的规定，即刑法第十八条第四款规定的“醉酒的人犯罪，应当负刑事责任”，虽然对醉酒的人犯罪可以参照该条前三款关于精神病人犯罪的规定处罚，但除此之外，并没有对醉酒人犯罪的不同情况再加以细分。从立法本意分析，如此规定，应是基于此种情况下的醉酒行为人对其醉酒状态本身应具有一定的故意或过失，且其醉酒后一般也只是控制能力下降而并非完全丧失辨认控制能力，同时在现实中又难以对行为人是否为规避刑事责任而故意借酒犯罪，以及醉酒犯罪者自我控制能力下降到何种程度等问题进行准确认定，为防范犯罪分子借酒行凶以求宽免之企图及最大限度地保护无辜受害者的合法权益而作出的严格性规定。换言之，如果法律不明确规定醉酒的人犯罪应当负刑事责任，就可能会让极少数犯罪分子有机可乘，有意识地借此规避法律，在实施有预谋的犯罪之前大量饮酒，或者借酒实施犯罪行为。这对于预防事前有预谋的故意醉酒后犯罪，惩罚此类犯罪，维护社会秩序是具有重要意义的。

但是，审判实践中，如果在量刑时不加区别地将所有生理性醉酒（即相对于病理性醉酒而言，尚未完全丧失辨认控制能力状态）下的犯罪行为一概而论，也必然会产生过于绝对的问题，容易产生量刑失衡。如对于因不可抗力或不能预见的原因醉酒，以及陷入所谓“共济失调期”或“昏睡期”（醉酒人的辨认或控制能力完全丧失）的醉酒状态下犯罪等情况，这些情况下行为人在犯罪的主观方面与未醉酒的正常人还是存在较大区别的，其主观可责性相对较低，在量刑时亦应予以适当考虑，这是贯彻罪责刑相适应原则的必然要求。

（二）结合被告人房国忠犯罪时的精神状态，酌情考虑导致其在醉酒原因上的过错程度，对其可不判处死刑立即执行。

醉酒的原因，有可能是行为人故意、过失所造成，也可能是某些不能预见、不可抗拒的因素。而根据主客观相一致原则，在造成同样后果的醉酒犯罪行为中，为实施犯罪而故意制造醉酒假象、借酒壮胆或明知自己会“酒后乱性”而饮酒等故意醉酒行为的主观恶性最为严重，过失醉酒者次之，因不能预见或不可抗拒的原因醉酒者最轻。因此，在醉酒人犯罪的案件中，应当适当考察其醉酒的原因，对确有特殊情况的应当在量刑时予以酌情考虑，以实现罪责刑的均衡。有些国家的刑法已对此作出明确规定，如在英国刑法中有明确的“自愿醉酒”与“非自愿醉酒”的区分，其各自承担的刑事责任也有巨大不同。

结合本案具体情况，被害人白建江、被告人房国忠二人先后共喝下近三瓶白酒，均进入生理醉酒状态，出现易激动、言语增多、辨认能力低下等表现。在此状态下二人发生争执、厮打，被告人房国忠实施了杀人行为。房国忠对于自己的醉酒存在主观过错，应当为其醉酒状态下的杀人行为承担刑事责任。但是，考虑到房国忠在醉酒原因上的过错程度及其犯罪时的精神状态，对其可以酌情从轻处罚：首先，房国忠与被害人白建江二人素不相识，相互之间没有积怨，不存在房国忠借酒对白建江进行报复，即在醉酒前存在犯罪预谋、故意醉酒后杀害白建江的可能。其次，被害人白建江仅为找人陪饮而主动邀请并不相识的房国忠饮酒，二人共同将白建江带的两瓶白酒喝完，之后白建江又主动将房国忠带到自家继续饮酒，致使房国忠严重醉酒。白建江的积极邀请饮酒行为对于促成房国忠醉酒有一定责任，降低了房国忠对于自己醉酒原因的过错程度。本案属于典型的酒后激情杀人，二人在事前没有任何矛盾的情况下突然发生争吵、厮打，而这一切如果在正常状态下可能是完全可以避免甚至根本不会发生的，因此，在一定程度上可以说被害人的行为引起的被告人醉酒是本案的主要诱因。最后，虽然不能确认房国忠当时已醉到丧失意志的状态，但其作案后还穿着沾有大量血迹的衣服在街上乱转，可见其辨认、控制能力已经明显下降；这种情况下与被害人发生争执而杀人，与头脑清醒状态下的预谋杀人以及激情杀人行为相比，房国忠的主观恶性、人身危险性和社会危害性均相对较小。此外，对于醉酒人的控制能力与一般人正常状态下具有不同，这一点有社会共识，酒后故意杀人与正常状态下预谋杀人、激情杀人所造成的社会负面影响具有差别，公众一般对正常状态下的故意杀人行为具有较为一致的评价倾向，而对不判处醉酒后杀人死刑存在一定的理解和接受心理。

——最高人民法院刑事审判第一、二、三、四、五庭主办：《刑事审判参考》2009 年第 3 集（总第 68 集），法律出版社 2009 年版，第 1~5 页。

侯卫春故意杀人案（《刑事审判参考》指导案例第 610 号）

裁判要点：醉酒虽然不是法定从轻处罚情节，但毕竟醉酒犯罪与正常状态下犯罪不同。因此醉酒犯罪的人，应当承担刑事责任，但一般情况下应当严格控制死刑的适用。

（一）醉酒的人犯罪，应当承担刑事责任，但一般情况下应严格控制死刑的适用

虽然刑法明确规定醉酒的人犯罪应当负刑事责任，醉酒亦不属于法定从宽处罚情节，但醉酒犯罪与正常状态下犯罪毕竟有所区别，对于在醉酒状态下实施的故意杀人犯罪，在适用死刑时应特别慎重，除情节特别恶劣、后果特别严重、主观恶性及人身危险性极大的犯罪分子外，一般可不判处死刑立即执行。这是因为，刑法明文规定死刑只适用于罪行极其严重的犯罪分子，而犯罪分子的罪行是否极其严重，应从犯罪行为的社会危害性、犯罪分子的主观恶性和人身危险性等方面综合审查判断，不能偏重其中的一个方面，唯有如此，才能实现罪与刑的均衡，确保法律效果与社会效果的有机统一。具体到醉酒杀人犯罪：首先，社会危害性方面。社会危害性是由多种因素决定的，衡量社会危害性的大小，不能仅看客观的、物质的损害结果，还要考虑我国的国情、社情和民情，分析行为对人民群众安全感等社会心理造成的影响。我国酒文化历史悠久，酒文化已渗透到人们社会生活的各个方面，社会公众对醉酒人的辨控能力减弱存有共识，对酒后滋事伤人现象易于谅解，因此，醉酒杀人与正常状态下杀人所造成的社会负面影响不同，社会危害性也相应存在差别。其次，主观恶性方面。醉酒会导致人的辨认控制能力减弱，这一点已为医学和司法精神病学所认同，我国交通运输管理法律法规明确禁止酒后驾车便是一个很好的例证。在辨认控制能力受到削弱的情况下实施杀人犯罪，与正常状态下实施的杀人犯罪相比，行为人的主观恶性相应较小，道德非难程度也相应减小。再次，人身危险性方面。人身危险性的大小应从行为人有无前科及平时表现、犯罪后的悔罪情况等方面综合把握。人在醉酒状态下易出现情绪兴奋、行为失控等表现，醉酒杀人犯罪通常是在当事人之间事前没有任何矛盾的情况突然发生，行为人多系初犯，酒醒之后懊悔不已，因此，行为人的人身危险性也相对较小。

需要特别说明的是，对于那些预谋犯罪而故意酒后杀人即借酒行凶的犯罪分子，由于主观恶性深，犯罪情节恶劣，不属于因醉酒而酌情考虑的范畴，仍应依法从严惩处。

（二）综合衡量本案各量刑情节，并考虑被告人侯卫春醉酒杀人的实际情况，对其可不判处死刑立即执行

本案被告人侯卫春在案发当天多次与他人饮酒，晚上又主动邀请被害人到其家中饮酒，最终导致行为失控，致被害人死亡。侯卫春系自陷于醉酒状态，在醉酒原因上存在明显过错，应当为其醉酒状态下的杀人行为承担刑事责任。但是考虑到：第一，侯卫春与被害人平日关系较好，素无矛盾，没有杀害被害人的动机，也就是说其没有故意醉酒后实施杀人犯罪的预谋，这与那种为了实施犯罪而故意醉酒的情形在非难程度上具有显著不同。第二，侯卫春的醉酒与本案的发生之间并非一种必然联系，而只是一种偶然联系。在认识因素上，只能认定侯卫春明知其酒后容易滋事，且意志因素上没有希望或者积极追求这种结果尤其是杀人结果的发生，这一点从其酒醒后积极施救并认罪悔罪的行为可以看出，同时，由于醉酒严重影响了侯卫春的辨认控制能力，故不能简单地根据其使用菜刀反复砍击被害人要害部位的客观行为来评价其意志因素，进而认为其犯意坚决。就其犯罪故意的认识因素和意志因素而言，侯卫春的主观恶性尚不属极深。第三，虽然侯卫春在案发前有过多次酒后滋事伤人经历，可认为其具有一定人身危险性，但其此前酒后违法经历多系随意殴打、无故辱骂他人等没有严重后果发生的轻微违法犯罪行为，与那些多次或连续实施严重刑事犯罪、执意报复社会、危害社会治安和群众安全感的犯罪分子相比，其这种人身危险性尚不属极大，不能作为适用死刑立即执行的人身危险性依据。而且，侯卫春的违法犯罪行为多与饮酒存在密切联系，只要剥夺其饮酒条件或使其戒除酗酒恶习，便可有效防止再犯，此亦说明其人身危险性并非极大。第四，侯卫春在案发次日清晨酒醒后主动将被害人送至当地诊所救治，其施救行为虽未能挽救被害人生命，但说明其有一定的悔罪表现。侯卫春归案后能够坦白交代，认罪态度较好，具有酌定从轻处罚情节。第五，侯卫春虽有前科，但所犯前罪较轻。综合考虑侯卫春的罪责严重程度，并结合其醉酒状态下辨认控制能力较弱的实际，其尚不属于必须判处死刑立即执行的对象。

综上，对醉酒状态下实施故意杀人行为的人一般情况下应严格控制死刑的适用，但单纯的醉酒状态不足以作为一个酌定从轻处罚情节，是否予以从轻处罚，应结合其他认罪、悔罪等情节予以综合认定。

——最高人民法院刑事审判第一、二、三、四、五庭主办：《刑事审判参考》2010年第2集（总第73集），法律出版社2010年版，第11~16页。

最高人民法院审判业务意见（研究室研究意见）

有关部门就醉酒后在公共场所持刀连续捅刺多人，致多人死伤行为的定性问题征求最高人民法院研究室意见。

最高人民法院研究室经研究认为：醉酒后在公共场所持刀连续捅刺，致多人死伤的行为，宜定性为故意杀人罪（故意伤害罪被吸收）。

——《最高人民法院研究室关于醉酒后在公共场所持刀连续捅刺，致多人死伤行为如何定性问题的研究意见》，载张军主编、最高人民法院研究室编著：《司法研究与指导》2012 年第 2 辑（总第 2 辑），人民法院出版社 2012 年版，第 116~123 页。

619. 被害人有严重过错的故意杀人案件的量刑

关键词

故意杀人罪　被害人过错　从轻处罚

最高人民法院司法政策精神

要准确把握故意杀人犯罪适用死刑的标准。对故意杀人犯罪是否判处死刑，不仅要看是否造成了被害人死亡结果，还要综合考虑案件的全部情况。对于因婚姻家庭、邻里纠纷等民间矛盾激化引发的故意杀人犯罪，适用死刑一定要十分慎重，应当与发生在社会上的严重危害社会治安的其他故意杀人犯罪案件有所区别。对于被害人一方有明显过错或对矛盾激化负有直接责任，或者被告人有法定从轻处罚情节的，一般不应判处死刑立即执行。

——《最高人民法院关于印发〈全国法院维护农村稳定刑事审判工作座谈会纪要〉的通知》（1999 年 10 月 27 日，法〔1999〕217 号）。

当宽则宽，最大限度地减少社会对立面。重视依法适用非监禁刑罚，对轻微犯罪等，主观恶性、人身危险性不大，有悔改表现，被告人认罪悔罪取得被害人谅解的，尽可能地给他们改过自新的机会，依法从轻、减轻处罚，对具备条件的依法适用缓刑、管制、单处罚金等非监禁刑罚，并配合做好社区矫正工作；重视运用非刑罚处罚方式，对于犯罪情节轻微，不需要判处刑罚的，予以训诫或者具结悔过、赔礼道歉、赔偿损失，或者建议由主管部门予以行政处罚或行政处分。严格执行“保留死刑、严格控制死刑”的政策，对于具有法定从轻、减轻情节的，依法从轻或者减轻处罚，一般不判处死刑立即执行；对于因婚姻家庭、邻里纠纷等民间矛盾激化引发的案件，因被害方的过错行为引发的案件，案发后真诚悔罪并积极赔偿被害人损失的案件，应慎用死刑立即执行。

——《最高人民法院印发〈关于为构建社会主义和谐社会提供司法保障的若干意见〉的通知》（2007 年 1 月 15 日，法发〔2007〕2 号）。

《刑事审判参考》指导案例

王勇故意杀人案（《刑事审判参考》指导案例第 19 号）

裁判要点：被害人有严重过错的杀人行为，对被告人应当酌情从轻处罚。

处理案件，即使是死刑案件，也要考虑被害人有无过错等酌定从轻情节，不能视之为可有可无。当然，在适用刑罚时，要根据案件具体情况，结合被害人过错的大小、被告人行为的危害后果等情节综合考虑。对于被害人对引发犯罪有严重过错的，即使必须判处死刑，也可不判处立即执行。

——最高人民法院刑事审判第一庭编：《刑事审判参考》1999 年第 3 辑（总第 3 辑），法律出版社 1999 年版，第 17~22 页。

刘宝利故意杀人案（《刑事审判参考》指导案例第 556 号）

裁判要点：被害人因盗窃分赃不均数次带人暴力威胁被告人索拿赃款的行为，不能认定为被害人过错。

刑法意义上的被害人过错，是指被害人出于故意，实施违背社会伦理或违反法律的行为，侵犯了被告人的合法权利或者正当利益，引发被告人实施犯罪或者激化加害行为危害程度的情形。《全国法院维护农村稳定刑事审判工作座谈会纪要》（以下简称《纪要》）规定，对故意杀人犯罪是否判处死刑，不仅要看是否造成了被害人死亡结果，还要综合考虑案件的全部情况。……对于被害人一方有明显过错或对矛盾激化负有直接责任，或者被告人有法定从轻处罚情节的，一般不应判处死刑立即执行。《纪要》第一次明确将被害人过错引入刑事量刑体系，这样规定主要是考虑对于故意杀人、故意伤害等互动性非常明显的刑事案件，被害人对案件引发或矛盾激化具有明显过错的，被告人的主观恶性相对较小，从而影响量刑，尤其是在可能适用死刑的案件中。

被害人过错需要具备的条件主要有：1. 过错方系被害人，被告人的犯罪行为针对的必须是有过错行为的被害人。2. 被害人必须出于故意，由于被害人过错通常出现在互动性明显的故意杀人、故意伤害等犯罪中，单纯的过失行为或者不可归咎于被害人的其他行为，不能认定为被害人过错。3. 被害人须实施了较为严重的违背社会伦理或违反法律的行为。过错的字面含义就包含了否定评价的内容，被害人过错从性质上说就是违反法律或违背道德的行为，但是并非所有的过错都能为刑法所评价，只有达到一定的严重程度才有可能被纳入刑法评价体系，才可能成为酌定量刑情节。《纪要》明确规定被害人须有“明显过错”，至于是否明显，通常应以社会一般人的认识判断为标准。4. 被害人的过错行为须侵犯了被告人的合法权利或者正当利益。“合法权利”是法律明确规定予以保护的利益，“正当利益”一般是指法律虽未明文规定，但根据社会伦理为公众赞许或认可的利益。被害人的不法或不良行为如果侵犯了被告人的合法权利或正当利益，被告人因此对被害人实施犯罪行为的，被告人应受谴责的程度相对减轻。5. 被害人的过错行为须引起被告人实施了犯罪行为或者激化了加害行为的危害程度。被害人的过错行为既可能引发刑事犯罪发生，也可能在犯罪中激化矛盾，致使被告人提升加害程度。这里，被害人的过错行为与被告人的犯罪行为必须具备引起与被引起的因果联系，而诸如被害人疏于防范、误入犯罪圈套等行为，不属于刑法意义上的被害人过错。

确认被害人过错时，不仅要分析是否具备以上五点，还应当全面考察案件的来龙去脉、发案背景，具体情况具体分析，不可简单套用。如果刑事犯罪的被害人故意侵犯被告人的生命权、健康权等权利，该行为引发了犯罪或加重犯罪侵害程度的，通常应当遵照《纪要》的规定将被害人过错作为酌定量刑情节，综合分析被告人的主观恶性和人身危险性进行量刑。但是，若被害人的上述行为由于被告人的先行侵犯行为所引起，其行为属于“以不法制不法”的，就不能简单认定为过错行为。如群殴事件中，双方均有不法行为，任何一方都存在成为加害人或被害人的可能，不能简单地以最终结果来认定被害人或加害人，也不能因此而认定被害人在案件起因上具有过错。当然，如果加害人的先行不法或不良行为已经中止，如群殴的一方已放弃继续斗殴，准备离开或被迫离开时，另一方仍无理纠缠，继续实施侵害行为的，离开者在无奈情况下实施了加害行为，此时可以考虑认定被害人存在过错。

本案中，被告人刘宝利因受到被害人张团的数次纠缠，其人身安全受到威胁，财产权也多次被侵犯，刘宝利因此实施了杀害张团的行为，表面看来已经满足被害人过错的五项条件，但是由于张团的行为系刘宝利的先行违法行为所引发，故不能简单认定张团存在过错。具体来说，本案的前因是刘宝利在数年之前纠集张团参与盗窃，事后未给张团分赃，后张团多次带人纠缠刘宝利索要赃款。刘宝利和张团均实施了盗窃行为，二人争执的内容是对盗窃赃款的占有不均，而对赃款的占有不是合法权益或正当利益，张团的行为因缺乏侵犯利益的正当性而不能被认定为被害人过错。若将张团的索要行为与刘宝利纠集张团盗窃的行为相剥离，将张团的威胁、强拿行为认定为过错，就等于承认刘宝利对窃取的财物拥有合法占有的权利，这显然与法律全面否定和惩罚盗窃行为的理念相悖。当然，这并不是说张团的行为对案件的引发没有责任，但是该行为不能被认定为被害人过错从而减轻被告人刘宝利应受谴责的程度。

——最高人民法院刑事审判第一、二、三、四、五庭主办：《刑事审判参考》2009 年第 3 辑（总第 68 辑），法律出版社 2009 年版，第 13~18。

姚国英故意杀人案（《刑事审判参考》指导案例第 647 号）

裁判要点：因长期遭受虐待和家庭暴力而杀夫应当认定为《刑法》第二百三十二条规定的"情节较轻"。

（一）因长期遭受虐待和家庭暴力而杀夫应认定为刑法第二百三十二条规定的"情节较轻"

刑法第二百三十二条规定："故意杀人的，处死刑、无期徒刑或者十年以上有期徒刑；情节较轻的，处三年以上十年以下有期徒刑。"对该条中的"情节较轻"如何理解和认定，法律和司法解释尚无具体、明确的规定。理论界和实务界通常将以下情形视为"情节较轻"：（1）防卫过当的故意杀人，指正当防卫超过必要限度而故意将不法侵害者杀死的情形。（2）义愤杀人，指行为人或者其近亲属受被害人的虐待、侮辱或迫害，因不能忍受，为摆脱所受的虐待、侮辱、迫害而实施故意杀人的行为。（3）激情杀人，即本无杀人故意，因被害人的严重过错，在被害人的刺激、挑逗下而失去理智，当场实施故意杀人的行为。（4）受嘱托帮助他人自杀，即基于被害人的请求、自愿而帮助其自杀的行为。（5）生父母溺婴，即父母出于无力抚养、怜悯等不太恶劣的主观动机而将亲生婴儿杀死的行为。上述五种情形又以前三种较为常见和值得探讨，这三类情形有一个共通点，即被害人在案发起因上有严重过错。具体而言，是指被害人出于主观上的故意或过失，侵犯他人合法权益，对诱发被告人的犯意、激发被告人实施犯罪具有直接或间接作用。

将"被害人严重过错"作为故意杀人罪的"情节较轻"情形的法理依据在于：刑事法律负有平衡被告人和被害人之间利益的任务。这种利益上的平衡，在西方国家的刑法理论中表现为"责任分担说"和"谴责性降低说"。"责任分担说"认为，在"一些犯罪中被害人的过错行为使犯罪的发生或者犯罪危害后果的产生不能完全归咎于被告人，此时犯罪行为的责任也要部分地归咎于被害人"。"谴责性降低说"认为，在一些犯罪中"被害人在犯罪发生之前的行为，不论是否应该谴责，只要该行为推动了被告人的暴力反应，那么被告人的受谴责性都应该适当降低”。在我国，有学者提出了“过错相抵”理论，即被告人的过错与被害人的过错能够进行相互抵消或抵减，通过对被告人与被害人相互利益损害计算的方式平衡双方的权益救济途径和方式，从而达到公平保护各方权益的目的。生命权是公民的最高权益，无疑是受到法律严格保护的，但是法律在保护被害人权益的前提下，也不应忽略对被告人权益的保护。当被害人的行为违背公序良俗，违反有关法律、法规、其他规章制度，在道义上或法律上具有可谴责性或可归责性，且该行为是诱发被告人产生犯罪动机或者使犯罪动机外化最主要的因素时，就应当认定被害人具有重大过错，在该情形下，对被告人就应考虑是否按照“情节较轻”处理。

在相关司法解释性文件中，被害人过错已被明确作为量刑的一个重要考虑因素，特别是在故意杀人罪中，被害人过错被列为与法定从轻处罚情节同等位置的量刑情节。如 1999 年 10 月 27 日最高人民法院印发的《全国法院维护农村稳定刑事审判工作座谈会纪要》规定：“对故意杀人犯罪是否判处死刑，不仅要看是否造成了被害人死亡结果，还要综合考虑案件的全部情况。对于因婚姻家庭、邻里纠纷等民间矛盾激化引发的故意杀人犯罪，适用死刑一定要十分慎重，应当与发生在社会上的严重危害社会治安的其他故意杀人犯罪案件有所区别。对于被害人一方有明显过错或对矛盾激化负有直接责任，或者被告人有法定从轻处罚情节的，一般不应判处死刑立即执行。”2007 年 1 月 15 日《最高人民法院关于为构建社会主义和谐社会提供司法保障的若干意见》第 18 条明确规定“……因被害方的过错行为引发的案件应慎用死刑立即执行。”

结合本案，我们认为，受虐杀夫的犯罪行为，从杀人原因和审判效果两方面分析，应当认定被害人存在严重过错，该类杀人行为属于故意杀人罪中的“情节较轻”情形，具体理由如下：

1. 从杀人原因分析。尽管受虐杀夫的手段通常比较残忍，且往往伴有死亡结果的发生，但这是由于妇女长期受丈夫或男友暴力虐待所致。有学者引入“受虐妇女综合征”的概念来解释这种故意杀人行为。“受虐妇女综合征”是一种特殊的行为模式，该心理症状由暴力周期和后天无助感两个概念组成。暴力的周期性循环使妇女能够预见下一轮暴力事件发生的时间及其严重程度，而一直处于恐慌的状态。长期遭受暴力以及处于恐慌，使得女性在心理上会逐渐处于瘫痪状态，变得越来越被动，越来越顺从，也越来越无助。这种精神上的钳制积压到一定程度，一旦爆发就容易走极端，丧失理智而失控。由于受虐妇女自身反抗能力的限制和出于对施暴丈夫的恐惧，失控杀夫的时间点往往不是不法侵害正在进行时，所以无法以正当防卫事由获得减轻或者免于处罚。鉴于该类情形被害人即家庭暴力的施暴者在案发起因上具有重大过错，司法实践中一般将因长期受虐而杀夫的行为认定为故意杀人罪中情节较轻的情形。

2. 从刑罚的社会效果分析。对因长期遭受虐待和家庭暴力而杀夫的妇女进行量刑时，按照“情节较轻”处理，对于遏制家庭暴力的滋生蔓延有积极的意义，能获得较好的社会效果。我国现行适用于家庭暴力方面的法律、法规可操作性不强，虽然婚姻法第三条有禁止家庭暴力的规定，但处罚的尺度和依据难以把握。规章制度上的不健全，使受虐妇女在寻求合法的救济途径时困难重重，相关机构在对受虐妇女进行保护时也显得比较无力。上述因素加之家庭暴力的隐蔽性，使得家庭暴力的施暴者更肆无忌惮，暴力行为愈演愈烈。将受虐杀夫的行为认定为犯罪情节较轻，必然会使家庭暴力的施暴者有所收敛，更加理智地权衡自己行为后果的利弊，起到良好的社会导向作用，实现社会自我防卫、主动预防犯罪的目的。同时，受虐杀夫是一种针对性很强的杀人，行为人再次犯同种罪行的可能性甚微，加之行为人主观恶性较小，在道义上得到大家的同情，严惩像她们这样几乎没有人身危险性的受虐妇女，对国家、社会及其子女都是弊大于利，还可能带来更严重的社会家庭问题，不利于社会的和谐发展。因此，将因长期遭受虐待和家庭暴力而杀夫认定为刑法第二百三十二条规定的“情节较轻”，符合宽严相济的刑事政策，顺应刑罚“轻缓化”和“人道化”的发展趋势。

本案中，被告人姚国英与被害人徐树生结婚十多年，被害人经常无故打骂、虐待被告人，被告人也多次尝试向公安机关、村委会、妇联求助，也提出过离婚，但问题难以得到彻底解决。在一次长时间打骂后，被告人长期的积怨爆发，将丈夫杀死，随后到公安机关自首。案发后，当地妇联递交了要求对被告人姚国英轻判的申请报告，当地政府出具了有 600 多位群众签名要求对被告人姚国英从轻处罚的请愿书。

综上，本案是一起非常典型的因长期受虐待和家庭暴力引发的杀夫案件，被害人在案发起因上有重大过错，被告人受到民众的同情，被告人姚国英的杀夫行为应认定为刑法第二百三十二条规定的“情节较轻”。

（二）被告人姚国英符合适用缓刑的条件

如前所述，根据本案案情，被告人姚国英的故意杀人犯罪应认定为“情节较轻”，在三年以上十年以下有期徒刑的幅度内量刑。如果对姚国英判处三年有期徒刑，还能否再对其适用缓刑呢？根据刑法第七十二条第一款的规定，“对于被判处拘役、三年以下有期徒刑的犯罪分子，根据犯罪分子的犯罪情节和悔罪表现，适用缓刑确实不致再危害社会的，可以宣告缓刑”。

首先，从本案被告人姚国英犯罪的主观恶性分析，其故意杀人的原因是无法忍受被害人长期以来的虐待和家庭暴力，出于长期的积怨和对未来可能再次遭受虐待与暴力的恐惧，其主观恶性较一般的杀人行为要小得多，被害人的重大过错也很大程度上降低了被告人主观上的可谴责性。

其次，被告人姚国英具有自首情节。自首本身是法定的从轻、减轻处罚情节，能够反映其有较好的认罪态度。本案受虐杀人的对象仅限于家庭暴力的施暴者，一旦施暴者不存在，对其他人和社会也就很难再构成威胁。由此而论，被告人姚国英的社会危害性和人身危险性较小，对其使用缓刑不致再危害社会。

此外，姚国英的行为已经得到社会原谅，并受到社会舆论的同情。当地的政府、妇联以及600多位群众纷纷要求对姚国英从轻处罚，参与庭审旁听的人大代表和政协委员也纷纷表示可以对姚国英适用缓刑。虽然民意不是法定从轻处罚的情节，但是在量刑时应考虑对被告人有利的民意并综合其他因素对被告人从轻或减轻处罚。

最后，本案中还有一个对被告人适用缓刑的考虑因素，即被告人姚国英有一个未成年的女儿需要照料，且其女儿患有先天性甲状腺肿大，需要终生服药。

综上，衢江区人民法院以故意杀人罪对被告人姚国英判处三年有期徒刑并适用缓刑的判决，符合法律规定，符合罪责刑相一致的刑法原则，符合刑罚价值论上的人道性、公正性，有利于社会和谐。

——最高人民法院刑事审判第一、二、三、四、五庭主办:《刑事审判参考》2010年第5集（总第76集），法律出版社2011年版，第30~36页。

最高人民法院公布的典型案例

施美丽故意杀人案

裁判要旨：对于因遭受严重家庭暴力，身体、精神受到重大损害而故意杀害施暴人；或者因不堪忍受长期家庭暴力而故意杀害施暴人，犯罪情节不是特别恶劣，手段不是特别残忍的，可以认定为《刑法》第二百三十二条规定的故意杀人“情节较轻”。应综合考虑被害人在案发前实施家暴、存在重大过错，以及案发后被告人有自首情节，积极参与抢救，主观恶性和人身危险性相对较小等因素，对被告人从宽处罚，体现宽严相济的刑事政策。

（一）基本案情

被告人施美丽与被害人张惠昌系夫妻关系。张惠昌经常无故打骂施美丽，施美丽2012年即曾为此报警。2014年5月19日19时许，张惠昌又因琐事持续辱骂及殴打施美丽，并将家中的手机等物品砸坏。次日5时30分许，施美丽因长期遭张惠昌打骂，心生怨恨，遂起杀害张惠昌之念。施美丽趁张惠昌熟睡，持家中一把铁榔头击打张惠昌左侧头部、面部数下，见张惠昌头部出血后，让居住于同幢楼的其子张雷拨打“120”抢救。后施美丽随同亲友将张惠昌送医院抢救无效死亡。案发后，施美丽主动向公安机关投案自首。

（二）裁判结果

法院经审理认为，被告人施美丽持械故意杀害其丈夫张惠昌，其行为已构成故意杀人罪，依法应予惩处。施美丽因不堪忍受张惠昌的长期家庭暴力而产生杀人故意，事发前张惠昌为家庭琐事又长时间辱骂、殴打施美丽，张惠昌对引发本案存在重大过错，施美丽在发现张惠昌头部出血后，主动将张送医院抢救，其故意杀人情节较轻，可酌情从轻处罚；案发后主动投案自首，依法可从轻处罚。依照刑法和有关规定，以故意杀人罪判处被告人施美丽有期徒刑四年。

（三）典型意义

本案系遭受家庭暴力的妇女“以暴制暴”致施暴人死亡的典型案件。根据最高人民法院、最高人民检察院、公安部、司法部《关于依法办理家庭暴力犯罪案件的意见》的规定，对于因遭受严重家庭暴力，身体、精神受到重大损害而故意杀害施暴人；或者因不堪忍受长期家庭暴力而故意杀害施暴人，犯罪情节不是特别恶劣，手段不是特别残忍的，可以认定为刑法第二百三十二条规定的故意杀人“情节较轻”。本案中，人民法院综合考虑被害人在案发前实施家暴、存在重大过错，以及案发后被告人有自首情节，积极参与抢救，主观恶性和人身危险性相对较小等因素，对被告人从宽处罚，较好体现了宽严相济的刑事政策。

——《最高人民法院发布侵犯妇女儿童权益犯罪典型案例》（2016 年 3 月 9 日），载最高人民法院官网，https：//www.court.gov.cn。

620. 因民间纠纷引发的故意杀人案件的量刑

关键词

故意杀人罪　民间纠纷　死刑

最高人民法院司法政策精神

要准确把握故意杀人犯罪适用死刑的标准。对故意杀人犯罪是否判处死刑，不仅要看是否造成了被害人死亡结果，还要综合考虑案件的全部情况。对于因婚姻家庭、邻里纠纷等民间矛盾激化引发的故意杀人犯罪，适用死刑一定要十分慎重，应当与发生在社会上的严重危害社会治安的其他故意杀人犯罪案件有所区别。对于被害人一方有明显过错或对矛盾激化负有直接责任，或者被告人有法定从轻处罚情节的，一般不应判处死刑立即执行。

——《最高人民法院关于印发〈全国法院维护农村稳定刑事审判工作座谈会纪要〉的通知》(1999年10月27日，法〔1999〕217号)。

当宽则宽，最大限度地减少社会对立面。重视依法适用非监禁刑罚，对轻微犯罪等，主观恶性、人身危险性不大，有悔改表现，被告人认罪悔罪取得被害人谅解的，尽可能地给他们改过自新的机会，依法从轻、减轻处罚，对具备条件的依法适用缓刑、管制、单处罚金等非监禁刑罚，并配合做好社区矫正工作；重视运用非刑罚处罚方式，对于犯罪情节轻微，不需要判处刑罚的，予以训诫或者具结悔过、赔礼道歉、赔偿损失，或者建议由主管部门予以行政处罚或行政处分。严格执行"保留死刑、严格控制死刑"的政策，对于具有法定从轻、减轻情节的，依法从轻或者减轻处罚，一般不判处死刑立即执行；对于因婚姻家庭、邻里纠纷等民间矛盾激化引发的案件，因被害方的过错行为引发的案件，案发后真诚悔罪并积极赔偿被害人损失的案件，应慎用死刑立即执行。

——《最高人民法院印发〈关于为构建社会主义和谐社会提供司法保障的若干意见〉的通知》(2007年1月15日，法发〔2007〕2号)。

《最高人民法院公报》案例

邢台市人民检察院诉路国平故意杀人案（判决时间：2004年7月21日，最高人民法院复核）

裁判摘要：被告人的行为已构成故意杀人罪，后果严重，应依法惩处，但鉴于本案系民事纠纷引发，双方在起因上均有一定过错，且被告人在羁押期间有制止他人自杀的情节，对其判处的死刑可不立即执行。

最高人民法院认为：被告人路国平的行为已构成故意杀人罪，后果严重，应依法惩处。一、二审判决定罪准确。但一、二审判决认定被告人路国平驾驶摩托车轧在被害人崔书林的腿部，并引发双方发生口角并殴斗的事实，仅有证人席海生一人证言，无其他证人证言及被告人供述印证，且与公安机关的尸检报告不符，证据不确实、充分，本院不予认定。鉴于本案系因民事纠纷引发，双方在案件起因上均有一定过错，且被告人路国平在羁押期间有制止他人自杀的表现等具体情节，对被告人路国平判处死刑，可不立即执行。

——《最高人民法院公报》2005年第6期。

《刑事审判参考》指导案例

宋有福、许朝相故意杀人案（《刑事审判参考》指导案例第 35 号）

裁判要点：农村因邻里纠纷引发的间接故意杀人，如果不是手段特别残忍、情节特别恶劣，可以不判处死刑立即执行。

第一，因邻里纠纷引起的杀人案件，虽然也属于危害严重的案件，但同那些因劫财、奸情等杀人的案件还是有区别的。对于造成了被害人死亡后果的杀人案件，由于案件的起因不同，被告人的动机的卑劣程度及主观恶性大小不完全一样，对社会的危害也不完全相同，在量刑上亦应有所区别。

第二，本案虽然造成了被害人死亡的后果，但纵观二被告人犯罪的全过程，主观上对危害后果是持放任态度，放任的程度也是不一样的。所以，即使按后果认定为杀人罪，也不能认为犯罪手段十分残忍、情节特别恶劣。

第三，本案是间接故意杀人。间接故意杀人，对被害人是死是活，并不积极追求，而是听之任之，采取放任态度。间接故意杀人的主观恶性和对社会的危害程度比直接故意杀人要小，处刑时应注意加以区别，判处死刑更应特别慎重。

——最高人民法院刑事审判第一庭编：《刑事审判参考》1999 年第 5 辑（总第 5 辑），法律出版社 1999 年版，第 23~28 页。

张俊杰故意杀人案（《刑事审判参考》指导案例第 511 号）

裁判要点：同事间纠纷引发的杀人案件应慎重适用死刑。

《全国法院维护农村稳定刑事审判工作座谈会纪要》规定，对于因婚姻家庭、邻里纠纷等民间纠纷矛盾激化引发的故意杀人犯罪，适用死刑一定要十分慎重，应当与发生在社会上的严重危害社会治安的其他故意杀人犯罪案件有所区别。这里的民间纠纷，包括但不限于邻里纠纷，也包括那些因为工作、生活等矛盾引起的纠纷；也不限于农村的民间纠纷，城市中发生的民间纠纷也可以适用《纪要》规定的精神。

——最高人民法院刑事审判第一、二、三、四、五庭主办：《刑事审判参考》2008 年第 6 集（总第 65 集），法律出版社 2009 年版，第 1~6 页。

附录：最高人民法院法官著述

3. 民间矛盾激化引发故意杀人犯罪适用死刑的情形

有的民间矛盾激化引发的故意杀人案件，手段极为残忍，情节极为恶劣，后果极为严重，被告人的主观恶性和人身危险性也特别大，又没有其他从轻情节，仅因民间纠纷引起，不足以影响死刑的适用。比如，时有发生的民间“灭门”案件，杀死多人，惨不忍睹，纵使有一些从轻情节，依法也应判处死刑。所以，司法实践中对这类案件也依法核准了死刑。在我们的核准死刑的案件中，有一部分尽管是民间纠纷激化引起，但罪行极其严重，又没有足以影响死刑适用的从轻量刑情节，所以被核准了死刑。主要有以下情形：

（1）犯罪情节特别恶劣。在故意杀人案件中，同样是致被害人死亡，如果杀人的情节不一样，犯罪的社会危害性就不相同，导致的刑罚结果就有区别。对故意杀人情节一般的案件，比如邻里之间因琐事发生争吵后，被告人随手拿起棍棒，击打被害人，将被害人打死。尽管被害人一方没有明显过错，也没有其他特别的从轻情节，如果被告人认罪、悔罪，对这种因民间矛盾引发，犯罪手段、情节一般的案件，就是调解不成，也可以考虑不判处死刑。但是，对于犯罪情节特别恶劣，犯罪手段特别残忍，又没有从轻处罚情节的被告人，就可以依法判处死刑。刚才讲的这个案件，如果被害人被打后逃跑、求饶，被告人不顾他人的劝阻，穷追不舍，当被害人摔倒后，用棍棒朝被害人的头部猛击，致被害人当场死亡。从全案的犯罪情节来看，还是很恶劣的，不听在场人的劝阻，不顾被害人的求饶，用棍棒朝逃跑倒地的被害人头部猛击，当场死亡，被害人又没有明显过错，调解不成，可以考虑判处死刑。

（2）犯罪手段特别残忍。犯罪手段包含在犯罪情节当中，我这里把它突出出来，专门作为一个问题来讨论，主要是考虑犯罪手段千差万别，被告人使用不同的犯罪工具，采取不同的犯罪手段杀人，反映出的主观恶性和社会危害性是不一样的。

（3）犯罪后果特别严重。故意杀人的直接后果主要是致被害人死亡。对民间矛盾激化引发的故意杀人案件，犯罪后果同样是决定死刑适用的一个重要方面。如果后果特别严重，又没有其他从轻情节，就可以考虑判处死刑。我们可以从这样几个方面来把握：一是致人死亡的。致一人死亡，犯罪情节、手段一般的，如果没有什么从重情节，可考虑不判处死刑；如果手段特别残忍，情节特别严重，或具有其他从重情节，可考虑判处死刑。致两人以上死亡，一般可考虑判处死刑；如果被害人一方具有重大过错，或具有其他重大从轻情节，可考虑不判处死刑，但要从严掌握，尤其是杀死多人的案件，不判处死刑更要有充足的从轻理由。对这些不判处死刑的案件，要特别注意做好民事调解和安抚工作。二是既致人死亡，同时又致他人重伤的。致一人死亡的情况下，考虑是否适用死刑时，要看致人重伤的程度或重伤的人数，如果伤情特别严重，或重伤多人，又没有什么从轻情节，就可以考虑判处死刑。三是故意杀人未遂的，一般不判处被告人死刑。但杀人手段特别残忍，情节特别严重，伤情也特别严重的，可考虑判处死刑。

（4）被告人主观恶性和人身危险性极大。罪行极其严重，是我国《刑法》规定死刑的法律标准。衡量罪行是否达到极其严重，其中主观恶性和人身危险性是一个重要的组成部分。主观恶性和人身危险性主要通过犯罪动机、犯罪预谋、犯罪过程中的具体情节以及罪前、罪后的表现，如犯罪前是否有前科劣迹，犯罪后是否认罪、悔罪、赔偿等来考察。如果犯罪动机卑劣，比如为了独吞遗产，杀害其他继承人；为了致被害人于死地，精心策划，制造条件，准备工具；实施杀人行为时犯意坚决，手段残忍，毫无节制；犯罪前有前科劣迹，且有暴力犯罪的记录；犯罪后拒不认罪，毫无悔改之意，有钱不赔等等。这些情节就可以认定为主观恶性和人身危险性极大。如果杀人犯罪的情节、后果极其严重，又没有从轻处罚情节，就可以考虑判处死刑。

（5）犯罪对象受特殊保护。少年儿童、怀孕妇女、年迈老人、残疾人都属于社会的弱势群体，受国家法律的特殊保护。有些故意杀人犯罪，尽管是民间纠纷引起，但杀害的对象却是这些弱势人员。这些人员反抗能力不强，有的甚至没有什么反抗能力，所以才需要特殊保护。杀害这些弱势人员，如果没有什么从轻情节，一般可考虑判处死刑。这些被害人当中，有的并没有什么过错，有的甚至是无辜者，往往是被迁怒而代亲人受过。比如，有的小孩父母与被告人产生矛盾，被告人考虑打不过对方，便迁怒无辜，将对方的小孩杀害。这种杀人案件如果没有什么从轻情节，一般可考虑判处死刑。被害人父母或其他亲人的过错不能转嫁给无辜的小孩，一般不能因被害人父母的过错而减轻被告人的罪责。还有一些案件是杀害尊亲属的，主要是父母。尊老爱幼是中华民族的传统美德，被告人不但不孝敬父母，反而将含辛茹苦养大自己的父母杀害，社会影响极为恶劣，如果没有从轻处罚情节，一般可考虑判处死刑。

（6）累犯。累犯是法定从重处罚情节，是否适用死刑，要从两个方面来把握。一是故意杀人犯罪情节的恶劣程度，是否同时具有其他从重处罚的情节；二是累犯中前罪的性质，释放后再犯新罪的时间。对于前罪是严重的暴力犯罪，刑满释放不久又犯故意杀人罪，罪行极其严重，没有从轻处罚情节的，可考虑判处死刑。对于前罪较轻，所犯故意杀人罪情节一般，或同时具有从轻量刑情节的，经综合考虑不是必须判处死刑的，可不判处死刑。

（7）雇凶杀人。这种故意杀人案件都是预谋犯罪，社会危害性很大，没有从轻处罚情节，一般可考虑判处死刑。

4. 民间矛盾激化引发故意杀人犯罪不适用死刑的情形

对民间矛盾激化引发的故意杀人案件，适用死刑要格外慎重，严格控制。只要有足以影响死刑适用的从轻量刑情节，就可以考虑不判处死刑；只要能够做好民事调解工作，被害人谅解的，就可以考虑不判处死刑。因民间矛盾激化引发的故意杀人案件，尽管罪行已达极其严重，具有下列情节，可考虑不判处死刑。

（1）具有自首、立功等法定从轻量刑情节。民间矛盾激化引发的故意杀人案件，相对于严重危害社会治安的故意杀人案件，性质不同，社会危害性也相对小一些，对法定从轻量刑情节应该更加体现从轻。自首的形式多种多样，有真诚悔罪的自首，也有被迫无奈的自首，在量刑时当然要加以区别。但是，对民间矛盾激化引发的故意杀人案件，如果没有特别从重的情节，只要具有自首情节，一般都可考虑不判处死刑。立功也有大小之分，对罪行极其严重的被告人不判处死刑，一般是指重大立功，比如检举的对象可能被判处无期徒刑以上刑罚。但是，如果被告人同时还具有其他一般的从轻处罚情节，结合案情综合考虑，对具有一般立功表现的被告人也可考虑不判处死刑。

（2）被害人有明显过错或对矛盾激化负有直接责任。被害人一方的过错问题，在民间纠纷引发的故意杀人案件中大量存在。对于被害人一方有明显过错一般不适用死刑，已基本达成共识。对于被害人一方有一般过错的，在适用死刑时也不是都不考虑，要认真研究，根据案件中的具体犯罪事实，结合其他量刑情节，综合考虑，区别对待，能不适用死刑的就不适用。

（3）被告人犯罪后自动归案，没有如实交代罪行，或者如实交代后又翻供。这种情况不是标准的自首，也不是准自首，所以不是法定的从轻量刑情节。但是，作为严重的故意杀人犯罪，被告人没有逃跑，而且是主动归案，不管是出于什么目的，心理上都承受了巨大压力。客观上对及时破案，控制被告人，防止被告人继续危害社会，减少侦破成本，都具有积极的意义，应予鼓励。落实到量刑上，就要酌情考虑。结合犯罪情节和其他量刑情节综合判断，能不判处死刑的，就不适用死刑。

（4）被告人亲属协助司法机关抓获被告人后，被告人对自己的罪行供认不讳。被告人杀人后，为了藏匿或资助逃跑，往往求助于亲人，将自己的杀人行为告诉亲人，这是出于对亲人信任和依恋。亲人，尤其是父母，都会承受巨大的情感压力，进退两难。有的就会帮助被告人藏匿或资助被告人逃跑，对此，我国《刑法》规定了具体的惩罚条款。但是，有的父母、亲人深明大义，带领公安人员直接抓捕被告人，或提供被告人较为隐蔽的藏匿地点，或者打电话诱捕被告人等等。他们对被告人的杀人犯罪痛心疾首，也寄希望于自己的亲人能够得到从轻处罚。对这种明智的正义之举，要在全社会倡导，在司法活动中要给予积极评价。如果被告人归案后，能够如实交代犯罪事实，没有特别从重的情节，一般都要考虑不判处死刑。这样的判决，符合法律的精神，只要把道理说清楚，也会得到社会的理解和认可。

（5）被告人亲属协助抓获同案人或其他重大案件的犯罪嫌疑人。为了减轻被告人的罪责，被告人亲属往往花费大量的人力、物力、财力，冒着被报复的危险，协助公安机关，抓获与被告人同案或其他案件的重大犯罪嫌疑人，为破获一些重大案件起到了积极作用，对这一行为本身应予肯定。但是，不能因此而认定被告人具有立功情节。道理很简单，因为这主要是被告人亲属的行为，而不是被告人的立功表现。在具有这一情节的情况下，对被告人是否适用死刑，要结合被告人所犯的罪行和其他量刑情节，综合考虑。如果被告人犯罪情节一般，可以考虑不适用死刑。

（6）被告人坦白主要犯罪事实，对定案证据的收集和固定，或对抓获同案的主要犯罪嫌疑人起到重要作用。被告人坦白主要犯罪事实本身就是一个酌定从轻量刑情节。如果案件在没有完全破获时，侦查机关根据被告人坦白的事实线索，起获到重要的客观证据，抓获同案重要的犯罪嫌疑人，对破获、证实全案起到重要作用。尽管不构成立功，也可以根据案情，从轻处罚，考虑不判处死刑。

（7）被告人因其他轻罪被羁押，将自己故意杀人的线索告诉同监人犯，让其检举立功。这种行为不构成自首或立功，但对案件的侦破具有重要作用，尤其是一些长年得不到侦破的无头案，如果杀人情节一般，也可视案情酌情从轻处罚，考虑不适用死刑。

（8）被告人主观恶性、人身危险性不大。主观恶性和人身危险性要从被告人犯罪动机，犯罪预谋，犯罪情节，罪前、罪后表现等方面综合考虑。如果是临时起意杀人，激情杀人，杀人行为有所节制，犯罪动机，犯罪情节一般，或者作案后及时救助被害人，犯罪前表现较好，犯罪后认罪、悔罪的，可不判处死刑。

（9）被告人真诚悔罪，积极赔偿，取得被害方谅解。民间矛盾激化引发的故意杀人案件，只要可以考虑不判处死刑的，都要积极进行调解，鼓励当事人双方自行和解，达成谅解协议，尽量减少死刑判决。从这几年的死刑核准案件情况来看，这一块是控制死刑的重点。有的邻里纠纷，婚姻家庭矛盾引发的故意杀人案件，尽管没有完全赔偿或没有赔偿，但被害方谅解的，也可以不判处死刑。

（10）家庭成员强烈要求不要判处被告人死刑。夫妻之间因情感、财产或其他家庭琐事发生矛盾，激化引发的故意杀人案件，被害人一方的父母、兄弟姐妹往往反应强烈，要求判处被告人死刑。但是他们的子女在父母一方死亡的情况下，不想再失去亲人，强烈要求不要判处死刑。对犯罪情节不是特别恶劣的案件，我们要晓以利害，积极做好被害人父母一方的工作，充分尊重被害人子女的意见，不要判处死刑。

（11）被告人作案时刚满18周岁或已满70周岁，犯罪情节不是特别恶劣。18岁，是我国《刑法》规定应当负完全刑事责任的年龄，也是适用死刑的最低年龄。法律只能“一刀切”，但一个人的成熟、成长是渐进的，有一个过程，相差一天，几天，甚至几个月是没有多大区别的。所以，在适用死刑这种最严厉的刑罚时，对刚满18岁的被告人，如果犯罪情节不是特别恶劣，就不要适用死刑。因为他们涉世未深，对事物的认知度和行为的自控力都比较弱。70岁已经步入老年，他们对事物的反应比较迟钝，认知力和自控力都在减弱。对于70岁以上的老年人，如果犯罪情节不是特别恶劣，一般也不要适用死刑。再说，对老年人执行死刑，社会效果不一定好。

（12）醉酒犯罪。病理性醉酒，属于精神疾病的范畴，不在此例。这里是指普通醉酒后犯故意杀人罪的死刑适用。醉酒犯罪的情况比较复杂，是否适用死刑应区别对待。被告人与被害人素有积怨，借酒闹事，故意挑起事端而行凶杀人的，如果没有从轻情节，可以考虑适用死刑。被告人一贯酗酒闹事打人，酒后与他人话不投机而故意杀人的，人身危险性很大，如果没有从轻情节，可以考虑判处死刑。被告人与被害人之间素无矛盾，甚至关系尚可，因喝酒过量发生争执而杀人的，如果没有从重情节，可以考虑不判处死刑。这种醉酒杀人与故意利用醉酒实施杀人，在主观方面有很大的区别。被告人喝酒前并无犯罪故意，醉酒后因辨认和控制能力减弱而杀人，犯罪的主观恶性和人身危险性相对较小，酌情从轻处罚符合法律精神，也能为社会所接受。

——戴长林：《关于故意杀人、故意伤害案件死刑适用的重点、难点问题》，载《人民司法·应用》2010年第3期（总第590期）。

621. 近亲属之间的故意杀人案件的量刑

关键词

故意杀人罪　近亲属　量刑

《刑事审判参考》指导案例

张某故意杀人案（《刑事审判参考》指导案例第761号）

裁判要点：在近亲属之间的杀人犯罪案件中应当贯彻宽严相济刑事政策，综合考虑案发起因、被害人家属的态度、被告人认罪悔罪态度等多种因素做出罪责刑相适应的判决，体现法律效果和社会效果的统一。

本案原审被告人张某虽然犯罪手段十分残忍，犯罪后果极其严重，但综合本案的特殊情况，可对张某判处死刑不立即执行。具体理由如下：

（一）罪行评价角度

本案由家庭矛盾引发，系近亲属之间犯罪，被害人在孝敬老人、管教子女等方面存在严重过错，且系激发被告人产生犯意的重要诱因，因此对被告人的罪行评价应当区别于一般故意杀人犯罪。

简单地看，本案系一起因私自抵押房产，出借和挥霍贷款，而不堪忍受父母责骂，遂杀害父母的故意杀人案件。但经深入分析，被害人张某甲、李某在孝敬老人、管教子女方面的过错是深层诱发张某产生犯意的重要诱因。

经查，被害人李某对张某经常打骂，管教方式粗暴，致使张某自幼缺少母爱。李某对长辈态度也不好，动辄打骂张某的祖母。如 1992 年 3 月 6 日李某持刀将张某的祖母砍伤，导致后者失血性休克；2007 年 9 月 26 日李某对张某的祖母实施殴打，导致后者多处软组织损伤。2006 年 5 月 18 日李某还通过欺骗手段将张某祖母居住的房子私自过户到自己名下。张某的父亲张某甲性格软弱，对李某的行为一直放纵不管。张某自小与其祖母生活在一起，感情极深，对李某殴打其祖母、将其祖母居住的房子欺骗过户和采用暴力管教的行为积怨已久。

根据以上查知的情况，从主观方面分析，本案在犯罪起因上属多因一果情形。张某对被害人张某甲、李某的怨恨肇始于李某殴打其祖母、侵占其祖母的房产和对其长期采用暴力管教；李某因张某私自抵押房产贷款对张某经常责骂只是进一步加深了怨恨，最终成为诱发本案发生的直接导火索。

从客观方面分析，被害人李某的过错属于刑法中的过错，由此对被告人张某的罪行评价相应有所调整。李某的过错不仅严重违背中国传统的家庭伦理，而且属于严重的违法行为。故意杀人犯罪案件中，被害人即便有过错，也不可像民事责任那样要求被害人分担部分刑事责任。然而，被害人是否有过错的认定直接影响到被告人主观恶性和人身危险性的评价，从而影响罪行评价，最终影响到量刑。本案被害人李某的严重过错是诱发本案发生的重要诱因，从中体现出被告人张某的主观恶性和人身危险性程度较一般故意杀人犯罪要低。

不过，本案的另一名被害人张某甲虽然在孝敬老人、管教子女方面也存在一定的过错，但毕竟过错较小，对促使被告人张某杀害张某甲的推动力相对较弱，因此张某对其残忍杀害张某甲的行为，应当承担较重的刑事责任。但综合把握，张某甲毕竟与李某长期生活在一起，张某甲对李某的严重过错也难辞其咎，因此对张某的主观恶性和人身危险性程度在总体评价上应作从轻考虑。

（二）预防犯罪角度

本案被告人刚过判处死刑年龄，性格可塑性强，改造难度小，客观、全面、综合把握各种从严、从宽情节，从预防犯罪目的考虑，本着贯彻宽严相济刑事政策和严格控制、慎重适用的死刑政策精神，可对被告人从轻处罚。

被告人张某因家庭矛盾投毒杀害自己的亲生父母，严重违背基本人伦；面对奄奄一息的父母，仍残忍实施勒颈和刀刺行为。仅以此论，张某犯罪手段十分残忍，犯罪情节十分恶劣，应当判处张某死刑立即执行。然而，张某同时也存在诸多从轻处罚情节。例如，归案后坦白罪行，有认罪、悔罪表现；案件因家庭纠纷引发，被害人存在严重过错；被害人部分家属表示谅解和所在社区群众均希望留张某一命。尤为值得提出的是，张某犯罪时刚满 19 周岁，性格可塑性强，有较大改造空间。根据社会防卫论的研究成果，要从根本上预防犯罪，必须准确分析犯罪的社会原因和个体原因，有针对性地进行防范和矫治。被告人张某决意实施犯罪，有其性格偏激的原因，而这一性格的形成又与其家庭教育密不可分。加上张某正处于未成年人向成年人过渡的阶段，对这一过渡年龄阶段的犯罪人，只要有足够的改造空间，被害人家属及广大民众无明显抵制情绪，就不应放弃以教育为主的方式改造和预防犯罪。

（三）矛盾化解角度

本案被告人是二被害人的独生子，母系被害方不再坚决要求判处被告人死刑立即执行，父系被害方坚决要求不判处死刑立即执行，社区群众也希望不判处死刑立即执行，从社会矛盾化解角度分析，判处被告人死缓更能实现法律效果和社会效果的有机统一。

被告人张某的父系亲属在案发后多次到法院为张某求情，希望能留张某一命。张某的祖母因本案已经失去了儿子、儿媳，若对张某再判处死刑立即执行，意味着断子绝孙。故当地社区民众均表示同情，希望法院不判处张某死刑立即执行。如果判处张某死刑立即执行，张某的祖母就无人赡养，从而必然留下一定的社会隐患。事实上，张某的祖母多次不惜以死请求法院对张某从轻处罚。从这一角度考虑，判处张某死缓，更有利于社会矛盾化解。

此外，值得一提的是，本案涉及两个被害人，从罪责分析，张某对被害人李某实施的杀人行为，因李某有严重过错，故罪不至死；张某对被害人张某甲实施的杀人行为，罪行比前者重。仅就是否判处死刑立即执行而言，应当更重视张某甲的亲属（即父系亲属）的意见。然而，张某甲的亲属是坚决要求不判处死刑，而李某的亲属也由开始的坚决要求判处死刑改为不再坚决要求判处死刑。从这一角度分析，对张某判处死缓不仅有利于社会矛盾化解，还准确体现了罪责刑相适应，很好地实现了法律效果和社会效果的有机统一。

——最高人民法院刑事审判第一、二、三、四、五庭主办：《刑事审判参考》2012 年第 2 集（总第 85 集），法律出版社 2012 年版，第 32~37 页。

622. 因恋爱矛盾激化引发的故意杀人案件的量刑

关键词

故意杀人罪　恋爱矛盾　死刑

最高人民法院司法政策精神

要准确把握故意杀人犯罪适用死刑的标准。对故意杀人犯罪是否判处死刑，不仅要看是否造成了被害人死亡结果，还要综合考虑案件的全部情况。对于因婚姻家庭、邻里纠纷等民间矛盾激化引发的故意杀人犯罪，适用死刑一定要十分慎重，应当与发生在社会上的严重危害社会治安的其他故意杀人犯罪案件有所区别。对于被害人一方有明显过错或对矛盾激化负有直接责任，或者被告人有法定从轻处罚情节的，一般不应判处死刑立即执行。

——《最高人民法院关于印发〈全国法院维护农村稳定刑事审判工作座谈会纪要〉的通知》(1999年10月27日，法〔1999〕217号)。

对于因婚姻家庭、邻里纠纷等民间矛盾激化引发的案件，因被害方的过错行为引发的案件，案发后真诚悔罪并积极赔偿被害人损失的案件，应慎用死刑立即执行。

——《最高人民法院印发〈关于为构建社会主义和谐社会提供司法保障的若干意见〉的通知》(2007年1月15日，法发〔2007〕2号)。

《刑事审判参考》指导案例

吴江故意杀人案(《刑事审判参考》指导案例第474号)

裁判要点：对因恋爱矛盾激化引发的故意杀人案件，可以参照因婚姻家庭矛盾激化引发的故意杀人案件予以处理。此类案件适用死刑标准的考量因素有：一、产生矛盾的原因是否可以归责于被害人，即被害人一方是否有明显过错或对矛盾激化负有直接责任。二、行为人是否具有法定或酌定从轻处罚的情节。

(二)对因恋爱矛盾激化引发的故意杀人案件，可以参照因婚姻家庭矛盾激化引发的故意杀人案件予以处理

所谓恋爱矛盾，是指恋人之间因情感、经济等问题在恋爱过程中引发的矛盾。恋爱矛盾不同于婚姻家庭矛盾，在形式上，当事人双方没有进行婚姻

登记，亦没有对外以夫妻名义共同生活，既不具备合法婚姻的形式要件，也不具备事实婚姻的形式要件。在法律性质上，当事人双方无法定的权利和义务，关系不如婚姻家庭密切和稳定。在矛盾主体上，婚姻家庭矛盾的主体比恋爱矛盾主体宽泛，其既可以发生在夫妻之间，也可以发生在家庭成员中的其他主体之间，如父母子女、兄弟姊妹、共同生活的其他家庭成员之间，而恋爱矛盾的主体，一般仅限于有恋爱关系的恋人之间。

但是，恋爱矛盾与婚姻家庭矛盾在本质上有诸多共同之处：一是矛盾双方主体固定。二是矛盾双方主体间都存在感情基础。三是产生矛盾的原因和过程类似。四是矛盾双方的过错责任区分有一定难度。由以上可以看出，恋爱关系可以看作是婚姻家庭关系的延伸。当前，随着我国婚姻家庭观念的改变，恋人之间未领取结婚证而同居的现象比较普遍，当事人双方除了未到民政部门办理结婚手续外，在其他诸如情感、经济、社会交往等问题上与婚姻家庭成员间的类似问题并无本质区别。此类恋爱关系若稳定健康发展，一般就成为组成婚姻家庭的前期过程。对于这种类型的恋爱关系，可以视作准婚姻家庭关系。

据此，从矛盾的性质而言，恋爱引发的矛盾本质接近于婚姻家庭矛盾，对因此而激化引发的故意杀人案件，可参照因婚姻家庭矛盾引发的故意杀人案件来处理。本案系被告人在恋爱期间，不能正确处理因经济问题引发的矛盾，从而导致其用暴力方式杀害被害人，属于因“民间矛盾”引发的故意杀人案件，因此，在审理本案时，应当依照《全国法院维护农村稳定刑事审判工作座谈会纪要》(以下简称《纪要》)的相关精神，适用死刑时要特别慎重。

我们认为，结合《纪要》的相关规定和司法经验，对于因恋爱矛盾引发的故意杀人案件适用死刑标准的考量因素，主要有以下两个方面：

一是产生矛盾的原因是否可以归责于被害人，即被害人一方是否有明显过错或对矛盾激化负有直接责任。

所谓“明显过错”，是指从法律规定、道德要求上综合考量，矛盾的产生系被害人一方有违法行为或违背社会伦理道德、善良风俗的行为。

所谓“对矛盾激化负有直接责任”，是指被害人一方在矛盾的产生之初并无明显过错，但是在处理矛盾的过程中，采取不恰当的方式方法，直接激化、加剧了矛盾，刺激了行为人的犯罪心理。

二是行为人是否具有法定或酌定从轻处罚的情节。

因恋爱矛盾激化引发的故意杀人案件，其社会危害性与那些严重危害社会治安的其他故意杀人案件具有区别，因此，处理此类案件时，在死刑适用标准上要更加严格。对于行为人在案发后，确有法定或酌定从轻、减轻情节的，要尽可能地依法、全面、综合地考虑相关情节，少用、慎用死刑。除了法律规定的自首、立功等法定从轻、减轻情节外，以下情节，也是考量此类案件是否适用死刑的重要因素：一是行为人的一贯表现；二是行为人行为时的主观故意内容；三是行为人的行为方式；四是行为人的悔罪表现。

——最高人民法院刑事审判第一、二、三、四、五庭主办：《刑事审判参考》2008年第1集（总第60集），法律出版社2008年版，第26~33页。

623. 共同故意杀人案件多个主犯的量刑

关键词

故意杀人罪　共同犯罪　主犯

最高人民法院司法政策精神

对于一般共同犯罪案件，应当充分考虑各被告人在共同犯罪中的地位和作用，以及在主观恶性和人身危险性方面的不同，根据事实和证据能分清主从犯的，都应当认定主从犯。有多名主犯的，应在主犯中进一步区分出罪行最为严重者。对于多名被告人共同致死一名被害人的案件，要进一步分清各被告人的作用，准确确定各被告人的罪责，以做到区别对待；不能以分不清主次为由，简单地一律判处重刑。

——《最高人民法院印发〈关于贯彻宽严相济刑事政策的若干意见〉的通知》（2010年2月8日，法发〔2010〕9号）。

《刑事审判参考》指导案例

王建辉、王小强等故意杀人、抢劫案（《刑事审判参考》指导案例第380号）

裁判要点：在有多个主犯的共同犯罪中，只对起最主要作用的主犯判处死刑立即执行，符合我国少杀、慎杀的死刑政策。在二审期间，上级公诉机关提出不同于下级公诉机关的公诉意见，应当以上级公诉机关的意见为最后意见。

在被害人的死亡是由混同行为造成的情形下，凡是积极实施行为的参与者均属共同犯罪中的主犯，应对被害人的死亡承担全部刑事责任。但也并不意味着所有主犯都要处以极刑。只有在行为人作案动机十分卑劣、手段极其残忍、情节特别恶劣、造成的后果极其严重，且主观恶性极深，人身危险性极大，实属罪行极其严重的情形下才予适用。在司法实践中，对共同犯罪中罪行极其严重的犯罪分子是否判处死刑立即执行，应当考虑以下因素：多个主犯中罪行最严重的主犯已经判处死刑立即执行，其他地位、作用相对次要的主犯；共同犯罪人作用、地位相当，责任相对分散的；共同犯罪人责任不清的；同案人在逃，有证据证明被告人起次要作用的；对在案的被告人适用死刑立即执行可能影响对在逃的同案人定罪量刑的等等。对具有上列因素的，一般不适用死刑立即执行。这样也符合少杀慎杀、宽严相济、罪刑相当、区别对待的政策精神和司法理念。

进入二审程序后，上级公诉机关与下级公诉机关就此问题出现截然不同的意见，这在司法实践中是不多见的。《人民检察院刑事诉讼规则》第 7 条[①]规定："在刑事诉讼中，上级人民检察院对下级人民检察院作出的决定，有权予以撤销或者变更；发现下级人民检察院已办结的案件有错误的，有权指令下级人民检察院纠正。"因此，上级公诉机关与下级公诉机关对案件事实的认定意见不一致时，人民法院应以上级公诉机关的意见作为参加诉讼的公诉意见。上级公诉机关否认了下级公诉机关对某一犯罪的认定，就是撤销了国家对被告人此种"犯罪"的追诉。换言之，审判机关对上下级公诉机关不一致的意见，只能以上级公诉机关的意见作为公诉意见，依法没有取舍的余地。其次，在刑事诉讼中，就同一犯罪事实公诉方不同意追诉，而被告人又不承认犯罪的情况下，则不成立诉讼，人民法院不能在没有诉辩双方参与的情况下进行审判和裁决，否则作出的判决缺乏诉讼前提和程序上的基础，是明显违反诉讼程序的。

——最高人民法院刑事审判第一、二、三、四、五庭主办：《刑事审判参考》2006 年第 1 集（总第 48 集），法律出版社 2006 年版，第 15~22 页。

624. 雇凶者与受雇者的罪责分担

关键词

故意杀人罪　雇凶者　受雇者　罪责分担

《刑事审判参考》指导案例

胡忠、胡学飞、童峰峰故意杀人案（《刑事审判参考》指导案例第 555 号）

---

① 本条现为《人们检察院刑事诉讼规则》（高检发释字〔2019〕4 号）第十条："上级人民检察院对下级人民检察院作出的决定，有权予以撤销或者变更；发现下级人民检察院办理的案件有错误的，有权指令下级人民检察院予以纠正。下级人民检察院对上级人民检察院的决定应当执行。如果认为有错误的，应当在执行的同时向上级人民检察院报告。"

裁判要点：雇凶犯罪是共同犯罪的一种形式，也可以说是教唆犯罪的一种特殊形式。根据雇凶者与被雇佣者的在共同犯罪中的地位和作用，确定雇凶者与被雇佣者的罪责的大小，是正确量刑的前提。

确定雇凶者和被雇佣者罪责的大小的根据是各自在共同犯罪中的地位和作用，这是一条基本原则。雇凶者和被雇佣者所处的地位和所起的作用，应当根据雇凶者雇凶犯罪的目的和意图、希望达到的结果、是否直接实施犯罪行为以及参与实施犯罪的程度，被雇佣者实施犯罪行为的手段、情节以及犯罪实际造成的危害后果等综合考虑决定，不能片面判断。从审判实际看，雇凶犯罪不外乎有两种形式：一是“只动口不动手”的情形，二是“既动口又动手”的情形。根据犯罪构成理论和相关量刑理论，一般而言，客观犯罪行为的社会危害性要比提出犯意的行为的社会危害性大，因此，“只动口不动手”的雇凶者一般要比实施犯罪行为的被雇佣者的罪责要小，但也不完全排除某些情况下雇凶者的罪责也是极其严重的，如雇凶者出于极其卑劣的动机、不惜巨资、杀害多人或伤害致多人死亡的，在这种情况下，尽管被雇佣者的罪责最重，但并不能因此而减轻雇凶者的罪责。对于“既动口又动手”的雇凶者，如果雇凶者与被雇佣者都积极实施致人死亡的犯罪行为，那么，雇凶者既是犯意提起者，又是行为实施者，在致人死亡的罪责相当或者确难以分清的情况下，其罪责显然要比被雇佣者重。当然，在致人死亡的环节上，如果被雇佣者作用明显要比雇佣者大的，可认定被雇佣者的罪行最重。

就本案而言，可以说有两层雇佣关系：一是胡忠雇佣了胡学飞，胡忠是“只动口不动手”的雇凶者；二是胡学飞雇佣了童峰峰，胡学飞是“既动口又动手”的雇凶者。胡忠与胡学飞相较而言，其只出资雇佣胡学飞伤害被害人李光耀，并没有直接参与实施伤害李光耀的犯罪行为，其罪责要比直接实施致人死亡行为的被雇佣者胡学飞轻。胡学飞与童峰峰相较而言，其接受胡忠的雇佣后，又雇请了童峰峰参与作案，并且共同积极实施致人死亡的犯罪行为，其罪责显然要比其雇请的童峰峰重。就胡忠与童峰峰而言，虽然胡忠与童峰峰是一种间接的雇佣关系，但毕竟胡忠没有直接实施致人死亡的犯罪行为，其罪责也比童峰峰小。因此，本案中胡学飞罪责最重，童峰峰次之，胡忠再次之。

——最高人民法院刑事审判第一、二、三、四、五庭主办：《刑事审判参考》2009 年第 3 集（总第 68 集），法律出版社 2009 年版，第 6~12 页。

625. 间接故意杀人与过失致人死亡的区分

关键词

间接故意杀人　过失致人死亡罪　主观方面

《刑事审判参考》指导案例

李宁、王昌兵过失致人死亡案（《刑事审判参考》指导案例第 370 号）

裁判要点：过于自信的过失与间接故意的根本区别在于：过于自信的过失，行为人不仅不希望发生这种危害结果，而且是完全反对这种结果发生的。而间接故意，行为人认识到会发生某种危害结果，但对这种危害结果的发生持一种放任态度，既不积极追求，也不设法避免，该结果的发生不违背其主观意愿。

1. 被告人李宁、王昌兵的行为不符合（间接）故意杀人罪的特征和构成要件

从本案来看，被害人跳水虽是二被告人侵害行为所致，但被害人作为成年人，有完全的判断和认知能力，能够控制自己的行为和意识，其选择跳水逃走，说明其具备一定的自我救助条件和能力；而且，从本案现有的证据反映，二被告人并不具备对被害人施救的能力。故二被告人不符合行为人负有某种特定义务并能够履行的不作为犯罪的前提，不属于不作为的间接故意犯罪。因此，本案不构成（间接）故意杀人罪。

2. 二被告人的行为不构成非法拘禁罪或敲诈勒索罪

二被告人虽对被害人实施了强制威胁手段，意欲非法从被害人处强行索取财物，被害人也因此产生了恐惧心理，但敲诈勒索罪属于结果犯，必须是敲诈勒索公私财物数额较大的才能构成此罪。本案中被害人并未交出财物，被告人没有实现其勒索财物的目的，则当然不构成敲诈勒索罪。同时，二被告人敲诈勒索的行为与被害人死亡的结果之间没有必然联系，也不存在法律上的因果关系，故本案亦不能以敲诈勒索罪处理。

3. 被告人李宁、王昌兵的行为构成过失致人死亡罪

过失犯罪中，行为人对危害结果的发生既不追求，也不放任，而是应当预见而没有预见，或已经预见却轻信能够避免，主观上反对危害结果的发生。本案中，被告人李宁、王昌兵殴打被害人阎世平，致使被害人跳水逃走以摆脱李、王二人的殴打和纠缠。李宁、王昌兵在阎世平跳水之后，未进一步实

施加害行为，而是调转车头用车灯照射水面，劝被害人上岸。见被害人仍趟水前行不肯返回时，被告人王昌兵还曾让李宁下水拉阎一把，因李水性也不好，不敢下水。后三人为消除阎世平的顾虑促使其上岸，遂开车离开湖堤。由此可见，二被告人既不希望、也不放任被害人死亡结果的发生。二被告人离开现场的目的是让被害人消除顾虑，尽快脱离危险之地，并非置被害人于水中而不顾。二被告人对于被害人可能会出现的后果是有所预见的，但轻信被害人在其离开后会返回岸上。因此，二被告人对被害人可能出现的死亡后果是持一种过于自信的过失心态。

综上，二被告人的侵害行为和对可能出现的被害人死亡后果的过失，最终导致了被害人溺水身亡的结果。因此，二被告人的行为构成过失致人死亡罪。

——最高人民法院刑事审判第一庭、第二庭编：《刑事审判参考》2005 年第 6 集（总第 47 集），法律出版社 2006 年版，第 12~18 页。

蒋勇、李刚过失致人死亡案（《刑事审判参考》指导案例第 450 号）

裁判要点：区分过于自信的过失致人死亡与间接故意杀人的关键仍然是查清行为人主观上对于造成他人死亡结果的心理态度，即希望避免还是持放任态度。遇到这类案件时，应着重从以下两方面审查：一是搞清双方关系，双方是否有明显矛盾，矛盾是否达到了行为人希望对方死亡的程度，这是确定行为人是否存在造成对方死亡结果的主观故意问题的关键；二是根据案发时的现场情况，结合行为人感知能力及当时状况，判断当时是否确实存在可能避免死亡结果发生的主客观条件，这种客观条件的存在是否明显，是判断行为人对避免死亡结果发生的主客观条件是否过于自信的重要依据。

（一）被告人蒋勇、李刚没有放任被害人死亡的共同故意，不构成共同间接故意杀人罪。在司法实践中，过于自信的过失致人死亡与间接故意杀人两种犯罪行为容易混淆，两罪的区别在于过于自信的过失致人死亡的行为人希望避免造成他人死亡结果，即死亡结果的发生是违背行为人意志的；而间接故意杀人的行为人对死亡结果的发生持放任态度，既不积极追求，也不采取措施设法避免，该危害结果的发生并不违背其主观意愿。前者的行为人在预见到他人死亡结果可能发生的情况下仍然实施其行为，是因为他认为凭借一定的主客观条件可以避免死亡结果的发生，而后者的行为人在明知死亡结果可能发生的情况下仍然实施其行为，是为了实现其他目的，行为人并没有考虑到能否凭借一定的主客观条件避免他人死亡结果的发生。因此，区分过于自信的过失致人死亡与间接故意杀人的关键仍然是查清行为人主观上对于造成他人死亡结果的心理态度，即希望避免还是持放任态度。遇到这类案件时，应着重从以下两方面审查：一是搞清双方关系，双方是否有明显矛盾，矛盾是否达到了行为人希望对方死亡的程度，这是确定行为人是否存在造成对方死亡结果的主观故意问题的关键；二是根据案发时的现场情况，结合行为人感知能力及当时状况，判断当时是否确实存在可能避免死亡结果发生的主客观条件，这种客观条件的存在是否明显，是判断行为人对避免死亡结果发生的主客观条件是否过于自信的重要依据。

（二）被告人蒋勇、李刚的行为构成过失致人死亡罪

首先，被告人蒋勇与李刚相互之间存在相互信赖的关系，其行为与被害人徐维勤死亡之间有承继性的因果关系。其次，蒋勇、李刚虽然各自的行为方式不同，但是他们的罪过形态是相同的。最后，我国《刑法》第25条第2款规定："二人以上共同过失犯罪，不以共同犯罪论处；应当负刑事责任的，按照他们所犯的罪分别处罚。"该条规定实际上承认了共同过失犯罪的合理存在，只不过不以共同犯罪处理而已。

综上，法院根据两被告人各自的过失行为对于被害人死亡结果的责任程度，分别对二人以过失致人死亡罪定罪处罚是恰当的。

——最高人民法院刑事审判第一、二、三、四、五庭主办：《刑事审判参考》2007年第4集（总第57集），法律出版社2007年版，第27~32页。

626. 在非公共交通范围内驾驶交通工具过失撞人死亡行为的定性

关键词

过失致人死亡罪　交通肇事罪　非公共交通范围

《刑事审判参考》指导案例

李满英过失致人死亡案（《刑事审判参考》指导案例第243号）

裁判要点：驾驶交通工具在非公共交通范围内撞人死亡，构成过失犯罪的，一般应以过失致人死亡罪定罪处罚。

所谓公共交通管理范围内，应当是指纳入公安交通管理机关管理范围内的道路。一般而言，机关、企事业单位、厂矿、学校、封闭的住宅小区等内部道路均不属于公共交通管理范围。在上述区域道路上因使用交通工具致人

伤亡，在排除行为人出于主观故意以及不能构成过失以危险方法危害公共安全罪的情况下，如构成过失犯罪，需要定罪处罚的，不能按交通肇事罪处理。原则上讲，一般应首先考虑以过失致人死亡罪追究刑事责任，如该行为同时又符合重大责任事故罪或重大劳动安全事故罪的构成要件，则应按特别法条优于普通法条的适用原则，以重大责任事故罪或重大劳动安全事故罪等罪名追究刑事责任。具体地说，其一，在工厂、矿山、林场、建筑企业或者其他企业、事业单位内部交通范围内，该单位职工使用交通工具违章生产作业，因而发生重大伤亡事故或者造成其他严重后果的，应以重大责任事故罪追究刑事责任；如该职工使用交通工具但并非从事单位的生产作业，虽造成重大伤亡事故或者造成其他严重后果的，仍应以过失致人死亡罪追究刑事责任。其二，在工厂、矿山、林场、建筑企业或者其他企业、事业单位内部交通范围内，该单位用于生产、运输的交通工具不符合国家劳动安全规定，经有关部门或人员提出后，仍不采取措施，因而发生重大伤亡事故或者造成其他严重后果的，应以重大劳动安全事故罪追究相关责任人的刑事责任；如不符合上述情况，虽因使用交通工具造成重大伤亡事故或者造成其他严重后果的，仍应以过失致人死亡罪追究行为人的刑事责任。

——最高人民法院刑事审判第一庭、第二庭编：《刑事审判参考》2003 年第 3 辑（总第 32 辑），法律出版社 2003 年版，第 29~33 页。

627. 过失致人死亡罪与故意伤害罪的区分

关键词

故意伤害罪　过失致人死亡罪　因果关系

《刑事审判参考》指导案例

罗靖故意伤害案（《刑事审判参考》指导案例第 226 号）

裁判要点：一掌推他人致其头部碰撞造成死亡的，构成故意伤害罪，应以故意伤害致人死亡的情节追究刑事责任。

故意伤害致死可以表现为复杂罪过形式，即行为人具有伤害的故意和致人死亡的过失两种罪过形式。复杂的犯罪构成又称混合的犯罪构成，指《刑法》条文规定的犯罪构成都要有复合情况的犯罪构成。其特点在于构成要件是重叠的，有两个客件、两个行为、两种罪过形式，具备这些犯罪构成并非可供选择，而是缺一不可、均须具备。复杂的犯罪构成包括行为复杂的犯罪构成、罪过复杂的犯罪构成和客体复杂的犯罪构成。罪过复杂的犯罪构成，也即包括两个罪过形式的犯罪构成。其特点是，具备两个罪过形式才能构成该种罪，同时，虽然具有两个罪过形式却又不是两个犯罪。虽然《刑法》第234条中并没有明确规定故意伤害（致死）罪中的致人死亡可以是过失的，但从故意伤害（致死）罪与故意杀人罪在犯罪构成上的区别是很容易得出这一结论的。两者区别的关键是故意杀人罪希望或者放任死亡结果发生；故意伤害（致死）罪只希望或放任伤害他人身体健康的结果发生。因此，如果故意伤害（致死）罪中的致人死亡是故意的（不论是直接故意还是间接故意），那么它将转化为故意杀人罪，而不能以故意伤害罪定性。

——最高人民法院刑事审判第一庭、第二庭编：《刑事审判参考》2003年第1辑（总第30辑），法律出版社2003年版，第49~55页。

韩宜被宣告无罪案（《刑事审判参考》指导案例第440号）

裁判要点：区别故意伤害致人死亡还是过失致人死亡，关键是要查明行为人主观上有无伤害他人身体健康的主观故意。被告人的故意伤害行为与被害人的死亡后果间是否存在因果关系。应当对因果关系的客观性、条件性、多样性和复杂性进行分析。

（一）过失致人死亡与故意伤害致人死亡的区别

本案公诉机关指控的罪名是过失致人死亡罪，审理过程中，有观点认为，本案行为人的行为应构成故意伤害犯罪。由于两罪在构成要件上具有一定的相似之处，即在客观上都造成了被害人死亡的结果，在主观上都没有杀人的故意，对致人死亡的后果在主观上均属于过失，因而在司法实践中准确区分两种行为时往往容易发生争议。

过失致人死亡罪包括两种情况，第一种是因疏忽大意的过失而致人死亡，即行为人应当预见自己的行为可能造成他人死亡的结果，由于疏忽大意而没有预见；第二种是因过于自信的过失而致人死亡，即指行为人已经预见到自己的行为可能造成他人死亡的可能性，但轻信能够避免，以致发生他人死亡的后果。故意伤害罪也包括两种情况，一种是直接故意伤害，即明知自己的行为会给他人身体造成伤害后果，并且希望这种后果发生；另一种是间接故意伤害，即明知自己的行为会给他人身体造成伤害后果，虽然不希望但却放任这种后果的发生。因此，在客观表现上，两罪之间有相同的地方，但在主观故意的内容上是有本质区别的：故意伤害致人死亡的行为人在实施伤害行为时有伤害他人身体健康的故意；而过失致人死亡的行为人在实施行为时既没有希望或放任他人死亡的故意，也没有伤害他人身体的故意。因此，要区别是故意伤害致人死亡还是过失致人死亡，关键是要查明行为人主观上有无伤害他人身体健康的主观故意。

本案被告人韩宜在被害人余峰实施了伤害韩宜等人的行为后，躲开跑到水果摊旁拿起木凳欲攻击余峰，余峰见状立即跑开，此时，余峰已停止了不法侵害行为，但韩宜仍继续追赶，并用木凳砸向余肩、背部，应当说韩宜对其伤害行为可能造成危害他人身体健康的后果是明知的，其主观上具有伤害的故意，而不是过失。如果韩宜的伤害行为达到犯罪构成标准，应构成故意伤害罪，而非过失致人死亡罪。因此，公诉机关指控行为人韩宜犯过失致人死亡罪的罪名不能成立。

（二）本案中的伤害行为与危害后果间因果关系的认定

刑法上的因果关系是指犯罪行为与对定罪量刑有价值的危害结果之间引起与被引起的联系。按照刑法罪责自负原则，一个人只能对自己的危害行为所造成的危害结果负刑事责任。因此，当某种危害结果已经发生，如果要行为人对该结果承担刑事责任，就必须确认其行为与该结果之间存在因果关系。本案被告人韩宜是否应对被害人的死亡承担刑事责任，关键取决于韩宜的故意伤害行为与被害人的死亡后果间是否存在因果关系。由于因果关系存在客观性、条件性、多样性和复杂性等性质，因此，我们应该从上述性质来分析本案的因果关系。

因果关系的客观性是指事物现象之间的普遍联系与相互作用不以人的意志转移而客观存在。所以，在认定因果关系解决刑事责任的时候，单靠司法人员的主观分析和推理是不够的，很多时候还得通过司法鉴定对被害人的死亡原因作出科学判断。本案被害人的死亡结果发生突然，情形特殊，行为人的行为与死亡结果之间是否有因果关系，法官仅依据常识来进行推理和判断难以作出准确认定，必须对其进行司法鉴定。本案经司法鉴定，认定被害人死亡系在左心脏肥大的基础上，因身体多处遭受钝性损伤，特别是头部皮肤挫裂创等多种因素作用下致急性心功能衰竭而死亡，这确定了被害人死亡的原因。

因果关系的条件性是指因果关系只能在一定条件下存在。原因不能离开其所处的具体条件而发生作用，只有在一定的具体条件下，才可能产生出某种结果。因此，可能存在这样的情形：同一行为在一般场合下实施，可能不会引起某种危害结果的发生，但在特殊条件下就会合乎规律地导致某种危害结果的发生。这种特殊条件，既可能是当时当地的具体环境，也可能存在于被害人自身之中，或者兼而有之。因此，在考察行为与危害结果的因果关系时，要进行具体分析。本案司法鉴定结论表明，被害人自身患有心脏肥大、灶性肺出血及陈旧性肺结核等疾病，加之案发前被害人饮酒、奔跑、拉扯、追赶、情绪激动等多种情形，构成了本案案发时的特殊条件。所以在一般情况下，未必会引起被害人死亡结果发生的一般伤害行为，放在本案这种特殊条件下，就可能合乎规律地导致被害人死亡，因而本案多人与被害人之间的抓打行为与被害人死亡均具有一定的因果条件关系。

因果关系的多样性是指某种危害结果的发生由多种原因导致，即通常所说的多因一果案件。这类案件的发生有内部原因，也有外部原因；有主要原因，也有次要原因；有直接原因，也有间接原因等。对这类案件，我们应当审查，行为人的行为是否系危害结果发生的真正原因之一，如果是，还要查明该行为是主要原因还是次要原因，以确定行为人的刑事责任大小。本案几份鉴定结论均表明，被害人的死亡原因是其自身体质因素和外界刺激、伤害等多种因素综合作用导致。因此可以认定，伤害也是被害人死亡原因中的一种。由于被害人生前与多人发生抓扯，其身体遭受多处伤害，这些伤害是否都在被害人死亡中起了作用，湖北同济法医学司法鉴定中心的病理补充鉴定书对此作了进一步分析说明，明确了在被害人遭受的多处伤害中，其中头部损伤在死亡过程中的参与度为25%~30%，因此可以确定对其死亡起直接作用的伤害是头部伤害。

综上，根据本案法医鉴定结论，被害人死亡的主要原因是本身生理原因，其头部创伤在死亡原因中的参与度为次要因素，而其他部位所受的伤害在被害人的死亡原因中的参与度没有被确认。因此，应当认定造成被害人死亡的外界直接原因是头部伤害行为，也就是说，实施头部伤害行为的行为人应当对被害人的死亡承担刑事责任。

（三）本案无充分证据证实被害人头部伤害系被告人韩宜所致，故不能认定被告人犯故意伤害罪

在法医鉴定结论认定被害人死亡的主要原因是头部伤害行为的情况下，要确认被告人韩宜对被害人的死亡承担刑事责任，就必须证明被害人头部的伤害系韩宜的行为所致。然而根据本案现有证据却不足以证实韩宜实施了伤害被害人头部的行为，具体分析如下：

1. 目击证人均证实，被害人在同韩宜发生纠纷之前，已经连续跟数人发生追打，且在追打过程中被害人几次倒地。同时证人还证实韩宜用木凳只砸了被害人的背部和肩部，没有打被害人的头部。该证言与韩宜的供述相吻合。故不排除被害人前额创伤系倒地或因其他人殴打所致的可能性。

2. 本案缺乏凶器证据。公诉机关指控韩宜用凳子砸被害人，但没有出示该凳子的原物或照片，也没有对凳子上的血迹等物证进行提取和鉴定。缺乏认定被害人的前额（即头部）是韩宜用凳子砸打形成的物证。

3. 本案缺乏现场勘查笔录。因没有现场勘查笔录，被害人倒地现场是什么状况，地上有没有其他异物不清楚。不能排除被害人前额的创伤是倒地所致的可能性。

综上所述，根据现有证据，只能认定被告人韩宜有伤害被害人肩、背部的行为，不能认定韩宜实施了伤害被害人头部的行为；而韩宜用凳子砸打被害人肩、背部的行为，与被害人的死亡后果间无直接的因果关系。因此，本案应当依法宣告被告人韩宜无罪，法院据此作出的无罪判决是正确的。

——最高人民法院刑事审判第一、二、三、四、五庭主办：《刑事审判参考》2007年第3集（总第56集），法律出版社2007年版，第6~14页。

杨春过失致人死亡案（《刑事审判参考》指导案例第635号）

裁判要点：过失致人死亡罪与故意伤害罪（致死）的区分是司法实践中经常遇到但在具体案件中比较难以解决的问题。二罪在客观上均造成了被害人死亡的结果，但在量刑上差距很大，审判实践中针对个案的定罪争论时有发生。二罪难以区分的主要原因在于行为人对被害人死亡的结果均出于过失，被害人死亡结果的发生均是违背行为人意志的，行为人并不希望发生这样的危害后果。在过失致人死亡与间接故意伤害中，行为人的认识因素也大致相同，即均预见到可能发生危害后果，这就使区分更加困难。

那么二罪的本质区别在哪里？我们认为，故意伤害罪（致死）是故意伤害罪的结果加重犯，以成立故意伤害罪为前提，因此，行为人虽然对被害人死亡的加重结果系过失，但对造成被害人身体伤害系故意，也就是说行为人明知自己的行为可能会伤害被害人身体健康，希望或者放任这种危害后果的发生。而过失致人死亡罪，行为人既无伤害的故意，更无杀人的故意，行为人对危害后果持否定的态度，既不希望发生被害人身体受伤的危害后果，更不希望发生被害人死亡的危害后果。因此，本案中判断被告人杨春是过于自信的过失还是伤害的故意（间接故意），关键在于判断行为人是不希望发生危害后果，还是根本不在乎危害后果是否发生，危害后果发生与不发生均不违背其意志。

行为人的罪过不像客观行为那样容易证明，由于种种原因，行为人可能不会如实供述其实际想法，仅仅依靠口供进行判断，难保不偏离事实。不过，罪过毕竟不是单纯的思想，其必然支配一定的危害社会行为，并且反映在这一危害行为上，这就为我们认识行为人的主观思想提供了一条途径，即通过对客观事实和外在行为的综合分析推断行为人的主观罪过。具体到本案中，被告人杨春始终辩称自己没有伤害被害人的故意，经过对案件的起因、行为的对象和条件、行为的方式、行为的结果以及行为人对结果的事后态度进行全面考察，我们认为杨春的辩解符合法理与情理，其主观上不具有伤害的间接故意，而是一种过于自信的过失。

（一）从案件的起因考察，被告人杨春没有放任伤害后果发生的现实动因。判断行为人对危害后果持怎样的态度，首先应当考察案件的起因，从被告人与被害人的关系，双方之间冲突的程度，是否存在足以使被告人放任危害后果发生的心理因素等方面进行判断。对于本案，可以从以下一些情况进行分析：被告人杨春与被害人吴雪琴初次相识，二人不存在积怨；吴雪琴要求杨春将卸在店门口的桶装水搬入店内，杨春明确表示拒绝，为此吴雪琴产生不满，但二人之间并没有发生明显的争执，双方不曾恶言相向或实施过激行为；杨春为避免被害人纠缠，卸完水后随即离开，二人接触的时间很短，从见面到案发的时间间隔也较短，彼此不至于产生过大的仇恨。综合上述情况，被告人杨春驾车离开应该是急于脱身，试图逃避被害人要求的加重的劳动负担，没有放任被害人身体造成伤害的现实动因。

（二）从行为条件和行为方式考察，被告人杨春具有“轻信”危害后果不会发生的现实条件。间接故意不反对、不排斥危害结果的发生，是因为如果阻止其发生，将直接影响行为人所追求的目的结果的实现，所以，间接故意行为人不仅没有防止危害结果发生的打算，对有利于避免危害结果发生的因素也不予理睬。过于自信过失的行为人已经预见到危害结果发生的可能性，还要坚持实施既定行为，是因为行为人根据一定条件相信自己可以避免危害结果的发生。行为人的这种自信不是毫无根据的，而是具有一定现实有利条件的，如果行为当时根本就不具备避免危害结果的客观条件，或者行为人没有认识到这些条件，或者行为人不想利用这些条件避免危害结果，则说明行为人对危害结果的发生持放任的态度，即间接故意。为此，我们需要通过对行为当时的条件和特点判断行为人是否认识到那些能够避免危害结果发生的客观条件，这些条件是否确实客观存在从而足以使行为人产生“轻信”。本案案发时，被告人杨春刚刚发车，车速较慢，加上车身不高，被害人完全能够双脚着地，这些情况充分表明杨春是在试图摆脱被害人的纠缠，希望自己稳速慢行的过程中被害人能自动放手。基于社会一般人的认识标准，被害人应当知道行驶中的车辆严禁攀爬、悬吊及此行为可能导致的后果，杨春据此认为，被害人会主动放弃这种违反交通法规、妨碍交通安全的行为，采取适当措施避免自己遭受伤害，并估计汽车在缓慢行驶过程中被害人放手着地不会造成什么伤害后果。综合这些情况，应当认为，杨春认识到了行为时能够避免危害结果发生的一些条件，这些条件也确实客观存在，因此杨春在主观上不具备间接故意的特征，其主观罪过应是过于自信的过失。

（三）从对行为结果的事后态度考察，被告人杨春具有避免危害结果发生的意愿。间接故意不反对、不排斥危害结果的发生，不会凭借条件或采取措施避免危害结果的发生，而过于自信过失的核心在于避免危害结果的发生，行为人综合考虑到了能够避免危害结果发生的有利因素，甚至往往能采取一定措施，或调整自己的行为方式或采取一定的预防措施，设法避免危害结果发生。在危害结果发生后，行为人事后的态度也在一定程度上反映出行为时的心理态度，过于自信过失的行为人不希望危害结果发生，所以，一旦发生危害结果，行为人非常懊悔，往往采取各种补救措施，如防止危害的扩大、尽量减少损害等，而间接故意的行为人对危害结果的发生往往无动于衷，一般不采取任何补救措施。具体联系本案，杨春驾驶汽车时车速较慢，且没有实施加速行为，说明其采取了自认为能够避免危害结果发生的措施，相信自己稳速慢行，被害人会自动放手，不致对被害人造成什么伤害。被害人被碾轧时汽车仅驶出数米，杨春发现后车轮有不正常跳动后随即下车查看，事发后留在现场积极协助抢救被害人直至被抓获，并支付了即时发生的抢救费用，其采取的上述补救措施表明其内心懊悔，被害人死亡的结果完全违背其主观愿望，而非放任危害后果的发生。

综上，第一、二审法院以过失致人死亡罪追究被告人杨春的刑事责任，而不认定杨春构成故意伤害罪（致死）是符合本案事实的，适用法律是正确的。

——最高人民法院刑事审判第一、二、三、四、五庭主办：《刑事审判参考》2010 年第 4 集（总第 75 集），法律出版社 2010 年版，第 31~36 页。

628. 故意伤害案中，如何认定被害人过错

关键词

被害人过错

《刑事审判参考》指导案例

余正希故意伤害案（《刑事审判参考》指导案例第 1368 号）

裁判要点：刑法意义上的被害人过错，是指被害人出于主观上的过错实施了错误或不当的行为，且该行为违背了法律或者社会公序良俗、伦理规范等，侵犯了被告人的合法权益或其他正当利益，客观上激发了犯罪行为的发生。

本案中，关于被害人王某是否存在过错的问题，有两种意见：第一种意见认为，虽然被告人余正希持刀砍打王某，但因王某在现场未能冷静处理双方纠纷，且王某在打架过程中也将余正希打致轻微伤，故应认定王某在本案

中存在过错；第二种意见认为，在案证据不足以认定王某存在过错。

我们同意第二种意见，理由如下：

被害人过错是司法案件中常见的情形。如《民法通则》[①] 第一百三十一条规定，受害人对损害的发生有过错的，可以减轻侵害人的民事责任。在刑事案件中，被害人是否有过错也影响被告人的量刑。但是，刑事案件中的被害人过错不同于一般话语环境中的过错，具有其自身特定的含义。刑法意义上的被害人过错，是指被害人出于主观上的过错实施了错误或不当的行为，且该行为违背了法律或者社会公序良俗、伦理规范等，侵犯了被告人的合法权益或其他正当利益，客观上激发了犯罪行为的发生。

实践中，认定被害人具有刑法意义上的过错，应具备以下条件：

第一，过错行为的实施者是被害人。如果过错行为是第三人所实施的，而被告人却针对被害人实施了犯罪行为，那么不能认定被害人有过错。

第二，被害人实施的行为违反了法律规定，或者违背社会公序良俗、伦理规范，应当受到社会的否定性评价。同时，这种应受谴责性应当达到一定的程度，即并非所有的过错都属于刑法意义上的过错，轻微的过错，不属于刑法意义上的被害人过错。在司法实践中，通常认为，只有被害人的言语或行为对被告人的合法权益或者社会公共利益造成比较恶劣的影响或比较严重的损害，为常人所不能容忍时，才属于刑法评判的范畴。比如，因夫妻矛盾引发的杀妻案件中，如果是因为妻子有婚外性关系，违背夫妻忠诚义务的，通常认为属于被害人过错；如果仅仅因为夫妻双方日常争执引发案件，通常不认为被害人有过错。

第三，被害人主观上具有过错。即被害人主观上是故意或过失的心态，应当受到法律或道德上的谴责。至于不可归咎于被害人的其他行为，则不能认定为被害人过错。

第四，过错行为与犯罪行为的发生之间具有关联性。这表现在以下几个方面：一是时间上的相近性，必须是过错行为在前，犯罪行为在后。同时，如果过错行为已经发生很久，被告人在多年之后实施犯罪行为的，通常情况下不再认定是被害人的过错激发了犯罪的发生。二是利益上的关联性，利益关联性是被害人行为构成过错的事实条件。比如，甲住在乙家与乙同居数年，后二人在生活中发生矛盾，乙欲结束这种同居关系而不让甲在其家继续居住，甲搬出后恼怒，于某夜潜入乙家将乙杀死。本案的诱因是乙不让甲在乙家居住，但乙的行为并未侵犯甲的正当利益因而不构成过错。两人同居关系与案件的发生并没有利益关联性，故而本案中乙与甲同居之后又将甲从其家中赶出，都不属于被害人过错。三是作用上的因果性，即被害人的过错行为与犯

① 本文件已被《中华人民共和国民法典》废止。

罪行为的发生之间具有引起与被引起的因果关系，被害人的行为直接激化或加剧了被告人的犯罪。

本案中，首先，王某的陈述和证人杨某的证言均证实被告人余正希与王某第一次、第二次发生争吵均是由余正希先挑起事端。其次，王某和证人周某、杨某均证实案发时是余正希先持刀砍人，之后王某才拿起凳子抵挡并打余正希，而不是王某先拿凳子打余正希。王某在拿起凳子抵挡的过程中虽然致余正希轻微伤，但这是由于余正希的先行侵犯行为所引起的。王某的行为与余正希的犯罪行为之间不具有因果性，故王某的行为不属于刑法意义上的过错行为。

——江瑾撰稿、叶邵生审编：《余正希故意伤害案——被害人过错的认定标准》，载最高人民法院刑事审判第一、二、三、四、五庭主办：《刑事审判参考》（总第124集），法律出版社2020年版，第35~37页。

629. 故意伤害罪中“以特别残忍手段致人重伤造成严重残疾”的认定

关键词

故意伤害罪　犯罪情节

最高人民法院司法政策精神

（一）关于故意杀人、故意伤害案件

要准确把握故意伤害致人重伤造成“严重残疾”的标准。参照1996年国家技术监督局颁布的《职工工伤与职业病致残程度鉴定标准》（以下简称“工伤标准”），刑法第234条第2款规定的“严重残疾”是指下列情形之一：被害人身体器官大部缺损、器官明显畸形、身体器官有中等功能障碍、造成严重并发症等。残疾程序可以分为一般残疾（十至七级）、严重残疾（六至三级）、特别严重残疾（二至一级），六级以上视为“严重残疾”。在有关司法解释出台前，可统一参照“工伤标准”确定残疾等级。实践中，并不是只要达到“严重残疾”就判处死刑，还要根据伤害致人“严重残疾”的具体情况，综合考虑犯罪情节和危害后果来决定刑罚。故意伤害致重伤造成严重残疾，只有犯罪手段特别残忍，后果特别严重的，才能考虑适用死刑（包括死刑，缓期二年执行）。

——《最高人民法院关于印发〈全国法院维护农村稳定刑事审判工作座谈会纪要〉的通知》（1999年10月27日，法〔1999〕217号）。

《刑事审判参考》指导案例

夏侯青辉等故意伤害案（《刑事审判参考》指导案例第 279 号）

裁判要点：“以特别残忍手段致人重伤造成严重残疾”的，应理解为包括手段和结果两个必要条件。也就是说，只有同时具备手段特别残忍，后果系重伤，且达到严重残疾标准这两个要件才能适用该情形。

只有同时具备手段特别残忍，后果系重伤，且达到严重残疾标准这两个要件才能适用该情形，缺一不可。判定是否属于重伤，目前仍应以“两高两部”（指最高人民法院、最高人民检察院、司法部、公安部）1990 年 7 月颁布实施的《人体重伤鉴定标准》为依据；[①] 判定是否属于严重残疾，根据最高人民法院 1999 年 10 月印发的《全国法院维护农村稳定刑事审判工作座谈会纪要》的精神，在有关司法解释出台前，可统一参照 1996 年国家技术监督局颁布的《职工工伤与职业病致残程度鉴定标准》，将其中的一至六级残疾认定为属于《刑法》所讲的“严重残疾”。当前审判中的主要问题是如何把握什么是“手段特别残忍”。从审判实践来看，将那些采用锐器、剧烈腐蚀物等毁人容貌、挖人眼睛、割人耳鼻、砍人手足等残损他人身体的行为，认定为“手段特别残忍”应当是合乎立法本意的。值得注意的是，在认定故意伤害手段是否属于特别残忍的问题上，决不能以出现的伤害后果是否特别严重来反推伤害的手段是否残忍，伤害后果严重并不意味着伤害手段就是特别残忍。如果只看到伤害后果特别严重，而不另外分析其伤害手段是否属于特别残忍，不加区分地一律认定为“以特别残忍手段致人重伤造成严重残疾”的情形，则必导致立法关于“手段特别残忍”的要件被虚置，这显然有违立法本意。

——最高人民法院刑事审判第一庭、第二庭编：《刑事审判参考》2004 年第 1 集（总第 36 集），法律出版社 2004 年版，第 22~26 页。

630. 故意伤害罪与故意杀人罪的区分

关键词

故意杀人罪　故意伤害罪

---

① 最高人民法院、最高人民检察院、公安部等部门 2013 年 8 月 30 日发布的《人体损伤程度鉴定标准》已废止并取代了该鉴定标准。

最高人民法院司法政策精神

（一）关于故意杀人、故意伤害案件

要注意严格区分故意杀人罪与故意伤害罪的界限。在直接故意杀人与间接故意杀人案件中，犯罪人的主观恶性程度是不同的，在处刑上也应有所区别。间接故意杀人与故意伤害致人死亡，虽然都造成了死亡的后果，但行为人故意的性质和内容是截然不同的。不注意区分犯罪的性质和故意的内容，只要有死亡后果就判处死刑的做法是错误的，这在今后的工作中，应当予以纠正。对于故意伤害致人死亡，手段特别残忍，情节特别恶劣的，才可以判处死刑。

——《最高人民法院关于印发〈全国法院维护农村稳定刑事审判工作座谈会纪要〉的通知》（1999 年 10 月 27 日，法〔1999〕217 号）。

判断问题本质就是一个主观问题——是司法人员的主观认识；同时，判断的对象也是主观的——是判断行为人的主观心态。既然是本质上的主观问题，就是一个不同司法人员、专家学者可以根据自身学识和经验作出不同判断的问题。这样的问题，在根本上就是一个如果仅从问题本身出发去研究、解决，必然会存在争论，没有客观统一标准的问题。虽然两罪在理论上的区分标准、区分方法明确、简单，但在司法实践中，至今，对一些具体案件究竟是定故意伤害罪还是故意杀人罪还常常会出现分歧意见。

笔者认为，对这类案件，如果争议较大，难以统一认识，有必要转换思路，跳出单纯从构成要件进行分析的藩篱，运用政治智慧，从有利于贯彻宽严相济的政策精神、有利于修复遭犯罪破坏的社会关系、有利于促进社会和谐、争取案件处理取得更好社会效果的角度出发，来思考、解决问题。具体而言：

其一，对于因一时激愤而突发起意行凶的案件，如果在定性上存在较大争议，原则上应以故意伤害（致死）罪论处。

其二，对于因民间纠纷激化引发的行凶案件，尤其是被告人也存在过错的案件，如果定性存在较大争议，也应以故意伤害（致死）罪论处。

其三，对于下级法院已作出判决，上级法院在二审或者复核期间认为定性存在疑问的。一般而言：（1）如果量刑并无不妥的，不宜仅为定性问题作出改判。（2）如果量刑失重，则可考虑将原判认定的故意杀人罪改判为故意伤害（致死）罪，并同时对刑罚作出相应调整。（3）对于检察机关以定性不准、量刑畸轻为由提起抗诉的案件，如经审查认为量刑并无不当的，不宜单纯改变定性；反之，只有量刑确属畸轻，方宜考虑改变定性，并同时对量刑作出相应调整。

以上只是从故意伤害致死与间接故意杀人的区分展开讨论，类似的问题还有不少，例如自首的认定。实践中，对一些具体个案中的被告人，如果仅从法律、司法解释规定的成立条件分析，很难达成其行为应否认定自首的一致认识，这时，就应站在更高的层面，以宽严相济、严格控制死刑的政策精神为根本指导，以立法关于自首规定的基本精神为依据，运用政治智慧，对案件作出适当的处理。此外，数人共同致一人死亡的案件中，当具体致死人的责任难以分清时，是因各被告人都有致死责任，对其都予重判，还是考虑案件具体情况，因责任相对分散而均判处较轻刑罚等等问题的处理，也应当遵循这一思路。

——张军：《切实贯彻宽严相济刑事政策　全力促进社会和谐稳定》，载《人民司法·应用》2007 年第 21 期（总第 536 期）。

附录：最高人民法院主流观点

故意伤害致死，犯罪分子只有伤害的故意，致人死亡是过失所致。在这种情况下，行为人应当对超出他的伤害故意的死亡后果负罪责。故意伤害致死与直接故意杀人的共同点是：在客观上都造成了被害人死亡的后果，在主观上都有犯罪的故意。但两者故意的内容不同：前者是伤害的故意，后者是杀人的故意。因此，分清这两种犯罪，在于查明行为人是否具有非法剥夺他人生命的故意。在此基础上，分别按不同情况处理：

（1）明显具有杀人的故意，实施了杀人的行为，造成死亡结果的，应按故意杀人定罪。其中，杀人未遂，只造成伤害结果的，按故意杀人的未遂犯处罚。

（2）明显只有伤害的故意，实施了伤害的行为，造成伤害结果的，应按故意伤害定罪。其中，致人死亡的，按故意伤害罪（致人死亡）处罚。

（3）凡因打架斗殴或者群众之间因民事纠纷引起械斗而致人死亡的，除行为人有明显的杀人故意，应按故意杀人定罪外，一般可按故意伤害罪（致人死亡）处罚。因为打架斗殴双方都是出于主动，而且处于互殴的运动状态，一时情急、失手，就可能造成对方死亡。

（4）对有些案情复杂，是故意杀人还是故意伤害致死一时难以区分，内部分歧意见很大的，为了慎重起见，可以按故意伤害罪（致人死亡）论处。

故意伤害致死与间接故意杀人的区别主要在于故意的内容不同。间接故意杀人，是明知自己的行为会造成他人死亡的结果，并且放任这种结果的发生；而故意伤害致人死亡，只是损害他人身体健康，对死亡结果的发生，既不希望，也不放任，而是一种过失的心理状态。对于无故寻衅，动辄用刀子捅人的突发性案件，如何认定其犯罪性质，在刑法学界和司法实践中都有不同的看法。我们认为，凡突然持械行凶的，虽然并不像预谋杀人那样有明显的杀人目的，但其特点是不计后果，不顾被害人死活。在这种情况下，一般可按其实际造成的结果定罪。如果被害人没有死亡，可按故意伤害论处；如果被害人死亡，则可按间接故意杀人论处。

——胡云腾主编：《刑法罪名精释（第五版）》，人民法院出版社 2022 年版，第 673~674 页。

631. 故意伤害罪与寻衅滋事罪、聚众斗殴罪的区分

关键词

故意伤害罪　寻衅滋事罪　聚众斗殴罪

《刑事审判参考》指导案例

王立刚等故意伤害案（《刑事审判参考》指导案例第 507 号）

裁判要点：寻衅滋事的单方积极性，是相对于受害对象的被动性而言的，双方所处的状态是一方积极主动，另一方消极被动。如果行为人与受害人之间的关系不符合这种特征，则不宜认定为寻衅滋事罪。聚众斗殴罪的认定，除要求客观上双方或多方以暴力互相攻击外，还要求双方都有非法侵犯对方的意图，均是积极参与斗殴。如果行为人并没有争霸、报复等动机，则不宜认定为聚众斗殴罪。

（一）被告人的行为不宜认定为寻衅滋事罪

寻衅滋事罪是从 1979 年《刑法》规定的流氓罪中分解出来的，实践中认定该罪时常常与情节轻微的抢劫罪、故意伤害罪等发生混淆。准确认定该罪要从其实质特征进行把握，从该罪的概念及客观方面看，无论“寻衅”还是“滋事”，都是单方的积极行为，如“随意殴打他人”，可能是因为生活琐事，也可能是无缘由地肆意挑衅，无事生非。《刑法》第 293 条所列举规定的四种情形均体现了这一点。寻衅滋事的单方积极性，是相对于受害对象的被动性而言的，双方所处的状态是一方积极主动，另一方消极被动。如果行为人与受害人之间的关系不符合这种特征，则不宜认定为寻衅滋事罪。

（二）被告人的行为不宜认定为聚众斗殴罪

聚众斗殴罪也是从 1979 年《刑法》规定的流氓罪中分解出来的一个罪名，其最典型的客观方面特征是双方各自纠集多人进行互殴对打，严重影响社会公共秩序。实践中，聚众斗殴大多表现为不法团伙之间出于报复、争霸等动机，成帮结伙地打群架、互相斗殴，不仅参加人数多，而且双方事先通

常都有一定准备，互相侵犯对方的意图和动机较为明显。虽然聚众斗殴必然表现为双方互殴对打，但双方对打并不必然就应定性为聚众斗殴。聚众斗殴罪的认定，除要求客观上双方或多方以暴力互相攻击外，还要求双方都有非法侵犯对方的意图，均是积极参与斗殴。如果行为人并没有争霸、报复等动机，则不宜认定为聚众斗殴罪。

（三）被告人的行为宜认定为故意伤害罪

首先，被告人一方具有明显的伤害故意，并实施了伤害行为。其次，被告人一方的行为符合共同犯罪的构成条件。各被告人均出于共同故意，并共同实施了伤害行为。在整个犯罪过程中，各被告人相互配合、相互支持，共同对被害方实施伤害行为，故应共同对所造成的伤亡后果负责。如果对直接致死被害人的王立刚定性为故意伤害罪，对其他被告人不认定故意伤害罪，实际上是将他们实施的整个伤害行为人为地割裂开来，依结果定罪，而不是一种整体评价，不能充分反映犯罪行为的社会危害性。将被告人的行为认定为共同犯罪，并不会导致对各被告人不当量刑，法院根据各被告人在共同犯罪中的地位、作用和具体实施的行为，分清罪责，区分主从，恰恰可以做到罪刑均衡，罚当其罪。

综上，法院根据本案的具体情形，认定四被告人的行为构成故意伤害罪并认定为共同犯罪是正确的。

——最高人民法院刑事审判第一、二、三、四、五庭主办:《刑事审判参考》2008 年第 5 集（总第 64 集），法律出版社 2009 年版，第 29~35 页。

632. 故意伤害罪的量刑

关键词

故意伤害罪　量刑

最高人民法院司法政策精神

（七）故意伤害罪

1. 构成故意伤害罪的，根据下列情形在相应的幅度内确定量刑起点:

（1）故意伤害致一人轻伤的，在二年以下有期徒刑、拘役幅度内确定量刑起点。

（2）故意伤害致一人重伤的，在三年至五年有期徒刑幅度内确定量刑起点。

（3）以特别残忍手段故意伤害致一人重伤，造成六级严重残疾的，在十年至十三年有期徒刑幅度内确定量刑起点。依法应当判处无期徒刑以上刑罚的除外。

2. 在量刑起点的基础上，根据伤害后果、伤残等级、手段残忍程度等其他影响犯罪构成的犯罪事实增加刑罚量，确定基准刑。

故意伤害致人轻伤的，伤残程度可以在确定量刑起点时考虑，或者作为调节基准刑的量刑情节。

3. 构成故意伤害罪的，综合考虑故意伤害的起因、手段、危害后果、赔偿谅解等犯罪事实、量刑情节，以及被告人的主观恶性、人身危险性、认罪悔罪表现等因素，决定缓刑的适用。

——《最高人民法院、最高人民检察院印发〈关于常见犯罪的量刑指导意见（试行）〉的通知》（2021 年 6 月 16 日，法发〔2021〕21 号）。

633. 故意伤害罪在法定刑以下量刑的情形

关键词

故意伤害罪　犯罪情节轻微　法定刑以下量刑

《最高人民法院公报》案例

石家庄市人民检察院诉王海生故意伤害案（判决时间：2005 年 1 月 10 日，最高人民法院复核）

裁判摘要：被告人的行为虽构成故意伤害罪，但鉴于其主观恶性较小，伤害手段一般，犯罪情节轻微，可依照《刑法》第 63 条第 2 款的规定，在法定刑以下判处刑罚。

最高人民法院认为：被告人王海生向正在梯子上的被害人投掷土块或砖块，导致被害人从梯子上跌落、死亡的行为构成故意伤害罪。一、二审判决认定的事实清楚，证据确实、充分，定罪准确。审判程序合法。鉴于被告人王海生主观恶性较小，伤害手段一般，犯罪情节轻微，二审以故意伤害罪在法定刑以下判处有期徒刑三年适当。

——《最高人民法院公报》2005 年第 8 期。

《刑事审判参考》指导案例

洪志宁故意伤害案（《刑事审判参考》指导案例第 389 号）

裁判要点：被告人拳击被害人致其冠心病发作死亡的，对被告

人可经法定程序报最高人民法院核准在法定最低刑以下判处刑罚。

根据刑法第二百三十四条第二款的规定，故意伤害他人致人死亡的，应在十年以上有期徒刑、无期徒刑或者死刑的法定幅度内量刑。本案被告人洪志宁故意伤害致他人死亡，虽然不具有法定减轻处罚的情节，而且还具有累犯这一法定从重处罚情节，但是，被害人的死亡，系一果多因，其死亡的直接原因是冠心病发作，管状动脉痉挛致心跳骤停而猝死，被告人的伤害行为只是导致被害人心脏病发作的诱因之一。根据刑法的一般原理，被告人只对自己的行为负责，当其行为与其他人的行为或一定自然现象竞合时，由他人或自然现象造成的结果就不能归责于被告人。如前所述，被害人心脏病发作的诱因众多，将这些诱因共同产生的被害人心脏病发作而死亡这一后果之责任，全部由被告人承担，显然与其罪责不相适应。但是，刑法对故意伤害他人致人死亡的法定刑，是以故意伤害行为系被害人死亡的直接原因甚至唯一原因作为标准配置的。一审对被告人洪志宁判处十年零六个月的量刑明显过重，与其罪责不相适应。二审考虑即使在法定最低刑量刑仍属过重，遂依据刑法第六十三条第二款规定，在法定刑以下对被告人洪志宁判处五年有期徒刑，并报最高人民法院核准，这是符合罪刑相适应原则及特别减轻处罚法定核准程序的。

——最高人民法院刑事审判第一、二、三、四、五庭主办：《刑事审判参考》2006 年第 4 集（总第 49 集），法律出版社 2006 年版，第 26~31 页。

634. 故意伤害案件的死刑适用

关键词

故意伤害罪　死刑

附录：最高人民法院法官著述

（一）故意伤害致人死亡的死刑适用

因民间矛盾激化引发的故意伤害致人死亡案件，一般不适用死刑，只有极少数情节极为恶劣，后果极为严重的案件才考虑适用死刑。死刑主要适用于严重危害社会治安的故意伤害犯罪案件，如：暴力恐怖犯罪、黑社会性质组织犯罪、恶势力犯罪以及其他严重暴力犯罪中故意伤害他人的首要分子；起组织、策划作用或者为主实施伤害行为罪行最严重的主犯；聚众“打砸抢”伤害致人死亡的首要分子；动机卑劣而预谋伤害致人死亡的，等等。对于故意伤害致人死亡的被告人，如果具有下列情形，一般不判处死刑立即执行：

1. 因婚姻家庭、邻里纠纷，以及山林、水流、田地纠纷等民间矛盾激化引发的故意伤害致人死亡案件。2. 被害人有过错，或对引发案件负有直接责任。3. 故意伤害致人死亡的犯罪手段、情节一般。4. 被告人犯罪后积极救治被害人，或者积极赔偿被害方经济损失并真诚悔罪。5. 被告人作案时刚满 18 岁或已满 70 岁，且犯罪情节不是特别恶劣。6. 被害人的死亡存在介入因素，与加害行为形成多因一果。7. 综合考虑全案所有量刑情节，可以不判处死刑。在司法实践中，我们发现有的案件，从轻情节不少，但没有一个情节能够独立影响死刑的适用，这些情节主要是酌定量刑情节。

（二）以特别残忍手段致人重伤造成严重残疾案件的死刑适用

从近几年死刑复核的情况看，这类案件相对较少。但由于手段残忍，伤害后果严重，比如用硫酸严重毁容。一旦被告人无力赔偿，被害人一方极易上访，往往会引起社会的同情和关注，成为新闻热点，进而影响法院的裁判。以特别残忍手段致人重伤造成严重残疾的故意伤害案件，适用死刑时应当更加严格把握，并不是只要达到严重残疾的程度就判处死刑，而是要同时具备两个条件，一是犯罪手段特别残忍；二是重伤造成严重残疾。如果手段不是特别残忍，重伤尚未造成严重残疾或严重残疾并非重伤所致，就不能对被告人适用死刑。

1. 故意伤害犯罪手段特别残忍。

2. 故意伤害犯罪致人重伤造成严重残疾。其中故意伤害的犯罪结果就包括两个部分的内容。无论是一次鉴定还是两次鉴定，内容必须包括被害人的伤情是否构成重伤；是否达到严重残疾的标准。

（1）关于重伤鉴定。司法部、最高人民法院、最高人民检察院、公安部 1990 年联合制定的《人体重伤鉴定标准》① 是重伤鉴定的标准，这个标准实行了 20 年，基本能够适应审判工作的需要，但对于重伤没有再进行区分，对被害人身体功能的实际影响难以准确掌握，有关部门正在进行调研，希望能够尽快出台更为详细的标准。

（2）关于伤残等级评定。“两高”及公安部、司法部都没有制定专门的伤残等级评定标准。1999 年最高人民法院下发的《全国法院维护农村稳定刑事审判工作座谈会纪要》（简称“济南会议纪要”）中，提出“严重残疾”是指下列情形之一：被害人身体器官大部缺损、器官明显畸形、身体器官有中等功能障碍、造成严重并发症等。认定“严重残疾”的标准，可参照 1996 年国家技术监督局颁布的 GB/T16180−1996《职工工伤与职业病致残程度鉴定标准》，并参照该标准将残疾分为一般残疾（十至七级）、严重残疾（六至三

① 最高人民法院、最高人民检察院、公安部等部门 2013 年 8 月 30 日发布的《人体损伤程度鉴定标准》已废止并取代了该鉴定标准。

级）、特别严重残疾（二至一级），六级以上为“严重残疾”。在审判实践中一直是参照这个标准和“济南会议”纪要评定伤残等级。但在2006年11月2日劳动和社会保障部、卫生部又发布了GB/T16180–2006《劳动能力鉴定、职工工伤与职业病致残等级》，并于2007年5月1日起实施，该标准明确规定取代1996年的标准。最高人民法院对伤残等级评定是否适用新的标准没有明确的规定和解释，新的标准对原来的标准作了进一步的细化，但基本的框架没有大的变更。在最高人民法院作出新的规定之前，我们仍可按照“济南会议纪要”的精神，参照1996年的标准进行伤残等级评定。评定为六级以上残疾，即构成严重残疾，这只是判处被告人10年以上有期徒刑、无期徒刑或死刑的起点标准，适用死刑的标准肯定要更高，如果达到六级以上残疾就可以适用死刑的话，实践中会有大量的重伤害会被判处死刑，不符合严格控制和慎重适用死刑的政策。为了严格执行我国的死刑政策，对伤残等级达到二级以上，才可考虑适用死刑。鉴于有些故意伤害犯罪，虽然被害人的残疾程度达不到二级以上特别严重残疾，但社会危害特别严重，比如使用硫酸等化学物质严重毁容，采取砍掉手脚等极其残忍手段致使被害人承受极度肉体、精神痛苦的，虽未达到特别严重残疾的程度，但犯罪情节特别恶劣，造成被害人四级以上严重残疾程度的，也可以适用死刑。

——戴长林：《关于故意杀人、故意伤害案件死刑适用的重点、难点问题》，载《人民司法·应用》2010年第3期（总第560期）。

635. 故意伤害致人死亡且被告人有多次前科的，如何正确适用死刑

关键词

故意伤害　前科　死刑

《刑事审判参考》指导案例

刘宏伟故意伤害案（《刑事审判参考》指导案例第1273号）

裁判要点：对故意伤害致人死亡的案件，犯罪手段特别残忍，情节特别恶劣的，才可以考虑判处被告人死刑；对于被告人具有前科的，要根据前科的具体情形客观评估其人身危险性，不能一概而论。

故意伤害犯罪侵犯公民的身体健康，社会危害较大，而故意伤害致人重

伤、死亡属于严重危害社会治安的暴力犯罪，一直是人民法院依法严惩的犯罪类型。但是，在造成被害人死亡的情况下，故意伤害致人死亡与故意杀人相比，被告人的主观恶性及人身危险性都有所不同，量刑时也需要予以区别对待，特别是对故意伤害致人死亡的被告人考虑适用死刑时，应格外慎重。从立法来看，故意伤害致人死亡犯罪和故意杀人犯罪，对应的法定刑都是十年以上有期徒刑、无期徒刑和死刑；从危害后果来看，二者均造成被害人死亡，判处死刑都符合“杀人偿命”的传统报应观念。因此，在司法实践中，如何正确区分二者的犯罪性质，对故意伤害致人死亡案件准确适用死刑，有一定难度。

本案是一起比较典型的因琐事纠纷引发的故意伤害致人死亡案件。在审理过程中对被告人刘宏伟是否应判处死刑存在两种意见：一种意见认为，刘宏伟随身携带刀具，动辄行凶，致一人死亡，且其曾因多次犯罪被判刑，人身危险性极大，应当判处其死刑。另一种意见认为，刘宏伟因琐事纠纷持随身携带的刀具行凶，致一人死亡，其虽有多次前科，但均属非暴力且被判处轻刑的犯罪，综合考虑其系酒后行为失控下作案、作案后对被害人有救助举动等因素，对其可不判处死刑立即执行。我们认为第二种意见更符合当前执行的死刑政策，具体分析如下：

（一）对故意伤害致人死亡的案件，犯罪手段特别残忍，情节特别恶劣的，才可以考虑判处被告人死刑

刑法第二百三十四条第二款规定，故意伤害致人死亡的，处十年以上有期徒刑、无期徒刑或者死刑。该条对三种不同刑罚由轻到重进行排列，从中可以看出，对于故意伤害致人死亡的，立法上要求首先考虑适用十年以上有期徒刑、无期徒刑，死刑是排在最后的，故只有在极个别情况下才可以考虑适用死刑。这与刑法第二百三十二条对故意杀人罪规定的刑罚由重到轻进行排列的情况正好相反，即故意杀人的，处死刑、无期徒刑或者十年以上有期徒刑，两个条款所反映出的立法意图存在明显区别。1999 年印发的《全国法院维护农村稳定刑事审判工作座谈会纪要》规定，故意伤害致人死亡，手段特别残忍，情节特别恶劣的，才可以判处死刑。这说明，在司法实践中，对故意伤害致人死亡案件要更加严格执行死刑政策，在把握是否适用死刑时也要更加严格。最高人民法院 2007 年统一行使死刑核准权后，严格控制故意伤害罪的死刑适用，一般仅对犯罪情节特别恶劣、手段特别残忍、造成特别严重后果的情形适用死刑，如以特别残忍的手段进行伤害并致被害人死亡或者严重残疾，为报复社会而伤害不特定人员致人死亡等情形。在个案中决定能否适用死刑，应对被告人的全部犯罪情节进行综合分析判断，以确定是否具备适用死刑的基础。

（二）对于被告人具有前科的，要根据前科的具体情形客观评估其人身危

险性，不能一概而论

被告人的前科反映出的人身危险性，是量刑时需要予以考虑的情节。被告人构成累犯，应当依法从重处罚，尤其构成累犯的前罪是暴力性犯罪或者严重的非暴力性犯罪的，说明其人身危险性较大，对死刑适用的影响更大。如果被告人的前科不构成累犯，其前科情况也反映出其既往表现不佳，再犯可能性较大，可酌情从重处罚，但在决定是否适用死刑时应对前科做客观分析，综合前罪和后罪的具体情况评估被告人的人身危险性，特别是再次实施严重暴力犯罪的可能性。也就是说，有前科不能当然成为适用死刑的理由，不能简单因被告人有前科就对原本可以不适用死刑的犯罪“升格”适用死刑。

——最高人民法院刑事审判第一、二、三、四、五庭主办：《刑事审判参考》(总第115辑)，法律出版社2019年版，第44~48页。

636. 故意伤害生父致死案件的量刑

关键词

故意伤害罪　生父　量刑　伦理道德

《刑事审判参考》指导案例

索和平故意伤害案（《刑事审判参考》指导案例第524号）

裁判要点：被告人故意伤害致死生父的行为严重违背伦理道德，在量刑时应充分考虑处罚的法律效果与社会效果。

被告人索和平长期虐待父亲索金秀，此次又因琐事踢踹父亲并致其死亡。之后，索和平未采取任何救治手段，而是将索金秀拉上三轮车出村掩埋。由此看出其主观恶性极深；索和平将父亲连续踢踹致脾破裂而死，手段十分残忍；杀父案件严重违背我国传统伦理道德观念，在群众中产生很大影响，唯有严厉惩治才有利于遏制此类案件的再发。所以，应当判处索和平死刑立即执行。具体理由如下：

（一）对发生在家庭内部的案件应根据具体情形区别对待

一般而言，对于因婚姻家庭、邻里纠纷等民间矛盾激化引发的故意杀人犯罪，适用死刑应十分慎重，与发生在社会上的严重危害社会治安的其他故意杀人犯罪案件应有所区别。但这并不意味着对所有因婚姻家庭、邻里纠纷等民间矛盾激化引发的案件，都要不分情况一律从宽处罚。

（二）被告人故意伤害致死生父的行为严重违背伦理道德，在量刑时应充

分考虑处罚的法律效果与社会效果

第一，被告人的行为已经严重违背了社会伦理道德，在当地造成了恶劣影响。第二，适用死刑要从社会效果与法律效果相统一的角度考虑，重视人民群众的感受，必要时可以进行调查。第三，伤害致死生父的行为不但与伦理道德不符，也与构建和谐社会的基本要求相违背。

综上所述，对待故意伤害致死生父的案件，在把握死刑适用标准上一定要慎重，既要准确理解法律规定和刑事政策，也要充分考虑个案的情节和各方面的因素，力求判决结果达到法律效果与社会效果的有机统一。

——最高人民法院刑事审判第一、二、三、四、五庭主办:《刑事审判参考》2009年第1集（总第66集），法律出版社2009年版，第36~41页。

637. 受雇佣而召集并带领他人实施故意伤害行为者的量刑

关键词

故意伤害罪　雇佣　死刑

《最高人民法院公报》案例

邢台市人民检察院诉陈文兵故意伤害案（判决时间：2005年4月25日，最高人民法院复核）

裁判摘要：被告人受雇佣，召集并带领其他人去伤害被害人，已构成故意伤害罪，依法应予惩处。但鉴于被告人没有直接实施伤害被害人的行为，他人实施的致被害人死亡的行为超出被告人的犯意，且被告人归案后认罪态度好，对其判处死刑可不立即执行。

最高人民法院认为：被告人陈文兵受雇佣伤害他人，召集并带领其他人到被害人的住处对被害人实施伤害的行为已构成故意伤害罪，依法应予惩处。一、二审判决认定的事实清楚，证据确实、充分，定罪准确。审判程序合法。在实施共同犯罪中，陈文兵是组织者，系主犯，依法应按照其所组织、指挥的全部犯罪处罚。鉴于其他实施犯扎死被害人的行为超出了陈文兵的犯意，陈文兵没有直接伤害被害人，且归案后认罪态度好等情节，对陈文兵判处死刑，可不立即执行。

——《最高人民法院公报》2005年第7期。

638.“以暴制暴”致施暴人死亡的家庭暴力案件中，应根据犯罪情节和手段定罪量刑，体现宽严相济的刑事政策

关键词

家庭暴力　犯罪情节　宽严相济刑事政策

最高人民法院司法政策精神

18. 切实贯彻宽严相济刑事政策。对于实施家庭暴力构成犯罪的，应当根据罪刑法定、罪刑相适应原则，兼顾维护家庭稳定、尊重被害人意愿等因素综合考虑，宽严并用，区别对待。根据司法实践，对于实施家庭暴力手段残忍或者造成严重后果；出于恶意侵占财产等卑劣动机实施家庭暴力；因酗酒、吸毒、赌博等恶习而长期或者多次实施家庭暴力；曾因实施家庭暴力受到刑事处罚、行政处罚；或者具有其他恶劣情形的，可以酌情从重处罚。对于实施家庭暴力犯罪情节较轻，或者被告人真诚悔罪，获得被害人谅解，从轻处罚有利于被扶养人的，可以酌情从轻处罚；对于情节轻微不需要判处刑罚的，人民检察院可以不起诉，人民法院可以判处免予刑事处罚。

对于实施家庭暴力情节显著轻微危害不大不构成犯罪的，应当撤销案件、不起诉，或者宣告无罪。

人民法院、人民检察院、公安机关应当充分运用训诫，责令施暴人保证不再实施家庭暴力，或者向被害人赔礼道歉、赔偿损失等非刑罚处罚措施，加强对施暴人的教育与惩戒。

——《最高人民法院、最高人民检察院、公安部、司法部关于依法办理家庭暴力犯罪案件的意见》（2015 年 3 月 2 日，法发〔2015〕4 号）。

639. 父母为教育孩子将孩子殴打致死的定罪量刑

关键词

故意伤害罪　家庭教育　殴打致死　量刑

《刑事审判参考》指导案例

陈玲、程刚故意伤害案（《刑事审判参考》指导案例第 567 号）

裁判要点：被告人主观上具有非法伤害他人身体健康的故意，

客观上实施了非法伤害他人身体健康的行为，其行为构成故意伤害罪，但量刑时应充分考虑被告人在动机、对象、后果等方面的特殊性。

罪过形式是行为人对犯罪行为所持的一种主观心理态度，是认定行为性质的关键因素之一。父母为教育子女而实施的体罚惩戒行为，从主观上讲，系出于善良动机，一般并不具有伤害子女的罪过，但当惩戒行为超出正常程度发生了导致子女死亡的严重后果时，就可能构成犯罪了，应结合殴打行为的具体情况认定行为人的具体罪过。

本案中，从二被告人的客观行为表现来分析，在不足30小时内，二被告人分别使用拖鞋、鞋刷、棍棒等物体多次重复打击程泉身体多部位，致使程泉的面部、颈部、躯干及四肢的皮下组织损害已占其体表总面积的28%，二被告人作为心智健全的成年人，明知年幼的程泉肌肤娇嫩、抗击打能力低却有意识地在相当长的一段时间内实施足以损害程泉身体健康的行为，主观上具有伤害的故意，其行为已超出了正常教育、惩戒子女的一般体罚打骂行为的限度；另一方面，从被害人受伤的部位、范围和程度等情况分析，二被告人主观上对其殴打行为给被害人体表造成的伤害不可能视而不见，没有认识，因此，亦不能认定二被告人对程泉身体受损伤应当预见而没有预见或者有预见而轻信可以避免的过失心态。

法院最终对二被告人均予以了减轻处罚，对陈玲判处有期徒刑六年，对程刚判处有期徒刑四年。主要理由在于：

首先，从法律效果考虑，二被告人具有以下法定、酌定从轻、减轻处罚情节：（1）程刚在共同犯罪中系从犯，依法应当从轻或减轻处罚；陈玲有自首情节，依法可以从轻或减轻处罚。（2）二被告人的伤害行为与程泉死亡的后果之间具有法律上的因果关系，但是造成死亡结果存在其他介入因素也不可忽视，即5月28日下午，程泉被殴打后大面积皮下出血并出现乏力、嗜睡症状，陈玲作为母亲，出于关爱而给程泉进行了热水洗浴，但正是这种缺乏医学常识的关爱行为致使程泉皮下出血量增加、出血速度加快、出血面积扩散，成为程泉病情加剧的一种因素；5月28日晚，在程泉出现高烧、呼吸急促等危象征兆时，程刚观察后认为无碍的无知行为，丧失了对程泉救治的时机。可见，上述介入因素，虽不能阻却因果关系的成立，但应在量刑时适当考虑。（3）在程泉病情危重时，二被告人不仅自行抢救，还拨打急救电话求救，证明其主观上并不是积极追求被害人死亡结果的发生，客观上也实施了抢救行为，尽到了救助义务，可酌情对二被告人从轻处罚。（4）本案的致伤工具是不具备一次性打击足以致人伤亡的一般性用具，打击的主要是程泉的臀部、后背、四肢等人体非要害部位，二被告人对于犯罪工具、打击部位的选择较为克制，可酌情对二被告人从轻处罚。（5）二被告人责罚程泉是为了促使程泉学好知识，寓有教子之情，其犯罪行为包含有教子心切的成分，虽然客观上方法失当，下手过重，但主观上仍是为了孩子的教育和成长，只是操之过急，犯罪动机相对来讲仍具有善良的一面，反映其主观恶性相对较轻，可酌情对二被告人从轻处罚。（6）本案是发生在家庭成员之间，犯罪对象特殊，与发生在社会上的其他严重暴力犯罪相比，社会危害性相对较轻，故在量刑上应有所区别。（7）被告人陈玲年龄尚小却未婚先育，尚未做好做母亲的心理准备，面对责任和压力，缺乏自控能力；被告人程刚虽未构成自首，但在陈玲自首后并未躲避，也未掩盖，归案后如实供述自己的罪行，认罪态度好。

其次，从社会效果考虑，亦可在法律许可的范围内，对二被告人判处相对较轻的处罚。理由在于：（1）本案是一个特殊的个案，其特殊性不仅表现在被告人行为动机和后果之间的强烈反差，也不仅表现在不同公众从不同角度出发对被告人行为评价程度的巨大差异，而且还表现在被告人事后对其行为的忏悔与其他犯罪人因惧怕惩罚而悔罪在真诚程度上的明显区别。对二被告人的量刑，除了要体现罪责刑相适应的基本原则之外，还应考虑二被告人自己酿成的家庭灾难对其内心造成的创伤和痛苦。作为被害人的亲生父母，二被告人本身也是受害者，他们可能会终生背负着沉重的心理负担，无法面对自己的爱女和父母亲人，无法原谅自己的行为。从这一角度看，这种由衷而发、伴随终生的自责、自怨、自悔和自省，也足以达到甚至超越了刑罚的惩罚和教育效果。（2）本案不仅是陈玲、程刚的家庭悲剧，也是一个社会悲剧。“打是亲骂是爱”“棍棒之下出孝子”的封建家长制传统观念是陈玲、程刚犯罪的思想根源；“望子成龙、望女成凤”，用牺牲子女的健康、快乐为代价来满足自己的虚荣心，这种扭曲的价值观是葬送程泉幼小生命的真凶；应试教育及升学、就业方面的相互攀比与残酷竞争是这场悲剧的社会原因。

——最高人民法院刑事审判第一、二、三、四、五庭主办：《刑事审判参考》2009 年第 4 集（总第 69 集），法律出版社 2009 年版第 24~31 页。

640. 将正在实施盗窃的犯罪分子追打致死行为的量刑

关键词

故意伤害罪　盗窃　追打致死　量刑

《刑事审判参考》指导案例

闫子洲故意伤害案（《刑事审判参考》指导案例第 600 号）

裁判要点：将正在实施盗窃的犯罪分子追打致死的，法院在量刑时应当综合考虑案发前因、被告人的伤害手段、犯罪时的主观故意、危害结果的成因及社会效果等因素。

《刑法》第二十条规定："为了使国家、公共利益、本人或者他人的人身、财产和其他权利免受正在进行的不法侵害，而采取的制止不法侵害的行为，对不法侵害人造成损害的，属于正当防卫，不负刑事责任。"同时规定："正当防卫明显超过必要限度造成重大损害的，应当负刑事责任，但是应当减轻或者免除处罚。"本案被告人闫子洲是在被害人钟新付盗窃被发现后的逃跑途中，对其进行"追撵、堵截"时，持柴麦刀夯击钟新付右侧肋部，致使钟跌入水沟内，此后，又与同村村民持砖块砸击钟新付，致使钟新付死于沟内。此时被害人已停止盗窃，如果因对其进行抓捕，为有效阻止其逃跑，而实施了适当、必要且有限的轻微伤害行为是法律允许的，但被告人闫子洲不仅用刀将被害人打入水沟，还与他人共同用砖块将被害人砸死，其行为显然已不属于为使他人的财产权利"免受正在进行的不法侵害，而采取的制止不法侵害的行为"，故不能适用刑法关于"防卫过当"的规定对其减轻或者免除处罚。

《刑法》第六十一条规定，对于犯罪分子决定刑罚的时候，应当根据犯罪的事实、犯罪的性质、情节和对于社会的危害程度，进行判处。这是总的量刑原则，即对犯罪分子量刑时要充分考虑与犯罪有关的各种情节，从而正确确定刑罚。但对于没有法定减轻处罚情节的案件，要超出刑法规定的法定刑幅度进行减轻处罚，只能通过刑法规定的法定刑以下减轻处罚的特殊程序来处理。《刑法》第六十三条第二款规定，犯罪分子虽然不具有本法规定的减轻处罚情节，但是根据案件的特殊情况，经最高人民法院核准，也可以在法定刑以下判处刑罚。如何正确理解本款的规定，对于实践中正确贯彻减轻处罚制度具有现实意义。

根据该款规定，减轻处罚的根据是"案件的特殊情况"，对于"案件的特殊情况"，一般是指涉及政治、外交、国防、宗教、民族、统战等国家利益的情况。但是，随着社会的发展，国家除在对涉及整体社会利益的领域进行维护外，也更多地开始关注公民个人各项权利的充分实现和保护。对于刑事案件，由于个案情况有别，实践中常常出现一些对犯罪分子判处最低刑罚仍显过重的情况，因此，《刑法》第六十三条第二款中的"特殊情况"，除了涉及国家利益的情况外，还应包括一些个案的情节特殊的情况，主要是反映被告人主观恶性、人身危害性、社会效果等方面的因素。

根据《刑法》第二百三十四条第二款的规定，故意伤害他人致人重伤的，处三年以上十年以下有期徒刑；致人死亡或者以特别残忍手段致人重伤造成严重残疾的，处十年以上有期徒刑、无期徒刑或者死刑。本案中，在对被告人闫子洲量刑时，除了考虑其故意伤害致一人死亡的基本事实外，还有以下情节需要考虑:（1）被害人有严重过错。根据查明的事实，被害人钟新付当天夜晚是与他人进入被告人闫子洲所在村意图偷窃，并已经进入村民熊兰芳家中。（2）本案发生的社会背景及在当地影响。案发前，当地发生多起村民被盗事件，当地群众对偷盗行为极为愤恨。案发时该县正在开展平安建设，鼓励群众自觉参加巡逻打更，积极同违法犯罪行为作斗争。案发后，该村村民对被告人很是同情，多次上访请愿，要求对闫子洲从轻处罚。（3）被害人死亡是村民多人致伤、多种原因造成的。被告人闫子洲发现被害人钟新付后用柴麦刀的刀把朝钟右侧肋部夯了一下，致使其倒在水沟里，随后赶来的二三十名群众都拿砖头、土块砸水沟里的钟新付。根据尸体检验报告显示，死者头面部、躯干部、四肢部有多处创伤，气管、支气管及食管内有大量污泥，经检验认为死者系重型颅脑损伤合并失血性休克、溺水窒息而死亡。由此可见，致使被害人死亡并非仅闫子洲一人所为。（4）被告人闫子洲认罪态度较好，且系初犯、偶犯，其人身危险性较小。

由上可见，被告人闫子洲故意伤害致死一人，依法本应在十年以上量刑，但本案在当前的社会治安形势下具有一定普遍意义，对被告人如何量刑直接关系到公民与违法犯罪行为作斗争的积极性，关系到法律在群众心目中的形象，也直接关系到法律效果与社会效果能在多大程度上做到有机统一。综合全案各种情节，即使在法定刑幅度内对其判处十年有期徒刑的最低刑，仍显过重。在考虑本案案发前因、被告人的伤害手段、犯罪时的主观故意、危害结果的成因及社会效果等因素的基础上，一审法院对被告人闫子洲在法定刑幅度下减轻判处有期徒刑五年，最高人民法院予以核准是正确的，很好地实现了法律效果与社会效果的有机统一，应予肯定。

——最高人民法院刑事审判第一、二、三、四、五庭主办:《刑事审判参考》2010 年第 1 集（总第 72 集），法律出版社 2010 年版，第 27~31 页。

641. 轻微暴力致人死亡案件的定性

关键词

过失致人死亡罪　轻微暴力

《刑事审判参考》指导案例

张润博过失致人死亡案（《刑事审判参考》指导案例第 1080 号）

裁判要点：被告人主观上缺乏伤害致死的直接故意，在对方先辱骂、动手的情况下出手击中被害人一下，被害人倒地后即停止侵害，故此，应当认定被告人构成过失致人死亡罪。

实施拳打脚踢等轻微殴打行为导致被害人摔倒磕碰死亡或者原有病症发作而死亡的案件，在现实生活中时有发生。对此如何定性，具体案件处理上有差异。有的认定故意伤害（致人死亡）罪，有的认定过失致人死亡罪，还有个别案件未作刑事处理。这种情况比较复杂，如何准确定性，需结合个案事实具体分析。

我们认为，正确认定此类案件，首先要从事实层面入手，分析、判断涉案行为与死亡结果之间是否存在因果关系。如果因果关系得以确认，则要从规范层面入手结合行为人的主观罪过来确定其是否应当对死亡结果承担刑事责任，以及承担何种刑事责任。

在刑法理论中，因果关系是指危害行为与危害结果之间是否有“引起与被引起”的关系。一般来说，只要涉案行为对危害结果的发生具有原因作用力，就可以认定二者存在刑法上的因果关系。就本案而言，被告人张润博在与被害人发生争执中击打被害人致其倒地，造成被害人重度颅脑损伤，就诊治疗两周后死亡。从在案证据来看，被害人在案发后的入院治疗过程正常，也不存在其他明显的介入因素（辩护人所提死因中的肺部感染等并发症，亦主要由颅脑损伤所致），所以，应当认定被告人的行为与被害人的死亡结果之间存在“引起与被引起”的关系。

综合全案来看，被告人虽然并不希望被害人死亡的结果发生，主观上缺乏致死的直接故意，但其明显具有实施击打行为对被害人造成轻微痛苦的意图。并且，其行为受制于愤怒情绪，具有攻击性且力度容易失控，所以，其应当承担避免对方因攻击行为而摔倒磕碰致死的注意义务。一旦危害结果发生，则依法要承担相应的刑事责任。这里的主要问题是，对被告人认定放任的故意犯罪还是疏忽大意的过失犯罪。我们认为，宜认定过失致人死亡罪，主要理由如下：

第一，故意犯罪的成立不仅要求有故意行为存在，行为人还要对行为的危害后果有认知或预见（结果加重犯则要对加重结果有所认知或预见），并且希望或者放任该结果发生。该主观故意往往通过客观行为体现出来。对此，可以结合案发起因、被告人与被害人的关系、打击工具、打击部位、打击力度、双方力量对比和介入因素等综合分析判断。从实践来看，故意伤害行为往往表现为行为人积极主动实施伤害行为，为追求伤害后果的发生，通常会持续或连续实施攻击行为（甚至不惜使用杀伤性工具），并且直接造成轻伤以上后果，行为表现出一定的严重伤害性。就本案而言，被告人确实是故意实施打击行为，但是对被害人死亡的危害后果是否预见并放任该后果发生呢？从事实和证据来看，本案属于典型的激情犯罪，双方均为年过五旬的人，无冤无仇，虽因琐事引发矛盾，但双方之间没有激烈的矛盾或利益冲突。在起因上，因缺乏监控录像无法确定两者谁违规行车，但可以确定的是被害人先停车骂人并动手，对被告人来说，事发突然，本身又患有肝脏血管瘤，在遭受对方推打时实施回击行为，实施行为时没有使用任何工具，且打中被害人一下，见被害人倒地后即停止侵害，行为较为克制，没有进一步伤害行为，这与一般的积极追求、连续攻击、直接造成危害后果的具有一定严重伤害性的故意伤害行为明显不同。目击证人均证实被告人走时并不慌张，归案后一直供称其对死亡后果“根本没有想到”，连证人也以为被害人倒地不起“是装的”。所以，认定本案被告人对被害人死亡后果有明知或预见，进而认为被告人故意放任危害后果发生，过于勉强；认定其犯罪属于过失致人死亡，更符合实际。

第二，构成故意伤害（致人死亡）罪的行为，应当在客观上具有高度的致害危险性。从法理上讲，故意伤害致人死亡是故意伤害罪的结果加重犯。结果加重犯是刑法规定的一种特殊犯罪类型，一般以行为人对加重结果的发生“有客观的预见可能性”而“主观上却没有预见”作为构成要件。既然加重结果发生有着“客观的预见可能性”，则意味着基本行为应当具有引发严重伤害甚至可能导致死亡结果发生的高度危险性。从立法上看，刑法对故意伤害致死行为规定了“有期徒刑十年以上、无期徒刑或者死刑”这样严厉的法定刑，其处罚的对象也理应是在客观上具有高度危险性的暴力行为，而不可能是轻微的暴力行为。就本案而言，被告人确实用拳头打到了被害人，也应有一定力度，但是没有证据显示直接打击部位有伤害后果。特别是被告人打击的是被害人脸睑部，此部位较为脆弱，从以往的案件来看，稍微严重的击打就可能造成骨折等伤害后果。但从本案的尸检鉴定来看，不仅此处没有任何受伤骨折的情况，连面部皮肤亦未发现损伤痕迹，由此可见，被告人实施的拳打行为，应不具有高度致害（即致人死亡）的危险性，有别于刑法上较为严重的“故意伤害（致人死亡）行为”。并且，尸检鉴定也显示死因系摔倒造成，而非被告人直接打击形成。打击是摔倒的主要原因，但也不能排除被害人饮酒影响身体平衡、情绪激动等方面的因素影响。

第三，对轻微暴力致人死亡行为以过失致人死亡罪定罪处罚，有助于贯彻罪刑相当原则。罪刑相当原则是刑法的基本原则，司法层面解释刑法时亦应当遵循。如前所述，刑法对故意伤害（致人死亡）行为配置了十年有期徒刑以上的重刑，在解释故意伤害（致人死亡）罪条款时应当坚持从严掌握，尽可能排除从主客观两方面衡量均属轻微，只是由于其他原因或介入其他因素才导致死亡结果发生的行为。所以，在认定轻微暴力致人死亡案件时，应当注意区分生活中的一般的殴打故意及行为与刑法上的伤害故意及行为。日常的攻击、打人行为基于罪刑相当原则和结果加重犯理论，在一般人看来具有高度致害危险性的，才可以认定故意伤害（致人死亡）罪；否则，宜认定过失致人死亡罪。就本案而言，被告人在受到对方攻击的情况下出拳击打被害人，打中被害人一下，被害人倒地后即停止侵害，其直接打击部位也未见任何伤害后果，故其行为仍应属于“日常的攻击”的范畴，不宜等同于刑法上的“故意伤害（致人死亡）行为”。

第四，对轻微暴力致人死亡行为以过失致人死亡罪定罪处罚，更符合公众的一般判断。运用刑法裁判案件要考虑社会公众的接受程度。对于介于罪与非罪、重罪与轻罪之间的行为，应当立足于社会一般认知心理作出合理判断。从实践来看，多数拳打脚踢等轻微殴打行为致人死亡的案件中，被告人的行为并未直接造成被害人轻伤以上的后果，而是多因被害人倒地磕碰或者原有病症发作等复杂原因导致死亡，类似于民间的“失手打死人”情形，将此认定过失致人死亡罪，更易为社会公众接受。就本案而言，被害人在起因上有一定责任，被告人在对方先辱骂、动手的情况下出手打中被害人一下，行为比较克制，到案后即交代犯罪事实并一直如实供述，认罪、悔罪态度好，双方就民事赔偿问题已达成协议，并取得被害人亲属的谅解，对此案以过失致人死亡罪认定，不仅能够做到罚当其罪，社会上也易于接受。

值得注意的是，轻微暴力致人死亡的案件较为复杂，除了类似本案的行为人意图对被害人造成轻微痛苦而实施攻击行为的情况外，还有行为人意图摆脱被害人控制或拉扯而实施的强力甩手、转身等防御行为造成他人倒地磕碰或引起原有病症发作死亡的情况。一般而言，后者的危险性较小，有的属于本能之举，亦可能不以犯罪论处，除非争执发生在马路边、行进的公共交通工具中等极易摔倒磕碰的场合或者对年老体弱者及幼童等特殊对象实施。此外，虽然是采用拳打脚踢掌推等徒手方式殴打被害人，但打击没有节制或者当时场所特殊而具有高度危险性的，如长时间殴打，或者在楼梯口、车辆穿行的马路边猛推、追赶被害人的，在一定情况下也可以认定行为人具有伤害故意。

——最高人民法院刑二庭：《张润博过失致人死亡案》，载最高人民法院刑事审判第一、二、三、四、五庭主办：《刑事审判参考》（总第103集），法律出版社2016年版，第50~53页。

642. 家长体罚子女致子女死亡行为的定罪处罚

关键词

过失致人死亡罪　体罚

《刑事审判参考》指导案例

肖某过失致人死亡案（《刑事审判参考》指导案例第996号）

裁判要点：被告人明知被害人作为年仅3岁的幼童，体质及抗击力相当柔弱，仍实施了足以造成严重后果的体罚殴打，故而可以认定被告人对伤害结果持有放任心态，应认定其行为构成故意伤害罪。

（一）家长体罚子女致子女死亡的行为不构成虐待罪

虐待罪是指经常以打骂、冻饿、禁闭、有病不予治疗、强迫过度劳动或限制人身自由、凌辱人格等方法，对共同生活的家庭成员进行肉体上、精神上的摧残和折磨，情节恶劣的行为。一般认为，虐待罪中的致被害人重伤、死亡，包括两种情况，即被害人经常受虐待而导致重伤、死亡；被害人因受虐待而自杀、自残导致重伤、死亡。第一种情况定性容易出现争议。虐待致死与故意伤害致死、过失致人死亡最突出的区别就是，虐待行为具有"持续性""表现形式多样性"，而故意伤害致死、过失致人死亡，都是因果关系明确的某一次或几次行为直接导致死亡。虐待罪的暴力可以包括直接的暴力行为，但这些行为单独来看一般都不构成犯罪，而是在一定时期内具有多发性、持续性，虐待致人死伤的结果一般是由于长期累积而逐渐导致的。换言之，表现为在一定时期内行为人持续不断地实施虐待行为，如果把这些连续的行为割裂看，单次行为很难达到犯罪的程度，一般不具备独立评价的意义。因此，偶尔的殴打行为、体罚行为以及因为家庭纠纷而动辄打骂等行为，不能认定为虐待行为。

从本案来看，被告人肖某长期在外打工，被害人庄某某一直在老家生活，肖某将孩子接来一起生活后，案发前对孩子并无虐待行为。由于长期分开生活而造成的生活习惯等方面的差异，以及肖某自身教育方法失当，导致其在出现问题后采取了简单粗暴的体罚方法来教育被害人，但这种偶发性的、非持续性的体罚行为不符合虐待罪的客观特征，且被害人死因经鉴定为胰腺搓碎、睾丸挫碎、双侧后腹膜积血、全身多处皮下组织出血引起失血性休克合并创伤性休克死亡，也不是长期虐打累积的结果。因此，肖某的行为不构成虐待罪。

（二）准确区分故意伤害罪与过失致人死亡罪

1. 应以犯罪客观方面为基准，结合动机和案发后行为综合判断其罪过，是指行为人对其实施的侵害时的行为及结果所持的心理态度，包括犯罪故意和犯罪过失。过失犯罪中，行为人对于危害结果既不追求，也不放任，而是应当预见而未预见，或者已预见却轻信能避免，主观上不希望危害结果发生，若发生则违背其主观意愿。故意犯罪中，行为人对于危害结果的发生或是追求或是放任，主观上是不反对的。过失致人死亡与故意伤害致死区分的关键，即在于行为人是否存在伤害他人身体健康的故意。司法实践中，对于家长体罚致死子女的案件，基于彼此间身份的特殊性，且案发于封闭环境缺乏旁证等原因，使得对行为人作案时主观意图的判断常陷入较大的分歧，导致定罪上的差异。我们认为，审查此类案件时，应从以下几方面，在考察客观行为的基础上，结合动机和案发后的表现来分析研判被告人的主观意图，最终准确定性。

首先，考察客观行为特征。客观行为是行为人基于其主观意识而实施的具体行为，是犯罪主观意图的外在表现。因此，查明、辨析具体行为特征，是区分此罪与彼罪的前提和基础。在体罚致子女重伤、死亡的案件中，要着重考察行为本身的危险性和强度，是否足以造成致人伤亡的后果。具体而言，应审查行为的打击强度、持续时间、是否使用工具、所使用工具致人伤亡的危险程度、打击方式、击打部位等。审查时应以凶器等物证、尸体鉴定意见、现场勘验检查笔录为依据，结合被告人供述及证人证言等证据加以分析研判。在综合上述因素的基础上，判断行为的危险性和强度，考量其有无超出社会大众理解的管教子女体罚行为应有的限度。

其次，查明案发起因及家庭环境。考察行为人出于何动机，是为了管教，还是肆意打骂凌虐，抑或出于个人泄愤等原因，还应查明行为人与被害人的身份关系、生活中的相处关系，是否存在经常性打骂、虐待，综合上述情况以确定案发起因。囿于我国传统文化观念等因素制约，“棍棒之下出孝子”“不打不成器”等简单粗暴的教育观念和方式仍然存在，不能因为出现了伤亡结果，就将家长出于管教子女的善良动机而采取的一般程度的殴打、体罚，均认定为故意伤害犯罪。

最后，分析案发后行为。案发后行为是反映行为人作案时主观心态的一项参考因素。例如，在发现行为导致被害人生命健康受损害后，是予以二次加害，还是置之不理，抑或是马上积极施救，可不同程度反映行为人实施体罚时的主观心态。

在综合前述三方在面予以判断的基础上，尤其要注重对实行行为特征的考察，此系定性的最重要因素。案发动机与案发后态度，并不具有单独的证明意义，只有与客观行为相结合才对定性有辅助的证明价值。具体而言，对出于恶意动机而以较大强度暴力殴打子女，导致子女伤亡的，无疑应认定为故意伤害罪甚至故意杀人罪。对于因管教目的实施体罚，发现子女伤亡后积极施救的，虽然从情理上分析，一般可反映出行为人不追求故意伤害的结果，但不能一概对具有类似情节的均认定为过失致人死亡罪，还应结合客观行为分情况处理：（1）在行为人动机无恶意，造成伤亡后果后悔罪救助的前提下，若体罚子女的手段毫无节制，大大超出了年幼子女所能承受的程度，足以造成重伤或死亡后果的，就不排除认定行为人主观上对伤害结果具有间接故意，从而认定为故意伤害罪，本案即此种情况。（2）在无恶意动机且案后悔罪救助的前提下，如果体罚子女只是一般的轻微殴打行为，本不足以导致轻伤以上后果，但由于被害人自身隐性体质问题或者其他偶然因素介入导致重伤或死亡的情况下（如被害人患有心脏疾病受激下致心功能衰竭，或掌推被害人跌倒后磕碰石块），若行为人对此并不明知，则一般应认定为过失致人死亡；即使行为人知道被害人有疾病，但若之前曾有过轻微的打骂行为并未造成被害人身体伤害，而案发时类似的行为却发生了伤亡后果（如被害人该段时间感染心肌炎，行为人的强烈呵斥或轻微击打导致其心梗死亡），则无法认定行为人具有追求和放任危害结果发生的意图，通常也认为构成过失致人死亡。

2. 被告人肖某的行为属于故意伤害致人死亡

基于上述分析，我们认为，本案被告人肖某的行为应属于故意伤害致人死亡。理由如下：

首先，从客观行为分析。被告人肖某先是为惩戒被害人的说谎行为而用衣架打被害人大腿内侧并罚跪，后又因被害人尿床而用衣架殴打大腿内侧、踢臀部等方法再次体罚。认定肖某构成过失致人死亡罪的观点认为，本案犯罪手段强度有限，以一般人认知标准判断，踢臀部、打大腿内侧和罚跪的体罚方式通常不会具有致人重伤乃至死亡的危险性，所使用的衣架也只是日常生活用品，从工具危险性、击打部位而言，一般不会造成对人身的重大伤害，因此肖某属于疏忽大意的过失致人死亡。我们认为，此观点值得商榷。本案法院认定被告人的犯罪手段为“用衣架殴打大腿内侧、踢臀部、罚跪”等，然而，从法医学常识判断，“胰腺挫碎、睾丸挫碎、双侧后腹膜积血”的伤情，绝不仅仅是“衣架打大腿内侧、罚跪、踢臀部”就能够形成的。鉴定意见亦载明，被害人“系被巨大钝性暴力打击致胰腺搓碎、睾丸挫碎、双侧后腹膜积血、全身多处皮下组织出血引起失血性休克合并创伤性休克死亡”。此外，体罚程度的轻重不仅需要考虑工具危险性和击打部位，还需考量犯罪对象、行为的持续时间等。本案中，肖某先是当晚 21 时许用衣架殴打庄某某并罚跪约一个小时，仅隔数小时后的次日 1 时许，又用衣架长时间殴打并用脚踢庄某某。被害人年仅 3 岁，即使一般不具有致死危险性的衣架，在持续长时间的击打下，亦足以对其造成伤亡危险，何况其所遭到的较长时间、较大强度的体罚殴打，已大大超出了一个 3 岁幼童所能承受的限度。

其次，从案发起因和家庭情况分析。被害人庄某某是被告人肖某亲生子，肖某平时对其较疼爱，并无虐待行为，但因孩子长期未与其共同生活，沟通较少，故其对孩子管教较严，而本案的诱因也是因为小孩撒谎和尿床，因此本案的动机是为了管教子女，从侧面证实被告人并不希望出现被害人伤亡的结果。

最后，从案发后表现分析。殴打实施数小时后，被告人肖某发现被害人呼吸困难，立即送被害人到医院抢救，证实其并非追求死亡结果的发生。

综合全案情节，通过考察案发起因和案发后行为可知，肖某应不具有致被害人死亡的故意。但肖某本身即是有意识的通过体罚以达到惩罚、警戒被害人的目的，其对于行为会造成被害人身体的不适甚至伤害，是有认识且不排斥的。根据客观上较长时间、较密集频率的体罚行为、被害人伤情及死因，足以证实被害人生前遭受了较大强度的暴力。肖某明知被害人作为年仅 3 岁的幼童，体质及抗击力相当柔弱，仍实施了足以造成严重后果的体罚殴打，故肖某对伤害结果持有放任心态是能够认定的。综上，本案应认定肖某构成故意伤害罪，原审法院认定为过失致人死亡罪，有待商榷。

（三）对家长暴力管教子女致死案件，量刑时应考虑案件特殊性，做到罪责刑相适应

除了惩罚犯罪，刑罚亦有教育、感化功能，亦应体现其人文关怀。本案属于家长管教子女过程中发生的暴力致死案件，量刑时应当充分考虑其特殊性。首先，就社会危害性和主观恶性而言，此类案件发生在家庭成员间，是在教子心切、过于苛责的心态驱使下，因管教方法简单粗暴所导致的人伦悲剧，成因上离不开社会文化的背景，动机上包含善意因素，且犯罪对象特定，行为人案发后多极为悔恨自责，社会危害性、主观恶性、人身危险性相对较小。其次，就当前的刑事政策而言，最高人民法院《全国法院维护农村稳定刑事审判工作座谈会纪要》以及《关于贯彻宽严相济刑事政策的若干意见》，都体现了对婚姻家庭纠纷引发案件的处理，应当有别于社会上针对不特定对象所实施的同种犯罪，该从宽的要依法体现从宽。最后，就社会效果而言，此类案件的犯罪动机较容易得到社会大众的理解和宽恕，对此类案件酌情适度从宽处罚不至于造成不良影响，且从宽处罚有利于修复受损的家庭关系，促进家庭及社会正常生活秩序的重归融合。

对于此类父母因教育子女方式不当引发的案件，如果根据案件情况应认定为故意伤害罪的，除了伤害后果因素外，还要充分考虑犯罪动机、伤害手段，具备从宽处罚情节的，一般应从宽处罚。需要指出的是，对于体罚构成

故意伤害致人死亡，如果根据具体案情，即使从轻判处十年有期徒刑仍明显过重，导致罪责刑不相适应的，可依据刑法第六十三条的规定，在法定刑以下判处刑罚并层报最高人民法院核准。

本案中，量刑时还有以下从轻情节需考虑：一是被告人肖某明知医院警务室报案后，仍在现场等候处理，归案后亦能如实供述其犯罪事实，成立自首，存在法定从轻情节；二是肖某发现被害人呼吸困难后立即主动送被害人抢救，且被害人的父亲、祖父母对肖某的行为表示谅解，肖某有一幼女需照顾，存在酌定从轻情节。总之，家长体罚子女致死的案件，应在综合考察的前提下，把握案件特殊性，准确定罪、量刑。

——最高人民法院刑一庭：《肖某过失致人死亡案》，载最高人民法院刑事审判第一、二、三、四、五庭主办：《刑事审判参考》2014 年第 3 集（总第 98 集），法律出版社 2014 年版，第 112~117 页。

643. 持刀追砍致使他人泅水逃避导致溺水死亡行为的定性

关键词

故意伤害罪　因果关系　主客观相一致

《刑事审判参考》指导案例

赵金明等故意伤害案（《刑事审判参考》指导案例第 434 号）

裁判要点：被告人持刀追赶被害人时已具有伤害的故意，且已着手实施犯罪，该伤害行为本身具有致人死亡的高度危险，被害人泅水逃避的行为，是一种在当时特定条件下正常的自救行为。被害人溺水身亡在特定的条件下具有较高的现实可能性，故被告人持刀追砍的行为与被害人溺水死亡之间具有刑法意义上的因果关系，根据主客观相一致的定罪原则，可以对被告人以故意伤害罪定罪处罚。

（一）被告人赵金明等人主观上具有伤害的故意

本案中，根据赵金明等人因得知被害人马国超要搞自己，产生先下手为强要将马国超砍伤的作案动机，随即伙同被告人李旭等人拿刀追砍被害人马国超的事实，可以从以下方面分析其主观故意：一是从双方力量对比来看，被告人赵金明一方为多人，而被害人马国超仅 1 人徒手，双方力量悬殊；二是从作案工具看，赵金明等人使用的作案工具为长砍刀 7 把，在一般情况下，足以致人伤亡；三是从赵金明等人实施的行为看，其持刀追砍，且一下车即拿刀追赶，未与被害人有任何言语的交流和缓冲，来势凶猛；四是从被告人当时的心态来看，其在被害人跳水之后才停止追砍，又跑至附近一棉田内躲藏至少半小时，对被害人的生命持漠视态度。综上事实，可以充分认定赵金明等人主观上具有伤害的故意。

（二）被告人赵金明等人持刀追砍的行为与被害人溺水死亡之间具有刑法意义上的因果关系

（1）赵金明等人持刀追砍被害人的行为，具有严重的社会危害性。赵金明等人手持利刃在大街上追砍被害人，不仅直接危及被害人的生命和健康，而且对现场周围公民的生命和健康也构成了潜在的威胁，严重地破坏了正常的社会秩序，属于事先有预谋、有组织的共同故意伤害行为。

（2）被害人马国超泅水逃避的行为，是一种在当时特定条件下正常的自救行为。面对 7 名持刀暴徒近距离的追砍，必然导致被害人逃避，被害人快速奔跑是其自救的本能反应。由于现场紧邻河道，被害人的主观选择受到较大限制，其根据自身会水的特点选择泅水逃生既是被迫无奈的行为又是在当时特定条件下正常的行为。

（3）被害人溺水身亡在特定的条件下具有较高的现实可能性。虽然在一般情况下，一个会水的成年人溺水死亡的可能性并不大，但基于本案的具体情况，该可能性转化为现实性的概率大大增加。

由此可见，上述事实原因、中介因素与危害结果之间环环相扣、紧密衔接，应该认定赵金明等人持刀追砍行为与被害人溺水身亡的结果之间存在刑法中的因果关系。本案中因果关系的联系方式属于间接联系类型，即事实原因与危害结果之间没有发生直接联系，而是介入了一些被害人个人因素，这时原因行为与危害结果之间的联系就是间接联系。

综上，赵金明等人持刀追赶被害人马国超时已具有伤害的故意，且已着手实施犯罪，该伤害行为本身具有致人死亡的高度危险，其持刀追砍的行为与被害人死亡结果之间具有刑法意义上的因果关系。根据主客观相一致的定罪原则，可以对赵金明等人以故意伤害罪定罪处罚。同时，考虑到赵金明等人在被害人马国超泅水时跑到附近躲藏，这与采取围、追、堵、截等妨碍被害人上岸的方式导致被害人溺水死亡在危害性上有一定区别，在量刑时可考虑这一因素。因此，法院的定罪量刑是妥当的。

——最高人民法院刑事审判第一、二、三、四、五庭主办：《刑事审判参考》2007 年第 2 集（总第 55 集），法律出版社 2007 年版，第 21~26 页。

644. 寻衅滋事随意殴打他人致人重伤、死亡行为的定性

关键词

故意伤害罪　寻衅滋事罪　致人重伤或死亡

《刑事审判参考》指导案例

杨安等故意伤害案（《刑事审判参考》指导案例第 225 号）

裁判要点：寻衅滋事过程中殴打他人致人重伤、死亡的，一般应定故意伤害罪。

二人以上共同寻衅滋事随意殴打他人致人重伤或死亡的，是对所有的共同殴打人均定故意伤害罪或故意杀人罪，还是仅对直接造成重伤、死亡的一人或数人定故意伤害罪或故意杀人罪，而对其他参与殴打的人仍定寻衅滋事罪，对此问题，理论与实务界目前均有较大争议。我们认为，数行为人在寻衅滋事的共同故意支配下共同实施了随意殴打他人的行为，因此致人重伤或死亡的，在能够查明确系其中一人或几人的行为直接造成被害人重伤或死亡的情况下，对这些人应当以故意伤害罪或故意杀人罪来论处，是没有任何疑问的。但对其他参与共同殴打的人，是否一律以故意伤害罪或故意杀人罪来论处，则不宜一概而论。理由在于：对各共同参与随意殴打他人的人而言，参与共同殴打行为本身，仅表明他们具有明确的共同寻衅滋事的故意，尚不能充分肯定他们就一定具有共同伤害的故意。对此的判断，必须依据具体案情具体考察、分析。关键是要看各行为人之间在共同殴打过程中所形成的临时共同故意中是否包含伤害的内容以及他们各自的行为与被害人的重伤、死亡是否具有相当的因果关系。如果这两方面条件都满足，就应当以故意伤害罪或故意杀人罪的共犯论处，反之，就只应以寻衅滋事罪论处。由此而产生的定罪各异和适用的法定刑幅度差距也是正常的，因为没有特定的共同故意内容，就不可能形成该故意内容的共同犯罪。

——最高人民法院刑事审判第一庭、第二庭编：《刑事审判参考》2003 年第 1 辑（总第 30 辑），法律出版社 2003 年版，第 39~48 页。

645. 无偿提供劳务的帮工人在帮工过程中故意伤害致人死亡，被帮工人是否属于对被害人的物质损失依法应当承担赔偿责任的“其他单位和个人”

关键词

无偿提供劳务　帮工过程　故意伤害　致人死亡　赔偿责任

《刑事审判参考》指导案例

廖俊昭故意伤害案（《刑事审判参考》指导案例第 1416 号）

裁判要点：在帮工人致人伤亡的犯罪案件中，认定被帮工人承担民事赔偿责任的事实基础，关键是审查被帮工人“是否明确拒绝帮工”以及帮工人的行为是否发生在“帮工过程中”。被帮工人明确拒绝帮工的，不承担赔偿责任；帮工人的犯罪行为不是在帮工过程中实施的，亦不能苛求被帮工人承担赔偿责任。

对被害人的物质损失依法应当承担赔偿责任的“其他单位和个人”的界定

根据 2012 年《刑事诉讼法解释》第一百四十三条第一款[①]的规定，除了刑事被告人以外，以下人员依法应对被害人遭受的物质损失承担赔偿责任：一是没有被追究刑事责任的其他共同侵害人；二是未成年刑事被告人的监护人；三是已被执行死刑的罪犯的遗产继承人；四是共同犯罪案件中案件审结前已死亡的被告人的遗产继承人；五是对被害人的物质损失依法应当承担赔偿责任的其他单位和个人。据此，明确了刑事附带民事诉讼被告人的范围。其中前四类人员，一般可以根据查明案情确定；但对于第五类人员，即“对被害人的物质损失依法应当承担民事赔偿责任的其他单位和个人”，如何把握认定，相关法律及司法解释并未明确，司法实践中有时存在不同认识，具体把握不一。

对被害人的物质损失依法应当承担民事赔偿责任的“其他单位和个人”，根据法律规定，是指应当代替或者与实际犯罪行为人共同向被害人承担民事赔偿责任的单位和个人。这里的法律规定，主要是民事实体法律规范。

司法实践中，对于帮工人导致的物质损失的责任承担，《最高人民法院

---

① 现为 2021 年《刑事诉讼法解释》第一百八十条第一款。

关于审理人身损害赔偿案件适用法律若干问题的解释》(法释〔2003〕20号，以下简称《人身损害赔偿解释》)第十三条①规定，为他人无偿提供劳务的帮工人，在从事帮工活动中致人损害的，被帮工人应当承担赔偿责任。被帮工人明确拒绝帮工的，不承担赔偿责任。因此，被帮工人亦属于根据有关法律规定，应当代替或者与刑事被告人共同承担附带民事赔偿责任的“其他单位和个人”。

在帮工人致人伤亡的犯罪案件中，认定被帮工人承担民事赔偿责任的事实基础，关键是审查被帮工人“是否明确拒绝帮工”以及帮工人的行为是否发生在“帮工过程中”。被帮工人明确拒绝帮工的，不承担赔偿责任；帮工人的犯罪行为不是在帮工过程中实施的，亦不能苛求被帮工人承担赔偿责任。

（二）附带民事诉讼中被帮工人赔偿责任的承担

在刑事附带民事诉讼中，民事诉讼具有一定的附带性，体现在附带民事诉讼以刑事诉讼程序的存在为条件，往往是与刑事诉讼同时进行的。被帮工人的附带民事赔偿责任，主要涉及两个问题：一是被帮工人对被害人的外部赔偿责任；二是被帮工人承担责任后的内部追偿权。本案处理涉及第一个问题，即被帮工人外部责任承担。根据2003年《人身损害赔偿解释》第十三条②的规定，被帮工人根据不同的情况，应当承担不同的责任：帮工人在帮工过程中致人损害的，被帮工人应当承担赔偿责任；帮工人存在故意或者重大过失，被帮工人应当承担连带赔偿责任；被帮工人明确拒绝帮工，可以作为免责事由，不承担赔偿责任。

——沈斌、程溪撰稿、王晓东审编：《廖俊昭故意伤害案——无偿提供劳务的帮工人在帮工过程中故意伤害致人死亡的，被帮工人应当承担赔偿责任》，载最高人民法院刑事审判第一、二、三、四、五庭编：《刑事审判参考》(总第128辑)，人民法院出版社2021年版，第15~17页。

646. 以干涉他人婚姻自由为目的故意重伤他人行为的定性

关键词

故意伤害罪　暴力干涉婚姻自由罪

---

① 本条现为《最高人民法院关于审理人身损害赔偿案件适用法律若干问题的解释》(2020年修正)第四条。

② 本条现为《最高人民法院关于审理人身损害赔偿案件适用法律若干问题的解释》(2020年修正)第四条。

附录：最高人民法院主流观点

学界存在以下意见：第一种意见认为，使用的暴力所造成的损害超过了本罪所要求的限度，应以故意伤害罪或故意杀人罪论处。第二种意见认为，干涉他人婚姻自由过程中将被害人打成重伤或者重伤致死的，属于牵连犯，应以故意伤害罪论处。第三种意见认为，暴力干涉他人婚姻造成重伤的，又构成故意伤害罪，实行数罪并罚。我们认为，行为人一次性地以故意伤害或故意重伤方法干涉他人婚姻自由的，此种手段行为既受故意杀人罪或故意伤害罪的构成要件评价，又受暴力干涉婚姻自由罪的构成要件评价，应择一重罪从重处罚。行为人一贯地以普通暴力干涉婚姻自由，其中一次属于故意重伤或故意杀人行为的，则构成暴力干涉婚姻自由罪和故意伤害罪或故意杀人罪，实行数罪并罚。

——高憬宏、杨万明主编：《基层人民法院法官培训教材（实务卷·刑事审判篇）》，人民法院出版社 2005 年版，第 276 页。

附录：司法信箱

问题：赵某经常打牌，其妻子多次劝阻，赵某依旧不改，赵妻于是向赵某提出离婚，赵某不同意，为了达到不让妻子与其离婚的目的，趁妻子不注意时，将妻子的鼻子咬掉。对此案有两种意见：一种意见认为应定为故意伤害罪。理由是赵某是具有完全刑事责任能力的人；在主观上存在有故意，即故意咬掉其妻子的鼻子；在客观方面表现为非法损害他人身体健康的行为，使妻子外鼻缺损，这种情形属于重伤中使人肢体残废或毁人容貌中的一种行为；客体是侵犯了他人的身体健康权。赵某的行为具备了故意伤害罪成立的四个要件，应定为故意伤害罪。另一种意见认为应定为暴力干涉婚姻自由罪。理由是暴力干涉婚姻自由罪是指采用暴力手段干涉他人结婚自由和离婚自由的行为。赵某是故意采取暴力手段，将其妻子的鼻子咬掉，为了达到不让妻子与其离婚的目的，此行为是禁止对方与自己离婚，即侵犯了对方的婚姻自由权利（离婚自由权），又侵犯了对方的人身权利（健康权），故应认定为暴力干涉婚姻自由罪。

《人民司法》研究组认为：《刑法》第 257 条规定的暴力干涉婚姻自由罪的犯罪客体既有他人的婚姻自由权利，也有他人的人身权利，是复杂客体。因此在对有关案件定性时，应当注意掌握此罪与彼罪的界限。对虽然是出于干涉他人婚姻自由目的，但属故意重伤他人的，应当择一重罪处罚，以故意伤害罪定罪处罚。

——《人民司法》2003 年第 12 期（总第 479 期）。

647. 以抢回赌资为目的致人轻伤行为的定性

关键词

故意伤害罪　抢劫罪　赌资

《刑事审判参考》指导案例

赖忠、苏绍俊、李海等故意伤害案（《刑事审判参考》指导案例第298号）

裁判要点：使用暴力手段抢回赌资致人轻伤的行为，应以故意伤害罪定罪处罚。

第一，从犯罪客体看。法律规定财产所有权的转让、取得必须通过合法的手段，赌博是违法行为，赌博不能改变财产的所有权，通过赌博赢得的钱不受法律保护，被害人赢得的钱即便为被害人占有，也不表明其当然享有合法的所有权。

第二，从主观方面看。抢劫罪的主观方面是，明知是他人、法人、国家合法所有的财产，对财产合法持有人、保管人使用暴力、胁迫手段将之占为己有。行为人主观认为，被害人采用作弊手段进行赌博，故其赢得的赌资的所有权不属于被害人，仍应属于自己，因此，才使用暴力手段索回自己所输掉的赌资。由于赌资未被公安机关扣押，行为人不可能认为赌资应为国家所有。因此，行为人不属于明知赌资是他人、国家合法所有，而欲非法占为己有。

第三，从主观恶性、社会危害性看。抢劫罪侵犯公民的人身权、财产权，严重地危害社会治安，有较大的社会危害性，是刑法打击的一种严重刑事犯罪，并规定了严厉的刑罚。行为人在赌博中与被害人发生纠纷，在协商不成时，采用暴力手段强行索回赌资，致被害人轻伤甲级，该行为的主观恶性、社会危害性与典型的抢劫犯罪相比，差异明显。

第四，从社会效果看。如对行为人的行为定抢劫罪，容易使人误解，以为赌博赢的钱，同样会受到法律的保护，与我国法律规定赌博违法相悖（当然如果不是赌博行为当事人抢回自己输掉的赌资，而是其他的人抢劫即所谓的“黑吃黑”，则是另一回事）。此外，刑罚的根本目的是教育改造罪犯，对行为人的行为以故意伤害罪处罚足以实现教育改造罪犯的目的；如以抢劫罪处罚，不仅处罚过重，还使罪犯长期投入劳改，浪费国家的监狱资源，使罪犯产生对政府、社会的对抗情绪，不利于罪犯的改造和社会的长治久安。

综合以上各方面的理由，对使用暴力手段抢回赌资致人轻伤的行为，应以故意伤害罪定罪处罚。

——最高人民法院刑事审判第一庭、第二庭编:《刑事审判参考》2004 年第 3 集（总第 38 集），法律出版社 2004 年版，第 106~110 页。

648. 因不满医院治疗效果而持刀伤害医护人员的行为定性

关键词

故意伤害罪　医疗纠纷

《刑事审判参考》指导案例

肖胜故意伤害案（《刑事审判参考》指导案例第 1026 号）

裁判要点：被告人因对医院为其所做的手术效果不满，预谋报复，持刀到医院对参与手术的护士行凶，并对制止其行为的另外两名护士行凶，主观上伤害故意明确，客观上伤害对象特定，其行为符合故意伤害罪的构成要件。

近年来，因医疗纠纷引发的刑事案件不断发生，其中部分案件涉及如何准确定性问题。本案在定性上主要涉及如何区别寻衅滋事罪与故意伤害罪问题。寻衅滋事罪在行为方式上与故意伤害罪、故意毁坏财物罪、抢劫罪等存在重合与交叉，实践中对如何区分是构成寻衅滋事罪还是构成其他犯罪有不同认识。在本案审理过程中，对被告人肖胜行为的定性存在不同意见：一种意见认为，肖胜因对医院为其所做的美容手术效果不满，预谋报复，持刀到医院对参与手术的护士行凶，并对制止其行为的另外两名护士行凶，主观上伤害故意明确，客观上伤害对象特定，其行为符合故意伤害罪的构成要件；另一种意见认为，肖胜为发泄不满情绪，在公共场所（医疗机构候诊室）持械行凶，其伤害的三名护士中只有一名参与治疗，故其伤害行为具有随意性，且造成医疗机构诊疗秩序严重混乱，其行为符合寻衅滋事罪的构成要件。

我们同意前一种意见。对于此类犯罪，应当结合案发起因、犯罪对象、侵犯客体等因素进行判断。具体可以从以下几个方面进行分析：

第一，对于事出有因的殴打他人行为，案发起因影响对该行为是否属于“寻衅滋事”的认定。2013 年发布的最高人民法院、最高人民检察院《关于办理寻衅滋事刑事案件适用法律若干问题的解释》（以下简称《寻衅滋事解释》）第一条第二款、第三款规定：“行为人因日常生活中的偶发矛盾纠纷，借故生非，实施刑法第二百九十三条规定的行为的，应当认定为‘寻衅滋事’，但矛盾系由被害人故意引发或者被害人对矛盾激化负有主要责任的除外。行为人因婚恋、家庭、邻里、债务等纠纷，实施殴打、辱骂、恐吓他人或者损毁、占用他人财物等行为的，一般不认定为‘寻衅滋事’，但经有关部门批评制止或者处理处罚后，继续实施前列行为，破坏社会秩序的除外。”根据该规定，对于事出有因的殴打他人行为，如果起因是与他人肢体碰撞、言语不和等日常生活中的偶发矛盾，属于小题大做、借题发挥的寻衅滋事，除非该矛盾是被害人故意引发或者被害人对矛盾激化负有主要责任，即以认定寻衅滋事为原则，不认定为例外。如果起因是婚恋、家庭、邻里、债务等纠纷，行为人并非“寻衅”而是基于积怨殴打他人的，一般不认定为“寻衅滋事”，但行为人经有关部门批评制止或者处理处罚后拒不改正，继续殴打他人，破坏社会秩序的，可认定为“寻衅滋事”，即以不认定寻衅滋事为原则，认定为例外。

本案中，被告人肖胜在湖南中医研究院附属医院美容科做了胡须移植手术后，手术部位皮肤发炎、长痘，其对术后效果不满，两次到该医院美容科向医务人员“要说法”，对医务人员称发炎是正常现象、涂点消炎药可好的解释也不满意，属于典型的医疗纠纷，与《寻衅滋事解释》规定的婚恋、家庭、邻里、债务等纠纷的性质类似，而非在就诊过程中因言语不和等日常琐事与医务人员偶发矛盾。肖胜出于积怨报复行凶，属于有预谋的故意伤害，而非借故生事的寻衅滋事。

第二，作案对象是否特定并非判断该行为是否构成“寻衅滋事”的标准，但对分析行为性质有重要价值。典型的寻衅滋事行为，是指行为人为寻求刺激、发泄情绪、逞强耍横等，无事生非，实施刑法第二百九十三条规定的随意殴打他人等行为。此类“无事生非”型寻衅滋事，作案对象往往具有不特定性。但事出有因的“借故生非”型寻衅滋事行为，以及因婚恋、家庭、邻里、债务等纠纷而引发的寻衅滋事行为，作案对象一般相对特定。故作案对象是否特定，并非判断此类行为是否构成“寻衅滋事”的标准。作案对象不特定的，一般构成寻衅滋事；作案对象特定的，既可能构成寻衅滋事，也可能构成其他犯罪，需要具体情况具体分析。以医疗纠纷引发的殴打他人案件为例，如果行为人殴打对象是为其治疗的医务人员，或者是其误认为参与治疗的医务人员，作案对象相对特定，一般不认定为“寻衅滋事”，若经有关部门批评制止或者处理处罚后，继续殴打医务人员，破坏公共场所秩序的，才可构成“寻衅滋事”。如果行为人进入医疗机构后不加区分，见医务人员就动手殴打。作案对象具有随意性，“滋事”的故意十分明显，则应认定为“寻衅滋事”。

本案中，被告人肖胜预谋泄愤报复的对象是为其做手术的医生，其来到该院美容科后，首先持刀砍击的对象是参与手术的护士彭芬，之后又持刀砍击站在彭芬身边的两名导诊台护士冯苗苗、李海兰。上述作案经过表明，肖胜实施犯罪行为的对象相对特定。虽然冯苗苗、李海兰并未参与对其的手术治疗，但也是该医院美容科护士，且案发时恰好站在彭芬身边。故肖胜出于伤害该科室医务人员的概括故意，持刀砍击冯、李二人，其并非不加选择地随意伤害他人。

第三，殴打他人造成公共场所秩序严重混乱，其行为同时符合寻衅滋事罪、故意伤害罪构成要件的，依照处罚较重的犯罪定罪处罚；虽在公共场所殴打他人，但未破坏社会秩序的，不构成寻衅滋事罪。寻衅滋事罪和故意伤害罪侵犯的客体不同，前者是社会秩序，后者是人身权利。对于发生在公共场所的殴打他人行为，如果造成公共场所秩序严重混乱，同时符合寻衅滋事罪和故意杀人罪、故意伤害罪等罪的构成要件的，根据《寻衅滋事解释》第七条的规定，依照处罚较重的犯罪定罪处罚。本案案发地为医院美容科导诊台至诊室外的走廊，走廊放有患者等候就诊的椅子，属候诊区域。根据《公共场所卫生管理条例》（国发〔1987〕24号）第二条的规定，医疗机构候诊室属于公共场所。如果被告人肖胜持刀行凶的行为造成医院秩序严重混乱，符合寻衅滋事罪的客体要件。但从相关证人证言看，肖胜持刀追砍护士时，附近排队等候做B超的数名患者立即逃离现场，肖胜作案后，医院立即组织抢救受伤的三名护士，肖胜的行为对医院工作秩序虽造成一定影响，但没有达到影响该医院或者该院美容科正常运营的严重程度。故肖胜持刀行凶的行为侵犯的客体主要是他人的身体健康权，而非社会秩序，其行为更符合故意伤害罪的客体要件。

综上，本案被告人肖胜因不满医治效果而蓄意报复，持刀捅伤医院三名护士，其行为认定为故意伤害罪更为准确。一审法院将公诉机关指控的寻衅滋事罪变更为故意伤害罪是正确的。

——最高人民法院刑五庭：《肖胜故意伤害案》，载最高人民法院刑事审判第一、二、三、四、五庭主办：《刑事审判参考》2014年第5集（总第100集），法律出版社2015年版，第49~51页。

649. 组织出卖人体器官罪中“组织出卖”的理解

关键词

组织出卖人体器官罪　组织出卖

附录：最高人民法院主流观点

目前，非法的人体器官移植已由早期“供体”与“受体”直接联系交易，发展到由“黑市中介”通过网络或者线下方式控制整个非法的人体器官市场的供应。其中，被组织的众多参与者往往扮演不同的角色，有的采取欺骗、利诱甚至强迫手段，寻找“捐献者”（供体）；有的为捐献者提供生活起居、营养保障和医学检查；有的联系需求方（受体）；有的承担监管、看管“捐献者（供体）”的作用。例如，“王海涛、刘超、孙友玉、李明伟组织出卖人体器官案”。凡是从事人体器官买卖的中介行为，均可构成本罪。也就是说，本罪属于行为犯，只要行为人所从事的行为包含了组织出卖的内容，即可构成本罪。即使因受体器官特殊、担心手术风险大等原因而最终未出现出卖器官结果的，亦应认定为既遂。例如，在“邓大伟等组织出卖人体器官案”中，被告人邓大伟等共六次组织实施出卖人体器官活动，其中第三次因供体的肾脏为双支血管、手术风险较大而放弃，第六次因公安人员接到举报后赶到手术室而未得逞。组织出卖的活体器官，既包括被组织者无偿或者有偿提供的，也包括组织者通过窃取等其他手段获得的。组织他人捐献人体器官、出卖者直接将自己的器官出卖给他人、单纯购买人体器官的行为，均不构成本罪。

——胡云腾主编：《刑法罪名精释（第五版）》，人民法院出版社 2022 年版，第 680~681 页。

650. 组织出卖人体器官罪与相关犯罪的界限

关键词

组织出卖人体器官罪

附录：最高人民法院主流观点

《刑法》第 234 条之一第 2 款规定，未经本人同意摘取其器官，或者摘取不满 18 周岁的人的器官，或者强迫、欺骗他人捐献器官的，依照故意伤害罪、故意杀人罪的规定定罪处罚；第 3 款规定：违背本人生前意愿摘取其尸体器官，或者本人生前未表示同意，违反国家规定，违背其近亲属意愿摘取其尸体器官的，依照《刑法》第 302 条的盗窃、侮辱、故意毁坏尸体罪定罪处罚。违背他人意愿摘取器官侵犯了器官提供者的自主决定权，这种自主决定权包括提供者的知情同意权、拒绝权、临时放弃权等。司法实践中适用《刑法》第 234 条之一第 2 款、第 3 款时，要注意如下几点：

（1）只有完全行为能力人才可以作出自主决定。无行为能力人、限制行为能力人无权决定，其监护人、法定代理人也无权代理处分。公民生前未表示不同意捐献其人体器官的，该公民死亡后，其配偶、成年子女、父母可以以书面形式共同表示同意捐献该公民人体器官的意愿。

（2）不满 18 周岁者的处分行为是无效的，未成年人由于心智发育并不完全，可能并不理解器官摘除的真正后果，因此摘取不满 18 周岁的人的器官，即便未成年人同意，这种同意是无效的，摘取行为构成故意伤害罪或故意杀人罪。同样，未成年人的监护人、法定代理人的代理处分行为也是无效的，摘取行为即使取得其监护人、法定代理人的同意，也构成故意伤害罪或者故意杀人罪。

（3）强迫、欺骗他人捐献器官的行为不能定本罪。强迫是指使用暴力、胁迫或其他方法足以压制一般人的反抗，使他人器官被迫摘除，如采用麻醉手段摘除他人器官。欺骗是指虚构事实、隐瞒真相，使他人陷入认识错误，进而处分自己的器官即"同意"被摘取，如医师不履行告知义务，谎称器官病变需要摘除。使用窃取、强迫、欺骗手段，违背他人意愿摘取器官是构成故意杀人罪还是故意伤害罪，关键看摘取人是否具有剥夺他人生命的故意。如果摘除他人的重要器官足以导致他人死亡，例如，摘除他人的心脏、全部的肝脏等，则应当认定为故意杀人罪。若行为人摘取他人器官后将其抛弃在隐蔽地带，使他人无法发现，或者摘取器官后未进行有效的医疗处理，也可构成故意杀人罪。

（4）对于窃取等非法摘取死者器官的行为，若受害者本人生前明确表示拒绝捐献器官，而其他人在其死后将其尸体器官摘取的，构成盗窃、侮辱故意毁坏尸体罪。若死者本人生前未明示是否愿意捐献器官的，近亲属有权决定是否捐献死者器官；若近亲属也未曾表示是否捐献器官，摘取死者器官的行为就侵犯了遗属的尊严，亦构成盗窃、侮辱故意毁坏尸体、尸骨、骨灰罪。

——胡云腾主编:《刑法罪名精释（第五版）》，人民法院出版社 2022 年版，第 681~682 页。

651. 组织出卖人体器官罪不以人体器官的实际摘取作为认定既、未遂的标准

关键词

组织出卖人体器官罪

《刑事审判参考》指导案例

王海涛等组织出卖人体器官案（《刑事审判参考》指导案例第 931 号）

裁判要点：组织出卖人体器官罪是行为犯，行为人只要实施了组织他人出卖人体器官的行为，即可构成本罪，不应以损害结果的发生作为认定既遂的标准。

（一）组织出卖人体器官罪不以人体器官的实际摘取作为认定既、未遂的标准

本案审理过程中，对四被告人构成组织出卖人体器官罪形成一致意见，但对具体犯罪停止形态存在不同认识。一种观点认为，本罪应当以损害结果的发生，即以实际摘除出卖者的身体器官作为认定既遂的标准。具体理由是：组织出卖人体器官罪侵害的主要客体是公民的人身权和健康权。只有当器官出卖者的身体器官被实际摘除，其人身健康权利受到具体侵害时，才能成立犯罪既遂。本案四名被告人先后组织多名供体出卖活体肾脏，其中部分供体被实际摘除肾脏，并进行了器官移植手术，应当认定为犯罪既遂，另有部分供体尚在血型配对中，或者因配对不成而离开，对此部分犯罪应当认定为犯罪未遂，并在具体量刑中予以体现。另一种观点认为，组织出卖人体器官罪是行为犯，行为人只要实施了组织他人出卖人体器官的行为，即可构成本罪，不应以损害结果的发生作为认定既遂的标准。本案四被告人组织出卖人体器官罪均应认定为既遂。

我们同意后一种观点，主要理由如下：

近年来，随着器官移植技术在临床医学中的广泛应用和发展，器官移植的供需矛盾突出，人体器官移植类违法犯罪行为时有发生。依法打击组织买卖或者变相买卖人体器官的违法犯罪行为，越来越受到理论界和实务界的关注。2011 年 2 月 25 日颁布的《刑法修正案（八）》第三十七条（作为刑法第二百三十四条之一）规定："组织他人出卖人体器官的，处五年以下有期徒刑，并处罚金；情节严重的，处五年以上有期徒刑，并处罚金或者没收财产。"然而，由于上述对组织出卖人体器官罪的规定采用了简单罪状的表述方式，导致审判实践中对该罪的理解和适用存在种种争议。我们认为，对该罪的既、未遂形态的认定可以从以下几个方面进行分析：

1. 组织出卖人体器官罪属于典型的行为犯，行为犯不以犯罪结果发生作为既遂认定的要件。我国刑法分则规定了不少"组织型"犯罪，如第二百二十四条之一规定的组织领导传销活动罪、第三百三十三条规定的非法组织卖血罪，第三百五十八条规定的组织卖淫罪，等等。根据刑法理论通说的观点，组织型犯罪是行为犯，而行为犯一般不要求危害结果必然实现，只要危害行为实施完毕即构成犯罪既遂。"组织型"犯罪作为行为犯中的一种独特类型，其既、未遂的认定是以行为人的组织、策划或指挥行为是否实施完成来作为界定标准。具体到本罪，只要行为人基于出卖人体器官的目的，实施了指挥、

策划、招揽、控制自愿出卖自身器官的人的行为，即构成本罪的既遂，而不需要出现器官被实际摘取等特定的后果。

2. 组织出卖人体器官罪所侵犯的客体是复杂客体，只要侵犯其一即可认定既遂。本罪既侵犯了公民的人身权利，也侵犯了国家医疗秩序。组织出卖人体器官行为，一方面容易诱使、鼓励处于经济困境的人为摆脱困境而出卖器官，严重损害出卖人的身体健康和生命安全；另一方面这种非法人体器官交易因缺乏监管，无法保证所出卖器官的安全性，这也可能危及器官受移植者的身体健康和生命安全。《人体器官移植条例》第三条明确了“任何组织或者个人不得以任何形式买卖人体器官”的刚性原则，并对人体器官的捐献、移植、法律责任，以及医疗机构从事器官移植应当具备的条件和承担的义务等都进行了具体的规定，目的就是为了规范人体器官移植活动，保证器官移植医疗行为能够有序开展。组织出卖人体器官行为使原本分散的、零星的出卖人体器官行为，由于组织行为的存在变得更具群体性、规模化，导致器官移植活动脱离国家监管，严重破坏国家器官移植医疗管理秩序。因此，即使出卖者未被实际摘取器官，但只要组织者的组织出卖人体器官行为实施完毕，国家器官移植医疗管理秩序受到严重侵害，即组织行为即构成既遂。

3. 以实际摘取器官与否作为本罪的既、未遂认定标准，与预防和惩治犯罪的立法意图相悖。组织出卖人体器官的行为客观上为人体器官的非法买卖推波助澜，只有斩断组织出卖行为这个非法买卖人体器官犯罪利益链条的关键节点，才能切断人体器官的非法来源，维护规范有序的器官移植医疗秩序。司法实践中，由于非法买卖人体器官犯罪一般具有被害人自愿有偿出卖器官（非自愿的情况下，应当以故意杀人罪、故意伤害罪等其他犯罪论处）、犯罪分子组织分工细化和作案隐蔽等特点，案件侦破、证据收集和认定往往会面临较大的困难。如果坚持以器官是否被摘取作为既、未遂的认定标准，显然不利于有效打击此类犯罪，与组织出卖人体器官罪的社会危害性以及当前打击此类犯罪的严峻形势不相适应。

本案中，王海涛等四被告人实际供述的组织出卖器官人数远多于检察机关的指控，但由于部分出卖器官者下落不明，实际认定的摘取器官的数量并不多。但不管实际认定摘取的数量有多少，也不管被组织者是否实际被摘取器官，都不影响组织出卖人体器官罪既遂的认定。

——最高人民法院刑一庭：《王海涛等组织出卖人体器官案》，载最高人民法院刑事审判第一、二、三、四、五庭主办：《刑事审判参考》2013 年第 6 集（总第 95 集），法律出版社 2014 年版，第 81~84 页。

652. 组织出卖人体器官罪情节严重的情形

关键词

组织出卖人体器官罪

《刑事审判参考》指导案例

王海涛等组织出卖人体器官案（《刑事审判参考》指导案例第 931 号）

裁判要点：被告人形成了分工明确的犯罪团伙，在其组织下有两人实际实施了器官移植手术，一人经鉴定为重伤，该团伙甚至向境外出卖人体器官，造成了恶劣的影响应当认定被告人的行为构成组织出卖人体器官罪情节严重的情形。

（二）本案是否属于组织出卖人体器官情节严重的情形

刑法第二百三十四条之一仅规定："情节严重的，处五年以上有期徒刑，并处罚金或者没收财产"。由于相关司法解释未对"情节严重"的具体认定进行解释或者明确标准，故本案审理过程中，对王海涛等四被告人的行为是否属于情节严重，存在不同认识。

我们认为，判断本案四被告人的行为是否属于"情节严重"，不仅要综合犯罪动机、目的、行为、手段、客观损害等进行判断，而且要根据本罪侵害复杂客体的实际，结合针对侵犯公民人身权利罪、危害公共卫生罪等犯罪的法律以及相关司法解释的规定和精神进行判断。如危害公共卫生罪中的非法行医罪，《最高人民法院关于审理非法行医刑事案件具体应用法律若干问题的解释》第二条规定情节严重的认定标准为：①造成就诊人轻度残疾、器官组织损伤导致一般功能障碍的；②造成甲类传染病传播、流行或者有传播、流行危险的；③使用假药、劣药或不符合国家规定标准的卫生材料、医疗器械，足以严重危害人体健康的；④非法行医被卫生行政部门行政处罚两次以后，再次非法行医的；⑤其他情节严重的情形。参照上述类似罪名的规定，我们认为，具有以下情形之一的，可以认定为组织出卖人体器官罪的情节严重：在医疗机构中执业的医务人员组织出卖的；组织多人（指三人以上，含三人）或者多次（指三次以上，含三次）出卖人体器官的；通过网络发布信息招揽、组织出卖的；组织未成年人出卖人体器官的；造成出卖人或者受移植人重伤、死亡等严重后果的；组织他人出卖人体器官非法获利数额巨大的；组织他人出卖人体器官造成恶劣的社会影响的，等等。

具体到本案，王海涛等四被告人在长达半年多的时间内，通过网络先后招揽、组织多人出卖人体器官，形成了分工明确的犯罪团伙；其中有两名出卖者实际实施了器官移植手术，一人经鉴定为重伤；该犯罪组织甚至组织向境外出卖人体器官，造成了恶劣的影响。综合这些情节，认定四被告人的行为构成组织出卖人体器官罪的情节严重，是适当的。

——最高人民法院刑一庭：《王海涛等组织出卖人体器官案》，载最高人民法院刑事审判第一、二、三、四、五庭主办：《刑事审判参考》2013 年第 6 集（总第 95 集），法律出版社 2014 年版，第 84~85 页。

653. 被告人在取得被害人承诺的犯罪案件中承担的民事赔偿责任比例的确定

关键词

组织出卖人体器官罪　民事赔偿责任　被害人承诺

《刑事审判参考》指导案例

周凯章等人组织出卖人体器官案（《刑事审判参考》指导案例第 1060 号）

裁判要点：被害人作为成年人，明知国家禁止买卖人体器官，为获得金钱仍同意被告人摘除其器官，对自己重伤结果的发生也存在一定过错，应承担相应的责任。但由于被告人的行为已经构成犯罪，且直接造成了被害人重伤的损害结果。因此，被告人应对损害结果的发生承担主要责任，附带民事原告人对此应承担次要责任。

（三）取得被害人承诺的犯罪案件中，可以适当减轻被告人的附带民事赔偿责任

在组织出卖人体器官犯罪案件中，被告人取得被害人的书面或口头承诺并不影响其行为构成本罪，但被害人作为成年人，明知国家禁止买卖人体器官，为获得金钱仍同意被告人摘除其器官，对自己重伤结果的发生也存在一定过错，应承担相应的责任。根据《侵权责任法》[①] 第二十六条之规定，被侵权人对损害的发生也有过错的，可以减轻侵权人的责任，故被告人周凯章等人不应对 3 名附带民事诉讼原告人的全部损失承担赔偿责任。关于被害人的过错可以在多大程度上减轻侵权人的责任，相关司法解释并无明确规定，个

---

① 该法已被《中华人民共和国民法典》废止。

别省制定的地方性法规对此有所涉及。例如，2014年的《广东省道路交通安全条例》（已废止）第四十六条第一款规定，机动车与非机动车驾驶人、行人之间发生交通事故，非机动车驾驶人、行人负事故次要责任的，由机动车一方承担80%的赔偿责任。目前，实践中主要由法院根据双方的过错程度自由裁量，合理确定分担比例。通常，若双方对损害结果的发生负同等责任，则双方各承担50%的赔偿责任，若侵权人负主要责任，被侵权人负次要责任，则侵权人承担60%~90%的赔偿责任是合理的。本案中，周凯章等人为谋取非法利润，通过网站、中介等发布买卖器官广告，被害人为获得小额金钱，即同意将自己的器官出卖给周凯章等人用于移植给他人，虽然被害人的行为也违反公序良俗，甚至也具有一定的违法性，但被告人的违法程度更高，且已经构成犯罪，直接造成了被害人重伤的损害结果。综合分析，周凯章等人应对损害结果的发生承担主要责任，附带民事原告人对此应承担次要责任。一审法院判决周凯章等人承担60%的责任，3名附带民事诉讼原告人承担40%的责任，是妥当的。

——最高人民法院刑五庭：《周凯章等人组织出卖人体器官案》，载最高人民法院刑事审判第一、二、三、四、五庭主办：《刑事审判参考》2014年第7集（总第102集），法律出版社2016年版，第44~45页。

654. 强奸罪的量刑

关键词

强奸罪　量刑

最高人民法院司法政策精神

（八）强奸罪

1. 构成强奸罪的，根据下列情形在相应的幅度内确定量刑起点：

（1）强奸妇女一人的，在三年至六年有期徒刑幅度内确定量刑起点。

奸淫幼女一人的，在四年至七年有期徒刑幅度内确定量刑起点。

（2）有下列情形之一的，在十年至十三年有期徒刑幅度内确定量刑起点：强奸妇女、奸淫幼女情节恶劣的；强奸妇女、奸淫幼女三人的；在公共场所当众强奸妇女、奸淫幼女的；二人以上轮奸妇女的；奸淫不满十周岁的幼女或者造成幼女伤害的；强奸致被害人重伤或者造成其他严重后果的。依法应当判处无期徒刑以上刑罚的除外。

2. 在量刑起点的基础上，根据强奸妇女、奸淫幼女情节恶劣程度、强奸人数、致人伤害后果等其他影响犯罪构成的犯罪事实增加刑罚量，确定基准刑。

强奸多人多次的，以强奸人数作为增加刑罚量的事实，强奸次数作为调节基准刑的量刑情节。

3. 构成强奸罪的，综合考虑强奸的手段、危害后果等犯罪事实、量刑情节，以及被告人的主观恶性、人身危险性、认罪悔罪表现等因素，从严把握缓刑的适用。

——《最高人民法院、最高人民检察院印发〈关于常见犯罪的量刑指导意见（试行）〉的通知》（2021 年 6 月 16 日，法发〔2021〕21 号）。

655. 强奸与通奸的界限

关键词

强奸罪　通奸

附录：最高人民法院主流观点

通奸是双方或一方有配偶的男女，自愿发生的不正当性交行为。从理论上讲二者明显不同，但司法实践中因为证据问题往往难以区分。强奸与通奸的区别在于：强奸违背妇女意愿，通奸出于妇女自愿；强奸一般采取暴力或胁迫手段，通奸一般不使用暴力或胁迫手段。区分二者除考察前述是否“违背妇女意志”外，必须对男女双方平时关系、交往情况、性交的时间地点环境、女方事后态度、告发原因等情况进行全面调查和综合分析。

司法实践中，区分强奸与通奸，划清罪与非罪的界限，还需要注意以下几个问题：

（1）强奸与通奸的转化。参照最高人民法院、最高人民检察院、公安部 1984 年 4 月 26 日《关于当前办理强奸案件中具体应用法律的若干问题的解答》① 的精神，需要注意以下情况：一是把通奸说成强奸的。有的妇女与人通奸，一旦关系恶化，或者事情暴露后怕丢面子，或者为推卸责任等，把通奸说成强奸的，因为实际上是通奸，不能定强奸罪。二是先强奸后通奸的。第一次性交违背妇女意志，事后并未告发，女方又多次真实自愿与该男子性交的，虽然第一次能够成立强奸罪，但考虑到保护女方权益和双方现实关系等因素，除情节严重的外，一般不宜以强奸罪论处。行为人强奸现役军人配偶后，与之同居的，可以构成破坏军婚罪。三是先强奸后继续威胁的。强奸后，对被害妇女实施精神上威胁，以散布隐私、损害名誉等相威胁，迫使其继续

① 该文件已废止。

忍辱屈从的，应以强奸罪论处。四是先通奸后强奸。男女先通奸，后来女方不愿继续通奸，而男方纠缠不休，以暴力或败坏名誉等进行胁迫，强行与女方性交的，应以强奸罪论处。如张某某强奸案。[①]

（2）利用职权或教养、从属关系的情况。利用职权或有教养、从属关系与妇女性交的，不能一律视为强奸，关键看是基于优势地位胁迫，还是双方相互利用。具体注意以下不同情况：

一是行为人与妇女之间有上下级、师生、师徒、教养等特定关系，男方利用优势地位和影响力，迫使其就范，如养（生）父以虐待、克扣生活费迫使养（生）女容忍其奸淫的；或者行为人利用职权，乘人之危，奸淫妇女的，因妇女处于弱势地位，如不答应性交就会招致妇女难以承受的损害，性交是违背妇女真实意愿的，所以构成强奸罪。因此，《刑法》第259条第2款规定，利用职权、从属关系，以胁迫手段奸淫现役军人妻子的，以强奸罪定罪处罚。

二是行为人利用职权引诱女方，允诺给予好处如招录、提拔、加薪等，女方贪图利益，基于相互利用与其性交的，因男女双方相互利用、各有所图，不能认定为强奸罪。

三是男女双方虽然存在特定关系，男方处于优势地位，但是男方没有利用特定关系或职权胁迫女方，女方出于真实自愿与其性交的，不构成强奸罪。

四是注意对未成年人的特殊保护。根据《最高人民法院、最高人民检察院、公安部、司法部、关于依法惩治性侵害未成年人犯罪的意见》(以下简称《依法惩治性侵害未成年人犯罪意见》）第21条规定，对幼女负有特殊职责的人员与幼女发生性关系的，以强奸罪论处。对已满十四周岁的未成年女性负有特殊职责的人员，利用其优势地位或者被害人孤立无援的境地，迫使未成年被害人就范，而与其发生性关系的，以强奸罪定罪处罚。所谓“利用优势地位”奸淫，是指行为人与未成年被害人之间具有监护、教育、训练、看护、救助、医疗等特殊关系，且行为人故意利用这种特殊关系，以使未成年被害人的生活条件、受教育、训练机会、接受救助或医疗等方面可能受到影响的方式，对被害人施加压力，使其不得不容忍行为人对其进行奸淫。所谓利用未成年人“孤立无援的境地”奸淫，是指由于各种原因，未成年被害人处于不得不依赖上述特殊职责人员的资助、抚育、照顾和救助等状况，而行为人有意利用此种状况，迫使被害人容忍其奸淫行为。如对处于身患严重疾病、流落街头需要接受救助等境地的未成年被害人进行奸淫。[②]

---

① 法信码A6.H5327，先通奸后强奸的认定。

② 周峰等：《〈关于依法惩治性侵害未成年人犯罪的意见〉的理解与适用》，载《人民司法·应用》2014年第1期。

（3）注意妇女“半推半就”的情况。所谓“半推半就”，是指与妇女性交时，妇女处于犹豫不决的徘徊矛盾心理状态，既有不同意的表现（推），又有同意的表现（就）。参照前述《最高人民法院、最高人民检察院、公安部关于当前办理强奸案件中具体应用法律的若干问题的解答》精神，对于“半推半就”的，要全面分析双方平时关系、性交当时环境和情况、事后女方态度、在什么情况下告发等，认真全面审查，根据是否实际确系违背妇女意志，区别对待。

一是“形就实推”。如果因为害怕表面上“就”，违心屈从、无奈顺从、被迫同意，或者开始同意而后来不同意，实际上是“推”，使用暴力、胁迫等手段强行性交的，因确系违背妇女意志，应以强奸罪论处。如盛柯强奸案。[①]

二是“形推实就”。如果出于害羞、怕孕、怕被人发现而表面上“推”，实际上是“就”，默示同意，或者开始不同意而后同意，没有明显使用暴力、胁迫等手段性交的，因为没有违背妇女真实意思，不能以强奸罪论处。

三是“似推似就”。如果女方“推”与“就”犹豫徘徊，或者“推”与“就”真实意思不明，女方未表示拒绝，男方也没有采取暴力、胁迫等手段强行性交的，一般不宜以强奸罪论处。如果女方明确表示不同意，甚至全力激烈反抗时，男方仍强行性交的，则构成强奸罪。

（4）使用欺骗手段的情况。以欺骗手段与妇女性交的特点是女性在谎言的迷惑下，自愿甚至主动与男子性交，但实际上违背其真实意愿。欺骗手段包括精神上的强制手段和暴力、胁迫以外的其他手段，如利用邪教迷信，冒充妇女的丈夫、未婚夫、情夫，利用或假冒治病，利用女性年幼或愚昧无知等。

对此是否认定为强奸，关键看是否违背妇女的真实意志，进行具体分析。一是如果谎言对妇女造成精神上的胁迫，如利用会道门、邪教组织、迷信奸淫妇女，则认定为强奸。《刑法》第 300 条第 3 款已明确规定组织和利用会道门、邪教组织或者利用迷信奸淫妇女的，以强奸罪论处。二是如果欺骗的谎言对妇女并没有造成精神上胁迫，妇女没有丧失自由意志能力而性交的，不能认定为强奸罪。如谎称自己是高官、大款或其子弟，愿与妇女结婚等，女方出于相互利用而性交的，则不能认定为强奸。三是欺骗性交违背女性真实意思，属于《刑法》规定的“其他手段”的，构成强奸罪。利用女性对性交对象或作用的误认，如冒充妇女的丈夫、未婚夫、情夫，利用或假冒治病，利用女性年幼或愚昧无知。如被告人王国民、王谦强奸案。[②]

——胡云腾主编：《刑法罪名精释（第五版）》，人民法院出版社 2022 年

---

① 参见江苏省无锡市南长区法院（2007）南刑初字第 10 号。

② 参见法信码 A6.H5339，强奸妇女、奸淫幼女多人的。

版，第687~690页。

656. 如何认定强奸罪中的“违背妇女意志”

关键词

强奸罪　违背妇女意志

附录：最高人民法院主流观点

对于如何理解“违背妇女意志”，学界有不同表述。[①]我们认为“违背妇女意志”，是指违背妇女拒绝性交的意志自由，性交并非出于其意志自由基础上的真实意愿。它包含两种情形：一是在妇女有正常的辨认能力、控制能力和自由意志的情形下，未经妇女同意而违背其意志。二是在妇女无正常的辨认能力、控制能力和自由意志的情形下，如幼女、精神病人，未经或者已征得该妇女同意，也视为违背妇女意志。

违背妇女意志是强奸行为的本质，可以通过客观事实情况进行分析判断。认定是否违背妇女意志，要全面分析男女双方关系、行为表现及其心理状态、整个过程等情况，结合发生性关系的时间、地点、周围环境、女性的年龄、性格、体质等因素综合分析，还要注意从以下正反两方面分析判断性交行为是否违背女性意志。

（1）没有违背女性意志的判断。性交应由男女双方自愿平等协商决定，达成有效性交合意的，不存在强奸；没有达成性交合意或者合意无效的，构成强奸。有效的性交合意，需要同时具备以下条件：一是女性具有性交合意的资格，即已满14周岁且精神正常，具有行为辨认能力和控制能力，理解性行为的意义和后果。幼女、精神病人、痴呆女性没有性交合意的资格。二是性交合意出于女性的真实意思，即同意性交的合意是在没有外力干扰、神志清醒的自由意志状态下由女性自愿自主达成的。三是女性有性交合意的意思表示，即女性以某种方式表明自己愿意与行为人性交。性交合意的表示形式不限，可明示或暗示，可直接或间接，可语言或形体。

（2）违背女性意志的判断。违背女性意志的表征是采用暴力、胁迫或其他手段，致使女性对性交行为难以或不知抗拒。具体讲，可从以下方面分析判断：一是从时间上看，性交当时被害人当场是否在意志自由基础上真实同意，而不是事后反悔或事后追认。二是从男方采用手段看，行为人是否采用

---

① 参见高铭暄、马克昌主编：《中国刑法解释》（下卷），中国社会科学出版社2005年版，第1590页。

暴力、胁迫或者其他手段，但与有无强制手段并无必然联系。采用暴力、胁迫手段的，可以断定性交行为违背妇女意志；采用其他非强制手段的，同样可能违背妇女意志。三是从女性是否反抗、拒绝看，不仅看妇女有无反抗和拒绝性交的表现，而且应看妇女是否能够反抗、是否知道反抗、是否敢于反抗等情况。只要使被害女性不能反抗、不敢反抗或利用其不知反抗的状态，就足以认定违背妇女意志。对女性没有反抗，或反抗表示不明显的，要从女性自身情况和当时环境等具体分析原因。如现场的地理位置、环境和时间等可能对妇女产生恐惧影响。深夜、偏僻之处让受害人感到孤立无援，产生心理恐惧，往往不敢反抗。如刘东明强奸案。刘凌晨驾车冒充民警，用手铐拷住罗某双手，以罗涉嫌卖淫，要判刑、罚款相要挟，将其奸淫。尽管被害人没有反抗甚至有顺从的表示，也不能认为奸淫行为符合被害人意志，因为其顺从并非出于内心真实意思表示。[①]

——胡云腾主编：《刑法罪名精释（第五版）》，人民法院出版社 2022 年版，第 690~691 页。

657. 与女痴呆症患者发生性行为的定性

关键词

强奸罪　痴呆症患者　性关系行为

附录：最高人民法院主流观点

精神病或痴呆妇女缺乏正常的认识和意志能力，与精神病或痴呆妇女性交的，不能以女性是否表示同意为标准，而应以男方是否明知、女方是否有行为辨认和控制能力，根据司法精神病鉴定情况，结合案件具体情况，分别处理。

（1）行为人明知妇女是精神病患者或痴呆妇女（重度）而与其性交的，不管采取什么手段，被害人是否同意、有无反抗，因女方无承诺性交的能力，都应以强奸罪论处。如李长兴、丁跃科强奸案。

（2）与间歇性精神病患者在未发病期间发生性行为，或者与精神病已基本痊愈的妇女性交，妇女同意的，不构成强奸罪。

（3）精神病或痴呆妇女（轻度）尚未完全丧失辨认和控制能力，在女方自愿情况下性交的，不构成强奸罪。

---

① 黎宏主编：《刑事案例诉辩审评——强奸罪拐卖妇女儿童罪》，中国检察出版社 2005 年版，第 88~94 页。

（4）行为人确实不知道女方是精神病或痴呆妇女，将女方的挑逗误认为女方放荡而与其性交的，一般不宜以强奸罪论处，但使用暴力或者胁迫手段的，构成强奸罪。

——胡云腾主编：《刑法罪名精释（第五版）》，人民法院出版社 2022 年版，第 694 页。

658. 丈夫在婚姻存续期间强行与妻子发生性行为不构成强奸罪

关键词

强奸罪　婚内强奸

《刑事审判参考》指导案例

白俊峰强奸案（《刑事审判参考》指导案例第 20 号）

裁判要点：丈夫违背妻子的意志，在婚姻关系存续期间，采用暴力手段，强行与妻子发生性行为，不构成强奸罪。

婚姻状况是确定是否构成强奸罪中违背妇女意志的法律依据。根据《婚姻法》的规定，合法的婚姻，产生夫妻之间特定的人身和财产关系。同居和性生活是夫妻之间对等人身权利和义务的基本内容，双方自愿登记结婚，就是对同居和性生活的法律承诺。因此，从法律上讲，合法的夫妻之间不存在丈夫对妻子性权利自由的侵犯。相反，如果妻子同意与丈夫以外的男子发生性关系却构成对合法婚姻的侵犯。所以，如果在合法婚姻关系存续期间，丈夫不顾妻子反对、甚至采用暴力与妻子强行发生性关系的行为，不属刑法意义上的违背妇女意志与妇女进行性行为，不能构成强奸罪。

——最高人民法院刑事审判第一庭编：《刑事审判参考》1999 年第 3 辑（总第 3 辑），法律出版社 1999 年版，第 23~26 页。编审：张辛陶。

659. 与被害人通奸后又帮助他人强奸被害人构成强奸罪共犯

关键词

强奸罪　通奸　帮助犯　共同犯罪

《刑事审判参考》指导案例

滕开林、董洪元强奸案（《刑事审判参考》指导案例第 395 号）

裁判要点：被告人与被害人通奸后又帮助他人强奸被害人，主观上，有与他人强奸被害人的共同故意；客观上，有帮助他人实行强奸的帮助行为，是强奸犯罪的帮助犯，二人的行为构成强奸共同犯罪。

被告人与被害人通奸后又帮助他人强奸被害人，主观上，有与他人强奸被害人的共同故意；客观上，有帮助他人实行强奸的帮助行为，是强奸犯罪的帮助犯，二人的行为构成强奸共同犯罪。

——最高人民法院刑事审判第一、二、三、四、五庭主办：《刑事审判参考》2006 年第 3 集（总第 50 集），法律出版社 2006 年版，第 14~18 页。

660. 被告人实施强奸导致被害人落水并因不救助致其死亡的行为的定性

关键词

强奸罪　救助义务

《刑事审判参考》指导案例

王某强奸案（《刑事审判参考》指导案例第 982 号）

裁判要点：被告人强奸被害人后仍欲再次强奸，客观上引发了被害人落水的危险，故被告人理应承担随之产生的救助义务。然而被告人在能够施救的情况下不施救，反而坐观被害人死亡后才离开现场，主观上对被害人的死亡结果持放任态度，其不救助行为构成不作为杀人，应当认定被告人构成强奸罪和故意杀人罪，依法予以并罚。

刑法第二百三十六条第三款第五项中的“致使被害人重伤、死亡或者造成其他严重后果”是典型的结果加重犯规定。审判实践中，对“强奸致使被害人重伤、死亡”的理解，通常依据的文件是最高人民法院、最高人民检察院、公安部 1984 年联合发布的《关于当前办理强奸案件中具体应用法律的若干问题的解答》(以下简称《解答》)[①]。《解答》第四条规定:“强奸‘致人重伤、死亡’,是指因强奸妇女、奸淫幼女导致被害人性器官严重损伤,或者造成其他严重伤害,甚至当场死亡或者经治疗无效死亡的。对于强奸犯出于报复、灭口等动机,在实施强奸的过程中,杀死或者伤害被害妇女、幼女的,应分别定为强奸罪、故意杀人罪或者故意伤害罪,按数罪并罚惩处。”虽然《解答》已于2013年1月18日起失效,但是鉴于修订后的刑法对此问题并无新的具体规定,且原《解答》既符合立法本意,也符合刑法的罪刑相适应原则,故实践中对“强奸致使被害人重伤、死亡”的理解与适用仍可参照《解答》的部分内容。从《解答》的规定可以看出,对于被告人强奸致人死亡的案件不能一概而论,既可能按照强奸罪一罪的结果加重犯论处,也可能同时成立强奸罪与其他犯罪,在具体案件中应当视不同情况详加分析。

就本案而言,被告人王某在同案被告人黄某的居住地第一次强奸被害人熊某成立既遂不存在争议。在熊某逃离黄某住所后,王某追赶熊某并欲再次强奸熊某(此起未遂),该行为亦可作为从重情节纳入强奸罪一并评价。本案的特殊之处在于,熊某因逃避强奸落水后,王某未实施救助,坐视熊某死亡方才离去。王某的这种“见死不救”的不作为行为是否属于强奸致使被害人死亡,是按照故意杀人罪论处还是按照强奸罪的结果加重犯论处,实践中存在分歧意见。

我们认为,王某的不作为行为可以单独构成故意杀人罪。具体理由如下:

(一)对被害人的死亡持放任结果发生,符合间接故意杀人的主观特征

犯罪故意分为直接故意和间接故意。两者的区别首先在于意志要素不同:直接故意的意志要素是希望,即积极追求危害结果的发生;而间接故意的意志要素是放任,即对结果的发生持无所谓的态度,不希望,也不反对。其次,直接故意和间接故意在意识要素上也存在一定区别。一般情况下,直接故意要求行为人对行为产生危害结果的认识程度更高,而间接故意仅要求行为人对行为产生危害结果的可能性存在一定认识即可。当然,在个别情况下,间接故意是否包括行为人认识到危害结果必然发生的情形,理论界和实务界均存在争议。

本案中,被害人熊某在逃避强奸的反抗过程中曾称要告发被告人王某,而王某对其是否由此产生杀人灭口的作案动机始终没有供述,认定熊某落水之前王某即具有杀死熊某的主观故意较为牵强。但熊某落水时正值深夜,河边行人罕至,王某应当知道不及时救助熊某,就会产生熊某溺水死亡的后果,在此情况下,王某既不亲自实施救助,也不寻求他人帮助,坐视熊某溺亡后转身离去,属于刑法上典型的不作为行为。这种不作为的行为表明,王某对

---

① 该文件已废止。

熊某死亡的结果持无所谓的态度，熊某死亡并不违背王某的本意，故王某在主观上符合杀人（间接故意）的主观特征。

（二）因先行行为而负有特定救助义务，违反了这一救助义务而不作为的，具有刑法上的可罚性

在不作为犯罪理论中，特定义务是其中的重要构成要素，没有特定义务就不可能成立不作为犯罪。虽然理论上对特定义务的产生根据尚未形成统一认识，但普遍认为通常包含以下几种情形：一是基于亲缘关系而产生的特定义务，例如父母对未成年子女有扶养教育的权利和义务，此种扶养教育义务即属于特定作为义务。二是基于工作、职业关系形成的特定义务，例如医生与其诊疗的病人之间、保姆与其照料的婴儿之间，属于在工作中形成的依赖或依存关系，医生、保姆负有保护对方的特定作为义务。三是行为人与他人虽然不存在上述两种关系，但由于行为人的行为给他人制造了危险，也可产生行为人对他人的特定作为义务。此种作为义务的成立有赖于两个条件：行为人的行为是否引发了危险及行为人对危险后果是否有控制能力。以下具体联系本案进行分析：

1. 被告人王某为强奸而实施了暴力手段，这一先行行为客观上引发了被害人熊某落水的危险。本案中王某在黄某居住地第一次强奸熊某后，熊某逃离黄某的居住地，王某随后追赶熊某并欲在河边再次强奸熊某。虽然现有证据不能证实王某推熊某落水，但熊某是在受到王某犯罪行为威胁的情况下落水的事实足以认定。王某在河岸第二次着手实施的强奸行为，产生了熊某因抗拒性侵而落水的危险；由于熊某抗拒和逃避他人的性侵系其自然的反应和维护自身正当权利所必需的，故该危险不能归咎于熊某。正是由于王某制造出熊某落水的危险，故王某理应承担随之产生的救助义务。基于此，王某不实施救助行为与普通路人对于无关的人见死不救的行为本质上存在差异，王某应当承担相关刑事法律后果。

2. 被告人王某对深夜在河边追逐被害人熊某所可能产生的危险后果，具备充分的预见和控制能力。一方面，王某与同案被告人黄某系亲戚关系和近邻，王某对黄某居住地及其周围环境特别是河道的情况都非常熟悉，具备判断和预见危险的条件。另一方面，在案证据证实，王某实施第一次强奸行为时，熊某发觉后即坚决反对；后王某欲第二次强奸熊某时，熊某反抗不让王某碰她，两人在河边发生拉扯，故王某对于熊某不同意与其发生性关系而反抗，也是心知肚明的，熊某的反抗不属于王某难以预料的过激反应。在双方的冲突中，王某的犯罪行为无疑是矛盾的主要、积极的方面。在当时的情况下，如果王某及时停止强奸行为，就完全可能避免危险进一步发展。王某即使不会游泳，也可以通过喊人等方式向其他人求助，可见王某具备履行相关救助义务的条件和可能，赋予其承担救助的作为义务顺理成章。

（三）不作为型杀人与通常的作为型杀人在社会危害性、主观恶性、人身危险性方面具有相当性

我国刑法理论目前虽然对不作为犯罪理论尚未形成共识，但是这并不妨碍法官依据主客观相统一的原则，根据犯罪构成原理探索不作为犯的等价性问题。换言之，法官一方面可以根据犯罪的具体事实、行为方式和危害程度进行事实判断；另一方面还可以根据犯罪涉及作为、不作为的复杂现实，结合有关立法精神进行价值判断，进而作出正确的裁判。

具体到本案中，我们认为，被告人王某的不作为杀人与通常的作为杀人在社会危害性、主观恶性、人身危险性方面具有相当性。一是王某的在先行为制造了可能侵害法益的现实危险，其有义务同时也具备条件和能力避免该危险。二是王某的不作为具有独立的主观罪过形式，该罪过的内容与支配其在先行为的罪过内容存在明显差异。三是王某的不作为行为与其先行行为在行为方式上可以作出明确区分，具有相对独立性。四是王某的不作为行为直接导致了死亡结果的发生，在危害结果上与作为型的故意杀人行为并无二致。五是王某的在先行为所构成的强奸罪，在犯罪构成方面难以涵盖不作为行为，仅认定强奸罪一罪将导致遗漏评价。故综合分析，应当认定王某的行为构成独立的故意杀人罪。

综上，一、二审法院认定被告人王某构成强奸一罪有误，认定王某分别构成强奸罪和故意杀人罪，依法予以并罚，更符合罪刑法定和罪责刑相适应原则。

——最高人民法院刑一庭：《王某强奸案》，载最高人民法院刑事审判第一、二、三、四、五庭主办：《刑事审判参考》2014年第3集（总第98集），法律出版社2014年版，第27~30页。

661. 依法惩治性侵害未成年人犯罪的基本要求

关键词

惩治性侵害未成年人犯罪

最高人民法院司法政策精神

1. 本意见所称性侵害未成年人犯罪，包括刑法第二百三十六条、第二百三十七条、第三百五十八条、第三百五十九条、第三百六十条第二款规定的针对未成年人实施的强奸罪，强制猥亵、侮辱妇女罪，猥亵儿童罪，组织卖淫罪，强迫卖淫罪，引诱、容留、介绍卖淫罪，引诱幼女卖淫罪，嫖宿幼女罪等。

2. 对于性侵害未成年人犯罪，应当依法从严惩治。

3. 办理性侵害未成年人犯罪案件，应当充分考虑未成年被害人身心发育尚未成熟、易受伤害等特点，贯彻特殊、优先保护原则，切实保障未成年人的合法权益。

4. 对于未成年人实施性侵害未成年人犯罪的，应当坚持双向保护原则，在依法保护未成年被害人的合法权益时，也要依法保护未成年犯罪嫌疑人、未成年被告人的合法权益。

5. 办理性侵害未成年人犯罪案件，对于涉及未成年被害人、未成年犯罪嫌疑人和未成年被告人的身份信息及可能推断出其身份信息的资料和涉及性侵害的细节等内容，审判人员、检察人员、侦查人员、律师及其他诉讼参与人应当予以保密。

对外公开的诉讼文书，不得披露未成年被害人的身份信息及可能推断出其身份信息的其他资料，对性侵害的事实注意以适当的方式叙述。

6. 性侵害未成年人犯罪案件，应当由熟悉未成年人身心特点的审判人员、检察人员、侦查人员办理，未成年被害人系女性的，应当有女性工作人员参与。

人民法院、人民检察院、公安机关设有办理未成年人刑事案件专门工作机构或者专门工作小组的，可以优先由专门工作机构或者专门工作小组办理性侵害未成年人犯罪案件。

7. 各级人民法院、人民检察院、公安机关和司法行政机关应当加强与民政、教育、妇联、共青团等部门及未成年人保护组织的联系和协作，共同做好性侵害未成年人犯罪预防和未成年被害人的心理安抚、疏导工作，从有利于未成年人身心健康的角度，对其给予必要的帮助。

8. 上级人民法院、人民检察院、公安机关和司法行政机关应当加强对下指导和业务培训。各级人民法院、人民检察院、公安机关和司法行政机关要增强对未成年人予以特殊、优先保护的司法理念，完善工作机制，提高办案能力和水平。

——《最高人民法院、最高人民检察院、公安部、司法部关于依法惩治性侵害未成年人犯罪的意见》（2013 年 10 月 23 日，法发〔2013〕12 号）。

662. 关于依法惩治性侵害未成年人犯罪的办案程序要求

关键词

惩治性侵害未成年人犯罪

最高人民法院司法政策精神

9. 对未成年人负有监护、教育、训练、救助、看护、医疗等特殊职责的人员（以下简称负有特殊职责的人员）以及其他公民和单位，发现未成年人受到性侵害的，有权利也有义务向公安机关、人民检察院、人民法院报案或者举报。

10. 公安机关接到未成年人被性侵害的报案、控告、举报，应当及时受理，迅速进行审查。经审查，符合立案条件的，应当立即立案侦查。

公安机关发现可能有未成年人被性侵害或者接报相关线索的，无论案件是否属于本单位管辖，都应当及时采取制止违法犯罪行为、保护被害人、保护现场等紧急措施，必要时，应当通报有关部门对被害人予以临时安置、救助。

11. 人民检察院认为公安机关应当立案侦查而不立案侦查的，或者被害人及其法定代理人、对未成年人负有特殊职责的人员据此向人民检察院提出异议的，人民检察院应当要求公安机关说明不立案的理由。人民检察院认为不立案理由不成立的，应当通知公安机关立案，公安机关接到通知后应当立案。

12. 公安机关侦查未成年人被性侵害案件，应当依照法定程序，及时、全面收集固定证据。及时对性侵害犯罪现场进行勘查，对未成年被害人、犯罪嫌疑人进行人身检查，提取体液、毛发、被害人和犯罪嫌疑人指甲内的残留物等生物样本，指纹、足迹、鞋印等痕迹，衣物、纽扣等物品；及时提取住宿登记表等书证，现场监控录像等视听资料；及时收集被害人陈述、证人证言和犯罪嫌疑人供述等证据。

13. 办案人员到未成年被害人及其亲属、未成年证人所在学校、单位、居住地调查取证的，应当避免驾驶警车、穿着制服或者采取其他可能暴露被害人身份、影响被害人名誉、隐私的方式。

14. 询问未成年被害人，审判人员、检察人员、侦查人员和律师应当坚持不伤害原则，选择未成年人住所或者其他让未成年人心理上感到安全的场所进行，并通知其法定代理人到场。无法通知、法定代理人不能到场或者法定代理人是性侵害犯罪嫌疑人、被告人的，也可以通知未成年被害人的其他成年亲属或者所在学校、居住地基层组织、未成年人保护组织的代表等有关人员到场，并将相关情况记录在案。

询问未成年被害人，应当考虑其身心特点，采取和缓的方式进行。对与性侵害犯罪有关的事实应当进行全面询问，以一次询问为原则，尽可能避免反复询问。

15. 人民法院、人民检察院办理性侵害未成年人案件，应当及时告知未成年被害人及其法定代理人或者近亲属有权委托诉讼代理人，并告知其如果经济困难，可以向法律援助机构申请法律援助。对需要申请法律援助的，应当帮助其申请法律援助。法律援助机构应当及时指派熟悉未成年人身心特点的律师为其提供法律帮助。

16. 人民法院、人民检察院、公安机关办理性侵害未成年人犯罪案件，除有碍案件办理的情形外，应当将案件进展情况、案件处理结果及时告知被害人及其法定代理人，并对有关情况予以说明。

17. 人民法院确定性侵害未成年人犯罪案件开庭日期后，应当将开庭的时间、地点通知未成年被害人及其法定代理人。未成年被害人的法定代理人可以陪同或者代表未成年被害人参加法庭审理，陈述意见，法定代理人是性侵害犯罪被告人的除外。

18. 人民法院开庭审理性侵害未成年人犯罪案件，未成年被害人、证人确有必要出庭的，应当根据案件情况采取不暴露外貌、真实声音等保护措施。有条件的，可以采取视频等方式播放未成年人的陈述、证言，播放视频亦应采取保护措施。

——《最高人民法院、最高人民检察院、公安部、司法部印发〈关于依法惩治性侵害未成年人犯罪的意见〉的通知》（2013 年 10 月 23 日，法发〔2013〕12 号）。

663. 奸淫幼女案件中几种情况的处理

关键词

强奸罪　奸淫幼女　明知

附录：最高人民法院主流观点

幼女是指不满 14 周岁的女性。幼女身体发育不成熟，对性交的性质、后果缺乏辨认能力，所以刑法对其身心健康进行特殊保护。根据《依法惩治性侵害未成年人犯罪意见》等有关规定，对于与幼女性交的，应当区分案件不同情况分别处理：

（1）行为人明知（包含知道或应当知道）是幼女而与其发生性行为的，除以下特殊情况外，不论采用何种手段和幼女是否自愿，都应以强奸罪定罪，并从重处罚。如刘某某强奸案。根据《依法惩治性侵害未成年人犯罪意见》第 19 条规定，知道或者应当知道对方是不满 14 周岁的幼女，而实施奸淫等性侵害行为的，应当认定行为人“明知”对方是幼女。对不满 12 周岁的被害人实施奸淫等性侵害行为的，应当认定行为人“明知”对方是幼女。对已满 12 周岁不满 14 周岁的被害人，从其身体发育状况、言谈举止、衣着特征、生活作息规律等观察可能是幼女，而实施奸淫等性侵害行为的，应当认定行为人“明知”对方是幼女。

（2）行为人确实不知是幼女而与其发生性行为的，存在两种情形。一是以暴力、胁迫或者其他手段强行与之发生性关系的，当然构成强奸罪。二是幼女早熟、身材高大、言行貌似成年人，又谎报年龄，未使用暴力、胁迫等手段，双方自愿性交，未造成严重后果的，不宜认定为强奸罪。但幼女早熟、谎报年龄等，并不排除行为人通过各种途径知道或认识到女方可能是幼女。只要认识到女方可能是幼女而性交的，仍构成强奸罪。

（3）需要注意的特殊情况是不满16周岁的未成年人。根据《最高人民法院、最高人民检察院、公安部、司法部关于依法惩治性侵害未成年人犯罪的意见》第27条规定，对已满14周岁不满16周岁的人偶尔与幼女发生性关系，情节轻微、未造成严重后果的，不认为是犯罪。除此之外，只要知道或者应当知道对方是不满14周岁的幼女，而与其性交的，就构成强奸罪。所谓情节轻微，一般是指采用非强制手段、双方自愿或者生殖器没有插入等情况；所谓严重后果，主要是指对幼女身心健康或者身体的严重摧残和伤害。

（4）需要注意的是，根据《最高人民法院、最高人民检察院、公安部、司法部关于依法惩治性侵害未成年人犯罪的意见》第20条规定，以金钱财物等方式引诱幼女与自己发生性关系的；知道或者应当知道幼女被他人强迫卖淫而仍与其发生性关系的，均以强奸罪论处。

——胡云腾主编：《刑法罪名精释（第五版）》，人民法院出版社2022年版，第694~695页。

664. 针对未成年人实施的强奸犯罪中“情节恶劣”的情形

关键词

强奸罪　情节恶劣

最高人民法院司法政策精神

25. 针对未成年人实施强奸、猥亵犯罪的，应当从重处罚，具有下列情形之一的，更要依法从严惩处：

（1）对未成年人负有特殊职责的人员、与未成年人有共同家庭生活关系的人员、国家工作人员或者冒充国家工作人员，实施强奸、猥亵犯罪的；

（2）进入未成年人住所、学生集体宿舍实施强奸、猥亵犯罪的；

（3）采取暴力、胁迫、麻醉等强制手段实施奸淫幼女、猥亵儿童犯罪的；

（4）对不满十二周岁的儿童、农村留守儿童、严重残疾或者精神智力发育迟滞的未成年人，实施强奸、猥亵犯罪的；

（5）猥亵多名未成年人，或者多次实施强奸、猥亵犯罪的；

（6）造成未成年被害人轻伤、怀孕、感染性病等后果的；

（7）有强奸、猥亵犯罪前科劣迹的。

——《最高人民法院、最高人民检察院、公安部、司法部关于依法惩治性侵害未成年人犯罪的意见》（2013年10月23日，法发〔2013〕12号）。

《刑事审判参考》指导案例

李明明强奸案（《刑事审判参考》指导案例第983号）

裁判要点：被告人公然以暴力劫持二未成年人被害人实施强奸，且在已知晓有人报警的情况下，仍在“送返”被害人途中强奸了第二名被害人，其行为虽然不符合“强奸多人”“在公共场所强奸”“二人以上轮奸”等刑法明确列举的加重情形，但在实施犯罪的整个过程体现出较深的主观恶性和较大的社会危害性，总体上与《刑法》第二百三十六第三款第二至第五项所列的单项加重情节的危害程度相当，故而应当认定为强奸犯罪中“情节恶劣”的情形。

（二）公然暴力劫持二名未成年少女，且对二名未成年少女先后实施强奸，符合认定强奸罪“情节恶劣”的标准

刑法第二百三十六条第三款第一项规定的“强奸妇女、奸淫幼女情节恶劣”属于情节加重犯的内容。与该款第二至五项明确列举加重情节或者加重后果不同，第一项属于原则性规定。基于实际发生案件的复杂性、多样性，过于具体的列举式规定难以涵盖所有需要予以加重处罚的情节，原则性的规定给予法官一定的自由裁量权，在审理案件时对需要加重量刑的行为科以同其犯罪的严重性相适应的刑罚。但是由于原则性规定本身内在的模糊性，具体适用时容易产生争议，需要确定一定的标准。

根据罪责刑相适应原则，同一法定刑档次内的量刑情节所体现的罪责应当相当，故认定“情节恶劣”的标准，应当与刑法第二百三十六条第三款第二至五项所列情形的严重性相当，实践中可以从以下几个方面来把握：（1）选择特定犯罪对象实施强奸，被害人不具有一般人的反抗能力或者反抗能力极弱，如强奸无辨认能力的精神病人，强奸行动不便的孕妇，强奸身患重病、无法抵抗的患者；（2）在公共场所公然劫持被害人后实施强奸，对抗社会意图明显；（3）采用残忍的暴力手段或者在强奸过程中以十分下流的手段肆意蹂躏等损害被害人身心健康的方式实施强奸，如强奸被害人过程中施以凌辱、虐待等；（4）长期多次对同一被害人进行强奸，即行为人在某段相对较长时

期内连续多次反复强奸同一人，通常有“霸占”被害人为自己性工具的意图；（5）其他具有相当危害程度的情形，如最高人民法院、最高人民检察院、公安部、司法部联合下发的《关于依法惩治性侵害未成年人犯罪的意见》第25条所规定的对未成年人负有特殊职责的人员、与未成年人有共同家庭生活关系的人员、国家工作人员利用职务便利强奸未成年人，造成未成年被害人轻伤、怀孕、感染性病等后果；等等。总之，因司法实践的复杂性，判断是否属于强奸“情节恶劣”，应当结合案件具体事实、情节，社会危害程度，从犯罪主体、犯罪对象、犯罪地点、犯罪手段、犯罪后果等诸多方面综合判断。

本案中，被告人李明明伙同楚海洋公然采取持棍棒及语言威胁的方式，在学校附近赶走多名教师及被害人孙某的弟弟，强行将两名未成年女学生劫持，李明明先强奸其中一名幼女，在得知有人报警后，又强奸另一未成年被害人。李明明的强奸行为虽然不符合“强奸多人”“在公共场所强奸”“二人以上轮奸”等刑法明确列举的加重情形，但是，综合考察，李明明公然暴力劫持二被害人后实施强奸，且针对的对象是两名未成年少女（分别系13岁、14岁），且在已知晓有人报警的情况下，仍在“送返”被害人途中强奸了第二名被害人，其实施犯罪的整个过程体现出较深的主观恶性和较大的社会危害性，总体上与刑法第二百三十六第三款第二至第五项所列的单项加重情节的危害程度相当，二审认定李明明强奸犯罪“情节恶劣”，依法改判其有期徒刑十年，量刑是适当的。

——最高人民法院刑一庭：《李明明强奸案》，载最高人民法院刑事审判第一、二、三、四、五庭主办：《刑事审判考》2014年第3集（总第98集），法律出版社2014年版，第35~36页。

附录：司法信箱

问题：被告人蒋某酒后溜进邻居家，奸淫幼女（未满十四周岁）李某。事隔半年后，被告人又和其发生6次性关系。对奸淫幼女多次是否构成情节恶劣这一加重情节，有两种意见：一种意见认为，根据1984年最高人民法院的解释，认为被告人蒋某的行为构成情节恶劣；另一种意见认为，1997年《刑法》已将1984年最高人民法院司法解释的内容包括，因此1984年最高人民法院的司法解释不再发生法律效力。本案中该幼女后来6次发生性关系又是自愿的，故不构成情节恶劣这一加重情节。

《人民司法》研究组认为：《最高人民法院关于认真学习贯彻修订后刑法的通知》规定，修订后的《刑法》实施后，对已明令废止的全国人大常委会的有关决定和补充规定，最高人民法院作出的有关司法解释不再适用。但是如果修订后的《刑法》有关条文实质内容没有变化的，人民法院在刑事审判工作中，在没有新的司法解释前，可参照执行，其他与修订的《刑法》规定相抵触的司法解释不再适用。因此，1984年有关司法解释与1997年《刑法》内容并不抵触，可参照执行。来信中提到的奸淫幼女情节恶劣的内容，司法解释与1997年《刑法》并不抵触，可参照执行。至于“本案中该幼女后来6次发生性关系又是自愿的，不构成情节恶劣这一加重情节”的理由，我们认为该理由不成立。《刑法》规定奸淫幼女罪，是考虑到幼女年龄小，缺乏认知能力和自我保护能力，需要特殊保护。无论行为人采用什么手段，也不论幼女是否同意，只要与幼女发生性行为，就构成奸淫幼女罪。因此，我们赞同来信中的第一种意见，即行为人与幼女先后7次发生性关系的行为，应当构成情节恶劣。

——《人民司法·应用》2009年第3期（总第566期）。

665. 未成年人之间自愿发生性关系行为的处理原则

关键词

未成年人　性关系行为

最高人民法院司法政策精神

27. 已满十四周岁不满十六周岁的人偶尔与幼女发生性关系，情节轻微、未造成严重后果的，不认为是犯罪。

——《最高人民法院、最高人民检察院、公安部、司法部关于依法惩治性侵害未成年人犯罪的意见》（2013年10月23日，法发〔2013〕12号）。

附录：最高人民法院主流观点

《最高人民法院、最高人民检察院、公安部、司法部关于依法惩治性侵害未成年人犯罪的意见》（以下简称《性侵意见》）第27条规定：“已满十四周岁不满十六周岁的人偶尔与幼女发生性关系，情节轻微、未造成严重后果的，不认为是犯罪。”该条系对2006年《最高人民法院关于审理未成年人刑事案件具体应用法律若干问题的解释》相关规定的重申，主要是针对已满14周岁不满16周岁的男少年，与年龄相近的幼女在正常交往、恋爱过程中自愿发生性关系，如何予以处理提出的指导意见。此处表述虽是“偶尔”发生性关系，但主要是为了与此前司法解释的规定保持一致，实践中并不能简单以次数论，双方是否自愿、情节是否轻微、后果是否严重，是区分罪与非罪的关键，应准确把握。

在适用《性侵意见》第27条的相关规定，判断对行为人是否可不以强奸犯罪论处时，应当注意把握如下三点：

1. 行为人一般应当处于已满14周岁不满16周岁的年龄阶段。之所以限定行为人为已满14周岁不满16周岁，而不是已满16周岁不满18周岁，主要是考虑到，基于特别保护不满14周岁幼女身心健康的立场，对与之自愿发生性关系不以犯罪论处的范围应该严格把握，不能放得过宽，而已满14周岁不满16周岁系刑法确定的相对负刑事责任年龄界限，故对不以犯罪论处的犯罪主体范围掌握在此年龄段较为合理。当然，考虑司法实际情况的复杂性，也不是说已满16周岁的未成年人与幼女发生性关系，就要一律以犯罪论处。比如，行为人不满16周岁时与已满13周岁不满14周岁的幼女在恋爱交往中自愿发生性关系，至行为人刚满16周岁时，二人仍保持两性关系，后因幼女父母报案而案发。如果综合全案考察，行为人的情节显著轻微的，就不宜机械地以16周岁为界限，对16周岁前的行为不以犯罪论处，而对刚满16周岁以后实施的行为即以强奸罪论处。但对于具有类似特殊情况的案件，相对于不满16周岁的人实施此类行为一般不以犯罪论处，应予以严格把握。

2. 行为人应当是与年龄相当的幼女在正常交往、恋爱过程中基于幼女自愿而与之发生性关系。对于未成年人使用暴力、胁迫等强制手段奸淫幼女的，即使该未成年人不满16周岁，对其也不应当排除在刑事处罚范围之外。对于不满16周岁的未成年人与幼女之间的年龄差距达到几岁，认定为双方年龄相当，从而认定其对幼女实施的性行为不具有犯罪性质，我国相关司法文件没有明确规定，主要由司法机关根据具体案件情况把握。鉴于男方的年龄限定在已满14周岁不满16周岁，并考虑幼女身心发育特点，适当的年龄差距范围基本可以明确，即差距限定在4岁左右相对较为合理。举例来说，已满14周岁的男方与不满10周岁的幼女发生性关系，或者已满15周岁不满16周岁的男方与不满12周岁且双方年龄差距在4岁以上的幼女发生性关系，如果男方辩称系与幼女正常恋爱交往，那么，一般不宜援引《性侵意见》第27条的规定对男方不以犯罪论处。当然，双方年龄差距只是反映行为的危害性是否值得刑事处罚的其中一项因素，不应予以绝对化。

3. 综合考察，未成年人与幼女发生性关系情节轻微、未对幼女身心健康造成严重伤害。

——黄尔梅主编、最高人民法院刑事审判第一庭编著:《性侵害未成年人犯罪司法政策案例指导与理解适用》，人民法院出版社2014年版，第229~230页。

666. 在未成年人与幼女正常交往的过程中自愿发生性关系的案件中把握罪与非罪的界限

关键词

强奸罪　罪与非罪

最高人民法院司法政策精神

27. 已满十四周岁不满十六周岁的人偶尔与幼女发生性关系，情节轻微、未造成严重后果的，不认为是犯罪。

——《最高人民法院、最高人民检察院、公安部、司法部关于依法惩治性侵害未成年人犯罪的意见》（2013 年 10 月 23 日，法发〔2013〕12 号）。

《刑事审判参考》指导案例

刘某强奸案（《刑事审判参考》指导案例第 981 号）

裁判要点：行为人已年满 16 周岁，在明知被害人未满 14 周岁的情况下仍多次与之发生性关系，从维护对幼女特殊保护的更高原则立场考虑，已不属《最高人民法院关于审理未成年人刑事案件具体应用法律若干问题的解释》和《最高人民法院、最高人民检察院、公安部、司法部关于依法惩治性侵害未成年人犯罪的意见》中对未成年行为人可不以强奸犯罪论处的情形，故行为人构成强奸罪。

（一）对未成年人与幼女正常交往过程中自愿发生性关系的，在确定罪与非罪的界限时应当把握的原则和要素

《未成年人保护法》第三条[①] 规定："未成年人享有生存权、发展权、受保护权、参与权等权利，国家根据未成年人身心发展特点给予特殊、优先保护，保障未成年人的合法权益不受侵犯。"从《刑法》第二百三十六条关于性犯罪的规定分析，对儿童的特殊、优先保护体现在，构成强奸罪，一般要求以暴力、胁迫或者其他手段对妇女进行奸淫，而奸淫不满 14 周岁的幼女的，不论是否采取强制手段实施，即不论幼女是否自愿，均以强奸论，并从重处罚。由此可见，在我国，14 周岁是法律认可的幼女可以作出同意发生性行为决定

① 本条现为《中华人民共和国未成年人保护法》（中华人民共和国主席令第五十七号）第三、四条。

的法定年龄界限。行为人与不满 14 周岁的幼女发生性关系，即使幼女同意，也应当认定其同意无效，行为人的行为仍然构成强奸罪。由此带来的一个问题是，作为被害人的幼女与可能成为刑事被告人的未成年人，身心发育、认知能力均未成熟，均属于法律应予特殊保护的对象。对于已满 14 周岁的未成年人与幼女自愿发生性关系，是否均应按照刑法第二百三十六条第二款的规定以强奸论处，的确有深入探讨的必要。

最高人民法院在《1955 年以来奸淫幼女案件检查总结》中曾明确指出："对奸淫幼女的未成年犯，应从轻或减轻处理，情节轻微的可以免予刑事处分；对年幼无知的男童，不应追究刑事责任，但应责令他的家长或者监护人加以管教。"该份文件在总结部分地区法院办理此类案件的经验时进一步指出："至于个别幼女虽未满 14 周岁，但身心发育早熟，确系自愿与人发生性行为的，法院对被告人酌情从轻或减轻处理，如果男方年龄也很轻，双方确实在恋爱中自愿发生性行为的，则不追究刑事责任。上述经验我们认为是适当的，各地法院可以根据具体情况参酌运用。"

《最高人民法院关于审理未成年人刑事案件具体应用法律若干问题的解释》（法释〔2006〕1 号）第六条明确规定："已满十四周岁不满十六周岁的人偶尔与幼女发生性行为，情节轻微、未造成严重后果的，不认为是犯罪。"2013 年《最高人民法院、最高人民检察院、公安部、司法部关于依法惩治性侵害未成年人犯罪的意见》（以下简称《性侵意见》）第 27 条再次重申了上述原则。由此可见，司法机关在处理青少年之间自愿发生性关系问题上，一直坚持适度介入、慎重干预的刑事政策。

在适用《最高人民法院、最高人民检察院、公安部、司法部关于依法惩治性侵害未成年人犯罪的意见》（以下简称《性侵意见》）第 27 条的相关规定，对未成年人与幼女在正常交往过程中自愿发生性关系，在确定罪与非罪的界限时，应当注意把握以下三点：

其一，行为人一般应当处于已满 14 周岁不满 16 周岁的年龄阶段。之所以限定行为人为已满 14 周岁不满 16 周岁，而不是已满 16 周岁不满 18 周岁。主要考虑的是，基于特别保护不满 14 周岁幼女身心健康的立场，对与之自愿发生性关系不以犯罪论处的范围应当严格把握，不能放得过宽。而已满 14 周岁不满 16 周岁系刑法确定的相对负刑事责任年龄界限，故对不以犯罪论处的主体范围掌握在此年龄段较为妥当。当然，考虑司法实际情况的复杂性，并非已满 16 周岁的未成年人与幼女发生性关系的，就一律以强奸罪论处。如行为人不满 16 周岁时与已满 13 周岁不满 14 周岁的幼女在恋爱交往中自愿发生性关系，至行为人刚满 16 周岁时，二人仍然保持两性关系，后因幼女父母报案而案发。如果综合全案考察，我们认为，不宜机械地以 16 周岁为界限，对 16 周岁前的行为不以犯罪论处，而对刚满 16 周岁以后实施的行为即以强奸罪论处。但对于已满 16 周岁的未成年人实施类似行为的案件认定不构成强奸罪，相对于不满 16 周岁的人，在把握上应当更为严格。

其二，行为人应当是与年龄相当的幼女在正常交往、恋爱过程中基于幼女自愿而与之发生性关系。对于行为人使用暴力、胁迫或者诱骗等手段奸淫幼女的，即使其不满 16 周岁，对其也不宜排除在刑事处罚范围之外。对于不满 16 周岁的未成年人与幼女之间的年龄究竟相差几岁才能认定为双方年龄相当，各国规定不一。有的国家明确规定为 3 周岁，而有的国家则规定为 4 周岁或者 5 周岁。我国相关司法文件对此没有明确规定，主要由司法机关根据具体案件情况把握。鉴于我国对此种不以强奸论处的男方年龄限定为已满 14 周岁不满 16 周岁、而幼女的年龄界限是 14 周岁，10 周岁以下在民法上属于无行为能力人，加上《性侵意见》强调了对 12 周岁以下幼女更要特殊保护的精神，我们认为，此处适当的年龄差距限定在 4 周岁左右相对较为合理。举例而言，已满 14 周岁的男方与不满 10 周岁的幼女发生性关系，或者已满 15 周岁不满 16 周岁的男方与不满 12 周岁且双方年龄差距在 4 岁以上的幼女发生性关系，即使男方辩称系与幼女正常恋爱交往，一般也不宜适用《性侵意见》第 27 条的规定，对男方不以犯罪论处。值得强调的是，《性侵意见》规定对不满 12 周岁的幼女实施性侵害的，应当一律认定行为人明知被害人系幼女，主要是为了解决主观明知的认定问题，并不是指所有行为人与不满 12 周岁的幼女发生性关系，都应当以强奸罪论处；对已满 14 周岁不满 16 周岁的行为人与不满 12 周岁的幼女在正常交往过程中自愿发生性关系，如果双方年龄差距不大，行为情节轻微的，也可以不以强奸论处。这一认定原则体现了对未成年人实行双向保护的政策精神。

其三，综合考察，未成年人与幼女发生性关系情节轻微、未造成严重后果。《性侵意见》的相关表述虽是“偶尔”发生性关系，但主要是为了与此前司法解释的规定保持一致，实践中并不能简单以次数论。也就是说，发生性关系的次数是判断行为情节是否轻微的其中一项因素，但并非决定性因素，决定性因素是行为人是否是与年龄相当的幼女在正常交往、恋爱过程中基于幼女自愿而与之发生性关系，如果是，一般可以认定为情节轻微。

值得注意的是，对于不满 16 周岁的行为人在与幼女正常交往恋爱过程中基于幼女自愿与其发生性关系致幼女怀孕引产、流产，单就后果来看，不能说不严重，但是否一律认为行为人的行为不属于“情节轻微、不以犯罪论处”，不宜一概而论。类似案件，如果双方确实存在正常恋爱交往关系，年龄差距也不大，如差距小于 1 周岁或者 2 周岁，司法机关判断对行为人是否以强奸罪论处，要特别慎重。对于双方成年亲属自行协商，被害人及其法定代理人不要求追究行为人刑事责任的，司法机关没有必要主动干预，启动司法程序。

本案中，被告人刘某与被害人赖某均系初中同学，二人产生早恋，时年刘某已满16周岁，明知赖某不满14周岁，仍多次与其发生了性关系，后因赖某父母发现报案而案发。相较于强行奸淫幼女，刘某所实施的行为虽不属十分严重，但从维护对幼女特殊保护的更高原则立场考虑，其已不属《最高人民法院关于审理未成年人刑事案件具体应用法律若干问题的解释》和《性侵意见》中对未成年行为人可不以强奸犯罪论处的情形。法院依法认定刘某构成强奸罪，对刑事政策的把握是准确的。

——最高人民法院刑一庭：《刘某强奸案》，载最高人民法院刑事审判第一、二、三、四、五庭主办：《刑事审判参考》2014年第3集（总第98集），法律出版社2014年版，第20~23页。

667. 对未成年犯罪分子奸淫幼女案件适用缓刑应当考虑的因素

关键词

强奸罪　未成年人犯罪　缓刑

最高人民法院司法政策精神

28. 对于强奸未成年人的成年犯罪分子判处刑罚时，一般不适用缓刑。

对于性侵害未成年人的犯罪分子确定是否适用缓刑，人民法院、人民检察院可以委托犯罪分子居住地的社区矫正机构，就对其宣告缓刑对所居住社区是否有重大不良影响进行调查。受委托的社区矫正机构应当及时组织调查，在规定的期限内将调查评估意见提交委托机关。

对于判处刑罚同时宣告缓刑的，可以根据犯罪情况，同时宣告禁止令，禁止犯罪分子在缓刑考验期内从事与未成年人有关的工作、活动，禁止其进入中小学校区、幼儿园园区及其他未成年人集中的场所，确因本人就学、居住等原因，经执行机关批准的除外。

——《最高人民法院、最高人民检察院、公安部、司法部关于依法惩治性侵害未成年人犯罪的意见》（2013年10月23日，法发〔2013〕12号）。

《刑事审判参考》指导案例

刘某强奸案（《刑事审判参考》指导案例第981号）

裁判要点：未成年人与年龄相当的幼女在正常交往恋爱过程中，因懵懂无知，一时冲动，自愿发生性关系，有悔罪表现，没有再犯罪危险，宣告缓刑对所居住社区没有重大不良影响的，一般可以宣

告缓刑。

（二）对奸淫幼女案件适用缓刑应当考虑哪些因素

强奸、猥亵未成年人犯罪社会危害性大，《关于依法惩治性侵害未成年人犯罪的意见》（以下简称《性侵意见》）第 2 条明确规定："对于性侵害未成年人犯罪，应当依法从严惩治。"该条明确了办理此类案件应当坚持的总体政策基调。为了体现对强奸未成年人犯罪的依法严惩，并有效预防犯罪，《性侵意见》第 28 条进一步规定："对于强奸未成年人的成年犯罪分子判处刑罚时，一般不适用缓刑。"因此，对于奸淫幼女案件是否适用缓刑，应当把握如下两点：

其一，成年犯罪分子强奸幼女，包括强行与幼女发生性关系和基于幼女自愿与幼女发生性关系，一般情况下不适用缓刑，特殊情形例外。如对于自动中止强奸行为，地位、作用明显较小的从犯等具有法定从轻、减轻处罚情节，判处拘役、三年以下有期徒刑，同时符合刑法规定的"犯罪情节较轻；有悔罪表现；没有再犯罪的危险；宣告缓刑对所居住的社区没有重大不良影响"等缓刑适用条件的，在总体从严把握的前提下，也可以适用缓刑，以体现罪责刑相适应。

其二，关于未成年犯罪分子奸淫幼女案件是否适用缓刑。《最高人民法院关于审理未成年人刑事案件具体应用法律若干问题的解释》《最高人民法院关于贯彻宽严相济刑事政策的若干意见》等一系列文件均规定了对未成年犯罪要坚持"教育为主，惩罚为辅"的原则和"教育、感化、挽救"的方针。而奸淫幼女、猥亵儿童等性侵害儿童犯罪，属于刑法规定的法定从重处罚情形，甚至有的还需要加重处罚。因此，这里就存在从宽与从严情节并存时如何把握量刑尺度的问题。对未成年人奸淫幼女案件，鉴于未成年人身心发育不成熟、易冲动、好奇心强、易受外界不良影响，同时也相对易教育、改造等特点，从严的幅度要明显有别于成年被告人，能够从宽处罚的要依法从宽。因此，奸淫幼女情节较轻，符合缓刑适用条件的，可以依法适用缓刑。在判断是否属于情节较轻时，要综合考虑是否使用暴力、胁迫等强制手段或者利诱、欺骗等不正当手段，对幼女身心健康是否造成严重伤害，案发后是否取得被害人及其亲属真诚谅解等因素。对于未成年人与年龄相当的幼女在正常交往恋爱过程中，因懵懂无知，一时冲动，自愿发生性关系，没有对幼女身心造成严重伤害的，如果构成强奸罪，确属情节较轻，有悔罪表现，没有再犯罪危险，宣告缓刑对所居住社区没有重大不良影响的，一般可以宣告缓刑。

本案中，被告人刘某与被害人赖某系同学，二人自 2010 年上半年即成为男女朋友，2011 年 2 月至 4 月间多次自愿发生性关系，刘某时年刚满 16 周岁（2 个月），赖某已满 13 周岁（差 3 个月满 14 周岁），二人均属懵懂少年。

刘某所犯强奸罪情节较轻，且认罪态度好，有悔罪表现，没有再犯罪危险，宣告缓刑对所居住社区没有重大不良影响，故人民法院依法认定其构成强奸罪，同时宣告缓刑，较好把握了对未成年被告人和未成年被害人进行双向保护的刑事政策。

——最高人民法院刑一庭：《刘某强奸案》，载最高人民法院刑事审判第一、二、三、四、五庭主办：《刑事审判参考》2014年第3集（总第98集），法律出版社2014年版，第23~24页。

668. 性侵害犯罪被告人应当承担的民事赔偿责任范围

关键词

民事赔偿责任范围

最高人民法院司法政策精神

31. 对于未成年人因被性侵害而造成的人身损害，为进行康复治疗所支付的医疗费、护理费、交通费、误工费等合理费用，未成年被害人及其法定代理人、近亲属提出赔偿请求的，人民法院依法予以支持。

——《最高人民法院、最高人民检察院、公安部、司法部关于依法惩治性侵害未成年人犯罪的意见》（2013年10月23日，法发〔2013〕12号）。

附录：最高人民法院主流观点

《性侵意见》第31条规定，对于未成年人因被性侵害而造成的人身损害，为进行康复治疗所支付的医疗费、护理费、交通费、误工费等合理费用，未成年被害人及其法定代理人、近亲属提出赔偿请求的，人民法院依法予以支持。其中，康复治疗费用包括进行身体医治和精神诊治所支出的费用。性侵害未成年人犯罪，对被害人最大的伤害往往是精神和心理上的伤害，被害人到医院进行精神康复治疗所支付的医疗费，不同于精神抚慰金，该部分医疗费用，被害人提出赔偿请求并提供相应证据的，比如医院病历、收费凭证等，人民法院依法予以支持。

——黄尔梅主编、最高人民法院刑事审判第一庭编著：《性侵害未成年人犯罪司法政策案例指导与理解适用》，人民法院出版社2014年版，第233~234页。

669. 幼儿园、学校等特殊场所对未成年人的监督保护和赔偿责任

关键词

人身损害　赔偿责任

最高人民法院司法政策精神

32. 未成年人在幼儿园、学校或者其他教育机构学习、生活期间被性侵害而造成人身损害，被害人及其法定代理人、近亲属据此向人民法院起诉要求上述单位承担赔偿责任的，人民法院依法予以支持。

——《最高人民法院、最高人民检察院、公安部、司法部关于依法惩治性侵害未成年人犯罪的意见》（2013 年 10 月 23 日，法发〔2013〕12 号）。

附录：最高人民法院主流观点

考虑到有些性侵害案件发生在校园或者幼儿辅导培训机构，为了保障被害人损失得到有效弥补，同时，通过对上述单位民事赔偿责任的归责，在一定程度上督促相关单位对未成年人履行好教育、管理职责，预防、减少性侵害事件的发生，《最高人民法院、最高人民检察院、公安部、司法部关于依法惩治性侵害未成年人犯罪的意见》（以下简称《性侵意见》）第 32 条规定，未成年人在幼儿园、学校或者其他教育机构学习、生活期间被性侵害而造成人身损害，被害人及其法定代理人、近亲属据此向人民法院起诉要求上述单位承担赔偿责任的，人民法院依法予以支持。其中，涉及两种情况：（1）未成年人遭到上述单位工作人员性侵害；（2）遭到上述单位以外的人员性侵害。《侵权责任法》根据上述不同情形，就相关单位是否尽到教育、管理职责规定了不同的举证责任，及不同性质的赔偿责任，人民法院审理案件时，应注意准确区分和适用。

具体言之，根据《侵权责任法》的有关规定，未成年人在幼儿园、学校或者其他教育机构学习、生活期间遭到性侵害的，包括遭到上述单位工作人员性侵害的，区分情况，确定相关单位是否应当承担赔偿责任：被害人是无民事行为能力人，比如未满 10 周岁的，如果上述单位不能举证证明其已经尽到教育、管理职责，那么，就应当承担赔偿责任；被害人是限制民事行为能力人，比如已满 10 周岁不满 18 周岁的，如果被害人能够举证证明上述单位未尽到教育、管理职责的，上述单位就应当承担赔偿责任。

如果未成年人在幼儿园、学校或者其他教育机构学习、生活期间遭到上

述单位以外的人员性侵害的，由性侵害被告人承担赔偿责任；如果被害人能举证证明上述单位未尽到管理职责的，上述单位承担相应的补充赔偿责任。

——黄尔梅主编、最高人民法院刑事审判第一庭编著：《性侵害未成年人犯罪司法政策案例指导与理解适用》，人民法院出版社 2014 年版，第 234~235 页。

670. 性侵害未成年人犯罪中“强奸罪”“当众”“共犯”及主观明知的认定

关键词

性侵害未成年人犯罪　强奸罪　当众　共犯　主观明知

最高人民法院司法政策精神

19. 知道或者应当知道对方是不满十四周岁的幼女，而实施奸淫等性侵害行为的，应当认定行为人“明知”对方是幼女。

对于不满十二周岁的被害人实施奸淫等性侵害行为的，应当认定行为人“明知”对方是幼女。

对于已满十二周岁不满十四周岁的被害人，从其身体发育状况、言谈举止、衣着特征、生活作息规律等观察可能是幼女，而实施奸淫等性侵害行为的，应当认定行为人“明知”对方是幼女。

20. 以金钱财物等方式引诱幼女与自己发生性关系的；知道或者应当知道幼女被他人强迫卖淫而仍与其发生性关系的，均以强奸罪论处。

21. 对幼女负有特殊职责的人员与幼女发生性关系的，以强奸罪论处。

对已满十四周岁的未成年女性负有特殊职责的人员，利用其优势地位或者被害人孤立无援的境地，迫使未成年被害人就范，而与其发生性关系的，以强奸罪定罪处罚。

23. 在校园、游泳馆、儿童游乐场等公共场所对未成年人实施强奸、猥亵犯罪，只要有其他多人在场，不论在场人员是否实际看到，均可以依照刑法第二百三十六条第三款、第二百三十七条的规定，认定为在公共场所“当众”强奸妇女，强制猥亵、侮辱妇女，猥亵儿童。

24. 介绍、帮助他人奸淫幼女、猥亵儿童的，以强奸罪、猥亵儿童罪的共犯论处。

——《最高人民法院、最高人民检察院、公安部、司法部关于依法惩治性侵害未成年人犯罪的意见》（2013 年 10 月 23 日，法发〔2013〕12 号）。

附录：最高人民法院主流观点

1. 采取强制手段奸淫幼女是否要求“明知”的问题。根据我国刑法规定和司法实践，奸淫不满14周岁的幼女构成强奸罪，不要求采取强制手段实施，而对于使用暴力、胁迫或者其他强制手段与不满14周岁的幼女发生性关系的，无论是否“明知”被害人为幼女，都要以强奸罪论处。但不明知被害人为幼女，采取强制手段对其进行奸淫的，能否根据《刑法》第236条第2款的规定，从重处罚，存在一定争议。

我们认为，奸淫幼女构成强奸罪之所以要求行为人具备“明知”，主要是因为，行为人与已满14周岁的女性自愿发生性关系，因未违背女方意志，并不构成犯罪，刑法基于对不满14周岁幼女的特殊保护，将那些即使出于幼女“自愿”而与之发生性关系的行为也视为“强奸”，因此，行为人是否明知对方为幼女，就成为判断“奸淫”行为的危害性是否值得刑罚处罚的关键因素，以避免在行为人确实不知对方是幼女且双方合意发生性关系的情形下，将这一社会危害性明显不大的行为入罪，以平衡对“被告人”与幼女的利益保护。换言之，之所以特别要求行为人具备“明知”，意在防止将一些与幼女自愿发生性关系、主观上又确实不知其为幼女的轻微行为作为犯罪处理，即区分“罪与非罪”，而非为了区分“罪轻与罪重”。奸淫幼女构成强奸罪的，之所以要从重处罚，主要原因不在于行为人主观恶性相较于强奸成年女性更大，而在于客观上对幼女身心伤害更严重。采取暴力、胁迫等强制手段对任何女性进行奸淫，都是构成强奸罪的，不要求行为人对被害人的年龄有特殊认识；采取强制手段奸淫女性，其主观故意是概括的，并不在意侵犯的是否是幼女，只要其实际侵害的是幼女，相较于侵害已满14周岁的女性，危害性更大，就应当从严惩处，故不需要以“明知”为“从重处罚”的前提条件。此外，奸淫幼女只是法定从重处罚情节，并非加重处罚情节，故对于强行与幼女发生性关系的行为，不考虑行为人是否明知被害人为幼女，不会造成“客观归罪”及刑罚与罪责不相适应。总之，必须明确，只有在采取非强制手段与幼女发生性关系的案件中，才需要考虑行为人是否“明知”被害人为幼女。

2. 如何理解《最高人民法院、最高人民检察院、公安部、司法部关于依法惩治性侵害未成年人犯罪的意见》（以下简称《性侵意见》）区分幼女是否满12周岁对“明知”认定标准分别规定？

《性侵意见》第19条第2款规定，对于不满12周岁的被害人实施奸淫等性侵害行为的，应当认定行为人“明知”对方是幼女。也就是说，即使被害人身体发育、言谈举止等呈早熟特征，行为人亦辩称其误认被害人已满14周岁，也不应采信其辩解。如此规定主要考虑：经过对大量审结案例进行统计分析，并广泛征求各方意见，12周岁以下幼女基本都处在接受小学教育阶段，社会关系简单，外在幼女特征相对较为明显；即使极个别幼女身体发育早于同龄人，但一般人从其言谈举止、生活作息规律等其他方面通常也足以观察其可能是幼女，而且从对幼女进行特殊保护的立场考虑，也不应存在争议。故《性侵意见》将对不满12周岁的被害人实施奸淫等性侵害行为，规定为“应当”认定行为人“明知”对方是幼女。

考虑到已满12周岁不满14周岁年龄段的幼女，其身心发育特点与已满14周岁的未成年少女较为接近，《性侵意见》第19条第3款规定，从被害人身体发育状况、言谈举止、衣着特征、生活作息规律等观察可能是幼女，而实施奸淫等性侵害行为的，也应当认定行为人“明知”对方是幼女。

需要指出的是，有观点认为，《性侵意见》人为降低了幼女的绝对保护年龄至12周岁，担忧会对已满12周岁幼女保护不力。应该说，这种观点是对“奸淫幼女明知认定问题”及《性侵意见》的误读。笼统主张奸淫幼女构成强奸罪不需要明知被害人系幼女，目前来看，尚存在刑法制度与理论上的多重障碍。《性侵意见》规定“对于不满十二周岁的被害人实施奸淫等性侵害行为的，应当认定行为人‘明知’对方是幼女”，是在充分实证调研、总结司法实践经验的基础上，对司法机关审查认定相关案件事实所作的规范指引。但《性侵意见》区分幼女是否已满12周岁，对明知问题予以分别规定，绝不是厚此薄彼，弱化对已满12周岁幼女的保护力度。第2、3两款均属于对“明知”认定问题的规范指引，不同的是，第2款属于绝对确定的指引，第3款属于相对确定的指引。主要是考虑到司法实践情况的复杂性，不排除存在一般人、行为人根本不可能判断出接近12至14周岁年龄段中的某些被害人是否是幼女的特殊情形存在。换言之，对于已满12周岁的幼女实施奸淫等性侵害行为的，如无极其特殊的例外情况，一般均应当认定行为人明知被害人是幼女。这里的极其特殊的例外情况，具体可从以下三个方面把握：一是客观上被害人身体发育状况、言谈举止、衣着、生活作息规律等特征确实明显更像已满14周岁；二是必须确有证据或者合理依据证明行为人根本不可能知道被害人是幼女；三是行为人已经足够谨慎行事，仍然对幼女年龄产生了误认，即使其他正常人处在行为人的场合，也难以避免这种错误判断。比如，与发育较早、貌似成人、虚报年龄的已满12周岁不满14周岁的幼女，在谈恋爱和正常交往过程中，双方自愿发生了性行为，确有证据证实行为人不可能知道对方是幼女的，才可以采纳其不明知的辩解，但应特别严格掌握。相反，如果行为人采取引诱、欺骗等方式，或者根本不考虑被害人是否是幼女，而甘冒风险对被害人进行奸淫等性侵害的，一般都应当认定行为人明知被害人是幼女，以实现对幼女的特殊保护，堵塞惩治犯罪的漏洞。

另外需要指出的是，对于已满14周岁不满16周岁的男少年与幼女在正常恋爱交往过程中自愿发生性关系的，如果行为人提出不明知被害人系幼女的辩解，是否采纳其辩解，固然应考虑青少年认知、辨识能力有别于成年人的一面，但同样也应当严格把握，一般不宜以行为人不明知幼女年龄为由，认定其不构成犯罪，对于确属情节轻微，未造成严重后果的，可根据《性侵意见》第27条的规定，从政策把握的角度作非罪化处理。

——黄尔梅主编、最高人民法院刑事审判第一庭编著：《性侵害未成年人犯罪司法政策案例指导与理解适用》，人民法院出版社2014年版，第208~210页。

671. 非采取强制手段与幼女发生性关系要求行为人主观明知

关键词

奸淫幼女　明知

最高人民法院司法政策精神

19. 知道或者应当知道对方是不满十四周岁的幼女，而实施奸淫等性侵害行为的，应当认定行为人“明知”对方是幼女。

对于不满十二周岁的被害人实施奸淫等性侵害行为的，应当认定行为人“明知”对方是幼女。

对于已满十二周岁不满十四周岁的被害人，从其身体发育状况、言谈举止、衣着特征、生活作息规律等观察可能是幼女，而实施奸淫等性侵害行为的，应当认定行为人“明知”对方是幼女。

——《最高人民法院、最高人民检察院、公安部、司法部关于依法惩治性侵害未成年人犯罪的意见》（2013年10月23日，法发〔2013〕12号）。

《刑事审判参考》指导案例

卓智成等强奸案（《刑事审判参考》指导案例第979号）

裁判要点：结合案发后拍摄的照片、女性生殖系统生理知识材料可证实被害人外貌符合幼女特征，根据同案犯供述可知被告人具有明确的要与幼女发生性关系的故意，因此，被告人明知被害人可能是幼女仍予以奸淫，符合奸淫幼女罪中“明知”的认定条件。

（二）与已满12周岁不满14周岁的幼女发生性关系，若非采取强制手段，要求行为人对幼女未满14周岁的情况应当明知对于本案中被告人卓智成奸淫被害人刘某的事实，在案证据显示卓智成没有对刘某实施强制行为，且对之前被告人周某、陈某玲威胁刘某的行为亦不知情。对此，认定卓智成与刘某发生性关系的行为性质，首先就要审查判断卓智成是否明知刘某系幼女。案发后拍摄的照片、疾病证明书及女性生殖系统生理知识材料证实：刘某的外貌符合幼女、青春期前期的特征。建阳市某中学出具的证明证实：刘某系初二学生。刘某的陈述、证人陈某玲的证言证实：刘某告诉周某自己 14 岁。周某的供述证实：卓智成要找年纪小点的女孩陪睡觉；听刘某讲是 14 岁，应当是虚岁，其明知刘某具有的幼女特征。被告人钱志的供述证实：卓智成说过一定要处女。可见，卓智成具有明确的要与年幼女性发生性关系的特殊要求，且指明要求是处女，即具有专门“买处”的故意，至于对方是不是幼女则在所不问，即对此持无所谓的放任态度。虽然卓智成没有亲自询问过刘某的年龄，但卓智成时年 32 岁，作为心智正常的成年人，根据已有的信息应当能够判断出刘某可能是幼女，且不存在根本不可能知道刘某是幼女的特殊情形，但其为满足淫欲，不考虑刘某是否为幼女，而甘冒风险对刘某进行奸淫。因此，卓智成应当知道刘某可能是幼女仍予以奸淫，符合奸淫幼女罪中“明知”的认定条件。

值得注意的是，在个别情况下，对于行为人“明知”的认定区别于一般情形。根据最高人民法院、最高人民检察院、公安部、司法部联合下发《关于依法惩治性侵害未成年人犯罪的意见》第 19 条第 3 款的规定，对实际年龄已满 12 周岁不满 14 周岁的被害人，如果从其身体发育状况、言谈举止、衣着特征、生活作息规律等观察，该被害人可能是幼女，而实施奸淫等性侵害行为的，也应当认定行为人“明知”对方是幼女。当然，与已满 12 周岁不满 14 周岁的被害人发生性关系的案件中，对行为人辩解“不明知”被害人是幼女的例外情况应当从严把握。

——最高人民法院刑一庭：《卓智成等强奸案》，载最高人民法院刑事审判第一、二、三、四、五庭主办：《刑事审判参考》2014 年第 3 集（总第 98 集），法律出版社 2014 年版，第 10~11 页。

672. 行为人明知他人系采取暴力、胁迫手段迫使被害人表面“同意”与其发生性关系行为的定性

关键词

强奸罪　明知

《刑事审判参考》指导案例

卓智成等强奸案（《刑事审判参考》指导案例第 979 号）

裁判要点：行为人明知他人系采取暴力、胁迫手段迫使被害人表面“同意”与其发生性关系的，视为行为人违背被害人意志发生性关系，构成强奸罪。

（一）行为人明知他人系采取暴力、胁迫手段迫使被害人表面“同意”与其发生性关系的，视为行为人违背被害人意志发生性关系

奸淫不满 14 周岁的幼女构成强奸罪，不要求采取强制手段实施，而对于使用暴力、胁迫或者其他强制手段与不满 14 周岁的幼女发生性关系的，无论是否“明知”被害人为幼女，都应当以强奸罪论处。只有在采取非强制手段与幼女发生性关系的案件中，才需考虑行为人是否明知被害人为幼女。

本案第一起事实中，被告人卓智成强制与被害人黄某发生性关系的事实清楚，证据确实，分析如下：被害人黄某的陈述和被告人周某、钱志的供述以及证人范某的证言均证实：黄某在房间门口受到范某、周某等人威胁、殴打后被拉进房间。当时，卓智成已在房内，因黄某在房间内不配合，卓智成又走出房间责备周某等人不会办事。范某遂进入房内卫生间再次威胁、殴打黄某，并拿走黄某的衣物。从上述情况来看，系周某等人使用了暴力、威胁手段强迫黄某与卓智成发生性关系。卓智成虽然未直接指使周某等人殴打、威胁黄某，但对周某等人采取何种方法让黄某与其发生性关系持放任态度。根据当时的特殊场合和空间情况，卓智成对周某、范某等人对黄某实施的一系列暴力、胁迫行为应当是明知的，且其特意责备周某等人不会办事，说明其有纵容甚至暗示周某进一步实施强制行为之意。因此，卓智成明知他人系采取暴力、胁迫手段而迫使被害人表面“同意”与其发生性关系，应视为卓智成违背被害人意志发生性关系，构成强奸罪。刑法第二百三十六条第二款规定：“奸淫不满十四周岁的幼女的，以强奸论，从重处罚。”本起事实中，因存在暴力、胁迫手段，卓智成是否“明知”黄某系幼女，均不影响强奸罪的认定，且依法应当从重处罚。

——最高人民法院刑一庭：《卓智成等强奸案》，载最高人民法院刑事审判第一、二、三、四、五庭主办：《刑事审判参考》2014 年第 3 集（总第 98 集），法律出版社 2014 年版，第 10 页。

673. “奸淫不满十周岁的幼女”情形的认定

关键词

奸淫不满十周岁的幼女

附录：最高人民法院法官著述

《刑法修正案（十一）》新增规定的理解。《刑法修正案（十一）》新增“奸淫不满十周岁的幼女或者造成幼女伤害的”一项规定，作为加重处罚的情形，应判处十年以上有期徒刑、无期徒刑或者死刑。需要注意的是：(1)“奸淫不满十周岁的幼女”情形的认定。对年龄偏低的幼女进行侵害的，因幼女年龄过小毫无抵抗能力与自救能力，对于幼女的身心伤害也更为严重，因此，社会危害性更为严重，有必要加以严惩。立法过程中也有意见提出，对于奸淫幼女，以生殖器接触为既遂标准。奸淫不满十周岁幼女的一律升档处罚，判处十年以上有期徒刑、无期徒刑或者死刑，似过于严苛，会导致刑罚整体严厉程度大幅升高，可能会导致罪刑失衡。为体现对十周岁以下幼女的特殊保护，可以通过司法解释规定较高的刑罚点如七年、八年有期徒刑作为起刑点，更便于处理各种复杂情形。但是，上述建议未获采纳。为体现对于年龄偏低的幼女的特殊保护，对其实施奸淫的行为予以严惩，刑法明确对于奸淫不满十周岁的幼女，一律应判处十年以上有期徒刑、无期徒刑或者死刑。(2)对于“造成幼女伤害的”理解与把握。在立法过程中，有的建议提出，对于伤害的规定过于宽泛，奸淫幼女的必然会对幼女造成身心健康方面的伤害，伤害可能是轻伤、轻微伤，甚至是心理伤害，实践中可能存在着难以把握的情形。本评注认为，对于这类情形，造成的伤害既可能是身体的伤害，也可能是精神伤害，但必须具有特定的伤害结果。常见的有对因奸淫幼女导致的怀孕、感染性病、导致精神失常等情形，对于幼女身心伤害很大，甚至造成难以恢复的伤害，但无法认定为重伤或者其他严重后果，有必要予以严惩。

——喻海松：《实务刑法评注》，北京大学出版社 2022 年版，第 992 页。

674. 奸淫幼女案件中如何判断行为人的主观明知

关键词

强奸罪　明知

最高人民法院司法政策精神

19. 知道或者应当知道对方是不满十四周岁的幼女，而实施奸淫等性侵害行为的，应当认定行为人“明知”对方是幼女。

对于不满十二周岁的被害人实施奸淫等性侵害行为的，应当认定行为人“明知”对方是幼女。

对于已满十二周岁不满十四周岁的被害人，从其身体发育状况、言谈举止、衣着特征、生活作息规律等观察可能是幼女，而实施奸淫等性侵害行为的，应当认定行为人“明知”对方是幼女。

——《最高人民法院、最高人民检察院、公安部、司法部关于依法惩治性侵害未成年人犯罪的意见》（2013 年 10 月 23 日，法发〔2013〕12 号）。

《刑事审判参考》指导案例

何某强奸案（《刑事审判参考》指导案例第 978 号）

裁判要点：在奸淫幼女案件中认定行为人是否明知被害人系幼女，应当考虑行为人和一般人的认知能力水平，结合行为人作案时存在的各种客观情况进行综合分析判断。

（一）采取非强制手段与幼女发生性关系构成强奸罪，要求行为人“明知”被害人是不满 14 周岁的幼女

有观点认为，刑法第二百三十六第二款仅规定，“奸淫不满十四周岁的幼女的，以强奸论”，并未要求行为人应当“明知”对方系幼女。我们认为，对此不能局限于刑法分则条文的字面规定作简单文义理解，而应当结合刑法总则关于犯罪故意的规定进行分析。

首先，刑法总则第十四条规定，犯罪故意是指“明知自己的行为会发生危害社会的结果，并且希望或者放任这种结果发生”的主观心理态度。犯罪故意是认识因素与意志因素的统一。在刑法分则中，针对故意犯罪，有些条款明文规定了“明知”，如窝藏、包庇罪；而大部分条文未明文规定“明知”，如猥亵儿童罪、引诱幼女卖淫罪、拐骗儿童罪等。分则条文明文规定“明知”，主要是为了特别突出和强调，而不是分则没有明文规定“明知”的，构成犯罪就不要求具备“明知”。强奸罪系故意犯罪，因此，刑法总则关于故意犯罪“明知”的规定也必然适用于强奸罪。

其次，关于“明知”的内容，应当结合刑法分则罪名的具体罪状来判断。普通强奸罪中，行为人认识到自己的行为是违背妇女意志的，即符合主观要件，不需要特别认识对方年龄；强行与幼女发生性关系构成强奸罪，自然也

不要求明知被害人系幼女。出于对幼女的特殊保护，即使幼女自愿与其发生性关系，也可能构成强奸罪，而此种情况下要构成强奸罪，“不满 14 周岁的幼女”这一客观要件就成为行为人必须认识的主观内容。如果行为人确系与幼女自愿发生性关系，且行为人确实根本不可能知道对方系幼女，那么行为人主观上就缺乏可谴责性，即不具备犯罪故意所要求的“明知自己的行为会发生危害社会的结果，并且希望或者放任这种结果发生”的主观心理态度，从主客观相统一原则出发，对行为人不应以强奸罪论处。

基于上述分析，对于采取非强制手段与幼女发生性关系的，“明知”被害人系幼女是构成强奸罪的主观构成特征。最高人民法院、最高人民检察院、公安部、司法部 2013 年联合下发的《关于依法惩治性侵害未成年人犯罪的意见》(以下简称《性侵意见》) 第 19 条“知道或者应当知道对方是不满十四周岁的幼女，而实施奸淫等性侵害行为的，应当认定行为人‘明知’对方是幼女”的规定，再次肯定了“明知”被害人是幼女系构成该类强奸罪的主观要件。

(二) 与不满 12 周岁的被害人发生性关系的，一律认定行为人“应当知道”对方是幼女

根据相关司法解释和刑法理论通说，“明知”分为“知道”和“应当知道”。“知道”是指行为人确然知道，对于这一主观心态，直接通过在案证据予以证实即可，无须参考一般人的意识能力。而是否“应当知道”，一般要参考一般人的意识能力，通过各种情状一般人均会确然知道，从而认定行为人应当知道。

通常而言，认定行为人是否“应当知道”被害人系不满 14 周岁的幼女，应当考虑行为人和一般人的认知能力水平，结合行为人作案时存在的各种客观情况，进行综合分析判断。《性侵意见》第 19 条第 2 款规定，对不满 12 周岁的被害人实施奸淫等性侵害行为的，应当认定行为人“明知”对方是幼女。可以认为该司法解释性文件根据被害人不满 12 周岁这一基础事实创设了一项“推定明知”。究其原因，主要是：12 周岁以下幼女基本都处在接受小学或者幼儿园教育阶段以及家庭看护中，社会关系简单，外在幼女特征相对较为明显；即使极个别幼女身体发育早于同龄人，但一般人从其言谈举止、生活作息规律等其他方面通常也能够判断出其可能是幼女，而且从对幼女进行特殊保护的立场考虑，也不应存在争议。故推定该情形中行为人知道被害人可能属于不满 14 周岁的幼女，是合乎经验常识的，也不违背刑法总则对犯罪故意的一般界定。也就是说，凡是对实际不满 12 周岁的被害人实施奸淫等性侵害行为的，无论行为人提出何种辩解理由，均应当认定行为人“应当知道”对方是幼女。

(三) 与已满 12 周岁不满 14 周岁的被害人发生性关系案件中，对行为人

辩解“不明知”被害人是幼女的例外情况应当从严把握

根据《性侵意见》第 19 条第 3 款的规定，对实际年龄已满 12 周岁不满 14 周岁的被害人，如果从其身体发育状况、言谈举止、衣着特征、生活作息规律等观察，该被害人可能是幼女，而实施奸淫等性侵害行为的，也应当认定行为人“明知”对方是幼女。我们认为，从司法解释性文件的条款设置及文字表述来看，该款属于对“明知”认定相对确定的规范指引，对已满 12 周岁不满 14 周岁的幼女实施奸淫等性侵害行为，若无极其特殊的例外情况，一般都应当认定行为人“明知”被害人是幼女，具体可以从以下三个方面把握：一是必须确有证据或者合理依据证明行为人根本不可能知道被害人是幼女；二是行为人已经足够谨慎行事，仍然对幼女年龄产生了误认，即使其他一般人处在行为人的场合，也难以避免这种错误判断；三是客观上被害人身体发育状况、言谈举止、衣着、生活作息规律等特征明显更像已满 14 周岁。例如，与发育较早、貌似成人、虚报年龄的已满 12 周岁不满 14 周岁的幼女在谈恋爱和正常交往过程中，双方自愿发生了性行为，确有证据证实行为人不可能知道对方是幼女的，才可以采纳其不明知的辩解。相反，如果行为人采取引诱、欺骗等方式，或者根本不考虑被害人是否是幼女，而甘冒风险对被害人进行奸淫等性侵害行为的，一般都应当认定行为人明知被害人是幼女，以实现对幼女的特殊保护，堵塞惩治犯罪的漏洞。

本案中，被告人何某辩称自己在第二次与被害人发生性关系后才知道被害人的生日为 1998 年 4 月 5 日（即不满 14 周岁）。公诉机关则认为，何某是通过网络登录其堂妹的 QQ 号结识的被害人，知道被害人系其堂妹的同学，而其堂妹比其小 5 岁；何某还与被害人通过 QQ 聊天交流，被害人 QQ 个人资料显示为 13 周岁，因此何某与被害人发生三次性关系均应明知被害人不满 14 周岁。在本案审理过程中，有意见认为，刑事案件的证据不仅要符合客观真实，而且要足以充分证明客观事实，排除一切合理怀疑，结论达到唯一性；公诉机关提供的证据不能达到这个标准，只是一个推断，不能合理解释和排除疑点、矛盾，况且 QQ 个人资料一般并不完全真实，行为人也未必查看，初二学生也有很多已满 14 周岁，故公诉机关指控何某作案次数为三次的证据不充分，不能认定何某与被害人发生三次性关系时均明知被害人不满 14 周岁。

我们认为，刑事诉讼法规定的有罪判决证明标准是案件事实清楚，证据确实、充分，这是对事实认定和证据审查一般，也是最高的要求。但司法实践经验表明，对犯罪构成的不同事实要素，在证明程度上是可以存在差异的。特别是诸如毒品犯罪、奸淫幼女等性侵害犯罪，实务部门对主观构成要素证明标准的把握，相对其他犯罪而言，可能略显宽松，这是由此类犯罪的特殊性决定的，同时也受到从严惩治此类犯罪的刑事政策的导向影响。在此类案件中，案件事实认定并不是一项纯粹的探寻客观事实真相的科学求证活动，而是以追寻客观真相为指引，同时又受价值取向、价值判断影响的事实重构和再现的过程。就奸淫幼女犯罪主观明知要件的立法定位和司法证明标准而言，无论是一些国家采取严格责任标准，还是一些国家对“明知”认定实务操作中一般采取相对比较宽松的证明标准，均体现了在被告人人权保障与保护幼女公共政策之间的权衡，选择的结果通常是向特殊保护幼女的公共政策适度倾斜，尽可能堵塞惩治犯罪的漏洞。《性侵意见》对“明知”问题所作的规定，体现了我国最高司法机关对这一主流政策价值取向的认同与坚守。

就本案而言，公诉机关与法院对“明知”的认定显然存在分歧。从现有证据来看，公诉机关提供的证据只能证实被告人何某第三次与被害人发生性关系时，确然知道被害人实际不满 14 周岁。而最初认识被害人并在第一次、第二次与被害人发生性关系时，何某掌握的信息包括：其一，被害人系其堂妹的初中二年级同学，而其堂妹比其小 5 岁（即其堂妹 13 周岁），根据一般人的常识，初二学生可能已满 14 周岁，也可能不满 14 周岁，但大体在 14 周岁左右。其二，何某与被害人通过 QQ 聊天交流，被害人的 QQ 个人资料显示为 13 周岁，根据一般人的常识，网友之间聊天大多会查看对方 QQ 个人资料信息，但也不排除不查看的可能；另外 QQ 个人资料填写的年龄可能是真实的，也可能不真实。因此，现有证据的确不能排除所有怀疑，证实何某前两次与被害人发生性关系时确然知道被害人不满 14 周岁。但是，诸多证据或者信息表明，作为一个已满 18 周岁、具有正常认知判断能力的男子，何某并非根本不可能知道被害人是不满 14 周岁的幼女，而只要稍加谨慎、注意，完全可以认识到对方可能是幼女；此外，何某在确然知道被害人实际年龄不满 14 周岁时，仍然继续与被害人发生性关系，反映出何某在整个与被害人交往并发生性关系的过程中，对被害人是否系幼女持无所谓的放任态度。暂且不论被害人身体发育状况、言谈举止、衣着、生活作息规律等外在特征是否确实更像已满 14 周岁，仅依现有证据并没有充足理由将何某归属于“根本不可能判断出被害人是幼女的极其特殊的例外情形”。一、二审法院以本案不能完全排除被告人前两次与被害人发生性关系时可能不知道被害人系幼女，而对相关事实不予认定，似与对奸淫幼女“明知”认定应当坚持的政策导向有所偏离。虽然不能据此认定是一个错判，但有必要在今后的司法实践中加以注意。

——最高人民法院刑一庭：《何某强奸案》，载最高人民法院刑事审判第一、二、三、四、五庭主办：《刑事审判参考》2014 年第 3 集（总第 98 集），法律出版社 2014 年版，第 2~6 页。

675. 对幼女以及已满14周岁的未成年女性负有特殊职责的人员与幼女发生性关系的法律适用

关键词

负有特殊职责的人员　幼女

最高人民法院司法政策精神

21. 对幼女负有特殊职责的人员与幼女发生性关系的，以强奸罪论处。

对已满十四周岁的未成年女性负有特殊职责的人员，利用其优势地位或者被害人孤立无援的境地，迫使未成年被害人就范，而与其发生性关系的，以强奸罪定罪处罚。

——《最高人民法院、最高人民检察院、公安部、司法部关于依法惩治性侵害未成年人犯罪的意见》（2013年10月23日，法发〔2013〕12号）。

附录：最高人民法院主流观点

1. 关于《性侵意见》第21条第1款的适用。监护人、教师、医生、保姆等人员或者与幼女相熟，或者具有了解幼女真实年龄的条件，同时对幼女又负有不同于普通公民的特殊职责，对于此类人员与幼女发生性关系，即使其提出未采取暴力、胁迫等非法手段，主观上不明知被害人为幼女的辩解，司法机关也不应采纳，概因此种情形属于不证自明的事实。换言之，此类特殊职责人员只要与幼女发生性关系的事实可以得到确证，就应当以强奸罪论处，此为《性侵意见》第21条第1款特别规定的真正用意之所在。

2. 关于《性侵意见》第21条第2款的适用。对于已满14周岁的女性进行奸淫构成强奸罪，要求必须违背被害人的意志，但对于行为人所采取的强制手段和程度的认定，应充分考虑未成年被害人身心脆弱，及与特殊职责人员之间存在特殊关系，易受伤害等情况，与针对成年人实施的强制性侵害行为有所区分。其中，所谓"利用优势地位"进行奸淫是指，行为人与未成年被害人之间具有监护、教育、训练、看护、救助、医疗等特殊关系，且行为人故意利用这种特殊关系，以使未成年被害人的生活条件、受教育或训练的机会、接受救助或医疗等方面可能受到影响的方式，对被害人施加压力，使其不得不容忍行为人对其进行奸淫。比如，养（生）父以虐待、克扣生活费迫使养（生）女容忍其奸淫。所谓利用未成年人"孤立无援的境地"进行奸淫，是指由于各种原因，未成年被害人处于不得不依赖于上述特殊职责人员的资助、抚育、照顾和救助等状况，而行为人有意利用此种状况，迫使被害人容忍其奸淫行为。比如，对处于身患严重疾病、流落街头需要接受救助等境地的未成年被害人进行奸淫。

——黄尔梅主编、最高人民法院刑事审判第一庭编著：《性侵害未成年人犯罪司法政策案例指导与理解适用》，人民法院出版社2014年版，第216~217页。

676. 明知自己感染艾滋病病毒，故意不采取保护措施与他人发生性关系，致使他人感染艾滋病病毒的，如何定罪处罚

关键词

故意伤害罪　艾滋病感染

《刑事审判参考》指导案例

周天武故意伤害案（《刑事审判参考》指导案例第1274号）

裁判要点：明知自己感染艾滋病病毒，故意不采取保护措施与他人发生性关系，致使他人感染艾滋病病毒的，应定故意伤害罪。

司法实践中出现了明知自己感染艾滋病病毒，故意不采取保护措施与他人发生性关系，致使他人感染艾滋病病毒的案件。对于此类案件如何定罪，在刑法理论界和司法实务界存在争议，有观点认为，应认定为故意伤害罪。理由是，人体感染上艾滋病病毒后，肌体免疫系统被破坏，容易患上正常人能够轻松克服的各种疾病，但并不会立即导致死亡，在艾滋病漫长的发病过程中可能因为其他原因导致死亡，而在死亡之前被害者的身体健康却必然遭受严重摧残。因此，感染艾滋病病毒意味着身体健康遭受严重威胁，此种行为属于一种故意伤害他人身体健康的行为，应以故意伤害罪定罪。

由于故意传播艾滋病病毒的行为严重侵害了他人的生命与健康，受害人一旦感染就处于长期的恐惧和痛苦之中，且极易造成死亡，具有极为严重的社会危害性。2017年7月25日起施行的《最高人民法院、最高人民检察院关于办理组织、强迫、引诱、容留、介绍卖淫刑事案件适用法律若干问题的解释》（以下简称《涉卖淫刑案解释》）第十二条第二款规定："具有下列情形之一，致使他人感染艾滋病病毒的，认定为刑法第九十五条第三项'其他对于人身健康有重大伤害'所指的'重伤'，依照刑法第二百三十四条第二款的规定，以故意伤害罪定罪处罚：（一）明知自己感染艾滋病病毒而卖淫、嫖娼的；（二）明知自己感染艾滋病病毒，故意不采取防范措施而与他人发生性关

系的。”

由上述规定可以看出，《涉卖淫刑案解释》采纳了前述第二种观点。主要理由如下：首先，艾滋病和艾滋病病毒是不同的概念。艾滋病病毒代表的是人类免疫缺陷病毒（HIV），它在侵入人体后即开始攻击人体免疫系统。经过数年，当人体免疫系统被削弱后，人体就会感染上机会性感染病。一旦机会性感染发生，就可以认为患了艾滋病（AIDS）。艾滋病代表的是获得性免疫缺陷综合征，它是导致人体无法抵御其他疾病的状态或综合征。人不会死于艾滋病，而是死于与艾滋病相关的疾病。我们通常所说的感染艾滋病大多是指感染上艾滋病病毒。艾滋病病毒有三种传播途径，即性传播、血液传播和母婴传播，本案即是通过性传播方式致使他人感染艾滋病病毒。

其次，此类情况不宜认定为故意杀人罪。虽然至今全世界范围内尚未研制出根治艾滋病的特效药物，也还没有可用于预防的有效疫苗，但是在我国已经广泛采用了“鸡尾酒”疗法，这种治疗方法能够压制艾滋病病毒、不断清除艾滋病病毒。早期艾滋病病毒感染者用药后病毒可以被清除到几乎检测不到，普通的艾滋病病毒感染者终身服药能存活到正常人的平均寿命。因此，从医学的角度来看，感染上艾滋病病毒并不必然导致死亡，事实上，由于我国实施的免费检测、免费治疗政策，大部分艾滋病病毒感染者能够获得及时治疗而不会危及生命，以故意杀人罪来认定类似本案的行为，与故意杀人罪的构成要件不相符。此外，故意杀人罪是结果犯，而从感染艾滋病病毒到发病一般为 8~10 年，在审理期限内很难认定故意杀人的危害结果是否发生。如果审判案件时被害人仍然存活，判处故意杀人罪未遂，则有可能纵容了部分犯罪人，因为少数艾滋病病毒的感染者可能因得不到及时治疗等原因而发病，发病后最长一年内肯定死亡；如果判处故意杀人罪既遂，那么这与被害人在审判时仍然存活的事实又不相符。

最后，以故意伤害罪定罪更合理。如前所述，艾滋病病毒对人体免疫系统的损害十分致命，但艾滋病病毒又不具有直接致命性，它是通过损害人体免疫系统，降低人体的免疫力，进而构成对人体的危害。艾滋病病人死亡的直接原因通常都是其他的疾病或损伤。对类似本案的行为认定为故意伤害罪将使定罪量刑的标准很统一。行为人一旦把艾滋病病毒传染给他人，那就肯定对他人的身体造成了伤害，从被害人感染艾滋病病毒的那一刻起，故意伤害罪就已经既遂，而不会像认定为故意杀人罪那样出现未遂与既遂不确定的问题。

——最高人民法院刑事审判第一、二、三、四、五庭主办：《刑事审判参考》（总第 115 辑），法律出版社 2019 年版，第 49~54 页。

677. 与未成年人有共同家庭生活关系的人员实施强奸、猥亵犯罪的，要依法从严惩处

关键词

共同家庭生活关系的人员　未成年人　猥亵儿童罪

最高人民法院司法政策精神

25. 针对未成年人实施强奸、猥亵犯罪的，应当从重处罚，具有下列情形之一的，更要依法从严惩处：

（1）对未成年人负有特殊职责的人员、与未成年人有共同家庭生活关系的人员、国家工作人员或者冒充国家工作人员，实施强奸、猥亵犯罪的；

（2）进入未成年人住所、学生集体宿舍实施强奸、猥亵犯罪的；

（3）采取暴力、胁迫、麻醉等强制手段实施奸淫幼女、猥亵儿童犯罪的；

（4）对不满十二周岁的儿童、农村留守儿童、严重残疾或者精神智力发育迟滞的未成年人，实施强奸、猥亵犯罪的；

（5）猥亵多名未成年人，或者多次实施强奸、猥亵犯罪的；

（6）造成未成年被害人轻伤、怀孕、感染性病等后果的；

（7）有强奸、猥亵犯罪前科劣迹的。

——《最高人民法院、最高人民检察院、公安部、司法部关于依法惩治性侵害未成年人犯罪的意见》（2013 年 10 月 23 日，法发〔2013〕12 号）。

最高人民法院公布的典型案例

李沛新猥亵儿童案

裁判要旨：未成年人处于生理发育和心理发展的特殊时期，辨别是非和自我保护能力差，在受到不法侵害时通常不知或不敢反抗，易成为性侵害的对象。特别是与未成年人有共同家庭生活关系的人员，因具有接触未成年人的便利条件，且在物质、生活条件等方面相对未成年人处于优势地位甚至支配关系，实施性侵害犯罪更为隐蔽，持续时间通常更长，未成年被害人更难以抗拒和向有关部门揭露，社会危害更大。《关于依法惩治性侵害未成年人犯罪的意见》第 25 条规定，与未成年人有共同家庭生活关系的人员实施强奸、猥亵犯罪的，要依法从严惩处。

（一）基本案情

自2011年8月起，被告人李沛新乘其妻张某某外出之机，多次在其位于广东省广州市花都区的住宅中，使用威胁、诱骗等手段，采取手摸乳房、阴部等方式，对继女何某某（被害人，时年10岁）进行猥亵。2013年5月17日，公安人员在李沛新家中将其抓获。

（二）裁判结果

广东省广州市花都区人民检察院以猥亵儿童罪对被告人李沛新提起公诉。花都区人民法院经审理认为，李沛新采取威胁、诱骗手段，多次猥亵儿童，其行为已构成猥亵儿童罪，依法应当对其适用五年以下有期徒刑或者拘役的量刑幅度予以处罚。结合李沛新犯罪的具体情节、危害后果以及认罪态度，依照《中华人民共和国刑法》第二百三十七条第一款、第三款之规定，对李沛新以猥亵儿童罪判处有期徒刑三年。

宣判后，在法定期限内没有上诉、抗诉。判决已经发生法律效力。

（三）典型意义

本案是一起继父猥亵未成年继女的典型案件。未成年人处于生理发育和心理发展的特殊时期，辨别是非和自我保护能力差，在受到不法侵害时通常不知或不敢反抗，易成为性侵害的对象。特别是与未成年人有共同家庭生活关系的人员，因具有接触未成年人的便利条件，且在物质、生活条件等方面相对未成年人处于优势地位甚至支配关系，实施性侵害犯罪更为隐蔽，持续时间通常更长，未成年被害人更难以抗拒和向有关部门揭露，社会危害更大。因此，《关于依法惩治性侵害未成年人犯罪的意见》第25条规定，与未成年人有共同家庭生活关系的人员实施强奸、猥亵犯罪的，要依法从严惩处。本案中，被告人李沛新与何某某的母亲张某某登记结婚，与何某某形成共同家庭生活关系，其不仅不履行应尽的保护职责，还对年仅10岁的继女实施猥亵，为法律所不容，亦严重违背人伦道德。鉴于李沛新归案后能主动认罪、悔罪，法院依法判处其有期徒刑三年。

——《最高人民法院28日发布惩治性侵害未成年人犯罪典型案例》（2015年5月28日），载最高人民法院官网，https：//www.court.gov.cn。

678. 强奸、猥亵犯罪中“共同家庭生活关系”的界定

关键词

强奸罪　共同家庭生活关系

最高人民法院司法政策精神

25. 针对未成年人实施强奸、猥亵犯罪的，应当从重处罚，具有下列情形之一的，更要依法从严惩处：

（1）对未成年人负有特殊职责的人员、与未成年人有共同家庭生活关系的人员、国家工作人员或者冒充国家工作人员，实施强奸、猥亵犯罪的；

（2）进入未成年人住所、学生集体宿舍实施强奸、猥亵犯罪的；

（3）采取暴力、胁迫、麻醉等强制手段实施奸淫幼女、猥亵儿童犯罪的；

（4）对不满十二周岁的儿童、农村留守儿童、严重残疾或者精神智力发育迟滞的未成年人，实施强奸、猥亵犯罪的；

（5）猥亵多名未成年人，或者多次实施强奸、猥亵犯罪的；

（6）造成未成年被害人轻伤、怀孕、感染性病等后果的；

（7）有强奸、猥亵犯罪前科劣迹的。

——《最高人民法院、最高人民检察院、公安部、司法部关于依法惩治性侵害未成年人犯罪的意见》(2013 年 10 月 23 日，法发〔2013〕12 号)。

《刑事审判参考》指导案例

谈朝贵强奸案（《刑事审判参考》指导案例第 980 号）

裁判要点：准确把握“共同家庭生活关系”，应当立足家庭的概念，抓住“共同家庭生活关系”内涵中具有的“质”和“量”的要求。从“质”上来说，需要形成实际上的共同生活关系，如事实上的扶养关系、监护关系等；从“量”上来说，需要具有共同生活的长期性、确定性和稳定性。

（一）关于“共同家庭生活关系”的界定

根据最高人民法院、最高人民检察院、公安部、司法部联合下发的《关于依法惩治性侵害未成年人犯罪的意见》(以下简称《性侵意见》)第二十五条的规定：“针对未成年人实施强奸、猥亵犯罪的，应当从重处罚，具有下列情形之一的，更要依法从严惩处：（1）对未成年人负有特殊职责的人员、与未成年人有共同家庭生活关系的人员、国家工作人员或者冒充国家工作人员，实施强奸、猥亵犯罪的……”可见，有“共同家庭生活关系”的人对幼女实施强奸、猥亵犯罪的，是应当从重从严处罚的情节之一。如此规定，主要是考虑到此类人员对未成年人实施性侵害犯罪，严重挑战社会伦理道德底线；同时，此类人员具有接触未成年人的便利条件，实施性侵害行为更为隐蔽，一般人难以发现，持续时间通常更长，未成年被害人更难以抗拒和向有关部门揭露，社会危害更大。但是，对于何谓“共同家庭生活关系”，刑法和相关司法解释均没有作出明确界定，由于该情节关系到对行为人的量刑，因此，对其内涵必须准确把握。

与幼女具有“共同家庭生活关系”，顾名思义，也就是与幼女具有在一个家庭中共同生活的关系。而所谓“家庭”，一般认为是指在婚姻关系、血缘关系、收养关系等基础上产生的，共同生活的人们所构成的社会生活单位，是具有血缘、婚姻、收养等关系的人们长期居住的共同群体。比较典型的是由法定关系组成的家庭，即由夫与妻，父母与子女（包括婚生或非婚生子女、合法的养子女和继子女）等。除了上述典型的家庭关系以外，现实中还有与之相当但是又不存在上述法定关系的人组成的共同生活单位。如孤儿或者生父母无力抚养的子女，由生父母的亲属、朋友抚养。上述人员共同生活在一起，相互之间也会产生与法定权利和义务类似的权利和义务，具备家庭的形式与实质。因此，在实践中，考察是否具有“共同家庭生活关系”，应当立足家庭的概念，准确把握“共同家庭生活关系”内涵中具有的“质”和“量”的要求。从“质”上来说，需要形成实际上的共同生活关系，如事实上的抚养关系、监护关系等；从“量”上来说，需要具有共同生活的长期性、确定性和稳定性，如果仅有几次的共同居住或者较短时间共同居住就不属于这里所指的“共同家庭生活关系”。

本案中，被告人谈朝贵和被害人廖某的母亲孙某是男女朋友关系，二人虽然未办理正式结婚手续，不是合法夫妻，但是二人从 2011 年 7、8 月至 2012 年 8 月这一期间同居，廖某跟随孙某共同生活，也与谈朝贵在同一住所共同居住，这种共同的生活单位实质上形成了家庭关系。谈朝贵在这种较长时间稳定的共同生活期间，与廖某形成了事实上的抚养关系，即与廖某具有了共同生活关系。因此，无论从“质”上还是“量”上，谈朝贵均属于与廖某具有“共同家庭生活关系”的人。

——最高人民法院刑一庭：《谈朝贵强奸案》，载最高人民法院刑事审判第一、二、三、四、五庭主办：《刑事审判参考》2014 年第 3 集（总第 98 集），法律出版社 2014 年版，第 15~16 页。

679. 与幼女有“共同家庭关系”的成年人多次奸淫幼女致其怀孕，应当认定为奸淫幼女“情节恶劣”

关键词

奸淫幼女　情节恶劣

最高人民法院司法政策精神

25. 针对未成年人实施强奸、猥亵犯罪的，应当从重处罚，具有下列情形之一的，更要依法从严惩处：

（1）对未成年人负有特殊职责的人员、与未成年人有共同家庭生活关系的人员、国家工作人员或者冒充国家工作人员，实施强奸、猥亵犯罪的；

（2）进入未成年人住所、学生集体宿舍实施强奸、猥亵犯罪的；

（3）采取暴力、胁迫、麻醉等强制手段实施奸淫幼女、猥亵儿童犯罪的；

（4）对不满十二周岁的儿童、农村留守儿童、严重残疾或者精神智力发育迟滞的未成年人，实施强奸、猥亵犯罪的；

（5）猥亵多名未成年人，或者多次实施强奸、猥亵犯罪的；

（6）造成未成年被害人轻伤、怀孕、感染性病等后果的；

（7）有强奸、猥亵犯罪前科劣迹的。

——《最高人民法院、最高人民检察院、公安部、司法部关于依法惩治性侵害未成年人犯罪的意见》（2013年10月23日，法发〔2013〕12号）。

《刑事审判参考》指导案例

谈朝贵强奸案（《刑事审判参考》指导案例第980号）

裁判要点：被告人与幼女有“共同家庭生活关系”，多次对被害人实施奸淫，造成被害人怀孕，严重挑战社会伦理道德底线，社会危害性大，应当认定为奸淫幼女“情节恶劣”。

（二）与幼女有“共同家庭生活关系”的成年人多次奸淫幼女致其怀孕，应当认定为奸淫幼女“情节恶劣”

刑法第二百三十六条第三款规定：“强奸妇女、奸淫幼女，有下列情形之一的，处十年以上有期徒刑、无期徒刑或者死刑：（一）强奸妇女、奸淫幼女情节恶劣的；（二）强奸妇女、奸淫幼女多人的；（三）在公共场所当众强奸妇女的；（四）二人以上轮奸的；（五）致使被害人重伤、死亡或者造成其他严重后果的。”其中，对于第二项至四项加重处罚情节，刑法规定较为明确，而对奸淫幼女致幼女怀孕，是否可以认定为第五项规定的“其他严重后果”，或第一项规定的“情节恶劣”，由于刑法没有明确，相关司法解释亦未规定，各地法院理解掌握的标准不尽相同。

有种观点认为，奸淫幼女致其怀孕对被害人伤害大，会给幼女身心健康带来严重创伤，对幼女健康成长产生恶劣影响，甚至会带来一系列的社会问题，其危害性的严重程度并不比刑法明确规定的加重处罚情节轻。因此，可以将奸淫幼女致其怀孕解释为“其他严重后果”进行加重处罚。

我们认为，奸淫幼女造成幼女怀孕，确实会给被害人造成很大的身心创伤，影响幼女的健康成长。但同时还要看到，怀孕系强奸的附随后果，且发现怀孕的阶段及采取干预措施的不同，对被害人身心伤害大小存在很大差异，严重程度也有很大区别，不同情况下的严重程度与刑法所明确列举的应当判处十年以上有期徒刑的情形并不是完全相当。如果不加以区分，一概将奸淫幼女致其怀孕解释为“其他严重后果”，未免失之于绝对，同时也违反了罪责刑相适应原则。

《性侵意见》第25条从特殊身份犯罪主体、特定犯罪场所、危害性大的犯罪手段及行为、特别弱势犯罪对象、相对严重犯罪后果、被告人有性侵前科劣迹等方面，对强奸、猥亵未成年人犯罪的一些酌定从严处罚情节作了明确。这些情形与普通的奸淫幼女相比，或者严重挑战社会伦理道德底线，或者更加隐蔽，未成年被害人更难以抗拒和向有关部门揭露，或者更加严重冲击被害人的心理安全感，或者社会影响更为恶劣，甚至在一定范围内造成社会恐慌，或者危害后果更严重，对被害人伤害更大，或者行为人主观恶性更深、人身危险性更大。其中，该条第六项规定，造成未成年被害人怀孕等后果的情形，是“更要依法从严惩处”的情形之一。因此，根据上述规定，如果单纯就奸淫幼女致其怀孕来说，该种情况属于“更要依法从严惩处”，但并不意味着一定要加重处罚，在何种情况下加重处罚，应当根据案件的具体情况判断，原则上应当与刑法第二百六十三条第三款第二至四项所列情节严重性相当。实践中，一般而言，对于奸淫幼女致其怀孕的情况，如果同时还具有《性侵意见》第25条所列的其他“更要依法从严惩处”的某一项或者某几项情形，可以考虑认定为属于“情节恶劣”，予以加重处罚。如对幼女负有特殊职责的人员、与幼女有共同家庭生活关系的人员，长期多次奸淫幼女致其怀孕的；有强奸、猥亵犯罪前科劣迹的人，奸淫幼女致其怀孕的；或者奸淫幼女致其轻伤、感染性病，同时导致幼女怀孕的，可以认定为属于“情节恶劣”。但并不是说，只要奸淫幼女致其怀孕，并同时具有《性侵意见》第25条所列的某一项情节，就必然认定为“情节恶劣”。如进入学生集体宿舍奸淫一名幼女，致该幼女怀孕，如果作案手段一般，也没有其他严重情形，就未必达到“情节恶劣”的程度。总之，因司法实践的复杂性，“奸淫幼女致其怀孕”在何种情况下属于“情节恶劣”，应当根据社会常识、常情，综合考虑犯罪主体、犯罪对象、犯罪地点、犯罪手段、犯罪后果等诸多因素，准确判断，以确保罪责刑相适应。

本案中，被告人谈朝贵多次趁与廖某单独相处之机，对廖某实施奸淫，严重挑战社会伦理道德底线，同时，谈朝贵对廖某多次实施奸淫，持续时间长，其行为社会危害性大，社会影响特别恶劣。谈朝贵的行为不但造成廖某怀孕，且同时符合《性侵意见》第25条第1项规定的“与未成年人有共同家庭生活关系的人员实施强奸犯罪”和第五项规定的“多次实施强奸”的两种“更要依法从严惩处”的情形，可以认定为属于“情节恶劣”。谈朝贵实施犯罪的整个过程体现出较深的主观恶性和较大的社会危害性，总体上与刑法第二百三十六第三款第二项至第四项所列的单项加重情节的危害程度相当。也就是说，与幼女有共同家庭生活关系的人员多次奸淫被害人致其怀孕的，应当认定属于“情节恶劣”。人民法院以强奸罪判处谈朝贵有期徒刑十三年，定罪准确，量刑适当。

——最高人民法院刑一庭：《谈朝贵强奸案》，载最高人民法院刑事审判第一、二、三、四、五庭主办：《刑事审判参考》2014年第3集（总第98集），法律出版社2014年版，第16~18页。

680. 判断奸幼型强奸罪案件是否属于“罪行极其严重”应当考虑的因素

关键词

强奸罪　猥亵儿童罪　罪行极其严重

《刑事审判参考》指导案例

淡某甲强奸、猥亵儿童案（《刑事审判参考》指导案例第985号）

裁判要点：被告人从1989年至2008年案发期间，采用引诱、胁迫等手段，多次对多名幼女实施猥亵、奸淫，导致被害人的身心健康受到严重摧残，其人格极其卑劣，主观恶性极大，所犯强奸罪行极其严重，依法应当适用死刑。

（一）判断奸幼型强奸案件是否属于“罪行极其严重”应当考虑的因素

近年来，以不满14周岁的幼女作为犯罪对象的强奸罪在司法实践中时有发生。在此类奸幼型强奸案件中，部分案件没有出现被害人重伤、死亡的危害后果，但存在行为人长期奸淫多名幼女、对幼女使用胁迫手段、严重损害幼女身心健康等情节。此类案件是否属于“罪行极其严重”，如何把握死刑适用标准，司法实践中认识不一致。我们认为，判断奸幼型强奸案件是否达到“罪行极其严重”的死刑适用标准，应当依照刑法、司法解释的相关规定并结合司法审判经验，根据具体案件的事实、犯罪性质、情节和社会危害程度，着重从侵害对象、侵害人数、侵害次数或者持续时间、作案手段、危害后果等方面综合分析判断。

关于侵害对象。刑法第二百三十六条第二项规定，奸淫不满14周岁的幼女的以强奸论处，从重处罚，体现了严厉惩罚奸淫幼女犯罪的立法态度。幼女正处于身心成长发育期，身体器官和心智水平尚未发育成熟，不能正确理解性行为的社会性质、意义和后果，在面对性侵害时缺乏自我保护的意识和能力，与成年妇女相比更容易遭受性侵害。因此，立法者对幼女给予了特殊的保护，相应地，在司法环节对奸淫幼女犯罪也应当从重处罚。一般来说，幼女年龄越小，身体发育越不成熟，受到的伤害越大，故对被告人的惩罚相应也应越严厉。

关于侵害人数。强奸罪侵害的人数越多，则罪行越严重。根据刑法第二百三十六条第三款第二项的规定，强奸罪的加重情节包括“强奸妇女、奸淫幼女多人”。司法实践中，一般认为强奸妇女、奸淫幼女3人以上，属于“强奸妇女、奸淫幼女多人”。这里的“多人”是指被某一行为人强奸的不同个体的总人数，而非“人次”。下列情况属于“强奸妇女、奸淫幼女多人”：（1）单独计算强奸妇女人数或者奸淫幼女人数不满3人，但两者之和达到3人以上的；（2）每次强奸妇女、奸淫幼女的人数不满3人，但累计人数达到3人以上的；（3）强奸既遂的人数不满3人，但加上强奸预备、未遂或者中止的人数达到3人以上的；（4）作为实行犯强奸的人数不满3人，但加上作为帮助犯、教唆犯强奸的人数达到3人以上的。对于奸幼型强奸案件，侵害人数达到3人以上的，应在“十年以上有期徒刑、无期徒刑或者死刑”的量刑档次内从重量刑。是否适用死刑，应从奸淫的幼女人数、强奸既遂人数、作为实行犯强奸的人数等方面具体分析。

关于作案次数或者持续时间。刑法第二百三十六条没有把强奸妇女、奸淫幼女的次数或者持续时间明确规定为强奸罪的加重情节，但通常认为，对被害人多次或者长期奸淫的，属于刑法第二百三十六条第三款第一项规定的“强奸妇女、奸淫幼女情节恶劣”。行为人在长达数月、数年甚至更长时间内多次对被害人进行强奸，既反映了犯罪行为极其严重的客观危害，也表明行为人具有极深的主观恶性。对于奸幼型强奸案件，如果行为人多次或者长期奸淫幼女，次数越多，连续作案时间越长，则罪行越严重，从重处罚乃至适用死刑的根据就越充分。至于达到何种作案次数或者持续时间可以考虑判处死刑，则应根据具体案情综合分析。

关于作案手段。作案手段是行为人为了达到犯罪目的而采取的具体犯罪方法。不同的作案手段对于能否顺利实现犯罪目的所起的作用不同，使被害人遭受痛苦的严重程度也不同，能够体现出犯罪行为的客观危害及行为人的主观恶性。虽然刑法第二百三十六条将强奸妇女和奸淫幼女规定在同一个法律条文中，都规定为强奸罪并配置了相同的法定刑，但在犯罪构成要件特别是犯罪手段方面，二者有明显区别。强奸妇女犯罪必须是行为人违背妇女意志，采取暴力、胁迫或者其他手段，强行与妇女发生性关系的行为。而奸淫幼女犯罪的成立，不要求行为人采取特定手段，也不论幼女是否自愿，只要行为人明知是不满14周岁的幼女而与其发生性关系的，都应当以强奸罪论处。如果采取暴力、胁迫手段奸淫幼女，或者当着幼女亲属、熟人的面奸淫幼女，或者使用残酷、变态手段奸淫幼女的，一般都应当作为强奸罪的酌定从重处罚情节考虑。

关于危害后果。强奸罪犯的客体是妇女的性自由权利和幼女的身心健康权利，其危害程度是由被害人遭受的身体或精神损害大小决定的。虽然刑法第二百三十六条第三款第五项将“致使被害人重伤、死亡或者造成其他严重后果”规定为强奸罪的加重情节之一，但不能片面地认为只有强奸致被害人重伤、死亡才属于“罪行极其严重”。对于奸幼型强奸案件来说，即使没有出现幼女重伤、死亡后果，但随着被害人年龄增长，被强奸的经历将长期、严重地损害其身心健康，给幼女造成严重的心理创伤，留下挥之不去的心理阴影。其危害性主要表现在：一是由于行为人违背幼女意志，强行与幼女发生性行为，直接侵害了被害人的身心健康、性羞耻心理。二是在行为人以揭发隐私的胁迫手段长期奸淫幼女的情况下，幼女整日生活在担心“丑闻败露”的恐惧之中，不敢违抗行为人的意愿，也不敢将遭受强奸之事告诉任何人，承担着巨大的心理压力。三是幼女在今后的生活中，受到亲属的责骂以及来自社会的嘲讽、歧视后，会产生深深的自责心理和负罪感，极端情况下可能导致自杀，或者产生“破罐破摔”心理，不再珍惜自己的名誉、家庭，或者对男性产生仇视、报复心理，成为潜在的犯罪人。因此，在对奸幼型强奸案件决定是否适用死刑时，要特别重视被害人遭受的心理创伤程度，全面、客观地评价强奸罪行是否属于“罪行极其严重”。

（二）对本案是否属于“罪行极其严重”的分析

本案中，被告人淡某甲从1989年至2008年案发期间，采取引诱、胁迫等手段多次对幼女黎某某、蒙某甲、淡某乙、蒙某乙实施猥亵、奸淫，对幼女周某某奸淫一次，多次对幼女淡某丙实施猥亵。第一，从侵害对象看，黎某某、蒙某甲、淡某乙、蒙某乙首次被奸淫的年龄为6岁至11岁不等，周某某被奸淫时为12岁，均为不满14周岁的幼女。第二，从侵害人数看，淡某甲奸淫幼女5人，均已强奸既遂，属于“强奸妇女、奸淫幼女多人”的情形。第三，从作案次数和持续时间看，虽然周某某仅被奸淫1次，但黎某某、蒙某甲、淡某乙、蒙某乙均被长期奸淫，持续时间从10个月到12年不等，其中黎某某、蒙某甲、淡某己在已满14周岁以后仍被继续奸淫，黎某某甚至被奸淫至18岁为止。从淡某甲的角度看，其奸淫全部被害人的持续时间从1991年开始，到2008年结束，长达17年之久。因持续时间较长，黎某某、蒙某甲、淡某乙、蒙某乙均不能准确回忆自己被奸淫的次数，但均陈述几乎每周都被淡某甲奸淫 1 次或者 2 次，与医疗诊断证明书证实 4 人处女膜均呈陈旧性破裂的情节相印证，故可以认定淡某甲强奸妇女、奸淫幼女的次数非常多、持续时间特别长。第四，从作案手段看，淡某甲在被害人幼小无知时采取用鞭炮恐吓、给零食吃、给零钱花、给游戏机玩等手段相胁迫、引诱，让被害人为其口交，长期、多次对被害人实施猥亵。随着被害人年龄逐渐增长，身体有了一定程度发育之后，淡某甲开始对被害人实施奸淫。当被害人懂事后不愿到淡某甲的房间被其奸淫时，淡某甲以给被害人写威胁信等方法，扬言公开被害人被其奸淫之事或者告诉被害人家长，对被害人进行精神强制，迫使被害人忍辱屈从，实现了对被害人的长期奸淫。淡某甲采取的胁迫手段还有逼迫被害人书写借贷关系根本不存在的巨额“欠条”，如果被害人不愿意被奸淫，就逼迫被害人还债；逼迫被害人书写按时到淡某甲房间供其奸淫的保证书；对奸淫被害人的过程进行录像，以公开奸淫录像继续胁迫被害人；扬言用注射器给被害人注射药物，逼迫被害人就范；等等。为了长期奸淫，淡某甲还采取“以旧骗新”的手段，胁迫已被其奸淫的幼女将毫不知情的其他幼女骗到自己房间内进行猥亵、奸淫，再以胁迫手段控制被骗幼女继续供其猥亵、奸淫。其中，黎某某、淡某乙都曾被胁迫充当过淡某甲的诱骗工具，而蒙某甲、蒙某乙、周某某都是以此方式被骗后遭到猥亵、强奸的。第五，淡某甲还多次对两名甚至三名幼女同时进行猥亵或者奸淫。第六，从危害后果看，据以上被害人亲属反映，这些被害人平时都沉默寡言，成天心事重重，学习成绩下降，特别不愿意和男性相处，甚至不与自己的父亲说话。有的被害人因被奸淫，经常很晚回家，甚至整晚不回家，回家之后无论被父母怎样问、怎样打都默不作声，不敢说出自己去了哪里。有些被害人性格孤僻，怕外人的眼光和议论，以致案发后举家迁往外地租房居住，不敢回老家。案发当日，淡某乙在长达 8 年被猥亵、奸淫之后，面对淡某甲再次到学校门口相逼时，终于无法忍受而痛哭起来。其同学将此事告诉了淡某乙的母亲，在母亲再三追问下淡某乙才说出了其被淡某甲强奸的事实，至此才案发。由此可见，被害人的身心健康因淡某甲的长期奸淫而受到严重摧残。综上所述，被告人淡某甲人格极其卑劣，主观恶性极大，所犯强奸罪行极其严重，依法应当判处死刑立即执行。

——最高人民法院刑五庭：《淡某甲强奸、猥亵儿童案》，载最高人民法院刑事审判第一、二、三、四、五庭主办：《刑事审判参考》2014 年第 3 集（总第 98 集），法律出版社 2014 年版，第 44~48 页。

681. 指使他人物色幼女供其奸淫后给付金钱财物的行为的定性

关键词

强奸罪　奸淫幼女　金钱给付

最高人民法院司法政策精神

20. 以金钱财物等方式引诱幼女与自己发生性关系的；知道或者应当知道幼女被他人强迫卖淫而仍与其发生性关系的，均以强奸罪论处。

——《最高人民法院、最高人民检察院、公安部、司法部关于依法惩治性侵害未成年人犯罪的意见》（2013 年 10 月 23 日，法发〔2013〕12 号）。

《刑事审判参考》指导案例

卓智成等强奸案（《刑事审判参考》指导案例第 979 号）

裁判要点：本案被害人均系在校学生，被迫与被告人发生性关系，而非为换取金钱财物，被告人指使他人物色幼女供其奸淫，事后给付中间人金钱财物，其行为构成强奸罪。

（三）指使他人物色幼女供其奸淫，事后给付中间人金钱财物的行为构成强奸罪，中间人构成强奸罪的共犯

本案中，公诉机关最初以周某犯强迫卖淫罪、强奸罪，钱志犯强迫卖淫罪，被告人卓智成犯嫖宿幼女罪提起公诉，第一次庭审后又变更起诉，指控三人均犯强奸罪。可见，准确区分强奸罪（特指奸淫幼女型强奸罪）与嫖宿幼女罪，强奸罪（共犯）与强迫卖淫罪，系对本案正确定性的关键前提。

与不满 14 周岁的幼女发生性关系并存在一定金钱财物的给付行为，在现行法律框架下，存在既可定强奸罪也可定嫖宿幼女罪的问题。根据《最高人民法院、最高人民检察院、公安部、司法部关于惩治性侵害未成年人犯罪的意见》（以下简称《性侵意见》）第 20 条的规定，以金钱财物等方式引诱幼女与自己发生性关系的，以强奸罪论处，由此可见，不能以是否给付金钱财物作为区分嫖宿幼女罪与强奸罪的界限，区分两罪的标准仍是幼女是否已实际从事卖淫活动。如果幼女此前并未从事卖淫活动，而行为人以给付金钱财物为手段，引诱幼女与自己发生性关系的，不论其采取什么手段，也不论是事前给付幼女钱财还是事后给予物质补偿，只是外表上具有“钱色交易”的特征，其实质仍是一种奸淫行为，对行为人应当以强奸罪论处。

司法实践中，行为人为达到奸淫幼女的欲望，以提供金钱、玩乐等为诱饵，唆使中间人包括一些十四五岁的中学生帮助物色幼女甚至是女同学，由中间人逼迫或者引诱、说服幼女同意与其发生性关系，尔后向中间人或者幼女给付金钱财物的现象，时有发生。根据《性侵意见》关于“以金钱财物等方式引诱幼女与自己发生性关系的以强奸罪论处”的规定，此种情形下，对与幼女发生性关系的行为人既然以强奸罪论处，意味着《性侵意见》明确不认同此类行为属于嫖宿，从而对中间人就应当以强奸罪的共犯论处。《性侵意见》第 24 条亦明确规定：介绍、帮助他人奸淫幼女的，以强奸罪的共犯论处。

强迫卖淫罪与强奸罪共犯（即帮助犯）易发生混淆。强迫卖淫罪是迫使他人向不特定人员提供性服务以牟利的行为，行为对象不限于妇女（幼女），还包括男子；强奸罪的帮助犯是帮助实行犯排除妨碍或者不利条件，便于实行犯完成奸淫妇女（幼女）行为。两者的主要区别在于：

在强迫妇女卖淫的情况下，嫖客与强迫妇女卖淫者之间没有犯意联络，嫖客主观上是通过支付金钱财物换取性服务，没有强行与他人发生性关系的犯罪意图，客观上没有强行实施性行为；而强迫者一般具有通过被控制妇女的卖淫行为营利的目的，客观上对妇女实施暴力、胁迫是为了迫使妇女答应从事卖淫活动，嫖客与强迫者的主观故意内容和实施的行为相对独立，不构成共同犯罪。多数情况下，被迫卖淫的妇女与他人发生性行为时具有表面“同意”的特征，且被迫卖淫的对象具有人数多、不特定的特征，卖淫行为具有持续性。

在帮助实行犯强奸的情况下，实行犯主观上具有强行与妇女发生性关系，或者明知被害人是幼女而与其发生性关系的犯罪意图，帮助犯对此情况亦知晓，但仍对被害妇女施以强制，或者对被害幼女施以介绍、引诱、欺骗等行为，目的在于为实行犯实现奸淫行为扫除障碍或者提供便利，帮助犯与实行犯之间有犯意联络，客观上促成了奸淫行为的实施，故属于共同强奸犯罪。在帮助实行犯强奸的场合，帮助犯的帮助对象是特定的，一般是威逼利诱妇女、幼女与特定对象发生性关系，即使实行犯给予帮助犯一定金钱财物作为“酬劳”，但收取金钱财物并非必要条件，有别于强迫卖淫中迫使被害人与不特定人员发生性关系必然存在金钱财物对价，且强迫卖淫者通常以此作为相对稳定的牟利手段。

本案中，被告人卓智成为满足淫欲，以提供金钱财物为诱饵指使被告人周某、钱志等人为其物色未成年少女特别是处女，其中，明知周某等人殴打、威胁被害人黄某、陈某与其发生性关系，明知被害人刘某系幼女，仍先后对三被害人实施奸淫，其行为构成强奸罪。黄某、陈某、刘某均为在校女中学生，与卓智成发生性关系系被迫，并不是为了以此换取金钱财物，卓智成主观上也并非出于“嫖宿”目的，故虽然其事后给予周某、钱志等人一定钱款，但不能认定为“嫖资”，其行为也不属于“嫖宿”。

被告人周某、钱志为牟取物质利益，根据被告人卓智成的授意和要求，积极为卓智成物色在校少女供卓智成奸淫，并在三被害人不同意的情况下，以言语威胁、实施暴力等强制手段为卓智成的奸淫行为扫清障碍，使得强奸行为最终都得以顺利进行。故周某、钱志的行为完全符合强奸共犯的特征，均构成强奸罪。周某、钱志并非强迫三被害人与不特定的人发生性关系以牟取利益，故不构成强迫卖淫罪。周某另有一起单独强奸刘某的事实。因此，法院依法以强奸罪追究三被告人的刑事责任，定性是准确的。

——最高人民法院刑一庭：《卓智成等强奸案》，载最高人民法院刑事审判第一、二、三、四、五庭主办：《刑事审判参考》2014 年第 3 集（总第 98 集），法律出版社 2014 年版，第 11~13 页。

682. 与不满 14 周岁的人轮流奸淫同一幼女行为的定性

关键词

强奸罪　轮奸　不满 14 周岁

《刑事审判参考》指导案例

李尧强奸案（《刑事审判参考》指导案例第 280 号）

裁判要点：与不满 14 周岁的人轮流奸淫同一幼女的，应认定为轮奸，构成强奸罪。

轮奸仅是一项共同的事实行为，只要行为人具有奸淫的共同认识，并在共同认识的支配下实施了轮流奸淫行为即可，而与是否符合共同犯罪并无必然关系。实践中，轮奸人之间通常表现为构成强奸共同犯罪，但也不排除不构成强奸共同犯罪的特殊情形。如与不满 14 周岁的人轮流奸淫同一幼女的，虽不满 14 周岁的人依法不负刑事责任，但不能因此否认其奸淫行为的存在。相反，与不满 14 周岁的人对同一幼女轮流实施奸淫行为，却是客观存在的事实。因此，即使不满 14 周岁的人不负刑事责任，亦应认定行为人的行为构成强奸罪，且属于“轮奸”。而且，立法规定了轮奸这一量刑情节，表明立法者认为轮奸比单独实施的强奸犯罪更为严重，对被害人的危害更大。若坚持“轮奸”的行为人必须构成强奸共同犯罪（共同实行犯），参与轮奸的人都必须具备犯罪主体的一般要件，否则就不认定为轮奸，显然既不利于打击犯罪分子，也不能有力地保护被害人的合法权益，有违立法本意。

——最高人民法院刑事审判第一庭、第二庭编：《刑事审判参考》2004 年第 1 集（总第 36 集），法律出版社 2004 年版，第 27~31 页。

683. 轮奸的认定

关键词

强奸罪　轮奸

《刑事审判参考》指导案例

滕开林、董洪元强奸案（《刑事审判参考》指导案例第 395 号）

裁判要点：轮奸是指两个以上有合意的男人先后共同强行对同一妇女进行奸淫的行为。需要具备三个方面条件。

轮奸是指两个以上有合意的男人先后共同强行对同一妇女进行奸淫的行为。由于轮奸给被害妇女的身心健康造成很大危害，我国《刑法》规定具有轮奸这一情节时，将在强奸罪基本刑的基础上加重刑罚。轮奸必须同时具备以下条件：一是各行为人具有共同强奸的意思联络，不仅自己具有强奸被害人的故意，而且明知其他行为人也具有对被害人强行奸淫的故意；二是必须对同一被害人先后实施奸淫行为；三是各行为人与被害人发生性关系，均违背被害人意愿。

——最高人民法院刑事审判第一、二、三、四、五庭主办：《刑事审判参考》2006 年第 3 集（总第 50 集），法律出版社 2006 年版，第 14~18 页。

苑建民、李佳等绑架、强奸案（《刑事审判参考》指导案例第 792 号）

裁判要点：行为人实施强奸行为完毕离开现场后，其他帮助犯起意并对同一被害人实施轮奸行为的，该行为人不构成轮奸。

轮奸是指两名以上男子基于共同强奸犯罪的故意，对同一妇女分别实施强奸行为。轮奸是法律明确规定的一种强奸罪的加重情节，而非独立的一种犯罪。轮奸必须同时具备以下条件：一是各行为人具有共同强奸的犯意联络，即不仅自己具有实施强奸的故意，而且明知其他行为人也具有实施强奸的故意；二是必须是对同一被害人先后实施强奸行为。本案中，被告人李佳对被害人许某强奸行为实施完毕后即离开现场，不应认定其具有二人以上轮奸的加重情节。具体理由如下：

对共同犯罪故意的认定需要关注以下两个方面的内容：一是共同犯罪故意的认识因素和意志因素；二是共同犯罪行为人之间的犯意联络。具体而言，共同犯罪故意的认识因素是指各行为人对本人和他人共同实施的犯罪行为所具有的社会危害性的认识；共同犯罪故意的意志因素是指各行为人在认识到共同犯罪社会危害性的基础上决意共同实施犯罪行为，希望或者放任共同犯罪危害结果发生的心理态度；而共同犯罪行为人之间的犯意联络则是指各行为人关于相互协同实施特定犯罪行为的意思沟通，这种意思沟通可以采用明示或者默示的方式进行。共同犯罪行为人必须对共同犯罪具有故意，如果各犯罪行为人并无共同犯罪故意的认识因素和意志因素，也缺少相互协同实施特定犯罪行为的意思沟通，则不构成共同犯罪，行为人仅对自己实施的犯罪行为承担刑事责任。

本案中，李佳提出其意欲对被害人许某实施强奸时，苑建民等人表示同意，并把其他两位被害人叫离，为李佳强奸许某提供方便。从这个角度而言，苑建民等人对李佳实施强奸行为在主观上明知且达成合意。然而，李佳此时并不知道苑建民、王连军之后会对许某实施强奸，其在强奸行为实施完毕后即离开现场，其间没有与苑建民、王连军就分别实施强奸许某的行为进行意思沟通。苑建民、王连军的强奸故意是李佳离开现场后形成的，其对同一被害人许某实施的强奸行为，李佳并不知情。因此，李佳没有与他人实施轮奸的共同故意，仅需对自己实施的强奸行为负责。

需要指出的是，本案被告人李佳不构成轮奸，但不影响对被告人苑建民、王连军构成轮奸的认定。即便在李佳离开现场后，只有苑建民一人对被害人许某实施强奸，也同样应当认定苑建民构成轮奸。因为苑建民为李佳实施强奸提供帮助的行为，已经构成强奸罪的共犯，之后又单独实施强奸行为，完全符合轮奸的认定条件。

——最高人民法院刑事审判第一庭、二、三、四、五庭主办：《刑事审判参考》2012 年第 4 集（总第 87 集），法律出版社 2013 年版，第 30~31 页。

684. 轮奸案件中一人强奸既遂一人未遂情形的认定

关键词

强奸罪　共同犯罪　轮奸　犯罪既遂　犯罪未遂

《刑事审判参考》指导案例

唐胜海、杨勇强奸案（《刑事审判参考》指导案例第 281 号）

裁判要点：轮奸案件中一人强奸既遂一人未遂的，应按强奸罪既遂论处。

我们认为，对轮奸中一人以上强奸既遂，一人以上未遂的情形，由于各行为人均实施了轮奸行为，故首先应对各被告人以强奸罪定罪并按轮奸情节予以处罚。其次，由于轮奸是基于共同奸淫认识的共同实行行为，按照强奸罪中认定既未遂的一般原理，即只要实行犯强奸既遂的，对其他共犯，无论其为帮助犯、教唆犯、组织犯还是共同实行犯，都应按强奸罪既遂论。当然，所谓“都应按强奸罪既遂论”，并不是说具体量刑时就无需区别对待。相反，对帮助犯、从犯的一般应当依法给予从宽处罚，而对个人奸淫未得逞的共同实行犯也可以酌定从轻处罚。

实践中，对采用暴力手段强行与被害妇女进行性行为或者采用胁迫手段，迫使被害妇女不得不与自己进行性行为的，认定为强奸罪，一般不难。难点主要在于如何把握暴力、胁迫以外的“其他手段”。所谓“其他手段”，一般认为应当包括以下情形：（1）采用药物麻醉、醉酒等类似手段，使被害妇女不知抗拒或无法抗拒后，再予以奸淫的；（2）利用被害妇女自身处于醉酒、昏迷、熟睡、患重病等不知抗拒或无法抗拒的状态，乘机予以奸淫的；（3）利用被害妇女愚昧无知，采用假冒治病或以邪教组织、迷信等方法骗奸该妇女的等。

——最高人民法院刑事审判第一庭、第二庭编：《刑事审判参考》2004 年第 1 集（总第 36 集），法律出版社 2004 年版，第 32~36 页。

张甲、张乙强奸案（《刑事审判参考》指导案例第 790 号）

裁判要点：强奸行为未得逞的行为人是否认定为共同犯罪的从犯，应当根据其在犯罪中的地位、作用等多方面因素综合认定。

根据刑法第二十七条的规定，从犯包括两种类型：一种是在共同犯罪中起次要作用的犯罪分子；另一种是在共同犯罪中起辅助作用的犯罪分子。司法实践中，对于起第二种辅助作用的犯罪分子的认定比较容易把握，但对第一种起次要作用从犯的认定，理论界没有明晰的界定，实践中也难以归纳、提炼出统一的认定标准。我们认为，对从犯的认定，应当根据犯意的形成、犯罪的共谋、是否参与了全部犯罪活动、是否实施了实行行为、实行行为在整个犯罪构成要件中的关键程度和所起的作用、危害后果的发生与其实行行为的关联程度、分赃情况等因素综合审查。

本案中，被告人张乙首先提出强奸杨某的犯意，被告人张甲表示同意，之后二人商定轮流强奸被害人杨某的具体分工和细节。之后，张乙独自将杨某骗至其出租屋，并且先对杨某实施强奸行为，此时，张乙的行为已经完成了强奸罪的构成要素。在共同犯罪过程中，张乙系犯罪意图的提出者，且系其将杨某骗至案发地，并率先实施了强奸行为，因此，其在共同犯罪中所处的地位和作用并不比张甲小，其参与犯罪的环节比张甲多，参与犯罪的过程比张甲更完整。虽然张乙最终因为杨某奋力反抗，没有完成强奸行为，但其先前实施的暴力强奸行为使杨某的反抗能力在一定程度上减弱，从而使张甲得以顺利完成强奸行为。从这一角度分析，杨某最终被张甲强奸的后果，是张乙与张甲二人共同行为所致。基于上述分析，本案二审法院基于张乙的犯罪行为与犯罪后果无直接因果关系而将张乙认定为从犯，值得商榷。

综上，在轮奸犯罪案件中，未得逞者的强奸行为对被害妇女或者幼女的身心健康直接造成的危害程度低于已得逞者，但对未得逞者是否认定为从犯，应当结合案件实际情况，综合未得逞者在案件中的分工、地位、作用、实际参与程度等多方面因素予以全面分析，不应仅仅从其是否完成自身的强奸行为进行片面认定。

——最高人民法院刑事审判第一庭、二、三、四、五庭主办：《刑事审判参考》2012 年第 4 集（总第 87 集），法律出版社 2013 年版，第 17~20 页。

685. 商定轮奸但一人放弃强奸的行为的量刑

关键词

强奸罪　轮奸　犯罪既遂　从犯

附录：司法信箱

问题：宋某、张某、刘某、何某决定对女青年赵某进行强奸。在一饭店内，4 人将赵灌醉后扶至某公寓内，宋、张、刘先后对赵实施了强奸。当轮至何某时，宋某又对赵实施了强奸。何某对此表示不满，放弃了强奸行为。在法院审理过程中，合议庭对宋、张、刘、何的行为构成强奸罪及对宋、张、刘的行为属轮奸并在 10 年以上量刑均无异议，但对何某如何量刑存在两种意见。一种意见认为，对何某应在 10 年以上量刑，理由为何某参与了轮奸。一种意见认为，对何某应在 3~10 年内量刑，理由为：一是认定轮奸罪行为人须既遂，对在共同实施强奸过程中的未遂、中止行为，不宜按轮奸处理；二是何某有中止自己行为的情节；三是对何某在10年以上量刑，有悖《刑法》规定的量刑相适应原则。

《人民司法》研究组认为：根据来信中提到的情况，宋某、张某、刘某、何某强奸一案属共同犯罪，4人共谋进行强奸行为，共同实施了将被害人灌醉扶至某公寓的预备行为，然后宋某、张某、刘某3人实施了强奸行为，何某因不满宋某再次强奸而放弃了强奸行为。我们认为，本案应当宋某、张某、刘某、何某构成《刑法》第236条第3款规定的“二人以上轮奸的”。何某虽然最后放弃了强奸，但何某参与了共谋，也参与了预备行为，且没有避免轮奸后果的发生，因此也构成轮奸既遂。何某自己放弃强奸行为不影响其构成轮奸，但可以作为量刑情节考虑。

关于对何某的量刑问题，我们认为，本案属于共同犯罪案件，因此量刑要根据何某在共同犯罪中发挥的作用大小决定。何某没有具体实施强奸行为可以作为量刑情节考虑，同时还要综合考虑其参与共谋和共同预备行为中发挥的作用等情节。如果何某在整个共同犯罪中起次要或者辅助作用而被认定为从犯的，依照刑法规定应当从轻、减轻或者免除处罚。

——《人民司法·应用》2009年第7期（总第570期）。

686. 共同犯罪人未经共谋不在同一地点先后强奸同一被害人行为的定性

关键词

强奸罪　轮奸

《刑事审判参考》指导案例

李明明强奸案（《刑事审判参考》指导案例第983号）

裁判要点：被告人李某与楚某以暴力手段将两名被害人带至旅社，李某将陈某强奸，楚某将孙某强奸。后李某送二被害人回家，至此，二人共谋的强奸行为已告终结，李某的送返行为割断了此前的共同犯罪与此后李某强奸孙某的行为在时间、空间上的联系。李某与楚某在主观上没有强奸孙某的共同故意，客观上李某之后的行为与楚、李二人之前的共同犯罪行为已无任何关联，故而被告人的行为不构成轮奸。

（一）同案犯未经共谋在不同地点先后强奸同一被害人的不构成轮奸

通说认为，轮奸指二人或者二人以上在同一时间段内，基于共同强奸同一妇女或者幼女的故意而轮流实施奸淫的行为。轮奸犯罪的行为人之间意思的沟通和行为的分担，强化了个体的犯罪决意，使得行为人更加胆大妄为，更易摧毁被害人反抗的精神意志，排除障碍，强奸更易得逞。从犯罪人的角度来看，轮奸犯罪完全无视被害人的自由与尊严，无视社会伦理规范的约束，侵犯妇女的性的自主权，主观恶性较一般强奸犯罪更深，人身危险性更大；对被害人而言，相对于遭受一人强奸，轮流遭受两人两次以上的强奸所受到的侵害，无论在身体上还是在精神上，都更为严重，社会危害性更大，刑法规定为加重处罚情节，是罪刑相适应原则的必然要求。因此，准确界定二人以上的行为是否构成轮奸，既是保护被害人合法权益，从严打击此类犯罪的需要，也是保障被告人合法权利，避免罪刑失衡的要求。

刑法第二百三十六条第一款规定："以暴力、胁迫或者其他手段强奸妇女的，处三年以上十年以下有期徒刑。"第三款第四项规定，二人以上轮奸，处十年以上有期徒刑、无期徒刑或者死刑。在我国刑法中，轮奸的法律性质有两个方面的特征：其一，轮奸是强奸罪的共同犯罪形态，需要依照共同犯罪的构成要件加以判断，同时轮奸还是强奸罪的共同实行犯的唯一形式，即每个共同犯罪人均应是实行犯；其二，轮奸是强奸罪的加重处罚事由，一旦具备，即对被告人在十年以上有期徒刑、无期徒刑或者死刑的刑罚幅度内量刑。上述对轮奸的概念及其法律性质的分析，为认定具体强奸犯罪中是否有轮奸情节，提出了具体的判断标准，包括：（1）主观要件。各共同犯罪人必须具有共同实行犯罪的故意，各共同犯罪人的行为在它的支配下成为一个统一整体，即均有共同实施强奸的故意，不但本人有强奸的故意，还应知道自己与他人共同直接实行犯罪。（2）客观要件。各共同犯罪人必须实行同一犯罪构成客观要件的行为，即均对同一对象实施了强奸，并且行为人的行为在时间、空间上是有联系的，或相互补充、或相互协助，与犯罪结果之间都存在因果关系。共同犯罪故意支配着客观行为，客观行为体现了共同犯罪故意。本案中，被告人李明明、楚海洋的行为均构成强奸罪，但主观上和客观上不符合轮奸的要件，理由如下：

李明明和楚海洋主观上未有强奸孙某的共同故意。共同实行犯要求各行为人之间有共同实施实行行为的意思，即有为了实现某种犯罪，而相互利用、补充对方的行为的意思联络。意思联络是共同犯罪人以明示或者暗示的方法表明愿意共同实施某种犯罪。就轮奸而言，各共同犯罪人在预谋阶段或者实施犯罪过程中达成或者默认共同强奸的故意，可以是有预谋的，也可以是临时起意，甚至可能是在轮奸之前或者过程中形成的心照不宣。但要求不仅自己具有强奸被害人的故意，同时明知其他人也有强奸被害人的故意。二者只要基于概括故意即可。

本案中，李明明和楚海洋共同将陈某、孙某带至旅社，并分别强奸陈、孙，二人的行为构成强奸罪。其后李明明在得知已有人报警的情况下，送返陈、孙二人，楚海洋亦明确表示同意。无证据证实李明明在旅馆时即有强奸孙某的意图；李明明在返回途中将孙某强奸，楚海洋并不知情，也不能认定楚海洋在强奸孙某之后，其还知晓李明明此后还会强奸孙某，故李明明强奸孙某的故意超出了此前其和楚海洋分别强奸陈某和孙某的共同故意界限。综上，李明明和楚海洋不论在旅馆时，还是在送返二被害人途中，均无共同强奸孙某的意思联络，不具备成立轮奸所要求的主观要件。

2. 李明明和楚海洋的行为不具备成立轮奸的时空要件。无论是单独犯罪还是共同犯罪，行为人对法益侵害结果承担责任均是因为自己的行为与法益侵害结果之间存在因果关系，轮奸也不例外。让行为人对轮奸结果负责，承担因具备轮奸情节而加重处罚的刑事责任，行为人的行为必须与轮奸的结果之间具有因果关系。换言之，因各共犯的行为紧密相连、相互协助或者相互补充，对轮流奸淫行为的完成具有原因力，故而行为人既要对自己直接实施的奸淫行为与结果承担责任，也要对共同故意涵盖范围内其他共同实行犯的奸淫行为承担责任。反之，如果各共同犯罪人的行为之间无关联，不是作为一个有机、统一的犯罪活动，认定为轮奸以加重处罚，则失之公平。

不可否认，实践中，共同犯罪人基于共同强奸同一被害人的故意，在多个地点分别实施强奸的情况的确存在。因此，在同一地点强奸并非认定构成轮奸的必要条件，在不同地点强奸也不能绝对排除构成轮奸的可能。这就要求从时间和空间的角度，考察各共同犯罪人的行为之间是否具有接续性，是否相互补充或者相互协助。只要各共同犯罪人具有轮流奸淫同一妇女的共同故意，对该妇女进行不间断的控制，即使二人或者多人前后实施奸淫时间间隔相对较长，甚至不在同一地点实施奸淫行为，其犯罪的社会危害性，主观恶性、人身危险性程度同被害人在同一地点、同一时间段受到多人强奸的犯罪情形是相当的，被害人所遭受的痛苦和恐惧亦是相当的，故应视为与同一地点轮奸情形无异。

本案中，被告人李明明伙同楚海洋以暴力手段将两名被害人带至旅社，李明明将陈某强奸，楚海洋将孙某强奸。后李明明送二被害人回家，至此，二人共谋的强奸行为已告终结，李、明二人已经成立强奸罪的共同犯罪。其后李明明的送返行为割断了此前的共同犯罪和此后李明明强奸孙某的行为在时间、空间上的联系。楚海洋未与李明明进行过共谋，主观上不知晓李明明在送二被害人回家途中的行为，客观上未参与，亦未对李明明的继续强奸起到任何协助作用。李明明之后的行为与楚、李二人之前的共同犯罪行为已无任何关联。

——最高人民法院刑一庭：《李明明强奸案》，载《最高人民法院刑事审判考》2014 年第 3 集（总第 98 集），法律出版社 2014 年版，第 33~35 页。

687. 被害人在同晚被多个互不通谋的人在不同地点强奸不宜并案审理

关键词

强奸罪　多人强奸

最高人民法院研究室答复

广东省高级人民法院：

你院请示：一被害人在同一个晚上分别被 3 个互不通谋的犯罪分子在不同地点和时间实施了强奸。公安机关同时侦破，检察院以一个案件起诉，法院是作一案审理还是分案审理？

经研究，我们认为，根据上述情况，这 3 个被告人的行为不属于共同犯罪，而是各个被告人分别实施的各自独立的犯罪，因此，应分案审理，不宜并案审理。

——《最高人民法院研究室关于同一被害人在同一晚上分别被多个互不通谋的人在不同地点强奸可否并案审理问题的电话答复》（1990 年 5 月 26 日）。

688. 强奸"致使被害人重伤、死亡或者造成其他严重后果"的认定

关键词

强奸罪　致被害人自杀

《刑事审判参考》指导案例

曹占宝强奸案（《刑事审判参考》指导案例第 228 号）

裁判要点：强奸导致被害人自杀的，属于"因强奸造成其他严重后果"，应当对被告人适用十年以上有期徒刑的法定刑幅度。

最高人民法院、最高人民检察院、公安部《关于当前办理强奸案件中具体应用法律若干问题的解答》（以下简称《解答》）第 4 条曾明确解释："强

奸致人重伤、死亡是指强奸、奸淫幼女导致被害人性器官严重损伤或者造成其他严重伤害，甚至当场死亡或者经治疗无效死亡的。因强奸妇女或者奸淫幼女引起被害人自杀、精神失常以及其他严重后果的，属于情节特别严重之一"。1997年《刑法》第236条第3款对此细化规定为强奸、奸淫幼女有下列情形之一的处十年以上有期徒刑。无期徒刑或者死刑："（一）强奸妇女、奸淫幼女情节恶劣的；（二）强奸妇女、奸淫幼女多人的；（三）在公共场所当众强奸妇女的；（四）二人以上轮奸的；（五）致被害人重伤、死亡或者造成其他严重后果的。"可见，现行《刑法》关于强奸罪的修改，吸收、采纳了《解答》的有关规定。需要指出的是，所谓因强奸"造成其他严重后果"，除包括因强奸妇女或者奸淫幼女引起被害人自杀或者精神失常这两种常见的情形外，结合目前的司法实践看，还应包括因强奸妇女或者奸淫幼女造成被害人怀孕分娩或堕胎等其他严重危害被害妇女或幼女身心健康的严重后果。

强奸导致被害人自杀的，被害人亲属有权利就此遭受的物质损失提起附带民事诉讼，人民法院应当予以受理并依法作出判决。《刑法》第36条规定"由于犯罪行为而使被害人遭受经济损失的，对犯罪分子除依法给予刑事处罚外，并应根据情况判处赔偿损失"。最高人民法院《关于执行刑事诉讼法解释》第84条也规定因犯罪行为遭受物质损失的已死亡被害人的亲属有权提起附带民事诉讼。因此，强奸导致被害人自杀的，被害人亲属有权利就此遭受的物质损失提起附带民事诉讼，人民法院应当予以受理并依法作出判决。

——最高人民法院刑事审判第一庭、第二庭编：《刑事审判参考》2003年第1辑（总第30辑），法律出版社2003年版，第65~68页。

陆振泉强奸案（《刑事审判参考》指导案例第514号）

裁判要点：被告人实施强奸行为后，被害人溺水死亡，其死亡与强奸行为间不具有直接的因果关系，不属于《刑法》规定的"强奸致被害人重伤、死亡"的情形。被告人的强奸行为是导致被害人溺水死亡的原因之一，属于《刑法》规定的"强奸造成其他严重后果的"的情形。

（一）认定本案被告人陆振泉故意杀人的证据不足，其行为不构成故意杀人罪

在实施强奸的过程中，出于报复、灭口等动机，杀死被害人的，同时构成强奸罪和故意杀人罪。因为被告人产生两个不同的犯意，实施了强奸和杀人两种行为，符合两个罪的构成要件，应以强奸罪和故意杀人罪并罚。

（二）本案被害人是在被强奸后溺水而亡，其死亡与强奸行为间不具有直

接的因果关系，不属于《刑法》规定的“强奸致被害人重伤、死亡”的情形

《刑法》第 236 条第 3 款对于强奸罪加重处罚的规定分为情节加重和结果加重两种情形。在该款的第 1~4 项，刑法采取了列举方式规定了四种情节加重情形，即“强奸妇女、奸淫幼女情节恶劣的”，“强奸妇女、奸淫幼女多人的”，“在公共场所当众强奸妇女的”，“二人以上轮奸的”；同时，在该款第 5 项，将强奸“致使被害人重伤、死亡”和“造成其他严重后果”作为强奸罪的结果加重情形予以规定。但如何准确理解和认定上述规定，实践中却时有争议。本案就是一例。

本案现有证据只能证明，被害人是在被陆振泉强奸结束后，落入水中溺水而死，至于其是在被强奸后由被告人故意踢入河中杀死还是在强奸行为中直接因被告人的方法行为或目的行为直接导致，缺乏足够证据，因此，不能认定为属于“强奸致被害人重伤、死亡”的情形。

（三）本案被告人的强奸行为是导致被害人溺水死亡的原因之一，属于《刑法》规定的“强奸造成其他严重后果的”的情形

既然本案被害人的死亡既不能认定为被告人陆振泉故意杀害所致，又不能认定为系陆振泉的强奸行为直接所致，是否意味着陆对被害人的死亡就不承担刑事责任了呢？答案是否定的。因为《刑法》第 236 条第 3 款第 5 项后半部分规定，只要因强奸“造成其他严重后果”的，也属于强奸罪加重处罚的情形之一。因而，我们还需根据结果加重犯的原理进一步审查，本案是否属于此种情形。

就本案而言，无论被害人溺水死亡的原因为何，但不可否认的是，被害人的死亡结果与被告人的强奸行为间存在着刑法上的因果关系，因此，本案符合《刑法》第 236 条第 3 款第 5 项后半部分规定的“强奸造成其他严重后果的”情形，应认定为强奸罪的加重处罚情节。

虽然本案原判在认定陆振泉杀害被害人的这一部分事实上不完全准确，定罪不准，适用法条不准确，但其认定的基本事实清楚，量刑适当，判处被告人陆振泉死刑并无不当，审判程序合法。依照《关于复核死刑案件若干问题的规定》[①] 第 2 条第 2 款规定：“原判判处被告人死刑并无不当，但具体认定的某一事实或者引用的法律条款等不完全准确、规范的，可以在纠正后作出核准死刑的判决或者裁定。”据此，最高人民法院复核作出对被告人陆振泉犯强奸罪，判处死刑，剥夺政治权利终身的判决是正确的。

——最高人民法院刑事审判第一、二、三、四、五庭主办：《刑事审判参考》2008 年第 6 集（总第 65 集），法律出版社 2009 年版，第 24~30 页。

---

① 该规定已失效，失效依据《最高人民法院关于废止部分司法解释和司法解释性质文件（第十一批）的决定》（法释〔2015〕2 号）。

689. 负有照护职责人员性侵罪“情节恶劣”的认定

关键词

负有照护职责人员性侵罪　情节恶劣

附录：最高人民法院主流观点

对于情节恶劣的具体情形，实践中可以结合以下因素进行判断：（1）性侵的时间长短。性侵时间的长短直接与被害人的身心健康损害程度相关联。如果是较短时间内或者偶尔发生性关系的，不宜认定为加重处罚的情形。（2）发生性关系的次数和人数。如具有特殊职责的人员多次实施性侵的，或者对多名未成年女性性侵的，可以结合案件具体情况认定为“情节恶劣”。（3）发生性关系导致的后果。与未成年女性发生性关系，通常都会带来身体或者精神上不同程度的损害。如果造成严重后果的，如导致身体伤害在轻伤以上、造成难以复原的身体损伤、沾染性病、精神失常、怀孕甚至自杀的，可认定为“情节恶劣”。

——胡云腾主编：《刑法罪名精释（第五版）》，人民法院出版社 2022 年版，第 701 页。

690. 负有照护职责人员性侵罪与强奸罪的区分

关键词

负有照护职责人员性侵罪　强奸罪

附录：最高人民法院主流观点

强奸罪包括违背妇女意志，以暴力、胁迫或者其他手段强行与女性发生性关系的行为，以及与不满 14 周岁的幼女发生性关系的行为。本罪与强奸罪中奸淫幼女的情形有相似之处，在客观行为方式上都表现为只要发生性关系，不论行为手段、被害人是否同意，均认定为相应的犯罪。但两罪的区别也是非常明显的：其一，犯罪主体不同，本罪主体是具有监护、收养、看护、教育、医疗等特殊职责的人员，而强奸罪主体是一般主体，年满 14 周岁的具备刑事责任能力的自然人。其二，被害人身份不同，本罪被害人只能是已满 14 周岁不满 16 周岁的未成年女性，强奸罪中奸淫幼女的，被害人是年龄不满 14 周岁的幼女。

如果具有监护、收养、看护、教育、医疗等特殊职责的人员，利用特殊职责迫使已满14周岁不满16周岁的未成年女性发生性关系的，构成本罪，同时还构成强奸罪，根据修正后《刑法》第263条之一第2款规定，应当依照处罚较重的规定定罪处罚。根据《最高人民法院、最高人民检察院、公安部、司法部关于依法惩治性侵害未成年人犯罪的意见》（法发〔2013〕12号）第21条第2款规定："对已满十四周岁的未成年女性负有特殊职责的人员，利用其优势地位或者被害人孤立无援的境地，迫使未成年被害人就范，而与其发生性关系的，以强奸罪定罪处罚。"其中利用优势地位是利用特殊职责关系，以不给、少给生活费、学费，或者不提供教育、培训、医疗等方式，以使未成年被害人的生活条件、受教育或训练的机会、接受救助或医疗等方面可能受到影响的方式，对未成年被害人施压迫使发生性关系。利用未成年人"孤立无援的境地"，是指由于各种原因，未成年被害人处于不得不依赖于特殊职责人员的资助、抚育、照顾和救助等状况，而行为人利用此种状况，迫使未成年被害人与之发生性关系。[①]这类情形中因特殊职责人员与未成年被害人发生性关系具有胁迫的性质，又符合强奸罪构成要件的，当依照处罚较重的规定定罪处罚。

——胡云腾主编：《刑法罪名精释（第五版）》，人民法院出版社2022年版，第701~702页。

691. 在公共场所当众猥亵应如何认定

关键词

公共场所　当众猥亵

《刑事审判参考》指导案例

秦磊强奸、猥亵儿童案（《刑事审判参考》指导案例第1437号）

裁判要点：原审被告人秦磊利用夜间查寝的机会在有十余名女生居住的集体宿舍实施猥亵儿童的行为，属于"在公共场所当众"猥亵。

刑法第二百三十七条第三款规定"在公共场所当众"猥亵的，属于法定

① 黄尔梅主编：《最高人民法院、最高人民检察院、公安部、司法部性侵害未成年人犯罪司法政策案例指导与理解适用》，人民法院出版社2014年版，第215页。

刑升格量刑情节。准确认定是否属于在公共场所当众猥亵，首先要准确理解“公共场所”和“当众”猥亵的含义。

仅从文义理解，“公共场所”一般是指供社会上多数人从事工作、购物、学习、娱乐、体育、社交、参观、旅游和部分生活需求的一切公用建筑物、场所及其设施的总称。这一解释突出了公共场所相对于私人场所而言及可由多数人进出、使用的功能特征。从对“公共场所”的最狭义理解来看，一般应强调该场所“供非固定人员进出、使用”的功能特征，以体现公共场所的涉众性。在实践中，能否将学校教室和集体宿舍认定为公共场所争议较大。我们认为，教室是供学生学习的专门场所，一定时期内使用教室的学生范围相对固定，仅从狭义解释的角度考察，似与一般意义上的公共场所有所不同，但学校教室并非私人场所，而且是供多数学生使用，具有相对的“涉众性”。考虑到这一点，将“教室”解释为“公共场所”并未超出“公共场所”概念所能包含的最广含义，也符合公众的理解和认知，属于合理的扩大解释。本案所涉学校女生集体宿舍能同时容纳二十人就寝，是供多名学生共同使用的场所，并非私人场所，具有相对的“涉众性”，属于特定公共场所。

关于“当众”猥亵的理解。一种观点认为，“当众”猥亵，应当包含行为人公然实施猥亵，不惧怕其犯罪行为被公众发现的意思；还有一种观点认为，“当众”猥亵就是当着众人的面实施猥亵。这两种观点或侧重于行为人的主观方面，或侧重于行为人的客观行为，都属于对“当众”的狭隘文义解释，脱离了对法条适用合目的性的考量，未必妥当。就性侵害行为而言，刑法对在公共场所当众实施强奸、猥亵行为配置更严厉的刑罚，主要是因为，性活动具有高度的私密性，而当众对被害人实施强奸、猥亵，既侵犯了普通公民最基本的性羞耻心和道德情感，更重要的是，此种情形对被害人身心造成的伤害更严重，社会影响更恶劣，需要配置与其严重性相适应的更重的法定刑。《关于依法惩治性侵害未成年人犯罪的意见》（以下简称《惩治性侵意见》）第23条规定，在校园、游泳馆、儿童游乐场等公共场所对未成年人实施强奸、猥亵犯罪，只要有其他多人在场，不论在场人员是否实际看到，均可以依照刑法第二百三十六条第三款、第二百三十七条的规定，认定为在公共场所“当众”强奸妇女，强制猥亵、侮辱妇女，猥亵儿童。也就是说，《惩治性侵意见》基于从严惩治发生在校园等儿童集中的特殊场所的性侵害犯罪的政策考量，对“当众”概念并没有局限于最狭义的文义解释，即“当众”并不要求在场人员实际看到。同时，《惩治性侵意见》也强调，认定为“当众”实施性侵害犯罪虽不要求其他在场的多人实际看到，但基于“当众”概念的一般语义及具有“当众”情节即升格法定刑幅度的严厉性，从空间上来讲，其他在场的多人一般要在行为人实施犯罪地点视力所及的范围之内，也就是说，性侵害行为处于其他在场人员随时可能发现、可以发现的状况。本案所涉女生集体宿舍内床铺相互连接，多名学生毗邻而卧，原审被告人秦磊在宿舍熄灯学生就寝后以查寝为名进入宿舍，不顾多名学生在场的情况下对被害人实施猥亵行为，虽然因被害人存在畏惧心理不敢反抗而未被其他同寝学生发现，但其行为仍处于随时可能被发现和被感知的状态。因此，原审被告人秦磊在集体宿舍实施猥亵的行为符合该条规定的情形，应当认定为“在公共场所当众”猥亵儿童。

——邢海莹撰稿、于同志审编：《秦磊强奸、猥亵儿童案——性侵未成年人犯罪案件中证据的采信以及相关量刑情节的认定》，载最高人民法院刑事审判第一、二、三、四、五庭编：《刑事审判参考》（总第129辑），人民法院出版社2022年版，第32~34页。

《刑事审判参考》指导案例

于书祥猥亵儿童案（《刑事审判参考》指导案例第1260号）

裁判要点：对那些手段、情节、危害一般、介于违法与犯罪之间的猥亵行为样态，宜突出“在公共场所当众实施”对考量行为是否值得入罪进行刑事处罚方面的影响，避免越过对“猥亵”本身是否构成犯罪的基础判断，而简单化地以形式上具有当众实施情节，即对被告人升格加重处罚。

在本案审理过程中，对被告人于书祥的行为构成猥亵儿童罪并无异议，但对其是否属于“在公共场所当众猥亵”，一、二审法院存在不同意见：

一审法院认为，被告人在多名被害人及他人在场的情况下，分别对被害人进行猥亵，其行为属当众猥亵儿童。

二审法院则从两个方面对此持否定态度：从事实证据角度，认为现场空间相对封闭，除被告人和被害人外，缺乏充分证据证实有多人在场；从量刑角度，认为被告人实施猥亵的时间短暂、猥亵手段一般、危害程度并非十分严重，认定被告人属公共场所当众猥亵会导致量刑过重，综合考虑，予以从轻改判。

我们同意二审法院不认定“在公共场所当众猥亵”的处理结论，同时认为，主要理由除事实证据在认定“当众”方面存在疑点外，也应当从罪刑相适应的角度对该情节进行实质解释和把握。具体阐述如下：

根据刑法第二百三十七条的规定，普通情节的猥亵犯罪，应当判处五年以下有期徒刑或者拘役，具有“聚众或者在公共场所当众实施”两项加重处罚情节的，应当判处五年以上有期徒刑。2015年出台的刑法修正案（九）在该条第二款增加规定了“有其他恶劣情节的”，也应当判处五年以上有期徒刑。其中，对于认定是否属于“在公共场所当众猥亵”，司法实践中时常出现争议。2013年颁布的《最高人民法院、最高人民检察院、公安部、司法部关于依法惩治性侵害未成年人犯罪的意见》(以下简称《性侵意见》)第二十三条对“在公共场所当众猥亵”的含义进行了明确，即“在校园、游泳馆、儿童游乐场等公共场所对未成年人实施强奸、猥亵犯罪，只要有其他多人在场，不论在场人员是否实际看到，均可以依照刑法第二百三十六条第三款、第二百三十七条的规定，认定为在公共场所‘当众’强奸妇女，强制猥亵、侮辱妇女，猥亵儿童”。但是，从本案审理过程中一审、二审法院产生重大分歧意见，以及类似案件的司法处理情况来看，实践中仍然存在机械理解形式标准而忽视行为实质危害性，从而可能导致罪刑失衡的问题。

刑法对“在公共场所当众猥亵”之所以加重处罚，其原因既在于该行为对被害人性的自主权及羞耻心伤害更大、对社会良好风尚冒犯程度更大，又能反映行为人置他人在场于不顾，目无国法，肆意妄为，主观恶性深。《性侵意见》对“当众”实施猥亵等性侵害犯罪虽不要求其他多人实际看到，但明确要求必须有其他多人“在场”。所谓“在场”，从空间上讲，就必然要求其他多人在行为人实施犯罪地点视力所及的范围之内。换言之，猥亵行为处于其他在场人员随时可能发现、可以发现的状况，这是基于“当众”概念的一般语义及具有“当众”情节就升格法定刑的严厉性所决定的。尤需指出的是，《性侵意见》解释的侧重点在于何为“公共场所”和“当众”，但并未涉及何为刑法意义上的“猥亵”，而这一概念的明确，关系到能否准确认定“在公共场所当众猥亵”的加重处罚情节。

对“猥亵”概念予以适度限制解释的精神，既要体现在入罪标准的把握上，也要体现在对刑法第二百三十七条第二款所规定的“在公共场所当众猥亵”这一加重处罚情节的理解方面。2000年颁布的《最高人民法院关于审理交通肇事刑事案件具体应用法律若干问题的解释》(以下简称《交通肇事解释》)第二条规定，交通肇事致一人以上重伤，负事故全部或者主要责任，并具有酒后驾驶、严重超载驾驶或者为逃避法律追究逃离事故现场等六种情形之一的，以交通肇事罪定罪处罚。《交通肇事解释》第三条对刑法所规定的“交通运输肇事后逃逸”这一法定加重处罚情节进行解释时，明确将“交通肇事致一人以上重伤，负事故全部或者主要责任，并具有为逃避法律追究逃离事故现场”的情形排除在外，但因该情形已作为交通肇事罪入罪情节进行法律评价，故不能将其作为“交通肇事逃逸”的加重处罚情节再予重复评价。我们认为，对“在公共场所当众猥亵”中“猥亵”概念的解释，也理当遵循同样的原则。简言之，该加重情节中的“猥亵”是本身单独评价即足以构成犯罪的严重猥亵行为，而不包括轻微的治安处罚意义上的猥亵违法行为。只有行为人在公共场所当众实施了足以构成犯罪的猥亵行为，才能适用加重处罚情节。

实践中，猥亵行为样态各异，有些本身已达到刑事处罚程度，如手指侵入他人阴道抠摸，或者压制他人反抗抚摸他人胸部持续时间较长，如系在公共场所当众实施，对被告人适用加重情节予以重罚，罚当其罪。而有些猥亵行为则显著轻微，如在地铁车厢利用乘客拥挤恶意触碰他人胸、臀，本属治安管理处罚的对象，只有同时考虑具有在公共场所当众实施、持续时间较长或者其他情节，才可能具有刑事处罚的必要性。因此，如果将那些相对轻微的当众猥亵行为作为加重情节对被告人判处五年以上有期徒刑，就会罪刑失衡，也有违社会一般人的法感情。此外，从强奸罪与猥亵犯罪的严重性程度来看，通常情况下强奸重于猥亵，故刑法为强奸罪设置的最低法定刑为有期徒刑三年，而普通情节的猥亵犯罪是五年以下有期徒刑或者拘役，如将上述在地铁车厢实施的较为轻微的猥亵行为认定具有加重情节，判处五年以上有期徒刑，亦明显重于普通情节强奸既遂的最低法定刑，有失妥当。概言之，对那些手段、情节、危害一般、介于违法与犯罪之间的猥亵行为样态，宜突出“在公共场所当众实施”对考量行为是否值得入罪进行刑事处罚方面的影响，避免越过对“猥亵”本身是否构成犯罪的基础判断，而简单化地以形式上具有当众实施情节，即对被告人升格加重处罚。

——最高人民法院刑事审判第一、二、三、四、五庭主办：《刑事审判参考》（总第114辑），法律出版社2019年版，第65~70页。

692. 网络语境下如何准确认定强制猥亵、侮辱罪

关键词

网络语境　强制猥亵、侮辱罪

《刑事审判参考》指导案例

区润生强制侮辱案（《刑事审判参考》指导案例第1438号）

裁判要点：被告人以将隐私视频上网传播相要挟对被害人实施的一系列行为侵害了妇女性的自主决定权，构成强制侮辱罪。

强制猥亵、侮辱罪的“侮辱”具有特定的含义，强制侮辱行为应与强制猥亵行为具有关联性或罪责上具有相当性。对于一般性的侮辱妇女人格的行为，另有侮辱罪予以规制。从此立场出发，强制侮辱的具体形式包括但不限于：故意向妇女显露生殖器（在网络语境下表现为利用网络向妇女发送自己

生殖器的照片）；为寻求性刺激而发送淫秽或侮辱类信息；偷窥妇女隐私部位或偷拍妇女裸照、洗澡视频，或者以揭发隐私相威胁强行索取女性裸照；等等。这些行为符合行为人性刺激、性满足的心理，客观上也侵害了妇女在性方面的羞耻心、在性健康方面的人格尊严和权利，应予严厉打击。由此推之，“强制猥亵”的内涵也与其本来的语言含义有细微区别，“强制猥亵”在一定程度上强调人身的接触，否则我们列举的上述强制侮辱类的行为也都可以说是“下流的动作”，如偷窥行为，属于下流的流氓行为，普通人都会将其界定为“耍流氓”，但既然刑法条文在“猥亵”和“侮辱”上作了区分，如果只要是下流的行为一律认定为“强制猥亵”，则本罪无认定“强制侮辱”的空间了。从法条解释的意义上分析，将不具有人身接触特点但与猥亵具有同一性的下流行为解释为“强制侮辱”，维护了法条的完整性、体系性。同时需注意，猥亵儿童罪是在刑法第二百三十七条第三款单独规定的犯罪，未区分猥亵、侮辱行为，所以最高人民检察院发布的第 43 号指导性案例将行为人以诱骗、强迫或其他方法要求儿童拍摄裸体、敏感部位照片、视频供其观看的行为认定为猥亵儿童罪，具有一定的特殊性。

强制猥亵、侮辱罪从形式上看是选择性罪名，理论上既可以认定完整的罪名，也可以将其中的“强制猥亵”和“强制侮辱”单独成罪。但我们认为，“强制猥亵”和“强制侮辱”有一定的位阶关系，猥亵行为当然性地伤害了妇女在性方面的羞耻心及在性健康方面的人格尊严，所以必然同时“侮辱”了妇女，而对于行为手段、情节与“猥亵”相关但略低于“强制猥亵”的，可单独认定“强制侮辱罪”，在本罪的法定刑幅度内再细分较轻的刑罚区间来处理，以实现罚当其罪，准确定罪量刑。

强制猥亵、侮辱罪的罪状虽不要求“情节严重”，但根据我国刑法总则第十三条但书的规定以及与治安管理处罚法相衔接的需要，要从情节要素特别是强制程度方面把握本罪与非罪的界限，要将强制猥亵、侮辱的行为与一般猥亵、侮辱的行为区别开来。对于偶发的单独一次抠摸、搂抱类的下流动作，没有造成更严重的危害后果的，不宜一律认定强制猥亵、侮辱罪，可作为一般违法行为，依照治安管理处罚法的规定处理。尤其是对于单独的强制侮辱罪的认定，要有一定情节的要求。比如，多次发送淫秽或侮辱类信息的；在公共场所偷窥或偷拍造成恶劣影响的；向未成年人索要裸照的；等等。

本案中，被告人区润生的行为应构成强制侮辱罪。具体而言：（1）犯罪客体方面，区润生以将隐私视频上网传播相要挟对被害人实施的一系列行为侵害了妇女性的自主决定权。（2）犯罪目的方面，区润生带有追求性刺激、性满足的目的。（3）犯罪手段方面，区润生利用女性的性羞耻心，以将隐私视频上网曝光为胁迫手段，构成强制侮辱罪中的强制手段。互联网时代，信息传播速度无法预估，网上曝光涉及面更广，传播更快，容易呈指数级增长，较传统的信息传播方式，风险更加不可控，因此，这种将隐私视频上网的非暴力胁迫方式，能够对被害人形成更强的精神强制。（4）情节要素方面。区润生以偷拍的视频相威胁，先是对被害人的精神造成了强制，又对被害人实施了长达半年之久的骚扰，具有长期性，多次试图索要被害人的自慰视频，并发送自己的不雅照片，侵犯了被害人性自主权。对于这种具有长期性、强制性并且侵害被害人性自主权的行为，依法认定为犯罪，有利于遏制互联网环境下侵犯妇女性自主权的犯罪，有良好的法律效果和社会效果。

——曹东方、黄莹、郭榕榕撰稿、陆建红审编：《区润生强制侮辱案——网络语境下如何准确认定强制猥亵、侮辱罪》，载最高人民法院刑事审判第一、二、三、四、五庭编：《刑事审判参考》（总第 129 辑），人民法院出版社 2022 年版，第 38~40 页。

693. 猥亵儿童与奸淫幼女应如何区分

关键词

猥亵儿童罪　奸淫幼女

附录：最高人民法院主流观点

司法实践中，应当注意区分猥亵儿童与奸淫幼女的行为。区分两者的关键在于查明行为人主观上是否具有奸淫的目的，客观上是否实施了奸淫的行为。男性出于奸淫的目的而对不满 14 周岁的幼女实施猥亵的，成立奸淫幼女的强奸罪（可能是未遂）而不再定本罪。妇女出于奸淫目的而对不满 14 周岁的幼男实施性交或者其他猥亵行为的，则成立本罪。

——胡云腾主编：《刑法罪名精释（第五版）》，人民法院出版社 2022 年版，第 707 页。

694. 强制猥亵对象中既包括已满 14 周岁的妇女又包括未满 14 周岁女童的行为处理

关键词

强制猥亵妇女罪[①]　猥亵儿童罪　数罪并罚

---

① 根据全国人民代表大会常务委员会通过的《中华人民共和国刑法修正案（九）》（2015 年 8 月 27 日），本罪名已改为：强制猥亵、侮辱罪。

最高人民法院司法政策精神

25. 针对未成年人实施强奸、猥亵犯罪的，应当从重处罚，具有下列情形之一的，更要依法从严惩处：

（1）对未成年人负有特殊职责的人员、与未成年人有共同家庭生活关系的人员、国家工作人员或者冒充国家工作人员，实施强奸、猥亵犯罪的；

（2）进入未成年人住所、学生集体宿舍实施强奸、猥亵犯罪的；

（3）采取暴力、胁迫、麻醉等强制手段实施奸淫幼女、猥亵儿童犯罪的；

（4）对不满十二周岁的儿童、农村留守儿童、严重残疾或者精神智力发育迟滞的未成年人，实施强奸、猥亵犯罪的；

（5）猥亵多名未成年人，或者多次实施强奸、猥亵犯罪的；

（6）造成未成年被害人轻伤、怀孕、感染性病等后果的；

（7）有强奸、猥亵犯罪前科劣迹的。

——《最高人民法院、最高人民检察院、公安部、司法部关于依法惩治性侵害未成年人犯罪的意见》（2013 年 10 月 23 日，法发〔2013〕12 号）。

《刑事审判参考》指导案例

王晓鹏强制猥亵妇女、猥亵儿童案（《刑事审判参考》指导案例第 987 号）

裁判要点：强制猥亵对象中既包括已满 14 周岁的妇女又包括未满 14 周岁女童的，其行为既侵犯了妇女性的自主权，又侵犯了儿童不受性侵犯的权利，分别符合强制猥亵妇女罪和猥亵儿童罪的构成特征，应当认定其构成数罪，依法实行并罚。

（二）强制猥亵对象中既包括已满 14 周岁的妇女又包括未满 14 周岁女童的，对所犯数罪应当并罚

刑事司法实践中，通常将妇女的年龄解释为已满 14 周岁，故当猥亵对象中既包括已满 14 周岁的妇女又包括未满 14 周岁的女童时，就涉及既构成强制猥亵妇女罪又构成猥亵儿童罪，两罪是否并罚的问题。有观点认为，强制猥亵妇女罪与猥亵儿童罪虽属不同罪名，但两罪属同一法条规定，两罪的主观方面相同，基本性质相同，侵犯的客体或者法益相似，可以参照同种数罪的处罚原则，不予并罚。我们认为，此种情形应当以强制猥亵妇女罪与猥亵儿童罪并罚。理由如下：

1. 根据罪刑法定原则应当并罚。罪刑法定原则要求刑法规范的内容必须清楚明确，也被称为“刑法规范的明确性原则”。法官虽然不可机械适用法

律，但亦应同等地对待事实上相同的案件，使每个人都能够预先知道何种行为是被禁止的并应受到何种刑事处罚。我国刑法第二百三十七条明确将强制猥亵妇女罪与猥亵儿童罪规定为两个独立的罪名，表明侵犯的是不同客体，是两罪而非一罪。虽然理论上确实存在判决宣告前的同种数罪是否并罚的争议，但强制猥亵妇女罪与猥亵儿童罪系同一法条下规定的不同罪名，并非同种数罪，予以并罚是有法律依据的。

2. 依据犯罪构成理论应当并罚。以犯罪构成作为罪数判断的标准是我国刑法学界的通说，在实践中也容易为多数司法工作人员所理解和接受。强制猥亵妇女罪与猥亵儿童罪在犯罪主体和主观方面的内容基本一致，从客观方面来看，区别主要体现在强制猥亵妇女罪要求行为具有强制性，而猥亵儿童罪则不要求必须使用强制手段。不论行为人采用暴力、胁迫手段猥亵儿童，还是征得儿童的同意对其进行猥亵，都构成猥亵儿童罪。强制猥亵妇女罪与猥亵儿童罪的主要区别还体现在犯罪对象方面：强制猥亵妇女罪的对象只能是年满 14 周岁的女性，猥亵儿童罪的对象为儿童，即不满 14 周岁的人，主要是女童，也包括男童。因此，如果仅认定为一罪从重处罚，就存在究竟认定为强制猥亵妇女罪，还是猥亵儿童罪的难题。

3. 数罪并罚更符合立法精神，也便于实践操作。从我国整个立法体系看，保护未成年人权益的法律体系日益健全，司法保护力度不断增强，将儿童的身心健康作为一个重大的法益加以特殊保护，符合刑事政策和立法精神。我国刑法将妇女的性权利与儿童的身心健康作为不同的法益加以保护，并将儿童的身心健康作为特殊的法益加以重点保护。实践中，在没有“聚众或者在公共场所当众实施”这两项加重情节的情况下，强制猥亵妇女的最高仅能判处五年有期徒刑，最低可能判处拘役；而以强制猥亵妇女罪与猥亵儿童罪并罚，则最高可判处十年有期徒刑，量刑幅度更宽，从某种意义上更能贯彻罪责刑相适应原则，并体现从严惩治性侵害儿童的刑事政策精神。

综上，被告人王晓鹏的猥亵行为既侵犯了妇女性的自主权，又侵犯了儿童不受性侵犯的权利，分别符合强制猥亵妇女罪和猥亵儿童罪的构成特征，人民法院认定其构成数罪，依法实行并罚，是正确的。值得强调的是，根据《最高人民法院、最高人民检察院、公安部、司法部关于依法惩治性侵害未成年人犯罪的意见》第二十五条的规定，医生作为对未成年人负有特殊职责的人员，对未成年人实施性侵害犯罪的，应当从严惩处，这一精神应当在今后的办案实践中加以体现。

——最高人民法院刑一庭：《王晓鹏强制猥亵妇女、猥亵儿童案》，载最高人民法院刑事审判第一、二、三、四、五庭主办：《刑事审判参考》2014 年第 3 集（总第 98 集），法律出版社 2014 年版，第 57~58 页。

695. 强迫他人性交、猥亵妇女供其观看的行为构成强制猥亵妇女罪

关键词

强制猥亵妇女罪[①] 强迫他人猥亵妇女供其观看

《刑事审判参考》指导案例

谭荣财、罗进东强奸、抢劫、盗窃案（《刑事审判参考》指导案例第495号）

裁判要点：行为人虽然没有亲自实施强奸、猥亵妇女的行为，但其强迫他人实施上述行为的，其属于间接实行犯，应当按照实行正犯来处理。为寻求精神刺激，在同一时间内强迫他人对同一犯罪对象实施性交和猥亵行为供其观看的行为，应当依照吸收犯的处理原则，在强奸罪和强制猥亵妇女罪中择一重处罚。

（一）行为人虽然没有亲自实施强奸、猥亵妇女的行为，但其强迫他人实施上述行为的，其属于间接实行犯，应当按照实行正犯来处理

这种情况下，未直接实施实行行为的行为人实际上是利用其他人作为犯罪工具，其虽然没有亲自直接实施强奸、猥亵行为，但行为人本人仍然构成间接实行犯，应当按照实行正犯来处理。

（二）为寻求精神刺激，在同一时间内强迫他人对同一犯罪对象实施性交和猥亵行为供其观看的行为，应当依照吸收犯的处理原则，在强奸罪和强制猥亵妇女罪中择一重处罚

本案二被告人基于寻求精神刺激这一目的、在同一时间段内强迫他人对同一行为对象先后实施强奸、猥亵行为的，符合刑法中的吸收犯成立要件，因此，应当依照吸收犯的处理原则，择一重处罚。

一般情况下，行为人出于强奸的目的，强行与被害人发生性行为，由于意志以外的原因而未得逞时，心有不甘，继续实施猥亵行为，或者其强奸既遂后又继续对同一行为对象实施猥亵行为的，此时的猥亵行为是强奸行为的自然延续，当然地被强奸行为吸收，不再单独评价。但在一些特殊情况下，

---

① 根据全国人民代表大会常委员会通过的《中华人民共和国刑法修正案（九）》（2015年8月27日），本罪名已改为：强制猥亵、侮辱罪。

猥亵行为虽系强奸行为的自然延续，由于行为人采取的猥亵手段残忍、性质恶劣，或者行为人强奸未遂或中止而猥亵行为既遂，相较之下，对其猥亵行为可能判处的刑罚比对其强奸行为可能判处的刑罚更重时，那么强奸行为就可能被猥亵行为所吸收了。本案就是适例。

需要指出的是，如果行为人实施强制猥亵妇女行为与强奸行为的时间间隔较长，已经超过生理上二行为自然延续过程的，或者强奸对象与强制猥亵对象不是同一人的，则强奸行为与强制猥亵行为之间就不再具备吸收关系，不符合吸收犯的成立要件，不能再按照吸收犯的处理原则择一重处罚，而应当依照强奸罪和强制猥亵妇女罪对其实行数罪并罚。

——最高人民法院刑事审判第一、二、三、四、五庭主办：《刑事审判参考》2008 年第 4 集（总第 63 集），法律出版社 2008 年版，第 1~9 页。

696. 猥亵犯罪与故意伤害、故意杀人犯罪的区分及法律适用

关键词

猥亵犯罪

最高人民法院司法政策精神

22. 实施猥亵儿童犯罪，造成儿童轻伤以上后果，同时符合刑法第二百三十四条或者第二百三十二条的规定，构成故意伤害罪、故意杀人罪的，依照处罚较重的规定定罪处罚。

对已满十四周岁的未成年男性实施猥亵，造成被害人轻伤以上后果，符合刑法第二百三十四条或者第二百三十二条规定的，以故意伤害罪或者故意杀人罪定罪处罚。

——《最高人民法院、最高人民检察院、公安部、司法部关于依法惩治性侵害未成年人犯罪的意见》（2013 年 10 月 23 日，法发〔2013〕12 号）。

附录：最高人民法院主流观点

《最高人民法院、最高人民检察院、公安部、司法部关于依法惩治性侵害未成年人犯罪的意见》规定，实施猥亵儿童犯罪，造成儿童轻伤以上后果，构成故意伤害罪、故意杀人罪的，依照处罚较重的规定定罪处罚，主要是指为了排除儿童反抗进行猥亵而实施暴力致儿童伤亡，或者猥亵行为本身导致儿童伤亡。如果暴力行为与实施猥亵犯罪并无关联，比如，实施猥亵犯罪后出于报复或其他动机，而对儿童故意进行伤害、杀害的，就应当以猥亵儿童罪与故意伤害罪或故意杀人罪进行并罚。

对已满14周岁的未成年男性实施猥亵，因不属于刑法规定的猥亵犯罪调整范畴，故对造成被害人轻伤以上后果的，应当以故意伤害罪或者故意杀人罪定罪处罚。

——黄尔梅主编、最高人民法院刑事审判第一庭编著：《性侵害未成年人犯罪司法政策案例指导与理解适用》，人民法院出版社2014年版，第218页。

697. “猥亵”的认定以及猥亵犯罪行为与猥亵违法行为的界分

关键词

猥亵儿童罪　入罪标准

《刑事审判参考》指导案例

吴茂东猥亵儿童案（《刑事审判参考》指导案例第989号）

裁判要点：认定“猥亵”行为，行为综合考虑主观和客观两个方面的因素：从主观方面看，行为人主观上通常具有刺激、满足性欲的动机。从客观方面来看，猥亵应当是足以刺激或者满足性欲，并冒犯普通公民性的羞耻心或者引起其厌恶感的行为。

（一）关于“猥亵”的认定以及猥亵儿童犯罪行为与猥亵违法行为的界分

我国刑法第二百三十七条规定了强制猥亵、侮辱妇女罪、猥亵儿童罪，在不具有“聚众或者在公共场所当众实施”的严重情节情况下，应当在五年以下有期徒刑或者拘役幅度内处罚。我国治安管理处罚法第四十四条规定：猥亵他人的，处五日以上十日以下拘留；猥亵智力残疾人、精神病人、不满十四周岁的人或者有其他严重情节的，处十日以上十五日以下拘留。因此，尽管刑法规定猥亵儿童的，应当从重处罚，但并非只要存在猥亵儿童行为，就必然构成猥亵儿童罪。首先必须准确认定是否属于“猥亵”，其次必须准确界分猥亵儿童是构成犯罪，还是属于一般违法行为。

对于何谓“猥亵”，刑法及相关司法解释、治安管理法均没有作出明确界定。通常理解，猥亵是指以刺激或者满足性欲为动机，用性交以外的方式对被害人实施的淫秽行为，客观上包括抠摸、舌舔、吮吸、亲吻、手淫、鸡奸等行为方式。但是，这种理解较为宽泛，实践中仍存在争议。例如，本案中，被告人吴茂东辩称其亲吻被害人L脸部不是猥亵行为。我们认为，认定“猥亵”行为，必须综合考虑主观和客观两个方面的因素：

从主观方面看，行为人主观上通常具有刺激、满足性欲的动机。有些行为人出于使被害人出丑、羞辱被害人等卑劣动机，偷剪或者脱光被害人衣服，对被害人进行凌辱，根据刑法第二百三十七条第一款的规定，属于强制侮辱妇女犯罪行为，但如果上述行为是针对儿童实施的，因刑法未规定“侮辱儿童罪”，故也可以认定属于“猥亵儿童”。

从客观方面来看，猥亵应当是足以刺激或者满足性欲，并冒犯普通公民性的羞耻心或者引起其厌恶感的行为。判断是否系“猥亵”，应当考虑行为所侵害的身体部位是否具有性象征意义。如男女下体隐私处、臀部及与臀部密接的大腿，以及女性之胸部等。行为侵害具有性象征意义以外的身体部位，比如脸部、背部、胳臂等，认定是否属于猥亵应当慎重，通常可以理解为“性骚扰”行为。值得注意的是，男性以生殖器侵入女性生殖器的行为，属于强奸罪规制的范围，故不属于“猥亵”的范围。

如果综合考虑行为人的主观动机、行为手段等因素，行为人的行为应当认定为“猥亵”，那么对该行为是否构成犯罪，还要从严把握。具体而言，在区分猥亵一般违法行为与猥亵犯罪行为时，需要着重考虑以下几个方面的因素：（1）猥亵行为侵害的身体部位所代表的性象征意义明显与否；（2）猥亵行为是否伴随暴力、胁迫等强制手段；（3）猥亵行为持续时间的长短；（4）其他能反映猥亵行为对被害人身心伤害大小，对普通公民性的羞耻心冒犯程度大小的情节；（5）行为人是否具有前科劣迹以及其他反映行为人主观恶性、人身危险性大小的情节。考虑上述某一项或者某几项因素，如果猥亵行为情节轻微，危害不大，可以不以犯罪论处。为体现对儿童的特殊保护，对猥亵行为严重程度的判断，与针对妇女实施的强制猥亵行为，也可以有所不同，针对儿童实施的，入罪标准的门槛可适当降低一些。

一般而言，出于亲昵、戏谑，亲吻他人脸部，不属于“猥亵”；强行亲吻被害人脸部，结合其他情节，如果确有必要认定属于猥亵行为的，对行为人进行治安管理处罚即可做到“罚”当其“罪”。本案中，被告人吴茂东实施亲吻被害人L脸部这一行为，单从其侵害的身体部位而言，并不属于典型的猥亵方式，但吴茂东多次利用其他学生放学离开教室之际，亲吻被害人L脸部，并且在半年多时间内以将手伸进被害人衣裤内抠摸敏感部位等方式猥亵Z某、C某、H某等女学生，可见其亲吻L脸部，主观上具有强烈的刺激、满足性欲动机，因而增强了对其亲吻L脸部的行为进行刑事处罚的必要性。原审法院据此认为，吴茂东亲吻被害人L脸部的行为，非一般成年人对孩童喜爱之情的自然流露，将其认定为猥亵犯罪行为，是正确的。

——最高人民法院刑一庭：《吴茂东猥亵儿童案》，载最高人民法院刑事审判第一、二、三、四、五庭主办：《刑事审判参考》2014年第3集（总第98集），法律出版社2014年版，第68~69页。

698. 在教室讲台实施的猥亵是否属于“在公共场所当众猥亵”

关键词

猥亵儿童罪　公共场所　当众

最高人民法院司法政策精神

23. 在校园、游泳馆、儿童游乐场等公共场所对未成年人实施强奸、猥亵犯罪，只要有其他多人在场，不论在场人员是否实际看到，均可以依照刑法第二百三十六条第三款、第二百三十七条的规定，认定为在公共场所“当众”强奸妇女，强制猥亵、侮辱妇女，猥亵儿童。

——《最高人民法院、最高人民检察院、公安部、司法部关于依法惩治性侵害未成年人犯罪的意见》（2013 年 10 月 23 日，法发〔2013〕12 号）。

《刑事审判参考》指导案例

吴茂东猥亵儿童案（《刑事审判参考》指导案例第 989 号）

裁判要点：被告人利用学生在教室内午休，将被害人叫到讲台上对被害人进行猥亵，虽然利用了课桌等物体的遮挡，手段相对隐蔽，但此种猥亵行为处于教室内其他学生随时可能发现、可以发现的状况，实际上也有部分被害学生曾发现被告人将其他被害人叫到讲台上，并知道被告人在实施猥亵行为。因此，应当认定被告人在公共场所当众实施猥亵。

（二）在教室讲台猥亵儿童应当认定为在“公共场所当众”实施猥亵

我国刑法第二百三十七条第二款规定了聚众或者在公共场所当众实施猥亵两种加重处罚情节。其中，对于认定是否属于在公共场所当众实施猥亵犯罪，实践中存在不同看法。例如，本案审理过程中，对于“教室”这一既供多数人使用但同时又相对封闭的特殊场所，能否认定为“公共场所”，以及是否要求其他在场人员实际看到猥亵行为，才能认定为“当众”猥亵，争议较大。

刑法第二百九十一条规定，聚众扰乱车站、码头、民用航空站、商场、公园、影剧院，展览会、运动场或者其他公共场所秩序，情节严重的，构成聚众扰乱公共场所秩序罪。该条以列举的方式明确了几种典型公共场所的范围。根据《辞海》的解释，公共场所是指公众可以去的地方或者对公众开放的地方；公众是指社会上大多数的人或者大众。因此，仅从文义解释的角度分析，公共场所就是指供社会上大多数的人从事工作、学习、文化、娱乐、体育、社交、参观、旅游和满足部分生活需求的一切公用建筑物、场所及其设施的总称。这一解释突出了公共场所系相对于私人场所而言及可由多数人进出、使用的功能特征。从对“公共场所”的最狭义理解来看，一般应当强调该场所“供非固定人员进出、使用”的功能特征，唯此方能体现公共场所的涉众性。学校教室是供学生学习的专门设施，一定时期内使用教室的学生范围相对固定，因此，仅从狭义解释的角度考察，似与一般意义上的公共场所有所不同。但学校教室并非私人场所，而且是供多数学生使用，具有相对的涉众性。考虑到这一点，将教室解释为“公共场所”并未超出“公共场所”概念所能包含的最广含义，也符合一般公民的理解和认知，属于合理的扩大解释。

关于“当众”实施猥亵的认定问题，一种观点认为，“当众”猥亵应当包含行为人公然实施猥亵，不惧怕其犯罪行为被公众发现的意思；另一种观点认为，“当众”猥亵就是当着众人的面实施猥亵。这两种观点或侧重于行为人的主观方面，或侧重于客观方面，都属于对“当众”的狭隘文义解释，脱离了对法条适用合目的性的考量，未必妥当。

就性侵害犯罪而言，刑法将在公共场所当众实施强奸、猥亵规定为强奸、猥亵犯罪的法定加重处罚情节，主要是因为，性活动具有高度的私密性，而当众对被害人实施强奸、猥亵，既侵犯了普通公民最基本的性羞耻心和道德情感，更重要的是，此种情形对被害人身心造成的伤害更严重，社会影响更恶劣，需要对此类猥亵犯罪配置与其严重性相适应的更高法定刑。因此，最高人民法院、最高人民检察院、公安部、司法部联合下发的《关于依法惩治性侵害未成年人犯罪的意见》(以下简称《性侵意见》) 第23条规定，在校园、游泳馆、儿童游乐场等公共场所对未成年人实施强奸、猥亵犯罪，只要有其他多人在场，不论在场人员是否实际看到，均可以认定为在公共场所“当众”强制猥亵、侮辱妇女，猥亵儿童。由此可见，《性侵意见》第23条基于从严惩治发生在校园等儿童集中的特殊场所的性侵害犯罪的政策考量，对“当众”概念并没有局限于最狭义的文义解释。也就是说，“当众”并不要求在场人员实际看到。在适用这条规定时有必要注意：认定为“当众”实施性侵害犯罪虽不要求其他在场的多人实际看到，但基于“当众”概念的一般语义及具有“当众”情节即升格法定刑幅度的严厉性，从空间上来讲，其他在场的多人一般要在行为人实施犯罪地点视力所及的范围之内。也就是说，性侵害行为处于其他在场人员随时可能发现、可以发现的状况。

本案中，被告人吴茂东趁中午学生在教室内午休，将被害人叫到讲台上对被害人进行猥亵，虽然利用了课桌等物体的遮挡，手段相对隐蔽，但此种猥亵行为处于教室内其他学生随时可能发现、可以发现的状况。而且根据法院审理查明的事实，实际上也有部分被害学生曾发现吴茂东将其他被害人叫到讲台上，并知道吴茂东在实施猥亵。因此，人民法院认定被告人吴茂东属于在公共场所当众实施猥亵是正确的。

——最高人民法院刑一庭：《吴茂东猥亵儿童案》，载最高人民法院刑事审判第一、二、三、四、五庭主办：《刑事审判参考》2014 年第 3 集（总第 98 集），法律出版社 2014 年版，第 69~71 页。

附录：最高人民法院主流观点

1. 关于“公共场所”的认定。《刑法》第 291 条规定，聚众扰乱车站、码头、民用航空站、商场、公园、影剧院、展览会、运动场或者其他公共场所秩序，情节严重的，构成聚众扰乱公共场所秩序罪。该条以列举的方式明确了几种典型公共场所的范围。那么，什么是公共场所的本质特征呢？根据《辞海》的解释，公共场所是指公众可以去的地方或对公众开放的地方；公众是指社会上大多数的人或大众。因此，仅从文义解释的角度讲，公共场所就是指供社会上大多数人从事工作、购物、学习、文化、娱乐、体育、社交、参观、旅游和部分生活需求的一切公用建筑物、场所及其设施的总称。这一解释突出了公共场所系相对于私人场所而言及可由多数人进出、使用的功能特征。从对“公共场所”的最狭义理解来看，一般应强调该场所“供非固定人员进出、使用”的功能特征，唯此方能体现公共场所的涉众性。

实践中争议较大的是对学校教室能否认定为公共场所。应该看到，教室是供学生学习的专门场所，一定时期内使用教室的学生范围相对固定，因此，仅从狭义解释的角度考察，似与一般意义上的公共场所有所不同。但学校教室并非私人场所，而且是供多数学生使用，具有相对的“涉众性”。考虑到这一点，将“教室”解释为“公共场所”并未超出“公共场所”概念所能包含的最广含义，也符合一般公民的理解和认知，属于合理的扩大解释。

2. 关于“当众”实施猥亵的理解问题。一种观点认为，“当众”猥亵应当包含有行为人公然实施猥亵，不惧怕其犯罪行为被公众发现的意思；还有一种观点认为，“当众”猥亵就是当着众人的面实施猥亵。这两种观点或侧重于行为人的主观方面，或侧重于客观行为，都属于对“当众”的狭隘文义解释，脱离了对法条适用合目的性的考量，未必妥当。

就性侵害犯罪而言，刑法将在公共场所当众实施强奸、猥亵规定为强奸、猥亵犯罪的法定加重处罚情节，主要是因为，性活动具有高度的私密性，而当众对被害人实施强奸、猥亵，既侵犯了普通公民最基本的性羞耻心和道德情感，更重要的是，此种情形对被害人身心造成的伤害更严重，社会影响更恶劣，需要对此类猥亵犯罪配置与其严重性相适应的更重的法定刑。《最高人民法院、最高人民检察院、公安部、司法部关于依法惩治性侵害未成年人犯罪的意见》第23条基于从严惩治发生在校园等儿童集中的特殊场所的性侵害犯罪的政策考量，对“当众”概念并没有局限于最狭义的文义解释。也就是说，“当众”并不要求在场人员实际看到。在适用该条规定时应注意：认定为“当众”实施性侵害犯罪虽不要求其他在场的多人实际看到，但基于“当众”概念的一般语义及具有“当众”情节即升格法定刑幅度的严厉性，从空间上来讲，其他在场的多人一般要在行为人实施犯罪地点视力所及的范围之内。也就是说，性侵害行为处于其他在场人员随时可能发现、可以发现的状况。

——黄尔梅主编、最高人民法院刑事审判第一庭编著：《性侵害未成年人犯罪司法政策案例指导与理解适用》，人民法院出版社2014年版，第219~220页。

699. 正常医疗检查与猥亵犯罪行为的界分

关键词

正常医疗检查　强制猥亵妇女罪[①]　猥亵儿童罪

《刑事审判参考》指导案例

王晓鹏强制猥亵妇女、猥亵儿童案（《刑事审判参考》指导案例第987号）

裁判要点：正常医疗检查与猥亵犯罪行为的主要分别在于诊疗行为是否使用了强制或者欺骗等不正当行为、是否明显超越了职责范围、是否系诊疗所必需。

（一）关于正常医疗检查与猥亵犯罪行为的界分

由于医生职业的特殊性，需要对医疗对象的身体进行专业检查，故区分医疗检查与猥亵犯罪行为的确有一定难度。实践中，首先要厘清该行为是否具备犯罪的特征，即严重的社会危害性、刑事违法性和应受刑罚惩罚性，具体而言，主要从行为人的主观和客观两个方面进行甄别：

1. 关于犯罪主观方面。医疗检查应当是以治病救人为目的，在遵循相关医疗规范的前提下，对病人进行必要、科学的医务检查和诊治；而猥亵犯罪

① 根据全国人民代表大会常务委员会通过的《中华人民共和国刑法修正案（九）》（2015年8月27日），本罪名已改为：强制猥亵、侮辱罪。

行为的主观方面需要具备猥亵的故意。强制猥亵妇女罪的故意，即行为人明知自己的行为违背妇女的意志，侵犯了妇女性的自主权和羞耻心，而希望或者放任这一危害结果的发生；猥亵儿童罪的故意，即行为人明知自己的行为侵犯了儿童不受性侵犯的权利，并希望此危害结果的发生。实践中，对于犯罪主观方面的证明，通常有赖于对客观行为的分析判断。因此，即使行为人辩解不具有猥亵故意，但可以通过对该"医疗检查"行为是否明显超越职责范围，是否系医疗诊治所必需的检查手段等因素，来分析行为人的主观故意。

2. 关于犯罪客观方面，又需要注意考察以下两个方面的因素：

（1）是否使用了强制或者欺骗等不正当手段。虽然猥亵儿童罪对行为手段没有限制，儿童是否出于自愿不影响犯罪的成立，但行为人是否使用强制或者欺骗等不正当手段，可以作为区分正常医疗行为与猥亵行为的一个重要参考因素。强制手段通常包括暴力、胁迫或者其他手段，医务人员直接使用有形暴力进行猥亵的，因为有被害人陈述可加以证明，部分情况下还会有活体检验意见等证据加以佐证，故在实践中比较容易认定。而由于医务工作的特殊性，是否使用了胁迫或者其他不正当手段在认定时确有一定困难。医务人员通常要对医疗对象的身体进行检查，而医疗对象一般对专业医学知识不知或者所知不多，出于对自己身体健康状况的关切、担忧，以及对医务人员专业性的信任、敬畏，在心理上处于一定弱势地位。医务人员如利用其特殊身份和优势地位，在医院检查治疗室这一特定场所，通过有针对性的语言或者行为暗示等方式，即可对妇女、儿童的身体或者精神形成强制力，使其不能、不敢或者不知反抗。实践中，也有部分医生欺骗被害人接受非诊疗所必需的身体检查，借机实施猥亵。因此，不能完全以被害人是否明显反抗作为认定其是否自愿接受身体检查的依据。在实践中，可参考被害人所陈述的内心感受，是否感觉受到侵犯或者猥亵加以辅助认定。

本案中，被告人王晓鹏利用未成年女学生对医生权威的信任，以及对体检流程不了解等认识能力的限制，在医院诊室这一特定的封闭场所，使女学生在精神上受到强制，不能或者不知反抗，进而实施猥亵；多名女学生亦证明，在接受身体检查过程中感觉受到了侵犯。故由此可以认定王晓鹏使用了强制手段。

（2）是否明显超越了职责范围、是否系诊疗所必需。医疗检查是一种专业技术活动，因其注重可操作性和实效性，故专业操作规范绝大多数并不为法律法规所规定，只是行业内的规程，有些只是本行业从业人员的共识。通常来讲，甄别正常医疗检查与猥亵行为需要具有一定的医学知识，作为未受过专业医学教育的司法工作人员，可从以下几个层面进行审查：首先，以一般人的认识为标准，分析诊疗行为是否明显超越职责范围，比如对骨折的病人进行妇科检查，显然非诊疗所必需。其次，结合医院关于岗位职责以及检验流程的规定加以判断。由于医生的专业性强、分工细致，医院对相关流程和规范均进行了细化规定，这些规定可用作判别检查是否明显超越了职责范围、是否系诊疗所必需的依据。最后，参考专业人士的意见。在一些简单的专科检查中，依据医院的相关规定即可判断是否超出职责范畴，但对于一些较为复杂的病症需要进行详细或者有针对性的全科检查时，机械地以医院的规范来衡量难免会有所疏漏，此时就需借助医院其他医务人员的证言甚至是相关医疗机构出具的意见，进行综合判断。

本案中，提取在案的医院尿检常规步骤材料证明，正常的尿检步骤系由受检者将尿液标本送检验室，检验工作人员进行常规检验，并出具报告单，对尿检结果异常需要镜检者，检验人员提取尿液标本做镜检，对分泌物的检验由患者到相关科室由专业技术人员提供分泌物标本送检。依据该规定进行分析，被告人王晓鹏抚摸女生胸腋部、查看女生生殖器、用手在女生阴部按压等行为明显超越了其职责范围，应当认定其不属于正常的医学检查手段。

综上，王晓鹏利用给学生作尿检的职务之便，超越尿检医生职责范围，对 21 名女学生进行变相强制，实施猥亵，人民法院认定其行为已构成猥亵犯罪，是正确的。

——最高人民法院刑一庭：《王晓鹏强制猥亵妇女、猥亵儿童案》，载最高人民法院刑事审判第一、二、三、四、五庭主办：《刑事审判参考》2014 年第 3 集（总第 98 集），法律出版社 2014 年版，第 55~57 页。

700. 针对未成年人实施强奸、猥亵犯罪的从重、从严处罚情节

关键词

从严处罚

最高人民法院司法政策精神

25. 针对未成年人实施强奸、猥亵犯罪的，应当从重处罚，具有下列情形之一的，更要依法从严惩处：

（1）对未成年人负有特殊职责的人员、与未成年人有共同家庭生活关系的人员、国家工作人员或者冒充国家工作人员，实施强奸、猥亵犯罪的；

（2）进入未成年人住所、学生集体宿舍实施强奸、猥亵犯罪的；

（3）采取暴力、胁迫、麻醉等强制手段实施奸淫幼女、猥亵儿童犯罪的；

（4）对不满十二周岁的儿童、农村留守儿童、严重残疾或者精神智力发育迟滞的未成年人，实施强奸、猥亵犯罪的；

（5）猥亵多名未成年人，或者多次实施强奸、猥亵犯罪的；

（6）造成未成年被害人轻伤、怀孕、感染性病等后果的；

（7）有强奸、猥亵犯罪前科劣迹的。

——《最高人民法院、最高人民检察院、公安部、司法部关于依法惩治性侵害未成年人犯罪的意见》（2013 年 10 月 23 日，法发〔2013〕12 号）。

附录：最高人民法院主流观点

1. 如何理解“针对未成年人实施强奸、猥亵犯罪的，应当从重处罚，具有下列情形之一的，更要依法从严惩处”

我国《刑法》第 236 条、第 237 条明确规定，奸淫幼女，猥亵儿童的，从重处罚，对于强奸已满 14 周岁未成年少女的，人民法院在审判实践中一般也酌定从重处罚。《最高人民法院、最高人民检察院、公安部、司法部关于依法惩治性侵害未成年人犯罪的意见》（以下简称《性侵意见》）所列七种情形，并非简单重复，而是指导各级司法机关在办理性侵害未成年人犯罪案件，对于具有所列七种情形之一，选择从重处罚时，更加体现依法严惩。比如，奸淫幼女一人一次，根据刑法规定，应在三年以上十年以下有期徒刑幅度内从重处罚，如果根据量刑规范化意见，可能判处四年或者五年有期徒刑，那么，对于具有《性侵意见》第 25 条所列情形之一，比如进入学生集体宿舍强奸的，则可判处高于四年或五年有期徒刑的刑罚，也就是在从重的基础上更加体现从严惩处。

2. 如何理解与适用《性侵意见》所列七种从重从严处罚情节

（1）监护人、教师、教练、救助人、保姆、医生等对未成年人负有特殊职责的人员，与未成年人有共同家庭生活关系的人员，对未成年人实施性侵害犯罪，严重挑战社会伦理道德底线；同时，该类人员具有接触未成年人的便利条件，实施性侵害行为更为隐蔽，一般人难以发现，持续时间通常更长，未成年被害人更难以抗拒和向有关部门揭露，社会危害更大。因此，应当依法严惩。国家工作人员理应做模范守法的典范和保护未成年人的表率，而极少数国家工作人员性侵害未成年人，与普通公民实施性侵害相比，社会影响更为恶劣，易引起社会公愤，理应依法严惩。冒充国家工作人员强奸、猥亵未成年人，易在社会造成不良影响，亦应严惩。

需要指出的是，《性侵意见》中“与未成年人有共同家庭生活关系的人员”有其特殊内涵，即虽非未成年人的监护人，但由于各种原因与未成年人形成了相对稳定的家庭关系。比如，随单身或离异母亲生活的女儿，其母亲的同居男友即属于此类人员。在具体判断时，可以考虑“共同生活”“质”和“量”两个方面的因素：从“质”上来说，需要生活在一个家庭或者共同的住所中；从“量”上来说，需要有长期性和稳定性。因此，如果仅有几次的共同居住或者较短时间的共同居住，就不属于这里所指的“共同家庭生活”。

（2）未成年人的住所、学生集体宿舍，是未成年人生活起居的主要场所，也是未成年人最应感到心理安全的场所。进入上述场所实施强奸、猥亵犯罪，严重冲击被害人的心理安全感，甚至在一定范围内造成社会恐慌，危害性大，应当严惩。从其他国家和地区立法例来看，比如，我国台湾地区“刑法”规定，违反被害人意愿性交者，构成普通强制性交罪，处三年以上十年以下有期徒刑，侵入住宅或有人居住的建筑物、船舰或隐匿其内实施的，构成加重强制性交罪，处七年以上有期徒刑，亦体现出对在特殊场所实施性侵害犯罪的从严惩处。①

（3）《性侵意见》规定，对不满12周岁的儿童、农村留守儿童、严重残疾或者精神智力发育迟滞的未成年人，实施强奸、猥亵，从严惩处，是考虑到，上述被害人均属于弱势人群中的底层，更易受犯罪侵害，且危害后果更严重。需要指出的是，被害人特别年幼，在从重程度的把握上可酌情予以考虑。

（4）奸淫幼女、猥亵儿童，构成犯罪，不要求采取暴力、胁迫、麻醉等强制手段实施，但如行为人采取上述强制手段的，对被害人伤害更大，故应体现从严惩处。

（5）根据《刑法》第236条第3款的规定，强奸妇女、奸淫幼女多人的，属加重处罚情节。对同一名被害人多次强奸或者奸淫的，如何体现“从严”惩处，实践中存在争议。调研过程中，有意见提出，可将其解释为该条第3款规定的“强奸妇女、奸淫幼女情节恶劣”，从而适用加重处罚条款。从刑法条文来看，未将强奸、奸淫“多次”与“多人”并列规定，说明立法乃有意有所区别，即前者系针对同一名被害人实施，侵害客体单一，强奸、奸淫三次以上的社会危害性尚达不到应判处十年以上有期徒刑的严重程度。故《性侵意见》将多次强奸明确为从重处罚情节，针对未成年人实施的，量刑时进一步体现从严。另外，《刑法》第237条仅规定了“聚众或者在公共场所当众实施猥亵、侮辱”的加重处罚情节，对于量刑时应予考虑的从重处罚情节未作规定。故《性侵意见》结合司法实践经验，将“猥亵多人、多次猥亵”这两种多发、常见同时也是危害性更大的情形，明确为从重处罚情节。

（6）造成未成年被害人轻伤、怀孕、感染性病，不属于《刑法》第236条第3款第5项规定的“其他严重后果”加重处罚情节，但因对未成年被害人身心伤害大，故量刑时也要体现从严。其中，对造成未成年人怀孕，是否规定为加重处罚情节，起草《性侵意见》阶段，存在不同意见。调研发现，各地法院理解掌握标准不一。经反复研究，强奸造成未成年人怀孕，会给被害人造成很大身心创伤，但怀孕系强奸的附随后果，且发现怀孕的阶段及采取干预措施的不同，对被害人身心伤害大小存在很大差异，如将怀孕解释为

① 林山田：《刑法各罪论》（上册），北京大学出版社2012年版，第158~160页。

“其他严重后果”，未免失之于绝对，与刑法所列举的应当判处十年以上有期徒刑的五种法定情形，严重性程度有别。故将造成未成年被害人怀孕这一情节本身作为从重处罚情节掌握，更妥当一些。但也不排除，多次奸淫造成未成年被害人怀孕、流产严重影响被害人身心发育，或者同时具有“特殊职责人员采取强制手段实施”等其他从重处罚情节的，在综合考虑的基础上，认定为《刑法》第236条第3款第1项规定的“强奸妇女、奸淫幼女情节恶劣”，从而加重处罚。

调研过程中，有意见提出，建议将“造成严重精神损害”也规定为从重处罚情节。经研究认为，尽管精神伤害是性侵害犯罪的主要危害后果，但实践中没有明确的认定标准，且“严重精神损害”易与《刑法》第236条第3款第5项的“其他严重后果”（即法定加重处罚情节）混淆，而表述为“精神创伤”无程度的限定，又过于宽泛，因此删除了该规定，以“等后果”涵盖之。但司法机关在处理类似案件时，应注意对被害人所受精神损害方面的证据的收集和审查，作为量刑的酌定考虑情节，达到精神失常等类似严重程度的，可以认定为“其他严重后果”，从而予以加重处罚。

（7）有强奸、猥亵犯罪前科劣迹，又实施强奸、猥亵未成年人犯罪，前后两种行为均属性侵害犯罪，反映行为人主观恶性深、人身危险性大，应当从严惩处。

需要指出的是，调研过程中，有意见提出，建议列举具体情形，将《刑法》第236条第3款第1项规定的“强奸妇女、奸淫幼女情节恶劣”予以明确化。考虑到司法实践的复杂性，未采纳该意见。鉴于《性侵意见》第25条从犯罪主体、犯罪对象、犯罪地点、犯罪手段、犯罪后果等诸多方面对强奸未成年人犯罪的从重处罚情节做了明确，实践中，可综合考虑上述所列某几项情形，认定强奸行为是否属于“情节恶劣”。比如，被告人系教师，多次对不满12周岁的女学生进行奸淫，根据《性侵意见》的规定，被告人就具有三项从重从严处罚情节，经综合判断，也可以认定为强奸“情节恶劣”，对其在十年以上有期徒刑幅度内从重处罚。

此外，调研过程中，曾有意见提出，可在第25条增加规定一款，即“具有前款所列情形之一，应当判处有期徒刑刑罚的，可以相应增加基准刑的20%-50%”。另鉴于具有性侵害犯罪前科的人员人身危险性大，为体现“刑罚个别化原则”，建议增加规定一条，即“对于具有第25条第（七）项情形的被告人，可以对其进行心理评估鉴定，相关鉴定意见作为人民法院量刑的参考。对于该类罪犯在刑罚执行期间，决定是否减刑及减刑的幅度，应当从严掌握，但其自愿接受身心治疗或者辅导教育，经鉴定、评估，其自我控制再犯能力得到明显改善的除外。罪犯刑满释放或者监外执行的，其户籍地或居住地公安机关应派员定期或者不定期查访”。征求意见过程中，考虑我国当前对性侵害人员进行心理评估鉴定尚缺乏权威机构和认定标准，如规定此条，势必难以操作，故未作规定。但从域外来看，越来越多的国家已在立法中明确了对性侵害再犯、累犯进行心理评估鉴定和身心矫治、药物治疗等规定，比如德国，对性侵害被告人的相关心理鉴定评估，可以作为法院审理案件进行量刑的参考，此应为我国今后改革探索的一个方向。

3. 关于从严处罚情节与从宽处罚情节并存时的适用问题

实践中，性侵害未成年人犯罪既有其社会危害严重的一面，但也有具体情形极为复杂、从严与从宽处罚情节并存的一面。《性侵意见》基于从严惩治此类犯罪的政策导向，主要规定了从严从重处罚情节。在起草意见过程中，曾有另外的方案，建议在第25条之后另外规定一些从宽处罚情节，以指导司法机关准确把握刑事政策，做到罚当其罪，具体方案如下：

（26）奸淫幼女的，双方性器官接触即为既遂，但未侵入幼女性器官的，可以减少基准刑的20%以下。

（27）对未成年人实施性侵害，构成犯罪的，具有下列情形之一，可以从轻或者减轻处罚；犯罪情节较轻的，可以免除处罚：

第一，触犯《刑法》第360条构成传播性病罪、嫖宿幼女罪，自首、坦白或者检举揭发，因而查获组织、强迫卖淫犯罪，协助组织卖淫犯罪，引诱、容留、介绍卖淫犯罪，引诱幼女卖淫犯罪，拐卖妇女、儿童，收买被拐卖的妇女、儿童及拐骗儿童等犯罪的；

第二，触犯《刑法》第359条构成引诱、容留、介绍卖淫罪，自首、坦白或者检举揭发，因而查获组织、强迫卖淫犯罪，协助组织卖淫犯罪，拐卖妇女、儿童，收买被拐卖的妇女、儿童及拐骗儿童等犯罪的。

引诱、容留、介绍他人卖淫尚不构成犯罪，或者从事卖淫嫖娼活动，因其主动交代或者检举揭发而查获第一款所列之犯罪或者其他性侵害未成年人犯罪的，可以不予治安管理处罚。

最终，考虑《性侵意见》从严惩治性侵害未成年人犯罪的政策基调，未采纳上述意见。但人民法院在办理此类案件，在坚持从严惩治原则的前提下，对于被告人所具有的各项法定、酌定从宽处罚情节仍应予以考虑。

——黄尔梅主编、最高人民法院刑事审判第一庭编著：《性侵害未成年人犯罪司法政策案例指导与理解适用》，人民法院出版社2014年版，第223~226页。

701. 非法拘禁罪的量刑

关键词

非法拘禁罪　量刑

最高人民法院司法政策精神

（九）非法拘禁罪

1. 构成非法拘禁罪的，根据下列情形在相应的幅度内确定量刑起点：

（1）犯罪情节一般的，在一年以下有期徒刑、拘役幅度内确定量刑起点。

（2）致一人重伤的，在三年至五年有期徒刑幅度内确定量刑起点。

（3）致一人死亡的，在十年至十三年有期徒刑幅度内确定量刑起点。

2. 在量刑起点的基础上，根据非法拘禁人数、拘禁时间、致人伤亡后果等其他影响犯罪构成的犯罪事实增加刑罚量，确定基准刑。

非法拘禁多人多次的，以非法拘禁人数作为增加刑罚量的事实，非法拘禁次数作为调节基准刑的量刑情节。

3. 有下列情节之一的，增加基准刑的 10%~20%：

（1）具有殴打、侮辱情节的；

（2）国家机关工作人员利用职权非法扣押、拘禁他人的。

4. 构成非法拘禁罪的，综合考虑非法拘禁的起因、时间、危害后果等犯罪事实、量刑情节，以及被告人的主观恶性、人身危险性、认罪悔罪表现等因素，决定缓刑的适用。

——《最高人民法院、最高人民检察院印发〈关于常见犯罪的量刑指导意见（试行）〉的通知》（2021 年 6 月 16 日，法发〔2021〕21 号）。

702. 为特定目的而挟持人质行为的定性

关键词

非法拘禁罪　绑架罪　犯罪目的　犯罪手段

《刑事审判参考》指导案例

胡经杰、邓明才非法拘禁案（《刑事审判参考》指导案例第 435 号）

裁判要点：应当严格限制对绑架罪客观行为的理解和认定，以

准确体现罪刑相适应的刑法原则。在界定绑架罪与非法拘禁罪的区别时，要相当谨慎地分析被告人与被害人的关系、被告人所提出的要求实现之难易、被告人对被害人剥夺自由行为的恶劣程度、对第三人及解救方的对抗程度等，综合多方面因素情节来分析认定。

非法拘禁罪与绑架他人作为人质的绑架罪在犯罪构成上近似。非法拘禁罪要求行为人具有非法剥夺他人人身自由的行为，其目的经常表现为泄愤报复、追讨债务、显示权势等；绑架罪也要求行为人具有非法剥夺他人人身自由的行为，其目的是勒索钱财或满足行为人的不法要求。在界定两罪的区别时，我们要相当谨慎地分析被告人与被害人的关系、被告人所提出的要求实现之难易、被告人对被害人剥夺自由行为的恶劣程度、对第三人及解救方的对抗程度等，综合多方面因素情节来分析认定。现实生活中，诸如因无知、愚昧、一时冲动扣留岳母要求媳妇回家、扣押女友的父母迫使女友同意继续谈恋爱等，一般情形下不具有与绑架罪严厉刑罚相当的否定评价程度，不能认定为绑架罪。

——最高人民法院刑事审判第一、二、三、四、五庭主办：《刑事审判参考》2007 年第 2 集（总第 55 集），法律出版社 2007 年版，第 27~32 页。

703. 为索取债务扣押、拘禁债务人行为的定性

关键词

非法拘禁罪　索取债务　赌债　债务人

最高人民法院司法解释

为了正确适用刑法，现就为索取高利贷、赌债等法律不予保护的债务，非法拘禁他人行为人如何定罪问题解释如下：

行为人为索取高利贷、赌债等法律不予保护的债务，非法扣押、拘禁他人的，依照刑法第二百三十八条的规定定罪处罚。

——《最高人民法院关于对为索取法律不予保护的债务非法拘禁他人行为如何定罪问题的解释》（2000 年 7 月 13 日，法释〔2000〕19 号）。

《最高人民法院公报》案例

王周云、陈金明、刘长华、张文棋非法拘禁案（判决时间：1997 年 5 月 28 日，二审法院：四川省高级人民法院）

裁判摘要：为了索取被害人曾口头承诺的补偿费，持械将被害人挟持到他处限制人身自由、索取财物的行为构成非法拘禁罪，而非绑架罪。

四川省高级人民法院认为：上诉人王周云、陈金明为了索取被害人魏文春曾口头承诺的补偿费，邀约原审被告人刘长华、张文棋等人，持械将魏文春挟持到他处限制人身自由、索取财物，其行为均已触犯《刑法》第 143 条第 1 款，构成非法拘禁罪。在共同犯罪中，王周云起主要作用，系主犯，应当依照《刑法》第 22 条第 1 款、第 23 条的规定从重处罚；陈金明、刘长华、张文棋起次要作用，系从犯，应当分别依照《刑法》第 22 条第 1 款、第 24 条的规定从轻处罚。刘长华系累犯，依照《刑法》第 61 条的规定，应当从重处罚。刘长华、张文棋等人是在听王周云说过魏文春欠款 5 万元后，自作主张让魏文春打下欠条，并以魏的首饰作抵押。对此，王周云、陈金明不应承担责任。王周云、陈金明第二天即将欠条和首饰归还魏文春；刘长华、张文棋迫使魏文春打欠条和以首饰作抵押的行为没有造成严重后果，2 人又系本案从犯，因此不另定罪。一审没有查清魏文春有先承诺后又反悔，王周云以追索魏文春承诺的补偿费为目的而实施犯罪的这一情节，由此认定王周云、陈金明、张文棋、刘长华的行为构成全国人大常委会《关于严惩拐卖、绑架妇女、儿童的犯罪分子的决定》第 2 条 1、3 款规定的绑架勒索罪，属认定部分事实不清导致定性和适用法律错误，应当纠正。

——《最高人民法院公报》1997 年第 4 期。

海南省海口市振东区人民检察院诉黄永柱非法拘禁案

裁判摘要：行为人出于索要债务的目的，以强制的方法实施了非法剥夺他人人身自由的行为，即使索要的债务是非法的，也应当以非法拘禁罪论处，而非绑架罪。

以勒索财物为目的的绑架罪和以索取债务为目的的非法拘禁罪，有很多相似之处。二罪的犯罪主体都可以由一般公民构成，犯罪所侵害的客体都包括人身自由权，犯罪的客观方面都表现为以强制的方法剥夺他人人身自由权的行为，犯罪的主观方面都以得到财物为目的。二罪的区别在于：以取得财物为目的的绑架罪勒索的财物为他人所有，通常为被害人及其亲属所有；犯罪人在实施犯罪行为前，一般与被害人或者其亲属不存在财物往来的关系。非法拘禁罪索取的债务，则是被害人或者其亲属所欠犯罪人的债务；犯罪人在实施犯罪行为前，与被害人或者其亲属存在着债权债务关系。

——《最高人民法院公报》2001 年第 6 期。

《刑事审判参考》指导案例

田磊等绑架案（《刑事审判参考》指导案例第 180 号）

裁判要点：为索取债务而绑架他人的行为应定非法拘禁罪。

根据《刑法》第 238 条第 2 款的规定，因非法拘禁致人重伤、死亡的，仍应定非法拘禁罪，分别处三年以上十年以下有期徒刑或十年以上有期徒刑。但在非法拘禁中使用暴力致人伤残、死亡的，则应分别定故意伤害（重伤）罪或者故意杀人罪，即依照《刑法》第 234 条、第 232 条的规定定罪处罚。从该条规定可以看出，在非法拘禁中"致人重伤、死亡"和"使用暴力致人伤残、死亡"两种情形都有重伤、死亡的结果，两者的不同在于后者强调的是使用暴力，且伤残、死亡的结果应当是由暴力行为造成的，即暴力与伤残、死亡结果存在着直接、必然的因果关系。在非法拘禁中，行为人如果没有使用暴力而致人重伤、死亡的，或者虽然使用了一定程度的暴力，但该暴力根本不足以致人重伤、死亡或者说重伤、死亡的结果不是因为暴力造成，而是其他因素造成的，就不是"使用暴力致人伤残、死亡"，而是非法拘禁"致人重伤、死亡"。对此，在罪名认定上，就依然只能定非法拘禁罪，而不能转化为故意伤害罪或故意杀人罪。

——最高人民法院刑事审判第一庭、第二庭编：《刑事审判参考》2002 年第 3 辑（总第 26 辑），法律出版社 2002 年版，第 33~39 页。

雷小飞等非法拘禁案（《刑事审判参考》指导案例第 263 号）

裁判要点："索债型"扣押、拘禁他人的行为，构成非法拘禁罪。

"索财型"绑架罪和"索债型"非法拘禁罪都实施了剥夺他人的人身自由，并向他人索要财物的行为，但两罪在犯罪构成上有较大区别。

1. 犯罪的主观故意不同。"索财型"绑架罪以勒索财物即非法占有他人财物为目的。"索债型"非法拘禁罪以追索债务（既包括合法债务，也包括赌债等法律不予保护的债务），即以索要自己的财物，实现自己的债权为目的，而不是想将他人的财产占为己有，不具有勒索财物的目的。

2. 犯罪起因不同。"索财型"绑架罪的行为人为实现勒索财物的目的，往往是无中生有地选择富有的、不特定的犯罪对象，被害人一般无过错。"索债型”非法拘禁罪的行为人与被害人之间存在特定的债权债务关系，属于“事出有因”，而被害人大多自身有一定的过错，即欠债不还或有客观存在的债务纠纷。债权债务关系的存在与否是区分“索债型”非法拘禁罪与“索财型”绑架罪的关键特征。

3. 侵犯的客体不同。“索财型”绑架罪侵犯的是复杂客体，即他人的人身权利和财产权利。“索债型”非法拘禁罪侵犯的客体是简单客体，即他人的人身权利。

4. 客观表现不同。“索财型”绑架罪以暴力、胁迫、麻醉等方法为必备条件。“索债型”非法拘禁罪在客观上则不要求采用暴力、胁迫、麻醉等方法，虽然在实施非法拘禁过程中，也可能会有捆绑、殴打等行为，但对他人的生命健康造成的损害一般比绑架罪小得多。

5. 社会危害不同。“索财型”绑架罪与“索债型”非法拘禁罪给被害人、被害人的亲属和社会造成的心理影响、不安全感和危害有很大不同，前者的不利影响和社会危害性比后者更为严重。

上述区别，有助于区分“索财型”绑架罪和“索债型”非法拘禁罪的性质，特别是行为人的主观故意和犯罪起因方面的不同，是区分两个罪的关键。

但是并非所有的“索债型”扣押、拘禁行为，都以非法拘禁罪定罪处罚，有的还可能涉及绑架罪的适用。这类案件，都以一定的债权债务关系为前提，由于在民事或经济纠纷中“债”的关系十分复杂，在定性时可能涉及绑架罪和非法拘禁罪的选择。绑架罪的法定最低刑为十年，其处罚大大重于非法拘禁罪，因此，在对“索债型”扣押、拘禁行为定性时，在把握好两罪区别的前提下，严格依照刑法主客观统一的原则，根据案件的具体情况作出慎重的判断。

——最高人民法院刑事审判第一庭、第二庭编:《刑事审判参考》2003 年第 5 集（总第 34 集），法律出版社 2004 年版，第 24~33 页。

附录：最高人民法院主流观点

近几年来，社会上出现了因债权债务关系引起的“人质型”侵犯公民人身权利的案件，即以强行扣押“人质”的方式，胁迫他人履行一定行为为目的的违法犯罪行为。“一定行为为目的”，实践中大多是追索债款，要求“以钱换人”。这种行为从形式上看与《刑法》第 239 条第 1 款规定的以勒索财物为目的的绑架行为很相似，但实质上有很大区别：第一，犯罪目的不同。前者以勒索财物为目的，后者以逼索债务为目的，以扣押“人质”作为讨还债务的手段。第二，犯罪对象不同。前者被绑架的人自身完全无过错，而后者被绑架的“人质”大多自身有过错（如欠债不还），甚至有诈骗等违法犯罪行为，也有的纯属无辜。因此，《刑法》第 238 条第 3 款明确规定，“为索取债务非法扣押、拘禁他人的"，依照非法拘禁罪的规定处罚。

——周道鸾、张军主编：《刑法罪名精释（第四版）》，人民法院出版社 2013 年版，第 543 页。

根据《最高人民法院、最高人民检察院、公安部、司法部关于办理"套路贷"刑事案件若干问题的意见》第 4 条规定，实施"套路贷"过程中，未采用明显的暴力或者威胁手段，其行为特征从整体上表现为以非法占有为目的，通过虚构事实、隐瞒真相骗取被害人财物的，一般以诈骗罪定罪处罚；对于在实施"套路贷"过程中多种手段并用，构成诈骗、敲诈勒索、非法拘禁、虚假诉讼、寻衅滋事、强迫交易、抢劫、绑架等多种犯罪的，应当根据具体案件事实，区分不同情况，依照《刑法》及有关司法解释的规定数罪并罚或者择一重处。因此，对于"套路贷"中本罪与非法拘禁罪的定性，应当区分不同情形认定：一是虽然"套路贷"本质上是以借款为幌子，但客观上毕竟还存在一定的债权债务关系，如果行为人非法拘禁被害人后要求其亲友交钱赎人的数额在被害人实际获取的借款范围内，即使数额上有所增加作为弥补讨债费用或由此带来的其他损失，行为人的主要目的仍是索取债务而非勒索财物，则应认定为非法拘禁罪；二是行为人如果要求交付的数额是故意虚增的借贷金额，则其非法拘禁的真实意图不在于索取债务，而是打着借贷的幌子，非法勒索、占有他人财产，对行为人应以绑架罪定罪处罚。

——参见胡云腾主编：《刑法罪名精释（第五版）》，人民法院出版社 2022 年版，第 714~715 页。

704. 以索取债务为目的非法扣押、拘禁债务人以外的第三人作为人质，逼迫债务人还债的行为构成非法拘禁罪

关键词

非法拘禁罪　索取债务　债务人以外第三人

《刑事审判参考》指导案例

颜通市等绑架案（《刑事审判参考》指导案例第 157 号）

裁判要点：给付定金方违约后为索回定金而非法扣押对方当事人子女的行为构成非法拘禁罪。

实践中有种观点认为，勒索型绑架罪与索债型非法拘禁罪的应有的区别

之一是：勒索型绑架罪的对象是不特定的，犯罪人在实施绑架前是可以任意选择要绑架对象，被绑架人没有任何过错。而索债型非法拘禁罪的对象则应当是特定的，即犯罪人只能是扣押与之有债权债务关系的当事人本人，并向其本人或亲属索取债务，而不能任意扣押其他与之无关的人包括当事人亲属等，并借此向与之有债权债务关系的当事人本人索取债务，否则就侵犯了无过错的他人人身自由，应以勒索型绑架罪论处。我们认为，这种观点是缺乏依据的。应当说，勒索型绑架罪的对象，对绑架人来说，确是可任意选择和不特定的。而且，一般来说，被绑架人往往与绑架人之间没有利害冲突，被绑架人也没有过错可言。而在索债型非法拘禁罪中，犯罪人所选择的被拘禁人常常就是与之有债权债务关系的当事人本人。之所以会发生拘禁索债，通常也是由于被拘禁人赖债久拖不还甚至根本不想还才引发的，被拘禁人客观上存在一定程度的过错。这些分析都是对的。但这并不等于说，索债型非法拘禁罪的对象就只能是与行为人有债权债务关系的当事人本人。首先，法律没有明确限制“为索取债务，非法拘禁、扣押他人”中的“他人”就是与行为人有债权债务关系的当事人本人。其次，在现实生活中，行为人想拘禁当事人本人索债，有时较为困难，故常常选择拘禁当事人的亲属特别是其幼年子女等，并以此来向当事人本人索债。之所以如此，就在于当事人与其亲属、子女具有特定的关系，行为人可以以其为要挟，实现其索债目的。因此，将索债型非法拘禁罪的对象仅限定于与行为人有债权债务关系的当事人本人，并将此作为与勒索型绑架罪的区别之一，既不合乎现实情况，也无法律根据。

——最高人民法院刑事审判第一庭、第二庭编：《刑事审判参考》2002年第1辑（总第24辑），法律出版社2002年版，第49~56页。

辜正平非法拘禁案（《刑事审判参考》指导案例第181号）

裁判要点：为逼人还贷而关押借款人以外的第三人的行为，应以非法拘禁罪论处。

根据《刑法》第239条的规定，绑架罪包括三种情形：一是以勒索财物为目的绑架他人的，二是以勒索财物为目的偷盗婴幼儿的，三是绑架他人作为人质的。第一、二种情形行为人的犯罪目的都是“勒索财物”，而第三种情形行为人的犯罪目的条文没有明确揭示。合乎逻辑的解释结论自然是，绑架他人作为人质是为了实现勒索财物以外的不法目的，即行为人绑架他人后提出的是除勒索财物以外的其他不法要求。如行为人为实现某种政治目的绑架他人为要挟等。“绑架他人作为人质”和“为索取债务扣押、拘禁他人”的关键区别在于：前者扣押人质是为了迫使有关方面实现其某种不法要求，而后者扣押人质是为了索取债务。行为人非法扣押他人，是为了向借款人追回贷款，当然属于索债型非法拘禁罪，而非人质型绑架罪。

——最高人民法院刑事审判第一庭、第二庭编：《刑事审判参考》2002年第3辑（总第26辑），法律出版社2002年版，第40~44页。

附录：最高人民法院主流观点

对此，实践中有种观点认为，勒索型绑架罪与索债型非法拘禁罪的应有的区别之一是：勒索型绑架罪的对象是不特定的，犯罪人在实施绑架前是可以任意选择要绑架的对象，被绑架人没有任何过错。而索债型非法拘禁罪的对象则应当是特定的，即犯罪人只能是扣押与之有债权债务关系的当事人本人，并向其本人或亲属索取债务，而不能任意扣押其他与之无关的人包括当事人亲属等，并借此向与之有债权债务关系的当事人本人索取债务，否则就侵犯了无过错的他人人身自由，应以勒索型绑架罪论处。从2000年7月19日《最高人民法院关于对为索取法律不予保护的债务，非法拘禁他人行为如何定罪问题的解释》（以下简称《非法拘禁行为解释》）来看，“行为人为索取高利贷、赌债等法律不予保护的债务，非法扣押、拘禁他人的，依照《刑法》第238条的规定定罪处罚”，“他人”不限定于债务人本人。理由是，在《非法拘禁行为解释》出台之前，司法实践中都对“为索取法律不予以保护的债务”的行为按照绑架罪论处，而《非法拘禁行为解释》则将此种情形按照非法拘禁罪定罪处罚，显然，《非法拘禁行为解释》更主要的是从主观要件的角度来考虑“为索取非法债务非法拘禁他人”的行为的。换言之，只要行为人实施非法拘禁他人在主观上是为索取债务，不论是合法债务还是法律不予以保护的债务，都只按照非法拘禁罪论处。在主观上，“为索取非法债务而非法拘禁他人”既不等同于“为索取合法债务非法扣押、拘禁他人”（合法债务毕竟不同于法律不予以保护的债务），也不同于“以勒索财物为目的的绑架他人”（索取非法债务毕竟是“事出有因”，即存在致使非法债务发生的先前行为，而勒索财物纯粹是“无事生非”，凭空要将他人财物非法占为己有）。因此，将“为索取债务非法扣押、拘禁他人”中的“他人”理解为不限定于债务人本人，更符合《非法拘禁行为解释》的精神。

——高憬宏、杨万明主编：《基层人民法院法官培训教材（实务卷·刑事审判篇）》，人民法院出版社2005年版，第250~251页。

705. 抱走年幼继女向欲离婚的妻子索要所支出的抚养费、彩礼费行为的定性

关键词

非法拘禁罪　索要债务　拘禁行为

《刑事审判参考》指导案例

贾斌非法拘禁案（《刑事审判参考》指导案例第 997 号）

裁判要点：被告人暂时限制继女的人身自由，来迫使其妻在离婚纠纷中妥协，因其索要财产的数额并未超过合理限度，在扶持继女期间，亦没有以继女的生命安全威胁其妻子，其行为符合为索要债务而非法扣押他人的情形，依法构成非法拘禁罪。

（一）离婚分居期间私自带走继女的行为具有严重违法性，具有应受刑罚处罚性

婚姻法[①]第二十七条第二款规定："继父或继母和受其抚养教育的继子女间的权利和义务，适用本法对父母子女关系的有关规定。"可见，继父母与继子女的法律关系是建立在继父母与继子女生父母的婚姻基础上，并且继父母要对继子女形成抚养、教育关系，才能与继子女形成拟制血亲，具有与生父母同等的权利义务。当上述两个条件同时存在时，这种父母子女法律关系就不会改变。但是，如果继父母与继子女的生父母离婚，那么这种拟制血亲就会随着婚姻的解体而结束。结合本案，被告人贾斌在与继女共同生活期间，对继女尽了抚养教育义务，其对继子女的权利、义务等同于生父母，也就是说贾斌对继女具有监护权。在此情况下，贾斌将继女擅自带走的行为是否违法？如果贾斌在婚姻关系正常时期将继女私自带走，因其对继女有监护权，只要其对继女无伤害行为，就不违法。但是本案的特殊性在于，其是发生在贾斌与其妻李宝珠协议离婚并已分居期间。虽然从法律形式上说，婚姻关系仍存续，但是双方对结束婚姻的意向已达成一致，只是还存在财产上的纠纷未能解决，导致无法办理离婚手续。从法律角度以及社会习俗等来看，分居后对未成年子女，尤其是幼女的监护权理所当然应归其生母行使。在离婚程序启动后，婚姻双方的权利、义务处于未决状态，相应地，以婚姻关系为基

① 该法已被《中华人民共和国民法典》废止。

础的其他权利、义务亦应处于未决状态。这种情况下，当事人只应在合理范围内行使必要的权利。此时，当事人对离婚后将会发生改变的权利、义务应暂停行使或者只在必要的、合理的限度内行使。而贾斌出于要挟其妻的目的，私自带走继女，同时索要离婚纠纷所涉财物，该行为已经明显超出其待定监护权的应有的合理限度，使年幼的继女脱离生母照管，侵犯了继女的人身自由权利和儿童的合法权益，其行为具有严重的违法性，具有应受刑罚处罚性。

（二）抱走继女并以继女的人身安全为要挟，向欲离婚妻子索要已支付的抚养费、彩礼费的，构成非法拘禁罪

1. 贾斌的行为不构成绑架罪。根据刑法第二百三十九条的规定，绑架罪是指以勒索财物为目的绑架他人，或者绑架他人作为人质的行为，即绑架罪分为“索财型”与“人质型”两种。刑法对绑架罪的主观方面明确规定为两种目的：一种是索财型，就是以被绑架人的人身安全为要挟，目的是向他人勒索钱财，即通常所说的掳人勒赎或者“绑票”。此种行为中，被勒索人通常是被绑架人的亲友，行为人正是利用了被勒索人对被绑架人的人身安危的高度担忧，而以被绑架人的人身安危作为筹码，以换取不义之财。另一种是指行为人出于勒索钱财以外的其他目的，而劫持被绑架人作为人质的行为。这里所说的其他目的是指除勒索财物以外的其他非法目的，如出于政治目的，或者为了逃避追捕或者请求释放罪犯等都可以成为人质型绑架罪的目的。值得注意的是，无论是“索财型”绑架还是“人质型”绑架，都是一种严重侵犯公民人身安全的犯罪，行为人都是以被绑架人的生命健康作为威胁，当其非法目的不能实现时，可能会危及被绑架人的人身安全。故绑架犯罪属于从严打击的对象。刑法规定，绑架罪处十年以上有期徒刑或者无期徒刑；对于情节较轻的，处五年以上十年以下有期徒刑。司法实践中，对于行为人具有以下行为的一般认定为“情节较轻”：主动释放被绑架人；未对被绑架人有殴打、伤害等行为；善待被绑架人；勒索赎金数额不高；等等。当然，要认定是否属于“情节较轻”还要结合行为人的主观恶性、人身危险性等诸多因素综合判断。需要强调的是，有时在民间矛盾冲突过程中，当事人因一时冲动，不能理性处理问题，为了达到己方目的，迫使对方当事人妥协，而将他人予以扣留或者关押的，但其并未以他人生命安全作为威胁，一般不宜作绑架罪处理。

本案中，被告人贾斌抱走继女，以索要离婚纠纷中所涉财物的行为，既不构成“索财型”绑架罪也不构成“人质型”绑架罪。首先，在主观要件上，贾斌索要的财产是夫妻在离婚纠纷中，双方存有争议、尚未达成一致意见的财产，其索要财产的数额并未超过合理限度，其主观上不具备“索财型”绑架罪中的恶意勒索他人财物、获取不义之财的目的，故不构成“索财型”绑架罪。其次，贾斌在将其继女挟持期间，并没有以继女的生命安全威胁其妻，

也没有以继女的生命相要挟提出其他非法要求，不具有“人质型”绑架罪中为实现非法目的，以被绑架人的生命安全相要挟的客观行为，故不构成“人质型”绑架罪。

2. 贾斌的行为不构成拐骗儿童罪。根据刑法第二百六十二条的规定，拐骗儿童罪是指拐骗不满 14 周岁的未成年人，脱离家庭或者监护人的行为。这里所说的“拐骗”，主要是指用欺骗、利诱或者其他手段将不满 14 周岁的儿童带走，使其脱离家庭或者监护人。刑法没有规定拐骗儿童的目的是什么，也就是说，刑法对拐骗儿童的目的没有特殊要求，这是拐骗儿童罪与绑架罪的区别。但是，实践中拐骗儿童通常都是有其目的的，探究刑法关于拐骗儿童罪的立法本意，是对此类行为准确定性的基础，也是界定此罪与彼罪的关键。理论界和实务界普遍认为，拐骗儿童罪往往是以收养为目的，或者以奴役、使唤为目的。我们认为，这种对拐骗儿童行为的目的的解读符合刑法对拐骗儿童罪的立法本意，同时也有助于区分拐骗儿童罪和以儿童为犯罪对象的非法拘禁罪。以法律条文在法律体系中的地位，依其编、章、节、条、款项之关联位置，阐明规范的意旨，这种方法即体系解释法。刑法罪名的排列，是按照犯罪侵犯的不同法益而分类排列的。非法拘禁罪、绑架罪和拐骗儿童罪都是刑法分则第四章侵犯公民人身权利、民主权利犯罪中的罪名。但具体到不同罪名，其各自侵犯的法益又有所不同。从非法拘禁罪、绑架罪、拐骗儿童罪的罪名排列情况看，非法拘禁罪与绑架罪紧随杀人、伤害、强奸等以侵犯公民生命、身体健康权利为主的犯罪之后，非法拘禁罪侵犯的是人身自由权，绑架罪侵犯的人身自由权与生命健康权，二罪侵犯的客体都是公民的人身（自由、安全）权利。而拐骗儿童罪是与暴力干涉婚姻自由罪、破坏军婚罪、重婚罪、虐待罪、遗弃罪等破坏婚姻、家庭关系的犯罪规定在一起，作为破坏家庭关系犯罪的一部分。可见，刑法规定拐骗儿童罪的目的，侧重的是对家庭关系的保护。行为人实施的拐骗儿童行为，导致整个家庭关系受到严重破坏，家庭成员的情感受到极大伤害，同时也侵犯了儿童在合法监护人身边成长的合法权益，这些是拐骗儿童罪所侵犯的客体。由此，行为人实施拐骗儿童的行为，应当是以收养、役使为目的，使儿童长期或者永久脱离家庭或者监护人。这是拐骗儿童罪的一个重要特征。当然，若以出卖或者获利为目的将儿童拐骗的行为，则应当以拐卖儿童罪论处。

本案中，被告人贾斌与其妻离婚期间，双方因对支付离婚补偿款（包括继女的抚养费等）未达成一致，离婚未果，其妻将她亲生女儿带回娘家生活。贾斌为迫使其妻答应离婚条件以及与其见面，而将时年 3 岁的继女带至外地，并以此为要挟，若其妻不答应他的要求，便不送还继女。贾斌带走继女，并非出于自己收养或者奴役、使唤的目的，不具备使继女长期脱离家庭的意图，仅是通过暂时限制继女的人身自由，来迫使其妻在离婚纠纷中妥协。因此，贾斌的行为不具有收养、奴役等目的，不符合拐骗儿童犯罪的主观要件。

3. 根据刑法第二百三十八条的规定，非法拘禁罪是指非法拘禁或者以其他方法非法剥夺他人人身自由的行为。刑法并未规定非法拘禁的目的，主观方面上不要求有特定目的，即只要具备非法剥夺他人人身自由的直接故意并且实施了拘禁行为即可构成本罪。这是非法拘禁罪与绑架罪在主观方面的显著区别。关于客观方面，所谓拘禁行为，其方式可以是多种多样的，典型的拘禁方式有捆绑、扣留、关押等。刑法条文中还规定了其他非法剥夺人身自由的方式，虽然没有明确列举，但是只要是客观上剥夺了人身自由的即可构成本罪。这种剥夺包括对儿童以哄骗的方式进行“软禁”，给被害人喂食安眠药，使得被害人无法知晓自身处境等，只要是非法剥夺了公民的人身自由权即构成本罪，对行为方式并无限定。另外，刑法第二百三十八条第三款规定，为索取债务非法扣押、拘禁他人的，依照非法拘禁罪处罚；《最高人民法院关于对为索取法律不予保护的债务非法拘禁他人行为如何定罪问题的解释》规定，行为人为索取高利贷、赌债等法律不予保护的债务，非法扣押、拘禁他人的，依照非法拘禁罪定罪处罚。由此可见，对索债型非法拘禁的行为，无论其债务是否合法，只要有债权债务关系存在，即以非法拘禁罪定罪处罚。

本案中，被告人贾斌为解决离婚财产纠纷，向其妻索要婚姻存续期间对其继女的抚养费、二人结婚时的彩礼等费用，而将继女擅自带至外地，并以此胁迫其妻支付上述费用，否则不送还继女。贾斌的行为符合为索要债务而非法扣押他人的情形，依法构成非法拘禁罪。

——最高人民法院刑一庭：《贾斌非法拘禁案》，载《最高人民法院刑事审判参与》2014 年第 3 集（总第 98 集），法律出版社 2014 年版，第 120~124 页。

706. 因索取债务扣押、拘禁债务人并向第三人索要明显超出债务数额钱财的行为构成绑架罪

关键词

非法拘禁罪　绑架罪　索要债务　明显超出债务数额

《刑事审判参考》指导案例

孟铁保等赌博、绑架、敲诈勒索、故意伤害、非法拘禁案（《刑事审判参考》指导案例第 74 号）

裁判要点：为索要赌债而非法扣押、拘禁他人的行为，应以非

法拘禁罪定罪处罚；如果非法劫持并扣押他人后向被害人家属索要大大超出赌债范围的钱物的，应以绑架罪定罪处罚。

（一）为索要赌债而非法扣押、拘禁他人，索要的钱款没有超出赌债的范围或者超出不多的，应以非法拘禁罪定罪处罚

实际生活中，行为人为索取高利贷、赌债、嫖债等非法债务而扣押、拘禁他人的案件，时有发生。对于被告人孟铁保纠集被告人梁宪刚、牛志明、孟中有、孟宪亮、薛建平等劫持并限制陈云锁、杜俊杰、王铁牛、麻耀强、岳国庆等人人身自由，强索赌债的行为，一审法院认定其构成绑架罪，二审法院则认定其构成非法拘禁罪。产生两种不同的定性，主要是一、二审法院对《刑法》第 238 条第 3 款的规定理解有分歧。《刑法》第 238 条第 3 款的规定："为索取债务非法扣押、拘禁他人的"，以非法拘禁罪定罪处罚。这里的"债务"，一般理解为合法债务，即民事法律关系上的财产给付义务。这种权利义务关系主要是由民事法律加以调整的。我国《刑法》第 238 条第 3 款之所以规定为索取债务非法扣押、拘禁他人的，以非法拘禁罪定罪处罚，立法本意并不在于以此来体现对债权的特别保护，而是要强调即使是为了索取正当、合法的债务，也不得采取扣押、拘禁他人等限制人身自由的非法方法。非法拘禁罪属于侵犯公民人身权利的犯罪，刑法所保护的是公民的人身权利，既然为索取正当、合法的债务非法限制他人人身自由就构成本罪，那么，为索取赌债、高利贷以及嫖资等法律不予保护的非法债务而扣押、拘禁他人的，以非法拘禁罪定罪处罚就更不成问题了。对此，最高人民法院于 2000 年 6 月 30 通过了《关于对为法律不予保护的债务非法拘禁他人行为如何定罪问题的解释》，明确规定："行为人为索取高利贷、赌债等法律不予保护的债务，非法拘禁他人的，依照刑法第 238 条的规定定罪处罚。"这就为今后司法机关处理类似案件提供了明确的法律依据。

本案中，被告人孟铁保纠集他人劫持陈云锁、杜俊杰、王铁牛、麻耀强、岳国庆等人并限制其人身自由，目的是强索赌债，虽然其索取的赌债属法律不予保护的债务，但毕竟不是无中生有地勒索财物，而且他们要求给付和实际索取的财物数额也没有超出实际赌债的范围或超出不多，他们非法扣押、拘禁他人，限制他人人身自由的行为，目的在于以此为手段，迫使他人履行"债务"，因此，此种行为不能定绑架罪，应以非法拘禁罪定罪处刑。本案的处理虽然在最高人民法院《关于为索取法律不予保护的债务非法拘禁他人行为如何定罪问题的解释》颁行之前，但二审法院能够准确理解和适用法律，正确定罪量刑，无疑是值得称道的。

（二）非法劫持并扣押他人后向被害人家属索要大大超出赌债范围的钱物的行为，构成绑架罪

需要指出的是，对这类性质的犯罪行为，以绑架罪定罪处罚时，应当注意，只有行为人勒索的钱财明显大于被害人所欠的法律不予保护的债务，行为的性质已经超出为索取“债务”而非法限制他人人身自由的范围，实质上成为以非法拘禁、扣押人质为手段勒索他人钱财时，才能以绑架罪定罪处罚。如果行为人索要的钱财没有超出被害人所欠的“债务”的范围，或者两者之间差额不大，就不能以绑架罪定罪处罚。如被害人欠行为人 10 万元的赌债，而行为人向被害人索要 12 万元、13 万元，因为毕竟有被害人欠行为人 10 万元赌债这一事实存在，被害人在案件的起因上亦有一定的过错，而且行为人索要超出赌债的部分钱财可能有这样或者那样的一些原因，并不一定全是为了勒索钱财，因此，这种情况一般不宜对行为人以绑架罪定罪处罚。至于行为人索要的钱财与被害人所欠“债务”的差额究竟多大，才以绑架罪定罪处罚，现行《刑法》和有关司法解释均未予明确，人民法院在处理具体案件时，一般应当综合考虑被告人实际索要钱物的绝对数额是否巨大；索要超出“债务”本身的钱物数额与债务本身的数额差额是否巨大；索要数额虽然特别巨大，当实际得到的与所欠“债务”数额相当，是否将所扣押的人放走等实际情况，依法认定。

——最高人民法院刑事审判第一庭编：《刑事审判参考》2000 年第 5 辑（总第 10 辑），法律出版社 2000 年版，第 31~41 页。

附录：最高人民法院主流观点

实务部门存在以下不同意见：一种意见认为，行为人同时触犯了非法拘禁罪和绑架罪，可按照想象竞合犯以绑架罪论处。另一种意见认为，此行为已不再单纯是索要赌债，而转化成以索债为名，采取绑架的手段来勒索他人的财物，应当以绑架罪定罪处罚。第三种意见认为，此种行为应按重行为吸收轻行为处理，定绑架罪。我们认为，第一种意见提出按照想象竞合犯处理，但是，想象竞合犯中的法条之间是不存在交叉关系的（最典型的例子，行为人开一枪，故意打死一人，过失打伤一人，故意杀人罪与过失伤害罪不存在交叉关系），而非法拘禁罪与绑架罪存在法条交叉关系，应属于法条竞合，此种情形与想象竞合犯的特征不吻合；同时，此情形若按照法条竞合处理，又不能体现出此情形从一开始就存在同一客观行为层面上承载着双重主观目的，即非法拘禁与绑架伴随的特征。第二种意见认为是行为的性质发生了转化，但是此种情形从一开始就是同一客观行为层面上承载着双重主观目的，即非法拘禁与绑架始终伴随，不存在先非法拘禁，后转化成绑架的关系。第三种意见未能从量刑上体现对非法拘禁部分的否定评价。我们认为，此种情形中非法控制被害人同时受到非法拘禁罪和绑架罪的评价，应择一重从重处罚，其中，从重体现出对另一未选择的罪名中的部分构成要件要素的否定评价，即以绑架罪从重论处。

——高憬宏、杨万明主编：《基层人民法院法官培训教材（实务卷·刑事审判篇）》，人民法院出版社 2005 年版，第 251~252 页。

707. 绑架犯罪中非因被告人的故意、过失行为导致被害人死亡的，不应认定为“致使被绑架人死亡”，但可作为酌定情节予以考虑

关键词

绑架罪　致使被绑架人死亡

《刑事审判参考》指导案例

张兴等绑架案（《刑事审判参考》指导案例第 794 号）

裁判要点：在案证据不足以证明被害人的死亡系被告人绑架过程中实施的暴力行为所致，对各被告人应当依照《刑法》第二百三十九条第一款定罪量刑，但被害人死亡的结果可作为酌定情节予以考虑。

刑法第二百三十九条第二款对致使被绑架人死亡或者故意杀害被绑架人的犯罪行为规定了绝对确定的法定刑死刑，这一规定意味着刑法对上述两种情形的绑架行为作了最严重的罪行评价，因为刑法对故意杀人罪规定的法定刑是可选择的相对确定的法定刑，即使是最严重的故意杀人犯罪行为，也有可能出于其他因素的考虑而最终不判处死刑。刑法将致使被绑架人死亡和故意杀害被绑架人并列规定为适用死刑的情形，除了表明这两种情形都具有极其严重的客观危害之外，还表明致使被绑架人死亡情形行为人的主观恶性、人身危险性程度，达到或者接近故意杀害被绑架人的程度，因为根据罪刑相适应原则，只有客观损害、主观恶性、人身危险性程度相当，才能适用相当的刑罚。应当说明的是，上述所要对比的主观恶性、人身危险性程度不是指实施绑架犯罪行为这一环节的主观恶性、人身危险性程度，而是指在致使被绑架人死亡这一环节的主观恶性、人身危险性程度。

在具体案件中，对刑法规定的“致使被绑架人死亡”情形的认定，要求绑架过程中的行为与死亡结果之间必须具有刑法上的因果关系。如果被害人的死亡结果不是因为行为人的故意或者过失行为，而是因为其他因素的介入所致，那么意味着行为人在绑架过程中的行为与被害人死亡结果之间不存在刑法上的因果关系，即不能认定行为人承担“致使被绑架人死亡”的刑事责

任，否则就是客观归责。

本案中，张兴等人在绑架被害人后，没有对被害人实施严重的暴力，现有证据也不足以证明被害人死亡的结果是其绑架过程中实施的暴力行为所致。相反，在案证据证明张兴等人将被绑架人转移过程中，由于第三人的原因发生了车祸，即发生类似于上述第三种情形的第三方行为介入的情况，致被绑架人死亡，这种异常介入因素中断了绑架行为与死亡结果之间刑法上的因果关系，因此张兴等人仅对其绑架行为承担刑事责任，而无须对被害人死亡的结果承担刑事责任。

——最高人民法院刑事审判第一庭、二、三、四、五庭主办：《刑事审判参考》2012 年第 4 集（总第 87 集），法律出版社 2013 年版，第 38~41 页。

708. 误认为帮忙索债而非法扣押他人的行为构成非法拘禁罪

关键词

非法拘禁罪　绑架罪

《最高人民法院公报》案例

天津市人民检察院第一分院诉李彬、袁南京、胡海珍、东辉、燕玉峰、刘钰、刘少荣、刘超绑架案（判决时间：2007 年 6 月 19 日，二审法院：天津市高级人民法院）

裁判摘要：根据《刑法》第 25 条的规定，共同犯罪是指二人以上共同故意犯罪，各共同犯罪人必须具有共同犯罪的故意。所谓共同犯罪的故意，是指各共同犯罪人通过意思联络，知道自己是和他人配合共同实施犯罪，认识到共同犯罪行为的性质以及该行为所导致的危害社会的结果，并且希望或者放任这种结果的发生。如果行为人并不了解他人真正的犯罪意图，不清楚他人所实施的犯罪行为的性质，而是被他人蒙骗或者出于自己的错误认识，在错误理解犯罪性质的情况下参与他人实施的犯罪，则不能认定该行为人与他人实施了共同犯罪，而应当依据该行为人的犯罪实际情况，按照主客观一致的原则正确定罪处罚。

被告人李彬、袁南京、胡海珍、东辉以勒索财物为目的强行绑架他人，其行为已构成绑架罪，应依法予以处罚。李彬、袁南京、胡海珍在共同犯罪中起主要作用，系主犯。东辉在共同犯罪中起次要作用，是从犯，应依法减轻处罚。

根据《刑法》第 25 条的规定，共同犯罪是指二人以上共同故意犯罪，各共同犯罪人必须具有共同犯罪的故意。所谓共同犯罪的故意，是指各共同犯罪人通过意思联络，知道自己是和他人配合共同实施犯罪，认识到共同犯罪行为的性质以及该行为所导致的危害社会的结果，并且希望或者放任这种结果的发生。如果行为人并不了解他人真正的犯罪意图，不清楚他人所实施的犯罪行为的性质，而是被他人蒙骗或者出于自己的错误认识，在错误理解犯罪性质的情况下参与他人实施的犯罪，则不能认定该行为人与他人实施了共同犯罪，而应当依据该行为人的犯罪实际情况，按照主客观一致的原则正确定罪处罚。本案中，被告人燕玉峰、刘钰、刘少荣、刘超事先并未参与被告人李彬、袁南京、胡海珍、东辉合谋实施绑架犯罪，是在袁南京的纠集下，误认为是帮助他人索取债务，并基于该目的而实施了非法扣押、拘禁他人的犯罪行为。故燕玉峰、刘钰、刘少荣、刘超的行为不构成绑架共同犯罪，而应当依照《刑法》第 238 条第 3 款的规定，以非法拘禁罪定罪处罚。燕玉峰、刘钰、刘少荣在将被害人石林清放回后，又伙同刘川以胁迫手段向石林清索取巨额钱款，其行为构成敲诈勒索罪，应依法予以处罚。

——《最高人民法院公报》2008 年第 8 期。

《刑事审判参考》指导案例

章浩等绑架案（《刑事审判参考》指导案例第 156 号）

裁判摘点：基于索债目的帮助他人实施绑架行为的，构成非法拘禁罪。

根据《刑法》第 238 条第 3 款规定，为索取债务非法扣押、拘禁他人的，以非法拘禁罪定罪处罚。据此，构成索债型非法拘禁罪的要件是：1. 行为人主观上以索取债务为目的。2. 在行为人和被拘禁人或被拘禁人的亲属间客观上存在有合法的债权债务关系。根据最高人民法院《关于对为索取法律不予保护的债务非法拘禁他人行为如何定罪问题的解释》的规定，行为人为索取高利贷、赌债等法律不予保护的债务，非法扣押、拘禁他人的，也应依照非法拘禁罪定罪处罚。3. 行为人实施了非法扣押、拘禁等剥夺他人人身自由的行为。根据《刑法》第 239 条规定，以勒索财物为目的绑架他人，以绑架罪定罪处罚。构成勒索型绑架罪的要件是：行为人主观上以勒索财物为目的，客观上实施了剥夺他人人身自由的绑架行为。索债型非法拘禁罪和勒索型绑架罪在犯罪手段上都表现为非法剥夺他人人身自由，区别的关键是看行为人主观上是以索取债务为目的，还是以勒索财物为目的。

勒索型绑架罪是以勒索财物为目的，为实现犯罪目的，行为人的绑架行为从绑架实施终了到实现其勒索目的止，一直处于继续状态。在绑架行为持续过程中，任何事前无通谋的人明知绑架行为存在，仍加入帮助绑架行为人实施勒索行为的，构成绑架罪的共犯。这在刑法理论上称之为“承继的共同犯罪”。所谓承继的共同犯罪，系指在他人实施一部分犯罪之后，行为人才开始参与他人犯罪的情况。在“承继的共同犯罪”的情况下，后续参与犯罪的人是否与原先的共同犯罪人负同样的罪责呢？实践中亦有不同的观点：一种观点认为，承继的共同犯罪人只能对共同意思发生以后的共同行为负共同的责任；另一种观点则认为，承继的共同犯罪人对于共同犯罪意思发生以前的原先的共同犯罪人的行为，如有加以利用而继续共同实行犯罪的意思，即应对原先的共同犯罪人的行为负共同的责任，因为这种行为也包括在其共同意思之内。我们认为后一种观点比较妥当。负何种罪责与具体量刑并不是一回事。负同种罪责的各个共同犯罪人由于在共同犯罪中所起的作用不同，其处刑轻重仍然应当有所区别。

——最高人民法院刑事审判第一庭、第二庭编：《刑事审判参考》2002 年第 1 辑（总第 24 辑），法律出版社 2002 年版，第 40~48 页。

709. 绑架罪中“杀害被绑架人”的认定

关键词

绑架罪　杀害被绑架人　犯罪未遂

《刑事审判参考》指导案例

吴德桥绑架案（《刑事审判参考》指导案例第 183 号）

裁判要点：致被绑架人死亡或者杀害被绑架人的，是决定对绑架人适用死刑的必要条件。绑架中故意伤害（不包括致死）或者杀害被绑架人未遂的，有条件地实行数罪并罚。

《刑法》第 239 条规定，犯绑架罪致被绑架人死亡或者杀害被绑架人的，处死刑，并处没收财产。《刑法》在这里采取的是绝对确定法定刑的立法模式，没有刑种选择的余地。该规定同时也意味着行为人犯绑架罪时，只有在实施绑架行为过程中或是在绑架行为的持续状态中，造成被绑架人死亡或者杀死被绑架人的，才能适用死刑。但这只是意味着立法将绑架罪和在绑架过程中致被绑架人死亡和杀死被绑架人这种特定的结果结合在一起，单独规定为确定的法定刑死刑。《刑法》第 239 条的规定并不排斥对在绑架过程中故意伤害被绑架人未致死或者故意杀害被绑架人未遂的，可以绑架罪和故意伤害罪或故意杀人（未遂）罪，择一重罪定罪处罚或实行数罪并罚。事实上，在绑架过程中，绑架人对被绑架人又同时实施了伤害（仅指未致死）、杀害（仅指未遂）、奸淫等行为，是比较常见的。根据《刑法》的罪数理论，对上述情形可以区分情况，有条件地实行数罪并罚。具体地说：在绑架过程中或是在绑架状态持续过程中，如绑架人对被绑架人又实施了伤害（仅指未致死）、杀害（仅指未遂）行为，如果伤害或者杀害被绑架人尚未造成特别严重后果，论罪应当判处无期徒刑以下刑罚的，可以绑架罪一罪论处。因为此时的杀、伤行为可以认为是已被包括在绑架罪“暴力手段”的构成要件之内。但如果行为人伤害手段特别残忍致人重伤且造成严重残疾，或者杀害未遂但手段特别恶劣、后果特别严重、论罪应当判处死刑的，我们倾向于认为此时的杀、伤行为就不宜被包括在绑架罪“暴力手段”的构成要件之内，有必要给予单独评价，以绑架罪和故意伤害罪或故意杀人罪实行数罪并罚。在这种情形下，虽然以绑架罪无法判处绑架人死刑，但依故意伤害罪、故意杀人罪又完全可以判处绑架人死刑，故不存在绑架罪与故意伤害或杀人罪相比所谓的配刑失衡问题。这一适用法律的思路，从《刑法》第 318 条、第 321 条的立法规定中也可以得到例证。

——最高人民法院刑事审判第一庭、第二庭编：《刑事审判参考》2002 年第 3 辑（总第 26 辑），法律出版社 2002 年版，第 51~56 页。

王建平绑架案（《刑事审判参考》指导案例第 299 号）

裁判要点：杀害被绑架人未遂的，属于绑架罪中的“杀害被绑架人的”情形。将“杀害被绑架人”理解为包括杀害被绑架人未遂这一情形在内，绝不等于说对所有绑架并杀害被绑架人未遂的情形，都必须一律判处死刑。

我们认为将“杀害被绑架人”扩张解释为包括杀害被绑架人未遂的情况在内，更符合立法本意。而仅按“杀害”的字面含义，贸然断论这里的“杀害”就是仅指“杀死”则未免偏颇。其偏颇之处就在于这种理解，将导致对那些绑架并杀害被绑架人未遂，但手段特别残忍、后果特别严重论罪应当判处死刑的情形，则不能直接适用绑架罪的相关条款对其准确定罪量刑。

需要特别注意的是，我们主张，将“杀害被绑架人”理解为包括杀害被绑架人未遂这一情形在内，绝不等于说，对所有绑架并杀害被绑架人未遂的情形，都必须一律判处死刑。根据《刑法》第 48 条的规定，死刑只适用于罪行极其严重的犯罪分子。对于应当判处死刑的犯罪分子，如果不是必须立即执行的，可以判处死刑同时宣告缓期两年执行。虽然《刑法》第 239 条第 1 款中规定“杀害被绑架人的”，其法定刑为绝对确定的法定刑死刑，但在具体量定刑罚时，还要贯彻不同情况区别对待的原则。就杀害被绑架人未遂的情况而言，我们认为，对其中那些杀害被绑架人手段特别残忍且已造成特别严重后果的，应依法考虑判处死刑。但造成的后果并非特别严重，如没有造成特别严重残疾的，并非不能从轻判处，如有的可考虑判处死缓。需要说明的是，杀害被绑架人未遂这一情形本身，能否作为一个法定的从轻或减轻的情节来考虑，目前尚有争议。有观点认为，杀害被绑架人未遂，并非绑架罪未遂，因此，不能作为一个的独立的法定从轻或减轻的情节。这种观点有一定的道理。我们认为，即便如此，把杀害被绑架人未遂的情形，视作为一个可以酌定从轻或减轻处罚的情节，应当是没有什么疑问的。在没有其他法定从轻或减轻处罚情节的条件下，如根据案件特殊情况，确需要在法定刑（死刑）以下量刑的，则应依照《刑法》第 63 条规定的特别程序来解决。

——最高人民法院刑事审判第一庭、第二庭编：《刑事审判参考》2004 年第 3 集（总第 38 集），法律出版社 2004 年版，第 111~115 页。

说明

这两则案例反映了杀害被绑架人未遂行为如何定性的两种观点，第一种观点认为应当适用“杀害被绑架人”条款，但是要考虑到杀害未遂应从轻处罚；第二种观点认为“杀害”仅指既遂，杀害未遂不能适用杀害被绑架人条款，对这种行为应以绑架罪和故意伤害罪或者故意杀人罪数罪并罚。从杀害被绑架人条款规定的内容看，致使被绑架人死亡与杀害被绑架人并列规定，应是基于损害结果的考虑。但无论采取何种观点，由于法律对绑架致使被害人死亡或者杀害被绑架人的行为采用的是绝对确定的法定刑，而且是判处死刑，故司法机关在适用时应当采取十分慎重的态度，严格掌握适用的条件。

710. 以勒索财物为目的绑架他人并杀害后向其家人勒索财物行为的定性

关键词

绑架罪　杀害被绑架人　罪数

附录：最高人民法院主流观点

对于以勒索财物为目的绑架他人，将被害人杀害后勒索财物的行为，是定一个罪还是定两个罪，认识和做法都不一致。我们赞同定绑架罪一罪。第一，行为人绑架他人的目的虽是为了勒索财物，但这种犯罪侵犯的不仅是被害人的财产权利，而且首先侵犯的是被害人的人身权利，包括健康和生命权利，所以我国台湾地区“刑法”又称此种犯罪为“掳人勒赎”罪。第二，使用暴力、胁迫的手段绑架他人是本罪在客观方面的重要特征。使用暴力、胁迫手段所造成的后果，就包括在绑架“人质”过程中可能导致“人质”死亡，或者出于灭口等动机将“人质”杀害在内，所以这种犯罪的人身危险性很大。第三，本罪在主观方面是故意。但这种故意属概括的故意，既包括勒索财物的故意，也包括杀害“人质”的故意，而不仅仅是勒索财物的故意。概括故意的犯罪对象是不确定的，它只要求行为人对犯罪的事实有概括的认识就可以构成故意犯罪，并不要求行为人明确犯罪结果发生在什么对象上。第四，鉴于绑架勒索罪的社会危害性很大，因此法定刑很重，按当时《刑法》规定，起刑点就是十年以上；“情节特别严重的”则处死刑。将“人质”绑架并加以杀害，就属“情节特别严重”的情形之一。至于是在勒索财物以前还是在勒索财物未逞之后将“人质”杀害，属于犯罪的具体情节，并不影响犯罪性质的认定。所以，不能以行为人“撕票”前后杀害“人质”，作为认定一罪与数罪的标准。1997 年《刑法》将“情节特别严重”具体改为“致使被绑架人死亡或者杀害被绑架人的”，《刑法修正案（九）》又进一步作了修改完善，既明确，又便于操作。因此，对于既绑架他人，又将被绑架人杀害的，只能定绑架一个罪，不能定绑架和故意杀人两个罪，实行并罚。

——胡云腾主编：《刑法罪名精释（第五版）》，人民法院出版社 2022 年版，第 715~716 页。

711. 绑架他人后自动放弃继续犯罪的量刑

关键词

绑架罪　犯罪既遂　释放人质

《刑事审判参考》指导案例

俞志刚绑架案（《刑事审判参考》指导案例第 496 号）

裁判要点：犯罪分子绑架人质的行为一经完成，就构成犯罪既遂，之后主动放弃继续犯罪并释放人质的行为，属于犯罪既遂后的补救措施。被告人自动放弃获取赎金、将被害人安全送回，对其可经法定程序报最高人民法院核准在法定刑以下判处刑罚。

（一）犯罪分子绑架人质的行为一经完成，就构成犯罪既遂，之后主动放弃继续犯罪并释放人质的行为，属于犯罪既遂后的补救措施

对于绑架犯罪既遂的标准，只要行为人以勒索财物或其他非法目的，实施了绑架并控制他人的行为，即属犯罪既遂。理由在于：首先，基于罪刑法定原则，我国刑法学界通说认为，犯罪行为具备分则条文法定的全部构成要件是认定犯罪既遂的标准。根据《刑法》第239条的规定，以勒索财物为目的绑架他人的，或者绑架他人作为人质的，构成绑架罪。据此，绑架罪的实行行为仅是绑架这一单一行为，而勒索目的则属于主观目的要件。目的要件在司法中能够充分证明即可，并不要求必须有相应的实际行为。提出勒索要求或者实施了勒索行为，是勒索目的的具体体现，但也只是勒索目的的一种认明方式。因此，行为人着手实行并完成了绑架他人的行为，就充分了绑架罪的实行要件，应构成犯罪既遂。其次，确立这样的既遂标准，符合《刑法》严惩绑架这一严重刑事犯罪的立法意图。《刑法》将绑架罪规定为侵犯公民人身权利的犯罪，说明其首要保护的法益是公民人身权利。因为犯罪行为人一旦成功实施绑架他人的客观行为，便控制了他人的人身自由，对他人的人身安全造成重大威胁，严重侵害《刑法》所保护的法益，以之作为既遂标准，符合绑架罪的法益保护要求。至于勒索财物或者其他不法目的，仅是《刑法》分则所描述的实施绑架犯罪客观行为时的主观目的要件，不宜扩张引申为必须实现犯罪目的方能构成犯罪既遂，否则，会出现对于绑架行为已严重侵害《刑法》所保护的公民人身权利，却因没有实施勒索行为或没有勒索到财物，便无法按照既遂犯予以处罚的情形，致使重罪轻判、罚不当罪，有违《刑法》严惩绑架犯罪的立法本意。

（二）被告人自动放弃获取赎金、将被害人安全送回，对其可经法定程序报最高人民法院核准在法定刑以下判处刑罚

在没有发生致被绑架人死亡结果的情况下，虽然法定刑范围是十年以上有期徒刑、无期徒刑，但是对被绑架人的人身侵害程度不同，量刑肯定不同。问题是，只要实施了绑架犯罪，在没有法定从宽量刑情节的情况下，起刑就是十年有期徒刑。在实践中，绑架犯罪的个案情况很复杂。如，在对被绑架人的人身侵害上，有致人重伤且造成严重残疾、一般重伤、轻伤、轻微伤和没有造成伤害的程度之分；在犯罪手段上有暴力、威胁，威胁但未使用暴力，既未威胁也未使用暴力之分；在其他犯罪情节上，有是否实施勒索行为，是否采取补救措施，是否主动终止继续犯罪的区分。对于上述不同情况下的绑架犯罪，显然不能简单、机械地一律在十年以上有期徒刑、无期徒刑的范围内量刑。有观点认为，只要罪犯实施了绑架行为，就应以严打的高压态势，一律给予十年有期徒刑以上的刑罚，有利于有效地遏制此类犯罪的发生。我们认为，这种观点只看到问题的一个方面，另一个方面是，在绑架犯罪行为

已经实施的情况下，如何给予犯罪分子一定的悔过出路，就能最大限度地保护被绑架人的人身安全。对那些绑架情节较轻，没有对被绑架人实施暴力、威胁行为的，应该给予从宽的刑事处罚，并且要宽得足以引导和鼓励已经实施了绑架犯罪的罪犯作出放弃犯罪、不伤害被绑架人的选择。而《刑法》对绑架罪规定起刑即十年有期徒刑，在发挥这方面作用上存在一定的局限性。因此，有必要对某些情况特殊的案件启动特别减轻处罚程序，本案就是一个典型适例。

——最高人民法院刑事审判第一、二、三、四、五庭主办：《刑事审判参考》2008 年第 3 集（总第 62 集），法律出版社 2008 年版，第 10~16 页。

说明

《刑法修正案（七）》第六条在绑架罪原条文基础上，增加了“情节较轻的，处五年以上十年以下有期徒刑，并处罚金”的规定。绑架他人后自动放弃继续犯罪，属于情节较轻的情形，可以适用该条规定处罚。

712. 绑架罪犯罪形态的认定

关键词

绑架罪　犯罪形态　实际控制

最高人民法院审判业务意见

一、勒赎型绑架罪的既遂标准问题

1.《刑法》第 239 条绑架罪法条所表述的罪状是“以勒索财物为目的，绑架他人”。很明显，其所表明的实行行为仅是绑架这一单一行为，而勒索财物的目的，则被明确表述为主观目的要件。目的要件在实践中能够充分证明即可，并不要求非要有相应对等的实际行为。提出勒索要求或者实施了勒索行为，是勒索目的的具体表现，但也只是勒索目的的一种认明方式。绑架罪被规定在《刑法》侵犯公民人身权利罪章中，即表明绑架罪侵犯的主要客体是公民的人身权利。事实上，绑架罪一经实施，公民人身权利必然受到侵犯，而其财产权利是否被侵犯则并不一定。因为，绑架行为实施后，由于被害人亲属的报案，公安人员的及时介入破案，绑架人勒索财物的目的往往难以得逞，甚至连勒索行为都未能来得及实施。即便勒索得逞，绑架行为的危害性也必然重于勒索行为。如前所述，行为人在客观方面实施了绑架行为，在主观上具有勒索财物的目的，就已然齐备了条文所要求的勒赎型绑架罪的构成要件，即应认定为绑架罪既遂。其次，确立这种既遂标准，也有利于严格保护被绑架人的人身权利，树立与立法宗旨一致的司法观，不轻纵绑架行为的犯罪人。

2. 绑架罪是继续犯，其继续状态包括绑架行为实施后持续控制被绑架人、实施勒索财物行为等，直至结束对被绑架人的控制。司法实践中，行为人实施绑架行为后，通常都有时间且大都也同时或嗣后实施了勒索行为，这是已查处的勒赎型绑架罪的常态。但常态并非解释勒赎型绑架罪客观构成要件的依据。行为人以勒索财物为目的实施绑架行为后，因意志外的原因未来得及实施勒索的情况，完全可能存在。对此，不仅应当以绑架罪论，还应当以绑架既遂论。

——最高人民法院刑事审判第一、二庭:《在绑架勒索过程中劫走被绑架人随身携带财物的行为如何定性》，载最高人民法院刑事审判第一庭、第二庭编:《刑事审判参考》2002 年第 1 辑（总第 24 辑），法律出版社 2002 年版，第 198~202 页。

《刑事审判参考》指导案例

白宇良、肖益军绑架案（《刑事审判参考》指导案例第 570 号）

裁判要点：被告人在进行犯罪预备活动即编造谎言联系被害人的过程中，误以为被被害人发现了真相，事情败露，遂停止了犯罪，这种认识错误本身是一个客观存在的障碍，系“意志以外的原因”迫使被告人停止了犯罪，属于犯罪预备。

正确区分犯罪预备和犯罪未遂，关键在于犯罪停止的阶段，即是停止在犯罪实行前阶段还是犯罪实行阶段。根据刑法规定，是否着手实施犯罪，是区分犯罪实行前阶段和实行阶段的标准。尚未着手实施犯罪，只是为了犯罪而准备工具、制造条件，由于意志以外的原因而停止的，属于犯罪预备；已经着手实施犯罪，由于意志以外的原因而停止的，属于犯罪未遂。一般认为，已经着手实行犯罪，是指被告人已经开始实施刑法分则规定的具体犯罪构成要件中的犯罪行为，这种行为已经不再是为犯罪的实行创造便利条件的性质，已经使刑法所保护的具体法益初步受到危害或者面临实际的威胁。据此，准确认定犯罪行为的着手，必须结合具体个罪，根据刑法分则条文的规定，考察其犯罪构成要件的客观方面。凡是实施了分则规定的某一犯罪客观构成要件方面的行为的，属于已经着手；凡是尚未实施上述行为，只是为上述行为的实行和犯罪的完成创造便利条件的，属于未着手，符合条件的，可以认定为犯罪预备。

犯罪预备有两种情形：其一是准备犯罪工具；其二是为实施犯罪创造便

利条件。其中，制造条件形式多样，往往容易与实行行为相混淆，尤其是接近犯罪对象的行为。这种行为是很多犯罪的共性行为，不属于某一具体犯罪的客观要件，对犯罪对象的威胁并不迫切，不应属于实行行为，而应属于预备行为。具体到本案而言，正确认定二被告人是否着手实施绑架行为，必须正确界定绑架罪的客观行为。根据刑法第二百三十八条的规定，绑架罪是指被告人以勒索财物为目的绑架他人，或者绑架他人作为人质的行为。根据该条规定，只要实施了劫持人质行为，就属于犯罪已经着手。劫持的方式，一般表现为使用暴力、胁迫以及其他剥夺自由的手段。凡是为以暴力、胁迫等手段剥夺被害人人身自由服务、创造条件的行为，均属于绑架罪犯罪预备行为，而不应认定为实行行为。如行为人采用欺骗手段将被害人骗至或者骗离某一地点再进行挟持的，这种骗离行为尚不属于劫持行为，因为这种行为尚未真正侵害到被害人的人身自由，只有对被害人进行扣押或者关押，限制或剥夺其人身自由，才属于劫持行为。从劫持的时间角度看，只有被告人实施了暴力、胁迫等剥夺被害人人身自由的行为，才能认定为开始实施劫持行为。在此之前的行为，不论复杂简单、时间长短、内容多少、危害大小，均属于劫持开始前为劫持目的服务的行为，不应认定为劫持行为本身，也就不能认定为着手实施绑架犯罪。相应地，可以认定为绑架罪预备阶段的行为，按照犯罪预备处理。这是因为，我国刑法对绑架罪设置了严厉的刑罚，法定最低刑为有期徒刑十年。纵观我国刑法分则的规定，“十年以上有期徒刑或者无期徒刑”这一法定刑幅度所对应的都是严重的罪行，如故意伤害致人死亡、抢劫致人重伤或者死亡等犯罪。因此我们在解释、认定绑架罪的构成要件时，应考虑到其法定刑的严重程度作出相应合理的解释，以实现罪刑均衡。在确定绑架罪的“着手”时，一方面要符合“着手”的一般理论，另一方面要顾及绑架罪的特殊性。鉴于绑架罪的法定刑起点较高，确定其“着手”的时间就不宜过早，避免对较轻的行为科以过重的刑罚，从而做到罪刑相适应。具体地说，绑架罪的“着手”应该解释为实施了直接侵犯人质人身权利的行为，即劫持人质的行为。因为只有这种劫持行为才直接侵犯法益，才能与“十年以上有期徒刑或者无期徒刑”相匹配。相应地，在劫持人质之前的行为，只具有抽象的危险性，尚未对人质造成现实的危害，不足以解释为绑架的实行行为，否则会造成罪刑的不均衡。

本案中，二被告人经过预谋，准备绑架陈某某勒索财物。为了达到这一犯罪目的，进行了周密的计划与部署，包括准备犯罪工具，设骗局接近陈某某。其中准备用于扣押被害人的车辆和用于胁迫被害人的爆炸装置，均属于准备犯罪工具的范畴，系犯罪预备行为，不存争议。有争议的问题在于，被告人设骗局与被害人电话联系意图让被害人“自动地”来到其车辆上，这是否属于绑架的着手。从社会生活领域或者从被告人的主观意思中，可能会认为，经过了数月的筹划，准备了所需要的全部工具，到了案发当天，时机成熟了，便可以“着手”实施了，便打了电话与被害人联系，以至于认为这一行为属于绑架罪的着手。但是，根据上述有关绑架罪着手的认定标准，被告人只有实施了扣押被害人剥夺其人身自由的行为才能属于绑架的实行行为，才可以认定为绑架的着手。因此，被告人诱骗被害人的行为，是为实施扣押行为提供便利，创造条件，使绑架行为得以实施，应当属于犯罪预备。故本案中，二被告人的行为尚处于预备阶段，而不属于已经着手实施犯罪。

——最高人民法院刑事审判第一、二、三、四、五庭主办：《刑事审判参考》2009 年第 4 集（总第 69 集），法律出版社 2009 年版，第 48~56 页。

附录：最高人民法院主流观点

我们认为，绑架罪的实行行为仅限于绑架行为，“以勒索财物为目的”属于绑架罪目的犯的非直接故意所包含的主观构成要件要素，因此，绑架罪的既遂应以行为人实施的绑架行为是否实际控制被绑架人为准。从自然意义上来说，行为人实施绑架人质后，勒索到财物后将人质释放，是典型的绑架得逞。

——高憬宏、杨万明主编：《基层人民法院法官培训教材（实务卷·刑事审判篇）》，人民法院出版社 2005 年版，第 258 页。

713. 绑架过程中又劫走财物行为的定性

关键词

绑架罪　抢劫罪　罪责刑相适应

最高人民法院答复

江西省高级人民法院：

你院赣高法〔1995〕54 号《关于在绑架勒索犯罪过程中又有抢劫行为是否数罪并罚的请示》收悉。经研究，答复如下：

行为人在绑架勒索犯罪过程中，又抢劫同一人被害人财物的，应以绑架勒索罪定罪，从重处罚；同时又抢劫他人财物的，应分别以绑架勒索罪、抢劫罪定罪，实行数罪并罚。

——《最高人民法院研究室关于对在绑架勒索犯罪过程中对同一受害人又有抢劫行为应如何定罪问题的答复》（1995 年 5 月 30 日）。

福建省高级人民法院：

你院闽高法〔2001〕128 号《关于在绑架过程中实施暴力或以暴力相威胁当场劫取被害人财物的行为如何适用法律问题的请示》收悉。经研究，答复如下：

行为人在绑架过程中，又以暴力、胁迫等手段当场劫取被害人财物，构成犯罪的，择一重罪处罚。

——《最高人民法院关于对在绑架过程中以暴力、胁迫等手段当场劫取被害人财物的行为如何适用法律问题的答复》（2001 年 11 月 8 日，法函〔2001〕68 号）。

最高人民法院审判业务意见

实践中，在同一案中既有绑架行为又有抢劫行为的情形也时常发生。如行为人在绑架人质的过程中发现人质身上带有财物而将其非法占有的情况即是。对于这种情况如何定性？我们认为，行为人在犯罪之前仅具有绑架勒赎的故意，在绑架被害人即非法控制被害人的人身自由之后，发现被害人身上带有财物而将其取走，此时，行为人的绑架行为构成绑架罪没有问题，但行为人利用被害人人身自由被限制而无法反抗的状态将其财物取走的行为却不宜另定抢劫罪，实行数罪并罚。这是因为：（1）绑架勒赎本身就是以获取被绑架人或其亲友财物为目的，因此，在控制被绑架人后掳走其随身携带的财物，无论数额大小，对绑架人（包括共犯）而言，是再自然不过的事。反之，指望绑架人不掳走被绑架人随身携带的财物，则类似于《刑法》理论上所讲的“期待不可能”；（2）对这种情况如以抢劫罪和绑架罪并罚，实质上是将一个暴力劫持或拘禁行为既用作绑架罪的构成要件，又用作抢劫罪的构成要件，有违“禁止重复评价”的刑法原理；（3）此种情况下，仅定绑架一罪，把掳财的行为作为量刑情节考虑，与定两罪相比，也不至于轻纵犯罪人。

——最高人民法院刑事审判第一、二庭：《在绑架勒索过程中劫走被绑架人随身携带财物的行为如何定性》，载最高人民法院刑事审判第一庭、第二庭编：《刑事审判参考》2002 年第 1 辑（总第 24 辑），法律出版社 2002 年版，第 198~202 页。

附录：最高人民法院主流观点

司法实践中应区分绑架与抢劫伴随发生的情形，并分别处理，具体包括：（1）行为人事先预谋绑架人质勒索他人财物或实现其他不法要求，控制人质的过程中发现人质携带的财物而取走；（2）行为人出于其他原因（如限制人身自由、报复）将被害人控制，临时产生以被害人为人质勒索他人财物或实现其他不法要求的目的（并客观化），又发现被害人携带的财物而取走；（3）

行为人事先出于抢劫的目的，控制被害人的过程中又产生以被害人为人质向他人勒索财物或实现其他不法要求的目的，同时发现被害人携带的财物而取走；（4）行为人事先出于不明确的主观目的（或勒索或抢劫），控制被害人后既实施了勒索他人财物的行为又发现被害人随身携带的财物而取走；（5）行为人实施绑架人质，将人质释放，人质走出被关押地不远发现其携带的财物而强行取走；（6）行为人实施抢劫后，又产生以被害人为人质向他人勒索财物或实现其他不法要求的目的（并客观化）。其中，除第五种和第六种情形中，绑架行为和抢劫行为的界限比较明显，因而应定绑架罪和抢劫罪并罚之外，其他几种情形中都是在控制被害人（或人质）的基础上同时存在勒索他人财物（或实现不法目的）和取走被害人（或人质）携带的财物两种行为。此种情形应择一重从重处罚。

此处存在的一个问题是，在绑架过程中劫取被绑架人巨额财物的情形中，绑架行为本身不符合《刑法》第239条判处死刑的加重要件，而抢劫行为符合《刑法》第263条第4项判处死刑的条件，按照“择一重从重处罚”的原则，定抢劫罪并判处死刑，是否违背立法者强调保护人质生命安全的立法宗旨。单从绑架罪的罪状设置和法定刑的配置来看，似乎可推知立法者强调，只要行为人没有在绑架过程中致被绑架人死亡或者杀害被绑架人的，就不能判处死刑，但是，此点也不能过于绝对化，若行为人在绑架过程中以特别残忍手段造成被绑架人严重残疾的，仍拘泥于《刑法》第239条的字面解释按照绑架罪论处不判死刑，而不按照第234条的故意伤害罪判处死刑，恐怕不符合《刑法》第5条确定的罪责刑相适应原则。同样，若绑架过程中劫取被绑架人财物数额巨大必须判处死刑的，以抢劫罪判处死刑，符合罪责刑相适应原则，同时若抢劫行为该判死刑而不判死刑同样也会背离立法者从严打击严重抢劫的立法初衷。既然罪责刑相适应原则是《刑法》总则条文，制约《刑法》分则条文，同时，上述情形以择一重的原则来定性又不违反罪刑法定原则，那么，上述情形以抢劫罪判处死刑是合理的。

此外，司法实践中存在的先捆绑抢劫，后继续捆绑勒索的情形，有别于在绑架过程中临时发现被绑架人携带的财物而予以取走的情形，因为前者是在实施完抢劫行为后，又产生绑架勒索的故意，属于明显的两个相对独立的行为阶段，因此，此种情形应直接定抢劫罪和绑架罪，实行数罪并罚。

——高憬宏、杨万明主编：《基层人民法院法官培训教材（实务卷·刑事审判篇）》，人民法院出版社2005年版，第259~260页。

714. 第三方受到勒索是否属于绑架罪构成要件

关键词

绑架罪　第三方受到勒索

最高人民法院审判业务意见（研究室研究意见）

有关部门就第三方受到勒索是否属于绑架罪构成要件问题征求最高人民法院研究室意见。最高人民法院研究室经研究，倾向于认为：

构成绑架罪，无需以行为人自行或者通过被绑架人向被绑架人的亲友明确告知绑架事实为要件，只要以勒索财物为目的绑架他人的，均应以绑架罪论处。

——《最高人民法院研究室关于第三方受到勒索是否属于绑架罪构成要件问题的研究意见》，载张军主编、最高人民法院研究室编著：《司法研究与指导》2012 年第 2 辑（总第 2 辑），人民法院出版社 2012 年版，第 124~126 页。

715. 出卖亲生子女的行为如何定性

关键词

出卖亲生子女

《刑事审判参考》指导案例

王献光、刘永贵拐卖儿童案（《刑事审判参考》指导案例第 835 号）

裁判要点：以非法获利为目的，出卖亲生子女的行为应当认定为拐卖儿童罪；为获取非法利益，为出卖儿童居间介绍的，应当认定为拐卖儿童罪的共同犯罪；认定本罪既、未遂的关键在于儿童是否被卖出。

（一）出卖亲生子女的行为应当构成拐卖儿童罪

刑法第二百四十条采用简单罪状的方式对拐卖儿童罪作了规定，条文中未明确该罪的犯罪对象是否包括亲生子女。出卖亲生子女行为与典型的拐卖儿童行为相比，成因复杂，社会危害性较小，甚至可能获得社会公众的一些同情，因此，对这种行为是否构成拐卖儿童罪存在不同认识。司法实践中对此行为性质的认定也经历了一个复杂的发展变化过程。1999 年印发的《全国法院维护农村稳定刑事审判工作座谈会纪要》（以下简称《纪要》）规定："对那些迫于生活困难、受重男轻女思想影响而出卖亲生子女或收养子女的，可不作为犯罪处理；对于出卖子女确属情节恶劣的，可按遗弃罪处罚。"《纪要》考虑到此种行为大多受生活所迫，出卖人并不具有非法获利的目的，故原则上不将此种行为认定为拐卖儿童罪。最高人民法院、最高人民检察院、公安部、民政部、司法部、全国妇联 2000 年联合印发的《关于打击拐卖妇女儿童犯罪有关问题的通知》（以下简称《通知》）第四条规定："出卖亲生子女的，由公安机关依法没收非法所得，并处以罚款；以营利为目的，出卖不满十四周岁子女，情节恶劣的，借收养名义拐卖儿童的，以及出卖捡拾的儿童的，均应以拐卖儿童罪追究刑事责任。"《通知》首次明确了出卖子女牟利的行为应认定为拐卖儿童罪。最高人民法院、最高人民检察院、公安部、司法部 2010 年联合印发的《关于依法惩治拐卖妇女儿童犯罪的意见》（以下简称《意见》）吸纳了《纪要》和《通知》的相关内容，规定以非法获利为目的，出卖亲生子女的，应当以拐卖儿童罪论处。同时指出，区分借送养之名出卖亲生子女与民间送养行为的关键在于行为人是否具有非法获利的目的，民间送养行为不构成拐卖儿童罪，情节恶劣符合遗弃罪构成要件的，按遗弃罪处理。可见，现行司法政策改变了《纪要》原则上不认定出卖亲生子女行为构成拐卖儿童罪的认识，而是作了进一步的区分，将出于非法获利目的出卖子女的行为以拐卖儿童罪予以惩治，对法益的保护更为周到，对犯罪的打击也更为精确。

我们认为，将以非法获利为目的出卖亲生子女的行为认定为拐卖儿童罪，可以从多个角度找到理由：（1）刑法对本罪的主体和犯罪对象并未作出排除性规定，故将出卖子女牟利的行为认定为本罪，与立法并不冲突。（2）1991 年收养法曾规定出卖亲生子女情节恶劣的，构成遗弃罪，而现行刑法并未将该附属刑法纳入遗弃罪的范畴，1998 年修订的收养法也取消了上述规定，这样就从立法上改变了对出卖亲生子女行为只能认定为遗弃罪的局面，为司法实践中对这种行为认定为拐卖儿童罪留出了空间。（3）司法实践中适度扩张拐卖儿童罪的适用范围，对社会上出现的将生育作为非法获利手段等恶劣行为予以打击，符合社会现实需要。《意见》规定对以非法获利为目的出卖亲生子女的，应当以拐卖儿童罪论处，正是司法政策灵活性的充分体现。

根据《意见》的规定，私自送养子女，收取少量费用，不能以拐卖儿童罪论处，如果具有恶劣情节的，可能构成遗弃罪。因此，有必要准确把握两罪的构成特征。拐卖儿童罪，是指以出卖为目的，拐骗、绑架、收买、贩卖、接送、中转儿童的行为。该罪的本质是将人作为商品出卖，一般具有牟利目的。遗弃罪，是指对于年老、年幼、患病或者其他没有独立生活能力的人，负有扶养义务而拒绝扶养，情节恶劣的行为。该罪的本质是逃避应承担的对家庭成员的抚养义务。对私自送养子女行为定性时，应重点考察两方面的因素：一是出卖人是否具有非法获利的目的；二是收养人的实际收养能力及出卖人对此的认知情况。如具备第一个因素，就可能构成拐卖儿童罪，基本排除遗弃罪的适用。如不具备第一个因素，就应对第二个因素进行分析，明知对方不具备收养能力而草率送养的，或者送养后得知对方无收养能力而放任损害结果发生的，均可能构成遗弃罪。

本案中，被告人王献光发布送养信息后，与被告人刘永贵进行了接洽，在完全不认识收养方，也没有考察收养方是否有抚养目的和抚养能力的情况下，即通过刘永贵向收养方索要6.6万元，其以送养为名非法获取巨额利益的目的显而易见。故王献光的行为属《意见》中规定的“根本不考虑对方是否具有抚养目的，为收取钱财将子女‘送’给他人”的情形，已构成拐卖儿童罪。

（二）刘永贵与王献光构成拐卖儿童罪的共同犯罪

共同犯罪，是指二人以上共同故意犯罪。成立共同犯罪必须具有共同的犯罪故意和共同的犯罪行为。共同的犯罪故意分为明示的共同故意和默示的共同故意，明示的共同故意包括语言和文字表述等方式，默示的共同故意包括身体姿势、眼神、心照不宣的行为默契等。共同的犯罪行为包括共同的实行行为和组织、教唆、帮助、共谋等行为。本案被告人刘永贵在网上看到有人想收养孩子的信息后，没有查证对方是否有真实的收养意图，就称可以为其介绍，随后便在网上搜集信息，后与在网上发布送养信息的被告人王献光取得联系，并向王献光隐瞒真相，假称自己的表弟想收养王的孩子。主观上刘永贵应当认识到王献光可能是在出卖儿童，并主动向王献光提出支付6.6万元的补偿费用，且在王不知情的情况下向收养方索要2万元报酬，显然二被告人均想从“送养”孩子的交易中获取非法利益，彼此心照不宣，具有共同的犯罪故意。客观上，刘永贵居中积极联系，并进行先期考察，后与王献光共同到约定地点与对方见面，与王献光有共同犯罪行为。故二被告人构成拐卖儿童罪的共同犯罪。对居间介绍者的主从犯认定问题，《意见》亦有相关规定：“对于仅提供被拐卖妇女、儿童信息或者相关证明文件，或者进行居间介绍，起辅助或者次要作用，没有获利或者获利较少的，一般可认定为从犯。”本案中，刘永贵虽属居间介绍，但其在网上积极搜寻有关信息，并与双方商谈交易价格，还单独向收养方索要额外的巨额报酬，谈妥后又与王献光一起来到约定地点欲实施交易，其促成交易的行为十分积极主动，在共同犯罪中起主要作用，应当认定与王献光同为主犯。

（三）本案的犯罪停止形态是未遂

关于拐卖儿童罪的既遂标准如何把握存有一定争议：第一种意见认为，

被害人在行为人或者第三人的事实支配范围内转移时为既遂。第二种意见认为，应当根据不同的行为样态区别对待，在拐骗、绑架行为的场合，将被害人置于行为人的控制之下为既遂；在收买、中转、接送行为的场合，行为人将被害人送到特定地点交给特定的第三人为既遂；在贩卖的场合，行为人将被害人卖出，获得收买人财物为既遂。第三种意见认为，被害人处于收买人的实力控制之下时为既遂。第四种意见认为，应根据不同情形具体分析，通常只要使被害人转移至行为人或者第三人的实力支配范围内为既遂，但是，出卖捡拾的儿童，出卖亲生子女的，收买被拐卖的儿童后才产生出卖犯意进而出卖儿童的，应当以出卖了被害人为既遂。我们认为，第四种意见较为合理，这种观点根据被拐卖对象的不同来源，结合具体犯罪行为的实际危害区分既遂与未遂，针对性更强。

本案中，被告人王献光和刘永贵共同拐卖王献光的亲生子女，由于被拐卖的儿童由王献光抚养，不存在非法控制被拐卖儿童的问题，因此，认定既未遂的关键在于儿童是否被卖出。二被告人将儿童带往约定地点并欲与收养方见面，属于已经着手实施犯罪。所谓的收养方实际上是打拐志愿者，收养人与二被告人约定好见面时间和地点后即报警并协助公安人员抓捕被告人，致使王献光在等待买主时被公安人员当场抓获，而刘永贵侥幸逃跑，所以二被告人的犯罪行为客观上不具备既遂的条件，属于因意志以外的原因未能得逞，应当认定为犯罪未遂。

值得一提的是，因收养方系打拐志愿者，本案还涉及犯罪引诱的问题。打拐志愿者通过在网上发布收养孩子的信息来寻找潜在的拐卖儿童行为人，一经发现有拐卖儿童的行为即向公安机关报案并协助抓捕行为人。本案中的收养人对刘永贵进行了引诱，但此处的引诱属于机会提供型引诱，即被诱惑者已有犯罪倾向，诱惑者只是为其实现犯罪意图提供了机会。并且，这种在互联网上发布信息的做法并非针对特定人进行引诱，是否被引诱取决于犯罪人自己的决定，与传统的针对特定人实施的引诱有很大区别。因此，该引诱情节并不影响刘永贵构成拐卖儿童罪。对于王献光，因其系自行产生出卖自己孩子的意图，而且也未看到打拐志愿者发布的信息，故不属于被引诱犯罪。

——《王献光、刘永贵拐卖儿童案——出卖亲生子女的行为如何定性》，载最高人民法院刑事审判第一、二、三、四、五庭主办：《刑事审判参考》2013 年第 1 集（总第 90 集），法律出版社 2013 年版，第 68~74 页。

716. 借送养之名出卖亲生子女与民间送养行为的区分

关键词

拐卖儿童罪　出卖亲生子女　民间送养行为

最高人民法院司法政策精神

六、关于拐卖妇女、儿童犯罪案件

要从严惩处拐卖妇女、儿童犯罪团伙的首要分子和以拐卖妇女、儿童为常业的“人贩子”。

要严格把握此类案件罪与非罪的界限。对于买卖至亲的案件，要区别对待：以贩卖牟利为目的“收养”子女的，应以拐卖儿童罪处理；对那些迫于生活困难、受重男轻女思想影响而出卖亲生子女或收养子女的，可不作为犯罪处理；对于出卖子女确属情节恶劣的，可按遗弃罪处罚；对于那些确属介绍婚姻，且被介绍的男女双方相互了解对方的基本情况，或者确属介绍收养，并经被收养人父母同意的，尽管介绍的人数较多，从中收取财物较多，也不应作犯罪处理。

——《最高人民法院关于印发〈全国法院维护农村稳定刑事审判工作座谈会纪要〉的通知》（1999年10月27日，法〔1999〕217号）。

17. 区分的关键在于行为人是否具有非法获利的目的。应当通过审查将子女“送”人的背景和原因、有无收取钱财及收取钱财的多少、对方是否具有抚养目的及有无抚养能力等事实，综合判断行为人是否具有非法获利的目的。

具有下列情形之一的，可以认定属于出卖亲生子女，应当以拐卖妇女、儿童罪论处：

（1）将生育作为非法获利手段，生育后即出卖子女的；

（2）明知对方不具有抚养目的，或者根本不考虑对方是否具有抚养目的，为收取钱财将子女“送”给他人的；

（3）为收取明显不属于“营养费”、“感谢费”的巨额钱财将子女“送”给他人的；

（4）其他足以反映行为人具有非法获利目的的“送养”行为的。

不是出于非法获利目的，而是迫于生活困难，或者受重男轻女思想影响，私自将没有独立生活能力的子女送给他人抚养，包括收取少量“营养费”、“感谢费”的，属于民间送养行为，不能以拐卖妇女、儿童罪论处。对私自送养导致子女身心健康受到严重损害，或者具有其他恶劣情节，符合遗弃罪特征的，可以遗弃罪论处；情节显著轻微危害不大的，可由公安机关依法予以行政处罚。

——《最高人民法院、最高人民检察院、公安部、司法部关于依法惩治拐卖妇女儿童犯罪的意见》（2010年3月15日，法发〔2010〕7号）。

附录：理解与适用

近年来，在部分地区，人贩子从贪图钱财的部分父母手中收买其亲生婴幼儿予以贩卖的情况屡有发生，甚至有一些父母将生育作为非法获利的手段，生育子女后即出卖，不仅严重侵犯婴幼儿的人身权益，而且败坏社会道德，进一步助长了拐卖儿童犯罪的泛滥。对出卖亲生子女的行为如何定性，此前出台的规范性文件已有涉及，但是实践中仍存在较大争议，既有以无罪论处的，也有以遗弃罪或拐卖妇女、儿童罪处罚的，因此亟待规范。

从《刑法》第二百四十条的规定来看，拐卖妇女、儿童罪，究其本质，惩治的是那些将人作为商品买卖，严重侵犯他人人身自由和独立人格尊严的社会危害行为。任何人的人身自由和人格尊严都不容侵犯，虽然父母对亲生子女（未成年）享有监护权，但是子女和父母在法律上同为独立的个体，即使是父母也不能侵犯子女的人身自由和人格尊严。父母为非法获利，将子女作为商品出卖收取钱财，与他人将其子女拐走出卖，对被拐子女的人身权利侵害无本质区别，完全符合拐卖妇女、儿童罪的构成要件。至于对出卖亲生子女的父母应以遗弃罪论处的观点，考虑到遗弃罪是不作为，侵犯的是被害人受抚养的权利，将亲生子女出卖固然使父母得以逃避抚养义务，但其危害性却不仅仅是子女得不到亲生父母的抚养，而是子女沦落为任人买卖的商品。因此，《意见》第16条规定，对该类行为应当以拐卖妇女、儿童罪论处。但是，父母出卖亲生子女的行为同其他拐卖犯罪相比，具有一定的特殊性，《意见》要求处理此类案件必须慎重。既要依法惩治那些借送养之名出卖亲生子女的拐卖犯罪行为，又要防止不分性质差异，将只要送子女给他人并收取钱财的行为都认定为拐卖犯罪予以打击。

《意见》提出，是否具有非法获利的目的是区分罪与非罪的关键。所谓非法获利，就是把子女当作商品，把收取的钱财作为出卖子女的对价。实践中，可以通过审查将子女送人的背景和原因、有无收取钱财及收取钱财的多少、对方是否具有抚养目的及有无抚养能力等事实，综合判断行为人是否具有非法获利的目的。根据司法实践，《意见》列举了以下四种情况，作为认定行为人是否具有非法获利目的的参考：

1. 为出卖而生育，其非法获利目的作为明显。

2. 明知对方没有抚养目的，或者根本不考虑对方是否具有抚养目的，为收取钱财而将子女“送”给他人的。明知包括知道和应当知道。实践中，如果是送养的，一般情况下家庭可能因遭遇重大变故等原因导致经济异常困难，或者存在其他特殊困难，如未婚先育等，在这种背景下，父母首先考虑的是子女以后的生活、教育成长等因素，往往会对收养方是否有抚养目的和抚养能力进行斟酌考量，对方给不给抚养费、给多少抚养费，父母不会在意。反之，如果行为人明知对方不具有抚养能力，例如，知道或应当知道对方是人贩子，还将子女"送"给对方，并收取钱财；或者出于偿还赌债、追求挥霍享乐生活等卑劣动机，根本不考虑对方是否具有抚养目的，而将子女"送"人并收取钱财的，可以认定行为人具有非法获利目的，以拐卖犯罪论处。

3. 为收取明显不属于营养费、感谢费的巨额钱财将子女"送"给他人，对这种情形适用时应注意：一方面要考虑收取钱财的数额是否明显超出了抚养、养育成本或感谢费的范围。另一方面，不能唯数额论，数额大的，未必都能认定行为人具有非法获利目的。例如，收养人经济状况较好，主动支付了数额较大的感谢费。而收取钱财数额小的，物也未必不能认定非法获利目的，例如父母为了偿还赌债，以较低价格将子女"送"人，或者父母为卖子女积极讨价还价，但最终只收取少量钱财，也反映行为人具有非法获利的目的。

4. 其他情形反映行为人具有非法获利目的的，由司法人员根据案件实际情况综合判断。例如，行为人将2名以上亲生子女都以所谓送养名义出卖，也能在一定程度上反映其具有非法获利目的。

总之，实践中一定要结合各种因素综合判断行为人是否具有非法获利目的。如果认定非法获利目的的证据存疑的，就应当本着存疑有利于被告人的原则，根据案件的具体情况，或者认定遗弃罪，或者作无罪处理。

——周峰、薛淑兰、赵俊甫：《〈关于依法惩治拐卖妇女儿童犯罪的意见〉的理解与适用》，载《人民司法·应用》2010年第9期（总第596期）。

717. 偷盗型拐卖儿童罪中"以出卖为目的"的理解

关键词

拐卖儿童罪　以出卖为目的

《刑事审判参考》指导案例

郑明寿拐卖儿童案（《刑事审判参考》指导案例第1000号）

裁判要点："以出卖为目的"仅指行为人的主观方面，不要求有实际的出卖行为。

有观点认为，“以出卖为目的”，是指在出卖目的的支配下实施出卖行为。我们认为，这种理解值得商榷。理由是：第一，犯罪目的是犯罪的主观要件，把“以出卖为目的”理解成出卖行为，混淆了主客观要件的关系。第二，这种观点增加了本罪客观要件的内容，按此观点，如果行为人未实施出卖行为，就只能认定为未遂，显然不符合立法原意，也不利于保护被拐妇女、儿童。第三，在没有实施出卖行为的情况下，仍然可以通过查证，仔细分析案件情况来认定是否具有出卖目的，不会扩大打击面。因此“以出卖为目的”仅指行为人的主观方面，不要求有实际的出卖行为。

本案中，虽然被告人郑明寿未来得及实施出卖行为即被抓获，但郑明寿到被拐男婴家中与看护人吴翠玲曾谈及男婴在闽南可卖到一两万元，反映出其具有出卖男婴的目的，其在出卖目的支配下实施了将婴幼儿从家中偷走的行为，已构成拐卖儿童罪，且属犯罪既遂。

——最高人民法院刑一庭：《郑明寿拐卖儿童案》，载最高人民法院刑事审判第一、二、三、四、五庭主办：《刑事审判参考》2014 年第 3 集（总第 98 集）法律出版社 2014 年版，第 138 页。

718. “偷盗婴幼儿”中“偷盗”的理解

关键词

拐卖儿童罪　偷盗

《刑事审判参考》指导案例

郑明寿拐卖儿童案（《刑事审判参考》指导案例第 1000 号）

裁判要点：“偷盗婴幼儿”是指以暴力、胁迫或者麻醉以外的平和方法控制婴幼儿的行为，即“偷盗”的外延不仅包括秘密窃取，还包括欺骗、利诱等其他手段。

（二）关于“偷盗婴幼儿”的理解

1. 关于“婴幼儿”的界定。根据《最高人民法院、最高人民检察院关于执行〈全国人民代表大会常务委员会关于严惩拐卖、绑架妇女、儿童的犯罪分子的决定〉的若干问题的解答》[①]（已失效，可作为参考）第八条的规定，儿

① 本文件已被《最高人民法院、最高人民检察院关于废止 1980 年 1 月 1 日至 1997 年 6 月 30 日期间制发的部分司法解释和司法解释性质文件（第九批）的决定》（法释〔2013〕1 号）废止。

童是指不满 14 岁的人，其中不满 1 岁的为婴儿，1 岁以上不满 6 岁的为幼儿。对此有两点需要注意：第一，儿童包括婴幼儿，即婴幼儿必然属于儿童，儿童属于上位概念，婴幼儿属于下位概念。第二，这里的“岁”是指“周岁”，鉴于实践中有些地方户籍年龄较为混乱的情况，在具体案件中，对周岁要结合其他证据，加以准确认定。

2. 关于“偷盗”的界定。实践中，趁婴幼儿熟睡或者无法察觉，将婴幼儿抱走，属于典型的“偷盗”婴幼儿。但对行为人以出卖为目的，以给付玩具、外出游玩等欺骗、利诱手段拐走婴幼儿（实践中主要是针对有一定自主活动能力的幼儿）的行为，是认定为一般情节的拐骗婴幼儿，还是认定为加重情节的“偷盗婴幼儿”，存在较大争议：一种观点认为，刑法中“偷盗”的本质特征是秘密性，“偷盗婴幼儿”则指趁婴幼儿监护人或者看护人不备，秘密窃取婴幼儿，以欺骗、利诱等手段拐走婴幼儿的行为属于“拐骗”。另一种观点认为，以欺骗、利诱等手段拐走婴幼儿，与秘密窃取婴幼儿无本质区别，应当将欺骗、利诱等手段理解为“偷盗”的表现形式。

我们同意后一种观点，同时还认为，“偷盗婴幼儿”是指以暴力、胁迫或者麻醉以外的平和方法控制婴幼儿的行为，即“偷盗”的外延不仅包括秘密窃取，还包括欺骗、利诱等其他手段。具体理由如下：

第一，根据刑法第二百四十条的规定，一般的采取拐骗方式拐卖儿童，基本法定刑幅度是五至十年有期徒刑，而采取暴力、胁迫或者麻醉方法绑架儿童予以拐卖，或者“偷盗婴幼儿”拐卖的，则加重法定刑至十年有期徒刑以上刑罚，体现出刑法对采取后两种方式拐卖儿童的严惩立场。因此，首先有必要准确区分“拐骗”儿童与“偷盗”婴幼儿。我们认为，一般的采取拐骗方式拐卖儿童，其中的“儿童”应当理解为 6 岁以上，换言之，采取欺骗、利诱等方式拐走不满 6 岁的婴幼儿的（通过欺骗、利诱婴幼儿家长或者其他监护人进而拐走婴幼儿的不在此范围），应当认定为“偷盗婴幼儿”。主要理由是：不满 6 岁的婴幼儿根本没有或者缺少基本的辨别是非和自保、自救能力，极易成为拐卖对象，且较之 6 岁以上儿童和成年人，被拐卖后解救难度更大。因此，对不满 6 岁的婴幼儿应当给予更为严格的特殊保护。例如，行为人以小恩小惠为诱饵，将正在玩耍的两三岁幼儿哄骗离开看护人视线，进而加以控制，意欲出卖，此种行为与利用看护人疏于防范，抱走熟睡的幼儿相比，行为方式的共同特征是趁看护人或者监护人不备将幼儿拐走，且两者的社会危害性没有什么本质区别，体现在刑罚裁量上，亦均应加重法定刑至十年以上有期徒刑。而 6 岁以上的儿童，自我防护意识和能力有所提高，一般而言，脱离看护人独立活动的范围也有所扩大，可能基于行为人蒙骗产生错误判断，进而被行为人拐走出卖，对该种行为，根据刑法规定在五年以上十年以下有期徒刑幅度内判处刑罚，可以做到罪责刑相适应。

第二，把本罪中的“偷盗”理解为“暴力、胁迫或者麻醉以外的平和方法”，有利于与刑法第二百四十条第一款第五项相区分。该项规定了“使用暴力、胁迫或者麻醉方法绑架儿童”，这里的“儿童”包括婴幼儿。实践中，行为人的暴力、胁迫或针对婴幼儿实施，或针对婴幼儿的看护人实施以排除其反抗将婴幼儿抢走均时有发生。同时，具备该种情节应当加重法定刑，与“偷盗婴幼儿”出卖法定刑幅度相同，故将“偷盗”理解为“暴力、胁迫或者麻醉”以外的方法，可以实现对婴幼儿和6岁以上儿童的全面保护，避免出现量刑失衡。

综上，“偷盗婴幼儿”是指以暴力、胁迫或者麻醉以外的平和方法直接控制婴幼儿的行为（通过欺骗、利诱婴幼儿家长或者其他监护人进而拐走婴幼儿的不在此范围），这既是特殊保护婴幼儿，从严打击拐卖婴幼儿犯罪分子的需要，也是确保罪责刑相适应，避免出现罪刑失衡的需要。就本案而言，被告人郑明寿趁男婴的看护人吴翠玲离家外出，潜入家中将男婴偷走，属于典型的“偷盗婴幼儿”。法院综合考虑婴儿被拐走不久即得到解救、未受到其他人身伤害等情节，在第二档加重法定刑幅度内对其判处有期徒刑十年，并处罚金，是正确的。

——最高人民法院刑一庭：《郑明寿拐卖儿童案》，载最高人民法院刑事审判第一、二、三、四、五庭主办：《刑事审判参考》2014年第3集（总第98集）法律出版社2014年版，第138~140页。

719. 收买人按照收买的被拐卖妇女要求再将其转卖他人行为的定性

关键词

拐卖妇女罪　自愿损害　罪数　从轻处罚

《刑事审判参考》指导案例

李邦祥拐卖妇女案（《刑事审判参考》指导案例第229号）

裁判要点：应收买的被拐卖妇女的要求将其再转卖给他人的行为，应定拐卖妇女罪。

根据《刑法》第241条第5款的规定，收买被拐卖的妇女又出卖的，应以拐卖妇女罪一罪论处，而不实行数罪并罚。也就是说，行为人先行收买被拐卖妇女的行为，应当为其再出卖自己收买的被拐卖妇女的行为所吸收。对应收买的被拐卖妇女的要求将其再转卖给他人的行为，涉及应被害人承诺或要求的行为（基于权利人自愿的损害行为）是否能够像正当防卫、紧急避险那样，具有排除社会危害性的属性，从而成为实质上不构成犯罪的正当事由？一般而言，属于公民个人所享有的合法权益如财产权、劳动权、隐私权等等皆属于个人可自由处分的权益。因此，经权益人同意毁坏其财产，披露其隐私等均不构成毁坏财产、侮辱等罪。但公民个人的人身自由权、生命健康权尤其是生命权，他人能否在权益人的自愿同意下，给予损害或剥夺，却不无争议。我国立法和司法实践对其基本持否定态度。如他人不能在被害人的自愿同意下剥夺其生命权利、实施“安乐死”等。就应收买的被拐卖妇女的要求将其再转卖给他人的行为而言，尽管被害妇女自愿同意被告人将其转卖，在某种程度上可视为是其真实意图的反映，但是我们也应看到，被害妇女的自主选择权有受到主客观的限制，且被告人对被害妇女的再卖行为有违社会公序良俗，具有社会危害性，同样为法律所禁止。因此，对被告人以拐卖妇女罪定罪。

应收买的被拐卖妇女的要求将其再转卖给他人的行为，虽然应当定罪处罚，但在具体量刑上也应当考虑到被害人自愿等因素，对被告人从宽处罚。

——最高人民法院刑事审判第一庭、第二庭编：《刑事审判参考》2003年第1辑（总第30辑），法律出版社2003年版，第69~72页。

720. 拐卖妇女至有关场所致其被迫卖淫行为的量刑

关键词

拐卖妇女罪　被迫卖淫

最高人民法院司法政策精神

18. 将妇女拐卖给有关场所，致使被拐卖的妇女被迫卖淫或者从事其他色情服务的，以拐卖妇女罪论处。

有关场所的经营管理人员事前与拐卖妇女的犯罪人通谋的，对该经营管理人员以拐卖妇女罪的共犯论处；同时构成拐卖妇女罪和组织卖淫罪的，择一重罪论处。

——《最高人民法院、最高人民检察院、公安部、司法部关于依法惩治拐卖妇女儿童犯罪的意见》（2010年3月15日，法发〔2010〕7号）。

721. 收买被拐卖的妇女、儿童后又强迫其卖淫的定罪处罚

关键词

收买被拐卖的妇女、儿童罪　强迫卖淫罪

最高人民法院司法政策精神

20. 明知是被拐卖的妇女、儿童而收买，具有下列情形之一的，以收买被拐卖的妇女、儿童罪论处；同时构成其他犯罪的，依照数罪并罚的规定处罚：

（1）收买被拐卖的妇女后，违背被收买妇女的意愿，阻碍其返回原居住地的；

（2）阻碍对被收买妇女、儿童进行解救的；

（3）非法剥夺、限制被收买妇女、儿童的人身自由，情节严重，或者对被收买妇女、儿童有强奸、伤害、侮辱、虐待等行为的；

（4）所收买的妇女、儿童被解救后又再次收买，或者收买多名被拐卖的妇女、儿童的；

（5）组织、诱骗、强迫被收买的妇女、儿童从事乞讨、苦役，或者盗窃、传销、卖淫等违法犯罪活动的；

（6）造成被收买妇女、儿童或者其亲属重伤、死亡以及其他严重后果的；

（7）具有其他严重情节的。

被追诉前主动向公安机关报案或者向有关单位反映，愿意让被收买妇女返回原居住地，或者将被收买儿童送回其家庭，或者将被收买妇女、儿童交给公安、民政、妇联等机关、组织，没有其他严重情节的，可以不追究刑事责任。

——《最高人民法院、最高人民检察院、公安部、司法部关于依法惩治拐卖妇女儿童犯罪的意见》(2010年3月15日，法发〔2010〕7号)。

《刑事审判参考》指导案例

龚绍吴收买被拐卖的妇女、儿童，强迫卖淫案（《刑事审判参考》指导案例第991号）

裁判要点：被告人收买被拐卖的妇女、儿童后，强迫其卖淫的，分别构成收买被拐卖的妇女、儿童罪和强迫卖淫罪，依法应当数罪并罚。

（一）收买被拐卖的妇女、儿童后，强迫其卖淫的，分别构成收买被拐卖的妇女、儿童罪和强迫卖淫罪

1. 被告人龚绍吴收买被害人苏某、刘某的行为构成收买被拐卖的妇女、儿童罪

拐卖妇女、儿童犯罪严重侵犯被拐卖妇女、儿童的人身权利，致使许多家庭骨肉分离，甚至家破人亡，严重危害社会和谐稳定，一向是我国刑法重点打击的对象。与拐卖犯罪相对应，收买被拐妇女、儿童行为的危害性亦不容忽视，拐卖犯罪屡禁不绝，一个很重要的原因就是存在买方市场。如果不对收买行为加以遏制，就无法从根源上预防、减少拐卖犯罪的发生。为此，刑法第二百四十一条规定，收买被拐卖的妇女、儿童的，处三年以下有期徒刑、拘役或者管制。同时，鉴于收买被拐卖的妇女、儿童犯罪的特殊性，有相当一部分人收买妇女、儿童的原因是想将被拐卖的妇女作为妻子或者将被拐卖的儿童作为儿女等家庭成员共同生活。为了减少解救阻力，避免对被拐妇女、儿童造成其他伤害，刑法第二百四十一条第六款规定，收买被拐卖的妇女、儿童，按照被买妇女的意愿，不阻碍其返回原居住地的，对被买儿童没有虐待行为，不阻碍对其进行解救的，可以不追究刑事责任。由此可见，不追究收买人刑事责任是存条件的，主要是出于我国人口性别、出生比例和刑事政策的考虑。对于出于迫使妇女、儿童卖淫、乞讨等卑劣动机实施的收买行为，相比上述情形情节显然更为恶劣，即使收买人不阻碍解救或者没有实施虐待行为，也应当依法追究其刑事责任。《最高人民法院、最高人民检察院、公安部、司法部关于依法惩治拐卖妇女儿童犯罪的意见》（以下简称《拐卖意见》）第 20 条明确列举了应当追究收买人刑事责任的七种情形，其中第五项即规定了组织、强迫被收买的妇女、儿童从事乞讨或卖淫活动。

本案中，被告人龚绍吴明知被害人苏某、刘某是被人拐卖的妇女、儿童而予以收买，龚绍吴是出于控制被害人从事卖淫活动以牟利的目的而收买被拐卖的苏某、刘某，且刘某当时还是未满 14 周岁的幼女，表明龚绍吴的犯罪动机极为恶劣，所带来的后果也更加严重。可见，无论是从刑法规定还是刑事政策角度考虑，被告人龚绍吴的行为都属于应当从严打击的对象，构成收买被拐卖的妇女，儿童罪不容争议。

2. 被告人龚绍吴强迫两名被害人卖淫的行为构成强迫卖淫罪。刑法第三百五十八条并列规定了组织卖淫罪和强迫卖淫罪。通常认为，组织卖淫是指采取招募、雇佣、强迫、引诱、容留等手段，控制他人从事卖淫活动的行为；强迫卖淫是指采取暴力、胁迫或者其他方式等迫使被害人违背意愿从事卖淫活动的行为。由于在组织卖淫的过程中也可能会采取强迫的手段实施，因此，如何区分组织卖淫罪和强迫卖淫罪，实践中存在一定争议。我们认为，组织卖淫罪与强迫卖淫罪的犯罪客体和客观方面有所不同，具体表现在：

（1）在犯罪客体方面，组织卖淫犯罪侵犯的是社会良好风尚，强迫卖淫犯罪不仅侵犯了社会良好风尚，而且还严重侵害他人性自主权和身心健康。组织卖淫罪以组织多人从事卖淫活动为构成犯罪的条件，强迫卖淫罪则没有人数的限制，强迫一名被害人卖淫也构成此罪。

（2）在犯罪客观方面，组织卖淫罪主要是组织、策划、指挥多人进行卖淫的行为，其中组织行为主要是指利用招募、雇佣、引诱、容留、介绍等非强迫手段，发起、建立卖淫集团或卖淫窝点，将分散的卖淫人员集中、控制；通常被组织者出于自愿，即使对少部分被组织卖淫者有强迫行为，但整体上仍应以被组织者自愿卖淫为主。强迫卖淫罪客观方面也可能表现为控制多人从事卖淫活动，并实施一定的经营卖淫场所、管理“卖淫人员”、统一收取嫖资等“组织”行为，但其本质上是违背被害人意愿迫使被害人卖淫，主要以强迫手段为主，该类行为比单纯的组织人员自愿卖淫的行为的社会危害性更严重，将该类行为整体评价为强迫卖淫罪更为准确。

本案中，被告人龚绍吴收买二被害人之后，分别将二被害人从温州带至天津交给共同犯罪人进行控制，采取给被害人苏某拍裸照、给被害人刘某看裸照等威胁的方式，限制二被害人的人身自由，后又违背二被害人的意愿，强迫二被害人多次从事卖淫活动，其协调共同犯罪人、安排二被害人从事卖淫活动的行为具有一定的组织性，但考虑到被告人强迫卖淫的行为特征更突出，认定其构成强迫卖淫罪更能反映其主观恶性和社会危害性。值得注意的是，龚绍吴在收买二被害人后，为防止二被害人逃跑，采取给被害人拍裸照，看裸照等威胁的方式限制被害人的人身自由，使二被害人陷入隐私泄露的恐惧而不敢逃跑，这种心理强制的行为从客观上看属于非法拘禁的一种手段，但同时也是强迫卖淫罪实行行为的一部分，故无须再单独评价。

（二）收买被拐卖的妇女、儿童后，又强迫其卖淫的，对所犯二罪应当并罚

本案中，被告人龚绍吴采取收买被拐卖的妇女、儿童的方式，获取、控制两名被害人，继而强迫其卖淫，以谋取非法利益。龚绍吴收买被拐妇女、儿童，与强迫其卖淫之间，存在手段与目的的牵连关系。关于牵连犯的处罚，我国刑法没有明确规定。理论界对于牵连犯的处罚也存在不同认识。有观点认为，牵连犯分别侵犯了不同的法益，属于实质的数罪，应当取消牵连犯的概念，一概实行数罪并罚。但通说仍主张，对于牵连犯的处理原则，如果法律有明确规定的，依照法律的规定数罪并罚，如果法律没有明确规定的，应择一重罪从重处罚。

我国刑法对收买被拐卖的妇女、儿童罪规定的法定刑是三年以下有期徒刑、拘役或者管制，相对于拐卖妇女、儿童罪的法定刑，明显要轻。刑法将收买被拐卖妇女、儿童本身规定为独立的犯罪，配置的法定刑较低，但对被

收买的妇女、儿童实施其他犯罪的，应当予以并罚。刑法第二百四十一条第二款至第四款规定："收买被拐卖的妇女，强行与其发生性关系的，依照本法第二百三十六条的规定定罪处罚。收买被拐卖的妇女、儿童，非法剥夺、限制其人身自由或者有伤害、侮辱等犯罪行为的，依照本法的有关规定定罪处罚。收买被拐卖的妇女、儿童，并有第二款、第三款规定的犯罪行为的，依照数罪并罚的规定处罚。"《拐卖意见》第20条第5项规定，强迫被收买的妇女、儿童从事卖淫等违法犯罪活动同时构成其他犯罪的，依照数罪并罚的规定处罚。

就本案而言，虽然被告人龚绍吴收买被拐妇女、儿童与强迫其卖淫之间，存在手段与目的的牵连关系，但其行为分别侵犯了妇女、儿童独立人格尊严和不受非法买卖的权利，以及被害人的性自主权和社会良好风尚，已经构成数罪，在相关法律及司法解释性文件对此有相应规定的情况下，应当对龚绍吴所犯数罪予以并罚。一、二审法院依法对被告人龚绍吴以收买被拐卖的妇女、儿童罪，强迫卖淫罪实行并罚，并综合龚绍吴收买被拐卖的妇女、儿童后，伙同他人强迫二被害人多次卖淫、强迫幼女卖淫等多个从重处罚情节，决定执行有期徒刑十六年，定罪正确，量刑适当。

——最高人民法院刑一庭：《龚绍吴收买被拐卖的妇女、儿童，强迫卖淫案》，载最高人民法院刑事审判第一、二、三、四、五庭主办：《刑事审判参考》2014年第3集（总第98集），法律出版社2014年版，第81~84页。

722. 为无民事行为能力妇女"介绍对象"收取费用行为的定性

关键词

拐卖妇女罪　无民事行为能力　介绍婚姻

《刑事审判参考》指导案例

刘友祝拐卖妇女案（《刑事审判参考》指导案例第791号）

裁判要点：为精神发育迟滞、无民事行为能力的妇女"介绍对象"获取利益的行为，应当认定为拐卖妇女罪。

精神发育迟滞、无民事行为能力的妇女，因缺乏民事行为能力和自我保护意识，无须使用强制人身自由的手段进行拐卖，故更应注重对该类弱势群体合法权益的维护。本案被害人就是一名精神发育迟滞、无民事行为能力的妇女，因其流落在外，被告人刘友祝等人为谋取非法利益，将其非法出卖给他人。尽管刘友祝等人辩称是给被害人介绍对象，但被害人自身并无民事行为能力，刘友祝等人又并非其监护人，因此其行为实质是拐卖妇女犯罪行为。

首先，被告人刘友祝是为了谋取非法利益而积极联系买家出卖被害人，并非像其辩称的仅是应王秀英的要求为被害人介绍对象从中收取好处费。换言之，刘友祝的行为并非单纯应他人要求介绍婚姻的行为，而是积极非法出卖妇女的行为。刘友祝连续两次寻找买主并将被害人卖出：第一次是将被害人介绍给他人做儿媳妇，刘友祝从中索取 2000 元，而王秀英收留被害人多日，仅从中得款 1600 元，可见刘友祝行为积极，并非仅是应王秀英的要求出卖被害人。同时，在被害人因无法做事情被退回后，刘友祝为了退还此前收取买家的 2000 元钱，又单独将被害人出卖给另一买家，经讨价还价后从中索取 10028 元。因此，从上述经过可以看出，刘友祝并非受人之托介绍婚姻，而是积极通过出卖行为谋取非法利益。

其次，本案被害人经鉴定患有重度精神发育迟滞、无民事行为能力，无法对他人介绍婚姻的行为作出判断，缺乏自由表达意志的能力。被告人刘友祝并非被害人的监护人，其出卖被害人获取利益的行为亦非单纯使被害人受益。从该案实际情况分析，刘友祝出卖被害人的行为就是为了谋取非法利益，其为被害人寻找的买家并不能让以后的生活更有保障。一是刘友祝为该妇女寻找的对象均系生活无法自理者，他们自身并不具备完全的民事行为能力，更无法照顾被害人日常生活，由此可以推断，刘友祝出卖被害人的行为是为了谋取非法利益，而不是为了保障被害人的生活。二是刘友祝的行为在客观上并未使被害人的生活更有保障。由于被害人重度精神发育迟滞、无民事行为能力，无法承担一个正常妻子可以承担的责任，因此买家的家庭并未收留被害人，而是将其退回。因此，刘友祝单方面以介绍婚姻的形式将被害人出卖的行为，非但未能更好地保障被害人的生活，反而严重侵犯了被害人的人身权利。如果刘友祝主观上是为了被害人以后的生活更有保障，其应当通过公安机关寻找被害人的亲属，使其恢复原有的家庭社会关系，从而切实保障其正常的生活。

最后，刘友祝具有出卖妇女非法牟利的目的，并且通过出卖妇女的行为实际获利。刘友祝先后两次将无民事行为能力的妇女出卖，索取大额非法利益，其所获得的钱款是出卖该妇女的非法所得，并非介绍婚姻的好处费。

综上，本案被告人刘友祝主观上具有出卖妇女谋取非法利益的故意，客观上实施了非法出卖妇女牟利的行为，其行为显然不是普通的介绍婚姻行为，而是拐卖妇女的犯罪行为，根据主客观相统一的原则，应当认定被告人刘友祝构成拐卖妇女罪。

——最高人民法院刑事审判第一庭、二、三、四、五庭主办：《刑事审判参考》2012 年第 4 集（总第 87 集），法律出版社 2013 年版，第 25~26 页。

723. 为抢走女服务员用于拐卖而将老板杀害的行为的定性

关键词

拐卖妇女罪　加重处罚情节　牵连犯

附录：《刑事审判参考》编辑部答疑

谭某伙同他人预谋“控制”住某饭店老板，而后绑架该店女服务员出卖。某日，谭某等人携带匕首等作案工具，来到鹿某所开饭店的包间内吃饭。为顺利抢走女服务员，谭某等人趁鹿某至包间结账之机，用啤酒瓶砸击鹿的头部，持匕首连续捅刺鹿的胸腹部，致鹿某当场死亡。谭某等人采取暴力胁迫手段将石某等4名女服务员劫持到出租车上逃离，后谭某等人以6000元的价格将4名女服务员出卖。

《刑事审判参考》编辑部认为：谭某等人为了顺利实施拐卖妇女的行为，将被拐卖者的雇主杀害，这两种犯罪行为不能适用牵连犯之手段行为与目的行为的理论而择一重罪处罚。理由如下：

（一）根据牵连犯的内涵，构成牵连犯的数行为之间必须具有牵连关系，不存在牵连关系的行为只能根据犯罪构成分别定罪

本案中，谭某等人实施了故意杀人行为和拐卖妇女行为，二者之间是否具有牵连关系是能否认定牵连犯的关键。其一，从主观方面讲，谭某等人的同一犯罪目的并不明确，缺乏牵连意图。谭某等人在犯罪预谋时商量“控制”饭店老板以保障顺利拐卖妇女，但是对如何“控制”和“控制”到什么程度主观上并没有明确认识。谭某等人杀害饭店老板鹿某是一种最极端的控制方式，故意杀人行为的主观内容与拐卖妇女罪的主观内容相互独立，无法统一为一个犯意，因而缺乏认定牵连关系的主观基础。其二，从客观方面讲，谭某等人的故意杀人行为和拐卖妇女行为缺乏法益方面的牵连关系。这里的牵连关系是指手段行为与目的行为是对同一法益的侵犯。谭某等人用故意杀人的手段“控制”鹿某，主观上针对的是鹿某，客观上侵犯的也是鹿某的生命权利；而拐卖妇女的行为主观上针对的是被拐卖的妇女，客观上侵犯的是被拐卖妇女的人身自由权利。两种行为并未侵犯同一法益，谭某等人的故意杀人行为在行为实施的主观认识和客观程度两方面均超出了牵连关系的范畴，不存在认定牵连关系的可能，故只能依据犯罪构成认定为独立的故意杀人罪。

（二）根据牵连犯的处罚原则，具有牵连关系的数行为之间在罪状和罪责上应该具有概括的包含关系，不具有包含关系的数行为只能根据数罪并罚原则分别定罪处罚

本案中，被告人谭某等人杀害鹿某的行为是否符合《刑法》第240条第1款第7项规定的“造成被拐卖的妇女、儿童或者其亲属重伤、死亡或者其他严重后果”之情形，是认定两罪之间是否存在罪状包含关系的关键。首先，从被害主体来讲，第7项法定加重情节的被害主体是“被拐卖的妇女、儿童或者其亲属”，而本案暴力致死的被害人是被拐卖妇女的雇主，不属于法定的亲属范畴，超越了该项规定的犯罪对象身份；其次，从文义理解来讲，“其他严重后果”是与“重伤、死亡”后果并列的宾语，主体依然是“被拐卖的妇女，儿童或者其亲属”；最后，从主观认识来讲，“造成……重伤、死亡或者其他严重后果”是指拐卖妇女的暴力行为直接或间接导致危害结果，如由于犯罪分子捆绑、堵口鼻、殴打、虐待等，使被拐卖者重伤或死亡，由于犯罪分子的拐卖行为或者侮辱、殴打等行为引起被拐卖者或者其亲属自杀、精神失常或者其他严重后果。而谭某等人杀害饭店老板鹿某的行为，完全超越了拐卖妇女罪的罪状外延，二者在罪状层面不存在包含关系。

综上，谭某等人虽然在犯罪预谋时商量“控制”饭店老板，但在实行时，为排除妨碍顺利实施拐卖妇女而故意非法剥夺他人生命，客观上也完备了故意杀人罪的犯罪构成要件。谭某等人杀害饭店老板鹿某的行为从主观和客观两方面均无法被拐卖妇女的罪行包含，故意杀人行为和拐卖妇女行为不成立牵连关系，谭某等人的行为构成故意杀人罪和拐卖妇女罪，应当数罪并罚。

——最高人民法院刑事审判第一、二、三、四、五庭主办:《刑事审判参考》2008年第4集（总第63集），法律出版社2008年版，第74页。

724. 拐卖妇女、儿童罪的定罪量刑

关键词

拐卖妇女、儿童罪　定罪量刑

最高人民法院司法政策精神

五、定性

15. 以出卖为目的强抢儿童，或者捡拾儿童后予以出卖，符合《刑法》第240条第2款规定的，应当以拐卖儿童罪论处。

以抚养为目的偷盗婴幼儿或者拐骗儿童，之后予以出卖的，以拐卖儿童罪论处。

16. 以非法获利为目的，出卖亲生子女的，应当以拐卖妇女、儿童罪论处。

19. 医疗机构、社会福利机构等单位的工作人员以非法获利为目的，将所

诊疗、护理、抚养的儿童贩卖给他人的，以拐卖儿童罪论处。

21. 明知他人拐卖妇女、儿童，仍然向其提供被拐卖妇女、儿童的健康证明、出生证明或者其他帮助的，以拐卖妇女、儿童罪的共犯论处。

明知他人收买被拐卖的妇女、儿童，仍然向其提供被收买妇女、儿童的户籍证明、出生证明或者其他帮助的，以收买被拐卖的妇女、儿童罪的共犯论处，但是，收买人未被追究刑事责任的除外。

认定是否“明知”，应当根据证人证言、犯罪嫌疑人、被告人及其同案人供述和辩解，结合提供帮助的人次，以及是否明显违反相关规章制度、工作流程等，予以综合判断。

22. 明知他人系拐卖儿童的“人贩子”，仍然利用从事诊疗、福利救助等工作的便利或者了解被拐卖方情况的条件，居间介绍的，以拐卖儿童罪的共犯论处。

23. 对于拐卖妇女、儿童犯罪的共犯，应当根据各被告人在共同犯罪中的分工、地位、作用，参与拐卖的人数、次数，以及分赃数额等，准确区分主从犯。

对于组织、领导、指挥拐卖妇女、儿童的某一个或者某几个犯罪环节，或者积极参与实施拐骗、绑架、收买、贩卖、接送、中转妇女、儿童等犯罪行为，起主要作用的，应当认定为主犯。

对于仅提供被拐卖妇女、儿童信息或者相关证明文件，或者进行居间介绍，起辅助或者次要作用，没有获利或者获利较少的，一般可认定为从犯。

对于各被告人在共同犯罪中的地位、作用区别不明显的，可以不区分主从犯。

28. 对于拐卖妇女、儿童犯罪集团的首要分子，情节严重的主犯，累犯，偷盗婴幼儿、强抢儿童情节严重，将妇女、儿童卖往境外情节严重，拐卖妇女、儿童多人多次、造成伤亡后果，或者具有其他严重情节的，依法从重处罚；情节特别严重的，依法判处死刑。

拐卖妇女、儿童，并对被拐卖的妇女、儿童实施故意杀害、伤害、猥亵、侮辱等行为，数罪并罚决定执行的刑罚应当依法体现从严。

29. 对于拐卖妇女、儿童的犯罪分子，应当注重依法适用财产刑，并切实加大执行力度，以强化刑罚的特殊预防与一般预防效果。

30. 犯收买被拐卖的妇女、儿童罪，对被收买妇女、儿童实施违法犯罪活动或者将其作为牟利工具的，处罚时应当依法体现从严。

收买被拐卖的妇女、儿童，对被收买妇女、儿童没有实施摧残、虐待行为或者与其已形成稳定的婚姻家庭关系，但仍应依法追究刑事责任的，一般应当从轻处罚；符合缓刑条件的，可以依法适用缓刑。

收买被拐卖的妇女、儿童，犯罪情节轻微的，可以依法免予刑事处罚。

31. 多名家庭成员或者亲友共同参与出卖亲生子女，或者“买人为妻”、“买人为子”构成收买被拐卖的妇女、儿童罪的，一般应当在综合考察犯意提起、各行为人在犯罪中所起作用等情节的基础上，依法追究其中罪责较重者的刑事责任。对于其他情节显著轻微危害不大，不认为是犯罪的，依法不追究刑事责任；必要时可以由公安机关予以行政处罚。

32. 具有从犯、自首、立功等法定从宽处罚情节的，依法从轻、减轻或者免除处罚。

对被拐卖的妇女、儿童没有实施摧残、虐待等违法犯罪行为，或者能够协助解救被拐卖的妇女、儿童，或者具有其他酌定从宽处罚情节的，可以依法酌情从轻处罚。

33. 同时具有从严和从宽处罚情节的，要在综合考察拐卖妇女、儿童的手段、拐卖妇女、儿童或者收买被拐卖妇女、儿童的人次、危害后果以及被告人主观恶性、人身危险性等因素的基础上，结合当地此类犯罪发案情况和社会治安状况，决定对被告人总体从严或者从宽处罚。

34. 要进一步加大对跨国、跨境拐卖妇女、儿童犯罪的打击力度。加强双边或者多边“反拐”国际交流与合作，加强对被跨国、跨境拐卖的妇女、儿童的救助工作。依照我国缔结或者参加的国际条约的规定，积极行使所享有的权利，履行所承担的义务，及时请求或者提供各项司法协助，有效遏制跨国、跨境拐卖妇女、儿童犯罪。

——《最高人民法院、最高人民检察院、公安部、司法部关于依法惩治拐卖妇女儿童犯罪的意见》(2010 年 3 月 15 日，法发〔2010〕7 号)。

725. 拐卖两性人行为的定性

关键词

拐卖妇女罪　两性人

《刑事审判参考》指导案例

张世林拐卖妇女案（《刑事审判参考》指导案例第 77 号）

裁判要点：明知是两性人而拐卖的，不构成拐卖妇女罪；不知是两性人，以拐卖妇女为目的拐卖两性人行为构成拐卖妇女罪，但属于犯罪未遂；犯罪时的法律、裁判时的法律以及两者之间的法律对犯罪行为的规定不一致，因为行为人逃跑而导致司法机关没有在中间法实施期间审判案件的，中间法不再适用；如果在中间法实施

期间，因司法机关审判周期的原因或者司法机关的延误而导致在中间法失效后才对案件裁判的，应当按照从旧兼从轻的原则，对犯罪时的法律、裁判时的法律和中间法择一适用。

（一）以拐卖妇女为目的的拐卖两性人行为构成拐卖妇女罪

本案是一起1991年9月4日全国人大常委会《关于严惩拐卖、绑架妇女、儿童的犯罪分子的决定》公布施行前发生、1997年《刑法》施行后审理的一例特殊的拐卖两性人的刑事案件。由于被告人的行为是在修订《刑法》实施后进行审理，因此，解决本案被告人的行为性质和法律适用问题的关键，是根据《刑法》第12条第1款所确定的“从旧兼从轻”原则，应当如何具体适用法律。

从犯罪构成上分析，刑法中拐卖妇女罪的犯罪对象必须是妇女。而两性人，根据《现代汉语词典》的解释，是指“由于胚胎的畸形发育而形成的具有男性和女性两种生殖器官的人”。对于行为人明知是年满14周岁的两性人而以出卖为目的实施拐骗、绑架、收买、贩卖、接送、中转行为的，根据罪刑法定原则，不能以拐卖妇女罪定罪处罚。但对于行为人因对犯罪对象的认识错误，误将两性人视为妇女而予以拐卖的，属于刑法理论上的对象不能犯未遂。这种对象不能犯未遂，因行为人的行为已具备《刑法》规定的拐卖妇女罪的全部构成要件，只是因为行为人的疏忽或者是相关知识的欠缺，致使意欲实施的行为与其实际实施的行为形似而质异，才未能发生行为所希望的犯罪后果，但仍具有社会危害性，不影响拐卖妇女罪的成立，只对犯罪形态产生影响，应以拐卖妇女（未遂）罪追究行为人的刑事责任。

（二）被告人张世林的行为，应以拐卖人口罪定罪处刑

首先，被告人张世林的行为发生在1979年《刑法》施行期间，根据适用行为时法追究行为人刑事责任的刑法适用原则，1979年《刑法》是本案首先应考虑适用的法律。

其次，由于被告人张世林在被人民检察院批准逮捕后逃跑，直到1997年《刑法》已生效实施后被抓获，致使全国人大常委会通过了《关于严惩拐卖、绑架妇女、儿童的犯罪分子的决定》（以下简称《拐卖决定》）失去了适用基础。即使适用《拐卖决定》对张世林有利，也因其本人的行为而使司法机关未能在《拐卖决定》适用期间将其抓获，是其自己的行为导致了对其有利的法律规定在生效期间不能对其适用。因此，根据1997年《刑法》第12条第1款确定的从旧兼从轻原则，本案适用法律的可选范围，只能是1979年《刑法》和1997年《刑法》。在此需要特别指出的是，如果司法机关在《拐卖决定》施行期间将行为人抓获，却一直拖到1997年《刑法》生效施行以后才进行审理，则必须将《拐卖决定》作为可选择适用的法律，与修订前后《刑法》

一并考虑，按照《刑法》第 12 条第 1 款的规定，确定适用的法律。

最后，通过以上分析得知，对于被告人的行为，无论 1979 年《刑法》还是 1997 年修订《刑法》都认为是犯罪，但较之 1997 年修订《刑法》，1979 年《刑法》规定的处刑较轻。根据修订《刑法》第 12 条第 1 款确定的从旧兼从轻原则，修订《刑法》对被告人的行为没有溯及力，对其行为应适用 1979 年《刑法》第 141 条的规定，在五年以下有期徒刑的幅度内量刑。本案审判机关对被告人的行为适用法律是正确的，量刑也是适当的，但在定罪上出现了不应有的错误。即应根据 1979 年《刑法》第 141 条的规定，对被告人只能定拐卖人口罪，而不能定拐卖妇女罪。

——最高人民法院刑事审判第一庭编：《刑事审判参考》2000 年第 6 辑（总第 11 辑），法律出版社 2000 年版，第 10~15 页。

726. 收买被拐卖的妇女、儿童罪的认定

关键词

收买被拐卖的妇女、儿童罪

最高人民法院司法政策精神

20. 明知是被拐卖的妇女、儿童而收买，具有下列情形之一的，以收买被拐卖的妇女、儿童罪论处；同时构成其他犯罪的，依照数罪并罚的规定处罚：

（1）收买被拐卖的妇女后，违背被收买妇女的意愿，阻碍其返回原居住地的；

（2）阻碍对被收买妇女、儿童进行解救的；

（3）非法剥夺、限制被收买妇女、儿童的人身自由，情节严重，或者对被收买妇女、儿童有强奸、伤害、侮辱、虐待等行为的；

（4）所收买的妇女、儿童被解救后又再次收买，或者收买多名被拐卖的妇女、儿童的；

（5）组织、诱骗、强迫被收买的妇女、儿童从事乞讨、苦役，或者盗窃、传销、卖淫等违法犯罪活动的；

（6）造成被收买妇女、儿童或者其亲属重伤、死亡以及其他严重后果的；

（7）具有其他严重情节的。

被追诉前主动向公安机关报案或者向有关单位反映，愿意让被收买妇女返回原居住地，或者将被收买儿童送回其家庭，或者将被收买妇女、儿童交给公安、民政、妇联等机关、组织，没有其他严重情节的，可以不追究刑事责任。

——《最高人民法院、最高人民检察院、公安部、司法部关于依法惩治拐卖妇女儿童犯罪的意见》（2010 年 3 月 15 日，法发〔2010〕7 号）。

附录：理解与适用

考虑到在我国，出于非法结婚、非法收养动机收买妇女、儿童占较高比例，同时为了减少解救阻力，保护被拐卖妇女、儿童的合法权益，《刑法》第二百四十一条第六款规定了两种不追究刑事责任的情形。实践中，对该规定的理解和适用存在一定误解，导致对收买行为打击不力。探寻立法原意，《刑法》第二百四十一条第六款属于授权性条款，并非所有不阻碍返回原住地、不虐待和不阻碍解救的，都不能追究刑事责任，根据案件的具体情况，对于收买行为人具有相关恶劣情节，社会危害性较大的，追究其刑事责任并不违背立法精神和规定。因此，为了有效惩治收买犯罪，并合理确定惩治范围，《意见》第 20 条根据《刑法》第四百二十一条的规定，借鉴司法实践经验，列举了 7 种情形，作为是否追究行为人收买犯罪刑事责任的参考。

本条第 1、2 项之情形，属于对《刑法》第二百四十一条第六款规定的不追究刑事责任情形从正面所作的解释。具有第 1、2 项规定之情形的，完全符合追究刑事责任的条件。

本条第 3 项是，非法剥夺、限制被收买妇女、儿童的人身自由，情节严重，或者对被收买妇女、儿童有强奸、伤害、侮辱、虐待等行为；第 5 项是，组织、诱骗、强迫被收买的妇女、儿童从事乞讨、苦役，或者盗窃、传销、卖淫等违法犯罪活动。在上述两项情形中，因为行为人严重侵犯被害人的合法权益，即使其事后不阻碍解救，也应该追究其收买行为的刑事责任，同时，因上述情形构成数罪的，还应当依法数罪并罚。其中，第 3 项规定，非法剥夺、限制被收买人的人身自由，情节严重的，才追究其收买行为的刑事责任。之所以如此规定，主要是考虑到收买妇女、儿童的，难免都会有限制其人身自由的行为，若不问情节轻重一律追究，势必导致对收买行为处罚过宽。

本条第 4 项之情形中，所收买的妇女、儿童被解救后又再次被收买的，或者收买多名被拐卖的妇女、儿童，反映收买人严重藐视法律，主观恶性较深，社会危害性较大，均应依法追究其刑事责任。

本条第 6 项之情形中，导致被收买的妇女、儿童或其亲属自杀的，或者因未尽足够注意义务等原因致被买妇女、儿童受重伤或者死亡的，该严重后果与收买者的收买行为有一定关系，对收买者应当追究刑事责任。

本条第 7 项规定的其他恶劣情节，属于兜底条款，在情节恶劣程度上应相当于本条所列举的其他六项情形。例如，知道或者应当知道儿童是被人贩子偷盗、强抢、拐骗来的，仍然像人贩子收买该儿童，这种情形是那些向人贩子收买被亲生父母自愿出卖的儿童相比，前者的主观恶性和社会危害性显然大得多，应当依法追究收买行为人的刑事责任。

关于收买被拐卖的妇女、儿童犯罪的刑罚适用，《意见》总的指导思想是有罪并罚，但应区分不同情况，准确量刑：对被收买的妇女、儿童实施违法犯罪活动或者将其作为牟利工具的，处罚时应当依法体现从严，突出刑罚的惩戒功能；其他情节较轻的，依法从轻处罚；情节轻微的，可以依法免予刑事处罚，以突出刑罚的教育、挽救功能。

——周峰、薛淑兰、赵俊甫：《〈关于依法惩治拐卖妇女儿童犯罪的意见〉的理解与适用》，载《人民司法·应用》2010年第9期（总第596期）。

727. 入户盗窃财物数额较小但严重妨碍他人居家安宁行为的定性

关键词

非法侵入住宅罪　盗窃罪

《刑事审判参考》指导案例

毛君、徐杰非法侵入住宅案（《刑事审判参考》指导案例第526号）

裁判要点：入户盗窃财物数额未达到盗窃罪定罪标准，严重妨碍他人的居住与生活安宁的，可以非法侵入住宅罪定罪处罚。

但是，对于入户盗窃行为，行为人主观上已经具有了对他人住宅非法侵犯的故意，客观上实施的入户盗窃行为也必然会对他人住宅和生活安宁造成程度不同的影响，从构成要件上看，无论是强行公开进入他人住宅还是秘密潜入他人住宅，并不是区分是否构成非法侵入住宅罪的绝对法定标准。对法律条文的理解应遵循客观解释的原则，对于非法侵入住宅罪，立法设立此罪意图保护的就是公民正常居住和生活安宁，典型的公然违背居住者的意思而闯入的行为固然侵犯了本罪保护的法益，而那种秘密进入他人住宅进行盗窃的行为除了对居住者的财产权益构成侵害外，也必然对居住者的居住安宁构成了侵害，因此，从侵犯居住安宁的法益角度说，入户盗窃者的非法入户行为与公然闯入他人住宅的行为具有一定的同质性，而且这种秘密非法入户的行为对于公民正常生活安宁的危害要比那种公然闯入住宅的行为更大，理应给予惩治。此外，随着民主、法制观念的逐渐深入人心，我国整个法律体系更加注重对公民个人权利的保护，《刑法》也应有所体现。非法侵入住宅罪的客观表现，《刑法》第245条并未有明文限制为公然闯入，在实践中也不应仅限于理论上解释的非法强行侵入他人住宅或者经要求退出拒不退出这一情形。从实践中来看，如果盗窃行为被发现，行为人为了逃脱往往会采用暴力手段，这样，盗窃行为就很有可能转化为更为恶劣的对人身权利的暴力犯罪，这就使得公民的人身权利可能面临着潜在的危险，从有效惩治此类犯罪的刑事政策角度考虑，只要对他人生活安宁造成了实质的危害或者现实的危险而达到必须进行刑事处罚的程度，在不能以其他犯罪定罪的情况下，该行为就可以非法侵入住宅罪论处。当然，虽然从《刑法》第 245 条表述看，成立非法侵入住宅罪并不要求情节严重或者造成严重后果，但从罪刑相适应的角度出发，只有那些严重妨碍了他人的居住与生活安宁的非法侵入行为才有必要动用刑罚手段进行惩治。因此，对于入户盗窃未达到定罪数额标准以非法侵入住宅罪论处的要予以适当的限制，只有其非法入户行为对于居住者的正常居住与生活安宁造成严重影响的才可以非法侵入住宅罪论处。我们认为，一般情况下，具有下列情形之一的，可以以非法侵入住宅罪追究刑事责任：（1）携带凶器入户或者入户后准备凶器的；（2）对户内财物进行破坏并造成较为严重后果的；（3）对户内人员造成严重精神损害的；（4）数额接近较大标准或两次入户盗窃的；（5）其他严重影响他人正常生活和居住安宁的。

——最高人民法院刑事审判第一、二、三、四、五庭主办：《刑事审判参考》2009 年第 1 集（总第 66 集），法律出版社 2009 年版，第 48~53 页。

728. 将被捉奸的妇女赤裸捆绑示众行为的定性

关键词

侮辱罪　非法拘禁罪　捆绑示众　牵连犯

《刑事审判参考》指导案例

周彩萍等非法拘禁案（《刑事审判参考》指导案例第 179 号）

裁判要点：将被捉奸的妇女赤裸捆绑、拘禁、示众的行为，应以侮辱罪定罪处罚。

侮辱罪和非法拘禁罪同属侵犯公民人身权利罪。侮辱罪是指以暴力或者其他方法，公然贬低、损害他人人格，破坏他人名誉，情节严重的行为。非法拘禁罪，是指以非法拘留、禁闭或其他方法，非法剥夺他人人身自由的行为。上述两罪的区别是明显的，一般情况下不容易发生混淆。被告人捉奸后使用暴力将全身赤裸的被害人捆绑示众，既有侮辱性质，同时又剥夺了被害人的人身自由，属于犯罪目的与犯罪手段的牵连，构成非法拘禁罪与侮辱罪的牵连犯。

侮辱罪与侮辱妇女罪的法定刑幅度是不同的，后者重于前者。因此，准确区分二者十分重要。《刑法》第二百三十七条规定的侮辱妇女罪，是从1979年《刑法》流氓罪中分离出来的。从立法精神来看，侮辱妇女罪中的“侮辱”的含义不同于《刑法》第二百四十六条侮辱罪中的“侮辱”。它主要是指为获得性刺激，以淫秽举止或言语调戏妇女的行为。因此，侮辱妇女罪和侮辱罪的关键区别就在于，前者行为人是基于精神空虚等变态心理，以寻求性刺激或变态的性满足为主要动机，而后者的行为人则主要是基于泄愤、报复等动机，以贬损他人名誉为目的。除此之外，二罪的区别还表现为：1. 行为对象不同。侮辱妇女罪的对象只能是14周岁以上的少女和成年妇女，而侮辱罪的对象则没有性别及年龄上的限制。侮辱罪虽然也可以妇女为对象，但由于其主观目的是贬损他人名誉，因此，其侵犯的对象只能是特定的妇女或特定的人；而侮辱妇女罪的动机是基于精神空虚等变态心理，寻求性刺激或变态的性满足，因此，其侵犯的对象有可能是不特定的妇女。2. 行为方式不同。根据《刑法》规定，构成侮辱罪必须以公然实施侮辱行为为要件，而侮辱妇女罪的构成则没有此要求，也可以是以非公然的方式进行。聚众或在公共场所当众侮辱妇女的，则适用更重的法定刑幅度。侮辱妇女罪主观上出于寻求性刺激的动机，决定了其侮辱行为必须是当场对被侮辱的妇女实施，而侮辱罪对被害人所实施的侮辱行为，则既可以是当场，也可以是非当场的。

——最高人民法院刑事审判第一庭、第二庭编：《刑事审判参考》2002年第3辑（总第26辑），法律出版社2002年版，第27~32页。

729. 通过非法跟踪他人行踪所获取的公民日常活动信息属于公民个人信息

关键词

非法获取公民个人信息罪①　公民日常活动信息

《刑事审判参考》指导案例

胡某等非法获取公民个人信息案（《刑事审判参考》指导案例第1009号）

① 根据全国人民代表常务委员会通过的《中华人民共和国刑法修正案（九）》（2015年8月29日），本罪名已改为：侵犯公民个人信息罪。

裁判要点：被告人获取的被害人的日常行动轨迹和活动地点等信息，涉及家庭住址、单位地址、经常出入的场所等公民隐私和生活习惯性内容，具有个人专属性，能反映出该公民某些个人特征，且信息内容关系到公民日常生活的基本安全性，信息的泄露会使公民彻底失去安全感，严重影响其日常生活。因此，该案中被害人的行踪属于刑法所保护的“公民个人信息”。

（一）关于公民个人信息范围

刑法第二百五十三条之一规定的“公民个人信息”，一般是指专属于某一自然人的一切能用于识别其特定身份的重要信息，其不为一般人所知悉，且具有保护价值。具体包括：公民的姓名、职业、职务、年龄、婚姻状况、种族、学历、学位、专业资格、工作经历、住址、电话号码、网上登录姓名及密码、居民身份号码、护照号码、社会保险卡号码、医疗保险卡号码、驾驶证号码、银行卡号码、指纹、唇纹、声音印记、DNA、书写的签名和电子签名等。关于“公民个人信息”的范围，我国法律没有明确规定。实践中对上述信息属于“公民个人信息”一般不存在争议。值得探讨的是，诸如个人日常行踪之类的活动记录，是否属于“公民个人信息”。有观点认为，只要与公民个人信息相关，公民不想公开，而且与公共利益无关的，都应当纳入“公民个人信息”的范围。如通过手机定位所获取的公民个人行踪情况，属于刑法保护的“公民个人信息”。我们同意这种观点。手机定位属于动态信息，当公民从事某些活动不希望被他人获悉时，因其所处具体位置与其从事的活动具有直接联系，一旦所处位置被他人获悉，其所从事的活动也就相应暴露，从而可能损害其利益。故其所处的具体位置就具有明显的隐私性和权益性，属于刑法所保护的“公民个人信息”。在此情况下，行为人擅自对公民的手机进行定位，就属于侵犯公民隐私的行为。正因为手机定位存在侵犯公民隐私和权益的危险，当前电信部门把手机定位作为一项特殊业务来开展，有着较为严格的审批程序。

本案中，被跟踪的车辆为专用公务车，该车的行驶路线、停车地点和时间等信息即反映了乘车人的日常活动情况。被告人胡某、王某获取的被害人的日常行动轨迹和活动地点等信息，涉及家庭住址、单位地址、经常出入的场所等公民隐私和生活习惯性内容，具有个人专属性，能反映出该公民某些个人特征，且信息内容关系到公民日常生活的基本安全性，信息的泄露会使公民彻底失去安全感，严重影响其日常生活。因此，该案中被害人的行踪属于刑法所保护的“公民个人信息”。

——最高人民法院刑五庭：《胡某等非法获取公民个人信息案》，载最高人民法院刑事审判第一、二、三、四、五庭主办：《刑事审判参考》2014 年第

4集（总第99集），法律出版社2015年版，第55~56页。

730. 使用人脸识别技术处理的人脸信息以及基于人脸识别技术生成的人脸信息属于刑法规定的公民个人信息

关键词

侵犯公民个人信息罪　刑事附带民事公益诉讼　人脸识别　人脸信息

最高人民法院指导性案例

李开祥侵犯公民个人信息刑事附带民事公益诉讼案（最高人民法院指导案例第192号）

裁判要点：使用人脸识别技术处理的人脸信息以及基于人脸识别技术生成的人脸信息均具有高度的可识别性，能够单独或者与其他信息结合识别特定自然人身份或者反映特定自然人活动情况，属于刑法规定的公民个人信息。行为人未经公民本人同意，未具备获得法律、相关部门授权等个人信息保护法规定的处理个人信息的合法事由，利用软件程序等方式窃取或者以其他方法非法获取上述信息，情节严重的，应依照《最高人民法院、最高人民检察院关于办理侵犯公民个人信息刑事案件适用法律若干问题的解释》第五条第一款第四项等规定定罪处罚。

法院生效裁判认为：本案争议焦点为利用涉案“颜值检测”软件窃取的“人脸信息”是否属于刑法规制范畴的“公民个人信息”。法院经审理认为，“人脸信息”属于刑法第二百五十三条之一规定的公民个人信息，利用“颜值检测”黑客软件窃取软件使用者“人脸信息”等公民个人信息的行为，属于刑法中“窃取或者以其他方法非法获取公民个人信息”的行为，依法应予惩处。主要理由如下：第一，“人脸信息”与其他明确列举的个人信息种类均具有明显的“可识别性”特征。《最高人民法院、最高人民检察院关于办理侵犯公民个人信息刑事案件适用法律若干问题的解释》（以下简称《解释》）中列举了公民个人信息种类，虽未对“人脸信息”单独列举，但允许依法在列举之外认定其他形式的个人信息。《解释》中对公民个人信息的定义及明确列举与民法典等法律规定中有关公民个人信息的认定标准一致，即将“可识别性”作为个人信息的认定标准，强调信息与信息主体之间被直接或间接识别出来的可能性。“人脸信息”属于生物识别信息，其具有不可更改性和唯一性，人脸与自然人个体一一对应，无需结合其他信息即可直接识别到特定自然人身份，具有极高的“可识别性”。第二，将“人脸信息”认定为公民个人信息遵循了法秩序统一性原理。民法等前置法将“人脸信息”作为公民个人信息予以保护。民法典第一千零三十四条规定了个人信息的定义和具体种类，个人信息保护法进一步将“人脸信息”纳入个人信息的保护范畴，侵犯“人脸信息”的行为构成侵犯自然人人格权益等侵权行为的，须承担相应的民事责任或行政、刑事责任。第三，采用“颜值检测”黑客软件窃取“人脸信息”具有较大的社会危害性和刑事可罚性。因“人脸信息”是识别特定个人的敏感信息，亦是社交属性较强、采集方便的个人信息，极易被他人直接利用或制作合成，从而破解人脸识别验证程序，引发侵害隐私权、名誉权等违法行为，甚至盗窃、诈骗等犯罪行为，社会危害较大。被告人李开祥操纵黑客软件伪装的“颜值检测”软件窃取用户自拍照片和手机相册中的存储照片，利用了互联网平台的开放性，以不特定公众为目标，手段隐蔽、欺骗性强、窃取面广，具有明显的社会危害性，需用刑法加以规制。

——《最高人民法院关于发布第 35 批指导性案例的通知》（2022 年 12 月 16 日，法〔2022〕265 号）。

说明

指导性案例 192 号《李开祥侵犯公民个人信息刑事附带民事公益诉讼案》明确了使用人脸识别技术处理的人脸信息以及基于人脸识别技术生成的人脸信息均具有高度的可识别性，能够单独或者与其他信息结合识别特定自然人身份或者反映特定自然人活动情况，属于刑法规定的公民个人信息。窃取或者以其他方法非法获取上述人脸识别信息，情节严重的，应依照《最高人民法院、最高人民检察院关于办理侵犯公民个人信息刑事案件适用法律若干问题的解释》第五条第一款第四项等规定定罪处罚。

731. 非法获取、出售或者提供居民身份证信息，情节严重的，构成侵犯公民个人信息罪

关键词

侵犯公民个人信息罪　居民身份证信息

最高人民法院指导性案例

闻巍等侵犯公民个人信息案（最高人民法院指导案例第 193 号）

裁判要点：居民身份证信息包含自然人姓名、人脸识别信息、身份号码、户籍地址等多种个人信息，属于《最高人民法院、最高人民检察院关于办理侵犯公民个人信息刑事案件适用法律若干问题的解释》第五条第一款第四项规定的“其他可能影响人身、财产安全的公民个人信息”。非法获取、出售或者提供居民身份证信息，情节严重的，依照《刑法》第二百五十三条之一第一款规定，构成侵犯公民个人信息罪。

法院生效裁判认为：本案争议焦点在于涉案居民身份证信息是否属于《解释》第五条第一款第四项中“其他可能影响人身、财产安全的公民个人信息”。根据《解释》第五条第一款第四项规定，非法获取、出售或者提供住宿信息、通讯信息、健康生理信息、交易信息等其它可能影响人身、财产安全的公民个人信息五百条以上的可认定为“情节严重”。同款第五项规定，非法获取、出售或者提供第三项、第四项规定以外的公民个人信息五千条以上的可认定为“情节严重”。即，如果认定涉案居民身份证信息属于《解释》第五条第一款第四项中“其他可能影响人身、财产安全的公民个人信息”的，那么交易五百条以上个人信息即可认定“情节严重”，五千条以上构成“情节特别严重”。

一审法院经审理认为，居民身份证上的住址是公民的实际居住地址或者名义户籍地址，无论何者，均与公民及其家人的人身安全、财产安全存在十分紧密而又重要的联系，家庭住址被非法曝光、泄露将对公民个人及其家人的人身安全、财产安全造成重大隐患，为精准实施各类违法犯罪行为大开方便之门，故理应予以重点保护，从举轻以明重的一般法理解释原则出发，其重要性也应高于作为公民临时性、过去性住所的“住宿信息”，故应被认定为《解释》第五条第一款第四项中所规定的信息种类。

二审法院经审理认为，居民身份证除包含户籍地址信息外，还是公民的姓名、人脸信息、唯一身份号码等信息的综合体，是公民重要的身份证件，在信息网络社会，居民身份证信息整体均系敏感信息，可用来注册、认证、绑定网络账号。公民的人脸信息、身份号码、姓名、地址信息结合后所形成的公民个人信息具备唯一性，可与公民个人精准匹配，并可诱发公民其他个人信息的进一步泄露，对公民个人信息权益侵害极大，应将居民身份证信息整体认定为涉公民人身、财产安全的信息。一审、二审法院虽认定思路和认定标准不同，但结论一致，认定一审法院对闻巍、朱旭东的定罪和适用法律正确，结合其犯罪手段、情节所作量刑并无不当，且审判程序合法。据此，裁定驳回上诉，维持原判。

——《最高人民法院关于发布第35批指导性案例的通知》（2022年12月

16 日，法〔2022〕265 号）。

说明

指导性案例 193 号《闻巍等侵犯公民个人信息案》明确了居民身份证信息包含自然人姓名、人脸识别信息、身份号码、户籍地址等多种个人信息，属于《最高人民法院、最高人民检察院关于办理侵犯公民个人信息刑事案件适用法律若干问题的解释》第五条第一款规定的“其他可能影响人身、财产安全的公民个人信息”。

732. 非法制作带有公民个人信息可用于社交活动的微信账号等社交媒体账号出售、提供给他人，情节严重的，属于“违反国家有关规定，向他人出售或者提供公民个人信息”

关键词

侵犯公民个人信息罪　微信号　社交媒体账号

最高人民法院指导性案例

熊昌恒等侵犯公民个人信息案（最高人民法院指导案例第 194 号）

裁判要点：1. 违反国家有关规定，购买已注册但未使用的微信账号等社交媒体账号，通过具有智能群发、添加好友、建立讨论群组等功能的营销软件，非法制作带有公民个人信息可用于社交活动的微信账号等社交媒体账号出售、提供给他人，情节严重的，属于《刑法》第二百五十三条之一第一款规定的“违反国家有关规定，向他人出售或者提供公民个人信息”行为，构成侵犯公民个人信息罪。

2. 未经公民本人同意，或未具备具有法律授权等个人信息保护法规定的理由，通过购买、收受、交换等方式获取在一定范围内已公开的公民个人信息进行非法利用，改变了公民公开个人信息的范围、目的和用途，不属于法律规定的合理处理，属于刑法第二百五十三条之一第三款规定的“以其他方法非法获取公民个人信息”行为，情节严重的，构成侵犯公民个人信息罪。

法院生效裁判认为：被告人熊昌恒等人违反国家有关规定，结伙出资购买空白微信号和一款智能群发、加人、拉群的营销软件，以及通过网络购买他人求职信息等方式，非法添加微信好友，制作成品微信号出售或者将非法获取的公民个人信息提供给他人，并从中获利，情节特别严重，其行为均已构成侵犯公民个人信息罪。本罪中的公民个人信息是指与公民个人密切相关的、不愿该信息被特定人群以外的其他人群所知悉的信息，非法获取的公民个人信息如属于公民隐私类信息或泄露后可能会产生极其不良后果的信息，不仅严重侵害公民个人信息安全和合法权益，也为网络赌博、电信网络诈骗等违法犯罪活动提供了帮助，严重扰乱了社会公共秩序，具有极大的社会危害性。微信不仅作为一种通讯工具，同时还具备社交、支付等功能。微信号和手机实名绑定，与银行卡绑定，和自然人一一对应，故微信号可认为是公民个人信息。

被告人违法处理已公开的个人信息并从中获利，违背了该信息公开的目的或者明显改变其用途，该信息被进一步利用后危及个人的人身或财产安全，情节特别严重，其行为构成侵犯公民个人信息罪。

综上，各被告人在未取得权利人同意及授权的前提下，非法获取他人微信号并转卖牟利，或者非法处理已公开的公民个人信息，使他人个人信息陷入泄露、失控风险，并从中获取巨额违法所得，其行为违反国家规定，侵犯了公民个人信息权利，构成侵犯公民个人信息罪。

——《最高人民法院关于发布第 35 批指导性案例的通知》(2022 年 12 月 16 日，法〔2022〕265 号)。

说明

指导性案例 194 号《熊昌恒等侵犯公民个人信息案》明确了违反国家有关规定，购买微信等社交媒体账号后，非法制作带有公民个人信息的社交媒体账号出售、提供给他人，情节严重的，属于刑法第二百五十三条之一第一款规定的“违反国家有关规定，向他人出售或者提供公民个人信息”行为，构成侵犯公民个人信息罪。该案例还明确未经公民本人同意或具有法律授权等个人信息保护法规定的理由，通过购买、收受、交换等方式获取在一定范围内已公开的公民个人信息进行非法利用，改变了公民公开个人信息的范围、目的和用途，不属于法律规定的合理处理，属于刑法第二百五十三条之一第三款规定的“以其他方法非法获取公民个人信息”行为，情节严重的，构成侵犯公民个人信息罪。

733. 服务提供者专门发给特定手机号码的数字、字母等单独或者其组合构成的验证码能够单独或者与其他信息结合识别特定自然人身份或者反映特定自然人活动情况的，属于刑法规定的公民个人信息

关键词

公民个人信息

最高人民法院指导性案例

罗文君、瞿小珍侵犯公民个人信息刑事附带民事公益诉讼案（最高人民法院指导案例第 195 号）

裁判要点：服务提供者专门发给特定手机号码的数字、字母等单独或者其组合构成的验证码具有独特性、隐秘性，能够单独或者与其他信息结合识别特定自然人身份或者反映特定自然人活动情况的，属于刑法规定的公民个人信息。行为人将提供服务过程中获得的验证码及对应手机号码出售给他人，情节严重的，依照侵犯公民个人信息罪定罪处罚。

法院生效裁判认为：被告人罗文君违反国家有关规定，设立出售、提供公民个人信息的通讯群组，情节严重，其行为同时构成非法利用信息网络罪和侵犯公民个人信息罪，依法应以侵犯公民个人信息罪定罪；被告人瞿小珍违反国家有关规定，在提供服务过程中将获得的公民个人信息出售给他人，情节严重，其行为已构成侵犯公民个人信息罪。公诉机关指控的犯罪事实和罪名成立，予以支持。

——《最高人民法院关于发布第 35 批指导性案例的通知》（2022 年 12 月 16 日，法〔2022〕265 号）。

说明

指导性案例 195 号《罗文君、瞿小珍侵犯公民个人信息刑事附带民事公益诉讼案》明确了服务提供者专门发给特定手机号码的数字、字母等单独或者其组合构成的验证码具有独特性、隐秘性，能够单独或者与其他信息结合识别特定自然人身份或者反映特定自然人活动情况的，属于刑法规定的公民个人信息。

734. 非法“提供公民个人信息”的认定

关键词

非法提供公民个人信息

最高人民法院司法解释

第三条　向特定人提供公民个人信息，以及通过信息网络或者其他途径发布公民个人信息的，应当认定为刑法第二百五十三条之一规定的“提供公民个人信息”。

未经被收集者同意，将合法收集的公民个人信息向他人提供的，属于刑法第二百五十三条之一规定的“提供公民个人信息”，但是经过处理无法识别特定个人且不能复原的除外。

——《最高人民法院、最高人民检察院关于办理侵犯公民个人信息刑事案件适用法律若干问题的解释》(2017年5月8日，法释〔2017〕10号)。

附录：理解与适用

一、“提供”的认定

向特定人提供公民个人信息，属于“提供”公民个人信息，对此不存在疑义。但是，对于通过信息网络或者其他途径发布公民个人信息，是否属于“提供公民个人信息”，存在不同认识。经研究认为，通过信息网络或者其他途径发布公民个人信息，实际是向不特定多数人提供公民个人信息，向特定人提供公民个人信息的行为属于“提供”，基于“举轻明重”的法理，前者更应当认定为“提供”。基于此，《最高人民法院、最高人民检察院关于办理侵犯公民个人信息刑事案件适用法律若干问题的解释》(以下简称《解释》)第三条第一款规定：“向特定人提供公民个人信息，以及通过信息网络或者其他途径发布公民个人信息的，应当认定为《刑法》第二百五十三条之一规定的‘提供公民个人信息’。”

二、提供公民个人信息行为“非法”的判断

实践中存在合法地出售或者提供公民个人信息的行为。因此，《刑法》第二百五十三条之一第一款、第二款关于出售或者提供公民个人信息的罪状表述将“违反国家有关规定”作为前提要件。据此，对于提供公民个人信息是否系非法，应当以是否违反国家有关规定作为标准。特别是，判断提供公民个人信息的行为是否“非法”，不能仅以是否经权利人同意作为判断标准，而是应当以国家有关规定作为基准。[①] 例如，为了维护国家安全，基于侦查、起诉、审判工作的需要，依据有关法律向司法机关提供犯罪嫌疑人、被告人的个人信息的，虽未经该犯罪嫌疑人、被告人许可，但符合相关法律的规定，属于合法提供。

需要提及的是，基于大数据发展的现实需要，《网络安全法》在法律层面为个人信息交易和流动留有一定空间，第四十四条规定任何个人和组织“不得非法出售或者非法向他人提供个人信息”，即不仅允许合法提供公民个人信息，而且为合法出售和交易公民个人信息留有空间。[②] 而且，《网络安全法》第四十二条第一款进一步明确了合法提供公民个人信息的情形，规定：“网络运营者不得泄露、篡改、毁损其收集的个人信息；未经被收集者同意，不得向他人提供个人信息。但是，经过处理无法识别特定个人且不能复原的除外。”据此，经得被收集者同意，以及匿名化处理（剔除个人关联），是合法提供公民个人信息的两种情形，不能纳入刑事规制范围。基于此，《解释》第三条第二款规定：“违反国家有关规定，未经被收集者同意，将合法收集的公民个人信息向他人提供的，属于《刑法》第二百五十三条之一规定的‘提供公民个人信息’，但是经过处理无法识别特定个人且不能复原的除外。”

——喻海松：《最高人民法院、最高人民检察院侵犯公民个人信息罪司法解释理解与适用》，中国法制出版社 2018 年版，第 28~30 页。

---

① 值得关注的是，《刑法修正案（九）》（草案一次审议稿）将出售或者提供个人信息入罪的前提要件设置为“未经公民本人同意”，即采用的是主观判断的标准；但是，从《刑法修正案（九）》（草案二次审议稿）开始，采取了客观判断标准，即“违反规定”；《刑法修正案（九）》延续了这一立场，调整为“违反国家有关规定”。参见喻海松：《刑法的扩张——〈刑法修正案（九）〉及新近刑法立法解释司法适用解读》，人民法院出版社 2015 年版，第 148~149 页。对于这一立法审议过程，即对“非法”的判断从主观标准调整为客观标准，实际上彰显了对公民个人信息保护的不断全面化。但是，更为值得注意的是，主观标准本身存在一定的缺陷。正如有论者所指出的，“个人信息保护是在个人信息适用过程中保护个人权益不受侵犯。在人类文明史上，任何国家、任何法律均没有将信息置于私权控制下，而是将其暴露在法律的支配权之外。个人信息不属于个人所有，法律也不会赋予个人对个人信息的排他支配权。因为这样的授权会产生‘非经个人（也称为数据主体）同意，不得使用个人信息’的法则。在这样的法则下，许多人类社会活动无从开展。”参见高富平：《法律应如何保护个人信息》，载《中国审判》2017 年第 3 期。

② 此前，《全国人大常委会关于加强网络信息保护的决定》第一条第二款规定：“任何组织和个人……不得出售或者非法向他人提供公民个人电子信息。”依据这一规定，出售公民个人信息属于禁止的范畴，不存在合法交易的空间。

735. 侵犯公民个人信息“情节严重”的认定标准

关键词

侵犯公民个人信息罪

最高人民法院司法解释

第五条第一款　非法获取、出售或者提供公民个人信息，具有下列情形之一的，应当认定为刑法第二百五十三条之一规定的“情节严重”：

（一）出售或者提供行踪轨迹信息，被他人用于犯罪的；

（二）知道或者应当知道他人利用公民个人信息实施犯罪，向其出售或者提供的；

（三）非法获取、出售或者提供行踪轨迹信息、通信内容、征信信息、财产信息五十条以上的；

（四）非法获取、出售或者提供住宿信息、通信记录、健康生理信息、交易信息等其他可能影响人身、财产安全的公民个人信息五百条以上的；

（五）非法获取、出售或者提供第三项、第四项规定以外的公民个人信息五千条以上的；

（六）数量未达到第三项至第五项规定标准，但是按相应比例合计达到有关数量标准的；

（七）违法所得五千元以上的；

（八）将在履行职责或者提供服务过程中获得的公民个人信息出售或者提供给他人，数量或者数额达到第三项至第七项规定标准一半以上的；

（九）曾因侵犯公民个人信息受过刑事处罚或者二年内受过行政处罚，又非法获取、出售或者提供公民个人信息的；

（十）其他情节严重的情形。

——《最高人民法院、最高人民检察院关于办理侵犯公民个人信息刑事案件适用法律若干问题的解释》（2017 年 5 月 8 日，法释〔2017〕10 号）。

附录：理解与适用

（一）关于信息数量的标准

1. 区分信息类型设置差异数量标准。侵犯公民个人信息罪的对象为公民个人信息，以公民个人信息的数量作为量化的标准，最能直接反映该罪的社会危害性。因此，应当根据非法获取、出售或者提供的公民个人信息数量设定入罪标准。实践中，公民个人信息的类型繁多，重要程度难以等量齐观。

特别是，各类公民个人信息背后关联的法益存在较大差异，公民个人敏感信息涉及人身安全和财产安全，其被非法获取、出售或者提供后极易引发盗窃、诈骗、敲诈勒索等关联犯罪，具有更大的社会危害性。因此，基于不同类型公民个人信息的重要程度，《最高人民法院、最高人民检察院关于办理侵犯公民个人信息刑事案件适用法律若干问题的解释》（以下简称《解释》）分别设置了“五十条以上”“五百条以上”“五千条以上”的入罪标准，以实现罪责刑相适应。具体而言：

一是非法获取、出售或者提供行踪轨迹信息、通信内容、征信信息、财产信息五十条以上的。二是非法获取、出售或者提供住宿信息、通信记录、健康生理信息、交易信息等其他可能影响人身、财产安全的公民个人信息五百条以上的。三是非法获取、出售或者提供一般公民个人信息五千条以上的。

2. 公民个人敏感信息的具体认定。如前所述，基于不同类型公民个人信息的重要程度，《解释》第五条分别设置了“五十条以上”“五百条以上”“五千条以上”的入罪标准。从司法实践来看，在具体案件中仍然存在对于相关数量标准适用的争议，集中表现为敏感信息的认定问题。有必要强调的是，对于侵犯公民个人敏感信息的行为之所以设置不同于一般公民个人信息的入罪标准，就在于敏感信息涉及人身安全和财产安全，其被非法获取、出售或者提供后极易引发盗窃、诈骗、敲诈勒索等关联犯罪，具有更大的社会危害性。这是认定公民个人敏感信息应当考量的关键因素。

（二）关于违法所得数额的标准

出售或者非法提供公民个人信息往往是为了牟利，故应当以违法所得作为认定“情节严重”的情形之一。从司法实践来看，一般公民个人信息的价格相对较低，甚至不会按条计价；而公民个人敏感信息价格通常较高，通常按条计价，特别是行踪轨迹信息可以谓之最为昂贵的信息类型。考虑到各项规定之间的均衡，《解释》第五条第一款第七项将违法所得五千元以上的规定为“情节严重”。

从司法实践来看，具体案件中对“违法所得”的认定存在较大争议。例如，行为人花费五千元购买公民个人信息，进而进行了加工整理。此后，行为人将上述公民个人信息以八千元的价格出售给他人。该案例的主要争议问题在于违法所得是否需要扣除成本的问题。这并非侵犯公民个人信息犯罪所特有的问题，在其他刑事案件中同样存在。对此，有观点认为违法所得应当扣除五千元的购买成本，即认定为三千元；有观点则认为违法所得不应当扣除五千元的购买成本，即认定为八千元。本书赞同后一种观点，即对于此处的“违法所得”不应扣除成本。主要考虑如下：（1）刑法中的“违法所得”，一般是指犯罪分子因实施违法犯罪活动而取得的全部财物。本案中，行为人非法出售公民个人信息，获得了八千元的对价，将其认定为违法所得，并无不妥。(2)从以往司法解释、规范性文件的规定来看，对于实践中需要资质的经营活动，行为人由于缺乏资质而构成非法经营罪等犯罪的，通常会区分“违法所得数额”与“非法经营数额”。此种情形下，自然不应将二者混同，对于违法所得数额的认定当然应当扣除成本。然而，对于实践中根本不允许存在的活动，构成相应犯罪的，通常只有“违法所得”而非“非法经营数额”的标准。对于后一种情形，则不应当再扣除成本。非法出售、提供公民个人信息即是适例，其本身就是法律所禁止从事的活动，不存在合法经营的情形，故《解释》只设置了“违法所得”标准。按照上述原则，对于此处的“违法所得”不应再扣除成本。

——喻海松：《最高人民法院、最高人民检察院侵犯公民个人信息罪司法解释理解与适用》，中国法制出版社2018年版，第37~43页。

736. 侵犯公民个人信息罪“情形特别严重”的认定标准

关键词

侵犯公民个人信息罪

最高人民法院司法解释

第五条第二款 实施前款规定的行为，具有下列情形之一的，应当认定为刑法第二百五十三条之一第一款规定的“情节特别严重”：

（一）造成被害人死亡、重伤、精神失常或者被绑架等严重后果的；

（二）造成重大经济损失或者恶劣社会影响的；

（三）数量或者数额达到前款第三项至第八项规定标准十倍以上的；

（四）其他情节特别严重的情形。

——《最高人民法院、最高人民检察院关于办理侵犯公民个人信息刑事案件适用法律若干问题的解释》(2017年5月8日，法释〔2017〕10号)。

附录：理解与适用

一是数量数额标准。基于司法实践中侵犯公民个人信息犯罪涉案的公民个人信息数量相差悬殊，跨度从几千条到几十万条（甚至更大数量）不等，将“情节特别严重”和“情节严重”之间的数量数额标准设置为十倍而非五倍的倍数关系。①

二是严重后果标准。从实践来看，非法获取、出售或者提供公民个人信息，可能对个人造成危害，如造成人身伤亡、经济损失等。而且，公民个人信息除了具有的身份和经济价值之外，还具有一定的社会价值和战略价值。因此，非法获取、出售或者提供公民个人信息，也可能引发社会恐慌、造成恶劣社会影响，甚至因为信息泄露而危害国家安全。基于此，将“造成被害人死亡、重伤、精神失常或者被绑架等严重后果的”“造成重大经济损失或者恶劣社会影响的”规定为“情节特别严重”。

——喻海松：《最高人民法院、最高人民检察院侵犯公民个人信息罪司法解释理解与适用》，中国法制出版社 2018 年版，第 46~47 页。

737. 设立网站、通讯群组侵犯公民个人信息行为的定性

关键词

设立网站通讯群　侵犯公民个人信息罪

最高人民法院司法解释

第八条　设立用于实施非法获取、出售或者提供公民个人信息违法犯罪活动的网站、通讯群组，情节严重的，应当依照刑法第二百八十七条之一的规定，以非法利用信息网络罪定罪处罚；同时构成侵犯公民个人信息罪的，依照侵犯公民个人信息罪定罪处罚。

——《最高人民法院、最高人民检察院关于办理侵犯公民个人信息刑事案件适用法律若干问题的解释》（2017 年 5 月 8 日，法释〔2017〕10 号）。

附录：理解与适用

（一）非法利用信息网络罪的增设

从立法完善的角度而言，根据对网络犯罪“打早打小”的策略要求，则应当有针对性地对尚处于预备阶段的网络犯罪行为单独入罪处罚，而不能放

① 有论者通过对数据库收录的纯正网络犯罪的判决书进行全样本分析，指出司法解释设定的标准，不符合计算机犯罪的特点：只有当把“情节特别严重”的认定标准上调 10~20 倍以上，即数量或数额达到司法解释认定较大的 50~100 倍以上，才可以达到案件数量分布的正金字塔结构。参见石亚淙：《网络时代的刑法面孔——“网络犯罪的刑事立法与刑事司法前沿问题”学术研讨会综述》，载《人民检察》2016 年第 15 期。实际上，传统犯罪的法定刑升档要件与基本要件之间的数量数额基本为三倍或者五倍的倍数关系，这一倍数设置惯例确实可能存在不适应网络犯罪态势的问题，在未来的司法实践中有必要作出调整。

任这类行为泛滥之后再予以规制。因此，有关部门建议将网络预备行为独立入罪，以有效控制网络犯罪的蔓延趋势。经慎重研究，《刑法修正案（九）》增设了非法利用信息网络罪，规定利用信息网络实施下列行为之一，情节严重的，构成犯罪：（1）设立用于实施诈骗、传授犯罪方法、制作或者销售违禁物品、管制物品等违法犯罪活动的网站、通讯群组的；（2）发布有关制作或者销售毒品、枪支、淫秽物品等违禁物品、管制物品或者其他违法犯罪信息的；（3）为实施诈骗等违法犯罪活动发布信息的。[①]

（二）设立网站、通讯群组侵犯公民个人信息行为的定性

实践中，一些行为人通过建立网站供他人进行公民个人信息交换、买卖等活动，以非法牟利。此类网站存储、流转公民个人信息量巨大，但网站建立者、直接负责的管理者未直接接触公民个人信息，不少情形下难以按照侵犯公民个人信息罪定罪处罚。根据《刑法》第二百八十七条之一的规定，设立用于实施违法犯罪活动的网站、通讯群组，情节严重的，构成非法利用信息网络罪。经研究认为，供他人实施非法获取、出售或者提供公民个人信息违法犯罪活动的网站、通讯群组实际上属于"用于实施违法犯罪活动的网站、通讯群组"。因此，《最高人民法院、最高人民检察院关于办理侵犯公民个人信息刑事案件适用法律若干问题的解释》（以下简称《解释》）第八条规定："设立用于实施非法获取、出售或者提供公民个人信息违法犯罪活动的网站、通讯群组，情节严重的，应当依照《刑法》第二百八十七条之一的规定，以非法利用信息网络罪定罪处罚；同时构成侵犯公民个人信息罪的，依照侵犯公民个人信息罪定罪处罚。"

司法适用中，对于"用于实施非法获取、出售或者提供公民个人信息违法犯罪活动的网站、通讯群组"的认定，可以从网站、群组的设立目的与设立后主要从事的活动两个方面加以判断。具体而言，以实施非法获取、出售或者提供公民个人信息违法犯罪活动为目的设立或者设立后主要实施非法获取、出售或者提供公民个人信息违法犯罪活动的网站、群组。应当认定为"用于实施非法获取、出售或者提供公民个人信息违法犯罪活动的网站、通讯群组"。

根据《刑法》第二百八十七条之一第一款的规定，非法利用信息网络的入罪以"情节严重"为标准。根据司法实践中的具体情况，可以从如下几个方面认定"情节严重"：（1）传播面，具体包括设立网站、发布信息数量和访问数量，以及群组的个数和成员账号数。（2）违法所得数额。从实践来看，

---

① 当然，细究起来，非法利用信息网络罪并非仅仅是对处于预备阶段的网络犯罪行为单独入罪，部分情形下也是对已经实行犯罪、但尚未实行终了的行为入罪，如为实施诈骗等违法犯罪活动发布信息的行为。

非法利用信息网络设立用于实施非法获取、出售或者提供公民个人信息违法犯罪活动的网站、通讯群组，可能获取违法所得。因此，可以考虑以违法所得数额作为衡量“情节严重”与否的标准。

——喻海松：《最高人民法院、最高人民检察院侵犯公民个人信息罪司法解释理解与适用》，中国法制出版社 2018 年版，第 52~53 页。

738. 侵犯公民个人信息罪的认罪认罚从宽处理规则

关键词

侵犯公民个人信息罪　认罪认罚从宽制度

最高人民法院司法解释

第十条　实施侵犯公民个人信息犯罪，不属于“情节特别严重”，行为人系初犯，全部退赃，并确有悔罪表现的，可以认定为情节轻微，不起诉或者免予刑事处罚；确有必要判处刑罚的，应当从宽处罚。

——《最高人民法院、最高人民检察院关于办理侵犯公民个人信息刑事案件适用法律若干问题的解释》（2017 年 5 月 8 日，法释〔2017〕10 号）。

附录：理解与适用

为贯彻落实“认罪认罚从宽制度”，充分发挥刑法的教育和威慑功能，《最高人民法院、最高人民检察院关于办理侵犯公民个人信息刑事案件适用法律若干问题的解释》（以下简称《解释》）第十条专门规定：“实施侵犯公民个人信息犯罪，不属于‘情节特别严重’，行为人系初犯，全部退赃，并确有悔罪表现的，可以认定为情节轻微，不起诉或者免予刑事处罚；确有必要判处刑罚的，应当从宽处罚。”可见，该条只适用于侵犯公民个人信息犯罪的基本情节，对于符合“情节特别严重”构成的，不能再适用本条规定从宽处罚。

——喻海松：《最高人民法院、最高人民检察院侵犯公民个人信息罪司法解释理解与适用》，中国法制出版社 2018 年版，第 63 页。

739. 涉案公民个人信息的数量计算规则

关键词

公民个人信息　数量计算规则

最高人民法院司法解释

第五条　非法获取、出售或者提供公民个人信息，具有下列情形之一的，应当认定为刑法第二百五十三条之一规定的“情节严重”：

（一）出售或者提供行踪轨迹信息，被他人用于犯罪的；

（二）知道或者应当知道他人利用公民个人信息实施犯罪，向其出售或者提供的；

（三）非法获取、出售或者提供行踪轨迹信息、通信内容、征信信息、财产信息五十条以上的；

（四）非法获取、出售或者提供住宿信息、通信记录、健康生理信息、交易信息等其他可能影响人身、财产安全的公民个人信息五百条以上的；

（五）非法获取、出售或者提供第三项、第四项规定以外的公民个人信息五千条以上的；

（六）数量未达到第三项至第五项规定标准，但是按相应比例合计达到有关数量标准的；

（七）违法所得五千元以上的；

（八）将在履行职责或者提供服务过程中获得的公民个人信息出售或者提供给他人，数量或者数额达到第三项至第七项规定标准一半以上的；

（九）曾因侵犯公民个人信息受过刑事处罚或者二年内受过行政处罚，又非法获取、出售或者提供公民个人信息的；

（十）其他情节严重的情形。

实施前款规定的行为，具有下列情形之一的，应当认定为刑法第二百五十三条之一第一款规定的“情节特别严重”：

（一）造成被害人死亡、重伤、精神失常或者被绑架等严重后果的；

（二）造成重大经济损失或者恶劣社会影响的；

（三）数量或者数额达到前款第三项至第八项规定标准十倍以上的；

（四）其他情节特别严重的情形。

第十一条　非法获取公民个人信息后又出售或者提供的，公民个人信息的条数不重复计算。

向不同单位或者个人分别出售、提供同一公民个人信息的，公民个人信息的条数累计计算。

对批量公民个人信息的条数，根据查获的数量直接认定，但是有证据证明信息不真实或者重复的除外。

——《最高人民法院、最高人民检察院关于办理侵犯公民个人信息刑事案件适用法律若干问题的解释》（2017 年 5 月 8 日，法释〔2017〕10 号）。

附录：理解与适用

一、公民个人信息的条数计算

关于公民个人信息的条数计算，特别是同一条信息涉及家庭住址、银行卡信息、电话号码等多类别个人信息，如果是按照一条公民个人信息来交易的，则往往会认定为一条公民个人信息。对此问题，实践中并无太大争议。但是，如果将这一规则在司法解释中明确规定。又可能会限缩司法裁量空间，难以兼顾复杂情况。故而，《最高人民法院、最高人民检察院关于办理侵犯公民个人信息刑事案件适用法律若干问题的解释》（以下简称《解释》）对此问题未作专门规定，实践中可以沿用上述做法，综合考虑实践交易规则和习惯，准确认定公民个人信息的条数。需要注意的是，有些情形下“一条”公民个人信息应当理解为“一组”公民个人信息。例如，公民个人的银行账户、支付结算账户、证券期货等金融服务账户的身份认证信息，应当理解为一组确认用户操作权限的数据，包括账号、口令、密码、数字证书等，而非单个数据。

对于实践中存在的针对同一对象非法获取公民信息后又出售或者提供的情形，则明显不宜先计算非法获取的公民个人信息数量、再计算出售或者提供的公民个人信息数量，故《解释》第十一条第一款规定：“非法获取公民个人信息后又出售或者提供的，公民个人信息的条数不重复计算。”此外，考虑到公民个人信息可能被重复出售或者提供，其社会危害性明显不同于向他人出售或者提供一次的情形，故而，《解释》第十一条第二款规定：“向不同单位或者个人分别出售、提供同一公民个人信息的，公民个人信息的条数累计计算。”

二、批量公民个人信息的数量认定

从实践来看，除公民个人敏感信息外，涉案的公民个人信息动辄上万条甚至数十万条。此类案件中，不排除少数情况下存在信息重复，如针对同一对象并存“姓名＋住址”“姓名＋电话号码”，“姓名＋身份证号”等数条信息，但要求做到完全去重较为困难。此外，对于信息的真实性也难以一一核实。个别案件中，要求办案机关电话联系权利人核实公民个人信息的做法，明显不合适。①

① 有论者从体系解释、认识错误、法益等角度出发，认为侵犯公民个人信息罪的对象应当是真实的个人信息；从实体法与程序法的关系出发，认为公诉机关应当举证证明个人信息是真实的个人信息。以此为基础，对“逐一认定个人信息是否真实会消耗过多的司法资源”的观点进行批驳。参见叶小琴、赵忠东：《侵犯公民个人信息罪对象应当是真实的个人信息》，载《人民法院报》2017 年 2 月 15 日，第 6 版。本书认为，立足理论层面，抽象而言，上述观点无疑是合理的。但是，立足于实务层面，对于证据规则的具体应用无疑应当兼顾各类犯罪的具体情况。对于敏感公民个人信息，由于入罪门槛较低，实践中逐一核实信息的真实性。并无困难，实践中完全可以做到；但是对于其他公民个人信息、特别是在海量状态之下，要求逐一核实信息的真实性，实践中难以做到，故应允许适用推定规则。逐一核实信息的真实性，与运用规定规则认定信息的真实性，应当都是证明个人信息真实性的合适方法，只是基于案件实际情况作出的不同选择罢了。而且，推定规则的适用，并不意味着背离刑事诉讼的证据规则，更不意味着举证责任的转移。对此问题已有诸多论者加以阐释，兹不赘言。

基于此，《解释》第十一条第三款规定："对批量公民个人信息的条数，根据查获的数量直接认定，但是有证据证明信息不真实或者重复的除外。"需要注意的是，推定规则并不意味着举证责任的倒置，公诉机关仍然承担对公民个人信息数量的举证责任。基于此，对于批量公民个人信息仍然应当要求作去重处理，对于明显重复的信息应当予以排除。这从技术角度并不存在难题，且对于确保案件的质量大有裨益。

此外，需要强调的是，对于公民个人敏感信息不宜适用《解释》第十一条第三款的规定，而应当逐一认定。主要考虑如下：（1）从司法实践来看，一般公民个人信息的价格相对较低，甚至不会按条计价，故要求逐一认定不具有可操作性；而公民个人敏感信息价格通常较高，通常按条计价，逐条认定不存在难题。（2）涉敏感信息的案件入罪标准较低，五十条或者五百条即达到入罪标准。为此，对于此类案件要求逐一认定敏感信息的数量，对于确保定罪量刑的准确，完全必要。

——喻海松：《最高人民法院、最高人民检察院侵犯公民个人信息罪司法解释理解与适用》，中国法制出版社 2018 年版，第 64~66 页。

740. 暴力致人轻伤迫使证人在询问笔录上签名按手印行为的定性

关键词

暴力取证罪　迫使证人签名　致人轻伤

《刑事审判参考》指导案例

周建忠暴力取证案（《刑事审判参考》指导案例第 158 号）

裁判要点：暴力迫使证人在询问笔录上签名按手印并致人轻伤的行为，构成暴力取证罪。

暴力取证致人伤害与一般的故意伤害行为还是有所区别的。二者区别的关键，除犯罪主体、犯罪对象外，主要在于前者是发生在司法人员依职权取证活动中，且具有逼取证人证言的特殊目的。行为人之所以对证人实施暴力，并致证人伤害或死亡都是在其逼取证人证言的目的支配下实施的。正因如此，通常情况下，行为人对证人施暴虽是故意的，有目的的，但对致证人伤害，一般都不是持积极希望或追求态度的，而多是放任，甚至可能是过失的。实践中所发生的暴力取证致人伤害案件，其成因多在于司法工作人员急于办案、执法粗暴、特权心理作祟等缘故，即所谓“因公施暴”。《刑法》第 247 条虽没有规定暴力取证行为，情节严重的才构成犯罪，但根据《刑法》第十三条的规定，如暴力取证行为显著轻微危害不大的，仍无须以犯罪论处。本案被告人为逼使已怀孕近两月的证人在询问笔录上签名按手印，而对证人腹部踢了一脚，致使证人流产，造成轻伤的后果，且在证人被踢后自述疼痛的情况下，不予理睬，其行为显然不能说是“显著轻微危害不大”。因此，法院对本案被告人以暴力取证罪定罪是正确的。

——最高人民法院刑事审判第一庭、第二庭编：《刑事审判参考》2002 年第 1 辑（总第 24 辑），法律出版社 2002 年版，第 57~61 页。

741. 处理重婚案件的政策精神

关键词

重婚罪　历史因素　社会因素

附录：最高人民法院主流观点

人民法院处理重婚案件总的政策精神是：1950 年《婚姻法》颁布以前的重婚，一般不再追究；1950 年《婚姻法》实施以后的重婚，必须坚持一夫一妻制的原则，区别不同情况，严肃处理。在处理具体案件时，既要维护法律的严肃性，又要从实际出发，根据婚姻基础、婚后感情好坏、重婚的原因、重婚时间长短、有无子女和子女利益等情况全面加以考虑，依法处理：（1）对于那些因喜新厌旧、玩弄异性、好逸恶劳、贪图享受、骗取财物或者“传宗接代”等剥削阶级思想而重婚的，除解除其非法婚姻关系外，还应依法追究其刑事责任。（2）对于有些农村妇女因严重自然灾害、生活困难等原因，外出与他人重婚或者同居的，不具有期待可能性，因而阻却责任，一般不宜以重婚罪论处。（3）对有的妇女由于反抗包办、买卖婚姻；或者一贯受虐待，没有建立夫妻感情，坚决要求离婚，不但得不到支持，反而遭受迫害，而与他人重婚的，也不应以重婚罪论处。

——胡云腾主编：《刑法罪名精释（第五版）》，人民法院出版社 2022 年版，第 791~792 页。

742. 事实重婚的定性

关键词

重婚罪　事实重婚

《刑事审判参考》指导案例

方伍峰重婚案（《刑事审判参考》指导案例第 10 号）

裁判要点：对于 1994 年 2 月 1 日中华人民共和国民政部新的《婚姻登记管理条例》施行后，先有法律婚姻，又有事实婚姻的，构成重婚罪；先有事实婚姻，又与他人登记结婚和两次及两次以上均是事实婚姻的，则依法不构成重婚罪。

被告人方伍峰的行为发生在 1993 年 7 月至 1996 年，对其应适用最高人民法院《关于人民法院审理未办理结婚登记而以夫妻名义同居生活案件的若干意见》[①] 第 2 条的规定，即：1986 年 3 月 15 日《婚姻登记办法》施行之后，未办结婚登记手续即以夫妻名义同居生活，群众也认为是夫妻关系的，如果同居时，双方均符合结婚的法定条件，可认定为事实婚姻关系。但是，对“同居时”的含义，在理解时应当注意，最高人民法院《关于人民法院审理未办结婚登记而以夫妻名义同居生活案件的若干意见》中，严格使用了“起诉时”“同居时”“同居期间”“同居生活期间”等概念。对 1986 年 3 月 15 日《婚姻登记办法》施行之前的行为，规定为“起诉时”，而对于 1986 年 3 月 15 日《婚姻登记办法》施行之后的行为，则规定为“同居时”。因此，这里的“同居时”，应理解为同居开始时。据此，中国人民解放军兰州军区军事法院认定方伍峰与王某之间在同居开始时，其中一方不符合结婚的法定条件，不构成事实婚姻关系，对方伍峰不能以重婚罪论处，故宣告方伍峰无罪。兰州军区军事法院的这一裁决是正确的。

那么，1994 年 2 月 1 日以后，在重婚罪中，是否排除了事实婚姻的存在呢？根据最高人民法院的前述批复，事实婚姻仍可作为重婚罪的构成要件。对最高人民法院批复中的所谓“有配偶的人”，应理解为是指已经依法登记结婚的人。对未经依法登记而以夫妻名义共同生活的人，不能称之为“有配偶

① 本文件已被《最高人民法院关于废止部分司法解释及相关规范性文件的决定》（法释〔2020〕16 号）废止。

的人”。因此，已经登记结婚的人，又与他人以夫妻名义同居生活，或者明知他人已经登记结婚，还与之以夫妻名义同居生活，今后同样构成重婚罪。对于先有事实婚姻，又与他人登记结婚和两次及两次以上均是事实婚姻的，则依法不构成重婚罪。

对于有配偶的人又与他人以夫妻名义同居而形成事实婚姻的，之所以应当以重婚罪追究刑事责任，是因为不能允许行为人以事实婚姻去肆意破坏依法登记的合法婚姻。法律不保护事实婚姻，但必须保护合法的婚姻关系不受非法侵犯。民事案件中对事实婚姻不再承认，是因为事实婚姻双方应当知道结婚应依法登记而故意不予登记，由此引起的不利于己的后果，当事人双方应当分别承担。同理，前后两个事实婚姻，均不受法律保护，当然也不构成重婚罪。前一个事实婚姻的一方因对方又与他人形成事实婚姻，不受追究而受到侵害，是源于当初未依法履行结婚登记手续，因此理应承担这一不利于己的后果。就本案来说，被告人方伍峰事实婚姻在前，合法登记结婚在后，不构成重婚罪。但是，如果被告人登记结婚后，仍然保持原来与王某的事实婚姻，则属重婚行为，应当依法追究刑事责任。

——最高人民法院刑事审判第一庭编:《刑事审判参考》1999 年第 2 辑（总第 2 辑），法律出版社 1999 年版，第 14~18 页。

附录：司法信箱

问题：丁某（男，已婚）与胡某（女，已婚）在打工期间产生感情并发生性关系，后由于双方不断变更打工地点，故断断续续在一起生活，并生有一子。请问，丁某与胡某是否构成重婚?

《人民司法》研究组认为：《刑法》第 258 条规定：“有配偶而重婚的，或者明知他人有配偶而与之结婚的，处二年以下有期徒刑或者拘役。”据此，重婚罪是指有配偶而重婚，或者明知他人有配偶而与之结婚的行为。这里的“结婚”，既包括骗取合法手续登记结婚，又包括虽未登记结婚，但以夫妻名义共同生活的情形。因此，丁某与胡某的行为是否构成重婚罪，关键要审查他们是否骗取合法手续登记结婚，或者虽未登记结婚，但以夫妻名义共同生活。如属于以上情形，即应以重婚罪定罪处罚，否则，即使二人生有一子，其行为也属于一般的通奸性质，不构成重婚罪。

——《人民司法》2002 年第 3 期（总第 458 期）。

问题：甲某与乙某经人介绍相识，于 2002 年 4 月 20 日按农村风俗举行了结婚仪式，但未办理结婚登记，随后双方以夫妻名义同居。后双方因生活琐事发生争吵，甲某外出打工，在外与丙某相识，并与丙某办理结婚登记。乙某得知后，向法院提起自诉，要求追究甲某重婚罪的刑事责任。本案在处理过程中，对甲某行为的定性存在两种意见：一种意见认为，由于甲某与乙某未办理结婚登记，双方的夫妻关系不受法律保护，故甲某的行为不构成重婚罪；另一种意见认为，甲某与乙某虽未办理结婚登记，但双方是以夫妻名义同居，故甲某的行为构成重婚罪。

《人民司法》研究组认为：1994 年 2 月 1 日，民政部发布了新的《婚姻登记管理条例》，并于发布之日起施行。根据该条例规定，自 1994 年 2 月 1 日起，没有配偶的男女，未经结婚登记即以夫妻名义同居生活的，其婚姻关系无效，不受法律保护，应按非法同居关系处理。按照上述规定，甲某与乙某不构成事实婚姻，因此，甲某不属于"有配偶而重婚"，甲某后来与丙某结婚的行为不构成重婚罪。

——《人民司法》2006 年第 9 期（总第 512 期）。

743. 破坏军婚罪中"同居"的认定

关键词

破坏军婚罪　同居

《刑事审判参考》指导案例

李某破坏军婚案（《刑事审判参考》指导案例第 1457 号）

裁判要点：有配偶者与他人同居应是持续、稳定的共同居住行为。如果双方仅偶尔或间隔地共同居住，如一夜情、嫖娼、通奸等，则该行为并不构成有配偶者与他人同居。

（一）我国现行法律对"同居"的界定

《民法典》第一千零四十二条规定，禁止有配偶者与他人同居。该条规定属于婚姻家庭的禁止性规定。《最高人民法院关于适用〈中华人民共和国婚姻法〉若干问题的解释（一）》[①] 第二条规定："'有配偶者与他人同居'的情形，是指有配偶者与婚外异性，不以夫妻名义，持续、稳定地共同居住。"《中华人民共和国民法典婚姻家庭编继承编理解与适用》中载明："有配偶者与他人婚外同居，主要是指有配偶者在与他人同居时，既不办理结婚登记，对外也

① 《婚姻法》为《民法典》所吸收后，该条规定依然适用。参见最高人民法院民法典贯彻实施工作领导小组主编：《中华人民共和国民法典婚姻家庭编继承编理解与适用》，人民法院出版社 2021 年版，第 29 页。——编者注

不以夫妻名义相称的行为，其直接构成离婚的法定理由，同时无过错的配偶一方有权提起离婚损害赔偿请求。”[①]目前刑法及相关刑事司法解释并未就“同居”作出明确规定。据此，本案中李某与侯某的行为是否构成法律意义上的“同居”，还需进一步分析。

（三）对“同居”的刑事认定

刑法第二百五十九条破坏军婚罪侵犯的是军人婚姻关系这一特殊的客体，保障的是现役军人的婚姻权益。对破坏军婚罪中“同居”的认定，在遵循刑法形式解释的同时，更应遵循对本罪实质意义上的解释，强调对军人婚姻产生实质性破坏的否定评价。

在司法实践中认定破坏军婚罪，关键是要划清“同居”与通奸的界限。所谓与现役军人的配偶“同居”，应当包括在较长时间内公开或者秘密地在一起生活的情形。这种关系以不正当的两性关系为基础，往往还伴有经济上和其他生活方面的特殊关系，显然不同于一般的通奸关系。通奸以临时性为特征，而“同居”则具有连续性、延续性。如果只是偶尔或断续地与现役军人的配偶通奸，不能认为是“同居”，也就不能以犯罪论处。《〈最高人民法院关于适用中华人民共和国婚姻法若干问题的解释（一）〉的理解与适用》[②]中提及：在讨论过程中，有建议就同居问题规定出一个明确的期限，双方共同生活达到规定期限的，即可认定为同居。我国目前有些地方的法院已就本地区审理此类问题时作了时间上的界定。考虑到我国各地区实际情况不同，如果采取“一刀切”的做法，反而不利于具体案件的审理，不完全符合实际。现在的规定，相应地给办案法官以一定的裁量权，对法官的公正执法能力及法律素质都要求较高。[③]可见，在司法实践中，需要根据具体案件的实际情况，结合时代的情感要求、通行的道德标准以及地区的文化风俗、宗教信仰等具体因素进行综合判断。同时应当考虑裁判的社会接受度、体制宽容度和可执行度等因素，不能刻板、僵化地执行法律，要确保裁判取得政治、法律、社会效果的有机统一。

有配偶者与他人同居应是持续、稳定的共同居住行为。如果双方仅偶尔或间隔地共同居住，如一夜情、嫖娼、通奸等，则该行为并不构成有配偶者与他人同居。此外，在判断共同居住行为是否具有持续性和稳定性时，也不应仅将同居的时间长短作为唯一的认定标准，而应结合案件具体情况，对双

---

① 最高人民法院民法典贯彻实施工作领导小组主编：《中华人民共和国民法典婚姻家庭编继承编理解与适用》，人民法院出版社 2021 年版，第 31 页。

② 本文件已被《最高人民法院关于废止部分司法解释及相关规范性文件的决定》（法释〔2020〕16 号）废止。

③ 《〈最高人民法院关于适用中华人民共和国婚姻法若干问题的解释（一）〉的理解与适用》，载最高人民法院研究室编：《司法解释与审判指导》（第 2 辑），中国法制出版社 2002 年版，第 3 页。

方同居时间的长短、同居关系稳定程度，以及同居频率等诸多因素进行综合考量，从而得出符合客观实际的结论。

通奸与同居并不是截然可分、一成不变的。通奸也可以转化为同居。从单独一次通奸来看，时间上有间断、地点亦不固定，但长期通奸关系保持一年以上，时间相对持续、地点相对固定，尤其是在经济上、生活上有着密切联系的，已具备同居的实质内容，对于婚姻尤其是军婚的破坏程度亦无异于同居，其实质已属于同居。破坏军婚罪保护的法益是现役军人的婚姻家庭关系，突出了现役军人配偶对婚姻的忠实义务。长期通奸造成军人婚姻关系破裂的，应当以破坏军婚罪追究刑事责任。《最高人民法院印发〈关于破坏军人婚姻罪的四个案例〉的通知》[1985 年 7 月 18 日，法（研）发（1985）16 号] 发布的案例明确，在办理破坏军人婚姻案件中遇到被告人与现役军人的配偶长期通奸造成军人夫妻关系破裂的严重后果类似情况的，应当适用刑法第一百八十一条[①]的规定予以判处，即明确将长期通奸造成军婚破坏的情形等同于同居行为。修订后的刑法关于破坏军婚罪的罪状并无变化。在关于破坏军婚罪中对“同居”的理解和适用应当保持一定的连续性和一致性，这对军婚的特别保护具有现实必要性和特殊重要性。

本案中，被告人李某在明知侯某丈夫是现役军人的情况下，仍然在将近两年的时间内多次多地与侯某在宾馆开房间发生性关系，共同居住，而且造成了生育一子的严重后果。彭某在得知侯某有婚外情以及侯某乙并非亲生后，双方婚姻关系已达到实质破裂的程度。李某的行为严重损害了现役军人的婚姻权益，已经对现役军人的婚姻关系产生了实质性的破坏，并造成不可逆转的影响。

综上，被告人李某的行为符合破坏军婚罪的构成要件，法院以破坏军婚罪追究其刑事责任是正确的。

——朱军、汪润洲撰稿、于同志审编：《李某破坏军婚案——破坏军婚罪中“同居”的认定》，载最高人民法院刑事审判第一、二、三、四、五庭编：《刑事审判参考》(总第 130 辑)，最高人民法院出版社 2022 年版，第 75~79 页。

---

① 此处指 1979 年《刑法》。1979《刑法》与 1997《刑法》关于破坏军婚罪的罪状内容一致。——编者注

744. 虐待过程中又实施故意伤害行为致人死亡行为的定性

关键词

虐待罪　故意伤害罪　法条竞合

《刑事审判参考》指导案例

蔡世祥故意伤害案（《刑事审判参考》指导案例第410号）

裁判要点：行为人对被虐待人有故意伤害行为，但没有给被害人造成轻伤以上伤害后果的，应认定为虐待罪。在经常性虐待过程中，其中一次行为人明知其行为会给被害人身体造成伤害，且客观上已经给被害人造成伤害后果的，应认定为故意伤害罪，如果将该伤害行为分离出来独立评价后，其他虐待行为能够满足虐待罪构成要件的，应当以虐待罪与故意伤害罪实行两罪并罚；如果将伤害行为分离后，其余虐待行为不构成虐待罪的，只能以行为人犯故意伤害罪一罪处罚。

（一）虐待罪与故意伤害罪之间不存在法条竞合关系

判断虐待罪与故意伤害罪是否存在法条竞合关系的关键在于两罪的构成要件是否存在交叉或包容关系，根据《刑法》第234条和第260条的规定，虐待罪与故意伤害罪的犯罪构成要件完全不同，并不存在构成要件上的交叉或包容关系：一是犯罪主体不同。虐待罪的犯罪主体为特殊主体，只有行为人与被害人具有家庭成员关系时才构成；故意伤害罪的犯罪主体为一般主体。二是故意内容不同。虐待罪的主观故意是使被虐待者肉体上、精神上受摧残、折磨，行为人并不想直接造成被害人伤害、死亡的结果，被害人所以致伤、致死是由于长期虐待的结果；故意伤害罪的行为人则积极追求或放任伤害后果的发生。三是侵犯客体不同。虐待罪侵犯的是复杂客体，即家庭成员在家庭生活中的平等权利和被害人的人身权利；故意伤害罪侵犯的是单一客体，即他人的身体健康权。四是行为特点不同。虐待罪中的虐待行为具有连续性、经常性和一贯性，这是引起被害人致伤、致死的原因，一次的虐待行为不足以构成虐待罪，更不足以造成被害人伤亡结果的发生；而故意伤害罪对被害人身体的伤害一般情况下为一次形成。

此外，法条竞合关系只能对“同一行为”进行评价时产生。如果行为人实施的犯罪行为有两个，一个是长期的虐待行为；一个是最后一次的故意伤害行为。在虐待过程中，故意对被害人实施的造成伤害结果的伤害行为，并不能被虐待行为所包容、评价，构成刑法意义上的独立客观行为。由此可见，行为人的伤害行为与其以前实施的虐待行为并不是刑法意义上的"同一行为"，完全可以从之前的虐待行为中分离出来，应当分别进行评价。故意伤害行为与虐待行为间不存在法条竞合关系。

（二）虐待过程中又实施故意伤害行为的定罪

实践中，由于行为人在虐待家庭成员的过程中经常伴有故意伤害的手段，容易发生被虐待人伤害甚至死亡的结果，如何定罪，涉及虐待罪与故意伤害罪的区分问题，比较复杂。我们认为，对这类案件，应当依照虐待罪与故意伤害罪的构成标准，结合具体案情分情况处理：行为人对被虐待人有故意伤害行为，但没有给被害人造成轻伤以上伤害后果的，应将其视为虐待方法之一，认定为虐待罪。在经常性虐待过程中，其中一次行为人明知其行为会给被害人身体造成伤害，且客观上已经给被害人造成伤害后果的，应当认定为故意伤害罪，如果将该伤害行为分离出来独立评价后，其他虐待行为能够满足虐待罪构成要件的，应当以虐待罪与故意伤害罪实行两罪并罚；如果将伤害行为分离后，其余虐待行为不构成虐待罪的，只能以行为人犯故意伤害罪一罪处罚。

——最高人民法院刑事审判第一、二、三、四、五庭主办：《刑事审判参考》2006 年第 5 集（总第 52 集），法律出版社 2007 年版，第 11~15 页。

附录：最高人民法院主流观点

划清虐待致人重伤、死亡与故意伤害罪、故意杀人罪的界限，主要注意两点：一是行为的特点不同。从犯罪形态看，虐待罪属于连续犯，虐待行为呈现出经常性、持续性、反复性的特点，一次虐待行为不足以构成虐待罪，更不足以造成被害人伤害、死亡结果的发生；而故意伤害罪、故意杀人罪一次行为即可构成。二是故意的内容不同。虐待罪的故意内容，是使被虐待者肉体上、精神上遭受摧残和折磨，行为人并不想直接造成被害人伤害或者死亡的结果；被害人被之所以致伤、致死，是由于长期受虐待的结果。如果行为人在经常性虐待过程中有一次故意对被害人加以伤害或者杀害的，那就不仅仅构成了虐待罪，还构成了故意伤害罪或者故意杀人罪，应当实行数罪并罚。例如，索和平故意伤害案中，被告人索和平常虐待父亲索金秀，因生活琐事对其拳打脚踢致死，尤其是其父出现死亡征兆后，未进行任何救治，而是私自决定掩埋，构成故意伤害罪。

——胡云腾主编：《刑法罪名精释（第五版）》，人民法院出版社 2022 年版，第 796~797 页。

745. 对家庭成员长期虐待，虐待过程中又实施暴力殴打直接造成家庭成员重伤、死亡行为的定罪处罚

关键词

故意伤害罪　长期虐待

《刑事审判参考》指导案例

李艳勤故意伤害案（《刑事审判参考》指导案例第 995 号）

裁判要点：被告人与被害人父亲同居生活，负责料理被害人的日常生活，双方已经形成了实质上的家庭关系，被告人可以成为虐待罪的主体。同时，故意伤害罪的主体为一般主体，即具有刑事责任能力的自然人，被告人亦属于故意伤害罪的主体。被告人对被害人长期进行殴打、冻饿，就其在致死被害人之前的行为而言，已具备虐待罪的主观方面特征。但被告人最后几次连续殴打被害人腹部致被害人死亡的行为，其主观已经超出虐待的范畴，具备了伤害的主观故意，因此，应当认定被告人的行为构成虐待罪和故意伤害罪，依法应当数罪并罚。

本案审理过程中，对被告人李艳勤的行为是构成虐待罪还是故意伤害罪，主要形成两种意见：一种意见认为，李艳勤的行为构成虐待罪；另一种意见认为，李艳勤的行为构成故意杀人罪。我们认为，虐待罪与故意伤害罪都是侵犯被害人人身权利的犯罪，在行为方面有共同特点，通常会对被害人身体造成不同程度的伤害，甚至会出现被害人重伤、死亡的后果，要准确区分虐待罪与故意伤害罪要从以下五个方面进行分析：

（一）关于犯罪主体方面

故意伤害罪的主体是一般主体，任何人都可以构成故意伤害罪。而虐待罪的主体刑法有特殊规定，即家庭成员，有必要对此加以分析。家庭成员是指在一个家庭中共同生活的成员。比较典型的是由法定关系组成的家庭，如夫妻之间；由血亲组成的家庭，如父母与子女、祖父母与孙子女、兄弟姐妹之间等；由拟制血亲形成的家庭，如养父母与养子女、继父母与继子女。这些关系都要求成员在一起共同生活。除了上述典型的家庭关系外，当今社会不乏同居者，具有这样关系的行为人能否构成虐待罪的主体，我们认为，需要视具体情况而定。现实生活中的虐待行为不仅发生在家庭成员之间，还会

发生在师生、雇主与雇员之间等，刑法之所以只规定家庭成员之间的虐待才构成犯罪，旨在特殊保护处于婚姻、家庭关系中的成员。因为，婚姻家庭中受虐待的被害人，通常无法挣脱或者很难挣脱这种家庭关系的束缚，在这种关系中往往处于弱势的一方。居于优势一方可能会借助家庭的掩护，长期对被害人进行虐待，家庭以外的人难以干预，导致被害人缺乏有力的救济途径，且长期的虐待对被害人、对家庭乃至对社会都会产生负面效应。鉴于此，刑法将发生在家庭成员之间的虐待行为规定为虐待罪。我们认为，从这一角度出发，虽然同居二人没有办理正式结婚手续，不是合法夫妻，与对方子女未能形成法定的继子女关系，但实际上，同居者的双方以同居的形成组成了家庭并且共同生活在一起，具备了家庭的形式与实质，同居者及其子女应当视为家庭成员，发生在这些家庭成员之间的虐待行为，其危害与发生在典型的家庭成员之间的虐待并无本质区别，应当属于刑法调整的对象。非婚同居者之间系家庭成员，同居双方抚养的未成年子女若共同生活，也与同居者之间构成家庭成员关系。因此，对与其同居者子女长期虐待的，亦构成本罪。

本案中，被告人李艳勤与被害人申某然的父亲申某某同居生活，在申某某外出打工时，李艳勤负责料理小孩的日常生活，双方已经形成了实质上的家庭关系，李艳勤可以成为虐待罪的主体。同时，故意伤害罪的主体为一般主体，即具有刑事责任能力的自然人，李艳勤亦属于故意伤害罪的主体。

（二）关于犯罪主观方面

虐待罪的主观方面是其区别于故意伤害罪、故意杀人罪的重要特征之一，也是区分的难点。虐待罪的主观上要求是故意，且是直接故意，即故意对被害人进行肉体上、精神上的摧残、折磨，使被害人遭受痛苦。值得注意的是，这种痛苦通常不会直接造成被害人重伤或死亡的结果，行为人并不追求也不放任被害人重伤或死亡结果的发生，即便虐待造成被害人重伤或死亡，也不是某次虐待行为直接导致的，而是长期虐待的结果。这是其与故意伤害罪乃至故意杀人罪在主观方面的重要区别。故意伤害罪存在直接故意和间接故意之分，直接故意的内容为通过实施伤害行为，直接导致被害人身体健康（功能、器质受损）受到伤害（轻伤以上）；间接故意伤害是明知自己的行为可能会造成被害人身体健康受到伤害，而放任这种结果的发生。无论直接故意还是间接故意，都要求明知其行为会（可能会）对被害人身体健康造成伤害。

本案中，被告人李艳勤对被害人申某然长期进行殴打、冻饿，就其在致死被害人之前的行为而言，已具备虐待罪的主观方面特征。但李艳勤最后几次连续殴打被害人腹部致被害人死亡的行为，其主观已经超出虐待的范畴，具备了伤害的主观故意。理由是：李艳勤虽然不能明确认知到其殴打行为会造成被害人肠管破裂这一具体后果，但应当能认识到连续殴打幼童腹部，很可能会使幼童的身体健康受到严重伤害，且在明知被害人已经受伤的情况下还继续殴打，并已发现被害人出现身体不适的状态下不及时送医，显然是对其行为可能造成的后果持放任态度，已具备了伤害的主观故意（间接故意）。

（三）关于犯罪客观方面

虐待罪与故意伤害罪的客观行为表现有所不同。虐待罪是长期以殴打、拧掐、烫、冻饿、捆绑、强迫超体力劳动、限制自由、凌辱人格等各种方法，对被害人进行肉体上、精神上的折磨和摧残。需要注意的是，构成虐待罪的行为是长期地、相对连续地进行，而不是偶然一次实施殴打、冻饿等虐待行为。虐待罪的一般犯罪构成，并不要求造成被害人重伤、死亡的后果，情节恶劣即可构罪。所谓“情节恶劣”，是指虐待年老、年幼、病残的家庭成员，或者长期虐待家庭成员，屡教不改的，或者虐待动机卑劣、手段凶残等。长期虐待造成被害人重伤、死亡后果的，是虐待罪的加重处罚情节。这里所指的造成重伤、死亡后果与故意伤害罪致人重伤、死亡的后果有着本质区别。虐待罪的加重后果，不是由某次或某几次虐待行为单独、直接造成的，而是因被害人长期受到虐待，逐步导致身体状况不佳、营养不良、病情恶化、精神受到严重刺激等情况而致重伤、死亡，或者被害人因不堪忍受虐待而自杀所致。重伤或者死亡结果一般是长期虐待行为积累所致。故意伤害罪的重伤或者死亡结果是一次或者连续几次故意伤害行为直接造成的后果，伤害行为与重伤、死亡结果之间存在十分紧密的客观联系，存在必然的因果关系。

本案中，被告人李艳勤于 2011 年 2 月开始与被害人申某然共同生活后，长期对被害人实施打骂、冻饿等虐待行为，情节恶劣，已经符合虐待罪的客观要件。从 2012 年 4 月 29 日晚开始至 5 月 3 日，李艳勤对被害人申某然连续进行暴力殴打，并且殴打部位都在腹部，直接造成被害人肠管破裂，继发腹腔感染，造成被害人死亡的结果。由此可见，尽管被害人申某然长期遭受李艳勤的虐待，但被害人最终死亡是被李艳勤的殴打行为直接造成的，其若没有实施该行为，申某然此前遭受的虐待行为即便累加也不致致其死亡。因此，李艳勤之前实施的虐待行为，已经符合虐待罪的构成要件，但致被害人死亡这一行为应当割裂出来单独评价，已符合故意伤害罪的要件。

（四）关于犯罪客体方面

如前所述，虐待罪的行为方式多种多样，不仅仅是对被害人身体进行殴打，侵犯人身健康权利。因虐待罪是发生在家庭成员之间，还侵犯了家庭成员之间的平等权利。对于不同行为方式的虐待罪，其侵犯的客体又会有所不同，如限制人身自由的虐待行为，侵犯了被害人的人身自由权；对被害人进行人格凌辱，侵犯了被害人的人格权等。由此可见虐待罪侵犯的客体是复杂客体。而故意伤害侵犯的是单一客体，即被害人的人身健康权利。

被告人李艳勤在 2012 年 4 月 29 日之前，对被害人申某然实施的长期殴打等虐待行为符合刑法规定的虐待罪的犯罪构成，已经构成虐待罪。而从

2012 年 4 月 29 日当晚开始至被害人死亡前，李艳勤对被害人连续实施的殴打腹部的行为又构成故意伤害罪。

（五）同时构成虐待罪和故意伤害等罪的，应当数罪并罚

本案中，李艳勤的行为应当择一重罪即故意伤害罪定罪处罚，还是应将虐待罪与故意伤害罪实行并罚，在实践中存在不同观点。我们认为，这两个犯罪行为是在被告人不同的、独立的主观故意下先后实施的，侵害了不同的客体，李艳勤的行为从犯罪构成上说，已经构成了两罪，且构成要件之间不存在交叉、包容或者吸收关系，不属于法条竞合、想象竞合或者行为吸收关系，不存在必须选择适用一个罪名而排除其他罪名的情形。因此，对李艳勤本应当以虐待罪和故意伤害罪数罪并罚。但根据刑法第二百六十条的规定：虐待罪尚未致被害人重伤或死亡的，必须要告诉后才能处理。本案被害人死亡是因最后一次故意伤害行为所致，无证据表明此前的虐待行为有致被害人重伤的严重后果，被害人、其法定代理人以及其近亲属在本案中未就虐待罪提起告诉，故根据“不告不理”的原则，不能对被告人之前的虐待行为追究刑事责任。因此，法院仅以故意伤害罪对被告人李艳勤定罪量刑是正确的。

——最高人民法院刑一庭：《李艳勤故意伤害案》，载最高人民法院刑事审判第一、二、三、四、五庭主办：《刑事审判参考》2014 年第 3 集（总第 98 集），法律出版社 2014 年版，第 105~109 页。

746. 虐待罪主体构成要件中的“家庭成员”认定

关键词

虐待罪　家庭成员

《刑事审判参考》指导案例

朱朝春虐待案（《刑事审判参考》指导案例第 998 号）

裁判要点：在司法实践中，对家庭成员的界定宜作宽泛理解，除了婚姻法规定的具有四类家庭关系的主体外，具有恋爱、同居、扶养等关系的主体，也应当视为家庭成员。夫妻离婚后仍然在一起共同生活的，应当认定为家庭成员。如果一方对另一方实施虐待，只要达到了情节恶劣的程度，就应当以虐待罪对侵害人进行惩处。

（一）关于“家庭成员”的法律规定及其理解

关于“家庭成员”的具体含义，刑法及相关司法解释均未明确作出规定。

从立法沿革分析，1979 年刑法将虐待罪设立在妨碍婚姻家庭罪一章，主要的考虑在于该罪属于与婚姻家庭有关的犯罪，处罚的是严重破坏婚姻家庭关系的行为。1997 年刑法将该罪设立在侵犯公民人身权利民主权利罪一章，但该罪的犯罪主体和犯罪对象仍然限定为家庭成员，调整的仍然是发生在家庭内部的、侵害家庭关系的行为。

我国民法关于家庭成员的规定也不明确、完整。如婚姻法没有对家庭成员的具体含义作出明确规定。该法第三章“家庭关系”，列举了夫与妻，父母与子女（包括婚生或非婚生子女，合法的养子女和继子女），祖父母、外祖父母与孙子女、外孙子女以及兄姐弟妹四类家庭关系，但除了这四类家庭关系外，是否还有其他主体之间的关系也属于家庭关系，婚姻法没有作出规定。从大众的通常观念来看，婚姻法没有将儿媳与公婆、女婿与岳父母等关系作为家庭成员关系予以规定，似有不足。再如，根据收养法[①]第十七条的规定，孤儿或者生父母无力抚养的子女，可以由生父母的亲属、朋友抚养，且这种关系不适用收养关系。如果具有这种事实抚养关系的主体之间，一方对另一方实施虐待行为，对侵害人不以虐待罪处罚，难以被社会所接受，也不符合公平正义理念。因此，我们认为，这种具有事实抚养关系的主体之间，也应当认定为家庭成员。

由此可见，对于家庭成员的认定，不能仅限于具有婚姻法规定的基于婚姻和血亲基础形成的四类家庭关系的主体，对于具有同居、扶养、寄养等“类家庭”关系的主体，也应纳入家庭成员的范畴。事实上，联合国文件以及很多国家、地区的立法规定，都已经把具有“类家庭”关系的主体规定为家庭成员。如联合国《反对针对妇女暴力的立法框架》规定，反对家庭暴力的立法应该至少适用于。目前正处于或曾经有过亲密关系的个人，包括婚姻、非婚、同居关系；与他人有家庭关系的个人；同一住户的成员。我国台湾地区家庭暴力防治方面的规定，将家庭成员定义为下列各种人员及其未成年子女：（1）配偶或前配偶。（2）现有或曾有同居关系、家长家属或家属间关系者。（3）现为或曾为直系血亲或直系姻亲。（4）现为或曾为四亲等以内之旁系血亲或旁系姻亲。上述规定关于家庭成员的定义，不只是为了与公众的通常观念保持一致，而是为了更好地解决传统意义上的家庭成员以及“类家庭”成员之间出现的法律问题，保护儿童、老人和妇女等弱势群体的权利，促进家庭和谐，维护社会稳定。这种立法规定既是社会文明进步的标志，也是维护和保障人权的一项措施。因此，我们认为，在司法实践中，对家庭成员的界定宜作宽泛理解，除了婚姻法规定的具有四类家庭关系的主体外，具有恋爱、同居、扶养等关系的主体，也应当视为“家庭成员”。

---

① 本文件已被《中华人民共和国民法典》废止。

（二）夫妻离婚后仍然在一起共同生活的，应当认定为家庭成员

夫妻离婚后仍然在一起共同生活的，二人之间的关系与婚姻法规定的夫妻关系相比，除了没有履行婚姻登记手续以及其在民事法律关系上有别于夫妻之外，其余方面差别不大。双方具有夫妻之间特有的亲密关系，无论是从大众的通常观念来看，还是出于司法实践的需要，都应当将之认定为家庭成员：

1. 从通常观念来看，夫妻离婚后仍然在一起共同生活的，二人之间的情感关系和社会关系都体现出家庭成员的特征，夫妻关系也得到社会明示或者默许的认同，离婚前形成的家庭关系仍然在延续。本案被告人朱朝春和被害人刘祎，虽然二人已协议离婚，但此后一直以夫妻名义在同一家庭中共同生活、共同抚养子女、共同购置房产，相互履行夫妻之间的权利和义务。无论是当事人自己，还是双方亲属及周围群众，都认为二人仍然是夫妻，故朱朝春和刘祎应当认定为同一家庭成员。

2. 从司法实践需要来看，夫妻离婚后仍然在一起共同生活的，如果一方对另一方实施虐待行为，采取各种手段对被害人进行身体和精神上的摧残，这种虐待行为与法定夫妻之间的虐待行为并无差异。如果不将侵害人和被害人认定为家庭成员，势必出现同样严重的虐待行为，若是发生在法定夫妻之间，则被害人可以虐待罪追究侵害人的刑事责任；但若二人离婚，则被害人无权就虐待行为提起告诉，无法追究侵害人的刑事责任。同样的侵害行为，同样的侵害主体，仅因一张离婚证书之故，就可能出现罪与非罪的迥然不同的结果，这严重违背了任何人犯罪都应平等适用法律的基本原则。因此，为了保护被害人的合法权益，夫妻离婚后仍然在一起共同生活的，如果一方对另一方实施虐待，只要达到了情节恶劣的程度，就应当以虐待罪对侵害人进行惩处，而不能因一张离婚证书就免受刑事责任追究。本案中，无论是在被告人朱朝春和被害人刘祎婚姻关系存续期间还是在二人协议离婚之后，朱朝春均对刘祎实施过多次殴打，对刘祎造成了严重的身体和精神侵害。案发当日，朱朝春再次对刘祎进行殴打，致使刘祎因无法继续忍受而自杀身亡。朱朝春对刘祎的死亡后果承担刑事责任符合法理常情。

综上，一、二审法院将被害人刘祎认定为被告人朱朝春的家庭成员，对朱朝春以虐待罪判处有期徒刑五年是正确的。

——最高人民法院刑一庭：《朱朝春虐待案》，载《最高人民法院刑事审判参与》2014 年第 3 集（总第 98 集），法律出版社 2014 年版，第 127~130 页。

747. 采取欺骗方式使儿童脱离家庭以供役使行为的定性

关键词

拐骗儿童罪

《刑事审判参考》指导案例

任福文拐骗儿童案（《刑事审判参考》指导案例第 999 号）

裁判要点：被告人虚构事实，隐瞒真相，欺骗儿童家长或者监护人，使儿童脱离家庭供其役使，致使其父母或者监护人不能继续对该儿童行使监护权，其行为已构成拐骗儿童罪。

拐骗儿童罪，是指采取蒙骗、利诱或者其他方法，使不满 14 周岁的未成年人脱离家庭或者监护人的行为。对于如何认定行为人的主观目的和客观上的拐骗行为，实践中存在一定争议。以下结合本案进行具体分析：

（一）拐骗儿童罪的犯罪目的

犯罪目的在一定程度上反映了行为人的主观恶性，并且通常是区分罪与非罪、此罪与彼罪的一个重要因素。拐骗儿童罪是侵犯公民人身权利的犯罪，刑法没有明文规定构成该罪需要具备特别目的要件，但理论通说认为，行为人实施拐骗行为主观上一般具有收养或者役使等目的，以此区别于以勒索财物为目的的绑架罪和以出卖为目的的拐卖儿童罪。

本案中，被告人任福文在山东省某地承租房屋准备经营包子店后，千里迢迢前往四川省梁山彝族自治州招募儿童，利用当地交通不便，信息相对闭塞，民众思想单纯等客观条件，欺骗儿童家长或者监护人，以寄养为名，实为使儿童脱离家庭到其包子店打工，主观上具有拐骗儿童供其役使的犯罪目的。故符合拐骗儿童罪的主观特征。

（二）“拐骗”概念的界定与行为表现

拐骗儿童，一般是指用欺骗、利诱等手段，使不满 14 周岁的未成年人脱离家庭或者监护人。关于拐骗是否包含偷盗、强抢等手段，实践中存在一定争议。我们认为，“拐骗”有“偷偷摸摸”“欺骗”的含义，从文义解释角度看，“拐骗”不包含暴力等强制性手段。然而，从司法实际出发，基于对儿童权益的全面保护，应当对拐骗儿童罪中的“拐骗”概念予以扩张解释。如以收养为目的，偷盗、抢夺他人婴幼儿的，并不符合“拐骗”的文义解释特征，也无法以拐卖儿童罪或者绑架罪处理，严格遵从文义解释，则势必造成刑法惩治的漏洞。因此，拐骗儿童罪中的“拐骗”，即泛指一切违背儿童监护人意愿使儿童脱离家庭或者监护的行为，既包括欺骗性手段，也包括偷盗、强抢等手段。

欺骗是拐骗儿童的常用手段，行为人通过虚构事实、隐瞒真相，达到欺骗的目的。所谓“虚构事实”，就是行为人凭空捏造根本不存在的事实或者夸大事实，故意使对方产生与事实不符的错误判断。所谓“隐瞒真相”，就是行为人有意掩盖客观事物的本来面目，将本应告诉对方的真实情况有意不告诉对方，使对方在不知底细的情况下陷入行为人设置的圈套。上述两种欺骗方法的不同点是，前者是凭空虚构某种根本不存在的事实，后者是以某种已经存在的事实来掩盖另一种根本不存在的事实。行为人无论使用虚构事实还是隐瞒真相的欺骗方法，或者二者同时或者交叉使用，其本质都是制造假象，蒙骗被害人，结果都是让被害人陷入一种错误认识，进而做出违背本人真实意愿的行为。鉴于不满 14 周岁的儿童中，既包括不具有独立、自主意识思维能力的婴幼儿，也包括具有一定独立判断能力的儿童。因此，拐骗行为既可能针对儿童实施，也可能针对儿童的监护人或者看护人实施。

（三）对“脱离家庭或者监护人”的理解

构成拐骗儿童罪，要求客观上使儿童脱离家庭或者监护人。脱离家庭或者监护人，是指使儿童脱离家庭或者离开父母或者其他监护人，致使儿童的父母或者监护人不能继续对该未成年人行使监护权。监护权是监护人对未成年人等无民事行为能力人或者限制民事行为能力人的人身权益、财产权益所享有的监督、保护的身份权。拐骗儿童罪所保护的客体是儿童的人身、财产等合法权益及儿童所在家庭以对儿童教养保护为目的的监护关系，一旦拐骗儿童行为造成监护人不能继续行使监护权，就构成拐骗儿童罪。如果行为人主观上并无使儿童长时间与其监护人或者家庭脱离的故意或者其他卑劣动机，客观上将儿童带离时间较短即将儿童送还，社会危害不大，是否认定构成拐骗儿童罪，应当慎重处理。

——最高人民法院刑一庭：《任福文拐骗儿童案》，载最高人民法院刑事审判第一、二、三、四、五庭主办：《刑事审判参考》2014 年第 3 集（总第 98 集），法律出版社 2014 年版，第 133~136 页。

748. 组织儿童乞讨罪中“暴力、胁迫”手段的认定

关键词

组织儿童乞讨罪　“暴力、胁迫”手段

《刑事审判参考》指导案例

翟雪峰、魏翠英组织儿童乞讨案（《刑事审判参考》指导案例第 1001 号）

裁判要点：在认定是否构成组织儿童乞讨罪中的“暴力、胁迫”时，应当充分考虑儿童身心脆弱、易受伤害等特点，程度标准不宜要求过高，只要足以使儿童产生恐惧心理即满足客观入罪条件，注意通过被害儿童陈述、证人证言等有限的证据材料，充分结合常识、常理、常情，对案件事实作出合理认定。

（一）组织儿童乞讨罪中的“暴力、胁迫”不需以压制儿童反抗为必要，只要足以让儿童产生恐惧心理即可

治安管理处罚法第四十一条第一款规定：“胁迫、诱骗或者利用他人乞讨的，处十日以上十五日以下拘留……”；刑法第二百六十二条之一的规定：“以暴力、胁迫手段组织残疾人或者不满十四周岁的未成年人乞讨的，处……”。从上述规定可知，在现行法律框架下，组织儿童乞讨罪的行为方式仅限于暴力、胁迫手段，诱骗或者利用儿童乞讨的，只能处以治安管理处罚。从司法实践来看，过于严格的入罪条件制约了对组织残疾人、儿童乞讨行为的打击，已不能充分保护残疾人、儿童的合法权益。教唆、组织、利用儿童和残疾人乞讨行为的犯罪化规定，在许多国家和地区的刑法典中都有体现，如法国、意大利、西班牙、我国澳门地区均存在“利用儿童或者严重残疾人乞讨”构成犯罪的类似规定。因此，在现行法律框架下，对“暴力、胁迫”手段不宜作过于严格的理解。

我国刑法分则多处使用“暴力”的表述，“暴力”一般是指造成被害人生理或者心理上的强制状态的有形强制力或者武力，“胁迫”（有时称为“威胁”）常与“暴力”同时使用，一般是指以将要实施暴力或者其他恶害为内容使被害人受到精神强制的行为。从程度上来讲，“暴力”的上限最高可达到故意杀人的程度，其下限通常必须达到足以妨碍被害人的意志自由；而“胁迫”通常使被害人产生恐惧心理，并在一定程度上影响其意志自由。

当前，被不法分子操纵的乞讨儿童特别是病残乞儿，大多来自五个渠道，即租借、拐骗、购买、收留、捡拾。一些儿童被不法分子带到陌生地区，脱离了家庭或者监护人的保护，加之生活难以独立自理，不知该如何求助，行为人往往不需要实施明显的暴力、胁迫手段，或者只要实施轻微的暴力、胁迫行为，就可以轻而易举地控制这些儿童。因此，我们认为，在认定是否构成组织儿童乞讨罪中的“暴力、胁迫”时，应当充分考虑儿童身心脆弱、易受伤害等特点，程度标准不宜要求过高，无须达到足以压制儿童反抗的程度，

只要在常人看来，足以使儿童产生恐惧心理即满足客观入罪条件。一般而言，对儿童实施抽耳光、踢打等轻微暴力，或者采取冻饿、凌辱、言语恐吓、精神折磨、有病不给治疗、限制人身自由、灌服精神镇定麻醉类药物等方式，组织儿童乞讨的，均符合组织儿童乞讨罪的入罪条件。

受控乞讨的儿童多是孤儿、弃儿、病残儿，他们远离主流社会，处于一个相对封闭的“丐帮”亚社会圈子，与主流社会的“交流”仅仅是街面上的乞讨行为。因此，如何从证据审查角度准确认定“暴力、胁迫”手段，是困扰司法实践的另一个突出问题。我们认为，既然刑法规定“暴力、胁迫”是组织儿童乞讨罪的行为方式，那么，在立法未修改前，司法实务部门仍要注意全面收集、认真审查此方面的证据。但是，对“暴力、胁迫”这一客观要素的证明标准，不宜僵化理解。特别是在乞讨儿童有一定辨别和表述能力的情况下，不能因为儿童年幼，对受到暴力、胁迫的陈述可能不够全面，或者被告人断然否认，形成证据“一对一”的局面，就一概认为证明“暴力、胁迫”的证据没有达到排除合理怀疑的刑事案件证明标准，而对相关事实不予认定。审理中，我们认为，应当以对儿童进行特殊保护的政策为导向，注意通过被害儿童陈述、证人证言等有限的证据材料，充分结合常识、常理、常情，对案件事实作出合理认定。其中，对于乞讨儿童被发现、解救时，经身体检查存在外伤，被灌服精神类、麻醉类药物，或者身体畸形状况经鉴定系人为外力、灌服药物等导致，而组织、操纵者拒不或者不能作出合理解释、提供相应依据的。可以结合具体案情认定系组织、操纵者“暴力、胁迫”所致，以实现对儿童最大利益保护的政策目标。

本案中，被告人翟雪峰辩称其带儿童外出时都一一与儿童家长签订了合同，交了定金，儿童是自愿跟随其卖艺，在卖艺过程中没有对儿童使用过暴力、胁迫，也没有殴打过被害人任某某，其对任某某耳朵、舌头、鼻子等部位的伤不知情。但从法院审理查明的事实来看，被害人任某某、夏某某证实，在外出表演杂技期间，翟雪峰、魏翠英经常对小孩包括任某某进行殴打，组织他们乞讨；协助翟雪峰管理乞讨儿童的证人李超义证实，跟随翟雪峰演杂技期间，小孩们乞讨来的钱都交给翟雪峰，如果乞讨的钱少，翟雪峰就用三角皮带打人，朝身上、腿上、屁股上抽，用巴掌朝头上、脸上打；曾被组织乞讨的证人李秀、协助翟雪峰管理乞讨儿童的翟满响也有类似的证言。故本案现有证据足以认定二被告人采取暴力、胁迫手段组织儿童乞讨的事实。

——最高人民法院刑一庭：《翟雪峰、魏翠英组织儿童乞讨案》，载最高人民法院刑事审判第一、二、三、四、五庭主办：《刑事审判参考》2014年第3集（总第98集），法律出版社2014年版，第143~145页。

749. 组织儿童乞讨罪中“组织”行为的认定

关键词

组织儿童乞讨罪 “组织”行为

《刑事审判参考》指导案例

翟雪峰、魏翠英组织儿童乞讨案（《刑事审判参考》指导案例第 1001 号）

裁判要点：组织残疾人、儿童乞讨罪的行为对象是特定的“弱者”，极易贬损其人格尊严，助长儿童形成好逸恶劳或反社会性格，对残疾人、儿童身心健康造成严重伤害。同时还易诱发被组织者实施其他违法犯罪，妨害社会管理秩序，危害极大。因此，即使组织 1 名残疾人、儿童乞讨也构成犯罪，有必要予以刑事制裁。

（二）组织儿童乞讨罪中的“组织”不以被组织乞讨的人员达 3 人为入罪条件

组织儿童乞讨罪中的组织对象是否必须达 3 人以上才能认定为“组织”，司法实务部门和理论界一直存在争议：一种观点认为，不应将“组织”概念解释为被组织的对象达到 3 人以上；而另一种观点则认为，被组织乞讨的人员必须是多人，即 3 人以上。

我们认为，组织儿童乞讨罪的“组织”不以被组织乞讨的人员达 3 人为入罪条件，具体理由如下：

《现代汉语词典》（商务印书馆出版）对“组织”概念的界定，主要有动词和名词两种用法：作为动词，是指“安排分散的人或事物使其有一定的系统性或整体性”，如组织一场比赛，这篇文章组织得很好；作为名词，组织是指“由诸多要素按照一定方式相互联系起来的系统”，比如党团组织、工会组织、企业组织等。经梳理，我国刑法规定的罪名中，罪状和罪名明文使用“组织”概念的罪名主要有 14 个，根据对“组织”词性搭配方式不同，大体可分为三类：一是动词“组织”+名词“组织”式，如组织、领导、参加恐怖组织罪，组织、领导、参加黑社会性质组织罪，组织、利用会道门、邪教组织、利用迷信破坏法律实施罪。二是其他动词+名词“组织”式，如入境发展黑社会组织罪，包庇、纵容黑社会性质组织罪。三是动词“组织”+“活动”式，如组织、领导传销活动罪，组织残疾人、儿童乞讨罪，组织未成年人进行违反治安管理活动罪，组织淫秽表演罪，组织卖淫罪，组织越狱罪，组织他人偷越国（边）境罪，非法组织卖血罪（强迫卖血罪），组织卖淫罪（强迫卖淫罪），组织播放淫秽音像制品罪，组织淫秽表演罪。在该类罪名中，“组织”强调的是发起、策划、指导、安排等组织性的行为方式，对组织对象的人数并不必然有限制性要求。

我们认为，在第一类和第二类的罪状中包含的名词意义上的“组织”，就是“诸多要素按照一定方式相互联系起来的系统”，应当遵循对“组织”概念的一般文义解释，即组织对象或者成员应当达到 3 人以上，否则，难以称其为“黑社会性质组织”或者“恐怖组织”。

第三类情况相对复杂。其中，有些罪状本身暗含了对组织对象的最低人数要求，例如组织、领导传销活动罪，如果成员少于 3 人，显然不符合传销活动的本质。有些罪状虽未对组织对象的人数提出明确要求，但是基于法益侵害的严重程度差别较大，为了限制刑事处罚范围，放在不具备其他严重情节的情况下，可以对人数作出限制性解释，即通常被组织者达 3 人以上，才构成犯罪。这些罪名主要规定在妨害社会管理秩序罪一章中，如组织他人偷越国（边）境罪、组织越狱罪、非法组织卖血罪、组织卖淫罪等，由于这些组织犯罪的共同特点是侵犯的客体为社会管理秩序，因此，组织对象的人数是反映社会危害性程度的重要因素。一般情况下，只有被组织的人数达 3 人以上，才能说明组织行为的社会危害性已达到危害社会管理秩序的程度，才符合该罪的认定标准。例如，最高人民法院、最高人民检察院 1992 年联合下发的《关于执行〈全国人民代表大会常务委员会关于严禁卖淫嫖娼的决定〉的若干问题的解答》（该解答目前已失效，仅作参考）即将“组织卖淫”解释为组织多人从事卖淫活动。正因如此，有观点认为组织残疾人、儿童乞讨也必须要求被组织者达到 3 人以上才构成犯罪。我们认为，这种认识有失偏颇，不当地抬高了组织残疾人、儿童乞讨罪的入罪门槛。

组织残疾人、儿童乞讨罪与上述妨害社会管理秩序的组织犯罪不同，由于该罪的行为对象是特定的“弱者”，即使通过暴力、胁迫，发起、策划、指导、安排 1 名残疾人、儿童乞讨，也会贬损其人格尊严，助长儿童形成好逸恶劳或反社会性格，对残疾人、儿童身心健康造成严重伤害，同时还易诱发被组织者实施其他违法犯罪，妨害社会管理秩序，社会危害性大，因此，即使组织 1 名残疾人、儿童乞讨也构成犯罪，有必要予以刑事制裁。那种要求被组织乞讨者达 3 人以上才构成犯罪的观点，显然忽视了该类犯罪社会危害的严重性。与对组织卖淫等犯罪中的“组织”概念进行限制解释不同，对组织残疾人、儿童乞讨罪的“组织”作适度的扩大解释，避免因该罪门槛过高而放纵部分犯罪分子，合乎该罪最大限度保护社会弱势群体权益的立法宗旨，亦未超出“组织”概念文义的涵摄范围和正常公民的预测可能性。

本案中，判决书列举认定了被告人翟雪峰、魏翠香将被害人冯某某、朱某某、任某某等 3 名儿童带至外地乞讨的事实，除此以外，被害人夏某某、证人李某（时年均不满 14 周岁）证实二人亦曾被翟雪峰、魏翠香带至外地强迫乞讨，夏某某还证实翟雪峰的 3 个儿子、徐某某、翟某洁、马某某、翟某强等多名儿童也被二被告人组织乞讨。翟雪峰将儿童分组，交予翟满响等人帮助管理，负责指挥儿童卖艺、乞求施舍，对不顺从的儿童进行殴打、胁迫，并将所收取的钱财统一交给翟雪峰，魏翠香协助提供儿童食宿。因此，无论从何种意义上解释“组织”概念，本案被告人的行为均符合组织儿童乞讨罪的“组织”要件特征。

——最高人民法院刑一庭：《翟雪峰、魏翠英组织儿童乞讨案》，载最高人民法院刑事审判第一、二、三、四、五庭主办：《刑事审判参考》2014 年第 3 集（总第 98 集），法律出版社 2014 年版，第 145~147 页。

750. 组织儿童乞讨罪中“情节严重”的认定

关键词

组织儿童乞讨罪

《刑事审判参考》指导案例

翟雪峰、魏翠英组织儿童乞讨案（《刑事审判参考》指导案例第 1001 号）

裁判要点：组织儿童乞讨构成犯罪，具有下列情形之一的，可以认定为情节严重，处三年以上七年以下有期徒刑：（1）组织不满 6 周岁的儿童 1 人以上或者已满 6 周岁的儿童 3 人以上乞讨的；（2）组织儿童采取有伤风化、严重损害儿童身心健康的方式进行乞讨的；（3）采取药物麻醉等严重损害儿童身心健康的方式迫使其乞讨的；（4）暴力迫使儿童乞讨儿童受轻微伤的；（5）组织儿童乞讨达 1 个月以上的；（6）被组织乞讨的儿童经查证系被偷盗、拐卖、拐骗的；（7）遗弃所组织的儿童或者致使被组织乞讨的儿童下落不明的；（8）组织儿童乞讨期间，因疏于照料看护，致儿童营养不良达中度以上，罹患严重疾病，伤残或者死亡的；（9）具有其他严重情节的。

（四）对组织儿童乞讨罪中的“情节严重”应当如何把握

对组织儿童乞讨情节严重的，刑法第二百六十二条之一规定了法定加重刑，但何谓“情节严重”，尚没有司法解释作出过规定或者指引。实践中，法院审理此类案件数量极其有限，根据数量有限的生效案例和近年来组织儿童乞讨违法犯罪情况，我们认为，组织儿童乞讨构成犯罪，具有下列情形之一的，可以认定为情节严重，处三年以上七年以下有期徒刑：（1）组织不满6周岁的儿童1人以上或者已满6周岁的儿童3人以上乞讨的；（2）组织儿童采取有伤风化、严重损害儿童身心健康的方式进行乞讨的；（3）采取药物麻醉等严重损害儿童身心健康的方式迫使其乞讨的；（4）暴力迫使儿童乞讨致使乞讨儿童受轻微伤的；（5）组织儿童乞讨达1个月以上的；（6）被组织乞讨的儿童经查证系被偷盗、拐卖、拐骗的；（7）遗弃所组织的儿童或者致使被组织乞讨的儿童下落不明的；（8）组织儿童乞讨期间，因疏于照料看护，致儿童营养不良达中度以上，罹患严重疾病，伤残或者死亡的；（9）具有其他严重情节的。

组织儿童乞讨中，对儿童实施暴力造成儿童轻伤以上后果的，应当以故意伤害罪或故意杀人罪，与组织儿童乞讨罪予以并罚。此外，为组织儿童乞讨，故意致儿童残疾、畸形，符合刑法第二百三十四条规定的，对行为人应当以故意伤害罪从重处罚，其组织儿童乞讨行为另构成组织儿童乞讨罪的，依照数罪并罚的规定处罚。

本案中，被告人翟雪峰、魏翠英在2005年至2009年期间，先后组织多名年幼儿童乞讨，根据已查明的事实，虽然判决书只明确罗列认定了3名，但根据被害人陈述和相关证人证言，二人实际组织乞讨的儿童多达6名以上，只是因客观原因，部分被组织乞讨的儿童未到案提供证言。翟雪峰将儿童分组，其中，让翟满响协助管理被害人冯某某等儿童。翟满响在带冯某某外出乞讨时，因冯某某对其言语顶撞，遂将冯某某伤害致死。翟雪峰虽然与冯某某不构成共同故意伤害罪，其组织乞讨行为不必然导致冯某某的死亡，即不具有刑法上的因果关系，故不承担故意伤害罪的刑事责任，但毕竟冯某某被故意伤害致死的事实发生在其组织乞讨期间，与其组织乞讨行为具有一定的关联，故其对冯某某的死亡负有不可推卸的责任。被害人朱某某被带出乞讨时丢失，下落不明。证人李某证实其2003年十二三岁时跟随翟雪峰外出到湖南乞讨期间，翟雪峰丢下自己不管了，后来在当地公安机关的帮助下才回到河南老家。综上，法院依法认定翟雪峰组织儿童乞讨属“情节严重”，对其加重处罚，判处有期徒刑六年，并处罚金，是正确的。

值得注意的是，实践中，监护人出于非法获利目的，将儿童“出租”“出借”给组织乞讨者的现象时有发生。但因组织儿童乞讨罪要求行为人以“暴力、胁迫”手段组织儿童乞讨，而要证明监护人知道组织者“暴力、胁迫”儿童乞讨，通常较为困难，因此，监护人几乎从未被追究过刑事责任。我们认为，如果有证据证明监护人明知自己的年幼子女是被带出行乞仍“出租”“出借”给乞讨的组织者，其主观上对于组织者是否使用“暴力”“胁迫”手段往往持放任心态，可以组织儿童乞讨罪追究监护人的刑事责任。对于为获利而将儿童“出租”“出借”给他人，监护人对子女系被带出行乞确实不知情的，如果该儿童被组织乞讨期间致伤、致残，下落不明，或者身心受到其他严重伤害的，可以以遗弃罪追究监护人的刑事责任，以有效保护儿童权益不受侵犯。

——最高人民法院刑一庭：《翟雪峰、魏翠英组织儿童乞讨案》，载最高人民法院刑事审判第一、二、三、四、五庭主办：《刑事审判参考》2014 年第 3 集（总第 98 集），法律出版社 2014 年版，第 148~149 页。

第九章　侵犯财产犯罪

751. 审理抢劫刑事案件的基本要求

关键词

抢劫刑事案件

最高人民法院司法政策精神

坚持贯彻宽严相济刑事政策。对于多次结伙抢劫，针对农村留守妇女、儿童及老人等弱势群体实施抢劫，在抢劫中实施强奸等暴力犯罪的，要在法律规定的量刑幅度内从重判处。

对于罪行严重或者具有累犯情节的抢劫犯罪分子，减刑、假释时应当从严掌握，严格控制减刑的幅度和频度。对因家庭成员就医等特定原因初次实施抢劫，主观恶性和犯罪情节相对较轻的，要与多次抢劫以及为了挥霍、赌博、吸毒等实施抢劫的案件在量刑上有所区分。对于犯罪情节较轻，或者具有法定、酌定从轻、减轻处罚情节的，坚持依法从宽处理。

确保案件审判质量。审理抢劫刑事案件，要严格遵守证据裁判原则，确保事实清楚，证据确实、充分。特别是对因抢劫可能判处死刑的案件，更要切实贯彻执行刑事诉讼法及相关司法解释、司法文件，严格依法审查判断和运用证据，坚决防止冤错案件的发生。

对抢劫刑事案件适用死刑，应当坚持“保留死刑，严格控制和慎重适用死刑”的刑事政策，以最严格的标准和最审慎的态度，确保死刑只适用于极少数罪行极其严重的犯罪分子。对被判处死刑缓期二年执行的抢劫犯罪分子，根据犯罪情节等情况，可以同时决定对其限制减刑。

——《最高人民法院关于审理抢劫刑事案件适用法律若干问题的指导意见》(2016 年 1 月 6 日，法发〔2016〕2 号)。

752. 抢劫罪的量刑

关键词

抢劫罪　量刑

最高人民法院司法政策精神

一、关于审理抢劫刑事案件的基本要求

坚持贯彻宽严相济刑事政策。对于多次结伙抢劫，针对农村留守妇女、儿童及老人等弱势群体实施抢劫，在抢劫中实施强奸等暴力犯罪的，要在法律规定的量刑幅度内从重判处。

对于罪行严重或者具有累犯情节的抢劫犯罪分子，减刑、假释时应当从严掌握，严格控制减刑的幅度和频度。对因家庭成员就医等特定原因初次实施抢劫，主观恶性和犯罪情节相对较轻的，要与多次抢劫以及为了挥霍、赌博、吸毒等实施抢劫的案件在量刑上有所区分。对于犯罪情节较轻，或者具有法定、酌定从轻、减轻处罚情节的，坚持依法从宽处理。

确保案件审判质量。审理抢劫刑事案件，要严格遵守证据裁判原则，确保事实清楚，证据确实、充分。特别是对因抢劫可能判处死刑的案件，更要切实贯彻执行刑事诉讼法及相关司法解释、司法文件，严格依法审查判断和运用证据，坚决防止冤错案件的发生。

对抢劫刑事案件适用死刑，应当坚持“保留死刑，严格控制和慎重适用死刑”的刑事政策，以最严格的标准和最审慎的态度，确保死刑只适用于极少数罪行极其严重的犯罪分子。对被判处死刑缓期二年执行的抢劫犯罪分子，根据犯罪情节等情况，可以同时决定对其限制减刑。

二、关于抢劫犯罪部分加重处罚情节的认定

1. 认定“入户抢劫”，要注重审查行为人“入户”的目的，将“入户抢劫”与“在户内抢劫”区别开来。以侵害户内人员的人身、财产为目的，入户后实施抢劫，包括入户实施盗窃、诈骗等犯罪而转化为抢劫的，应当认定为“入户抢劫”。因访友办事等原因经户内人员允许入户后，临时起意实施抢劫，或者临时起意实施盗窃、诈骗等犯罪而转化为抢劫的，不应认定为“入户抢劫”。

对于部分时间从事经营、部分时间用于生活起居的场所，行为人在非营业时间强行入内抢劫或者以购物等为名骗开房门入内抢劫的，应认定为“入户抢劫”。对于部分用于经营、部分用于生活且之间有明确隔离的场所，行为人进入生活场所实施抢劫的，应认定为“入户抢劫”；如场所之间没有明确隔离，行为人在营业时间入内实施抢劫的，不认定为“入户抢劫”，但在非营业时间入内实施抢劫的，应认定为“入户抢劫”。

2.“公共交通工具”，包括从事旅客运输的各种公共汽车，大、中型出租车，火车，地铁，轻轨，轮船，飞机等，不含小型出租车。对于虽不具有商业营运执照，但实际从事旅客运输的大、中型交通工具，可认定为“公共交通工具”。接送职工的单位班车、接送师生的校车等大、中型交通工具，视为“公共交通工具”。

“在公共交通工具上抢劫”，既包括在处于运营状态的公共交通工具上对旅客及司售、乘务人员实施抢劫，也包括拦截运营途中的公共交通工具对旅客及司售、乘务人员实施抢劫，但不包括在未运营的公共交通工具上针对司售、乘务人员实施抢劫。以暴力、胁迫或者麻醉等手段对公共交通工具上的特定人员实施抢劫的，一般应认定为“在公共交通工具上抢劫”。

3.认定“抢劫数额巨大”，参照各地认定盗窃罪数额巨大的标准执行。抢劫数额以实际抢劫到的财物数额为依据。对以数额巨大的财物为明确目标，由于意志以外的原因，未能抢到财物或实际抢得的财物数额不大的，应同时认定“抢劫数额巨大”和犯罪未遂的情节，根据刑法有关规定，结合未遂犯的处理原则量刑。

根据《两抢意见》第六条第一款规定，抢劫信用卡后使用、消费的，以行为人实际使用、消费的数额为抢劫数额。由于行为人意志以外的原因无法实际使用、消费的部分，虽不计入抢劫数额，但应作为量刑情节考虑。通过银行转账或者电子支付、手机银行等支付平台获取抢劫财物的，以行为人实际获取的财物为抢劫数额。

4.认定“冒充军警人员抢劫”，要注重对行为人是否穿着军警制服、携带枪支、是否出示军警证件等情节进行综合审查，判断是否足以使他人误以为是军警人员。对于行为人仅穿着类似军警的服装或仅以言语宣称系军警人员但未携带枪支、也未出示军警证件而实施抢劫的，要结合抢劫地点、时间、暴力或威胁的具体情形，依照常人判断标准，确定是否认定为“冒充军警人员抢劫”。

军警人员利用自身的真实身份实施抢劫的，不认定为“冒充军警人员抢劫”，应依法从重处罚。

四、具有法定八种加重处罚情节的刑罚适用

1.根据刑法第二百六十三条的规定，具有“抢劫致人重伤、死亡”等八种法定加重处罚情节的，处十年以上有期徒刑、无期徒刑或者死刑，并处罚金或者没收财产。应当根据抢劫的次数及数额、抢劫对人身的损害、对社会治安的危害等情况，结合被告人的主观恶性及人身危险程度，并根据量刑规范化的有关规定，确定具体的刑罚。判处无期徒刑以上刑罚的，一般应并处没收财产。

2. 具有下列情形之一的，可以判处无期徒刑以上刑罚：

（1）抢劫致三人以上重伤，或者致人重伤造成严重残疾的；

（2）在抢劫过程中故意杀害他人，或者故意伤害他人，致人死亡的；

（3）具有除“抢劫致人重伤、死亡”外的两种以上加重处罚情节，或者抢劫次数特别多、抢劫数额特别巨大的。

3. 为劫取财物而预谋故意杀人，或者在劫取财物过程中为制服被害人反抗、抗拒抓捕而杀害被害人，且被告人无法定从宽处罚情节的，可依法判处死刑立即执行。对具有自首、立功等法定从轻处罚情节的，判处死刑立即执行应当慎重。

对于采取故意杀人以外的其他手段实施抢劫并致人死亡的案件，要从犯罪的动机、预谋、实行行为等方面分析被告人主观恶性的大小，并从有无前科及平时表现、认罪悔罪情况等方面判断被告人的人身危险程度，不能不加区别，仅以出现被害人死亡的后果，一律判处死刑立即执行。

4. 抢劫致人重伤案件适用死刑，应当更加慎重、更加严格，除非具有采取极其残忍的手段造成被害人严重残疾等特别恶劣的情节或者造成特别严重后果的，一般不判处死刑立即执行。

5. 具有刑法第二百六十三条规定的“抢劫致人重伤、死亡”以外其他七种加重处罚情节，且犯罪情节特别恶劣、危害后果特别严重的，可依法判处死刑立即执行。认定“情节特别恶劣、危害后果特别严重”，应当从严掌握，适用死刑必须非常慎重、非常严格。

五、抢劫共同犯罪的刑罚适用

1. 审理抢劫共同犯罪案件，应当充分考虑共同犯罪的情节及后果、共同犯罪人在抢劫中的作用以及被告人的主观恶性、人身危险性等情节，做到准确认定主从犯，分清罪责，以责定刑，罚当其罪。一案中有两名以上主犯的，要从犯罪提意、预谋、准备、行为实施、赃物处理等方面区分出罪责最大者和较大者；有两名以上从犯的，要在从犯中区分出罪责相对更轻者和较轻者。对从犯的处罚，要根据案件的具体事实、从犯的罪责，确定从轻还是减轻处罚。对具有自首、立功或者未成年人且初次抢劫等情节的从犯，可以依法免除处罚。

2. 对于共同抢劫致一人死亡的案件，依法应当判处死刑的，除犯罪手段特别残忍、情节及后果特别严重、社会影响特别恶劣、严重危害社会治安的外，一般只对共同抢劫犯罪中作用最突出、罪行最严重的那名主犯判处死刑立即执行。罪行最严重的主犯如因系未成年人而不适用死刑，或者因具有自首、立功等法定从宽处罚情节而不判处死刑立即执行的，不能不加区别地对其他主犯判处死刑立即执行。

3. 在抢劫共同犯罪案件中，有同案犯在逃的，应当根据现有证据尽量分清在押犯与在逃犯的罪责，对在押犯应按其罪责处刑。罪责确实难以分清，或者不排除在押犯的罪责可能轻于在逃犯的，对在押犯适用刑罚应当留有余地，判处死刑立即执行要格外慎重。

六、累犯等情节的适用

根据刑法第六十五条第一款的规定，对累犯应当从重处罚。抢劫犯罪被告人具有累犯情节的，适用刑罚时要综合考虑犯罪的情节和后果，所犯前后罪的性质、间隔时间及判刑轻重等情况，决定从重处罚的力度。对于前罪系抢劫等严重暴力犯罪的累犯，应当依法加大从重处罚的力度。

对于虽不构成累犯，但具有抢劫犯罪前科的，一般不适用减轻处罚和缓刑。对于可能判处死刑的罪犯具有累犯情节的也应慎重，不能只要是累犯就一律判处死刑立即执行；被告人同时具有累犯和法定从宽处罚情节的，判处死刑立即执行应当综合考虑，从严掌握。

七、关于抢劫案件附带民事赔偿的处理原则

要妥善处理抢劫案件附带民事赔偿工作。审理抢劫刑事案件，一般情况下人民法院不主动开展附带民事调解工作。但是，对于犯罪情节不是特别恶劣或者被害方生活、医疗陷入困境，被告人与被害方自行达成民事赔偿和解协议的，民事赔偿情况可作为评价被告人悔罪态度的依据之一，在量刑上酌情予以考虑。

——《最高人民法院关于审理抢劫刑事案件适用法律若干问题的指导意见》(2016年1月6日，法发〔2016〕2号)。

一、关于“入户抢劫”的认定

根据《抢劫解释》第一条规定，认定“入户抢劫”时，应当注意以下三个问题：一是“户”的范围。“户”在这里是指住所，其特征表现为供他人家庭生活和与外界相对隔离两个方面，前者为功能特征，后者为场所特征。一般情况下，集体宿舍、旅店宾馆、临时搭建工棚等不应认定为“户”，但在特定情况下，如果确实具有上述两个特征的，也可以认定为“户”。二是“入户”目的的非法性。进入他人住所须以实施抢劫等犯罪为目的。抢劫行为虽然发生在户内，但行为人不以实施抢劫等犯罪为目的进入他人住所，而是在户内临时起意实施抢劫的，不属于“入户抢劫”。三是暴力或者暴力胁迫行为必须发生在户内。入户实施盗窃被发现，行为人为窝藏赃物、抗拒抓捕或者毁灭罪证而当场使用暴力或者以暴力相威胁的，如果暴力或者暴力胁迫行为发生在户内，可以认定为“入户抢劫”；如果发生在户外，不能认定为“入户抢劫”。

二、关于“在公共交通工具上抢劫”的认定

公共交通工具承载的旅客具有不特定多数人的特点。根据《抢劫解释》第二条规定，“在公共交通工具上抢劫”主要是指在从事旅客运输的各种公共汽车、大、中型出租车、火车、船只、飞机等正在运营中的机动公共交通工具上对旅客、司售、乘务人员实施的抢劫。在未运营中的大、中型公共交通工具上针对司售、乘务人员抢劫的，或者在小型出租车上抢劫的，不属于“在公共交通工具上抢劫”。

三、关于“多次抢劫”的认定

刑法第二百六十三条第（四）项中的“多次抢劫”是指抢劫三次以上。

对于“多次”的认定，应以行为人实施的每一次抢劫行为均已构成犯罪为前提，综合考虑犯罪故意的产生、犯罪行为实施的时间、地点等因素，客观分析、认定。对于行为人基于一个犯意实施犯罪的，如在同一地点同时对在场的多人实施抢劫的；或基于同一犯意在同一地点实施连续抢劫犯罪的，如在同一地点连续地对途经此地的多人进行抢劫的；或在一次犯罪中对一栋居民楼房中的几户居民连续实施入户抢劫的，一般应认定为一次犯罪。

五、关于转化抢劫的认定

行为人实施盗窃、诈骗、抢夺行为，未达到“数额较大”，为窝藏赃物、抗拒抓捕或者毁灭罪证当场使用暴力或者以暴力相威胁，情节较轻、危害不大的，一般不以犯罪论处；但具有下列情节之一的，可依照刑法第二百六十九条的规定，以抢劫罪定罪处罚；

（1）盗窃、诈骗、抢夺接近“数额较大”标准的；

（2）入户或在公共交通工具上盗窃、诈骗、抢夺后在户外或交通工具外实施上述行为的；

（3）使用暴力致人轻微伤以上后果的；

（4）使用凶器或以凶器相威胁的；

（5）具有其他严重情节的。

六、关于抢劫犯罪数额的计算

抢劫信用卡后使用、消费的，其实际使用、消费的数额为抢劫数额；抢劫信用卡后未实际使用、消费的，不计数额，根据情节轻重量刑。所抢信用卡数额巨大，但未实际使用、消费或者实际使用、消费的数额未达到巨大标准的，不适用“抢劫数额巨大”的法定刑。

为抢劫其他财物，劫取机动车辆当作犯罪工具或者逃跑工具使用的，被劫取机动车辆的价值计入抢劫数额；为实施抢劫以外的其他犯罪劫取机动车辆的，以抢劫罪和实施的其他犯罪实行数罪并罚。

抢劫存折、机动车辆的数额计算，参照执行《关于审理盗窃案件具体应用法律若干问题的解释》的相关规定。

七、关于抢劫特定财物行为的定性

以毒品、假币、淫秽物品等违禁品为对象，实施抢劫的，以抢劫罪定罪；抢劫的违禁品数量作为量刑情节予以考虑。抢劫违禁品后又以违禁品实施其他犯罪的，应以抢劫罪与具体实施的其他犯罪实行数罪并罚。

抢劫赌资、犯罪所得的赃款赃物的，以抢劫罪定罪，但行为人仅以其所输赌资或所赢赌债为抢劫对象，一般不以抢劫罪定罪处罚。构成其他犯罪的，依照刑法的相关规定处罚。

为个人使用，以暴力、胁迫等手段取得家庭成员或近亲属财产的，一般不以抢劫罪定罪处罚，构成其他犯罪的，依照刑法的相关规定处理；教唆或者伙同他人采取暴力、胁迫等手段劫取家庭成员或近亲属财产的，可以抢劫罪定罪处罚。

十、抢劫罪的既遂、未遂的认定

抢劫罪侵犯的是复杂客体，既侵犯财产权利又侵犯人身权利，具备劫取财物或者造成他人轻伤以上后果两者之一的，均属抢劫既遂；既未劫取财物，又未造成他人人身伤害后果的，属抢劫未遂。据此，刑法第二百六十三条规定的八种处罚情节中除“抢劫致人重伤、死亡的”这一结果加重情节之外，其余七种处罚情节同样存在既遂、未遂问题，其中属抢劫未遂的，应当根据刑法关于加重情节的法定刑规定，结合未遂犯的处理原则量刑。

——《最高人民法院印发〈关于审理抢劫、抢夺刑事案件适用法律若干问题的意见〉的通知》（2005 年 7 月 16 日，法发〔2005〕8 号）。

（十）抢劫罪

1. 构成抢劫罪的，根据下列情形在相应的幅度内确定量刑起点：

（1）抢劫一次的，在三年至六年有期徒刑幅度内确定量刑起点。

（2）有下列情形之一的，在十年至十三年有期徒刑幅度内确定量刑起点：入户抢劫的；在公共交通工具上抢劫的；抢劫银行或者其他金融机构的；抢劫三次或者抢劫数额达到数额巨大起点的；抢劫致一人重伤的；冒充军警人员抢劫的；持枪抢劫的；抢劫军用物资或者抢险、救灾、救济物资的。依法应当判处无期徒刑以上刑罚的除外。

2. 在量刑起点的基础上，根据抢劫情节严重程度、抢劫数额、次数、致人伤害后果等其他影响犯罪构成的犯罪事实增加刑罚量，确定基准刑。

3. 构成抢劫罪的，根据抢劫的数额、次数、手段、危害后果等犯罪情节，综合考虑被告人缴纳罚金的能力，决定罚金数额。

4. 构成抢劫罪的，综合考虑抢劫的起因、手段、危害后果等犯罪事实、量刑情节，以及被告人的主观恶性、人身危险性、认罪悔罪表现等因素，从严把握缓刑的适用。

——《最高人民法院、最高人民检察院印发〈关于常见犯罪的量刑指导

意见（试行）〉的通知》（2021 年 6 月 16 日，法发〔2021〕21 号）。

753. 抢劫罪适用死刑的标准

关键词

抢劫罪　死刑适用

附录：最高人民法院主流观点

严格掌握抢劫罪死刑适用的标准。抢劫罪作为严重侵犯公民人身权利和财产权利、严重危害社会治安的犯罪，是侵犯财产类犯罪中唯一规定死刑的罪名。2016 年《最高人民法院关于审理抢劫刑事案件适用法律若干问题的指导意见》系统规定了本罪死刑适用的原则问题和具体问题：

（1）对抢劫刑事案件适用死刑，应当坚持“保留死刑，严格控制和慎重适用死刑”的刑事政策，以最严格的标准和最审慎的态度，确保死刑只适用于极少数罪行极其严重的犯罪分子。对被判处死刑缓期二年执行的抢劫犯罪分子，根据犯罪情节等情况，可以同时决定对其限制减刑。

（2）根据《刑法》第 263 条的规定，具有“抢劫致人重伤、死亡”等八种法定加重处罚情节的，处十年以上有期徒刑、无期徒刑或者死刑，并处罚金或者没收财产。应当根据抢劫的次数及数额、抢劫对人身的损害、对社会治安的危害等情况，结合被告人的主观恶性及人身危险程度，并根据量刑规范化的有关规定，确定具体的刑罚。判处无期徒刑以上刑罚的，一般应并处没收财产。具有下列情形之一的，可以判处无期徒刑以上刑罚：①抢劫致 3 人以上重伤，或者致人重伤造成严重残疾的；②在抢劫过程中故意杀害他人，或者故意伤害他人，致人死亡的；③具有除“抢劫致人重伤、死亡”外的两种以上加重处罚情节，或者抢劫次数特别多、抢劫数额特别巨大的。

（3）为劫取财物而预谋故意杀人，或者在劫取财物过程中为制服被害人反抗、抗拒抓捕而杀害被害人，且被告人无法定从宽处罚情节的，可依法判处死刑立即执行。对具有自首、立功等法定从轻处罚情节的，判处死刑立即执行应当慎重。对于采取故意杀人以外的其他手段实施抢劫并致人死亡的案件，要从犯罪的动机、预谋、实行行为等方面分析被告人主观恶性的大小，并从有无前科及平时表现、认罪悔罪情况等方面判断被告人的人身危险程度，不能不加区别，仅以出现被害人死亡的后果，一律判处死刑立即执行。

（4）抢劫致人重伤案件适用死刑，应当更加慎重、更加严格，除非具有采取极其残忍的手段造成被害人严重残疾等特别恶劣的情节或者造成特别严重后果的，一般不判处死刑立即执行。

（5）具有《刑法》第263条规定的“抢劫致人重伤、死亡”以外其他七种加重处罚情节，且犯罪情节特别恶劣、危害后果特别严重的，可依法判处死刑立即执行。认定“情节特别恶劣、危害后果特别严重”，应当从严掌握，适用死刑必须非常慎重、非常严格。

（6）对于共同抢劫致一人死亡的案件，依法应当判处死刑的，除犯罪手段特别残忍、情节及后果特别严重、社会影响特别恶劣、严重危害社会治安的外，一般只对共同抢劫犯罪中作用最突出、罪行最严重的那名主犯判处死刑立即执行。罪行最严重的主犯如因系未成年人而不适用死刑，或者因具有自首、立功等法定从宽处罚情节而不判处死刑立即执行的，不能不加区别地对其他主犯判处死刑立即执行。

（7）在抢劫共同犯罪案件中，有同案犯在逃的，应当根据现有证据尽量分清在押犯与在逃犯的罪责，对在押犯应按其罪责处刑。罪责确实难以分清，或者不排除在押犯的罪责可能轻于在逃犯的，对在押犯适用刑罚应当留有余地，判处死刑立即执行要格外慎重。

（8）对于可能判处死刑的罪犯具有累犯情节的也应慎重，不能只要是累犯就一律判处死刑立即执行；被告人同时具有累犯和法定从宽处罚情节的，判处死刑立即执行应当综合考虑，从严掌握。

（9）要妥善处理抢劫案件附带民事赔偿工作。审理抢劫刑事案件，一般情况下人民法院不主动开展附带民事调解工作。但是，对于犯罪情节不是特别恶劣或者被害方生活、医疗陷入困境，被告人与被害方自行达成民事赔偿和解协议的，民事赔偿情况可作为评价被告人悔罪态度的依据之一，在量刑上酌情予以考虑。

——胡云腾主编:《刑法罪名精释（第五版）》，人民法院出版社2022年版，第828~830页。

754. 抢劫共同犯罪的刑罚适用

关键词

抢劫共同犯罪　刑罚适用

最高人民法院司法政策精神

1. 审理抢劫共同犯罪案件，应当充分考虑共同犯罪的情节及后果、共同犯罪人在抢劫中的作用以及被告人的主观恶性、人身危险性等情节，做到准确认定主从犯，分清罪责，以责定刑，罚当其罪。一案中有两名以上主犯的，要从犯罪提意、预谋、准备、行为实施、赃物处理等方面区分出罪责最大者和较大者；有两名以上从犯的，要在从犯中区分出罪责相对更轻者和较轻者。对从犯的处罚，要根据案件的具体事实、从犯的罪责，确定从轻还是减轻处罚。对具有自首、立功或者未成年人且初次抢劫等情节的从犯，可以依法免除处罚。

2. 对于共同抢劫致一人死亡的案件，依法应当判处死刑的，除犯罪手段特别残忍、情节及后果特别严重、社会影响特别恶劣、严重危害社会治安的外，一般只对共同抢劫犯罪中作用最突出、罪行最严重的那名主犯判处死刑立即执行。罪行最严重的主犯如因系未成年人而不适用死刑，或者因具有自首、立功等法定从宽处罚情节而不判处死刑立即执行的，不能不加区别地对其他主犯判处死刑立即执行。

3. 在抢劫共同犯罪案件中，有同案犯在逃的，应当根据现有证据尽量分清在押犯与在逃犯的罪责，对在押犯应按其罪责处刑。罪责确实难以分清，或者不排除在押犯的罪责可能轻于在逃犯的，对在押犯适用刑罚应当留有余地，判处死刑立即执行要格外慎重。

——《最高人民法院关于审理抢劫刑事案件适用法律若干问题的指导意见》（2016 年 1 月 6 日，法发〔2016〕2 号）。

755. 共同抢劫犯罪中死刑的适用

关键词

抢劫罪　死刑　共同犯罪

附录：最高人民法院法官著述

四、正确理解死刑适用条件中的“三个特别”“一个严重”

对于共同抢劫致一人死亡案件如何适用死刑的问题，《最高人民法院关于审理抢劫刑事案件适用法律若干问题的指导意见》确立了一般只判处一名主犯死刑的原则，即除犯罪手段特别残忍、情节及后果特别严重、社会影响特别恶劣、严重危害社会治安的外，一般只对共同抢劫犯罪中作用最突出、罪行最严重的那名主犯判处死刑立即执行。罪行最严重的主犯如因系未成年人而不适用死刑，或者因具有自首、立功等法定从宽处罚情节而不判处死刑立即执行的，不能不加区别地对其他主犯判处死刑立即执行。据此，可以认为，共同抢劫致一人死亡的，一般只判处一个人死刑立即执行。所谓“一般只判处一个人死刑立即执行”，实际上就是严格控制抢劫致一人死亡判处二人以上死刑立即执行。也就是说，没有非常特殊的情况就只杀一个。杀两个必须有非常充足的理由，只有在非杀两个不可的情况下，才判处两人以上死刑立即执行。司法实践中，执行此条款应当注意以下几点：

1. 关于“三个特别”“一个严重”。“犯罪手段特别残忍、情节及后果特别严重、社会影响特别恶劣、严重危害社会治安”是共同抢劫致一人死亡案件可以判处二人以上死刑立即执行的先决条件。这里的“三个特别”“一个严重”，其实质是强调共同抢劫致一人死亡案件原则上只判处一人死刑立即执行，而判处两人以上死刑立即执行，则只能是非常特别的情况。至于什么情况下非常特别，必须严格按照“三个特别”的要求。其中，犯罪手段特别残忍，不是一般的残忍。情节及后果特别严重，对后果特别严重怎么理解？只死一人，肯定不能说后果特别严重，而应当还有其他众多情节，如多次抢劫、抢劫数额巨大、持枪抢劫等。社会影响特别恶劣也不是泛泛而谈的恶劣，而是应当具体到如何特别恶劣。“三个特别”中，每一个“特别”，都是注重它的“特别”性，而不是一般性，即不是一般的“手段残忍、情节及后果严重，影响恶劣”。而且，“三个特别”必须同时具备。“一个严重”，则可以理解为是对“三个特别”的综合评价。

2. 对共同犯罪致一人死亡的案件，在难以区分谁的作用最突出、罪行最严重的情况下，如何处理？笔者认为，根据《最高人民法院关于审理抢劫刑事案件适用法律若干问题的指导意见》第五条提供的方法论，法官应当从犯罪提意、预谋、准备、行为实施、赃物处理等方面区分出罪责最大者和较大者，这是法官的职责。从理论上说，区分不出“罪责最大者和较大者”的情况是不存在的。但是，根据案件的证据情况，确实存在难以区分“罪责最大者和较大者”的情况，此种情况下，要避免不知道选择对哪一个适用死刑立即执行时，简单地对二名以上共同犯罪人均判处死刑立即执行。思路有两个：一是再细加区分，找出罪责稍大者和罪责略小者，对罪责稍大者适用死刑立即执行。二是如果案件情况允许，全案不适用死刑立即执行。当然，前者是上策，后者是下策。但后者与“保留死刑，严格控制、慎重适用死刑”的政策并不矛盾。

——陆建红：《审理抢劫案件几个疑难问题探讨——基于对〈关于审理抢劫刑事案件适用法律若干问题的指导意见〉的再次解读》，载《刑事审判参考》(总第109辑)，法律出版社2017年版，第179~188页。

756. 抢劫犯罪中累犯等情节的法律适用

关键词

抢劫犯罪　累犯

最高人民法院司法政策精神

根据刑法第六十五条第一款的规定，对累犯应当从重处罚。抢劫犯罪被告人具有累犯情节的，适用刑罚时要综合考虑犯罪的情节和后果，所犯前后罪的性质、间隔时间及判刑轻重等情况，决定从重处罚的力度。对于前罪系抢劫等严重暴力犯罪的累犯，应当依法加大从重处罚的力度。对于虽不构成累犯，但具有抢劫犯罪前科的，一般不适用减轻处罚和缓刑。对于可能判处死刑的罪犯具有累犯情节的也应慎重，不能只要是累犯就一律判处死刑立即执行；被告人同时具有累犯和法定从宽处罚情节的，判处死刑立即执行应当综合考虑，从严掌握。

——《最高人民法院关于审理抢劫刑事案件适用法律若干问题的指导意见》(2016年1月6日，法发〔2016〕2号)。

757. 抢劫案件附带民事赔偿的处理原则

关键词

抢劫案件　附带民事赔偿责任

最高人民法院司法政策精神

要妥善处理抢劫案件附带民事赔偿工作。审理抢劫刑事案件，一般情况下人民法院不主动开展附带民事调解工作。但是，对于犯罪情节不是特别恶劣或者被害方生活、医疗陷入困境，被告人与被害方自行达成民事赔偿和解协议的，民事赔偿情况可作为评价被告人悔罪态度的依据之一，在量刑上酌情予以考虑。

——《最高人民法院关于审理抢劫刑事案件适用法律若干问题的指导意见》(2016年1月6日，法发〔2016〕2号)。

附录：理解与适用

抢劫案件的被告人积极赔偿并获被害人或家属谅解的，能否在量刑上有所体现。这是司法实践中争议比较多的一个问题。对此，主要从三个方面考虑。

1. 坚持将抢劫犯罪的民事赔偿区别于其他刑事案件民事赔偿的原则。抢劫犯罪一般是对社会上不特定人员的犯罪，犯罪性质严重，社会危害性大，民事赔偿对于量刑所起的作用应当有别于其他刑事案件，尤其应当有别于因民间纠纷引发的刑事案件。

2. 坚持人民法院一般不主动做调解工作原则。这是由抢劫犯罪的性质和社会危害性所决定的，也体现法院审理抢劫案件始终保持严厉打击的高压态势。当然，也不反对被告人与被害方自动达成民事赔偿协议。

3. 坚持民事赔偿对量刑的影响有限原则。由于每个具体的抢劫案件，仍然有特定的被害人，对这些具体案件的特定被害人，能否及时进行救治、经济损失能否得到必要补偿、精神伤害能否得到抚慰，都是有意义的。而被告人的民事赔偿情况，确实也能反映出被告人主观恶性和人身危险程度的高低，体现出其认罪、悔罪态度，故在特定条件下，亦可作为量刑考虑情节。但是，在最终决定从轻与否以及从轻处罚的力度时，不能脱离被告人的犯罪事实、犯罪性质、犯罪情节、犯罪后果以及对裁判的预判和评价。特别是对罪行极其严重、社会危害极大的案件，不能简单地依据被告人的民事赔偿情况或者被害人及其亲属对被告人的谅解决定量刑的轻重，更不能因此而决定是否判处死刑，要绝对杜绝"花钱买命"的现象。根据以上理由，《指导意见》规定：要妥善处理抢劫案件附带民事赔偿工作。审理抢劫刑事案件，一般情况下人民法院不主动开展附带民事调解工作。但是，对于犯罪情节不是特别恶劣或者被害方生活、医疗陷入困境，被告人与被害方自行达成民事赔偿和解协议的，民事赔偿情况可作为评价被告人悔罪态度的依据之一，在量刑上酌情予以考虑。

——陆建红、杨华、潘洁：《〈关于审理抢劫刑事案件适用法律若干问题的指导意见〉的理解与适用》，载最高人民法院刑事审判第一、二、三、四、五庭：《刑事审判参考》总第103集，法律出版社2016年版，第184页。

758. 对抢劫罪中"暴力""其他方法"的理解

关键词

抢劫罪

《最高人民法院公报》案例

内蒙古自治区乌海市人民检察院诉白雪云等抢劫案（判决时间：2007年9月21日，二审法院：内蒙古自治区高级人民法院）

裁判摘要：根据《刑法》第263条的规定，抢劫罪是指以非法占有为目的，以暴力、胁迫或者其他方法，强行劫取公私财物的行为。这里所称的"暴力"，是指犯罪人对被害人的身体实施打击或者强制，如杀伤、殴打、捆绑或禁闭等。行为人出于非法占有的目的，

以欺骗的方法将被害人诱至其承租的住房内，而后将被害人反锁在其事先改造过的房间内，致使被害人不能反抗，从而劫取被害人随身携带的财物的，属于以对被害人的身体实施强制禁闭的暴力方法，强行劫取公私财物的行为，应按照《刑法》第263条的规定定罪处罚。

——《最高人民法院公报》2008年第5期。

《刑事审判参考》指导案例

邹代明抢劫案（《刑事审判参考》指导案例第159号）

裁判要点：设置机关将他人禁闭起来以得逞劫财目的的行为，构成抢劫罪。

至于抢劫罪中的所谓“其他方法”，通常是指行为人针对被害人人身采用了除暴力、胁迫以外的其他各种能够使被害人不知抗拒或丧失抗拒能力的手段。司法实践中，比较常见的有对被害人使用麻醉药品、灌醉酒等手段，但又不以此为限。总的来说，判定行为人所实施的劫财手段，是否属于抢劫罪所要求的“其他方法”，关键是看该手段是否已使被害人丧失了控制自己财物的能力、丧失了抗拒他人劫取自己财物的意志自由和行动自由。将被害人引入精心设置的“机关”中，从而使被害人陷于在被劫取财物时处于不能抗拒、也不能及时采取当场夺回财物控制权的有效措施的状态，从而当场劫取被害人财物的目的得以实现。这种行为完全符合抢劫罪中“其他手段”的认定标准，应当以抢劫罪定罪论处。

——最高人民法院刑事审判第一庭、第二庭编：《刑事审判参考》2002年第1辑（总第24辑），法律出版社2002年版，第62~66页。

759. 抢劫犯罪具有法定八种加重处罚情节的刑罚适用

关键词

加重处罚情节　抢劫犯罪

最高人民法院司法政策精神

1. 根据刑法第二百六十三条的规定，具有“抢劫致人重伤、死亡”等八种法定加重处罚情节的，处十年以上有期徒刑、无期徒刑或者死刑，并处罚金或者没收财产。应当根据抢劫的次数及数额、抢劫对人身的损害、对社会治安的危害等情况，结合被告人的主观恶性及人身危险程度，并根据量刑规范化的有关规定，确定具体的刑罚。判处无期徒刑以上刑罚的，一般应并处没收财产。

2. 具有下列情形之一的，可以判处无期徒刑以上刑罚：

（1）抢劫致三人以上重伤，或者致人重伤造成严重残疾的；

（2）在抢劫过程中故意杀害他人，或者故意伤害他人，致人死亡的；

（3）具有除“抢劫致人重伤、死亡”外的两种以上加重处罚情节，或者抢劫次数特别多、抢劫数额特别巨大的。

3. 为劫取财物而预谋故意杀人，或者在劫取财物过程中为制服被害人反抗、抗拒抓捕而杀害被害人，且被告人无法定从宽处罚情节的，可依法判处死刑立即执行。对具有自首、立功等法定从轻处罚情节的，判处死刑立即执行应当慎重。对于采取故意杀人以外的其他手段实施抢劫并致人死亡的案件，要从犯罪的动机、预谋、实行行为等方面分析被告人主观恶性的大小，并从有无前科及平时表现、认罪悔罪情况等方面判断被告人的人身危险程度，不能不加区别，仅以出现被害人死亡的后果，一律判处死刑立即执行。

4. 抢劫致人重伤案件适用死刑，应当更加慎重、更加严格，除非具有采取极其残忍的手段造成被害人严重残疾等特别恶劣的情节或者造成特别严重后果的，一般不判处死刑立即执行。

5. 具有刑法第二百六十三条规定的“抢劫致人重伤、死亡”以外其他七种加重处罚情节，且犯罪情节特别恶劣、危害后果特别严重的，可依法判处死刑立即执行。认定“情节特别恶劣、危害后果特别严重”，应当从严掌握，适用死刑必须非常慎重、非常严格。

——《最高人民法院关于审理抢劫刑事案件适用法律若干问题的指导意见》(2016 年 1 月 6 日，法发〔2016〕2 号)。

760. 抢劫犯罪入户抢劫加重处罚情节的认定

关键词

入户抢劫　加重处罚情节

最高人民法院司法政策精神

1. 认定“入户抢劫”，要注重审查行为人“入户”的目的，将“入户抢劫”与“在户内抢劫”区别开来。以侵害户内人员的人身、财产为目的，入户后实施抢劫，包括入户实施盗窃、诈骗等犯罪而转化为抢劫的，应当认定为“入户抢劫”。因访友办事等原因经户内人员允许入户后，临时起意实施抢劫，或者临时起意实施盗窃、诈骗等犯罪而转化为抢劫的，不应认定为“入户抢劫”。

对于部分时间从事经营、部分时间用于生活起居的场所，行为人在非营业时间强行入内抢劫或者以购物等为名骗开房门入内抢劫的，应认定为“入户抢劫”。对于部分用于经营、部分用于生活且之间有明确隔离的场所，行为人进入生活场所实施抢劫的，应认定为“入户抢劫”；如场所之间没有明确隔离，行为人在营业时间入内实施抢劫的，不认定为“入户抢劫”，但在非营业时间入内实施抢劫的，应认定为“入户抢劫”。

——《最高人民法院关于审理抢劫刑事案件适用法律若干问题的指导意见》（2016 年 1 月 6 日，法发〔2016〕2 号）。

附录：理解与适用

经过多年的司法实践，围绕“入户抢劫”有两个问题比较突出：一是对于入户目的的非法性存有争议，即入户抢劫中的入户，如何理解，是否一定要以抢劫等犯罪为目的入户？二是对于“前店后宅”或者“店宅共用”等营业外时间用于家居生活的场所可否认定为“户”？

针对第一个问题，《指导意见》规定，认定“入户抢劫”，要注重审查行为人“入户”的目的，将“入户抢劫”与“在户内抢劫”区别开来。以侵害户内人员的人身、财产为目的，入户后实施抢劫，包括入户实施盗窃、诈骗等犯罪而转化为抢劫的，应当认定为“入户抢劫”。因访友办事等原因经户内人员允许入户后，临时起意实施抢劫，或者临时起意实施盗窃、诈骗等犯罪而转化为抢劫的，不应认定为“入户抢劫”。这一规定，改变了《两抢意见》将“入户抢劫”中的“入户”限定于实施抢劫等犯罪目的的规定，扩大为“以侵害户内人员的人身、财产为目的”。换言之，即使不以犯罪为目的，而只是出于一般违法目的，只要是“以侵害户内人员的人身、财产为目的”而入户，而后实施抢劫的，均可认定为入户抢劫。这样规定，有利于更有力地保护公民的住宅安全，更严厉地打击入户抢劫犯罪。

针对第二个问题，即“前店后宅”或者“店宅共用”的情况下，如何认定“户”的问题，《指导意见》规定，对于部分时间从事经营、部分时间用于生活起居的场所，行为人在非营业时间强行入内抢劫或者以购物等为名骗开房门入内抢劫的，应认定为“入户抢劫”。对于部分用于经营、部分用于生活且之间有明确隔离的场所，行为人进入生活场所实施抢劫的，应认定为“入户抢劫”；如场所之间没有明确隔离，行为人在营业时间入内实施抢劫的，不认定为“入户抢劫”，但在非营业时间入内实施抢劫的，应认定为“入户抢劫”。司法实践中，各地法院基本上是按照这一原则认定“前店后宅”或者“店宅共用”是否属于“户”的性质的。《指导意见》只是在总结司法实践经验的基础上，以规范性文件的形式确认，以便各级法院审理此类案件时有据可依。

——陆建红、杨华、潘洁:《〈关于审理抢劫刑事案件适用法律若干问题的指导意见〉的理解与适用》，载最高人民法院刑事审判第一、二、三、四、五庭:《刑事审判参考》总第 103 集，法律出版社 2016 年版，第 174~176 页。

761. “入户抢劫”中“户”的认定

关键词

抢劫罪　入户抢劫　转化犯

《刑事审判参考》指导案例

陆剑钢等抢劫案（《刑事审判参考》指导案例第 288 号）

裁判要点：构成入户抢劫，应同时符合下列三个特征：一是“户”的范围。“户”即住所，其特征表现为供他人家庭生活和与外界相对隔离两个方面，前者为功能特征，后者为场所特征。二是“入户”目的的非法性。“入户”必须具有进入他人住所的非法侵入性，即进入他人住所须以实施抢劫等犯罪为目的。三是暴力或者暴力胁迫行为必须发生在户内。

入户抢劫的理解与认定，是司法实践中产生争议较多的一个问题。为准确、统一适用刑法，最高人民法院《关于审理抢劫案件具体应用法律若干问题的解释》(以下称《解释》) 专门就此作出了解释性规定，即入户抢劫指的是，“为实施抢劫行为而进入他人生活的与外界相对隔离的住所，包括封闭的院落、牧民的帐篷、渔民作为家庭生活场所的渔船、为生活租用的房屋等进行抢劫的行为”。根据《解释》的规定，我们认为，构成入户抢劫，应同时符合下列三个特征：一是“户”的范围。“户”即住所，其特征表现为供他人家庭生活和与外界相对隔离两个方面，前者为功能特征，后者为场所特征。一般情况下集体宿舍、旅店宾馆、临时搭建工棚等不应认定为“户”；二是“入户”目的的非法性。“入户”必须具有进入他人住所的非法侵入性，即进入他人住所须以实施抢劫等犯罪为目的。抢劫行为虽然发生在户内，但行为人基于某种合法、正当理由进入他人住所，临时起意实施抢劫的，不属于“入户抢劫”；三是暴力或者暴力胁迫行为必须发生在户内。这一点主要是针对转化抢劫而言的，比如，入户盗窃数额较大财物被发现，行为人为窝藏赃物、抗拒抓捕或者毁灭罪证在户外使用暴力或者以暴力相威胁的，则不能认定为入户抢劫。

——最高人民法院刑事审判第一庭、第二庭编：《刑事审判参考》2004 年第 2 集（总第 37 集），法律出版社 2004 年版，第 30~36 页。

附录：最高人民法院主流观点

《最高人民法院关于审理抢劫案件具体应用法律若干问题的解释》（以下简称《审理抢劫案件解释》）第 1 条的规定为基础，明确了认定“入户抢劫”应当注意以下三个问题：一是“户”的范围。“户”在这里是指住所，其特征表现为供他人家庭生活和与外界相对隔离两个方面，前者为功能特征，后者为场所特征。一般情况下，集体宿舍、旅店宾馆、临时搭建工棚等不应认定为“户”，但在特定情况下，如果确实具有上述两个特征的，也可以认定为“户”。二是“入户”目的的非法性。进入他人住所须以实施抢劫等犯罪为目的。抢劫行为虽然发生在户内，但行为人不以实施抢劫等犯罪为日的进入他人住所，而是在户内临时起意实施抢劫的，不属于“入户抢劫”。三是暴力或者暴力胁迫行为必须发生在户内。入户实施盗窃被发现，行为人为窝藏赃物、抗拒抓捕或者毁灭罪证而当场使用暴力或者以暴力相威胁的，如果暴力或者暴力胁迫行为发生在户内，可以认定为“入户抢劫”；如果发生在户外，不能认定为“入户抢劫”。

《审理抢劫刑事案件意见》第 2 条进一步明确了如下两方面相关问题：第一，认定“入户抢劫”，要注重审查行为人“入户”的目的，将“入户抢劫”与“在户内抢劫”区别开来。以侵害户内人员的人身、财产为目的，入户后实施抢劫，包括入户实施盗窃、诈骗等犯罪而转化为抢劫的，应当认定为“入户抢劫”。因访友办事等原因经户内人员允许入户后，临时起意实施抢劫，或者临时起意实施盗窃、诈骗等犯罪而转化为抢劫的，不应认定为“入户抢劫”。第二，对于部分时间从事经营、部分时间用于生活起居的场所，行为人在非营业时间强行入内抢劫或者以购物等为名骗开房门入内抢劫的，应认定为“入户抢劫”。对于部分用于经营、部分用于生活且之间有明确隔离的场所，行为人进入生活场所实施抢劫的，应认定为“入户抢劫”；如场所之间没有明确隔离，行为人在营业时间入内实施抢劫的，不认定为“入户抢劫”，但在非营业时间入内实施抢劫的，应认定为“入户抢劫”。

——胡云腾主编：《刑法罪名精释（第五版）》，人民法院出版社 2022 年版，第 824~825 页。

762. 非法进入他人共同租住的房屋抢劫应认定为入户抢劫

关键词

抢劫罪　共同租住的房屋　入户抢劫

《刑事审判参考》指导案例

韩维等抢劫案（《刑事审判参考》指导案例第 466 号）

裁判要点：共同租住的房屋只要是供家庭生活且与外界相对隔离的，就应当认定为刑法意义上的“户”。

就本案而言，四被告人进入并实施抢劫的场所是被害人何亚东、张和平合租的房屋，二人并非一家人，除了房屋中共用部分外，他们的卧室是各自分开的，他们中任何一人的卧室对于另一人来说是相对独立的空间，在这个空间内，各自享有私生活的自由，不受他人的干扰，二人共租的房屋相对于他人和外界也同样具有隐私性和排他性，虽然二人不具有家庭成员关系，但合租的房屋系供生活所用，具有私人住所的特点，应当属于刑法意义上的“户”。值得注意的是，不具有家庭成员身份的人共同租用的住所，如果每一个承租人相对于其他人都没有相对独立的空间，该房屋应属于群体共同休息和活动的公共场所，就不能认定为刑法意义上的“户”。当然，家庭成员共同居住的住所，隐私性和排他性则是以整体体现的，即使各成员没有相对独立的空间，也不影响成立“户”。

——最高人民法院刑事审判第一、二、三、四、五庭主办：《刑事审判参考》2007 年第 6 集（总第 59 集），法律出版社 2008 年版，第 19~25 页。

763. 进入卖淫女出租房嫖宿后实施抢劫是否构成“入户抢劫”

关键词

入户抢劫

《刑事审判参考》指导案例

黄卫松抢劫案（《刑事审判参考》指导案例第 844 号）

裁判要点：卖淫女从事卖淫活动时其出租房对卖淫对象而言不属于“户”。

根据《最高人民法院关于审理抢劫案件具体应用法律若干问题的解释》和《最高人民法院关于审理抢劫、抢夺刑事案件适用法律若干问题的意见》的相关规定，认定“入户抢劫”，行为必须具备以下三个要件：一是符合“户”的范围。“户”是指住所，其特征表现为供他人家庭生活和与外界相对隔离两个方面，前者为功能特征，后者为场所特征。二是“入户”目的的非法性。进入他人住所须以实施抢劫等犯罪为目的。三是暴力或者暴力胁迫行为必须发生在户内。本案在审理过程中，关于被告人黄卫松的行为是否属于“入户抢劫”主要存在以下两个争议焦点：一是卖淫女出租房性质是否构成“户”，即卖淫女出租房性质的区别问题；二是黄卫松进入出租房是否具有非法性，即进入出租房非法性的认定问题。

（一）卖淫女从事卖淫活动时其出租房对卖淫对象而言不属于“户”

“户”的构成需同时具备场所和功能两方面特征。换言之，“户”既要具备与外界相对隔离，具有一定的封闭性的场所特征，也要具备供家庭生活起居使用的功能特征。本案在审理过程中，主要有以下两种观点：一种观点认为，卖淫女虽然在其住所内从事卖淫活动，但这仅能表明其住所兼具性交易场所的性质，其作为住所主要发挥的仍是生活功能，因而应当认定为刑法意义上的“户”。另一种观点认为，卖淫女出租房的性质必须结合抢劫行为实施当时的实际状况进行区分判断。对于以家居场所掩盖非法营利活动的住所，抢劫行为发生时该场所实际承载的功能特征即是该场所的实质功能特征。

本案中，卖淫女出租房兼具卖淫活动场所和家居生活住所的性质。详言之，卖淫女在从事卖淫活动时，其出租房所承载的功能性质表现为卖淫活动场所；卖淫女在不从事卖淫活动时，其出租房所承载的功能性质表现为家居生活住所。该出租房表现为卖淫活动场所和家居生活住所的双重功能特征，在一定条件下两个特征可以相互转化。当没有嫖客进入出租房时，该出租房供卖淫女进行日常生活起居之用，同时具有相对封闭性和私密性，应当被认定为刑法意义上的“户”。相反，当卖淫女决定在该出租房内接纳嫖客时，该出租房实际承载的功能便转化为淫乱牟利的场所。此时，该出租房虽然具有“户”的场所特征，但不具有户的功能特征。

（二）本案被告人进入卖淫女出租房具有非法性

对于“入户抢劫”的认定是否限定为行为人入户之前就必须有实施抢劫的故意，理论界存在不同认识。第一种观点认为，只有为了实施抢劫行为而入户的，才构成入户抢劫；否则，只能按照普通抢劫罪处理。即使行为人具有实施其他犯罪之目的而入户，临时起意抢劫的，也不构成入户抢劫。第二种观点认为，无论行为人入户前有无抢劫故意，只要入户后抢劫的，就属于入户抢劫。因为入户后临时起意抢劫，同样严重破坏被害人对家的安全感，其危害性并不比以抢劫故意入户的小。第三种观点认为，关键要看行为人是违法入户还是合法入户以及入户的动机，只要入户前形成犯罪故意并具有入户的非法侵入性，之后实施的抢劫行为都可以认定为入户抢劫，而不论其入户前是否已经形成抢劫的故意。第一种观点单纯地以入户行为人的主观方面为视角，在司法可证明性方面存有欠缺。另外，该观点对入户行为的范围限制过严，将以强奸、杀人等目的强行入户后临时起意在户内抢劫的也排除出入户抢劫的范围，显然是不合理的。第二种观点片面认为只要抢劫行为发生在入户之后就可构成，不仅不符合我国刑法主客观相统一的原则，而且有悖于罪责刑相统一的原则，扩大了入户抢劫的惩罚范围。第三种观点认为，应当从入户行为的整体性角度考虑入户的认定标准，既包括行为人入户前的犯罪故意，也包括入户非法侵入的客观行为。但是该观点不够全面，还有待完善。

现实生活中，入户包括合法入户和违法入户。违法入户抢劫的情况比较简单，构成入户抢劫也没有疑问，如破门而入、冒充军警人员入户、用欺骗等手段入户等。因其入户不合法，无论其入户目的是否是抢劫，只要入户后实施了抢劫犯罪，均应当认定为“入户抢劫”。合法入户后，因为某种原因而进行抢劫，是否构成“入户抢劫”，情况比较复杂。我们认为，对合法入户后因为某种原因而实施抢劫的，对其入户非法性的认定不能一概而论，需要进一步区分两种情况：一种情况是入户前或者入户时就有抢劫犯罪动机的，即以合法形式掩盖非法目的，此种情况下即使是合法入户也应当认定具有入户的非法性。如利用债务关系、利用亲属关系、利用水电等物业管理维修人员身份作掩护有预谋地实施“入户抢劫”等情形。对于这些行为，行为人在入户时已具有抢劫犯意，虽然其入户行为得到主人的邀请或者许可，且是以平和的方式入户，但这是由于其以合法形式掩盖了非法目的，主人的邀请或者许可是受蒙骗而作出的非真实的意思表示。入户作为其犯罪行为的步骤之一，一开始就具有欺骗性和非法性。因此，以欺骗方式“合法”入户只是刑法上的手段行为，应当认定具有“入户”的非法性。另一种是合法入户时没有抢劫犯罪动机，临时起意抢劫，即以合法行为开始，以犯罪行为告终的，这种情况不宜认定为“入户抢劫”，如讨债不成激愤抢劫，以及亲属之间临时起意抢劫的，应当按照一般抢劫犯罪处理。值得注意的是，在合法入户的情况下，行为人一般为亲属、朋友、房屋设施维修人员等，审查合法入户的被告人事前有无抢劫动机比较复杂，要结合入户原因、犯罪预备、抢劫手段和数额等因素，综合认定。

本案中，被告人黄卫松在入户之前既有嫖娼的故意，也有抢劫的故意。

黄卫松以嫖娼的方式，诱使卖淫女带其到出租房内。黄卫松的行为与上述以合法形式掩盖非法目的的情形相似（黄卫松的嫖娼行为本身就是违法的，但“入户抢劫”中的非法性是指侵入的非法性）。黄卫松的嫖娼故意与其以平和方式进入出租房存在因果关系，其以平和方式入户与抢劫行为存在手段和目的关系。因此，黄卫松具有入户目的的非法性。

综上所述，本案被告人黄卫松虽然具有入户目的的非法性、暴力发生在户内两个要件，但是由于卖淫女的出租房在犯罪时不属于刑法意义上的“户”，因此，不属于“入户抢劫”。

——《黄卫松抢劫案——进入卖淫女出租房嫖宿后实施抢劫是否构成“入户抢劫”》，载最高人民法院刑事审判第一、二、三、四、五庭主办：《刑事审判参考》2013 年第 2 集（总第 91 集），法律出版社 2014 年版，第 25~29 页。

764. 行为人从户外追赶被害人进入户内后实施抢劫的行为，能否认定为“入户抢劫”

关键词

入户抢劫

《刑事审判参考》指导案例

刘长庚抢劫案（《刑事审判参考》指导案例第 846 号）

裁判要点：“入户”应当以实施犯罪为目的，即使为人进入他人住所的目的及后续行为应当达到刑罚处罚的程度。

“入户抢劫”属于刑法明文规定的抢劫罪的加重处罚情节，如何界定刑法中的“入户抢劫”直接关系到对被告人的刑罚。虽然相关司法解释已经对“入户”作了比较明确的解释，但实践中对部分抢劫行为是否属于“入户抢劫”依然存在争议。本案审理过程中，对被告人刘长庚从户外追赶被害人吴某进入户内，进而在户内实施抢劫的行为，能否认定为“入户抢劫”，形成两种意见：一种意见认为，刘长庚进入户内，并进而完成抢劫，是对在户外未完成抢劫的继续，不能中断评价，因此，只能视为普通抢劫，而不能以入户抢劫论处；另一种观点认为，刘长庚的行为应当认定为“入户抢劫”。我们同意后一种观点。具体理由如下：

根据 2005 年 6 月 8 日最高人民法院出台的《关于审理抢劫、抢夺刑事案件适用法律若干问题的意见》（以下简称《意见》）的规定，认定“入户抢劫”

时，应当注意以下三个问题：一是“户”的范围。“户”在这里是指住所、其特征表现为供他人家庭生活和与外界相对隔离两个方面，前者为功能特征，后者为场所特征。二是“入户”目的的非法性。进入他人住所须以实施抢劫等犯罪为目的。三是暴力或者暴力胁迫行为必须发生在户内。基于上述规定，我们认为，“入户抢劫”的基本结构为：入户前持有非法的入户目的→入户行为→户内以暴力或者暴力胁迫行为实施抢劫或者转化型抢劫。换言之，只有先后满足上述三个条件，才能构成“入户抢劫”加重情节。

（一）行为人以实施抢劫为目的进入他人住所符合“入户”目的的非法性

抢劫行为虽然发生在户内，但行为人不以实施抢劫等犯罪为目的进入他人住所，而是在户内临时起意实施抢劫的，不属于入户抢劫。理论界和实务界对如何理解此处的“进入他人住所须以实施抢劫等犯罪为目的”尚未达成统一认识，大致存在以下三种观点：第一种意见认为进入他人住所必须以实施抢劫为目的，其他任何目的都不能认定为“入户抢劫”。第二种意见认为只要入户目的具有非法性即可认定为“入户抢劫”。第三种意见认为“入户”应当以实施犯罪为目的，即行为人进入他人住所的目的及后续行为应当达到刑罚处罚的程度。

我们同意第三种意见。理由是：（1）《意见》明确规定进入他人住所须以实施抢劫等犯罪为目的。其中的“等”字便说明“入户”的目的不局限于抢劫犯罪一种，这是文义解释的应有之义。第一种意见显然缩小了“入户抢劫”的范围。（2）如以其他非法目的，如讨要赌债进入他人住宅而临时起意实施抢劫，尽管抢劫行为也发生在户内，客观上也侵犯了他人的住宅权利以及人身、财产权利，但该行为表现出的行为人的主观恶性与人身危险性，尚难以成为适用“入户抢劫”在十年以上有期徒刑、无期徒刑或者死刑量刑的理由。换言之，若对任何持非法目的进入被害者家中实施抢劫的行为，均认定为“入户抢劫”并适用十年以上有期徒刑、无期徒刑或者死刑，必然会导致量刑畸重，有违罪责刑相适应原则。因此，将“入户抢劫”的目的扩大理解为“入户”的“非法性”，明显扩大了“入户抢劫”的范围，容易造成罚不当罪的情况。（3）就体系解释的角度而言，限定“入户”目的达到犯罪的程度，而又不局限于抢劫一种情形，与《意见》关于“入户盗窃”转化为“入户抢劫”的规定精神保持一致。

本案中，刘长庚在户外持刀威胁被害人劫取财物，见被害人吴某逃跑后，遂将吴某追赶至吴某家中，并继续采用捂嘴、持刀划伤吴某等暴力手段实施抢劫。这些事实足以表明刘长庚在“入户”前已经对吴某实施了抢劫行为，在吴某躲进家中后仍尾随其后，继续在室内实施抢劫，因此，其“入户”目的应当认定为实施抢劫。

（二）行为人实施了“入户”行为

根据《意见》的规定，“户”的特征应当从功能和场所两个方面进行认定。（1）“户”的功能应当限定为居住和家庭生活用，因此排除具有营利性质的住所，如旅店、宾馆等。（2）“户”在物理性质上应当是与外界相对隔离的场所，这也是家庭生活隐蔽性、私密性所要求的。因此，临时搭建的工棚等不应认定为户。当然，在特定情况下，如果确实具有上述两个特征的，也可以认定为“户”。如搭建在鱼池边上供看鱼人白天休息夜晚居住用的鱼棚。本案中，行为人虽然以实施抢劫为目的，进入的是被害人租用、供其家庭生活的出租房屋，但从功能特征、场所特征来看，完全符合“户”的特征，应当认定为“户”。

“入”的判断应当从客观和主观两个方面进行。客观方面，所谓“入”，现代汉语词典中解释为“进去”或者“进来”，与“出”相对，作为一个动词，“入”在时间上应当为一个点。由于刑法不仅处罚犯罪既遂、未遂行为，而且处罚预备行为，所以，广义的行为概念既包含实行行为，也包含预备行为。换言之，无论是在犯罪预备阶段还是犯罪着手实行阶段，行为人以实施抢劫等犯罪为目的进入他人住所，均应当认定为“入户”。实践中，抢劫这一犯罪过程从着手实施，到最终犯罪实施完毕，持续的时间可能从几个小时到几天。例如，犯罪分子在外地抢劫被害人，后又劫持被害人至其家中继续实施抢劫。又如，犯罪分子入户实施抢劫中，使用劫得的信用卡外出取钱。主观方面，“入”户必须是未经被害人同意的，是一种未经许可的进入行为。

从刑事政策的角度分析，“入户”的判断应当采取严格解释，强调入户与抢劫之间的关联关系，只有入户时具有非法目的才符合“入户抢劫”的主观要件。因为刑法之所以将“入户抢劫”单独列出来，作为加重情节规定更为严重的刑罚，主要是因为“入户抢劫”不仅侵犯了公民的人身和财产安全，而且侵犯了公民的住宅安全。申言之，“入户抢劫”是非法侵入他人住宅与抢劫他人财物两种违法犯罪行为的结合。“入户”行为本身已具有独立的社会危害性，且这种危害与抢劫的危害相结合，使其具有了较户外抢劫更大的社会危害性，因而应当得到法律的加重处罚。

本案中，刘长庚追赶吴某进入其日常生活的出租屋。主观上没有得到吴某的同意而进入，客观上实施了进入“户”内行为，且“入户”是为了实施抢劫行为，完全符合“入户”的法律特征。

（三）行为人在户内实施了暴力抢劫行为

“入户抢劫”的强制性手段应当以发生在户内为必要。法律规范意义上的行为与日常生活中单个的动作有别，刑法上的行为一般由多个动作组成，如持枪杀人，不是仅指扣扳机一个单一的动作。抢劫行为从着手实施，到最终犯罪实施完毕的整个过程，包括多个动作，如手持工具的动作、言语威胁的动作、追赶被害人的动作等。这些动作可能发生在不同的场合，如有的在户外、有的在户内。“入户抢劫”中“在户内实施暴力或者暴力胁迫行为”，不应机械地理解为整个抢劫行为在户内开始实施并在户内结束，否则将大大缩小对“入户抢劫”犯罪的打击面，甚至为一些不法分子规避法律提供了“挡箭牌”。根据相关法律对住宅权利特殊保护规定的精神，我们认为，对“在户内实施暴力或者暴力胁迫行为”不应做过于严格的解释，即只要行为人的抢劫暴力行为有一部分发生在户内，就应当认定为“入户抢劫”。

本案中，刘长庚携带工具从户外开始对吴某实施抢劫，并追赶吴某到户内，在户内继续实施暴力行为，符合在户内实施暴力行为的要件，应当认定为“户内实施暴力抢劫行为”。

——《刘长庚抢劫案——行为人从户外追赶被害人进入户内后实施抢劫的行为，能否认定为“入户抢劫”》，载最高人民法院刑事审判第一、二、三、四、五庭主办：《刑事审判参考》2013 年第 2 集（总第 91 集），法律出版社 2014 年版，第 38~42 页。

765. 行为人入户盗窃、抢夺、诈骗，只要当场使用暴力或者暴力相威胁，均应认定为入户抢劫

关键词

抢劫罪　入户抢劫　暴力威胁

最高人民法院司法政策精神

一、关于“入户抢劫”的认定

……三是暴力或者暴力胁迫行为必须发生在户内。入户实施盗窃被发现，行为人为窝藏赃物、抗拒抓捕或者毁灭罪证而当场使用暴力或者以暴力相威胁的，如果暴力或者暴力胁迫行为发生在户内，可以认定为“入户抢劫”；如果发生在户外，不能认定为“入户抢劫”。

——《最高人民法院关于审理抢劫、抢夺刑事案件适用法律若干问题的意见》（2005 年 7 月 16 日，法发〔2005〕8 号）。

《刑事审判参考》指导案例

庄保金抢劫案（《刑事审判参考》指导案例第 59 号）

裁判要点：被侦查机关确定为犯罪嫌疑人被传唤后即如实供述犯罪事实的，不能认定为自首；入室盗窃被事主发觉，当场使用暴力构成抢劫罪的，属于入户抢劫；对被告人适用死刑缓期二年执行

不属于从轻处罚。

入户抢劫，是《刑法》第 263 条规定的犯抢劫罪法定从严惩处的情形之一。这里的“户”泛指住宅，既包括公民的固定住所和临时住所，也包括公民作为住宅使用的车、船等交通工具。公民住宅，是居住者感到人身安全的场所之一。家庭成员多有男女老少，防范能力较弱或者根本没有防范能力，因此，进入公民住宅实施的非法侵害，对公民社会安全感的威胁和破坏更为严重，其社会危害性在一般意义上比发生在其他场所的非法侵害要大，因此，入户抢劫成为一项法定的必须从严惩处的情节。入室盗窃的人是怀着秘密窃取他人财物的意图进入他人住宅的，其行为被事主发现后，对事主使用暴力，其危害性与入户抢劫并无本质差别。所以，对这种行为在认定抢劫罪的同时，还应当认定为入户抢劫。

被告人庄保金的最初犯意是盗窃罗继永承包的供销店，在盗窃行为被发现后当场对罗继永使用暴力并致其死亡，根据《刑法》第 269 条、第 263 条的规定，其行为构成抢劫罪。因庄保金实施犯罪地点又是罗继永的住所，庄保金是夜间进入作案，故对庄保金应同时认定为“入户抢劫”。

被告人庄保金犯抢劫罪，具有致人死亡和入户抢劫两个法定从严惩处情节，不具备自首或者其他法定、酌定从轻处罚的情节。二审法院依法改判庄保金死刑，立即执行，最高人民法院依法予以核准，做到了罪刑相适应。

——最高人民法院刑事审判第一庭编：《刑事审判参考》2000 年第 3 辑（总第 8 辑），法律出版社 2000 年版，第 18~23 页。

766. 入户盗窃并转化为抢劫的，应认定为“入户抢劫”

关键词

入户盗窃　暴力犯罪　入户抢劫

《刑事审判参考》指导案例

张红军抢劫、盗窃案（《刑事审判参考》指导案例第 1182 号）

裁判要点：入户实施盗窃、诈骗、抢夺等，并在户内使用暴力或以暴力威胁的，构成“入户抢劫”。

入户抢劫是抢劫罪的加重处罚情节之一，加重理由就是“入户”，即其侵犯了被害人“家”的私密性和安全性，是对公民最可靠也是最后可以依靠的处所的侵犯，其危害性明显重于普通抢劫。因此，对“户”的认定尤为重要。最高人民法院2000年公布的《关于审理抢劫案件具体应用法律若干问题的解释》和2005年印发的《关于审理抢劫、抢夺刑事案件适用法律若干问题的意见》对此予以明确界定：“户”是指供他人生活的与外界相对隔离的住所，包括封闭的院落、牧民的帐篷、渔民作为家庭生活场所的渔船、为生活租用的房屋等。上述概念反映出两个特征：第一，要具有日常生活性，这是“户”的功能特征；第二，要具有封闭性和排他性，这是“户”的场所特征。西方法谚“我屋虽破，风可进、雨可进、国王不能进”很好地阐释了该特征，即居住者对于“户”享有排他性的权利，未经允许或法定事由不得随意入户，居住者均有要求非法侵入者离开的权利。根据上述特征可知，正是由于行为人未经允许侵犯了居住者对“户”的排他性权利，该行为才应当受到严惩，故入户的非法性就成为题中之义，即行为人基于侵害户内人员的人身、财产的非法目的入户的，就要对入户行为加重处罚；如果经过允许入户，在户内临时起意实施不法行为的，则不具有非法侵入的特性，故不能将此“入户”作为加重处罚的情节。因此，认定“入户抢劫”自然要求只有在户内实施暴力或者以暴力相威胁，如此才能体现出“入户”的非法性。对于入户实施盗窃、诈骗、抢夺的，为窝藏赃物、抗拒抓捕或者毁灭罪证，也必须是在户内使用暴力或者以暴力相威胁的，才能认定“入户抢劫”；如果在户外使用暴力或者以暴力相威胁，则只能认定普通抢劫。2016年最高人民法院新颁布的《关于审理抢劫刑事案件适用法律若干问题的指导意见》也对此作出明确规定：“入户……盗窃、诈骗、抢夺后，为了窝藏赃物、抗拒抓捕或者毁灭罪证，在户内……当场使用暴力或者以暴力相威胁的，构成‘入户抢劫’……”

——最高人民法院刑事审判第一、二、三、四、五庭主办：《刑事审判参考》（总第109辑），法律出版社2017年版，第10~15页。

767. 进入学生宿舍和旅馆抢劫不应认定构成“入户抢劫”

关键词

抢劫罪　入户抢劫　学生宿舍　旅馆

《刑事审判参考》指导案例

杨廷祥等抢劫案（《刑事审判参考》指导案例第309号）

裁判要点：即便个体家庭旅馆在空间物理结构上与原来作为家庭住所时并无两样，因其先前作为住所所具有的封闭性特征随着性

质功能的改变已经不复存在，不能再视之为“户”。在个体家庭旅馆针对旅馆主人实施的抢劫行为，因抢劫行为非发生在他人“户”内，故不应认定为入户抢劫。

是否属于入户抢劫，必须严格依照《最高人民法院关于审理抢劫、抢夺刑事案件适用法律若干问题的意见》第1条关于入户抢劫是指为实施抢劫行为而进入他人生活的与外界相对隔离的住所进行抢劫的行为的规定来加以理解和界定，具体言之，成立入户抢劫，应具备以下三个方面的要件：一是“户”的范围。“户”即住所，应具有为供他人家庭生活和与外界相对隔离两个方面的特征，其中，前者为功能特征，后者为场所特征。办公场所、集体宿舍、旅店宾馆、临时工棚等一般情况下不应认定为“户”，只有在特定情况下确实具有上述两个特征的，才可以认定为“户”；二是“入户”目的的非法性。“入户”必须具有进入他人住所的非法侵入性，即进入他人住所须以实施抢劫等犯罪为目的。抢劫行为虽然发生在户内，但行为人不以实施抢劫等非法侵害为目的进入他人住所，而是临时起意实施抢劫的，不属于入户抢劫。三是暴力或者暴力胁迫行为必须发生在户内。入户实施盗窃被发现，行为人为窝藏赃物、抗拒抓捕或者毁灭罪证而当场使用暴力或者以暴力相威胁的，如果暴力或者暴力胁迫行为发生在户内，可以认定为入户抢劫；如果发生在户外，则不能认定为入户抢劫。

被告人在个体家庭旅馆针对旅馆主人实施的抢劫行为是否成立入户抢劫，关键在于能否将个体家庭旅馆以及旅馆主人的居住场所认定为“户”。如果个体家庭旅馆以及旅馆主人的居住场所均不属于“户”，自然无从谈起入户抢劫；相反，如果个体家庭旅馆或者旅馆主人的居住场所可以认定为“户”，那么无疑应以入户抢劫追究刑事责任。应当说，较之于一般的抢劫旅馆行为，本处的抢劫具有一定特殊性和复杂性，具体表现在两个方面，一是旅馆系个人家庭住所改造的，属个体家庭旅馆；二是抢劫的场所系旅馆主人的居住场所，仅以旅馆主人及其家庭为抢劫对象。那么，能否据此将这里的场所认定为“户”呢？现结合前述关于“户”的两方面特征，分析说明如下：

第一，根本上而言，个体家庭旅馆是旅馆而非“户”。即便个体家庭旅馆在空间物理结构上与原来作为家庭住所时并无两样，因其先前作为住所所具有的封闭性特征随着性质功能的改变已经不复存在，所以不能再视之为“户”。

第二，具体到旅馆主人的居住场所，也不应认定为“户”。该居住场所的功能是不固定、可以随时变换的，而且这种功能上的不确定性，不存在时间段的限制，因而在具体功能上不具有可区分性，不宜认定为“户”。

综上，被告人在个体家庭旅馆针对旅馆主人实施的抢劫行为，因抢劫行为非发生在他人“户”内，故不应认定为入户抢劫。

——最高人民法院刑事审判第一庭、第二庭编：《刑事审判参考》2004 年第 4 集（总第 39 集），法律出版社 2005 年版，第 31~38 页。

附录：司法信箱

问题：某院受理两起抢劫案件，一起是被告人王某某等四人持械进入本县成人中专几个学生宿舍，采取殴打等暴力手段，对十余名学生进行抢劫，得赃款 200 余元。一起是被告人张某等三人进入本县某宾馆一旅客房间，采取殴打、捆绑的暴力手段抢劫一旅客现金 1000 余元。审理中对以上两起案件定抢劫罪无异议，但对是否认定为入户抢劫存在分歧。一种意见认为不能定入户抢劫，因为学生宿舍和旅馆是学生和旅客用于休息的地方，同时又是群体活动的场所，不是单独的户。第二种意见认为应定为入户抢劫，因为学生宿舍和旅馆都是与外界相对隔离，与家庭生活区别不大的生活场所，应当属于《最高人民法院关于审理抢劫案件具体应用法律若干问题的解释》中规定的“户”。

《人民司法》研究组认为：来信中第一种意见是正确的。《刑法》第 263 条第 1 项规定入户抢劫的“户”主要是指公民的住所。学生宿舍和旅馆是学生和旅客用于休息的地方，同时又是群体活动的场所，因此在上述场所实施抢劫行为的，不应认定为入户抢劫。

——《人民司法》2001 年第 4 期（总第 447 期）。

问题：被告人徐某与其他 4 位学生共同租住某中学教师宿舍中黄老师所有的一套三室二厅房屋。5 月 13 日晚，被告人徐某趁女学生陈某洗澡之机盗得陈某的房间钥匙，等到晚 12 时许出门与其兄会合。嗣后，二被告人窜到租住房内，用钥匙打开陈某房门，再到厨房各持一把菜刀进入陈某房间，将刀架在陈某的脖子上，责令陈某用被子蒙住头，被告人徐某用菜刀撬开书桌抽屉，抢得人民币 880 元交给其兄。法院审理时对该案是否构成入户抢劫有两种意见。一种意见认为，两被告人抢劫的对象具备了家庭生活功能和场所功能，构成入户抢劫；另一种意见认为，被抢劫场所系被害人陈某与被告人徐某等人共同租住的宿舍房，租住场所不具备家庭生活功能，且相对被告人徐某来讲不与外界相对隔离，因而不属于刑法意义上的“户”，不构成入户抢劫。请问以上哪种意见正确？

《人民司法》研究组认为：入户抢劫主要是指行为人以实施抢劫为目的，非法侵入他人住所实施抢劫的行为。入户抢劫的主观恶性及客观危害显然大于在户内临时起意抢劫的行为，不能不顾及这种差别，将在户内抢劫也视为入户抢劫定罪处罚。来信提到徐某租住在宿舍中，对其纠集外人对该宿舍实施抢劫的行为，不宜认定为入户抢劫。

——《人民司法·应用》2010 年第 9 期（总第 596 期）。

768. 子女进入父母居室内抢劫一般不能认定为“入户抢劫”

关键词

抢劫罪　家庭成员

《刑事审判参考》指导案例

明安华抢劫案（《刑事审判参考》指导案例第 131 号）

裁判要点：由于子女和父母属于共同生活的家庭成员，无论其进入父母的房间是否得到父母的同意，都不属于非法侵入，故子女进入父母居室内抢劫一般不能认定为“入户抢劫”。

成年子女进入父母的房间进行抢劫，在形式上符合“入户抢劫”的构成特征，但是，由于子女和父母属于共同生活的家庭成员，无论其进入父母的房间是否得到父母的同意，都不属于非法侵入；同时，从我国的传统伦理道德观念来看，无论子女是否成年或者与父母分开另住，子女进入父母的卧室或者住宅，都是正常的。因此，对于子女进入父母房间实施的抢劫行为，不能认定为“入户抢劫”。

——最高人民法院刑事审判第一庭、第二庭编：《刑事审判参考》2001 年第 10 辑（总第 21 辑），法律出版社 2001 年版，第 22~27 页。

769. 进入经营区域与生活区域无明显隔离的商店抢劫财物不构成入户抢劫

关键词

抢劫罪　入户抢劫

《最高人民法院公报》案例

上海市嘉定区人民检察院诉魏培明等人抢劫案（裁定时间：2003 年 10 月 15 日，再审法院：上海市高级人民法院）

裁判摘要：根据《刑法》第263条和最高人民法院《关于审理抢劫案件具体应用法律若干问题的解释》第1条第1款的规定，被告人以假借购物为由，进入他人经营和生活区域缺乏明显隔离的商店抢劫财物的行为，遂构成抢劫罪，但不构成入户抢劫的情节。

最高人民法院《关于审理抢劫案件具体应用法律若干问题的解释》规定："户为他人生活的与外界相对隔离的住所，包括封闭的院落、牧民的帐篷、渔民作为家庭生活场所的渔船、为生活租用的房屋等。"根据该解释，作为刑法意义上的"户"，应当是以生活为目的或主要以生活为目的设立的场所，而其他为生产、经营、学习设立的场所，则不宜认定为"户"。芳芳商店是以营业为目的开设的公开营业场所，虽部分区域兼有生活功能，但不具有居民私人住宅相对封闭性的特征。本案事实表明，魏培明3人在实施抢劫时，芳芳商店还在营业之中。魏培明等人是以抢商店的营业款为目的而实施犯罪，犯罪意图和指向明确。被害人的卧室仍然是商店的一部分，与商店的经营区域不处于封闭的状态，故不能以魏培明等人在此亦实施了抢劫就认定构成入户抢劫。根据本案事实，魏培明、岳向海、岳雷3人虽共谋抢劫，并共同以暴力威胁为手段实施了抢劫财物的行为，均已构成抢劫罪，但尚不能认定魏培明、岳向海、岳雷3人的具体行为构成了"入户抢劫"。

——《最高人民法院公报》2005年第4期。

770. 在入户强奸过程中临时起意劫取财物的不构成"入户抢劫"

关键词

抢劫罪　入户目的　强奸罪　入户抢劫

《刑事审判参考》指导案例

虞正策强奸、抢劫案（《刑事审判参考》指导案例第580号）

裁判要点：以强奸目的入户，在强奸过程中临时起意劫取财物的，不能认定为"入户抢劫"。

《最高人民法院关于审理抢劫、抢夺刑事案件适用法律若干问题的意见》（以下简称《意见》）规定，认定"入户抢劫"应注意"入户"目的的非法性，即进入他人住所须以实施抢劫等犯罪为目的。据此，认定本案被告人虞正策的行为是否构成"入户抢劫"，关键在于其"入户"的目的是什么。事实上，虞正策是以强奸为目的进入被害人住所的，不符合“入户抢劫”的成立要件，因而虞正策在强奸过程中临时起意劫取财物的行为不能认定为“入户抢劫”。具体理由如下：

1.《意见》关于“进入他人住所须以实施抢劫等犯罪为目的”，指仅以实施抢劫及盗窃、诈骗、抢夺等图财型犯罪为目的而进入他人住所

刑法第二百六十三条规定了“入户抢劫”的加重处罚情节，另根据刑法第二百六十九条的规定，实施盗窃、诈骗、抢夺等行为在一定条件下可转化为抢劫罪。因此，当行为人以抢劫为目的入户，或者以盗窃、诈骗、抢夺等犯罪为目的入户并转化为抢劫罪的，才可以认定为“入户抢劫”。《意见》提出以“实施抢劫等犯罪目的”作为入户抢劫的成立要件，不是对刑法规定的扩张解释，而是对“入户抢劫”含义的明确。这在《最高人民法院关于审理抢劫案件具体应用法律若干问题的解释》（以下简称《解释》）中也有所体现。《解释》第一条规定，入户抢劫是指为实施抢劫行为而进入他人生活的与外界相对隔离的住所，包括封闭的院落、牧民的帐篷、渔民作为家庭生活场所的渔船、为生活租用的房屋等进行抢劫的行为。入户盗窃后因被发现而当场使用暴力或以暴力相威胁的，均认定为入户抢劫。

2.《意见》中的“抢劫等犯罪”不宜理解为所有犯罪，仅应解释为抢劫及盗窃、诈骗、抢夺等图财型犯罪

《意见》在规定入户目的的非法性时，明确了进入他人住所须以实施抢劫等犯罪为目的，意在严格“入户抢劫”的认定条件，将以实施抢劫等图财型犯罪为目的入户与以实施其他犯罪为目的入户区别开来，以做到准确定性和量刑均衡，同时，这也是保证入户抢劫必须符合抢劫罪构成要件的必然要求。因为如果不加区分，对以实施任何犯罪为目的入户而临时起意抢劫的行为都以入户抢劫论处，行为人就可能被判处十年以上有期徒刑、无期徒刑或者死刑。这将使刑法规定的“入户抢劫”范围无限扩大，容易导致轻罪重判。为此，《意见》特别强调指出，“行为人不以实施抢劫等犯罪为目的进入他人住所，而是在户内临时起意实施抢劫的，不属于‘入户抢劫’”。

根据本案证据，被告人虞正策被儿子殴打后，为宣泄而同人饮酒、聊天，后入户实施强奸犯罪。现场勘验、检查笔录证实，现场并无搜寻、抢劫其他财物的情况，且在案证据证实虞正策仅抢走了一副耳环，这说明虞正策并非为图财而入户抢劫，因而不符合入户抢助的目的要件要求。

3. 将入户同时作为强奸和抢劫的手段行为，是对同一行为的重复评价，也违反了主客观相一致的定罪原则

禁止对同一犯罪人的同一犯罪行为进行多次定罪或者处罚，是世界上大陆法系国家和英美法系国家的通行规则，也是我国刑法理论和实践中遵循的基本原则，目的是禁止对同一行为进行重复的刑法评价，保护被告人的权利，

实现罪刑相当。本案中，被告人虞正策入户是实施强奸犯罪的手段行为，因而不能作为抢劫的手段行为再行评价，因为虞正策入户并不是为了实施抢劫犯罪。如果将以强奸目的入户，在强奸过程中临时起意劫取财物的行为认定为“入户抢劫”，则是对同一入户行为的重复评价，会导致将该入户行为分别认定为强奸和抢劫的手段。这不仅与禁止重复评价原则相左，也违反了主客观相一致的定罪原则。因为虞正策入户不是为了实施抢劫犯罪，或者说，其入户时并不具有抢劫的主观故意，如果将入户强奸行为认定为“入户抢劫”，则割裂了被告人的犯罪故意与危害行为的有机联系。

——最高人民法院刑事审判第一、二、三、四、五庭主办：《刑事审判参考》2009 年第 5 集（总第 70 集），法律出版社 2010 年版，第 40~45 页。

771. 被允许入户后临时起意盗窃，被发现后当场使用暴力的，不能认定为“入户抢劫”

关键词

被允许入户　入户抢劫

《刑事审判参考》指导案例

秦红抢劫案（《刑事审判参考》指导案例第 1181 号）

裁判要点：在户中抢劫是否认定为“入户抢劫”，关键要看行为人是违法入户还是合法入户以及入户的动机，如果是以侵害户内人员的人身、财产为目的而入户，即不仅限于以实施抢劫为目的而入户，在户内实施抢劫，或者实施盗窃、诈骗等犯罪而转化为抢劫的，都应当认定为“入户抢劫”。

本案涉及的是在公民住宅内抢劫或者临时起意实施盗窃、诈骗等犯罪而转化为抢劫的，在何种情形下可以认定为“入户抢劫”的问题。对此，理论界基于对“入户抢劫”的认定以是否限定行为人入户之前已有抢劫的故意，主要有三种观点：

第一种观点持肯定说，认为“入户抢劫”成立的条件是必须以实施抢劫行为为目的而入户，如果非以实施抢劫为目的，包括合法性入户以及其他违法犯罪性目的而入户，后在户内临时起意抢劫的，属“在户抢劫”而非“入户抢劫”。

第二种观点持全面否定说，认为不论入户前有无抢劫故意，只要入户后抢劫的，就是“入户抢劫”。因为入户后临时起意抢劫，同样严重破坏被害人对家的安全感，其危害性并不比持抢劫故意入户的小。

第三种观点持入户非法说，认为在户中抢劫是否认定为“入户抢劫”，关键要看行为人是违法入户还是合法入户以及入户的动机，如果是以侵害户内人员的人身、财产为目的而入户，即不仅限于以实施抢劫为目的而入户，在户内实施抢劫，或者实施盗窃、诈骗等犯罪而转化为抢劫的，都应当认定为“入户抢劫”。

我们认为，第一种观点把“入户抢劫”限定为为抢劫而入户，范围过窄，显然不当。但是，第二种观点不加分别地认为一切在户内抢劫的都视为“入户抢劫”，显然范围又过宽，也不合理。相对而言，第三种观点比较适中，也比较符合司法实践。

关于“入户”的目的问题，最高人民法院2000年公布的《关于审理抢劫案件具体应用法律若干问题的解释》（以下简称《抢劫解释》）和2005年印发的《关于审理抢劫、抢夺刑事案件适用法律若干问题的意见》（以下简称《两抢意见》）均有过规定。其中，《抢劫解释》第一条规定“……‘入户抢劫’，是指为实施抢劫行为而进入他人生活的与外界相对隔离的住所，包括封闭的院落、牧民的帐篷、渔民作为家庭生活场所的渔船、为生活租用的房屋等进行抢劫的行为。”鉴于司法实践中对“入户”目的与“入户抢劫”的关系等方面仍存在一定争议，《两抢意见》又明确了“认定入户抢劫”应当注意的三个问题，其中之一就是“入户”目的的非法性。《两抢意见》规定：“进入他人住所须以实施抢劫等犯罪为目的。抢劫行为虽然发生在户内，但行为人不以实施抢劫等犯罪为目的进入他人住所，而是在户内临时起意实施抢劫的，不属于‘入户抢劫’。”

以上司法解释比较恰当地解决了“入户抢劫”的认定范围问题。但是，对于那些为了实施诈骗、抢夺财物而进入他人住宅，因被揭穿和制止而当场使用暴力或者以暴力相威胁，是否亦应认定为“入户抢劫”，仍有待厘清。2016年最高人民法院新颁布的《关于审理抢劫刑事案件适用法律若干问题的指导意见》（以下简称《抢劫指导意见》）对入户目的的非法性作了进一步明确。《抢劫指导意见》规定：“认定‘入户抢劫’，要注重审查行为人‘入户’的目的，将‘入户抢劫’与‘在户内抢劫’区别开来。以侵害户内人员的人身、财产为目的，入户后实施抢劫，包括入户实施盗窃、诈骗等犯罪而转化为抢劫的，应当认定为‘入户抢劫’。因访友办事等原因经户内人员允许入户后，临时起意实施抢劫，或者临时起意实施盗窃、诈骗等犯罪而转化为抢劫的，不应认定为入户抢劫。”这一规定改变了《两抢意见》将“入户抢劫”中的“入户”目的限定于抢劫等犯罪目的的规定，将其扩大为“以侵害户内人员的人身、财产为目的”。换言之，即使不以犯罪为目的，而只是出于一般违法目的，只要是“以侵害户内人员的人身、财产为目的”而入户，而后实施抢劫的，均可认定为“入户抢劫”。这样规定，更有利于有力地保护公民的住宅安全，更严厉地打击入户抢劫犯罪。

我们认为，行为人既然具有非法占有他人财物的目的，并且敢于入户实施，表现了很大的贪婪性，也对公民居住场所的安全构成严重威胁，因此，因被发现而当场实施暴力或者以暴力相威胁，对其以“入户抢劫”论处，是合理的。既然如此，作为入户发生的转化型抢劫的前提行为，就不应当只限于入户盗窃，而是应当包括入户诈骗、抢夺。至于出于其他合法的或者不是以侵害户内人员的人身、财产为目的（如赌博、卖淫嫖娼等）的进入他人住宅，临时起意当场实施抢劫行为，一般不能认定为“入户抢劫”。

——最高人民法院刑事审判第一、二、三、四、五庭主办：《刑事审判参考》（总第109辑），法律出版社2017年版，第6~9页。

772. 进入无人居住的待租房屋实施抢劫，不属于“入户抢劫”

关键词

无人居住　待租房　入户抢劫

《刑事审判参考》指导案例

韦猛抢劫案（《刑事审判参考》指导案例第1180号）

裁判要点：入户抢劫，是指为实施抢劫行为而进入他人生活的与外界相对隔离的住所，包括封闭的院落、牧民的帐篷、渔民作为家庭生活场所的渔船、为生活租用的房屋等进行抢劫的行为。“户”在这里是指住所，其特征表现为供他人家庭生活和与外界相对隔离两个方面，前者为功能特征，后者为场所特征。二者应同时具备，缺一不可。

本案在审理中，对于被告人韦猛的行为构成抢劫罪没有异议，但对于韦猛抢劫的作案地点——无人居住的待租房屋能否认定为“户”，一审法院和二审法院意见不一致，一审法院认为待租房屋属于“户”，据此认定被告人韦猛构成“入户抢劫”，应在十年以上有期徒刑量刑；而二审法院认为本案中韦猛伙同他人抢劫被害人的现场系无人居住的待租房屋，不是“供他人家庭生活和与外界相对隔离的住所”，不属于“户”，不构成“入户抢劫”。

我们同意二审法院的意见，即被告人韦猛的行为不构成“入户抢劫”。理由是：

（一）“入户抢劫”中的“户”应同时具备场所特征和功能特征

“入户抢劫”是抢劫罪的加重情节之一，认定是否构成“入户抢劫”，关键问题是对“户”字的理解。关于这个问题，理论界和实践中有几种不同观点。其一，“户”指居民住宅（包括住室和宅院），不包括其他场所。其二，“户”指固定住所，即以此为家的场所，如私宅及学生宿舍等，但不包括宾馆房间及值班宿舍等临时居住场所。其三，“户”指人长期或固定生活、起居或者栖息的场所，包括私人住宅以及宾馆房间、固定值班人员的宿舍等场所。其四，“户”指私人住宅，以及其他供人们生活、学习的建筑物，如国家机关、企事业单位、人民团体、社会团体的办公场所，公众生产、生活的封闭性场所。不难看出，以上对“户”的理解范围相差甚远。按照第一种观点，入户仅指进入私人住宅，而按第四种观点，不仅进入私人住宅，而且进入办公室、教室、浴室、餐厅、歌厅、车间等封闭性建筑物抢劫的，都是“入户抢劫”，这是很值得商榷的。

我们赞同第一种观点。理由是：（1）按词典的解释，“户”指“人家”，即私人住宅之意。“户”与“室”是不同的概念。立法者规定“入户抢劫”而不规定“入室抢劫”，显然是取“户”字的严格意义，不能随意扩大。当然，住宅不仅指固定于土地上的供人居住的建筑，还应包括以船为家的渔民捕鱼和住用的船只，牧民居住用的帐篷等。并且，入户不仅指进入住室，有私人院落的进入院落，即为入户。（2）侵入居民住宅抢劫，侵犯了公民“家”的私密性和安全性，其罪行的危害性明显重于普通抢劫。因为居民住宅的安全关系到每个公民的生活安全。特别是许多家庭都有常年居家的老弱妇幼及病残人员，一旦遭入户抢劫，不但因处在封闭条件下孤立无援，而且会使左邻右舍惊恐不安。因此，立法者突出重点，对侵入私人住宅抢劫的行为予以更严厉的打击，是必要的和适当的。

最高人民法院2000年公布的《关于审理抢劫案件具体应用法律若干问题的解释》（以下简称《抢劫解释》）和2005年印发的《关于审理抢劫、抢夺刑事案件适用法律若干问题的意见》（以下简称《两抢意见》）均对“户”的范围有过明确规定。《抢劫解释》第一条规定，“‘入户抢劫’，是指为实施抢劫行为而进入他人生活的与外界相对隔离的住所，包括封闭的院落、牧民的帐篷、渔民作为家庭生活场所的渔船、为生活租用的房屋等进行抢劫的行为”。《两抢意见》进一步明确了“户”的范围：“户”在这里是指住所，其特征表现为供他人家庭生活和与外界相对隔离两个方面，前者为功能特征，后者为场所特征。一般情况下，集体宿舍、旅店宾馆、临时搭建工棚等不应认定为“户”，但在特定情况下，如果确实具有上述两个特征的，也可以认定为“户”。据此，“入户抢劫”中的“户”，其本质特征表现为“供他人家庭生活的与外界相对隔离的住所”，其中“与外界相对隔离”是“户”的场所特征，“供他人家庭生活”是“户”的功能特征，二者应同时具备，缺一不可。

（二）本案作案地点待租房屋不具有“户”的功能特征，不能认定为“户”

本案被告人韦猛伙同他人在待租房屋对被害人王某某实施抢劫，是否构成“入户抢劫”，关键在于能否将该房屋认定为“户”。如果该待租房屋不属于“户”，自然“入户抢劫”无从谈起；反之，如果待租房屋可以认定为“户”，则被告人的行为构成“入户抢劫”这一加重处罚情节。

——最高人民法院刑事审判第一、二、三、四、五庭主办：《刑事审判参考》（总第 109 辑），法律出版社 2017 年版，第 1~5 页。

773. 转化型抢劫的认定

关键词

转化型抢劫

最高人民法院司法政策精神

根据刑法第二百六十九条的规定，“犯盗窃、诈骗、抢夺罪，为窝藏赃物、抗拒抓捕或者毁灭罪证而当场使用暴力或者以暴力相威胁的”，依照抢劫罪定罪处罚。“犯盗窃、诈骗、抢夺罪”，主要是指行为人已经着手实施盗窃、诈骗、抢夺行为，一般不考察盗窃、诈骗、抢夺行为是否既遂。但是所涉财物数额明显低于“数额较大”的标准，又不具有《两抢意见》第五条所列五种情节之一的，不构成抢劫罪。“当场”是指在盗窃、诈骗、抢夺的现场以及行为人刚离开现场即被他人发现并抓捕的情形。

对于以摆脱的方式逃脱抓捕，暴力强度较小，未造成轻伤以上后果的，可不认定为“使用暴力”，不以抢劫罪论处。

入户或者在公共交通工具上盗窃、诈骗、抢夺后，为了窝藏赃物、抗拒抓捕或者毁灭罪证，在户内或者公共交通工具上当场使用暴力或者以暴力相威胁的，构成“入户抢劫”或者“在公共交通工具上抢劫”。

两人以上共同实施盗窃、诈骗、抢夺犯罪，其中部分行为人为窝藏赃物、抗拒抓捕或者毁灭罪证而当场使用暴力或者以暴力相威胁的，对于其余行为人是否以抢劫罪共犯论处，主要看其对实施暴力或者以暴力相威胁的行为人是否形成共同犯意、提供帮助。基于一定意思联络，对实施暴力或者以暴力相威胁的行为人提供帮助或实际成为帮凶的，可以抢劫共犯论处。

——《最高人民法院关于审理抢劫刑事案件适用法律若干问题的指导意

见》（2016 年 1 月 6 日，法发〔2016〕2 号）。

774. 转化型抢劫既遂、未遂的认定标准

关键词

抢劫罪　转化型抢劫　犯罪既遂　犯罪未遂

最高人民法院司法政策精神

五、关于转化抢劫的认定

行为人实施盗窃、诈骗、抢夺行为，未达到“数额较大”，为窝藏赃物、抗拒抓捕或者毁灭罪证当场使用暴力或者以暴力相威胁，情节较轻、危害不大的，一般不以犯罪论处；但具有下列情节之一的，可依照刑法第 269 条的规定，以抢劫罪定罪处罚；

（1）盗窃、诈骗、抢夺接近“数额较大”标准的；

（2）入户或在公共交通工具上盗窃、诈骗、抢夺后在户外或交通工具外实施上述行为的；

（3）使用暴力致人轻微伤以上后果的；

（4）使用凶器或以凶器相威胁的；

（5）具有其他严重情节的。

——《最高人民法院关于审理抢劫、抢夺刑事案件适用法律若干问题的意见》（2005 年 6 月 8 日，法发〔2005〕8 号）。

《刑事审判参考》指导案例

谷贵成抢劫案（《刑事审判参考》指导案例第 441 号）

裁判要点：转化抢劫存在未遂状态，认定转化抢劫既未遂的标准应当与一般抢劫既遂未遂的标准相同，即以是否抢得财物或造成他人轻伤以上伤害后果为准。

（二）认定转化抢劫既未遂的标准应当与一般抢劫既遂未遂的标准相同，即以是否抢得财物或造成他人轻伤以上伤害后果为准

最高人民法院《关于审理抢劫、抢夺刑事案件适用法律若干问题的意见》（以下简称《意见》）第 10 条的规定，不仅适用于《刑法》第 263 条规定的典型抢劫，也同样适用于《刑法》第 269 条规定的转化抢劫。在犯罪既未遂的区分上，转化抢劫与典型抢劫应当适用同样的标准。转化抢劫同样是抢

劫，在认定转化抢劫的形态时应当以抢劫罪的既未遂标准为依据，而不能再以盗窃、诈骗、抢夺的既未遂标准作为认定转化抢劫形态的依据。据此，依照《意见》第 10 条的规定，应当以是否实际劫得财物或者造成他人轻伤以上后果作为转化抢劫既未遂的区分标准。具体而言，凡在转化抢劫过程中实际劫得财物或者已造成他人轻伤以上伤害的，应认定为犯罪既遂；反之，既未劫得财物，又未造成他人轻伤以上后果的，则属犯罪未遂。

此外，还应当注意的是，犯罪构成不仅有定性因素的要求，也有定量因素的要求，这是我国《刑法》的重要特点之一。由此，在判断某一行为是否已齐备某种犯罪构成的全部要件时，不仅要看行为人是否已实施了相应的行为，还要看该行为对有关刑法所保护的客体的侵害是否已达到了法定程度。以诈骗罪为例，只有实施诈骗行为，且实际骗取财物的价值已达到“数额较大”的标准，方能认为已齐备该罪构成的全部要件，才能认定系诈骗既遂。也正是因此，《意见》第 10 条才规定对于抢劫罪，只有实际劫得财物，或者造成他人轻伤以上伤害的，才属抢劫既遂。如果只是造成轻微伤，但并未实际劫得财物，仍要以犯罪既遂论，则会带来刑罚适用过重的问题，特别是在行为人意图劫取的财物价值本来就不大的情况下，更是如此。

——最高人民法院刑事审判第一、二、三、四、五庭主办：《刑事审判参考》2007 年第 3 集（总第 56 集），法律出版社 2007 年版，第 15~23 页。

杨飞飞、徐某抢劫案（《刑事审判参考》指导案例第 687 号）

裁判要点：转化型抢劫罪既然已经转化成抢劫罪，犯罪形态就应当按照普通抢劫罪的犯罪形态来认定，因此和普通抢劫罪一样存在未遂形态。

对转化型抢劫罪是否存在未遂，理论界存在肯定和否定两种截然不同的观点。否定说认为，在转化型抢劫罪中，只存在此罪向彼罪转与不转的问题，只要行为转化成抢劫罪，就一律为抢劫既遂。简言之，只要行为人实施了暴力或者以暴力相威胁，转化型抢劫罪就是既遂。肯定说则认为，转化型抢劫罪既然已经转化成抢劫罪，犯罪形态就应当按照普通抢劫罪的犯罪形态来认定，因此和普通抢劫罪一样存在未遂形态。

我们赞成肯定说，具体理由如下：

1. 从刑法理论分析，转化型抢劫罪存在未遂形态。转化型抢劫罪的成立条件有三：一是行为人先实施了盗窃、抢夺、诈骗行为；二是行为人当场使用暴力或以暴力相威胁；三是实施暴力或以暴力威胁的目的是窝藏赃物、抗拒抓捕或者毁灭证据。由于行为人已实行了盗窃等行为，且具备当场实施暴力或以暴力相威胁的客观条件，显然属于“已经着手实行犯罪”，故不可能存在犯罪预备形态。同时，转化型抢劫罪从基本犯罪行为（盗窃等）到实施新行为（暴力、胁迫），再到新行为完成需要一定的时间和空间，也就使犯罪中止或未遂的存在具有现实可能性。

2. 罪刑相适应原则要求对转化型抢劫罪区分既未遂形态。对转化型抢劫罪区分既遂和未遂，是为了区分犯罪行为社会危害性的大小，从而确定相应的刑事责任。与普通抢劫犯罪相比，转化型抢劫犯罪的行为人在犯罪性质转化前只具有盗窃、诈骗、抢夺的故意，因而主观恶性程度相对较小。如果对转化型抢劫犯罪不论结果均认定为既遂，就可能导致量刑偏重。如本案中二被告人造成被害人轻微伤，且未取得财物，如果没有转化抢劫的行为，只成立普通抢劫罪的未遂；但若因系转化型抢劫而不论结果地认定为抢劫既遂，其处刑就比普通抢劫还重，明显罪刑不相适应。

3. 刑法第二百六十九条并未否定未遂形态的存在。刑法第二百六十九条规定的行为人“当场使用暴力或者以暴力相威胁”仅仅是转化型抢劫罪成立的标志，并不能以此来否认既遂、未遂形态的划分。构成抢劫罪与犯罪停止形态的认定是两个不同的概念，根据刑法第二百六十九条的规定，在确定盗窃等行为转化为抢劫罪之后，仍然需要考虑对转化后的抢劫行为能否认定为未遂的问题。认为转化型抢劫罪不存在未遂形态的观点其实是将转化行为本身看作抢劫罪既遂的成立条件，而没有认识到转化行为只是导致整个行为性质的改变，即由盗窃罪等转化为抢劫罪，但不能阻却抢劫罪既遂、未遂形态的划分。

转化型抢劫罪的既遂、未遂标准应参照普通抢劫罪。转化型抢劫罪与普通抢劫罪的主要区别就在于普通抢劫罪使用暴力、胁迫在先，劫财在后；而转化型抢劫罪占有财物在先，使用暴力、胁迫在后：两者只是占有财物行为先后顺序有差异，在犯罪构成上并无实质区别。根据《最高人民法院关于审理抢劫、抢夺刑事案件适用法律若干问题的意见》的规定，抢劫罪侵犯的是复杂客体，既侵犯财产权利又侵犯人身权利，具备劫取财物或者造成他人轻伤以上后果两者之一的，均属抢劫既遂。同样，对于转化型抢劫罪，认定既遂的标准是劫取财物或者造成他人轻伤以上后果，二者必居其一；而既未劫取财物，又未造成他人轻伤以上后果的，属于未遂。

——最高人民法院刑事审判第一、二、三、四、五庭主办：《刑事审判参考》2011 年第 2 集（总第 79 集），法律出版社 2011 年版，第 55~59 页。

775. 转化型抢劫不存在未遂的情况

关键词

转化型抢劫　犯罪未遂

附录：最高人民法院法官著述

（一）转化型抢劫是否存在未遂的情况

理论界对转化型抢劫是否存在未遂形态一直争论不休。司法实践中，也存在转化型抢劫存在未遂形态的观点，其依据是《最高人民法院关于审理抢劫、抢夺刑事案件适用法律若干问题的意见》第十条规定的“既未劫取财物，又未造成他人人身伤害后果的属抢劫未遂”。

笔者认为，转化型抢劫罪是一种独立的犯罪形态，作为法律拟制的转化犯，其犯罪构成要件不同于一般抢劫罪，并不存在因犯罪分子意志以外的原因而未得逞的情形，只要发生转化即应为既遂，并不存在未遂形态。《最高人民法院关于审理抢劫、抢夺刑事案件适用法律若干问题的意见》第十条关于“既未劫取财物，又未造成他人人身伤害后果的属抢劫未遂”的规定，只适用于认定一般抢劫犯罪的既未遂，并不适用于认定转化型抢劫的既未遂。

1. 无论从犯罪未遂形态的构成还是从犯罪构成的基本理论及法律规定分析，转化型抢劫罪均不应存在未遂形态

《刑法》第二十三条规定：“已经着手实行犯罪，由于犯罪分子意志以外的原因而未得逞的，是犯罪未遂。”这里的“未得逞”应理解为犯罪行为没有具备刑法分则条文规定的全部构成要件。一般抢劫案件，如果“既未劫取财物，又未造成他人人身伤害后果”的，认定为抢劫未遂，是完全符合刑法关于犯罪未遂的规定的。但是，转化型抢劫的犯罪构成与一般抢劫的犯罪构成是不一样的。根据《刑法》第二百六十九条的规定，认定转化的抢劫罪必须具备三个条件：第一，前提条件是必须实行盗窃、诈骗、抢夺行为，不论取得财物数额的大小，都存在转化为抢劫罪的可能；第二，行为人在实施盗窃、诈骗、抢夺行为后，还必须当场使用暴力或以暴力相威胁，强调“当场”性；第三，行为人使用暴力或以暴力相威胁的目的是窝藏赃物，抗拒抓捕或者毁灭罪证。行为的转化过程，只要求行为人具备犯前三罪的故意并着手实行了为窝藏赃物、抗拒抓捕、毁灭罪证使用暴力或以暴力相威胁的行为，即应视为其转化行为实行完毕，并不存在未遂形态。因此，《最高人民法院关于审理抢劫刑事案件适用法律若干问题的指导意见》第三条规定，认定转化型抢劫时，一般不考察盗窃、诈骗、抢夺行为是否既遂。也就是说，即使其前行为

处于未遂状态的情况下，只要行为人出于抗拒抓捕等目的而当场使用暴力或者以暴力相威胁的，即构成转化型抢劫。

2. 不能从量刑的角度考虑认为转化的抢劫罪存在未遂形态

司法实践中，有观点认为：转化型抢劫较一开始就意图抢劫的标准抢劫犯罪而言，其主观恶性和人身危险程度较低，其处罚也应较有相同情节的标准抢劫犯罪为轻。所以既未劫取财物，也未造成人身伤害后果的，应认定为转化的抢劫罪的未遂。笔者认为，转化的抢劫罪是一种法律拟制化的罪名，是抢劫罪的一种特殊形式，应与一般抢劫有所区别。《最高人民法院关于审理抢劫、抢夺刑事案件适用法律若干问题的意见》第五条已明确转化的抢劫要么是抢劫既遂，要么是“不认为是犯罪”这样两种结果。相应地，从量刑角度，如果认定为既遂，依法应处以三年以上有期徒刑，而“不认为是犯罪”则不需要科处刑罚。因此不能因为从量刑考虑就要牵强地认为转化型抢劫存在未遂形态而从轻或减轻处罚。

——陆建红：《审理抢劫案件几个疑难问题探讨——基于对〈关于审理抢劫刑事案件适用法律若干问题的指导意见〉的再次解读》，载《刑事审判参考》（总第109辑），法律出版社2017年版，第179~188页。

776. 对转化型抢劫罪中“当场”的认定

关键词

抢劫罪　转化型抢劫罪　当场

《刑事审判参考》指导案例

贺喜民抢劫案（《刑事审判参考》指导案例第300号）

裁判要点：作为转化型抢劫罪客观要件之一的“当场”，应是时间与空间的结合体；在判断行为人的有关行为是否具有“当场”性时，应综合考虑暴力、威胁行为与先前的盗窃、诈骗、抢夺行为在时间、场所上的连接性、事实上的关联性等多种因素。

在我国刑法界，对于《刑法》第269条规定中的“当场”，存在如下四种不同认识：第一种观点认为，“当场”是指实施盗窃、诈骗、抢夺行为的现场。此种观点在对“当场”这一时空范围的理解上过于狭窄，不符合转化型抢劫罪的实际情况，有放纵犯罪之虞。第二种观点认为，“当场”是指窝藏赃物、抗拒抓捕、毁灭罪证有关的地方。从时间上看，可以是盗窃等行为实施时或刚实施完不久，也可以是数天、数月后；从空间上看，可以是盗窃等的犯罪地，也可以是离开盗窃等犯罪地的途中，还可以是行为人的住所等地。此种观点对“当场”的理解又失之宽泛，会扩大打击面。第三种观点认为，“当场”一是指实施盗窃、诈骗、抢夺的现场，二是指以犯罪现场为中心与犯罪分子活动有关的一定空间范围。只要犯罪分子尚未摆脱监视者力所能及的范围（包括各种仪器、工具的监测范围），都应属于“当场”。此种观点对“当场”的理解也还过于宽泛，与第二种观点存在同样的弊病。第四种观点认为，“当场”是指实施盗窃、诈骗、抢夺行为的现场，以及行为人刚一离开现场就被人及时发觉而立即被追捕中的场所。此种观点为理论界的通说。

我们认为，上述我国刑法界关于转化型抢劫罪之“当场”要件的通行解说是妥当的，日本刑法界的“机会延长理论”对于我们正确理解转化型抢劫罪的“当场”要件有一定借鉴意义。作为转化型抢劫罪客观要件之一的“当场”，应是时间与空间的结合体；在判断行为人的有关行为是否具有“当场”性时，应综合考虑暴力、威胁行为与先前的盗窃、诈骗、抢夺行为在时间、场所上的连接性、事实上的关联性等多种因素。具体地说，在犯盗窃等罪的现场使用暴力或者以暴力相威胁的，固然应当认定符合转化型抢劫罪的“当场”要件；但即便是已离开犯盗窃等罪的现场，只要其后的暴力或以暴力相威胁行为是在相隔短暂的时空范围内实施的，只要一般的社会观念认为行为人先前的盗窃等行为在该时空范围内仍处于继续状态，则也应认定行为人的行为符合转化型抢劫罪的“当场”要件。

——最高人民法院刑事审判第一庭、第二庭编：《刑事审判参考》2004 年第 3 集（总第 38 集），法律出版社 2004 年版，第 116~121 页。

附录：最高人民法院主流观点

“当场”，是指实施犯罪的现场。在现场发现犯罪人并随之追赶的过程，应视为现场的延伸。“使用暴力或者以暴力相威胁”，是指行为人对抓捕他的人实施足以危及其身体健康或者生命安全的行为，或者以将要实施这种行为相威胁。这是适用本条的关键。

——胡云腾主编：《刑法罪名精释（第五版）》，人民法院出版社 2022 年版，第 820 页。

777. 共同盗窃中部分行为人使用暴力，其他人不构成转化型抢劫

关键词

抢劫罪　共同盗窃　转化型抢劫

《刑事审判参考》指导案例

王国清等抢劫、故意伤害、盗窃案（《刑事审判参考》指导案例第 86 号）

裁判要点：共同盗窃行为被发觉后，没有使用暴力的共同犯罪人不应对其他共同犯罪人使用暴力的行为承担抢劫罪的刑事责任。

共同故意是构成共同犯罪的必要条件。本案中，被告人王国清、李中保、李德玉共同故意实施盗窃犯罪，由李德玉负责望风，王国清、李中保混入购票的人群中行窃，只是分工不同。是否亲自、直接实施盗窃行为，不影响共同盗窃犯罪的成立。三被告人均应对共同盗窃行为负刑事责任。但是，盗窃被发现后，被告人王国清为抗拒抓捕而对抓捕人当场使用暴力，并致一人死亡，二人受伤的行为，由于没有证据证实在被告人王国清对抓捕人使用暴力之前，三被告人已有被发现后即使用暴力的共同故意；在盗窃行为被发现之后，被告人李中保和李德玉亦没有对抓捕人使用暴力。虽然被告人李中保和李德玉利用王国清的暴力行为暂时逃离现场，但不应对王国清的暴力行为承担刑事责任。因此，被告人李中保、李德玉不是抢劫罪的共犯，只对盗窃行为承担刑事责任。

——最高人民法院刑事审判第一庭、第二庭编：《刑事审判参考》2001 年第 2 辑（总第 13 辑），法律出版社 2001 年版，第 15~23 页。

张某某抢劫、李某某盗窃案（《刑事审判参考》指导案例第 244 号）

裁判要点：盗窃共同犯罪中部分共犯因为抗拒抓捕当场实施暴力转化为抢劫罪，其他共犯不能随之转化。

《刑法》第 269 条规定："犯盗窃、诈骗、抢夺罪，为窝藏赃物、抗拒抓捕或者毁灭罪证而当场使用暴力或者以暴力相威胁的，依照本法第 263 条的规定定罪处罚。"在盗窃共同犯罪中，由于其中一部分共犯的行为使犯罪的性质发生转化，即从盗窃罪转化为抢劫罪，其他共犯的行为性质是否也都随之转化？我们认为，由盗窃罪转化为抢劫罪的特征是先窃取财物后使用暴力，要认定各个盗窃共犯的行为是否转化成为抢劫罪，关键要看行为人在窃取财物之后是否当场使用暴力或者以暴力相威胁。其中，对部分没有当场使用暴力或者以暴力相威胁的行为人，则要看其是否同意其他共犯当场使用暴力或者以暴力相威胁。如果是，其行为就由盗窃转化为抢劫；反之，其行为就不发生转化，仅负盗窃罪的刑事责任。

——最高人民法院刑事审判第一庭、第二庭编:《刑事审判参考》2003 年第 3 辑(总第 32 辑),法律出版社 2003 年版,第 34~38 页。

陈万学抢劫、刘永等人盗窃案(《刑事审判参考》指导案例第 740 号)

裁判要点:在共同盗窃过程中,个别或部分人因实施暴力、威胁行为转化为抢劫罪的,其他参加盗窃者并不必然转化为抢劫罪,是否对其他参与作案的人均按抢劫罪定罪处罚,需要考察各行为人之间的共谋内容,其他人对临时发生的暴力、威胁行为的态度等情况来具体分析判断。

(一)各行为人共谋作案时遇抓捕可采取暴力、威胁手段的情形。即各行为人事先明确约定,在盗窃、诈骗、抢夺过程中,如遇到抓捕,将采取暴力、威胁手段予以抗拒;或者各行为人事先虽无明确约定,但均明知有人携带了匕首、砍刀、棍棒等犯罪工具,做好了两手准备,各人对遇到抓捕时将采取暴力、威胁手段抗拒的可能性均心知肚明。在此情况下,各行为人事先在主观上已经达成一致认识,如遇他人抓捕或被害人反抗,将相互帮助或联手反击。故当实际发生某人为抗拒抓捕而当场使用暴力或以暴力相威胁的情形时,则所有参与作案的人均转化为抢劫罪。这是典型的共同转化犯罪。

(二)事先没有预谋采取暴力、威胁手段,个别行为人在犯罪过程中采取暴力、威胁手段,其他行为人事后才获悉的,不宜认定为抢劫罪的共犯。主要理由是:个别行为人在未与其他人事先约定的情况下,临时决定采取暴力、威胁手段,而其他人当时并不知情,该行为实际上属于实行过限,不能认定符合其他人的意志。即使把其他人事后参与分赃理解为对个别人过限行为的追认,但其他人客观上并没有参与实施过限行为,其事后追认与危害结果之间没有因果关系,若对其按共犯处理,则违背了主客观相一致的定罪原则,属于主观归罪。

(三)各行为人事先仅约定实施盗窃、诈骗、抢夺犯罪,未约定遇抓捕是否反抗,但作案中其他人发现个别人采取了暴力、威胁手段的情形。对此,需要根据其他人在发现有人采取暴力、胁迫手段时的表现来认定。如果其他人发现有人采取暴力、威胁手段抗拒抓捕后,均当场实施暴力、威胁行为的,则其他人也均转化为抢劫罪。如果其他人没有参与实施暴力、威胁行为的,有必要进一步区分以下三种情形来判断:1. 其他人发现个别人采取暴力、威胁手段抗拒抓捕后,仍停留在现场继续参与盗窃、诈骗或抢夺的,尽管其他人并没有实施暴力、威胁行为,但其行为表明其原有的盗窃犯意已经发生了改变,彼此之间形成了新的抢劫犯意,在这种情形下继续在现场实施犯罪的人均应一体转化为抢劫罪。2. 其他人在发现个别人采取暴力、威胁手段后，当场明确作出反对的意思表示或阻止过限行为发生危害结果。这种情况下，应认定采取暴力、威胁手段的人属于实行过限，对其他反对或者阻止者不应以抢劫罪的共同犯罪论处。3. 其他人发现个别人采取了暴力、威胁手段抗拒抓捕后，未予制止便逃离现场的，表明其他人主观上对个别人的过限行为并未给予追加认同，客观上对实行过限行为人亦未产生精神支持或鼓励，故对逃离现场的人仍应以先前的盗窃、诈骗、抢夺罪定罪处罚，而不能认定为转化型抢劫罪。

——最高人民法院刑事审判第一、二、三、四、五庭主办：《刑事审判参考》2011 年第 6 集（总第 83 集），法律出版社 2012 年版，第 42~48 页。

778. 盗窃后为抗拒抓捕实施暴力程度不明显的摆脱行为的“转化型抢劫”的认定

关键词

盗窃　抗拒抓捕　转化型抢劫

《刑事审判参考》指导案例

尹林军、任文军盗窃案（《刑事审判参考》指导案例第 1186 号）

裁判要点：盗窃既遂后，为逃脱被害人的抓捕，实施了暴力程度不明显的摆脱行为，该行为不符合转化型抢劫中的暴力行为特征，不应认定抢劫罪。

在司法实践中，认定“暴力”需要注意以下几点：

1. 暴力的对象是人。抢劫罪通过压制人的反抗来获取利益，其手段行为侵犯的是难以估价的人的生命安全和身体健康。转化型抢劫的暴力手段同样针对的是人，是对盗窃、诈骗、抢夺行为人窝藏赃物、毁灭罪证起阻碍作用或者对行为人实施抓捕的人。

2. 使用的时空条件是当场。这里的“当场”是指实施盗窃、诈骗、抢夺罪的现场，或者刚一逃离现场即被人发现和追捕的过程中。这是转化行为附属性质的要求，即使用暴力的行为不能与盗窃等行为分割开来，只有两者具有时间、地点、事实和追索事态方面的连续性时，才能成立转化犯罪。因此，行为人入户或者在公共交通工具上盗窃、诈骗、抢夺后，为了窝藏赃物、抗拒抓捕或者毁灭罪证，只有在户内或者公共交通工具上当场使用暴力或者以暴力相威胁的，才能构成“入户抢劫”或者“在公共交通工具上抢劫”。

3. 暴力的程度是足以压制人的反抗，但不要求事实上压制了人的反抗，更不要求具有危害人身安全的性质。抢劫罪通过压制被害人的反抗来获取财物，其暴力程度只要达到足以压制被害人反抗的能力和勇气，使被害人不敢反抗或者不能反抗即可。通常认为，行为人使用凶器、以凶器相威胁或该行为造成被害人轻微伤以上后果的，就可认定使用“暴力”。转化型抢劫与抢劫虽然认定性质相同，但行为人的主观恶性和行为动机毕竟不同，行为人最初目的是盗窃、诈骗、抢夺，为窝藏赃物、抗拒抓捕或者毁灭罪证才使用暴力或者以暴力相威胁，因此对其暴力程度应当有所限制，应以被害人不敢抓捕或者不能抓捕为限。如果行为人不具有伤害意图，只是为摆脱和逃跑而推推搡搡，没有造成轻伤以上后果的，则可不认定使用暴力，不以抢劫罪定罪处罚。如此处理，有效区分了主动使用暴力和被动摆脱行为之间的罪责差异，体现了刑法道义性的要求，也通过追诉后果的差异来最大限度地保障被害人的人身权益。《最高人民法院关于审理抢劫刑事案件适用法律若干问题的指导意见》亦对此作出明确规定，指出“对于以摆脱的方式逃脱抓捕，暴力程度较小，未造成轻伤以上后果的，可不认定为‘使用暴力’，不以抢劫罪论处”。

——最高人民法院刑事审判第一、二、三、四、五庭主办：《刑事审判参考》（总第 109 辑），法律出版社 2017 年版，第 35~39 页。

779. “使用暴力、以暴力相威胁”和“以摆脱的方式逃脱抓捕”的区分

关键词

抢劫罪　使用暴力、以暴力相威胁　以摆脱的方式逃脱抓捕

附录：最高人民法院法官著述

《最高人民法院关于审理抢劫刑事案件适用法律若干问题的指导意见》规定，对于以摆脱的方式逃脱抓捕，暴力强度较小，未造成轻伤以上后果的，可不认定为“使用暴力”，不以抢劫罪论处。《最高人民法院关于审理抢劫刑事案件适用法律若干问题的指导意见》实施一年多来，有的地方法院提出，所有的暴力行为都是为了逃脱抓捕，实践中如何理解和掌握“摆脱”的适用条件？笔者认为，这里存在一个如何理解抗拒抓捕和逃脱抓捕，如何理解主动使用暴力和被动实施摆脱行为的问题。为抗拒抓捕而采取暴力行为，其主观上的主动性极强，且对抓捕人的威胁程度较大，因其暴力的主动性，也极容易致抓捕人受到伤害。而摆脱，则体现了以下三个方面：一是行为人只是

想逃脱抓捕，而未主动抗拒抓捕，这两者之间是有区别的；二是行为人逃脱抓捕的方式只是被动地实施摆脱行为，并未主动采取暴力行为；三是摆脱的方式，一般情况下对抓捕人的人身损害不大，因此，对该类行为认定为“使用暴力”的前提条件相对比较宽松，即“造成轻伤以上后果”的，才认定为“使用暴力”。而根据《最高人民法院关于审理抢劫、抢夺刑事案件适用法律若干问题的意见》第五条规定，行为人如果是主动抗拒抓捕的，即使盗窃、诈骗、抢夺行为未达到“数额较大”，只要其使用暴力抗拒抓捕，致人轻微伤以上后果的，即依照《刑法》第二百六十九条的规定，以转化型抢劫论处。

——陆建红：《审理抢劫案件几个疑难问题探讨——基于对〈关于审理抢劫刑事案件适用法律若干问题的指导意见〉的再次解读》，载《刑事审判参考》（总第109辑），法律出版社2017年版，第179~188页。

780. 先行为人实施盗窃行为，为抗拒抓捕当场使用暴力，后行为人加入犯罪的行为的定性

关键词

盗窃　抗拒抓捕　后续行为

《刑事审判参考》指导案例

翟光强等抢劫案（《刑事审判参考》指导案例第1187号）

裁判要点：先行为人实施盗窃行为，为抗拒抓捕当场使用暴力，后行为人纠集多人暴力劫夺先行为人的，后续行为与先前的转化抢劫犯罪行为是一个连续的整体，故均构成抢劫罪。

刑法第二百六十九条规定，犯盗窃、诈骗、抢夺罪，为窝藏赃物、抗拒抓捕或者毁灭罪证而当场使用暴力或者以暴力相威胁的，依照第二百六十三条规定的抢劫罪定罪处罚。本案中，被告人胡丛建、孟祥友实施盗窃时被刘春风、刘光父子发现后，持斧子与刘春风、刘光打斗，致刘春风轻微伤，对该行为依照抢劫定罪处罚均无异议。关键是本案的后续行为，即被告人孟祥友当场被抓，被告人胡丛建逃跑后又纠集翟光强、贾森、张帅、井中岩暴力劫夺孟祥友，造成王吉春死亡（翟光强所致）、刘光轻微伤的行为该如何定罪量刑？公诉机关指控翟光强构成故意杀人罪，胡丛建、贾森、张帅、井中岩构成寻衅滋事罪。一、二审法院认为后续行为与先前的转化抢劫犯罪行为是一个连续的整体，故被告人胡丛建、孟祥友与被告人翟光强、贾森、张帅、

井中岩均构成抢劫罪。我们赞同一、二审法院的意见，具体分析如下：

（一）后续行为不符合寻衅滋事的构成要件

寻衅滋事罪，是指肆意挑衅，随意殴打、毁坏，起哄闹事，严重破坏社会秩序的行为。我国刑法规定，有下列寻衅滋事行为之一的，构成本罪：（1）随意殴打他人，情节恶劣的；（2）追逐、拦截、辱骂他人，情节恶劣的；（3）强拿硬要或者任意损毁、占用公私财物，情节严重的；（4）在公共场所起哄闹事，造成公共场所秩序严重混乱的。根据《最高人民法院、最高人民检察院关于办理寻衅滋事刑事案件适用法律若干问题的解释》（以下简称《解释》）第一条的规定，寻衅滋事罪的行为人在主观上应具有"为寻求刺激、发泄情绪、逞强耍横等，无事生非"或者"因日常生活中的偶发矛盾纠纷，借故生非"的犯罪目的。

（二）转化行为与后续行为是一个连续整体

根据刑法第二百六十九条的规定，犯盗窃罪为抗拒抓捕而"当场"使用暴力的，才能按抢劫罪定罪处罚。那么这个"当场"该如何理解，是否只限于盗窃被发现的当时和现场？我们认为，对"当场"不能机械理解，它应该是个综合性的概念，涵盖了时间上的连续性和空间上的延续性，允许存在点与点之间的短暂间隔，应该是指行为人实施盗窃现场及抗拒抓捕的整个过程和现场。比如，行为人实施完盗窃行为，离开的时间短暂而马上被发现的，应认定为"当场"。如果被发现当时因条件不合适未采取抓捕，而跟踪到合适地点实行抓捕，行为人抗拒抓捕的，也应认定为"当场"。但是如果行为人实施盗窃后离开现场一段距离，因其他原因被发现的，就不宜认定为"当场"，此时行为人抗拒抓捕造成人员受伤或死亡的，则应以盗窃罪和故意伤害罪或故意杀人罪等罪名追究刑事责任。

——最高人民法院刑事审判第一、二、三、四、五庭主办：《刑事审判参考》（总第 109 辑），法律出版社 2017 年版，第 40~47 页。

781. 盗窃财物价值虽未达到数额较大标准，但为抗拒抓捕而持枪相威胁，情节严重，可以认定为转化型持枪抢劫

关键词

抢劫罪　转化型抢劫　情节严重

《刑事审判参考》指导案例

刘兴明等抢劫、盗窃案（《刑事审判参考》指导案例第 660 号）

裁判要点：实施盗窃后持枪抗拒抓捕的行为应认定为“持枪抢劫”。

（一）将盗窃后持枪抗拒抓捕的行为认定为持枪抢劫，与相关司法解释精神一致

对盗窃后持枪抗拒抓捕行为的司法认定，涉及刑法第二百六十三条第七项“持枪抢劫”与第二百六十九条中的“为抗拒抓捕而当场使用暴力或者以暴力相威胁”的理解问题。《最高人民法院关于审理抢劫案件具体应用法律若干问题的解释》第一条第二款明确规定：“对于入户实施盗窃，因被发现而当场使用暴力或者以暴力相威胁的行为，应当认定为入户抢劫。”在“入户”与后续的转化型抢劫行为相承接的情况下，司法解释并未要求“入户”的初始目的与抢劫财物的目的之间具有一致性。“入户抢劫”与“持枪抢劫”均是刑法规定的八种加重处罚情节，二者的法律地位与法律效果相当，因此司法解释关于“入户抢劫”的注意性规定，对“持枪抢劫”情节的认定具有非常重要的参考意义。

（二）将盗窃后持枪抗拒抓捕的行为认定为持枪抢劫，与禁止重复评价的原则不相矛盾

定罪情节与量刑情节之间的交叉或者重合关系是客观存在的。当作为定罪情节的行为之社会危害性程度超越了该罪之基本量刑幅度时，依据法律规定适用相应的特定量刑幅度并不违反禁止重复评价原则。对于定罪情节与量刑情节存在交叉或者重合的案件，刑法评价的侧重点是不同的。以本案为例，作为定罪情节，对“持枪抗拒抓捕”评价的重点是反映行为人有否使用暴力；作为量刑情节，对“持枪抗拒抓捕”评价的重点是反映行为人实施暴力的程度。可见，虽是同一事实，但作为定罪情节和量刑情节，评价的重点是不同的。因此，将盗窃后持枪抗拒抓捕的行为认定为持枪抢劫并未违反禁止重复评价原则。

（三）将盗窃后持枪抗拒抓捕的行为认定为持枪抢劫，符合罪刑相适应原则

在分析罪重罪轻和刑事责任大小时，不仅要看犯罪的客观社会危害性，而且要结合考虑行为人的主观恶性和人身危险性，把握罪行和罪犯各方面因素综合体现的社会危害性程度。行为人在实施盗窃行为时携带枪支以备用，其主观恶性、人身危险性和社会危害性较之于实施盗窃后临时起意使用暴力抗拒抓捕的行为尤甚。如果适用一般抢劫行为的法定刑则难以实现罪刑均衡。

——最高人民法院刑事审判第一、二、三、四、五庭主办：《刑事审判参考》2010年第6集（总第77集），法律出版社2011年版，第59~64页。

附录：司法信箱

问题：被告人王某与另外两人盗窃某修理店的物品时，被店主发现。在王某等人逃跑途中，店主追上王某并扭打，王某掏出随身携带的“土枪”（能致人伤亡）威胁店主说：“你打我也打（指开枪）”。店主见状，随即将王某放走。后王某在逃跑的途中又被店主喊来的邻居抓获。被告人王某等人当时盗窃（未遂）的财物价值尚未达到犯罪的起点数额。请问该案是否可定抢劫罪？如构成抢劫罪的话，是否认定为持枪抢劫？

《人民司法》研究组认为：《刑法》第 269 条规定：“犯盗窃、诈骗、抢夺罪，为窝藏赃物、抗拒抓捕或者毁灭罪证而当场使用暴力或者以暴力相威胁的，依照本法第 263 条的规定定罪处罚。”这里的“犯盗窃、诈骗、抢夺罪”，是指实施盗窃、诈骗、抢夺的行为，并不要求行为所指向的财物价值必须达到刑法规定的数额较大的标准。对于行为人实施盗窃、诈骗、抢夺行为，虽未达到数额较大，但为窝藏赃物、抗拒抓捕或者毁灭罪证当场使用暴力或者以暴力相威胁，情节严重的，可按照《刑法》第 269 条的规定定罪处罚。本案被告人王某盗窃财物价值虽未达到数额较大标准，但为抗拒抓捕，使用随身携带的“土枪”相威胁，情节严重，可以认定为持枪抢劫。但未劫得财物，也未造成他人人身伤害后果，应当根据《刑法》第 263 条关于抢劫可加重情节的法律规定，结合犯罪未遂的处罚原则量刑。

——《人民司法》2002 年第 7 期（总第 462 期）。

782. 盗窃未遂为抗拒抓捕而当场使用暴力转化为抢劫的问题

关键词

抢劫罪　盗窃未遂　抗拒抓捕　转化型抢劫

《刑事审判参考》指导案例

穆文军抢劫案（《刑事审判参考》指导案例第 321 号）

裁判要点：盗窃未遂的情况下，为抗拒抓捕而当场使用暴力，情节严重的，构成抢劫罪。

从司法实践来看，最高人民法院、最高人民检察院《关于如何适用刑法第 153 条的批复》自实施以来广为接受，具有其实践上的合理性。如果要求成立转化型抢劫罪必须以行为人构成盗窃罪、诈骗罪、抢夺罪为前提条件，必然会使大量具有严重社会危害性的行为无法处理。

如上所述，成立转化型抢劫罪的前提条件是实施盗窃、诈骗、抢夺行为，因此，只要行为人在实施盗窃行为过程中，为窝藏赃物、抗拒抓捕或者毁灭罪证而当场使用暴力或者以暴力相威胁的，就应当以抢劫罪定罪处罚，盗窃是否既遂不影响抢劫罪的成立。

——最高人民法院刑事审判第一庭、第二庭编:《刑事审判参考》2004 年第 6 集（总第 41 集），法律出版社 2005 年版，第 8~13 页。

朱永友抢劫案（《刑事审判参考》指导案例第 322 号）

裁判要点：对于盗窃过程中为防止被害人发觉，而对被害人实施暴力的行为，应直接适用《刑法》第 263 条的规定以抢劫罪定罪处罚。

我们认为，行为人在实施盗窃过程中被发现等情况的发生，完全属于意志以外的原因，行为人必然意识到其已不可能继续通过秘密窃取方法达到非法占有他人财物的目的，此时无论其选择逃跑还是改变犯罪手段以继续实现非法占有他人财物的目的，其实施的前期行为业已构成盗窃未遂。如果行为人为了排除被害人的反抗转而对被害人实施暴力或以暴力相威胁，从而达到非法强行占有他人财物的目的，则属于犯意转化，其后续行为完全符合《刑法》第 263 条典型的抢劫罪的构成要件，而不宜认定为转化的抢劫罪。因此，对于第三种情形的处罚，无需以盗窃罪（未遂）和抢劫罪数罪并罚，而应适用吸收犯的处罚原则，即既遂行为吸收未遂行为，重罪吸收轻罪，以抢劫罪定罪处罚。

——最高人民法院刑事审判第一庭、第二庭编:《刑事审判参考》2004 年第 6 集（总第 41 集），法律出版社 2005 年版，第 14~19 页。

783. 抢劫后为抗拒抓捕而实施暴力致人伤亡的行为构成抢劫罪一罪

关键词

抢劫罪　抗拒抓捕　致人伤亡

《刑事审判参考》指导案例

朱永友抢劫案（《刑事审判参考》指导案例第 322 号）

裁判要点：抢劫后为抗拒抓捕而实施暴力，致人伤亡的，应按抢劫罪一罪定罪处罚。

对于在实施盗窃、诈骗、抢夺犯罪过程中被发现，为抗拒抓捕而当场使用暴力，致人伤亡的，根据《刑法》第269条规定，构成转化型抢劫罪，不实行数罪并罚。但对于抢劫后为抗拒抓捕而当场使用暴力故意伤害他人的行为，是否实行数罪并罚，刑法和有关司法解释没有明确，理论界鲜为论及。我们认为，对于抢劫后为抗拒抓捕而实施暴力，致人伤亡的，不仅没有必要、也没有理由进行刑法上的再次评价，仍应按抢劫罪一罪定罪处罚。行为人前后实施的两次暴力行为，完全可以看作同一抢劫过程的两个不同阶段，都是服从和服务于非法占有他人财物这一犯罪目的的。正如转化抢劫犯的连续伤人行为一样，当其对第一个人实施暴力时，其行为已经构成转化的抢劫罪，此后连续实施的伤及多人的行为自然应该纳入同一抢劫罪的评价范围，不应人为地割裂前后行为的内在统一性。

——最高人民法院刑事审判第一庭、第二庭编：《刑事审判参考》2004年第6集（总第41集），法律出版社2005年版，第14~19页。

784. 诈骗未得逞后以暴力手段取得财物行为的定性

关键词

抢劫罪　诈骗未得逞　转化型抢劫

《刑事审判参考》指导案例

龚文彬等抢劫、贩卖毒品案（《刑事审判参考》指导案例第581号）

裁判要点：在诈骗过程当中，受害人当场发现不愿交付财物，行为人采用威胁手段直接劫取财物的，应当直接认定为抢劫罪，而非转化型抢劫。

我们认为，区分刑法第二百六十三条的抢劫罪与刑法第二百六十九条的转化型抢劫罪，关键是从行为人的主观方面进行区分。抢劫罪中行为人当场实施暴力或者以暴力相威胁的行为具有不法占有他人财物的目的，而转化型抢劫罪中行为人当场实施暴力或者以暴力相威胁的目的，是为了“窝藏赃物、抗拒抓捕或者毁灭罪证”。所谓窝藏赃物，是指行为人在实施盗窃、诈骗、抢夺时，已经将他人财物置于自己的实际控制之下，但被人发现，为了排斥他人取回赃物，当场实施暴力或者以暴力相威胁；所谓抗拒抓捕，是指行为人在实施盗窃、诈骗、抢夺过程中或得手后，被人发现，为了不被被害人、公安人员、群众等抓获归案而对抓捕者实施暴力或者以暴力相威胁；所谓毁灭罪证，是指行为人盗窃、诈骗、抢夺过程中，为了不受法律追究、毁灭与犯罪有关的证据时，而当场对他人实施暴力或者以暴力相威胁。据此，如果行为人不是在“窝藏赃物、抗拒抓捕或毁灭罪证”的目的支配下实施暴力或者以暴力相威胁的行为，则不能构成转化型抢劫罪。比如，行为人在盗窃、诈骗、抢夺过程中被发现后，为排除妨碍进而占有财物而实施暴力或者以暴力相威胁的，应直接认定构成刑法第二百六十三条的抢劫罪。本案中，各被告人在实施诈骗过程中，被害人发现被骗不愿交付钱款，各被告人即上前围住并胁迫对方交付钱款，此时各被告人以暴力相威胁的目的是欲从被害人处获得财物，而不是为了“窝藏赃物、抗拒抓捕、毁灭罪证”，故各被告人不具备转化型抢劫罪的主观要件，其行为符合抢劫罪的主观要件，应以刑法第二百六十三条的抢劫罪来认定。

——最高人民法院刑事审判第一、二、三、四、五庭主办：《刑事审判参考》2009 年第 5 集（总第 70 集），法律出版社 2010 年版第 46~53 页。

785. 在公共交通工具上对特定被害人抢劫的行为定性

关键词

抢劫罪　公共交通工具　特定被害人

最高人民法院司法政策精神

二、关于“在公共交通工具上抢劫”的认定

公共交通工具承载的旅客具有不特定多数人的特点。根据《抢劫解释》第 2 条规定，“在公共交通工具上抢劫”主要是指在从事旅客运输的各种公共汽车、大、中型出租车、火车、船只、飞机等正在运营中的机动公共交通工具上对旅客、司售、乘务人员实施的抢劫。在未运营中的大、中型公共交通工具上针对司售、乘务人员抢劫的，或者在小型出租车上抢劫的，不属于“在公共交通工具上抢劫”。

——《最高人民法院关于审理抢劫、抢夺刑事案件适用法律若干问题的意见》（2005 年 7 月 16 日，法发〔2005〕8 号）。

《刑事审判参考》指导案例

李政、侍鹏抢劫案（《刑事审判参考》指导案例第 391 号）

裁判要点：针对特定的被害人在公共交通工具上实施抢劫属于“在公共交通工具上抢劫”。

我们认为，属于《刑法》第 263 条第 2 项规定的“在公共交通工具上抢劫”。理由如下：

第一，在公共交通工具这样相对封闭的环境中进行抢劫，被害人求救及反抗能力均受到一定的限制，可能得不到及时救助而陷入被实施伤害的极大的危险状态中，精神恐惧的制约作用也使得犯罪分子往往更容易得逞，因此，其社会危害性远远大于一般的抢劫犯罪。

第二，最高人民法院《关于审理抢劫案件具体应用法律若干问题的解释》第 2 条对抢劫罪的这种加重情节作了进一步的明确规定：因此，只要是在运营中的公共交通工具上对乘客进行抢劫，就应当认定为在“公共交通工具上抢劫”，而不论该乘客是该公共交通工具上原有的乘客还是刚刚搭载的乘客。

第三，评判行为人的抢劫行为是否构成“在公共交通工具上抢劫”，不是以实际上行为人是否对不特定多数人实施抢劫行为为标准，而是应以不特定多数人的人身权利和财产权利是否受到威胁或者抢劫行为是否足以使得不特定多数人认为受到威胁为标准。

由于“在公共交通工具上抢劫”不仅侵犯了不特定多数乘客的人身权利和财产权利，更重要的是侵犯了特定社会环境下的社会公共秩序和公共运输安全，被告人在公共交通工具上实施抢劫，同样会使驾驶员感到受威胁（不以行为人实际威胁驾驶员以及驾驶员实际产生恐惧感为前提），影响驾驶员的驾驶安全；同时，法律并没有将公共交通工具的驾驶员排除在不特定多数人之外，被害人以及驾驶员在长途客车封闭的环境中形成了不特定多数人群体。因此，仍属于“在公共交通工具上抢劫”。

——最高人民法院刑事审判第一、二、三、四、五庭主办：《刑事审判参考》2006 年第 4 集（总第 49 集），法律出版社 2006 年版，第 40~45 页。

附录：司法信箱

问题：被害人张某在银行取款 8000 元，被被告人余某等三人发现并尾随至公共汽车上。在汽车行驶过程中，余某等三人采取暴力手段强行劫取了张某的 8000 元后下车逃离。在对被告人余某等人量刑时有两种意见：1. 余某等人的行为属于在公共交通工具上抢劫，应处十年以上有期徒刑、无期徒刑或者死刑，并处罚金或没收财产。2. 余某等人只对尾随的对象张某实施抢劫，未对汽车上的其他乘客实施抢劫，不应认定为在公共交通工具上抢劫，而属一般抢劫，应处三年以上十年以下有期徒刑。请问哪种意见正确？

《人民司法》研究组认为：虽然被告人只对尾随的特定对象实施抢劫行

为，未对公共汽车上的其他乘客实施抢劫，但根据《刑法》第263条的规定，在正在运营的公共汽车上实施抢劫，不管是对不特定对象抢劫，还是对特定对象抢劫，都是在公共交通工具这个特定的公共空间内实施抢劫，应当认定为在公共交通工具上抢劫。

——《人民司法》2006年第3期（总第113期）。

786. 骗乘出租车欲到目的地抢劫中途放弃的，应认定为抢劫预备阶段的犯罪中止

关键词

抢劫罪　犯罪中止　犯罪未遂　犯罪预备

《刑事审判参考》指导案例

夏洪生抢劫、破坏电力设备案（《刑事审判参考》指导案例第643号）

裁判要点：骗乘出租车欲到目的地抢劫因唯恐被发觉而在中途放弃的，应当认定为抢劫预备阶段的犯罪中止。

关于抢劫被害人周喜章的行为的犯罪停止形态，存在三种不同意见：第一种意见认为构成抢劫预备。理由是：被告人夏洪生伙同张金宝事先预谋、携带卡簧刀、选定作案目标并且坐上出租车的行为，系为了实施抢劫而准备工具、制造条件的犯罪预备行为。但因周喜章拒绝驾车前往夏洪生指定的偏僻地点，使得二被告人因意志以外的原因未能着手实施抢劫，故构成抢劫预备。第二种意见认为构成抢劫未遂。理由是：以出租车为抢劫目标的犯罪，认定“着手”的时间应比一般类型的抢劫犯罪提前。因为在出租车封闭、狭小的空间内，从犯罪行为人进入车内那刻起，被害人的人身和财产法益就已陷入急迫的危险之中，只要犯罪行为人“进入出租车”就应认定为开始着手实施抢劫。但因二被告人意志以外的原因未能抢劫得逞，故构成抢劫未遂。第三种意见认为构成抢劫中止。理由是：虽然周喜章拒绝驾车前往夏洪生指定的偏僻地点，但以一般人的观点来看，该因素并不足以阻止夏洪生、张金宝持刀实施抢劫。因此系二被告人自动放弃犯罪，宜认定为抢劫中止。其中，又分为抢劫预备阶段的中止和抢劫实行阶段的中止两种不同观点，理由基本同前。

我们认为，抢劫被害人周喜章的行为构成抢劫预备阶段的中止。第一，被告人夏洪生伙同张金宝乘出租车，并要求司机行驶至偏僻地点，确实属于

确定抢劫目标并为抢劫创造条件的行为，符合刑法关于犯罪预备的规定。第二，将“乘坐出租车”的行为认定为“着手抢劫”有过早之嫌。“着手实施犯罪”意味着给法益已经带来急迫的危险，就抢劫罪而言，只有当犯罪行为人使被害人的人身或财产法益面临急迫的危险之时，才宜认定为“着手抢劫”。具体到抢劫出租车司机这一类型犯罪，“着手抢劫”的认定标准应与其他类型的抢劫犯罪一致，即以出租车司机的人身和财产法益所面临的危险是否具有急迫性来判断。如果犯罪行为人以抢劫为目的乘坐出租车，但还未采取任何暴力、胁迫手段，则法益所面临危险的急迫性并不明显。所以，抢劫周喜章的行为仍处于抢劫预备阶段。本案中，夏洪生、张金宝乘坐周喜章的出租车行驶了一段路程，周喜章拒绝前行至夏洪生指定的偏僻地点，二被告人遂下车。无论是采取认定犯罪中止的主观说，即被告人担心实施抢劫有可能被发现而自动放弃犯罪；还是采取认定犯罪中止的客观说，即以一般人的观点来看，在当时情况下二被告人仍有实施抢劫之可能性而自动放弃犯罪，均可认为二被告人构成犯罪中止。

——最高人民法院刑事审判第一、二、三、四、五庭主办：《刑事审判参考》2010年第5集（总第76集），法律出版社2011年版，第1~10页。

787. 在公共交通工具上犯诈骗罪后为抗拒扭送当场实施暴力的行为构成在公共交通工具上抢劫

关键词

抢劫罪　公共交通工具　诈骗罪

最高人民法院审判业务意见

问题是行为人事先在公共交通工具上诈骗，事后为抗拒抓捕又在公共交通工具上对被骗人当即实施暴力，应否直接转化成“在公共交通工具上抢劫”呢?《刑法》第263条第3项规定的“在公共交通工具上抢劫”，当然主要是指那些在公共交通工具上直接实施抢劫的情形，但并未排除先在公共交通工具上实施盗窃、诈骗等后又发生转化的抢劫类型。实践中，许多行为人在实施诈骗、抢夺、盗窃时往往事先就可能存在多种故意内容，即能骗即骗，能窃就窃，骗不成、窃不成就抢或骗行、窃行一败露就立即实施相应的暴力或以暴力相威胁。此种转化型抢劫与直接实施的抢劫在主观恶性上没有什么质的区别。抱有该种心理态度的行为人入户盗窃或在公共交通工具上盗窃或诈骗的，如齐备转化型抢劫的要件，不按入户抢劫或在公共交通工具上抢劫论处，显然与立法原意不合。直接实施暴力、威胁等手段抢劫和在盗窃、诈骗、抢夺中或得手后为抗拒抓捕、窝藏赃物、毁灭罪证而临时起意实施暴力或以暴力相威胁的转化型抢劫，确有不同，危害性程度上也存在差异，这一点在量刑时应当予以考虑，但并不能作为此行为该适用何种法定刑幅度的标准。确定是否适用抢劫罪“十年以上有期徒刑、无期徒刑或死刑”的法定刑幅度，只能根据行为人具备抢劫罪的何种法定情形来认定。“在公共交通工具上抢劫”作为适用抢劫罪“十年以上有期徒刑、无期徒刑或死刑”法定刑幅度的情形之一，其构成要件有二：一是发生了抢劫行为，二是该抢劫行为发生在公共交通工具上。

从立法方面看，《刑法》第 269 条规定的“依照抢劫罪定罪处罚”，即表明“转化型抢劫”，其本质也是抢劫，得按照抢劫罪的具体情形选择适用相应的法定刑幅度，如盗、骗或抢夺数额巨大的财产后，为窝藏赃物、抗拒抓捕或毁灭罪证而当场实施暴力或以暴力相威胁的，就应当以抢劫数额巨大论；盗、骗或抢夺财产后，为窝藏赃物、抗拒抓捕或毁灭罪证而当场实施暴力因而致人重伤、死亡的，就应当以抢劫致人重伤、死亡论。二者都应适用抢劫罪“十年以上有期徒刑、无期徒刑或死刑”的法定刑幅度。而绝不可能理解为“转化型抢劫”只能适用抢劫罪“三年以上十年以下”的法定刑幅度。

从司法解释方面看，最高人民法院《关于审理抢劫案件具体应用法律若干问题的解释》第 1 条第 2 款虽只是规定了“对于入户盗窃，因被发现而当场使用暴力或者以暴力相威胁的行为，应当认定为入户抢劫”的情形，而没有规定发生在公共交通工具上的类似情形应如何认定，但我们不能将这种司法解释方式理解为司法解释有意要排除后者。《刑法》第 263 条将“入户抢劫”和“在公共交通工具上抢劫”均规定在十年以上有期徒刑、无期徒刑或者死刑的幅度内量刑，都是考虑到行为人实施抢劫地点的特殊性。司法解释规定“入户盗窃，因被发现而当场使用暴力或者以暴力相威胁的行为，应当认定为入户抢劫”，那么，在公共交通工具上盗窃或诈骗，因被发现而当场使用暴力或者以暴力相威胁的行为，依同理，亦应认定为“在公共交通工具上抢劫”。司法解释仅规定前种情形，而没有规定后种情形，是因为解释时司法实践中后种情形尚未发生过或者司法解释无必要也无可能穷尽一切情形。而法官在具体断案时，对其余情形，仍应根据司法解释精神的指引，作出合理、一致的理解。

——最高人民法院民事审判第一、二庭：《在公共交通工具上犯诈骗罪后为抗拒扭送当场实施暴力的行为如何定罪量刑》，载最高人民法院刑事审判第一庭、第二庭编：《刑事审判参考》2002 年第 1 辑（总第 24 辑），法律出版社 2002 年版，第 194~197 页。

788.“抢劫银行或者其他金融机构”的含义

关键词

抢劫罪　银行　其他金融机构

最高人民法院司法解释

第三条第一款　刑法第二百六十三条第（三）项规定的“抢劫银行或者其他金融机构”，是指抢劫银行或者其他金融机构的经营资金、有价证券和客户的资金等。

——《最高人民法院关于审理抢劫案件具体应用法律若干问题的解释》（2000年11月22日，法释〔2000〕35号）。

附录：最高人民法院主流观点

抢劫银行或者其他金融机构的。“银行”，既包括国家银行，也包括民营银行和外国在我国境内设立的银行。“其他金融机构”，是指银行以外的依法从事货币资金的融通和信用的机构，如证券公司、保险公司、信托投资公司、金融租赁公司、企业集团财务公司等。《审理抢劫案件解释》第3条规定，“抢劫银行或者其他金融机构”，是指抢劫银行或者其他金融机构的经营资金、有价证券和客户的资金等。抢劫正在使用中的银行或者其他金融机构的运钞车的，视为“抢劫银行或者其他金融机构”。

——胡云腾主编：《刑法罪名精释（第五版）》，人民法院出版社2022年版，第826页。

789.“多次抢劫”是指抢劫三次以上

关键词

抢劫罪　多次抢劫

最高人民法院司法政策精神

三、关于“多次抢劫”的认定

刑法第二百六十三条第（四）项中的“多次抢劫”是指抢劫三次以上。

对于“多次”的认定，应以行为人实施的每一次抢劫行为均已构成犯罪为前提，综合考虑犯罪故意的产生、犯罪行为实施的时间、地点等因素，客观分析、认定。对于行为人基于一个犯意实施犯罪的，如在同一地点同时对在场的多人实施抢劫的；或基于同一犯意在同一地点实施连续抢劫犯罪的，如在同一地点连续地对途经此地的多人进行抢劫的；或在一次犯罪中对一栋居民楼房中的几户居民连续实施入户抢劫的，一般应认定为一次犯罪。

——《最高人民法院关于审理抢劫、抢夺刑事案件适用法律若干问题的意见》（2005年7月16日，法发〔2005〕8号）。

《刑事审判参考》指导案例

姜继红、成盛等抢劫、盗窃案（《刑事审判参考》指导案例第338号）

裁判要点：“多次抢劫”是指抢劫3次以上。其中的每次抢劫行为都应构成独立的抢劫犯罪。对于连续抢劫多人的抢劫行为是认定为一次抢劫还是“多次抢劫”，应从犯罪故意的单复数、犯罪时间的连续性和地点的相近性三个因素综合判断。

1. “多次抢劫”是指抢劫3次以上

由于《刑法》本身没有对“多次”这一概念作出界定，司法实践中对“多次”的认识存在较大差异，如有的依照汉语言习惯将3次认定为“多次”，有的由于行为人每次抢劫的数额不大，也没有造成人身伤亡的后果，从罪刑相适应原则处罚，将4次甚至5次认定为“多次”，为了统一《刑法》的适用，最高人民法院于2005年6月8日印发的《关于审理抢劫、抢夺刑事案件适用法律若干问题的意见》第3条将“多次抢劫”界定为“抢劫三次以上”。这一规定既反映了社会生活中一般人的认识观念，又与《刑法》其他条文中“多次”的含义保持一致（如最高人民法院《关于审理盗窃案件具体应用法律若干问题的解释》第4条规定：对于一年内入户盗窃或者在公共场所扒窃三次以上的，应当认定为“多次盗窃”，以盗窃罪定罪处罚），应当成为今后人民法院处理这类案件的规范性依据。

2. “多次抢劫”中的每次抢劫行为都应构成独立的抢劫犯罪

罪刑相适应是我国刑法规定的基本原则，对抢劫罪的认定和处罚也必须坚持这一原则。“多次抢劫”作为抢劫罪的加重犯，其法定刑比普通抢劫罪重得多，应该从严掌握。因此，“多次抢劫”中的每次抢劫行为均构成独立的抢劫罪，才符合罪刑相适应的基本原则。此外，根据刑法原理，情节加重犯是在基本犯罪构成要件的基础上，通过附加一定的要件，当行为人的行为符合要件规定时，就加重行为的刑罚。情节严重犯罪在基本犯罪构成上所附加的特殊要件，其原本包括在基本犯罪构成要件中，基于社会治安形势和刑事政策的双重考量，立法机关将这些要件加以特殊规定，并配置了较重的刑罚。

情节加重犯的构成必须以该情节符合基本构成为前提，否则只能认定为一般违法行为而非犯罪行为，更遑论某罪的加重犯了。故作为抢劫罪情节加重犯的“多次抢劫”，必须以符合抢劫罪基本构成要件为基础。

3. 对于连续抢劫多人的抢劫行为是认定为一次抢劫还是“多次抢劫”，应从犯罪故意的单复数、犯罪时间的连续性和地点的相近性三个因素综合判断

《关于审理抢劫、抢夺刑事案件适用法律若干问题的意见》第3条规定，对于“多次”的认定，应以行为人实施的每一次抢劫行为均已构成犯罪为前提，综合考虑犯罪故意的产生、犯罪行为实施的时间、地点等因素，客观分析、认定。对于行为人基于一个犯意实施犯罪的，如在同一地点同时对在场的多人实施抢劫的；或基于同一犯意在同一地点实施连续抢劫犯罪的，如在同一地点连续地对途经此地的多人进行抢劫的；或在一次犯罪中对一栋居民楼房中的几户居民连续实施入户抢劫的，一般应认定为一次犯罪。也就是说，行为人在同一地点连续对多人同时实施抢劫的，虽后抢劫多人，但由于是基于同一犯意，不仅具有犯罪时间的连续性，还具有犯罪地点的相近性，不属于“多次抢劫”。

——最高人民法院刑事审判第一庭、第二庭编：《刑事审判参考》2005年第2集（总第43集），法律出版社2005年版，第28~36页。

附录：最高人民法院主流观点

多次抢劫或者抢劫数额巨大的。“多次”，是指三次以上，包括本数在内。根据2005年《最高人民法院关于审理抢劫、抢夺刑事案件适用法律若干问题的意见》第3条的规定，对于“多次”的认定，应以行为人实施的每一次抢劫行为均已构成犯罪为前提，综合考虑犯罪故意的产生、犯罪行为实施的时间、地点等因素，客观分析、认定。对于行为人基于一个犯意实施犯罪的，如在同一地点同时对在场的多人实施抢劫的；或基于同一犯意在同一地点实施连续抢劫犯罪的，如在同一地点连续地对途经此地的多人进行抢劫的；或在一次犯罪中对一栋居民楼房中的几户居民连续实施入户抢劫的，一般应认定为一次犯罪。

“抢劫数额巨大”，是指行为人实际抢得的财物数额巨大，对于行为人以数额巨大的财物为抢劫目标但所抢数额客观上未达巨大标准或因意志以外原因未能抢得财物的，应按其实际抢得的财物数额从重量刑。《最高人民法院关于审理抢劫案件具体应用法律若干问题的解释》第4条规定，“抢劫数额巨大”的认定标准，参照各地确定的盗窃罪数额巨大的认定标准执行。关于抢劫特定物品的数额计算问题，2005年《最高人民法院关于审理抢劫、抢夺刑事案件适用法律若干问题的意见》第6条规定：“抢劫信用卡后使用、消费的，其实际使用、消费的数额为抢劫数额；抢劫信用卡后未实际使用、消费

的，不计数额，根据情节轻重量刑。所抢信用卡数额巨大，但未实际使用、消费或者实际使用、消费的数额未达到巨大标准的，不适用“抢劫数额巨大”的法定刑。为抢劫其他财物，劫取机动车辆当作犯罪工具或者逃跑工具使用的，被劫取机动车辆的价值计入抢劫数额；为实施抢劫以外的其他犯罪劫取机动车辆的，以抢劫罪和实施的其他犯罪实行数罪并罚。抢劫存折、机动车辆的数额计算，参照执行《关于审理盗窃案件具体应用法律若干问题的解释》的相关规定。”

——胡云腾主编:《刑法罪名精释（第五版）》，人民法院出版社 2022 年版，第 826~827 页。

790. 多次抢劫中单次抢劫中止的，是否计入“多次抢劫”的次数

关键词

多次抢劫

最高人民法院审判业务意见 / 第二巡回法庭法官会议纪要

多次抢劫包括造成损害后果的犯罪中止，但不包括未造成损害后果的犯罪中止。根据《最高人民法院关于审理抢劫、抢夺刑事案件适用法律若干问题的意见》（以下简称《两抢意见》）规定，对于“多次抢劫”的认定，应以行为人实施的每一次抢劫行为均已构成犯罪为前提，综合考虑犯罪故意的产生，犯罪行为实施的时间、地点等因素，客观分析、认定。因此，“多次抢劫”必须每次抢劫都达到了犯罪的程度，且只需每次抢劫行为构成犯罪即可，无需犯罪达到既遂状态。从理论和实践观点来看，一般认为抢劫未遂不影响“多次抢劫”的成立，但对于多次抢劫犯罪是否包括中止状态，尤其是否包括未造成损害后果的犯罪中止，尚有不同观点。

第一种观点认为，应当包括未造成损害后果的犯罪中止，主要理由是，虽然抢劫中止未造成损害后果，但该行为仍然已经符合了犯罪构成，构成犯罪。对于未造成损害后果的抢劫中止，虽然依照法律规定应当免除处罚，但并不意味着不构成犯罪。而根据《两抢意见》规定，对于“多次抢劫”的认定，应以行为人实施的每一次抢劫行为均已构成犯罪为前提，换言之，抢劫中止行为只要构成了犯罪，则应当计入多次抢劫的次数。

第二种观点认为，多次抢劫包括造成损害后果的抢劫中止，但不包括未造成损害后果的抢劫中止。主要理由是，对这类犯罪，《刑法》第二十四条明确规定，“对于中止犯，没有造成损害的，应当免除处罚”，因此不应计入多

次抢劫的次数。

我们同意第二种观点。《刑法》第二十四条规定："在犯罪过程中，自动放弃犯罪或者自动有效地防止犯罪结果发生的，是犯罪中止。对于中止犯，没有造成损害的，应当免除处罚；造成损害的，应当减轻处罚。"对于中止犯，其主观上有实施犯罪的故意，客观上有犯罪预备行为或着手实施犯罪的行为，因而已经具备追究刑事责任的主客观基础。但考虑行为人自动停止犯罪，客观上避免了犯罪结果的发生，社会危害性、人身危险性均大大降低，因而可以分情况予以宽大处理。对于抢劫中止行为是否应当计入多次抢劫的次数，应当分情况予以考虑。

（一）对造成了损害后果的抢劫中止，应当计入多次抢劫的次数

1. 抢劫犯罪侵犯多重客体，不仅包括他人的财产权利，更包括公民的人身权利。抢劫犯罪虽然中止，一旦已经造成损害后果，就已经侵犯了他人人身安全和社会秩序。尤其是造成轻伤以上损害的，即使不考虑抢劫财物行为本身，也已经构成故意伤害、故意杀人犯罪，如果不计入抢劫犯罪次数，则会将已经构成犯罪的行为不作为犯罪处理，显然不符合常理。

2. 从立法精神看，抢劫犯罪是一种常见的暴力型犯罪，严重威胁他人的生命、财产安全，是各国均严厉打击的犯罪类型。立法上未对多次抢劫作出既遂的要求，就是要从严惩处这种犯罪。"多次抢劫"之所以成为加重处罚情节，是因为行为人出于非法占有他人财物的目的，反复多次以暴力或者暴力相威胁的方法劫取财物，显示行为人的主观恶性更深，社会危害性也更大，即使抢劫中止，如果造成了他人损害，说明其行为已经有了现实的社会危害性，仍属于需要从严惩处的情形，这才符合立法目的，充分发挥刑法的威慑、禁止功能。

3. 符合严惩惯犯的法律精神。对于多次抢劫预备行为，由于行为人尚未着手实行犯罪，惯犯特征并不明显，可以不计入犯罪次数。但对于犯罪中止，行为人已将犯罪意志转化为实行行为，开始直接侵害犯罪客体，并造成了客观的刑法意义上的损害后果，行为人的惯犯特性可谓已经充分显露。对此，当然应作为犯罪来严惩。

（二）对于未造成损害后果的抢劫中止，不宜计入多次抢劫的次数之中

1. 符合刑法立法精神。根据《刑法》第二十四条第二款的规定，对于中止犯，没有造成损害的，应当免除处罚。应当免除处罚的中止犯通常具有情节较轻、社会危害性较小等特征，故将其一并纳入多次犯罪之中予以严惩，也不符合宽严相济刑事政策的精神。因此，应当免除处罚的犯罪中止不应计入多次抢劫的次数。

2. 从实际量刑考虑。对于没有造成损害后果的犯罪中止，依据刑法总则的规定应当免除处罚，而对于多次抢劫依据刑法分则的规定应当加重处罚。

如果将应当免除处罚的犯罪中止计入多次抢劫的次数，二者在量刑上显然存在矛盾，法官将面临量刑上的困惑。

3. 从中止制度设立的价值考虑。中止行为在本质上表明行为人主观恶性程度减弱，多次抢劫却重在揭示行为人的人身危险性趋重的特质，二者明显不相吻合。中止犯减轻或免除处罚的原因，一方面在于犯罪中止显示了行为人主观恶性的减弱、人身危险性的减少，另一方面在于其社会危害性的降低，尤其是前者是中止制度设立的主要价值之一。刑法设定多次抢劫是为了惩治人身危险性较大的惯犯、常习犯，而应当免除处罚的中止犯并不能充分体现出行为人人身危险性较大这一特性。如果将应当免除处罚的中止犯纳入多次抢劫的次数，显然不利于发挥中止制度的价值。

4. 从刑事可罚性角度来考察。对于没有造成损害结果的犯罪中止，刑法规定的是“应当免除处罚”，这足以说明没有造成损害结果的犯罪中止行为，不具有刑事可罚性或者说没有刑罚处罚的必要性。如果将没有刑罚处罚必要性的中止行为计入到作为加重构成的“多次抢劫”之中，显然存在着巨大的悖论，也明显违背宽严相济的刑事政策精神。

5. 从刑法解释原理的角度来观察。一般认为，刑法上的加重构成情形，应遵循严格解释的原理、采限制解释的规则。如法定刑的轻重基本表明了犯罪的轻重，故解释者应善于联系法定刑的轻重解释犯罪的构成与惩罚范围，将轻微的行为排除在重法定刑的犯罪构成之外，将严重行为纳入重法定刑犯罪构成之内。如《刑法》规定，“在公共交通工具上抢劫的”，亦属于抢劫罪的法定加重构成情形，对于在出租车上抢劫的，相关司法解释规定，仅限于“在大、中型出租车上抢劫”，而将在小型出租车上抢劫的行为排除在外，就是明显的严格解释、限制解释。同理，将没有造成损害结果的抢劫中止这种极其轻微的危害行为排除在“多次抢劫”这一加重构成之外，也完全符合该刑法解释的基本原理。

6. 与现行的司法解释并无实际矛盾。虽然《两抢意见》第三条规定，对于多次抢劫的认定应以行为人实施的每一次抢劫行为均已构成犯罪为前提，但每一次构成犯罪的抢劫行为却未必都应该计入多次抢劫之中。根据逻辑推理规则，原命题成立，其逆命题未必成立。因此，“多次抢劫的认定应以行为人实施的每一次抢劫行为均已构成犯罪为前提”这一命题并不能推导出“构成抢劫犯罪的每一次抢劫行为均应计入多次抢劫之中”的结论。构成犯罪却依法应当免除处罚的抢劫犯罪中止就可以不计入多次抢劫次数之中。

——《多次抢劫中单次抢劫中止的，是否计入“多次抢劫”的次数》，载贺小荣主编：《最高人民法院第二巡回法庭法官会议纪要》（第二辑），人民法院出版社 2021 年版，第 389~395 页。

791. 意图抢劫他人数额巨大财物未得但致人轻伤，不宜认定为“抢劫数额巨大”

关键词

抢劫罪　抢劫未遂　数额巨大　致人轻伤

最高人民法院司法政策精神

十、抢劫罪的既遂、未遂的认定

抢劫罪侵犯的是复杂客体，既侵犯财产权利又侵犯人身权利，具备劫取财物或者造成他人轻伤以上后果两者之一的，均属抢劫既遂；既未劫取财物，又未造成他人人身伤害后果的，属抢劫未遂。据此，《刑法》第263条规定的八种处罚情节中除“抢劫致人重伤、死亡的”这一结果加重情节之外，其余七种处罚情节同样存在既遂、未遂问题，其中属抢劫未遂的，应当根据《刑法》关于加重情节的法定刑规定，结合未遂犯的处理原则量刑。

——《最高人民法院关于审理抢劫、抢夺刑事案件适用法律若干问题的意见》(2005年7月16日，法发〔2005〕8号)。

《刑事审判参考》指导案例

弓喜抢劫案(《刑事审判参考》指导案例第481号)

裁判要点：在意图抢劫他人数额巨大财物的过程中致人轻伤，没有实际抢得数额巨大财物的，不认定“抢劫数额巨大”，既符合有关司法解释规定的精神，也可以保证罪刑均衡。

《刑法》第263条规定的加重处罚情节“抢劫数额巨大”，应当是指实际抢得的财物数额巨大，而不包括行为人意图抢劫数额巨大的财物但客观上没有抢得财物或者只抢到少许财物的情形。主要理由如下：

(一)没有实际抢得数额巨大财物的，不认定“抢劫数额巨大”，符合有关司法解释规定的精神

进一步看，“抢劫数额巨大”等加重处罚情节都应以实际出现为认定标准，对于客观上未出现的，不能认定。对这八种加重处罚情节的认定，与抢劫罪本身是否既遂，是两个层面的问题，不能在行为人客观上没有这八种加重处罚情节的条件下，仅因行为人有意图便认定具有这八种加重处罚情节。譬如，行为人持玩具枪抢劫，不能认定为“持枪抢劫”；行为人主观上放任

对被害人伤害后果的发生，但客观上只造成了轻伤后果，也不能认定为“抢劫致人重伤、死亡”。有人认为，对抢劫罪的其他七种加重情形都可以实际出现为认定标准，唯独“抢劫数额巨大”可不作此要求，当行为人试图抢劫数额巨大的财物，因客观原因未抢到时，也应认定为“抢劫数额巨大”。我们认为，这种观点归根结底还是受到了《意见》第 10 条规定的影响，是对该条规定的误解。实际上，对《刑法》第 263 条规定的八种加重处罚情节，应当遵循统一的认定规则和方法，当其他加重处罚情节以实际出现为认定标准时，对“抢劫数额巨大”也应采取同一标准。这样做，才恰恰符合《意见》第 10 条规定的精神。《意见》虽然没有明确这样规定，但从其有关规定中我们可以得出这一结论。《意见》第 6 条规定：“……所抢信用卡数额巨大，但未实际使用、消费或者实际使用、消费的数额未达到巨大标准的，不适用‘抢劫数额巨大’的法定刑。”与已经抢到信用卡相比，行为人试图抢劫数额巨大的财物但没有抢到财物的行为，其对被害人财产权益侵犯的危险相对较小，既然抢劫信用卡以“实际使用、消费的数额为抢劫数额”，则“抢劫数额巨大”也应当以实际情况来认定，不能把客观上未抢到财物的行为认定为“抢劫数额巨大”。这一点也可以从有关司法解释中得到印证。例如，最高人民法院 1996 年发布的《关于审理诈骗案件具体应用法律的若干问题的解释》第 2 条第 2 款规定及最高人民法院 1997 年公布的《关于审理盗窃案件具体应用法律若干问题的解释》第 1 条第 2 项规定。

（二）没有实际抢得数额巨大财物的，不认定“抢劫数额巨大”，可以保证罪刑均衡

抢劫罪的基础法定刑是三至十年有期徒刑，“抢劫数额巨大”是法定刑升格条件，一旦认定，对被告人就应在“十年以上有期徒刑、无期徒刑或者死刑”的幅度内量刑，即使以未实际抢到财物为由从轻处罚，所判处的刑罚也会明显较重，且会导致重罪轻判、轻罪重判的结果，违背罪刑均衡原则。

——最高人民法院刑事审判第一、二、三、四、五庭主办：《刑事审判参考》2008 年第 2 集（总第 61 集），法律出版社 2008 年版，第 16~22 页。

792.“抢劫致人死亡”的司法认定

关键词

抢劫致人死亡

《刑事审判参考》指导案例

郭建良抢劫案（《刑事审判参考》指导案例第 1183 号）

裁判要点：在抢劫案件中，对于行为人没有直接对被害人实施伤害、杀害行为，而被害人死亡的，在抢劫对象的死亡与抢劫犯罪行为人的行为有刑法上的因果关系的情况下，则认定“抢劫致人死亡”情节成立。

从实践来看，“抢劫致人死亡”的认定需要注意以下两个问题：

（一）明确“抢劫致人死亡”的含义

“抢劫致人死亡”是指行为人实施抢劫时，因其抢劫行为致被害人死亡。“抢劫致人死亡”的主观内容既包括故意杀害被害人，又包括过失致被害人死亡。刑法此处之所以规定为“致人死亡”，而不是“杀害被害人”，是因为本条款规定的是结果加重犯。通常认为，在结果加重犯中，行为人对结果的产生主观上包括故意和过失的内容，就故意而言，既包括直接故意，也包括间接故意。也就是说，“抢劫致人死亡”，既包括直接故意杀人致人死亡，也包括为抢财物不顾他人死活的间接故意杀人，还包括在抢劫过程中过失致人死亡。

之所以作出这样的解释是基于两个方面：一是无论行为人主观上是直接故意、间接故意还是过失，所造成的死亡结果都是抢劫暴力犯罪的结果之一，是抢劫罪的组成部分。二是行为人实施抢劫暴力行为是为了排除妨碍，针对的是他人的身体，即健康或生命权利，但在抢劫犯罪的实施过程中很难对暴力行为进行性质或层次上的区分。如就行为性质而言，一般难以区分是直接故意杀人，还是间接故意杀人；是间接故意杀人，还是故意伤害致人死亡。只有当实际危害结果发生以后，才能确定其暴力所造成的危害程度，即致人轻伤、重伤抑或死亡。如果在实施抢劫财物的过程中，因使用暴力，如殴打、伤害、捆绑、禁闭等而致人死亡的，均应认定为“抢劫致人死亡”。

（二）正确界定抢劫行为与抢劫对象死亡结果之间的因果关系

在抢劫案件中，行为人直接对被害人实施伤害、杀害行为，造成被害人死亡的，二者当然存在因果关系。但对于行为人没有直接对被害人实施伤害、杀害行为，而被害人死亡的，如何认定二者之间的因果关系？我们认为，此种情形下，抢劫行为与被害人死亡结果之间必须具备因果关系不中断的条件，即在抢劫对象的死亡与抢劫犯罪行为人的行为有刑法上的因果关系的情况下，才能认定“抢劫致人死亡”情节成立。这也是认定“抢劫致人死亡”的关键。

刑法上的因果关系是指危害行为与危害结果之间引起与被引起的合乎规律的联系。如何认定刑法上的因果关系，存在多种学说。我们认为，在“抢劫致人死亡”情节的认定中，抢劫行为与被害人死亡结果之间的因果关系应不限于直接、必然因果关系，也包括间接、偶然因果关系，即“抢劫致人死亡”中的“致”是招致、引起（后果）的意思，而非限于直接造成。“抢劫致人死亡”，既可以解释为抢劫行为造成被害人死亡，也可以解释为因抢劫而招致被害人死亡。在抢劫中杀害或伤害被害人的，抢劫行为与死亡结果之间具有直接、必然因果关系，毫无疑问构成“抢劫致人死亡”。在抢劫过程中介入其他因素导致被害人死亡的，虽然被害人死亡由多种因素造成，但只要抢劫行为与被害人死亡之间的因果关系没有中断，仍然可以认定为抢劫致人死亡。例如，在抢劫过程中，被害人为逃跑而跌入河流淹死或者穿过马路被车轧死的，应当认定为“抢劫致人死亡”。反之，在抢劫行为发生后，由于其他因素的介入导致被害人死亡，抢劫行为与死亡结果之间的因果关系中断的，则不应认定为“抢劫致人死亡”。如被害人被抢劫后，离开现场，在回家路上因车祸而死亡，或者被害人回家后因被抢劫而自杀的，都因因果关系的中断，而不能认定为“抢劫致人死亡”。

因果关系是一种特定条件下的客观联系，不能离开客观条件认定因果关系，因此，在认定抢劫行为与被害人死亡结果之间的因果关系时必须紧密结合案件实际情况。在本案审理中，对于抢劫行为与被害人死亡结果之间的因果关系产生争议，主要是因为在被告人实施抢劫的过程中，被害人为呼救而将头伸出窗外从而坠楼死亡，也就是在被告人的抢劫行为中介入了其他因素（被害人行为）。在行为人的抢劫行为介入了其他因素时，要根据具体情况综合判断抢劫行为与被害人死亡结果之间的关系，具体应当考察以下四个方面的因素：（1）抢劫暴力行为导致结果发生的可能性大小；（2）介入因素的异常性大小；（3）介入因素对结果发生作用的大小；（4）介入因素是否属于行为人的作用范围。在抢劫行为实施中介入了被害人某些行为，进而导致死亡结果的发生时，应根据案件具体情况判断被害人实施的行为是否具有通常性，如果抢劫行为的实施导致被害人不得不或者在通常情况下会实施介入行为，则该介入行为对抢劫行为与被害人死亡结果之间的因果关系没有影响；如果被害人的介入行为属于通常情况下不会实施的行为，即异常行为，该行为对死亡结果又起到决定性作用，则抢劫行为与被害人死亡结果之间的因果关系中断。

——最高人民法院刑事审判第一、二、三、四、五庭主办：《刑事审判参考》（总第109辑），法律出版社2017年版，第16~21页。

《刑事审判参考》指导案例

王国全抢劫案（《刑事审判参考》指导案例第477号）

裁判要点：抢劫行为必须与被害人死亡结果之间具备因果关系不中断的条件下，即肯定抢劫对象的死亡与抢劫犯罪行为人的行为有刑法上的因果关系情况下，才能认定抢劫致人死亡成立。

（一）正确界定抢劫行为与被害人死亡结果之间的关系是认定抢劫致人死亡的关键

据此，在司法实践中，抢劫致人死亡主要有三种情形：一是使用暴力追求或者放任被害人死亡结果的发生；二是使用暴力抢劫过程中过失致人死亡；三是抢劫时置被害人于危险状态而不予救助，放任其死亡结果的发生。而这三种情况无一例外地表明，被害人死亡结果之间与抢劫罪犯的抢劫行为之间都是具有“合乎规律的引起与被引起的联系”的。第一、二种情形属于直接的因果关系，即被害人的死亡完全是由于抢劫罪犯的抢劫行为直接引起的，而第三种情节则属于间接因果联系。之所以将间接因果关系下引起的被害人死亡结果也归于抢劫致人死亡，是由于抢劫致人死亡中，刑法加重评价更注重的是死亡结果，而不仅仅是死亡原因。《刑法》条文的表述中并没有将抢劫行为规定为被害人死亡的原因，只能说明死亡结果与抢劫行为具有一定的关系。为了不放纵犯罪，又不至于扩大惩罚面，实践中对于认定抢劫致人死亡也予以了必要的限制，即被害人死亡结果系抢劫过程中当场发生，或在行为人的抢劫实行行为影响下发生的，如抢劫过程中被害人试图逃离现场时不慎跌下山涧或遭遇车祸丧生的情形等。在此种情形下，行为人的抢劫行为在逻辑上可以归为被害人死亡的必要条件，也可以认定为抢劫致人死亡。

（二）正确界定抢劫行为人对被害人死亡结果的罪过范围，是认定抢劫致人死亡的重要因素

抢劫致人死亡中，行为人对于被害人死亡的结果不一定均持积极的追求态度。抢劫犯罪属于侵财犯罪，行为人的最终目的是获取他人财物，对被害人人身权利的侵犯主要是为了使财产所有人、持有者、保管者等不敢反抗、丧失反抗或者不能反抗，从而实现获取财物的目的。抢劫犯罪虽然是直接故意犯罪，但是直接故意的对象是财产和被害人的人身，对于被害人的死亡结果则不一定是积极追求的态度。抢劫致人死亡的主观心态不但包括故意而且包括过失。因此，只要有被害人死亡的后果出现，不论行为人主观是故意还是过失，均可以认定。根据最高人民法院《关于抢劫过程中故意杀人案件如何定罪问题的批复》，行为人为劫取财物而预谋故意杀人，或者在劫取财物过程中，为制服被害人反抗而故意杀人的，以抢劫一罪认定，适用“抢劫致人死亡”的法定条款。对于抢劫行为过失致使被害人死亡的，由于抢劫的手段行为系造成被害人死亡的原因，客观上又实现了获取财物的目的，根据罪刑法定原则，此种行为当然可以为“抢劫致人死亡”的评价所包容，应当依法予以适用。

——最高人民法院刑事审判第一、二、三、四、五庭主办：《刑事审判参考》2008 年第 1 集（总第 60 集），法律出版社 2008 年版，第 46~53 页。

793. 抢劫过程中致人重伤，后放火毁灭罪证致人死亡行为的定性

关键词

抢劫罪　致人重伤　致人死亡

《刑事审判参考》指导案例

魏建军抢劫、放火案（《刑事审判参考》指导案例第 401 号）

裁判要点：因果关系错误中的事前故意不影响故意犯罪既遂的成立。抢劫过程中使用暴力致人昏迷，误认为被害人已经死亡，为毁灭罪证又实施放火行为造成被害人窒息死亡的，因为放火时没有故意杀人的主观故意，其行为不构成故意杀人罪，应以抢劫罪定罪处罚。

（一）因果关系错误中的事前故意不影响故意犯罪既遂的成立

行为人对因果关系发展的具体样态的认识错误，在犯罪构成的评价上并不重要。因为无论是哪一种因果关系错误，均属于在同一犯罪构成范围内的事实认识错误，故只要行为人认识到自己实施的行为会发生危害社会的结果足以，而不要求对因果关系发展的具体样态有明确认识。因为行为人对因果关系的基本部分有认识，就充分表明行为人对刑法保护法益的背反态度，对因果关系发展的具体样态的认识如何，并不影响对行为人的刑法否定评价和归责可能性，易言之，对于行为故意的成立不发生影响。既然行为人具有实现同一犯罪构成结果的故意，如果现实所发生的结果与行为人所实施的行为也具有因果关系，行为人对其概括故意支配下现实产生的危害结果就必须承担该故意犯罪既遂的刑事责任。

行为人在抢劫过程中致人重伤，但误认为被害人已死亡，后为掩盖罪行放火毁灭罪证，致人死亡的，属于上述因果关系错误中的第二种情况。对此，我们认为，虽然这种情况下客观上有前后两个行为，是后行为最终造成的死亡结果，但前行为与死亡结果之间的因果关系并未因后行为的介入而中断，应肯定前行为与危害结果之间的因果关系，而且前后两个行为是行为人在一个概括的杀人故意下连续实施的，无论是前行为还是后行为造成的实际损害结果，与行为人意欲实现的结果完全一致，故应以故意杀人罪既遂论处。

（二）抢劫过程中使用暴力致人昏迷，误认为被害人已经死亡，为毁灭罪

证又实施放火行为造成被害人窒息死亡的，因为放火时没有故意杀人的主观故意，其行为不构成故意杀人罪，应以抢劫罪定罪处罚

虽然被告人发生了因果关系的认识错误，并不影响其故意杀人罪既遂的成立，但是否应对其以故意杀人罪定罪还必须考虑其是在实施抢劫犯罪过程中实施的杀人行为的因素。被告人为了当场劫取财物，当场使用足以致人死亡的暴力手段欲将被害人杀害，在错误地认为被害人已经死亡（实际昏迷）的情况下，为了毁灭罪证、掩盖罪行而实施了放火行为，最终致被害人窒息死亡。杀死被害人的行为作为劫取财物的手段在抢劫犯罪中予以一并评价，这是符合刑法理论的，因为抢劫犯罪中暴力手段的程度往往是很高的，为排除阻力劫取他人财物而故意杀人、故意伤害致人死亡的情况经常发生，由于行为人是在抢劫的故意下实施的杀人、伤害行为，故该行为完全可以包容在抢劫罪的评价之内，我国《刑法》第263条也明确规定“抢劫致人重伤、死亡的”，“处十年以上有期徒刑、无期徒刑或者死刑”。这里的“致人重伤、死亡”，应该包括故意与过失致人重伤、死亡，而且，从故意杀人罪与抢劫罪的法定刑以及我国刑法规定的实行吸收加重原则的数罪并罚制度出发，将当场杀死他人取得财物的行为认定为抢劫罪予以一并评价，完全可以做到罪刑相适应，不会轻纵犯罪。对此，最高人民法院在《关于抢劫过程中故意杀人案件如何定罪问题的批复》中已经明确：“行为人为劫取财物而预谋故意杀人，或者在劫取财物过程中，为制服被害人反抗而故意杀人的，以抢劫罪定罪处罚。”另外，将为劫取财物而当场杀害他人取得财物的行为统一认定为抢劫罪，在司法实践中容易操作，避免了在定罪问题上造成混乱。而对于实施抢劫后，为灭口而故意杀人的情况，该《批复》同时指出应当“以抢劫罪和故意杀人罪定罪，实行数罪并罚”，这是因为，抢劫行为完成后，抢劫罪的构成要件已经齐备，行为人为灭口而故意杀人的，系另起杀人故意实施了杀人行为，该行为并非作为劫取财物的手段而实施的，主客观相一致，应构成故意杀人罪，实行并罚。

综上，对被告人在抢劫过程中使用暴力致人重伤昏迷，后为放火毁灭罪证致人窒息死亡，由于其在实施放火行为之前主观上认为被害人已经死亡，实施放火行为之时不具备杀死被害人的主观故意，并非抢劫完成后为了灭口而故意杀人，故不构成故意杀人罪，应认定为抢劫罪。同时，被告人为毁灭罪证而实施的放火行为，符合放火罪的犯罪构成要件，还构成了放火罪，以抢劫罪和放火罪进行并罚是正确的。

——最高人民法院刑事审判第一、二、三、四、五庭主办：《刑事审判参考》2006年第4集（总第51集），法律出版社2006年版，第9~14页。

794. 抢劫过程中故意杀人行为的定性

关键词

抢劫罪　故意杀人罪　数罪并罚

最高人民法院司法解释

上海市高级人民法院：

你院沪高法〔2000〕117 号《关于抢劫过程中故意杀人案件定性问题的请示》收悉。经研究，答复如下：

行为人为劫取财物而预谋故意杀人，或者在劫取财物过程中，为制服被害人反抗而故意杀人的，以抢劫罪定罪处罚。

行为人实施抢劫后，为灭口而故意杀人的，以抢劫罪和故意杀人罪定罪，实行数罪并罚。

此复

——《最高人民法院关于抢劫过程中故意杀人案件如何定罪问题的批复》（2001 年 5 月 23 日，法释〔2001〕16 号）。

《刑事审判参考》指导案例

赵东波、赵军故意杀人、抢劫案（《刑事审判参考》指导案例第 506 号）

裁判要点：对行为人预谋抢劫并杀人灭口，且之后按预谋内容实施抢劫完毕后，又杀人灭口的，应以抢劫罪与故意杀人罪两罪并罚。

对行为人预谋抢劫并杀人灭口，且之后按预谋内容实施抢劫完毕后，又杀人灭口的，应以抢劫罪与故意杀人罪两罪并罚。具体理由如下：

1. 从 2001 年最高人民法院《关于抢劫过程中故意杀人案件如何定罪问题的批复》（以下简称《批复》）“行为人实施抢劫后，为灭口而故意杀人的，以抢劫罪和故意杀人罪定罪，实行数罪并罚”的表述中，我们可以直接得出对实施抢劫犯罪中故意杀人的实行数罪并罚的条件有两个：一是故意杀人的行为发生在实施抢劫之后；二是故意杀人的目的是灭口。也就是说，据此《批复》的表述不能当然推定，只有杀人灭口的故意产生在实施抢劫之后才可实行两罪并罚。因此，杀人灭口的故意既可产生在实施抢劫之后，也可产生在预谋阶段，只要在抢劫行为完成后又为了灭口而实施杀人行为的，就应当数罪并罚。

2. 根据我国刑法理论，罪名的确定，必须是主观要件和客观要件的有机统一。对于确有证据证明行为人预谋劫取财物并杀人灭口，之后按预谋内容在抢劫行为实施完毕后，又杀人灭口的情形，从主观要件来看，行为人在预谋时具有两个明确的犯罪故意，一是以暴力、胁迫手段实施劫取财物的故意；二是为灭口而杀人的故意。从客观要件来看，行为人也具有两个客观行为，一是以非杀人行为的暴力、胁迫手段劫取财物，这里必须强调劫取财物的手段是非直接剥夺他人生命的行为，否则便无“灭口”之说；二是以“灭口”为目的实施的直接剥夺他人生命的行为。该行为只能发生在抢劫行为实施完毕之后，否则应视为为制服被害人反抗而实施的杀人行为。因此，根据主客观相统一的定罪原则，此种情形中，行为人前后实施的两个行为分别符合抢劫罪和故意杀人罪的犯罪构成，应以抢劫罪和故意杀人罪两罪认定。

3. 本案二被告人具有两个犯意，并先后实施了抢劫和杀人灭口两个行为。首先，二被告人预谋抢劫并杀人灭口，虽然没有明确预谋是先抢劫还是先杀人，但杀人的目的是灭口却是明确的，因此，可以认定被告人具有劫取财物和杀人灭口两个犯意。其次，本案属于抢劫完毕后又杀人灭口的情形。本案抢劫过程实际上可区分为二个阶段，第一阶段：被告人赵东波持木棍猛击被害人高新头部后，高新即弃车沿公路逃跑，如果二被告人只为了劫财，将车骑走就实现了主要的劫财目的；第二阶段：赵东波、赵军二人追上高新将其打倒在地，逼高新交出数十元现金后，脱下高新的上衣将其捆绑在树上，但高新挣脱后又逃跑。此阶段，如果二被告人没有杀人灭口的目的，完全可以任由被害人逃跑，自己也可以携赃而逃。但是，二被告人却再一次追上被害人，实施暴力将被害人砸死，而后才驾驶劫取的电动三轮车逃离现场，可见其主观上故意杀人灭口的故意是十分明显的。

综上，法院认定被告人的行为构成抢劫罪和故意杀人罪两罪，对其实行两罪并罚是正确的。

——最高人民法院刑事审判第一、二、三、四、五庭主办：《刑事审判参考》2008 年第 5 集（总第 64 集），法律出版社 2009 年版，第 24~28 页。

夏洪生抢劫、破坏电力设备案（《刑事审判参考》指导案例第 643 号）

裁判要点：行为人基于一个抢劫故意，为非法占有他人财物排除障碍而杀人的，定抢劫罪一罪；如果不是基于一个抢劫故意，则可能构成抢劫罪和故意杀人罪等数罪。

在抢劫杀人犯罪中，处抢劫一罪还是抢劫、故意杀人两罪的关键区别在于行为人是否基于一个抢劫故意，为非法占有他人财物排除障碍而杀人。如果是，则不论杀人行为是在抢劫财物之前、之时或之后，均定抢劫罪一罪；如果不是，则可能构成抢劫罪和故意杀人罪等数罪。《最高人民法院关于抢劫过程中故意杀人案件如何定罪问题的批复》(以下简称《批复》) 规定："行为人为劫取财物而预谋故意杀人，或者在劫取财物过程中，为制服被害人反抗而故意杀人的，以抢劫罪定罪处罚。行为人实施抢劫后，为灭口而故意杀人的，以抢劫罪和故意杀人罪定罪，实行数罪并罚。"本案中，从被告人夏洪生抢劫刘亚芹的过程来看，夏洪生产生抢劫犯意后，持刀威胁被害人，劫取财物，又捅刺被害人系连续发展行为，没有证据表明夏洪生在抢劫犯意之外又另外产生了故意杀人的犯意。基于此，我们认为，抢劫刘亚芹的行为构成抢劫罪一罪。

——最高人民法院刑事审判第一、二、三、四、五庭主办：《刑事审判参考》2010 年第 5 集（总第 76 集），法律出版社 2010 年版，第 1~10 页。

795. 如何认定为劫取财物而预谋故意杀人的行为

关键词

劫取财物　预谋　故意杀人

《刑事审判参考》指导案例

蒋伟伟抢劫案（《刑事审判参考》指导案例第 1301 号）

裁判要点：对于这种动机交织的情形，则应当把握行为人犯罪的主要动机和直接起因，分析被告人和被害人之间的矛盾是被告人杀人的起因还是将被害人作为抢劫对象的因素，根据案件的具体情况进行定罪、量刑。

有无劫财目的是被告人的主观意识，而主观意识的认定，一是要审查被告人的供述和辩解，二是要审查被告人的客观行为。然而，在司法实践中，被告人基于趋利避害、避重就轻的人性特点，其供述和辩解有时并不能真实反映被告人作案时的心理状态，这就要求我们不能偏信被告人的辩解。在刑事诉讼中，对被告人的供述和辩解的证据效力的认定，直接关系到定罪，在判决中具有举足轻重的作用。如果不当地采信了被告人无罪或罪轻辩解，就可能会放纵犯罪或者导致重罪轻判。因此，需要根据全案证据分析被告人供述和辩解是否具有合理性和客观性，与在案其他证据是否能够印证，再分析被告人所供述的主观目的和客观行为是否有一致性。实践中需要根据在案证据的细节信息，如犯罪动机、起因、手段、工具等证据信息或线索，来印证、辨别被告人供述和辩解的真伪。

——王永兴撰稿、韩维中审编：《蒋伟伟抢劫案——如何认定为劫取财物而预谋故意杀人的行为》，载最高人民法院刑事审判第一、二、三、四、五庭主办：《刑事审判参考》（总第120集），法律出版社2019年版，第28~31页。

796. 携带凶器在银行营业大厅抢夺储户现金的行为构成抢劫罪

关键词

抢劫罪　携带凶器　金融机构

《刑事审判参考》指导案例

曾贤勇抢劫案（《刑事审判参考》指导案例第190号）

裁判要点：携带斧头实施抢夺的行为，应以抢劫罪定罪处罚。在银行营业大厅"抢劫"客户现金不同于抢劫银行或者其他金融机构，即不属抢劫银行。携带凶器抢夺当场被抓获，应以抢劫未遂处理。

行为人携带斧头实施抢夺，虽斧头不在国家禁止携带的器械之列，且行为人实施犯罪行为中始终未使用斧头，但其随身携带斧头属为实施抢夺而特别准备当可认定：一则斧头不属随身携带品，无缘无故将斧头携带于身不合常理；二则行为人未能就其随身携带斧头作出合理解释。因此，可以认定行为人携带斧头的目的就是为了能够顺利实施抢夺，以抢劫罪对行为人定性是正确的。

《最高人民法院关于审理抢劫案件具体应用法律若干问题的解释》第3条规定："《刑法》第263条第3项规定的'抢劫银行或者其他金融机构'，是指抢劫银行或者其他金融机构的经营资金、有价证券和客户的资金等。"如何理解"客户的资金"？客户的资金是指来银行或者其他金融机构办理业务的客户所携带的资金还是指已存入银行的客户的资金？对此，应从立法本意来加以考虑。刑法之所以将抢劫银行或者其他金融机构等作为八种量刑情节，是为了突出打击针对银行或者其他金融机构的犯罪，以保护金融机构的安全。正在银行或者其他金融机构等待办理业务的客户毕竟不是金融机构本身，故在银行营业大厅"抢劫"客户现金的行为不宜视为对金融机构实施抢劫。但是，如果被害人的现金已递交银行或者其他金融机构工作人员，则应以抢劫银行或者其他金融机构论处。

抢劫罪既遂与未遂的区分标准问题，是刑法学界争论较大的问题。我们认为，抢劫罪存在既未遂形态，抢劫罪既、未遂的认定，应从其侵犯客体来加以理解。抢劫罪侵犯的是复杂客体，既侵犯财产权利又侵犯人身权利，具备劫取财物或者造成他人人身伤害后果两者之一的，均属抢劫既遂；既未劫取财物，又未造成他人人身伤害后果的，属抢劫未遂。同样的道理，《刑法》第263条规定的八种加重处罚情节中除"抢劫致人重伤、死亡的"这一结果加重情节之外，其余七种加重处罚情节也存在既遂、未遂问题，其中属抢劫未遂的，应当根据刑法关于加重情节的法定刑规定，结合未遂犯的处理原则量刑。

——最高人民法院刑事审判第一庭、第二庭编：《刑事审判参考》2002年第4辑（总第27辑），法律出版社2002年版，第20~26页。

797. 为抢劫而携带枪支，抢劫中未使用枪支的，不是持枪抢劫

关键词

抢劫罪　持枪抢劫

《刑事审判参考》指导案例

粟君才等抢劫、非法持有枪支案（《刑事审判参考》指导案例第436号）

裁判要点：为抢劫而携带枪支并不一定就属于持枪抢劫，是否属于持枪抢劫要从行为人的主观目的和客观行为的一致性上进行判断。如果行为人到案后交代携带枪支的目的是在抢劫过程中起到威慑作用，但客观上行为人并没有持枪进行威胁或伤害，那么就不能认定是持枪抢劫。

但如果行为人携带枪支而未向对方显露或仅仅是口头上表示有枪，即带枪而未使用，从主观目的和客观行为的一致性以及社会危害性角度考虑，则均不属于我国《刑法》规定的持枪抢劫，否则容易造成刑罚过重而与罪责难以相当。需要指出的是，持枪抢劫中的枪支应当是属于公安机关制定的有关枪支管理办法中规定的枪支范围，如果行为人向对方显露的是不具有杀伤力的仿真枪，由于仿真枪不可能造成人身伤害，除了一时的以假乱真外不能进一步发挥枪的功效，其作用还不如管制刀具，故不属于刑法意义上的持枪抢

劫，这一点有关司法解释已有明确规定。通过以上分析可以看出，为抢劫而携带枪支并不一定就属于持枪抢劫，是否属于持枪抢劫要从行为人的主观目的和客观行为的一致性上进行判断。如果行为人到案后交代携带枪支的目的是在抢劫过程中起到威慑作用，但客观上行为人并没有持枪进行威胁或伤害，那么就不能认定是持枪抢劫。

——最高人民法院刑事审判第一、二、三、四、五庭主办：《刑事审判参考》2007 年第 2 集（总第 55 集），法律出版社 2007 年版，第 33~40 页。

附录：最高人民法院主流观点

"持枪抢劫"，是指行为人使用枪支或者向被害人显示持有、佩带的枪支进行抢劫的行为。《最高人民法院关于审理抢劫案件具体应用法律若干问题的解释》第 5 条规定，"持枪抢劫"，是指行为人使用枪支或者向被害人显示持有、佩带的枪支进行抢劫的行为。"枪支"的概念和范围，适用《枪支管理法》的规定。据此，所谓"持枪"，是指行为人在实施抢劫过程中手中持有枪支，无论行为人是否实际使用了枪支，均不影响对此项情形的认定。如果行为人并未实际持有枪支，而是口头上表示有枪，或者虽然随身携带有枪支，但未持在手中，也未向被害人显示的，均不能认定符合这一情形。对于使用玩具枪、假枪、仿真枪支进行抢的，不宜认定为"持枪抢劫"。

——胡云腾主编：《刑法罪名精释（第五版）》，人民法院出版社 2022 年版，第 828 页。

798. 持仿真玩具枪实施抢劫，不应认定为"持枪抢劫"

关键词

抢劫犯罪　仿真玩具枪　持枪抢劫

最高人民法院审判业务意见（研究室研究意见）

有关部门就持仿真玩具枪实施抢劫犯罪能否认定为"持枪抢劫"问题征求最高人民法院研究室意见。最高人民法院研究室经研究认为：

持仿真玩具枪实施抢劫，不应认定为"持枪抢劫"。

——《最高人民法院研究室关于持仿真玩具枪实施抢劫犯罪有关问题的研究意见》，载张军主编、最高人民法院研究室编著：《司法研究与指导》2012 年第 2 辑（总第 2 辑），人民法院出版社 2012 年版，第 178~181 页。

799. 对“携带凶器抢夺”的具体认定

关键词

抢劫罪　抢夺罪　携带凶器

最高人民法院司法解释

第六条　刑法第二百六十七条第二款规定的“携带凶器抢夺”，是指行为人随身携带枪支、爆炸物、管制刀具等国家禁止个人携带的器械进行抢夺或者为了实施犯罪而携带其他器械进行抢夺的行为。

——《最高人民法院关于审理抢劫案件具体应用法律若干问题的解释》（2000 年 11 月 22 日，法释〔2000〕35 号）。

最高人民法院司法政策精神

四、关于“携带凶器抢夺”的认定

《抢劫解释》第 6 条规定，“携带凶器抢夺”，是指行为人随身携带枪支、爆炸物、管制刀具等国家禁止个人携带的器械进行抢夺或者为了实施犯罪而携带其他器械进行抢夺的行为。行为人随身携带国家禁止个人携带的器械以外的其他器械抢夺，但有证据证明该器械确实不是为了实施犯罪准备的，不以抢劫罪定罪；行为人将随身携带凶器有意加以显示、能为被害人察觉到的，直接适用刑法第 263 条的规定定罪处罚；行为人携带凶器抢夺后，在逃跑过程中为窝藏赃物、抗拒抓捕或者毁灭罪证而当场使用暴力或者以暴力相威胁的，适用刑法第 267 条第 2 款的规定定罪处罚。

——《最高人民法院关于审理抢劫、抢夺刑事案件适用法律若干问题的意见》（2005 年 6 月 8 日，法发〔2005〕8 号）。

附录：最高人民法院主流观点

我们认为，在理解《刑法》第 267 条第 2 款规定时，要注意把握以下两点：首先，要立足于立法原意坚持客观说；其次，明确行为人随身携带国家禁止个人携带的器械以外的其他器械抢夺，但有证据证明确实不是为了实施犯罪准备的，不以抢劫罪定罪。在“凶器”的理解和认定上，《最高人民法院关于审理抢夺刑事案件具体应用法律若干问题的解释》所采取的是法定和意定相结合的判断标准。如行为人随身携带国家禁止个人携带的器械以外的其他器械抢夺，但确有证据证明不是为了实施犯罪准备的，不应以抢劫罪定罪。

这里需要一并说明的是，行为人携带凶器抢夺后，在逃跑过程中为窝藏赃物、抗拒抓捕或者毁灭罪证而当场使用暴力或者以暴力相威胁的，适用《刑法》第267条第2款、第263条规定即可，不应再适用第269条规定。因为，携带凶器抢夺直接构成抢劫罪，转化的前提犯罪已经不复存在。

——高憬宏、杨万明主编：《基层人民法院法官培训教材（实务卷·刑事审判篇）》，人民法院出版社2005年版，第283~284页。

800. 教唆他人抢劫自己与妻子共同财产的行为构成抢劫罪

关键词

抢劫罪　教唆犯　夫妻共同财产

《刑事审判参考》指导案例

包胜芹等故意伤害、抢劫案（《刑事审判参考》指导案例第88号）

裁判要点：教唆他人抢劫自己与妻子的共同财产，构成抢劫罪。

本案的特殊性在于，本案发生时被告人包胜芹与被害人陈女并未离婚。根据《婚姻法》的规定，夫妻在婚姻关系存续期间所得财产，归夫妻共同所有。由此看来，本案被抢财物应属于被告人与被害人（夫妻）的共同财产。那么，教唆他人抢劫自己与妻子的共同财产，能否成为抢劫罪的主体；如能成为抢劫罪的主体，是否与抢劫罪犯罪侵犯的对象只能是“国家、集体或他人所有的财物”相冲突。本案被告人包胜芹教唆他人抢劫自己与妻子的共同财产，并许诺以其作为被教唆人（实行犯）实施被教唆之罪的报酬，已不再属于一般情况下夫妻一方擅自占有、处分夫妻共同财产的民事侵权行为，而是非法占有他人财物的刑事犯罪行为。其中，被抢财物的夫妻共同财产属性，并不影响被告人包胜芹犯罪行为性质的确认，即不影响其抢劫（教唆）罪名的成立，而仅可能影响本案具体抢劫数额的认定。因此，教唆他人抢劫自己与妻子的共同财产，同样可以成为抢劫罪的主体，与抢劫罪构成要件中的“犯罪对象范围或主观目的”并不矛盾。

最高人民法院《关于审理盗窃案件具体应用法律若干问题的解释》[①] 第1条第4项规定：“偷拿自己家的财物或者近亲属的财物，一般可不按犯罪处理。”即类似于中国古代刑法所说的“亲亲相盗不为罪”。那么，对“亲亲相

---

① 本文件已被最高人民法院、最高人民检察院《关于办理盗窃刑事案件适用法律若干问题的解释》（2013年11月11日，法释〔2013〕25号）废止。

抢”的本案被告人包胜芹认定为抢劫（教唆）罪，与该规定是否相悖呢？就本案而言，被告人包胜芹在妻子要与其离婚的特殊背景下，教唆他人故意伤害自己妻子的同时，又明确指使他人抢走妻子带回的财物，教唆抢劫财物的范围特定，并以抢得的财物许诺作为被教唆人实施故意伤害行为的报酬，已明显不同于夫妻关系正常稳定情况下的无明显暴力或仅有有限暴力但不想伤人的“亲亲相抢”，也不同于家庭成员之间因财产争议而相互抢夺，其社会危害性及主观恶性，都足以达到了应依照《刑法》定罪处罚的程度。

——最高人民法院刑事审判第一庭、第二庭编：《刑事审判参考》2001 年第 3 辑（总第 14 辑），法律出版社 2001 年版，第 24~29 页。

801. “吊模宰客”行为一般涉及诈骗罪、强迫交易罪、敲诈勒索罪三种情形

关键词

诈骗罪　强迫交易罪　敲诈勒索罪　抢劫罪

《刑事审判参考》指导案例

陈惠忠等抢劫案（《刑事审判参考》指导案例第 730 号）

裁判要点：“吊模宰客”的具体行为止步于不同的阶段，则所对应的罪名也会不同。不能千篇一律地用一个罪名去套所有的“吊模宰客”犯罪，要严格根据查明的事实来分析行为特征以及与相关犯罪构成要件的契合度从而确定具体罪名。

“吊模宰客”，是指一些地方形容不法分子以各种名目诱骗游客到酒吧、咖啡厅、KTV、美容院等场所消费、购物，通过抬高消费金额等手段谋取高额利润，“吊模”则从消费金额中抽取一定比例的违法犯罪活动。“吊模宰客”行为虽有基本套路，但无固定模式，实践中对“吊模宰客”行为认定罪名不一，不能千篇一律地用一个罪名去套所有的“吊模宰客”犯罪，要严格根据查明的事实来分析行为特征以及与相关犯罪构成要件的契合度。根据行为暴力升级的发展态势，“吊模宰客”行为一般涉及下列犯罪：

1. 诈骗罪。非暴力的“吊模宰客”行为对应的往往是诈骗罪。在此阶段，行为人采用各种欺骗手段，不具有暴力或威胁，这是其定性的关键行为特征。如安排女青年主动搭识男性被害人后，约至餐厅、酒吧消费，虚开高价，使被害人受到蒙蔽后支付钱财：被害人在此过程中未受到人身威胁，仅是财产

权益受到侵害。行为人的诈骗金额达到数额较大的，可以认定构成诈骗罪。

2. 强迫交易罪。从事正常经营的单位或个人，为增加盈利，采用“吊模宰客”的手段拉生意，为促成交易使用较轻暴力、胁迫手段，强买强卖，如果其经营行为是基本正常的、稳定的，行为人追求和获取的经济利益主要源于商业经营活动，基本符合商业利润的发生规律，仅为获取更高经营利润而为之，情节严重的可以认定构成强迫交易罪。其关键特征是具有实际的商业经营活动和经营行为，其刑事责任的根据在于被告人采用了侵害人身权利和市场秩序的交易手段。

3. 敲诈勒索罪、抢劫罪。与强迫交易罪相比，敲诈勒索罪和抢劫罪具有非法占有财物的故意，行为人并非从事正常经营，而是以经营活动为幌子或诱饵，追求的主要不是商业利润，而是商业利润环节之外的他人财产，并且是通过暴力或威胁取得。如果行为人使用的是非暴力的胁迫，或者是非当场兑现的暴力胁迫，则构成敲诈勒索罪。如果行为人以当场实施暴力相威胁或者直接实施暴力而劫取财物，则构成抢劫罪。

——最高人民法院刑事审判第一、二、三、四、五庭主办：《刑事审判参考》2011 年第 5 集（总第 82 集），法律出版社 2012 年版，第 50~54 页。

802. “飞车行抢”行为构成抢劫罪的具体情形

关键词

抢劫罪　抢夺罪　过失致人重伤罪　过失致人死亡罪　飞车行抢

最高人民法院司法解释

第六条　驾驶机动车、非机动车夺取他人财物，具有下列情形之一的，应当以抢劫罪定罪处罚：

（一）夺取他人财物时因被害人不放手而强行夺取的；

（二）驾驶车辆逼挤、撞击或者强行逼倒他人夺取财物的；

（三）明知会致人伤亡仍然强行夺取并放任造成财物持有人轻伤以上后果的。

——《最高人民法院、最高人民检察院关于办理抢夺刑事案件适用法律若干问题的解释》（2013 年 11 月 11 日，法释〔2013〕25 号）。

最高人民法院司法政策精神

十一、驾驶机动车、非机动车夺取他人财物行为的定性

对于驾驶机动车、非机动车（以下简称“驾驶车辆”）夺取他人财物的，

一般以抢夺罪从重处罚。但具有下列情形之一，应当以抢劫罪定罪处罚：

（1）驾驶车辆，逼挤、撞击或强行逼倒他人以排除他人反抗，乘机夺取财物的；

（2）驾驶车辆强抢财物时，因被害人不放手而采取强拉硬拽方法劫取财物的；

（3）行为人明知其驾驶车辆强行夺取他人财物的手段会造成他人伤亡的后果，仍然强行夺取并放任造成财物持有人轻伤以上后的。

——《最高人民法院关于审理抢劫、抢夺刑事案件适用法律若干问题的意见》（2005年6月8日，法发〔2005〕8号）。

《刑事审判参考》指导案例

王跃军、张晓勇抢劫、盗窃案（《刑事审判参考》指导案例第323号）

裁判要点："飞车行抢"刑事案件定性应具体问题具体分析，符合抢劫罪、抢夺罪或者其他犯罪构成要件的，应分别以相应的罪名定罪。

我们认为，"飞车行抢"刑事案件的定性，应根据案件的实际情况，具体问题具体分析。司法实践中，对于能够查实的直接对被害人实施暴力（如强行拖拽、以车撞逼等）、直接威胁或者携带凶器抢夺等情形的"飞车行抢"刑事案件，由于符合《刑法》第269条或者第267条第2款的规定，认定构成抢劫罪没有争议。但对于上述情形之外的"飞车行抢"刑事案件，如何定性往往存在分歧意见。有的认为，"飞车行抢"本质上是抢夺，虽然实践中经常造成被害人人身受到伤害的后果，但这仅仅是行为人过失造成的结果，不能由此否定行为人故意行为的侵犯对象只是被害人的财物，对于"飞车行抢"只能以抢夺罪定罪处罚。有的认为，"飞车行抢"把正在行驶的机动车辆作为犯罪手段来使用，而正在行驶的机动车辆带有极大的危险性，此种案件社会危害性相当严重，侵犯的是人身权利和财产权利双重客体，若要定罪处罚，按抢劫罪论处是唯一办法。有的认为，可以是否造成人身伤害后果为标准，"飞车行抢"造成人员受伤、死亡后果的，定抢劫罪，否则定抢夺罪。

"飞车行抢"刑事案件的案件事实是非常复杂的。从作案手段看，有的是两人结伙，一人驾车一人取财，有的是一人单干边驾车边取财，有的取财时是高速驾驶，有的是中速行驶，有的是抢项链、耳环，有的是抢腋下挎包、车筐内皮包，等等。从作案对象看，有的是驾车被抢，有的是徒步被抢，有的是年迈的老人，有的是体壮的青年，等等。从作案环境看，有的在夜晚，有的在中午，有的在闹市，有的在郊区，等等。从作案后果看，有的抢取大量财物，有的抢取财物数额较小，有的导致人员重伤、死亡，有的只导致人员轻伤或者并未伤害到人身，等等。另外，“飞车行抢”刑事案件中，行为人的心理事实也不太好认定。由于事发突然，行为过程非常急促、短暂，行为人事后往往辩称无伤害故意，除非行抢前有过预谋，多数情况下，行为人的心理是一种不确定的状态：只管抢物，不管是否伤及被害人，对犯罪客体、犯罪后果无确定之认识。具体说，对于被害人的伤亡，有的是间接故意心态，如高速驾乘摩托车，不计后果猛拉硬拽被害人脖子上的项链；有的则是出于过失，如驾车抢被害人自行车筐内的背包，不慎挂住车把致被害人受伤；有的则是意外事件，如行为人驾车猛然抽掉被害人腋下皮包逃跑，被害人追赶慌不择路被车撞伤。可见，“飞车行抢”案件中，行为人对于侵犯财产权利的后果均是积极追求的心态，但对于侵犯被害人人身权利的后果，多数情况下是一种不确定的心态，直接故意、间接故意和过失三种罪过形式都是可能的。

因此，我们认为，将“飞车行抢”刑事案件一概定性为抢劫罪或者抢夺罪，或者以危害结果为标准定性为抢劫罪、抢夺罪都是不合适的，罪与非罪、此罪与彼罪的标准只能是犯罪构成，正确的做法应当是根据案件的实际情况，具体问题具体分析，符合抢劫罪、抢夺罪或者其他犯罪构成要件的，应分别以相应的罪名定罪：（1）对于并未造成人员伤亡的案件，考虑到行为人主观心态的不确定性和客观上直接针对的是财物，如果行为人抢取财物数额较大的，应以抢夺罪论处；（2）对于造成被害人伤亡后果的案件，应该结合行为人的作案手段、作案环境、作案对象等情况具体分析行为人的主观罪过，分别定性。如果行为人对于伤亡后果的主观罪过是故意（包括直接故意和间接故意），应以抢劫罪定罪处罚。如果行为人对于伤亡后果的主观罪过是过失，则分两种情况处理。在抢取财物达到“数额较大”标准时，致人轻伤的，认定为“其他严重情节”，致人重伤或者死亡的，则认定为“其他特别严重情节”，以抢夺罪定罪处罚。在抢取财物未达到“数额较大”标准时，如果仅仅过失造成了被害人轻伤以下的伤害，那么可以对行为人处以治安行政处罚，但难以定罪处罚。如果过失造成了被害人重伤或者死亡，可以根据《刑法》第 235 条或者第 233 条的规定，分别以过失致人重伤罪或者过失致人死亡罪定罪处罚。

——最高人民法院刑事审判第一庭、第二庭编：《刑事审判参考》2004 年第 6 集（总第 41 集），法律出版社 2005 年版，第 20~29 页。

803. 为消灭债务采用暴力、胁迫手段抢回欠款凭证的行为构成抢劫罪

关键词

抢劫罪 暴力胁迫 消灭债务 犯罪形态

《刑事审判参考》指导案例

戚道云等抢劫案（《刑事审判参考》指导案例第 89 号）

裁判要点：为消灭债务采用暴力、胁迫手段抢回欠款凭证的行为构成抢劫罪；行为人抢走欠款凭证即构成抢劫罪既遂。

（一）为消灭债务采用暴力、胁迫手段强行索回欠款凭证的行为，侵犯了被害人倪新昌的财产权和人身权利，符合抢劫罪的犯罪构成

首先，这种行为侵犯的是被害人的合法财产。从行为表面来看，行为人所“抢”的对象是一张欠条，侵犯的仅仅是被害人的债权性证明文书，而非实实在在的财物。但是，刑法规定的抢劫罪所侵犯的不仅仅是有形的实实在在的财物，而且更主要的是侵犯了公私财产的合法所有权。欠款凭证本身虽不是财产，但却是财产权利的主要证明凭证，有时甚至是唯一的证明凭证，丧失这种凭证，债权人就难以甚至根本无法向债务人主张自己的财产权利，甚至最终会丧失财产所有权。因此，可以说，在特定情况下，欠款凭证往往就等于同值的财产。

其次，行为人所实施的行为，最终目的就是非法占有本不属于自己所有的财产。

（二）本案中，被告人戚道云等人的抢劫行为已经实施终了，债务已经消灭，属于犯罪既遂

本案中，戚道云等人强行抢回欠条，逼迫倪新昌在事先写好的收条上签字，以消灭债务的犯罪行为，在其实施终了之时，已经当场完成了已“归还”10 万元债款的全部手续，其犯罪目的已经达到，已然齐备了抢劫罪的全部构成要件，故应当认定为犯罪既遂。戚道云在司法机关立案侦查之前一直占有着被害人的财产，仅因公安机关侦破案件，追回被告人抢走的财产，才没有使被害人遭受损失，不影响犯罪既遂的成立。

——最高人民法院刑事审判第一庭、第二庭编：《刑事审判参考》2001 年第 3 辑（总第 14 辑），法律出版社 2001 年版，第 30~35 页。

804. 使用暴力迫使受害人网上转账至行为人指定的账户，以抢劫罪定罪处罚

关键词

抢劫罪　非法拘禁罪　追回赌资　迫使当场交出财物

《最高人民法院公报》案例

广东省肇庆市人民检察院诉梁克财等抢劫案（判决时间：2008 年 2 月 20 日，二审法院：广东省高级人民法院）

裁判摘要：根据《刑法》第二百六十三条的规定，抢劫罪是指以非法占有为目的，对财物的所有人、保管人当场使用暴力、胁迫或其他方法，强行将公私财物抢走的行为。行为人当场使用暴力控制受害人，迫使受害人通过网上银行转账的形式将钱款转入行为人指定的账户，其行为属于迫使受害人当场交出财物，符合抢劫罪的犯罪构成，应依照《刑法》第二百六十三条的规定定罪处罚。

根据刑法第二百六十三条的规定，抢劫罪是指以非法占有为目的，对财物的所有人、保管人当场使用暴力、胁迫或其他办法，强行将公私财物抢走的行为。本罪属于侵犯财产罪，在主观方面表现为直接故意，并具有将公私财物非法占有的目的，在客观方面表现为行为人对公私财物的所有者、保管者或者守护者当场使用暴力、胁迫或者其他对人身实施强制的方法，立即抢走财物或者迫使被害人立即交出财物的行为。

本案中，被告人梁克智、梁克财及其辩护人认为二被告人没有非法占有他人财物的目的，但是根据本案事实，二被告人经事先密谋，将被害人潘汉英骗至犯罪现场加以控制并索取钱财，犯罪过程中以暴力手段迫使潘汉英通过网上银行转账的方式，将人民币 54.5 万元汇入梁克智指定的账户。由此可见，二被告人正是基于劫取他人钱财的目的，才实施了涉案犯罪行为。这种行为方式虽然不同于一般抢劫行为中当场使用暴力逼迫受害人交出钱财的形式，但受害人的钱款转入梁克智的账户后，即已受梁克智完全控制，其结果在本质上等同于当场使用暴力劫取钱财的行为。因此，二被告人的行为符合抢劫罪的犯罪构成。

最高人民法院《关于对为索取法律不予保护的债务非法拘禁他人行为如何定罪问题的解释》规定，行为人为索取高利贷、赌债等法律不予保护的债

务，非法扣押、拘禁他人的，依照刑法第二百三十八条的规定定罪处罚。据此，在上述规定情形下构成非法拘禁罪的前提条件，是实际存在高利贷、赌债等法律不予保护的债务。行为人仅是主观上怀疑受害人在赌局中对其设计骗局，为追回赌资而非法劫持受害人，逼迫受害人交出财物的，不属于上述司法解释规定的情形。

综上，被告人梁克智、梁克财以非法占有为目的，采用暴力手段劫取他人财物，其行为均已构成抢劫罪，且犯罪情节恶劣，后果严重，应依法惩处。

——《最高人民法院公报》2010 年第 6 期。

805. 劫持被害人后，要求被害人以勒赎之外的名义向其家属索要财物的行为构成抢劫罪

关键词

抢劫罪　绑架罪　劫持被害人　索要财物

《刑事审判参考》指导案例

张红亮等抢劫、盗窃案（《刑事审判参考》指导案例第 637 号）

裁判要点：劫持被害人后，要求被害人以勒赎之外的名义联系家属汇款到指定账户取得钱款的行为构成抢劫罪，而非绑架罪。

司法实践中，绑架罪与抢劫罪的界限是比较明确的，一般不会发生争议。但是，对于实践中发生的劫持被害人后，要求被害人以勒赎之外的名义联系家属汇款到指定账户取得钱款的行为，究竟是认定构成抢劫罪还是绑架罪，仍存在分歧意见。

一种意见认为，被告人张红亮等人的行为是明显的绑架索财，虽然被告人不是直接向被害人家属要钱，而是让被害人自己向家属要钱，但家属已明显感到被害人出事了、被控制了，所以，赶快把钱打入账户，随后报警，被告人于第二天从账户中取走钱款。这种情况不符合抢劫罪当场使用暴力、当场劫取被害人钱财的情况，而应认定绑架罪。另一种意见认为，被告人张红亮等均是威胁被害人让其与亲属联系索要财物，并没有直接向被害人亲属发出威胁索要赎金，其行为符合抢劫罪当场施暴、当场取财的构成要件。

我们同意第二种意见。主要理由是：

1. 我国刑法理论界一般认为，绑架罪的主客观要件，要求既要劫持被绑架人，又要利用第三人对被绑架人的人身安全的顾虑而向第三人索要钱财。

本案中，虽然被害人的家属已感觉到被害人的人身安全可能受到威胁，但被告人向第三人勒索的主观意识和客观行为尚不明显，被害人是以炒股而非以赎身名义向家属要钱，因此，被告人的行为不符合绑架罪的构成特征。

2. 刑事审判实践中，被告人控制被害人并通过被害人向其家属索要钱财的情形比较复杂：有的是通过被害人转达勒赎请求，以使被害人亲属确信其被控制的事实并增加威慑力量；有的是明确要求被害人不能暴露其被控制的事实，使被害人家属误以为其因正当事由需要钱财而提供；有的是笼统要求被害人向其家属索要钱财，至于被害人以何种名义向其家属索要钱财在所不问。前两种情形的结论比较明确，以是否胁迫第三人为标准，如是胁迫第三人，则认定绑架罪，如不是，则认定抢劫罪。对于第三种情形，由于第三人对被告人是否胁迫被害人处于不确定状态，需要视被害人与第三人的沟通情况而具体认定：如果被害人告知第三人其人身被控制而要钱，则被告人构成绑架罪；如果被害人并未告知第三人其人身被控制，即使被害人家属感知，在无证据证实被告人有明确的胁迫第三人的主观犯意和客观行为的情形下，以抢劫罪定罪处罚。这样定罪，不会轻纵犯罪分子，而且较之以绑架罪定性更有利于做到罪刑相适应。

3. 劫持被害人后通过被害人以其他理由要求其家属汇款到指定账户的行为，符合抢劫罪的构成要件。从抢劫罪的犯罪对象来讲，并不要求必须是本人财物，第三人包括被害人家属的钱财，也可以成为抢劫罪的对象。因此，被告人通过劫持被害人然后得到汇款，符合抢劫罪所要求的当场施暴、当场取得财物的要件。

——最高人民法院刑事审判第一、二、三、四、五庭主办：《刑事审判参考》2010 年第 4 集（总第 75 集），法律出版社 2011 年版，第 43~57 页。

806. 在拖欠被害人钱款的情况下，以暴力、胁迫手段逼迫被害人书写收条行为的定性

关键词

抢劫罪

《刑事审判参考》指导案例

习海珠抢劫案（《刑事审判参考》指导案例第 1063 号）

裁判要点：被告人以暴力、胁迫手段，致使被害人不能反抗或者不敢反抗，迫使被害人书写收条，改变了原有的财产权利关系，

导致被害人丧失债权，侵犯了被害人的财产性利益，应当认定为抢劫犯罪既遂。

（一）在拖欠被害人钱款情况下，以暴力、胁迫手段逼迫被害人写下收条的行为，应当认定为抢劫罪

1. 抢劫罪的侵害对象既包括财物，也包括财产性利益

对本案被告人的行为能否认定为抢劫罪，关键要看财产性利益是否属于抢劫罪的犯罪对象。这一问题在理论和实践中存在很多争议，导致了司法实践中的困惑以及司法不统一的现象。

许多国家都在刑法典中将财产性利益作为财产犯罪的对象，如德国、日本、韩国、英国等。日本刑法将财产罪分别规定为财物罪和利益罪两类，作为财产犯罪对象，财物和财产性利益是并列存在的，不存在包容关系。日本刑法第二百三十六条第二款规定，“使用暴力、威胁而获得财产性不法利益，或者使他人获取该不法利益的，处五年以下有期徒刑”。

我国现行刑法中并没有直接规定侵犯财产罪的犯罪对象包括财产性利益，也没有单独设立利益罪，但是，刑法理论界普遍的观点认为，财产性利益可以作为财产犯罪的对象。随着社会交易方式、财产形态的日渐多样化，作为刑法中的财产犯罪的对象，“财产”概念的内涵和外延也呈现逐渐扩张趋势。财产既包括有形的财物，也包括各种财产性利益。加强对财产性利益的法律保护，是市场经济发展的必然要求。

我国刑法第五章规定的侵犯财产罪，对相关罪名的罪状表述多采用“财物”这一概念，如“以暴力、胁迫或者其他方法抢劫公私财物的”，构成抢劫罪。单从文义来看，相关罪状表述似乎将财产犯罪的对象限定为有形的“财物”，但是，财产性利益具有财产价值，可以转化为现金或者其他财物，因此，从对财产权的法益保护角度来看，此处所谓的“财物”，不仅包括有形的“财物”，也应当包括以其他形式存在的财产性利益。抢劫有形财物与抢劫财产性利益所侵害的对象都是财产，如仅因财产的表现形式不同就加以区别对待，显然是不公平的。

此外，“侵犯财产罪”这一类罪的表述，已经明确将“财产”作为该类犯罪侵害的对象，广义的财产显然包括财产性利益。鉴于此，将抢劫罪罪状中的“财物”理解为包括有形财物之外的财产性利益，不属类推解释，不违反罪刑法定原则。本案中，被告人习海珠等人以暴力、胁迫手段逼迫被害人彭桂根书写 75 万元收条，侵犯的就是彭桂根的财产性利益。

2. 被告人习海珠等人当场使用暴力、胁迫手段，致使被害人不能反抗或者不敢反抗，符合抢劫罪的犯罪构成

本案中，对被告人习海珠以暴力、胁迫手段逼迫被害人彭桂根书写 75 万

元收条的行为定性，存在抢劫罪和敲诈勒索罪两种意见。我们认为，该行为应当认定为抢劫罪。

敲诈勒索罪与抢劫罪的主要区别在于客观方面，即行为的内容、方式、手段不同。抢劫罪以当场实施暴力或以暴力相威胁作为行为内容，当场取得财物；而敲诈勒索罪的行为内容则一般仅限于威胁，取得财物可以在当场，但更多的是在威胁、要挟之后的一定期限取得。当然，有的敲诈勒索犯罪，行为人也可能使用一定程度的暴力，但这种暴力的程度尚未达到足以“使被害人不能反抗或者不敢反抗”的程度，否则就应当构成抢劫罪。

具体到本案，被告人习海珠在拖欠被害人彭桂根钱款的情况下，指使艾宇刚等人在封闭的包厢内殴打彭桂根，李凯凯在旁持刀威胁，彭桂根在孤立无援，被多人围困、殴打的情况下，迫不得已写下“已经收到习海珠购买高山选矿厂所欠 75 万元”的收条。这种暴力行为已经足以压制彭桂根的反抗，使其不敢、不能反抗，其暴力程度显然已超出敲诈勒索罪的轻微暴力程度，因此，以抢劫罪定罪处罚是妥当的。

（二）以暴力、胁迫手段逼迫被害人写下收条的行为，属于抢劫既遂

一般认为，犯罪行为构成既遂，通常是以该行为满足某一罪名的全部犯罪构成要件为依据。抢劫罪侵犯的是复杂客体，从对财产权的侵犯角度来看，认定抢劫罪既遂与否一般应以行为人是否实际控制了他人财产为标准。本案中，被告人习海珠上诉提出，即便认定为抢劫罪，也应认定为犯罪中止，而非未遂，更不应认定为既遂。也有意见认为，被告人习海珠等人的行为属于抢劫未遂，理由是：习海珠等人拿到的仅仅是一张收条，该收条违背了民法的意思自治原则，按照合同法等相关规定，该行为属于无效或可变更、可撤销的行为，彭桂根可以向法院提起诉讼，请求撤销，换言之，75 万元收条是否存在都不能消除彭桂根的合法债权，彭桂根仍可以凭原有的欠条向习海珠主张民事权利。

我们认为，被告人习海珠等人以暴力、胁迫手段逼迫彭桂根书写 75 万元的收条，进而消灭债务的犯罪行为，属于抢劫既遂。主要理由如下：

第一，被告人习海珠通过强迫彭桂根书写 75 万元的收条，已经实现了非法占有 75 万元的犯罪目的。从表面上看，习海珠等人的暴力行为没有获取实实在在的财物，仅拿到了一张收条。收条本身虽不是有形财物，但却是双方债权债务消灭的主要证明凭证，习海珠拿到彭桂根书写的收条，彭桂根就难以再向习海珠主张原有的 75 万元债权。对习海珠而言，其拖欠彭桂根 75 万元，实际上等同于事先占有了该笔款项，但这种占有是以习海珠、彭桂根二人的债权债务关系为前提条件的，即习海珠负有向彭桂根归还该 75 万元的义务。习海珠之所以逼迫彭桂根书写收条，目的就是消除双方的债权债务关系，消除彭桂根日后行使返还该款项请求权的可能性，彻底占有其事先占有的 75

万元，不再归还。在习海珠拿到彭桂根收条的那一刻起，就已经实现了犯罪目的，原来由习海珠占有的75万元就变为了“非法占有”，故应当属于犯罪既遂。

第二，以财产性利益为犯罪对象的抢劫案件，应当以财产性权益是否在客观上受到实际侵害作为判断既遂和未遂的标准。本案在犯罪既遂和未遂的问题上产生争议，主要是由于抢劫对象特殊，并非实实在在的75万元现金，而是能够体现消除75万元债权的收条。有观点认为，被害人可以通过提起民事诉讼的方式主张自己的合法债权，因此，被告人的行为并不能改变原有的债权债务关系，属于犯罪未遂。这种观点值得商榷。实际上，即使在以有形财物作为犯罪对象的抢劫犯罪中，被害人对被抢财物的所有权也没有丧失，只是丧失了占有而已，对此，显然不能以被害人可以通过提起民事诉讼主张自己对被抢财物的所有权为由认定本案情形属于犯罪未遂。此外，即使彭桂根提起民事诉讼，是否能够胜诉，也并不确定。因此，不能以被害人可以通过民事诉讼等方式获得救济为由认定本案情形属于犯罪未遂。

从对财产权的侵犯角度来看，对于以有形财物作为抢劫对象的案件，被害人拥有财产权的主要方式就是对财物的占有，一旦被害人因犯罪行为丧失对财物的占有，其财产权就遭到了实际侵害，对此类案件，应当以行为人是否实际劫取财物作为判断既遂和未遂的标准。对于以财产性利益作为抢劫对象的案件，被害人的财产权并不直接体现为对有形财物的实际占有，而是体现为各种财产权利义务关系，如果因犯罪行为改变了原有的财产权利关系，导致被害人丧失了财产性利益，被害人的财产权就遭到了实际侵害，对此类案件，应当以行为人是否改变了原有的财产权利关系作为判断既遂和未遂的标准。

本案中，被告人习海珠等人以暴力、胁迫手段迫使彭桂根书写75万元的收条，改变了原有的财产权利关系，导致彭桂根丧失75万元的债权，应当认定为抢劫犯罪既遂。公安机关及时侦破本案，恢复原有的财产权利关系，就如同公安机关追回被抢财物返回给被害人一样，属于事后行为，可以在量刑时予以考虑，但并不影响抢劫既遂的认定。

——最高人民法院刑三庭:《习海珠抢劫案》，载最高人民法院刑事审判第一、二、三、四、五庭主办:《刑事审判参考》2014年第7集（总第102集），法律出版社2016年版，第57~60页。

807. 以借钱为名劫取财物使用后归还并付利息的行为构成抢劫罪

关键词

抢劫罪

《刑事审判参考》指导案例

蔡苏卫等抢劫案（《刑事审判参考》指导案例第749号）

裁判要点：以借钱为名，通过暴力手段劫取财物使用后归还并偿付利息的行为，应当以抢劫罪定罪处罚。

蔡苏卫等三被告人强行将被害人从湖南省汝城县带到江西省南昌市早已准备好的出租屋内，以借钱为名，采用暴力威胁手段，逼迫被害人以帮他人借钱竞标为由打电话向亲友筹集银行承兑汇票11张（价值2000万元），并指示其公司员工熊小贞将汇票交给蔡苏卫。蔡苏卫等三被告人的行为已经构成抢劫罪。蔡苏卫持汇票前往澳门赌博，虽然赢利后将汇票返还被害人并偿付利息，然后将其释放，但这些行为属于抢劫既遂后的后续行为，不影响对蔡苏卫等三被告人行为的定性。

值得指出的是，被告人事后归还抢劫财物并偿付利息的行为，作为犯罪既遂后"恢复原状"、减轻或避免被害人更大损失的行为，可作为酌定量刑情节予以考虑。

——最高人民法院刑事审判第一、二、三、四、五庭主办：《刑事审判参考》2012年第1集（总第84集），法律出版社2012年版，第32~37页。

808. 抢劫国家二级以上文物数额的认定

关键词

抢劫罪　盗窃罪　国家文物　犯罪数额

《刑事审判参考》指导案例

王建利等抢劫案（《刑事审判参考》指导案例第482号）

裁判要点：最高人民法院《关于审理盗窃案件具体应用法律若干问题的解释》将盗窃国家不同等级文物与盗窃相应数额在刑法上是作同等评价。《关于审理抢劫案件具体应用法律若干问题的解释》第4条规定，“抢劫数额巨大”的认定标准，参照各地确定的盗窃数额巨大的认定标准执行。综上，盗窃二级以上文物应与盗窃“数额巨大”适用同一量刑幅度，那么抢劫国家二级以上文物的亦应当认定为适用抢劫“数额巨大”的量刑幅度。

虽然抢劫文物如何量刑司法解释没有规定，但盗窃文物如何量刑却有司法解释可以参照。

根据2000年11月17日最高人民法院发布的《关于审理抢劫案件具体应用法律若干问题的解释》第4条的规定，“抢劫数额巨大”的认定标准，参照各地确定的盗窃数额巨大的认定标准执行、据此，抢劫“数额巨大”的标准既然司法解释已明确规定为参照盗窃“数额巨大”的标准认定，那么，参照上述《关于审理盗窃案件具体应用法律若干问题的解释》的规定，盗窃二级以上文物应与盗窃“数额巨大”适用同一量刑幅度，那么抢劫国家二级以上文物的亦应当认定为适用抢劫“数额巨大”的量刑幅度，依照《刑法》第263条第4项在十年有期徒刑以上的法定刑幅度内量刑，如此是符合法律解释逻辑的，也是符合《刑法》和司法解释的本意的。

本案中，被抢劫的汉白玉龙雕经文物管理部门鉴定系国家一级文物。根据上述有关司法解释的规定，应当将抢劫国家二级以上文物与抢劫“数额巨大”作同样的法律评价，适用《刑法》第263条第4项的规定进行量刑，所以本案被告人抢劫国家一级文物的亦应适用该项规定的量刑幅度。据此，法院对各被告人在十年以上有期徒刑的法定刑幅度内区别各自的刑事责任并科处相应的刑罚是准确的，适用法律是正确的。

——最高人民法院刑事审判第一、二、三、四、五庭主办：《刑事审判参考》2008年第2集（总第61集），法律出版社2008年版，第23~27页。

809. 关于抢劫信用卡、存折、机动车辆的数额计算

关键词

抢劫罪　信用卡　存折　机动车辆　犯罪数额

最高人民法院司法政策精神

六、关于抢劫犯罪数额的计算

抢劫信用卡后使用、消费的，其实际使用、消费的数额为抢劫数额；抢劫信用卡后未实际使用、消费的，不计数额，根据情节轻重量刑。所抢信用卡数额巨大，但未实际使用、消费或者实际使用、消费的数额未达到巨大标准的，不适用“抢劫数额巨大”的法定刑。

为抢劫其他财物，劫取机动车辆当作犯罪工具或者逃跑工具使用的，被劫取机动车辆的价值计入抢劫数额；为实施抢劫以外的其他犯罪劫取机动车辆的，以抢劫罪和实施的其他犯罪实行数罪并罚。

抢劫存折、机动车辆的数额计算，参照执行《关于审理盗窃案件具体应用法律若干问题的解释》的相关规定。

——《最高人民法院关于审理抢劫、抢夺刑事案件适用法律若干问题的意见》(2005 年 7 月 16 日，法发〔2005〕8 号)。

《刑事审判参考》指导案例

夏洪生抢劫、破坏电力设备案（《刑事审判参考》指导案例第 643 号）

裁判要点：为抢劫其他财物，劫取机动车辆当作犯罪工具或者逃跑工具使用的，被劫取机动车辆的价值计入抢劫数额。

为逃匿而劫取但事后予以焚毁的机动车辆应否计入抢劫数额，对这个问题也存在二种意见：第一种意见认为不应当计入抢劫数额，理由是：被告人夏洪生伙同张金宝以非法占有的目的抢劫徐民志的财物，但对面包车本身并不具有非法占有的目的，而只是临时使用并随后将车烧毁，因此不应计入抢劫数额。第二种意见认为应当计入抢劫数额，理由是被抢面包车亦具有“被抢财物”的性质，理应计入抢劫数额。

我们认为，第二种意见更为合理。在类似劫取机动车辆作为犯罪工具或逃跑工具的情形中，行为人以暴力、胁迫手段劫取机动车并不是出于法律上的“使用目的”，而是作为实施其他犯罪的工具或用于犯罪后逃跑，一般用后即予毁弃，基本上不存在返还的可能。因此，可以认定行为人仍是以非法占有为目的控制和利用机动车辆，在客观上也侵害了被害人的财产法益。至于行为人毁弃机动车辆，属于“非法占有”之后的处分行为，并不阻碍“非法占有”的成立。因此，劫取机动车作为犯罪工具或逃跑工具亦成立抢劫罪，被劫取的机动车的价值应计入抢劫数额，这种处理符合相关司法解释的规定。《最高人民法院关于审理抢劫、抢夺刑事案件适用法律若干问题的意见》第六条规定：“……为抢劫其他财物，劫取机动车辆当作犯罪工具或者逃跑工具使用的，被劫取机动车辆的价值计入抢劫数额……”依照此规定，本案中面包车的价值应当计入抢劫数额。

——最高人民法院刑事审判第一、二、三、四、五庭主办：《刑事审判参考》2010 年第 5 集（总第 76 集），法律出版社 2011 年版，第 1~10 页。

810. 抢劫信用卡的犯罪数额认定

关键词

抢劫信用卡　犯罪数额

《刑事审判参考》指导案例

姚小林等抢劫案（《刑事审判参考》指导案例第 1185 号）

裁判要点：在抢劫案中，以行为人实际获取的财物为抢劫数额。

（一）以行为人实际获取的财物为抢劫数额，与信用卡的本质特征相符

在日常生活中，对于实物类的财产来说，控制该财产就是直接对财物本体进行控制，这种控制关系一般具有排他性，当一方将财物置于自己的实力支配之下时，另一方也就失去了对该财物的控制。但是，信用卡并非实物财产，而属于一种记载财物的金融凭证，信用卡与所记载的财物本身存在密切的联系，但又与所记载的财物存在相对分离，信用卡本身被控制并不意味着信用卡内所记载的财物也完全被控制。在抢劫犯罪案件中，行为人劫取了信用卡，甚至获取了密码，均不等于行为人已经获取了信用卡上所记载的财物；被害人丧失了对信用卡本身的控制，也不意味着已经丧失了信用卡上所记载的财物。鉴于信用卡所具有的抽象财物与具体财物的双重属性，在抢劫信用卡类犯罪中，只有以行为人从信用卡中实际获取的财物数额，也即信用卡所有人受到的实际损失为抢劫数额的认定标准，才能完整、客观地体现抢劫信用卡行为的社会危害性。

（二）以行为人实际获取的财物为抢劫数额，与相关的解释规定一致

关于抢劫信用卡的数额认定问题，《最高人民法院关于审理抢劫、抢夺刑事案件适用法律若干问题的意见》（以下简称《两抢意见》）中规定："抢劫信用卡后使用、消费的，其实际使用、消费的数额为抢劫数额；抢劫信用卡后未实际使用、消费的，不计数额，根据情节轻重量刑。" 2016 年 1 月 6 日最高人民法院出台的《关于审理抢劫刑事案件适用法律若干问题的指导意见》（以下简称《抢劫指导意见》），更是明确规定："通过银行转账或者电子支付、手机银行等支付平台获取抢劫财物的，以行为人实际获取的财物为抢劫数额。"

我们认为，上述两个司法解释性文件所体的原则是一脉相承的。《两抢意见》虽未对劫取信用卡后以转账方式获取财物的数额算作出明确规定，但所规定的内容确立了抢劫信用卡的数额计算基本标准应为“实际损失标准”，即以行为人实际使用、消费的信用卡数额作为抢劫数额，并特别强调，没有实际使用、消费的部分不能计入抢劫数额。而《抢劫指导意见》结合近年来电子银行业的快速发展以及互联网普及的新情况，对于通过银行转账或者电子支付、手机银行等支付平台获取抢劫财物的，明确以行为人实际获取的财物作为抢劫数额，这一规定仍然坚持了“实际损失标准”，与《两抢意见》规定的原则相一致。

本案虽然发生在《抢劫指导意见》出台之前，但能够适用 2005 年 6 月 8 日发布的《两抢意见》，根据该意见确立的“实际损失标准”，被告人姚小林等人劫取被害人张启某的信用卡后，实际获取的数额是从自动取款机内取出的 20000 元，通过转账方式转出的 50000 元由于银行冻结而未能实际获取，被害人也并未实际损失该 50000 元，因此该 50000 元不应计入抢劫数额。

此外，需要注意的是，《两抢意见》对于抢劫信用卡后没有任何实际使用、消费的情形作了规定，即在这种情况下，对于所抢劫的信用卡不计数额，根据情节轻重量刑。而《抢劫指导意见》对于行为人抢劫信用卡后部分使用、消费，部分没有使用、消费的情形作了补充规定，即“由于行为人意志以外的原因无法实际使用、消费的部分，虽不计入抢劫数额，但应作为量刑情节考虑”。我们认为，此处的“由于行为人意志以外的原因”，是指行为人主观上有继续使用、消费信用卡的意愿，但由于账户冻结、密码输入错误被吞卡、取款或消费额度限制等客观方面原因导致未能继续使用、消费该信用卡。此时信用卡（主要是指借记卡）内的未使用、消费的部分虽然不能计入抢劫数额，但在量刑时应予以考虑。本案如在《抢劫指导意见》出台之后审理，则可适用该规定，对于被告人姚小林等从被害人信用卡内转账而未最终到账的 50000 元，虽不计入抢劫数额，但在量刑时应酌情考虑从重处罚。

——最高人民法院刑事审判第一、二、三、四、五庭主办：《刑事审判参考》（总第 109 辑），法律出版社 2017 年版，第 28~34 页。

811. 对抢劫违禁品、赌资、赃款赃物及亲属财物行为的定性

关键词

抢劫罪　特定财物　违禁品　赌资　赃物

最高人民法院司法政策精神

七、关于抢劫特定财物行为的定性

以毒品、假币、淫秽物品等违禁品为对象，实施抢劫的，以抢劫罪定罪；抢劫的违禁品数量作为量刑情节予以考虑。抢劫违禁品后又以违禁品实施其他犯罪的，应以抢劫罪与具体实施的其他犯罪实行数罪并罚。

抢劫赌资、犯罪所得的赃款赃物的，以抢劫罪定罪，但行为人仅以其所输赌资或所赢赌债为抢劫对象，一般不以抢劫罪定罪处罚。构成其他犯罪的，依照刑法的相关规定处罚。

为个人使用，以暴力、胁迫等手段取得家庭成员或近亲属财产的，一般不以抢劫罪定罪处罚，构成其他犯罪的，依照刑法的相关规定处理；教唆或者伙同他人采取暴力、胁迫等手段劫取家庭成员或近亲属财产的，可以抢劫罪定罪处罚。

——《最高人民法院关于审理抢劫、抢夺刑事案件适用法律若干问题的意见》（2005 年 7 月 16 日，法发〔2005〕8 号）。

《刑事审判参考》指导案例

张超抢劫案（《刑事审判参考》指导案例第 482 号）

裁判要点：赌博完毕后返回赌博现场抢走赌资的行为构成抢劫罪。

最高人民法院 2005 年 6 月 8 日发布的《关于审理抢劫、抢夺刑事案件适用法律若干问题的意见》（以下简称《意见》）第七条规定，“抢劫赌资、犯罪所得的赃款赃物，以抢劫罪定罪，但行为人仅以其所输赌资或所赢赌债为抢劫对象，一般不以抢劫罪定罪处罚。构成其他犯罪的，依照刑法的相关规定处罚”。在适用《意见》第七条的规定时，应当重点审查以下两个方面的要素：

一是时空条件。《意见》第七条规定的仅以其所输赌资或者所赢赌债作为抢劫对象的行为，应当发生在赌博现场。《意见》之所以规定抢劫所输赌资或者所赢赌债行为不构成抢劫罪，是基于抢回所输赌资或者所赢赌债行为的主观故意内容不符合抢劫罪的主观特征。抢回所输赌资或者所赢赌债的行为人对所输赌资或者所赢赌债的权属性质存在模糊认识，而实施抢劫的行为人对于他人财物的权属性质认识很明确。如果在其他场所（即非赌博现场），行为人单独或者纠集他人实施抢回所输赌资或者所赢赌债行为的，其主观故意与一般的抢劫罪主观故意无异，应当构成抢劫罪。值得注意的是，对赌博现场的理解，与犯罪现场一样，要适度作扩大解释，不能严格从文义角度作限制理解。那种认为只要赌博完毕，离开了或者离开过赌博场所就不认定为“赌博现场”的观点，值得商榷。我们认为，如果时间上、空间上具有一定的接续性、邻接性，如行为人仅离开半小时就返回赌博场所，或者仅离开赌博房间不远，在宾馆同层走廊或者大堂处，实施抢回所输赌资或者所赢赌债的行为，也应认定为在赌博现场实施的行为。基于这一思路，我们认为，本案被告人张超虽然是在赌博完毕离开后返回原赌博房间实施抢劫，但仍应当认定其行为发生在赌博现场。

二是数额条件。即抢取财物没有明显超出自己所输赌资或者所赢赌债的范围。在司法实践中，不能强求行为人在慌乱之中抢回的数额刚好与自己所输赌资或者所赢赌债的数额相等。然而，也不能将所抢数额与所输赌资或者所赢赌债数额的差距无限放大，即在所抢数额明显超出自己所输赌资或者所赢赌债数额时，也不以抢劫罪论处。本案被告人张超所输赌资为200余元，但其指使李军等人持水果刀、木棒返回到新越招待所303房（赌博现场）抢走陈杨杨现金1350元和三星牌S8300型手机一部，所抢现金数额明显超出其所输赌资，所抢手机更不属于其所输赌资。上述事实体现出张超具有非法明显的占有他人财物的主观故意，其行为不适用《意见》关于赌博者抢回所输赌资的相关规定，应当以抢劫罪论处。

——最高人民法院刑事审判第一、二、三、四、五庭主办：《刑事审判参考》2008年第2集（总第61集），法律出版社2013年版，第32~35页。

812. 指认被害人住址并多次参与蹲守，但此后未参与实施抢劫的不属于犯罪中止

关键词

抢劫罪　犯罪中止　帮助犯

《刑事审判参考》指导案例

韩江维等抢劫、强奸案（《刑事审判参考》指导案例第750号）

裁判要点：指认被害人住址并多次参与蹲守，但此后未参与实施抢劫的，没有消除已提供的帮助与犯罪结果之间的因果关系的，属于犯罪既遂。

帮助犯，是指故意帮助他人实行犯罪。这种帮助可以分为物理（有形）

帮助和心理（无形）帮助。物理帮助，是指帮助者在他人实行犯罪之前或者实行犯罪过程中给予行为上的帮助，使他人易于实行犯罪或者易于完成犯罪行为。如提供资金、作案工具，传授使用作案工具的方法，提供被害人的住址、电话、作息规律等重要个人信息等。心理帮助，是指帮助者实施的使本有犯意的人强化其犯意的言语激励等行为。帮助犯在提供帮助后，如果主动停止帮助，及时阻止实行犯实施犯罪或者有效防止犯罪结果发生的，可以构成犯罪中止。如果帮助犯在实行犯着手前主动退出犯罪，且已消除其帮助行为与犯罪结果之间的因果关系的，则属于预备阶段的中止。如果帮助犯仅是自行退出，而没有消除已提供的帮助与犯罪结果之间的因果关系的，则属于犯罪既遂。如果帮助犯为消除已提供的帮助付出了诚挚的努力，但仍未能阻止实行犯实施犯罪或者有效防止犯罪结果发生的，虽构成犯罪既遂，但在量刑时对帮助犯为积极阻止犯罪付出的努力应作适当考虑，可以从轻处罚。

孙磊在抢劫被害人张某的共同犯罪中不属于实行犯，也不属于教唆犯，而是帮助犯。综观全案，孙磊提供的帮助包括物理帮助和心理帮助。从物理帮助分析，正是孙磊提出了抢劫张某，指认了张某的具体住址，并多次与韩、张二人一起蹲守。从心理帮助分析，孙磊虽然不是起意者，但其参与了预谋，并提出要杀人灭口，这是一种强化共犯犯意的行为。孙磊在多次参与蹲守未遇张某后，虽然未再继续参与作案，但显然没有消除其物理帮助和心理帮助的影响。孙磊要构成犯罪中止，就必须消除其提供的帮助，使其帮助行为与犯罪结果之间断绝因果关系。但实际情况是，孙磊仅是单纯放弃自己继续犯罪，而未采取措施防止共同犯罪结果的发生，其帮助行为与韩江维、张立后续的抢劫犯罪结果之间具有因果关系，故应认定构成犯罪既遂。

——最高人民法院刑事审判第一、二、三、四、五庭主办：《刑事审判参考》2012 年第 1 集（总第 84 集），法律出版社 2012 年版，第 38~43 页。

813. 共同抢劫犯罪转化案件中的主从犯认定

关键词

抢劫罪　共同犯罪　主从犯

附录：最高人民法院法官著述

（三）共同犯罪转化案件中的主从犯认定问题

共同犯罪中的转化犯问题是学界比较忽视的一个问题，也是共同犯罪中的一种特殊的复杂的犯罪形态。共同犯罪中的转化犯是转化犯在共同犯罪中的特殊表现形态①。而司法实践中的做法也不尽统一。为此,《最高人民法院关于审理抢劫刑事案件适用法律若干问题的指导意见》明确规定:两人以上共同实施盗窃、诈骗、抢夺犯罪,其中部分行为人为窝藏赃物、抗拒抓捕或者毁灭罪证而当场使用暴力或者以暴力相威胁的,对于其余行为人是否以抢劫罪共犯论处,主要看其对实施暴力或者以暴力相威胁的行为人是否形成共同犯意、提供帮助。基于一定意思联络,对实施暴力或者以暴力相威胁的行为人提供帮助或实际成为帮凶的,可以抢劫共犯论处。司法实践中,应当注意以下两个问题:

1. 前行为的主犯是否必然成为后行为的主犯,或者后行为的主犯必须是前行为的主犯?

笔者认为,不能完全以其前行为的主从犯地位决定转化后的主从犯地位,而应主要考虑在后行为即暴力或者威胁行为中的地位和作用。如在前行为中,望风的人为抗拒抓捕等而提出实施暴力或者以暴力威胁,前行为中的实行行为人听从了该望风人的提议,集体实施了暴力或暴力威胁的行为。在这种情况下,望风者在前行为中居于从犯地位,但转化行为中其即处于指挥者的主犯地位。

因此,转化的前提是有共同的转化意愿并实施了共同转化的行为。共同盗窃、诈骗、抢夺的意愿是转化型抢劫的前提条件和必要条件,但不是充分条件。是否转化,不能仅仅考察行为人是否有共同盗窃、诈骗、抢夺的故意,还必须考察是否有共同转化的故意。例如,以盗窃为宗旨的犯罪集团进行盗窃时,主犯明确要求不要实施暴力行为,但是在盗窃过程中,部分行为人单独为窝藏赃物、抗拒逮捕或者毁灭罪证而当场使用暴力或者以暴力相威胁,那么该实施暴力的行为人就属于转化型抢劫,而主犯仍按盗窃罪定罪;在盗窃前,主犯事先就预谋如果被发现就想尽一切办法逃脱,那么部分行为人实施暴力而窝藏赃物、抗拒逮捕或者毁灭罪证,在这种情况下,主犯也应当按照转化型抢劫处罚②。其他共同犯罪也如此,不以行为人前行为即盗窃、诈骗、抢夺行为中的地位、作用决定主从犯是否转化为抢劫犯罪,而完全应当依照其在转化的客观行为即"当场实施暴力或者以暴力相威胁"中是否有共同的犯意和共同的行为来决定。也就是说,在共同犯罪的转化犯中,前行为主犯的"暴力或者以暴力相威胁"行为引起犯罪转化的,对该主犯以转化型抢劫论,前行为从犯、胁从犯不是必然随前行为主犯的犯罪转化而转化。如果是

---

① 李心强:《共同犯罪的转化犯问题研究——以转化型抢劫为视角》,载《广西政法管理干部学院学报》2009年第2期。

② 李心强:《共同犯罪的转化犯问题研究——以转化型抢劫为视角》,载《广西政法管理干部学院学报》2009年第2期。

前行为的从犯、胁从犯的“暴力或者以暴力相威胁”行为引起犯罪转化，则对该从犯、胁从犯以转化型抢劫论处，但前行为的主犯未必随前行为从犯的犯罪转化而转化。前行为的各共同犯罪分子之间，无论其在盗窃、诈骗、抢夺犯罪行为中是主犯还是从犯，只能确定其首先在盗窃、诈骗、抢夺罪的范围内成立共同犯罪，但是否一律转化为抢劫犯罪，标准和界线只有一个，即对实施暴力或者以暴力相威胁的行为人是否形成共同犯意、提供帮助。

2. 关于教唆犯的转化问题

《刑法》第二十九条规定，教唆他人犯罪的，应当按照他在共同犯罪中所起的作用处罚。教唆不满十八周岁的人犯罪的，应当从重处罚。如果被教唆的人没有犯被教唆的罪，对于教唆犯，可以从轻或者减轻处罚。

教唆犯是故意教唆他人犯罪的人，教唆犯本身不直接实行犯罪，而是故意唆使他人产生犯罪意图进而实行犯罪。教唆犯同被教唆者之间，既有共同故意，又有共同行为，构成共同犯罪。那么，教唆者是否当然地随着被教唆者转化而转化呢？笔者认为，教唆犯者只对其教唆的犯罪负责，不存在转化的问题。理由是：我国刑法总则明确规定了教唆他人犯罪的，应当按照他在共同犯罪中所起的作用处罚；如果被教唆的人没有犯被教唆的罪（如盗窃、诈骗、抢夺），对于教唆犯也应该处罚，只是可以从轻或者减轻处罚。一般认为，教唆者教唆他人犯某一特定的罪，只要教唆行为完成后，教唆者的犯罪行为就已经完成。至于如何处罚，那就看其教唆行为在共同犯罪中的作用等情况而定，而不完全取决于被教唆者是否实施被教唆的犯罪。被教唆者在实施犯罪过程中转化的，则对被教唆者另行按转化犯论处。当然，如果教唆犯事前即教唆被教唆人如果遇见有抓捕等情形可以采取暴力或者暴力威胁的，那么教唆犯也存在转化的问题。

被教唆人只实施了盗窃、诈骗、抢夺行为，而没有发生抓捕等情况，因而并没有发生转化型抢劫的问题，是否能够依照刑法关于“如果被教唆的人没有犯被教唆的罪，对于教唆犯，可以从轻或者减轻处罚”？笔者认为不能。因为在这种情形下，教唆者教唆的内容是盗窃、诈骗、抢夺，而不是转化型抢劫。转化型抢劫之所以没有发生，不是因为被教唆人没有实施，而是因为没有发生可能被抓捕等情况。

——陆建红：《审理抢劫案件几个疑难问题探讨——基于对〈关于审理抢劫刑事案件适用法律若干问题的指导意见〉的再次解读》，载《刑事审判参考》（总第109辑），法律出版社2017年版，第179~188页。

814. 明知他人抢劫，还于暴力行为结束后参与共同搜取被害人财物的行为定性

关键词

抢劫罪　共同犯罪　事先通谋

《刑事审判参考》指导案例

侯吉辉、匡家荣、何德权抢劫案（《刑事审判参考》指导案例第 491 号）

裁判要点：事先无通谋，但行为人明知他人抢劫的情况下，于其暴力行为致被害人死亡后参与共同搜取被害人财物的，应以抢劫罪共犯论处，并应适用《刑法》第 263 条一般抢劫罪的规定量刑。

（一）在事先无通谋，但行为人明知他人抢劫的情况下，于其暴力行为致被害人死亡后参与共同搜取被害人财物的，应以抢劫罪共犯论处

就本案而言，被告人何德权事前虽未同意参与侯、匡二人抢劫犯罪的提议，事中亦未实施对被害人的暴力行为，但基于其对侯、匡二人抢劫犯意的了解，在听到侯、匡二人与被害人的打斗和被害人的呼救声渐小，走到现场目睹倒在血泊中的被害人和手持剔骨刀的匡家荣，以及身上有血迹的侯吉辉后，其在明知侯、匡二人的行为性质、目的及已造成的犯罪后果之情形下，在侯、匡二人抢劫犯罪行为处于持续状态期间，应匡家荣的要求参与了共同搜取被害人家中财物的行为，因此，符合上述事先无共谋的情形下事中参与他人共犯的第二种情形，应当与侯、匡二人构成抢劫罪的共犯。

（二）在事先无通谋，行为人在他人抢劫致被害人死亡后参与共同犯罪的，应适用《刑法》第 263 条一般抢劫罪的规定量刑

但是应当看到，就本案被害人被侯、匡二人暴力致死的事实及后果而言，何德权在事前既无共同犯意，在事中亦无实施共同暴力行为，因此，根据刑法罪责自负原则，何德权对侯、匡二人在其参与抢劫犯罪前暴力致被害人死亡的行为及其后果不应承担刑事责任，否则有违罪责刑相一致的基本原则。与此相应，《刑法》第 263 条第 5 项规定的加重条款，对何德权亦不应适用。此外，需要指出的是，对于《刑法》第 27 条第 2 款对于从犯，应当从轻、减轻处罚或者免除处罚的规定，应当理解为在该从犯所应当适用的法定量刑幅度内从轻、减轻或者免除处罚，而非简单地比照主犯的量刑幅度从轻、减轻或者免除处罚。

综上，本案二审法院依照《刑法》第 263 条一般抢劫罪的规定，对何德权在十年以下三年以上有期徒刑量刑幅度内从轻改判刑罚是恰当的。

——最高人民法院刑事审判第一、二、三、四、五庭主办：《刑事审判参考》2008 年第 3 集（总第 62 集），法律出版社 2008 年版，第 31~43 页。

815. 共同抢劫的部分行为人引起的致人重伤、死亡后果，其余行为人承担相同责任

关键词

抢劫罪　共同犯罪

《刑事审判参考》指导案例

郭玉林等抢劫案（《刑事审判参考》指导案例第 189 号）

裁判要点：行为人虽未实施持刀杀害行为，但因抢劫罪所侵犯的系双重客体，对于其他共同犯罪人所致使的被害人死亡后果并未超出其主观认识范围，故同样应承担致人死亡后果的刑事责任。

行为人是否应对由其他被告人造成的被害人死亡后果承担刑事责任，关键在于如何理解共同犯罪中的实行过限理论。我们认为，实行过限指的是实行犯实施了超出共同犯罪故意的行为，因没有犯罪的共同故意，故未参与实行过限行为的其他共同犯罪人无需就过限行为承担刑事责任。对于实行过限的具体理解，应当把握以下几点：一是客观方面，过限行为必须是独立于共同犯罪行为之外的行为。亦即，过限行为与共同犯罪行为必须是两个分别受到刑法评价，在法律上具有独立意义的行为，内含于共同犯罪行为之中或者仅仅表现为共同犯罪行为的具体行为方式的，不得视为过限行为；二是主观方面，过限行为必须是共同犯罪故意之外的行为。即使某一实行犯临时起意实施了超出预谋范围的行为，其他共同犯罪人可以预见或者知悉、了解而未加阻止的，因其主观上系一种认可的态度，故也须承担责任；三是共同犯罪行为所造成的过失后果，不存在实行过限。因为该过失后果是从属于共同犯罪行为的，在我国的刑法理论和实践中，均只具有量刑上的意义，而无定罪上的意义。具体到共同抢劫犯罪，各共同犯罪人应否对其他共同犯罪人暴力行为所造成的人身伤亡这一加重结果承担刑事责任？答案是肯定的。首先，抢劫罪以同时侵犯人身权利和财产权利为其客体要件。抢劫罪包含有两个行为，一是非法占有他人财物行为；二是暴力或者暴力胁迫行为，只有同时具

备该两行为的，方可构成抢劫罪。正是基于此，行为人劫取财物时，其暴力或者暴力威胁行为对被害人造成人身伤害、死亡后果的，我国刑法不再单独予以评价，而仅仅是作为抢劫罪的一个量刑情节来处理。可见，抢劫罪中的暴力伤害行为不是一个独立行为，不具备适用实行过限的前提条件。其次，抢劫罪其本身就蕴含着暴力伤害或者暴力威胁的故意，而且这种暴力伤害或者暴力威胁正是作为非法劫取他人财物的手段要件而存在的。也就是说，暴力伤害或者暴力威胁是实施抢劫犯罪所必不可少的，在共同抢劫犯罪中，即使部分行为人不希望使用暴力或者仅仅使用暴力威胁，但对其他共同犯罪人可能使用暴力应当是有预见并予以认可的，这也是抢劫罪与非暴力性财产犯罪的一个重要不同点。因此，要求抢劫犯罪的共同犯罪人共同对其他共同犯罪人使用暴力造成的伤亡后果承担责任，并不违背主、客观相一致原则。

——最高人民法院刑事审判第一庭、第二庭编：《刑事审判参考》2002 年第 4 辑（总第 27 辑），法律出版社 2002 年版，第 12~19 页。

816. 抢劫罪与强迫交易罪的区别

关键词

抢劫罪　强迫交易罪　强迫贷款　强索高额服务费

最高人民法院司法政策精神

九、关于抢劫罪与相似犯罪的界限

……

2. 以暴力、胁迫手段索取超出正常交易价钱、费用的钱财的行为定性

从事正常商品买卖、交易或者劳动服务的人，以暴力、胁迫手段迫使他人交出与合理价钱、费用相差不大钱物，情节严重的，以强迫交易罪定罪处罚；以非法占有为目的，以买卖、交易、服务为幌子采用暴力、胁迫手段迫使他人交出与合理价钱、费用相差悬殊的钱物的，以抢劫罪定罪处刑。在具体认定时，既要考虑超出合理价钱、费用的绝对数额，还要考虑超出合理价钱、费用的比例，加以综合判断。

——《最高人民法院关于审理抢劫、抢夺刑事案件适用法律若干问题的意见》（2005 年 6 月 8 日，法发〔2005〕8 号）。

《最高人民法院公报》案例

重庆市渝中区人民检察院诉朱波伟、雷秀平抢劫案（判决时间：2006 年 1 月 27 日，一审法院：重庆市渝中区人民法院）

裁判摘要：出租车驾驶员在正常营运过程中，为牟取非法利益，采用暴力、威胁手段，强行向乘客索取与合理价格相差悬殊的高额出租车服务费，情节严重的，其行为构成《刑法》第226条规定的强迫交易罪，不应以抢劫罪定罪处罚。

二罪比较，犯罪的前提条件不同，犯罪侵犯的客体不同，犯罪目的不同，犯罪的客观方面也有所不同。抢劫罪无需任何前提条件，而强迫交易罪则必须在行为人与被害人之间存在一笔交易；抢劫罪侵犯的客体是公私财物所有权和公民人身权利，强迫交易罪侵犯的客体是交易相对方的合法权益和商品交易市场秩序；抢劫罪的目的是将公私财物非法占有，强迫交易罪的目的是在不合理的价格或不正当的方式下进行交易；二罪客观方面虽然都有暴力、胁迫内容，但由于犯罪侵犯的客体不同，决定了抢劫罪使用的暴力、胁迫手段，一般都足以危及被害人的身体健康或生命安全，其强度要大于强迫交易罪使用的暴力、威胁手段。

被告人朱波伟、雷秀平都是出租车驾驶员，被害人皮广思、杨建国都是出租车乘客。朱波伟与皮广思、杨建国之间，建立了服务与接受服务的交易关系，也因为存在这种关系才相遇在一起。朱波伟从事营运业务过程中，雷秀平与朱波伟相聚，明知朱波伟正在为乘客提供服务。在朱波伟为乘客提供服务的过程中，朱波伟、雷秀平使用暴力和威胁手段，强行从皮广思、杨建国身上搜取钱财。从表象上看，朱波伟、雷秀平使用的这些手段与抢劫无异。但是，朱波伟、雷秀平实施的暴力和威胁行为，其强度不足以危及被害人的身体健康或生命安全。结合二被告人使用证照真实、齐全的车辆作案，作案后将乘客送抵目的地，到目的地后主动把密码箱交还给乘客，给乘客退还一部分钱财等情节分析，朱波伟、雷秀平不是以非法占有公私财物为目的，而是要以不合理的价格完成交易。因此，朱波伟、雷秀平的行为，不符合抢劫罪构成要件，而是强迫交易。朱波伟、雷秀平身为出租车驾驶员，为牟取非法利益而无视国法，在出租车正常营运过程中违背被害人意志，单独或伙同采取暴力、威胁手段，强行索取与合理价格相差悬殊的高额出租车服务费，严重侵犯了交易对方的合法权益及出租车市场交易秩序，强迫交易情节严重，其行为触犯《刑法》第226条的规定，构成强迫交易罪。

——《最高人民法院公报》2006年第4期。

《刑事审判参考》指导案例

郑小平、邹小虎强迫交易案（《刑事审判参考》指导案例第109号）

裁判要点：以暴力、威胁手段强迫他人提供贷款的行为，如果

不能证实行为人具有非法占有他人财物的目的，就不能以抢劫罪或者敲诈勒索罪定罪处罚。强迫金融机构工作人员贷款的行为，是扰乱市场秩序的行为，情节严重的，应以强迫交易罪定罪处罚。

（一）不能证实行为人具有非法占有他人财物的目的，就不能以抢劫罪或者敲诈勒索罪定罪处罚

抢劫罪和敲诈勒索罪作为侵犯财产所有权的犯罪，行为人主观上都必须有非法占有公私财物的目的。如果不能证实行为人有非法占有的目的，就不能以抢劫罪或者敲诈勒索罪对行为人定罪处罚。

（二）强迫金融机构工作人员贷款的行为，是扰乱市场秩序的行为，情节严重的，应以强迫交易罪定罪处罚

强迫交易罪是指以暴力、威胁手段强买强卖、强迫他人提供服务或者强迫他人接受服务，情节严重的行为。为了维护公平的市场交易秩序，《刑法》第226条规定了强迫交易罪，不仅意在惩处发生在商品交换过程中的强买强卖行为，也为了惩处服务行业中的强迫他人提供服务或者强迫他人接受服务的行为。金融服务业是市场经济的重要组成部分，贷款是银行或者非银行金融机构提供的一种有偿服务，也是金融市场的一种商业行为，借贷双方都应当遵循平等、自愿、公平、等价有偿和诚实信用的原则。强迫他人提供贷款或者强迫他人接受贷款，情节严重的行为，都是《刑法》第226条强迫交易罪的打击对象。

强迫交易罪在客观上表现为采取暴力、威胁手段强买强卖商品、强迫提供或者接受服务。侵犯的是复杂客体，一方面侵犯了公平的市场交易秩序，另一方面也侵犯了他人的人身权利。如果强迫交易过程中采取的暴力手段致人重伤、死亡，则应按照牵连犯的处罚原则定故意伤害或者故意杀人罪。但《刑法》规定强迫交易罪的立法本意主要在于打击那些破坏市场交易秩序的行为，因此，只要存在交易，在交易过程中其中任何一方采取了暴力、威胁手段强买强卖商品、强迫提供或者接受服务的，如果暴力手段本身不构成犯罪，情节再严重也只能按强迫交易罪定罪。不能因为行为人采取了暴力、威胁手段，就不管双方是否存在交易的事实，一律按抢劫或者敲诈勒索等侵犯财产罪定罪处罚。当然，如果行为人以市场交易为借口，以暴力或者威胁的手段索取、强拿的财物，远远超过正常买卖、交易情况下被害人应支付的财物，可以根据《刑法》关于抢劫罪的规定，追究行为人的刑事责任。

——最高人民法院刑事审判第一庭、第二庭编：《刑事审判参考》2001年第6辑（总第17辑），法律出版社2001年版，第17~23页。

李洪生抢劫案（《刑事审判参考》指导案例第520号）

裁判要点：使用暴力强行向他人当场“借款”并致人轻伤的行为，由于被告人主观上根本不具有交易的目的，客观上实施的也不是交易行为，而是以借款为名行抢劫之实，其行为构成抢劫罪。

准确区分强迫交易罪与抢劫罪要注意以下三点：第一，把握强迫交易罪的客体。犯罪客体往往决定犯罪性质，影响罪名的认定。强迫交易罪属于破坏市场经济秩序的犯罪，行为人通过不公平的交易来牟取非法经济利益，因此，只有在经营或者交易活动中才可能发生本罪。如果行为不是发生于商业经营活动中，则缺少构成强迫交易罪的前提条件。第二，注重法定刑对定性的制约。强迫交易罪的法定最高刑只有三年有期徒刑，而抢劫罪的法定最低刑为三年有期徒刑，说明抢劫罪的危害程度比强迫交易罪大很多，因此，强迫交易罪的行为人所使用的暴力、胁迫手段应当轻于抢劫罪，一般不能造成致人轻伤以上的后果，否则，以强迫交易罪定罪就会造成处刑上的不平衡。第三，行为人所付出对价的不公平性应有程度限制。行为人强迫对方进行交易，往往可能以不公平的对价买卖商品、提供或者接受服务，但这种对价的不公平程度应当有限度，不能与正常市场情况反差过于悬殊。如果采取暴力、胁迫手段，以交易为名行侵犯他人财产之实的，则应认定为抢劫罪或者敲诈勒索罪。

本案中，被告人李洪生当场使用暴力手段，强行向被害人孙焕然借款100万元，并逼迫孙焕然当场筹借部分款项。虽然其书写了借条，并书面承诺无报酬替孙焕然解决孙与有关公司之间的纠纷，形式上有一定交易性质，但并不符合强迫交易罪的构成要件，不能认定为强迫交易罪，而恰恰符合抢劫罪的构成要件，应认定为抢劫罪。

——最高人民法院刑事审判第一、二、三、四、五庭主办：《刑事审判参考》2009年第1集（总第66集），法律出版社2009年版，第8~13页。

附录：最高人民法院法官著述

二、主要争议问题

对于行为人强迫借贷行为的定性，存在不同认识。有意见认为，对于以非法占有为目的，采用暴力、胁迫手段强迫他人借贷的，应当以抢劫罪追究刑事责任；对于不具有非法占有目的，采用暴力、胁迫手段强迫他人借贷的，应当以强迫交易罪追究刑事责任。但是，对于后一种情形究竟应当认定为《刑法》第二百二十六条规定的哪一项具体规定，又存在不同意见。

三、研究意见及理由

经认真研究，并征求院内有关部门意见，最高人民法院研究室认为，采用暴力、威胁手段强迫他人借贷的，可以认定为《刑法》第二百二十六条第二项规定的“强迫他人提供或者接受服务”，情节严重的，以强迫交易罪论处；但是，以非法占有为目的，采用暴力、胁迫、要挟等手段强迫他人借贷，符合《刑法》第二百六十三条或者第二百七十四条规定的，以抢劫罪或者敲诈勒索罪论处。主要考虑如下：

1. 对于强迫借贷的行为不宜一概而论，而应当对强迫借贷行为进行实质分析，即强迫借贷是行为人非法占有他人财物的手段还是目的。申言之，如果行为人以非法占有为目的，使用暴力、胁迫手段当场占有他人财物，虽然留下一纸欠条，但根本不会归还他人财物的，则无疑应当认定为抢劫罪。但是，行为人并非出于非法占有的目的，在借贷过程中虽然使用了暴力、胁迫手段，由于行为人的目的是借贷而非占有，不能认定为抢劫罪。就本案而言，被告人高某某提供了有明确还款日期、利息和以自己公司资产及个人保险为担保的借条，且从裁判文书载明的情况来看，作为担保的事项基本属实，如投保额为100万美金的保险、在香港的注册公司等，且案发前双方关系密切，高某某曾多次向被害人借款并如数归还。据此，基本上可以推断出被告人高某某并非出于非法占有1300万元的目的，本案认定为抢劫罪自然不合适。需要注意的是，对于以非法占有为目的，强迫他人借贷的行为，可能存在不同情形：有的当场实现借贷行为，有的则是事后才实现借贷行为。对于后者，不符合抢劫罪的构成要件，认定为敲诈勒索罪更为合适。

2. 对于不以非法占有为目的，采用暴力、威胁手段强迫他人借贷，在认为不宜构成抢劫罪的前提下，可以考虑的罪名即为强迫交易罪。1997年刑法关于强迫交易罪的罪状表述为“以暴力、威胁手段强买强卖商品、强迫他人提供服务或者强迫他人接受服务”。根据强迫交易犯罪出现的新情况、新特点，《刑法修正案（八）》增加了三种常见的强迫交易行为：“强迫他人参与或者退出投标、拍卖”“强迫他人转让或者收购公司、企业的股份、债券或者其他资产”“强迫他人参与或者退出特定的经营活动”。不以非法占有为目的的强迫借贷行为可以认定为强迫交易行为，但是究竟应当认定为强迫交易的何种具体情形，需作进一步研究。经研究认为，可认定为《刑法》第二百二十六条第二项规定的“强迫他人提供或者接受服务”。主要考虑如下：将借贷行为视为一种提供服务行为，既符合借贷者的心理认同，更容易为社会大众所接受。特别是对那些没有约定利息的强迫借贷行为，经营性难以体现，服务性更加明显。

3. 上述处理原则兼顾了司法实践的复杂情况，符合罪责刑相适应原则。以本案为例，涉及财产1300万，但行为人并非出于非法占有的目的，且被害人谅解，如以抢劫罪论处，则明显有违罪责刑相适应原则。相反，对此种情形适用强迫交易罪，效果良好。

——喻海松：《最高人民法院研究室关于强迫借贷行为如何适用法律问题

的研究意见》，载最高人民法院研究室编著：《司法研究与指导》总第 5 辑，人民法院出版社 2014 年版，第 183~185 页。

817. 抢劫罪与抢夺罪的区别

关键词

抢劫罪　抢夺罪　犯罪客体　行为方式

《刑事审判参考》指导案例

王跃军、张晓勇抢劫、盗窃案（《刑事审判参考》指导案例第 323 号）

裁判要点：两罪的区分应从犯罪构成角度重点把握。

抢劫罪与抢夺罪，共同点体现在主观上都以非法占有他人财物为目的，客观上都带有一定的公然性。二者的区别，从字面上看，体现在“劫”与“夺”的不同。从犯罪构成的角度看，其区别在：（1）犯罪客体不同，抢劫罪侵犯的是双重客体，包括被害人的人身权利和财物所有权，抢夺罪侵犯的是单一客体，只是被害人的财物所有权；（2）行为方式不同，抢劫罪采取的是暴力、胁迫或者其他使被害人不能反抗或者不敢反抗的强制方法，抢夺罪是公然夺取他人控制的财物，但不能采用上述强制方法，实施抢夺行为，被害人可以当场发觉但来不及抗拒，而不是被暴力制服不能抗拒，也不是受胁迫不敢抗拒，这是抢劫罪与抢夺罪的关键区别；（3）犯罪主观要件不同，抢劫罪要求行为人既有侵犯财产的故意，又有侵犯人身权利的故意，而抢夺罪只要求行为人具有侵犯财产权利的故意；（4）犯罪主体要求不同，已满 14 周岁的人即可成为抢劫罪的主体，而抢夺罪的主体要求已满 16 周岁。

——最高人民法院刑事审判第一庭、第二庭编：《刑事审判参考》2004 年第 6 集（总第 41 集），法律出版社 2005 年版，第 20~29 页。

818. 抢劫罪与敲诈勒索罪的区别

关键词

抢劫罪　敲诈勒索罪　非法占有目的

最高人民法院司法政策精神

九、关于抢劫罪与相似犯罪的界限

……

1. 冒充正在执行公务的人民警察、联防人员，以抓卖淫嫖娼、赌博等违法行为为名非法占有财物的行为定性

行为人冒充正在执行公务的人民警察“抓赌”、“抓嫖”，没收赌资或者罚款的行为，构成犯罪的，以招摇撞骗罪从重处罚；在实施上述行为中使用暴力或者暴力威胁的，以抢劫罪定罪处罚。行为人冒充治安联防队员“抓赌”、“抓嫖”、没收赌资或者罚款的行为，构成犯罪的，以敲诈勒索罪定罪处罚；在实施上述行为中使用暴力或者暴力威胁的，以抢劫罪定罪处罚。

——《最高人民法院关于审理抢劫、抢夺刑事案件适用法律若干问题的意见》（2005 年 6 月 8 日，法发〔2005〕8 号）。

《刑事审判参考》指导案例

林华明等敲诈勒索案（《刑事审判参考》指导案例第 349 号）

裁判要点：区分抢劫罪与敲诈勒索罪要考察被害人交出财物的心理状态。抢劫是被害人迫于暴力或者将要实施的暴力而造成精神上的恐惧，被迫当场交出财物；敲诈勒索则是被害人迫于将要实施的暴力或者毁坏财物、名誉等造成精神上的恐惧，出于无奈，被迫于当场或者事后交出财物或者出让其他财产权利。

就被害人交出财物的心理状态。抢劫是被害人迫于暴力或者将要实施的暴力而造成精神上的恐惧，被迫当场交出财物；敲诈勒索则是被害人迫于将要实施的暴力或者毁坏财物、名誉等造成精神上的恐惧，出于无奈，被迫于当场或者事后交出财物或者出让其他财产权利。

——最高人民法院刑事审判第一庭、第二庭编：《刑事审判参考》2005 年第 3 集（总第 44 集），法律出版社 2005 年版，第 67~70 页。

附录：最高人民法院主流观点

这种区分主要体现在客观方面，具体而言有以下五个方面：一是行为实施的内容不同。抢劫罪以当场实施暴力、暴力相胁迫为其行为内容；敲诈勒索罪仅限于威胁，不当场实施暴力。而且威胁的内容，不只是暴力，还包括，毁坏被害人人格名誉、揭发隐私、栽赃陷害等非暴力的内容。二是行为实施的方式不同。抢劫罪的威胁是当着被害人的面实施的，一般是以言语和动作

来表示；而敲诈勒索罪的威胁可以是当着被害人的面，也可以是通过第三者来实现，可以用口头语言的方式来表示，也可以通过书信的方式来表示。三是实现威胁的时间不同。抢劫罪的威胁具有当场即时发生暴力的现实可能性，如果被害人不交付财物，行为人就会当场加以杀害或伤害；敲诈勒索的威胁，具有一定的时间性和空间性，并不具有当场即时发生暴力的现实可能性。四是非法取得财物的时间不同。抢劫罪必须是当场取得财物；敲诈勒索罪取得财物的时间可以是当场，但更多的是在实施威胁、要挟之后的一定的期限内取得。五是对数额的要求不同。抢劫罪不要求数额较大；敲诈勒索罪则以数额较大作为其法定构成要件。

一般而言，把握住该五点区别，是可以对抢劫罪和敲诈勒索罪作出准确界定的。在司法实践中存在一定难度的是对以暴力相威胁、非法索取他人财物的行为的认定。对此，应该根据前述三、四两点不同来认定，即实现威胁的时间与非法取得财物的时间，也就是我们通常所说的构成抢劫罪的两个“当场”。应当注意，“当场”不是一个纯粹的时空概念，必须结合行为人的暴力或者胁迫等手段、该手段对被害人的身体和精神强制方式、程度及与取得财物之间的内在联系，来加以具体分析认定。这就要求我们在“当场”的理解中，要有一个基本的度的权衡和把握。一方面，当场不仅仅限于一时一地、此时此地，在暴力、胁迫等手段的持续强制过程中，即使时间延续较长，空间也发生了一定转换，同样可以视为是“当场”，而不必拘泥于某一特定时间、地点；另一方面，“当场”又应以暴力、胁迫等手段行为的自然延伸及取得他人财物所必要为限，避免“当场”解释的任意化。

——高憬宏、杨万明主编：《基层人民法院法官培训教材（实务卷·刑事审判篇）》，人民法院出版社 2005 年版，第 287~288 页。

819. 抢劫罪与绑架罪的区别

关键词

抢劫罪　绑架罪　勒索行为　行为手段

最高人民法院司法政策精神

九、关于抢劫罪与相似犯罪的界限

……

3. 抢劫罪与绑架罪的界限

绑架罪是侵害他人人身自由权利的犯罪，其与抢劫罪的区别在于：第一，主观方面不尽相同。抢劫罪中，行为人一般出于非法占有他人财物的故意实施抢劫行为，绑架罪中，行为人既可能为勒索他人财物而实施绑架行为，也可能出于其他非经济目的实施绑架行为；第二，行为手段不尽相同。抢劫罪表现为行为人劫取财物一般应在同一时间、同一地点，具有“当场性”；绑架罪表现为行为人以杀害、伤害等方式向被绑架人的亲属或其他人或单位发出威胁，索取赎金或提出其他非法要求，劫取财物一般不具有“当场性”。

绑架过程中又当场劫取被害人随身携带财物的，同时触犯绑架罪和抢劫罪两罪名，应择一重罪定罪处罚。

——《最高人民法院关于审理抢劫、抢夺刑事案件适用法律若干问题的意见》(2005年6月8日，法发〔2005〕8号)。

最高人民法院答复

福建省高级人民法院：

你院闽高法〔2001〕128号《关于在绑架过程中实施暴力或以暴力相威胁当场劫取被害人财物的行为如何适用法律问题的请示》收悉。经研究，答复如下：

行为人在绑架过程中，又以暴力、胁迫等手段当场劫取被害人财物，构成犯罪的，择一重罪处罚。

——《最高人民法院关于对在绑架过程中以暴力、胁迫等手段当场劫取被害人财物的行为如何适用法律问题的答复》(2001年11月8日，法函〔2001〕68号)。

《最高人民法院公报》案例

上海市黄浦区人民检察院诉陈祥国绑架案(判决时间：2006年2月9日，一审法院：上海市黄浦区人民法院)

裁判摘要：一、勒索财物型的绑架罪，是指行为人绑架他人作为人质，以人质的安危来要挟绑架人以外的第三人，向该第三人勒索财物的行为。行为人虽然控制了被害人的人身自由，但其目的不是以被害人为人质来要挟被害人以外的第三人并向第三人勒索财物，而是对被害人实施暴力、胁迫以直接劫取财物，其行为不构成绑架罪。

二、索债型的非法拘禁罪，是指行为人以索取债务(包括合法债务与非法债务)为目的，以拘留、封闭或者其他方法故意非法剥夺他人人身自由的行为。如果不能证实行为人与被害人之间存在债权债务关系，则不构成索债型的非法拘禁罪。

三、行为人以暴力、胁迫的方法要求被害人交出自己的财产，

由于被害人的财产不在身边，行为人不得不同意被害人通知其他人送来财产，也不得不与被害人一起等待财产的到来。这种行为不是以被害人为人质向被害人以外的第三人勒索财物，而是符合“使用暴力、胁迫方法当场强行劫取财物”的抢劫罪特征，应当按照《刑法》第 263 条的规定定罪处罚。

上海市黄浦区人民法院认为：被告人陈祥国以暴力和胁迫手段向被害人何明耀强索巨款，将何明耀身边的数千元现金据为己有，还逼迫何明耀在最短时间内筹集巨款向其交付。公诉机关指控的犯罪事实清楚，证据确实、充分，应予确认。但公诉机关关于陈祥国的行为构成绑架罪的指控不能成立。《刑法》第 239 条第 1 款规定：“以勒索财物为目的绑架他人的，或者绑架他人作为人质的，处十年以上有期徒刑或者无期徒刑，并处罚金或者没收财产；致使被绑架人死亡或者杀害被绑架人的，处死刑，并处没收财产。”此条规定的勒索财物型绑架罪，是指行为人绑架他人作为人质，以人质的安危来要挟被绑架人以外的第三人，向第三人勒索财物的行为。在本案中，陈祥国虽然控制了何明耀的人身自由，但其目的不是以何明耀为人质来要挟何明耀以外的第三人，向第三人勒索财物，而是直接向何明耀索取财物。因此陈祥国的行为不构成绑架罪。

根据《刑法》第 263 条的规定，抢劫罪是指以非法占有为目的，对公私财产的所有人或者管理人使用暴力、胁迫或其他方法，当场强行劫取财物的行为。《刑法》第 23 条第 1 款规定：“已经着手实行犯罪，由于犯罪分子意志以外的原因而未得逞的，是犯罪未遂。”综观本案案情，被告人陈祥国以暴力、胁迫的方法将被害人何明耀控制在酒店客房内，不仅当场将何明耀身边的数千元现金劫为己有，还逼迫何明耀在最短时间内交付巨款。陈祥国实施不法行为的目的只有一个，就是要非法占有何明耀的财产，而不是以何明耀为人质向何明耀以外的第三人勒索财物。由于何明耀未身带巨款，陈祥国不得不同意何明耀给香港打电话筹款，也不得不与何明耀在酒店客房内等待巨款的到来，这一情节并没有改变陈祥国当场劫取他人财物的行为性质。陈祥国的主观故意以及客观行为，符合“使用暴力、胁迫方法当场强行劫取财物”的抢劫罪特征，构成抢劫罪。陈祥国在着手实行犯罪后，由于其意志以外的原因而没有达到获得巨款的犯罪目的，是犯罪未遂。需要说明的是，陈祥国的行为虽然也符合非法拘禁罪的犯罪构成，但鉴于其非法拘禁行为与抢劫行为存在手段与目的上的牵连关系，根据“择一重处”原则，对陈祥国应当以抢劫罪从重处罚。

——《最高人民法院公报》2007 年第 1 期。

淄博市人民检察院诉杨保营等人抢劫、绑架、寻衅滋事案（判决时间：2002年12月31日，二审法院：山东省高级人民法院）

裁判摘要：根据《刑法》第263条的规定，被告人以殴打、捆绑、禁闭为手段非法拘禁被害人，并迫使被害人直接交出现金的行为，应按抢劫罪论处。

杨保营、吴润鹏、李波驾车至张店海燕歌舞厅门前的目的，是准备在此抢劫从歌舞厅出来的“三陪小姐”，其主观故意是抢劫现金，而犯罪对象却是不特定的。被害人田茂云上车后，杨保营等三人对田茂云实施了殴打、捆绑、禁闭等手段，目的是直接劫取田茂云的财产，只是由于田茂云随身没有多带现金，杨保营等人当时没有能够立即达到犯罪目的。但后来杨保营等三人仍通过暴力和胁迫等手段，迫使田茂云本人用存折取出5000元现金。杨保营等三人向被害人田茂云暴力劫取财产的行为并没有涉及其他的人，其行为特征与以勒索财物为目的的绑架他人行为是不同的，不符合绑架罪的犯罪构成，该行为应定为抢劫罪。

——《最高人民法院公报》2005年第2期。

《刑事审判参考》指导案例

周建平、卫杨林、吴江、刘有志抢劫、敲诈勒索案（《刑事审判参考》指导案例第114号）

裁判要点：在抢劫过程中威胁被害人事后交出钱财的行为应认定为敲诈勒索罪；控制被害人人身劫取被害人本身财物的，不构成绑架罪，构成抢劫罪。

本案中被告人共同预谋，对被害人实施了暴力，将其劫持到出租车上，抢走其随身携带的财产而后又将其放掉，从其行为特征看，主要目的是得到被害人的财产，虽然对其人身自由有一定时间的直接控制，但也是为了达到顺利地实施抢劫的目的，符合抢劫罪特征。因此，对被告人抢走被害人随身携带财物的行为应认定为抢劫罪。

被告人在抢劫过程中，又威胁被害人在当晚再送4万元钱到指定地点的行为应如何定性？首先，它不是抢劫罪的一部分，因不是当场实施的，而是要求被害人事后送钱，不符合上述抢劫罪的概念特征。其次，它也不构成绑架罪，因为被告人在当场实施暴力抢劫后，已将被害人放掉，而不是对其进行直接的人身控制，使其失去行动自由。此行为的特征在于，以非法占有为目的对被害人实施威胁，对其实行精神强制，使其产生恐惧、害怕心理，不得已而交出其个人财物，符合敲诈勒索罪的构成特征。

——最高人民法院刑事审判第一庭、第二庭编：《刑事审判参考》2001年第7辑（总第18辑），法律出版社2001年版，第39~45页。

杨保营等抢劫、绑架案（《刑事审判参考》指导案例第272号）

裁判要点：暴力劫持、拘禁他人之后迫使其本人交出现金的，构成抢劫罪。

暴力劫持、拘禁他人之后迫使其本人交出现金的行为，虽然具备了勒索绑架的一些外在特征，比如，采用暴力手段将被害人劫持至外地，实行较长时间的非法拘禁，先劫持后索财、劫持与索财之间存在一定的时空间隔等，但是，行为人实施这些行为的目的是向被绑架人本人索要财物，未曾向被绑架人以外的第三人索要财物，不具有以被绑架人为人质，向被绑架人以外的第三方索要财物的勒索绑架的基本特征，故不应将该行为认定为绑架罪。

需要指出的是，暴力劫持被害人并予以较长时间的非法拘禁，在构成抢劫罪的同时，还构成非法拘禁罪。但鉴于非法拘禁与抢劫之间存在目的与手段上的牵连关系，根据牵连犯择一重罪从重处罚的一般处理原则，应以抢劫罪一罪从重处罚。

——最高人民法院刑事审判第一庭、第二庭编：《刑事审判参考》2003年第6集（总第35集），法律出版社2005年版，第43~48页。

王团结、潘友利、黄福忠抢劫、敲诈勒索案（《刑事审判参考》指导案例第282号）

裁判要点：挟持被害人前往其亲友处取钱的行为，应定抢劫罪。

行为人采用殴打、持刀威胁手段当场抢走被害人随身携带的财物后，又继续威胁被害人索取财物，并将被害人挟持到其亲友处取钱。由于行为人并未向被害人亲友表示被害人已被绑架，也非直接向被害人亲友实施勒索，被害人之亲友并不知道被害人此时正被挟持，也未感受到被勒索，之所以出钱的目的是帮助被害人解决缺钱问题，而非受到行为人的要挟或勒索。故应认定行为人是在向被害人本人索取钱财，而非转向被害人亲友进行勒索，行为人侵害的对象始终是被害人本人。因此，挟持被害人前往其亲友处取钱的行为，应定抢劫罪。

——最高人民法院刑事审判第一庭、第二庭编：《刑事审判参考》2004年第1集（总第36集），法律出版社2004年版，第37~45页。

820. 抢劫罪与寻衅滋事罪的区别

关键词

抢劫罪　寻衅滋事罪

最高人民法院司法政策精神

九、关于抢劫罪与相似犯罪的界限

……

4. 抢劫罪与寻衅滋事罪的界限

寻衅滋事罪是严重扰乱社会秩序的犯罪，行为人实施寻衅滋事的行为时，客观上也可能表现为强拿硬要公私财物的特征。这种强拿硬要的行为与抢劫罪的区别在于：前者行为人主观上还具有逞强好胜和通过强拿硬要来填补其精神空虚等目的，后者行为人一般只具有非法占有他人财物的目的；前者行为人客观上一般不以严重侵犯他人人身权利的方法强拿硬要财物，而后者行为人则以暴力、胁迫等方式作为劫取他人财物的手段。司法实践中，对于未成年人使用或威胁使用轻微暴力强抢少量财物的行为，一般不宜以抢劫罪定罪处罚。其行为符合寻衅滋事罪特征的，可以寻衅滋事罪定罪处罚。

——《最高人民法院关于审理抢劫、抢夺刑事案件适用法律若干问题的意见》（2005年7月16日，法发〔2005〕8号）。

821. 盗窃罪的量刑

关键词

盗窃罪　量刑

最高人民法院司法解释

第一条　盗窃公私财物价值一千元至三千元以上、三万元至十万元以上、三十万元至五十万元以上的，应当分别认定为刑法第二百六十四条规定的“数额较大”、“数额巨大”、“数额特别巨大”。

各省、自治区、直辖市高级人民法院、人民检察院可以根据本地区经济发展状况，并考虑社会治安状况，在前款规定的数额幅度内，确定本地区执行的具体数额标准，报最高人民法院、最高人民检察院批准。

在跨地区运行的公共交通工具上盗窃，盗窃地点无法查证的，盗窃数额是否达到“数额较大”、“数额巨大”、“数额特别巨大”，应当根据受理案件所在地省、自治区、直辖市高级人民法院、人民检察院确定的有关数额标准认定。

盗窃毒品等违禁品，应当按照盗窃罪处理的，根据情节轻重量刑。

第二条 盗窃公私财物，具有下列情形之一的，“数额较大”的标准可以按照前条规定标准的百分之五十确定：

（一）曾因盗窃受过刑事处罚的；

（二）一年内曾因盗窃受过行政处罚的；

（三）组织、控制未成年人盗窃的；

（四）自然灾害、事故灾害、社会安全事件等突发事件期间，在事件发生地盗窃的；

（五）盗窃残疾人、孤寡老人、丧失劳动能力人的财物的；

（六）在医院盗窃病人或者其亲友财物的；

（七）盗窃救灾、抢险、防汛、优抚、扶贫、移民、救济款物的；

（八）因盗窃造成严重后果的。

第三条 二年内盗窃三次以上的，应当认定为“多次盗窃”。

非法进入供他人家庭生活，与外界相对隔离的住所盗窃的，应当认定为“入户盗窃”。

携带枪支、爆炸物、管制刀具等国家禁止个人携带的器械盗窃，或者为了实施违法犯罪携带其他足以危害他人人身安全的器械盗窃的，应当认定为“携带凶器盗窃”。

在公共场所或者公共交通工具上盗窃他人随身携带的财物的，应当认定为“扒窃”。

第四条 盗窃的数额，按照下列方法认定：

（一）被盗财物有有效价格证明的，根据有效价格证明认定；无有效价格证明，或者根据价格证明认定盗窃数额明显不合理的，应当按照有关规定委托估价机构估价；

（二）盗窃外币的，按照盗窃时中国外汇交易中心或者中国人民银行授权机构公布的人民币对该货币的中间价折合成人民币计算；中国外汇交易中心或者中国人民银行授权机构未公布汇率中间价的外币，按照盗窃时境内银行人民币对该货币的中间价折算成人民币，或者该货币在境内银行、国际外汇市场对美元汇率，与人民币对美元汇率中间价进行套算；

（三）盗窃电力、燃气、自来水等财物，盗窃数量能够查实的，按照查实的数量计算盗窃数额；盗窃数量无法查实的，以盗窃前六个月月均正常用量减去盗窃后计量仪表显示的月均用量推算盗窃数额；盗窃前正常使用不足六个月的，按照正常使用期间的月均用量减去盗窃后计量仪表显示的月均用量推算盗窃数额；

（四）明知是盗接他人通信线路、复制他人电信码号的电信设备、设施而使用的，按照合法用户为其支付的费用认定盗窃数额；无法直接确认的，以合法用户的电信设备、设施被盗接、复制后的月缴费额减去被盗接、复制前六个月的月均电话费推算盗窃数额；合法用户使用电信设备、设施不足六个月的，按照实际使用的月均电话费推算盗窃数额；

（五）盗接他人通信线路、复制他人电信码号出售的，按照销赃数额认定盗窃数额。

盗窃行为给失主造成的损失大于盗窃数额的，损失数额可以作为量刑情节考虑。

第五条 盗窃有价支付凭证、有价证券、有价票证的，按照下列方法认定盗窃数额：

（一）盗窃不记名、不挂失的有价支付凭证、有价证券、有价票证的，应当按票面数额和盗窃时应得的孳息、奖金或者奖品等可得收益一并计算盗窃数额；

（二）盗窃记名的有价支付凭证、有价证券、有价票证，已经兑现的，按照兑现部分的财物价值计算盗窃数额；没有兑现，但失主无法通过挂失、补领、补办手续等方式避免损失的，按照给失主造成的实际损失计算盗窃数额。

第六条 盗窃公私财物，具有本解释第二条第三项至第八项规定情形之一，或者入户盗窃、携带凶器盗窃，数额达到本解释第一条规定的“数额巨大”、“数额特别巨大”百分之五十的，可以分别认定为刑法第二百六十四条规定的“其他严重情节”或者“其他特别严重情节”。

第七条 盗窃公私财物数额较大，行为人认罪、悔罪，退赃、退赔，且具有下列情形之一，情节轻微的，可以不起诉或者免予刑事处罚；必要时，由有关部门予以行政处罚：

（一）具有法定从宽处罚情节的；

（二）没有参与分赃或者获赃较少且不是主犯的；

（三）被害人谅解的；

（四）其他情节轻微、危害不大的。

第八条 偷拿家庭成员或者近亲属的财物，获得谅解的，一般可不认为是犯罪；追究刑事责任的，应当酌情从宽。

第九条 盗窃国有馆藏一般文物、三级文物、二级以上文物的，应当分别认定为刑法第二百六十四条规定的“数额较大”、“数额巨大”、“数额特别巨大”。

盗窃多件不同等级国有馆藏文物的，三件同级文物可以视为一件高一级文物。

盗窃民间收藏的文物的，根据本解释第四条第一款第一项的规定认定盗窃数额。

第十条 偷开他人机动车的，按照下列规定处理：

（一）偷开机动车，导致车辆丢失的，以盗窃罪定罪处罚；

（二）为盗窃其他财物，偷开机动车作为犯罪工具使用后非法占有车辆，或者将车辆遗弃导致丢失的，被盗车辆的价值计入盗窃数额；

（三）为实施其他犯罪，偷开机动车作为犯罪工具使用后非法占有车辆，或者将车辆遗弃导致丢失的，以盗窃罪和其他犯罪数罪并罚；将车辆送回未造成丢失的，按照其所实施的其他犯罪从重处罚。

第十一条 盗窃公私财物并造成财物损毁的，按照下列规定处理：

（一）采用破坏性手段盗窃公私财物，造成其他财物损毁的，以盗窃罪从重处罚；同时构成盗窃罪和其他犯罪的，择一重罪从重处罚；

（二）实施盗窃犯罪后，为掩盖罪行或者报复等，故意毁坏其他财物构成犯罪的，以盗窃罪和构成的其他犯罪数罪并罚；

（三）盗窃行为未构成犯罪，但损毁财物构成其他犯罪的，以其他犯罪定罪处罚。

第十二条 盗窃未遂，具有下列情形之一的，应当依法追究刑事责任：

（一）以数额巨大的财物为盗窃目标的；

（二）以珍贵文物为盗窃目标的；

（三）其他情节严重的情形。

盗窃既有既遂，又有未遂，分别达到不同量刑幅度的，依照处罚较重的规定处罚；达到同一量刑幅度的，以盗窃罪既遂处罚。

第十三条 单位组织、指使盗窃，符合刑法第二百六十四条及本解释有关规定的，以盗窃罪追究组织者、指使者、直接实施者的刑事责任。

第十四条 因犯盗窃罪，依法判处罚金刑的，应当在一千元以上盗窃数额的二倍以下判处罚金；没有盗窃数额或者盗窃数额无法计算的，应当在一千元以上十万元以下判处罚金。

——《最高人民法院、最高人民检察院关于办理盗窃刑事案件适用法律若干问题的解释》（2013年4月2日，法释〔2013〕8号）。

最高人民法院司法政策精神

（十一）盗窃罪

1. 构成盗窃罪的，根据下列情形在相应的幅度内确定量刑起点：

（1）达到数额较大起点的，二年内三次盗窃的，入户盗窃的，携带凶器盗窃的，或者扒窃的，在一年以下有期徒刑、拘役幅度内确定量刑起点。

（2）达到数额巨大起点或者有其他严重情节的，在三年至四年有期徒刑幅度内确定量刑起点。

（3）达到数额特别巨大起点或者有其他特别严重情节的，在十年至十二年有期徒刑幅度内确定量刑起点。依法应当判处无期徒刑的除外。

2. 在量刑起点的基础上，根据盗窃数额、次数、手段等其他影响犯罪构成的犯罪事实增加刑罚量，确定基准刑。

多次盗窃，数额达到较大以上的，以盗窃数额确定量刑起点，盗窃次数可以作为调节基准刑的量刑情节；数额未达到较大的，以盗窃次数确定量刑起点，超过三次的次数作为增加刑罚量的事实。

3. 构成盗窃罪的，根据盗窃的数额、次数、手段、危害后果等犯罪情节，综合考虑被告人缴纳罚金的能力，在一千元以上盗窃数额二倍以下决定罚金数额；没有盗窃数额或者盗窃数额无法计算的，在一千元以上十万元以下判处罚金。

4. 构成盗窃罪的，综合考虑盗窃的起因、数额、次数、手段、退赃退赔等犯罪事实、量刑情节，以及被告人的主观恶性、人身危险性、认罪悔罪表现等因素，决定缓刑的适用。

——《最高人民法院、最高人民检察院印发〈关于常见犯罪的量刑指导意见（试行）〉的通知》（2021年6月16日，法发〔2021〕21号）。

822. 入户盗窃但未窃得财物应如何定性

关键词

盗窃罪　入户盗窃　犯罪未遂

最高人民法院审判业务意见（研究室研究意见）

有关部门就入户盗窃但未窃得财物应如何定性问题征求最高人民法院研究室意见。最高人民法院研究室经研究认为：

对入户盗窃但未实际窃得任何财物的，应当以盗窃未遂论处。

——《最高人民法院研究室关于入户盗窃但未窃得财物应如何定性问题的研究意见》，载江必新主编、最高人民法院研究室编著：《司法研究与指导》2013年第1辑（总第3辑），人民法院出版社2013年版，第151页。

823. 盗窃罪的既未遂及与相关罪的区别

关键词

盗窃罪　抢夺罪　犯罪既遂　犯罪未遂

最高人民法院审判业务意见

盗窃罪的既未遂标准，向来众说纷纭，大致有接触说、转移说、隐匿说、损失说、失控说、控制说、失控加控制说等诸多论点，表明这一问题具有相当的复杂性，这里不一一赘述。最具代表性、最流行、最为大家所接受的主要是失控说和控制说。失控说基于法益保护的角度认为：应以财物的所有人或保管人是否丧失对财物的占有权即控制为标准，凡是盗窃行为已使财物所有人或保管人实际丧失了对财物的控制的，即为盗窃既遂；而财物尚未脱离所有人或保管人的控制的，为盗窃未遂。控制说站在犯罪是否得逞的立场认为：应以盗窃犯是否已获得对被盗财产的实际控制为标准，盗窃犯已实际控制财物的为既遂；盗窃犯未实际控制财物的为未遂。由于物主丧失占有或控制并不一定等于盗窃犯实际占有或控制，故二说在某些案件适用上会导致不同的认定结果。应当说，二说各有千秋，不过，控制说基本上是通说，也更符合我国《刑法》关于犯罪既遂的一般规定。

明确了认定盗窃罪的既遂未遂标准是控制说，并不意味着就搞定了一切问题。实际上，由于盗窃对象的不同，盗窃行为使用的手段不同，以及盗窃时的环境及条件的不同，在面对千差万别的具体盗窃行为时，判断所谓取得“实际控制”仍是个极为复杂棘手的问题。总结司法实践，结合社会一般经验和常识，一般有以下几种考虑因素及常见判断类型：其一应考虑被害人对物的控制权范围的问题。例如盗窃工厂的财物，工厂的权利范围就是整个厂区，在工厂内盗窃工人的个人财物，工人的权利范围就是本人的衣柜、工具箱等。一般情况而言，盗窃分子将财产盗离被害人权利控制范围，也就标志着控制并非法占有了财物，构成盗窃既遂。但是，由于控制范围的复杂性，也就决定了盗窃既遂与未遂的复杂性，实践中应加以区别对待。至于在无人监控或无特定控制区的室外，将财产移离原处即为既遂。其二应考虑被盗对象的特点。被盗财物的性质、重量、体积、形状等不同，盗窃分子行窃时控制其财产的难易程度就会不同，因而认定既遂与未遂的标准也可能不同。例如窃取货币，一般只要窃离原处，即为既遂，而其他财产，则要脱离一定控制范围，才属既遂。一般来讲，如果是不能随身携带之物，应以窃出控制范围外为既遂，如果是轻便容易随身携带之物，应以将财物移离原处隐藏于身或随身携带的包内为既遂。体积小、重量轻可随身携带的财物，只要窃离原处或携带身上，即可认定既遂。如行为人将车间或办公室贵重轻便之物放到自己的包内，或隐藏于室内或室外他人不知之处，使原财产所有人失去控制而置于自己控制之下，盗窃分子已经实际上对该财产享有支配、处分权，即构成既遂。而对于体积大或沉重之物，只有将其移离于原物的有效控制区外，盗窃分子才能实际控制而成为既遂。

常见的类型有：

1. 扒窃的既未遂。一般认为，只要行为人一把被盗财物从原控制人的衣袋或提包中窃取出来，就意味着原控制人对财物的控制丧失，同时盗窃行为人获得对所窃财物的控制，为既遂。反之，如果扒窃者着手犯罪后没有能达到这种程度，还没有把财物从控制人的衣袋或提包中拿出来就被抓住，则属于未能获得对财物的控制，系未遂。

2. 入户盗窃的既未遂。由于物主对户内财物具有实际的控制权，一般认为只有盗窃行为人将所窃财物带出户外，方成立既遂。在财物被带出屋外之前，很难说盗窃行为人已经排除了被害人的控制而取得自己对被盗财物的控制。当然这也存在例外：如是货币到手即为既遂；如果是雇用工人因其有权利自由出入主人的房间，所以雇用工人乘主人不备，窃取财物置于自己支配之下，虽然没有将财物带出屋外，同样可以成立盗窃罪既遂。另外，还要根据房屋的具体情况判断何谓屋外，如果是城市的公共楼房，屋内自然是指自家所能控制的门内，而门外的楼道自然不属其可控制的范围，因此这种房间的屋外自然是指门外。而在广大农村，每户住宅除了有房屋以外，还有一个自家的小院，这个小院也是主人的控制范围，这种情况下，盗窃行为人如果只是把财物窃到房屋外，还没有出小院的范围时，一般也不能认为盗窃行为人已经取得了实际控制，所以带有院子的房屋的“屋外”一般应指院子的外边。

3. 店中盗窃的既未遂。商店在正常营业的情况下，其门口是允许任何人自由出入的，故商店对财物的合法控制范围不能以门口为标准。柜台销售的，物主对财物的合法控制范围以柜台为限，只要行为人一将财物窃出柜台即标志着行为人控制了所窃财物而成立盗窃既遂。超市型的商店，顾客可以在超市允许的范围内随便拿取商品，但是这个区域都有一个警戒线，行为人一旦把财物窃出这个警戒线，就可以认为行为人已经控制了所窃取的财物，成立盗窃既遂，无需带出商店的门口。但是如果是商店的非营业时间，则商店对其财物的控制范围就为整个商店的区域，这种情况下，盗窃行为人只有把财物窃出商店，才标志着行为人已经实际控制了所窃财物而构成既遂。

4. 企事业单位等有人管理区域内的盗窃既未遂。从原则上讲，盗窃行为人避开管理人的警戒，把所盗财物带出被管理人有权利控制的区域即为既遂。

但是因为警戒管理有严有松，这当然会影响到盗窃的既遂未遂，并且被盗对象的形状有大有小，这也同样会影响到既遂未遂的时间。例如，盗窃行为人在一家工厂里盗窃工厂的财物，如果财物体积小便于藏在身上，一般来讲当行为人将财物藏在身上时就已经盗窃既遂。但是这还要根据工厂的警戒和管理的具体状况而定，如果工厂的性质比较特殊，出入门口都要经过严格检查，这种情况下，盗窃行为人在厂内窃取的财物虽然已经藏于身上，但是在没出门口之前，仍不能认为已经取得实际控制。另外，即便是工厂的门口并非严格检查，比如搜身，但是如果行为人盗窃的是体积较大无法藏于身上的财物，那么这种无法藏身的财物仍然是门口检查的范围，未出厂之前仍不能认定既遂。类似的盗窃还有很多，例如发生在博物馆、展览馆内的盗窃。所以判断从被人管理的区域内盗窃财物的既遂与未遂，必须把盗窃对象的性质与该区域的管理控制程度结合起来具体分析，才能得到正确的结论。

5. 有价证券盗窃的既未遂。有价证券一般可分为两种，一种是不记名或不挂失有价证券，如国库券、无记名股票等。其特点是义务人只对证券持有人负责给付义务，也就是“认券不认人”。这种证券其实可以视为货币，窃取了证券，也应意味着非法占有了证券上所记载的一定数额的财产，所以盗窃不记名、不挂失的有价证券的既遂未遂标准与盗窃货币类似，到手即为既遂。第二种有价证券是记名或可挂失的有价证券，如记名银行存单、汇款单、汇票、本票、支票等，其特点是义务人根据证券向证券指定的人负责给付金钱的义务，也就是“既认券又认人”。盗窃行为人盗窃得到这种有价证券后，并不意味着已经获得了对证券所记载财产的完全控制。如果行为人要进一步非法占有证券所记载的财产，就必须以权利人的身份去支取财物。所以，盗窃行为人盗得记名、可挂失的有价证券后，在冒名领取时被人发觉或在行为人冒领以前义务人挂失或在窃得有价证券后马上被人抓获等原因，导致行为人没能最终控制证券中记载的钱财，就属于因意志以外的原因而未能具备盗窃罪既遂的全部要件，应构成盗窃罪未遂；如果盗窃行为人窃得记名、可挂失的有价证券后，顺利地支取了证券中记载的财物则构成盗窃罪既遂。

6. 盗窃运输中货物的既未遂。在运输工具如铁路、汽车上作案的，一般应以货物脱离运输工具时作为既遂。如汽车在行驶中，盗窃人扒车行窃，只要将货物卸下车，即为盗窃既遂。在停留的运输工具内行窃，如有人监视、警戒的，脱离了监视、警戒区才能控制财产，因而应以盗窃分子将财产窃离监视、警戒区为既遂；没有监视、警戒的，以窃离运输工具为既遂。最后，需要特别指出的是，只要对被盗财物取得了实际控制即为既遂，至于控制时间长短不是影响盗窃既未遂的因素。例如盗窃分子进入商店盗窃，刚走出店门即被店主发现，就擒，人赃俱获。按控制说，控制时间无长短要求，盗窃分子盗窃财物已经走出店外，理应是既遂。

盗窃罪与抢夺罪的最本质区别就在于取得他人财物的行为是秘密窃取的还是公然夺取的。盗窃罪的隐蔽性与抢夺罪的公然性所针对的对象自然是相对于物主而言。如在公共场所扒窃，虽然周围的人都看到行为人的盗窃行为，但只要不被财物所有人发觉就行。这时行为人构成的是盗窃罪而非抢夺罪。相反，如果行为人尾随被害人到一条无人的小巷，当着被害人的面抢了财物就逃，行为人构成的是抢夺罪。

——最高人民法院刑事审判第一、二庭：《从一起个案看盗窃罪的既未遂及与相关罪的区别》，载最高人民法院刑事审判第一庭、第二庭编：《刑事审判参考》2005年第5集（总第46集），法律出版社2006年版，第162~168页。

《刑事审判参考》指导案例

林燕盗窃案（《刑事审判参考》指导案例第557号）

裁判要点：保姆对藏于户主衣帽间的财物并没有达到事实上的足以排除被害人占有的支配力，没有实现对财物的非法占有，因此构成盗窃未遂；保姆房间是房屋的组成部分之一，对藏于保姆房间的财物也应认定为盗窃未遂。

（一）主人对房屋内的财物是否具有绝对的控制力？

区分盗窃罪的既遂未遂时点，国内外刑法理论争议较大，主要有接触说、转移说、控制说、失控说、失控+控制说等。我们认为，正确区分盗窃罪的既遂与未遂，应立足于犯罪构成要件，即行为人的行为是否已经充足了盗窃罪的全部犯罪构成要件。对于盗窃罪这种典型的窃取型财产犯罪，当行为人通过秘密窃取的手段实现了非法占有财物的主观目的时，就认定为盗窃既遂。这种既遂实际上也就是行为人犯罪目的的实现，即非法占有的实现。因此，行为人非法占有他人财物应是盗窃罪既遂与未遂的区分标准，对此应当坚持主客观相一致的判断标准，其中占有的内容、方式、程度是准确判断的关键所在。

刑法上的占有，不同于民法上的占有权，仅指行为人对财物的事实上的支配和控制，这种支配具有排他性，尤其是排除了被害人对财物的事实上的占有可能，从而使行为人实现了对财物的实际上的控制。这种事实上的可支配或者可控制能力，在出现以下两种情况时较难判断：一是行为人与被害人之间存在特殊关系，比如上下级或者雇主与雇员的关系；二是特定场所。在后者情形下，除行为人直接接触并占有财物之外，多数情况下行为人首先将财物置放于一定可控制范围之内，然后才将财物转移实现占有目的，因此如何界定合理的、适当的可控制范围，成为实践中认定的难点。本案所涉的保姆在主人家中盗窃主人物品即是上述两种情况交叉的典型。

通常认为，有特定范围的场所，物主的控制能力及于该场所内任何地方，里面的任何财物都处于其实际控制之下，物主对这些财物享有事实上的控制权。我们通常所说的主人对屋内物品的占有便是典型例证，但现实情况是纷繁复杂的。主人对房屋内财物在多大程度上享有事实上的控制力，尚需结合具体情况进行分析。随着现代社会发展，房屋的功能、结构以及居住人口和规模等都发生着变化，除了传统意义上的普通居民住宅之外，还有像单元套房、豪华别墅等结构较复杂、功能较多的住所；居住人群中，除家人外还可能会有客人、保姆等不同身份的人。房屋规模不同，居住人口不同，尤其是对于那些较大规模的房屋，主人对家中财物虽然具有法律上的所有权和控制力，但事实上控制力所能及的范围却是有限的，如行为人将财物藏于屋中某个秘处，可以随时待主人不备将财物带出，此时就很难讲主人对该财物仍享有绝对的控制力了。据此，我们认为，主人对屋内财物的合理控制范围，仍需要依据社会一般观念，并结合财物的性质、形状、运送难度、社会习惯等因素综合判断。对此，可主要围绕两个方面进行：第一，被害人是否已经失去了对财物的控制。这是行为人实际控制被害人财物的前提。可借助财物的形状、性质、被藏匿位置等分析被害人查找到财物的难易程度，从而判断被害人是否仍然享有控制权。如果财物被藏匿得极其隐蔽，或是被害人根本想不到的地方，或是被害人很难查找的地方，即可认为被害人事实上已经失去了对财物的控制。比如把被害人的戒指藏匿于卫生间的垃圾筒或者墙壁上的一个小洞，相反，如果藏于电视柜或者衣柜抽屉里，则是基于一般人在通常情况下都会翻找且很容易找到的地方，此时就可理解为被害人并没有丧失对财物的占有。第二，行为人能够对财物进行事实上的控制。在这里，行为人对窃取财物的处理方式，也即藏匿方式，必须足以确保（行为人）占有，始得成立犯罪既遂。也就是说，行为人占有必须具备一定的要求、条件，只有当这种占有已经达到充分、及时的程度才可以认为行为人已经排他性地控制了该财物。换言之，被害人失去了对财物的控制并不直接导致行为人控制该财物，行为人控制财物需要满足一定的条件，这个条件是保证或者确保占有的有效性，即最终确保行为人非法占有目的的顺利实现。至于何为充分、及时的占有，需要结合具体案件进行分析。一种较为简便易行的判断方法是行为人是否很容易地实现对财物的控制。举例说明，行为人将窃得的戒指等小件物品放到一个废弃的花盆中，主人已明示要将花盆扔掉，此时行为人可以公然将财物通过花盆运送于房屋之外而不被任何人怀疑或察觉。综上，房屋的主人在多大范围内、多大程度上对被他人偷窃并藏匿于屋内的财物享有支配和控制力，需要结合案情做具体分析，不可一概而论。

（二）保姆林燕盗窃主人财物后藏于衣帽间及保姆房间属于盗窃既遂还是未遂?

1. 对藏于衣帽间的财物是否构成盗窃既遂?

本案中，被害人支某的住所系一幢三层别墅，衣帽间设在三层，且支某与被告人林燕约定："不需要打扫二楼卧室的房间，只负责做饭和打扫客厅卫生。"虽然支某并不常去衣帽间，但其对衣帽间的所有物品均有法律上和事实上的占有和控制力；虽然林燕对藏于此处的财物也进行了必要的包装和掩饰，但鉴于衣帽间的用途和位置，支某如努力查找是不难发现被窃财物的。况且，林燕只是负责打扫卫生，除了具备可以随意进出衣帽间的便利之外，其对处于衣帽间财物的控制力是有限的。故林燕对藏于衣帽间的财物并没有达到事实上的足以排除被害人占有的支配力，没有实现对财物的非法占有，因此构成盗窃未遂。

2. 对藏于保姆房间的财物是否构成盗窃既遂?

保姆房间确实不同于房屋中的其他地方，具有一定的私密性，在一定程度上可以说是对主人房屋占有力的一种限制。但保姆房间毕竟是房屋的组成部分之一，保姆对该房间的有限的使用权不同于承租人的独立的占有权。结合本案的具体情况，我们认为，对藏于保姆房间的财物也应认定为盗窃未遂。理由如下：

第一，从是否可以排除主人找寻可能性分析，主人并未完全丧失对财物的控制。首先，被告人林燕将窃取的财物放在了保姆房间的写字台抽屉里，而没有放置于其他隐蔽场所或者一般人很难查找的地方。其次，林燕并没有对这些财物做精心的掩饰、藏匿或者采取任何其他的防范措施。或许林燕自以为保姆房间就是她的私人空间，主人不会随便翻她的东西，但是她应当预见并且已经预见到，如果主人房间内丢失了任何东西，她都会被怀疑并进而主人会在整个房屋内的任何可想象的地方查找，包括保姆房间。再次，由于保姆房间空间小、家具简单、物品少，客观上直接翻查是很容易找到的。事实上，被害人就是首先找到了保姆房间的现金和首饰。

第二，被告人林燕对财物的控制需达到充分、及时，方可实现非法占有。首先，林燕需克服房屋内现实条件的制约，如被害人和其他保姆的监督。林燕刚刚来到支某家中做家政工作，支某要求林燕"不需要打扫二楼卧室的房间，只负责做饭和打扫客厅卫生"，此时如果发现了二楼卧室的房间内财物丢失，进入该卧室的人就会首先被怀疑。而由于支某共聘用了 3 名保姆，保姆之间相互监督，林燕必须在不被同在此处打工的另外两名保姆发现的情况下进入该卧室。其次，被盗财物放置的位置应尽最隐蔽，不易被察觉，即便是被放在保姆房间，也应该是位于一个常人不会找到的隐蔽角落。同时，由于存在另外两名保姆的无形的客观障碍，林燕还必须将财物藏于不易被其他保姆发现的地方，因为一旦有其他保姆发现就会将事实告诉主人，在私人住所这样的封闭场所，主人仍然在事实上控制着财物，林燕是无法随意或者轻易将财物拿走的。最后，也是最为重要的一点，被盗财物放置的位置应当利于转移，并最终实现对财物的转移占有。行为人对财物的控制最终要体现在现实的可支配上。由于财物仍处于支某的住所内，支某对房屋的所有权部分地限制了林燕的控制力，因为林燕尚未将所盗财物转移出主人家，林燕的占有始终处于一种不确定的、无法随意控制和支配的状态下。而盗窃罪需要两个行为即窃取行为和占有行为（有时候会发生两个行为的重合）方可完全实现，窃取后的转移占有是使占有现实化的必要条件。

第三，被告人林燕对财物的控制具有临时性，并未实现有效的占有。一方面，林燕主观上并不认为此时的财物已经属于自己所有。林燕在庭审时供称："取得财物后，内心一直忐忑不安，担心随时会被主人发现。"这种心理状态说明林燕充分意识到了财物仍然是在主人的房间，并没有脱离主人的控制，一旦主人发现财物丢失并查找，其盗窃行为很容易暴露；另一方面，林燕对财物的掌控时间非常短暂，也可间接说明其尚无法实现对财物的非法占有。林燕从 9 月 8 日起到被害人家中从事家政工作，短短 3 天时间内连续作案，从其取得财物到被害人发现财物失窃到案发也仅仅两天时间，足以说明林燕根本没有实现对财物的控制。

第四，实现量刑公正、均衡的必然要求。如果林燕的行为被认定为盗窃既遂，由于盗窃财产数额已经超过 10 万，属盗窃数额特别巨大，根据刑法规定应判处十年以上有期徒刑、无期徒刑，显然超出了普通民众的心理预期，量刑过重。量刑对于定罪具有一定制约功能，量刑的轻重应准确反映犯罪行为的社会危害性和行为人的人身危险性，实现客观危害与主观恶性的统一。本案中，被告人林燕系来沪打工人员，其本身对财物或者首饰的价值并没有一个真实、准确的认识；其利用工作之便顺手牵羊，取得财物后并没有及时转移或者藏匿于更为隐蔽的地方，也没有立即逃跑；财物最终都被找回，被害人没有受到财产损失；林燕对其盗窃行为的刑事违法性有认识，但对其违法性的后果未必有清晰的认识，或者说如果林燕知道自己偷了这些现金和首饰后可能会带来十年以上的牢狱之灾，其未必会铤而走险，上述事实均说明了林燕的主观恶性及其行为的客观危害都不是很大，从罪刑相适应的原则出发，法院认定其犯罪未遂并比照既遂犯减轻处罚是适当的，实现了罪刑相当。

——最高人民法院刑事审判第一、二、三、四、五庭主办：《刑事审判参考》2009 年第 3 集（总第 68 集），法律出版社 2009 年版，第 19~25 页。

824. 单位组织、指使盗窃的行为以盗窃罪追究组织者、指使者、直接实施者的刑事责任

关键词

刑事责任　盗窃罪　单位犯罪

最高人民法院司法解释

第十三条　单位组织、指使盗窃，符合刑法第二百六十四条及本解释有关规定的，以盗窃罪追究组织者、指使者、直接实施者的刑事责任。

——《最高人民法院、最高人民检察院关于办理盗窃刑事案件适用法律若干问题的解释》(2013 年 4 月 2 日，法释〔2013〕8 号)。

附录：最高人民法院主流观点

单位盗窃如何适用法律问题。司法实践中，对于单位盗窃能否定罪处罚，在刑法学界和司法实务部门存在不同观点。

我们认为，这个问题比较复杂，涉及如何完善法律问题。建议最高人民法院、最高人民检察院收集此类案例，必要时就单位盗窃、单位贷款诈骗（实践中也多为单位所为）等刑法没有明文规定为犯罪的行为如何适用法律问题，以最高人民法院、最高人民检察院名义向立法机关提出修改法律或者制定立法解释的建议。在刑法没有作出修正或者制定立法解释以前，对司法实践中发生的这类案件，作为权宜之计，“两高”通过协商可以在联合制定的相关司法解释或者其他规范性文件中加以明确。

——周道鸾、张军主编：《刑法罪名精释（第四版）》，人民法院出版社 2013 年版，第 640~641 页。

825. 盗窃罪与侵占罪的区别

关键词

盗窃罪　侵占罪　他人财物

《刑事审判参考》指导案例

罗忠兰盗窃案（《刑事审判参考》指导案例第 160 号）

裁判要点：侵占罪和盗窃罪均属侵犯财产类犯罪，两罪的犯罪对象都是他人的财物，主观上都具有非法占有他人财物的目的，但两罪犯罪的前提、犯罪目的产生的时间以及犯罪客观方面都不同。

侵占罪和盗窃罪均属侵犯财产类犯罪，两罪的犯罪对象都是他人的财物，主观上都具有非法占有他人财物的目的，但两罪又有显著的区别，这表现在：1. 犯罪的前提不同。侵占罪的行为人在侵占他人财物之前，必须已实际持有或控制他人财物。实际持有或控制他人财物的方式以刑法规定的方式为限，即代为保管他人财物、拾得他人的遗忘物和发现他人的埋藏物三种方式。而盗窃罪的行为人在实施盗窃他人财物时，并不具备实际持有或控制他人财物的前提条件。易言之，在实施盗窃行为前，被盗财物仍处于物主的实际持有或直接控制之下，由于盗窃者的秘密窃取行为才使被盗财物脱离物主的实际持有或控制。2. 犯罪目的产生的时间不同。侵占行为人的非法占有目的，发生在实际持有或控制他人的托管物以及拾得他人的遗忘物和发现他人的埋藏物之后；而盗窃行为人的不法占有目的，则发生在秘密窃取他人财物之前，即行为人是为了非法占有才去秘密窃取他人持有的公私财物的。3. 犯罪客观方面不同。侵占罪的行为，是对自己已实际持有或控制的他人的托管物、拾得的他人的遗忘物以及发现的他人的埋藏物，拒不退还或者拒不交出，从而实现非法占有。手段上可以是秘密的，也可以是公开或半公开的。如没有拒不退还或者拒不交出的行为，则不能构成侵占罪。盗窃罪的行为则是对他人持有和控制的公私财物，采取秘密窃取的方法，使其脱离所有人的控制，从而实现非法占有。其手段只能是秘密的，且窃得他人财物后又主动退还的不影响盗窃罪的成立。

——最高人民法院刑事审判第一庭、第二庭编：《刑事审判参考》2002 年第 1 辑（总第 24 辑），法律出版社 2002 年版，第 67~71 页。

826. 对既采取秘密窃取手段又采取欺骗手段非法占有财物行为的定性，应从行为人采取主要手段和被害人有无处分财物意识方面区分盗窃与诈骗

关键词

盗窃罪　诈骗罪　利用信息网络

最高人民法院指导性案例

臧进泉等盗窃、诈骗案（最高人民法院指导案例 27 号）

裁判要点：行为人利用信息网络，诱骗他人点击虚假链接而实际通过预先植入的计算机程序窃取财物构成犯罪的，以盗窃罪定罪处罚；虚构可供交易的商品或者服务，欺骗他人点击付款链接而骗取财物构成犯罪的，以诈骗罪定罪处罚。

法院生效裁判认为：盗窃是指以非法占有为目的，秘密窃取公私财物的行为；诈骗是指以非法占有为目的，采用虚构事实或者隐瞒真相的方法，骗取公私财物的行为。对既采取秘密窃取手段又采取欺骗手段非法占有财物行为的定性，应从行为人采取主要手段和被害人有无处分财物意识方面区分盗窃与诈骗。如果行为人获取财物时起决定性作用的手段是秘密窃取，诈骗行为只是为盗窃创造条件或作掩护，被害人也没有“自愿”交付财物的，就应当认定为盗窃；如果行为人获取财物时起决定性作用的手段是诈骗，被害人基于错误认识而“自愿”交付财物，盗窃行为只是辅助手段的，就应当认定为诈骗。在信息网络情形下，行为人利用信息网络，诱骗他人点击虚假链接而实际上通过预先植入的计算机程序窃取他人财物构成犯罪的，应当以盗窃罪定罪处罚；行为人虚构可供交易的商品或者服务，欺骗他人为支付货款点击付款链接而获取财物构成犯罪的，应当以诈骗罪定罪处罚。本案中，被告人臧进泉、郑必玲使用预设计算机程序并植入的方法，秘密窃取他人网上银行账户内巨额钱款，其行为均已构成盗窃罪。臧进泉、郑必玲和被告人刘涛以非法占有为目的，通过开设虚假的网络店铺和利用伪造的购物链接骗取他人数额较大的货款，其行为均已构成诈骗罪。对臧进泉、郑必玲所犯数罪，应依法并罚。

关于被告人臧进泉及其辩护人所提非法获取被害人金某的网银账户内305000元的行为，不构成盗窃罪而是诈骗罪的辩解与辩护意见，经查，臧进泉和被告人郑必玲在得知金某网银账户内有款后，即产生了通过植入计算机程序非法占有目的；随后在网络聊天中诱导金某同意支付1元钱，而实际上制作了一个表面付款“1元”却支付305000元的假淘宝网链接，致使金某点击后，其网银账户内305000元即被非法转移到臧进泉的注册账户中，对此金某既不知情，也非自愿。可见，臧进泉、郑必玲获取财物时起决定性作用的手段是秘密窃取，诱骗被害人点击“1元”的虚假链接系实施盗窃的辅助手段，只是为盗窃创造条件或作掩护，被害人也没有“自愿”交付巨额财物，获取银行存款实际上是通过隐藏的事先植入的计算机程序来窃取的，符合盗窃罪的犯罪构成要件，依照刑法第二百六十四条、第二百八十七条的规定，应当以盗窃罪定罪处罚。故臧进泉及其辩护人所提上述辩解和辩护意见与事实和法律规定不符，不予采纳。

——《最高人民法院关于发布第七批指导性案例的通知》(2014年6月26

日，法〔2014〕161 号）。

说明

该指导案例旨在明确划分利用网络进行盗窃与诈骗的界限，对于审理网络钓鱼类案件具有指导意义。

827. 以盗窃与诈骗交织手段非法占有他人财物行为的定性

关键词

盗窃罪　诈骗罪　非法占有目的

《刑事审判参考》指导案例

朱影盗窃案（《刑事审判参考》指导案例第 492 号）

裁判要点：在交互使用欺骗与窃取手段的侵财案件中，认定行为的性质是盗窃还是诈骗，关键是看行为人获取财物时起决定性作用的手段是窃取还是欺骗。若采用“虚构和蒙骗”的直接手段取得他人财物的，应认定诈骗罪；若采用“秘密窃取”为直接手段取得他人财物的，则应认定盗窃罪。

在交互使用欺骗与窃取手段的侵财案件中，认定行为的性质是盗窃还是诈骗，关键是看行为人获取财物时起决定性作用的手段是窃取还是欺骗。若采用“虚构和蒙骗”的直接手段取得他人财物的，应认定诈骗罪；若采用“秘密窃取”为直接手段取得他人财物的，则应认定盗窃罪。

就本案而言，首先，本案被害人没有处分财产的意思和行为。诈骗罪是一种交互型犯罪，被害人是否具有处分财物的意思和行为，是区分诈骗还是盗窃的客观标准。对被害人来说，被告人趁被害人不备调包取走财物，被害人当时不知情、事后才知道，在这种情况下，虽然财物在被告人手中暂时持有，但被害人既在主观上没有让被告人取得财物控制权的意思，客观上被告人也没有取得财物的实际控制，被害人仅是让其利用财物“施法驱鬼”，并不带走财物，因而被害人虽然受骗了，但他并没有因此而具有将财物转移给被告人支配与控制的处分意思和行为。被告人取得财物的支配与控制完全是后来的调包秘密窃取行为所致。如果说被告人的行为成立诈骗罪，则意味着被告人接到财物时便成立诈骗既遂，即使被告人事后将财物还给被害人，也属于诈骗既遂后的返还行为，这恐怕与法理不合。

其次，被告人非法取得财物主要是以调包的秘密窃取手段来实现的。被告人以“施法驱鬼”诱使被害人将财物作为道具交给被告人，属于欺诈的性质，但被告人并非依靠该欺诈行为直接取得财物，而这只是为其之后实施秘密窃取行为创造条件。其对财物只是暂时持有，被告人“施法驱鬼”时，被害人仍然没有失去财物占有权，随时可以让被告人停止施法交还财物。因此，通过欺诈取得对财物的暂时持有，不是被告人的目的行为，而只是其实现占有财物目的的辅助手段行为。相对于前述欺诈行为而言，被告人的“调包”行为属于秘密窃取的性质。

——最高人民法院刑事审判第一、二、三、四、五庭主办：《刑事审判参考》2008 年第 3 集（总第 62 集），法律出版社 2008 年版，第 44~48 页。

孙伟勇盗窃案（《刑事审判参考》指导案例第 751 号）

裁判要点：伪造证明材料，将借来的车辆冒名抵押给他人，后又从抵押权人处窃回车辆的行为，应以盗窃罪一罪定罪处罚。

被告人孙伟勇虽然主观上具有非法占有的故意，但其伪造证件冒名质押，并从被害人薛春强处取得质押款 72000 元时，并未给薛春强造成损失，双方之间是一种民事行为。此时，孙伟勇的行为尚不构成诈骗罪。孙伟勇最终是通过盗窃行为实现非法占有的故意，薛春强合法占有的质押物脱离占有，导致财产损失。孙的盗车行为是一个单独的盗窃行为，应以盗窃罪一罪定罪量刑。

——最高人民法院刑事审判第一、二、三、四、五庭主办：《刑事审判参考》2012 年第 1 集（总第 84 集），法律出版社 2012 年版，第 44~48 页。

附录：最高人民法院主流观点

对于以假换真、骗偷兼有“调包”的行为应如何处理？一种意见认为，此类行为采取了虚构事实、隐瞒真相的方法，构成诈骗罪；另一种意见认为，以假换真属于秘密窃取，应认定为盗窃罪。认定此类行为性质的关键在于，行为人是通过什么手段取得财物的，是骗还是偷？换言之，对于行为人取得财物具有决定性意义的究竟是偷还是骗？在这类行为中，尽管行为人实施了欺骗行为，但其欺骗行为只是为秘密窃取打掩护，在非法取得他人财物这一点上不具有直接和关键意义，暗中调换这一窃取行为才是犯罪目的得逞的关键。由此可见，盗窃罪与诈骗罪的区分，主要在于取得财物的方式上。如果取得财物是秘密窃取的，即使在盗窃前后实施了一些欺骗手段掩饰其盗窃犯罪，也不影响其盗窃罪的成立。

——高憬宏、杨万明主编：《基层人民法院法官培训教材（实务卷·刑事审判篇）》，人民法院出版社 2005 年版，第 297 页。

828. 入户盗窃信用卡后使用的数额应一并计入入户盗窃数额

关键词

盗窃罪　入户盗窃　盗窃数额　信用卡

《刑事审判参考》指导案例

李春旺盗窃案（《刑事审判参考》指导案例第 661 号）

裁判要点：入户盗窃信用卡后在户外使用（包括刷卡消费、提取现金等）的数额应一并计入入户盗窃数额。

（一）将入户盗窃信用卡后取款的行为认定为入户盗窃与相关立法精神一致

在入户盗窃中存在非法侵入住宅和盗窃两种行为，二者之间属于牵连关系。牵连犯是指以实施某一犯罪为目的，但其方法行为或结果行为又触犯了其他罪名。对于入户盗窃行为而言，非法侵入住宅是从行为，表现为手段行为，盗窃是主行为，表现为目的行为，但两者都是犯罪行为，均存在严重的社会危害性。特别是在现代社会，公民的住宅是私人生活的载体，是最安全、最隐秘、最独立的私生活空间。以非法侵入他人住宅的手段实施其他犯罪行为的，在侵犯公民人身、财产等权利的同时还侵扰了居住者在住宅内的生活安宁，使公民的正常生活受到干扰，社会安全感降低。因此刑法除了单独规定“非法侵入住宅罪”外，对以“入户”手段实施的犯罪也体现出从严惩处的精神。

因此，在盗窃的过程中只要存在“入户”这一情节，就应当将“入户”情节纳入刑法评价。行为人入户盗窃信用卡后取款的，与典型的入户盗窃财物的行为相比，在社会危害性方面并没有明显的不同，同样是既侵犯了公民财产权利又侵犯了公民的正常生活和居住安宁，将这种行为认定为“入户盗窃”才能体现法律和司法解释中一以贯之的从严处罚原则。

（二）将入户盗窃信用卡后取款的行为认定为入户盗窃符合刑法理论对一个犯罪行为进行整体评价的原则

刑法第一百九十六条第三款规定：盗窃信用卡并使用的，依照盗窃罪定罪处罚。根据这一规定，我们应当将盗窃并使用信用卡的行为作为一个整体来评价。行为人的盗窃行为从窃取信用卡时就已经开始，到使用信用卡获取卡内财物时结束。尤其是行为人盗窃之前或者同时获取了信用卡的密码，此时被害人信用卡内的财产实际已经被行为人所控制，而行为人之后到金融机构取现的行为可以看作是盗窃的一个持续行为，目的是最终实现不正当利益。因此，入户盗窃信用卡和使用信用卡应当作为统一不可分割的整体在刑法上进行评价。如果仅仅因为行为人获取财物的行为是在户外完成的，而不去评价其先前为了窃取信用卡非法侵入住宅的行为，显然是不合理的。

——最高人民法院刑事审判第一、二、三、四、五庭主办：《刑事审判参考》2010 年第 6 集（总第 77 集），法律出版社 2011 年版，第 65~70 页。

829. 盗窃他人放在身后椅子靠背衣服外侧口袋内的财物，或放置在身旁未与身体接触的财物，是否属于盗窃他人“随身携带的财物”，能否认定为“扒窃”

关键词

盗窃　随身携带的财物　扒窃

《刑事审判参考》指导案例

张金福盗窃案（《刑事审判参考》指导案例第 1417 号）

裁判要点：如果财物没有与身体接触，即使处在身体的近处，也不能构成扒窃的对象。放置在座椅旁、自行车筐内等的财物，由于没有与失主身体有物理接触，因而不能成为扒窃的对象，只能是普通盗窃的对象。

刑法修正案（八）第三十九条对盗窃罪的成立条件及标准作了进一步修改完善，在盗窃罪原来的“盗窃公私财物，数额较大”和“多次盗窃”两种行为方式基础之上，增加了“入户盗窃”“携带凶器盗窃”“扒窃”三种行为方式。《现代汉语词典》对“扒窃”一词的定义为“从别人身上偷窃财物”。根据《最高人民法院、最高人民检察院关于办理盗窃刑事案件适用法律若干问题的解释》的规定，在公共场所或者公共交通工具上盗窃他人随身携带的财物的，应认定为“扒窃”。据此，“扒窃”除具备普通盗窃行为所具有的秘密性、以非法占有为目的的特征之外，还应该具备以下两个独立的特征。

（一）扒窃行为必须发生在公共场所或公共交通工具上

刑法语境下的“公共场所”一词的内涵，在理论界和实务界都存有争议。

我国刑法第二百九十一条规定了聚众扰乱公共场所秩序、交通秩序罪。该罪中的公共场所，是指具有公共性的特征，对外开放，能为不特定的多数人随意出入、停留、使用的场所，主要有车站、码头、民用航空站、商场、公园、影剧院、展览会、运动场等。而扒窃行为中"公共场所"一词的含义，相关法律和司法解释并没有明确。我们认为，对扒窃行为中"公共场所"的理解和界定，可以从以下几点来把握：（1）场所具备空间上的开放性，要求对不特定人员开放。社会公众无须征得他人同意即可自由出入。就本案而言，饭店是对社会不特定人员开放的就餐场所，凡是有就餐需要的不特定人员都可自由出入，具有较强的空间上的开放性。（2）场所具有不特定人员的聚集性和流动性，即在公共场所必须有人群聚集，且具有流动性。张金福利用饭店就餐高峰期客流大这一特点进入饭店行窃，意图在于利用人多、人员流动性强作为掩护，使其容易脱身，以达到成功实施盗窃行为的目的。据此，张金福行窃的饭店符合"公共场所"的定义。对于在公共交通工具扒窃的理解，可参照适用《最高人民法院关于审理抢劫刑事案件适用法律若干问题的指导意见》中对"在公共交通工具上抢劫"的规定："公共交通工具"，包括从事旅客运输的各种公共汽车，大、中型出租车，火车，地铁，轻轨，轮船，飞机等，不含小型出租车。对于虽不具有商业营运执照，但实际从事旅客运输的大、中型交通工具，可认定为"公共交通工具"。接送职工的单位班车、接送师生的校车等大、中型交通工具，视为"公共交通工具"。抢劫罪与盗窃罪同属于侵犯公民财产权利的犯罪，在公共交通工具上抢劫与在公共交通工具上扒窃中对"公共交通工具"的理解与适用应采用同一标准。

（二）扒窃的对象必须是他人"随身携带的财物"

本案争议的焦点在于：他人放置在座椅靠背的衣服外侧口袋内的财物或放置在身旁未与身体接触的财物是否属于随身携带的财物？该类财物的共同点在于财物与身体没有紧密的物理上的接触，即非贴身财物，但却近在身旁、触手可及。关于"随身携带"的概念，刑法理论界与司法实务界亦有争议，主要有三种观点。

第一种观点认为，随身携带的财物是指他人带在身上或者置于身边附近的财物，即"随身说"。凡是能够跟随身体移动的财物，都可以成为随身携带的对象。如张明楷教授认为："在火车、地铁上窃取他人置于货架上、床底下的财物的，均属于扒窃。"①

第二种观点认为，随身携带的财物是指他人带在身上或者放置于身边附近，虽没有与身体接触，但置于其随时可能的现实支配之下的财物，即"近身说"。周光权教授认为："不直接接触失主身体，但乘失主不备，将距离失

① 张明楷：《刑法学》，法律出版社2011年版，第881页。

主很近、占有关系紧密的财物拿走的，也是扒窃。例如，将他人自行车前的置物筐中的财物拿走的，也是扒窃。”①

第三种观点认为，随身携带的财物是他人贴身放置在口袋中或包中的财物，即“贴身说”。该类财物仅限于他人带在身上的财物，即未离身的财物，如装在他人所穿衣服口袋内的手机、钱包、手提或肩背的包等，而在身体附近、处于他人现实支配之下但没有放在身上的财物不能认定为“随身携带的财物”。第一种观点对“随身”的解释过于宽泛，司法实践中对此观点基本持否定态度；第二种观点相比于第一种观点很明显作了限制性解释，有其合理之处，但却不可避免地带来审判实践中证据认定难的问题，这是因为该观点无法为扒窃的对象范围提供一种明确的、可操作的证据证明标准，财物距离身体多远，才能被评价为“身体附近”？综上，我们赞同第三种观点，即“贴身说”，理由如下：

1. 从事实认定角度看，“贴身说”能够为扒窃行为的认定提供可操作的证据证明标准。盗窃罪属于高发犯罪，扒窃型盗窃所占比例日益增加，如果采取“近身说”的认定标准，侦查人员、公诉人乃至法官因认知标准不同，势必会因界定财物距离身体多远才能被评价为身体附近而产生歧义，进而会耗费大量的司法资源取证。同时，“近身说”会为潜在的盗窃行为人或失主提供一种激励，失主基于严惩罪犯的心理在陈述中可能会过分缩小身体与财物的距离范围，而行为人基于避重就轻的心理会予以否认，最终可能因供证不一且缺乏其他证据佐证而陷入无法认定的困局。而“贴身说”将扒窃的范围仅限于贴身的财物，具有排他性，明确了证据认定标准，统一认识，减少歧义，容易操作，利于侦查人员收集证据，不仅降低司法成本，还能提高案件的侦破率，有利于打击此类犯罪，并最大限度地发挥刑罚的威慑效果。

2. 采取“贴身说”，是罪责刑相适应的基本要求。刑法修正案（八）将入户盗窃、携带凶器盗窃、扒窃行为入罪，可见刑法对以上行为的打击力度。三种行为并列入罪，且不要求有数额限制。以入户、携带凶器的方式盗窃为例，说明行为人主观恶性较大，作案方式更容易得逞，同时，也会因失主发现而可能引发更为严重的危害后果，进而会有侵害失主生命安全的危险，如构成转化型抢劫罪。综合扒窃与入户、携带凶器两种情形并列入刑的实际，考虑到入户、携带凶器盗窃可能带来的现实危险性，扒窃的行为对象应作限定性法律解释，理由如下：首先，根据罪责刑相适应原则，刑罚的严厉性要与行为人的主观恶性、社会危害性相适应。刑法之所以规定此类行为不受数额限制，降低入刑门槛，意在通过加重处罚来打击此类犯罪。基于此，扒窃型盗窃采用“贴身说”更为合理，因为只有当某一财物与失主身体紧密接触

① 周光权：《刑法各论》，中国人民大学出版社 2011 年版，第 97 页。

时，行为人行窃时才容易被失主发现，所以才会对失主的人身造成潜在的随时可转化为现实存在的危险；而在财物并非紧贴失主的情况下，失主对财物被转移的感知能力弱，人身被侵害的现实危险相对较小。其次，如果将窃取贴身财物与非贴身财物适用同一量刑标准，对被告人有失公允，因为两者的社会危害性、行为人的主观恶性不能等同视之。最后，根据刑法的谦抑性原则，扒窃的对象只能是失主贴身之物，如果将扒窃的对象范围扩大，可能会导致量刑上的严重失衡。

本案中，被告人张金福盗窃的财物并非失主贴身财物，如果财物没有与身体接触，即使处在身体的近处，也不能构成扒窃的对象。因此，放置在座椅旁、自行车筐内等的财物，由于没有与失主身体有物理接触，因而不能成为扒窃的对象，只能是普通盗窃的对象。综上，原审法院认定张金福的盗窃行为不属于扒窃，只构成普通盗窃罪是适当的。

——刘艳青撰稿、陆建红审编：《张金福盗窃案——将他人放在椅背衣服口袋内的财物盗走，能否认定为盗窃他人“随身携带的财物”》，载最高人民法院刑事审判第一、二、三、四、五庭编：《刑事审判参考》（总第 128 辑），人民法院出版社 2021 年版，第 21~24 页。

830. 拾得他人遗失的医保卡，并在药店盗刷卡内个人医保账户资金的行为如何定性

关键词

他人遗失　医保卡　药店盗刷

《刑事审判参考》指导案例

陈华增、梁锦仔、林冬明盗窃案（《刑事审判参考》指导案例第 1393 号）

裁判要点：统筹账户资金由医保中心管理，参保人员发生符合当地医保报销条件的费用由统筹账户支付，该账户资金并不属于参保人个人财产，如果冒用他人医保卡，伪造就医、住院等材料骗取医保资金报销的，可以按照诈骗罪论处。

对拾得、骗取等手段获取他人的医保卡，并在药店盗刷卡内的个人医保账户资金的行为如何定性，在实践中主要有三种不同的观点：加载金融功能的医保卡是由社保部门发行，医保账户和金融账户互相独立，医保个人账户资金属于个人所有，盗刷医保个人账户资金属于秘密窃取他人财物，应当应

盗窃罪。

我们同意第三种观点，理由是：通常所说的医保卡即为社会保障卡，根据 2011 年颁布施行的《中华人民共和国社会保障卡管理办法》第二条、第三条规定，社会保障卡，是指面向社会公众发行，主要应用于人力资源社会保障领域政府社会管理和公共服务的集成电路卡；人力资源社会保障部负责管理全国社会保障卡发行和应用工作。与信用卡相比，社会保障卡主要具有以下区别：（1）发行机构不同。社保卡是由行政主管部门发行，信用卡是由金融机构发行。（2）功能、定位不同。社保卡是“集成电路卡”，除了支付功能外，还有身份识别、信息查询、服务凭证等功能，而信用卡的定位是“电子支付卡”，主要用于消费支付、信用贷款、转账结算等。（3）管理性质不同。医保卡的发行机构和使用者的关系是行政管理和服务的关系，信用卡的发行者和使用者是平等的市场主体关系。

我国的社会保障卡目前共分三代，第一代是 1999 年发行，不具备金融功能。2011 年人力资源和社会保障部、中国人民银行发出《关于社会保障卡加载金融功能的通知》，我国开始发行第二代社会保障卡，即以医保卡为载体加载金融功能，目前 80% 的社保卡是二代卡。2017 年 8 月 1 日，人民银行、人力资源和社会保障部颁布《具有金融功能的第三代社会保障卡技术规范》，我国开始试点第三代卡，将增加“非接触”“大数据”等功能。

本案中的医保卡属于二代卡，加载金融功能。根据 2011 年《社会保障卡加载金融功能总体方案》，二代卡具有三种功能：（1）与金融功能无关的社保应用（如社会保障服务身份凭证、信息查询、医疗费用结算等）：依靠社会保障卡信息记录、信息查询、业务办理等基本功能实现。（2）基于金融功能的社保应用（如社会保险费缴纳、待遇领取）：以社会保障卡为基础，依靠加载的金融功能，通过商业银行提供金融服务来实现。（3）金融应用：依靠社会保障卡加载的金融功能，通过商业银行提供金融服务来实现。

在具体的技术保障上，二代社会保障卡的芯片选择、密匙管理、卡片的发行、换卡、挂失、销卡等由行政主管部门掌控和负责，商业银行建立基于借记卡的 IC 卡发卡、密钥管理、授权和清算等系统，或对相关系统做出适当改造，确保社会保障卡金融功能的有效应用。中国银联负责金融 IC 卡相关系统和受理环境改造，确保社会保障卡金融功能跨行转接与清算顺利进行。卡片架构上，采用单一芯片，同时支持社保应用和金融应用，两种应用分别具有独立的命令管理模块、文件管理模块和安全管理模块，通过防火墙机制相互独立，互不影响。因此，加载金融功能的社会保障卡是由社保部门选择单一芯片并发行，在采集社保信息加载社保应用的同时，加载金融应用系统，两种应用系统采用独立管理模式，通过防火墙互相独立、互不影响。故不能简单将社会保障卡等同于银行卡。

相关司法解释规定，“拾得他人信用卡并使用的”，属于《中华人民共和国刑法》第一百九十六条第一款第三项规定的“冒用他人信用卡”的情形。但我们认为，对此处的“使用”应该作限缩解释，即：利用信用卡的资金结算、支付、提取等金融功能非法获取财物。具体到社会保障卡上，“使用”他人的社保卡可以有不同的方式，也应该有不同的法律评价，至少包括：（1）使用社保卡的材质、形态、外观等物理属性，如本案中药店店员林冬明使用他人遗失的社保卡开自行车锁，虽不道德，但并不构成犯罪。（2）利用社保卡上记载的公民姓名、身份证号、账户信息等个人信息，有可能构成侵犯公民个人信息罪。（3）使用社保卡内非社保银行资金账户，进行消费、取现等，在此意义上，社保卡内银行账户由银行独立管理、独立运行，与普通的银行卡并无区别，行为人应构成信用卡诈骗罪。（4）使用社保卡内的社保账户资金，如医保账户资金，在这种情况下，社保账户是由主管部门设立、管理，掌控密匙，虽然与银行卡相连接，但属于使用社保卡的非金融功能，与使用社保卡金融功能的区别主要有：第一，采取严格的实名制：社保卡上有姓名、照片、身份证号等，具有身份凭证、身份识别功能，办理社保业务如医药费报销、买药、待遇领取等必须本人使用或用于本人，而金融业务办理的实名制并不严格，如 ATM 机取现、刷卡消费等，可以在他人授权下使用他人信用卡，有时银行无从查证是否是本人使用，很多情况下即便被冒用也是由被冒用人承担责任，也正是基于此，冒用信用卡具有更大的风险性和社会危害性。第二，使用条件的限制性：使用社保卡的社保功能有严格的条件、场所限制，即便是去药店买药，也有药品种类、数量限制（药店违规卖药、卖其他物品另当别论）。而使用金融功能除了消费额度等限制外，具有无条件性，属于使用人对自己财产的自由支配。这种无条件性使得冒用信用卡具有更大风险性和社会危害性。因此，使用社保卡内的社保账户资金与使用社保卡的金融账户具有根本的区别，风险性和危害性也不同。另外，二者侵犯的法益也不同，信用卡诈骗罪规定在《中华人民共和国刑法》第三章破坏社会主义市场经济秩序罪第五节金融诈骗罪中，侵犯的主要法益是平等主体之间的市场秩序和金融管理秩序；而冒用社保卡的社保应用主要侵害的是社保行政管理和服务秩序，同时还侵犯了个人财物权。综上，本案不宜按照信用卡诈骗罪论处。

冒用他人医保账户资金的行为定性，应区分医保账户资金的性质。根据 1998 年《国务院关于建立城镇职工基本医疗保险制度的决定》，基本医疗保险基金由统筹基金和个人账户构成。职工个人缴纳的基本医疗保险费，全部计入个人账户。用人单位缴纳的基本医疗保险费分为两部分，一部分用于建立统筹基金，一部分划入个人账户。统筹账户资金由医保中心管理，参保人员发生符合当地医保报销条件的费用由统筹账户支付，该账户资金并不属于参保人个人财产，如果冒用他人医保卡，伪造就医、住院等材料骗取医保资金报销的，可以按照诈骗罪论处。

个人账户基金只能用于支付在定点医疗机构或定点零售药店发生的，符合基本医疗保险药品目录、诊疗项目范围、医疗服务设施标准所规定项目范围内的医药费用。原则上不得提取现金，虽然使用有所限制，但在其法律性质上，《国务院关于建立城镇职工基本医疗保险制度的决定》规定“个人账户的本金和利息归个人所有，可以结转使用和继承”。因此，在药店用个人账户资金盗刷药品的行为侵犯了个人财产的所有权。本案中被告人陈华增三人在试出社会保障卡密码后，单独或合谋，在被害人不知情的情况下，在药店盗刷被害人医保个人账户资金，其行为属于采用秘密手段盗窃他人财产，行为应定盗窃罪。

——孟明合撰稿、王晓东审编：《陈华增、梁锦仔、林冬明盗窃案——拾得他人遗失的医保卡，并在药店盗刷卡内个人医保账户资金的行为如何定性》，载最高人民法院刑事审判第一、二、三、四、五庭编：《刑事审判参考》（总第125辑），人民法院出版社2020年版，第48~53页。

831. 盗取、盗挖树木行为的定性

关键词

盗取、盗挖树木　盗窃罪

最高人民法院司法解释

第九条　将国家、集体、他人所有并已经伐倒的树木窃为己有，以及偷砍他人房前屋后、自留地种植的零星树木，数额较大的，依照刑法第二百六十四条的规定，以盗窃罪定罪处罚。

——《最高人民法院关于审理破坏森林资源刑事案件具体应用法律若干问题的解释》（2000年11月22日，法释〔2000〕36号）。

《刑事审判参考》指导案例

李波盗伐林木案（《刑事审判参考》指导案例第661号）

裁判要点：以出售为目的，盗挖价值数额较大的行道树的行为构成盗窃罪。

在本案审理过程中，对本案被告人李波以出售为目的盗挖城市道路两旁行道树的行为如何定性，存在较大分歧。一种观点同意公诉机关的指控罪名，

主张应以盗伐林木罪定性；另一种观点认为城市道路两旁的行道树不属于盗伐林木罪的对象，李波的行为应定性为盗窃罪。我们赞同后一种定性意见，但在具体理由上又有所不同：

（一）城市道路两旁的行道树不是区分盗伐林木罪和盗窃罪的构成要件要素

盗伐林木罪，是指盗伐森林或者其他林木，数量较大的行为。本案中城市道路两旁栽植的成行的香樟树是行道树。有观点认为，盗伐林木罪中的林木仅包括森林法规定的防护林、用材林、经济林、薪炭林、特种用途林等林区中的大片林木，城市行道树是绿化树木，不属于盗伐林木罪状中的“森林树木”，也不属于盗伐林木罪状中的“其他林木”。我们认为，城市道路两旁的行道树属于盗伐林木罪状中“其他林木”的范畴。2000 年 1 月国务院制定施行的《中华人民共和国森林法实施条例》[①]第二条第三款明确规定，林木包括树木和竹子。可见，相关森林法律法规中“林木”的外延比较广泛。行道树是专门种植于道旁的树木。1987 年 9 月 5 日，最高人民法院、最高人民检察院发布的《关于办理盗伐、滥伐林木案件应用法律的几个问题的解释》对林区和非林区规定了不同的入罪林木数量，对非林区林木规定了较林区林木低的入罪门槛，城乡道旁等非林区的行道树、他人自留山上的成片林木可以成为盗伐、滥伐的犯罪对象。虽然该解释已被废止，但其对盗伐、滥伐犯罪对象范围的规定依然值得借鉴、参考。城市行道树作为城市绿化有机组成部分，同时受到相关法律法规的保护。森林法第三十二条第一款规定：“采伐林木必须申请采伐许可证，按许可证的规定进行采伐……”《城市绿化条例》[②]第二十一条第二款规定：“砍伐城市树木，必须经城市人民政府城市绿化行政主管部门批准，并按照国家有关规定补植树木或者采取其他补救措施。”该条例第二十七条第二项进一步明确，违反本条例规定，擅自修剪或者砍伐城市树木，构成犯罪的，依法追究刑事责任。该项规定为对擅自修剪或者砍伐城市树木行为追究刑事责任提供了行政法上的指引。

由上述规范可知，行道树属于“其他林木”的范畴，可以成为盗伐林木犯罪的对象，因此，仅从行道树的角度，不能认定本案不构成盗伐林木罪。

（二）本案被告人的行为属于“盗挖”，而非“盗伐”，不构成盗伐林木罪

实践中，针对树木的窃取行为一般有三种情形：一是将栽于土地上的活体树木砍下后占为己有；二是将他人已经伐倒的树木，或将已经采挖离地的

---

① 本条例已被《国务院关于修改部分行政法院法规的决定》（2016 年 2 月 6 日，中华人民共和国国务院令第 666 号）修改。

② 本条例已被《国务院关于废止和修改部分行政法规的决定》（2011 年 1 月 8 日，中华人民共和国国务院令第 588 号）修改。

活体树木直接窃为己有；三是将栽于土地上的活体树木挖出后占为己有，保持树木的活体性。第一种情形是典型的“盗伐”，除了盗伐自留地的零星树木，都属于盗伐林木罪调整的范围。第二种情形《最高人民法院关于审理破坏森林资源刑事案件具体应用法律若干问题的解释》第九条已作明确规定，以盗窃罪定罪处罚。第三种情形与前两者不同，系“盗挖”。被告人李波为了达到转手香樟树获利的目的，让人盗挖后出售，属于第三种情形——“盗挖”。“盗伐”与“盗挖”存在明显的区别：一是行为方式不同。“伐”是用刀、斧、锯等把东西断开。伐木，就是用锯、斧等工具把树木弄断。实施“伐”的行为后，树木主干与其赖以生存的根部分离，根部留存于土中。而“挖”则是用工具或手从物体的表面向里用力，取出其一部分或其中包藏的东西的意思。挖木，就是用锄、铲、锹等工具把树木及其树根的主要部分从泥土中取出，将树整体与泥土分离。二是行为后果不同。“伐”后树木必然死亡，而“挖”的目的是移走栽种的树木。因此，国家林业局2003年下发的《关于规范树木采挖管理有关问题的通知》（以下简称《通知》）[①]特别强调林业主管部门在核发许可证的同时“应当对批准的采挖作业进行监督管理并主动提供有关技术服务，以提高采挖树木的成活率”。三是行为本质不同。“伐”的行为直接导致活立木的死亡，行为实施当场就对森林资源和生态环境造成破坏。而“挖”的行为虽然也可能由于采挖水平、后期环境、养护技术等因素最终导致树木死亡，造成与“伐”的行为类似的后果，但这种结果是非典型的，而且随着科技的迅猛发展，机械制造、林木养护水平日益提升，这种结果越来越少，所以“伐”与“挖”对林木资源和生态环境造成的影响存在本质的区别。《通知》[②]第八条规定：“未经批准擅自采挖、运输、收购采挖树木，或者因采挖树木造成林地、植被破坏的，要依照法律法规关于林木采伐、林地管理、木材运输和收购的规定进行处罚。”有观点认为，既然该规定已经将采挖树木与采伐树木纳入相同的行政管理序列，那么盗伐林木的罪状就应当涵盖盗挖行为。我们认为，这种观点不妥。该规定是为了严格规范现实生活中日益增多的，但森林法等法律法规又未涉及的采挖林木行为，但对乱采乱挖行为的行政处罚则必须由法律、行政法规予以规定，不能由国家林业局通过下发通知的形式予以确定。在刑事法律领域，语义的相对确定性是法律可预测性的客观要求。盗伐林木罪所确定的核心行为“伐”，即便是基于社会发展需要对“伐”作适度扩张性解释，也无法将“挖”的行为囊括进来。况且，正是由于采挖

---

① 本文件已被《国家林业局关于切实加强和严格规范树木采挖移植管理的通知》（林资发〔2013〕157号）废止。

② 本文件已被《国家林业局关于切实加强和严格规范树木采挖移植管理的通知》（林资发〔2013〕157号）废止。

行为与采伐行为是本质上不同的两类行为，行政管理机关才有必要专门制定规定进行政策调整。

（三）盗挖行为侵犯的客体主要是财产权利和环境资源

森林和其他林木等活立木能调节气候、净化空气、防风降噪，为人类提供优美的生存环境。盗伐林木罪被列在刑法妨害社会管理秩序章中的“破坏环境资源保护”一节，是鉴于活体树木对人类的特殊贡献，国家给予特别保护。盗伐行为造成的破坏不可逆转、无法恢复，所以其最终必然破坏生态环境。而本案被告人的盗挖行为虽然未经绿化行政主管部门审批，在一定程度上违反了有关城市绿化管理制度，但毕竟未终结树木生命，尚未对生态环境造成无法挽救的后果，因此其行为危害最主要体现在侵害了树木所有人的财产所有权。随着社会经济发展和人民生活水平的不断提高，人们对生态环境日益重视，花木价格在绿化热潮中逐年攀升。活体树的价值不能再简单地以立木材积数量来衡量，树木的珍贵程度和效用、绿化工程的特殊要求、树木的生熟等因素更多地被纳入考虑范围。而一些不法分子正是看中了活体树木本身的经济价值，而不是作为木材所体现的价值，实施违法犯罪活动。本案被告人已经盗挖的10棵香樟树虽然林木蓄积量仅有5.1475立方米，但价值达35496元，正在实施盗挖的17棵香樟树蓄积量只有6.901立方米，价值却达53250元。可见，本案被告人主观上追求的和行为最终实现的都是活体树木的经济价值，而非立木材积的经济价值，其行为危害主要体现在对树木所有权人的财产所有权的侵害。

综上，法院对本案被告人李波以出售为目的，盗挖行道树的行为，以盗窃罪定罪处罚是正确的。

——最高人民法院刑事审判第一、二、三、四、五庭主办：《刑事审判参考》2010年第6集（总第77集），法律出版社2011年版，第65~70页。

832. 盗窃公用电信设施同时构成盗窃罪和破坏公用电信设施罪的，依照处罚较重的规定定罪处罚

关键词

公用电信设施　盗窃罪　破坏公用电信设施罪

最高人民法院司法解释

第三条第二款　盗窃公用电信设施价值数额不大，但是构成危害公共安全犯罪的，依照刑法第一百二十四条的规定定罪处罚；盗窃公用电信设施同时构成盗窃罪和破坏公用电信设施罪的，依照处罚较重的规定定罪处罚。

——《最高人民法院关于审理破坏公用电信设施刑事案件具体应用法律若干问题的解释》(2004年12月30日，法释〔2004〕21号)。

附录：司法信箱

问题：2007年5月10日凌晨，嫌疑人汪某、姚某用钢锯、刀将江西省萍乡市电信局铺设的通信电缆锯断91米，二人欲将电缆搬离现场时被当场抓获。经价格认证中心鉴定，被割的电缆价值3013元。对于汪某、姚某的盗窃行为是否应定罪处罚，法院有两种不同意见。第一种观点认为，二人以非法占有为目的，采取秘密手段盗窃通信电缆，数额较大，其行为构成盗窃罪（未遂），可比照既遂犯从轻处罚；第二种观点认为，根据《最高人民法院关于审理盗窃案件具体应用法律若干问题的解释》第1条第2项“盗窃未遂，情节严重，如以数额巨大的财物或者国家珍贵文物等为盗窃目标的，应当定罪处罚”之规定，盗窃未遂，情节不严重且数额未达到巨大的，不应当定罪处罚。请问以上哪一种观点正确？

《人民司法》研究组认为：根据《最高人民法院关于审理盗窃案件具体应用法律若干问题的解释》第1条第2项规定，盗窃未遂，情节严重，如以数额巨大的财物或者国家珍贵文物等为盗窃目标的，应当定罪处罚。而该解释第3条第2项规定，个人盗窃公私财物价值人民币5000元至20000元以上的.为数额巨大。本案涉案的盗窃金额未达到数额巨大，不属于盗窃未遂情节严重的行为，故不宜以盗窃罪（未遂）定罪处罚。如经审查，被告人的行为已符合破坏公用电信设施罪的构成条件，可依法以该罪追究其刑事责任。

——《人民司法·应用》2010年第21期（总第608期）。

833. 行为人盗取移动代理商手机SIM卡后，代理商从移动公司获得该SIM卡返利时盗窃数额的计算

关键词

盗窃罪　SIM卡返利

《刑事审判参考》指导案例

汪李芳盗窃案（《刑事审判参考》指导案例第796号）

裁判要点：被害代理商在行为人盗窃既遂后从移动公司获取的销售手机SIM卡的返利应当在认定盗窃数额时扣除。

（一）检察机关以每张 55 元（标准卡、新畅听卡）、35 元（轻松卡）的价格认定手机 SIM 卡价值的抗诉理由不能成立

根据最高人民法院 1998 年出台的《关于审理盗窃案件具体应用法律若干问题的解释》（以下简称《解释》）第五条的规定，被盗物品的价格，应当以被盗物品价格的有效证明确定。对于不能确定的，应当区别情况，根据作案当时、当地的同类物品的价格以人民币核价计算。对于流通领域的商品，按市场零售价的中等价格计算；属于国家定价的，按国家定价计算；属于国家指导价的，按指导价的最高限价计算。单位和公民的生产资料、生活资料等物品，原则上按购进价计算；但作案当时市场价高于原购进价的，按当时市场价的中等价格计算。

本案审理过程中，控辩双方对如何理解适用《解释》第五条的规定存在不同意见。我们认为，《解释》第五条虽然规定以被盗物品价格的有效证明确定被盗物品价值，未考虑个别情况下返利对个体定价的调整影响，但其精神主旨贯彻了实事求是和存疑有利于被告人的认定原则。同时，刑事案件中对被盗物品的估价属于资产评估的一种，资产评估的基本原理应当同样适用于对被盗物品的估价。

根据国际通行的《国际评估准则》的界定，资产评估中的市场价值是指资产在评估基准日公开市场上最佳使用状态下最有可有可能实现的交换价值的估计值。由上述概念可知，移动公司以每张 55 元（标准卡、新畅听卡）、35 元（轻松卡）销售给代理商手机 SIM 卡的价格，只是移动公司的单方定价，这一价格并不能准确反映手机 SIM 卡的公开市场价格。因为任何一个有理智的经济人，在明知不夜城手机市场手机 SIM 卡的实际售价比移动公司给其代理商的价格低 20 元左右的情况下，都不会愿意向移动公司购买手机 SIM 卡。因此，检察机关以每张 55 元（标准卡、新畅听卡）、35 元（轻松卡）的价格认定手机 SIM 卡的价值违背了价格评估原理，其抗诉理由不能成立。

（二）被害单位在被告人盗窃既遂后取得返利，在评估被窃手机 SIM 卡价值时宜采用成本法扣除返利

资产评估的基本方法有市场比较法、成本法、收益法三种。市场比较法是指在资产市场上寻找与被评估资产相类似的参照物的成交价，然后对被估资产与参照物之间的差异进行调整，将参照物的成交价视作被估资产的评估值。成本法是指按现时市场条件重新购建与被评估资产功能相同的处于全新状态下的资产的评估值。收益法是指通过估测被评估资产的未来预期收益，并将其按一定的折现率或者资本化率折成现值，以确定该项资产的评估值。资产评估方法存在多样性和可选择性，选择何种资产评估方法受到所搜集数据和信息资料、资产评估目的等因素的制约。在刑事案件中，资产评估往往是被告人定罪量刑的重要依据，以估测被评估资产的未来预期收益为方法的

收益法不适用于刑事案件，价格认证机构通常采取市场比较法或者成本法评估涉案物品的价值。

本案二审审理期间，上海市价格认证中心对被窃手机 SIM 卡进行了估价（原审曾委托上海市闸北区物价局进行估价，但该局以无实物等为由不予估价），认定本案被窃手机 SIM 卡价值 9 万余元，即将金舟公司的购置成本价减去返利数额。上海市价格认证中心认为：（1）移动公司确定的 55 元（标准卡、新畅听卡）和 35 元（轻松卡）的价格，仅仅是一种价格符号，其代理商在市场上的实际公开售价远远低于上述价格，因此本案无论采用何种方法进行价格鉴定，都不可能得出 17 万余元的价格鉴定意见；（2）价格鉴定的主要方法有市场比较法、成本法和收益法三种，具体选择何种方法对涉案物品财产进行价格鉴定，目前尚无有关法律法规明确规定，实践中一般是由价格认证机构根据涉案物品的具体情况和委托方的要求选择使用：本案手机 SIM 卡的市场销售价格各不相同，且代理商可能以涉及商业秘密为由拒绝提供手机 SIM 卡的具体销售信息，因此以市场法进行估价鉴定在技术条件上存在障碍，采用成本法进行价格鉴定更接近于客观事实。这一认定方法与原审法院的认定方法基本相同，但原审法院判决书中有关以被害人的损失数认定盗窃数额的表述不够确切、妥当。

根据被害单位法定代表人凌翱的陈述，以及不夜城手机市场其他经营者智凤英、高兵蕾、洪大明、汤冲等人的证言，上述手机 SIM 卡的成本价为 32 元（标准卡、新畅听卡）和 18 元（轻松卡），在不夜城手机市场的售价接近成本价，可能高于成本价 2 元至 3 元销售。由于代理商不愿或者无法提供其销售手机 SIM 卡的具体数量和相应价格，使上述手机 SIM 卡的"市场零售价的中等价格"无法确定，但可以肯定的是上述手机 SIM 卡的成本价非常接近"市场零售价的中等价格"，基本等于"市场零售价的中等价格"。因此，以成本价 32 元（标准卡、新畅听卡）和 18 元（轻松卡）认定本案被窃手机 SIM 卡的价值，符合资产评估原理。

金舟公司从移动公司购进的 SIM 卡的定价明显高于公开市场成本价，返利后的 SIM 卡价格与市场公开成本价基本维系平衡。因此，一审法院认定被窃手机 SIM 卡价值时扣除返利，以成本价认定被窃手机 SIM 卡价值 9 万余元是正确的。

——最高人民法院刑事审判第一、二、三、四、五庭主办：《刑事审判参考》2012 年第 4 集（总第 87 集），法律出版社 2013 年版，第 49~54 页。

834. 商业秘密不能成为盗窃、诈骗、职务侵占等侵财型犯罪的对象

关键词

侵犯商业秘密罪　侵财型犯罪　犯罪对象

附录：司法信箱

问题：随着经济的发展，现在侵犯商业秘密的案子越来越多，有的将窃取的商业秘密销赃后获取巨额非法利益；有的作为技术出资与人合办公司；也有的供自己使用。目前处理此类案子，一般都以侵犯商业秘密定性，可许多案了因达不到给权利人造成50万元以上损失或损失难以鉴定而无法立案。这种只追求是否给权利人造成50万元以上损失的做法，往往忽视了商业秘密本身就具有价值，可以出售、转让的客观事实，因此，即使行为人将窃取的商业秘密出售他人获取了巨额利益，也会觉得无法处理。这无异于放纵犯罪。我们认为，对这类案子，即使够不上侵犯商业秘密罪，只要该商业秘密本身能鉴定出具有一定价值，或经行为人销赃、用于出资等行为体现出了价值，也应依法以其侵犯商业秘密的手段，如盗窃、职务侵占等定性定罪。请问以上观点是否正确。

《人民司法》研究组认为：商业秘密是一种特殊的财产。在《刑法》第二百一十九条专门规定侵犯商业秘密罪，对商业秘密作出特别保护之后，商业秘密就不能再成为盗窃、诈骗等侵财型犯罪的对象。对以盗窃、利诱、胁迫或者其他不正当手段获取权利人的商业秘密，给商业秘密的权利人造成重大损失的，应以侵犯商业秘密罪论处；非法获取他人商业秘密，但尚未给权利人造成重大损失的，不构成侵犯商业秘密罪，也不能以盗窃罪、诈骗罪等追究行为人的刑事责任，而可由权利人通过民事程序追究侵权人的民事责任。

——《人民司法·应用》2011年第3期（总第614期）。

835. 将电信卡非法充值后使用，盗用他人上网账号、密码上网，造成电信资费损失数额较大的，以盗窃罪定罪处罚

关键词

电信卡　充值　电信资费　盗用上网账号、密码　盗窃罪

最高人民法院司法解释

第七条　将电信卡非法充值后使用，造成电信资费损失数额较大的，依照刑法第二百六十四条的规定，以盗窃罪定罪处罚。

第八条　盗用他人公共信息网络上网账号、密码上网，造成他人电信资费损失数额较大的，依照刑法第二百六十四条的规定，以盗窃罪定罪处罚。

——《最高人民法院关于审理扰乱电信市场管理秩序案件具体应用法律若干问题的解释》(2000 年 5 月 12 日，法释〔2000〕12 号)。

《刑事审判参考》指导案例

程稚瀚盗窃案（《刑事审判参考》指导案例第 602 号）

裁判要点：充值卡的明文密码及与之相对应的密码共同代表着一定金额的电信服务，该密码本身具有一定的财产价值，属于财物范畴，能够作为盗窃罪的对象。非法侵入移动公司充值中心修改充值卡数据，并将充值卡明文密码出售的行为属于将电信卡非法充值后使用，构成盗窃罪。

（一）充值卡明文密码可以成为盗窃罪的犯罪对象。

如最高人民法院在《关于审理盗窃案件具体应用法律若干问题的解释》第一条第三项中，将诸如电力、煤气、天然气等无形财产划入盗窃对象“公私财物”的范围之内，第八条将股票这种权益凭证也归入盗窃犯罪对象之中。《刑法》第二百六十五条更是将代表一定财产权益的电信码号等作为了盗窃对象，最高人民法院在《关于审理扰乱电信市场管理秩序案件具体应用法律若干问题的解释》第八条也明确规定，盗用他人公共信息网络上网账号、密码上网，造成他人电信资费损失数额较大的构成盗窃罪。由上可见，代表或可代表一定数额的财产权益、有别于传统财物形式的诸如账号、密码、虚拟货币等也可成为盗窃罪的犯罪对象。本案中所涉及的充值卡明文密码代表了一定金额的经济价值，可被人控制、使用并发挥其经济价值功效，属于一种可以即时兑现权益的财产权证，可以成为盗窃罪的犯罪对象。

（二）非法侵入移动公司充值中心修改充值卡数据，并将充值卡明文密码出售的行为属于将电信卡非法充值后使用，构成盗窃罪。

本案中，程稚瀚闯入移动公司充值中心，利用已充值、失去经济效用的充值卡序列号，将充值与否的数据改为未充值状态，随机设定一个密文密码后，再利用其所掌握的计算机算法，生成一个与之对应的明文密码，该行为的实质并非窃取现成的未充值明文密码，而是对已作废的充值卡进行非法再充值，即属于无中生有，并由此具备了用户充值使用的功能。程稚瀚将充值卡非法充值后，有两种处理途径，一种是自己充值并予以使用，另一种是将明文密码出售给他人由他人进行充值并予以使用，不论采取哪种途径，对于程稚瀚而言均实现了充值卡的经济价值，而对于移动公司而言均会造成电信资费的损失。因此，不论程稚瀚采取何种处理方式均是属于《解释》第七条所规定的将电信卡非法充值后使用的一种方式，给移动公司造成了资费损失，应当构成盗窃罪。

——最高人民法院刑事审判第一、二、三、四、五庭主办：《刑事审判参考》2010 年第 1 集（总第 72 集），法律出版社 2010 年版，第 38~46 页。

陈某盗窃案（《刑事审判参考》指导案例第 795 号）

裁判要点：窃取公司提供充值服务的密保卡数据，并进行非法充值，使公司 QQ 密保卡对应的等值服务资费遭受损失的，构成盗窃罪，盗窃数额应当按照 QQ 密保卡对应的等值服务资费实际受到的损失认定。

（一）窃取公司提供充值服务的密保卡数据并进行非法充值的，符合盗窃罪的构成特征

1. 从客体分析，充值后的 QQ 密保卡承载腾讯公司提供的等值服务资费，具有财产属性，属于公私财物

首先，QQ 密保卡是持卡人支付对价后取得有偿网络服务的指令媒介。本案中，某公司为腾讯公司制作的 QQ 密保卡本身不具有财产性，但该密保卡是为 QQ 用户提供充值服务的一种服务卡，QQ 用户通过向腾讯公司支付一定的人民币购买 QQ 密保卡后就能对其 QQ 账户进行充值，进而获得腾讯公司提供的等值服务，这种有偿服务使密保卡具备了财产性。被告人陈某用其复制的 QQ 密保卡对 QQ 账户进行非法充值，使其本人和朋友可以获得腾讯公司提供的 5030 元的等值服务，导致腾讯公司对应的等值服务资费 5030 元遭受损失。

其次，QQ 密保卡对应的等值服务资费应当纳入刑法保护的范围。刑法规定的财物，通常是指传统观念中以实物形态存在的、有形的、具有经济价值的物质。然而，随着经济社会的发展，财物的存在形态发生了巨大的变化，部分财物开始以非实物形态存在。如随着通讯技术的发展，网民可以随时利用网络服务卡消费相当于货币使用的有价财产权益，网络服务卡基于其便利、安全的充值功能，已受到网民的广泛使用。虚拟财产作为盗窃的犯罪对象已日渐得到司法部门的认同，如相关司法解释已经将电力、煤气等无形财产以

及代表一定财产权益的电信卡等作为盗窃的对象。最高人民法院 2000 年 5 月 12 日出台的《关于审理扰乱电信市场管理秩序案件具体应用法律若干问题的解释》(以下简称《电信解释》) 第七条规定："将电信卡非法充值后使用，造成电信资费损失数额较大的，依照刑法第二百六十四条规定，以盗窃罪定罪处罚。" 第八条规定："盗用他人公共信息网络上网账号、密码上网，造成他人电信资费损失数额较大的，依照刑法第二百六十四条的规定，以盗窃罪定罪处罚。" 本案 QQ 密保卡上的数据与《电信解释》规定的公共信息网络上网的账号、密码在本质上相似，具备承载和保护一定数额的无形财产的功能，具有普通财物所具有的使用价值和交换价值。因此，陈某盗窃 QQ 密保卡上的数据并进行非法充值，致使腾讯公司对应的等值服务资费遭受损失的行为，也可以按盗窃罪定罪处罚。

2. 从主观方面分析，陈某具有非法占有的目的

陈某利用复制的 QQ 密保卡数据为本人及他人的 QQ 账户进行充值，其目的是无偿获得腾讯公司提供的 5030 元等值服务，其主观上具有非法占有目的。

3. 从客观方面分析，陈某的行为符合秘密窃取特征：陈某将密保卡数据秘密复制到 TransFlash 卡，并通过密保卡对其本人及其朋友的 QQ 进行充值，是在其本人所在公司和腾讯公司都不知情的情况下实施的，因此陈某的行为符合秘密窃取的本质特征。

4. 陈某的行为不构成职务侵占罪

行为人在侵占财物时利用职务上的便利是认定职务侵占罪的构成要件。本案中，陈某仅是某公司的一名普通员工，并非所窃财物的主管或经手人员，其只是利用容易接近作案目标、熟悉工作环境等有利条件，即只是利用工作条件的便利，复制了密保卡数据，与职务侵占所要求的行为方式明显不同，不构成职务侵占罪。

综上，陈某秘密复制 QQ 密保卡上的数据并进行非法充值，致使腾讯公司 5030 元等值服务资费遭受损失，其行为与秘密窃取腾讯公司财产实质上无异，符合盗窃罪的构成要件，应当按照盗窃罪定罪处罚。

（二）被告人复制 QQ 密保卡数据并进行非法复制的行为是否构成盗窃既遂？如何认定被告人的盗窃数额？

根据"失控加控制说"的通说标准，陈某的行为应当认定为盗窃罪既遂。一方面，盗窃既遂与未遂的区分在刑法理论界一直存在争议。盗窃既遂的认定标准主要有"接触说""转移说""藏匿说""损失说""失控说""控制说""失控加控制说"等多种观点，目前"失控加控制说"是我国刑法理论界的通说。"失控加控制说"主张以被盗财物是否脱离所有人或者保管人的控制并且实际置于行为人控制之下为标准，如果被盗财物已脱离所有人或者保管人控制并

且已实际置于行为人控制之下，应当认定为盗窃罪既遂；反之，就应认定为盗窃罪未遂。本案中，密保卡本身不是财产，但因获得腾讯公司的等值服务而具有财产属性。被害单位实际失去控制的是与密保卡对应的等值服务资费（5030 元）。陈某秘密窃取密保卡的数额并非法充值后，该部分财产即脱离了公司的控制，即已实际处于陈某可自由支配的状态，故此时盗窃行为即告完成，在停止形态上应当认定为既遂。另一方面，一个犯罪行为既遂之后就不可能再存在预备、中止、未遂等犯罪形态，更不可能出现部分行为既遂、部分行为未遂的情况。既然陈某的犯罪行已经既遂，行为人事后对赃物的处理以及被害人事后为防止损失扩大而采取的止损措施，都是犯罪实施后的行为，对盗窃行为人的犯罪停止形态不构成任何影响。因此，行为人是否将全部密保卡充值使用，只能作为量刑情节予以考虑，不会改变行为本身的性质与犯罪停止形态。

2. 按实际财产损失认定盗窃数额，体现了相关司法解释规定的精神

本案被告人陈某仅充值了少部分 QQ 密保卡，对其犯罪数额如何确定，暂无法律及司法解释作出明确规定。然而，通过对比分析，按照实际财产损失认定盗窃数额更有利于实现罪刑均衡。首先，如果以复制数据所涉密保卡的卡面金额认定盗窃数额，则充值金额与卡面金额差距越大，对行为人的处罚就显偏重，这与当前刑事审判量刑规范化的精神是背道而驰的。其次，据《最高人民法院关于审理盗窃案件具体应用法律若干问题的解释》（以简称《盗窃解释》）第一条的规定，盗窃数额是指行为人窃取的公私财物的数额。行为人窃取的财物数额，应当是指被害方因行为人的窃取行为而实际失去控制的财产损失。本案中，陈某通过秘密手段窃取 QQ 密保卡上的数据进行充值，其行为实质上是使腾讯公司本应获得的等值服务资费（5030 元）遭受损害。再次，根据《盗窃解释》第十条的规定，盗窃信用卡使用的，以盗窃罪定罪处罚，其盗窃数额应当根据行为人盗窃信用卡使用的数额认定。被盗无记名信用卡一旦到手，行为人即达到非法控制的目的，这与窃取密保卡数据进行非法充值的性质比较相似，因此，可以比照《盗窃解释》的规定认定陈某的盗窃数额。最后，根据《电信解释》第七条的规定，将电信卡非法充值后使用，造成电信资费损失数额较大的，按照电信资费损失数额以盗窃罪定罪处罚。电信资费与本案密保卡对应的等值服务资费都属于非实体财产，因此参照非法充值电信资费的相关规定，以实际财产损失认定本案盗窃数额比较符合实践做法，有利于量刑平衡。综上，D 市第三人民法院认定被告人陈某构成盗窃罪，并以腾讯公司实际所受财产损失认定盗窃数额是正确的。

——最高人民法院刑事审判第一、二、三、四、五庭主办：《刑事审判参考》2012 年第 4 集（总第 87 集），法律出版社 2013 年版，第 43~48 页。

836. 对侵入银行计算机系统窃取银行资金的行为构成盗窃罪

关键词

盗窃罪　侵入计算系统　非法占有目的

《最高人民法院公报》案例

江苏省扬州市人民检察院诉郝景文、郝景龙盗窃案（判决时间：2000 年 1 月 29 日，二审法院：江苏省高级人民法院）

裁判摘要：共同被告人以非法占有为目的，采用秘密方法将自制的侵入银行计算机系统装置与银行计算机连通后，秘密将银行资金 72 万转入其事先开、立的个人账户，从而非法占有资金，其行为构成盗窃罪，而非诈骗罪。共同犯罪中可认定共同被告人均系主犯。协助侦查机关抓获同案犯，不以立功论。

——《最高人民法院公报》2000 年第 2 期。

837. 利用病毒程序秘密窃取他人网上银行存款的行为构成盗窃罪

关键词

盗窃罪　窃取银行账号

《最高人民法院公报》案例

南京市玄武区人民检察院诉余刚等四人盗窃案（判决时间：2005 年 3 月 18 日，一审法院：南京市玄武区人民法院）

裁判摘要：根据《刑法》第 264 条的规定，被告人利用编写、传播病毒程序在网上窃取他人的银行账号、密码，窃取或实际控制他人网上银行账户内存款的行为，构成盗窃罪。

——《最高人民法院公报》2005 年第 8 期。

838. 窃取网络虚拟财产的行为构成盗窃罪

关键词

盗窃罪　网络虚拟财产　实际财物损失

《最高人民法院公报》案例

上海市黄浦区人民检察院诉孟动、何立康网络盗窃案（判决时间：2006年6月26日，一审法院：上海市黄浦区人民法院）

裁判摘要：

1. 行为人通过网络实施的虚拟行为如果对现实生活中刑法所保护的客体造成危害构成犯罪的，应当受刑罚惩罚。

2. 秘密窃取网络环境中的虚拟财产构成盗窃罪的，应当按该虚拟财产在现实生活中对应的实际财产遭受损失的数额确定盗窃数额。虚拟财产在现实生活中对应的财产数额，可以通过该虚拟财产在现实生活中的实际交易价格来确定。

3. 盗窃罪的犯罪对象是种类繁多的公私财物，盗窃公私财物的种类不同，认定盗窃既遂、未遂的方法就会不同。审判实践中，不存在唯一的具体案件盗窃未遂认定标准，应当根据《刑法》第23条规定的“着手实行犯罪”“犯罪未得逞”“犯罪未得逞是由于犯罪分子意志以外的原因”等三个条件，结合盗窃财物种类等具体情况，认定盗窃犯罪行为是否未遂。行为人在网络中盗窃他人的虚拟财产，只要盗窃行为已实现了非法占有该虚拟财产在现实生活中所对应的被害人财产，理当认定犯罪既遂。至于行为人是否对赃物作出最终处理。以及被害人事后是否追回该虚拟财产，均与行为人已完成的犯罪形态无关。

二、Q币和游戏点卡是腾讯公司、网易公司在网上发行的虚拟货币和票证，是网络环境中的虚拟财产。用户以支付真实货币的方式购买Q币和游戏点卡后，就能得到发行Q币和游戏点卡的网络公司提供的等值网上服务，因此Q币和游戏点卡体现着网络公司提供网络服务的劳动价值。被害单位茂立公司是Q币和游戏点卡的代理销售商，按照合同约定的折扣，通过支付真实货币，从腾讯公司、网易公司得到Q币和游戏点卡。茂立公司付出对价后得到的Q币和游戏点卡，不仅是网络环境中的虚拟财产，也代表着茂立公司在现实生活中实际享有的财产，应当受刑法保护。

三、《刑法》第 2 条规定："中华人民共和国刑法的任务，是用刑罚同一切犯罪行为作斗争，以保卫国家安全，保卫人民民主专政的政权和社会主义制度，保护国有财产和劳动群众集体所有的财产，保护公民私人所有的财产，保护公民的人身权利、民主权利和其他权利，维护社会秩序、经济秩序，保障社会主义建设事业的顺利进行。"刑法所指的犯罪行为，是发生在现实生活中的行为，刑法所要保护的财产，也是现实生活中的财产。网络环境是对现实生活的虚拟，网络中充斥着大量凶杀、打斗、抢劫、盗窃等在现实生活中被法律禁止的虚拟行为。如果网络环境中的虚拟行为没有危害现实生活中刑法所保护的客体，则不是需要刑法来规范的行为。但是，如果虚拟行为对现实生活中刑法所保护的客体造成危害构成犯罪，就应当受刑罚惩罚。《刑法》第 264 条规定："盗窃公私财物，数额较大或者多次盗窃的，处三年以下有期徒刑、拘役或者管制，并处或者单处罚金；数额巨大或者有其他严重情节的，处三年以上十年以下有期徒刑，并处罚金；数额特别巨大或者有其他特别严重情节的，处十年以上有期徒刑或者无期徒刑，并处罚金或者没收财产；有下列情形之一的，处无期徒刑或者死刑，并处没收财产：（一）盗窃金融机构，数额特别巨大的；（二）盗窃珍贵文物，情节严重的。"被告人孟动、何立康以非法占有为目的，在网上实施侵入茂立公司账户并秘密窃取 Q 币和游戏点卡的行为，这个行为侵犯了茂立公司在现实生活中受刑法保护的财产权利，当然构成盗窃罪，应该受刑罚惩罚。

四、数额是盗窃罪定罪量刑的关键情节。如何计算网上秘密窃取 Q 币和游戏点卡的盗窃数额，目前没有明确规定。网络用户取得 Q 币和游戏点卡的方式，除了支付现实货币购买外，还可以通过网络游戏中的不断"修炼"而获得。这后一取得方式使 Q 币和游戏点卡的价格变得模糊。前已述及，网络公司在网上发行 Q 币和游戏点卡，目的是回收网络用户对其提供的网上服务支付的报酬，Q 币和游戏点卡体现着网络公司提供网络服务的劳动价值。因此，Q 币和游戏点卡在现实生活中对应的财产数额，可以通过其在现实生活中的实际交易价格来确定。至于网络用户在网络游戏中通过不断"修炼"而获得的 Q 币和游戏点卡，只是网络公司吸引客户用的一种手段。这部分 Q 币和游戏点卡由于不参加网络公司与网络用户之间的交换，因此不影响 Q 币和游戏点卡的交易价格。

Q 币和游戏点卡在现实生活中的交易价格有多种：1. 网络公司在网上标出的销售价格；2. 网络用户在网外互相交易形成的价格；3. 网络公司与代理商之间交易的价格；等等。具体到本案说，应当以网络公司与代理商之间的实际交易价格来确定被盗 Q 币和游戏点卡在现实生活中对应的财产数额。因为行为人实施盗窃行为，被害人的财产一般就会受到相应的损失，盗窃数额与被害人受到的财产损失密切相关。毕竟只有现实生活中受犯罪行为侵害的公私财产，才是刑法要保护的客体。本案中，用被害单位茂立公司与腾讯公司、网易公司在合同中约定的交换价格来计算被盗Q币和游戏点卡在现实生活中代表的财产数额，能准确反映茂立公司遭受的财产损失。在目前对Q币和游戏点卡的盗窃数额如何计算没有明确规定的情形下，起诉书没有按网上公认的Q币和游戏点卡销价计算，而是按照茂立公司购进时实际支付的价格认定盗窃数额，不仅有其合理性，而且也有充分的证据，应予认定。对本案被盗Q币和游戏点卡在现实生活中对应的财产数额，无需经权威机构作价格鉴定。[注：根据最高人民法院《关于审理盗窃案件具体应用法律若干问题的解释》第5条第1项1目规定，盗窃传统流通领域里的商品，按市场零售价的中等价格计算盗窃数额。]

五、被告人孟动、何立康通过互联网窃取被害单位茂立公司的Q币，茂立公司发现后及时通知了Q币的发行单位腾讯公司，腾讯公司在网上通过封存方式，帮助茂立公司追回15019个Q币。对追回的这部分Q币，辩护人认为是犯罪未遂，依法可减轻处罚。

《刑法》第23条规定："已经着手实行犯罪，由于犯罪分子意志以外的原因而未得逞的，是犯罪未遂。"盗窃罪未遂的认定标准，理论界历来有接触说、转移说、藏匿说、损失说、失控说、控制说等多种观点。这是因为盗窃罪的犯罪对象是种类繁多的公私财物，盗窃公私财物的种类不同，认定盗窃既遂、未遂的方法就会不同。审判实践中，具体盗窃案件不存在唯一的盗窃未遂认定标准，只能根据法律规定的"着手实行犯罪""犯罪未得逞""犯罪未得逞是由于犯罪分子意志以外的原因"等三个条件，结合盗窃财物种类，认定犯罪既遂或者未遂。

被害单位茂立公司控制的Q币，对应着该公司在现实生活中享有的财产。被告人孟动、何立康通过互联网窃取茂立公司的Q币，是想非法占有这部分Q币所对应的茂立公司在现实生活中享有的财产。本案事实证明，何立康着手实施秘密窃取行为后，Q币瞬间即脱离了茂立公司的控制，到了孟动指定的买家账户，孟动在770号牡丹卡上收到了买家汇款。此时二人的盗窃行为已经完成，实施该行为要达到的非法占有目的也已经达到，理当认定犯罪既遂。至于何立康将一部分Q币转往自己与朋友的账户内，是二人对赃物的处理问题；腾讯公司通过封存方式在网上追回15019个Q币，是被害单位挽回财产损失的一种手段，均与二人的犯罪形态无关。

——《最高人民法院公报》2006年第11期。

附录：最高人民法院主流观点

关于网络盗窃虚拟财产行为的定性。从境外刑事立法和司法来看，鲜有将盗窃网络虚拟财产的行为以盗窃罪论处的。而从我国目前的相关规定来看，虚拟财产的财产属性不明。对于盗窃网络虚拟财产的行为，目前宜以非法获取计算机信息系统数据罪定罪处罚。[《民法典》对此也采取了回避态度，第127条规定："法律对数据、网络虚拟财产的保护有规定的，依照其规定。"当然，如果未来相关民事法律明确虚拟财产的财产属性，作为其他部门法的保障法的刑法再行跟上，对于盗窃虚拟财产的行为适用盗窃罪等财产犯罪，我们亦持支持态度。]具体而言，对于非法获取虚拟财产的案件，究竟适用非法获取计算机信息系统数据罪还是破坏计算机信息系统罪，需要进一步判断行为方式。需要注意的是，破坏计算机信息系统罪在客观上要求行为人要对计算机信息系统功能进行删除、修改、增加、干扰，造成计算机信息系统不能正常运行，或者是对系统中存储、处理或传输的数据和应用程序进行删除、修改、增加的操作。因此，如果行为人并未实施上述行为，仅仅是非法获取计算机信息系统数据的，只能适用非法获取计算机信息系统数据罪。

——胡云腾主编：《刑法罪名精释（第五版）》，人民法院出版社2022年版，第939~940页。

839. 私自开走他人忘记锁闭的汽车的行为构成盗窃罪

关键词

盗窃罪　侵占罪　遗忘物　机动车辆

《最高人民法院公报》案例

西安市人民检察院诉韦国权盗窃案（判决时间：2005年12月26日，二审法院：陕西省高级人民法院）

裁判摘要：机动车为具有特殊属性的物，所有权人必须以所有权凭证来主张自己的所有权。机动车交易只有在办理过户登记手续后，才发生所有权的转移。同时，机动车车牌登记制度也进一步增强了所有人或占有人对车辆的控制力。因此，即使机动车所有人或者占有人在离开车辆时忘记关闭车窗、车灯，将车钥匙忘记在车上，也不能认定其完全丧失对车辆的控制，并由此推定该机动车属于遗忘物。在此情形下，行为人出于非法占有的目的，以秘密窃取的方式取得该机动车辆的，应当以盗窃罪定罪处罚。

对于涉案物品是否属于"遗忘物"，应当就案件的具体情形，参酌日常社会生活的准则加以判断。对于财物来说，一般以是否能够移动并且移动后是否损害其经济价值为标准，可分为动产和不动产。有一类动产较为特殊，例如机动车、船舶等，它们虽可移动，且移动后也不会影响其经济价值，但是这类财物的价值较大，所有人必须以所有权凭证来主张自己的所有权，相关交易，必须经办理过户登记手续，所有权才发生转移。它们的物权变动遵照不动产物权变动的规则，具有区别于一般动产的特性。对于一般的动产而言，成为遗忘物的外部表现形式为物品附近没有人或者无人对该物品声明支配。但是对于机动车这类财产的占有支配，不以特别声明为必要，也不以持续不断的实际控制为先决条件，司机离开车辆，并不意味着完全失去对机动车的控制。另一方面，从社会日常生活观念来看，所有人或占有人对停放在路边的机动车的支配关系也并不因车窗未关、车门未锁、钥匙未拔而受影响，即使机动车辆的外在表现形式为暂时无人支配，也能从常理推断该车并非被人遗忘。故涉案机动车虽未关窗、关门，没拔钥匙，亦不能推定其是遗忘物。

本案上诉人韦国权实施了秘密窃取的盗窃行为。秘密窃取是指行为人主观上自认为采取了不会被财物的所有人、保管者或者经手者发觉的方法，将财物非法占有的行为。这种秘密手段是相对于财物的所有人、保管者或者经手者而言，并非旁人确实不知或者不能发现。本案中，涉案车辆车窗未关、车门未锁、钥匙未拔的不正常状况，不仅为韦国权实施盗窃行为创造了便利条件，也使得其采取的秘密手段的表现形式与一般盗窃犯罪中秘密手段（如撬门、砸窗等）的表现形式有所不同，但并不能据此认为韦国权的行为不是秘密的。韦国权是在发现车辆长时间无人管理后，潜入车中，并在确信不会被人发觉的情形下，将该车开走、藏匿，并挥霍、使用车内的财物。因此，韦国权在取得财物时，采取的是秘密窃取的非法手段。随后，韦国权在使用涉案车辆过程中，还更换了车牌号。机动车辆物权变动遵守不动产物权变动的规则，相关部门对机动车的管理也区别于一般动产，机动车牌号登记制度进一步增强了所有人或占有人对车辆的控制力。车辆丢失后，所有权人可以通过相关部门根据自己的车牌号找寻自己的车辆。因此，韦国权更换车牌的行为，实际是其秘密窃取行为的延续，借此导致机动车所有权人失去通过车牌寻找自己车辆的可能，从而实现其盗窃犯罪的目的。

上诉人韦国权在主观上有非法占有的目的。韦国权窃取车辆后，即发现了车主的身份证和联系电话，且其兄也多次敦促其归还，但韦国权一直置之不理，继续占有、使用该车，还更换车牌，对车辆进行多次维修，占有和使用该车长达9个月之久，直至被抓获。另外，韦国权还将车中存放的美元、生活物品加以挥霍、使用或藏匿。以上事实，足以认定韦国权主观上具有非法占有的目的。

根据本案的事实，上诉人韦国权的行为不是对遗忘物的占有，而是以非法占有为目的，秘密窃取他人财物，其行为构成盗窃罪，且盗窃数额特别巨大。案发后，韦国权积极赔偿被害人经济损失2万元，经查属实。鉴于韦国权能主动赔偿被害人经济损失，且被盗车辆已被追回，并未给失主造成太大经济损失，可依法酌情从轻处罚。

综上，上诉人韦国权关于"开走涉案车辆只是对他人遗忘物的非法侵占，没有非法占有的主观故意，不构成盗窃罪"的上诉意见缺少事实和法律依据，不能成立。一审判决认定事实清楚，量刑适当，审判程序合法，应予维持。

驳回上诉，维持原判。

——《最高人民法院公报》2006年第4期。

840. 在网络上利用出现系统故障的第三方支付平台，故意输入错误信息，无偿获取游戏点数的行为构成盗窃罪

关键词

抢劫罪　敲诈勒索罪　碰瓷

《刑事审判参考》指导案例

邓玮铭盗窃案（《刑事审判参考》指导案例第766号）

裁判要点：利用出现系统故障的网络第三方交易平台无偿获取游戏点数，且造成他人损失数额较大的行为构成盗窃罪，而非诈骗罪。

盗窃罪与诈骗罪在犯罪行为客观方面的表现不同。盗窃罪客观方面的表现是秘密窃取，即行为人采取不为财产权利人或保管人所知的秘密方式将所有人或保管人的财物占为己有。诈骗罪客观方面则表现为行为人通过虚构事实或者隐瞒真相的方法，使被害人产生错误认识，从而自愿交付财物、处分财产。

根据刑法理论上的通说观点，诈骗罪中的被害人必须是能够表示自己真实意思的人，即具有一定认识能力和意志能力的主体，否则就无从判断被害人是否有"错误认识"。对于机器是否属于"有意识的主体"，我们认为，人工智能及其操作系统和硬件（设施）如果处于正常工作状态，应当视为管理者意志的体现，可以认为是属于"有意识的主体"，故可以成为诈骗的对象。然而，处于故障状态的人工智能系统和机器因已经丧失独立的意思表示能力，不能正确识别相关代码，作出的决定不能代表其管理者的真实意志，不能代

表其管理者真正“处分”财物，不能成为诈骗的对象。本案中的“易宝支付”平台类似于出故障的 ATM 机器。出现故障的“易宝支付”未能正确识别支付代码，其下达的发货指令不能看作是其管理者和操作系统正常的意思表示和财产处分行为，因此邓玮铭的行为不构成诈骗罪。

盗窃罪中行为人秘密窃取的方式，是相对于财物的保管者或所有者而言的。本案中，邓玮铭利用出现故障的支付平台发出发货指令后，“易宝支付”系统的所有人通融通公司并不知道邓玮铭恶意输入虚假的卡号密码。等到创娱公司发现网络上有人低价兜售游戏点数进行核查时，才发现相关情况，并告知通融通公司，通融通公司才发现“易宝支付”系统发出错误指令，通融通公司继而对创娱公司作了相应赔付，最终通融通公司成为本案的被害人。

——最高人民法院刑事审判第一、二、三、四、五庭主办：《刑事审判参考》2012 年第 2 集（总第 85 集），法律出版社 2012 年版，第 66~70 页。

841. 盗窃违禁品的行为构成盗窃罪

关键词

盗窃罪　盗窃毒品

最高人民法院司法解释

第一条第四款　盗窃毒品等违禁品，应当按照盗窃罪处理的，根据情节轻重量刑。

——《最高人民法院、最高人民检察院关于办理盗窃刑事案件适用法律若干问题的解释》(2013 年 4 月 2 日，法释〔2013〕8 号)。

842. 将银行卡租给他人使用后，通过挂失、补卡等手段将银行卡内租用人的存款占为己有，以盗窃罪定罪处罚

关键词

盗窃罪　侵占罪　出租银行卡

《最高人民法院公报》案例

上海市黄浦区人民检察院诉崔勇、仇国宾、张志国盗窃案（判决时间：2010 年 9 月 7 日，二审法院：上海市第二中级人民法院）

裁判摘要：行为人将银行卡出租给他人使用，租用人更改银行卡密码后，因使用不慎，银行卡被 ATM 机吞掉。行为人出于非法占有的目的，利用租用人请求其帮助取卡之机，在租用人掌握密码并实际占有、控制银行卡内存款的情况下，通过挂失、补卡等手段将银行卡内租用人的存款取出并占为己有，其行为属于秘密窃取他人财物，应以盗窃罪定罪处罚。

一、被告人崔勇、仇国宾、张志国主观上具有非法占有他人财物的目的

根据被告人崔勇、仇国宾、张志国的当庭供述、被害人牟驰敏的陈述以及证人罗长影、陈亚的证言，可以认定三被告人均明知仇国宾名下的涉案银行卡内的钱款不属仇国宾所有，而是牟驰敏存储的个人财产。当涉案银行卡被吞、牟驰敏要求仇国宾帮助领取银行卡时，三被告人不是协助取回涉案银行卡并交还牟驰敏，而是积极实施挂失、补卡、取款、转账等行为，将卡内钱款瓜分，明显具有非法占有他人财物的目的。

二、被告人崔勇、仇国宾、张志国的行为具有秘密窃取的性质

盗窃罪中的"秘密窃取"是指行为人采用自认为不被财物所有者或保管者当场发觉的手段，违背财物所有者或保管者的意志，将财物转移为自己或第三者占有的行为。盗窃罪中的"秘密窃取"具有主观性、相对性、当场性的特征。主观性是指行为人主观上自认为盗窃行为不会被发觉，至于实际上是否被发觉，不影响"秘密窃取"的成立；相对性是指行为人自认为盗窃行为不会被财物的所有者或保管者发觉，至于是否会被第三者发觉，不影响"秘密窃取"的成立；当场性是指行为人自认为在实施盗窃行为当时不会被发觉，至于事后是否被发觉，不影响"秘密窃取"的成立。本案中，三被告人虽然是公然实施挂失、补卡、取款、转账等行为，但被害人并没有当场发觉，更无法阻止三被告人的行为。被害人虽然对三被告人可能侵犯其财产存在怀疑和猜测，并在案发后第一时间察觉了三被告人的犯罪行为，但这与被害人当场发觉犯罪行为具有本质区别。因此，三被告人的行为完全符合盗窃罪"秘密窃取"的特征。

三、被告人崔勇、仇国宾、张志国的行为符合盗窃罪"转移占有"的法律特征

涉案银行卡被吞后，被害人牟驰敏虽然失去了对卡的实际控制，但基于掌握密码，并未丧失对卡内钱款的占有和控制。被告人崔勇、仇国宾、张志国如果仅仅协助被害人取回涉案银行卡，不可能控制卡内钱款。三被告人是通过积极地实施挂失、补办新卡、转账等行为，实现了对涉案银行卡内钱款的控制和占有。上述行为完全符合盗窃罪"转移占有"的法律特征。

综上所述，被告人崔勇、仇国宾、张志国以非法占有为目的，共同秘密

窃取他人财物，数额特别巨大，其行为均已构成刑法第二百六十四条规定的盗窃罪，应予刑事处罚。

——《最高人民法院公报》2011 年第 9 期。

843. 盗窃定期存单并冒名取款的行为构成盗窃罪

关键词

盗窃罪　定期存单　冒名取款

《刑事审判参考》指导案例

张泽容、屈自强盗窃案（《刑事审判参考》指导案例第 412 号）

裁判要点：盗窃定期存单从银行冒名取款的行为应定性为盗窃罪而非诈骗罪。

我们认为，对于盗窃与诈骗手法相交织的非法取财行为如何定性，应当主要看行为人非法取得财物时起决定作用的手段。如果起决定作用的手段是秘密窃取，就应当定盗窃罪；如果起决定作用的手段系利用骗术，就应当认定为诈骗罪。定期存单作为一种记名有价支付凭证，在存款未取出之前，其票面数额只具有财产权利上的象征意义，仅仅盗窃定期存单并不能实现对其财产所有人的财产权益的侵犯。只有将存单票面金额内的资金兑现或者转账才能真正占有他人财产，从而实现非法占有他人财产的犯罪目的。行为人把他人的定期存单偷出仅仅是完成了盗窃行为的一部分，并没有实现其非法占有他人财产的目的，而行为人后来伪造身份证，指使他人到银行取款，最终取出存单上的现金的行为虽然使用了骗术，但该存单是行为人采取秘密手段盗窃的，骗术是在盗窃行为后实施的，考察行为人非法取得财物的主要手段或者说被害人丧失对财物的控制的根本原因在于被害人存单的被盗，也就是说，盗窃在被告人非法占有财物过程中起了决定作用。同时，从财产被害人来看，该财产的真正受害者是失主而不是银行，被害人财产受侵犯不是因为受到诈骗所致，而是因为存单被秘密盗窃所致，因此其行为的基本特征是盗窃而不是诈骗，应当认定为盗窃罪。

关于构成盗窃罪和诈骗罪的牵连犯的意见。因为牵连犯是指出于一个犯罪目的，实施数个犯罪行为，数行为之间存在手段与目的或者原因与结果的牵连关系，分别触犯数个罪名的情形。而显然行为人实施的前后两个行为，即盗窃行为与伪造身份证到银行取款的行为是一个整体，后行为是前行为的延续，两行为并非具有手段与目的或者原因与结果的牵连关系，所实施的后行为所造成的结果都可归因于盗窃行为，故本案不成立牵连犯。

——最高人民法院刑事审判第一、二、三、四、五庭主办：《刑事审判参考》2006年第5集（总第52集），法律出版社2007年版，第22~28页。

844. 帮助他人盗回本属于自己公司经营的财产，如何定性

关键词

盗回本属自己公司经营的财产

《刑事审判参考》指导案例

廖承龙、张文清盗窃案（《刑事审判参考》指导案例第849号）

裁判要点：帮助他人盗回本属于自己公司经营的财产，虽然目的是维护自身合法权益，但因未采取正当，合法的方式主张权利，故不属于自救行为。

本案系二人共同盗窃处于债权人质押之下的财物，对被告人廖承龙构成合同诈骗罪、盗窃罪不存在争议，但对被告人张文清的行为定性，存在两种意见：一种意见认为，张文清本人对涉案车辆并无非法占有目的，不构成盗窃罪。另一种意见认为，张文清以帮助犯的身份与廖承龙构成盗窃罪的共犯。我们认为，第二种意见是正确的。张文清伙同廖承龙盗走债权人质押下的汽车，虽然目的是维护自身合法权益，但因未采取正当、合法的方式主张权利，故不属于自救行为。张文清明知廖承龙无权私自开走质押给债权人的汽车，为挽回自身财产损失仍积极帮助廖承龙盗回汽车，构成廖承龙盗窃的帮助犯。具体分析如下：

（一）张文清的行为不是自救行为

所谓自救行为，也称自助行为、自力救济，是指权利受到侵害的人，在无法或者不能及时按照正当法律程序获得公力救济时，实施恢复权利的行为。自救行为的最主要特征是恢复权利的紧迫性，即一旦错失良机，即使事后积极寻求公力救济也于事无补。因此，自救行为虽然对他人的合法权益乃至社会造成一定损害，但属于阻却犯罪的正当事由。本案中，张文清得知本公司出租的汽车被廖承龙非法质押后，为尽快挽回损失，遂要求并协助廖承龙将该车盗走。当时占有汽车的廖梅系通过合法途径占有该车，并进行了妥善保管。张文清返还汽车的权利要求完全可以通过诉讼、行政调解等方式实现，

事后公安机关将该车返还车主的事实也证明了这一点。张文清擅自采用盗窃手段实现非法移转占有的目的，虽然其目的具有一定正当性，但因不具有恢复权利的紧迫性，故不应认定是自救行为，应当承担相应的法律责任。

（二）廖承龙盗走已质押汽车的行为构成盗窃罪，张文清系盗窃罪的帮助犯

廖承龙将骗得的租赁汽车质押给债权人廖梅，该处分行为未征得车主的同意，事后也未获得车主的追认，因此其与廖梅对质押汽车的处分无效。关于廖梅是否合法取得该车的质押权，需要首先进一步分析其取得行为是否属于善意取得。物权法[①]第一百零六条规定："无处分权人将不动产或者动产转让给受让人的，所有权人有权追回；除法律另有规定外，符合下列情形的，受让人取得该不动产或者动产的所有权：（一）受让人受让该不动产或者动产时是善意的；（二）以合理的价格转让；（三）转让的不动产或者动产依照法律规定应当登记的已经登记，不需要登记的已经交付给受让人。受让人依照前款规定取得不动产或者动产的所有权的，原所有权人有权向无处分权人请求赔偿损失。当事人善意取得其他物权的，参照前两款规定。"本案中，廖梅查看过该车行驶证，明知该车车主并非廖承龙，还轻信廖承龙有权质押该车，其取得质押权的行为不属于善意取得，不能依照善意取得制度取得该车的质押权。但是，值得强调的是，虽然廖梅不享有该车的质押权，但鉴于其是基于合法借贷关系而占有该车，并履行了约定的对价给付义务，故其取得该车的临时监管权是合法的，而且这种监管权受刑法保护。同时，廖承龙盗窃后并未向廖梅声明是其将车盗回，意味着不论廖梅是否最终有权取得质押车的质权，其根据质押合同应当向廖承龙承担质押车被盗的损失。即不论廖梅是否合法取得质押权，如果廖承龙盗车事实未被发现，则廖承龙的盗窃行为将为自己带来一定的财产收益。正因如此，廖承龙的秘密窃取行为具有非法占有目的，符合盗窃罪的构成特征。

张文清为索回本属于自己公司经营的汽车，其不具有通过秘密窃取行为主张增加自己财产利益的目的，因此不具有非法占有目的。但因廖承龙具有非法占有目的，张文清明知廖承龙具有非法占有目的，还积极实施帮助行为，属于盗窃共同犯罪中的帮助犯。具体可从主观和客观两个方面进行分析。

1. 从主观方面分析。张文清与廖承龙犯罪目的的重合之处在于，将本在廖梅控制下的轿车开走，并交由张文清控制。张文清的最终目的虽与廖承龙的非法占有涉案车辆的主观目的不一致，但其认识到了廖承龙实施的盗窃行为的性质及可能发生的结果，并积极提供帮助，该犯罪结果的发生也符合其利益诉求，故其就盗窃汽车这一事实与廖承龙形成了共同犯意。

① 该法已被《中华人民共和国民法典》废止。

2. 从客观方面分析。张文清得知车辆被廖承龙质押给他人并无钱赎回后，仍要求廖承龙设法取回汽车，并对该车进行了 GPS 定位。二人共同确定了汽车的停放位置后，张文清向廖承龙提供了汽车备用钥匙，使得廖承龙能够顺利盗走该车。而且，廖承龙决定采取盗窃手段取回该车的犯意，显然张文清起到了推动作用，即廖承龙盗窃犯意的形成、强化与张文清有一定的关系。

（三）帮助他人使用非法手段取回自己财产的，不具有非法占有目的，量刑时应当充分考虑这一主观要件要素

本案中，张文清放弃公力救济，转而在不具有迫切需求的情况下采用私力救济手段取回财物，这种私力救济手段如被滥用，将破坏社会正常秩序，损害法律尊严，也必然会引发新的社会矛盾，因此在法律上应当对张文清的行为给予否定评价。但张文清的犯罪行为毕竟有其特殊性，不同于常见的盗窃犯罪，如何对其合理处罚，是值得探讨的重要问题。对张文清量刑时，应当考虑以下几点：第一，本案的起因是张文清所属公司的租赁车辆被骗租，张文清作为廖承龙诈骗行为的受害者，为尽快挽回损失遂伙同廖承龙共同盗窃该车，属于事出有因，主观恶性和人身危险性较小。第二，张文清的盗窃行为虽然不具有自救行为要求的急迫性，但其最终目的是恢复受损的合法权益，在情理上具有目的正当性，只是采用的方法不当。第三，在伙同廖承龙实施盗窃行为的过程中，张文清始终基于恢复自身权利的目的对廖承龙进行帮助，要求廖承龙承担返还骗取汽车的责任，自己未直接动手盗窃。二审法院综合考虑张文清的行为目的及其在共同犯罪中的地位、作用，改判其免予刑事处罚是适当的。这样处理，既能惩戒不当的私力救济行为，又充分考虑了行为人的具体情况，具有较好的法律效果和社会效果。

——《廖承龙、张文清盗窃案——帮助他人盗回本属于自己公司经营的财产，如何定性》，载最高人民法院刑事审判第一、二、三、四、五庭主办：《刑事审判参考》2013 年第 2 集（总第 91 集），法律出版社 2014 年版，第 55~60 页。

845. 窃取并转让他人纺织品出口配额牟利的行为构成盗窃罪

关键词

盗窃罪　出口配额　转让牟利

《刑事审判参考》指导案例

詹伟东、詹伟京盗窃案（《刑事审判参考》指导案例第 527 号）

裁判要点：纺织品出口数量配额按照现行国家政策可转让，具有财产属性，可视为财物，对被告人私下窃取他人纺织品出口数量配额并转让牟利的行为，应以盗窃罪论处。

纺织品出口数量配额按照现行国家政策可转让，具有财产属性，可视为财物，对被告人私下窃取他人纺织品出口数量配额并转让牟利的行为，应以盗窃罪论处。具体理由如下：

第一，纺织品出口数量配额具有“财物”属性，能够成为财产犯罪的对象。

本案被告人的行为对象为纺织品出口配额，其是一种由商务部授予具有一定资质的贸易主体，可以在网上特定交易平台自由转让的电子数据，属于无形资产。根据国家对外贸易管理制度，涉案的纺织品出口数量配额是纺织品企业对外出口所必需的，在该行业中具有使用价值；出口配额的原始取得有业绩分配和有偿招标两种方式，配额还可以通过买卖转让继受取得，价格由买卖双方根据市场供求协商自定，也即纺织品出口配额可以在不特定的多数经济主体范围内采取货币衡量方式转让，因而具有经济价值；根据现行的管理制度，所有人取得的配额是以电磁记录的形式储存于商业部设定的网络数据库中，其所有权人对配额享有占有、使用、收益和处分的全部财产权利，并通过电子钥匙的设置来排除任意第三人对其行使所有权的干预，从配额的存在方式和流转特点看，经营者通过在特定数据库中使用电子钥匙并修改电磁记录的形式实际地对其合法取得的纺织品出口配额行使所有权能，具有排他性，能为人力管理、掌控。综上，纺织品出口数量配额作为一种可以由人力支配和管理的动产财产，与传统意义的财物并无本质区别，因此将纺织品出口配额纳入财产犯罪的调整范围，符合刑法对于财产犯罪对象的规定。

第二，合理扩张盗窃犯罪对象符合经济社会的发展趋势和现实财产保护的实际。

作为盗窃罪的犯罪对象——财物，其内涵和外延随着经济社会活动的发展也在发生变化，从有体物发展到无体物，从有形财产发展到无形财产。在经济交易活动形式和对象日益翻新的情况下，刑事法律的介入和调整应当根据刑法保护法益的本质，及时地跟上，才能发挥刑法作为保障法对于社会经济生活的调整作用。事实上，我国司法解释也在根据社会状况的发展变化不断地对盗窃对象进行着相应调整，在一定范围内逐步拓宽了盗窃犯罪对象的外延，从而有效地应对当前财产犯罪的实际情况，充分实现了刑法对于财产权利和财产秩序的保护。

——最高人民法院刑事审判第一、二、三、四、五庭主办：《刑事审判参考》2009 年第 1 集（总第 66 集），法律出版社 2009 年版，第 54~61 页。

846. 意外盗得爆炸物并藏匿的行为构成盗窃罪

关键词

盗窃罪　犯罪故意　爆炸物　藏匿行为

最高人民法院审判业务意见

我们认为，根据《刑法》规定和最高人民法院有关司法解释，被告人的行为构成盗窃罪，主要理由是：

1. 被告人盗窃时主观上没有盗窃爆炸物的故意，不构成盗窃爆炸物罪。被告人出于非法占有一般公私财物的目的实施了盗窃行为，尽管事后发现是炸药，但被告人掀下纸箱进行盗窃之时并不明知里面是炸药，被告人从车上掀下货物时，货物已经脱离被害人控制而被被告人控制，盗窃行为已经既遂，之后在转移盗窃物品时因纸箱掉在地上破裂才发现是炸药而藏匿，因此，被告人盗窃之前或者盗窃之时主观上并不具有盗窃爆炸物的故意。所以，根据主客观相统一的定罪原则，其行为不能认定为盗窃爆炸物罪。

从对象认识错误来看，被告人本意盗窃一般财物而意外盗窃了爆炸物，属于不同构成要件的认识错误。对于对象认识错误，应当根据主客观相统一的原则认定犯罪。具体而言，如果行为人主观认识与实际行为对象属于同一构成要件范围内的，因侵害的法益具有同质性，故不阻却犯罪故意，不影响刑事责任，如盗窃项链时误偷手表仍构成盗窃罪，意图杀害甲而错将乙杀害仍构成故意杀人罪；如果行为人主观认识与实际行为对象属于不同构成要件范围，则阻却对实际对象的犯罪故意，如盗窃财物而意外盗得枪支的，由于盗窃罪与盗窃枪支罪是两个不同的犯罪构成，不能认为行为人具有盗窃枪支的故意从而构成盗窃枪支罪。由于枪支也具有财产价值，可以评价为财物，在盗窃罪的范围内可以主客观相统一，应认定被告人的行为构成盗窃罪。同理，本案中意外盗得爆炸物的亦属此种情况，应以盗窃罪定罪。

2. 被告人的行为不构成非法储存爆炸物罪。根据最高人民法院《关于审理非法制造、买卖、运输枪支、弹药、爆炸物等刑事案件具体应用法律若干问题的解释》第 8 条的规定，非法储存爆炸物罪中“非法储存”的是指“明知是他人非法制造、买卖、运输、邮寄的枪支、弹药、爆炸物而为其存放的行为”，即为他人储存爆炸物构成犯罪，而为自己储存的则不构成此罪。为自己储存的爆炸物，一般是制造、买卖、盗窃等犯罪的必然结果，属于犯罪后续行为，为此前的犯罪实行行为所吸收。根据吸收犯处罚原则，依一重罪处罚，其结果行为不再另行处罚。所以，被告人盗窃后为自己储存的行为不构成非法储存爆炸物罪。

3. 被告人的行为没有牵连触犯其他犯罪。如果盗窃后的结果行为触犯另一独立罪名，如非法携带危险物品危及公共安全罪，则可能会依照牵连犯“从一重处断”原则进行处罚。而本案被告人发现盗窃的是爆炸物后，就将其藏匿，没有非法携带爆炸物进入公共场所或者公共交通工具，危及公共安全，所以其行为也不构成非法携带危险物品危及公共安全罪。至于非法持有，由于《刑法》仅规定了非法持有枪支、弹药罪，并不包括爆炸物，所以其行为也不构成非法持有枪支、弹药罪。

——《意外盗得爆炸物并藏匿的该定何罪》，载最高人民法院刑事审判第一、二、三、四、五庭主办：《刑事审判参考》2006 年第 5 集（总第 52 集），法律出版社 2007 年版，第 87~89 页。

847. 秘密窃取、转移本人被司法机关扣押财物行为的定性

关键词

盗窃罪　秘密窃取、转移　扣押财物

《刑事审判参考》指导案例

陆惠忠、刘敏非法处置扣押的财产案（《刑事审判参考》指导案例第404号）

裁判要点：如果有证据证明行为人窃取人民法院扣押的财物后，有向人民法院提出索赔的目的，或者已经获得赔偿的情况，则应当以盗窃罪定罪处刑；反之，如果没有非法占有目的，把自己所有而被司法机关扣押的财产擅自拿走，则不能以盗窃罪处理。

（一）主观上没有非法占有目的，不构成盗窃罪

我们认为，前两种观点片面强调所有权或者占有事实本身，容易导致过分缩小或扩大盗窃罪处罚的范围，不适应目前社会中财产关系复杂的现实，有失妥当，相比之下，区别对待说是较为合理的。这主要是因为：其一，区别对待说可以适应盗窃罪的复杂情况，更符合我国刑法主客观相统一的定罪原则要求。一方面，对于行为人以非法占有目的从财产占有人处窃财的，这种情况一般表现为行为人从财物占有人处秘密窃取了本人的财物后，还以索赔等手段，要求保管人赔偿损失的情况。由于本人的财产在他人的合法占有之下，他人就对该财产负有保管的责任，在保管期间财物丢失，属于保管不

当，应负赔偿责任。所以这种情况表面上看来窃取的是自己的财物，但实际上侵犯了他人的财产权，符合盗窃罪的本质特征，应当以盗窃罪处理。另一方面，因为在我国刑法理论和司法实践上，侵犯财产罪的犯罪客体一直被认为是他人对财产的所有权，而且需要被害人有实质的财产损害或损害危险。盗窃他人占有的本人财物的行为中，有的行为人主观上不具有非法占有的目的，其行为客观上也不会造成占有人财产的损失，因而不宜以盗窃罪论处。比如擅自溜进旅馆服务台，将自己存放的提包私下取走，只是为了图省事，并不想找旅馆索赔，也未给旅馆造成财产损失。这种情况因缺乏非法占有目的，就不能按盗窃罪处理。当然，如果其行为同时构成其他犯罪的，可以相应的罪名处理。其二，区别对待说，也可以避免所有权说和占有说的缺陷。一方面纯粹的所有权说存在缺陷，过于缩小了财产犯罪的处罚范围，不利于维护正常财产秩序。因为随着社会和经济的发展，财产关系日益复杂，一定的占有关系也需要保护，而不是保护所有权。另一方面，纯粹的占有说也存在缺陷，如根据占有说，盗窃罪的被害人窃取被盗财物的行为也可能一概按照盗窃罪来处理，这显然扩大了处罚范围。同时，占有说也难以说明不可罚的事后行为为什么不可罚。而区别对待说，根据行为人是否具有非法占有目的区别不同情况分别处理，较好地避免了上述两种观点的不足之处。

综合上述分析，对此类案件定性的焦点在于判断被告人是否具有非法占有的目的。如果有证据证明行为人窃取人民法院扣押的财物后，有向人民法院提出索赔的目的，或者已经获得赔偿的情况，则应当以盗窃罪定罪处刑；反之，如果没有非法占有目的，把自己所有而被司法机关扣押的财产擅自拿走，则不能以盗窃罪处理。

（二）非法处置查封、扣押、冻结的财产罪与拒不执行判决、裁定罪的区分

非法处置查封、扣押、冻结的财产罪和拒不执行判决、裁定罪在构成要件上的区别：首先，在客观行为表现上，前罪行为只限于非法隐藏、转移、变卖、故意毁损已被司法机关查封、扣押、冻结的财产，而后罪则不限于此类行为，包括任何有能力而拒不执行的行为。其次，在犯罪主体上，前罪是一般主体，而后罪是特殊主体，即负有执行法院判决、裁定义务的人。再次，在行为发生时段上，前罪可以发生在整个诉讼过程中，而后罪则只能发生在法院的判决、裁定进入执行程序之后。最后，在犯罪故意上，前罪不要求特殊目的，而后罪则具有拒不执行法院裁判的目的。

根据以上两罪的区别，我们认为，司法实践中对于非法处置被司法机关查封、扣押、冻结的财产的行为定性应当区分以下几种情况：如果非法隐藏、转移、变卖、故意毁损已被司法机关查封、扣押、冻结的财产的行为发生在诉讼保全程序中，而没有进入执行程序，那么应当以非法处置查封、扣押、

冻结的财产罪定罪；如果此种行为发生在执行程序中，但行为人并不是负有执行法院判决、裁定义务的人，亦应以非法处置查封、扣押、冻结的财产罪定罪；如果在执行程序中负有执行生效裁判义务的人实施了此种行为，但并没有拒不执行法院生效裁判目的的，也应当以非法处置查封、扣押、冻结的财产罪定罪；如果在执行程序中负有执行生效裁判义务的人实施了此种行为，且具有拒不执行法院生效裁判的目的，因为该行为系作为拒不执行法院裁判的手段实施的，两罪法定刑相同，以拒不执行判决、裁定罪定罪更为适当。

——最高人民法院刑事审判第一、二、三、四、五庭主办：《刑事审判参考》2006 年第 4 集（总第 51 集），法律出版社 2006 年版，第 26~32 页。

848. 窃取被交管部门扣押的本人车辆后并索赔的行为构成盗窃罪

关键词

盗窃罪　被扣押的本人车辆　索赔

《刑事审判参考》指导案例

叶文言、叶文语等盗窃案（《刑事审判参考》指导案例第 339 号）

裁判要点：本人所有的财物在他人合法占有、控制期间，能够成为自己盗窃的对象。秘密窃取他人占有的本人财物而后索赔的行为构成盗窃罪。行为人获得赔偿的数额应当认定为盗窃数额。

1. 本人所有的财物在他人合法占有、控制期间，能够成为自己盗窃的对象

根据《刑法》第 264 条的规定，盗窃罪的犯罪对象是“公私财物”。这里的公私财物实际上是指他人占有的公私财物。所谓他人，是指行为人以外的人，包括自然人、法人和其他组织。他人占有意味着他人对该财物可能拥有所有权，也可能没有所有权。对没有所有权的财物，他人基于占有、控制之事实，负有保管和归还财物的义务。如果在占有期间财物丢失或毁损，占有人依法应负赔偿责任。从这个意义上说，没有所有权的财物在他人占有、控制期间应当认为是他人即占有人的财物。这样理解基于以下理由：第一，《刑法》第 91 条第 2 款规定，“在国家机关、国有公司、企业、集体企业和人民团体管理、使用或者运输中的私人财产，以公共财产论”。这里所言“管理、使用或者运输”，都有占有的含义。既然由国家或者集体占有之私人财产以公

共财产论，那么由他人占有之财物以他人财物论，亦在情理、法理之中。第二，“以公共财产论”或“以他人财物论”是针对所有权人以外的人而言的，并未改变财物的权属，意在强调占有人对该财物的保管责任。盗窃罪侵犯的客体是公私财产所有权。《刑法》第91条第2款之所以如此规定，正是考虑到如果这类财物被盗或者灭失，国家或集体负有赔偿的责任，最终财产受损失的仍是国家或集体。同理，他人占有、但非所有的财物被盗或者灭失，他人依法承担赔偿责任，实际受损失的仍是占有人即他人的财产所有权。可见，行为人自己所有之物以及行为人与他人共有之物，在他人占有期间的，也应视为他人的财物，可以成为盗窃罪的对象。

当然，本人所有的财物在他人合法占有、控制期间，能够成为自己盗窃的对象，并不意味着行为人秘密窃取他人占有的自己的财物的行为都构成盗窃罪。是否构成盗窃罪，还要结合行为人的主观目的而定。如果行为人秘密窃取他人保管之下的本人财物，是为了借此向他人索取赔偿，这实际上是以非法占有为目的，应以盗窃罪论处。相反，如果行为人秘密窃取他人保管之下的本人财物，只是为了与他人开个玩笑或逃避处罚，或者不愿将自己的财物继续置于他人占有、控制之下，并无借此索赔之意的，因其主观上没有非法占有的故意，不以盗窃罪论处。构成其他犯罪的，按其他犯罪处理。

2. 秘密窃取他人占有的本人财物而后索赔的行为只构成盗窃罪一罪

从形式上看，行为人秘密窃取他人占有的本人财物，然后隐瞒财物被自己盗走这一事实向他人索赔，符合诈骗罪的构成特征。但是，这种认定只是针对行为人实施的部分行为，没有整体考虑行为人实施的全部行为。就整体而言，行为人的行为分为两个阶段，一是先实施秘密窃取行为，二是隐瞒财物被自己盗走这一事实向他人索赔。这是行为人实施盗窃犯罪紧密联系、不可分割的两个组成部分。如果行为人只是单纯将财物秘密取回，主观上没有非法占有的目的，其行为就不构成盗窃罪。行为人进行索赔所隐瞒的事实正是此前其实施的秘密窃取财物的行为，没有前一行为，其后的索赔行为也无从提起。可见，行为人进行索赔虽然存在诈骗行为，但该诈骗行为是其盗窃的后续行为，表明了其主观上的非法占有之目的，是实现非法占有意图的关键，直接促成了实际危害结果的发生。被告人将被交管部门扣押的车辆秘密取回，仅此时的行为尚不足以表明其主观上是否具有非法占有之目的，但其后隐瞒车辆被自己窃取的事实向交管部门索赔，则充分体现了其非法占有的主观故意。被告人基于非法占有之目的而实施“先盗后骗”的行为是一个完整的盗窃行为，符合盗窃罪的构成特征，只能认定为一罪，即盗窃罪。

3. 行为人获得赔偿的数额应当认定为盗窃数额

在行为人秘密窃取他人占有的本人财物而后索赔的盗窃案件中，如何认定盗窃数额是一个值得研究的问题。在这种盗窃案件中，行为人获得赔偿的数额往往高于财物本身的价值。这是因为他人在赔偿时除考虑财物本身的价值外，往往还会考虑到因财物丢失而给所有人造成的经济损失。在这种情况下，行为人因盗窃而给他人造成的财产损失表现为他人给付的赔偿数额。司法实践中，盗窃数额与财物本身的价值不相一致的情形是存在的，在计算时应当按照最有利于保护被害人财产所有权的原则确定。如《最高人民法院关于审理盗窃案件具体应用法律若干问题的解释》第5条第7项[①]规定，“销赃数额高于按本解释计算的盗窃数额的，盗窃数额按销赃数额计算”。由于赔偿数额实质上体现了行为人因盗窃而给他人造成的财产损失，因而应当认定为盗窃数额。即使赔偿数额低于财物本身的价值，在确定盗窃数额时也应当将赔偿数额作为盗窃数额。但应当注意的是，被告人针对被盗财物的销赃数额，应作为非法所得予以追缴。

——最高人民法院刑事审判第一庭、第二庭编：《刑事审判参考》2005年第2集（总第43集），法律出版社2005年版，第37~44页。

849. 窃取他人挖掘机电脑主板后索取钱财的行为构成盗窃罪

关键词

盗窃罪　敲诈勒索罪　牵连犯

《刑事审判参考》指导案例

张超群、张克银盗窃案（《刑事审判参考》指导案例第427号）

裁判要点：窃取挖掘机电脑主板后向被害人索取钱财的行为，其手段行为构成盗窃罪，目的行为构成敲诈勒索罪，分别触犯了不同的罪名，构成牵连犯，在处罚上应择一重罪即以盗窃罪定罪处罚。

被告人张超群、张克银共同窃取挖掘机电脑主板后向被害人索取钱财的行为，其手段行为构成盗窃罪，目的行为构成敲诈勒索罪，分别触犯了不同的罪名，构成牵连犯，在处罚上应择一重罪即以盗窃罪定罪处罚。理由如下：

（一）被告人张超群、张克银共同秘密窃取电脑主板后向被害人索取钱财的犯罪行为构成牵连犯

本案中，被告人张超群、张克银为了敲诈挖掘机主的钱财，先盗窃挖掘

---

① 本项已于2013年4月2日被《最高人民法院、最高人民检察院关于办理盗窃刑事案件适用法律若干问题的解释》（法释〔2013〕8号）废止。

机上的电脑主板，然后将电脑主板藏在附近，并将写有自己手机号码的字条特意留在挖掘机内，待被害人主动打电话与其进行联系后，再以汇款入指定账户才将电脑主板归还相要挟，向被害人索取钱财。被害人考虑重新配置新的电脑主板的价格远高于被敲诈勒索的现金和为了减少停工损失，被迫按照被告人的要求，将被勒索的款项汇入指定账户，被告人确认款项到账后，即电话告诉被害人藏匿电脑主板地点，让被害人自行找回。上述盗窃行为属于手段行为，打电话要挟索财属于目的行为，分别触犯了盗窃罪和敲诈勒索罪两个不同罪名。被告人实施盗窃行为是为实施敲诈勒索行为创造条件，盗窃行为和敲诈勒索行为都是围绕一个最终犯罪目的——勒索钱财，因而手段行为和目的行为之间具有牵连关系，而且被告人对两个犯罪行为之间的牵连关系有明确的认知，因此成立牵连犯。

（二）对牵连犯罪，除法律明文规定外，其处理原则是从一重罪定罪处罚

如何判断牵连犯罪中此罪与彼罪的轻重呢？一般情况下可以从法定刑的轻重来区分此罪与彼罪的轻重，主要的依据是比较法定的最高刑和法定的最低刑，以及法律规定的附加刑；在法定刑幅度相同的情况下，则应根据各罪实际应判处的刑罚来确定此罪与彼罪的轻重。就本案而言，首先，从法定刑上来比较，根据《刑法》第264条、第274条的规定，盗窃罪的法定刑为无期徒刑、有期徒刑、拘役或者管制，并处或者单处罚金，而敲诈勒索罪的法定刑是十年以下有期徒刑、拘役或者管制。由此可知，盗窃罪的最高绝对法定刑高于敲诈勒索罪的最高绝对法定刑，那么，盗窃罪的罪质就要重于敲诈勒索罪的罪质。其次，从刑法条文上可以看出，对盗窃罪规定了并处附加财产刑，而对敲诈勒索罪没有规定附加财产刑，这也说明对盗窃罪的处罚要重于对敲诈勒索罪的处罚。再次，从实际应当判处的刑罚看，如果认定被告人张超群盗窃的财物价值人民币92580元，根据最高人民法院和浙江省高级人民法院规定的盗窃案件的数额标准，属数额巨大，可在三年至十年有期徒刑的范围内决定刑期，且应当判处接近十年有期徒刑的刑罚（实际上判处有期徒刑八年六个月，并处罚金人民币一万元），并处罚金；如果认定被告人张超群敲诈勒索人民币50000元，虽然也属于数额巨大，也可在三年至十年有期徒刑的范围内决定刑期，但认定的犯罪数额比盗窃犯罪数额还少，无论敲诈勒索犯罪情节多么严重、数额多大，最高也只能判处十年有期徒刑，且不能并处罚金，显然认定被告人张超群犯敲诈勒索罪应判处的刑罚要低于认定其犯盗窃罪应判处的刑罚。根据本案的具体情节，如果认定被告人张超群犯敲诈勒索罪，其犯罪情节没有达到特别严重程度，敲诈勒索的数额也没有达到应当判处接近十年有期徒刑的数额要求。所以，适用盗窃罪处罚比适用敲诈勒索罪处罚重，因此，吴兴区人民法院改变起诉书的指控，对被告人张超群以盗窃罪定罪处罚是正确的。

——最高人民法院刑事审判第一、二、三、四、五庭主办：《刑事审判参考》2007 年第 1 集（总第 54 集），法律出版社 2007 年版，第 35~41 页。

850. 利用工作便利条件将本单位财物窃为己有的，构成盗窃罪

关键词

盗窃罪 职务侵占罪

《最高人民法院公报》案例

河南省郑州市金水区人民检察院诉杨志成盗窃案（判决时间：2007 年 6 月 14 日，二审法院：郑州市中级人民法院）

裁判摘要：构成职务侵占罪，就必然要求行为人在非法占有本单位财产时，以其本人职务范围内的权限、职责为基础，利用其对本单位财产具有一定的主管、管理或者经手的职责，在实际支配、控制、处置本单位财物时实施非法占有行为。如果行为人仅仅是在自身工作中易于接触他人主管、管理、经手的本单位财物，或者熟悉作案环境，而利用上述工作中形成的便利条件秘密窃取本单位的财产，则不属于“利用职务上的便利”，应依照《刑法》第 264 条的规定，以盗窃罪定罪处罚。

根据《刑法》第 271 条关于职务侵占罪的规定，所谓“利用职务上的便利”，是指行为人在实施犯罪时，利用自身的职权，或者利用自身因执行职务而获取的主管、管理、经手本单位财物的便利条件。这里的“主管”，是指行为人在一定范围内拥有调配、处置本单位财产的权力；所谓“管理”，是指行为人对本单位财物直接负有保管、处理、使用的职责，亦即对本单位财产具有一定的处分权；所谓“经手”，是指行为人虽然不负有主管或者管理本单位财物的职责，但因工作需要而在特定的时间、空间内实际控制本单位财物。因此，构成职务侵占罪，就必然要求行为人在非法占有本单位财产时，以其本人职务范围内的权限、职责为基础，利用其对本单位财产具有一定的主管、管理或者经手的职责，在实际支配、控制、处置本单位财物时实施非法占有行为。如果行为人仅仅是在自身工作中易于接触他人主管、管理、经手的本单位财物，或者熟悉作案环境，而利用上述工作中形成的便利条件秘密窃取本单位的财产，则不属于“利用职务上的便利”，应依照《刑法》第 264 条的规定，以盗窃罪定罪处罚。本案中，上诉人杨志成在实施涉案行为、非法占

有本单位财物时，虽然在一定程度上确实利用了身为郑州丹尼斯有限公司电脑室人员、易于接触公司电脑的工作便利，但其既不具有主管、管理或者经手本单位财物的职责，也不具有管理本单位VIP积分卡充值系统的职责，亦不掌握VIP积分卡充值系统的程序密码，其最终实现非法占有本单位财产的犯罪目的，是通过实施秘密窃取的盗窃行为，而非利用其自身职务上的便利。

——《最高人民法院公报》2008年第11期。

《刑事审判参考》指导案例

康金东盗窃案（《刑事审判参考》指导案例第132号）

裁判要点：利用工作上的便利条件，将本单位的财物窃为己有，不构成职务侵占罪，如果符合盗窃罪的构成要件，应当以盗窃罪追究刑事责任。

根据《刑法》第271条的规定，职务侵占罪是指公司、企业或者其他单位的人员利用职务上的便利，使用侵吞、盗窃、骗取或其他手段，将本单位的财物非法据为己有，数额较大的行为。不能将“利用工作上的便利条件”理解为“利用职务上的便利”。从立法本意看，1995年全国人大常委会《关于惩治违反公司法的犯罪的决定》第10条曾将利用“职务上的便利”与“工作上的便利”并列，表明两者含义有所不同，但都是构成本罪的条件。但在1997年修订刑法时，删除了“利用工作上的便利”的规定，将职务侵占罪限定为只是“利用职务上的便利”实施的犯罪。这种修改绝非为文字表述的简洁性而作的考虑。“利用职务上的便利”与“利用工作上的便利”有着本质上的差别。所谓“利用职务上的便利”，是指利用自己主管、管理、经手、经营财物的便利条件。而“利用工作上的便利”，是指行为人无职务，而只是利用熟悉工作环境或工作条件的便利。这种便利与职务没有关系。对于利用工作上的便利条件，将本单位财物非法据为己有的，由于不符合职务侵占罪的构成条件，不能以职务侵占罪定罪处罚。如果行为人的行为符合盗窃罪的构成要件，应当按照盗窃罪处罚。

——最高人民法院刑事审判第一庭、第二庭编：《刑事审判参考》2001年第10辑（总第21辑），法律出版社2001年版，第28~34页。

赵某盗窃案（《刑事审判参考》指导案例第246号）

裁判要点：盗窃罪是一般主体，职务侵占罪的主体则必须是公司、企业或其他单位的人员，即特殊主体。盗窃不是利用职务便利，

职务侵占罪必须是利用经手、管理财物的职务上的便利而不是工作上的便利。盗窃罪非法占有的对象可以是任何公私财物，而职务侵占罪侵占的对象只限于本单位的财物并且是本人经手、管理的财物。

盗窃罪与职务侵占罪的区别，一般地讲，有以下三个方面：

1. 盗窃罪是一般主体，职务侵占罪的主体则必须是公司、企业或其他单位的人员，即特殊主体；2. 盗窃不是利用职务便利，职务侵占罪必须是利用经手、管理财物的职务上的便利而不是工作上的便利；3. 侵犯的对象不同，盗窃罪非法占有的对象可以是任何公私财物，而职务侵占罪侵占的对象只限于本单位的财物并且是本人经手、管理的财物。举例而言，某单位会计拥有经手、管理本单位某项财物的职权，如其利用该职权将其本人经手、管理的财物窃为己有，即是利用职务之便窃取本单位财物，应构成职务侵占罪（如该会计同时还是国家工作人员，则可能构成贪污罪）而非盗窃罪。相反，该会计如利用其工作所提供的便利条件，窃取其他同事经手、管理的财物或窃取不属于其直接经手、管理的其他单位财物，或者该会计的其他同事利用某种工作机会窃取该会计经手、管理的某项财物，就不属于利用职务之便，而仅是利用一般的工作之便，应构成盗窃罪而非职务侵占罪。可见，明辨职务之便还是一般的工作之便，在把握单位内部人窃取本单位财物行为的准确定性上具有重要意义。

——最高人民法院刑事审判第一庭、第二庭编：《刑事审判参考》2003 年第 3 辑（总第 32 辑），法律出版社 2003 年版，第 49~52 页。

851. 偷配单位保险柜钥匙秘密取走柜内资金并留言日后归还的行为构成盗窃罪

关键词

盗窃罪　单位财物　事后归还

《刑事审判参考》指导案例

范军盗窃案（《刑事审判参考》指导案例第 508 号）

裁判要点：被告人范军盗走单位巨额钱财，事后表明真实身份的行为不属于民间借贷，而构成盗窃罪。

（一）被告人范军盗走单位巨额钱财，事后表明真实身份的行为不属于民

间借贷，而是犯罪行为

范军私自秘密取走现金后，采用留言的方式表明身份，并称会连本带利归还该现金的行为不符合民间借贷行为的实质特征，已经构成犯罪，其具体理由如下：

1. 民间借贷属于借款合同，根据最高人民法院1999年2月13日发布的《关于如何确认公民与企业之间借贷行为效力问题的批复》（以下简称《批复》）[①]的规定，公民与企业之间的借贷属于民间借贷，必须双方当事人意思表示真实方可认定有效。

2. 评价一行为是否构成犯罪，需要考察该行为是否在客观上已使我国《刑法》所保护的法益遭受到实际的侵害。《刑法》关于侵犯财产类犯罪的规定，主旨是保护公私财物的合法所有权及其他合法占有状态。

（二）被告人范军的行为符合盗窃罪的构成要件，应以盗窃罪定罪处罚

首先，范军具有非法占有目的。范军秘密取得现金后将赃款带离该公司时，即已完全排除了权利人对该笔资金的支配，实现了非法占有目的；其取得赃款后，将15.9万元还给被害人的做法，只是其对赃款的一种处分方式，并不影响对其行为时非法占有目的的认定。

其次，范军采取了秘密窃取的作案手段。范军采取的私自偷配钥匙一把，并趁公司午休无人注意之机，进入财务室，打开壁橱，取走现金后又将壁橱锁好的系列行为，均是在该资金的所有人永丰源公司及其老板刘石丰和保管人曾再求未察觉的情况下所为，因此，范军的行为符合盗窃罪中"秘密"窃取的行为特征。其事后留下字条表明作案人身份并声称会连本带利归还给被害人的行为，只能使被害人"事后"知情，而不影响其作案时"秘密"窃取事实的成立。

最后，范军的行为已经构成盗窃罪既遂，且数额特别巨大。范军作案后携款潜逃，已经使公司丧失了对款项的控制，其行为构成盗窃既遂。范军在作案后十几天将绝大部分赃款归还的行为，使公司在最终意义上没有受到很大损失，只是属于事后的悔罪表现，不影响盗窃既遂事实的认定。

——最高人民法院刑事审判第一、二、三、四、五庭主办：《刑事审判参考》2008年第5集（总第64集），法律出版社2009年版，第36~44页。

---

① 本文件已被《最高人民法院关于废止部分司法解释（第十三批）的决定》（法释〔2019〕11号）废止。

852. 盗窃邮政局金库中邮政储蓄汇款的行为属于盗窃金融机构

关键词

盗窃罪　盗窃金融机构　邮政汇款

《刑事审判参考》指导案例

陈建伍盗窃案（《刑事审判参考》指导案例第 460 号）

裁判要点：在实施盗窃单位财物行为过程中没有利用职务便利的，其行为不构成职务侵占罪。盗窃存放在邮政局金库中的邮政储蓄款的行为，属于盗窃金融机构。

（一）在实施盗窃单位财物行为过程中没有利用职务便利的，其行为不构成职务侵占罪

实践中，对于公司、企业或者其他单位的人员，其秘密窃取本单位财物的行为，与其工作岗位带来的一些便利条件有关联，在这种情况下，要判定行为人是构成盗窃罪还是职务侵占罪，关键在于判定行为人实施犯罪行为的过程中，是利用了自身职务上的便利，还是利用了其工作所带来的一些便利条件。

综上，本案被告人陈建伍的职责是保护邮政储蓄资金的安全，对该资金没有控制和处置权，其在窃取单位财物的过程中，利用的是熟悉作案环境及其他人对其身份信任的便利条件，与其职务无关，其行为构成盗窃罪，而不构成职务侵占罪。

（二）盗窃存放在邮政局金库中的邮政储蓄款的行为，属于盗窃金融机构

本案被告人陈建伍实施盗窃行为的地点是邮政局的金库，但盗窃的对象是邮政储汇资金。邮政局显然不是金融机构，而邮政储蓄专柜属于金融机构，那么，盗窃邮政局金库内存放的邮政储蓄专柜的邮政储汇资金是否构成盗窃金融机构，值得研究。最高人民法院在 1998 年《关于审理盗窃案件具体应用法律若干问题的解释》[①] 第 8 条规定："刑法第二百六十四条规定的'盗窃金融机构'，是指盗窃金融机构的经营资金、有价证券和客户的资金等，如储户的存款、债券、其他款物，企业的结算资金、股票，不包括盗窃金融机构的

① 本文件已被《最高人民法院、最高人民检察院关于办理盗窃刑事案件适用法律若干问题的解释》（法释〔2013〕8 号）废止。

办公用品、交通工具等财物的行为。”从上述规定来看，要构成盗窃“金融机构”，必须具备下列两个条件：一是盗窃对象应当是金融机构中的金融资金；二是盗窃行为的发生地点应当是金融机构中。对于本案，应当根据上述条件来进行分析认定。

1. 本案的犯罪对象是金融机构中的金融资金

首先，邮政储蓄专柜是否属于金融机构？根据《中华人民共和国银行法》《中华人民共和国商业银行法》《中华人民共和国公司法》的规定，金融机构是指中国人民银行、政策性银行、商业银行和其他金融机构。而某县邮政局的储蓄专柜，已经获准取得中华人民共和国金融许可证及营业执照，依法从事吸收公众存款、办理结算业务等金融业务，因此，该储蓄专柜属于国家批准成立的其他金融机构。

其次，本案被告人陈建伍盗窃的对象是否属于金融机构中的金融资金？金融机构的金融资金是指金融机构的经营资金、有价证券和客户的资金等，如储户的存款、债券、其他款物，企业的结算资金、股票。由于邮政储蓄专柜是国家的金融机构，其储汇业务是金融业务的一种，储汇资金当然也就是金融资金的一种。从本案的现场勘查笔录和某县邮政局出具的说明来看，现场只有储蓄保险柜和四个储蓄网点保险箱被盗，被盗的资金全部是邮政储蓄专柜的储汇资金。因此，陈建伍盗窃的是金融机构中的金融资金。

2. 本案盗窃的地点发生在金融机构资金的存放点中，应当属于金融机构

实践中，金融机构资金存放的地点既包括该机构从事金融业务的办公场所，也包括该机构运输金融资金的运输工具和其他储存金融资金的存放地点。本案中，某县邮政局中心支局设有邮政储蓄专柜，在邮政局内只设立一个金库，在该金库内存放多个金柜，分别存放邮政储蓄专柜的储汇资金和邮政局内的财务资金、邮票、其他有价证券、贵重财物等。实践中，邮政局中类似本案这种将存放邮政储汇资金的金柜和存放邮政局资金、有价证券或贵重物品等财物的金柜，同时存放在邮政局同一金库内的情况较为普遍。这种存放方式，并不影响邮政储汇资金的性质。在邮政局金库内存放储汇资金的金柜的性质与功能，与金融机构金柜的性质与功能一致，该金柜就是金融机构存放金融资金的具体地点。陈建伍从该金柜盗窃金融资金，就是在金融机构中储存金融资金的存放地点中盗窃。

——最高人民法院刑事审判第一、二、三、四、五庭主办：《刑事审判参考》2007年第5集（总第58集），法律出版社2008年版，第40~47页。

853. 在盗窃实行犯不知情的情况下，与销赃人事先约定、事后出资收购赃物的行为不构成盗窃共犯

关键词

盗窃罪　实行犯　共犯

《刑事审判参考》指导案例

马俊、陈小灵等盗窃、隐瞒犯罪所得案（《刑事审判参考》指导案例第483号）

裁判要点：被告人没有与盗窃实行犯事前通谋；在盗窃实行犯的盗窃过程中，被告人的主观上也没有帮助实行犯盗窃的犯罪故意；客观上对实行犯实施的盗窃行为既没有实施心理帮助行为，也没有实施物理帮助行为；其收购赃物的行为也不是对实行犯实施盗窃的帮助行为，而是单纯的事后销赃行为，故被告人的行为不属于共同盗窃的帮助行为，不构成盗窃共犯。

在刑法理论上，对于与盗窃实行犯事先进行通谋，事后予以销赃成立盗窃共犯的依据在于，一方面销赃犯与实行犯在主观上形成了共同犯罪的故意；另一方面在于销赃犯的行为对于实行犯决意、实施犯罪起到了鼓励、支持的帮助作用，因此，符合共同犯罪的构成要件，属于共同犯罪中的帮助犯，应当以共犯论处。对于本案中被告人陈小灵向销赃犯王伟环收购余大贵等人的所盗赃物的行为，是否构成盗窃共犯，应当从上述共同犯罪的构成要件角度来分析。

（一）在盗窃行为实施前，被告人陈小灵没有与余大贵等盗窃实行犯有共同盗窃的通谋

在认定销赃行为人与盗窃实行犯是否有事前通谋时，需要特别注意以下三点：一是事前通谋的时点仅限于犯罪既遂之前，销赃行为人必须在盗窃犯罪未完成之前与盗窃实行犯存在意思联络，在盗窃犯罪既遂之后才进行意思联络的，不属事前通谋；二是销赃行为人仅知道盗窃实行犯可能要去实施盗窃，但在盗窃前未与盗窃实行犯形成意思联络，在盗窃完成后才与盗窃实行犯共谋实施销赃等行为的，不属于事前通谋；三是只要销赃行为人在盗窃前向盗窃实行犯承诺，盗窃完成后为实行犯收购、销售盗窃所得的赃物，就可认定双方存在事前通谋，不要求销赃行为人对盗窃犯罪的时间、地点、方法、

对象、目标等具体情节都参与共谋或全面了解。

（二）被告人陈小灵收购赃物的行为对余大贵等人的盗窃没有起到鼓励、支持作用

要成立共同犯罪中的帮助犯，必须具备两个客观要件，一是实施了帮助行为，这是成立帮助犯的实质要求；二是必须在实行犯犯罪前或犯罪时提供了帮助，这是成立帮助犯的时限要求。所谓帮助行为，是指对实行犯的犯罪行为予以物质或精神支持，使实行犯的犯罪行为或犯罪目的更容易实现的行为。帮助行为有两种：一是心理帮助，又称精神帮助，主要指对实行犯的行为进行激励、助言、约定事后帮助逃跑等，使实行犯的犯罪决意得到强化或使实行犯在作案过程中的心理安全感增强等；二是物理帮助，主要指为实行犯提供犯罪工具、创造犯罪条件等。需要注意的是，帮助行为的时期必须是实行犯犯罪前或犯罪中实施。如果实行犯的犯罪已经实施完毕，危害结果已经发生，则不存在帮助问题。

——最高人民法院刑事审判第一、二、三、四、五庭主办：《刑事审判参考》2008年第2集（总第61集），法律出版社2008年版，第28~35页。

854. 对所盗物品的价值有重大认识错误情况的处理

关键词

盗窃罪　对象认识错误　犯罪数额

《刑事审判参考》指导案例

沈某某盗窃案（《刑事审判参考》指导案例第315号）

裁判要点：对无价值的东西误认为有较大、巨大或特别巨大价值的东西而盗走的，实践中一般可不作犯罪处理；对有较大、巨大或特别巨大价值的东西误认为是无价值的东西而随手拿走，如果当其发现具有价值后，若没有继续非法占有，一般不应作犯罪处理；对于盗窃对象价值高低的认识错误，一般应当按照盗窃对象的实际价值定罪处罚；对于将价值高的东西误认为价值低的东西拿走应因具体案情而定。

行为人对所盗物品价值是否存在重大认识错误，不能仅凭被告人的供述或辩解来认定，否则，行为人均可以自称对所盗物品价值有重大认识错误，来规避或逃脱其应负的法律责任。判断行为人是否对所盗物品价值存在重大

认识错误，主要应从行为人的个人情况及其行为前后的表现来综合分析。

对此类带有特殊性的盗窃，应从以下几方面予以把握：一是从主观上进行考察，即行为人是否认识到或应当认识到。除考察其供述、个人情况外，还要综合分析其行为的时间、地点、条件、行为人与被害人等。同时，应从一般人的角度来分析，一般人均能认识的，应视为行为人认识到，以避免行为人推脱责任。对于那些抱着"能偷多少偷多少，偷到什么算什么"心态的行为人来说，其主观故意属于概括性的犯罪故意，因为无论财物价值多少都不违背行为人的本意，自应以实际价值论。二是从手段上进行考察，即行为人采取特定手段进行盗窃即视为具有概括性的故意，犯罪数额以实际价值论。如惯窃、扒窃、入室盗窃、撬锁盗窃、团伙犯罪等，因其行为的严重性，推定其为概括性的犯罪故意，以实际价值认定其盗窃数额。在推定为概括性犯罪故意时，需要注意的是当行为人辩称其不知财物的真实价值，也有充分理由相信其辩解的，而行为人又主动退回的，则应对退回部分不作犯罪处理。三是从场合特定性上进行考察，即只能发生在行为人有合法（合理）机会接触被盗物品的顺手牵羊场合。被盗物品价值大又容易被误以为小的时候，才会产生认识错误问题。应当注意的是，事实认识错误只影响到刑事责任的承担与否，而不影响责任的大小。因此，只有在特定环境和条件下才能认定被告人是否对盗窃对象的价值存在严重的认识错误，避免出现客观归罪或主观归罪的现象。

——最高人民法院刑事审判第一庭、第二庭编：《刑事审判参考》2004 年第 5 集（总第 40 集），法律出版社 2005 年版，第 15~23 页。

855. 反复将同一物品出卖给他人后又偷回的行为如何定性及犯罪数额的认定

关键词

同一物品　犯罪数额

附录：审判释疑

问题： 三人经事先预谋，将一捆价值人民币（以下币种同）2000 元（此为案发后相关估价机构的鉴定价格）的铜丝以 1500 元的价格卖给废品收购人。待废品收购人收好铜丝并付款后，其中二人通过与废品收购人聊天吸引废品收购人的注意力，另一人则乘机将该捆铜丝偷回。得手后三人立即逃离。三人以此种方式将同一捆铜丝反复出卖给 10 名不同的废品收购人，每次交易后均偷回铜丝，共计得款 15000 元。如何认定本案三行为人的性质以及犯罪数额？

解答：

一、三行为人的行为应当认定为盗窃罪而不是诈骗罪

本案三行为人在与被害人进行交易时隐瞒真实目的，具有一定的欺骗性。对于铜丝的对价1500元，被害人是基于交易的意思自愿交付的，而对于铜丝的被盗，被害人当时并不知情。对于这种存在“骗售”和“盗取”两个环节的行为如何定性，大致存在两种意见：一种意见认为构成诈骗罪。理由是，三行为人经事先预谋，通过虚假交易骗得他人财物，铜丝只是用于诈骗的道具，并非真正的交易标的。另一种意见认为构成盗窃罪。理由是，交易完成后，铜丝的占有就转移给废品收购人。行为人采用秘密手段取得他人占有的财物，应当认定为盗窃行为。

我们认为，非法获利是财产型犯罪的最终目的，对于同时存在“骗售”和“盗取”多环节的行为，需要进一步辨析“骗售”和“盗取”行为中究竟哪一行为是实现“非法获利”的关键行为。对于虽然有“骗”的成分，但在他人不知情的情况下利用秘密窃取而实现财物转移占有的情形下，“盗取”是对实现非法获利具有决定性影响的行为，故整体行为应当认定为盗窃罪。例如，行为人蛊惑老人将财宝供奉于某地，然后晚上乘人不备将财宝偷走，即构成盗窃罪。反之，对于虽然有“偷”的成分，但实际是因他人产生错误认识后进而实现的财物占有转移情形，整体行为应当认定为诈骗罪。例如，行为人在货车隐蔽部位焊上水箱并灌满水，驶入矿区之前整车称重，然后在装煤时将水排出，借此将多装的煤非法占为己有，即构成诈骗罪。本案中的“骗售”实际是为后续的“盗取”做铺垫，“盗取”对于实现非法获利具有决定性作用，故反复多次将同一物品出卖给他人后又偷回的行为应当认定为盗窃罪。

本案的犯罪过程可以分为两个阶段：第一阶段，行为人将价值2000元的铜丝卖给他人，得款1500元。此时行为人并没有真实的交易目的，该交易具有欺骗成分。第二阶段，行为人将已经属于被害人占有的铜丝秘密偷回，实现对价值2000元财物的非法占有。如果仅实施“骗售”而没有后续的“盗取”，行为人无法达到非法获利的目的，故后续的盗取行为对非法获利具有决定性作用。但是，这一点有一定的迷惑性。行为人使用先卖后偷的犯罪手法作案，其直接目的是非法占有1500元货款。虽然在前一阶段的交易行为中行为人已经获得该笔货款，但尚不属于非法获利，只有通过后续盗窃行为实现对铜丝的非法占有后，行为人才能真正实现非法获利的目的。从被害人的角度分析，其交付1500元价款时对该交易本身并无错误认识，也实际收到了铜丝，其合法权益是在行为人实施的后续盗窃行为中受损的，故本案应当定性为盗窃罪。主张本案应当定性为诈骗罪的观点，虽然注意到了前一阶段交易

的欺骗性，但没有认真分析后一阶段盗窃行为对于实现最终非法获利目的的决定作用。

二、本案的犯罪数额应当认定为 20000 元

关于本案盗窃数额的认定，也存在分歧。第一种意见认为盗窃数额为 2000 元，即一捆铜丝的价值；第二种意见认为盗窃数额为 15000 元，即 10 次交易的价格总和；第三种意见认为盗窃数额为 20000 元，即 10 捆铜丝的总价值。

我们同意第三种观点。具体理由如下：

首先，本案三行为人多次盗窃同一物品，虽然犯罪对象是同一捆铜丝，但是针对不同的被害人实施的，导致多名被害人遭受财产损失，即其实施的每次盗窃行为均有独立的被害人，且从中获取独立的非法利益，故只有将盗窃数额累计计算，才能全面评估其盗窃行为的整体危害后果，从而准确判定其所应承担的刑事责任。多次盗窃同一物品的案件中盗窃数额是否累计计算，不能一概而论，应当结合具体案情加以判断。如数次盗窃行为均造成独立损害，并给行为人带来独立非法利益的，应当累计计算多次盗窃的数额，本案即属于这种情形。如数次盗窃行为服务于同一个犯罪目的，针对同一被害人，且数次被盗的被害人实质上仅遭受一次财产损失的，行为人获得的非法利益与一次所获无异，该情形下盗窃数额不应累计计算。例如，行为人盗走他人的汽车后将车停放于停车场，失主使用定位技术找到该车并开走，后行为人再次盗走该车，此时应当以一辆汽车认定行为人的盗窃数额。

其次，在确定了本案应当累计计算每次盗窃的数额后，接下来的问题是如何认定每次盗窃的数额。是以 1500 元的铜丝交易价格还是以 2000 元的铜丝实际价值认定每次盗窃的数额，也存在一定的分歧。我们认为，根据最高人民法院、最高人民检察院 2013 年联合出台的《关于办理盗窃刑事案件适用法律若干问题的解释》第四条的规定，被盗财物有有效价格证明的，根据有效价格证明认定盗窃数额；无有效价格证明，或者根据价格证明认定盗窃数额明显不合理的，应当按照有关规定委托估价机构估价。本案的犯罪对象为回收利用的物资，无有效价格证明，双方的交易又具有一定欺骗性，应当根据市场交易情况评估其价值，故委托有关评估机构鉴定，按照评估机构鉴定的铜丝的市场价值 2000 元认定每次盗窃的数额是正确的。以 1500 元的交易价格认定盗窃数额在表面上看具有一定合理性，因为行为人从每次犯罪行为中实际获利 1500 元，被害人直接损失的也是 1500 元价款。但是，值得注意的是，该铜丝的市场价值为 2000 元，被害人虽然付出了 1500 元，但其购买了铜丝后即取得了 2000 元的财产利益，该财产利益因之后的盗窃行为受损，同时行为人却因之后的盗窃行为获得 2000 元的财产利益，故盗窃数额应当认定为 2000 元。这与行为人盗窃财物后低价销赃导致犯罪实际收益与犯罪数额

存在差异的情形道理是相同的。以1500元来认定每次犯罪数额的意见，实质上是将交易行为定性为诈骗，认为被害人基于错误认识交付了1500元货款，忽略了盗窃行为的独立性和对实现犯罪目的的决定性作用。

——《反复将同一物品出卖给他人后又偷回的行为如何定性及犯罪数额的认定》，载最高人民法院刑事审判第一、二、三、四、五庭主办:《刑事审判参考》2013年第3集（总第92集），法律出版社2014年版，第223~226页。

856. 销赃数额高于赃物价值的，盗窃数额应当按照销赃数额认定

关键词

盗窃罪　销赃数额　赃物价值

附录：司法信箱

问题：甲窃得乙家高级组合音响一套，销售后得款14000元。但据乙家报案声称，该音响从某厂购得，价值7300元。在审理时，我们有两种意见：一是根据受害方的实际损失，即以7300元的实际价值为计算标准认定数额；二是根据犯罪人实际占有数额，即以14000元的销赃价格为计算标准认定数额。

《人民司法》研究组认为：根据最高人民法院于1998年3月17日发布的《关于审理盗窃案件具体应用法律若干问题的解释》第5条第7项，关于"销赃数额高于按本解释计算的盗窃数额的，盗窃数额按销赃数额计算"的规定，销赃数额高于赃物价值的，其盗窃数额应当按照销赃数额认定。

——《人民司法》2000年第11期（总第442期）。

857. 偷拿自己家的财物或者近亲属的财物行为的认定

关键词

偷拿自己家的财物　近亲属的财物

最高人民法院司法解释

第九条第三款　已满十六周岁不满十八周岁的人盗窃自己家庭或者近亲属财物，或者盗窃其他亲属财物但其他亲属要求不予追究的，可不按犯罪处理。

——《最高人民法院关于审理未成年人刑事案件具体应用法律若干问题的解释》（2006 年 1 月 11 日，法释〔2006〕1 号）。

第八条 偷拿家庭成员或者近亲属的财物，获得谅解的，一般可以不认为是犯罪；追究刑事责任的，应当酌情从宽。

——《最高人民法院、最高人民检察院关于办理盗窃刑事案件适用法律若干问题的解释》（2013 年 4 月 2 日，法释〔2013〕8 号）。

附录：理解与适用

《最高人民法院关于审理未成年人刑事案件具体应用法律若干问题的解释》第 9 条第 3 款主要是针对 16~18 周岁未成年人盗窃自己家庭或者亲属财物的情形应否追究刑事责任所作的规定。司法实践中常常遇到未成年人父母或者亲属强烈希望不追究未成年人的刑事责任。这种情况下，即使未成年人行为符合盗窃罪构成要件，但考虑到我国传统的观念，并且这类发生在家庭内部的子女偷父母或者偷亲属财物的行为，社会危害性同一般盗窃犯罪相比明显较小，因此，可以不按犯罪论处。

——李兵：《〈关于审理未成年人刑事案件具体应用法律若干问题的解释〉的理解与适用》，载《人民司法》2006 年 4 期（总第 507 期）。

《刑事审判参考》指导案例

文某被控盗窃案（《刑事审判参考》指导案例第 87 号）

裁判要点：发生在家庭成员和近亲属之间的偷窃案件，一般可不按犯罪处理；对确有追究刑事责任必要的，处罚时也应与在社会上作案的有所区别。

偷拿自己家的财物或者近亲属的财物，与在社会上作案的盗窃犯罪不同，具有特殊性。一方面，家庭的财产关系比较复杂，家庭成员对于共有财产拥有平等的占有、使用、收益和处分的权利，相互之间还具有抚养、赡养、监护、继承等人身和财产方面的权利义务关系。由于长期共同生活和财产在生产、交换、分配、消费过程中的频繁流转，家庭成员之间的财产权利往往很难划分清楚。发生在家庭成员之间的偷盗，一般难以区分偷盗的哪些属家庭共有财产，哪些属其他家庭成员的个人财产，难以确定犯罪的具体对象。即使财产能够区分清楚，盗窃自己家里和近亲属的财物与在社会上作案的盗窃相比，行为人的主观恶性相对不深，社会危害的范围和程度也相对较小，一般不影响社会公众的利益和安全感；另一方面，家庭成员和近亲属之间发生偷盗行为的原因和情况也比较复杂，而且受害人报案后，一旦知道系由自己的近亲属所为，出于亲情或者其他种种原因，一般都不愿继续诉诸司法程序，追究作案亲属的刑事责任。在这种情况下，如果司法机关主动进行刑事追诉，将给受害人及其家庭带来不必要的消极影响，社会效果也并不好。因此，最高人民法院《关于审理盗窃案件具体应用法律若干问题的解释》[①] 第 1 条第 4 项明确规定："偷拿自己家的财物或者近亲属的财物，一般可不按犯罪处理。"

当然，在司法实践中也并不排除对发生在亲属之间的某些严重的盗窃行为进行刑事追究的可能性，比如，多次盗窃亲属财物屡教不改，或者盗窃亲属财物数额巨大，或者盗窃亲属财物进行违法犯罪活动，被盗的亲属强烈要求司法机关追究其刑事责任的案件等。即使在这种情况下，司法机关处理相关具体案件，也应当充分注意行为人盗窃的毕竟是自己近亲属的财物这一特殊性，以及其亲属气愤、反感情绪也会变化的因素，根据案件事实、法律规定和刑事政策，综合考虑行为人盗窃的次数、盗窃财物的价值、给被盗亲属造成的损失、行为人和被盗亲属关系的远近及案发后的反应等情况，慎重确定是否有追究被告人刑事责任的必要。最高人民法院《关于审理盗窃案件具体应用法律若干问题的解释》[②] 第 1 条第 4 项就规定："对确有追究刑事责任必要的，处罚时也应与在社会上作案的有所区别。"这一规定虽然并未对哪些属于"确有追究刑事责任的必要"的具体情形作出明确的列举，也没有具体指出处罚上应当如何"有所区别"，但可供司法机关在处理具体案件时作为一项基本原则酌情作出判断和决定，在定罪时要格外慎重，在处罚上要考虑必要的从宽。之所以对此类案件与在社会上盗窃的案件实行区别对待，作出不同的处理，从实质上讲是因为盗窃自己家庭和近亲属的财物行为社会危害范围和程度是有限的，也就是《刑法》第十三条规定的"情节显著轻微危害不大"，故一般情况下司法机关不作为犯罪追究。司法机关认为确有追究必要的，也主要是从更有效地教育惩戒行为人方面考虑的。从实际上来看，偷拿自己家里和近亲属财物的行为人一般主观恶性都不深，案发后也容易取得受害人的谅解，在大多数情况下，对其不予判刑往往比判刑的社会效果要好，判处轻刑比判处重刑的社会效果要好，判处缓刑或管制刑比判处监禁刑的社会效果要好，这样可以使其不脱离家庭和亲属，放在社会上改造，更有利于家庭和亲属关系的缓和，更有利于对其进行教育挽救，从而更好地实现刑罚特殊预防和一般预防的双重目的。

---

① 本文件已被《最高人民法院、最高人民检察院关于办理盗窃刑事案件适用法律若干问题的解释》（法释〔2013〕8 号）废止。

② 本文件已被《最高人民法院、最高人民检察院关于办理盗窃刑事案件适用法律若干问题的解释》（法释〔2013〕8 号）废止。

——最高人民法院刑事审判第一庭、第二庭编：《刑事审判参考》2001 年第 2 辑（总第 13 集），法律出版社 2001 年版，第 24~29 页。

858. 以勒索钱财为目的盗窃机动车号牌行为的定性

关键词

盗窃罪　机动车号牌　国家机关证件

《刑事审判参考》指导案例

杨聪慧、马文明盗窃机动车号牌案（《刑事审判参考》指导案例第 582 号）

裁判要点：机动车号牌不属于盗窃国家机关证件罪中的国家机关证件，以敲诈钱财为目的盗窃机动车号牌的行为可视具体情形处以敲诈勒索罪或盗窃罪。

机动车号牌是否属于刑法第二百八十条规定的行为对象，是本案中对二被告人准确定罪的一个必须厘清的问题，经研究，我们认为，机动车号牌不属于刑法第二百八十条规定的盗窃国家机关证件罪中的国家机关证件，其主要理由在于：

首先，从文义解释角度来看，国家机关证件是由国家机关制作颁发的用以证明身份、权利义务关系或者有关事实的规范性凭证，通常具有制作主体特定、用途明确、形式规范等特征，主要包括证件、证书等，如常见的护照、机动车行驶证均具有此特征。机动车在交易过程中，涉及各种不同的证件，包括机动车来历凭证、整车合格证、号牌、行驶证、登记证书以及有关机动车的其他证明和凭证。从证件属性来看，有关机动车的证明和凭证中，只有行驶证、登记证书属于国家机关证件的范畴，其他证明和凭证不属于国家机关证件的范畴。机动车号牌虽由公安机关交通管理部门统一制发，但只是中英文和数字的组合，并不加盖主管机关的印章，仅起到机动上路行驶的有效识别载体的作用，不具有国家机关证件通常具备的上述特征。特别是根据公安部修订发布的《机动车登记规定》，自 2008 年 10 月 1 日起机动车所有人可以通过计算机自动选取或者按机动车号牌标准规定自行编排的方式获取机动车号牌号码，进一步强化了机动车号牌的个性色彩。因此，从一般属性来看，机动车号牌只是一种标志，而非国家机关证件。

其次，从体系解释出发，在刑法分则体例安排上，刑法分则第二百八十一条、第三百七十五条中分别规定了对非法生产、买卖人民警察车辆号牌、武装部队车辆号牌等专用标志，情节严重的行为，予以定罪处罚。从上述规定可以看出，刑法是将人民警察车辆号牌、武装部队车辆号牌归为专用标志，而非国家机关证件，因此，将除上述特殊车辆号牌外的一般的机动车号牌解释为国家机关证件有悖于刑法体系解释的原理。或许有人认为，刑法第三百七十五条第一款、第二款分别规定了伪造、变造、买卖或者盗窃、抢夺武装部队公文、证件、印章罪及非法生产、买卖武装部队制式服装、车辆号牌罪，可那是立法者为了对武装部队类的机动车号牌予以特别保护才作此规定，因而并不妨害将一般的机动车号牌认定为国家机关证件。很显然这种理解并不合理，从这两个条文本身来看，第一款规定的入罪标准显然宽于第二款要求的入罪标准，第二款仅对情节严重的情形予以刑罚制裁，而第一款却将情节严重情形作为法定刑升格的条件，这是因为，从一般观念来看，武装部队公文、证件显然较武装部队车辆号牌更为重要，更值得刑法保护，以之为对象的犯罪社会危害更大。因而如果将普通的机动车号牌解释为国家机关证件，不仅造成概念的混乱也严重背离了刑法体系解释的基本原理。而且，无论刑法典第二百八十一条还是第三百七十五条都只规定非法生产、买卖人民警察车辆号牌、武装部队车辆号牌等专用标志，情节严重的予以定罪处罚，并未将盗窃、抢夺上述专用标志定罪处罚，如果将盗窃机动车号牌即以盗窃国家机关证件予以定罪处罚，甚至可以情节严重升格法定刑幅度予以处罚，显然是严重背离了罪刑法定原则。特别值得一提的是，立法者也已注意到盗窃、抢夺武装部队车辆号牌具有较为严重的社会危害性，故而在《刑法修正案（七）》中增加规定了盗窃、抢夺武装部队车辆号牌等专用标志的犯罪，但这仍然是将机动车号牌限定在专用标志的范畴内处理这一问题。

最后，从司法解释沿革的一致性来看，1998年5月8日最高人民法院、最高人民检察院、公安部、国家工商行政管理局联合发布的《关于依法查处盗窃、抢劫机动车案件的规定》的第七条规定伪造、变造、买卖机动车号牌及机动车入户、过户、验证的有关证明文件的依照刑法第二百八十条第一款的规定处罚，该条文正是司法实践中个别司法机关将盗窃机动车号牌以盗窃国家机关证件定罪的所谓法律依据。单就该条文来说，它也仅是明确了在盗、抢机动车犯罪中伪造、变造、买卖机动车号牌的以伪造、变造、买卖国家机关证件定罪处罚，但不能就此当然地对盗窃、抢夺机动车号牌的行为以盗窃、抢夺国家机关证件罪予以定罪处罚，更不能以此当然地推定机动车号牌即为国家机关证件。不能忽略的是，最高人民法院、最高人民检察院也已注意到了这一问题，自2007年5月11日起施行的《最高人民法院、最高人民检察院关于办理与盗窃、抢劫、诈骗、抢夺机动车相关刑事案件具体应用法律若干问题的解释》第二条第一款仅规定了伪造、变造、买卖机动车行驶证、登记证书累计 3 本以上的，依照刑法第二百八十条第一款的规定予以定罪，应当说这不是司法解释的疏漏，而是特意为之，目的就是将机动车号牌排除在国家机关证件范畴之外。该司法解释与前述 1998 年的规范性文件都是就盗、抢机动车等相关犯罪问题作出的规定，但从法律效力的一般原则来看，后法优于前法，故上述司法解释应优先适用，机动车号牌不属于刑法第二百八十条规定的国家机关证件。

本案中，被告人杨聪慧、马文明盗窃他人机动车号牌是为了以此向有关号牌所有人勒索钱财，因为单纯的盗窃机动车牌照对其而言并不具有实质性的意义，机动车号牌本身没有什么经济价值，其盗窃机动车牌照系为了向号牌所有人实施敲诈勒索的行为，达到非法获取钱财的目的。因此，盗窃机动车号牌的行为属于手段行为，勒索钱财行为属于目的行为，所以将盗窃行为认定为与勒索行为具有牵连关系比较妥当。对于牵连犯，一般应择一重罪进行定罪处罚。如果行为人敲诈得手后归还所窃取的车牌，并达到追诉标准的，以敲诈勒索予以定罪是无异议的。如果行为人未能敲诈到钱财并且将车牌随意丢弃的，在此情况下可以盗窃罪予以定罪。或许有人会认为，行为人主观上仅有敲诈勒索的目的，并没有非法占有的目的，处以盗窃罪似乎比较牵强。其实，盗窃的经典表述是以和平手段永久剥夺他人对财物的所有或占有。因此，如果行为人在未能敲诈得手的情况下，将车牌任意丢弃，主观上虽然没有实现非法取财的目的，但其主观上对于造成他人财产损失是故意的，客观上亦造成了被害人为补办车牌带来的利益损失，具有一定的社会危害性，故以盗窃罪予以处罚符合刑法原理。在此涉及的一个问题是盗窃数额如何认定，因为刑法规定一般盗窃行为达到数额较大的才构成犯罪。盗窃罪属于侵财犯罪，其盗窃财产的数额一般就是被害人的财产损失数额。机动车牌照本身不能买卖，不具有经济价值，但其具有使用价值，所有人需支付相应办理牌照的费用才能获取，从这个意义上讲，被害人因盗窃所遭受的经济损失就是需支付的补办牌照费用，虽然此部分费用被告人并未获取，但确属被害人遭受的经济损失，由于侵财犯罪中有些情况下犯罪人非法获财情况与被害人损失情况并不一致，但并不妨碍将其未实际获取的部分认定为犯罪数额，因此本案中以被害人补办车牌所需的费用作为盗窃数额符合侵财犯罪的本质原理。《最高人民法院关于审理盗窃案件具体应用法律若干问题的解释》① 第十二条第四项规定了为练习开车、游乐等目的，多次偷开机动车辆，并将机动车辆丢失的，以盗窃罪定罪处罚。据此，举重以明轻，对盗窃机动车车牌处以盗窃罪也是有法律依据的。如果行为人既敲诈得手钱财又有任意丢弃车牌行为的，

① 本文件已被《最高人民法院、最高人民检察院关于办理盗窃刑事案件适用法律若干问题的解释》（法释〔2013〕8 号）废止。

可视具体情形处断为一罪或数罪并罚，此处不再赘述。

——最高人民法院刑事审判第一、二、三、四、五庭主办：《刑事审判参考》2009年第5集（总第70集），法律出版社2010年版，第54~59页。

859. 事先承诺收购指定的特殊产品并在事后低价收购的行为如何定性

关键词

盗窃罪　通谋

《刑事审判参考》指导案例

孙善凯、刘军、朱康盗窃案（《刑事审判参考》指导案例第1100号）

裁判要点：被告人明知其拟要收购的物品应该系通过非法手段获得的，仍指定相应的型号并允诺低价收购，仍在事前商定收购的型号，事后至指定地点接收赃物，其行为性质属事前预谋，事后辅助，在共同犯罪中负责收赃环节。因此，应当认定被告人行为系事前通谋的盗窃行为，以盗窃罪定罪量刑。

明知财物系上游犯罪人犯罪所得，事先承诺收购，事后在上游犯罪现场收购赃物的，可以认定为与上游犯罪人通谋犯罪。

掩饰、隐瞒犯罪所得、犯罪所得收益的行为是事后的帮助行为，“犯罪所得及其产生的收益”中的“犯罪”是指既遂犯罪。对于事前与盗窃、抢劫、抢夺等犯罪分子通谋，实施掩饰、隐瞒犯罪所得、犯罪所得收益行为的，主观上明知盗窃、抢劫、抢夺等犯罪内容、危害后果而与其通谋，形成共同的犯罪故意，客观上对盗窃、抢劫、抢夺等犯罪分子实施犯罪予以配合，应当以共同犯罪论处。此时，其掩饰、隐瞒行为就成了盗窃、抢劫、抢夺等犯罪的共同犯罪行为的组成部分。当然，在共同犯罪中的地位、作用可以根据其实际所处的地位、作用认定。

这方面的立法例有不少，如刑法第三百一十条第二款规定：犯窝藏、包庇罪，事前通谋的，以共同犯罪论处。《最高人民法院、最高人民检察院关于办理与盗窃、抢劫、诈骗、抢夺机动车相关刑事案件具体应用法律若干问题的解释》第四条明确规定，事前与盗窃、抢劫、诈骗、抢夺机动车的犯罪分子通谋的，以盗窃罪、抢劫罪、诈骗罪、抢夺罪的共犯论处。《最高人民法院、最高人民检察院关于办理盗窃油气、破坏油气设备等刑事案件具体应用法律若干问题的解释》第五条规定，明知是盗窃犯罪所得的油气或者油气设备，而予以窝藏、转移、收购、加工、代为销售或者以其他方法掩饰、隐瞒的，依照刑法第三百一十二条的规定定罪处罚；实施前述犯罪行为，事前通谋的，以盗窃罪的共犯定罪处罚。《最高人民法院关于审理掩饰、隐瞒犯罪所得、犯罪所得收益刑事案件适用法律若干问题的解释》（以下简称《解释》）在总结立法和司法解释经验的基础上，也作了类似的规定。《解释》第五条规定："事前与盗窃、抢劫、诈骗、抢夺等犯罪分子通谋，掩饰、隐瞒犯罪所得及其产生的收益的，以盗窃、抢劫、诈骗、抢夺等犯罪的共犯论处。"

结合法理和司法实践，认定掩饰、隐瞒犯罪所得行为人是否与盗窃、抢劫、诈骗、抢夺等上游犯罪分子通谋，一般从以下几个方面把握：（1）从主观上分析判断，一看其是否明知上游犯罪人实施犯罪行为。如果有证据证明掩饰、隐瞒行为人误认为上游犯罪所得是正常所得，那么，掩饰、隐瞒行为人虽然客观上起到了帮助上游犯罪人的作用，但因缺乏主观要件而不能对其定罪。二看其是否明知上游犯罪人犯罪的时间。如果上游犯罪既遂后才知道上游犯罪行为的，自然不能认定为与上游犯罪人通谋，如果事先知道（包括事中知道）上游犯罪行为，且在客观上实施了协助上游犯罪人完成犯罪的行为的，就可以认定为与上游犯罪人通谋。（2）从客观上分析判断，即其实施的掩饰、隐瞒行为是在上游犯罪完成后还是在上游犯罪实施前或者实施过程中。如果掩饰、隐瞒行为是在上游犯罪完成后才介入的，需要结合掩饰、隐瞒行为人主观是否存在事先通谋故意进行综合判断。如果掩饰、隐瞒行为在事先、事中就起到了对上游犯罪参与、配合、协助的作用，那么，就可以认定其掩饰、隐瞒的故意产生于上游犯罪实施前或实施中。

就本案而言，收赃人孙善凯明知其拟要收购的物品应该系通过非法手段获得的，仍指定相应的型号并允诺低价收购，应认定为事前通谋盗窃行为，以盗窃罪定罪量刑。理由如下：

1. 被告人孙善凯事先明知微型扬声器、受话器系被告人刘军、朱康犯罪所得。对此，有被告人孙善凯、刘军、朱康的供述一致证实。更为重要的是，本案涉及的受话器、扬声器等手机配件具有专业性、定制性、定向性等特点。受话器也叫听筒，是一种在无声音泄漏条件下将音频电信号转化成声音信号的电声器件，广泛用于移动电话、固定电话及助听器等通信终端设备中，实现音频（语音、音乐）的重放。扬声器又称"喇叭"，是一种把电信号转变为声音信号的换能器件，一般扬声器由磁铁、框架、定心支片、模折环锥形纸盆组成，分为电动式、静电式、电磁式、压电式等几种。可见，受话器、扬声器系具有极强专业性的物品，除被害单位瑞声公司本身或者关联企业，一般单位和个人，尤其是个人，难以大批量拥有此类产品。一般来说，该类物品仅在手机配件生产公司或手机组装公司等小范围内流转，一般人不会接触到也不需要该类物品。另外，本案涉及的受话器、扬声器系由苹果公司、三星公司等大型手机公司委托被害单位瑞声公司定制生产，瑞声公司向苹果公司、三星公司定向配货，根本不可能在市场上流通，而孙善凯曾在瑞声公司工作过，知道瑞声公司生产的电子元件可以销售给手机修理店牟利。综上，孙善凯对本案所涉扬声器、受话器系犯罪所得是应当明知的。

2. 被告人孙善凯的行为属于与被告人刘军、朱康事先通谋的行为。首先，孙善凯故意在瑞声公司附近张贴回收电子元件广告，致刘军通过该广告与其取得联系。孙善凯张贴广告的行为实质上起到了引诱犯意的作用。其次，刘军在瑞声公司附近向孙善凯提供样品时，孙善凯看完样品，根据其收购经验和其在瑞声公司工作过的经历，应当知道刘军向其提供的手机配件样品不可能合法取得，但仍向刘军指定相应的型号予以收购。虽然孙善凯没有明确说让刘军等人去盗窃，但其承诺收购，就是对刘军等人盗窃行为的支持。如果孙善凯不同意收购，那么，刘军、朱康盗窃所得的扬声器、受话器几乎无处可销，盗窃目的就难以实现。因此，孙善凯事先承诺收购扬声器、受话器的行为，是刘军、朱康盗窃预谋内容中不可或缺的组成部分。

3. 孙善凯收购行为在犯罪现场或者非正常收购地点。在本案中，孙善凯收购刘军、朱康盗窃所得的扬声器、受话器共三次，都是在刘军、朱康盗窃得手后立即就收购的。尤其是第一次（2012 年 12 月的一天晚上）和第三次（2013 年 1 月 13 日傍晚），都是刘军及朱康盗窃得手后当即联系孙善凯，孙善凯遂到盗窃犯罪现场即被害单位瑞声公司，在该公司的围墙外将刘军、朱康所盗物品运走并低价收购。特别是 2013 年 1 月 13 日傍晚，孙善凯在装载刘军盗窃所得的受话器时被瑞声公司巡查保安发现，却携带已经装车的 3 箱受话器逃离现场。而第二次（2013 年 1 月的一天）孙善凯虽然未到盗窃现场收购，但也是在朱康盗窃得手后立即与朱康约定一个偏僻地点，即武进区南故里墅街道吴黄寺附近低价收购。孙善凯到盗窃现场或指定地点低价收购赃物的行为，客观上直接帮助刘军、朱康完成了盗窃犯罪活动。

综上，被告人孙善凯明知刘军出售给其的扬声器、受话器为瑞声公司所有，不可能为刘军、朱康个人合法持有，仍在事前商定收购的型号，事后至瑞声公司围墙外或者指定地点接收赃物，其行为性质属事前预谋，事后辅助，在共同犯罪中负责收赃环节。因此，应当认定孙善凯为刘军、朱康盗窃犯罪的共犯。当然，在量刑时，考虑到孙善凯非实行犯，在共同犯罪中所起作用并非最主要的，应认定为从犯。一、二审根据被告人刘军、朱康、孙善凯在共同犯罪中的地位、作用等情况所作判决是妥当的。

——最高人民法院刑四庭：《孙善凯、刘军、朱康盗窃案》，载最高人民法院刑事审判第一、二、三、四、五庭主办：《刑事审判参考》（总第 104 集），法律出版社 2016 年版，第 57~60 页。

860. 虚构交易事实套取农机购置补贴行为的定性

关键词

农机购置补贴　诈骗罪

附录：最高人民法院法官著述

由于农机补贴存在地区差异，经销商利用本地农民名义骗领农机购置补贴，涉案农机具按照补贴后的价格销售给其他农民的，是否构成诈骗罪，存在不同认识。本评注认为适用诈骗罪应持慎重态度。主要考虑：（1）行为不具有非法占有的目的，不符合诈骗罪的主观要件。行为人虚构交易事实，套取国家补贴，形式上确实符合诈骗的构成要件。但是，似不能认定行为人具有非法占有农机补贴款项的主观目的：一方面，行为人取得补贴是为了以更低的价格出售农机，取得市场竞争优势，交易中也确以补贴后的价格进行出售，没有占有补贴款项；另一方面，行为人作为农机销售人，其经营的公司具有购置、销售农机的资质，且在购得农机后按照补贴后的价格向其他农民进行了出售，存在真实的交易行为，不属于无交易、单纯骗取补贴的情形。而且，就尚未出售的部分农机，从现有材料难以得出被告人对该部分补贴有非法占有目的的结论。（2）行为未造成国家资金损失，不符合诈骗罪的结果要件。行为人先行套取补贴的行为确属违规操作，但从实际情况看，未造成国家资金损失。补贴资金最终全部落到了农民手上，经销商不存在从中侵占补贴资金。农民购机享受到了补贴后的价格，符合国家农机购置补贴的政策本意，虽然先行套取国家补贴款存在违规行为，但不应当认定为诈骗国家的补贴资金。（3）行为与当时的农机补贴政策关系密切，适用刑法惩治打击面过大。为不断适应农机补贴在实践中产生的问题，保障农民更好地享受优惠政策，农机补贴政策在执行中有多次调整、改革，相关情形在政策推出初期比较多发，但在政策调整完善之后基本得以杜绝，确实说明了此类行为与政策不完善密切相关，加以刑事规制要特别慎重。加之此类行为具有一定范围的普遍性，需要慎重评估惩处范围。

——喻海松：《实务刑法评注》，北京大学出版社 2022 年版，第 1163~1164 页。

861. 诈骗罪的量刑

关键词

诈骗罪　量刑

最高人民法院司法解释

第一条　诈骗公私财物价值三千元至一万元以上、三万元至十万元以上、五十万元以上的，应当分别认定为刑法第二百六十六条规定的“数额较大”、“数额巨大”、“数额特别巨大”。

各省、自治区、直辖市高级人民法院、人民检察院可以结合本地区经济社会发展状况，在前款规定的数额幅度内，共同研究确定本地区执行的具体数额标准，报最高人民法院、最高人民检察院备案。

第二条　诈骗公私财物达到本解释第一条规定的数额标准，具有下列情形之一的，可以依照刑法第二百六十六条的规定酌情从严惩处：

（一）通过发送短信、拨打电话或者利用互联网、广播电视、报刊杂志等发布虚假信息，对不特定多数人实施诈骗的；

（二）诈骗救灾、抢险、防汛、优抚、扶贫、移民、救济、医疗款物的；

（三）以赈灾募捐名义实施诈骗的；

（四）诈骗残疾人、老年人或者丧失劳动能力人的财物的；

（五）造成被害人自杀、精神失常或者其他严重后果的。

诈骗数额接近本解释第一条规定的“数额巨大”、“数额特别巨大”的标准，并具有前款规定的情形之一或者属于诈骗集团首要分子的，应当分别认定为刑法第二百六十六条规定的“其他严重情节”、“其他特别严重情节”。

第三条　诈骗公私财物虽已达到本解释第一条规定的“数额较大”的标准，但具有下列情形之一，且行为人认罪、悔罪的，可以根据刑法第三十七条、刑事诉讼法第一百四十二条的规定不起诉或者免予刑事处罚：

（一）具有法定从宽处罚情节的；

（二）一审宣判前全部退赃、退赔的；

（三）没有参与分赃或者获赃较少且不是主犯的；

（四）被害人谅解的；

（五）其他情节轻微、危害不大的。

第四条　诈骗近亲属的财物，近亲属谅解的，一般可不按犯罪处理。

诈骗近亲属的财物，确有追究刑事责任必要的，具体处理也应酌情从宽。

第五条　诈骗未遂，以数额巨大的财物为诈骗目标的，或者具有其他严重情节的，应当定罪处罚。

利用发送短信、拨打电话、互联网等电信技术手段对不特定多数人实施诈骗，诈骗数额难以查证，但具有下列情形之一的，应当认定为刑法第二百六十六条规定的“其他严重情节”，以诈骗罪（未遂）定罪处罚：

（一）发送诈骗信息五千条以上的；

（二）拨打诈骗电话五百人次以上的；

（三）诈骗手段恶劣、危害严重的。

实施前款规定行为，数量达到前款第（一）、（二）项规定标准十倍以上的，或者诈骗手段特别恶劣、危害特别严重的，应当认定为刑法第二百六十六条规定的“其他特别严重情节”，以诈骗罪（未遂）定罪处罚。

第六条　诈骗既有既遂，又有未遂，分别达到不同量刑幅度的，依照处罚较重的规定处罚；达到同一量刑幅度的，以诈骗罪既遂处罚。

第七条　明知他人实施诈骗犯罪，为其提供信用卡、手机卡、通讯工具、通讯传输通道、网络技术支持、费用结算等帮助的，以共同犯罪论处。

第八条　冒充国家机关工作人员进行诈骗，同时构成诈骗罪和招摇撞骗罪的，依照处罚较重的规定定罪处罚。

第九条　案发后查封、扣押、冻结在案的诈骗财物及其孳息，权属明确的，应当发还被害人；权属不明确的，可按被骗款物占查封、扣押、冻结在案的财物及其孳息总额的比例发还被害人，但已获退赔的应予扣除。

第十条　行为人已将诈骗财物用于清偿债务或者转让给他人，具有下列情形之一的，应当依法追缴：

（一）对方明知是诈骗财物而收取的；

（二）对方无偿取得诈骗财物的；

（三）对方以明显低于市场的价格取得诈骗财物的；

（四）对方取得诈骗财物系源于非法债务或者违法犯罪活动的。

他人善意取得诈骗财物的，不予追缴。

——《最高人民法院、最高人民检察院关于办理诈骗刑事案件具体应用法律若干问题的解释》(2011 年 3 月 1 日，法释〔2011〕7 号）。

最高人民法院司法政策精神

（十二）诈骗罪

1. 构成诈骗罪的，根据下列情形在相应的幅度内确定量刑起点：

（1）达到数额较大起点的，在一年以下有期徒刑、拘役幅度内确定量刑起点。

（2）达到数额巨大起点或者有其他严重情节的，在三年至四年有期徒刑幅度内确定量刑起点。

（3）达到数额特别巨大起点或者有其他特别严重情节的，在十年至十二年有期徒刑幅度内确定量刑起点。依法应当判处无期徒刑的除外。

2. 在量刑起点的基础上，根据诈骗数额等其他影响犯罪构成的犯罪事实增加刑罚量，确定基准刑。

3. 构成诈骗罪的，根据诈骗的数额、手段、危害后果等犯罪情节，综合考虑被告人缴纳罚金的能力，决定罚金数额。

4. 构成诈骗罪的，综合考虑诈骗的起因、手段、数额、危害后果、退赃退赔等犯罪事实、量刑情节，以及被告人的主观恶性、人身危险性、认罪悔罪表现等因素，决定缓刑的适用。对实施电信网络诈骗的，从严把握缓刑的适用。

——《最高人民法院、最高人民检察院印发〈关于常见犯罪的量刑指导意见（试行）〉的通知》（2021年6月16日，法发〔2021〕21号）。

862. 诈骗犯罪中“非法占有目的”的认定

关键词

诈骗罪　非法占有目的

《刑事审判参考》指导案例

俞辉合同诈骗案（《刑事审判参考》指导案例第169号）

裁判要点：构成诈骗犯罪，要求行为人主观上必须具有非法占有的目的。如果行为人通过诈骗的方法非法获取资金，造成数额较大的资金不能归还，同时具有非法占有目的的七种情形之一的，应认定行为人主观上具有非法占有的目的。

构成诈骗犯罪，要求行为人主观上必须具有非法占有的目的。最高人民法院2001年1月21日印发的《全国法院审理金融犯罪案件工作座谈会纪要》（以下简称《审理金融犯罪纪要》），明确了可以认定为具有非法占有目的的七种情形，即“（1）明知没有归还能力而大量骗取资金的；（2）非法获取资金后逃跑的；（3）肆意挥霍骗取的资金的；（4）使用骗取的资金进行违法犯罪活动的；（5）抽逃、转移资金、隐匿财产，以逃避返还资金的；（6）隐匿、销毁账目，或者搞假破产、假倒闭，以逃避返还资金的；（7）其他非法占有资金、拒不返还的行为”。司法实践中，如果行为人通过诈骗的方法非法获取资金，造成数额较大的资金不能归还，同时具有上述情形之一的，应认定行为人主观上具有非法占有的目的，其行为属于诈骗性质。

——最高人民法院刑事审判第一庭、第二庭编：《刑事审判参考》2002 年第 2 集（总第 25 集），法律出版社 2002 年版，第 32~40 页。

863. 如何区分诈骗犯罪与民事欺诈行为

关键词

诈骗犯罪　民事欺诈

《刑事审判参考》指导案例

黄金章诈骗案（《刑事审判参考》指导案例第 1372 号）

裁判要点：在当前经济增速放缓、金融借贷纠纷频发的大背景下，司法实践中应当避免将经济纠纷当作犯罪处理，防止刑罚权随意侵入民间纠纷，保护企业经营者合法权益。

司法实践中，应当正确认定诈骗罪，将其与民事欺诈准确区分。一般应从欺骗内容、欺骗程度和欺骗结果三个方面予以界分：

首先是欺骗内容。民事欺诈是个别事实或者局部事实的欺骗，诈骗犯罪则是整体事实或者全部事实的欺骗。司法实践中存在欺诈性借款和借款诈骗、欺诈性销售和销售诈骗、合同欺诈和合同诈骗等区分、保险欺诈和保险诈骗等。如合同欺诈和合同诈骗的区分，合同欺诈的行为人在签订合同之后，一般会以积极的态度创造条件履行合同，如果只是在合同的一些要素，如主体、担保或者数量、质量等方面进行欺骗，但依然有履行合同，则属于合同欺诈；如果是整体事实的欺骗，行为人根本无履行诚意或履行能力，只是利用合同骗取他人财物的，即使有一点履行合同的行为，也属于诈骗犯罪。

其次是欺骗程度。如果行为人采用的欺骗手段达到了使他人产生错误认识并处分财物的程度，构成诈骗罪；如果行为人虽然采用欺骗手段，但并没有达到使他人无对价交付财物的程度，则可能只构成民事欺诈。一般而言，民事欺诈行为人为了减轻责任，可能进行一定程度的辩解，但不会逃避承担责任；而诈骗犯罪的行为人则是要使自己逃避承担责任，最终使对方遭受损失。实践中，诱使他人参加某种活动，并造成一定的财产损失，并不是构成诈骗罪的充足要件。比如，在设置圈套诱骗他人参加赌博类案件中，如果只是设置圈套诱骗他人参加赌博，甚至在赌博过程中存在作弊行为，仍然只能构成赌博罪，只是在赌博中存在欺诈。如果诱骗他人参加赌博，并且在赌博过程中，完全控制输赢，由此造成他人财产损失的，应当认定为诈骗罪。在这种情况下，赌博只是手段，诈骗才是目的。

最后是欺骗结果，也可以从主观上理解为非法占有目的。很多情况下，民事欺诈和刑事诈骗在行为方式上难以进行区分，还需要从行为人主观上是否具有非法占有目的上予以区分。民事欺诈行为中，当事人主观上也有谋取不正当利益的目的，但这种利益是通过民事行为，如通过合同的履行而实现合同的利益；而诈骗犯罪是以非法占有为目的的犯罪，行为人谋取的不是民事行为的对价利益，而是对方当事人的财物，即使行为人有表面上的“履约”行为，也只是掩人耳目或者迷惑对方的行为，是为了犯罪的顺利实施而付出的犯罪成本。当然，诈骗罪犯罪嫌疑人一般不会供认自己有非法占有他人财产的主观故意，而是辩解自己的行为属于民事欺诈甚至一般合同纠纷，企图逃避法律制裁。尽管非法占有目的属于行为人的主观心理状态，但它必然通过一系列外化的客观行为表现出来，因而可根据其客观行为表现及其行为效果推定行为人的主观心理态度。根据司法实践《全国法院审理金融犯罪案件工作座谈会纪要》总结出“七种情形”，如非法获取资金后逃跑，隐匿、销毁账目，搞假破产、假倒闭以逃避返还资金等，认为这些情形下行为人非法获取资金导致数额较大资金不能返还的，可以认定具有非法占有的目的。我们认为，实践中诈骗犯罪中非法占有目的的推定，可以综合考虑、审查分析以下几个要素：（1）要看行为人主体身份是否真实，行为实施对象是陌生人群还是熟悉的人甚至是朋友、亲戚；（2）要审查行为人在行为当时有无履约能力，有无归还能力；（3）要审查行为人有无采取诈骗的行为手段，有无实施虚构事实、隐瞒真相的行为；（4）要审查行为人有无履约的实际行动，有无积极准备做相应工作；（5）要审查行为人未履约的原因，是因为意外事件、行为人过失等原因造成不能履约，还是根本不想去履约；（6）要审查行为人的履约态度是否积极，是否按时、按计划履行合约；（7）要审查行为人对财物的主要处置形式，如有无肆意挥霍、有无使用资金进行违法犯罪活动；（8）要审查行为人的事后态度是否积极，如有无抽逃、转移资金、隐匿财产，以逃避返还资金，有无在获取资金后逃跑行为。

应当指出，以上因素不能孤立地用于证明行为人是否有非法占有的目的，应该坚持主客观相统一的原则，既要避免单纯根据损失结果客观归罪，也不能仅凭被告人自己的供述，应综合案件各种事实综合考量，审慎判断。如审查行为人主体，传统的诈骗犯罪一般都是隐瞒身份，骗取陌生人的财物，如网络、短信诈骗等，而民事欺诈往往发生在熟人之间，甚至亲戚朋友之间。随着经济社会的转型发展，发生在熟人之间的诈骗犯罪也不少见，所以，必须根据案件的具体情况进行综合判断。

——李风林、段凰撰稿、王晓东审编：《黄金章诈骗案——诈骗犯罪与民事欺诈行为的界限》，载最高人民法院刑事审判第一、二、三、四、五庭主办：《刑事审判参考》（总第124集），法律出版社2020年版，第64~67页。

864. 诈骗犯罪中的诈骗数额哪些可以进行扣除

关键词

诈骗犯罪　诈骗数额

《刑事审判参考》指导案例

阚莹诈骗案（《刑事审判参考》指导案例第1373号）

裁判要点：如果行为人支出的财物对于被害人没有利用可能性，无法实现被害人预期的交易目的，对弥补被害人所受的财产损失也没有实际意义，即使该犯罪成本有与被害人交付的财物相当的市场价值，甚至完全具备正常商品所应有的使用价值，一般也不应从诈骗类犯罪的数额中扣除。

（一）诈骗数额的认定应当考量被害人实际财产损失

《刑法》第二百六十六条规定，诈骗公私财物，数额较大的，构成诈骗罪。从法条的字面含义理解，诈骗数额指的是行为人骗取的财物数额。司法解释、规范性文件中也原则上采用行为人的所得额为标准计算诈骗数额。1996年《最高人民法院关于审理诈骗案件具体应用法律若干问题的解释》（以下简称《1996年诈骗解释》）中规定，利用经济合同进行诈骗的，诈骗数额应当以行为人实际骗取的数额认定，合同标的数额可以作为量刑情节予以考虑。2001年《全国法院审理金融犯罪案件工作座谈会纪要》[①]（以下简称《金融犯罪纪要》）重申在没有新的司法解释之前，可参照《1996年诈骗解释》的规定执行。在具体认定金额诈骗犯罪的数额时，应当以行为人实际骗取的数额计算。

实践中，行为人实际骗取的数额与被害人的财产损失数额并非完全对应。但诈骗罪属于财产犯罪，其侵犯的法益是被害人对财物的所有权或占有权。犯罪的本质是法益侵害，诈骗罪也不例外。诈骗罪（既遂）的基本构造可以简化为：行为人实施欺骗行为—对方（受骗者）产生（或继续维持）错误认

① 本文件已被《最高人民法院、最高人民检察院关于废止1980年1月1日至1997年6月30日期间制发的部分司法解释和司法解释性质文件（第九批）的决定》（法释〔2013〕1号）废止。

识—对方基于错误认识处分财产—行为人或第三者取得财产—被害人遭受财产损害。故被害人因诈骗行为遭受的财产损失也应纳入诈骗罪的犯罪构成要件体系作整体评价，在定罪量刑中考量被害人的财产损失也是诈骗犯罪裁量的应有之义。

在诈骗数额难以直接认定的情形下，有时直接以被害人的损失数额作为诈骗数额，如 2000 年 5 月 24 日施行的《最高人民法院关于审理扰乱电信市场管理秩序案件具体应用法律若干问题的解释》第九条规定："以虚假、冒用的身份证件办理入网手续并使用移动电话，造成电信资费损失数额较大的，依照《刑法》第二百六十六条的规定，以诈骗罪定罪处罚。"

即使在诈骗数额可以直接认定的情形下，也应当考量被害人的实际损失。实践中可以分为两种情况：一种情况是被害人的实际损失大于被告人的诈骗数额。这可能是因为被害人除了直接被行为人骗取的直接损失外，还存在孳息、利润、被害人其他付出等间接损失，此部分损失数额一般而言不影响被告人的定罪及量刑幅度，但是在量刑中可以适度考虑。如 2009 年《最高人民法院、最高人民检察院关于办理妨害信用卡管理刑事案件具体应用法律若干问题的解释》中规定，信用卡诈骗罪中"恶意透支的金额"不包括复利、滞纳金、手续费等发卡银行收取的费用。另一种情况则是被害人的实际损失小于被告人的诈骗数额，在此种情形下就涉及在计算被告人的诈骗数额时是否应当进行扣除的问题。

（二）应当扣除的情形

实践中，诈骗通常是复杂的、连续的行为，为了诈骗行为的顺利实施，行为人需要进行一定的投入。这种投入既可能是以被害人之外的第三方为支付对象，也可能直接以被害人为支付对象。前者如购买作案工具、伪装道具，以及用于租用场地、交通工具和雇佣他人的支出等；后者如定金、预付金、部分偿还的资金等。对于前者，由于被告人的支出对被害人的损失没有任何弥补，不应进行扣除。2010 年《最高人民法院关于审理非法集资刑事案件具体应用法律若干问题的解释》（以下简称《非法集资案件司法解释》）第五条[①]第三款明确规定，行为人为实施集资诈骗活动而支付的广告费、中介费、手续费、回扣，或者用于行贿、赠与等费用，不予扣除。最高人民检察院侦查监督厅于 2018 年 11 月 9 日颁布的《检察机关办理电信网络诈骗案件指引》（以下简称《电信网络诈骗指引》）在谈到诈骗数额的认定时也指出，犯罪嫌疑人为实施犯罪购买作案工具、伪装道具、租用场地、交通工具甚至雇佣他人等诈骗成本不能从诈骗数额中扣除。而对于行为人向被害人支出的财物，

① 本条现为《最高人民法院关于审理非法集资刑事案件具体应用法律若干问题的解释》（2022 年修正）第八条。

考虑其对受损的法律关系有所弥补，在特定情形下可以进行扣除，具体如下：

1. 案发前归还的财物

当前我国关于诈骗类犯罪的司法解释、规范性文件通常规定了“案发前归还”的财物应当从被告人的诈骗数额中进行扣除。如《1996 年诈骗解释》规定，对于多次进行诈骗，并以后次诈骗财物归还前次诈骗财物，在计算诈骗数额时，应当将案发前已经归还的数额扣除，按实际未归还的数额认定。《金融犯罪纪要》也再次确定，在具体认定金融诈骗犯罪的数额时，应当以行为人实际骗取的数额计算，但应当将案发前已归还的数额扣除。《非法集资案件司法解释》规定，集资诈骗的数额以行为人实际骗取的数额计算，案发前已归还的数额应予扣除。

对于“案发前归还”，既包括诈骗犯罪既遂之后，行为人出于修复被侵害的法律关系的主观意愿，对被害人所受财产损失进行的补偿；也包括行为人多次、连续实施诈骗的情形下，以后次诈骗的财物偿还前次诈骗的行为。如 2017 年最高人民检察院发布的《关于办理涉互联网金融犯罪案件有关问题座谈会纪要》在第十七条中明确指出，集资诈骗的数额，应当以犯罪嫌疑人实际骗取的金额计算。犯罪嫌疑人为吸收公众资金制造还本付息的假象，在诈骗的同时对部分投资人还本付息的，集资诈骗的金额以案发时实际未兑付的金额计算。根据上述规定，行为人实际骗取的数额等于被害人向行为人交付的集资款数额减去行为人向被害人还本付息的数额，亦即根据被害人的实际损失，对被害人实际得到部分补偿的部分从犯罪数额中进行了扣除。

2. 行为人支付的部分财物

在诈骗的过程中，行为人为了取得被害人的信任，通常会采取预付定金、抛出小额诱饵等诱使被害人上当受骗，对于此部分财物是否应当扣除，应当根据实际情况进行分析。不能仅仅因为上述财物是行为人为了实现犯罪既遂所必需付出的代价，就主张一律计入犯罪数额，不予扣除，或者机械地比较被害人丧失和取得的财物的客观价值，不考虑利用可能性，一律将此从犯罪数额中扣除。我们认为，可以根据行为人所支付财物的不同表现形式，全面审查上述财物对弥补被害人财产损失的有效性。如果上述财物对于被害人具有利用可能性，能够有效弥补被害人所受的财产损失，有助于恢复被侵害的法益，则可以将上述财物对应的财产价值从诈骗类犯罪的数额中扣除。例如，行为人向被害人购买机床，承诺先期支付部分定金，待被害人交付机床后，再分期支付剩余货款。后行为人如约向被害人支付了定金，但其在收到被害人交付的机床后，立即将机床转卖给他人，并携款逃匿。由于被害人交付机床的目的就是获取机床的对价，行为人支付的定金能够在一定程度上实现被害人的交易目的，弥补其因交付机床而受到的财产损失，故该定金可从行为人的犯罪数额中扣除。具体而言，在司法实践中，这一类财物常表现为货币、黄金等形式，可以固定地充当交易媒介，衡量商品价值，具有一般等价物的属性。对此，《电信网络诈骗指引》在谈到诈骗数额的认定时也指出，对通过向被害人交付一定货币，进而骗取其信任并实施诈骗的，由于货币具有流通性和经济价值，该部分货币可以从诈骗数额中扣除。

相反，如果行为人支出的财物对于被害人没有利用可能性，无法实现被害人预期的交易目的，对弥补被害人所受的财产损失也没有实际意义，即使该犯罪成本有与被害人交付的财物相当的市场价值，甚至完全具备正常商品所应有的使用价值，一般也不应从诈骗类犯罪的数额中扣除。

——郑毅、段凰撰稿、韩维中审编:《阚莹诈骗案——诈骗数额的计算与扣除》，载最高人民法院刑事审判第一、二、三、四、五庭主办:《刑事审判参考》(总第124集)，法律出版社2020年版，第71~74页。

附录：司法信箱

问题：李某于1996年10月至1997年4月间，以自己的有关证件，采用签订租赁合同，支付部分租金、押金的方式，先后骗租汽车四辆，后将车卖掉。原审法院以李某实际骗租车辆的价值29万余元，认定其犯诈骗罪，判处有期徒刑11年，剥夺政治权利3年。二审法院认为，原审认定被告人李某犯罪数额计算有误，其诈骗数额应减去李某已支付的押金、租金共计5万余元，故予以改判认定被告人李某诈骗总金额为23万余元。

此案的改判结果引发两种不同意见，一种意见认为原审认定数额正确，被告人李某支付的租金、押金是其租车应支付给租赁公司的租车费用，若将其在犯罪总额中减去，会给租赁公司造成损失；另一种意见认为二审改判正确，被告人李某租车的目的就是骗取钱财，其采用先交付租金和押金的手段，是为了获取更大的利益，故从其犯罪方法看，应将其已支付的租金、押金计算在诈骗总额中。

《人民司法》研究组认为：根据你们来信介绍的案情，被告人李某以非法占有为目的，采取先支付部分租金、押金，与租赁公司订立租车合同的方法，骗租四辆汽车然后变卖，其行为构成诈骗罪。李某所骗汽车价值29万余元，为了非法获取此项财产，李某先行支付给租赁公司租金、押金共计5万余元，故李某实际非法占有的财产价值为23万余元。因此，二审法院对被告人李某诈骗犯罪数额的认定是正确的。

——《人民司法》2002年第6期(总第461期)。

865. “套路贷”案件中犯罪数额认定及其计算方法

关键词

套路贷　犯罪数额认定

最高人民法院司法政策精神

“利息”“保证金”“中介费”“服务费”“违约金”等名目被犯罪嫌疑人、被告人非法占有的财物，均应计入犯罪数额。

犯罪嫌疑人、被告人实际给付被害人的本金数额，不计入犯罪数额。

已经着手实施“套路贷”，但因意志以外原因未得逞的，可以根据相关罪名所涉及的刑法、司法解释规定，按照已着手非法占有的财物数额认定犯罪未遂。既有既遂，又有未遂，犯罪既遂部分与未遂部分分别对应不同法定刑幅度的，应当先决定对未遂部分是否减轻处罚，确定未遂部分对应的法定刑幅度，再与既遂部分对应的法定刑幅度进行比较，选择处罚较重的法定刑幅度，并酌情从重处罚；二者在同一量刑幅度的，以犯罪既遂酌情从重处罚。

——《最高人民法院、最高人民检察院、公安部、司法部印发〈关于办理“套路贷”刑事案件若干问题的意见〉的通知》（2019 年 2 月 28 日，法发〔2019〕11 号）。

《刑事审判参考》指导案例

张凤江等 14 人诈骗案（《刑事审判参考》指导案例第 1363 号）

裁判要点：对于犯罪数额的认定总体采取就低认定的原则，但如果被告人未供述具体犯罪数额，而被害人所称的被骗金额合理，且在虚高的借条金额及走银行流水的合理范围内，则可以按照被害人陈述中的被骗数额予以认定。

（一）犯罪数额的认定方法

最高人民法院、最高人民检察院、公安部、司法部印发的《关于办理黑恶势力犯罪案件若干问题的指导意见》和《关于办理“套路贷”刑事案件若干问题的意见》（以下简称《“套路贷”意见》）均明确指出：在认定“套路贷”犯罪数额时，应当与民间借贷相区别，从整体上予以否定性评价，“虚高债务”和以“利息”“保证金”“中介费”“服务费”“违约金”等名目被犯罪嫌疑人、被告人非法占有的财物，均应计入犯罪数额。犯罪嫌疑人，被告人实际给付的本金数额，不计入犯罪数额。在实际办理“套路贷”案件时，被告人、被害人往往各执一词，且“借贷”过程中被告人为了垒高数额刻意采取多种手段使借贷流程“合法化”复杂化，使不管是公诉机关还是法院均难以准确地判断出具体的犯罪数额。法院审理本案时，对于犯罪数额的认定总体采取就低认定的原则，但如果被告人未供述具体犯罪数额，而被害人所称的被骗金额合理，且在虚高的借条金额及走银行流水的合理范围内，则可以按照被害人陈述中的被骗数额予以认定。此外，被告人在借贷过程中以“违约金”“保证金”“中介费”“服务费”“利息”等各种名义收取的费用均应计入犯罪数额予以认定，故虽不能采用司法鉴定意见书的结论，但对于鉴定过程中查证的银行账户转让户名、转让金额及网签人等有相关书证予以印证的数据予以采纳。

（二）犯罪数额的计算方法

1. 既遂数额的计算方法

本案中的既遂分为两种情形：一种情形是被害人经催讨或诉讼后，向被告人支付的钱款大于其借款本金；另一种情形是被害人经催讨后无力还款，怡智公司将被害人的债务“平账”至其他团伙，且其他团伙将平账钱款实际支付给怡智公司。所谓“平账”，是指在被害人不能按照被告人张凤江等人的要求归还虚高的借条金额时，张凤江等人介绍被害人向其他人员（或公司）借款，用于清偿张凤江等人的债务。这种“平账”的操作手段在业内也称作“转单”，对于不同被告人来说，针对被害人的诈骗仅仅是一单生意。

在第一种情形下，“既遂数额 = 被害人实际支付的钱款 – 借款本金”，被害人存在实际损失。在第二种情形下，有可能存在平账后被害人尚未归还钱款，但法院审理后认为，怡智公司已完成诈骗行为，且已实现犯罪目的，故“既遂数额 = 平账钱款 – 借款本金”。怡智公司内涉及此种情形的被害人有 8 人，天甘公司内涉及此种情形的被害人有 5 人。

2. 未遂数额的计算方法

《“套路贷”意见》指出：已着手实施“套路贷”，但因意志以外原因未得逞的，可以根据相关罪名所涉及的刑法、司法解释规定，按照已着手非法占有的财物数额认定犯罪未遂。我们认为，未遂数额是指被告人已经着手实施诈骗等犯罪行为，如已经签订虚高的借款合同，但是由于意志以外原因没有得逞，即“未遂数额 = 虚高借条的数额（或诉讼数额）– 借款本金数额”。即使被害人曾经归还过部分钱款（利息），但是从被告人的主观方面而言，其想要骗取的是远高于借款本金数额的虚高借条数额，被害人先行归还的数额，对被告人来说首先要收回其为实施犯罪而支付的诱价（实际出借的数额），所以在被害人没有将实际收到的数额全部归还给被告人之前，犯罪未遂数额一直是虚高借条的数额（或诉讼数额）减去实际借款本金数额。故归还的犯罪成本之内的数额不扣除，只有当被害人归还的数额超过了被告人“出借”数额的部分才可认定为犯罪既遂的数额。所谓诉讼数额，是指当被害人无法按照虚高的借款合同金额给付钱款时，被告人通过向法院起诉的方法实际索要的数额。在司法实践中，被告人出于及时回笼资金或者尽可能获取法院能够支持数额的目的，有可能主动在虚高借条的数额基础上，减免被害人所谓的部分“债务”，减免后的数额即为诉讼数额。

——张莺姿、马健博撰稿、周川审编：《张凤江等14人诈骗案——“套路贷”中犯罪数额的认定及计算方法》，载最高人民法院刑事审判第一、二、三、四、五庭主办：《刑事审判参考》（总第123集），法律出版社2020年版，第84~86页。

866. “套路贷”犯罪行为的界定及常见犯罪情形

关键词

套路贷　民间借贷　非法占有　犯罪行为　犯罪手段

最高人民法院司法政策精神

一、准确把握“套路贷”与民间借贷的区别

1. “套路贷”，是对以非法占有为目的，假借民间借贷之名，诱使或迫使被害人签订“借贷”或变相“借贷”“抵押”“担保”等相关协议，通过虚增借贷金额、恶意制造违约、肆意认定违约、毁匿还款证据等方式形成虚假债权债务，并借助诉讼、仲裁、公证或者采用暴力、威胁以及其他手段非法占有被害人财物的相关违法犯罪活动的概括性称谓。

2. “套路贷”与平等主体之间基于意思自治而形成的民事借贷关系存在本质区别，民间借贷的出借人是为了到期按照协议约定的内容收回本金并获取利息，不具有非法占有他人财物的目的，也不会在签订、履行借贷协议过程中实施虚增借贷金额、制造虚假给付痕迹、恶意制造违约、肆意认定违约、毁匿还款证据等行为。

司法实践中，应当注意非法讨债引发的案件与“套路贷”案件的区别，犯罪嫌疑人、被告人不具有非法占有目的，也未使用“套路”与借款人形成虚假债权债务，不应视为“套路贷”。因使用暴力、威胁以及其他手段强行索债构成犯罪的，应当根据具体案件事实定罪处罚。

3. 实践中，“套路贷”的常见犯罪手法和步骤包括但不限于以下情形：

（1）制造民间借贷假象。犯罪嫌疑人、被告人往往以“小额贷款公司”“投资公司”“咨询公司”“担保公司”“网络借贷平台”等名义对外宣传，以低息、无抵押、无担保、快速放款等为诱饵吸引被害人借款，继而以“保证金”“行规”等虚假理由诱使被害人基于错误认识签订金额虚高的“借贷”协议或相关协议。有的犯罪嫌疑人、被告人还会以被害人先前借贷违约等理由，迫使对方签订金额虚高的“借贷”协议或相关协议。

（2）制造资金走账流水等虚假给付事实。犯罪嫌疑人、被告人按照虚高的“借贷”协议金额将资金转入被害人账户，制造已将全部借款交付被害人的银行流水痕迹，随后便采取各种手段将其中全部或者部分资金收回，被害人实际上并未取得或者完全取得“借贷”协议、银行流水上显示的钱款。

（3）故意制造违约或者肆意认定违约。犯罪嫌疑人、被告人往往会以设置违约陷阱、制造还款障碍等方式，故意造成被害人违约，或者通过肆意认定违约，强行要求被害人偿还虚假债务。

（4）恶意垒高借款金额。当被害人无力偿还时，有的犯罪嫌疑人、被告人会安排其所属公司或者指定的关联公司、关联人员为被害人偿还“借款”，继而与被害人签订金额更大的虚高“借贷”协议或相关协议，通过这种“转单平账”“以贷还贷”的方式不断垒高“债务”。

（5）软硬兼施“索债”。在被害人未偿还虚高“借款”的情况下，犯罪嫌疑人、被告人借助诉讼、仲裁、公证或者采用暴力、威胁以及其他手段向被害人或者被害人的特定关系人索取“债务”。

——《最高人民法院、最高人民检察院、公安部、司法部关于办理“套路贷”刑事案件若干问题的意见》（2019 年 2 月 28 日，法发〔2019〕11 号）。

附录：理解与适用

（二）关于“套路贷”与民间借贷的区别

《最高人民法院、最高人民检察院、公安部、司法部关于办理“套路贷”刑事案件若干问题的意见》（以下简称《意见》）第 2 条重点解读了应当如何区分“套路贷”与民间借贷。通过前期调研，我们发现将“套路贷”与民间高利放贷、非法讨债相混淆，是当前一些地方对“套路贷”犯罪存在误解的主要原因。为此，《意见》第 2 条专门从主客观两个方面明确了“套路贷”与民间借贷的区别。在主观上，要注意把握行为人有无非法占有他人财物的目的，这是“套路贷”与民间借贷的本质区别。民间借贷的目的是获取利息收益，借贷双方都对实际借得的本金和将产生的利息有清醒认识，出借人通常希望借款人能按时还本付息。而“套路贷”是以借款为幌子，通过设计套路，引诱、逼迫借款人垒高债务，最终达到非法占有借款人财产的目的。在客观上，要注意把握行为人是否处心积虑设计各种套路，制造债权债务假象，非法强占他人财产的行为。例如，犯罪分子往往会以低息、无抵押等为诱饵吸引被害人“上钩”，以行业规矩为由诱使被害人签订虚高借款合同，谎称只要按时还款，虚高的借款金额就不用还，然后制造虚假给付痕迹，采用拒绝接受还款等方式刻意制造违约，通过一系列“套路”形成高额债务，达到非法占有他人财物的目的。而在民间借贷中，虽然常会出现出借人从借款本金中预扣利息、收“砍头费”的现象，但在这种情况下，预扣的利息、收取的费用是基于借贷双方的约定，借款人对于扣除利息、收取费用的金额也心知肚明，出借人后续亦不会实施故意制造违约、恶意垒高借款等行为。因此，区分“套路贷”和民间借贷，要根据案件事实和证据综合评判，不能只关注某个因素、某个情节。

此外，因为“套路贷”违背被害人的意志，或制造虚高的借款金额，或恶意垒高债务，被害人一般不可能自愿还债，所以犯罪嫌疑人、被告人往往软硬兼施“索债”，在外在行为表现上与非法讨债引发的案件有相似之处。在司法实践中，要牢牢把握有无非法占有他人财物目的这一本质区别特征，对于犯罪嫌疑人、被告人不具有非法占有目的，也未使用“套路”与借款人形成虚假债权债务，因使用暴力、威胁以及其他手段强行索债构成犯罪的，不视为“套路贷”，应当根据具体案件事实定罪处罚。

（三）关于“套路贷”常见的犯罪手法和步骤

《意见》第3条共列举了制造民间借贷假象、制造资金走账流水等虚假给付事实、故意制造违约或者肆意认定违约、恶意垒高借款金额、软硬兼施“索债”这五类“套路贷”常见犯罪手法和步骤，在实践中应当注意把握以下几个方面：

一是列举五类常见犯罪手法和步骤的目的是回应实践需要。蔓延发展迅速和地区间发案不均衡，是当前“套路贷”犯罪呈现的两个特征。在“套路贷”犯罪出现较早的地区，当地政法机关已经接触了不少“套路贷”刑事案件，对“套路贷”犯罪已经有了一定认识，积累了一定的办案经验。而有些地方的政法机关由于尚未接触或刚刚开始接触“套路贷”刑事案件，对“套路贷”犯罪尚缺乏足够的认识，但却同样面临严防严惩“套路贷”犯罪的紧要任务。列举五类常见的犯罪手法和步骤，就是为了帮助办案一线直观认识“套路贷”犯罪，进而有效甄别、打击。

二是在具体的“套路贷”犯罪中，五类犯罪手法和步骤并不必然全部出现。实践中，“套路贷”犯罪在犯罪手法的具体选择上多种多样，可能多种犯罪手法并用，通过多个犯罪步骤实现对被害人财产的非法占有，也可能仅采用少量犯罪手法就达成了犯罪目的。因此，不能认为全部具备所列举的五类犯罪手法和步骤才是“套路贷”犯罪。

三是“套路贷”犯罪的犯罪手法和步骤不局限于所列举的范围。实践中，“套路贷”犯罪的表现形式千差万别，且为了逃避打击、继续攫取不法利益，不断转型变化、花样翻新，在认定“套路贷”犯罪时还是应当着重根据其假借民间借贷之名行非法占有之实的主要特征来甄别判断。

——朱和庆、周川、李梦龙：《关于办理“套路贷”刑事案件若干问题的意见的理解与适用》，载《人民司法·应用》2019年第19期。

867.“套路贷”行为的定罪量刑

关键词

套路贷　犯罪行为　诈骗罪　共同犯罪　量刑

最高人民法院司法政策精神

二、依法严惩“套路贷”犯罪

4. 实施“套路贷”过程中，未采用明显的暴力或者威胁手段，其行为特征从整体上表现为以非法占有为目的，通过虚构事实、隐瞒真相骗取被害人财物的，一般以诈骗罪定罪处罚；对于在实施“套路贷”过程中多种手段并用，构成诈骗、敲诈勒索、非法拘禁、虚假诉讼、寻衅滋事、强迫交易、抢劫、绑架等多种犯罪的，应当根据具体案件事实，区分不同情况，依照刑法及有关司法解释的规定数罪并罚或者择一重处。

5. 多人共同实施“套路贷”犯罪，犯罪嫌疑人、被告人在所参与的犯罪中起主要作用的，应当认定为主犯，对其参与或组织、指挥的全部犯罪承担刑事责任；起次要或辅助作用的，应当认定为从犯。

明知他人实施“套路贷”犯罪，具有以下情形之一的，以相关犯罪的共犯论处，但刑法和司法解释等另有规定的除外：

（1）组织发送“贷款”信息、广告，吸引、介绍被害人“借款”的；

（2）提供资金、场所、银行卡、账号、交通工具等帮助的；

（3）出售、提供、帮助获取公民个人信息的；

（4）协助制造走账记录等虚假给付事实的；

（5）协助办理公证的；

（6）协助以虚假事实提起诉讼或者仲裁的；

（7）协助套现、取现、办理动产或不动产过户等，转移犯罪所得及其产生的收益的；

（8）其他符合共同犯罪规定的情形。

上述规定中的“明知他人实施‘套路贷’犯罪”，应当结合行为人的认知能力、既往经历、行为次数和手段、与同案人、被害人的关系、获利情况、是否曾因“套路贷”受过处罚、是否故意规避查处等主客观因素综合分析认定。

6. 在认定“套路贷”犯罪数额时，应当与民间借贷相区别，从整体上予以否定性评价，“虚高债务”和以“利息”“保证金”“中介费”“服务费”“违约金”等名目被犯罪嫌疑人、被告人非法占有的财物，均应计入犯罪数额。

犯罪嫌疑人、被告人实际给付被害人的本金数额，不计入犯罪数额。

已经着手实施“套路贷”，但因意志以外原因未得逞的，可以根据相关罪名所涉及的刑法、司法解释规定，按照已着手非法占有的财物数额认定犯罪未遂。既有既遂，又有未遂，犯罪既遂部分与未遂部分分别对应不同法定刑幅度的，应当先决定对未遂部分是否减轻处罚，确定未遂部分对应的法定刑幅度，再与既遂部分对应的法定刑幅度进行比较，选择处罚较重的法定刑幅度，并酌情从重处罚；二者在同一量刑幅度的，以犯罪既遂酌情从重处罚。

7. 犯罪嫌疑人、被告人实施“套路贷”违法所得的一切财物，应当予以追缴或者责令退赔；对被害人的合法财产，应当及时返还。有证据证明是犯罪嫌疑人、被告人为实施“套路贷”而交付给被害人的本金，赔偿被害人损失后如有剩余，应依法予以没收。

犯罪嫌疑人、被告人已将违法所得的财物用于清偿债务、转让或者设置其他权利负担，具有下列情形之一的，应当依法追缴：

（1）第三人明知是违法所得财物而接受的；

（2）第三人无偿取得或者以明显低于市场的价格取得违法所得财物的；

（3）第三人通过非法债务清偿或者违法犯罪活动取得违法所得财物的；

（4）其他应当依法追缴的情形。

8. 以老年人、未成年人、在校学生、丧失劳动能力的人为对象实施“套路贷”，或者因实施“套路贷”造成被害人或其特定关系人自杀、死亡、精神失常、为偿还“债务”而实施犯罪活动的，除刑法、司法解释另有规定的外，应当酌情从重处罚。

在坚持依法从严惩处的同时，对于认罪认罚、积极退赃、真诚悔罪或者具有其他法定、酌定从轻处罚情节的被告人，可以依法从宽处罚。

9. 对于“套路贷”犯罪分子，应当根据其所触犯的具体罪名，依法加大财产刑适用力度。符合刑法第三十七条之一规定的，可以依法禁止从事相关职业。

10. 三人以上为实施“套路贷”而组成的较为固定的犯罪组织，应当认定为犯罪集团。对首要分子应按照集团所犯全部罪行处罚。

符合黑恶势力认定标准的，应当按照黑社会性质组织、恶势力或者恶势力犯罪集团侦查、起诉、审判。

——《最高人民法院、最高人民检察院、公安部、司法部关于办理“套路贷”刑事案件若干问题的意见》（2019 年 2 月 28 日，法发〔2019〕11 号）。

附录：理解与适用

（一）关于“套路贷”的定罪问题

《最高人民法院、最高人民检察院、公安部、司法部关于办理“套路贷”刑事案件若干问题的意见》（以下简称《意见》）第4条对于“套路贷”犯罪案件的罪名确定问题作了提示性规定。“套路贷”犯罪在主观上以非法占有为目的，在客观上行侵财之实，但由于犯罪手段、行为表现各有不同。在办理“套路贷”刑事案件时，司法机关需要根据“套路贷”行为人非法取得他人财产的具体手段、方式，依照刑法有关犯罪的构成要件，确定具体罪名。对于未采用明显的暴力或者威胁手段，主要靠“骗”取得被害人财物的“套路贷”，一般以诈骗罪论处。例如，在有的案件中，被告人谎称自己的公司需要“冲业绩”，帮公司签订借贷协议不仅不用还款，还可以获取“好处费”，待被害人落入圈套后，便利用对方法律知识欠缺的弱点以及害怕“惹事”的心理索取所谓“债务”。由于该案中被告人主要是靠虚构事实、隐瞒真相实现非法占有目的，故应以诈骗罪定罪处罚。

但在实践中，犯罪分子实施“套路贷”的手段经常变换，还有可能构成敲诈勒索、非法拘禁、虚假诉讼、寻衅滋事、强迫交易、抢劫、绑架等多种犯罪。例如，在实施“套路贷”过程中，主要通过威胁或者要挟的方法非法占有被害人财物的，构成敲诈勒索罪。在常见的“车贷”型“套路贷”中，有的被告人在诱骗被害人签订虚高“借款”合同时，要求给被害人车辆安装GPS定位器，并编造各种借口拿走汽车备用钥匙。嗣后，通过损毁GPS定位器等方式故意造成被害人违约，再采用滋扰、恐吓等手段进行威胁，或者利用备用钥匙将车辆开走，逼迫被害人付款赎车。在该类案件中，被告人主要是利用威胁或者要挟对被害人形成心理强制，实现非法占有财物目的，因此应以敲诈勒索罪追究刑事责任。再如，对于在实施“套路贷”过程中，以暴力、胁迫或者其他方法当场劫取被害人财物的，应以抢劫罪定罪处罚。在某起“套路贷”案件中，一名被害人与被告人开设的公司签订借款4万元的合同，之后被告人肆意认定违约，指使手下挟持并殴打该被害人，通过被害人微信转账方式当场劫取16万元，应当认定该起犯罪构成抢劫罪。

在具体个案中，“套路贷”的表现形式不胜枚举，不同犯罪手段的组合、不同的犯罪情境等都可能导致案件定性或者罪数处断截然不同。以前述构成抢劫罪的案例作进一步分析，假如被告人不是当场劫取被害人本人的财物，而是在使用暴力手段挟持被害人后要求其亲友交钱赎人，那么就应以绑架罪定罪处罚。此外，犯罪分子多种手段并用，导致办案时往往需要对“一行为”或“数行为”以及是否存在竞合、牵连关系进行判断，所以，对于不同案件，应当根据具体案件事实，区分不同情况，依照刑法及有关司法解释的规定确定罪名和罪数。

（二）关于“套路贷”的共犯认定

《意见》第5条对于“套路贷”犯罪案件中的共犯问题作出了规定。实践中，“套路贷”犯罪多为共同犯罪，分工日趋细化，环节众多，其中“拉客户”、协助制造走账记录等配合、支持、帮助行为对于“套路贷”犯罪顺利实施并最终达成非法占有目的发挥了重要作用。由于“套路贷”犯罪的暴利性，围绕“套路贷”俨然已经形成了一个犯罪链条，不仅产生了所谓“贷款中介”等专门为“套路贷”犯罪分子提供“服务”的职业化群体，而且还有一些具有专业知识背景或者在相关行业从业的人员参与其中，在加剧“套路贷”犯罪社会危害的同时，也增加了发现、惩治犯罪的难度。为实现对“套路贷”犯罪的全链条打击，《意见》明确了“套路贷”共同犯罪人的处理，规定明知他人实施“套路贷”犯罪，仍具有组织发送“贷款”信息、广告，吸引、介绍被害人“借款”等情形的，除刑法和司法解释等另有规定外，以相关犯罪的共犯论处。

根据《刑法》第二十五条的规定，共同犯罪离不开共同犯意，而共同犯意历来又是司法实践中的认定难点。在《意见》起草过程中，《意见》稿一度采用“与‘套路贷’犯罪分子事先通谋”才能以共犯论处的观点。在后续修改中将“通谋”改为“明知”，主要考虑“通谋”一般会被理解为二名以上行为人通过交流沟通形成共同犯罪故意的过程，而反映这一过程的证据往往难以获取，大多数情况下严重依赖口供，容易出现只要一方否认就难以形成闭合证据链的情况。尤其在当前“套路贷”犯罪链条化的背景下，“套路贷”共同犯罪人之间分工明确、配合默契，往往通过心照不宣的方式形成犯意联络，不再依赖明示沟通，如果以“通谋”作为入罪条件，可能会在实践中抬高认定标准，从而放纵犯罪。但是，将“通谋”改为“明知”并不意味着可以无视共同犯罪基本原理，摒弃共同犯意这一共同犯罪成立的主观要件，办案时，对于行为人之间有无意思联络应当作出准确的审查判断。

对于如何审查判断行为人是否“明知他人实施‘套路贷’犯罪”，《意见》第5条第3款规定：“应当结合行为人的认知能力、既往经历、行为次数和手段、与同案人、被害人的关系、获利情况、是否曾因‘套路贷’受过处罚、是否故意规避查处等主客观因素综合分析认定。”在实践中，对“明知”作出判断需要基于一定的事实基础，指向行为人主观“明知”的因素越多、指向性越强，司法工作人员也就越能作出准确判断。因此，对于前述认定“明知”的考量因素，应当准确理解、通盘考虑、综合评定，不能“只看一点、不及其余”，要切实防止认定范围不当扩大。

……

（六）关于“套路贷”犯罪集团和涉“套路贷”黑恶势力的认定

实践中，“套路贷”是一些黑恶势力常用的犯罪手段，经常会出现“套路贷”犯罪与黑恶势力犯罪之间相互交织的情形。一方面，“套路贷”犯罪获利快、收益高，所采用的“套路”易于复制，容易被黑恶势力利用，用以聚敛财富。另一方面，一些“套路贷”犯罪分子正在逐渐采用公司化模式有组织地实施犯罪，加上常常借助暴力、威胁的方式“讨债”，如果任其肆意发展，很容易蜕变为黑恶势力。正因为“套路贷”犯罪与黑恶势力犯罪之间客观上存在关联，所以《意见》才作为扫黑除恶专项斗争系列规范性文件出台，目的就是准确甄别、依法严惩“套路贷”犯罪，及时铲除黑恶势力犯罪滋生蔓延的土壤。但是，我们要认识到“套路贷”犯罪并不必然就是黑恶势力犯罪，不能因为二者存在关联就简单地在“套路贷”犯罪与黑恶势力犯罪之间画等号。首先，从犯罪主体上看，“套路贷”犯罪可以是黑恶势力实施，也可以是普通的个人、团伙或者犯罪集团实施。只有实施“套路贷”犯罪的行为人同时具备黑恶势力特征的，才能认定为黑恶势力。反之，即使有的团伙、人员实施了“套路贷”犯罪，只要黑恶势力特征不齐备，不完全符合黑恶势力认定标准，就不能认定为黑恶势力。其次，从犯罪目的上看，黑恶势力犯罪意图多元化，既包括聚敛财富，也包括形成非法秩序、非法影响力。而一般“套路贷”犯罪的目的就是侵财，虽然在实现该犯罪目的的过程中，时常会伴随发生其他违法犯罪活动，但是这些活动都是围绕侵财目的实施的，具有附属性。为准确界分“套路贷”犯罪与涉“套路贷”黑恶势力犯罪，《意见》在第 10 条第 1 款规定“套路贷”犯罪集团认定条件、处罚原则的基础上，在第 2 款明确要求对符合黑恶势力认定标准的“套路贷”犯罪，应当按照黑社会性质组织、恶势力或者恶势力犯罪集团侦查、起诉、审判。

——朱和庆、周川、李梦龙：《关于办理“套路贷”刑事案件若干问题的意见的理解与适用》，载《人民司法·应用》2019 年第 19 期。

868. 如何认定与处罚涉疫情诈骗犯罪未遂行为

关键词

疫情诈骗　犯罪未遂

《刑事审判参考》指导案例

孙佳英、蒋志诈骗案（《刑事审判参考》指导案例第 1321 号）

裁判要点：诈骗罪的未遂行为主要表现为两种形式：一是被害人并未因行为人的欺诈行为失去对财产的控制；二是虽然被害人基

于行为人的欺诈行为失去对财产的控制，但该失控财产的数额并未达到数额较大的程度。

（一）对情节严重的涉疫情诈骗未遂行为应当定罪处罚

《刑法》第二百六十六条规定，诈骗公私财物，数额较大的，处三年以下有期徒刑、拘役或者管制，并处或者单处罚金；数额巨大或者有其他严重情节的，处三年以上十年以下有期徒刑，并处罚金；数额特别巨大或者有其他特别严重情节的，处十年以上有期徒刑或者无期徒刑，并处罚金或者没收财产。对于诈骗犯罪是否存在未遂形态存在一些争议。有观点认为，对于数额犯，无论是基本犯还是加重犯都不存在未遂形态，理由是当行为没有达到刑法规定的数额，就说明行为的社会危害性没有达到应受刑罚处罚的程度，不构成犯罪，更不可能成立未遂犯。我们不同意此观点，作为一种普通的故意犯罪，诈骗罪理应存在既遂和未遂形态的区分。理由如下：

其一，犯罪既遂与否的标准是刑法分则对该种犯罪所规定的构成要件是否已经齐备，齐备则为既遂，不齐备则为未遂。诈骗罪的未遂形态契合修正的犯罪构成。我国刑法条文中关于诈骗罪的规定列明了其基本的犯罪构成，就具体的诈骗犯罪而言，诈骗数额不能满足基本的犯罪构成，并不意味着其也不符合修正的犯罪构成。其二，司法解释对诈骗罪基本犯存在未遂形态的观点予以肯定。《最高人民法院、最高人民检察院关于办理诈骗刑事案件具体应用法律若干问题的解释》（以下简称《办理诈骗刑案解释》）第五条规定，在犯罪数额不符合基本犯罪构成的前提下，如果诈骗行为以数额巨大的财物为诈骗目的，或者具有其他严重情节，也能够成立诈骗罪。其三，对诈骗犯罪基本犯的未遂行为能否认定为诈骗罪的未遂犯，在于其是否符合《刑法》第十三条“但书”的规定，即如果该诈骗行为确属情节显著轻微危害不大的，就不应该将其认定为犯罪加以处罚；如果该诈骗行为不属于情节显著轻微危害不大的范围，则应将其认定为诈骗犯罪加以处罚。因而，诈骗罪同样存在未遂形态，且诈骗罪的未遂行为主要表现为两种形式：一是被害人并未因行为人的欺诈行为失去对财产的控制；二是虽然被害人基于行为人的欺诈行为失去对财产的控制，但该失控财产的数额并未达到数额较大的程度。

（二）涉疫情诈骗未遂的量刑把握

1. 选择合适的量刑幅度

根据刑法规定，诈骗数额巨大或者有其他严重情节的，应当适用第二档量刑，即处三年以上十年以下有期徒刑，并处罚金。对于以数额巨大的财物为诈骗目的的，或者具有其他严重情节的诈骗未遂，应当适用基本的量刑档次还是加重的量刑档次，实践中也存在争议。对此，我们认为，应当根据刑法和司法解释规定，结合案件作出准确认定。

首先，对于诈骗未遂，存在不同量刑幅度。实践中有观点认为，对于诈骗未遂只能适用基本刑档，不能适用加重刑档。我们认为，这种理解过于片面。《办理诈骗刑案解释》第六条明确规定，诈骗既有既遂，又有未遂，分别达到不同量刑幅度的，依照处罚较重的规定处罚；达到同一量刑幅度的，以诈骗罪既遂处罚。申言之，对此类案件，先要分别根据行为人的既遂数额和未遂数额判定其各自所对应的法定刑幅度，未遂部分还需同时考虑可以从轻或者减轻处罚；之后根据比较结果，如果既遂部分所对应的量刑幅度较重，或者既遂、未遂所对应的量刑幅度相同的，以既遂部分所对应的量刑幅度为基础酌情从重处罚；反之，如未遂部分对应的量刑幅度较重的，则以该量刑幅度为基础，酌情从重处罚。可见，对于诈骗未遂，并不限于基本刑档。

其次，对量刑幅度的选择应当体现罪责刑相适应原则。刑法总则规定，对于未遂犯，可以比照既遂犯从轻或者减轻处理。诈骗罪作为一项侵犯财产权益的结果犯，给被害人造成的财产损失大小是关乎定罪量刑的重要考量因素，因而在构成诈骗未遂的前提下，量刑时应当考虑既遂、未遂的数额。另外，《办理诈骗刑案解释》规定，诈骗未遂，以数额巨大的财物为诈骗目的的，或者具有其他严重情节的，应当定罪处罚。通过该条也不难推断出对于诈骗目标数额较小等情节并不严重的诈骗未遂情形，一般可不再追究刑事责任。根据罪责刑相适应原则，以数额巨大的财物为诈骗目的的，或者具有其他严重情节的诈骗未遂，首先应当考虑适用基本的量刑幅度。

2. 对涉疫情的诈骗犯罪处罚应当体现从严

目前，涉疫情诈骗犯罪主要表现为以下几类样态：其一是假借售卖防控物资或防控药物诈骗；其二是冒充特定人员（政府相关部门或慈善机构等）实施诈骗；其三是虚构提供交通服务或住宿服务等实施诈骗；其四是虚构对方家属感染疫情等事实实施诈骗等。这些行为的本质在于犯罪分子以非法占有为目的，用虚构事实或者隐瞒真相的方法，诱使对方作出错误判断和财产处分，进而骗取公私财物。

根据《最高人民法院、最高人民检察院关于办理妨害预防、控制突发传染病疫情等灾害的刑事案件具体应用法律若干问题的解释》第七条明确规定：“在预防、控制突发传染病疫情等灾害期间，假借研制、生产或者销售用于预防、控制突发传染病疫情等灾害用品的名义，诈骗公私财物数额较大的，依照刑法有关诈骗罪的规定定罪，依法从重处罚。”《办理诈骗刑案解释》也明确了对以赈灾募捐名义实施诈骗的行为酌情从严惩处的量刑思路。2020 年 2 月 6 日，最高人民法院、最高人民检察院、公安部、司法部发布的《关于依法惩治妨害新型冠状病毒感染肺炎疫情防控违法犯罪的意见》，基于尽快控制疫情、保障人民群众人身财产安全、稳定社会秩序的视角，亦对该类犯罪明确了依法严惩的总体思路。

需要指出的是，对涉疫情诈骗犯罪这种从严惩处应当坚持罪刑法定原则，体现宽严相济的刑事政策精神，真正做到严之有理、严之有据，而并非一味从严。司法实践中要综合考虑疫情形势、舆论引导、受众心理等社会因素，全面把握此类违法犯罪行为的主观恶性和危害后果，审慎适用缓刑。另外，还应当注意避免对相关因素在入罪和量刑环节进行重复评价。

——刘双玉、马越、冀敏撰稿、韩维中审编：《孙佳英、蒋志诈骗案——涉疫情诈骗犯罪未遂的认定和量刑把握》，载最高人民法院刑事审判第一、二、三、四、五庭主办：《刑事审判参考》(总第121集)，法律出版社2020年版，第48~52页。

869. 通过电话、社交软件联络实施的诈骗犯罪，是否均应认定为电信网络诈骗犯罪

关键词

电信网络诈骗　社交软件诈骗

《刑事审判参考》指导案例

王郊诈骗案（《刑事审判参考》指导案例第1320号）

裁判要点：电信网络诈骗通常是针对不特定多数人实施的犯罪，不宜将凡经电话、网络联络实施的诈骗犯罪均认定为电信网络诈骗犯罪。

（一）不宜将凡经电话、网络联络的诈骗犯罪均认定为电信网络诈骗犯罪

最高人民法院、最高人民检察院、公安部2016年联合出台的《关于办理电信网络诈骗等刑事案件适用法律若干问题的意见》(以下简称《电信网络诈骗意见》)对于打击电信网络诈骗犯罪提出了更加明确、具体的法律适用依据，根据该类犯罪的性质和特点，提出了有别于普通诈骗犯罪的定罪量刑数额标准。《电信网络诈骗意见》虽系针对电信网络诈骗犯罪作出的专门规范性文件，但并未对该类诈骗犯罪的含义、范围进行明确规定。根据《电信网络诈骗意见》的制定背景、电信网络诈骗犯罪的立法沿革，我们主张电信网络诈骗通常是针对不特定多数人实施的犯罪，不宜将凡经电话、网络联络实施的诈骗犯罪均认定为电信网络诈骗犯罪，具体理由如下：

1. “针对不特定多数人”契合电信网络诈骗犯罪行为模式，是电信网络诈骗犯罪行为区别于普通诈骗行为的显著特征之一。电信网络诈骗经常表现

为以群发短信或邮件、无差别拨打电话等方式，主动接触人员；或通过网站、社交媒体平台发布虚假信息后，等待被害人“上钩”。上述犯罪手段表明，电信网络诈骗是一种点对面的犯罪，行为人通过电信网络散布和传播虚假信息，并非针对特定人实施诈骗行为，其初始作案目标范围较广，时空跨度和犯罪规模较大。而普通的诈骗犯罪，往往在着手实施犯罪行为时，已具备明确的作案目标。

2.“针对不特定多数人”犯罪体现出电信网络诈骗较普通诈骗严重的社会危害性。(1)危害后果更为严重。电信网络诈骗是远程非接触性犯罪，手段隐蔽，又通常采取集团化、专业化方式作案，被害人数众多且分布广泛，涉案赃款数额巨大且转移迅速难以追回，案件侦破难度极大。而普通诈骗犯罪往往针对特定对象，即使个别案件存在多次诈骗行为，一般来说犯罪手段高度雷同，资金走向亦相对明确。(2)犯罪波及面更广。相较于点对点式的传统诈骗，电信网络诈骗技术含量高，花样翻新快，行为人精心设计骗局，针对不特定人作案，波及人数多。不仅直接侵害被害人的财产权益，严重破坏社会诚信，还引发、诱发、滋生大量上下游关联违法犯罪，形成以电信网络诈骗为中心的周边系列犯罪产业链，恶化了社会治安形势，影响了社会和谐稳定，社会危害性更大。(3)需加大打击力度。正是基于上述特征，对电信网络诈骗犯罪需要依法从严打击。《电信网络诈骗意见》提出电信网络诈骗实行全国统一数额标准和数额幅度底线标准，规定了十种从重处罚情形，并限制非监禁刑适用，充分体现了依法从严打击电信网络诈骗犯罪的方针。相对而言，行为人如果仅使用手机、网络作为联系被害人的工具，而并非利用电信网络针对不特定多数人大肆散布虚假信息，此时犯罪对象明确，并未突破传统诈骗的空间范畴，行为危害性相对特定，则对其从严惩处的依据不足。

3. 将“针对不特定多数人实施诈骗”作为电信网络诈骗的行为要件，具有规范性出处。最高人民法院、最高人民检察院2011年出台的《关于办理诈骗刑事案件具体应用法律若干问题的解释》第二条第一项规定，“通过发送短信、拨打电话或者利用互联网、广播电视、报刊杂志等发布虚假信息，对不特定多数人实施诈骗的”，可以酌情从严惩处；并对具备相应情节的量刑数额标准作出适当下调，对于诈骗数额难以查证的，可根据群发短信、群拨电话的数量、诈骗手段及危害等，以诈骗罪未遂论处。区别于传统的诈骗犯罪，该解释将电信网络诈骗的行为特征归纳为两个方面：一是利用发送短信、拨打电话、互联网等电信网络技术手段实施诈骗。二是针对不特定多数人实施诈骗。这里的“不特定多数人”亦可进一步细化为“不特定”和“多数人”。“不特定”是指行为人实施诈骗犯罪时没有明确特定的作案目标；“多数人”是指具有被骗可能性的人达到3人以上。

因而，行为人针对知悉其真实身份的特定人实施的诈骗犯罪，即使利用了电信、网络工具，亦不宜认定为电信网络诈骗犯罪。普通诈骗犯罪，无论是使用电话、短信，还是即时通信软件，行为人与特定人之间点对点的联系，仍囿于特定的空间范畴，具有一定的私密性，没有对其他不特定人产生影响，没有干扰正常的网络秩序，其情节严重程度、社会危害性并不比未使用电信网络联络的其他诈骗犯罪更大，根据罪责刑相适应原则，二者不宜区别对待。

（二）电信网络诈骗与传统诈骗的区分

对于借助电信网络实施的诈骗犯罪，当被害人数量众多时，一般较易区分电信网络诈骗与普通诈骗。而当被害人较少时，则应综合在案因素进行判断。我们主张从以下方面着手，进行分析：一是行为人是否向不特定人员发布了虚假信息，包括主动发布以及在别人询问时对众人发布。行为人在即时通信群组中发布虚假信息，实施“钓鱼型”诈骗，该通信群组中的相对不特定人员即为诈骗信息受众，此类行为构成犯罪的，宜认定为电信网络诈骗。对此要调取微信聊天记录、通话记录等证据材料，核实被告人供述与被害人陈述是否一致或相互印证。二是行为人未发布虚假信息的，是不是向不特定人员实施犯罪。行为人通过电话、网络等手段实施远程的“背靠背”式诈骗，双方不接触、不明身份，是电信网络诈骗区别于传统诈骗的标准之一。对此要调查核实行为人与被害人是否相识，或被害人是否知悉行为人的真实身份。三是对于行为人利用其掌握的公民个人信息通过电话、网络实施“精准诈骗”的，需调查核实其获取公民个人信息的目的，以及获取公民个人信息的手段。行为人有目的地获取具有某类共同特征的公民个人信息后，据此“量身定做”诈骗剧本并实施；或通过购买等手段获取批量公民个人信息后，依照诈骗剧本实施的，此时诈骗受众在一定范围内仍具有不特定性，仍属于电信网络诈骗。

——王愫、王珂撰稿、牛克乾审编：《王郊诈骗案——针对特定人通过电信网络联络实施的诈骗犯罪不属于电信网络诈骗犯罪》，载最高人民法院刑事审判第一、二、三、四、五庭主办：《刑事审判参考》（总第121集），法律出版社2020年版，第42~46页。

870. 在境外针对境内居民实施电信网络诈骗犯罪行为，诈骗数额难以查证时如何认定为诈骗罪的其他严重情节

关键词

诈骗罪　诈骗数额　电信网络诈骗

最高人民法院司法政策精神

三、有证据证实行为人参加境外诈骗犯罪集团或犯罪团伙，在境外针对境内居民实施电信网络诈骗犯罪行为，诈骗数额难以查证，但一年内出境赴境外诈骗犯罪窝点累计时间 30 日以上或多次出境赴境外诈骗犯罪窝点的，应当认定为刑法第二百六十六条规定的“其他严重情节”，以诈骗罪依法追究刑事责任。有证据证明其出境从事正当活动的除外。

——《最高人民法院、最高人民检察院、公安部关于办理电信网络诈骗等刑事案件适用法律若干问题的意见（二）》（2021 年 6 月 17 日，法发〔2021〕22 号）。

附录：理解与适用

在原有诈骗罪司法解释和《最高人民法院、最高人民检察院、公安部关于办理电信网络诈骗等刑事案件适用法律若干问题的意见》的基础上，对诈骗罪“其他严重情节”的适用情节，在实行数额标准和数量标准并行的基础上，予以完善。制定该条，有其特殊的背景和意义。当前电信网络诈骗犯罪窝点主要在境外，对这类案件的打击治理存在客观困难：一是诈骗犯罪集团的金主、主犯基本隐藏在幕后，往往难以将其抓获归案。二是受境外法律规定、执法环境等因素影响，境外取证难度较大，很难将诈骗事实、金额与具体的犯罪嫌疑人完全对应。三是当前诈骗犯罪分子多是使用即时通讯工具、社交软件作为通联工具实施诈骗。诈骗过程中既没有拨打电话，也没有发送短信，更无法统计诈骗网站被浏览次数，《意见》第二部分第四条关于构成诈骗罪的相关规定，难以完全适应新形势需要。鉴于上述原因，《最高人民法院、最高人民检察院、公安部关于办理电信网络诈骗等刑事案件适用法律若干问题的意见（二）》第三条在《最高人民法院、最高人民检察院、公安部关于办理电信网络诈骗等刑事案件适用法律若干问题的意见》相关规定的基础上，进一步加以完善，以更加严密打击境外电信网络诈骗犯罪的刑事法网。

在司法实践中，适用第三条需要注意以下四个方面：一是行为人必须参与境外电信网络诈骗犯罪集团或犯罪团伙，实施具体的诈骗犯罪行为，例如发送诈骗信息、拨打诈骗电话、在诈骗群内烘托气氛或者“养号”等等，只是诈骗数额难以查证。二是只适用于行为人在境外对境内居民实施的电信网络诈骗犯罪，不适用于在境内实施的诈骗行为。三是犯罪情节须达到一定的严重程度，即一年内出境赴境外诈骗窝点累计时间 30 日以上，或者多次出境赴境外诈骗窝点的。之所以如此规定，是考虑出境的时间和次数体现了犯罪嫌疑人参与境外团伙的程度，反映了行为人的主观恶性和社会危害程度。之所以规定为 30 日，主要是从司法实践看，犯罪分子到达犯罪窝点后，还需要经过一段时间的培训。一般而言，经过30日，犯罪分子已经能够较为熟练掌握电信网络诈骗犯罪基本技巧，并实施了相关诈骗行为，具有较大的社会危害性。对于“多次”的理解，至少是3次。四是允许行为人提出反证，即“有证据证明其出境从事正当活动的除外”。

——刘太宗、赵玮、刘涛：《“两高一部”〈关于办理电信网络诈骗等刑事案件用法律若干问题的意见（二）〉解读》，载《人民检察》2021年第13期。

871. 电信网络诈骗犯罪地的范围

关键词

电信网络诈骗　犯罪地

最高人民法院司法政策精神

一、电信网络诈骗犯罪地，除《最高人民法院、最高人民检察院、公安部关于办理电信网络诈骗等刑事案件适用法律若干问题的意见》规定的犯罪行为发生地和结果发生地外，还包括：

（一）用于犯罪活动的手机卡、流量卡、物联网卡的开立地、销售地、转移地、藏匿地；

（二）用于犯罪活动的信用卡的开立地、销售地、转移地、藏匿地、使用地以及资金交易对手资金交付和汇出地；

（三）用于犯罪活动的银行账户、非银行支付账户的开立地、销售地、使用地以及资金交易对手资金交付和汇出地；

（四）用于犯罪活动的即时通讯信息、广告推广信息的发送地、接受地、到达地；

（五）用于犯罪活动的“猫池”（Modem Pool）、GOIP设备、多卡宝等硬件设备的销售地、入网地、藏匿地；

（六）用于犯罪活动的互联网账号的销售地、登录地。

——《最高人民法院、最高人民检察院、公安部关于办理电信网络诈骗等刑事案件适用法律若干问题的意见（二）》（2021年6月17日，法发〔2021〕22号）。

872. 电信网络诈骗犯罪的法律适用

关键词

电信网络诈骗 法律适用

最高人民法院司法政策精神

二、依法严惩电信网络诈骗犯罪

（一）根据《最高人民法院、最高人民检察院关于办理诈骗刑事案件具体应用法律若干问题的解释》第一条的规定，利用电信网络技术手段实施诈骗，诈骗公私财物价值三千元以上、三万元以上、五十万元以上的，应当分别认定为刑法第二百六十六条规定的“数额较大”“数额巨大”“数额特别巨大”。

二年内多次实施电信网络诈骗未经处理，诈骗数额累计计算构成犯罪的，应当依法定罪处罚。

（二）实施电信网络诈骗犯罪，达到相应数额标准，具有下列情形之一的，酌情从重处罚：

1. 造成被害人或其近亲属自杀、死亡或者精神失常等严重后果的；

2. 冒充司法机关等国家机关工作人员实施诈骗的；

3. 组织、指挥电信网络诈骗犯罪团伙的；

4. 在境外实施电信网络诈骗的；

5. 曾因电信网络诈骗犯罪受过刑事处罚或者二年内曾因电信网络诈骗受过行政处罚的；

6. 诈骗残疾人、老年人、未成年人、在校学生、丧失劳动能力人的财物，或者诈骗重病患者及其亲属财物的；

7. 诈骗救灾、抢险、防汛、优抚、扶贫、移民、救济、医疗等款物的；

8. 以赈灾、募捐等社会公益、慈善名义实施诈骗的；

9. 利用电话追呼系统等技术手段严重干扰公安机关等部门工作的；

10. 利用“钓鱼网站”链接、“木马”程序链接、网络渗透等隐蔽技术手段实施诈骗的。

（三）实施电信网络诈骗犯罪，诈骗数额接近“数额巨大”“数额特别巨大”的标准，具有前述第（二）条规定的情形之一的，应当分别认定为刑法第二百六十六条规定的“其他严重情节”“其他特别严重情节”。

上述规定的“接近”，一般应掌握在相应数额标准的百分之八十以上。

（四）实施电信网络诈骗犯罪，犯罪嫌疑人、被告人实际骗得财物的，以诈骗罪（既遂）定罪处罚。诈骗数额难以查证，但具有下列情形之一的，应当认定为刑法第二百六十六条规定的“其他严重情节”，以诈骗罪（未遂）定罪处罚：

1. 发送诈骗信息五千条以上的，或者拨打诈骗电话五百人次以上的；

2. 在互联网上发布诈骗信息，页面浏览量累计五千次以上的。

具有上述情形，数量达到相应标准十倍以上的，应当认定为刑法第二百六十六条规定的“其他特别严重情节”，以诈骗罪（未遂）定罪处罚。

上述“拨打诈骗电话”，包括拨出诈骗电话和接听被害人回拨电话。反复拨打、接听同一电话号码，以及反复向同一被害人发送诈骗信息的，拨打、接听电话次数、发送信息条数累计计算。

因犯罪嫌疑人、被告人故意隐匿、毁灭证据等原因，致拨打电话次数、发送信息条数的证据难以收集的，可以根据经查证属实的日拨打人次数、日发送信息条数，结合犯罪嫌疑人、被告人实施犯罪的时间、犯罪嫌疑人、被告人的供述等相关证据，综合予以认定。

（五）电信网络诈骗既有既遂，又有未遂，分别达到不同量刑幅度的，依照处罚较重的规定处罚；达到同一量刑幅度的，以诈骗罪既遂处罚。

（六）对实施电信网络诈骗犯罪的被告人裁量刑罚，在确定量刑起点、基准刑时，一般应就高选择。确定宣告刑时，应当综合全案事实情节，准确把握从重、从轻量刑情节的调节幅度，保证罪责刑相适应。

（七）对实施电信网络诈骗犯罪的被告人，应当严格控制适用缓刑的范围，严格掌握适用缓刑的条件。

（八）对实施电信网络诈骗犯罪的被告人，应当更加注重依法适用财产刑，加大经济上的惩罚力度，最大限度剥夺被告人再犯的能力。

——《最高人民法院、最高人民检察院、公安部关于办理电信网络诈骗等刑事案件适用法律若干问题的意见》（2016年12月19日，法发〔2016〕32号）。

873. 电信网络诈骗犯罪关联犯罪的法律适用

关键词

电信网络诈骗　关联犯罪

最高人民法院司法政策精神

三、全面惩处关联犯罪

（一）在实施电信网络诈骗活动中，非法使用“伪基站”“黑广播”，干扰无线电通讯秩序，符合刑法第二百八十八条规定的，以扰乱无线电通讯管理秩序罪追究刑事责任。同时构成诈骗罪的，依照处罚较重的规定定罪处罚。

（二）违反国家有关规定，向他人出售或者提供公民个人信息，窃取或者以其他方法非法获取公民个人信息，符合刑法第二百五十三条之一规定的，以侵犯公民个人信息罪追究刑事责任。

使用非法获取的公民个人信息，实施电信网络诈骗犯罪行为，构成数罪的，应当依法予以并罚。

（三）冒充国家机关工作人员实施电信网络诈骗犯罪，同时构成诈骗罪和招摇撞骗罪的，依照处罚较重的规定定罪处罚。

（四）非法持有他人信用卡，没有证据证明从事电信网络诈骗犯罪活动，符合刑法第一百七十七条之一第一款第（二）项规定的，以妨害信用卡管理罪追究刑事责任。

（五）明知是电信网络诈骗犯罪所得及其产生的收益，以下列方式之一予以转账、套现、取现的，依照刑法第三百一十二条第一款的规定，以掩饰、隐瞒犯罪所得、犯罪所得收益罪追究刑事责任。但有证据证明确实不知道的除外：

1. 通过使用销售点终端机具（POS 机）刷卡套现等非法途径，协助转换或者转移财物的；

2. 帮助他人将巨额现金散存于多个银行账户，或在不同银行账户之间频繁划转的；

3. 多次使用或者使用多个非本人身份证明开设的信用卡、资金支付结算账户或者多次采用遮蔽摄像头、伪装等异常手段，帮助他人转账、套现、取现的；

4. 为他人提供非本人身份证明开设的信用卡、资金支付结算账户后，又帮助他人转账、套现、取现的；

5. 以明显异于市场的价格，通过手机充值、交易游戏点卡等方式套现的。

实施上述行为，事前通谋的，以共同犯罪论处。

实施上述行为，电信网络诈骗犯罪嫌疑人尚未到案或案件尚未依法裁判，但现有证据足以证明该犯罪行为确实存在的，不影响掩饰、隐瞒犯罪所得、犯罪所得收益罪的认定。

实施上述行为，同时构成其他犯罪的，依照处罚较重的规定定罪处罚。法律和司法解释另有规定的除外。

（六）网络服务提供者不履行法律、行政法规规定的信息网络安全管理义务，经监管部门责令采取改正措施而拒不改正，致使诈骗信息大量传播，或者用户信息泄露造成严重后果的，依照刑法第二百八十六条之一的规定，以拒不履行信息网络安全管理义务罪追究刑事责任。同时构成诈骗罪的，依照处罚较重的规定定罪处罚。

（七）实施刑法第二百八十七条之一、第二百八十七条之二规定之行为，构成非法利用信息网络罪、帮助信息网络犯罪活动罪，同时构成诈骗罪的，依照处罚较重的规定定罪处罚。

（八）金融机构、网络服务提供者、电信业务经营者等在经营活动中，违反国家有关规定，被电信网络诈骗犯罪分子利用，使他人遭受财产损失的，依法承担相应责任。构成犯罪的，依法追究刑事责任。

——《最高人民法院、最高人民检察院、公安部关于办理电信网络诈骗等刑事案件适用法律若干问题的意见》（2016年12月19日，法发〔2016〕32号）。

874. 电信网络诈骗犯罪共同犯罪与主观故意的认定

关键词

电信网络诈骗　共同犯罪　主观故意

最高人民法院司法政策精神

四、准确认定共同犯罪与主观故意

（一）三人以上为实施电信网络诈骗犯罪而组成的较为固定的犯罪组织，应依法认定为诈骗犯罪集团。对组织、领导犯罪集团的首要分子，按照集团所犯的全部罪行处罚。对犯罪集团中组织、指挥、策划者和骨干分子依法从严惩处。

对犯罪集团中起次要、辅助作用的从犯，特别是在规定期限内投案自首、积极协助抓获主犯、积极协助追赃的，依法从轻或减轻处罚。

对犯罪集团首要分子以外的主犯，应当按照其所参与的或者组织、指挥的全部犯罪处罚。全部犯罪包括能够查明具体诈骗数额的事实和能够查明发送诈骗信息条数、拨打诈骗电话人次数、诈骗信息网页浏览次数的事实。

（二）多人共同实施电信网络诈骗，犯罪嫌疑人、被告人应对其参与期间该诈骗团伙实施的全部诈骗行为承担责任。在其所参与的犯罪环节中起主要作用的，可以认定为主犯；起次要作用的，可以认定为从犯。

上述规定的“参与期间”，从犯罪嫌疑人、被告人着手实施诈骗行为开始起算。

（三）明知他人实施电信网络诈骗犯罪，具有下列情形之一的，以共同犯罪论处，但法律和司法解释另有规定的除外：

1. 提供信用卡、资金支付结算账户、手机卡、通讯工具的；

2. 非法获取、出售、提供公民个人信息的；

3. 制作、销售、提供“木马”程序和“钓鱼软件”等恶意程序的；

4. 提供“伪基站”设备或相关服务的；

5. 提供互联网接入、服务器托管、网络存储、通讯传输等技术支持，或者提供支付结算等帮助的；

6. 在提供改号软件、通话线路等技术服务时，发现主叫号码被修改为国内党政机关、司法机关、公共服务部门号码，或者境外用户改为境内号码，仍提供服务的；

7. 提供资金、场所、交通、生活保障等帮助的；

8. 帮助转移诈骗犯罪所得及其产生的收益，套现、取现的。

上述规定的“明知他人实施电信网络诈骗犯罪”，应当结合被告人的认知能力，既往经历，行为次数和手段，与他人关系，获利情况，是否曾因电信网络诈骗受过处罚，是否故意规避调查等主客观因素进行综合分析认定。

（四）负责招募他人实施电信网络诈骗犯罪活动，或者制作、提供诈骗方案、术语清单、语音包、信息等的，以诈骗共同犯罪论处。

（五）部分犯罪嫌疑人在逃，但不影响对已到案共同犯罪嫌疑人、被告人的犯罪事实认定的，可以依法先行追究已到案共同犯罪嫌疑人、被告人的刑事责任。

——《最高人民法院、最高人民检察院、公安部关于办理电信网络诈骗等刑事案件适用法律若干问题的意见》（2016年12月19日，法发〔2016〕32号）。

875. 对境外司法机关抓获并羁押的电信网络诈骗犯罪嫌疑人，在境内接受审判的，境外的羁押期限可以折抵刑期

关键词

羁押期限折抵　电信网络诈骗　犯罪嫌疑人

最高人民法院司法政策精神

十五、对境外司法机关抓获并羁押的电信网络诈骗犯罪嫌疑人，在境内接受审判的，境外的羁押期限可以折抵刑期。

——《最高人民法院、最高人民检察院、公安部关于办理电信网络诈骗等刑事案件适用法律若干问题的意见（二）》（2021年6月17日，法发〔2021〕22号）。

附录：理解与适用

司法实践中，大部分电信网络诈骗犯罪嫌疑人被境外警方抓获后，在正式移交我国之前，往往在境外已被羁押一段时间。境外羁押期限是否予以折抵刑期的问题，之前一直存在争议。在办理“长城行动”系列专案时，为有效解决这一问题，最高检会同最高法、公安部认真研究，参考我国与多个国家签订的司法协助条约，认为境外羁押期间可以折抵刑期。主要考虑：一是体现我国法治的公平正义和人文关怀。如果不予折抵，对于在境外被同时羁押，但因引渡程序持续时间不同而影响宣告刑期的，难以在法理上进行合理解释，对不同被告人也不够公平。二是有利于国际刑事司法合作的开展。我国与多个国家的双边司法协助条约中均设置了此类规定，在“长城行动”等案件办理中已经得到实践运用，取得了良好的效果。《最高人民法院、最高人民检察院、公安部关于办理电信网络诈骗等刑事案件适用法律若干问题的意见（二）》第十五条将实践做法上升为制度规定，明确对境外司法机关抓获并羁押的电信网络诈骗犯罪嫌疑人，在境内接受审判的，境外的羁押期限可以折抵刑期。

——刘太宗、赵玮、刘涛：《“两高一部”〈关于办理电信网络诈骗等刑事案件用法律若干问题的意见（二）〉解读》，载《人民检察》2021年第13期。

876. 正确划分利用网络进行盗窃与诈骗的界限

关键词

盗窃罪　诈骗罪　利用网络信息

最高人民法院指导性案例

臧进泉等盗窃、诈骗案（最高人民法院指导案例27号）

裁判要点：行为人利用信息网络，诱骗他人点击虚假链接而实际通过预先植入的计算机程序窃取财物构成犯罪的，以盗窃罪定罪处罚；虚构可供交易的商品或者服务，欺骗他人点击付款链接而骗取财物构成犯罪的，以诈骗罪定罪处罚。

法院生效裁判认为：盗窃是指以非法占有为目的，秘密窃取公私财物的行为；诈骗是指以非法占有为目的，采用虚构事实或者隐瞒真相的方法，骗取公私财物的行为。对既采取秘密窃取手段又采取欺骗手段非法占有财物行为的定性，应从行为人采取主要手段和被害人有无处分财物意识方面区分盗窃与诈骗。如果行为人获取财物时起决定性作用的手段是秘密窃取，诈骗行为只是为盗窃创造条件或作掩护，被害人也没有“自愿”交付财物的，就应当认定为盗窃；如果行为人获取财物时起决定性作用的手段是诈骗，被害人基于错误认识而“自愿”交付财物，盗窃行为只是辅助手段的，就应当认定为诈骗。在信息网络情形下，行为人利用信息网络，诱骗他人点击虚假链接而实际上通过预先植入的计算机程序窃取他人财物构成犯罪的，应当以盗窃罪定罪处罚；行为人虚构可供交易的商品或者服务，欺骗他人为支付货款点击付款链接而获取财物构成犯罪的，应当以诈骗罪定罪处罚。本案中，被告人臧进泉、郑必玲使用预设计算机程序并植入的方法，秘密窃取他人网上银行账户内巨额钱款，其行为均已构成盗窃罪。臧进泉、郑必玲和被告人刘涛以非法占有为目的，通过开设虚假的网络店铺和利用伪造的购物链接骗取他人数额较大的货款，其行为均已构成诈骗罪。对臧进泉、郑必玲所犯数罪，应依法并罚。

关于被告人臧进泉及其辩护人所提非法获取被害人金某的网银账户内305000元的行为，不构成盗窃罪而是诈骗罪的辩解与辩护意见，经查，臧进泉和被告人郑必玲在得知金某网银账户内有款后，即产生了通过植入计算机程序非法占有目的；随后在网络聊天中诱导金某同意支付1元钱，而实际上制作了一个表面付款“1元”却支付305000元的假淘宝网链接，致使金某点击后，其网银账户内305000元即被非法转移到臧进泉的注册账户中，对此金某既不知情，也非自愿。可见，臧进泉、郑必玲获取财物时起决定性作用的手段是秘密窃取，诱骗被害人点击“1元”的虚假链接系实施盗窃的辅助手段，只是为盗窃创造条件或作掩护，被害人也没有“自愿”交付巨额财物，获取银行存款实际上是通过隐藏的事先植入的计算机程序来窃取的，符合盗窃罪的犯罪构成要件，依照刑法第二百六十四条、第二百八十七条的规定，应当以盗窃罪定罪处罚。故臧进泉及其辩护人所提上述辩解和辩护意见与事实和法律规定不符，不予采纳。

——《最高人民法院关于发布第七批指导性案例的通知》(2014年6月26日，法〔2014〕161号)，载《人民法院报》2014年7月5日。

说明

该指导案例旨在明确划分利用网络进行盗窃与诈骗的界限，对于审理网络钓鱼类案件具有指导意义。

附录：最高人民法院主流观点

（一）盗窃与诈骗的理论区分

近年来，利用信息网络实施盗窃、诈骗等行为交织的侵犯财产犯罪比较突出，客观表现为行为人有的在实施诱骗过程中加入秘密窃取行为，有的在行窃后跟进实施骗取行为，有的交错实施窃取、骗取行为。对此是认定为盗窃还是诈骗？二者究竟应当如何区分呢？

对于这一问题，我国刑法和司法解释没有明确规定，司法实践中存在争议。从国外刑法理论来看，刑法理论的通说与审判实践都将处分行为作为诈骗罪的构成要件（以既遂为模式）。处分行为存在与否，成为区分诈骗罪与盗窃罪的关键。① 由于诈骗中转移财产占有的行为就是处分行为，是只要有客观的转移占有事实就够了（处分意识不要说），还是必须意识到转移占有（处分意识必要说）呢？对此有两种截然相反的观点。处分意识必要说认为，处分行为不仅要求受骗者客观上有处分财产的行为，而且要求主观上有处分财产的意识（意思）。例如，韩国大法院的判例指出："诈骗罪是欺骗他人，使他人陷入错误，引起错误者的处分行为，以便取得财物或者财产上利益的犯罪。这里的处分行为意味着财产的处分行为，处分行为要求被害人主观上的处分意思和处分意思支配下的客观行为。"② 日本判例和刑法理论通说也采取处分意识必要说。处分意识不要说认为，只要客观上有处分行为即可，不以处分意识为必要。这是德国的通说，日本也有不少学者主张该说。例如，平野龙一指出："诈骗罪以基于错误的'交付'即处分行为为必要。处分行为、交付行为不以意思表示为必要，事实行为即可。……而且也包含没有意识到交付的内容的情况（所谓无意识的交付）。"③

我国刑法理论主流观点认为，盗窃是指以非法占有为目的，秘密窃取公私财物的行为，是违背被害人意志取得财物；诈骗是指以非法占有为目的，采用虚构事实或者隐瞒真相的方法，骗取公私财物的行为，是基于被害人有瑕疵的意志而取得财物。诈骗（既遂）在客观上表现为一个特定行为发展过程，即行为人实施欺骗行为——被害人产生或者维持认识错误——被害人基于认识错误处分财物——行为人或者第三者获得财物。从被害人一方来看，盗窃与诈骗区分的关键在于被害人是否基于认识错误自愿处分（交付）财物。④ 至于处分意思的内容，在德、日等大陆法系国家，有的学者主张严格限定，即处分者除了有把财产的占有转移给对方的认识之外，还必须对处分的内容（包括处分的对象、数量、价值等）有全面的认识。也有学者主张，处分意思的内容应放宽认定至少被骗者只是对处分财物的价值有误认时，应该

---

① 张明楷：《外国刑法纲要》（第二版），清华大学出版社 2007 年版，第 582 页。

② ［韩］吴昌植编译：《韩国侵犯财产罪判例》，清华大学出版社 2004 年版，第 112 页。

③ ［日］平野龙一：《刑法概说》，东京大学出版社 1977 年版，第 214 页。

④ 张明楷：《如何区分盗窃罪与诈骗罪》，载《人民法院报》2003 年 8 月 22 日。

认定为有处分意思，肯定处分行为成立。按照这种观点，只要被骗者对财物或利益的外形有转移的意思与认识，就具备了处分意思的内容。我国刑法学者认为，只要被骗者认识到自己的行为是把某种财产转移给对方占有，而根据自己的自由意思作出此种决定，就应该认为具备了处分的意思内容。至于处分财产的性质、数量、质量、价值等，则不一定要求其有全面、正确的认识。①

我们认为，处分意识必要说值得肯定，它抓住了诈骗的本质特征，符合主客观相统一原则的要求，有利于把诈骗与其他侵犯财产犯罪区别开来，也是我国刑法理论界多数人的观点。诈骗罪中的处分意识与民法上的处分意识存在明显差别，只要对所要处分财物的外形和范围有概括认识，据此可以确定所要处分财物的范围并能排除其他财物即可。至于处分意识的有无，应当结合被骗者的年龄、精神状态、知识状况、处分权限以及被骗时的主客观情形，进行综合分析判断。对于行为人采用调包或其他隐蔽方法，被害人没有认识到交出的是自己控制下的财物，或者被害人虽然外形上将财物暂时转移给行为人，如允许试驾车辆、试穿衣服，但根据社会一般观念，该财物仍然由被害人占有时，行为人通过进一步的违法行为占有该财物的，均不能认定被害人有处分财物的意识。

（二）区分盗窃与诈骗的具体标准

我们赞同我国刑法理论界前述通说观点，并认为对既采取秘密窃取又采取欺骗手段非法占有财物行为的定性，可以在被害人有无处分财物意识的基础上再从行为人占有财物时采取的主要手段上，区分盗窃与诈骗。如果行为人占有财物时起决定性作用的手段是秘密窃取，通过秘密窃取直接取得财物，诈骗行为只是为盗窃创造条件或作掩护，被害人也没有自愿交付财物的，就应当认定为盗窃；如果行为人占有财物时起决定性作用的手段是诈骗，被害人基于错误认识而自愿交付财物，通过被害人的交付间接取得财物，盗窃行为只是辅助手段的，就应当认定为诈骗。在信息网络情形下，行为人利用信息网络，诱骗他人点击虚假链接而实际上通过预先植入的计算机程序窃取他人财物构成犯罪的，应当以盗窃罪定罪处罚；行为人虚构可供交易的商品或者服务，欺骗他人为支付货款点击付款链接而获取财物构成犯罪的，应当以诈骗罪定罪处罚。主要理由如下：

第一，符合刑法有关财产犯罪的规定精神。我国《刑法》第一百九十六条第三款规定，盗窃信用卡并使用的，以盗窃罪定罪处罚。这一规定说明，对于盗窃信用卡并冒用的行为，以占有财物的决定性手段即盗窃定罪，后续

① 高铭暄、马克昌主编：《中国刑法解释》（下卷），中国社会科学出版社2005年版，第1842页。

的冒用行为只是先行盗窃行为的延续，后续的骗取财物能否得逞，只是可能影响盗窃罪既未遂的认定。《刑法》第二百八十七条规定，利用计算机实施金融诈骗、盗窃、贪污、挪用公款、窃取国家秘密或者其他犯罪的，依照本法有关规定定罪处罚。这说明利用计算机信息网络手段，实施诈骗、盗窃犯罪的，应当以非法占有财物的决定性手段即盗窃、诈骗定罪。

第二，整合了我国刑法理论中的合理观点。处分财物意思的有无，是区分盗窃与诈骗的通说。还有观点认为，区分盗窃与诈骗的关键在于，对行为人非法占有财物起主要作用的手段是什么？如果起主要作用的手段是欺骗，就应定诈骗罪；如果起主要作用的手段是秘密窃取，就应定盗窃罪。[①] 以非法占有财物时起主要作用的手段定罪，符合我国刑法根据犯罪构成主要特征定罪的统一要求，因为被害人处分（交付）财物意识的有无，实际上也从另一方面说明了财物转移占有时的手段。

第三，符合矛盾特殊性原理要求。唯物辩证法认为，矛盾有主要方面和次要方面，矛盾的主要方面对事物的发展起支配和决定性作用，事物的性质主要是由矛盾的主要方面决定的。对既采取秘密窃取又采取欺骗手段非法占有财物的，以行为人占有财物时采取的主要手段定性，符合事物性质由矛盾的主要方面决定的唯物辩证法原理。

在本指导案例中，被告人臧进泉及其辩护人提出非法获取被害人金某的网上银行账户内30.5万元的行为，不构成盗窃罪而是诈骗罪。法院经审理查明，臧进泉和同案被告人郑必玲在得知金某网银账户内有款后，即产生了通过植入计算机程序秘密占有的目的；随后在网络聊天中诱导金某同意支付1元钱，而实际上制作了一个表面付款1元却实际支付30.5万元的假淘宝网链接，致使金某点击后，其网银账户内30.5万元即被非法转移到臧进泉的注册账户中。对此，被害人金某根本不知情，更谈不上自愿。可见，臧进泉、郑必玲获取财物时起决定性作用的手段是秘密窃取，诱骗被害人点击“1元”的虚假链接系实施盗窃的辅助手段，只是为盗窃创造条件和作掩护，被害人也没有自愿交付巨额财物的意思，获取银行存款实际上是通过隐藏的事先植入的计算机程序来秘密窃取的。这符合盗窃罪的犯罪构成要件，依照《刑法》第二百六十四条、第二百八十七条的规定，应当以盗窃罪定罪处罚。故臧进泉及其辩护人所提上述辩解和辩护意见与事实和法律规定不符，不予采纳。此外，臧进泉、郑必玲和同案被告人刘涛以非法占有为目的，通过开设虚假的网络店铺和利用伪造的购物链接，骗取他人支付数额较大的货款，其行为均已构成诈骗罪。对臧进泉、郑必玲所犯数罪，应依法并罚。

——吴光侠：《〈臧进泉等盗窃、诈骗案的理解与参照〉》，载《人民司

① 高铭暄、马克昌主编：《刑法学》（下编），中国法制出版社1999年版，第908页。

法·案例》2015年第12期(总第719期)。

877. 行为人在明知自己控制的为虚拟现货交易平台，通过虚构事实、隐瞒真相的方式骗取客户资金占为己有的，应认定为诈骗罪

关键词

诈骗罪 虚构事实 隐瞒真相

《最高人民法院公报》案例

江苏省扬州市宝应县人民检察院诉刘国义等诈骗案

裁判摘要：行为人在明知自己控制的为虚拟现货交易平台，客户注入资金并未真正进入现货交易市场的情况下，通过虚构事实、隐瞒真相的方式骗取客户资金占为己有的，应认定为诈骗罪。

宝应县人民法院一审认为，被告人刘国义、盛凌红、蔡祖鹏、吕鹏以非法占有为目的，在明知控制的为虚拟白银现货交易平台，客户注入资金并未真正进入白银现货交易市场的情况下，通过虚构事实、隐瞒真相的方式骗取客户资金，数额巨大，其行为均已构成诈骗罪。被告人刘国义、盛凌红、蔡祖鹏、吕鹏系共同故意犯罪，且在共同犯罪中均起主要作用，均是主犯。被告人刘国义犯罪后主动投案，并如实供述犯罪事实，是自首，依法予以从轻处罚，被告人盛凌红、蔡祖鹏、吕鹏归案后如实供述犯罪事实，依法予以从轻处罚。刘国义等人已退出全部赃款，取得了被害人的谅解，均可酌情从轻处罚。宝应县人民检察院指控被告人刘国义、盛凌红、蔡祖鹏、吕鹏犯诈骗罪的事实清楚，证据确实、充分，指控的罪名成立，法院予以支持。

对被告人刘国义、盛凌红、吕鹏的辩护人均提出起诉指控的罪名不成立，应当以非法经营罪定罪量刑的辩护意见，经查，刘国义虽注册设立安徽银富宝电子商务有限公司，并以该公司名义购买银富宝订购回收系统的软件，但其与盛凌红隐瞒银富宝订购回收系统为一款虚拟软件，客户投入资金不能进入白银现货交易市场的真相，并故意修改系统交易方式，吕鹏、蔡祖鹏使用虚假身份虚构事实，骗取被害人的信任，故意通过虚拟交易套取被害人资金，从而使被害人被骗40余万元，被告人的上述行为符合诈骗罪的构成要件，应当以诈骗罪予以定罪量刑，而不应认定为非法经营罪，故对上述辩护意见不予采纳。对刘国义、盛凌红、吕鹏的辩护人分别提出刘国义具有自首情节、盛凌红、吕鹏归案后如实供述犯罪事实，上述三被告人认罪态度较好，无前

科劣迹，退出全部赃款，取得被害人谅解，请求对上述被告人从轻处罚和酌情从轻处罚的辩护意见，经查有事实和法律依据，予以采纳。对刘国义的辩护人提出对刘国义适用减轻处罚，并适用缓刑的辩护意见，经查，刘国义诈骗数额达40余万元，虽具有自首情节，但根据本案具体情节，不宜对其适用减轻处罚并宣告缓刑，故对该辩护意见不予采纳。对盛凌红的辩护人提出盛凌红在本案中起次要作用，应认定为从犯的辩护意见，经查，盛凌红在与刘国义等被告人共同犯罪中，为获取非法利益发展客户，为被害人交易提供意见，并通过蔡祖鹏向被害人传达指令，骗得被害人资金，在本案中起主要作用，应认定为主犯，故对该辩护意见不予采纳。对蔡祖鹏的辩护人提出蔡祖鹏如实供述犯罪事实，自愿认罪，无前科劣迹，退出赃款，取得被害人的谅解，请求对其从轻和酌情从轻处罚并适用缓刑的辩护意见，经查，蔡祖鹏虽具有上述法定和酌定从轻处罚情节，可对其从轻处罚，但根据本案情节，不宜对蔡祖鹏宣告缓刑。对吕鹏的辩护人提出吕鹏在本案中起次要作用，应认定为从犯，请求对其从轻或减轻处罚，并适用缓刑的辩护意见，经查，吕鹏故意让被害人增加投入资金，并在骗取被害人资金过程中发挥了积极作用，故应当认定为主犯，对该辩护意见不予采纳。

——《最高人民法院公报》2016年第2期。

878. 当被告人同时具有国家工作人员等多种身份犯罪时，应如何认定其行为性质

关键词

国家工作人员　村民委员会　单位犯罪　适格主体

《刑事审判参考》指导案例

刘楚荣、刘汉杰、刘立辉诈骗案（《刑事审判参考》指导案例第1420号）

裁判要点：当被告人同时具有国家工作人员等多种身份时，应当以其实施犯罪行为时所利用的具体身份来认定其行为性质。

由于被告人刘楚荣在实施骗取迁坟补偿款的过程中同时具有多种身份，其除了任刘畔村村民委员会党支部书记、村民委员会主任外，还任沙溪镇政府成立的厦深铁路沙溪段建设协调领导小组成员，因此，对本案的定性出现了两种不同意见。第一种意见认为，被告人刘楚荣作为村民委员会等村基层组织人员，协助人民政府从事征地拆迁补偿等行政管理工作，依照2000年

4 月 29 日《全国人民代表大会常务委员会关于〈中华人民共和国刑法〉第九十三条第二款的解释》，被告人刘楚荣属于“其他依照法律从事公务的人员”，以国家工作人员论，应当定性为贪污罪。第二种意见认为，被告人刘楚荣虽然具有国家工作人员身份，但其在本案中并无利用国家工作人员职务上的便利，其实际上是利用村民委员会主任的身份实施了骗取迁坟补偿款的行为，应当定性为诈骗罪。

我们同意第二种意见。当被告人同时具有国家工作人员及其他等多种身份时，国家工作人员的身份对其他身份不存在绝对的吸收关系，不能因被告人具有国家工作人员的身份，就当然认为被告人是利用该身份实施了犯罪行为，而应当厘清哪一个身份是被告人实施犯罪行为时所真正利用的身份，才能对被告人的行为作出准确定性。

——沈斌、马沐阳撰稿、韩维中审编:《刘楚荣、刘汉杰、刘立辉诈骗案——当被告人同时具有国家工作人员等多种身份时应如何认定其行为性质以及村民委员会是否属于单位犯罪的适格主体》，载最高人民法院刑事审判第一、二、三、四、五庭编:《刑事审判参考》(总第 128 辑)，人民法院出版社 2021 年版，第 41~45 页。

879. 利用警察身份使用假罚款收据处罚车辆并占有罚款的行为构成诈骗罪

关键词

诈骗罪 伪造国家机关印章罪

《最高人民法院公报》案例

登封市人民检察院诉姚国建等人诈骗、伪造国家机关印章案（判决时间：2003 年 3 月 14 日，被告人未上诉）

裁判摘要：共同被告人以非法占有为目的，结伙利用其警察身份，趁夜晚到乡村路段，使用假罚款收据私自对过往车辆进行处罚，其行为系以虚构事实、隐瞒真相的方法欺骗财物所有人，使财物所有人产生“他们在履行公务”的错觉后自动将财产交给他们，构成诈骗罪，而非贪污罪。诈骗数额以其收到并着手用于犯罪的那部分假收据为准，其他假收据，系被告人实行诈骗犯罪所作的预备，应作为量刑情节予以考虑。

被告人冯小强以营利为目的，找人伪造罚款收据和印章，并将加盖了假印章、总面值16200元的假罚款收据提供给被告人姚国建、何振伟；姚国建、何振伟以非法占有为目的，结伙利用二人的警察身份，趁夜晚到乡村路段，使用假罚款收据私自对过往车辆进行处罚，得款12250元，数额较大；所得罚款由姚国建、何振伟、冯小强私分。这是以虚构事实、隐瞒真相的方法欺骗财物所有人，使财物所有人产生“他们在履行公务”的错觉后自动将财产交给他们。姚国建、何振伟、冯小强使用假罚款收据罚款12250元后私分，其行为触犯了《中华人民共和国刑法》第266条的规定，构成诈骗罪，是犯罪既遂。依照《刑法》第25条第1款、第27条的规定，姚国建、何振伟、冯小强是共同故意犯罪，何振伟、冯小强在共同犯罪中起次要作用，可从轻处罚。

《刑法》第280条第1款规定：“伪造、变造、买卖或者盗窃、抢夺、毁灭国家机关的公文、证件、印章的，处三年以下有期徒刑、拘役、管制或者剥夺政治权利；情节严重的，处三年以上十年以下有期徒刑。”《刑法》第14条规定：“明知自己的行为会发生危害社会的结果，并且希望或者放任这种结果发生，因而构成犯罪的，是故意犯罪。”“故意犯罪，应当负刑事责任。”河南省财政厅和登封市交通警察大队都属于国家机关，“河南省财政厅罚没收据专用章”“登封市交通警察大队收据专用章”是这两个国家机关履行公务时使用的印章。本案证据虽然不能证明被告人惠国威自己动手伪造了这两枚国家机关的印章，但是能证明这两枚印章出自惠国威之手，惠国威知道这两枚印章是伪造的。惠国威明知伪造国家机关的印章会发生危害社会的结果，但在收了被告人冯小强给的400元款后就为其出力，放任危害结果发生。惠国威的行为触犯了《刑法》第280条第1款的规定，构成伪造国家机关印章罪。登封市人民检察院指控惠国威的罪名及理由成立。惠国威关于没有工具、技术和材料，根本不能伪造印章的辩解，不予采纳。

——《最高人民法院公报》2003年第5期。

880. 虚构“医院、专家、神药”，假冒病患、导医、医生、药品发放员等身份，骗取被害人财物的，应以诈骗罪定罪处罚

关键词

诈骗罪　非法行医罪　生产、销售劣药罪

《最高人民法院公报》案例

上海市虹口区人民检察院诉陈新金、余明觉等诈骗案（判决时间：2010

年6月1日，二审法院：上海市第二中级人民法院）

裁判摘要：出于非法占有他人财物的目的，以虚构“医院、专家、神药”，假冒病患、导医、医生、收费员、药品发放员等身份，骗取被害人财物的行为构成诈骗罪，而非非法行医罪，生产、销售假药罪或生产、销售劣药罪等。

被告人陈新金、余明觉、肖灿、左兴华、左运娥、范云华等人结伙，以非法占有为目的，采用虚构事实、隐瞒真相的方法，骗取他人钱财，其中：陈新金、余明觉、肖灿、左兴华、左运娥诈骗数额巨大；被告人范云华诈骗数额较大；其行为均已构成诈骗罪。上海市虹口区人民检察院指控陈新金、余明觉、肖灿、左兴华、左运娥、范云华犯诈骗罪罪名成立。

被告人陈新金等人为获取钱财，明知被告人余明觉非中医师专家，且无医师执业证书，仍纠集被告人余明觉、肖灿、左兴华、左运娥、范云华等人，由范云华虚构事实，将各被害人骗至上述“中心”内，以“治病”为名将低价的普通中药材，冒充“专科药”后以高额的价格“配售”给各被害人；余明觉明知自己无医师执业证书，不得从事医疗活动，且无治疗各种专科疾病的特长，为获取钱财，在明知各被害人系被“医托”骗至其处“治病”的情况下，仍冒充“教授”，仅通过简单询问及“搭脉”后，即开具所谓的针对各种专科疾病的特效药“处方”，使各被害人误以为获得了中医专科专家的“治疗”，案发后各被害人均证实：余明觉等人开具的中药服用后所患疾病并无好转，由此证明余明觉所开的“药”并非对症下药；故陈新金、余明觉主观上具有诈骗的故意。肖灿、左兴华、左运娥明知各被害人系被范云华等人诱骗至上述“中心”内，且陈新金、余明觉等所谓的“治病”形迹可疑，但仍制造假象帮助掩盖事实，说明肖灿、左兴华、左运娥主观上亦具有诈骗的故意。范云华虽非陈新金所雇佣，但为获取钱财，范云华与陈新金等人结伙，在明知余明觉等人非中医师专家的情况下，仍虚构事实将各被害人骗至上述“中心”内“治病”，事后获取高额医药费提成，其主观上具有非法占有的故意，客观上实施了虚构事实的行为，符合诈骗罪的构成特征，应以诈骗罪论处。根据刑法第三百三十六条、一百四十一条、一百四十二条的规定，非法行医罪是指未取得医生执业资格的人非法行医，情节严重的行为。生产、销售假药罪是指生产、销售假药，足以严重危害人体健康的行为。生产、销售劣药罪是指生产、销售劣药，对人体健康造成严重危害的行为。根据本案事实，上述被告人的行为本质上既非行医、也非售药，其所实施的“看病、卖药”等行为，均为实施诈骗犯罪行为的欺骗手段，故陈新金、余明觉、范云华的辩护人及陈新金、余明觉、肖灿、左运娥关于本案定性的辩护意见及辩解不能成立，法院不予采纳。

——《最高人民法院公报》2012年第12期。

881. 民营企业违反国债专项资金应专款专用的规定，不应认定为非法占有贴息资金的诈骗行为

关键词

国债专项资金　非法占有　诈骗罪

最高人民法院裁判文书

张文中诈骗、单位行贿、挪用资金再审案［最高人民法院（2018）最高法刑再3号刑事判决书］

裁判摘要：物美集团作为民营企业具有申报国债技改项目的资格，其以诚通公司下属企业名义申报，并未使负责审批的主管部门产生错误认识。物美集团申报的物流项目和信息化项目并非虚构。物美集团违规使用3190万元国债技改贴息资金不属于诈骗行为。

最高人民法院认为，物美集团在申报国债技改贴息项目时，国债技改贴息政策已有所调整，民营企业具有申报资格，且物美集团所申报的物流项目和信息化项目均属于国债技改贴息重点支持对象，符合国家当时的经济发展形势和产业政策。原审被告人张文中、张伟春在物美集团申报项目过程中，虽然存在违规行为，但未实施虚构事实、隐瞒真相以骗取国债技改贴息资金的诈骗行为，并无非法占有3190万元国债技改贴息资金的主观故意，不符合诈骗罪的构成要件。故原判认定张文中、张伟春的行为构成诈骗罪，属于认定事实和适用法律错误，应当依法予以纠正。原审被告单位物美集团在收购国旅总社所持泰康公司股份后，给予赵某30万元好处费的行为，并非为了谋取不正当利益，亦不属于情节严重，不符合单位行贿罪的构成要件；物美集团在收购粤财公司所持泰康公司股份后，向李某3公司支付500万元系被索要，且不具有为谋取不正当利益而行贿的主观故意，亦不符合单位行贿罪的构成要件，故物美集团的行为不构成单位行贿罪，张文中作为物美集团直接负责的主管人员，对其亦不应以单位行贿罪追究刑事责任。原判认定物美集团及张文中的行为构成单位行贿罪，属于认定事实和适用法律错误，应当依法予以纠正。张文中与陈某1、田某1共谋，并利用陈某1职务上的便利，将陈某1所在泰康公司4000万元资金转至卡斯特投资咨询中心股票交易账户

进行营利活动的事实清楚，证据确实。但原判认定张文中挪用资金归个人使用、为个人谋利的事实不清、证据不足。故原判认定张文中的行为构成挪用资金罪，属于认定事实和适用法律错误，应当依法予以纠正。

——中国裁判文书网。

882.“冒充国家机关工作人员”的认定

关键词

冒充国家机关工作人员

附录：最高人民法院法官著述

“冒充国家机关工作人员”的认定。本评注认为：(1) 冒充不存在的国家机关的工作人员招摇撞骗，足以让一般人信以为真的，侵犯整个国家机关的名誉，可以成立招摇撞骗罪。同理，冒充国家机关内部不存在的具体部门的工作大员招摇撞骗的，亦可成立招摇撞骗罪。(2) 国家机关工作人员冒充其他国家机关工作人员招摇撞骗，虽然其具有国家机关工作人员的身份，但所涉行为同样侵犯被冒充的国家机关的名誉，亦可以成立招摇撞骗罪。

——喻海松：《实务刑法评注》，北京大学出版社 2022 年版，第 1216 页。

883. 冒充国家机关工作人员进行诈骗，同时构成诈骗罪和招摇撞骗罪的，择一重罪定罪处罚

关键词

冒充国家机关工作人员　诈骗罪　招摇撞骗罪　择一重罪论处

最高人民法院司法解释

第八条　冒充国家机关工作人员进行诈骗，同时构成诈骗罪和招摇撞骗罪的，依照处罚较重的规定定罪处罚。

——《最高人民法院、最高人民检察院关于办理诈骗刑事案件具体应用法律若干问题的解释》(2011 年 3 月 1 日，法释〔2011〕7 号)。

《刑事审判参考》指导案例

梁其珍招摇撞骗案（《刑事审判参考》指导案例第 264 号）

裁判要点：即便是冒充国家机关工作人员骗取数额巨大的财物，也宜认为符合招摇撞骗罪的构成条件，进而依照《刑法》第 266 条后半段所确立的特别法优于普通法原则，仍宜以招摇撞骗罪追究行为人的刑事责任；只有在冒充国家机关工作人员骗取数额特别巨大的财物的情况下，方宜认为此种行为已超出《刑法》第 279 条规定的招摇撞骗罪所能评价的范围，而只符合《刑法》第 266 条规定的诈骗罪的构成要件。

但是，能否认为无论行为人招摇撞骗了多少财物都符合招摇撞骗罪的构成，进而依照《刑法》第 266 条后半段的规定，均只能适用《刑法》第 279 条规定，对其以招摇撞骗罪论处呢？显然不能。否则，便会导致罪刑明显有失均衡——骗取同样数额的财物，行为人以一般方式行骗的，最高得处无期徒刑，而行为人以冒充国家机关工作人员身份这一性质更为恶劣、危害性更为严重的方式行骗的，反倒最高只能处 10 年有期徒刑。那么究竟应当如何厘定招摇撞骗罪的构成要件、如何评价以冒充国家机关工作人员身份的方式骗取财物的行为？有些学者提出，“冒充国家机关工作人员招摇撞骗，原则上不包括骗取财物的现象，即使认为可以包括骗取财物，但也不包括骗取数额巨大财物的情况”。上述学者的思路是正确的，但其结论似有待推敲。在我们看来，即便是冒充国家机关工作人员骗取数额巨大的财物，也宜认为符合招摇撞骗罪的构成条件，进而依照《刑法》第 266 条后半段所确立的特别法优于普通法原则，仍宜以招摇撞骗罪追究行为人的刑事责任；只有在冒充国家机关工作人员骗取数额特别巨大的财物的情况下，方宜认为此种行为已超出《刑法》第 279 条规定的招摇撞骗罪所能评价的范围，而只符合《刑法》第 266 条规定的诈骗罪的构成要件。主要理由是，在行为人冒充国家机关工作人员骗取财物，数额并非特别巨大的情况下，适用《刑法》第 279 条规定，以“情节严重”的招摇撞骗罪追究其刑事责任，并不存在罪刑明显失衡的问题（目前虽尚无关于招摇撞骗“情节严重”的司法解释，但通过比较招摇撞骗罪与诈骗罪，应当可以确认，招摇撞骗数额巨大公私财物的，属于招摇撞骗“情节严重”范畴。而招摇撞骗“情节严重”的法定刑是 3 年以上 10 年以下有期徒刑，诈骗“数额巨大”的法定刑是 3 年以上 10 年以下有期徒刑，并处罚金，二者区别仅在于是否并处罚金），且如此处理，更能全面地反映行为人行为的性质、特点。

——最高人民法院刑事审判第一庭、第二庭编：《刑事审判参考》2003 年第 5 集（总第 34 集），法律出版社 2004 年版，第 34~42 页。

附录：最高人民法院主流观点

划清本罪与诈骗罪的界限。冒充国家机关工作人员招摇撞骗，客观上也是采用欺骗手段，而且谋取的非法利益也可能是财物，容易与诈骗罪混淆。两者的主要区别是：诈骗罪骗取的对象仅限于财物，并且要求达到一定数额，侵犯的是公私财物的所有权；招摇撞骗罪谋取的非法利益，不限于财物，还包括地位、待遇、荣誉以及玩弄女性等，侵犯的客体主要是国家机关的威信和形象。如果行为人冒充国家机关工作人员是为了骗取财物，同时构成诈骗罪与招摇撞骗罪的，根据《最高人民法院、最高人民检察院关于办理诈骗刑事案件具体应用法律若干问题的解释》第8条之规定，应依照处罚较重的规定定罪处罚。即按诈骗罪处罚重时定诈骗罪，如果按招摇撞骗罪处罚重时就定招摇撞骗罪。

——胡云腾主编：《刑法罪名精释（第五版）》，人民法院出版社2022年版，第899页。

884. 行为人利用他人遗忘在ATM机内已输好密码的信用卡取款行为应当如何定性

关键词

ATM机　信用卡取款

《刑事审判参考》指导案例

潘安信用卡诈骗案（《刑事审判参考》指导案例第1389号）

裁判要点：ATM机误以为是持卡人发出的指令，把财物“自愿”“交付”给拾卡人，ATM机代表相关银行的意志，“同意”交付财物，符合诈骗犯罪的客观行为表现。

依据2008年4月18日最高人民检察院发布的《关于拾得他人信用卡并在自动柜员机（ATM机）上使用的行为如何定性问题的批复》、2009年12月《最高人民法院、最高人民检察院关于办理妨害信用卡管理刑事案件具体应用法律若干问题的解释》第五条第二款规定，拾得他人信用卡并在自动柜员机（ATM机）上使用的行为属于“冒用他人信用卡”情形，应当以信用卡诈骗罪追究刑事责任。而《妨害信用卡解释》对拾卡人是否输入密码或者持卡人是否已经输入密码没有予以明确。

我们赞同构成信用卡诈骗罪。具体分析如下：

（一）被告人潘安使用欺骗方法，冒用他人的信用卡提取现金的行为符合信用卡诈骗罪的客观要件

我们认为，信用卡具有极强的身份属性，对信用卡的有效管理关乎持卡人和发卡银行的财产权利和信用卡管理秩序，银行通过 ATM 机对持卡人的信用卡进行身份验证属于必经程序，这一身份验证程序包括在持卡人插卡后界面显示的“交易正在进行中”、提示“请输入密码”以及具体的存取款、查询余额等一系列操作环节。发卡银行给持卡人发卡，意在给持卡人提供方便快捷的金融服务，在金融交易“安全”之外，“便捷”更是持卡人和发卡银行共同追求的目标，银行存折逐渐淡出金融市场就是例证。事实上，有的持卡人为了方便，在签订银行卡领用合约时干脆不设置密码；也有的持卡人把密码告诉取款人，授权、委托他人取款。此时此刻，受托人无疑是以持卡人的身份利用信用卡取款。如果插入的不是银行卡，或者持卡人或拾卡人输入密码错误，则显然没有通过身份验证。

本案中，在持卡人输入密码后，ATM 机（银行）在等待持卡人进一步发出指令，在此期间，拾卡人未经持卡人授权、未经委托“冒用”持卡人身份发出取款指令，欺骗 ATM 机“交付”钱款。ATM 机误以为是持卡人发出的指令，把财物“自愿”“交付”给拾卡人，ATM 机代表相关银行的意志，“同意”交付财物，符合诈骗犯罪的客观行为表现。被告人潘安冒名登录他人信用卡的行为实质就是冒用他人信用卡，这也是使 ATM 机（银行）陷入错误认识的关键所在，其行为更符合刑法关于信用卡诈骗罪的构成特征，认定信用卡诈骗罪可以全面反映这类犯罪行为的特殊性。

（二）被告人潘安的行为侵害了双重客体，即他人财产所有权和信用卡管理秩序

依据信用卡取款以及 ATM 机设置的基本原理，持卡人所持借记卡中的存款事实上处于 ATM 机（银行）的实际控制和保管之中，持卡人享有法律上的占有权利，换言之，银行事实占有和持卡人法律占有并存。被告人潘安冒用他人信用卡，首先欺骗的对象是 ATM 机（银行）。有观点认为机器没有意识，不可能被欺骗。事实上，ATM 机体现的是相关银行的单位意志，银行通过计算机终端指挥控制 ATM 机按照预先设置的步骤逐步验证依次操作，换言之，ATM 机属于法律拟制的“法人”的属性。当然，事实层面，被告人潘安也欺骗了持卡人。故潘安以持卡人的身份骗取了他人的财物，侵害了他人的财产所有权，同时也侵害了国家对信用卡的管理秩序，符合刑法和《妨害信用卡解释》对信用卡诈骗罪双重客体的规定。

——郇习顶撰稿、韩维中审编：《潘安信用卡诈骗案——行为人利用他人遗忘在 ATM 机内已输好密码的信用卡取款行为的定性问题》，载最高人民法

院刑事审判第一、二、三、四、五庭编:《刑事审判参考》(总第125辑)，人民法院出版社2020年版，第16~23页。

885. 利用异地刷卡消费反馈时差，要求银行工作人员将已消费款项存入另一借记卡再取出的行为应认定为诈骗

关键词

诈骗罪　信用卡犯罪　非法占有

《刑事审判参考》指导案例

张航军等诈骗案(《刑事审判参考》指导案例第650号)

裁判要点：利用异地POS机刷卡消费反馈到银行电脑有一至二分钟延迟这一漏洞，故意隐瞒存入贷记卡中的资金已被消费的真相，要求银行工作人员办理冲正业务，骗取资金的行为应认定为诈骗罪。

我国刑法没有对诈骗罪的行为模式作出具体规定。理论上通常认为，诈骗罪的基本模式是行为人以非法占有为目的，采取虚构事实或者隐瞒真相的方法实施欺诈行为，使对方产生认识错误，对方基于该认识错误交付财物，进而造成损失。据此，判断一行为是否构成诈骗罪，客观上要看行为人是否实施了欺诈行为给被害人造成经济损失，主观上要看行为人是否具有非法占有目的。

本案中，被告人张航军等人利用异地刷卡消费反馈到银行电脑有一至二分钟时间延迟的漏洞，隐瞒其存入他人名下的钱已被同伙在异地刷卡取走的真相，让银行营业员将钱转存入他人的另一个银行卡账户内，随后迅速把这些钱取走。该犯罪行为包含了前后两个紧密相关的环节。张航军等人往银行卡中存钱后通知同伙在异地刷卡消费，因卡内已实际存入现金，该刷卡消费行为具有正当性，也不会给银行造成损失，故独立地看，不具有违法性。但是，当张航军等人在其同伙完成刷卡消费行为后，要求营业员办理存款冲正业务，将客观上已经被消费的钱存入另一个银行卡账户，实际上是将银行的自有资金存入了被告人指定的账户中，由此给银行造成损失。显然，正是被告人实施了隐瞒真相的诈骗行为，导致银行营业员陷入认识错误，认为被告人的钱没有被转移，进而实施财物处分行为，将本属于银行的钱存入了被告人指定的另一银行卡账户，直接造成银行的损失。故这种作案过程完全符合诈骗罪的客观特征。

从主观方面看，被告人具有非法占有目的。如果持卡人确实急需资金而采取这种骗取银行资金打算日后归还银行欠款的做法，则其付出的代价太大，手续费甚至超过了民间高利贷的利息，极不合常理，且采取欺骗手段获取银行的资金也不是正常地向银行申请贷款或者利用信用卡透支的行为，故不能认定持卡人具有还款意图。实际上，这种骗取银行资金的做法，原本就是被告人与持卡人共同预谋的结果。

由此可见，被告人的行为完全符合诈骗罪主客观两方面的构成特征，应当认定为诈骗罪。

——最高人民法院刑事审判第一、二、三、四、五庭主办：《刑事审判参考》2010 年第 5 集（总第 76 集），法律出版社 2011 年版，第 50~59 页。

886. 捡拾存折并猜配密码非法提取他人存款的行为构成诈骗罪

关键词

诈骗罪　侵占罪　非法提取他人存款

《刑事审判参考》指导案例

程剑诈骗案（《刑事审判参考》指导案例第 256 号）

裁判要点：猜中他人存折密码非法提取存款的行为属于冒用骗取，应以诈骗罪定罪处罚。

盗窃他人存折并支取存款的行为，应当以盗窃罪定罪处罚。行为人利用手中持有的他人存折，通过猜配取款密码非法支取他人存款，其中，既有冒用他人名义骗取银行信任的因素，又有在他人不知情的情况下盗配取款密码进而提取存款的秘密因素。那么，究竟应当认定为盗窃行为还是诈骗行为？这里涉及盗窃与诈骗客观方面特征的区分理解问题。

首先，在某种意义上，秘密窃取和虚构隐瞒骗取中均具有财物所有人、保管人“不知情”的特征，但两者含义并不相同。秘密窃取中的“不知情”，指的是财物所有人、保管人对于行为人的客观行为了无察觉（至少行为人主观上是这么认为的），在整个窃取行为过程中自然也就不存在财物所有人、保管人的参与、配合问题，与此不同，虚构隐瞒骗取中的“不知情”，指的是财物所有人、保管人基于错误的认识而不知真情，属于对行为性质的不知情，财物所有人、保管人在诈骗行为过程中是直接参与的。

其次，在财物的转移取得方面，窃取是在财物所有人、保管人无意识的情况下由行为人的单方行为完成的，而骗取则是财物所有人、保管人在错误认识的支配下，信假为真，有意识地处分（交付）的结果。

再次，作为财产犯罪，对于财产所有权的侵害是其本质，财物的取得行为才是赖以定性的基本构成行为。猜配他人取款密码，将他人持有的不为他人所知的密码予以破解，可以视为是一种无形偷盗行为，但猜中密码并不意味着取得了他人存款，只是进一步取得他人存款的手段行为，且密码本身并无价值，因而不具有独立的法律意义。在程剑取得他人的存款之前，存款完全置于银行的控制、支配之下，程剑支取他人存款，是凭借银行的信任通过银行的交付得以实现的，银行对于存款的交付，银行是有明确认识的。由于银行的信任是基于一种错误的判断，而这正是程剑隐瞒真相冒用他人名义以致银行不明真相误认为其具有取款合法资格的结果，此类行为属于典型的冒用诈骗行为。

——最高人民法院刑事审判第一庭、第二庭编：《刑事审判参考》2003年第4集（总第33集），法律出版社2003年版，第41~45页。

887. 利用传销性质组织实施网络交友诈骗的犯罪数额如何认定

关键词

传销　网络交友诈骗　犯罪数额

《刑事审判参考》指导案例

何上候等人诈骗案（《刑事审判参考》指导案例第1421号）

裁判要点：各被告人的行为均属于集团犯罪的一部分，各被告人均直接实施对被害人的诈骗行为，可以将集团犯罪数额作为认定各被告人的犯罪数额。

随着集团犯罪案件的多发，尤其是网络集团犯罪案件的剧增，有必要重视集团成员之间有机统一体、共同体特征。从犯罪构成的角度而言，集团犯罪的成员均应构成犯罪。同样，在认定集团成员具体的刑事责任时，尤其是犯罪客观方面的犯罪数额时，也应将整个犯罪集团视为一个整体，逐一查实受整个犯罪集团诈骗的被害人情况及被骗财产数额，以此作为集团构成犯罪的依据。在此基础上，再认定各被告人在集团犯罪中的主犯、从犯地位，对各个被告人进行量刑上的个别评价。

本案中，各被告人的行为均属于集团犯罪的一部分，各被告人均直接实施对被害人的诈骗行为，可以将集团犯罪数额作为认定各被告人的犯罪数额。由于不同被告人加入集团的时间不同，故应以各被告人加入集团的时间作为起算点，分别计算各被告人加入集团后集团总的犯罪数额。对于中途退出的普通集团成员，原则上犯罪数额计算至其退出时点，因为后续集团的犯罪与其参与行为无刑法上的因果关系，对于中途退出的集团骨干成员，因为骨干成员的参与行为，其危害后果能够继续延伸，故除非其采取措施尽力消除其行为对犯罪集团的影响和作用，如及时向公安机关报警等，否则犯罪数额不计算至其退出时点。

同时，为解决个别参与人员参与时间较短、犯罪数额畸高的问题，在司法实践中应当注意以下两点：一是贯彻宽严相济的刑事政策，对于参与时间明显较短的，我们认为其产生犯罪的主观故意尚未形成，一般不认定犯罪。比如本案中的参与人员大多是被以介绍工作等借口骗至犯罪集团之中，一开始主观上对进行交友诈骗持反对态度，甚至个别人员反对的意愿十分强烈，在获得一定的机会之后，便逃离了犯罪集团。因此，在认定参与人员均构成犯罪的时候，应排除参与时间较短，主观故意尚不明确的参与人员。二是注意结合参与人员直接实施诈骗行为进行评价。对于未直接实施诈骗（如“公司”行政人员），或直接实施诈骗数额较小、行为较少的参与人员，应当认定为从犯，对其从轻、减轻或者免除处罚。

——胡公枢撰稿、韩维中审编：《何上候等人诈骗案——利用传销性质组织实施网络交友诈骗的犯罪数额如何认定》，载最高人民法院刑事审判第一、二、三、四、五庭编：《刑事审判参考》（总第128辑），人民法院出版社2021年版，第49~52页。

888. 骗领不动产权登记后将不动产抵押借款，犯罪金额为房产实际价值

关键词

不动产权登记　抵押借款　诈骗数额

《刑事审判参考》指导案例

杨志诚、韦宁、何文剑诈骗案（《刑事审判参考》指导案例第1423号）

裁判要点：被告人对房产进行抵押借款属于诈骗之后的“事后行为”，后续抵押借款数额不影响其犯罪金额的认定，犯罪金额为房产实际价值。

被告人杨志诚曾在被害单位中扬置业股份有限公司销售科工作，对办理不动产权登记所需材料及办理流程比较熟悉，与同案犯合谋利用其便利条件，伪犯罪金额为房产实际价值造材料骗取不动产登记中心的信任，领取了涉案房产证，进而抵押借款偿还高利贷、挥霍等。本案争议焦点是在非传统“一对一”的诈骗模式下，如何认定犯罪金额。对此，法院在审理过程中，主要存在以下意见：

第一种意见认为，被告人杨志诚等人的犯罪金额为实际抵押借款金额。被告人杨志诚等人骗领了房产证，但仅此并不意味着构成犯罪，只有将房产证发挥其使用价值或者交换价值，形成比较确定的财产性利益时，才能准确认定犯罪金额。杨志诚等人骗领房产证所对应房产价值高达1700万余元，但其真正发挥的使用价值是进行抵押借款的800万余元。故应当将犯罪金额认定为抵押借款金额，同时也是本案的犯罪既遂部分。

第二种意见认为，被告人杨志诚等人的犯罪金额为房产实际价值。杨志诚等人以伪造材料骗取房产证为手段，以抵押借款为目的，但在不动产权登记后，涉案房产已从法律意义上转移至杨志诚等人名下，杨志诚等人取得涉案房产所有权，排除了被害单位占有、出售、抵押等一系列排他性权利。至此，杨志诚等人的诈骗行为已经完成。而杨志诚等人进行抵押借款系诈骗行为完成之后的事后行为，是否可罚需要根据相关证据进一步认定。

我们倾向于第二种意见。具体分析如下：

首先，根据民法相关规定，为担保债务的履行，债务人可以将房产抵押给债权人。第一种观点将被告人杨志诚等人的抵押借款金额作为诈骗的犯罪金额，实际上是混淆了民法中抵押物价值与担保债权数额两个概念。抵押权属于担保物权，是为了担保主债权的实现而设定的从权利。而为了充分保障债权人的利益，抵押物价值通常大于所担保的债权数额。因而，被告人杨志诚等实际借款数额小于涉案的房产价值是实践中较为常见的情形，并不意味着涉案房产的财产性利益仅限于被告人等实际的借款数额。片面地将部分犯罪所得物抵押借款的金额认定为犯罪金额，不仅不能全面评价犯罪的危害后果，也会因抵押借款的不确定性而无法固定。

其次，被告人杨志诚等人对房产进行抵押借款属于诈骗之后的“事后行为”，后续抵押借款多少、是否顺利追回涉案房产等，均不影响其犯罪金额的认定。第一种观点将被告人杨志诚等人抵押借款行为纳入评价，模糊了犯罪的行为边界，貌似出于有利于被告人的目的，实质上是未能准确认定犯罪金额。而杨志诚等人利用涉案房产处置的“事后行为”是否可罚需要根据相关证据进一步认定，例如若为赚取更多非法利益“一房二卖”、向多人较大幅度超额抵押等，则可能进一步追诉。本案中杨志诚等人向善意的合同相对方多次抵押借款的事后行为并不违反相关法律规定，不具有可罚性。

综上，人民法院将涉案房产的价值认定为诈骗数额，并在此基础上综合考虑被告人的其他情节予以准确量刑，是正确的。

——王锋、王辉撰稿、王晓东审编：《杨志诚、韦宁、何文剑诈骗案——骗领不动产权登记后将不动产抵押借款，诈骗数额如何认定》，载最高人民法院刑事审判第一、二、三、四、五庭编：《刑事审判参考》（总第128辑），人民法院出版社2021年版，第61~63页。

889. 民营医院以“挂空床”的方式虚构医药费用，骗取医疗保障基金的，可依法对单位负责人追究刑事责任

关键词

医疗保障基金　挂空床　民营医院　诈骗罪

最高人民法院公布的典型案例

马良、郭万灵诈骗案——以“挂空床”的方式虚构医药费用，骗取医疗保障基金

裁判要点：根据刑法规定，单位不能成为诈骗罪的犯罪主体，但可依法对单位负责人马良等人追究刑事责任。

（一）基本案情

被告人马良，男，汉族，1982年12月14日出生，嘉兴南湖嘉城护理康复医院股东。

被告人郭万灵，男，汉族，1955年9月24日出生，嘉兴南湖嘉城护理康复医院院长。

2015年4月，嘉兴南湖嘉城护理院成立，实际投资人为被告人马良等人，由被告人郭万灵任院长，2015年9月名称变更为嘉兴南湖嘉城护理康复医院。2015年10月至2016年1月，马良、郭万灵为获取非法利益，以免费体检、康复的名义，吸引持有医保卡的老人到护理院进行简单的体检或不经体检后直接用老人的医保卡办理住院手续，在老人不需要住院实际也未住院的情况下，虚开、多开药品、检验、护理等费用，骗取医保基金115.6万余元（其中14.1万余元尚未核发）。

（二）裁判结果

本案由浙江省嘉兴市南湖区人民法院一审，浙江省嘉兴市中级人民法院二审。

法院审理认为，被告人马良、郭万灵等人以非法占有为目的，虚构事实，结伙骗取国家医保基金，其行为均已构成诈骗罪。在共同犯罪中，马良系主犯；郭万灵起次要、辅助作用，系从犯，依法减轻处罚。据此，依法以诈骗罪判处马良有期徒刑十年，并处罚金人民币十五万元；判处郭万灵有期徒刑八年，并处罚金人民币十万元。

（三）典型意义

本案是民营医院以“挂空床”的方式虚构医药费用，骗取医疗保障基金的典型案例。近年来，大量民营资金进入医疗行业，特别是面向老年人群体的医养护理型医院发展迅速，但行业发展质量参差不齐。部分民营医疗机构为获取非法利益，将目光锁定老年人群体身上，利用老年人违法认知不足、警惕不高等，骗取医疗保障基金。本案被告人马良、郭万灵作为医院的股东、管理者，组织医护人员，拉拢、利用老年人使用医保卡虚假治疗，非法侵吞国家巨额医疗保障基金，严重扰乱民营医疗行业发展，社会危害性大，依法应予惩处。根据刑法规定，单位不能成为诈骗罪的犯罪主体，但可依法对单位负责人马良等人追究刑事责任。本案的判处，有利于保护医疗保障基金安全，推动民营医疗行业健康发展。

——《人民法院依法惩处医保骗保犯罪典型案例》（2021 年 10 月 28 日）。

890. “单方欺诈型”虚假诉讼行为是否构成诈骗罪

关键词

单方欺诈型　虚假诉讼　诈骗罪

《刑事审判参考》指导案例

朱港春、李俊乐诈骗案（《刑事审判参考》指导案例第 1371 号）

裁判要点：《刑法》关于诈骗罪的规定并未排除“三角诈骗”，无受骗人与被害人必须是同一主体的规定，“三角诈骗”行为完全符合诈骗罪的构成要件。其次，诈骗罪属于侵犯财产犯罪，《刑法》规定诈骗罪的目的是保护公私财产，“三角诈骗”在侵犯公私财产权益方面与普通诈骗不存在任何区别，对“三角诈骗”以诈骗罪论处，符合刑法关于诈骗罪的立法原意。

我们认为，对“单方欺诈型”虚假诉讼行为依法可以认定为诈骗罪，主要理由如下：

第一，认定“单方欺诈型”虚假诉讼行为构成诈骗罪不存在理论上的障碍。诈骗罪，是指以非法占有为目的，采用虚构事实或者隐瞒真相的方式，骗取他人财物的行为。诈骗犯罪行为的通常表现形式为：行为人向被害人实施虚构事实或者隐瞒真相行为——被害人产生认识错误进而自愿交付自己所有或者占有的财物——被害人遭受财产损失。这种情况下，受骗人处分自己所有或者占有的财物，自己遭受财产损失，受骗人（财产处分人）与被害人具有同一性，完全符合诈骗罪的构成要件，以诈骗罪定罪处罚不存在争议。但是，在“单方欺诈型”虚假诉讼的情况下，因行为人捏造事实而被骗的是人民法院，人民法院在受蒙蔽的情况下处分的是民事被告的财产，遭受损失的是民事被告，受骗人（财产处分人）与被害人并非同一主体，发生了分离。对于这种情况，理论上一般称为“三角诈骗”是否可以以诈骗罪论处，是理论和实践中的主要分歧所在。我们认为，首先《刑法》关于诈骗罪的规定并未排除“三角诈骗”，无受骗人与被害人必须是同一主体的规定，“三角诈骗”行为完全符合诈骗罪的构成要件。其次，诈骗罪属于侵犯财产犯罪，《刑法》规定诈骗罪的目的是保护公私财产，“三角诈骗”在侵犯公私财产权益方面与普通诈骗不存在任何区别，对“三角诈骗”以诈骗罪论处，符合刑法关于诈骗罪的立法原意。

第二，相关立法资料反映出立法机关亦认为“单方欺诈型”虚假诉讼行为构成诈骗罪。《刑法修正案（九）》（草案一次审议稿）建议增设刑法第三百零七条之一第二款规定：“以捏造的事实提起民事诉讼，非法侵占他人财产或者逃避合法债务，又构成其他犯罪的，依照本法第二百六十六条（诈骗罪）的规定从重处罚”，明确虚假诉讼犯罪行为可以构成诈骗罪。后续审议过程中，有意见提出，实施虚假诉讼行为非法侵占他人财产，还可能构成职务侵占罪、贪污罪等其他侵财型犯罪，故立法机关对《刑法》第三百零七条之一第二款之规定作了进一步修改，明确此类行为又构成其他犯罪的，依照处罚较重的规定定罪从重处罚。此处的“其他犯罪”，既包括诈骗罪，也包括以欺诈手段实施的职务侵占罪、贪污罪等侵财型犯罪。从《刑法修正案（九）》的审议过程可以看出，立法机关明确认为“单方欺诈型”虚假诉讼行为可以构成诈骗罪。类似本案被告人朱港春、李俊乐实施的捏造事实提起民事诉讼，意图骗取人民法院裁判文书、非法占有他人财产的行为，可以依法认定为诈骗罪。

——王凯凯撰稿、陆建红审编：《朱港春、李俊乐诈骗案——“单方欺诈型”虚假诉讼行为应当如何定罪处罚和正确适用》，载最高人民法院刑事审判第一、二、三、四、五庭主办：《刑事审判参考》（总第 124 集），法律出版社 2020 年版，第 57~59 页。

891. 利用手机群发诈骗短信，后因逃避侦查丢弃银行卡而未取出卡内他人所汇款项的，系诈骗未遂

关键词

诈骗罪　犯罪未遂　短信诈骗

《刑事审判参考》指导案例

詹群忠等诈骗案（《刑事审判参考》指导案例第649号）

裁判要点：在短信类诈骗犯罪中的既遂，不仅要求被害人基于错误认识交付财物，而且该财物应为行为人所占有。行为人为逃避侦查丢弃银行卡后，已无法通过银行卡来实现对被害人财物的控制，故应认定犯罪未遂。

（一）行为人因失去控制工具而无法占有被害人钱款

短信诈骗犯罪有别于传统诈骗犯罪，被告人利用手机群发诈骗短信，通过银行卡实现对财物的占有，行为人与被害人之间存在银行这一媒介。其模式为行为人——银行——被害人，行为人对被害人财物的非法占有必须通过控制银行卡才能实现，即被害人对财物的失控不等同于行为人立即掌控、占有该财物，银行对财物的暂时保管为行为人实际占有财物设置了必要的障碍，行为人必须持合法、有效的凭证（银行卡、存折等）才能实现对财物的非法占有。本案中，被告人詹群忠将银行卡丢弃在前，徐淑英将9万元汇入该卡账户在后，詹群忠失去了对工具的控制，也就无法最终占有该钱款，且因该银行卡的户名不是被告人詹群忠，其不能通过银行卡挂失等合法途径恢复对该银行卡的控制。

（二）行为人为逃避侦查而丢弃控制工具

刑法第二十三条第一款规定，已经着手实行犯罪，由于犯罪分子意志以外的原因而未得逞的，是犯罪未遂。犯罪未遂理论特别关注行为人的主观心态，即犯罪未得逞是否因“意志以外的原因”。短信类诈骗犯罪的一个特点是对财物控制工具的即用即弃。行为人通过控制银行卡达到非法占有财物的目的，但银行卡同时具有易查易控的风险，此类犯罪中行为人为逃避侦查一般在占有钱款后即将卡弃用，故形式上是自行丢弃，主观上是被动放弃。詹虽丢弃了银行卡，但并未自动有效地防止犯罪结果的发生。如确认其行为是犯罪中止而免除处罚，则忽略了其行为造成被害人对财物的失控及动用公权力

所花费的司法成本这一后果，不利于对此类犯罪的惩治。

（三）认定犯罪未遂在量刑评价时更符合罪刑相适应原则

刑法关注的核心应是行为人的行为。刑法第二百六十六条规定，诈骗数额特别巨大或者有其他特别严重情节的，处十年以上有期徒刑或者无期徒刑，并处罚金或者没收财产。根据相关司法解释规定，诈骗数额 20 万元以上即应认定刑法第二百六十六条规定的“数额特别巨大”。如只要被害人将钱款汇入行为人指定的账户，即使行为人因丢弃、遗失等原因不再掌控该账户，实际不可能再取得钱款，也认定为犯罪既遂。那么，之后该账户若继续汇入 90 万、900 万，对行为人该如何定罪量刑？诈骗犯罪是结果犯，“骗”是方法，“取”是结果，当钱款已被冻结，行为人无法实际占有和支配时，如仍认定为犯罪既遂，动辄判处十年以上的刑罚，与刑法罪刑相适应的原则相悖，无法体现刑法的公正。认定上述行为是犯罪未遂，并未放纵犯罪，量刑时可根据案件的具体情况对行为人从轻或者减轻处罚，对行为人作出适当的判决。

——最高人民法院刑事审判第一、二、三、四、五庭主办：《刑事审判参考》2010 年第 5 集（总第 76 集），法律出版社 2011 年版，第 43~49 页。

892. 设置圈套诱人参赌，以打假牌的方式“赢取”他人钱财的行为构成诈骗罪

关键词

诈骗罪　诱使他人赌博　骗取财物

《最高人民法院公报》案例

四川省泸县人民检察院诉黄艺、袁小军等诈骗案（判决时间：2006 年 10 月 19 日，一审法院：泸县人民法院）

裁判摘要：行为人出于非法占有他人财产的目的，采取虚构事实、隐瞒真相、设置圈套的方法诱使他人参加赌博，并以欺诈手段控制赌局的输赢结果，从而骗取他人财物，数额较大的，构成诈骗罪，应当依照《刑法》第 266 条的规定定罪处罚。

根据本案事实，被告人黄艺与袁小军共谋以打假牌方式骗取他人钱财。按照事先分工，黄艺负责物色诈骗对象姚某某，袁小军负责联系帮助打假牌的被告人刘小冬、方开强。黄艺、袁小军在共同犯罪中起到了组织、策划的作用，均系主犯。黄艺案发前担任四川省叙永县公安局副政委，具有执法人

员身份，且在整个犯罪过程中起着首要的组织、指挥作用，其在共同犯罪中的地位、作用又大于同为主犯的袁小军。被告人刘昌敏、刘小冬、方开强在具体实施犯罪前已经明知黄艺、袁小军的诈骗犯罪意图，在主观上已经形成合谋，具有诈骗犯罪的共同故意，作为具体犯罪的实施者，该3名被告人在本案中起次要作用，均系从犯，依法应当从轻或者减轻处罚，刘昌敏、刘小冬的辩护人就此提出的辩护理由成立，予以采纳。黄艺在公安机关尚未掌握本案犯罪事实、未对其立案侦查前就已主动如实供述本案诈骗犯罪事实，可视为自首。其辩护人就此提出的辩护理由成立，予以采纳。袁小军归案后，提供同案犯刘小冬的下落，对公安机关抓获刘小冬起到了协助作用，可视为立功。其辩护人就此提出的辩护理由成立，予以采纳。刘昌敏归案后，提供他人犯罪线索，经查证属实，具有立功情节。其辩护人就此提出的辩护理由成立，予以采纳。综合考虑本案事实、情节，结合汽车等赃物已经追回的事实，对黄艺、袁小军等5名被告人均可依法减轻处罚。

——《最高人民法院公报》2007年第8期。

893. 设置圈套控制赌博输赢并从中获取钱财的行为，如何定性

关键词

设置圈套控制赌博输赢

《刑事审判参考》指导案例

王红柳、黄叶峰诈骗案（《刑事审判参考》指导案例第836号）

裁判要点：设置圈套控制赌博输赢并从中获取钱财的行为应当定性为诈骗。

1. 设置圈套控制赌博输赢并从中获取钱财的行为，如何定性？

2. 涉案赃款如何处理？

（一）设置圈套控制赌博输赢并从中获取钱财的行为应当定性为诈骗

1. 从法理分析，设置圈套控制赌博输赢并从中获取钱财的行为符合诈骗的特征

设置圈套诱骗他人参赌的行为是构成诈骗罪还是赌博罪，关键在于赌博圈套中的欺骗程度。如果行为人仅采取了较为轻微的欺骗行为，赌博输赢主要是依靠各自运气、技术，即赌博各方均不能控制、主导赌博输赢结果，则其行为仍然符合赌博特征，因为赌博在本质上是一种射幸行为，其结果具有

偶然性；如果行为人在赌博过程中采取作弊手段控制赌博输赢，则赌博成了掩盖事实的手段，该行为本质上符合诈骗的特征。本案被告人王红柳等人完全控制了赌博输赢结果，被害人程某以为是在赌博，实际上王红柳等人是在骗取钱财。

从具体犯罪构成要件分析，王红柳在主观上得知程某有赌博的意思后，即产生了与他人合作通过在赌博机上做手脚的方式骗取钱财的犯意，并付诸行动，经与被告人黄叶峰共谋后，由黄叶峰等人通过在赌博机上安装控制器等方式实现控制赌博输赢的结果，并通过此种方式成功“赢”得程某较大数额的钱款，可见王红柳等人具有非法占有程某钱财的犯罪目的，符合诈骗罪主观特征。客观上，王红柳、黄叶峰等人一方面在赌博机上做手脚，另一方面让同案犯假扮赌客以骗取程某的信任，从而使程某误认为自己是在正常赌博中因为运气不好而“输钱”，从而不仅将自己带来的 19000 余元输光，还欠下赌债 4 万元。因此，本案中所谓的赌博只是王红柳等人行骗的形式，是以赌博为名行欺骗之实，符合诈骗罪的客观特征。

关于赌博罪中的欺骗行为与诈骗罪中的欺骗行为的区分，有观点认为，“赌博罪中往往也伴有欺骗活动，但这种欺骗与诈骗罪中的欺骗不同。赌博罪中的欺骗是制造虚假事实，引诱他人参加赌博，但是赌博是依偶然决定输赢，其目的是营利，而不是非法占有。但是以赌博为名，在赌博中弄虚作假、案中串通，操纵赌博输赢并以此占有被骗者财物的，则成立诈骗罪”。该观点获取了理论界和实务界的普遍认同。参照这种观点，本案中，由于赌博输赢完全控制在王红柳等人手中，王红柳等人是以赌博为名，操作赌博输赢并以此非法占有程某财物，且数额较大，因此，其行为构成诈骗罪。当然，在数额认定上，应当以实际损失数额为准，即 19000 元。

2. 正确理解最高人民法院及相关部门作出答复、批复的背景

关于“设置圈套诱骗他人参赌”的行为定性，1991 年《最高人民法院研究室关于设置圈套诱骗他人参赌获取钱财的案件如何定罪问题的电话答复》①（以下简称《答复》）指出：“对于行为人以营利为目的，设置圈套，诱骗他人参赌的行为，需要追究刑事责任的，应以赌博罪论处。”1995 年《最高人民法院关于对设置圈套诱骗他人参赌又向索还钱财的受骗者施以暴力或暴力威胁的行为应如何定罪问题的批复》（以下简称《批复》）规定：“行为人设置圈套诱骗他人参赌获取钱财，属赌博行为，构成犯罪的，应当以赌博罪定罪处罚。”对于《答复》《批复》中设置圈套诱骗他人参赌的行为，实践中理解不一：一种意见认为，上述两个文件中设置圈套诱骗他人参赌的行为是指行为

① 本答复已被《最高人民法院关于废止 1980 年 1 月 1 日至 1997 年 6 月 30 日期间发布的部分司法解释和司法解释性文件（第九批）的决定》（2013 年 1 月 14 日，法释〔2013 年〕2 号）废止。

人设置圈套诱骗他人“参加赌博”，而具体赌博行为与平常无异；另一种意见认为，上述两个文件中设置圈套诱骗他人参赌的行为不仅包括前种意见所指的行为，还包括行为人在具体赌博中使用欺骗手段控制赌博输赢。

我们认为，对上述两个文件中设置圈套诱骗他人参赌的行为，应当结合文件出台的背景及相关高院请示的具体案件内容来理解。

《答复》是针对《四川省高级人民法院关于设置圈套诱骗他人参赌获取钱财的案件如何定罪的请示》作出的，该请示主要针对的是在公共汽车、火车等公共场所公开结伙进行的猜红、蓝铅笔现象。设赌者以猜中者赢，猜不中者为输诱骗他人参赌，由于涉赌人在红、蓝铅笔上做手脚，设机关，以致猜红变蓝，猜蓝变红，参赌者有输无赢，设赌者包赢不输。设赌者为骗取参赌者的信任，还常以同伙参赌“赢钱”为诱饵，诱使他人就范。最高人民法院研究室当时主要考虑到此类行为发生在公共汽车站、火车站等公共场所，犯罪分子设局诱骗的对象是不特定的被害人，主要侵害的是社会管理秩序，且犯罪分子主要采用赌博形式赢钱，虽然存在一定欺诈手段，但十赌九骗，赌博中采用一些欺骗手段也很正常，因此，《答复》认为此种行为应当定性为赌博罪。《批复》的意见与《答复》一致。我们认为，两个文件针对的都是发生在公共场所，即被害对象为不特定被害人的情形，这种情形下行为主要妨害的是社会管理秩序，因此，两个文件将这种情形下的行为明确认定为赌博罪有其合理性。然而，本案中，王红柳等人在宾馆客房内设置赌局欺骗他人钱财的作案地点具有不公开性，其欺骗对象具有特定性，因此，不能适用两个文件的规定。

现《答复》已被废止，另据了解，最高人民法院研究室已就《批复》规定的合理性开展了专项调研，拟对文件规定的内容进行修正，即对以控制输赢的方式诱骗他人参赌的行为，不管是否发生在公共场所，均以诈骗罪定性。

（二）赃款处理

“设置圈套诱骗他人参赌”行为的定性，之所以存在诈骗罪与赌博罪的分歧，有很大一方面原因是对此类案件赃款的处理存在一定的问题。因为，如果将此类案件定性为诈骗罪，则与被告人相对的一方应当认定为被害人，即被告人通过赌博欺诈获取的钱财（即赃款）应当发还被害人，然而此类案件中的被害人实际也是赌博参与人，赃款发还赌博参与人，势必造成对赌博行为打击不力的问题。为解决这一问题，有观点建议，应当在发还赌博赃款时，同时启动行政处罚程序，即对赌博参与人的赌博行为作出行政处罚，没收该赃款；但也有观点主张，对于此类案件宜定性为赌博罪，这样赌博参与人的赌资应当予以扣押没收，如此便不存在赃款发还或者通过行政处罚程序没收问题。

对于此类案件中的赃款，我们认为，应当区别不同情况进行处理：第一种情况，如果被害人本来不具有赌博的意思，而是基于行为人的欺骗而产生赌博意愿，并陷入赌博陷阱，从而被骗钱财的，因被害人不具有通过赌博进行营利的目的，对其合法财产权益应予保护，故对于扣押或者退缴的赃款应当发还被害人，或者责令被告人退赔被害人经济损失。第二种情况，如果被害人本身也是参赌人员，由于其具有通过赌博进行营利的目的，其本身积极参与赌博行为，因此，其所输钱款属于赌资，对于该赌资的处理问题，可以借鉴抢劫赌资案件的处理方法进行处理，对于赌资无须通过行政处罚程序予以没收，而可直接在刑事程序中予以追缴没收。

本案中，被害人程某主动向被告人王红柳询问下午赌博事宜，并表示自己具有赌博意愿，并在下午经王红柳通知后携带大量钱财前往赌博，可见程某具有赌博意愿，且积极参与赌博，对其赌博行为应当予以打击，即对其所输钱财应当认定为赌资，可以借鉴抢劫赌资的情况，予以追缴没收，并在刑事判决书中一并作出表述，即违法所得予以追缴没收。

——《王红柳、黄叶峰诈骗案——设置圈套控制赌博输赢并从中获取钱财的行为，如何定性》，载最高人民法院刑事审判第一、二、三、四、五庭主办:《刑事审判参考》2013 年第 1 集（总第 90 集），法律出版社 2013 年版，第 75~79 页。

894. 利用自己准备的特定赌具控制赌博输赢行为的定性

关键词

控制赌博输赢

《刑事审判参考》指导案例

史兴其诈骗案（《刑事审判参考》指导案例第 837 号）

裁判要点：利用自己准备的特定赌具控制赌博输赢的行为应当认定为诈骗。

我们认为，诈骗，是指行为人以非法占有为目的，采用虚构事实或者隐瞒真相的方式，骗取他人财物的行为。诈骗的实质在于被害人基于行为人的欺诈行为产生错误认识，进而“自愿”处分财物。而赌博遵循的是一种射幸规则，其输赢带有相当大的不确定性和偶然性，是行为人所不能掌控的。赌博活动有时虽然也掺杂一些欺诈行为，特别是在利用赌博骗取钱财的犯罪案件中，赌博行为与欺诈行为交织在一起，导致定性困难。对于设置圈套诱骗他人参赌获取钱财的行为，不能简单机械地套用《答复》和《批复》，而应当结合赌博罪和诈骗罪的基本特征，根据欺诈行为在整个犯罪过程中的地位和作用进行分析。

司法实践中，根据欺诈行为在犯罪过程中的地位和作用不同，可以将利用赌博骗取钱财的犯罪行为分为圈套型赌博犯罪和赌博型诈骗犯罪。圈套型赌博犯罪，即《答复》和《批复》中规定的犯罪类型，是指通过采用设置圈套的方式诱骗他人参赌的犯罪，行为人实施犯罪的目的在于通过赌博进行营利，虽然行为人在赌博过程中采用了一些欺诈的行为，但是该欺诈行为是为了诱骗他人参赌，保证赌博的顺利进行而实施的，赌博的输赢主要还是靠行为人掌握的娴熟的赌博技巧，并且依靠一定偶然性来完成的，行为人并不必然控制赌博输赢。对于此种类型的犯罪行为，应当以赌博罪定罪处罚；而赌博型诈骗犯罪又称为“诈赌”犯罪，其与圈套型赌博犯罪的相同之处在于行为人在赌博过程中也采用了欺诈的手段，但是二者具有本质的区别。在赌博型诈骗犯罪中，行为人在主观上是以非法占有为目的的，客观上采用了欺诈的手段弄虚作假，支配、控制赌局的输赢，单方面确定赌博胜败的结果，使被害人基于错误认识，误认为自己运气不佳而“自愿”交付财物给行为人。此种行为属于以赌博之名，行诈骗之实的行为，实质上符合诈骗罪的构成要件。

具体联系本案，被告人史兴其以非法占有为目的，事先购买了诈赌所用的透视扑克牌和特制隐形眼镜，并提前将扑克牌放入赌博的场所。在赌博过程中，史兴其佩戴特制隐形眼镜，能够看到其他人手中的扑克牌和桌面上的扑克牌的点数，并根据牌的点数大小决定是否加注；而且按照被害人供述和证人证言中提到的“其中有几局牌按照常理史兴其是不可能赢的”情况分析，史兴其采用欺诈的手段已经掌控了赌局输赢的结果，被害人是在完全不知情的情况下“愿赌服输”，而“自愿”按照赌博规则将钱财交与史兴其。因此，史兴其的行为不符合《答复》和《批复》中规定的情形，而是属于典型的赌博型诈骗犯罪，符合诈骗罪的构成要件，应当以诈骗罪定罪处罚。二审法院对其以诈骗罪定罪处罚是正确的。

——《史兴其诈骗案——利用自己准备的特定赌具控制赌博输赢行为的定性》，载最高人民法院刑事审判第一、二、三、四、五庭主办：《刑事审判参考》2013 年第 1 集（总第 90 集），法律出版社 2013 年版，第 80~84 页。

895. 故意制造交通事故骗取赔偿款的行为构成诈骗罪

关键词

诈骗罪　故意制造交通事故　骗取赔款

《刑事审判参考》指导案例

李品华、潘才庆、潘才军诈骗案（《刑事审判参考》指导案例第 214 号）

裁判要点：故意制造交通事故获取赔款的行为，符合诈骗罪的构成要件，应以诈骗罪追究其刑事责任。

故意制造的“交通事故”，不属于道路交通管理法规、规章所调整的道路交通事故。因为，“事故”并非被害人违反交通规则关于路权优先规定过失所致，而是行为人为获取赔偿款故意所为。对此“事故”，被害人原本无须承担任何赔偿责任，但由于行为人隐瞒了“事故”的真实原因及制造“事故”的真实目的，致使被害人及负责事故处理的交警部门均误认为，事故系被害人的过失行为所致，并据此作出由被害人承担赔偿责任的调处决定。从行为人一方来看，主观上具有通过索取赔偿款而非法占有他人钱款的主观目的，客观上隐瞒了事实的真相；从被害方来看，被害人基于对“事故”原因的错误认识，误认为责任方确实在于自己，同意交警部门所作出的调处决定，“自愿地”向被告人支付赔偿款，完全符合诈骗罪的构成要件。需要补充说明的是，行为人的诈骗行为虽然是通过了第三方即交警部门的介入才得以实施完毕的，但交警部门的决定并不违反被害人的意愿，交警部门的调解决定只是对双方当事人的意思表示通过法律程序加以确认而已，这与通常所谓的一方当事人明知对方当事人虚构事实、隐瞒真相的诉讼诈骗行为具有质的不同。

——最高人民法院刑事审判第一庭、第二庭编：《刑事审判参考》2002 年第 6 辑（总第 29 集），法律出版社 2002 年版，第 25~32 页。

附录：最高人民法院主流观点

对于故意制造交通事故获取赔款的行为应如何定性，实践中存在两种不同意见：一种意见认为，被告人为获取赔偿故意制造交通事故，有明显的非法占有目的，其利用享有的路权优先原则故意碰擦被害人变道车辆，造成系被害人过错所致的假象，并以此为要挟，迫使被害人于无奈之中交付赔款。此类行为属于以非法占有为目的，采用要挟的方法迫使被害人交付钱款，应以敲诈勒索罪论处。另一种意见认为，故意制造交通事故，却对被害人和公安交警部门隐瞒该事故是其故意制造的真相，致使公安交警部门将该事故按过失造成的交通事故并按照有关的处理交通事故的法规进行调处，导致被害人因此支付给被告人车辆修理费。此类行为采用隐瞒事故真相的方法，骗取被害人的钱款，符合诈骗罪的构成要件，应认定为诈骗罪。

我们同意第二种意见。

1. 此类行为不属于通过威胁或者要挟方法，致使被害人基于恐惧心理而被迫交付财物的行为，不构成敲诈勒索罪

首先，被害人对“交通事故”系行为人故意所为这一事实并不知情，不存在威胁或者要挟被害人的前提。行为人制造“交通事故”进而索要赔偿款，只是为进一步采取威胁、要挟行为提供了一个可能的借口，其本身并不直接意味着就是威胁、要挟行为。事实上，被害人对交通事故系被告人刻意所为一事一直蒙在鼓里，行为人根本就无需采取进一步的威胁、要挟行为，而且客观上也没有实施威胁、要挟行为。其次，被害人也不属于出于精神上的强制，被迫交付赔偿款。此类行为中，被害人是基于对“交通事故”原因的误解，错误地认为被告人车辆损害系因自己违反交通规则的过失造成的，也就是说，在被害人看来，行为的过错在自己，因此赔偿被告人的车辆损失费是理所应当的。

2. 行为人制造“交通事故”，对事实真相加以隐瞒从而骗取对方赔偿款的行为，符合诈骗罪的构成要件，应以诈骗罪追究刑事责任

《道路交通事故处理办法》[①] 第2条规定，“道路交通事故，是指车辆驾驶人员、行人、乘车人以及其他在道路上进行与交通有关活动的人员，因违反《道路交通管理条例》和其他道路交通管理法规、规章的行为，过失造成人身伤亡或者财产损失的事故。”据此，这种所谓的“交通事故”，不属于道路交通管理法规、规章所调整的道路交通事故。因为，“事故”并非被害人违反交通规则关于路权优先规定过失所致，而是被告人为获取赔偿款故意所为。对此“事故”，被害人原本无须承担任何赔偿责任，但由于行为人隐瞒了“事故”的真实原因及制造“事故”的真实目的，致使被害人及负责事故处理的交警部门均误认为，事故系被害人的过失行为所致，并据此作出由被害人承担赔偿责任的调处决定。从行为人一方来看，主观上具有通过索取赔偿款而非法占有他人钱款的主观目的，客观上隐瞒了事实的真相；从被害方来看，被害人基于对“事故”原因的错误认识，误认为责任方确实在于自己，同意交警部门所作出的调处决定，“自愿地”向被告人支付赔偿款，完全符合诈骗罪的构成要件，故应认定为诈骗罪。需要补充说明的是，行为人的诈骗行为

① 该办法已被《中华人民共和国道路交通安全法实施条例》(国务院令第405号)废止。

虽然是通过了第三方即交警部门的介入才得以实施完毕的，但交警部门的决定并不违反被害人的意愿，交警部门的调解决定只是对双方当事人的意思表示通过法律程序加以确认而已，这与通常所谓的一方当事人明知对方当事人虚构事实、隐瞒真相的诉讼诈骗行为具有质的不同。

——高憬宏、杨万明主编：《基层人民法院法官培训教材（实务卷·刑事审判篇）》，人民法院出版社 2005 年版，第 306~308 页。

896. 虚构单位内部有高额利率存款并自制高额利率定单，吸存现金占为己有的行为构成诈骗罪

关键词

诈骗罪　占为己有

《刑事审判参考》指导案例

田亚平诈骗案（《刑事审判参考》指导案例第 301 号）

裁判要点：银行出纳员用自制“高额利率定单”，对外虚构单位内部有高额利率存款的事实，将吸存的亲朋好友的现金占为己有的行为，不构成非法吸收公众存款罪、贪污罪和金融凭证诈骗罪，而构成诈骗罪。

首先，不构成非法吸收公众存款罪。行为人均是其亲朋好友，是向特定的多数人吸收资金，而不是“向社会不特定对象吸收资金”，不属于吸收或变相吸收公众存款，因此，不符合非法吸收公众存款罪客观方面的要件，不构成非法吸收公众存款罪。

其次，不构成贪污罪。原则上，储户存入国有商业银行的资金，肯定属于在国有企业管理使用中的私人财产，当以公共财产论，但行为人所吸收的资金，并非个人储蓄存款，因为行为人所在单位实际上并没有开展所谓的高额利率存款的业务，该项业务纯属行为人虚构。行为人吸收的资金也没有进入其单位的资金账户，而是落入行为人的口袋。故行为人亲朋好友交给行为人的现金是不可能转化为个人储蓄存款的，即不属于公共财物。其次，贪污罪在客观上表现为行为人利用职务上的便利，以侵吞、窃取、骗取或者以其他手段非法占有公共财物的行为。“利用职务上的便利”，是指行为人利用本人职务范围内主管、支配和具体负责经营公共财物所形成的便利条件，以行使职务的名义、借口和便利，不为人知地或者“名正言顺”地将公共财物非

法占为己有。行为人的职务是银行出纳员，向储户吸纳存款的业务并非其职权范围，况且其所在银行并未开展高额利率存款业务，“高额利率定单”完全是其自造的。根据银行内部储蓄规定，存单须有出纳、会计共同审核盖章并加盖银行储蓄专用章后方能生效。行为人系出纳，只负责保管本人印鉴和银行储蓄专用章，并不负责保管其他工作人员的印鉴。“高额利率定单”上的公、私章均是行为人在同班人员疏忽大意完全不知的情况下利用工作上的便利条件偷盖的，使定单看起来像银行的存单，让亲朋好友误以为是银行存单。可见，行为人的行为不是利用职务上的便利条件，而是利用工作上的便利条件，也不符合贪污罪的客观要件。综上，行为人的行为所侵犯的财产性质及其手段均不符合贪污罪的构成要件，不能定贪污罪。

第三，不构成金融凭证诈骗罪。行为人所使用的“高额利率定单”虽然盖有银行的公章和会计、出纳的私章，但因是行为人私自制作的虚假单据，银行并不存在这样的定单格式，故此定单不属于伪造或变造的银行存单，更谈不上使用伪造、变造的银行存单问题。所以，行为人的行为也不构成金融凭证诈骗罪。

第四，行为人的行为是否构成诈骗罪。就银行出纳员用自制“高额利率定单”，对外虚构单位内部有高额利率存款的事实，将吸存的亲朋好友的现金占为己有的行为而言，行为人在主观上具有非法占有他人财物的目的，在客观上分别向众多的亲朋好友虚构了银行内部有高额利率存款的事实，使亲朋好友信以为真，主动把现金交给她以取得高额利率的回报。行为人自制虚假的“高额利率定单”，偷盖储蓄业务专用章和同班人员印鉴等行为，是为了让亲朋好友相信银行确有高额利率存款的事实，以达到取得亲朋好友资金的目的，这些都是骗取财物所采取的手段，完全符合诈骗罪的客观要件构成。因此，行为人的行为符合诈骗罪的主客观构成要件。

——最高人民法院刑事审判第一庭、第二庭编：《刑事审判参考》2004年第3集（总第38集），法律出版社2004年版，第122~126页。

897. 骗购电信卡贩卖给他人使用造成电信资费巨大损失的行为构成诈骗罪

关键词

诈骗罪　骗购电信卡　犯罪情节

《刑事审判参考》指导案例

王庆诈骗案（《刑事审判参考》指导案例第161号）

裁判要点：骗购电信卡转卖他人使用造成电信资费巨大损失的行为，构成诈骗罪。

《最高人民法院关于审理扰乱电信市场管理秩序案件具体应用法律若干问题的解释》(下称《解释》) 第 9 条规定：“以虚假、冒用的身份证件办理入网手续并使用移动电话，造成电信资费损失数额较大的，以诈骗罪定罪处罚。”应当说，从这一规定的条文释义来看，“以虚假、冒用的身份证件办理入网手续”的人与“使用移动电话造成电信资费损失”的人一般属于同一人。《刑法》第 266 条规定的诈骗罪，是指以非法占有为目的，使用虚构事实或者隐瞒真相的方法，骗取公私财物的行为。其主要特征是：行为人主观上只能是故意，且具有不法占有公私财物的目的；客观上采用了虚构事实或隐瞒真相的方法，使财物所有人、管理人或持有人陷于错误认识，从而“自愿”将财物交给自己的行为。这里所说的“自愿”，当然绝非被骗人的真实本意，只是基于对真实情况不了解，为诈骗人所制造的假相迷惑、蒙蔽所致。至于行为人骗取财物后，是自己使用、消费还是转送他人使用、消费，均不影响诈骗罪的成立。“以虚假、冒用的身份证件办理入网手续并使用移动电话，造成电信资费损失数额较大的”行为，之所以按诈骗罪论处，就在于该行为符合《刑法》第 266 条诈骗罪的本质特征。表现在其主观上是基于故意，且以逃缴电信资费为目的，而逃缴电信资费的实质就是不法占有他人财物；客观上是采用提交虚假、冒用的身份证件的方法，使他人陷于错误认识，从而骗得他人“自愿”为己办妥移动电话入网手续或交付 SIM 卡（进而为本人或他人使用该移动电话，实现逃缴电信资费的目的做好准备）。而这又是虚构事实或隐瞒真相，使财物所有人、管理人或持有人陷于错误认识，从而“自愿”将财物交出的一种特别方式。应当指出的是，以逃缴电信资费为目的的在移动电话办理、使用中的诈骗行为，与通常的诈骗行为在形式上还是有所区别的。主要表现在：后者，被骗人向诈骗人直接交付的就是“财物”本身，诈骗人骗得的就是现金或是其他实实在在的物，此时诈骗行为即告完成。而前者，被骗人所做的只是为诈骗人办妥入网手续或者表现为交付 SIM 卡。办妥入网手续或者交付 SIM 卡，不等于“财物”交付，因为诈骗人如不进而“使用”该移动电话，逃缴电信资费的目的尚无法实现。或者说，如果诈骗人未使用该移动电话，实际逃缴电信资费，其还不能构成诈骗罪的既遂，甚至可能尚无充分证据证明行为人是以逃缴电信资费为目的，实施了应予刑事处罚的诈骗行为。因此，“使用移动电话，造成电信资费损失数额较大”同样是行为人构成诈骗罪的不可或缺的要件。尽管如此，行为人在逃缴电信资费的目的支配下，当其以虚假、冒用的身份证件办理入网手续后，究竟以何种方式使用该移动电话或处置该 SIM 卡，并造成电信资费损失，并不影响该类型诈骗罪的成立。因为，在这种情况下，办妥入网手续或者交付 SIM 卡，虽不是典型的“财物”交付，但行为人据此已可以随意支配和使用，故仍可视为“财物”已交付，至于是诈骗人自己使用、无偿交给他人使用，还是有偿转卖给他人使用则在所不问。

——最高人民法院刑事审判第一庭、第二庭编：《刑事审判参考》2002 年第 1 辑（总第 24 集），法律出版社 2002 年版，第 72~78 页。

898. 为获取回扣费以虚假身份证件办理入网手续并使用移动电话拨打国际声讯台造成电信资费损失的行为构成诈骗罪

关键词

诈骗罪　虚假身份证件　电信资费损失

《刑事审判参考》指导案例

刘国芳等诈骗案（《刑事审判参考》指导案例第 185 号）

裁判要点：为获取回扣费以虚假身份证件办理入网手续并使用移动电话拨打国际声讯台造成电信资费损失的行为，应以诈骗罪论处。

根据《刑法》以及最高人民法院 2000 年 5 月颁布实施的《关于扰乱电信市场管理秩序案件具体应用法律若干问题的解释》（以下简称《解释》）的规定，涉及电信业务的常见犯罪行为类型主要有：1. 盗窃，如以牟利为目的，盗接他人通信线路、复制他人电话号码或者明知是盗接、复制的电信设备、设施而使用的行为；将电信卡非法充值后使用，造成电信资费损失的行为；盗用他人上网账号、密码上网，造成他人电信资费损失的行为等。2. 非法经营，如擅自经营国际电信业务或者涉港澳台电信业务进行营利活动等。3. 扰乱无线电通讯管理，如擅自设置、使用无线电台（站）或者擅自占用频率等行为。4. 诈骗，如《解释》第 9 条明确规定的“以虚假、冒用的身份证件办理入网手续并使用移动电话，造成电信资费损失的”行为即是。

——最高人民法院刑事审判第一庭、第二庭编：《刑事审判参考》2002 年第 3 集（总第 26 集），法律出版社 2002 年版，第 64~71 页。

899. 将租赁的汽车典当不予退还的行为构成诈骗罪

关键词

诈骗罪　租赁物　不予退还

《刑事审判参考》指导案例

余志华诈骗案（《刑事审判参考》指导案例第 494 号）

裁判要点：被告人将租赁来的汽车典当不予退还的行为构成诈骗罪。被告人连续非法典当租来的汽车，是连续实施数个独立的诈骗行为，为同种数罪。在车主追索下，被告人既已赎取前车归还车主，则只以未赎取汽车的金额计算犯罪金额，之前的诈骗行为作为量刑情节考虑。

（一）被告人将租赁来的汽车典当不予退还的行为构成诈骗罪

但是认真分析，我们会发现被告人的行为完全符合诈骗犯罪的构成特征：1. 被告人主观上具有直接占有他人财物的故意。2. 被告人客观上采用了隐瞒真相，虚构事实的欺诈手段。

综上，可以认定本案被告人余志华的行为构成诈骗罪。需要指出的是，被告人两次都是通过口头合同将车辆骗来后进行典当，进而非法占有典当后的钱款，受骗的真正被害方是汽车所有人而非典当公司，汽车所有人和被告人之间达成的口头协议并非基于生产经营目的，而是基于驾驶使用，所以被告人的犯罪行为侵犯的并非汽车租赁这一市场秩序，而是被告人的财产所有权。因此，本案不构成合同诈骗罪。

（二）被告人连续非法典当租来的汽车，是连续实施数个独立的诈骗行为，为同种数罪

由于第一起租车行为中的车主找被告人余志华还车，余用第二辆当车的钱把第一辆车取回归还车主，看似第一个车主没有受到任何损失，似乎其第一起行为不应认定为犯罪。但是从诈骗罪的构成标准看，余在将第一辆车控制后，不是真正将车用于使用，而是随即伪造车主的身份证明和轿车手续，进行典当，取得典当款后即各自分掉。其非法占有的典当现款虽然是从典当行取得，但是，该款来自汽车价值的转换，承担损失的仍然是汽车的出租人，出租人遭受的损失即为被骗租的汽车。因此，余在将第一辆车典当掉后取得典当款时，其行为具备了诈骗罪的主客观构成要件，已经是一个独立的诈骗

犯罪行为。其在车主“不还车就报警”的逼迫下被迫将车赎回归还的行为，只是诈骗的事后行为，并不影响其先前诈骗行为的法律性质。因此，被告人第一起租车典当行为也成立诈骗罪，其连续典当租来的汽车，是连续实施数个独立的诈骗行为，为同种数罪，刑法上作为处断上的一罪处理。

（三）在车主追索下，被告人既已赎取前车归还车主，则只以未赎取汽车的金额计算犯罪金额，之前的诈骗行为作为量刑情节考虑

参照最高人民法院 1996 年 12 月 24 日《关于审理诈骗案件具体应用法律的若干问题的解释》[①] 第 9 条“对于多次进行诈骗，并以后次诈骗财物归还前次诈骗财物，在计算数额时，应当将案发前已经归还的数额扣除，按实际未归还的数额认定，量刑时可将多次行骗的数额作为从重情节予以考虑”的规定，本案被告人连续典当租来的汽车，在车主追索时以后面汽车的典当款赎取前车归还车主后，只以被告人最终实际取得的汽车价值计算其犯罪金额，以前被典当车辆的价值金额作为从重情节予以考虑，对此，法院的认定是准确的。

——最高人民法院刑事审判第一、二、三、四、五庭主办:《刑事审判参考》2008 年第 3 集（总第 62 集），法律出版社 2008 年版，第 54~58 页。

900. 窃取并变造已付讫的国库券再骗兑的行为构成诈骗罪

关键词

诈骗罪　骗兑　国库券

《刑事审判参考》指导案例

章杨诈骗案（《刑事审判参考》指导案例第 45 号）

裁判要点：盖有“付讫”章的国库券不再属于有价证券，将盗窃的盖有“付讫”章的国库券变造后再骗兑的行为构成诈骗罪。

盖有“付讫”章的国库券已不再是有价证券，因为它已经失去了有价证券可以转让、兑付的基本特征。所以，原一审、二审法院将盖有“付讫”章的国库券认定为有价证券的理由不成立，使得对本案定性的前提判断失误。被告人章杨将盗窃的国库券变造后再骗兑的行为属于诈骗犯罪。被告人章杨

① 本答复已被《最高人民法院关于废止 1980 年 1 月 1 日至 1997 年 6 月 30 日期间发布的部分司法解释和司法解释性文件（第九批）的决定》（2013 年 1 月 14 日，法释〔2013 年〕2 号）废止。

将银行盖有“付讫”章的国库券，从银行金库内盗出后，携至张的宿舍内用化学药剂清洗掉券面上的“付讫”二字。再持经变造了的国库券在市内数家储蓄所、信用社共兑得现金8.16万元人民币。其实质是将盗得的已失效（作废）有价证券进行变造，使其与尚未兑付的国库券在形式上完全相同，以此隐瞒事实真相的方法，欺骗兑付银行，诈骗银行兑付款。这一行为，完全符合诈骗罪的特征。行为人在本案中实施诈骗犯罪的手段，又触犯了1979年《刑法》第123条伪造有价证券罪的规定，按照处理牵连犯的原则，本案应以诈骗罪定罪处刑。具体定罪适用的法律，根据1997年《刑法》第12条第2款的精神，应依照1979年《刑法》第152条的规定处罚。因此，再审法院以诈骗罪对原审被告人定罪是正确的。

——最高人民法院刑事审判第一庭编：《刑事审判参考》2000年第1辑（总第6集），法律出版社2000年版，第30~34页。

901. 抢走财物后哄骗被害人放弃的行为构成诈骗罪

关键词

诈骗罪　抢夺罪　哄骗被害人

《刑事审判参考》指导案例

何起明诈骗案（《刑事审判参考》指导案例第148号）

裁判要点：抢走财物后，在被害人有条件当场夺回财物的情况下，采用欺骗的方法使被害人放弃夺回的行为构成诈骗罪。

从陈二与何起明主观故意的内容来看，虽然在陈二提起犯意，“去搞一辆摩托车”时，主观故意的内容不明确，可能是偷、骗、抢等，但从陈二与何起明为实现其非法占有目的而采取的一系列行为来看，先是隐瞒真相，没有真实的租车目的，却以租车为名，骗取被害人宋某的信任，租乘宋某的摩托车；再虚构事实，“以等人为由让宋某停车等候”，为非法占有他人的摩托车创造了条件；然后虚构“陈二用其车去找人会回来还车”，使被害人宋某不呼喊，不追赶，也没有报警，以实现非法占有财物的目的；最后又虚构“去找陈二”这一事实，逃离作案现场。这些事实充分反映了陈二与何起明诈骗他人财物的主观故意。

综合全案情况，陈二与何起明在主观上具有诈骗财物的故意，在客观上实施隐瞒真相和虚构事实的手段非法占有了他人的财物，完全符合《刑法》

规定的诈骗罪构成要件，应以诈骗罪定罪处罚，而不应仅根据陈二与何起明实施犯罪行为的手段之一即认为其行为构成抢夺罪。

——最高人民法院刑事审判第一庭、第二庭编:《刑事审判参考》2001 年第 12 辑（总第 23 集），法律出版社 2001 年版，第 34~37 页。

902. 挪用借款，但对借款没有非法占有目的行为的定性

关键词

诈骗罪　主观方面　伪造企业印章

最高人民法院裁判文书

金华市人民检察院诉胡祥祯诈骗案［最高人民法院（2003）刑提字第 4 号刑事判决书］

裁判要点：被告人借款后，私自改变借款用途，将借款用于其他商业活动，且为应付借款人的催讨，指使他人伪造与其合作开发工程项目的企业印章和收款收据的，因对借款不具有非法占有的目的，不构成诈骗罪。但其指使他人伪造企业印章的行为，根据《刑法》第 280 条第 2 款的规定构成伪造公司印章罪。

原审被告人胡祥祯在将乌北工程转让给超三超公司的过程中，虽然客观上有指使他人伪造亚细亚房产公司收到恒丰公司投资款收据等欺诈行为，但在上海市静安区政府收回土地使用权并注销建设用地许可证以前，乌北工程是经有关行政机关批准真实存在的，恒丰公司已向该工程投入人民币 100 万元；乌北工程最终下马主要是由于市房地局不允许拆迁等原因，胡祥祯转让时并不知道该工程会下马；胡祥祯派人私刻亚细亚房产公司财务专用章，并指使他人伪造亚细亚房产公司收到恒丰公司投资款收据，借以表明其已将金华拍卖中心的借款投入乌北工程的行为，主要目的是应付程伟民等人催讨债务；超三超公司决定接手乌北工程并帮助金华拍卖中心收回借款，主要是因为程伟民向杨佰群做了工作，以及超三超公司经实地考察后认为乌北工程有利可图，并且考虑到超三超公司是靠程伟民所在银行扶持起来的，要帮助程伟民；超三超公司支付转让款的流向清楚，没有证据证实胡祥祯有将转让款个人占有或者挥霍等行为；恒丰公司投资建成了大中华商厦并购买了方铸号高速客轮，具有较强的经济实力和一定的履约能力，非“皮包”或“空壳”公司。原审被告人胡祥祯在为客轮公司购买高速客轮而向超三超公司转让大

中华商厦的过程中，虽然客观上也实施了一些欺诈和违法行为，但恒丰公司依约向大中华商厦投入人民币3500万元，大中华商厦亦实际建成，根据协议，恒丰公司可以获得3000平方米的产权房和永久使用权房；收到超三超公司转让款后，恒丰公司曾向开城公司催办有关房屋权证；后上海市两级法院的民事判决认定开城公司与大中华商店签订的有关协议无效，开城公司没有获得大中华商厦产权，以致恒丰公司亦无法办理相应的房产过户手续，并不是胡祥祯当时所能认识到的；胡祥祯获得的转让款主要用于购买方铸号高速客轮，流向清楚。

综上，认定原审被告人胡祥祯在上述行为中具有非法占有他人财物目的的证据不足，其行为不构成诈骗罪。原一、二审判决对胡祥祯以诈骗罪定罪量刑不当，应予纠正。胡祥祯及其辩护人提出的其行为不构成诈骗罪的主要辩解和辩护意见成立，应予采纳。

——《最高人民法院公报》2005年第2期。

903. 将他人手机号码非法过户后转让获取钱财行为的定性

关键词

诈骗罪　盗窃罪　非法过户手机号码

《刑事审判参考》指导案例

王微、方继民诈骗案（《刑事审判参考》指导案例第691号）

裁判要点：目前移动电话已没有入网费，因此手机号码本身不具有价值，不能成为盗窃罪的对象。虽然被告人利用伪造的身份证将他人手机号码过户至自己名下，但是上述号码实际并未脱离原机主的控制，原机主发现后可以随时到移动营业厅将号码取回，且没有任何障碍，因此被告人对他人手机号码并没有实际取得占有，其行为不构成盗窃罪。被告人将不属于自己所有的手机号码以自己的名义卖给他人获取钱财的行为构成了诈骗罪。

1. 单纯的手机号码没有价值，因而没有财物属性。

盗窃罪属于侵财犯罪，其犯罪对象是财物，财物是有价值的，是能够使实施盗窃的行为人获得利益而使原所有人受到财产损失的有体物或无体物。虽然我国刑法第二百六十五条规定“以牟利为目的，盗接他人通信线路、复制他人电信码号或者明知是盗接、复制的电信设备、设施而使用的，依照盗窃罪的规定定罪处罚"，但该条规定主要适用于两种情况：

一是使被害人产生初装费、入网费损失的。根据《最高人民法院关于审理盗窃案件具体应用法律若干问题的解释》（以下简称《解释》）[1]第五条的规定，盗接他人通信线路、复制他人电信码号的行为按照当地邮电部门规定的电话初装费、移动电话入网费计算盗窃数额，只有在销赃数额高于电话初装费、移动电话入网费的，才按销赃数额计算。由此可见，"盗接他人通信线路、复制他人电信码号"的行为以盗窃罪定罪处罚是因为行为人的行为导致逃避缴纳邮电部门的电话初装费、移动电话入网费，从而使自己获利并给邮电部门造成损失。这种情况定盗窃罪是以电话初装费、移动电话入网费的存在为前提，且行为人盗窃侵害的对象不是电信码号本身，而是电信码号所承载的入网费用。但本案中，在移动电话已经取消入网费的前提下，手机号码本身只是一种通讯代码，不具有价值，不具备财物的属性。行为人取得手机号码后，不会由于逃避应当缴纳的入网费从而带来收益，原所有人失去号码后再次办理新号时，也不会因缴纳入网费而产生财产上的损失，所以单纯非法过户他人手机号码不构成盗窃罪。

二是被害人产生话费损失的。《解释》第五条还规定，"明知是盗接他人通信线路、复制他人电信码号的电信设备、设施而使用的，盗窃数额按合法用户为其支付的电话费计算"。这种情形之所以以盗窃罪定罪，是因为行为人盗接他人通信线路、使用复制的电信码号后产生的电话费由合法用户支付，从而导致行为人不交话费而获利，使他人受到话费损失，因此这里盗窃罪侵害的对象是他人的电信资费而不是号码本身。因为单纯复制号码本身并不能造成他人财产损失，也不能使自己获利，只有通过使用这些号码，才能造成他人电信资费的损失从而获利，电信码号只是作为电信资费的载体存在的。本案中，二被告人非法将他人手机号码过户出售后，由于原号码所有者不能继续正常使用该号码，故及时到移动公司查询导致案发，本案从二被告人手中购买有关手机号码的人尚未使用该手机号码，因此并未给原号码所有者造成话费损失，所以也不符合此种以盗窃罪定罪处罚的情形。

2. 手机号码非法过户后进行转让才是实现获利的关键。

盗窃罪只要将财物秘密窃取后就实现了财产利益，所窃取的财物可以自己使用，也可以给他人使用，并且这种使用完全具备经济学意义上的使用价值的特征。这体现在，行为人不必付出经济成本就可以使用所窃取的财物，而这一经济成本原来是应该付出的；或者行为人窃取财物后予以销赃，从而得到了经济利益。但就本案而言，被告人非法过户手机号码后没有自己使用，

---

[1] 本文件已被《最高人民法院、最高人民检察院关于办理盗窃刑事案件适用法律若干问题的解释》（法释〔2013〕8号）废止。

而是通过转让才获得了经济利益，也即本案二被告人实现获利的关键在于将非法过户的他人手机号码出售的行为。本案被告人非法转让他人手机号码获得利益的第一阶段是将他人名下的手机号码非法过户到自己名下，第二阶段是以本人名义将非法过户的手机号码转让给他人获利。上述两个阶段的行为是一个完整不可分割的整体，行为人将号码过户的目的在于转让获利，转让才是整个行为的关键，故不能将号码过户行为与转让行为割裂开来单独在刑法上进行评价。因此，本案中的非法过户行为与转让行为之间的关系和盗窃犯罪中的窃取行为与销赃行为之间的关系具有实质性的不同。区分侵财犯罪的本质在于侵财的手段，以秘密窃取的手段实现侵财的是盗窃，以欺骗手段实现侵财的是诈骗。由于手机号码自身没有价值，因此一般非法过户的行为不构成盗窃罪；从被害人确定的角度看，原手机号码所有者没有因此受到财产损害，真正受到财产损害的是出钱购买这些手机号码的人，而其财产受到侵害的关键在于被告人隐瞒了这些手机号码属于非法过户的事实，故本案属于以骗侵财，不符合盗窃罪的构成要件。

3. 非法过户手机号码并转让获利的行为符合诈骗罪的犯罪构成。

诈骗罪的犯罪构成有四个要素：行为人的欺诈行为——被害人产生错误认识——被害人基于错误认识而交付（或处分）财产——被害人遭受财产损害。本案被告人的行为完全符合上述要素，被告人先利用伪造的身份证将他人手机号码过户到自己名下，然后隐瞒自己非该号码真正机主的真相，使被害人误以为该号码是被告人所有，产生错误认识，接着被害人基于这一错误认识购买该手机号码，使被告人获得财产利益，最后被害人发现手机号码因被真正机主取回而不能用，因此蒙受经济损失，整个过程符合诈骗罪的构成特征。

——最高人民法院刑事审判第一、二、三、四、五庭主办：《刑事审判参考》2009 年第 6 集（总第 71 集），法律出版社 2010 年版，第 81~85 页。

904. 使用假冒国际标准集装箱运输来偷逃高速公路通行费行为的定性

关键词

诈骗罪　偷逃　高速公路通行费

《刑事审判参考》指导案例

嵇世勇诈骗案（《刑事审判参考》指导案例第 1083 号）

裁判要点：被告人通过伪造事实，隐瞒真相的方式，使车辆符合减免通行费条件，从而侵害了公路营运方的财产所有权，其行为构成诈骗罪。

（二）被告人嵇世勇使用假冒国际标准集装箱偷逃高速公路过路费的行为构成诈骗罪

被告人嵇世勇使用假冒国际标准集装箱偷逃高速公路过路费，其行为无疑属于诈骗，但对于该行为应认定为诈骗罪，还是合同诈骗罪，存在不同意见。我们认为，嵇世勇的行为构成诈骗罪，主要理由是：

1. 被告人嵇世勇的行为不符合合同诈骗罪的构成特征。合同诈骗也属于诈骗的一种，但合同诈骗罪与诈骗罪有所不同：合同诈骗罪是指以非法占有为目的，在签订、履行合同过程中，使用欺诈手段，骗取对方当事人财物，数额较大的行为。合同诈骗既侵犯公私财产所有权，又扰乱正常的市场交易秩序，而且后者是其本质特征，以此区别于只侵犯公私财产权益的普通诈骗罪。合同诈骗罪是为了规制发生在经济交往过程中的诈骗行为而规定的。按照《最高人民检察院、公安部关于公安机关管辖的刑事案件立案追诉标准的规定（二）》的规定，在签订、履行合同过程中骗取对方当事人财物，数额在2万元以上的，应予追诉；而根据《最高人民法院、最高人民检察院关于办理诈骗刑事案件具体应用法律若干问题的解释》的规定，诈骗公私财物价值3000元至1万元以上的，即构成诈骗罪，由此可见，两罪的发生领域、社会危害性和规制的对象是不同的。

合同诈骗罪在客观方面表现为五种形式：以虚构的单位或冒用他人名义签订合同骗取对方当事人财物；以伪造、变造、作废的票据或者其他虚假的产权证明作为担保的；没有实际履行能力，以先履行小额合同或者部分履行合同的方法，诱骗对方当事人继续签订和履行合同的；收受对方当事人给付的货物、货款、预付款或者担保财产后逃匿的；以其他方法骗取对方当事人财物的。本案中，被告人嵇世勇的行为不属于上述表现形式：嵇世勇的车辆在高速公路上通行并交纳通行费，与浙江省交通投资集团有限公司之间存在事实上的合同关系，但这属于民事法律关系范畴。嵇世勇的行为具有社会危害性并在刑法上有评价意义的部分是伪造、虚构符合当地政府规定的交纳优惠通行费的条件，从而达到减免通行费的目的，该行为与普通诈骗罪的客观表现并无不同，而与典型的合同诈骗罪明显有别。也就是说，实践中，具有一定合同形式的诈骗行为层出不穷，但不是只要与合同有一定关联，就必须认定行为性质属合同诈骗。嵇世勇以欺骗手段获取优惠通行费率，直接侵害的是高速公路营运方的财产利益，与扰乱市场交易安全秩序关系不大。

2. 将本案认定为诈骗罪符合司法实践惯例。根据《最高人民法院关于审理非法生产、买卖武装部队车辆号牌等刑事案件具体应用法律若干问题的解释》[①] 第三条第二款的规定，使用伪造、变造、盗窃的武装部队车辆号牌，骗免养路费、通行费等各种规费，数额较大的，依照刑法第二百六十六条的规定定罪处罚。本案中，被告人嵇世勇虽然不是使用伪造、变造的军牌，但也是通过伪造事实，隐瞒真相的方式，使车辆符合减免通行费条件，从而侵害了公路营运方的财产所有权。因此，此类案件定性为诈骗罪符合法律适用的统一性要求。

——最高人民法院刑一庭：《嵇世勇诈骗案》，载最高人民法院刑事审判第一、二、三、四、五庭主办：《刑事审判参考》（总第 103 集），法律出版社 2016 年版，第 69~70 页。

905. 抢夺罪的量刑

关键词

抢夺罪　量刑

最高人民法院司法解释

第一条　抢夺公私财物价值一千元至三千元以上、三万元至八万元以上、二十万元至四十万元以上的，应当分别认定为刑法第二百六十七条规定的“数额较大”“数额巨大”“数额特别巨大”。

各省、自治区、直辖市高级人民法院、人民检察院可以根据本地区经济发展状况，并考虑社会治安状况，在前款规定的数额幅度内，确定本地区执行的具体数额标准，报最高人民法院、最高人民检察院批准。

第二条　抢夺公私财物，具有下列情形之一的，“数额较大”的标准按照前条规定标准的百分之五十确定：

（一）曾因抢劫、抢夺或者聚众哄抢受过刑事处罚的；

（二）一年内曾因抢夺或者哄抢受过行政处罚的；

（三）一年内抢夺三次以上的；

（四）驾驶机动车、非机动车抢夺的；

（五）组织、控制未成年人抢夺的；

（六）抢夺老年人、未成年人、孕妇、携带婴幼儿的人、残疾人、丧失劳动能力人的财物的；

---

① 该解释已被《最高人民法院、最高人民检察院关于办理妨害武装部队制式服装、车辆号牌管理秩序等刑事案件具体应用法律若干问题的解释》（2011 年 7 月 20 日，法释〔2011〕16 号）废止。

（七）在医院抢夺病人或者其亲友财物的；

（八）抢夺救灾、抢险、防汛、优抚、扶贫、移民、救济款物的；

（九）自然灾害、事故灾害、社会安全事件等突发事件期间，在事件发生地抢夺的；

（十）导致他人轻伤或者精神失常等严重后果的。

第三条 抢夺公私财物，具有下列情形之一的，应当认定为刑法第二百六十七条规定的“其他严重情节”：

（一）导致他人重伤的；

（二）导致他人自杀的；

（三）具有本解释第二条第三项至第十项规定的情形之一，数额达到本解释第一条规定的“数额巨大”百分之五十的。

第四条 抢夺公私财物，具有下列情形之一的，应当认定为刑法第二百六十七条规定的“其他特别严重情节”：

（一）导致他人死亡的；

（二）具有本解释第二条第三项至第十项规定的情形之一，数额达到本解释第一条规定的“数额特别巨大”百分之五十的。

第五条 抢夺公私财物数额较大，但未造成他人轻伤以上伤害，行为人系初犯，认罪、悔罪，退赃、退赔，且具有下列情形之一的，可以认定为犯罪情节轻微，不起诉或者免予刑事处罚；必要时，由有关部门依法予以行政处罚：

（一）具有法定从宽处罚情节的；

（二）没有参与分赃或者获赃较少，且不是主犯的；

（三）被害人谅解的；

（四）其他情节轻微、危害不大的。

——《最高人民法院、最高人民检察院关于办理抢夺刑事案件适用法律若干问题的解释》（2013年11月11日，法释〔2013〕25号）。

最高人民法院司法政策精神

四、关于“携带凶器抢夺”的认定

《抢劫解释》第六条规定，“携带凶器抢夺”，是指行为人随身携带枪支、爆炸物、管制刀具等国家禁止个人携带的器械进行抢夺或者为了实施犯罪而携带其他器械进行抢夺的行为。行为人随身携带国家禁止个人携带的器械以外的其他器械抢夺，但有证据证明该器械确实不是为了实施犯罪准备的，不以抢劫罪定罪；行为人将随身携带凶器有意加以显示、能为被害人察觉到的，直接适用刑法第二百六十三条的规定定罪处罚；行为人携带凶器抢夺后，在逃跑过程中为窝藏赃物、抗拒抓捕或者毁灭罪证而当场使用暴力或者以暴力相威胁的，适用刑法第二百六十七条第二款的规定定罪处罚。

五、关于转化抢劫的认定

行为人实施盗窃、诈骗、抢夺行为，未达到“数额较大”，为窝藏赃物、抗拒抓捕或者毁灭罪证当场使用暴力或者以暴力相威胁，情节较轻、危害不大的，一般不以犯罪论处；但具有下列情节之一的，可依照刑法第二百六十九条的规定，以抢劫罪定罪处罚；

（1）盗窃、诈骗、抢夺接近“数额较大”标准的；

（2）入户或在公共交通工具上盗窃、诈骗、抢夺后在户外或交通工具外实施上述行为的；

（3）使用暴力致人轻微伤以上后果的；

（4）使用凶器或以凶器相威胁的；

（5）具有其他严重情节的。

……

十一、驾驶机动车、非机动车夺取他人财物行为的定性

对于驾驶机动车、非机动车（以下简称“驾驶车辆”）夺取他人财物的，一般以抢夺罪从重处罚。但具有下列情形之一，应当以抢劫罪定罪处罚：

（1）驾驶车辆，逼挤、撞击或强行逼倒他人以排除他人反抗，乘机夺取财物的；

（2）驾驶车辆强抢财物时，因被害人不放手而采取强拉硬拽方法劫取财物的；

（3）行为人明知其驾驶车辆强行夺取他人财物的手段会造成他人伤亡的后果，仍然强行夺取并放任造成财物持有人轻伤以上后果的。

——《最高人民法院印发〈关于审理抢劫、抢夺刑事案件适用法律若干问题的意见〉的通知》（2005年7月16日，法发〔2005〕8号）。

（十三）抢夺罪

1. 构成抢夺罪的，根据下列情形在相应的幅度内确定量刑起点：

（1）达到数额较大起点或者二年内三次抢夺的，在一年以下有期徒刑、拘役幅度内确定量刑起点。

（2）达到数额巨大起点或者有其他严重情节的，在三年至五年有期徒刑幅度内确定量刑起点。

（3）达到数额特别巨大起点或者有其他特别严重情节的，在十年至十二年有期徒刑幅度内确定量刑起点。依法应当判处无期徒刑的除外。

2. 在量刑起点的基础上，根据抢夺数额、次数等其他影响犯罪构成的犯罪事实增加刑罚量，确定基准刑。

多次抢夺，数额达到较大以上的，以抢夺数额确定量刑起点，抢夺次数

可以作为调节基准刑的量刑情节；数额未达到较大的，以抢夺次数确定量刑起点，超过三次的次数作为增加刑罚量的事实。

3. 构成抢夺罪的，根据抢夺的数额、次数、手段、危害后果等犯罪情节，综合考虑被告人缴纳罚金的能力，决定罚金数额。

4. 构成抢夺罪的，综合考虑抢夺的起因、数额、手段、次数、危害后果、退赃退赔等犯罪事实、量刑情节，以及被告人的主观恶性、人身危险性、认罪悔罪表现等因素，决定缓刑的适用。

——《最高人民法院、最高人民检察院印发〈关于常见犯罪的量刑指导意见（试行）〉的通知》（2021 年 6 月 16 日，法发〔2021〕21 号）。

906. "加霸王油"的行为如何定性

关键词

加霸王油

《刑事审判参考》指导案例

李培峰抢劫、抢夺案（《刑事审判参考》指导案例第 868 号）

裁判要点："加霸王油"符合抢夺罪中乘人不备、公然夺取公私财物的行为。

所谓"加霸王油"是指加油后采取暴力或者暴力相威胁等霸道手段以达到不付油费目的的俗称。"加霸王油"这种表述并不严谨，也非法律术语，与"碰瓷"一样，仅是一种形象表述。在本案审理过程中，对被告人李培峰"加霸王油"的行为如何定性形成三种意见：第一种意见认为，李培峰的行为构成盗窃罪；第二种意见认为，李培峰的行为构成诈骗罪；第三种意见认为，李培峰的行为构成抢夺罪。我们赞同第三种意见。具体理由如下：

（一）"加霸王油"的行为不构成盗窃罪

关于盗窃罪的认定，理论界主要有两种观点：一种观点认为，盗窃是指秘密窃取公私财物的行为；另一种观点认为，盗窃行为并不局限于秘密窃取，公开窃取行为也可以构成盗窃罪。[①] 盗窃罪和抢夺罪的主要区别在于行为人是否具有不法暴力作用于被害人。按照这一观点，就本案中的几起犯罪事实而言，被告人李培峰没有对加油站的员工使用不法暴力，其只是在加完油后乘

① 参见张明楷：《刑法学》（第 3 版），法律出版社 2007 年版，第 727 页。

人不备逃离现场，故其行为不应当认定为抢夺罪，而应当认定为盗窃罪。

我们认为，后一种观点值得商榷。（1）从立法结构分析，“公开窃取”在我国刑法中并无存在的空间。虽然英美法系的英国、美国以及大陆法系的德国、法国、日本在理论上多认可“公然窃取”的存在，但那是因为上述国家在刑法中都没有将抢夺作为独立犯罪类型加以规定。[①] 如将未使用暴力的公然夺取行为归入盗窃罪的范畴，将使用暴力的抢夺行为纳入抢劫罪名下，从而使抢夺行为分别列入盗窃罪和抢劫罪。而我国刑法中存在抢夺罪的立法规定，公然夺取行为可以通过抢夺罪进行规制，故“公然窃取”没有存在的空间。（2）从刑法解释学分析，“公开窃取”逾越了刑法解释的边界。对刑法条文用语进行解释应当文理解释优先，只有文理解释的结论明显不合理或者产生难以调和的多种结论时，才需要进行论理解释。从文理解释角度出发，“公开窃取”超出了“盗窃”的文义范畴。我国刑法对“盗窃”的文义解释为“用不合法的手段秘密地取得”，“公开窃取”的观点与盗窃“秘密取得”的本义不符。（3）从司法实践分析，盗窃罪和抢夺罪区分的关键在于盗窃罪是秘密取得他人财物，抢夺罪是公然夺取他人财物。秘密性作为盗窃罪的必备要件，存在两个认定标准：一是客观标准，即盗窃行为在客观上具有不为他人发觉的可能性，这主要是针对被害人而言。行为人采取被害人及周围其他人都难以发觉的方式取得财物是秘密窃取，行为人采取被害人难以发觉而周围其他人能够发觉的方式取得财物也是秘密窃取。二是主观标准，盗窃行为人在主观上具有不为他人发觉的意思，即自认为其盗窃行为是秘密进行的。行为人采取自认为被害人不能发觉的方式取得财物，即使实际上被害人已经发觉，只要该行为客观上同时存在被害人难以发觉的可能性，该行为仍然不丧失秘密性。

本案中，李培峰在加油站为集装箱卡车加油后，为逃避支付油费，多次乘被害单位员工不备驾车驶离加油站，该行为在客观上不具有秘密性，能够为被害单位的员工即时发现，故不能被认定为盗窃罪。

（二）“加霸王油”的行为不构成诈骗罪

诈骗罪的行为过程一般包括：行为人虚构事实或者隐瞒真相—被害人陷于错误认识—被害人基于认识错误处分财物—行为人取得财物。有意见认为，本案中李培峰虚构了付钱意思的事实或者隐瞒了不想付油钱的真相，使被害单位的员工陷入错误认识，将油交与其处分，其占有被害单位财物后逃离，其行为应当以诈骗罪追究刑事责任。我们认为，此种意见不能成立。

1. 在“加霸王油”情形下，行为人不存在虚构事实或者隐瞒真相的行为。

---

① 何荣功：《也论盗窃与抢夺的界限——兼与张明楷教授商榷》，载《当代法学》2012 年第 4 期。

行为人加油但不想付钱的意图是一种主观意识状态，那种认为这种加油不想付钱的意图属于事实或真相的观点是有失偏颇的。事实是指事情的真实情况，真相是指事物的真实面貌，它们都是事情或事物的客观存在状态。本案中，李培峰加油但不想付钱的意图是一种主观意识活动，不属于事实或真相。

2. 在“加霸王油”情形下，被害单位的员工并未基于错误认识而处分财物。区分诈骗罪和其他侵财犯罪的重要标准是看“受骗人是否基于认识错误处分（交付）财产”，[①]而“交给”行为不能与“交付（处分）”行为混为一谈，“交出”并不等于失控。本案中，被害单位员工将油加入被告人的油箱，并非基于认识错误而交付财物，只是依照惯例先加油再收款。从主观上看，被害人没有放弃财物的意思表示；从客观上看，虽然油已经在被告人的油箱，但如果行为人不支付对价，被害人可以随时追索并恢复对财物的直接控制，其并未丧失对财物的控制和支配力。

3. 在“加霸王油”情形下，被告人并未取得财物。刑法中的取得并不完全等同于民法中的占有。加油之后，根据民法上占有的观念，被告人已经占有了该财物，但从行使效力上看，被告人并未取得对该财物占有的绝对性和排他性。在行为人支付对价之前，被害单位仍然保持着对该财物的控制，因此不能认为行为人已经取得了财物。

基于上述三点，本案被告人李培峰在加油站为卡车加油后，为逃避支付油费，多次乘被害单位财物管理人不备驾车驶离加油站的行为不符合诈骗罪的行为特征，其行为不构成诈骗罪。

（三）“加霸王油”的行为构成抢夺罪

区分盗窃罪、诈骗罪、抢夺罪等侵财犯罪的关键在于非法改变财物合法占有状态行为的性质，而不在于之前手段行为的性质。[②]“非法改变财物合法占有状态的行为”是直接侵害犯罪客体的危害行为，也是犯罪构成的核心要素，依此确定侵财犯罪的罪名有利于揭示犯罪的本质特征。本案“加霸王油”行为中，“非法改变财物合法占有状态的行为”不是被害单位为李培峰加油的行为，而是李培峰乘被害单位员工不备驾车驶离加油站的行为。从刑法意义上讲，被害单位的员工为李培峰加油的行为并未改变油品的合法占有状态，在李培峰驾车驶离之后，被害单位才彻底丧失对油品的控制，李培峰才完全取得对油品占有的绝对性和排他性。因此，应当以李培峰乘被害单位员工不备驾车驶离加油站的行为作为认定其罪名的依据。

抢夺罪是指乘人不备、公然夺取公私财物的行为。公然夺取，是指行为

① 张明楷：《如何区分盗窃罪与诈骗罪》，载《人民法院报》2003年8月22日。

② 类似观点参见黄祥青：《盗窃、诈骗行为交织型财产犯罪定性研究》，载《法律适用》2011年第4期。

人当着公私财物所有人、管理人或者其他人的面，乘人不防备，将公私财物据为己有或者给第三人所有；也有的采取可以使被害人立即发现的方式，公然把财物抢走，但不使用暴力或者以暴力相威胁。① 本案中，从客观方面看，李培峰采取了乘人不备、公然夺取被害单位财物的行为。李培峰当着被害单位财物管理人的面，乘人不防备驾车逃跑，并将被害单位的财物据为己有，其间并未使用暴力或者以暴力相威胁，完全符合公然夺取的特征，应以抢夺罪追究其刑事责任。

同时，值得注意的是，在加油站工作人员抓住驾驶室门或者座椅阻拦时，李培峰继续加速行驶以迫使工作人员放手，甚至导致工作人员倒地受伤，此时李培峰的行为性质发生了转化。根据刑法第二百六十九条的规定，犯盗窃、诈骗、抢夺罪，为窝藏赃物、抗拒抓捕或者毁灭罪证而当场使用暴力或者以暴力相威胁的，依照刑法第二百六十三条（抢劫罪）的规定定罪处罚。因此，李培峰犯抢夺罪，为抗拒抓捕而当场使用暴力的两节犯罪行为，应当依照抢劫罪定罪处罚。

综上，一审、二审法院根据本案犯罪事实、性质、情节及对社会的危害程度等所作出的判决和裁定是准确适当的。

——任素贤、秦现锋：《李培峰抢劫、抢夺案——"加霸王油"的行为如何定性》，载最高人民法院刑事审判第一、二、三、四、五庭主办：《刑事审判参考》2013 年第 3 集（总第 92 集），法律出版社 2014 年版，第 81~86 页。

907. 实施故意伤害行为，在被害人逃离后临时起意取走被害人遗留在现场的财物如何定罪

关键词

故意伤害罪　抢夺罪　乘人不备　数罪并罚

《刑事审判参考》指导案例

亢红昌抢劫案（《刑事审判参考》指导案例第 203 号）

裁判要点：无故殴打他人后临时起意乘机夺财的行为，应以抢夺罪处罚。

行为人无故殴打他人的行为和临时起意夺取他人财物的行为在刑法意义

① 胡云腾主编：《刑法罪名精释（第五版）》，人民法院出版社 2022 年版，第 846 页。

上是两个独立的阶段，先行寻衅滋事无故殴打他人的行为，并非行为人夺取财物的手段；后行夺财，并非事先即有强行占有他人财物的目的，只是见财临时起意乘机夺走他人财物，因而不符合抢劫罪的特征，应认定为抢夺罪。

——最高人民法院刑事审判第一庭、第二庭编：《刑事审判参考》2002 年第 5 辑（总第 28 集），法律出版社 2002 年版，第 43~46 页。

郭学周故意伤害、抢夺案（《刑事审判参考》指导案例第 683 号）

裁判要点：实施故意伤害行为，被害人逃离后，行为人临时起意取走被害人遗留在现场的财物，以故意伤害罪和抢夺罪数罪并罚。

抢夺罪，是指以非法占有为目的，当场夺取他人数额较大的财物的行为。该罪的客观方面具体表现为以下三种形式：（1）乘人不备而夺取；（2）在他人来不及夺回时（不问是否乘人不备）而夺取；（3）制造他人不能夺回的机会而夺取。由此可见，"乘人不备"而夺取财物只是抢夺罪中的一种最常见的表现形式，但并不意味它是抢夺罪的唯一表现形式，也不意味它是抢夺罪的必要客观构成要件。长期以来，由于后两种情形在抢夺罪中不常见，以致很多人忽略或者遗漏了这些情形，而将抢夺罪定义为："以非法占有为目的，乘人不备，公然夺取数额较大的公私财物的行为。"该观点将"乘人不备"作为抢夺罪的一个必要客观构成要件。但是仔细分析，不难看出，"乘人不备"并不是抢夺罪的必要构成要件，而是抢夺罪的一种常见表现形式。比如，财物的所有人或保管人对行为人抢夺财物的意图已有所察觉、有所防备，行为人甚至也意识到这一点，但是行为人利用当时偏僻无人、治安秩序不好、无人敢出面干涉等情况，或者在财物的所有人或保管人因年老、患病、轻中度醉酒等原因而丧失或基本丧失保管财物能力但神志清醒等情况下，未使用暴力或者以暴力相威胁而公然夺走财物。在这些情况下夺取财物的行为明显不属于"乘人不备"，但行为人主观上具有非法占有他人财物的目的，客观上实施了公然夺取财物的行为，符合抢夺罪的主客观要件，应以抢夺罪论处。因此，在审理案件时，应注意不要将常见"符合规范的常见事实"等同于"规范能够评价的全部事实"，不能将抢夺罪的客观构成要件等同于"乘人不备"这种犯罪表现形式。只要行为人以非法占有为目的，采取了公然夺取的手段，且夺取的财物达到抢夺罪的数额构成标准后，就可认定该行为构成抢夺罪。

本案被告人郭学周在持刀砍伤被害人后，返回现场将摩托车开走的行为虽不具有"乘人不备"这一要件，但其主观上有非法占有他人财物的目的，客观上实施的是利用被害人来不及夺回的情形而公然夺取财物，其行为完全符合抢夺罪的构成要件。

——最高人民法院刑事审判第一、二、三、四、五庭主办：《刑事审判参考》2011 年第 2 集（总第 79 集），法律出版社 2011 年版，第 18~26 页。

908. 侵占罪中“拒不交出”的认定

关键词

侵占罪　职务侵占罪　拒不交出

附录：最高人民法院主流观点

正确认定拒不退还或者拒不交出的行为。在具体认定时，应当区分不同情况：一是如果当保管物的委托人、遗忘物的遗忘者、埋藏物的埋藏者或者他们的代理人、继承人向行为人明确提出交还主张，并且确有证据证明该财物属于其合法所有时，行为人无视证据，公然加以明确拒绝的，即应认定为拒不退还或者拒不交出的行为；二是如果行为人在财物所有人明确提出交还主张时，虽承认了其主张并答应交还，但在其后又擅自处理了该财物，致使无法实际交还的，也应认定为属于拒不退还或者拒不交出的行为；三是如果行为人虽有非法侵占的行为，但最终还是退还或者交出了其侵占的财物，则不能视为构成本罪；四是如果行为人在合法所有者明确提出交还主张之前，已经处理了该财物，事后也承认并答应赔偿的，则不能以犯罪论处。

——胡云腾主编：《刑法罪名精释（第五版）》，人民法院出版社 2022 年版，第 854 页。

909. 侵占罪中的“代为保管他人财物”的理解和认定

关键词

侵占罪　代为保管他人财物　加工承揽

《刑事审判参考》指导案例

杨飞侵占案（《刑事审判参考》指导案例第 583 号）

裁判要点：构成侵占罪要求行为人对他人的财物存在代为保管事实。

刑法第二百七十条第一款规定，将代为保管的他人财物非法占为己有，数额较大，拒不退还的，是侵占罪。据此，代为保管他人财物和拒不退还，是构成侵占罪的两个重要条件。具体而言，首先，构成侵占罪要求行为人对他人的财物存在代为保管事实。如不具有这种主体身份特征，则缺乏构成侵占罪的基本条件。典型意义上的代为保管关系产生于保管合同之中，此外，加工承揽合同、委托合同、租赁合同、使用借贷合同、担保合同等众多的合同关系均可能存在代为保管关系。本案中的代为保管关系产生于加工承揽合同，即承揽人按照定作人的要求完成工作、交付成果，定作人给付报酬的合同。承揽合同有两种情形，一种是加工的原材料由承揽人自己选用；另一种是由定作人提供。在第一种情形下，定作人不负责提供原材料，承揽人先行支付购买材料费用，对自己选用的材料享有所有权，对于利用该材料加工完成的工作成果，若承揽人不将其交付给定作人，不成立侵占罪，只构成民事上的违约。在第二种情形下即定作人提供原材料的情形下，原材料被交付给承揽人之后并未发生所有权转移，承揽人只是暂时地享有占有、支配、按照合同目的使用原材料的权利。在履行合同时，承揽人负有返还利用原材料加工完毕的工作成果的义务，此时原材料就处于代为保管的状态，拒不返还便属于侵占。

本案自诉人赵伟良与被告人杨飞的父亲杨作新之间存在加工承揽合同，究其合同约定内容属于上述第二种承揽模式。虽然杨作新的袜子加工厂系家庭经营模式，杨飞系家庭成员之一，但由于杨作新的袜子加工厂的实际经营者是杨作新夫妇，杨飞并未参与到经营活动中，对家庭经营活动中所涉及的财物没有控制管理的权利，故事实上并不占有这些财物。而侵占罪中的代为保管关系要求被告人对他人财物存在事实上的占有关系。故对于自诉人赵伟良委托加工的袜子，只有从事经营并实际占有这些袜子的杨作新夫妇才有可能构成侵占罪的主体，杨飞不具有构成侵占罪的主体资格，其行为不符合侵占罪中代为保管他人财物的主体特征。

——最高人民法院刑事审判第一、二、三、四、五庭主办：《刑事审判参考》2009 年第 5 集（总第 70 集），法律出版社 2010 年版，第 60~65 页。

910. 个体工商户雇员利用职务之便将雇主财产非法占为己有数额较大，且拒不退还的行为构成侵占罪

关键词

侵占罪　职务侵占罪　雇主财产

《刑事审判参考》指导案例

张建忠侵占案（《刑事审判参考》指导案例第 318 号）

裁判要点：雇员利用职务之便将个体工商户的财产非法占为己有数额较大，拒不退还的，构成侵占罪。

（一）个体工商户的雇员不属于职务侵占罪的主体

在刑法意义上，个体工商户是实质的个人，而不是企业或单位。所以，个体工商户所聘的雇员、帮工、学徒，无论其称谓如何，均不能成为职务侵占罪的主体。

（二）个体工商户雇员将代为保管的户主财产占为己有，数额较大，拒不退还的，构成侵占罪

根据《刑法》第 270 条第 1 款的规定，构成代为保管物类型的侵占罪，是指将代为保管的他人数额较大以上的财物非法占为己有，拒不退还的行为。该类侵占罪的对象只能是行为人代为保管的他人财物。实践中，能够就他人财物形成刑法意义上的代为保管关系的情形很多，而不仅限于由于正式的保管合同所产生的代为保管关系。另外，代为保管物类型的侵占罪与盗窃罪的根本区别之一在于：盗窃罪是直接采用秘密窃取的方法将他人占有下的财物变为己有；代为保管物类型的侵占罪则是先合法地保管、占有他人财物，进而将该项财物非法据为己有且拒不退还。

——最高人民法院刑事审判第一庭、第二庭编：《刑事审判参考》2004 年第 5 集（总第 40 集），法律出版社 2005 年版，第 36~39 页。

911. 国家出资企业中国家工作人员身份的审查认定

关键词

职务侵占罪　挪用资金罪　国家工作人员身份

《刑事审判参考》指导案例

李培光贪污、挪用公款案（《刑事审判参考》指导案例第 1016 号）

裁判要点：被告人职权的变动并未经负有管理、监督国有资产职责的组织批准或者研究决定，其所从事的工作也并非代表国有投资主体在国有出资企业中从事公务。因此，不能认定被告人为国家

工作人员。

（一）从形式要件分析，认定国家出资企业中的国家工作人员一般要求行为人的职务系经党政联席会等形式批准、任命

中国中铁股份有限公司上市前名称为中国铁路工程总公司（国有企业）。2007 年 9 月，中国铁路工程总公司改制注册为中国中铁股份有限公司，主管机构为国务院国有资产监督管理委员会。2007 年 12 月，中国中铁股份有限公司上市后，公司股本结构为中国铁路工程总公司持股占 58.30%，境内社会公众持股占 21.95%，境外社会公众及社保基金理事会持股 19.75%。据此，可以认定中国中铁股份有限公司上市后成为国有控股公司，亦即国家出资企业。

中铁三局集团有限公司（以下简称中铁三局）前身为铁道部第三工程局，创建于 1952 年。2000 年 11 月 28 日改制成立中铁三局集团，股东为中国铁路工程总公司和中铁三局职工持股会。2007 年 3 月，该公司将全部职工个人股权转让给第一股东中国铁路工程总公司，随中国铁路工程总公司整体上市成立中国中铁股份有限公司，中铁三局成为中国中铁股份有限公司的全资子公司，中铁三局四公司系中铁三局的全资子公司。

由上可见，被告人李培光所在中铁三局四公司系上市公司中国中铁股份有限公司的三级全资子公司，因中国中铁股份有限公司已经上市并非国有公司，该公司性质上属于国家出资企业，并非国有公司。李培光在实施相关犯罪行为时，担任中铁三局四公司南广铁路 NGZQ—4 项目部一分部财务主任，直接负责经手、管理所在单位财务，从其岗位职责来讲，届于关键岗位，具有“从事监督、经营、管理工作”的特点。但其是否属于国家工作人员，根据“两高”发布的《关于办理国家出资企业中职务犯罪案件具体应用法律若干问题的意见》的相关规定，首先要考察其是否具有“经国家出资企业中负有管理、监督国有资产职责的组织批准或者研究决定，代表其在国有控股、参股公司及其分支机构中从事组织、领导、监督、经营、管理工作”的情况。

从现有证据看，中铁三局四公司改制后，全体员工全部重新签订劳动合同，2005 年李培光重新签订劳动合同，成为一名劳动合同制员工。李培光在该公司系一名普通工作人员，无任何行政级别，只有技术职称，其工作调动不需要经过公司的任何会议研究决定，其工作调动程序是公司人力资源部根据项目设置和项目需要进行人员调配的。李培光担任中铁三局四公司南广铁路 NGZQJ—4 项目部一分部财务主任一职，是经过公司人力资源部提名、主管领导总会计师同意，报公司总经理任命的，因为财务人员不是领导班子成员，故一般无须公司领导层或党政联席会讨论、批准、任命，事实上也投有经过有关会议讨论、批准、任命。因此，李培光担任该职务并非属于“经国

家出资企业中负有管理、监督国有资产职责的组织批准或者研究决定”。关于李培光的任命，时任中铁三局四公司总经理蔡红生在其证言里提到，其在任命前向公司党委书记汇报过，得到同意后才下发了任命通知。经查，蔡红生的证言中只是抽象提到其对财务人员的岗位人事安排一般会向党委书记说明，听取意见，但这只是形式而已。类似这样的岗位人事安排，党委书记一般也不会反对，然后由其审批签字，由人力资源部发文即告完成。可见，蔡红生的证言并未明确提及李培光的任命已经向公司党委书记汇报过；且即使汇报过，依据四公司有关制度规定和操作惯例，党委书记同意只是“走形式”，并无实质意义，不能将之简单视为“国家出资企业中负有管理、监督国有资产职责的组织批准或者研究决定”的表现形式，否则将会造成实践中对此类国家出资企业中国家工作人员范围认定的不当扩大。

（二）从实质要件分析，国家出资企业中的国家工作人员代表负有管理、监督国有资产职责的组织在国有控股、参股公司及其分支机构中从事组织、领导、监督、经营、管理工作

在国有控股、参股公司中国家工作人员身份的认定中，除了需要审查行为人的任命程序，还需要审查其是否“代表负有管理、监督国有资产职责的组织”，从事“组织、领导、监督、经营、管理工作”。这一审查主要围绕以下三个特征进行：（1）代表性。作为授权方的负有管理、监督国有资产职责的组织，与作为被授权方的国家工作人员，通过批准、研究决定等政治授权行为方式，产生一种认可被授权方法律行为所建立的法律关系的效果，并将这种法律关系最终归属于国家。也即在国有出资企业中，国家工作人员系代表国有资产的监督、管理组织从事工作，这种代表性是认定国家工作人员身份的首要特征。（2）公务性。公务首先是管理性的事务，而不是一般的技术性、业务性的活动，与劳务相比其具有明显的管理属性。公务与职权具有紧密的关联。（3）与国有资产的紧密关联性。对于经党政联席会等形式批准、任命的人员，实践中把握的原则是，只要从事的是公务，一般都认定为国家工作人员。但对于未经党政联席会等形式批准、任命的人员，还要区分是公司整体的公务，还是代表国有资产管理、监督部门从事公务，只有代表国有投资主体行使监督、管理国有资产的职权，才能认定为国家工作人员。本案中，无证据证实被告人李培光属于“受国家机关、国有公司、企业、事业单位委派从事公务”的情形。综合案情和各种证据分析，难以认定其代表国有投资主体行使监督、管理国有资产的职权。因此，从实质层面分析，不应认定李培光具有国家工作人员的身份。

综上，本案被告人李培光职权的变动并未经负有管理、监督国有资产职责的组织批准或者研究决定，其所从事的工作也并非代表国有投资主体在国有出资企业中从事公务。因此，不能认定李培光为国家工作人员，其利用职

务便利，将本单位资金非法占为己有的行为，构成职务侵占罪；同时，其挪用本单位资金归个人使用的行为，构成挪用资金罪。本案二审法院的判决是正确的。

——最高人民法院刑二庭：《李培光贪污、挪用公款案》，载最高人民法院刑事审判第一、二、三、四、五庭主办：《刑事审判参考》2014年第4集（总第99集），法律出版社2015年版，第108~111页。

912. 职务侵占罪的量刑

关键词

职务侵占罪　量刑

最高人民法院司法政策精神

（十四）职务侵占罪

1. 构成职务侵占罪的，根据下列情形在相应的幅度内确定量刑起点：

（1）达到数额较大起点的，在一年以下有期徒刑、拘役幅度内确定量刑起点。

（2）达到数额巨大起点的，在三年至四年有期徒刑幅度内确定量刑起点。

（3）达到数额特别巨大起点的，在十年至十一年有期徒刑幅度内确定量刑起点。依法应当判处无期徒刑的除外。

2. 在量刑起点的基础上，根据职务侵占数额等其他影响犯罪构成的犯罪事实增加刑罚量，确定基准刑。

3. 构成职务侵占罪的，根据职务侵占的数额、危害后果等犯罪情节，综合考虑被告人缴纳罚金的能力，决定罚金数额。

4. 构成职务侵占罪的，综合考虑职务侵占的数额、手段、危害后果、退赃退赔等犯罪事实、量刑情节，以及被告人的主观恶性、人身危险性、认罪悔罪表现等因素，决定缓刑的适用。

——《最高人民法院、最高人民检察院印发〈关于常见犯罪的量刑指导意见（试行）〉的通知》（2021年6月16日，法发〔2021〕21号）。

913. 在行使职权存在监督制约关系的案件中，如何判断行为人侵占单位财产的行为是否利用了职务上的便利

关键词

职权监督　侵占单位财产　利用职务之便

《刑事审判参考》指导案例

韩枫职务侵占案（《刑事审判参考》指导案例第 1440 号）

裁判要点：行为人在非法占有本单位财物过程中是否利用职务上的便利，应根据行为人职务上的便利对其完成犯罪所起作用的大小来确定罪名，如果职务上的便利对整个犯罪的完成起到不可或缺的作用，则其行为构成职务侵占罪。

行为人侵占本单位财物的行为可能触犯贪污罪、盗窃罪、诈骗罪、职务侵占罪等罪名。本案中，因长春金达洲公司的股东均为自然人，关于被告人韩枫的行为如何定性，涉及盗窃罪、诈骗罪与职务侵占罪的区分。有观点认为，韩枫是通过欺骗手段，使长春金达洲公司陷入错误认识而将车辆提出仓库，应认定为诈骗罪。也有观点认为，韩枫骗取的是提取车辆所需程序材料，而非涉案车辆本身，欺诈是其盗窃的手段，韩枫系利用熟悉工作环境的工作上的便利非法侵占涉案车辆，其行为构成盗窃罪。我们认为，只要行为人非法占有本单位财物系利用职务上的便利，无论其采取窃取、骗取还是其他手段，均不影响其行为构成职务侵占罪。关键是行为人在非法占有本单位财物过程中是否利用了主管、管理、经手本单位财物的职务上的便利。涉及本案，主要取决于如下两个问题：一是韩枫是否具有管理、经手涉案单位车辆的职务；二是韩枫是否利用了其职务上的便利。

我们认为，韩枫的行为构成职务侵占罪，主要理由是：

第一，韩枫负责本单位代交车业务，具有管理、经手本单位涉案车辆的权限。

根据长春金达洲公司出具的岗位职责等材料记载，被告人韩枫作案期间在单位的销售计划与控制岗位（计划员）任职，单位并未明确其有办理代交车业务和管理、经手车辆的权限，但长春金达洲公司总经理及公司员工等均证实韩枫负责单位代交车业务。代交车业务指的是长春金达洲公司用库存车辆先行代上海上汽大众汽车销售有限公司将车辆交付给客户，上海上汽大众

汽车销售有限公司再补给长春金达洲公司同样配置的车辆。因此，在韩枫的名义职务与实际职务不一致时，应根据实际履职情况来确定其职务情况，即其负责单位的代交车业务。在办理代交车业务过程中，韩枫到单位车辆管理人员姚某处领取车钥匙、车辆出门证后（需要姚某在出门证上签字）即可将车辆提出公司，韩枫在其职责范围内有管理、经手单位车辆的权限。

第二，韩枫利用职务便利非法占有了本单位财物。

虽然从学理上界定行为人是否利用了职务上的便利相对容易，但实践中，单位财物的管理权、处置权有时由两人或两人以上共同行使，这就导致行为人为顺利非法占有本单位财物，不仅需要利用自己职务上的便利，还需要借助其他工作人员职务上的便利。行为人在犯罪过程中可能会实施多种行为，有时利用其自身职务上的便利，有时利用其熟悉作案环境等工作上的便利，甚至有的行为与职务上的便利并无关系，这就给罪名认定带来一定争议。在这种情况下，从刑法因果关系的角度分析，应根据行为人职务上的便利对其完成犯罪所起作用的大小来确定罪名，如果职务上的便利对整个犯罪的完成起到不可或缺的作用，则其行为构成职务侵占罪。

本案中，按照代交车业务流程，长春金达洲公司的车辆平时并不由被告人韩枫管理，韩枫在办理代交车业务时受到单位车辆管理人员姚某的制约，韩枫只有从姚某处取得车钥匙和车辆出门证，才能完全取得管理、经手车辆的权限，将车辆提出公司，而且韩枫只要取得车钥匙和车辆出门证，即可将车辆提出公司。韩枫为克服障碍，顺利非法占有涉案车辆，在犯罪过程中实施了如下四种行为：一是盗窃公司发票；二是骗取车辆合格证；三是取得车辆出门证；四是骗取车钥匙及随车附件。其中，盗窃发票和骗取车辆合格证主要是为了方便销赃，对韩枫将车辆提出公司、非法占为己有不起决定作用，发票和合格证的取得是否利用了职务上的便利不影响对韩枫的罪名认定。韩枫一旦取得车辆出门证、车钥匙等提取车辆所需程序材料即取得了管理或经手涉案车辆的权限，即可利用此种职务上的便利将涉案车辆非法占为己有。因此，对韩枫占有涉案车辆起重要作用的环节是取得车辆出门证、车钥匙，即车辆出门证、车钥匙是否系韩枫利用职务上的便利取得，直接影响案件性质认定。根据在案证据，全部涉案车辆的车钥匙及部分车辆出门证系韩枫以办理代交车业务的名义从姚某处骗取，系直接利用职务上的便利取得；部分车辆出门证上姚某的名字系韩枫伪造，系其利用熟悉工作环境、可以进入姚某办公场所的工作上的便利取得。如果韩枫不负责单位代交车业务，其不可能以办理代交车业务的名义从姚某处骗取全部涉案车辆的车钥匙以及部分车辆出门证，不可能将车辆顺利提出公司，韩枫负责办理代交车业务的职务上便利对其顺利侵占单位财产起到不可或缺的作用。故可以认定，韩枫在非法占有本单位财物过程中，整体上利用了其职务上的便利，其行为构成职务侵占罪。原审法院以职务侵占罪对被告人定罪量刑是正确的。

——訾效云撰稿、安翱审编:《韩枫职务侵占案——如何判断行为人侵占单位财产的行为是否利用职务上的便利》，载最高人民法院刑事审判第一、二、三、四、五庭编:《刑事审判参考》(总第 129 辑)，人民法院出版社 2022 年版，第 47~49 页。

914. 用工合同到期后没有续签合同但仍实际行使管理职责的工作人员，符合职务侵占罪的主体要件

关键词

职务侵占罪　犯罪主体

《刑事审判参考》指导案例

刘宏职务侵占案（《刑事审判参考》指导案例第 516 号）

裁判要点：用工合同到期后没有续签合同的情况下，原单位工作人员仍在实际行使管理职责，符合职务侵占罪的主体要件。

实践中，主管、管理、经手单位财物的通常不是一人，出于相互制约、相互监督的需要，单位财物的支配权、处置权及管理权往往由两人或两人以上共同行使。这种情况下，行为人对单位财物的管理权限仍及于职责范围的全部，其管理权能以及因该管理权所产生的便利亦不因有其他共同管理人而受到影响，其单独利用其管理职务便利窃取本单位财物的行为不影响“利用职务上的便利”的认定。

需要指出的是，盗窃方法也是职务侵占罪的侵占行为方式之一，利用职务便利采取秘密窃取方法取得本公司财物，应当认定为职务侵占罪。与贪污罪法条中明确规定“侵吞、窃取、骗取或者以其他手段”不同，《刑法》第 271 条第 1 款对职务侵占罪的手段没有细致规定，但并不妨碍我们得出上述结论。首先，从职务侵占罪的立法沿革分析，1997 年《刑法》修订时，基本保留了《关于惩治违反公司法的犯罪的决定》中的有关内容。从上述贪污罪与职务侵占罪的立法演进过程来看，立法者已将相当一部分原为贪污罪的行为划归到职务侵占罪的范围之内。两者相比，只是主体范围、客体有异，刑法对职务侵占的行为方式未加任何限制，因此，应当认为其行为方式同贪污罪一样，包括盗窃、侵吞、骗取等非法手段。其次，从职务侵占罪的罪质出发，作为侵财类犯罪，其与盗窃、诈骗等普通侵财类犯罪相比，特殊之处在

于利用了职务之便，不但侵犯了单位财产权还违背了自身的职责勤勉要求，而其具体的实施手段，只要是利用了职务之便实施了侵财行为，无论是秘密窃取、还是骗取抑或其他手段均不影响其对客体侵害的认定，因此没有必要对其犯罪具体实施方法进行限制，这也是《刑法》第271条未对具体手段予以列举说明的原因之一。因此，职务侵占罪的侵占行为方式多种多样，可以是采取盗窃方法取得，也可以使用诈骗手段或其他方式获取，凡是能够实现将单位财物非法占为己有的方法，只要是利用了职务之便，都是职务侵占罪的行为方式。本案被告人刘宏以秘密窃取方法侵占单位财物的行为应当认定为职务侵占行为。

综上，法院以职务侵占罪对刘宏定罪量刑是正确的。

——最高人民法院刑事审判第一、二、三、四、五庭主办：《刑事审判参考》2008年第6集（总第65集），法律出版社2009年版，第38~44页。

915. 单位临时工利用职务上的便利非法占有本单位财物的行为，构成职务侵占罪

关键词

职务侵占罪　临时工

《刑事审判参考》指导案例

于庆伟职务侵占案（《刑事审判参考》指导案例第235号）

裁判要点：单位临时工利用职务上的便利非法占有本单位财物的行为，构成职务侵占罪。

认定是否具有职务上的便利，不能以行为人是正式工、合同工还是临时工为划分标准，而应当从其所在的岗位和所担负的工作上看其有无主管、管理或者经手单位财物的职责。只要经公司、企业或者其他单位聘用，并赋予其主管、管理或者经手本单位财物的权力，无论是正式职工还是合同工或者临时工，都可以成为职务侵占罪的犯罪主体。

——最高人民法院刑事审判第一庭、第二庭编：《刑事审判参考》2003年第2辑（总第31集），法律出版社2003年版，第51~56页。

贺豫松职务侵占案（《刑事审判参考》指导案例第452号）

裁判要点：临时搬运工利用职务上的便利非法占有本单位财物的构成职务侵占罪。

准确认定单位工作人员非法占有单位财物的行为是否利用了职务上的便利，关键在于正确理解《刑法》第 271 条第 1 款规定的“职务上的便利”的内涵。

本案中，被告人贺豫松系火车站行包房装卸工，其在车站行包房的职责是根据行李员方向清单进行清点与接车，对列车所卸入库的货物装卸办理交接手续等，其对中转的货物具有一定的管理权和经手权。被告人贺豫松的盗窃行为，就是利用其当班管理、经手这些财物的职务之便，在自己负责的中转货物的库区对其管理、经手的货物实施掏芯手段将财物非法占为己有，完全可以认定为利用了职务上的便利而窃取单位财产，从而构成职务侵占罪。

综上所述，郑州铁路运输法院以职务侵占罪对被告人贺豫松定罪处罚是正确的。

——最高人民法院刑事审判第一、二、三、四、五庭主办：《刑事审判参考》2007 年第 4 集（总第 57 集），法律出版社 2007 年版，第 43~47 页。

916. 以假充真侵占门票收入款的行为构成职务侵占罪

关键词

职务侵占罪　有价票证

《刑事审判参考》指导案例

董佳、岑炯等伪造有价票证、职务侵占案（《刑事审判参考》指导案例第 213 号）

裁判要点：伪造的东方明珠广播电视塔观光券，应当认定为有价票证。以非法占有为目的，利用职务上的便利出售伪造的观光券行为，构成职务侵占罪。

以假的观光券冒充真的观光券向游客出售，客观上存在欺骗游客及倒卖伪造票证行为，但不应以诈骗罪和倒卖有价票证罪定罪处罚。行为人虽实施了以假充真、欺骗游客的行为，但其所意图占有的对象并非游客的财物，而是门票收入。同样的道理，倒卖伪造票证中的非法营利目的，应当是通过倒卖行为本身来达到的。欺骗游客、倒卖伪造票证只是行为人达到侵占所在单位门票收入的一种手段，一种具体的行为方式，意在通过这种“偷梁换柱”的方式来掩盖对单位票款的非法侵占。首先，行为人表面上所直接侵占的是游客的钱款，实质上属于所在单位应得的门票收入，应当认定为所在单位的财产；其次，行为人利用职务便利，将假票冒充真票出售给游客，对持假观光券的游客予以放行，进而将假观光券的票款收入占为己有。行为人的上述行为完全符合职务侵占罪的构成特征，故构成职务侵占罪。

——最高人民法院刑事审判第一庭、第二庭编：《刑事审判参考》2002年第6辑（总第29集），法律出版社2002年版，第17~24页。

917. 利用职务便利盗卖单位游戏“武器装备”的行为构成职务侵占罪

关键词

职务侵占罪　盗卖虚拟财产

《刑事审判参考》指导案例

王一辉、金珂、汤明职务侵占案（《刑事审判参考》指导案例第461号）

裁判要点：被告人利用职务上的便利，在设定的游戏角色身上，通过修改数据生成极品“武器、装备”出售给其他玩家进行获利的行为构成职务侵占罪。

（一）虚拟财产可以成为《刑法》保护的对象

“网络虚拟财产”一般指网民、游戏玩家在网络游戏中的账号积累的“装备”“货币”“宠物”等“财产”，已经具备了商品的一般属性，寻求法律保护是合理的。近年来，随着互联网用户的激增，少数不法分子利用互联网，大肆进行盗窃、诈骗等侵犯网络虚拟财产的犯罪，给公私财产造成很大的损失，这种犯罪手段往往较为隐蔽，不易查获，其社会危害性也较大，仅通过民事或行政处罚手段尚难以遏制日益猖獗的网络犯罪活动，需要动用刑法手段进行惩处。对此，2000年12月28日全国人大常委会《关于维护互联网安全的决定》第4条就明确规定：“为了保护个人、法人和其他组织的人身、财产等合法权利，对有下列行为之一，构成犯罪的，依照刑法有关规定追究刑事责任：（一）利用互联网侮辱他人或者捏造事实诽谤他人；（二）非法截获、篡改、删除他人电子邮件或者其他数据资料，侵犯公民通信自由和通信秘密；（三）利用互联网进行盗窃、诈骗、敲诈勒索。”

（二）利用职务便利盗卖游戏“武器、装备”的行为构成职务侵占罪

被告人王一辉利用职务上的便利将所在单位的财产盗出后出售牟利的行为构成职务侵占罪。对于被告人金珂、汤明，虽然不属于被害单位的工作人员，但其与被告人王一辉共同勾结、相互配合，共同利用王一辉的职务便利实施了侵占盛大公司财产的犯罪行为，符合 2000 年最高人民法院《关于审理贪污、职务侵占案件如何认定共同犯罪的问题的解释》第 2 条的规定，三被告人属于共同犯罪，应当以职务侵占罪的共犯论处，因此法院以职务侵占罪对本案三被告人进行定罪处罚是正确的。

——最高人民法院刑事审判第一、二、三、四、五庭主办：《刑事审判参考》2007 年第 5 集（总第 58 集），法律出版社 2008 年版，第 48~61 页。

918. 利用职务之便将依据有效合同取得的单位财物占为己有的，应定职务侵占罪

关键词

职务侵占罪　合同诈骗罪　单位财物

《刑事审判参考》指导案例

虞秀强职务侵占案（《刑事审判参考》指导案例第 484 号）

裁判要点：被告人利用代理公司业务的职务之便将依据合法、有效的合同取得的单位财物占为己有的，应当认定为职务侵占罪。

（一）被告人虞秀强侵占的是本单位财物而非合同相对人财物

有观点认为，虞秀强明知金维公司当时只需 3 吨己内酰胺，但出于个人目的，却订购了 38 吨，应认定为个人行为。我们认为，在此情形下，虽然虞秀强夹带有个人目的，但基于虞秀强特殊的身份，只要是以公司名义对外进行，即具有职务性。至于其出于个人目的，利用职务超需订购，应认定为滥用职权行为而非无职权行为。根据上述《规定》，这种滥用职权，对于合同相对人来说，不产生否定合同效力的影响。

在合同有效成立的情况下，依《民法通则》① 第 72 条关于“按照合同或者其他合法方式取得财产的，财产所有权从财产交付时起转移（法律另有规定

① 《民法通则》已被《中华人民共和国民法典》废止。

或当事人另有约定的除外）”及《合同法》[①]第133条关于“（买卖合同）标的物所有权自标的物交付起转移”的规定，38吨己内酰胺的所有权从锦纶厂交货之时起转移给金维公司所有。因而，后来为虞秀强所支配并擅自处置的35吨己内酰胺及最后变现的702000元人民币，均是金维公司依法所有的财物，虞秀强利用职务便利侵占其中444310元货款，侵犯的是本单位的财物所有权。也就是说，虞秀强与锦纶厂签订的是有效合同，通过该有效合同从锦纶厂处取得的财产，已经成为金维公司的财产，而不再是锦纶厂的财产。锦纶厂对已交付的货物依合同享有要求金维公司支付对价的权利，金维公司也应当承担由此引起的合同义务，因而虞秀强擅自支配35吨货物并占有其变现后的部分金钱侵害的是其所在单位金维公司的利益。

（二）被告人虞秀强擅自支配35吨货物并占有其变现后的部分金钱，是利用了其代理公司业务的职务之便

从本案事实考察，被告人虞秀强非法占有财物目的的实现是以其所担任的公司职务为保障的。在与合同相对方锦纶厂（口头合同）签订、履行合同环节，虞秀强能轻易地以公司名义取得38吨货物，归于其作为负责原材料采购业务的副总经理职务之便。具体说来，表现在：一是根据金维公司一贯允许的惯例做法，虞秀强作为公司副总经理有权决定将所订购的货物不通过本公司而直接转手卖给他人，其主要目的是减少征税环节，逃避税收，事实上案发前金维公司已有多批外购货物（包括从锦纶厂所购的己内酰胺）采取该形式销给劲大公司及陈劲宏等。二是虞秀强有权直接代表金维公司向劲大公司等买主收取货款，然后再交付公司，这是虞秀强能轻易获得702000元货款现金支配权的最重要之便利条件。

（三）被告人虞秀强在签订、履行合同过程中，并没有实施明显的诈骗行为

本案被告人虞秀强凭借其职权及先前形成的交易习惯，通过电话即以公司名义从合同相对人处购得了38吨己内酰胺。在口头合同签订及履行过程中，因其有职权之便，根本不需要行骗，故其没有实施《刑法》第224条关于合同诈骗罪的规定中所列举的五种“虚构事实，隐瞒真相”行为。就锦纶厂而言，其交付38吨货物，并非由于受到虞秀强的欺骗而交货，而是基于对虞秀强职务行为的肯定及对金维公司所具履行能力的信任，其交付货物行为并非基于被骗，而是出于真正的自愿，其交付货物也不符合诈骗罪中被害人的心理表现形式，而且，锦纶厂有向金维公司依法索要支付合同货款的权利，其财产权利并未受到侵害。如果说本案中存在被骗方，也只是虞秀强的行为欺骗了其所在单位金维公司，与合同相对方锦纶厂无关。

---

① 该法已被《中华人民共和国民法典》废止。

综上，本案被告人虞秀强利用代理公司业务的职务便利，擅自超需购入原材料并变卖从而侵吞公司财产的行为应构成职务侵占罪，二审法院据此予以改判是正确的。

——最高人民法院刑事审判第一、二、三、四、五庭主办：《刑事审判参考》2008年第2集（总第61集），法律出版社2008年版，第36~43页。

919. 利用职务之便骗取公司代管客户保证金的行为构成职务侵占罪

关键词

职务侵占罪　客户保证金

《刑事审判参考》指导案例

罗辉、王凌云等侵占案（《刑事审判参考》指导案例第21号）

裁判要点：公司职员利用职务之便，内外勾结骗取公司代管的客户保证金的行为，构成职务侵占罪

本案罗辉等被告人所在的汇友公司，是1992年12月26日向广东省工商行政管理局申请成立的，主要从事工农业生产资料的期货交易代理。该公司在经营国际外汇期货交易过程中，没有从事真实的外汇期货经纪活动，而是专门与公司的客户"对赌"，骗取客户的保证金。所谓"对赌"是一种非法活动，一般是指期货经纪公司本身作为交易客户下单，并不将客户的委托指令传送到境外，而是在本公司内部暗设"盘房"（交易撮合成交系统）自行对冲，当每个客户下达指令后，期货经纪公司就下达一份相反的内容指令，然后利用盘房操纵价格，赢取客户的资金。在对赌中绝大部分的客户都会输给汇友公司。1993年6月至8月，被告人罗辉、张伟新、刘智屏、何杏玲利用各自的职务便利，被告人王凌云、李嘉骅利用客户的条件，双方互相配合，内外勾结，采用篡改入仓手数、虚报入仓时间或者入平仓价格等作案手段，伪造交易事实，共非法获取汇友公司资金455525.66元。罗辉等被告人的犯罪行为能够得逞，主要是利用了罗辉等人的公司职员的职务之便和王凌云、李嘉骅的客户条件，这里虚假的外汇期货交易形式，只不过是罗辉等人占有资金的手段。有必要指出的是，必须把汇友公司的欺骗客户的行为与罗辉等人从汇友公司骗取资金的行为区别开来。汇友公司采用欺骗的手段赚取客户的资金的行为是否构成犯罪，不是本案所要解决的问题。汇友公司欺骗客户的行为不能决定罗辉等被告人的犯罪行为性质。从欺骗的对象看，罗辉等被告人欺骗的直接对象是汇友公司，而不是客户。罗辉等人是非法占有了本公司的资金，而不是客户的资金。汇友公司欺骗了客户，应由汇友公司对客户承担赔偿责任。因此，罗辉等被告人的行为构成侵占本公司资金的犯罪，而不构成以欺骗手段非法占有客户资金的诈骗犯罪。

——最高人民法院刑事审判第一庭编:《刑事审判参考》1999 年第 3 辑(总第 3 集)，法律出版社 1999 年版，第 27~34 页。

920. 国有公司工勤人员与他人共谋，利用职务之便内外勾结共同窃取国有财产，构成职务侵占罪

关键词

职务侵占罪　工勤人员　共同犯罪

《最高人民法院公报》案例

福建省厦门市人民检察院诉张珍贵、黄文章职务侵占案

裁判摘要：被告人作为国有公司雇佣的一般工勤人员，对国有财产不具有管理权利，不属于“受委托管理、经营国有财产的人员”，不能成为贪污罪的主体，其利用职务之便，与他人共谋，内外勾结共同窃取国有财产，构成职务侵占罪，而非贪污罪。

本案证据证实，储运公司在承包经营海关验货场后，对进入验货场的货物负有保管责任。因此，货物在受储运公司保管期间，视同储运公司所有的财产。《中华人民共和国刑法》第 382 条第 2 款规定：“受国家机关、国有公司、企业、事业单位、人民团体委托管理、经营国有财产的人员，利用职务上的便利，侵吞、窃取、骗取或者以其他手段非法占有国有财物的，以贪污论。”由于储运公司是两家国有公司投资设立的股份公司，该公司保管的财产虽可列为经手管理的国有财产，但被告人张珍贵只是该公司雇佣的工作人员，从事的只是看管验货场的劳务工作，其身份是一般工勤人员，对场内货物不具有管理权利，既不属于在“公司、企业或者其他国有单位中从事公务的人员”，也不属于“受委托管理、经营国有财产的人员”，因此不能成为贪污罪的主体。故起诉指控被告人的行为构成贪污罪，是定性不当，应当纠正。张珍贵、黄文章以及他们的辩护人关于本案定性不当的辩解和辩护意见，可以采纳。

《中华人民共和国刑法》第 271 条规定："公司、企业或者其他单位的人员，利用职务上的便利，将本单位财物非法占为己有，数额较大的，处五年以下有期徒刑或者拘役；数额巨大的，处五年以上有期徒刑，可以并处没收财产。"被告人张珍贵通过与储运公司签订临时劳务合同，受聘为储运公司承包经营的海关验货场门岗。受聘期间，张珍贵利用当班看管场内货物和核对并放行车辆、代理业务员、核算员对进出场货柜车进行打卡、收费的职务便利，与被告人黄文章共谋，内外勾结共同窃取储运公司负责保管的货柜，其行为触犯了《刑法》第 271 条第 1 款的规定，构成职务侵占罪。依照《刑法》第 25 条的规定，张珍贵、黄文章是共同犯罪，且犯罪数额巨大，至今尚有价值 76715 元的货物无法追回，依法应予惩处。

——《最高人民法院公报》2002 年第 3 期。

921. 名义职务与实际职务不同时应以实际职务范围为准，判断当事人是否利用了职务之便

关键词

职务侵占罪　名义职务　实际职务　利用职务之便

《刑事审判参考》指导案例

林通职务侵占案（《刑事审判参考》指导案例第 247 号）

裁判要点：当名义职务与实际职务范围不一致时，应以实际职务范围为标准判断行为人是否利用了职务之便。

《刑法》第 271 条对职务侵占罪的客观要件规定为"利用职务上的便利，将本单位财物非法占为己有"。"利用职务上的便利非法占有"与"履行职务过程中的非法占有"两者外延并不相同，前者包括后者，即履行职务过程中的非法占有必然是利用职务便利的非法占有，而利用职务上的便利非法占有并不一定是发生于履行职务过程中，但又必须与其职务直接相关联。根据法律规定，只要行为人具有并利用其特定的职务将本单位财物非法占为己有，无论其职务是如何获得，均不影响其构成职务侵占罪。因此，当名义职务与实际职务范围不一致时，应以实际职务范围为标准判断行为人是否利用了职务之便。

——最高人民法院刑事审判第一庭、第二庭编：《刑事审判参考》2003 年第 3 辑（总第 32 集），法律出版社 2003 年版，第 53~59 页。

922. 对村基层组织人员协助人民政府从事“国有土地的经营和管理”的理解

关键词

职务侵占罪　国有土地经营和管理

《刑事审判参考》指导案例

钱银元贪污、职务侵占案（《刑事审判参考》指导案例第 642 号）

裁判要点：将集体土地出租给用地单位并收取租金，后该土地收归国有，村委将拥有使用权的该宗土地继续出租，并增收租金，其行为始终属于从事村务性质。被告人利用职务便利，将集体收取的土地租金非法占为己有，构成职务侵占罪。

根据 2000 年 4 月 29 日《全国人大常委会关于〈中华人民共和国刑法〉第九十三条第二款的解释》规定的公务内容，判定本案被告人是否属于“其他依照法律从事公务的人员”，最关键的一点在于其行为是否属于协助人民政府从事“国有土地的经营和管理”工作。经分析，本案被告人钱银元的职务行为不属于协助人民政府从事“国有土地的经营和管理”工作：1. 本案被告人系以村委的名义，而非政府名义处理相关事务。所谓协助政府从事行政管理工作，是指以政府的名义参与组织、领导、监督、管理涉及人民利益和社会发展的相关国家事务和政府事务的活动。村民委员会、居民委员会是基层群众自治性组织，职责主要是管理村、居民点的集体性事务，其本身并无行政管理权能。但由于该组织能起到国家与群众的纽带作用，便于协助行政机关传达、贯彻党和国家的方针政策，常代行部分行政管理事务，但这也仅是“协助”从事行政管理工作，因此，必须是以政府的名义。然而，本案被告人基于租赁关系向对方当事人增收租金，是以村委的名义，而不是以政府的名义。2. 出租土地事务性质属于村务，而非公务。基层组织人员是否属于国家工作人员，以该成员是否具有依法从事公务这一本质特征来判断。如果其从事的仅是本集体组织的事务，不能以国家工作人员论。但若是其受行政机关委托，代替行政机关从事一定的行政管理事务，系依法受委托从事公务的人员，应以国家工作人员论。而国家公务明显区别于集体组织事务。从本质看，从事公务是公共权力的直接运用。本案中，鸿声村委将集体土地出租给用地单位并收取租金，后该土地收归国有，村委将拥有使用权的该宗土地继续出租，并增收租金，其行为始终属于从事村务性质。

被告人利用职务便利，将集体收取的土地租金非法占为己有，构成职务侵占罪争议部分被告人所占有的财产，实质上与所指控的职务侵占部分的财产，具有相同性质，均是应由集体收取的土地租金。被告人钱银元系鸿声村委会党支部书记，具有管理本村财产的职权，其利用该职务便利，将集体财产非法占为己有，符合职务侵占罪的构成要件。

——最高人民法院刑事审判第一、二、三、四、五庭主办:《刑事审判参考》2010 年第 4 集（总第 75 集），法律出版社 2011 年版，第 87~93 页。

923. 村民小组干部利用职务之便非法侵占集体财产的行为构成职务侵占罪

关键词

职务侵占罪　村民小组出纳　职务之便　集体财产

最高人民法院司法解释

四川省高级人民法院：

你院川高法〔1998〕224 号《关于村民小组组长利用职务便利侵吞公共财物如何定性的问题的请示》收悉。经研究，答复如下：

对村民小组组长利用职务上的便利，将村民小组集体财产非法占为己有，数额较大的行为，应当依照刑法第二百七十一条第一款的规定，以职务侵占罪定罪处罚。

此复

——《最高人民法院关于村民小组组长利用职务便利非法占有公共财物行为如何定性问题的批复》（1999 年 6 月 25 日，法释〔1999〕12 号）。

附录：司法信箱

问题：某村民小组出纳吴某某将其收到的该村民小组的一笔征地补偿 7 万余元占为已有，经乡村组干部多次做工作拒不交出，对吴某某的行为是构成侵占罪还是职务侵占罪现有两种意见：一种意见认为吴某某侵占组上的征地款是利用了其担任该村村民小组出纳这一特殊身份而得逞的，根据《刑法》第二百七十一条的规定吴某某的行为构成职务侵占罪；另一种意见认为吴某某担任的村民小组出纳身份，目前法律没有明确规定构成职务侵占罪的犯罪主体，故其侵占村民小组征地款的行为只能构成《刑法》第二百七十条规定的侵占罪，请问以上意见哪种正确？

《人民司法》研究组认为：《刑法》第二百七十一条规定："公司、企业或者其他单位的人员，利用职务上的便利，将本单位财物非法占为己有，数额较大的，处五年以下有期徒刑或者拘役；数额巨大的，处五年以上有期徒刑，可以并处没收财产。"据此，对村民小组出纳利用职务上的便利，将村民小组的征地款非法占为己有，数额较大的行为，应当依照《刑法》第二百七十一条第一款的规定，以职务侵占罪定罪处罚。

——《人民司法·应用》2012 年第 3 期（总第 638 期）。

924. 村民小组组长将集体土地征用补偿费据为己有行为的定性

关键词

职务侵占罪　国家工作人员　村民小组组长

《刑事审判参考》指导案例

赵玉生、张书安职务侵占案（《刑事审判参考》指导案例第 1138 号）

裁判要点：村基层组织人员应当包括但又不限于村民委员会人员，村民小组组长如果从事特定公务，和村民委员会成员一样，属于"其他依照法律从事公务的人员"，在此之外，若协助人民政府从事的土地征收、征用补偿费用管理等行政管理工作已经结束，土地补偿费已经拨付给村集体，那么，村民小组组长在管理村集体事务过程中侵吞集体财产的，因其行为不属于协助政府从事特定公务，故不构成贪污罪，而应构成职务侵占罪。

（一）村民小组组长在从事特定公务时，与村委会成员一样，可以适用《全国人民代表大会常务委员会关于〈中华人民共和国刑法〉第九十三条第二款的解释》（以下简称《解释》）的相关规定，以国家工作人员论；但在处理集体自治事务时，则不能以国家工作人员论

根据《解释》规定，村民委员会等村基层组织人员在协助人民政府从事土地征收、征用补偿费用的管理等行政管理工作时，属于刑法第九十三条第二款规定的"其他依照法律从事公务的人员"，以国家工作人员论。据此，对于属于村民委员会成员的村支书、村主任以及其他村民委员会成员在从事土地征收、征用补偿费用等特定事项的管理工作时，可以国家工作人员论。但是，对于不属于村民委员会成员的村民小组组长是否能够根据《解释》以国家工作人员论，则存在争议。一种观点认为，《解释》只适用于村民委员会层

级，村民小组组长不属于此类人员范围。村民小组组长利用职务便利侵吞土地征收、征用补偿费的，只能构成职务侵占罪。另一种观点认为，村基层组织人员应当包括但又不限于村民委员会人员，村民小组组长如果从事特定公务，和村民委员会成员一样，属于“其他依照法律从事公务的人员”，可以成为贪污罪的主体。

我们赞同后一种观点，理由是：第一，村民小组由村民委员会根据需要设立，是村民委员会的下设组织，往往是协助人民政府完成特定公务活动的具体承担者。村民小组组长作为该下设组织的负责人，法律地位与村民委员会成员具有一致性。第二，村民小组组长通常执行的是村民委员会的决策，以村民委员会的名义进行工作，职责与村民委员会成员并无不同。第三，《解释》规定的“村民委员会等村基层组织人员”之“等”字可以将村民小组组长涵盖入内。第四，《批复》仅强调对村民小组组长利用职务上的便利将村民小组集体财产非法占为己有的行为以职务侵占罪定罪处罚，并未规定村民小组组长利用职务上的便利将公共财产非法占为己有的行为如何定性。

我们认为，村民小组组长与村委会成员一样，如果从事特定公务，可以成为贪污罪的主体；进一步讲，如果村民小组组长利用职务便利，在协助人民政府处理特定公务时非法占有公共财产的，应当认定为贪污罪。尽管如此，对于村民小组组长利用职务便利，在处理集体自治范围内的事务中非法占有集体财产的情形，因不涉及特定公务，故不能认定为贪污罪，可认定为职务侵占罪。

（二）村民委员会等村基层组织人员协助人民政府从事特定行政管理工作以及管理村集体事务的区分标准

村民小组作为村民委员会的下设机构，既负责村民委员会交办的自治管理事务、生产经营活动，又经常具体负责完成村民委员会交办的某些行政管理事务。司法实践中，需要准确区分村民委员会等村基层组织人员协助政府从事的特定公务以及对村集体事务的管理。

村民委员会等村基层组织协助人民政府从事土地征收、征用补偿费用的管理等行政管理工作，具体主要是指协助政府开展核准、测算以及向土地征用受损方发放补偿费用等管理活动。在协助政府从事此类行政管理工作过程中利用职务便利侵吞财物的方式主要有：在协助清点、丈量、测算、确认、统计土地、登记地上附着物时虚构补偿项目或多报土地面积、地上附着物数及青苗补偿亩数；在协助统计、登记、向上报送以及核实、发放补偿款时将政府拨付的补偿款不入村集体账目；征地时设立名目，用补偿款给村干部发奖金，并以此名义套取补偿款；等等。如果村民小组组长在协助政府从事上述公务活动过程中，利用职务便利，弄虚作假、虚报冒领套取超额土地补偿款，则应构成贪污罪。

相比之下，如果村民委员会等村基层组织人员协助人民政府从事的土地征收、征用补偿费用管理等行政管理工作已经结束，土地补偿费已经拨付给村集体，那么，村民小组组长在管理村集体事务过程中侵吞集体财产的，因其行为不属于协助政府从事特定公务，故不构成贪污罪，而应构成职务侵占罪。

（三）村民委员会等村基层组织管理的财物属于公共财产还是单位集体财产的区分标准

贪污罪与职务侵占罪侵犯的法益不同，贪污罪侵犯的是公共财产所有权，而职务侵占罪侵犯的则是单位集体财产权，这是准确认定案件性质的关键因素。

本案中，新郑市城关乡沟张村的南水北调工程永久用地补偿费下拨至河南省新郑市城关乡“三资”委托代理服务中心后，系由新郑市城关乡沟张村二组制定本村组的补偿费发放标准，该村组扣发了户口迁来晚的、出嫁姑娘户口没迁出的等情形的部分土地补偿款，即由村民小组集体决定本组土地补偿费的发放及相关标准。在该款项发放过程中，二被告人以在补偿费分配表中添加非本组成员的方式套取财产，进而非法占为己有。鉴于南水北调工程永久用地补偿费系因新郑市城关乡沟张村集体土地被国家征用而支付给该村组集体的补偿费用，该款进入新郑市城关乡“三资”委托代理服务中心账户后，即成为该中心代为管理的村组集体财产。被告人赵玉生身为村民小组组长，利用职务便利，伙同被告人张书安将本村民小组集体财产非法占为己有，数额巨大，其行为应当认定为职务侵占罪。

综上，二审法院认定二被告人的行为构成职务侵占罪，并判处相应的刑罚，是正确的。

——最高人民法院刑三庭：《赵玉生、张书安职务侵占案》，载最高人民法院刑事审判第一、二、三、四、五庭主办：《刑事审判参考》（总第106集），法律出版社2017年版，第15~18页。

925. 村民小组是否属于《刑法》第二百七十二条规定的“其他单位”

关键词

村民小组

最高人民法院审判业务意见（研究室研究意见）

有关部门就村民小组是否属于刑法第二百七十二条规定的“其他单位”

问题征求最高人民法院研究室意见。最高人民法院研究室经研究认为：

刑法第二百七十二条规定的“其他单位”包括村民小组，村民小组组长可以成为挪用资金罪的犯罪主体。村民小组组长利用职务上的便利，挪用本单位资金归个人使用或者借贷给他人，数额较大、超过三个月未还的，或者虽未超过三个月，但数额较大、进行营利活动的，或者进行非法活动的，应当依照刑法第二百七十二条第一款的规定，以挪用资金罪定罪处罚。

——《最高人民法院研究室关于村民小组是否属于刑法第二百七十二条规定的“其他单位”问题的研究意见》，载张军主编、最高人民法院研究室编：《司法研究与指导》2012 年第 2 辑（总第 2 辑），人民法院出版社 2012 年版，第 160~162 页。

926. 挪用资金罪条款中多处出现的“数额较大”是否必须适用同一数额认定标准

关键词

挪用资金罪　数额较大　数额较大不退还　同一数额认定标准

《刑事审判参考》指导案例

曾齐长挪用资金案（《刑事审判参考》指导案例第 1394 号）

裁判要点：位于挪用资金罪第二个刑档中的“数额较大不退还”，其数额也应当以挪用公款罪第二个刑档“情节严重”中不退还的数额标准作为认定基准。

《刑法》第二百七十二条第一款规定：“公司、企业或者其他单位的工作人员，利用职务上的便利，挪用本单位资金归个人使用或者借贷给他人，数额较大、超过三个月未还的，或者虽未超过三个月，但数额较大、进行营利活动的，或者进行非法活动的，处三年以下有期徒刑或者拘役；挪用本单位资金数额巨大的，或者数额较大不退还的，处三年以上十年以下有期徒刑。”上述条款中，存在三处“数额较大”用语，这三处“数额较大”中的数额标准是否相同？尤其是对于作为该罪法定刑升格条件的“数额较大不退还”，是否也应当按照前两处“数额较大”的标准来认定？

从司法实践中的判决来看，做法各异，亟须统一。本案审理过程中，针对被告人曾齐长挪用资金 10.5 万元未退还的行为能否认定为“数额较大不退还”，同样存在两种意见：

第一种意见认为，既然“数额较大、超过三个月未还”与“数额较大、进行营利活动”中“数额较大”起点是10万元，那么“数额较大不退还”中的“数额较大”也应当以10万元为起点。故对被告人曾齐长挪用资金10.5万元未退还的行为应认定为“数额较大不退还”，在三年以上十年以下判处有期徒刑。

第二种意见则认为，挪用资金罪中“数额较大不退还”与“数额较大、进行营利活动”中的数额标准并不相同。由于司法解释规定挪用资金罪中的“数额较大”“数额巨大”标准按照挪用公款罪的二倍执行，那么作为挪用资金罪中“数额较大不退还”这一法定刑升格条件的起点，也应当是挪用公款罪中“挪用公款不退还”这一法定刑升格条件起点数额的二倍。由于“挪用公款不退还”的起点数额为100万元，故挪用资金“数额较大不退还”的起点应当是200万元。本案被告人曾齐长挪用资金10.5万元未退还，不符合“数额较大不退还”的标准，只能认定为“数额较大进行营利活动”，在三年以下有期徒刑或者拘役幅度内量刑。

我们同意上述第二种观点，理由如下：

在挪用资金罪当中，由于“数额较大”分别处于两个量刑档次当中，按照同一解释所得出的结论将会导致罪刑不相适应，并与《最高人民法院、最高人民检察院关于办理贪污贿赂刑事案件适用法律若干问题的解释》（以下简称《贪污贿赂解释》）的本意相违背。为此，即使“数额较大”出现在同一罪名同一条款当中，也应当作不同的解释。其中，挪用资金罪第一个量刑档中的“数额较大”容易理解，直接以挪用公款罪中“数额较大”的数额标准作为认定基准，即10万元（5万元×2）。本案被告人曾齐长挪用公款数额超过10万元，但由于其未退还，这就涉及能否认定为“数额较大不退还”，并在第二个刑档量刑的问题。根据《贪污贿赂解释》的精神，在认定“数额较大不退还”时同样应当参照挪用公款罪的数额标准，以二倍来进行计算。既然《贪污贿赂解释》规定挪用资金罪第二个刑档中的“数额巨大”，应当以挪用公款罪第二个刑档“情节严重”的数额标准作为认定基准，即通常为400万元（200万元×2）；那么，同样位于挪用资金罪第二个刑档中的“数额较大不退还”，其数额也应当以挪用公款罪第二个刑档“情节严重”中不退还的数额标准作为认定基准，即200万元（100万元×2）。

——张晔、聂昭伟撰稿、韩维中审编：《曾齐长挪用资金案——挪用资金罪两个量刑档次中的“数额较大”，是否适用同一数额认定标准》，载最高人民法院刑事审判第一、二、三、四、五庭编：《刑事审判参考》（总第125辑），人民法院出版社2020年版，第54~60页。

927. 挪用资金罪的既未遂形态

关键词

挪用资金罪　犯罪既遂

附录：最高人民法院主流观点

挪用资金罪不能将挪用人或者他人对资金的控制与否作为判断既遂未遂的标准。“挪用”一词由“挪”和“用”两种行为结合而成。“挪”是指利用职务上的便利，将本单位的资金转移到本人或者他人的控制之下。“用”是指将资金用于本人或者他人的某种需要。“挪”是前提，“用”是目的。[①] 因此，本罪为复行为犯，原则上应当将使用单位资金行为实施完毕与否，作为既未遂的标准。但本罪在犯罪构成上较为复杂，应结合以上标准，针对“超期未还”型、“营利活动”型和“非法活动”型挪用资金犯罪的各自特点，进行具体地判断。对于“超期未还”型，如果挪用资金尚未超过 3 个月的，不构成犯罪，自然也不能成立未遂；对于“非法活动”型和“营利活动”型，应以挪用资金后是否进行营利活动或非法活动作为既遂的标准。如果行为人挪用本单位资金归个人使用或者借贷给他人，欲进行非法活动，或者数额较大，并欲进行营利活动，但由于行为人意志以外的原因而未得逞的，成立犯罪未遂。

——胡云腾主编：《刑法罪名精释（第五版）》，人民法院出版社 2022 年版，第 864 页。

928. 无法查明企业经济性质时，企业负责人将企业资金转移到个人账户进行股票交易的行为，不应认定为挪用资金罪

关键词

挪用资金罪　企业性质

《最高人民法院公报》案例

晋中市人民检察院诉刘国平挪用资金案（判决时间：2002 年 11 月 14 日，二审法院：山西省高级人民法院）

---

① 参见高铭暄、马克昌：《刑法学》（第 7 版），北京大学出版社 2016 年版，第 515 页。

裁判摘要：在无法查明企业经济性质的情况下，对企业负责人将企业资金转移到个人账户进行股票交易的行为，不应按《刑法》第272条第1款的规定认定为挪用资金罪。

抗诉机关补充提交的证据，尚不能证实高校铸造厂、三晋公司、福涌公司开办之初，国有、集体单位曾给上列企业投资，故认定这三个单位为公有制经济性质的企业，证据不足。在公司经济性质不明的情况下，无法认定作为三晋公司董事、福涌公司法定代表人的原审被告人刘国平对公司资金享有什么权利。因此，尽管刘国平转款炒股的事实清楚、证据确实，但还不能构成《刑法》第272条第1款规定的挪用资金罪。一审认定事实清楚，证据确实，适用法律判决刘国平无罪，是正确的。抗诉机关的抗诉理由，缺乏事实根据和法律依据，不予采纳。刘国平的辩解及其辩护人的辩护意见中，合理的部分予以采纳。

——《最高人民法院公报》2004年第8期。

929. 彩票销售人员不交纳投注金擅自打印彩票行为的定性

关键词

挪用资金罪　擅自打印彩票

《最高人民法院公报》案例

滨海县人民检察院诉刘必仲合同诈骗案（判决时间：2005年9月9日，二审法院：盐城市中级人民法院）

裁判摘要：福利彩票是国家为筹集社会福利事业发展资金，特许中国福利彩票发行中心垄断发行的有价凭证。受彩票发行机构委托，在彩票投注站代销福利彩票的非国家工作人员，如果以不交纳彩票投注金的方式擅自打印并获取彩票，是侵犯彩票发行机构管理的社会公益性财产的行为。根据《刑法》第272条第1款规定，对这种行为应当按挪用资金罪定罪处罚。

任何人只有在经过财产所有人或者管理人同意的情况下，才可以动用他人所有或管理的财产，否则即为侵犯他人财产。上诉人刘必仲是在未经许可的情况下，以不交纳彩票投注金而打印彩票的消极方式，挪用彩票发行机构管理的彩票投注金，这种行为因侵犯彩票发行机构管理的财产而构成犯罪。

在实施犯罪行为被及时发觉后，刘必仲向滨募办打了欠条。应当看到，不是彩票发行机构同意刘必仲可以不交纳彩票投注金而打印彩票的情况下刘必仲出具这张欠条，而是刘必仲的犯罪行为被彩票发行机构发觉后才有此欠条，因此这是犯罪后的补救措施，不是“欠款买票”，不能说明刘必仲与滨募办之间存在债权债务关系。刘必仲关于“其行为是民事债务纠纷，不构成犯罪”的上诉意见，缺少法律依据，不能成立。

——《最高人民法院公报》2006 年第 2 期。

930. 业主委员会工作人员利用职务上的便利，挪用业主委员会资金归个人使用，以挪用资金罪定罪处罚

关键词

挪用资金罪　利用职务之便　业主委员会工作人员

《最高人民法院公报》案例

广东省深圳市南山区人民检察院诉王江浩挪用资金案（判决时间：2018 年 12 月 6 日，二审法院：深圳市中级人民法院）

裁判摘要：小区业主委员会向市场监督管理部门登记注册并取得组织机构代码证，符合同类职务犯罪司法解释所规定的“其他单位”的特征，属于作为被害单位的“其他单位”范畴的，业主委员会工作人员可以成为挪用资金罪的犯罪主体。业主委员会在银行开立基本存款账户，账户内资金属于全体业主共有，业主委员会具有属于自己的财产，业主委员会名下的银行账户内资金应视为“本单位资金”。业主委员会工作人员利用职务上的便利，挪用业主委员会资金归个人使用，用于营利活动或借贷给他人，数额较大，超过三个月未还的，应当依照《中华人民共和国刑法》第二百七十二条第一款的规定，以挪用资金罪定罪处罚。

深圳市中级人民法院二审认为，上诉人王江浩未经业主大会讨论和表决通过，私自挪用朗景园小区业委会的中国银行对公账户中的人民币 44 万元的事实属客观事实。即使小区部分业主事后表示谅解，表示给予补充授权亦不能与业主大会事前的讨论和表决这一规定程序等同相待。因此，业主事后谅解或补充授权并无实质的、阻却违法性判断的效力。关于上诉人王江浩是否符合挪用资金犯罪构成主体要件的问题，原判认定王江浩符合挪用资金犯罪

构成主体要件的叙事理据充分，认定结论依法成立，应予采纳。

——《最高人民法院公报》2020年第5期。

931. 村民委员会人员利用职务便利借用村集体资金或者将村集体资金借给他人的行为构成挪用资金罪

关键词

挪用资金罪　村民委员会人员　村集体资金

《刑事审判参考》指导案例

丁钦宇挪用资金案（《刑事审判参考》指导案例第333号）

裁判要点：村民委员会成员不是刑法意义上的国家工作人员。村民委员会成员只有在协助人民政府执行公务过程中利用职务上的便利实施犯罪行为的，才可以适用《刑法》关于国家工作人员的规定。村民委员会属于《刑法》第272条第1款规定的“其他单位”，村民委员会成员利用职务上的便利，挪用本单位资金归个人使用或者借贷给他人，构成犯罪的，应当以挪用资金罪追究刑事责任。

1. 村民委员会成员不是刑法意义上的国家工作人员。因此，从村民委员会的职能来看，村民委员会成员从事的村自治范围内的管理村公共事务和公益事业工作，虽然属于公务，但不同于以国家或者政府名义实施的组织、领导、监督、管理与人民群众利益及社会的发展相关的各种国家事务和公共事务，不属于《刑法》第93条第2款规定的“依照法律从事公务”。从村民委员会成员的组成看，是由村民直接选举产生，并且村民委员会组织法明确规定:“任何组织或者个人不得指定、委派或者撤换村民委员会成员。”再从村民委员会成员的身份来看，主要是农民，也不脱离生产，不享有国家工作人员的待遇，不具有国家工作人员的权利，犯罪后按国家工作人员处理，权利义务不对等。因此，村民委员会成员不是刑法意义上的国家工作人员。

2. 村民委员会成员只有在协助人民政府执行公务过程中利用职务上的便利实施犯罪行为的，才可以适用《刑法》关于国家工作人员的规定。立法解释并没有明确村民委员会等村基层组织人员属于国家工作人员，也没有肯定对村民委员会成员可以“以国家工作人员论”，只是明确了村民委员会等村基层组织人员在协助人民政府开展工作过程中，利用职务上的便利，实施犯罪行为的，可以适用《刑法》关于国家工作人员的条款。

3. 村民委员会属于《刑法》第272条第1款规定的“其他单位”，村民委员会成员利用职务上的便利，挪用本单位资金归个人使用或者借贷给他人，构成犯罪的，应当适用《刑法》第272条第1款，以挪用资金罪追究刑事责任。

——最高人民法院刑事审判第一庭、第二庭编：《刑事审判参考》2005年第1集（总第42集），法律出版社2005年版，第46~50页。

932. 村民委员会人员利用职务之便挪用款项的性质无法确定时，以挪用资金罪定罪

关键词

挪用资金罪　村民委员会人员　挪用款项

《刑事审判参考》指导案例

陈焕林等挪用资金、贪污案（《刑事审判参考》指导案例第454号）

裁判要点：村民委员会等村基层组织人员协助人民政府从事有关法律规定的行政管理工作，属于“其他依照法律从事公务的人员”，以国家工作人员论。无法区分被挪用的款项性质的，以挪用资金罪追究村民委员会等村基层组织人员的刑事责任。

1. 村民委员会等村基层组织人员协助人民政府从事有关法律规定的行政管理工作，属于“其他依照法律从事公务的人员”，以国家工作人员论

可以看出，全国人大常委会的立法解释是从村基层组织人员所从事的工作性质角度来确定其主体性质的，村基层组织人员的职务行为可区分为两种：一是依法从事公务行为，二是村内自治管理服务行为。依法从事公务行为，就是全国人大常委会立法解释列举规定的七项具体职责内容，其实质均是村基层组织人员协助人民政府从事行政管理工作，属于从事公务，具有从事特定公务的职务便利，因此村基层组织人员才能以国家工作人员论。村内自治管理服务行为，是指人大立法解释的七项事务之外的村内集体公益事业管理和集体公益服务等自治事项，如集体土地出租及租金管理，在农村村民居住区改水、改厕、修筑公用设施等纯粹属于村民自治范围内的与政府行政管理工作无关的集体公益性的服务活动，在这些村内自治管理服务行为过程中发生的利用职务之便实施的犯罪，不具有行使公权的性质，利用的是村基层组织的职务便利，因此村基层组织工作人员不能以国家工作人员论。

2. 无法区分被挪用的款项性质的，以挪用资金罪追究村民委员会等村基层组织人员的刑事责任。根据《刑法》的规定，挪用公款罪与挪用资金罪除了犯罪主体上的区别外，在行为对象和行为特征上也存在明显不同：挪用公款罪的行为对象必须是公款，而挪用资金罪的行为对象则为公司、企业或其他单位的资金；挪用公款利用的是从事公务之便，而挪用资金利用的则是从事公司、企业或其他单位的特定职务之便。根据全国人大常委会的立法解释，对于协助人民政府从事行政管理工作的七项事务，村基层组织人员以国家工作人员论，由于七项事务中所涉及的款项为公款，利用的是从事公务之便，故村基层组织人员利用此职务之便挪用这些款项的构成挪用公款罪；如果村基层组织人员从事的并非上述立法解释规定的七项事务，而是村内自治管理服务工作，其所利用的是村内自治管理服务工作之便，故利用此职务之便挪用村集体资金的构成挪用资金罪。当然，在能够准确区分所挪用的款项来源，确定所利用的职务便利性质的情况下，按照上述原则定罪处罚是比较明晰的，而在农村基层组织人员所挪用款项的具体性质以及利用何种职务之便无法查清的情况下，由于无法区分他们究竟是利用何种职务便利挪用何种款项，主体身份无法明确，因此根据刑法的谦抑原则，应该从有利于被告人的角度出发，以刑罚较轻的罪名对被告人进行定罪处罚。

——最高人民法院刑事审判第一、二、三、四、五庭主办：《刑事审判参考》2007 年第 4 集（总第 57 集），法律出版社 2007 年版，第 56~63 页。

933. 敲诈勒索罪的量刑

关键词

敲诈勒索罪　量刑

最高人民法院司法解释

第一条　敲诈勒索公私财物价值二千元至五千元以上、三万元至十万元以上、三十万元至五十万元以上的，应当分别认定为刑法第二百七十四条规定的“数额较大”、“数额巨大”、“数额特别巨大”。

各省、自治区、直辖市高级人民法院、人民检察院可以根据本地区经济发展状况和社会治安状况，在前款规定的数额幅度内，共同研究确定本地区执行的具体数额标准，报最高人民法院、最高人民检察院批准。

第二条　敲诈勒索公私财物，具有下列情形之一的，“数额较大”的标准可以按照本解释第一条规定标准的百分之五十确定：

（一）曾因敲诈勒索受过刑事处罚的；

（二）一年内曾因敲诈勒索受过行政处罚的；

（三）对未成年人、残疾人、老年人或者丧失劳动能力人敲诈勒索的；

（四）以将要实施放火、爆炸等危害公共安全犯罪或者故意杀人、绑架等严重侵犯公民人身权利犯罪相威胁敲诈勒索的；

（五）以黑恶势力名义敲诈勒索的；

（六）利用或者冒充国家机关工作人员、军人、新闻工作者等特殊身份敲诈勒索的；

（七）造成其他严重后果的。

第三条 二年内敲诈勒索三次以上的，应当认定为刑法第二百七十四条规定的“多次敲诈勒索”。

第四条 敲诈勒索公私财物，具有本解释第二条第三项至第七项规定的情形之一，数额达到本解释第一条规定的“数额巨大”、“数额特别巨大”百分之八十的，可以分别认定为刑法第二百七十四条规定的“其他严重情节”、“其他特别严重情节”。

第五条 敲诈勒索数额较大，行为人认罪、悔罪，退赃、退赔，并具有下列情形之一的，可以认定为犯罪情节轻微，不起诉或者免予刑事处罚，由有关部门依法予以行政处罚：

（一）具有法定从宽处罚情节的；

（二）没有参与分赃或者获赃较少且不是主犯的；

（三）被害人谅解的；

（四）其他情节轻微、危害不大的。

第六条 敲诈勒索近亲属的财物，获得谅解的，一般不认为是犯罪；认定为犯罪的，应当酌情从宽处理。

被害人对敲诈勒索的发生存在过错的，根据被害人过错程度和案件其他情况，可以对行为人酌情从宽处理；情节显著轻微危害不大的，不认为是犯罪。

第七条 明知他人实施敲诈勒索犯罪，为其提供信用卡、手机卡、通讯工具、通讯传输通道、网络技术支持等帮助的，以共同犯罪论处。

第八条 对犯敲诈勒索罪的被告人，应当在二千元以上、敲诈勒索数额的二倍以下判处罚金；被告人没有获得财物的，应当在二千元以上十万元以下判处罚金。

——《最高人民法院、最高人民检察院关于办理敲诈勒索刑事案件适用法律若干问题的解释》（2013年4月23日，法释〔2013〕10号）。

最高人民法院司法政策精神

（十五）敲诈勒索罪

1. 构成敲诈勒索罪的，根据下列情形在相应的幅度内确定量刑起点：

（1）达到数额较大起点的，或者二年内三次敲诈勒索的，在一年以下有期徒刑、拘役幅度内确定量刑起点。

（2）达到数额巨大起点或者有其他严重情节的，在三年至五年有期徒刑幅度内确定量刑起点。

（3）达到数额特别巨大起点或者有其他特别严重情节的，在十年至十二年有期徒刑幅度内确定量刑起点。

2. 在量刑起点的基础上，根据敲诈勒索数额、次数、犯罪情节严重程度等其他影响犯罪构成的犯罪事实增加刑罚量，确定基准刑。

多次敲诈勒索，数额达到较大以上的，以敲诈勒索数额确定量刑起点，敲诈勒索次数可以作为调节基准刑的量刑情节；数额未达到较大的，以敲诈勒索次数确定量刑起点，超过三次的次数作为增加刑罚量的事实。

3. 构成敲诈勒索罪的，根据敲诈勒索的数额、手段、次数、危害后果等犯罪情节，综合考虑被告人缴纳罚金的能力，在二千元以上敲诈勒索数额的二倍以下决定罚金数额；被告人没有获得财物的，在二千元以上十万元以下判处罚金。

4. 构成敲诈勒索罪的，综合考虑敲诈勒索的手段、数额、次数、危害后果、退赃退赔等犯罪事实、量刑情节，以及被告人的主观恶性、人身危险性、认罪悔罪表现等因素，决定缓刑的适用。

——《最高人民法院、最高人民检察院印发〈关于常见犯罪的量刑指导意见（试行）〉的通知》(2021年6月16日，法发〔2021〕21号)。

934. 将被害人杀死后，以被害人被绑架为名，向被害人亲属勒索钱款的行为构成敲诈勒索罪

关键词

敲诈勒索罪　故意杀人罪　绑架罪　数罪并罚

《刑事审判参考》指导案例

陈宗发故意杀人、敲诈勒索案（《刑事审判参考》指导案例第259号）

裁判要点：将被害人杀死后，以被害人被绑架为名，向被害人亲属勒索钱款的行为构成敲诈勒索罪。

被害人杀死后，以被害人被绑架为名，向被害人亲属勒索钱款，作为被

害人的利害关系人，深为被害人的安危而担忧，严重地受到了精神的强制。因此，行为人虚构绑架事实，胁迫被害人的利害关系人，意在勒索钱款，其行为符合敲诈勒索罪的构成要件。

我们认为，敲诈勒索罪是主要侵犯财产的犯罪，首先应当考虑以财物的交付或取得作为认定敲诈勒索罪的既遂与未遂的标准。以被害人是否受到精神强制作为判断本罪既未遂的标准是不可取的。至于到底是以被害人是否已被迫交付财物还是以犯罪人是否实际取得他人财物何者为标准则有待进一步的探讨。侧重于犯罪完成说的观点认为，应当以犯罪人取得财物为标准，只有犯罪人实际取得财物，犯罪才告完成，构成既遂。而侧重于被害人财产权益保护的观点则认为，应当以被害人是否已被迫交付财物为标准，因为只要被害人已被迫交出财物，即意味着被害人的财产权益已受到实际的侵害。应该说，两种观点均有其道理。就实践来看，通常而言，被害人交付财物和犯罪人取得财物往往是一致的，但也存在不一致的情形。如被害人已按犯罪人的要求将财物交付于特定的地点或交付于犯罪人所指定的特定的人，但犯罪人尚未前往取得就被抓获的情况即是。此时，从表面上看，被害人交付财物和犯罪人取得财物在时间上并不一致。但从实质上看，对这种情况，犯罪人虽未前往实际取得财物，但由于被害人是按犯罪人指定的地点或人进行交付，故仍应视为犯罪人可以实际取得该财物。因此，无论是依交付说（失控说）还是取得说（控制说）都宜认定为既遂。需要说明的是，对于这样的一种特殊情形，即被害人事先报警，公安机关已然布控，只待犯罪人前往指定地点取钱即将其抓获的，对此，则不应认定为既遂，而应为未遂。因为，就被害人而言，其并未真正交付财物或者说并未真正失去对财物的控制，就犯罪人而言，其也不可能实际取得财物或形成对财物的控制。因此，无论是依交付说（失控说）还是取得说（控制说）都宜认定为未遂。

——最高人民法院刑事审判第一庭、第二庭编：《刑事审判参考》2003年第5集（总第34集），法律出版社2004年版，第1~7页。

935. “黑中介”采用软暴力手段强行收取不合理费用，或者拒不退还应退钱款的行为，构成敲诈勒索罪

关键词

黑中介　房屋租赁　软暴力

《刑事审判参考》指导案例

刘康等人敲诈勒索案（《刑事审判参考》指导案例第1304号）

裁判要点：被告人刘康等七人用签订房屋租赁合同的形式掩盖其非法占有的目的，采用言语威胁等“软暴力”方式使被害人产生恐惧、恐慌，进而形成心理强制，使得被害人交纳额外的费用或放弃应当退还的费用，构成敲诈勒索罪。

一般意义上的敲诈勒索罪的行为模式为：对他人实施威胁（恐吓）→对方产生恐惧心理→对方基于恐惧心理处分财产→行为人或者第三人取得财产→被害人财产遭受损失。通常行为人的胁迫行为发生在对方处理财产之前。“黑中介”行为中，敲诈勒索的行为模式出现了新的变化，行为人通过所谓的市场交易掩饰非法占有的目的，被害人按照交易规则支付对价后，行为人采取暴力、胁迫手段，或让被害人给付额外的财产，或让被害人放弃对其不当得利的返还请求权。其行为模式为：制造“交易”行为→对方基于交易约定规则给付财产→行为人采取威胁手段→对方产生恐惧心理→对方基于恐惧心理处分财产→行为人或第三人取得财产→对方遭受财产损失。但上述行为的本质仍是通过胁迫手段使被害人基于恐惧处分财产，与一般的敲诈勒索并无实质不同。如前文分析，被告人刘康等人主观上以非法占有租客财产的目的，客观上在租客入住后，采用电话威胁、上门骚扰、更换房间密码锁的方式强迫被害人交纳额外的物业费、取暖费，不交就限期搬离，被害人由于不堪其扰，基于担心不交纳费用被限期搬离，以及即使搬离也会以各种违约的理由不退剩余租金的心理恐惧，非自愿地向被告人给付财产，符合敲诈勒索罪的犯罪构成。

需要指出的是，受害人基于恐惧处分财产，其中“处分财产”的含义应作扩大性的解释。敲诈勒索罪的被害人处分财产的方式既可以通过现实交付的方式，也可以通过放弃对债权请求权的方式；被害人遭受财产损失既可以表现为狭义的财物损失，也可以表现为财产性利益的损失。由于“黑中介”采取了交易的伪装形式，使被害人先给付财产，其中部分敲诈勒索行为是通过强迫对方交纳额外费用的方式实现，还有部分敲诈勒索行为则是通过不退还多余租金的方式实现。本案中，被害人遭受威胁搬离出租屋后，被告人不退还的剩余租金，是典型的侵犯性不当得利，被害人对于这部分的财产依法享有不当得利返还请求权，但基于被告人的胁迫、恐吓行为，被害人处分财产的方式是放弃自己的不当得利返还请求权，仍然是处分了自己财产并造成财产损失。

综上，本案被告人行为符合敲诈勒索罪的犯罪构成，属于侵犯财产的犯罪，法院认定被告人等构成敲诈勒索罪，并将被害人被强行收取或者因“违约”被强行扣除的钱款认定为犯罪数额，在此基础上综合全案事实、情节确定量刑，定罪准确，量刑适当。

——付想兵、刘杰撰稿、韩维中审编：《刘康等人敲诈勒索案——“黑中介”恶势力犯罪行为的认定》，载最高人民法院刑事审判第一、二、三、四、五庭主办：《刑事审判参考》（总第120集），法律出版社2019年版，第47~52页。

936. 利用被害人年幼将其哄骗至外地继而敲诈其家属钱财的行为的定性

关键词

敲诈勒索罪　绑架罪

《刑事审判参考》指导案例

张舒娟敲诈勒索案（《刑事审判参考》指导案例第443号）

裁判要点：区别勒索型绑架罪还是诱拐型的敲诈勒索罪，关键就是要确定被告人是否真正绑架了被害人，也即其行为对被害人人身自由的剥夺是否达到严重的程度、是否严重危及了被害人的人身安全。

（一）勒索型绑架罪与诱拐型敲诈勒索罪的区别

就本案而言，被告人张舒娟能够顺利将被害人戴磊带到南京，主要是利用戴磊年龄较小、社会经验不足的特点，对其进行哄骗所致。从现有证据看，被告人在实施犯罪过程中，除对被害人本人使用了一些威吓性语言外，主要采取的是对被害人欺骗的手段，使其自愿跟随她去南京，且被告人对被害人从未实施暴力或以暴力相威胁，其左右被害人对之实施控制的手段中欺骗的成分大于威胁的成分，亦未对其人身实施任何实质性的限制，只是把他唬到南京，花钱供他吃住，出门的时候也只是将戴磊一个人丢在房间里，致使被害人可以“乘被告人外出之机与家人电话联系，得知其父并无危险。后在家人的指点下离开酒店到当地公安机关求助”。作为一个正常的成年人，被告人对于像被害人（12岁）那样大的学生能否实施打电话、离开房间等自主行动应当是有明确的判断的，其当时也完全有条件对被害人采取一些强制手段，限制或剥夺其人身自由，使他无法实施这些自救行为，但她并未采取任何有效的措施，可见被告人并不是真的要将被害人完全控制起来，并未真正剥夺被害人的人身自由。在这种情况下，被害人戴磊的行动实际上是自由的，既没有被看押、捆绑、殴打，更没有被伤害，除了受到被告人谎言的吓唬而随其来到南京之外，其人身自由事实上并未受到什么影响。当然，如果被害人年龄过小，如三四岁的幼儿，尚不足以控制和支配自己的自主行动，无法自觉地摆脱被告人的实际控制，则另当别论。综上，本案现有证据不能认定被告人张舒娟主观上具有要绑架戴磊的故意，其也未真正对戴磊的人身自由实行完全的控制并有危及其人身安全的意图和行为，不符合绑架罪的特征，不能构成绑架罪。同时，正因为被告人张舒娟并未完全限制戴磊的人身自由，其行为亦不构成非法拘禁罪。

（二）被告人的行为构成敲诈勒索罪

被告人张舒娟主观上敲诈勒索财物的犯罪故意非常明显，客观上实施了用戴磊的安全来对其父母进行恐吓，使其产生恐惧心理，试图敲诈戴磊家里8万元的犯罪行为，没有对戴磊进行人身强制，其行为侵害的客体主要应当为戴磊家人的财产权利，因此，被告人张舒娟的行为完全符合敲诈勒索罪的构成特征。只是本案被告人的行为比一般的敲诈勒索犯罪多了一个拐骗戴磊的情节，但这一情节只是其实施敲诈行为的辅助手段，且并未达到完全限制被害人人身自由的实际控制程度，即尚未上升为绑架他人作为人质进行勒索的绑架行为，故对本案被告人的行为以敲诈勒索罪定罪处罚，更符合主客观相一致的原则。

——最高人民法院刑事审判第一、二、三、四、五庭主办：《刑事审判参考》2007年第3集（总第56集），法律出版社2007年版，第31~35页。

937. 拆迁户以举报开发商违法行为为手段索取巨额补偿款不构成敲诈勒索罪

关键词

敲诈勒索罪　举报违法行为　索取补偿款

《刑事审判参考》指导案例

夏某理等人敲诈勒索案（《刑事审判参考》指导案例第509号）

裁判要点：拆迁户以举报开发商违法行为为手段索取巨额补偿款不构成敲诈勒索罪。对信访人的不当行为，不宜轻易地作犯罪处理。

夏某理等人的行为不构成敲诈勒索罪，主要理由在于：第一，其提出索赔的数额虽然巨大，但是基于民事争议而提出，因而不能认定其具有非法占有之目的；第二，其举报不属于敲诈勒索罪中“威胁、要挟”的手段，而是争取争议民事权利的一种方法，且本案中夏某理等人的索赔不具有主动性，而是开发商主动与夏某理协商的结果。

（一）夏某理等人的行为不符合敲诈勒索罪的主客观要件

敲诈勒索罪是指以非法占有为目的，以威胁或者要挟方法，强行索取公私财物，数额较大的行为。具体到本案，夏某理等人的行为是否构成敲诈勒索罪，以下从其主观故意和客观行为两方面进行分析。

1. 夏某理等人的行为不具备敲诈勒索罪中“以非法占有为目的”的主观特征

结合案情，夏某理等人作为拆迁户，难以认定其向开发商索赔补偿费的行为具有非法占有的故意。夏某理等人重新索取拆迁补偿费用，属于被拆迁方对拆迁补偿重新提出主张，属于法律许可的范畴。夏某理等人重新索取拆迁补偿费，虽然数额巨大，但并非没有任何事实依据提出，也就是说，争议的补偿费，并非明显地不属于夏某理等人所有，而是处于不确定状态。对于这样的争议利益，夏某理予以索取，实际上是行使民事权利的一种方式，不属“以非法占有为目的”。如前所述，非法占有必须是财物明显不属于行为人，而行为人采取了刑法禁止的取得方式，常见的盗窃、诈骗、抢劫等即是典型的以非法占有为目的。但本案中，夏某理等人对拆迁补偿费有异议，为了取得更多的拆迁补偿费而向开发商索取，不能认定为以非法占有为目的。并且，如果认定属非法占有，那么，非法占有的数额也无法确定，因为夏某理等人可以向开发商要求重新赔偿的数额无法确定。本案不同于为公用设施、国家利益进行的拆迁、迁坟赔偿，价格由政府统一确定，而系为商业目的所进行的开发，所涉房屋拆迁特别是迁移祖坟应赔多少，没有法律强制性标准，具体补偿标准应是双方合意的结果。在夏某理等人依法可以提出重新索赔补偿费的情况下，多少补偿费是合法的，多少是不合法的，难以确定。综上，不能认定夏某理等人与开发商达成协议的25万元补偿费主观上具有非法占有目的。

2. 夏某理等人的行为不符合敲诈勒索罪中“以威胁、要挟手段，强索公私财物”的客观要件

成立敲诈勒索罪，其客观行为要件应当符合以下几个特征：（1）采用威胁、要挟手段；（2）威胁、要挟的内容足以引起被威胁、要挟的人内心恐慌、惧怕；（3）被胁迫者因之处分了财产，将财物交予威胁、要挟者。

本案中，夏某理等人的行为不符合敲诈勒索的客观行为要件。理由在于：（1）夏某理等人向开发商提出索赔，是在行使正当权利。（2）开发商得到夏某理举报的信息来源于开发商的不当打听及开发区工作人员的不当告知，而不是来源于夏某理主动告知，更不是夏某理附举报条件地向开发商提出索赔。

（3）夏某理与开发商谈判是一个民事谈判过程，谈判的结果也不是敲诈勒索的结果。（4）夏某理事后的表现也体现了其索赔行为不符合敲诈勒索的特征。

（二）对信访人的不当行为，不宜轻易地作犯罪处理

《信访条例》规定，信访工作的目的是保持各级人民政府同人民群众的密切联系，保护信访人的合法权益，维护信访秩序。如果信访请求事由缺乏法律依据、事实根据的，应当对信访人做好解释工作。信访人在信访过程中具有非法行为或者利用信访形式实施诬告、陷害他人的，可以依法处理。据此，由于信访事件发生的复杂性，出于种种原因，信访人在信访过程中经常会出现一些过激不当行为，我们不能对信访人在信访过程中的不当行为，轻易地作犯罪处理，而应当根据具体情况，实事求是地进行妥善处理。动辄对信访人的行为以犯罪化处理，不利于实现信访工作的目的。只有对于那些确实严重危害信访秩序、侵犯他人人身权利、民主权利的行为，不以犯罪处理不足以维持信访秩序的，才予以犯罪处理。本案中，夏某理等人向开发区信访局提交举报信，反映开发商在项目开发过程中存在的违规、违法行为，属于正常的信访行为。其后与开发商就索赔进行的谈判，也是开发商主动将信访材料与索赔捆绑处理的结果，将开发商与夏某理等人达成的所谓“承诺”作为认定夏某理等人构成敲诈勒索罪的主要依据，不仅不利于保护信访人的正当信访权利，也难以取得较好的社会效果，对于此，在办理此类案件中一定要予以注意。

——最高人民法院刑事审判第一、二、三、四、五庭主办：《刑事审判参考》2008年第5集（总第64集），法律出版社2009年版，第45~53页。

938. 敲诈勒索所得财物未达数额较大标准的行为构成敲诈勒索罪未遂

关键词

敲诈勒索罪　数额较大　犯罪未遂

附录：司法信箱

问题：被告人黄某伙同他人敲诈勒索5000元，但最后只得到1500元。对该案中被告人黄某的行为性质如何认定，审理中存在三种不同意见。第一种意见认为：被告人黄某的行为不构成犯罪。理由是：江西省高级人民法院制定的敲诈勒索公私财物数额较大的起点是2000元，而黄某实际敲诈勒索到手的金颇为1500元，尚未达到数额较大的标准，故不构成敲诈勒索罪。第二种意见认为，被告人黄某的行为构成敲诈勒索罪（既遂）。理由是：敲诈勒索

罪属于行为犯，即行为人只要实施了敲诈勒索的行为，且其敲诈金额达到了法律所规定的数额较大的标准，不论犯罪结果是否发生，即构成该罪。第三种意见认为，被告人黄某的行为构成敲诈勒索罪（未遂）；理由是：敲诈勒索罪在理论上虽属行为犯，但在司法实践中，通常以行为人实际敲诈勒索得逞的金额来认定既遂金额。被告人黄某只敲诈到1500元，故构成敲诈勒索罪（未遂）。

《人民司法》研究组认为：我国《刑法》第274条规定的敲诈勒索罪，是指以非法占有为目的，使用威胁或者要挟的方法，强行索取公私财物的行为。行为人实施了敲诈勒索的行为，但最终得到的财物没有达到构成敲诈勒索罪的数额标准的，属于犯罪分子意志以外的原因导致犯罪未得逞，应当依照《刑法》第23条的规定，以敲诈勒索犯罪未遂处理。就本案而言，被告人实施了敲诈勒索的行为，构成敲诈勒索罪，但由于敲诈勒索的大部分财物没有得到，因此属于敲诈勒索罪的犯罪未遂。司法实践中敲诈勒索罪的未遂案件占有较大的比重。

——《人民司法·应用》2007年第4期（总第519期）。

939. 以不雅视频相要挟，向他人提出借款要求且还款期满后有能力归还而不归还的，属于敲诈勒索

关键词

不雅视频　敲诈勒索罪

《刑事审判参考》指导案例

雷政富受贿案（《刑事审判参考》指导案例第885号）

裁判要点：以不雅视频相要挟，使他人陷入心理恐惧，向他人提出借款要求且还款期满后有能力归还而不归还的，属于敲诈勒索。

1. 涉案300万元看似华伦达公司与勇智公司之间的民间借贷款，实质是肖烨假借华伦达公司名义使自己占有该款。本案中，明勇智应雷政富的要求向肖烨提供资金时，肖烨以华伦达公司的名义向勇智公司出具借条，约定还款期限、利息等。从表面上看与肖烨无关，但认真分析该300万元的获得过程，综合偷拍不雅视频、设计“捉奸”、提出“借款”要求、还款期满后有钱不还等情况，实质上所谓的“借款”均系在肖烨的直接安排下进行，并非单位经营所需及其意志的体现，资金进入华伦达公司后，即转入了肖烨个人账

户，由肖烨直接支配使用。因此，本案中，肖烨系假借华伦达公司借款名义使自己占有该300万元，其应当承担相应的法律责任。

2. 肖烨为取得财物，采用胁迫手段，使被告人陷入恐惧心理。肖烨与他人共谋后，由赵某拍摄了其与雷政富的不雅视频。“捉奸”时，肖烨安排张进假冒赵某的男朋友在现场吵闹，自己出面调停，其目的在于通过张进向雷政富施加压力和显示自己对张进的影响。在“捉奸”后第三天，肖烨就以害怕张进闹事为由，假借张进启动工程需要资金向雷政富提出“借款”要求。因此，肖烨向雷政富提出“借款”，明显是以不雅视频相要挟。雷政富之前与肖烨等人素不相识，对肖烨公司的经营状况、还款能力没有任何了解，雷政富之所以答应帮助肖烨“借款”300万元，并非出于与肖烨个人间的感情或者对肖烨及其公司经营状况的信任，而是出于对其被拍摄性爱视频事情败露的担心，而被迫答应。

3. 肖烨表面上采用“借款”形式，实质上是掩盖敲诈本质。肖烨、赵某等人色诱领导干部，拍摄不雅视频，目的就是对有关人员进行威胁，获取非法利益。在通过胁迫方式获得巨额资金后，肖烨既未按照事前的说法交给张进，亦未投入所谓的工程，而是很快转入私人账户。在“借款”到期后，其将巨额资金借给他人获取高息、进行高档消费，拒不归还涉案款项。后因利用不雅视频进行敲诈勒索被司法机关调查，雷政富、肖烨感受到自身危险，为了逃避打击，掩盖犯罪行为，二人商议后，肖被迫退还勇智公司100万元。可见，涉案300余万元名为公司之间的借贷，实为敲诈财物。华伦达公司是否向勇智公司出具借条、有关款项是否在华伦达公司和勇智公司账上有所体现，不影响相关款项性质的认定。

4. 肖烨敲诈是以被拍摄不雅视频的雷政富为对象。肖烨等人在赵某拍摄雷政富的不雅视频后，通过设局“捉奸”，让雷意识到被人抓住了把柄，使雷陷入担心不雅视频曝光、张进闹事的恐惧心理。在“捉奸”后第三天，肖烨便以张进的名义向雷提出找人提供资金的要求，虽然肖烨并没有直接要求雷政富本人提供资金，而要让雷找人“借款”，但这一要求是在先行实施了偷拍不雅视频、“捉奸”基础上进行的，故是针对雷政富实施的敲诈。对此，雷政富的在案供述也证实，雷对肖烨设局敲诈是明知的。至于真正支付该款的明勇智是否基于雷政富利用职务便利为其谋利的考虑才将300万元出借给肖烨，不影响肖烨行为敲诈勒索性质的认定。

——袁胜强、蒋佳芸：《雷政富受贿案——以不雅视频相要挟，使他人陷入心理恐惧，向他人提出借款要求且还款期满后有能力归还而不归还的，是否属于敲诈勒索》，载最高人民法院刑事审判第一、二、三、四、五庭主办：《刑事审判参考》2013年第4集（总第93集），法律出版社2014年版，第83~90页。

940. 如何区分利用信息网络敲诈勒索犯罪与利用网络民事维权的界限

关键词

利用信息网络　敲诈勒索犯罪　民事维权

《刑事审判参考》指导案例

周禄宝敲诈勒索案（《刑事审判参考》指导案例第1344号）

现实生活中，消费者在购买商品或接受有偿服务过程中，因消费权利受到侵害，以在信息网络上发布侵权事实为由向侵害方主张权利，甚至提出超出法律规定标准的高额赔偿的现象时有发生，与网络敲诈勒索的客观表现类似，本文中称之为"利用网络维权"。正确区分利用信息网络实施敲诈勒索罪与利用网络维权的界限，既是准确认定犯罪，依法打击网络敲诈勒索犯罪的客观需要，也是保障当事人合法权利，避免将民事维权犯罪化的内在要求。

我们认为，行为人是否具有"非法占有的目的"，是区分利用信息网络实施敲诈勒索罪与利用网络维权的关键。在具体认定时，需要综合考虑以下因素：

1. 是否有正当的权利，即行为人索取财物是否具有法律上的依据。原则上，只有存在法律上的依据，才有行使正当权利的前提。如果被害人的财产法益确实受到侵害，行为人没有非法占有的目的，索取行为因不具备违法性而不能成立敲诈勒索罪。比如，盗窃罪的被害人以胁迫手段迫使犯罪分子返还其被盗财物的，不成立敲诈勒索罪。换言之，如果通过民事诉讼途径能够得到合法保护而行为人未通过诉讼途径直接向对方索要的，就不能认定为敲诈勒索，这是权利的正当性所决定的。

2. 是否在正当权利的范围内行使。只有在正当的权利范围之内，行为人索取财物的行为才能被认为是行使正当的权利，否则就可能成立敲诈勒索罪。也就是说，不能认为只要事出有因，就一定不构成敲诈勒索罪。即使涉及的权利是内容确定的债权，但如果远超出债权的数额范围之外，则不属于正当权利的范围。比如，甲借给乙20万元，乙到期后不还款，甲数次催讨后未果，便威胁要将乙与他人偷情的事实通过网络公之于众，向乙索要50万元，应视为已超出正当的权利范围。反之，如果涉及的权利是内容不确定的债权，或者行使损害赔偿请求权的场合，行为人所提出的财产性要求与债权或损害赔偿请求权直接相关，便应视为行使正当权利。比如，行为人在饭店饭菜中吃出苍蝇，以向媒仁或者在网络上曝光相要挟，要求饭店予以精神损害赔偿，即使所要求的数额较大，也属于正当的权利范围之内，不成立敲诈勒索罪。其主要原因是行为人的合法权益受到了侵犯，且确实存在精神损失，而精神损失亦属于法律保护的对象。

3. 行使权利的手段是否具有必要性和相当性。行使权利的行为本质上是一种私力救济，虽然具有正当性，但应当予以必要的限制。手段行为是否具有相当性，需要根据案件的具体情况来判断。一般来说，债权本身的重大性、手段行为侵害相对方权益的程度、手段行为本身是否合法，行为人是否存在实施其他行为的可能性等，均是需要考虑的因素。如果行为人为索取数额微小的债权，在可以采取其他较低程度的威胁进行自力救济时，对被害人采取较为严重的暴力或以严重的暴力相威胁，则应当认为其所采取的手段行为缺乏相当性。比如，行为人在饭店饭菜中吃出苍蝇，却以加害饭店员工的生命、身体等相要挟（非当场实现），并且要求天价赔偿的，由于其手段不具有相当性，仍应以敲诈勒索罪论处。如果没有超出权利的范围，具有使用实力（如胁迫）的必要性，而且手段行为本身不构成刑法规定的其他犯罪，就应认为没有造成对方财产上的损害，不宜认定为犯罪。①

——王东撰稿、陆建红审编：《周禄宝敲诈勒索案——利用信息网络敲诈勒索犯罪与利用网络维权的界限》，载最高人民法院刑事审判第一、二、三、四、五庭主办：《刑事审判参考》（总第122集），法律出版社2020年版，第72~76页。

941. 敲诈勒索罪与绑架罪、抢劫罪的区别

关键词

敲诈勒索罪　绑架罪　抢劫罪　行为方式

《刑事审判参考》指导案例

熊志华绑架案（《刑事审判参考》指导案例第155号）

裁判要点：敲诈勒索罪和以胁迫为手段的抢劫罪的区别在于二者所采用的威胁方式、内容等方面具有不同的特征。敲诈勒索罪与勒索型绑架罪的主要区别在于实现勒索目的的方式不同。

① 张明楷：《刑法学》（下册），法律出版社2016年版，第1018页。

敲诈勒索罪与勒索型绑架罪的主要区别在于实现勒索目的的方式不同。敲诈勒索罪与勒索型的绑架罪，都是以勒索他人财物为目的，但二者在实现勒索目的的行为方式上却有着重大区别。敲诈勒索罪是对被勒索人本人实施威胁或要挟方法，迫使其给付数额较大的财物或财产性利益；而绑架勒索罪，则是通过劫持被绑架人，控制被绑架人的人身自由，然后以杀伤被绑架人为内容或者以给付钱财方恢复被绑架人自由为条件，威胁被绑架人的亲友或者其他相关第三人给付财物。可见，勒索型绑架罪的本质特征，是以劫持被绑架人，控制被绑架人的人身自由为前提，事后再向被绑架人的亲友或相关第三人发出勒索命令。绑架人是向被绑架人的亲友或相关第三人提出勒索要求的，也是从被绑架人的亲友或其他相关第三人处取得财物的，而非直接从被绑架人处勒索并取得财物。绑架人向被绑架人的亲友或其他相关第三人勒索财物，所采用的威胁手段，多是以杀伤被绑架人为内容，属于暴力威胁范畴，具有可立即付诸实施的现实性和急迫性。而敲诈勒索罪则不以绑架行为为前提，其威胁或要挟以及勒索命令的直接对象则多是同一人，即被勒索人。勒索的财物一般也多是直接从被勒索人手中取得。

——最高人民法院刑事审判第一庭、第二庭编：《刑事审判参考》2002 年第 1 辑（总第 24 集），法律出版社 2002 年版，第 34~39 页。

942. 驾驶机动车“碰瓷”行为的定性

关键词

抢劫罪　敲诈勒索罪　碰瓷

《刑事审判参考》指导案例

刘飞抢劫案（《刑事审判参考》指导案例第 764 号）

裁判要点：司法实践中，获取财物的方式是准确认定“碰瓷”案件行为性质的重要因素，应当根据行为人获取财物方式，结合具体案情，准确认定“碰瓷”行为的性质。

（一）如果行为人以非法占有为目的，故意制造交通事故，并造成事故系被害人过错所致的假象，继而以此为要挟，迫使被害人赔偿。表面上看，行为人具有欺骗的成分；但从实质上分析，所谓的“骗局”只不过是行为人为其顺利实施勒索钱财行为所制造的由头，行为整体上符合敲诈勒索罪的要挟、强迫特征，应当以敲诈勒索罪论处。实践中，要挟、强迫的方式多种多样，有的以不赔偿就扣留车辆相要挟，有的抓住被害人车辆手续不全、正规处理程序烦琐、害怕耽误时间等心理，但不管具体方式如何，要准确把握行为要挟、胁迫的本质特征。

（二）如果行为人故意制造交通事故，隐瞒事故真相，使被害人基于事故产生原因的错误认识而给付“赔偿”，行为人的行为就符合诈骗罪的构成特征，应当以诈骗罪论处。

（三）在有的“碰瓷”案件中，被害人是完全被胁迫交付钱财，还是既有被欺骗又有被胁迫的因素而交付钱财，有时不容易区分。尤其是在系列“碰瓷”案件中，行为人在有些犯罪过程中故意制造交通事故，被害人基于错误认识“自愿”交付了钱财，而在有些犯罪过程中因被害人识破骗局而使用了要挟的手段。对类似案件，应从系列行为的整体特征考察，根据行为人主要取财手段的特征，以敲诈勒索罪或者诈骗罪论处，而不宜进行数罪并罚。

（四）如果行为人驾车碰撞他人车辆后，又以暴力或实施暴力相威胁而索取钱财的，构成抢劫罪。

（五）如果行为人实施的“碰瓷”行为不足以严重危害公共安全，“碰瓷”后，由于主客观原因，也没有进一步实施诈骗、敲诈勒索或抢劫行为，那么，对于只撞毁车辆，符合故意毁坏财物罪构成要件的，可以故意毁坏财物罪论处；致人伤亡的，根据具体情况，可以故意伤害罪或故意杀人罪论处；既符合故意毁坏财物罪，同时符合故意伤害罪或故意杀人罪的，按照想象竞合犯的原则处理。

——最高人民法院刑事审判第一、二、三、四、五庭主办：《刑事审判参考》2012 年第 2 集（总第 85 集），法律出版社 2012 年版，第 66~70 页。

943. 在敲诈勒索过程中对被害人使用暴力并当场劫取财物行为的定性

关键词

敲诈勒索罪　抢劫罪　牵连犯　数罪并罚

《刑事审判参考》指导案例

夏鹏飞、汪宣峰抢劫、敲诈勒索、盗窃案（《刑事审判参考》指导案例第 332 号）

裁判要点：先基于一个图财目的，在犯罪过程中，又产生了另一暴力图财的犯意，先后实施了两个性质不同的犯罪行为，一为抢

劫，另一为敲诈勒索，且在抢劫行为实施完毕后，继续实施敲诈勒索的行为，两者之间不存在目的和行为的牵连关系，故应分别定罪，两罪并罚。

先基于一个图财目的，在犯罪过程中，又产生了另一暴力图财的犯意，先后实施了两个性质不同的犯罪行为，一为抢劫，另一为敲诈勒索，且在抢劫行为实施完毕后，继续实施敲诈勒索的行为，两者之间不存在目的和行为的牵连关系，故应分别定罪，两罪并罚。理由是：

第一，虽然敲诈勒索和抢劫都存在图财的动机，但敲诈行为是纯粹的图财犯意，而抢劫行为必以暴力为获取财物的手段，其不仅仅是图财，还可能直接威胁到公民的人身安全，有时会直接造成人身伤亡的结果，两者图财的内涵是不同的，已非一个单纯的犯罪动机或目的，相互之间难以包容和吸收。

第二，从两种行为性质的轻重而言，抢劫犯罪重于敲诈勒索犯罪。抢劫罪是重罪，直接威胁到公民的人身安全，具有入户抢劫加重情节的，应处十年以上有期徒刑、无期徒刑直至死刑。而从敲诈勒索的犯罪构成看，则是单一性质的行为，威胁内容一般不涉及人身安全。劫财本身已包含了暴力和非法取财两个行为，其威胁内容的程度要重于敲诈犯罪，与敲诈之间不存在对应的手段和目的的牵连。

第三，从两种行为实施的时间和地点而言，虽是在同一地点和时间段实施犯罪，但两种性质不同的行为先后实施，尚不成立手段和目的的牵连。

第四，从数个犯罪行为的主客观方面是否一致予以考察判断。我们认为，是否成立牵连犯罪，不仅要手段和目的、原因与结果行为之间有牵连关系，而且行为人在犯罪的主客观方面亦须一致。

——最高人民法院刑事审判第一庭、第二庭编：《刑事审判参考》2005 年第 1 集（总第 42 集），法律出版社 2005 年版，第 37~45 页。

944. 因对村委会不满，故意毁坏村委会财产行为的定性

关键词

故意毁坏财物罪

《最高人民法院公报》案例

河北省定州市人民检察院诉邹全保故意毁坏财物案（判决时间：1999 年 11 月 3 日，河北省定州市人民法院）

裁判要点：人民法院强制执行时，被执行人所在的村委会有义务协助执行。行为人出于对协助人民法院完成执行工作的本村村委会不满，蓄意报复，故意毁坏村委会财产，情节严重，其行为构成故意毁坏财物罪。

《中华人民共和国民事诉讼法》规定，调解书和其他应当由人民法院执行的法律文书，当事人必须履行。一方拒绝履行的，对方当事人可以向人民法院申请执行。人民法院强制执行时，被执行人是公民的，其工作单位或者房屋、土地所在地的基层组织应当派人参加。宁河县人民法院依法决定在定州市周村乡疙瘩头村对被告人邹全保的财产强制执行，该村村委会有义务协助执行。邹全保出于对协助人民法院完成执行工作的本村村委会不满，蓄意报复，故意毁坏村委会的财产，情节严重，其行为已触犯《刑法》第 275 条的规定，构成故意毁坏财物罪。为维护法律尊严，确保人民法院的生效判决、裁定和调解书得到执行，保护协助人民法院完成执行工作的单位和公民的人身及财产权益不受侵犯，对邹全保的犯罪行为，必须依法惩处。

——《最高人民法院公报》2000 年第 1 期。

945. 侵入他人股票交易账户采用高进低出手段造成他人资金损失数额巨大的行为构成故意毁坏财物罪

关键词

故意毁坏财物罪　股票交易账户

《最高人民法院公报》案例

上海市静安区人民检察院诉朱建勇故意毁坏财物案（判决时间：2002 年 10 月 24 日，一审法院：上海市静安区人民法院）

裁判摘要：被告人为泄私愤，侵入他人股票交易账户并修改密码，在他人股票交易账户内，采用高进低出股票的手段，造成他人资金损失数额巨大的行为，构成《刑法》第 275 条规定的故意毁坏财物罪。

一、关于对被告人朱建勇的行为能否用刑法评价的问题

《刑法》第 2 条规定："中华人民共和国刑法的任务，是用刑罚同一切犯罪行为作斗争，以保卫国家安全，保卫人民民主专政的政权和社会主义制度，

保护国有财产和劳动群众集体所有的财产，保护公民私人所有的财产，保护公民的人身权利、民主权利和其他权利，维护社会秩序、经济秩序，保障社会主义建设事业的顺利进行。”第十三条规定：“一切危害国家主权、领土完整和安全，分裂国家、颠覆人民民主专政的政权和推翻社会主义制度，破坏社会秩序和经济秩序，侵犯国有财产或者劳动群众集体所有的财产，侵犯公民私人所有的财产，侵犯公民的人身权利、民主权利和其他权利，以及其他危害社会的行为，依照法律应当受刑罚处罚的，都是犯罪，但是情节显著轻微危害不大的，不认为是犯罪。”第 275 条规定：“故意毁坏公私财物，数额较大或者有其他严重情节的，处三年以下有期徒刑、拘役或者罚金；数额巨大或者有其他特别严重情节的，处三年以上七年以下有期徒刑。”被告人朱建勇为泄私愤，秘密侵入他人的账户操纵他人股票的进出，短短十余日间，已故意造成他人账户内的资金损失 19.7 万余元。这种行为，侵犯公民的私人财产所有权，扰乱社会经济秩序，社会危害性是明显的，依照《刑法》第 275 条的规定，已构成故意毁坏财物罪，应当受刑罚处罚。

二、关于股票所代表的财产权利能否作为故意毁坏财物罪的犯罪对象问题

故意毁坏财物罪，是指故意毁灭或者损坏公私财物，数额较大或者有其他情节严重的行为。法律规定故意毁坏财物罪，旨在通过保护公私财物，进而保护该财物权利主体的权益。刑法意义上的财物，既包括有体物，也包括无体物，只要它具有一定经济价值，能成为权利主体依法享有的权益，就可以成为故意毁坏财物罪的犯罪对象。电力、煤气等无形财产，已经被《刑法》分则和相关的司法解释明确规定为盗窃罪的犯罪对象。股票所代表的财产权利，也可以成为故意毁坏财物罪的犯罪对象。

三、关于犯罪数额的计算问题

故意毁坏财物是否构成犯罪，数额多少是一个要件。股票不同于一般财物，既有即时行情、当日最高价、当日最低价，也有平均价、成交价、收盘价，等等，而且其价格呈不断波动状态。对以股票为犯罪对象的故意毁坏他人财物行为，如何计算损失数额，目前法律和司法解释都未明确规定。最高人民法院在《关于审理盗窃案件具体应用法律若干问题的解释》[①] 第 5 条规定，盗窃股票的，数额“按被盗当日证券交易所公布的该种股票成交的平均价格计算”。故意毁坏财物罪与盗窃罪同为侵犯财产类的犯罪，因此应参照上述司法解释计算本案的犯罪数额。

四、关于量刑问题

---

① 本文件已被《最高人民法院、最高人民检察院关于办理盗窃刑事案件适用法律若干问题的解释》（法释〔2013〕8 号）废止。

《刑法》第 67 条第 1 款规定："犯罪以后自动投案，如实供述自己的罪行的，是自首。对于自首的犯罪分子，可以从轻或者减轻处罚。其中，犯罪较轻的，可以免除处罚。"被告人朱建勇的行为虽已构成故意毁坏财物罪，但在被证券交易所工作人员发现后，朱建勇立即坦白并赔偿了被害人的全部经济损失，之后又随证券交易所工作人员归案，有自首情节，依法予以减轻处罚。根据朱建勇的犯罪情节和悔罪表现，依照《刑法》第 72 条第 1 款的规定，对其适用缓刑也确实不致再危害社会。

——《最高人民法院公报》2004 年第 4 期。

946. 非法"占有"与"毁坏"行为的区别

关键词

故意毁坏财物罪　盗窃罪　非法毁坏财物　非法占有

《最高人民法院公报》案例

天津市红桥区人民检察院诉李焕强故意毁坏财物案（一审法院：天津市红桥区人民法院）

裁判摘要：1. 根据最高人民法院《关于审理盗窃案件具体应用法律若干问题的解释》第 12 条第 4 项的规定，行为人不具有非法占有公私财产的目的，而是出于其他目的偷开机动车辆造成车辆损坏的，应当按照《刑法》第 275 条的规定，以故意毁坏财物罪定罪处罚。

2. 行为人从停车场将他人的机动车偷开后造成车辆损坏，构成故意毁坏财物罪的，虽然开办停车场的单位与车主之间存在车辆保管合同关系，但该单位不属于依法负有刑事附带民事赔偿责任的主体，其与车主之间发生的合同纠纷同因犯罪行为引起的刑事附带民事赔偿责任系不同的法律关系。车主以该单位为刑事附带民事诉讼被告，并主张该单位对犯罪人应负的刑事附带民事赔偿责任承担连带责任的，依法不予支持。

起诉书指控被告人李焕强因被害人、刑事附带民事诉讼原告李诚不再雇佣其作司机而心怀不满，继而蓄意泄愤报复，偷开李诚所有的涉案机动车，在发生事故后将该车丢弃，造成该车毁损、车上物品被盗的事实足以认定。结合李焕强在作案前与李诚之间发生的纠葛及其作案手段，同时考虑李诚明知李焕强尚未归还涉案机动车钥匙，案发前李焕强曾经有过偷开涉案机动车行为的事实，并根据李焕强本人供述等在案证据，可以认定李焕强的主要目的是报复李诚，其主观上不具有非法占有他人财产的目的，不具有盗窃犯罪故意，其行为亦不符合盗窃罪秘密窃取的行为特征，故不构成盗窃罪。根据最高人民法院《关于审理盗窃案件具体应用法律若干问题的解释》[①]第12条第4项的规定，偷开机动车辆造成车辆损坏的，应当按照《刑法》第275条的规定定罪处罚。《刑法》第275条规定，故意毁坏公私财物，数额较大或者有其他严重情节的，处三年以下有期徒刑、拘役或者罚金；数额巨大或者有其他特别严重情节的，处三年以上七年以下有期徒刑。综上，检察机关指控的事实及罪名成立，李焕强的行为已构成故意毁坏财物罪，且造成损失数额较大。李焕强对其犯罪事实能够如实供述，认罪态度较好，但其曾因盗窃罪受过刑事处罚，可在量刑时酌情予以考虑。

——《最高人民法院公报》2007年第4期。

《刑事审判参考》指导案例

孙静故意毁坏公私财物案（《刑事审判参考》指导案例第310号）

裁判要点：刑法意义上的“非法占有”行为与“非法毁坏”行为根本区别在于行为人主观目的不同，前者以依照财物的本来用途利用和处分为目的，后者则以毁坏为目的。司法实践中，对于此类行为应区分不同的情况，依照主客观相一致的原则，客观分析、认定。

刑法意义上的“非法占有”行为与“非法毁坏”行为具有一定的相似性，客观上两者都非法排斥了权利人对财物的占有、使用、收益和处分的权利，侵害了他人财物的所有权。两者的根本区别在于行为人主观目的不同，前者以依照财物的本来用途利用和处分为目的，后者则以毁坏为目的。刑法意义上的“非法占有”不仅表现为行为人对他人财物在物理意义上的实际控制，通常也表现为行为人遵从财物的本来用途进行利用和处分，以实现财物的价值或取得相应的利益。所谓本来用途就是财物自身具有的价值和使用价值，不仅包括经济价值，还包括审美等其他价值。比如行为人非法取得了他人的一件具有很高经济价值的古董，放置于家中或将其变卖，均体现了其对该古董的价值的利用或处分，均属于遵从其本来用途利用和处分，如果其具

① 本文件已被《最高人民法院、最高人民检察院关于办理盗窃刑事案件适用法律若干问题的解释》（法释〔2013〕8号）废止。

有永久性地将该古董占为己有的目的，即可以认定其属于非法占有。一般而言，非法占有人不会无故将占有的财物轻易毁弃。“非法毁坏”中，行为人出于毁坏公私财物的经济用途的目的实际控制他人财物后予以毁损或毁灭。虽然行为人也实际控制了他人财物，排除了权利人合法占有财物的可能性，但其控制该财物的目的并不是依照其本来的用途利用和处分，而是变更财物性质和价值或使其灭失，使人在事实上不能按照该物的本来用途使用和处分。司法实践中，对于此类行为应区分不同的情况，依照主客观相一致的原则，客观分析、认定。对于有证据证明行为人以毁损或毁坏为目的而实施的非法取得他人财物的行为，符合毁坏公私财物罪构成要件的，无论其是否已实施了毁坏行为，都应以非法毁坏公私财物罪定罪处罚；对于行为人不以毁坏为目的实际控制了他人财物的，一般均可以认定其具有利用和处分财物的目的，符合职务侵占、贪污或盗窃、诈骗等犯罪构成要件的，应以相应的罪名定罪处罚。

——最高人民法院刑事审判第一庭、第二庭编：《刑事审判参考》2004 年第 4 集（总第 39 集），法律出版社 2004 年版，第 39~43 页。

947. 故意毁坏财物罪与放火罪的区别

关键词

故意毁坏财物罪　放火罪　公共安全　犯罪客体

《刑事审判参考》指导案例

王新生等放火案（《刑事审判参考》指导案例第 150 号）

裁判要点：放火罪属于危害公共安全的犯罪，侵犯的客体是公共安全，而故意毁坏财物罪，属于侵犯财产的犯罪，其侵犯的客体是公私财产。放火罪和故意毁坏财物罪的重要区别之一，就在于行为人的放火行为客观上是否足以危及公共安全。

毁坏财物的方式是多种多样的，当然也包括纵火的方法。以放火等危险方法实施的危害公共安全罪，也往往会造成数额较大的公私财物的损失。但放火罪和故意毁坏财物罪毕竟是有别的。放火罪属于危害公共安全的犯罪，侵犯的客体是公共安全，而故意毁坏财物罪，属于侵犯财产的犯罪，其侵犯的客体是公私财产。放火罪和故意毁坏财物罪的区别之一，就在于行为人的放火行为客观上是否足以危及公共安全。也就是说，如果行为人实施的放火的方法，本身没有危害公共安全，也不可能危及公共安全，就只能属于故意毁坏财物行为，反之，如果已危害或足以危及公共安全，就只能是放火罪。判断行为人的放火行为，是否足以危及公共安全，就要结合放火的地点以及放火时周围的具体环境等因素来分析。

——最高人民法院刑事审判第一庭、第二庭编：《刑事审判参考》2002年第1辑（总第24集），法律出版社2002年版，第1~8页。

948. 在网络交易平台上进行反向炒信，是否构成破坏生产经营罪

关键词

网络交易　商品搜索降权　被害单位损失

《最高人民法院公报》案例

江苏省南京市雨花台区人民检察院诉董志超、谢文浩破坏生产经营案
（判决时间：2016年12月19日，二审法院：江苏省南京市中级人民法院）

裁判摘要：1. 被告人主观上具有报复和从中获利的目的，客观上通过在网络交易平台恶意大量购买他人商品或服务，导致相关单位被网络交易平台认定为虚假交易进而被采取商品搜索降权的管控措施，造成相关单位遭受损失10万元以上，其行为应以破坏生产经营罪定罪处罚。

2. 网络交易平台的搜索排序属于互联网经济的运营方式，应认定为生产要素。在刑法解释上，可以比照实体经济的信誉、商誉予以解释。反向炒信既损害了对方的商业信誉，同时也破坏了生产经营，二者竞合的，应择一重处。

3. 被害单位因被告人犯罪行为遭受的损失，可以综合案发时行业发展趋势、被害单位日常收入情况、案发时收入情况，依照有利于被告人的原则，综合予以认定和评估。

江苏省南京市中级人民法院二审认为：上诉人董志超、谢文浩由于报复和其他目的，以其他方法破坏生产经营，其行为均构成破坏生产经营罪，且系共同犯罪。由于二审期间出现新的证据，原审判决认定二上诉人造成的损失数额不当，予以纠正。鉴于损失数额变化依法调整二上诉人的量刑。出庭检察员的意见及上诉人谢文浩提出的量刑过重的上诉理由成立，均予以采纳。

董志超、谢文浩归案后能如实供述自己的罪行，依法可以从轻处罚；有退赔被害单位损失的悔罪表现，酌情从轻处罚。根据二上诉人犯罪的事实、性质、情节和对社会的危害程度，决定对二上诉人均予以从轻处罚，并对董志超宣告缓刑。

——《最高人民法院公报》2018 年第 8 期。

949. 不具备用工主体资格的单位或者个人，违法用工且拒不支付劳动报酬的法律适用

关键词

拒不支付劳动报酬罪　不具备用工主体资格的单位或者个人

最高人民法院指导性案例 /《最高人民法院公报》案例

胡克金拒不支付劳动报酬案（最高人民法院指导案例 28 号）

裁判要点：1. 不具备用工主体资格的单位或者个人（包工头），违法用工且拒不支付劳动者报酬，数额较大，经政府有关部门责令支付仍不支付的，应当以拒不支付劳动报酬罪追究刑事责任。

2. 不具备用工主体资格的单位或者个人（包工头）拒不支付劳动报酬，即使其他单位或者个人在刑事立案前为其垫付了劳动报酬的，也不影响追究该用工单位或者个人（包工头）拒不支付劳动报酬罪的刑事责任。

法院生效裁判认为：被告人胡克金拒不支付 20 余名民工的劳动报酬达 12 万余元，数额较大，且在政府有关部门责令其支付后逃匿，其行为构成拒不支付劳动报酬罪。被告人胡克金虽然不具有合法的用工资格，又属没有相应建筑工程施工资质而承包建筑工程施工项目，且违法招用民工进行施工，上述情况不影响以拒不支付劳动报酬罪追究其刑事责任。本案中，胡克金逃匿后，工程总承包企业按照有关规定清偿了胡克金拖欠的民工工资，其清偿拖欠民工工资的行为属于为胡克金垫付，这一行为虽然消减了拖欠行为的社会危害性，但并不能免除胡克金应当支付劳动报酬的责任，因此，对胡克金仍应当以拒不支付劳动报酬罪追究刑事责任。鉴于胡克金系初犯、认罪态度好，依法作出如上判决。

——《最高人民法院关于发布第七批指导性案例的通知》（2014 年 6 月 26 日，法〔2014〕161 号）；《最高人民法院公报》2015 年第 6 期（总第

224 期）。

附录：最高人民法院主流观点

（一）关于裁判要点第 1 点的说明

该条涉及《最高人民法院关于审理拒不支付劳动报酬刑事案件适用法律若干问题的解释》（以下简称《解释》）第 7 条的理解和适用。《解释》第 7 条规定："不具备用工主体资格的单位或者个人，违法用工且拒不支付劳动者的劳动报酬，数额较大，经政府有关部门责令支付仍不支付的，应当依照《刑法》第二百七十六条之一的规定，以拒不支付劳动报酬罪追究刑事责任。"这是《解释》在第 1 条规定的基础上，结合司法实践遇到的具体问题，对应当依照《刑法》第二百七十六条之一追究刑事责任的犯罪主体，作出的一个特别规定。从当前全国法院审判拒不支付劳动报酬罪案件的总体情况看，实践中对用人单位拒不支付与之建立劳动关系的劳动者劳动报酬的情形，应以拒不支付劳动报酬罪追究刑事责任问题，不存在异议。但对如何正确适用《解释》第 7 条，特别是对其中规定的"不具备用工主体资格的单位或者个人，违法用工"应当如何理解和把握方面，还不十分明确。

本案例是《刑法修正案（八）》颁布实施以来，四川法院判决的首个拒不支付劳动报酬罪案例。虽然该案例的裁判是在《解释》发布前作出的，但鉴于该案例对《解释》第 7 条规定的情形作了具体诠释，审判该案件的法官对不具备用工主体资格的单位或者个人、违法用工等问题依法作出了正确的司法认定，最高人民法院仍将此案例作为指导案例予以公布，以指导类似案件的审判工作。

近年来，一些地方用工单位恶意拖欠劳动者工资的现象比较突出，大量务工人员工资被拖欠，严重侵犯了劳动者的合法权益，有的甚至引发群体性事件和诸多社会矛盾，成为影响社会稳定的重要隐患。特别是 2008 年以来，有的地方恶意欠薪案件呈上升趋势，占全部拖欠工资案件的 5%~10%。当前处理恶意拖欠劳动者工资主要通过以下几种途径：一是与用人单位协商解决；二是由劳动争议处理机构调解；三是由劳动争议仲裁机构仲裁；四是向人民法院提起诉讼。以上四种处理途径虽然解决了部分的问题，但总的来看，还没完全遏制这种违法行为。鉴于上述情况，2011 年 2 月 25 日，第十一届全国人大常委会第十九次会议审议通过了《刑法修正案（八）》，将一些社会危害严重、人民群众反映强烈、原来由行政管理手段或者民事手段调整的违法行为，规定为犯罪，增设了拒不支付劳动报酬罪，对以转移财产、逃匿等方法逃避支付劳动者的劳动报酬或者有能力支付而不支付劳动者的劳动报酬，数额较大，经政府有关部门责令支付仍不支付的，处 3 年以下有期徒刑或者拘役，并处或者单处罚金；造成严重后果的，处 3 年以上 7 年以下有期徒刑，并处罚金。单位犯罪的，对单位判处罚金，并对其直接负责的主管人员和其他直接责任人员，依照前述规定处罚。上述法律规定的出台，对依法打击恶意欠薪犯罪行为，加强民生保护、促进社会和谐稳定，发挥了积极作用。但在理解和执行刑法新增设的拒不支付劳动报酬罪过程中，理论界和司法实务部门对该罪所涵盖的犯罪主体范围问题产生了较大分歧意见；特别是对恶意欠薪案件高发的建筑工程施工领域，拒不支付劳动报酬的用工主体能否按照该罪追究刑事责任，存在不同认识。据调查，当前恶意拖欠劳动者工资的案件有以下特点：(1) 多发于建筑施工、加工制造、住宿和餐饮等劳动密集型行业的个体或中小企业。(2) 被拖欠工资的对象主要是进城务工的农民工，属于弱势群体。(3) 实践中，合法用工情况下发生拒不支付劳动者劳动报酬的相对较少。大约95%的拖欠劳动报酬案件，都发生在建筑工程施工领域。工程总承包企业违法发包、分包给不具备用工主体资格也不具备相应资质条件的单位或者个人（小包工头），这些小包工头拒不支付所招用民工工资的情况占相当比例。(4) 恶意欠薪或欠薪逃匿案件情况复杂，处理难度大，一旦处理不当，易引发群体性事件，影响地方稳定。在上述情况下，有关承包工程的包工头拒不支付所招用民工工资能否入罪问题，已经成为困扰法律实施、切实有效打击恶意欠薪犯罪的一个难点。

法学理论界和司法实务部门对相关问题主要有三种观点：

第一种观点认为，只有属于劳动法和劳动合同法所规定的用人单位，拒不支付与之形成劳动关系的劳动者的劳动报酬的情形，才构成拒不支付劳动报酬罪。[①] 为此，建筑工程施工领域小包工头承包工程后，招用民工进行施工，小包工头与其所招用的民工之间，如果建立了劳动关系的，对恶意欠薪的小包工头可以拒不支付劳动报酬罪追究刑事责任。但如果小包工头与民工建立的是劳务关系，对小包工头拒不支付民工工资的，就不应当依照《刑法》第二百七十六条之一的规定追究刑事责任。

第二种观点认为，除了劳动关系中的用人单位之外，拒不支付劳动报酬罪也应当同等地适用于其他劳动用工关系中雇主的恶意欠薪行为。[②] 不论建筑工程施工领域小包工头与其招用的工人之间建立的是何种性质劳动用工关系，均应当比照劳动关系中用人单位来承担法律责任，包括刑事责任。主要理由：(1) 劳动报酬，顾名思义是劳动者付出体力或脑力劳动所得的对价。《刑法》第二百七十六条之一的规定并未明确拒不支付劳动报酬罪仅仅适用于劳动法、劳动合同法规定的用人单位，拒不支付与之建立劳动关系的劳动者劳动报酬

① 黄太云：《〈中华人民共和国刑法修正案（八）〉的理解与适用》，载《公检法办案指南》2011年第3辑。

② 蒙娜：《拒不支付劳动报酬罪若干问题研究》，载《中国刑事杂志》2013年第3期。

的情形，因此，不宜以劳动法和劳动合同法调整的范围来界定该条的劳动者和劳动报酬，从而推断出该条仅适用于双方建立了劳动关系情况下发生的恶意欠薪的结论。（2）劳动者基于劳动关系能够获得劳动报酬，但是不能反过来说劳动者的劳动报酬只能从属于劳动关系，因为劳动关系仅仅是劳动用工关系的一种情形，劳动者基于劳务关系获得的同样是劳动报酬。建筑工程施工领域小包工头招用的民工，按照包工头指令从事建筑工程施工，获得的工资也是劳动报酬。这与劳动关系中劳动者获得的劳动报酬之间不存在本质上差异。（3）虽然近年来，随着我国劳动用工制度的改革，在劳动关系领域里已实行全面的劳动合同制，但在劳动法和劳动合同法调整的劳动关系领域以外，仍存在各种形式的劳动用工。不论是劳动合同形式的用工关系还是其他形式，都是通过使用他人劳动，扩大雇主事业范围或者活动范围，用人单位和雇主因此获得利益。雇主作为接受劳动的受益者，也应承担对劳动者依照合同约定按时支付劳动报酬的义务。实践中，雇主出于最大限度实现自身利益并尽可能减轻己方负担、规避对劳动者责任的考虑，往往更多选择不与招用的劳动者建立正式劳动关系，而采用其他用工关系，比如雇佣关系、劳务关系等。建筑工程施工领域这种情况尤为突出。一方面，这是建筑工程施工活动用工的临时性、阶段性特点和实际需要所决定的；另一方面，也是用工者出于减轻对工人所负责任的一种现实考量。这种情况下如果仅仅用劳动关系来限定《刑法》第二百七十六条之一的适用范围，会导致大量的在其他用工方式之下的劳动者合法权益无法得到法律所提供的充分保障和有效救济。（4）实践中，在劳动者与用人单位或雇主之间发生纠纷，究竟是劳动纠纷抑或劳务纠纷、雇佣合同纠纷，在目前法律制度不够健全的情况下所作的区分判定，往往具有相对性、随意性和不确定性。可能对相同案件，因所处地区不同、法院不同或者不同法官之间认识上的差异，而得出不尽相同的结论。因此，若对拒不支付劳动报酬罪适用主体进行极其严格的限缩解释，不仅不利于保护法益，而且不利于拒不支付劳动报酬罪的司法统一适用，不利于维护法律的严肃性。（5）依据《刑法》第二百七十六条之一的规定，只有满足拒不支付劳动报酬经政府有关部门责令支付仍不支付的，该行为才可能入罪。由于目前主要是劳动行政部门依法对欠薪者履行责令支付职责，因此在实践中很可能出现这样的情形，即对于一起恶意欠薪案件，如果劳动行政部门认为是劳动纠纷，而采取了责令支付行政措施的，用人单位或雇主就有可能最终成立拒不支付劳动报酬罪；而如果劳动行政部门不认为是劳动纠纷，以属于劳务纠纷为由不予采取责令支付措施的，行为人就不可能成立拒不支付劳动报酬罪。很显然，将某种行为能否入罪问题，在法律理论和实务部门尚未厘清不同劳动用工的法律关系之间彼此界限的情况下，交由不属于法律专业机构的劳动行政主管部门判断，这种做法绝非妥当。[①]（6）受历史和传统因素的影响，我国立法和法学界人为地将劳动用工关系区分为劳务关系和劳动关系，并将其纳入不同部门法调整的范畴，这不仅不利于我国统一劳动力市场的形成及相应交易规则的建立与完善，不利于消解民法与劳动法之间的矛盾，造成执法中的混乱，更不利于实现对社会上劳动者的平等保护。无论是劳动关系中的劳动者，还是其他劳动用工关系中的工人，都应当平等地享有宪法赋予的劳动权利，亦应平等地得到法律的保护。[②]如果对劳动关系中劳动者遭受恶意欠薪的，可以直至动用刑罚手段，追究用人单位的刑事责任，而对其他劳动用工关系中劳动者遭受恶意欠薪，却只能靠其自行提起民事诉讼追讨，势必造成我们国家对劳动者不予平等保护的局面，违背了在法律面前人人平等的宪法原则。综上6方面理由，主张把劳动关系之外的所有劳动用工关系当中的雇主恶意欠薪行为，都纳入《刑法》第二百七十六条之一适用范围。为此认为，建筑工程施工中的小包工头，不论其与民工建立的是劳动关系，抑或劳务关系、雇佣关系，均得纳入《刑法》第二百七十六条之一适用范围之中。

第三种观点认为：（1）采取第一种观点界定该罪犯罪主体，固然有利于最大限度明确应予追诉犯罪的主体范围，便于司法实践操作，也符合刑法谦抑原则的要求，但该种意见对法律的理解过于机械，不能解决司法实践中遇到的复杂疑难情况。虽然立法机关对刑法修正案（八）条文内容的有关说明，比较明确地反映了增设该罪名时立法者的一些考虑和倾向性意见，即劳动法和劳动合同法规定的用人单位拒不支付劳动者劳动报酬的情形，应当属于适用拒不支付劳动报酬罪应予追究刑事责任的主要情形，但并不能由此推断出“只有在合法用工，且用人单位与劳动者建立了劳动关系的情况下，用人单位拒不支付劳动报酬的，才构成本罪”的结论。因为如果是属于形成了事实劳动关系，或者属于其他非法用工的，抑或是建立了其他类型劳动用工关系的情况，而一概将之排除在以拒不支付劳动报酬罪追究刑事责任之外，显然存在一个无法回避的法律逻辑悖论，“会形成合法用工拒不支付劳动报酬构成犯罪，而非法用工拒不支付劳动报酬不构成犯罪的不合理现象。”[③]（2）如果采取第二种观点界定该罪的犯罪主体，能够使刑法该条规定在司法适用中更具灵活性，有利于应对当前我国劳动用工关系中客观存在的复杂局面，从而对劳动者合法权益保护面更宽、保护力度更大，实现公平正义。但该种意见对入

---

① 黄继坤：《论拒不支付劳动报酬罪的几个重要问题——对〈刑法修正案（八）〉的解读》，载《当代法学》2012年第3期。

② 高峰：《拒不支付劳动报酬刑法规制之价值与重构》，载《人民检察》2013年4月（下半月）。

③ 喻海松：《〈关于审理拒不支付劳动报酬刑事案件适用法律若干问题的解释〉的理解与适用》，载《人民司法·应用》2013年第7期。

罪范围界定失之过宽，毕竟当前我国劳动用工领域法律制度针对不同用工关系，在制度设计方面事实上存在区别对待，不能抛开这种差别现状另搞一套，否则会导致以追究刑事责任方式替代民事法律责任的结果，有悖刑法谦抑性要求，也不符合立法本意。尽管当前法学界从学理角度对“劳务关系”“雇佣关系”和“劳动关系”乃至彼此之间的区别、界限，已经开展了比较深入的研究探讨，但鉴于理论研究和司法实务部门对上述各类型劳动用工法律关系彼此的界限尚未达成比较一致看法，法律规则层面，目前除劳动关系外，法律尚缺乏对劳务、雇佣等民事法律关系比较系统、全面的规制。比如，合同法仅对承揽合同作了较详细规定，但并未对雇佣合同、劳务合同作出明确规定；侵权责任法使用了“个人劳务”概念，但未进一步对“劳务”定义进行界定。司法解释层面，《最高人民法院关于适用民事诉讼法若干问题的意见》第45条使用了“雇主责任”提法，虽然“从程序意义上为雇主责任采取严格责任提供了依据”，[①] 但并未对何谓雇佣关系等问题进行进一步阐释；在《关于审理人身损害赔偿案件适用法律若干问题的解释》中，最高人民法院对雇员“从事雇佣活动”“为他人无偿提供劳务的帮工人”等概念进行了初步区分，但也未提出有关“雇佣”“劳务”等概念之间界限的系统意见。（3）有鉴于此，对拒不支付劳动报酬罪的犯罪主体，既不宜机械套用劳动法和劳动合同法调整的劳动关系范围，确定拒不支付劳动报酬罪追诉主体范围，亦应回避将目前认识及法律规定均不甚明确的其他类劳动用工关系纳入刑法规制可能带来的过度扩大犯罪主体范围、打击面过宽等问题。应当遵循立法者本意和立法目的，兼顾刑法谦抑性原则的要求，结合当前我国恶意欠薪犯罪领域突出特点和打击犯罪需要作出具体分析。根据以上考虑，持第三种观点的同志建议，将属于非法用工的用人单位或雇主拒不支付劳动报酬情形，纳入追究刑事责任的范畴，较为妥当。[②]《解释》第7条的规定，基本采纳了第三种观点所提主张，将不具备用工主体资格的单位或者个人、违法用工又恶意欠薪的情形，明确纳入应当依照《刑法》第二百七十六条之一规定追究拒不支付劳动报酬罪刑事责任范围，回应了司法实践对此问题的争议和关切。

关于《解释》第7条规定的违法用工概念的内涵和外延。如果仅就字面含义理解和文义角度解释，“违法用工”可以包括当前所有劳动用工中含有违法因素的用工行为，比如可能涉及用工主体不适格的情况；也可能是所招用的工人不符合法定条件；或者招用工人程序上涉嫌违法等情形，较为复杂。

---

① 陈现杰：《解读〈最高人民法院关于审理人身损害赔偿案件适用法律若干问题的解释〉》，载《民事法官必备法律司法解释解读（修订版）》上册，人民法院出版社2011年出版，第108页。

② 黄太云：《〈中华人民共和国刑法修正案（八）〉的理解与适用》，载《公检法办案指南》2011年第3辑。

但结合《解释》第7条规定作具体分析可以看出，该条的“违法用工”，应该主要指不具备用工主体资格的单位或者个人违反法律规定招用工人从事生产经营活动的情况，即用工主体违法、不适格的情况。从本案例的案情看，被告人胡克金作为自然人，先后共计招用上百名民工从事其所承包的建筑工程施工活动。鉴于建筑工程施工领域对有关建筑施工技术和安全方面的特殊要求，建筑法对从事建筑活动的主体，作出了资质方面的明确规定和特别限定。比如第十二条规定：“从事建筑活动的建筑施工企业、勘察单位、设计单位和工程监理单位，应当具备下列条件：（一）有符合国家规定的注册资本；（二）有与其从事的建筑活动相适应的具有法定执业资格的专业技术人员；（三）有从事相关建筑活动所应有的技术装备；（四）法律、行政法规规定的其他条件。”第十三条规定：“从事建筑活动的建筑施工企业、勘察单位、设计单位和工程监理单位，按照其拥有的注册资本、专业技术人员、技术装备和已完成的建筑工程业绩等资质条件，划分为不同的资质等级，经资质审查合格，取得相应等级的资质证书后，方可在其资质等级许可的范围内从事建筑活动。”第二十六条规定：“承包建筑工程的单位应当持有依法取得的资质证书，并在其资质等级许可的业务范围内承揽工程。禁止建筑施工企业超越本企业资质等级许可的业务范围或者以任何形式用其他建筑施工企业的名义承揽工程。禁止建筑施工企业以任何形式允许其他单位或者个人使用本企业的资质证书、营业执照，以本企业的名义承揽工程。”从上述建筑法的规定可以看出，作为从事建筑活动的主体应当是具有经过法定认证资质，经过工商注册登记的企业或者单位，自然人个人不允许成为从事建筑活动承揽工程的主体。本案例中被告人胡克金作为个人，不属于经过工商注册登记的施工单位，也不具备有关行政部门认可的相应资质。因此，胡克金不具备招用工人进行建筑施工活动的用工主体资格，其招用工人进行施工，属于《解释》第7条规定的“不具备用工主体资格的单位或者个人”“违法用工”。这是该案例的裁判要点第1条所要明确的“不具备用工主体资格的单位或者个人，违法用工”在司法实践中的典型情形。

（二）关于裁判要点第2点的说明

裁判要点第2条涉及对《解释》第6条的理解与适用。《解释》第6条规定：“拒不支付劳动者的劳动报酬，尚未造成严重后果，在刑事立案前支付劳动者的劳动报酬，并依法承担相应赔偿责任的，可以认定为情节显著轻微危害不大，不认为是犯罪；在提起公诉前支付劳动者的劳动报酬，并依法承担相应赔偿责任的，可以减轻或者免除刑事处罚；在一审宣判前支付劳动者的劳动报酬，并依法承担相应赔偿责任的，可以从轻处罚。”这是《解释》依据《刑法》第二百七十六条之一第三款规定的精神，为节约司法资源，最大限度地发挥刑法的威慑和教育功能，专门规定在公安机关刑事立案前、提起公诉前、一审宣判前支付劳动者的劳动报酬，并承担相应赔偿责任所能适用的从宽处罚情形。[①] 鉴于《国务院办公厅关于切实解决企业拖欠农民工工资问题的紧急通知》（国办发明电〔2010〕4号）规定："因工程总承包企业违反规定发包、分包给不具备用工主体资格的组织或个人，由工程总承包企业承担清偿被拖欠农民工工资责任。"为此，实践中，建筑工程施工领域一旦发生拖欠工资的情况，工程总承包企业于刑事立案前、提起公诉前或者一审宣判前代承包人支付了劳动报酬的现象比较普遍，此种情况下如何对小包工头适用《解释》第6条规定实践中亟待明确。对于工程总承包企业已经向分包人支付了民工工资，因而拒绝再次支付民工工资的，由于其已经履行过支付劳动报酬的义务（只是由于小包工头非法扣留、挪用，甚至卷款潜逃），故不宜追究其拒不支付劳动报酬罪的刑事责任。本案例的具体情况是，工程总承包企业在已经向分包人结清工程款的情况下，又于刑事立案前为胡克金垫付了劳动报酬。考虑到虽然本案在刑事立案前已经解决了欠薪问题，但这种情况，不能改变被告人胡克金存在恶意欠薪的主观故意以及其恶意欠薪的犯罪事实，工程总承包企业再次支付民工工资的，其在性质上属于为胡克金垫付，因此，不应影响对胡克金本人以拒不支付劳动报酬罪追究刑事责任。裁判要点2明确了此种情况下对恶意欠薪的包工头仍应当坚持刑事追诉的意见。

——李兵：《〈胡克金拒不支付劳动报酬案〉的理解与参照》，载《人民司法·案例》2015年第12期（总第719期）。

---

① 喻海松：《〈关于审理拒不支付劳动报酬刑事案件适用法律若干问题的解释〉的理解与适用》，载《人民司法·应用》2013年第7期。

THE COLLECTION OF THE SUPREME PEOPLE'S COURT'S
JUDICIAL RULES (4rd)

最高人民法院
司法观点集成

〔第四版〕

刑事卷

③

人民法院出版社　编

人民法院出版社

总 目 录

第一编 刑法总则

第二编 刑法分则

第三编　程　序

第三册目录

第十章 妨害社会管理秩序犯罪

第一节 扰乱公共秩序罪

第二节　妨害司法罪

第三节 妨害国（边）境管理罪

第四节 妨害文物管理罪

第五节 危害公共卫生罪

第六节 破坏环境资源保护罪

第七节　走私、贩卖、运输、制造毒品罪

第八节　组织、强迫、引诱、容留、介绍卖淫罪

第九节 制作、贩卖、传播淫秽物品罪

第十一章 贪污贿赂罪

第十章　妨害社会管理秩序犯罪

第一节　扰乱公共秩序罪

950. 准确把握阻碍事业编制人员及其他不具有国家机关工作人员身份的人员依法执行公务的行为性质

关键词

妨害公务罪　国家机关工作人员

附录：最高人民法院主流观点

2002 年 12 月 28 日全国人民代表大会常务委员会《关于〈中华人民共和国刑法〉第九章渎职罪主体适用问题的解释》规定：在依照法律、法规规定行使国家行政管理职权的组织中从事公务的人员，或者在受国家机关委托代表国家机关行使职权的组织中从事公务的人员，或者虽未列入国家机关人员编制但在国家机关中从事公务的人员，在代表国家机关行使职权时，有渎职行为，构成犯罪的，依照刑法关于渎职罪的规定追究刑事责任。该立法解释虽然没有明示是对"国家机关工作人员"的解释，但渎职罪的主体均为国家机关工作人员，因此等于肯定了国有事业单位人员、事业编制人员以及不在编人员代表国家机关行使职权时的"国家机关工作人员"地位。据此，以暴力、威胁方法阻碍事业编制人员或者其他不具有国家机关工作人员身份的人员依法执行公务的，可以妨害公务罪论处。

——胡云腾主编：《刑法罪名精释（第五版）》，人民法院出版社 2022 年版，第 890 页。

951. 聚众以暴力手段抢回被依法查扣的制假设备的行为构成妨害公务罪

关键词

妨害公务罪　暴力手段　制假设备

《刑事审判参考》指导案例

江世田等妨害公务案（《刑事审判参考》指导案例第 205 号）

裁判要点：行为人以对抗执法的故意和目的，聚众以暴力在中途拦截执法车辆，公然夺回被依法查扣的制假设备，符合妨害公务罪的构成特征，应以妨害公务罪定罪处罚。

《刑法》第 277 条第 1 款规定："以暴力、威胁方法阻碍国家机关工作人员依法执行职务的，构成妨害公务罪，处三年以下有期徒刑、拘役、管制或者罚金。"该罪具有以下特点：（1）行为人主观上具有妨害公务的故意和目的；（2）行为内容或目标是阻碍国家机关工作人员依法执行职务；（3）行为手段只能是暴力或者威胁。（4）行为发生的场合必须是在国家机关工作人员依法执行职务的过程中。妨害公务罪侵犯的主要客体是国家机关依法进行的管理活动。国家机关依法进行的管理活动，主要是通过国家机关工作人员的执行职务行为来实现。只有国家机关工作人员依法执行职务时对其实施暴力或威胁阻碍的，才可能存在妨害公务问题，也才有可能构成妨害公务罪。所谓执行职务时，包括从开始实际执行职务时至职务执行完毕的全过程。实践中，执行职务行为通常表现为一个连续性的过程，判断一个职务行为的执行开始和执行完毕，必须根据职务行为执行的具体情况而论。从查扣制假设备到案发时的返回途中，均应视为在执行职务的过程中，而非执行职务完毕。行为人以对抗执法的故意和目的，聚众以暴力在中途拦截执法车辆，公然夺回被依法查扣的制假设备，符合妨害公务罪的构成特征，应以妨害公务罪定罪处罚。

——最高人民法院刑事审判第一庭、第二庭编：《刑事审判参考》2002 年第 5 辑（总第 28 集），法律出版社 2003 年版，第 53~58 页。

952. 准确把握妨害公务罪中的“暴力”“威胁”的方法

关键词

疫情防控　妨害公务罪

《刑事审判参考》指导案例

陈岗妨害公务案（《刑事审判参考》指导案例第 1324 号）

裁判要点：凡是针对执行公务人员及其所属设备实施足以干扰和破坏公务活动正常执行的强制力量，都应当认定为本罪的“暴力”方法。关于威胁的程度，一般需要威胁的手段足以让社会普通民众产生恐惧心理，影响公务活动的正常执行即可。

根据《刑法》第二百七十七条的规定，本罪的客观行为方式表现为以暴力、威胁方法阻碍国家机关工作人员和红十字会工作人员依法执行职务或者职责。

所谓“暴力”，一般表现为对他人身体实行打击或强制，如殴打、捆绑、非法拘禁、非法限制人身自由等。有意见认为，除了对人身施加的暴力足以妨害公务等的顺利进行之外，采用砸毁警车、城管车辆，烧毁应当被没收的物品等施加暴力的手段，也同样使公务难以顺利进行。还有意见认为，除了有形的伤害行为之外，无形的伤害行为类似用酒灌醉、药物麻醉执行公务的人员等，也会妨害公务的实际执行。对此，我们认为，妨害公务罪的“暴力”，应当采取广义的理解，因为设置本罪的保护法益是为了保障公务活动的顺利进行，维护国家和社会公共利益，因此，凡是针对执行公务人员及其所属设备实施足以干扰和破坏公务活动正常执行的强制力量，都应当认定为本罪的“暴力”方法。具体而言，既包括对人身的强制，也包括对物的强制；既包括直接暴力，也包括间接暴力；既包括有形力，也包括无形力。只要行为人实施的强制力量在客观上阻碍了公务活动的正常进行，就可以认定为本罪的“暴力”方法。此外，对与公务人员执行职务具有密切关系的辅助人员施加暴力时，也能成立本罪。需要说明的是，用酒灌醉、药物麻醉等无形力与殴打、捆绑、拘禁等有形力一样，都是足以导致公务无法正常进行的重大危险或具有实际危害性，并且该行为与国家正常管理活动受到干扰，破坏的危害结果之间具有明显的因果联系，因此也应视为本罪所指的暴力，但是，这种无形力应置于特定的时空范围内，也就是说只能发生于公务人员执行公务之际，假如在宴请过程中劝酒导致公务人员喝醉的，因先前的宴请行为并不是在执行公务当时发生、不具有当场实施性，因此不宜认定为妨害公务罪。

所谓“威胁”，是指以侵犯人身权、财产权、名誉权等手段进行精神强制，使对方产生畏惧感，不敢依法执行公务活动。至于威胁的程度，一般需要威胁的手段足以让社会普通民众产生恐惧心理，影响公务活动的正常执行即可。比如，新冠肺炎主要通过“飞沫传播”和“接触传播”，对于行为人谎称自己是新冠肺炎患者、疑似患者，或者来自疫区，向执行公务的工作人员吐口水等行为，足以让他人产生精神恐惧，即可以认定为本罪中的“威胁”方法。从表现形式来看，既可以是以要实施暴力相恐吓，也可以是以毁损财物、个人名誉等手段相要挟；既可以用动作行为暗示，也可以是书面或口头明示；既可以是行为人自己对公务人员进行威胁，也可以是通过其他人对公务人员进行威胁；既可以是直接针对公务人员，也可以是针对第三人来达到对公务人员进行威胁的目的。

值得研究的是，对于“以自杀、自伤、自残相威胁”的，是否属于本罪中的“威胁”方法？有意见认为，以自杀相威胁并不是刑法中的胁迫，并不足以对国家机关工作人员实行精神强制，使之产生恐惧感，也无法达到阻碍其依法执行职务、履行职责的目的。因此，不应将以自杀等方式纳入妨害公务罪中的“威胁”。实践中，确实存在行为人以自杀等方式相威胁，有关公务活动被迫停止执行或者变更执行的情况。但是，这种公务活动的停止执行或者变更并不是行为人以自杀相威胁的结果，而是国家机关工作人员为了避免行政相对人无谓伤亡而采取的人性化执法方式，两者之间没有必要的因果联系。只要执行公务行为内容正当、程序合法，即使存在行为人以自杀等方式相威胁的行为，也不能真正阻止公务活动的正常执行。而对于行为人以自杀相威胁阻碍执行公务活动，严重扰乱公共秩序的，可以按照刑法有关规定依法追究刑事责任。

我们认为，这种观点过于绝对。当行为人通过精神作用造成公务人员精神上的恐惧、心理上的压力或者自由意志的抑制，从而使公务人员处于不敢抗拒的境地而影响公务活动的正常执行，就应当属于“威胁”。威胁的内容、性质、方法并没有绝对的限制。公务人员在执法中不仅考虑自己的人身安全和自由，也会考虑其他公民包括执法对象的生命和安全。实践中，国家机关工作人员面对行为人“自杀”“自残”等过激行为时，可以按照正当程序进行执法，但也可能为了保护公民的生命、安全而被迫停止或变更执行公务。因而绝对地将“自杀”“自残”等行为排除在“威胁”的范围之外并不客观。当然，在处理此类案件时，应当综合考虑案发时的背景情况、行为人的精神状态、执行公务的方式方法等进行判断，不宜“一刀切”，直接入罪。

——赵慧、初立秀撰稿、牛克乾审编：《陈岗妨害公务案——疫情防控期间妨害公务行为的认定》，载最高人民法院刑事审判第一、二、三、四、五庭主办：《刑事审判参考》(总第121集)，法律出版社2020年版，第65~68页。

953. 以放火的方式阻碍国家工作人员执行职务，并非针对不特定多数人的行为构成妨害公务罪

关键词

妨害公务罪　不特定多数人　公共危险性

《刑事审判参考》指导案例

周洪宝妨害公务案(《刑事审判参考》指导案例第731号)

裁判要点：以放火的方式阻碍国家工作人员执行职务，行为并非针对不特定多数人，在行为当时特定的客观环境下该行为不可能形成引发危害公共安全的燃烧状态，且主观上并无危害公共安全的故意的，应以妨害公务罪论处。

以放火的方式实现其他犯罪目的的行为属牵连犯，处理原则是择一重罪论处，但适用该原则应以一行为触犯数罪名为前提，即该行为须同时符合数罪的构成要件。本案中，周洪宝投掷点燃汽油瓶的行为明确指向在场执行公务的行政机关工作人员这一特定对象，且在当时的客观环境下尚不足以产生危害公共安全的结果，故不构成放火罪；又因该行为没有造成重伤后果，也不构成故意伤害罪。因此，本案是单纯的妨害公务案件。具体理由如下：

(一)从客观方面看，周洪宝的行为不具有危害公共安全的性质

1. 周洪宝的行为针对的是特定的被害人。放火罪中的放火行为具有针对不特定多数人的生命、身体或财产的公共危险性，而本案中周洪宝的行为明确、直接指向特定的被害人。案发当时，围观群众已被疏散至警戒线外的安全地带，周洪宝投掷燃烧瓶的行为直接指向正在实施强拆的城管队员周奇伟。从其他围候在周奇伟半米至一米开外的城管队员均未受到伤害这一点上可以看出，投掷点燃汽油瓶的行为在客观上没有危及不特定多数人的生命、健康或者重大公私财产安全。

2. 周洪宝投掷点燃汽油瓶的行为在当时特定的客观环境下不可能形成引发危害公共安全的燃烧状态：放火罪中的放火行为必须足以引起在时间上和空间上失去控制的燃烧状态，这种引发失去控制的燃烧状态是危害公共安全的体现。就本案而言，当时的客观环境因素、周洪宝的行为根本不足以导致

大面积的火灾发生。周洪宝使用的是装有大半瓶汽油的二锅头酒瓶，插入布条点燃后扔向其修理棚所在的人行道，人行道上相对空旷，没有易燃物品，客观上也只造成以酒瓶破碎后洒落在地上的汽油为燃烧物所形成的2~3平方米的火焰，范围有限，不足以造成大规模的公共危害。放火的基本方式为焚烧财物，但焚烧财物不一定危害公共安全。在审理过程中，有观点认为，周洪宝的放火行为已经形成2~3平方米的火焰，已经构成放火罪既遂。我们认为，构成放火罪的放火行为必须具有足以危害公共安全的属性，并不是一形成"独立燃烧"就构成放火罪。是否足以危害公共安全、危及不特定多数人的人身、财产安全，是放火罪与其他用放火方法实施的犯罪的主要区别。

综上，周洪宝的行为不具有足以危害公共安全的性质，周洪宝以投掷点燃汽油瓶的方式阻止城管队员强拆其违章搭建的修理棚，是一种以暴力方法阻碍国家机关工作人员依法执行职务的行为，侵犯了国家机关正常的公务活动，符合妨害公务罪的构成要件。

（二）从主观方面看，周洪宝的行为没有危害公共安全的主观故意

放火罪的主观故意要求行为人必须是明知自己的行为会发生一定的危害社会的结果，并且希望或放任这种结果的发生。本案被告人周洪宝既没有危害公共安全的犯罪动机和犯罪目的，也没有任何证据证明其希望或放任危害公共安全的结果发生。周洪宝投掷点燃汽油瓶的目的在于阻止正在进行的强拆，没有报复社会、危害不特定多数人的犯罪动机，并且其自始辩解从未想过要制造火灾，其不希望也并不放任燃烧瓶引发大规模燃烧进而蔓延到他人房屋，甚至危害他人的生命安全。根据周洪宝所使用的助燃物的状况、焚烧对象的性质及所处的环境，都能够印证周洪宝关于其行为只是意图对正在依法执行职务的国家机关工作人员的身体进行打击，以阻碍该公务。对此，以妨害公务罪定罪处罚符合主客观相一致的刑法基本原则。

（三）以放火罪追究本案被告人的刑事责任，容易造成罪责刑不相适应，也不利于社会矛盾的化解

放火罪是刑事犯罪中社会危害性最大的一类犯罪，在量刑上与妨害公务罪差距较大，在实践中对此类案件的认定应当慎重。周洪宝家庭经济困难，其从事简单的车辆维修工作所获得的报酬是家庭的主要生活来源，违章修理棚的拆除必将直接影响其收入，这也是周洪宝如此强烈地抵制拆除的重要原因。在当下社会保障尚不到位的情况下，周洪宝的行为虽然为法律所否定，但其维护自身利益的动机容易获得他人的同情。法律具有社会性，它的施行只有越接近社会目的，才能获得更大的社会效益。由此，司法机关在处理案件时，应对案件所涉及的经济、道德、政治因素给予必要的关注，从社会主流价值取向、社会整体道德情感等方面对司法裁判的社会效果、可能对现实生活造成的各种影响给予应有的关注与估量。本案中，若以放火罪对周洪宝

判处有期徒刑三年，不仅罪责刑不尽一致，而且将使其家庭陷入绝境，可能会激发新的矛盾，甚至增加社会不安定因素。而以妨害公务罪对周洪宝处以较短的一年有期徒刑，符合罪责刑相适应的刑法原则，在实现个别惩治与威慑的同时，也易使裁判获得当事人、社会公众更多的认同和支持，有利于实现法律效果和社会效果的统一。

——最高人民法院刑事审判第一、二、三、四、五庭主办：《刑事审判参考》2011 年第 5 集（总第 82 集），法律出版社 2003 年版，第 53~58 页。

954. 妨害公务罪的量刑

关键词

妨害公务罪　量刑

最高人民法院司法政策精神

（十六）妨害公务罪

1. 构成妨害公务罪的，在二年以下有期徒刑、拘役幅度内确定量刑起点。

2. 在量刑起点的基础上，根据妨害公务造成的后果、犯罪情节严重程度等其他影响犯罪构成的犯罪事实增加刑罚量，确定基准刑。

3. 构成妨害公务罪，依法单处罚金的，根据妨害公务的手段、危害后果、造成的人身伤害以及财物毁损情况等犯罪情节，综合考虑被告人缴纳罚金的能力，决定罚金数额。

4. 构成妨害公务罪的，综合考虑妨害公务的手段、造成的人身伤害、财物的毁损及社会影响等犯罪事实、量刑情节，以及被告人的主观恶性、人身危险性、认罪悔罪表现等因素，决定缓刑的适用。

——《最高人民法院、最高人民检察院印发〈关于常见犯罪的量刑指导意见（试行）〉的通知》（2021 年 6 月 16 日，法发〔2021〕21 号）。

955. 妨害公务罪不能并处罚金

关键词

妨害公务罪　罚金刑

附录：司法信箱

问题：某院受理了韩某妨害公务一案。由于韩某使用木棍殴打执法人员，情节比较恶劣，社会影响极坏，其行为确已构成妨害公务罪。合议庭评议时，对韩某在量刑上拟判处有期徒刑6个月的意见一致，但对是否同时并处罚金存在两种意见。一种意见认为，根据《刑法》第277条第1款的规定，以暴力、威胁方法阻碍国家机关工作人员依法执行职务的，处3年以下有期徒刑、拘役、管制或者罚金。因此，对韩某判处有期徒刑6个月的同时，可以并处罚金。另一种意见认为，《刑法》第277条第1款规定的罚金，是单列的一种刑罚，它与有期徒刑、拘役、管制是并列的、选择性的刑罚，只能单独适用，因此，对韩某判处有期徒刑6个月的同时，不能并处罚金。

《人民司法》研究组认为：《刑法》第277条第1款规定的是处3年以下有期徒刑、拘役、管制或者罚金，这里的罚金是与有期徒刑、拘役、管制并列的、选择性的刑罚，人民法院只能从中选择一种独立适用，而不是在判处主刑的同时再判处附加刑；如果《刑法》规定的是处3年以下有期徒刑，并处罚金或者可以并处罚金，则是在判处主刑的同时再依法判处附加刑。因此，我们同意来信中的另一种意见，对被告人判处有期徒刑的同时，不能并处罚金。

——《人民司法·应用》2008年第17期（总第556期）。

956. 如何惩治袭警违法犯罪行为

关键词

妨害公务罪　袭警

《中华人民共和国刑法修正案（十一）》条文

三十一、将刑法第二百七十七条第五款修改为："暴力袭击正在依法执行职务的人民警察的，处三年以下有期徒刑、拘役或者管制；使用枪支、管制刀具，或者以驾驶机动车撞击等手段，严重危及其人身安全的，处三年以上七年以下有期徒刑。"

最高人民法院司法政策精神

人民警察代表国家行使执法权，肩负着打击违法犯罪、维护社会稳定、维持司法秩序、执行生效裁判等重要职责。在依法履职过程中，人民警察遭受违法犯罪分子暴力侵害、打击报复的事件时有发生，一些犯罪分子气焰嚣张、手段残忍，甚至出现预谋性、聚众性袭警案件，不仅危害民警人身安全，更严重损害国家法律权威、破坏国家正常管理秩序。为切实维护国家法律尊严，维护民警执法权威，保障民警人身安全，依法惩治袭警违法犯罪行为，根据有关法律法规，经最高人民法院、最高人民检察院、公安部共同研究决定，制定本意见。

一、对正在依法执行职务的民警实施下列行为的，属于刑法第二百七十七条第五款规定的“暴力袭击正在依法执行职务的人民警察”，应当以妨害公务罪定罪从重处罚：

1. 实施撕咬、踢打、抱摔、投掷等，对民警人身进行攻击的；

2. 实施打砸、毁坏、抢夺民警正在使用的警用车辆、警械等警用装备，对民警人身进行攻击的；

对正在依法执行职务的民警虽未实施暴力袭击，但以实施暴力相威胁，符合刑法第二百七十七条第一款规定的，以妨害公务罪定罪处罚。

醉酒的人实施袭警犯罪行为，应当负刑事责任。

教唆、煽动他人实施袭警犯罪行为或者为他人实施袭警犯罪行为提供工具、帮助的，以共同犯罪论处。

对袭警情节轻微或者辱骂民警，尚不构成犯罪，但构成违反治安管理行为的，应当依法从重给予治安管理处罚。

二、实施暴力袭警行为，具有下列情形之一的，在第一条规定的基础上酌情从重处罚：

1. 使用凶器或者危险物品袭警、驾驶机动车袭警的；

2. 造成民警轻微伤或者警用装备严重毁损的；

3. 妨害民警依法执行职务，造成他人伤亡、公私财产损失或者造成犯罪嫌疑人脱逃、毁灭证据等严重后果的；

4. 造成多人围观、交通堵塞等恶劣社会影响的；

5. 纠集多人袭警或者袭击民警二人以上的；

6. 曾因袭警受过处罚，再次袭警的；

7. 实施其他严重袭警行为的。

实施上述行为，构成犯罪的，一般不得适用缓刑。

三、驾车冲撞、碾轧、拖拽、剐蹭民警，或者挤别、碰撞正在执行职务的警用车辆，危害公共安全或者民警生命、健康安全，符合刑法第一百一十四条、第一百一十五条、第二百三十二条、第二百三十四条规定的，应当以以危险方法危害公共安全罪、故意杀人罪或者故意伤害罪定罪，酌情从重处罚。

暴力袭警，致使民警重伤、死亡，符合刑法第二百三十四条、第二百三十二条规定的，应当以故意伤害罪、故意杀人罪定罪，酌情从重处罚。

四、抢劫、抢夺民警枪支，符合刑法第一百二十七条第二款规定的，应当以抢劫枪支罪、抢夺枪支罪定罪。

五、民警在非工作时间，依照《中华人民共和国人民警察法》等法律履行职责的，应当视为执行职务。

六、在民警非执行职务期间，因其职务行为对其实施暴力袭击、拦截、恐吓等行为，符合刑法第二百三十四条、第二百三十二条、第二百九十三条等规定的，应当以故意伤害罪、故意杀人罪、寻衅滋事罪等定罪，并根据袭警的具体情节酌情从重处罚。

各级人民法院、人民检察院和公安机关要加强协作配合，对袭警违法犯罪行为快速处理、准确定性、依法严惩。一要依法及时开展调查处置、批捕、起诉、审判工作。民警对于袭警违法犯罪行为应当依法予以制止，并根据现场条件，妥善保护案发现场，控制犯罪嫌疑人。负责侦查办理袭警案件的民警应当全面收集、提取证据，特别是注意收集民警现场执法记录仪和周边监控等视听资料、在场人员证人证言等证据，查清案件事实。对造成民警或者他人受伤、财产损失的，依法进行鉴定。在处置过程中，民警依法依规使用武器、警械或者采取其他必要措施制止袭警行为，受法律保护。人民检察院对于公安机关提请批准逮捕、移送审查起诉的袭警案件，应当从严掌握无逮捕必要性、犯罪情节轻微等不捕不诉情形，慎重作出不批捕、不起诉决定，对于符合逮捕、起诉条件的，应当依法尽快予以批捕、起诉。对于袭警行为构成犯罪的，人民法院应当依法及时审判，严格依法追究犯罪分子刑事责任。二要依法适用从重处罚。暴力袭警是刑法第二百七十七条规定的从重处罚情形。人民法院、人民检察院和公安机关在办理此类案件时，要准确认识袭警行为对于国家法律秩序的严重危害，不能将袭警行为等同于一般的故意伤害行为，不能仅以造成民警身体伤害作为构成犯罪的标准，要综合考虑袭警行为的手段、方式以及对执行职务的影响程度等因素，准确认定犯罪性质，从严追究刑事责任。对袭警违法犯罪行为，依法不适用刑事和解和治安调解。对于构成犯罪，但具有初犯、偶犯、给予民事赔偿并取得被害人谅解等情节的，在酌情从宽时，应当从严把握从宽幅度。对犯罪性质和危害后果特别严重、犯罪手段特别残忍、社会影响特别恶劣的犯罪分子，虽具有上述酌定从宽情节但不足以从轻处罚的，依法不予从宽处罚。三要加强规范执法和法制宣传教育。人民警察要严格按照法律规定的程序和标准正确履职，特别是要规范现场执法，以法为据、以理服人，妥善化解矛盾，谨慎使用强制措施和武器警械。人民法院、人民检察院、公安机关在依法办案的同时，要加大法制宣传教育力度，对于社会影响大、舆论关注度高的重大案件，视情通过新闻媒体、微信、微博等多种形式，向社会通报案件进展情况，澄清事实真相，并结合案情释法说理，说明袭警行为的危害性。要适时公开曝光一批典型案例，向社会揭露袭警行为的违法性和严重危害性，教育人民群众遵纪守法，在全社会树立“敬畏法律、尊重执法者”的良好法治环境。

各地各相关部门在执行中遇有问题，请及时上报各自上级机关。

——《最高人民法院、最高人民检察院、公安部关于依法惩治袭警违法犯罪行为的指导意见》（2019 年 12 月 25 日，公通字〔2019〕32 号）。

附录：最高人民法院主流观点

（二）关于袭警罪与妨害公务罪的界分

袭警罪可以说是妨害公务罪的特殊罪名。与妨害公务罪相比，袭警罪的行为对象和手段行为具有特殊性，行为对象必须是正在依法执行职务的人民警察，手段行为具有特殊性是指妨害公务的手段必须具有暴力性质，并对使用枪支、管制刀具或者驾驶机动车撞击等手段从严处罚。按照上述规定，对于妨害人民警察依法执行职务的，并非一律认定为本罪，而应当根据具体情形进行确定。其一，对于以威胁的方法妨害人民警察依法执行公务的，应认定为妨害公务罪，威胁一般是指以告知对他人人身、财产等进行侵害或不利后果为手段，让人心理产生恐惧或者畏惧感。对于以威胁手段而非暴力妨害人民警察依法执行职务的，适用《刑法》第二百七十七条第一款的规定。其二，对于故意阻碍公安机关依法执行国家安全工作任务，未使用暴力、威胁方法，造成严重后果的，适用《刑法》第二百七十七条第三款的规定，认定为妨害公务罪。暴力、威胁之外的其他方法，主要表现为对于公安机关依法执行国家安全工作任务中应该予以配合的而不予配合，如拒绝提供应提供的证据、查阅的资料等情形。

另外，司法实践中还存在袭击辅警的情形。警务辅助人员不是人民警察，不具备执法主体资格，不能直接参与公安执法工作，应当在公安民警的指挥和监督下开展辅助性工作。因此，如果人民警察在场，辅警是配合警察依法执行职务的，对辅警进行袭击的，符合《刑法》第二百七十七条第一款规定的，可以认定为妨害公务罪。如果警察不在场，因辅警不具有执法主体资格，也不属于妨害公务罪的行为对象，对辅警袭击造成伤害结果的，可以适用《刑法》第二百三十四条的规定，认定为故意伤害罪。如果行为人在执法现场，既对依法执行职务的警察又对辅警袭击的，可以按照吸收犯原理，作为一罪处理，不实行数罪并罚。

（三）关联行为的罪名适用

对于使用暴力妨害人民警察依法执行公务的情形，根据使用暴力的方式和程度还可能涉及多个犯罪。

根据修正后《刑法》第二百七十七条第五款“使用枪支、管制刀具或者驾驶机动车撞击等手段，严重危及其人身安全的，处三年以上七年以下有期徒刑”的规定，行为人在袭警人民警察时使用了枪支、管制刀具或者驾驶机动车撞击等手段，并且达到了严重危及其人身安全的程度，如果上述行为危害公共安全或者民警生命、健康安全的还可能构成其他犯罪，依据《最高人民法院、最高人民检察院、公安部关于依法惩治袭警违法犯罪行为的指导意见》的规定，分别处理。驾车冲撞、碾轧、拖拽、剐蹭民警，或者挤别、碰撞正在执行职务的警用车辆，危害公共安全或者民警生命、健康安全，符合《刑法》第一百一十四条、第一百一十五条、第二百三十二条、第二百三十四条规定的，应当以以危险方法危害公共安全罪、故意杀人罪或者故意伤害罪定罪处罚。抢劫、抢夺民警枪支，符合《刑法》第一百二十七条第二款规定的，应当以抢劫枪支罪、抢夺枪支罪定罪处罚。

——杨万明主编：《〈刑法修正案（十一）〉条文及配套〈罪名补充规定（七）〉理解与适用》，人民法院出版社2021年版，第280~281页。

957. 在民事上诉状中称对方滥用诉权行为属讹诈是否属诬告陷害

关键词

行使法定权利　诬告陷害罪

最高人民法院裁判文书

自诉人李连君诉抚顺热电公司诬告陷害申诉案［最高人民法院（2021）最高法刑申186号驳回申诉通知书］

裁判要旨：程序上，诬告陷害罪不属告诉才处理的案件，自诉人在未向公安、检察机关提出控告或提出控告后不被受理前，不能直接向人民法院提起自诉。

实体上，我国刑法并未规定单位可成为诬告陷害罪的主体；行为人在行使法定民事上诉权过程中表达自己意见的行为，即使主观言词有不当之处，也不属“捏造事实”“意图使他人受刑事追究”的诬告陷害。

最高人民法院认为，李连君自诉被告单位犯诬告陷害罪的依据是该单位在与被告人供热合同纠纷案民事上诉状中写有“李连君多次以不合理的诉求在东洲区法院上诉，浪费司法资源，干扰正常的供热秩序，讹诈企业，请求法院依法依规判其败诉，以维护法律的庄严”内容，但该表述内容仅系被告单位在行使法定上诉权过程中表达自己意见的行为，并不属“捏造事实”“意图使他人受刑事追究”的诬告陷害，我国刑法也未规定单位可构成该罪的主体，故原审法院裁定驳回被告人的起诉，符合我国法律的相关规定。

——中国裁判文书网。

958. 认定冒名顶替罪应注意的问题

关键词

冒名顶替罪

附录：最高人民法院主流观点

1. 虽有冒名但不存在顶替资格的情形

这类行为是单纯冒名行为，例如冒名者利用被冒名者退学的学籍取得普通高等学校入学考试资格，但并不冒用被冒名者的成绩等其他事项；由于一些历史的原因，在普通高等教育招录中曾要求，上年度已被普通高等学校录取的学生，因故不能报到或者自动放弃入学资格的，不能再报名参加高考。一些高中生考取的成绩不理想或者考取的学校达不到预期的，按照政策不能复读，但个人为了争取更好的升学机会，学校为追求升学率，这些复读生往往以他人的名义再报名参加高考。这种情形下，行为人虽然有冒名行为，但其成绩是通过自己考取的，获取的入学资格是自己真实水平取得的，并不存在顶替行为。同理，在公务员考试中，虽有冒名但是成绩不虚假的行为；在就业安置待遇方面，有的人冒用他人参军资格，服兵役后获取的就业安置待遇资格，都属于虽有冒名，但不存在顶替的行为，不宜认定为本罪。

2. 被顶替者同意情形的认定。

有的冒名顶替案件中，可能存在着被顶替者知情、同意甚至是主要配合的情形，有的是基于交易，被顶替者出卖自己的成绩以及取得入学资格，以换取物质利益，有的是基于亲友关系主动出让自己考取的资格。对于这类行为在入罪时，尤其是对被顶替者是否作为犯罪处理，应当慎重把握，需要综合案件情况具体考虑；确须追究刑事责任的，在刑罚裁量时也应当与典型冒名顶替行为有所区别，以实现案件办理的良好效果。

——胡云腾主编：《刑法罪名精释（第五版）》，人民法院出版社 2022 年版，第 917 页。

959. 冒充国家机关工作人员进行诈骗的行为定性

关键词

招摇撞骗罪　诈骗罪　法条竞合　处罚较重

最高人民法院司法解释

第八条 冒充国家机关工作人员进行诈骗，同时构成诈骗罪和招摇撞骗罪的，依照处罚较重的规定定罪处罚。

——《最高人民法院、最高人民检察院关于办理诈骗刑事案件具体应用法律若干问题的解释》（2011年3月1日，法释〔2011〕7号）。

最高人民法院司法政策精神

1. 冒充正在执行公务的人民警察、联防人员，以抓卖淫嫖娼、赌博等违法行为为名非法占有财物的行为定性

行为人冒充正在执行公务的人民警察“抓赌”“抓嫖”，没收赌资或者罚款的行为，构成犯罪的，以招摇撞骗罪从重处罚；在实施上述行为中使用暴力或者暴力威胁的，以抢劫罪定罪处罚。行为人冒充治安联防队员“抓赌”“抓嫖”、没收赌资或者罚款的行为，构成犯罪的，以敲诈勒索罪定罪处罚；在实施上述行为中使用暴力或者暴力威胁的，以抢劫罪定罪处罚。

——《最高人民法院印发〈关于审理抢劫、抢夺刑事案件适用法律若干问题的意见〉的通知》（2005年6月8日，法发〔2005〕8号）。

《刑事审判参考》指导案例

李志远招摇撞骗、诈骗案（《刑事审判参考》指导案例第162号）

裁判要点：冒充国家机关工作人员以骗取他人信任，非法占有他人数额较大的财物的行为，既符合诈骗罪的犯罪构成，又符合招摇撞骗罪的犯罪构成，这种情况属于法条竞合。总的来说，是只能适用其中一个法条定罪量刑，而排斥其他法条的重复适用，实行数罪并罚。

比较《刑法》第266条和第279条所规定的两个罪的犯罪构成，不难看出：在犯罪手段上，诈骗罪可以采取任何一种虚构事实或者隐瞒真相的方法，当然可以涵盖招摇撞骗罪中“冒充国家机关工作人员”这一特殊手段。而在犯罪目的上，招摇撞骗罪的目的可以是骗取多种类型的非法利益，法条中对行为人所骗取的非法利益类型并无明确、特别的限制，因此，自然也可以包含诈骗罪中“骗取公私财物目的”在内。当行为人以冒充国家机关工作人员身份的手段，骗得他人信任，非法占有他人数额较大以上财物时，就会出现既符合诈骗罪的犯罪构成，又符合招摇撞骗罪的犯罪构成的情况，这就是刑法理论上所讲的法条竞合。

当诈骗罪和以骗取财物为目的的招摇撞骗罪出现交叉竞合时，如何适用重法条优于轻法条的原则，可具体分析如下：1. 骗取财物数额较大的。此时，招摇撞骗罪有两档法定刑：情节一般的，法定刑为三年以下有期徒刑、拘役、管制或者剥夺政治权利；情节严重的，法定刑为三年以上十年以下有期徒刑。而诈骗罪的法定刑为三年以下有期徒刑、拘役和管制，并处或者单处罚金，重于情节一般的招摇撞骗罪的法定刑，又轻于情节严重的招摇撞骗罪的法定刑。由此，根据具体案情，如判定属于情节严重的招摇撞骗行为应以招摇撞骗罪论处，反之，则应以诈骗罪论处。通常而言，招摇撞骗罪同时又是一种破坏国家机关威信的行为，当行为人冒充国家机关工作人员招摇撞骗同时骗取数额较大的财物时，从责任评价上理应重于不是采用冒充国家机关工作人员的方法骗取同等数额财物的普通诈骗罪，因而，在这种情况下，可视为招摇撞骗情节严重，适用招摇撞骗罪的第二档法定刑来定罪量刑。2. 骗取财物数额巨大的。此时，诈骗罪的法定刑为三年以上十年以下有期徒刑，并处罚金，而招摇撞骗罪没有罚金的规定，因此，诈骗罪是重法条，应以诈骗罪论处。同理，当骗取财物数额特别巨大的，更是应以诈骗罪来论处。当然，如果行为人招摇撞骗行为骗取的财物没有达到数额较大的程度，自然也就没有交叉竞合和诈骗罪适用的余地，如需要定罪处罚的话，直接以招摇诈骗罪论处就可以了。

——最高人民法院刑事审判第一庭、第二庭编：《刑事审判参考》2002 年第 1 集（总第 24 集），法律出版社 2002 年版，第 79~86 页。

梁其珍招摇撞骗案（《刑事审判参考》指导案例第 264 号）

裁判要点：行为人冒充国家工作人员进行招摇撞骗，同时符合招摇撞骗罪和诈骗罪的犯罪构成要件时，一般应以特别法优于普通法的原则，宜以招摇撞骗罪追究行为人刑事责任，只有在行为人冒充国家工作人员骗取数额巨大的财物的情况下，方宜以诈骗罪追究其刑事责任。

在行为人冒充国家机关工作人员骗取财物，数额并非特别巨大的情况下，适用刑法第二百七十九条规定，以“情节严重”的招摇撞骗罪追究其刑事责任，并不存在罪刑明显失衡的问题（目前虽尚无关于招摇撞骗“情节严重”的司法解释，但通过比较招摇撞骗罪与诈骗罪，应当可以确认，招摇撞骗数额巨大公私财物的，属于招摇撞骗“情节严重”范畴。而招摇撞骗“情节严重”的法定刑是 3 年以上 10 年以下有期徒刑，诈骗“数额巨大”的法定刑是 3 年以上 10 年以下有期徒刑，并处罚金，二者区别仅在于是否并处罚金），且如此处理，更能全面地反映行为人行为的性质、特点。

上述分析论证进一步说明，对立法者在立法时的“无心之失”，是可以而且应当通过适当的刑法解释方式进行弥补：立法者在诈骗罪之外又专门设立招摇撞骗罪，似乎意味着对所有以冒充国家机关工作人员身份骗取财物的行为都应当以招摇撞骗罪论处，但立法者恐怕没有考虑到，以冒充国家机关工作人员身份方式行骗的所骗取的对象有可能是数额特别巨大的财物，而一旦出现这样的情况，如果严格遵循其表述欠妥的立法本意，并适用刑法第266条后半段规定，就会出现罪刑明显失衡现象，这显然不是立法者愿意看到的，不能体现其内心真意；通过对刑法第二百七十九条规定的招摇撞骗罪的构成要件作如上的适当解释，避免明显违背罪责刑相适应之刑法基本原则的定罪量刑结论，应当是恰当地反映了立法者的本来意思。

——最高人民法院刑事审判第一庭、第二庭编：《刑事审判参考》2003年第5集（总第34集），法律出版社2004年版，第34~42页。

960. 违反有关身份证管理的法律规定，但情节显著轻微，危害不大，不构成犯罪

关键词

伪造居民身份证罪　情节显著轻微

《最高人民法院公报》案例

上海市静安区人民检察院诉张美华伪造居民身份证案（判决时间：2004年7月22日，二审法院：上海市第二中级人民法院）

裁判摘要：被告人在未能补办遗失居民身份证的情况下，雇佣他人以本人的真实身份资料伪造居民身份证，供自己在日常生活中使用的行为，虽然违反身份证管理的法律规定，但情节显著轻微、危害不大，根据《刑法》第十三条的规定，应认定不构成犯罪。

《中华人民共和国居民身份证法》第1条规定：“为了证明居住在中华人民共和国境内的公民的身份，保障公民的合法权益，便利公民进行社会活动，维护社会秩序，制定本法。”第8条规定：“居民身份证由居民常住户口所在地的县级人民政府公安机关签发。”由此可见，居民身份证法是公民维护自己合法权益和进行社会活动时不可或缺的身份证明。张美华的户口从原址迁出后，一直无法落户。由于缺乏“常住户口所在地”这一要件，其身份证丢失

后，户籍管理机关不能为其补办，使其在日常生活中遇到困难。在此情况下，张美华雇佣他人伪造一张身份证，仅将此证用于正常的个人生活。张美华使用的居民身份证虽然是伪造的，但该证上记载的姓名、住址、身份证编码等个人身份信息却是真实的，不存在因使用该证实施违法行为后无法查找违法人的可能。张美华在使用银行信用卡时虽有透支，但都能如期如数归还，且在日常生活和工作中无违法乱纪的不良记录。法庭调查证明，张美华伪造并使用伪造居民身份证的目的，是为了解决身份证遗失后无法补办，日常生活中需要不断证明自己身份的不便。张美华伪造居民身份证虽然违法，但未对社会造成严重危害，属于情节显著轻微危害不大。一审法院根据《刑法》第十三条的规定认定张美华的行为不是犯罪，并无不当。抗诉机关以张美华用伪造的居民身份证申领银行信用卡并在银行透支现金，推定张美华的行为具有潜在的社会危害性，没有事实根据，其抗诉理由不充分，不予支持。

——《最高人民法院公报》2004 年第 12 期。

961. 工作证属于身份证件，机动车号牌不属于身份证件

关键词

工作证　机动车号牌

《中华人民共和国刑法修正案（九）》条文

二十二、将刑法第二百八十条修改为：“伪造、变造、买卖或者盗窃、抢夺、毁灭国家机关的公文、证件、印章的，处三年以下有期徒刑、拘役、管制或者剥夺政治权利，并处罚金；情节严重的，处三年以上十年以下有期徒刑，并处罚金。

伪造公司、企业、事业单位、人民团体的印章的，处三年以下有期徒刑、拘役、管制或者剥夺政治权利，并处罚金。

伪造、变造、买卖居民身份证、护照、社会保障卡、驾驶证等依法可以用于证明身份的证件的，处三年以下有期徒刑、拘役、管制或者剥夺政治权利，并处罚金；情节严重的，处三年以上七年以下有期徒刑，并处罚金。”

附录：最高人民法院主流观点

1. 工作证属于国家机关证件还是居民身份证件？这涉及国家机关证件与居民身份证件的区分，进而影响到是适用《刑法》第二百八十条第一款规定的刑罚还是第三款规定的刑罚。本书认为，用途是区分两者的关键。如果认为国家机关制发的证件就属于国家机关证件，由于几乎所有的证件都是由国

家机关制发，那么就会得到所有的证件都是国家机关证件的结论，这显然不成立。因此，根据制发的主体难以区分两者。国家机关证件是国家机关制发的用于办理公务事项的凭证，如拘留证、逮捕证等，这在日本刑法中被称为公文书。身份证件虽也由相关国家机关制发，但主要用于证明公民身份，并进而明确公民在办理私人事项时与相应机关之间的权利义务，这在日本刑法中被称为私文书。有些证件兼具公文书和私文书的性质，工作证、持枪证等即是，但这些证件证明身份的用途更大些。毫无疑问，工作证、持枪证能够为办理公务提供便利，但这是证明工作人员身份或者具有持枪资格后的附随结果。因而本书认为，工作证属于身份证件。刑事诉讼法第一百一十七条第一款①规定："对不需要逮捕、拘留的犯罪嫌疑人，可以传唤到犯罪嫌疑人所在市、县内的指定地点或者到他的住处进行讯问，但是应当出示人民检察院或者公安机关的证明文件。对在现场发现的犯罪嫌疑人，经出示工作证件，可以口头传唤，但应当在讯问笔录中注明。"第一百二十二条②关于询问证人的规定也有类似内容。从上述规定看，"工作证件"与"证明文件"具有严格的区分，二者证明的内容不同。

2. 关于机动车号牌的性质。机动车号牌是指在法定机关登记的准予机动车在中华人民共和国境内道路上行驶的法定标志。号牌一般在机动车辆的特定位置（一般在车的前后两处）悬挂，其号码是机动车的登记编号。本书认为，机动车号牌是关于机动车状况的一种证明。虽能通过号牌查询机动车所有者的相关身份信息，但号牌本身难以直观地反映出机动车所有者的姓名、性别、年龄等身份信息，因此，将机动车号牌认定为身份证件的观点值得商榷。

——最高人民法院研究室、最高人民法院刑法修改工作小组办公室编著：《〈刑法修正案（九）〉条文及配套司法解释理解与适用》，人民法院出版社2015年版，第218~219页。

962. 窃取国有档案与非法获取国家秘密行为竞合的处理

关键词

窃取国有档案罪　非法获取国家秘密罪

---

① 本条现为《中华人民共和国刑事诉讼法》（2018年修正）第一百一十九条第一款。

② 本条现为《中华人民共和国刑事诉讼法》（2018年修正）第一百二十四条。

《最高人民法院公报》案例

新疆维吾尔自治区哈密市人民检察院诉兰成仕、李兆斌窃取国有档案案

（判决时间：2001年11月20日，二审法院：哈密地区中级人民法院）

裁判摘要：行为人为了陷害本单位领导，窃取国有档案，非法获取国家秘密，其行为竞合了窃取国有档案罪与非法获取国家秘密罪，根据“依照处罚较重的规定定罪处罚”的规定，对其行为以窃取国有档案罪论处，而不是非法获取国家秘密罪。另，因其陷害行为尚未达到情节严重，不另定罪。

——《最高人民法院公报》2002年第3期。

963.“专用间谍器材”“窃听、窃照专用器材”的认定

关键词

专用间谍器材　窃听、窃照专用器材

附录：最高人民法院法官著述

司法适用中，需要注意把握“专用间谍器材”“窃听、窃照专用器材”的认定问题。根据修正后《刑法》第283条的规定，非法生产、销售专用间谍器材、窃听、窃照专用器材罪的对象包括“专用间谍器材”和“窃听、窃照专用器材”。而根据《刑法》第284条的规定，非法使用窃听、窃照专用器材罪的对象限于“窃听、窃照专用器材”。因此，司法实践中应当通过判断涉案器材的属性，从而选择所应适用的罪名。具体而言，应当注意以下问题：

1.“专用间谍器材”的范围和认定主体。专用间谍器材的认定工作由国家安全部门负责。参照《国家安全法实施细则》的规定，“专用间谍器材”是指用于间谍活动特殊需要的下列器材：（1）暗藏式窃听、窃照器材；（2）突发式收发报机、一次性密码本、密写工具；（3）用于获取情报的电子监听、截收器材；（4）其他专用间谍器材。

2.“窃听、窃照专用器材”的范围和认定主体。对于专用间谍器材以外的窃听、窃照专用器材，由公安机关进行鉴别判断。根据国家工商总局、公安部、国家质检总局《禁止非法生产销售使用窃听窃照专用器材和“伪基站”设备的规定》的规定，“窃听、窃照等专用器材”包括窃听专用器材和窃照专用器材。窃听专用器材是指以伪装或者隐蔽方式使用，具有下列情形之一的

器材：(1) 具有无线发射、接收语音信号功能的发射、接收器材；(2) 微型语音信号拾取或录制设备；(3) 能够获取无线通信信息的电子接收器材；(4) 利用搭接、感应等方式获取通讯线路信息的器材；(5) 利用固体传声、光纤、微波、激光、红外线等技术获取语音信息的器材；(6) 可遥控语音接收器件或电子设备中的语音接收功能，获取相关语音信息，且无明显提示的器材（含软件）；(7) 其他具有窃听功能的器材。窃照专用器材是指以伪装或者隐蔽方式使用，具有下列情形之一的器材：(1) 具有无线发射功能的照相、摄像器材；(2) 微型针孔摄像装置以及使用微型针孔式摄像装置的照相、摄像器材；(3) 取消正常取景器和回放显示器的微小相机和摄像机；(4) 利用搭接、感应等方式获取图像信息的器材；(5) 可遥控照相、摄像器件或电子设备中的照相、摄像功能，获取相关图像信息，且无明显提示的器材（含软件）；(6) 其他具有窃照功能的器材。

3.“专用间谍器材”“窃听、窃照专用器材”的“专用”性的认定。把握修正后《刑法》第 283 条、第 284 条规定的“专用间谍器材”“窃听、窃照专用器材”，关键在于准确理解“专用”一词的含义，把握有关器材的专用性。“专用间谍器材”“窃听、窃照专用器材”，是指有关器材只能用于实施间谍活动或者只能用于实施窃听、窃照的用途。上述专用器材应当有别于中性的“窃听、窃照器材”，后者既可以用于违法犯罪目的，又可以用于合法目的。可以类比的是，菜刀既可以用于切菜等合法用途，也可以被不法分子用作杀人、伤害等违法犯罪的工具，但不能将菜刀认定为“杀人、伤害专用工具”。实践中，一些中性的器材也可能被用作违法犯罪的工具，如具有拍照、录音功能的手机也可以被不法分子用于窃听、窃照，甚至用于间谍活动，但手机明显不能被归入“专用间谍器材”“窃听、窃照专用器材”的范畴。因此，在具体认定涉案器材时，应当注意从技术标准和功能设定上将“专用间谍器材”“窃听、窃照专用器材”同中性的“窃听、窃照器材”区分开来，防止刑法适用的泛化。例如，当前市面上销售的儿童安全手表，基于家长监控儿童的安全需要，可以远程接收儿童所处环境的语音信号，且以隐蔽的方式装置在手表内，是具有无线发射、接收语音信号功能的发射、接收器材，且系以伪装或隐蔽方式使用的器材，但根据一般人的认识和立法本意，不能将此类器材认定为“窃听专用器材”。

4.“专用间谍器材”与“窃听、窃照专用器材”之间的关系把握。修正后《刑法》第 283 条使用了“专用间谍器材”“窃听、窃照专用器材”两个术语，但不宜认定二者之间是绝对排斥的关系，否则会导致《刑法》第 284 条规定的非法使用窃听、窃照专用器材罪只能适用于非法使用窃听、窃照专用器材的行为，而对非法使用专用间谍器材的行为却无法适用，而后者的社会危害性明显更大。[1]为有效防范上述不合理现象，宜认为“专用间谍器材”与“窃听、窃照专用器材”之间存在部分交叉关系，即“窃听、窃照专用器材”包含“专用间谍器材”中含有窃听、窃照功能的器材在内。修正后《刑法》第283条为了突出非法生产、销售专用间谍器材的刑事违法性，专门作了上述区分。而对于《刑法》第284条规定的非法使用窃听、窃照专用器材罪的适用，应当认为对于非法使用具有窃听、窃照功能的专用间谍器材，造成严重后果的，当然可以适用非法使用窃听、窃照专用器材罪追究刑事责任。

——喻海松:《网络犯罪十二讲》，法律出版社2018年版，第290~292页。

964.“专用间谍器材”“窃听、窃照专用器材”的“专用”性的认定

关键词

专用间谍器材　窃听、窃照专用器材　专用性

附录：最高人民法院法官著述

把握修正后《刑法》第283条、第284条规定的“专用间谍器材”“窃听、窃照专用器材”，关键在于准确理解“专用”一词的含义，把握有关器材的专用性。“专用间谍器材”“窃听、窃照专用器材”，是指有关器材只能用于实施间谍活动或者只能用于实施窃听、窃照的用途。上述专用器材应当有别于中性的“窃听、窃照器材”，后者既可以用于违法犯罪目的，又可以用于合法目的。可以类比的是，菜刀既可以用于切菜等合法用途，也可以被不法分子用作杀人、伤害等违法犯罪的工具，但不能将菜刀认定为“杀人、伤害专用工具”。实践中，一些中性的器材也可能被用作违法犯罪的工具，如具有拍照、录音功能的手机也可以被不法分子用于窃听、窃照，甚至用于间谍活动，但手机明显不能被归入“专用间谍器材”“窃听、窃照专用器材”的范畴。因此，在具体认定涉案器材时，应当注意从技术标准和功能设定上将“专用间谍器材”“窃听、窃照专用器材”同中性的“窃听、窃照器材”区分开来，防止刑法适用的泛化。例如，当前市面上销售的儿童安全手表，基于家长监控儿童

---

① 在《刑法修正案（九）》（草案）研拟过程中，有部门即提出增设非法使用专用间谍器材罪。由于各种原因，《刑法修正案（九）》并未采纳上述建议。在立法未在《刑法》第284条将非法使用专用间谍器材的行为增设为犯罪的情况下，对《刑法》第284条规定的“窃听、窃照专用器材”的范围作出符合司法实践需要的解释，是唯一可行的办法。参见喻海松：《刑法的扩张——〈刑法修正案（九）〉及新近刑法立法解释司法适用解读》，人民法院出版社2015年版，第195~198页。

的安全需要，可以远程接收儿童所处环境的语音信号，且以隐蔽的方式装置在手表内，是具有无线发射、接收语音信号功能的发射、接收器材，且系以伪装或隐蔽方式使用的器材，但根据一般人的认识和立法本意，不能将此类器材认定为“窃听专用器材”。

——喻海松：《网络犯罪二十讲》，法律出版社2022年版，第476页。

965. 组织考试作弊罪的认定

关键词

组织考试作弊罪　作弊器材　情节严重

最高人民法院司法解释

第二条　在法律规定的国家考试中，组织作弊，具有下列情形之一的，应当认定为刑法第二百八十四条之一第一款规定的“情节严重”：

（一）在普通高等学校招生考试、研究生招生考试、公务员录用考试中组织考试作弊的；

（二）导致考试推迟、取消或者启用备用试题的；

（三）考试工作人员组织考试作弊的；

（四）组织考生跨省、自治区、直辖市作弊的；

（五）多次组织考试作弊的；

（六）组织三十人次以上作弊的；

（七）提供作弊器材五十件以上的；

（八）违法所得三十万元以上的；

（九）其他情节严重的情形。

——《最高人民法院、最高人民检察院关于办理组织考试作弊等刑事案件适用法律若干问题的解释》（2019年9月2日，法释〔2019〕13号）。

附录：理解与适用

（二）组织考试作弊罪“情节严重”的认定标准

根据《刑法》第二百八十四条之一第一款、第二款的规定，在法律规定的国家考试中，组织作弊或者为他人实施组织作弊犯罪提供作弊器材或其他帮助的，即构成组织考试作弊罪，处三年以下有期徒刑或者拘役，并处或者单处罚金；情节严重的，处三年以上七年以下有期徒刑，并处罚金。对于组织作弊罪“情节严重”这一概括升档量刑情节，宜根据司法实践的情况从犯罪的客体、客观方面、主体、主观方面等多个角度加以考察。经充分调研，

《最高人民法院、最高人民检察院关于办理组织考试作弊等刑事案件适用法律若干问题的解释》(以下简称《解释》)第二条从六个方面规定了“情节严重”的认定标准：一是考试类型。普通高等学校招生考试、研究生招生考试、公务员录用考试社会关注度高、影响大、涉及面广。基于此,《解释》将在此类考试中组织作弊的直接规定为“情节严重”。二是行为后果。《解释》将导致考试推迟、取消或者启用备用试题的明确规定为“情节严重”。三是行为主体。考试工作人员违背所承担的职责组织考试作弊，主观恶性更大，故《解释》将其规定为“情节严重”。关于“考试工作人员”的范围，具体适用中可以理解为参与考试管理和服务工作的人员，包括命（审）题（卷)、监考、主考、巡考、考试系统操作、评卷等人员。四是地域范围。组织考生跨省、自治区、直辖市作弊的，危害十分严重，故《解释》将其规定为“情节严重”。五是数量标准。《解释》将多次组织考试作弊，组织三十人次以上作弊，以及提供作弊器材五十件以上的规定为“情节严重”。六是违法所得。从司法实践来看，根据所涉考试的不同，组织考试作弊或者提供作弊器材等帮助的违法所得数额相差较大。基于严厉惩治组织考试作弊犯罪的考虑,《解释》将违法所得三十万元以上的规定为“情节严重”。

顺带提及的是，对于“组织作弊”的认定，应当根据案件具体情况加以把握。一般而言，领导、策划、指挥他人在法律规定的国家考试中实施下列行为之一的，可以认定为《刑法》第二百八十四条之一规定的“组织作弊”:（一）向他人提供试题、答案的；（二）代替他人参加考试的；（三）携带与考试内容相关的资料、作弊器材的；（四）篡改考试成绩的；（五）其他组织作弊的情形。需要注意的是,《刑法》第二百八十四条之一第三款规定了非法出售、提供试题、答案罪，第四款规定了代替考试罪，但是在组织考试作弊中提供试题、答案或者代替他人参考考试的，该行为应当视为组织考试作弊的有机组成部分，不应再单独评价。

——周加海、王庆刚、喻海松:《〈关于办理组织考试作弊等刑事案件适用法律若干问题的解释〉的理解与适用》，载《人民司法·应用》2019 年第 29 期。

最高人民法院公布的典型案例

章无涯、吕世龙、张夏阳等组织考试作弊案

裁判要旨：研究生招生考试社会关注度高、影响大、涉及面广，属于国家级重要考试。被告人在研究生招生考试中，组织多名考生作弊，构成组织考试作弊罪，且属“情节严重”。被告人章无涯、吕世龙、张夏阳、张宗群在共同犯罪中起主要作用，系主犯；被告人

李倩、章峰在共同犯罪中起辅助作用，系从犯。

（一）基本案情

被告人章无涯设计以无线电设备传输考试答案的方式，在 2017 年研究生招生考试管理类专业学位联考中组织作弊，并以承诺保过的方式发展生源。被告人吕世龙通过被告人张夏阳、被告人张宗群通过被告人李倩，与章无涯建立联系，吕世龙、张夏阳、张宗群为章无涯招募考生，并从中获取收益。章无涯与张夏阳、吕世龙约定每名考生向章无涯支付 2 万元，考前支付 1 万元，通过考试后再支付 1 万元，组织 18 名考生参加考试作弊，吕世龙向张夏阳支付培训费 18 万元；章无涯承诺张宗群的考生通过全科考试，并可以达到国家 A 线，相关考生 10 人，每人 2.6 万元，每人预付款 1 万元，张宗群共支付章无涯预付款 10 万元。

章无涯购买信号发射器、信号接收器等作弊器材，张宗群、吕世龙、张夏阳将信号接收器分发给考生，并以模拟考试等方式配合章无涯组织考生试验作弊器材；章无涯让李倩找人帮忙做答案，在考场附近酒店登记房间，安装并连接笔记本电脑、手机、信号发射器等作弊器材，并指导李倩和被告人章峰通过电脑发送答案。2016 年 12 月 24 日上午，章无涯、吕世龙、张夏阳、张宗群、李倩、章峰组织 33 名考生在 2017 年全国硕士研究生招生考试管理类专业学位联考综合能力考试中作弊，章无涯、李倩、章峰在不同酒店为在三个考点参与作弊的考生发送答案。

（二）裁判结果

北京市海淀区人民法院一审判决、北京市第一中级人民法院二审裁定认为：研究生招生考试社会关注度高、影响大、涉及面广，属于国家级重要考试。被告人章无涯、吕世龙、张夏阳等在研究生招生考试中，组织多名考生作弊，构成组织考试作弊罪，且属“情节严重”。被告人章无涯、吕世龙、张夏阳、张宗群在共同犯罪中起主要作用，系主犯；被告人李倩、章峰在共同犯罪中起辅助作用，系从犯。综合考虑各被告人组织考生的数量、参与犯罪的程度、以及坦白、认罪悔罪等情节，分别以组织考试作弊罪判处被告人章无涯有期徒刑四年，并处罚金人民币四万元；被告人吕世龙、张夏阳有期徒刑三年，并处罚金人民币三万元；被告人张宗群有期徒刑二年十个月，并处罚金人民币三万元；被告人李倩有期徒刑一年十个月，并处罚金人民币二万元；被告人章峰有期徒刑一年八个月，并处罚金人民币一万元。

——《最高人民法院公布考试作弊犯罪典型案例》，载《人民法院报》2019 年 9 月 4 日。

杜金波、马维圆组织考试作弊案

裁判要旨：被告人出于牟利的目的，利用作弊器材组织多人在公务员录用考试中作弊，构成组织考试作弊罪，且属“情节严重”。在共同犯罪中，杜金波是犯意提起者、作弊器材提供者、行为指挥和实施者，起主要作用，是主犯；马维圆是行为参与者，起次要作用，是从犯。

（一）基本案情

被告人杜金波、马维圆预谋后，组织参加云南省2017年度公务员录用考试的考生作弊。杜金波向考生提供接收器、耳机等作弊器材，共收取1.3万元定金，口头约定考试通过后每名考生支付6万元至8万元不等的费用。马维圆向考生提供了接收器、耳机等作弊器材，共收取0.9万元定金，书面约定考试通过后每名考生支付6万元的费用。2017年4月21日下午，杜金波、马维圆对考生进行作弊器材的测试和运用培训。次日8时许，杜金波、马维圆安装发射器，准备通过语音传输方式向考生提供答案，9时许，考生携带接收器、耳机参加考试被查获。

（二）裁判结果

云南省曲靖市麒麟区人民法院一审判决、曲靖市中级人民法院二审判决认为：被告人杜金波、马维圆出于牟利的目的，利用作弊器材组织多人在公务员录用考试中作弊，构成组织考试作弊罪，且属“情节严重”。在共同犯罪中，杜金波是犯意提起者、作弊器材提供者、行为指挥和实施者，起主要作用，是主犯；马维圆是行为参与者，起次要作用，是从犯。综合考虑被告人的累犯、认罪、退赃等情节，以组织考试作弊罪判处被告人杜金波有期徒刑三年六个月，并处罚金人民币二万元；被告人马维圆有期徒刑一年，并处罚金人民币一万元。

——《最高人民法院公布考试作弊犯罪典型案例》，载《人民法院报》2019年9月4日。

966. 组织考试作弊案件中关于“法律规定的国家考试”的认定

关键词

组织考试作弊罪　国家考试　限缩解释

最高人民法院司法解释

第一条　刑法第二百八十四条之一规定的“法律规定的国家考试”，仅限于全国人民代表大会及其常务委员会制定的法律所规定的考试。

根据有关法律规定，下列考试属于“法律规定的国家考试”：

（一）普通高等学校招生考试、研究生招生考试、高等教育自学考试、成人高等学校招生考试等国家教育考试；

（二）中央和地方公务员录用考试；

（三）国家统一法律职业资格考试、国家教师资格考试、注册会计师全国统一考试、会计专业技术资格考试、资产评估师资格考试、医师资格考试、执业药师职业资格考试、注册建筑师考试、建造师执业资格考试等专业技术资格考试；

（四）其他依照法律由中央或者地方主管部门以及行业组织的国家考试。

前款规定的考试涉及的特殊类型招生、特殊技能测试、面试等考试，属于“法律规定的国家考试”。

——《最高人民法院、最高人民检察院关于办理组织考试作弊等刑事案件适用法律若干问题的解释》（2019 年 9 月 2 日，法释〔2019〕13 号）。

附录：理解与适用

（一）“法律规定的国家考试”的范围

根据《刑法》第二百八十四条之一的规定，组织考试作弊罪、非法出售、提供试题、答案罪和代替考试罪的适用范围是“法律规定的国家考试”。在《刑法修正案（九）（草案）》研拟和审议过程中，曾采用过“依照国家规定举办的考试”“依照国家规定举办的考试或者国务院有关主管机关举办的考试”“国家规定的考试”等表述，最终的表述为“法律规定的国家考试”。据此，《刑法》第二百八十四条之一只适用于在法律规定的国家考试中发生的考试作弊犯罪，对于在其他考试中作弊的行为，不以组织考试作弊罪、非法出售、提供试题、答案罪论处。因此，明确“法律规定的国家考试”的范围，是确保《刑法》第二百八十四条之一准确适用的前提和基础，也是考试作弊犯罪司法适用亟须解决的核心问题。为统一司法适用，《最高人民法院、最高人民检察院关于办理组织考试作弊等刑事案件适用法律若干问题的解释》（以下简称《解释》）第一条对“法律规定的国家考试”的内涵与外延作了明确。

1.“法律规定的国家考试”的内涵与外延。《解释》第一条第一款对“法律规定的国家考试”作了概括规定，即“《刑法》第二百八十四条之一规定的‘法律规定的国家考试’，仅限于全国人民代表大会及其常务委员会制定的法律所规定的考试。”需要注意的问题有二：一是“法律规定的国家考试”限于法律有规定的考试。目前，许多领域都存在国家考试，且分属不同部门主管，大致可分为教育类考试、资格类考试、职称类考试、录用任用考试四大类，共计 200 多种。经梳理，目前二十余部法律对“法律规定的国家考试”作了规定，包括《教育法》《高等教育法》《公务员法》《法官法》《检察官法》《警察法》《教师法》《执业医师法》《注册会计师法》《道路交通安全法》《海关法》《动物防疫法》《旅游法》《证券投资基金法》《统计法》《公证法》等。其他考试，如护士执业资格考试，只有《护士条例》对此有规定，缺乏法律规定，不属于"法律规定的国家考试"。二是"法律规定的国家考试"不限于由中央有关主管部门依照法律统一组织的全国性考试，也包括地方主管部门依照法律规定组织的考试。例如，《公务员法》第二十四条规定："中央机关及其直属机构公务员的录用，由中央公务员主管部门负责组织。地方各级机关公务员的录用，由省级公务员主管部门负责组织，必要时省级公务员主管部门可以授权设区的市级公务员主管部门组织。"再如，普通高等学校招生考试既有全国统一考试，也有省（区、市）组织的考试。

《解释》第一条第二款对"法律规定的国家考试"的外延作了例举。具体而言，根据有关法律规定，下列考试属于"法律规定的国家考试"：（1）普通高等学校招生考试、研究生招生考试、高等教育自学考试、成人高等学校招生考试等国家教育考试；（2）中央和地方公务员录用考试；（3）国家统一法律职业资格考试、国家教师资格考试、注册会计师全国统一考试、会计专业技术资格考试、资产评估师资格考试、医师资格考试、执业药师职业资格考试、注册建筑师考试、建造师执业资格考试等专业技术资格考试；（4）其他依照法律由中央或者地方主管部门以及行业组织的国家考试。需要注意的是，随着法律的修改，"法律规定的国家考试"的范围也可能发生变化，特别是一些国家考试可能会在法律中增设或者调整，对此司法机关应当根据法律的具体规定准确把握。

《解释》第一条第三款进一步规定："前款规定的考试涉及的特殊类型招生、特殊技能测试、面试等考试，属于'法律规定的国家考试'。"而《普通高等学校招生违规行为处理暂行办法》（教育部令第36号）第十八条规定："本办法所称特殊类型招生，是指自主选拔录取、艺术类专业、体育类专业、保送生等类型的高校招生。"因此，普通高等学校招生考试中的自主选拔录取、艺术类专业、体育类专业、保送生等类型的高校招生考试，以及相关招生、公务员录用、专业技术资格等考试涉及的特殊技能测试、面试等考试，均属于"法律规定的国家考试"。

2. "法律规定的国家考试"范围涉及的实务争议。从实践来看，以下几个涉及"法律规定的国家考试"范围的问题须作进一步厘清，以解决司法适用中的争议：

其一，如何理解《教育法》第二十一条的规定？《教育法》第二十一条规定："国家实行国家教育考试制度。""国家教育考试由国务院教育行政部门确定种类，并由国家批准的实施教育考试的机构承办。"经研究认为，不宜依据《教育法》第二十一条的笼统规定认定只要是教育部组织的考试均属于"法律规定的国家考试”，而应限于法律有相对明确具体规定的考试，否则恐会导致“法律规定的国家考试”范围过于宽泛。例如，高等教育自学考试属于“法律规定的国家考试”，其依据在于《高等教育法》第二十一条明确规定：“国家实行高等教育自学考试制度，经考试合格的，发给相应的学历证书或者其他学业证书”；而大学英语四、六级考试虽然由教育部组织实施，但相关法律未作明确规定，故不宜纳入“国家规定的考试”范畴。对此，《国家教育考试违规处理办法》（教育部第18号令）第二条明确规定：“本办法所称国家教育考试是指普通和成人高等学校招生考试、全国硕士研究生招生考试、高等教育自学考试等，由国务院教育行政部门确定实施，由经批准的实施教育考试的机构承办，面向社会公开、统一举行，其结果作为招收学历教育学生或者取得国家承认学历、学位证书依据的测试活动。”据此，目前看来，属于“法律规定的国家考试”的国家教育考试主要是指普通高等学校招生考试、研究生招生考试、高等教育自学考试、成人高等学校招生考试等四种考试。

其二，《建筑法》第十四条是否属于“法律规定”?《建筑法》第十四条规定：“从事建筑活动的专业技术人员，应当依法取得相应的执业资格证书，并在执业资格证书许可的范围内从事建筑活动。”经研究认为，上述规定虽未出现“考试”表述，但执业资格证书主要通过考试取得，且《注册建筑师条例》（国务院令第184号）第七条进一步规定：“国家实行注册建筑师全国统一考试制度。注册建筑师全国统一考试办法，由国务院建设行政主管部门会同国务院人事行政主管部门商国务院其他有关行政主管部门共同制定，由全国注册建筑师管理委员会组织实施。”《注册建造师管理规定》（建设部令第153号）第三条第一款规定：“本规定所称注册建造师，是指通过考核认定或考试合格取得中华人民共和国建造师资格证书，并按照本规定注册，取得中华人民共和国建造师注册证书和执业印章，担任施工单位项目负责人及从事相关活动的专业技术人员。”因此，注册建筑师考试、建造师执业资格考试均属于“法律规定的国家考试”。

又如，《药品管理法》第二十二条规定：“医疗机构必须配备依法经过资格认定的药学技术人员。非药学技术人员不得直接从事药剂技术工作。”《执业药师资格制度暂行规定》（人发〔1999〕34号）[①] 第二条规定：“国家实行执业药师资格制度，纳入全国专业技术人员执业资格制度统一规划的范围。”第六条规定：“执业药师资格实行全国统一大纲、统一命题、统一组织的考试制度。一般每年举行一次。”同理，执业药师执业资格考试也属于“法律规定的国家考试”

---

① 本文件已被《人事部、国家药品监督管理局关于修正印发〈执业药师资格制度暂行规定〉和〈执业药师资格考试实施办法〉的通知》废止。

其三,《职业教育法》第八条、特别是《劳动法》第六十九条是否属于“法律规定”?《职业教育法》第八条第一款规定:“实施职业教育应当根据实际需要,同国家制定的职业分类和职业等级标准相适应,实行学历证书、培训证书和职业资格证书制度。”《劳动法》第六十九条规定:“国家确定职业分类,对规定的职业制定职业技能标准,实行职业资格证书制度,由经备案的考核鉴定机构负责对劳动者实施职业技能考核鉴定。”经研究认为,上述规定过于原则,且相关考核不能等同于考试,故不宜成为认定资格类考试属于“法律规定的国家考试”的依据,而应看各类资格类考试有无法律的具体规定。

又如,《行政许可法》第五十四条第一款规定:“实施本法第十二条第三项所列事项的行政许可,赋予公民特定资格,依法应当举行国家考试的,行政机关根据考试成绩和其他法定条件作出行政许可决定……”该法第十二条第三项事项为“提供公众服务并且直接关系公共利益的职业、行业,需要确定具备特殊信誉、特殊条件或者特殊技能等资格、资质的事项”。同理,《行政许可法》第五十四条也不能直接成为“法律规定的国家考试”的认定依据。

——周加海、王庆刚、喻海松:《〈关于办理组织考试作弊等刑事案件适用法律若干问题的解释〉的理解与适用》,载《人民司法·应用》2019年第29期。

《最高人民法院公报》案例

上海市崇明区人民检察院诉张志杰、陈钟鸣、包周鑫组织考试作弊案

(判决时间:2017年8月28日,二审法院:上海市第二中级人民法院)

裁判摘要:组织考试作弊罪中的考试是指法律规定的国家考试,这里的“法律”应当限缩解释为全国人大及其常委会制定的法律。若某部法律中未对国家考试作出直接规定,但明确规定由相关国家机关制定有关制度,相关国家机关据此制定了行政法规或部门规章对国家考试作出规定,则该考试仍应认定为法律规定的国家考试。在该考试中组织作弊的,应依法以组织考试作弊罪追究刑事责任。

上海市崇明区人民法院一审认为,全国会计专业技术中级资格考试(以下简称“中级会计考试”)属于《刑法》中“法律规定的国家考试”,三名被告人张志杰、陈钟鸣、包周鑫在该考试中组织作弊,其行为均已构成组织考试作弊罪,公诉机关指控的罪名成立,理由如下:

一、组织考试作弊罪中的“考试”须为全国人大及其常委会制定的法律规定的国家考试

《刑法》第二百八十四条之一规定，在法律规定的国家考试中组织作弊的，处三年以下有期徒刑或者拘役，并处或者单处罚金；情节严重的，处三年以上七年以下有期徒刑，并处罚金。该条规定清楚显示，刑法只惩治在法律规定的国家考试中组织作弊的行为，对于在其他考试中组织作弊的行为，不以犯罪论处。对于“法律规定的国家考试”的理解应当明确两点。第一，“国家考试”的范围。国家考试一般是指由国家机关设立的、由国家法定机关组织实施的，为达到特定国家目的而进行的考试。因此，只有在国家考试中组织作弊的，才构成该罪名，在其他社会考试或自治考试中组织作弊的，不能构成本罪。第二，“法律规定”的含义。这里的“法律”应当作狭义解释，即仅指由全国人大及其常委会制定的法律。《刑法修正案（九）》（草案）在审议过程中，曾采用过“国家规定的考试”等表述，但若按此表述，则将包括法律、行政法规规定的各种考试，种类繁多，不胜枚举。因增加组织考试作弊罪主要是从维护社会诚信、惩治严重失信行为的角度出发，而作出的专门规定，对考试的范围作出明确的限定是必要的，以凸显刑法的谦抑性特点。相反，若不对考试范围作出限定，将各类考试全部纳入刑法保护，会使本罪的犯罪圈过大，模糊了刑法的打击重点。因此，在经过反复审议后，《刑法修正案（九）》采用了“法律规定的国家考试”的表述，即构成要件所要求的“考试”仅限于全国人大及其常委会制定的法律中规定的国家考试，例如《公务员法》规定的公务员考试、《高等教育法》规定的研究生考试等等。这就从考试层级的角度将大量层级和影响力较低的考试排除出刑法规制的范围，刑法的谦抑性得到充分彰显。

二、中级会计考试是由财政部、人事部根据《会计法》的委任制定的行政规章中规定的国家考试，但其本质属于法律规定的国家考试

2000 年 7 月施行的《会计法》规定：“国家实行统一的会计制度，国家统一的会计制度由国务院财政部门根据本法制定并公布”。“国家统一的会计制度，是指国务院财政部门根据本法制定的关于会计核算、会计监督、会计机构和会计人员以及会计工作管理的制度。”此外又规定：“担任单位会计机构负责人（会计主管人员）的，除取得会计从业资格证书外，还应当具备会计师以上专业技术职务资格或者从事会计工作三年以上经历。”不难看出，《会计法》中明确委任国家财政部门制定包括有关会计机构、会计人员资质的考试制度在内的国家会计制度，且对担任会计机构负责人的条件之一为具备会计师以上专业技术职务资格作出了直接的规定。

2000 年 9 月，财政部、人事部根据《会计法》的规定联合制定颁布了《会计专业技术资格考试暂行规定》（以下简称《暂行规定》）。该《暂行规定》明确“会计专业技术资格分为初级资格、中级资格和高级资格；取得中级资格并符合国家有关规定，可聘任会计师职务”。“会计专业技术资格实行全国

统一组织、统一考试时间、统一考试大纲、统一考试命题、统一合格标准的考试制度。”

因此，中级会计考试的直接来源虽然是《暂行规定》，但是《会计法》的相关规定能够明确该《暂行规定》与《会计法》的本源联系。《会计法》与《暂行规定》相衔接，形成了一个关于会计专业技术考试、会计专业资格与任职资质三者关系的完整链条：通过中级会计考试——取得会计专业技术中级资格——聘任会计师——担任单位会计机构负责人，前两者由财政部、人事部根据《会计法》制定的《暂行规定》加以明确，后两者则直接规定在全国人大制定的《会计法》之中。中级会计考试表面上虽规定在“链条前端”的《暂行规定》，但其本质实际系来源于全国人大常委会制定的《会计法》。

三、法律规定的国家考试可扩大解释为国家机关受法律委任制定的行政法规、规章中规定的国家考试

（一）法律可委任相关国家机关就某一事项作出规定，考试制度并不例外

法律所调整的是全国范围内在某领域的权利义务关系，其位阶决定其所作规定不可能“事无巨细”，一般均需要国家职能机关就某一专门领域作出进一步较为细致的规定；此外，法律都具有相对滞后性，为了能够及时应对社会新情况、新问题，法律中委任国家职能机关就某方面作出细致规定是较为普遍的现象。这在法理学上被称为“委任性规则”，即具体内容尚未确定，只规定某种概括性指示，由相应国家机关通过相应途径或程序加以确定的法律规则。应当说，委任性规定在法律条文中的存在是一种能够较好地适应社会变化特点和避免法律朝令夕改的立法技巧，是值得参考、借鉴和提倡的。

（二）法律规定的国家考试可作适当扩大解释

第一，国家机关根据法律委任制定的规章中规定的国家考试，该考试相对于法律本身而言，是一种“间接规定”。组织考试作弊罪将考试范围限定在“法律规定的国家考试”，但没有限定法律作出规定的具体方式。根据文义解释的方法，将法律规定解释为法律“直接”或“间接”规定符合基本语法规范，同时亦没有超出普通大众的认知范围，因此是一种合理解释。

第二，国家考试虽直接规定在受法律委任的国家机关制定的行政法规、规章中，但其本质上仍属于法律规定的考试。以上述中级会计考试为例，虽然考试是直接规定在行政法规或规章中，但若该行政法规、规章是国家机关根据法律的委任制定，且直接根据法律对国家考试作出了规定，那么该国家考试本质上与在法律中直接规定的国家考试并无实质差别，仅是因立法技巧将考试和法律条文表面上“分离”开来而已。

第三，受法律委任的国家机关制定的行政法规、规章中规定的国家考试与法律直接规定的国家考试在组织主体级别、考试地域范围、考试影响力等方面均具有同质性。从同案同判的角度上讲，在此类考试中组织作弊应依法

追究刑事责任。以《旅游法》为例，其中规定参加导游资格考试成绩合格，与旅行社订立劳动合同或者在相关旅游行业组织注册的人员，可以申请取得导游证，也即在法律中直接对通过考试方式取得导游资格作出了规定，因此，导游资格考试应当属于典型的“法律规定的国家考试”。导游资格考试的组织主体是国家旅游局，地域范围是全国，而设置该考试的核心目的则是为国家选拔专业导游以规范旅游市场，维护旅游者合法权益。而本案中涉及的中级会计考试虽然未在法律中被直接规定，但是其组织主体为财政部，地域范围亦是全国，通过该考试取得中级会计资格更是被聘任为会计师的必要条件，由于会计工作的重要性和特殊性，中级会计考试能否为国家选拔好优秀会计人才，可直接影响到国家的财经体制甚至是市场经济秩序。因此，中级会计考试从各方面来看层级和重要性都并不逊于《旅游法》中直接规定的导游资格考试，两者之间具有同质性，在此考试中组织作弊应当成为刑法所打击的对象。

第四，将法律规定的国家考试扩大解释为受法律委任的国家机关制定的行政法规、规章中规定的国家考试，符合罪责刑相适应的要求。在此类考试中组织作弊严重违反公平公正原则，破坏社会诚信体系，间接侵害了其他诚信参考的考生的合法权益，具有严重的社会危害性和刑罚当罚性。本案所涉中级会计考试，其是由国家相关主管部门确定实施，由经批准的机构承办，面向社会公众统一进行的考试，通过该考试选拔出优秀会计人才，于国家有利于国家会计制度的完善和维护良好的市场经济秩序；于个人则可能直接影响到升迁、待遇、异地落户等方方面面。若在此类考试中组织作弊不以组织考试作弊罪进行惩处，无法实现罪责相适应，且会给组织考试作弊的不法分子以反向引导，变相“鼓励”其铤而走险实施组织作弊行为，助长嚣张气焰，以致社会信用体系受到更加严重的侵害。

综上，相关国家机关根据法律的委任、授权制定的行政法规或部门规章对国家考试作出规定，则该考试仍应认定为法律规定的国家考试。在该考试中组织作弊的，应依法以组织考试作弊罪追究刑事责任。

——《最高人民法院公报》2018 年第 12 期。

967. 非法出售、提供试题、答案罪的认定

关键词

非法出售、提供试题、答案罪

最高人民法院司法解释

第五条　为实施考试作弊行为，非法出售或者提供法律规定的国家考试的试题、答案，具有下列情形之一的，应当认定为刑法第二百八十四条之一第三款规定的“情节严重”：

（一）非法出售或者提供普通高等学校招生考试、研究生招生考试、公务员录用考试的试题、答案的；

（二）导致考试推迟、取消或者启用备用试题的；

（三）考试工作人员非法出售或者提供试题、答案的；

（四）多次非法出售或者提供试题、答案的

（五）向三十人次以上非法出售或者提供试题、答案的；

（六）违法所得三十万元以上的；

（七）其他情节严重的情形。

——《最高人民法院、最高人民检察院关于办理组织考试作弊等刑事案件适用法律若干问题的解释》（2019 年 9 月 2 日，法释〔2019〕13 号）。

附录：理解与适用

（五）非法出售、提供试题、答案罪“情节严重”的认定标准

根据《刑法》第二百八十四条之一第一款、第三款的规定，为实施考试作弊行为，向他人非法出售或者提供法律规定的国家考试的试题、答案的，即构成非法出售、提供试题、答案罪，处三年以下有期徒刑或者拘役，并处或者单处罚金；情节严重的，处三年以上七年以下有期徒刑，并处罚金。根据法律规定，结合司法实践，《最高人民法院、最高人民检察院关于办理组织考试作弊等刑事案件适用法律若干问题的解释》（以下简称《解释》）第五条对非法出售、提供试题、答案罪“情节严重”的认定标准作了明确规定，大致涉及如下五个方面：一是考试类型。《解释》将非法出售或者提供普通高等学校招生考试、研究生招生考试、公务员录用考试的试题、答案的行为直接规定为“情节严重”。二是行为后果。《解释》将导致考试推迟、取消或者启用备用试题的明确规定为“情节严重”。三是行为主体。《解释》将考试工作人员非法出售或者提供试题、答案的行为规定为“情节严重”。四是数量标准。《解释》将多次非法出售或者提供试题、答案，向三十人次以上非法出售或者提供试题、答案的规定为“情节严重”。五是违法所得。《解释》将违法所得三十万元以上的规定为“情节严重”。

此外，由于各种原因，不少非法出售、提供试题、答案的案件，存在涉案试题不完整或者答案与标准答案不完全一致的情况，甚至可能出现行为人由于认识错误出售、提供完全错误的试题、答案的情况。为统一法律适用，

《解释》第六条明确了非法出售、提供试题、答案罪涉及的试题不完整或者答案与标准答案不完全一致的处理规则，规定："为实施考试作弊行为，向他人非法出售或者提供法律规定的国家考试的试题、答案，试题不完整或者答案与标准答案不完全一致的，不影响非法出售、提供试题、答案罪的认定。"当然，如果试题本身错误或者答案与标准答案完全或者较大程度不一致的，不能认定为非法出售、提供试题、答案罪；符合诈骗罪等其他犯罪的，可以适用相应罪名。

——周加海、王庆刚、喻海松：《〈关于办理组织考试作弊等刑事案件适用法律若干问题的解释〉的理解与适用》，载《人民司法·应用》2019年第29期。

968. 信息网络犯罪案件的范围

关键词

信息网络犯罪　案件范围

最高人民法院司法政策精神

一、关于信息网络犯罪案件的范围

1. 本意见所称信息网络犯罪案件包括：

（1）危害计算机信息系统安全犯罪案件；

（2）拒不履行信息网络安全管理义务、非法利用信息网络、帮助信息网络犯罪活动的犯罪案件；

（3）主要行为通过信息网络实施的诈骗、赌博、侵犯公民个人信息等其他犯罪案件。

——《最高人民法院、最高人民检察院、公安部关于办理信息网络犯罪案件适用刑事诉讼程序若干问题的意见》（2022年9月1日，法发〔2022〕23号）。

969. 信息网络犯罪案件的管辖

关键词

信息网络犯罪　管辖

最高人民法院司法政策精神

二、关于信息网络犯罪案件的管辖

2. 信息网络犯罪案件由犯罪地公安机关立案侦查。必要时，可以由犯罪嫌疑人居住地公安机关立案侦查。

信息网络犯罪案件的犯罪地包括用于实施犯罪行为的网络服务使用的服务器所在地，网络服务提供者所在地，被侵害的信息网络系统及其管理者所在地，犯罪过程中犯罪嫌疑人、被害人或者其他涉案人员使用的信息网络系统所在地，被害人被侵害时所在地以及被害人财产遭受损失地等。

涉及多个环节的信息网络犯罪案件，犯罪嫌疑人为信息网络犯罪提供帮助的，其犯罪地、居住地或者被帮助对象的犯罪地公安机关可以立案侦查。

3. 有多个犯罪地的信息网络犯罪案件，由最初受理的公安机关或者主要犯罪地公安机关立案侦查。有争议的，按照有利于查清犯罪事实、有利于诉讼的原则，协商解决；经协商无法达成一致的，由共同上级公安机关指定有关公安机关立案侦查。需要提请批准逮捕、移送审查起诉、提起公诉的，由立案侦查的公安机关所在地的人民检察院、人民法院受理。

4. 具有下列情形之一的，公安机关、人民检察院、人民法院可以在其职责范围内并案处理：

（1）一人犯数罪的；

（2）共同犯罪的；

（3）共同犯罪的犯罪嫌疑人、被告人还实施其他犯罪的；

（4）多个犯罪嫌疑人、被告人实施的犯罪行为存在关联，并案处理有利于查明全部案件事实的。

对为信息网络犯罪提供程序开发、互联网接入、服务器托管、网络存储、通讯传输等技术支持，或者广告推广、支付结算等帮助，涉嫌犯罪的，可以依照第一款的规定并案侦查。

有关公安机关依照前两款规定并案侦查的案件，需要提请批准逮捕、移送审查起诉、提起公诉的，由该公安机关所在地的人民检察院、人民法院受理。

5. 并案侦查的共同犯罪或者关联犯罪案件，犯罪嫌疑人人数众多、案情复杂的，公安机关可以分案移送审查起诉。分案移送审查起诉的，应当对并案侦查的依据、分案移送审查起诉的理由作出说明。

对于前款规定的案件，人民检察院可以分案提起公诉，人民法院可以分案审理。

分案处理应当以有利于保障诉讼质量和效率为前提，并不得影响当事人质证权等诉讼权利的行使。

6. 依照前条规定分案处理，公安机关、人民检察院、人民法院在分案前有管辖权的，分案后对相关案件的管辖权不受影响。根据具体情况，分案处理的相关案件可以由不同审级的人民法院分别审理。

7. 对于共同犯罪或者已并案侦查的关联犯罪案件，部分犯罪嫌疑人未到案，但不影响对已到案共同犯罪或者关联犯罪的犯罪嫌疑人、被告人的犯罪事实认定的，可以先行追究已到案犯罪嫌疑人、被告人的刑事责任。之前未到案的犯罪嫌疑人、被告人归案后，可以由原办案机关所在地公安机关、人民检察院、人民法院管辖其所涉及的案件。

8. 对于具有特殊情况，跨省（自治区、直辖市）指定异地公安机关侦查更有利于查清犯罪事实、保证案件公正处理的重大信息网络犯罪案件，以及在境外实施的信息网络犯罪案件，公安部可以商最高人民检察院和最高人民法院指定侦查管辖。

9. 人民检察院对于审查起诉的案件，按照刑事诉讼法的管辖规定，认为应当由上级人民检察院或者同级其他人民检察院起诉的，应当将案件移送有管辖权的人民检察院，并通知移送起诉的公安机关。人民检察院认为需要依照刑事诉讼法的规定指定审判管辖的，应当协商同级人民法院办理指定管辖有关事宜。

10. 犯罪嫌疑人被多个公安机关立案侦查的，有关公安机关一般应当协商并案处理，并依法移送案件。协商不成的，可以报请共同上级公安机关指定管辖。

人民检察院对于审查起诉的案件，发现犯罪嫌疑人还有犯罪被异地公安机关立案侦查的，应当通知移送审查起诉的公安机关。

人民法院对于提起公诉的案件，发现被告人还有其他犯罪被审查起诉、立案侦查的，可以协商人民检察院、公安机关并案处理，但可能造成审判过分迟延的除外。决定对有关犯罪并案处理，符合《中华人民共和国刑事诉讼法》第二百零四条规定的，人民检察院可以建议人民法院延期审理。

——《最高人民法院、最高人民检察院、公安部关于办理信息网络犯罪案件适用刑事诉讼程序若干问题的意见》（2022年9月1日，法发〔2022〕23号）。

附：答记者问

问：司法实践中，对信息网络犯罪案件，常常会出现管辖争议。请问《意见》对信息网络犯罪案件的管辖有何规范？

答：信息网络犯罪具有匿名性、远程性、链条性、涉众性等特点，案件管辖问题较传统犯罪更为复杂。《意见》根据刑事诉讼法以及有关规定，立足当前信息网络犯罪的执法司法实践，进一步明确了管辖规则。

一是对信息网络犯罪案件的犯罪地作了明确。针对信息网络犯罪往往是远程匿名实施的特点，为方便被害人报案，《意见》依法确定多个管辖连接点，规定信息网络犯罪案件的犯罪地包括用于实施犯罪行为的网络服务使用的服务器所在地，网络服务提供者所在地，被侵害的信息网络系统及其管理者所在地，犯罪过程中犯罪嫌疑人、被害人或者其他涉案人员使用的信息网络系统所在地，被害人被侵害时所在地以及被害人财产遭受损失地等。涉及多个环节的信息网络犯罪案件，犯罪嫌疑人为信息网络犯罪提供帮助的，其犯罪地、居住地或者被帮助对象的犯罪地公安机关可以立案侦查。

二是对信息网络犯罪案件的并案规则作了明确。《意见》规定，具有下列情形之一的，公安机关、人民检察院、人民法院可以在其职责范围内并案处理：（1）一人犯数罪的；（2）共同犯罪的；（3）共同犯罪的犯罪嫌疑人、被告人还实施其他犯罪的；（4）多个犯罪嫌疑人、被告人实施的犯罪行为存在关联，并案处理有利于查明全部案件事实的。

三是对信息网络犯罪案件的分案规则作了明确。《意见》规定，并案侦查的共同犯罪或者关联犯罪案件，犯罪嫌疑人人数众多、案情复杂的，公安机关可以分案移送审查起诉。分案移送审查起诉的，应当对并案侦查的依据、分案移送审查起诉的理由作出说明。对于相关案件未作分案处理的，人民检察院可以分案提起公诉，人民法院可以分案审理。公检法机关在分案前有管辖权的，分案后对相关案件的管辖权不受影响。上述分案处理，应当以有利于保障诉讼质量和效率为前提，并不得影响当事人质证权等诉讼权利的行使。

——《依法惩治信息网络犯罪、有效维护清朗网络空间——最高人民法院研究室、最高人民检察院第四检察厅、公安部十一局负责人就〈关于办理信息网络犯罪案件适用刑事诉讼程序若干问题的意见〉答记者问》，载最高人民检察院官网，https：//www.spp.gov.cn。

970. 信息网络犯罪案件的取证

关键词

信息网络犯罪案件　案件取证

最高人民法院司法政策精神

四、信息网络犯罪案件的取证

14. 公安机关向网络服务提供者调取电子数据的，应当制作调取证据通知书，注明需要调取的电子数据的相关信息。调取证据通知书及相关法律文书可以采用数据电文形式。跨地域调取电子数据的，可以通过公安机关信息化系统传输相关数据电文。

网络服务提供者向公安机关提供电子数据的，可以采用数据电文形式。采用数据电文形式提供电子数据的，应当保证电子数据的完整性，并制作电子证明文件，载明调证法律文书编号、单位电子公章、完整性校验值等保护电子数据完整性方法的说明等信息。

数据电文形式的法律文书和电子证明文件，应当使用电子签名、数字水印等方式保证完整性。

15. 询（讯）问异地证人、被害人以及与案件有关联的犯罪嫌疑人的，可以由办案地公安机关通过远程网络视频等方式进行并制作笔录。

远程询（讯）问的，应当由协作地公安机关事先核实被询（讯）问人的身份。办案地公安机关应当将询（讯）问笔录传输至协作地公安机关。询（讯）问笔录经被询（讯）问人确认并逐页签名、捺指印后，由协作地公安机关协作人员签名或者盖章，并将原件提供给办案地公安机关。询（讯）问人员收到笔录后，应当在首页右上方写明“于某年某月某日收到”，并签名或者盖章。

远程询（讯）问的，应当对询（讯）问过程同步录音录像，并随案移送。

异地证人、被害人以及与案件有关联的犯罪嫌疑人亲笔书写证词、供词的，参照执行本条第二款规定。

16. 人民检察院依法自行侦查、补充侦查，或者人民法院调查核实相关证据的，适用本意见第 14 条、第 15 条的有关规定。

17. 对于依照本意见第 14 条的规定调取的电子数据，人民检察院、人民法院可以通过核验电子签名、数字水印、电子数据完整性校验值及调证法律文书编号是否与证明文件相一致等方式，对电子数据进行审查判断。

对调取的电子数据有疑问的，由公安机关、提供电子数据的网络服务提供者作出说明，或者由原调取机关补充收集相关证据。

——《最高人民法院、最高人民检察院、公安部关于办理信息网络犯罪案件适用刑事诉讼程序若干问题的意见》（2022 年 9 月 1 日，法发〔2022〕23 号）。

附录：答记者问

问：信息网络犯罪往往跨地域实施，跨地域取证具有一定普遍性，而相关取证工作需要更多借助信息技术手段。请介绍一下《意见》对跨地域取证有何规定。

答：信息网络犯罪相关银行账户、网络数据往往遍布各地，采用传统取证方式，耗时费力。为此，《意见》立足实践情况，对信息网络犯罪案件的取证问题作了规定。具体而言：

一是明确跨地域调取电子数据的规则。办理信息网络犯罪案件，往往需要跨地域取证。针对异地调取电子数据成本高、安全性差的问题，公安部建成异地调证信息化系统，为兼顾异地调取电子数据的便利性和安全性创造了条件。基于此，《意见》明确跨地域调取电子数据的，可以通过公安机关信息化系统传输相关数据电文。同时，要求采用数据电文形式提供电子数据的，应当保证电子数据的完整性。

二是明确异地询（讯）问的规则。《意见》规定，询（讯）问异地证人、被害人以及与案件有关联的犯罪嫌疑人的，可以由办案地公安机关通过远程网络视频等方式进行并制作笔录。远程询（讯）问的，应当由协作地公安机关事先核实被询（讯）问人的身份。询（讯）问笔录经被询（讯）问人确认并逐页签名、捺指印后，由协作地公安机关协作人员签名或者盖章，并将原件提供给办案地公安机关。远程询（讯）问的，应当对询（讯）问过程同步录音录像，并随案移送。

问：针对信息网络犯罪案件海量证据的情况，《意见》新增按照一定比例或者数量取证的规定。请介绍一下相关规定和有关考虑。

答：不少信息网络犯罪涉及海量证据材料，涉案人员也特别众多，无法逐一取证。例如，在非法控制计算机信息系统犯罪案件中，黑客通过网站“挂马”等方式可以在短时间内控制数百万台计算机，此种情形下，既无必要，客观上也不可能逐一核实每一台涉案计算机，从而认定被控制的计算机信息系统数量。基于此，《意见》对海量证据材料按照一定比例或者数量取证的规则作了专门规定。

一是证据选取规则。办理信息网络犯罪案件，对于数量特别众多且具有同类性质、特征或者功能的物证、书证、证人证言、被害人陈述、视听资料、电子数据等证据材料，确因客观条件限制无法逐一收集的，应当按照一定比例或者数量选取证据，并对选取情况作出说明和论证。同时，为规范涉案财物处置，保护被害人利益，《意见》还规定，涉案财物需要返还被害人的，应当尽可能查明被害人损失情况。

二是证据审查规则。人民检察院、人民法院应当重点审查取证方法、过程是否科学。经审查认为取证不科学的，应当由原取证机关作出补充说明或者重新取证。

三是证据采信规则。人民检察院、人民法院应当结合其他证据材料，以及犯罪嫌疑人、被告人及其辩护人所提辩解、辩护意见，审查认定取得的证据。经审查，对相关事实不能排除合理怀疑的，应当作出有利于犯罪嫌疑人、被告人的认定。

——《依法惩治信息网络犯罪、有效维护清朗网络空间——最高人民法院研究室、最高人民检察院第四检察厅、公安部十一局负责人就〈关于办理信息网络犯罪案件适用刑事诉讼程序若干问题的意见〉答记者问》，载最高人民检察院官网，https：//www.spp.gov.cn。

971. 信息网络犯罪案件的调查核实

关键词

信息网络犯罪案件　案件调查核实

最高人民法院司法政策精神

三、关于信息网络犯罪案件的调查核实

11. 公安机关对接受的案件或者发现的犯罪线索，在审查中发现案件事实或者线索不明，需要经过调查才能够确认是否达到刑事立案标准的，经公安机关办案部门负责人批准，可以进行调查核实；经过调查核实达到刑事立案标准的，应当及时立案。

12. 调查核实过程中，可以采取询问、查询、勘验、检查、鉴定、调取证据材料等不限制被调查对象人身、财产权利的措施，不得对被调查对象采取强制措施，不得查封、扣押、冻结被调查对象的财产，不得采取技术侦查措施。

13. 公安机关在调查核实过程中依法收集的电子数据等材料，可以根据有关规定作为证据使用。

调查核实过程中收集的材料作为证据使用的，应当随案移送，并附批准调查核实的相关材料。

调查核实过程中收集的证据材料经查证属实，且收集程序符合有关要求的，可以作为定案依据。

——《最高人民法院、最高人民检察院、公安部关于办理信息网络犯罪案件适用刑事诉讼程序若干问题的意见》（2022 年 9 月 1 日，法发〔2022〕23 号）。

972. 通过技术手段强制网络用户访问指定网站的“DNS 劫持”行为，以破坏计算机信息系统罪定罪处罚

关键词

破坏计算机信息系统罪　DNS 劫持　后果严重　后果特别严重

最高人民法院指导性案例

付宣豪、黄子超破坏计算机信息系统案（最高人民法院指导案例 102 号）

裁判要点：1. 通过修改路由器、浏览器设置、锁定主页或者弹出新窗口等技术手段，强制网络用户访问指定网站的“DNS 劫持”行为，属于破坏计算机信息系统，后果严重的，构成破坏计算机信息系统罪。

2. 对于“DNS 劫持”，应当根据造成不能正常运行的计算机信息系统数量、相关计算机信息系统不能正常运行的时间，以及所造成的损失或者影响等，认定其是“后果严重”还是“后果特别严重”。

法院生效裁判认为：根据《中华人民共和国刑法》第二百八十六条的规定，对计算机信息系统功能进行破坏，造成计算机信息系统不能正常运行，后果严重的，构成破坏计算机信息系统罪。本案中，被告人付宣豪、黄子超实施的是流量劫持中的“DNS 劫持”。DNS 是域名系统的英文首字母缩写，作用是提供域名解析服务。“DNS 劫持”通过修改域名解析，使对特定域名的访问由原 IP 地址转入到篡改后的指定 IP 地址，导致用户无法访问原 IP 地址对应的网站或者访问虚假网站，从而实现窃取资料或者破坏网站原有正常服务的目的。二被告人使用恶意代码修改互联网用户路由器的 DNS 设置，将用户访问“2345.com”等导航网站的流量劫持到其设置的“5w.com”导航网站，并将获取的互联网用户流量出售，显然是对网络用户的计算机信息系统功能进行破坏，造成计算机信息系统不能正常运行，符合破坏计算机信息系统罪的客观行为要件。

根据《最高人民法院、最高人民检察院关于办理危害计算机信息系统安全刑事案件应用法律若干问题的解释》，破坏计算机信息系统，违法所得人民币 25000 元以上或者造成经济损失人民币 5 万元以上的，应当认定为“后果特别严重”。本案中，二被告人的违法所得人民币 754762.34 元，属于“后果特别严重”。

综上，被告人付宣豪、黄子超实施的“DNS 劫持”行为系违反国家规定，对计算机信息系统中存储的数据进行修改，后果特别严重，依法应处五年以上有期徒刑。鉴于二被告人在家属的帮助下退缴全部违法所得，未获取、泄露公民个人信息，且均具有自首情节，无前科劣迹，故依法对其减轻处罚并适用缓刑。

——《最高人民法院关于发布第 20 批指导性案例的通知》（2018 年 12 月

25 日，法〔2018〕347 号）。

说明

指导案例 102 号《付宣豪、黄子超破坏计算机信息系统案》旨在明确“DNS 劫持”行为，破坏计算机信息系统功能，达到后果严重程度的，构成破坏计算机信息系统罪。“DNS 劫持”通过篡改域名解析，使网络用户无法访问原 IP 地址对应的网站或者访问虚假网站，从而实现窃取数据资料或者破坏网站原有正常服务的目的。这种犯罪行为在实践中较为常见，发布该案例，对类似案件的审判具有指导意义。

973. 破坏企业的机械远程监控系统功能，以破坏计算机信息系统罪定罪处罚

关键词

破坏计算机信息系统罪　机械远程监控系统

最高人民法院指导性案例

徐强破坏计算机信息系统案（最高人民法院指导案例 103 号）

裁判要点：企业的机械远程监控系统属于计算机信息系统。违反国家规定，对企业的机械远程监控系统功能进行破坏，造成计算机信息系统不能正常运行，后果严重的，构成破坏计算机信息系统罪。

法院生效裁判认为：《最高人民法院、最高人民检察院关于办理危害计算机信息系统安全刑事案件应用法律若干问题的解释》第十一条规定，“计算机信息系统”和“计算机系统”，是指具备自动处理数据功能的系统，包括计算机、网络设备、通信设备、自动化控制设备等。本案中，中联重科物联网 GPS 信息服务系统由中联重科物联网远程监控平台、GPS 终端、控制器和显示器等构成，具备自动采集、处理、存储、回传、显示数据和自动控制设备的功能。该系统属于具备自动处理数据功能的通信设备与自动化控制设备，属于刑法意义上的计算机信息系统。被告人徐强利用“GPS 干扰器”对中联重科物联网 GPS 信息服务系统进行修改、干扰，造成该系统无法对案涉泵车进行实时监控和远程锁车，是对计算机信息系统功能进行破坏，造成计算机信息系统不能正常运行的行为，且后果特别严重。根据刑法第二百八十六条

的规定，被告人徐强构成破坏计算机信息系统罪。徐强犯罪以后自动投案，如实供述了自己的罪行，系自首，依法可减轻处罚。徐强退缴全部违法所得，有悔罪表现，可酌情从轻处罚。针对徐强及辩护人提出“自己系自首，且全部退缴违法所得，一审量刑过重”的上诉意见与辩护意见，经查，徐强破坏计算机信息系统，违法所得45000元，后果特别严重，应当判处五年以上有期徒刑，一审判决综合考虑其自首、退缴全部违法所得等情节，对其减轻处罚，判处有期徒刑二年六个月，量刑适当。该上诉意见、辩护意见，不予采纳。原审判决认定事实清楚，证据确实充分，适用法律正确，量刑适当，审判程序合法。

——《最高人民法院关于发布第20批指导性案例的通知》(2018年12月25日，法〔2018〕347号)。

说明

指导案例103号《徐强破坏计算机信息系统案》旨在明确企业的机械远程监控系统属于计算机信息系统。违反国家规定，对企业的机械远程监控系统功能进行破坏，造成计算机信息系统不能正常运行，后果严重的，构成破坏计算机信息系统罪。发布该案例，有利于明确类似案件定罪量刑标准，依法有效维护企业财产权益。

974. 干扰环境质量监测采样，致使监测数据严重失真的，以破坏计算机信息系统罪定罪处罚

关键词

破坏计算机信息系统罪　干扰环境质量监测采样　数据失真　后果严重

最高人民法院指导性案例

李森、何利民、张锋勃等人破坏计算机信息系统案（最高人民法院指导案例104号）

裁判要点：环境质量监测系统属于计算机信息系统。用棉纱等物品堵塞环境质量监测采样设备，干扰采样，致使监测数据严重失真的，构成破坏计算机信息系统罪。

法院生效裁判认为：五被告人的行为违反了国家规定。《中华人民共和国环境保护法》第六十八条规定禁止篡改、伪造或者指使篡改、伪造监测数据，

《中华人民共和国大气污染防治法》第一百二十六条规定禁止对大气环境保护监督管理工作弄虚作假，《中华人民共和国计算机信息系统安全保护条例》第七条规定不得危害计算机信息系统的安全。本案五被告人采取堵塞采样器的方法伪造或者指使伪造监测数据，弄虚作假，违反了上述国家规定。

五被告人的行为破坏了计算机信息系统。《最高人民法院、最高人民检察院关于办理危害计算机信息系统安全刑事案件应用法律若干问题的解释》第十一条规定，计算机信息系统和计算机系统，是指具备自动处理数据功能的系统，包括计算机、网络设备、通信设备、自动化控制设备等。根据《最高人民法院、最高人民检察院关于办理环境污染刑事案件适用法律若干问题的解释》第十条第一款的规定，干扰环境质量监测系统的采样，致使监测数据严重失真的行为，属于破坏计算机信息系统。长安子站系国控环境空气质量自动监测站点，产生的监测数据经过系统软件直接传输至监测总站，通过环保部和监测总站的政府网站实时向社会公布，参与计算环境空气质量指数并实时发布。空气采样器是环境空气质量监测系统的重要组成部分。PM10、PM2.5 监测数据作为环境空气综合污染指数评估中的最重要两项指标，被告人用棉纱堵塞采样器的采样孔或拆卸采样器的行为，必然造成采样器内部气流场的改变，造成监测数据失真，影响对环境空气质量的正确评估，属于对计算机信息系统功能进行干扰，造成计算机信息系统不能正常运行的行为。

五被告人的行为造成了严重后果。（1）被告人李森、张锋勃、张楠、张肖均多次堵塞、拆卸采样器干扰采样，被告人何利民明知李森等人的行为而没有阻止，只是要求李森把空气污染数值降下来。（2）被告人的干扰行为造成了监测数据的显著异常。2016 年 2 至 3 月间，长安子站颗粒物监测数据多次出现与周边子站变化趋势不符的现象。长安子站 PM2.5 数据分别在 2 月 24 日 18 时至 25 日 16 时、3 月 3 日 4 时至 6 日 19 时两个时段内异常，PM10 数据分别在 2 月 18 日 18 时至 19 日 8 时、2 月 25 日 20 时至 21 日 8 时、3 月 5 日 19 时至 6 日 23 时三个时段内异常。其中，长安子站的 PM10 数据在 2016 年 3 月 5 日 19 时至 22 时由 361 下降至 213，下降了 41%，其他周边子站均值升高了 14%（由 316 上升至 361），6 日 16 时至 17 时长安子站监测数值由 188 上升至 426，升高了 127%，其他子站均值变化不大（由 318 降至 310），6 日 17 时至 19 时长安子站数值由 426 下降至 309，下降了 27%，其他子站均值变化不大（由 310 降至 304）。可见，被告人堵塞采样器的行为足以造成监测数据的严重失真。上述数据的严重失真，与监测总站在例行数据审核时发现长安子站 PM10 数据明显偏低可以印证。（3）失真的监测数据已实时发送至监测总站，并向社会公布。长安子站空气质量监测的小时浓度均值数据已经通过互联网实时发布。（4）失真的监测数据已被用于编制环境评价的月报、季报。环保部在 2016 年二、三月及第一季度的全国 74

个重点城市空气质量排名工作中已采信上述虚假数据，已向社会公布并上报国务院，影响了全国大气环境治理情况评估，损害了政府公信力，误导了环境决策。据此，五被告人干扰采样的行为造成了严重后果，符合刑法第二百八十六条规定的“后果严重”要件。

综上，五被告人均已构成破坏计算机信息系统罪。鉴于五被告人到案后均能坦白认罪，有悔罪表现，依法可以从轻处罚。

——《最高人民法院关于发布第20批指导性案例的通知》(2018年12月25日，法〔2018〕347号)。

说明

指导案例104号《李森、何利民、张锋勃等人破坏计算机信息系统案》旨在明确环境质量监测系统属于计算机信息系统。用棉纱等物品堵塞环境监测采样器，干扰采样，造成监测数据失真的，属于破坏计算机信息系统，后果严重的，应以破坏计算机信息系统罪定罪量刑。该案系国内首例此类案件，既具有法律适用方面的指导意义，也具有法律宣传教育意义。

975. 利用计算机窃取他人游戏币非法销售获利如何定性

关键词

非法获取计算机信息系统罪　利用计算机窃取他人游戏币非法销售获利

最高人民法院审判业务意见（研究室研究意见）

有关部门就利用计算机窃取他人游戏币非法销售获利如何定性问题征求最高人民法院研究室意见。我室经研究认为：

利用计算机窃取他人游戏币非法销售获利行为目前宜以非法获取计算机信息系统数据罪定罪处罚。

——《最高人民法院研究室关于利用计算机窃取他人游戏币非法销售获利如何定性问题的研究意见》，载张军主编、最高人民法院研究室编著：《司法研究与指导》2012年第2辑（总第2辑），人民法院出版社2012年版，第127~136页。

976. 利用游戏系统漏洞非法充值应当认定为非法获取计算机信息系统数据罪

关键词

非法获取计算机信息系统数据罪　破坏计算机信息系统罪

《刑事审判参考》指导案例

吴冰非法获取计算机信息系统数据案（《刑事审判参考》指导案例第1459号）

裁判要点：破坏计算机信息系统罪必须是对系统功能的破坏，利用系统漏洞非法获取游戏币的行为，可以认为是非法获取了计算机信息系统数据，构成非法获取计算机信息系统数据罪。

本案中的游戏币是一种虚拟财产，其性质实质上是电磁记录，即电子数据。针对被告人吴冰利用充值系统漏洞，篡改系统数据从而非法获取游戏币的行为应如何定性，形成了破坏计算机信息系统罪和非法获取计算机信息系统数据罪两种意见。

第一种意见认为，根据刑法第二百八十六条第二款的规定，破坏计算机信息系统罪中的破坏，并不要求导致信息系统功能受损或者受限，只要是对信息系统中存储、处理或者传输的数据和应用程序进行了删除、修改、增加的操作，造成了严重后果，就是破坏。而且本案的涉案游戏币并非早已存储在被侵害的计算机信息系统之中，被告人吴冰并不是通过复制、存储、传输等方式非法转移占有或者非法获知计算机信息系统数据，而是通过非法侵入、篡改的方式，在被害的信息系统中人为地生成非法数据。本案行为不符合非法获取计算机信息系统数据的犯罪特征，而是属于第二百八十六条第二款规定的“修改、增加”行为，符合破坏计算机信息系统罪的行为特征，应当认定为破坏计算机信息系统罪。

第二种意见则认为，本案并未破坏游戏系统功能，仅是非法获取计算机信息系统数据，应当认定为非法获取计算机信息系统数据罪。

我们赞同第二种意见，破坏计算机信息系统罪必须是对系统功能的破坏，本案只能认定为非法获取计算机信息系统数据罪。具体理由如下：

破坏计算机信息系统罪的本质在于损害了信息系统的功能

刑法第二百八十六条第二款规定：“违反国家规定，对计算机信息系统中存储、处理或者传输的数据和应用程序进行删除、修改、增加的操作，后果严重的，依照前款的规定处罚。”这里的对“数据”和“应用程序”的“删除、修改、增加”，必须对计算机信息系统功能达到损害的程度，而且该程度是持续性的。如果不把握这一关键点，很可能导致对该法条进行不恰当的扩大解释，把类似于向他人邮件系统中乱发垃圾邮件的行为纳入本罪处罚范围，这明显是失当的。被告人吴冰的行为并非破坏计算机信息系统，而是非法获取游戏币，以期享有这些游戏币中所附着的利益。吴冰自行在游戏中使用了一部分游戏币，并将一部分游戏币出售牟利，这些行为进一步证实，其行为并未破坏该游戏所在的计算机信息系统，否则其获得游戏币之后也将无法使用或牟利。

（二）本案并无典型的破坏计算机信息系统的行为

被告人利用火狐浏览器及相关插件对该系统数据进行修改并非法充值的行为，虽然在一定程度上是对充值程序的破坏，使其暂时不能正常充值，但该行为并未妨害其他游戏用户的正常充值。本案中对充值系统的所谓“破坏”所波及的范围仅仅限于被告人非法充值当时，而非对整个充值系统的持续性破坏。该行为类似于盗窃犯罪中，行为人使用万能钥匙将被害人的房门打开之后实施盗窃行为，之后又将门正常锁上，盗窃行为人并未彻底破坏门锁的功能，也未将被害人的房门敞开不管，其行为的本质并不在于对门锁的破坏，而在于对财物的非法转移占有。而且现有证据也无法证明网络游戏《画皮世界》因为被告人的非法充值行为而导致其他游戏功能受损，影响了其他游戏玩家的正常使用。因而，仅仅基于被告人对充值程序的修改就认定本案构成破坏计算机信息系统罪是不充分的。

（三）非法获取计算机信息系统数据罪所指的数据，并不需要早已存储在信息系统之中

在计算机技术领域，数据的生成、复制、传输通常是即时完成，游戏币等虚拟财产更是只要程序设置完毕，即可以无限产出，而非需要像实体的购物磁卡一样先行制作出来。游戏币这种数据的本质是一种赋予玩家权限的口令密码，玩家持有了游戏币就等于获取了一定的权限，可以在游戏中享有相应的权能。非法生成、复制、传输游戏币的行为，本质上是一种非法获取权限，并非法使用该权限的行为。这种权限的载体就是游戏币这种口令密码，它本质上是一种经过信息系统所预先设定并认可的数据，只不过在计算机系统中，数据未必像现实世界中的财物一样事先存在，也可以是系统根据设定即时生成的。故被告人吴冰利用系统漏洞非法获取游戏币的行为，可以认为是非法获取了计算机信息系统数据。

综上，法院判决认定被告人的行为构成非法获取计算机信息系统数据罪，是适当的。

——吴扬传撰稿、王晓东审编：《吴冰非法获取计算机信息系统数据案——利用游戏系统漏洞非法充值行为的定性》，载最高人民法院刑事审判第一、二、三、四、五庭编：《刑事审判参考》（总第130辑），最高人民法院出版社2022年版，第89~93页。

977. 对交警部门计算机信息系统中存储的交通违章信息进行删除，以破坏计算机信息系统罪定罪处罚

关键词

破坏计算机信息系统罪　交通违章信息

最高人民法院审判业务意见（研究室研究意见）

有关部门就对交警部门计算机信息系统中存储的交通违章信息进行删除行为如何定性问题征求最高人民法院研究室意见。我室经研究认为：

违反国家规定，对交警部门计算机信息系统中存储的交通违章信息进行删除，收取违章人员的好处，应当认定为刑法第二百八十六条第二款规定的对计算机信息系统中存储、处理、传输的数据进行删除的操作，以破坏计算机信息系统罪定罪处罚。

——《最高人民法院研究室关于对交警部门计算机信息系统中存储的交通违章信息进行删除行为如何定性的研究意见》，载张军主编、最高人民法院研究室编著：《司法研究与指导》2012年第2辑（总第2辑），人民法院出版社2012年版，第137~147页。

《刑事审判参考》指导案例

孙小虎破坏计算机信息系统案（《刑事审判参考》指导案例第784号）

裁判要点：经济损失数额和违法所得数额都是破坏计算机信息系统犯罪中定罪量刑的标准，应当按照处罚较重的数额对被告人进行量刑，另一数额可作为量刑的酌定情节予以考虑。

（一）破坏计算机信息系统犯罪中的经济损失的认定

危害计算机信息系统安全犯罪是1997年修订刑法时新增的罪名。近年来，随着计算机系统应用的普及，该类犯罪呈快速增长趋势。为适应司法实践的需要，明确危害计算机信息系统安全犯罪的法律适用问题，最高人民法院、最高人民检察院于2011年8月1日公布了《关于办理危害计算机信息系

统安全刑事案件应用法律若干问题的解释》(以下简称《解释》)，对该类犯罪的定罪量刑标准、单位犯罪、共同犯罪以及相关术语的内涵和外延等作了较为详细的规定。

《解释》第十一条第三款规定："本解释所称'经济损失'，包括危害计算机信息系统犯罪行为给用户直接造成的经济损失，以及用户为恢复数据、功能而支出的必要费用。"该条明确规定了危害计算机信息系统安全犯罪中的经济损失是指犯罪行为所造成的直接经济损失。间接经济损失或者实施犯罪行为时尚未实际发生的可能经济损失，不能认定为直接经济损失，从而不能计入犯罪行为所造成的经济损失。我们认为，本案涉及的14万余元罚款不能认定为被告人孙小虎犯罪行为所造成的经济损失。具体理由如下：

首先，本案中的14万余元是公安机关拟行政处罚的罚款，需要公安机关在相关车辆进行年检时，对车辆违章行为作出行政处罚，在当事人缴纳罚款之后，才能获取该项利益。孙小虎在非法处理违章数据的时候，因违章车辆当事人还没有实际缴纳罚款，公安机关还没有实际取得该14万余元的罚款。孙小虎非法处理违章数据的行为本身并不直接导致14万余元的必然损失。因此，该14万元不是直接经济损失。

其次，孙小虎非法处理的违章信息所对应的14万余元罚款具有不确定性。该14万余元只是违章行为所对应的应当处以罚款的数额，公安机关是否最终对上述所有违章行为都作出处罚，处罚所对应的罚款是否能够全部征收到位，都处于或然状态。以一个不确定的数额作为孙小虎的行为造成的直接经济损失数额，在逻辑上说服力不够。

最后，公安机关可以通过对孙小虎修改的数据进行恢复，对有关车辆违章行为作出处罚。所有经孙小虎非法处理的车辆违章数据并没被孙小虎删除，而是仍然存放于电脑系统中，孙小虎只是将数据处理的状态由原来的"未处理"修改为"已处理"。经查，公安机关随时可以把有关数据恢复到孙小虎修改前的状态，并据此实事求是地对违章行为进行处理。如果公安机关不及时修复数据，或者虽然修复数据但没有及时对违章车辆进行处罚，导致应该收取的罚款没有收取的，由此导致的损失更不能归责于孙小虎的行为。

(二)违法所得数额的认定依据及认定原则

根据《解释》的规定，违法所得和经济损失都是破坏计算机信息系统犯罪定罪量刑的标准，二者只要符合其一即可。本案在一审审理期间，法院即认为14万余元不宜认定为本案造成的经济损失，并曾发函至公诉机关，建议进一步查清孙小虎的违法所得情况，并从违法所得的角度进行指控。但公诉机关坚持从经济损失的角度进行指控，未能就违法所得情况进一步补充相关证据。

在刑事司法实践中，对于相关证据之间存在一定矛盾的案件，即在部分证据对被告人有利，有部分证据对被告人不利的情况下，一般采用对被告人有利的证据，这就是司法实践中普遍遵循的有利于被告人的原则。本案中，法院综合考虑被告人孙小虎的历次供述和证人证言等情况，根据有利于被告人的处理原则，就低认定违法所得数额为 24000 余元，不仅有原审被告人自己相对稳定的供述，也有相关证人证言印证孙小虎确实非法收受他人财物以及违法所得的数额情况，原审法院作出上述认定符合证据的采信规则。

（三）本案以违法所得数额作为量刑依据符合罪责刑相适应原则

根据《中华人民共和国刑法》第二百八十六条第二款的规定，对计算机信息系统中存储、处理或者传输的数据和应用程序进行删除、修改、增加的操作，后果严重的，处五年以下有期徒刑或者拘役；后果特别严重的，处五年以上有期徒刑。《解释》对后果严重、后果特别严重的数额标准作出明确规定：违法所得 5000 元以上或者造成经济损失 10000 元以上的，属于后果严重；数额达到上述标准 5 倍以上的，属于后果特别严重。本案中，因不能认定 14 万余元是孙小虎犯罪行为所造成的经济损失，一审法院按照其违法所得数额对其定罪量刑．完全符合刑法和《解释》的相关规定，同时结合本案的具体证据情况以及孙小虎的认罪态度、积极退赃等情节，一审法院对其判处有期徒刑三年六个月罚当其罪。

需要说明的是，经济损失数额和违法所得数额都是破坏计算机信息系统犯罪中定罪量刑的标准，公安机关和检察机关对上述两个数额都应当进行侦查。如果这两个数额分别属于后果严重、后果特别严重的情节，导致量刑上的冲突时，应当按照处罚较重的数额对被告人进行量刑，另一数额可作为量刑的酌定情节予以考虑，如此才能真正在具体案件中实现罪刑相适应。

——最高人民法院刑事审判第一、二、三、四、五庭主办：《刑事审判参考》2012 年第 3 集（总第 86 集），法律出版社 2013 年版，第 70~75 页。

童莉、蔡少英破坏计算机信息系统案（《刑事审判参考》指导案例第 783 号）

裁判要点：公安交通管理部门协管员非法侵入道路交通违法信息管理系统，清除车辆违章信息，收取违章人员钱财的行为构成破坏计算机信息系统罪。

在本案审理过程中，对二被告人行为的定性存在较大争议，主要形成四种意见：第一种意见认为，二被告人的行为构成盗窃罪，理由是：交通违章罚款属于国家财产，二被告人以非法占有为目的，采用秘密手段，窃取交通违章罚款，符合盗窃罪的构成要件。第二种意见认为，二被告人的行为构成诈骗罪，理由是：二被告人明知其非法行为不会生效，违章车辆所有人、管理人或者驾驶人（以下简称违章人员）仍必须接受处罚，但出于非法占有的目的，制造假象，对违章人员谎称以少罚款、不扣分的方式处理违章信息，骗取违章人员的信任，使违章人员自愿交付财物，数额较大，符合诈骗罪的构成要件。第三种意见认为，二被告人的目的行为构成诈骗罪或者盗窃罪，手段行为构成破坏计算机信息系统罪，应当按照牵连犯的处断原则，择一重罪处罚。第四种意见认为，二被告人的行为构成破坏计算机信息系统罪。

我们同意第四种意见。具体理由如下：

（一）二被告人的行为不构成盗窃罪或者诈骗罪

1. 二被告人的行为不构成盗窃罪

盗窃罪客观方面的特征是秘密窃取他人财物。本案中，涉案财物包括二被告人收取的违章人员应当缴纳的违章罚款和因二被告人对交通管理系统的数据进行非法操作而流失的国家部分预期罚款收入。首先，从涉案财物的所有权主体分析。本案中，虽然二被告人非法占有的违章人员的财物应当由违章人员上缴国家，但在未上缴前，该财物的所有权主体是违章人员，而不是国家。国家预期罚款收入的流失只是二被告人实施犯罪行为的结果，不能因为二被告人的行为致使国家预期罚款收入流失而认定二被告人收取违章人员的违章罚款是窃取国家财产。其次，从行为手段分析。本案二被告人是通过公开手段收取违章人员的钱财，而始终未采取秘密窃取手段，故二被告人的行为不符合盗窃罪客观方面的特征。

2. 二被告人的行为不构成诈骗罪

诈骗罪在客观方面有两个核心特征：一是被告人实施了虚构事实、隐瞒真相的行为；二是被害人因此产生错误认识，从而自愿交付财物。首先，从行为手段分析。本案被告人童莉是通过偷看交警人员使用计算机时输入的密码，记住密码的部分内容后，在电脑上多次猜试操作，进而试出全部密码，侵入交通管理系统进行非法操作的。二被告人告诉违章人员采取的是“内部处理”办法，虽然在此环节上二被告人对违章人员有一定的隐瞒情节，但从主观要件分析，二被告人均认为这种私下处理的违章信息已经被成功清除，不会被发现。因此，二被告人在基本事实部分并没有对违章人员虚构事实或者隐瞒真相。其次，从违章人员的认识分析，虽然违章人员可能误认为二被告人的行为是交通管理部门的人员利用职权进行的非法牟利行为，不知道二被告人是非法进入交通管理系统进行处理，但交通违章应当被罚款或者扣分是基本常识，二被告人声称通过“打折”缴费及不扣分的方式处理违章行为，违章人员对此行为的违法违规性是有概括认识的，对违法风险也是明知的，因此，违章人员是出于少交违章罚款和不被扣分的目的而自愿向二被告人交付钱财，并非因对二被告人行为性质的认识错误所致。况且，根据交警部门出具的证明，本案违章人员被删除的数据已经无法恢复。换言之，二被告人的非法操作行为已经致使交付钱财的违章人员实现了消除违章记录且不被扣分的目的。由此，本案二被告人的行为不符合诈骗罪的客观方面特征，不构成诈骗罪。

（二）二被告人的行为构成破坏计算机信息系统罪

1. 从客体方面分析

犯罪行为所侵犯的客体是确定犯罪行为性质及区分此罪和彼罪的最基本的要件之一。刑法将破坏计算机信息系统罪规定在分则侵犯社会管理秩序罪一章中，表明该罪侵犯的同类客体是正常的社会管理秩序，侵犯的具体客体是国家关于计算机信息系统的管理秩序以及计算机信息系统所涉及的某一领域的社会管理秩序。本案中，二被告人违反国家规定，通过删除交通管理部门计算机信息系统中存储的违章记录，造成罚款已缴纳的假象，且利用邹明富等人公开向社会宣称收取好处费后其可将违章记录作内部处理，造成了恶劣的社会影响，严重扰乱了交管部门对违章车辆的正常管理秩序。因此，本案侵害的客体主要是国家正常的社会管理秩序，应属于妨害社会管理秩序类犯罪。

2. 从客观方面分析

根据刑法第二百八十六条的规定，破坏计算机信息系统罪的行为方式有三种：一是违反国家规定，对计算机信息系统功能进行删除、修改、增加、干扰，造成计算机信息系统不能正常运行，其特征是进行“删除、修改、增加、干扰”的非法操作，针对的对象是“计算机信息系统功能”。具体而言，主要是对计算机的系统文件进行上述非法操作，使系统紊乱、丧失部分或全部运行功能，甚至崩溃。二是违反国家规定，对计算机信息系统中存储、处理或者传输的数据和应用程序进行删除、修改、增加的操作，其特征是进行“删除、修改、增加”的非法操作，操作的对象是“计算机信息系统中存储、处理或者传输的数据和应用程序”。具体而言，主要是对数据和应用程序（不包括系统文件和系统程序）进行上述非法操作，使相应的数据或程序丢失、更改、损坏。三是故意制作、传播计算机病毒等破坏性程序，影响计算机系统正常运行，此种行为既可能破坏系统功能，又可能破坏数据和应用程序。在本案中，二被告人非法侵入交通管理计算机系统，对存储的违章记录、罚款数据进行非法删除，造成罚款已缴纳的假象，其行为完全符合破坏计算机信息系统罪的第二种行为方式，且属“后果严重”情形。根据《最高人民法院、最高人民检察院关于办理危害计算机信息系统安全刑事案件应用法律若干问题的解释》（以下简称《解释》）第四条的规定，破坏计算机信息系统功能、数据或者应用程序，具有下列情形之一的，应当认定为刑法第二百八十六条第一款和第二款规定的“后果严重”：“……（三）违法所得五千元以上或者造成经济损失一万元以上的……"《解释》第十一条对“经济损失”的范围进行了明确。根据《解释》的规定，破坏计算机信息系统犯罪案件中，经济损失包括危害计算机信息系统犯罪行为给用户直接造成的经济损失，以及用户为恢复数据、功能而支出的必要费用。本案中，撇开二被告人的行为给国家造成的经济损失以及恢复计算机系统的费用不说，仅二被告人非法获利就有 25000 余元。该数额已达到《解释》确定的“后果特别严重”数额标准，应当按“后果特别严重”情形进行处罚。

3. 从主观方面分析

破坏计算机信息系统罪是故意犯罪，行为人的动机和目的多种多样。一般而言，破坏计算机信息系统的行为往往是手段行为，行为人主观上常具有盗窃、诈骗等目的，当然也有为破坏而破坏的单纯破坏计算机信息系统的情形，但无论何种情况，行为人对于破坏计算机信息系统这一结果都是明知的，即行为人都具有希望或放任破坏计算机信息系统的结果发生这一共性。本案中，二被告人明知非法删除交通管理系统中的违章记录是对计算机存储信息的破坏，但为了牟利，积极追求这种破坏结果的发生。因此，二被告人具有犯罪的直接故意，符合破坏计算机信息系统罪的主观特征。

4. 从主体方面分析

破坏计算机信息系统罪的主体为一般主体，二被告人符合该罪的主体特征。

综上，本案认定被告人童莉、蔡少英的行为构成破坏计算机信息系统罪是正确的。

——最高人民法院刑事审判第一、二、三、四、五庭主办：《刑事审判参考》2012 年第 3 集（总第 86 集），法律出版社 2013 年版，第 70~75 页。

978. 通过修改、增加计算机信息系统数据，对该计算机信息系统实施非法控制，但未造成系统功能实质性破坏或者不能正常运行的，不应当认定为破坏计算机信息系统罪

关键词

非法控制计算机信息系统罪　破坏计算机信息系统罪　采用其他技术手段　修改增加数据　木马程序

最高人民法院指导性案例

张竣杰等非法控制计算机信息系统案（最高人民法院指导案例 145 号）

裁判要点：1. 通过植入木马程序的方式，非法获取网站服务器的控制权限，进而通过修改、增加计算机信息系统数据，向相关计算机信息系统上传网页链接代码的，应当认定为《刑法》第二百八十五条第二款“采用其他技术手段”非法控制计算机信息系统的行为。

2. 通过修改、增加计算机信息系统数据，对该计算机信息系统实施非法控制，但未造成系统功能实质性破坏或者不能正常运行的，不应当认定为破坏计算机信息系统罪，符合《刑法》第二百八十五条第二款规定的，应当认定为非法控制计算机信息系统罪。

法院生效裁判认为，被告人张竣杰、彭玲珑、祝东、姜宇豪共同违反国家规定，对我国境内计算机信息系统实施非法控制，情节特别严重，其行为均已构成非法控制计算机信息系统罪，且系共同犯罪。南京市鼓楼区人民检察院指控被告人张竣杰、彭玲珑、祝东、姜宇豪实施侵犯计算机信息系统犯罪的事实清楚，证据确实、充分，但以破坏计算机信息系统罪予以指控不当。经查，被告人张竣杰、彭玲珑、祝东、姜宇豪虽对目标服务器的数据实施了修改、增加的侵犯行为，但未造成该信息系统功能实质性的破坏，或不能正常运行，也未对该信息系统内有价值的数据进行增加、删改，其行为不属于破坏计算机信息系统犯罪中的对计算机信息系统中存储、处理或者传输的数据进行删除、修改、增加的行为，应认定为非法控制计算机信息系统罪。部分被告人及辩护人提出相同定性的辩解、辩护意见，予以采纳。关于上诉人姜宇豪提出“量刑过重”的上诉理由及辩护人提出宣告缓刑的辩护意见，经查，该上诉人及其他被告人链接被植入木马程序的目标服务器共计 113 台，属于情节特别严重。一审法院依据本案的犯罪事实和上诉人的犯罪情节，对上诉人减轻处罚，量刑适当且与其他被告人的刑期均衡。综合上诉人犯罪行为的性质、所造成的后果及其社会危害性，不宜对上诉人适用缓刑。故对上诉理由及辩护意见，不予采纳。

——《最高人民法院关于发布第 26 批指导性案例的通知》（2020 年 12 月 31 日，法〔2020〕352 号）。

说明

指导性案例 145 号《张竣杰等非法控制计算机信息系统案》，旨在明确通过修改、增加计算机信息系统数据，对该计算机信息系统实施非法控制，但未造成系统功能实质性破坏或者不能正常运行的，不应当认定为破坏计算机信息系统罪，应当认定为非法控制计算机信息系统罪。该案例对于依法打击计算机网络犯罪，维护网络安全秩序，准确地区分破坏计算机信息系统罪与非法控制计算机信息系统罪的界限，具有较为显著的价值和意义。

979. 发布有关销售管制物品的违法犯罪信息，情节严重的，构成非法利用信息网络罪

关键词

销售管制物品　非法利用信息网络罪

最高人民法院公布的典型案例

黄杰明、陶胜新等非法利用信息网络案

裁判要旨：利用信息网络，发布有关销售管制物品的违法犯罪信息，其行为已构成非法利用信息网络罪。被告人如实供述自己的犯罪事实，构成坦白，且认罪认罚，依法可以从轻处罚。被告人自动投案，如实供述自己的犯罪事实，构成自首，且认罪认罚，依法可以从轻处罚。

（一）基本案情

2017 年 7 月至 2019 年 2 月，被告人黄杰明使用昵称为“刀剑阁”的微信，在朋友圈发布其拍摄的管制刀具图片、视频和文字信息合计 12322 条，用以销售管制刀具，并从中非法获利。被告人陶胜新、李孔祥、陶霖、曾俊杰在微信朋友圈发布从他人的微信朋友圈转载的管制刀具图片、视频和文字信息，数量分别为 6677 条、16540 条、15210 条、5316 条，用以销售管制刀具，并从中非法获利。

2018 年 5 月至 7 月，宋雨林（已判刑）先后三次通过微信联系陶胜新，购买管制刀具。陶胜新通过微信与黄杰明联系，由黄杰明直接发货给宋雨林，被告人陶胜新从中赚取差价。宋雨林购得刀具后实施了故意伤害致人死亡的犯罪行为。黄杰明违法所得人民币 329 元，陶胜新违法所得人民币 858 元。

（二）裁判结果

江苏省盐城市滨海县人民法院判决认为：被告人黄杰明、陶胜新、李孔祥、曾俊杰、陶霖利用信息网络，发布有关销售管制物品的违法犯罪信息，其行为已构成非法利用信息网络罪。被告人黄杰明、陶胜新归案后，如实供述自己的犯罪事实，构成坦白，且认罪认罚，依法可以从轻处罚。被告人李孔祥、曾俊杰、陶霖自动投案，如实供述自己的犯罪事实，构成自首，且认罪认罚，依法可以从轻处罚。以非法利用信息网络罪分别判处被告人黄杰明、

陶胜新有期徒刑八个月，并处罚金人民币一万元；被告人李孔祥、曾俊杰、陶霖有期徒刑七个月，缓刑一年，并处罚金人民币一万元。同时，禁止被告人李孔祥、曾俊杰、陶霖在缓刑考验期内从事网络销售及相关活动。该判决已发生法律效力。

——《最高人民法院发布非法利用信息网络罪、帮助信息网络犯罪活动典型案例》，载《人民法院报》2019 年 10 月 26 日。

980. 拒不履行信息网络安全管理义务罪

关键词

拒不履行信息网络安全管理义务罪　网络服务提供者

附录：最高人民法院法官著述

根据《刑法》第 286 条之一的规定，拒不履行信息网络安全管理义务罪的主体是“网络服务提供者”。因此，明确“网络服务提供者”的范围，是确保拒不履行信息网络安全管理义务罪准确适用的前提和基础。《网络安全法》第 76 条第 1 项规定：“网络，是指由计算机或者其他信息终端及相关设备组成的按照一定的规则和程序对信息进行收集、存储、传输、交换、处理的系统。”第 3 项规定：“网络运营者，是指网络的所有者、管理者和网络服务提供者。”可见，“网络”与“信息系统”含义相同，包括联入公共通信网的系统和未联入公共通信网的系统，涵括对外提供服务的系统和不对外提供服务而自用的系统。而《刑法》第 286 条之一使用了“网络服务提供者”，自然不能包括《网络安全法》规定的“网络运营者”的所有情形。经研究认为，“网络服务提供者”包括提供互联网服务的“网络运营者”，也包括虽然提供内部网络服务、但涉及公共服务的“网络运营者”。基于此，《最高人民法院、最高人民检察院关于办理非法利用信息网络、帮助信息网络犯罪活动等刑事案件适用法律若干问题的解释》第 1 条规定，提供下列服务的单位和个人，应当认定为《刑法》第 286 条之一第 1 款规定的“网络服务提供者”：（1）网络接入、域名注册解析等信息网络接入、计算、存储传输服务；（2）信息发布、搜索引擎、即时通讯、网络支付、网络预约、网络购物、网络游戏、网络直播、网站建设、安全防护、广告推广、应用商店等信息网络应用服务；（3）利用信息网络提供的电子政务、通信、能源、交通、水利、金融、教育、医疗等公共服务。

从实践来看，网络服务提供者往往在各地设立分支机构。例如，某运营商是网络服务提供者，其在各地都有分支机构，但只有各省分公司具有法人资格，市级和县级分支机构未必具有法人资格。对于单位的分支机构（特别是不具有法人资格的主体）拒不履行信息网络安全管理义务的行为，实践中如何进行责令改正以及如何追究刑事责任，实践中存在不同认识。本书认为，单位的分支机构可以成为拒不履行信息网络安全义务管理罪的主体。主要考虑如下：第一，如果认为单位的分支机构不能成为本罪的主体，则意味着实践中进行责令改正，须向单位进行责令改正。如对某运营商省公司的责令改正文书须向总公司作出，不具有可操作性。第二，对于单位分支机构实施拒不履行信息网络安全管理义务犯罪，根据罪责自负原则，不宜由单位承担刑事责任，故应当将单位分支机构作为刑事责任追究的对象。

——喻海松：《网络犯罪二十讲》，法律出版社2022年版，第126~127页。

981. 网络犯罪案件的范围

关键词

网络犯罪案件

最高人民法院司法政策精神

一、关于信息网络犯罪案件的范围

1. 本意见所称信息网络犯罪案件包括：

（1）危害计算机信息系统安全犯罪案件；

（2）拒不履行信息网络安全管理义务、非法利用信息网络、帮助信息网络犯罪活动的犯罪案件；

（3）主要行为通过信息网络实施的诈骗、赌博、侵犯公民个人信息等其他犯罪案件。

——《最高人民法院、最高人民检察院、公安部关于办理信息网络犯罪案件适用刑事诉讼程序若干问题的意见》（2022年8月26日，法发〔2022〕23号）。

982. "设立用于实施违法犯罪活动的网站、通讯群组""发布有关违法犯罪信息"的认定

关键词

新型信息网络犯罪

附录：最高人民法院法官著述

《刑法》第287条之一第1款第1项、第2项规定的情形为“设立用于实施诈骗、传授犯罪方法、制作或者销售违禁物品、管制物品等违法犯罪活动的网站、通讯群组的”以及“发布有关制作或者销售毒品、枪支、淫秽物品等违禁物品、管制物品或者其他违法犯罪信息的”。

1.“违法犯罪”的含义。基于立法技术考虑，《刑法》第287条之一第1款只列举了诈骗，传授犯罪方法，制作或者销售违禁物品、管制物品等违法犯罪活动。从实践来看，常见的还包括传播宣扬恐怖主义、极端主义信息，侵犯知识产权，传销，侵犯公民个人信息，组织考试作弊等违法犯罪活动。

2. 用于实施违法犯罪活动的网站。通讯群组的界定。《最高人民法院、最高人民检察院关于办理非法利用信息网络、帮助信息网络犯罪活动等刑事案件适用法律若干问题的解释》明确了《刑法》第287条之一第1款第1项规定的“用于实施诈骗、传授犯罪方法、制作或者销售违禁物品、管制物品等违法犯罪活动的网站、通讯群组”的认定规则。为区别于用于正常活动的网站、通讯群组，《最高人民法院、最高人民检察院关于办理非法利用信息网络、帮助信息网络犯罪活动等刑事案件适用法律若干问题的解释》第8条从网站、通讯群组的设立目的与设立后主要从事的活动两个方面予以明确，规定：“以实施违法犯罪活动为目的而设立或者设立后主要用于实施违法犯罪活动的网站、通讯群组，应当认定为《刑法》第二百八十七条之一第一款第一项规定的‘用于实施诈骗、传授犯罪方法、制作或者销售违禁物品、管制物品等违法犯罪活动的网站、通讯群组’。”

3. 设立用于实施违法犯罪活动的网站、通讯群组的认定。如前所述，对非法利用信息网络罪的客观行为方式应界定为包括行为人“为自己或者为他人”非法利用信息网络的情形。故而，对于设立有关网站、通讯群组亦应包括为自己和为他人设立网站、通讯群组的情形。从司法实践来看，将建立完整的网站、通讯群组进而转交给他人的行为认定为设立网站、通讯群组，应无问题。但是，网络犯罪的特点是分工细化、各管一段，实践中不少人不从事建立网站、通讯群组的完整工作，仅从事其中的一个环节。故而，为他人设立上述网站、通讯群组提供互联网接入服务器托管、网络存储空间、通讯传输通道等帮助的，也应当认定为设立用于实施诈骗、传授犯罪方法、制作或者销售违禁物品、管制物品等违法犯罪活动的网站、通讯群组。

4. 发布信息的认定。《最高人民法院、最高人民检察院关于办理非法利用信息网络、帮助信息网络犯罪活动等刑事案件适用法律若干问题的解释》明确了《刑法》第287条之一第1款第2项、第3项规定的“发布信息”的含义。实践中，有些行为人为逃避打击，不直接发布信息，而是发布信息的链接地址、截屏，或者将包含信息的文件放到网盘等存储空间后发布访问账号、密码。例如，行为人将大量淫秽视频存入网盘后，在网上发布网盘账号、密码。经研究认为，此种情形与直接发布信息并无差异，应当认定为“发布信息”。基于此，《最高人民法院、最高人民检察院关于办理非法利用信息网络、帮助信息网络犯罪活动等刑事案件适用法律若干问题的解释》第9条规定：“利用信息网络提供信息的链接、截屏、二维码、访问账号密码及其他指引访问服务的，应当认定为《刑法》第二百八十七条之一第一款第二项、第三项规定的‘发布信息’。”

——喻海松：《网络犯罪二十讲》，法律出版社2022年版，第152~153页。

983. 帮助信息网络犯罪活动罪的法律适用

关键词

帮助信息网络犯罪活动罪　帮助行为　犯罪认定

最高人民法院司法解释

第十一条　为他人实施犯罪提供技术支持或者帮助，具有下列情形之一的，可以认定行为人明知他人利用信息网络实施犯罪，但是有相反证据的除外：

（一）经监管部门告知后仍然实施有关行为的；

（二）接到举报后不履行法定管理职责的；

（三）交易价格或者方式明显异常的；

（四）提供专门用于违法犯罪的程序、工具或者其他技术支持、帮助的；

（五）频繁采用隐蔽上网、加密通信、销毁数据等措施或者使用虚假身份，逃避监管或者规避调查的；

（六）为他人逃避监管或者规避调查提供技术支持、帮助的；

（七）其他足以认定行为人明知的情形。

第十二条　明知他人利用信息网络实施犯罪，为其犯罪提供帮助，具有下列情形之一的，应当认定为刑法第二百八十七条之二第一款规定的“情节严重”：

（一）为三个以上对象提供帮助的；

（二）支付结算金额二十万元以上的；

（三）以投放广告等方式提供资金五万元以上的；

（四）违法所得一万元以上的；

（五）二年内曾因非法利用信息网络、帮助信息网络犯罪活动、危害计算机信息系统安全受过行政处罚，又帮助信息网络犯罪活动的；

（六）被帮助对象实施的犯罪造成严重后果的；

（七）其他情节严重的情形。

实施前款规定的行为，确因客观条件限制无法查证被帮助对象是否达到犯罪的程度，但相关数额总计达到前款第二项至第四项规定标准五倍以上，或者造成特别严重后果的，应当以帮助信息网络犯罪活动罪追究行为人的刑事责任。

第十三条 被帮助对象实施的犯罪行为可以确认，但尚未到案、尚未依法裁判或者因未达到刑事责任年龄等原因依法未予追究刑事责任的，不影响帮助信息网络犯罪活动罪的认定。

——《最高人民法院、最高人民检察院关于办理非法利用信息网络、帮助信息网络犯罪活动等刑事案件适用法律若干问题的解释》（2019 年 10 月 21 日，法释〔2019〕15 号）。

附录：理解与适用

（六）帮助信息网络犯罪活动罪的主观明知推定规则

根据刑法第二百八十七条之二的规定，帮助信息网络犯罪活动罪以行为人明知他人利用信息网络实施犯罪为前提。经研究认为，对帮助信息网络犯罪活动罪主观明知的认定，应当结合一般人的认知水平和行为人的认知能力、相关行为是否违反法律的禁止性规定、行为人是否履行管理职责、是否逃避监管或者规避调查、是否因同类行为受过处罚，以及行为人的供述和辩解等情况进行综合判断。根据司法实践的情况，《解释》第 11 条总结了主观明知的推定情形。具体而言，为他人实施犯罪提供技术支持或者帮助，具有下列情形之一的，可以认定行为人明知他人利用信息网络实施犯罪，但是有相反证据的除外：

（1）经监管部门告知后仍然实施有关行为的。随着信息技术的发展，监管部门不一定通过专门文书进行告知，甚至未必采用书面告知方式，特别是遇到紧急事件时，监管部门往往通过即时通讯群组、电话、短信、电子邮件等多种方式告知，只要有相关证据可以证明已经告知即可，故未限定告知方式。（2）接到举报后不履行法定管理职责的。网络服务提供者在为网络应用提供服务的同时也担负相关的管理职责，但现实中服务商不可能对所有服务对象进行相关管理。如网站托管服务商一般只负责网站软硬件环境的建设和维护，对网站内容不予管理，故不能要求服务商主动发现全部违法犯罪行为，但在接到举报后应当履行法定管理职责。例如，网站托管服务商在接到举报某服务对象托管的网站为淫秽色情网站后，仍不依法采取关停、删除、报案等措施，继续为该网站提供服务的，可以认定其主观明知。(3) 交易价格或者方式明显异常的。例如，第三方支付平台从一般的支付活动中收取 1.5% 的费用，而在有的赌博案件中第三方支付平台收取超过 10% 的费用。从这一收费明显异常情况，可以看出该第三方支付平台对服务对象从事犯罪活动实际上是心知肚明的，故推定其具有主观明知。(4) 提供专门用于违法犯罪的程序、工具或者其他技术支持、帮助的。实践中，随着网络犯罪案件的分工日益细化，滋生出专门用于违法犯罪的活动，如替人开卡，取钱车手，贩卖"多卡合一"(银行卡、电话卡、支付宝帐号、微信帐号、身份证)，解冻被支付宝、微信等支付工具安全策略冻结的未实名账户等服务；此外，还有专门用于违法犯罪活动的程序、工具，如仿冒银行、执法部门网站制作钓鱼网站。可以说，这些活动或者程序、工具并非社会正常活动所需，而系为违法犯罪活动提供帮助的专门服务，故相关从业人员对其服务对象系可能涉嫌犯罪主观上实际是明知的，故将此种情形推定为主观明知。(5) 频繁采用隐蔽上网、加密通信、销毁数据等措施或者使用虚假身份，逃避监管或者规避调查的。实践中，一些行为人在帮助信息网络犯罪活动中长期使用加密措施或者虚假身份，对于此类逃避监管或者规避调查的行为，可以推定行为人主观明知。(6) 为他人逃避监管或者规避调查提供技术支持、帮助的。(7) 其他足以认定行为人明知的情形。实践中还有一些情形可以推断行为人主观明知，如取钱人持有多张户主不同的银行卡或者多张假身份证，无法说明缘由的，亦可以推定其主观明知。

(七) 帮助信息网络犯罪活动罪的入罪标准

根据刑法第二百八十七条之二的规定，帮助信息网络犯罪活动以情节严重为入罪门槛。根据司法实践的具体情况，《解释》第 12 条第 1 款明确了情节严重的认定标准。具体而言，明知他人利用信息网络实施犯罪，为其犯罪提供帮助，具有下列情形之一的，应当认定为刑法第二百八十七条之二第一款规定的情节严重：(1) 为 3 个以上对象提供帮助的；(2) 支付结算金额 20 万元以上的；(3) 以投放广告等方式提供资金 5 万元以上的；(4) 违法所得 1 万元以上的；(5) 2 年内曾因非法利用信息网络、帮助信息网络犯罪活动、危害计算机信息系统安全受过行政处罚，又帮助信息网络犯罪活动的；(6) 被帮助对象实施的犯罪造成严重后果的；(7) 其他情节严重的情形。

需要注意的是，考虑到与传统犯罪中帮助行为不同，网络犯罪中帮助者往往为众多对象提供帮助，一一查证被帮助对象是否已构成犯罪存在客观困难，而帮助行为累计的社会危害性严重，《解释》第 12 条第 2 款规定："实施前款规定的行为，确因客观条件限制无法查证被帮助对象是否达到犯罪的程度，但相关数额总计达到前款第 (2) 项至第 (4) 项规定标准五倍以上，或者造成特别严重后果的，应当以帮助信息网络犯罪活动罪追究行为人的刑事责任。”适用本款时应当注意：一是此种情形下通常是被帮助对象人数众多，对于帮助单个或者少数对象利用信息网络实施犯罪的，必须以被帮助对象构成犯罪为入罪前提；二是确因客观条件限制无法证实被帮助对象实施的行为达到犯罪程度，但经查证确系刑法分则规定的行为的，如果是一般的违法行为也不能适用这一例外规则；三是情节远高于情节严重的程度，即此种情形下虽然无法查证被帮助对象构成犯罪，但帮助行为本身具有十分严重的社会危害性，达到独立刑事惩处的程度。

此外，根据刑法第二百八十七条之二第一款的规定，帮助信息网络犯罪活动罪中被帮助对象的行为必须构成犯罪，但是对此处规定的“犯罪”只应理解为相关犯罪查证属实，而不能理解为要求经人民法院生效裁判确认。同时，即使被帮助对象的行为符合刑法规定的其他构成要件，但因行为人未达到刑事责任年龄等原因依法未予追究刑事责任的，也不应影响帮助信息网络犯罪活动罪的认定。基于此，《解释》第13条规定：“被帮助对象实施的犯罪行为可以确认，但尚未到案、尚未依法裁判或者因未达到刑事责任年龄等原因依法未予追究刑事责任的，不影响帮助信息网络犯罪活动罪的认定。”

——周加海、喻海松：《〈关于办理非法利用信息网络、帮助信息网络犯罪活动等刑事案件适用法律若干问题的解释〉的理解与适用》，载《人民司法》2019年第31期。

最高人民法院司法政策精神

七、为他人利用信息网络实施犯罪而实施下列行为，可以认定为刑法第二百八十七条之二规定的“帮助”行为：

（一）收购、出售、出租信用卡、银行账户、非银行支付账户、具有支付结算功能的互联网账号密码、网络支付接口、网上银行数字证书的；

（二）收购、出售、出租他人手机卡、流量卡、物联网卡的。

八、认定刑法第二百八十七条之二规定的行为人明知他人利用信息网络实施犯罪，应当根据行为人收购、出售、出租前述第七条规定的信用卡、银行账户、非银行支付账户、具有支付结算功能的互联网账号密码、网络支付接口、网上银行数字证书，或者他人手机卡、流量卡、物联网卡等的次数、张数、个数，并结合行为人的认知能力、既往经历、交易对象、与实施信息网络犯罪的行为人的关系、提供技术支持或者帮助的时间和方式、获利情况以及行为人的供述等主客观因素，予以综合认定。

收购、出售、出租单位银行结算账户、非银行支付机构单位支付账户，或者电信、银行、网络支付等行业从业人员利用履行职责或提供服务便利，非法开办并出售、出租他人手机卡、信用卡、银行账户、非银行支付账户等的，可以认定为《最高人民法院、最高人民检察院关于办理非法利用信息网络、帮助信息网络犯罪活动等刑事案件适用法律若干问题的解释》第十一条第（七）项规定的“其他足以认定行为人明知的情形”。但有相反证据的除外。

十、电商平台预付卡、虚拟货币、手机充值卡、游戏点卡、游戏装备等经销商，在公安机关调查案件过程中，被明确告知其交易对象涉嫌电信网络诈骗犯罪，仍与其继续交易，符合刑法第二百八十七条之二规定的，以帮助信息网络犯罪活动罪追究刑事责任。同时构成其他犯罪的，依照处罚较重的规定定罪处罚。

——《最高人民法院、最高人民检察院、公安部关于办理电信网络诈骗等刑事案件适用法律若干问题的意见（二）》（2021 年 6 月 17 日，法发〔2021〕22 号）。

附录：答记者问

问：针对手机卡、银行卡的“两卡”犯罪，《意见（二）》专门作出三条规定。为什么《意见（二）》要把“两卡”犯罪作为重点内容进行规定？《意见（二）》涉及“两卡”犯罪的规定有什么特点？人民法院打击“两卡”犯罪有什么具体举措？

答：全方位、全链条打击电信网络诈骗犯罪，即全面惩处方针是我们始终坚持的基本方针，就是不仅要严厉打击电信网络诈骗犯罪，还要斩断其犯罪链条，铲除其周边犯罪黑灰色产业链。非法交易的“两卡”，是电信网络诈骗犯罪赖以存在的“土壤”和“水源”，“两卡”非法交易泛滥，已经成为电信网络诈骗犯罪屡打不绝的重要因素。现在，打击“两卡”犯罪，是斩断电信网络诈骗犯罪帮助链条、遏制电信网络诈骗犯罪高发态势、加强源头治理的关键环节，是势在必行的，也是刻不容缓的。因此，《意见二》的第七、八、九条全面规定“两卡”犯罪的法律适用标准，就是要进一步明确打击“两卡”犯罪的法律依据，方便执法办案，确保准确、有力、有效地打击此类犯罪。

《意见二》对于“两卡”犯罪的规定，主要体现了依法、从严和准确三个方面。首先，《意见二》是在刑法和相关司法解释的基础上制定的，第七、八、九条主要解决对“两卡”犯罪适用“帮助信息网络犯罪活动罪”依法处理的问题，不论是主观“明知”的认定，还是“情节严重”的认定，都是对相关司法解释的进一步细化，没有突破、超越刑法和司法解释的规定。其次，对“两卡”犯罪我们秉持从严惩处的态度，主要还是基于“两卡”犯罪的严重社会危害性，要加强对电信网络诈骗犯罪源头治理，实现釜底抽薪的效果，必须通过从严惩处、有效震慑来达到遏制、预防犯罪的目的。最后，在依法、从严的前提下，我们还要坚持准确认定，《意见二》结合司法实践，不仅对于手机卡、信用卡的打击范畴进行科学合理界定，如手机卡区分是交易“他人”的手机卡等，也对适用“帮助信息网络犯罪活动罪”处理“两卡”犯罪在主客观方面都予以具体而客观的规定，如主观“明知”的综合判断、“情节严重”的具体认定等，确保更加准确全面客观反映犯罪分子的罪行，体现罪责刑相适应的原则。

2020 年 10 月“断卡”行动开展以后，最高人民法院立即向全国法院下发通知，要求各级人民法院充分发挥好刑事审判职能，打大打击力度，提高审判效率，坚决依法从严从快打击“两卡”犯罪分子。下一步工作中，各级人民法院将继续坚持依法从严惩处方针，用足、用好、用准《意见二》的相关规定，加大对“两卡”犯罪分子特别是团伙的首要分子、骨干分子、累犯惯犯的打击力度，坚决铲除电信网络诈骗犯罪的周边黑灰产，加快审判进程，积极回应社会关切。最高人民法院将进一步加强审判指导，组织专题培训，不断提高各级人民法院的办案能力和水平。同时，我们也会继续配合推进源头治理和综合治理，坚持打击、整治、防范同步进行，深化犯罪预防，落实社会共管共治措施，切实保护人民群众合法权益，维护社会和谐稳定。

——《“两高一部”相关部门负责人就〈关于办理电信网络诈骗等刑事案件适用法律若干问题的意见（二）〉答记者问》（2021 年 6 月 22 日），载最高人民法院官网，https：//www.court.gov.cn。

最高人民法院公布的典型案例

赵瑞帮助信息网络犯罪活动案——为他人实施信息网络犯罪提供支付结算帮助，情节严重的，构成帮助信息网络犯罪活动罪

基本案情

被告人赵瑞经营的网络科技有限公司的主营业务为第三方支付公司网络支付接口代理。赵瑞在明知申请支付接口需要提供商户营业执照、法人身份证等五证信息和网络商城备案域名，且明知非法代理的网络支付接口可能被用于犯罪资金走账和洗钱的情况下，仍通过事先购买的企业五证信息和假域名备案在第三方公司申请支付账号，以每个账号收取 2000 至 3500 元不等的接口费将账号卖给他人，并收取该账号入金金额千分之三左右的分润。

2016 年 11 月 17 日，被害人赵某被骗 600 万元。其中，被骗资金 50 万元经他人账户后转入在第三方某股份有限公司开户的某贸易有限公司商户账号内流转，该商户账号由赵瑞通过上述方式代理。

裁判结果

浙江省义乌市人民法院判决认为：被告人赵瑞明知他人利用信息网络实施犯罪，为其犯罪提供支付结算的帮助，其行为已构成帮助信息网络犯罪活动罪。被告人赵瑞到案后如实供述自己的罪行，依法可以从轻处罚。以帮助信息网络犯罪活动罪判处被告人赵瑞有期徒刑七个月，并处罚金人民币三千元。该判决已发生法律效力。

——《非法利用信息网络罪、帮助信息网络犯罪活动罪典型案例》，载《人民法院报》2019 年 10 月 26 日，第 3 版、第 4 版。

侯博元、刘昱祈等帮助信息网络犯罪活动案——为他人实施信息网络犯罪提供开办银行卡帮助，情节严重的，构成帮助信息网络犯罪活动罪

基本案情

2018 年 5 月 28 日，被告人侯博元、刘昱祈在台湾地区受人指派，带领被告人刘育民、蔡宇彦等进入大陆到银行办理银行卡，用于电信网络诈骗等违法犯罪活动。刘育民、蔡宇彦明知开办的银行卡可能用于电信网络诈骗等犯罪活动，但为了高额回报，依然积极参加。当日下午，抵达杭州机场，后乘坐高铁来到金华市区并入住酒店。当晚，侯博元、刘昱祈告知其他人办理银行卡时谎称系来大陆投资，并交代了注意事项及具体操作细节。5 月 29 日上午，在金华多家银行网点共开办了 12 张银行卡，并开通网银功能。

另，2018 年 5 月 14 日至 18 日，被告人侯博元、刘昱祈以同样的方式在金华市区义乌两地办理银行卡，并带回台湾地区。

裁判结果

浙江省金华市婺城区人民法院判决认为：被告人侯博元、刘昱祈、蔡宇彦、刘育民明知开办的银行卡可能用于实施电信网络诈骗等犯罪行为，仍帮助到大陆开办银行卡，情节严重，其行为均已构成帮助信息网络犯罪活动罪。以帮助信息网络犯罪活动罪判处被告人侯博元、刘昱祈有期徒刑一年二个月，并处罚金人民币一万元；被告人蔡宇彦、刘育民有期徒刑九个月，并处罚金人民币五千元。该判决已发生法律效力。

对网络服务商作为业务行为所实施的中立的帮助行为，原则上不能以该罪论处；帮助信息网络犯罪活动罪的设立，也没有加重帮助犯的处罚程度。

——《非法利用信息网络罪、帮助信息网络犯罪活动罪典型案例》，载《人民法院报》2019 年 10 月 26 日，第 3 版、第 4 版。

附录：最高人民法院法官著述

根据《刑法》第 287 条之二第 1 款的规定，帮助信息网络犯罪活动罪的客观方式表现为为他人利用信息网络实施“犯罪”提供技术支持或者帮助。对于此处规定的“犯罪”的理解，将直接影响本罪的适用范围。

1. 根据《刑法》第 287 条之二第 1 款的规定，常态情形下，帮助信息网络犯罪活动罪中被帮助对象的行为必须构成犯罪，但是对此处规定的“犯罪”只应理解为相关犯罪查证属实，而不能理解为要求经人民法院生效裁判确认。同时，即使被帮助对象的行为符合刑法规定的其他构成要件，但基于行为人未达到刑事责任年龄等原因依法未予追究刑事责任的，也不应影响帮助信息网络犯罪活动罪的认定。基于此，《最高人民法院、最高人民检察院关于办理非法利用信息网络、帮助信息网络犯罪活动等刑事案件适用法律若干问题的解释》第13条规定：“被帮助对象实施的犯罪行为可以确认，但尚未到案、尚未依法裁判或者因未达到刑事责任年龄等原因依法未予追究刑事责任的，不影响帮助信息网络犯罪活动罪的认定。”

2. 从字面意义上理解，“犯罪”应当是指刑法分则规定应当受到刑罚处罚的行为。经广泛听取各方意见，慎重考虑，《最高人民法院、最高人民检察院关于办理非法利用信息网络、帮助信息网络犯罪活动等刑事案件适用法律若干问题的解释》第12条第2款作了专门规定，实质上将帮助信息网络犯罪活动罪中的“犯罪”作了扩大解释，从而将符合刑法分则规定的行为类型但尚未构成犯罪的行为涵括在内。本书认为，上述规定是信息网络时代必须作出的合理解释，且对未来类似罪名的适用会带来“示范”效应，以促使更好地应对当下犯罪日益分工细化、进而形成利益链条的现状。

信息网络犯罪活动分工细化，逐步形成由各个作案环节构成的利益链条，甚至“流水线”式作业，从而导致信息犯罪日益泛滥，已是不争的事实。[①]传统犯罪中，帮助行为通常有固定的被帮助对象，呈现出“一对一”的关系；由于信息网络的跨地域特性，网络犯罪中的帮助行为往往没有固定的帮助对象，呈现出“一对多”的关系。单个帮助行为社会危害尚可能有限，但帮助行为累计下来的社会危害巨大。可以说，网络犯罪的帮助行为相较于传统的帮助行为，对于完成犯罪起着越来越大甚至决定性作用，社会危害性凸显；有的如果全案衡量，“累计”社会危害，明显超过正犯。[②]也正是基于此，有论者主张帮助犯所帮助对象的罪量因素可以叠加累计，从而因应信息网络技术对共犯参与模式带来的冲击。[③]上述主张系基于将为信息网络犯罪提供帮助的行为适用帮助犯进行处理的模式下提出的，有进一步探讨的价值和空间。但是，从实操角度来看，如果已查实被帮助对象实施的具体罪量因素，则可能择一重罪按照帮助犯进行处理；需要按照帮助信息网络犯罪活动罪论处的

① 以电信网络诈骗为例，其团伙通常分工明确，各司其职，如在支付领域针对各种支付工具进行网络犯罪，从号码盗窃、聊天诈骗到取款等环节，分工负责，流水作业，形成地下黑灰产业链。

② 理论上可以举出的例子是，提供网络盗窃工具帮助1万个对象实施盗窃，每个帮助对象均盗窃500元钱，对正犯无法以盗窃罪追究刑事责任，对提供网络盗窃程序的行为也无法按照帮助犯追究刑事责任。但实际上综合全案可以发现，帮助犯的危害性实际大于正犯。

③ 参见王华伟：《网络语境中的共同犯罪与罪量要素》，载《中国刑事法杂志》2019年第2期。

帮助行为，正是被帮助对象实施的具体罪量因素无法查明的情形。而且，后一种情形恰恰是当下信息网络犯罪的常态现象。[①] 因此，基于有效惩治信息网络犯罪活动产业链的现实需要，当下似更应在被帮助对象利用信息网络实施“犯罪”的解释上再做文章。

《刑法修正案（九）》设立帮助信息网络犯罪活动罪，旨在将为信息网络犯罪提供帮助的行为独立入罪，以更为准确、有效地打击各种网络犯罪帮助行为。如果不顾及司法实践中的具体情况，特别是在不少帮助信息网络犯罪活动的对象是否达到犯罪的程度难以查实的实际情况下，一律将帮助对象限制为犯罪，将会导致设立帮助信息网络犯罪活动罪的立法本意无法体现。根据修法精神，为体现信息网络犯罪帮助行为的独立社会危害，《最高人民法院、最高人民检察院关于办理非法利用信息网络、帮助信息网络犯罪活动等刑事案件适用法律若干问题的解释》第12条第2款允许在例外情况下，将对涉众型帮助利用信息网络实施刑法分则规定的行为但无法查证是否达到犯罪程度的情形纳入帮助信息网络犯罪活动罪的规制范围。应该说，这一规定较为妥当地解决了信息网络时代“一对多”帮助情形带来的挑战，只要被帮助对象实施了刑法分则规定的行为，无论是否达到犯罪程度，对帮助犯即使无法按照共犯追究刑事责任，至少可以适用帮助信息网络犯罪活动罪这一兜底罪名，以严密刑事惩治法网。[②]

《最高人民法院、最高人民检察院关于办理非法利用信息网络、帮助信

---

① 虽然理论上可能存在前述例子所涉及的被帮助对象均未达到入罪罪量要素的情形，但整体而言，仍应为个例而非通例。

② 这一条文实际上还为刑法类似罪名的适用提供了可资借鉴的先例。例如，《刑法》第312条规定的掩饰、隐瞒犯罪所得、犯罪所得收益罪，要求对象为“犯罪所得及其产生的收益”。《最高人民法院关于审理掩饰、隐瞒犯罪所得、犯罪所得收益刑事案件适用法律若干问题的解释》第8条第1款亦明确规定：“认定掩饰、隐瞒犯罪所得、犯罪所得收益罪，以上游犯罪事实成立为前提。”应该说，传统的掩饰、隐瞒犯罪所得、犯罪所得收益案件，通常是从上游犯罪查起，如查获盗窃犯进而找到销赃对象，作上述限定问题不大。但是，当下各类犯罪的分工细化和进而带来的利益链条现象日益显现，掩饰、隐瞒类案件不少呈现出的特点是为多个对象掩饰、隐瞒，一则对象的相关情况难以查清，二则有些案件对象还存在“难以责众”的困境。例如，在候鸟迁徙季节，鸟贩子向迁徙必经地的农民收购捕获的候鸟。不少情况下，难以一一查明捕获者；即使查明的，也可能出现单个捕鸟者的数量并不大，且捕获的鸟系一般“三有动物”而非珍贵、濒危野生动物，难以适用非法狩猎罪或者相关犯罪。但是，对于收购捕获的候鸟的行为，受上游犯罪成立的限制，亦难以适用掩饰、隐瞒犯罪所得罪，因为其背离了一般民众的法感情，这也使得此类行为长期游离在刑法的规制以外。本书认为，未来宜借鉴帮助信息网络犯罪活动罪的解释思路，对掩饰、隐瞒犯罪所得、犯罪所得收益罪作出类似解释。事实上，《最高人民法院、最高人民检察院关于办理危害药品安全刑事案件适用法律若干问题的解释》（高检发释字〔2022〕1号）第13条已经借鉴了这一模式：第1款针对明知系利用医保骗保购买的药品而非法收购、销售的行为单独设置了掩饰、隐瞒犯罪所得罪的入罪标准，并在第2款明确规定：“利用医保骗保购买药品的行为人是否被追究刑事责任，不影响对非法收购、销售有关药品的行为人定罪处罚。”

息网络犯罪活动等刑事案件适用法律若干问题的解释》第 12 条第 2 款规定："实施前款规定的行为，确因客观条件限制无法查证被帮助对象是否达到犯罪的程度，但相关数额总计达到前款第二项至第四项规定标准五倍以上，或者造成特别严重后果的，应当以帮助信息网络犯罪活动罪追究行为人的刑事责任。"适用本款时应当注意：一是此种情形下通常是被帮助对象人数众多，对于帮助单个或者少数对象利用信息网络实施犯罪的，必须以被帮助对象构成犯罪为入罪前提；二是确因客观条件限制无法证实被帮助对象实施的行为达到犯罪程度，但经查证确系刑法分则规定的行为的，则如果是一般的违法行为也不能适用这一例外规则；三是情节远高于"情节严重"的程度，即此种情形下虽然无法查证被帮助对象构成犯罪，但帮助行为本身具有十分严重的社会危害性，达到独立刑事惩处的程度。

——喻海松：《网络犯罪二十讲》，法律出版社 2022 年版，第 162~165 页。

984. 关于帮助信息网络犯罪活动罪"帮助"行为的认定

关键词

帮助信息网络犯罪活动罪　帮助行为

最高人民法院司法政策精神

七、为他人利用信息网络实施犯罪而实施下列行为，可以认定为刑法第二百八十七条之二规定的"帮助"行为：

（一）收购、出售、出租信用卡、银行账户、非银行支付账户、具有支付结算功能的互联网账号密码、网络支付接口、网上银行数字证书的；

（二）收购、出售、出租他人手机卡、流量卡、物联网卡的。

——《最高人民法院、最高人民检察院、公安部关于办理电信网络诈骗等刑事案件适用法律若干问题的意见（二）》（2021 年 6 月 17 日，法发〔2021〕22 号）。

附录：理解与适用

该条明确，为他人利用信息网络实施犯罪而具有下列行为，可以认定为刑法第二百八十七条之二规定的"帮助"行为：一是收购、出售、出租信用卡、银行账户、非银行支付账户、具有支付结算功能的互联网账号密码、网络支付接口、网上银行数字证书的；二是收购、出售、出租他人手机卡、流量卡、物联网卡的。当前，随着电信网络诈骗犯罪链条化、产业化趋势日益凸显，非法交易的“两卡”被大量用于电信网络诈骗犯罪，发挥着基础设施作用，打击治理涉“两卡”违法犯罪势在必行。为此，2020 年 10 月，国务院联席办部署开展“断卡”行动，集中打击非法交易“两卡”的行为。《最高人民法院、最高人民检察院、公安部关于办理电信网络诈骗等刑事案件适用法律若干问题的意见（二）》在总结“断卡”行动经验做法基础上，将非法交易“两卡”相关行为认定为帮助信息网络犯罪活动罪中的“帮助”行为，予以刑事打击。

需要注意的是，本条对于信用卡、手机卡交易行为作了相应区分。其中，对于信用卡，指向收购、出售、出租本人和他人的信用卡，具体包括信用卡、资金账户、具有支付结算功能的互联网用户账号密码、网络支付接口、网上银行数字证书等；对于手机卡，指向收购、出售、出租他人的电话卡，具体包括手机卡、物联网卡、流量卡等，未将出售自己手机卡的行为纳入犯罪圈。

之所以作出上述区分，主要考虑：一是从地位作用看，信用卡和电话卡都是电信网络诈骗犯罪中的常用工具，但实践中，信用卡多被直接用于转移诈骗资金，此时诈骗行为往往已经既遂，直接危及被害人财产安全。因此，使用非法交易的信用卡与诈骗犯罪的关联度更为紧密，社会危害性更大。而使用非法交易的手机卡，多是用于拨打诈骗电话、发送诈骗短信或是通过即时通讯软件聊天“引流”等，往往是诈骗的预备或者实行行为，是否诈骗成功还有一定的不确定性，相较于信用卡，对合法财产侵害的紧迫程度相对较弱。二是从开办数量看，目前我国基础通讯运营商主要有三家（即移动、电信、联通），每个人能开办的电话卡为每家运营商 5 张，合计最多 15 张。而能开办信用卡的金融机构数量众多，个人能开办的信用卡数量较大。相较于信用卡，对手机卡更易于从源头加强行政管控。《最高人民法院、最高人民检察院、公安部关于办理电信网络诈骗等刑事案件适用法律若干问题的意见（二）》作此规定，既符合刑法谦抑性要求，也给行政执法、信用惩戒预留必要空间。三是与“断卡”行动要求相契合。根据“断卡”行动方案要求，明确非法交易手机卡，主要是打击收购、贩卖团伙，而不是非法出售个人手机卡的个人。

——刘太宗、赵玮、刘涛：《“两高一部”〈关于办理电信网络诈骗等刑事案件用法律若干问题的意见（二）〉解读》，载《人民检察》2021 年第 13 期。

985. 对非法生产、销售“伪基站”设备的定性

关键词

生产、销售伪基站设备

《中华人民共和国刑法修正案（九）》条文

三十、将刑法第二百八十八条第一款修改为："违反国家规定，擅自设置、使用无线电台（站），或者擅自使用无线电频率，干扰无线电通讯秩序，情节严重的，处三年以下有期徒刑、拘役或者管制，并处或者单处罚金；情节特别严重的，处三年以上七年以下有期徒刑，并处罚金。"

附录：最高人民法院主流观点

《刑法修正案（九）》施行前，关于非法生产、销售"伪基站"设备的定性，存在两种不同观点：一种意见认为，非法生产、销售"伪基站"设备构成非法生产、销售间谍专用器材罪。"伪基站"设备使用简便、隐蔽，机动性强，可以通过侵占公共通信频率、侦测识别一定范围内的手机号码，而且如果增加一些配置即可实现通话监听、短信调取功能。实践中，已有部分案件通过国家安全部门的鉴定，将涉案的"伪基站"设备认定为"专用间谍器材"。因此，行为人未经许可，非法生产、销售"伪基站"设备，构成非法生产、销售间谍专用器材罪。另一种意见认为，非法生产、销售"伪基站"设备构成非法经营罪。"伪基站"属于无线电发射设备，研制、生产无线电发射设备须向国家无线电管理机构申请取得无线电发射设备型号核准，否则不得在中国境内生产、销售。经检测，此类"伪基站"系行为人自行研制、组装的"三无"产品，行为人非法生产、销售"伪基站"设备，构成非法经营罪。

经研究认为，上述两种观点均有一定道理，但彼此之间不应当是互相排斥的对立关系，而应当互为补充。如前所述，根据《中华人民共和国无线电管理条例》的规定，研制、生产无线电发射设备须向国家无线电管理机构申请取得无线电发射设备型号核准。此外，《中华人民共和国电信条例》第五十四条规定："国家对电信终端设备、无线电通信设备和涉及网间互联的设备实行进网许可制度。"因此，"伪基站"设备的生产、销售系未经国家有关部门许可，违反了有关国家规定，扰乱了电信市场秩序，应当以非法经营罪论处。对此，最高人民法院、最高人民检察院、公安部、国家安全部《关于依法办理非法生产销售使用"伪基站"设备案件的意见》对于非法生产、销售"伪基站"设备的，可以依照《刑法》第二百二十五条的规定，以非法经营罪追究刑事责任。[①] 因此，在《刑法修正案（九）》施行后，非法生产、销售"伪基站"设备，涉案"伪基站"设备被依法认定为"专用间谍器材"或者"窃

① 在《刑法修正案（九）》施行之前，实践中已有将"伪基站"设备认定为刑法第二百八十三条规定的"专用间谍器材"，进而对非法生产、销售行为适用非法生产、销售间谍专用器材罪的适例。

听、窃照专用器材”[①] 的，则同时涉及非法经营罪和非法生产、销售专用间谍器材、窃听、窃照专用器材罪：如果均达到两罪的入罪标准的，由于非法经营罪明显系“重罪”，应当以非法经营者论处；如果未达到非法经营罪的入罪标准的，可以以非法生产、销售专用间谍器材、窃听、窃照专用器材罪追究刑事责任。

——最高人民法院研究室、最高人民法院刑法修改工作小组办公室编著：《〈刑法修正案（九）〉条文及配套司法解释理解与适用》，人民法院出版社2015年版，第275~277页。

986. 非法使用“伪基站”设备行为的定性

关键词

非法使用“伪基站”设备

《中华人民共和国刑法修正案（九）》条文

三十、将刑法第二百八十八条第一款修改为：“违反国家规定，擅自设置、使用无线电台（站），或者擅自使用无线电频率，干扰无线电通讯秩序，情节严重的，处三年以下有期徒刑、拘役或者管制，并处或者单处罚金；情节特别严重的，处三年以上七年以下有期徒刑，并处罚金。”

附录：最高人民法院主流观点

行为人购买“伪基站”设备后，主要实施下述活动：（1）利用“伪基站”设备实施诈骗活动。例如，行为人将“伪基站”设备放置在驾驶的汽车内，随机搜取、筛选附近的手机号码，并冒用筛选出的手机号码将诈骗短信通过该设备发送到周围手机，骗取汇款。（2）利用“伪基站”设备群发短信推销业务。与正规的短信群发平台相比，利用“伪基站”设备非法发送短信有巨大的价格“优势”。正规短信发送平台，发送一条短信需花费5~8分钱不等，发送10万条短信需花费6000元左右；而利用“伪基站”设备发送短信息，发送10万条短信息仅花费1000元，甚至低至数百元。同时，利用“伪基站”非法发送短信息比正规短信发送平台还具有定位准确、确保到达的特点。[②] 非法生产、销售、使用“伪基站”设备，不仅破坏正常电信秩序，影响

① 部分“伪基站”设备实际上可以认定为修正后刑法第二百八十三条规定的“窃听、窃照专用器材”。

② 参见《“伪基站”的法律规制》，载《中国信息安全》2014年第5期。

电信运营商正常活动，危害公共安全，扰乱市场秩序，而且严重影响用户手机使用，损害公民财产权益，侵犯公民隐私，社会危害性严重。例如，行为人在某机场候机楼附近，非法占用中国移动通信频率，利用“伪基站”设备发送广告短信，宣传其公司销售机票业务，致使该机场候机楼一带的手机无法正常拨打电话。该行为人平均每天发送短信 2 万余条，时间长达 10 小时左右，至案发共发送短信 62 万余条，获取 62 万余张手机卡的用户身份识别信息（IMSI）。需要注意的是，实践中，还有行为人购买多台“伪基站”设备，有偿为他人提供短信群发业务，以牟取利益。

《刑法修正案（九）》施行前，关于非法使用“伪基站”设备群发短信行为的定性，存在较大争议。主要有如下不同认识：第一种意见认为，利用“伪基站”设备群发短信的行为，构成破坏公用电信设施罪。行为人使用“伪基站”设备，以非法占用电信频率的方式，破坏正在使用中的公用无线通信网络，在较大范围内造成用户通信中断，严重危害公共安全，构成破坏公用电信设施罪。第二种意见认为，利用“伪基站”设备群发短信的行为构成非法获取公民个人信息罪。行为人利用“伪基站”设备，非法获取公民手机卡中的用户身份识别信息（IMSI）、手机号码等信息，用于群发垃圾短信，数量巨大，并造成大量用户通信中断，情节严重，构成非法获取公民个人信息罪。第三种意见认为，利用“伪基站”设备群发短信的行为构成非法经营罪。根据《中华人民共和国电信条例》，未取得电信业务经营许可证，任何组织或者个人不得从事电信业务经营活动。行为人违反国家规定，擅自使用“伪基站”这种无线电发射设备，非法占用公用电信频率，经营广告短信群发业务，进行营利活动，数额较大，构成非法经营罪。

经研究认为，“伪基站”设备在使用时，通过占用公用电信网络频率在周围空间建立“虚拟网络”，强制连接设备发射功率所及范围内（约数公里）的用户手机信号，并切断其与公用电信网络的链接。“伪基站”设备可以侦测识别周围手机卡中的用户身份识别信息（IMSI），并存储在设备电脑中，强行向手机用户发送短信息。行为人利用“伪基站”设备，以非法占用电信频率的方式，破坏正在使用中的公用无线通信网络，在较大范围内较长时间造成用户通信中断，严重危害公共安全的，可以以破坏公用电信设施罪定罪处罚。实践中也有对非法使用“伪基站”设备的行为适用破坏公用电信设施罪的适例。[①] 需要注意的是，《刑法修正案（九）》施行后，非法使用“伪基站”设备

① 2014 年 8 月 14 日，北京市海淀区人民法院对被告人穆某某等三人使用“伪基站”破坏公用电信设施一案进行宣判，以破坏公用电信设施罪分别判处有期徒刑二年零六个月、四年零六个月不等。参见《北京海淀法院宣判一“伪基站”案——三被告人因破坏公用电信设施罪获刑》，载《人民法院报》2014 年 8 月 16 日第 3 版。

的行为可能构成扰乱无线电通讯管理秩序罪，因此，在具体适用罪名时需要注意“从一重罪处断”。[①] 当然，非法使用“伪基站”设备还可能同时构成虚假广告罪、破坏计算机信息系统罪、扰乱无线电通讯管理秩序罪等其他罪名，应当从一重罪处断。此外，如果使用“伪基站”设备实施诈骗活动，同时构成诈骗罪的，也依照处罚较重的规定追究刑事责任。

此外，对于非法使用“伪基站”设备群发短信的行为不宜定性为非法经营罪、非法获取公民个人信息罪。主要考虑如下：（1）利用“伪基站”设备经营广告短信群发业务的行为，属于未经许可从事电信业务经营活动的行为，但根据《中华人民共和国电信条例》第六十七条、第六十八条的规定，只有利用电信网络制作、复制、发布、传播第五十六条所列含有法律、行政法规禁止的内容的信息，实施第五十七条所列危害电信网络安全和信息安全的行为，以及实施第五十八条第二、三、四项所列扰乱电信市场秩序的行为，构成犯罪的，才能追究刑事责任。利用“伪基站”经营广告短信群发业务，不在上述范围内，故依法不能以非法经营罪论处。（2）如前所述，《最高人民法院、最高人民检察院、公安部关于依法惩处侵害公民个人信息犯罪活动的通知》规定：“公民个人信息包括公民的姓名、年龄、有效证件号码、婚姻状况、工作单位、学历、履历、家庭住址、电话号码等能够识别公民个人身份或者涉及公民个人隐私的信息、数据资料。”显而易见，公民个人信息的实质要件为“能够识别公民个人身份”或者“涉及公民个人隐私”。从实践来看，行为人利用“伪基站”设备，非法获取公民手机卡中的用户身份识别信息（IMSI）、手机号码等信息，这些信息似不符合“能够识别公民个人身份”或者“涉及公民个人隐私”的要件，不属于刑法规定的“公民个人信息”，不宜以非法获取公民个人信息罪定罪处罚。

——最高人民法院研究室、最高人民法院刑法修改工作小组办公室编著：《〈刑法修正案（九）〉条文及配套司法解释理解与适用》，人民法院出版社2015年版，第277页。

987. 利用“伪基站”群发短信行为的定罪处罚

关键词

伪基站　群发短信　定罪处罚

---

① 实际上，在《刑法修正案（九）（草案）》研拟过程中，即有意见提出，由于利用“伪基站”设备群发短信息通常会影响公用电信设施的正常运行，当前对此类行为按照破坏公用电信设施罪论处。因此，有必要研究扰乱无线电通讯管理秩序罪与破坏公用电信设施罪之间的关系。

《刑事审判参考》指导案例

李雄剑等扰乱无线电通讯管理秩序案（《刑事审判参考》指导案例第1227号）

裁判要点：利用“伪基站”群发短信的行为应当以扰乱无线电通讯管理秩序罪定罪处罚。

最高人民法院、最高人民检察院、公安部于2016年12月19日发布了《关于办理电信网络诈骗等刑事案件适用法律若干问题的意见》（法发〔2016〕32号，以下简称《两高一部意见》）。《两高一部意见》明确规定：“在实施电信网络诈骗活动中，非法使用‘伪基站’‘黑广播’，干扰无线电通讯秩序，符合刑法第二百八十八条规定的，以扰乱无线电通讯管理秩序罪追究刑事责任。同时构成诈骗罪的，依照处罚较重的规定定罪处罚。”在此基础上，2017年7月1日起施行的《最高人民法院、最高人民检察院关于办理扰乱无线电通讯管理秩序等刑事案件适用法律若干问题的解释》（以下简称《无线电通讯解释》）第一条明确规定：“具有下列情形之一的，应当认定为刑法第二百八十八条第一款规定的‘擅自设置、使用无线电台（站），或者擅自使用无线电频率，干扰无线电通讯秩序’：（一）未经批准设置无线电广播电台（以下简称‘黑广播’），非法使用广播电视专用频段的频率的；（二）未经批准设置通信基站（以下简称‘伪基站’），强行向不特定用户发送信息，非法使用公众移动通信频率的；（三）未经批准使用卫星无线电频率的；（四）非法设置、使用无线电干扰器的；（五）其他擅自设置、使用无线电台（站），或者擅自使用无线电频率，干扰无线电通讯秩序的情形。”至此，司法实践中的困惑和社会各界的有关争议，通过《无线电通讯解释》得到了统一。

——最高人民法院刑事审判第一、二、三、四、五庭主办：《刑事审判参考》（总第112辑），法律出版社2018年版，第53~62页。

988. 对聚众扰乱医疗秩序的行为，符合聚众扰乱社会秩序罪规定的构成要件的，以聚众扰乱社会秩序罪定罪处罚

关键词

聚众扰乱医疗秩序

《中华人民共和国刑法修正案（九）》条文

三十一、将刑法第二百九十条第一款修改为："聚众扰乱社会秩序，情节严重，致使工作、生产、营业和教学、科研、医疗无法进行，造成严重损失的，对首要分子，处三年以上七年以下有期徒刑；对其他积极参加的，处三年以下有期徒刑、拘役、管制或者剥夺政治权利。

多次扰乱国家机关工作秩序，经行政处罚后仍不改正，造成严重后果的，处三年以下有期徒刑、拘役或者管制。

多次组织、资助他人非法聚集，扰乱社会秩序，情节严重的，依照前款的规定处罚。"

附录：最高人民法院主流观点

《刑法》第二百九十条第一款规定的是聚众扰乱社会秩序罪，该罪名是典型的聚众犯罪。聚众犯罪是由首要分子组织策划、聚集纠合多人所实施的犯罪。"聚众"是实施犯罪的形式。聚众犯罪具有如下特点：一是参与人的复杂性，主要表现在必须有首要分子，即在犯罪中起组织、策划、指挥作用的犯罪分子。参与人多人，必须三人以上，参与人可能随时增加或减少，而非处于固定状态。但参与人不一定是犯罪人。二是行为的公然性。聚众犯罪由于人多势众，常使犯罪处于可见可闻的情况，首要分子正是利用这一点来实现自己的犯罪意图。三是行为的多样性。由于参与人复杂，使得聚众犯罪呈现多样性的特点。

对聚众扰乱医疗秩序的行为，符合《刑法》第二百九十条规定的构成要件的，以聚众扰乱社会秩序罪定罪处罚。

本罪侵犯的客体是社会秩序，即正常的工作、生产、营业和教学、科研、医疗秩序。

在客观方面表现为聚众扰乱社会秩序，情节严重，致使工作、生产、营业和教学、科研、医疗无法进行，造成严重损失的行为。"聚众扰乱社会秩序"，是指在首要分子的煽动、策划下，纠集多人共同扰乱国家机关、企事业单位和人民团体的工作、生产、营业和教学、科研、医疗秩序，封闭出入通道，进行纠缠、哄闹、辱骂、打砸等；"情节严重"，是指扰乱正常秩序的时间长，纠集的人数多，造成的影响恶劣等。"造成严重损失"，主要是公私财物或者工作、生产、营业和教学、科研、医疗秩序受到严重的损失和破坏等。需要指出，"情节严重""致使工作、生产、营业和教学、科研、医疗无法进行"和"造成严重损失"，都是构成本罪的要件，缺一不可。

犯罪主体是一般主体，但并非所有参与扰乱社会秩序的人都构成本罪，构成本罪的只能是扰乱社会秩序的首要分子和其他积极参加者。"首要分子"，是指在聚众扰乱社会秩序犯罪中起策划、组织和领导作用的犯罪分子；“其他积极参加的”，是指在扰乱社会秩序犯罪中积极、主动参加或者起重要作用的犯罪分子。

主观方面由故意构成。行为人往往企图通过这种扰乱活动，制造事端，给机关、企事业单位和人民团体施加压力，以实现自己的无理要求或者借机发泄不满情绪。过失不构成本罪。

——最高人民法院研究室、最高人民法院刑法修改工作小组办公室编著：《〈刑法修正案（九）〉条文及配套司法解释理解与适用》，人民法院出版社2015年版，第284-285页。

989. 如何把握编造虚假恐怖信息罪中“造成严重后果”的认定

关键词

编造虚假恐怖信息罪

《刑事审判参考》指导案例

熊毅编造虚假恐怖信息案（《刑事审判参考》指导案例第881号）

裁判要点：编造虚假恐怖信息罪中的“造成严重后果”应当主要考虑对社会秩序的破坏程度，同时结合人员伤亡程度，财产损失状况、社会恐慌程度加以判断。

正确把握编造虚假恐怖信息罪中“造成严重后果”的认定标准，是处理本案的关键。司法机关在处理此类案件时，应当根据刑法规定、刑事政策，结合案情具体掌握。

“严重扰乱社会秩序”，主要是指编造虚假恐怖信息引起社会恐慌，致使工作、生产、经营、教学、科研等活动无法正常进行，这是区分罪与非罪的重要界限。如果行为人编造虚假恐怖信息严重扰乱社会秩序但尚未造成严重后果的，应当在五年有期徒刑以下幅度量刑。司法实践中，具体表现为以下几种情形：（1）致使人员密集场所秩序混乱，或者采取紧急疏散措施的；（2）致使国家机关、社会团体、企事业单位正常的工作、生产、经营、教学、科研等活动被迫中断，如导致商场停止营业、航班无法正常起降的；（3）引起一定范围内的社会公众心理恐慌，感到自身安全受到威胁，无法正常生活，生活秩序严重混乱的，如编造虚假地震信息导致居民举家搬离原住所的；（4）公安、武警、消防、卫生检疫等职能部门正常工作秩序受到严重干扰、破坏，如采取紧急应对措施；等等。

“造成严重后果”，是指严重扰乱社会秩序且造成人员伤亡或者公私财产重大损失等情形。本案处理时，刑法及司法解释尚未对“造成严重后果”的认定明确标准。司法实践中，认定此类犯罪行为是否“造成严重后果”，应当主要考虑对社会秩序的破坏程度，同时结合人员伤亡情况、财产损失状况、社会恐慌程度等方面加以判断。具体而言，行为人编造虚假恐怖信息有以下情形的，可以认定为造成严重后果：

1. 严重扰乱社会秩序，造成人员重大伤亡的，如在人群聚集的公众场所编造虚假恐怖信息，引起秩序大乱，导致人群相互拥挤、践踏而造成人员重大伤亡的。对于人员伤亡程度的把握，司法实践中对将造成重伤、死亡的情形认定为“造成严重后果”无甚争议，但对造成轻伤能否认定为“造成严重后果”存在争议。我们认为，对法条的解释要考虑本罪与他罪的关系，确保罚当其罪、量刑均衡。以放火罪为例，刑法第一百一十四条规定放火危害公共安全，尚未造成严重后果的，处三年以上十年以下有期徒刑，而第一百一十五条规定放火致人重伤、死亡或者使公私财产遭受重大损失的，处十年以上有期徒刑、无期徒刑或者死刑，可见故意放火致人轻伤在放火罪中不属于“造成严重后果”的情形。根据刑法罪责刑相当以及法律适用平衡的原则，编造虚假恐怖信息造成轻伤也不应认定为“造成严重后果”的情形，因此在五年以上十五年以下有期徒刑幅度内量刑明显是不适当的。当然，编造虚假恐怖信息造成多人轻伤的，可以考虑认定为“造成严重后果”。

2. 严重扰乱社会秩序，造成公私财产遭受重大损失的。对于公私财产重大损失的数额标准的设定，应当体现刑法罪责刑相适应原则，要全面考量可能影响损失认定的相关因素。如国家在打击恐怖活动犯罪方面的刑事政策；案发地区的经济发展水平；与编造虚假恐怖信息类似犯罪所确定的数额标准；等等。同时还要考虑犯罪行为方式、危害对象本身等因素。目前，刑法及司法解释关于公私财产重大损失认定的标准规定不尽一致，但从最高人民检察院、公安部 2008 年 6 月 25 日联合发布的《关于公安机关管辖的刑事案件立案追诉标准的规定（一）》分析，对危害公共安全的具体犯罪，大多将刑法条文中规定的“使公私财产遭受重大损失”界定为“造成公私财产直接经济损失五十万元”。如失火罪、大型群众性活动重大安全事故罪、危险物品肇事罪等。虽然这些犯罪类型不同，适用的刑罚幅度亦有所区别，但从刑法条文将“致人重伤、死亡”与“使公私财产遭受重大损失”并列作为同档量刑情节分析，两者所体现的社会危害性应当相当。而且，虽然编造虚假恐怖信息罪属于妨害社会管理秩序犯罪，从手段上讲一般不可能对生命安全和财产造成实际危害，但往往导致社会公众恐慌、公共秩序混乱，使国家、社会、个人为防止恐怖行为而付出极大的物质和精神代价，其中物质代价就包括不特定多数人的生命健康、财产遭受的损失。从这一角度讲，此类犯罪的危害性质与危害公共安全犯罪相当。正因如此，在刑法修正案（三）增设编造虚假恐怖信息罪之前，对于制造、散布恐怖谣言造成公众心理恐慌等行为，根据《最高人民法院、最高人民检察院、公安部关于依法严厉打击恐怖犯罪活动的通知》的有关规定，应当依照刑法第一百一十四条的规定，以危险方法危害公共安全犯罪追究刑事责任的。因此，在认定编造虚假恐怖信息是否造成公私财产重大损失时，可参照相关司法解释、规范性文件对部分危害公共安全犯罪设定的数额标准五十万元进行考量。此外需要强调的是，司法机关应当对被害人提出的财产损失清单及数额逐一进行审查确认，必要时还应通过价值评估等鉴定程序，尽可能查实被害人因犯罪行为造成的具体损失数额。在财产损失价值查证不清的情况下，应当坚持有利于被告人的原则，从轻判处。

3. 引起严重社会恐慌，造成一定区域的社会正常秩序受到严重破坏等重大社会影响的。如导致一定区域范围的居民为躲避恐怖危害而举家迁移或者采取其他极端措施，或者导致高考、奥运会等重大活动取消、延期或改变地点进行等。这里的严重社会恐慌是被告人犯罪行为本身给社会公众造成的大面积心理恐慌，如果犯罪对象特定、影响范围有限，仅仅是因为新闻、网络等媒体夸大报道引起大面积公众恐慌的，不能认定为造成严重后果。

基于此，最高人民法院新近发布的《最高人民法院关于审理编造、故意传播虚假恐怖信息刑事案件适用法律若干问题的解释》（以下简称《解释》）第二条、第四条分别对“严重扰乱社会秩序”“造成严重后果”作了更为明确、具体的规定。

具体到本案，被告人熊毅为阻止债主索债而向民航机场编造虚假恐怖信息，造成1个航班紧急备降，9个航班紧急避让，备降机场为此启动二级应急响应程序，调动机场、消防、急救、飞行管制、安检、武警、公安等部门人员200余人、车辆30余台，并给备降航班航空公司造成直接经济损失175098元、间接经济损失30673元，总计205771元。熊毅的犯罪行为构成“严重扰乱社会秩序”，但并未达到“造成严重后果”的程度。理由如下：第一，熊毅的犯罪行为没有造成人员伤亡。第二，没有在社会公众中引起极度恐慌。本案所造成的社会恐慌程度是较小的，因为熊毅仅向深圳机场编造传递了虚假信息，对象特定，且由于相关机场、航空公司及处置部门保密、应对措施及时得当，影响范围仅限于深圳机场、深圳航空公司的管理系统以及航班所行经的空域管制部门和该次航班的机组成员，在飞机安全备降后告知旅客航班上可能有违禁物品时，旅客已基本处于安全状态，后期新闻报道时亦已排除了危险，对公众造成的恐慌心理也是有限的。第三，没有造成重大经济损失。熊毅给被害单位深圳航空公司造成的经济损失不足五十万元，而且对于航空行业而言，其本身就是消耗巨大的经济活动，受到安全威胁后备降的经济损失动辄数万元，甚至数十万元，如果认定“严重后果”的数额标准过低，将导致几乎所有的威胁航班飞行的行为都会在五年以上量刑，打击面过大，不符合宽严相济刑事政策的要求。襄阳高新技术产业开发区人民法院认定本案尚未达到“造成严重后果”的程度，在五年有期徒刑以下幅度量刑是正确的。

——何东青、张昊权：《熊毅编造虚假恐怖信息案——如何把握编造虚假恐怖信息罪如何把握编造虚假恐怖信息罪中“造成严重后果”的认定?》，载最高人民法院刑事审判第一、二、三、四、五庭主办：《刑事审判参考》2013年第4集（总第93集），法律出版社2014年版，第61~37页。

990. 编造与突发传染病疫情等灾害有关的恐怖信息，或者明知是编造的而故意传播的行为构成编造、故意传播虚假恐怖信息罪

关键词

编造、故意传播虚假恐怖信息罪　突发传染病疫情

最高人民法院司法解释

第十条第一款　编造与突发传染病疫情等灾害有关的恐怖信息，或者明知是编造的此类恐怖信息而故意传播，严重扰乱社会秩序的，依照刑法第二百九十一条之一的规定，以编造、故意传播虚假恐怖信息罪定罪处罚。

——《最高人民法院、最高人民检察院关于办理妨害预防、控制突发传染病疫情等灾害的刑事案件具体应用法律若干问题的解释》（2003年5月14日，法释〔2003〕8号）。

《刑事审判参考》指导案例

黄旭、李雁编造虚假恐怖信息案（《刑事审判参考》指导案例第398号）

裁判要点：编造他人患有“非典型肺炎”症状的虚假事实，属于“编造虚假的恐怖信息”。对于编造虚假恐怖信息并故意传播所编造的虚假恐怖信息行为，认定为编造虚假恐怖信息罪即可。此罪是结果犯，是否造成严重后果，一般可以从人员伤亡、财产损失、社会恐慌程度等方面认定。

根据《刑法》第291条之1的规定，编造爆炸威胁、生化威胁、放射威胁等恐怖信息，或者明知是编造的恐怖信息而故意传播，严重扰乱社会秩序

的，构成编造、故意传播虚假恐怖信息罪。本罪的对象是必须特定的，即恐怖信息。所谓恐怖信息，是指足以使社会公众产生恐慌心理，致使工作、生产、营业、教学和科研活动无法正常进行，引起社会秩序混乱的信息。因此，只要足以使社会公众产生恐惧并可能在一定范围内引起公众恐慌，严重扰乱社会秩序的虚假信息，都可以认定为《刑法》第 291 条之 1 规定的“恐怖信息”。由于“非典型肺炎”的传染性和治疗的困难性，被告人又在“非典型肺炎”这一疫情流行期间，编造他人患有“非典型肺炎”症状，在客观上已经引起有关人员的恐慌心理，严重影响了正常社会秩序，应当认定为编造虚假的恐怖信息，并依照《刑法》第 291 条之 1 的规定，以编造、故意传播虚假恐怖信息罪定罪处罚。

从《刑法》对编造、故意传播虚假恐怖信息罪的规定来看，此罪并非行为犯，而是结果犯，即行为人实施的编造、故意传播虚假恐怖信息行为只有达到严重扰乱社会秩序的程度，才能追究其刑事责任；造成严重后果的，处五年以上有期徒刑。对于一些在客观上虽然造成了一定的危害后果，但尚未达到严重扰乱社会秩序程度的编造、故意传播虚假恐怖信息行为，不宜认定为犯罪，可依照《治安管理处罚条例》① 的有关规定对行为人处以行政处罚，如给予行政拘留或罚款等。

由于《刑法》及有关司法解释均未对编造、故意传播虚假恐怖信息罪的定罪量刑标准作出具体规定。司法机关在处理此类案件时，应根据《刑法》规定、刑事政策等具体掌握。在司法实践中，对于因行为人编造、故意传播虚假恐怖信息致使国家机关、社会团体、企事业单位正常的工作、生产、经营、教学、科研等秩序被迫停止或中断一定时间；或者因行为人编造、故意传播虚假恐怖信息引起一定区域内的社会公众心理恐慌，感到自身安全受到威胁，无法正常地生活、学习和工作；或者因行为人编造、故意传播虚假恐怖信息导致公安、武警、卫生检疫等国家职能机关的正常工作秩序受到严重干扰、破坏，如公安机关出动大量警员对可疑区域进行查爆排险的，等等，可以认定为编造、故意传播虚假恐怖信息，严重扰乱社会秩序。

对于是否造成严重后果，一般可以从人员伤亡、财产损失、社会恐慌程度等方面认定。如行为人在公众集会、节日游园会等人群聚集的公共场所编造、故意传播虚假恐怖信息，引起秩序大乱，导致人群相互拥挤、践踏而发生死亡的，即应认定为编造、故意传播虚假恐怖信息罪后果严重；行为人实施的编造、故意传播虚假恐怖信息的行为在社会上引起极度恐慌，致使工作、生产、营业和教学、科研无法正常进行，造成重大经济损失的，也可认定为编造、故意传播虚假恐怖信息罪后果严重。其中，对于人员伤亡的后果认定，

---

① 本法现为《治安管理处罚法》。

比较容易把握；而对于公私财产损失数额的认定则需要有确实充分的证据并经过一定鉴定程序。由于公私财产损失数额直接影响对行为人的刑罚裁量，实践中，对于被害人（单位）提出的财产损失清单及数额应在庭审中逐一进行审查确认，必要时还需通过财产价值评估等鉴定程序，以尽可能查实被害人（单位）因犯罪行为造成的具体损失数额。

——最高人民法院刑事审判第一、二、三、四、五庭编：《刑事审判参考》2006 年第 3 集（总第 50 集），法律出版社 2006 年版，第 36~42 页。

991. 以编造虚假恐怖信息的方式实施敲诈勒索行为的定罪处罚

关键词

编造虚假恐怖信息罪　敲诈勒索罪

《刑事审判参考》指导案例

袁才彦编造虚假恐怖信息案（《刑事审判参考》指导案例第 372 号）

裁判要点：以编造虚假恐怖信息的方式实施敲诈勒索的，行为人只实施了一个行为，该行为具有多重属性，触犯了两个罪名，符合想象竞合犯的特征，应按该行为所触犯的罪名中的一个重罪论处。

1. 定罪问题

在审理过程中，对于行为人以编造爆炸威胁等恐怖信息的方式进行敲诈勒索，该如何定罪处罚，是认定为一罪，还是两罪并罚。对此，一致意见均认为应认定为一罪，但理论依据却不尽相同，主要有以下三种意见：

第一种观点认为属于牵连犯。第二种观点认为属于想象竞合犯。第三种观点认为属于法条竞合犯。

我们赞同第二种观点。想象竞合犯，也称想象的数罪、观念的竞合、一行为数法，是指一个行为触犯数个罪名的情况，属于“实质的一罪”。

因此，我们认为以编造虚假恐怖信息的方式实施敲诈勒索的，行为人只实施了一个行为，该行为具有多重属性，触犯了两个罪名，符合想象竞合犯的特征，应按该行为所触犯的罪名中的一个重罪论处。第三种观点同样也认为，行为人只实施了一个行为，分歧在于法律适用上。我们认为，《中华人民共和国刑法修正案（三）》不属于特别刑法的范畴，特别刑法是在特定范围内适用的刑法，特别刑法的效力，或者仅及于具有特定身份的人，或者仅及于特定地域，或者仅及于特定犯罪。对于恐怖活动犯罪，我国刑法仅规定建立恐怖组织的犯罪，即对组织、领导、参加恐怖活动组织专门规定为犯罪，对于具体的恐怖活动行为则分别按照刑法相关规定定罪处罚，并没有对恐怖活动犯罪作出特别刑法意义上的特殊规定。针对目前恐怖主义活动在犯罪手段上出现的新特点，《中华人民共和国刑法修正案（三）》对《刑法》作出进一步的完善，其中涉及修改《刑法》条文的有6条，新增条文2条，并没有改变我国《刑法》对恐怖活动犯罪的法律规定的形式，即没有针对实施恐怖活动性质的犯罪行为作出具体的规定，依旧分别按照《刑法》相关规定定罪处罚。《中华人民共和国刑法修正案（三）》第8条规定的新增两个罪名投放虚假危险物质罪和编造虚假恐怖信息罪，从形式上来看，属于《刑法》第291条的特别条款；从内容上来看，该罪侵犯的客体是社会管理秩序，行为人投放虚假危险物质或编造虚假恐怖信息，在社会上造成恐怖气氛，引起社会秩序的混乱；从犯罪手段上讲一般不足以对公共安全，即不特定人的生命、身体、健康或重大公私财产造成实际的危害，与实施恐怖活动危害公共安全的性质是有区别的。只适用编造虚假恐怖信息罪，而排除适用敲诈勒索罪，在量刑上会造成罪刑不均衡的现象，即不符合罪刑相适应的原则，也不符合对于具体的恐怖活动行为分别按照《刑法》相关规定定罪处罚的立法精神。

2. 编造虚假恐怖信息造成严重后果的认定

对于如何认定编造虚假恐怖信息造成的严重后果，存在两种意见：第一种意见认为，“造成严重后果”主要是指由于编造虚假恐怖信息在公众场合传播，引起秩序大乱，造成人员践踏死伤等情况。第二种意见认为，编造虚假恐怖信息，造成有关部门实施人员疏散的，应认定为“造成严重后果”。

我们赞同第二种观点，从编造虚假恐怖信息罪的犯罪构成上看，此罪并非行为犯，而是结果犯，行为人是否“严重扰乱社会秩序”是区分罪与非罪的重要界限，对于尚未达到严重扰乱社会秩序的编造虚假恐怖信息的行为，不应认定为犯罪，可依照其他法律法规的相关规定予以行政拘留或罚款。因此我们认为，编造虚假恐怖信息，造成有关部门实施人员疏散行动的，属于《中华人民共和国刑法修正案（三）》第8条中规定的“造成严重后果”，应处五年以上有期徒刑。上述案例中，被告人袁才彦采用编造虚假爆炸威胁的方法，前后共向6家企事业单位勒索钱财，除两家单位未予理睬外（尚未造成严重扰乱社会秩序的后果，不单独成立编造虚假恐怖信息罪，但可作为量刑情节予以考虑），袁的行为造成其余单位正常的工作、经营秩序被迫中断，公安部门出动大量的人力、物力，对多家单位进行人员疏散，后果严重。本案法院根据被告人袁才彦为勒索钱财而编造爆炸威胁等虚假恐怖信息，严重扰乱社会秩序，且造成严重后果的事实，作出以编造虚假恐怖信息罪判处被告人袁才彦有期徒刑十二年、剥夺政治权利三年的判决是正确的。

需要特别指出的是，编造虚假恐怖信息罪侵犯的客体是社会管理秩序，从犯罪手段上讲一般不足以对公共安全，即不特定人的生命、身体、健康或重大公私财产造成实际的危害。而对于行为人编造虚假恐怖信息在公众场合传播，如在公众集会、节日游园等人群密集场所，编造虚假恐怖信息，引起秩序大乱，造成人员践踏死伤的，属于严重危害公共安全的行为，如果行为人明知或足以认识到自己的行为会造成人员践踏死伤的后果，仍然希望或放任该危害结果发生的，应定性为以危险方法危害公共安全罪。

——最高人民法院刑事审判第一庭、第二庭编:《刑事审判参考》2005 年第 6 集（总第 47 集），法律出版社 2006 年版，第 27~33 页。

992. 编造虚假恐怖信息与编造、故意传播虚假恐怖信息的区别

关键词

编造虚假恐怖信息罪　编造、故意传播虚假恐怖信息罪　不特定单位或公众

《刑事审判参考》指导案例

金建平编造虚假恐怖信息案（《刑事审判参考》指导案例第 207 号）

裁判要点：行为人仅仅编造虚假信息，并未向公众传播，尚未造成大范围的社会公众恐慌，行为人的行为属于编造虚假的恐怖信息，应依法认定为编造虚假恐怖信息罪。行为人在编造虚假信息后，针对不特定的单位或公众传播，则应以编造、故意传播虚假恐怖信息罪处罚。

2001 年 12 月 29 日全国九届人大第 25 次会议通过并颁布《中华人民共和国刑法修正案（三）》，决定在《刑法》第 291 条聚众扰乱公共场所秩序、交通秩序罪后增加一条，作为条文之一，即“投放虚假的爆炸性、毒害性、放射性、传染病病原体等物质，或者编造爆炸威胁、生化威胁、放射威胁等恐怖信息，或者明知是编造的恐怖信息而故意传播，严重扰乱社会秩序的，处五年以下有期徒刑、拘役或者管制；造成严重后果的处五年以上有期徒刑”。编造、故意传播虚假恐怖信息罪是选择性罪名，可根据具体案情适用，但不实行数罪并罚。如果行为人仅仅编造虚假信息，并未向公众传播，尚未造成大范围的社会公众恐慌，行为人的行为属于编造虚假的恐怖信息，应依法认定为编造虚假恐怖信息罪。如果行为人在编造虚假信息后，针对不特定的单位或公众传播，则应以编造、故意传播虚假恐怖信息罪处罚。

——最高人民法院刑事审判第一庭、第二庭编：《刑事审判参考》2002 年第 5 辑（总第 28 辑），法律出版社 2002 年版，第 64~69 页。

993. 虚假信息与虚假恐怖信息的区分

关键词

虚假信息　虚假恐怖信息

《中华人民共和国刑法修正案（九）》条文

三十二、在刑法第二百九十一条之一中增加一款作为第二款："编造虚假的险情、疫情、灾情、警情，在信息网络或者其他媒体上传播，或者明知是上述虚假信息，故意在信息网络或者其他媒体上传播，严重扰乱社会秩序的，处三年以下有期徒刑、拘役或者管制；造成严重后果的，处三年以上七年以下有期徒刑。"

附录：最高人民法院主流观点

在司法实践中，对于虚假信息与虚假恐怖信息的区分宜注意以下问题：

1. 从编造、故意传播的信息所涉内容进行区分。虚假恐怖信息的内容主要是与恐怖活动有关，具体为爆炸威胁、生化威胁、放射威胁等恐怖信息，即"行为人编造假的要发生的爆炸、生物化学物品泄漏、放射性物品泄漏以及使用生化、放射性武器等信息"[①]。而与之不同，虚假的险情、疫情、灾情、警情，其内容不涉及恐怖活动，而是与社会秩序直接相关，可能造成社会秩序混乱、社会恐慌。

需要特别注意的是，广义上而言，恐怖信息与警情有所交叉，故编造、故意传播虚假信息罪和编造、故意传播虚假恐怖信息罪在客观行为上存在交叉，比如，虚假的爆炸威胁、生化威胁、放射威胁等恐怖信息，往往就是虚假的警情，如何区分，应当慎重把握。我们认为，由于刑法对编造、故意传播虚假恐怖信息已有专门规定，且法定刑更重，故对于虚假恐怖信息不宜再纳入虚假的警情范畴，对其编造、故意传播的应当直接适用编造、故意传播虚假恐怖信息罪。

2. 从编造、传播的信息所可能引发的后果进行区分。无论编造、故意传播虚假恐怖信息，还是编造、故意传播虚假的险情、疫情、灾情、警情，都

---

① 参见全国人大常委会法工委刑法室编：《中华人民共和国刑法 · 条文说明 · 立法理由及相关规定》，北京大学出版社 2009 年版，第 603 页。

不会实际危害公共安全，主要是扰乱社会秩序，就此而言，两种信息具有类似之处，这也是两类犯罪规定在同一法条的原因所在。但是，如果细加区分的话，两种信息可能引发的后果还是略有不同：虚假恐怖信息主要引发群众对公共安全方面的恐慌，担心爆炸威胁、生化威胁、放射威胁等恐怖发生会危及不特定多数人的生命、健康、财产安全；而虚假信息主要引发群众在社会秩序方面的恐慌，担心险情、疫情、灾情、警情会危及社会秩序。

——最高人民法院研究室、最高人民法院刑法修改工作小组办公室编著：《〈刑法修正案（九）〉条文及配套司法解释理解与适用》，人民法院出版社2015年版，第293~294页。

994. 如何把握编造、故意传播虚假信息罪的入罪标准

关键词

编造、故意传播虚假信息罪　疫情防控　虚假信息

《刑事审判参考》指导性案例

刘星星编造、传播虚假信息案（《刑事审判参考》指导案例第1328号）

裁判要点：行为的社会危害性大小是判断是否严重扰乱社会秩序的实质标准。相关职能部门采取紧急应对措施是严重扰乱社会秩序的形式标准之一。

根据《刑法》第二百九十一条之一第二款规定，编造、故意传播虚假信息罪，是指编造虚假的险情、疫情、灾情、警情，在信息网络或者其他媒体上传播，或者明知是上述虚假信息，故意在信息网络或者其他媒体上传播，严重扰乱社会秩序的行为。但刑法和相关司法解释均未规定细化的定罪标准。近期各地涉及疫情信息的网络造谣传谣事件，大多以行政拘留处理，未进入刑事诉讼程序。在本案处理过程中，围绕被告人刘星星的行为是否构成犯罪存在两种不同意见：一种意见认为，因为公安机关采取措施及时，刘星星所实施的编造、故意传播虚假疫情信息的行为尚未严重扰乱社会秩序，没有达到犯罪的程度，不应认定为犯罪，可给予治安处罚；另一种意见认为，刘星星的行为影响范围广，社会危害大，致使相关职能部门采取紧急应对措施，严重扰乱了社会秩序，已构成编造、故意传播虚假信息罪，应当定罪处罚。

我们同意第二种意见。具体理由分析如下：

（一）行为的社会危害性大小是判断是否严重扰乱社会秩序的实质标准

编造、故意传播虚假信息罪是情节犯，编造、传播虚假信息行为必须达到严重扰乱社会秩序的程度才构成犯罪。而具有相当程度的社会危害性，是犯罪的本质特征。因而，判断编造、故意传播虚假信息的行为是否严重扰乱了社会秩序，应当从实质上把握虚假信息对公共生活有序状态的影响程度和普通公众的生活感受，进行综合判定。具体来说，可以从虚假信息内容、形式，发布时间、直接受众范围、传播手段等方面进行判断。

（二）相关职能部门采取紧急应对措施是严重扰乱社会秩序的形式标准之一

“严重扰乱社会秩序”可以分为“严重扰乱”和“社会秩序”两个方面来理解，而这两者的判断都带有一定的主观色彩和抽象成分，因而在司法实践中除了进行社会危害性的实质判断外，还必须以现实公共秩序遭到破坏作为编造、故意传播虚假信息行为入罪的处罚基础。社会秩序的范围，包括公共场所秩序、公共交通秩序、国家机关和企事业单位工作秩序、公民日常生活秩序、职能部门正常工作秩序等方面。随着应急管理体制的完善，面对突发公共事件，相关职能部门往往会依法采取紧急应对措施，阻止严重后果的发生发展，虚假信息导致相关职能部门采取紧急应对措施本身就是严重扰乱社会秩序的一种表现。换言之，致使相关职能部门采取紧急应对措施也是严重扰乱社会秩序的认定标准之一。

本罪在定罪量刑标准上尚无司法解释，但本罪与编造、故意传播虚假恐怖信息罪规定在刑法分则的同一条文中，在犯罪构成要件和社会危害性上存在高度的近似性。因而，从体系协调性与实践可行性角度分析，本罪在定罪量刑时可以参考2013年最高人民法院发布的《关于审理编造、故意传播虚假恐怖信息刑事案件适用法律若干问题的解释》（以下简称《解释》）。《解释》第二条规定，编造、故意传播虚假恐怖信息，具有下列情形之一的，应当认定为《刑法》第二百九十一条之一的“严重扰乱社会秩序”：（1）致使机场、车站、码头、商场、影剧院、运动场馆等人员密集场所秩序混乱，或者采取紧急疏散措施的；（2）影响航空器、列车、船舶等大型客运交通工具正常运行的；（3）致使国家机关、学校、医院、厂矿企业等单位的工作、生产、经营、教学、科研等活动中断的；（4）造成行政村或者社区居民生活秩序严重混乱的；（5）致使公安、武警、消防、卫生检疫等职能部门采取紧急应对措施的；（6）其他严重扰乱社会秩序的。对于尚未达到严重扰乱社会秩序程度的编造、故意传播虚假疫情的行为，可以依照《治安管理处罚法》第二十五条之规定，处五日以上十日以下拘留，并处五百元以下罚款，情节较轻的，处五日以下拘留或者五百元以下罚款。

本案中，网友看到被告人刘星星发布的疫情信息后因恐慌而立即报警，公安机关鉴于刘星星发布的疫情信息危险性大，迅速采取封控图片、查找刘星星核实情况等措施，并向卫生部门通报情况，耗费了大量的人力物力，因此，可以认定刘星星的行为严重扰乱了社会秩序。

需要说明的是，职能部门采取紧急应对措施避免危害结果扩大，不能成为阻却犯罪成立的理由。本案被告人于 2020 年 1 月 24 日 11 时发布虚假疫情信息，在网友于当日 16 时 43 分报警后，公安机关立即采取紧急应对措施，避免疫情信息进一步传播，并查找被告人核实情况。因紧急应对措施及时、有效，尚未造成大规模的人员恐慌，未发生公共场所秩序混乱的实害后果。但是，应当考虑到公安机关从接警到抓获行为人耗时 54 个小时，京晋两地 10 余个公安机关职能部门参与了本案相关事项的处理，动用警力 30 余人次，行为人的行为不仅使疫情防控期间原本紧张的社会气氛升级，而且致使相关职能部门采取紧急应对措施，耗费了原本可用于疫情防控的社会公共资源。因此，紧急应对措施确实避免了危害结果扩大，但是系相关职能部门依职权采取，不能成为阻却被告人刘星星犯罪成立的理由。

综上，被告人刘星星在新冠肺炎疫情防控期间，恶意编造并传播有关疫情的虚假信息，不仅远远超出了言论自由的界限，而且其行为严重扰乱社会秩序，社会危害性大，人民法院根据其犯罪的事实、性质、情节及对于社会的危害程度等，以编造、故意传播虚假信息罪对刘星星进行定罪处罚，是正确的。

——李中华撰稿、牛克乾审编:《刘星星编造、传播虚假信息案——如何把握编造、故意传播虚假信息罪的入罪标准》，载最高人民法院刑事审判第一、二、三、四、五庭主办:《刑事审判参考》(总第 121 集)，法律出版社 2020 年版，第 84~89 页。

995. 认定高空抛物罪应注意的问题

关键词

高空抛物罪

附录：最高人民法院主流观点

1. 与以危险方法危害公共安全罪的界分

在具体情形认定上，对于高空抛物行为没有造成危害后果的，一般认定为高空抛物罪。对于高空抛物行为虽然造成了一定危害后果，但是尚未构成其他犯罪的，如损害的财物价值较小，给路人造成轻微伤的，仍然可认定为高空抛物罪。但是特定情形下高空抛物的行为，也可能构成以危险方法危害公共安全罪。例如在高层建筑物中向密集人群大量泼洒高浓度硫酸、尖锐的物体等具有直接伤害性的物品，实际已经造成对不特定多数人生命、身体健康的危险，且危险性程度与爆炸、决水、投放危险物质相当，符合《刑法》第一百一十四条规定的，应按照以危险方法危害公共安全罪追究高空抛掷物品行为的刑事责任。如果以本罪定罪处罚，判处一年以下有期徒刑，处罚明显偏轻，也不符合罪责刑相适应的原则。

2. 高空坠物行为的刑事责任认定

本罪的客观方面是从建筑物或者其他高空抛掷物品的行为，犯罪主观方面是故意，因疏忽大意等过失造成的高空坠物行为不构成本罪。依照《最高人民法院关于依法妥善审理高空抛物、坠物案件的意见》（法发〔2019〕25号）第7条规定："过失导致物品从高空坠落，致人死亡、重伤，符合《刑法》第二百三十三条、第二百三十五条规定的，依照过失致人死亡罪、过失致人重伤罪定罪处罚。在生产、作业中违反有关安全管理规定，从高空坠落物品，发生重大伤亡事故或者造成其他严重后果的，依照《刑法》第一百三十四条第一款的规定，以重大责任事故罪定罪处罚。"

——胡云腾主编：《刑法罪名精释（第五版）》，人民法院出版社2022年版，第985~986页。

996. 刑法规制的高空抛物行为"高空"的认定

关键词

高空抛物　高空　司法认定

附录：最高人民法院法官著述

我们认为，判定刑法语境中的"高空"，重点在于被抛掷物因处于一定高度而具有的重力势能，在下落时转化为动能而产生的对其下方的危险性。由于高空坠落的冲击力，从高空坠落的物品蕴含着巨大的危险。因此，只要会使被抛掷的物体因重力产生对他人的危险（而不是因水平抛掷、投射产生的危险），即可认为属于高空，对其具体高度不宜机械地理解或作出限定。

除了高度，还有一个需要研究的问题是，所谓高空抛物必须是"从高空"抛物，除《刑法》第二百九十一条之二所特别提示的建筑物，从自然界的高处如山顶，从直升机、无人机、热气球等都可以。但有观点认为，行为人并未采用机械手段而是采取人力，例如利用自身臂力将一块砖头扔至6米高空后下坠，也应成立本罪。[①] 我们认为，此观点似有不妥，因为不管是采用机械

① 林维：《高空抛物罪的立法反思与教义适用》，载《法学》2021年第3期。

手段还是利用自身臂力，这种情况从抛掷点与落地点之间的垂直距离看，是水平投掷，其发力源或者说产生危险的来源在于投射之力，而非物体本身的重力势能。这已经超出了“高空抛物”语义所能涵盖的范围，不宜认为属于高空抛物。至于采用机械手段从地面向天空抛掷物品，其可能造成的社会危害性相当，如果构成犯罪，则应当依照其具体触犯的罪名定罪处罚，此问题已不属于本文讨论的范畴。

——于同志、王硕：《高空抛物刑事案件司法认定的若干问题》，载《法律适用》2022 年第 4 期。

997. 刑法规制的高空抛物行为“物”的认定

关键词

高空抛物行为　物理性损伤

附录：最高人民法院法官著述

我们认为，对于被抛掷的物品，只要其从一定的高处坠落，足以对他人人身和财产造成物理性损伤，都应当属于“物品”的范畴。对于一般的物，因在静止状态和正常使用中不产生危险，因此要结合具体抛掷的高度和地点来分析，重点是考察被抛掷物的物理破坏力。通常来说，从任何高度抛掷纸片、羽毛、塑料袋都不会造成危险，但假如是在高铁电网、高速路、露天精密仪器上空等，并不能完全排除其成立相关犯罪的可能性。[①]一枚硬币从摩天大楼落下，也可能会造成严重后果。重物如电熨斗、菜刀、大件家具，则不论从多高处抛掷皆有危险。而对于特殊的危险物，物品本身就潜藏着风险，比如燃气罐，其本身蕴含的破坏力稍微与重力叠加便会产生极大的危险，故其具体抛掷高度基本不影响认定“高空抛物”。

此外，对于人能否成为高空抛物中的物，有观点持肯定态度，并将跳楼亦纳入其中。[②]我们认为，对此应当区分角度。一方面，不论如何进行解释，均不能将人解释进“物品”，对将他人从高空抛下的行为，重点考虑的是对被

① 例如，2020 年 12 月 29 日，一条长 10 余米的工地塑料薄膜，从建筑工地被大风吹至 220 千伏的汉阳锅顶山变电站高压线上，造成该变电站避险停运。同日，110 千伏的唐航湖高压线，同样是塑料薄膜被风吹至高压线上缠绕，造成江汉区部分区域电压不稳和闪动。从国网武汉供电公司获悉，近年来，因建筑垃圾、高空抛物导致的变电站和高压线故障屡见不鲜。参见黄磊等：《建筑垃圾、高空抛物成供电稳定新隐忧》，载《湖北日报》2021 年 1 月 12 日，第 8 版。

② 张蔚伟、高立萍：《“高空抛物”的司法认定与立法反思》，载《河北工程大学学报（社会科学版）》2020 年第 12 期。

抛掷者认定故意杀人罪还是故意伤害罪的问题；但另一方面，对于地面来说，不论落下的是物品还是人，危险都是一样的，如果对地面上造成具体危险或实害，此时可认为属于广泛意义上讨论的高空抛物行为，因一行为多结果，可以按照想象竞合犯择一重罪处罚的原则定罪处罚（通常也是认定故意杀人罪或者故意伤害罪）。至于跳楼的情况，因为既不存在抛掷行为，又缺乏犯罪对象，不属于任何范畴的高空抛物，如果造成地面上他人伤亡的，可以过失致人死亡罪、过失致人重伤罪处罚，或作为意外事件处理。

——于同志、王硕：《高空抛物刑事案件司法认定的若干问题》，载《法律适用》2022 年第 4 期。

998. 刑法规制的高空抛物行为"情节严重"的限定

关键词

高空抛物　情节严重　行为性质

《中华人民共和国刑法修正案（十一）》条文

三十三、在刑法第二百九十一条之一后增加一条，作为第二百九十一条之二："从建筑物或者其他高空抛掷物品，情节严重的，处一年以下有期徒刑、拘役或者管制，并处或者单处罚金。

"有前款行为，同时构成其他犯罪的，依照处罚较重的规定定罪处罚。"

附录：最高人民法院法官著述

关于刑法语境下的高空抛物行为还有"情节严重"的限定，目前无论是刑法还是司法解释均未明确规定何种情形属于"情节严重"。从高空抛物罪的法定刑设置看，处以"一年以下有期徒刑、拘役或者管制，并处或者单处罚金"，该罪显然属于轻罪范畴，理论上称之为"重判轻罚"，体现的是刑法对高空抛物行为采取劝导为主的原则。一般认为，高空抛物罪属于危险犯，并不完全以出现实害作为入罪的条件，因此，司法实践中判断"情节严重"，应重点考察该高空抛物行为本身的性质，而非行为所实际造成的危害后果（一旦出现严重危害后果，则显属情节严重，且可能触犯更严重的犯罪）。

例如，全国首例高空抛物罪案：被告人徐某某（家住三楼）与王某某因言语不和发生争执，徐某某从厨房拿出一把菜刀抛掷至楼下公共租赁房附近。楼下居民向楼上质问，徐某某听到质问声后，又去厨房拿第二把菜刀，抛掷至楼下公共租赁房附近，楼下居民见状报警。2021 年 3 月 1 日，江苏省溧阳市人民法院经依法审理后以高空抛物罪判处被告人徐某某有期徒刑六个月，并处罚金2000元。在本案中，被告人的行为侥幸地未造成人员伤亡和财产损失的危害后果，但其故意向楼下公共场所抛掷菜刀的行为本身无疑具有巨大的危险性，且其作为精神正常的成年人应知该行为会对楼下不特定的人的生命健康或财产安全造成现实的危险，可能构成严重伤害，甚至会造成他人死亡或重伤的严重后果，但在被楼下居民质问后不思悔改又向楼下抛掷第二把菜刀，显见其亦有较深的主观恶性，所以，法院认定其高空抛物行为属情节严重，依法予以刑事处罚。

上述案件入选了“2021年度人民法院十大案件”，这说明法院对该案的裁判受到社会的充分认可。从该案的裁判思路看，法院对“情节严重”的判定实际上坚持了综合判断标准，即“围绕该罪所侵犯的公共秩序法益，分别从行为人的主观认知以及行为时的客观要素进行整体性、综合性、实质性的判断”。[①]详言之，既要考察高空抛物行为的实际危险性以及对公共秩序与安全的危害，也要考察行为人的主观认知情况和主观恶性。

高空抛物之情节严重的具体表现形式，有待司法解释加以明确。《高空抛物坠物意见》第6条规定了对高空抛物犯罪一般不得适用缓刑的五种情形：（1）多次实施的；（2）经劝阻仍继续实施的；（3）受过刑事处罚或者行政处罚后又实施的；（4）在人员密集场所实施的；（5）其他情节严重的情形。借鉴这一规定，目前判断“情节严重”大致可以从以下三个维度进行综合分析：（1）行为人的主观恶性程度，包括是否存在为发泄情绪实施抛掷行为，多次实施，经劝阻仍继续实施，以及因高空抛物受过刑事处罚或行政处罚后又实施等情形；（2）高空抛物行为的危险程度，具体可从抛掷物品的地点、时间、物品、高度等方面综合分析判断；（3）造成危害后果的程度，包括是否存在致他人轻微伤或数额较大财产损失，以及造成公共场所秩序混乱、社会影响恶劣等情况。

——于同志、王硕：《高空抛物刑事案件司法认定的若干问题》，载《法律适用》2022年第4期。

999. 司法认定高空抛物行为的罪名选择

关键词

高空抛物罪

① 李佳杰：《对高空抛物罪中“情节严重”的认定》，载《检察日报》2022年1月4日，第7版。

《中华人民共和国刑法修正案（十一）》条文

三十三、在刑法第二百九十一条之一后增加一条，作为第二百九十一条之二："从建筑物或者其他高空抛掷物品，情节严重的，处一年以下有期徒刑、拘役或者管制，并处或者单处罚金。

"有前款行为，同时构成其他犯罪的，依照处罚较重的规定定罪处罚。"

附录：最高人民法院法官著述

刑法修正案（十一）》对高空抛物进行了明确立法，并规定实施该行为，同时构成其他犯罪的，依照处罚较重的规定定罪处罚，从而把散在于以危险方法危害公共安全罪、杀人伤人犯罪、毁财罪、寻衅滋事罪等罪名中的高空抛物行为，进行归拢汇总，形成了以高空抛物罪为主，以其他相关罪名为辅的罪名体系，在适用时不可避免地会涉及到想象竞合的问题，需要司法人员充分发挥主观能动性以选择适用合适的罪名。

（一）首先考虑高空抛物罪

《刑法》第二百九十一条之二是对高空抛物的直接规定，因此在审理高空抛物类犯罪案件时，应首先考察行为是否符合第二百九十一条之二的规定。本条无法涵盖其产生的危险或危害后果的，再考虑其他罪名。

（二）对于危害公共安全的，仍不排除以危险方法危害公共安全罪

研究高空抛物罪与他罪的竞合关系，首先要厘清该罪与以危险方法危害公共安全罪的竞合问题。有观点认为，高空抛物行为不可能危害公共安全。① 我们不认同此观点。通常的高空抛物行为，确实不会产生危害不特定多数人安全的具体危险，但并不能就此彻底排除其具有危害公共安全的可能性。早在《高空抛物坠物意见》发布之前，各地已经有不少对高空抛物适用《刑法》第一百一十四条以危险方法危害公共安全罪的案例。当然，《刑法修正案（十一）》将高空抛物另行成罪后，这种情况应该区别而论。只有真正危害到公共安全的高空抛物行为，才能构成以危险方法危害公共安全罪。

以危险方法危害公共安全罪作为放火、爆炸、决水、投放危险物质等犯罪手段的兜底性规定，要求"其他危险方法"具备与前述手段相当的危险，可能产生的危害后果具有等价性，才属于其他危险方法。其核心是对"危害公共安全"的理解与判断。

我们倾向认为，这里的公共安全，主要是指生命、身体安全，财产安全仅具有前述的附随意义。从体系解释的角度，以危险方法危害公共安全罪是

① 刘子良：《教义刑法学视角下高空抛物行为的规制问题研究》，载《黑龙江省政法管理干部学院学报》2021年第1期。

重罪，法定刑与故意杀人、故意伤害的刑罚设置相当。财产法益是不能够与生命、身体法益相提并论的，故以危险方法危害公共安全罪所保护的法益起码要与故意杀人、故意伤害罪相当，主要从生命、身体安全的角度来认定公共安全具有合理性。

那么，如何理解《刑法》第一百一十五条将“致人重伤、死亡”与“使公私财产遭受重大损失”作为危害后果并列规定呢？基于前述考虑，可以认为，《刑法》第一百一十五条规定的“使公私财产遭受重大损失”是在危害多数人人身安全的前提下（亦即同时存在危及多数人人身安全的危险），只造成了财产重大损失的实害结果，对公共安全的理解仍宜坚持从人身安全的角度来把握。有鉴于此，在司法实践中，一般应当避免将仅可能造成财产损失的高空抛物行为认定为危害公共安全，进而以以危险方法危害公共安全罪来定罪处罚。

此外，如果按照罪刑法定原则，《刑法》第一百一十五条规定了以危险方法危害公共安全的实害后果是“致人重伤、死亡”，那么，仅导致轻伤以下危害后果的危险方法，就不属于《刑法》第一百一十四条和第一百一十五条规定的“其他危险方法”。所以，在实践中还应当避免运用以危险方法危害公共安全罪，来规制仅可能造成轻伤及以下危害后果的高空抛物行为。申言之，高空抛物行为构成以危险方法危害公共安全罪，应当以其行为本身具有“致多人重伤、死亡”的具体危险为前提条件。否则，不宜以该罪定罪处罚。

（三）对于产生特定危害结果的，优先考虑故意杀人、故意伤害、故意毁坏财物、过失致人死亡、过失致人重伤罪

对造成现实损害后果的高空抛物行为，我国司法惯常做法是坚持结果导向，以故意、过失伤人毁财类结果犯罪名定罪。这有其理论及实践上的合理性。

在办理造成实害结果的高空抛物案件时，还应注意避免以结果为唯一导向，忽视对危害的法益的考察。当行为所具有的危害公共安全的具体危险，最终现实化为对一名不确定对象的实害时，不能据此否认行为本身对公共安全的危害。在高空抛物致少数人死伤的情况下，如果行为具体地危害到多数人或随时可能向多数人扩张，则可以构成危害公共安全犯罪，少数人死伤只是其加重结果。在仅造成财产损失的情况下亦是如此，我们强调公共安全不能仅为财产安全，并不是说仅造成了财产损失的高空抛物就不可能危害公共安全，假如楼下有繁忙的人流车流，实际结果是砸中了行驶中的车，但所幸没有造成人员伤亡，也已经具体地危害到了不特定多数人的人身安全，这仍可以成立危害公共安全犯罪。

从主观方面讲，行为人的犯罪目的并不必然决定构成何种故意，意图伤害特定人员而实施高空抛物行为，但其行为具有结果的开放性和扩张性，实

际危害到公共安全的，即使没有实际发生对多数人的侵害，仍应按照故意伤害罪和以危险方法危害公共安全罪的竞合，从一重处罚。

（四）构成其他相关罪名的情况

1. 重大责任事故罪等竞合罪名

《高空抛物坠物意见》提示，在生产、作业中违反有关安全管理规定，从高空坠落物品，发生重大伤亡事故或者造成其他严重后果的，依照《刑法》第一百三十四条第一款的规定，以重大责任事故罪定罪处罚。重大责任事故罪是过失犯罪，此处也指的是过失坠物的情况。如果在生产、作业中为图省事，故意将建筑材料等危险性较大的物体从高空抛下来造成严重后果，应该说对他人伤亡或财产毁坏存在间接故意，可以故意杀人罪、故意伤害罪或者故意毁坏财物罪论。但根据行为人对地面情况的认识和注意程度，不排除对发生重大事故持轻信能够避免的心态，依然可以构成重大责任事故罪。强令他人在作业中高空抛物，因而发生重大伤亡事故或者造成其他严重后果的，则可以强令、组织他人违章冒险作业罪论处。

此外，向公共交通工具、高速公路抛掷物品，可能同时构成破坏交通工具罪、破坏交通设备罪；抛掷物为煽动分裂国家的大型传单等特殊物品，可能构成高空抛物罪与煽动分裂国家等罪的竞合等，对此，依照《刑法》第二百九十一条之二第二款的规定，均应当以处罚较重的相关犯罪论处。

2. 仍可能涉及寻衅滋事罪

有观点认为，在《刑法修正案（十一）》出台后，高空抛物罪与寻衅滋事罪同属"妨害社会管理秩序罪"中"扰乱公共秩序罪"的范畴，二者不存在想象竞合的关系，对于高空抛物行为，原则上应当排除寻衅滋事罪的适用。[①]亦有观点认为，纳入扰乱公共秩序罪的高空抛物罪，基本上同寻衅滋事罪等性质无异，即使不作规定也同样能以寻衅滋事罪等论处，这使得其立法价值大为降低。[②]事实上，高空抛物罪与寻衅滋事罪，既不像前者说的那么疏离，也不像后者说的那么混同。二者各自为阵，存在一定尺度的竞合关系，一些情况下的高空抛物行为，还是有寻衅滋事罪的适用空间的。

首先，高空抛物可以成立"随意殴打他人"。殴打并不必须直接身体接触，肆意高空抛物击中他人身体，也属于随意殴打。其次，高空抛物可以属于"拦截、恐吓他人"。比如以向道路抛物的方式拦截他人通行，以抛物的方式恐吓、驱散地面人群。再次，在广场、车站、商场等场所实施高空抛物，

① 杨志国、方毓敏：《高空抛物犯罪司法判断要点》，载《检察日报》2021年2月1日，第3版。

② 彭文华：《〈刑法修正案（十一）〉关于高空抛物规定的理解与适用》，载《苏州大学学报（哲学社会科学版）》2021年第1期。

也属于“在公共场所起哄闹事”，造成公共场所秩序严重混乱的，符合寻衅滋事罪的构成要件。最常见的情况比如为了制止广场舞噪音、驱散跳舞人群而向广场抛掷物品的行为。寻衅滋事罪重于高空抛物罪，适用条件也明显严于高空抛物罪，如果高空抛物行为同时符合寻衅滋事罪的构成要件，则依法仍应择重以寻衅滋事罪处罚。

——于同志、王硕:《高空抛物刑事案件司法认定的若干问题》，载《法律适用》2022 年第 4 期。

1000. 聚众斗殴罪犯罪构成及转化要件的把握

关键词

聚众斗殴罪　犯罪构成　转化犯

《刑事审判参考》指导案例

倪以刚等聚众斗殴案（《刑事审判参考》指导案例第 350 号）

裁判要点：单方有聚众斗殴故意的也可以构成聚众斗殴罪。在聚众斗殴致人伤害案件中，首要分子对全部犯罪事实负责。其他行为人如相互配合，实施殴打的行为，即使难以分清致被害人伤的直接责任人，对参与砍打被害人的行为均应转化为故意伤害罪。如没有实施殴打行为，仍只应定聚众斗殴罪。就聚众斗殴“次”的认定，应综合考虑聚众斗殴故意、在时间上是否有明显的间隔、在场所上是否为不同地方、客观上针对的对象情况。对最高人民法院《关于审理人身损害赔偿案件适用法律若干问题的解释》第 5 条的共同侵权行为人的认定上，既要坚持该条的内在精神，又要考虑刑事案件引起的民事赔偿案件的特殊性，既要保护犯罪嫌疑人的权利，更要公正而有效率地保护被害人的合法权利。18 周岁以前实施侵权行为，而在审判时被告人已满 18 周岁，被告人的法定代理人承担的民事责任应是补充民事责任。

（一）单方有聚众斗殴故意的也可以构成聚众斗殴罪

我们认为，对此类案件应依照聚众斗殴罪的构成特点，全面分析案件的主客观情况，防止片面强调客观行为条件，忽视行为人主观故意内容而导致简单化的错误倾向，从而准确定罪量刑。在殴斗的理解上，只要双方或一方采用暴力方式进行殴斗，不论采用何种暴力方式都是结伙殴斗行为。

（二）聚众斗殴向故意伤害的转化

在聚众斗殴致人伤害案件中，首要分子对全部犯罪事实负责，无论其是否实施实行行为，应转化为故意伤害无异议。其他行为人如相互配合，实施殴打的行为，尽管行为人所处的地位、具体分工、参与程度可能不同，但他们行为指向的目标相同，为达到同一个目的，每一个人的行为都是整个加害行为的有机组成部分，因此共同行为人的行为与被害人重伤的结果之间互为因果关系。即使难以分清致被害人伤的直接责任人，对参与砍打被害人的行为均应按《刑法》第 292 条第 2 款的规定转化为故意伤害罪。如没有实施殴打行为，仍只应定聚众斗殴罪。

（三）聚众斗殴“次”的认定

我们认为，应综合考虑聚众斗殴故意、在时间上是否有明显的间隔、在场所上是否为不同地方、客观上针对的对象情况。在时间、地点、针对的对象上均有不同，虽然是同一个故意支配，但在行为上不是持续而是连续，在两地均可以独立地构成聚众斗殴犯罪，应认定为两次。

（四）最高人民法院《关于审理人身损害赔偿案件适用法律若干问题的解释》（以下简称《人损解释》）第 5 条在附带民事诉讼中的适用

在一些案件中，从刑事上无法确定直接责任人，故在民事责任上也难以分清各责任人的责任份额，各侵权行为人应当承担同等责任。那么如何确定共同侵权人？我们认为，对《人损解释》第 5 条的共同侵权行为人的认定上，既要坚持该条的内在精神，又要考虑刑事案件引起的民事赔偿案件的特殊性，既要保护犯罪嫌疑人的权利，更要公正而有效率地保护被害人的合法权利。

（五）18 周岁以前实施侵权行为，而在审判时被告人已满 18 周岁，被告人的法定代理人承担的民事责任应是补充民事责任

被告人在作案时不满 18 周岁，而在本案的开庭审判时已满 18 周岁，被告人的法定代理人即附带民事诉讼被告人承担的是直接的赔偿责任还是补充的赔偿责任呢?《民法通则》第 133 条规定：“无民事行为能力人、限制民事行为能力人造成他人损害的，由监护人承担民事责任。”最高人民法院《关于贯彻执行〈中华人民共和国民法通则〉若干问题的意见（试行）》第 161 条第 1 款规定：“侵权行为发生时行为人不满十八周岁，在诉讼时已满十八周岁，并有经济能力的，应当承担民事责任，行为人没有经济能力的，应当由原监护人承担民事责任。”也就说在此情况下，行为人自己承担责任是基础和前提，只有在其无能力情况下，原监护人才应承担赔偿责任。但无能力如何判断呢？我们认为，在审理程序中重点解决应否赔偿事宜，无时间和手段去查明行为人的经济能力状况；而在执行程序中，可以通过查询、查封、冻结、调查等执行手段查明侵权人的经济能力，所以对此能力的判断应留待执行程序中作出。故在对民事侵权部分作出判决时，原监护人只应对侵权人不能赔

偿部分承担补充赔偿责任，而不是直接承担赔偿责任。

——最高人民法院刑事审判第一庭、第二庭编：《刑事审判参考》2005 年第 3 集（总第 44 集），法律出版社 2006 年版，第 71~84 页。

1001. 聚众斗殴罪的量刑

关键词

聚众斗殴罪　量刑

最高人民法院司法政策精神

（十七）聚众斗殴罪

1. 构成聚众斗殴罪的，根据下列情形在相应的幅度内确定量刑起点：

（1）犯罪情节一般的，在二年以下有期徒刑、拘役幅度内确定量刑起点。

（2）有下列情形之一的，在三年至五年有期徒刑幅度内确定量刑起点：聚众斗殴三次的；聚众斗殴人数多，规模大，社会影响恶劣的；在公共场所或者交通要道聚众斗殴，造成社会秩序严重混乱的；持械聚众斗殴的。

2. 在量刑起点的基础上，根据聚众斗殴人数、次数、手段严重程度等其他影响犯罪构成的犯罪事实增加刑罚量，确定基准刑。

3. 构成聚众斗殴罪的，综合考虑聚众斗殴的手段、危害后果等犯罪事实、量刑情节，以及被告人的主观恶性、人身危险性、认罪悔罪表现等因素，决定缓刑的适用。

——《最高人民法院、最高人民检察院印发〈关于常见犯罪的量刑指导意见（试行）〉的通知》（2021 年 6 月 16 日，法发〔2021〕21 号）。

1002. 信访程序已经终结仍多次闹访、非访，构成寻衅滋事罪

关键词

信访程序终结　闹访　非访　寻衅滋事罪

最高人民法院裁判文书

周志荣寻衅滋事案［最高人民法院（2017）最高法刑申 28 号驳回申诉通知书］

裁判要旨：公民通过信访途径反映诉求，应当采取合法手段，

即便是为了维护合法权益，也不得使用非法的手段，否则就会受到法律追究。

最高人民法院认为，被告人在信访问题已经解决，信访程序已经终结的情况下，多次到当地政府、省妇联等部门，采取组织多人闯政府大门、堵办公楼门、打横幅等方式闹访，并到北京多次非访、闹访，破坏了正常的社会秩序。该事实可由关于原食品公司退休职工要求补发取暖费及医保卡增加4%计入个人账户的上访答复；关于市直国有特困企业退休职工冬季取暖补贴问题的会议纪要；关于研究解决食品公司和区二建公司农民工上访问题区长办公会议纪要；铁岭市信访联席会议办公室关于银州区周志荣等信访事项公开听证结论书；关于周志荣等22人进京上访报告；关于原食品公司退休职工周志荣、王某等人信访情况说明；铁岭市信访联席办公室关于周志荣进京缠访、闹访、倒流、滞留情况说明；周志荣2014年至今进京非访、闹访情况说明；案件来源及抓捕经过等证据证实，被告人的行为已超出正常上访表达合理诉求的范围，已构成寻衅滋事罪。公民通过信访途径反映诉求，应当采取合法手段，即便是为了维护合法权益，也不得使用非法的手段，否则就会受到法律追究。

根据被告人的具体犯罪事实和认罪态度，判处其有期徒刑一年，已属从轻处罚，量刑并无不当。年满七十五周岁故意犯罪，可以从轻或者减轻处罚，但并不意味着可以不受法律约束，可以为所欲为，也应遵纪守法，否则同样会受到法律的追究。综上，被告人的申诉理由不符合《中华人民共和国刑事诉讼法》第二百四十二条规定的重新审判条件，予以驳回。

——中国裁判文书网。

1003. 以轻微暴力强索硬要他人财物的行为构成寻衅滋事罪

关键词

寻衅滋事罪　轻微暴力　强索硬要

《刑事审判参考》指导案例

张彪等寻衅滋事案（《刑事审判参考》指导案例第517号）

裁判要点：未成年人以轻微暴力强索硬要他人财物的行为构成寻衅滋事罪。

一般来讲，抢劫罪与寻衅滋事罪不难区分，但是，在伴随轻微暴力强索财物的场合，要准确界定这两个罪名则存在一定的难度。对于本案，我们同意法院的处理意见，具体理由如下：

三被告人的主观目的不是非法占有被害人的财物，而是报复、教训被害人

本案中，被告人张彪与被害人秦青松系同学，二人不仅相识，而且还曾经非常要好，上学期间，张彪还曾给予过秦青松某些帮助。因此，张彪自认为其对秦青松有恩，秦青松应当知恩图报。但是，在毕业联系工作时，尽管张彪请求秦青松帮忙，可是秦却没有照张彪的意思办。同时，张彪向秦借钱秦也不给。因此张彪遂产生了教训秦的想法。张彪在纠集同案被告人韩超、倪中兴时，即明确提出帮忙“修理”秦一顿。三被告人见到被害人秦青松后，所采取的轻微暴力殴打、强行拿走秦的两部手机，并索要钱财等行为，其目的主要是教训、“修理”秦青松。这一点，从其后来的事态发展也能看得出来：张彪先是要 1 万元，看秦拿不出，于是退一步让秦“不行的话拿三条帝豪牌香烟也行”（一条帝豪牌香烟价值近 100 元）。后来看到秦身上实在没钱，遂又提出让秦第二天给其 300 元并拿走秦的两部手机作抵押，让秦拿钱换手机。后经受秦索要，张彪又退还了其中的一部手机。因此，三被告人实施的暴力殴打和强拿硬要手机行为，其主观上并不单纯是为了非法占有被害人的财物，而是通过这些方式以实现教训、报复被害人的目的。

三被告人实施的暴力、胁迫强度尚未超出寻衅滋事罪所要求的强度标准

基于教训被害人的目的，三被告人前去见秦青松时没有携带任何凶器，韩超和倪中兴仅对秦青松实施了简单的拳打脚踢行为（张彪没有动手），秦也没有受伤，属于轻微暴力。秦青松当时如欲反抗或者逃跑，都是完全可以的，但是他没有这样做，而只是进行辩解、认错和求饶，并任由被告人拿走他身上的两部手机。手机被拿走后，他也没有当即向公安机关报案，而是采取了事后索要的方式，要回了其中的一部。可见，三被告人实施的暴力、胁迫强度很一般，尚未超出寻衅滋事罪中“随意殴打他人”“强拿硬要”的范围。

通过以上两方面可以看出，寻衅滋事罪虽然是妨害社会管理秩序犯罪，但有时行为人主观上也具有非法占有他人财物的故意，客观上也实施了强拿硬要他人财物的非法占有行为，侵犯了他人的人身权利和财产权利，与抢劫罪的构成特征有些近似。但是，仔细分析其主客观方面的表现，还是能够找出一定差异的。《最高人民法院关于审理抢劫、抢夺刑事案件适用法律若干问题的意见》第九条中对此作了明确阐述：寻衅滋事罪行为人主观上还具有逞强好胜和通过强拿硬要来填补其精神空虚等目的，客观上一般不以严重侵犯他人人身权利的方法强拿硬要财物；抢劫罪行为人一般只具有非法占有他人财物的目的，以暴力、胁迫等方式作为劫取他人财物的手段。

因此，三被告人出于教训、报复他人的目的，使用轻微暴力强拿硬要财物的行为扰乱了正常的社会秩序，其暴力强度并未超出寻衅滋事罪所涵括的程度，符合寻衅滋事罪的构成要件，以寻衅滋事罪定罪评价更为客观和准确。

根据罪刑相适应原则，权衡被告人的主观恶性及犯罪行为的社会危害性，认定为寻衅滋事罪才能罚当其罪

刑法第五条规定："刑法的轻重，应当与犯罪分子所犯罪行和承担的刑事责任相适应。"这就是我国刑法中的罪刑相适应原则，其基本含义就是刑罚的轻重应与犯罪的轻重相适应。作为刑法一项基本原则，该原则不但对立法中刑罚的设定、司法中刑罚的具体裁量起着关键的作用，而且在区分不同的犯罪中也具有非常重要的意义。抢劫罪在我国刑法中属于重罪，其起刑点就是三年有期徒刑，最高刑是死刑；相对而言，寻衅滋事罪是一种轻罪，只能判处五年以下有期徒刑、拘役或者管制。寻衅滋事罪与抢劫罪的法定刑规定之所以如此轻重悬殊，其中一个非常重要的原因就在于抢劫犯罪的社会危害性、对被害人人身的危险性以及侦破的难度，都远远高于寻衅滋事罪。寻衅滋事罪的行为人在随意殴打、强拿硬要或任意毁损公私财物时，一般不隐瞒自己身份，通常还多发生在熟人之间，其最终或者说最主要的目的在于寻求一种精神刺激，炫耀自己的威能，故此类案件对被害人造成的伤害比较轻微，司法机关查处起来也较容易。但抢劫罪的行为人则往往对被害人隐瞒身份，通常选择陌生人作为作案对象，给被害人造成的人身伤害也往往较严重，侦破查处起来也更加困难。因此，正确区分抢劫罪和寻衅滋事罪，不仅要考量其犯罪构成的迥异，在行为性质不甚明确时，还要依据罪刑相适应原则，凭借社会一般观念，权衡一下行为人应受处罚的轻重和处刑后可能会产生的社会效果，以期最终准确认定行为人的行为性质和罪名。在抢劫罪与寻衅滋事罪量刑存在巨大差异的情况下，出于保护未成年人的目的，根据《最高人民法院关于审理未成年人刑事案件具体应用法律若干问题的解释》第八条的规定，已满十六周岁不满十八周岁的人出于以大欺小、以强凌弱或者寻求精神刺激，随意殴打其他未成年人、多次对其他未成年人强拿硬要或者任意毁损公私财物，扰乱学校及其他公共场所秩序，只有达到"情节严重"的程度，才以寻衅滋事罪定罪处罚。司法实践中，对于未成年人使用或威胁使用轻微暴力强抢少量财物的行为，一般不以抢劫罪定罪处罚。

——最高人民法院刑事审判第一、二、三、四、五庭主办：《刑事审判参考》2008年第6集（总第65集），法律出版社2009年版，第45~50页。

说明

2011年5月1日起施行的《中华人民共和国刑法修正案（八）》对于寻衅滋事罪进行了如下两点修改：第一，对原刑法条文中第二项寻衅滋事行为进

行扩容，将“恐吓”他人的手段纳入其中；第二，增加第二款，提高法定刑幅度及配置罚金刑，加大了对纠集他人多次实施寻衅滋事行为的犯罪分子的惩治力度。

1004. 未成年人多次强取其他未成年人少量财物案件的处理

关键词

寻衅滋事罪　未成年人

《刑事审判参考》指导案例

李某甲等寻衅滋事案（《刑事审判参考》指导案例第 1002 号）

裁判要点：三被告人均系已满 16 周岁不满 18 周岁的未成年人，使用的暴力、威胁手段均未造成被害人人身伤害后果，作案所得数额较小，从其客观行为表现来看，被告人并不以非法占有财物为唯一目的，而具有以大欺小、以强凌弱、寻求精神刺激、逞强耍横的寻衅动机。故而应当认定其行为构成寻衅滋事罪。

（一）强拿硬要型寻衅滋事罪与抢劫罪的一般区分

根据刑法第二百六十三条的规定，抢劫罪是指以暴力、胁迫或者其他方法当场劫取公私财物的行为；而根据刑法第二百九十三条第一款第三项的规定，强拿硬要公私财物，情节严重的，应当以寻衅滋事罪论处。对于抢劫罪和强拿硬要型寻衅滋事罪而言，因两罪在客观方面都表现为强行非法占有公私财物，司法实践中易出现争议，因此应予准确区分。

对于如何区分强拿硬要型寻衅滋事罪与抢劫罪，最高人民法院 2005 年下发的《关于审理抢劫、抢夺刑事案件适用法律若干问题的意见》（以下简称《两抢意见》）明确规定：“寻衅滋事罪是严重扰乱社会秩序的犯罪，行为人实施寻衅滋事的行为时，客观上也可能表现为强拿硬要公私财物的特征。这种强拿硬要的行为与抢劫罪的区别在于：前者行为人主观上还具有逞强好胜和通过强拿硬要来填补其精神空虚等目的，后者行为人一般只具有非法占有他人财物的目的；前者行为人客观上一般不以严重侵犯他人人身权利的方法强拿硬要财物，而后者行为人则以暴力、胁迫等方式作为劫取他人财物的手段。”具体而言，区分强拿硬要型寻衅滋事罪与抢劫罪应当坚持主客观相统一的原则：

1. 从主观上分析行为人是否有寻衅动机。抢劫罪行为人一般单纯以非法占有公私财物为犯罪目的，即非法占有公私财物是行为人的终极目的；而寻衅滋事罪行为人主观上还具有逞强耍横、发泄情绪、寻求精神刺激的目的，非法占有公私财物在行为人的主观故意中处于次要地位。可以说，行为人主观上是否具有寻衅动机是区分两罪的关键所在。当然，行为人主观上是否具有寻衅动机还要结合行为人作案时间、地点和侵害对象的选择等方面进行判断。例如，从作案时间、地点上看，抢劫罪行为人通常较寻衅滋事罪行为人更加谨慎，以便实施抢劫犯罪后能够迅速逃离现场；而寻衅滋事罪行为人，有的则故意选择在公共场所当众作案，作案后滞留现场显示自己的威风，或者选择在同一地点多次作案，寻求精神刺激；从选择侵害的对象上看，抢劫罪行为人以侵财为目的，因此在侵害对象的选择上更注重对方是否具有财物的现实可能性；而寻衅滋事罪行为人则更注重侵害对象是否有反抗能力；等等。

2. 从客观行为上分析行为人使用暴力、胁迫的程度。尽管我国刑法对抢劫罪的暴力程度未作出规定，但通常认为应当达到足以抑制被害人反抗的程度；而寻衅滋事罪中行为人实施的暴力手段程度较弱，一般不以使被害人不敢反抗或者不能反抗为必要。实践中，要尽量注意避免只要行为人实施了暴力行为，而不问暴力程度的强弱，一律以抢劫罪定罪。也就是说，寻衅滋事罪的强拿硬要行为也包含暴力、胁迫的内容，只是程度上较轻微，不足以使被害人不敢反抗或者不能反抗。判断被害人是否不敢反抗、不能反抗，可以根据案件发生的时间、场所、被害人的年龄、身体条件、伤害后果、行为人是否持凶器、所实施暴力、胁迫的强度等因素，以一般人为标准进行综合分析。

当然，因寻衅滋事罪的行为方式与抢劫罪的行为方式存在一定的重合和交叉，而行为人是否具有寻衅动机有时可能难以认定，因此尽管司法解释对两罪作了明确区分，但实践中仍然存在行为人所实施的犯罪行为同时触犯寻衅滋事罪和抢劫罪两罪的情况，这时可以按照想象竞合犯的处罚原则，从一重处断。对此，最高人民法院、最高人民检察院 2013 年联合下发的《关于办理寻衅滋事刑事案件适用法律若干问题的解释》（以下简称《寻衅滋事案件解释》）第七条也明确规定："实施寻衅滋事行为，同时符合寻衅滋事罪和故意杀人罪、故意伤害罪、故意毁坏财物罪、敲诈勒索罪、抢夺罪、抢劫罪等罪的构成要件的，依照处罚较重的犯罪定罪处罚。"

（二）未成年人强拿硬要其他未成年人少量财物行为的处理

司法实践中，未成年人强拿硬要其他未成年人少量财物的案件时有发生。对于此类行为性质的认定，《两抢意见》规定："对于未成年人使用或威胁使用轻微暴力强抢少量财物的行为，一般不宜以抢劫罪定罪处罚。其行为符合寻衅滋事罪特征的，可以寻衅滋事罪定罪处罚。"实际上，该司法解释对未成年人实施强抢财物行为性质的认定，也坚持了强拿硬要型寻衅滋事罪和抢劫罪的一般区分标准，其中“使用或威胁使用轻微暴力”系两罪客观行为方面的区分标准，即行为人并未使用严重侵害他人人身安全的暴力、胁迫方式，从而区别于抢劫罪的客观行为；“强抢少量财物”系从强抢的财物数额上推断行为人主观上并非主要出于非法占有公私财物的目的，从而区别于抢劫罪的主观要件。

为进一步明确未成年人使用或者威胁使用轻微暴力强取少量财物行为的定罪标准，最高人民法院 2006 年出台的《关于审理未成年人刑事案件具体应用法律若干问题的解释》（以下简称《未成年人解释》）第七条规定：“已满十四周岁不满十六周岁的人使用轻微暴力或者威胁，强行索要其他未成年人随身携带的生活、学习用品或者钱财数量不大，且未造成被害人轻微伤以上或者不敢正常到校学习、生活等危害后果的，不认为是犯罪。已满十六周岁不满十八周岁的人具有前款规定情形的，一般也不认为是犯罪。”该条分别从实施暴力的程度和危害后果两方面，对何种情形下未成年人的抢劫行为属于刑法第十三条规定的“情节显著轻微危害不大”作出了解释。

由上述司法解释的规定可以看出，本着对未成年人“教育、感化、挽救”的方针和“教育为主、惩罚为辅”的原则，对未成年人实施的以轻微暴力强索他人少量财物的行为，如果没有造成被害人轻微伤以上后果或者严重扰乱公共场所秩序、社会秩序等其他后果的，一般不以犯罪论处；社会危害大，确有必要追究刑事责任的，也要控制抢劫罪的适用，符合寻衅滋事罪的构成特征的，尽量选择适用寻衅滋事罪。在适用上述司法解释具体认定时，有两个问题需要注意：

一是关于“轻微暴力”和“少量财物”的认定。对是否属于“轻微暴力”，可以从实施暴力的方式、强度，以及实在造成被害人身体伤害后果来分析判断，并应注意与成年人相区分。例如，同样是持刀强抢财物情节，成年人和未成年人由此所表现出的主观恶性与对被害人的威胁程度有所不同。成年人实施的持刀强抢行为，即使只是持刀威胁，未实际动刀伤害被害人，一般也应认定超出了“轻微暴力”的范畴，严重侵害了他人的人身安全；而对于未成年人实施的持刀强抢行为，则还要结合是否实际动刀伤人，是否造成被害人轻微伤以上或其他危害后果，综合认定是否属于“轻微暴力”。对于是否属“少量财物”，可以参考盗窃罪数额较大的标准，以 1000 元以下的财物为标准。当然，不是说使用轻微暴力强抢了数额超过 1000 元的财物即定抢劫罪，根据《寻衅滋事案件解释》的规定，强拿硬要公私财物价值 1000 元以上的，也是寻衅滋事罪的入罪标准之一，因此符合寻衅滋事罪特征的，也可能认定为寻衅滋事罪。

二是对寻衅滋事罪入罪标准的把握。强拿硬要他人财物构成寻衅滋事罪，需要具备“情节严重”，《寻衅滋事案件解释》对该类犯罪“情节严重”的标准作了明确：（1）强拿硬要公私财物价值1000元以上的；（2）多次强拿硬要公私财物，造成恶劣社会影响的；（3）强拿硬要精神病人、残疾人、流浪乞讨人员、老年人、孕妇、未成年人的财物，造成恶劣社会影响的；（4）引起他人精神失常，自杀等严重后果的；（5）严重影响他人的工作、生活、生产、经营的；（6）其他情节严重的情形。可见，该解释没有区分成年人与未成年人实施强拿硬要财物的定罪标准。我们认为，鉴于未成年人身心发育不成熟，人生观、价值观尚未定型等因素，上述标准对处理未成年人强索财物案件虽然适用，但仍应坚持有所区别、对未成年人尽量从宽处理的刑事政策精神。比如，如果是未成年人针对老年人、未成年人强拿硬要财物的，就不宜机械适用《寻衅滋事案件解释》上述规定第3项，认定未成年人构成寻衅滋事罪。我们认为，在办理未成年违法犯罪案件中《未成年人解释》所体现的政策精神应当得到贯彻。应当综合考虑未成年人实施强拿硬要行为的次数、手段，危害后果，是否造成恶劣社会影响，是否认罪悔罪以及是否积极退赃等因素，准确把握其行为是否属于“情节显著轻微危害不大，可不认为是犯罪”的情形。

需要指出的是，处理未成年人强索财物案件，既要坚持宽大原则，还要避免片面从宽，放纵犯罪。《两抢意见》《未成年人解释》关于从宽处理的规定，其适用都是有特定语境和前提条件的，即总体上适用于那些主观恶性不深、人身危险性不大、作案手段一般、危害后果不严重的违法犯罪行为。对那些虽然系未成年人，但强取不特定人员财物的犯意十分明确、坚决，甚至屡教不改，多次持凶器或者暴力殴打、威胁被害人，强行劫取、索要他人财物，严重侵害公民人身、财产安全的行为，应依法以抢劫罪定罪处罚。

——最高人民法院刑一庭：《李某甲等寻衅滋事案》，载最高人民法院刑事审判第一、二、三、四、五庭主办：《刑事审判参考》2014年第3集（总第98集），法律出版社2014版，第152~157页。

1005. 寻衅滋事罪的量刑

关键词

寻衅滋事罪　量刑

最高人民法院司法政策精神

（十八）寻衅滋事罪

1. 构成寻衅滋事罪的，根据下列情形在相应的幅度内确定量刑起点：

（1）寻衅滋事一次的，在三年以下有期徒刑、拘役幅度内确定量刑起点。

（2）纠集他人三次寻衅滋事（每次都构成犯罪），严重破坏社会秩序的，在五年至七年有期徒刑幅度内确定量刑起点。

2. 在量刑起点的基础上，根据寻衅滋事次数、伤害后果、强拿硬要他人财物或任意损毁、占用公私财物数额等其他影响犯罪构成的犯罪事实增加刑罚量，确定基准刑。

3. 构成寻衅滋事罪，判处五年以上十年以下有期徒刑，并处罚金的，根据寻衅滋事的次数、危害后果、对社会秩序的破坏程度等犯罪情节，综合考虑被告人缴纳罚金的能力，决定罚金数额。

4. 构成寻衅滋事罪的，综合考虑寻衅滋事的具体行为、危害后果、对社会秩序的破坏程度等犯罪事实、量刑情节，以及被告人的主观恶性、人身危险性、认罪悔罪表现等因素，决定缓刑的适用。

——《最高人民法院、最高人民检察院印发〈关于常见犯罪的量刑指导意见（试行）〉的通知》（2021 年 6 月 16 日，法发〔2021〕21 号）。

1006. 社会流传“扎针”传播艾滋病时，在公共场合持锥扎人，构成寻衅滋事罪

关键词

持锥扎人　寻衅滋事罪

《刑事审判参考》指导案例

杨国栋投放虚假危险物质案（《刑事审判参考》指导案例第 206 号）

裁判要点：被告人的危害行为系在特定的背景下，在特定的场合、采用特定的方式所实施，具有特别的社会危害性，应以寻衅滋事罪对其进行处罚。

首先，被告人的行为不构成投放虚假危险物质罪。这是因为：其一，在犯罪主观方面，本案现有证据不能证明被告人杨国栋明知或应知社会上存在的“扎针”传播艾滋病的传言，不能证明杨国栋用铁锥扎人的目的是故意制造社会恐慌。本案被告人系从外地来京打工，而且本案证人也证明被告人平时沉默寡言，较为孤僻，所以被告人不知道社会上存在的“扎针”传闻是完全有可能的。被告人杨国栋始终否认自己知道社会上流传的“扎针”传播艾滋病的传言，对公诉机关指控其用锥子扎人是利用该消息制造恐怖气氛一直

予以否认。杨国栋供称之所以扎被害人杜某某是因其女友与之分手而产生怨恨心理，而杜又与其女友相像，经查证又确有其事。在有合理存疑的情况下，法官应当且只能做出有利于被告人的选择，而不能亦不应当作出无证据支持且不利于被告人的推论，即在被告人不明知或应知社会上存在“扎针”传播艾滋病传闻的情况下，不能认定其主观上具有制造社会恐慌的目的。因此，被告人不具备投放虚假危险物质罪的主观要件。其二，在犯罪客观方面，杨国栋持铁锥扎人的行为不符合刑法修正案（三）第八条规定的投放虚假危险物质罪的“投放”行为。杨国栋所使用的犯罪工具是一把实心的锥子，不可能存放任何物质，不存在“投放”问题。综上，本案被告人的行为不符合投放虚假危险物质罪的构成要件和立法本意，故不能以此罪定罪处罚。

其次，被告人杨国栋的行为构成寻衅滋事罪。理由是：第一，杨国栋的行为具有相当的社会危害性。具有相当的社会危害性是犯罪的一个基本特征。本案被告人在公交车上用锥子扎青年女性的腿部，虽然没有给被害人的身体造成严重的后果，也未达到轻伤的标准。但在当时的特定背景下，被告人的行为不仅给被害人而且对社会的影响甚大。由于当时社会上流传“扎针”传播艾滋病一事，造成社会群体尤其是女性群体产生恐慌心理，生怕自己成为被害人。本案被告人在公交车这一人多拥挤较为敏感的场所用锥子扎人，与社会上传闻的扎针事件极为相似，容易被人误以为是有人“扎针”传播艾滋病。被害人在事发后，虽经澄清，仍承受较大的心理压力，甚至被亲属、朋友、同事误解、疏远。公交车上的乘客事发后向外传播（有些是误传或者添油加醋），作为“扎针”传闻例证，客观上对社会的恐慌心理起到了推波助澜的作用。因此，被告人的行为具有较大的社会危害性。第二，杨国栋的行为符合寻衅滋事罪的特征。寻衅滋事罪是从原刑法中的流氓罪分解出来的一个罪名，是指肆意挑衅，随意殴打、骚扰他人或者任意损毁、占用公私财物，或者在公共场所起哄闹事，严重破坏社会秩序的行为，属于扰乱公共秩序类犯罪。新刑法规定了寻衅滋事罪的四种犯罪情形，较为全面地包括了各种寻衅滋事的行为方式，即随意殴打他人；追逐、拦截、辱骂他人；强拿硬要或者任意损毁、占有公私财物；在公共场所起哄闹事，造成公共场所秩序严重混乱的。只要作为人有上述行为之一，且情节恶劣或者后果严重的，就符合寻衅滋事罪的客观要件。本案被告人由于被女友抛弃而产生不健康的心理，无端滋事，用锥子扎伤他人，侵害他人身体，与“随意殴打他人”扰乱社会秩序属同一类型。尽管其伤害后果并不严重，但由于被告人是在特定的背景下，使用特定的方法，并选择在特定的地点——公共汽车这一人员集中的地方作案，不仅给被害人造成了较大的心理压力，在案发时引起公共汽车秩序的混乱，且案发后，客观上产生了恶劣的社会影响，亦属于“情节恶劣”。

——最高人民法院刑事审判第一、二庭编：《刑事审判参考》2002 年第 5

辑（总第 28 辑），法律出版社 2003 年版，第 59~63 页。

1007. 吸毒致幻者持刀拦乘汽车、恐吓驾驶人员的行为应当如何定性

关键词

吸毒致幻者　寻衅滋事罪　持刀拦乘汽车

《刑事审判参考》指导案例

林作明寻衅滋事案（《刑事审判参考》指导案例第 1305 号）

裁判要点：吸毒致幻者实施犯罪应承担刑事责任。吸毒致幻后持刀拦乘汽车、恐吓驾驶人员的行为可视情况认定为寻衅滋事罪。

司法部 2016 年发布的《精神障碍者刑事责任能力评定指南》第 5.2.5 条规定："对毒品所致精神障碍者，如为非自愿摄入者按照 5.1 条款评定其刑事责任能力；对自愿摄入者，如果精神症状影响其辨认或控制能力时，不宜评定其刑事责任能力，可进行医学诊断并说明其作案时精神状态。"从上述规定可见，对毒品所致精神障碍者刑事责任能力的评定比较复杂，难以划定一个简单的认定标准。

本案中，经鉴定，被告人林作明案发时患精神活性物质所致精神障碍为缓解期，暂不评定其刑事责任能力。暂不评定意味着鉴定意见对被告人林作明的刑事责任能力不作认定。那么，在此情形下，对自愿摄入毒品者进行刑事责任能力评定时，应当在相关精神鉴定意见的基础上，判断精神障碍是否影响其实施犯罪行为时的辨认和控制能力。而对于自陷入精神障碍的行为人，则应当根据其自陷时对危害结果的意识和意志状态认定其对结果所持的主观罪过，即根据原因自由行为理论来认定。原因自由行为是指具有责任能力的行为人，故意或者过失使自己一时陷入丧失或者尚未完全丧失责任能力的状态，并在该状态下实施了符合犯罪构成要件的行为。行为人使自己丧失或者尚未完全丧失责任能力状态的行为，称为原因行为，而在该状态之下实施符合犯罪构成要件的行为，则是结果行为。我国《刑法》虽只规定了醉酒犯罪这一类型，但对于除醉酒之外的吸毒等类型的原因自由行为仍可以通过解释将其纳入。学界对原因自由行为的可罚性根据有不同主张，但是毋庸置疑的是，任何人都不能因为自己自陷入丧失或者尚未完全丧失责任能力状态而实施的犯罪行为免责。

本案中，被告人林作明明知吸毒可导致其身体出现精神活动变化，仍然自愿吸毒，神志陷入异常状态，并在此状态下实施了犯罪行为，符合原因自由行为理论，理应对自身行为承担相应的刑事责任。

本案中，被告人持刀拦乘汽车、恐吓驾驶人员，是吸食毒品后的情绪发泄体现出的滋事特性，是前述其随意殴打他人寻衅滋事行为的延续。根据《最高人民法院、最高人民检察院关于办理寻衅滋事刑事案件适用法律若干问题的解释》第三条规定："追逐、拦截、辱骂、恐吓他人，破坏社会秩序，具有下列情形之一的，应当认定为《刑法》第二百九十三条第一款第二项规定的'情节恶劣'：……持凶器追逐、拦截、辱骂、恐吓他人的……"本案被告人林作明的行为属于持凶器恐吓他人的行为，可以依照寻衅滋事犯罪"情节恶劣"的情形予以定罪、量刑。

——王永兴、卢茜撰稿、韩维中审编：《林作明寻衅滋事案——吸毒致幻后持刀拦乘汽车、恐吓驾驶人员的行为定性》，载最高人民法院刑事审判第一、二、三、四、五庭主办：《刑事审判参考》（总第120集），法律出版社2019年版，第53~57页。

1008. 被告人针对正在违法强拆其合法财产的有关人员，持刀进行驱离，并造成一人轻微伤，是否构成寻衅滋事罪

关键词

违法强拆　合法财产　持刀　寻衅滋事罪

《刑事审判参考》指导案例

梁锦辉寻衅滋事案（《刑事审判参考》指导案例第1395号）

裁判要点：为了保护本人的财产免受正在进行的不法拆迁行为的侵害，持刀驱离不法侵害者，其行为属于正当防卫。

梁锦辉为了保护本人的财产免受正在进行的不法拆迁行为的侵害，持刀驱离不法侵害者，其行为属于正当防卫。具体理由如下：

（1）被告人梁锦辉的行为不构成寻衅滋事罪。在矛盾由被害人故意引发或者被害人对矛盾激化负有主要责任的情况下，由于被告人的行为具有相当的正当性，故不宜认定被告人主观上具有无事生非、借故生非的故意，也就不宜认定构成寻衅滋事罪。（2）被告人梁锦辉的行为应认定为正当防卫。被告人梁锦辉为了维护果园不被非法侵害而采取防卫措施，主观上具有正当性。

被告人梁锦辉的行为没有明显超过必要限度并造成重大损害。

综上，二审法院根据本案的事实、性质，情节等，认为被告人梁锦辉的行为属于正当防卫，不构成寻衅滋事罪，是正确的。此外，本案定性为正当防卫，有助于维护人民群众的正当利益，也有助于群众更准确理解法律的规定，彰显法律的价值取向，培育良好的社会道德风尚。

——林钟彪撰稿、陆建红审编：《梁锦辉寻衅滋事案——持刀驱离正在违法强拆的人员并造成一人轻微伤的，是否构成寻衅滋事罪》，载最高人民法院刑事审判第一、二、三、四、五庭编：《刑事审判参考》（总第 125 辑），人民法院出版社 2020 年版，第 61~67 页。

1009. 寻衅滋事罪和以危险方法危害公共安全罪的区分

关键词

寻衅滋事罪　以危险方法危害公共安全罪

《刑事审判参考》指导案例

祝久平以危险方法危害公共安全案（《刑事审判参考》指导案例第 319 号）

裁判要点：对寻衅滋事罪与以危险方法危害公共安全罪，应从侵犯的客体、客观方面、主观方面、是否危险犯罪等角度加以区分。

两罪的区别主要在于：其一，侵犯的客体不同。前罪侵犯的客体是公共安全，即不特定或多数人的生命、健康和重大公私财产安全，侧重于对公共安全的维护。寻衅滋事罪从其客观行为表现来看也会侵犯他人的人身权利、公私财产权利，但侵犯的主要客体则是公共秩序，侧重于对公共秩序的维护。其二，客观方面不同。前罪的客观方面表现为以“其他危险方法”危害公共安全的行为。所谓“其他危险方法”是指使用了与放火、决水、爆炸、投放危险物质的危险性或危害性相当的危险方法。这类危险方法多种多样，难以一一列举，概言之，只要所使用的方法足以危害公共安全的，即可认为是刑法所要求的危险方法。寻衅滋事罪的客观方面，主要表现为实施了破坏社会秩序的行为。《刑法》第 293 条将寻衅滋事行为具体归纳为四种表现形式，即随意殴打他人，情节恶劣的；追逐、拦截、辱骂他人，情节恶劣的；强拿硬要或者任意损毁、占用公私财物，情节严重的；在公共场所起哄闹事，造成公共场所秩序严重混乱的。其三，主观方面不同。以危险方法危害公共安全罪的主观方面表现为故意，既可以是直接故意，也可以是间接故意，即行为人明知自己所实施的危险方法或行为可能足以危及公共安全，仍希望或放任该危险状态的发生。寻衅滋事罪的主观方面表现为直接故意，且行为人主观上具有漠视社会秩序、无事生非的鲜明特点。此外，以危险方法危害公共安全罪系危险犯，即行为人所实施的危险方法或行为足以导致对公共安全产生现实的危险，即便未造成致人重伤、死亡或公私财产重大损失等严重后果的，也构成该罪的既遂。而寻衅滋事行为只有达到情节恶劣或严重的程度，方可成立犯罪。

——最高人民法院刑事审判第一庭、第二庭编：《刑事审判参考》2004 年第 5 集（总第 40 集），法律出版社 2005 年版，第 40~47 页。

1010. 寻衅滋事罪与聚众扰乱社会秩序罪、聚众扰乱公共场所秩序罪、聚众扰乱交通秩序罪的界限

关键词

寻衅滋事罪　聚众扰乱社会秩序罪　聚众扰乱公共场所秩序罪　聚众扰乱交通秩序罪

附录：最高人民法院主流观点

一是犯罪地点和直接客体不同。寻衅滋事不要求公共场所等特定地点，不要求必须破坏公共场所、交通等秩序，而这些扰乱犯罪要求在公共场所、交通道路、特定单位等地点聚众进行，破坏公共场所、交通秩序或具体单位秩序。二是犯罪动机和目的有所不同。本罪行为人无事生非，借故生非，肆意挑起事端，具有耍威风、寻求精神刺激的动机；而聚众扰乱犯罪的行为人往往是要达到某种个人目的，用聚众闹事的方式施加压力，要挟国家机关、企业、事业单位，没有寻衅滋事的动机。三是行为方式略有不同。寻衅滋事不要求必须聚众进行，其他犯罪必须聚众进行，聚众扰乱公共场所秩序、交通秩序的，还需实施抗拒、阻碍国家治安管理工作人员依法执行职务的行为。四是处罚对象不同。寻衅滋事是一般主体，聚众扰乱社会秩序罪处罚的是首要分子和其他积极参加者，聚众扰乱公共场所秩序、交通秩序罪处罚的是首要分子。

——胡云腾主编：《刑法罪名精释（第五版）》，人民法院出版社 2022 年版，第 997 页。

1011. 办理涉医刑事案件的法律适用

关键词

涉医违法犯罪　医疗秩序

最高人民法院司法政策精神

二、严格依法惩处涉医违法犯罪

对涉医违法犯罪行为，要依法严肃追究、坚决打击。公安机关要加大对暴力杀医、伤医、扰乱医疗秩序等违法犯罪活动的查处力度，接到报警后应当及时出警、快速处置，需要追究刑事责任的，及时立案侦查，全面、客观地收集、调取证据，确保侦查质量。人民检察院应当及时依法批捕、起诉，对于重大涉医犯罪案件要加强法律监督，必要时可以对收集证据、适用法律提出意见。人民法院应当加快审理进度，在全面查明案件事实的基础上依法准确定罪量刑，对于犯罪手段残忍、主观恶性深、人身危险性大的被告人或者社会影响恶劣的涉医犯罪行为，要依法从严惩处。

（一）在医疗机构内殴打医务人员或者故意伤害医务人员身体、故意损毁公私财物，尚未造成严重后果的，分别依照治安管理处罚法第四十三条、第四十九条的规定处罚；故意杀害医务人员，或者故意伤害医务人员造成轻伤以上严重后果，或者随意殴打医务人员情节恶劣、任意损毁公私财物情节严重，构成故意杀人罪、故意伤害罪、故意毁坏财物罪、寻衅滋事罪的，依照刑法的有关规定定罪处罚。

（二）在医疗机构私设灵堂、摆放花圈、焚烧纸钱、悬挂横幅、堵塞大门或者以其他方式扰乱医疗秩序，尚未造成严重损失，经劝说、警告无效的，要依法驱散，对拒不服从的人员要依法带离现场，依照治安管理处罚法第二十三条的规定处罚；聚众实施的，对首要分子和其他积极参加者依法予以治安处罚；造成严重损失或者扰乱其他公共秩序情节严重，构成寻衅滋事罪、聚众扰乱社会秩序罪、聚众扰乱公共场所秩序、交通秩序罪的，依照刑法的有关规定定罪处罚。

在医疗机构的病房、抢救室、重症监护室等场所及医疗机构的公共开放区域违规停放尸体，影响医疗秩序，经劝说、警告无效的，依照治安管理处罚法第六十五条的规定处罚；严重扰乱医疗秩序或者其他公共秩序，构成犯罪的，依照前款的规定定罪处罚。

（三）以不准离开工作场所等方式非法限制医务人员人身自由的，依照治安管理处罚法第四十条的规定处罚；构成非法拘禁罪的，依照刑法的有关规定定罪处罚。

（四）公然侮辱、恐吓医务人员的，依照治安管理处罚法第四十二条的规定处罚；采取暴力或者其他方法公然侮辱、恐吓医务人员情节严重（恶劣），构成侮辱罪、寻衅滋事罪的，依照刑法的有关规定定罪处罚。

（五）非法携带枪支、弹药、管制器具或者爆炸性、放射性、毒害性、腐蚀性物品进入医疗机构的，依照治安管理处罚法第三十条、第三十二条的规定处罚；危及公共安全情节严重，构成非法携带枪支、弹药、管制刀具、危险物品危及公共安全罪的，依照刑法的有关规定定罪处罚。

（六）对于故意扩大事态，教唆他人实施针对医疗机构或者医务人员的违法犯罪行为，或者以受他人委托处理医疗纠纷为名实施敲诈勒索、寻衅滋事等行为的，依照治安管理处罚法和刑法的有关规定从严惩处。

——《最高人民法院、最高人民检察院、公安部、司法部、国家卫生和计划生育委员会印发〈关于依法惩处涉医违法犯罪维护正常医疗秩序的意见〉的通知》（2014 年 4 月 22 日，法发〔2014〕5 号）。

1012. 认定催收非法债务罪应注意的问题

关键词

催收非法债务罪

《中华人民共和国刑法修正案（十一）》条文

三十四、在刑法第二百九十三条后增加一条，作为第二百九十三条之一：“有下列情形之一，催收高利放贷等产生的非法债务，情节严重的，处三年以下有期徒刑、拘役或者管制，并处或者单处罚金：

“（一）使用暴力、胁迫方法的；

“（二）限制他人人身自由或者侵入他人住宅的；

“（三）恐吓、跟踪、骚扰他人的。”

附录：最高人民法院主流观点

1. 认定催收非法债务罪与抢劫罪界分

本罪是在总结扫黑除恶经验基础上，为规制“高利贷”行为中非法讨债行为而专门作出的规定。在讨要非法债务行为中，一般债务行为产生在前，且很多情况下催要债务的行为人属于职业讨债人，对于前期债权债务发生的过程也并不清楚，仅知道讨要的数额，因此行为人一般不具有非法占有的目的，行为人使用暴力、胁迫当场取得公私财物的，一般不宜认定为抢劫罪。

2. 认定催收非法债务罪与非法拘禁罪界分

依照《刑法》第 238 条第 3 款的规定："为索取债务非法扣押、拘禁他人的，依照前两款的规定处罚"，即以非法拘禁罪定罪处罚，一般可判处三年以下有期徒刑、拘役、管制或者剥夺政治权利。《最高人民法院关于对为索取法律不予保护的债务非法拘禁他人行为如何定罪问题的解释》进一步明确，行为人为索取高利贷、赌债等法律不予保护的债务，非法扣押、拘禁他人的，依照非法拘禁罪定罪处罚。《刑法修正案（十一）》施行前，对于以非法拘禁方式索要非法债务的认定为非法拘禁罪。《刑法修正案（十一）》施行后，以限制他人人身自由催要非法债务行为，情节严重的，构成本罪，同时构成非法拘禁罪的，应从一重处罚。对于应当在非法拘禁罪第一档法定刑定罪处罚的，一般认定为本罪，处三年以下有期徒刑、拘役或者管制，并处或者单处罚金，这样可以实现对非法催要行为和催要非法债务的全面评价，具有殴打、侮辱情节的从重处罚。在限制他人人身自由过程中，致人重伤的，依照《刑法》第 238 条第 2 款规定，应认定为非法拘禁罪的加重情节，处三年以上十年以下有期徒刑；致人死亡的，处十年以上有期徒刑；使用暴力致人伤残、死亡的，依照本法第 234 条故意伤害罪、第 232 条故意杀人罪的规定定罪处罚。

3. 认定催收非法债务罪与寻衅滋事罪界分

在刑法专门规定本罪后，对于非法催讨要非法债务的行为，一般应以本罪论处。但是，如果非法催讨行为同时扰乱公共场所秩序，比如在公共场所以软暴力方式催债，引起公共场所秩序混乱，同时符合寻衅滋事罪构成的，可以按照从一重处断原则，以寻衅滋事罪定罪处罚。

——胡云腾主编：《刑法罪名精释（第五版）》，人民法院出版社 2022 年版，第 1004~1005 页。

1013. 办理恶势力刑事案件要坚持贯彻宽严相济刑事政策

关键词

恶势力　宽严相济刑事政策

最高人民法院司法政策精神

一、办理恶势力刑事案件的总体要求

1. 人民法院、人民检察院、公安机关和司法行政机关要深刻认识恶势力违法犯罪的严重社会危害，毫不动摇地坚持依法严惩方针，在侦查、起诉、审判、执行各阶段，运用多种法律手段全面体现依法从严惩处精神，有力震慑恶势力违法犯罪分子，有效打击和预防恶势力违法犯罪。

2. 人民法院、人民检察院、公安机关和司法行政机关要严格坚持依法办案，确保在案件事实清楚，证据确实、充分的基础上，准确认定恶势力和恶势力犯罪集团，坚决防止人为拔高或者降低认定标准。要坚持贯彻落实宽严相济刑事政策，根据犯罪嫌疑人、被告人的主观恶性、人身危险性、在恶势力、恶势力犯罪集团中的地位、作用以及在具体犯罪中的罪责，切实做到宽严有据，罚当其罪，实现政治效果、法律效果和社会效果的统一。

3. 人民法院、人民检察院、公安机关和司法行政机关要充分发挥各自职能，分工负责，互相配合，互相制约，坚持以审判为中心的刑事诉讼制度改革要求，严格执行“三项规程”，不断强化程序意识和证据意识，有效加强法律监督，确保严格执法、公正司法，充分保障当事人、诉讼参与人的各项诉讼权利。

三、正确运用宽严相济刑事政策的有关要求

13. 对于恶势力的纠集者、恶势力犯罪集团的首要分子、重要成员以及恶势力、恶势力犯罪集团共同犯罪中罪责严重的主犯，要正确运用法律规定加大惩处力度，对依法应当判处重刑或死刑的，坚决判处重刑或死刑。同时要严格掌握取保候审，严格掌握不起诉，严格掌握缓刑、减刑、假释，严格掌握保外就医适用条件，充分利用资格刑、财产刑等法律手段全方位从严惩处。对于符合刑法第三十七条之一规定的，可以依法禁止其从事相关职业。

对于恶势力、恶势力犯罪集团的其他成员，在共同犯罪中罪责相对较小、人身危险性、主观恶性相对不大的，具有自首、立功、坦白、初犯等法定或酌定从宽处罚情节，可以依法从轻、减轻或免除处罚。认罪认罚或者仅参与实施少量的犯罪活动且只起次要、辅助作用，符合缓刑条件的，可以适用缓刑。

14. 恶势力犯罪集团的首要分子检举揭发与该犯罪集团及其违法犯罪活动有关联的其他犯罪线索，如果在认定立功的问题上存在事实、证据或法律适用方面的争议，应当严格把握。依法应认定为立功或者重大立功的，在决定是否从宽处罚、如何从宽处罚时，应当根据罪责刑相一致原则从严掌握。可能导致全案量刑明显失衡的，不予从宽处罚。

恶势力犯罪集团的其他成员如果能够配合司法机关查办案件，有提供线索、帮助收集证据或者其他协助行为，并在侦破恶势力犯罪集团案件、查处“保护伞”等方面起到较大作用的，即使依法不能认定立功，一般也应酌情对其从轻处罚。

15. 犯罪嫌疑人、被告人同时具有法定、酌定从严和法定、酌定从宽处罚情节的，量刑时要根据所犯具体罪行的严重程度，结合被告人在恶势力、恶势力犯罪集团中的地位、作用、主观恶性、人身危险性等因素整体把握。对于恶势力的纠集者、恶势力犯罪集团的首要分子、重要成员，量刑时要体现总体从严。对于在共同犯罪中罪责相对较小、人身危险性、主观恶性相对不大，且能够真诚认罪悔罪的其他成员，量刑时要体现总体从宽。

16. 恶势力刑事案件的犯罪嫌疑人、被告人自愿如实供述自己的罪行，承认指控的犯罪事实，愿意接受处罚的，可以依法从宽处理，并适用认罪认罚从宽制度。对于犯罪性质恶劣、犯罪手段残忍、社会危害严重的犯罪嫌疑人、被告人，虽然认罪认罚，但不足以从轻处罚的，不适用该制度。

——《最高人民法院、最高人民检察院、公安部、司法部关于办理恶势力刑事案件若干问题的意见》(2019 年 2 月 28 日，法发〔2019〕10 号)。

附录：理解与适用

1. 关于运用宽严相济刑事政策的总体把握

宽严相济刑事政策是我国的基本刑事政策，贯穿于刑事立法、刑事司法和刑罚执行的全过程，在办理恶势力刑事案件过程中同样需要一以贯之。宽严相济的核心就是要根据犯罪的具体情况，实行区别对待，做到该宽则宽，当严则严，宽严相济，罚当其罪。首先，对于恶势力犯罪整体来说，由于其严重的社会危害性，与办理其他刑事案件相比，在总体上应当体现依法从严惩处方针，这是宽严相济刑事政策的内在要求。其次，对具体的恶势力刑事案件而言，要深刻认识"没有区别就没有政策"，不能将依法严惩简单理解为一律从严，而是要充分体现区分情况、区别对待的原则，根据犯罪嫌疑人、被告人的主观恶性、人身危险性、在恶势力、恶势力犯罪集团中的地位、作用以及在具体犯罪中的罪责来确定不同的刑罚，切实全面发挥刑罚功能，做到坚持宽严并举、突出惩治重点，实现政治效果、法律效果和社会效果的统一。最后，要注重综合运用多种法律手段充分体现依法从"严"、从"宽"的政策要求，这也是《最高人民法院、最高人民检察院、公安部、司法部关于办理恶势力刑事案件若干问题的意见》(以下简称《意见》) 第 13 条着重解决的问题。

2. 对恶势力犯罪集团不同类型成员立功情节的把握

根据《意见》第 14 条的规定，对恶势力犯罪集团首要分子的立功情节应当从严把握、区别对待。这一规定是宽严相济刑事政策的具体体现，是对既往严格把握黑社会性质组织的组织者、领导者立功情节相关规定的借鉴和发展，进一步体现了不让犯罪分子利用优势地位得利的从严惩处精神。在研究起草过程中，有观点认为，对恶势力纠集者的立功情节也应从严把握、区别对待。我们认为，恶势力犯罪集团属于为共同实施犯罪而组成的较为固定的犯罪组织，已经达到了相当高的组织化程度，离黑社会性质组织更近一步，但恶势力还处在"纠集"层面，组织较为松散，纠集者的作用一般只体现在具体违法犯罪活动中，平时与其他成员大多没有领导、管理关系，故其没有明显的优势地位，难以与恶势力犯罪集团的首要分子相提并论，故《意见》未采纳这种观点。此外，《意见》还昭示了对于恶势力犯罪集团的其他成员通过提供线索、帮助收集证据或者其他协助行为，配合司法机关查办案件的应予积极评价，并且明确提出，在侦破恶势力犯罪集团案件、查处“保护伞”等方面起到较大作用的，即使依法不能认定立功，一般也应酌情对其从轻处罚，可以起到分化、瓦解犯罪分子，提高案件查办效率的效果。

3. 对同时具有从严、从宽处罚情节的把握

实践中，常有恶势力刑事案件的犯罪嫌疑人、被告人同时具有法定、酌定从严和法定、酌定从宽处罚情节，需要在量刑时作出总体把握。对此，《意见》在吸收《最高人民法院关于贯彻宽严相济刑事政策的若干意见》（法发〔2010〕9号）有关规定的基础上，进一步强调对于恶势力的纠集者、恶势力犯罪集团的首要分子、重要成员，量刑时要体现总体从严；对于在共同犯罪中罪责相对较小、人身危险性、主观恶性相对不大，且能够真诚认罪悔罪的其他成员，量刑时要体现总体从宽。通过这一规定，《意见》力求实现对宽和严两种手段的综合运用，对不同的犯罪和犯罪分子作出区别对待，切实做到严中有宽、宽以济严；宽中有严、严以济宽。

4. 关于认罪认罚从宽制度的适用

2018年10月26日，十三届全国人大常委会第六次会议通过《关于修改〈中华人民共和国刑事诉讼法〉的决定》，将认罪认罚从宽制度改革成果以法律形式固定下来。认罪认罚从宽制度对于更好落实坦白从宽、全面贯彻宽严相济，推进繁简分流，实现公正与效率相统一都有着重要意义。但是，在办理恶势力刑事案件过程中能否适用该制度存在争议，实践中也确实存在“不敢用”的问题。我们认为，认罪认罚从宽制度是宽严相济、坦白从宽刑事政策的具体化和制度化，其制度定位决定了认罪认罚从宽制度没有特别的案件范围限制。故《意见》规定，恶势力刑事案件的犯罪嫌疑人、被告人自愿如实供述自己的罪行，承认指控的犯罪事实，愿意接受处罚的，可以依法从宽处理，并适用认罪认罚从宽制度。但是，需要注意，根据刑事诉讼法第十五条的规定，认罪认罚从宽绝不是“一律从宽”，而是“依法”从宽、“可以”从宽，在适用时必须坚持宽严相济刑事政策。因此，对那些犯罪性质恶劣、犯罪手段残忍、社会危害严重的犯罪嫌疑人、被告人，其认罪认罚不足以从轻处罚的，《意见》也明确对其排除适用认罪认罚从宽制度。

——朱和庆、周川、李梦龙：《〈关于办理恶势力刑事案件若干问题的意见〉的理解与适用》，载《人民司法·应用》2019年第19期（总第858期）。

1014. 依法严惩利用信息网络实施的黑恶势力犯罪

关键词

黑恶势力　利用信息网络　犯罪手段

最高人民法院司法政策精神

二、依法严惩利用信息网络实施的黑恶势力犯罪

4. 对通过发布、删除负面或虚假信息，发送侮辱性信息、图片，以及利用信息、电话骚扰等方式，威胁、要挟、恐吓、滋扰他人，实施黑恶势力违法犯罪的，应当准确认定，依法严惩。

5. 利用信息网络威胁他人，强迫交易，情节严重的，依照刑法第二百二十六条的规定，以强迫交易罪定罪处罚。

6. 利用信息网络威胁、要挟他人，索取公私财物，数额较大，或者多次实施上述行为的，依照刑法第二百七十四条的规定，以敲诈勒索罪定罪处罚。

7. 利用信息网络辱骂、恐吓他人，情节恶劣，破坏社会秩序的，依照刑法第二百九十三条第一款第二项的规定，以寻衅滋事罪定罪处罚。

编造虚假信息，或者明知是编造的虚假信息，在信息网络上散布，或者组织、指使人员在信息网络上散布，起哄闹事，造成公共秩序严重混乱的，依照刑法第二百九十三条第一款第四项的规定，以寻衅滋事罪定罪处罚。

8. 侦办利用信息网络实施的强迫交易、敲诈勒索等非法敛财类案件，确因被害人人数众多等客观条件的限制，无法逐一收集被害人陈述的，可以结合已收集的被害人陈述，以及经查证属实的银行账户交易记录、第三方支付结算账户交易记录、通话记录、电子数据等证据，综合认定被害人人数以及涉案资金数额等。

——《最高人民法院、最高人民检察院、公安部、司法部关于办理利用信息网络实施黑恶势力犯罪刑事案件若干问题的意见》(2019 年 7 月 23 日，公通字〔2019〕28 号)。

1015. 依法严惩利用未成年人实施黑恶势力犯罪

关键词

未成年人　黑恶势力犯罪

最高人民法院司法政策精神

一、突出打击重点，依法严惩利用未成年人实施黑恶势力犯罪的行为

（一）黑社会性质组织、恶势力犯罪集团、恶势力，实施下列行为之一的，应当认定为“利用未成年人实施黑恶势力犯罪”：

1. 胁迫、教唆未成年人参加黑社会性质组织、恶势力犯罪集团、恶势力，或者实施黑恶势力违法犯罪活动的；

2. 拉拢、引诱、欺骗未成年人参加黑社会性质组织、恶势力犯罪集团、恶势力，或者实施黑恶势力违法犯罪活动的；

3. 招募、吸收、介绍未成年人参加黑社会性质组织、恶势力犯罪集团、恶势力，或者实施黑恶势力违法犯罪活动的；

4. 雇佣未成年人实施黑恶势力违法犯罪活动的；

5. 其他利用未成年人实施黑恶势力犯罪的情形。

黑社会性质组织、恶势力犯罪集团、恶势力，根据刑法和《最高人民法院、最高人民检察院、公安部、司法部关于办理黑恶势力犯罪案件若干问题的指导意见》《最高人民法院、最高人民检察院、公安部、司法部关于办理恶势力刑事案件若干问题的意见》等法律、司法解释性质文件的规定认定。

（二）利用未成年人实施黑恶势力犯罪，具有下列情形之一的，应当从重处罚：

1. 组织、指挥未成年人实施故意杀人、故意伤害致人重伤或者死亡、强奸、绑架、抢劫等严重暴力犯罪的；

2. 向未成年人传授实施黑恶势力犯罪的方法、技能、经验的；

3. 利用未达到刑事责任年龄的未成年人实施黑恶势力犯罪的；

4. 为逃避法律追究，让未成年人自首、做虚假供述顶罪的；

5. 利用留守儿童、在校学生实施犯罪的；

6. 利用多人或者多次利用未成年人实施犯罪的；

7. 针对未成年人实施违法犯罪的；

8. 对未成年人负有监护、教育、照料等特殊职责的人员利用未成年人实施黑恶势力违法犯罪活动的；

9. 其他利用未成年人违法犯罪应当从重处罚的情形。

（三）黑社会性质组织、恶势力犯罪集团利用未成年人实施犯罪的，对犯罪集团首要分子，按照集团所犯的全部罪行，从重处罚。对犯罪集团的骨干成员，按照其组织、指挥的犯罪，从重处罚。

恶势力利用未成年人实施犯罪的，对起组织、策划、指挥作用的纠集者，恶势力共同犯罪中罪责严重的主犯，从重处罚。

黑社会性质组织、恶势力犯罪集团、恶势力成员直接利用未成年人实施

黑恶势力犯罪的，从重处罚。

（四）有胁迫、教唆、引诱等利用未成年人参加黑社会性质组织、恶势力犯罪集团、恶势力，或者实施黑恶势力犯罪的行为，虽然未成年人并没有加入黑社会性质组织、恶势力犯罪集团、恶势力，或者没有实际参与实施黑恶势力违法犯罪活动，对黑社会性质组织、恶势力犯罪集团、恶势力的首要分子、骨干成员、纠集者、主犯和直接利用的成员，即便有自首、立功、坦白等从轻减轻情节的，一般也不予从轻或者减轻处罚。

（五）被黑社会性质组织、恶势力犯罪集团、恶势力利用，偶尔参与黑恶势力犯罪活动的未成年人，按其所实施的具体犯罪行为定性，一般不认定为黑恶势力犯罪组织成员。

——《最高人民法院、最高人民检察院、公安部、司法部印发〈关于依法严惩利用未成年人实施黑恶势力犯罪的意见〉的通知》（2020年3月23日，高检发〔2020〕4号）。

1016. 利用信息网络实施犯罪的黑恶势力的认定

关键词

黑恶势力　利用信息网络　犯罪认定

最高人民法院司法政策精神

三、准确认定利用信息网络实施犯罪的黑恶势力

9. 利用信息网络实施违法犯罪活动，符合刑法、《指导意见》以及最高人民法院、最高人民检察院、公安部、司法部《关于办理恶势力刑事案件若干问题的意见》等规定的恶势力、恶势力犯罪集团、黑社会性质组织特征和认定标准的，应当依法认定为恶势力、恶势力犯罪集团、黑社会性质组织。

认定利用信息网络实施违法犯罪活动的黑社会性质组织时，应当依照刑法第二百九十四条第五款规定的“四个特征”进行综合审查判断，分析“四个特征”相互间的内在联系，根据在网络空间和现实社会中实施违法犯罪活动对公民人身、财产、民主权利和经济、社会生活秩序所造成的危害，准确评价，依法予以认定。

10. 认定利用信息网络实施违法犯罪的黑恶势力组织特征，要从违法犯罪的起因、目的，以及组织、策划、指挥、参与人员是否相对固定，组织形成后是否持续进行犯罪活动、是否有明确的职责分工、行为规范、利益分配机制等方面综合判断。利用信息网络实施违法犯罪的黑恶势力组织成员之间一般通过即时通讯工具、通讯群组、电子邮件、网盘等信息网络方式联络，对

部分组织成员通过信息网络方式联络实施黑恶势力违法犯罪活动，即使相互未见面、彼此不熟识，不影响对组织特征的认定。

11. 利用信息网络有组织地通过实施违法犯罪活动或者其他手段获取一定数量的经济利益，用于违法犯罪活动或者支持该组织生存、发展的，应当认定为符合刑法第二百九十四条第五款第二项规定的黑社会性质组织经济特征。

12. 通过线上线下相结合的方式，有组织地多次利用信息网络实施违法犯罪活动，侵犯不特定多人的人身权利、民主权利、财产权利，破坏经济秩序、社会秩序的，应当认定为符合刑法第二百九十四条第五款第三项规定的黑社会性质组织行为特征。单纯通过线上方式实施的违法犯罪活动，且不具有为非作恶、欺压残害群众特征的，一般不应作为黑社会性质组织行为特征的认定依据。

13. 对利用信息网络实施黑恶势力犯罪非法控制和影响的“一定区域或者行业”，应当结合危害行为发生地或者危害行业的相对集中程度，以及犯罪嫌疑人、被告人在网络空间和现实社会中的控制和影响程度综合判断。虽然危害行为发生地、危害的行业比较分散，但涉案犯罪组织利用信息网络多次实施强迫交易、寻衅滋事、敲诈勒索等违法犯罪活动，在网络空间和现实社会造成重大影响，严重破坏经济、社会生活秩序的，应当认定为“在一定区域或者行业内，形成非法控制或者重大影响”。

——《最高人民法院、最高人民检察院、公安部、司法部关于办理利用信息网络实施黑恶势力犯罪刑事案件若干问题的意见》（2019 年 7 月 23 日，公通字〔2019〕28 号）。

1017. 黑社会性质组织的认定标准

关键词

黑社会性质组织

《刑事审判参考》指导案例

牛子贤等人绑架、敲诈勒索、开设赌场、重婚案（《刑事审判参考》指导案例第 1160 号）

裁判要点：黑社会性质组织应当同时具备组织特征、经济特征、行为特征和非法控制特征“四个特征”。

（一）认定黑社会性质组织必须同时具备四个法定特征

自1997年刑法新增“组织、领导、参加黑社会性质组织罪”以来，准确界定和把握黑社会性质组织的认定标准便成为理论界和司法实践关注的焦点和难点，甚至最高司法机关之间也一度出现认识分歧。为此，全国人大常委会于2002年4月28日通过了《全国人大常委会关于〈中华人民共和国刑法〉第二百九十四条第一款的解释》(以下简称《立法解释》)明确规定，“‘黑社会性质的组织’应当同时具备以下特征：(一)形成较稳定的犯罪组织，人数较多，有明确的组织者、领导者，骨干成员基本固定；(二)有组织地通过违法犯罪活动或者其他手段获取经济利益，具有一定的经济实力，以支持该组织的活动；(三)以暴力、威胁或其他手段，有组织地多次进行违法犯罪活动，为非作恶，欺压、残害群众；(四)通过实施违法犯罪活动，或者利用国家工作人员的包庇或者纵容，称霸一方，在一定区域或者行业内，形成非法控制或者重大影响，严重破坏经济、社会生活秩序”。由此，认定黑社会性质组织所必备的“四个特征”，即组织特征、经济特征、行为特征和非法控制特征正式确立。2011年5月1日起施行的刑法修正案(八)，将《立法解释》规定的黑社会性质组织的认定标准直接写入刑法，从而彻底解决了原条文罪状不清、表述不明的问题，为惩治涉黑犯罪提供了更加完备的法律武器。

不过，随着2006年年初开始的“打黑除恶”专项斗争的推进和司法实践的发展，黑社会性质组织犯罪不断表现出新变化、新特点，各级公检法机关对于黑社会性质组织认定标准等具体问题的争议仍然时有发生，有时甚至影响了办案效果。为此，最高人民法院、最高人民检察院、公安部于2009年12月联合印发了《办理黑社会性质组织犯罪案件座谈会纪要》，重点对过去七八年间司法实践中争议较为集中的黑社会性质组织的认定等问题进行了说明，细化了“四个特征”的具体认定标准，增加了可操作性。为继续推进“打黑除恶”专项斗争，准确适应刑法、刑事诉讼法对涉黑犯罪相关规定的修改，更好地满足依法惩治黑社会性质组织犯罪的需要，最高人民法院又于2015年研究制定了《全国部分法院审理黑社会性质组织犯罪案件工作座谈会纪要》。该纪要对司法实践中反映较为突出，但2009年《最高人民法院、最高人民检察院、公安部办理黑社会性质组织犯罪案件座谈会纪要》未作规定或者有关规定尚需进一步细化的问题进行了补充和完善，使黑社会性质组织“四个特征”的认定标准更加清晰。

我们认为，鉴于涉黑犯罪的严重社会危害性，必须毫不动摇地依法加以严惩，同时也应认真贯彻落实宽严相济刑事政策，正确把握“打早打小”与“打准打实”的关系，准确区分“涉黑”与“涉恶”的差别。具体而言，在审理涉黑犯罪案件中，应当坚持罪刑法定原则和证据裁判原则，本着实事求是的态度，严格依照刑法的规定和两个座谈会纪要的精神认定黑社会性质组织。

对于指控证据尚未达到“确实、充分”的程度，不符合黑社会性质组织认定标准的，应当根据案件事实和证据，依照刑法的相关规定予以处理，对被告人依法定罪处刑，不能勉强认定为黑社会性质组织犯罪。

——最高人民法院刑事审判第一、二、三、四、五庭主办：《刑事审判参考》（总第 107 辑），法律出版社 2017 年版，第 89~99 页。

1018. 黑社会性质组织成员的认定

关键词

黑社会性质组织　成员认定

附录：最高人民法院法官著述

本期刊登的任傲等人涉黑案，作者认为认定黑社会性质组织成员时应当遵循主客观相一致原则，并从是否举办过入会仪式或具有统一的显性标志、主观上是否明知所加入的组织是以实施违法犯罪为基本活动内容的组织、有无接受该组织的领导和管理、参与该组织违法犯罪活动的具体情况等四个维度进行阐释，解析了被告人曾平不属于黑社会性质组织成员的理由。笔者赞同该文作者的基本观点。

主客观一致原则，是承担刑事责任的前提。实践中，对于参与黑社会性质组织违法犯罪活动的人员是否均应认定为该组织成员、以参加黑社会性质组织罪定罪处罚，存在较大争议，认定标准不统一。作为黑社会性质组织成员，不仅要接受黑社会性质组织的领导和管理，而且还应当明知其参加的组织是以实施违法犯罪活动为基本活动内容，这也是 2018 年《最高人民法院、最高人民检察院、公安部、司法部关于办理黑恶势力犯罪案件若干问题的指导意见》（以下简称《指导意见》）确定的参加黑社会性质组织的认定标准。对于临时被雇佣、被纠集为黑社会性质组织实施违法犯罪活动的人员，尽管 2018 年《指导意见》没有涉及，但 2015 年最高人民法院、最高人民检察院、公安部《办理黑社会性质组织犯罪案件座谈会纪要》（以下简称《纪要》）已有规定，此种情形不认定为黑社会性质组织成员，这是符合主客观一致原则和刑法谦抑性的。笔者认为，实践中应当继续参照执行 2015 年《纪要》的上述规定，此类人员的行为如果构成其他犯罪的，应按照具体犯罪处理。如任傲等人涉黑案中，被告人曾平虽然参与了黑社会性质组织的一次严重犯罪活动，但是，现有证据证明其是临时被罗俊纠集参与实施了该起犯罪活动，既无证据证实曾平主观上知道罗俊等人是一个犯罪组织并希望加入该犯罪组织，亦无证据证实曾平服从罗俊等人的领导和管理。因此，曾平缺少参加该黑社会性质组织的主观故意，不应认定为该黑社会性质组织成员。

——周川、张卿：《审理黑恶势力刑事案件中的法律适用》，载《人民司法·案例》2019 年第 14 期（总第 853 期）。

1019. 恶势力、恶势力犯罪集团的认定标准

关键词

恶势力　恶势力犯罪集团

最高人民法院司法政策精神

二、恶势力、恶势力犯罪集团的认定标准

4. 恶势力，是指经常纠集在一起，以暴力、威胁或者其他手段，在一定区域或者行业内多次实施违法犯罪活动，为非作恶，欺压百姓，扰乱经济、社会生活秩序，造成较为恶劣的社会影响，但尚未形成黑社会性质组织的违法犯罪组织。

5. 单纯为牟取不法经济利益而实施的“黄、赌、毒、盗、抢、骗”等违法犯罪活动，不具有为非作恶、欺压百姓特征的，或者因本人及近亲属的婚恋纠纷、家庭纠纷、邻里纠纷、劳动纠纷、合法债务纠纷而引发以及其他确属事出有因的违法犯罪活动，不应作为恶势力案件处理。

6. 恶势力一般为 3 人以上，纠集者相对固定。纠集者，是指在恶势力实施的违法犯罪活动中起组织、策划、指挥作用的违法犯罪分子。成员较为固定且符合恶势力其他认定条件，但多次实施违法犯罪活动是由不同的成员组织、策划、指挥，也可以认定为恶势力，有前述行为的成员均可以认定为纠集者。

恶势力的其他成员，是指知道或应当知道与他人经常纠集在一起是为了共同实施违法犯罪，仍按照纠集者的组织、策划、指挥参与违法犯罪活动的违法犯罪分子，包括已有充分证据证明但尚未归案的人员，以及因法定情形不予追究法律责任，或者因参与实施恶势力违法犯罪活动已受到行政或刑事处罚的人员。仅因临时雇佣或被雇佣、利用或被利用以及受蒙蔽参与少量恶势力违法犯罪活动的，一般不应认定为恶势力成员。

7. “经常纠集在一起，以暴力、威胁或者其他手段，在一定区域或者行业内多次实施违法犯罪活动”，是指犯罪嫌疑人、被告人于 2 年之内，以暴力、威胁或者其他手段，在一定区域或者行业内多次实施违法犯罪活动，且包括纠集者在内，至少应有 2 名相同的成员多次参与实施违法犯罪活动。对于“纠集在一起”时间明显较短，实施违法犯罪活动刚刚达到“多次”标准，

且尚不足以造成较为恶劣影响的，一般不应认定为恶势力。

8. 恶势力实施的违法犯罪活动，主要为强迫交易、故意伤害、非法拘禁、敲诈勒索、故意毁坏财物、聚众斗殴、寻衅滋事，但也包括具有为非作恶、欺压百姓特征，主要以暴力、威胁为手段的其他违法犯罪活动。

恶势力还可能伴随实施开设赌场、组织卖淫、强迫卖淫、贩卖毒品、运输毒品、制造毒品、抢劫、抢夺、聚众扰乱社会秩序、聚众扰乱公共场所秩序、交通秩序以及聚众“打砸抢”等违法犯罪活动，但仅有前述伴随实施的违法犯罪活动，且不能认定具有为非作恶、欺压百姓特征的，一般不应认定为恶势力。

9. 办理恶势力刑事案件，“多次实施违法犯罪活动”至少应包括1次犯罪活动。对于反复实施强迫交易、非法拘禁、敲诈勒索、寻衅滋事等单一性质的违法行为，单次情节、数额尚不构成犯罪，但按照刑法或者有关司法解释、规范性文件的规定累加后应作为犯罪处理的，在认定是否属于“多次实施违法犯罪活动”时，可将已用于累加的违法行为计为1次犯罪活动，其他违法行为单独计算违法活动的次数。

已被处理或者已作为民间纠纷调处，后经查证确属恶势力违法犯罪活动的，均可以作为认定恶势力的事实依据，但不符合法定情形的，不得重新追究法律责任。

——《最高人民法院、最高人民检察院、公安部、司法部关于办理恶势力刑事案件若干问题的意见》（2019年2月28日，法发〔2019〕10号）。

附录：最高人民法院主流观点

1. 关于“为非作恶，欺压百姓”特征，以及恶势力与普通违法犯罪团伙的区别

《最高人民法院、最高人民检察院、公安部、司法部关于办理恶势力刑事案件若干问题的意见》（以下简称《意见》）第4条沿用了《指导意见》对恶势力的定义，其中“尚未形成黑社会性质组织的违法犯罪组织”这一表述，既明确了恶势力与黑社会性质组织间的内在联系，也厘清了恶势力与普通违法犯罪团伙的关系。作为一种共同违法犯罪的特殊形式，恶势力在组织形式、行为方式、危害后果等方面与黑社会性质组织均有一定的相似之处，虽尚未达到黑社会性质组织的严重程度，但已经初具雏形，如果不加以限制和打击，就有可能发展成为黑社会性质组织。扫黑除恶专项斗争之所以明确提出“扫黑”与“除恶”并重，正是因为准确洞察“黑”与“恶”的内在联系，故而要以“打早打小”的惩治策略来实现“斩草除根”的惩治效果。基于同样的理由，恶势力的定义与黑社会性质组织的认定标准也具有明显的相似性和对应性。比如，二者都要求“以暴力、威胁或者其他手段，多次实施违法犯罪

活动”；又如，恶势力定义中的“为非作恶，欺压百姓”，与黑社会性质组织行为特征中的“为非作恶，欺压、残害群众”相对应，“造成较为恶劣的社会影响”与黑社会性质组织危害性特征中的“形成非法控制或者重大影响”相对应。因此，在认定恶势力时，要深刻理解和准确把握“黑”与“恶”的关系以及恶势力与普通违法犯罪团伙的区别，避免认定扩大化、随意化，确保“打准打实”的原则落到实处。

（1）办案时要认真审查违法犯罪活动是否带有“为非作恶，欺压百姓”特征

黑社会性质组织的危害性特征中有“称霸一方”的要求，这实际上不仅勾勒出黑社会性质组织形成的不法状态，同时也反映了黑社会性质组织的总体违法犯罪意图，从而可以清晰地划定黑社会性质组织与恐怖组织、邪教组织等其他犯罪组织的楚河汉界。恶势力的定义中未包含类似的主观方面要求，主要是考虑恶势力尚处于相对松散的低端形态，不宜完全参照黑社会性质组织的认定标准。但是，“恶”与“黑”的演进关系和内在联系，决定了恶势力实施违法犯罪活动一般都会不同程度地带有“形成非法影响、谋求强势地位”的意图，并会通过不断累积的非法影响、日益巩固的强势地位攫取不法利益，壮大自身实力，最终形成对一定区域或者行业的非法控制，完成恶势力向黑社会性质组织的蜕变。在司法实践中，违法犯罪意图往往较为抽象和复杂，不易判断和把握，这就需要根据犯罪嫌疑人、被告人的客观行为，特别是违法犯罪活动的动机、起因、手段等情节来认定。就恶势力“形成非法影响、谋求强势地位”的意图而言，其表征于外的便是实施违法犯罪活动必然带有“为非作恶，欺压百姓”的特征。因此，“为非作恶，欺压百姓”这一特征便成为区分恶势力和普通共同犯罪团伙的关键标志。所谓“为非作恶，欺压百姓”，从字面上来理解，是指做坏事、施恶行，欺负、压迫群众，办案时要注意全面、准确地把握其含义。首先，“为非作恶”，不仅指行为性质具有不法性，同时也要求行为的动机、目的、起因带有不法性，因婚恋纠纷、家庭纠纷、邻里纠纷、劳动纠纷、合法债务纠纷而引发以及其他确属事出有因的违法犯罪活动，就不宜归入“为非作恶”之列。其次，“欺压百姓”，要求“为非作恶”的方式、手段带有欺凌、强制、压迫的性质，也就是要利用物理强制或心理强制手段侵害群众权益。因此，暴力、威胁应是恶势力较常采用的违法犯罪活动手段。此处需要说明的是，实践中经常会有这样的案件：恶势力之间互相争斗，违法犯罪活动未伤及无辜群众，是否属于“欺压百姓”？我们认为，“欺压百姓”既包括直接以普通群众为对象实施违法犯罪活动的情形，也包括因逞强争霸、好勇斗狠、树立恶名、抢夺地盘等不法动机实施违法犯罪活动，直接或间接破坏人民群众安全感的情形。这是因为，恶势力处于不断发展过程中，违法犯罪活动对象并不特定，即便在个案中未直接侵害

普通群众权益，但其发展壮大后必然会对人民群众的人身权利、财产权利、民主权利形成威胁或造成损害，故对“欺压百姓”不应作狭义理解。

（2）办案时要准确区分恶势力与普通违法犯罪团伙

恶势力与普通违法犯罪团伙都具有一定的组织性、稳定性，但二者在有无“为非作恶，欺压百姓”特征、有无“造成较为恶劣的社会影响”等方面存在区别。在具体案件中，可以从以下方面分解细化：

一是违法犯罪手段具有特定性。如前所述，“欺压百姓”的特定含义，决定了恶势力实施违法犯罪活动应当以暴力、威胁为主要手段。而普通违法犯罪团伙则没有这方面要求，犯罪手段要根据其具体实施的犯罪行为而定。

二是行为方式具有公开性。恶势力实施违法犯罪活动一般都会不同程度地带有“形成非法影响、谋求强势地位”的意图，而且客观上要求“在一定区域或者行业内，造成较为恶劣的社会影响”，因此，其实施违法犯罪活动必然具有一定的公开性，也就是通常所说的“横行乡里，肆无忌惮”。而普通共同违法犯罪通常采用较为隐蔽的方式实施，在实现犯罪目的后就设法隐匿踪迹、毁灭痕迹，不会有意制造或者放任形成不法影响。

三是危害后果具有多重性。恶势力因为意图“形成非法影响、谋求强势地位”，其违法犯罪活动带来的危害往往具有复合性，在侵犯公民人身、财产权利的同时，还会破坏市场经济秩序或者社会管理秩序。而普通违法犯罪团伙一般是出于某种特定的违法犯罪目的而聚集，造成的危害后果通常具有单一性。因此，《意见》第5条作出排除性规定，将“单纯为牟取不法经济利益而实施的‘黄、赌、毒、盗、抢、骗’等违法犯罪活动，不具有为非作恶、欺压百姓特征的”排除在恶势力案件之外。同时，在《意见》其他条款中也有类似提示，认定恶势力、恶势力犯罪集团时，应杜绝只看“人数”“行为次数”和“罪名”的错误倾向。

2. 关于恶势力的成员人数及各类成员的认定、区分

《意见》第6条吸收了《指导意见》中“恶势力一般为3人以上，纠集者相对固定”的规定，并明确了恶势力纠集者、其他成员的认定和区分。关于恶势力的成员人数，有一种观点认为，由于《指导意见》规定恶势力是“一般”而非“应当”为3人以上，因此，对于2人共同实施，甚至1人单独实施多次违法犯罪活动，造成较为恶劣社会影响的，也完全可以认定为“2人恶势力”甚至“1人恶势力”。我们认为，这种观点并不准确，在绝大多数案件中应当将恶势力的成员人数把握在3人以上。主要理由是，恶势力是一类违法犯罪组织，作为共同违法犯罪的特殊形式，不论是从刑法相关规定还是从文义解释来看，其人数下限原则上都应高于一般的共同违法犯罪，只有在“为非作恶，欺压百姓”特征十分明显、危害后果特别严重的极个别情况下，才可以考虑认定“2人恶势力”。至于“1人恶势力”，则明显不符合违法犯罪

组织的基本构成条件，应当坚决排除在外。

关于恶势力的纠集者，《指导意见》规定“纠集者相对固定”却没有明确纠集者的概念，使实践中各地、政法各单位对恶势力的纠集者理解、把握有不同程度差异。为此，《意见》明确“纠集者，是指在恶势力实施的违法犯罪活动中起组织、策划、指挥作用的违法犯罪分子”。需要说明，由于恶势力属于相对松散的违法犯罪组织，故其纠集者所起的组织、策划、指挥作用主要体现在恶势力实施的具体违法犯罪活动中，不必然及于整个违法犯罪组织的运行、活动。此外，有意见提出，实践中常有多名较为固定的违法犯罪分子相互纠集，除多次实施违法犯罪活动是由不同的人员组织、策划、指挥外，均符合恶势力其他认定条件，建议将此类情况也认定为恶势力。我们经研究认为，在前述情况下，多名违法犯罪分子通常关系较为紧密、地位基本相当，在多次违法犯罪活动中起组织、策划、指挥作用的具体人员虽有不同，但也是视情况在特定几人中产生，因而符合“恶势力纠集者相对固定”这一规定的本质要求。故《意见》采纳了这一观点，并且明确有组织、策划、指挥具体违法犯罪活动行为的成员均可以认定为纠集者。

关于恶势力的其他成员，《意见》坚持了主客观相一致原则，要求行为人需要在主观认识上“知道或者应当知道与他人经常纠集在一起是为了共同实施违法犯罪”，在主观意志上要有加入恶势力的意愿，即“仍按照纠集者的组织、策划、指挥”，在客观行为上“参与违法犯罪活动”，方可认定为恶势力成员。对于那些主观上并无加入恶势力意愿，仅因临时雇佣或被雇佣、利用或被利用以及受蒙蔽参与少量恶势力违法犯罪活动的人员，一般不应认定为恶势力成员。从实践情况来看，行为人有无参与恶势力实施的违法犯罪活动一般能够通过充分的证据直观反映，而行为人的主观认知与态度则要结合其参与违法犯罪活动时的具体行为、所起作用、与其他恶势力成员间的关系等事实予以认定。在办理案件时，应当结合《意见》规定注意把握以下两点：一是行为人在知晓与他人经常纠集在一起是为了共同实施违法犯罪的情况下，依然按照纠集者组织、策划、指挥行事，通常会具体表现为与其他成员平时联系较紧密、对所参与实施的违法犯罪活动的动机、起因、对象比较了解且行为积极、作用明显等；二是在适用恶势力成员的排除性规定时，要注意把握参与违法犯罪活动的“临时”“少量”。对于表面虽有雇佣或被雇佣、利用或被利用关系，但是长时间或者多次参与恶势力违法犯罪活动的，应当视为行为人已具有加入恶势力的意愿，避免违法犯罪分子利用规定逃避打击。

3. 关于“经常纠集在一起”的把握

根据《指导意见》规定，认定恶势力要求犯罪嫌疑人、被告人经常纠集在一起，并且多次实施违法犯罪活动。但对于“经常纠集在一起”应当如何理解、把握，《指导意见》并未明确。我们认为，认定“经常纠集在一起”，要审查犯罪嫌疑人、被告人日常联系是否紧密，但更主要的是看有无在一定时期内共同“多次实施违法犯罪活动”，前者很大程度上需要通过后者的时间跨度和参与人员稳定性来反映和证明。

（1）关于多次实施违法犯罪活动的时间跨度

“经常纠集在一起”，实际上反映了对违法犯罪组织持续性的要求，而这种持续性主要是靠一定时期内违法犯罪活动的反复实施来体现。一方面“多次实施违法犯罪活动”需要达到一定的频密度，不能相隔过久，另一方面也要求违法犯罪活动不能过于集中，换言之，就是“纠集在一起”的时间不能过于短暂。因此，有必要对“多次实施违法犯罪活动”的时间跨度加以适当限定。例如，甲、乙、丙三人曾经共同实施过两起寻衅滋事违法活动，之后很长一段时间里没有惹是生非，直至六七年后又共同实施了一起故意伤害犯罪，在形式上虽然符合“多人”“多次”标准，但由于违法活动和犯罪活动的时间间隔过长，实际上已经难以认定甲、乙、丙三人“经常纠集在一起”，不应以恶势力来评价。又如，甲、乙、丙三人在短短数天内连续共同实施三起违法犯罪活动，但除此之外再无其他违法犯罪事实，尽管在形式上同样也已符合“多人”“多次”标准，但由于“纠集在一起”的时间明显较短，故不足以作为违法犯罪组织来评价。当然这种情形并不绝对，如果时间虽短，但违法犯罪活动远超“多次”标准，且已造成较为恶劣的社会影响，同时符合其他认定条件的，也可以认定为恶势力。

（2）关于成员的稳定性

恶势力作为一类违法犯罪组织，其成员需要有一定的稳定性，如果每次参与实施违法犯罪活动的人员都变化不定，那么也很难认定其已形成“组织”。因此，本次出台的意见规定“包括纠集者在内，至少应有2名相同的成员多次参与实施违法犯罪活动”，办案时要特别注意这一点，不能不区分情况，简单地将若干不同人员实施违法犯罪活动叠加，打包后作为恶势力刑事案件来处理。

4. 关于恶势力主要实施和伴随实施的违法犯罪活动

恶势力主要实施的违法犯罪活动，是指恶势力惯常实施且能够较明显地反映恶势力“为非作恶，欺压百姓”特征的违法犯罪活动。《指导意见》提示性地列举了强迫交易、故意伤害、非法拘禁、敲诈勒索、故意毁坏财物、聚众斗殴、寻衅滋事，并在之后加了一个“等”字。实践中有观点认为，犯罪嫌疑人、被告人只要多次共同实施上述七类中的一种或数种违法犯罪活动，就可以认定为恶势力。对此，前文已作分析，不能简单地以罪名来认定恶势力，办案时还要根据案件的动机、起因、对象、危害后果等综合判断。此外，实践中对于“等”字也有不同理解，《意见》第8条第1款针对该问题作出回应。

与“主要实施”相对应，开设赌场、组织卖淫、强迫卖淫、贩卖毒品、运输毒品、制造毒品、抢劫、抢夺、聚众扰乱社会秩序、聚众扰乱公共场所秩序、交通秩序以及聚众“打砸抢”等，是恶势力案件中伴随实施的违法犯罪活动。之所以称之为“伴随实施”，是因为这些违法犯罪活动在恶势力案件中虽然也很常见，但有的缺少公开性，有的没有具体被害人，有的危害后果仅限于侵害财产权，还有的往往事出有因，故在通常情况下，仅有这些违法犯罪活动还不足以体现恶势力“为非作恶，欺压百姓”的特征。因此，如果犯罪嫌疑人、被告人仅仅是共同实施了以上一种或数种违法犯罪活动，一般不应认定为恶势力。但这也并不绝对，诸如聚众“打砸抢”等违法犯罪活动，在不少案件中也可以明显地反映出犯罪嫌疑人、被告人“为非作恶，欺压百姓”的特征，如果同时符合其他认定条件，也可认定为恶势力。基于以上理解，《意见》第 8 条第 2 款对《指导意见》中恶势力伴随实施的违法犯罪活动有关规定进行了进一步完善。

5. 关于反复实施单一性质违法行为的评价

《意见》第 9 条第 1 款规定：“对于反复实施强迫交易、非法拘禁、敲诈勒索、寻衅滋事等单一性质的违法行为，单次情节、数额尚不构成犯罪，但按照刑法或者有关司法解释、规范性文件的规定累加后应作为犯罪处理的，在认定是否属于‘多次实施违法犯罪活动’时，可将已用于累加的违法行为计为一次犯罪活动，其他违法行为单独计算违法活动的次数。”以上规定，主要考虑违法行为是恶势力违法犯罪活动的重要组成部分，对于认定恶势力意义重大。特别是对那些“大罪不犯，小恶不断”的团伙，如果其行为符合“为非作恶，欺压百姓”特征，且已造成较为恶劣的社会影响的，完全有必要作为恶势力打击处理。以寻衅滋事为例，假如犯罪嫌疑人、被告人共同实施了 5 次随意殴打他人的寻衅滋事违法行为，虽然只能按照一罪处理，但超出“多次随意殴打他人”入罪标准的那部分违法行为，可以单独计算违法活动的次数，也就是视为 1 次犯罪活动和 2 次违法活动，这样就符合了恶势力“多次实施违法犯罪活动”的要求，如果同时符合其他认定条件的，应当作为恶势力案件处理。如此认定，可以更加全面、准确评价相关违法犯罪活动所造成的社会危害。

——朱和庆、周川、李梦龙：《〈关于办理恶势力刑事案件若干问题的意见〉的理解与适用》，载《人民司法·应用》2019 年第 19 期（总第 858 期）。

1020. 黑社会性质组织实施的违法犯罪活动的认定

关键词

黑社会性质组织　组织者、领导者

《刑事审判参考》指导案例

刘汉等人组织、领导、参加黑社会性质组织案（《刑事审判参考》指导案例第 1158 号）

裁判要点：组织者、领导者并非对所有组织成员实施违法犯罪承担责任，纯粹由组织成员个人实施的犯罪，不能视为组织犯罪。

2009 年下发的《最高人民法院、最高人民检察院、公安部办理黑社会性质组织犯罪案件座谈会纪要》对黑社会性质组织违法犯罪与组织成员个人违法犯罪进行了区分，列举了属于黑社会性质组织违法犯罪活动的五种情形，其中四种情形属于并非由组织者、领导者直接组织、策划、指挥、参与的违法犯罪，即“由组织成员以组织名义实施，并得到组织者、领导者认可或者默许的违法犯罪活动；多名组织成员为逞强争霸、插手纠纷、报复他人、替人行凶、非法敛财而共同实施，并得到组织者、领导者认可或者默许的违法犯罪活动；组织成员为组织争夺势力范围、排除竞争对手、确立强势地位、谋取经济利益、维护非法权威或者按照组织的纪律、惯例、共同遵守的约定而实施违法犯罪活动……”上述情形下，虽然并非由组织者、领导者直接组织、策划、指挥、参与实施，但应认定为组织的违法犯罪，即意味着组织者、领导者要承担相应的罪责。2015 年最高人民法院印发的《全国部分法院审理黑社会性质组织犯罪案件工作座谈会纪要》进一步强调：“属于 2009 年《座谈会纪要》规定的五种情形之一的，一般应当认定为黑社会性质组织实施的违法犯罪活动，但确与维护和扩大组织势力、实力、影响、经济基础无任何关联，亦不是按照组织惯例、纪律、活动规约而实施，则应作为组织成员个人的违法犯罪活动处理。”

可以看出，组织者、领导者并非对所有组织成员实施违法犯罪承担责任，纯粹由组织成员个人实施的犯罪，不能视为组织犯罪。组织者、领导者之所以要对一些并非由自己直接组织、策划、指挥、参与的违法犯罪承担责任，一言以蔽之，是与组织意志和组织利益有关。详言之：第一，“由组织成员以组织名义实施，并得到组织者、领导者认可或者默许的违法犯罪活动”。

是指组织成员以组织名义实施违法犯罪时原本未经组织者、领导者授意，属于“越权”行为。但因组织成员以组织名义实施，不言而喻能扩大组织的影响力，符合组织利益，且因得到了组织者、领导者的认可或默许，体现了组织意志，因而视为组织犯罪。第二，“多名组织成员为逞强争霸、插手纠纷、报复他人、替人行凶、非法敛财而共同实施的违法犯罪”。此类违法犯罪虽然行为人主观动机上不一定是为了组织利益，但因上述行为是黑社会性质组织经常实施的违法犯罪，通常手段上具有暴力、胁迫性，方式上为公开化或半公开化，犯罪的附带后果能扩大组织的影响力和势力，客观上符合组织利益。而且，多名组织成员共同实施，本身在一定程度上能反映组织意志，尤其是得到组织者、领导者的认可或默许，可能体现组织的意志，因而视为组织犯罪。第三，“组织成员为组织争夺势力范围、排除竞争对手、确立强势地位、谋取经济利益、维护非法权威而实施违法犯罪”。显而易见，这几种情形都是为了组织利益而实施的违法犯罪。其中，为组织谋取经济利益较为直接，而为组织争夺势力范围、排除竞争对手、确立强势地位、维护非法权威与组织的潜在利益有关，有利于黑社会性质组织在今后的竞争中取得优势地位，从而谋取更大的经济利益，因而视为组织犯罪。第四，“按照组织的纪律、惯例、共同遵守的约定而实施违法犯罪活动”。所谓组织的纪律、共同遵守的约定，是指组织制定或者自发形成的，并用以明确组织内部人员管理、职责分工、行为规范、利益分配、行动准则等事项的成文或不成文的规定、约定；所谓惯例，是指能够体现组织意志、宗旨的一贯做法。可见，上述四种情形均能体现组织意志或符合组织利益，或者是组织利益和组织意志的统一，如果与组织利益无任何关联，即使有组织者、领导者的认可和默许，也不能视为组织犯罪。

——最高人民法院刑事审判第一、二、三、四、五庭主办：《刑事审判参考》(总第107辑)，法律出版社2017年版，第64~78页。

1021. 组织者、领导者对具体犯罪的罪责的认定

关键词

黑社会性质组织　组织者、领导者　罪责

《刑事审判参考》指导案例

刘汉等人组织、领导、参加黑社会性质组织案（《刑事审判参考》指导案例第1158号）

裁判要点：组织者、领导者应对黑社会性质组织所犯的全部罪行承担刑事责任，即组织者、领导者与犯罪行为的组织者、策划者、指挥者、实施者构成共犯，应根据其在共同犯罪中的地位和作用对具体犯罪承担刑事责任。

黑社会性质组织的组织者、领导者是组织的发起者、创建者，在组织中处于领导地位，对整个组织的运行起着决策、指挥、管理作用。因此，组织者、领导者不仅应对其直接组织、策划、指挥、参与实施的违法犯罪活动承担责任，而且应当对该组织所犯全部罪行承担刑事责任。但在对具体犯罪承担刑事责任的范围和程度上，实践中不无争议。概括起来有两个层次的问题：

1. 组织者、领导者对具体犯罪承担罪责的范围

关于组织者、领导者对具体犯罪承担罪责的范围，有两种观点：第一种观点认为，根据《最高人民法院关于审理黑社会性质组织犯罪案件具体应用法律若干问题的解释》（以下简称《司法解释》）第三条的规定，"……对于黑社会性质组织的组织者、领导者，应当按照其所组织、领导的黑社会性质组织所犯的全部罪行处罚"。因此，组织者、领导者应对其直接组织、领导的罪行承担责任，而不是对黑社会性质组织的全部罪行承担责任。第二种观点认为，组织者、领导者应对黑社会性质组织所犯的全部罪行承担刑事责任，即组织者、领导者与犯罪行为的组织者、策划者、指挥者、实施者构成共犯，应根据其在共同犯罪中的地位和作用对具体犯罪承担刑事责任。

我们同意第二种观点。理由是：（1）第一种观点错误理解了司法解释的规定，"应当按照其所组织、领导的黑社会性质组织所犯的全部罪行处罚"，意在强调组织者、领导者对黑社会性质组织所犯的罪行承担责任，而不能对组织成员个人的罪行承担责任，此处的"组织、领导"限定的是"黑社会性质组织"，而不是"罪行"。（2）刑法第二十六条第三款规定："对组织、领导犯罪集团的首要分子，按照集团所犯的全部罪行处罚。"黑社会性质组织是犯罪集团的高级表现形式，黑社会性质组织的组织者、领导者也是犯罪集团的首要分子，应按照黑社会性质组织所犯的全部罪行处罚。（3）2009 年《最高人民法院、最高人民检察院、公安部办理黑社会性质组织犯罪案件座谈会纪要》进一步规定，对黑社会性质组织的组织者、领导者，应根据法律规定和该纪要中关于"黑社会性质组织实施的违法犯罪活动"的规定，按照该组织所犯的全部罪行承担责任。

2. 组织者、领导者对具体犯罪承担罪责的程度

组织者、领导者对黑社会性质组织所犯的全部罪行承担刑事责任，并不意味着组织者、领导者在具体犯罪中承担最重罪责，而要根据其在具体犯罪中的地位和作用来确定罪责。具体来说，在确定组织者、领导者对具体犯罪

的罪责时，应把握以下原则：

第一，组织者、领导者对于并非由自己直接组织、策划、指挥、参与的犯罪一般不承担最重的责任。如上文所述，2009年《最高人民法院、最高人民检察院、公安部办理黑社会性质组织犯罪案件座谈会纪要》规定了四种并非由组织者、领导者直接组织、策划、指挥、参与的违法犯罪。上述四种情形下，组织者、领导者对具体犯罪只是一般性地知晓，甚至根本不知晓，只应负一般的责任，而应当由具体犯罪的起意者、组织者、指挥者或者实施者承担最重的责任。

第二，组织者、领导者对由其直接组织、策划、指挥、参与实施的犯罪，一般应承担最重的刑事责任。实践中存在的争议问题是，如果组织者、领导者提出犯意后未参与具体的策划、实施，如何确定其罪责程度?《最高人民法院关于审理故意杀人、故意伤害案件正确适用死刑的指导意见》指出：对于雇凶者与受雇者共同直接实施故意杀人、故意伤害犯罪的，应认定雇凶者为罪行最为严重的主犯；雇凶者没有直接实施故意杀人、故意伤害犯罪行为，但参与了共同犯罪的策划，实施了具体组织、指挥行为的，对雇凶者也应认定为罪行最为严重的主犯；雇凶者只是笼统提出犯意，没有实施具体组织、指挥行为，积极实施犯罪行为的受雇者可以认定为罪行最为严重的主犯。我们认为，上述意见对黑社会性质组织犯罪案件具有参考意义，但审判时应当结合涉黑犯罪的自身特点来把握，不能机械理解。具体来说，如果组织者、领导者不仅提出犯意，而且具体策划、组织、指挥，或者直接参与实施犯罪的，当然应认定为罪责最为严重的主犯。但是，如果组织者、领导者没有针对具体犯罪进行策划、组织、指挥以及参与实施，只是提出犯意后交由组织成员负责实施，也并不能就此认为组织者、领导者不是罪责最为严重的主犯，还应当结合具体案情进行分析。这是因为，黑社会性质组织犯罪不同于一般共同犯罪、团伙犯罪，组织者、领导者与组织成员的联系更加紧密，具有领导与被领导、管理与被管理的关系，犯罪的组织化程度也更高，分工更明确，隐蔽性更强。基于这些特点，组织者、领导者往往只需要躲在幕后发号施令即可，不必策划、组织、指挥具体的违法犯罪活动，参与实施的情况就更少。实践中，组织者、领导者一旦发出指示，组织成员都会不遗余力地执行，如果简单套用上述意见，无疑会给黑社会性质组织的组织者、领导者逃避处罚以可乘之机。

——最高人民法院刑事审判第一、二、三、四、五庭主办：《刑事审判参考》(总第107辑)，法律出版社2017年版，第64~78页。

1022. 黑社会性质组织形成的标志性事件的界定

关键词

黑社会性质组织　标志性事件

《刑事审判参考》指导案例

谢培忠等人组织、领导、参加黑社会性质组织案（《刑事审判参考》指导案例第 1355 号）

裁判要点：在甄别、确定标志性事件时，至少应当从以下三个方面来分析判断：第一，该事件一般是组织、领导者亲自组织或直接参与实施的违法犯罪事实或者其他重大事件；第二，该事件对于涉案犯罪组织进一步发展做大或者在一定区域或行业内开始初步形成非法影响具有明显作用，客观上为该组织实施后续违法犯罪活动打下基础；第三，标志性事件一般发生在首次有组织犯罪之前或者本身就是首次有组织犯罪。

如果简单地理解法条，则一个犯罪组织只有在“四个特征”同时具备之时，才是真正形成黑社会性质组织之日，但这在司法实务中无法操作，不具有现实可能性。犯罪组织的形成、发展、壮大直至最终成为组织特征、经济特征、行为特征、非法控制特征典型完备的黑社会性质组织，是一个渐进的过程，往往没有明显的性质转变的时间节点。我们认为，认定一个犯罪组织属于黑社会性质组织，指的是它最终必须完全具备上述四个特征，但不能据此要求它在形成伊始就已然完全具备四个特征，最高人民法院、最高人民检察院、公安部、司法部联合发布的《关于办理黑恶势力犯罪案件若干问题的指导意见》（以下简称《黑恶势力犯罪指导意见》）第六条实际上也体现了这一精神。根据该条规定，对于黑社会性质组织的形成时间，有成立仪式的看成立仪式，无成立仪式的看标志性事件，无标志性事件的就看首次有组织犯罪。之所以将成立仪式（或者类似活动）作为最优先确定的判断依据，是因为此类行为可以直接表明犯罪分子已经按照共同的不法宗旨或意图纠合在一起，并且初步确定了组织的层级架构和运行方式，尽管此时可能还不具备一定经济实力或者还未形成具体的危害后果，但如果之后该犯罪组织经过发展、升级已经具备《刑法》第二百九十四条规定的四个特征，则可以将成立仪式发生的时间点作为黑社会性质组织形成的时间起点。标志性事件与成立仪式有类似的作用和效果，在没有成立仪式（或者类似活动）的情况下，可以将该事件作为判断时间起点的依据。比较《黑恶势力犯罪指导意见》第六条中规定的三种审查判断依据，第三种情形（“组织者、领导者与其他组织成员首次共同实施该组织犯罪活动的时间”）在执法办案时运用最多，但成立仪式、标志性事件的优势在于相对更加明确、直观，在司法实践中一般不会引起争议。

成立仪式，是一种意图明确、行为具体的客观事实，判断起来最为简单，而标志性事件的认定则要相对复杂一些，需要司法工作人员结合具体案件事实和证据综合判断。所谓标志性事件，顾名思义，是指具有显著特征并使主体易于识别的事件，《黑恶势力犯罪指导意见》第六条中对标志性事件作了进一步限定，“足以反映其初步形成非法影响”。结合司法实践情况，在黑社会性质组织犯罪的语境下，标志性事件不仅包含对涉案犯罪组织树立恶名、排除竞争等具有重要影响的违法犯罪活动，也包括反映涉案犯罪组织实力壮大，已初步形成较稳定获利来源的重大事件，如为涉足某一行业或领域而成立公司、企业等经济实体，还包括能够反映涉案犯罪组织已经具备一定社会影响的重大事件，如捞取政治光环、把控基层政权、获取政治资本等。我们认为，在甄别、确定标志性事件时，至少应当从以下三个方面来分析判断：第一，该事件一般是组织、领导者亲自组织或直接参与实施的违法犯罪事实或者其他重大事件；第二，该事件对于涉案犯罪组织进一步发展做大或者在一定区域或行业内开始初步形成非法影响具有明显作用，客观上为该组织实施后续违法犯罪活动打下基础；第三，标志性事件一般发生在首次有组织犯罪之前或者本身就是首次有组织犯罪。

——陈小飞、刘锦平撰稿、周川审编：《谢培忠等人组织、领导、参加黑社会性质组织案——如何准确界定涉黑组织形成的标志性事件》，载最高人民法院刑事审判第一、二、三、四、五庭主办：《刑事审判参考》（总第 123 集），法律出版社 2020 年版，第 16~18 页。

1023. “合法公司”外衣下涉“套路贷”黑社会性质组织的认定特征

关键词

合法公司　套路贷　黑社会性质组织

《刑事审判参考》指导案例

方悦等人组织、领导、参加黑社会性质组织案（《刑事审判参考》指导案

例第 1357 号）

裁判要点：如何准确界定犯罪组织的性质问题，需要紧密结合黑社会性质组织的四个特征加以分析。

（一）重点从对组织成员的控制来把握“组织特征”

黑社会性质组织的组织特征是指形成较稳定的犯罪组织，人数较多，有明确的组织者、领导者，骨干成员基本固定。2009 年最高人民法院、最高人民检察院、公安部印发的《办理黑社会性质组织犯罪案件座谈会纪要》（以下简称 2009 年《纪要》）、2015 年最高人民法院印发的《全国部分法院审理黑社会性质组织犯罪案件工作座谈会纪要》（以下简称 2015 年《纪要》）以及 2018 年最高人民法院、最高人民检察院、公安部、司法部印发的《关于办理黑恶势力犯罪案件若干问题的指导意见》（以下简称 2018 年《意见》）中，对于黑社会性质组织的成立时间、成员人数及组织纪律等方面进行了补充。鉴于黑社会性质组织的发展是一个渐进的过程，故不宜作出“一刀切”的规定。组织形成后，在一定时期内持续存在，就应当认定为“形成较稳定的犯罪组织”，而对于组织纪律、活动规约，应当结合制定、形成相关纪律、规约的目的与意图来进行审查判断，凡是为了增强实施违法犯罪活动的组织性、隐蔽性而制定或自发形成，并用以明确组织内部人员管理、职责分工、行为规范、利益分配、行动准则等事项的成文或不成文的规定、约定，均可认定为黑社会性质组织的组织纪律、活动规约。

（二）重点从公司存续的目的来把握“经济特征”

黑社会性质组织的经济特征，是指有组织地通过违法犯罪活动或者其他手段获取经济利益，具有一定的经济实力，以支持该组织的活动。2009 年《纪要》、2015 年《纪要》、2018 年《意见》均认为：黑社会性质组织的敛财方式具有多样性，除了直接地通过违法犯罪活动或其他不正当手段获取，还包括了“投资、控股、参股、合伙等方式通过合法的生产、经营活动获取”等。因此，在司法实践中需要重点通过对相关组织所涉公司存续的目的来具体分析，确定其是否属于黑社会性质组织。

（三）重点从违法犯罪的主要手段来把握“行为特征”

黑社会性质组织的行为特征是指以暴力、威胁或者其他手段，有组织地多次进行违法犯罪活动，为非作恶，欺压、残害群众。随着扫黑除恶工作的深入和司法打击力度的加强，以纯粹硬暴力手段实施的抢劫、故意杀人、故意伤害、聚众斗殴等违法犯罪活动往往很容易受到司法机关的及时惩处，有不少黑恶势力犯罪组织越来越注重削弱其违法犯罪活动的暴力属性，更多采用“轻微暴力”与“软暴力”相结合的行为方式，以威胁、恐吓、滋扰、纠缠、哄闹、聚众造势等手段对他人产生心理强制或影响。本案中，“软暴力”是被告人方悦等人催讨债务的重要违法犯罪手段。对此，2019 年 4 月 9 日，最高人民法院、最高人民检察院、公安部、司法部联合出台的《关于办理实施“软暴力”的刑事案件若干问题的意见》中，进一步明确了黑恶势力犯罪中“软暴力”的具体界定标准。结合方悦等人的行为模式，可以看到行为人实施的“软暴力”主要分为以下三类：

一是威胁恐吓特定的对象。方悦等人采用言语威胁、24 小时贴身跟随等方式对被害人进行非法催讨。这些行为虽然没有直接造成被害人身体上的重大、可见性的伤害后果，但是足以使被害人产生恐惧从而形成心理强制。

二是滋扰他人的工作、生活。行为人上门催讨时采用了在大门、墙壁上喷漆，用胶水堵塞门锁，半夜砸窗玻璃，高音喇叭辱骂，张贴海报，断水断电，非法侵入他人住宅，围堵工作场所等手法，对被害人及其家属、邻居、工作单位均造成了严重的影响。

三是聚众造势，扰乱社会秩序。“乾”字头联盟公司在共同催讨时，为了展示组织的实力、震慑被害人及同行，往往会一呼百应，迅速集结数十人到场造势、以斗殴相威胁。在已查明的具体犯罪事实中，在向其中一名被害人催讨时，该组织纠集了 20 余名组织成员在无锡市南禅寺商业区展示实力，与其他小贷公司人员约架并在现场以武力对峙，严重扰乱了当地的社会秩序。

可见，司法实践中对黑社会性质组织行为特征的认定不仅要关注违法犯罪行为对他人生命、健康和财产权利造成的损害，还应当关注行为对他人是否形成心理强制。应当看到，在黑社会性质组织违法犯罪活动中，无论行为手段如何隐蔽、多变，暴力或者以暴力相威胁，始终是黑社会性质组织能够对社会公众形成心理强制的重要原因。以本案为例，尽管被告人方悦等人将“软暴力”作为讨债的主要手段，但被害人周亚中被殴打致轻伤二级、部分被害人遭非法拘禁及被殴打、体罚、虐待的事实，也说明暴力手段仍是该组织的重要选项，这种暴力手段并不需要每次行动都要使用，而是表现为一旦需要使用，随时可以使用，这种随时可以付诸实际的暴力手段正是黑社会性质组织让人畏惧、屈服的重要原因。因此，本案中以方悦为首的犯罪组织虽以“合法公司”为外衣，采取的犯罪行为也相对隐蔽，但这种以“软暴力”为主，暴力与“软暴力”相结合的手段，仍然符合黑社会性质组织要求的行为特征。

（四）重点从公司的规模和影响力来把握“危害性特征”

黑社会性质组织的危害性特征，是指通过实施违法犯罪活动，或者利用国家工作人员的包庇或者纵容，称霸一方，在一定区域或者行业内，形成非法控制或者重大影响，严重破坏经济、社会生活秩序。2009 年《纪要》明确了可以认定为“在一定区域或者行业内，形成非法控制或者重大影响，严重破坏经济、社会生活秩序”的八种情形，2015 年《纪要》和 2018 年《意见》对这八种情形又进一步作出了解释，并重点强调了黑社会性质组织非法控制和影响的“一定区域”的大小具有相对性，应当根据具体案情、综合分析判断。

——林琳、孙炜、韩锋、黄辛撰稿、周川审编：《方悦等人组织、领导、参加黑社会性质组织案——“套路贷”黑社会性质组织的司法认定》，载最高人民法院刑事审判第一、二、三、四、五庭主办：《刑事审判参考》（总第 123 集），法律出版社 2020 年版，第 33~39 页。

1024. 借助黑社会性质组织势力谋取经济利益，是否属于参加黑社会性质组织

关键词

黑社会性质组织

《刑事审判参考》指导案例

黄图望等人组织、领导、参加黑社会性质组织案（《刑事审判参考》指导案例第 1358 号）

裁判要点：该类行为是否属于参加黑社会性质组织，主要应从参加黑社会性质组织的构成条件和行为特征方面进行分析。

被告人为谋取非法利益，与黑社会性质组织合作，其行为是否属于参加黑社会性质组织，司法实践中容易产生争议。2015 年《全国部分法院审理黑社会性质组织犯罪案件工作座谈会纪要》（以下简称 2015 年《纪要》）规定，为维护或扩大自身利益而临时雇佣、收买、利用黑社会性质组织实施违法犯罪活动的人员，不属于黑社会性质组织的成员。准确理解前述规定中的“自身利益”和“临时雇佣、收买、利用黑社会性质组织实施违法犯罪活动”，对于准确认定借助黑社会性质组织势力谋取非法利益的行为性质，做到不枉不纵、平衡量刑具有重要作用。我们认为，该类行为是否属于参加黑社会性质组织，主要应从参加黑社会性质组织的构成条件和行为特征方面进行分析。

（一）参加黑社会性质组织的构成条件

2015 年《纪要》规定，主观上没有加入黑社会性质组织的意愿，受雇到黑社会性质组织开办的公司、企业、社团工作，未参与或参与少量黑社会性质组织的违法犯罪活动的人员不属于黑社会性质组织成员。2018 年最高人民

法院、最高人民检察院、公安部、司法部印发的《关于办理黑恶势力犯罪案件若干问题的指导意见》(以下简称2018年《意见》)进一步放宽了认定组织成员的条件，去掉了“参与少量”的限制，将该条的后半部分改为“未参与黑社会性质组织违法犯罪活动”。同时对参加黑社会性质组织的主客观要求仍沿用了之前规范性文件的规定，即知道或者应当知道是以实施违法犯罪为基本活动内容的组织，仍加入并接受其领导和管理的行为。

分析前述规定不难看出，是否“接受组织领导和管理”，应结合主观上是否有将自己置于黑社会性质组织管控之下的意愿，客观上是否有接受黑社会性质组织领导和管理的事实来判断和认定。首先，这个主观意愿不以组织成员认为自己参加的是黑社会性质组织为认定标准，只要加入者知道或者应当知道该组织具有一定规模，且该组织是以实施违法犯罪为基本活动内容即可。其次，实践中，由于各黑社会性质组织的组织形态不同、规约不同，行为人的加入阶段不同，有专门仪式或类似活动的，可以认为是有加入黑社会性质组织的明确的主观意愿，而没有明确的形式或表示，但是具有认可黑社会性质组织规约、听从黑社会性质组织领导和管理等客观行为的，也可以推定行为人有加入组织的主观意愿。再次，认定主观意愿要特别注意把握与组织有经济合作的组织成员与单纯“雇佣、收买、利用黑社会性质组织”的非组织成员之间的区别。认可组织规约是组织成员和非组织成员的主要区别，组织成员会受组织规约的约束，包括受制于组织纪律、组织层级领导关系、组织发展方向等，而单纯的借势发展者不受组织规约制约，只关注自我利益；是否听从组织领导也是组织成员和非组织成员的又一重要区别。虽然某些组织成员听从组织领导可能不是直接表现为简单的服从，而是通过分工、合作谋取自身利益的最大化，但是在这种长期的合作关系中，获取自身获利的同时也为组织获取了利益，亦符合组织的发展方向，不影响其行为是为组织利益而实施的认定，亦不影响其听从组织领导的认定。而非组织成员则不受组织领导，只是为了实现自身利益，一次或几次与黑社会性质组织合作，但双方并无稳定联系，所实施的违法犯罪活动大多无关组织发展方向。能够管理、调动某些下级组织成员，是认定组织成员与非组织成员的又一区别。需要注意的是，管理、调动某些组织成员主要是根据组织规约或者行为人在组织中的威望和地位，这种组织内部的地位具有长期性和稳定性。而仅与黑社会性质组织临时合作的非组织成员也可能会管理、调动一些组织成员，但主要是依靠利益收买，有利则聚无利则散。最后，接受黑社会性质组织的领导和管理，主要表现为在黑社会性质组织的领导和管理下为组织实施违法犯罪活动。包括：由组织者、领导者直接组织、策划、指挥参与实施的违法犯罪活动；由组织成员以组织名义实施，并得到组织者、领导者认可或者默许的违法犯罪活动；多名组织成员为逞强争霸、插手纠纷、报复他人、替人行凶、非法敛财而共同实施，并得到组织者领导者认可或者默许的违法犯罪活动；组织成员为组织争夺势力范围、排除竞争对手、确立强势地位、谋取经济利益、维护非法权威或者按照组织的纪律、惯例、共同遵守的约定而实施的违法犯罪活动。

（二）黑社会性质组织积极参加者的认定标准

2009年最高人民法院、最高人民检察院、公安部印发的《办理黑社会性质组织犯罪案件座谈会纪要》对积极参加者的行为特征作了规定，2018年《意见》进一步规定，参加黑社会性质组织并具有以下三种情形之一的，一般应当认定为“积极参加黑社会性质组织”：一是要多次积极参与黑社会性质组织的违法犯罪活动。二是积极参加的是较为严重的黑社会性质组织犯罪，且作用突出。这里的“较为严重的黑社会性质组织的犯罪”，既包括故意杀人、故意伤害、绑架等性质严重的暴力性犯罪，也包括造成重大财产损失或者恶劣社会影响的其他严重犯罪。而“作用突出”应理解为在犯意形成、共同犯罪行为完成以及危害结果发生等方面具有的突出性、决定性作用。三是“在黑社会性质组织中起重要作用”，即对整个黑社会性质组织的人员、财物、事务等重要事项具有“主要管理权”，且对犯罪组织的维系、运行、活动确实起到重要作用的成员。

——徐来花撰稿、周川审编：《黄图望等人组织、领导、参加黑社会性质组织案——借助黑社会性质组织势力谋取经济利益，是否属于参加黑社会性质组织》，载最高人民法院刑事审判第一、二、三、四、五庭主办：《刑事审判参考》（总第123集），法律出版社2020年版，第45~48页。

1025. 公职人员涉黑涉恶违法犯罪案件的定罪处理

关键词

公职人员　涉黑涉恶违法犯罪案件

最高人民法院司法政策精神

一、总体要求

1. 进一步提升政治站位。坚持以习近平新时代中国特色社会主义思想为指导，从增强“四个意识”、坚定“四个自信”、做到“两个维护”的政治高度，立足党和国家工作大局，深刻认识和把握开展扫黑除恶专项斗争的重大意义。深挖黑恶势力滋生根源，铲除黑恶势力生存根基，严惩公职人员涉黑涉恶违法犯罪，除恶务尽，切实维护群众利益，进一步净化基层政治生态，推动扫黑除恶专项斗争不断向纵深发展，推进全面从严治党不断向基层延伸。

2. 坚持实事求是。坚持以事实为依据，以法律为准绳，综合考虑行为人的主观故意、客观行为、具体情节和危害后果，以及相关黑恶势力的犯罪事实、犯罪性质、犯罪情节和对社会的危害程度，准确认定问题性质，做到不偏不倚、不枉不纵。坚持惩前毖后、治病救人方针，严格区分罪与非罪的界限，区别对待、宽严相济。

3. 坚持问题导向。找准扫黑除恶与反腐“拍蝇”工作的结合点，聚焦涉黑涉恶问题突出、群众反映强烈的重点地区、行业和领域，紧盯农村和城乡结合部，紧盯建筑工程、交通运输、矿产资源、商贸集市、渔业捕捞、集资放贷等涉黑涉恶问题易发多发的行业和领域，紧盯村“两委”、乡镇基层站所及其工作人员，严肃查处公职人员涉黑涉恶违法犯罪行为。

二、严格查办公职人员涉黑涉恶违法犯罪案件

4. 各级监察机关、人民法院、人民检察院、公安机关应聚焦黑恶势力违法犯罪案件及坐大成势的过程，严格查办公职人员涉黑涉恶违法犯罪案件。重点查办以下案件：公职人员直接组织、领导、参与黑恶势力违法犯罪活动的案件；公职人员包庇、纵容、支持黑恶势力犯罪及其他严重刑事犯罪的案件；公职人员收受贿赂、滥用职权，帮助黑恶势力人员获取公职或政治荣誉，侵占国家和集体资金、资源、资产，破坏公平竞争秩序，或为黑恶势力提供政策、项目、资金、金融信贷等支持帮助的案件；负有查禁监管职责的国家机关工作人员滥用职权、玩忽职守帮助犯罪分子逃避处罚的案件；司法工作人员徇私枉法、民事枉法裁判、执行判决裁定失职或滥用职权、私放在押人员以及徇私舞弊减刑、假释、暂予监外执行的案件；在扫黑除恶专项斗争中发生的公职人员滥用职权，徇私舞弊，包庇、阻碍查处黑恶势力犯罪的案件，以及泄露国家秘密、商业秘密、工作秘密，为犯罪分子通风报信的案件；公职人员利用职权打击报复办案人员的案件。

公职人员的范围，根据《中华人民共和国监察法》第十五条的规定认定。

5. 以上情形，由有关机关依规依纪依法调查处置，涉嫌犯罪的，依法追究刑事责任。

三、准确适用法律

6. 国家机关工作人员包庇黑社会性质的组织，或者纵容黑社会性质的组织进行违法犯罪活动的，以包庇、纵容黑社会性质组织罪定罪处罚。

国家机关工作人员既组织、领导、参加黑社会性质组织，又对该组织进行包庇、纵容的，应当以组织、领导、参加黑社会性质组织罪从重处罚。

国家机关工作人员包庇、纵容黑社会性质组织，该包庇、纵容行为同时还构成包庇罪、伪证罪、妨害作证罪、徇私枉法罪、滥用职权罪、帮助犯罪分子逃避处罚罪、徇私舞弊不移交刑事案件罪，以及徇私舞弊减刑、假释、暂予监外执行罪等其他犯罪的，应当择一重罪处罚。

7. 非国家机关工作人员与国家机关工作人员共同包庇、纵容黑社会性质组织，且不属于该组织成员的，以包庇、纵容黑社会性质组织罪的共犯论处。非国家机关工作人员的行为同时还构成其他犯罪，应当择一重罪处罚。

8. 公职人员利用职权或职务便利实施包庇、纵容黑恶势力、伪证、妨害作证，帮助毁灭、伪造证据，以及窝藏、包庇等犯罪行为的，应酌情从重处罚。事先有通谋而实施支持帮助、包庇纵容等保护行为的，以具体犯罪的共犯论处。

——《国家监察委员会、最高人民法院、最高人民检察院、公安部、司法部关于在扫黑除恶专项斗争中分工负责、互相配合、互相制约严惩公职人员涉黑涉恶违法犯罪问题的通知》（2019 年 10 月 20 日，国监发〔2019〕3 号）。

1026. 最高人民法院经复核认为涉黑罪名不成立的处理

关键词

黑社会性质组织　核准死刑　涉黑罪名

《刑事审判参考》指导案例

牛子贤等人绑架、敲诈勒索、开设赌场、重婚案（《刑事审判参考》指导案例第 1160 号）

裁判要点：对于报送核准死刑的黑社会性质组织犯罪案件，经复核认为涉黑罪名不成立的，应以一、二审认定的部分事实不清、证据不足为由，发回二审法院重新审判。

最高人民法院第一次复核期间，对本案如何处理曾有三种意见：第一种意见认为，最高人民法院应直接改判，即不认定被告人牛子贤犯组织、领导黑社会性质组织的事实，以绑架罪、敲诈勒索罪、开设赌场罪、重婚罪数罪并罚，判处牛子贤死刑。第二种意见认为，应以一、二审认定的部分事实不清、证据不足为由，发回一审法院重新审判。第三种意见认为，应以一、二审认定的部分事实不清、证据不足为由，发回二审法院重新审判。经研究，最终采纳了第三种处理意见，具体理由如下：

第一，多年来，最高人民法院始终强调办理死刑案件"一审是基础、二审是关键"，并特别注重发挥二审法院对死刑案件的审查把关作用。本案中以牛子贤为首的犯罪团伙在"四个特征"方面均与黑社会性质组织存在差距，最高人民法院将案件发回二审法院重新审判，可以促使二审法院更好地理解和把握黑社会性质组织的认定标准，从而在今后的类似案件审判过程中更好地发挥职能作用。

第二，按照《最高人民法院关于适用〈中华人民共和国刑事诉讼法〉的解释》第三百五十三条的规定，对于最高人民法院裁定不予核准死刑、发回二审法院重新审判的案件，第二审人民法院有两种处理方式：一是直接改判；二是必须通过开庭查清事实、核实证据或者纠正原审程序违法的，则应开庭审理。本案发回重审后，二审法院具有较大的选择空间，如果检察机关未能补充提供认定涉黑事实的证据，二审法院可以依法直接对涉黑事实和被告人牛子贤的定罪量刑作出改判，并可以绑架罪等非涉黑罪名再次报请核准死刑；如果检察机关能够补充提供相关证据，则可以按照二审程序开庭审理，查清事实，并重新作出是否认定涉黑犯罪的判决。

第三，由于其他被认定犯有参加黑社会性质组织罪的同案被告人的判决已生效，二审法院重审期间，既可以解决对牛子贤所涉犯罪的实体处理问题，也可以通过启动审判监督程序一并解决相关同案被告人的定罪量刑问题，无疑更有利于节约司法资源。

需要补充的是，最高人民法院作出拟不核准死刑的复核决定之前，曾依法向最高人民检察院通报了本案有关情况。最高人民检察院经审查，亦认为一、二审认定被告人牛子贤等人构成黑社会性质组织犯罪的事实不清、证据不足，且是否认定涉黑犯罪对被告人牛子贤及同案其他被告人的定罪量刑均有影响，故同意最高人民法院不核准牛子贤死刑，将案件发回二审法院重新审判的决定。二审法院对本案重新审理后，直接予以改判，对原判牛子贤的组织、领导黑社会性质组织犯罪不予认定，并以绑架罪等其他犯罪再次报送核准死刑，最高人民法院经再次复核，依法核准了被告人牛子贤死刑。

——最高人民法院刑事审判第一、二、三、四、五庭主办：《刑事审判参考》(总第 107 辑)，法律出版社 2017 年版，第 89~99 页。

1027. 软暴力的行为界定及常见犯罪手段

关键词

软暴力　黑社会性质组织特征　恶势力　犯罪手段

最高人民法院司法政策精神

一、“软暴力”是指行为人为谋取不法利益或形成非法影响，对他人或者在有关场所进行滋扰、纠缠、哄闹、聚众造势等，足以使他人产生恐惧、恐慌进而形成心理强制，或者足以影响、限制人身自由、危及人身财产安全，影响正常生活、工作、生产、经营的违法犯罪手段。

二、“软暴力”违法犯罪手段通常的表现形式有：

（一）侵犯人身权利、民主权利、财产权利的手段，包括但不限于跟踪贴靠、扬言传播疾病、揭发隐私、恶意举报、诬告陷害、破坏、霸占财物等；

（二）扰乱正常生活、工作、生产、经营秩序的手段，包括但不限于非法侵入他人住宅、破坏生活设施、设置生活障碍、贴报喷字、拉挂横幅、燃放鞭炮、播放哀乐、摆放花圈、泼洒污物、断水断电、堵门阻工，以及通过驱赶从业人员、派驻人员据守等方式直接或间接地控制厂房、办公区、经营场所等；

（三）扰乱社会秩序的手段，包括但不限于摆场架势示威、聚众哄闹滋扰、拦路闹事等；

（四）其他符合本意见第一条规定的“软暴力”手段。

通过信息网络或者通讯工具实施，符合本意见第一条规定的违法犯罪手段，应当认定为“软暴力”。

三、行为人实施“软暴力”，具有下列情形之一，可以认定为足以使他人产生恐惧、恐慌进而形成心理强制或者足以影响、限制人身自由、危及人身财产安全或者影响正常生活、工作、生产、经营：

（一）黑恶势力实施的；

（二）以黑恶势力名义实施的；

（三）曾因组织、领导、参加黑社会性质组织、恶势力犯罪集团、恶势力以及因强迫交易、非法拘禁、敲诈勒索、聚众斗殴、寻衅滋事等犯罪受过刑事处罚后又实施的；

（四）携带凶器实施的；

（五）有组织地实施的或者足以使他人认为暴力、威胁具有现实可能性的；

（六）其他足以使他人产生恐惧、恐慌进而形成心理强制或者足以影响、限制人身自由、危及人身财产安全或者影响正常生活、工作、生产、经营的情形。

由多人实施的，编造或明示暴力违法犯罪经历进行恐吓的，或者以自报组织、头目名号、统一着装、显露纹身、特殊标识以及其他明示、暗示方式，足以使他人感知相关行为的有组织性的，应当认定为“以黑恶势力名义实施”。

由多人实施的，只要有部分行为人符合本条第一款第（一）项至第（四）项所列情形的，该项即成立。

虽然具体实施“软暴力”的行为人不符合本条第一款第（一）项、第

（三）项所列情形，但雇佣者、指使者或者纠集者符合的，该项成立。

四、“软暴力”手段属于《刑法》第二百九十四条第五款第（三）项“黑社会性质组织行为特征”以及《指导意见》第14条“恶势力”概念中的“其他手段”。

——《最高人民法院、最高人民检察院、公安部、司法部关于办理实施“软暴力”的刑事案件若干问题的意见》（2019年2月28日，公通字〔2019〕15号）。

1028. 采用“软暴力”手段构成犯罪的定罪处罚

关键词

软暴力 定罪量刑 共同犯罪 寻衅滋事罪

最高人民法院司法政策精神

五、采用“软暴力”手段，使他人产生心理恐惧或者形成心理强制，分别属于《刑法》第二百二十六条规定的“威胁”、《刑法》第二百九十三条第一款第（二）项规定的“恐吓”，同时符合其他犯罪构成要件的，应当分别以强迫交易罪、寻衅滋事罪定罪处罚。

《关于办理寻衅滋事刑事案件适用法律若干问题的解释》第二条至第四条中的“多次”一般应当理解为二年内实施寻衅滋事行为三次以上。三次以上寻衅滋事行为既包括同一类别的行为，也包括不同类别的行为；既包括未受行政处罚的行为，也包括已受行政处罚的行为。

六、有组织地多次短时间非法拘禁他人的，应当认定为《刑法》第二百三十八条规定的“以其他方法非法剥夺他人人身自由”。非法拘禁他人三次以上、每次持续时间在四小时以上，或者非法拘禁他人累计时间在十二小时以上的，应当以非法拘禁罪定罪处罚。

七、以“软暴力”手段非法进入或者滞留他人住宅的，应当认定为《刑法》第二百四十五条规定的“非法侵入他人住宅”，同时符合其他犯罪构成要件的，应当以非法侵入住宅罪定罪处罚。

八、以非法占有为目的，采用“软暴力”手段强行索取公私财物，同时符合《刑法》第二百七十四条规定的其他犯罪构成要件的，应当以敲诈勒索罪定罪处罚。

《关于办理敲诈勒索刑事案件适用法律若干问题的解释》第三条中“二年内敲诈勒索三次以上”，包括已受行政处罚的行为。

九、采用“软暴力”手段，同时构成两种以上犯罪的，依法按照处罚较重的犯罪定罪处罚，法律另有规定的除外。

十、根据本意见第五条、第八条规定，对已受行政处罚的行为追究刑事责任的，行为人先前所受的行政拘留处罚应当折抵刑期，罚款应当抵扣罚金。

十一、雇佣、指使他人采用“软暴力”手段强迫交易、敲诈勒索，构成强迫交易罪、敲诈勒索罪的，对雇佣者、指使者，一般应当以共同犯罪中的主犯论处。

为强索不受法律保护的债务或者因其他非法目的，雇佣、指使他人采用“软暴力”手段非法剥夺他人人身自由构成非法拘禁罪，或者非法侵入他人住宅、寻衅滋事，构成非法侵入住宅罪、寻衅滋事罪的，对雇佣者、指使者，一般应当以共同犯罪中的主犯论处；因本人及近亲属合法债务、婚恋、家庭、邻里纠纷等民间矛盾而雇佣、指使，没有造成严重后果的，一般不作为犯罪处理，但经有关部门批评制止或者处理处罚后仍继续实施的除外。

——《最高人民法院、最高人民检察院、公安部、司法部关于办理实施“软暴力”的刑事案件若干问题的意见》（2019 年 2 月 28 日，公通字〔2019〕15 号）。

1029. 如何根据“欺压、残害群众”的内在要求准确把握黑社会性质组织行为特征中对“软暴力”的强度要求

关键词

欺压、残害群众　黑社会性质组织行为特征　软暴力

最高人民法院司法政策精神

9. 黑社会性质组织实施的违法犯罪活动包括非暴力性的违法犯罪活动，但暴力或以暴力相威胁始终是黑社会性质组织实施违法犯罪活动的基本手段，并随时可能付诸实施。暴力、威胁色彩虽不明显，但实际是以组织的势力、影响和犯罪能力为依托，以暴力、威胁的现实可能性为基础，足以使他人产生恐惧、恐慌进而形成心理强制或者足以影响、限制人身自由、危及人身财产安全或者影响正常生产、工作、生活的手段，属于《刑法》第二百九十四条第五款第（三）项中的“其他手段”，包括但不限于所谓的“谈判”“协商”“调解”以及滋扰、纠缠、哄闹、聚众造势等手段。

14. 具有下列情形的组织，应当认定为“恶势力”：经常纠集在一起，以暴力、威胁或者其他手段，在一定区域或者行业内多次实施违法犯罪活动，为非作恶，欺压百姓，扰乱经济、社会生活秩序，造成较为恶劣的社会影响，但尚未形成黑社会性质组织的违法犯罪组织。恶势力一般为三人以上，纠集

者相对固定，违法犯罪活动主要为强迫交易、故意伤害、非法拘禁、敲诈勒索、故意毁坏财物、聚众斗殴、寻衅滋事等，同时还可能伴随实施开设赌场、组织卖淫、强迫卖淫、贩卖毒品、运输毒品、制造毒品、抢劫、抢夺、聚众扰乱社会秩序、聚众扰乱公共场所秩序、交通秩序以及聚众“打砸抢”等。

在相关法律文书中的犯罪事实认定部分，可使用“恶势力”等表述加以描述。

——《最高人民法院、最高人民检察院、公安部、司法部印发〈关于办理黑恶势力犯罪案件若干问题的指导意见〉的通知》（2018 年 1 月 16 日，法发〔2018〕1 号）。

四、“软暴力”手段属于《刑法》第二百九十四条第五款第（三）项“黑社会性质组织行为特征”以及《指导意见》第 14 条“恶势力”概念中的“其他手段”。

——《最高人民法院、最高人民检察院、公安部、司法部关于办理实施“软暴力”的刑事案件若干问题的意见》（2019 年 2 月 28 日，公通字〔2019〕15 号）。

《刑事审判参考》指导案例

龚品文等人组织、领导、参加黑社会性质组织案（《刑事审判参考》指导案例第 1356 号）

裁判要点：黑社会性质组织所实施的“软暴力”的强度应以相关行为是否足以对群众造成实质性的心理强制。

2018 年最高人民法院、最高人民检察院、公安部、司法部联合印发的《关于办理黑恶势力犯罪案件若干问题的指导意见》（以下简称“两高两部”《黑恶势力犯罪指导意见》）明确指出，黑社会性质组织实施的违法犯罪活动包括非暴力性的违法犯罪活动，但暴力或以暴力相威胁始终是黑社会性质组织实施违法犯罪活动的基本手段，并随时可能付诸实施。暴力、威胁色彩虽不明显，但实际是以组织的势力、影响和犯罪能力为依托，以暴力威胁的现实可能性为基础，足以使他人产生恐惧、恐慌进而形成心理强制或者足以影响、限制人身自由、危及人身财产安全或者影响正常生产、工作、生活的手段，属于《刑法》第二百九十四条第五款第三项中的“其他手段”，包括但不限于所谓的“谈判”“协商”“调解”以及滋扰、纠缠、哄闹、聚众造势等手段。最高人民法院、最高人民检察院、公安部、司法部联合发布《关于办理实施“软暴力”的刑事案件若干问题的意见》也明确规定，“软暴力”手段属于《刑法》第二百九十四条第五款第三项“黑社会性质组织行为特征”以及2018年“两高两部”《黑恶势力犯罪指导意见》第十四条“恶势力”概念中的“其他手段”。

该规定在2009年最高人民法院、最高人民检察院、公安部印发《办理黑社会性质组织犯罪案件座谈会纪要》(以下简称2009年《纪要》)、2015年最高人民法院印发《全国部分法院审理黑社会性质组织犯罪案件工作座谈会纪要》(以下简称2015年《纪要》)的基础上进行了扩大解释，前后几份规范性文件虽然均将“硬暴力”及“软暴力”作为黑社会性质组织实施违法犯罪活动的手段，但2015年《纪要》特别强调“在黑社会性质组织所实施的违法犯罪活动中，一般应有一部分能够较明显地体现出暴力或以暴力相威胁的基本特征”。与之不同的是，2018年“两高两部”《黑恶势力犯罪指导意见》对于这种暴力性特征予以淡化，而将足以对他人产生心理强制的行为均作为黑社会性质组织的行为特征。因此，实践中把握黑社会性质组织所实施的“软暴力”的强度应以相关行为是否足以对群众造成实质性的心理强制为根本落脚点，具体来说，可以从以下几方面进行把握。

1. 黑社会性质组织实施的“软暴力”应具有长期性

正如贝卡利亚所言：“我们的精神往往更能抵御暴力和极端的但短暂的痛苦，却经受不住时间的消磨，忍耐不住缠绵的烦恼，因为，我们可以暂时地自我收缩以抗拒暴力和短暂的痛苦。然而，这种强烈的伸缩性却不足以抗拒时间与烦恼的长期和反复的影响……”由此看来，一方面，在施加心理强制强度方面，“软暴力”本身可以带来不逊于“硬暴力”的效果；另一方面，也要承认，“软暴力”的暴力程度不及“硬暴力”，仅实施数量较少的“软暴力”行为是很难给他人造成心理强制，进而达到欺压、残害群众的程度。与“硬暴力”给当事人直接带来肉体损害或疼痛不同，通过“软暴力”施压主要是给被害人施加精神折磨，这种精神折磨要达到精神压制的程度需要时间的积累，是一个由量变到质变的过程。因此，“软暴力”行为的强度与危害影响要达到与“硬暴力”同质化的程度需要相当量的积累。

2. 黑社会性质组织实施的“软暴力”一般应具有多样性

在黑社会性质组织犯罪中，受害群众所遭受的心理压力来自多个方面，一方面，由于“软暴力”本身的暴力、威胁色彩不够明显，手段强度不及“硬暴力”，因此仅实施单一手段的“软暴力”行为，往往不足以对受害群众施加强烈的心理压制；另一方面，手段单一的“软暴力”行为不足以体现黑社会性质组织的犯罪能力，违法犯罪手段单一往往说明犯罪组织发展尚不成熟，势力尚未壮大，组织较为涣散，犯罪能力不强，尚不足以使受害群众产生足够强烈的心理恐惧，难以达到足以影响、限制人身自由、危及人身财产安全或者影响正常生产、工作、生活的暴力强度，不能满足成立黑社会性质组织所要求具备的行为特征。

3. 黑社会性质组织实施的“软暴力”应体现出明显的组织性特征

黑社会性质组织之所以能够严重危及人身财产安全或者影响正常生产、工作、生活，成为社会毒瘤，就在于其具有明显的组织性，这是黑社会性质组织犯罪区别于一般单纯犯罪最显著的特点，也是组织、领导、参加黑社会性质组织行为本身就具备刑事可罚性的逻辑基础。一方面，组织性是黑社会性质组织具备较强犯罪能力的重要保障，如果相关“软暴力”行为无法体现出组织策划、团体协作、分工实施等组织性特征，表明相关“软暴力”行为具有一定的自发性、随意性，由于“软暴力”行为本身暴力强度不够，如果缺少组织痕迹，零散实施，则必然难成气候，无法达到与黑社会性质组织相称的暴力强度；另一方面，行为的组织性也是黑社会性质组织能够通过违法犯罪活动给受害群众施加心理威慑的重要依靠，正是通过组织性的体现，使受害群众认识到自身所面临的不法侵害不是来源于单纯的个人，而是来源于一个缜密组织，才更加放大了心理恐惧。虽然面临的“软暴力”行为暴力特征不明显，但因为感知到行为的组织性，使受害群众更加容易丧失与违法犯罪行为进行对抗的理性与信心，陷入心理受强制的境地，达到黑社会性质组织的犯罪目的。实践中，一般可以从多人实施、统一着装、显露文身、特殊标识等特征加以判断，也包括其他各种以明示或者暗示方式，足以使对方感知相关行为组织性的行为。

4. 黑社会性质组织实施的“软暴力”应有能够直接构成犯罪的行为，并造成明显的实害后果

由于“危害性特征”本身就是判断一个犯罪组织能否成立黑社会性质组织的重要方面，因此，对于以实施“软暴力”为主要行为特征的涉黑组织来说，必然要求其实施“软暴力”已经造成了足够严重的危害后果。对于危害性特征的把握，2018 年“两高两部”《黑恶势力犯罪指导意见》规定的八种情形，主要包括致使多名合法利益遭受犯罪或者严重违法活动侵害的群众不敢通过正当途径维护权益；对一定行业的生产经营形成垄断，或者对涉及一定行业的准入、经营、竞争等经济活动形成重要影响；致人重伤或致多人轻伤；通过违法犯罪活动敛财数额巨大；干扰、破坏正常生产经营造成重大损失；严重干扰、破坏党政机关和基层群众自治组织的工作秩序等。由于“软暴力”行为暴力特征本身不够明显，要评价实施“软暴力”的严重后果，一般按照实施“软暴力”行为造成上述两种以上危害后果来进行把握比较妥当。另外，为体现黑社会性质组织行为的暴力性特征和对群众造成心理威慑的强度，在“软暴力”行为中，应有能够直接构成犯罪的部分，而不能全部都只是单纯的违法行为。

需要特别指出的是，黑社会性质组织实施的“软暴力”与“硬暴力”不

是泾渭分明，互相排斥的关系，而是互相包容，随时转化的关系。“软暴力”与“硬暴力”都是黑社会性质组织为实现组织利益而采用的手段，其目的是相同的，给群众造成心理压制的后果也是相同的。在具体实施过程中，很难精准把握行为的强度界限，因此，“软暴力”会随时向“硬暴力”转化，黑社会性质组织成员对此应有明确认识且并不排斥。

——李秀康撰稿、周川审编：《龚品文等人组织、领导、参加黑社会性质组织案——如何准确把握黑社会性质组织行为特征中对“软暴力”的强度要求以及“占股分利”模式下的组织特征》，载最高人民法院刑事审判第一、二、三、四、五庭主办：《刑事审判参考》（总第123集），法律出版社2020年版，第23~26页。

1030. 邪教犯罪的处罚原则和邪教组织成员实施严重犯罪的死刑适用

关键词

邪教组织　故意杀人　数罪并罚

最高人民法院裁判文书

张甲、张某甲故意杀人、利用邪教组织破坏法律实施案［最高人民法院（2015）刑二复02209851号刑事裁定书］

裁判要旨：对于建立邪教组织或者邪教组织被取缔后又恢复、另行建立邪教组织的。或者明知邪教组织已被国家取缔，仍纠合教徒聚会，制作、传播邪教组织信息，发展邪教组织成员，为邪教组织提供活动资金等，破坏国家法律、行政法规实施的，应以组织、利用邪教组织破坏法律实施罪追究刑事责任。

对于组织、利用邪教组织破坏国家法律、行政法规实施过程中，又有故意杀人、奸淫妇女、诈骗财物等犯罪行为的，应当依照数罪并罚的规定处罚，并依法严惩故意杀人等严重犯罪的发起者、组织指挥者及主要实施者。

最高人民法院经复核认为：被告人张甲、张某甲基于“全能神”邪教的歪理邪说，视被害人吴某某为“恶灵”，采取用椅子、拖把打击、用脚踹踏头部等手段，共同将吴某某杀害，其行为均构成故意杀人罪。张甲、张某甲明知“全能神”邪教组织已被国家取缔，仍纠合教徒聚会，制作、传播邪教组织信息，发展邪教组织成员，为邪教组织提供活动资金，破坏国家法律、行政法规实施，其行为均构成利用邪教组织破坏法律实施罪。张甲、张某甲犯数罪，应依法并罚。张甲、张某甲在公共场所故意杀人，两人打击、踩踏被害人头部的行为是造成被害人当场死亡的直接原因。张甲系故意杀人犯罪的发起者、组织指挥者及主要实施者，在共同犯罪中起主要作用，系主犯；张某甲系犯罪的主要实施者，在共同犯罪中起主要作用，系主犯。两被告人杀人意志坚决，犯罪手段残忍，后果严重，社会影响极其恶劣，罪行极其严重，应当依法严惩。第一审判决、第二审裁定认定的事实清楚，证据确实、充分，定罪准确，量刑适当，审判程序合法。依照《刑事诉讼法》第 235 条、第 239 条和《关于适用〈刑事诉讼法〉的解释》第 350 条第 1 项之规定，裁定核准山东省高级人民法院（2014）鲁刑二终字第 117 号刑事裁定，维持第一审对被告人张甲以故意杀人罪判处死刑，剥夺政治权利终身，以利用邪教组织破坏法律实施罪判处有期徒刑七年，决定执行死刑，剥夺政治权利终身；对被告人张某甲以故意杀人罪判处死刑，剥夺政治权利终身，以利用邪教组织破坏法律实施罪判处有期徒刑五年，决定执行死刑，剥夺政治权利终身。

——《张甲、张某甲故意杀人、利用邪教组织破坏法律实施案——邪教犯罪的处罚原则和邪教组织成员实施严重犯罪的死刑适用》，载中国应用法学研究所主编：《中华人民共和国最高人民法院案例选》（第二辑），法律出版社 2019 年版，第 106 页。

1031. 参加黑社会性质组织罪中“参加”的认定

关键词

参加黑社会性质组织罪

《刑事审判参考》指导案例

陈金豹等组织、领导、参加黑社会性质组织案（《刑事审判参考》指导案例第 618 号）

裁判要点：参加分为积极参加和一般参加，临时受指使被当作犯罪工具利用的不构成参加黑社会性质组织罪。

关于“参加”问题的把握

参加黑社会性质组织，是指成为黑社会性质组织的一员，接受黑社会性质组织领导和管理的行为。参加黑社会性质组织分为积极参加和一般参加。

《办理黑社会性质组织犯罪案件座谈会纪要》（以下简称《纪要》）规定："积极参加者，是指接受黑社会性质组织的领导和管理，多次积极参与黑社会性质组织的违法犯罪活动，或者积极参与较严重的黑社会性质组织的犯罪活动且作用突出，以及其他在组织中起重要作用的犯罪分子；其他参加者，是指除上述组织成员之外，其他接受黑社会性质组织的领导和管理的犯罪分子。"判断行为人是否犯有参加黑社会性质组织罪，关键在于对"参加"行为的认定。

关于"参加"行为，实践中可从以下几个方面认定：

1. 关于"参加"的主观明知问题的把握。对一个犯罪组织是否属于黑社会性质组织的判断属于法律判断，因此，根据《纪要》精神，认定行为人的参加行为构成参加黑社会性质组织罪，不要求行为人在加入犯罪组织时明确知道该组织具有黑社会性质，行为人只要知道或者应当知道所参加的是由多人组成、具有一定层级结构，主要从事违法犯罪活动的组织群体，或者该组织虽有形式合法的生产、经营活动，但仍是以有组织地实施违法犯罪活动为基本行为方式，欺压、残害群众的组织，就可以认定其"参加"行为构成参加黑社会性质组织罪。

2. 关于接受黑社会性质组织领导和管理问题的把握。按照《纪要》的规定，无论是积极参加者还是一般参加者，都要接受黑社会性质组织的领导和管理。这不仅是一个必要的主观意志要素，而且是判断"参加"行为是否存在的重要依据。对于那些主观上并无加入意图，客观上也不受犯罪组织领导和管理，因被纠集、雇佣、收买、威逼或者受蒙蔽为黑社会性质组织实施违法犯罪活动或者提供帮助、支持、服务的人员，不应以参加黑社会性质组织罪定罪处罚。

3. 关于"参加"行为完成形态问题的把握，有一种观点主张以行为人履行入会手续或者口头、书面明确表示加入为判断标准。但从实践情况来看，"参加"行为的完成形态具有复杂性，因为黑社会性质组织在吸纳成员时，很多情况下并不会专门举行仪式或者办理手续，这使得"参加"行为难以通过法定证据被客观地反映出来。我们认为，就本质而言"参加"行为是否完成应以行为人与黑社会性质组织就加入该组织问题达成意思一致作为判断标准比较合适，而不能以是否履行手续、是否取得组织会籍、是否举行专门仪式等作为认定的标准。对有下列情形之一的，可以认定行为人完成了"参加"行为：一是就加入犯罪组织问题有明确的约定；二是行为人履行了加入组织的仪式；三是行为人要求加入，并经该组织或组织头目的批准或默许；四是虽未履行手续，但已在该组织的领导和管理下实际参加了该组织的各种违法犯罪活动；五是行为人开始不知道加入的是从事违法犯罪活动的黑社会性质组织，了解真相后没有退出，并在该组织的领导和管理下参加了该组织的违法犯罪活动。

——最高人民法院刑事审判第一、二、三、四、五庭主办:《刑事审判参考》2010年第3集(总第74集),法律出版社2010年版,第1~19页。

1032. 如何整体把握黑社会性质组织的四个特征

关键词

黑社会性质组织 四个特征

《刑事审判参考》指导案例

吴学占等人组织、领导、参加黑社会性质组织案(《刑事审判参考》指导案例第1354号)

裁判要点:黑社会性质组织的基础特征是组织特征、显性特征是行为特征、突出特征是经济特征、本质特征是危害性特征。

(一)黑社会性质组织的基础特征是组织特征

黑社会性质组织犯罪的前提和基础是实施主体在刑法上评价为黑社会性质组织的犯罪集团。换言之,黑社会性质组织罪的犯罪主体是多人,该多人构成犯罪集团,该犯罪集团可以在刑法上评价为黑社会性质组织。因此,对黑社会性质组织犯罪的认定,首先要对实施犯罪的主体在刑法上进行组织构成性评判。我国《刑法》规定,黑社会性质组织的组织特征为"形成较稳定的犯罪组织,人数较多,有明确的组织者、领导者,骨干成员基本固定"。据此,黑社会性质组织在组织特征上要满足以下三个条件:

一是组织成员人数较多。《刑法》上,"多"是指三人以上,"较多"是指多少人没有具体的规定或解释,但从语义分析,"较多"肯定比"多"更多,即肯定要多于三人。而且,黑社会性质组织在层级上一般要有三个层级,层级之间一般为金字塔式构造,即越往下人越多,故也要多于三人。2015年最高人民法院印发的《全国部分法院审理黑社会性质组织犯罪案件工作座谈会纪要》(以下简称2015年《纪要》)中提出,组织成员一般在10人以上。2018年1月,最高人民法院、最高人民检察院、公安部、司法部联合印发的《黑恶势力犯罪指导意见》)提出,对黑社会性质组织成员人数问题不宜作出"一刀切"的规定。可见,在人数上,不再以"10人"为标准,低于10人的也可以认定为黑社会性质组织,但是,对于人数较少,如7人以下的,认定黑社会性质组织就应特别慎重。

二是组织成员有明确的层级，一般分为三级：组织者、领导者，骨干成员，一般参加者（也称“其他参加者”）。根据“两高两部”《黑恶势力犯罪指导意见》，组织者是发起、创建黑社会性质组织，或者对黑社会性质组织进行合并、分立、重组的组织成员，领导者是指实际对整个组织的发展、运行、活动进行决策、指挥、协调、管理的组织成员，在大多数黑社会性质组织中，组织者也是领导者。在外在形式上，黑社会性质组织的组织者、领导者，既包括通过一定形式产生的有明确职务、称谓的组织者、领导者，也包括在黑社会性质组织中被公认的事实上的组织者、领导者。骨干成员，是指直接听命于组织者、领导者，并多次指挥或积极参与实施有组织的违法犯罪活动或者其他长时间在犯罪组织中起重要作用的犯罪分子，是积极参加者中地位更高、作用更大的人员。一般参加者，是指按照组织者、领导者或者骨干成员的安排，实施具体违法犯罪活动的犯罪分子。参加违法犯罪活动的次数可以是一次，也可以是多次，但其地位和作用明显小于骨干成员和积极参加者。

三是犯罪组织稳定。所谓“稳定”，是指犯罪组织存续时间较长、主要成员固定。存续时间，是指自犯罪组织形成到案发的时间。犯罪组织的形成时间，一般根据犯罪组织举行成立仪式或者进行类似活动的时间来认定。没有上述活动的，可以根据足以反映其初步形成核心利益或强势地位的重大事件发生时间进行认定。没有明显标志性事件的，也可以根据涉案犯罪组织为维护、扩大组织势力、实力、影响、经济基础或按照组织惯例、纪律、活动规约而首次实施有组织的犯罪活动的时间进行认定。在司法实践中，犯罪组织举行成立仪式或者进行类似活动的很少，往往以犯罪组织形成过程中的重大事件或首次实施有组织的犯罪活动的时间来确定组织形成时间。在存续时间上，一般应在一年以上，一年以下的，认定黑社会性质组织应特别慎重。主要成员较为固定，是指组织者、领导者和骨干成员、积极参加者在犯罪组织存续期间没有频繁变动。而且，大多数黑社会性质组织还具有成文或不成文的组织纪律、活动规约，有组织纪律、活动规约的，其稳定性更加明显。

（二）黑社会性质组织的显性特征是行为特征

犯罪是对行为违法性的评价，离开了行为，则不存在犯罪。黑社会性质组织犯罪也不例外。黑社会性质组织犯罪在犯罪行为上，要求以暴力或软暴力手段，有组织地多次实施违法犯罪活动，形成对人民群众的欺压和残害。软暴力，是指暴力、威胁色彩虽不明显，但实际是以组织的势力、影响和犯罪能力为依托，以暴力、威胁的现实可能性为基础，足以使他人产生恐惧、恐慌，进而形成心理强制或者足以影响、限制人身自由、危及人身财产安全或者影响正常生产、工作、生活的手段，包括但不限于所谓的“谈判”“协商”“调解”以及滋扰、纠缠、哄闹、聚众造势等手段。

（三）黑社会性质组织的突出特征是经济特征

黑社会性质组织是犯罪集团的高级形态，具有特定的犯罪目的。一般而言，黑社会性质组织的主要犯罪目的是追求经济利益，支持组织活动，豢养组织成员，也必须有一定的经济基础，这是进行违法犯罪活动、维系犯罪组织的必要条件。因此，无论是哪个领域、哪个地区的黑社会性质组织，其犯罪的目的可能有很多，但经济利益必然是其主要目的之一，其实施的违法犯罪活动可能很多，但始终会以攫取最大化的经济利益为主要目标。对于获取经济利益的数额，2015 年《纪要》提出，各高级人民法院可以根据本地区的实际情况，对黑社会性质组织所应具有的“经济实力”在 20 万—50 万元幅度内，自行划定一般掌握的最低数额标准。“两高两部”《黑恶势力犯罪指导意见》提出，不能一般性地要求黑社会性质组织所具有的经济实力必须达到特定规模或特定数额，即不再对经济实力设定明确的数额标准。但是，经济利益或者经济实力毕竟要以客观数量予以呈现，因此，办案时仍应把握一个符合当地经济发展状况的客观标准。

（四）黑社会性质组织的本质特征是危害性特征

社会危害性是犯罪行为的本质特征。黑社会性质组织作为犯罪集团的高级形态，其所具有的社会危害性远远高于其他犯罪。普通犯罪侵害的对象和危害后果都是直接的、具体的、特定的，而黑社会性质组织犯罪，除侵害对象及对侵害后果具体、直接、特定外，还要求具有间接的、不特定的、抽象的侵害对象和侵害后果，即“在一定区域或者行业内，形成非法控制或者重大影响，严重破坏经济、社会生活秩序”。而且，直接具体特定的侵害对象与后果与间接抽象不特定的侵害对象与后果间具有因果关系，也就是说，“在一定区域或者行业内，形成非法控制或者重大影响，严重破坏经济、社会生活秩序”是该组织实施的具体违法犯罪活动形成的整体效应和后果。可见，间接抽象不特定的侵害对象与后果是黑社会性质组织具有的独特的社会危害后果，是黑社会性质组织的本质特征。这是黑社会性质组织在单独评价组织成员所犯个罪外，整体评价为黑社会性质组织罪的法理基础所在。

在司法实践中，这一抽象的社会危害性特征需要以具体的、直观的事实来确定，为此，最高人民法院、最高人民检察院及相关部门以司法解释、会议纪要等形式作出了一些规定。“两高两部”《黑恶势力犯罪指导意见》中列举了七种具体情形和一种兜底情形：（1）致使在一定区域内生活或者在一定行业内从事生产、经营的多名群众，合法利益遭受犯罪或严重违法活动侵害后，不敢通过正当途径举报、控告的；（2）对一定行业的生产、经营形成垄断，或者对涉及一定行业的准入、经营、竞争等经济活动形成重要影响的；（3）插手民间纠纷、经济纠纷，在相关区域或者行业内造成严重影响的；（4）干扰、破坏他人正常生产、经营、生活，并在相关区域或者行业内造成严重影响的；（5）干扰、破坏公司、企业、事业单位及社会团体的正常生产、经营、工作秩序，在相关区域、行业内造成严重影响，或者致使其不能正常生产、经营、工作的；（6）多次干扰、破坏党和国家机关、行业管理部门以及村委会、居委会等基层群众自治组织的工作秩序，或者致使上述单位、组织的职能不能正常行使的；（7）利用组织的势力、影响，帮助组织成员或他人获取政治地位，或者在党政机关、基层群众自治组织中担任一定职务的；（8）其他形成非法控制或者重大影响，严重破坏经济、社会生活秩序的情形。同时指出，鉴于黑社会性质组织非法控制和影响的“一定区域”的大小具有相对性，不能简单地要求“一定区域”必须达到某一特定的空间范围，而应当根据具体案情，并结合黑社会性质组织对经济、社会生活秩序的危害程度加以综合分析判断，也就是说，黑社会性质组织非法控制和影响的“一定区域”，可以是一个市、县以及更大区域，也可以是一个乡镇、办事处以及一个村、居委会所辖区域。

（五）黑社会性质组织认定标准应坚持依法、实质、稳定原则

黑社会性质组织的认定，需要对四个特征进行综合评判和整体的衡量。一是坚持依法认定原则。对于依照法律和事实，犯罪组织在四个特征的任何一个特征上明显不符合法定标准和要求时，不能人为拔高认定为黑社会性质组织。同时，对于四个特征都符合法定标准，仅仅在某个特征的某一细节上存在一定欠缺的，如黑社会性质组织形成的标志不明显等，不能纠缠于细枝末节，降格为一般集团犯罪。二是坚持实质判断原则。危害性特征是黑社会性质组织的本质特征，要以危害性特征为实质判断的核心，对危害性特征非常典型，其他特征不十分典型的犯罪组织，如人数相对较少，存续时间相对较短，层级不十分鲜明，获取的经济利益数额不大等，也可以认定为黑社会性质组织。三是坚持标准相对稳定原则。除法律政策作出调整外，对黑社会性质组织四个特征的认定标准，应保持相对稳定，不能因人为因素时宽时严。即使因政策调整认定标准发生变化的，也要在可以掌握的变化幅度内，尽量选择与以往标准接近的变化标准，将变化幅度控制在最小范围内。如对于组织特征中人数的标准，自 2015 年以来，一直按照 2015 年《纪要》要求，掌握的是“10 人”标准，尽管 2018 年 1 月印发的“两高两部”《黑恶势力犯罪指导意见》提出对人数不宜“一刀切”的要求，但也不要调整幅度过大，仍应以“10 人”为参考标准，可在 1—3 人限度内适度降低人数标准。对于已经制定了经济特征获取经济利益数额标准的地区，调整的幅度也要适度，尽可能保持标准的相对稳定性。保持黑社会性质组织认定标准的稳定，有利于被告人对司法裁判的接受，有利于对社会公众的教育引导，也有利于树立司法的公信与权威。

——刘振会撰稿、周川审编：《吴学占等人组织、领导、参加黑社会性质组织案——如何整体把握黑社会性质组织的四个特征》，载最高人民法院刑事

审判第一、二、三、四、五庭主办:《刑事审判参考》(总第 123 集),法律出版社 2020 年版,第 1~10 页。

1033. 黑社会性质组织犯罪的非法控制特征的认定

关键词

黑社会性质组织犯罪　非法控制特征

最高人民法院司法政策精神

4. 关于危害性特征。称霸一方,在一定区域或者行业内,形成非法控制或者重大影响,从而严重破坏经济、社会生活秩序,是黑社会性质组织的本质特征,也是黑社会性质组织区别于一般犯罪集团的关键所在。

对于“一定区域”的理解和把握。区域的大小具有相对性,且黑社会性质组织非法控制和影响的对象并不是区域本身,而是在一定区域中生活的人,以及该区域内的经济、社会生活秩序。因此,不能简单地要求“一定区域”必须达到某一特定的空间范围,而应当根据具体案情,并结合黑社会性质组织对经济、社会生活秩序的危害程度加以综合分析判断。

对于“一定行业”的理解和把握。黑社会性质组织所控制和影响的行业,既包括合法行业,也包括黄、赌、毒等非法行业。这些行业一般涉及生产、流通、交换、消费等一个或多个市场环节。

通过实施违法犯罪活动,或者利用国家工作人员的包庇、纵容,称霸一方,并具有以下情形之一的,可认定为“在一定区域或者行业内,形成非法控制或者重大影响,严重破坏经济、社会生活秩序”:对在一定区域内生活或者在一定行业内从事生产、经营的群众形成心理强制、威慑,致使合法利益受损的群众不敢举报、控告的;对一定行业的生产、经营形成垄断,或者对涉及一定行业的准入、经营、竞争等经济活动形成重要影响的;插手民间纠纷、经济纠纷,在相关区域或者行业内造成严重影响的;干扰、破坏他人正常生产、经营、生活,并在相关区域或者行业内造成严重影响的;干扰、破坏公司、企业、事业单位及社会团体的正常生产、经营、工作秩序,在相关区域、行业内造成严重影响,或者致使其不能正常生产、经营、工作的;多次干扰、破坏国家机关、行业管理部门以及村委会、居委会等基层群众自治组织的工作秩序,或者致使上述单位、组织的职能不能正常行使的;利用组织的势力、影响,使组织成员获取政治地位,或者在党政机关、基层群众自治组织中担任一定职务的;其他形成非法控制或者重大影响,严重破坏经济、社会生活秩序的情形。

——《最高人民法院、最高人民检察院、公安部关于印发〈办理黑社会性质组织犯罪案件座谈会纪要〉的通知》（2009 年 12 月 9 日，法〔2009〕382 号）。

（四）认定非法控制特征（危害性特征）的问题

黑社会性质组织所控制和影响的“一定区域”，应当具备一定空间范围，并承载一定的社会功能。既包括一定数量的自然人共同居住、生活的区域，如乡镇、街道、较大的村庄等，也包括承载一定生产、经营或社会公共服务功能的区域，如矿山、工地、市场、车站、码头等。对此，应当结合一定地域范围内的人口数量、流量、经济规模等因素综合评判。如果涉案犯罪组织的控制和影响仅存在于一座酒店、一处娱乐会所等空间范围有限的场所或者人口数量、流量、经济规模较小的其他区域，则一般不能视为是对“一定区域”的控制和影响。

黑社会性质组织所控制和影响的“一定行业”，是指在一定区域内存在的同类生产、经营活动。黑社会性质组织通过多次有组织地实施违法犯罪活动，对黄、赌、毒等非法行业形成非法控制或重大影响的，同样符合非法控制特征（危害性特征）的要求。

2009 年《座谈会纪要》明确了可以认定为“在一定区域或者行业内，形成非法控制或者重大影响，严重破坏经济、社会生活秩序”的八种情形，适用时应当注意以下问题：第 1 种情形中的“致使合法利益受损的群众不敢举报、控告的”，是指致使多名合法利益遭受犯罪或者严重违法活动侵害的群众不敢通过正当途径维护权益；第 2 种情形中的“形成垄断”，是指可以操控、左右、决定与一定行业相关的准入、退出、经营、竞争等经济活动。“形成重要影响”，是指对与一定行业相关的准入、退出、经营、竞争等经济活动具有较大的干预和影响能力，或者具有在该行业内占有较大市场份额、通过违法犯罪活动或以其他不正当手段在该行业内敛财数额巨大（最低数额标准由各高院根据本地情况在 20~50 万元的幅度内自行划定）、给该行业内从事生产、经营活动的其他单位、组织、个人造成直接经济损失 100 万元以上等情节之一；第 3、4、5 种情形中的“造成严重影响”，是指具有致人重伤或致多人轻伤、通过违法犯罪活动或以其他不正当手段敛财数额巨大（数额标准同上）、造成直接经济损失 100 万元以上、多次引发群体性事件或引发大规模群体性事件等情节之一；第 6 种情形中的“多次干扰、破坏国家机关、行业管理部门以及村委会、居委会等基层群众自治组织的工作秩序”，包括以拉拢、收买、威胁等手段多次得到国家机关工作人员包庇或纵容，或者多次对前述单位、组织中正常履行职务的工作人员进行打击、报复的情形；第 7 种情形中的“获取政治地位”，是指当选各级人大代表、政协委员。“担任一定职务”，是指在各级党政机关及其职能部门、基层群众自治组织中担任具有组织、领导、监督、管理职权的职务。

——《全国部分法院审理黑社会性质组织犯罪案件工作座谈会纪要》（2015年10月13日，法〔2015〕291号）。

附录：理解与适用

4. 认定非法控制特征（危害性特征）的问题

（1）对于“一定区域”“一定行业”的理解和把握

2009年《纪要》有关内容的基础上，《纪要》对这两个问题作了进一步解读。不仅明确了“一定区域”包括乡镇、街道、较大的村庄，同时还指出，对于“一定行业”的理解应当结合“一定区域”的概念来把握。简而言之，即便是某一乡镇范围内的同类生产、经营活动，只要从业人员、产业规模等要素达到一定程度，也可以视为“一定行业”。

（2）关于非法控制特征（危害性特征）的认定

2009年《纪要》明确了可以认定为“在一定区域或者行业内，形成非法控制或者重大影响，严重破坏经济、社会生活秩序”的八种情形。前期调研时，许多高级人民法院均反映这八种情形不够具体，诸如“重要影响”“严重影响”等表述还需要进一步明确。综合各方意见，《纪要》以导致人员伤亡、造成直接经济损失、敛财数额巨大等情形为标准，对2009年《纪要》的有关内容予以补充和细化，并使之更具可操作性。其中列举的“直接经济损失”，是指与黑社会性质组织的违法犯罪活动有直接因果关系的经济损失。主要包括以下情形：因违法犯罪活动导致财产损毁、灭失而造成的经济损失；因违法犯罪活动导致停产、停业、减产、破产以及由此承担违约责任而造成的经济损失；因违法犯罪活动导致被迫接受不公平交易而造成的经济损失；其他应当计算在内的直接经济损失。此外，由于敲诈勒索、聚众扰乱社会秩序等个罪所造成的危害后果也有可能符合八种情形之一，因此，不能简单地认为只要具有其中一种情形，就可以认定非法控制特征。为纠正对此问题的认识，《纪要》专门作了如下说明：“2009年《座谈会纪要》规定的八种情形一般不会单独存在，往往是两种以上的情形同时并存、相互交织，从而严重破坏经济、社会生活秩序。审判时，应当充分认识这一特点，准确认定该特征。”

（3）关于是否应当设置“兜底”规定的问题

《纪要》在对黑社会性质组织的成员人数、经济实力规模予以量化的同时，也有针对性地设置了“兜底”规定。对此，有意见认为，“兜底”规定一旦放开口子，就有可能会使组织特征、经济特征中已经量化的标准失去意义。我们认为，由于实践中的情况极为复杂，确有必要保持惩治黑社会性质组织犯罪的灵活性。设置“兜底”规定，其目的在于突出非法控制特征（危害性特征）的重要性，并不意味着已经量化的标准可以忽略。为此，《纪要》也对适用“兜底”规定认定黑社会性质组织的情形设定了多项限制条件，可以避免出现标准虚置的问题。

——戴长林、朱和庆、刘广三、周川、张向东：《〈全国部分法院审理黑社会性质组织犯罪案件工作座谈会纪要〉的理解与适用》，载最高人民法院刑事审判第一、二、三、四、五庭编：《刑事审判参考》总第107集，法律出版社2017年版，第145~147页。

《刑事审判参考》指导案例

张志超等组织、领导、参加黑社会性质组织案（《刑事审判参考》指导案例第622号）

裁判要点：非法控制特征是黑社会性质组织最本质、最核心的特征，应从“实现途径”、非法控制或重大影响一定区域或者行业等方面进行认定。

根据《全国人大常务委员会关于〈中华人民共和国刑法〉第二百九十四条第一款的解释》（以下简称《立法解释》）的规定，黑社会性质组织应当同时具备组织特征、经济特征、行为特征及非法控制特征。非法控制特征也被称为危害性特征，是指通过实施违法犯罪活动，或者利用国家工作人员的包庇或者纵容，称霸一方，在一定区域或者行业内，形成非法控制或者重大影响，严重破坏经济、社会生活秩序。非法控制特征是黑社会性质组织最本质、最核心的特征，正确理解和把握这一特征对于准确认定黑社会性质组织罪具有非常重要的意义。

我们认为，可从以下三个方面理解和把握黑社会性质组织的非法控制特征：

（一）关于对实现途径的理解和把握

根据《立法解释》的规定，黑社会性质组织所形成的非法控制或者重大影响是通过实施违法犯罪活动或者利用国家工作人员的包庇或者纵容来实现的。即该罪的危害性可以通过“实施违法犯罪”和“寻求非法保护”这两种途径，来实现其对经济、社会生活的非法控制或者重大影响。

一是“实施违法犯罪”。通常表现为敲诈勒索、欺行霸市、聚众斗殴、寻衅滋事、故意伤害、故意杀人、绑架、非法拘禁等，有时还表现为以实现非法控制或者造成重大影响为目的而实施抢劫、盗窃、诈骗犯罪以及强行插手民间和经济纠纷等侵权型违法犯罪活动。需要注意的是，这里的“违法”，主要是指黑社会性质组织在实施犯罪活动过程中所伴随的违法活动，如果仅仅是实施了违法活动，而未实施犯罪活动，则不能认定为黑社会性质组织。

二是“寻求非法保护”，即“利用国家工作人员的包庇或者纵容”，俗称“保护伞”。“保护伞”并不是黑社会性质组织的必备特征，它只是黑社会性质组织犯罪实现非法控制的途径之一。根据《立法解释》对黑社会性质组织行为特征的规定，对仅有非法保护而没有违法犯罪的组织，不能以“黑”定性。但反之，如果存在违法犯罪而没有非法保护的，只要具备其他特征，仍然可以认定为黑社会性质组织。

（二）关于对“一定区域或者行业”的理解和把握

首先，黑社会性质组织的“非法控制”并不表现为对一定区域内领土的占领，而是表现为对这个区域内生活的人以及这个区域内的经济、社会生活秩序有了非法的控制和重大的影响。因此，在理解上，要注意区域的大小和空间范围具有相对性，不能简单地以必须达到某一特定的空间范围为标准。

其次，黑社会性质组织的非法控制必将表现为对某一行业的非法控制。经济实力是黑社会性质组织发展成员、巩固和扩大组织、称霸一方的基础，而打、砸、抢等简单暴力性违法犯罪活动所能实现的经济利益毕竟有限且暴露性太强，因此，许多黑社会性质组织均以实现对某个行业的控制作为其实施违法犯罪活动的一个重要目标，而这也正是其反社会性的具体体现，它必将严重影响当地经济、社会的生活秩序。从这个角度分析，黑社会性质组织所控制和影响的行业应当既包括合法行业，也包括黄、赌、毒等可以牟取暴利的非法行业。

（三）关于对“非法控制或者重大影响”的理解和把握

“非法控制”和“重大影响”虽然在本质上都是指对经济、社会生活的干预和影响，但在程度上是有区别的。“非法控制”，顾名思义是指干预已经达到足以控制一定范围内的经济、社会生活的程度；而“重大影响”，是指虽然对于一定区域、一定行业内的社会、经济生活尚未达到任意操控的程度，但已有相当的能力进行干预和施加影响。这种“重大影响”是通过一系列的违法犯罪活动形成的，具有一定的深度和广度，而非个别的、一时的。在理解和把握上，要结合违法犯罪活动的次数、性质、后果、侵害对象的个数、造成的社会影响及群众安全感是否下降等因素综合判断，而不能仅仅理解为具体的违法犯罪活动所造成的严重后果或者在社会上所造成的轰动效应。

——最高人民法院刑事审判第一、二、三、四、五庭主办:《刑事审判参考》2010 年第 3 集（总第 74 集），法律出版社 2010 年版，第 40~49 页。

刘烈勇等组织、领导、参加黑社会性质组织案（《刑事审判参考》指导案例第 623 号）

裁判要点：黑社会性质组织并非单纯为了实施犯罪而存在，其往往谋求在一定地区范围内或者特定行业内形成一种非法控制或者重大影响，使正常的社会管理和行业管理制度不能得以运行，借以公然对抗主流社会。

（一）对一定行业的非法控制

黑社会性质组织所控制和影响的行业，既包括合法行业，也包括黄、赌、毒等非法行业。实践中，各种批发、零售市场及娱乐、运输、建筑等行业，往往容易成为黑社会性质组织控制和争夺的目标。

“在一定区域或者行业内形成非法控制或者重大影响”是非法控制特征的具体表述，“非法控制”和“重大影响”均是指黑社会性质组织对经济、社会生活的干预度和影响力，二者没有本质的区别，只是在控制程度上有所不同。具体到个案，应根据具体案情，对黑社会性质组织的危害程度进行区分，准确认定个案是属于“非法控制”还是“重大影响”，联系本案，刘烈勇黑社会性质组织对仙桃市的水泥销售市场、烟花爆竹销售市场、生猪屠宰销售市场等行业的生产、经营形成了垄断，多数生产企业因产品无法进入而被迫退出当地市场；多数经营者因无法销售其他产品而放弃了经营多年的代理权；多数上游企业因无法购买到质优价廉的原材料及原材料短缺不足，提高了经营成本，蒙受了巨大的经济损失；相关政府职能部门如质量技术监督局、屠管办、建委及运管处，其工作人员均因惧怕刘烈勇等人的打击报复而不敢维持正常的市场经营秩序。因此，应认定该组织在水泥销售、烟花爆竹销售、生猪屠宰销售及1号公交线路运营等行业已形成了非法控制。

（二）对社会生活的重大影响

刘烈勇组织、领导的黑社会性质组织除了在经济上对相关行业进行非法控制外，还多次为了逞强争霸、确立强势地位而实施故意杀人、故意伤害、寻衅滋事等违法犯罪行为，树立该黑社会性质组织的非法权威，严重影响了社会的稳定和人民群众的安全感。

通过以上违法犯罪活动，刘烈勇所组织、领导的黑社会性质组织在仙桃市妇孺皆知，群众都惧怕报复，在受到欺压时不敢依法行使举报、控告的权利；该组织及其成员屡次在光天化日之下持枪械殴斗，人民群众的安全感受到严重影响；政府相关职能部门或行业管理部门的职能受到严重破坏，无法保证社会秩序的正常运转，甚至公司、企业的正常运行也要寻求该犯罪组织的非法保护才得以平安无事。以上的种种情况说明，在社会秩序方面，刘烈勇组织、领导的黑社会性质组织已经给当地造成了重大影响，使该市的社会生活秩序受到严重破坏。

通过本案我们可以看到，黑社会性质组织，一方面，在通过违法犯罪活动积累经济基础；另一方面，也在社会生活方面不断谋求影响力，并借以削弱合法政权的控制力。这两个方面互为依托、互相促进，不断破坏侵蚀正常的经济、社会生活秩序，并最终形成黑社会性质组织掌控的非法秩序，这正是此类犯罪严重社会危害性的根本所在。

——最高人民法院刑事审判第一、二、三、四、五庭主办：《刑事审判参考》2010 年第 3 集（总第 74 集），法律出版社 2010 年版，第 50~60 页。

1034. 黑社会性质组织犯罪中经济特征的认定

关键词

黑社会性质组织　经济特征

最高人民法院司法政策精神

2. 关于经济特征。一定的经济实力是黑社会性质组织坐大成势、称霸一方的基础。由于不同地区的经济发展水平、不同行业的利润空间均存在很大差异，加之黑社会性质组织存在、发展的时间也各有不同，因此，在办案时不能一般性地要求黑社会性质组织所具有的经济实力必须达到特定规模或特定数额。此外，黑社会性质组织的敛财方式也具有多样性。实践中，黑社会性质组织不仅会通过实施赌博、敲诈、贩毒等违法犯罪活动攫取经济利益，而且还往往会通过开办公司、企业等方式"以商养黑""以黑护商"。因此，无论其财产是通过非法手段聚敛，还是通过合法的方式获取，只要将其中部分或全部用于违法犯罪活动或者维系犯罪组织的生存、发展即可。

"用于违法犯罪活动或者维系犯罪组织的生存、发展"，一般是指购买作案工具、提供作案经费，为受伤、死亡的组织成员提供医疗费、丧葬费，为组织成员及其家属提供工资、奖励、福利、生活费用，为组织寻求非法保护以及其他与实施有组织的违法犯罪活动有关的费用支出等。

——《最高人民法院、最高人民检察院、公安部关于印发〈办理黑社会性质组织犯罪案件座谈会纪要〉的通知》（2009 年 12 月 9 日，法〔2009〕382 号）。

（二）认定经济特征的问题

"一定的经济实力"，是指黑社会性质组织在形成、发展过程中获取的，足以支持该组织运行、发展以及实施违法犯罪活动的经济利益。包括：1. 有组织地通过违法犯罪活动或其他不正当手段聚敛的资产；2. 有组织地通过合法的生产、经营活动获取的资产；3. 组织成员以及其他单位、个人资助黑社会性质组织的资产。通过上述方式获取的经济利益，即使是由部分组织成员个人掌控，也应计入黑社会性质组织的“经济实力”。

各高级人民法院可以根据本地区的实际情况，对黑社会性质组织所应具有的“经济实力”在20~50万元幅度内，自行划定一般掌握的最低数额标准。

是否将所获经济利益全部或部分用于违法犯罪活动或者维系犯罪组织的生存、发展，是认定经济特征的重要依据。无论获利后的分配与使用形式如何变化，只要在客观上能够起到豢养组织成员、维护组织稳定、壮大组织势力的作用即可认定。

——《全国部分法院审理黑社会性质组织犯罪案件工作座谈会纪要》（2015年10月13日，法〔2015〕291号）。

附录：理解与适用

2. 认定经济特征的问题

（1）关于“一定经济实力”的范围

“有组织地通过违法犯罪活动或者其他手段获取经济利益，具有一定的经济实力，以支持该组织的活动”是黑社会性质组织应当具备的经济特征。实践中，对于“一定经济实力”的范围问题存在模糊认识，特别是对组织成员在黑社会性质组织形成之前已经拥有的财产和黑社会性质组织形成后组织成员个人名下的财产能否计入“一定经济实力”的问题，各地做法差异很大。我们认为，对于该问题主要应从以下两个方面来把握：第一，黑社会性质组织所有具有的经济实力并不等同于《刑法》第六十四条规定的违法所得和犯罪工具。所谓经济实力，是指掌控经济资源并随时为己所用的能力，因此，应当包括合法获取的资产；第二，根据《刑法》第二百九十四条第五款第二项的规定，“一定经济实力”的取得方式应具备“有组织性”的特点。也就是说，无论是违法所得还是合法资产，都应当是通过与黑社会性质组织有关联的行为或方式而获取，包括黑社会性质组织通过实施违法犯罪活动而获取的资产，黑社会性质组织利用从事不法活动所确立的优势地位和影响力而获取的资产，黑社会性质组织聚敛资产后进行合法投资而获取的孳息、收益等等。为此《全国部分法院审理黑社会性质组织犯罪案件工作座谈会纪要》（以下简称《纪要》）对“一定经济实力”的概念和范围进行了说明，将黑社会性质组织形成之前获取或者组织成员完全通过个人行为获取的经济利益排除在外。同时还规定，只要是“有组织地”获取的经济利益，即便归于组织成员个人名下，也应当计入“一定经济实力”。

（2）关于“一定经济实力”的数额标准

2009年《纪要》考虑到司法实践的复杂性，没有明确规定“一定经济实力”的数额标准，但近年来的效果并不理想。《纪要》起草过程中，有一种意见认为，经济实力的强弱并不是黑社会性质组织的本质特征，而且客观上证明经济实力来源、数额的证据很难收集，因此，不应对此问题予以量化。我们认为，由于《刑法》第二百九十四条规定黑社会性质组织需要具有“一定经济实力”，因此明确标准的做法更加符合罪刑法定的基本精神。具有“一定经济实力”虽不是黑社会性质组织的本质特征，但却可以反映出涉案犯罪组织的发展成熟程度。在当前的司法实践中，对此问题掌握较为随意的情况依然存在，确有必要加以规范。根据前期调研掌握的数据，综合考虑各地经济发展水平的差异以及其他多方面因素后，《纪要》规定：“各级高级人民法院可以根据本地区的实际情况……在 20 万 ~50 万元幅度内，自行划定一般掌握的最低数额标准。”

（3）对于所获经济利益是否用于黑社会性质组织的审查判断

2009 年《纪要》将认定经济特征的重点放在了涉案犯罪组织获利后的用途上，并列举了“购买作案工具、提供作案经费，为受伤、死亡的组织成员提供医疗费、丧葬费，为组织成员及其家属提供工资、奖励、福利、生活费用”等具体情形。近年来，一些黑社会性质组织改变手法，往往不再直接向组织成员提供工资、福利、奖励、生活费用或者作案经费，而是通过安排组织成员承揽工程、承接项目、从事特定生产、经营活动等方式进行间接的利益分配，或者授意、指使、帮助组织成员实施某种违法犯罪活动以获取不法经济利益。针对这一变化，《纪要》规定：“无论获利后的分配与使用形式如何变化，只要在客观上能够起到豢养组织成员、维护组织稳定、壮大组织势力的作用即可认定。”

——戴长林、朱和庆、刘广三、周川、张向东：《〈全国部分法院审理黑社会性质组织犯罪案件工作座谈会纪要〉的理解与适用》，载最高人民法院刑事审判第一、二、三、四、五庭编：《刑事审判参考》总第 107 集，法律出版社 2017 年版，第 142~144 页。

《刑事审判参考》指导案例

王平等组织、领导、参加黑社会性质组织案（《刑事审判参考》指导案例第 625 号）

裁判摘要：黑社会性质组织既可以通过暴力手段获取不法利益，也可以通过非暴力犯罪扩充经济实力，所获经济利益应用于犯罪组织的生存和发展。

（一）黑社会性质组织获取经济利益的手段具有选择性

根据《全国人大常委会关于〈中华人民共和国刑法〉第二百九十四条第一款的解释》（以下简称《立法解释》）第二项的规定，黑社会性质组织既可以通过有组织地实施违法犯罪活动敛财，也可以通过形式合法的经营来获取经济利益。需要注意的是，以暴力、威胁为手段是黑社会性质组织的基本行为方式，但在具体的敛财过程中，并不要求前者中的“违法犯罪活动”都具有暴力性。黑社会性质组织既可以通过抢劫、绑架、敲诈勒索等暴力犯罪获取不法利益，又可以通过赌博、贩毒等非暴力犯罪扩充经济实力。

（二）所获经济利益应足以支持黑社会性质组织生存、发展和实施违法犯罪活动

《立法解释》对于“经济实力”只作了原则性规定，最高人民法院、最高人民检察院、公安部联合印发的《办理黑社会性质组织犯罪案件座谈会纪要》对此也未规定数额标准。我们认为，考虑到当前我国各地区经济发展的不平衡，不对“经济实力”规定具体数额是符合实践需要的。不过，应当注意的是，没有明确的数额标准并不等于没有要求。对此，要结合不同地区、不同行业的经济发展水平、利润空间等因素，综合评判黑社会性质组织所获经济利益是否足以支持该组织的生存、发展和实施违法犯罪活动。具体到本案，王平所组织、领导的黑社会性质组织已具备了上千万元的强大经济实力，这笔经费即使在发达地区也已相当可观，因此，应认定该组织具有一定的经济实力。

（三）所获经济利益应用于犯罪组织或组织犯罪活动所需

攫取经济利益，具备经济实力，不仅是黑社会性质组织实施违法犯罪活动的主要目标，而且是其非法控制社会并向黑社会组织发展过渡的物质基础。因此，获利之后是否用于支持犯罪组织的生存、发展或者实施违法犯罪活动，历来是认定黑社会性质组织“经济特征”的重要参考指标。同时，由于在发展水平、组织化程度等方面存在差异，不同的黑社会性质组织在分配、使用非法所得时也会有所区别，故根据《办理黑社会性质组织犯罪案件座谈会纪要》的精神，只要将所获经济利益部分用于组织或者组织犯罪即可，并不要求黑社会性质组织将获利的全部或绝大部分用于“犯罪再生产”。本案中，王平领导的黑社会性质组织在攫取钱财后，将其中一部分直接或间接用于奖励组织成员，如将集体资产低价转给黄振龙；将饭店承包给李祖全；为张淑英购买住房等。而将另一部分，也是最为主要的一部分，用于筹建嘉丰药业公司。尽管该公司的发展尚未步入正轨，尚不具备相对稳定的收入来源，但该公司却是王平所领导的黑社会性质组织进一步扩张和壮大的重要依托。将所获主要经济利益用于嘉丰药业公司正是该组织谋求长久稳固发展的具体表现。

（四）正确把握经济特征与其他特征的相互关系

如前所述，黑社会性质组织攫取经济利益、扩充经济实力并不是其实施

违法犯罪活动的终极目标，而只是其非法控制社会的一个必要步骤。司法实践中，许多黑社会性质组织的经济特征并不是十分典型。因此，在认定方法上要特别注意以“非法控制特征”为核心，用辩证的、联系的观点分析“四个特征”的内在联系。以本案为例，王平所领导的黑社会性质组织通过对向阳村林木生产、砍伐、销售的控制和嘉丰药业公司的设立及运作，已经初步把握了该村的经济支柱并形成了由该黑社会性质组织掌控的利益分配格局。在此基础上，该组织又进一步实施了故意伤害、非法拘禁、寻衅滋事、妨害公务等违法犯罪行为，严重破坏了该地区正常的经济和社会生活秩序，已在向阳村及周边地区形成了非法控制，其特征非常突出。在此情况下，即便本案中犯罪组织的经济特征不是十分典型，也不应影响其黑社会性质组织的认定。

——最高人民法院刑事审判第一、二、三、四、五庭主办：《刑事审判参考》2010 年第 3 集（总第 74 集），法律出版社 2010 年版，第 74~84 页。

1035. 关于黑社会性质组织行为特征的认定

关键词

黑社会性质组织　行为特征

最高人民法院司法政策精神

3. 关于行为特征。暴力性、胁迫性和有组织性是黑社会性质组织行为方式的主要特征，但有时也会采取一些“其他手段”。

根据司法实践经验，《立法解释》中规定的“其他手段”主要包括：以暴力、威胁为基础，在利用组织势力和影响已对他人形成心理强制或威慑的情况下，进行所谓的“谈判”“协商”“调解”；滋扰、哄闹、聚众等其他干扰、破坏正常经济、社会生活秩序的非暴力手段。

“黑社会性质组织实施的违法犯罪活动”主要包括以下情形：由组织者、领导者直接组织、策划、指挥、参与实施的违法犯罪活动；由组织成员以组织名义实施，并得到组织者、领导者认可或者默许的违法犯罪活动；多名组织成员为逞强争霸、插手纠纷、报复他人、替人行凶、非法敛财而共同实施，并得到组织者、领导者认可或者默许的违法犯罪活动；组织成员为组织争夺势力范围、排除竞争对手、确立强势地位、谋取经济利益、维护非法权威或者按照组织的纪律、惯例、共同遵守的约定而实施的违法犯罪活动；由黑社会性质组织实施的其他违法犯罪活动。

会议认为，在办案时还应准确理解《立法解释》中关于“多次进行违法犯罪活动”的规定。黑社会性质组织实施犯罪活动过程中，往往伴随着大量的违法活动，对此均应作为黑社会性质组织的违法犯罪事实予以认定。但如果仅实施了违法活动，而没有实施犯罪活动的，则不能认定为黑社会性质组织。此外，“多次进行违法犯罪活动”只是认定黑社会性质组织的必要条件之一，最终能否认定为黑社会性质组织，还要结合危害性特征来加以判断。即使有些案件中的违法犯罪活动已符合“多次”的标准，但根据其性质和严重程度，尚不足以形成非法控制或者重大影响的，也不能认定为黑社会性质组织。

——《最高人民法院、最高人民检察院、公安部关于印发〈办理黑社会性质组织犯罪案件座谈会纪要〉的通知》（2009 年 12 月 9 日，法〔2009〕382 号）。

（三）认定行为特征的问题

涉案犯罪组织仅触犯少量具体罪名的，是否应认定为黑社会性质组织要结合组织特征、经济特征和非法控制特征（危害性特征）综合判断，严格把握。

黑社会性质组织实施的违法犯罪活动包括非暴力性的违法犯罪活动，但暴力或以暴力相威胁始终是黑社会性质组织实施违法犯罪活动的基本手段，并随时可能付诸实施。因此，在黑社会性质组织所实施的违法犯罪活动中，一般应有一部分能够较明显地体现出暴力或以暴力相威胁的基本特征。否则，定性时应当特别慎重。

属于 2009 年《座谈会纪要》规定的五种情形之一的，一般应当认定为黑社会性质组织实施的违法犯罪活动，但确与维护和扩大组织势力、实力、影响、经济基础无任何关联，亦不是按照组织惯例、纪律、活动规约而实施，则应作为组织成员个人的违法犯罪活动处理。

组织者、领导者明知组织成员曾多次实施起因、性质类似的违法犯罪活动，但并未明确予以禁止的，如果该类行为对扩大组织影响起到一定作用，可以视为是按照组织惯例实施的违法犯罪活动。

——《全国部分法院审理黑社会性质组织犯罪案件工作座谈会纪要》（2015 年 10 月 13 日，法〔2015〕291 号）。

附录：理解与适用

3. 认定行为特征的问题

（1）关于黑社会性质组织犯罪的多样性

《刑法》第二百九十四条以及《司法解释》中均未规定黑社会性质组织必须实施性质不同的多种犯罪，故 2009 年《纪要》对此问题并未涉及。但从实践情况看，黑社会性质组织若要实现对经济、社会生活的非法控制，一般都需要实施多种犯罪。为了引起对此问题的重视，在审判工作中更加准确地区分黑社会性质组织与专门从事某种犯罪的犯罪集团，《纪要》作了相应的提示性规定。

（2）关于黑社会性质组织违法犯罪活动的暴力性问题

如前所述，当黑社会性质组织发展到一定阶段后暴力色彩会有所减弱，往往会更多地采用滋扰恫吓、造势摆场等非暴力、"软暴力"手段来达到不法目的。正因为如此，司法实践中也逐渐产生了一种模糊认识，认为黑社会性质组织不需要实施暴力性的违法活动也可以形成非法控制。我们认为，无论行为方式最终如何变化，暴力（"硬暴力"）或者以暴力相威胁的手段是黑社会性质组织能够对社会公众形成心理强制的重要原因。即便在发展到较为成熟的阶段之后，暴力性也依然是黑社会性质组织行为方式的基本特点，一旦需要使用便随时可能付诸实施。因此，如果涉案犯罪组织在整个发展过程中没有较为明显地以暴力或者以暴力相威胁的手段实施违法犯罪活动，那么，在对该组织定性时就应当特别慎重。

（3）如何区分黑社会性质组织的违法犯罪活动和组织成员个人的违法犯罪活动

2009年《纪要》通过列举五种具体情形的方式，较好地解决了黑社会性质组织的违法犯罪活动范围问题。但是，由于其并未明确将"符合组织利益或者组织宗旨"作为基本判断标准，在一些个案的审判工作中，如何区分黑社会性质组织违法犯罪活动和组织成员个人违法犯罪活动的问题仍然引发了一定争议。鉴于此，《纪要》作了补充性规定。也就是说，即便是组织者、领导者亲自组织实施的违法犯罪活动，如果确实与维护和扩大组织的势力、实力、影响、经济基础无任何关联，也不是按照组织惯例、纪律、活动规约而实施的，也不应当认定为是黑社会性质组织的违法犯罪活动。

（4）如何认定按照"组织惯例"实施的违法犯罪活动

在黑社会性质组织犯罪案件中往往存在大量的违法犯罪活动无法直接与组织利益、组织宗旨联系起来，但这些违法犯罪活动大多是在组织者、领导者的纵容下实施，符合黑社会性质组织约定俗成的行为习惯，客观上又起到了为黑社会性质组织确立非法权威、扩大社会影响推波助澜的作用，有必要作为组织的违法犯罪活动来处理。因此《纪要》规定："组织者、领导者明知组织成员曾多次实施起因、性质类似的违法犯罪活动，但并未明确予以禁止的，如果该类行为对扩大组织影响起到一定作用，可以视为是按照组织惯例实施的违法犯罪活动。"有一种意见认为，对于纯属组织成员个人行为的违法犯罪活动，不能仅因组织者、领导者未尽到禁止义务就作为黑社会性质组织的违法犯罪活动来处理，组织者、领导者也不应承担相应罪责。我们认为，黑社会性质组织的宗旨就是要通过实施违法犯罪活动建立非法秩序，组织者、领导者在创建、管理犯罪组织时，对于组织成员可能实施多种违法犯罪活动有概括的预见和故意。组织者、领导者作为核心人物，犯罪组织的意志很大程度上就是通过组织者、领导者的意志来体现。组织者、领导者在明知组织成员多次实施类似行为的情况下不予以明确禁止，可以说明其对此类行为持放任、纵容的态度，也说明此类行为并不违反犯罪组织的意志和宗旨，加之这些行为客观上又对扩大组织影响起到作用，组织者、领导者应当承担责任。

——戴长林、朱和庆、刘广三、周川、张向东：《〈全国部分法院审理黑社会性质组织犯罪案件工作座谈会纪要〉的理解与适用》，载最高人民法院刑事审判第一、二、三、四、五庭编：《刑事审判参考》总第107集，法律出版社2017年版，第144~145页。

1036. 黑社会性质组织犯罪和成员个人犯罪的认定标准

关键词

黑社会性质组织犯罪　个人犯罪

《刑事审判参考》指导案例

区瑞狮等组织、领导、参加黑社会性质组织案（《刑事审判参考》指导案例第624号）

裁判要点：界分组织犯罪和成员个人犯罪，应从是否由组织者、领导者直接组织、策划、指挥、参与实施，是否基于组织意志实施，是否为了组织利益实施等方面来认定。

《中华人民共和国刑法》第二百九十四条对组织、领导、参加黑社会性质组织罪的认定和处罚仅作了原则性规定，鉴于司法实践中，对本罪的认定多有争议，最高人民法院、全国人大常委会相继出台了《关于审理黑社会性质组织犯罪的案件具体应用法律若干问题的解释》（以下简称《司法解释》）、《关于〈中华人民共和国刑法〉第二百九十四条第一款的解释》（以下简称《立法解释》），为认定黑社会性质组织犯罪提供了相关法律依据。黑社会性质组织的特征和表现形式决定了组织成员人数较多，实施的犯罪行为多样。必须注意的是，并非涉黑组织成员实施的所有犯罪都属于组织犯罪，准确界分哪些犯罪是组织所为，哪些犯罪是成员个人所为，对于正确评价涉案犯罪组织的性质和社会危害性，确定组织、领导者的刑事责任，准确、有力惩治黑社会性质组织犯罪，有着重要意义。长期以来，由于立法解释、司法解释均未对此类问题作出相关规定，所以实践中难以把握。

鉴于这种情况，2010 年 1 月 13 日最高人民法院、最高人民检察院、公安部联合下发了《办理黑社会性质组织犯罪案件座谈会纪要》(以下简称《纪要》)。《纪要》在行为特征方面对组织犯罪和组织成员个人犯罪进行了区分，并列举了黑社会性质组织实施的违法犯罪活动的几种情形，为正确认定黑社会性质组织犯罪和组织者、领导者的刑事责任提供了更为明确的依据。根据《纪要》的规定，黑社会性质组织实施的违法犯罪活动主要包括以下情形：由组织者、领导者直接组织、策划、指挥、参与实施的违法犯罪活动；由组织成员以组织名义实施，并得到组织者、领导者认可或者默许的违法犯罪活动；多名组织成员为逞强争霸、插手纠纷、报复他人、替人行凶、非法敛财而共同实施，并得到组织者、领导者认可或者默许的违法犯罪活动；组织成员为组织争夺势力范围，排除竞争对手，确立强势地位，谋取经济利益，维护非法权威或者按照组织的纪律、惯例、共同遵守的约定而实施的违法犯罪活动；由黑社会性质组织实施的其他违法犯罪活动。具备上述情形之一的，就能够认定为黑社会性质组织实施的违法犯罪活动。

"有组织性"是黑社会性质组织行为方式的主要特征之一，是黑社会性质组织犯罪和组织成员个人犯罪的根本区别所在。根据《纪要》的规定，我们认为，界分组织犯罪和成员个人犯罪，主要根据以下标准：

1. 是否由组织者、领导者直接组织、策划、指挥、参与实施。组织、领导者是黑社会性质组织的发起者、创建者，或者在组织中实际处于领导地位，对整个组织及其运行、活动起着决策、指挥、协调、管理作用的犯罪分子，由组织者、领导者直接组织、策划、指挥、参与实施的犯罪行为，都应认定为组织犯罪。

2. 是否基于组织意志实施。黑社会性质组织的犯罪行为应体现组织意志，受组织意志的制约。也就是说，组织成员实施的犯罪行为是得到了组织者、领导者认可或者默许的，抑或是按照组织的纪律、惯例、共同遵守的约定而实施的犯罪活动。

3. 是否为了组织利益实施。实施犯罪活动的目的是为犯罪组织谋取利益，而不是为了追求个人利益或其他个人目的。对于组织成员为了组织利益而实施的犯罪，并不要求组织者、领导者知情。如组织成员为组织争夺势力范围、排除竞争对手、确立强势地位、谋取经济利益、维护非法权威而实施的违法犯罪活动。反之，如果是组织成员仅仅为了个人利益，在组织意志之外单独实施的违法犯罪活动，组织、领导者并不知情，则不应认定为该黑社会性质组织实施的犯罪活动，而应认定为组织成员个人犯罪。

实践中，由于黑社会性质组织犯罪的表现形式多种多样，因此，认定哪些行为是组织犯罪，哪些行为是个人犯罪，还需要结合具体案情进行综合分析判断。

——最高人民法院刑事审判第一、二、三、四、五庭主办：《刑事审判参考》2010 年第 3 集（总第 74 集），法律出版社 2010 年版，第 61~73 页。

1037. 组织、领导、参加黑社会性质组织罪的犯罪形态

关键词

组织、领导、参加黑社会性质组织罪　犯罪形态　行为犯

《刑事审判参考》指导案例

容乃胜等组织、领导、参加黑社会性质组织案（《刑事审判参考》指导案例第 149 号）

裁判要点：组织、领导、参加黑社会性质组织罪在犯罪形态上属于行为犯，即只要行为人实施了组织、领导、积极参加黑社会性质组织的行为，就构成犯罪既遂，并不要求其再实施其他犯罪行为。

在认定黑社会性质组织成立或者形成的前提下，应当对其中的犯罪分子根据其地位和作用，区分为组织者、领导者、积极参加者及一般参加者。对于组织者和领导者，应当按照其所组织、领导的黑社会性质组织所犯的全部罪行处罚。对于黑社会性质组织的参加者，应当按其实际参加的犯罪处罚。对于参加黑社会性质的组织没有实施违法犯罪活动的，或者受蒙蔽、胁迫参加黑社会性质的组织，情节显著轻微的，依法可不作为犯罪处理。

——最高人民法院刑事审判第一庭、第二庭编：《刑事审判参考》2001 年第 12 辑（总第 23 辑，案例第 149 号），法律出版社 2002 年版，第 38~51 页。

附录：最高人民法院主流观点

组织、领导、参加黑社会性质组织罪在犯罪形态上属于行为犯，即只要行为人实施了组织、领导、积极参加黑社会性质组织的行为，就构成犯罪既遂。该罪的构成并不以组织者、领导者、参加者实施的行为已经实际构成某种犯罪作为组织、领导、参加黑社会性质组织罪的构成要件。对于组织、领导、参加黑社会性质组织又有其他犯罪行为的，应当根据《刑法》第 294 条第 3 款的规定，依照数罪并罚的规定处罚。在认定黑社会组织成立的前提下，应当对其中的犯罪分子，根据其地位和作用，区分为组织者、领导者、积极

参与者及一般参与者。对于组织者、领导者，应当按照其所组织、领导的黑社会性质组织所犯的全部罪行处罚。对于黑社会性质组织的参加者，应当按照其实际参加的犯罪处罚。对于参加黑社会性质的组织没有实施违法犯罪活动的，或者受蒙蔽、胁迫参加黑社会性质组织，情节显著轻微的，依法可以不作为犯罪处理。

——高憬宏、杨万明主编：《基层人民法院法官培训教材（实务卷·刑事审判篇）》，人民法院出版社2005年版，第335~336页。

1038. 组织、领导、参加黑社会性质组织罪的主观方面和积极参加行为的认定

关键词

组织、领导、参加黑社会性质组织罪 主观方面 违法性认识

《刑事审判参考》指导案例

容乃胜等组织、领导、参加黑社会性质组织案（《刑事审判参考》指导案例第149号）

裁判要点：组织、领导、参加黑社会性质组织罪是故意犯罪，但不以行为人明知所组织、领导或者参加的组织是黑社会性质的组织为构成要件。

（三）组织、领导、参加黑社会性质组织罪是故意犯罪，但不以行为人明知所组织、领导或者参加的组织是黑社会性质的组织为构成要件

行为人的主观认识并不影响该组织的实际性质。刑法理论对于直接故意的认定并不要求行为人具有明确的违法性认识。对于组织者和领导者而言，只要其是以实施有组织的违法犯罪活动为目的，成立的组织符合《最高人民法院关于审理黑社会性质组织犯罪的案件具体应用法律若干问题的解释》第1条规定的特征，就应当认定为黑社会性质组织。对于参加者而言，行为人虽然不明知所参加的组织是黑社会性质组织，但只要行为人在主观上明知该组织是从事违法犯罪活动的组织，或者当时并不明知是从事违法犯罪活动的组织，但在加入后发现是从事违法犯罪活动的组织，仍不退出并积极从事违法犯罪活动的，就应当认定其主观上具有参加黑社会性质组织的犯罪故意。

——最高人民法院刑事审判第一庭、第二庭编：《刑事审判参考》2001年第12辑（总第23辑），法律出版社2002年版，第38~51页。

李军等参加黑社会性质组织案（《刑事审判参考》指导案例第 621 号）

裁判要点：认定行为人构成参加黑社会性质组织不以明知组织的黑社会性质为前提。

参加黑社会性质组织罪是否以行为人明确知道组织具有黑社会性质为要件

认定行为人构成参加黑社会性质组织罪不以明确知道组织的黑社会性质为前提，理由是：第一，在现实生活中，一般很少有一个众所周知的黑社会性质组织等待他人参加。在我国，目前多数此类组织一般都不会以“黑社会”自居，对内、对外都不会宣称自己是黑社会性质组织。第二，对于一个组织是否属于黑社会性质组织是一种法律判断，且是一项极为复杂的工作，因此，要求每一个参加者都明确知道所参加的组织的性质是不现实的。但是，这并不是说对行为人的主观认识就没有任何要求，从黑社会性质组织犯罪的特征来看，行为人必须知道或者应当知道自己所参与的是具有一定规模的组织。第三，黑社会性质组织本身有一个形成、发展的过程，实践中很难用一个明确的时间点划分，因此，不可能要求行为人对所参加组织性质的变化有准确的认知。第四，在司法实践中，行为人为逃避法律制裁，往往会以种种借口辩称自己不知道所参加的组织是黑社会性质组织，不能因其口头上的否认就改变其犯罪的性质。当然，如果行为人明确知道是黑社会性质组织而参加，自然构成参加黑社会性质组织罪。但是，如果行为人事先确实不了解情况，不知是黑社会性质组织而参加，发现后即退出；或者行为人确实不知道，也不应当知道其参加的组织是一个主要从事违法犯罪活动、具有一定层次结构的犯罪组织，一般不按参加黑社会性质组织罪论处。根据《最高人民法院关于审理黑社会性质组织犯罪的案件具体应用法律若干问题的解释》第三条第二款的规定，对于参加黑社会性质的组织，没有实施其他违法犯罪活动的，或者受蒙蔽、胁迫参加黑社会性质的组织，情节轻微的，可以不作为犯罪处理。

（一）如何认定参加黑社会性质组织案件中的积极参加行为

刑法对黑社会性质组织的积极参加者和其他参加者规定了不同的法定刑，因此，在司法实践中有必要区分积极参加者和一般参加者。对此，根据《办理黑社会性质组织犯罪案件座谈会纪要》精神，我们认为，应从以下三个方面认定积极参加者：首先，应根据行为人实施具体犯罪的客观方面来判断，对那些多次积极参与黑社会性质组织的违法犯罪活动、积极参与较严重的黑社会性质组织的犯罪活动，且作用突出及其他在黑社会性质组织中起重要作用的犯罪分子，一般应认定为积极参加者；其次，从行为人在黑社会性质组织中的地位、作用，与组织、领导者之间的关系来判断，那些与组织、领导者关系密切，在组织中地位、作用突出的，一般应认定为积极参加者；最后，从行为人所获取的犯罪所得来判断，所获报酬数额较大的组织成员一般应认定为积极参加者。对除上述组织成员之外，其他接受黑社会性质组织的领导和管理的犯罪分子可认定为其他参加者。

——最高人民法院刑事审判第一、二、三、四、五庭主办：《刑事审判参考》2010 年第 3 集（总第 74 集），法律出版社 2010 年版，第 30~39 页。

附录：最高人民法院主流观点

行为人一般出于获取金钱、权利或者为了称霸一方等目的，而组织、领导黑社会性质组织，或者明知是从事违法犯罪活动的组织而参加。但是，构成该罪不以行为人明知所组织、领导或者参加的组织是黑社会性质的组织为构成要件。因为对一个组织是否属于黑社会性质的组织的判断是一个法律判断。行为人没有认识到该组织为黑社会性质，并不影响该组织的实际性质。刑法理论对于直接故意的认定并不要求行为人具有明确的违法性认识。对于组织者、领导者而言，只要其是以实施有组织的违法犯罪活动为目的，成立的组织符合立法解释规定的特征，就应当认定为黑社会性质组织。对于参加者而言，行为人虽然不明知参加的组织是黑社会性质的组织，但只要行为人在主观上明知该组织是从事违法犯罪活动的组织，或者当时并不明知是从事违法犯罪的组织，但在加入后发现是从事违法犯罪活动的组织，仍不退出并积极从事违法犯罪活动的，就应当认定其主观上具有参加黑社会性质组织的犯罪故意。

——高憬宏、杨万明主编：《基层人民法院法官培训教材（实务卷·刑事审判篇）》，人民法院出版社 2005 年版，第 335~336 页。

1039. 组织、领导、参加黑社会性质组织罪的刑事责任

关键词

组织、领导、参加黑社会性质组织罪　刑事责任

最高人民法院司法政策精神

2. 关于黑社会性质组织成员的刑事责任。对黑社会性质组织的组织者、领导者，应根据法律规定和本纪要中关于“黑社会性质组织实施的违法犯罪活动”的规定，按照该组织所犯的全部罪行承担刑事责任。组织者、领导者

对于具体犯罪所承担的刑事责任，应当根据其在该起犯罪中的具体地位、作用来确定。对黑社会性质组织中的积极参加者和其他参加者，应按照其所参与的犯罪，根据其在具体犯罪中的地位和作用，依照罪责刑相适应的原则，确定应承担的刑事责任。

——《最高人民法院、最高人民检察院、公安部关于印发〈办理黑社会性质组织犯罪案件座谈会纪要〉的通知》（2009 年 12 月 9 日，法〔2009〕382 号）。

三、关于刑事责任和刑罚适用

（一）已退出或者新接任的组织者、领导者的刑事责任问题

对于在黑社会性质组织形成、发展过程中已经退出的组织者、领导者，或者在加入黑社会性质组织之后逐步发展成为组织者、领导者的犯罪分子，应对其本人参与及其实际担任组织者、领导者期间该组织所犯的全部罪行承担刑事责任。

（二）量刑情节的运用问题

黑社会性质组织的成员虽不具有自首情节，但到案后能够如实供述自己罪行，并具有以下情形之一的，一般应当适用《刑法》第六十七条第三款的规定予以从轻处罚：1. 如实交代大部分尚未被掌握的同种犯罪事实；2. 如实交代尚未被掌握的较重的同种犯罪事实；3. 如实交代犯罪事实，并对收集定案证据、查明案件事实有重要作用的。

积极参加者、一般参加者配合司法机关查办案件，有提供线索、帮助收集证据或者其他协助行为，并在侦破黑社会性质组织犯罪案件、认定黑社会性质组织及其主要成员、追缴黑社会性质组织违法所得、查处“保护伞”等方面起到较大作用的，即使依法不能认定立功，一般也应酌情对其从轻处罚。

组织者、领导者、骨干成员以及“保护伞”协助抓获同案中其他重要的组织成员，或者骨干成员能够检举揭发其他犯罪案件中罪行同样严重的犯罪分子，原则上依法应予从轻或者减轻处罚。组织者、领导者检举揭发与该黑社会性质组织及其违法犯罪活动有关联的其他犯罪线索，如果在是否认定立功的问题上存在事实、证据或法律适用方面的争议，应当严格把握。依法应认定为立功或者重大立功的，在决定是否从宽处罚、如何从宽处罚时，应当根据罪责刑相一致原则从严掌握。可能导致全案量刑明显失衡的，不予从宽处罚。

审理黑社会性质组织犯罪案件，应当通过判处和执行民事赔偿以及积极开展司法救助来最大限度地弥补被害人及其亲属的损失。被害人及其亲属确有特殊困难，需要接受被认定为黑社会性质组织成员的被告人赔偿并因此表示谅解的，量刑时应当特别慎重。不仅应当查明谅解是否确属真实意思表示

以及赔偿款项与黑社会性质组织违法所得有无关联，而且在决定是否从宽处罚、如何从宽处罚时，也应当从严掌握。可能导致全案量刑明显失衡的，不予从宽处罚。

（三）附加剥夺政治权利的适用问题

对于黑社会性质组织的组织者、领导者，可以适用《刑法》第五十六条第一款的规定附加剥夺政治权利。对于因犯参加黑社会性质组织罪被判处5年以上有期徒刑的积极参加者，也可以适用该规定附加剥夺政治权利。

（四）财产刑的适用问题

对于黑社会性质组织的组织者、领导者，依法应当并处没收财产。黑社会性质组织敛财数额特别巨大，但因犯罪分子转移、隐匿、毁灭证据或者拒不交代涉案财产来源、性质，导致违法所得以及其他应当追缴的财产难以准确查清和追缴的，对于组织者、领导者以及为该组织转移、隐匿资产的积极参加者可以并处没收个人全部财产。

对于确属骨干成员的积极参加者一般应当并处罚金或者没收财产。对于其他积极参加者和一般参加者，应当根据所参与实施违法犯罪活动的次数、性质、地位、作用、违法所得数额以及造成损失的数额等情节，依法决定财产刑的适用。

——《全国部分法院审理黑社会性质组织犯罪案件工作座谈会纪要》（2015年10月13日，法〔2015〕291号）。

附录：理解与适用

（二）关于刑事责任和刑罚适用

1. 已退出或者新接任的组织者、领导者的刑事责任范围

《全国部分法院审理黑社会性质组织犯罪案件工作座谈会纪要》((以下简称《纪要》）根据近几年来实践中出现的新情况，明确了在组织者、领导者发生更替的情况下应当如何确定相关人员刑事责任范围的问题。需要重申的是，刑事责任范围不同于刑事责任程度。在具体犯罪中，组织者、领导者并非一定是罪责最为严重者，还是应当根据2009年《办理黑社会性质组织犯罪案件座谈会纪要》的规定，按照其在具体犯罪中的地位、作用来确定责任程度。

2. 量刑情节的运用问题

（1）坦白情节的运用

为节约办理黑社会性质组织犯罪案件的司法资源，鼓励包括组织者、领导者在内的黑社会性质组织成员主动交代犯罪事实，《纪要》列举了一般应当适用《刑法》第六十七条第三款的规定予以从轻处罚的三种情形。其中，前两种情形是针对个罪而言，第三种情形既包括个罪，也包括组织、领导、参加黑社会性质组织罪。

（2）对于配合查办案件行为的积极评价

运用宽严相济刑事政策分化、瓦解犯罪分子，是打黑除恶专项斗争中的一条宝贵经验。实践中，积极参加者、一般参加者的某些配合司法机关查办案件的协助行为依法难以认定为立功。为了给予积极评价，《纪要》规定对此类协助行为量刑时一般应酌情予以从轻处罚。

（3）对于组织者、领导者立功情节的把握

《纪要》规定，“组织者、领导者、骨干成员以及保护伞协助抓获同案中其他重要的组织成员，或者骨干成员能够检举揭发其他犯罪案件中罪行同样严重的犯罪分子，原则上依法应予从轻或者减轻处罚”，这与《最高人民法院关于贯彻宽严相济刑事政策的若干意见》中的有关内容保持一致。对于“组织者、领导者检举揭发与该黑社会性质组织及其违法犯罪活动有关联的其他犯罪线索”的情形，《纪要》作了与2009年《办理黑社会性质组织犯罪案件座谈会纪要》类似的规定。不同的是，《纪要》明确指出，此种揭发检举“如果在是否认定立功的问题上存在事实、证据或法律适用方面的争议，应当严格把握”，进一步体现了不让犯罪分子利用优势地位得利的从严惩处精神。

（4）关于通过民事赔偿取得被害方谅解后可否从宽处罚的问题

黑社会性质组织犯罪分子通过赔偿经济损失取得被害方谅解后可否酌情从轻处罚，这一直是实践中存在争议的问题。我们认为，黑社会性质组织犯罪不仅社会危害极大，而且组织成员往往可以从违法犯罪活动中获得巨额不法利益，具有较强的经济赔偿能力和社会活动能力。因此，对于通过民事赔偿取得被害方谅解的，量刑时应当从严把握，以防止犯罪分子有机可乘。当然，对此问题的理解也不应绝对化，对于组织者、领导者、骨干成员以外的其他黑社会性质组织成员，也可以视其所犯具体罪行的严重程度及其在犯罪中的地位、作用，综合考虑被害方是否具有特殊困难等情况，在确认谅解意思真实、赔偿款项与违法所得无关的情况下，酌情予以从宽处罚。

3. 关于资格刑、财产刑的适用问题

由于组织、领导黑社会性质组织罪的法定最高刑为有期徒刑十五年，积极参加黑社会性质组织罪的法定最高刑为有期徒刑七年，因此，对于组织者、领导者和积极参加者可否适用《刑法》第五十六条第一款的规定附加剥夺政治权利，以及可否并处没收个人全部财产的问题均存在不同认识。有一种意见认为，司法惯例不宜轻易突破，否则可能会引发示范效应。我们认为，考虑到黑社会性质组织犯罪的特殊危害及其自身特点，有必要加大资格刑、财产刑的适用力度。关于能否附加剥夺政治权利的问题，虽然司法实践中一般都掌握在处刑十年以上的才附加剥夺政治权利，但这并不是法律的明文规定。黑社会性质组织犯罪属于严重危害社会治安、严重破坏社会秩序的犯罪，而有期徒刑五年又是目前重刑率的计算起点，因此，对于因犯组织、领导、参加黑社会性质组织罪而被判处五年以上、十年以下有期徒刑的组织者、领导者和积极参加者，也可以适用《刑法》第五十六条第一款的规定附加剥夺政治权利。关于对组织者、领导者和积极参加者能否并处没收个人全部财产的问题，我们同样持肯定的观点。首先，刑法并未规定对于判处有期徒刑的被告人不能并处没收个人全部财产。其次，刑法修正案（八）之所以增设财产刑，就是考虑到黑社会性质组织犯罪案件中甄别涉案财产来源、性质的难度极大，仅靠追缴、没收违法所得和犯罪工具不足以彻底摧毁黑社会性质组织的经济基础。因此，审判时应当充分运用现有法律规定加大惩治力度。最后，《纪要》对于组织者、领导者和部分积极参加者并处没收个人全部财产的前提条件做了较为严格的限定，并非可以随意适用，应符合罪刑责一致的基本原则。

——戴长林、朱和庆、刘广三、周川、张向东：《〈全国部分法院审理黑社会性质组织犯罪案件工作座谈会纪要〉的理解与适用》，载最高人民法院刑事审判第一、二、三、四、五庭编：《刑事审判参考》总第107集，法律出版社2017年版，第147~149页。

附录：最高人民法院主流观点

（三）组织、领导、参加黑社会性质组织罪的刑事责任

依照《刑法》第294条第1款规定，组织、领导黑社会性质的组织的，处七年以上有期徒刑，并处没收财产；积极参加的，处三年以上七年以下有期徒刑，可以并处罚金或者没收财产；其他参加的，处三年以下有期徒刑、拘役、管制或者剥夺政治权利，可以并处罚金。

依照《刑法》第294条第4款规定，犯本罪又有其他犯罪行为的，依照数罪并罚的规定处罚。

司法机关在适用《刑法》第294条第1款、第4款规定处罚时，应当注意以下问题：

1. 关于组织者、领导者的刑事责任。黑社会性质组织是犯罪集团的一种，《刑法》第26条第3款规定："对组织、领导犯罪集团的首要分子，按照集团所犯的全部罪行处罚。"因此，2000年《审理黑社会性质组织犯罪案件解释》和2009年《办理黑社会性质组织犯罪案件纪要》均强调，对于黑社会性质组织的组织者、领导者，应当按照其所组织、领导的黑社会性质组织所犯的全部罪行处罚。在具体理解和把握时，要注意两个问题：一要严格区分组织罪行和个人罪行。即某一违法犯罪事实只有被认定为组织罪行后，作为黑社会性质组织的组织者、领导者，才应当承担相应的刑事责任，不属于组织罪行的，如组织成员个人所实施的违法犯罪活动，组织者、领导者不承担相应的刑事责任。二要将组织者、领导者承担刑事责任的范围同承担刑事责任的

程度区别开。组织者、领导者按照该黑社会性质组织所犯的全部罪行承担刑事责任的相关规定，主要明确了组织者、领导者所承担责任的范围，即对什么样的罪行作为组织者、领导者才为此承担刑事责任。同时，2009 年《办理黑社会性质组织犯罪案件纪要》还规定："组织者、领导者对于具体犯罪所承担的刑事责任，应当根据其在该起犯罪中的具体地位、作用来确定。"该规定又进一步明确了组织者、领导者在具体犯罪中所承担责任的程度，即组织者、领导者虽然是黑社会性质组织的灵魂、核心人物，但在具体犯罪中，其所承担刑事责任的大小，还要结合其在该起具体犯罪中的地位和作用实事求是地确定，不能简单"一刀切"认为组织者、领导者当然应当承担罪责最为严重的刑事责任。

例如，在某起具体犯罪中，犯意的提起，相关预谋、准备、实施等环节均由其他组织成员完成，组织者、领导者虽予认可或默许，但并未具体参与，那么，组织者、领导者虽应当就该起组织罪行承担刑事责任，但所应当承担的刑事责任程度，一般应小于造意犯、实行犯，量刑时要有所区别。

2. 关于积极参加者和其他参加者（一般参加者）的刑事责任。对于积极参加者和其他参加者（一般参加者），应按照其所参与的犯罪，根据其在具体犯罪中的地位和作用，依照罪责刑相适应的原则，确定应承担的刑事责任。值得注意的是，作为黑社会性质组织骨干成员的积极参加者，由于其在犯罪组织中的地位和作用仅次于组织者、领导者，在具体犯罪中通常比其他积极参加者更为积极，人身危险性更深，社会危害性更大，在认定所承担的刑事责任时，一般要体现从严惩处精神，从而落实罪责刑相一致原则。

实践中，有的黑社会性质组织涉及面广，参加人数众多，参加者情况复杂，其中有些参加者仅仅履行了参加黑社会性质组织的手续，没有实施其他违法犯罪活动，有些则属于受蒙蔽、胁迫参加黑社会性质组织，虽有轻微的不良行为或者违法事实，但危害不大。如果对这些参加者统统定罪处罚，不仅增加了司法成本，而且不能有效发挥刑罚的分化、瓦解功能，难以收到很好的政治效果、法律效果和社会效果。对于这些情况，要积极运用《刑法》第 13 条但书的规定，对情节显著轻微、危害不大的，不作为犯罪处理，即不再追究相关人员的刑事责任。

——胡云腾主编：《刑法罪名精释（第五版）》，人民法院出版社 2022 年版，第 1019~1020 页。

《刑事审判参考》指导案例

张宝义等组织、领导、参加黑社会性质组织案（《刑事审判参考》指导案例第 626 号）

裁判要点：根据被告人在黑社会性质组织中的地位、作用，依照罪刑相适应原则，确定其刑事责任。

（一）对黑社会性质组织的组织者、领导者，应按照该组织所犯全部罪行承担刑事责任，但对非组织犯罪不应承担刑事责任。

（二）对黑社会性质组织中的积极参加者和其他参加者，应按照其所参与的犯罪，根据其在具体犯罪中的地位和作用，依照罪责刑相适应的原则，确定应承担的刑事责任。

（三）对黑社会性质组织犯罪中涉案的非黑社会组织成员的被告人，应当按照其在共同犯罪中的地位、作用，确定应当承担的刑事责任。

——最高人民法院刑事审判第一、二、三、四、五庭主办：《刑事审判参考》2010 年第 3 集（总第 74 集），法律出版社 2010 年版，第 85~98 页。

王江等组织、领导、参加黑社会性质组织案（《刑事审判参考》指导案例第 629 号）

裁判要点：黑社会性质组织的领导者、决策者，应当对其组织、领导的犯罪承担责任。

为准确认定和打击黑社会性质组织犯罪，2002 年 4 月 28 日全国人大常委会通过了《关于（中华人民共和国刑法）第二百九十四条第一款的解释》（以下简称《立法解释》），明确了黑社会性质组织应当同时具备组织结构、经济实力、非法行为及非法控制四个方面的特征。据此，要认定以被告人王江为首的犯罪集团是否是黑社会性质组织，必须审查其是否符合上述四个方面的特征。

是否具备黑社会性质组织的组织结构特征。王江团伙成员多达数十人，有一定的规模；组成人员基本稳定，有明确的组织者、领导者，骨干成员固定，内部层次分明。王江和刘永华是组织者、领导者，王江地位最高，刘永华次之，二人对整个组织及其运行起决策、指挥、管理作用；蒋庆文、秦晓凡等 8 人是骨干成员，从王江、刘永华处接受任务并指挥和积极参与实施具体犯罪活动；蒋庆文等骨干成员手下有郭宇麟等第三层次成员，郭宇麟等人手下又有第四层次的成员。同时，王江团伙采取“大哥”带“小弟”的管理形式，并有不成文的组织纪律（如服从命令，统一行动，互相包庇，禁止吸毒等），对成员的行动进行约束。由此，可以认为，以王江为首的犯罪集团在组织结构特征上符合黑社会性质组织特征。

是否具备黑社会性质组织的经济实力特征。这是黑社会性质组织区别于其他一般犯罪集团的明显特征。由于不同地区的经济发展水平、不同行业的利润空间均有很大差异，并且黑社会性质组织存在、发展的时间也各有不同，“一定的经济实力”不要求组织所具有的经济实力必须达到特定规模或特定数额，也不要求必须开办经济实体。王江团伙长期通过有组织地开设赌场，聚众赌博，在赌场发放高利贷，向娱乐场收取保护费等违法犯罪活动获取经济利益，凭借组织势力强行入股或以少量投资多占股份等方式参与数家公司经营，还通过垄断景德镇市南环高速公路建设工地的石料供应，对景德镇市供电局及华意电器公司的废旧物品进行控制收购，聚敛大量钱财，具备较强的经济实力。

是否具备黑社会性质组织的非法行为特征。黑社会性质组织违法犯罪活动具有暴力性特征，除通常使用的暴力、威胁手段外，还会以暴力、威胁为基础，利用组织势力和影响，进行所谓的谈判、协商、调解，或以滋扰、哄闹、聚众等其他形式干扰、破坏正常经济、社会生活秩序。王江等人为争取、维护组织及组织成员的经济利益和其他利益，或插手他人纠纷，或报复与组织及其成员有矛盾的人，或为组织的非法经济活动清除障碍，有组织地实施了故意杀人、故意伤害、聚众斗殴、寻衅滋事等多起违法犯罪活动，欺压、残害当地群众，形成了恐怖氛围，以至于群众“谈王色变”。

是否具有黑社会性质组织的非法控制特征。这是黑社会性质组织区别于一般犯罪集团的最重要特征。非法控制意味着在一定的地域范围、特定的行业领域内形成一种非法操纵、控制地位；或者施以重大影响，使正常的社会管理和行业管理不能得以运行，严重破坏正常的经济、社会生活秩序。王江团伙虽然没有“保护伞”，但通过持刀、枪实施违法犯罪行为，在景德镇市称霸一方，使当地群众产生心理恐惧和不安全感，严重破坏了当地的社会治安秩序；通过强行入股、非法参与公司经营、非法插手废旧物品拍卖，垄断景德镇市南环高速公路的石料供应，对景德镇市供电局和华意电器公司的废旧物品进行控制收购，严重破坏了当地的市场经济秩序。

（二）被告人王江应对杀害章军的犯罪承担组织、领导责任及主要罪责

在案证据证实，杀害章军是以被告人王江为首的黑社会性质组织所犯的罪行，王江起到了组织、领导作用，应当承担组织、领导责任及主要罪责。具体理由如下：

1. 秦晓凡等人杀害章军的根本目的是维护组织的利益。章军被杀的起因是秦晓凡依仗王江为首的黑社会性质组织的势力强行插手曹弘经营的煤炭运输生意，因而与曹弘、章军产生矛盾。王江与秦晓凡等人认为章军开枪威胁秦晓凡，无视以王江为首的犯罪组织的权威与利益，故有组织地报复章军。秦晓凡供称，其与王江是一伙的，其被曹弘、章军持枪威胁后，打电话向王江报告，目的是寻求王江及其组织的支持。王江亦供认，秦晓凡和他是一伙

的，秦晓凡打架输了，他们一伙人都出了丑，社会上的人会看不起他们，他希望秦晓凡能把架打赢，挽回团伙的面子，并向秦晓凡提供作案枪支。这表明王江支持秦晓凡报复章军，不单纯是为了秦晓凡的私利，更主要是为了维护王江组织的利益。秦晓凡是该黑社会性质组织的骨干成员，而王江是该组织的领导者，应对该起犯罪承担组织、领导责任。

2. 王江具有杀害章军的故意。秦晓凡与刘克华直接枪击章军的头、躯干部位，主观上希望章军死亡；而王江明知秦晓凡持枪报复他人会发生致人死亡的结果，仍向秦晓凡提供枪支，并带组织成员前往现场支持、援助，故应认定王江主观上有杀害章军的故意。

3. 王江在该起共同犯罪中起到了主要作用。秦晓凡被曹弘、章军开枪威胁后，为寻求组织支持而向王江报告。在王江的主持下，该组织决定报复曹弘、章军。蒋庆文供称，“大家商量后，王江决定要打回来”；胡德贵、蒋庆文、万鸿供称，商量中“大家听王江表了态，也都说要去找曹弘”；王江亦供认，“大家商量要找曹弘、章军再打一架”。可见，王江不仅参加了商量，而且起到了主持、决定作用。同时，为实施报复，王江还将自己的一支五连发猎枪交给秦晓凡使用。案发当天，秦晓凡向王江报告要去修理厂报复章军后，王江表示一同前往，并带领万鸿和胡德贵赶到现场援助秦晓凡。作案后，王江指使秦晓凡等人外逃，为秦晓凡外逃及赔偿被害人亲属提供资金，为逃避打击与秦晓凡、胡德贵、蒋庆文串供。

从王江的上述行为看，其作为该黑社会性质组织的领导者、决策者，召集成员商议并拍板决定报复事宜，向秦晓凡提供枪支，带组织成员前往现场援助，其行为和意志对杀害章军起到了决定性作用，故应对其组织、领导的犯罪承担责任。同时，其系该起共同故意杀人犯罪中的主犯，且所起作用大于直接实施杀人行为的秦晓凡和刘克华，应承担致人死亡的主要罪责。王江为维护以其为首的黑社会性质组织的利益而杀死章军，又系累犯，最高人民法院依法核准其死刑，体现了宽严相济刑事政策中依法从严惩处首要分子的精神。

——最高人民法院刑事审判第一、二、三、四、五庭主办：《刑事审判参考》2010 年第 3 集（总第 74 集），法律出版社 2010 年版，第 122~135 页。

1040. 涉黑犯罪财物及其收益的认定和处置

关键词

涉黑犯罪财物

最高人民法院司法政策精神

3. 关于涉黑犯罪财物及其收益的认定和处置。在办案时，要依法运用查封、扣押、冻结、追缴、没收等手段，彻底摧毁黑社会性质组织的经济基础，防止其死灰复燃。对于涉黑犯罪财物及其收益以及犯罪工具，均应按照《刑法》第六十四条和《司法解释》第七条的规定予以追缴、没收。黑社会性质组织及其成员通过犯罪活动聚敛的财物及其收益，是指在黑社会性质组织的形成、发展过程中，该组织及组织成员通过违法犯罪活动或其他不正当手段聚敛的全部财物、财产性权益及其孳息、收益。在办案工作中，应认真审查涉案财产的来源、性质，对被告人及其他单位、个人的合法财产应依法予以保护。

——《最高人民法院、最高人民检察院、公安部关于印发〈办理黑社会性质组织犯罪案件座谈会纪要〉的通知》(2009 年 12 月 9 日，法〔2009〕382 号)。

1041. 认定黑社会性质组织犯罪的证据要求

关键词

黑社会性质组织犯罪　证据要求

最高人民法院司法政策精神

4. 关于认定黑社会性质组织犯罪的证据要求。办理涉黑案件同样应当坚持案件“事实清楚，证据确实、充分”的法定证明标准。但应当注意的是，“事实清楚”是指能够对定罪量刑产生影响的事实必须清楚，而不是指整个案件的所有事实和情节都要一一查证属实；“证据确实、充分”是指能够据以定罪量刑的证据确实、充分，而不是指案件中所涉全部问题的证据都要达到确实、充分的程度。对此，一定要准确理解和把握，不要纠缠那些不影响定罪量刑的枝节问题。比如，在可以认定某犯罪组织已将所获经济利益部分用于组织活动的情况下，即使此部分款项的具体数额难以全部查实，也不影响定案。

——《最高人民法院、最高人民检察院、公安部关于印发〈办理黑社会性质组织犯罪案件座谈会纪要〉的通知》(2009 年 12 月 9 日，法〔2009〕382 号)。

《刑事审判参考》指导案例

乔永生等组织、领导、参加黑社会性质组织案（《刑事审判参考》指导案例第 628 号）

裁判要点：办理涉黑案件，证据标准是对定罪量刑产生影响的事实清楚，据以定罪量刑的证据确实、充分。

本案中，公诉机关证明被告人乔永生等人构成组织、领导、参加黑社会性质组织罪的证据，已经达到了事实清楚，证据确实、充分的证明标准。

《最高人民法院关于贯彻宽严相济刑事政策的若干意见》规定，对于黑社会性质组织犯罪，要作为严惩的重点，依法从重处罚。为防止将已构成黑社会性质组织犯罪的案件“降格”处理，或者因为强调严厉打击而将不构成此类犯罪的共同犯罪案件“拔高”认定，《最高人民法院、最高人民检察院、公安部办理黑社会性质组织犯罪案件座谈会纪要》(以下简称《纪要》)也明确规定，办理涉黑案件同样应当坚持案件“事实清楚，证据确实、充分”的法定证明标准。《纪要》同时指出，“事实清楚”是指能够对定罪量刑产生影响的事实必须清楚，而不是指整个案件的所有事实和情节都要一一查证属实；“证据确实、充分”是指能够据以定罪量刑的证据确实、充分，而不是指案件中所涉全部问题的证据都要达到确实、充分的程度。

与普通刑事案件相比，黑社会性质组织犯罪具有组织性、隐蔽性和持续性等特征，这使得该类案件的证据收集工作面临较大的困难。在现阶段，公安机关对黑社会性质组织力争“打早打小”，因此，一些处于初期阶段的黑社会性质组织，其特征可能不如发展壮大阶段的黑社会性质组织那样明显。因此，对于公诉机关提交的证据，既要全面、认真地予以审查，确保定罪量刑的事实、情节均有可靠的证据予以证实；又不能提出过于严格、脱离司法实际的要求。

在实践中。除了根据立法解释和司法解释的规定，围绕黑社会性质组织四个方面的特征收集证据，确保上述四个方面的特征均有证据予以证明之外，对该类犯罪证据的审查判断和分析，还需要把握以下几个方面的要点：

第一，不仅需要重视分析各被告人尤其是骨干人员的供述，而且需要重视分析会计账目、借据、合同等书证以及证人证言、被害人陈述等证据。

第二，不仅需要审查证据的表层含义，而且需要挖掘证据的深层价值。

第三，不仅需要审查单个证据的可靠性，而且需要审查各个证据之间的融贯性。

第四，不仅需要重视单个证据独立的证明价值，而且需要重视证据之间的关联分析，同时还要重视所有证据的整体证明价值。黑社会性质组织犯罪涉及的证据数量大、种类多，对证据分工作的要求较高。在实践中，单个证据本身可能不能完全证明某项事实，但如果将多个证据整合起来，形成完整的证据链条，就能够有力地证明特定的事实，产生整体大于部分之和的证明功效。如果仅仅罗列证据而不重视证据分析，很难有效地证明案件事实。因此，在证据分析过程中，在挖掘单个证据证明价值的基础上，要重视对多个证据进行关联分析。

——最高人民法院刑事审判第一、二、三、四、五庭主办：《刑事审判参考》2010 年第 3 集（总第 74 集），法律出版社 2010 年版，第 110~121 页。

1042. 黑社会性质组织成员的立功问题

关键词

黑社会组织成员　立功

最高人民法院司法政策精神

5. 关于黑社会性质组织成员的立功问题。积极参加者、其他参加者配合司法机关查办案件，有提供线索、帮助收集证据或者其他协助行为，并对侦破黑社会性质组织犯罪案件起到一定作用的，即使依法不能认定立功，一般也应酌情对其从轻处罚。组织者、领导者检举揭发与该黑社会性质组织及其违法犯罪活动有关联的其他犯罪线索，即使依法构成立功或者重大立功，在量刑时也应从严掌握。

——《最高人民法院、最高人民检察院、公安部关于印发〈办理黑社会性质组织犯罪案件座谈会纪要〉的通知》（2009 年 12 月 9 日，法〔2009〕382 号）。

1043. 黑社会性质组织犯罪案件审判中宽严相济刑事政策的把握

关键词

黑社会性质组织犯罪　宽严相济刑事政策

最高人民法院司法政策精神

7. 贯彻宽严相济刑事政策，必须毫不动摇地坚持依法严惩严重刑事犯罪的方针。对于危害国家安全犯罪、恐怖组织犯罪、邪教组织犯罪、黑社会性质组织犯罪、恶势力犯罪、故意危害公共安全犯罪等严重危害国家政权稳固和社会治安的犯罪，故意杀人、故意伤害致人死亡、强奸、绑架、拐卖妇女儿童、抢劫、重大抢夺、重大盗窃等严重暴力犯罪和严重影响人民群众安全感的犯罪，走私、贩卖、运输、制造毒品等毒害人民健康的犯罪，要作为严惩的重点，依法从重处罚。尤其对于极端仇视国家和社会，以不特定人为侵害对象，所犯罪行特别严重的犯罪分子，该重判的要坚决依法重判，该判处死刑的要坚决依法判处死刑。

30. 对于恐怖组织犯罪、邪教组织犯罪、黑社会性质组织犯罪和进行走私、诈骗、贩毒等犯罪活动的犯罪集团，在处理时要分别情况，区别对待：对犯罪组织或集团中的为首组织、指挥、策划者和骨干分子，要依法从严惩处，该判处重刑或死刑的要坚决判处重刑或死刑；对受欺骗、胁迫参加犯罪组织、犯罪集团或只是一般参加者，在犯罪中起次要、辅助作用的从犯，依法应当从轻或减轻处罚，符合缓刑条件的，可以适用缓刑。

——《最高人民法院印发〈关于贯彻宽严相济刑事政策的若干意见〉的通知》（2010 年 2 月 8 日，法发〔2010〕9 号）。

最高人民法院审判业务意见

三、黑社会性质组织犯罪案件审判中宽严相济的把握

（一）准确认定黑社会性质组织

黑社会性质组织犯罪由于其严重的社会危害性，在打击处理上不能等其坐大后进行，要坚持“严打”的方针，坚持“打早打小”的策略。但黑社会性质组织的认定，必须严格依照《刑法》和全国人民代表大会常务委员会《关于〈中华人民共和国刑法〉第二百九十四条第一款的解释》的规定，从组织特征、经济特征、行为特征和非法控制特征四个方面进行分析。认定黑社会性质组织犯罪四个特征必须同时具备。当然，实践中许多黑社会性质组织并不是四个特征都很明显，在具体认定时，应根据立法本意，认真审查、分析黑社会性质组织四个特征相互间的内在联系，准确评价涉案犯罪组织所造成的社会危害。既要防止将已具备黑社会性质组织四个特征的案件“降格”处理，也不能因为强调严厉打击将不具备四个特征的犯罪团伙“拔高”认定为黑社会性质组织。在黑社会性质组织犯罪的审判中贯彻宽严相济刑事政策，要始终坚持严格依法办案，坚持法定标准，这是最高人民法院《关于贯彻宽严相济刑事政策的若干意见》（以下简称《意见》）的基本要求。

（二）区别对待黑社会性质组织的不同成员

《意见》第 30 条明确了黑社会性质组织中不同成员的处理原则：分别情况，区别对待。对于组织者、领导者应依法从严惩处，其承担责任的犯罪不限于自己组织、策划、指挥和实施的犯罪，而应对组织所犯的全部罪行承担

责任。实践中，一些黑社会性质组织的组织者、领导者，只是以其直接实施的犯罪起诉、审判，实际上是轻纵了他们的罪行。要在区分组织犯罪和组织成员犯罪的基础上，合理划定组织者、领导者的责任范围，做到不枉不纵。同时，还要注意责任范围和责任程度的区别，不能简单认为组织者、领导者就是具体犯罪中责任最重的主犯。对于组织成员实施的黑社会性质组织犯罪，组织者、领导者只是事后知晓，甚至根本不知晓，其就只应负有一般的责任，直接实施的成员无疑应负最重的责任。

对于积极参加者，应根据其在具体犯罪中的地位、作用，确定其应承担的刑事责任。确属黑社会性质组织骨干成员的，应依法从严处罚。对犯罪情节较轻的其他参加人员以及初犯、偶犯、未成年犯，则要依法从轻、减轻处罚。对于参加黑社会性质的组织，没有实施其他违法犯罪活动的，或者受蒙蔽、胁迫参加黑社会性质的组织，情节轻微的，则可以不作为犯罪处理。

此外，在处理黑社会性质组织成员间的检举、揭发问题上，既要考虑线索本身的价值，也要考虑检举、揭发者在黑社会性质组织犯罪中的地位、作用，防止出现全案量刑失衡的现象。组织者、领导者检举揭发与该黑社会性质组织及其违法犯罪活动有关联的其他犯罪线索，即使依法构成立功或者重大立功，在考虑是否从轻量刑时也应从严予以掌握。积极参加者、其他参加者配合司法机关查办案件，有提供线索、帮助收集证据或者其他协助行为，并对侦破黑社会性质组织犯罪案件起到一定作用的，即使依法不能认定立功，一般也应酌情对其从轻处罚。

——最高人民法院刑事审判第三庭：《在审理故意杀人、伤害及黑社会性质组织犯罪案件中切实贯彻宽严相济刑事政策》，载《人民法院报》2010 年 4 月 14 日。

《刑事审判参考》指导案例

张畏组织、领导黑社会性质组织、故意伤害，贷款诈骗、虚开增值税专用发票、非法经营，故意毁坏财物、非法拘禁案（《刑事审判参考》指导案例第 142 号）

裁判要点：对黑社会性质组织，应依照《刑法》和司法解释的相关规定认定，应当同时具备最高人民法院《关于审理黑社会性质组织犯罪的案件具体应用法律若干问题的解释》所规定的四个特征；黑社会性质组织的组织者、领导者应对该组织的全部犯罪负责。

还应指出的是，明确黑社会性质组织犯罪的四个特征以及严格掌握这四个特征，目的在于准确把握此类犯罪。其中，有些案件，根据《解释》的规定，虽然可能不构成黑社会性质组织犯罪，但凡构成其他罪的，仍应依法惩处，因此不会影响对严重犯罪的打击力度。

在司法实践中，应从以下 4 个方面把握黑社会性质组织的特征：

1. 关于组织结构。黑社会性质组织的组织结构比较紧密，人数较多，有比较明确的组织者、领导者，骨干成员基本固定，有较为严格的组织纪律。“人数较多”的标准，从司法实践看，一般掌握在 10 人左右或者以上为宜。“有较为严格的组织纪律”，是指有较为严格的约束成员行为的规则，表现为“帮规”“约定”等，而不要求有明确的组织名称、章程、文字规定等。

2. 关于经济实力。黑社会性质组织往往通过违法犯罪活动或者其他手段获取经济利益，具有一定的经济实力。黑社会性质组织不论是通过违法犯罪活动还是通过正常经营获取的；不论是先成立黑社会性质组织后具备经济实力，还是先具备经济实力后成立黑社会性质组织；不论目前经济实力是较为雄厚，还是较为薄弱，只要犯罪的主要目的是获取经济利益，实施了获取经济利益的行为，就可认定该特征。

3. 关于非法保护。黑社会性质组织往往通过贿赂、威胁等手段向国家机关渗透，引诱、逼迫国家工作人员参加黑社会性质组织活动，或者为其提供非法保护，或者直接向国家机关安插成员。我们认为，具有下列情形之一的，即可认定具备该项特征：（1）组织者、领导者、积极参加者中有具有国家工作人员身份的；（2）通过贿赂、威胁等手段向国家工作人员寻求非法保护，非法保护已经形成、正在形成或者未得逞的；（3）黑社会性质组织在国家工作人员不知情的情况下，利用其特定身份掩护该组织非法活动的。

4. 关于行为方式。黑社会性质组织往往在一定区域诸如某一村、乡、县等，或者在一定行业诸如建筑业、运输业、手工业等范围内，以暴力、威胁、滋扰等手段，大肆进行敲诈勒索、欺行霸市、聚众斗殴、寻衅滋事、故意伤害等违法犯罪活动，称王称霸，欺压、残害群众，严重破坏经济、社会生活秩序。

——最高人民法院刑事审判第一庭、第二庭编：《刑事审判参考》2001 年第 11 辑（总第 22 辑），法律出版社 2001 年版，第 30~44 页。

范泽忠等组织、参加黑社会性质组织案（《刑事审判参考》指导案例第 630 号）

裁判要点：根据被告人参与犯罪的不同程度、主观恶性和人身危险性方面的差异，既要对首要分子、骨干分子等主观恶性深、罪行严重的犯罪分子体验“严”的一面，也要对在犯罪中起到次要、辅助作用的从犯从宽处罚，宽以济严。

在审理黑社会性质组织犯罪案件中贯彻宽严相济刑事政策，需深刻领会“相济”的含义，着重体现“严中有宽，宽以济严”的政策精神。宽严相济刑事政策是惩办与宽大相结合政策在新时期的继承、发展和完善，是我国现阶段的基本刑事政策，贯穿于刑事立法、刑事司法和刑罚执行的全过程。宽严相济，就是要根据犯罪的具体情况，实行区别对待，做到该宽则宽，当严则严，罚当其罪。“严”，要求依法严惩严重刑事犯罪，对罪行十分严重、社会危害性极大，依法应当判处重刑或死刑的，要坚决地判处重刑或死刑。“宽”，要求对于情节较轻、社会危害性较小的犯罪，或者罪行虽然严重，但具有法定、酌定从宽处罚情节以及主观恶性相对较小、人身危险性不大的被告人，可以依法从轻、减轻或者免除处罚。宽严相济刑事政策的关键在于“相济”。“济”指救济、协调、结合之意。宽严“相济”是指不仅对于犯罪应当有宽有严，而且在宽与严之间还应当具有一定的平衡，互相衔接，形成良性互动，以避免宽严皆误结果的发生。在宽严相济刑事政策的语境中，既不能宽大无边或严厉过苛，也不能对宽时严，宽严失当。“相济”就是要对各类犯罪依法处罚，综合运用宽和严两种手段，对不同的犯罪和犯罪分子区别对待，做到严中有宽、宽以济严；宽中有严、严以济宽。“相济”不是宽与严的简单相加，而是相互协调、相互配合、相互补充、相互依存。只有同时把握“严中有宽、宽以济严”和“宽中有严、严以济宽”这两个方面，才是对“相济”的全面理解，才能对宽严相济刑事政策精神实质有彻底领悟，进而真正发挥这一政策在实践中的功效和张力。

在审理黑社会性质组织犯罪案件时，把握宽严相济刑事政策，需着重体现“严中有宽，宽以济严”的政策精神。“相济”的根本依据是罪责刑相适应原则。无论宽还是严，对被告人最终所处的刑罚，都应当是与其所犯罪行和所承担的刑事责任相适应的，都是在准确认定犯罪社会危害性的前提下，在充分考量犯罪人的主观恶性和人身危险性，准确认定犯罪人罪责大小的前提下，确定是否从宽、从严以及从宽和从严的幅度，确保罚当其罪，最大限度发挥刑罚功能，最大限度实现刑罚目的。黑社会性质组织犯罪严重破坏国家的经济和社会秩序，危害人民群众的生命财产安全，社会危害性大，应当作为严惩的重点，依法从严处罚。因此，在司法实践中，对黑社会性质组织犯罪的处罚在总体上要体现“严”的一面。但是，“总体从严”绝不是对涉案的每个被告人都一概判处重刑。“相济”的核心是刑罚个别化原则。对严重刑事犯罪原则上要依法从严打击，但在具体处罚上，不仅要根据不同时期、不同地区的社会形势、治安状况等因素，有区别地把握“严”的尺度，而且对其中主观恶性和人身危险性较小、具有自首、立功、真诚悔罪、积极赔偿等法定、酌定从宽处罚情节的犯罪分子，应依法、依政策从宽处理、济之以宽。对于首要分子、骨干分子等主观恶性深、罪行严重的犯罪分子，应体现出“严”的一面，依法从严惩处，该判处重刑或死刑的要坚决依法判处。但对于一般参加者，特别是在犯罪中起次要、辅助作用的从犯，就应侧重于体现“宽”的一面，依法从宽处理，宽以济严。没有区别就没有政策。切实把握好“严中有宽、宽以济严”，对于有效打击黑社会性质组织犯罪、分化瓦解犯罪分子具有重大意义。

2010 年 2 月，最高人民法院印发了《关于贯彻宽严相济刑事政策的若干意见》(以下简称《意见》)，在提出对黑社会性质组织犯罪整体从严惩处的同时，也强调贯彻宽严相济刑事政策，予以区别对待，即“对犯罪组织或集团中的为首组织、指挥、策划者和骨干分子，要依法从严惩处，该判处重刑或死刑的要坚决判处重刑或死刑；对受欺骗、胁迫参加犯罪组织、犯罪集团或只是一般参加者，在犯罪中起次要、辅助作用的从犯，依法应当从轻或减轻处罚，符合缓刑条件的，可以适用缓刑”。

——最高人民法院刑事审判第一、二、三、四、五庭主办：《刑事审判参考》2010 年第 3 集（总第 74 集），法律出版社 2010 年版，第 136~144 页。

1044. 正确理解和把握黑社会性质组织的其他问题

关键词

黑社会性质组织

最高人民法院司法政策精神

（二）关于办理黑社会性质组织犯罪案件的其他问题

1. 关于包庇、纵容黑社会性质组织罪主观要件的认定。本罪主观方面要求必须是出于故意，过失不能构成本罪。会议认为，只要行为人知道或者应当知道是从事违法犯罪活动的组织，仍对该组织及其成员予以包庇，或者纵容其实施违法犯罪活动，即可认定本罪。至于行为人是否明知该组织系黑社会性质组织，不影响本罪的成立。

2. 关于黑社会性质组织成员的刑事责任。对黑社会性质组织的组织者、领导者，应根据法律规定和本纪要中关于“黑社会性质组织实施的违法犯罪活动”的规定，按照该组织所犯的全部罪行承担刑事责任。组织者、领导者对于具体犯罪所承担的刑事责任，应当根据其在该起犯罪中的具体地位、作用来确定。对黑社会性质组织中的积极参加者和其他参加者，应按照其所参与的犯罪，根据其在具体犯罪中的地位和作用，依照罪责刑相适应的原则，确定应承担的刑事责任。

3. 关于涉黑犯罪财物及其收益的认定和处置。在办案时，要依法运用查封、扣押、冻结、追缴、没收等手段，彻底摧毁黑社会性质组织的经济基础，防止其死灰复燃。对于涉黑犯罪财物及其收益以及犯罪工具，均应按照刑法第六十四条和《司法解释》第七条的规定予以追缴、没收。黑社会性质组织及其成员通过犯罪活动聚敛的财物及其收益，是指在黑社会性质组织的形成、发展过程中，该组织及组织成员通过违法犯罪活动或其他不正当手段聚敛的全部财物、财产性权益及其孳息、收益。在办案工作中，应认真审查涉案财产的来源、性质，对被告人及其他单位、个人的合法财产应依法予以保护。

4. 关于认定黑社会性质组织犯罪的证据要求。办理涉黑案件同样应当坚持案件"事实清楚，证据确实、充分"的法定证明标准。但应当注意的是，"事实清楚"是指能够对定罪量刑产生影响的事实必须清楚，而不是指整个案件的所有事实和情节都要一一查证属实；"证据确实、充分"是指能够据以定罪量刑的证据确实、充分，而不是指案件中所涉全部问题的证据都要达到确实、充分的程度。对此，一定要准确理解和把握，不要纠缠那些不影响定罪量刑的枝节问题。比如，在可以认定某犯罪组织已将所获经济利益部分用于组织活动的情况下，即使此部分款项的具体数额难以全部查实，也不影响定案。

5. 关于黑社会性质组织成员的立功问题。积极参加者、其他参加者配合司法机关查办案件，有提供线索、帮助收集证据或者其他协助行为，并对侦破黑社会性质组织犯罪案件起到一定作用的，即使依法不能认定立功，一般也应酌情对其从轻处罚。组织者、领导者检举揭发与该黑社会性质组织及其违法犯罪活动有关联的其他犯罪线索，即使依法构成立功或者重大立功，在量刑时也应从严掌握。

6. 关于对"恶势力"团伙的认定和处理。"恶势力"是黑社会性质组织的雏形，有的最终发展成为黑社会性质组织。因此，及时严惩"恶势力"团伙犯罪，是遏制黑社会性质组织滋生，防止违法犯罪活动造成更大社会危害的有效途径。

会议认为，"恶势力"是指经常纠集在一起，以暴力、威胁或其他手段，在一定区域或者行业内多次实施违法犯罪活动，为非作恶，扰乱经济、社会生活秩序，造成较为恶劣的社会影响，但尚未形成黑社会性质组织的犯罪团伙。"恶势力"一般为三人以上，纠集者、骨干成员相对固定，违法犯罪活动一般表现为敲诈勒索、强迫交易、欺行霸市、聚众斗殴、寻衅滋事、非法拘禁、故意伤害、抢劫、抢夺或者黄、赌、毒等。各级人民法院、人民检察院和公安机关在办案时应根据本纪要的精神，结合组织化程度的高低、经济实力的强弱、有无追求和实现对社会的非法控制等特征，对黑社会性质组织与"恶势力"团伙加以正确区分。同时，还要本着实事求是的态度，正确理解和把握"打早打小"方针。在准确查明"恶势力"团伙具体违法犯罪事实的基础上，构成什么罪，就按什么罪处理，并充分运用刑法总则关于共同犯罪的规定，依法惩处。对符合犯罪集团特征的，要按照犯罪集团处理，以切实加大对“恶势力”团伙依法惩处的力度。

7. 关于视听资料的收集、使用。公安机关在侦查时要特别重视对涉黑犯罪视听资料的收集。对于那些能够证明涉案犯罪组织具备黑社会性质组织的“四个特征”及其实施的具体违法犯罪活动的录音、录像资料，要及时提取、固定、移送。通过特殊侦查措施获取的视听资料，在移送审查起诉时，公安机关对证据的来源、提取经过应予说明。

8. 庭审时应注意的有关问题。为确保庭审效果，人民法院在开庭审理涉黑案件之前，应认真做好庭审预案。法庭调查时，除必须传唤共同被告人同时到庭质证外，对各被告人应当分别讯问，以防止被告人当庭串供或者不敢如实供述、作证。对于诉讼参与人、旁听人员破坏法庭秩序、干扰法庭审理的，法庭应按照刑事诉讼法及有关司法解释的规定及时作出处理。构成犯罪的，应当依法追究刑事责任。

——《最高人民法院、最高人民检察院、公安部关于印发〈办理黑社会性质组织犯罪案件座谈会纪要〉的通知》（2009 年 12 月 9 日，法〔2009〕382 号）。

附录：最高人民法院主流观点

一、关于包庇、纵容黑社会性质组织罪中的主观明知问题

确定某一犯罪组织是否属于黑社会性质组织，需要经历一个极为复杂的司法认定过程。因此，认定该罪时不要求行为人确知其包庇、纵容的对象具有“黑社会性质”，只要其知道或者应当知道是从事违法犯罪活动的组织，仍对该组织及其成员予以包庇，或者纵容其实施违法犯罪活动即可。

二、正确区分刑事责任范围和刑事责任程度

《办理黑社会性质组织犯罪案件座谈会纪要》（以下简称《纪要》）明确了组织者、领导者的刑事责任范围。值得强调的是，对组织所犯的全部罪行承担刑事责任，并不等于在每一起犯罪中均应承担最重的责任。组织者、领导者的刑事责任，应当根据其在犯罪中的具体地位、作用来确定。如：犯罪的起意、预谋、准备、实施等环节均由其他组织成员完成，组织者、领导者虽予认可或默许，但并未具体参与，则组织者、领导者的刑事责任一般应小于造意犯、实行犯，量刑时要有所区别。

三、追缴、没收“黑财”时应注意的问题

《纪要》要求涉黑犯罪财物、收益应是“通过违法犯罪活动或其他不正当手段聚敛”。此问题争议较大，但如不加以限制，则有可能使公民合法的财产权利遭受侵害。实践中，涉黑犯罪分子为了隐匿、“漂白”其聚敛的资财，往

往会通过合伙、入股、并购等方式，将非法所得与其他单位、个人的合法财产相互混合。因此，办案时应认真审查涉案财产的来源、性质，在打击犯罪的同时，确保合法财产权利不受侵害。

四、正确把握涉黑案件的证明标准

办理各类刑事案件均应坚持“事实清楚，证据确实、充分”的法定证明标准，涉黑案件亦不例外。但对于证明标准的理解和把握，实践中却纷争颇多。为统一认识，《纪要》对“事实清楚”和“证据确实、充分”分别进行了解读。需要指出的是，涉黑案件在事实、证据问题上比较特殊，组织、领导、参加黑社会性质组织罪的事实是由若干具体的违法犯罪事实共同组成，证据上也往往相互交叉、存在交集。因此，切不可对“黑罪”与“个罪”“重罪”与“轻罪”划分主次，在证明标准上各搞一套。

五、对不同类型组织成员的立功情节应区别对待

众所周知，黑社会性质组织犯罪案件的侦查取证难度远大于其他普通刑事案件。在一些案件中，部分组织成员在政府的感召下迷途知返，能够配合司法机关查办案件，提供线索、帮助收集证据或者实施其他协助行为，并对破案、定案起到了一定作用。为了更好地起到昭示作用，办案时应对积极参加者、其他参加者的前述行为予以积极评价，即使依法不能认定为立功，一般也应在量刑时酌情从轻，以收分化、瓦解犯罪分子、提高破案效率之功效。另一方面，黑社会性质组织的组织者、领导者往往掌握着大量的犯罪线索，具有检举揭发的“便利”条件，有些人甚至早已备有后手。为了不给此类犯罪分子逃避处罚留有可乘之机，《纪要》作了“在量刑时也应从严掌握”的规定。但应当注意，“从严掌握”的前提是组织者、领导者所检举揭发的犯罪线索“与该黑社会性质组织及其违法犯罪活动有关联”。对此，主要应从以下几方面来分析：提供线索是否是利用其在组织中所处的特殊地位而取得；是否与该组织寻求非法保护、实施违法犯罪等活动有关联；是否与该组织的成员、“保护伞”及雇佣、纠集的人员有关联等。

六、关于“恶势力”团伙犯罪的处理

“恶势力”并非法律用语。《纪要》对“恶势力”所下的定义，是以全国打黑除恶专项斗争协调小组办公室制定的《“恶势力”战果统计标准》为基础，根据实践情况总结、归纳而来，目的是给办案单位正确区分“黑”与“恶”提供参考。实践中，“恶势力”团伙的数量远多于黑社会性质组织，社会危害面更为广泛。在目前“恶势力”并未入罪的情况下，用足用好刑法总则中关于犯罪集团的有关规定，是加大对此类犯罪打击力度的有效途径。因此，对符合犯罪集团特征的“恶势力”团伙，办案时要按照犯罪集团依法惩处。

七、合法、有效地收集、使用视听资料

视听资料不仅多属于直接证据，而且在证明案件事实时具有直观、稳定、准确等优点。为保证在办理涉黑案件时合法、有效地收集和使用此类证据，《纪要》对公安机关的侦查取证工作提出了明确要求。同时，各级人民法院在认证时，也要注意对有关视听资料的来源及提取、制作经过进行重点审查，确保据以定案的证据真实、合法。

八、依法确保开庭审理效果

根据实践中的经验，《纪要》对开庭审理涉黑案件时的有关事项也提出了要求。各级人民法院对此要予以充分重视，要严格依照法定程序进行庭审，并对可能出现的突发情况做好预判和准备，严格依法维护法庭秩序，充分彰显法律的严肃与公正。

——高憬宏、周川：《〈办理黑社会性质组织犯罪案件座谈会纪要〉的理解与适用》，载最高人民法院刑事审判第一、二、三、四、五庭主办：《中国刑事审判指导案例》（第 5 分册：妨害社会管理秩序罪），法律出版社 2017 年第 3 版，第 772~774 页。

1045. 包庇、纵容黑社会性质组织罪的认定

关键词

包庇、纵容黑社会性质组织罪　主观方面

最高人民法院司法政策精神

1. 关于包庇、纵容黑社会性质组织罪主观要件的认定。

本罪主观方面要求必须是出于故意，过失不能构成本罪。会议认为，只要行为人知道或者应当知道是从事违法犯罪活动的组织，仍对该组织及其成员予以包庇，或者纵容其实施违法犯罪活动，即可认定本罪。至于行为人是否明知该组织系黑社会性质组织，不影响本罪的成立。

——《最高人民法院、最高人民检察院、公安部关于印发〈办理黑社会性质组织犯罪案件座谈会纪要〉的通知》（2009 年 12 月 9 日，法〔2009〕382 号）。

《刑事审判参考》指导案例

黄向华等组织、参加黑社会性质组织，陈国阳、张伟洲包庇黑社会性质组织案（《刑事审判参考》指导案例第 620 号）

裁判要点：只要行为人知道或者应当知道是从事违法犯罪活动

的组织，仍对该组织及其成员予以包庇，或者纵容其实施违法犯罪活动，即可认定本罪。至于行为人是否明知该组织系黑社会性质组织，不影响本罪的成立。

包庇、纵容黑社会性质组织罪，是指国家机关工作人员包庇或者纵容黑社会性质的组织进行违法犯罪活动的行为。本罪是1997年刑法增设的新罪名，其构成要件包括：客体是司法机关同黑社会性质组织犯罪作斗争的正常活动；客观方面表现为包庇或者纵容黑社会性质的组织进行违法犯罪活动的行为。根据《最高人民法院关于审理黑社会性质组织犯罪的案件具体应用法律若干问题的解释》，“包庇”，是指国家机关工作人员为使黑社会性质组织及其成员逃避查禁，而通风报信，隐匿、毁灭、伪造证据，阻止他人作证、检举揭发，指使他人作伪证，帮助逃匿，或者阻挠其他国家机关工作人员依法查禁等行为。“纵容”，是指国家机关工作人员不依法履行职责，放纵黑社会性质组织及其成员进行违法犯罪活动的行为；犯罪主体是特殊主体，必须是国家机关工作人员，即在国家各级党政机关、权力机关、司法机关和军事机关中依法从事公务的人员；主观方面由故意构成，过失不构成本罪。

包庇、纵容黑社会性质组织罪的主观要件为故意，其中包庇行为只能出自直接故意；而纵容行为，则可能采取听之任之的态度，即纵容行为的主观方面可以是直接故意，也可以是间接故意。然而对于“明知”的内容，是否必须包含“明知是黑社会性质的组织，或者明知是黑社会性质组织的违法犯罪活动”这一认识因素，理论界和实务界均存在不同的理解。部分学者认为要构成本罪的故意，必须以行为人主观上明确认识到所包庇、纵容的是黑社会性质的组织或是黑社会性质组织的违法犯罪活动为前提，“不明知是黑社会性质的组织及其活动而实施包庇、纵容行为的，不构成本罪”。也有部分学者认为，对“明知”的内容应作宽泛的解释，不需要明知是黑社会组织及其活动，只要行为人知道包庇、纵容的是违法犯罪活动即可，一旦该犯罪组织被认定为黑社会性质组织，就构成本罪。从司法实践来看，黑社会性质组织一般在短时间内难以形成，普通犯罪集团、“恶势力”团伙向黑社会性质组织发展是一个渐进的过程，没有明显的性质转变节点；某些黑社会性质组织为了增强隐蔽性，还会通过开办公司、企业等“合法”方式“以商养黑”，且某些黑社会性质组织的领导者、组织者还有特殊的身份作掩护，如以国家工作人员、人大代表、政协委员等身份作保护伞。所以，司法机关认定一个犯罪集团是否构成，何时形成黑社会性质组织，需要结合案件的具体情况综合认定。正是由于黑社会性质组织在认定上的严格性、形式上的多样化，使得实施包庇、纵容行为的行为人很难明确认识到其包庇、纵容的对象是黑社会性质组织及其活动。如果将明知是黑社会性质组织及其活动作为本罪故意成立不可或缺的认识因素，将给司法认定带来相当的困难，也会成为行为人逃避法律制裁的理由，不利于打黑专项斗争工作的开展。有鉴于此，《最高人民法院、最高人民检察院、公安部办理黑社会性质犯罪案件的座谈会纪要》明确规定：

"只要行为人知道或者应当知道是从事违法犯罪活动的组织，仍对该组织及其成员予以包庇，或者纵容其实施违法犯罪活动，即可认定本罪。至于行为人是否明知该组织系黑社会性质组织，不影响本罪的成立。"

——最高人民法院刑事审判第一、二、三、四、五庭主办：《刑事审判参考》2010 年第 3 集（总第 74 集），法律出版社 2010 年版，第 21~29 页。

张礼琦包庇、纵容黑社会性质组织案（《刑事审判参考》指导案例第 1359 号）

裁判要点：本罪是行为犯，原则上只要行为人在客观上实施了包庇、纵容黑社会性质组织行为的，即构成本罪且属既遂，不要求其包庇、纵容的行为最终使黑社会性质的组织逃脱追究责任。

1. 关于包庇、纵容黑社会性质组织罪主观方面的认定

一是本罪主观上只能是故意，过失不构成本罪。其中"包庇"行为仅为直接故意，"纵容"则可以是直接故意，也可以是放任态度的间接故意，间接故意表现为消极不作为。本案中，被告人张礼琦的包庇、纵容行为均为明显的直接故意。

二是对于包庇、纵容对象的认知程度问题，即是否需要认识到其包庇、纵容的是黑社会性质组织及其违法犯罪活动。从司法实践来看，黑社会性质组织发展是一个渐进的过程，有时还会以合法外衣予以隐匿，准确认知其性质非常困难，故法律不可能要求行为人对黑社会性质组织有确定的认识。因此，2009 年最高人民法院、最高人民检察院、公安部印发的《办理黑社会性质组织犯罪案件座谈会纪要》明确规定，只要行为人知道或者应当知道是从事违法犯罪活动的组织即可。我们认为，在认定行为人主观明知时，要综合考虑行为人对包庇、纵容对象的形态、规模、成员、行为方式的了解程度，以及本人与组织成员交往的密切程度等。如果行为人确实不知道，则不能认定本罪，应按其他符合犯罪构成要件的罪名定罪处罚。本案中，以陈才强为组织者、领导者的黑社会性质组织形成于 2000 年左右，被告人张礼琦包庇、纵容行为则始于 2007 年，当时以陈才强为首的黑社会性质组织已在温岭当地形成了一定社会影响，2007 年 10 月陈才强请托张礼琦为涉嫌犯聚众斗殴罪的蔡建波办理取保候审手续，2008 年乾宫 KTV 案发生后，因影响恶劣曾移交打黑办侦查，张礼琦作为时任温岭市公安局的领导多次向打黑办打听案件，

还告知陈才强逃避侦查对策，足见其熟悉该组织，且介入程度深。因此，张礼琦对陈才强犯罪组织的认知程度，不仅知道该组织是从事违法犯罪活动的组织，对于该组织可能为黑社会性质组织也可认定为明知。

2. 关于包庇、纵容黑社会性质组织罪客观方面的认定

第一，包庇和纵容行为的表现和区别。《最高人民法院关于审理黑社会性质组织犯罪的案件具体应用法律若干问题的解释》第五条对“包庇”“纵容”加以定义的同时，也列举了行为的表现形式。包庇行为是积极作为，纵容行为是在有查禁义务情况下，消极不作为。本案中，在第 1 至第 4 起犯罪事实中，如被告人张礼琦打招呼违规释放犯罪嫌疑人、透露警务秘密、帮助逃避处罚等，这些行为一度阻碍对该黑社会性质组织的查禁工作，符合前述解释所指的通过积极方式实施的包庇行为。第 1 起事实中的对寻衅滋事犯罪事实批准不予立案，符合前述解释所指的以消极不作为方式实施的纵容行为。

第二，在审查本罪时还应注意以下两个方面：一是本罪是行为犯，原则上只要行为人在客观上实施了包庇、纵容黑社会性质组织行为的，即构成本罪且属既遂，不要求其包庇、纵容的行为最终使黑社会性质的组织逃脱追究责任，故辩护人所提的未成功帮助蔡建波办理取保候审、未成功让方志国逃脱处罚因此并非犯罪的辩护意见不能成立。二是行为人包庇、纵容的是黑社会性质组织及其违法犯罪活动，而不能是一般的犯罪组织或违法犯罪行为。

——茹鹏、黄兰蔚撰稿、周川审编：《张礼琦包庇、纵容黑社会性质组织案——如何准确把握包庇、纵容黑社会性质组织罪的主客观方面、罪数处断及追诉时效》，载最高人民法院刑事审判第一、二、三、四、五庭主办：《刑事审判参考》（总第 123 集），法律出版社 2020 年版，第 51~54 页。

1046. 如何区分恶势力犯罪集团和普通犯罪集团

关键词

恶势力犯罪集团　普通犯罪集团

最高人民法院司法政策精神

三、依法惩处恶势力犯罪

14. 具有下列情形的组织，应当认定为“恶势力”：经常纠集在一起，以暴力、威胁或者其他手段，在一定区域或者行业内多次实施违法犯罪活动，为非作恶，欺压百姓，扰乱经济、社会生活秩序，造成较为恶劣的社会影响，但尚未形成黑社会性质组织的违法犯罪组织。恶势力一般为三人以上，纠集者相对固定，违法犯罪活动主要为强迫交易、故意伤害、非法拘禁、敲诈勒

索、故意毁坏财物、聚众斗殴、寻衅滋事等，同时还可能伴随实施开设赌场、组织卖淫、强迫卖淫、贩卖毒品、运输毒品、制造毒品、抢劫、抢夺、聚众扰乱社会秩序、聚众扰乱公共场所秩序、交通秩序以及聚众"打砸抢"等。

在相关法律文书中的犯罪事实认定部分，可使用"恶势力"等表述加以描述。

15. 恶势力犯罪集团是符合犯罪集团法定条件的恶势力犯罪组织，其特征表现为：有三名以上的组织成员，有明显的首要分子，重要成员较为固定，组织成员经常纠集在一起，共同故意实施三次以上恶势力惯常实施的犯罪活动或者其他犯罪活动。

16. 公安机关、人民检察院、人民法院在办理恶势力犯罪案件时，应当依照上述规定，区别于普通刑事案件，充分运用《刑法》总则关于共同犯罪和犯罪集团的规定，依法从严惩处。

——《最高人民法院、最高人民检察院、公安部、司法部印发〈关于办理黑恶势力犯罪案件若干问题的指导意见〉的通知》(2018 年 1 月 16 日，法发〔2018〕1 号)。

《刑事审判参考》指导案例

吴强等人敲诈勒索、抢劫、贩卖毒品、故意伤害案(《刑事审判参考》指导案例第 1360 号)

裁判要点：恶势力、恶势力犯罪集团实施违法犯罪活动必然带有"为非作恶，欺压百姓"的特征。其中，"欺压百姓"要求恶势力、恶势力犯罪集团实施违法犯罪活动应当以暴力、威胁为主要手段，带有欺凌、强制、压迫的性质。

如何解决恶势力犯罪集团与普通犯罪集团的区分问题呢？我们认为，恶势力与普通犯罪团伙，恶势力犯罪集团与普通犯罪集团的区别都可从"恶"与"黑"的关系入手加以把握。具体来说，恶势力是黑社会性质组织的雏形，恶势力犯罪集团是恶势力的下一个发展形态如果不加以限制和打击，二者都有可能发展成为黑社会性质组织。最高人民法院、最高人民检察院、公安部、司法部联合制定印发的《关于办理黑恶势力犯罪案件若干问题的指导意见》和最高人民法院、最高人民检察院、公安部、司法部印发的《关于办理恶势力刑事案件若干问题的意见》在恶势力的定义中，使用"尚未形成黑社会性质组织的违法犯罪组织"这一表述，正是对"恶"与"黑"演进关系和内在联系的明示。基于这种内在联系和演进关系，恶势力、恶势力犯罪集团在主观方面虽然没有同黑社会性质组织一样强烈的自我发展要求，但二者实施违法犯罪活动一般都会不同程度带有“形成非法影响、谋求强势地位”的意图，并在这一意图的支配下完成“量”的积累，最终实现由“恶”到“黑”的蜕变。换言之，恶势力、恶势力犯罪集团“形成非法影响、谋求强势地位”的意图在一定程度上可以看作黑社会性质组织“争霸一方”总体意图的“前奏”。在客观方面，相对于黑社会性质组织行为特征中的“为非作恶，欺压、残害群众”和危害性特征中的“形成非法控制或者重大影响”、恶势力，恶势力犯罪集团实施违法犯罪活动必然带有“为非作恶，欺压百姓”的特征，并且“造成较为恶劣的社会影响”。而普通犯罪团伙、普通犯罪集团则尚不具有前述“恶”与“黑”的演进关系，因此不具备恶势力、恶势力犯罪集团实施违法犯罪活动的全部主客观特征，在打击方式上也不需要通过“定恶”来增强否定性评价，提升惩治力度。

在司法实践中，恶势力、恶势力犯罪集团实施违法犯罪活动的主客观特征往往通过危害结果、行为公开性、违法犯罪手段等事实要素表现出来，需要结合具体案情综合分析、把握：一是由于恶势力，恶势力犯罪集团具有“形成非法影响、谋求强势地位”的意图，其实施违法犯罪活动所造成的危害往往具有复合性，不仅侵犯公民人身、财产权利，还破坏市场经济秩序或者社会管理秩序。二是恶势力、恶势力犯罪集团由于不同程度带有“形成非法影响、谋求强势地位”的意图，且需要“在一定区域或者行业内，造成较为恶劣的社会影响”，其所实施的违法犯罪活动必然具有一定的公开性。三是恶势力、恶势力犯罪集团实施违法犯罪活动必然带有“为非作恶，欺压百姓”的特征。其中，“欺压百姓”要求恶势力、恶势力犯罪集团实施违法犯罪活动应当以暴力、威胁为主要手段，带有欺凌、强制、压迫的性质。

——李梦龙撰稿、周川审编：《吴强等人敲诈勒索、抢劫、贩卖毒品、故意伤害案——如何区分恶势力犯罪集团和普通犯罪集团》，载最高人民法院刑事审判第一、二、三、四、五庭主办：《刑事审判参考》（总第123集），法律出版社2020年版，第58~60页。

1047. 普通犯罪集团实施犯罪活动如仅为牟取不法经济利益，缺乏造成较为恶劣社会影响的意图，不应认定为恶势力犯罪集团

关键词

犯罪集团　恶势力犯罪集团

最高人民法院指导性案例

吴强等敲诈勒索、抢劫、故意伤害案（最高人民法院指导案例187号）

裁判要点：恶势力犯罪集团是符合犯罪集团法定条件的恶势力犯罪组织。恶势力犯罪集团应当具备“为非作恶、欺压百姓”特征，其行为“造成较为恶劣的社会影响”，因而实施违法犯罪活动必然具有一定的公然性，且手段应具有较严重的强迫性、压制性。普通犯罪集团实施犯罪活动如仅为牟取不法经济利益，缺乏造成较为恶劣社会影响的意图，在行为方式的公然性、犯罪手段的强迫压制程度等方面与恶势力犯罪集团存在区别，可按犯罪集团处理，但不应认定为恶势力犯罪集团。

法院生效裁判认为：被告人吴强、季少廷、曹静怡、李颖、邵添麒、季凯文、姜东东、曹立强、曹兵等人与另案处理的季某某、徐某某、应某某等人为共同实施犯罪而组成较为固定的犯罪组织，期间采取以暴力、威胁等手段，在一定区域内多次实施敲诈勒索、抢劫等违法犯罪活动，且在实施犯罪过程中目的明确、分工明细，严重扰乱经济、社会生活秩序，造成较为恶劣的社会影响，可以认定为犯罪集团。

被告人吴强等人实施的犯罪活动明显是为了牟取不法经济利益，但缺乏“形成非法影响、谋求强势地位”，进而造成较为恶劣社会影响的意图。在敲诈勒索犯罪中，被告人吴强等人的主要犯罪手段是约熟人吃饭，设局“劝酒”造成被害人酒后驾车，再制造交通事故，进而以报警相要挟，通过所谓的“协商”实现对被害人财物的非法占有。吴强等人在单纯“谋财”意图的支配下实施敲诈勒索、抢劫犯罪，“为非作恶，欺压百姓”的特征尚不明显，犯罪手段、行为方式与典型的恶势力犯罪集团存在明显差异，实际所侵犯的法益也基本集中在公民财产权利方面。恶势力犯罪集团是符合犯罪集团法定条件的恶势力犯罪组织，其特征表现为：有三名以上的组织成员，有明显的首要分子，重要成员较为固定，组织成员经常纠集在一起，共同故意实施三次以上恶势力惯常实施的犯罪活动或其他犯罪活动。本案被告人系单纯为牟取不法经济利益而实施违法犯罪活动，不具有“为非作恶，欺压百姓”特征，参照《最高人民法院、最高人民检察院、公安部、司法部关于办理黑恶势力犯罪案件若干问题的指导意见》中关于恶势力、恶势力犯罪集团应符合“经常纠集在一起，以暴力、威胁或者其他手段，在一定区域或者行业内多次实施违法犯罪活动，为非作恶，欺压百姓，扰乱经济、社会生活秩序，造成较为恶劣的社会影响，但尚未形成黑社会性质组织的违法犯罪组织”的认定要求，本案不能认定为恶势力犯罪集团，应按一般犯罪集团对各被告人定罪量刑。

——《最高人民法院关于发布第33批指导性案例的通知》（2022年11月29日，法〔2022〕236号）。

说明

指导性案例187号《吴强等敲诈勒索、抢劫、故意伤害案》准确分析了恶势力犯罪集团“形成非法影响、谋求强势地位”的意图和“为非作恶、欺压百姓”的特征，明确了恶势力犯罪集团与普通犯罪集团的区分标准，对于相关案件审理具有指导价值。

1048. 如何准确区分恶势力与一般共同犯罪

关键词

恶势力犯罪　一般共同犯罪

最高人民法院司法政策精神

二、恶势力、恶势力犯罪集团的认定标准

4. 恶势力，是指经常纠集在一起，以暴力、威胁或者其他手段，在一定区域或者行业内多次实施违法犯罪活动，为非作恶，欺压百姓，扰乱经济、社会生活秩序，造成较为恶劣的社会影响，但尚未形成黑社会性质组织的违法犯罪组织。

5. 单纯为牟取不法经济利益而实施的“黄、赌、毒、盗、抢、骗”等违法犯罪活动，不具有为非作恶、欺压百姓特征的，或者因本人及近亲属的婚恋纠纷、家庭纠纷、邻里纠纷、劳动纠纷、合法债务纠纷而引发以及其他确属事出有因的违法犯罪活动，不应作为恶势力案件处理。

6. 恶势力一般为3人以上，纠集者相对固定。纠集者，是指在恶势力实施的违法犯罪活动中起组织、策划、指挥作用的违法犯罪分子。成员较为固定且符合恶势力其他认定条件，但多次实施违法犯罪活动是由不同的成员组织、策划、指挥，也可以认定为恶势力，有前述行为的成员均可以认定为纠集者。

恶势力的其他成员，是指知道或应当知道与他人经常纠集在一起是为了共同实施违法犯罪，仍按照纠集者的组织、策划、指挥参与违法犯罪活动的违法犯罪分子，包括已有充分证据证明但尚未归案的人员，以及因法定情形不予追究法律责任，或者因参与实施恶势力违法犯罪活动已受到行政或刑事处罚的人员。仅因临时雇佣或被雇佣、利用或被利用以及受蒙蔽参与少量恶势力违法犯罪活动的，一般不应认定为恶势力成员。

7. “经常纠集在一起，以暴力、威胁或者其他手段，在一定区域或者行业内多次实施违法犯罪活动”，是指犯罪嫌疑人、被告人于2年之内，以暴力、威胁或者其他手段，在一定区域或者行业内多次实施违法犯罪活动，且包括纠集者在内，至少应有 2 名相同的成员多次参与实施违法犯罪活动。对于“纠集在一起”时间明显较短，实施违法犯罪活动刚刚达到“多次”标准，且尚不足以造成较为恶劣影响的，一般不应认定为恶势力。

8. 恶势力实施的违法犯罪活动，主要为强迫交易、故意伤害、非法拘禁、敲诈勒索、故意毁坏财物、聚众斗殴、寻衅滋事，但也包括具有为非作恶、欺压百姓特征，主要以暴力、威胁为手段的其他违法犯罪活动。

恶势力还可能伴随实施开设赌场、组织卖淫、强迫卖淫、贩卖毒品、运输毒品、制造毒品、抢劫、抢夺、聚众扰乱社会秩序、聚众扰乱公共场所秩序、交通秩序以及聚众“打砸抢”等违法犯罪活动，但仅有前述伴随实施的违法犯罪活动，且不能认定具有为非作恶、欺压百姓特征的，一般不应认定为恶势力。

9. 办理恶势力刑事案件，“多次实施违法犯罪活动”至少应包括 1 次犯罪活动。对于反复实施强迫交易、非法拘禁、敲诈勒索、寻衅滋事等单一性质的违法行为，单次情节、数额尚不构成犯罪，但按照刑法或者有关司法解释、规范性文件的规定累加后应作为犯罪处理的，在认定是否属于“多次实施违法犯罪活动”时，可将已用于累加的违法行为计为 1 次犯罪活动，其他违法行为单独计算违法活动的次数。

已被处理或者已作为民间纠纷调处，后经查证确属恶势力违法犯罪活动的，均可以作为认定恶势力的事实依据，但不符合法定情形的，不得重新追究法律责任。

10. 认定“扰乱经济、社会生活秩序，造成较为恶劣的社会影响”，应当结合侵害对象及其数量、违法犯罪次数、手段、规模、人身损害后果、经济损失数额、违法所得数额、引起社会秩序混乱的程度以及对人民群众安全感的影响程度等因素综合把握。

11. 恶势力犯罪集团，是指符合恶势力全部认定条件，同时又符合犯罪集团法定条件的犯罪组织。

恶势力犯罪集团的首要分子，是指在恶势力犯罪集团中起组织、策划、指挥作用的犯罪分子。恶势力犯罪集团的其他成员，是指知道或者应当知道是为共同实施犯罪而组成的较为固定的犯罪组织，仍接受首要分子领导、管理、指挥，并参与该组织犯罪活动的犯罪分子。

恶势力犯罪集团应当有组织地实施多次犯罪活动，同时还可能伴随实施违法活动。恶势力犯罪集团所实施的违法犯罪活动，参照《指导意见》第十条第二款的规定认定。

12. 全部成员或者首要分子、纠集者以及其他重要成员均为未成年人、老年人、残疾人的，认定恶势力、恶势力犯罪集团时应当特别慎重。

——《最高人民法院、最高人民检察院、公安部、司法部印发〈关于办理恶势力刑事案件若干问题的意见〉的通知》（2019年2月28日，法发〔2019〕10号）。

《刑事审判参考》指导案例

周方健等人聚众斗殴、寻衅滋事、开设赌场案（《刑事审判参考》指导案例第1361号）

裁判要点：从犯罪形态由低向高的发展演变看，恶势力处在一般共同犯罪向黑社会性质组织发展的过渡阶段，准确认定恶势力就必然涉及与一般共同犯罪和黑社会性质组织的区分。组织、领导、参加黑社会性质组织罪已有明确的立法根据和详细的认定标准，长期的司法实践也积累了较丰富的经验判断，因而就恶势力的认定而言，虽然需要兼顾与黑社会性质组织的区别，但更主要的是要解决与一般共同犯罪的区分，防止将不具有恶势力属性的一般共同犯罪拔高认定。2018年最高人民法院、最高人民检察院、公安部、司法部联合发布《关于办理黑恶势力犯罪案件若干问题的指导意见》、2019年最高人民法院、最高人民检察院、公安部、司法部又联合发布《关于办理恶势力刑事案件若干问题的意见》（以下简称2019年《恶势力意见》）等司法文件中的相关规定是认定恶势力的规范根据，为准确区分恶势力和一般共同犯罪，应当在既有司法文件规定的框架内，重点把握恶势力以下法律特征：

1. 共同实施违法犯罪活动的人员具有一定的稳定性。虽然2018年最高人民法院、最高人民检察院、公安部、司法部联合发布《关于办理黑恶势力犯罪案件若干问题的指导意见》在人员结构上将2009年最高人民法院、最高人民检察院、公安部印发的《办理黑社会性质组织犯罪案件座谈会纪要》（以下简称2009年《纪要》）中规定的"纠集者、骨干成员相对固定"修改为"纠集者相对固定"，但是2019年《恶势力意见》又进一步明确，在多次实施的违法犯罪中，包括纠集者在内，至少有两名相同的成员多次共同参与实施。换言之，恶势力成员纠合在一起应具备一定的延续性、长期性和稳定性。如此定义恶势力的人员特征，就是要严格规制恶势力标准、防止拔高认定的直接体现。恶势力，顾名思义，既要有多次违法犯罪其成"恶"的一面，也要有相对稳定其成"势"的要求，如果仅仅是纠集者相对固定，但每次违法犯罪均是由不同的人员临时组合，作案后即散伙，下一次违法犯罪又随机组合，则难以在一定区域或者行业形成有影响的"势力"，按照一般共同犯罪处理即可，因此纠集者相对固定和部分成员相对稳定是恶势力犯罪在人员特征上区别于一般共同犯罪的门槛条件。需要注意的是，如果恶势力违法犯罪事实有充分证据证明，仅是因为部分成员尚未归案，或者因法定情形不予追究法律责任，或者所参与实施的违法犯罪活动已受到行政或刑事处罚的，即使被告人不足三人，也不影响恶势力的认定。

2. 以暴力、威胁或者“软暴力”等手段实施违法犯罪活动。在恶势力违法犯罪过程中，暴力、威胁是最为常见的手段特征，其社会危害性也通常具体表现在这个方面，这一点没有争议。同时也应当看到，实践中恶势力犯罪手段日趋多样，传统的暴力性手段呈现逐渐减少趋势，很多是采用滋扰、纠缠、哄闹、聚众造势等手段以实现其不法目的。当这种非暴力手段“足以使他人产生恐惧、恐慌进而形成心理强制，或者足以影响、限制人身自由、危及人身财产安全，影响正常生活、工作、生产、经营”时，可以说其对人身财产安全、社会治安秩序和经济秩序的危害程度与暴力、威胁手段并无显著差别，也可以形成恶势力“为非作恶，欺压百姓”的特殊社会危害。需要注意的是：第一，“软暴力”应当“以暴力、威胁的现实可能性为基础”，其边界不应无限扩大；第二，“软暴力”仅是违法犯罪的方式、手法，案件是否属于恶势力犯罪，还应当根据恶势力的各项具体认定标准来审查判断。

3. 在一定区域或者行业内多次实施违法犯罪活动，为非作恶、欺压百姓。恶势力与一般共同犯罪的行为性质均具有不法性，二者在犯罪特征上的区别在于，恶势力通常表现为在一定区域或者行业内侵害不特定对象的人身权利和财产权利，扰乱经济、社会生活秩序，动机多为逞强斗狠、恃强凌弱、强索硬要、插手纠纷、排除竞争等，行为往往具有公开性，危害后果往往具有多重性，这是恶势力区别于其他一般共同犯罪的本质特征，也是认定恶势力犯罪的关键所在，在审查时需要重点把握。2019 年《恶势力意见》列举了强迫交易等七种恶势力惯常实施以及其他十余种可能伴随实施的违法犯罪类型，同时还反向列举了排除认定恶势力的情形，目的就是要在实务操作层面上对恶势力具有的“为非作恶、欺压百姓”这一本质特征进行反复强调。对于单纯为牟取不法经济利益而实施的违法犯罪活动，不具有为非作恶、欺压百姓特征的，或者因民间矛盾纠纷而引发以及其他确属事出有因的违法犯罪活动，构成什么罪就按照什么罪判处刑罚，不能拔高作为恶势力案件处理。应当注意的是，关于“一定行业”的理解，可以参照 2009 年《纪要》中的相关规定，既包括合法行业，也包括黄、赌、毒等非法行业。此外，认定恶势力时还需要注意“多次实施违法犯罪”的时间跨度问题，对于多次违法犯罪之间的间隔较久，或者只是在明显较短时间内实施多次违法犯罪的，由于难以体现违法犯罪的“持续性”“经常性”，故一般不作为恶势力犯罪处理。

4. 具备向黑社会性质组织发展的过渡性特征。2009 年《纪要》将恶势力定位为“黑社会性质组织的雏形”，2019 年《恶势力意见》将恶势力定位为“尚未形成黑社会性质组织的违法犯罪组织”，不管是哪种表述，均肯定了恶势力呈现出向黑社会性质组织动态发展的趋势。根据所处发展阶段的不同，恶势力既有松散型的违法犯罪团伙形态，也有紧密型的犯罪集团形态，有的则最终发展为黑社会性质组织。恶势力的动态发展形态，决定了其与黑社会性质组织的危害性特征一脉相承，虽然尚未达到黑社会性质组织“称霸一方”“形成非法控制或重大影响”的程度，但通过违法犯罪也已经对正常的经济社会管理秩序形成对抗，并在一定区域或行业内“造成较为恶劣的社会影响”。

——白春子撰稿、周川审编：《周方健等人聚众斗殴、寻衅滋事、开设赌场案——如何准确区分恶势力与一般共同犯罪》，载最高人民法院刑事审判第一、二、三、四、五庭主办：《刑事审判参考》（总第 123 集），法律出版社 2020 年版，第 64~68 页。

1049. 如何定性实施轻微暴力又同吃、同住、同行跟随讨债的行为

关键词

轻微暴力　跟随讨债

《刑事审判参考》指导案例

戴颖、蒯军寻衅滋事案（《刑事审判参考》指导案例第 1374 号）

裁判要点：无论具体手段、内容如何，只要足以使被害人产生心理恐惧、恐慌，就属于寻衅滋事罪规定的“恐吓”。

寻衅滋事罪，是指在公共场所无事生非，起哄闹事，随意殴打、追逐、拦截、辱骂、恐吓他人，强拿硬要，任意损毁、占用公私财物，破坏公共秩序，情节恶劣或者情节严重、后果严重的行为。本罪是从 1979 年《刑法》第一百六十条规定的流氓罪分解而来。《刑法修正案（八）》在 1997 年《刑法》关于寻衅滋事罪有关客观行为的规定中增加了“恐吓”他人的行为，并增加了对纠集他人多次实施寻衅滋事行为的处罚规定。综观全案事实，我们认为，戴颖等人实施的同吃同住同行并实施轻微暴力的行为，属于恐吓他人的寻衅滋事行为，且情节恶劣，应当以寻衅滋事罪定罪处罚。理由如下：

1. 被告人戴颖等人实施了恐吓他人的寻衅滋事行为。恐吓是指“以要挟

的话语或者手段威胁、吓唬他人”。实践中，恐吓既可以通过语言文字表现，也可以通过行为动作来表现；既可以直接恐吓，也可以采取其他手段间接对被害人进行恐吓，包括进行长时间跟踪等。既可以是指向被害人本人的威胁，也可以是指向被害人亲友或者其他特定关系人的威胁。综上，无论具体手段，内容如何，只要足以使被害人产生心理恐惧、恐慌，就属于寻衅滋事罪规定的“恐吓”。

本案中，被告人戴颖安排蒯军等人长期跟在被害人宋祥喜身边，同吃同住，宋祥喜不论做什么事情，即使是洗澡、理发等都有人跟着，自由受到限制。宋祥喜请民警协调相应人员离开，也没有成功。2015 年 4 月 30 日，戴颖安排蒯军等人将宋祥喜睡觉的沙发搬到房外；同年 5 月 1 日戴颖指使蒯军等人将厂房内的热水壶、热水瓶、取暖器、两个挂钟等物品损毁，逼迫宋祥喜回家住以筹钱，即是要对宋祥喜家人的生活不利。这一系列长期行为使宋祥喜心理受到强制，产生恐慌、恐惧，甚至两次实施自杀行为。应认定戴颖等人采用长期跟随、看管行为对宋祥喜实施了恐吓行为。

2. 被告人戴颖等人寻衅滋事行为达到情节恶劣的程度。《最高人民法院、最高人民检察院关于办理寻衅滋事刑事案件适用法律若干问题的解释》（以下简称《寻衅滋事解释》）第三条明确了寻衅滋事罪恐吓他人等行为情节恶劣程度的情形：（1）多次追逐、拦截，辱骂，恐吓他人，造成恶劣社会影响的；（2）持凶器追逐、拦截、辱骂、恐吓他人的；（3）追逐、拦截、辱骂、恐吓精神病人、残疾人、流浪乞讨人员、老年人、孕妇、未成年人，造成恶劣社会影响的；（4）引起他人精神失常、自杀等严重后果的；（5）严重影响他人的工作、生活、生产、经营的；（6）其他情节恶劣的。本案中，宋祥喜在除夕当天即被戴颖安排人员跟随，除夕夜住在宾馆，从正月初一至自杀身亡都住在工厂里，有家不能回。其除了筹钱还款外，只能进行看病、理发、洗澡等满足基本生活需求的行为，生活严重受到影响。宋祥喜被他人长期跟随，自由受到限制，心理受到强制，在 2015 年 5 月 1 日生活用品被打砸后，自杀身亡。宋祥喜自杀与戴颖等人行为有紧密因果关系。根据《寻衅滋事解释》第三条第四项、第五项的规定，被告人戴颖、蒯军恐吓他人，任意损毁财物，严重影响他人生活，引起他人自杀后果，达到了情节恶劣的程度。

3. 被告人戴颖等人的行为破坏了社会秩序。上述第三种观点认为戴颖等人针对特定人实施相关行为，没有妨害社会管理秩序，不构成寻衅滋事罪。我们认为，社会管理秩序是一个抽象概念，最终要落实于具体的人与人之间的关系。如果行为对象针对家人、亲属等关系较为亲密的人员，行为发生在家中等较为私密的场所，不为外人所知，则一般不宜认定为妨害社会管理秩序，但如果行为发生于公共场所，且经有关部门处理后仍继续实施的，则可以认定为破坏了社会秩序。为此，《寻衅滋事解释》第一条第三款规定：“行为人因婚恋、家庭、邻里、债务等纠纷，实施殴打，辱骂、恐吓他人或者损毁、占用他人财物等行为的，一般不认定为‘寻衅滋事’，但经有关部门批评制止或者处理处罚后，继续实施前列行为，破坏社会秩序的除外。”戴颖为索要债务而安排人员跟随宋祥喜的同吃、同住、同行、损毁财物等行为发生在宾馆、工厂等开放场所，为多人知晓，而且经宋祥喜家人报警，在民警出警后多次要求戴颖等人正常讨债，停止实施限制人身自由的行为，但戴颖等人不听劝阻依旧实施前述行为，对社会秩序造成了破坏。

被告人戴颖、蒯军等人长期跟随被害人宋祥喜及损毁被害人财物的行为，对被害人造成恐吓，严重影响被害人的生活，最终导致被害人自杀的严重后果，符合寻衅滋事罪的犯罪构成。戴颖纠集安排他人实施犯罪行为系主犯，一审法院虽认定蒯军为从犯，但其积极实施犯罪行为，参与跟随 30 多日，实施了损毁财物行为，在共同犯罪中发挥作用较大。二被告人除坦白外无其他从轻情节，应当定罪处罚，追究刑事责任。

——张超撰稿、陆建红审编：《戴颖、蒯军寻衅滋事案——实施轻微暴力并强行同吃、同住、同行跟随讨债的如何定性》，载最高人民法院刑事审判第一、二、三、四、五庭主办：《刑事审判参考》（总第 124 集），法律出版社 2020 年版，第 78~81 页。

1050. 传授犯罪方法并强迫其实施犯罪的应择一重罪处罚

关键词

传授犯罪方法罪　牵连犯　教唆犯

《刑事审判参考》指导案例

李祥英传授犯罪方法案（《刑事审判参考》指导案例第 651 号）

裁判要点：向他人传授犯罪方法，并胁迫他人实施犯罪行为的，构成传授犯罪方法罪与其所胁迫实施犯罪的教唆犯，且二行为之间具有手段行为与目的行为的关系，构成牵连犯，应当从一重罪处断。

本案在审理过程中，对上诉人李祥英的行为如何定性，曾存在不同意见：第一种意见认为，被强迫实施犯罪的三名被害人并没有产生犯罪的故意，是教唆未遂的状态，符合刑法第二十几条教唆犯的规定，根据上诉人的主观故意及客观行为，本案认定为抢夺罪（未遂）比较符合刑法总则的规定。第二种意见认为，上诉人胁迫他人进行抢夺犯罪只有一个行为，但触犯了两个罪名：一是抢夺罪的教唆犯，一是传授犯罪方法罪。属于“实质的一罪”中的想象竞合犯，按照从一重罪处断原则，应认定传授犯罪方法罪。第三种意见认为，上诉人具有抢夺的犯罪故意，通过抢夺进行敛财是目的，其胁迫三被害人去实施抢夺行为，必然要教其一些基本作案方法，传授犯罪方法是手段，此种情况应视为目的行为与手段行为的牵连，属于“处断的一罪”中的牵连犯，一般情况下择一重罪处断，应认定为传授犯罪方法罪。

（一）上诉人的胁迫抢夺行为（即目的行为），属于共同犯罪中的教唆犯，应认定构成抢夺罪（未遂）

《中华人民共和国刑法》第二十九条第一款规定：“教唆他人犯罪的，应当按照他在共同犯罪中所起的作用处罚……”根据《现代汉语词典》的解释，“教唆”是怂恿、指使的意思。根据刑法学通说，教唆犯，是指以劝说、利诱、授意、怂恿、收买、威胁等方法，将自己的犯罪意图灌输给本来没有犯罪意图的人，使其按教唆人的犯罪意图实施犯罪，实施教唆行为的人，即构成教唆犯。

教唆的行为方式通常为唆使、引诱、怂恿、煽动等，有的以金钱、物质、美色以及其他方面的好处引诱他人犯罪，有的以嘲弄、蔑视或者侮辱的手段刺激他人实施犯罪，有的利用封建迷信教唆他人犯罪。通常被教唆人的人身自由和意志不会受到强制，但也存在被教唆人在被逼无奈或受到胁迫接受教唆的情况，如教唆人以暴力或者其他方式胁迫他人犯罪。

教唆犯有双重特性，在定罪上具有独立性，只要其主观上有教人犯罪的故意，客观上实施了教唆行为就构成犯罪；但在量刑上却具有从属性，如果被教唆人实施了教唆的犯罪，成立教唆既遂，则按照刑法分则规定的犯罪量刑；如被教唆人没有实施教唆的犯罪，成立教唆未遂，对教唆人可以从轻或者减轻处罚。

但是，并非所有教唆他人犯罪的人都属于共同犯罪中的教唆犯，当刑法分则条文将某些特定的教唆行为规定为独立犯罪时，对教唆者不能适用刑法总则关于教唆犯的规定，不能以所教唆的罪来定罪，而应依据分则条文的具体规定定罪处罚。如唆使刑事案件的证人作伪证，表面上完全符合教唆犯的构成要件特征，但是刑法有明确规定，对于证人定伪证罪（刑法分则第三百零五条），对教唆人定妨害作证罪（刑法分则第三百零七条），如果教唆人的身份是辩护律师，则构成辩护人妨害作证罪（刑法分则第三百零六条）。此外，所有的煽动型犯罪，教唆人都不能以所教唆的罪来定罪，对于此类犯罪都不能按教唆犯定罪处罚。

在本案中，上诉人伙同他人持刀对被害人方某城、朱某旭、吴某豪进行威胁，以胁迫三被害人通过实施抢夺行为进行敛财为目的，以言语讲解的方式向三被害人传授抢夺的犯罪方法。上诉人主观上有教唆他人进行抢夺的故意，客观上通过暴力胁迫实施了教唆行为，这些行为并非刑法分则所规定的能够独立成罪的特定情形，因此，上诉人的行为属于共同犯罪中的教唆犯，应认定构成抢夺罪（未遂）。

（二）上诉人的传授犯罪方法行为（即方法行为），应认定构成传授犯罪方法罪

传授犯罪方法罪，是指使用语言、文字、动作、图像或者其他方法，故意向他人传授实施犯罪的具体经验和技能的行为。传授的犯罪方法包括预备犯罪、实行犯罪以及完成犯罪后逃避刑事责任的技术、步骤、办法等传授犯罪方法是一个新罪名，1983 年 9 月 2 日六届全国人大常委会二次会议通过的《关于严惩严重危害社会治安的犯罪分子的决定》开始增设，1997 年刑法第二百九十五条第一次将传授犯罪方法罪引入刑法典。

本罪的主观方面必须是直接故意，即以向他人传授犯罪方法为目的。对于生活中行为人无意散布一些道听途说的或者在影视作品中获知的一些犯罪方法的行为，或者在工作中教授格斗术、开锁技能、化学知识（特别是毒品配置方法）的行为，即如这些方法或技巧后来被人利用来犯罪，也因为行为人没有传授犯罪方法的故意，不应以传授犯罪方法罪论处。

传授犯罪方法罪属于举动犯，只要客观上有传授犯罪方法的行为，且不属于“情节显著轻微、危害不大，不认为是犯罪”的类型，哪怕是刚刚着手，就应按既遂犯追究刑事责任，不存在犯罪未遂问题，但存在犯罪预备及预备阶段的犯罪中止等犯罪停止形态；至于是否完成所计划的传授行为，被传授的对象是否达到刑事责任年龄，是否掌握了犯罪方法，均不影响本罪的成立。

本罪的犯罪主体为普通主体，但在司法实践中，多为具有犯罪经验和技能的人，如曾有盗窃、抢劫、强奸、猥亵等前科的犯罪分子，尤其是惯犯和累犯。但已满 14 周岁不满 16 周岁的未成年人不能成为刑法第十七条规定的八类犯罪的传授犯罪方法罪的主体。

在本案中，上诉人伙同他人，以言语讲解的方式向三被害人传授抢夺的犯罪方法，主观上希望被害人掌握犯罪技巧，顺利完成抢夺犯罪行为，即便被害人最终没有实施其所传授的犯罪，亦完全符合传授犯罪方法罪的构成特征，因而，上诉人的传授犯罪方法行为，应认定构成传授犯罪方法罪。

（三）上诉人的目的行为和方法行为符合牵连犯的构成特征

牵连犯是指以实施某一犯罪为目的，其方法和结果行为又触犯其他罪名的犯罪形态。通常存在于两种情形：一是手段行为与目的行为的牵连，二是原因行为与结果行为的牵连。一般是手段行为或原因行为在先，目的行为或结果行为在后。在主观上，其在实施先行行为时，对后续行为已有所预见和判断；在客观上，前后者之间联系紧密。根据司法实践规律和司法统计规律，后行为经常会伴随前行为。如受贿罪与徇私枉法罪，受贿作为原因行为，直

接导致徇私枉法的后果，受贿行为与徇私枉法行为就构成了原因与结果的牵连犯；再如伪造金融凭证后使用的，伪造是手段行为，使用是目的行为，二者构成伪造金融凭证罪和使用伪造的金融凭证罪的牵连犯。总之，牵连犯是两个行为触犯两个罪名，但鉴于数个行为之间存在的密切关联，刑法理论上和司法实践中将其作为一罪来处理，属于“处断的一罪”的范畴。

本案中，上诉人胁迫他人实施抢夺行为，同时传授犯罪方法，传授犯罪方法的意图是将三被害人培育成实施犯罪的工具，即通过培育犯罪工具的方法，实现抢夺的目的，是典型的手段行为与目的行为的牵连。其中，传授犯罪方法的行为已经完成，构成传授犯罪方法罪；实施抢夺的行为没有得逞，其胁迫三被害人尾随多名路人表明已着手实施犯罪，但因为意志以外的原因，即因三被害人的消极怠工、内心抗拒而未得逞，构成抢夺罪的犯罪未遂。根据牵连犯择一重罪处断的原则，传授犯罪方法罪既遂的量刑重于抢夺罪未遂，故应以传授犯罪方法罪定罪处罚。

——最高人民法院刑事审判第一、二、三、四、五庭主办：《刑事审判参考》2010 年第 5 集（总第 76 集），法律出版社 2011 年版，第 60~65 页。

1051. 在互联网上散布关于特定犯罪方法的技术知识构成传授犯罪方法罪

关键词

传授犯罪方法罪　互联网　不特定人

《刑事审判参考》指导案例

冯庆钊传授犯罪方法案（《刑事审判参考》指导案例第 688 号）

裁判要点：传授犯罪方法并未限定为特定主体，在互联网上传授技能方法，应当结合社会通常观念予以判断是否属于犯罪方法的范畴，传授犯罪方法的，应以传授犯罪方法罪论处。

（一）“中性方法”是否属于本罪中的“犯罪方法”

刑法第二百九十五条规定的传授犯罪方法罪，是指故意用语言、文字、动作、图像或者其他方法，将实施犯罪的具体做法、经验传授给他人的行为。本罪的罪状和法定刑借鉴了 1983 年 9 月 2 日《全国人大常委会关于严惩严重危害社会治安的犯罪分子的决定》第二条的规定。本罪中的“犯罪方法”，通常认为，是指犯罪的技能与经验，包括犯罪的手段、步骤、反侦查方法等，并且只能是直接故意犯罪的方法。如果作这样的理解，类似本案中冯庆钊从正常渠道获悉的并非专门用于犯罪的炸药制造方法，就可能无法认定为“犯罪方法”，从而缩小了刑法的打击面。因为炸药制造方法本身是“中性”的，具有两面性，既可以用于犯罪行为，也可以用于正当目的。

从实践看，确有一些技能、方法的应用范围只能是违法犯罪，如扒窃技术。对此，只要行为人向他人传授该技术，就应当认定其传授行为具备了传授犯罪方法罪的客观要件。但更多的实际技能、方法都是“中性”的，如同科学技术是“双刃剑”一样，既可以用于违法犯罪，也可以用于正当合法的行为。是否作为“犯罪方法”，取决于其实际运用的具体途径和场合。对于传授此类方法的行为如何认定，需要结合整体传授过程，并根据社会通常观念作出恰当判断。我们认为，在司法实践中应当重点结合以下情况予以认定：（1）行为人的个人情况；（2）向他人传授该种方法的原因；（3）在何种场合下或者利用何种途径传授该方法；（4）被传授人会基于何种原因向行为人学习该种方法；（5）行为人和被传授人言行的倾向性（如有无指明该种方法是实行某种犯罪的方法）等。

（二）如何评价网络传授对象的不特定性

反对本案以传授犯罪方法罪定性的理由之一是，传授犯罪方法罪的传授行为应具有一定的针对性。如果行为人在互联网上向不特定的多数人传播犯罪方法，则不应以犯罪论处。我们认为，此观点值得商榷，这主要基于以下考虑：

首先，刑法并未限定传授犯罪方法罪的对象必须为特定主体。一般认为，传授犯罪方法罪中的“传授”，是指将犯罪的方法教给他人。实践中，传授犯罪方法的方式是多种多样的，可以是口头传授，也可以是书面传授；可以采取公开的方式传授，也可以采取秘密的方式传授；可以用语言、动作传授，即“言传”，也可以具体实施犯罪活动来传授，即“身教”；可以传授一种犯罪方法，也可以传授多种犯罪方法。其中，公开的方式传授包括通过第三人转达或通讯工具传授，以及通过广播、电视、报刊、互联网等公共媒介进行传授，在此种情况下的传授对象就不可能是特定的个人或特定的少数人，而是特定的多人或不特定的人员。事实上，传授犯罪方法罪是行为犯，即只要实施了向他人传授犯罪方法的行为就可以构成传授犯罪方法罪。所以，该罪所强调的是“传”也即“教”的行为，至于学的人是多是少、特定或不特定、学会与否都不是该罪所强调的内容，不应影响该罪的成立。

其次，从社会危害性的比较来看，利用互联网向不特定的人员传授犯罪方法比向特定的人员传授的危害性更大。向特定人员传授犯罪方法的结果是，有限的人员（即使是为数不少）掌握了该犯罪方法，并可能将其应用于实施犯罪行为，从而造成对某些合法利益的侵害或者对社会公共秩序的破坏。但由于学习者是特定的人员，有关部门往往可以通过一定的侦查方式找到他们，有可能在其将所掌握的犯罪方法用于实施具体的犯罪行为之前阻止其行为或者在其实施犯罪行为后很快将其绳之以法。而利用网络向不特定的人员传授犯罪方法，由于其学习者是不特定的，很难将这些人员悉数找出，从而难免会对潜在的犯罪行为疏于防范，亦即这种向不特定的人员传授犯罪方法的行为更容易造成侵害他人合法利益或者破坏社会公共秩序行为的发生，其社会危害性相对更大。

最后，利用互联网传授犯罪方法不过是赋予了传授行为一种新的方式或途径，究其实质，与传统的传授行为无异。目前在网络环境下，传授犯罪方法主要表现为：（1）利用 QQ 等即时通讯软件或者电子邮件等方式进行一对一交流；（2）在 BBS、论坛、微博等公共交流平台上发帖，讲解特定犯罪方法；（3）开设专门网站，讲授相关犯罪的技术知识等。对于第一种传授形式，其传授对象是特定的，依法应按照传授犯罪方法罪进行处理，对此已无异议。而对于第二、三种传授形式，虽然其传授对象是不特定的，但在本质上仍符合传统的传授行为的特征，例如，既有传授者，又有被传授者，传授的内容也是属于犯罪方法的技能、经验等，故不能仅因为传授对象的不特定性而否认传授者的行为系“传授”。实际上，这种情形从本质上也可以理解为采取公开课的形式传授犯罪方法。所以，本案中，被告人利用互联网向不特定的多人传授犯罪方法，并不根本地影响其行为构成传授犯罪方法罪。

（三）构成本罪是否要求犯罪方法必须为被传授者所接受

本案审理中有意见认为，因不能确定冯庆钊传授的犯罪方法是否为他人所实际接受与使用，故而不宜认定为犯罪。我们认为，此种意见也有一定的不足。从实际看，传授的程度确实对行为危害社会的程度有相当的影响。但从行为构成犯罪的角度来看，刚刚着手实行传授犯罪方法的行为，危害社会的程度不一定就达不到构成犯罪的程度；行为人已经完成了传授的行为，甚至被传授人已经接受了传授的内容，其危害社会的程度并不一定就达到构成犯罪的程度。所以，虽然传授的程度是影响传授行为是否构成犯罪的一个重要因素，但不能过于夸大其对犯罪成立的作用。决定传授行为危害社会程度及是否成立犯罪的因素，不仅有传授的程度，还有传授的是何种犯罪的方法、传授的次数、行为人传授意志坚决的程度、被传授人是否接受传授，以及是否利用传授的犯罪方法实施具体的犯罪等因素。只有对这些因素进行综合考察，才能得出传授行为是否构成犯罪的正确结论。

在利用互联网传授的情况下，因为受众广泛，且传授的犯罪方法可以不受限制地下载、复制，具有“取之不尽，用之不竭”的特点，其影响范围明显要大于传统的传授行为。一旦被别有用心者利用，危害后果将是非常严重的。所以，对于网络传授犯罪方法的行为，不能仅仅关注其现实危险性，而对于具有抽象危险性的行为就不予刑法规制。就本案而言，被告人制作、传播的《恐怖分子手册》文档被浏览2000余次，下载100余次，足以表明其受关注的程度。即便无法查实这些被传授者是否已经接受和使用被告人传授的犯罪方法，鉴于其行为的危害性，仍可以依法认定传授犯罪方法罪。

（四）如何认定网络传授者的主观方面

除了决意实施某种特定犯罪的人员之外，利用网络传播犯罪方法的行为人中，有不少类似于本案的被告人。作为普通的网民，其可能并无特别地实施某种犯罪的明确目的或意图，主要是出于“好玩”“出名”或精神无聊、寻求刺激等，而不具有积极追求他人利用其传授的内容实施犯罪的直接故意，最大可能是具有放任危害后果发生的间接故意。就像本案被告人所供述的，“自己当时没想后果，只是觉得好玩”，“如果有人用这些东西实施犯罪，那就是他自己的事情了”。那么，这种仅具有放任的间接故意情形能够构成传授犯罪方法罪吗?

传授犯罪方法罪的主观方面是故意而不是过失，一般不论行为人的目的动机，这已是刑法学界的公论。然而，故意这一罪过形态是否包括间接故意，就存在肯定说与否定说两种意见，肯定说认为，应包括间接故意在内，只要明知是犯罪方法故意传授给他人即可成立犯罪，不管行为人是持积极追求还是放任心态；否定说则认为，构成传授犯罪方法罪只能出于直接故意，希望或积极追求他人接受和使用其所传授的犯罪方法。我们认为，肯定说的主张更为合理，更利于网络犯罪的处理。

从立法层面看，刑法分则的罪名只区分为故意犯罪和过失犯罪。至于一个犯罪是由何种故意、何种过失构成，则是司法层面的解释和学理层面的理解问题。当然，有些犯罪只能由直接故意构成，这往往限于目的犯的范围之内。而就作为行为犯的传授犯罪方法罪而言，其故意的内容则不宜局限于直接故意。因为在网络环境下，由于信息接受者的不特定性以及传授者与接受者之间联系的非直接性等特点，要求传授者对他人接受其传授的内容全部持积极追求的心态，并不切合实际，必然会存在一些放任的情况。事实上，不限于直接故意构成犯罪，这也是传授犯罪方法罪与教唆犯罪的区别之一。一般认为，教唆犯罪是使无犯意者产生犯意或者使犯意不坚定者决议犯罪，故教唆行为人的主观方面只能是直接故意。而传授犯罪方法罪属于妨害社会管理秩序的行为，它会助长犯罪的发生，危害性在于其使他人犯罪变得易行，而非使他人决议犯罪。他人是否据此实施犯罪，并不影响传授犯罪方法罪的成立。这样，行为人只要对别人据此实施犯罪有认识而持放任心态，就符合了传授犯罪方法罪的主观要件。换言之，间接故意支配下实施传授犯罪方法的行为，也可以成立犯罪。

（五）从政策角度分析网络传授犯罪方法的行为应否受到刑法调整

信息网络的飞速发展造就了与真实的现实空间截然不同的网络空间，而这一空间在短时间内已成为各种犯罪行为滋生的新土壤。所以，网络空间亦应纳入法律调整范畴，而不能仅仅依靠技术及道德准则加以规范，对于在网络空间中实施的具有相当危害性的行为，应予刑罚处罚。就本案而言，被告人冯庆钊发布的《恐怖分子手册》是网络不良信息的极端典型，对此如何评判，昭示着刑法的基本立场。如果作为非罪处理，将会使一些潜在的不良信息发布者肆无忌惮，误认为网络上无限自由，从而恶化网络环境。而作为犯罪处理，则能够引导网民的网络观念，正确合理利用网络资源，从而达到净化网络环境的效果。

当然，刑法作为最后、最有力的治理手段，在介入网络空间时，还应当处理好积极介入与适度介入的关系。所谓积极介入，即如果行为的社会危害性已达到一定的严重程度，通过行业治理、民事或者行政调整已不足以制止这种危害行为而需要刑法手段介入，且刑法手段的介入不致违背罪刑法定原则，符合社会公众的价值判断和心理预期时，刑法应当及时介入。所谓适度介入，即对于这类新型领域，不仅刑法介入的范围应适当控制，而且刑法介入的强度亦不易过大。因为对于这些新型领域的刑法介入，主要是基于公平正义原则，基于对公共利益保护的考量，通过法律的扩张解释方法而作出的，其介入的程度显然不如传统领域。此外，从刑法的功能来分析，刑法的介入既是对某种合法权益的保护，更是对某种行为规范的引导，对于一些新型领域而言，这种引导需要采取循序渐进的方式，如果一开始就过于强烈，不仅当事人始料未及，社会公众也会觉得过于严苛，难以接受，处理效果自然不好，也就达不到预期的目的。

（六）如何正确办理网络传授犯罪方法案件

从实践看，利用互联网传授犯罪方法的行为表现形态复杂多样，既有“一对一”型的向特定对象传授犯罪方法，也有“一对多”型的向不特定对象传授犯罪方法；既可以是传授原创的“犯罪方法”，也可以是转贴他人的“犯罪方法”；既有以牟利为目的的故意传授，也有不以牟利为目的的故意传授，还可能由于过失传播了犯罪方法等。在实际认定中，需要对案件坚持具体情况具体分析，并严格依照刑法规定慎重处理。

首先，根据传授对象的特定与否，可分为向特定对象传授犯罪方法的“一对一”型和向不特定对象传授的“一对多”型。如前所述，行为人无论是向特定还是不特定的对象传授犯罪方法，都不影响传授犯罪方法罪的成立。

其次，根据行为人所传授的犯罪方法的性质，可分为传授自己编辑、加工的原创型的“犯罪方法”和转贴他人制作的“犯罪方法”。对于传授原创型的犯罪方法的行为，鉴于其是网上犯罪方法泛滥的源泉，应当在罪刑法定原则的范围内予以从严惩治，可认定为传授犯罪方法罪；对于转贴他人制作的

"犯罪方法"的行为，应根据其传授行为的性质、途径、方法、次数及其客观危害后果等，综合衡量判断。如果确属情节显著轻微、危害不大的，可依照刑法第十三条的规定，不作为犯罪处理。此外，在司法认定中，还应注意行为人转贴时的加工行为，如果原创者传授的某种实际技能、方法虽然可以不当地被运用于犯罪，但其并没有犯罪倾向，只是作为科学知识传授他人，行为人在转贴时通过加工，使该技能、方法与特定犯罪相连接，从而使其类型化为某种犯罪方法，则只能处罚转贴的行为人。

最后，根据行为人是否具有牟利目的，可分为以牟利为目的的传授行为与不以牟利为目的的传授行为。前者如行为人提供有偿浏览、下载服务，利用网络售卖载有犯罪方法的软件、光盘等；后者如行为人提供免费浏览、下载服务。依照我国刑法规定，牟利并非传授犯罪方法罪的构成要件，该罪所关注的只是行为人是否具有传授的故意。因此，无论行为人是否出于牟利目的，也不论实际是否谋取到利益，只要其具有传授方法的故意，并且实施了向他人传授该犯罪方法的行为，就可以构成传授犯罪方法罪。当然，过失导致某种或某些犯罪方法被散布、传播的，应不构成该罪；如成立其他犯罪，则依法定罪处罚。

——最高人民法院刑事审判第一、二、三、四、五庭主办：《刑事审判参考》2011 年第 2 集（总第 79 集），法律出版社 2011 年版，第 60~69 页。

1052. 侵害英雄烈士名誉、荣誉罪入罪标准

关键词

侵害英雄烈士名誉、荣誉罪　入罪标准

最高人民法院司法政策精神

二、关于侵害英雄烈士名誉、荣誉罪入罪标准

根据刑法第二百九十九条之一的规定，侮辱、诽谤或者以其他方式侵害英雄烈士的名誉、荣誉，损害社会公共利益，情节严重的，构成侵害英雄烈士名誉、荣誉罪。

司法实践中，对侵害英雄烈士名誉、荣誉的行为是否达到"情节严重"，应当结合行为方式，涉及英雄烈士的人数，相关信息的数量、传播方式、传播范围、传播持续时间，相关信息实际被点击、浏览、转发次数，引发的社会影响、危害后果以及行为人前科情况等综合判断。根据案件具体情况，必要时，可以参照适用《最高人民法院、最高人民检察院关于办理利用信息网络实施诽谤等刑事案件适用法律若干问题的解释》（法释〔2013〕21 号）的

规定。

侵害英雄烈士名誉、荣誉，达到入罪标准，但行为人认罪悔罪，综合考虑案件具体情节，认为犯罪情节轻微的，可以不起诉或者免予刑事处罚；情节显著轻微危害不大的，不以犯罪论处；构成违反治安管理行为的，由公安机关依法给予治安管理处罚。

——《最高人民法院、最高人民检察院、公安部关于依法惩治侵害英雄烈士名誉、荣誉违法犯罪的意见》（2022 年 1 月 11 日，公通字〔2022〕5 号）。

附录：最高人民法院主流观点

侵害英雄烈士名誉、荣誉罪，是指侮辱、诽谤或者以其他方式侵害英雄烈士的名誉、荣誉，损害社会公共利益，情节严重的行为。

本罪是《刑法修正案（十一）》第 35 条新增的罪名。

1. 本罪侵犯的客体是国家对英雄烈士的名誉、荣誉的保护秩序。

英雄烈士的名誉、荣誉权与民法意义上自然人的名誉权、荣誉权并不完全等同，虽然在内容上都属于道德品质获得了社会良好评价，但英雄烈士的名誉、荣誉与英雄烈士的事迹和精神密不可分，是中华民族共同的历史记忆和宝贵的精神财富，也是社会主义核心价值观的重要内容，属于社会公共利益的范围。为保护英雄烈士，2018 年全国人大常委会制定并通过了《英雄烈士保护法》。

本罪的侵犯的行为对象是"英雄烈士的名誉、荣誉"。关于"英雄烈士"的判断依照《英雄烈士保护法》。对英雄烈士的评定，实际工作中有一套成熟的制度和办法，在法律实施中总结实践经验，不断加以完善。①

因此对于英雄的名录并未确认下来。如果不在目录内英雄，可以由行政机关出具相应的认定意见，结合英雄人物的行为事迹、弘扬的精神，综合足以作出认定。

2. 本罪的客观方面表现为侮辱、诽谤或者以其他方式侵害英雄烈士的名誉、荣誉，损害社会公共利益，情节严重的行为。

其中，"其他方式"是指侮辱、诽谤以外的以还原历史、探究真相为名义贬损、否定英雄烈士的名誉、荣誉的行为。侵害行为必须达到"情节严重"才构成犯罪。对于情节严重可以根据侵害行为方式、涉及英雄烈士的人数，相关信息的数量、传播方式、传播范围、传播持续时间，相关信息实际被点击、浏览、转发次数，引发的社会影响、危害后果以及行为人前科情况等综合判断。根据案件具体情况，必要时，可以参照适用《最高人民法院、最高

① 许安标、钱锋主编：《中华人民共和国英雄烈士保护法释义》，中国民主法制出版社 2019 年版，第 47~48 页。

人民检察院关于办理利用信息网络实施诽谤等刑事案件适用法律若干问题的解释》的规定。

根据《最高人民法院、最高人民检察院、公安部关于依法惩治侵害英雄烈士名誉、荣誉违法犯罪的意见》的规定，本罪适用中应注意贯彻宽严相济的刑事政策。达到入罪标准，行为人认罪悔罪，综合考虑案件具体情节，认为犯罪情节轻微的，可以不起诉或者免予刑事处罚。对没有主观恶意，仅因模糊认识、好奇等原因而发帖、评论的，或者行为人系在校学生、未成年人的，要以教育转化为主。对利用抹黑英雄烈士恶意攻击我国基本社会制度、损害社会公共利益，特别是与境外势力勾连实施恶意攻击，以及长期、多次实施侵害行为的，要依法予以严惩。

3. 犯罪主体是一般主体，年满16周岁具有刑事责任能力的自然人。

4. 犯罪主观方面是故意，而且通常具有侵害英雄烈士的名誉、荣誉，损害社会公共利益的目的。

——胡云腾主编:《刑法罪名精释（第五版）》，人民法院出版社2022年版，第1038~1039页。

1053. 侵害英雄烈士名誉、荣誉违法犯罪的办案工作要求

关键词

侵害英雄烈士名誉、荣誉罪

最高人民法院司法政策精神

三、关于办案工作要求

（一）坚决依法惩治。英雄烈士的事迹和精神是中华民族共同的历史记忆和宝贵的精神财富，英雄不容亵渎、先烈不容诋毁、历史不容歪曲。各级公安机关、人民检察院、人民法院要切实增强责任感和使命感，依法惩治侵害英雄烈士名誉、荣誉的违法犯罪活动，坚决维护中国特色社会主义制度，坚决维护社会公共利益。

（二）坚持宽严相济。对侵害英雄烈士名誉、荣誉的，要区分案件具体情况，落实宽严相济刑事政策，突出惩治重点，重在教育挽救，避免打击扩大化、简单化，确保实现政治效果、法律效果和社会效果的有机统一。对利用抹黑英雄烈士恶意攻击我国基本社会制度、损害社会公共利益，特别是与境外势力勾连实施恶意攻击，以及长期、多次实施侵害行为的，要依法予以严惩。对没有主观恶意，仅因模糊认识、好奇等原因而发帖、评论的，或者行为人系在校学生、未成年人的，要以教育转化为主，切实做到教育大多数、

打击极少数。

（三）严格规范办案。公安机关要落实严格规范公正文明执法要求，依法全面、及时收集、固定证据，严格履行法定程序，依法保障嫌疑人合法权益。人民检察院对公安机关提请批准逮捕、移送审查起诉的案件，符合批捕、起诉条件的，依法予以批捕、起诉。对重大、疑难案件，公安机关可以商请人民检察院派员通过审查证据材料等方式，就案件定性、证据收集、法律适用等提出意见建议。人民法院要加强审判力量，制定庭审预案，依法审理。公安机关、人民检察院、人民法院要与退役军人事务部门和军队有关部门建立健全工作联系机制，妥善解决英雄烈士甄别、认定过程中的问题。

——《最高人民法院、最高人民检察院、公安部关于依法惩治侵害英雄烈士名誉、荣誉违法犯罪的意见》（2022 年 1 月 11 日，公通字〔2022〕5 号）。

1054. 在网络平台上侮辱抗美援朝英雄烈士，构成侵害英雄烈士名誉、荣誉罪并应承担民事责任

关键词

侵害英雄烈士名誉、荣誉罪　抗美援朝英雄烈士

最高人民法院公布的典型案例

罗某侵害英雄烈士名誉、荣誉暨附带民事公益诉讼案

裁判摘要：被告人在互联网上使用侮辱性语言抹黑中国人民志愿军“冰雕连”英烈，否定社会主义核心价值观和伟大的抗美援朝精神，破坏社会公共秩序，情节严重，其行为构成侵害英雄烈士名誉、荣誉罪。罗某系自首，可以依法从轻处罚，自愿认罪认罚，可以依法从宽处理。

一、基本案情

2021 年，罗某观看《长津湖》电影和纪录片后，为博取关注，使用新浪微博账号（粉丝数 220 余万）发帖，侮辱在抗美援朝长津湖战役中牺牲的中国人民志愿军“冰雕连”英烈。上述帖文因用户举报被平台处理，此前阅读量 2 万余次。罗某次日删除该帖文，但相关内容已经在网络上广泛传播，引发公众强烈愤慨。罗某曾系知名媒体人，曾使用上述帐号先后发表侮辱、嘲讽英雄烈士等帖文 9 篇，其账号被平台处置 30 次。海南省三亚市城郊人民检察院提起刑事附带民事公益诉讼，认为应当以侵害英雄烈士名誉、荣誉罪追

究罗某刑事责任，建议判处有期徒刑七个月，同时请求判令罗某承担相应民事责任。

二、裁判结果

海南省三亚市城郊人民法院认为，被告人罗某在互联网上使用侮辱性语言抹黑中国人民志愿军“冰雕连”英烈，否定社会主义核心价值观和伟大的抗美援朝精神，破坏社会公共秩序，情节严重，其行为构成侵害英雄烈士名誉、荣誉罪。罗某系自首，可以依法从轻处罚，自愿认罪认罚，可以依法从宽处理。附带民事公益诉讼被告罗某作为网络“大V”，多次在网上公开发表言论侮辱、贬损英雄烈士，严重侵害社会公共利益，应当承担民事责任。罗某自愿赔偿8万元用于抗美援朝烈士精神事迹纪念、宣传等公益事业，予以认可。作出刑事附带民事判决，被告人罗某犯侵害英雄烈士名誉、荣誉罪，判处有期徒刑七个月；附带民事公益诉讼被告罗某在相关网站及报纸上公开赔礼道歉。

三、典型意义

英雄烈士既包括个人，也包括群体，既包括有名英雄烈士，也包括无名英雄烈士。中国人民志愿军的英雄事迹是中华民族共同的历史记忆和宝贵的精神财富，伟大的抗美援朝精神跨越时空、历久弥新，是社会主义核心价值观的重要体现，全体中华儿女要永续传承、世代发扬，绝不容许亵渎、诋毁。电影《长津湖》旨在缅怀中国人民志愿军“冰雕连”英烈，罗某却在观看电影后，在网络平台发帖公然歪曲历史，侮辱、抹黑英烈，伤害公众情感，严重破坏社会公共秩序。本案通过司法手段严惩侵害抗美援朝英雄烈士群体名誉、荣誉行为，维护社会公共利益，护航传承和弘扬爱国主义精神，推动培育和践行社会主义核心价值观。

——《涉英烈权益保护十大典型案例》（2022年12月8日），载最高人民法院官网，https：//www.court.gov.cn。

1055. 在人数众多的微信群诋毁、侮辱英雄，构成侵害英雄烈士名誉、荣誉罪

关键词

侵害英雄烈士名誉、荣誉罪　诋毁、侮辱英雄

最高人民法院公布的典型案例

肖某侵害英雄烈士名誉、荣誉罪案

裁判摘要：被告人肖某以侮辱、诽谤方式侵害英雄的名誉、荣誉，损害社会公共利益，情节严重，其行为已构成侵害英雄烈士名誉、荣誉罪。

一、基本案情

2021 年，肖某在“杂交水稻之父”、共和国勋章获得者、中国工程院院士袁隆平因病逝世、举国悲痛之际，无视公序良俗和道德底线，使用昵称“坚持底线”的微信号，先后在微信群“白翎村村民信息群”（群成员 499 人）内发布 2 条信息，歪曲事实诋毁、侮辱袁隆平院士，侵害英雄名誉、荣誉，引起群内成员强烈愤慨，造成恶劣社会影响。湖南省韶山市人民检察院提起公诉，认为被告人肖某的行为构成侵害英雄烈士名誉、荣誉罪，建议判处管制六个月。

二、裁判结果

湖南省韶山市人民法院认为，被告人肖某以侮辱、诽谤方式侵害英雄的名誉、荣誉，损害社会公共利益，情节严重，其行为已构成侵害英雄烈士名誉、荣誉罪。案发后，被告人肖某如实供述自己的犯罪事实，认罪认罚，依法可从宽处理。判决被告人肖某犯侵害英雄烈士名誉、荣誉罪，判处管制六个月。

三、典型意义

自 2021 年 3 月 1 日起施行的《中华人民共和国刑法修正案（十一）》增设“侵害英雄烈士名誉、荣誉罪”，体现出我国对英雄烈士权益强有力的保护，以及严厉打击抹黑英雄烈士形象行为的决心。袁隆平院士为人民自由幸福和国家繁荣富强作出重大贡献，属于英雄人物，适用英雄烈士人格利益保护的相关法律规定是应有之义。肖某在微信群发布侮辱袁隆平院士的言论，造成恶劣影响，依法应予严惩。本案既有力打击侵害英雄名誉、荣誉行为，维护英雄权益，又教育社会公众崇尚英雄、捍卫英雄、学习英雄，充分彰显司法裁判在社会治理中的价值导向作用。

——《涉英烈权益保护十大典型案例》（2022 年 12 月 8 日），载最高人民法院官网，https：//www.court.gov.cn。

1056. 在网络平台上采用侮辱、诽谤方式侵害卫国戍边英雄烈士名誉、荣誉构成犯罪并应承担民事责任

关键词

侵害英雄烈士名誉、荣誉罪　卫国戍边英雄烈士

最高人民法院公布的典型案例

仇某侵害英雄烈士名誉、荣誉暨附带民事公益诉讼案

裁判摘要：被告人在网络上采用侮辱、诽谤方式侵害英雄烈士名誉、荣誉，造成恶劣社会影响，严重破坏社会秩序，损害社会公共利益，情节严重，构成侵害英雄烈士名誉、荣誉罪。附带民事公益诉讼被告仇某发表不当言论，亵渎英雄烈士事迹和精神，侵害英雄烈士名誉、荣誉，应当承担民事侵权责任。

一、基本案情

仇某在卫国戍边官兵誓死捍卫国土的英雄事迹被报道后，为博取眼球，使用其新浪微博账号“辣笔小球”（粉丝数250余万），先后发布2条微博，歪曲卫国戍边官兵祁发宝、陈红军、陈祥榕、肖思远、王焯冉等同志的英雄事迹和英雄精神。上述微博在网络上迅速扩散，引发公众强烈愤慨，造成恶劣社会影响。截至仇某删除微博时，上述微博共计阅读量20万余次。江苏省南京市建邺区人民检察院提起刑事附带民事公益诉讼，认为应当以侵害英雄烈士名誉、荣誉罪追究被告人仇某刑事责任，同时请求判令被告仇某通过国内主要门户网站及全国性媒体公开赔礼道歉，消除影响。

二、裁判结果

江苏省南京市建邺区人民法院认为，被告人仇某公然藐视国家法律和社会公德，在网络上采用侮辱、诽谤方式侵害英雄烈士名誉、荣誉，造成恶劣社会影响，严重破坏社会秩序，损害社会公共利益，情节严重，构成侵害英雄烈士名誉、荣誉罪。附带民事公益诉讼被告仇某发表不当言论，亵渎英雄烈士事迹和精神，侵害英雄烈士名誉、荣誉，应当承担民事侵权责任。作出刑事附带民事判决，被告人仇某犯侵害英雄烈士名誉、荣誉罪，判处有期徒刑八个月；附带民事公益诉讼被告仇某通过国内主要门户网站及全国性媒体公开赔礼道歉，消除影响。

三、典型意义

“辣笔小球”案是《中华人民共和国刑法修正案（十一）》增设“侵害英雄烈士名誉、荣誉罪”后的全国首案。本案依法认定仇某的行为构成侵害英雄烈士名誉、荣誉罪，通过科处刑罚，保护英烈权益，弘扬英烈精神，回应社会关切，发挥司法裁判教育、警示作用，具有首案引领意义。有助于推动社会公众形成维护英雄烈士名誉、荣誉，严惩亵渎、诋毁英烈言行的广泛共识，大力弘扬社会主义核心价值观，彰显司法保护英烈权益、弘扬英烈精神的坚定立场。

——《涉英烈权益保护十大典型案例》（2022 年 12 月 8 日），载最高人民法院官网，https：//www.court.gov.cn。

1057. 侵害英雄烈士名誉、荣誉罪与侮辱罪、诽谤罪的界分

关键词

侵害英雄烈士名誉、荣誉罪

附录：最高人民法院主流观点

侵害英雄烈士名誉、荣誉罪与侮辱罪、诽谤罪行为方式上虽然具有相似性，但区分相对比较明确，第一，侵犯的客体和行为对象具有明显不同，侮辱罪、诽谤罪是侵犯的他人人身权利的犯罪，侵犯的是自然人的名誉，而本罪属于违反社会管理秩序类犯罪，侵犯的是国家对英雄烈士的名誉、荣誉的保护秩序，属于公共利益；第二，从行为方式上看，虽然本罪与侮辱罪、诽谤罪都可以采取口头言语、文字、图画等侮辱、诽谤的方式实施，但侮辱罪可以采取现实中暴力侮辱的方式，如对被害人采取强制行为脱衣服、在身体上涂抹一些标志等行为，以此降低被害人的社会评价，本罪一般不通过这种方式实施，在行为方式上除了侮辱、诽谤还规定了其他方式；第三，侮辱罪、诽谤罪属于告诉才处理的案件，但是严重危害社会秩序和国家利益的除外，本罪属于公安机关立案侦查并经检察机关公诉的案件。

另外，对于侮辱、诽谤在世的英雄的合法权益，损害社会公共利益，情节严重的行为，应以侮辱罪、诽谤罪等罪名定罪处罚，不适用本罪。这是因为本罪规定与《英雄烈士保护法》相互对应，范围保持一致，根据第 2 条第 2 款“毕生奋斗、英勇献身”的规定，可以认为“英雄烈士”主要是指已经牺牲或者去世的英雄烈士；[①]“现实中的英雄模范人物和群体……不适用《英雄烈士保护法》。《英雄烈士保护法》规定的英雄烈士，与宪法精神和人民英雄纪念碑碑文、《全国人大常委会关于设立烈士纪念日的决定》《民法典》等相关法律、行政法规规定是一致的”。[②] 被侵害英雄烈士群体中既有已经牺牲的烈士，也有健在的英雄模范人物的，可以统一适用侵害英雄烈士名誉、荣誉罪。

——胡云腾主编：《刑法罪名精释（第五版）》，人民法院出版社 2022 年

① 许安标、钱锋主编：《中华人民共和国英雄烈士保护法释义》，中国民主法制出版社 2019 年版，第 31 页、第 46~47 页。

② 许安标、钱锋主编：《中华人民共和国英雄烈士保护法释义》，中国民主法制出版社 2019 年版，第 47 页。

版，第 1040 页。

1058. 盗窃他人遗骨的行为构成盗窃尸体罪

关键词

盗窃尸体罪　盗窃遗骨

附录：司法信箱

问题：李某的弟弟因交通肇事死亡。李某迷信“神医”为其弟弟结阴亲，偷挖他人坟墓将遗骨盗走。对李某是否构成盗窃、侮辱尸体罪，存在两种意见。第一种意见认为构成盗窃、侮辱尸体罪，因为李某的行为侵犯的客体是社会公共秩序。第二种意见认为不构成盗窃、侮辱尸体罪，因本罪的行为对象是尸体。尸体是指自然人死亡后所遗留的躯体，无生命的尸体，如已蜕化分离的则为遗骨或遗发，不能称为尸体。李某盗窃的是遗骨，因而不构成本罪。

《人民司法》研究组认为：考虑到我国土葬与火葬相结合的实际情况，以及自然死亡、意外死亡（尸体可能不完整）等特殊情况，对《刑法》第 302 条规定的“尸体”应当理解为：既包括完整或不完整的遗体，也包括遗体腐化、蜕变、火化后形成的骨骸、遗发、骨灰等。因此，被告人李某为了给其亡弟“结阴亲”，偷挖他人坟墓盗走遗骨，应当依照《刑法》第 302 条的规定定罪处罚。

本罪属于选择性罪名，具体罪名应根据被告人实施的特定行为确定，如果仅仅是盗窃他人遗骨，则应以盗窃尸体罪定罪处罚。

——《人民司法》2003 年第 11 期（总第 478 期）。

1059. 在网络上开设赌场罪的认定和处理

关键词

开设赌场罪　网络赌博

最高人民法院司法解释

第二条　以营利为目的，在计算机网络上建立赌博网站，或者为赌博网站担任代理，接受投注的，属于刑法第三百零三条规定的“开设赌场”。

——《最高人民法院、最高人民检察院关于办理赌博刑事案件具体应用法律若干问题的解释》(2005 年 5 月 11 日，法释〔2005〕3 号)。

最高人民法院司法政策精神

一、关于网上开设赌场犯罪的定罪量刑标准

利用互联网、移动通讯终端等传输赌博视频、数据，组织赌博活动，具有下列情形之一的，属于刑法第 303 条第 2 款规定的“开设赌场”行为：

（一）建立赌博网站并接受投注的；

（二）建立赌博网站并提供给他人组织赌博的；

（三）为赌博网站担任代理并接受投注的；

（四）参与赌博网站利润分成的。

实施前款规定的行为，具有下列情形之一的，应当认定为刑法第 303 条第 2 款规定的“情节严重”：

（一）抽头渔利数额累计达到 3 万元以上的；

（二）赌资数额累计达到 30 万元以上的；

（三）参赌人数累计达到 120 人以上的；

（四）建立赌博网站后通过提供给他人组织赌博，违法所得数额在 3 万元以上的；

（五）参与赌博网站利润分成，违法所得数额在 3 万元以上的；

（六）为赌博网站招募下级代理，由下级代理接受投注的；

（七）招揽未成年人参与网络赌博的；

（八）其他情节严重的情形。

二、关于网上开设赌场共同犯罪的认定和处罚

明知是赌博网站，而为其提供下列服务或者帮助的，属于开设赌场罪的共同犯罪，依照刑法第 303 条第 2 款的规定处罚：

（一）为赌博网站提供互联网接入、服务器托管、网络存储空间、通讯传输通道、投放广告、发展会员、软件开发、技术支持等服务，收取服务费数额在 2 万元以上的；

（二）为赌博网站提供资金支付结算服务，收取服务费数额在 1 万元以上或者帮助收取赌资 20 万元以上的；

（三）为 10 个以上赌博网站投放与网址、赔率等信息有关的广告或者为赌博网站投放广告累计 100 条以上的。

实施前款规定的行为，数量或者数额达到前款规定标准 5 倍以上的，应当认定为刑法第 303 条第 2 款规定的“情节严重”。

实施本条第 1 款规定的行为，具有下列情形之一的，应当认定行为人“明知”，但是有证据证明确实不知道的除外：

（一）收到行政主管机关书面等方式的告知后，仍然实施上述行为的；

（二）为赌博网站提供互联网接入、服务器托管、网络存储空间、通讯传输通道、投放广告、软件开发、技术支持、资金支付结算等服务，收取服务费明显异常的；

（三）在执法人员调查时，通过销毁、修改数据、账本等方式故意规避调查或者向犯罪嫌疑人通风报信的；

（四）其他有证据证明行为人明知的。

如果有开设赌场的犯罪嫌疑人尚未到案，但是不影响对已到案共同犯罪嫌疑人、被告人的犯罪事实认定的，可以依法对已到案者定罪处罚。

三、关于网络赌博犯罪的参赌人数、赌资数额和网站代理的认定

赌博网站的会员账号数可以认定为参赌人数，如果查实一个账号多人使用或者多个账号一人使用的，应当按照实际使用的人数计算参赌人数。

赌资数额可以按照在网络上投注或者赢取的点数乘以每一点实际代表的金额认定。

对于将资金直接或间接兑换为虚拟货币、游戏道具等虚拟物品，并用其作为筹码投注的，赌资数额按照购买该虚拟物品所需资金数额或者实际支付资金数额认定。

对于开设赌场犯罪中用于接收、流转赌资的银行账户内的资金，犯罪嫌疑人、被告人不能说明合法来源的，可以认定为赌资。向该银行账户转入、转出资金的银行账户数量可以认定为参赌人数。如果查实一个账户多人使用或多个账户一人使用的，应当按照实际使用的人数计算参赌人数。

有证据证明犯罪嫌疑人在赌博网站上的账号设置有下级账号的，应当认定其为赌博网站的代理。

——《最高人民法院、最高人民检察院、公安部关于办理网络赌博犯罪案件适用法律若干问题的意见》（2010 年 8 月 31 日，公通字〔2010〕40 号）。

《刑事审判参考》指导案例

陈宝林等赌博案（《刑事审判参考》指导案例第 351 号）

裁判要点：开设赌场的犯罪中不参与“分红”，仅领取报酬而实施帮助行为的人应当构成赌博罪的共犯。网络赌博犯罪中所谓“开设赌场”是指以营利为目的，在计算机网络上建立赌博网站，招引赌博客户或通过发展网络赌博代理人招引赌博客户，接受投注的；或者为赌博网站充当地区代理人招引赌博客户或通过发展下级代理人招引赌博客户，接受投注的；或者充当赌博网站地区代理人的下级代理人通过发展下级代理人招引赌博客户或同时招引赌博客户，接受投注的。

（一）开设赌场的犯罪中不参与“分红”，仅领取报酬而实施帮助行为的人应当构成赌博罪的共犯

我们认为对待上述情况应当区别对待，对于那些在赌博犯罪团伙中，对从事开设赌场的犯罪起着直接的、必不可少的作用的人员应当依法追究刑事责任；对于那些对开设赌场犯罪无足轻重的人员可以不追究刑事责任。例如，受赌博犯罪组织者雇用，为犯罪分子提供后勤保障的服务人员或者偶尔几次为赌博犯罪分子提供帮助的人员等对开设赌场犯罪无足轻重的人员，情节显著轻微的，一般不追究其刑事责任。这种处理办法也符合刑法第十三条之但书规定——“但是情节显著轻微危害不大的，不认为是犯罪”——的立法精神之要求。有一种观点认为，对有些被告人在开设赌场的赌博犯罪中不参与“分红”，即不参与开设赌场盈利的分成，仅领取报酬而实施帮助行为的人不构成赌博罪的共犯。其理由是：被告人在开设赌场的赌博犯罪中只领取“工资”，不参与赌博盈利分红，他们在主观上没有“以营利为目的”，没有完全具备赌博犯罪构成的诸要素。我们认为，上述观点是错误的。共同犯罪是一个整体，在多数情况下各犯罪参与人的犯罪主观方面的内容是一致的，其犯罪目的是相同的；但是，也存在共同犯罪人的犯罪主观方面不一致的情况，特别是犯罪目的不相同的情况更为常见。对于一般的故意犯罪来说，共同犯罪人的犯罪目的不同并不影响犯罪行为性质的认定；但是，就目的犯罪而言，共同犯罪人在犯罪目的不同的情况下是否就影响对行为性质的认定呢？我们认为，只要正犯的犯罪目的明确，即使其他共犯（此处共犯指的是狭义的共犯，即除正犯之外的共同犯罪人，以下亦同）的犯罪目的不同也不影响犯罪行为性质的认定。因为，共同犯罪作为一个犯罪整体，正犯的行为及主观方面决定了犯罪行为的类型，共犯只要明知正犯的行为性质及主观意图并实施了帮助行为，就可以构成正犯所犯之罪。申言之，在目的犯之共同犯罪中，共犯的犯罪目的不影响共同犯罪的行为性质。例如，在共同盗窃犯罪中，正犯的犯罪目的是“非法占有他人的财物”，共犯本人的犯罪目的可能是“非法占有他人财物”的犯罪目的之外的其他目的，如有的为了替朋友（即正犯）帮忙、有的为了从正犯处获取报酬、有的为了报复被害人等等，但是，共犯在不具有“非法占有他人财物”之犯罪目的时，明知正犯实施盗窃行为而为其提供帮助或者教唆的行为同样构成盗窃犯罪。这是共同犯罪理论中，共犯从属说理论的必然结论。

（二）网络赌博中“开设赌场”的认定

根据《刑法》的规定结合网络赌博犯罪的实际情况，我们认为，在网络赌博犯罪中所谓“开设赌场”是指以营利为目的，在计算机网络上建立赌博网站，招引赌博客户或通过发展网络赌博代理人招引赌博客户，接受投注的；或者为赌博网站充当地区代理人招引赌博客户或通过发展下级代理人招引赌

博客户，接受投注的；或者充当赌博网站地区代理人的下级代理人通过发展下级代理人招引赌博客户或同时招引赌博客户，接受投注的。将上述第三种行为认定为“开设赌场”的行为与两高《关于办理赌博刑事案件具体应用法律若干问题的解释》第 2 条规定（两高《关于办理赌博刑事案件具体应用法律若干问题的解释》第 2 条规定：以营利为目的，在计算机网络上建立赌博网站，或者为赌博网站担任代理，接受投注的，属于《刑法》第 303 条规定的“开设赌场”）。的精神也是相符的。因为第三种“开设赌场”的行为人，表面上看是为赌博网站的地区代理人充当下级代理人，但是实质上该行为人本质上还是为赌博网站充当代理人，只不过中间介入了地区代理人一定程度的管理行为。在网络赌博犯罪中“开设赌场”的前两种行为与“聚众赌博”行为的区分是明显的，第三种“开设赌场”的行为与“聚众赌博”行为的区分不是十分明显，值得我们注意。“聚众赌博”行为与“开设赌场”行为的区别在于行为人是否发展了下级代理人，如果行为人只是充当赌博网站地区代理人的下级代理人，通过提供赌博网站的账户和密码招引赌博客户，没有再发展下级代理人的，其行为就应当认定为“聚众赌博”行为。如果不作此区分，那么在网络赌博中就没有“聚众赌博”行为存在的余地。

——最高人民法院刑事审判第一庭、第二庭编：《刑事审判参考》2005 年第 3 集（总第 44 集），法律出版社 2006 年版，第 85~91 页。

1060. 在内地利用香港“六合彩”开奖信息进行竞猜赌博的行为构成赌博罪

关键词

六合彩　竞猜赌博　赌博罪

《刑事审判参考》指导案例

周帮权等等赌博案（《刑事审判参考》指导案例第 752 号）

裁判要点：在内地利用香港“六合彩”开奖信息，在庄家与投注者之间进行竞猜对赌的行为，不属于非法发售彩票的行为，而是一种赌博行为，应当以赌博罪论处。

在审理过程中，对周帮权等人的行为定性存在以下两种观点：一种观点认为，根据 2005 年 5 月 11 日最高人民法院、最高人民检察院联合出台的《关于办理赌博刑事案件具体应用法律若干问题的解释》（以下简称《解释》）

第六条的规定，“未经国家批准擅自发行、销售彩票，构成犯罪的，依照刑法第二百二十五条第四项的规定，以非法经营罪定罪处罚”。因此，本案应以非法经营罪定罪处罚。另一种观点则认为，周帮权等三被告人以营利为目的，利用香港“六合彩”开奖信息进行聚众赌博，涉赌金额达68万余元，其行为构成赌博罪，应以赌博罪追究三被告人的刑事责任，我们同意第二种意见，认为仅利用“六合彩”信息在庄家与参赌者之间进行竞猜对赌，庄家与香港赛马会之间无关联的行为，不属于非法发行、销售彩票的非法经营行为，而是一种赌博行为。

（一）利用“六合彩”信息相互竞猜，以财物下注赌输赢的行为，不属于非法发售彩票的行为

发行、销售彩票与传统的赌博行为有一定的区别，最本质的一个区别在于资金所有权转换的方向不同。正规渠道发行彩票筹集的资金使用是一次有利于社会的再分配：据统计，彩票销售金额的50%左右用于返奖，其余35%左右是政府收入，用于社会公益事业，余者是发行费用；而赌博的赌资则全部为庄家或其他参赌人员所瓜分。非法发行、销售彩票的行为人与赌博行为人所获取的利益来源不同：前者是通过发行、销售彩票，取得除返奖、发行费用后的余额；赌博者的非法获利则是其借助运气、技巧等因素获取对方的钱财，不存在返奖、发行销售费用等开支，这是赌博者非法营利的来源。

因彩票的发行涉及面广，数额巨大，且与赌博有相当的类似之处，但适度规范的彩票市场又是一种有利于社会的再分配。因此，在我国内地，国家将发行、销售彩票纳入专营范围，进行规范管理，未经审批擅自发行、销售彩票的行为，必然扰乱国家对彩票发行、销售的正常管理秩序。因此，《解释》将这种行为，包括擅自发行、销售香港“六合彩”，构成犯罪的，以非法经营罪定罪处罚。但并非所有利用“六合彩”信息敛财的行为构成犯罪的，都以非法经营罪处理。例如，他人利用“六合彩”的中奖号码进行竞猜，并不与“六合彩”经营机构之间存在关联的行为，就不是一种非法发售彩票的非法经营行为。因为行为人没有利用“彩票”这一物质载体，不具备利用国家有关彩票规定的特定方式去干扰正常的彩票市场的特征；行为人是利用他人发行的“六合彩”，自己以另种方式非法牟利，实际上与香港“六合彩”经营机构之间并不存在任何关联，其非法所得也不上缴香港赛马会。因而，其本质上只是利用了“六合彩”信息的这一形式，为庄家与参赌者之间的赌博提供一个判断输赢的衡量标准，与通过竞猜某场球赛最终的比分确定输赢的赌球行为，在本质上没有什么差别。因此，该行为不属于在内地兜售“六合彩”的经营行为。

就本案来说，周帮权、吴学富、朱绍菊就是在每期“六合彩”开奖前，诱骗他人下注竞猜，根据竞猜结果，在周帮权等庄家与参赌者之间进行非法

结算，非法所得也归赢家所有。因此，周帮权等人的行为是借助“六合彩”的中奖信息，为个人赌博提供一个稳获非法所得的平台，并不是发行、销售“六合彩”的行为。

（二）将利用“六合彩”信息竞猜对赌的行为以赌博定性，符合刑法的相关规定

赌博罪，是指以营利为目的，聚众赌博或者以赌博为业的行为。非法经营罪，是指违反国家规定从事经营活动，扰乱市场秩序，情节严重的行为。就犯罪构成上的区分来说，首先，二者侵犯的客体不同。赌博罪侵犯的是社会管理秩序，而非法经营罪侵犯的客体是国家的市场交易管理秩序。其次，二者在客观方面的表现不同。赌博罪表现为行为人以营利为目的，聚众赌博或以赌博为业的行为。所谓以赌博为业，是指以赌博为常业，即嗜赌成性，以赌博所得为主要生活来源或挥霍来源。对于那些虽有正当职业，却不务正业，把主要精力放在赌博上，长期在工作之余从事赌博活动，输赢数额巨大的，也视为以赌博为业。非法经营罪则表现为行为人违反国家规定，非法从事经营活动，扰乱市场交易管理秩序的行为。我国内地法律严禁赌博，不存在合法的赌博经营服务，也不存在合法的赌博交易市场秩序，因此，周帮权等人聚集多人竞赌，不是扰乱市场秩序的非法经营活动，而是聚众赌博行为，它侵害了正常的社会管理秩序。从客观方面的行为来看，周帮权等人是借用“六合彩”的开奖信息作为评判输赢的标准，以庄家和参赌者结算的方式获取非法利益，其行为不具有非法发行、销售等经营行为的特点，也不是通过非法经营行为获利，不符合非法经营罪客观方面的要件。因此，对其以赌博罪定罪处罚符合刑法相关规定。

（三）将利用“六合彩”信息竞猜对赌的行为以赌博定性，符合民众对赌博的一般理解，更有利于体现罪刑相适应

根据《现代汉语词典》对“赌博”的解释，所谓赌博，就是用斗牌、掷色子等形式，拿财物作注比输赢。我国早在3500年前的夏朝就出现了最早的赌博游戏——六博。此后，随着社会的发展，赌博的形式不断翻新，种类逐渐增多，危害也越来越大。新的赌博形式已经不限于用牌、色子等作为载体了。因此，基于这一发展态势的考虑，我们认为，只要利用一定形式为载体，以财物作注比输赢的，都属于赌博。本案被告人的行为是利用“六合彩”信息进行竞猜，以财物作注比输赢，以赌博定性，符合长期以来民众对赌博本质的理解。

——最高人民法院刑事审判第一、二、三、四、五庭主办：《刑事审判参考》2012年第1集（总第84集），法律出版社2012年版，第49~53页。

1061. 对设置圈套诱骗他人参赌又向索还钱财的受骗者施以暴力或暴力威胁的行为的定性

关键词

设置圈套诱骗参赌 赌博罪

最高人民法院司法解释

贵州省高级人民法院：

你院“关于设置圈套诱骗他人参赌，当参赌者要求退还所输钱财时，设赌者以暴力相威胁，甚至将参赌者打伤、杀伤并将钱财带走的行为如何定性”的请示收悉。经研究，答复如下：

行为人设置圈套诱骗他人参赌获取钱财，属赌博行为，构成犯罪的，应当以赌博罪定罪处罚。参赌者识破骗局要求退还所输钱财，设赌者又使用暴力或者以暴力相威胁，拒绝退还的，应以赌博罪从重处罚；致参赌者伤害或者死亡的，应以赌博罪和故意伤害罪或者故意杀人罪，依法实行数罪并罚。

——《最高人民法院关于对设置圈套诱骗他人参赌又向索还钱财的受骗者施以暴力或暴力威胁的行为应如何定罪问题的批复》（1995 年 11 月 6 日，法复〔1995〕8 号）。

1062. 抢劫赌资行为的性质认定

关键词

赌博罪 抢劫罪 抢劫赌资

附录：最高人民法院主流观点

3. 正确认定抢赌资行为的性质

如果没有参加赌博的人，使用暴力或者胁迫的方法抢赌场的，或者参赌者使用暴力抢劫他人赌资、有预谋抢劫赌场的，均应以抢劫罪处罚。如果参赌者仅以其所输赌资为抢劫对象，不宜按抢劫罪定罪处罚。构成赌博、故意伤害等其他犯罪的，依照刑法的相关规定处罚。

——胡云腾主编：《刑法罪名精释（第五版）》，人民法院出版社 2022 年版，第 1054 页。

1063. 关于“赌资累计”的认定标准

关键词

赌博罪　赌资累计

附录：《刑事审判参考》编辑部答疑

问题：最高人民法院、最高人民检察院《关于办理赌博刑事案件具体应用法律若干问题的解释》第1条第2项规定：“组织3人以上赌博，赌资数额累计达到5万元以上的……”如何理解该条规定的“累计”？

《刑事审判参考》编辑部认为：最高人民法院、最高人民检察院《关于办理赌博刑事案件具体应用法律若干问题的解释》第1条第2项规定：“组织3人以上赌博，赌资数额累计达到5万元以上的”这里的“赌资数额累计达到5万元”应理解为包含以下四种情况：

一是组织者与其他参赌人员共同参赌，组织者与参赌人员的赌资一次合计达5万元的；二是组织者与其他参赌人员共同参赌，组织者与参赌人员的赌资多次累计达5万元的；三是组织者未参赌，其他参赌人的赌资一次合计达5万元的；四是组织者未参赌，其他参赌人的赌资多次累计达5万元的。

——最高人民法院刑事审判第一、二、三、四、五庭主办：《刑事审判参考》2007年第5集（总第58集），法律出版社2008年版，第90页。

1064. 利用赌博机开设赌场的定罪处罚

关键词

开设赌场罪　赌博机　组织赌博

最高人民法院司法政策精神

一、关于利用赌博机组织赌博的性质认定

设置具有退币、退分、退钢珠等赌博功能的电子游戏设施设备，并以现金、有价证券等贵重款物作为奖品，或者以回购奖品方式给予他人现金、有价证券等贵重款物（以下简称设置赌博机）组织赌博活动的，应当认定为刑法第三百零三条第二款规定的“开设赌场”行为。

二、关于利用赌博机开设赌场的定罪处罚标准

设置赌博机组织赌博活动，具有下列情形之一的，应当按照刑法第三百

零三条第二款规定的开设赌场罪定罪处罚：

（一）设置赌博机 10 台以上的；

（二）设置赌博机 2 台以上，容留未成年人赌博的；

（三）在中小学校附近设置赌博机 2 台以上的；

（四）违法所得累计达到 5000 元以上的；

（五）赌资数额累计达到 5 万元以上的；

（六）参赌人数累计达到 20 人以上的；

（七）因设置赌博机被行政处罚后，两年内再设置赌博机 5 台以上的；

（八）因赌博、开设赌场犯罪被刑事处罚后，五年内再设置赌博机 5 台以上的；

（九）其他应当追究刑事责任的情形。

设置赌博机组织赌博活动，具有下列情形之一的，应当认定为刑法第三百零三条第二款规定的“情节严重”：

（一）数量或者数额达到第二条第一款第一项至第六项规定标准六倍以上的；

（二）因设置赌博机被行政处罚后，两年内再设置赌博机 30 台以上的；

（三）因赌博、开设赌场犯罪被刑事处罚后，五年内再设置赌博机 30 台以上的；

（四）其他情节严重的情形。

可同时供多人使用的赌博机，台数按照能够独立供一人进行赌博活动的操作基本单元的数量认定。

在两个以上地点设置赌博机，赌博机的数量、违法所得、赌资数额、参赌人数等均合并计算。

三、关于共犯的认定

明知他人利用赌博机开设赌场，具有下列情形之一的，以开设赌场罪的共犯论处：

（一）提供赌博机、资金、场地、技术支持、资金结算服务的；

（二）受雇参与赌场经营管理并分成的；

（三）为开设赌场者组织客源，收取回扣、手续费的；

（四）参与赌场管理并领取高额固定工资的；

（五）提供其他直接帮助的。

四、关于生产、销售赌博机的定罪量刑标准

以提供给他人开设赌场为目的，违反国家规定，非法生产、销售具有退币、退分、退钢珠等赌博功能的电子游戏设施设备或者其专用软件，情节严重的，依照刑法第二百二十五条的规定，以非法经营罪定罪处罚。

实施前款规定的行为，具有下列情形之一的，属于非法经营行为“情节严重”：

（一）个人非法经营数额在五万元以上，或者违法所得数额在一万元以上的；

（二）单位非法经营数额在五十万元以上，或者违法所得数额在十万元以上的；

（三）虽未达到上述数额标准，但两年内因非法生产、销售赌博机行为受过二次以上行政处罚，又进行同种非法经营行为的；

（四）其他情节严重的情形。

具有下列情形之一的，属于非法经营行为“情节特别严重”：

（一）个人非法经营数额在二十五万元以上，或者违法所得数额在五万元以上的；

（二）单位非法经营数额在二百五十万元以上，或者违法所得数额在五十万元以上的。

五、关于赌资的认定

本意见所称赌资包括：

（一）当场查获的用于赌博的款物；

（二）代币、有价证券、赌博积分等实际代表的金额；

（三）在赌博机上投注或赢取的点数实际代表的金额。

六、关于赌博机的认定

对于涉案的赌博机，公安机关应当采取拍照、摄像等方式及时固定证据，并予以认定。对于是否属于赌博机难以确定的，司法机关可以委托地市级以上公安机关出具检验报告。司法机关根据检验报告，并结合案件具体情况作出认定。必要时，人民法院可以依法通知检验人员出庭作出说明。

七、关于宽严相济刑事政策的把握办理利用赌博机开设赌场的案件，应当贯彻宽严相济刑事政策，重点打击赌场的出资者、经营者。对受雇佣为赌场从事接送参赌人员、望风看场、发牌坐庄、兑换筹码等活动的人员，除参与赌场利润分成或者领取高额固定工资的以外，一般不追究刑事责任，可由公安机关依法给予治安管理处罚。对设置游戏机，单次换取少量奖品的娱乐活动，不以违法犯罪论处。

八、关于国家机关工作人员渎职犯罪的处理

负有查禁赌博活动职责的国家机关工作人员，徇私枉法，包庇、放纵开设赌场违法犯罪活动，或者为违法犯罪分子通风报信、提供便利、帮助犯罪分子逃避处罚，构成犯罪的，依法追究刑事责任。

国家机关工作人员参与利用赌博机开设赌场犯罪的，从重处罚。

——《最高人民法院、最高人民检察院、公安部关于办理利用赌博机开设赌场案件适用法律若干问题的意见》（2014年3月26日，公通字〔2014〕

17 号)。

1065. 对明知是赌博网站仍为其提供资金结算便利的行为构成开设赌场罪

关键词

赌博网站　开设赌场罪

《刑事审判参考》指导案例

萧俊伟开设赌场案(《刑事审判参考》指导案例第 804 号)

裁判要点：对明知是赌博网站，仍为其提供资金结算便利的行为构成开设赌场罪。

(一)明知是赌博网站而提供资金支付结算便利的行为构成开设赌场罪

本案在审理过程中，对明知是赌博网站而提供资金支付结算便利的行为定性，形成两种不同意见：一种观点认为，被告人萧俊伟明知“乐天堂”网站是赌博网站，而为其提供资金支付结算服务，且数额特别巨大，情节严重，应当以开设赌场罪定罪处罚。另一种观点认为，本案应当依照《解释》的规定，以赌博罪定罪处罚。我们认为，根据《最高人民法院、最高人民检察院关于适用刑事司法解释时间效力问题的规定》第一条的规定，司法解释的效力适用于法律施行期间。2006 年 6 月 29 日颁布施行的刑法修正案(六)将开设赌场犯罪行为从赌博罪中分离出来，单独规定了开设赌场罪。因此，2006 年 6 月 29 日以后，利用计算机网络技术建立赌博网站并接受投注的行为，不能再依照 2005 年出台的《解释》的规定认定为赌博罪，而应当依照修订后的刑法规定认定为开设赌场罪。与传统的实体赌场不同，网上开设赌场是利用互联网、移动通讯终端等传输赌博视频、数据，以现代科技为依托建立虚拟场所，通过数字信息交流，组织赌博活动。在网络上开设赌场的整个流程分为两个环节：一是信息流环节，即赌博网站网址、赔率等招赌信息的发布、参赌人员的身份信息注册、银行账户等支付手段信息的确认、投注信息的上传与接收、赌博输赢结果的公布等；二是资金流环节，即利用银行、第三方支付平台等金融机构或者准金融机构，进行赌资的收支结算活动。萧俊伟明知“乐天堂”网站是赌博网站而在资金流环节提供服务，在开设赌场犯罪中承担了一定的分工，符合刑法总则关于共同犯罪的规定，应当以开设赌场罪定罪处罚。最高人民法院、最高人民检察院、公安部 2010 年 8 月 31

日联合发布的《关于办理网络赌博犯罪案件适用法律若干问题的意见》(以下简称《意见》)第二条第二项将明知是赌博网站，为赌博网站提供资金支付结算服务的行为明确为开设赌场罪的共同犯罪。

（二）本案被告人萧俊伟为赌博网站提供资金支付结算便利的行为应当认定为从犯

在本案审理过程中，对萧俊伟在开设赌场共同犯罪中的地位，存在不同意见：一种意见认为，萧俊伟明知“乐天堂”网站是赌博网站而提供资金支付方面的服务，为开设赌场犯罪的实现提供了必不可少的关键帮助，应当认定为主犯；第二种意见认为，根据刑法总则关于主犯、从犯、胁从犯、教唆犯的定义，应当认定萧俊伟在开设赌场共同犯罪中的地位为从犯。

我们赞同后一种意见。具体理由如下：

第一，根据刑法的规定，主犯、从犯、胁从犯、教唆犯是以行为人在共同犯罪中的作用为主、分工为辅进行划分的。本案中，在排除萧俊伟系教唆犯的前提下，其所管理的谷中城公司在开设赌场犯罪中是否实施了开设赌场罪的基本构成要件的行为，是认定其在共同犯罪中地位的重要依据。根据《意见》第一条的规定，利用互联网、移动通讯终端等传输赌博视频、数据，组织赌博活动，具有下列情形之一的，属于刑法第三百零三条第二款规定的“开设赌场”行为：（1）建立赌博网站并接受投注的；（2）建立赌博网站并提供给他人组织赌博的；（3）为赌博网站担任代理并接受投注的；（4）参与赌博网站利润分成的。谷中城公司为赌博网站提供资金收支服务的行为，不属于《意见》第一条规定的任何一种情形，即未实施开设赌场罪基本构成要件的行为。然而，从具体特征上分析，谷中城公司提供资金结算服务的行为与《意见》第一条第二项规定的行为具有一定的关联性，即为“建立赌博网站并提供给他人组织赌博”提供了便利条件，对“乐天堂”赌博网站的开设起到了辅助作用。故《意见》第二条第二项仅是将“为赌博网站提供资金支付结算服务”明确规定为开设赌场罪的共同犯罪，而不是单独的开设赌场犯罪行为。

第二，谷中城公司与“乐天堂”网站是相互独立的公司，“乐天堂”网站的盈亏情况与谷中城没有直接的利害关系。“乐天堂”网站决定赌资的收支、分配，谷中城公司对赌资没有所有权、支配权。谷中城公司通过其管理的“Ecapay”系统将开设在快钱公司的账号供“乐天堂”网站使用，为赌博网站提供与银行链接的通道，用于收支赌资，同时按资金流转的数额、笔数等标准收取服务费，相当于实体赌场中按照老板指令的数额向赌徒收取、返还赌资，领取报酬的操作人员。从这个角度分析，谷中城公司的行为仅是在互联网上开设赌场的一个中间环节（资金流环节）行为，根据其在共同犯罪中所体现的作用，应当认定其为从犯。

综上，本案被告人萧俊伟作为谷中城公司的负责人，为“乐天堂”网站开设赌场提供了便利条件，构成开设赌场罪的共犯。根据谷中城公司在共同犯罪中的作用，应当追究萧俊伟在开设赌场共同犯罪中的从犯责任。

——最高人民法院刑事审判第一、二、三、四、五庭主办：《刑事审判参考》2012 年第 4 集（总第 87 集），法律出版社 2013 年版，第 102~106 页。

1066. 利用微信群组织网络赌博活动的行为，以开设赌场罪定罪处罚

关键词

开设赌场罪　网络赌博　微信群

最高人民法院指导性案例

洪小强、洪礼沃、洪清泉、李志荣开设赌场案（最高人民法院指导案例 105 号）

裁判要点：以营利为目的，通过邀请人员加入微信群的方式招揽赌客，根据竞猜游戏网站的开奖结果等方式进行赌博，设定赌博规则，利用微信群进行控制管理，在一段时间内持续组织网络赌博活动的，属于《刑法》第三百零三条第二款规定的“开设赌场”。

法院生效裁判认为：被告人洪小强、洪礼沃、洪清泉、李志荣以营利为目的，通过邀请人员加入微信群的方式招揽赌客，根据竞猜游戏网站的开奖结果，以押大小、单双等方式进行赌博，并利用微信群进行控制管理，在一段时间内持续组织网络赌博活动的行为，属于刑法第三百零三条第二款规定的“开设赌场”。被告人洪小强、洪礼沃、洪清泉、李志荣开设和经营赌场，共接受赌资累计达 3237300 元，应认定为刑法第三百零三条第二款规定的“情节严重”，其行为均已构成开设赌场罪。

——《最高人民法院关于发布第 20 批指导性案例的通知》（2018 年 12 月 25 日，法〔2018〕347 号）。

说明

指导案例 105 号《洪小强、洪礼沃、洪清泉、李志荣开设赌场案》旨在明确以营利为目的，通过邀请人员加入微信群的方式招揽赌客，通过竞猜游戏网站的开奖结果等方式，以押大小、单双等方式进行赌博，利用微信群进

行控制管理，在一段时间内持续组织网络赌博活动的行为，属于刑法第三百零三条第二款规定的“开设赌场”。该案例对于利用微信群作为平台开设赌场的性质认定予以明确，对于司法实践正确处理类似案件具有指导意义。

谢检军、高垒、高尔樵、杨泽彬开设赌场案（最高人民法院指导案例 106 号）

裁判要点：以营利为目的，通过邀请人员加入微信群，利用微信群进行控制管理，以抢红包方式进行赌博，在一段时间内持续组织赌博活动的行为，属于《刑法》第三百零三条第二款规定的“开设赌场”。

法院生效裁判认为：以营利为目的，通过邀请人员加入微信群，利用微信群进行控制管理，以抢红包方式进行赌博，设定赌博规则，在一段时间内持续组织赌博活动的行为，属于刑法第三百零三条第二款规定的“开设赌场”。谢检军、高垒、高尔樵、杨泽彬伙同他人开设赌场，均已构成开设赌场罪，且系情节严重。谢检军、高垒、高尔樵、杨泽彬在共同犯罪中地位和作用较轻，均系从犯，原判未认定从犯不当，依法予以纠正，并对谢检军予以从轻处罚，对高尔樵、杨泽彬、高垒均予以减轻处罚。杨泽彬犯罪后自动投案，并如实供述自己的罪行，系自首，依法予以从轻处罚。谢检军、高尔樵、高垒到案后如实供述犯罪事实，依法予以从轻处罚。谢检军、高尔樵、杨泽彬、高垒案发后退赃，二审审理期间杨泽彬的家人又代为退赃，均酌情予以从轻处罚。

——《最高人民法院关于发布第 20 批指导性案例的通知》（2018 年 12 月 25 日，法〔2018〕347 号）。

说明

指导案例 106 号《谢检军、高垒、高尔樵、杨泽彬开设赌场案》旨在明确以营利为目的，通过邀请人员加入微信群的方式招揽赌客，并利用微信群进行控制管理，根据设定的赌博规则，以抢红包方式，在一段时间内持续组织网络赌博活动的行为，属于刑法第三百零三条第二款规定的“开设赌场”。近年来，利用微信群以抢红包的方式开设赌场的案件屡见不鲜，危害严重。发布该案例，既能指导司法机关依法办理类似案件，也能教育引导社会公众遵纪守法，同时也有助于促进完善网络管理。

1067. 新型网络抽奖式销售经营行为应认定为开设赌场罪

关键词

开设赌场罪 抽奖式销售

《刑事审判参考》指导案例

陈枝滨等人开设赌场案（《刑事审判参考》指导案例第 1461 号）

裁判要点：认定网络抽奖式销售行为的性质，应当着重从抽奖式销售行为的实质、网络平台运营管理的性质以及行为人的主观故意三个方面进行审查。

（一）审查抽奖式销售行为的实质

首先，看抽奖式销售是否真实。如果行为人以抽奖式销售为名，通过操控中奖结果、虚假抽奖等方式骗取参与人财物，应考虑构成诈骗罪。相反，如属真实抽奖式销售，则可能涉及赌博类犯罪。抽奖式销售实质上是销售中奖机会，即以少量认购（投注）博取大额财物的中奖机会；中奖结果依照设定的后台程序，具有随机性和不确定性；每一次开奖即抽中者赢、未抽中者输，本身即符合刑法意义上“赌博”的定义。

其次，看抽奖式销售是否为主要经营内容及营利手段。如果纯粹或主要以抽奖式销售为经营内容，且主要依靠无实物销售的折价、抽成等方式营利，应认定为赌博类犯罪。相反，如果抽奖式销售仅服务于正常商品销售经营，则不宜作为犯罪处理。以营利为目的，是刑法规定的赌博类犯罪的构成要素之一，同时根据司法解释及有关法律法规规定，“正常娱乐活动”“有奖销售”“营销推广”三类行为，因其非营利性以及服务于正常商品销售交易行为的特点，均被排除在刑法规制范围之外。由于销售经营行为必然以营利为目的，因此此类案件中应重点审查抽奖式销售对整体经营、营利的作用，即整体经营营利模式，正常商业行为以正常销售为主要经营手段、以销售额扣除成本为主要营利方式，而赌博类犯罪则以招揽人员、无实物的抽成、抽水营利为突出特点。

（二）审查网络平台运营管理的性质

区分网络赌博犯罪中赌博罪和开设赌场罪的关键，是组织者对网络平台、空间的控制性。相对于传统现场式赌博，网络赌博摆脱了对时间、场所和服务人员的依赖，犯罪成本更低、利润更大，参与人数更多、影响更广，涉案金额呈几何式增长。对运营具有赌博性质网络平台的行为，不应机械认定，应把握立法精神，参照司法案例，准确定性。最高人民法院发布的第 105、106 号指导性案例（洪小强等人开设赌场案、谢检军等人开设赌场案），将以营利为目的，利用微信群控制管理，以竞猜开奖结果、抢红包等方式进行赌博，持续组织赌博活动的行为定性为开设赌场罪；第 146 号指导性案例（陈庆豪等人开设赌场案），将以外汇期货涨跌这一未来相对不确定的偶然事件决定财产在平台与投资者之间的归属，并架构网络平台为众多投资者创设参与该项赌博活动场所的行为定性为开设赌场罪。因此，我们认为，对以营利为目的，在网络上提供较稳定的场所（包括网站、微信群等）组织用户参与赌博，并对“场所”持续管理、运营、维护的行为，应认定为开设赌场。仅借助网络平台或其他网络手段，在较小范围内召集人员参与较为隐秘的短期赌博的行为，可考虑定性赌博罪（聚众赌博）。

（三）审查行为人的主观故意

构成赌博类犯罪，涉案行为人应以营利为目的，同时应当明知其使用的经营模式涉嫌或可能涉嫌违规甚至违法。在涉及多层级人员参与网站或企业运营的案件中，对参与网站或企业运营的人员是否构成共犯，应重点审查其主观故意，即对经营行为实质是否知情。对部分仅参与经营某些具体环节，且确有证据证实对经营行为的营利方式、违规性质等均不知情的人员，不应论罪处理。

本案中，首先，网站以营利为目的，专门采用“一元购”的网络抽奖式销售模式运营，实际向用户销售中奖机会，属于网络购物掩饰下的赌博行为。其次，在网站上参与抽奖的商品金额从几十元到几十万元不等，数额巨大，明显区别于正常“有奖销售”的促销行为，公司虽有部分发货，但组织专人引导中奖者将中奖权益折价变现，主要通过直接赚取回购中奖权益的折价与认购价的价差抽成营利，获利巨大。再次，经营者长期运营网站，为用户提供并维护参与赌博的平台，涉案网站参与人数众多、涉案金额巨大，社会危害严重、影响广泛。最后，在案证据证实，被告人等明知网站运营违规被禁止，而以各种方式掩盖实际经营性质继续推广牟利，仍参与网站运营、维护、服务，具有犯罪主观故意。综上，被告人陈枝滨等人经营网站的行为，表面上属于新型网络经营模式，实质上利用网络平台为参与者创设参与赌博活动场所，根据《最高人民法院、最高人民检察院、公安部关于办理网络赌博犯罪案件适用法律若干问题的意见》，构成开设赌场罪。

同时需要指出，本案不符合《最高人民法院、最高人民检察院关于办理赌博刑事案件具体应用法律若干问题的解释》（以下简称《解释》）第六条“未经国家批准擅自发行、销售彩票，构成犯罪的，以非法经营罪定罪处罚”规定的情形，不宜定性为非法经营罪。首先，涉案经营模式虽有博彩性质，但与彩票的特性及经营方式不相符。彩票的营利是设定发行金额的一定比例直接作为收益，中奖者奖金是在发行金额中的固定比例，与赌博庄家根据赌博结果逐次抽水营利的经营性质及整体运行模式有所差异。其次，《解释》中认定为属非法经营罪的行为，是较严格意义上的彩票发行销售行为，立法本意是保证彩票发行作为唯一准入博彩业的审慎性、权威性，维护博彩业市场秩序，而涉案行为不具备彩票的基本形式要件，经营行为不会让购买者认为购买的是网络彩票，其经营行为对正常市场秩序并未带来实体冲击及影响，主要危害在于对社会经济生活秩序的扰乱。因此，涉案经营行为侵犯的并非正常市场经济秩序，而是其赌博特征严重扰乱了社会经济秩序。另外，非法经营罪的适用具有兜底性，涉案经营行为既已符合开设赌场罪的构成要件，以该罪对各被告人定罪处刑亦可通过区分罪责做到罪刑相适应。

综上，人民法院对本案被告人以开设赌场罪定罪处罚，是正确的。

——刘伟宏、熊灵芝撰稿、魏海欢审编：《陈枝滨等人开设赌场案——新型网络抽奖式销售经营行为性质的认定》，载最高人民法院刑事审判第一、二、三、四、五庭编：《刑事审判参考》（总第 130 辑），最高人民法院出版社 2022 年版，第 98~103 页。

1068. 开设微信赌博群，利用抢红包等方式进行赌博的，能否以开设赌场罪定罪处罚

关键词

微信　赌博群　抢红包　开设赌场罪

《刑事审判参考》指导案例

夏永华等人开设赌场案（《刑事审判参考》指导案例第 1347 号）

裁判要点：发起微信红包赌博且对赌博群施以严格控制的行为，符合开设赌场罪的犯罪构成。

随着科技更加丰富地运用于生活，智能手机迅速发展，微信已经成为许多人生活甚至工作中不可缺少的工具。同时，一些赌博犯罪分子也将目标瞄准微信，利用微信群进行赌博犯罪活动。一段时间以来，学理上对利用微信群组织赌博，构成犯罪的行为如何定罪处罚存在不少争议，各地法院在实践中做法也不统一，有的以开设赌场罪定罪处罚，有的以赌博罪定罪处罚。2018 年 12 月 25 日，最高人民法院第二十批指导案例，公布了两个组织微信

群赌博的指导案例，即《指导案例 105 号——洪小强、洪礼沃、洪清泉、李志荣开设赌场案》和《指导案例 106 号——谢检军、高垒、高尔樵、杨泽彬开设赌场案》。其中，指导案例 105 号裁判要点指出，以营利为目的，通过邀请人员加入微信群的方式招揽赌客，根据竞猜游戏网站的开奖结果等方式进行赌博，设定赌博规定，利用微信群进行控制管理，在一段时间内持续组织网络赌博活动的，属于《刑法》第三百零三条第二款规定的“开设赌场”。指导案例 106 号裁判要点指出，以营利为目的，通过邀请人员加入微信群，利用微信群进行控制管理，以抢红包方式进行赌博，在一段时间内持续组织赌博活动的行为，属于《刑法》第三百零三条第二款规定的“开设赌场”。最高人民法院公布的指导案例对于利用微信群组织人员参与赌博、对微信群进行控制管理、设定赌博规则的案件定性，为实践中处理类似案件提供了指导性意见。

我们认为，最高人民法院的两个指导案例，既符合刑法法理，也切中开设赌场罪的内在规律，且具有很强的实践操作性。在微信红包赌博中，通常由发起者建立赌博微信群，并制定赌博游戏规则，通过分工合作对群成员参与赌博实施严格控制。一旦发现群成员不遵守事先制定的赌博行为规则，则由群主或者其助手立即给予违反规则者移出微信群的惩罚。可以看出，此类发起者对于微信红包赌博群这一虚拟场所的控制是极其严格的。从破获的案件来看，在此种管理之下，赌博群能够长期稳定地存续下去，也侧面印证了这类发起人对于赌博场所的控制是非常有效的。这些发起微信红包赌博且对赌博群施以严格控制的行为，符合开设赌场罪的犯罪构成。

——陆建红、江华撰稿、周峰审编：《夏永华等人开设赌场案——利用微信群抢红包等方式进行赌博的，能否以开设赌场罪定罪处罚》，载最高人民法院刑事审判第一、二、三、四、五庭主办：《刑事审判参考》（总第 122 集），法律出版社 2020 年版，第 94~95 页。

1069. 经营二元期权类交易网站的行为性质的认定

关键词

网络交易　二元期权行为　开设赌场罪

最高人民法院指导性案例

陈庆豪、陈淑娟、赵延海开设赌场案（最高人民法院指导案例 146 号）

裁判要点：以“二元期权”交易的名义，在法定期货交易场所

之外利用互联网招揽“投资者”，以未来某段时间外汇品种的价格走势为交易对象，按照“买涨”“买跌”确定盈亏，买对涨跌方向的“投资者”得利，买错的本金归网站（庄家）所有，盈亏结果不与价格实际涨跌幅度挂钩的，本质是“押大小、赌输赢”，是披着期权交易外衣的赌博行为。对相关网站应当认定为赌博网站。

法院生效裁判认为，根据国务院2017年修订的《期货交易管理条例》第一条、第四条、第六条规定，期权合约是指期货交易场所统一制定的、规定买方有权在将来某一时间以特定价格买入或者卖出约定标的物的标准化合约。期货交易应当在期货交易所等法定期货交易场所进行，禁止期货交易场所之外进行期货交易。未经国务院或者国务院期货监督管理机构批准，任何单位或者个人不得以任何形式组织期货交易。简言之，期权是一种以股票、期货等品种的价格为标的，在法定期货交易场所进行交易的金融产品，在交易过程中需完成买卖双方权利的转移，具有规避价格风险、服务实体经济的功能。

龙汇“二元期权”的交易方法是下载市场行情接收软件和龙汇网站自制插件，会员选择外汇品种和时间段，点击“买涨”或“买跌”按钮完成交易，买对涨跌方向即可盈利交易金额的76%~78%，买错涨跌方向则本金即归网站（庄家）所有，盈亏结果与外汇交易品种涨跌幅度无关，实则是以未来某段时间外汇、股票等品种的价格走势为交易对象，以标的价格走势的涨跌决定交易者的财产损益，交易价格与盈亏幅度事前确定，盈亏结果与价格实际涨跌幅度不挂钩，交易者没有权利行使和转移环节，交易结果具有偶然性、投机性和射幸性。因此，龙汇“二元期权”与“押大小、赌输赢”的赌博行为本质相同，实为网络平台与投资者之间的对赌，是披着期权外衣的赌博行为。

被告人陈庆豪在龙汇公司担任中国区域市场总监，从事日常事务协调管理，维护公司与经纪人关系，参加各地说明会、培训会并宣传龙汇“二元期权”，发展新会员和开拓新市场，符合《最高人民法院、最高人民检察院、公安部关于办理网络赌博犯罪案件适用法律若干问题的意见》（以下简称《意见》）第二条规定的明知是赌博网站，而为其提供投放广告、发展会员等服务的行为，构成开设赌场罪，其非法所得已达到《意见》第二条规定的“收取服务费数额在2万元以上的”5倍以上，应认定为开设赌场“情节严重”。但考虑到其犯罪事实、行为性质、在共同犯罪中的地位作用和从轻量刑情节，对其有期徒刑刑期予以酌减，对罚金刑依法予以维持。陈淑娟、赵延海面向社会公众招揽赌客参加赌博，属于为赌博网站担任代理并接受投注行为，且行为具有组织性、持续性、开放性，构成开设赌场罪，并达到“情节严重”。原判认定陈淑娟、赵延海的罪名不当，二审依法改变其罪名，但根据上诉不加刑原则，维持一审对其量刑。

——《最高人民法院关于发布第 26 批指导性案例的通知》（2020 年 12 月 31 日，法〔2020〕352 号）。

说明

指导性案例 146 号《陈庆豪、陈淑娟、赵延海开设赌场案》，旨在明确以“二元期权”交易的名义，在法定期货交易场所之外利用互联网招揽“投资者”，以未来某段时间外汇品种的价格走势为交易对象，按照“买涨”“买跌”确定盈亏，买对涨跌方向的“投资者”得利，买错的本金归网站（庄家）所有，盈亏结果不与价格实际涨跌幅度挂钩的，本质是“押大小、赌输赢”，是披着期权交易外衣的赌博行为。当前，这类案件在实践中日益多发，借助互联网披着期权交易外衣进行赌博，犯罪手段较为隐蔽，对经济秩序危害较大。该案例确认的裁判规则对于类似案件处理提供了明确的办案指引，有利于打击网络赌博违法犯罪、引导公众依法进行投资、保护公民合法财产权益。

《刑事审判参考》指导案例

陈庆豪开设赌场案（《刑事审判参考》指导案例第 1426 号）

裁判要点：二元期权的实质是创造风险供投资者进行投机，实为网络平台与投资者之间的对赌，应对被告人以开设赌场罪追究刑事责任。

近年来，二元期权类交易网站频频出现，本案也是较为典型的二元期权交易类案件，对于本案的定性，讨论中存在以下几种意见：

第一种观点认为本案被告人无罪。理由是期权交易实质上是法律效果不确定的金融衍生交易。二元期权则是普通期权的精简化，其合约设计、交易机制均与普通期权有着近似的制度安排。目前并没有法律、行政法规认定二元期权系违法犯罪，认定其构成犯罪缺乏法律依据，违背罪刑法定原则。

第二种观点认为被告人构成非法经营罪。理由是《期货交易管理条例》第四条明确规定期货交易应当在法定期货交易场所进行，禁止在法定期货交易场所之外进行期货交易。而二元期权缺乏合法的运营资质，不受证监会监管，属于刑法第二百二十五条所规定的未经国家有关主管部门批准非法经营证券、期货业务，扰乱市场秩序，情节严重的情形，应当以非法经营罪追究刑事责任。

第三种观点认为被告人构成诈骗罪。理由是本案中龙汇网站安装专业外汇交易软件的同时还安装插件控制外汇走势，是以二元期权为名，行诈骗之实，应当以诈骗罪追究刑事责任。

第四种观点认为被告人构成开设赌场罪。理由是二元期权的实质是创造风险供投资者进行投机，与“押大小、赌输赢”的赌博行为本质相同，实为网络平台与投资者之间的对赌。因此，本案中龙汇网站是赌博网站，龙汇二元期权交易是披着期权外衣的赌博行为，应当对被告人以开设赌场罪追究刑事责任。

我们同意第四种观点，理由如下。

（一）二元期权不同于期权

二元期权交易与期权交易有着本质的不同，具体如下：

（1）非法性。与在法定场所进行交易、受严格监管的期权交易不同，二元期权未经国务院或证监会批准，脱离国务院或证监会的监督管理，在法定期货交易场所之外利用互联网招揽投资者，不是合法、规范的期权或金融衍生品。

（2）射幸性。期权的买方有权在约定时间内，按照约定的价格买进或卖出一定数量相关资产。期权分为看涨期权与看跌期权两个基本类型，看涨期权的买方有权在某一确定时间以确定价格买进相关资产，看跌期权的买方有权在某一确定时间以确定价格出售相关资产。但此处的看涨期权与看跌期权与本案中的“买涨”“买跌”不同，看涨期权、看跌期权以一定数量相关资产为标的，以行使权利（按约定价格买进或卖出）或放弃行使权利为内容，期权合约由合约标的、合约类型、报价单位、执行价格等要素组成，收益随着执行价格和市场价格而变动。而二元期权并无真实的交易对象，也没有权利转移、行使或放弃的环节，二元期权的投资者一旦购入二元期权，由交易设施自动执行。当二元期权到期时，其持有人并没有买入或卖出标的资产的权利，而只有获得之前约定的现金或者一无所获的结果。也就是说，二元期权仅以涨跌方向决定其投注的盈亏，其盈亏不与涨跌幅度挂钩，属于典型的赌博行为。

正因如此，2016 年 4 月 18 日我国证监会在其官方网站对二元期权网站平台进行过警示，指出这些网络平台交易的二元期权是从境外博彩业演变而来，性质类似于赌博，并建议广大投资人不要参与此类网络二元期权交易。国际证监会组织（IOSCO）也曾通过声明警示二元期权监管难度较大。当前，IOSCO 成员已通过 IOSCO 多边备忘录开展基于个案的跨境合作，各辖区采取的措施包括进行风险警示、禁止二元期权销售和加强相关 App 管理等。

（二）本案构成开设赌场罪

龙汇二元期权的交易方法是下载市场行情接收软件和龙汇网站自制插件，会员选择外汇品种和时间段，点击“买涨”或“买跌”按钮完成交易，买对涨跌方向即可盈利交易金额的 76%~78%，买错涨跌方向则本金即归网站

（庄家）所有，盈亏结果与外汇交易品种涨跌幅度无关，实则是以未来某段时间外汇、股票等品种的价格走势为交易对象，以标的价格走势的涨跌决定交易者的财产损益，交易价格与盈亏幅度事前确定，盈亏结果与价格实际涨跌幅度不挂钩，交易者没有权利行使和转移环节，交易结果具有偶然性、投机性和射幸性。因此，龙汇二元期权的实质是创造风险供投资者进行投机，不具备规避价格风险、服务实体经济的功能，与"押大小、赌输赢"的赌博行为本质相同，实为网络平台与投资者之间的对赌。因此，龙汇网站是赌博网站，龙汇二元期权交易是披着期权外衣的赌博行为。

综上，随着网络时代的来临，网络赌场随之而生，如何认定网络赌场一直是刑事司法难点。与龙汇二元期权类似的网络平台往往利用法律监管空白，将服务器设置于国外，以互联网为传播媒介，以二元期权高大上的金融工具为招牌，打着"交易简单、便捷、回报快"等口号，资金规模庞大，具有一定的迷惑性。社会中大量不明真相的投资者参与其中后往往血本无归，社会危害性极大。因此，依法打击相关犯罪，对于打击赌博犯罪和防止公民陷入"投资"陷阱具有重要意义，有利于引导公众依法进行投资、保护公民合法财产权，维护正常的社会秩序。

——刘凯升撰稿、牛克乾审编：《陈庆豪开设赌场案——借助网络招揽会员经营二元期权行为的司法认定》，载最高人民法院刑事审判第一、二、三、四、五庭编：《刑事审判参考》（总第128辑），人民法院出版社2021年版，第84~88页。

《最高人民法院公报》案例

江西省吉安市人民检察院诉陈庆豪、陈淑娟、赵延海开设赌场案（判决时间：2019年9月26日，二审法院：江西省高级人民法院）

裁判摘要：一、未经国务院或证监会批准，游离于监管部门监督管理之外，在法定期货交易场所之外利用互联网招揽投资者，冠以"期权"的交易，属于非法期权交易。

二、交易不以真实的资产为标的，也不以行使、转移或放弃行使权利为内容，仅以未来某段时间外汇品种的价格走势为交易对象，以"买涨""买跌"形式确定盈亏，盈亏结果与价格实际涨跌幅度不挂钩，交易结果具有偶然性、投机性和射幸性，其实质是网络平台与投资者之间的对赌，属于赌博行为。

三、明知是赌博网站，而为其提供投放广告、发展会员等服务，以及以营利为目的，采用发展会员的方式，为赌博网站担任代理并接受投注的行为，构成开设赌场罪。

江西省高级人民法院二审认为：本案的争议焦点是，龙汇“二元期权”交易是否属于赌博行为，龙汇网站是否是赌博网站；陈庆豪担任龙汇公司“中国区域市场总监”及陈淑娟、赵延海担任龙汇网站等级经纪人的行为定性；陈庆豪的量刑是否过重。

第一，关于陈庆豪、陈淑娟、赵延海的行为定性。

1. 龙汇网站是赌博网站，龙汇“二元期权”交易是赌博行为。根据国务院2017年修订的《期货交易管理条例》（以下简称《条例》）第一条、第四条、第六条规定，期权合约是指期货交易场所统一制定的、规定买方有权在将来某一时间以特定价格买入或者卖出约定标的物的标准化合约。期货交易应当在期货交易所等法定期货交易场所进行，禁止期货交易场所之外进行期货交易。未经国务院或者国务院期货监督管理机构批准，任何单位或者个人不得以任何形式组织期货交易。简言之，期权是一种以股票、期货等品种的价格为标的，在法定期货交易场所进行交易的金融产品，在交易过程中需完成买卖双方权利的转移，具有规避价格风险、服务实体经济的功能。

龙汇“二元期权”在形式和实质上均不是合法、规范的期权或金融衍生品，在形式上其未经国务院或证监会批准，在法定期货交易场所之外利用互联网招揽投资者，并游离于监管机构监督管理之外；在内容上其并不以真实资产为交易标的，也不以行使、转移或放弃行使权利为内容，而是以未来某段时间外汇、股票等品种的价格走势为交易对象，盈亏取决于是否买对外汇的涨跌方向，买对即可盈利交易金额的大部分，买错涨跌方向则本金归网站所有，交易结果具有偶然性、投机性和射幸性；且交易价格与盈亏幅度事前确定，盈亏结果与外汇交易品种涨跌幅度无关。龙汇“二元期权”的实质是创造风险供投资者进行投机，不具备期权规避价格风险、服务实体经济的功能，与“押大小、赌输赢”的赌博行为本质相同，实为网络平台与投资者之间的对赌。综上，龙汇网站属于赌博网站，龙汇“二元期权”交易是披着期权外表的赌博行为。

2. 陈庆豪、陈淑娟、赵延海均构成开设赌场罪。陈庆豪未创建龙汇网站，未担任龙汇网站代理接受投注，领取固定工资而未参与利润分成，不符合《最高人民法院、最高人民检察院、公安部关于办理网络赌博犯罪案件适用法律若干问题的意见》（以下简称《意见》）第一条规定的开设赌场罪实行犯的四种行为方式。但陈庆豪担任龙汇公司中国区域市场总监，从事日常事务协调管理，宣传推广龙汇“二元期权”，发展新老会员和开拓市场，属于《意见》第二条规定的明知是赌博网站，而为其提供投放广告、发展会员等服务的行为，构成开设赌场的帮助犯。陈庆豪在龙汇公司期间非法所得35万元，达到《意见》第二条规定的“收取服务费数额在2万元以上的”5倍以上，应认定为开设赌场“情节严重”。

一审法院认定陈淑娟及赵延海构成赌博罪，认为陈淑娟、赵延海不接受投注、不兑换筹码、不计算赌博结果、不参与龙汇网站的利润分成，也没有租用龙汇网站代理账号单独坐庄，其下线投注的金额直接与网站交易，不符合开设赌场罪“为赌博网站担任代理并接受投注”的构成要件的意见，二审认为，赌博网站的运作模式决定了担任代理和接受投注的形式与传统实体赌场不同，“为赌博网站担任代理”是指以赌博网站的名义招揽会员，使会员与赌博网站之间发生业务关系，并不必需租用赌博网站代理账号，单独作庄与赌徒对赌。《意见》明确规定：“有证据证明犯罪嫌疑人在赌博网站上的账号设置有下级账号的，应当认定其为赌博网站的代理”。“接受投注”也不必需兑换筹码和计算赌博结果，会员注册和投注以填写推荐人的账户信息为前提，会员的投注金额是经纪人提取佣金的基础，网站自动完成充值入金、下单投注、计算盈亏等环节。陈淑娟、赵延海面向社会公众招揽赌客参加赌博，属于为赌博网站担任代理并接受投注行为，且其行为具有组织性、持续性、开放性，构成开设赌场罪。二人行为已达到《意见》规定的“情节严重”。原判认定陈淑娟、赵延海的罪名不当，二审依法改变其罪名，但根据上诉不加刑原则，维持一审对其量刑。

第二，关于陈庆豪在共同犯罪中的地位作用。

关于陈庆豪及其辩护人提出其受雇担任“龙汇公司中国区域总监”名不副实，一审虽认定其为从犯，但量刑过重，且其有从轻情节的上诉理由和辩护意见，经查，陈庆豪受龙汇公司的实际控制人周熙坤之雇佣，担任龙汇公司“大中华区市场总监”，入职时间较短，主要协助周熙坤管理日常事务和上传下达，参加各地说明会、培训会进行宣传推广，维护高级别经纪人和发展新会员等，不领导龙汇公司的业务团队、技术团队、客服团队和讲师团队，未创办和运营龙汇网站、不掌握公司核心技术、不参与赌资管理分配、未创建等级经纪人等制度、不管理经纪人和会员，对龙汇公司的核心业务和重大事务决策参与程度较低，未参与利润分成和获得与“大中华区市场总监”相匹配的高薪待遇，虽名为“大中华区市场总监”，实为周熙坤雇请的助手。陈庆豪未实施开设赌场的实行行为，在共同犯罪起次要作用，系从犯。综合考虑陈庆豪的犯罪事实、行为性质和共同犯罪中的地位作用，以及其初犯、偶犯、自愿认罪、退缴违法所得等从轻处罚情节，对其有期徒刑刑期可以酌减，对罚金刑依法予以维持。

第三，关于上诉人陈淑娟的主观方面是否构成犯罪。陈淑娟提出其不明知龙汇网站为赌博网站，请求改判无罪的上诉理由，经查，陈淑娟供述其知道龙汇网站是一个买涨买跌的网站，盈亏与下单交易品种的实际涨幅幅度无关；其上网查询看到有网站提示二元期权类似赌博，还就龙汇二元期权的合法性问题问过周熙坤等人。可见，陈淑娟对龙汇二元期权的射幸性、投机性是有认识的，这属于事实方面的认识；其不知二元期权是否合法属于违法性认识，违法性认识如何不影响其主观方面要件的成立。故对其上诉理由不予采纳。

综上，上诉人陈庆豪违反法律规定，受他人雇佣，明知龙汇网站系赌博网站而组织赌博活动、提供发展会员和投放广告等服务行为，构成开设赌场罪，且情节严重。上诉人陈淑娟、原审被告人赵延海以营利为目的，采用发展会员的方式，为赌博网站担任代理并接受投注，其行为亦均构成开设赌场罪，且情节严重。原审判决认定陈淑娟、赵延海犯赌博罪不当，依法应改变罪名。陈庆豪具有坦白、从犯、认罪悔罪、上缴违法所得等量刑情节，依法可以从轻处罚。综合陈庆豪的犯罪事实、犯罪性质、量刑情节和社会危害性，一审量刑偏重，依法予以减轻处罚。陈淑娟、赵延海具有坦白、认罪悔罪情节，依法可以从轻处罚。陈庆豪上缴的违法所得 35 万元人民币，依法予以没收。陈淑娟的违法所得 180975.04 美元和赵延海的违法所得 11598.11 美元，按照市价汇率折算成人民币，依法予以追缴。扣押在案的电脑、U 盘、手机，由公安机关依法处理。原判认定事实清楚，证据确实、充分，审判程序合法。但适用法律有错误，依法应予以改判。

——《最高人民法院公报》2020 年第 12 期。

1070. 聚众赌博与开设赌场的区分

关键词

赌博罪　聚众赌博　开设赌场罪

附录：《刑事审判参考》编辑部答疑

问题：被告人自己作庄家，聘请人员在租赁的住宅内以“牌九”“翻推”等形式开设赌场，与参赌人员进行赌博，该行为是开设赌场还是聚众赌博？请问两行为间有何区别？

《刑事审判参考》编辑部认为：聚众赌博与开设赌场均是赌博罪中常见的客观表现行为，均有为赌博提供场所、赌具等物质便利条件的行为。但二者在实践中还是有如下区别：

1. 聚众赌博的规模一般较小；而开设赌场的规模一般较大，其营业场所大，赌博的工具齐全，赌博方式多样，有专门为赌场服务的人员。

2. 聚众赌博的场所通常具有不固定性，即聚众赌博的行为发生场所通常不固定，有的是在临时租赁、借用他人的房屋内或者自己家中进行，有的是临时在宾馆里开房进行，有的甚至在公共场所进行；而开设赌场的赌博场所一般具有固定的营业地点和场所。

3. 聚众赌博的时间一般具有临时性、短暂性的特点，一般情况下，组织参赌人员在一次赌博结束后，下一次赌博又须组织者再次组织；而开设赌场的时间具有持续性和稳定性特点，即赌场在一定持续长的时间内连续、不间断地为赌博人员开放，只要在其开放时间内，赌博人员来到赌场均能进行赌博活动，而无须赌场经营者临时组织、通知。

4. 聚众赌博一般具有隐秘性，即组织者通常是在小范围内组织他人参赌，在每一次聚众赌博行为中其成员相对固定，其赌博行为一般只有组织者、参赌者和为赌博服务的人知晓；而开设赌场一般具有半公开性，即赌场开设的时间、地点、性质等被一定社会范围的公众知晓。

5. 聚众赌博的赌头往往会利用其人际关系和人际资源来召集、组织每一次的具体赌博活动；开设赌场的经营者一般情况下不亲自参与召集、组织人员参与赌博。

6. 聚众赌博的赌头本人有时会参与赌博；开设赌场的经营者本人一般不会参与赌博。

——最高人民法院刑事审判第一、二、三、四、五庭主办：《刑事审判参考》2007年第5集（总第58集），法律出版社2008年版，第91~92页。

1071. 关于跨境赌博犯罪的认定

关键词

跨境赌博　犯罪

最高人民法院司法政策精神

二、关于跨境赌博犯罪的认定

（一）以营利为目的，有下列情形之一的，属于刑法第三百零三条第二款规定的“开设赌场”：

1. 境外赌场经营人、实际控制人、投资人，组织、招揽中华人民共和国公民赴境外赌博的；

2. 境外赌场管理人员，组织、招揽中华人民共和国公民赴境外赌博的；

3. 受境外赌场指派、雇佣，组织、招揽中华人民共和国公民赴境外赌博，或者组织、招揽中华人民共和国公民赴境外赌博，从赌场获取费用、其他利益的；

4. 在境外赌场包租赌厅、赌台，组织、招揽中华人民共和国公民赴境外赌博的；

5. 其他在境外以提供赌博场所、提供赌资、设定赌博方式等，组织、招揽中华人民共和国公民赴境外赌博的。

在境外赌场通过开设账户、洗码等方式，为中华人民共和国公民赴境外赌博提供资金担保服务的，以“开设赌场”论处。

（二）以营利为目的，利用信息网络、通讯终端等传输赌博视频、数据，组织中华人民共和国公民跨境赌博活动，有下列情形之一的，属于刑法第三百零三条第二款规定的“开设赌场”：

1. 建立赌博网站、应用程序并接受投注的；

2. 建立赌博网站、应用程序并提供给他人组织赌博的；

3. 购买或者租用赌博网站、应用程序，组织他人赌博的；

4. 参与赌博网站、应用程序利润分成的；

5. 担任赌博网站、应用程序代理并接受投注的；

6. 其他利用信息网络、通讯终端等传输赌博视频、数据，组织跨境赌博活动的。

（三）组织、招揽中华人民共和国公民赴境外赌博，从参赌人员中获取费用或者其他利益的，属于刑法第三百零三条第一款规定的“聚众赌博”。

（四）跨境开设赌场犯罪定罪处罚的数量或者数额标准，参照适用《关于办理赌博刑事案件具体应用法律若干问题的解释》《关于办理利用赌博机开设赌场案件适用法律若干问题的意见》和《关于办理网络赌博犯罪案件适用法律若干问题的意见》的有关规定。

——《最高人民法院、最高人民检察院、公安部办理跨境赌博犯罪案件若干问题的意见》（2020 年 10 月 16 日，公通字〔2020〕14 号）。

1072. 关于跨境赌博共同犯罪的认定

关键词

跨境赌博　共同犯罪

最高人民法院司法政策精神

三、关于跨境赌博共同犯罪的认定

（一）三人以上为实施开设赌场犯罪而组成的较为固定的犯罪组织，应当依法认定为赌博犯罪集团。对组织、领导犯罪集团的首要分子，按照集团所犯的全部罪行处罚。对犯罪集团中组织、指挥、策划者和骨干分子，应当依法从严惩处。

（二）明知他人实施开设赌场犯罪，为其提供场地、技术支持、资金、资金结算等服务的，以开设赌场罪的共犯论处。

（三）明知是赌博网站、应用程序，有下列情形之一的，以开设赌场罪的共犯论处：

1. 为赌博网站、应用程序提供软件开发、技术支持、互联网接入、服务器托管、网络存储空间、通讯传输通道、广告投放、会员发展、资金支付结算等服务的；

2. 为赌博网站、应用程序担任代理并发展玩家、会员、下线的。

为同一赌博网站、应用程序担任代理，既无上下级关系，又无犯意联络的，不构成共同犯罪。

对受雇佣为赌场从事接送参赌人员、望风看场、发牌坐庄、兑换筹码、发送宣传广告等活动的人员及赌博网站、应用程序中与组织赌博活动无直接关联的一般工作人员，除参与赌场、赌博网站、应用程序利润分成或者领取高额固定工资的外，可以不追究刑事责任，由公安机关依法给予治安管理处罚。

——《最高人民法院、最高人民检察院、公安部办理跨境赌博犯罪案件若干问题的意见》（2020 年 10 月 16 日，公通字〔2020〕14 号）。

1073. 关于跨境赌博关联犯罪的认定

关键词

跨境赌博　关联犯罪

最高人民法院司法政策精神

四、关于跨境赌博关联犯罪的认定

（一）使用专门工具、设备或者其他手段诱使他人参赌，人为控制赌局输赢，构成犯罪的，依照刑法关于诈骗犯罪的规定定罪处罚。

网上开设赌场，人为控制赌局输赢，或者无法实现提现，构成犯罪的，依照刑法关于诈骗犯罪的规定定罪处罚。部分参赌者赢利、提现不影响诈骗犯罪的认定。

（二）通过开设赌场或者为国家工作人员参与赌博提供资金的形式实施行贿、受贿行为，构成犯罪的，依照刑法关于贿赂犯罪的规定定罪处罚。同时构成赌博犯罪的，应当依法与贿赂犯罪数罪并罚。

（三）实施跨境赌博犯罪，同时构成组织他人偷越国（边）境、运送他人偷越国（边）境、偷越国（边）境罪等罪的，应当依法数罪并罚。

（四）实施赌博犯罪，为强行索要赌债，实施故意杀人、故意伤害、非法拘禁、故意毁坏财物、寻衅滋事等行为，构成犯罪的，应当依法数罪并罚。

（五）为赌博犯罪提供资金、信用卡、资金结算等服务，构成赌博犯罪共犯，同时构成非法经营罪、妨害信用卡管理罪、窃取、收买、非法提供信用卡信息罪、掩饰、隐瞒犯罪所得、犯罪收益罪等罪的，依照处罚较重的规定定罪处罚。

为网络赌博犯罪提供互联网接入、服务器托管、网络存储、通讯传输等技术支持，或者提供广告推广、支付结算等帮助，构成赌博犯罪共犯，同时构成非法利用信息网络罪、帮助信息网络犯罪活动罪等罪的，依照处罚较重的规定定罪处罚。

为实施赌博犯罪，非法获取公民个人信息，或者向实施赌博犯罪者出售、提供公民个人信息，构成赌博犯罪共犯，同时构成侵犯公民个人信息罪的，依照处罚较重的规定定罪处罚。

——《最高人民法院、最高人民检察院、公安部办理跨境赌博犯罪案件若干问题的意见》（2020 年 10 月 16 日，公通字〔2020〕14 号）。

第二节　妨害司法罪

1074. 被害人报案时故意夸大犯罪事实并指使他人作伪证行为的定性处理

关键词

伪证罪　诬告陷害罪　妨害作证罪

《刑事审判参考》指导案例

金某伪证案（《刑事审判参考》指导案例第 93 号）

裁判要点：被害人在向司法机关报案时故意夸大犯罪事实的行为不构成伪证罪和诬告陷害罪，被害人指使他人作伪证的行为性质属于妨害作证，如果情节达到犯罪的程度，应当以妨害作证罪处理。

（一）被害人在向司法机关报案时故意夸大犯罪事实的行为不构成伪证罪和诬告陷害罪

我们认为，从证人和被害人这两个概念的内涵来看，被害人是指遭受犯罪行为直接侵害的人，既可以是自然人，还可以是法人或者不具有法人资格的其他组织；证人是指除当事人以外了解案件情况并向司法机关陈述自己知道的案件情况的诉讼参与人，且只能是自然人。从《刑事诉讼法》的规定来看，证人和被害人是两个独立的概念，二者不存在种属包含关系。也就是说，证人不可能包含作为当事人之一的被害人。即使对证人作广义的理解，也不能将被害人列入证人范畴。被害人属于当事人范畴，证人属于其他诉讼参与人。证人和被害人通过各自不同的方式参加到刑事诉讼中，他们在刑事诉讼中的地位、作用不同，即证人通过听到、看到了什么的证言、被害人通过遭受犯罪分子哪些侵害的陈述来发挥各自的诉讼功能，因而决定了证人和被害人的诉讼权利、义务方面都存在差别，两者的证明作用、证明手段、证明效力均不同，因而不能等同看待。故被害人向司法机关报案的同时又夸大部分犯罪事实，属于被害人向司法机关提供了虚假陈述，而不是伪证罪中的“证人作虚假的证言”，因此，其行为不构成伪证罪。

我们认为：“捏造事实”应仅指无中生有，任意虚构和编造根本不存在的犯罪事实的情形；至于司法实践中常见的行为人借题发挥，扩大事实，将他人的不道德行为、错误行为或违法违纪行为等犯罪事实扩大或上升为犯罪事实；或把构成轻罪的事实夸大成为构成重罪的事实的行为，不宜包括在“捏造事实”之内。首先，《刑法》规定诬告陷害罪的主要目的是保障无辜的人不受刑事追究，也不使司法机关的正常活动受到虚假告发的影响。但我国法律也充分保障公民依法享有对违法犯罪行为向有关国家机关提出控告或者检举的权利。公民对犯罪的控告和检举，只是给司法机关侦查提供一个线索，不可能要求其在控告、检举的时候对犯罪行为事实的描述与客观情况完全一致，毫无偏差。因此，《刑法》第 243 条第 3 款规定：“不是有意诬陷，而是错告，或者检举失实的”，不能以诬告陷害定罪处罚。其次，被害人是受到犯罪行为侵害的当事人，在整个诉讼过程中，由于受到各方面因素的影响，其陈述往往带有浓厚的感情色彩，而且由于案件的处理结果与其有直接的利害关系，如对被告人的量刑轻重、经济赔偿数额的多少等，因而被害人的陈述有可能出现夸大事实的情况，影响其反映事实的真实性。但只要不是无中生有，不是意图他人无罪于有罪，就不应当以诬告陷害罪追究刑事责任。因此，对诬告陷害中的“捏造事实”，应当作严格的限定，不能作扩大解释。

（二）被害人指使他人作伪证的行为性质属于妨害作证

如果被害人出于报复的动机，在自己向公安机关报案并作了虚假陈述的情况下，又指使他人作伪证，以证实其虚假陈述。这一行为妨害了司法机关的正常诉讼活动。构成犯罪的，应当按照《刑法》第 307 条第 1 款的规定，以妨害作证罪定罪处罚。

——最高人民法院刑事审判第一庭、第二庭编：《刑事审判参考》2001 年

第 4 辑（总第 15 辑），法律出版社 2001 年版，第 18~24 页。

1075. 妨害作证罪构罪标准的把握

关键词

妨害作证罪　构罪标准

最高人民法院裁判文书

王某某妨害作证案［最高人民法院（2018）最高法刑申 433 号驳回申诉通知书］

裁判要旨：对于妨害作证行为，应当根据具体案情，从行为人的动机、数额、手段、造成的后果以及对诉讼活动的影响程度等方面进行综合判定，进而确定是否构成犯罪。

最高人民法院审查认为：原审认定被告人王某某指使他人伪造证据的事实有多名证人证言、司法鉴定意见、同案被告人张某某和王某某的供述等证据证实。被告人王某某在无任何证据显示《补充协议》无效或者显失公平的情况下，为了减少自己的赔偿责任，指使他人伪造证据，并持伪造后的证据提起诉讼和管辖权异议，导致法院作出相关财产保全裁定和驳回管辖权异议的裁定，妨害法院的正常审判秩序，其行为已构成妨害作证罪、原审据此对其定罪量刑并无不当，其申诉理由不能成立。

——《妨害作证罪构罪标准的把握——王某某妨害作证案》，载中国应用法学研究所主编：《中华人民共和国最高人民法院案例选》（第二辑），法律出版社 2019 年版，第 112~113 页。

1076. 辩护人妨害作证罪中的证人范畴

关键词

辩护人妨害作证罪　证人　被害人

《刑事审判参考》指导案例

肖芳泉辩护人妨害作证案（《刑事审判参考》指导案例第 444 号）

裁判要点：《刑法》第306条规定的“证人”与《刑事诉讼法》第42条规定的证人概念不同，应当理解为广义的证人，既包括证人，也包括被害人、鉴定人。辩护人在刑事诉讼中，威胁、引诱证人作伪证，既触犯了妨害作证罪，又触犯了辩护人妨害作证罪，由于行为人只实施了一个行为，而触犯的这两个罪名的法条在内容上存在着包容与被包容的关系，因而属于法条竞合。妨害作证罪的法条是普通法条，辩护人妨害作证罪的法条是特别法条，因此，按照“特别法优于普通法”的处理原则，对这种情况下的行为人应按照辩护人妨害作证罪定罪处罚。

（一）辩护人、诉讼代理人妨害作证罪中的“证人”应当包括被害人

《刑法》第306条规定的“证人”与《刑事诉讼法》第42条规定的证人概念不同，应当理解为广义的证人，既包括证人，也包括被害人、鉴定人。其理由在于：第一，从《刑事诉讼法》第42条规定的证人范围来分析，虽然我国《刑事诉讼法》将证人证言与被害人陈述、鉴定结论分列为不同的证据种类，但是，这只是出于证据分类角度作的区分，《刑事诉讼法》第48条在对证人的范围作出规定时并没有把被害人排除在证人范围以外，该法条明确规定：“凡是知道案件情况的人，都有作证的义务。生理上精神上有缺陷或者年幼，不能辨别是非、不能正确表达的人，不能成为证人。”因此，从广义上来讲，从被害人、鉴定人在刑事诉讼中对于案件事实的证明作用角度讲，也应属于证人范畴。第二，从行为的社会危害性来分析，威胁、引诱被害人、鉴定人违背事实改变证言或者作伪证的与威胁、引诱证人违背事实改变证言或者作伪证的行为，同样妨害了刑事诉讼活动的正常进行，危害了司法机关的正常追诉活动，从侵害法益的同质性来看，两种行为均应受到刑罚处罚。第三，从立法本意来分析，《刑法》第306条的立法目的在于通过刑罚手段惩治辩护人、诉讼代理人的妨害作证的行为，来规范刑事辩护制度，确保刑事诉讼的正常进行。如果不将威胁、引诱被害人、鉴定人违背事实改变证言或者作伪证的行为纳入本罪的惩治范围，就会放纵实践中辩护人、诉讼代理人的此类妨害作证的行为，不能全面有效地维护刑事诉讼秩序，这显然有违立法本意。而且，刑法用语有其特定含义，不能简单照搬刑事诉讼法的概念含义，应当放在特定法条中结合立法本意进行甄明。综上，《刑法》第306条规定辩护人、诉讼代理人妨害作证罪中的“证人”应作广义的理解，被害人、鉴定人应当可以成为本罪的犯罪对象。

——最高人民法院刑事审判第一、二、三、四、五庭主办：《刑事审判参考》2007年第3集（总第56集），法律出版社2007年版，第36~41页。

1077. 辩护人、诉讼代理人妨害作证罪与妨害作证罪的区别

关键词

辩护人、诉讼代理人妨害作证罪 妨害作证罪 法条竞合

《刑事审判参考》指导案例

肖芳泉辩护人妨害作证案（《刑事审判参考》指导案例第 444 号）

裁判要点：对辩护人、诉讼代理人妨害作证罪与妨害作证罪，可以从诉讼范围、发生时间、行为表现、犯罪主体四方面加以区分。如果辩护人在刑事诉讼中，威胁、引诱证人作伪证，则既触犯了妨害作证罪，又触犯了辩护人妨害作证罪，此时应按照“特别法优于普通法”的处理原则，按照辩护人妨害作证罪定罪处罚。

（二）辩护人、诉讼代理人妨害作证罪与妨害作证罪的区别

《刑法》第 307 条规定了妨害作证罪，是指以暴力、威胁、贿买等方法阻止证人作证或者指使他人作伪证的行为。根据《刑法》第 306 条之规定，辩护人、诉讼代理人妨害作证罪，是指在刑事诉讼中，辩护人、诉讼代理人威胁、引诱证人违背事实改变证言或者作伪证的行为。两罪有相似之处，都是直接故意犯罪，在客体上都侵犯司法机关正常的诉讼秩序，行为人主观上都有妨害证据的意图，客观行为也有相似之处。但两罪的区别还是比较明显的：（1）发生的诉讼范围不同。前罪可以发生在刑事诉讼、民事诉讼、行政诉讼三大诉讼中；而后罪只能发生在刑事诉讼中。（2）行为发生的时间不同。从时间上看，前罪行为既可以发生在诉讼活动开始之前，也可以发生在诉讼活动开始之后；而后罪行为只能发生在刑事诉讼活动开始之后。（3）行为表现不尽相同。前罪的行为表现为“以暴力、威胁、贿买等方法阻止证人作证”“指使他人作伪证”两种；而后罪则为“威胁、引诱证人违背事实改变证言或者作伪证”。（4）主体不同。前罪的主体为一般主体；而后罪的主体为特殊主体，限于辩护人、诉讼代理人。

如果辩护人在刑事诉讼中，威胁、引诱证人作伪证，则既触犯了妨害作证罪，又触犯了辩护人妨害作证罪，由于行为人只实施了一个行为，而触犯的这两个罪名的法条在内容上存在着包容与被包容的关系，因而属于法条竞合。妨害作证罪的法条是普通法条，辩护人妨害作证罪的法条是特别法条，因此，按照“特别法优于普通法”的处理原则，对这种情况下的行为人应按

照辩护人妨害作证罪定罪处罚。

——最高人民法院刑事审判第一、二、三、四、五庭主办：《刑事审判参考》2007 年第 3 集（总第 56 集），法律出版社 2007 年版，第 36~41 页。

1078. 为犯罪人毁灭罪证行为的定性

关键词

帮助毁灭证据罪　包庇罪

最高人民法院审判业务意见

帮助毁灭证据罪和包庇罪的区别表现在：

1. 行为方式不同。帮助毁灭证据罪，表现为帮助当事人实施了毁灭有关证据的行为，包括帮助犯罪的人实施了毁灭罪迹罪证的行为；而包庇罪则仅限于实施了向司法机关作假证明的行为。值得指出的是，由于旧《刑法》对帮助毁灭证据行为没有单独规定为犯罪，故在旧《刑法》实施期间，无论是刑法理论还是司法实践，均认为帮助犯罪的人实施毁灭罪迹罪证的行为应构成包庇罪。我们认为，在新《刑法》对帮助毁灭证据行为单独规定为犯罪后，再坚持以往的做法，就没有道理了。根据修改后的《刑法》规定，应当说包庇罪应仅限于向司法机关作假证明的行为，而不应包括帮助犯罪的人毁灭罪证、罪迹以及伪造证据的行为。

2. 帮助的对象不同。包庇罪是指明知是犯罪的人而向司法机关作假证明予以帮助，包庇的对象是犯罪的人；帮助毁灭证据罪则是帮助当事人毁灭证据，帮助对象是“当事人”。这里所说的“当事人”，其对象范围要远远大于犯罪人，既包括刑事诉讼中的自诉人、被告人、被害人，也包括民事、行政诉讼中的原告、被告、第三人等。如上所述，已进入刑事诉讼程序中的犯罪嫌疑人、被告人当然属于上述的当事人之列，帮助已进入刑事诉讼程序中的犯罪嫌疑人、被告人毁灭证据，情节严重的，当然也应定帮助毁灭证据罪。对于被告人帮助他人毁灭罪证的行为，是发生在他人实施了犯罪行为以后尚未被司法机关发现、立案侦查以前。那么，被告人是否属于帮助毁灭证据罪中所说的当事人呢？能否认为被告人的行为就是帮助当事人毁灭证据呢？我们的观点是肯定的。理由是，其一，“当事人”的确是一个诉讼概念，但这并不表示帮助犯罪的人毁灭犯罪证据的行为只有发生在刑事诉讼过程中才能构成帮助毁灭证据罪。《刑法》第 307 条第 2 款所使用的“当事人”概念，仅是为了明确帮助毁灭证据的对象的范围，明确帮助哪些人毁灭证据的行为才能构成帮助毁灭证据罪。在刑事诉讼开始之前实施了犯罪的人，必然属于将来刑事诉讼中的当事人。其二，刑事诉讼的启动的正式标志固然是侦查机关的立案活动，但对帮助犯罪的人毁灭犯罪证据行为的定性，则不能因是否已立案而转移。即不能对立案前帮助犯罪的人毁灭犯罪证据的定包庇罪，而对立案后帮助犯罪的人毁灭犯罪证据的就定帮助毁灭证据罪。同样的行为因刑事诉讼的正式启动与否而定不同的罪名，道理上是讲不通的。可见，那种认为对帮助犯罪的人毁灭犯罪证据的行为，是定包庇罪还是帮助毁灭证据罪主要看相应的行为是否发生在刑事诉讼过程中的观点，即包庇行为只能发生在刑事诉讼开始之前，帮助毁灭证据的行为只能发生在各类案件的诉讼过程中，是既没有《刑法》条文依据，也没有充分的逻辑道理的。

综上，我们认为，被告人帮助实施了严重犯罪的他人毁灭罪证的行为，情节严重，尽管其行为系发生在刑事诉讼开始之前，但由于该行为特征是帮助犯罪人毁灭罪证，而不是向司法机关作假证明，因此，对被告人应认定构成帮助毁灭证据罪，而非包庇罪。

另外需要说明的是，根据《刑法》的规定，帮助毁灭证据罪应处三年以下有期徒刑或者拘役，最高法定刑为三年；包庇罪的基本法定刑虽也为三年以下有期徒刑、拘役或者管制，但情节严重的，最高法定刑可为十年。因此，有种观点认为，对帮助犯罪的人毁灭罪证的行为一律以帮助毁灭证据罪论处，不能排除特定情形下有可能会轻纵帮助毁灭罪证的行为人之嫌。故还是应坚持对帮助犯罪的人毁灭罪证的行为以包庇罪论处为宜，而仅对民事、行政诉讼中帮助当事人毁灭有关证据的行为，才以帮助毁灭证据罪论处。我们认为这种观点是错误的。定罪是处断刑罚的前提。定罪在先，处断刑罚在后。一罪的犯罪构成只能根据条文的罪状描述来解释，司法不能为适用重刑而随意扩大或缩小。包庇罪的罪状表明其行为仅限于向司法机关作假证明的包庇行为，而无法包括以毁灭证据、伪造证据等形式实施的包庇行为；帮助毁灭证据罪的罪状表明其行为是帮助当事人毁灭有关证据的行为，既包括帮助犯罪嫌疑人、被告人毁灭罪证、罪迹的行为，也包括帮助自诉人、刑事被害人、附带民事诉讼原告人和被告人以及民事诉讼、行政诉讼中有关当事人毁灭证据的行为。

——最高人民法院刑事审判第一、二庭:《为犯罪人毁灭罪证的行为是构成帮助毁灭证据罪还是包庇罪》，载最高人民法院刑事审判第一庭、第二庭编:《刑事审判参考》2004 年第 5 集（总第 34 集），法律出版社 2004 年版，第 199~203 页。

1079. 检察人员为犯罪嫌疑人伪造自首情节的行为应以帮助伪造证据罪从重处罚

关键词

帮助伪造证据罪　检察人员　伪造自首情节

附录：司法信箱

问题：被告人李某原任检察官，在办理一起刑事案件时，利用职务之便，为犯罪嫌疑人伪造自首情节，欲使其得到从轻或减轻处罚。对本案如何处理有两种意见：一种意见认为不构成徇私枉法罪。该罪的认定应符合《刑法》第 399 条关于“无罪而追诉或有罪不追诉……”的规定，被告人的行为只是伪造从轻、减轻情节，并非不追诉。根据罪刑法定原则，被告人不构成犯罪。另一种意见认为构成徇私枉法罪。被告人的行为虽与《刑法》第 399 条相关表述不完全一致，但司法工作人员利用职务之便为疑犯伪造自首情节的行为，不仅具有相当的社会危害性，而且严重破坏了正常的司法秩序。与普通伪证罪相比，其主观过错程度和社会危害性并不低，甚至更高，为此应广义理解《刑法》第 399 条的规定，认定被告人构成徇私枉法罪。

《人民司法》研究组认为：根据《刑法》第 399 条的规定，徇私枉法罪是指司法工作人员徇私枉法、徇情枉法，对明知是无罪的人而使他受追诉、对明知是有罪的人而故意包庇不使他受追诉，或者在刑事审判活动中故意违背事实和法律作枉法裁判的行为。被告人李某利用身为检察官的职务便利，在办理刑事案件时为疑犯伪造自首情节，虽意欲使其获得从轻或减轻处罚，但不属于“对明知是有罪的人而故意包庇不使他受追诉”的情节，故其行为不构成徇私枉法罪。但是，被告人李某的行为具有社会危害性，应当受到刑罚处罚。根据《刑法》第 307 条第 2 款的规定，帮助当事人毁灭、伪造证据，情节严重的，构成帮助毁灭、伪造证据罪，应处 3 年以下有期徒刑或者拘役。同时，该条第 3 款规定，司法人员犯前款罪的，从重处罚。被告人李某为疑犯伪造自首情节，符合《刑法》第 307 条第 2 款的规定，应以帮助伪造证据罪从重处罚。

——《人民司法》2003 年第 1 期（总第 468 期）。

1080. 依法认定犯罪，从严追究虚假诉讼刑事责任

关键词

虚假诉讼罪

最高人民法院司法政策精神

十七、依法认定犯罪，从严追究虚假诉讼刑事责任。虚假诉讼行为符合刑法和司法解释规定的定罪标准的，要依法认定为虚假诉讼罪等罪名，从严追究行为人的刑事责任。实施虚假诉讼犯罪，非法占有他人财产或者逃避合法债务，又构成诈骗罪、职务侵占罪、拒不执行判决、裁定罪、贪污罪等犯罪的，依照处罚较重的罪名定罪并从重处罚。对于多人结伙实施的虚假诉讼共同犯罪中罪责最突出的主犯、有虚假诉讼违法犯罪前科再次实施虚假诉讼犯罪的被告人，要充分体现从严，控制缓刑、免予刑事处罚的适用范围。

——《最高人民法院关于深入开展虚假诉讼整治工作的意见（2021 年 11 月 4 日，法〔2021〕281 号）。

1081. 虚假诉讼的既遂与未遂的区分

关键词

虚假诉讼罪　犯罪既遂　犯罪未遂

《中华人民共和国刑法修正案（九）》条文

三十五、在刑法第三百零七条后增加一条，作为第三百零七条之一："第一款　以捏造的事实提起民事诉讼，妨害司法秩序或者严重侵害他人合法权益的，处三年以下有期徒刑、拘役或者管制，并处或者单处罚金；情节严重的，处三年以上七年以下有期徒刑，并处罚金。"

附录：最高人民法院主流观点

关于诈骗罪，以实际取得财物作为既遂的标准，这也是一般财产犯罪的既遂认定标准。那么，修正后《刑法》第三百零七条之一规定的虚假诉讼罪，如何认定犯罪既遂，值得研究。从实践情况来看，对于虚假诉讼的犯罪既遂认定标准，应当有别于诈骗罪，主要考虑：（1）诈骗罪系财产犯罪，以行为人最终控制财产为犯罪既遂标准是适宜的；而虚假诉讼罪侵犯的主要客体是

正常的司法秩序，不宜再以实际取得财产作为既遂标准。（2）根据修正后《刑法》第三百零七条之一的规定，虚假诉讼罪为结果犯，以“妨害司法秩序或者严重侵害他人合法权益”为既遂标准。（3）从罪责刑相适应的原则来看，虚假诉讼行为涉及国家司法权的行使，国家司法权被侵害的危害大于公私财产被侵犯，在司法秩序已被严重妨害的前提下，仍不认定为犯罪既遂，明显不能与行为的社会危害性相适应。综上，对于虚假诉讼罪，应当以妨害司法秩序或者严重侵害他人合法权益为既遂标准，只要妨害司法秩序或者严重侵害他人合法权益，无论是否取得财产或者牟取到其他非法利益，均应当认定为犯罪既遂。当然，如果对虚假诉讼行为依照修正后《刑法》第三百零七条之一第三款、第四款的规定适用其他罪名的，对既遂的认定则应当依据其他犯罪的构成要件。

——最高人民法院研究室、最高人民法院刑法修改工作小组办公室编著：《〈刑法修正案（九）〉条文及配套司法解释理解与适用》，人民法院出版社2015年版，第322页。

1082. 虚假诉讼罪的既遂标准的确定

关键词

虚假诉讼罪　犯罪既遂

《刑事审判参考》指导案例

万春禄虚假诉讼案（《刑事审判参考》指导案例第1379号）

裁判要点：认定虚假诉讼罪的既遂，不能以获得人民法院立案受理为标准，而应以行为是否对司法秩序造成实质损害或者严重侵害他人合法权益为判断本罪是否既遂的标准。

（二）虚假诉讼罪是结果犯，出现一定犯罪后果是判断犯罪既遂的标准

确定虚假诉讼罪的既遂标准以明确本罪的具体形态为前提。理论界关于虚假诉讼罪具体形态的争议，主要集中在本罪是行为犯还是结果犯的问题上。刑法理论上所称的行为犯，是指行为与结果同时发生的犯罪，在判断某一行为是否符合行为犯的构成要件时，不需要对结果及因果关系进行独立判断；结果犯，是指行为与结果之间存在距离的犯罪，在进行结果犯的构成要件判断时，需要对结果与因果关系进行独立判断。在行为犯与结果犯的两分法模式下，所谓的情节犯等概念亦可归入结果犯的范畴之中。在既遂标准的确定

方面，通行理论认为，结果犯以行为造成犯罪构成要件预定的后果为既遂标准，而行为犯只需实施危害行为就构成既遂。

有意见认为，虚假诉讼罪是行为犯，行为人只要向人民法院提起虚假的民事诉讼，就会对司法秩序造成破坏；如果法官受到虚假证据的影响作出错误裁判，则该结果只能视为结果加重情节，作为对行为人加重处罚的依据。我们不同意这种观点，应当认定虚假诉讼罪属于结果犯。理由在于：其一，虚假诉讼罪的实行行为是以捏造的事实提起民事诉讼，《刑法》第三百零七条之一规定的“妨害司法秩序或者严重侵害他人合法权益”系实行行为造成的危害结果。无论是从时间还是空间上看，本罪的实行行为与危害结果之间均存在一定的间隔。当实行行为开始实施时，并不意味着立刻产生《刑法》规定的危害结果，只有在特定危害结果发生时才能认定为犯罪既遂，这与行为犯只需实施某种行为就达到既遂状态有所不同。其二，在民事诉讼过程中，当事人基于趋利避害的本能选择自己的行为方式，《民事诉讼法》明确规定了对虚假诉讼行为的司法处罚措施，倘若需要动用《刑法》来规制此类行为，必须遵循刑法的谦抑性原则，慎重确定处罚范围。如果认为虚假诉讼罪属于行为犯，行为人只要以捏造的事实提起民事诉讼就构成犯罪既遂，将导致犯罪行为与妨害民事诉讼的违法行为界限模糊，造成刑罚的打击面过广。

虚假诉讼罪保护的法益为复合法益。根据《刑法》第三百零七条之一的规定，虚假诉讼罪保护的法益是司法秩序和他人合法权益，行为造成“妨害司法秩序”或者“严重侵害他人合法权益”后果之一即可构成犯罪既遂。实践中，虽然部分行为人提起虚假诉讼的目的在于非法获取他人财产利益，但是，立法机关将本罪设置在妨害司法罪一章而非侵犯财产罪一章中，反映出立法初衷在于强调虚假诉讼犯罪行为对司法秩序的侵害是必然的，而侵害他人合法权益却仅是盖然性结果。如果将严重侵害他人合法权益作为虚假诉讼罪的唯一既遂标准，将不利于打击此类犯罪行为，并可能造成部分不以侵财为目的的虚假诉讼行为永远无法达到犯罪既遂的不合理局面。

为此，《最高人民法院、最高人民检察院关于办理虚假诉讼刑事案件适用法律若干问题的解释》第二条明确了虚假诉讼罪的既遂标准，对“妨害司法秩序或者严重侵害他人合法权益”作了详尽的规定：（1）致使人民法院基于捏造的事实采取财产保全或者行为保全措施的；（2）致使人民法院开庭审理，干扰正常司法活动的；（3）致使人民法院基于捏造的事实作出裁判文书、制作财产分配方案，或者立案执行基于捏造的事实作出的仲裁裁决、公证债权文书的；（4）多次以捏造的事实提起民事诉讼的；（5）曾因以捏造的事实提起民事诉讼被采取民事诉讼强制措施或者受过刑事追究的；（6）其他妨害司法秩序或者严重侵害他人合法权益的情形。上述规定表明，认定虚假诉讼罪的既遂，不能以获得人民法院立案受理为标准，而应以行为是否对司法秩序造成实质损害或者严重侵害他人合法权益为判断本罪是否既遂的标准。此处的司法秩序是指人民法院受理民事案件后的正常司法活动，实践中主要表现为行为人提起虚假民事诉讼后导致司法机关作出错误裁判，或者大量占用司法资源、影响正常司法活动等两个方面。

——崔慧撰稿、陆建红审编：《万春禄虚假诉讼案——隐瞒真相行为能否构成虚假诉讼罪及如何确定虚假诉讼罪的既遂标准》，载最高人民法院刑事审判第一、二、三、四、五庭主办：《刑事审判参考》（总第124集），法律出版社2020年版，第109~113页。

1083. “部分篡改型”行为不构成虚假诉讼罪

关键词

虚假诉讼罪　部分篡改型

附录：最高人民法院法官著述

第一，将“部分篡改型”行为排除在虚假诉讼罪之外是对刑法进行文义解释和体系解释的结果。对刑法的解释应当以条文的文义为基础，并注意与其他刑法条文间的相互协调，否则可能违反罪刑法定原则。根据《刑法》第三百零七条之一的规定，虚假诉讼罪的行为方式是“以捏造的事实提起民事诉讼”。从文义上理解，“捏造”一般是指无中生有、凭空虚构，完全没有依据、仅靠自己的主观想象臆造事物，与“杜撰”“虚构”等属于同义词。从文义解释的角度出发，虚假诉讼犯罪行为原则上应当限定为使民事法律关系从无到有的情形。另外，《刑法》第二百四十三条关于诬告陷害罪的规定、第二百四十六条关于诽谤罪的规定等多个条文均使用了“捏造”一词，理论和实践中均认为，上述刑法条文中的“捏造”均是指无中生有、凭空虚构特定事实。根据体系解释原则，除有特殊理由外，不同刑法条文中的同一词语的含义应当尽量保持一致，因此，虚假诉讼罪中的“捏造”也应限定为无中生有、凭空虚构。对既有民事法律关系进行部分篡改的行为，不应认定为虚假诉讼罪。

第二，将“部分篡改型”行为排除在虚假诉讼罪之外符合立法原意。刑法修正案（九）（草案）对虚假诉讼罪的罪状规定为，为谋取不正当利益，以捏造的事实为案由，向人民法院提起民事诉讼，骗取法院裁判文书的行为，即将虚假诉讼罪限定为捏造案由事实的行为。案由是诉权的载体，行为人捏造案由事实的目的，是意图制造自己具有合法诉权的假象。因此，从立法原意来看，刑法增设虚假诉讼罪的目的，是依法惩治不具有合法诉权的行为人故意捏造案由事实，制造自己具有诉权的假象，意图骗取人民法院裁判文书，从而达到个人非法目的的行为。换句话说，对于虚假诉讼中的“诉讼”一词而言，行为人行使诉权、提交诉状为“诉”，人民法院立案受理为“讼”，而“讼”是“诉”的逻辑结果。所谓虚假诉讼，重点是其中“诉”的虚假性，刑法惩治的对象是行为人行使虚假诉权的行为，即原本不存在民事法律关系和民事纠纷，而行为人予以虚构并提起民事诉讼的“无中生有型”行为。如果行为人与他人之间确实存在真实的民事法律关系和民事纠纷，则其依法享有诉权，即使其篡改部分案件事实，亦不能认定为虚假诉讼罪，否则不符合立法原意。

第三，将“部分篡改型”行为排除在虚假诉讼罪之外符合司法实际情况。从司法实践中的实际情况看，现阶段在民事诉讼过程中，当事人通过伪造证据、虚假陈述等手段篡改部分案件事实的情况比较复杂，有的是因为缺乏法律常识，有的是因为对法律规定的内容理解不当，有的则是出于诉讼策略的考虑。对于“部分篡改型”行为，一般可以通过判决其败诉、依照民事诉讼法的规定给予司法处罚等方式，使行为人承担不利法律后果。如果对此类行为不加区别，一律认定为虚假诉讼罪，可能会侵害人民群众的诉权，不当扩大刑事打击面。

第四，将“部分篡改型”行为认定为虚假诉讼罪缺乏可操作性。司法实践中存在的“部分篡改型”行为的具体实施方式各不相同，行为人对案件事实的篡改程度亦存在差异，导致此类行为的社会危害性差别很大。如果将“部分篡改型”行为纳入虚假诉讼罪，如何合理确定罪与非罪的判断标准，司法实践中恐难以操作。

第五，将“部分篡改型”行为排除在虚假诉讼罪之外不会导致放纵犯罪。对于在实施“部分篡改型”行为过程中伪造公司、企业、事业单位、人民团体印章或者以暴力、威胁、贿买等方法阻止证人作证的，可以以伪造公司、企业、事业单位、人民团体印章罪或者妨害作证罪等罪名定罪处罚；对于通过“部分篡改型”行为非法占有公私财产的，可以以诈骗罪等侵财型罪名追究其刑事责任。

——周峰、李加玺：《虚假诉讼罪具体适用中的两个问题》，载《人民法院报》2019 年 9 月 12 日。

《刑事审判参考》指导案例

胡群光妨害作证、王荣炎帮助伪造证据案（《刑事审判参考》指导案例第 1375 号）

裁判要点：将“部分篡改型”行为排除在虚假诉讼罪之外，既

符合刑法增设虚假诉讼罪的立法原意，也具有司法实践上的合理性。

我们认为，“部分篡改型”行为不符合虚假诉讼罪的构成要件，依法不应认定为虚假诉讼罪，主要理由如下：

第一，从对刑法条文进行文义解释的角度分析。根据《刑法》第三百零七条之一第一款的规定，以捏造的事实提起民事诉讼，妨害司法秩序或者严重侵害他人合法权益的，构成虚假诉讼罪。在《刑法》规定的虚假诉讼罪的罪状中，“提起民事诉讼”的文义相对明确，解释的重点在于如何确定“捏造”一词的内涵和外延。根据一般理解，“捏造”一般是指完全没有依据、无中生有，仅靠自己的凭空想象臆造根本不存在的事物，与“杜撰”“虚构”等基本属于同义词。《刑法》第二百四十三条关于诬告陷害罪的规定、第二百四十六条关于诽谤罪的规定等多个条文均使用了“捏造”一词，理论和实践中一般认为，上述条文中的“捏造”，均是指对相关事实无中生有的行为。从保持刑法用语含义的一致性考虑，虚假诉讼罪中的“捏造”，原则上也应限定为无中生有、凭空虚构民事法律关系的行为。

第二，从探究立法原意的角度分析。根据立法资料，《刑法》增设虚假诉讼罪的目的，主要是依法惩治不具有合法诉权的行为人故意捏造事实，制造自己具有诉权的假象，意图骗取人民法院裁判文书、达到非法目的的行为。对于虚假诉讼中的“诉讼”一词来讲，行为人行使诉权、提交诉状为“诉”，人民法院立案受理、作为一个民事诉讼案件进行审理为“讼”，在人民法院实行立案登记制改革之后，“讼”是“诉”的必然逻辑结果。因此，对于虚假诉讼罪而言，刑法评价的重点是其中“诉”的虚假性，刑罚打击的对象是行为人行使虚假诉权的行为。如果民事法律关系客观存在，则行为人依法享有诉权，其对部分证据材料弄虚作假，对债权债务的具体数额、履行期限等进行部分篡改，不属于虚假诉讼罪的处罚对象。

第三，《刑法修正案（九）》的立法审议过程亦反映出虚假诉讼罪仅包含“无中生有型”行为。《刑法修正案（九）》（草案一次审议稿）对虚假诉讼罪罪状的规定为，为谋取不正当利益，以捏造的事实为案由，向人民法院提起民事诉讼，骗取人民法院裁判文书的，构成虚假诉讼罪。明确虚假诉讼罪中捏造的事实是属于案由范围内的事实。根据《民事案件案由规定》的相关规定，民事案件的案由反映案件涉及的民事法律关系的性质，是对诉讼争议所包含的法律关系进行的概括，表述方式原则上为“法律关系的性质”加“纠纷”组成。因此，虚假诉讼行为人捏造的事实，同时包括民事法律关系和民事纠纷两个方面。如果民事法律关系客观存在，则行为人并无捏造事实的余地，不成立虚假诉讼罪。

第四，将“部分篡改型”行为排除在虚假诉讼罪之外，符合民事诉讼的客观规律。现阶段，民事诉讼案件数量巨大，且具体情况比较复杂，部分原告采取虚假陈述、伪造证据等手段故意提高诉讼标的额，实际上是出于更好地维护自身合法利益等诉讼策略方面的考虑。如果对这种情况不加区别地认定为虚假诉讼罪，可能会侵害部分民事当事人享有的合法诉权，导致刑罚打击面过大。

第五，将“部分篡改型”行为认定为虚假诉讼罪，难以确定明确的定罪标准。与“无中生有型”行为中罪与非罪存在质的区别不同，在“部分篡改型”行为中，不同行为造成的社会危害性主要体现为标的额大小之间量的差别，如何确定罪与非罪的区分标准，存在很大的困难。类似本案情况下，如果认定被告人胡群光、王荣炎将债权债务数额由 127 万元虚增至 350 万元的行为构成虚假诉讼罪，那么，将债权债务数额虚增至 200 万元或者 150 万元，是否可以认定为虚假诉讼罪？虚增债权债务数额的行为达到什么程度才能认定为虚假诉讼罪？理论和实践中均难以作出明确判断，无法为人民群众提供明确的行为预期。

综上，将“部分篡改型”行为排除在虚假诉讼罪之外，既符合刑法增设虚假诉讼罪的立法原意，也具有司法实践上的合理性。一审、二审法院认定被告人胡群光、王荣炎的行为不构成虚假诉讼罪，适用法律正确。二被告人分别作为民事诉讼的被告和原告，相互恶意串通，在提起民事诉讼之前和民事诉讼过程中，共同实施伪造证据、虚假陈述等弄虚作假行为，骗取人民法院裁判文书，行为可能构成妨害作证罪或者帮助伪造证据罪。

——李加玺撰稿、陆建红审编:《胡群光妨害凭证、王荣炎帮助伪造证据案——“部分篡改型”行为不构成虚假诉讼罪》，载最高人民法院刑事审判第一、二、三、四、五庭主办:《刑事审判参考》(总第 124 集)，法律出版社 2020 年版，第 84~87 页。

1084. 虚假诉讼罪中“无中生有”的理解

关键词

虚假诉讼罪　无中生有

附录：最高人民法院法官著述

第一，具体案件处理过程中，对于是否属于“无中生有”捏造民事法律关系，应当坚持实质性判断，不能进行形式化、机械化认定。根据《民事案件案由规定》的规定，行为人起诉的法律关系与实际诉争的法律关系不一致的，人民法院结案时应当根据法庭查明的当事人之间实际存在的法律关系的性质，相应变更案件的案由。因此，在双方存在A民事法律关系的情况下，一方行为人因对法律理解不当或者出于诉讼策略的考虑，以B民事法律关系为案由提起民事诉讼的，应当适用《民事案件案由规定》的相关规定处理，一般不能以该行为人“无中生有”捏造B民事法律关系为由，认定其构成虚假诉讼罪。

第二，将普通债权捏造为优先权的，可以认定为“无中生有”捏造民事法律关系。优先权是民事法律基于特殊政策性考虑，赋予某些特定的债权一种特殊效力，以保障其较之普通债权可得以优先实现的权利。优先权散见于多个民商事法律之中，如合同法第二百八十六条规定的建筑工程价款优先受偿权、企业破产法第一百一十三条规定的破产企业职工工资优先受偿权，等等。行为人在对他人仅享有普通债权的情况下，为达到优先受偿的目的，采用伪造证据等手段将普通债权捏造成优先权的，由于其从根本上改变了该债权债务关系的性质，可以认定为“无中生有”捏造民事法律关系。《最高人民法院、最高人民检察院关于办理虚假诉讼刑事案件适用法律若干问题的解释》（以下简称《解释》）第一条第一款第六项将“与被执行人恶意串通，捏造债权或者对查封、扣押、冻结财产的优先权、担保物权”的行为明确规定为虚假诉讼犯罪行为，已经表明了上述考虑。实践中，应当比照《解释》第一条第一款第六项的规定精神，正确认定此类行为的性质。

第三，捏造可分之诉中部分诉讼标的的，可以就该部分行为认定为“无中生有”捏造民事法律关系。民事诉讼中存在可分之诉与不可分之诉的区分。在不可分之诉中，当事人之间具有共同的诉讼标的，该诉讼标的对应的民事法律关系是唯一的，因此，应当对行为人实施的行为进行整体判断，确定是不是属于“无中生有”捏造民事法律关系。在可分之诉中，当事人之间具有同一种类的多个诉讼标的，但并不具有共同的权利或者义务关系，人民法院既可以作为共同诉讼合并审理，也可以作为多个独立的诉讼分别审理；即使合并审理，也需要分别作出确认各自民事权利义务的裁判。因此，在可分之诉中，应当对其中涉及的多个诉讼标的和诉讼标的所对应的多个民事法律关系分别进行判断，行为人仅对其中部分诉讼标的进行捏造的，可以就该部分诉讼标的对应的民事法律关系认定为虚假诉讼罪，否则就是放纵了犯罪人，并可能导致部分行为人恶意通过共同诉讼的方式逃避刑事处罚。举例来讲，甲欠乙70万元并出具了借条，后两人恶意串通，由甲再向乙出具1张金额为30万元的借条，将总借款金额增加至100万元，由乙持两个借条向人民法院提起民事诉讼骗取裁判文书，以达到使乙多分配甲被查封财产之目的。本案民事诉讼属于可分之诉，其中每一个借条承载的债权债务关系均可以独立区分开来分别进行法律评价，甲、乙恶意串通，捏造原本不存在的30万元债权的行为，属于“无中生有”捏造民事法律关系，对于捏造的这部分债权债务关系，可以以虚假诉讼罪定罪处罚。

——周峰、李加玺：《虚假诉讼罪具体适用中的两个问题》，载《人民法院报》2019 年 9 月 12 日。

1085. 虚假诉讼犯罪的具体认定

关键词

虚假诉讼犯罪

最高人民法院司法政策精神

第二条　本意见所称虚假诉讼犯罪，是指行为人单独或者与他人恶意串通，采取伪造证据、虚假陈述等手段，捏造民事案件基本事实，虚构民事纠纷，向人民法院提起民事诉讼，妨害司法秩序或者严重侵害他人合法权益，依照法律应当受刑罚处罚的行为。

——《最高人民法院、最高人民检察院、公安部、司法部关于进一步加强虚假诉讼犯罪惩治工作的意见》(2021 年 3 月 4 日，法发〔2021〕10 号)。

附录：理解与适用

刑事法律和民事法律中均有虚假诉讼的概念，但二者存在明显区别。刑事法律中关于虚假诉讼罪的规定，原则上限于“无中生有”型捏造事实行为，且仅将具有严重社会危害性的行为纳入刑罚打击范围，其外延小于民事法律上的虚假诉讼。为突出打击重点，最高人民法院、最高人民检察院、公安部、司法部 2021 年 3 月 4 日印发《关于进一步加强虚假诉讼犯罪惩治工作的意见》(以下简称《意见》)将规制对象限定为虚假诉讼犯罪，具体包括行为构成虚假诉讼罪，以及行为符合虚假诉讼罪的构成要件、但基于数罪竞合处罚原则最终被以其他罪名定罪处罚等两种情形。《意见》第二条采用下定义的方式，对虚假诉讼犯罪的内涵作了界定，规定主要内容与《关于办理虚假诉讼刑事案件适用法律若干问题的解释》(以下简称《虚假诉讼犯罪司法解释》)第一条基本相同。对于实践中存在争议、《虚假诉讼犯罪司法解释》未作明确规定的虚假诉讼罪中“民事诉讼”的范围，《意见》第四条进一步作了列举式规定。实践中应当注意以下几点：

第一，关于认定虚假诉讼罪中“民事诉讼”的总体标准。根据刑法规定的虚假诉讼罪的行为方式，虚假诉讼罪的惩治对象原则上是不具有合法诉权的行为人采用欺骗手段提起民事诉讼，致使虚假民事案件进入人民法院诉讼程序的行为，同时，还应考虑部分民事主体通过在民事诉讼过程中提出新的诉讼请求、通过人民法院的民事执行行为实现其实体权利等情形。据此，虚假诉讼罪中的“民事诉讼”大体可分为以下几种情形：（1）案件首次进入民事诉讼程序的起诉行为，包括第一审普通民事程序和简易程序的起诉行为，以及民事诉讼法规定的特别程序和督促程序、公示催告程序的申请行为。（2）当事人在民事诉讼过程中提出新的独立的诉讼请求，包括原告增加独立的诉讼请求、被告提出反诉和有独立请求权的第三人提出与本案有关的诉讼请求。上述三种情形实质上属于诉的合并，与民事原告提出民事起诉并无实质性区别。（3）特殊程序中申请人民法院保护其实体权利的行为，包括在破产案件审理过程申报债权，民事判决、裁定、调解书生效后案外人申请再审等。（4）民事执行过程中申请人民法院实现其超出原诉范围的实体权利的行为，主要包括申请执行仲裁裁决和公证债权文书，以及案外人对执行标的提出异议、债权人申请参与执行财产分配等情形。

第二，民事二审程序不属于虚假诉讼罪中的“民事诉讼”。根据《最高人民法院关于适用〈中华人民共和国民事诉讼法〉的解释》第三百二十三条的规定，我国的民事二审程序采用续审制原则，除特殊情况外，二审审理范围原则上不超出一审之诉和当事人上诉请求的范围。据此，民事诉讼当事人在一审宣判后以捏造的事实提出上诉的，因其上诉请求不超出一审之诉的范围，不符合“无中生有”捏造事实的行为特征。因此，民事诉讼当事人在一审宣判后提出上诉、启动民事二审程序的，不宜认定为虚假诉讼罪中的“提起民事诉讼”。

第三，刑事附带民事诉讼是否属于虚假诉讼罪中的“民事诉讼”，应当区分不同情况分别认定。首先，在刑事公诉案件中，行为人提起附带民事诉讼的案由与检察机关提起公诉的犯罪行为属于同一法律事实，附带民事诉讼是基于刑事诉讼衍生出的民事诉讼活动，刑事诉讼的真实性决定了附带民事诉讼的真实性。根据刑事诉讼法的规定，人民检察院向人民法院提起公诉的条件是犯罪事实已经查清，证据确实、充分，依法应当追究刑事责任。在此情况下，被害人及其法定代理人、近亲属以公诉机关提起公诉的事实为案由提起附带民事诉讼，具有一定的事实依据，不能认定为“无中生有”捏造事实，不符合虚假诉讼罪的构成要件。即使公诉机关起诉指控的事实后经人民法院裁判认定不能成立、被告人的行为不构成犯罪，但基于被害人一方对公安、检察机关的信赖心理，亦不能认定其行为属于“无中生有”捏造事实。因此，在刑事公诉案件中提起附带民事诉讼的，不能认定为虚假诉讼罪中的“提起民事诉讼”。其次，刑事自诉案件不以公安机关侦查和检察机关审查起诉为前置程序，自诉人自行承担证明被告人有罪的举证责任，存在自诉人“无中生有”捏造事实的可能性，故刑事自诉人的行为可能构成虚假诉讼罪。刑事自诉人以捏造的事实提起附带民事诉讼的，可以认定为《意见》第四条第八项规定的“以其他手段捏造民事案件基本事实，虚构民事纠纷，提起民事诉讼的”情形。

——滕伟、叶邵生、丁成飞、李加玺：《〈关于进一步加强虚假诉讼犯罪惩治工作的意见〉的理解与适用》，载最高人民法院刑事审判第一、二、三、四、五庭编：《刑事审判参考》（总第129辑），人民法院出版社2022年版，第152~154页。

1086. 虚假诉讼罪中“捏造事实”的认定

关键词

虚假诉讼罪　捏造事实

最高人民法院司法解释

第一条　采取伪造证据、虚假陈述等手段，实施下列行为之一，捏造民事法律关系，虚构民事纠纷，向人民法院提起民事诉讼的，应当认定为刑法第三百零七条之一第一款规定的“以捏造的事实提起民事诉讼”：

（一）与夫妻一方恶意串通，捏造夫妻共同债务的；

（二）与他人恶意串通，捏造债权债务关系和以物抵债协议的；

（三）与公司、企业的法定代表人、董事、监事、经理或者其他管理人员恶意串通，捏造公司、企业债务或者担保义务的；

（四）捏造知识产权侵权关系或者不正当竞争关系的；

（五）在破产案件审理过程中申报捏造的债权的；

（六）与被执行人恶意串通，捏造债权或者对查封、扣押、冻结财产的优先权、担保物权的；

（七）单方或者与他人恶意串通，捏造身份、合同、侵权、继承等民事法律关系的其他行为。

隐瞒债务已经全部清偿的事实，向人民法院提起民事诉讼，要求他人履行债务的，以“以捏造的事实提起民事诉讼”论。

向人民法院申请执行基于捏造的事实作出的仲裁裁决、公证债权文书，或者在民事执行过程中以捏造的事实对执行标的提出异议、申请参与执行财产分配的，属于刑法第三百零七条之一第一款规定的“以捏造的事实提起民事诉讼”。

——《最高人民法院、最高人民检察院关于办理虚假诉讼刑事案件适用法律若干问题的解释》（2018年9月26日，法释〔2018〕17号）。

附录：理解与适用

准确认定“捏造事实”，应当从刑法条文的通常语义、刑法增设虚假诉讼罪的立法目的以及立法沿革等方面考虑。首先，根据一般理解，“捏造”一般是指完全没有依据，仅靠自己的凭空想象臆造事物，与“杜撰”“虚构”等基本属于同义词。《刑法》第二百四十三条关于诬告陷害罪的规定、第二百四十六条关于诽谤罪的规定等多个条文均使用了“捏造”一词，理论和实践中一般认为，上述条文中的“捏造”，是指对相关事实无中生有的行为。从保持刑法用语含义的一致性考虑，虚假诉讼罪中的“捏造”，原则上也应限定为无中生有、凭空虚构。其次，从立法本意来看，刑法增设虚假诉讼罪的目的，主要是依法惩治不具有合法诉权的行为人故意捏造事实，制造自己具有诉权的假象，意图骗取人民法院裁判文书、达到非法目的的行为。对于虚假诉讼中的“诉讼”一词来讲，行为人行使诉权、提交诉状为“诉”，人民法院立案受理为“讼”，在人民法院实行立案登记制改革之后，“讼”是“诉”的必然逻辑结果。因此，所谓虚假诉讼，重点是其中“诉”的虚假性，刑法打击的对象是行为人行使虚假诉权的行为。根据民事诉讼理论，诉权具有程序和实体两个方面的内涵，程序内涵即在程序上请求法院行使审判权，旨在启动诉讼程序；实体内涵是指原告行使诉权或提起诉讼所欲获得的实体法上的具体法律地位或具体法律效果。[①] 据此，从实体意义和程序意义上来讲，原告享有诉权的前提，分别是其与他人之间存在的特定民事法律关系，以及因该民事法律关系产生的民事纠纷，因此，行为人行使虚假诉权，也应体现在民事法律关系的虚假性和民事纠纷的虚假性两个方面。最后，刑法修正案（九）(草案一次审议稿）对虚假诉讼罪罪状的规定为，为谋取不正当利益，以捏造的事实为案由，向人民法院提起民事诉讼，骗取人民法院裁判文书的，构成虚假诉讼罪，明确虚假诉讼罪中捏造的事实是属于案由范围内的事实。

综合以上考虑，研究认为，虚假诉讼罪中的“捏造”，应当是指无中生有、凭空虚构；捏造的“事实”，应当是足以对起诉能否获得人民法院受理以及人民法院作出何种裁判结果产生影响、属于民事案由范围内的事实。根据《民事案件案由规定》的规定，民事案件的案由反映案件涉及的民事法律关系的性质，是对诉讼争议所包含的法律关系进行的概括，表述方式原则上为“法律关系的性质”加“纠纷”组成。据此，《最高人民法院、最高人民检察院关于办理虚假诉讼刑事案件适用法律若干问题的解释》(以下简称《解释》)第1条第1款明确，虚假诉讼罪中的“捏造事实”，包括捏造民事法律关系、虚构民事纠纷两个方面。捏造民事法律关系，是指行为人与他人之间根本不

---

① 江伟、肖建国主编：《民事诉讼法》，中国人民大学出版社2015年版，第40页。

存在特定的民事法律关系，但是，行为人通过伪造证据、虚假陈述等手段无中生有、凭空伪造双方存在民事法律关系的假象；虚构民事纠纷，是指双方本来不存在民事纠纷，故意虚构因为捏造出来的民事法律关系产生民事纠纷的事实。同时满足上述两个条件的，才能认定为“捏造事实”。具体案件处理过程中，对于是否属于捏造民事法律关系，应当坚持实质性判断，不能进行形式化、简单化认定。根据《民事案件案由规定》的规定，行为人起诉的法律关系与实际诉争的法律关系不一致的，人民法院结案时应当根据法庭查明的当事人之间实际存在的法律关系的性质，相应变更案件的案由，不能一概认定为捏造民事法律关系。另外，考虑到虚假诉讼罪的实质是通过欺骗手段获得人民法院立案受理和作出裁判，而刑法中典型的以欺骗手段实施的犯罪，例如诈骗罪，理论上认为虚构事实和隐瞒真相两种行为方式均可以构成，且实践中存在的采用隐瞒真相方式虚构民事法律关系的行为，其社会危害性与采用积极行为虚构民事法律关系行为的社会危害性并无本质上的区别，没有理由将隐瞒真相行为排除在虚假诉讼罪之外。《解释》第 1 条第 2 款明确，隐瞒债务已经全部清偿的事实，向人民法院提起民事诉讼，要求他人履行债务的，以“以捏造的事实提起民事诉讼”论。

《解释》起草过程中，有意见提出，行为人与他人存在特定的民事法律关系，为了达到不法目的，故意篡改该民事法律关系的部分内容并提起民事诉讼的行为，即理论上所谓的“部分篡改型”虚假诉讼行为，社会危害性并不一定小于“无中生有型”虚假诉讼行为，也可能构成虚假诉讼罪。我们经研究认为，首先，如果行为人与他人之间确实存在真实的民事法律关系和民事纠纷，则行为人依法享有诉权，将其在起诉时或者民事诉讼过程中伪造部分证据的行为认定为虚假诉讼罪，不符合刑法增设本罪的立法目的。其次，民事诉讼的情况比较复杂，部分原告采取伪造证据等手段故意提高诉讼标的额，其实是出于诉讼策略的考虑，如果对这种情况一律认定为虚假诉讼犯罪，可能会侵害人民群众的合法诉权。最后，如果将“部分篡改型”行为认定为虚假诉讼罪，涉及如何合理确定罪与非罪的判断标准问题，实践中不具有可操作性。《解释》第 7 条明确，采取伪造证据等手段篡改案件事实，骗取人民法院裁判文书的，不构成虚假诉讼罪；构成其他犯罪的，可以以伪造公司、企业、事业单位、人民团体印章罪或者妨害作证罪等罪名定罪处罚。

关于虚假诉讼犯罪参与人仅限于双方当事人，还是也包括单方当事人，在刑法修正案（九）审议过程中和施行之后，一直存在不同意见。有意见认为，根据民事诉讼法第一百一十二条、第一百一十三条的规定，虚假诉讼罪仅应包含双方当事人恶意串通提起的虚假民事诉讼，仅限于“双方串通型”一种形式。研究认为，上述意见难以成立。首先，刑法并没有对虚假诉讼罪设置当事人恶意串通的限制条件，一方当事人以捏造的事实提起民事诉讼的行为，完全可能造成妨害司法秩序或者严重侵害他人合法权益的危害后果，进而构成虚假诉讼罪。其次，《刑法》第三百零七条之一第三款规定："有第一款行为，非法占有他人财产或者逃避合法债务，又构成其他犯罪的，依照处罚较重的规定定罪从重处罚。"其中的非法占有他人财产行为即属于"单方欺诈型"虚假诉讼。最后，《刑法》第三百零七条之一属于叙明罪状，不需要参照其他法律法规的具体规定来确定虚假诉讼罪的构成要件特征，成立虚假诉讼罪，不以违反民事诉讼法第一百一十二条、第一百一十三条的具体规定为前提。《解释》第1条第1款明确，单方或者与他人恶意串通，捏造事实，向人民法院提起民事诉讼的，均可以认定为虚假诉讼犯罪行为。

——周峰、汪斌、李加玺：《〈关于办理虚假诉讼刑事案件适用法律若干问题的解释〉的理解与适用》，载《人民司法·应用》2019年第4期（总第843期）。

1087. 虚假诉讼罪中"提起民事诉讼"的认定

关键词

虚假诉讼罪　提起民事诉讼

最高人民法院司法解释

第一条第三款　向人民法院申请执行基于捏造的事实作出的仲裁裁决、公证债权文书，或者在民事执行过程中以捏造的事实对执行标的提出异议、申请参与执行财产分配的，属于刑法第三百零七条之一第一款规定的"以捏造的事实提起民事诉讼"。

——《最高人民法院、最高人民检察院关于办理虚假诉讼刑事案件适用法律若干问题的解释》（2018年9月26日，法释〔2018〕17号）。

附录：理解与适用

如上所述，虚假诉讼罪的惩治对象，是不具有合法诉权的行为人采用欺骗手段提起民事诉讼，致使虚假民事案件进入人民法院诉讼程序的行为，规制重点原则上是导致案件首次进入诉讼程序的起诉和申请立案执行等行为。因此，不能认为《刑法》第三百零七条之一规定的"提起民事诉讼"包括了民事诉讼法规定的所有诉讼程序。根据《最高人民法院关于适用〈中华人民共和国民事诉讼法〉的解释》第323条的规定，民事诉讼二审程序采用续审制原则，除特殊情况外，二审审理范围原则上不超出一审之诉和上诉请求的范围。行为人在一审阶段被动应诉、一审宣判后以捏造的事实提出上诉的，其上诉诉求不超出一审之诉的范围，不符合无中生有捏造民事法律关系的行为特征，故一审宣判后提出上诉、启动二审程序的，一般不属于虚假诉讼罪中的“提起民事诉讼”。另一方面，还需要考虑民事诉讼中的特殊情况。案件获得人民法院受理立案、进行诉讼程序后，当事人提出新的独立的诉讼请求的，实质上属于诉的合并，也可以认定为“提起民事诉讼”。

根据上述判断标准，虚假诉讼罪中的“提起民事诉讼”包括以下7种情形：（1）民事案件普通一审程序；（2）第三人撤销之诉和执行异议之诉；（3）特别程序、督促程序、公示催告程序；（4）原告增加诉讼请求，被告提出反诉，有独立请求权的第三人提出与本案有关的诉讼请求；（5）审判监督程序；（6）企业破产程序；（7）执行程序。根据《解释》第1条第3款的规定，此处的执行程序，包括申请执行仲裁裁决和公证债权文书、在执行过程中对执行标的提出异议和申请参与执行财产分配等三种情形。还应明确的是，可能构成虚假诉讼罪的审判监督程序，仅包括民事诉讼法第二百二十七条规定的执行过程中案外人提起的审判监督程序和《最高人民法院关于适用〈中华人民共和国民事诉讼法〉审判监督程序若干问题的解释》第5条规定的案外人申请再审。原审当事人申请再审的，针对的是原生效裁判认定的事实和确认的诉讼请求，一般不涉及新的诉讼请求，难以成立虚假诉讼罪。

——周峰、汪斌、李加玺：《〈关于办理虚假诉讼刑事案件适用法律若干问题的解释〉的理解与适用》，载《人民司法·应用》2019年第4期（总第843期）。

1088. 向人民法院申请执行仲裁调解书的行为，是否属于虚假诉讼罪中的“提起民事诉讼”

关键词

申请执行仲裁调解书　虚假诉讼罪　提起民事诉讼

最高人民法院司法解释

第一条　采取伪造证据、虚假陈述等手段，实施下列行为之一，捏造民事法律关系，虚构民事纠纷，向人民法院提起民事诉讼的，应当认定为刑法第三百零七条之一第一款规定的“以捏造的事实提起民事诉讼”：

（一）与夫妻一方恶意串通，捏造夫妻共同债务的；

（二）与他人恶意串通，捏造债权债务关系和以物抵债协议的；

（三）与公司、企业的法定代表人、董事、监事、经理或者其他管理人员恶意串通，捏造公司、企业债务或者担保义务的；

（四）捏造知识产权侵权关系或者不正当竞争关系的；

（五）在破产案件审理过程中申报捏造的债权的；

（六）与被执行人恶意串通，捏造债权或者对查封、扣押、冻结财产的优先权、担保物权的；

（七）单方或者与他人恶意串通，捏造身份、合同、侵权、继承等民事法律关系的其他行为。

隐瞒债务已经全部清偿的事实，向人民法院提起民事诉讼，要求他人履行债务的，以“以捏造的事实提起民事诉讼”论。

向人民法院申请执行基于捏造的事实作出的仲裁裁决、公证债权文书，或者在民事执行过程中以捏造的事实对执行标的提出异议、申请参与执行财产分配的，属于刑法第三百零七条之一第一款规定的“以捏造的事实提起民事诉讼”。

——《最高人民法院、最高人民检察院关于办理虚假诉讼刑事案件适用法律若干问题的解释》（2018年9月26日，法释〔2018〕17号）。

最高人民法院司法政策精神

第四条 实施《最高人民法院、最高人民检察院关于办理虚假诉讼刑事案件适用法律若干问题的解释》第一条第一款、第二款规定的捏造事实行为，并有下列情形之一的，应当认定为刑法第三百零七条之一第一款规定的“以捏造的事实提起民事诉讼”：

（一）提出民事起诉的；

（二）向人民法院申请宣告失踪、宣告死亡，申请认定公民无民事行为能力、限制民事行为能力，申请认定财产无主，申请确认调解协议，申请实现担保物权，申请支付令，申请公示催告的；

（三）在民事诉讼过程中增加独立的诉讼请求、提出反诉，有独立请求权的第三人提出与本案有关的诉讼请求的；

（四）在破产案件审理过程中申报债权的；

（五）案外人申请民事再审的；

（六）向人民法院申请执行仲裁裁决、公证债权文书的；

（七）案外人在民事执行过程中对执行标的提出异议，债权人在民事执行过程中申请参与执行财产分配的；

（八）以其他手段捏造民事案件基本事实，虚构民事纠纷，提起民事诉讼的。

——《最高人民法院、最高人民检察院、公安部、司法部关于进一步加强虚假诉讼犯罪惩治工作的意见》（2021年3月4日，法发〔2021〕10号）。

《刑事审判参考》指导案例

胡文新、黎维军虚假诉讼案（《刑事审判参考》指导案例第 1377 号）

裁判要点：以捏造的事实获取仲裁调解书后，向人民法院申请执行该仲裁调解书的，属于虚假诉讼罪中的“提起民事诉讼”，可能构成虚假诉讼罪。

《民事诉讼法》第二百三十七条规定的当事人向人民法院申请执行的法律文书，仅包括仲裁机构作出的裁决。但是，本案被告人胡文新、黎维军以捏造的事实获取的是仲裁调解书而非仲裁裁决，并向人民法院申请执行该仲裁调解书，是否可以认定二被告人的行为构成虚假诉讼罪，值得认真研究。

我们认为：首先，《最高人民法院关于人民法院办理仲裁裁决执行案件若干问题的规定》① 第一条规定：“本规定所称的仲裁裁决执行案件，是指当事人申请执行仲裁机构依据仲裁法作出的仲裁裁决或者仲裁调解书的案件。”据此，《民事诉讼法》第二百三十七条规定内容实际上也包含申请强制执行仲裁调解书。其次，根据《仲裁法》第五十一条的规定，经调解达成协议的，仲裁庭应当制作调解书或者根据协议的结果制作裁决书，调解书与裁决书具有同等法律效力；根据《劳动争议调解仲裁法》第五十一条的规定，当事人对发生法律效力的调解书、裁决书，应当依照规定的期限履行，一方当事人逾期不履行的，另一方当事人可以依照《民事诉讼法》的有关规定向人民法院申请执行，受理申请的人民法院应当依法执行。可以看出，仲裁机构依法作出的裁决书和调解书的法律效力相同。一方当事人向人民法院申请执行裁决书或调解书，行为性质并无实质区别，因而相关行为在是否构成犯罪方面不能得出相反的法律评价。最后，《最高人民法院关于防范和制裁虚假诉讼的指导意见》第八条规定：“在执行公证债权文书和仲裁裁决书、调解书等法律文书过程中，对可能存在双方恶意串通、虚构事实的，要加大实质审查力度，注重审查相关法律文书是否损害国家利益、社会公共利益或者案外人的合法权益。如果存在上述情形，应当裁定不予执行。必要时，可向仲裁机构或者公证机关发出司法建议。”该条文将行为人向人民法院申请执行基于捏造的事实作出的仲裁调解书的行为明确规定为虚假诉讼行为。综上，以捏造的事实获取仲裁调解书后，向人民法院申请执行该仲裁调解书的，属于虚假诉讼罪中的“提起民事诉讼”，可能构成虚假诉讼罪。

——王凯凯撰稿、陆建红审编：《胡文新、黎维军虚假诉讼案——向人民

---

① 该解释自 2018 年 3 月 1 日起施行，但上述条文的相关精神在实践中一直被遵守。

法院申请执行仲裁调解书是否属于虚假诉讼罪中的“提起民事诉讼”》，载最高人民法院刑事审判第一、二、三、四、五庭主办：《刑事审判参考》（总第124集），法律出版社2020年版，第96~98页。

1089. 采用隐瞒真相方式捏造事实并提起民事诉讼的行为是否构成虚假诉讼罪

关键词

隐瞒真相　捏造事实　提起民事诉讼　虚假诉讼罪

最高人民法院司法解释

第一条　采取伪造证据、虚假陈述等手段，实施下列行为之一，捏造民事法律关系，虚构民事纠纷，向人民法院提起民事诉讼的，应当认定为刑法第三百零七条之一第一款规定的“以捏造的事实提起民事诉讼”：

（一）与夫妻一方恶意串通，捏造夫妻共同债务的；

（二）与他人恶意串通，捏造债权债务关系和以物抵债协议的；

（三）与公司、企业的法定代表人、董事、监事、经理或者其他管理人员恶意串通，捏造公司、企业债务或者担保义务的；

（四）捏造知识产权侵权关系或者不正当竞争关系的；

（五）在破产案件审理过程中申报捏造的债权的；

（六）与被执行人恶意串通，捏造债权或者对查封、扣押、冻结财产的优先权、担保物权的；

（七）单方或者与他人恶意串通，捏造身份、合同、侵权、继承等民事法律关系的其他行为。

隐瞒债务已经全部清偿的事实，向人民法院提起民事诉讼，要求他人履行债务的，以“以捏造的事实提起民事诉讼”论。

向人民法院申请执行基于捏造的事实作出的仲裁裁决、公证债权文书，或者在民事执行过程中以捏造的事实对执行标的提出异议、申请参与执行财产分配的，属于刑法第三百零七条之一第一款规定的“以捏造的事实提起民事诉讼”。

——《最高人民法院、最高人民检察院关于办理虚假诉讼刑事案件适用法律若干问题的解释》（2018年9月26日，法释〔2018〕17号）。

最高人民法院司法政策精神

第四条　实施《最高人民法院、最高人民检察院关于办理虚假诉讼刑事案件适用法律若干问题的解释》第一条第一款、第二款规定的捏造事实行为，并有下列情形之一的，应当认定为刑法第三百零七条之一第一款规定的“以捏造的事实提起民事诉讼”：

（一）提出民事起诉的；

（二）向人民法院申请宣告失踪、宣告死亡，申请认定公民无民事行为能力、限制民事行为能力，申请认定财产无主，申请确认调解协议，申请实现担保物权，申请支付令，申请公示催告的；

（三）在民事诉讼过程中增加独立的诉讼请求、提出反诉，有独立请求权的第三人提出与本案有关的诉讼请求的；

（四）在破产案件审理过程中申报债权的；

（五）案外人申请民事再审的；

（六）向人民法院申请执行仲裁裁决、公证债权文书的；

（七）案外人在民事执行过程中对执行标的提出异议，债权人在民事执行过程中申请参与执行财产分配的；

（八）以其他手段捏造民事案件基本事实，虚构民事纠纷，提起民事诉讼的。

——《最高人民法院、最高人民检察院、公安部、司法部关于进一步加强虚假诉讼犯罪惩治工作的意见》(2021 年 3 月 4 日，法发〔2021〕10 号)。

《刑事审判参考》指导案例

万春禄虚假诉讼案（《刑事审判参考》指导案例第 1379 号）

裁判要点：提出诉讼请求的一方如果隐瞒作为自己诉讼请求基础的民事法律关系已经消灭的事实，完全可能导致法院作出错误的裁判，因而不能根据民事诉讼举证责任分配原则否定隐瞒真相行为可以构成虚假诉讼罪。

对于隐瞒真相行为是否可以认定为虚假诉讼罪中的“捏造事实”，存在不同认识。对于这个问题，理论界存在两种相反的意见：

第一种意见认为，虚假诉讼罪中的“捏造事实”只限于虚构事实，不包括隐瞒真相，虚假诉讼的行为方式只能是“虚构事实 + 提起诉讼”，“隐瞒真相 + 提起诉讼”不构成虚假诉讼罪。主要理由在于：其一，从自然感情的角度考虑，民事诉讼当事人为了实现自己的利益，扭曲、隐瞒部分真相甚至提供虚假材料乃是人之常情，苛求诉争双方完全陈述其已知的所有真相，缺乏法律上的期待可能性；其二，民事诉讼中的举证责任分配原则并不要求当事人对不属于自己举证责任范围内的事实穷尽真相。因此，无论是从实然还是应然的角度来看，虚假诉讼罪中的“捏造事实”均仅应包含以积极方式虚构事实。

第二种意见认为，虚假诉讼罪中的“捏造事实”包括虚构事实和隐瞒真相两种行为方式。主要理由在于，从行为论来看，虚假诉讼行为以捏造事实行为为起点、以提起民事诉讼行为为终点。根据刑法理论，犯罪实行行为包括作为与不作为两种形式，而不作为之所以能够构成犯罪，是因为其具有的社会危害性与作为具有等价性。隐瞒真相行为一般属于不作为，在虚假诉讼罪中，不作为的“隐瞒真相”行为的社会危害性与作为的“虚构事实”行为具有等价性。因此，既然认为虚构事实属于虚假诉讼罪的行为方式，就不应当将隐瞒真相排除在虚假诉讼罪的行为方式之外。

我们认为：首先，根据《刑法》第三百零七条之一第一款的规定，虚假诉讼罪在客观方面表现为“以捏造的事实提起民事诉讼”，即行为人通过伪造证据、作虚假陈述等虚假行为欺骗法院，并经过庭审质证、司法裁判将虚假事实转化为法律事实的过程，本质上就是一种欺骗行为。捏造事实既可以通过虚构事实，也可以通过隐瞒真相的方式实现，两种行为方式均可以导致欺骗法院、实现非法目的的后果。两者的社会危害性并无本质区别，没有理由将隐瞒真相的行为排除在虚假诉讼罪之外。其次，虚构事实与隐瞒真相看似一个属于作为，一个属于不作为，但两者在语义范围内存在一定程度的重合，实践中作出明确区分存在一定困难，将隐瞒真相一概排除在虚假诉讼罪之外，缺乏可操作性。最后，民事诉讼中的举证责任分配实行“谁主张，谁举证”原则，法院最后作出裁判依据的是根据双方当事人提交的证据进行司法认定的事实，民事诉讼当事人只有获得证据优势，才能让法官形成对自己有利的内心确信。提出诉讼请求的一方如果隐瞒作为自己诉讼请求基础的民事法律关系已经消灭的事实，完全可能导致法院作出错误的裁判，因而不能根据民事诉讼举证责任分配原则否定隐瞒真相行为可以构成虚假诉讼罪。

综上，虚假诉讼罪中的“捏造事实”包括虚构事实和隐瞒真相两种行为方式。本案被告人万春禄故意隐瞒在先的 50 万元债务已被后续的 70 万元债务完全包含、金额为 50 万元的借条已经作废的事实，以该借条为依据提起民事诉讼，要求债务人林欣欣偿还该 50 万元借款，属于以捏造的事实提起民事诉讼，并造成了妨害司法秩序的危害后果，依法构成虚假诉讼罪。一审、二审定罪准确。

——崔慧撰稿、陆建红审编：《万春禄虚假诉讼案——隐瞒真相行为能否构成虚假诉讼罪及如何确定虚假诉讼罪的既遂标准》，载最高人民法院刑事审判第一、二、三、四、五庭主办：《刑事审判参考》（总第 124 集），法律出版社 2020 年版，第 109~111 页。

1090. 虚假诉讼犯罪线索的发现和移送

关键词

虚假诉讼犯罪

最高人民法院司法政策精神

第八条　人民法院、人民检察院、公安机关发现虚假诉讼犯罪的线索来源包括：

（一）民事诉讼当事人、诉讼代理人和其他诉讼参与人、利害关系人、其他自然人、法人和非法人组织的报案、控告、举报和法律监督申请；

（二）被害人有证据证明对被告人通过实施虚假诉讼行为侵犯自己合法权益的行为应当依法追究刑事责任，且有证据证明曾经提出控告，而公安机关或者人民检察院不予追究被告人刑事责任，向人民法院提出的刑事自诉；

（三）人民法院、人民检察院、公安机关、司法行政机关履行职责过程中主动发现；

（四）有关国家机关移送的案件线索；

（五）其他线索来源。

第九条　虚假诉讼刑事案件由相关虚假民事诉讼案件的受理法院所在地或者执行法院所在地人民法院管辖。有刑法第三百零七条之一第四款情形的，上级人民法院可以指定下级人民法院将案件移送其他人民法院审判。

前款所称相关虚假民事诉讼案件的受理法院，包括该民事案件的一审、二审和再审法院。

虚假诉讼刑事案件的级别管辖，根据刑事诉讼法的规定确定。

第十条　人民法院、人民检察院向公安机关移送涉嫌虚假诉讼犯罪案件，应当附下列材料：

（一）案件移送函，载明移送案件的人民法院或者人民检察院名称、民事案件当事人名称和案由、所处民事诉讼阶段、民事案件办理人及联系电话等。案件移送函应当附移送材料清单和回执，经人民法院或者人民检察院负责人批准后，加盖人民法院或者人民检察院公章；

（二）移送线索的情况说明，载明案件来源、当事人信息、涉嫌虚假诉讼犯罪的事实、法律依据等，并附相关证据材料；

（三）与民事案件有关的诉讼材料，包括起诉书、答辩状、庭审笔录、调查笔录、谈话笔录等。

人民法院、人民检察院应当指定专门职能部门负责涉嫌虚假诉讼犯罪案件的移送。

人民法院将涉嫌虚假诉讼犯罪案件移送公安机关的，同时将有关情况通报同级人民检察院。

第十一条 人民法院、人民检察院认定民事诉讼当事人和其他诉讼参与人的行为涉嫌虚假诉讼犯罪，除民事诉讼当事人、其他诉讼参与人或者案外人的陈述、证言外，一般还应有物证、书证或者其他证人证言等证据相印证。

第十二条 人民法院、人民检察院将涉嫌虚假诉讼犯罪案件有关材料移送公安机关的，接受案件的公安机关应当出具接受案件的回执或者在案件移送函所附回执上签收。

公安机关收到有关材料后，分别作出以下处理：

（一）认为移送的案件材料不全的，应当在收到有关材料之日起三日内通知移送的人民法院或者人民检察院在三日内补正。不得以材料不全为由不接受移送案件；

（二）认为有犯罪事实，需要追究刑事责任的，应当在收到有关材料之日起三十日内决定是否立案，并通知移送的人民法院或者人民检察院；

（三）认为有犯罪事实，但是不属于自己管辖的，应当立即报经县级以上公安机关负责人批准，在二十四小时内移送有管辖权的机关处理，并告知移送的人民法院或者人民检察院。对于必须采取紧急措施的，应当先采取紧急措施，然后办理手续，移送主管机关；

（四）认为没有犯罪事实，或者犯罪情节显著轻微不需要追究刑事责任的，或者具有其他依法不追究刑事责任情形的，经县级以上公安机关负责人批准，不予立案，并应当说明理由，制作不予立案通知书在三日内送达移送的人民法院或者人民检察院，退回有关材料。

第十三条 人民检察院依法对公安机关的刑事立案实行监督。

人民法院对公安机关的不予立案决定有异议的，可以建议人民检察院进行立案监督。

——《最高人民法院、最高人民检察院、公安部、司法部关于进一步加强虚假诉讼犯罪惩治工作的意见》（2021 年 3 月 4 日，法发〔2021〕10 号）。

附录：理解与适用

为解决现阶段实践中存在的虚假诉讼犯罪线索移送渠道不够顺畅的问题，《最高人民法院、最高人民检察院、公安部、司法部关于进一步加强虚假诉讼犯罪惩治工作的意见》（以下简称《意见》）第三章对人民法院、人民检察院向公安机关移送犯罪线索应当提供的材料、公安机关收到移送的线索材料后审查立案的具体处理方式等作了具体规定。同时，为充分发挥检察机关对公安机关立案活动的法律监督功能，确保虚假诉讼犯罪得到依法惩治，《意见》

还规定，人民检察院依法对公安机关的刑事立案实行监督；人民法院对公安机关的不予立案决定有异议的，可以建议人民检察院进行立案监督。实践中具体适用需要注意以下两点：

第一，关于人民法院、人民检察院移送虚假诉讼犯罪线索的条件。人民法院、人民检察院在履行职责过程中，符合什么样的条件可以认定存在虚假诉讼犯罪嫌疑，进而需要将犯罪线索移送公安机关，值得认真研究。研究认为，刑法的“二次规范”性质决定了认定虚假诉讼犯罪需以行为同时违反民事法律为前提，也就是说，刑法上的虚假诉讼犯罪行为首先应当是民事法律上的违法行为。根据刑法和《关于办理虚假诉讼刑事案件适用法律若干问题的解释》的规定，虚假诉讼犯罪大体可以分为“单方欺诈型”和“双方串通型”两种，其中的“单方欺诈型”虚假诉讼属于民事法律上的欺诈行为，而“双方串通型”虚假诉讼属于民事法律上的恶意串通行为。因此，人民法院、人民检察院在依法认定民事诉讼当事人存在欺诈或者恶意串通行为的前提下，才可以认定其存在虚假诉讼犯罪嫌疑，进而需要将犯罪线索移送公安机关。根据《最高人民法院关于适用〈中华人民共和国民事诉讼法〉的解释》第一百零九条的规定，人民法院确信当事人欺诈、恶意串通事实存在的可能性能够排除合理怀疑的，才能认定该事实存在，该证明标准明显高于一般民事诉讼案件采用的高度盖然性标准。根据上述证明标准，人民法院、人民检察院要认定存在虚假诉讼犯罪嫌疑，不能仅凭民事诉讼当事人、其他诉讼参与人或者案外人陈述、证言等单方言辞证据，一般情况下还应有其他证据相互印证，才可以认定为达到了排除合理怀疑的证明标准。《意见》第十一条明确，人民法院、人民检察院认定民事诉讼当事人和其他诉讼参与人的行为涉嫌虚假诉讼犯罪，除民事诉讼当事人、其他诉讼参与人或者案外人的陈述、证言外，一般还应有物证、书证或者其他证人证言等证据相印证。作出上述规定，可以防止极少数民事诉讼参与人通过恶意进行刑事控告、举报干扰民事诉讼程序、意图逃避承担民事败诉结果，有利于保障民事诉讼程序的正常进行。

第二，虚假诉讼犯罪是否可以提起刑事自诉。《意见》第八条规定了司法机关发现虚假诉讼犯罪线索的四种具体来源，并设置了兜底条款，其中第二项规定，被害人在一定条件下可以对他人实施的虚假诉讼行为向人民法院提出刑事自诉。研究过程中，有意见提出，在《意见》中明确规定对虚假诉讼犯罪可以提起刑事自诉，可能导致刑事自诉程序被人恶意利用，干扰民事诉讼程序的正常进行，建议不作规定。研究认为，首先，根据刑事诉讼法第二百一十条的规定，自诉案件包括下列案件：（1）告诉才处理的案件；（2）被害人有证据证明的轻微刑事案件；（3）被害人有证据证明对被告人侵犯自己人身、财产权利的行为应当依法追究刑事责任，而公安机关或者人民检察院不予追究被告人刑事责任的案件。理论上一般将上述三类自诉案件分别概括为告诉才处理的案件、有证据证明的轻微刑事案件和公诉转自诉案件。《最高人民法院关于适用〈中华人民共和国刑事诉讼法〉的解释》第一条进一步明确，公诉转自诉案件是指被害人有证据证明对被告人侵犯自己人身、财产权利的行为应当依法追究刑事责任，且有证据证明曾经提出控告，而公安机关或者人民检察院不予追究被告人刑事责任的案件。根据刑法规定，虚假诉讼罪侵犯的客体是司法秩序和他人合法权益。在被害人因为他人虚假诉讼行为导致自身人身、财产权利受到侵害而提出控告，但公安机关或者人民检察院不予追究对方刑事责任的情况下，允许被害人向人民法院提出刑事自诉，符合刑事诉讼法规定的公诉转自诉案件的条件。其次，刑事诉权是诉权的重要组成部分，民事诉讼原、被告双方的诉权均应得到平等保护，不能仅以保障民事诉讼程序顺利进行、确保原告的民事诉权得以实现为由，剥夺被告享有的依法提起刑事自诉、通过刑事诉讼手段维护自身合法权益的权利。在《意见》中明确规定虚假诉讼犯罪被害人在提出控告后、公安机关或者人民检察院不予追究被告人刑事责任的情况下享有提起刑事自诉的权利，具有法律依据和现实意义。

——滕伟、叶邵生、丁成飞、李加玺：《〈关于进一步加强虚假诉讼犯罪惩治工作的意见〉的理解与适用》，载最高人民法院刑事审判第一、二、三、四、五庭编：《刑事审判参考》（总第 129 辑），人民法院出版社 2022 年版，第 154~156 页。

1091. 虚假诉讼犯罪案件的自诉条件的认定

关键词

虚假诉讼犯罪　自诉条件

《刑事审判参考》指导案例

嘉善双赢轴承厂诉单国强虚假诉讼案（《刑事审判参考》指导案例第 1378 号）

裁判要点：在虚假诉讼犯罪案件中，对民事被告或者案外第三人的刑事自诉权应当予以适当限制，严格把握其提起自诉的条件，原则上以公安机关、人民检察院出具不予立案或者不起诉的书面决定为判断标准，不能提供公安机关、人民检察院作出的不予立案或者不起诉书面决定的，一般不予受理。

虚假诉讼犯罪案件发生在民事诉讼过程中，以存在在先的民事诉讼为前提，属于典型的刑民交叉案件。为了避免刑事自诉权被滥用，成为部分民事诉讼当事人用以恶意干扰民事诉讼进程的工具，对虚假诉讼犯罪案件的被害人行使自诉权的条件应当依法严格把握。本案即为典型例证。具体来讲，虚假诉讼犯罪案件中的被害人提起刑事自诉，应当同时满足以下三个方面的条件：

第一，自己的人身、财产权利遭到虚假诉讼犯罪行为侵害。这是提起自诉的主体条件。根据《刑法》第三百零七条之一的规定，以捏造的事实提起民事诉讼，妨害司法秩序或者严重侵害他人合法权益的，构成虚假诉讼罪。从理论上分析，虚假诉讼一旦进入诉讼程序，必然会造成妨害司法秩序的后果，但并不必然侵害他人合法权益，从这个意义上讲，司法秩序是虚假诉讼罪侵犯的必然客体，他人合法权益是选择客体，只有在虚假诉讼罪严重侵害他人合法权益的情况下，被害人才有权提起自诉。从实际情况看，虚假诉讼犯罪行为人的犯罪目的一般可分为欺诈侵财、逃避债务和其他目的三种类型。有权提起自诉的被害人，一般是自身财产被对方当事人非法占有的民事被告，或者因双方当事人恶意串通进行虚假诉讼导致自己合法债权无法实现的案外第三人。另外，根据《刑事诉讼法》第一百一十四条的规定，虚假诉讼犯罪案件的被害人死亡或者丧失行为能力的，被害人的法定代理人、近亲属有权向人民法院提起自诉，人民法院应当依法受理。

第二，有证据证明对被告人通过虚假诉讼侵犯自己人身、财产权利的行为应当依法追究刑事责任。这是提起自诉的证据条件。此处的证明对象，不仅包括被告人实施了侵犯自己人身、财产权利的行为，还包括此行为应当依法追究刑事责任，因此，在虚假诉讼犯罪案件中，被害人不仅应当提供证明被告人实施了虚假诉讼犯罪行为的证据，还应提供证据证明该行为已经达到虚假诉讼罪定罪标准。对于“有证据证明”的内涵，应当结合刑事自诉案件的特点进行分析。《刑事诉讼法》第二百一十一条第一款规定：“人民法院对于自诉案件进行审查后，按照下列情形分别处理：（一）犯罪事实清楚，有足够证据的，应当开庭审判；（二）缺乏罪证的自诉案件，如果自诉人提不出补充证据，应当说服自诉人撤回自诉，或者裁定驳回。”根据《最高人民法院关于适用〈中华人民共和国刑事诉讼法〉的解释》（以下简称《适用解释》）第二百六十四条的规定，对已经立案，经审查缺乏罪证的自诉案件，自诉人提不出补充证据的，人民法院应当说服其撤回起诉或者裁定驳回起诉。因此，在刑事自诉案件中，人民法院在开庭前应当进行两次实质性审查，在受理阶段，经立案部门审查认为证据条件达到立案标准的，应当依法立案，缺乏罪证的，应当说服自诉人撤回起诉或者裁定不予受理；在立案受理后、开庭审理前，经刑事审判部门审查认为缺乏罪证，自诉人又提不出补充证据的，应当说服其撤回自诉或者裁定驳回起诉，审查认为犯罪事实清楚，有足够证据的，应当开庭审判。据此，刑事自诉案件开庭前两次审查的重点均是自诉人提供的证据能否支撑其诉讼请求，虽然所处诉讼阶段不同，但原则上应采用相同的证明标准。作为提起刑事自诉证据条件的“有证据证明”，应是指被告人实施了侵犯被害人人身、财产权利的行为，且该行为应当依法追究刑事责任的事实清楚，有足够的证据支撑。具体来讲，在虚假诉讼罪中，“提起民事诉讼”属于客观事实，一般情况下提供民事案件审理法院出具的诉讼文书即可，证明难度较小；被告人故意捏造事实，以及被告人的行为造成了妨害司法秩序或者严重侵害他人合法权益的危害后果属于核心事实，证明难度较大，被害人需提供足够证据证明上述两方面事实。在无其他证据佐证的情况下，法院不能仅以被害人的陈述为依据立案受理虚假诉讼犯罪刑事自诉。

第三，有证据证明被害人曾向公安机关或者人民检察院控告被告人实施虚假诉讼犯罪行为，而公安机关或者人民检察院不予追究被告人刑事责任。这是提起自诉的程序条件。根据《公安机关办理刑事案件程序规定》的相关规定，公安机关作出不予立案决定后，控告人不服的，可以在收到不予立案通知书后七日内向作出决定的公安机关申请复议，对不予立案的复议决定不服的，可以在收到复议决定书后七日以内向上一级公安机关申请复核。根据《刑事诉讼法》第一百八十条的规定，人民检察院决定不起诉的，被害人如果不服，可以自收到决定书后七日以内向上一级人民检察院申诉，也可以不经申诉，直接向人民法院起诉。因此，在公安机关作出不予立案通知书后，经申请复议、复核仍维持不予立案决定的，被害人才有权提起自诉。但是，在人民检察院作出不起诉决定书的情况下，被害人无须申诉，即可提起自诉。本案中，嘉善双赢轴承厂未能提供出自己已就单国强虚假诉讼侵犯其财产权利的行为向公安机关或者人民检察院提出控告，而公安机关或者人民检察院已经作出不予立案或者不起诉决定的证据，一审、二审法院认定其不属于《适用解释》第一条规定的人民法院直接受理的自诉案件受案范围，裁定不予受理，适用法律正确。

——李加玺撰稿、陆建红审编：《嘉善双赢轴承厂诉单国强虚假诉讼案——如何正确认定虚假诉讼犯罪案件的自诉条件》，载最高人民法院刑事审判第一、二、三、四、五庭主办：《刑事审判参考》（总第124集），法律出版社2020年版，第101~103页。

1092. 虚假诉讼犯罪行为是否可以构成侵财型犯罪

关键词

虚假诉讼犯罪　侵财型犯罪

最高人民法院司法解释

第四条　实施刑法第三百零七条之一第一款行为，非法占有他人财产或者逃避合法债务，又构成诈骗罪，职务侵占罪，拒不执行判决、裁定罪，贪污罪等犯罪的，依照处罚较重的规定定罪从重处罚。

——《最高人民法院、最高人民检察院关于办理虚假诉讼刑事案件适用法律若干问题的解释》（2018 年 9 月 26 日，法释〔2018〕17 号）。

附录：理解与适用

行为人采用虚假诉讼手段逃避合法债务的，可能构成拒不执行判决、裁定罪，一般争议不大。但是，对于虚假诉讼犯罪中的“单方欺诈型”行为是否可以认定为诈骗罪等侵财型犯罪，理论和实践中存在较大争议。《最高人民检察院关于通过伪造证据骗取法院民事裁判占有他人财物的行为如何适用法律问题的答复》确立的总体原则是，对此类行为不宜以诈骗罪追究刑事责任，行为人实施的手段行为构成犯罪的，可以认定为伪造公司、企业、事业单位、人民团体印章罪或者妨害作证罪等罪名。但是，理论和实践中的争议并未因为该答复的出台而平息，对于此类行为的定性，长期存在多种观点。一种意见认为，此类行为不符合侵财型犯罪的构成要件，不构成侵财型犯罪。另一种意见认为，“单方欺诈型”行为人的主观目的是借助人民法院的强制执行力，迫使被害人非自愿地交付财物，更加符合敲诈勒索罪的构成要件，应以敲诈勒索罪论处。还有一种意见认为，“单方欺诈型”虚假诉讼行为属于典型的“三角诈骗”，认定为诈骗罪等侵财型犯罪，并不存在理论上的障碍，多个省、区、市出台的地方性规范文件基本上采纳了这种观点。

研究认为，从《刑法修正案（九）》的审议过程来看，立法机关采纳了上述第三种意见，认为“单方欺诈型”虚假诉讼行为可以构成诈骗罪等侵财型犯罪。《刑法修正案（九）》（草案一次审议稿）建议增设的《刑法》第三百零七条之一第二款规定：“以捏造的事实提起民事诉讼，非法侵占他人财产或者逃避合法债务，又构成其他犯罪的，依照本法第二百六十六条（诈骗罪——作者注）的规定从重处罚。”已经明确虚假诉讼犯罪行为可以构成诈骗罪。后续有意见提出，实施虚假诉讼行为非法侵占他人财产，还可能构成职务侵占罪、贪污罪等其他侵财型犯罪，故立法机关对该款规定作了进一步修改，明确此类行为又构成其他犯罪的，依照处罚较重的规定定罪从重处罚。此处的“其他犯罪”，既包括诈骗罪，也包括以欺诈手段实施的职务侵占罪、贪污罪等侵财型犯罪。《最高人民法院、最高人民检察院关于办理虚假诉讼刑事案件适用法律若干问题的解释》第四条明确，行为人以非法占有他人财产为目的实施虚假诉讼犯罪行为，达到诈骗罪、职务侵占罪、贪污罪等侵财型犯罪定罪标准的，应当依法认定为诈骗罪、职务侵占罪、贪污罪等罪名，再比较该罪与虚假诉讼罪适用的量刑幅度，选择其中一个重罪论处，并在法定量刑幅度内从重处罚。

——周峰、刘斌、李加玺:《〈关于办理虚假诉讼刑事案件适用法律若干问题的解释〉的理解与适用》，载最高人民法院刑事审判第一、二、三、四、五庭主办:《刑事审判参考》（总第124集），法律出版社2020年版，第176~177页。

1093. 对虚假诉讼行为人的责任追究应注意的问题

关键词

虚假诉讼行为人　责任追究人

最高人民法院司法政策精神

第二十二条　对于故意制造、参与虚假诉讼犯罪活动的民事诉讼当事人和其他诉讼参与人，人民法院应当加大罚款、拘留等对妨害民事诉讼的强制措施的适用力度。

民事诉讼当事人、其他诉讼参与人实施虚假诉讼，人民法院向公安机关移送案件有关材料前，可以依照民事诉讼法的规定先行予以罚款、拘留。

对虚假诉讼刑事案件被告人判处罚金、有期徒刑或者拘役的，人民法院已经依照民事诉讼法的规定给予的罚款、拘留，应当依法折抵相应罚金或者刑期。

第二十三条　人民检察院可以建议人民法院依照民事诉讼法的规定，对故意制造、参与虚假诉讼的民事诉讼当事人和其他诉讼参与人采取罚款、拘留等强制措施。

第二十四条　司法工作人员利用职权参与虚假诉讼的，应当依照法律法规从严处理；构成犯罪的，依法从严追究刑事责任。

第二十五条　司法行政机关、相关行业协会应当加强对律师、基层法律服务工作者、司法鉴定人、公证员、仲裁员的教育和管理，发现上述人员利用职务之便参与虚假诉讼的，应当依照规定进行行政处罚或者行业惩戒；构成犯罪的，依法移送司法机关处理。律师、基层法律服务工作者、司法鉴定人、公证员、仲裁员利用职务之便参与虚假诉讼的，依照有关规定从严追究法律责任。

人民法院、人民检察院、公安机关在办理案件过程中，发现律师、基层法律服务工作者、司法鉴定人、公证员、仲裁员利用职务之便参与虚假诉讼，尚未构成犯罪的，可以向司法行政机关、相关行业协会或者上述人员所在单位发出书面建议。司法行政机关、相关行业协会或者上述人员所在单位应当在收到书面建议之日起三个月内作出处理决定，并书面回复作出书面建议的人民法院、人民检察院或者公安机关。

——《最高人民法院、最高人民检察院、公安部、司法部关于进一步加强虚假诉讼犯罪惩治工作的意见》(2021 年 3 月 4 日，法发〔2021〕10 号)。

附录：理解与适用

虚假诉讼犯罪行为同时违反刑事法律和民事法律，需要综合采用刑罚、司法强制措施等多种手段进行惩治才能取得良好效果。另外，实践中极少数司法工作人员及律师、基层法律服务工作者、司法鉴定人、公证员、仲裁员利用职权或者职务之便参与虚假诉讼，人民群众反映强烈，要求从严处理。《最高人民法院、最高人民检察院、公安部、司法部关于进一步加强虚假诉讼犯罪惩治工作的意见》(以下简称《意见》) 针对上述问题设专章作了规定，内容主要包括两个方面：(1) 正确适用司法强制措施。《意见》对人民法院针对实施虚假诉讼的民事诉讼当事人、其他诉讼参与人如何及时、正确采取罚款、拘留等司法强制措施作出规定，引导人民法院进一步提高认识，明确方法与措施，在相关诉讼过程中及时有效惩治虚假诉讼违法犯罪行为。(2) 规定了对参与虚假诉讼的司法工作人员和律师、基层法律服务工作者、司法鉴定人、公证员、仲裁员追究法律责任的总体原则。《意见》明确，对于司法工作人员利用职权参与虚假诉讼的，依照法律法规从严处理，构成犯罪的，依法从严追究刑事责任；对于律师、基层法律服务工作者、司法鉴定人、公证员、鉴定员利用职务之便参与虚假诉讼的，依照有关规定从严追究刑事、行政等法律责任。实践中，应当根据《意见》的规定精神，依照刑法、民事诉讼法等法律和相关司法解释的有关规定，依法正确认定虚假诉讼行为人的法律责任。具体适用过程中，需要注意以下三个方面问题：

第一，人民法院在移送犯罪线索前是否可以先行采取司法强制措施。对于将发现的虚假诉讼犯罪线索移送公安机关之前，人民法院是否可以根据民事诉讼法的规定对实施虚假诉讼行为的民事诉讼当事人、其他诉讼参与人先行采取罚款、拘留等司法强制措施，实践中存在一定争议。研究认为，虚假诉讼犯罪的成立以行为违反民事法律为前提，人民法院对于在审理民事案件过程中发现的涉嫌虚假诉讼犯罪行为采取罚款、拘留等司法强制措施，符合民事诉讼法的规定。具体案件处理过程中，人民法院经审理发现民事诉讼当事人、其他诉讼参与人实施虚假诉讼、涉嫌构成犯罪的，在将相关犯罪线索移送公安机关之前，应当及时采取罚款、拘留等强制措施，确保及时落实虚假诉讼行为人的法律责任，充分体现民事诉讼法规定的司法强制措施对其他潜在虚假诉讼行为人的一般预防作用。《意见》第二十二条第一款和第二款规定，对于故意制造、参与虚假诉讼犯罪活动的民事诉讼当事人和其他诉讼参与人，人民法院应当加大罚款、拘留等对妨害民事诉讼的强制措施的适用力度；民事诉讼当事人、其他诉讼参与人实施虚假诉讼，人民法院向公安机关移送案件有关材料前，可以依照民事诉讼法的规定先行予以罚款、拘留。

第二，关于罚款、拘留等司法强制措施是否可以折抵刑罚。刑法和民事诉讼法对虚假诉讼行为分别规定了刑事处罚措施和司法强制措施，某一行为被认定构成虚假诉讼犯罪后，人民法院先行采取的罚款、拘留等司法强制措施是否可以折抵刑罚，实践中存在不同认识。研究认为，此处涉及刑法规定的刑事责任和民事诉讼法规定的司法责任的竞合问题。根据通行理论，对于同一不法行为在不同法律领域间的责任竞合，应当区分不同情况，考虑禁止重复评价等法律原则进行处理，正确解决不同部门法规定的法律责任的竞合问题，要点在于区分不法者承担的公法上的责任和私法上的责任。公法上的责任属于国家权力机关对不法者的否定评价和施加的不利后果，主要体现惩罚功能，而私法上的责任属于平等民事主体之间基于法律规定产生的法律关系，除特定情形外，主要实现补偿功能。由于功能上存在明显差异，对于同一不法行为所负公法上的责任和私法上的责任，一般情况下应当坚持并科原则。因此，在行为人因实施虚假诉讼行为造成他人经济损失的情况下，人民法院依据民事实体法的规定判决行为人承担民事赔偿责任的，并不影响依据民事诉讼法的规定对其予以司法强制措施，或者依据刑法的规定对其判处刑罚。但是，根据禁止重复评价和禁止双重危险的法律原则，一般情况下不应对同一不法行为处以两种或者两种以上公法上的责任。当不法者已经承担一种公法上的责任时，如果其仍需承担另一种公法上的责任，则应按照一定标准予以折抵。具体到虚假诉讼犯罪案件中，人民法院依据民事诉讼法的规定对虚假诉讼行为人适用的罚款、拘留等司法强制措施，体现了司法机关对不法者的否定评价和惩罚功能，属于公法上的责任。在行为人已经因实施虚假诉讼行为被给予罚款、拘留等司法强制措施的情况下，如果其行为又被认定为犯罪，人民法院在对其判处刑罚时，司法强制措施应当依法折抵相应刑罚。《意见》第二十二条第三款规定，对虚假诉讼刑事案件被告人判处罚金、有期徒刑或者拘役的，人民法院已经依照民事诉讼法的规定给予的罚款、拘留，应当依法折抵相应刑罚，其中罚款应当折抵相应罚金，拘留应当折抵有期徒刑或者拘役的相应刑期。

第三，司法工作人员、律师等特殊身份人员参与虚假诉讼的处罚原则。《刑法》第三百零七条之一第四款规定，司法工作人员利用职权，与他人共同实施虚假诉讼行为的，从重处罚；同时构成其他犯罪的，依照处罚较重的规定定罪，并从重处罚。《关于办理虚假诉讼刑事案件适用法律若干问题的解释》(以下简称《虚假诉讼犯罪司法解释》)第五条作了进一步明确规定，体现了对司法工作人员利用职权参与虚假诉讼依法从严追究刑事责任的总体原则。另外，律师、基层法律服务工作者、证人、鉴定人等诉讼参与人利用职务、身份的便利参与虚假诉讼的，比民事诉讼当事人单独实施虚假诉讼的隐蔽性更强，社会危害性更大，亦应从严追究刑事责任，量刑时应当从重处罚。律师、基层法律服务工作者、证人、鉴定人等实施的虚假诉讼行为同时构成其他犯罪的，属于刑法理论上的牵连犯，应当按照择一重罪处罚或者择一重罪从重处罚的原则处断，一般不实行数罪并罚。《虚假诉讼犯罪司法解释》第六条规定，诉讼代理人、证人、鉴定人等诉讼参与人与他人通谋，代理提起虚假民事诉讼、故意作虚假证言或者出具虚假鉴定意见，共同实施虚假诉讼行为，同时构成妨害作证罪，帮助毁灭、伪造证据罪等犯罪的，依照处罚较重的规定定罪从重处罚。《意见》第二十五条进一步规定，律师、基层法律服务工作者、司法鉴定人、公证员、仲裁员利用职务之便参与虚假诉讼的，依照有关规定从严追究法律责任。上述规定充分表明了司法机关依法从严惩治具有特定职务和身份人员参与虚假诉讼的鲜明态度，有利于实现预防虚假诉讼违法犯罪的积极效果。

——滕伟、叶邵生、丁成飞、李加玺：《〈关于进一步加强虚假诉讼犯罪惩治工作的意见〉的理解与适用》，载最高人民法院刑事审判第一、二、三、四、五庭编：《刑事审判参考》(总第 129 辑)，人民法院出版社 2022 年版，第 159~162 页。

1094. 虚假诉讼罪的定罪量刑标准

关键词

虚假诉讼罪　定罪量刑标准

最高人民法院司法解释

第二条　以捏造的事实提起民事诉讼，有下列情形之一的，应当认定为刑法第三百零七条之一第一款规定的“妨害司法秩序或者严重侵害他人合法权益”：

（一）致使人民法院基于捏造的事实采取财产保全或者行为保全措施的；

（二）致使人民法院开庭审理，干扰正常司法活动的；

（三）致使人民法院基于捏造的事实作出裁判文书、制作财产分配方案，或者立案执行基于捏造的事实作出的仲裁裁决、公证债权文书的；

（四）多次以捏造的事实提起民事诉讼的；

（五）曾因以捏造的事实提起民事诉讼被采取民事诉讼强制措施或者受过刑事追究的；

（六）其他妨害司法秩序或者严重侵害他人合法权益的情形。

第三条 以捏造的事实提起民事诉讼，有下列情形之一的，应当认定为刑法第三百零七条之一第一款规定的“情节严重”：

（一）有本解释第二条第一项情形，造成他人经济损失一百万元以上的；

（二）有本解释第二条第二项至第四项情形之一，严重干扰正常司法活动或者严重损害司法公信力的；

（三）致使义务人自动履行生效裁判文书确定的财产给付义务或者人民法院强制执行财产权益，数额达到一百万元以上的；

（四）致使他人债权无法实现，数额达到一百万元以上的；

（五）非法占有他人财产，数额达到十万元以上的；

（六）致使他人因为不执行人民法院基于捏造的事实作出的判决、裁定，被采取刑事拘留、逮捕措施或者受到刑事追究的；

（七）其他情节严重的情形。

——《最高人民法院、最高人民检察院关于办理虚假诉讼刑事案件适用法律若干问题的解释》（2018 年 9 月 26 日，法释〔2018〕17 号）。

附录：理解与适用

《最高人民法院、最高人民检察院关于办理虚假诉讼刑事案件适用法律若干问题的解释》（以下简称《解释》）起草过程中对虚假诉讼罪的定罪量刑标准争议很大。经研究，《解释》第二条、第三条确定了六个方面的定罪标准和七个方面的法定刑升格标准。实际适用中，需要注意以下四个方面问题：

第一，正确认识“妨害司法秩序”与“严重侵害他人合法权益”的关系。“妨害司法秩序”和“严重侵害他人合法权益”均属于虚假诉讼罪的成立条件，满足其一即可构成本罪。实践中，虚假诉讼行为一旦获得立案、进入审判程序，自然会产生妨害司法秩序的危害后果。但是，如果在案件进入执行程序或者人民法院采取保全措施之前就被识破或者中止，一般情况下并不会侵害他人合法权益。从这个意义上讲，司法秩序是虚假诉讼罪侵犯的必然客体，而他人合法权益则仅属于选择客体。另外，《刑法》还对“侵害他人合法权益”设置了“严重”的程度要求，对“妨害司法秩序”则无任何限制。如何合理确定上述两个定罪条件的具体认定标准，值得认真研究，如果把握不当，可能导致“严重侵害他人合法权益”这一定罪条件在实践中失去适用的余地。

研究认为，在《刑法》对某一罪名同时规定有多个定罪条件的情况下，各定罪条件体现的社会危害性应大致相当，否则就违反了罪责刑相适应原则的基本要求。据此，一方面，《解释》将“妨害司法秩序”的认定标准适当提高，将刑事处罚关口适当延后。例如，行为人以捏造的事实提起民事诉讼，致使人民法院开庭审理，干扰正常司法活动，或者致使人民法院作出裁判文书、制作财产分配方案或者基于捏造的事实作出的仲裁裁决、公证债权文书立案执行，等等。实践中，不能认为只要获得人民法院受理立案就达到了妨害司法秩序的程度，进而认定为虚假诉讼罪。还应当注意的是，一般情况下，干扰正常司法活动可以视为人民法院开庭审理的必然结果，在人民法院开庭审理的情况下，无须再对该行为是否干扰正常司法活动进行实质审查，但是，如果刚刚开始法庭调查，行为人的虚假诉讼行为就被识破或者自愿认罪，则可以认定为未达到干扰正常司法活动的程度，不认定为犯罪。另一方面，《解释》将“严重侵害他人合法权益”的认定标准适当降低，不要求人民法院作出的裁判文书得到实际履行或者强制执行。人民法院对他人采取财产保全或者行为保全措施即可，且对财产保全和行为保全措施不设数额限制，也不要求实际造成财产损失。

第二，准确理解“情节严重”的认定标准。从体系解释的角度出发，与虚假诉讼罪的定罪标准相对应，作为法定刑升格标准的“情节严重”，也应体现在妨害司法秩序和侵害他人合法权益两个方面。因此，行为人以捏造的事实提起民事诉讼，严重妨害司法秩序，或者给他人合法权益造成特别严重侵害的，才能适用第二档法定刑，判处三年到七年有期徒刑。根据《解释》第三条的规定，严重妨害司法秩序，实践中主要表现为：致使人民法院开庭审理，同时还开展了调查取证等其他方面工作，对人民法院的正常司法活动造成严重干扰；人民法院基于捏造的事实作出的裁判文书虽未生效，也未进入执行程序，但引发当事人上访、闹访或者新闻舆论负面炒作，对司法公信力造成严重损害；行为人在较短时间内频繁以捏造的事实提起民事诉讼，严重干扰正常司法活动，等等。在行为人多次以捏造的事实提起民事诉讼的情况下，什么情况可以认定为“情节严重”，可以参考其他司法解释的规定，以三倍于定罪条件的标准，结合行为人第一次和最后一次提起民事诉讼的时间间隔进行判断，一般不宜超过五年。给他人合法权益造成特别严重侵害，包括采取财产保全或者行为保全措施，造成他人经济损失100万元以上；义务人自动履行执行义务或者人民法院基于生效裁判文书执行他人财产权益，数额达到100万元以上；通过虚假诉讼手段逃避合法债务，致使他人债权无法实现，数额达到100万元以上；通过虚假诉讼手段直接非法占有他人财产，数额达到10万元以上；致使他人因为不执行判决、裁定受到刑事打击处罚，等等。

第三，《解释》起草过程中，有意见建议将诉讼标的额以及致使人民法院开展调解活动明确规定为虚假诉讼罪的定罪标准。研究认为：首先，《解释》确定的定罪量刑标准原则上应当与犯罪行为造成的危害后果存在直接联系。根据《刑法》的规定，成立虚假诉讼罪并不要求人民法院作出的裁判得到实际履行，在此种情况下，案件诉讼标的额与虚假诉讼行为是否造成了妨害司法秩序和严重侵害他人合法权益的危害后果之间并不存在直接联系，难以直接反映行为的社会危害性。其次，根据《民事诉讼法》的规定，民事诉讼中的调解活动并无明确的程序性标志。实践中，人民法院对某一民事案件是否已经开展调解、开展调解后对司法秩序的妨害程度等，均缺乏明确的判断标准，将人民法院开展调解作为定罪标准，无法为人民群众提供明确的行为预期。据此，《解释》对上述意见未予采纳。

第四，对于将《解释》第二条第五项“曾因以捏造的事实提起民事诉讼被采取民事诉讼强制措施或者受过刑事追究的”作为定罪标准，是否可能导致重复评价，起草过程中分歧较大。经研究，保留了本项规定，理由在于：首先，刑事责任是主客观相统一的整体，本项规定内容符合主客观相统一原则，有利于从严打击虚假诉讼惯犯，贯彻落实宽严相济刑事政策。其次，将行为人的同类前科违法犯罪情况规定为定罪条件，是近年来多个司法解释的通行做法，在《刑法》部分条文中也有体现。最后，实践中，如果作为定罪条件的行为人前科犯罪情况同时符合刑法规定的累犯条件，人民法院依法认定其构成累犯的，从重处罚的幅度可以适当从严把握，不会造成处刑过重。

——周峰、刘斌、李加玺：《〈关于办理虚假诉讼刑事案件适用法律若干问题的解释〉的理解与适用》，载最高人民法院刑事审判第一、二、三、四、五庭主办：《刑事审判参考》（总第124集），法律出版社2020年版，第173~176页。

1095. 虚假诉讼罪中的数罪竞合和共同犯罪问题

关键词

虚假诉讼罪　数罪竞合　共同犯罪

最高人民法院司法解释

第四条　实施刑法第三百零七条之一第一款行为，非法占有他人财产或者逃避合法债务，又构成诈骗罪，职务侵占罪，拒不执行判决、裁定罪，贪污罪等犯罪的，依照处罚较重的规定定罪从重处罚。

第五条　司法工作人员利用职权，与他人共同实施刑法第三百零七条之一前三款行为的，从重处罚；同时构成滥用职权罪，民事枉法裁判罪，执行判决、裁定滥用职权罪等犯罪的，依照处罚较重的规定定罪从重处罚。

第六条　诉讼代理人、证人、鉴定人等诉讼参与人与他人通谋，代理提起虚假民事诉讼、故意作虚假证言或者出具虚假鉴定意见，共同实施刑法第三百零七条之一前三款行为的，依照共同犯罪的规定定罪处罚；同时构成妨害作证罪，帮助毁灭、伪造证据罪等犯罪的，依照处罚较重的规定定罪从重处罚。

——《最高人民法院、最高人民检察院关于办理虚假诉讼刑事案件适用法律若干问题的解释》（2018 年 9 月 26 日，法释〔2018〕17 号）。

附录：理解与适用

《最高人民法院、最高人民检察院关于办理虚假诉讼刑事案件适用法律若干问题的解释》（以下简称《解释》）第 4 条至第 6 条规定了虚假诉讼罪中的数罪竞合和共同犯罪问题。有以下 3 个方面问题需要说明：

1. 虚假诉讼犯罪行为是否可以构成侵财型犯罪。行为人采用虚假诉讼手段逃避合法债务的，可能构成拒不执行判决、裁定罪，一般争议不大。但是，对于虚假诉讼犯罪中的“单方欺诈型”行为是否可以认定为诈骗罪等侵财型犯罪，理论和实践中存在较大争议。《最高人民检察院法律政策研究室关于通过伪造证据骗取法院民事裁判占有他人财物的行为如何适用法律问题的答复》确立的总体原则是，对此类行为不宜以诈骗罪追究刑事责任，行为人实施的手段行为构成犯罪的，可以认定为伪造公司、企业、事业单位、人民团体印章罪或者妨害作证罪等罪名。但是，理论和实践中的争议并未因为该答复的出台而平息，对于此类行为的定性，长期存在多种观点。一种意见认为，此类行为不符合侵财型犯罪的构成要件，不构成侵财型犯罪。另一种意见认为，“单方欺诈型”行为人的主观目的是借助人民法院的强制执行力，迫使被害人非自愿地交付财物，更加符合敲诈勒索罪的构成要件，应以敲诈勒索罪论处。还有意见认为，“单方欺诈型”虚假诉讼行为属于典型的“三角诈骗”，认定为诈骗罪等侵财型犯罪，并不存在理论上的障碍，多个省、区、市出台的地方性规范文件基本上采纳了这种观点。

研究认为，从刑法修正案（九）的审议过程来看，立法机关采纳了上述第三种意见，认为“单方欺诈型”虚假诉讼行为可以构成诈骗罪等侵财型犯罪。刑法修正案（九）(草案一次审议稿）建议增设的《刑法》第三百零七条之一第二款规定，“以捏造的事实提起民事诉讼，非法侵占他人财产或者逃避合法债务，又构成其他犯罪的，依照本法第二百六十六条（即诈骗罪——作者注）的规定从重处罚”，已经明确虚假诉讼犯罪行为可以构成诈骗罪。后续有意见提出，实施虚假诉讼行为非法侵占他人财产，还可能构成职务侵占罪、贪污罪等其他侵财型犯罪，故立法机关对该款规定作了进一步修改，明确此类行为又构成其他犯罪的，依照处罚较重的规定定罪从重处罚。此处的“其他犯罪”，既包括诈骗罪，也包括以欺诈手段实施的职务侵占罪、贪污罪等侵财型犯罪。《解释》第4条明确，行为人以非法占有他人财产为目的实施虚假诉讼犯罪行为，达到诈骗罪、职务侵占罪、贪污罪等侵财型犯罪定罪标准的，应当依法认定为诈骗罪、职务侵占罪、贪污罪等罪名，再比较该罪与虚假诉讼罪适用的量刑幅度，选择其中一个重罪论处，并在法定量刑幅度内从重处罚。

2. 虚假诉讼行为人的手段行为构成其他犯罪的，是否适用择一重从重处罚原则。《解释》起草过程中，有意见提出，虚假诉讼行为人的手段行为同时构成伪造公司、企业、事业单位、人民团体印章罪或者妨害作证罪等其他犯罪的，也属于《刑法》第三百零七条之一第三款的规定范围，应当适用择一重从重处罚原则。经研究，对该意见未予采纳。理由在于：首先，刑法规定的对牵连犯和想象竞合犯的处罚原则，多数为择一重处罚，少数情况下为数罪并罚。《刑法》第三百零七条之一第三款、第四款首次规定对牵连犯和想象竞合犯择一重从重处罚，应是对本罪所作的特殊规定，不属于处理牵连犯和想象竞合犯的一般原则，一般不宜扩大适用于其他情形。其次，《刑法》第三百零七条之一第三款对虚假诉讼行为人的主观目的作了明确限制，即“非法占有他人财产或者逃避合法债务”，并不涉及行为人的手段行为。虚假诉讼行为人的手段行为构成其他犯罪的，不属于本款规定情形，不能适用择一重罪从重处罚原则，仍应根据处理牵连犯和想象竞合犯的一般原则，择一重罪处罚。

3. 诉讼参与人的共同犯罪和数罪竞合。《解释》第5条、第6条对司法工作人员和诉讼代理人、证人、鉴定人等诉讼参与人的共同犯罪和数罪竞合问题作了规定，处罚原则存在一定差异。首先，现行刑法废除了1979年刑法对主犯从重处罚的原则，《刑法》第三百零七条之一第四款关于司法工作人员利用职权与他人共同实施虚假诉讼行为应当从重处罚的规定内容，应属特殊规定而非一般原则。在刑法无明文规定的情况下，对于诉讼参与人与他人共同实施虚假诉讼犯罪行为的情况，不能适用从重处罚，仍应按照共同犯罪的一般处理原则处理。其次，《刑法》第三百零七条第三款、第四款确立了对虚假诉讼罪中的数罪竞合择一重从重处罚原则，诉讼代理人、证人、鉴定人等诉讼参与人与他人通谋，共同实施虚假诉讼犯罪的，将导致虚假诉讼犯罪更加容易得逞，与司法工作人员利用职权共同实施虚假诉讼犯罪的社会危害性并无实质差别，构成其他犯罪的，也应适用择一重从重处罚原则。

——周峰、汪斌、李加玺:《〈关于办理虚假诉讼刑事案件适用法律若干问题的解释〉的理解与适用》，载《人民司法·应用》2019 年第 4 期（总第 843 期）。

1096. 行为人对同案犯实施包庇行为是否构成包庇罪

关键词

包庇罪　同案犯　相互包庇

《刑事审判参考》指导案例

谢茂强等强奸、奸淫幼女案（《刑事审判参考》指导案例第 178 号）

裁判要点：行为人被公安机关传讯时，又拒不交代同案犯的藏匿地点，实施了包庇同案犯的行为，不构成包庇罪。

行为人被公安机关传讯时，又拒不交代同案犯的藏匿地点，实施了包庇同案犯的行为，其行为在主、客观上与包庇罪的犯罪构成是不同的。首先，行为人包庇同案犯的行为，实际上是害怕同案犯被抓后暴露自己而采取的一种自我保护措施，其表面行为是包庇同案犯，但最终目的是掩盖自己与同案犯的共同犯罪行为，使自己逃避惩罚。其次，行为人的行为在客观上既侵犯了司法机关对同案犯的追诉活动，同时也妨害了司法机关对其本人的追诉活动。对这种为了使自己和同案犯共同逃避司法机关追究而实施的包庇同案犯的行为，在定性时应以其行为的主要目的为依据。行为人为掩盖本人罪行而在案发后包庇同案犯的行为不适用刑法关于包庇罪的规定。

——最高人民法院刑事审判第一庭、第二庭编:《刑事审判参考》2002 年第 3 辑（总第 26 辑），法律出版社 2002 年版，第 19~26 页。

1097. 特殊行业人员通风报信行为的认定

关键词

包庇罪　特殊行业　通风报信

最高人民法院司法解释

第十四条　根据刑法第三百六十二条、第三百一十条的规定，旅馆业、饮食服务业、文化娱乐业、出租汽车业等单位的人员，在公安机关查处卖淫、嫖娼活动时，为违法犯罪分子通风报信，情节严重的，以包庇罪定罪处罚。事前与犯罪分子通谋的，以共同犯罪论处。

具有下列情形之一的，应当认定为刑法第三百六十二条规定的“情节严重”：

（一）向组织、强迫卖淫犯罪集团通风报信的；

（二）二年内通风报信三次以上的；

（三）一年内因通风报信被行政处罚，又实施通风报信行为的；

（四）致使犯罪集团的首要分子或者其他共同犯罪的主犯未能及时归案的；

（五）造成卖淫嫖娼人员逃跑，致使公安机关查处犯罪行为因取证困难而撤销刑事案件的；

（六）非法获利人民币一万元以上的；

（七）其他情节严重的情形。

——《最高人民法院、最高人民检察院关于办理组织、强迫、引诱、容留、介绍卖淫刑事案件适用法律若干问题的解释》（2017 年 7 月 21 日，法释〔2017〕13 号）。

附录：理解与适用

在司法实践中，对如何适用《刑法》第三百六十二条和第三百一十条仍然存在困惑。1. 通风报信时，卖淫嫖娼还未构成犯罪仅是违法的，是否可适用《刑法》第三百六十二条和第三百一十条？ 2.《刑法》第三百一十条包括窝藏罪和包庇罪两罪名，通风报信行为应定窝藏罪还是包庇罪？ 3. 通风报信者事先与犯罪分子通谋的，如何处罚？ 4. 如何认定“情节严重”？

经研究，我们认为：

1. 为未构成犯罪仅是违法的卖淫嫖娼者通风报信，也可适用《刑法》第三百六十二条和第三百一十条。理由在于：对第三百六十二条规定的行为的定罪虽然引用第三百一十条，但其犯罪构成却是独立的，即犯罪构成不依照第三百一十条的规定，而是由第三百六十二条规定。根据第三百六十二条的规定，特定行业从业人员，在公安机关查处卖淫、嫖娼活动时，为违法犯罪分子通风报信，情节严重的，即构成犯罪，并依照《刑法》第三百一十条规定处理。而公安机关查处卖淫、嫖娼活动未必就仅查处组织、强迫、引诱、容留、介绍卖淫犯罪活动，也可能查处卖淫、嫖娼活动本身。而卖淫、嫖娼，除明知自已患有严重性病卖淫嫖娼的行为及嫖宿不满十四周岁的幼女构成犯罪以外，一般的卖淫嫖娼行为并非犯罪行为，本来无所谓包庇的问题。但鉴于对这种违法行为的包庇性质较为严重，刑法作出与一般包庇犯罪所不同的规定，将包庇的对象界定为违法犯罪分子。

2.《刑法》第三百六十二条规定的通风报信行为可定包庇罪。理由是：(1) 之前的司法解释均未对刑法三百六十二条的行为定窝藏罪还是包庇罪作出规定。(2)《刑法》第三百六十二条的行为依照第三百一十条定罪处罚是一项法律拟制规定，并不以卖淫嫖娼行为构成犯罪为必要前提，卖淫嫖娼仅构成违法的也不影响本罪的成立。(3)《刑法》第三百六十二条的行为依照《刑法》第三百一十条规定定罪处罚，不必适用第三百一十条规定的犯罪构成，只需要适用第三百一十条规定的罪名和刑罚即可。(4) 窝藏、包庇罪是选择性罪名，一般情况下，根据行为性质确定一个罪名即可。(5)《刑法》第三百六十二条的行为，从本质上看，是一种通风报信的行为，定窝藏罪还是定包庇罪，可根据一般理解和实践做法确定。陈兴良教授主编的《刑法疏议》认为以包庇罪论处；[①] 最高人民法院研究室编的《中华人民共和国刑法修订本》也将《刑法》第三百六十二条的行为表述为包庇罪。(6) 罪名问题，在无明确定论的情况下，由最高法院以司法解释的形式确定后，全国法院即可遵照。

3. 事前与犯罪分子通谋的，以共同犯罪论处。对此，司法实践中一般也是这样做的。为避免实务操作中将事前通谋型的通风报信行为以包庇罪处理而放纵犯罪，《最高人民法院、最高人民检察院关于办理组织、强迫、引诱、容留、介绍卖淫刑事案件适用法律若干问题的解释》(以下简称《解释》) 明确规定以共同犯罪处理是有必要的。

4. 通风报信“情节严重”的认定。通风报信，情节严重的，才以包庇罪定罪处罚。据统计，各级法院审理的此类案件极少，各地普遍要求对如何认定“情节严重”作出明确的细化规定。公安机关也要求作出相应规定，以增加侦查工作中的可操作性，更有利于精准打击此类犯罪。《解释》结合本罪的特点，从通风报信本身的情况，通风报信妨害司法的危害程度，通风报信者所获得的非法利益等方面，对通风报信“情节严重”的情形作出规定。(1)

---

① 陈兴良主编:《刑法疏议》，中国人民公安大学出版社 1997 年版，第 584~585 页。

关于通风报信本身的情况。包括向谁通风报信，报信人自身的主观恶性和人身危险性。《解释》将“向组织、强迫卖淫犯罪集团通风报信”“二年内通风报信三次以上”“一年内因通风报信被行政处罚，又实施通风报信行为”等三种情形列为“情节严重”，应当追究刑事责任。（2）通风报信造成的危害情况。主要是指通风报信行为实际上已经造成严重妨害刑事追究的后果发生。《解释》将“致使犯罪集团的首要分子或者其他共同犯罪的主犯未能及时归案的”“造成卖淫嫖娼人员逃跑，致使公安机关查处犯罪行为因取证困难而撤销刑事案件的”等两种情形列为“情节严重”，应当追究刑事责任。（3）通风报信者获利情况，考虑到本罪是加入犯，其实际获利一般情况下会比组织、强迫、引诱、容留、介绍卖淫罪的本犯低，因此，其非法获利构成的起点标准也应适当降低。鉴于本罪与掩饰、隐瞒犯罪所得、犯罪所得收益罪相比，两者的主要危害性都是妨害司法秩序，因而，参考《最高人民法院关于审理掩饰、隐瞒犯罪所得、犯罪所得收益刑事案件适用法律若干问题的解释》第1条关于掩饰、隐瞒犯罪所得及其产生的收益的犯罪数额规定，确定本罪非法获利一万元为构成犯罪的起点。

——周峰、党建军、陆建红、杨华：《〈关于审理组织、强迫、引诱、容留、介绍卖淫刑事案件适用法律若干问题的解释〉的理解与适用》，载《人民司法·应用》2017年第25期（总第792期）。

1098. 掩饰、隐瞒犯罪所得、犯罪所得收益罪罪名的适用

关键词

信用卡诈骗罪　掩饰、隐瞒犯罪所得罪

《刑事审判参考》指导案例

袁某某信用卡诈骗，张某某掩饰、隐瞒犯罪所得案（《刑事审判参考》指导案例第1095号）

裁判要点：被告人掩饰、隐瞒的对象是同案犯信用卡诈骗所得的赃款，属于犯罪所得。而掩饰、隐瞒犯罪所得、犯罪所得收益罪属于单一式选择性罪名，即只有犯罪对象之间存在选择关系，而掩饰与隐瞒之间不存在选择关系，因此，应当认定被告人的行为构成以掩饰、隐瞒犯罪所得罪。

（二）掩饰、隐瞒犯罪所得、犯罪所得收益罪属于单一式选择性罪名

1997年刑法实施后，最高人民法院发布了《关于执行〈中华人民共和国刑法〉确定罪名的规定》，将刑法第三百一十二条的罪名确定为窝藏、转移、收购、销售赃物罪。2006年刑法修正案（六）实施后，最高人民法院、最高人民检察院发布了《关于执行〈中华人民共和国刑法〉确定罪名的补充规定（三）》，确定将刑法第三百一十二条的罪名由窝藏、转移、收购、销售赃物罪更改为掩饰、隐瞒犯罪所得、犯罪所得收益罪。在审判实践中，这一罪名的适用产生了较大分歧，各地做法也不统一。第一种观点认为，本罪名属于简单罪名，应该用全称，一律定掩饰、隐瞒犯罪所得、犯罪所得收益罪。第二种观点认为，本罪名属于复合式选择性罪名，即犯罪手段和犯罪对象之间都存在选择关系，根据手段、对象不同，可分别认定为掩饰犯罪所得、犯罪所得收益罪，掩饰犯罪所得罪，掩饰犯罪所得收益罪；隐瞒犯罪所得、犯罪所得收益罪，隐瞒犯罪所得罪，隐瞒犯罪所得收益罪；掩饰、隐瞒犯罪所得、犯罪所得收益罪，掩饰、隐瞒犯罪所得罪，掩饰、隐瞒犯罪所得收益罪。第三种观点认为，本罪名属于单一式选择性罪名，即只有犯罪对象之间存在选择关系，而掩饰与隐瞒之间不存在选择关系，可根据案件事实认定为掩饰、隐瞒犯罪所得、犯罪所得收益罪，掩饰、隐瞒犯罪所得罪，掩饰、隐瞒犯罪所得收益罪。我们同意第三种观点。“掩饰”与“隐瞒”都是使真相不让他人知晓，系近义词，其含义往往难以准确区分，司法实践中的掩饰、隐瞒行为五花八门，非常复杂，难以一一界定，若在审判中对所有的掩饰、隐瞒行为都加以区分，更容易造成分歧，也不好操作，而从犯罪对象上看，犯罪所得和犯罪所得收益是完全可以区分的。

《解释》对掩饰、隐瞒犯罪所得、犯罪所得罪罪名的选择性适用问题予以明确，在第十一条中规定：“掩饰、隐瞒犯罪所得、犯罪所得收益罪是选择性罪名，审理此类案件，应当根据具体犯罪行为及其指向的对象，确定适用的罪名。”即根据案件情况，选择适用掩饰、隐瞒犯罪所得罪，掩饰、隐瞒犯罪所得收益罪，或掩饰、隐瞒犯罪所得、犯罪所得收益罪罪名。必须明确，当犯罪对象既有犯罪所得，又有犯罪所得收益时，只定掩饰、隐瞒犯罪所得、犯罪所得收益罪一罪，而不能认定为掩饰、隐瞒犯罪所得罪和掩饰、隐瞒犯罪所得收益罪两罪予以并罚。

本案中，被告人张某某掩饰、隐瞒的对象是被告人袁某某信用卡诈骗所得的赃款，属于犯罪所得。故怀化市鹤城区人民法院对被告人张某某以掩饰、隐瞒犯罪所得罪定罪是准确的。

——最高人民法院刑四庭：《袁某某信用卡诈骗，张某某掩饰、隐瞒犯罪所得案》，载最高人民法院刑事审判第一、二、三、四、五庭主办：《刑事审判参考》（总第104集），法律出版社2016年版，第31~32页。

1099. 掩饰、隐瞒犯罪所得、犯罪所得收益罪中主观明知的认定

关键词

掩饰、隐瞒犯罪所得罪　主观明知

《刑事审判参考》指导案例

张兴泉掩饰、隐瞒犯罪所得案（《刑事审判参考》指导案例第 1096 号）

裁判要点：被告人明知是套牌车辆而以明显低于市场价的价格予以购买，且未在国家指定的车辆交易场所进行交易，可以认定其主观上明知所购买的车辆可能是犯罪所得，依法构成掩饰、隐瞒犯罪所得罪。

（一）根据本案证据能够认定被告人张兴泉主观上明知其购买的车辆系犯罪所得

本案在审理中对于被告人张兴泉的行为是否构成掩饰、隐瞒犯罪所得罪有两种不同意见：

第一种意见认为，被告人张兴泉在购买车辆之前，曾通过其在公安局工作的姐姐在公安部门管理网络上查询车辆的相关信息，在得知该车辆非盗抢车辆后才予以购买，故张兴泉主观上不明知所购买的车辆系犯罪所得，不构成掩饰、隐瞒犯罪所得罪。

第二种意见认为，被告人张兴泉明知是套牌车辆而以明显低于市场价的价格予以购买，且未在国家指定的车辆交易场所进行交易，可以认定其主观上明知所购买的车辆可能是犯罪所得，依法构成掩饰、隐瞒犯罪所得罪。

我们同意第二种意见。根据刑法第三百一十二条的规定，掩饰、隐瞒犯罪所得、犯罪所得收益罪必须以“明知”系犯罪所得、犯罪所得收益为前提。此处“明知”的基本含义包括“知道和应当知道”。“知道”是指直接认定行为人明知掩饰、隐瞒的对象是犯罪所得及其收益的情形。一般来说，是指被告人在供述时明确承认知道的情形。而“应当知道”是指被告人虽然实施了掩饰、隐瞒行为，却不承认对犯罪所得及其收益的“明知”，司法机关根据被告人的供述，结合其表现于外的行为过程，综合判断所认定的“明知”。对于“应当知道”的情形，司法机关可以根据案件事实的具体情况分析，从行为人已经实施的行为及其相关情节中，综合判断论证其是否明知。只要有充分的间接证据能够证实其知道，或者不可能不知，否则不会实施特定的客观行为，

仍然可以认定“明知”。

最高人民法院、最高人民检察院、公安部、国家工商行政管理局联合发布的《关于依法查处盗窃、抢劫机动车案件的规定》第十七条规定：“有下列情形之一的，可视为应当知道，但有证据证明确属被蒙骗的除外：（一）在非法的机动车交易场所和销售单位购买的；（二）机动车证件手续不全或者明显违反规定的；（三）机动车发动机号或者车架号有更改痕迹，没有合法证明的；（四）以明显低于市场价格购买机动车的。”该规定就是采用推定的方式来认定掩饰、隐瞒犯罪所得、犯罪所得收益罪的“明知”。本案中，被告人张兴泉在购买车辆之前虽然通过公安部门的网络查询过车辆情况，未查询到车辆系盗抢的信息，但是张兴泉系在非法的汽车销售市场购买该汽车，在购买时明知该汽车是套牌车辆，而以 5 万元的价格购买价值 19 万余元的汽车，属于以明显低于市场价格的价格购买机动车，同时符合上述四种情形中的三种情形，又没有证据证明自己确属被蒙骗而购买，因此能够推定其主观上应当知道所购买的车辆是犯罪所得。张兴泉明知是犯罪所得的车辆而购买的行为构成掩饰、隐瞒犯罪所得罪。

——最高人民法院刑四庭：《张兴泉掩饰、隐瞒犯罪所得案》，载最高人民法院刑事审判第一、二、三、四、五庭主办：《刑事审判参考》（总第 104 集），法律出版社 2016 年版，第 35~36 页。

1100. 犯罪对象的特殊性对掩饰、隐瞒犯罪所得罪定罪量刑的影响

关键词

掩饰、隐瞒犯罪所得罪　犯罪对象

《刑事审判参考》指导案例

刘小会、于林掩饰、隐瞒犯罪所得案（《刑事审判参考》指导案例第 1091 号）

裁判要点：被告人帮助转移的犯罪对象系同案犯盗割的电力设备，涉及不特定多数人的交通出行安全和生命财产安全，被告人明知是电力设备仍然帮助转移，反映出其主观上对于盗割行为持放任态度，并且以积极作为的方式妨害司法机关对盗割行为的正常追诉，其主观恶性和转移行为的社会危害性均较大，已经符合入罪条件。

掩饰、隐瞒犯罪所得、犯罪所得收益罪在国际上属于洗钱罪的大范畴，我国刑法通过限定上游犯罪的种类和犯罪手段，将本罪与洗钱罪进行区分。换言之，本罪的上游犯罪范围很广，除刑法有特殊规定的之外，所有犯罪所得及其收益均可能成为本罪的犯罪对象。因此，本罪的对象既可能是常见的手机、手表、电脑、自行车、电动车等日常生活用品，也可能是电力设备、通信电缆、公用安全设施、交通设施等关系到社会公众利益的物品。实施掩饰、隐瞒犯罪的行为人通常对掩饰、隐瞒物品的性质、用途等有所了解，在面对特殊的涉及重大利益的物品时仍予以掩饰、隐瞒的，就成为破坏公共利益、公共安全等受法律特殊保护的利益的助推器。作为整个犯罪链条上的一个环节，本罪行为人不仅帮助上游犯罪行为人实现了获利目的，也妨害了司法机关对上游犯罪正常的追诉活动，某种程度上“保障”了上游犯罪行为人的安全。因此，本罪行为人的存在，特别是职业收赃人的产生，对于上游犯罪行为人实施犯罪起到一定的“推进”作用，即所谓的“没有买卖就没有杀戮”。因此，从阻断犯罪链条、遏制上游犯罪发生的角度出发，对于掩饰、隐瞒特殊犯罪对象的行为要从严打击，不仅在入罪条件上低于一般的掩饰、隐瞒行为，降低入罪门槛，增强打击力度；在加重处罚的适用条件上，掌握的“情节严重”标准也要低于普通的掩饰、隐瞒行为，严密刑事打击法网。

最高人民法院《关于审理掩饰、隐瞒犯罪所得、犯罪所得收益刑事案件适用法律若干问题的解释》(以下简称《解释》)在入罪标准和加重处罚标准两个层面，均对对象特殊的掩饰、隐瞒行为作出了特别规定。根据《解释》第一条的规定，通常的入罪条件是掩饰、隐瞒犯罪所得及其产生的收益价值3000元至10000元以上，[①]未达到该入罪条件也不符合特殊规定的，一般不作为犯罪处理。但是，“掩饰、隐瞒的犯罪所得系电力设备、交通设施、广播电视设施、公用电信设施、军事设施或者救灾、抢险、防汛、优抚、扶贫、移民、救灾款物的”，则没有设置数额标准，即一般情况下只要是上述特殊犯罪对象，定罪时不考虑涉案对象的价值大小，一律作为犯罪处理。当然，犯罪情节显著轻微危害不大，依法不应作为犯罪处理的，则不能定罪处罚。当然，这里要求本罪的犯罪人对其掩饰、隐瞒对象的特殊性质是明知的，如果不明知，则只能作为一般的掩饰、隐瞒行为定罪处罚。对于本罪“情节严重”的认定标准，根据《解释》第三条第一款的规定，普通的掩饰、隐瞒行为要求

---

① 《最高人民法院关于修改〈关于审理掩饰、隐瞒犯罪所得、犯罪所得收益刑事案件适用法律若干问题的解释〉的决定》的规定：“自本决定实施之日起，《关于审理掩饰、隐瞒犯罪所得、犯罪所得收益刑事案件适用法律若干问题的解释》(法释〔2015〕11号)第一条第一款第（一）项、第二款和第二条第二款规定的掩饰、隐瞒犯罪所得、犯罪所得收益罪的数额标准不再适用。人民法院审理掩饰、隐瞒犯罪所得、犯罪所得收益刑事案件，应综合考虑上游犯罪的性质、掩饰、隐瞒犯罪所得及其收益的情节、后果及社会危害程度等，依法定罪处罚。”下同。

"掩饰、隐瞒犯罪所得及其产生的收益价值总额达到十万元以上"或者"掩饰、隐瞒犯罪所得及其产生的收益十次以上，或者三次以上且价值总额达到五万元以上"，即从犯罪对象的价值、行为次数方面均予以规定。而对于特殊对象，《解释》规定"掩饰、隐瞒的犯罪所得系电力设备、交通设施、广播电视设施、公用电信设施、军事设施或者救灾、抢险、防汛、优抚、扶贫、移民、救济款物，价值总额达到五万元以上的"，就应当认定为本罪的"情节严重"。此条规定不仅没有对犯罪次数作出要求，连犯罪对象的价值也减为普通对象的一半，体现了从严打击的态度。司法实践中大量存在对光缆铜线、电力设施变压器等的收赃、帮助转移行为，助长了破坏公用设施类的犯罪，社会危害性也较其他掩饰、隐瞒行为更大，此类行为应当成为打击的重点，这也是刑法修正案（六）对本罪加重法定刑幅度的一个重要出发点。

结合本案，被告人刘小会、于林帮助转移的犯罪对象系同案犯吴光一盗割的地铁供电公司正在使用的电力设备，涉及不特定多数人的交通出行安全和生命财产安全，盗割行为扰乱了"公共生活的平稳与安宁"，相较一般的偷盗行为，性质更为严重，危害性更大。刘小会、于林明知吴光一盗割的是地铁供电电缆，仍然帮助转移，反映出其主观上对于盗割行为持放任态度，并且以积极作为的方式妨害司法机关对盗割行为的正常追诉，其主观恶性和转移行为的社会危害性均较大。虽然刘小会、于林帮助转移的电缆已经灭失，无法准确确定财物价值，但是因二人帮助转移的是电力设备，根据《解释》第一条第一款第三项的规定，已经符合本罪的入罪条件。对于是否认定"情节严重"，因同案犯吴光一盗窃的相同路段的电缆价值为 8000 元左右，故刘小会、于林的转移行为尚不符合"情节严重"的适用标准，对刘小会、于林的行为只能在本罪第一档法定刑，即在"三年以下有期徒刑、拘役或者管制，并处或者单处罚金"以内来量刑。

综上，朝阳区人民法院考虑到刘小会、于林转移行为的获利情况和二人归案后均如实供述的法定从轻处罚情节，以掩饰、隐瞒犯罪所得罪判处刘小会有期徒刑八个月，并处罚金人民币一千元；以掩饰、隐瞒犯罪所得罪判处于林有期徒刑七个月，并处罚金人民币一千元是适当的。

——最高人民法院刑四庭：《刘小会、于林掩饰、隐瞒犯罪所得案》，载最高人民法院刑事审判第一、二、三、四、五庭主办：《刑事审判参考》（总第 104 集），法律出版社 2016 年版，第 8~10 页。

1101. 对犯罪所得的赃车修改发动机号后销售、购买行为的定性

关键词

掩饰、隐瞒犯罪所得罪

《刑事审判参考》指导案例

陈飞、刘波掩饰、隐瞒犯罪所得案（《刑事审判参考》指导案例第1110号）

裁判要点：被告人明知车辆系他人盗窃犯罪所得，仍将发动机号和大架号磨损，且刻上假的发动机号和大架号，这一方法与窝藏、转移、收购和代为销售在罪质上具有相当性，在客观上扰乱了司法秩序，妨害了司法机关对上游犯罪行为的追究，兼之该被告人向他人居间介绍、买卖被盗车辆，其行为应当认定为掩饰、隐瞒犯罪所得罪；本案另一被告人明知是犯罪所得的车辆，却以明显低于市场价的价格在一个月之内购买了3辆，然不能认定为自用而购买，其行为应认定为掩饰、隐瞒犯罪所得罪，也不能以"自用"的理由对其从轻处罚。

（一）明知是犯罪所得的赃车，予以改装并介绍买卖的行为，应认定为掩饰、隐瞒犯罪所得的行为

1997年刑法第三百一十二条规定："明知是犯罪所得的赃物而予以窝藏、转移、收购或者代为销售的，处三年以下有期徒刑、拘役或者管制，并处或者单处罚金。"刑法修正案（六）对本条作了修改：一是将窝藏、转移、收购、代为销售赃物犯罪的对象进行了扩大，将原规定的赃物扩大为犯罪所得、犯罪所得收益；二是在犯罪行为的类型上增加了其他方法。刑法修正案（六）对本罪增加了"其他方法"的规定，有利于打击社会生活中的非典型行为，也符合反洗钱国际公约的要求。

关于掩饰、隐瞒的"其他方法"的认定，必须坚持以下几点：一是行为人的目的是出于掩饰、隐瞒上游犯罪人的犯罪所得及其收益；二是这些方法与窝藏、转移、收购和代为销售在罪质上具有相当性；三是这些方法在客观上扰乱了司法秩序，妨害了司法机关对上游犯罪行为的追究。

就本案而言，被告人陈飞明知该车系"疯子"盗窃犯罪所得，仍向被告人刘波及袁蔺介绍买卖，并将发动机号码和大架号磨损，且刻上假的发动机

号，符合上述三个条件，可以认定为掩饰、隐瞒的“其他方法”。根据《最高人民法院、最高人民检察院关于办理与盗窃、抢劫、诈骗、抢夺机动车相关刑事案件具体应用法律若干问题的解释》（以下简称《机动车解释》）第一条第一款第三项的规定，明知是盗窃、抢劫、诈骗、抢夺的机动车而予以修改发动机号的，依照刑法第三百一十二条的规定，以掩饰、隐瞒犯罪所得罪定罪处罚。同时，居间介绍买卖的行为，依照《最高人民法院关于审理掩饰、隐瞒犯罪所得、犯罪所得收益刑事案件适用法律若干问题的解释》（以下简称《解释》）第十条第二款的规定，应该认定为刑法第三百一十二条规定的“其他方法”。综上，陈飞实施了两种掩饰、隐瞒犯罪所得的行为，即居间介绍、修改发动机号和大架号，均属于刑法第三百一十二条规定的“其他方法”。

另外，被告人刘波明知是犯罪所得的车辆，却以明显低于市场价的价格购买了3辆踏板车，其行为应认定为掩饰、隐瞒犯罪所得罪。刘波未实施销售行为，但一个月内购买的数量达到3辆，显然不能认定为自用而购买，因而也不能以“自用”的理由对其从轻处罚。

——最高人民法院刑四庭：《陈飞、刘波掩饰、隐瞒犯罪所得案》，载最高人民法院刑事审判第一、二、三、四、五庭主办：《刑事审判参考》（总第104集），法律出版社2016年版，第104~105页。

1102. 单位犯掩饰、隐瞒犯罪所得罪的认定和处理

关键词

掩饰、隐瞒犯罪所得罪　单位犯罪

《刑事审判参考》指导案例

牡丹江再生资源开发有限责任公司第十七收购站及朱富良掩饰、隐瞒犯罪所得案（《刑事审判参考》指导案例第1109号）

裁判要点：被告单位作为一个独立经营的企业，其主体符合单位犯罪的构成要件。被告人作为企业职员，具有直接决定收购物资的职权，其虽然不是企业负责人，但其对外收购物资时代表的是企业，所获利益亦归企业。因此，其收购行为体现的是企业的意志，也即其收购行为体现的是单位利益。因此应当对被告单位和直接责任的被告人判处刑罚。

根据刑法第三十条的规定，公司、企业、事业单位、机关、团体实施的

危害社会的行为，法律规定为单位犯罪的，应当负刑事责任。据此，对单位而言，必须法律明文规定构成犯罪的行为才能依法追究单位刑事责任。这是罪刑法定原则的重要体现。1997 年修订的刑法，对单位掩饰、隐瞒犯罪所得、犯罪所得收益的行为，是不以单位犯罪处理的。但是，刑法修正案（七）增加了单位犯罪的规定，即刑法第三百一十二条第二款规定："单位犯前款罪的，对单位判处罚金，并对其直接负责的主管人员和其他直接责任人员，依照前款的规定处罚。"

就本案而言，被告单位第十七收购站作为一个独立经营的企业，其主体符合单位犯罪的构成要件。被告人朱富良作为收购站职员，具有直接决定收购物资的职权，其虽然不是收购站的负责人，但其对外收购物资时代表的是收购站，所获利益亦归收购站。因此，其收购行为体现的是收购站的意志，也就是说，收购行为体现的是单位利益。第十七收购站主客观均符合单位犯罪的构成要件。根据刑法第三十一条规定的双罚制原则，应当对被告单位第十七收购站和直接责任人朱富良判处刑罚。

对被告人朱富良仅单处罚金而没有判处三年以下有期徒刑、拘役或者管制的自由刑，主要是考虑到以下因素：（1）犯罪数额刚好达到犯罪构成的数额。本案审判时，《最高人民法院关于审理掩饰、隐瞒犯罪所得、犯罪所得收益刑事案件适用法律若干问题的解释》（以下简称《解释》）虽然尚未公布实施，但根据被告人所在省份的有关规定，本案犯罪数额为 7885 元，属于刚达到犯罪构成数额标准的情况。而根据 2015 年 6 月 1 日起实施的《解释》第一条第一款第一项的规定，掩饰、隐瞒犯罪所得及其产生的收益价值 3000 元至 10000 元以上的，应当以掩饰、隐瞒犯罪所得、犯罪所得收益罪定罪处罚。① （2）被告单位及朱富良在案发后积极退赃，未给被害人造成经济损失，认罪态度较好，可以酌情从轻处罚。综上，某人民法院的判决是正确的。

关于单位犯掩饰、隐瞒犯罪所得、犯罪所得收益罪，在司法实践中，经常遇到一些貌似单位犯罪而实质上属于自然人犯罪的情况。因此，《解释》第九条规定："盗用单位名义实施掩饰、隐瞒犯罪所得及其产生的收益的行为，违法所得由行为人私分的，依照刑法和司法解释有关自然人犯罪的规定定罪处罚。"其理由就在于：盗用单位名义实施掩饰、隐瞒犯罪所得、犯罪所得收益的行为，违法所得由行为人私分的，本质上仍属于自然人犯罪，应适用自

① 《最高人民法院关于修改〈关于审理掩饰、隐瞒犯罪所得、犯罪所得收益刑事案件适用法律若干问题的解释〉的决定》的规定："自本决定实施之日起，《关于审理掩饰、隐瞒犯罪所得、犯罪所得收益刑事案件适用法律若干问题的解释》（法释〔2015〕11 号）第一条第一款第（一）项、第二款和第二条第二款规定的掩饰、隐瞒犯罪所得、犯罪所得收益罪的数额标准不再适用。人民法院审理掩饰、隐瞒犯罪所得、犯罪所得收益刑事案件，应综合考虑上游犯罪的性质、掩饰、隐瞒犯罪所得及其收益的情节、后果及社会危害程度等，依法定罪处罚。"

然人犯罪的规定定罪处罚。适用该条解释时需要明确：（1）犯罪主体是自然人而不是单位。单位只是名义被盗用，但实质上并未成为犯罪主体，包括经法定代表人同意盖了单位的公章，经单位管理组织研究等，但实质上是为了个人利益而不是为了单位利益的。构成单位犯罪，必须利用单位名义，但不能由此得出凡是利用单位名义实施的犯罪都是单位犯罪。（2）犯罪是为了参与犯罪的自然人的利益，而不是单位利益。区分单位犯罪与自然人犯罪的重要界限就是犯罪所得利益归属单位还是归属参与犯罪的自然人。犯罪所得由单位所得，纳入单位财务体系和分配体系中的，可以认定为犯罪所得归属单位，其他条件符合的，可以认定为单位犯罪。仅仅由参与行为人包括决策人员对犯罪所得进行分配的，不能认定为犯罪所得归属单位，因而就不能认定为单位犯罪，只能依照自然人犯罪的规定定罪处罚。

——最高人民法院刑四庭：《牡丹江再生资源开发有限责任公司第十七收购站及朱富良掩饰、隐瞒犯罪所得案》，载最高人民法院刑事审判第一、二、三、四、五庭主办：《刑事审判参考》（总第 104 集），法律出版社 2016 年版，第 101~102 页。

1103. 掩饰、隐瞒犯罪所得、犯罪所得收益数额的认定

关键词

掩饰、隐瞒犯罪所得罪

《刑事审判参考》指导案例

唐某中、唐某波掩饰、隐瞒犯罪所得案（《刑事审判参考》指导案例第 1106 号）

裁判要点：《最高人民法院关于审理掩饰、隐瞒犯罪所得、犯罪所得收益刑事案件适用法律若干问题的解释》中明确规定，“掩饰、隐瞒犯罪所得及其产生的收益的数额，应当以实施掩饰、隐瞒行为时为准。收购或者代为销售财物的价格高于其实际价值的，以收购或者代为销售的价格计算。”

（二）犯罪所得的数额，应当以实施掩饰、隐瞒行迹时为准

掩饰、隐瞒犯罪所得、犯罪所得收益罪虽不是数额犯，但其上游犯罪多为侵财性犯罪，故数额对于判断本罪的社会危害性大小是极为重要的。为此，《最高人民法院关于审理掩饰、隐瞒犯罪所得、犯罪所得收益刑事案件适用

法律若干问题的解释》（以下简称《解释》）第一条第一款第一项规定了掩饰、隐瞒犯罪所得、犯罪所得收益罪的入罪标准原则上为掩饰、隐瞒犯罪所得及其产生的收益价值3000元至1万元以上的[①]；第三条第一款则对“情节严重”的数额标准予以明确、细化，其中第一项规定：掩饰、隐瞒犯罪所得及其产生的收益价值总额达到10万元以上的属于“情节严重”。在大多数情况下，掩饰、隐瞒犯罪所得、犯罪所得收益罪的犯罪对象都是赃物，要判断该行为是否构成犯罪，或者犯罪情节是否严重，就首先需要确定赃物的价值。

那么，如何确定犯罪所得的价值呢？在现代社会中，财物价格变动较快，除了折旧等因素外，必须确定计价时间点。《解释》在第四条第一款中也予以明确：“掩饰、隐瞒犯罪所得及其产生的收益的数额，应当以实施掩饰、隐瞒行为时为准。收购或者代为销售财物的价格高于其实际价值的，以收购或者代为销售的价格计算。”该规定主要是结合之前有关盗窃罪等财产型犯罪的计价方法，以行为时的市场价为基准，以收购或者销赃价格为补充。市场价的确定应当以价格鉴定机构作出的鉴定意见为准。总体而言，物价水平处于上涨的趋势，案件被查处时赃物的价格通常会高于行为时的价格，故依照行为时的价格计算犯罪数额，有利于保护被告人的合法权益。但也不排除有的案件查处时赃物价格低于行为时的价格，此时，仍应以行为时的价格计算犯罪数额。但是，查处时的价格明显低于行为时的价格的，则应在量刑时予以酌情考虑。

本案中，被告人唐某中于2010年11月购买赃车，被告人唐某波于2012年7月28日代为贩卖赃车，二被告人实施掩饰、隐瞒行为的时间不完全一致，故掩饰、隐瞒犯罪所得的数额也应根据各自实施行为时为准。因此，原则上来讲，应对涉案皮卡车进行两次鉴定，从而确定二被告人各自掩饰、隐瞒的犯罪数额。但本案审判时，《解释》尚未出台，根据《最高人民法院、最高人民检察院关于办理与盗窃、抢劫、诈骗、抢夺机动车相关刑事案件具体应用法律若干问题的解释》第一条第二款的规定，掩饰、隐瞒行为涉及盗窃、抢劫、诈骗、抢夺的机动车5辆以上或者价值总额达到50万元以上的，属于刑法第三百一十二条规定的“情节严重”，而即便按照唐某中购买赃车时间所做的鉴定价格，显然也达不到“情节严重”的标准，故依照当时的规定不做两次鉴定并无不当。

---

① 《最高人民法院关于修改〈关于审理掩饰、隐瞒犯罪所得、犯罪所得收益刑事案件适用法律若干问题的解释〉的决定》的规定：“自本决定实施之日起，《关于审理掩饰、隐瞒犯罪所得、犯罪所得收益刑事案件适用法律若干问题的解释》（法释〔2015〕11号）第一条第一款第（一）项、第二款和第二条第二款规定的掩饰、隐瞒犯罪所得、犯罪所得收益罪的数额标准不再适用。人民法院审理掩饰、隐瞒犯罪所得、犯罪所得收益刑事案件，应综合考虑上游犯罪的性质、掩饰、隐瞒犯罪所得及其收益的情节、后果及社会危害程度等，依法定罪处罚。”

综上，临武县人民法院在上游犯罪行为人未归案的情况下认定被告人唐某中、唐某波犯掩饰、隐瞒犯罪所得罪，结合二人的犯罪事实、性质、社会危害程度及自首情节对二人分别判处有期徒刑六个月，缓刑一年，并处罚金人民币一万元是适当的。

——最高人民法院刑四庭：《唐某中、唐某波掩饰、隐瞒犯罪所得案》，载最高人民法院刑事审判第一、二、三、四、五庭主办：《刑事审判参考》（总第104集），法律出版社2016年版，第87~88页。

1104. 掩饰、隐瞒犯罪所得、犯罪所得收益罪的量刑

关键词

掩饰、隐瞒犯罪所得、犯罪所得收益罪　量刑

最高人民法院司法解释

第二条　掩饰、隐瞒犯罪所得及其产生的收益行为符合本解释第一条的规定，认罪、悔罪并退赃、退赔，且具有下列情形之一的，可以认定为犯罪情节轻微，免予刑事处罚：

（一）具有法定从宽处罚情节的；

（二）为近亲属掩饰、隐瞒犯罪所得及其产生的收益，且系初犯、偶犯的；

（三）有其他情节轻微情形的。

第三条　掩饰、隐瞒犯罪所得及其产生的收益，具有下列情形之一的，应当认定为刑法第三百一十二条第一款规定的“情节严重”：

（一）掩饰、隐瞒犯罪所得及其产生的收益价值总额达到十万元以上的；

（二）掩饰、隐瞒犯罪所得及其产生的收益十次以上，或者三次以上且价值总额达到五万元以上的；

（三）掩饰、隐瞒的犯罪所得系电力设备、交通设施、广播电视设施、公用电信设施、军事设施或者救灾、抢险、防汛、优抚、扶贫、移民、救济款物，价值总额达到五万元以上的；

（四）掩饰、隐瞒行为致使上游犯罪无法及时查处，并造成公私财物重大损失无法挽回或其他严重后果的；

（五）实施其他掩饰、隐瞒犯罪所得及其产生的收益行为，严重妨害司法机关对上游犯罪予以追究的。

司法解释对掩饰、隐瞒涉及机动车、计算机信息系统数据、计算机信息系统控制权的犯罪所得及其产生的收益行为认定“情节严重”已有规定的，

审理此类案件依照该规定。

——《最高人民法院关于审理掩饰、隐瞒犯罪所得、犯罪所得收益刑事案件适用法律若干问题的解释》（2021 年 4 月 13 日）。

最高人民法院司法政策精神

（十九）掩饰、隐瞒犯罪所得、犯罪所得收益罪

1. 构成掩饰、隐瞒犯罪所得、犯罪所得收益罪的，根据下列情形在相应的幅度内确定量刑起点：

（1）犯罪情节一般的，在一年以下有期徒刑、拘役幅度内确定量刑起点。

（2）情节严重的，在三年至四年有期徒刑幅度内确定量刑起点。

2. 在量刑起点的基础上，根据犯罪数额等其他影响犯罪构成的犯罪事实增加刑罚量，确定基准刑。

3. 构成掩饰、隐瞒犯罪所得、犯罪所得收益罪的，根据掩饰、隐瞒犯罪所得及其收益的数额、犯罪对象、危害后果等犯罪情节，综合考虑被告人缴纳罚金的能力，决定罚金数额。

4. 构成掩饰、隐瞒犯罪所得、犯罪所得收益罪的，综合考虑掩饰、隐瞒犯罪所得及其收益的数额、危害后果、上游犯罪的危害程度等犯罪事实、量刑情节，以及被告人的主观恶性、人身危险性、认罪悔罪表现等因素，决定缓刑的适用。

——《最高人民法院、最高人民检察院印发〈关于常见犯罪的量刑指导意见（试行）〉的通知》（2021 年 6 月 16 日，法发〔2021〕21 号）。

1105. 掩饰、隐瞒的犯罪所得系交通设施的定罪量刑

关键词

破坏交通设施罪　掩饰、隐瞒犯罪所得罪　交通设施

《刑事审判参考》指导案例

雷某仁、黄某生、黄某平破坏交通设施，田某祥掩饰、隐瞒犯罪所得、犯罪所得收益案（《刑事审判参考》指导案例第 1092 号）

裁判要点：被告人掩饰、隐瞒犯罪所得的上游犯罪系破坏交通设施罪，且对象为正在使用中的高速公路电缆，盗割正在使用中的高速公路电缆，足以使汽车发生倾覆、毁坏危险，造成车毁人亡的严重后果。因此，对于掩饰、隐瞒破坏高速公路设施犯罪所得及其

产生的收益的，必须依法严惩。

（二）掩饰、隐瞒犯罪所得系交通设施的应从严惩处

我国刑法虽然对掩饰、隐瞒犯罪所得、犯罪所得收益罪的上游犯罪范围未设任何限制，任何犯罪的犯罪所得及其收益都可以成为本罪的犯罪对象，但在司法实践中，上游犯罪的性质对掩饰、隐瞒行为的恶劣程度会产生影响。2015 年 6 月 1 日起施行的最高人民法院《关于审理掩饰、隐瞒犯罪所得、犯罪所得收益刑事案件适用法律若干问题的解释》（以下简称《解释》）基于司法实际，根据上游犯罪的对象不同，在定罪、量刑上均作出了不同的规定，体现了上游犯罪危害大，对掩饰、隐瞒犯罪所得、犯罪所得收益罪惩处力度也大的特点。

在定罪上，《解释》第一条第一款在确定掩饰、隐瞒犯罪所得、犯罪所得收益罪的入罪标准时，对上游犯罪区分为一般性侵财型犯罪和特殊类型的犯罪，作了不同的规定。根据第一款第一项的规定，"掩饰、隐瞒犯罪所得及其产生的收益价值三千元至一万元以上的"才达到构罪标准[①]，而根据第一款第三项的规定，"掩饰、隐瞒的犯罪所得系电力设备、交通设施、广播电视设施、公用电信设施、军事设施或者救灾、抢险、防汛、优抚、扶贫、移民、救济款物的"，无数额限制；也就是说，掩饰、隐瞒的犯罪所得为该项所列对象的，不论数量多少，均应依法追究刑事责任。《解释》之所以这样规定，是因为这部分行为的社会危害性更大，与上游犯罪的关联性非常紧密。有的犯罪分子专门收购他人盗窃所得的电缆线等财物，一定程度上成为危害公共安全的幕后黑手，只有切断和堵截收赃行为对上游犯罪的支持，才能有效打击和预防上游犯罪。例如，行为人盗窃价值 3000 元的手机，构成盗窃罪；盗窃价值 3000 元的电力设备，则可能构成破坏电力设备罪，量刑自然也有很大不同，原因就在于电力设备是特殊犯罪对象，盗窃电力设备可能危害公共安全，对社会的危害程度更大。基于掩饰、隐瞒犯罪所得、犯罪所得收益罪对上游犯罪的助长和促进作用，掩饰、隐瞒特殊犯罪对象会导致更为严重的犯罪的滋生和蔓延，比掩饰、隐瞒普通犯罪对象对社会造成的危害也当然更大，故对掩饰、隐瞒的犯罪所得系电力设备、交通设施、广播电视设施、公用电信设施、军事设施或者救灾、抢险、防汛、优抚、移民、救济款物的，就没有

---

① 《最高人民法院关于修改〈关于审理掩饰、隐瞒犯罪所得、犯罪所得收益刑事案件适用法律若干问题的解释〉的决定》的规定："自本决定实施之日起，《关于审理掩饰、隐瞒犯罪所得、犯罪所得收益刑事案件适用法律若干问题的解释》（法释〔2015〕11 号）第一条第一款第（一）项、第二款和第二条第二款规定的掩饰、隐瞒犯罪所得、犯罪所得收益罪的数额标准不再适用。人民法院审理掩饰、隐瞒犯罪所得、犯罪所得收益刑事案件，应综合考虑上游犯罪的性质、掩饰、隐瞒犯罪所得及其收益的情节、后果及社会危害程度等，依法定罪处罚。"

设置入罪的数额标准。

在量刑上，《解释》对掩饰、隐瞒犯罪所得的为上述特殊对象的，也体现了从严的原则。根据《解释》第三条第一款第一项的规定，掩饰、隐瞒犯罪所得及其产生的收益为一般性犯罪对象的，价值总额达到10万元以上的才可认定为刑法第三百一十二条第一款规定的“情节严重”，在三年以上七年以下有期徒刑，并处罚金的幅度内判处刑罚；而根据《解释》第三条第一款第三项的规定，掩饰、隐瞒的犯罪所得系电力设备、交通设施、广播电视设施、公用电信设施、军事设施或者救灾、抢险、防汛、优抚、移民、救济款物的，价值总额只要达到5万元以上，即可认定为刑法第三百一十二条第一款规定的“情节严重”。

就本案而言，被告人田某祥掩饰、隐瞒犯罪所得的上游犯罪系破坏交通设施罪，且对象为正在使用中的高速公路电缆。近年来，我国高速公路不断发展，盗割正在使用中的高速公路电缆，足以使汽车发生倾覆、毁坏危险，造成车毁人亡的严重后果。因此，对于掩饰、隐瞒破坏高速公路设施犯罪所得及其产生的收益的，必须依法严惩。被告人田某祥明知是犯罪所得的高速公路电缆仍予以收购，且收购电缆价值总额达到了94077元，根据《解释》第三条第一款第三项的规定，应当认定为刑法第三百一十二条第一款规定的“情节严重”，本应在三年以上七年以下有期徒刑，并处罚金的幅度内判处刑罚。当然，由于本案判决发生在《解释》生效之前，未认定田某祥的行为属“情节严重”，也是符合审判时的情况的。

——最高人民法院刑四庭：《雷某仁、黄某生、黄某平破坏交通设施，田某祥掩饰、隐瞒犯罪所得、犯罪所得收益案》，载最高人民法院刑事审判第一、二、三、四、五庭主办：《刑事审判参考》（总第104集），法律出版社2016年版，第14~16页。

1106. 掩饰、隐瞒犯罪所得罪与上游犯罪的量刑平衡

关键词

盗窃罪　掩饰、隐瞒犯罪所得罪　量刑平衡

《刑事审判参考》指导案例

汤雨华、庄瑞军盗窃，朱端银掩饰、隐瞒犯罪所得案（《刑事审判参考》指导案例第1098号）

裁判要点：掩饰、隐瞒犯罪所得、犯罪所得收益罪属于上游犯

罪的事后帮助犯，对上游犯罪有依附性，没有上游犯罪非法取得的财物，就没有下游犯罪可言。此外，本罪惩罚的重点在于妨害司法秩序。就给被害人造成的财产损失而言，下游行为人在实施掩饰、隐瞒行为时，并没有增加或扩大这种损失。与事先参与犯罪共谋的情形相比，本罪的社会危害性当然要小得多。因此，在掩饰、隐瞒犯罪所得、犯罪所得收益罪和上游犯罪指向同一笔财物的情况下，对掩饰、隐瞒犯罪所得行为人的量刑必须要比上游犯罪人量刑轻一些，而且要适当拉开档次。

刑法修正案（六）将原刑法第三百一十二条窝藏、转移、收购、销售赃物罪修改为掩饰、隐瞒犯罪所得、犯罪所得收益罪，并增加了一个法定刑幅度，规定“情节严重的，处三年以上七年以下有期徒刑，并处罚金”，以此来震慑犯罪分子，体现了立法机关从严打击本罪的决心。刑法修正案（六）之后陆续有多个司法解释针对掩饰、隐瞒犯罪所得、犯罪所得收益罪的“情节严重”做出了明确规定，尤其是 2015 年 6 月 1 日起施行的最高人民法院《关于审理掩饰、隐瞒犯罪所得、犯罪所得收益刑事案件适用法律若干问题的解释》（以下简称《解释》）第三条规定了“情节严重”的五种情形：“（一）掩饰、隐瞒犯罪所得及其产生的收益价值总额达到十万元以上的；（二）掩饰、隐瞒犯罪所得及其产生的收益十次以上，或者三次以上且价值总额达到五万元以上的；（三）掩饰、隐瞒的犯罪所得系电力设备、交通设施、广播电视设施、公用电信设施、军事设施或者救灾、抢险、防汛、优抚、扶贫、移民、救济款物，价值总额达到五万元以上的；（四）掩饰、隐瞒行为致使上游犯罪无法及时查处，并造成公私财物重大损失无法挽回或其他严重后果的；（五）实施其他掩饰、隐瞒犯罪所得及其产生的收益行为，严重妨害司法机关对上游犯罪予以追究的。”其中数额和次数是两个主要的标准，掩饰、隐瞒犯罪所得的价值在 10 万元以上，或者行为次数在 10 次以上的（属于“职业收赃人”），体现出社会危害性达到了相当严重的程度，应当作为打击的重点。

本案一、二审判决均在《解释》出台之前作出，但判案法官对“情节严重”的把握完全契合了新规定的原则和精神。认定掩饰、隐瞒犯罪所得罪的“情节严重”不能唯数额论。虽然被告人朱端银掩饰、隐瞒犯罪所得的数额只有 2 万余元，但是其行为次数达 22 次之多，其作为上游犯罪人汤雨华、庄瑞军的固定下线，对上游犯罪起到了持续、稳定的支持和帮助作用，甚至对汤雨华、庄瑞军盗窃犯意的进一步扩大都具有刺激和鼓励作用。朱端银的行为构成掩饰、隐瞒犯罪所得罪，应依法认定为“情节严重”。

但是掩饰、隐瞒犯罪所得、犯罪所得收益罪毕竟属于上游犯罪的事后帮助犯，在增加了一个法定刑幅度后，其最高刑期也就只是七年有期徒刑，整体上具有“罪小刑轻”的特点。对本罪的量刑不仅要符合刑法第三百一十二条及相关司法解释的规定，同时当然要受到上游犯罪量刑情况的约束。这是因为，一方面，本罪对上游犯罪有依附性，没有上游犯罪非法取得的财物，就没有下游犯罪可言；另一方面，本罪惩罚的重点在于妨害司法秩序，即妨碍了公安、检察、审判等司法机关以犯罪所得为线索查处和破获上游犯罪的活动。就给被害人造成的财产损失而言，下游行为人在实施掩饰、隐瞒行为时，并没有增加或扩大这种损失。与事先参与犯罪共谋的情形相比，本罪的社会危害性当然要小得多。

因此，在掌握本罪与上游犯罪的量刑时，应当统筹把握。对于符合《解释》第三条规定的五种情形的，依法认定“情节严重”，以此发挥本罪的堵截性作用，遏制和预防上游犯罪的持续和扩大势头。同时在量刑上要与上游犯罪之间取得平衡。具体而言，在掩饰、隐瞒犯罪所得、犯罪所得收益罪和上游犯罪指向同一笔财物的情况下，对掩饰、隐瞒犯罪所得行为人的量刑必须要比上游犯罪人量刑轻一些，而且要适当拉开档次。

启东市人民法院一审认定被告人朱端银属于掩饰、隐瞒犯罪所得罪的“情节严重”，对其判处有期徒刑六年，而上游犯罪人中罪责较大的主犯汤雨华也只是被判处有期徒刑六年六个月，罪责相对小一点的主犯庄瑞军被判处有期徒刑四年六个月，对朱端银的判刑已经超过了庄瑞军，明显量刑失衡，二审在仍然认定朱端银属“情节严重”的情况下对其改判三年有期徒刑，是适当的。

——最高人民法院刑四庭：《汤雨华、庄瑞军盗窃，朱端银掩饰、隐瞒犯罪所得案》，载最高人民法院刑事审判第一、二、三、四、五庭主办：《刑事审判参考》（总第104集），法律出版社2016年版，第45~47页。

1107. 掩饰、隐瞒犯罪所得、犯罪所得收益罪适用免予刑事处罚条件的把握

关键词

掩饰、隐瞒犯罪所得罪　免予刑事处罚

《刑事审判参考》指导案例

张兴泉掩饰、隐瞒犯罪所得案（《刑事审判参考》指导案例第1096号）

裁判要点：被告人犯掩饰、隐瞒犯罪所得罪，但是其有自首情节，又已经退还了涉案赃车、积极缴纳罚金，且购买赃车是为了自

己使用，主观恶性不大，犯罪情节轻微，综合考虑可适用免予刑事处罚。

（二）综合被告人张兴泉的犯罪情节、主观恶性、认罪态度等，对其可适用免予刑事处罚

本案在审理中对于被告人张兴泉如何量刑，形成两种不同意见：

第一种意见认为，被告人张兴泉虽系投案自首，且退缴赃车、积极缴纳罚金，但涉案赃车价值达 19 万余元，对其判处缓刑足以体现减轻处罚，不适宜免予刑事处罚。

第二种意见认为，虽然被告人张兴泉掩饰、隐瞒的赃车价值 19 万余元，但是其有自首情节，又已经退还了涉案赃车、积极缴纳罚金，且购买赃车是为了自己使用，主观恶性不大，犯罪情节轻微，综合考虑可适用免予刑事处罚。

我们同意第二种意见。最高人民法院《关于审理掩饰、隐瞒犯罪所得、犯罪所得收益刑事案件适用法律若干问题的解释》（以下简称《解释》）第二条第一款对掩饰、隐瞒犯罪所得、犯罪所得收益罪免予刑事处罚的情形作出了规定："掩饰、隐瞒犯罪所得及其产生的收益行为符合本解释第一条的规定，认罪、悔罪并退赃、退赔，且具有下列情形之一的，可以认定为犯罪情节轻微，免予刑事处罚：（一）具有法定从宽处罚情节的；（二）为近亲属掩饰、隐瞒犯罪所得及其产生的收益，且系初犯、偶犯的；（三）有其他情节轻微情形的。"

《解释》设置专门条款，对免予刑事处罚的情形作出明确规定，是考虑到掩饰、隐瞒犯罪所得、犯罪所得收益罪的社会危害性与上游犯罪相比较小，司法实践中适用非监禁刑的比例很高，为便于审判实践中适用，《解释》将免予刑事处罚的情形从数额、罪中情节、罪后情节等方面进行了全面规定。根据《解释》第二条第一款的规定，对掩饰、隐瞒犯罪所得、犯罪所得收益行为适用免予刑事处罚必须同时具备三个条件：

1. 前提条件

适用免予刑事处罚，只能是掩饰、隐瞒犯罪所得及其产生的收益犯罪情节一般的行为，情节严重的，依法应当在三年以上七年以下有期徒刑的幅度内量刑的，不适用免予刑事处罚。

2. 行为人认罪、悔罪并且退赃、退赔

认罪、悔罪和退赃、退赔是并列关系，必须同时具备。这样规定主要是考虑到实践当中大多数掩饰、隐瞒犯罪所得、犯罪所得收益犯罪在妨害司法秩序的同时，也侵犯了财产权益，行为人能够积极退赃、退赔，对于保护上游犯罪被害人的合法权益具有积极和现实的意义。如果行为人只是口头表示

认罪、悔罪，而没有实际退赃、退赔行为，或者虽然退赃、退赔，但拒不认罪、态度恶劣，仍需要判处刑罚的，都不适宜免予刑事处罚。

3. 具有《解释》规定的三种情形之一

（1）具有法定从宽处罚情节

根据刑法总则的规定，法定从宽处罚情节包括自首、立功、未成年人犯罪、又聋又哑的人或者盲人犯罪、犯罪中止、犯罪未遂、从犯、坦白等。

（2）为近亲属掩饰、隐瞒犯罪所得及其产生的收益，且系初犯、偶犯

该项规定体现了“亲亲相隐”的精神。近年来“亲亲相隐”的正面价值逐渐受到立法者和学者的重视，2012 年修改的刑事诉讼法第一百八十八条第一款规定的“经人民法院通知，证人没有正当理由不出庭作证的，人民法院可以强制其到庭，但是被告人的配偶、父母、子女除外”[①]，就是例证。

亲情是人类基于血缘关系、婚姻关系而自然产生的情感，亲情是人无法割舍的联系。维护亲情关系能够促进家庭稳定，促进社会和谐与稳定，因此在一定程度上对家庭成员之间的亲情加以特殊考虑是必要的。《解释》对于近亲属之间犯本罪的处理作特殊规定，明确了司法实践中对亲缘关系的特殊处理精神，有利于刑法发挥维护社会秩序的功能。同时，《解释》还设置了初犯、偶犯的条件，可以防止该项规定被滥用。

此外，还应注意对“近亲属”的认定范围不宜过窄。除了刑事诉讼法第一百零六条第六项规定的近亲属，即夫、妻、父、母、子、女、同胞兄弟姊妹外，祖父母、外祖父母、孙子女、外孙子女也属于此处规定的“近亲属”。但是，叔、伯、姑、侄子（女）或姨、舅、外甥（女）或表（堂）兄弟姐妹等关系，除非具有抚养赡养关系，不宜认定为“近亲属”。

（3）其他情节轻微、危害不大的情形

这是兜底条款，目的是应对司法实践中出现的新情况，即不符合前两项条件，但又确实需要对行为人免予刑事处罚的。

本案在《解释》出台前判决，但是二审法院对被告人张兴泉适用免予刑事处罚，也是符合《解释》精神的。首先，张兴泉明知是他人犯罪所得的车辆而购买，被盗车辆价值 197820 元，构成掩饰、隐瞒犯罪所得罪。根据最高人民法院、最高人民检察院《关于办理与盗窃、抢劫、诈骗、抢夺机动车相关刑事案件具体应用法律若干问题的解释》第一条第二款的规定，掩饰、隐瞒的机动车达到 5 辆以上或者价值总额达到 50 万元以上的，属于“情节严重”，因此张兴泉所犯掩饰、隐瞒犯罪所得罪不属于“情节严重”，符合适用免予刑事处罚的前提条件。其次，案发后，张兴泉认罪、悔罪并主动退还所购买的车辆，符合了免予刑事处罚的第二个条件“认罪、悔罪并退赃、退

① 本条现为《中华人民共和国刑事诉讼法》（2018 年修正）第一百九十三条。

赔”。最后，案发后张兴泉主动到公安机关投案，如实供述犯罪事实，构成自首，具有法定从宽处罚情节，同时具备了上述三个条件。此外，《解释》第二条第二款[①]的规定：“行为人为自用而掩饰、隐瞒犯罪所得，财物价值刚达到本解释第一条第一款第（一）项规定的标准，认罪、悔罪并退赃、退赔的，一般可不认为是犯罪；依法追究刑事责任的，应当酌情从宽。”被告人张兴泉所掩饰、隐瞒的财物价值并非刚达到入罪数额标准，不能适用该款规定。但是该款规定所体现的对掩饰、隐瞒行为人买赃自用从轻处罚的原则在本案中仍然适用。本案证据证实被告人张兴泉购买赃车确系自己生活所用，虽然小轿车不像自行车、手机等生活用品一样常见，但相对于购买赃车转卖牟利，或者用于生产经营等的行为人来讲，张兴泉买赃车自用的主观恶性相对较小，在量刑时也需要一并考虑。

综上，一、二审法院认定被告人张兴泉犯掩饰、隐瞒犯罪所得罪，二审法院综合张兴泉的犯罪情节、认罪悔罪态度、主观恶性、自首等情节，改判其免予刑事处罚是适当的。

——最高人民法院刑四庭：《张兴泉掩饰、隐瞒犯罪所得案》，载最高人民法院刑事审判第一、二、三、四、五庭主办：《刑事审判参考》（总第104集），法律出版社2016年版，第36~39页。

1108. 掩饰、隐瞒犯罪所得、犯罪所得收益罪从轻处罚条件的把握

关键词

掩饰、隐瞒犯罪所得罪　自首

《刑事审判参考》指导案例

沈鹏、朱鑫波掩饰、隐瞒犯罪所得案（《刑事审判参考》指导案例第1094号）

裁判要点：二被告人明知是犯罪所得的赃物摩托车而予以介绍

① 最高人民法院关于修改〈关于审理掩饰、隐瞒犯罪所得、犯罪所得收益刑事案件适用法律若干问题的解释〉的决定》的规定：“自本决定实施之日起，《关于审理掩饰、隐瞒犯罪所得、犯罪所得收益刑事案件适用法律若干问题的解释》（法释〔2015〕11号）第一条第一款第（一）项、第二款和第二条第二款规定的掩饰、隐瞒犯罪所得、犯罪所得收益罪的数额标准不再适用。人民法院审理掩饰、隐瞒犯罪所得、犯罪所得收益刑事案件，应综合考虑上游犯罪的性质、掩饰、隐瞒犯罪所得及其收益的情节、后果及社会危害程度等，依法定罪处罚。”

买卖和收购，其行为均已构成掩饰、隐瞒犯罪所得罪，从其犯罪数额来看，二人的罪行均属于本罪情节一般的行为。案发后，二被告人或积极主动投案，如实供述犯罪行为，构成自首；或被抓获后如实供述犯罪行为，构成坦白，均具有法定从轻处罚情节。二人在如实供述自己犯罪事实的同时，对于证实同案犯的盗窃行为也有一定作用；此外，根据二人的供述，公安机关才能顺利将赃物追回并返还被害人，减少了被害人的损失，依法应当对二人减轻处罚。

掩饰、隐瞒犯罪所得、犯罪所得收益罪，是指明知是犯罪所得及其产生的收益而予以窝藏、转移、收购、代为销售或以其他方法掩饰、隐瞒的行为。该罪以上游犯罪的犯罪所得及其收益为犯罪对象，上游犯罪是原生罪，本罪系派生罪，只有在上游犯罪成立的前提下才能讨论本罪的定罪量刑问题。从刑法评价角度来讲，上游犯罪是打击重点，打击下游犯罪的主要目的是切断上游犯罪的后续延伸，扫除司法追诉的障碍，以便及时有效地惩治上游犯罪，故在行为的社会危害性和行为人的主观恶性方面，下游犯罪均要小于上游犯罪，通常下游犯罪的刑期不能高于上游犯罪。另外，因上下游犯罪间具有事实状态上密切相关的联系，下游犯罪人通常不仅明知处理的对象系犯罪所得，而且还可能掌握上游犯罪人的犯罪过程，故从刑事政策角度来讲，对于主动自首、立功的下游犯罪人予以从轻处罚，有利于分化瓦解其与上游犯罪人形成的攻守联盟，从而获取重要证据，实现打击上游犯罪的目的，并能有效节约司法资源，降低诉讼成本，提高诉讼效率。

最高人民法院《关于审理掩饰、隐瞒犯罪所得、犯罪所得收益刑事案件适用法律若干问题的解释》（以下简称《解释》）基于刑法的谦抑性要求和实现有效追诉的目的，对于本罪的从宽处罚条件作出明确规定。《解释》第二条第一款规定："掩饰、隐瞒犯罪所得及其产生的收益行为符合本解释第一条的规定，认罪、悔罪并退赃、退赔，且具有下列情形之一的，可以认定为犯罪情节轻微，免予刑事处罚：（一）具有法定从宽处罚情节的；（二）为近亲属掩饰、隐瞒犯罪所得及其产生的收益，且系初犯、偶犯的；（三）有其他情节轻微情形的。"根据上述规定，对掩饰、隐瞒犯罪所得、犯罪所得收益行为适用免予刑事处罚必须同时具备两个条件：第一个条件是"行为人认罪、悔罪并退赃、退赔"，反映出行为人主观恶性较小，事后恢复性措施到位，挽回了被害人的损失，基本修复了被上游犯罪破坏的社会关系。第二个条件规定了三种情形，具体到本案就是具有法定从宽处罚情节，包括自首、立功、未成年人犯罪、犯罪中止、犯罪未遂、从犯等。当然，适用免予刑事处罚，只能针对本罪情节一般的行为，对于情节严重的行为，一般情况下不宜适用。

就本案而言，被告人沈鹏、朱鑫波明知是犯罪所得的赃物摩托车而予以介绍买卖和收购，其行为均已构成掩饰、隐瞒犯罪所得罪。沈鹏实施 4 起犯罪，涉案金额为 16430 元，朱鑫波实施 3 起犯罪，涉案金额为 9800 元，二人的罪行均属于本罪情节一般的行为。案发后，二人或积极主动投案，如实供述犯罪行为，构成自首；或被抓获后如实供述犯罪行为，构成坦白，均具有法定从轻处罚情节。二人在如实供述自己犯罪事实的同时，对于证实同案犯朱震峰的盗窃行为也有一定作用；此外，根据二人的供述，公安机关才能顺利将赃物追回并返还被害人，减少了被害人的损失。依据《解释》第二条第一款第一项的规定，对二人免予刑事处罚是完全可以的。尽管本案审判时《解释》尚未出台，但原审法院对二被告人判处缓刑的考虑与《解释》上述规定的出发点是一致的。

综上，在《解释》出台前，湖南省慈利县人民法院认定被告人沈鹏、朱鑫波的行为构成掩饰、隐瞒犯罪所得罪，并对二人判处缓刑是适当的。

——最高人民法院刑四庭：《沈鹏、朱鑫波掩饰、隐瞒犯罪所得案》，载最高人民法院刑事审判第一、二、三、四、五庭主办：《刑事审判参考》（总第 104 集），法律出版社 2016 年版，第 25~27 页。

1109. 掩饰、隐瞒犯罪所得罪与洗钱罪的区分

关键词

掩饰、隐瞒犯罪所得罪　洗钱罪

《刑事审判参考》指导案例

姜某掩饰、隐瞒犯罪所得案（《刑事审判参考》指导案例第 1103 号）

裁判要点：掩饰、隐瞒犯罪所得罪与洗钱罪的主要区分在于上游犯罪性质、犯罪客体和行为方式。洗钱罪的上游犯罪只限于《刑法》第一百九十一条所规定的七类犯罪，侵犯的客体是国家的金融管理秩序和司法机关的职能活动，其行为方式的侧重点在于掩饰、隐瞒犯罪所得及其收益的来源和性质；掩饰、隐瞒犯罪所得、犯罪所得收益罪的上游犯罪则是除《刑法》第一百九十一条规定以外其他有“犯罪所得”及其收益的所有犯罪，侵犯的客体主要是司法机关追诉犯罪的职能活动，也包含上游犯罪中的被害人对财物的合法权益。其行为方式包括掩饰、隐瞒犯罪所得及其收益的来源和性质，掩饰、隐瞒犯罪所得及其收益的处所等其他情况。

《最高人民法院关于审理洗钱等刑事案件具体应用法律若干问题的解释》第三条规定："明知是犯罪所得及其产生的收益而予以掩饰、隐瞒，构成刑法第三百一十二条规定的犯罪，同时又构成刑法第一百九十一条或者第三百四十九条规定的犯罪的，依照处罚较重的规定定罪处罚。"该规定明确了洗钱罪与掩饰、隐瞒犯罪所得、犯罪所得收益罪之间是特别法与一般法的竞合关系。两罪同属于传统意义上的赃物犯罪范畴，性质上同为事后帮助犯，法条在行为方式的列举上也都使用了"掩饰、隐瞒"这样的字眼。1979 年刑法只有"销赃罪"一罪，1997 年修订后的刑法第一百九十一条中首次专门设立了洗钱罪，此后，洗钱罪成为普通赃物犯罪（即掩饰、隐瞒犯罪所得、犯罪所得收益罪）的特别规定。近 20 年间，立法者越来越充分地认识到赃物犯罪助长、刺激财产犯罪、经济犯罪等上游犯罪多发、高发，非常重视严密赃物犯罪的刑事法网，使洗钱罪及掩饰、隐瞒犯罪所得、犯罪所得收益罪两个罪名在立法上的变动相对较为频繁。刑法修正案（三）和刑法修正案（六）两次扩大了洗钱罪的打击范围，刑法修正案（六）和刑法修正案（七）又加大了对掩饰、隐瞒犯罪所得、犯罪所得收益罪的打击力度（犯罪对象、行为方式的扩张和法定刑幅度的提高）。也正是随着洗钱罪的上游犯罪的范围扩大，有观点认为作为特别法的洗钱罪逐渐挤压作为一般法的掩饰、隐瞒犯罪所得、犯罪所得收益罪的适用空间，这种观点有一定道理。事实上，国际刑法中的洗钱罪的概念就是包含了我国刑法的洗钱罪和掩饰、隐瞒犯罪所得、犯罪所得收益罪的集合。但是在我国已经形成了洗钱罪与掩饰、隐瞒犯罪所得、犯罪所得收益罪两罪并立的格局下，无论洗钱罪的上游犯罪范围再怎么扩大，也不能改变在治理赃物犯罪的罪名体系中，掩饰、隐瞒犯罪所得、犯罪所得收益罪所占有主体地位；而且虽然两罪的主要区分点是犯罪对象，在行为方式和行为性质上的差异已经十分淡化，但这种差异性还是存在的。

第一，两罪的主要区分点是犯罪对象，也即上游犯罪的性质不同。洗钱罪的上游犯罪只限于刑法第一百九十一条规定的毒品犯罪、黑社会性质的组织犯罪、恐怖活动犯罪、走私犯罪、贪污贿赂犯罪、破坏金融管理秩序犯罪、金融诈骗犯罪这七类犯罪，掩饰、隐瞒犯罪所得、犯罪所得收益罪的上游犯罪则是除此之外的有"犯罪所得"及其收益的所有犯罪。

第二，两罪的犯罪客体有所不同。洗钱罪位列刑法分则第三章第四节破坏金融管理秩序罪中，该罪侵犯的客体是国家的金融管理秩序，同时也侵害了司法机关的职能活动，兼具妨害司法的性质。掩饰、隐瞒犯罪所得、犯罪所得收益罪位列刑法分则第六章第二节妨害司法罪中，该罪侵犯的客体主要是司法机关追诉犯罪的职能活动，也包含上游犯罪中的被害人对财物的合法权益。从立法旨趣来看，之所以把洗钱罪独立出来单列在破坏金融管理秩序罪中，设置了相较于掩饰、隐瞒犯罪所得、犯罪所得收益罪更高的法定刑，是从保障金融安全的实际需要出发，对某些特定的通常可能有巨大犯罪所得的严重犯罪而为其洗钱的行为作出的特别规定，而在诸如恐怖活动犯罪、毒品犯罪、走私犯罪中，洗钱行为对于上游犯罪规模的扩大和犯罪的持续发生有着比普通犯罪更大的促进作用，社会危害性更大。

第三，两罪的行为方式有所差异。洗钱罪和掩饰、隐瞒犯罪所得罪的行为方式均是“掩饰、隐瞒”，但洗钱罪的表述是“掩饰、隐瞒犯罪所得及其收益的来源和性质的”，掩饰、隐瞒犯罪所得、犯罪所得收益罪的表述是“掩饰、隐瞒的”。从字面意义上看，两者有所区别。洗钱罪由于其涉及妨害金融管理秩序和破坏国家经济安全的性质，所以侧重点在于掩饰、隐瞒犯罪所得及其收益的来源和性质，也就是俗话说的把“赃钱洗白”，披上合法的外衣；而掩饰、隐瞒犯罪所得、犯罪所得收益罪的行为方式包括掩饰、隐瞒犯罪所得及其收益的来源和性质，但又不局限于此，还包括掩饰、隐瞒犯罪所得及其收益的处所等其他情况。因此，两罪之间就发生了交叉，即使上游犯罪属于洗钱罪规定的七类上游犯罪之一，但是不涉及掩饰、隐瞒犯罪所得及其收益的来源和性质的，按照罪刑法定的要求和立法本意，仍应该定掩饰、隐瞒犯罪所得、犯罪所得收益罪而非洗钱罪。

那么，如何理解“掩饰、隐瞒来源及性质”呢？我们认为，刑法第一百九十一条规定了洗钱罪的五种行为方式，即提供资金账户；协助将财产转换为现金、金融票据、有价证券；通过转账或者其他结算方式协助资金转移；协助将资金汇往境外；以其他方式掩饰、隐瞒犯罪所得及其收益的来源和性质。第五种行为方式作为兜底条款，是对列举式规定的补充归纳，应该与前四项所列举的方式具有相当性。《最高人民法院关于审理洗钱等刑事案件具体应用法律若干问题的解释》第二条的列举式规定，在刑法第一百九十一条的基础上，又进一步明确洗钱行为可以通过商业银行等银行类的金融性机构，证券公司、保险公司等非银行类金融机构，商品交易、企业收购、投资等非金融机构以及地下钱庄、赌博等非法途径实施，意图在于淡化洗钱罪在行为方式上的特殊要求。据此，“掩饰、隐瞒来源及性质”不需要局限在金融领域或通过金融机构来实现，应当将其落脚点放在资金形式的“转换”上而非“金融机构”上。洗钱罪要求行为人借助一定的金融手段或非金融手段来实现对犯罪所得及其收益的转换，它一定有一个类似交易、兑换等的转换过程。例如，行为人明知系他人受贿犯罪所得的一个名贵花瓶而为其保管，因为不涉及资金形式的“转换”，只能构成掩饰、隐瞒犯罪所得罪；同理，行为人明知系他人受贿犯罪所得的现金港币而提供场所藏匿，只是物理意义上的转移、窝藏行为，行为的落脚点在于掩饰、隐瞒实物本身，而非犯罪所得的性质和来源，不涉及资金形式的“转换”，仍应定掩饰、隐瞒犯罪所得罪。

本案中，被告人姜某明知系他人受贿犯罪所得的现金而藏匿在别墅房中，后又交给他人转移，但姜某只是对其丈夫受贿所得的现金、银行卡等实施了物理意义上的窝藏、转移行为，行为的实质在于掩饰、隐瞒犯罪所得的实物本身，而非掩饰、隐瞒犯罪所得的性质和来源，不涉及资金形式的转换或转移，如将现金转换为他人名下的银行卡等，故姜某的行为仍应限定在掩饰、隐瞒犯罪所得罪这一普通赃物犯罪的范畴里。

综上，利津县人民法院认定被告人姜某犯掩饰、隐瞒犯罪所得罪，判处有期徒刑三年，缓刑三年，并处罚金人民币二十万元是适当的。

——最高人民法院刑四庭：《姜某掩饰、隐瞒犯罪所得案》，载最高人民法院刑事审判第一、二、三、四、五庭主办：《刑事审判参考》（总第104集），法律出版社2016年版，第70~73页。

1110. 掩饰、隐瞒犯罪所得罪主观故意中“明知”的认定

关键词

掩饰、隐瞒犯罪所得罪　主观故意

《刑事审判参考》指导案例

陈某、欧阳某等掩饰、隐瞒犯罪所得案（《刑事审判参考》指导案例第1102号）

裁判要点：本案中涉及的电子数据数量巨大，普通人通过合法正规途径根本不可能获取和拥有，也不可能买卖如此大量的数据信息。二被告人具有较高的计算机操作能力，从二人通过低价从上游犯罪行为人手中买进大量计算机信息系统数据后以高价卖出的方式，可以推定其明知该部分数据是或可能是犯罪所得。

（三）认定掩饰、隐瞒犯罪所得及其收益的行为人是否“明知”，应当根据全案事实综合分析

认定掩饰、隐瞒犯罪所得及其收益的行为人是否“明知”，应当结合被告人的认知能力，接触他人犯罪所得及其收益的情况，犯罪所得及其收益的种类、数额，犯罪所得及其收益的转移方式以及被告人的供述等主客观因素进行认定。换言之，认定被告人明知是犯罪所得，不能仅凭被告人的口供。司法实践中往往采用推定的方法，同时允许被告人提出反证，如果被告人能够提出证据证实自己确实不知道的，则不构成本罪。而且，本罪的主观方面是故意，包括确定的故意和不确定的故意，只要行为人根据有关情况，主观上

认识到或应当认识到掩饰、隐瞒的对象是或可能是他人的犯罪所得或者收益即可，不要求其对上游犯罪的犯罪人究竟是何人、上游犯罪的行为时间、地点及触犯的罪名等有具体的认知。本案中涉及的 QQ 账户及密码的电子数据数量巨大，普通人通过合法正规途径根本不可能获取和拥有，也不可能买卖如此大量的数据信息。被告人陈某、欧阳某具有较高的计算机操作能力，从二人通过低价从上游犯罪行为人手中买进大量计算机信息系统数据后以高价卖出的方式，可以推定其明知该部分数据是或可能是犯罪所得。因此，被告人陈某、欧阳某辩称对于 QQ 号码系他人犯罪所得并不明知，不能成立。

综上，原审法院认定被告人陈某犯掩饰、隐瞒犯罪所得罪，判处有期徒刑四年，并处罚金人民币 10 万元；被告人欧阳某犯掩饰、隐瞒犯罪所得罪，判处有期徒刑三年，并处罚金人民币 6 万元是适当的。

——最高人民法院刑四庭：《陈某、欧阳某等掩饰、隐瞒犯罪所得案》，载最高人民法院刑事审判第一、二、三、四、五庭主办：《刑事审判参考》（总第 104 集），法律出版社 2016 年版，第 67~68 页。

1111. 对掩饰、隐瞒犯罪所得罪中列举的“收购”和“代为销售”两种行为方式的把握

关键词

掩饰、隐瞒犯罪所得罪　收购　代为销售

《刑事审判参考》指导案例

陈某、欧阳某等掩饰、隐瞒犯罪所得案（《刑事审判参考》指导案例第 1102 号）

裁判要点：关于“收购”，究其立法原意，法律惩罚的侧重点在于“购”，因为明知是他人犯罪所得及其收益而仍然购买，不管其目的是不是再次出售，购买行为都体现出行为人为上游犯罪人掩饰、隐瞒的主观故意，这是本罪打击的重点。故而此处应当进行限缩解释，“收”和“购”两个字之间是语义的重复，可以解释为“购买”，无须附加“销售营利”的目的，单纯为了自用而收购的，也是掩饰、隐瞒行为。关于“代为销售”，是指行为人代犯罪分子出售犯罪所得的行为。与“收购”不同，它是替犯罪分子销售犯罪所得，中间过程中并没有以自有资金取得对犯罪所得的所有权，它既可以表现为行为人以卖主身份替上游犯罪人销售犯罪所得的行为，也包括在犯

罪分子与购赃人之间进行斡旋介绍的行为。

（一）对掩饰、隐瞒犯罪所得罪中列举的“收购”和“代为销售”两种行为方式的把握

“收购”和“代为销售”是刑法第三百一十二条列举的掩饰、隐瞒的行为方式，如何准确界定和理解“收购”和“代为销售”，在实践中有一定争议。本案审理过程中，就有观点提出被告人陈某、欧阳某的行为是先购买后销售，应当属于刑法第三百一十二条规定的“代为销售”，构成掩饰、隐瞒犯罪所得罪。对此我们认为，陈某、欧阳某的行为构成掩饰、隐瞒犯罪所得罪，但是其行为方式并非“代为销售”而是“收购”。虽然定罪结论一致，但是分析其中到底是符合哪一种具体行为方式，涉及罪行表述精确和法网严密问题。

关于“收购”，在《现代汉语词典》中的解释是“从各处购买”，主要的词条是“收购粮食”“完成收购计划”等，强调物品来源的广泛性和扩张性。如果严格按照语义解释的话，单独一次的收赃行为或者固定地从同一个来源收赃的行为就应排除在犯罪圈以外了，这明显与立法原意矛盾，在解释时从法理上无法对收赃行为附加“来源广泛”的要求。所以，此处应当进行限缩解释，“收”和“购”两个字之间是语义的重复，解释为“购买”就可以了。同时也无须对“收购”附加“销售营利”的目的，单纯为了自用而收购的，也是掩饰、隐瞒行为。“收购”的行为类型中包含着“先购后卖”这种情况，根据掩饰、隐瞒犯罪所得罪的立法旨意，法律在这时惩罚的侧重点仍在于“购”，因为明知是他人犯罪所得及其收益而仍然购买，不管其目的是不是再次出售，购买行为都体现出行为人为上游犯罪人掩饰、隐瞒的主观故意，可能是直接故意，也可以是间接故意，这是本罪打击的重点。后面再出售的行为就只是实现其个人利益而已，所以刑法条文在这里没有列举“销售”一项，而是在“收购”之后列举了“代为销售”。

所谓“代为销售”，是指行为人代犯罪分子出售犯罪所得的行为。“代为销售”与“收购”不同，它是替犯罪分子销售犯罪所得，中间过程中并没有以自有资金取得对犯罪所得的所有权。“代为销售”既可以表现为行为人以卖主身份替上游犯罪人销售犯罪所得的行为；也包括在犯罪分子与购赃人之间进行斡旋介绍的行为。行为人先将犯罪所得进行窝藏，然后以卖主身份寻找买赃人售出的行为，仍是一种代为销售行为。根据以上分析，本案中被告人陈某、欧阳某的行为属于“先购后卖”，应当解释为刑法第三百一十二条规定的“收购”而非“代为销售”。

——最高人民法院刑四庭：《陈某、欧阳某等掩饰、隐瞒犯罪所得案》，载最高人民法院刑事审判第一、二、三、四、五庭主办：《刑事审判参考》（总第104集），法律出版社2016年版，第66~67页。

1112. 掩饰、隐瞒犯罪所得罪“情节严重”的认定标准

关键词

掩饰、隐瞒犯罪所得罪

《刑事审判参考》指导案例

李林掩饰、隐瞒犯罪所得案（《刑事审判参考》指导案例第 1099 号）

裁判要点：根据《最高人民法院、最高人民检察院关于办理与盗窃、抢劫、诈骗、抢夺机动车相关刑事案件具体应用法律若干问题的解释》，明知是盗窃、抢劫、诈骗、抢夺的机动车而予以掩饰、隐瞒，涉及机动车 5 辆以上或者价值总额达到 50 万元以上的，属于《刑法》第三百一十二条规定的“情节严重”。就法律逻辑学角度而言，机动车 5 辆以上和价值总额达到 50 万元以上，属于选择关系，而非并列关系。故只要被告人的犯罪行为具备其中一种情况，就应认定为“情节严重”。

刑法第三百一十二条规定：明知是犯罪所得及其产生的收益而予以窝藏、转移、收购、代为销售或者以其他方法掩饰、隐瞒的，处三年以下有期徒刑、拘役或者管制，并处或者单处罚金；情节严重的，处三年以上七年以下有期徒刑，并处罚金。其中什么情况属于“情节严重”此前的法律和司法解释未作明确的界定，概念的内涵和外延界定不够清晰，只有《最高人民法院、最高人民检察院关于办理与盗窃、抢劫、诈骗、抢夺机动车相关刑事案件具体应用法律若干问题的解释》（以下简称《机动车司法解释》）第一条和《最高人民法院、最高人民检察院关于办理危害计算机信息系统安全刑事案件应用法律若干问题的解释》第七条有所提及。认定标准的缺失造成一些法院不敢适用“情节严重”，与从严打击此类犯罪的立法意图不符。2015 年 6 月 1 日开始实施的《最高人民法院关于审理掩饰、隐瞒犯罪所得、犯罪所得收益刑事案件适用法律若干问题的解释》（以下简称《掩饰、隐瞒解释》）对“情节严重”的标准做了进一步的明确。我们认为，对掩饰、隐瞒犯罪所得罪“情节严重”的把握要根据犯罪情节和量刑情节的多种因素综合考量，结合有关司法解释的具体规定认定。本案中，被告人李林明知是他人盗窃所得的摩托车而予以收购并销售 5 辆以上，应认定为“情节严重”。理由如下：

（一）《机动车司法解释》对“情节严重”的规定属于选择关系，而非并列

关系

本案的犯罪对象系机动车。由于机动车具有交通工具的属性，对于针对机动车所实施的盗窃、抢劫等上游犯罪来讲，机动车作为犯罪对象更容易转移，这就导致侦查机关对上游犯罪的查证也相对比较困难，在侦查过程中需要投入较大的人力、物力和财力，因此，掩饰、隐瞒的对象系机动车的，其行为所涉及的上游犯罪的社会危害性相对较大。此外，不少行为人在实施掩饰、隐瞒犯罪所得的机动车的过程中，为了掩盖真相，会对机动车进行拆解、改装、拼装、组装等，以便于非法交易，这严重妨害了交通管理部门对机动车的正常管理秩序，社会危害性较大。正因如此，最高人民法院出台的《机动车司法解释》对于掩饰、隐瞒的对象系犯罪所得的机动车的情况，如何认定“情节严重”专门作出了解释。

被告人李林收购、销售的机动车已达 5 辆以上（24 辆），根据《机动车司法解释》第一条第二款的规定，明知是盗窃、抢劫、诈骗、抢夺的机动车而予以掩饰、隐瞒，涉及机动车 5 辆以上或者价值总额达到 50 万元以上的，属于刑法第三百一十二条规定的“情节严重”，处三年以上七年以下有期徒刑，并处罚金。我们认为，就法律逻辑学角度而言，机动车 5 辆以上和价值总额达到 50 万元以上，属于选择关系，而非并列关系，如果我们把它理解为并列关系，要求机动车达到 5 辆的同时还必须价值总额达到 50 万元以上，则机动车 5 辆以上的规定就成为一纸空文。故只要被告人的犯罪行为具备其中一种情况，就应认定为“情节严重”。

（二）《机动车解释》与《掩饰、隐瞒解释》属于特别法与一般法的关系

《掩饰、隐瞒解释》第三条第一款将掩饰、隐瞒犯罪所得、犯罪所得收益罪的“情节严重”标准设定为价值总额达到 10 万元以上，或者行为 10 次以上，或者行为 3 次以上且价值总额达到 5 万元以上。本案发生在《掩饰、隐瞒解释》生效之前，不存在与《机动车司法解释》选择适用的问题。但是如果在《掩饰、隐瞒解释》生效之后，发生类似的案件，应当适用哪一个司法解释呢？我们认为，《机动车解释》对于掩饰、隐瞒的对象为盗窃、抢劫、诈骗、抢夺所得的机动车如何认定“情节严重”作了专门规定，而《掩饰、隐瞒解释》是对掩饰、隐瞒犯罪所得、犯罪所得收益罪的相关问题进行统一的解释，其中关于“情节严重”的规定也是针对所有掩饰、隐瞒犯罪行为的，故而相对于《掩饰、隐瞒解释》来讲，《机动车解释》属于特别规定，是针对特殊犯罪对象所作出的特殊规定，按照特别法优于一般法的基本原则，应当适用特别法即《机动车解释》。《掩饰、隐瞒解释》第三条第二款规定：“司法解释对掩饰、隐瞒涉及机动车、计算机信息系统数据、计算机信息系统控制权的犯罪所得及其产生的收益行为认定‘情节严重’已有规定的，审理此类案件依照该规定。”这一规定也体现了特别法优于一般法的原则，在掩饰、隐

瞒的对象为机动车时，应当适用《机动车解释》。

此外，在司法实践中还应当注意的是，如果掩饰、隐瞒的对象为犯罪所得的机动车，只要没有达到《机动车解释》“五辆以上或者价值总额达到五十万元以上”的标准，即使达到了《掩饰、隐瞒解释》规定的“情节严重”的标准，如掩饰、隐瞒价值总额 10 万元以上，或者行为 10 次以上，或者行为 3 次以上且价值总额达到 5 万元的，仍然不能认定为“情节严重”。

（三）对掩饰、隐瞒犯罪所得及其收益的犯罪，在量刑时，除了以数额、次数等为主要标准，还应考虑其他犯罪情节

本案认定为“情节严重”后，在具体量刑时，除了以数额、次数等为主要标准，还应当考虑被告人李林的具体犯罪情节，并依照量刑规范化的有关规定量刑。李林虽不是累犯，但其共购买、销售来历不明的各类摩托车达 26 辆，显然在主观恶性上与初犯、偶犯相比明显较深，人身危险性大。其在半年的时间里就连续作案多次，购买、贩卖来历不明的摩托车数量大，属于多次作案，犯罪活动猖獗；被抓获后虽然如实供述犯罪，但仍有 5 辆摩托车未能追回，且没有积极主动缴纳罚金。

综上，判断被告人掩饰、隐瞒犯罪所得的犯罪行为是否属于“情节严重”，应当坚持以法律、司法解释规定的“情节严重”为标准。在量刑时，根据被告人的主观恶性、犯罪对象、上游犯罪的社会危害性、作案手段、作案次数、犯罪数额等情节综合考量。虽然本案被告人李林认罪，但其半年内疯狂作案，购销来历不明的各类摩托车达 26 辆，主观恶性较深，人身危险性大。二审法院在充分考虑被告人李林的各种从重、从轻处罚情节后，依据《机动车解释》的规定，认定李林属于“情节严重”，一审适用法律不当，量刑错误，以掩饰、隐瞒犯罪所得罪改判李林有期徒刑三年，并处罚金 6000 元是恰当的。

——最高人民法院刑四庭：《李林掩饰、隐瞒犯罪所得案》，载最高人民法院刑事审判第一、二、三、四、五庭主办：《刑事审判参考》（总第 104 集），法律出版社 2016 年版，第 51~53 页。

1113. 掩饰、隐瞒的犯罪对象对犯罪情节的影响

关键词

掩饰、隐瞒犯罪所得罪　犯罪对象

《刑事审判参考》指导案例

陈飞、刘波掩饰、隐瞒犯罪所得案（《刑事审判参考》指导案例第

1110 号）

裁判摘要：《最高人民法院、最高人民检察院关于办理与盗窃、抢劫、诈骗、抢夺机动车相关刑事案件具体应用法律若干问题的解释》明确规定，在一般情况下，掩饰、隐瞒犯罪所得及其产生的收益价值总额达到 10 万元才能认定为情节严重。

（二）掩饰、隐瞒盗窃犯罪所得的赃车，应依照《最高人民法院、最高人民检察院关于办理与盗窃抢劫、诈骗、抢夺机动车相关刑事案件具体应用法律若干问题的解释》（以下简称《机动车解释》），判断该行为是否属于情节严重

《解释》已于 2015 年 6 月 1 日开始实施。根据该解释的规定，一般情况下，掩饰、隐瞒犯罪所得及其产生的收益价值总额达到 10 万元才能认定为情节严重。本案判决时，该解释还没出台，故还不能适用。即使本案发生在《解释》施行后，也不能适用该解释。因为该解释第三条第二款规定："司法解释对掩饰、隐瞒涉及机动车、计算机信息系统数据、计算机信息系统控制权的犯罪所得及其产生的收益行为认定'情节严重'已有规定的，审理此类案件依照该规定。"因此，就掩饰、隐瞒涉及机动车的犯罪所得及其产生的收益行为认定"情节严重"，应当优先适用《机动车解释》。古蔺县人民法院据此认定陈飞的行为属于掩饰、隐瞒犯罪所得罪情节严重的行为，刘波的行为不属于情节严重的情形是正确的。

——最高人民法院刑四庭：《陈飞、刘波掩饰、隐瞒犯罪所得案》，载最高人民法院刑事审判第一、二、三、四、五庭主办：《刑事审判参考》（总第 104 集），法律出版社 2016 年版，第 105~106 页。

1114. "以其他方法"掩饰、隐瞒犯罪所得、犯罪所得收益的认定

关键词

掩饰、隐瞒犯罪所得罪

《刑事审判参考》指导案例

李涛、曹某某掩饰、隐瞒犯罪所得案（《刑事审判参考》指导案例第 1111 号）

裁判要点：被告人明知其加工的原油系非法收购所得，但仍采

用将原油炼制为土柴油的方式出售获利，所采取的“加工”方式，虽不同于掩饰、隐瞒犯罪所得罪罗列的窝藏、转移、收购、代为销售的方式，但系基于妨碍司法追诉的目的，对犯罪所得采用了一种积极处置方式，使犯罪所得的性状发生了变化，使司法机关难以追查被盗赃物或者难以认定赃物价值，影响刑事追诉活动的正常开展，故被告人的行为与前述窝藏、转移、收购、代为销售行为具有同质性。因此，被告人“加工”的方式可以认定为本罪的“其他方法”。

掩饰、隐瞒犯罪所得、犯罪所得收益罪的行为方式在立法层面上经历了一个逐步完善的过程：1979 年刑法仅规定了窝藏、代为销售两种方式；1997 年刑法增设了转移、收购两种方式；2006 年刑法修正案（六）在 1997 年刑法基础上加设了“以其他方法掩饰、隐瞒”作为兜底式规定。第一次的修改通过列举方式增加了法定行为方式，第二次的修改则通过列举规定与抽象规定相结合的方式扩大了处罚范围，既保障有效打击常见的赃物犯罪，同时又填堵了立法漏洞。

刑法作为规范犯罪与刑罚的法律，条文的明确性、精准性相较其他规范性文件要求更高，即必须准确地界定犯罪行为的范围，以保障没有明文规定为犯罪的行为不成为其适用对象。但是由于立法技术的局限和社会生活的复杂，明确刚性的条款往往在面对日益翻新的犯罪手段时显得不能灵活。为维护成文法的稳定，同时适应社会生活的多变，立法机关往往采用“具体 + 抽象”的立法模式。这样的立法模式能够适应日趋多样、隐蔽的犯罪行为不断增多的形势，加大惩治力度，但如果不作出合理解释，也会给司法实践中给法律适用造成一定困扰。理论与实践中对于何谓“以其他方法”掩饰、隐瞒犯罪所得、犯罪所得收益就存在争议。

明确“其他行为”的界限，首先，要坚持罪刑法定原则。罪刑法定原则是刑法的基本原则，任何司法活动均应在法律设定的框架内进行，正确解释法律就应当严格依据法律规定的内容，寻求立法者的本意。本罪的立法本意是通过打击掩饰、隐瞒犯罪所得及其收益行为来恢复被破坏的正常司法秩序一因此，只要能实际上起到对犯罪所得及其收益掩饰、隐瞒的效果，妨碍正常刑事追诉活动的行为，均可成立此罪。其次，要重视犯罪行为罪质的相当性。罪质的相当性，也作“同质性”，要求兜底性条款认定的行为必须与同一条款明文规定的行为类型在法律性质等方面具有相同或者类似的价值。如此进行解释，是基于刑法体系性解释的要求，也是刑法公正的基本价值追求。既然兜底性条款与明文规定的其他条款规定在同一法律条文中，设置相同的法定刑，故而推断立法者认为两者在刑法评价上基本相当。因此，掩饰、隐瞒犯罪所得、犯罪所得收益罪中的“其他方法”应当是指与窝藏、转移、收购、代为销售四种行为方式相类似的方法，而非任何“其他方法”，不能随意扩大其适用范围。最后，从因果关系来说，以“其他方式”掩饰、隐瞒的行为与他人的上游犯罪行为难以被司法机关追诉具有因果关系，且这种难以被追诉的效果是行为人追求或者放任的结果。

最高人民法院于2015年6月1日施行的《关于审理掩饰、隐瞒犯罪所得、犯罪所得收益刑事案件适用法律若干问题的解释》（以下简称《解释》）第十条第二款规定：“明知是犯罪所得及其产生的收益而采取窝藏、转移、收购、代为销售以外的方法，如居间介绍买卖，收受，持有，使用，加工，提供资金账户，协助将财物转换为现金、金融票据、有价证券，协助将资金转移、汇往境外等，应当认定为刑法第三百一十二条规定的‘其他方法’。”

行为人“以其他方法”掩饰、隐瞒犯罪所得，如果“其他方法”也构成犯罪的，应当如何定罪处罚，《解释》对此作出了规定。《解释》第七条规定：“明知是犯罪所得及其产生的收益而予以掩饰、隐瞒，构成刑法第三百一十二条规定的犯罪，同时构成其他犯罪的，依照处罚较重的规定定罪处罚。”也即行为人基于一个犯罪故意，实施的一个犯罪行为触犯了数个罪名，且规定该数个罪名的不同法律条文之间没有重合关系，即刑法理论中的想象竞合犯。例如，行为人基于掩饰、隐瞒犯罪所得的故意而将犯罪所得的财物损毁，触犯了掩饰、隐瞒犯罪所得罪和故意毁坏财物罪两个罪名，就属于想象竞合犯。想象竞合犯的形成是因切入角度不同，即一行为具有多重社会危害性，触犯不同罪名，侵犯了多个法益。但是毕竟只有一个行为，而行为是区分罪数最主要的依据，因此对想象竞合犯不能进行数罪并罚。通行的做法是从一重罪处罚，即选择其中一个法定刑最重的罪名进行定罪处罚，这是符合罪责刑相适应原则要求的。对于掩饰、隐瞒犯罪所得罪和故意毁坏财物罪的想象竞合犯，从入罪条件和法定刑设置来看，掩饰、隐瞒犯罪所得罪的刑事责任更重，因此应当以掩饰、隐瞒犯罪所得罪来定罪处罚。

在本案中，被告人李涛、曹某某明知加工的原油系非法收购所得，但仍采用将原油炼制为土柴油的方式出售获利，该行为使犯罪所得的原油性质发生了改变，妨碍了司法机关对窃取原油犯罪行为的有效追诉，从侵犯的法益来看符合本罪立法本意。从具体行为方式来看，李涛、曹某某采取了加工的方式，虽不同于本罪罗列的窝藏、转移、收购、代为销售的方式，但系基于妨碍司法追诉的目的，对犯罪所得采用了一种积极处置方式，使犯罪所得的性状发生了变化，使司法机关难以追查被盗赃物或者难以认定赃物价值，影响刑事追诉活动的正常开展，故李涛、曹某某的行为与前述窝藏、转移、收购、代为销售行为具有同质性，同样都应受到刑法的否定性评价。最后，从行为效果来看，该行为客观上扰乱了司法秩序，对正常的司法追诉产生了妨碍，处置行为与处置效果间具有因果关系。因此，李涛、曹某某加工的方式可以认定为本罪的“其他方法”。

综上，被告人李涛、曹某某加工的原油经鉴定价值人民币6000多元，符合《解释》规定的一般情节，李涛、曹某某系自首，赃物已返回被害方，加之李涛有累犯情节，大同区人民法院综合上述量刑因素，判处被告人李涛有期徒刑六个月，并处罚金人民币一万元；判处被告人曹某某拘役四个月，并处罚金人民币一万元是妥当的。

——最高人民法院刑四庭：《李涛、曹某某掩饰、隐瞒犯罪所得案》，载最高人民法院刑事审判第一、二、三、四、五庭主办：《刑事审判参考》（总第104集），法律出版社2016年版，第108~110页。

1115. 帮助更换被盗电动车锁行为的定性

关键词

掩饰、隐瞒犯罪所得罪

《刑事审判参考》指导案例

张晗、方建策、傅鹰掩饰、隐瞒犯罪所得案（《刑事审判参考》指导案例第1112号）

裁判要点：被告人明知是盗窃犯罪所得的车辆仍帮其更换车锁，其目的显然是为了掩饰、隐瞒上游犯罪人的犯罪所得，且被告人的行为掩盖了电动车系盗窃所得的真相，是销赃过程中的重要一环，因此换锁行为与刑法所列举的窝藏、转移、收购、代为销售等行为在罪质上具有相当性，故此应当认定被告人的行为系掩饰、隐瞒犯罪所得的“其他方法”。

我们认为，帮助更换被盗电动车锁的行为属于掩饰、隐瞒犯罪所得、犯罪所得收益罪中的“其他方法”。1979年刑法第一百七十二条规定，明知是犯罪所得的赃物而予以窝藏或者代为销售的，处三年以下有期徒刑、拘役或者管制，可以并处或者单处罚金。1997年刑法修订时在第三百一十二条规定，明知是犯罪所得的赃物而予以窝藏、转移、收购或者代为销售的，处三年以下有期徒刑、拘役或者管制，并处或者单处罚金。这两种规定对犯罪行为方式均采取了列举式的立法模式。随着经济的快速发展，新的犯罪手段层出不穷，上述列举模式显然不能有效打击犯罪，故刑法修正案（六）在将原规定的赃物扩大为犯罪所得、犯罪所得收益的基础上，对犯罪的行为方式采取了“列举＋概括”的立法模式，增加了以其他方法掩饰、隐瞒的兜底性规定。我们认为，掩饰、隐瞒的“其他方法”是指以窝藏、转移、收购、代为销售以外的其他方法掩盖犯罪所得及其收益的来源、性质、存在等的行为。认定一个行为属于以“其他方法”掩饰、隐瞒，必须同时具备下列要素：一是行为人主观上明知是犯罪所得及其收益；二是该行为与窝藏、转移、收购、代为销售在罪质上具有相当性；三是该行为在客观上扰乱了司法秩序，妨害了司法机关对赃物及其收益的正常追缴活动和对违法犯罪案件的追查活动。

为了进一步严密刑事法网，《最高人民法院关于审理掩饰、隐瞒犯罪所得、犯罪所得收益刑事案件适用法律若干问题的解释》（以下简称《解释》）第十条第二款规定：“明知是犯罪所得及其产生的收益而采取窝藏、转移、收购、代为销售以外的方法，如居间介绍买卖，收受，持有，使用，加工，提供资金账户，协助将财物转换为现金、金融票据、有价证券，协助将资金转移、汇往境外等，应当认定为刑法第三百一十二条规定的‘其他方法’。”必须指出，《解释》也不可能穷尽其他掩饰、隐瞒方法，故用“等”字再予以兜底，这表明在上述列举行为之外，仍有未被涵盖的其他掩饰、隐瞒方法，这就需要结合案件事实进行判断认定。

根据上述规定，本案被告人傅鹰为张晗、方建策更换被盗电动车锁的行为应认定为“其他方法”。理由是：其一，傅鹰明知是盗窃犯罪所得的车辆仍帮其更换车锁，其目的显然是为了掩饰、隐瞒上游犯罪人的犯罪所得；其二，傅鹰更换被盗电动车锁的行为是张晗、方建策销赃过程的重要一环，更换了车锁即掩盖了电动车系盗窃所得的真相，才可能将电动车转卖给他人，因此换锁行为与刑法所列举的窝藏、转移、收购、代为销售等行为在罪质上具有相当性，与《解释》所列举的“加工”行为更是具有同质性；其三，傅鹰的行为严重妨害了公安、司法机关的追诉活动，助长了他人继续实施盗窃犯罪。

综上，原审法院认定被告人傅鹰帮助更换被盗电动车锁的行为系掩饰、隐瞒犯罪所得的“其他方法”，由此认定被告人傅鹰犯掩饰、隐瞒犯罪所得罪，判处有期徒刑七个月，缓刑一年二个月，并处罚金人民币10000元是适当的。

——最高人民法院刑四庭：《张晗、方建策、傅鹰掩饰、隐瞒犯罪所得案》，载最高人民法院刑事审判第一、二、三、四、五庭主办：《刑事审判参考》（总第104集），法律出版社2016年版，第112~114页。

1116. 掩饰、隐瞒行为的“其他方法”的具体认定

关键词

掩饰、隐瞒犯罪所得罪　居间介绍

《刑事审判参考》指导案例

吴某等掩饰、隐瞒犯罪所得案（《刑事审判参考》指导案例第 1113 号）

裁判要点：居间介绍买卖犯罪所得及其收益的，只要行为人主观上明知是犯罪所得及其收益，客观上实施了居间介绍买卖行为，他人通过其居间介绍行为对赃物等进行了交易，则无论该行为人是否因为居间介绍获取佣金、报酬，都可以认定为掩饰、隐瞒犯罪所得及其收益的行为。

（一）拆解农用车的行为、居间介绍买卖的行为均属于掩饰、隐瞒的“其他方法”

本案在审理中对于被告人吴某拆解农用车的行为应如何定性存在争议：一种观点认为，拆解车辆的行为不是刑法第三百一十二条规定的掩饰、隐瞒行为，故吴某的行为不构成掩饰、隐瞒犯罪所得罪，其行为如果导致车辆毁损，可以构成故意毁坏财物罪；另一种观点认为，虽然刑法没有明确规定拆解车辆属于掩饰、隐瞒行为，但根据《最高人民法院、最高人民检察院关于办理与盗窃、抢劫、诈骗、抢夺机动车相关刑事案件具体应用法律若干问题的解释》（以下简称《机动车解释》）第一条第一款第二项的规定，拆解行为应当认定为掩饰、隐瞒行为，吴某构成掩饰、隐瞒犯罪所得罪。

我们同意后一种观点，主要理由如下：

1997 年刑法第三百一十二条规定：“明知是犯罪所得的赃物而予以窝藏、转移、收购或者代为销售的，处三年以下有期徒刑、拘役或者管制，并处或者单处罚金。”刑法修正案（六）对该条作了修改，一是将窝藏、转移、收购、代为销售赃物犯罪的对象进行了扩大，将原规定的赃物扩大为犯罪所得及其产生的收益；二是犯罪行为方式上增加了“其他方法”。

关于“其他方法”的具体认定，根据《最高人民法院关于审理掩饰、隐瞒犯罪所得、犯罪所得收益刑事案件适用法律若干问题的解释》（以下简称《解释》）第十条第二款的规定：“明知是犯罪所得及其产生的收益而采取窝藏、转移、收购、代为销售以外的方法，如居间介绍买卖，收受，持有，使

用，加工，提供资金账户，协助将财物转换为现金、金融票据、有价证券，协助将资金转移、汇往境外等，应当认定为刑法第三百一十二条规定的‘其他方法’。”我们认为，《解释》所列举的“其他方法”虽然无法穷尽实践当中各种各样的掩饰、隐瞒方法，但是认定为掩饰、隐瞒犯罪所得、犯罪所得收益的“其他方法”，应遵循以下两点：一是“其他方法”的样态虽然各种各样，但是必须与窝藏、转移、收购和代为销售在罪质上具有相当性，如居间介绍买卖、收受、持有、使用、加工等行为，没有被第三百一十二条所列的四种行为所涵盖，但与四种行为性质相当的，都应属于“其他方法”；二是这些方法在客观上扰乱了司法秩序，妨害了司法机关对上游犯罪行为的追究。

本案被告人吴某实施的拆解农用车的行为，主观上是为了将盗窃来的赃车进行分解，从而便于售卖零件，客观上扰乱了司法秩序，妨害了司法机关对上游盗窃犯罪赃物的追缴。拆解虽然不是《解释》所直接列举的“其他方法”，但是与刑法规定的窝藏、转移、收购和代为销售在罪质上具有相当性，即都是为了扰乱司法机关的追诉活动，便于上游犯罪分子转移、销售赃物，应当认定为掩饰、隐瞒的“其他方法”。这样认定也与已经出台的《机动车解释》第一条第一款第二项的规定相符。前述第一种观点认为被告人吴某的行为构成故意毁坏财物罪是不妥当的。吴某的行为虽然在客观上也造成了农用车毁坏的结果，但其拆解车辆的主观目的不是使财物的效用丧失或者减少，而是便于将赃车转卖牟利。吴某基于掩饰、隐瞒犯罪所得的故意而将犯罪所得的财物损毁，触犯了掩饰、隐瞒犯罪所得罪和故意毁坏财物罪两个罪名。行为人基于一个犯罪故意，实施的一个犯罪行为触犯了数个罪名，且规定该数个罪名的不同法律条文之间没有重合关系，即构成想象竞合犯。按照想象竞合犯从一重罪处罚的原则，掩饰、隐瞒犯罪所得罪和故意毁坏财物罪从法定刑设置来比较，掩饰、隐瞒犯罪所得罪的刑事责任更重，因此应当以掩饰、隐瞒犯罪所得罪来定罪处罚。

本案中，被告人胡某明知涉案的农用三轮车、四轮车没有手续、来路不明，还介绍给被告人吴某购买，是典型的“居间介绍买卖”的行为，根据《解释》第十条第二款的规定，属于掩饰、隐瞒的“其他方法”。原审法院作出判决时，《解释》还没有出台，但原审法院认定胡某的行为是“介绍他人购买”，从而认定构成掩饰、隐瞒犯罪所得罪，这与《解释》的规定是完全一致的。需要注意的是，居间介绍买卖犯罪所得及其收益的，只要行为人主观上明知是犯罪所得及其收益，客观上实施了居间介绍买卖行为，他人通过其居间介绍行为对赃物等进行了交易，则无论该行为人是否因为居间介绍获取佣金、报酬，都可以认定为掩饰、隐瞒犯罪所得及其收益的行为。

——最高人民法院刑四庭：《吴某等掩饰、隐瞒犯罪所得案》，载最高人民法院刑事审判第一、二、三、四、五庭主办：《刑事审判参考》（总第104

集），法律出版社 2016 年版，第 116~118 页。

1117. 保安将巡逻时抓获的盗窃犯罪分子盗窃所得物据为己有行为的定性

关键词

掩饰、隐瞒犯罪所得罪　情节轻微

《刑事审判参考》指导案例

侯某某掩饰、隐瞒犯罪所得案（《刑事审判参考》指导案例第 1114 号）

裁判要点：被告人作为大学保安，维护大学校园的治安是其基本职责。其在履行职责过程中，抓获盗窃手机的嫌疑人并伙同他人将手机据为己有，该行为主要是侵犯了公职的廉洁性，因此被告人的行为应当属于贪污或者职务侵占性质，但由于其数额达不到构罪标准，因此只能以情节显著轻微而作无罪处理。

（一）对侯某某的行为不能以掩饰、隐瞒犯罪所得罪处埋

掩饰、隐瞒犯罪所得罪虽然在大多数情况下也具有一定的谋取利益的主观属性，但刑法却将该罪列在第六章“妨害社会管理秩序罪”的第二节“妨害司法罪”中，说明该罪侵犯的客体是司法秩序，具体地说是妨害司法机关对上游犯罪的刑事追究。因此，该罪的主观意图必须具有帮助上游犯罪人掩饰、隐瞒犯罪所得、犯罪所得收益的直接故意。在本案中，侯某某将刘某盗窃所得的一部 iPhone 5（16G）手机据为己有的行为虽然在客观上起到了转移他人犯罪所得的效果，但是基于侯某某没有替上游犯罪行为人掩饰、隐瞒的主观意思，而仅仅是出于将手机据为己有的目的；且盗窃行为人刘某也没有将赃物手机交由侯某某让其掩饰、隐瞒的意思，刘某是因为被身为保安的侯某某抓获而被迫将手机交予侯某某等人的，侯某某与刘某之间没有此方面的合意。因而，侯某某的行为不构成掩饰、隐瞒犯罪所得罪。

（二）侯某某的行为属于贪污或者职务侵占性质，但属于情节显著轻微

侯某某身为大学保安，“看家护院”、维护大学校园的治安，是其基本职责。其在履行职责过程中，抓获盗窃手机的刘某，按理，应当将手机上缴，交由公安机关处理，但却伙同他人将手机据为己有，该行为主要是侵犯了公职的廉洁性。由于我国刑法根据行为人主体身份不同而将利用职务之便非法占有财物的行为分为贪污罪和职务侵占罪两种，因此，对侯某某行为的定性

应当根据其主体身份、职务性质来确定。但是，不论该行为定性为贪污还是职务侵占，均因其数额达不到构罪标准而只能以情节显著轻微而作无罪处理。

——最高人民法院刑四庭：《侯某某掩饰、隐瞒犯罪所得案》，载最高人民法院刑事审判第一、二、三、四、五庭主办：《刑事审判参考》（总第104集），法律出版社2016年版，第122~123页。

1118. 上游犯罪行为人对犯罪所得实施收购、销售等掩饰、隐瞒行为的，不能以掩饰、隐瞒犯罪所得罪定罪处罚

关键词

掩饰、隐瞒犯罪所得收益罪　情节严重　犯罪次数

《刑事审判参考》指导案例

杜国军、杜锡军非法捕捞水产品，刘训山、严荣富掩饰、隐瞒犯罪所得案（《刑事审判参考》指导案例第1219号）

裁判要点：犯罪分子对自己的犯罪所得实施掩饰、隐瞒的行为，因不具有期待可能性，因而不具备刑法上的可罚性。掩饰、隐瞒犯罪所得、犯罪所得收益罪的主体应该是本犯以外的人，掩饰、隐瞒者是本犯的，则不具有掩饰、隐瞒犯罪所得、犯罪所得收益罪的主体资格。

杜国军、杜锡军分别在非法捕捞水产品后，收购同伙非法捕捞的水产品，并将上述水产品分别交由被告人刘训山、严荣富代为销售的行为是否以掩饰、隐瞒犯罪所得罪定罪处罚？我们认为，对其不能以掩饰、隐瞒犯罪所得罪定罪处罚。主要理由是：

1. 犯罪分子对自己的犯罪所得实施掩饰、隐瞒的行为，因不具有期待可能性，因而不具备刑法上的可罚性。通说认为，期待可能性是指根据具体情况，有可能期待行为人不实施违法行为而实施其他适法行为。期待可能性理论认为，如果不能期待行为人实施其他适法行为，就不能对其进行法的非难，因而不存在刑法上的责任。期待可能性理论在学界尚有不少争论，但缺乏期待可能性，作为责任阻却事由，应该是刑法理论界的共识。本案中，被告人杜国军组织张玉洲等人，杜锡军组织陆吉伟等人非法捕捞水产品行为的目的就是获得非法利益。因此，在实施非法捕捞水产品犯罪行为后，必然要对犯罪所得进行处理，如出售、赠送等。而这些行为，从其性质来说，属于共罚

的事后行为，也称不可罚的事后行为（即不能独立定罪的事后行为）共罚的事后行为，其实质属于吸收的一罪（即数个不同的行为，一行为吸收其他行为，仅成立吸收行为一个罪名的犯罪），即在状态犯罪的场合，利用该犯罪行为的结果的行为，如果孤立地看，符合其他犯罪的犯罪构成，具有可罚性，但由于被综合评价在该状态犯中，故没有必要另行认定为其他犯罪。这一刑事法理，既适用于单个犯罪人对自己犯罪所得的处理，也适用于共同犯罪人对共同犯罪所得的处理。因为刑法作出共同犯罪的规定，实际上是基于将共同犯罪人作为一个整体，视同于一个人犯罪，基于共同的犯罪故意内容，视同于一个人的犯罪故意。在此基础上，根据各参与人的行为对法益侵害（危险）结果所起的作用不同，责任程度与范围也不同，因而作出了区别对待。因此，共同犯罪人之间互相掩饰、隐瞒犯罪所得的行为，应视同对自己犯罪所得的掩饰、隐瞒行为，因而不再另行定罪处罚。

2. 掩饰、隐瞒犯罪所得、犯罪所得收益罪的主体应该是本犯以外的人，掩饰、隐瞒者是本犯的，则不具有掩饰、隐瞒犯罪所得、犯罪所得收益罪的主体资格。掩饰、隐瞒犯罪所得、犯罪所得收益罪属于加入犯，而不是本犯。如果与本犯事先通谋或事中加入而不是事后加入的，则成为共同犯罪人。共同犯罪人根据他们在犯罪过程中的关系，在主观上有共同的犯罪故意，客观上有共同的犯罪行为，以他们所实施的共同犯罪行为和在共同犯罪中的作用来定罪处罚，而不能以掩饰、隐瞒犯罪所得、犯罪所得收益罪定罪处罚。因为，共同犯罪人实施的掩饰、隐瞒行为，是共同犯罪行为的组成部分，而且，共同犯罪人之间有意思联络，而事后加入的掩饰、隐瞒行为人与共同犯罪人的本犯之间没有意思联络。

3. 从刑法条文的内在逻辑分析，共同犯罪人不属于掩饰、隐瞒犯罪所得、犯罪所得收益罪的犯罪主体。刑法第三百一十二条第一款描述掩饰、隐瞒犯罪所得、犯罪所得收益罪的罪状时，规定了“明知是犯罪所得及其产生的收益而……”的主观要件。这就说明，明知只能对本犯以外的犯罪人而言，而对本犯而言，使用“明知”一词则毫无意义，因为他自己是本犯的犯罪行为人，当然是明知的。另外，从“窝藏、转移、收购、代为销售或者以其他方法掩饰、隐瞒”的客观要件来看，掩饰、隐瞒犯罪所得、犯罪所得收益罪的主体也是指本犯以外的犯罪人。

——最高人民法院刑事审判第一、二、三、四、五庭主办：《刑事审判参考》（总第 111 辑），法律出版社 2018 年版，第 108~118 页。

1119. 帮助运输假冒伪劣商品行为不构成掩饰、隐瞒犯罪所得罪

关键词

掩饰、隐瞒犯罪所得罪　证据

《刑事审判参考》指导案例

谭某旗、谭某掩饰，隐瞒犯罪所得案（《刑事审判参考》指导案例第1115号）

裁判要点：被告人作为货运司机，虽然对所运货物具有一定的疑惑，但是在询问货主无果的情况下，对方开出比正常运费稍高，仍然帮助运输货物，符合一般货物运输行业从业人员的正常心理，故而无法据此认定被告人在主观方面持故意态度。且被告人所运货物并非犯罪所得，而是货主生产、销售伪劣产品犯罪的犯罪对象。只有假冒伪劣产品销售成功后所得货款，才是生产、销售伪劣产品罪的犯罪所得。因此被告人的行为不构成掩饰、隐瞒犯罪所得罪。

（一）认定谭某旗、谭某的行为构成非法经营罪或者生产、销售伪劣产品罪的证据不充分

认定谭某旗、谭某的行为是否构成非法经营罪或者生产、销售伪劣产品罪需要建立在证据分析的基础上。从谭某旗、谭某二人在帮助刘某锋运输假冒“苏烟”时接受刘某锋的专用手机并按照刘某锋要求使用手机、按照指定线路运输等事实看，谭某旗、谭某确实应该怀疑刘某锋所要求运输的可能是违禁品，但并不明知到底为何物，谭某旗曾经询问过所运为何物，但因刘某锋未告知而无果。在此种情况下，谭某旗、谭某仍然答应帮助运输货物，符合一般货物运输行业从业人员的正常心理；况且，在跨省运输的情况下，9000 元的运费比正常运费是高一些，但还称不上是明显的高额运费。因此，可以认定二谭可能知道所运货物是违禁品，但无法认定二谭知道所运具体为何物。在整个装货过程中，货主都避开二谭。如果明确知道是假冒香烟，从谭某旗曾经询问过所运货物为何物的情况来看，二谭未必会帮助运输。因此，无论是非法经营罪或者生产、销售伪劣产品罪，认定二谭主观故意方面的证据都是不充分的。

（二）认定谭某旗、谭某的行为构成掩饰、隐瞒犯罪所得罪，既缺乏充分证据，也缺乏必要的犯罪构成要件

如同前述理由，谭某旗、谭某可能知道所运货物是违禁品或者是犯罪所得，但无法认定二谭知道所运具体为何物。在整个装货过程中，刘某锋都避开二谭。从谭某旗曾经询问过所运货物为何物的情况分析，二谭如果明确知道是假冒香烟，未必会帮助运输。因此，认定谭某旗、谭某的行为构成掩饰、隐瞒犯罪所得罪，缺乏证据充分的前提条件。

二谭行为不构成掩饰、隐瞒犯罪所得罪的更关键理由是，假冒“苏烟”并非犯罪所得，而是货主生产、销售伪劣产品犯罪的犯罪对象。只有假冒“苏烟”销售成功后所得货款，才是生产、销售伪劣产品罪的犯罪所得。根据《最高人民法院关于审理掩饰、隐瞒犯罪所得、犯罪所得收益刑事案件适用法律若干问题的解释》第十条第一款的规定，“犯罪所得”是指通过犯罪直接得到的赃款、赃物。

综上，如果有确实、充分的证据证明谭某旗、谭某可能知道所运货物为假冒“苏烟”的，那么可认定谭某旗、谭某的行为构成生产、销售伪劣产品罪的共犯，但由于货主生产、销售假冒“苏烟”的犯罪活动尚在进行中，犯罪尚未达到完全完成状态，犯罪所得还未形成，二谭的行为不可能构成掩饰、隐瞒犯罪所得罪。

——最高人民法院刑四庭：《侯某某掩饰、隐瞒犯罪所得案》，载最高人民法院刑事审判第一、二、三、四、五庭主办：《刑事审判参考》（总第 104 集），法律出版社 2016 年版，第 126~127 页。

1120. 刑事诉讼中对“亲亲相隐”问题的处理

关键词

亲亲相隐　掩饰、隐瞒犯罪所得罪

《刑事审判参考》指导案例

袁某某信用卡诈骗，张某某掩饰、隐瞒犯罪所得案（《刑事审判参考》指导案例第 1095 号）

裁判要点：被告人为其丈夫掩饰、隐瞒犯罪所得，系基于亲情关系所为，法律作为维护基本道德的准则，不应强人所难。因此在对被告人量刑时也可酌情从轻处罚。

（一）“亲亲相隐”，且系初犯、偶犯，又认罪、悔罪并退赃、退赔的，可免予刑事处罚行为人为近亲属掩饰、隐瞒犯罪所得，量刑时能否考虑其系基于亲情、人伦所为而予以从轻处罚，在司法实践中尚有争议。本案中，被告人张某某是为丈夫袁某某掩饰、隐瞒信用卡诈骗犯罪所得，即“亲亲相隐”，量刑时能否从轻考虑，对此存在两种不同意见：

第一种意见认为，被告人张某某为丈夫掩饰、隐瞒犯罪所得，虽然基于亲情所为，但“亲情、人伦”并非法定或酌定从轻处罚情节。刑法规定的窝藏、包庇罪，司法实践中有不少发生在亲属之间，因此，法律鼓励的是“大义灭亲”而非“亲亲相隐”，故不能成为从轻处罚的理由。

第二种意见认为，被告人张某某为丈夫掩饰、隐瞒犯罪所得，系基于亲情关系所为，法律作为维护基本道德的准则，不应强人所难。例如，2012 年修订的刑事诉讼法第一百八十八条第一款规定：“经人民法院通知，证人没有正当理由不出庭作证的，人民法院可以强制其到庭，但是被告人的配偶、父母、子女除外。”该规定一定程度上肯定了亲情在法律天平上的作用，因此在对张某某量刑时也可酌情从轻处罚。

我们同意第二种意见，对被告人张某某可酌情从轻处罚。“亲亲相隐”是我国春秋战国时期儒家提出的主张，后逐渐发展为古代刑律的一项原则，主要包含以下三点内容：第一，亲属有罪相隐，不论罪或减刑；第二，控告应相隐的亲属要处刑；第三，国事重罪例外。“亲亲相隐”原则在我国刑法史上具有重要地位，及至近代法制变革仍被保留。新中国成立后，该原则在我国刑法典中被清除，但在我国台湾地区“刑法”中则被承继了下来，其现行“刑法”第 351 条规定：直系血亲、配偶或同财共居的亲属犯掩饰、隐瞒赃物犯罪的，得免除其刑。从域外立法情况来看，古罗马法律就曾规定亲属之间不得互相告发，也不得令亲属作证等。1994 年《法国刑法典》、1976 年《德国刑法典》中均有“亲亲得相首匿”的踪影。日本现行刑法第 257 条也规定配偶之间或者直系血亲、同居的亲属或者这些人的配偶之间犯收受赃物罪的，免除刑罚。

我国现行刑法虽然没有关于“亲亲相隐”的规定，但相关司法解释也有与其精神相似的规定。2013 年 4 月 4 日起施行的最高人民法院、最高人民检察院《关于办理盗窃刑事案适用法律若干问题的解释》第八条规定：“偷拿家庭成员或者近亲属的财物，获得谅解的，一般可以不认为是犯罪；追究刑事责任的，应当酌情从宽。”2011 年 4 月 8 日起施行的最高人民法院、最高人民检察院《关于办理诈骗刑事案件具体应用法律若干问题的解释》第四条规定：“诈骗近亲属的财物，近亲属谅解的，一般可不按犯罪处理。诈骗近亲属的财物，确有追究刑事责任必要的，具体处理也应酌情从宽。”这两条规定体现了针对近亲属的犯罪可以从宽处罚的精神，但尚不是严格意义上的“亲亲相隐”。2012 年修订的刑事诉讼法第一百八十八条的规定被誉为新中国成立后第一次对“亲亲相隐”从法律上作出的规定，有利于对亲情的保护，也有利于社会的和谐与稳定。

掩饰、隐瞒犯罪所得、犯罪所得收益罪以上游犯罪的成立为前提，且要求行为人明知掩饰、隐瞒的是犯罪所得及其产生的收益。从行为对象、主观故意来看，该罪很容易发生在亲属之间。犯罪人只有在面对自己的亲人时才不担心被告发，而能相告处理的财物系犯罪所得；行为人在得知亲属犯罪后，为使自己的亲人免受牢狱之灾一般会密而不告，甚至帮助亲人隐匿罪证。以往法律没有对亲属之间的“相隐”行为作出特殊规定，法官在量刑时又会考虑亲情因素，因此裁判时往往左右为难。2015 年 6 月 1 日起施行的最高人民法院《关于审理掩饰、隐瞒犯罪所得、犯罪所得收益刑事案件适用法律若干问题的解释》（以下简称《解释》）吸收了“亲亲相隐”的合理内核，在第二条第一款规定：“掩饰、隐瞒犯罪所得及其产生的收益行为符合本解释第一条的规定，认罪、悔罪并退赃、退赔，且具有下列情形之一的，可以认定为犯罪情节轻微，免予刑事处罚：……（二）为近亲属掩饰、隐瞒犯罪所得及其产生的收益，且系初犯、偶犯的……”该规定进一步明确了司法实践中对亲缘关系的特殊处理，使司法更人性化，有利于维护社会的基本伦理关系。需要说明的是，对亲属“相隐”行为适用免予刑事处罚，必须同时具备两个条件：一是行为人认罪、悔罪，并退赃、退赔；二是行为人与本犯行为人为近亲属关系，且系初犯、偶犯。这既体现了对近亲属犯掩饰、隐瞒犯罪所得、犯罪所得收益罪的宽大原则，又设置了初犯、偶犯的条件，防止被滥用。

本案中，被告人张某某是信用卡诈骗犯罪被告人袁某某的妻子，系近亲属，又系初犯、偶犯，且在案发后，主动向公安机关投案，将赃款全部退还给了被害人。符合《解释》中关于近亲属犯本罪，可免予刑事处罚的相关规定。怀化市鹤城区人民法院对张某某免予刑事处罚的处理是适当的。

——最高人民法院刑四庭：《袁某某信用卡诈骗，张某某掩饰、隐瞒犯罪所得案》，载最高人民法院刑事审判第一、二、三、四、五庭主办：《刑事审判参考》（总第 104 集），法律出版社 2016 年版，第 29~31 页。

附录：最高人民法院法官著述

“亲亲相隐”是中国古代刑律的一项原则，主要内容包括：亲属有罪相隐，不论罪或减刑；控告应相隐的亲属要处刑；国事重罪不适用相隐原则。以儒家思想为主导的中华法系，基于维护伦理道德和家族制度的目的，确立了“亲亲相隐”原则。中华人民共和国成立后，这一原则未在法律中明确规定，司法实践中也有不同做法，比如儿子犯罪，母亲仅给了少量钱款，但并未实质上影响公安机关对犯罪分子的抓捕，却被判刑的例子并不鲜见。实际上，近年来我国立法和司法解释中也有体现“亲亲相隐”原则精神的相应规定。例如，刑事诉讼法第一百九十三条第一款规定：“经人民法院通知，证人没有正当理由不出庭作证的，人民法院可以强制其到庭，但是被告人的配偶、父母、子女除外。”《最高人民法院关于审理掩饰、隐瞒犯罪所得、犯罪所得收益刑事案件适用法律若干问题的解释》第二条规定，掩饰、隐瞒犯罪所得及其产生的收益行为构成犯罪，但系为近亲属掩饰、隐瞒犯罪所得及其产生的收益行为，且初犯、偶犯，又认罪、悔罪并退赃、退赔，可以认定为犯罪情节轻微，免予刑事处罚。又如，《最高人民法院关于审理毒品犯罪案件适用法律若干问题的解释》第六条第三款规定：“包庇走私、贩卖、运输、制造毒品的近亲属，或者为其窝藏、转移、隐瞒毒品或者毒品犯罪所得的财物，不具有本条前两款规定的情节严重情形，归案后认罪、悔罪、积极退赃，且系初犯、偶犯，犯罪情节轻微不需要判处刑罚的，可以免予刑事处罚。”上述规定尚不属于典型的“亲亲相隐”制度规定。对窝藏、包庇罪中是否要规定“亲亲相隐”，争议很大。调研中不少人认为，目前对“亲亲相隐”原则作出明确的制度化规定，条件尚不成熟；在司法实践中，对犯罪人的近亲属犯窝藏、包庇犯罪的，一般也会从宽处理。因此，司法解释对该原则不明确规定，也不会影响司法办案效果。调研中有人建议，对“亲亲相隐”问题，最高人民法院可以通过发布典型案例或者解读释义的方式，指导司法办案。经慎重考虑，《〈最高人民法院、最高人民检察院关于办理窝藏、包庇刑事案件适用法律若干问题的解释〉的理解与适用》采纳了这一观点。

对亲属间实施的窝藏、包庇行为，我们认为可从以下四个方面把握：第一，近亲属实施窝藏、包庇行为，考虑到这类情况下的犯罪动机，主要是出于亲情，而不是直接出于妨碍司法秩序，总体上可予从宽；第二，近亲属实施窝藏、包庇行为，情节较轻，且认罪悔罪的，可免予刑事处罚或者不起诉；第三，近亲属实施窝藏、包庇行为，属情节严重，但未造成严重妨害司法活动的实际后果，且认罪悔罪，可酌情从宽处罚，具有自首、立功等法定从宽处罚情节的，可以不起诉或者免予刑事处罚；第四，其他亲情和血缘关系密切的人实施窝藏、包庇行为，应与近亲属有所区别，只能参照近亲属的处罚原则适度从宽。

根据刑事诉讼法第一百零八条第六项规定，近亲属，是指夫、妻、父、母、子、女、同胞兄弟姊妹。实践中，“其他亲情和血缘关系密切的人”应当是具有下列情形之一的：（1）祖父母、外祖父母、孙子女、外孙子女；（2）三代以内旁系血亲；（3）近姻亲，即近亲属的配偶、配偶的近亲属、配偶近亲属的配偶；（4）共同生活的公婆和丧偶儿媳、岳父母和丧偶女婿；（5）具有亲情或者血缘关系且共同生活的其他亲属。上述所称子女，包括养子女、继子女。

——滕伟、陆建红、田文莎：《〈最高人民法院、最高人民检察院关于办理窝藏、包庇刑事案件适用法律若干问题的解释〉的理解与适用》，载最高人民法院刑事审判第一、二、三、四、五庭编：《刑事审判参考》(总第 130 辑)，人民法院出版社 2022 年版，第 143~144 页。

1121. 掩饰、隐瞒犯罪所得、犯罪所得收益罪的上游犯罪包括所有犯罪

关键词

掩饰、隐瞒犯罪所得罪　上游犯罪

《刑事审判参考》指导案例

雷某仁、黄某生、黄某平破坏交通设施，田某祥掩饰、隐瞒犯罪所得、犯罪所得收益案（《刑事审判参考》指导案例第 1092 号）

裁判要点：我国刑法的立法体系说明掩饰、隐瞒犯罪所得、犯罪所得收益罪侵犯的法益不限于财产权利，而是复杂客体，主要是司法机关对上游犯罪的刑事追诉活动。无论上游犯罪是否系财产性犯罪，只要掩饰、隐瞒行为人对上游犯罪产生的犯罪所得及其收益进行掩饰、隐瞒，就会妨害到对上游犯罪的侦查、起诉甚至审判等刑事追诉活动。

(一) 掩饰、隐瞒犯罪所得、犯罪所得收益罪的上游犯罪主要是但并不限于侵财型犯罪

关于掩饰、隐瞒犯罪所得、犯罪所得收益罪的上游犯罪是否仅限于财产犯罪，各国规定并不相同。日本修正后的刑法对赃物罪的上游犯罪作出了明确限制，即限定为财产犯罪。我国台湾地区“刑法”中虽未对赃物犯罪中的上游犯罪加以明确规定，但在理论界观点比较一致，认为也仅限于财产犯罪。在我国，掩饰、隐瞒犯罪所得、犯罪所得收益罪中的上游犯罪是否也仅限于财产犯罪呢？第一种观点即我国刑法学界的主流观点认为，上游犯罪包括所有犯罪，对上游犯罪不应设任何限制，只要上游犯罪产生犯罪所得及其收益，该犯罪所得和收益就可以成为掩饰、隐瞒犯罪所得、犯罪所得收益罪的犯罪对象。第二种观点认为应对上游犯罪进行适当限制，否则会导致本罪处罚范围过于宽泛。

我们同意第一种观点，认为掩饰、隐瞒犯罪所得、犯罪所得收益罪的上游犯罪多为盗窃、抢劫、抢夺、诈骗等侵财型犯罪，但并不限于侵财型犯罪。

理由是：

1. 我国刑法的立法体系说明掩饰、隐瞒犯罪所得、犯罪所得收益罪侵犯的法益不限于财产权利，而是复杂客体。在立法体系上，刑法将掩饰、隐瞒犯罪所得、犯罪所得收益罪设置在刑法第六章“妨害社会管理秩序罪”的“妨害司法罪”一节中，目的是凸显本罪妨害司法的性质。在具体条文安排上，又放在窝藏、包庇罪之后，表明本罪是通过维持、存续上游犯罪所导致的财产违法状态妨碍公安、司法机关对上游犯罪追缴赃物、侦查、起诉、审判等刑事诉讼进程的。而这一妨害性质在本质上又会助长、促进上游犯罪的实施。例如，收赃者收购赃物可能使上游犯罪因证据收集问题难以及时查证，甚至因为关键证据丢失导致无法定罪而最终放纵了上游犯罪人；便捷的销赃渠道会免除上游犯罪人无法“变现”赃物之后顾之忧，“激励”其继续实施犯罪，甚至促使犯罪分子强化犯罪手段、由普通盗窃转而实施抢劫等恶性侵财犯罪，还可能使本无犯意者因利益驱动，加入盗窃、抢劫的行列中来。从一定程度上讲，掩饰、隐瞒犯罪所得、犯罪所得收益犯罪的大量存在助长、促进了上游犯罪的持续发生和蔓延，必须依法惩处。

2. 掩饰、隐瞒犯罪所得、犯罪所得收益罪的具体条款内容表明本罪的上游犯罪不限于财产犯罪。我国刑法第三百一十二条第一款规定：“明知是犯罪所得及其产生的收益而予以窝藏、转移、收购、代为销售或者以其他方法掩饰、隐瞒的，处三年以下有期徒刑、拘役或者管制，并处或者单处罚金；情节严重的，处三年以上七年以下有期徒刑，并处罚金”，可见，刑法并未对上游犯罪给予任何限制性规定，这是因为并非只有财产性犯罪才能产生犯罪所得及其收益。这一规定，有效地避免了刑法处罚的真空地带。本案中的上游犯罪为破坏交通设施罪，并非财产性犯罪，但上游犯罪的被告人雷某仁、黄某生、黄某平盗割正在使用中的高速公路电缆，并将电缆卖给被告人田某祥，从中非法获利。如果将上游犯罪限于侵财型犯罪，而对掩饰、隐瞒行为实施者不依法惩处，就难以遏制上游犯罪的发生和蔓延，也与刑法的立法本意相悖。

3. 掩饰、隐瞒犯罪所得、犯罪所得收益罪侵犯的客体主要是司法机关对上游犯罪的刑事追诉活动。无论上游犯罪是否系财产性犯罪，只要掩饰、隐瞒行为人对上游犯罪产生的犯罪所得及其收益进行掩饰、隐瞒，就会妨害到对上游犯罪的侦查、起诉甚至审判等刑事追诉活动。就本案而言，被告人田某祥多次收购雷某仁、黄某生、黄某平盗割的正在使用中的高速公路电缆，并把电缆剥皮后将其中的铜线销售，对于公安机关及时查获上述赃物造成了障碍，被告人田某祥收购被告人雷某仁、黄某生、黄某平破坏交通设施犯罪所得的行为已经妨害公安机关的刑事追诉活动。

——最高人民法院刑四庭：《雷某仁、黄某生、黄某平破坏交通设施，田某祥掩饰、隐瞒犯罪所得、犯罪所得收益案》，载最高人民法院刑事审判第一、二、三、四、五庭主办：《刑事审判参考》(总第104集)，法律出版社2016年版，第12~14页。

1122."上游犯罪事实经查证属实"的具体理解

关键词

掩饰、隐瞒犯罪所得案　上游犯罪事实

《刑事审判参考》指导案例

谭细松掩饰、隐瞒犯罪所得案(《刑事审判参考》指导案例第1105号)

裁判要点：上游犯罪事实成立指的是上游犯罪行为确实存在，不要求必须是已经由刑事判决确认的犯罪，亦即无论上游犯罪的嫌疑人是否归案、是否被判处刑罚，均不影响上游犯罪事实的成立，更不影响掩饰、隐瞒犯罪所得、犯罪所得收益罪的认定。

(一)相关司法解释所规定的"上游犯罪事实成立"是指上游犯罪行为确实存在，不要求必须是由刑事判决确认的犯罪

《最高人民法院关于审理掩饰、隐瞒犯罪所得、犯罪所得收益刑事案件适用法律若干问题的解释》(以下简称《解释》)第八条规定："认定掩饰、隐瞒犯罪所得、犯罪所得收益罪，以上游犯罪事实成立为前提。上游犯罪尚未依法裁判，但查证属实的，不影响掩饰、隐瞒犯罪所得、犯罪所得收益罪的认定。上游犯罪事实经查证属实，但因行为人未达到刑事责任年龄等原因依法不予追究刑事责任的，不影响掩饰、隐瞒犯罪所得、犯罪所得收益罪的认定。"本案审判时，《解释》尚未实施。但是，2009年11月11日起施行的《最高人民法院关于审理洗钱等刑事案件具体应用法律若干问题的解释》第四条规定："刑法第一百九十一条、第三百一十二条、第三百四十九条规定的犯罪，应当以上游犯罪事实成立为认定前提。上游犯罪尚未依法裁判，但查证属实的，不影响刑法第一百九十一条、第三百一十二条、第三百四十九条规定的犯罪的审判。上游犯罪事实可以确认，因行为人死亡等原因依法不予追究刑事责任的，不影响刑法第一百九十一条、第三百一十二条、第三百四十九条规定的犯罪的认定。"因此，"上游犯罪事实成立"是认定掩饰、隐瞒犯罪所得、犯罪所得收益罪的前提条件这一原则，在《解释》实施前就已经存在。

如何理解上游犯罪事实成立？我们认为，上游犯罪事实成立指的是上游犯罪行为确实存在，不要求必须是已经由刑事判决确认的犯罪，亦即无论上游犯罪的嫌疑人是否归案、是否被判处刑罚，均不影响上游犯罪事实的成立，更不影响掩饰、隐瞒犯罪所得、犯罪所得收益罪的认定。

在司法实践中，多数情况下赃物犯罪的被告人与上游犯罪的被告人是同案处理的。少数情况下，由于上游犯罪嫌疑人还有其他犯罪事实一时难以查清或者因为其他原因尚未依法裁判，为依法及时审判赃物犯罪案件，才在上游犯罪查证属实的情况下先行认定赃物犯罪。本案就存在这种情况。被告人谭细松所购买的摩托车，系何某源被盗的摩托车，这一事实是清楚的，有失主的陈述、购买摩托车证明、提取的被盗摩托车等证据证实，完全可以认定谭细松销售的摩托车是赃物；同时，谭细松供认其明知该摩托车是赃物而予以销售，故可以认定其主观上明知是犯罪所得的赃物，其行为构成掩饰、隐瞒犯罪所得罪。虽然上游犯罪的犯罪嫌疑人未被抓获，更未依法裁判，但现有的证据足以认定该犯罪事实的存在，可以认定属于“上游犯罪尚未依法裁判，但查证属实”的情形，故不影响对谭细松掩饰、隐瞒犯罪所得罪的认定和量刑。

（二）掩饰、隐瞒犯罪所得、犯罪所得收益罪是实践多发犯罪之一，如果要求认定该罪必须以上游行为被定罪为前提，会大大增加诉讼成本，浪费司法资源，还可能放纵犯罪

上游犯罪嫌疑人尚未被抓获或者未经审判，而实施掩饰、隐瞒行为的被告人已被法院审判的情形，在实践中大量存在。如果因上游行为未定罪，就对实施掩饰、隐瞒犯罪的行为人作出无罪判决，等到上游犯罪嫌疑人被抓获并依法判决有罪后，再对实施掩饰、隐瞒犯罪的行为人重新侦查、起诉、审判，会浪费司法资源，还有可能因现有证据灭失等原因加大审判难度。

综上，本案被告人谭细松明知是他人盗窃所得的摩托车而代为销售，其行为已构成掩饰、隐瞒犯罪所得罪。盗窃摩托车的犯罪嫌疑人尚未被抓获，其盗窃行为未被定罪，不影响谭细松所犯掩饰、隐瞒犯罪所得罪的成立，临武县人民法院认定谭细松犯掩饰、隐瞒犯罪所得罪是准确的。需要说明的是，本案判决形成于《解释》之前，因此，对掩饰、隐瞒的数额达到多少才构成犯罪并无统一的规定，谭细松的行为依照行为时的法律认定为掩饰、隐瞒犯罪所得罪，在法律适用上并无障碍。

——最高人民法院刑四庭：《谭细松掩饰、隐瞒犯罪所得案》，载最高人民法院刑事审判第一、二、三、四、五庭主办：《刑事审判参考》（总第104集），法律出版社2016年版，第81~83页。

1123. 上游犯罪经查证属实但尚未依法裁判的对掩饰、隐瞒犯罪所得罪的认定的影响

关键词

掩饰、隐瞒犯罪所得罪　上游犯罪

《刑事审判参考》指导案例

陈某、欧阳某等掩饰、隐瞒犯罪所得案（《刑事审判参考》指导案例第1102号）

裁判要点：掩饰、隐瞒犯罪所得罪，应当以上游犯罪事实成立为认定前提。上游犯罪尚未依法裁判，但查证属实的，不影响对掩饰、隐瞒犯罪所得罪的审判。

（二）上游犯罪经查证属实，即使未经司法裁判亦不影响本罪的处理

《最高人民法院关于审理洗钱等刑事案件具体应用法律若干问题的解释》第四条规定：刑法第三百一十二条规定的犯罪，应当以上游犯罪事实成立为认定前提。上游犯罪尚未依法裁判，但查证属实的，不影响第三百一十二条规定的犯罪的审判。《最高人民法院关于审理掩饰、隐瞒犯罪所得、犯罪所得收益刑事案件适用法律若干问题的解释》再次重申了该处理原则。本案中，向被告人陈某、欧阳某出售计算机信息系统数据的上游犯罪人尚未抓获，上游犯罪尚未经司法程序查证，但现有证据包括QQ聊天记录，支付宝交易记录，银行卡交易记录，依法保全的电子数据，被告人陈某、欧阳某的供述等，已经能够证实该案中的QQ账号和密码等电子数据系犯罪人非法侵入他人计算机信息系统而获取的，上游犯罪事实成立，只是还没有将犯罪嫌疑人抓获，此时并不影响对下游的掩饰、隐瞒犯罪所得罪定罪处罚。

——最高人民法院刑四庭：《陈某、欧阳某等掩饰、隐瞒犯罪所得案》，载最高人民法院刑事审判第一、二、三、四、五庭主办：《刑事审判参考》（总第104集），法律出版社2016年版，第67页。

韩亚泽掩饰、隐瞒犯罪所得案（《刑事审判参考》指导案例第1030号）

裁判要点：被告人的行为构成掩饰、隐瞒犯罪所得罪，本罪是一个独立的罪名，只要行为符合刑法规定的犯罪构成要件，就可以

认定，无须依赖上游犯罪经过裁判。

掩饰、隐瞒犯罪所得罪一般情况下都是先认定了上游犯罪，在上游犯罪尚未依法裁判，但查证属实的情况下能否认定掩饰、隐瞒犯罪所得罪，实践中存在不同意见。本案审理过程中就涉及这一问题，合议庭对被告人韩亚泽行为的定性形成两种意见：一种意见认为，韩亚泽不构成掩饰、隐瞒犯罪所得罪，理由是：盗窃手机之人未被抓获，作为上游的盗窃行为尚未被定罪，后行为缺乏成立的前提条件，自然不构成掩饰、隐瞒犯罪所得罪。另一种意见认为，韩亚泽构成掩饰、隐瞒犯罪所得罪，理由是：掩饰、隐瞒犯罪所得罪是一个独立的罪名，只要行为符合刑法规定的犯罪构成要件，就构成掩饰、隐瞒犯罪所得罪，无须依赖上游犯罪经过裁判。

我们同意后一种意见，即在上游犯罪尚未依法裁判，但查证属实的情况下，不影响对掩饰、隐瞒犯罪所得罪的认定，韩亚泽构成掩饰、隐瞒犯罪所得罪。具体理由如下：

（一）根据相关司法解释的规定，上游犯罪尚未依法裁判，但查证属实的，不影响对下游犯罪的认定。

刑法第三百一十二条规定："明知是犯罪所得及其产生的收益而予以窝藏、转移、收购、代为销售或者以其他方法掩饰、隐瞒的，处三年以下有期徒刑、拘役或者管制，并处或者单处罚金；情节严重的，处三年以上七年以下有期徒刑，并处罚金。单位犯前款罪的，对单位判处罚金，并对其直接负责的主管人员和其他直接责任人员，依照前款的规定处罚。"根据上述规定，一般认为，掩饰、隐瞒犯罪所得罪的构成要件是：客体是司法机关正常查明犯罪、追缴犯罪所得的活动；客观方面是实施了窝藏、转移、收购、代为销售或者以其他方法掩饰、隐瞒的行为；主体为单位或者年满16周岁、具有刑事责任能力的自然人；主观方面要求行为人明知是犯罪所得，即知道或者应当知道可能是犯罪所得，不要求确切地知道是什么具体犯罪所得、如何所得。

实践中，对刑法第三百一十二条"明知是犯罪所得及其产生的收益"中的"犯罪"如何理解，一直存在两种不同的观点。一种观点认为，刑法第三百一十二条中的"犯罪"应当理解为符合具体犯罪构成的犯罪，主张该罪必须以上游犯罪成立为要件，构成上游犯罪的客体、客观要件、主体、主观要件四要件只要有一样欠缺，该罪就不能成立。另一种观点认为，对刑法第三百一十二条中的"犯罪"内涵要进行实质性的理解，而不能仅从形式上理解。该条中的"犯罪"，不应是完全符合犯罪构成四个方面要件的犯罪，而是侵犯客体，造成了危害结果这种客观意义上的犯罪，是一种"实质的犯罪"，不要对其必须完全具备四个方面的犯罪构成要件。本案审理过程中，之所以对被告人韩亚泽行为的定性形成两种不同意见正是由于对刑法第三百一十二条中

"犯罪"的理解不同。

最高人民法院 2009 年 11 月 11 日出台的《关于审理洗钱等刑事案件具体应用法律若干问题的解释》(以下简称《洗钱解释》)对此问题作了明确。《洗钱解释》第四条第一款、第二款规定:"刑法第一百九十一条、第三百一十二条、第三百四十九条规定的犯罪,应当以上游犯罪事实成立为认定前提。上游犯罪尚未依法裁判,但查证属实的,不影响刑法第一百九十一条、第三百一十二条、第三百四十九条规定的犯罪的审判。上游犯罪事实可以确认,因行为人死亡等原因依法不予追究刑事责任的,不影响刑法第一百九十一条、第三百一十二条、第三百四十九条规定的犯罪的认定。"根据上述规定,我们认为,掩饰、隐瞒犯罪所得罪的成立以上游犯罪事实成立为前提,即只要求上游犯罪构成实质意义上的犯罪,而不要求必须是已经由刑事判决确认的形式意义上的犯罪。掩饰、隐瞒犯罪所得罪的成立与上游犯罪有着特殊的关系,既派生于上游犯罪,又独立于上游犯罪。掩饰、隐瞒犯罪所得罪作为一个独立的罪名,有自己独特的构成要件,掩饰、隐瞒犯罪所得行为与前行为不是一个整体,前行为是否被裁判,对其构成犯罪没有实质影响。前行为尚未依法裁判或者对行为人不予追究刑事责任的,不影响掩饰、隐瞒犯罪所得罪的成立。本案中,作为上游犯罪的盗窃犯罪虽然尚未依法裁判,但已经查证属实,因此不影响对掩饰、隐瞒犯罪所得罪的认定。

需要说明的是,本案的上游盗窃行为发生于 2013 年 1 月 19 日之前,掩饰、隐瞒犯罪所得罪的裁判时间为 2013 年 3 月 14 日。无论是盗窃犯罪行为时还是赃物犯罪裁判时,河南省盗窃犯罪数额较大的起点标准均为 1000 元。因此,赃物犯罪裁判时,判断上游盗窃行为是否达到盗窃数额较大标准,均应以 1000 元为最低标准。2013 年 4 月 4 日,最高人民法院、最高人民检察院联合出台《关于办理盗窃刑事案件适用法律若干问题的解释》后,河南省盗窃犯罪数额较大的起点标准为 2000 元。如果上游盗窃行为人日后归案,应当依照从旧兼从轻原则,按照调整后的数额标准认定盗窃手机的行为不构成犯罪。但是,赃物犯罪裁判已经发生法律效力,该裁判作出时适用法律正确。不能以司法解释规定的数额标准发生变化导致盗窃行为不构成犯罪为由认为掩饰、隐瞒犯罪所得的行为也不构成犯罪。

(二)基于节约司法成本的考虑,掩饰、隐瞒犯罪所得罪的认定不应以上游犯罪被裁判为前提

掩饰、隐瞒犯罪所得罪是实践中多发犯罪之一,如果认定掩饰、隐瞒犯罪所得罪要求上游行为被裁判,则会大大增加诉讼成本,浪费司法资源,还可能放纵犯罪。实践中常有上游行为实施者未被抓获或者未经审判,而实施掩饰、隐瞒行为的人已被起诉到法院的情形。如果因为上游行为尚未定罪,而对实施掩饰、隐瞒行为的人作出无罪判决,等到上游行为依法判决后,再

对掩饰、隐瞒行为进行侦查、起诉，那么就会重复已经进行过的诉讼程序，可能会因现有证据灭失而导致案件无法得到公正裁判。即便等到上游行为依法判决后，仍有确实充分的证据证明掩饰、隐瞒行为构成犯罪，但对于同一行为，先后作出无罪判决和有罪判决，无疑会削弱司法权威。如果抓获后发现上游行为实施者是不负刑事责任能力人或者因其他原因对其不予追究刑事责任，那么对实施掩饰、隐瞒行为人的审理又回到前文司法解释的范围。因此，无论从哪一角度看，都不宜将上游行为被裁判作为认定掩饰、隐瞒犯罪所得罪的前提条件。就本案而言，被告人韩亚泽明知是犯罪所得仍予以收购，妨碍了司法机关正常查明犯罪的活动，符合掩饰、隐瞒犯罪所得罪的构成要件。盗窃手机之人未被抓获，盗窃行为未被定罪，不影响掩饰、隐瞒犯罪所得罪的成立，韩亚泽构成掩饰、隐瞒犯罪所得罪。

——最高人民法院刑一庭：《韩亚泽掩饰、隐瞒犯罪所得案》，载最高人民法院刑事审判第一、二、三、四、五庭主办：《刑事审判参考》2014 年第 5 集（总第 100 集），法律出版社 2015 年版，第 68~71 页。

1124. 上游犯罪行为人在逃对掩饰、隐瞒犯罪所得、犯罪所得收益罪认定的影响

关键词

掩饰、隐瞒犯罪所得罪　上游犯罪行为人

《刑事审判参考》指导案例

唐某中、唐某波掩饰、隐瞒犯罪所得案（《刑事审判参考》指导案例第 1106 号）

裁判要点：本案中上游盗窃行为人在逃，其姓名、住址均不详，无法对盗窃犯罪事实进行审判，但从现有证据看，该行为人的盗窃事实必然构成犯罪，故虽然上游犯罪行为人不在案，或者以后归案后发现存在实施盗窃行为时其未达刑事责任年龄等依法不予追究刑事责任的情况，也不影响对掩饰、隐瞒该赃物的犯罪事实的认定。

（一）上游犯罪行为人在逃不影响掩饰、隐瞒犯罪所得、犯罪所得收益罪的认定

众所周知，上游犯罪存在是掩饰、隐瞒犯罪所得、犯罪所得收益罪成立的前提条件。那么，对上游犯罪中的“犯罪”应如何理解？对此，我国刑法

学界主要存在两种观点：一种观点认为，上游“犯罪”应理解为符合具体犯罪构成的犯罪，主体、主观方面、客体、客观方面缺一不可，这是罪刑法定原则的要求。另一种观点认为，上游“犯罪”只要符合犯罪客观方面要素，具有社会危害性就可以。我们认为，这两种观点都有失偏颇，第一种观点过于机械，导致放纵犯罪，例如，上游犯罪行为人因刑事责任能力问题未被追责，则掩饰、隐瞒犯罪所得、犯罪所得收益罪的行为人也无法被定罪。第二种观点则可能将本罪处罚的范围扩大，如每个盗窃行为人均因数额未达到较大的标准而未构成犯罪，但收赃者收购了上述行为人盗窃的物品后，累计数额很大，于是对其定罪处罚。

我们认为，这里的“犯罪”是指实质意义上的犯罪。《最高人民法院关于审理洗钱等刑事案件具体应用法律若干问题的解释》第四条已作出明确规定：“刑法第一百九十一条、第三百一十二条、第三百四十九条规定的犯罪，应当以上游犯罪事实成立为认定前提。上游犯罪尚未依法裁判，但查证属实的，不影响刑法第一百九十一条、第三百一十二条、第三百四十九条规定的犯罪的审判。”2015 年 6 月 1 日起施行的《最高人民法院关于审理掩饰、隐瞒犯罪所得、犯罪所得收益刑事案件适用法律若干问题的解释》（以下简称《解释》）第八条也对此予以明确规定：“认定掩饰、隐瞒犯罪所得、犯罪所得收益罪，以上游犯罪事实成立为前提。上游犯罪尚未依法裁判，但查证属实的，不影响掩饰、隐瞒犯罪所得、犯罪所得收益罪的认定。上游犯罪经查证属实，但因行为人未达到刑事责任年龄等原因依法不予追究刑事责任的，不影响掩饰、隐瞒犯罪所得、犯罪所得收益罪的认定。”这就表明掩饰、隐瞒犯罪所得、犯罪所得收益罪的成立以上游犯罪事实成立为前提，是实质意义上的犯罪，而不要求必须是已经由刑事判决确认的形式意义上的犯罪。上游犯罪事实成立既指上游犯罪事实有充分证据证明，也指上游犯罪事实达到了犯罪的程度。如果上游行为经查证依法不构成犯罪，则掩饰、隐瞒行为也不构成犯罪；相反，如果上游犯罪事实经查证属实，则即便上游犯罪行为人因未达到刑事责任年龄等原因依法不被追究刑事责任，也不影响掩饰、隐瞒犯罪所得、犯罪所得收益罪的认定。当然，上游犯罪尚未依法裁判，但查证属实的，也不影响掩饰、隐瞒犯罪所得、犯罪所得收益罪的认定。

在本案中，上游盗窃行为人在逃，其姓名、住址均不详，无法对盗窃犯罪事实进行审判，但从现有证据看，该行为人盗窃了价值 46000 元的皮卡车，该事实必然构成犯罪，故虽然上游犯罪行为人不在案，或者以后归案后发现存在实施盗窃行为时其未达刑事责任年龄等依法不予追究刑事责任的情况，也不影响对掩饰、隐瞒该赃物的犯罪事实的认定。

——最高人民法院刑四庭：《唐某中、唐某波掩饰、隐瞒犯罪所得案》，载最高人民法院刑事审判第一、二、三、四、五庭主办：《刑事审判参考》

（总第104集），法律出版社2016年版，第85~87页。

1125. 被执行人具有履行能力，以协议离婚的方法转移财产致使判决无法执行，构成拒不执行判决、裁定罪

关键词

拒不执行判决、裁定罪　强制执行

最高人民法院公布的典型案例

曹某某拒不执行判决、裁定案

裁判要旨：被执行人具有履行能力，以和妻子协议离婚的方法，将其名下全部财产转移到妻子名下，并私自将法院查封的房产予以出售，致使判决无法执行，情节严重，构成拒不执行判决、裁定罪。

（一）基本案情

李某与曹某某侵权责任纠纷一案，贵州省正安县人民法院于2013年8月作出的（2013）正民初字第1313号民事判决，判令被告曹某某赔偿李某因提供劳务而遭受人身损害赔偿的各项费用共计20余万元。判决生效后，曹某某未在判决确定的期限内履行义务，李某于2014年3月向正安县人民法院申请强制执行。在执行过程中，被执行人曹某某与李某达成分期履行的和解协议，曹某某先后共计履行了10万元后，尚余10余万元一直未履行。

法院执行过程中查明，正安县城建设工程指挥部于2013年7月拆迁被执行人曹某某的房屋433.50m^2，门面101.64m^2，拆迁返还住房4套、门面3间。2014年5月28日法院查封了曹某某安置房一套。为逃避债务履行，曹某某与贾某某于2014年8月办理了离婚登记，离婚协议约定所有返还房产均归贾某某所有。2014年12月曹某某、贾某某与向某某夫妇签订房屋转让协议，将法院查封的住房以20.50万元转让给向某某。其后，曹某某继续不履行判决确定的义务，且下落不明，致使该判决长期得不到执行。

正安县法院遂将曹某某涉嫌拒不执行判决、裁定罪的线索移交正安县公安局立案侦查。被执行人曹某某于2017年3月30日向正安县公安局投案自首，当天被刑事拘留。在拘留期间，被执行人的前妻贾某某于2017年4月5日主动到法院交纳了欠款及迟延履行期间的债务利息。经检察机关提起公诉，2017年8月8日正安县人民法院以拒不执行判决、裁定罪，判处曹某某有期徒刑一年。

（二）典型意义

本案被执行人具有履行能力，以和妻子协议离婚的方法，将其名下全部财产转移到妻子名下，并私自将法院查封的房产予以出售，致使判决无法执行，情节严重，构成拒不执行判决、裁定罪。法院将其犯罪线索依法移交公安机关启动刑事追究程序，并依法定罪判刑，有效惩治了拒执犯罪，维护了司法权威。同时促使被执行人的前妻主动帮助被执行人全部履行债务，有效保障了申请执行人的合法权益，法律效果和社会效果良好。

——《最高人民法院发布拒不执行判决、裁定罪典型案例》，载《人民法院报》2018 年 6 月 6 日。

1126. 被执行人具有履行能力却以各种手段逃避执行，致使申请执行人遭受较大损失，属于“有能力执行而拒不执行，情节严重”的情形

关键词

拒不执行判决、裁定罪　强制执行　单位犯罪　情节严重

最高人民法院公布的典型案例

施某某拒不执行判决、裁定案

裁判要旨：被执行人在具有履行能力的情况下，拒绝申报财产，以各种手段逃避执行，而且其法定代表人在被采取司法拘留措施后仍不执行，致使申请执行人遭受较大损失，属于“有能力执行而拒不执行，情节严重”的情形，构成拒不执行判决、裁定罪。同时本案属于单位犯罪，被告人施某某为单位法定代表人，系直接负责的主管人员，对于单位实施的拒不执行判决、裁定犯罪应当承担刑事责任。

（一）基本案情

被告人施某某系海南省昌江黎族自治县昌缘生态农业专业合作社（以下简称昌缘合作社）法定代表人。2012 年 10 月，因工地需搭建大棚种植，昌缘合作社和赵某签订了瓜菜大棚施工合同。后在结算工程款的过程中双方产生纠纷。赵某将昌缘合作社起诉至法院，昌江黎族自治县人民法院（下称昌江法院）于 2014 年 7 月 18 日作出（2014）昌民初字第 268 号民事判决，判令昌缘合作社支付赵某工程款 1003500 元及逾期付款违约金。昌缘合作社上

诉后，海南省第二中级人民法院于2014年11月24日作出（2014）海南二中民三终字第23号民事判决书，判决驳回上诉，维持原判。

判决发生法律效力后，因昌缘合作社未在判决确定的期限内履行义务，赵某向昌江法院申请强制执行。据查，在大棚建成后，昌缘合作社曾向昌江县农业局申报农业大棚补贴，并从昌江县财政领取大棚补贴款3226800元，具有履行能力。昌江法院立案执行后，向昌缘合作社发出执行通知书和报告财产令，昌缘合作社仍拒不履行义务，且拒绝申报财产。执行法院遂依法查封昌缘合作社位于昌江县海尾镇双塘村的270亩土地经营权及地上的瓜菜大棚及相关设施。施某某擅自决定将已查封的上述土地及设施予以处置，部分出租给他人种植，部分大棚用于自己种植，所得租金及种植收益拒绝上缴法院。针对昌缘合作社及施某某的以上拒执行为，昌江法院于2016年1月20日依法对施某某采取司法拘留十五日的措施。拘留期限届满后，被执行人仍不履行。

执行法院遂将施某某涉嫌犯罪的线索移交公安机关。经公安机关侦查，检察院提起公诉，昌江法院依法作出判决，认定被告人施某某构成拒不执行判决、裁定罪，判处有期徒刑二年。

（二）典型意义

本案中，作为被执行人的昌缘合作社在具有履行能力的情况下，拒绝申报财产，以各种手段逃避执行，而且其法定代表人在被采取司法拘留措施后仍不执行，致使申请执行人遭受较大损失，属于“有能力执行而拒不执行，情节严重”的情形，构成拒不执行判决、裁定罪。同时本案属于单位犯罪，被告人施某某为单位法定代表人，系直接负责的主管人员，对于单位实施的拒不执行判决、裁定犯罪应当承担刑事责任。法院依法对施某某定罪并判处实刑，符合法律规定，体现了对拒执罪的严厉打击，对于在单位犯罪中依法追究自然人的刑事责任也具有一定指导意义。

——《最高人民法院发布拒不执行判决、裁定罪典型案例》，载《人民法院报》2018年6月6日。

1127. 对《刑法修正案（九）》第三十九条规定的“情节特别严重”具体情形的理解

关键词

拒不执行判决、裁定罪　情节特别严重

《中华人民共和国刑法修正案（九）》条文

三十九、将刑法第三百一十三条修改为："对人民法院的判决、裁定有能力执行而拒不执行，情节严重的，处三年以下有期徒刑、拘役或者罚金；情节特别严重的，处三年以上七年以下有期徒刑，并处罚金。

"单位犯前款罪的，对单位判处罚金，并对其直接负责的主管人员和其他直接责任人员，依照前款的规定处罚。"

附录：最高人民法院主流观点

对于"情节特别严重"的具体情形，目前并无统一规定，司法实践中可以从拒不执行判决、裁定的方式、致使债权人遭受损失的程度、行为人的主观恶性等角度加以判断。

——最高人民法院研究室、最高人民法院刑法修改工作小组办公室编著：《〈刑法修正案（九）〉条文及配套司法解释理解与适用》，人民法院出版社2015年版，第354页。

1128. 对人民法院的判决、裁定"有能力执行"的认定

关键词

拒不执行判决、裁定　有能力执行

《中华人民共和国刑法修正案（九）》条文

三十九、将刑法第三百一十三条修改为："对人民法院的判决、裁定有能力执行而拒不执行，情节严重的，处三年以下有期徒刑、拘役或者罚金；情节特别严重的，处三年以上七年以下有期徒刑，并处罚金。

单位犯前款罪的，对单位判处罚金，并对其直接负责的主管人员和其他直接责任人员，依照前款的规定处罚。"

附录：最高人民法院主流观点

根据修正后《刑法》第三百一十三条的规定，拒不执行判决、裁定罪的入罪前提是"对人民法院的判决、裁定有能力执行"，如何认定"有能力执行"直接影响到犯罪的成立，必须予以妥当把握。当前，由于我国征信体系建立尚不完备，人民法院对被执行人"有能力执行"的查证尚存在不少困难。司法实践中应当注意以下问题：

1. 根据查实的证据证明，负有执行人民法院判决、裁定义务的人有可供

全部执行或者部分执行的财产，或者具有全部或者部分履行特定行为义务的能力的，即应当认定为“有能力执行”。换言之，不能以被执行人有可供全部执行的财产或者具有全部履行特定行为义务的能力作为认定“有能力执行”的标准。

2. 对于实践中常见、多发的财产给付类拒不执行判决、裁定案件[①]，应当主要通过对被执行人财产状况的查实、履行义务与自身履行能力的比例等加以综合判断。在具体认定被执行人的执行能力时，应当扣除被执行人及其抚养人员最低限度的生活必要保障资金，生活必要保障资金的标准可以参照当地最低工作标准或者最低生活保障线标准予以确定。

3. 在目前对“有能力执行”未设定统一量化标准的情况下，司法实务中宜根据本地经济社会发展状况，结合拒不执行、判决裁定犯罪行为的形势，合理认定“有能力执行”。具体拒不执行判决、裁定案件中涉及的金额相差悬殊，应当根据具体的案件情况作出合理判断。特别是对于给付赡养费、抚养费、医疗费等费用的案件，由于通常情况下被执行人需要支付的费用本身较少，故不能因为被执行人的财产状况超出执行义务较少就不认定为“有能力执行”。

——最高人民法院研究室、最高人民法院刑法修改工作小组办公室编著：《〈刑法修正案（九）〉条文及配套司法解释理解与适用》，人民法院出版社2015年版，第355页。

1129. 有能力执行而拒不执行判决、裁定的时间从判决、裁定发生法律效力时起算

关键词

拒不执行判决、裁定罪

最高人民法院指导性案例

毛建文拒不执行判决、裁定案（最高人民法院指导案例71号）

裁判要点：有能力执行而拒不执行判决、裁定的时间从判决、

① 据“破解执行难题，提升司法公信——拒执罪条款司法实践评估及推进对策研究”司法统计课题的调研，在拒不执行判决、裁定罪的适用中，涉及拒不执行财产给付义务的占93.8%，不履行行为义务的仅占6.2%。参见胡云腾、崔亚东主编：《拒不执行判决、裁定罪审判实务与典型案例》，法律出版社2014年版，第8页。

裁定发生法律效力时起算。具有执行内容的判决、裁定发生法律效力后，负有执行义务的人有隐藏、转移、故意毁损财产等拒不执行行为，致使判决、裁定无法执行，情节严重的，应当以拒不执行判决、裁定罪定罪处罚。

法院生效裁判认为：被告人毛建文负有履行生效裁判确定的执行义务，在人民法院具有执行内容的判决、裁定发生法律效力后，实施隐藏、转移财产等拒不执行行为，致使判决、裁定无法执行，情节严重，其行为已构成拒不执行判决罪。公诉机关指控的罪名成立。毛建文归案后如实供述了自己的罪行，可以从轻处罚。

本案的争议焦点为，拒不执行判决、裁定罪中规定的“有能力执行而拒不执行”的行为起算时间如何认定，即被告人毛建文拒不执行判决的行为是从相关民事判决发生法律效力时起算，还是从执行立案时起算。对此，法院认为，生效法律文书进入强制执行程序并不是构成拒不执行判决、裁定罪的要件和前提，毛建文拒不执行判决的行为应从相关民事判决于 2013 年 1 月 6 日发生法律效力时起算。主要理由如下：第一，符合立法原意。全国人民代表大会常务委员会对刑法第三百一十三条规定解释时指出，该条中的“人民法院的判决、裁定”，是指人民法院依法作出的具有执行内容并已发生法律效力的判决、裁定。这就是说，只有具有执行内容的判决、裁定发生法律效力后，才具有法律约束力和强制执行力，义务人才有及时、积极履行生效法律文书确定义务的责任。生效法律文书的强制执行力不是在进入强制执行程序后才产生的，而是自法律文书生效之日起即产生。第二，与民事诉讼法及其司法解释协调一致。《中华人民共和国民事诉讼法》第一百一十一条规定[①]：诉讼参与人或者其他人拒不履行人民法院已经发生法律效力的判决、裁定的，人民法院可以根据情节轻重予以罚款、拘留；构成犯罪的，依法追究刑事责任。《最高人民法院关于适用〈中华人民共和国民事诉讼法〉的解释》第一百八十八条[②]规定：民事诉讼法第一百一十一条第一款第六项规定的拒不履行人民法院已经发生法律效力的判决、裁定的行为，包括在法律文书发生法律效力后隐藏、转移、变卖、毁损财产或者无偿转让财产、以明显不合理的价格交易财产、放弃到期债权、无偿为他人提供担保等，致使人民法院无法执行的。由此可见，法律明确将拒不执行行为限定在法律文书发生法律效力后，并未将拒不执行的主体仅限定为进入强制执行程序后的被执行人或者协助执

① 本条现为《中华人民共和国民事诉讼法》第一百一十四条。

② 本条现为《最高人民法院关于适用〈中华人民共和国民事诉讼法〉的解释》（2022 年修正）第一百八十八条。

行义务人等，更未将拒不执行判决、裁定罪的调整范围仅限于生效法律文书进入强制执行程序后发生的行为。第三，符合立法目的。拒不执行判决、裁定罪的立法目的在于解决法院生效判决、裁定的“执行难”问题。将判决、裁定生效后立案执行前逃避履行义务的行为纳入拒不执行判决、裁定罪的调整范围，是法律设定该罪的应有之意。将判决、裁定生效之日确定为拒不执行判决、裁定罪中拒不执行行为的起算时间点，能有效地促使义务人在判决、裁定生效后即迫于刑罚的威慑力而主动履行生效裁判确定的义务，避免生效裁判沦为一纸空文，从而使社会公众真正尊重司法裁判，维护法律权威，从根本上解决“执行难”问题，实现拒不执行判决、裁定罪的立法目的。

——《最高人民法院关于发布第十五批指导性案例的通知》（2016 年 12 月 28 日，法〔2016〕449 号）。

说明

该指导案例旨在明确有能力执行而拒不执行判决、裁定的时间从判决、裁定发生法律效力时起算。判决、裁定发生法律效力后，负有执行义务的人拒不执行，情节严重的，应当以拒不执行判决、裁定罪追究刑事责任。该指导案例从刑法及其立法解释和司法解释相关规定出发，统一了拒不执行判决、裁定罪中拒不执行行为的时间起算点，符合立法原意和立法目的，可以有效地促使义务人在判决、裁定生效后即迫于刑罚的威慑力而主动履行生效法律文书确定的义务，从而形成尊重司法裁判权威的良好氛围，维护生效裁判威严，有效缓解“执行难”。

1130. 隐藏、转移、变卖、故意毁损已被司法机关查封、扣押、冻结的财产，情节严重的行为定性

关键词

非法处置查封、扣押、冻结的财产罪　犯罪情节

《最高人民法院公报》案例

新疆维吾尔自治区克拉玛依市克拉玛依区人民检察院诉李志强非法处置查封财产案（一审法院：新疆维吾尔自治区克拉玛依市克拉玛依区人民法院）

裁判要点：隐藏、转移、变卖、故意毁损已被司法机关查封、扣押、冻结的财产，情节严重的，构成非法处置查封的财产罪。

民事诉讼中的查封，是民事诉讼法律制度中的一项临时性强制措施。人民法院通过采取查封措施迫使义务人履行义务，以保证申请人的权利能够实现。从维护国家法律秩序的角度看，查封是一项重要的措施。《刑法》第 314 条规定："隐藏、转移、变卖、故意毁损已被司法机关查封、扣押、冻结的财产，情节严重的，处三年以下有期徒刑、拘役或者罚金。"《刑法》将破坏查封情节严重的行为规定为非法处置查封财产罪，有利于确保法律的尊严得以实现。被告人李志强在经济活动中拖欠货款不还，当被权利人起诉到人民法院后，又无视国家法律制度，竟敢将被人民法院依法查封的财产出卖了大部分，其行为破坏了国家的司法制度，扰乱了民事诉讼活动，情节严重。如果对李志强的行为不以罪论处，公民对国家法律的信仰就会落空，法律的尊严地位将会动摇。

——《最高人民法院公报》2001 年第 4 期。

1131. 明知房产被依法查封而隐瞒事实将房产卖与他人并收取预付款的行为性质

关键词

非法处置查封的财产罪　拒不执行判决、裁定罪　合同诈骗罪

《刑事审判参考》指导案例

罗扬非法处置查封的财产案（《刑事审判参考》指导案例第 428 号）

裁判要点：没有非法占有目的，单纯骗用他人财物的行为不构成合同诈骗罪。区分非法处置查封、扣押、冻结的财产罪与拒不执行判决、裁定罪的关键就在于行为人是否具有拒不执行法院裁判的目的。

（一）没有非法占有目的，单纯骗用他人财物的行为不构成合同诈骗罪

根据《刑法》第 224 条的规定，合同诈骗罪在主观方面以行为人具有非法占有目的为构成要件。因此，对于行为人在主观上并无非法占有对方当事人财物的目的，而是为了非法占用他人钱款，虽然在客观上以虚构事实、隐瞒真相的手段骗得他人财物，也不能认定其行为构成合同诈骗罪，如果构成其他犯罪的则以其他罪名论处。

非法占有目的应是指永久性地非法掌握、控制他人财物的意图。司法实践中，合同诈骗罪中行为人的非法占有意图在具体形成的时间、故意内容上

表现形式多样，因而在司法实践中具体判断时要紧密结合案情，应当坚持主客观相一致的原则进行把握，既不能仅凭被告人的供述定案，也不能仅以被告人在签订、履行合同过程中有欺诈行为或一旦发生财物不能归还的结果就推定被告人具有非法占有目的。认定是否具有非法占有目的，还应注意从以下方面进行综合判断：1. 行为人有无履行合同的实际能力。2. 行为人是否有积极的履约行为。3. 标的物的处置情况。4. 行为人在违约后有无承担责任的表现。

（二）关于非法处置查封、扣押、冻结的财产罪与拒不执行判决、裁定罪的界限

区分非法处置查封、扣押、冻结的财产罪与拒不执行判决、裁定罪的关键就在于行为人是否具有拒不执行法院裁判的目的。因为从构成要件上看，非法处置查封、扣押、冻结的财产罪不要求特殊目的，而拒不执行判决、裁定罪则必须具有拒不执行法院裁判的目的。因此，如果在执行程序中负有执行生效裁判义务的人实施了此种行为，但并没有拒不执行法院生效裁判目的的，应当以非法处置查封、扣押、冻结的财产罪定罪；反之，如果行为人具有拒不执行法院生效裁判目的，因为该行为系作为拒不执行法院裁判的手段实施的，两罪法定刑相同，以拒不执行判决、裁定罪定罪更为适当。

（三）非法处置查封、扣押、冻结的财产罪既遂的认定

在本案中，被告人罗扬虽然已与买方郭某签订了购房合同并收取了预付款，但未能如期将房屋交给买方郭某，而且由于房屋已被法院查封而不可能办理产权过户。由此产生的问题是：罗扬的行为是否属于犯罪未遂？

根据《刑法》第314条的规定，非法处置查封、扣押、冻结的财产罪属于情节犯。关于情节犯是否存在犯罪未遂的问题，目前理论界对此看法不一。我们认为，我国《刑法》中的情节犯包括行为犯、结果犯、危险犯等类型，故对于情节犯是否存在未遂的问题不能一概而论，而要具体看案件所属的犯罪类型，然后根据《刑法》条文规定的既遂标准来判断。从《刑法》的规定看，非法处置查封、扣押、冻结的财产罪属于行为犯，其既遂应以行为人是否实行了非法处置有关财产这一法定构成要件行为为标准。本案中被告人罗扬已经与买方郭某签订了房屋买卖合同，并且收取了预付款，其行为已经齐备非法处置查封的财产罪的全部构成要件，应当认定为犯罪既遂。当然，同其他行为犯在实行行为未达到一定程度时仍属未遂一样，本罪同样存在犯罪未遂形态。以本案为例，如果罗扬在与买方进行洽谈阶段即案发，尚未签订房屋买卖合同，对其非法处置的行为则应认定为未遂。

——最高人民法院刑事审判第一、二、三、四、五庭主办：《刑事审判参考》2007年第1集（总第54集），法律出版社2007年版，第42~51页。

1132. 在已被查封土地上继续施工导致被查封的土地拍卖后无法实际交付的可能构成非法处置查封的财产罪

关键词

查封土地　土地拍卖　实际交付　非法处置查封的财产罪

最高人民法院裁判文书

陈康民非法处置查封的财产案［最高人民法院（2020）最高法刑申 44 号驳回申诉通知书］

裁判要旨：被告人故意在已被司法机关依法查封的土地上建设楼房，导致被查封的土地拍卖后无法实际交付，情节严重，被告人构成非法处置查封的财产罪。

最高人民法院认为，被告人故意在已被司法机关依法查封的土地上建设楼房，导致被查封的土地拍卖后无法实际交付，情节严重。原审认定被告人犯非法处置查封的财产罪的事实清楚，证据确实、充分，定罪准确，量刑适当。审判程序合法。

关于被告人所提认定被告人明知涉案土地已被查封的证据不足的申诉理由。经查，在案证据证实，运城市中级人民法院先后于 2011 年 9 月和 2013 年 7 月，两次向山西省平陆县国土资源局发出协助执行通知，要求协助对本案涉案土地使用权进行查封。土地被查封后，运城市中级人民法院执行人员张某、介某及中国农业银行平陆县支行有关人员曾到现场阻止被告人在该地块上施工，由于被告人不在施工现场，张某电话告知被告人涉案土地已被司法机关查封，要求被告人停止施工。其间，平陆县国土资源局、住房保障和城乡建设管理局均对被告人的违法施工行为进行了查处，向被告人下达了停工通知，也对被告人进行了行政处罚。此外，被告人向中国农业银行平陆县支行交纳 51 万元保证金并参与涉案土地拍卖的行为，进一步印证被告人明知涉案土地已被查封的事实。据此，足以认定被告人对本案涉案土地已被司法机关查封的事实是明知的。故被告人的该申诉理由不能成立。

关于被告人所提被告人不符合本罪客观构成要件的申诉理由。经查，被告人实际出资在涉案土地上建设楼房，在明知涉案土地已被司法机关查封，且未获得规划许可和施工许可的情况下，被告人不顾人民法院执行人员的劝阻，不顾国土资源管理部门和城市建设管理部门的停工要求和处罚决定，在被查封土地上建成十余层高的楼房，并全部售出，造成涉案土地依法拍卖后无法实际交付的后果，严重影响了司法机关的正常诉讼活动，也严重损害了诉讼参与人的合法权益，被告人的行为已经构成非法处置查封的财产罪。故被告人的该申诉理由不能成立。

综上，被告人的申诉不符合《中华人民共和国刑事诉讼法》第二百五十三条规定的应当重新审判的情形，予以驳回。

——中国裁判文书网。

1133. 依法被刑事拘留、逮捕的犯罪嫌疑人不能成为破坏监管秩序罪的主体

关键词

破坏监管秩序罪　犯罪主体　犯罪嫌疑人

附录：司法信箱

问题：陈某因涉嫌犯抢劫罪被依法逮捕，羁押在看守所。陈某在看守所羁押期间，多次实施破坏监管秩序的行为，且情节严重。根据《刑法》第315条规定，破坏监管秩序罪的主体是依法被关押的罪犯。据此，有的同志认为陈某不属于破坏监管秩序罪的主体。但有的同志认为陈某是否属于破坏监管秩序罪的主体，要看法院最终依法作出的结论，如果陈某被认定为有罪，又实施了破坏监管秩序行为，就构成破坏监管秩序罪。请问哪种意见正确？

《人民司法》研究组认为：根据《刑法》第315条的规定，只有依法被关押的罪犯才能构成破坏监管秩序罪的主体。依照《刑事诉讼法》的有关规定，罪犯是指经人民法院依法判决有罪的人。《刑事诉讼法》第12条特别规定："未经人民法院依法判决，对任何人都不得确定有罪。"可见，犯罪嫌疑人、被告人在经法院判决有罪以前，还不属于罪犯。根据你们介绍的案情，陈某因抢劫犯罪嫌疑被依法逮捕，尚未经法院审判，故其不属于依法被关押的罪犯，不构成破坏监管秩序罪的主体。即使此后陈某被法院判决有罪，也不能对其不具备罪犯身份时实施的破坏监管秩序的行为，以破坏监管秩序罪定罪处罚。

——《人民司法》2001年第3期（总第446期）。

第三节　妨害国（边）境管理罪

1134. 妨害国（边）境管理犯罪的认定

关键词

妨害国（边）境管理犯罪　犯罪认定

最高人民法院司法政策精神

二、关于妨害国（边）境管理犯罪的认定

2. 具有下列情形之一的，应当认定为刑法第三百一十八条规定的“组织他人偷越国（边）境”行为：

（1）组织他人通过虚构事实、隐瞒真相等方式掩盖非法出入境目的，骗取出入境边防检查机关核准出入境的；

（2）组织依法限定在我国边境地区停留、活动的人员，违反国（边）境管理法规，非法进入我国非边境地区的。

对于前述行为，在决定是否追究刑事责任以及如何裁量刑罚时，应当综合考虑组织者前科情况、行为手段、组织人数和次数、违法所得数额及被组织人员偷越国（边）境的目的等情节，依法妥当处理。

3. 事前与组织、运送他人偷越国（边）境的犯罪分子通谋，在偷越国（边）境人员出境前或者入境后，提供接驳、容留、藏匿等帮助的，以组织他人偷越国（边）境罪或者运送他人偷越国（边）境罪的共同犯罪论处。

4. 明知是偷越国（边）境人员，分段运送其前往国（边）境的，应当认定为刑法第三百二十一条规定的“运送他人偷越国（边）境”，以运送他人偷越国（边）境罪定罪处罚。但是，在决定是否追究刑事责任以及如何裁量刑罚时，应当充分考虑行为人在运送他人偷越国（边）境过程中所起作用等情节，依法妥当处理。

5.《解释》第一条第二款、第四条规定的“人数”，以实际组织、运送的人数计算；未到案人员经查证属实的，应当计算在内。

6. 明知他人实施骗取出境证件犯罪，提供虚假证明、邀请函件以及面签培训等帮助的，以骗取出境证件罪的共同犯罪论处；符合刑法第三百一十八条规定的，以组织他人偷越国（边）境罪定罪处罚。

7. 事前与组织他人偷越国（边）境的犯罪分子通谋，为其提供虚假证明、邀请函件以及面签培训等帮助，骗取入境签证等入境证件，为组织他人偷越国（边）境使用的，以组织他人偷越国（边）境罪的共同犯罪论处。

8. 对于偷越国（边）境的次数，按照非法出境、入境的次数分别计算。但是，对于非法越境后及时返回，或者非法出境后又入境投案自首的，一般应当计算为一次。

9. 偷越国（边）境人员相互配合，共同偷越国（边）境的，属于《解释》第五条第二项规定的"结伙"。偷越国（边）境人员在组织者、运送者安排下偶然同行的，不属于"结伙"。

在认定偷越国（边）境"结伙"的人数时，不满十六周岁的人不计算在内。

10. 偷越国（边）境，具有下列情形之一的，属于《解释》第五条第六项规定的"其他情节严重的情形"：

（1）犯罪后为逃避刑事追究偷越国（边）境的；

（2）破坏边境物理隔离设施后，偷越国（边）境的；

（3）以实施电信网络诈骗、开设赌场等犯罪为目的，偷越国（边）境的；

（4）曾因妨害国（边）境管理犯罪被判处刑罚，刑罚执行完毕后二年内又偷越国（边）境的。

实施偷越国（边）境犯罪，又实施妨害公务、袭警、妨害传染病防治等行为，并符合有关犯罪构成的，应当数罪并罚。

11. 徒步带领他人通过隐蔽路线逃避边防检查偷越国（边）境的，属于运送他人偷越国（边）境。领导、策划、指挥他人偷越国（边）境，并实施徒步带领行为的，以组织他人偷越国（边）境罪论处。

徒步带领偷越国（边）境的人数较少，行为人系初犯，确有悔罪表现，综合考虑行为动机、一贯表现、违法所得、实际作用等情节，认为对国（边）境管理秩序妨害程度明显较轻的，可以认定为犯罪情节轻微，依法不起诉或者免予刑事处罚；情节显著轻微危害不大的，不作为犯罪处理。

12. 对于刑法第三百二十一条第一款规定的"多次实施运送行为"，累计运送人数一般应当接近十人。

——《最高人民法院、最高人民检察院、公安部、国家移民管理局关于依法惩治妨害国（边）境管理违法犯罪的意见》（2022 年 6 月 29 日，法发〔2022〕18 号）。

附录：答记者问

问：组织他人偷越国（边）境罪是妨害国（边）境管理犯罪的重点罪名。请介绍一下《意见》对此有何规定？

答：针对当前司法实践反映的突出问题，《意见》就组织他人偷越国

（边）境罪的认定作了专门规定。概括而言，主要有如下三个方面的内容：

一是关于组织他人“持证”骗取核准出入境行为的认定。当前，利用我国与其他国家的互免签证等政策，组织已持有出入境证件的人员通过虚构事实、隐瞒真相等方式掩盖非法出入境目的，骗取出入境边防检查机关核准出入境的情况较为普遍，日益成为相关妨害国（边）境管理活动的重要方式。对此，《意见》明确对于此类组织“持证”人员骗取出入境边防检查机关核准出入境的行为，应当认定为组织他人偷越国（边）境。

二是关于组织外国边民等非法进入非边境地区行为的认定。近年来，部分人员受利益驱动，利用边民往来的便利政策，组织外国边民进入我国非边境地区务工、居留等。此类活动在部分边境地区有规模化、产业化的趋势，对境内社会管理和经济秩序带来一定冲击。对此，《意见》明确对于组织依法限定在我国边境地区停留、活动的人员，违反国（边）境管理法规，非法进入我国非边境地区的行为，应当认定为组织他人偷越国（边）境。

三是对相关行为刑事追究的政策把握。一方面，对于“持证”偷越国（边）境和边民等非法进入非边境地区，《意见》将刑事规制的对象限定于组织行为。另一方面，组织“持证”人员偷越国（边）境行为和组织边民等非法进入非边境地区，在社会危害程度上存在明显的个案差异。有的组织外国人入境从事非法劳务，有的组织我国公民出境参与电信网络诈骗、赌博等犯罪，应当区分情况，依法处理。基于此，《意见》要求“在决定是否追究刑事责任以及如何裁量刑罚时，应当综合考虑组织者前科情况、行为手段、组织人数和次数、违法所得数额及被组织人员偷越国（边）境的目的等情节，依法妥当处理”。

——《深化妨害国（边）境管理犯罪治理 切实维护人民群众人身和财产安全——最高人民法院研究室、最高人民检察院法律政策研究室、公安部法制局、国家移民管理局政策法规司负责人就〈关于依法惩治妨害国（边）境管理违法犯罪的意见〉答记者问》，载最高人民法院官网，https: //www.court.gov.cn。

1135. 关于妨害国（边）境管理刑事案件的管辖

关键词

妨害国（边）境管理刑事案件　犯罪管辖

最高人民法院司法政策精神

三、关于妨害国（边）境管理刑事案件的管辖

13. 妨害国（边）境管理刑事案件由犯罪地的公安机关立案侦查。如果由犯罪嫌疑人居住地的公安机关立案侦查更为适宜的，可以由犯罪嫌疑人居住地的公安机关立案侦查。

妨害国（边）境管理犯罪的犯罪地包括妨害国（边）境管理犯罪行为的预备地、过境地、查获地等与犯罪活动有关的地点。

14. 对于有多个犯罪地的妨害国（边）境管理刑事案件，由最初受理的公安机关或者主要犯罪地的公安机关立案侦查。有争议的，按照有利于查清犯罪事实、有利于诉讼的原则，由共同上级公安机关指定有关公安机关立案侦查。

15. 具有下列情形之一的，有关公安机关可以在其职责范围内并案侦查：

（1）一人犯数罪的；

（2）共同犯罪的；

（3）共同犯罪的犯罪嫌疑人、被告人还实施其他犯罪的；

（4）多个犯罪嫌疑人、被告人实施的犯罪存在关联，并案处理有利于查明案件事实的。

——《最高人民法院、最高人民检察院、公安部、国家移民管理局关于依法惩治妨害国（边）境管理违法犯罪的意见》（2022 年 6 月 29 日，法发〔2022〕18 号）。

1136. 以旅游名义骗取出境证件，非法组织他人出境劳务行为的定性

关键词

组织他人偷越国（边）境罪　旅游名义　出境劳务

《刑事审判参考》指导案例

顾国均、王建忠组织他人偷越国境案（《刑事审判参考》指导案例第 304 号）

裁判要点：以旅游名义骗取出境证件，非法组织他人出境劳务，构成组织他人偷越国（边）境罪。

首先，不具备合法出境资格，而以骗得的合法出境证件出境，属于偷越国境行为。

当前，在利益的驱使下，越来越多的人向往出境打工，他们多以旅游、

考察等名义，弄虚作假，骗取出境证件后出境，非法滞留国外打工。该类行为不仅造成了极坏的国际影响，而且严重破坏了我国国（边）境管理秩序，应予惩戒。若仅因其形式“合法”，而将其排除在“偷越”之外，显然不妥。

据此，我们认为，“偷越”应指不具备合法出入境资格而出入境，侵犯我国国（边）境管理秩序的行为。“偷越”的方法和手段亦多种多样，既有不在规定的口岸、关卡偷越国（边）境，或以假证件或其他蒙骗手段在关口蒙混出入境的，也有骗取出境证件，以所谓的“合法”的形式“非法”越境的。

其次，以旅游名义骗取出境证件，非法组织他人出境劳务，构成组织他人偷越国（边）境罪。根据《刑法》及相关司法解释的规定，组织他人偷越国（边）境罪是指违反国（边）境管理法规，采取煽动、拉拢、诱使、串联等方式，有计划地策划、指挥他人偷越国（边）境的行为。骗取出境证件罪，是指以劳务输出、经贸往来、或者其他名义，弄虚作假，骗取护照、签证等出境证件，为组织他人偷越国（边）境使用的行为。可见，作为不同的犯罪，组织他人偷越国（边）境罪与骗取出境证件罪有着明显不同。然而，由于骗取出境证件罪的成立以行为人具有“为组织他人偷越国（边）境罪使用”的目的为必要，现实中骗取出境证件与组织他人偷越国（边）境往往密切交织在一起，因此，正确把握两罪的关系，对区别此罪与彼罪，一罪与数罪，显得尤为重要。

我们以为，组织他人偷越国（边）境罪与骗取出境证件罪是不同的罪名，二者在犯罪构成上有着明显的区别，不存在普通与特殊的关系。因为，从立法上看，罪与罪之间普通与特殊的关系，体现为一个法条所包含的构成要件在范围上为另一个法条的要件所包括。而组织他人偷越国（边）境罪与骗取出境证件罪在犯罪构成上有着明显不同：首先，侵犯的直接客体不同。其次，犯罪客观方面不同。再次，犯罪主体不同。前罪为自然人犯罪，而后罪则自然人和单位均可构成。另外，两罪的主观方面亦有不同。即两罪虽均为故意犯罪，但构成骗取出境证件罪，行为人主观上还须具有为组织他人偷越国（边）境使用的目的，若行为人为其他目的骗取出境证件，则不成立骗取出境证件罪。因此，虽然实践中“骗取出境证件”可成为组织他人偷越国（边）境的方法之一，但就构成要件而言，组织他人偷越国（边）境罪与骗取出境证件罪不存包含与被包含的关系。所以，二者不具有普通与特殊的关系，骗取出境证件罪并非为组织他人偷越国（边）境罪的特殊形式。行为人骗取出境证件后又组织他人偷越国（边）境的，不能仅以骗取出境证件罪定罪。此种情况下，骗取出境证件的行为，构成骗取出境证件罪；而利用骗得的证件组织他人偷越国（边）境的，同时又触犯组织他人偷越国（边）境罪。那么，两罪关系如何呢？成立牵连犯还是吸收犯？笔者更赞同前一种观点。因为，根据《刑法》的规定，组织他人偷越国（边）境是行为人骗取出境证件的目的，当骗取出境证件后，行为人又实际组织他人偷越国（边）境，则组织他人偷越的行为是实现其骗取出境证件之目的行为，“骗证”与组织他人“偷越”的行为间显然是手段行为与目的行为的关系。因此，虽然从犯罪的发展阶段看，骗取出境证件为组织他人偷越国（边）境的预备行为，但由于两者间手段与目的的关系，使之更符合牵连犯的特征，因此，应根据牵连犯“从一重罪处罚”的原则，以组织他人偷越国（边）境罪论。

——最高人民法院刑事审判第一庭、第二庭编：《刑事审判参考》2004 年第 3 集（总第 38 集），法律出版社 2004 年版，第 143~152 页。

1137. 对组织他人偷越国（边）境的外国籍被告人和港澳台籍被告人独立适用驱逐出境的问题

关键词

组织他人偷越国（边）境罪　非本国籍被告人　驱逐出境

附录：最高人民法院主流观点

我们认为，我国《刑法》总则是对犯罪和刑罚的一般性规定，分则是对具体的犯罪行为及其如何处罚的规定。我国《刑法》第 101 条规定，“本法总则适用于其他有刑罚规定的法律”，这说明，《刑法》总则不仅适用于《刑法》以外的其他刑事方面的法律，同样也适用于《刑法》分则。总则中关于各种刑罚种类以及适用刑罚的一些量刑原则的规定，在对各种犯罪使用刑罚时都应当遵循。总则中关于对犯罪的外国人可以独立适用驱逐出境的规定表明，对一切犯罪的外国人，均可以独立适用驱逐出境。所谓“可以”，即可以选择独立适用驱逐出境，也可以选择适用《刑法》分则中对各种犯罪规定的主刑。至于在可种情况下将驱逐出境刑罚作为主刑适用，则由法官根据案件的具体情况裁定。

关于对外国籍被告人单独适用驱逐出境如何引用《刑法》条文的问题，我们认为，应引用《刑法》第 6 条的规定；其次，应引用第 318 条，依据该条定罪，再依据《刑法》第 35 条和第 318 条处刑。

——高憬宏、杨万明主编：《基层人民法院法官培训教材（实务卷 · 刑事审判篇）》，人民法院出版社 2005 年版，第 378~379 页。

1138. 具有中国国籍同时持有外国护照的被告人的国籍的确认

关键词

国籍冲突　骗取签证　优先管辖

《刑事审判参考》指导案例

袁闵钢、包华敏骗取出境证件案（《刑事审判参考》指导案例第 69 号）

裁判要点：我国政府不承认中国公民具有双重国籍，在确认被告人系外国人的前提下，对其外国国籍应以其入境时的有效证件予以确认。

自然人的国籍是指一个人属于某一个国家的国民或公民的法律资格，它体现了自然人同某一特定国家之间的固定的法律关系。自然人基于这种法律关系，接受所属国家的法律管辖，服从国家的属人优越权，享有和承担该国的法律为其本国人所设定的权利和义务，对国家效忠；国家则基于这种法律关系对具有本国国籍的人实行外交保护。而当一个人处于同时具有不止一个国籍或根本不具有任何国籍的法律状态时，通常称之为国籍的冲突。它包括两类情况：一类是国籍的积极冲突，即通常所说的双重或多重国籍；另一类是国籍的消极冲突，也就是通常所说的无国籍。国籍冲突会产生一系列的法律后果，而国籍的确定是决定国家与不同的自然人形成不同的法律关系的前提。因此，国籍的确认便成为一个重要的问题。

本案被告人袁闵钢的国籍问题即系国际社会普遍存在的国籍积极冲突现象。对袁闵钢的国籍予以确认，不仅是要确认我国对此案的属人管辖权，而且涉及人民法院审理此案是否适用涉外案件审理程序，以及是否适用对外国人独立或者附加适用的刑罚。认定袁闵钢具有中国国籍，主要有以下几点理由：

第一，国籍问题是涉及国家主权和国家利益的重要问题。现行国际法关于此问题的一个重要原则是：每个国家有权以自己的法律决定谁是它的国民。根据国际惯例，对于自然人国籍的积极冲突（即包括双重国籍），原始国籍政府对国籍问题有优先管辖权。袁闵钢的原始国籍是中国籍，因此，我国首先有权依据我国法律来确认袁闵钢是否具有中国国籍或者说是否已丧失中国国籍。因此，那种认为只要持外国护照，加入外国国籍，又经外国使馆承认的，就当然应认定其具有外国国籍的看法是错误的。

第二，被告人袁闵钢不符合自动丧失中国国籍的条件。根据《中华人民共和国国籍法》第九条的规定："定居外国的中国公民，自愿加入或取得外国国籍的，即自动丧失中国国籍"。也就是说，自动丧失中国国籍必须同时具备两个条件：一是中国公民定居外国；二是自愿加入或取得外国国籍。而本案被告人袁闵钢 1989 年底受日本公司委托进驻 ×× 国 ×× 市工作，1993 年 2 月以投资移民的方式花高价买取了 ×× 国护照，加入 ×× 国籍，1993 年 4 月归国。袁闵钢只是购买了 ×× 国护照，实际上并未在 ×× 国定居。因此，被告人袁闵钢不符合自动丧失中国国籍的法定条件，在其未根据我国国籍法的规定办理退出中国国籍的申请并获有关部门批准以前，其仍具有中国国籍。

第三，根据我国国籍法第三条的规定，我国政府不承认中国公民具有双重国籍。因此，在已依法确定被告人袁闵钢具有中国国籍后，我国政府不承认袁闵钢具有其他国家国籍。

第四，最高人民法院《关于执行〈中华人民共和国刑事诉讼法〉若干问题的解释》第三百一十四条[①]规定："外国人的国籍以其入境时的有效证件予以确认；国籍不明的，以公安机关会同外事部门查明的为准。"对此规定应理解为，在确认被告人系外国人的前提下，对其外国国籍以其入境时的有效证件予以确认；国籍不明的，以公安机关会同外事部门查明的为准。本案被告人袁闵钢尽管持 ×× 国护照入境，但其同时具有明确的中国国籍，又不符合自动丧失中国国籍的条件，也没有办理退出中国国籍的手续，按照我国法律，我国不承认其具有 ×× 国国籍，袁闵钢不属外国人，故上述规定不适用于本案。《中华人民共和国国籍法》第十五条、第十六条规定："受理国籍申请的机关，在国内为当地市、县公安局"，"加入、退出和恢复中国国籍的申请，由中华人民共和国公安部审批"。因此，人民法院在审查被告人身份时，对被告人是否具有或者是否丧失中国国籍，依法应以我公安部门确定的为准。对本案被告人袁闵钢，我公安部门已根据我国法律的有关规定确认其只具有中国国籍，人民法院应以此作为认定被告人身份的依据。故上海市黄浦区人民法院与上海市第二中级人民法院认定袁闵钢为中国国籍并依法管辖审理本案是正确的。

——最高人民法院刑事审判第一庭、第二庭编：《刑事审判参考》2000 年第 4 集（总第 9 集），法律出版社 2000 年版，第 34~38 页。

---

① 本文件已被《最高人民法院关于适用〈中华人民共和国刑事诉讼法〉的解释》（法释〔2012〕21 号）废止。

第四节　妨害文物管理罪

1139. 行为人明知文物系他人盗掘所得，居中促成非法文物交易行为的定性

关键词

倒卖文物罪　盗掘古文化遗址罪

《最高人民法院公报》案例

天津市人民检察院第一分院诉刘大力、曹振庆、赵殿永等盗掘古文化遗址、倒卖文物、转移赃物案（判决时间：2007 年 11 月 1 日，二审法院：天津市高级人民法院）

裁判摘要：行为人明知文物系他人盗掘所得，为从中牟利非法利益而帮助他人积极联系买主，居中促成非法文物交易的，其行为不构成销赃罪，应以倒卖文物定罪处罚。

天津市高级人民法院二审认为：上诉人曹振庆、赵学海、曹伟及原审被告人刘大力、赵殿永、孝军、韩连亚、王安民违反国家文物保护法规，以非法占有为目的，盗掘列入省级文物保护单位的古文化遗址，破坏古文化遗址，其行为均已构成盗掘古文化遗址罪，且将大部分所盗文物卖出无法追回，给国家造成重大损失，犯罪情节和后果特别严重。上诉人申小虎、周长安以牟利目的，帮助刘大利等人倒卖国家禁止经营的文物，情节严重，其行为均已构成倒卖文物罪。原审被告人张海峰、邵文强明知是刘大力犯罪所得的赃物予以转移，其行为已构成转移赃物罪。

在盗掘古文化遗址共同犯罪中，原审被告人刘大力首先提议并组织策划，联系出售文物，销赃后主持分赃且分赃数额大，上诉人曹振庆、赵学海、原审被告人赵殿永共同参与预谋，提供资金或者提供技术指导，相互配合，均起主要作用，系主犯，应按照其各自参与的全部的犯罪分别予以处罚。原审被告人孝军、韩连亚、王安民、上诉人曹伟被纠集后积极参与犯罪，均起次要作用，系从犯，应按照其各自参与的程度分别减轻处罚。上诉人申小虎、周长安在帮助刘大力等人出售文物的共同犯罪中，联系买主，起辅助作用，

均系从犯，应一罚分别予以从轻处罚。周长安因犯盗掘古墓葬罪被判处缓刑，在缓刑考验期内又犯新罪，但考虑到周长安归案后，协助公安机关抓捕同案犯，有立功表现，依法可予以从轻处罚。原审被告人张海峰、邵文强在共同转移赃物犯罪中地位相当，应依法予以处罚。

对于上诉人曹振庆及其辩护人的上诉意见，原审被告人刘大力、赵殿永、孝军、韩连亚等人的供述能够相互印证曹振庆参与预谋，纠集他人犯罪，且提供技术指导，提议对文物进行拍照，并分得赃款 20 余万元，其在共同犯罪中起主要作用的事实清楚、证据确实、充分。因此，对曹振庆关于一审判决认定主要犯罪事实证据不足，以及未参与预谋、未进行现场指挥和没有分得赃款的辩护意见，及其辩护人关于曹振庆在共同犯罪中作用小，仅获赃款 20000 元的辩护意见，与事实不符，不予采纳。对于曹振庆关于一审程序违法及请求改判或者撤销一审判决发回重审的意见，经查，一审在法庭调查中对卷内定案证据包括各同案犯在侦查阶段的供述进行举证和质证，审判供证，程序合法，故对曹振庆以上辩护意见，不予采纳。

——《最高人民法院公报》2009 年第 5 期。

1140. 行为人对保护范围与建设控制地带的界限认识不清，而在建设控制地带进行盗掘，从而未能实现盗掘古文化遗址的犯罪目的的，构成盗掘古文化遗址罪（未遂）

关键词

盗掘古文化遗址罪

最高人民法院审判业务意见（研究室研究意见）

有关部门就盗掘古文化遗址罪适用法律问题征求最高人民法院研究室意见。最高人民法院研究室经研究认为：

盗掘古文化遗址罪的犯罪对象为古文化遗址的保护范围，不包括建设控制地带。因行为人对保护范围与建设控制地带的界限认识不清，而在建设控制地带进行盗掘，从而未能实现盗掘古文化遗址的犯罪目的的，构成盗掘古文化遗址罪（未遂）。

——《最高人民法院研究室关于盗掘古文化遗址罪适用法律问题的研究意见》，载张军主编、最高人民法院研究室编著：《司法研究与指导》2012 年第 2 辑（总第 2 辑），人民法院出版社 2012 年版，第 156~159 页。

1141. 对名胜古迹的损毁程度，在没有法定鉴定机构可以鉴定的情况下，专家意见可以作为定罪量刑的参考

关键词

名胜古迹　法定鉴定　专家意见

《刑事审判参考》指导案例

张永明、毛伟明、张鹭故意损毁名胜古迹案（《刑事审判参考》指导案例第 1427 号）

裁判要点：参照 2013 年 5 月起施行的《最高人民法院、最高人民检察院关于办理危害食品安全刑事案件适用法律若干问题的解释》第二十一条的规定，可以将专家意见直接作为定案的参考；对于专家意见中检验程序规范、论证过程充分、结论让人信服、符合检验报告形式的，可以作为检验报告予以采信。

刑法第三百二十四条第二款规定，故意损毁国家保护的名胜古迹情节严重的，处五年以下有期徒刑或者拘役，并处或者单处罚金。也就是说，此类犯罪以“情节严重”作为入罪条件。对于情节严重的认定，2016 年 1 月起施行的《最高人民法院、最高人民检察院关于办理妨害文物管理等刑事案件适用法律若干问题的解释》第四条第二款规定，故意损毁国家保护的名胜古迹具有下列情形之一的，应当认定为刑法第三百二十四条第二款规定的“情节严重”：（1）致使名胜古迹严重损毁或者灭失的；（2）多次损毁或者损毁多处名胜古迹的；（3）其他情节严重的情形。本案中，被告人张永明等三人采用破坏性方式攀爬三清山风景名胜区核心景观、世界地质遗迹巨蟒峰并打入 26 个岩钉的行为，显然不属于造成名胜古迹灭失，也不属于多次损毁或者损毁多处名胜古迹的情形，故需要分析其行为是否构成“严重损毁”。

对如何认定“严重损毁”，上述司法解释没有作出进一步规定，全国也没有法定的司法鉴定机构能够就此问题进行鉴定。而能否认定为“严重损毁”又是三被告人的行为是否构成犯罪的关键。本案侦查过程中，侦查机关委托四名地学专家就巨蟒峰的损毁程度出具了专家意见，一致认为构成“严重损毁”。由此，如何看待本案专家意见的证据效力，以及三被告人的行为是否构成“严重损毁”，就成为审理过程中最重要的两个问题。现分析如下：

在本案审理过程中，对于专家意见是否可以采信为证据，存在不同意见。

第一种意见认为，专家意见不属于法定证据种类，在“法无明文规定”的情况下，专家意见不能作为定罪量刑的根据。第二种意见认为，专家意见是具有专门知识的人提供的特殊的证人证言，可以将其纳入证人证言范畴予以采信。第三种意见认为，参照2013年5月起施行的《最高人民法院、最高人民检察院关于办理危害食品安全刑事案件适用法律若干问题的解释》(以下简称《危害食品安全解释》)第二十一条的规定，可以将专家意见直接作为定案的参考；并且，对于专家意见中检验程序规范、论证过程充分、结论让人信服、符合检验报告形式的，可以作为检验报告予以采信。

经过深入研究，本案审理过程中采纳了第三种意见，即参照《危害食品安全解释》第二十一条，并结合本案专家意见形成过程、具体内容和形式，本案专家意见不仅可以作为定罪量刑的重要参考，而且可以作为检验报告予以采信。具体理由如下：

首先，根据刑事诉讼法，专家意见在刑事诉讼中可以以多种证据类型出现，并作为定罪量刑的根据或者参考。刑事诉讼法规定的证据种类主要有物证，书证，证人证言，被害人陈述，犯罪嫌疑人、被告人的供述和辩解，鉴定意见，勘验、检查、辨认、侦查实验等笔录和视听资料、电子数据八类。从证据分类看，专家意见不是法定的证据种类，但刑事诉讼法及相关司法解释中多处规定了“有专门知识的人”(注：专家即“有专门知识的人”，前者是俗称，后者是规范用语)可以参加刑事诉讼活动，其意见表现为相应的证据种类。例如，刑事诉讼法第一百二十八条规定，侦查人员对于与犯罪有关的场所、物品、人身、尸体应当进行勘验或者检查，必要时可以指派或聘请具有专门知识的人在侦查人员的主持下进行勘验、检查。在这种情形下，专家意见的证据形式是勘验、检查笔录。又如，刑事诉讼法第一百四十六条规定，为了查明案情，需要解决案件中某些专门性问题的时候，应当指派、聘请有专门知识的人进行鉴定。这里的专家意见表现为鉴定意见，专家就是鉴定人。再如，刑事诉讼法第一百九十七条第二款规定，公诉人、当事人和辩护人、诉讼代理人可以申请法庭通知有专门知识的人出庭，就鉴定人作出的鉴定意见提出意见。这里“有专门知识的人”是鉴定人之外相同领域的专家，其在法庭上的身份类似于特殊证人，其提出的意见相当于证人证言。可见，专家(有专门知识的人)根据自己的专业知识出具的意见，通过转换成相应的证据种类，可以作为证据或者定罪量刑的根据或者参考。

其次，本案中的专家意见可以作为检验报告予以采信。如前所述，专家意见可以体现为多种证据类型，包括勘验检查笔录、鉴定意见、特殊证言等。检验报告不是刑事诉讼法规定的证据种类，而是出现在2012年《最高人民法院关于适用〈中华人民共和国刑事诉讼法〉的解释》(以下简称2012年《刑事诉讼法解释》）的规定中。2012 年《刑事诉讼法解释》第八十七条[①]规定："对案件中的专门性问题需要鉴定，但没有法定司法鉴定机构，或者法律、司法解释规定可以进行检验的，可以指派、聘请有专门知识的人进行检验，检验报告可以作为定罪量刑的参考。"有的司法解释还较为明确地规定了检验报告和专家意见的证据价值。例如，《危害食品安全解释》第二十一条规定，"足以造成严重食物中毒事故或者其他严重食源性疾病""有毒、有害非食品原料"难以确定的，司法机关可以根据检验报告并结合专家意见等相关材料进行认定；必要时，人民法院可以依法通知有关专家出庭作出说明。通过上述规定可以看出，专家意见、检验报告、鉴定意见是三种密切相关但又存在区别的证据类型。检验报告和鉴定意见显然都是由专家出具，故而广义上都是专家意见。其中，鉴定意见是最规范、效力最高的专家意见，检验报告也是较为规范的专家意见，但其规范性和效力层级略低于鉴定意见，故而广义上都是专家意见，其中，鉴定意见是最规范、效力最高的专家意见，检验报告也是较为规范的专家意见，同样具有证据价值。

本案属于实践中极为少见的损毁自然遗迹刑事案件，目前对于自然遗迹的损毁程度无法进行鉴定。但本案中四名专家出具的《关于"4.15"三名游客攀爬三清山世界级地质遗迹点巨蟒峰损毁情况的意见》，是专家组成员经过实地勘查、证据查验、充分讨论形成的书面意见。2012 年《刑事诉讼法解释》第八十七条规定，对检验报告的审查与认定，参照适用关于鉴定意见的规定。结合相关规定，我们认为本案中四名专家出具的意见已经符合检验报告的证据形式，可以作为检验报告来对待，作为定罪量刑的重要参考。[②]

综上，被告人张永明等三人采用破坏性方式攀爬三清山风景名胜区核心景观、世界地质遗迹巨蟒峰，并打入 26 个岩钉，致使名胜古迹严重损毁，属损毁名胜古迹情节严重，已构成故意损毁名胜古迹罪。本案对三被告人追究刑事责任，不仅是对其所实施行为的否定评价，更是警示世人不得破坏国家保护的名胜古迹，从而引导社会公众树立正确的生态文明观，珍惜和善待人类赖以生存和发展的自然资源和生态环境。人民法院综合考虑三名被告人所实施犯罪行为的性质、造成的危害、在共同犯罪中的地位作用、认罪悔罪态度等各方面因素，依法对被告人张永明判处一年有期徒刑，对被告人毛伟明适用缓刑，对被告人张鹭免予刑事处罚，较好体现了罪责刑相适应的刑法基

① 该处引用的是审理案件时有效的 2012 年《刑事诉讼法解释》，对应 2021 年新发布的解释第一百条。

② 此处引用的是修正前的《刑事诉讼法解释》，修正前《刑事诉讼法解释》第八十七条规定，"指派、聘请有专门知识的人进行检验，检验报告可以作为定罪量刑的参考"；修正后《刑事诉讼法解释》第一百条规定，"指派、聘请有专门知识的人就案件的专门性问题出具的报告，可以作为证据使用"，进一步承认了此类报告的证据效力。

本原则。

——王慧军、王倩、郑享华撰稿、马岩审编：《张永明、毛伟明、张鹭故意损毁名胜古迹案——在没有法定司法鉴定机构可以鉴定的情况下，专家意见可否作为定罪量刑的参考》，载最高人民法院刑事审判第一、二、三、四、五庭编：《刑事审判参考》（总第128辑），人民法院出版社2021年版，第92~97页。

1142. 对核心景区内的世界自然遗产实施打岩钉等破坏活动，综合考虑，可以认定为故意损毁国家保护的名胜古迹“情节严重”

关键词

故意损毁名胜古迹罪　国家保护的名胜古迹　情节严重　专家意见

最高人民法院指导性案例

张永明、毛伟明、张鹭故意损毁名胜古迹案（最高人民法院指导案例147号）

裁判要点：1. 风景名胜区的核心景区属于《刑法》第三百二十四条第二款规定的“国家保护的名胜古迹”。对核心景区内的世界自然遗产实施打岩钉等破坏活动，严重破坏自然遗产的自然性、原始性、完整性和稳定性的，综合考虑有关地质遗迹的特点、损坏程度等，可以认定为故意损毁国家保护的名胜古迹“情节严重”。

2. 对刑事案件中的专门性问题需要鉴定，但没有鉴定机构的，可以指派、聘请有专门知识的人就案件的专门性问题出具报告，相关报告在刑事诉讼中可以作为证据使用。

法院生效裁判认为，本案焦点问题主要为：

一、关于本案的证据采信问题

本案中，三被告人打入26个岩钉的行为对巨蟒峰造成严重损毁的程度，目前全国没有法定司法鉴定机构可以进行鉴定，但是否构成严重损毁又是被告人是否构成犯罪的关键。根据《最高人民法院关于适用〈中华人民共和国刑事诉讼法〉的解释》第八十七条规定：“对案件中的专门性问题需要鉴定，但没有法定司法鉴定机构，或者法律、司法解释规定可以进行检验的，可以指派、聘请有专门知识的人进行检验，检验报告可以作为定罪量刑的参考。……经人民法院通知，检验人拒不出庭作证的，检验报告不得作为定罪量刑的参考。故对打入 26 个岩钉的行为是否对巨蟒峰造成严重损毁的这一事实，依法聘请有专门知识的人进行检验合情合理合法。本案中的四名地学专家，都长期从事地学领域的研究，都具有地学领域的专业知识，在地学领域发表过大量论文或专著，或主持过地学方面的重大科研课题，具有对巨蟒峰受损情况这一地学领域的专门问题进行评价的能力。四名专家均属于“有专门知识的人”。四名专家出具专家意见系接受侦查机关的有权委托，依据自己的专业知识和现场实地勘查、证据查验，经充分讨论、分析，从专业的角度对打岩钉造成巨蟒峰的损毁情况给出了明确的专业意见，并共同签名。且经法院通知，四名专家中的两名专家以检验人的身份出庭，对“专家意见”的形成过程进行了详细的说明，并接受了控、辩双方及审判人员的质询。“专家意见”结论明确，程序合法，具有可信性。综上，本案中的“专家意见”从主体到程序均符合法定要求，从证据角度而言，“专家意见”完全符合刑事诉讼法第一百九十七条的规定，以及《最高人民法院关于适用〈中华人民共和国刑事诉讼法〉的解释》第八十七条关于有专门知识的人出具检验报告的规定，可以作为定罪量刑的参考。

二、关于本案的损害结果问题

三清山于 1988 年经国务院批准列为国家重点风景名胜区，2008 年被列入世界自然遗产名录，2012 年被列入世界地质公园名录。巨蟒峰作为三清山核心标志性景观独一无二、弥足珍贵，其不仅是不可再生的珍稀自然资源型资产，也是可持续利用的自然资产，对于全人类而言具有重大科学价值、美学价值和经济价值。巨蟒峰是经由长期自然风化和重力崩解作用形成的巨型花岗岩体石柱，垂直高度 128 米，最细处直径仅 7 米。本案中，侦查机关依法聘请的四名专家经过现场勘查、证据查验、科学分析，对巨蟒峰地质遗迹点的价值、成因、结构特点及三被告人的行为给巨蟒峰柱体造成的损毁情况给出了“专家意见”。四名专家从地学专业角度，认为被告人的打岩钉攀爬行为对世界自然遗产的核心景观巨蟒峰造成了永久性的损害，破坏了自然遗产的基本属性即自然性、原始性、完整性，特别是在巨蟒峰柱体的脆弱段打入至少 4 个岩钉，加重了巨蟒峰柱体结构的脆弱性，即对巨蟒峰的稳定性产生了破坏，26 个岩钉会直接诱发和加重物理、化学、生物风化，形成新的裂隙，加快花岗岩柱体的侵蚀进程，甚至造成崩解。根据《最高人民法院、最高人民检察院关于办理妨害文物管理等刑事案件适用法律若干问题的解释》第四条第二款第一项规定，结合“专家意见”，应当认定三被告人的行为造成了名胜古迹“严重损毁”，已触犯刑法第三百二十四条第二款的规定，构成故意损毁名胜古迹罪。

风景名胜区的核心景区是受我国刑法保护的名胜古迹。三清山风景名胜区列入世界自然遗产、世界地质公园名录，巨蟒峰地质遗迹点是其珍贵的标志性景观和最核心的部分，既是不可再生的珍稀自然资源性资产，也是可持续利用的自然资产，具有重大科学价值、美学价值和经济价值。被告人张永明、毛伟明、张鹭违反社会管理秩序，采用破坏性攀爬方式攀爬巨蟒峰，在巨蟒峰花岗岩柱体上钻孔打入26个岩钉，对巨蟒峰造成严重损毁，情节严重，其行为已构成故意损毁名胜古迹罪，应依法惩处。本案对三被告人的入刑，不仅是对其所实施行为的否定评价，更是警示世人不得破坏国家保护的名胜古迹，从而引导社会公众树立正确的生态文明观，珍惜和善待人类赖以生存和发展的自然资源和生态环境。一审法院根据三被告人在共同犯罪中的地位、作用及量刑情节所判处的刑罚并无不当。张永明及其辩护人请求改判无罪等上诉意见不能成立，不予采纳。原审判决认定三被告人犯罪事实清楚，证据确实、充分，定罪准确，对三被告人的量刑适当，审判程序合法。

——《最高人民法院关于发布第26批指导性案例的通知》（2020年12月31日，法〔2020〕352号）。

说明

指导案例147号《张永明、毛伟明、张鹭故意损毁名胜古迹案》，旨在明确风景名胜区的核心景区属于刑法第三百二十四条第二款规定的“国家保护的名胜古迹”，对核心景区内的世界自然遗产实施打岩钉等破坏活动，可以依法以故意损毁名胜古迹罪追究刑事责任。该案系因损毁风景名胜区核心景区而入刑的案件，引起了社会广泛关注。攀岩活动在国内越来越普及，但社会公众对法律边界还不完全清楚。本案的正确处理不仅有利于统一裁判尺度、提供办案指引，也有利于引导公众合法参与攀岩等户外探险活动，树立正确的生态文明观，珍惜和爱护生态环境。

1143. 盗掘古文化遗址、古墓葬罪名的具体适用

关键词

古文化遗址　古墓葬　犯罪认定

最高人民法院司法政策精神

二、依法惩处文物犯罪

（一）准确认定盗掘行为

1. 针对古建筑、石窟寺等不可移动文物中包含的古文化遗址、古墓葬部分实施盗掘，符合刑法第三百二十八条规定的，以盗掘古文化遗址、古墓葬罪追究刑事责任。

盗掘对象是否属于古文化遗址、古墓葬，应当按照《文物犯罪解释》第八条、第十五条的规定作出认定。

2. 以盗掘为目的，在古文化遗址、古墓葬表层进行钻探、爆破、挖掘等作业，因意志以外的原因，尚未损害古文化遗址、古墓葬的历史、艺术、科学价值的，属于盗掘古文化遗址、古墓葬未遂，应当区分情况分别处理：

（1）以被确定为全国重点文物保护单位、省级文物保护单位的古文化遗址、古墓葬为盗掘目标的，应当追究刑事责任；

（2）以被确定为市、县级文物保护单位的古文化遗址、古墓葬为盗掘目标的，对盗掘团伙的纠集者、积极参加者，应当追究刑事责任；

（3）以其他古文化遗址、古墓葬为盗掘目标的，对情节严重者，依法追究刑事责任。

实施前款规定的行为，同时构成刑法第三百二十四条第一款、第二款规定的故意损毁文物罪、故意损毁名胜古迹罪的，依照处罚较重的规定定罪处罚。

3. 刑法第三百二十八条第一款第三项规定的“多次盗掘”是指盗掘三次以上。对于行为人基于同一或者概括犯意，在同一古文化遗址、古墓葬本体周边一定范围内实施连续盗掘，已损害古文化遗址、古墓葬的历史、艺术、科学价值的，一般应认定为一次盗掘。

——《最高人民法院、最高人民检察院、公安部、国家文物局关于办理妨害文物管理等刑事案件若干问题的意见》（2022年8月16日，公通字〔2022〕18号）。

附录：答记者问

问题二：针对盗掘古文化遗址、古墓葬罪名的具体适用问题，《意见》有何规定？

答：我们对此类案件开展了深入调研，针对实践反映的突出问题，对该罪的适用作了以下两方面完善：

一是进一步明确“古文化遗址、古墓葬”的范围。目前相关法律法规或司法解释对古文化遗址、古墓葬的具体范围并没有明确界定，导致实践中对于盗掘古建筑、石窟寺等不可移动文物中的古文化遗址或古墓葬部分，应该如何定性存在认识分歧。对此，《意见》规定，古建筑、石窟寺等不可移动文物中包含的古文化遗址、古墓葬部分，也应认定为盗掘古文化遗址、古墓葬罪的犯罪对象；且盗掘对象是否属于古文化遗址、古墓葬，应当根据《文物犯罪解释》第八条、第十五条作出认定，即不以已经公布为不可移动文物的古文化遗址、古墓葬为限。

二是明确了盗掘古文化遗址、古墓葬未遂的认定。盗掘古文化遗址、古墓葬一直是打击的重点和难点。据统计，2017-2021年，全国法院一审新收各类妨害文物管理刑事案件共计3058件，其中盗掘古文化遗址、古墓葬刑事案件占比超过80%。实践中，盗掘古文化遗址、古墓葬未遂的情况多发，危害性不容忽视。为更好地把握打击重点，贯彻宽严相济刑事政策，《意见》明确，对于以被确定为全国重点文物保护单位、省级文物保护单位的古文化遗址、古墓葬为盗掘目标的等盗掘未遂案件，应当追究刑事责任。

——《依法惩治文物犯罪　维护国家文物安全——最高人民法院研究室、最高人民检察院第一检察厅、公安部法制局、国家文物局政策法规司负责人就〈关于办理妨害文物管理等刑事案件若干问题的意见〉答记者问》，载最高人民法院官网，https：//www.court.gov.cn。

1144. 如何确定盗掘古文化遗址、古墓葬罪中，行为犯的犯罪形态

关键词

行为犯　犯罪形态

《刑事审判参考》指导案例

王朋威、周楠盗掘古文化遗址案（《刑事审判参考》指导案例第1442号）

裁判要点：被告人的盗掘行为未对古文化遗址的历史、艺术、科学价值造成损害，在既遂之前自动放弃犯罪，应认定为犯罪中止。

本案中，两名被告人有预谋地盗掘被确定为全国重点文物保护单位的曲阳城遗址，其行为均已构成盗掘古文化遗址罪，但对被告人未挖到文物自行离开的行为能否认定犯罪中止，在审理过程中产生了三种意见。

第一种意见认为，盗掘古文化遗址、古墓葬罪应以是否窃取文物作为既未遂区分标准，本案两名被告人未实际窃取文物而放弃犯罪，应认定犯罪中止。

第二种意见认为，盗掘古文化遗址、古墓葬罪属于行为犯，只要行为人实施了盗掘古文化遗址、古墓葬的行为就已构成本罪，犯罪行为是否造成古文化遗址、古墓葬受到严重破坏的结果，只对确定具体适用的法定刑有意义。

第三种意见认为，盗掘古文化遗址、古墓葬罪虽然属于行为犯，但是根据刑法谦抑原则，若盗掘行为并未损毁古文化遗址、古墓葬的历史、艺术、科学价值，就不应认定犯罪既遂。本案中，两名被告人的盗掘行为未对古文

化遗址的历史、艺术、科学价值造成损害，在既遂之前自动放弃犯罪，应认定为犯罪中止。

我们同意第三种意见，理由如下。

（一）行为犯存在讨论未完成形态的空间

盗掘古文化遗址、古墓葬罪，是指盗掘具有历史、艺术、科学价值的古文化遗址、古墓葬的行为。通常认为本罪在犯罪形态上是行为犯而非结果犯，即犯罪既遂的认定并不要求盗得文物，是否盗取文物、盗取数量多少仅为量刑时应当考虑的情节。有学术观点认为，行为犯可以区分为举动犯、程度犯与危险犯。举动犯，又称举止犯或者单纯行为犯，是指行为人只要着手实施刑法分则规定的行为就构成犯罪既遂的情形；程度犯，又称过程犯，是指行为人在着手实施刑法分则规定的构成要件的行为以后，虽然不要求发生某种危害结果，但要求将行为实施到一定程度，才构成犯罪既遂的情形；危险犯是指行为人的行为只要造成一定的法益侵害危险，就构成犯罪既遂的情形。“这些犯罪形态的共同特征是都不以结果为其罪体要素，但在行为要素的要求程度或者表现形式上有所不同。”[①] 综合上述理论，结合司法实践，我们认为，并非所有行为犯的行为都是一着手就完成的，不同危害行为的过程长短不一、内容各异，行为犯的实行行为进行到犯罪进程的哪一个阶段才能达到犯罪既遂状态，既与行为是否实施终了有关，也与立法对犯罪行为的社会危害性评价相关。由此可见，行为犯的未完成形态存在讨论的空间。

古文化遗址、古墓葬的历史、艺术、科学价值是否受到损害是认定盗掘行为既未遂的重要标准

盗掘古文化遗址、古墓葬罪，犯罪对象是具有历史、艺术、科学价值的古文化遗址、古墓葬，犯罪对象的特殊性，决定了保护的法益主要是文物、遗址、墓葬的历史、艺术及其科学价值。我国是拥有五千多年文明史和灿烂文化的文明古国，有着丰富多样的文物、古文化遗址和古墓葬。自 20 世纪 80 年代中期以来，盗掘古文化遗址、古墓葬的犯罪活动十分猖獗，数以万计的古文化遗址、古墓葬遭到毁灭性盗掘，致使我国历史文化遗产遭受无法估量的损失。1991 年 6 月 29 日第七届全国人大常委会第二十次会议通过的《关于惩治盗掘古文化遗址古墓葬犯罪的补充规定》，对本罪作出规定；1997 年刑法将本罪的法定最高刑确立为死刑，2011 年刑法修正案（八）虽删除了本罪的死刑，但法定最高刑仍为无期徒刑，可见立法的严惩态度。针对司法实践中迫切需要解决的实际问题，最高人民法院、最高人民检察院于 2015 年 12 月 30 日出台了《关于办理妨害文物管理等刑事案件适用法律若干问题的解释》（以下简称《解释》），《解释》第八条第二款明确规定：“实施盗掘行

① 陈兴良：《规范刑法学（教学版）》，中国人民大学出版社 2008 年版，第 102 页。

为，已损害古文化遗址、古墓葬的历史、艺术、科学价值的，应当认定为盗掘古文化遗址、古墓葬罪既遂。”因此，盗掘古文化遗址、古墓葬的，不论是否盗取文物，只要盗掘行为损害了古文化遗址、古墓葬的历史、艺术和科学价值，即可认定为犯罪既遂；虽已着手实施盗掘行为，但未损害古文化遗址、古墓葬的历史、艺术和科学价值的，则可能构成犯罪未遂或者犯罪中止。

根据前述规定，盗掘行为是否构成本罪，需要评判盗掘对象的文物等级及其历史、艺术、科学价值，对此应聘请专业的文物专家进行鉴定。为适应办案机关办理文物犯罪刑事案件的需要，进一步规范涉案文物鉴定评估活动，保证涉案文物鉴定评估质量，最高人民法院、最高人民检察院、国家文物局、公安部、海关总署于2018年6月20日公布了《涉案文物鉴定评估管理办法》，对涉案文物的鉴定评估范围和内容、鉴定评估机构和人员、鉴定评估程序及监督管理等作出详细规定。《涉案文物鉴定评估管理办法》第十二条第一款规定：“不可移动文物鉴定评估内容包括：（一）确定疑似文物是否属于古文化遗址、古墓葬；（二）评估有关行为对文物造成的毁损程度；（三）评估有关行为对文物价值造成的影响；（四）其他需要鉴定评估的文物专门性问题。”据此，行为人对不可移动文物进行盗掘的，司法机关需要聘请专业人员对涉案文物的属性、盗掘行为对文物及其价值造成的影响，以及其他涉及定罪量刑的专门性问题进行鉴定，司法人员在审理此类案件时也应当对涉案文物鉴定意见进行全面审查，防止出现遗漏。

本案中，被告人王朋威、周楠共同预谋对确定为全国重点文物保护单位的曲阳城遗址进行盗掘，其行为符合刑法第三百二十八条第一款的规定，构成盗掘古文化遗址罪。根据该条第一款第一项的规定，盗掘全国重点文物保护单位的古文化遗址的，应当处十年以上有期徒刑或者无期徒刑。但王朋威、周楠二人未窃取到文物，且仅造成一米见方的盗坑，未对遗址造成严重破坏，若因此对二人判处十年以上有期徒刑，难以做到罪责刑相适应。本案第一次审理时，一审法院参考其他法院已生效判决，认为本罪是行为犯，不存在中止形态，鉴于犯罪行为的社会危害性和被告人的人身危险性较低，试图采取层报最高人民法院核准在法定刑以下判处刑罚的方式，使量刑与被告人的罪责相适应。但该判决采信的淮安市博物馆出具的涉案文物鉴定，仅就盗掘行为对文物的损坏程度进行了鉴定，未对盗掘行为对古文化遗址价值造成的影响予以鉴定，存在遗漏重要鉴定事项的问题，一审法院没有认真审核案件证据存在的问题，判决理由也违反了《解释》规定，二审法院因此不同意在法定刑以下判处刑罚，裁定不予核准，发回重审。东海县人民法院重新审理期间，委托淮安市博物馆进行补充鉴定，鉴定认为盗坑未对曲阳城遗址的历史、艺术和科学价值造成损害。据此，第二次审理认定二被告人系在盗掘行为既遂之前自动放弃犯罪，属犯罪中止，应当依法减轻处罚。结合二被告人平时表现较好，无前科劣迹，均系初犯，归案后能够坦白罪行，认罪认罚等情节，认为二被告人的犯罪情节较轻，有悔罪表现，且没有再犯罪的危险，宣告缓刑对所居住社区没有重大不良影响，故对被告人王朋威、周楠分别以盗掘古文化遗址罪判处有期徒刑三年，缓刑三年，并处罚金一万元，是适当的。

——马卫东、王小彪、杜军燕撰稿、陆建红审编:《王朋威、周楠盗掘古文化遗址案——如何确定行为犯的犯罪形态》，载最高人民法院刑事审判第一、二、三、四、五庭编:《刑事审判参考》(总第 129 辑)，人民法院出版社 2022 年版，第 65~69 页。

1145. 采用破坏性手段盗窃不可移动文物未遂的法律适用

关键词

破坏性手段盗窃　不可移动文物　犯罪未遂

最高人民法院司法政策精神

(二)准确认定盗窃行为

采用破坏性手段盗窃古建筑、石窟寺、石刻、壁画、近现代重要史迹和代表性建筑等不可移动文物未遂，具有下列情形之一的，应当依法追究刑事责任:

1. 针对全国重点文物保护单位、省级文物保护单位中的建筑构件、壁画、雕塑、石刻等实施盗窃，损害文物本体历史、艺术、科学价值，情节严重的;

2. 以被确定为市、县级以上文物保护单位整体为盗窃目标的;

3. 造成市、县级以上文物保护单位的不可移动文物本体损毁的;

4. 针对不可移动文物中的建筑构件、壁画、雕塑、石刻等实施盗窃，所涉部分具有等同于三级以上文物历史、艺术、科学价值的;

5. 其他情节严重的情形。

实施前款规定的行为，同时构成刑法第三百二十四条第一款、第二款规定的故意损毁文物罪、故意损毁名胜古迹罪的，依照处罚较重的规定定罪处罚。

——《最高人民法院、最高人民检察院、公安部、国家文物局关于办理妨害文物管理等刑事案件若干问题的意见》(2022 年 8 月 16 日，公通字〔2022〕18 号)。

附录：答记者问

问题三:《意见》为何专门对采用破坏性手段盗窃不可移动文物未遂的法

律适用作出规定？是如何规定的？

答：我国文物资源丰富，已知有不可移动文物76万余处。对于以破坏性手段盗窃不可移动文物的案件，按照《文物犯罪解释》规定，应当以盗窃罪追究刑事责任。实践中犯罪团伙主要是采用破坏性手段对不可移动文物的局部进行盗窃，如切割石窟中一尊佛像的佛头，很容易因该局部文物本身等级或价值较低，或者被严重损毁无法进行等级或价值认定，导致行为人最终未能得到相适应的惩罚，不利于保护文物安全。对此，《意见》规定，对于“针对全国重点文物保护单位、省级文物保护单位中的建筑构件、壁画、雕塑、石刻等实施盗窃，损害文物本体历史、艺术、科学价值”等五类采用破坏性手段盗窃不可移动文物未遂的犯罪情形，应当追究刑事责任。

——《依法惩治文物犯罪　维护国家文物安全——最高人民法院研究室、最高人民检察院第一检察厅、公安部法制局、国家文物局政策法规司负责人就〈关于办理妨害文物管理等刑事案件若干问题的意见〉答记者问》，载最高人民法院官网，https：//www.court.gov.cn。

1146. 地下文物交易的罪名认定

关键词

地下文物交易　掩饰、隐瞒犯罪所得罪　倒卖文物罪

最高人民法院司法政策精神

（三）准确认定掩饰、隐瞒与倒卖行为

1. 明知是盗窃文物、盗掘古文化遗址、古墓葬等犯罪所获取的文物，而予以窝藏、转移、收购、加工、代为销售或者以其他方法掩饰、隐瞒的，符合《文物犯罪解释》第九条规定的，以刑法第三百一十二条规定的掩饰、隐瞒犯罪所得罪追究刑事责任。

对是否“明知”，应当结合行为人的认知能力、既往经历、行为次数和手段，与实施盗掘、盗窃、倒卖文物等犯罪行为人的关系，获利情况，是否故意规避调查，涉案文物外观形态、价格等主、客观因素进行综合审查判断。具有下列情形之一，行为人不能做出合理解释的，可以认定其“明知”，但有相反证据的除外：

（1）采用黑话、暗语等方式进行联络交易的；

（2）通过伪装、隐匿文物等方式逃避检查，或者以暴力等方式抗拒检查的；

（3）曾因实施盗掘、盗窃、走私、倒卖文物等犯罪被追究刑事责任，或

者二年内受过行政处罚的；

（4）有其他证据足以证明行为人应当知道的情形。

2. 出售或者为出售而收购、运输、储存《中华人民共和国文物保护法》第五十一条规定的“国家禁止买卖的文物”，可以结合行为人的从业经历、认知能力、违法犯罪记录、供述情况，交易的价格、次数、件数、场所，文物的来源、外观形态等综合审查判断，认定其行为系刑法第三百二十六条规定的“以牟利为目的”，但文物来源符合《中华人民共和国文物保护法》第五十条规定的除外。

——《最高人民法院、最高人民检察院、公安部、国家文物局关于办理妨害文物管理等刑事案件若干问题的意见》（2022年8月16日，公通字〔2022〕18号）。

附录：答记者问

问题四：当前地下文物交易活跃，间接助长了盗掘、盗窃文物之风。对此《意见》有何针对性的规定？

答：地下文物交易涉及的相关罪名主要是掩饰、隐瞒犯罪所得罪和倒卖文物罪等。实践中，对掩饰、隐瞒犯罪所得罪中的“明知”及倒卖文物罪中的“以牟利为目的”等主观要素的判断，一直是难点问题。为更准确地适用上述罪名，《意见》明确，对是否属于掩饰、隐瞒犯罪所得罪的“明知”，应当结合行为人的认知能力、既往经历、获利情况、文物外观形态、交易价格等多个主客观因素进行综合审查判断。对具有特定联络交易方式、逃避或者暴力抗拒检查、文物犯罪前科等情形，行为人不能做出合理解释的，可以认定其“明知”；认定倒卖文物罪中的“以牟利为目的”，可以结合行为人的从业经历、违法犯罪记录、交易情况、文物来源等因素进行综合审查判断。

——《依法惩治文物犯罪 维护国家文物安全——最高人民法院研究室、最高人民检察院第一检察厅、公安部法制局、国家文物局政策法规司负责人就〈关于办理妨害文物管理等刑事案件若干问题的意见〉答记者问》，载最高人民法院官网，https：//www.court.gov.cn。

1147. 涉文物犯罪中如何应用宽严相济刑事政策

关键词

文物犯罪 宽严相济刑事政策

最高人民法院司法政策精神

五、宽严相济刑事政策的应用

（一）要着眼出资、勘探、盗掘、盗窃、倒卖、收赃、走私等整个文物犯罪网络开展打击，深挖幕后金主，斩断文物犯罪链条，对虽未具体参与实施有关犯罪实行行为，但作为幕后纠集、组织、指挥、筹划、出资、教唆者，在共同犯罪中起主要作用的，可以依法认定为主犯。

（二）对曾因文物违法犯罪而受过行政处罚或者被追究刑事责任、多次实施文物违法犯罪行为、以及国家工作人员实施本意见规定相关犯罪行为的，可以酌情从重处罚。

（三）正确运用自首、立功、认罪认罚从宽等制度，充分发挥刑罚的惩治和预防功能。对积极退回或协助追回文物，协助抓捕重大文物犯罪嫌疑人，以及提供重要线索，对侦破、查明其他重大文物犯罪案件起关键作用的，依法从宽处理。

（四）人民法院、人民检察院、公安机关应当加强与文物行政等部门的沟通协调，强化行刑衔接，对不构成犯罪的案件，依据有关规定及时移交。公安机关依法扣押的国家禁止经营的文物，经审查与案件无关的，应当交由文物行政等有关部门依法予以处理。文物行政等部门在查办案件中，发现涉嫌构成犯罪的案件，依据有关规定及时向公安机关移送。

——《最高人民法院、最高人民检察院、公安部、国家文物局关于办理妨害文物管理等刑事案件若干问题的意见》（2022 年 8 月 16 日，公通字〔2022〕18 号）。

1148. 盗掘古墓葬罪的既遂及多次盗掘的认定

关键词

盗掘古墓葬罪　犯罪既遂　多次盗掘

《刑事审判参考》指导案例

孙立平等盗掘古墓葬案（《刑事审判参考》指导案例第 485 号）

裁判要点：盗掘古墓葬罪属于以完成一定的行为作为构成犯罪的行为犯，只要被告人有盗掘古墓葬的主观故意，客观上实施了一定的盗掘行为，就可认定既遂。但一般来说，盗掘古墓葬行为在实践中会有一个实行过程，我们不能认为一着手实施即可构成犯罪，

如果盗掘行为刚刚开始，并未触及墓室或未对该墓葬的历史、艺术、科学价值造成一定影响的，可以不以犯罪论处。从一般意义上来理解，结合《刑法》其他罪名对多次认定的惯行标准，可以将三次以上盗掘古墓葬的认定为多次盗掘。对于针对同一古墓葬的分次挖掘，不能简单地以多次重复的机械动作和行为作为次数的标准，而应以盗掘不同的古墓葬为标准，否则在间隔时间、参与人员等方面亦很难把握。

（一）如何认定盗掘古墓葬的既遂、未遂

盗掘古墓葬罪作为行为犯，其既遂是以一定行为的实施为标准，但一般来说，盗掘古墓葬行为在实践中会有一个实行过程，我们不能认为一着手实施即可构成犯罪，应当结合承担刑事责任所要求行为的社会危害程度进行具体分析，严格把握盗掘行为是否达到符合《刑法》规定的界限，如果盗掘行为刚刚开始，并未触及墓室或未对该墓葬的历史、艺术、科学价值造成一定影响的，可以不以犯罪论处。

本案的被告人连续多次对古墓葬进行盗掘，除在小白山、五福村墓中掘得文物外，盗掘其他古墓葬均未掘得物品，但从被告人的行为来看，违反相关国家规定私自挖掘古墓葬，并且分别掘及墓室的主体或侧墓，已经对古墓葬造成了不可恢复的破坏，从其行为程度看，不仅已着手犯罪，而且其行为已造成了对古墓葬的破坏结果，严重侵犯了国家文物管理秩序，应当说符合《刑法》第 328 条规定的行为要件，应属既遂，辩护人所提有关辩护意见并无法律和事实依据，应予驳回。

（二）如何认定被告人盗掘古墓葬的次数

1. 何为“多次”盗掘？目前刑法尚无对该问题的明确规定。从司法实务中的通常理解来讲，刑法条款中的“多次”一般来讲是三次，如最高人民法院《关于审理抢劫、抢夺刑事案件适用法律若干问题的意见》中对多次抢劫规定为抢劫三次以上；再如最高人民法院《关于审理盗窃案件具体应用法律若干问题的解释》中规定“对于一年内入户盗窃或者在公共场所扒窃三次以上的，应当认定为‘多次’盗窃，以盗窃罪定罪处罚”。因此，从一般意义上来理解，结合刑法其他罪名对多次认定的惯行标准，可以将三次以上盗掘古墓葬的认定为多次盗掘。

2. 何为刑法意义上的“次”？《刑法》第 328 条第（3）项规定对多次盗掘的最高可处死刑，因此，在对是否构成该情节的考虑上，更要注意严格把握。关于这一问题，我们认为，可参照最高人民法院《关于审理抢劫、抢夺刑事案件适用法律若干问题的意见》对于“多次”与“一次”抢劫的认定问题的明确解释：“对于多次的认定，应以行为人实施的每一次抢劫行为均已构成犯罪为前提，综合考虑犯罪故意的产生、犯罪行为实施的时间、地点等因素，客观分析、认定。对于行为人基于一个犯意实施犯罪的，如在同一地点同时对在场的多人实施抢劫的；或基于同一犯意在同一地点实施连续抢劫犯罪的，如在同一地点连续地对途经此地的多人进行抢劫的；或在一次犯罪中对一栋居民楼房中的几户居民连续实施入户抢劫的，一般应认定为一次犯罪。”本案中，被告人基于一个犯罪故意，针对同一古墓葬，分次实施盗掘行为，还是应认定一次犯罪。即对于针对同一古墓葬的分次挖掘，不能简单地以多次重复的机械动作和行为作为次数的标准，而应以盗掘不同的古墓葬为标准，否则在间隔时间、参与人员等方面亦很难把握。

——最高人民法院刑事审判第一、二、三、四、五庭主办：《刑事审判参考》2008 年第 2 集（总第 61 集），法律出版社 2008 年版，第 44~50 页。

1149. 盗掘古墓葬罪中主观认知的认定和加重处罚情节的把握

关键词

盗掘古墓葬罪　主观认知　加重处罚情节

《刑事审判参考》指导案例

卞长军等盗掘古墓葬案（《刑事审判参考》指导案例第 560 号）

裁判要点：盗掘古墓葬罪要求行为人应当明知所盗掘的是古墓葬，但不要求行为人确切认识到所盗掘古墓葬的历史、艺术、科学价值。认定“盗窃珍贵文物”情节，必须遵循主客观相一致的原则。

（一）盗掘古墓葬罪的主观认知内容

首先，盗掘古墓葬罪的行为人一般不可能确切明知所盗掘古墓葬的历史、艺术、科学价值。由于古墓葬往往被掩埋于地下，其历史、艺术、科学价值的鉴定，需要由专业人员借助专门设备作出。即使是专业人员，在古墓葬被完全挖掘、其中文物被出土前，也很难对其相关价值作出准确评估。司法实践中的盗掘者绝大多数是没有受过专门培训的非专业人员，他们所具有的认知能力和技术装备一般不足以使其确切判断所盗掘古墓葬的历史、艺术、科学价值。据此，在盗掘之前就要求行为人确切明知所盗掘古墓葬的历史、艺术、科学价值既不可能也不合理。其次，从司法操作的角度讲，如果在诉讼中必须证明行为人明知所盗掘的是具有历史、艺术、科学价值的古墓葬，难度较大，不利于对盗掘古墓葬行为的惩治。最后，随着社会文明的发展和文物基本常识的普及，当前社会一般人对于古墓葬属于受国家保护、禁止私自挖掘的常识应当均有所明知，也即只要行为人明知了其盗掘的属于古墓葬，那么就充分了主观违法性认识要件，且从实际情况看，绝大多数盗掘古墓葬的行为人并不是本着对古墓葬历史、艺术、科学价值的追求而实施盗掘行为的，他们关心的主要是文物的经济价值。因此，只要行为人明知其盗掘的是古墓葬，就足以反映出其应受惩罚的主观恶性。

（二）盗掘古墓葬罪的加重量刑情节的认定

认定"盗窃珍贵文物"情节，并不是在私自挖掘古墓葬时挖掘到了珍贵文物，就可以适用加重法定情节。从主观方面讲，行为人必须具有盗窃珍贵文物的故意。这种故意可以是基于对所盗掘古墓葬价值一定认识基础上的相对明确的故意，至少应当是一种不确定的概括故意，即行为人对结果的具体范围及其性质没有确定的认识，而希望、放任这种结果发生的心理态度。

本案被告人盗掘出的青铜编钟属于珍贵文物。但综合本案具体情况分析，对被告人不应适用"盗窃珍贵文物"加重处罚条款。理由主要是：（1）被告人主观上没有盗窃珍贵文物的意图。本案案发地点是一个建筑工地，由于施工过程中，挖掘机已经推出古墓的青砖和古钱币，政府没有保护，导致当地农民也经常在工地拾找古钱币，被告人只是想在工地上私挖古钱币，对于古钱币的认识，也是停留在自己留着玩或换点小钱的想法上，被告人对于挖掘到珍贵文物的客观事实完全出乎其意料。（2）被告人客观上未实施盗窃珍贵文物的行为。被告人以非法占有古钱币为目的私自挖掘古墓葬，开始挖掘到粘着泥土的碎罐碎碗，作为文化程度较低的农民，根据自身素质很难对珍贵文物作出正确的判断，六名被告人在不知是珍贵文物的情况下，不断挖掘出青铜器十余件，当挖到编钟时，才意识到可能是国家保护的文物，在完全有能力继续挖掘的情况下，马上停止挖掘并报警上交。该行为也正是被告人确实以较小价值的古钱币为盗掘目标，对盗窃珍贵文物既不具备明确的故意，也没有"有什么文物就偷什么文物"的概括故意。

——最高人民法院刑事审判第一、二、三、四、五庭编：《刑事审判参考》2009 年第 3 集（总第 68 集），法律出版社 2009 年版，第 40~47 页。

第五节 危害公共卫生罪

1150. 认定非法采集人类遗传资源、走私人类遗传资源材料罪应注意的问题

关键词

非法采集人类遗传资源、走私人类遗传资源材料罪

附录：最高人民法院主流观点

1. 划清罪与非罪的界限。

本罪入罪条件上要求必须达到危害公众健康或者社会公共利益，情节严重。因此，区分行政违法和刑事违法之间界限，需要综合考虑以下因素，认定是否属于情节严重：行为对象人类遗传资源包括人类遗传资源材料和人类遗传资源信息的种类、数量以及重要性程度；是否多次从事相关行为；人类遗传资源被使用的用途去向，是否被用作止当的科学、医疗、卫生领域；违法所得的数额；造成被采集信息的人员身体健康受损、隐私受到侵害等等。

2. 被采集人同意对本罪认定的影响。依照《人类遗传资源管理条例》，采集我国人类遗传资源的既要符合实体性条件，也要符合程序条件。如果采集不符合其中任一条件都可能构成本罪。《人类遗传资源管理条例》第 12 条规定采集我国人类遗传资源，应当事先告知人类遗传资源提供者采集目的、采集用途、对健康可能产生的影响、个人隐私保护措施及其享有的自愿参与和随时无条件退出的权利，征得人类遗传资源提供者书面同意。在告知人类遗传资源提供者前款规定的信息时，必须全面、完整、真实、准确，不得隐瞒、误导、欺骗。

一些境外机构、组织和个人为非法采集我国人类遗传资源，往往以科学研究需要采取招募志愿者为理由的方式，或者支付一定的费用，让我国公民同意采集其身体内遗传资源。这种情形下，如果未经我国科学技术部门审批的采集具有违法性，如果经过审批的，告知的内容不真实、不完整，采取隐瞒、误导、欺骗方式取得同意，也不符合国家有关规定的要求，仍然属于非法采集。

——胡云腾主编：《刑法罪名精释（第五版）》，人民法院出版社 2022 年版，第 1193~1194 页。

1151. 非法植入基因编辑、克隆胚胎罪“情节严重”的认定

关键词

非法植入基因编辑、克隆胚胎罪　情节严重

附录：最高人民法院主流观点

关于非法植入基因编辑、克隆胚胎罪中“情节严重”的认定和把握，可以考虑以下一项或者多项因素，综合作出判断：是否存在将不同生物体基因进行混合编辑、进行不符合人类伦理的克隆等严重违背科学伦理的情形；基因编辑、克隆的动机与用途，为了治愈人类疾病、商业用途或者其他用途等；基因编辑、克隆的人类胚胎、动物胚胎的数量多少；植入体内后胚胎是否成功培育、出生，如果行为人自动终止培育的，可以不认为是情节严重；出生后的胎儿是否存在残疾等情况；以及随着生物科学技术方式发展发现的其他情节因素。

——胡云腾主编：《刑法罪名精释（第五版）》，人民法院出版社 2022 年版，第 1202~1203 页。

1152. 强迫卖血过程中造成他人伤害、非法拘禁的定性

关键词

强迫卖血罪　故意伤害罪　非法拘禁罪

附录：最高人民法院主流观点

一、强迫卖血过程中造成他人伤害如何定罪的问题

根据《刑法》第 333 条第 2 款的规定，以暴力、威胁方法强迫他人出卖血液，对他人造成伤害的，依照《刑法》第 234 条规定的故意伤害罪定罪处罚。由于《刑法》第 234 条规定了故意伤害致人轻伤、故意伤害致人重伤、故意伤害致人死亡或者以特别残忍手段致人重伤造成严重残疾三种情况，故意伤害致人轻伤的法定最高刑只有三年有期徒刑，故意伤害致人重伤（其中不包括以特别残忍手段致人残疾的）的法定最高刑是十年有期徒刑，法定最低刑是三年有期徒刑；而强迫卖血罪的法定最高刑是十年有期徒刑，法定最低刑是五年有期徒刑，显然不仅重于故意轻伤的法定刑，也重于故意重伤（不包括以特别残忍手段致人残疾的）的法定刑。按照从一重罪处罚的原则，

应当以强迫卖血罪定罪处罚。只有当实施的暴力方法致人死亡或者造成严重残疾，其法定刑重于强迫卖血罪的法定刑时，才应当按故意伤害罪定罪处罚。例如石某某等强迫卖血案。被告人石某某等人为牟取暴利，在组织无业人员卖血过程中，威逼和殴打不愿意按其指令去卖血的人，造成多人轻伤，其行为构成强迫卖血罪。

二、强迫卖血过程中实施了非法拘禁如何定罪的问题

强迫卖血罪中的暴力方法，包括对他人实施非法拘禁，使其丧失人身自由，以迫使他人卖血的行为。行为人的行为同时触犯强迫卖血罪和非法拘禁罪两个罪名，应按处理牵连犯的原则，从一重罪处罚。由于非法拘禁罪的法定刑轻于强迫卖血罪，所以应当以强迫卖血罪论处。

——胡云腾主编：《刑法罪名精释（第五版）》，人民法院出版社 2022 年版，第 1184~1185 页。

1153. 具有执业资格的医生根据民间验方、偏方制成药物诊疗，造成就诊人死亡的行为性质

关键词

医疗事故罪　生产、销售假药罪　民间验方、偏方

《刑事审判参考》指导案例

孟广超医疗事故案（《刑事审判参考》指导案例第 429 号）

裁判要点：具有执业资格的医生在诊疗过程中，出于医治病患的目的，根据民间验方、偏方制成药物，用于诊疗的行为一般不构成生产、销售假药罪，符合《刑法》第 335 条规定的可以医疗事故罪定罪处罚。

（一）具有执业资格的医生在诊疗过程中，出于医治病患的目的，根据民间验方、偏方制成药物，用于诊疗的行为一般不构成生产、销售假药罪

1. 假药的认定

《刑法》第 141 条“生产、销售假药罪”第 2 款对假药作出了明确规定：“本条所称假药，是指依照《中华人民共和国药品管理法》的规定属于假药和按假药处理的药品、非药品。”2001 年 2 月修订的《中华人民共和国药品管

理法》第 48 条[①]对假药的认定规定了："有下列情形之一的，为假药：（一）药品所含成分与国家药品标准规定的成分不符的；（二）以非药品冒充药品或者以他种药品冒充此种药品的。""有下列情形之一的药品，按假药论处：（一）国务院药品监督管理部门规定禁止使用的；（二）依照本法必须批准而未经批准生产、进口，或者依照本法必须检验而未经检验即销售的；（三）变质的；（四）被污染的；（五）使用依照本法必须取得批准文号而未取得批准文号的原料药生产的；（六）所标明的适应症或者功能主治超出规定范围的。"

针对个体诊所的药品经销权和处方权，国家也有专门的规定：2001 年 1 月 1 日国务院体改办、国家计委、国家经贸委、卫生部、国家药监局、国家工商局《关于整顿和规范药品市场的意见》第 10 条第 2 款规定："个体诊所只能经销由省级卫生、药品监管部门审定的常用和急救药品。"1980 年 8 月 24 日《国务院批准卫生部关于允许个体开业行医问题的请示报告》中也规定："其处方由当地指定的医药机构给予配方。"2002 年《中华人民共和国药品管理法实施条例》第 67 条[②]规定：个人设置的门诊部、诊所等医疗机构向患者提供的药品超出规定的范围和品种的，依照药品管理法第 73 条的规定给予处罚。《中华人民共和国药品管理法》第 73 条[③]规定：未取得《药品生产许可证》《药品经营许可证》或者《医疗机构制剂许可证》生产药品、经营药品的，依法予以取缔，没收违法生产、销售的药品和违法所得，并处违法生产、销售的药品（包括已售出的和未售出的药品，下同）货值金额二倍以上五倍以下的罚款；构成犯罪的，依法追究刑事责任。

2.《刑法》中生产、销售假药罪中的生产、销售行为的认定

但是，这种生产、销售行为与《刑法》第 141 条规定的生产、销售假药罪中的"生产、销售"行为在法律内涵上不能等同。生产、销售假药罪被规定在《刑法》破坏社会主义市场经济秩序罪一章，从立法意旨出发，该章中所涉的生产和销售都应属于市场行为，即这种行为应该是一种以市场流通为基础，以实现利润为目标，建立在一定供求关系上的经济活动。因为只有处于一定市场经济秩序之中的经济行为，才可能违反正常市场经济活动的基本规则，构成对公平竞争、公平交易、诚实守信的市场经济秩序的侵害。生产、销售假药系以低廉的成本获取高额的利润，或者破坏真药厂商的信誉，危害消费者的权益。

3. 依据民间验方、偏方制售药品的主观故意认定

就我国的现状而言，这类药方或治疗方法在民间还具有一定的存在基础，

① 本条现为《中华人民共和国药品管理法》（2019 年修订）第九十八条。

② 本条现为《中华人民共和国药品管理法实施条例》（2019 年修订）第六十二条。

③ 本条现为《中华人民共和国药品管理法》（2019 年修订）第一百一十五条。

很多人还会出于各种原因在未经任何科学验证和有关机构认可的情况下信任、使用或向他人传授这类东西，使它在相当广泛的领域里传播、应用，并占有一定的市场，特别是在广大的农村和缺医少药的贫困地区，这种情况更为普遍，很多人，无论是行医者还是患者，都没有把这类偏方、验方视为假药，这是一个无法回避的现状。对这样一个复杂的社会问题，不能简单地随意动用刑罚手段予以制裁，否则容易导致打击面过大，有违刑法的谦抑精神。

（二）具有执业资格的医生在诊疗过程中，出于医治病患的目的，使用民间验方、偏方致人伤亡的行为，符合《刑法》第 335 条规定的可以医疗事故罪定罪处罚

《刑法》第 335 条规定，医疗事故罪，是指医务人员由于严重不负责任，造成就诊人死亡或者严重损害就诊人身体健康的行为。结合案情可以看出，被告人孟广超的行为符合医疗事故罪的基本特征：

从主体上看，孟广超作为一名个体医师，具有医师的行医资格和执业许可证，是依法取得执业医师资格并经注册执业的专业医务人员，其身份符合《中华人民共和国执业医师法》关于执业医师资格的有关规定，属于《刑法》第 335 条规定的“医务人员”。

从客体上看，医疗事故犯罪不仅会严重损害就诊人的身体健康甚至造成就诊人死亡，而且直接侵害公共卫生秩序，破坏了医疗管理制度，因此，《刑法》将医疗事故罪归入妨害社会管理秩序罪一章中。本案孟广超作为一名医师，在其合法诊疗过程中，没有经过国家卫生行政部门批准私自配制药品用于诊疗，严重违反医疗规章，造成就诊患者死亡的后果，正是侵犯了《刑法》所保护的这两个客体。

医疗事故罪属于过失犯罪，这种过失当然也包括疏忽大意和过于自信的过失两种。医务人员应当预见到自己违反规章制度或诊疗护理常规的行为，可能造成就诊人死亡或严重损害就诊人身体健康的后果，但由于疏忽大意而没有预见到，以致这种结果发生，属疏忽大意的过失；医务人员已经预见到自己违反规章制度或诊疗护理常规的行为，有造成就诊人死亡或严重损害就诊人身体健康的可能，但基于对自身技术水平或其他客观条件的信赖而轻信能够避免，以致这种结果发生，属过于自信的过失。

医疗事故罪在客观方面表现为医护人员在合法、正常的诊疗护理过程当中因严重不负责任，造成就诊人死亡或严重损害就诊人身体健康的行为。要符合这一要件，必须同时具备两个方面：首先，上述严重不负责任的行为必须发生在合法、正常的诊疗护理过程当中，其行为必须发生在有关部门对医务人员的职务授权范围内；其次，这种严重不负责任的行为，与就诊人死亡或身体健康被严重损害的结果之间，必须具有刑法意义上的因果关系。

——最高人民法院刑事审判第一、二、三、四、五庭主办：《刑事审判参

考》2007年第1集（总第54集），法律出版社2007年版，第52~59页。

1154. 医务人员在医院安排下的违规医疗行为的定性

关键词

医疗事故罪　医务人员　违规医疗行为

《刑事审判参考》指导案例

梁娟医疗事故案（《刑事审判参考》指导案例第1288号）

裁判要点：被告人梁娟的行为属于其所就职的同济医院安排的职务行为，但其个人仍然存在重大业务过失，符合医疗事故罪的犯罪构成，可依法构成该罪。

实践中，对于已取得护士资格而未取得医生执业资格的护士，擅自从事诊疗活动损害就诊人身体健康的，以非法行医罪论处争议不大。但是本案中，被害人到合法成立的私立医院就诊，由医生安排手术，被告人梁娟在医院的安排下从事超出其护理工作职责的麻醉行为，之所以发生被害人死亡的后果，与医院对医护人员资格、诊疗行为、手术规程等管理存在漏洞明显有关，如以非法行医罪对护士梁娟判处有期徒刑十年，既不符合非法行医罪的构成要件，也明显有失公允。我们认为，二审法院综合考虑案件的性质、情节以及医院方面的过错、赔偿等，以医疗事故罪改判梁娟有期徒刑二年是正确的。

——蔡玉良、贾硕、段凰撰稿、韩维中审编：《梁娟医疗事故案——医务人员在医院安排下的违规医疗行为应当如何定性》，载最高人民法院刑事审判第一、二、三、四、五庭主办：《刑事审判参考》（总第117集），法律出版社2019年版，第35~41页。

1155. 未取得医生执业资格，在诊所负责人默许的情况下长期独立从事医疗活动，造成死亡的，构成非法行医罪

关键词

医生执业资格　独立从事医疗活动

《刑事审判参考》指导案例

侯春英非法行医案（《刑事审判参考》指导案例第 1382 号）

裁判要点：未取得医生执业资格，在诊所负责人默许下长期独立从事医疗活动，造成一名就诊人员死亡，其行为符合非法行医罪的犯罪构成，依法构成非法行医罪。

（一）未取得医师资格的医学专业毕业生独立从事临床工作，造成患者损害的，不能一律按照医疗事故处理

根据《医疗事故处理条例》的规定，医疗事故是指医疗机构及其医务人员在医疗活动中，违反医疗卫生管理法律、行政法规、部门规章和诊疗护理规范、常规，过失造成患者人身损害的事故。而 2005 年 9 月 5 日卫生部的《诊疗活动批复》规定，医学专业毕业生在毕业第一年后未取得医师资格的，可以在执业医师指导下进行临床实习，但不得独立从事临床活动，包括不得出具任何形式的医学证明文件和医学文书。医疗机构违反规定安排未取得医师资格的医学专业毕业生独立从事临床工作的，按照《医疗机构管理条例》（1994）第四十八条的规定处理；造成患者人身损害的，按照《医疗事故处理条例》处理。未取得医师资格的医学专业毕业生违反规定擅自在医疗机构中独立从事临床工作的，按照《执业医师法》第三十九条的规定处理；造成患者人身损害的，按照《医疗事故处理条例》（1994）第六十一条的规定处理。《医疗机构管理条例》第四十八条规定了对相关医疗机构的处罚，而《医疗事故处理条例》第六十一条规定，非法行医，造成患者人身损害，不属于医疗事故，触犯刑律的，依法追究刑事责任；有关赔偿，由受害人直接向人民法院提起诉讼。因而根据该《诊疗活动批复》并不能得出未取得医师资格的医学专业毕业生独立从事临床工作一律按照医疗事故处理的结论。

（二）被告人的行为符合非法行医罪的构成要件

根据《刑法》第三百三十六条的规定，未取得医生执业资格的人非法行医，情节严重或严重损害就诊人身体健康、造成就诊人死亡，构成非法行医罪。故被告人是否构成非法行医罪，应当从该罪的构成要件进行分析。

1. 就犯罪主体而言，非法行医罪的主体是特殊主体，即未取得医生执业资格的人。《最高人民法院关于审理非法行医刑事案件具体应用法律若干问题的解释》第一条规定，未取得医生执业资格包括未取得医师资格或者以非法手段取得医师资格等情形。本案中，被告人侯春英从医学成人中等专业学校毕业后，未能通过医师资格考试，未取得医生执业资格，符合本罪的“身份”要求。

2. 就犯罪行为而言，非法行医罪要求非法从事医疗行为，并且以此为业。本案中，首先，侯春英的行为属于医疗行为。医疗行为有广义和狭义之分，广义的医疗行为是指出于医疗目的所实施的行为，包括疾病的治疗与预防、生育的处置、按摩、针灸等符合医疗目的的行为；狭义的医疗行为则是指广义的医疗行为中，只能由医师根据医学知识与技能实施，否则便对个体产生危险的行为。侯春英的行为属于典型的、狭义的医疗行为。其次，侯春英的行医行为不具有合法性。侯春英长期在没有执业医师的监督、指导的情况下，独自开展临床诊疗活动，这些治疗活动与一名执业医生所进行的医疗活动并无差别，并非属于一些辅助、次要环节。最后，侯春英的行医行为具有反复性、长期性的特征。非法行医罪属于职业犯，要求行为人反复、继续从事医疗、预防、保健活动。本案中，被告人侯春英在长达一年多的时间内，反复、多次实施医疗行为，并收取相应报酬，属于以非法行医为业的情形。

3. 就犯罪结果而言，病患孟凡海经过治疗后，出现了死亡的后果。被告人侯春英在没有医师资格，没有独自开具处方药物权力的情况下，擅自为孟凡海诊疗，并开具药物头孢呋辛钠，由他人为孟凡海输液，导致头孢呋辛钠进入了孟凡海的体内，孟凡海在输入头孢呋辛钠后，很快就产生了激烈的不良反应，后经抢救无效死亡。根据鉴定机构意见，孟凡海符合注射头孢呋辛钠导致过敏性休克死亡，同时死者也未见致死性疾病改变，无机械性损伤致其死亡的证据。故可以认定被告人侯春英的非法行医行为是孟凡海死亡的直接原因。

需要说明的是，本案中鉴定机构以“行医人员是否具有相应资质不是鉴定机构判断范围”及“诊所在对被鉴定人诊疗过程中未有病历材料记载，使本次鉴定无书面材料评价行医人员对被鉴定人的诊断、用药是否合理，并且在使用头孢呋辛钠前是否进行询问，以及在患者出现药物过敏反应时是否进行对应的救治措施”为理由，对被告人侯春英的责任未给出明确意见，对侯春英的行医行为与孟凡海死亡结果之间的因果关系亦未给出明确意见。对此，我们认为，即使鉴定机构出具的鉴定意见未就行医行为与死者死亡结果之间的因果关系给出明确意见，司法机关也有权力、有责任判断具体案件中非法行医行为与死者死亡之间是否具有因果关系。根据本案查明的事实及在案证据，足以认定被告人侯春英未取得医生执业资格从事医疗行为，其行为存在过错，并直接导致了孟凡海的死亡，二者间存在着因果关系。

4. 就主观要件而言，本罪要求行为人主观上存在故意，即行为人明知自己未取得医生执业资格而非法行医，但对就诊病患死亡的后果应当是持过失的心态。本案中，被告人侯春英在主观上明知自己未取得医生执业资格而非法行医：首先，侯春英供述其未取得医生执业资格；其次，在病患死亡后，民警到诊所调查时，侯春英并未出面向民警如实供述，而是任其丈夫安排有医生执业资格的人员冒充行医人，也从侧面说明侯春英明知自己系非法行医。同时对于孟凡海的死亡结果，侯春英明显是不追求、不希望的，在此层面上是过失心态。

综上，我们认为，被告人侯春英未取得医生执业资格，在诊所负责人默许下长期独立从事医疗活动，造成一名就诊人员死亡，其行为符合非法行医罪的犯罪构成，依法构成非法行医罪。

（三）被告人侯春英长期独立行医的行为，不构成医疗事故罪

根据《刑法》第三百三十五条的规定，医疗事故罪是指医务人员严重不负责任，造成就诊人死亡或者严重损害就诊人身体健康的行为。一般情况下，非法行医罪与医疗事故罪并不难区分。两者主体有明显区别，前者主体是未取得医生执业资格的人，而后者主体则是医疗机构的医生、护士、药剂人员，以及经主管部门批准开业的个体行医人员。本案中，因为被告人侯春英是医学专业毕业生，且其在诊所默许的情形下行医，故有必要对其是否构成医疗事故罪进行评析。

在司法实践中，未取得医生执业资格的医护人员，在院方的安排下，并且在医师的授权和指导下，在诊疗活动的某个环节中，实施了执业医生才能实施的医疗行为，因行为人的行为系医院和医师授权下的职务行为，故一般不认定为非法行医罪。在此过程中，如果行为人具有明显过错，并造成了就诊人死亡或者严重损害就诊人身体健康的，则构成医疗事故罪。

但本案中，被告人侯春英的行为与上述情形有明显区别。侯春英长期独立在诊所内行医的行为，虽然得到诊所负责人即其丈夫李中杰的默许，但侯春英的行医行为是在没有任何医师的授权和指导下独立进行的，且实施了整个诊疗过程，而非其中某一环节，不能将这种行为认定为是在医院和医师的授权下的职务行为，而应当认定为侯春英的擅自行医行为，故侯春英的行为不构成医疗事故罪。同时，我们认为，李中杰明知侯春英未取得医生执业资格，仍然允许其在诊所内长期以医生身份独自提供诊疗服务，李中杰与侯春英构成非法行医罪的共犯。

另外，作为一项过失犯罪，医疗事故罪的量刑幅度为三年以下有期徒刑及拘役。而被告人侯春英长期在没有执业医师的监督、指导的情况下，擅自开展临床诊疗活动，给患者带来了严重风险，而且也造成了本案中就诊人孟凡海的死亡，其行为严重侵害了国家对医疗秩序的管理及公众的生命健康安全。故从罪责刑相适应的角度而言，认定被告人侯春英构成医疗事故罪也明显不合适。

——赵仁洋撰稿、王晓东审编：《侯春英非法行医案——未取得医生执业资格的人在诊所负责人默许下长期独立从事医疗活动的行为定性》，载最高人民法院刑事审判第一、二、三、四、五庭主办：《刑事审判参考》（总第124

集），法律出版社 2020 年版，第 130~134 页。

1156. 非法行医人对产妇的死亡后果的责任承担

关键词

非法行医罪　结果加重犯

《刑事审判参考》指导案例

贺淑华非法行医案（《刑事审判参考》指导案例第 421 号）

裁判要点：非法行医罪中严重损害就诊人健康以及造成其死亡的规定，属于刑法理论上的“结果加重犯”。只要行为人在实施基本犯罪时对加重结果“有过失”或者“能预见”，就应对加重结果负刑事责任。

对此，一种观点认为，由于无证据证明产妇在分娩过程中并发羊水栓塞系被告人非法行医引发，被告人对此无法预见，属于意外事件，产妇和胎儿的死亡与被告人的非法行医行为间不具有因果关系，被告人对此不应当承担刑事责任，只能判处被告人三年以下有期徒刑或其他更轻刑种；另一种观点认为，《刑法》第 336 条对严重损害就诊人健康以及造成其死亡的规定，属于刑法理论上的“结果加重犯”。只要行为人在实施基本犯罪时对加重结果“有过失”或者“能预见”，就应对加重结果负刑事责任。

我们同意第二种意见。如何判断加重结果与基本犯罪的因果关系，通行观点是“过失说”，其包括三层含义：（1）客观上要求基本犯罪必须具有引起加重结果发生的内在危险性，立法者将这类犯罪发生“结果加重”的情况规定为较重的法定刑。（2）要求行为人对发生“结果加重”情况在主观上具有过失，即行为人应当预见其基本犯罪行为具有加重后果发生的危险性，但主观上因疏忽大意没有预见或者虽然预见却轻信可以避免，仍然故意实施该基本犯罪行为，违反了对发生加重结果的注意义务，对加重结果的发生具有过失。（3）结果加重犯的过失有其特殊性。因为行为人实施的基本犯罪行为本身具有内在地引起加重后果发生的高度危险性，但行为人仍然故意实施。通常在人们的生活经验范围内，发生加重结果的危险性较大的情况下，行为人违反注意义务的程度要比一般的过失行为违反注意义务的程度更加严重，是一种严重的过失。

——最高人民法院刑事审判第一、二、三、四、五庭主办：《刑事审判参

考》2006 年第 6 集（总第 53 集），法律出版社 2007 年版，第 50~58 页。

1157. 患者“自愿”求医不能阻却非法行医罪的成立

关键词

非法行医罪　被害人承诺

《刑事审判参考》指导案例

周某某非法行医案（《刑事审判参考》指导案例第 316 号）

裁判要点：患者“自愿”求医不能阻却非法行医罪的成立。

由此可见，在非法行医案件中，如果行为人隐瞒其未取得医生执业资格的事实，从而致使被害人错误作出同意其对自己实施医疗行为的“承诺”的，则因该项“承诺”并非出自被害人的真实意志，故而不能构成可以排除行为人犯罪性的承诺；即便在行为人已告知被害人其未取得医生执业资格的事实，被害人仍然同意或者请求其为自己医疗的情况下，由于被害人的同意或者请求（承诺）仅是对医疗行为本身的抽象承诺，并不包括对非法医疗行为可能引致的伤亡结果的承诺，也不能构成可以排除行为人犯罪性的承诺；甚至，在行为人已告知被告人其未取得医生执业资格的事实，被害人仍然同意或者请求其为自己医疗，并明确表示自愿承担医疗“风险”的情况下，由于被害人对公共卫生这一社会法益并无承诺权限，其承诺仍然是无效的，仍然不能因此排除行为人非法行医行为的犯罪性。

——最高人民法院刑事审判第一庭、第二庭编：《刑事审判参考》2004 年第 5 集（总第 40 集），法律出版社 2005 年版，第 24~27 页。

1158. 非法行医罪“严重损害就诊人身体健康”的认定标准适用于非法进行节育手术罪

关键词

非法进行节育手术罪　严重损害就诊人身体健康

《刑事审判参考》指导案例

徐如涵非法进行节育手术案（《刑事审判参考》指导案例第 732 号）

裁判要点：《最高人民法院关于审理非法行医刑事案件具体应用法律若干问题的解释》关于非法行医罪“严重损害就诊人身体健康”的认定标准，应当适用于非法进行节育手术罪。

刑法关于非法行医罪、非法进行节育手术罪的规定，除了在客观行为方面有区别外，在犯罪主体、犯罪后果、法定刑幅度等方面均完全相同。实际上，非法进行节育手术的行为，广义上也是一种非法行医的行为，只是为了突出保障计划生育政策的执行，刑法专门设立非法进行节育手术罪。就罪质而言，非法行医罪与非法进行节育手术罪之间是一般与特殊的关系。特殊法有特别规定的，依特殊法；没有特别规定的，依一般法。基于这一原理，由于法律、司法解释没有对非法进行节育手术罪作出特别解释，对该罪中“严重损害就诊人身体健康”的认定标准应当参照非法行医罪的相关认定标准。此外，从系统解释角度分析，同一部刑法、同一个刑法条文、同样的用语，在没有特别规定的情况下，其内涵、外延应该是一致的。

——最高人民法院刑事审判第一、二、三、四、五庭主办：《刑事审判参考》2011 年第 5 集（总第 82 集），法律出版社 2012 年版，第 61~68 页。

1159. 不可避免的超标排污行为不能认定为犯罪

关键词

不可避免的超标排污行为　犯罪认定

附录：最高人民法院主流观点

“法律不能强人所难。”如前所述，污染环境罪是故意犯罪，要求行为人在主观上具有故意这一罪过形式。而从污染物的排放实践来看，受技术条件和各种因素限制，确实存在行为人意志无法左右的超标排污行为。对此种情形，应当根据刑法规定和刑法理论，实事求是地处理，即使超过污染物排放标准三倍以上，也不能认定为犯罪。具体而言，主要有如下两种情形：（1）防治污染设施以及其他生产设备的安装、调试期间发生的超标排放情形。从实践看，防治污染设施以及其他生产设备的安装和调试是一个渐进的过程。在这个过程的实验阶段，由于设备尚未正常运转，可能会排放污染物超过标准，后来会逐渐达到达标排放的阶段。根据前述分析，对于此种人力无法抗拒的超标排污行为，不能按照犯罪处理。（2）基于同样的道理，由于防治污染设施以及其他生产设备发生故障，在故障发生后、发现前这段时间内的超标排放也是人力所不能抗拒的，不能认定为犯罪。但是，如果行为人明知防治污染设施以及其他生产设备发生故障，而故意或者违反有关规定未及时采取措施，则可能构成污染环境罪或者其他相应犯罪。

——胡云腾主编：《最高人民法院、最高人民检察院环境污染刑事司法解释理解与适用》，人民法院出版社 2014 年版，第 40~41 页。

说明

关于办理环境污染刑事案件，最高人民法院于 2006 年公布了最高人民法院《关于审理环境污染刑事案件具体应用法律若干问题的解释》（以下简称 2006 年解释），最高人民法院、最高人民检察院于 2013 年公布了《关于办理环境污染刑事案件适用法律若干问题的解释》（以下简称 2013 年解释），最高人民法院、最高人民检察院于 2016 年公布了《关于办理环境污染刑事案件适用法律若干问题的解释》（以下简称 2016 年解释），其中，2006 年解释、2013 年解释已废止。本书摘选的《最高人民法院、最高人民检察院环境污染刑事司法解释理解与适用》是对 2013 年解释的条文阐释，我们认为，部分内容仍有参考价值。

第六节　破坏环境资源保护罪

1160. 污染环境罪共同犯罪的认定规则

关键词

污染环境罪共同犯罪

附录：最高人民法院主流观点

根据前述规定，从事危险废物收集、贮存、处置经营活动，必须持有危险废物经营许可证。按照经营方式，危险废物经营许可证分为危险废物收集、贮存、处置综合经营许可证和危险废物收集经营许可证。领取危险废物综合经营许可证的单位，可以从事各类别危险废物的收集、贮存、处置经营活动；领取危险废物收集经营许可证的单位，只能从事机动车维修活动中产生的废矿物油和居民日常生活中产生的废镉镍电池的危险废物收集经营活动。

根据有关规定，禁止无经营许可证或者不按照经营许可证规定从事危险废物收集、贮存、处置经营活动。实践中，由于危险废物的处置费用较高，一些企业为降低所产生的危险废物的处置成本，将危险废物交由未取得危险废物经营许可的企业处理，而这些企业往往再倒手有偿转给他人处理，甚至一些运输车辆长期从事上述物质的运输。实践中也发生不少通过交通运输工具将危险废物运输至偏僻地方进行倾倒的事件。而且，为逃避环保部门的监管，不少故意跨行政区域、甚至跨省转移危险废物，也造成了污染的跨区域转移。此类违法倾倒行为具有流动性、隐蔽性的特征，而对环境危害十分巨大，但其违法成本非常低。如果刑事惩治不跟上，仅仅依靠属地管理的环保部门的行政执法，难以有效阻遏此类违法行为的发生和迅速蔓延。基于此，有关方面建议明确企业借废物利用、资源开发、生产资料回收之名，将危险废物处置责任转嫁给无资质单位，非法转运、转送、倒卖危险废物行为的定性问题。

从实践来看，行为人在明知他人未取得经营许可证或者超出经营许可范围的情况下，向他人提供或者委托他人收集、贮存、利用、处置危险废物，具体表现为两种形式：（1）行为人明知他人未取得经营许可证，向他人提供或者委托他人收集、贮存、利用、处置危险废物。（2）行为人明知他人超出经营许可范围，向他人提供或者委托他人收集、贮存、利用、处置危险废物。危险废物经营许可证包括危险废物经营方式、危险废物类别等内容。此种情形下，危险废物的收集、贮存、利用、处置方虽然有经营许可证，但超出了经营许可范围，如持超出经营许可证范围收集其他类别的危险废物、持危险废物收集经营许可证贮存、处置危险废物的。

由于上述危险废物收集、贮存、利用、处置方实际不具有相应的技术、设施和能力，无法按照相关规定的要求对危险废物进行有效处置，往往将危险废物直接倾倒在土壤、河流中。而由于危险废物的特性，如果不加处理就极易进入大气、水体和土壤，直接参与生态系统的物质循环，将会对人体健康和环境造成严重危害。在司法实践中，对于接受危险废物后将危险废物直接倾倒、污染环境的行为人，往往可以以污染环境罪追究刑事责任。但是，对于危险废物提供方或者委托方，其往往辩解不明知危险废物的接收方会实施污染环境的行为，而司法机关也往往无法对其以污染环境罪的共同犯罪论处。经过调研发现，从支付的费用看，有关单位对污染环境的后续行为往往心知肚明，但为了降低危险废物的处置费用对严重污染环境的结果实际持放任心态。基于此，为有针对性地加强对此类犯罪的打击，充分发挥本《解释》的警示、教育功能，《解释》第七条专门规定："行为人明知他人无经营许可证或者超出经营许可范围，向其提供或者委托其收集、贮存、利用、处置危险废物，严重污染环境的，以污染环境罪的共同犯罪论处。”①

需要注意的是，《解释》第七条采取推定的证明方式，即只需要证明行为人明知对方无危险废物经营许可证或者超出经营许可范围即可，而无须证明行为人明知危险废物的接收方会实施后续的污染环境行为。此种情形下，对于危险废物接收方实施后续的污染环境犯罪行为，应当共同归属于危险废物提供方和接收方，以污染环境罪的共同犯罪论处。

顺带提及的是，《解释》起草过程中，有意见提出，除行为人明知他人无经营许可证或者超出经营许可范围，向其提供或者委托其收集、贮存、利用、处置危险废物，可以以污染环境罪的共同犯罪论处外，对于行为人明知他人实质无危险废物处置能力（即使其有经营许可证），而委托其处置危险废物的，如造成严重污染环境的，也可以以污染环境罪的共同犯罪论处。经研究认为，上述意见有一定的道理，但从当前的情况来看，判断危险废物接收方实际是否有危险废物的处置能力，操作难度较大，只能依据行为人是否有相应的经验许可证加以判断。因此，《解释》最终未采纳上述意见。

——胡云腾主编：《最高人民法院、最高人民检察院环境污染刑事司法解释理解与适用》，人民法院出版社 2014 年版，第 69~71 页。

1161. 环境污染刑事案件单位犯罪的认定

关键词

环境污染犯罪　单位犯罪

最高人民法院司法政策精神

1. 关于单位犯罪的认定

会议针对一些地方存在追究自然人犯罪多，追究单位犯罪少，单位犯罪认定难的情况和问题进行了讨论。会议认为，办理环境污染犯罪案件，认定单位犯罪时，应当依法合理把握追究刑事责任的范围，贯彻宽严相济刑事政策，重点打击出资者、经营者和主要获利者，既要防止不当缩小追究刑事责任的人员范围，又要防止打击面过大。

为了单位利益，实施环境污染行为，并具有下列情形之一的，应当认定为单位犯罪：（1）经单位决策机构按照决策程序决定的；（2）经单位实际控

① 该《解释》是指《最高人民法院、最高人民检察院关于办理环境污染刑事案件适用法律若干问题的解释》（法释〔2013〕15 号）。已被《最高人民法院、最高检察院关于办理环境污染刑事案件适用法律若干问题的解释》（法释〔2016〕29 号）废止。

制人、主要负责人或者授权的分管负责人决定、同意的;(3)单位实际控制人、主要负责人或者授权的分管负责人得知单位成员个人实施环境污染犯罪行为,并未加以制止或者及时采取措施,而是予以追认、纵容或者默许的;(4)使用单位营业执照、合同书、公章、印鉴等对外开展活动,并调用单位车辆、船舶、生产设备、原辅材料等实施环境污染犯罪行为的。

单位犯罪中的"直接负责的主管人员",一般是指对单位犯罪起决定、批准、组织、策划、指挥、授意、纵容等作用的主管人员,包括单位实际控制人、主要负责人或者授权的分管负责人、高级管理人员等;"其他直接责任人员",一般是指在直接负责的主管人员的指挥、授意下积极参与实施单位犯罪或者对具体实施单位犯罪起较大作用的人员。

对于应当认定为单位犯罪的环境污染犯罪案件,公安机关未作为单位犯罪移送审查起诉的,人民检察院应当退回公安机关补充侦查。对于应当认定为单位犯罪的环境污染犯罪案件,人民检察院只作为自然人犯罪起诉的,人民法院应当建议人民检察院对犯罪单位补充起诉。

——《最高人民法院、最高人民检察院、公安部、司法部、生态环境部关于办理环境污染刑事案件有关问题座谈会纪要》(2019 年 2 月 20 日,高检会〔2019〕3 号)。

附录:理解与适用

当前,一些地方办理环境污染犯罪案件,存在追究自然人犯罪多,追究单位犯罪少,单位犯罪认定难的问题。对此,《最高人民法院、最高人民检察院、公安部、司法部、生态环境部关于办理环境污染刑事案件有关问题座谈会纪要》(以下简称《纪要》)作了专门规定。

一是依法合理把握追究刑事责任的范围。《纪要》要求在办理单位环境污染刑事案件时贯彻宽严相济刑事政策的要求,依法合理把握追究刑事责任的范围,"重点打击出资者、经营者和主要获利者,既要防止不当缩小追究刑事责任的人员范围,又要防止打击面过大"。特别是,要合理把握单位犯罪中直接负责的主管人员和其他直接责任人员的范围。根据《纪要》的规定,单位犯罪中的直接负责的主管人员,一般是指对单位犯罪起决定、批准、组织、策划、指挥、授意、纵容等作用的主管人员,包括单位实际控制人、主要负责人或者授权的分管负责人、高级管理人员等;其他直接责任人员,一般是指在直接负责的主管人员的指挥、授意下积极参与实施单位犯罪或者对具体实施单位犯罪起较大作用的人员。

二是单位犯罪的认定情形。根据《纪要》的规定,为了单位利益,实施环境污染行为,并具有下列情形之一的,应当认定为单位犯罪:(1)经单位决策机构按照决策程序决定的;(2)经单位实际控制人、主要负责人或者授权的分管负责人决定、同意的；（3）单位实际控制人、主要负责人或者授权的分管负责人得知单位成员个人实施环境污染犯罪行为，并未加以制止或者及时采取措施，而是予以追认、纵容或者默许的；（4）使用单位营业执照、合同书、公章、印鉴等对外开展活动，并调用单位车辆、船舶、生产设备、原辅材料等实施环境污染犯罪行为的。

三是单位犯罪的补充起诉机制。《纪要》规定："对于应当认定为单位犯罪的环境污染犯罪案件，公安机关未作为单位犯罪移送审查起诉的，人民检察院应当退回公安机关补充侦查。对于应当认定为单位犯罪的环境污染犯罪案件，人民检察院只作为自然人犯罪起诉的，人民法院应当建议人民检察院对犯罪单位补充起诉。"需要注意的是，根据《最高人民法院关于适用〈中华人民共和国刑事诉讼法〉的解释》（法释〔2012〕21号）第283条的规定，在建议人民检察院对犯罪单位补充起诉的情形下，如果人民检察院仍以自然人犯罪起诉的，人民法院应当依法审理，按照单位犯罪中的直接负责的主管人员或者其他直接责任人员追究刑事责任，并援引刑法分则关于追究单位犯罪中直接负责的主管人员和其他直接责任人员刑事责任的条款。

——周加海、喻海松：《〈关于办理环境污染刑事案件有关问题座谈会纪要〉的理解与适用》，载《人民司法·应用》2019年第16期（总第855期）。

最高人民法院公布的典型案例

上海印达金属制品有限公司及被告人应伟达等5人污染环境案

裁判要旨：经单位实际控制人、主要负责人或者授权的分管负责人决定、同意，实施环境污染行为的，应当认定为单位犯罪，对单位及其直接负责的主管人员和其他直接责任人员均应追究刑事责任。

（一）基本案情

被告单位上海印达金属制品有限公司（以下简称印达公司），被告人应伟达系印达公司实际经营人，被告人王守波系印达公司生产部门负责人。

印达公司主要生产加工金属制品、小五金、不锈钢制品等，生产过程中产生的废液被收集在厂区储存桶内。2017年12月，被告人应伟达决定将储存桶内的废液交予被告人何海瑞处理，并约定向其支付7000元，由王守波负责具体事宜。后何海瑞联系了被告人徐鹏鹏，12月22日夜，被告人徐鹏鹏、徐平平驾驶槽罐车至公司门口与何海瑞会合，经何海瑞与王守波联系后进入公司抽取废液，三人再驾车至上海市青浦区白鹤镇外青松公路、鹤吉路西100米处，先后将约6吨废液倾倒至该处市政窨井内。经青浦区环保局认定，倾倒物质属于有腐蚀性的危险废物。

（二）诉讼过程

本案由上海铁路运输检察院于 2018 年 5 月 9 日以被告人应伟达、王守波等 5 人犯污染环境罪向上海铁路运输法院提起公诉。在案件审理过程中，上海铁路运输检察院对被告单位印达公司补充起诉。2018 年 8 月 24 日，上海铁路运输法院依法作出判决，认定被告单位印达公司犯污染环境罪，判处罚金 10 万元；被告人应伟达、王守波等 5 人犯污染环境罪，判处有期徒刑一年至九个月不等，并处罚金。判决已生效。

（三）典型意义

准确认定单位犯罪并追究刑事责任是办理环境污染刑事案件中的重点问题，一些地方存在追究自然人犯罪多，追究单位犯罪少，单位犯罪认定难的情况和问题。司法实践中，经单位实际控制人、主要负责人或者授权的分管负责人决定、同意，实施环境污染行为的，应当认定为单位犯罪，对单位及其直接负责的主管人员和其他直接责任人员均应追究刑事责任。

本案中，被告人应伟达系印达公司实际经营人，决定非法处置废液，被告人王守波系印达公司生产部门负责人，直接负责废液非法处置事宜。本案中对被告单位印达公司及其直接负责的主管人员和其他直接责任人员被告人应伟达、王守波同时追究刑事责任，在准确认定单位犯罪并追究刑事责任方面具有典型意义。

——《最高人民法院发布环境污染刑事案件典型案例》，载《人民法院报》2019 年 2 月 21 日。

1162. 污染环境罪犯罪未遂的认定

关键词

污染环境罪　犯罪未遂

最高人民法院司法政策精神

2. 关于犯罪未遂的认定

会议针对当前办理环境污染犯罪案件中，能否认定污染环境罪（未遂）的问题进行了讨论。会议认为，当前环境执法工作形势比较严峻，一些行为人拒不配合执法检查、接受检查时弄虚作假、故意逃避法律追究的情形时有发生，因此对于行为人已经着手实施非法排放、倾倒、处置有毒有害污染物的行为，由于有关部门查处或者其他意志以外的原因未得逞的情形，可以污染环境罪（未遂）追究刑事责任。

——《最高人民法院、最高人民检察院、公安部、司法部、生态环境部关于办理环境污染刑事案件有关问题座谈会纪要》(2019年2月20日，高检会〔2019〕3号)。

附录：理解与适用

司法实践中，对于污染环境未遂的认定和处理，存在不同认识。对此，《最高人民法院、最高人民检察院、公安部、司法部、生态环境部关于办理环境污染刑事案件有关问题座谈会纪要》(以下简称《纪要》)规定："对于行为人已经着手实施非法排放、倾倒、处置有毒有害污染物的行为，由于有关部门查处或者其他意志以外的原因未得逞的情形，可以污染环境罪（未遂）追究刑事责任。"司法适用中，需要注意的是：（1）对于犯罪未遂的认定，以行为人着手实施非法排放、倾倒、处置有毒有害污染物的行为为前提，故应当准确判断"着手"。对于排放、倾倒危险废物"着手"的判断，通常不存在问题。相比之下，处置危险废物"着手"的判断较为复杂，须妥当把握。（2）根据《刑法》第二十三条第二款的规定，对于未遂犯，可以比照既遂犯从轻或者减轻处罚。鉴于未遂造成的社会危害性相对较小，参照以往司法解释的相关规定，实践中对未遂的定罪量刑标准可以把握为既遂标准的3倍以上。（3）实践中存在部分既遂、部分未遂的情形，参照以往司法解释的规定，对此不宜将数量简单相加，可以分别评价既遂情节和未遂情节，在认定全案既遂的前提下，在处罚较重的法定刑幅度内酌情从重处罚。例如，行为人用罐车装有10吨的危险废物并开往某河流旁倾倒，在倾倒完1吨时被环保执法人员及时制止，对于此案可以依法认定行为人非法倾倒危险废物既遂1吨，未遂9吨，依照上述规则作出处理。

——周加海、喻海松：《〈关于办理环境污染刑事案件有关问题座谈会纪要〉的理解与适用》，载《人民司法·应用》2019年第16期（总第855期）。

1163. 污染环境罪主观过错的认定

关键词

环境污染犯罪　污染环境罪　主观罪过

最高人民法院司法政策精神

3. 关于主观过错的认定

会议针对当前办理环境污染犯罪案件中，如何准确认定犯罪嫌疑人、被告人主观过错的问题进行了讨论。会议认为，判断犯罪嫌疑人、被告人是否具有环境污染犯罪的故意，应当依据犯罪嫌疑人、被告人的任职情况、职业经历、专业背景、培训经历、本人因同类行为受到行政处罚或者刑事追究情况以及污染物种类、污染方式、资金流向等证据，结合其供述，进行综合分析判断。

实践中，具有下列情形之一，犯罪嫌疑人、被告人不能作出合理解释的，可以认定其故意实施环境污染犯罪，但有证据证明确系不知情的除外：（1）企业没有依法通过环境影响评价，或者未依法取得排污许可证，排放污染物，或者已经通过环境影响评价并且防治污染设施验收合格后，擅自更改工艺流程、原辅材料，导致产生新的污染物质的；（2）不使用验收合格的防治污染设施或者不按规范要求使用的；（3）防治污染设施发生故障，发现后不及时排除，继续生产放任污染物排放的；（4）生态环境部门责令限制生产、停产整治或者予以行政处罚后，继续生产放任污染物排放的；（5）将危险废物委托第三方处置，没有尽到查验经营许可的义务，或者委托处置费用明显低于市场价格或者处置成本的；（6）通过暗管、渗井、渗坑、裂隙、溶洞、灌注等逃避监管的方式排放污染物的；（7）通过篡改、伪造监测数据的方式排放污染物的；（8）其他足以认定的情形。

——《最高人民法院、最高人民检察院、公安部、司法部、生态环境部关于办理环境污染刑事案件有关问题座谈会纪要》（2019 年 2 月 20 日，高检会〔2019〕3 号）。

附录：理解与适用

司法实践中，对于环境污染犯罪特别是污染环境罪的主观罪过形式，存在不同认识。鉴于司法实践中环境污染犯罪的主观罪过形式通常表现为故意，故《最高人民法院、最高人民检察院、公安部、司法部、生态环境部关于办理环境污染刑事案件有关问题座谈会纪要》（以下简称《纪要》）对判断行为人是否具有环境污染犯罪的故意作出专门规定。

一是综合分析判断规则。《纪要》规定："判断犯罪嫌疑人、被告人是否具有环境污染犯罪的故意，应当依据犯罪嫌疑人、被告人的任职情况、职业经历、专业背景、培训经历、本人因同类行为受到行政处罚或刑事追究情况以及污染物种类、污染方式、资金流向等证据，结合其供述，进行综合分析判断。"

二是主观故意推定规则。根据《纪要》的规定，具有下列情形之一，犯罪嫌疑人、被告人不能作出合理解释的，可以认定其故意实施环境污染犯罪，但有证据证明确系不知情的除外：（1）企业没有依法通过环境影响评价，或者未依法取得排污许可证，排放污染物，或者已经通过环境影响评价并且防治污染设施验收合格后，擅自更改工艺流程、原辅材料，导致产生新的污染物质的；（2）不使用验收合格的防治污染设施或者不按规范要求使用的；（3）防治污染设施发生故障，发现后不及时排除，继续生产放任污染物排放的；（4）生态环境部门责令限制生产、停产整治或者予以行政处罚后，继续生产放任污染物排放的；（5）将危险废物委托第三方处置，没有尽到查验经营许可的义务，或者委托处置费用明显低于市场价格或者处置成本的；（6）通过暗管、渗井、渗坑、裂隙、溶洞、灌注等逃避监管的方式排放污染物的；（7）通过篡改、伪造监测数据的方式排放污染物的；（8）其他足以认定的情形。

——周加海、喻海松：《〈关于办理环境污染刑事案件有关问题座谈会纪要〉的理解与适用》，载《人民司法·应用》2019 年第 16 期（总第 855 期）。

1164. 生态环境损害标准的认定

关键词

生态环境损害标准　污染环境罪

最高人民法院司法政策精神

4. 关于生态环境损害标准的认定

会议针对如何适用《环境解释》第一条、第三条规定的“造成生态环境严重损害的”“造成生态环境特别严重损害的”定罪量刑标准进行了讨论。会议指出，生态环境损害赔偿制度是生态文明制度体系的重要组成部分。党中央、国务院高度重视生态环境损害赔偿工作，党的十八届三中全会明确提出对造成生态环境损害的责任者严格实行赔偿制度。2015 年，中央办公厅、国务院办公厅印发《生态环境损害赔偿制度改革试点方案》（中办发〔2015〕57 号），在吉林等 7 个省市部署开展改革试点，取得明显成效。2017 年，中央办公厅、国务院办公厅印发《生态环境损害赔偿制度改革方案》（中办发〔2017〕68 号），在全国范围内试行生态环境损害赔偿制度。

会议指出，《环境解释》将造成生态环境损害规定为污染环境罪的定罪量刑标准之一，是为了与生态环境损害赔偿制度实现衔接配套，考虑到该制度尚在试行过程中，《环境解释》作了较原则的规定。司法实践中，一些省市结合本地区工作实际制定了具体标准。会议认为，在生态环境损害赔偿制度试行阶段，全国各省（自治区、直辖市）可以结合本地实际情况，因地制宜，因时制宜，根据案件具体情况准确认定“造成生态环境严重损害”和“造成生态环境特别严重损害”。

——《最高人民法院、最高人民检察院、公安部、司法部、生态环境部关于办理环境污染刑事案件有关问题座谈会纪要》（2019 年 2 月 20 日，高检会〔2019〕3号)。

附录：理解与适用

生态环境损害赔偿制度是生态文明制度体系的重要组成部分。党的十八届三中全会明确提出对造成生态环境损害的责任者严格实行赔偿制度。2015年，中央办公厅、国务院办公厅印发《生态环境损害赔偿制度改革试点方案》(中办发〔2015〕57号)，在吉林等7个省市部署开展改革试点，取得明显成效。2017年，中央办公厅、国务院办公厅印发《生态环境损害赔偿制度改革方案》(中办发〔2017〕68号)，在全国范围内试行生态环境损害赔偿制度。《生态文明体制改革总体方案》提出："严格实行生态环境损害赔偿制度。强化生产者环境保护法律责任，大幅度提高违法成本。""对造成生态环境损害的，以损害程度等因素依法确定赔偿额度；对造成严重后果的，依法追究刑事责任。"根据这一要求，《最高人民法院、最高人民检察院关于办理环境污染刑事案件适用法律若干问题的解释》(以下简称《解释》)将生态环境损害因素纳入考量范围，第1条第10项将"造成生态环境严重损害"规定为严重污染环境的情形，第3条第6项将"造成生态环境特别严重损害"规定为后果特别严重的情形。

需要注意的是，《解释》将造成生态环境损害规定为污染环境罪的定罪量刑标准之一，是为了与生态环境损害赔偿制度实现衔接配套。考虑到该制度尚在试行过程中，《解释》作了较原则的规定。司法实践中，一些省市结合本地区工作实际制定了具体标准。《最高人民法院、最高人民检察院、公安部、司法部、生态环境部关于办理环境污染刑事案件有关问题座谈会纪要》规定："在生态环境损害赔偿制度试行阶段，全国各省(自治区、直辖市)可以结合本地实际情况，因地制宜，因时制宜，根据案件具体情况准确认定'造成生态环境严重损害'和'造成生态环境特别严重损害'。"《解释》第17条第5款规定："本解释所称'生态环境损害'，包括生态环境修复费用，生态环境修复期间服务功能的损失和生态环境功能永久性损害造成的损失，以及其他必要合理费用。"因此，实践中可以根据上述界定，结合本地实际情况，准确判断污染环境行为造成生态环境损害的程度，准确认定是否达到造成生态环境严重损害和造成生态环境特别严重损害。

——周加海、喻海松：《〈关于办理环境污染刑事案件有关问题座谈会纪要〉的理解与适用》，载《人民司法·应用》2019年第16期(总第855期)。

1165. 污染环境罪与非法经营罪的界限

关键词

污染环境罪　非法经营罪

最高人民法院司法政策精神

5. 关于非法经营罪的适用

会议针对如何把握非法经营罪与污染环境罪的关系以及如何具体适用非法经营罪的问题进行了讨论。会议强调，要高度重视非法经营危险废物案件的办理，坚持全链条、全环节、全流程对非法排放、倾倒、处置、经营危险废物的产业链进行刑事打击，查清犯罪网络，深挖犯罪源头，斩断利益链条，不断挤压和铲除此类犯罪滋生蔓延的空间。

会议认为，准确理解和适用《环境解释》第六条的规定应当注意把握两个原则：一要坚持实质判断原则，对行为人非法经营危险废物行为的社会危害性作实质性判断。比如，一些单位或者个人虽未依法取得危险废物经营许可证，但其收集、贮存、利用、处置危险废物经营活动，没有超标排放污染物、非法倾倒污染物或者其他违法造成环境污染情形的，则不宜以非法经营罪论处。二要坚持综合判断原则，对行为人非法经营危险废物行为根据其在犯罪链条中的地位、作用综合判断其社会危害性。比如，有证据证明单位或者个人的无证经营危险废物行为属于危险废物非法经营产业链的一部分，并且已经形成了分工负责、利益均沾、相对固定的犯罪链条，如果行为人或者与其联系紧密的上游或者下游环节具有排放、倾倒、处置危险废物违法造成环境污染的情形，且交易价格明显异常的，对行为人可以根据案件具体情况在污染环境罪和非法经营罪中，择一重罪处断。

——《最高人民法院、最高人民检察院、公安部、司法部、生态环境部关于办理环境污染刑事案件有关问题座谈会纪要》（2019 年 2 月 20 日，高检会〔2019〕3 号）。

附录：理解与适用

《最高人民法院、最高人民检察院关于办理环境污染刑事案件适用法律若干问题的解释》（以下简称《解释》）第 6 条规定："无危险废物经营许可证从事收集、贮存、利用、处置危险废物经营活动，严重污染环境的，按照污染环境罪定罪处罚；同时构成非法经营罪的，依照处罚较重的规定定罪处罚。""实施前款规定的行为，不具有超标排放污染物、非法倾倒污染物或者其他违法造成环境污染的情形的，可以认定为非法经营情节显著轻微危害不大，不认为是犯罪；构成生产、销售伪劣产品等其他犯罪的，以其他犯罪论处。”《最高人民法院、最高人民检察院、公安部、司法部、生态环境部关于办理环境污染刑事案件有关问题座谈会纪要》(以下简称《纪要》）要求坚持全链条、全环节、全流程对非法排放、倾倒、处置、经营危险废物的产业链进行刑事打击，查清犯罪网络，深挖犯罪源头，斩断利益链条，不断挤压和铲除此类犯罪滋生蔓延的空间。特别是，针对《解释》第 6 条规定的准确理解和适用，《纪要》要求注意把握两项原则。

一是坚持实质判断原则，对行为人非法经营危险废物行为的社会危害性作实质性判断。《解释》第 6 条确立了无危险废物经营许可证从事收集、贮存、利用、处置危险废物经营活动的入罪以违法造成环境污染为实质要件，未违法造成环境污染的，通常可以认定为情节显著轻微危害不大，不认为是犯罪。比如，一些单位或者个人虽未依法取得危险废物经营许可证，但其收集、贮存、利用、处置危险废物经营活动，没有违法造成环境污染情形的，则不宜以非法经营罪论处，也不宜以污染环境罪论处。需要注意的是，对于违法造成环境污染要件的判断应当采取相对宽泛的标准，即不要求一定达到《解释》第 1 条第 2 项以外其他项规定的严重污染环境的具体情形。例如，未按照规定安装特定污染防治设施，处置过程中超过标准排放污染物（虽然未达到特定标准 3 倍以上），或者将处置剩余的污染物违反规定倾倒的，可以认定为具备违法造成环境污染的要件。

二要坚持综合判断原则，对行为人非法经营危险废物行为根据其在犯罪链条中的地位、作用综合判断其社会危害性。比如，有证据证明单位或者个人的无证经营危险废物行为属于危险废物非法经营产业链的一部分，并且已经形成了分工负责、利益均沾、相对固定的犯罪链条，如果行为人或者与其联系紧密的上游或者下游环节具有排放、倾倒、处置危险废物违法造成环境污染的情形，且交易价格明显异常的，对行为人可以根据案件具体情况，在污染环境罪和非法经营罪中择一重罪处断。

——周加海、喻海松：《〈关于办理环境污染刑事案件有关问题座谈会纪要〉的理解与适用》，载《人民司法·应用》2019 年第 16 期（总第 855 期）。

1166. 污染环境罪与投放危险物质罪的竞合处理

关键词

污染环境罪　投放危险物质罪

最高人民法院司法政策精神

6. 关于投放危险物质罪的适用

会议强调，目前我国一些地方环境违法犯罪活动高发多发，刑事处罚威慑力不强的问题仍然突出，现阶段在办理环境污染犯罪案件时必须坚决贯彻落实中央领导同志关于重典治理污染的指示精神，把刑法和《环境解释》的规定用足用好，形成对环境污染违法犯罪的强大震慑。

会议认为，司法实践中对环境污染行为适用投放危险物质罪追究刑事责任时，应当重点审查判断行为人的主观恶性、污染行为恶劣程度、污染物的毒害性危险性、污染持续时间、污染结果是否可逆、是否对公共安全造成现实、具体、明确的危险或者危害等各方面因素。对于行为人明知其排放、倾倒、处置的污染物含有毒害性、放射性、传染病病原体等危险物质，仍实施环境污染行为放任其危害公共安全，造成重大人员伤亡、重大公私财产损失等严重后果，以污染环境罪论处明显不足以罚当其罪的，可以按投放危险物质罪定罪量刑。实践中，此类情形主要是向饮用水水源保护区，饮用水供水单位取水口和出水口，南水北调水库、干渠、涵洞等配套工程，重要渔业水体以及自然保护区核心区等特殊保护区域，排放、倾倒、处置毒害性极强的污染物，危害公共安全并造成严重后果的情形。

——《最高人民法院、最高人民检察院、公安部、司法部、生态环境部关于办理环境污染刑事案件有关问题座谈会纪要》（2019 年 2 月 20 日，高检会〔2019〕3 号）。

附录：理解与适用

违规排放、倾倒或者处置有放射性的废物、含传染病病原体的废物、有毒物质，不仅严重污染环境，还可能危害公共安全，此时污染环境罪就可能与投放危险物质罪竞合，宜择一重罪处断。因此，《最高人民法院、最高人民检察院关于办理环境污染刑事案件适用法律若干问题的解释》（以下简称《解释》）第 8 条规定："违反国家规定，排放、倾倒、处置含有毒害性、放射性、传染病病原体等物质的污染物，同时构成污染环境罪、非法处置进口的固体废物罪、投放危险物质罪等犯罪的，依照处罚较重的规定定罪处罚。"在此基础上，《最高人民法院、最高人民检察院、公安部、司法部、生态环境部关于办理环境污染刑事案件有关问题座谈会纪要》（以下简称《纪要》）对投放危险物质罪的适用作了专门规定。

一是用足用好刑法和《解释》的规定。目前，我国一些地方环境违法犯罪活动高发多发，刑事处罚威慑力不强的问题仍然突出。因此，《纪要》要求，现阶段在办理环境污染犯罪案件时必须坚决贯彻落实中央领导同志关于重典治理污染的指示精神，把刑法和《解释》的规定用足用好，形成对环境污染违法犯罪的强大震慑。

二是准确适用投放危险物质罪。司法适用中，对污染环境的行为应当原则上适用污染环境罪，适用投放危险物质罪的，应当特别慎重，准确查明主客观方面的情况。《纪要》规定："司法实践中对环境污染行为适用投放危险物质罪追究刑事责任时，应当重点审查判断行为人的主观恶性、污染行为恶劣程度、污染物的毒害性危险性、污染持续时间、污染结果是否可逆、是否对公共安全造成现实、具体、明确的危险或者危害等各方面因素。"而且，对污染环境行为适用投放危险物质罪，主要是基于罪责刑相适应的考虑，对此应当特别注意把握。基于此，《纪要》专门规定，对于行为人明知其排放、倾倒、处置的污染物含有毒害性、放射性、传染病病原体等危险物质，仍实施环境污染行为放任其危害公共安全，造成重大人员伤亡、重大公私财产损失等严重后果，以污染环境罪论处明显不足以罚当其罪的，可以依照《解释》第 8 条的规定，以投放危险物质罪定罪量刑。具体而言，实践中此类情形主要是向饮用水水源保护区，饮用水供水单位取水口和出水口，南水北调水库、干渠、涵洞等配套工程，重要渔业水体以及自然保护区核心区等特殊保护区域，排放、倾倒、处置毒害性极强的污染物，危害公共安全并造成严重后果的情形。

——周加海、喻海松：《〈关于办理环境污染刑事案件有关问题座谈会纪要〉的理解与适用》，载《人民司法·应用》2019 年第 16 期（总第 855 期）。

1167. 涉大气污染环境犯罪的处理

关键词

污染环境罪　大气污染

最高人民法院司法政策精神

7. 关于涉大气污染环境犯罪的处理

会议针对涉大气污染环境犯罪的打击处理问题进行了讨论。会议强调，打赢蓝天保卫战是打好污染防治攻坚战的重中之重。各级人民法院、人民检察院、公安机关、生态环境部门要认真分析研究全国人大常委会大气污染防治法执法检查发现的问题和提出的建议，不断加大对涉大气污染环境犯罪的打击力度，毫不动摇地以法律武器治理污染，用法治力量保卫蓝天，推动解决人民群众关注的突出大气环境问题。

会议认为，司法实践中打击涉大气污染环境犯罪，要抓住关键问题，紧盯薄弱环节，突出打击重点。对重污染天气预警期间，违反国家规定，超标排放二氧化硫、氮氧化物，受过行政处罚后又实施上述行为或者具有其他严重情节的，可以适用《环境解释》第一条第十八项规定的“其他严重污染环境的情形”追究刑事责任。

——《最高人民法院、最高人民检察院、公安部、司法部、生态环境部关于办理环境污染刑事案件有关问题座谈会纪要》（2019 年 2 月 20 日，高检会〔2019〕3 号）。

附录：理解与适用

大气污染是人民群众感受最为直接、反应最为强烈的环境问题。但是，由于大气污染物流动性大、稀释速度快等原因，提取固定证据困难，给查处此类犯罪带来较大实际困难。基于此，《最高人民法院、最高人民检察院、公安部、司法部、生态环境部关于办理环境污染刑事案件有关问题座谈会纪要》（以下简称《纪要》）要求抓住关键问题，紧盯薄弱环节，突出打击重点，推动解决人民群众关注的突出大气环境问题。大气污染防治法第九十三条第一款规定：“国家建立重污染天气监测预警体系。”第九十六条第一款规定：“县级以上地方人民政府应当依据重污染天气的预警等级，及时启动应急预案，根据应急需要可以采取责令有关企业停产或者限产、限制部分机动车行驶、禁止燃放烟花爆竹、停止工地土石方作业和建筑物拆除施工、停止露天烧烤、停止幼儿园和学校组织的户外活动、组织开展人工影响天气作业等应急措施。”可见，在重污染天气预警期间，违反国家规定，超标排放二氧化硫、氮氧化物，社会危害性更大。为切实加大对涉大气污染环境犯罪的打击力度，《纪要》规定，受过行政处罚后又实施上述行为或者具有其他严重情节的，可以适用《最高人民法院、最高人民检察院关于办理环境污染刑事案件适用法律若干问题的解释》（以下简称《解释》）第 1 条第（18）项规定的其他严重污染环境的情形追究刑事责任。司法适用中需要妥当把握《纪要》上述规定与《解释》第 4 条第（3）项规定的“在重污染天气预警期间、突发环境事件处置期间或者被责令限期整改期间，违反国家规定排放、倾倒、处置有放射性的废物、含传染病病原体的废物、有毒物质或者其他有害物质”这一从重处罚情节的关系，对于对重污染天气预警期间，违规超标排放二氧化硫、氮氧化物，受过行政处罚后又实施上述行为或者具有其他严重情节的，如果根据《纪要》的规定适用《解释》第 1 条第（18）项规定的其他严重污染环境的情形追究刑事责任的，不能再适用《解释》第 4 条第（3）项的规定从重处罚，以避免重复评价。

——周加海、喻海松：《〈关于办理环境污染刑事案件有关问题座谈会纪要〉的理解与适用》，载《人民司法·应用》2019 年第 16 期（总第 855 期）。

1168. 如何准确认定《刑法》第三百三十八条规定的“其他有害物质”

关键词

有毒有害物质 修复生态环境

《刑事审判参考》指导案例

邱良海等污染环境案（《刑事审判参考》指导案例第1489号）

裁判要点：石头及水泥制“扭王块”本身不属于有毒有害物质，投入海中后是否会成为对海洋环境造成损害的有毒有害物质，应通过专业鉴定机构作出鉴定意见，仅凭一份《市环保局说明》不能据以定罪。应该归入行政处罚的范围，责令其恢复原状，加大罚款力度，尽快修复生态环境，不仅符合相关法律规定，也更有现实意义。

对于本案的处理形成两种意见。

一种意见认为，被告人邱良海等人投石填海的行为不构成污染环境罪。理由是石头及水泥制“扭王块”本身不属于有毒有害物质，投入海中后是否会成为对海洋环境造成损害的有毒有害物质，应通过专业鉴定机构作出鉴定意见，仅凭一份《市环保局说明》不能据以定罪。应该归入行政处罚的范围，责令其恢复原状，加大罚款力度，尽快修复生态环境，不仅符合相关法律规定，也更有现实意义。

另一种意见认为，可以认定被告人邱良海等人投放的石料和水泥制“扭王块”属于刑法第三百三十八条规定的“其他有害物质”，其行为构成污染环境罪。理由是:（1）虽然“其他有害物质”与放射性物质、传染病病原体等物质并列，但具有兜底性质，应该对其适用采用相对灵活的原则综合衡量。邱良海等人的填海筑堤行为在沿海地区相当普遍，且实际上也造成了局部洋流、底栖生物等海洋生态局部改变的事实，对其认定不应拘泥于鉴定等证据形式，而应当结合犯罪行为造成的危害后果、财物损失、局部洋流改变等周围环境的变化综合衡量认定。（2）《市环保局说明》虽然形式上不属于鉴定意见，但对“其他有害物质”的界定属于案件涉及的专门性问题，天津市环保局虽然并非司法鉴定机构，但系地方环境主管部门，是环境保护的专业机构。另外，《市环保局说明》推理内容的依据系《海洋倾废管理条例》（以下简称《条例》）及其相关实施办法，是根据有关行政法规作出的，其内容依据具有一定权威性，可以作为认定“其他有害物质”的证据。

我们同意第一种意见，即被告人邱良海等人投放的石头及水泥制“扭王块”不属于刑法第三百三十八条规定的“其他有害物质”，其行为不构成污染环境罪。理由如下。

（一）从司法文件的规定看，不宜将被告人邱良海等人投放的石料和水泥制“扭王块”认定为刑法第三百三十八条规定的“其他有害物质”

刑法第三百三十八条规定的“其他有害物质”，因实践中范围十分宽泛，《最高人民法院、最高人民检察院关于办理环境污染刑事案件适用法律若干问题的解释》也未作出明确界定。但《最高人民法院、最高人民检察院、公安部、司法部、生态环境部关于办理环境污染刑事案件有关问题座谈会纪要》（以下简称《纪要》）对此作了相对清晰的认定。《纪要》指出，准确认定刑法第三百三十八条规定的“其他有害物质”，应当坚持主客观相一致原则，从行为人的主观恶性、污染行为恶劣程度、有害物质危险性毒害性等方面进行综合分析判断，准确认定其行为的社会危害性。《纪要》并列举了实践中常见的5类有害物质：（1）工业危险废物以外的其他工业固体废物；（2）未经处理的生活垃圾；（3）有害大气污染物、受控消耗臭氧层物质和有害水污染物；（4）在利用和处置过程中必然产生有毒有害物质的其他物质；（5）国务院生态环境保护主管部门会同国务院卫生主管部门公布的有毒有害污染物名录中的有关物质等。从《纪要》的前述规定可以看出，除主观恶性、污染行为恶劣程度外，“危险性毒害性”亦属于刑法第三百三十八条规定的“其他有害物质”的重要判断标准，且属于具备可操作性的客观标准，《纪要》所列举的5类有害物质亦均具备“危险性毒害性”的特征。

本案中，邱良海等人投放的石料和水泥制“扭王块”，既不在前述《纪要》列举的“其他有害物质”的范围，从性质上看与《纪要》列举的物品亦存在较大差别，且涉案石料大都采自河北唐山附近的自然山体，“扭王块”亦为普通水泥制品，均为日常生活中的常见物品，根据一般常识判断，正常开采的石料和普通水泥制品并不具备“危险性毒害性”的性质。

（二）根据现有证据不能得出涉案石料和水泥制“扭王块”属于刑法第三百三十八条规定的“其他有害物质”的结论

公诉机关指控被告人邱良海等人的行为构成污染环境罪的主要证据是案发后天津市环境保护中心技术开发中心、天津市环境污染损害鉴定评估中心出具的《中心渔港与北疆电厂之间海域抛石筑堤行为海洋环境损害鉴定评估报告》（以下简称《损害鉴定评估报告》）和天津市环境保护局出具的《市环保局说明》。但是，该两份证据并不足以作为定罪量刑的依据。

第一，《损害鉴定评估报告》仅是对被告人邱良海等人投放石料和水泥制“扭王块”行为所造成的损害后果的证明，并未界定投放的石料和水泥制

“扭王块”系“其他有害物质”。《损害鉴定评估报告》认定，邱良海等人投石筑堤的行为共造成包括海域恢复应急处置费用、海洋生物资源损失费、海洋生态修复费用等海洋环境损害费用合计 428 万余元，从各项损害费用的具体构成看，共计 428 万余元海洋环境损害费用中，占比最高的海域恢复应急处置费用 384 万余元主要是石料清除费用（373 万余元）和测绘费用（10 万余元），对涉案海域海洋生物资源造成的直接损失仅为 1.67 万余元（主要是对贝类等底栖生物造成的损失），另因投放鱼苗等产生的海洋生态修复费用 42 万余元，其行为并未对涉案海域水质产生实质性的影响。

第二，《市环保局说明》认为，涉案石料和水泥块符合《条例》附件二第三条中的“容易沉入海底，可能严重阻碍捕鱼和航行的容器、废金属及其他笨重的废弃物”，同时，《市环保局说明》认为，《条例》第六条规定：“未列入《条例》附件一、附件二的物质，在不能肯定其海上倾倒是无害时，需事先进行评价，确定该物质类别”，遂据此认为既然涉案石料和水泥块可认定为《条例》附件二规定的“其他笨重的废弃物”，当然也就是有害的。我们认为，从《条例》附件一、附件二所列的物质种类看，均为有毒、有害、放射性物品或者化学合成物质，虽然附件二第三条将“容易沉入海底，可能严重阻碍捕鱼和航行的容器、废金属及其他笨重的废弃物”纳入，但从解释的同一性来看，这里的“其他笨重的废弃物”即使不是有毒、有害、放射性物品或者化学合成物质，至少也应与该条列举的“可能严重阻碍捕鱼和航行的容器、废金属”在性质和行为后果上具有相当性。

本案中，被告人邱良海等人是在天津市滨海新区中心渔港与北疆电厂之间东西防波堤的基础上，违规投放石料和水泥块，欲将 500 米的湾口合拢用于海产养殖，《损害鉴定评估报告》和《市环保局说明》既没有对涉案石料和水泥块作出“危险性毒害性”的认定，也没有作出“可能严重阻碍捕鱼和航行”的认定，不宜以“推理”的方式将石料等自然形成的物质评价为“其他有害物质”。

（三）从社会效果对类案的指导来看，本案中的这类行为不宜按污染环境罪处理

被告人邱良海等人未经批准筑堤围海的行为确实造成了海岸线发生明显变化，区域海洋滩涂生态环境明显改变的后果，对原有海洋质底和海洋生态环境造成了影响。但是，考虑到实践中围海造陆、筑堤的行为较为常见，且多采取本案中投放石料或者水泥制“扭王块”的方式，除本案外，实践中未见有违法填海、筑堤被按照污染环境罪处理的先例，如本案按污染环境罪处理，既不利于类似案件的处理，社会效果也不好。同时，环境保护法、海洋环境保护法等法律和相关行政法规对本案中的这类违规筑堤围海行为均规定有较为严厉的行政处罚措施，可以通过行政处罚责令其恢复原状，加大罚款

力度，尽快修复生态环境，在行政处罚足以对本案这类违法行为进行制裁的情况下，不仅符合相关法律规定，也更有现实意义。

综上，人民法院认为被告人邱良海等 4 人的行为不构成污染环境罪，是正确的。

——郭慧撰稿、高洪江审编：《邱良海等污染环境案——如何准确认定刑法第三百三十八条规定的“其他有害物质”》，载最高人民法院刑事审判第一、二、三、四、五庭编：《刑事审判参考》（总第 132 辑），人民法院出版社 2022 年版，第 94~97 页。

1169. 污染环境罪中有害物质的认定

关键词

污染环境罪　有害物质

最高人民法院司法政策精神

9. 关于有害物质的认定

会议针对如何准确认定刑法第三百三十八条规定的“其他有害物质”的问题进行了讨论。会议认为，办理非法排放、倾倒、处置其他有害物质的案件，应当坚持主客观相一致原则，从行为人的主观恶性、污染行为恶劣程度、有害物质危险性毒害性等方面进行综合分析判断，准确认定其行为的社会危害性。实践中，常见的有害物质主要有：工业危险废物以外的其他工业固体废物；未经处理的生活垃圾；有害大气污染物、受控消耗臭氧层物质和有害水污染物；在利用和处置过程中必然产生有毒有害物质的其他物质；国务院生态环境保护主管部门会同国务院卫生主管部门公布的有毒有害污染物名录中的有关物质等。

——《最高人民法院、最高人民检察院、公安部、司法部、生态环境部关于办理环境污染刑事案件有关问题座谈会纪要》（2019 年 2 月 20 日，高检会〔2019〕3 号）。

附录：理解与适用

根据《刑法》第三百三十八条的规定，构成污染环境罪，排放、倾倒或者处置的须为“有放射性废物、含传染病病原体的废物、有毒物质或者其他有害物质”。鉴于其他有害物质的范围十分宽泛，交由司法实践裁量把握可以更好地适应具体案件的复杂情况，《最高人民法院、最高人民检察院关于办理环境污染刑事案件适用法律若干问题的解释》未作明确界定。根据当前司法适用中的具体情况，《最高人民法院、最高人民检察院、公安部、司法部、生态环境部关于办理环境污染刑事案件有关问题座谈会纪要》（以下简称《纪要》）对如何准确认定《刑法》第三百三十八条规定的其他有害物质作了专门规定。

一是坚持主客观相一致原则。《纪要》规定："办理非法排放、倾倒、处置其他有害物质的案件，应当坚持主客观相一致原则，从行为人的主观恶性、污染行为恶劣程度、有害物质危险性毒害性等方面进行综合分析判断，准确认定其行为的社会危害性。"

二是把握常见的有害物质形式。根据《纪要》的规定，实践中常见的有害物质主要有：工业危险废物以外的其他工业固体废物；未经处理的生活垃圾；有害大气污染物、受控消耗臭氧层物质和有害水污染物；在利用和处置过程中必然产生有毒有害物质的其他物质；国务院生态环境保护主管部门会同国务院卫生主管部门公布的有毒有害污染物名录中的有关物质等。

——周加海、喻海松：《〈关于办理环境污染刑事案件有关问题座谈会纪要〉的理解与适用》，载《人民司法·应用》2019 年第 16 期（总第 855 期）。

1170. 认定船舶偷排的含油污水是否属于有毒物质时，由于客观原因无法取样的，可以依据来源相同、性质稳定的舱底残留污水进行污染物性质鉴定

关键词

刑事附带民事公益诉讼　船舶偷排含油污水　污染物性质鉴定

最高人民法院指导性案例

武汉卓航江海贸易有限公司、向阳等 12 人污染环境刑事附带民事公益诉讼案（最高人民法院指导案例 202 号）

裁判要点：1. 船舶偷排含油污水案件中，人民法院可以根据船舶航行轨迹、污染防治设施运行状况、污染物处置去向，结合被告人供述、证人证言、专家意见等证据对违法排放污染物的行为及其造成的损害作出认定。

2. 认定船舶偷排的含油污水是否属于有毒物质时，由于客观原因无法取样的，可以依据来源相同、性质稳定的舱底残留污水进行污染物性质鉴定。

法院生效裁判认为：根据水污染防治法等法律法规，被告单位卓航公司虽制定了舱底含油污水等污染环境防治措施，但相关措施在实际运行中流于形式，没有实际执行，用于防治污染的油水分离器不能正常使用。被告单位卓航公司弄虚作假获取油水分离器水样合格的检测报告、低价购置含油污水接收证明逃避监管。案涉船舶常年定线运输，航线上千公里，随着航程增加必然产生并持续累积含油污水，但含油污水既未经油水分离器处理又未交由有资质第三方接收。各被告人供述、证人证言及在案物证关于偷排污水行为的方式、时间、参与人员的内容互相吻合，足以认定各被告人实施了将含油污水排至长江及近海水域的污染环境行为。涉案含油污水的性质稳定，案涉船舶常年定线运输，设备、操作规程及含油污水产生机理稳定，舱底残留含油污水与被偷排的污水系同一整体、性状一致，可以取样据以进行污染物性质鉴定。经鉴定，该含油污水系有毒物质。

案涉污染环境行为系为了被告单位卓航公司的单位利益，在公司分管副总经理指使下，由国裕 1 号船船长、国裕 1 号船轮机长、机工等多人参与，共同将未经处理的舱底含油污水偷排至驶经的长江及近海水域，应当认定为单位犯罪。卓航公司违反国家规定，以逃避监管的方式排放有毒物质，严重污染环境，其行为构成污染环境罪。被告人向阳等各被告人系单位犯罪中直接负责的主管人员或其他直接责任人员，应当以污染环境罪对其定罪处罚。

——《最高人民法院关于发布第 37 批指导性案例的通知》（2022 年 12 月 30 日，法〔2022〕277 号）。

1171. 环境污染刑事案件应严格适用不起诉、缓刑、免予刑事处罚

关键词

环境污染　不起诉　缓刑　免予刑事处罚

最高人民法院司法政策精神

11. 关于严格适用不起诉、缓刑、免予刑事处罚

会议针对当前办理环境污染犯罪案件中如何严格适用不起诉、缓刑、免予刑事处罚的问题进行了讨论。会议强调，环境污染犯罪案件的刑罚适用直接关系加强生态环境保护打好污染防治攻坚战的实际效果。各级人民法院、人民检察院要深刻认识环境污染犯罪的严重社会危害性，正确贯彻宽严相济刑事政策，充分发挥刑罚的惩治和预防功能。要在全面把握犯罪事实和量刑情节的基础上严格依照刑法和刑事诉讼法规定的条件适用不起诉、缓刑、免

予刑事处罚，既要考虑从宽情节，又要考虑从严情节；既要做到刑罚与犯罪相当，又要做到刑罚执行方式与犯罪相当，切实避免不起诉、缓刑、免予刑事处罚不当适用造成的消极影响。

会议认为，具有下列情形之一的，一般不适用不起诉、缓刑或者免予刑事处罚：（1）不如实供述罪行的；（2）属于共同犯罪中情节严重的主犯的；（3）犯有数个环境污染犯罪依法实行并罚或者以一罪处理的；（4）曾因环境污染违法犯罪行为受过行政处罚或者刑事处罚的；（5）其他不宜适用不起诉、缓刑、免予刑事处罚的情形。

——《最高人民法院、最高人民检察院、公安部、司法部、生态环境部关于办理环境污染刑事案件有关问题座谈会纪要》（2019年2月20日，高检会〔2019〕3号）。

附录：理解与适用

环境污染刑事案件的刑罚适用直接关系加强生态环境保护打好污染防治攻坚战的实际效果。从近年来环境污染刑事案件的刑罚适用情况来看，各级人民法院、人民检察院准确把握宽严相济刑事政策的要求，准确适用刑罚，严格适用不起诉、缓刑、免予刑事处罚。特别是，准确依法适用缓刑，环境污染犯罪的缓刑适用率与全部刑事案件的缓刑适用率基本持平。为更好地体现宽严相济刑事政策的要求，《最高人民法院、最高人民检察院、公安部、司法部、生态环境部关于办理环境污染刑事案件有关问题座谈会纪要》（以下简称《纪要》）对环境污染犯罪案件的刑罚适用，特别是不起诉、缓刑、免予刑事处罚的适用作出专门规定。

一是依法适用刑罚。《纪要》规定："要在全面把握犯罪事实和量刑情节的基础上严格依照刑法和刑事诉讼法规定的条件适用不起诉、缓刑、免予刑事处罚，既要考虑从宽情节，又要考虑从严情节；既要做到刑罚与犯罪相当，又要做到刑罚执行方式与犯罪相当，切实避免不起诉、缓刑、免予刑事处罚不当适用造成的消极影响。"

二是明确一般不适用不起诉、缓刑或者免予刑事处罚的情形。根据《纪要》的规定，具有下列情形之一的，一般不适用不起诉、缓刑或者免予刑事处罚：（1）不如实供述罪行的；（2）属于共同犯罪中情节严重的主犯的；（3）犯有数个环境污染犯罪依法实行并罚或者以一罪处理的；（4）曾因环境污染违法犯罪行为受过行政处罚或者刑事处罚的；（5）其他不宜适用不起诉、缓刑、免予刑事处罚的情形。

三是严格适用不起诉、缓刑或者免予刑事处罚。根据《纪要》的规定，人民法院审理环境污染刑事案件拟适用缓刑或者免予刑事处罚的，应当分析案发前后的社会影响和反映，注意听取控辩双方提出的意见。对于情节恶劣、社会反映强烈的环境污染犯罪，不得适用缓刑、免予刑事处罚。人民法院对判处缓刑的被告人，一般应当同时宣告禁止令，禁止其在缓刑考验期内从事与排污或者处置危险废物有关的经营活动。生态环境部门根据禁止令，对上述人员担任实际控制人、主要负责人或者高级管理人员的单位，依法不得发放排污许可证或者危险废物经营许可证。

——周加海、喻海松：《〈关于办理环境污染刑事案件有关问题座谈会纪要〉的理解与适用》，载《人民司法·应用》2019 年第 16 期（总第 855 期）。

1172. 两个以上被告人分别实施污染环境行为发生化学反应造成危害后果的，各自单独构成污染环境罪

关键词

污染环境罪　民事赔偿连带责任

《刑事审判参考》指导案例

董传桥、张锁等十九人污染环境案（《刑事审判参考》指导案例第 1463 号）

裁判要点：两个以上被告人分别实施污染环境行为发生化学反应造成危害后果的，各自单独构成污染环境罪，对于附带民事诉讼原告人的民事赔偿应当承担连带责任。

两个以上被告人分别实施污染环境行为发生化学反应造成危害后果的，如何准确认定因果关系

本案审理过程中，对于被害人李某的死亡结果应该归因于被告人董传桥一方还是被告人张锁一方，存在不同意见。

一种意见认为，被告人董传桥团伙排放废碱液的行为或者张锁团伙排放废盐酸的行为，单独均不会引起被害人李某死亡结果的发生，故董传桥团伙或者张锁团伙的行为与被害人李某的死亡结果之间均不具有因果关系。

第二种意见认为，被告人张锁团伙排放废盐酸的行为，阻断了被告人董传桥团伙排放废碱液的行为与死亡结果之间的因果关系，故董传桥团伙的行为与被害人李某死亡结果之间不具有因果关系。

第三种意见认为，被告人董传桥团伙排放废碱液的行为和被告人张锁团伙排放废盐酸的行为均与被害人李某死亡结果之间具有因果关系。

我们同意第三种意见，理由是：

首先，被告人董传桥团伙排放废碱液的行为和被告人张锁团伙排放废盐酸的行为与被害人李某的死亡结果之间构成了重叠的因果关系。所谓重叠的因果关系，是指两个条件单独都不能导致结果发生，但都对结果的发生起到重要作用，相互没有意思联络，结合在一起同时起作用导致了结果的发生，此时，两个条件都与结果有因果关系。就本案而言，董传桥团伙单独排放废碱液的行为或者张锁团伙单独排放废盐酸的行为均不会导致被害人硫化氢中毒而亡的结果发生，但是废碱液与废盐酸结合会产生硫化氢，进而导致被害人死亡结果的发生。

重叠的因果关系属于刑法中因果关系的一种复杂形态，仍然遵循因果关系的一般判断规则。我国刑法中因果关系的判断，一般采“条件说”，即如果没有A原因，就不会产生B结果。同时，为了避免“条件说”过于宽泛地肯定因果关系，还需要运用“相当因果关系”来合理限定责任的范围，即坚持“客观归责”原则。就本案而言，如果没有董传桥团伙排放废碱液的行为，就不会产生硫化氢，被害人就不会死亡；如果没有张锁团伙排放废盐酸的行为，也不会产生硫化氢，被害人也就不会死亡。故而，董传桥团伙排放废碱液的行为和张锁团伙排放废盐酸的行为均与被害人死亡结果之间存在条件因果关系。进一步讲，作为理性的一般人是可以预见向城市下水管网排放上百吨废碱液或者几十吨废盐酸会危害到其他人的身体健康权或者生命权。此处的预见是一种概括的预见，只需预见自己的行为具有危害他人生命健康权的概括认知，无须预见到自己行为的具体危害结果。故而，董传桥团伙排放废碱液的行为和张锁团伙排放废盐酸的行为与被害人死亡结果之间是具有常识经验基础的相当因果关系。

其次，被告人张锁团伙排放废盐酸的行为没有阻断被告人董传桥团伙排放废碱液的行为与被害人李某死亡结果之间的因果关系。刑法因果关系进程中出现的介入因素具有异常性时，即先前行为通常不会引发介入因素的出现时，意味着介入因素带来的危险具有独立性，则该危险不能归因于先前行为。此时，最终结果与先前行为没有因果关系，也即发生了因果关系的中断。而当先前行为通常会遇到介入因素的出现，即介入因素的出现不具有异常性时，则意味着介入因素没有阻断先前行为与危害结果之间的因果关系，先前行为与最终的结果具有因果关系。就本案而言，董传桥团伙作为化工行业的从业者，应当预见也能够预见城市地下管网中存在其他物质，自己排放的废碱液与其他物质混合具有危险可能性，故而张锁团伙排放废盐酸的行为并非异常因素，并且，本案中后行为（张锁团伙排放废盐酸的行为）不但没有阻断先前行为（董传桥团伙排放废碱液的行为）与死亡结果之间的因果关系，而是促成了先前行为与死亡结果之间的因果关系。

综上，被告人董传桥团伙和被告人张锁团伙违反国家规定，将《国家危险废物名录》里明文规定的废碱液和废盐酸两种危险物质，分别通过停车场里面私设的暗管直接排放到城市地下管网，数量较大，严重污染环境，并致使一人死亡，由于董传桥团伙和张锁团伙并无意思联络，根据《刑法》第三百三十八条的规定，各自单独构成污染环境罪。根据《最高人民法院、最高人民检察院关于办理环境污染刑事案件适用法律若干问题的解释》第七条的规定，董传桥团伙各成员和张锁团伙内部成员之间各构成污染环境罪的共犯。

被告人董传桥团伙和被告人张锁团伙对于附带民事诉讼原告人的民事赔偿应当承担连带责任

案件审理过程中，关于被告人董传桥团伙和被告人张锁团伙对被害人李某近亲属提起的民事赔偿应当承担按份责任还是连带责任，存在争议。

一种观点认为，被告人董传桥团伙和被告人张锁团伙的行为之间构成因果关系竞合型的无意思联络数人侵权，应当对民事赔偿承担按份责任。该观点的主要理由是：2015 年《最高人民法院关于审理环境侵权责任纠纷案件适用法律若干问题的解释》第三条第二款规定："两个以上污染者分别实施污染行为造成同一损害，每一个污染者的污染行为都不足以造成全部损害，被侵权人根据侵权责任法第十二条规定请求污染者承担责任的，人民法院应予支持。"[①]《民法典》第一千一百七十二条规定："二人以上分别实施侵权行为造成同一损害，能够确定责任大小的，各自承担相应的责任；难以确定责任大小的，平均承担赔偿责任。"理论上称民法典该条内容为因果关系竞合型的无意思联络数人侵权，是指二人以上的侵权行为不存在任何事实上的联系，只是间接结合在一起造成了同一损害后果。

另一种观点认为，被告人董传桥团伙和被告人张锁团伙的行为之间构成客观联系型的共同侵权，应当对民事赔偿承担连带责任。

我们同意后一种观点。理由是：

首先，《民法典》第一千一百六十八条规定："二人以上共同实施侵权行为，造成他人损害的，应当承担连带责任。"理论上称该条的内容为狭义的共同侵权行为，又称共同加害行为，是指两人以上的行为共同致使他人合法权益遭受损害，依法应承担连带责任的侵权行为。对共同侵权中共同性的判断，法律没有明确规定，理论上也以是否需要侵权人的意思联络为标准，划分为主观说和客观说。[②]我们认为，数个侵权人的行为虽然是独立的、彼此没有共

---

① 该司法解释 2020 年修正后该款表述为："两个以上侵权人分别实施污染环境、破坏生态行为造成同一损害，每一个侵权人的污染环境、破坏生态行为都不足以造成全部损害，被侵权人根据民法典第一千一百七十二条规定请求侵权人承担责任的，人民法院应予支持。"

② 主观说认为，共同侵权以有共同的意思联络为必要，即各加害人间不仅须有行为之分担，且需有意思之联络。客观说认为，各加害人间不需有意思联络，只要数人之行为客观上发生同一结果，即应成立共同侵权行为。

同的主观认知，但是，由于各个独立的行为之间发生了事实上的联系，而这种联系的结果，导致了不可分的损害后果时，也应以共同侵权论。此种情形构成客观联系型的共同侵权，是共同侵权中的一种特殊形态，具体是指两人以上虽无共同故意或共同过失，但其侵害行为直接结合，发生了事实上的联系，对于损害结果的出现具有了共同关联性，导致同一损害结果发生的，构成共同侵权，承担连带责任。

其次，2004 年施行的《最高人民法院关于审理人身损害赔偿案件适用法律若干问题的解释》第三条规定："二人以上共同故意或者共同过失致人损害，或者虽无共同故意、共同过失，但其侵害行为直接结合发生同一损害后果的，构成共同侵权，应当依照民法通则第一百三十条[①]规定承担连带责任。二人以上没有共同故意或者共同过失，但其分别实施的数个行为间接结合发生同一损害后果的，应当根据过失大小或者原因力比例各自承担相应的赔偿责任。"该条内容作出了明确的法律价值判断，即共同侵权的认定无须要求主观上具有意思联络。如果没有共同意思联络的情形不以共同侵权论，意味着受害人对此种情形只能分别起诉，而且需要分别举证各加害人责任的大小，否则不能主张明确的权利。这种主张的可能结果是，宁可让受害人得不到赔偿，也不能让加害人承担不必要的责任份额。这显然有悖于私法的救济功能。

最后，就本案而言，被告人董传桥团伙和被告人张锁团伙之间在主观上，既无共同故意，也无共同过失，彼此对另一方的行为皆不知情；在客观上，董传桥团伙于 2015 年 5 月 16 日、5 月 17 日排放的废碱液和张锁团伙于 2015 年 5 月 18 日排放的废盐酸，通过涉案停车场里面的同一暗管，被排放到城市地下管网，并直接结合发生了化学反应，产生了硫化氢，进而造成被害人李某死亡这一同一损害结果。尽管双方行为表面似乎符合因果关系竞合型的无意思联络数人侵权，但是仔细考究发现，因果关系竞合型的无意思联络数人侵权中，各侵权行为之间不存在任何事实上的联系，只是由于巧合，间接地结合在了一起。比如一天夜晚，甲开车逆行迫使骑车人乙为躲避甲向右拐，跌入修路挖的坑里（负责修路的施工单位对该坑未设置保护措施），造成车毁人伤。对乙的损失，甲和施工单位各自承担责任，难以确定责任大小的，平均承担赔偿责任。

综合全案看，被告人董传桥团伙和被告人张锁团伙之间在刑事上不构成共同犯罪，在民事上构成了客观联系型共同侵权，两者之间并不矛盾，这是因为刑法与民法的价值取向不同使然。刑法的规制重点在于惩罚犯罪，考量犯罪分子的主观恶性或者人身危险性，共同犯罪的成立以共同故意的具备为

---

① 《民法通则》第一百三十条规定："二人以上共同侵权造成他人损害的，应当承担连带责任。"该条规定已被《民法典》第一千一百六十八条所吸收。

必要。民法的规制重点在于矫正被破坏了的利益关系，注重对被害人的救济，客观联系型共同侵权的成立不以共同意思联络的具备为必要。

——葛庆龙、徐翠翠撰稿、郭慧、于同志审编：《董传桥、张锁等十九人污染环境案——两个以上被告人分别实施污染环境行为发生化学反应造成危害后果的，如何准确认定因果关系和责任分担》，载最高人民法院刑事审判第一、二、三、四、五庭编：《刑事审判参考》（总第130辑），最高人民法院出版社2022年版，第110~117页。

1173. 多次污染环境构成“严重污染环境”的情形关键在于准确认定行政处罚的范围和次数

关键词

多次污染环境　严重污染环境

附录：最高人民法院法官著述

《最高人民法院、最高人民检察院关于办理环境污染刑事案件适用法律若干问题的解释》第一条第六项将“二年内曾因违反国家规定，排放、倾倒、处置有放射性的废物、含传染病病原体的废物、有毒物质受过两次以上行政处罚，又实施前列行为的”作为认定“严重污染环境”的情形之一。司法适用中应当注意：（1）解释第一条第六项并未将“两次以上行政处罚”的主体范围限定为环境保护主管部门。因此，“两次以上行政处罚”不限于环境保护主管部门的行政处罚，也可能包括其他部门，如水行政主管部门对违反《水污染防治法》行为的行政处罚，甚至是公安机关的行政处罚。（2）关于行政处罚的种类，《环境行政处罚办法》第十条规定：“根据法律、行政法规和部门规章，环境行政处罚的种类有：（一）警告；（二）罚款；（三）责令停产整顿；（四）责令停产、停业、关闭；（五）暂扣、吊销许可证或者其他具有许可性质的证件；（六）没收违法所得、没收非法财物；（七）行政拘留；（八）法律、行政法规设定的其他行政处罚种类。”实践中有争议的问题是，是否所有的行政处罚都属于《环境污染犯罪解释》第1条第6项规定的行政处罚。本评注认为，从整体解释的角度，无法将前述处罚种类中的部分行政处罚措施排除在解释第一条第六项规定的行政处罚范围之外。（3）按日计罚宜认定为一次行政处罚。《环境保护法》第五十九条第一款规定：“企业事业单位和其他生产经营者违法排放污染物，受到罚款处罚，被责令改正，拒不改正的，依法作出处罚决定的行政机关可以自责令改正之日的次日起，按照原处罚数额按日连续处罚。”具体而言，环境行政执法部门按照防治污染设施的运行成本、违法行为造成的直接损失或者违法所得等因素，对违法排放污染物的企业事业单位和其他生产经营者确定罚款处罚，责令改正，企业拒不改正的，自责令改正之日的次日起按照原处罚数额按日连续处罚。需要注意的是，此种情形下虽然对环境行为进行按日计划，可能作出多个行政处罚决定，但由于系一个违法行为引起的，宜认定为一次行政处罚。

——喻海松：《实务刑法评注》，北京大学出版社 2022 年版，第 1552~1553 页。

1174. 关于危险废物的认定

关键词

环境污染犯罪　危险废物

最高人民法院司法政策精神

13. 关于危险废物的认定

会议针对危险废物如何认定以及是否需要鉴定的问题进行了讨论。会议认为，根据《环境解释》的规定精神，对于列入《国家危险废物名录》的，如果来源和相应特征明确，司法人员根据自身专业技术知识和工作经验认定难度不大的，司法机关可以依据名录直接认定。对于来源和相应特征不明确的，由生态环境部门、公安机关等出具书面意见，司法机关可以依据涉案物质的来源、产生过程、被告人供述、证人证言以及经批准或者备案的环境影响评价文件等证据，结合上述书面意见作出是否属于危险废物的认定。对于需要生态环境部门、公安机关等出具书面认定意见的，区分下列情况分别处理：（1）对已确认固体废物产生单位，且产废单位环评文件中明确为危险废物的，根据产废单位建设项目环评文件和审批、验收意见、案件笔录等材料，可对照《国家危险废物名录》等出具认定意见。（2）对已确认固体废物产生单位，但产废单位环评文件中未明确为危险废物的，应进一步分析废物产生工艺，对照判断其是否列入《国家危险废物名录》。列入名录的可以直接出具认定意见；未列入名录的，应根据原辅材料、产生工艺等进一步分析其是否具有危险特性，不可能具有危险特性的，不属于危险废物；可能具有危险特性的，抽取典型样品进行检测，并根据典型样品检测指标浓度，对照《危险废物鉴别标准》（GB5085.1–7）出具认定意见。（3）对固体废物产生单位无法确定的，应抽取典型样品进行检测，根据典型样品检测指标浓度，对照《危险废物鉴别标准》（GB5085.1–7）出具认定意见。对确需进一步委托有相关资质的检测鉴定机构进行检测鉴定的，生态环境部门或者公安机关按照有关规定开展检测鉴定工作。

——《最高人民法院、最高人民检察院、公安部、司法部、生态环境部关于办理环境污染刑事案件有关问题座谈会纪要》（2019 年 2 月 20 日，高检会〔2019〕3 号）。

附录：理解与适用

根据《最高人民法院、最高人民检察院关于办理环境污染刑事案件适用法律若干问题的解释》（以下简称《解释》）第 15 条第（1）项的规定，危险废物是指列入《国家危险废物名录》，或者根据国家规定的危险废物鉴别标准和鉴别方法认定的，具有危险特性的废物。《解释》第 13 条规定："对国家危险废物名录所列的废物，可以依据涉案物质的来源、产生过程、被告人供述、证人证言以及经批准或者备案的环境影响评价文件等证据，结合环境保护主管部门、公安机关等出具的书面意见作出认定。"具体适用中，对危险废物如何认定以及是否需要鉴定，仍存在不同认识。为统一司法适用，最高人民法院、最高人民检察院、公安部、司法部、生态环境部《关于办理环境污染刑事案件有关问题座谈会纪要》对此规定区分情况作出处理。

一是对于列入《国家危险废物名录》的，如果来源和相应特征明确，司法人员根据自身专业技术知识和工作经验认定难度不大的，司法机关可以依据名录直接认定。《国家危险废物名录》对于废物类别、行业来源（危险废物的产生源）、废物代码、危险特性（指腐蚀性、毒性、易燃性、反应性和感染性）均有明确描述，特别是对废物系在何生产阶段产生均有叙述。因此，实践中，如果根据涉案物品来源和相应特征可以认定确系列入名录的危险废物的，可以依据名录直接认定为危险废物。

二是对于来源和相应特征不明确的，由生态环境部门、公安机关等出具书面意见，司法机关可以依据涉案物质的来源、产生过程、被告人供述、证人证言以及经批准或者备案的环境影响评价文件等证据，结合上述书面意见作出是否属于危险废物的认定。根据《解释》第 13 条的规定，此种情形下应当由生态环境部门、公安机关等对涉案物品是否系危险废物出具书面意见。具体而言，对于需要生态环境部门、公安机关等出具书面认定意见的，区分下列情况分别处理：

1. 对已确认固体废物产生单位，且产废单位环评文件中明确为危险废物的，根据产废单位建设项目环评文件和审批、验收意见、案件笔录等材料，可对照《国家危险废物名录》等出具认定意见。

2. 对已确认固体废物产生单位，但产废单位环评文件中未明确为危险废物的，应进一步分析废物产生工艺，对照判断其是否列入《国家危险废物名录》。列入名录的可直接出具认定意见；未列入名录的，应根据原辅材料、产生工艺等进一步分析其是否具有危险特性，不可能具有危险特性的，不属于危险废物；可能具有危险特性的，抽取典型样品进行检测，并根据典型样品检测指标浓度，对照《危险废物鉴别标准》(GB5085.1-7)[①] 出具认定意见。

3. 对固体废物产生单位无法确定的，应抽取典型样品进行检测，根据典型样品检测指标浓度，对照《危险废物鉴别标准》(GB5085.1-7)出具认定意见。对确需进一步委托有相关资质的检测鉴定机构进行检测鉴定的，生态环境部门或者公安机关按照有关规定开展检测鉴定工作。

——周加海、喻海松：《〈关于办理环境污染刑事案件有关问题座谈会纪要〉的理解与适用》，载《人民司法·应用》2019年第16期（总第855期）。

1175. 危险废物的认定

关键词

危险废物

附录：最高人民法院主流观点

司法实践中，对于危险废物如何认定，特别是对于危险废物是否需要鉴别，甚至鉴定或者检验，往往存在不同认识。经研究认为，对于危险废物的认定问题不宜一概而论，而应当区分不同情况处理：原则上，对于列入《国家危险废物名录》《医疗废物分类目录》的废物，可以直接依据目录认定，无须通过鉴定等方式进行鉴别。例如，《国家危险废物名录》对于废物类别、行业来源（危险废物的产生源）、废物代码、危险特性（指腐蚀性、毒性、易燃性、反应性和感染性）均有明确描述，特别是对废物系在何生产阶段产生均有叙述。因此，实践中，对于列入目录的危险废物可以直接依据规定进行认定，符合相应特征的即可认定为危险废物，没有必要要求一律通过鉴定、检验等方式进行鉴别后再认定。当然，如果该危险废物已经同非危险废物混合，或者系未列入目录的，则应当通过鉴定等方法对物品的特征进行认定，符合相应特征的，才能认定为危险废物。

——胡云腾主编：《最高人民法院、最高人民检察院环境污染刑事司法解释理解与适用》，人民法院出版社2014年版，第33页。

---

① 现行有效的为《危险废物鉴别标准》(GB 5085.7–2019)。

1176. 危险废物和非危险废物混合物的数量认定

关键词

危险废物　非危险废物混合物　数量认定

附录：最高人民法院主流观点

对于一般案件涉及的危险废物的数量，可以直接予以认定，并无太大困难。但是，据实践反映，有些行为人非法排放、倾倒、处置的并非单纯的危险废物，如将危险废物与非危险废物混合后进行非法排放、倾倒、处置，甚至不排除个别行为人基于逃避法律追究的目的实施了上述混合行为。例如，行为人将2吨危险废物与8吨非危险废物混合后并将其非法倾倒，如何认定行为人倾倒的危险废物的数量则有不同认识：第一种观点认为，为加大对此类行为的惩治力度，应当依据混合物的数量直接认定危险废物的数量，即认定行为人非法倾倒10吨危险废物；第二种观点认为，从有利于被告人的原则出发，由于2吨危险废物和8吨非危险废物混合，则原来的2吨危险废物不复存在，则不能直接依据倾倒危险废物的数量认定被告人构成污染环境罪；第三种观点则认为，仍然应当认定非法倾倒2吨危险废物。经研究认为，上述三种观点均有不妥之处：将危险废物和非危险废物混合后，有的混合物中危险废物浓度高（如将99吨危险废物与1吨非危险废物混合），有的混合物中危险废物浓度低（如将1吨危险废物与99吨非危险废物混合），如按照第一种观点一律按照混合物数量直接认定危险废物数量，明显存在不合理之处，如果依据第二种观点则无疑是放纵犯罪，而第三种观点在实践中较难操作，因为在危险废物和非危险废物混合后，判断出混合物种危险废物的量并非易事。实际上，《国家危险废物名录》第五条明确规定："危险废物和非危险废物混合物的性质判定，按照国家危险废物鉴别标准执行。"据此，对于将危险废物和非危险废物的混合物，需要根据国家危险废物鉴别标准和鉴别方法进行鉴别，如果仍然具有危险特性的，则应当将混合物全部认定为危险废物；如果混合物已不具有危险特性的，则不能再认定为危险废物。

——胡云腾主编：《最高人民法院、最高人民检察院环境污染刑事司法解释理解与适用》，人民法院出版社2014年版，第34~35页。

1177. 私拉电网非法狩猎并危及公共安全行为的处理

关键词

非法狩猎罪 私拉电网非法狩猎

《刑事审判参考》指导案例

曾巩义、陈月容非法狩猎案（《刑事审判参考》指导案例第603号）

裁判要点：以私设电网的方法猎捕野生动物，并致人重伤、死亡或者使公私财产遭受重大损失的，同时触犯了非法狩猎罪和过失以危险方法危害公共安全罪的，应当按照想象竞合犯的处理原则，择一重罪处理。

本案中，如果二被告人私设电网非法狩猎时，造成了他人重伤、死亡或者公私财产遭受重大损失的严重后果，便会产生非法狩猎罪和过失以危险方法危害公共安全罪的想象竞合问题。最高人民法院《关于审理破坏野生动物资源刑事案件具体应用法律若干问题的解释》第七条对非法狩猎罪和过失以危险方法危害公共安全罪的竞合问题作出了明确规定，即"使用爆炸、投毒、设置电网等危险方法破坏野生动物资源，构成非法猎捕、杀害珍贵、濒危野生动物[①]罪或者非法狩猎罪，同时构成刑法第一百一十四条或者第一百一十五条规定之罪的，依照处罚较重的规定定罪处罚。"[②]根据《刑法》第一百一十五条第二款和第三百四十一条第二款的规定，犯过失以危险方法危害公共安全罪，处三年以上七年以下有期徒刑；情节较轻的，处三年以下有期徒刑或者拘役。犯非法狩猎罪，处三年以下有期徒刑、拘役、管制或者罚金。比较两罪的法定刑，显然过失以危险方法危害公共安全罪要重于非法狩猎罪。因此，当行为人同时触犯过失以危险方法危害公共安全罪和非法狩猎罪两个罪名时，应以过失以危险方法危害公共安全罪追究其刑事责任。同时，可将非法狩猎行为作为量刑情节予以考虑。

——最高人民法院刑事审判第一庭、第二庭编：《刑事审判参考》2010年

---

① 《最高人民法院、最高人民检察院关于执行〈中华人民共和国刑法〉确定罪名的补充规定（七）》取消非法猎捕、杀害珍贵、濒危野生动物罪和非法收购、运输、出售珍贵、濒危野生动物、珍贵、濒危野生动物制品罪罪名，新增危害珍贵、濒危野生动物罪。

② 该条在《最高人民法院、最高人民检察院关于办理破坏野生动物资源刑事案件适用法律若干问题的解释》（法释〔2022〕12号）中无对应规定。

第1辑（总第72辑），法律出版社2010年版，第47~52页。

1178. 依法妥善处理涉野生动物资源案件

关键词

野生动物交易

最高人民法院司法政策精神

三是依法妥善处理涉野生动物资源案件。这类案件近年来呈现多样性、复杂性的新特点，个别案件由于入罪门槛偏低、量刑整体偏重引发争议。一方面，要依法严惩破坏野生动物资源犯罪，特别是以食用为目的实施的涉野生动物犯罪；另一方面，要切实贯彻罪责刑相适应原则，在数量基础上，充分考虑涉案动物是否系人工繁育、物种濒危程度、野外存活状况、对野生动物资源的损害程度等情节，认定是否构成犯罪以及裁量刑罚。针对实践反映突出的人工繁育动物案件，要与野外种群的案件有所区别；对情节显著轻微、危害不大的，依法不作为犯罪处理。

——《最高人民法院党组副书记、常务副院长贺荣在全国法院刑事审判工作座谈会上的讲话（节选）》，载最高人民法院刑事审判第一、二、三、四、五庭编：《刑事审判参考》总第130辑，人民法院出版社2022年版，153~163页。

一、依法严厉打击非法猎捕、杀害野生动物的犯罪行为，从源头上防控非法野生动物交易。

非法猎捕、杀害国家重点保护的珍贵、濒危野生动物，符合刑法第三百四十一条第一款规定的，以非法猎捕、杀害珍贵、濒危野生动物罪定罪处罚。

违反狩猎法规，在禁猎区、禁猎期或者使用禁用的工具、方法进行狩猎，破坏野生动物资源，情节严重，符合刑法第三百四十一条第二款规定的，以非法狩猎罪定罪处罚。

违反保护水产资源法规，在禁渔区、禁渔期或者使用禁用的工具、方法捕捞水产品，情节严重，符合刑法第三百四十条规定的，以非法捕捞水产品罪定罪处罚。

二、依法严厉打击非法收购、运输、出售、进出口野生动物及其制品的犯罪行为，切断非法野生动物交易的利益链条。

非法收购、运输、出售国家重点保护的珍贵、濒危野生动物及其制品，符合刑法第三百四十一条第一款规定的，以非法收购、运输、出售珍贵、濒危野生动物、珍贵、濒危野生动物制品罪定罪处罚。

走私国家禁止进出口的珍贵动物及其制品，符合刑法第一百五十一条第二款规定的，以走私珍贵动物、珍贵动物制品罪定罪处罚。

三、依法严厉打击以食用或者其他目的非法购买野生动物的犯罪行为，坚决革除滥食野生动物的陋习。

知道或者应当知道是国家重点保护的珍贵、濒危野生动物及其制品，为食用或者其他目的而非法购买，符合刑法第三百四十一条第一款规定的，以非法收购珍贵、濒危野生动物、珍贵、濒危野生动物制品罪定罪处罚。

四、二次以上实施本意见第一条至第三条规定的行为构成犯罪，依法应当追诉的，或者二年内二次以上实施本意见第一条至第三条规定的行为未经处理的，数量、数额累计计算。

五、明知他人实施非法野生动物交易行为，有下列情形之一的，以共同犯罪论处：

（一）提供贷款、资金、账号、车辆、设备、技术、许可证件的；

（二）提供生产、经营场所或者运输、仓储、保管、快递、邮寄、网络信息交互等便利条件或者其他服务的；

（三）提供广告宣传等帮助行为的。

六、对涉案野生动物及其制品价值，可以根据国务院野生动物保护主管部门制定的价值评估标准和方法核算。对野生动物制品，根据实际情况予以核算，但核算总额不能超过该种野生动物的整体价值。具有特殊利用价值或者导致动物死亡的主要部分，核算方法不明确的，其价值标准最高可以按照该种动物整体价值标准的80%予以折算，其他部分价值标准最高可以按整体价值标准的20%予以折算，但是按照上述方法核算的价值明显不当的，应当根据实际情况妥当予以核算。核算价值低于实际交易价格的，以实际交易价格认定。

根据前款规定难以确定涉案野生动物及其制品价值的，依据下列机构出具的报告，结合其他证据作出认定：

（一）价格认证机构出具的报告；

（二）国务院野生动物保护主管部门、国家濒危物种进出口管理机构、海关总署等指定的机构出具的报告；

（三）地、市级以上人民政府野生动物保护主管部门、国家濒危物种进出口管理机构的派出机构、直属海关等出具的报告。

七、对野生动物及其制品种属类别，非法捕捞、狩猎的工具、方法，以及对野生动物资源的损害程度、食用涉案野生动物对人体健康的危害程度等专门性问题，可以由野生动物保护主管部门、侦查机关或者有专门知识的人依据现场勘验、检查笔录等出具认定意见。难以确定的，依据司法鉴定机构出具的鉴定意见，或者本意见第六条第二款所列机构出具的报告，结合其他证据作出认定。

八、办理非法野生动物交易案件中，行政执法部门依法收集的物证、书证、视听资料、电子数据等证据材料，在刑事诉讼中可以作为证据使用。

对不易保管的涉案野生动物及其制品，在做好拍摄、提取检材或者制作足以反映原物形态特征或者内容的照片、录像等取证工作后，可以移交野生动物保护主管部门及其指定的机构依法处置。对存在或者可能存在疫病的野生动物及其制品，应立即通知野生动物保护主管部门依法处置。

九、实施本意见规定的行为，在认定是否构成犯罪以及裁量刑罚时，应当考虑涉案动物是否系人工繁育、物种的濒危程度、野外存活状况、人工繁育情况、是否列入国务院野生动物保护主管部门制定的人工繁育国家重点保护野生动物名录，以及行为手段、对野生动物资源的损害程度、食用涉案野生动物对人体健康的危害程度等情节，综合评估社会危害性，确保罪责刑相适应。相关定罪量刑标准明显不适宜的，可以根据案件的事实、情节和社会危害程度，依法作出妥当处理。

——《最高人民法院、最高人民检察院、公安部、司法部印发〈关于依法惩治非法野生动物交易犯罪的指导意见〉的通知》（2020 年 12 月 18 日，公通字〔2020〕19 号）。

1179. 非法收购国家重点保护野生动物后，即使未再出售或自行饲养，亦应以犯罪论处

关键词

非法收购国家重点保护的野生动物

《最高人民法院公报》案例

张爱民、李楠等非法猎捕、收购、运输、出售珍贵、濒危野生动物案

（判决时间：2016 年 10 月 10 日，一审法院：徐州市鼓楼区人民法院）

裁判摘要：对野生动物的乱捕滥猎、非法交易破坏生物链的完整性和生物多样性，进而破坏整个生态环境，需要加大对野生动物的刑事司法保护。行为人只要实施了非法猎捕或者非法收购、运输、出售国家重点保护的野生动物的行为，即构成犯罪。

徐州市鼓楼区人民法院一审认为：野生动物资源属于国家所有，是全人

类的共同财富，具有较高的生态、经济和科研价值。保护、合理利用野生动物资源，对于维护生态平衡、改善自然环境、促进经济社会全面协调可持续发展具有重要意义。但由于过度狩猎、栖息地丧失、黑市交易等，野生动物的灭绝速率呈逐步上升趋势。本案作为犯罪对象的金雕、猎隼等珍贵、濒危野生动物，本身属于生物链顶端的物种，且繁殖率低、数量稀少，极易受环境影响，如再乱捕滥猎、非法交易，更易使其濒临灭绝，破坏生物链的完整性和生物多样性，进而破坏整个生态环境，因此更需刑事司法保护。行为人非法收购国家重点保护野生动物后，即使未予以出售获利而是自行饲养，或者在非法运输、出售国家重点保护野生动物的过程中没有获利，但其行为均侵害了珍贵、濒危野生动物资源，应以犯罪论处。

——《最高人民法院公报》2018 年第 2 期。

1180. 以价值作为破坏野生动物资源刑事案件定罪量刑的基本标准

关键词

破坏野生动物资源刑事案件

最高人民法院司法解释

第二条　走私国家禁止进出口的珍贵动物及其制品，价值二十万元以上不满二百万元的，应当依照刑法第一百五十一条第二款的规定，以走私珍贵动物、珍贵动物制品罪处五年以上十年以下有期徒刑，并处罚金；价值二百万元以上的，应当认定为“情节特别严重”，处十年以上有期徒刑或者无期徒刑，并处没收财产；价值二万元以上不满二十万元的，应当认定为“情节较轻”，处五年以下有期徒刑，并处罚金。

实施前款规定的行为，具有下列情形之一的，从重处罚：

（一）属于犯罪集团的首要分子的；

（二）为逃避监管，使用特种交通工具实施的；

（三）二年内曾因破坏野生动物资源受过行政处罚的。

实施第一款规定的行为，不具有第二款规定的情形，且未造成动物死亡或者动物、动物制品无法追回，行为人全部退赃退赔，确有悔罪表现的，按照下列规定处理：

（一）珍贵动物及其制品价值二百万元以上的，可以处五年以上十年以下有期徒刑，并处罚金；

（二）珍贵动物及其制品价值二十万元以上不满二百万元的，可以认定为

"情节较轻"，处五年以下有期徒刑，并处罚金；

（三）珍贵动物及其制品价值二万元以上不满二十万元的，可以认定为犯罪情节轻微，不起诉或者免予刑事处罚；情节显著轻微危害不大的，不作为犯罪处理。

第三条 在内陆水域，违反保护水产资源法规，在禁渔区、禁渔期或者使用禁用的工具、方法捕捞水产品，具有下列情形之一的，应当认定为刑法第三百四十条规定的"情节严重"，以非法捕捞水产品罪定罪处罚：

（一）非法捕捞水产品五百公斤以上或者价值一万元以上的；

（二）非法捕捞有重要经济价值的水生动物苗种、怀卵亲体或者在水产种质资源保护区内捕捞水产品五十公斤以上或者价值一千元以上的；

（三）在禁渔区使用电鱼、毒鱼、炸鱼等严重破坏渔业资源的禁用方法或者禁用工具捕捞的；

（四）在禁渔期使用电鱼、毒鱼、炸鱼等严重破坏渔业资源的禁用方法或者禁用工具捕捞的；

（五）其他情节严重的情形。

实施前款规定的行为，具有下列情形之一的，从重处罚：

（一）暴力抗拒、阻碍国家机关工作人员依法履行职务，尚未构成妨害公务罪、袭警罪的；

（二）二年内曾因破坏野生动物资源受过行政处罚的；

（三）对水生生物资源或者水域生态造成严重损害的；

（四）纠集多条船只非法捕捞的；

（五）以非法捕捞为业的。

实施第一款规定的行为，根据渔获物的数量、价值和捕捞方法、工具等，认为对水生生物资源危害明显较轻的，综合考虑行为人自愿接受行政处罚、积极修复生态环境等情节，可以认定为犯罪情节轻微，不起诉或者免予刑事处罚；情节显著轻微危害不大的，不作为犯罪处理。

第六条 非法猎捕、杀害国家重点保护的珍贵、濒危野生动物，或者非法收购、运输、出售国家重点保护的珍贵、濒危野生动物及其制品，价值二万元以上不满二十万元的，应当依照刑法第三百四十一条第一款的规定，以危害珍贵、濒危野生动物罪处五年以下有期徒刑或者拘役，并处罚金；价值二十万元以上不满二百万元的，应当认定为"情节严重"，处五年以上十年以下有期徒刑，并处罚金；价值二百万元以上的，应当认定为"情节特别严重"，处十年以上有期徒刑，并处罚金或者没收财产。

实施前款规定的行为，具有下列情形之一的，从重处罚：

（一）属于犯罪集团的首要分子的；

（二）为逃避监管，使用特种交通工具实施的；

（三）严重影响野生动物科研工作的；

（四）二年内曾因破坏野生动物资源受过行政处罚的。

实施第一款规定的行为，不具有第二款规定的情形，且未造成动物死亡或者动物、动物制品无法追回，行为人全部退赃退赔，确有悔罪表现的，按照下列规定处理：

（一）珍贵、濒危野生动物及其制品价值二百万元以上的，可以认定为“情节严重”，处五年以上十年以下有期徒刑，并处罚金；

（二）珍贵、濒危野生动物及其制品价值二十万元以上不满二百万元的，可以处五年以下有期徒刑或者拘役，并处罚金；

（三）珍贵、濒危野生动物及其制品价值二万元以上不满二十万元的，可以认定为犯罪情节轻微，不起诉或者免予刑事处罚；情节显著轻微危害不大的，不作为犯罪处理。

第七条　违反狩猎法规，在禁猎区、禁猎期或者使用禁用的工具、方法进行狩猎，破坏野生动物资源，具有下列情形之一的，应当认定为刑法第三百四十一条第二款规定的“情节严重”，以非法狩猎罪定罪处罚：

（一）非法猎捕野生动物价值一万元以上的；

（二）在禁猎区使用禁用的工具或者方法狩猎的；

（三）在禁猎期使用禁用的工具或者方法狩猎的；

（四）其他情节严重的情形。

实施前款规定的行为，具有下列情形之一的，从重处罚：

（一）暴力抗拒、阻碍国家机关工作人员依法履行职务，尚未构成妨害公务罪、袭警罪的；

（二）对野生动物资源或者栖息地生态造成严重损害的；

（三）二年内曾因破坏野生动物资源受过行政处罚的。

实施第一款规定的行为，根据猎获物的数量、价值和狩猎方法、工具等，认为对野生动物资源危害明显较轻的，综合考虑猎捕的动机、目的、行为人自愿接受行政处罚、积极修复生态环境等情节，可以认定为犯罪情节轻微，不起诉或者免予刑事处罚；情节显著轻微危害不大的，不作为犯罪处理。

第八条　违反野生动物保护管理法规，以食用为目的，非法猎捕、收购、运输、出售刑法第三百四十一条第一款规定以外的在野外环境自然生长繁殖的陆生野生动物，具有下列情形之一的，应当认定为刑法第三百四十一条第三款规定的“情节严重”，以非法猎捕、收购、运输、出售陆生野生动物罪定罪处罚：

（一）非法猎捕、收购、运输、出售有重要生态、科学、社会价值的陆生野生动物或者地方重点保护陆生野生动物价值一万元以上的；

（二）非法猎捕、收购、运输、出售第一项规定以外的其他陆生野生动物价值五万元以上的；

（三）其他情节严重的情形。

实施前款规定的行为，同时构成非法狩猎罪的，应当依照刑法第三百四十一条第三款的规定，以非法猎捕陆生野生动物罪定罪处罚。

第十一条 对于“以食用为目的”，应当综合涉案动物及其制品的特征，被查获的地点，加工、包装情况，以及可以证明来源、用途的标识、证明等证据作出认定。

实施本解释规定的相关行为，具有下列情形之一的，可以认定为“以食用为目的”：

（一）将相关野生动物及其制品在餐饮单位、饮食摊点、超市等场所作为食品销售或者运往上述场所的；

（二）通过包装、说明书、广告等介绍相关野生动物及其制品的食用价值或者方法的；

（三）其他足以认定以食用为目的的情形。

第十二条 二次以上实施本解释规定的行为构成犯罪，依法应当追诉的，或者二年内实施本解释规定的行为未经处理的，数量、数额累计计算。

第十三条 实施本解释规定的相关行为，在认定是否构成犯罪以及裁量刑罚时，应当考虑涉案动物是否系人工繁育、物种的濒危程度、野外存活状况、人工繁育情况、是否列入人工繁育国家重点保护野生动物名录，行为手段、对野生动物资源的损害程度，以及对野生动物及其制品的认知程度等情节，综合评估社会危害性，准确认定是否构成犯罪，妥当裁量刑罚，确保罪责刑相适应；根据本解释的规定定罪量刑明显过重的，可以根据案件的事实、情节和社会危害程度，依法作出妥当处理。

涉案动物系人工繁育，具有下列情形之一的，对所涉案件一般不作为犯罪处理；需要追究刑事责任的，应当依法从宽处理：

（一）列入人工繁育国家重点保护野生动物名录的；

（二）人工繁育技术成熟、已成规模，作为宠物买卖、运输的。

第十四条 对于实施本解释规定的相关行为被不起诉或者免予刑事处罚的行为人，依法应当给予行政处罚、政务处分或者其他处分的，依法移送有关主管机关处理。

第十五条 对于涉案动物及其制品的价值，应当根据下列方法确定：

（一）对于国家禁止进出口的珍贵动物及其制品、国家重点保护的珍贵、濒危野生动物及其制品的价值，根据国务院野生动物保护主管部门制定的评估标准和方法核算；

（二）对于有重要生态、科学、社会价值的陆生野生动物、地方重点保护野生动物、其他野生动物及其制品的价值，根据销赃数额认定；无销赃数额、销赃数额难以查证或者根据销赃数额认定明显偏低的，根据市场价格核算，必要时，也可以参照相关评估标准和方法核算。

第十六条 根据本解释第十五条规定难以确定涉案动物及其制品价值的，依据司法鉴定机构出具的鉴定意见，或者下列机构出具的报告，结合其他证据作出认定：

（一）价格认证机构出具的报告；

（二）国务院野生动物保护主管部门、国家濒危物种进出口管理机构或者海关总署等指定的机构出具的报告；

（三）地、市级以上人民政府野生动物保护主管部门、国家濒危物种进出口管理机构的派出机构或者直属海关等出具的报告。

——《最高人民法院、最高人民检察院关于办理破坏野生动物资源刑事案件适用法律若干问题的解释》（2022 年 4 月 6 日，法释〔2022〕12 号）。

附录：答记者问

在起草《最高人民法院、最高人民检察院关于办理破坏野生动物资源刑事案件适用法律若干问题的解释》（以下简称《解释》）过程中，着重注意把握了以下几点：

第一，依法惩治破坏野生动物资源犯罪，维护生物多样性和生态平衡。考虑到不同野生动物存在较大差异，《解释》对破坏野生动物资源犯罪不再唯数量论，而以价值（主要由国务院野生动物保护主管部门根据野生动物的珍贵、濒危程度、生态价值和市场价值等评估确定）作为基本定罪量刑标准。作此调整后，对破坏野生动物资源犯罪的定罪量刑标准更加符合罪责刑相适应原则的要求，对重要野生动物的保护力度不减，能够保障相关案件办理取得更好的法律效果和社会效果。

问：由于经济社会发展，近年来涉野生动物资源案件呈现出多样性、复杂性的特点，有关司法解释的定罪量刑标准不能完全适应案件的复杂情况，相关案件处理引发了关注甚至质疑。请问，《解释》对此有何考虑，如何保证相关案件的处理效果？

答：由于《2000 年动物犯罪解释》《2014 年走私犯罪解释》均按照涉案动物的数量对相关犯罪的定罪量刑标准作了规定，在经济社会快速发展的背景下，导致相关案件的处理难以适应复杂情况。基于此，《解释》在条文设计方面作了专门考虑，力图实现破坏野生动物资源刑事案件办理的“三个效果”有机统一。

第一，将定罪量刑的数量标准调整为价值标准，更好实现罪刑均衡。以往司法解释按照涉案动物的数量对相关犯罪的定罪量刑标准作了规定。《解释》考虑到不同野生动物存在较大差异，改以价值作为破坏野生动物资源犯罪的基本定罪量刑标准。需要强调的是，这里的“价值”不仅仅包括市场价值，而主要是由国务院野生动物保护主管部门根据野生动物的珍贵、濒危程度、生态价值和市场价值等综合评估确定的价值。作此调整后，对于价值较小的野生动物不再是“一只入罪”，而是以价值为基准综合考量，体现罪责刑相适应原则的要求。

第二，坚持综合裁量原则，确保宽严相济。考虑到单纯依价值标准定罪量刑，仍可能存在偏执一端、不能适应具体案件复杂情况的问题，《解释》一方面对决定定罪量刑的基本情节即价值标准作了明确规定，另一方面又不唯价值论，而是规定要兼顾其他情节。同时，实践中，涉野生动物案件的情况十分复杂。基于此，《解释》作了专门规定，以便司法实践根据个案具体情况灵活、妥当裁量，贯彻罪责刑相适应原则和宽严相济刑事政策。

需要强调的是，司法实践中要善于运用综合裁量规则，敢于行使起诉和审判裁量权，妥当处理相关案件。例如，以往司法实践中常用“两禁”作为入罪标准，即“在禁渔区使用电鱼、毒鱼、炸鱼等严重破坏渔业资源的禁用方法或者禁用工具捕捞的”“在禁渔期使用电鱼、毒鱼、炸鱼等严重破坏渔业资源的禁用方法或者禁用工具捕捞的”，即构成非法捕捞水产品罪。但是，上述情形下捕获的水产品数量差异较大，有的有几百公斤甚至上千公斤，有的则只有几斤、价值只有几十元，而且是初犯，一律入罪，恐失之过严。基于此，《解释》专门规定符合“两禁”标准的非法捕捞水产品案件，根据渔获物的数量、价值和捕捞方法、工具等情节，认为对水生生物资源危害明显较轻的，综合考虑行为人自愿接受行政处罚、积极修复生态环境等情节，可以认定为犯罪情节轻微，不起诉或者免予刑事处罚；情节显著轻微危害不大的，不作为犯罪处理。这一规定赋予司法机关一定的裁量权，可以综合考虑网具的最小网目尺寸、渔具的功率强度、渔获物中幼鱼比例等情节综合评判行为对渔业资源的具体危害，实现对案件的妥当处理。对于捕捞水产品数量较少、价值较小，但对水产资源破坏较大的，也应当定罪处罚；对于捕捞水产品数量较少、价值较小，且对水产资源危害明显较轻的，不予刑事追究。又如，随着野生动物数量增加，野生动物致害情况不时发生，甚至出现伤人事件。有的农民为了保护农作物不被侵害而采取预防性措施猎捕野猪，对于此类案件，就应当实事求是、综合裁量。

——《依法严惩破坏野生动物资源犯罪 切实维护生物多样性和生态平衡——最高人民法院研究室、最高人民检察院法律政策研究室负责人就〈关于办理破坏野生动物资源刑事案件适用法律若干问题的解释〉答记者问》。

1181. 对破坏人工繁育野生动物资源案件作特殊考量

关键词

人工繁育野生动物资源案件

最高人民法院司法政策精神

三是依法妥善处理涉野生动物资源案件。这类案件近年来呈现多样性、复杂性的新特点，个别案件由于入罪门槛偏低、量刑整体偏重引发争议。一方面，要依法严惩破坏野生动物资源犯罪，特别是以食用为目的实施的涉野生动物犯罪；另一方面，要切实贯彻罪责刑相适应原则，在数量基础上，充分考虑涉案动物是否系人工繁育、物种濒危程度、野外存活状况、对野生动物资源的损害程度等情节，认定是否构成犯罪以及裁量刑罚。针对实践反映突出的人工繁育动物案件，要与野外种群的案件有所区别；对情节显著轻微、危害不大的，依法不作为犯罪处理。

——《最高人民法院党组副书记、常务副院长贺荣在全国法院刑事审判工作座谈会上的讲话（节选）》，载最高人民法院刑事审判第一、二、三、四、五庭编：《刑事审判参考》总第 130 辑，人民法院出版社 2022 年版，153~163 页。

最高人民法院司法解释

第十三条　实施本解释规定的相关行为，在认定是否构成犯罪以及裁量刑罚时，应当考虑涉案动物是否系人工繁育、物种的濒危程度、野外存活状况、人工繁育情况、是否列入人工繁育国家重点保护野生动物名录，行为手段、对野生动物资源的损害程度，以及对野生动物及其制品的认知程度等情节，综合评估社会危害性，准确认定是否构成犯罪，妥当裁量刑罚，确保罪责刑相适应；根据本解释的规定定罪量刑明显过重的，可以根据案件的事实、情节和社会危害程度，依法作出妥当处理。

涉案动物系人工繁育，具有下列情形之一的，对所涉案件一般不作为犯罪处理；需要追究刑事责任的，应当依法从宽处理：

（一）列入人工繁育国家重点保护野生动物名录的；

（二）人工繁育技术成熟、已成规模，作为宠物买卖、运输的。

第十七条　对于涉案动物的种属类别、是否系人工繁育，非法捕捞、狩猎的工具、方法，以及对野生动物资源的损害程度等专门性问题，可以由野生动物保护主管部门、侦查机关依据现场勘验、检查笔录等出具认定意见；

难以确定的，依据司法鉴定机构出具的鉴定意见、本解释第十六条所列机构出具的报告，被告人及其辩护人提供的证据材料，结合其他证据材料综合审查，依法作出认定。

——《最高人民法院、最高人民检察院关于办理破坏野生动物资源刑事案件适用法律若干问题的解释》（2022 年 4 月 6 日，法释〔2022〕12 号）。

附录：答记者问

在起草《关于办理破坏野生动物资源刑事案件适用法律若干问题的解释》过程中，着重注意把握了以下几点：

第二，对破坏人工繁育野生动物资源案件作特殊考量，确保符合社会公众的一般认知。一方面，人工繁育的野生动物也属于野生动物资源，应当予以保护；另一方面，对人工繁育技术成熟稳定的野生动物的人工繁育种群和野外种群按照同一标准进行管理，一律适用完全相同的定罪量刑标准，不利于经济社会发展和野生动物保护，也不符合社会公众的一般认知。据此，《解释》对破坏人工繁育野生动物资源案件的定罪量刑规则作出专门规定。

问： 请问《解释》对涉人工繁育野生动物案件有何考虑，如何保证相关案件的裁判效果？

答： 近年来，有的涉人工繁育野生动物案件的处理引发了社会关注。妥当明确此类案件的法律政策界限，确保相关案件处理既于法有据又符合人民群众的公平正义观念，是《解释》制定重点考虑的问题之一。

一方面，人工繁育野生动物也属于野生动物范畴，也在刑法的保护范围之内。野生动物保护法第二十八条规定，“对人工繁育技术成熟稳定的国家重点保护野生动物，经科学论证，纳入国务院野生动物保护主管部门制定的人工繁育国家重点保护野生动物名录”“对本法第十条规定的国家重点保护野生动物名录进行调整时，根据有关野外种群保护情况，可以对前款规定的有关人工繁育技术成熟稳定野生动物的人工种群，不再列入国家重点保护野生动物名录，实行与野外种群不同的管理措施，但应当依照本法第二十五条第二款和本条第一款的规定取得人工繁育许可证和专用标识”。由此，可以明显得出国家重点保护野生动物包括人工繁育动物在内的结论。例如大熊猫，不少是人工繁育。将人工繁育的大熊猫一概排除在刑法保护之外，显然不符合法律规定，也不符合常识常理。

另一方面，人工繁育野生动物确实具有特殊性、复杂性，需要具体分析、区别对待。鉴此，《解释》专门针对人工繁育野生动物案件的处理规则作了进一步明确，规定涉案动物系人工繁育，具有下列情形之一的，对所涉案件一般不作为犯罪处理；需要追究刑事责任的，应当依法从宽处理：

一是列入人工繁育国家重点保护野生动物名录的。随着经济社会发展和科研水平提高，不少野生动物的人工繁育得到突破，一些珍贵、濒危野生动物已经形成了稳定的、完全不依赖野外资源的人工繁育种群。根据野生动物保护法第二十八条第一款的规定，目前共有三批30种动物被列入相应的人工繁育国家重点保护野生动物名录。

二是人工繁育技术成熟、已成规模，作为宠物买卖、运输的。从实践来看，有些野生动物人工繁育时间长、技术成熟，对相关案件的刑事追究更加应当慎之又慎。例如，据媒体报道，费氏牡丹鹦鹉原生地为非洲热带丛林，列入《濒危野生动植物种国际贸易公约》附录二，被核准为国家二级保护野生动物。自上世纪八十年代，费氏牡丹鹦鹉被引入我国，已有30多年人工繁育的历史，技术十分成熟。由于历史原因，多数存在证件不全的情况。对于此类案件，追究刑事责任应当特别慎重，要重在通过完善相关行政管理加以解决。

——《依法严惩破坏野生动物资源犯罪　切实维护生物多样性和生态平衡——最高人民法院研究室、最高人民检察院法律政策研究室负责人就〈关于办理破坏野生动物资源刑事案件适用法律若干问题的解释〉答记者问》。

1182. 非法收购珍贵、濒危野生动物罪是否属于选择性罪名

关键词

非法收购　珍贵、濒危野生动物　选择性罪名

《刑事审判参考》指导案例

刘纯军非法收购珍贵、濒危野生动物案（《刑事审判参考》指导案例第1397号）

裁判要点：珍贵野生动物与濒危野生动物范围相互交叉或转化，在认定罪名时无法也无必要具体区分。

有一种观点认为，珍贵野生动物不一定属于濒危野生动物，濒危野生动物也不一定属于珍贵野生动物，在认定罪名时应加以区分；另一种观点认为，珍贵野生动物与濒危野生动物范围相互交叉或转化，在认定罪名时无法也无必要具体区分。我们同意第二种意见。

首先，从具体规定来看，《野生动物保护法》第十条规定："国家对珍贵、濒危的野生动物实行重点保护。国家重点保护的野生动物分为一级保护野生动物和二级保护野生动物。"根据《最高人民法院关于审理破坏野生动物资源

刑事案件具体应用法律若干问题的解释》第一条[①]规定，《刑法》第三百四十一条第一款规定的“珍贵、濒危野生动物”，包括列入国家重点保护野生动物名录（以下简称《名录》）的国家一、二级保护野生动物、列入《濒危野生动植物种国际贸易公约》（以下简称《公约》）附录一、附录二的野生动物以及驯养繁殖的上述物种。原国家林业部 1993 年发布的《关于核准部分濒危野生动物为国家重点保护野生动物的通知》决定将《公约》附录一和附录二所列非原产我国的所有野生动物分别核准为国家一级和国家二级保护野生动物。[②]从以上法律法规和司法解释规定形式来看，并没有将珍贵野生动物和濒危野生动物作出区分。从《名录》和《公约》附录所列野生动物范围来看，也没有作出区分。《公约》附录所列动物亦不限于“濒危”，明确说明附录二的动物包括那些目前虽未濒临灭绝，但如对以其作为对象进行的贸易不严加管理，以防止不利其生存的利用，就可能变成有灭绝危险的物种。

其次，从划分标准来看，物种的稀缺性是我国确定国家保护野生动物对象和等级的重要依据。其中，一级保护野生动物是指中国特产稀有或者濒于灭绝的动物；二级保护野生动物是指数量稀少或者分布地域狭窄，若不采取保护措施将有灭绝危险的野生动物。世界自然保护联盟发布的《濒危物种红色名录》（《IUCN 红色名录》），也包括尚未“濒危”但有该趋势的野生动物物种，我国《名录》规定二级国家重点保护野生动物物种基本都列入该红色名录之中。另从珍贵与濒危两个词汇的内涵和外延来看，二者存在交叉或包含关系。根据立法规定，珍贵野生动物是指在生态、科学研究、经济、文化等方面具有重要价值的野生动物；濒危野生动物是指濒于灭绝的野生动物。前者是从价值（有用性）角度界定的，而后果是从事实（生存状态）角度界定的，在逻辑上二者无法区分。

第三，从选择性罪名的确定规则来看，选择性罪名是指包含多种行为、多个对象，包含多个犯罪构成可拆分使用的罪名。如引诱、容留、介绍卖淫罪，盗窃枪支、弹药、爆炸物罪，非法制造、运输、买卖枪支、爆炸物罪等。从这一概念和示例来看，选择性罪名中的行为、对象应具有不同的特征和内涵，能够加以识别和区分，虽然相互之间具有一定的联系或者相同的性质，

---

① 本条对应《最高人民法院、最高人民检察院关于办理破坏野生动物资源刑事案件适用法律若干问题的解释》（法释〔2022〕12 号）第 4 条。

② 根据 2018 年修正的《野生动物保护法》及《公约》规定，对于人工繁育的野生动物与自然生长的野生动物实行区别对待。根据《野生动物保护法》第二十八条规定，对人工繁育技术成熟稳定的国家重点保护野生动物，已经列入国务院野生动物保护主管部门制定的人工繁育国家重点保护野生动物名录的，根据野外种群保护情况，可以不再列入国家重点保护野生动物名录。《公约》特别规定，附录一所列某一动物物种的标本，系为了商业目的而由人工繁殖的，均应视为附录二内所列的物种标本，实行降级保护。对于附录二、三动物人工繁殖的标本，只要管理机构出具情况说明即可，不需要许可证，实行宽松管理。

但相互之间不存在交叉或者包含关系，在罪名中加以区分，符合刑法的明确性、指示性要求，也便于司法准确认定和评价犯罪。依前所述，珍贵野生动物与濒危野生动物是从不同侧面对同一物种作出的认定，不具有区分性，故不符合选择性罪名的认定规则。立法将珍贵野生动物与濒危野生动物规定在同一个罪名中，主要目的是严密法网，并昭示国家对野生动物给予重点保护的范围和鲜明态度。

——魏海、罗嘉亮撰稿、韩维中审编：《刘纯军非法收购珍贵、濒危野生动物案——非法收购珍贵、濒危野生动物死体行为的认定》，载最高人民法院刑事审判第一、二、三、四、五庭编：《刑事审判参考》（总第 125 辑），人民法院出版社 2020 年版，第 77~80 页。

1183. 认定非法猎捕、收购、运输、出售陆生野生动物罪应注意的问题

关键词

非法猎捕、收购、运输、出售陆生野生动物罪

附录：最高人民法院主流观点

1. 非法猎捕、收购、运输、出售陆生野生动物罪与非法狩猎罪的界分

本罪与非法狩猎罪之间主要区别是：（1）从侵犯的客体上，非法狩猎罪侵害的是野生动物资源，表现为对野生动物保护法律法规确立的狩猎制度的违反，如对“禁猎区”“禁猎期”“禁用工具”“禁用方法”等制度的破坏，本罪侵害的客体是国家对陆生野生动物资源的管理制度和公共卫生安全。主要是防止“病从口入”，侧重于公共卫生安全。（2）两罪的行为方式和对象存在差别。非法狩猎罪的行为方式限于猎捕，对象主要是有重要生态、科学、社会价值的陆生野生动物和地方保护陆生野生动物本身。本罪行为方式包括猎捕、收购、运输、出售等整个行为链条，作为选择性罪名，可适用于四类行为，行为对象上是国家重点保护的珍贵、濒危野生动物以外的在野外环境自然生长繁殖的陆生野生动物。（3）犯罪主观方面不同，本罪要求必须具备“以食用为目的”的主观要素，非法狩猎罪则不需要该犯罪目的。

本罪与非法狩猎罪也有交叉，主要是针对行为对象是有重要生态、科学、社会价值的陆生野生动物和地方重点保护陆生野生动物的情形。具体而言，针对有重要生态、科学、社会价值的陆生野生动物和地方重点保护野生动物进行狩猎，违反狩猎法规，在禁猎区、禁猎期或者使用禁用的工具、方法进行狩猎的，符合《刑法》第 341 条第 2 款规定的，构成非法狩猎罪。以食用

为目的，非法猎捕有重要生态、科学、社会价值的陆生野生动物和地方重点保护野生动物，符合《刑法》第 341 条第 3 款规定的，构成本罪，同时构成非法狩猎罪的，以本罪定罪处罚。此外，以食用为目的，针对此类动物实施非法收购、运输、出售的行为，符合《刑法》第 341 条第 3 款规定的，构成本罪。

2. 非法猎捕、收购、运输、出售陆生野生动物罪与掩饰、隐瞒犯罪所得罪的界分

对于猎捕野生动物犯罪的后续收购、销赃行为，属于掩饰、隐瞒犯罪所得的行为。掩饰、隐瞒犯罪所得罪属于赃物犯罪的一般性规定，动物犯罪有规定的属于特殊性规定，根据“特别法优于一般法”适用原则。本罪相对于掩饰、隐瞒犯罪所得罪属于特殊法规定。根据 2014 年全国人大常委会《关于〈中华人民共和国刑法〉第三百四十一条、第三百一十二条的解释》规定，知道或者应当知道是《刑法》第 341 条第 2 款规定的非法狩猎的野生动物而购买的，属于《刑法》第 312 条第 1 款规定的明知是犯罪所得而收购的行为。对于收购、运输、出售等掩饰、隐瞒非法狩猎罪狩猎所得动物的，适用掩饰、隐瞒犯罪所得罪的一般性规定；有特殊性规定的，对非法收购、出售国家重点保护的珍贵、濒危野生动物及其制品的，适用危害珍贵、濒危野生动物罪；[①] 对于以食用为目的，收购、运输、出售非珍贵、濒危在野外环境自然生长繁殖的陆生野生动物的，适用本罪规定。

——胡云腾主编：《刑法罪名精释（第五版）》，人民法院出版社 2022 年版，第 1124~1125 页。

1184. 野生动物死体属于野生动物还是野生动物制品

关键词

野生动物　死体　野生动物制品

《刑事审判参考》指导案例

刘纯军非法收购珍贵、濒危野生动物案（《刑事审判参考》指导案例第 1397 号）

---

① 2021 年 3 月 1 日《最高人民法院、最高人民检察院关于执行〈中华人民共和国刑法〉确定罪名的补充规定（七）》取消原罪名“非法猎捕、杀害珍贵、濒危野生动物罪”和“非法收购、运输、出售珍贵、濒危野生动物、珍贵、濒危野生动物制品罪”，将合并修改为“危害珍贵、濒危野生动物罪”。

裁判要点：珍贵、濒危野生动物死体应认定为珍贵、濒危野生动物。

关于野生动物死体应否认定为野生动物，存在争议。一种观点认为，我国刑法第三百四十一条将非法猎捕、杀害国家重点保护的珍贵、濒危野生动物和非法收购、运输、出售国家重点保护的珍贵、濒危野生动物及其制品罪规定在一个条文中，具有相同的量刑情节和法定刑，根据逻辑和法理分析，应对“野生动物”的概念保持一致性，即非法猎捕、杀害的珍贵、濒危野生动物应为活体，不可能是死体，那么非法收购、运输、出售的珍贵、濒危野生动物也应为活体，故对死体应认定为该野生动物制品。另一种观点认为，珍贵、濒危野生动物制品是指对捕获或得到的珍贵、濒危野生动物通过某种加工手段而获利的成品与半成品，如标本、皮张和其他有极高经济价值的动物部位、肉食等。珍贵、濒危野生动物的死体如果能够保持完整性，没有经过加工，应认定为珍贵、濒危野生动物。我们认为，根据《破坏野生动物资源解释》及《国家林业局、公安部关于森林案例和陆生野生动物刑事管辖及立案标准》的规定，野生动物与野生动物制品在立案、定罪、量刑采取不同的标准，前者以数量多少为依据，后者以价值大小为依据，不同的认定对行为人的处罚差异较大，[①] 故准确认定野生动物死体是否属于野生动物意义重大。我们赞同野生动物死体应认定为野生动物的观点。

第一，从立法本义看，我国刑法将非法猎捕、杀害国家重点保护珍贵、濒危野生动物与非法收购、运输、出售国家重点保护的珍贵、濒危野生动物规定在同一法条之中，目的是封堵针对珍贵、濒危野生动物的犯罪链条，前后犯罪具有关联性和同质性，应当一体理解文条用语。

第二，从事实逻辑上看，非法猎捕、杀害国家重点保护珍贵、濒危野生动物进入收购、运输、出售环节，必然有活体和死体两种样态，因此非法收购、运输、出售国家重点保护珍贵、濒危野生动物死体并不违反立法本义和逻辑。

第三，从刑罚功能看，如果认为野生动物不包括死体，那么在现实生活中，许多人会将野生动物进行残害后再进行买卖或者运送。这样比直接实施这些行为的危害更大，反而受到的处罚可能更轻，这样做并不利于对犯罪的打击，也不利于保护野生动物资源。

---

① 以广西钦州市中级人民法院审理的陈某非法收购、运输珍贵、濒危野生动物罪一案为例，陈某运送 22 只死体穿山甲，4 只活体穿山甲，法院将查获的 22 只死体穿山甲认定为野生动物，认为已经达到了《破坏野生动物资源解释》附表中所列举的情节特别严重情形，依法应当判处十年以上有期徒刑，最终陈某被判处十一年有期徒刑。如果将死体穿山甲认定为珍贵、濒危野生动物制品，则其价值为 36740 元，该价格离情节严重十万元的标准都相差甚远，更别说达到情节特别严重。

第四，从概念用语的多义性来看，同一用语放在不同的语境下会有不同含义。认为只有活的野生动物是“动物”，而死的野生动物已经不再是“动物”的解释，仅是从生物学意义上所作的浅显理解。我国《刑法》第三百四十一条表述的“野生动物”，应从物种和属性方面理解，该条所保护的对象是指野生动物物种，主要区别于人工驯养繁殖的畜禽，前者是指在野外环境自然生长繁殖的野生动物和经人工驯养或培育仍然保持行为习性和遗传构成的野生动物，后者是指人类为满足肉、蛋、乳、毛皮等需要，经过长期劳动驯化、人工繁育技术成熟稳定的各种动物。只要是属于国家重点保护的野生动物物种，在查获时无论该具体动物是否属于活体，都应给予一体保护，以切断犯罪产业链条。

第五，从准确评价犯罪角度看，将野生动物死体区别于野生动物制品，不仅可行，而且必要。野生动物保护法明确规定，野生动物及其制品，是指野生动物的整体（含卵、蛋）、部分及其衍生物。而2007年国家林业局发布的《野生动物及其制品价值评估方法》则进一步明确，野生动物，是指陆生野生动物的整体（含卵、蛋）；野生动物制品，是指陆生野生动物的部分及其衍生物，包括产品。从犯罪产业链条看，前者距野生动物保护法益（物种生存）更近，因而社会危害性更大。从生物伦理看，前者更具残忍性，因而主观恶性更强。正因如此，司法解释针对野生动物及其制品的犯罪规定了不同的量刑依据和标准。如果将死体认定为野生动物制品会导致重罪轻判。

最后，从司法实践看，将珍贵、濒危野生动物死体认定为野生动物，并不会造成处罚上的失衡。我国《刑法》三百四十一条在设立量刑情节和法定刑方面没有区分具体行为和犯罪对象的状态，但量刑情节和法定刑幅度都有较大的裁量空间，司法机关完全可以根据罪责刑相适应原则针对每个案件的具体情况作出妥当处理，并不会因为立法标准的抽象一致而造成司法裁量的失衡失当。

——魏海、罗嘉亮撰稿、韩维中审编：《刘纯军非法收购珍贵、濒危野生动物案——非法收购珍贵、濒危野生动物死体行为的认定》，载最高人民法院刑事审判第一、二、三、四、五庭编：《刑事审判参考》（总第125辑），人民法院出版社2020年版，第77~82页。

1185. 野生动物犯罪案件中违法性认识错误是否影响定罪量刑

关键词

野生动物　违法性认识　定罪量刑

《刑事审判参考》指导案例

刘纯军非法收购珍贵、濒危野生动物案（《刑事审判参考》指导案例第1397号）

裁判要点：认定行为人构成犯罪原则上不以其具有违法性认识为前提。确有证据证明行为人存在对象认识错误的，应按事实认识错误的处理规则处理。

在审理针对野生动物的犯罪案件中，对象认识错误或违法性认识错误是被告人及其辩护人经常提出的辩护理由。有观点认为，行为人不知道其针对涉案动物所实施的行为为法律所禁止，或不认识、不知道涉案动物是野生动物或何物种，或者不知道涉案野生动物是国家重点保护的野生动物及其具体等级的，应当根据责任主义原则，排除故意或者阻却、减轻行为人责任。本案被告人虽然知道其所收购的是野生动物白鹇死体，但可能不知道它属于国家二级重点保护动物，或者认为收购和自食野生动物死体并不违法，在违法性认识方面存在疑问，因此定罪量刑应当慎重。也有观点认为，我国传统刑法理论采取“知法推定”的立场，推定所有公民都应当了解国家设置的各种法律规定，因此，“不知法不免责”，认定行为人构成犯罪原则上不以其具有违法性认识为前提。确有证据证明行为人存在对象认识错误的，应按事实认识错误的处理规则处理。本案被告人即使辩解其不知道涉案动物是国家二级重点保护野生动物，自认为其收购、自食野生动物死体并不违法，也不影响对其行为的定性和量刑。我们认为，以上两种观点在对象认识错误处理规则方面是一致的，即事实认识错误影响被告人的刑事责任，但在违法性认识方面持有不同立场。根据公众对野生动物保护的认知现状和刑罚目的，实践中应当通过举证责任分配协调两种立场，力争使裁判结果合乎国法、天理、人情。

首先，在刑法立场方面，应当坚持以“知法推定”为主、例外情况为辅，防止行为人任意以不知法为由推脱罪责，以督促执法主体主动履行宣传法律和执行法律的责任，唤起公众学法、知法、用法、守法的意识。需要说明的是，由于野生动物保护具有一定的专业性，不排除在特殊情况下行为人缺乏违法性认识的现实性和可能性，亦应本着公平合理的精神，允许行为人证明其“不知法”，从主观可囿的角度减轻或免除其罪责。但违法性认识是主观的，不能单独依靠被告人的供述，必须根据客观情况依情依理作出推断认定。实践中，可以根据行为人生活环境、职业、文化、经历、专业知识和能力、相关知识的普及程度、行为人的日常行为表现、执法频度和力度、有无相关的违法前科、被抓获过程及抓获前后的表现，结合行为人、同案人的供述内容推断认定行为人是否明知或应知其行为具有违法性（社会危害性）。

其次，在认识范围方面，应当宜宽不宜严。违法性认识错误不同于对象认识错误。对象认识错误属事实认识的范畴，如：误把家禽当野生动物，误把白鹇当原鸡，误把野生动物死体当活体，误把国家重点保护野生动物当成一般保护动物，误认了保护动物的等级等，根据我国刑法理论通说——构成要件符合说，行为人预想实施犯罪的对象与实际侵犯对象不一致时，如果误认为的对象与预想侵犯的对象属于同一构成要件范围内的对象，不影响对行为人的故意罪责认定；如果二者不属于同一构成要件范围内的对象，应以实际认识的对象认定故意罪责。违法性认识错误是指行为人对自己行为的法律性质或意义发生误解，存在误将有罪认为无罪、误将无罪认为有罪和误将重罪认为轻罪、误将轻罪认为重罪以及误将甲罪认为乙罪等具体情形。通常而言，违法性不属于故意的认识内容，是否具有违法性认识，只关系行为人是否存在主观恶性和责任程度的认定，不影响对行为人的行为定性。并且，一般不要求行为人对违法性认识达到明确、具体的程度，只要行为人知道或应当知道其所实施行为不合法，即应认定其具有违法性认识，其中出现的具体认识偏差不影响对其行为的定性。因此，除误认有罪为无罪外，其余几种情况的违法性认识错误不影响对行为人的罪责认定。

最后，在证明责任方面，应当由被告人举证为主。违法性认识错误属于辩护性理由，应由被告人举证证明其欠缺现实的违法性认识，且其违法性认识错误不可避免。在被告人确实能够证明其不具有违法性认识的基础上，司法人员应当在综合考虑被告人的行为状况、生活圈、职业领域以及被侵害法益的特征等基础上，将正常人置于行为人的立场，并根据常识、常理、常情来判断该行为的违法性认识错误是否可以避免。通常考虑因素包括：被告人的行为被主管机关认可、之前的行为被认定为无罪等。

——魏海、罗嘉亮撰稿、韩维中审编：《刘纯军非法收购珍贵、濒危野生动物案——非法收购珍贵、濒危野生动物死体行为的认定》，载最高人民法院刑事审判第一、二、三、四、五庭编：《刑事审判参考》（总第125辑），人民法院出版社2020年版，第82~84页。

1186. 以村民委员会名义实施犯罪的，是否构成单位犯罪应当具体分析

关键词

村民委员会　单位犯罪

《刑事审判参考》指导案例

赵石山、王海杰、杨建波非法占用农用地案（《刑事审判参考》指导案例第 1398 号）

裁判要点：单位犯罪应当体现单位意志，以村委会名义实施，且违法所得归全体村民或村集体所有；否则，仍应当以自然人犯罪分别追究个人的刑事责任。这样也有利于打击冒用、盗用村委会名义谋求个人私利的犯罪活动。

关于村民委员会是否能够作为单位犯罪的主体，法律及相关司法解释中尚无明确规定，2001 年 1 月，最高人民法院印发的《全国法院审理金融犯罪案件工作座谈会纪要》中指出，以单位名义实施犯罪，违法所得归单位所有的，是单位犯罪。2002 年，最高人民法院、最高人民检察院、海关总署联合发布的《关于办理走私刑事案件适用法律若干问题的意见》中指出，具有下列特征的，可以认定为单位走私犯罪：（1）以单位的名义实施走私犯罪，即由单位集体研究决定，或者由单位的负责人或者被授权的其他人员决定、同意；（2）为单位谋取不正当利益或者违法所得大部分归单位所有。该意见再次强调了“以单位名义实施犯罪”和“违法所得归单位所有”是认定单位犯罪的两个实质性要件。2007 年 3 月，《公安部关于村民委员会可否构成单位犯罪主体问题的批复》中指出，对以村民委员会名义实施犯罪的，不应以单位犯罪论。对此，我们认为，村委会有自己的名称、组织机构和场所，有自己的经费，且能够以自己的名义承担相应的责任，符合刑法规定的单位的形式特征和实质特征，可以作为单位犯罪的主体。且在司法实践中，为了本村村民或村集体的利益，以村委会名义实施的非法占用农用地、非法采矿、非法转让土地使用权等犯罪活动频发，将村委会认定为单位犯罪的主体，有利于规范村委会的行为，有效打击和遏制相关犯罪活动。

但在具体个案中，并非只要以村委会名义实施的犯罪行为，均构成单位犯罪，对此应当作实质意义上的判断：即单位犯罪应当体现单位意志，以村委会名义实施，且违法所得归全体村民或村集体所有；否则，仍应当以自然人犯罪分别追究个人的刑事责任。这样也有利于打击冒用、盗用村委会名义谋求个人私利的犯罪活动。

——杨雪梅撰稿、王少兵审编：《赵石山、王海杰、杨建波非法占用农用地案——擅自以村委会名义将村山坡林地承包给村民作为墓地使用的定性》，载最高人民法院刑事审判第一、二、三、四、五庭编：《刑事审判参考》（总第 125 辑），人民法院出版社 2020 年版，第 90~91 页。

1187. 未办理农用地转用审批手续构成非法占用农用地罪

关键词

非法占用农用地罪　农用地转用审批

最高人民法院裁判文书

王德义犯非法占用农用地罪案［最高人民法院（2021）最高法刑申134号驳回申诉通知书］

裁判要旨：建设占用土地，涉及农用地转建设用地的，应当办理农用地转用审批手续，并由相关部门审批。经过区管委会主任会议同意、区规划建设局审定规划用地并制作用地规划图纸，不能替代法律规定的农用地转用审批手续。

最高人民法院认为，根据《中华人民共和国土地管理法》第四十四条规定，建设占用土地，涉及农用地转建设用地的，应当办理农用地转用审批手续，并由相关部门审批。涉案土地规划虽然经过蚌埠市高新区管委会主任会议同意、蚌埠市高新区规划建设局审定规划用地并制作用地规划图纸，但不能替代法律规定的农用地转用审批手续。被告明知涉案土地未依法办理农用地转用审批手续，未获得建设用地规划许可证，仍然非法占用耕地27.9亩建设厂房并对外出租长达十年之久，数量较大，造成耕地大量毁坏，行为符合《中华人民共和国刑法》第三百四十二条规定的非法占用农用地罪构成要件。该申诉理由不成立。

——中国裁判文书网。

1188. 依法惩处盗采矿产资源犯罪的法律适用

关键词

最高人民法院司法政策精神

二、正确适用法律，充分发挥依法惩处盗采矿产资源犯罪的职能作用

5. 严格依照刑法第三百四十三条及《最高人民法院、最高人民检察院关于办理非法采矿、破坏性采矿刑事案件适用法律若干问题的解释》（以下简称

《解释》）的规定，对盗采矿产资源行为定罪量刑。对犯罪分子主观恶性深、人身危险性大，犯罪情节恶劣、后果严重的，坚决依法从严惩处。

6. 正确理解和适用《解释》第二条、第四条第一款、第五条第一款规定，准确把握盗采矿产资源行为入罪的前提条件。对是否构成“未取得采矿许可证”情形，要在综合考量案件具体事实、情节的基础上依法认定。

7. 正确理解和适用《解释》第三条、第四条第二款、第五条第二款规定，对实施盗采矿产资源行为同时构成两种以上“情节严重”或者“情节特别严重”情形的，要综合考虑各情节，精准量刑。对在河道管理范围、海域实施盗采砂石行为的，要充分关注和考虑其危害堤防安全、航道畅通、通航安全或者造成岸线破坏等因素。

8. 充分关注和考虑实施盗采矿产资源行为对生态环境的影响，加强生态环境保护力度。对具有破坏生态环境情节但非依据生态环境损害严重程度确定法定刑幅度的，要酌情从重处罚。盗采行为人积极修复生态环境、赔偿损失的，可以依法从轻或者减轻处罚；符合《解释》第十条规定的，可以免予刑事处罚。

9. 正确理解和适用《解释》第十三条规定，准确把握矿产品价值认定规则。为获取非法利益而对矿产品进行加工、保管、运输的，其成本支出一般不从销赃数额中扣除。销赃数额与评估、鉴定的矿产品价值不一致的，要结合案件的具体事实、情节作出合理认定。

10. 依法用足用好罚金刑，提高盗采矿产资源犯罪成本，要综合考虑矿产品价值或者造成矿产资源破坏的价值、生态环境损害程度、社会影响等情节决定罚金数额。法律、行政法规对同类盗采矿产资源行为行政罚款标准有规定的，决定罚金数额时可以参照行政罚款标准。盗采行为人就同一事实已经支付了生态环境损害赔偿金、修复费用的，决定罚金数额时可予酌情考虑，但不能直接抵扣。

11. 准确理解和把握刑法第七十二条规定，依法正确适用缓刑。对盗采矿产资源犯罪分子具有“涉黑”“涉恶”或者属于“沙霸”“矿霸”，曾因非法采矿或者破坏性采矿受过刑事处罚，与国家工作人员相互勾结实施犯罪或者以行贿等非法手段逃避监管，毁灭、伪造、隐藏证据或者转移财产逃避责任，或者数罪并罚等情形的，要从严把握缓刑适用。依法宣告缓刑的，可以根据犯罪情况，同时禁止犯罪分子在缓刑考验期限内从事与开采矿产资源有关的特定活动。

12. 准确理解和把握法律关于共同犯罪的规定，对明知他人盗采矿产资源，而为其提供重要资金、工具、技术、单据、证明、手续等便利条件或者居间联络，结合全案证据可以认定为形成通谋的，以共同犯罪论处。

13. 正确理解和适用《解释》第十二条规定，加强涉案财物处置力度。对盗采矿产资源犯罪的违法所得及其收益，用于盗采矿产资源犯罪的专门工具和供犯罪所用的本人财物，坚决依法追缴、责令退赔或者没收。对在盗采、运输、销赃等环节使用的机械设备、车辆、船舶等大型工具，要综合考虑案件的具体事实、情节及工具的属性、权属等因素，依法妥善认定是否用于盗采矿产资源犯罪的专门工具。

14. 依法妥善审理国家规定的机关或者法律规定的组织提起的生态环境保护附带民事公益诉讼，综合考虑盗采行为人的刑事责任与民事责任。既要依法全面追责，又要关注盗采行为人的担责能力，保证裁判的有效执行。鼓励根据不同环境要素的修复需求，依法适用劳务代偿、补种复绿、替代修复等多种修复责任承担方式，以及代履行、公益信托等执行方式。支持各方依法达成调解协议，鼓励盗采行为人主动、及时承担民事责任。

——《最高人民法院关于充分发挥环境资源审判职能作用依法惩处盗采矿产资源犯罪的意见》（2022 年 7 月 1 日，法发〔2022〕19 号）。

1189. 非法开采的矿产品价值的妥当认定

关键词

非法开采的矿产品价值

附录：最高人民法院法官著述

《最高人民法院、最高人民检察院关于办理非法采矿、破坏性采矿刑事案件适用法律若干问题的解释》第十三条、第十四条通过总结司法经验，对非法开采的矿产品价值的认定规则作了明确。司法适用中应当注意：（1）灵活运用相关规定。首先，对于非法采矿案件可以查明销赃数额或者开采的矿产品数量的，可以直接根据销赃数额或者矿产品数量认定非法开采的矿产品价值，不需要再由有关部门出具报告。其次，在矿产品价值难以确定的情况下，并存由有关价格认证机构作出价格认证和由省级以上人民政府国土资源主管部门出具报告两条路径。通常而言，可以选择由价格认证机构进行价格认证这一相对便捷的途径。最后，只有在价格认证不便作出的情况下，才宜考虑由省级以上人民政府国土资源主管部门出具报告。（2）司法实践中，犯罪行为人为了逃避打击，将非法采矿的矿洞炸毁，或者由于无安全设施开采中矿洞倒塌、透水等情形大量存在，这些矿洞已经不具备进洞鉴定条件，对此种情形以何种方式认定，困扰司法实践。本评注认为，除了由省级以上人民政府国土资源主管部门出具报告外，还可以考虑将其他一些能相互印证，且可确认犯罪嫌疑人非法采矿价值的证据。例如，根据矿产品的价格，结合侦查过程中查获的犯罪嫌疑人的出矿记录、过磅单或者附近同类同源矿洞生产情况确定开采的矿产品数量，综合认定非法开采的矿产品价值。

——喻海松：《实务刑法评注》，北京大学出版社 2022 年版，第 1063 页。

1190. 破坏自然保护地罪的客观要件认定

关键词

破坏自然保护地罪

附录：最高人民法院主流观点

破坏自然保护地罪客观方面表现为违反自然保护地管理法规，在国家公园、国家级自然保护区进行开垦、开发活动或者修建建筑物，造成严重后果或者有其他恶劣情节的行为。

关于违反自然保护地管理法规的范围。因生态环境类犯罪属于行政犯，行为首先应具有行政违法性，表现为违反自然保护地管理法规。根据自然保护地的类型对应前置的管理法规：一类是关于国家公园的管理法规，一类是关于自然保护区的管理法规，是指《自然保护区条例》。需要说明的，因本罪刑事立法体现了前瞻性，我国对国家公园尚未有专门的立法，仅有中共中央办公厅、国务院办公厅印发的《建立国家公园体制总体方案》规定，我国《国家公园法》被十三届全国人大常委会列入二类立法规划，尚未制定。有的观点主张《风景名胜区条例》属于实质上国家公园法，属于国家公园的管理法规范围。因为在实践中，由于专门性国家公园法的缺失，而国家级风景名胜区在我国保护地体系归类中其实已经相当于国家公园的概念，实质意义上的国家公园主要是依靠我国《风景名胜区条例》等相关立法予以规制。现行关于风景名胜区保护的专门立法有 2006 年 9 月 6 日国务院通过的《风景名胜区条例》以及 1993 年建设部（现为住房和城乡建设部）发布的《风景名胜区建设管理规定》。自然保护地是关于自然保护的全新机制，与现行自然资源保护措施等并不直接对应，还需要重新评定生态价值后再行确定保护强度和等级。根据《风景名胜区条例》第 2 条规定："本条例所称风景名胜区，是指具有观赏、文化或者科学价值，自然景观、人文景观比较集中，环境优美，可供人们游览或者进行科学、文化活动的区域。"风景名胜区又采取分级保护的方式，按景物的观赏、文化、科学价值和环境质量、规模大小、游览条件等，风景名胜区可划分为二级：国家级风景名胜区、省级风景名胜区。可见其范围还是较宽，因此其内涵必然不能与由国家批准设立并主导管理的国家公园对应，现阶段不宜参照适用《风景名胜区条例》。

本罪的行为对象是国家公园和国家级自然保护区。根据建设自然保护地的工作规划，按照自然生态系统原真性、整体性、系统性及其内在规律，依据管理目标与效能并借鉴国际经验，自然保护地按生态价值和保护强度高低依次分为国家公园、自然保护区和自然公园三类。本罪保护是国家公园和国家级自然保护区。依照中共中央办公厅、国务院办公厅印发的《建立国家公园体制总体方案》规定，国家公园是指由国家批准设立并主导管理，边界清晰，以保护具有国家代表性的大面积自然生态系统为主要目的，实现自然资源科学保护和合理利用的特定陆地或海洋区域。依照《自然保护区条例》第2条规定，自然保护区，是指对有代表性的自然生态系统、珍稀濒危野生动植物物种的天然集中分布区、有特殊意义的自然遗迹等保护对象所在的陆地、陆地水体或者海域，依法划出一定面积予以特殊保护和管理的区域。自然保护区分为国家级自然保护区和地方级自然保护区。本罪中破坏的生态资源保护载体是国家级自然保护区。

本罪行为方式有三种表现：开垦行为、进行开发活动和修建建筑物。开垦表现为改变原土地生态状态后变为农田进行农业生产，种植粮食作物、经济作物、林木等行为。开垦行为会导致自然生态体系破坏或者退化。进行开发活动的范围比较广，不仅有生产经营活动，也可能是科学研究、科学试验等活动，常见有修路、采伐林木、挖土、采矿、采砂、采石、放牧、捕猎、捕捞、采药等。修建建筑物，主要是指供人民进行生产、生活、经营或者其他活动的房屋或者场所。

在入罪条件上还要求“造成严重后果或者有其他恶劣情节”。“造成严重后果”主要表现为开垦行为、开发活动和修建建筑物占用自然保护地达到一定的面积、导致自然保护地内的森林、其他林木、幼苗、野生动物死亡，对自然保护地的修复费用达到一定数额或者造成了一定经济损失等情况。“其他恶劣情节”主要表现为违法所得或者经营达到一定规模或者数额，在自然保护区内禁止人为活动的核心区内从事开垦、开发或者修建建筑物等情形。

——胡云腾主编：《刑法罪名精释（第五版）》，人民法院出版社2022年版，第1230~1232页。

1191. 人工种植列入《国家重点保护野生植物名录》的树种，是否属于国家重点保护植物

关键词

人工种植　国家重点保护植物　野生植物名录

《刑事审判参考》指导案例

钟文福等非法采伐国家重点保护植物案（《刑事审判参考》指导案例第1429号）

裁判要点：人工种植《国家重点保护野生植物名录》的树种，并不能等同于原生地天然生长的国家重点保护植物。除了特别规定外，一般人工种植的树种不应属于《中华人民共和国野生植物保护条例》的保护对象。

本案在审理过程中，对涉案香樟是否为国家重点保护植物存在两种意见：

第一种意见认为，根据国务院批准的《国家重点保护野生植物名录（第一批）》的规定，香樟被列为国家Ⅱ级重点保护树种。从刑法第三百四十四条的文义、立法本义以及《中华人民共和国野生植物保护条例》的立法目的看，香樟无论是否为野生的，均应属于国家重点保护植物。被告人钟文福、吕国兴采伐香樟的行为，均已构成非法采伐国家重点保护植物罪。

第二种意见认为，根据刑法和相关司法解释的规定，香樟除了属于具有重大历史纪念意义、科学研究价值或者年代久远的古树名木外，只有野生的才属于国家重点保护植物。被告人钟文福、吕国兴采伐香樟的行为不构成犯罪。

我们同意第二种意见。具体分析如下：

（一）从文义看，涉案香樟不属于“珍贵树木”

根据刑法第三百四十四条的规定，非法采伐国家重点保护植物罪的对象限于珍贵树木或者国家重点保护的其他植物。根据《最高人民法院关于审理破坏森林资源刑事案件具体应用法律若干问题的解释》第一条以及《最高人民检察院、公安部关于公安机关管辖的刑事案件立案追诉标准的规定（一）》第七十条的规定，国家重点保护的“珍贵树木”包括由省级以上林业主管部门或者其他部门确定的具有重大历史纪念意义、科学研究价值或者年代久远的古树名木，国家禁止、限制出口的珍贵树木以及列入国家重点保护野生植物名录的树木。具体可划分为三类：第一类是古树名木。由省级以上林业主管部门或者其他部门根据树木的历史纪念意义、科学研究价值或者年代鉴定确认、建档挂牌保护。第二类是国家禁止、限制出口的珍贵树木。我国目前尚未出台具体名录，但一般包括列入《国家重点保护野生植物名录》《国家珍贵树种名录》和我国参加的限制进出口的《濒危野生动植物种国际贸易公约》附录一、二所列树种以及国家主管部门确定的未定名或者新发现并有重要价值的野生树木。以上名录、附录存在重叠、交叉现象，应取之最大范围。第三类单指列入《国家重点保护野生植物名录》的树木。对于第一类，在文义上没有限制为野生树木，故可解释为古树名木无论是野生的还是人工种植的，均属于国家重点保护的树木。对于第二类，范围比较繁杂，从文义上并没有全部限定为野生的珍贵树木，故部分人工种植的珍贵树木如列入《国家珍贵树种名录》，也属于国家重点保护植物。对于第三类列入《国家重点保护野生植物名录》的树木，属于《中华人民共和国野生植物保护条例》规制的对象，根据该条例第二条第二款的规定，野生植物是指野生的，即原生地天然生长的珍贵树木和具有重要经济、科学研究、文化价值的濒危、稀有植物。人工种植列入《国家重点保护野生植物名录》的树种，除属于第一类与第二类的珍贵树木，其他均不属于国家重点保护植物。涉案香樟与以上三类树木均不符，不属于刑法所保护的"珍贵树木"。

（二）从立法目的看，涉案香樟不属重点保护植物

刑法第三百四十四条将非法采伐、毁坏、收购、运输、加工、出售国家重点保护植物、国家重点保护植物制品的行为规定为犯罪，目的是保护我国的环境资源不受破坏。该类犯罪作为法定犯、行政犯，其内涵和外延取决于行政法的规定。具体来说，主要是指《中华人民共和国野生植物保护条例》的规定。该条例第一条规定立法目的是"为了保护、发展和合理利用野生植物资源，保护生物多样性，维护生态平衡"，第二条规定该条例所保护的野生植物"是指原生地天然生长的珍贵植物和原生地大然生长并具有重要经济、科学研究、文化价值的濒危、稀有植物"，第九条规定"国家保护野生植物及其生长环境，禁止任何单位和个人非法采集野生植物或者破坏其生长环境"。以上规定说明：第一，立法不仅要保护国家重点保护植物，还要发展和合理利用国家重点保护植物，以实现维护生物多样性和生态平衡这一更高级别的保护目标。若将人工种植列入《国家重点保护野生植物名录》的树种，都纳入国家重点保护植物的范围并将予以犯罪化处理，将不利于调动开发利用和经营管理野生植物资源的单位和个人积极性，从而不利于对国家重点保护植物更高层级保护目标的实现。第二，立法确定国家重点保护植物的依据不仅是原生地天然生长植物的珍贵性，还包括原生地天然生长并具有重要经济、科学、文化价值植物的濒危性、稀有性。第三，立法不仅要保护国家重点植物，还要保护其生长环境。相同的树种，在不同的环境下往往具有不同的价值。人工种植《国家重点保护野生植物名录》的树种，并不能等同于原生地天然生长的国家重点保护植物。因此，除了特别规定外，一般人工种植的树种不应属于《中华人民共和国野生植物保护条例》的保护对象。涉案香樟不在特别规定的树种之列，故不属于刑法的保护对象。

（三）从行政法规看，涉案香樟属一般树木管理范围

《国家林业局关于人工培育的珍贵树木采伐管理有关问题的复函》（林策

发〔2013〕207号）第二条规定："除古树名木外，列入国家重点保护野生植物名录、但属于人工培育的树木，可按照一般树木进行采伐利用管理。"在审理此案过程中，广东省高级人民法院再审合议庭曾向广东省林业厅咨询人工种植香樟应否办理《国家重点保护植物采集证》这一问题，他们的答复是：广东省鼓励人工大量种植香樟，各地已按普通用材林管理要求申办《采伐许可证》，不需要按国家重点保护植物的管理要求向省林业厅申办《国家重点保护植物采集证》和《采伐许可证》。刑法是行政法的保障法，在行政执法都没有将人工种植《国家重点保护野生植物名录》的树种纳入国家重点保护植物管理的情况下，刑事司法将其纳入犯罪对象有违刑法的谦抑性。

本案中，韶关市林业局林业工程师张某旺、助理工程师杨某出具的《鉴定报告书》对涉案樟树的树种和材积、蓄积量作了鉴定，《鉴定书》对涉案樟树的总活立木蓄积量作了鉴定，均直接称涉案樟树为国家Ⅱ级重点保护植物，但没有明确认定和依据和方法。经再审合议庭咨询专业人员和查阅有关文件查明，列入国家重点保护的古树名木应由有关行政主管部门作出鉴定后予以挂牌公示，而涉案香樟并没有被确定为古树名木；原国家林业部于1992年10月8日公布的《国家珍贵树种名录》也没有将香樟列入其中；国务院于1999年8月4日批准的《国家重点保护野生植物名录（第一批）》中虽列有香樟，但依据《中华人民共和国野生植物保护条例》第二条的规定，列入国家重点保护植物的香樟应限于野生即原生地天然生长的香樟。关于涉案香樟的来历，文山村小组证实伐区内的香樟是人工种植的。虽然文山村民小组组长林某威、水文村委会支部书记何某强不能提供证实涉案香樟为人工种植的确切证据，但出具《鉴定报告书》的张某旺、杨某亦不能提供认定涉案香樟为野生香樟的确切证据，故涉案香樟是否为野生香樟这一事实存疑。原判所依的《鉴定报告书》对涉案香樟在既不属于挂牌保护的古树名木和《国家珍贵树种名录》所列树种，也没有对其是否属于野生香樟进行调查核实并排除人工种植可能的情况下，认定其为国家Ⅱ级重点保护的植物依据不足。

综上，广东省高级人民法院再审根据查明的事实，依据证据裁判、"疑罪从无"等原则，判决原审被告人钟文福、吕国兴的行为不构成非法采伐国家重点保护植物罪。

——范冬明、魏海撰稿、马岩审编：《钟文福等非法采伐国家重点保护植物案——人工种植列入《国家重点保护野生植物名录》的树种是否属于国家重点保护植物》，载最高人民法院刑事审判第一、二、三、四、五庭编：《刑事审判参考》（总第128辑），人民法院出版社2021年版，第109~112页。

1192. 关于适用《刑法》第三百四十四条的有关问题的批复

关键词

野生植物　第三百四十四条

最高人民法院司法解释

近来，部分省、自治区、直辖市高级人民法院、人民检察院请示适用刑法第三百四十四条的有关问题。经研究，批复如下：

一、古树名木以及列入《国家重点保护野生植物名录》的野生植物，属于刑法第三百四十四条规定的“珍贵树木或者国家重点保护的其他植物”。

二、根据《中华人民共和国野生植物保护条例》的规定，野生植物限于原生地天然生长的植物。人工培育的植物，除古树名木外，不属于刑法第三百四十四条规定的“珍贵树木或者国家重点保护的其他植物”。非法采伐、毁坏或者非法收购、运输人工培育的植物（古树名木除外），构成盗伐林木罪、滥伐林木罪、非法收购、运输盗伐、滥伐的林木罪等犯罪的，依照相关规定追究刑事责任。

对于非法移栽珍贵树木或者国家重点保护的其他植物，依法应当追究刑事责任的，依照刑法第三百四十四条的规定，以非法采伐国家重点保护植物罪定罪处罚。

鉴于移栽在社会危害程度上与砍伐存在一定差异，对非法移栽珍贵树木或者国家重点保护的其他植物的行为，在认定是否构成犯罪以及裁量刑罚时，应当考虑植物的珍贵程度、移栽目的、移栽手段、移栽数量、对生态环境的损害程度等情节，综合评估社会危害性，确保罪责刑相适应。

四、本批复自2020年3月21日起施行，之前发布的司法解释与本批复不一致的，以本批复为准。

——《最高人民法院、最高人民检察院关于适用〈中华人民共和国刑法〉第三百四十四条有关问题的批复》（2020年3月20日，法释〔2020〕2号）。

1193. 非法占用园地、改变园地用途行为的定性

关键词

非法占用农用地罪　改变园地用途

《刑事审判参考》指导案例

廖渭良等非法占用农用地、非法转让土地使用权案（《刑事审判参考》指导案例第 445 号）

裁判要点：非法占用园地，擅自改变土地用途，数量较大的构成非法占用农用地罪。单位擅自转让园地使用权并改变用途，情节严重的，应追究单位的刑事责任。

（一）非法占用园地，擅自改变土地用途，数量较大的构成非法占用农用地罪

非法占用农用地罪客观表现为违反土地管理法规，非法占用耕地、林地等农用地，改变被占用土地用途，数量较大，造成耕地、林地等农用地大量毁坏的行为。“非法占用耕地、林地等农用地”是指违法土地利用总体规划，未经批准擅自占用耕地、林地等农用地，或者采取欺骗手段骗取审批手续等行为；“改变被占用土地用途”是指改变土地利用总体规划规定的农用地的原用途，如占用耕地建设度假村，开垦林地、草地种植庄稼，占用林地挖掘鱼塘养鱼、养虾等；“造成耕地、林地等农用地大量毁坏”是指非法占用农用地后非法改变农用地用途，致使耕地、林地等农用地原有的农用条件遭到严重破坏，原有的农用地效用功能丧失，无法或者短期内难以恢复原有功能等情形。非法占用农用地的行为，必须达到“数量较大”的才构成犯罪。对于本罪中的“数量较大”，只有 2000 年最高人民法院《关于审理破坏土地资源刑事案件具体运用法律若干问题的解释》（以下简称《解释》）可作参照。《解释》将破坏耕地的有关数量标准予以了明确，根据该《解释》，非法占用耕地“数量较大”，是指非法占用基本农田 5 亩以上或者非法占用基本农田以外的耕地 10 亩以上；非法占用耕地“造成耕地大量毁坏”，是指行为人非法占用耕地建窑、建坟、建房、挖砂、采石、采矿、取土、堆放固体废弃物或者进行其他非农业建设，造成基本农田 5 亩以上或者基本农田以外的耕地 10 亩以上种植条件严重毁坏或者严重污染。由于不同种类的土地存在用途上的不同和稀缺程度以及对社会经济发展的重要程度的差异，体现在刑法保护程度上就有不同，对此《解释》中已经体现出这种精神。如根据《解释》第 1 条的规定，违反土地管理法规，非法转让、倒卖土地使用权，“情节严重”的构成非法转让、倒卖土地使用权罪的数量标准，就区分了不同土地规定了三种标准：（1）非法转让、倒卖基本农田 5 亩以上的；（2）非法转让、倒卖基本农田以外的耕地 10 亩以上的；（3）非法转让、倒卖其他土地 20 亩以上的。因此，我们认为，对于非法占用耕地以外的林地等其他农用地依照《刑法》第 342 条进

行定罪处罚的有关数量标准，在目前尚没有有关司法解释明确规定的情况下，可以参照《解释》的规定，将非法占用耕地以外的其他农用地"数量较大"掌握在 20 亩以上，"造成耕地以外的其他农用地大量毁坏"的标准掌握在 20 亩以上。

（二）单位擅自转让园地使用权并改变用途，情节严重的，应追究单位的刑事责任

《刑法》第 228 条规定，以牟利为目的，违反土地管理法规，非法转让、倒卖土地使用权，情节严重的，构成非法转让、倒卖土地使用权罪。同时根据《刑法》第 231 条规定，单位也可以构成非法转让、倒卖土地使用权罪的主体。

——最高人民法院刑事审判第一、二、三、四、五庭主办：《刑事审判参考》2007 年第 3 集（总第 56 集），法律出版社 2007 年版，第 42~48 页。

1194. 认定非法引进、释放、丢弃外来入侵物种罪应注意的问题

关键词

非法引进、释放、丢弃外来入侵物种罪

附录：最高人民法院主流观点

1. 划清罪与非罪的界限。

《生物安全法》第 81 条规定，非法引进外来物种的，由县级以上人民政府有关部门根据职责分工，没收引进的外来物种，并处 5 万元以上 25 万元以下的罚款；非法释放或者丢弃外来物种的，由县级以上人民政府有关部门根据职责分工，责令限期捕回、找回释放或者丢弃的外来物种，处 1 万元以上 5 万元以下罚款。因此，对于非法处置外来入侵物种的行为，并非一律作为犯罪处理，而是应该根据情节是否严重进行区分。

关于"情节严重"，可以考虑以下因素作出判断：非法引进外来入侵物种的数量多少；外来入侵物种在自然环境中是否已经独立存活并繁衍形成一定规模和数量；外来入侵物种给自然生态造成的损害程度、经济损失等情况。

2. 外来入侵物种的具体判断。

关于外来入侵物种，我国行政主管部门曾经发布多个名录，（1）2003 年，原国家环境保护总局和中国科学院联合发布《中国第一批外来入侵物种名单》，列明 16 个外来入侵物种名单，包括紫茎泽兰、豚草、薇甘菊、互花米草等 9 个植物物种和蔗扁蛾、湿地松粉蚧等 7 个动物物种。（2）2010 年，环境保护部和中国科学院联合发布《中国第二批外来入侵物种名单》，列明 19

个外来入侵物种，包括马缨丹、三裂叶豚草、大薸等10个植物物种和桉树枝瘿姬小蜂、椰心叶甲等9个动物物种。（3）2014年《中国外来入侵物种名单（第三批）》，列明18个外来入侵物种，包括反枝苋、三叶鬼针草、小蓬草等10个植物物种，巴西龟、尼罗罗非鱼等8个动物物种。（4）2016年《中国自然生态系统外来入侵物种名单（第四批）》，列明18个外来入侵物种，包括长芒苋、垂序商陆、五爪金瓜等11个植物物种，食蚊鱼、德国小蠊等7个动物物种。四批共公布了71个外来入侵物种，其中植物物种40个、动物物种31个。此外2012年农业部曾发布过《国家重点管理外来入侵物种名录（第一批）》，其中共计52种，其中植物中常见的有水葫芦等，动物包括美国白蛾等。《生物安全法》第60条规定："国家加强对外来物种入侵的防范和应对，保护生物多样性。国务院农业农村主管部门会同国务院其他有关部门制定外来物种名录和管理办法。"关于外来物种应制定统一的目录，对于外来入侵物种可以依照名录认定。

——胡云腾主编：《刑法罪名精释（第五版）》，人民法院出版社2022年版，第1245~1246页。

1195. 被告人事后积极履行环境修复义务的情形作为从轻量刑情节

关键词

非法倾倒废料　修复生态环境　悔罪　从宽处罚

最高人民法院公布的典型案例

张某伟、张某盟、姜某、康某辉等非法倾倒废料污染环境案

裁判要点：实施《刑法》第三百三十八条、第三百三十九条规定的行为，刚达到应当追究刑事责任的标准，但行为人及时采取措施，防止损失扩大、消除污染，全部赔偿损失，积极修复生态环境，且系初犯，确有悔罪表现的，可以认定为情节轻微，不起诉或者免予刑事处罚；确有必要判处刑罚的，应当从宽处罚。将被告人事后积极履行环境修复义务的情形作为从轻量刑情节，依法适用缓刑，体现了恢复性司法的理念，有助于受损生态环境的及时有效修复。

基本案情

2020年3月23日至2020年4月1日，张某伟将其在河北省正定县某

村西的废旧塑料颗粒加工厂内的废塑料、废油布、废油墨桶、废油漆桶等废料，伙同张某盟联系无任何经营手续的康某伟（另案处理），以 800 元 / 车的价格进行处置。后康某伟以 200 元 / 车的价格让姜某提供倾倒场所，康某伟纠集康某辉先后非法向井陉县孙庄乡某村北一渗坑倾倒 6 车危险废物，在非法倾倒第 7 车时被查获。后公安机关将危险废物重新捡拾并交由有资质的公司处置，张某伟支付相关处置费用。经鉴定，已倾倒废料和被查获的车上废料均为危险废物，重量共计 3.99 吨。

裁判结果

河北省井陉县人民法院一审认为，被告人张某伟、张某盟、姜某、康某辉违反国家规定，非法处置、倾倒危险废物，鉴于四被告人已倾倒的固体废物不足 3 吨，在案发后认罪认罚，积极履行修复义务，判决张某伟、张某盟、姜某、康某辉犯污染环境罪，判处有期徒刑十个月至八个月不等，并处罚金，追缴违法所得。除姜某系累犯外，其他三被告人均适用缓刑。该判决已生效。

典型意义

本案是因非法倾倒废料引发的刑事案件。废塑料、废油布、废油墨桶、废油漆桶等固体废物在生产生活中较为常见，其对环境的污染容易被忽视。尤其是生产经营过程中产生大量废塑料、废油布、废油墨桶、废油漆桶等固体废物的企业，更须对此有清晰认识，做到合法合规处置，避免造成环境污染。本案的处理，有助于推动有关企业和群众对日常生活中常见固体废物进行恰当的处置，提高社会公众对固体废物污染环境危害性的认识，推动固体废物的无害化处置。同时，本案审理法院依据《最高人民法院、最高人民检察院关于办理环境污染刑事案件适用法律若干问题的解释》第五条关于“实施刑法第三百三十八条、第三百三十九条规定的行为，刚达到应当追究刑事责任的标准，但行为人及时采取措施，防止损失扩大、消除污染，全部赔偿损失，积极修复生态环境，且系初犯，确有悔罪表现的，可以认定为情节轻微，不起诉或者免予刑事处罚；确有必要判处刑罚的，应当从宽处罚”的规定，将被告人事后积极履行环境修复义务的情形作为从轻量刑情节，依法适用缓刑，体现了恢复性司法的理念，有助于受损生态环境的及时有效修复。

——《人民法院依法审理固体废物污染环境典型案例》（2022 年 3 月 1 日）。

1196. 滥伐林木同时非法采伐国家重点保护植物以处罚较重的罪名定罪处罚

关键词

滥伐林木罪　非法采伐、毁坏国家重点保护植物罪[①]

附录：司法信箱

问题：被告人谢某某在没有办理林木采伐许可证的情况下，为营造针叶林，对其自留山山场上的阔叶林及香樟树进行砍伐。经鉴定，谢某某滥伐阔叶林 36.1754 立方米，非法采伐国家二级保护植物香樟树 8 株，折合立木蓄积 5.821 立方米。一种意见认为，谢某某主观上为造林，无证采伐阔叶林，数量较大，在此过程中又非法采伐了国家重点保护植物香樟树，情节严重，是一个行为触犯两个罪名，根据《最高人民法院关于审理破坏森林资源刑事案件具体应用法律若干问题的解释》第 8 条之规定，同时触犯《刑法》第三百四十四条、第三百四十五条规定的，依照处罚较重的规定定罪处罚，故谢某某的行为应择重罪处罚，以非法采伐国家重点保护植物罪定罪。另一种意见认为，谢某某的行为侵害了两个客体，无证采伐阔叶林数量达到了较大，同时又非法采伐了国家重点保护植物香樟树，情节严重，因此应以滥伐林木罪和非法采伐国家重点保护植物罪数罪并罚。

《人民司法》研究组认为：《最高人民法院关于审理破坏森林资源刑事案件具体应用法律若干问题的解释》第 8 条规定："盗伐、滥伐珍贵树木，同时触犯《刑法》第三百四十四条、第三百四十五条规定的，依照处罚较重的规定定罪处罚。"本案中，被告人谢某某在一次非法采伐中，既砍伐国家重点保护植物，又滥伐其他林木，其行为同时触犯非法采伐、毁坏国家重点保护植物罪和滥伐林木罪。根据上述司法解释规定，对被告人谢某某以处罚较重的罪名定罪处罚更为适宜，更能体现宽严相济刑事政策的要求。

——《人民司法 · 应用》2011 年第 21 期（总第 632 期）。

---

① 《最高人民法院、最高人民检察院关于执行〈中华人民共和国刑法〉确定罪名的补充规定（七）》取消非法采伐、毁坏国家重点保护植物罪和非法收购、运输、加工、出售国家重点保护植物、国家重点保护植物制品罪罪名，新增危害国家重点保护植物罪。

1197. 未经批准并核发林木采伐许可证采伐本人所有的林木，数量较大的以滥伐林木罪定罪处罚

关键词滥

伐林木罪采伐许可证

最高人民法院裁判文书

郭中林犯滥伐林木罪案［最高人民法院（2021）最高法刑申38号驳回申诉通知书］

裁判要旨：在滥伐林木罪案件中，被告人辩称砍伐在自己承包的基本农田内所种植林木不需要办理采伐许可证。根据《最高人民法院关于审理破坏森林资源刑事案件具体应用法律若干问题的解释》规定，未经林业行政主管部门及法律规定的其他主管部门批准并核发林木采伐许可证，任意采伐本单位所有或者本人所有的森林或者其他林木，数量较大的，以滥伐林木罪定罪处罚。

最高人民法院认为，被告人违反《中华人民共和国森林法》的规定，在未办理采伐许可证的情况下采伐林木，数量较大。原审认定被告人犯滥伐林木罪的事实清楚，证据确实、充分，定罪准确，量刑适当。审判程序合法。

关于被告人所提“原审事实不清，适用法律错误，在自己流转的基本农田内采伐林木，不是林地，不应受《中华人民共和国森林法》的保护，无需办理采伐证，伐树是对违法的纠正，其行为不构成滥伐林木罪”的申诉理由。经查，被告人违反《中华人民共和国森林法》管理规定，在未经相关主管部门批准并核发林木采伐许可证的情况下，指使李小顺在被告人承包的基本农田内砍伐被告人栽种林木279棵，立木蓄积38.0225立方米的事实，有证人证言、鉴定意见、现场勘验笔录、照片、村委会证明等一系列证据予以证实，且与被告人的供述能相互印证，形成完整证据链条。根据《中华人民共和国刑法》第三百四十五条第二款、《中华人民共和国森林法》第三十二条第一款、《最高人民法院关于审理破坏森林资源刑事案件具体应用法律若干问题的解释》第五条第一款规定，采伐林木必须办理采伐许可证，未经林业行政主管部门及法律规定的其他主管部门批准并核发林木采伐许可证，任意采伐本单位所有或者本人所有的森林或者其他林木，数量较大的，以滥伐林木罪定罪处罚。本案中被告人承包的基本农田上种植的林木不属于《中华人民共

和国森林法》规定的“自留地和房前屋后个人所有的零星林木”，应当办理采伐许可证。《国务院关于坚决制止占用基本农田进行植树等行为的紧急通知》（国发明电〔2004〕1 号）要求对占用基本农田造林的限期恢复耕种，并未规定无采伐许可证的情况下可以私自采伐，应当根据相关法律规定获得批准并核发林木采伐许可证后方可采伐。

——中国裁判文书网。

1198. 未经批准并核发林木采伐许可证采伐本人所有的林木，数量较大的以滥伐林木罪定罪处罚

关键词

滥伐林木罪采伐许可证

最高人民法院裁判文书

郭中林犯滥伐林木罪案［最高人民法院（2021）最高法刑申 38 号驳回申诉通知书］

裁判要旨：在滥伐林木罪案件中，被告人辩称砍伐在自己承包的基本农田内所种植林木不需要办理采伐许可证。根据《最高人民法院关于审理破坏森林资源刑事案件具体应用法律若干问题的解释》规定，未经林业行政主管部门及法律规定的其他主管部门批准并核发林木采伐许可证，任意采伐本单位所有或者本人所有的森林或者其他林木，数量较大的，以滥伐林木罪定罪处罚。

最高人民法院认为，被告人违反《中华人民共和国森林法》的规定，在未办理采伐许可证的情况下采伐林木，数量较大。原审认定被告人犯滥伐林木罪的事实清楚，证据确实、充分，定罪准确，量刑适当。审判程序合法。

关于被告人所提“原审事实不清，适用法律错误，在自己流转的基本农田内采伐林木，不是林地，不应受《中华人民共和国森林法》的保护，无需办理采伐证，伐树是对违法的纠正，其行为不构成滥伐林木罪”的申诉理由。经查，被告人违反《中华人民共和国森林法》管理规定，在未经相关主管部门批准并核发林木采伐许可证的情况下，指使李小顺在被告人承包的基本农田内砍伐被告人栽种林木 279 棵，立木蓄积 38.0225 立方米的事实，有证人证言、鉴定意见、现场勘验笔录、照片、村委会证明等一系列证据予以证实，且与被告人的供述能相互印证，形成完整证据链条。根据《中华人民共

和国刑法》第三百四十五条第二款、《中华人民共和国森林法》第三十二条第一款、《最高人民法院关于审理破坏森林资源刑事案件具体应用法律若干问题的解释》第五条第一款规定，采伐林木必须办理采伐许可证，未经林业行政主管部门及法律规定的其他主管部门批准并核发林木采伐许可证，任意采伐本单位所有或者本人所有的森林或者其他林木，数量较大的，以滥伐林木罪定罪处罚。本案中被告人承包的基本农田上种植的林木不属于《中华人民共和国森林法》规定的“自留地和房前屋后个人所有的零星林木”，应当办理采伐许可证。国务院《关于坚决制止占用基本农田进行植树等行为的紧急通知》（国发明电〔2004〕1 号）要求对占用基本农田造林的限期恢复耕种，并未规定无采伐许可证的情况下可以私自采伐，应当根据相关法律规定获得批准并核发林木采伐许可证后方可采伐。

——中国裁判文书网。

1199. 滥伐林木类案件中，被告人认罪认罚，承诺补种树木用于生态修复的，可对其从轻处罚

关键词

滥伐林木罪　采伐许可证

《最高人民法院公报》案例

库尔勒铁路运输检察院诉伊敏·萨衣木滥伐林木案［库尔勒铁路运输法院（2021）新 7102 刑初 1 号刑事判决书］

裁判摘要：滥伐林木类案件中，被告人认罪认罚，积极缴纳补植复绿保证金，并承诺按受损林木倍数补种树木用于生态修复的，可对其从轻处罚。

库尔勒铁路运输法院认为，森林是我国的重要自然资源。国家对森林和其他林木实行特别保护，对森林和其他林木的所有权、采伐作业、培育种植、分类经营管理活动和主管机关的职权，以及所有者和使用者的权利义务，都作出了明确的规定。《中华人民共和国森林法》和其他有关法律规定，对森林和其他林木只能合理采伐，凡采伐林木都必须申请采伐林木许可证，不准进行计划外采伐和无证采伐。违反森林法的规定，未经有关部门批准并核发采伐许可证，或者虽持有采伐许可证，但违背采伐证所规定的地点、数量、树种、方式任意采伐本单位所有或者管理的，以及本人自留山上或者其他林木，

数量较大的，构成滥伐林木罪。

被告人伊敏·萨衣木违反森林法的规定，在未办理《林木采伐许可证》的情况下，擅自砍伐购买的杨树，立木蓄积量 25.158 立方米，数量较大，其行为已构成滥伐林木罪，公诉机关指控的罪名成立。本案所涉地区，林木对防风固沙、涵养土壤具有尤为重要的作用，被告人案发后主动交纳补植复绿保证金并承诺补种滥伐林木三倍数量的树木用于生态修复，可从轻处罚；被告人在公诉机关审查起诉阶段自愿认罪认罚，可依法从宽处理。鉴于被告人有悔罪表现，经审前社会调查，具备对其实施社区矫正的条件，可对被告人适用缓刑。公诉机关提出对被告人判处有期徒刑一年缓刑两年并处罚金的量刑意见适当，法院予以采纳。

——《最高人民法院公报》2022 年第 9 期。

第七节　走私、贩卖、运输、制造毒品罪

1200. 发挥刑事审判职能作用，推动法院禁毒工作实现高质量发展

关键词

刑事审判职能　法院禁毒工作

最高人民法院司法政策精神

禁毒工作事关国家安危、民族兴衰和人民福祉。党中央高度重视禁毒工作，习近平总书记多次就禁毒工作作出重要指示，为做好新时代禁毒工作指明了前进方向，提供了根本遵循。人民法院高度重视并持续加强禁毒工作，将深入贯彻落实习近平总书记重要指示精神和中央禁毒决策部署作为重要政治任务，坚持以人民为中心的发展思想，充分发挥刑事审判职能作用，依法从严惩处毒品犯罪，大力加强禁毒法治建设，积极参与禁毒综合治理，为推动禁毒工作向纵深发展、创造安全稳定的社会环境提供了有力司法保障。

2021 年 7 月，最高人民法院召开了全国法院刑事审判工作座谈会，此次会议是全国法院刑事审判条线在全面建设社会主义现代化国家开局阶段召开的一次重要会议，会议对加强新时代刑事审判工作作出全面部署，并对进一步做好人民法院禁毒工作提出明确要求。各级人民法院将继续深入贯彻中央禁毒决策部署，认真落实本次会议对毒品犯罪审判等各项工作提出的具体要

求，不断推动新时代人民法院禁毒工作实现高质量发展。

一、当前我国毒品犯罪的总体形势和主要特点

当前，我国禁毒工作稳中有进、持续向好的态势进一步拓展。2015 年，人民法院一审审结毒品犯罪案件 13.9 万件，达到历史最高值。此后，这一数字逐年回落，至 2020 年降至 6.8 万件，较 2015 年下降了 51.36%。然而，受国际国内多种因素影响，我国毒品形势、特点发生复杂深刻变化，境内与境外毒品问题、传统与新型毒品危害、网上与网下毒品犯罪相互交织，给禁毒工作带来了一系列新情况新问题新挑战，禁毒斗争形势依然严峻复杂。

近年来，从人民法院审判工作情况看，毒品犯罪特点集中体现在以下几个方面：

一是罪名分布方面。走私、贩卖、运输、制造毒品罪始终占据主导地位，2015 年至 2020 年占比一直在 65% 以上。容留他人吸毒罪次之，2015 年以来占比始终在 25% 左右。值得注意的是，非法种植毒品原植物罪呈逐年增长态势，2020 年较 2015 年增长了 2.27 倍，案件量在 2020 年已超过此前排在第三位的非法持有毒品罪。

二是犯罪手段方面。利用互联网、即时通讯工具、定位系统、物流寄递等非接触渠道实施毒品犯罪的案件增多，犯罪手段更加隐蔽，侦查取证工作的难度加大、专业性增强，也对证据审查认定工作提出了新要求。

三是犯罪类型方面。源头性毒品犯罪呈加剧之势。“金三角”“金新月”等境外毒品通过边境地区向我国走私渗透的案件增多。国内的制造毒品犯罪呈分散蔓延趋势，且新的制毒原料、方法不断出现。列管麻醉药品、精神药品及易制毒化学品流入非法渠道的犯罪仍时有发生。

四是涉案毒品方面。出现了传统毒品、合成毒品和新型毒品并存的局面。特别是新型毒品滥用和犯罪呈上升趋势，部分毒品极具伪装性、欺骗性，严重威胁青少年身心健康。部分地方还出现了制造、贩卖合成大麻素等新精神活性物质犯罪案件。

五是次生危害方面。为获得购毒资金而实施的抢劫、抢夺、盗窃等侵财型犯罪，以及因吸毒后行为失控而诱发的杀人、伤害、以危险方法危害公共安全、交通肇事等次生犯罪频发，严重危害人民群众生命财产安全和社会和谐稳定。

二、进一步加强人民法院禁毒工作

一是坚持依法从严惩处毒品犯罪。依法运用刑罚手段惩治毒品犯罪，是人民法院参与禁毒斗争的主要方式和工作重心。近年来，各级人民法院始终坚持依法从严惩处毒品犯罪的指导思想。

2015 年至 2020 年，毒品犯罪案件判处五年有期徒刑以上刑罚的重刑率高于同期全部刑事案件重刑率 8 至 15 个百分点。特别是在毒品犯罪案件数量

逐年下降的情况下，重刑率却逐年提高，2020 年较 2015 年总体提升了 5.76 个百分点，反映出人民法院通过充分发挥刑罚的惩罚和威慑作用，较好地遏制了毒品犯罪快速蔓延的势头，为保障人民群众身心健康、维护社会和谐稳定作出了积极贡献。

面对严峻复杂的毒品犯罪形势，各级人民法院要进一步突出打击重点，对于走私、制造毒品和大宗贩卖毒品等源头性犯罪，以及毒枭、职业毒贩、毒品再犯等主观恶性深、人身危险性大的毒品犯罪分子，坚决依法严惩，该判重刑乃至死刑的坚决依法判处。

针对新型毒品犯罪增长、严重危害青少年的现状，要严惩利用、教唆青少年实施新型毒品犯罪或者向其贩卖新型毒品，以及引诱、教唆、欺骗、强迫、容留青少年吸食新型毒品的犯罪。

针对毒品问题向农村地区蔓延的态势，要严惩向农村地区贩卖毒品，以及在农村地区非法种植毒品原植物的犯罪。

针对扫黑除恶斗争常态化要求，要继续严惩操纵、经营涉毒活动的黑恶势力、毒黑交织的制贩毒团伙，深挖涉毒黑恶势力及其“保护伞”，推动禁毒领域扫黑除恶斗争取得更大成效。

在坚持整体从严惩处毒品犯罪、突出打击重点的同时，也应当全面贯彻宽严相济刑事政策，做到以严为主、以宽济严、罚当其罪。对于罪行较轻，或者具有从犯、自首、立功、初犯等法定、酌定从宽处罚情节的毒品犯罪分子，要体现区别对待，依法给予从宽处罚，以达到分化瓦解毒品犯罪分子、预防和减少毒品犯罪的效果。

二是严格规范刑罚适用与执行。针对毒品犯罪的贪利性特点，要更加注重运用经济制裁手段，剥夺犯罪分子再犯的经济能力，在做好涉毒资产审查认定工作的基础上，依法追缴犯罪分子的违法所得，充分适用财产刑并加大执行力度，并注重依法惩处涉毒洗钱和窝藏毒赃等下游犯罪。

要严格规范和限制对毒品犯罪的缓刑适用，对于毒品再犯，一般不适用缓刑，对于部分犯罪情节、性质特殊的轻罪被告人，也要严格限制缓刑适用。要从严把握毒品罪犯的减刑条件，对于具有毒枭、职业毒犯、累犯、毒品再犯等情节的毒品罪犯，要适当延长其减刑起始时间、间隔时间，严格控制减刑幅度，延长其实际执行刑期。对毒枭、职业毒犯、毒品再犯等严重毒品罪犯的假释，要作出严格限制。

三是不断提高审判专业化、规范化水平。近年来，最高人民法院单独或者会同有关部门制定了《关于审理毒品犯罪案件适用法律若干问题的解释》《全国法院毒品犯罪审判工作座谈会纪要》（即《武汉会议纪要》）等多部司法解释、规范性文件，逐步形成了较为完备的禁毒司法规范体系，对统一法律适用、促进规范司法、确保依法从严惩处毒品犯罪起到了重要作用。各级人民法院要加强业务学习培训，确保准确理解和规范适用上述文件，不断提升毒品犯罪审判队伍专业化水平，加强审判规范化建设，切实提高办案质量。

为规范毒品犯罪案件的取证、认证工作，最高人民法院会同有关部门加强调研指导，并取得了一定成效。各级人民法院要按照以审判为中心的刑事诉讼制度改革的要求，引导取证、举证工作围绕审判工作的要求展开，切实贯彻证据裁判原则，确保事实证据经得起法律检验，确保犯罪分子得到依法惩处。

四是积极提升禁毒综合治理效能。毒品问题成因复杂，需要多部门齐抓共管，多方面综合施治。各级人民法院要认真履行禁毒委成员单位职责，充分利用审判资源优势，通过召开新闻发布会、发布典型案例、庭审直播、公开宣判、开展法治教育、配合专项整治、参与帮扶指导、提出完善禁毒防控建议等方式，积极参与禁毒综合治理，不断拓展法院禁毒工作的空间，提升治理效能。

三、下一阶段重点工作

一是毫不动摇地坚持依法从严惩处毒品犯罪。要充分运用刑罚手段惩治毒品犯罪，对依法应当判处重刑乃至死刑的犯罪分子，要坚决依法判处。要积极配合“净边”专项行动，加大对新型毒品犯罪的打击力度，深入推进涉毒资产追缴工作。同时，要进一步提高对毒品犯罪死刑案件的法律适用和政策把握能力，确保死刑的精准适用。

二是进一步规范毒品犯罪案件法律适用。针对审判实践中遇到的新情况新问题，如新型毒品的定罪量刑标准、制造毒品半成品犯罪的死刑适用等，最高人民法院将积极开展专项调研和对下指导，适时出台相关文件，为打击毒品犯罪提供更加精准的法律政策指引。

三是进一步严格毒品犯罪案件证据标准。要认真执行新刑事诉讼法司法解释，严格落实有关毒品犯罪证据收集审查的相关要求，进一步树牢证据意识，完善证据审查认定规则，提高审判人员审查运用证据的能力，确保毒品犯罪案件证据质量。

四是坚持打防并举、综合施治。要不断创新人民法院参加禁毒综合治理工作的方式，积极配合禁毒重点整治，推进市域毒品治理现代化，围绕乡村振兴强化农村毒品治理，为推进毒品治理体系和治理能力现代化提供有力的司法服务和保障。

——张明：《发挥刑事审判职能作用　推动法院禁毒工作实现高质量发展》，载最高人民法院刑事审判第一、二、三、四、五庭编：《刑事审判参考》总第 130 辑，人民法院出版社 2022 年版，第 203~207 页。

1201. 毒品犯罪案件罪名的确定

关键词

毒品犯罪　选择性罪名

最高人民法院司法政策精神

一、毒品案件的罪名确定和数量认定问题

《刑法》第三百四十七条规定的走私、贩卖、运输、制造毒品罪是选择性罪名，对同一宗毒品实施了两种以上犯罪行为并有相应确凿证据的，应当按照所实施的犯罪行为的性质并列确定罪名，毒品数量不重复计算，不实行数罪并罚。对同一宗毒品可能实施了两种以上犯罪行为，但相应证据只能认定其中一种或者几种行为，认定其他行为的证据不够确实充分的，则只按照依法能够认定的行为的性质定罪。如涉嫌为贩卖而运输毒品，认定贩卖的证据不够确实充分的，则只定运输毒品罪。对不同宗毒品分别实施了不同种犯罪行为的，应对不同行为并列确定罪名，累计毒品数量，不实行数罪并罚。对被告人一人走私、贩卖、运输、制造两种以上毒品的，不实行数罪并罚，量刑时可综合考虑毒品的种类、数量及危害，依法处理。

罪名不以行为实施的先后、毒品数量或者危害大小排列，一律以刑法条文规定的顺序表述。如对同一宗毒品制造后又走私的，以走私、制造毒品罪定罪。下级法院在判决中确定罪名不准确的，上级法院可以减少选择性罪名中的部分罪名或者改动罪名顺序，在不加重原判刑罚的情况下，也可以改变罪名，但不得增加罪名。

——《最高人民法院印发〈全国部分法院审理毒品犯罪案件工作座谈会纪要〉的通知》(2008 年 12 月 1 日，法〔2008〕324 号)。

（一）罪名认定问题

贩毒人员被抓获后，对于从其住所、车辆等处查获的毒品，一般均应认定为其贩卖的毒品。确有证据证明查获的毒品并非贩毒人员用于贩卖，其行为另构成非法持有毒品罪、窝藏毒品罪等其他犯罪的，依法定罪处罚。

吸毒者在购买、存储毒品过程中被查获，没有证据证明其是为了实施贩卖毒品等其他犯罪，毒品数量达到刑法第三百四十八条规定的最低数量标准的，以非法持有毒品罪定罪处罚。吸毒者在运输毒品过程中被查获，没有证据证明其是为了实施贩卖毒品等其他犯罪，毒品数量达到较大以上的，以运输毒品罪定罪处罚。

行为人为吸毒者代购毒品，在运输过程中被查获，没有证据证明托购者、代购者是为了实施贩卖毒品等其他犯罪，毒品数量达到较大以上的，对托购者、代购者以运输毒品罪的共犯论处。行为人为他人代购仅用于吸食的毒品，在交通、食宿等必要开销之外收取“介绍费”“劳务费”，或者以贩卖为目的收取部分毒品作为酬劳的，应视为从中牟利，属于变相加价贩卖毒品，以贩卖毒品罪定罪处罚。

购毒者接收贩毒者通过物流寄递方式交付的毒品，没有证据证明其是为了实施贩卖毒品等其他犯罪，毒品数量达到刑法第三百四十八条规定的最低数量标准的，一般以非法持有毒品罪定罪处罚。代收者明知是物流寄递的毒品而代购毒者接收，没有证据证明其与购毒者有实施贩卖、运输毒品等犯罪的共同故意，毒品数量达到刑法第三百四十八条规定的最低数量标准的，对代收者以非法持有毒品罪定罪处罚。

行为人利用信息网络贩卖毒品、在境内非法买卖用于制造毒品的原料或者配剂、传授制造毒品等犯罪的方法，构成贩卖毒品罪、非法买卖制毒物品罪、传授犯罪方法罪等犯罪的，依法定罪处罚。行为人开设网站、利用网络聊天室等组织他人共同吸毒，构成引诱、教唆、欺骗他人吸毒罪等犯罪的，依法定罪处罚。

——《最高人民法院关于印发〈全国法院毒品犯罪审判工作座谈会纪要〉的通知》（2015 年 5 月 18 日，法〔2015〕129 号）。

附录：最高人民法院主流观点

（一）罪名认定问题

1. 从贩毒人员住所等处查获毒品的性质认定。该问题是一个老问题，实践中存在争议，但原有规范性文件没有作出明确规定。有意见认为，对于从贩毒人员住所等处查获的毒品，必须有证据证明是用于贩卖才能予以认定，否则应当认定为其非法持有的毒品。经研究，毒品犯罪隐蔽性强、取证难度大，而且实践中从贩毒人员住所等处查获的毒品多系用于贩卖，为严厉打击毒品犯罪、降低证明难度，《全国法院毒品犯罪审判工作座谈会纪要》（以下简称《纪要》）采用了事实推定的证明方法。即根据行为人贩卖毒品及从其住所等处查获毒品的事实，推定查获的毒品是用于贩卖。但根据推定原则，应当允许当事人提出反证。反证是指确有证据证明查获的毒品并非贩毒人员用于贩卖，包括其为他人保管用于吸食的毒品、为犯罪分子窝藏毒品、持有祖传、捡拾、用于治病的毒品等。贩毒人员对查获的毒品实施的行为另构成非法持有毒品罪、窝藏毒品罪等其他犯罪的，应当依法认定；贩毒人员的行为构成数罪的，依法数罪并罚。具体而言，该条主要包含三种情形：一是行为人因贩卖毒品被人赃俱获，随后又从其住所等处查获毒品的；二是有其他证据证明行为人贩卖毒品，但没有查获实物，后从其住所等处查获毒品的；三是行为人因吸毒或其他违法犯罪行为被抓获后，查明其有贩毒行为，并从其住所等处查获毒品的。

2. 吸毒者实施毒品犯罪的性质认定。该问题近年来在司法定性上变化较大。《全国法院审理毒品犯罪案件工作座谈会纪要》（以下简称《南宁会议纪要》）规定，吸毒者在购买、运输、存储毒品过程中被抓获，如没有证据证明其实施了其他毒品犯罪行为，查获的毒品数量大的，应当以非法持有毒品罪定罪。《全国部分法院审理毒品犯罪案件工作座谈会纪要》（以下简称《大连会议纪要》）对此作了不同规定，吸毒者在购买、运输、存储毒品过程中被查获，如没有证据证明其是为了实施贩卖等其他毒品犯罪行为，查获的毒品数量达到较大以上的，应以其实际实施的毒品犯罪行为定罪处罚。但实践中对如何理解"实际实施的毒品犯罪行为"存在争议，尤其是吸毒者运输毒品行为的定性问题。从《大连会议纪要》的起草过程看，该规定的本意是，当吸毒者运输毒品数量大，明显超出其合理吸食量时，以运输毒品罪定罪处罚，而不再像《南宁会议纪要》规定的那样一律认定为非法持有毒品罪。但是，由于"实际实施的毒品犯罪行为"这一表述较为原则，又没有写明合理吸食量的问题，导致近年来各地对此类案件的处理差异很大。有的简单区分动态与静态，对吸毒者在运输毒品过程中被查获的，无论毒品数量多少，一律认定为运输毒品罪。有的根据毒品数量是否超过吸毒者的合理吸食量来区分，吸毒者运输毒品数量达到较大以上但未超过合理吸食量的，认定为非法持有毒品罪，超过合理吸食量的，认定为运输毒品罪；但各地设定的合理吸食量标准又很不统一，有的为 50 克，有的为 100 克，还有的达到了 200 克。据了解，还有个别地方仍在执行《南宁会议纪要》的规定，对吸毒人员运输毒品数量大的，一律认定为非法持有毒品罪。

为减少分歧，《纪要》对《大连会议纪要》的上述规定加以细化和完善。一是明确规定了吸毒者运输毒品行为的定性；二是降低了将吸毒者运输毒品的行为认定为运输毒品罪的门槛，即，对吸毒者购买、运输、存储毒品的行为，直接以数量较大作为界分标准，不再另行设置更高的合理吸食量标准。据此，吸毒者在购买、运输、存储毒品过程中被查获，毒品未达到数量较大标准的，不作为犯罪处理；毒品数量达到较大以上的，根据其具体的行为状态定罪，处于购买、存储状态的认定为非法持有毒品罪，处于运输状态的认定为运输毒品罪。《纪要》这样规定的主要理由是：第一，虽然我国对吸毒行为一般不按照犯罪处理，但刑法设置非法持有毒品罪的定罪标准时，实际考虑了吸毒者合理吸食量的因素，故可以把数量较大视为合理吸食量的界限，超过数量较大标准的，应视为超出了合理吸食量。吸毒者在运输毒品过程中被当场抓获，毒品数量达到较大以上的，表明其并非单纯以吸食为目的运输毒品，如没有证据证明其是为了实施贩卖毒品等其他犯罪，根据其客观行为状态认定为运输毒品罪具有正当性。第二，我国吸毒人员数量庞大，是毒品犯罪的重要诱因，为从源头上遏制毒品犯罪、减少毒品流通，应当加大对吸毒者实施的毒品犯罪的打击力度。故而对吸毒者运输毒品行为的定性，不应在数量较大标准之上设定更高的合理吸食量标准，否则容易放纵吸毒者实施的毒品犯罪。第三，合理吸食量目前尚难以准确界定，实践中各地掌握的标准也非常不统一，不利于统一执法尺度，直接以毒品数量较大作为区分标准更便于实践操作。

3. 运输代购毒品行为的定性和变相加价贩卖毒品的认定。这是对《大连会议纪要》相关规定的补充。《大连会议纪要》规定了为他人代购毒品行为的定性，但没有解决运输代购毒品行为的性质认定问题。同时，实践中对《大连会议纪要》规定的“从中牟利、变相加价贩卖毒品”的认定也存在认识分歧。

（1）关于运输代购毒品行为的定性。《纪要》规定，行为人为吸毒者代购毒品，在运输过程中被查获的，应当按照上述吸毒者自行运输毒品行为的认定思路处理。即，没有证据证明托购者、代购者是为了实施贩卖毒品等其他犯罪，毒品数量达到较大以上的，对二者以运输毒品罪的共犯论处；毒品数量未达到较大标准的，则不作为犯罪处理。这样规定，不但有利于严厉打击运输代购毒品行为，遏制毒品的消费和流通，也便于操作和认定。

（2）关于变相加价贩卖毒品的认定。《大连会议纪要》规定，代购者从中牟利，变相加价贩卖毒品的，对代购者应以贩卖毒品罪定罪。《纪要》进一步明确了何谓“从中牟利”。需要注意的是，只有为他人代购仅用于吸食的毒品的，才需要根据是否从中牟利判断能否认定为贩卖毒品罪；如果明知托购者实施贩卖毒品犯罪而为其代购毒品的，无论是否牟利，均应以贩卖毒品罪的共犯论处；如果代购者从代购行为中牟利的，无论其为他人代购的毒品是否仅用于吸食，均构成贩卖毒品罪。

对于“代购蹭吸”行为是否属于从中牟利，实践中存在较大争议。多数意见认为，“蹭吸”是为了满足自身吸食毒品的需求，不宜认定为牟利行为；而且，如果对以吸食为目的的托购者认定非法持有毒品罪，对“蹭吸”的代购者认定贩卖毒品罪，也会导致处罚失衡。少数意见认为，“蹭吸”也是非法获利的一种表现形式，尤其对于多次“蹭吸”甚至以“蹭吸”作为代购毒品的主要目的的，应当认定为从中牟利。鉴于对该问题存在较大分歧意见，还需进一步研究论证，故《纪要》没有作出明确规定。

4. 接收物流寄递毒品行为的定性。这是针对近年来实践中较为突出的法律适用新问题作出的新规定，具体包括购毒者和代收者接收物流寄递毒品行为的定性两个方面。

（1）关于购毒者接收物流寄递毒品行为的定性。在当面交付的贩卖毒品犯罪中，贩毒者为送货而运输毒品的行为属于其毒品交付行为的组成部分，购毒者原则上不对贩毒者实施的运输毒品行为承担刑事责任，不能将购毒者、贩毒者认定为运输毒品罪的共犯。同理，在贩毒者通过物流寄递方式交付毒品的情况下，一般也不应将购毒者、贩毒者认定为运输毒品罪的共犯，否则所有接收毒品的购毒者（包括因吸食而少量购买毒品者）都将构成运输毒品罪，会造成打击面过大。因此，《纪要》规定，购毒者单纯接收贩毒者通过物流寄递方式交付的毒品，又没有证据证明其是为了实施贩卖毒品等其他犯罪，毒品数量达到较大以上的，对购毒者一般应当以非法持有毒品罪定罪处罚。但在个别情况下，购毒者对贩毒者交付运输毒品的行为起支配作用或者与贩毒者共同交付运输毒品，购毒者、贩毒者符合认定为运输毒品罪共犯的条件的，可以依法认定。

（2）关于代收者接收物流寄递毒品行为的定性。在代收者没有实施其他毒品犯罪的故意的情况下，只是代替购毒者实际持有接收的毒品，毒品数量达到较大以上的，应当认定为非法持有毒品罪。需要说明的是，没有证据证明购毒者是为了实施贩卖、运输毒品等其他犯罪的，购毒者与代收者构成非法持有毒品罪的共犯；如果购毒者有其他犯罪行为的，则应当依法定罪处罚，不再对其认定为非法持有毒品罪。

5. 网络涉毒犯罪的定性。这也是针对近年来新出现的法律适用问题作出的规定，包括利用信息网络实施毒品犯罪行为的定性和利用互联网组织吸毒行为的定性两方面问题。《纪要》对利用信息网络贩卖毒品、非法买卖制毒物品、传授制造毒品等犯罪方法等行为的定性作了原则性规定。对于利用互联网组织吸毒行为的定性，有意见认为可以认定为容留他人吸毒罪。但多数意见认为，虚拟空间不符合容留他人吸毒罪中的场所特征，对此类行为不能认定为容留他人吸毒罪。就其特征而言，属于组织或者聚众吸毒行为，但刑法尚无相应罪名。当前，对于在利用互联网组织他人吸毒的过程中，实施引诱、教唆、欺骗他人吸毒或者贩卖毒品等犯罪的，可以依法定罪处罚。

——高贵君、马岩、方文军、李静然：《〈全国法院毒品犯罪审判工作座谈会纪要〉的理解与适用》，载《人民司法·应用》2015 年第 13 期（总第 720 期）。

1202. 办理邻氯苯基环戊酮等三种制毒物品犯罪案件定罪量刑数量标准

关键词

邻氯苯基环戊酮　制毒物品　定罪量刑

最高人民法院司法政策精神

近年来，随着制造合成毒品犯罪的迅速增长，制毒物品流入非法渠道形势严峻。利用邻氯苯基环戊酮合成羟亚胺进而制造氯胺酮，利用 1- 苯基 -2- 溴 -1- 丙酮（又名溴代苯丙酮、2- 溴代苯丙酮、α－溴代苯丙酮等）合成麻黄素和利用 3- 氧 -2- 苯基丁腈（又名 α－氰基苯丙酮、α－苯乙酰基乙腈、2- 苯乙酰基乙腈等）合成 1- 苯基 -2- 丙酮进而制造甲基苯丙胺（冰毒）等犯罪尤为突出。2012 年 9 月和 2014 年 5 月，国务院先后将邻氯苯基环戊酮、1- 苯基 -2- 溴 -1- 丙酮和 3- 氧 -2- 苯基丁腈增列为第一类易制毒化学品管制。为遏制上述物品流入非法渠道被用于制造毒品，根据刑法和《最高人民法院关于审理毒品案件定罪量刑标准有关问题的解释》《最高人民法院、最高人民检察院、公安部关于办理制毒物品犯罪案件适用法律若干问题的意见》等相关规定，现就办理上述三种制毒物品犯罪案件的定罪量刑数量标准通知如下：

一、违反国家规定，非法运输、携带邻氯苯基环戊酮、1- 苯基 -2- 溴 -1- 丙酮或者 3- 氧 -2- 苯基丁腈进出境，或者在境内非法买卖上述物品，达到下列数量标准的，依照刑法第三百五十条第一款的规定，处三年以下有期徒刑、拘役或者管制，并处罚金：

（一）邻氯苯基环戊酮二十千克以上不满二百千克；

（二）1- 苯基 -2- 溴 -1- 丙酮、3- 氧 -2- 苯基丁腈十五千克以上不满一百五十千克。

二、违反国家规定，实施上述行为，达到或者超过第一条所列最高数量标准的，应当认定为刑法第三百五十条第一款规定的“数量大”，处三年以上十年以下有期徒刑，并处罚金。

——《最高人民法院、最高人民检察院、公安部关于办理邻氯苯基环戊酮等三种制毒物品犯罪案件定罪量刑数量标准的通知》（2014 年 9 月 5 日，公通字〔2014〕32 号）。

1203. 以非常规形式存在的毒品的认定

关键词

毒品犯罪　非常规毒品

《刑事审判参考》指导案例

王某贩卖毒品案（《刑事审判参考》指导案例第 430 号）

裁判要点：司法实践中，新型毒品不断出现，有些毒品的种类、成分、形式非常复杂，如果不作含量鉴定，很难确定其危害社会的程度。尤其是对于可能判处死刑的案件，有证据表明毒品可能大量掺假，或者是多种成分的混合型毒品的案件，应该作毒品的成分和含量鉴定，以确保定案证据的确实充分和死刑适用的准确。对于经鉴定毒品含量极少，或者因某种原因不能鉴定，存疑无法排除的，对被告人不应适用死刑立即执行。

1. 关于以非常规形式出现的毒品的认定

毒品的种类繁多，每种毒品都有通常存在的形式，比如海洛因通常是以压成块状的白色粉末状存在，也有部分案件直接以粉末状出现。但是个别时候某类毒品会以较为特殊的形式出现，致使它的成分、含量发生变化，会对量刑产生影响。因此，在毒品犯罪案件中，尤其是在审理被告人可能被判处死刑的毒品犯罪案件时，要特别注意此种情况。

2. 关于摇头丸的认定

我们知道，摇头丸本身并不是一种毒品名称，目前尚没有量刑标准，所以，在审理摇头丸案件时，重点是对其成分进行鉴定，也就是定性分析。当确定主要成分是何种毒品后，摇头丸就应认定为该种毒品，对其中含量较高的，可以将摇头丸的数量认定为此种毒品的数量，再根据此种毒品的量刑标准考虑量刑。本案中摇头丸的主要成分是替苯丙胺（MDA），属于苯丙胺类毒品，且含量较高，量刑时可按查获摇头丸的数量认定毒品数量，根据苯丙胺类毒品的量刑标准量刑。

3. 涉及多种毒品的犯罪案件的量刑

在司法实践中，被告人多次走私、贩卖、运输、制造多种类毒品的情况并不鲜见，在对此类案件中的被告人适用死刑立即执行时，应如何把握死刑量刑数量标准，一直是毒品案件审理工作中的难点。因为在司法实践中，有的毒品种类规定了适用死刑的数量标准，有的没有规定，因此，我们在量刑时，通常应当首先考虑危害性大（包括毒性和数量）并有明确量刑数量标准的毒品，其他种类毒品的数量可作为量刑的从重情节加以考虑。需要注意的是，对于量刑标准不一样的不同种类毒品的数量，不能简单累加。就本案而言，王某贩卖的毒品种类有海洛因、杜冷丁和替苯丙胺（MDA），其中海洛因毒性最大又有死刑量刑数量标准，而杜冷丁和替苯丙胺（MDA）没有明确的死刑量刑数量标准，那么，量刑时首先要考虑海洛因的数量，再把杜冷丁和替苯丙胺（MDA）的数量作为量刑的从重情节加以考虑。

——最高人民法院刑事审判第一、二、三、四、五庭主办：《刑事审判参考》2007 年第 1 集（总第 54 集），法律出版社 2007 年版，第 60-65 页。

1204. 氟氨酮不是刑法意义上的毒品

关键词

贩卖毒品　氟胺酮

最高人民法院答复

湖南省高级人民法院：

你院《关于被告人廖子林贩卖毒品一案的请示报告》收悉。经研究，批复如下：

氟氨酮不是刑法意义上的毒品。对于被告人廖子林是否构成犯罪未遂，请你院指导二审法院在查明案件事实、证据的基础上综合审查判断，依法处理。

此复

——《最高人民法院对湖南省高级人民法院关于被告人廖子林贩卖毒品一案的请示报告的批复》（2021 年 4 月 8 日，〔2020〕最高法刑他 2049 号）。

1205. 新型毒品案件的法律适用标准

关键词

毒品犯罪　新型毒品　法律适用

《刑事审判参考》指导案例

王丹俊贩卖、制造毒品案（《刑事审判参考》指导案例第 534 号）

裁判要点：在处理新型毒品案件时，应根据毒品的数量、社会危害性、犯罪情节、被告人的主观恶性和人身危险性等因素，确定对被告人应适用的刑罚。

毒品数量的大小反映毒品犯罪行为社会危害性的大小，是毒品犯罪定罪量刑的重要情节。对于毒品案件量刑的标准，刑法第三百四十七条规定了鸦片、海洛因、甲基苯丙胺三种毒品的数量标准。2000 年 6 月 10 日起施行的《最高人民法院关于审理毒品案件定罪量刑标准有关问题的解释》规定了苯丙胺类（甲基苯丙胺除外）、大麻类、可卡因等八种毒品的“毒品数量大”“毒品数量较大”的数量标准，最高人民法院、最高人民检察院、公安部于 2007 年 12 月 18 日联合下发的《办理毒品犯罪案件适用法律若干问题的意见》[①]（以下简称《意见》）规定了二亚甲基双氧安非他明（MDMA）等苯丙胺类、氯胺酮、美沙酮等九种毒品的“毒品数量大”“毒品数量较大”“少量毒品”的数量标准，对于惩治毒品犯罪、统一办案标准具有积极的意义。

毒品的社会危害性，则要根据毒品的滥用程度、毒品的依赖性、对人体的危害程度来确定。氯胺酮俗称 K 粉，是目前滥用较严重的兴奋剂药物，服用后产生兴奋、麻醉等感觉，可以抑制中枢神经系统，在娱乐场所较为泛滥，其依赖性较海洛因、甲基苯丙胺相对要小，所以，《意见》规定走私、贩卖、运输、制造氯胺酮 1000 克为“数量大”的起点，大大高于海洛因、甲基苯丙胺“数量大”的起点，为打击氯胺酮等新型毒品犯罪提供了法律依据。

需要强调的是，毒品犯罪历来是我国刑法打击的重点。在处理毒品犯罪案件时，要切实贯彻宽严相济的刑事政策，综合考虑毒品数量、犯罪情节、危害后果、被告人主观恶性、人身危险性以及当地的禁毒形势等各种因素，做到区别对待，突出打击重点，重点打击毒枭、职业毒犯、再犯、累犯、惯犯、主犯等主观恶性深、人身危险性大、危害严重的毒品犯罪分子，以及具有将毒品走私入境，多次走私、贩卖、运输、制造毒品，多次、大量或者向多人贩卖，诱使他人吸毒，武装掩护、暴力抗拒检查、拘留、逮捕，或者参与有组织的国际贩毒活动等情节的犯罪分子。对其中罪行极其严重依法应当判处死刑的，必须坚决依法判处死刑。根据《意见》的规定，对于可能判处死刑的毒品犯罪案件，毒品鉴定结论中应有含量鉴定的结论。同时，对于新型毒品犯罪案件判处死刑的，仍应当坚持特别慎重掌握的原则。

——最高人民法院刑事审判第一、二、三、四、五庭主办：《刑事审判参考》2009 年第 2 集（总第 67 集），法律出版社 2009 年版，第 43~49 页。

---

① 本文件已被《最高人民法院关于审理毒品犯罪案件适用法律若干问题的解释》（法释〔2016〕8 号）废止。

最高人民法院公布的典型案例

王飞贩卖、制造毒品案——将新型毒品伪装成饮料销往多地娱乐场所

裁判要点：新型毒品形态各异，往往被伪装成饮料、饼干等形式，极具隐蔽性和迷惑性，人民法院根据犯罪事实、性质、情节和对社会的危害程度，依法判处刑罚。

（一）基本案情

被告人王飞，男，汉族，1979 年 6 月 2 日出生，成都陆柒捌贸易有限公司（以下简称陆柒捌公司）法定代表人。

2013 年 7 月，被告人王飞注册成立陆柒捌公司并担任法定代表人。2016 年开始，王飞多次以陆柒捌公司名义购买 γ－丁内酯，将 γ－丁内酯与香精混合，命名为"香精 CD123"。2016 年 5 月，王飞在隐瞒"香精 CD123"含 γ－丁内酯成分的情况下，委托广东康加德食品实业有限公司为"香精 CD123"粘贴"果味香精 CD123"商品标签，委托裕豪食品饮料有限公司按照其提供的配方和技术标准，将水和其他辅料加入"果味香精 CD123"，制成"咔哇氿"饮料。后王飞将"咔哇氿"饮料出售给总经销商四川玩道酒业有限公司，由该公司销往深圳、贵阳、广州等地的娱乐场所，各级经销商亦自行销售。至 2017 年 8 月，王飞购买 γ－丁内酯共计 3575 千克，裕豪食品饮料有限公司收到"果味香精 CD123"共计 1853 千克，王飞销售"咔哇氿"饮料共计 52355 件（24 瓶 / 件，275ml/ 瓶），销售金额 11587040 元。

2017 年 9 月 9 日，公安人员将被告人王飞抓获，从其家中及陆柒捌公司租用的仓库查获"咔哇氿"饮料共计 723 件 25 瓶。各地亦陆续召回"咔哇氿"饮料 18505 件。经鉴定，从裕豪食品饮料有限公司提供的"果味香精 CD123"、在王飞家中和仓库查获的以及召回的"咔哇氿"饮料中检出含量为 80.3ug/ml 至 44000ug/ml 不等的 γ－羟丁酸成分。

（二）裁判结果

本案由四川省成都市青羊区人民法院一审，成都市中级人民法院二审。

法院认为，被告人王飞制造毒品 γ－羟丁酸并销售，其行为已构成贩卖、制造毒品罪。王飞明知使用 γ－丁内酯作为生产原料会产生毒品 γ－羟丁酸成分，购买并使用 γ－丁内酯调制成混合原料，委托他人采用其指定的工艺和配比，加工制成含有 γ－羟丁酸成分的饮料并对外销售，贩卖、制造毒品数量大，社会危害大。据此，依法对被告人王飞判处有期徒刑十五年，并处没收个人财产人民币四百二十七万元。

上述裁判已于 2020 年 9 月 28 日发生法律效力。

（三）典型意义

近年来，新型毒品犯罪呈上升趋势，与传统毒品犯罪相互交织。新型毒品形态各异，往往被伪装成饮料、饼干等形式，极具隐蔽性和迷惑性，易在青少年中传播。本案就是一起制造、贩卖新型毒品的典型案例。被告人王飞批量制造含有国家列管精神药品 γ－羟丁酸成分的饮料，大量销往全国多地娱乐场所，社会危害大。人民法院根据王飞的犯罪事实、性质、情节和对社会的危害程度，依法对其判处了刑罚。

——《2021 年十大毒品（涉毒）犯罪典型案例》（2021 年 6 月 25 日）。

1206. 毒品案件被告人主观明知的判断

关键词

毒品案件　被告人　主观明知

最高人民法院裁判文书

金雄贩卖毒品申诉案［最高人民法院（2019）最高法刑申 125 号刑事通知书］

裁判要旨：毒品犯罪中，判断被告人对涉案毒品是否明知，不能仅凭被告人供述，而应当依据被告人实施毒品犯罪行为的过程、方式、毒品被查获时的情形等证据，尤其是毒品的交易和运输方式、价格等情况，结合被告人的年龄、阅历、智力等情况，进行综合分析判断。

最高人民法院认为，虽然金雄翻供否认明知交易货物是毒品，但根据其行为方式、年龄、智力、阅历等情况，可以认定其明知交易货物是毒品。1. 根据金雄在侦查机关供述，其曾经替李某卖过毒品，家中留有样品。2. 金雄虽翻供称不知道货物是毒品，但称知道是禁品。3. 结合金雄的年龄、阅历、智力等情况分析，金雄作为成年人，长期往来朝鲜做生意，对于交易价格为每公斤 1.2 万美元的物品只理解为性兴奋剂，有违常理。4. 交易过程具有高度隐蔽性。在正式交易前，金雄两次提交样品；金雄因担心货物被抢，让朴某某陪同交易，且不让朴多打听，假称货物是稀有金属。5. 金雄获取的报酬过高。金雄送两次样品的介绍费即达 1000 美元，远高于正常交易的劳务报酬。

——最高人民法院第二巡回法庭微信公众号，dierxunhuifating。

1207. 走私、贩卖、运输、制造毒品罪的量刑

关键词

走私、贩卖、运输、制造毒品罪　量刑

最高人民法院司法解释

第一条　走私、贩卖、运输、制造、非法持有下列毒品，应当认定为刑法第三百四十七条第二款第一项、第三百四十八条规定的“其他毒品数量大”：

（一）可卡因五十克以上；

（二）3，4-亚甲二氧基甲基苯丙胺（MDMA）等苯丙胺类毒品（甲基苯丙胺除外）、吗啡一百克以上；

（三）芬太尼一百二十五克以上；

（四）甲卡西酮二百克以上；

（五）二氢埃托啡十毫克以上；

（六）哌替啶（度冷丁）二百五十克以上；

（七）氯胺酮五百克以上；

（八）美沙酮一千克以上；

（九）曲马多、γ-羟丁酸二千克以上；

（十）大麻油五千克、大麻脂十千克、大麻叶及大麻烟一百五十千克以上；

（十一）可待因、丁丙诺啡五千克以上；

（十二）三唑仑、安眠酮五十千克以上；

（十三）阿普唑仑、恰特草一百千克以上；

（十四）咖啡因、罂粟壳二百千克以上；

（十五）巴比妥、苯巴比妥、安钠咖、尼美西泮二百五十千克以上；

（十六）氯氮卓、艾司唑仑、地西泮、溴西泮五百千克以上；

（十七）上述毒品以外的其他毒品数量大的。

国家定点生产企业按照标准规格生产的麻醉药品或者精神药品被用于毒品犯罪的，根据药品中毒品成分的含量认定涉案毒品数量。

第二条　走私、贩卖、运输、制造、非法持有下列毒品，应当认定为刑法第三百四十七条第三款、第三百四十八条规定的“其他毒品数量较大”：

（一）可卡因十克以上不满五十克；

（二）3，4-亚甲二氧基甲基苯丙胺（MDMA）等苯丙胺类毒品（甲基苯

丙胺除外)、吗啡二十克以上不满一百克;

(三)芬太尼二十五克以上不满一百二十五克;

(四)甲卡西酮四十克以上不满二百克;

(五)二氢埃托啡二毫克以上不满十毫克;

(六)哌替啶(度冷丁)五十克以上不满二百五十克;

(七)氯胺酮一百克以上不满五百克;

(八)美沙酮二百克以上不满一千克;

(九)曲马多、γ-羟丁酸四百克以上不满二千克;

(十)大麻油一千克以上不满五千克、大麻脂二千克以上不满十千克、大麻叶及大麻烟三十千克以上不满一百五十千克;

(十一)可待因、丁丙诺啡一千克以上不满五千克;

(十二)三唑仑、安眠酮十千克以上不满五十千克;

(十三)阿普唑仑、恰特草二十千克以上不满一百千克;

(十四)咖啡因、罂粟壳四十千克以上不满二百千克;

(十五)巴比妥、苯巴比妥、安钠咖、尼美西泮五十千克以上不满二百五十千克;

(十六)氯氮卓、艾司唑仑、地西泮、溴西泮一百千克以上不满五百千克;

(十七)上述毒品以外的其他毒品数量较大的。

第三条 在实施走私、贩卖、运输、制造毒品犯罪的过程中，携带枪支、弹药或者爆炸物用于掩护的，应当认定为刑法第三百四十七条第二款第三项规定的“武装掩护走私、贩卖、运输、制造毒品”。枪支、弹药、爆炸物种类的认定，依照相关司法解释的规定执行。

在实施走私、贩卖、运输、制造毒品犯罪的过程中，以暴力抗拒检查、拘留、逮捕，造成执法人员死亡、重伤、多人轻伤或者具有其他严重情节的，应当认定为刑法第三百四十七条第二款第四项规定的“以暴力抗拒检查、拘留、逮捕，情节严重”。

第四条 走私、贩卖、运输、制造毒品，具有下列情形之一的，应当认定为刑法第三百四十七条第四款规定的“情节严重”:

(一)向多人贩卖毒品或者多次走私、贩卖、运输、制造毒品的;

(二)在戒毒场所、监管场所贩卖毒品的;

(三)向在校学生贩卖毒品的;

(四)组织、利用残疾人、严重疾病患者、怀孕或者正在哺乳自己婴儿的妇女走私、贩卖、运输、制造毒品的;

(五)国家工作人员走私、贩卖、运输、制造毒品的;

(六)其他情节严重的情形。

第五条 非法持有毒品达到刑法第三百四十八条或者本解释第二条规定的“数量较大”标准，且具有下列情形之一的，应当认定为刑法第三百四十八条规定的“情节严重”：

（一）在戒毒场所、监管场所非法持有毒品的；

（二）利用、教唆未成年人非法持有毒品的；

（三）国家工作人员非法持有毒品的；

（四）其他情节严重的情形。

第六条 包庇走私、贩卖、运输、制造毒品的犯罪分子，具有下列情形之一的，应当认定为刑法第三百四十九条第一款规定的“情节严重”：

（一）被包庇的犯罪分子依法应当判处十五年有期徒刑以上刑罚的；

（二）包庇多名或者多次包庇走私、贩卖、运输、制造毒品的犯罪分子的；

（三）严重妨害司法机关对被包庇的犯罪分子实施的毒品犯罪进行追究的；

（四）其他情节严重的情形。

为走私、贩卖、运输、制造毒品的犯罪分子窝藏、转移、隐瞒毒品或者毒品犯罪所得的财物，具有下列情形之一的，应当认定为刑法第三百四十九条第一款规定的“情节严重”：

（一）为犯罪分子窝藏、转移、隐瞒毒品达到刑法第三百四十七条第二款第一项或者本解释第一条第一款规定的“数量大”标准的；

（二）为犯罪分子窝藏、转移、隐瞒毒品犯罪所得的财物价值达到五万元以上的；

（三）为多人或者多次为他人窝藏、转移、隐瞒毒品或者毒品犯罪所得的财物的；

（四）严重妨害司法机关对该犯罪分子实施的毒品犯罪进行追究的；

（五）其他情节严重的情形。

包庇走私、贩卖、运输、制造毒品的近亲属，或者为其窝藏、转移、隐瞒毒品或者毒品犯罪所得的财物，不具有本条前两款规定的“情节严重”情形，归案后认罪、悔罪、积极退赃，且系初犯、偶犯，犯罪情节轻微不需要判处刑罚的，可以免予刑事处罚。

第七条 违反国家规定，非法生产、买卖、运输制毒物品、走私制毒物品，达到下列数量标准的，应当认定为刑法第三百五十条第一款规定的“情节较重”：

（一）麻黄碱（麻黄素）、伪麻黄碱（伪麻黄素）、消旋麻黄碱（消旋麻黄素）一千克以上不满五千克；

（二）1–苯基–2–丙酮、1–苯基–2–溴–1–丙酮、3，4–亚甲基二氧

苯基 -2- 丙酮、羟亚胺二千克以上不满十千克；

（三）3- 氧 -2- 苯基丁腈、邻氯苯基环戊酮、去甲麻黄碱（去甲麻黄素）、甲基麻黄碱（甲基麻黄素）四千克以上不满二十千克；

（四）醋酸酐十千克以上不满五十千克；

（五）麻黄浸膏、麻黄浸膏粉、胡椒醛、黄樟素、黄樟油、异黄樟素、麦角酸、麦角胺、麦角新碱、苯乙酸二十千克以上不满一百千克；

（六）N- 乙酰邻氨基苯酸、邻氨基苯甲酸、三氯甲烷、乙醚、哌啶五十千克以上不满二百五十千克；

（七）甲苯、丙酮、甲基乙基酮、高锰酸钾、硫酸、盐酸一百千克以上不满五百千克；

（八）其他制毒物品数量相当的。

违反国家规定，非法生产、买卖、运输制毒物品、走私制毒物品，达到前款规定的数量标准最低值的百分之五十，且具有下列情形之一的，应当认定为刑法第三百五十条第一款规定的“情节较重”：

（一）曾因非法生产、买卖、运输制毒物品、走私制毒物品受过刑事处罚的；

（二）二年内曾因非法生产、买卖、运输制毒物品、走私制毒物品受过行政处罚的；

（三）一次组织五人以上或者多次非法生产、买卖、运输制毒物品、走私制毒物品，或者在多个地点非法生产制毒物品的；

（四）利用、教唆未成年人非法生产、买卖、运输制毒物品、走私制毒物品的；

（五）国家工作人员非法生产、买卖、运输制毒物品、走私制毒物品的；

（六）严重影响群众正常生产、生活秩序的；

（七）其他情节较重的情形。

易制毒化学品生产、经营、购买、运输单位或者个人未办理许可证明或者备案证明，生产、销售、购买、运输易制毒化学品，确实用于合法生产、生活需要的，不以制毒物品犯罪论处。

第八条　违反国家规定，非法生产、买卖、运输制毒物品、走私制毒物品，具有下列情形之一的，应当认定为刑法第三百五十条第一款规定的“情节严重”：

（一）制毒物品数量在本解释第七条第一款规定的最高数量标准以上，不满最高数量标准五倍的；

（二）达到本解释第七条第一款规定的数量标准，且具有本解释第七条第二款第三项至第六项规定的情形之一的；

（三）其他情节严重的情形。

违反国家规定，非法生产、买卖、运输制毒物品、走私制毒物品，具有下列情形之一的，应当认定为刑法第三百五十条第一款规定的“情节特别严重”：

（一）制毒物品数量在本解释第七条第一款规定的最高数量标准五倍以上的；

（二）达到前款第一项规定的数量标准，且具有本解释第七条第二款第三项至第六项规定的情形之一的；

（三）其他情节特别严重的情形。

第九条 非法种植毒品原植物，具有下列情形之一的，应当认定为刑法第三百五十一条第一款第一项规定的“数量较大”：

（一）非法种植大麻五千株以上不满三万株的；

（二）非法种植罂粟二百平方米以上不满一千二百平方米、大麻二千平方米以上不满一万二千平方米，尚未出苗的；

（三）非法种植其他毒品原植物数量较大的。

非法种植毒品原植物，达到前款规定的最高数量标准的，应当认定为刑法第三百五十一条第二款规定的“数量大”。

第十条 非法买卖、运输、携带、持有未经灭活的毒品原植物种子或者幼苗，具有下列情形之一的，应当认定为刑法第三百五十二条规定的“数量较大”：

（一）罂粟种子五十克以上、罂粟幼苗五千株以上的；

（二）大麻种子五十千克以上、大麻幼苗五万株以上的；

（三）其他毒品原植物种子或者幼苗数量较大的。

第十一条 引诱、教唆、欺骗他人吸食、注射毒品，具有下列情形之一的，应当认定为刑法第三百五十三条第一款规定的“情节严重”：

（一）引诱、教唆、欺骗多人或者多次引诱、教唆、欺骗他人吸食、注射毒品的；

（二）对他人身体健康造成严重危害的；

（三）导致他人实施故意杀人、故意伤害、交通肇事等犯罪行为的；

（四）国家工作人员引诱、教唆、欺骗他人吸食、注射毒品的；

（五）其他情节严重的情形。

第十二条 容留他人吸食、注射毒品，具有下列情形之一的，应当依照刑法第三百五十四条的规定，以容留他人吸毒罪定罪处罚：

（一）一次容留多人吸食、注射毒品的；

（二）二年内多次容留他人吸食、注射毒品的；

（三）二年内曾因容留他人吸食、注射毒品受过行政处罚的；

（四）容留未成年人吸食、注射毒品的；

（五）以牟利为目的容留他人吸食、注射毒品的；

（六）容留他人吸食、注射毒品造成严重后果的；

（七）其他应当追究刑事责任的情形。

向他人贩卖毒品后又容留其吸食、注射毒品，或者容留他人吸食、注射毒品并向其贩卖毒品，符合前款规定的容留他人吸毒罪的定罪条件的，以贩卖毒品罪和容留他人吸毒罪数罪并罚。

容留近亲属吸食、注射毒品，情节显著轻微危害不大的，不作为犯罪处理；需要追究刑事责任的，可以酌情从宽处罚。

第十三条 依法从事生产、运输、管理、使用国家管制的麻醉药品、精神药品的人员，违反国家规定，向吸食、注射毒品的人提供国家规定管制的能够使人形成瘾癖的麻醉药品、精神药品，具有下列情形之一的，应当依照刑法第三百五十五条第一款的规定，以非法提供麻醉药品、精神药品罪定罪处罚：

（一）非法提供麻醉药品、精神药品达到刑法第三百四十七条第三款或者本解释第二条规定的“数量较大”标准最低值的百分之五十，不满“数量较大”标准的；

（二）二年内曾因非法提供麻醉药品、精神药品受过行政处罚的；

（三）向多人或者多次非法提供麻醉药品、精神药品的；

（四）向吸食、注射毒品的未成年人非法提供麻醉药品、精神药品的；

（五）非法提供麻醉药品、精神药品造成严重后果的；

（六）其他应当追究刑事责任的情形。

具有下列情形之一的，应当认定为刑法第三百五十五条第一款规定的“情节严重”：

（一）非法提供麻醉药品、精神药品达到刑法第三百四十七条第三款或者本解释第二条规定的“数量较大”标准的；

（二）非法提供麻醉药品、精神药品达到前款第一项规定的数量标准，且具有前款第三项至第五项规定的情形之一的；

（三）其他情节严重的情形。

——《最高人民法院关于审理毒品犯罪案件适用法律若干问题的解释》（2016年4月6日，法释〔2016〕8号）。

最高人民法院司法政策精神

（二十）走私、贩卖、运输、制造毒品罪

1. 构成走私、贩卖、运输、制造毒品罪的，根据下列情形在相应的幅度内确定量刑起点：

（1）走私、贩卖、运输、制造鸦片一千克，海洛因、甲基苯丙胺五十克或者其它毒品数量达到数量大起点的，量刑起点为十五年有期徒刑。依法应当判处无期徒刑以上刑罚的除外。

（2）走私、贩卖、运输、制造鸦片二百克，海洛因、甲基苯丙胺十克或者其它毒品数量达到数量较大起点的，在七年至八年有期徒刑幅度内确定量刑起点。

（3）走私、贩卖、运输、制造鸦片不满二百克，海洛因、甲基苯丙胺不满十克或者其他少量毒品的，可以在三年以下有期徒刑、拘役幅度内确定量刑起点；情节严重的，在三年至四年有期徒刑幅度内确定量刑起点。

2. 在量刑起点的基础上，根据毒品犯罪次数、人次、毒品数量等其他影响犯罪构成的犯罪事实增加刑罚量，确定基准刑。

3. 有下列情节之一的，增加基准刑的 10%–30%：

（1）利用、教唆未成年人走私、贩卖、运输、制造毒品的；

（2）向未成年人出售毒品的；

（3）毒品再犯。

4. 有下列情节之一的，可以减少基准刑的 30% 以下：

（1）受雇运输毒品的；

（2）毒品含量明显偏低的；

（3）存在数量引诱情形的。

5. 构成走私、贩卖、运输、制造毒品罪的，根据走私、贩卖、运输、制造毒品的种类、数量、危害后果等犯罪情节，综合考虑被告人缴纳罚金的能力，决定罚金数额。

6. 构成走私、贩卖、运输、制造毒品罪的，综合考虑走私、贩卖、运输、制造毒品的种类、数量、危害后果等犯罪事实、量刑情节，以及被告人的主观恶性、人身危险性、认罪悔罪表现等因素，从严把握缓刑的适用。

——《最高人民法院、最高人民检察院印发〈关于常见犯罪的量刑指导意见（试行）〉的通知》（2021 年 6 月 16 日，法发〔2021〕21 号）。

1208. 毒品犯罪案件主从犯的区分与处罚原则

关键词

毒品犯罪　共同犯罪　主从犯

最高人民法院司法政策精神

九、毒品案件的共同犯罪问题

毒品犯罪中，部分共同犯罪人未到案，如现有证据能够认定已到案被告人为共同犯罪，或者能够认定为主犯或者从犯的，应当依法认定。没有实施毒品犯罪的共同故意，仅在客观上为相互关联的毒品犯罪上下家，不构成共同犯罪，但为了诉讼便利可并案审理。审理毒品共同犯罪案件应当注意以下几个方面的问题：

一是要正确区分主犯和从犯。区分主犯和从犯，应当以各共同犯罪人在毒品共同犯罪中的地位和作用为根据。要从犯意提起、具体行为分工、出资和实际分得毒赃多少以及共犯之间相互关系等方面，比较各个共同犯罪人在共同犯罪中的地位和作用。在毒品共同犯罪中，为主出资者、毒品所有者或者起意、策划、纠集、组织、雇佣、指使他人参与犯罪以及其他起主要作用的是主犯；起次要或者辅助作用的是从犯。受雇佣、受指使实施毒品犯罪的，应根据其在犯罪中实际发挥的作用具体认定为主犯或者从犯。对于确有证据证明在共同犯罪中起次要或者辅助作用的，不能因为其他共同犯罪人未到案而不认定为从犯，甚至将其认定为主犯或者按主犯处罚。只要认定为从犯，无论主犯是否到案，均应依照刑法关于从犯的规定从轻、减轻或者免除处罚。

二是要正确认定共同犯罪案件中主犯和从犯的毒品犯罪数量。对于毒品犯罪集团的首要分子，应按集团毒品犯罪的总数量处罚；对一般共同犯罪的主犯，应按其所参与的或者组织、指挥的毒品犯罪数量处罚；对于从犯，应当按照其所参与的毒品犯罪的数量处罚。

三是要根据行为人在共同犯罪中的作用和罪责大小确定刑罚。不同案件不能简单类比，一个案件的从犯参与犯罪的毒品数量可能比另一案件的主犯参与犯罪的毒品数量大，但对这一案件从犯的处罚不是必然重于另一案件的主犯。共同犯罪中能分清主从犯的，不能因为涉案的毒品数量特别巨大，就不分主从犯而一律将被告人认定为主犯或者实际上都按主犯处罚，一律判处重刑甚至死刑。对于共同犯罪中有多个主犯或者共同犯罪人的，处罚上也应做到区别对待。应当全面考察各主犯或者共同犯罪人在共同犯罪中实际发挥作用的差别，主观恶性和人身危险性方面的差异，对罪责或者人身危险性更大的主犯或者共同犯罪人依法判处更重的刑罚。

——《最高人民法院印发〈全国部分法院审理毒品犯罪案件工作座谈会纪要〉的通知》（2008 年 12 月 1 日，法〔2008〕324 号）。

《刑事审判参考》指导案例

黄德全、韦武全、韦红坚贩卖毒品案（《刑事审判参考》指导案例第 366 号）

裁判要点：既不是贩毒犯意的提起者，也不是出资者和毒品的所有者，在购买毒品的犯罪过程中起的是次要和辅助作用，应认定

为从犯。

毒品共同犯罪，是指二人以上共同故意实施走私、贩卖、运输、制造毒品等的犯罪行为。在司法实践中，一般将在共同犯罪中起意贩毒、为主出资、毒品所有者以及其他起主要作用的认定为主犯；在共同犯罪中起次要或者辅助作用的认定为从犯。对既不是贩毒犯意的提起者，也不是出资者和毒品的所有者，在共同犯罪中不是处于主犯的地位，在购买毒品的犯罪过程中起的是次要和辅助作用，应认定为从犯。

——最高人民法院刑事审判第一庭、第二庭编：《刑事审判参考》2005 年第 5 集（总第 46 集），法律出版社 2006 年版，第 51~54 页。

张玉梅、刘玉堂、李永生贩卖毒品案（《刑事审判参考》指导案例第 367 号）

裁判要点：对于毒品共同犯罪应当区分主犯和从犯。无法区分的，要根据行为人在共同犯罪中的作用和罪责大小确定刑罚。

对于无法区分主、从犯的，要根据行为人在共同犯罪中的作用和罪责大小确定刑罚。对于犯罪集团的首要分子，应按集团毒品犯罪的总数量处罚，对一般共同犯罪的主犯，应当按其组织、指挥的毒品犯罪数量处罚，对于从犯，应当按照其个人直接参与实施的毒品犯罪数量处罚。共同犯罪中能分清主、从犯的，不能因为涉案的毒品数量特别巨大，就一律将被告人认定为主犯并判处重刑甚至死刑。受雇于他人实施毒品犯罪的，应根据其在犯罪中的作用具体认定为主犯或者从犯。受他人指使实施毒品犯罪并在犯罪中起次要作用的，一般应认定为从犯。

——最高人民法院刑事审判第一庭、第二庭编：《刑事审判参考》2005 年第 5 集（总第 46 集），法律出版社 2006 年版，第 55~65 页。

1209. 制造毒品行为的认定

关键词

贩卖、制造毒品　制造毒品罪

《刑事审判参考》指导案例

刘守红贩卖、制造毒品案（《刑事审判参考》指导案例第 1196 号）

裁判要点：如果根据在案查获的制毒原料、工具、技术配方及毒品成品、半成品等情况，结合犯罪嫌疑人、被告人对基本制毒方法、原理的供述，足以认定其实施了制造毒品犯罪行为的话，则不需要通过侦查实验来进行核实验证。

我们认为，依据现有证据可以认定刘守红的行为构成制造毒品罪。理由如下：

第一，利用被告人刘守红供述的制毒“原料”能够制造出甲基苯丙胺（冰毒）。甲基苯丙胺，又名甲基安非他明、去氧麻黄碱，是一种无味或微有苦味的透明结晶体。甲基苯丙胺属于化学合成毒品，制造工艺相对简单。随着合成毒品消费需求在我国的迅速增长，制造合成毒品犯罪呈上升趋势。麻黄碱类物质是制造甲基苯丙胺等苯丙胺类合成毒品的主要原料，属于《易制毒化学品管理条例》品种目录列管的第一类易制毒化学品。早期，犯罪分子利用易制毒化学品管理上存在的个别漏洞，非法获得麻黄碱、伪麻黄碱等物质后合成甲基苯丙胺。随着行政管控的进一步加强，部分犯罪分子转而利用含有麻黄碱类物质的药品加工、提炼麻黄碱、伪麻黄碱，进而制造甲基苯丙胺。随后，又逐步发展成为利用天然植物麻黄草提炼麻黄碱类物质，或者是利用溴代苯丙酮化学合成麻黄碱类物质，再制造甲基苯丙胺。其中，含有麻黄碱类物质的药品是用于治疗感冒和咳嗽的常用药，常见的如新康泰克胶囊、麻黄碱苯海拉明片、消咳宁等。通过加工、提炼等方法，可以从这类药物中提取麻黄碱类物质，因而也使之成为犯罪分子争相获取的对象。本案中，刘守红曾供述，其通过从互联网上搜索“新康泰克”“冰毒”查询到制造甲基苯丙胺的方法，将康泰克胶囊（复方盐酸伪麻黄碱缓释胶囊）与其他化学品混合后制造甲基苯丙胺，案发后公安人员不但从刘守红的租房内查获了甲基苯丙胺，也查获了大量含有麻黄碱成分的液体。据此，可以认定刘守红供述的利用含麻黄碱类物质的药物制造甲基苯丙胺的情况属实。

第二，根据现场查获物证情况，结合被告人刘守红供述，足以认定刘守红实施了制造毒品犯罪行为。办理制造毒品犯罪案件时，确有必要对犯罪嫌疑人、被告人制造毒品的方法、过程进行详细讯问，以查明其是否确实实施了制造毒品犯罪行为。但实践中，一些犯罪分子出于逃避罪责等考虑，并不如实供述自己制造毒品的具体方法和过程；也有一些犯罪分子受自身知识水平所限，并不了解也难以表述清楚自己制造毒品的具体技术原理，由此给司法人员查明案件相关事实带来了一定困难。那么，对于这种情况，是否都需要办案人员按照犯罪嫌疑人、被告人供述的制毒方法、过程进行侦查实验，以核实其供述的真伪，并据此认定其是否实施了制毒行为？

我们认为，如果根据在案查获的制毒原料、工具、技术配方及毒品成品、半成品等情况，结合犯罪嫌疑人、被告人对基本制毒方法、原理的供述，足以认定其实施了制造毒品犯罪行为的话，则不需要通过侦查实验来进行核实验证。况且，即使侦查实验表明犯罪嫌疑人、被告人供述的制毒方法不完全真实，亦不能得出其未实施制造毒品犯罪的结论。本案中，公安人员从刘守红的租房内查获了其供述的酒精、氯化铵、含麻黄碱成分的液体等制毒原料，酒精灯、电子秤等制毒工具，以及含甲基苯丙胺成分的白色晶体、液体等毒品成品或含毒品物质。案发后，公安人员从刘守红租房内搜查到刘守红供称的记载制毒方法的笔记本，上面确实记载了“甲基苯丙胺”“麻黄草”“红磷”等字样。刘守红亦曾供认，其将康泰克胶囊与其他化学品混合、加热后制造甲基苯丙胺。结合上述证据，足以认定刘守红实施了制造毒品行为，故无须通过侦查实验进一步核实，并且，即使被告人后期翻供，亦不足以推翻上述认定。

第三，被告人刘守红实施的行为属于利用化学方法加工、配制毒品的制造毒品行为。我国刑法没有对制造毒品犯罪的含义作出明确界定。由于犯罪分子制造毒品的手段复杂多样、不断翻新，为厘清制造毒品的概念，最高人民法院在 2008 年印发的《全国部分法院审理毒品犯罪案件工作座谈会纪要》（以下简称《大连会谈纪要》）中对此作了具体规定：“制造毒品不仅包括非法用毒品原植物直接提炼和用化学方法加工、配制毒品的行为，也包括以改变毒品成分和效用为目的，用混合等物埋方法加工、配制毒品的行为。”本案中，刘守红曾供述，其将康泰克胶囊、酒精、氯化铵、氢氧化钠及其他化学品在铁桶内混合，进行加热、冷却，后在桶壁上提取到白色晶体（甲基苯丙胺）虽如前分析，刘守红可能并未全部如实供述制毒原料和方法、过程，但甲基苯丙胺只能通过化学方法加工合成，不能通过物理方法制造；且刘守红供述的制毒方法，符合将不同化学品混合后使之发生化学反应的基本原理。故可以认定刘守红实施了利用化学方法加工、配制毒品的行为，其行为属于《大连会谈纪要》规定的制造毒品行为。

——最高人民法院刑事审判第一、二、三、四、五庭主办：《刑事审判参考》（总第 110 辑），法律出版社 2018 年版，第 23~28 页。

1210. 毒品犯罪死刑的适用

关键词

毒品犯罪　死刑适用

最高人民法院司法政策精神

二、毒品犯罪的死刑适用问题

审理毒品犯罪案件，应当切实贯彻宽严相济的刑事政策，突出毒品犯罪的打击重点。必须依法严惩毒枭、职业毒犯、再犯、累犯、惯犯、主犯等主观恶性深、人身危险性大、危害严重的毒品犯罪分子，以及具有将毒品走私入境，多次、大量或者向多人贩卖，诱使多人吸毒，武装掩护、暴力抗拒检查、拘留或者逮捕，或者参与有组织的国际贩毒活动等情节的毒品犯罪分子。对其中罪行极其严重依法应当判处死刑的，必须坚决依法判处死刑。

毒品数量是毒品犯罪案件量刑的重要情节，但不是唯一情节。对被告人量刑时，特别是在考虑是否适用死刑时，应当综合考虑毒品数量、犯罪情节、危害后果、被告人的主观恶性、人身危险性以及当地禁毒形势等各种因素，做到区别对待。近期，审理毒品犯罪案件掌握的死刑数量标准，应当结合本地毒品犯罪的实际情况和依法惩治、预防毒品犯罪的需要，并参照最高人民法院复核的毒品死刑案件的典型案例，恰当把握。量刑既不能只片面考虑毒品数量，不考虑犯罪的其他情节，也不能只片面考虑其他情节，而忽视毒品数量。

对虽然已达到实际掌握的判处死刑的毒品数量标准，但是具有法定、酌定从宽处罚情节的被告人，可以不判处死刑；反之，对毒品数量接近实际掌握的判处死刑的数量标准，但具有从重处罚情节的被告人，也可以判处死刑。毒品数量达到实际掌握的死刑数量标准，既有从重处罚情节，又有从宽处罚情节的，应当综合考虑各方面因素决定刑罚，判处死刑立即执行应当慎重。具有下列情形之一的，可以判处被告人死刑：（1）具有毒品犯罪集团首要分子、武装掩护毒品犯罪、暴力抗拒检查、拘留或者逮捕、参与有组织的国际贩毒活动等严重情节的；（2）毒品数量达到实际掌握的死刑数量标准，并具有毒品再犯、累犯，利用、教唆未成年人走私、贩卖、运输、制造毒品，或者向未成年人出售毒品等法定从重处罚情节的；（3）毒品数量达到实际掌握的死刑数量标准，并具有多次走私、贩卖、运输、制造毒品，向多人贩毒，在毒品犯罪中诱使、容留多人吸毒，在戒毒监管场所贩毒，国家工作人员利用职务便利实施毒品犯罪，或者职业犯、惯犯、主犯等情节的；（4）毒品数量达到实际掌握的死刑数量标准，并具有其他从重处罚情节的；（5）毒品数量超过实际掌握的死刑数量标准，且没有法定、酌定从轻处罚情节的。

毒品数量达到实际掌握的死刑数量标准，具有下列情形之一的，可以不判处被告人死刑立即执行：（1）具有自首、立功等法定从宽处罚情节的；（2）已查获的毒品数量未达到实际掌握的死刑数量标准，到案后坦白尚未被司法机关掌握的其他毒品犯罪，累计数量超过实际掌握的死刑数量标准的；（3）

经鉴定毒品含量极低，掺假之后的数量才达到实际掌握的死刑数量标准的，或者有证据表明可能大量掺假但因故不能鉴定的；（4）因特情引诱毒品数量才达到实际掌握的死刑数量标准的；（5）以贩养吸的被告人，被查获的毒品数量刚达到实际掌握的死刑数量标准的；（6）毒品数量刚达到实际掌握的死刑数量标准，确属初次犯罪即被查获，未造成严重危害后果的；（7）共同犯罪毒品数量刚达到实际掌握的死刑数量标准，但各共同犯罪人作用相当，或者责任大小难以区分的；（8）家庭成员共同实施毒品犯罪，其中起主要作用的被告人已被判处死刑立即执行，其他被告人罪行相对较轻的；（9）其他不是必须判处死刑立即执行的。

有些毒品犯罪案件，往往由于毒品、毒资等证据已不存在，导致审查证据和认定事实困难。在处理这类案件时，只有被告人的口供与同案其他被告人供述吻合，并且完全排除诱供、逼供、串供等情形，被告人的口供与同案被告人的供述才可以作为定案的证据。仅有被告人口供与同案被告人供述作为定案证据的，对被告人判处死刑立即执行要特别慎重。

——《最高人民法院印发〈全国部分法院审理毒品犯罪案件工作座谈会纪要〉的通知》（2008 年 12 月 1 日，法〔2008〕324 号）。

（四）死刑适用问题

当前，我国毒品犯罪形势严峻，审判工作中应当继续坚持依法从严惩处毒品犯罪的指导思想，充分发挥死刑对于预防和惩治毒品犯罪的重要作用。要继续按照《大连会议纪要》的要求，突出打击重点，对罪行极其严重、依法应当判处死刑的被告人，坚决依法判处。同时，应当全面、准确贯彻宽严相济刑事政策，体现区别对待，做到罚当其罪，量刑时综合考虑毒品数量、犯罪性质、情节、危害后果、被告人的主观恶性、人身危险性及当地的禁毒形势等因素，严格审慎地决定死刑适用，确保死刑只适用于极少数罪行极其严重的犯罪分子。

1. 运输毒品犯罪的死刑适用

对于运输毒品犯罪，应当继续按照《大连会议纪要》的有关精神，重点打击运输毒品犯罪集团首要分子，组织、指使、雇用他人运输毒品的主犯或者毒枭、职业毒犯、毒品再犯，以及具有武装掩护运输毒品、以运输毒品为业、多次运输毒品等严重情节的被告人，对其中依法应当判处死刑的，坚决依法判处。

对于受人指使、雇用参与运输毒品的被告人，应当综合考虑毒品数量、犯罪次数、犯罪的主动性和独立性、在共同犯罪中的地位作用、获利程度和方式及其主观恶性、人身危险性等因素，予以区别对待，慎重适用死刑。对于有证据证明确属受人指使、雇用运输毒品，又系初犯、偶犯的被告人，即使毒品数量超过实际掌握的死刑数量标准，也可以不判处死刑；尤其对于其中被动参与犯罪，从属性、辅助性较强，获利程度较低的被告人，一般不应当判处死刑。对于不能排除受人指使、雇用初次运输毒品的被告人，毒品数量超过实际掌握的死刑数量标准，但尚不属数量巨大的，一般也可以不判处死刑。

一案中有多人受雇运输毒品的，在决定死刑适用时，除各被告人运输毒品的数量外，还应结合其具体犯罪情节、参与犯罪程度、与雇用者关系的紧密性及其主观恶性、人身危险性等因素综合考虑，同时判处二人以上死刑要特别慎重。

2. 毒品共同犯罪、上下家犯罪的死刑适用

毒品共同犯罪案件的死刑适用应当与该案的毒品数量、社会危害及被告人的犯罪情节、主观恶性、人身危险性相适应。涉案毒品数量刚超过实际掌握的死刑数量标准，依法应当适用死刑的，要尽量区分主犯间的罪责大小，一般只对其中罪责最大的一名主犯判处死刑；各共同犯罪人地位作用相当，或者罪责大小难以区分的，可以不判处被告人死刑；二名主犯的罪责均很突出，且均具有法定从重处罚情节的，也要尽可能比较其主观恶性、人身危险性方面的差异，判处二人死刑要特别慎重。涉案毒品数量达到巨大以上，二名以上主犯的罪责均很突出，或者罪责稍次的主犯具有法定、重大酌定从重处罚情节，判处二人以上死刑符合罪刑相适应原则，并有利于全案量刑平衡的，可以依法判处。

对于部分共同犯罪人未到案的案件，在案被告人与未到案共同犯罪人均属罪行极其严重，即使共同犯罪人到案也不影响对在案被告人适用死刑的，可以依法判处在案被告人死刑；在案被告人的罪行不足以判处死刑，或者共同犯罪人归案后全案只宜判处其一人死刑的，不能因为共同犯罪人未到案而对在案被告人适用死刑；在案被告人与未到案共同犯罪人的罪责大小难以准确认定，进而影响准确适用死刑的，不应对在案被告人判处死刑。

对于贩卖毒品案件中的上下家，要结合其贩毒数量、次数及对象范围，犯罪的主动性，对促成交易所发挥的作用，犯罪行为的危害后果等因素，综合考虑其主观恶性和人身危险性，慎重、稳妥地决定死刑适用。对于买卖同宗毒品的上下家，涉案毒品数量刚超过实际掌握的死刑数量标准的，一般不能同时判处死刑；上家主动联络销售毒品，积极促成毒品交易的，通常可以判处上家死刑；下家积极筹资，主动向上家约购毒品，对促成毒品交易起更大作用的，可以考虑判处下家死刑。涉案毒品数量达到巨大以上的，也要综合上述因素决定死刑适用，同时判处上下家死刑符合罪刑相适应原则，并有利于全案量刑平衡的，可以依法判处。

一案中有多名共同犯罪人、上下家针对同宗毒品实施犯罪的，可以综合

运用上述毒品共同犯罪、上下家犯罪的死刑适用原则予以处理。

办理毒品犯罪案件，应当尽量将共同犯罪案件或者密切关联的上下游案件进行并案审理；因客观原因造成分案处理的，办案时应当及时了解关联案件的审理进展和处理结果，注重量刑平衡。

3. 新类型、混合型毒品犯罪的死刑适用

甲基苯丙胺片剂（俗称“麻古”等）是以甲基苯丙胺为主要毒品成分的混合型毒品，其甲基苯丙胺含量相对较低，危害性亦有所不同。为体现罚当其罪，甲基苯丙胺片剂的死刑数量标准一般可以按照甲基苯丙胺（冰毒）的2倍左右掌握，具体可以根据当地的毒品犯罪形势和涉案毒品含量等因素确定。

涉案毒品为氯胺酮（俗称“K粉”）的，结合毒品数量、犯罪性质、情节及危害后果等因素，对符合死刑适用条件的被告人可以依法判处死刑。综合考虑氯胺酮的致瘾癖性、滥用范围和危害性等因素，其死刑数量标准一般可以按照海洛因的10倍掌握。

涉案毒品为其他滥用范围和危害性相对较小的新类型、混合型毒品的，一般不宜判处被告人死刑。但对于司法解释、规范性文件明确规定了定罪量刑数量标准，且涉案毒品数量特别巨大，社会危害大，不判处死刑难以体现罚当其罪的，必要时可以判处被告人死刑。

——《最高人民法院关于印发〈全国法院毒品犯罪审判工作座谈会纪要〉的通知》（2015年5月18日，法〔2015〕129号）。

附录：理解与适用

（四）死刑适用问题

《全国部分法院审理毒品犯罪案件工作座谈会纪要》（以下简称《大连会谈纪要》）对毒品犯罪的死刑适用问题作了较为系统的规定，对相对统一死刑适用标准发挥了重要作用，对于这些规定总体仍应继续参照执行。《全国法院毒品犯罪审判工作座谈会纪要》（以下简称《纪要》）对《大连会议纪要》的相关规定作出了补充和完善，这些内容大多是《大连会议纪要》没有规定的，也是对近年来审判实践经验的总结。需要说明的是，本节中的死刑均指死刑立即执行。

《纪要》强调了毒品犯罪案件的死刑政策把握问题，提出在当前形势下仍要充分发挥死刑的威慑作用，对罪行极其严重、依法应当判处死刑的毒品犯罪分子，要坚决判处死刑；同时提出，在毒品犯罪审判中也要全面贯彻宽严相济刑事政策，体现区别对待，做到罚当其罪，确保死刑只适用于极少数罪行极其严重的毒品犯罪分子。《纪要》重点对三类案件的死刑适用问题作了具体规定。

1. 运输毒品犯罪的死刑适用。该部分内容是对《大连会议纪要》相关规定的补充和完善，重申了《大连会议纪要》规定的运输毒品犯罪的严惩重点，并对受人指使、雇用运输毒品犯罪的死刑适用作了一些新规定，主要包括以下几方面内容：

首先，《纪要》新增了对受人指使、雇用运输毒品的被告人适用死刑的总体原则。提出要以区别对待、慎重适用死刑为原则，并明确了决定是否适用死刑时的各项具体考虑因素。其次，《纪要》对于确属受人指使、雇用运输毒品并系初犯、偶犯的被告人，在《大连会议纪要》的基础上进一步明确了不判处死刑的情形。《大连会议纪要》规定，对于这部分被告人，即使毒品数量超过实际掌握的死刑数量标准，也可以不判处死刑。《纪要》则进一步提出，对于其中被动参与犯罪，从属性、辅助性较强，获利程度较低的被告人，一般不应当判处死刑。这是新增加的内容，目的是进一步严格限制受雇运输毒品犯罪的死刑适用，以突出对运输毒品犯罪的打击重点。再次，《纪要》明确规定了对不能排除受人指使、雇用运输毒品的被告人不判处死刑的条件。这是对《大连会议纪要》规定的有证据证明确属受雇的突破，吸收了2010年最高人民法院办公厅下发云南高院的《关于审理运输毒品犯罪案件应切实做到罪刑相当、罚当其罪的函》中的有关内容。主要考虑毒品犯罪隐蔽性强，部分案件难以达到有证据证明确属受雇的证明标准，如果在量刑时完全不予考虑，又有悖罪责刑相适应原则。故近年来各地在审理此类案件时，包括最高人民法院在复核此类死刑案件时，也将不能排除受雇运输毒品的被告人作为慎用死刑的对象。《纪要》明确规定，不能排除受人指使、雇用运输毒品的被告人同时具备以下两个条件的，可以不判处死刑：一是不排除初次参与运输毒品；二是毒品数量不属巨大。需要说明的是，“不能排除”并不是无根据的推测，也要求有一定的证据证明，只是没有达到确实、充分的证明标准。最后，规定了对多人受雇运输毒品犯罪的死刑适用，强调要对不同受雇者结合各种量刑因素作进一步区分，同时判处二人以上死刑时要特别慎重。

2. 毒品共同犯罪、上下家犯罪的死刑适用。《大连会议纪要》对毒品共同犯罪的死刑适用作了较为原则的规定，对毒品交易上下家的死刑适用则没有涉及。《纪要》对此作了具体规定，是新增的内容。

（1）关于毒品共同犯罪案件的死刑适用。毒品共同犯罪案件中，能否对二名以上被告人适用死刑的问题较为突出。《纪要》规定，毒品共同犯罪的死刑适用要严格贯彻罪责刑相适应原则，涉案毒品的数量不同，适用死刑的具体原则也有所区别。对于毒品数量刚超过实际掌握的死刑数量标准的，原则上只对其中罪责最大的一名主犯适用死刑；罪责确实难以区分的，可以不判处被告人死刑；即使二名主犯的罪责均很突出，且均具有法定从重处罚情节的，也要尽可能比较其主观恶性、人身危险性方面的差异，判处二人死刑要特别慎重。也就是说，在这种情况下，判处二人死刑属于极例外的做法。如果毒品数量达到巨大以上，判处二人以上死刑也还应当具备以下两个条件：一是两名以上主犯的罪责均很突出，或者个别主犯罪责稍次但具有法定或者重大酌定从重处罚情节；二是判处二人以上死刑符合罪刑相适应原则，并有利于全案量刑平衡。

（2）关于存在未到案共同犯罪人案件的死刑适用。实践中，此类案件的死刑适用存在的问题较多，《纪要》规定了三种情况：一是共同犯罪人到案与否不影响在案被告人死刑适用的情形；二是不得因共同犯罪人未到案而对在案被告人升格适用死刑的情形；三是共同犯罪人未到案影响罪责认定，进而影响准确适用死刑的情形。办理此类案件的前提是分清在案被告人与未到案共同犯罪人的罪责，准确适用死刑，并防止升格适用死刑；因罪责不清影响死刑适用的，不应对在案被告人判处死刑。

（3）关于贩卖毒品上下家的死刑适用。办理此类案件，应当对上家还是下家判处死刑，以及什么情况下可以同时判处上下家死刑，也是实践中反映较为突出的问题。《纪要》规定了对贩卖毒品上下家决定死刑适用的考虑因素，并对买卖同宗毒品上下家的死刑适用问题作了具体规定。对于买卖同宗毒品的上下家，由于涉案毒品总量没有增加，毒品数量刚超过实际掌握的死刑数量标准的，一般不能同时判处死刑。《纪要》结合实践情况，明确了此类案件中判处上下家死刑的一般规则。同时，规定涉案毒品数量达到巨大以上的，也要综合各种量刑因素，慎重决定能否同时对上下家判处死刑。

3. 新类型、混合型毒品犯罪的死刑适用。这部分内容也是《纪要》针对近年来实践中反映较为集中的问题作出的新规定。

（1）关于甲基苯丙胺片剂的死刑适用。调研中了解到，对甲基苯丙胺片剂的死刑数量标准，一些地方完全按照晶体状甲基苯丙胺（冰毒）的数量标准掌握。但是，根据有关部门提供的数据，此类片剂中的甲基苯丙胺含量约在5%~30%之间，而冰毒中的甲基苯丙胺含量约在50%~99%之间。在数量相同的情况下，甲基苯丙胺片剂所含的有效毒品成分和危害性要小于冰毒，故对前者应当掌握更高的死刑数量标准。《纪要》提出，对甲基苯丙胺片剂的死刑数量标准，一般可以按照冰毒的2倍左右掌握，具体可以根据当地的毒品犯罪形势和涉案毒品含量等因素确定。例如，对于实际掌握的冰毒死刑数量标准较高且甲基苯丙胺片剂中毒品含量较高的省份，可以适当低于前述2倍标准；对于甲基苯丙胺片剂的含量较低、社会危害较小的省份，可以适当高于前述2倍标准。

（2）关于氯胺酮的死刑适用。《纪要》主要作了两方面的规定：一是规定对涉氯胺酮犯罪案件，符合条件的可以依法适用死刑。主要针对案件性质为制造、贩卖毒品，涉及多人多宗犯罪，具有多次、大量、向多人贩卖及具有累犯、毒品再犯等情节的被告人。二是明确了氯胺酮的死刑数量标准。2007

年“两高一部”《办理毒品犯罪案件适用法律若干问题的意见》规定，氯胺酮的“数量大”标准是1000克，与海洛因的“数量大”标准是20 : 1的关系。主要考虑当时氯胺酮的滥用情况尚不严重，涉氯胺酮犯罪的社会危害也不是非常突出。因此，以往对涉氯胺酮犯罪案件判处死刑的数量标准掌握得较高。《纪要》规定，对氯胺酮的死刑数量标准一般可以按照海洛因的10倍掌握。主要基于以下几点考虑：第一，近年来氯胺酮在我国的滥用人数不断增长，已上升至第三位，仅次于甲基苯丙胺和海洛因。第二，滥用氯胺酮造成的现实危害不断加大，因其兼具麻醉和致幻的双重效果，实践中大量的自伤自残、暴力犯罪及“毒驾”案件多系吸食氯胺酮引发。第三，制贩氯胺酮案件近年来呈迅速增长之势，有必要加大对此类犯罪的打击力度。第四，《非法药物折算表》规定氯胺酮与海洛因的折算比例是10 : 1，可作为参考。

（3）关于其他新类型、混合型毒品的死刑适用。由于这些毒品的滥用范围和社会危害相对较小，有的还没有定罪量刑数量标准，故一般不宜适用死刑。但考虑到毒品犯罪形势发展变化很快，《纪要》也规定了可以判处死刑的例外情况和条件。

——高贵君、马岩、方文军、李静然：《〈全国法院毒品犯罪审判工作座谈会纪要〉的理解与适用》，载《人民司法·应用》2015年第13期（总第720期）。

《刑事审判参考》指导案例

赵扬运输毒品案（《刑事审判参考》指导案例第531号）

裁判要点：对于毒品数量超过实际掌握的死刑数量标准，不能证明被告人系受人指使、雇佣参与运输毒品犯罪的，可以依法判处重刑直至死刑。

对于运输毒品罪，既要看到其不同于走私、贩卖、制造毒品罪的特殊性，在量刑时予以区别对待，也要注重其一般性，对没有从宽处罚情节的被告人要依法判处刑罚。运输毒品罪的特殊性主要体现在，单纯的运输毒品只是毒品犯罪的中间环节，是走私、贩卖、制造毒品犯罪的辅助行为；并且，实践中运输毒品的被告人多是受人指使、雇佣的农民、边民或者无业人员，并非毒品所有者，犯罪目的只是为了赚取少量运费，主观恶性一般不大，社会危害性也相对较小。因此，最高人民法院2008年12月印发的《全国部分法院审理毒品犯罪案件工作座谈会纪要》（以下简称大连会议纪要）提出，对于运输毒品犯罪中的这部分人员，在量刑标准的把握上，应当与走私、贩卖、制造毒品和具有严重情节的运输毒品犯罪分子有所区别，不应单纯以涉案毒品数量的大小决定刑罚适用的轻重；对有证据证明被告人确属受人指使、雇佣参与运输毒品犯罪，又系初犯、偶犯的，可以从轻处罚，即使毒品数量超过实际掌握的死刑数量标准，也可以不判处死刑立即执行。但是，如此规定并非意味着对于任何运输毒品犯罪均需要区别对待，对此，大连会议纪要同时指出，对于毒品数量超过实际掌握的死刑数量标准，不能证明被告人系受人指使、雇佣参与运输毒品犯罪的，可以依法判处重刑直至死刑。

——最高人民法院刑事审判第一、二、三、四、五庭主办：《刑事审判参考》2009 年第 2 集（总第 67 集），法律出版社 2009 年版，第 28~36 页。

呷布金莫贩卖毒品案（《刑事审判参考》指导案例第 542 号）

裁判要点：审理毒品犯罪案件时，应当突出打击重点，依法严惩毒枭、职业毒犯、再犯、累犯、惯犯、主犯等主观恶性深、人身危险性大、危害严重的毒品犯罪分子，对其中罪行极其严重，依法应当判处死刑的，必须坚决依法判处死刑。

本案中，被告人呷布金莫贩卖海洛因 402.2 克，刚达到当地实际掌握的判处死刑的数量标准。如果呷布金莫系初犯、偶犯，或者具有其他酌定从宽处罚情节，则存在不适用死刑立即执行的余地。但是，呷布金莫有长期贩毒史，其 1999 年曾因贩卖零包毒品被刑事拘留，由于当时处于哺乳期，贩毒数量又不大，最终没有实际处罚。但其仍不思悔改，又购买大量毒品企图贩卖牟利，被公安机关抓获，反映其主观恶性较深，人身危险性高。同时，有证人反映，呷布金莫还涉嫌实施其他贩毒行为，但因证据不足未予查实。在这种情况下，被告人呷布金莫系毒品犯罪惯犯，属于毒品犯罪中的重点打击对象，对其判处死刑符合法律规定和宽严相济刑事政策的要求，体现了对主观恶性较深、不思悔改的毒品犯罪分子依法严惩的精神。

——最高人民法院刑事审判第一、二、三、四、五庭主办：《刑事审判参考》2009 年第 2 集（总第 67 集），法律出版社 2009 年版，第 99~102 页。

包占龙贩卖毒品案（《刑事审判参考》指导案例第 639 号）

裁判要点：对不能排除“数量引诱”的案件，不宜判处死刑立即执行。

对因“数量引诱”实施毒品犯罪的被告人，应当依法从轻处罚，即使毒品数量超过实际掌握的死刑数量标准，一般也不判处死刑立即执行。

——最高人民法院刑事审判第一、二、三、四、五庭主办:《刑事审判参考》2010年第4集(总第75集),法律出版社2011年版,第65~71页。

1211. 共同贩卖毒品的死刑政策把握

关键词

共同犯罪 贩卖毒品 死刑

《刑事审判参考》指导案例

陈恒武、李祥光贩卖、运输毒品案(《刑事审判参考》指导案例第1229号)

裁判要点:毒品共同犯罪中,一方面需要考虑毒品数量,另一方面需要认真审查各被告人的地位、作用,要注意从犯意的提起、与毒品源头的紧密程度、出资额、分工等方面进行审查,区分罪责大小。

对共同犯罪案件如何把握死刑政策,现在普遍的认识和做法是,对于二人或者多人致死一人的案件,原则上只对其中罪责最为突出的被告人判处死刑。对此,《最高人民法院关于贯彻宽严相济刑事政策的若干意见》有明确的指导意见:"对于多名被告人共同致死一名被害人的案件,要进一步分清各被告人的作用,准确确定各被告人的罪责,以做到区别对待;不能以分不清主次为由,简单地一律判处重刑。"当然,作为极少数例外情况,对多人致死一人的,也可能有判处二人死刑的情况。

针对毒品共同犯罪,通常也是参照上述政策精神来把握死刑适用。最高人民法院于2008年印发的《全国部分法院审理毒品犯罪案件工作座谈会纪要》中明确提出:共同犯罪中能分清主从犯的,不能因为涉案的毒品数量特别巨大,就不分主从犯而一律将被告人认定为主犯或者实际上都按主犯处罚,一律判处重刑甚至死刑;对于共同犯罪中有多个主犯或者共同犯罪人的,要全面考察各主犯或者共同犯罪人在共同犯罪中实际发挥作用的差别,主观恶性和人身危险性方面的差异,对罪责或者人身危险性更大的主犯或者共同犯罪人判处更重的刑罚。如果共同犯罪毒品数量刚达到实际掌握的死刑数量标准,但各共同犯罪人作用相当,或者责任大小难以区分的,可以不判处死刑立即执行。由此可见,毒品共同犯罪中,一方面需要考虑毒品数量,另一方面需要认真审查各被告人的地位、作用,要注意从犯意的提起、与毒品源头的紧密程度、出资额、分工等方面进行审查，区分罪责大小。

同时，由毒品犯罪的特殊性所决定，在一些毒品犯罪案件中，只抓获部分涉毒人员，甚至有相当一部分案件主犯在逃。此时仍要根据在案证据比较在案被告人与在逃人员的罪责，若在案证据足以证明被告人地位、作用明显大于在逃同案犯或者地位、作用基本相当时，仍可依法核准在案被告人死刑。最高人民法院于 2015 年印发的《全国法院毒品犯罪审判工作座谈会纪要》中明确指出："对于部分共同犯罪人未到案的案件，在案被告人与未到案共同犯罪人均属罪行极其严重，即使共同犯罪人到案也不影响对在案被告人适用死刑的，可以依法判处在案被告人死刑……"

——最高人民法院刑事审判第一、二、三、四、五庭主办：《刑事审判参考》（总第 112 辑），法律出版社 2018 年版，第 70~76 页。

1212. 制造毒品的数量认定

关键词

制造毒品罪　制毒废液　毒品数量认定

《刑事审判参考》指导案例

刘守红贩卖、制造毒品案（《刑事审判参考》指导案例第 1196 号）

裁判要点：制造毒品案件中，毒品成品、半成品的数量应当全部认定为制造毒品的数量，对于无法再加工出成品、半成品的废液、废料则不应计入制造毒品的数量。对于废液、废料的认定，可以根据其毒品成分的含量、外观形态，结合被告人对制毒过程的供述等证据进行分析判断，必要时可以听取鉴定机构的意见。

对于制造毒品的数量认定，最高人民法院 2015 年印发的《全国法院毒品犯罪审判工作座谈会纪要》（以下简称《武汉会议纪要》）规定："制造毒品案件中，毒品成品、半成品的数量应当全部认定为制造毒品的数量，对于无法再加工出成品、半成品的废液、废料则不应计入制造毒品的数量。对于废液、废料的认定，可以根据其毒品成分的含量、外观形态，结合被告人对制毒过程的供述等证据进行分析判断，必要时可以听取鉴定机构的意见。"

废液、废料通常是指已经不具备进一步提取（提纯）毒品条件的固体或者液体废弃物，能够检出毒品成分但含量极低。从上述规定可以看出，废液、废料的认定对于制造毒品的数量认定较为重要。实践中，认定废液、废料的关键在废液废料与半成品的区分。根据《武汉会议纪要》的上述规定，对于制造毒品案件中查获的含有毒品成分，但外观明显有别于成品的非常态物质，除结合被告人对制毒过程的供述、物品的外观、提取状况等进行分析外，主要根据其毒品含量判断属于半成品还是废液、废料，必要时可以听取鉴定机构的意见。而国内有关技术专家提出，对于制造毒品现场查获的毒品含量在0.2%以下的物质，犯罪分子因受技术水平所限，通常难以再加工出毒品，且从成本角度考虑，犯罪分子也不太可能再对含量如此之低的物质进行加工、提纯，故0.2%的含量标准可以作为认定废液、废料时的参考。

——最高人民法院刑事审判第一、二、三、四、五庭主办:《刑事审判参考》(总第110辑)，法律出版社2018年版，第23~28页。

附录：最高人民法院法官著述

本案中，公安机关从被告人刘守红的租房内查获40余克白色晶体和大量不同颜色的液体。其中，49.8克白色晶体经鉴定检出甲基苯丙胺成分，系甲基苯丙胺成品，应认定为刘守红贩卖、制造毒品的数量，对此不存在争议。对于9428.6克检出麻黄碱成分的褐色液体，因未检出毒品成分，故不计入毒品数量。而对于检出甲基苯丙胺成分的1326.3克褐色液体（甲基苯丙胺含量为0.003%）和572.7克黄色液体（甲基苯丙胺含量极低、无法鉴定含量）是否应当认定为刘守红制造毒品的数量，审理过程中存在一定争议。

对于制造毒品的数量认定，最高人民法院2015年印发的《全国法院毒品犯罪审判工作座谈会纪要》(以下简称《武汉会议纪要》)规定:“制造毒品案件中，毒品成品、半成品的数量应当全部认定为制造毒品的数量，对于无法再加工出成品、半成品的废液、废料则不应计入制造毒品的数量。对于废液、废料的认定，可以根据其毒品成分的含量、外观形态，结合被告人对制毒过程的供述等证据进行分析判断，必要时可以听取鉴定机构的意见。”

废液废料通常是指已经不具备进一步提取（提纯）毒品条件的固体或者液体废弃物，能够检出毒品成分但含量极低。从上述规定可以看出，废液、废料的认定对于制造毒品的数量认定较为重要。实践中，认定废液、废料的关键，在于废液废料与半成品的区分。根据《武汉会议纪要》的上述规定，对于制造毒品案件中查获的含有毒品成分但外观明显有别于成品的非常态物质，除结合被告人对制毒过程的供述、物品的外观、提取状况等进行分析外，主要应当根据其毒品含量判断属于半成品还是废液、废料，必要时可以听取鉴定机构的意见。经过一段时间的研究探索，国内有关技术专家提出，对于制造毒品现场查获的毒品含量在0.2%以下的物质，犯罪分子因受技术水平所限，通常难以再加工出毒品，且从成本角度考虑，犯罪分子也不太可能再对含量如此之低的物质进行加工、提纯，故0.2%的含量标准可以作为认定废液、废料时的参考。

根据《武汉会议纪要》的上述规定，结合本案具体情况，笔者认为，对于查获的1326.3克褐色液体和572.7克黄色液体，应当认定为制毒过程中产生的废液，不应计入被告人刘守红制造毒品的数量。理由如下：

第一，上述1326.3克褐色液体的甲基苯丙胺含量极低，仅为0.003%，572.7克黄色液体甚至低至无法鉴定出准确含量。无论是从技术水平角度还是从成本角度，都很难再被用于制造毒品。

第二，根据刘守红的供述，其将买来的原料放在铁锅中加工制毒。公安人员从刘守红的租房内查获的褐色液体装在铁锅里，且甲基苯丙胺含量极低，故应系析出甲基苯丙胺后剩余的液体。

第三，查获的572.7克黄色液体的主要成分是酒精，里面含有极微量的甲基苯丙胺。根据刘守红的供述，酒精亦是他制毒的原料之一，故不排除是在制毒过程中混入了极少量的甲基苯丙胺成分。

综上，苏州吴江区法院将本案中现场查获的甲基苯丙胺含量极低的液体认定为废液，不计入被告人刘守红制造毒品的数量，符合《武汉会议纪要》的相关规定，体现了罪责刑相适应的刑法原则。

——李静然、沈丽：《制造毒品行为及制毒数量的认定》，载《人民司法·案例》2017年第35期（总第802期）。

1213. 毒品犯罪数量不是决定判处死刑的唯一标准

关键词

毒品犯罪　犯罪数量　犯罪情节　死刑

《刑事审判参考》指导案例

吉火木子扎运输毒品案（《刑事审判参考》指导案例532号）

裁判要点：对毒品案件尤其是运输毒品案件量刑时，不能仅以数量标准为依据，而要结合其他量刑情节全面考虑，慎重决定是否适用死刑。

毒品数量对毒品犯罪的刑罚适用起着至关重要的作用，不仅是区分某些毒品犯罪（如非法持有毒品罪）罪与非罪的界限，也是对同一毒品犯罪适用不同刑罚幅度的重要标准。特别是对走私、贩卖、运输、制造毒品罪，毒品数量直接关系到对犯罪分子能否适用死刑的问题。但是，如果单纯以毒品数量作为对毒品犯罪适用刑罚的标准，则不能完整、切实贯彻罪责刑相适应原则的要求。针对实践中存在的“唯数量论”的做法，最高人民法院 2000 年印发的《全国法院审理毒品犯罪案件工作座谈会纪要》① 明确指出：“毒品犯罪数量对毒品犯罪的定罪，特别是量刑具有重要作用。但毒品数量只是依法惩处毒品犯罪的一个重要情节而不是全部情节。因此，执行量刑的数量标准不能简单化。特别是对被告人可能判处死刑的案件，确定刑罚必须综合考虑被告人的犯罪情节、危害后果、主观恶性等多种因素。”最高人民法院 2008 年印发的《全国部分法院审理毒品犯罪案件工作座谈会纪要》②（以下简称《大连会议纪要》）重申了这一精神，并完善了相关规定。据此，对毒品犯罪量刑时应当全面考虑与量刑有关的一切因素，坚持数量与其他情节并重的原则，不能搞唯数量论。

对于运输毒品罪，尤其要强调“数量加情节”的量刑原则。由于刑法将运输毒品罪与走私、贩卖、制造毒品罪并列规定，配置了相同的法定刑，各地法院在审理运输毒品案件时，基本上是按照与走私、贩卖、制造毒品罪相同的量刑标准掌握的。但运输毒品罪有其特殊性，不能仅以运输毒品数量的大小决定刑罚适用的轻重。这主要是基于以下两点考虑：第一，走私、制造毒品是毒品犯罪的源头，贩卖毒品则直接造成毒品向社会扩散，而单纯的运输毒品只是这些犯罪的辅助行为，居于从属地位，社会危害性上有区别；第二，运输毒品的被告人绝大多数为受雇的农民、边民或无业人员，人体携毒者更有许多是妇女，并非毒品所有者。其犯罪原因往往是经济困难或受人利诱，动机只是出于赚取少量运费，主观恶性一般不大。鉴于此，本着罪责刑相适应原则，对这部分运输毒品犯罪分子的处刑，应当与走私、贩卖、制造毒品犯罪分子有所区别。《大连会议纪要》指出，对于运输毒品犯罪，要注意重点打击指使、雇佣他人运输毒品的犯罪分子和接应、接货的毒品所有者、买家或者卖家；而对于有证据证明被告人确实受人指使、雇佣参与运输毒品犯罪，又系初犯、偶犯的，可以从轻处罚，即使毒品数量超过实际掌握的死刑数量标准，也可以不判处死刑立即执行。

——最高人民法院刑事审判第一、二、三、四、五庭主办：《刑事审判参考》2009 年第 2 集（总第 67 集），法律出版社 2009 年版，第 32~36 页。

龙从斌贩卖毒品案（《刑事审判参考》指导案例第 542 号）

---

① 本文件已被《最高人民法院最高人民检察院关于废止 1997 年 7 月 1 日至 2011 年 12 月 31 日期间发布的部分司法解释和司法解释性质文件（第十批）的决定》废止。

② 本文件已被《最高人民法院最高人民检察院关于废止 1997 年 7 月 1 日至 2011 年 12 月 31 日期间发布的部分司法解释和司法解释性质文件（第十批）的决定》废止。

裁判要点：对于毒品数量已经达到实际掌握的判处死刑的数量标准，但具有法定、酌定从宽处罚情节的被告人，可不判处死刑；反之，对于毒品数量接近实际掌握的判处死刑的数量标准，又具有法定或酌定从重处罚情节的被告人，如再犯、累犯、惯犯等，也可以判处死刑立即执行。

毒品数量对毒品犯罪的定罪量刑特别是量刑具有重要作用，是量刑的重要依据，但不是唯一标准。在对被告人量刑时，特别是在考虑是否适用死刑时，要综合考虑毒品数量、犯罪情节、危害后果和被告人的主观恶性、人身危险性等多种因素。本案中，被告人龙从斌等人以贩卖为目的购买海洛因297克，其贩卖数量接近实际掌握的判处死刑的数量标准。其中，龙从斌为主出资购买毒品，与卖方商谈交易价格，检验毒品质量和称量毒品，指使同案被告人王倩准备毒资，指使同案被告人何明惠购买称量毒品的秤并藏匿毒品，在共同犯罪中起主要作用，是主犯。如果被告人龙从斌没有法定或者酌定从重处罚情节，对其可不判处死刑立即执行；但是，龙从斌曾因犯贩卖毒品罪被判处有期徒刑七年，又犯贩卖毒品罪，系毒品再犯，说明其不思悔改，主观恶性深，人身危险性大，应依法从重处罚。一、二审法院综合考虑被告人龙从斌贩卖毒品的数量、犯罪情节、危害后果及其主观恶性、人身危险性等多种因素，对其判处死刑立即执行，量刑适当，最高人民法院据此依法核准其死刑是正确的。

——最高人民法院刑事审判第一、二、三、四、五庭主办：《刑事审判参考》2009年第2集（总第67集），法律出版社2009年版，第95~98页。

1214. 混合型、新类型毒品案件中的毒品含量鉴定

关键词

毒品犯罪　含量鉴定　成分鉴定

最高人民法院司法政策精神

四、关于死刑案件的毒品含量鉴定问题

可能判处死刑的毒品犯罪案件，毒品鉴定结论中应有含量鉴定的结论。

——《最高人民法院、最高人民检察院、公安部关于印发〈办理毒品犯罪案件适用法律若干问题的意见〉的通知》（2007年12月18日，公通字〔2007〕84号）。

五、毒品含量鉴定和混合型、新类型毒品案件处理问题

鉴于大量掺假毒品和成分复杂的新类型毒品不断出现，为做到罪刑相当、罚当其罪，保证毒品案件的审判质量，并考虑目前毒品鉴定的条件和现状，对可能判处被告人死刑的毒品犯罪案件，应当根据最高人民法院、最高人民检察院、公安部 2007 年 12 月颁布的《办理毒品犯罪案件适用法律若干问题的意见》，作出毒品含量鉴定；对涉案毒品可能大量掺假或者系成分复杂的新类型毒品的，亦应当作出毒品含量鉴定。

对于含有二种以上毒品成分的毒品混合物，应进一步作成分鉴定，确定所含的不同毒品成分及比例。对于毒品中含有海洛因、甲基苯丙胺的，应以海洛因、甲基苯丙胺分别确定其毒品种类；不含海洛因、甲基苯丙胺的，应以其中毒性较大的毒品成分确定其毒品种类；如果毒性相当或者难以确定毒性大小的，以其中比例较大的毒品成分确定其毒品种类，并在量刑时综合考虑其他毒品成分、含量和全案所涉毒品数量。对于刑法、司法解释等已规定了量刑数量标准的毒品，按照刑法、司法解释等规定适用刑罚；对于刑法、司法解释等没有规定量刑数量标准的毒品，有条件折算为海洛因的，参照国家食品药品监督管理局制定的《非法药物折算表》，折算成海洛因的数量后适用刑罚。

对于国家管制的精神药品和麻醉药品，刑法、司法解释等尚未明确规定量刑数量标准，也不具备折算条件的，应由有关专业部门确定涉案毒品毒效的大小、有毒成分的多少、吸毒者对该毒品的依赖程度，综合考虑其致瘾癖性、戒断性、社会危害性等依法量刑。因条件限制不能确定的，可以参考涉案毒品非法交易的价格因素等，决定对被告人适用的刑罚，但一般不宜判处死刑立即执行。

——《最高人民法院印发〈全国部分法院审理毒品犯罪案件工作座谈会纪要〉的通知》(2008 年 12 月 1 日，法〔2008〕324 号)。

《刑事审判参考》指导案例

赵敏波贩卖、运输毒品案(《刑事审判参考》指导案例第 536 号)

裁判要点：新型软性毒品“麻果”成分复杂，不能简单等同于甲基苯丙胺，应当进行含量鉴定。

甲基苯丙胺是一种白色透明的不规则结晶，外形与冰相似，故俗称“冰毒”。而“麻果”也称“麻古”(泰语的音译)，是一种含甲基苯丙胺和咖啡因并杂以其他物质制成的混合型新类型毒品。本案查获的“麻果”外观为红色药丸或红色粉末，经鉴定，从“麻果”中检出甲基苯丙胺及咖啡因成分，故

一、二审均认定赵敏波贩卖、运输甲基苯丙胺925余克。但本案查获的“麻果”不仅外观与甲基苯丙胺差异明显，也因成分复杂，很难确定“麻果”中甲基苯丙胺的确切含量。在实践中，已经发现在“麻果”中掺有大量淀粉、香料等成分而甲基苯丙胺含量极低的案例，且“麻果”的成瘾性及对人造成的危害与甲基苯丙胺也有较大区别。据资料显示，“麻果”是一种新型软性毒品，成瘾性不明显，而“冰毒”则对人体具有强烈的兴奋及致幻作用，且持久力强，一次便可上瘾，被称为“毒品之王”。毒品数量虽然直接反映了被告人犯罪对社会的危害，刑法也规定以毒品的数量作为量刑的主要依据，但是如果不同毒品的定罪量刑数量标准过度差异，仍有损于刑罚的公正。本案如果仅以查获“麻果”的重量作为认定甲基苯丙胺的数量对被告人量刑，显然对被告人不公，也会有失刑罚的衡平，涉及适用死刑则更需慎重。

针对实践中出现的此类问题，2000年4月最高人民法院在《关于全国法院审理毒品犯罪案件工作座谈会纪要》（即“南宁会议”）中提出，对于掺假之后的毒品数量才达到判处死刑的标准的，对被告人可不判处死刑立即执行。该纪要虽未明确应当对毒品进行含量鉴定，但已提出对毒品含量过低的案件应慎用死刑立即执行。2004年12月召开的全国刑事审判工作座谈会（即“佛山会议”）再次明确提出“对掺兑、掺假毒品，应当既做定性分析，又做定量分析”；对于没有明确规定数量折算标准的新类型毒品，应充分考虑其瘾癖性、戒断性及社会危害性等酌情量刑。

本案查获的红色片状“麻果”虽含有甲基苯丙胺成分，但在已知杂以其他成分的情况下未做含量鉴定，适用死刑更应慎重，且本案毒品全部查获，未流入社会，故最高人民法院未核准被告人赵敏波死刑。

2007年12月，最高人民法院、最高人民检察院、公安部会签了《办理毒品犯罪案件适用法律若干问题的意见》（公通字〔2007〕84号），其中明确规定：“可能判处死刑的毒品犯罪案件，毒品鉴定结论中应有含量鉴定的结论。”2008年12月，最高人民法院印发的《全国部分法院审理毒品犯罪案件工作座谈会纪要》（法〔2008〕324号）进一步重申，鉴于大量掺假毒品和成分复杂的新类型毒品不断出现，为做到罪行相当、罚当其罪，保证毒品案件的审判质量，并考虑目前毒品鉴定的条件和现状，对可能判处被告人死刑的毒品犯罪案件，应当作出毒品含量鉴定；对涉案毒品可能大量掺假或者系成分复杂的新类型毒品的，亦应当作出毒品含量鉴定。根据上述规定，今后遇到类似案件，应当严格执行，对规定应当进行毒品含量鉴定的案件，必须进行含量鉴定，并综合考虑该毒品致瘾癖性、戒断性及社会危害性等依法量刑，做到罚当其罪，尤其是成分复杂的新型毒品犯罪案件。

需要说明的是，最高人民法院对本案作出判决时，《最高人民法院关于复核死刑案件若干问题的规定》（法释〔2007〕4号）尚未颁布，故本案以改判的形式结案。但 2007 年 2 月 28 日《最高人民法院关于复核死刑案件若干问题的规定》施行后再遇此类情况，最高人民法院应当作出不核准死刑，发回重审的裁定。

——最高人民法院刑事审判第一、二、三、四、五庭主办：《刑事审判参考》2009 年第 2 集（总第 67 集），法律出版社 2009 年版，第 55~59 页。

1215. 应依法严惩多次零包贩卖毒品

关键词

零包贩卖毒品　末端毒品犯罪

最高人民法院公布的典型案例

於国军贩卖毒品案——多次零包贩卖毒品，依法严惩

裁判要点：由于我国吸毒人数庞大，零包贩毒案件在毒品犯罪案件中所占比例较高，社会危害不容忽视。要有效遏制毒品蔓延，控制毒品犯罪增长，在严厉打击大宗毒品犯罪的同时，也必须依法打击零包贩毒犯罪。本案体现了对此类末端毒品犯罪的严惩。

（一）基本案情

於国军，男，汉族，1969 年 12 月 11 日出生，农民。

被告人於国军多次向吸毒人员贩卖甲基苯丙胺（冰毒）共计 15.4 克。其中，2015 年 11 月至 2016 年 2 月间，於国军先后 17 次向陈某贩卖甲基苯丙胺共计 13 克；2016 年 3 月，於国军先后 2 次向吕某某贩卖甲基苯丙胺共计 2.4 克。2016 年 4 月 14 日，公安人员在於国军家中将其抓获，当场查获甲基苯丙胺 12.09 克。

（二）裁判结果

本案由浙江省岱山县人民法院一审，浙江省舟山市中级人民法院二审。

法院认为，被告人於国军明知甲基苯丙胺是毒品而贩卖，其行为已构成贩卖毒品罪。於国军贩卖甲基苯丙胺数量较大，且多次贩卖，应依法惩处。据此，依法对被告人於国军判处有期徒刑十一年，并处罚金人民币五千元。

上述裁判已于 2016 年 12 月 21 日发生法律效力。

（三）典型意义

零包贩毒（一般指贩毒数量 10 克以下）作为末端毒品犯罪，是吸毒者获得毒品的直接渠道。由于我国吸毒人数庞大，零包贩毒案件在毒品犯罪案件中所占比例较高，社会危害不容忽视。要有效遏制毒品蔓延，控制毒品犯罪增长，在严厉打击大宗毒品犯罪的同时，也必须依法打击零包贩毒犯罪。本案被告人於国军每次贩卖甲基苯丙胺仅 1 克左右，但其贩卖毒品近 20 次，共计 15.4 克，同时，从其家中查获 12.09 克毒品，亦应计入其贩卖毒品的数量。刑法第三百四十七条第三款规定，贩卖甲基苯丙胺十克以上不满五十克的，处七年以上有期徒刑，并处罚金。人民法院根据於国军多次贩卖甲基苯丙胺共计 27.49 克的事实，对其判处有期徒刑十一年，体现了对此类末端毒品犯罪的严惩。

——《毒品犯罪及涉毒次生犯罪十大典型案例》（2017 年 6 月 20 日），载最高人民法院官网，https：//www.court.gov.cn。

1216. 毒品犯罪立功的认定

关键词

毒品犯罪　从宽处罚

最高人民法院司法政策精神

七、毒品案件的立功问题

共同犯罪中同案犯的基本情况，包括同案犯姓名、住址、体貌特征、联络方式等信息，属于被告人应当供述的范围。公安机关根据被告人供述抓获同案犯的，不应认定其有立功表现。被告人在公安机关抓获同案犯过程中确实起到协助作用的，例如，经被告人现场指认、辨认抓获了同案犯；被告人带领公安人员抓获了同案犯；被告人提供了不为有关机关掌握或者有关机关按照正常工作程序无法掌握的同案犯藏匿的线索，有关机关据此抓获了同案犯；被告人交代了与同案犯的联系方式，又按要求与对方联络，积极协助公安机关抓获了同案犯等，属于协助司法机关抓获同案犯，应认定为立功。

关于立功从宽处罚的把握，应以功是否足以抵罪为标准。在毒品共同犯罪案件中，毒枭、毒品犯罪集团首要分子、共同犯罪的主犯、职业毒犯、毒品惯犯等，由于掌握同案犯、从犯、马仔的犯罪情况和个人信息，被抓获后往往能协助抓捕同案犯，获得立功或者重大立功。对其是否从宽处罚以及从宽幅度的大小，应当主要看功是否足以抵罪，即应结合被告人罪行的严重程度、立功大小综合考虑。要充分注意毒品共同犯罪人以及上、下家之间的量刑平衡。对于毒枭等严重毒品犯罪分子立功的，从轻或者减轻处罚应当从严掌握。如果其罪行极其严重，只有一般立功表现，功不足以抵罪的，可不予从轻处罚；如果其检举、揭发的是其他犯罪案件中罪行同样严重的犯罪分子，或者协助抓获的是同案中的其他首要分子、主犯，功足以抵罪的，原则上可以从轻或者减轻处罚；如果协助抓获的只是同案中的从犯或者马仔，功不足以抵罪，或者从轻处罚后全案处刑明显失衡的，不予从轻处罚。相反，对于从犯、马仔立功，特别是协助抓获毒枭、首要分子、主犯的，应当从轻处罚，直至依法减轻或者免除处罚。

被告人亲属为了使被告人得到从轻处罚，检举、揭发他人犯罪或者协助司法机关抓捕其他犯罪人的，不能视为被告人立功。同监犯将本人或者他人尚未被司法机关掌握的犯罪事实告知被告人，由被告人检举揭发的，如经查证属实，虽可认定被告人立功，但是否从宽处罚、从宽幅度大小，应与通常的立功有所区别。通过非法手段或者非法途径获取他人犯罪信息，如从国家工作人员处贿买他人犯罪信息，通过律师、看守人员等非法途径获取他人犯罪信息，由被告人检举揭发的，不能认定为立功，也不能作为酌情从轻处罚情节。

——《最高人民法院印发〈全国部分法院审理毒品犯罪案件工作座谈会纪要〉的通知》(2008 年 12 月 1 日，法〔2008〕324 号)。

附录：最高人民法院主流观点

八、毒品案件的立功问题

1. 协助抓获同案犯的立功认定问题

《全国部分法院审理毒品犯罪案件工作座谈会纪要》(以下简称《纪要》)规定，共同犯罪中同案犯的基本情况，包括同案犯姓名、住址、体貌特征、联络方式等信息，属于被告应当供述的范围，公安机关据此抓获同案犯的，不应当认定为立功。但被告人交代了与同案犯的联系方式，又按要求与对方联络，积极协助公安机关抓获了同案犯的，或者提供了不为有关机关掌握或有关机关按照正常工作程序无法掌握的贩毒案犯藏匿的线索，有关机关据此抓获同案犯等，应认定为立功。

2. 毒枭立功问题

立功是法定从宽处罚情节，但毒枭立功和马仔立功的情况不同，量刑时应区别对待。在毒品共同犯罪案件中，毒枭、毒品犯罪集团的首要分子、共同犯罪的主犯、职业毒贩、毒品惯犯等，由于掌握同案犯、从犯、马仔的犯罪情况和个人信息，被抓获后往往能协助抓捕同案犯，获得立功或者重大立功。因此,《纪要》规定立功从宽处罚的把握，应以功是否足以抵罪为标准，对于毒枭等严重毒品犯罪分子立功的，从轻或者减轻处罚应当从严掌握。对其是否从宽处罚以及从宽幅度、立功大小综合考虑。要充分注意毒品共同犯罪人以及上、下家之间的量刑平衡。如果其罪行极其严重，只有一般立功表现，功不足以抵罪的，可不予从轻处罚；如果其检举、揭发的是其他犯罪案件中罪行同样严重的犯罪分子，或者协助抓获的是同案中的其他首要分子、主犯，功足以抵罪的，原则上可以从轻或者减轻处罚；如果协助抓获的只是同案中的从犯或者马仔，功不足以抵罪，或者从轻处罚后全案处武刑明显失衡的，不予从轻处罚。相反，对于从犯、马仔立功，特别是协助抓获毒枭、首要分子、主犯的，应当从轻处罚，直至依法减轻或者免除处罚。

3. 检举揭发他人犯罪信息的来源问题

《纪要》规定，被告人亲属为了使被告人得到从轻处罚，检举，揭发他人犯罪或者协助司法机关抓捕其他犯罪人的，不能视为被告人立功。同监犯将本人或者他人尚未被司法机关掌握的犯罪事实告知被告人，由被告人检举揭发的，如经查证属实，虽可认定被告人立功，但是否从宽处罚、从宽幅度大小，应与通常的立功有所区别。通过非法手段或者非法途径获取他人犯罪信息，如从国家工作人员处贿买他人犯罪信息，通过律师、看守人员等非法途径获取他人犯罪信息，由被告人检举揭发的，不能认定为立功，也不能作为酌情从轻处罚的情节。

《纪要》对立功的规定，改变了以往“只要从被告人嘴里说出犯罪线索就是立功”的做法。作出这样严格的规定，主要是因为近年来一些国家工作人员、律师和被告人亲属非法制造立功的现象较为突出，部分罪行十分严重的犯罪分子逃避了法律的严惩，严重扰乱了监管秩序，违背了刑法规定立功制度的宗旨，造成了恶劣的社会影响。因此，对立功的认定必须从严把握。实践中要注意，凡被告人从非法渠道获得立功线索的，一律不认定为立功。非法来源的证明责任在司法机关，如没有证据证明立功线索来源非法的，就应当认定为立功。对于有关部门提供的证明被告人立功的书面材料，应当立足于刑法关于立功的规定，以有关材料是否足以证实被告人有立功表现为判断标准。例如，看守所、公安机关、检察机关或者纪检监察机关提供书面材料证明被告人有检举、揭发他人犯罪等表现的，必须同时提供被检举者犯罪的具体情况。对于只出具被告人有立功表现的书面证明，不提供或者不补充具体材料，致使法院无法作出准确判断的，依法不能认定立功。

——高贵君:《解读〈全国部分法院审理毒品犯罪案件座谈会纪要〉》，载高贵君主编:《毒品犯罪审判理论与实务》，人民法院出版社 2009 年版，第 732~ 第 734 页。

《刑事审判参考》指导案例

梁国雄、周观杰等贩卖毒品案（《刑事审判参考》指导案例第 373 号）

裁判要点：被告人归案后及时提供了毒品买主的住处和活动情况，使公安机关从买主处查缴大量毒品的，应认定为重大立功。

（四）被告人归案后及时提供了毒品买主的住处和活动情况，使公安机关从买主处查缴大量毒品的，应认定为重大立功

在被告人虽有协助司法机关去抓捕毒品买主，但因买主的狡猾而摆脱了公安人员的控制，未能将其抓获归案的情形下，不能认定被告人具有协助司法机关抓捕其他犯罪嫌疑人的立功表现。同时，在因买主与被告人是同案犯的情形下，也不属于提供侦破其他案件重要线索的立功。但是，被告人及时提供买主的住址和活动情况，使得公安人员从买主的住处查获大量毒品，使已经卖出的毒品全部被追回，防止了这部分毒品流入社会后危害人类，被告人的行为符合最高人民法院《关于处理自首和立功具体应用法律若干问题的解释》第 7 条关于“犯罪分子对国家和社会有其他重大贡献等表现的，应当认定为有重大立功表现”的规定，认定其具有重大立功情节。

（五）对同时具备重大立功、一般立功、投案自首三种从宽处罚情节的被告人的量刑

依照我国《刑法》第 68 条和司法解释的有关规定：犯罪分子有揭发他人犯罪行为，查证属实的，或者提供重要线索，从而得以侦破其他案件等立功表现的，可以从轻或者减轻处罚；有重大立功表现的，可以减轻或者免除处罚。犯罪后自首又有重大立功表现的，应当减轻或者免除处罚。

（六）被告人协助抓获同案被告人是否构成重大立功的认定

根据最高人民法院司法解释的规定，协助司法机关抓捕其他重大犯罪嫌疑人的立功，必须是可能被判处无期徒刑以上刑罚的重大犯罪嫌疑人。所谓“可能”被判处的刑罚，应当是指根据被抓获的犯罪嫌疑人所犯罪行，可能判处的刑罚，而不是指对该犯罪嫌疑人的最后宣告刑。所以，认定被告人协助司法机关抓获同案被告人的行为构成重大立功是适当的。

——最高人民法院刑事审判第一庭、第二庭编：《刑事审判参考》2005 年第 6 集（总第 47 集），法律出版社 2006 年版，第 34~46 页。

1217. 提供线索并协助查获大量案外毒品，虽无法查明毒品持有人亦能构成立功

关键词

毒品犯罪

《刑事审判参考》指导案例

魏光强等走私、运输毒品案（《刑事审判参考》指导案例第 753 号）

裁判要点：魏光强的行为符合立功的本质特征，对国家和社会有其他重大贡献，可以构成重大立功。

我们认为，魏光强提供的线索，内容真实有效，而该行为虽然只协助查获毒品，并未抓获毒品的实际控制人，但魏光强的这一行为应该认定为有益于国家和社会的突出行为，体现在两个方面：一是有效防止了该批数量巨大的毒品流入社会、危害社会；二是从源头上阻止了该批毒品的实际控制人继续实施以该批毒品为对象的犯罪的可能性。因此，魏光强提供 9643 克毒品线索的行为完全符合立功的成立要件，应当构成立功。

——最高人民法院刑事审判第一、二、三、四、五庭主办：《刑事审判参考》2012 年第 1 集（总第 84 集），法律出版社 2012 年版，第 54~58 页。

1218. 非法持有毒品罪的量刑

关键词

非法持有毒品罪　量刑

最高人民法院司法政策精神

（二十一）非法持有毒品罪

1. 构成非法持有毒品罪的，根据下列情形在相应的幅度内确定量刑起点：

（1）非法持有鸦片一千克以上、海洛因或者甲基苯丙胺五十克以上或者其他毒品数量大的，在七年至九年有期徒刑幅度内确定量刑起点。依法应当判处无期徒刑的除外。

（2）非法持有毒品情节严重的，在三年至四年有期徒刑幅度内确定量刑起点。

（3）非法持有鸦片二百克、海洛因或者甲基苯丙胺十克或者其他毒品数量较大的，在一年以下有期徒刑、拘役幅度内确定量刑起点。

2. 在量刑起点的基础上，根据毒品数量等其他影响犯罪构成的犯罪事实增加刑罚量，确定基准刑。

3. 构成非法持有毒品罪的，根据非法持有毒品的种类、数量等犯罪情节，综合考虑被告人缴纳罚金的能力，决定罚金数额。

4. 构成非法持有毒品罪的，综合考虑非法持有毒品的种类、数量等犯罪事实、量刑情节，以及被告人主观恶性、人身危险性、认罪悔罪表现等因素，从严把握缓刑的适用。

——《最高人民法院、最高人民检察院印发〈关于常见犯罪的量刑指导

意见（试行）〉的通知》(2021 年 6 月 16 日，法发〔2021〕21 号)。

1219. 如何判断非法持有毒品罪中的“持有”状态

关键词

非法持有毒品罪

《刑事审判参考》指导案例

赛黎华、王翼龙贩卖毒品、赛黎华非法持有毒品案（《刑事审判参考》指导案例第 1348 号）

裁判要点：“持有”不要求物理上的握有，不要求行为人时时刻刻将毒品握在手中、放在身上和装在口袋里，只要行为人认识到它的存在，能够对之进行管理或者支配，就是“持有”。

本案在审理过程中，对被告人赛黎华除构成贩卖毒品罪之外是否构成非法持有毒品罪有三种不同观点：

第一种观点认为，被告人赛黎华向被告人王翼龙贩卖甲基苯丙胺后，获得 200 元现金及一瓶美沙酮液体，其将装有美沙酮液体的瓶子放在电力助动车（又称自动自行车）的储物箱内后即被民警抓获，其后赛黎华被羁押，电动自行车被暂时扣押，赛黎华没有再接触到上述美沙酮液体，故其对美沙酮液体不具有控制的状态，不构成非法持有毒品罪。

第二种观点认为，被告人赛黎华构成贩卖毒品罪一罪。2015 年《全国法院毒品犯罪审判工作座谈会纪要》(以下简称《武汉会议纪要》) 规定，贩毒分子被抓获后，对于从其住所、车辆等处查获的毒品，一般均应认定为其贩卖的毒品。故从赛黎华身边查获的毒品可一并计入贩卖毒品的数量。

第三种观点认可第一种观点中对被告人赛黎华处置美沙酮液体的客观表述，但认为赛黎华将装有美沙酮液体的瓶子放在自己的电力助动车的储物箱时即已经具备了持有毒品的状态，此后不论赛黎华与这些毒品是否处于空间上分离的状态，都不影响其构成非法持有毒品罪。

我们同意第三种观点，具体理由如下：

1. 被告人赛黎华对涉案的美沙酮液体具有支配权，属于“持有”的形式。“持有”是指对毒品实际占有、携有、藏有或者其他方式持有毒品的行为。“持有”是一种事实上的支配，即行为人与毒品之间存在一种事实上的支配与被支配的关系。“持有”不要求物理上的握有，不要求行为人时时刻刻将毒品握在手中、放在身上和装在口袋里，只要行为人认识到它的存在，能够对之进行管理或者支配，就是“持有”。

本案中，被告人王翼龙将装有美沙酮液体的瓶子交给被告人赛黎华后，赛黎华将毒品放在电力助动车的储物箱内，而没有随身携带，但这并不影响赛黎华对该毒品的支配状态，赛黎华当时能够实际占有、控制该毒品。因此，不管赛黎华把毒品放在什么地方保存，均不影响认定其“持有”的状态。第一种观点认为，赛黎华被羁押，电动自行车也被扣押，赛黎华没有再接触到毒品，对毒品不具有控制状态是不能成立的。我国《刑法》中持有型犯罪还包括非法持有枪支罪、非法持有国家机密文件罪等，这些罪均是通过行为人对物品的控制、占有程度来判断是否属于“持有”的状态，而不单纯以时间性和紧密性判断。

2. 有证据表明被告人赛黎华并非将美沙酮液体用于贩卖，而是用于自用。对于第二种观点，《武汉会议纪要》虽规定贩毒人员被抓获后，从其相关处查获的毒品一般均认定为其贩卖的毒品，推定了查获的毒品认定为贩卖的数量，但同时也强调了确有证据证明查获的毒品并非贩毒人员用于贩卖的，应依法定罪。本案中，被告人王翼龙和赛黎华的口供一致，证实赛黎华求购美沙酮缓解毒瘾，属自用，卷中没有任何证据证明赛黎华贩卖美沙酮。故美沙酮的数量不应计入赛黎华贩卖毒品的数量，赛黎华另构成非法持有毒品罪。

——姜琳炜撰稿、陆建红审编：《赛黎华、王翼龙贩卖毒品，赛黎华非法持有毒品案——如何认定毒品犯罪中的同种罪行及非法持有毒品罪中的“持有”》，载最高人民法院刑事审判第一、二、三、四、五庭主办：《刑事审判参考》（总第 122 集），法律出版社 2020 年版，第 102~103 页。

1220. 吸毒人员运输毒品与非法持有毒品的罪名认定

关键词

运输毒品罪　非法持有毒品行为

最高人民法院裁判文书

高辉运输毒品申诉案［最高人民法院（2019）最高法刑申 354 号刑事裁定书］

裁判要旨：有证据证实吸毒人员有运输毒品行为且毒品数量达到较大以上的，无论是在运输毒品过程中还是在存储毒品过程中被查获，没有证据证明其是为了实施贩卖毒品等其他犯罪的，均应以

运输毒品罪定罪处罚。

最高人民法院经审查认为，我国刑法设立非法持有毒品罪，其立法目的在于对被查获毒品的行为人，因其非法持有的毒品数量较大，但又没有足够的证据证明毒品持有人构成其他毒品犯罪而设立的一种兜底性罪名，体现了对毒品犯罪从严打击的精神。也就是说，对被查获毒品的行为人，有证据认定其具有走私、贩卖、运输和制造等毒品犯罪行为的，应优先按其行为特征确定相应的罪名，只有在其他罪名无法确定的情况下，才能按非法持有毒品罪定罪处罚。《全国法院毒品犯罪审判工作座谈会纪要》规定："吸毒者在购买、存储毒品过程中被查获，没有证据证明其是为了实施贩卖毒品等其他犯罪，毒品数量达到刑法第三百四十八条规定的最低数量标准的，以非法持有毒品罪定罪处罚。吸毒者在运输毒品过程中被查获，没有证据证明其是为了实施贩卖毒品等其他犯罪，毒品数量达到较大以上的，以运输毒品罪定罪处罚。"本案中，被告人高辉将所购买的毒品从黑龙江省某市跨省运至吉林省某市，符合运输毒品罪的犯罪构成，应认定其构成运输毒品罪。此外，高辉作为吸毒人员，即便其是在购买、存储毒品过程中被查获，在没有证据证明其是为了实施走私、贩卖毒品等其他犯罪，但有证据证实其有运输毒品行为且毒品数量达到较大以上的，仍应以运输毒品罪定罪处罚，只有在没有证据证明其有走私、贩卖、运输、制造毒品行为的，才能以非法持有毒品罪定罪处罚。故，申诉人的申诉不符合《中华人民共和国刑事诉讼法》第二百五十三条规定的重新审判条件，决定对该案不予重新审判。

——最高人民法院第二巡回法庭微信公众号，dierxunhuifating。

1221. 吸毒人员实施毒品犯罪的认定

关键词

毒品犯罪　毒品数量　以贩养吸

最高人民法院司法政策精神

一、毒品案件的罪名确定和数量认定问题

对于吸毒者实施的毒品犯罪，在认定犯罪事实和确定罪名时要慎重。吸毒者在购买、运输、存储毒品过程中被查获的，如没有证据证明其是为了实施贩卖等其他毒品犯罪行为，毒品数量未超过刑法第三百四十八条规定的最低数量标准的，一般不定罪处罚；查获毒品数量达到较大以上的，应以其实际实施的毒品犯罪行为定罪处罚。

对于以贩养吸的被告人，其被查获的毒品数量应认定为其犯罪的数量，但量刑时应考虑被告人吸食毒品的情节，酌情处理；被告人购买了一定数量的毒品后，部分已被其吸食的，应当按能够证明的贩卖数量及查获的毒品数量认定其贩毒的数量，已被吸食部分不计入在内。

——《最高人民法院印发〈全国部分法院审理毒品犯罪案件工作座谈会纪要〉的通知》（2008 年 12 月 1 日，法〔2008〕324 号）。

《刑事审判参考》指导案例

郑大昌走私毒品案（《刑事审判参考》指导案例第 163 号）

裁判要点：吸毒者走私毒品的，构成走私毒品罪。部分毒品是用于自己吸食而非全部用于出售的，在量刑时一般应当予以考虑。

吸毒者实施毒品犯罪，有可能部分用于个人吸食的，在量刑时一般应当予以考虑。《刑法》第 347 条规定，走私毒品，无论数量多少，都应当追究刑事责任。走私海洛因 50 克以上的，判处十五年有期徒刑、无期徒刑或者死刑，并处没收财产。《刑法》第 61 条规定，决定犯罪分子刑罚的时候，应当根据犯罪的事实、犯罪的性质、情节和对于社会的危害程度，依照本法的有关规定判处。这是《刑法》第 5 条“罪刑相适应原则”的具体体现，也是人民法院正确定罪量刑的依据。《全国法院审理毒品犯罪案件工作座谈会纪要》中明确指出：毒品犯罪数量对毒品犯罪的定罪，特别是量刑具有重要作用。但毒品数量只是依法惩处毒品犯罪的一个重要情节而不是全部情节。在决定量刑时，对毒品数量标准不能简单化。特别是对被告人可能判处死刑的案件，确定刑罚必须综合考虑被告人的犯罪情节、危害后果、主观恶性等多种因素。因此，《全国法院审理毒品犯罪案件工作座谈会纪要》规定：对以贩养吸的被告人在决定量刑时，既要考虑涉案毒品数量，又要考虑被告人吸毒的情节。对于毒品数量虽已达到实际掌握判处死刑的标准，但可能有部分毒品是用于自己吸食而非全部用于出售的，在决定是否判处死刑立即执行时，更要慎重对待。对危害后果不是特别严重，或者被告人的主观恶性不是特别大，或者具有可酌情从轻处罚等情节的，可不判处死刑立即执行。

——最高人民法院刑事审判第一庭、第二庭编：《刑事审判参考》2002 年第 1 集（总第 24 集），法律出版社 2002 年版，第 87~91 页。

宋国华贩卖毒品案（《刑事审判参考》指导案例第 365 号）

**裁判要点：对购买数量巨大的毒品且有证据表明行为人系瘾君

子，在没有充分的证据足以证明被告人购买毒品是为了以贩养吸的情况下，应认定构成非法持有毒品罪。

区分贩卖毒品罪与非法持有毒品罪，重要的不在于对数量和犯罪主体的要求上，关键在于行为人的主观故意。如果行为人购买毒品的目的是出于贩卖，或者有证据证明行为人是为了贩卖而去购买毒品的，构成贩卖毒品罪；如果行为人是因为沾染吸毒恶习后，为满足其吸毒需要，非法购买较大以上数量毒品的，或者有证据证明行为人不是以营利为目的，为他人代买仅用于吸食的毒品，数量达到较大以上数量的，则构成非法持有毒品罪。贩卖毒品罪与非法持有毒品罪，都存在非法持有毒品的状态，两者有时往往容易混淆。但在实践中，两罪中的"非法持有毒品"还是能够区别的。贩卖毒品罪行为人非法持有毒品的目的是明确的，就是为了进行贩卖。而非法持有毒品罪的行为人持有毒品的故意，既可能是自己或给他人吸食，也可能是为了走私、贩卖、运输、窝藏毒品，但是现有证据尚不足以证实其非法持有毒品是出于走私、贩卖、运输、窝藏毒品目的。此外，贩卖毒品罪中非法持有毒品的行为，是整个贩卖毒品犯罪中的一个重要组成部分，不能成立独立的犯罪。而非法持有毒品罪的行为人只要实施了非法持有毒品的行为，即构成犯罪。

——最高人民法院刑事审判第一庭、第二庭编：《刑事审判参考》2005 年第 5 集（总第 46 集），法律出版社 2006 年版，第 45~50 页。

附录：最高人民法院主流观点

我们认为，以贩养吸案件，关键是如何运用证据认定贩毒与吸毒的问题。如果有证据证明行为人确实实施了贩毒行为，就应以贩卖毒品罪定罪处罚，吸毒情节只是对量刑发生影响，在处刑上充分考虑其吸食的因素，不要把吸食的数量计入犯罪的数量。当然，实际中认定吸食的数量是很困难的。可以根据其每天吸食的平均量，结合其他证据加以推定。需要指出的是，即使是留给自己吸食的，也并不是说就绝对不构成非法持有毒品罪。根据《最高人民法院关于审理毒品犯罪案件工作座谈会纪要》："对于吸毒者实施的毒品犯罪，在认定犯罪事实和确定罪名上一定要慎重。吸毒者在购买、运输、存储过程中被抓获的，如没有证据证明被告人实施了其他毒品犯罪行为的，一般不应定罪处罚，但查获的毒品数量大的，应当以非法持有毒品罪定罪；毒品数量未超过《刑法》第 348 条规定数量最低标准的，不定罪处罚。对于以贩养吸的被告人，被查获的毒品数量应认定为犯罪的数量，但量刑时，应考虑被告人吸食毒品的情节。"根据这一规定的精神，在认定以贩养吸者在贩卖毒品后留有一定数量毒品，达到《刑法》第 348 条规定数量最低标准，并有证据证明确实是为自己吸食毒品而留下，不会再将该部分毒品贩卖的，对该部分毒品应以非法持有毒品罪论处，与贩卖毒品罪实行并罚。

在一些案件中，有行为人为吸毒者帮助代购毒品的情况。有的自己也是瘾君子，在购买毒品时帮助“毒友”代购一份，但不取报酬；有的受吸毒者委托到毒贩手中去取货，吸毒者将部分毒品供其享用。对帮人代购毒品的问题，有的未以毒品犯罪案件处理，由公安机关予以治安处罚，这显然不利于打击毒品犯罪。我们认为，为吸食毒品者代购毒品但不是以营利为目的的，毒品数量超过《刑法》第348条规定数量最低标准的，以非法持有毒品罪处理；以营利为目的的，不论牟利多少，都应以贩卖毒品罪论处。

——高憬宏、杨万明主编：《基层人民法院法官培训教材（实务卷·刑事审判篇）》，人民法院出版社2005年版，第389~390页。

附录：最高人民法院法官著述

（四）吸毒者实施毒品犯罪的定罪问题

《全国法院审理毒品犯罪案件工作座谈会纪要》规定：吸毒者在购买、运输、存储毒品过程中被抓获的，如没有证据证明被告人实施了其他毒品犯罪行为的，一般不应定罪处罚，但查获的毒品数量达到《刑法》第348条规定的定罪标准的，应当以非法持有毒品罪定罪。但在司法实践中，对吸毒者在运输毒品过程中被查获，没有证据证明其实施了其他毒品犯罪行为，毒品数量大且明显超出其吸食量的，是定非法持有毒品罪，还是运输毒品罪，仍然存在不同意见，甚至出现运输上千克海洛因的也被定为非法持有毒品罪的情况。座谈会讨论中有一部分同志认为，对此应当以吸毒者实施的行为来定罪，即在运输途中被抓获的，就以运输毒品罪认定。因为非法持有毒品罪是个补充性的罪名，只有毒品来源和持有目的不清，确实没有证据证明行为人实施其他毒品犯罪行为时，才可认定为非法持有。而上述情况下已有证据证明，被告人实施了运输毒品的犯罪行为，且其携带运输毒品数量已明显超出其个人正常吸食的数量。这样认定符合运输毒品犯罪构成的要求，也可以有效打击吸毒人员进行毒品犯罪活动。否则，不论毒品数量大小，均以非法持有毒品罪定罪处罚，势必轻纵此类犯罪。

《全国部分法院审理毒品犯罪案件工作座谈会纪要》在《南宁会议纪要》的基础上，对上述问题作了区别不同情况分别处理的规定，即毒品数量未超过《刑法》第348条规定的最低数量标准的，不定罪处罚；查获毒品数量达到较大以上的，应以其实际实施的毒品犯罪行为定罪处罚。

——高贵君、王勇、吴光侠：《〈全国部分法院审理毒品犯罪案件工作座谈会纪要〉的理解与适用》，载最高人民法院网。

1222. 雇佣未成年人从事毒品犯罪的法律适用

关键词

毒品犯罪　雇佣未成年人　从重处罚

最高人民法院司法政策精神

十二、特定人员参与毒品犯罪问题

近年来，一些毒品犯罪分子为了逃避打击，雇佣孕妇、哺乳期妇女、急性传染病人、残疾人或者未成年人等特定人员进行毒品犯罪活动，成为影响我国禁毒工作成效的突出问题。对利用、教唆特定人员进行毒品犯罪活动的组织、策划、指挥和教唆者，要依法严厉打击，该判处重刑直至死刑的，坚决依法判处重刑直至死刑。对于被利用、被诱骗参与毒品犯罪的特定人员，可以从宽处理。

要积极与检察机关、公安机关沟通协调，妥善解决涉及特定人员的案件管辖、强制措施、刑罚执行等问题。对因特殊情况依法不予羁押的，可以依法采取取保候审、监视居住等强制措施，并根据被告人具体情况和案情变化及时变更强制措施；对于被判处有期徒刑或者拘役的罪犯，符合刑事诉讼法第 214 条规定情形的，可以暂予监外执行。

——《最高人民法院印发〈全国部分法院审理毒品犯罪案件工作座谈会纪要〉的通知》(2008 年 12 月 1 日，法〔2008〕324 号)。

最高人民法院审判业务意见

我们认为，《刑法》之所以对利用未成年人从事毒品犯罪规定为从重处罚情节，主要是出于对未成年人的特殊保护。未成年人辨别能力差，往往容易被犯罪分子所利用，进行毒品犯罪活动，从而影响他们的健康成长。利用未成年人从事毒品犯罪，便于隐蔽、伪装，不易暴露，因此，不少毒品犯罪分子，经常利用未成年人从事毒品犯罪，以达到他们进行毒品犯罪并逃避追究和制裁的目的。因此，为有利于打击毒品犯罪，加强对未成年人的保护，《刑法》第 347 条将此种情况单列一款，作为从重处罚情节加以特别强调。

"利用未成年人走私、贩卖、运输、制造毒品"，既包括被利用者未参与共同犯罪的情形，也包括被利用者参与共同犯罪的情形；既包括被利用者未达到刑事责任年龄的情形，也包括被利用者已经达到刑事责任年龄但尚未满 18 周岁的情形；既包括被利用者没有参与犯罪所得分赃或者没有得到其他好处的情形，也包括被利用者参与犯罪所得分赃或者得到其他好处的情形。利用的形式是多种的，雇用就是其中一种常见的形式。只要未成年人处于被利用者地位，不论未成年人是否构成共同犯罪，也不论未成年人在从事毒品犯罪中所起的作用如何，利用者均应以“利用未成年人走私、贩卖、运输、制造毒品”论处。雇用已满 14 周岁未满 18 周岁的未成年人贩卖毒品的，对于主犯，首先应当依照《刑法》第 26 条的规定，按照其所参与或者组织、指挥的全部犯罪处罚，同时，根据《刑法》第 347 条第 6 款的规定，应当将雇用未成年人贩卖毒品的行为，作为利用未成年人贩卖毒品的情节，从重处罚。

需要指出的是，利用未成年人从事毒品犯罪的，对于主犯依照《刑法》第 26 条的规定，按照其所参与或者组织、指挥的全部犯罪处罚，是指对毒品犯罪行为本身处罚；又适用《刑法》第 347 条第 6 款的规定对主犯从重处罚，是指对其利用未成年人贩卖毒品这一特定行为进行从重处罚。因此，不存在对一个行为作两次处罚评价的问题。

——最高人民法院刑事审判第一、二、三、四、五庭：《雇佣未成年人从事毒品犯罪的法律适用问题》，载最高人民法院刑事审判第一、二、三、四、五庭主办：《刑事审判参考》2006 年第 3 集（总第 50 集），法律出版社 2006 年版，第 138~139 页。

1223. 毒品犯罪案件的“特情介入”问题

关键词

毒品犯罪　特情介入

最高人民法院司法政策精神

六、特情介入案件的处理问题

运用特情侦破毒品案件，是依法打击毒品犯罪的有效手段。对特情介入侦破的毒品案件，要区别不同情形予以分别处理。

对已持有毒品待售或者有证据证明已准备实施大宗毒品犯罪者，采取特情贴靠、接洽而破获的案件，不存在犯罪引诱，应当依法处理。

行为人本没有实施毒品犯罪的主观意图，而是在特情诱惑和促成下形成犯意，进而实施毒品犯罪的，属于“犯意引诱”。对因“犯意引诱”实施毒品犯罪的被告人，根据罪刑相适应原则，应当依法从轻处罚，无论涉案毒品数量多大，都不应判处死刑立即执行。行为人在特情既为其安排上线，又提供下线的双重引诱，即“双套引诱”下实施毒品犯罪的，处刑时可予以更大幅度的从宽处罚或者依法免予刑事处罚。

行为人本来只有实施数量较小的毒品犯罪的故意，在特情引诱下实施了数量较大甚至达到实际掌握的死刑数量标准的毒品犯罪的，属于“数量引诱”。对因“数量引诱”实施毒品犯罪的被告人，应当依法从轻处罚，即使毒品数量超过实际掌握的死刑数量标准，一般也不判处死刑立即执行。

对不能排除“犯意引诱”和“数量引诱”的案件，在考虑是否对被告人判处死刑立即执行时，要留有余地。

对被告人受特情间接引诱实施毒品犯罪的，参照上述原则依法处理。

——《最高人民法院印发〈全国部分法院审理毒品犯罪案件工作座谈会纪要〉的通知》（2008 年 12 月 1 日，法〔2008〕324 号）。

《刑事审判参考》指导案例

王佳友、刘泽敏贩卖毒品案（《刑事审判参考》指导案例第 537 号）

裁判要点：对毒品犯罪被告人量刑时，应当考虑特情介入因素。

（一）本案虽有特情介入，但不属于特情引诱。

运用特情侦破案件是依法打击毒品犯罪的有效手段，也是世界各国的普遍做法，实践中许多毒品案件在侦破过程中存在不同程度的特情介入因素。特情介入有多种情况，有的属于犯罪分子已持有毒品待售或者已准备实施大宗毒品犯罪，而仅仅通过特情来贴靠、接洽毒品犯罪分子；有的则属于特情引诱。特情引诱包括“犯意引诱”和“数量引诱”。“犯意引诱”是指行为人本没有实施毒品犯罪的主观意图，而是在特情诱惑和促成下形成犯意，进而实施了毒品犯罪；“数量引诱”是指行为人本来只有实施数量较小的毒品犯罪的故意，在特情引诱下实施了数量较大甚至达到可判处死刑数量的毒品犯罪。

最高人民法院 2008 年 12 月印发的《全国部分法院审理毒品犯罪案件工作座谈会纪要》对特情引诱问题作了进一步规定，指出对特情介入侦破的毒品案件，要区别不同情形予以分别处理。对已持有毒品待售或者有证据证明已准备实施大宗毒品犯罪者，采取特情贴靠、接洽而破获的案件，不存在犯罪引诱，应当依法处理。对因“犯意引诱”实施毒品犯罪的被告人，根据罪刑相适应原则，应当依法从轻处罚，无论涉案毒品数量多大，都不应判处死刑立即执行。行为人在特情既为其安排上线，又提供下线的双重引诱，即“双套引诱”下实施毒品犯罪的，处刑时可予以更大幅度的从宽处罚或者依法免予刑事处罚。对因“数量引诱”实施毒品犯罪的被告人，应当依法从轻处罚，即使毒品数量超过实际掌握的死刑数量标准，一般也不判处死刑立即执行。对不能排除“犯意引诱”和“数量引诱”的案件，在考虑是否对被告人判处死刑立即执行时，要留有余地。

本案中，被告人王佳友先后实施了两起贩卖毒品行为，第一起没有特情介入因素，第二起贩卖408克海洛因有特情介入因素，即周明鲜在公安人员的监控下用电话与王佳友联系购买毒品，并委托其女友吕某某配合公安人员前往王佳友住处与王进行毒品交易，但该特情介入因素尚不能认定为特情引诱。因为，首先，王佳友、刘泽敏二人曾贩过毒，主观上本有贩毒的故意，即使不卖给周明鲜，也会卖给其他人。通话监控记录也证实，王佳友称“货随时都有”，证明其有贩卖毒品的概括性故意，故本案不属于犯意引诱；其次，现有证据不能认定王佳友本来只有实施数量较小的毒品犯罪的故意，而受特情引诱实施了数量较大的贩卖毒品行为，故本案也不能认定为数量引诱。

（二）对被告人王佳友量刑时应当考虑特情介入这一因素。

本案中，被告人王佳友共有两起贩卖毒品的事实，其中第一起贩卖180克海洛因达不到当地实际掌握的判处死刑立即执行的标准，加上第二起有特情介入因素的贩卖408克海洛因才达到当地毒品案件实际掌握的判处死刑的数量标准。王佳友贩卖408克海洛因是周明鲜为了争取立功而主动同其联系，并由公安人员冒充买主去和王佳友进行毒品交易，虽不能认定为数量引诱，但确是公安机关为抓获王佳友而在周明鲜的配合下进行的，数量也是冒充买主的公安人员提出来的，且系王佳友犯罪的主要犯罪事实，故应作为量刑情节予以考虑。同时，王佳友被当场抓获并起获全部毒品，毒品没有继续流入社会造成进一步危害，亦应作为量刑情节予以考虑。据此，在充分考虑到本案有特请介入的情况下，最高人民法院裁定不核准被告人工佳友死刑，将本案发回重审。

——最高人民法院刑事审判第一、二、三、四、五庭主办：《刑事审判参考》2009年第2集（总第67集），法律出版社2009年版，第60~64页。

包占龙贩卖毒品案（《刑事审判参考》指导案例第639号）

裁判要点：一方面，由于包占龙所供毒品来源未查清，不能证明包占龙持有这300克毒品待售；另一方面，也没有证据证明包占龙已准备实施大宗毒品犯罪，因此，本案不属于“机会引诱”的情形。从包占龙的供述看，翟建军要求购买300克毒品的数量是确定的，但翟建军这次购买毒品的数量远远超过其所供之前经常从包占龙处购买的数量，不能排除翟建军为了立功而要求购买毒品越多越好的可能性，包占龙是在翟建军的要求下才贩卖了数量如此之大的毒品，故本案不能排除存在“数量引诱”。

“数量引诱”系行为人在特情引诱之前就已经具有实施毒品犯罪的主观故意，这种故意是一种概括性的故意，无论最终交易的毒品数量是多少，都没有超出行为人的故意范畴。在该情形下，“特情引诱”不是使行为人产生新的犯意，只是使其犯意暴露出来。“数量引诱”与“犯意引诱”的根本区别在于：“数量引诱”系行为人在特情介入之前就已经具有毒品犯罪的主观故意，而“犯意引诱”系行为人在特情介入之前没有实施毒品犯罪的主观意图。“数量引诱”与“机会引诱”的相同点是在特情介入之前行为人已经具有实施毒品犯罪的主观故意；区别在于，“机会引诱”只是提供机会，不存在实质性引诱，而“数量引诱”不仅提供机会，而且毒品数量上还存在从小到大的实质性引诱。

——最高人民法院刑事审判第一、二、三、四、五庭主办：《刑事审判参考》2010 年第 4 集（总第 75 集），法律出版社 2011 年版，第 65~71 页。

《刑事审判参考》指导案例

刘继芳贩卖毒品案（《刑事审判参考》指导案例第 1014 号）

裁判要点：因犯意引诱实施毒品犯罪的被告人，应当依法定罪，但是在量刑时应当体现从宽处罚。

（二）对于因犯意引诱而实施毒品犯罪的被告人，应当依法定罪，但在量刑时应当体现从宽处罚

本案中，相关证据证实，公诉机关指控被告人刘继芳实施的第三起贩卖毒品犯罪，系刘继芳在没有贩卖毒品故意的情况下，受侦查机关安排的特情引诱而产生犯意，进而实施了贩卖毒品犯罪，属于典型的犯意引诱。对于存在犯意引诱情况下的证据采信及被告人量刑问题，实践中存在两种意见：一种意见认为，在犯意引诱的情况下，行为人本无实施毒品犯罪的主观故意，系因特情引诱才产生犯罪意图，如果对此类行为定罪，容易导致对无辜者的陷害，不利于诉讼中的人权保障，此类取证手段应当视为非法取证，通过此类手段取得的证据应当认定为非法证据，被告人的行为不应作为犯罪处理。另一种意见认为，在犯意引诱的情况下，取得的证实行为人实施毒品交易的证据，只要不属于刑事诉讼法第五十四条规定的非法证据，就可以作为定案的根据，证据达到确实、充分标准的，应当依法定罪，但在量刑时应当考虑犯意引诱的情节，对被告人依法从轻处罚。

我们同意后一种意见。毒品犯罪的隐蔽性和复杂性导致此类案件的取证工作难度较大，因而利用特情手段侦破毒品犯罪案件在实践中较为常见。但是，特情手段的运用也给毒品犯罪案件的处理带来一些问题，对特情介入侦破的毒品案件，要区别不同情形予以分别处理。《全国部分法院审理毒品犯罪案件工作座谈会纪要》（以下简称《大连会谈纪要》）规定，对已持有毒品待

售或者有证据证明已准备实施大宗毒品犯罪者，采取特情贴靠、接洽而破获的案件，不存在犯罪引诱，应当依法处理。行为人本没有主动实施毒品犯罪的主观意图，而是在特情诱惑和促成下形成犯意，进而实施毒品犯罪的，属于犯意引诱。对因犯意引诱实施毒品犯罪的被告人，根据罪刑相适应原则，应当依法从轻处罚，无论涉案毒品数量多大，都不应判处死刑立即执行。《大连会议纪要》的上述规定既体现了刑法对毒品犯罪依法从严惩处的总体指导思想，又体现了对因犯意引诱而实施毒品犯罪的被告人的区别对待。概括而言，《大连会议纪要》对存在犯意引诱的毒品犯罪案件的处理原则是“定罪轻罚”。首先，由于毒品犯罪的特殊性，利用特情介入或者使用秘密侦查手段、特殊技术手段侦破案件，是打击毒品犯罪的现实需要，只要特情使用规范，不能仅以此为由否定侦查及其取证手段的合法性。如果行为人是在特情引诱包括犯意引诱下实施毒品犯罪的，尽管特情行为失范，但毕竟行为人的犯罪行为是在其主观意志支配下所为，故仍应认定其行为构成犯罪。其次，在犯意引诱情况下实施毒品犯罪的行为人，犯罪相对被动，与那些积极主动实施毒品犯罪者相比，社会危害性和主观恶性均较小，根据罪责刑相适应原则，应当从轻处罚。最高人民法院《关于常见犯罪的量刑指导意见》规定，存在数量引诱情形的，可以减少基准刑的 30% 以下。本案中，二审法院综合考虑被告人刘继芳的犯罪事实与情节，在刑法规定的量刑幅度内对其判处有期徒刑一年，符合法律规定和政策精神。

——最高人民法院刑五庭:《刘继芳贩卖毒品案》，载最高人民法院刑事审判第一、二、三、四、五庭主办:《刑事审判参考》2014 年第 4 集（总第 99 集），法律出版社 2015 年版，第 96~97 页。

1224. 有特情介入的毒品犯罪案件并不必然存在特情引诱

关键词

毒品犯罪　特情介入　特情引诱

《刑事审判参考》指导案例

刘军等贩卖、运输毒品、非法买卖枪支、弹药案（《刑事审判参考》指导案例第 164 号）

裁判要点：特情介入并不等于特情引诱。对具体案件是否认定存在特情引诱、存在何种类型的特情引诱，必须严格以《全国法院审理毒品犯罪案件工作座谈会纪要》规定为依据。

审判实践中，特情介入的毒品案件，有时会出现特情引诱犯罪的情形。为此，最高人民法院法〔2000〕42号印发的《全国法院审理毒品犯罪案件工作座谈会纪要》（以下简称《纪要》）中，对毒品犯罪案件中存在特情介入和可能存在特情引诱的问题及其类型的认定与处理原则都作了比较详尽的规定，这是人民法院在审理毒品犯罪案件中所必须要认真注意且必须要遵循的规范性依据。实践中，有的人认为，有特情介入的案件，就一定存在特情引诱问题。也有的人认为，有特情介入的毒品案件，毒品的流向就必然在公安机关的控制之下，不会流向社会，因此，社会危害程度不大，对被告人就应当给予从轻处罚。上述观点在认识上是片面的，不符合《纪要》规定的精神。特情介入并不等于特情引诱。对具体案件是否认定存在特情引诱、存在何种类型的特情引诱，必须严格以《纪要》规定为依据。同时，对特情介入的案件在量刑时，也要看案件中的毒品，在行为人自己的意志支配下，是否已脱离公安机关的控制，并流向社会、危害社会。

——最高人民法院刑事审判第一庭、第二庭编：《刑事审判参考》2002年第1辑（总第24辑），法律出版社2002年版，第92~97页。

申时雄、汪宗智贩卖毒品案（《刑事审判参考》指导案例第538号）

裁判要点：对已持有毒品待售或者有证据证明已准备实施大宗毒品犯罪者，采取特情贴靠、接洽而破获的案件，不存在犯罪引诱，应当依法处理。

运用特情侦破案件是打击毒品犯罪的常见手段，本案就是一起运用特情侦破的贩卖毒品案件。案件审理过程中，被告人申时雄的一、二审辩护人均提出本案存在数量引诱，不应判处申时雄死刑立即执行的辩护意见。由于数量引诱情节是否存在，直接关系到能否对被告人申时雄适用死刑立即执行，所以正确理解数量引诱的含义在审理案件中作出准确认定非常重要。对此，最高人民法院2000年4月印发的《全国法院审理毒品犯罪案件工作座谈会纪要》曾作出规定，2008年12月印发的《全国部分法院审理毒品犯罪案件工作座谈会纪要》（以下简称《大连会议纪要》）又进行了重申和强调。《大连会议纪要》指出："行为人本来只有实施数量较小的毒品犯罪的故意，在特情引诱下实施了数量较大甚至达到实际掌握的死刑数量标准的毒品犯罪的，属于'数量引诱'。对因'数量引诱'实施毒品犯罪的被告人，应当依法从轻处罚，即使毒品数量超过实际掌握的死刑数量标准，一般也不判处死刑立即执行。"按照上述规定，结合本案案情，我们认为，本案虽然存在特情介入因素，但不属于数量引诱。具体分析如下：

首先，被告人申时雄并非“本来只有实施数量较小的毒品犯罪的故意”。《大连会议纪要》所说的毒品“数量较小”不是刑法条文的用语，有关司法解释也没有对此作出界定。有意见认为，只要行为人本来打算实施的毒品犯罪数量小于特情人员提出的毒品数量，就属于“数量较小”。本案被告人申时雄的一、二审辩护人均持该观点。我们认为，这里的“数量较小”形式上是相对于特情人员提出的毒品数量而言的，但实质上主要是指被告人可能受到的惩罚的严厉性而言，也就是其打算实施的毒品犯罪数量所应适用的刑罚幅度或刑种轻于特情人员提出的数量所应适用的刑罚，典型的是指被告人本来打算实施的毒品犯罪的数量不会导致对他判处死刑。如果被告人打算实施的毒品犯罪的数量原本就会导致对其判处死刑，即使特情提出的毒品数量相对大一点，也不能认为被告人“本来只有实施数量较小的毒品犯罪的故意”。反之，如果被告人本没有实施可判处重刑甚至死刑的毒品犯罪的犯意，因受特情引诱而增加毒品数量，导致达到被判处重刑特别是死刑的标准，则被告人的主观恶性、人身危险性和行为的社会危害性相对于没有“数量引诱”的情形而言要小，故而才对其从轻处罚。这样理解才符合罪责刑相适应原则，也是《大连会议纪要》有关规定的真实意旨。本案中，被告人申时雄在侦查机关介入前委托陈某某联系贩卖的海洛因达 3500 克，已超过刑法规定的和当地实际掌握的判处死刑的毒品数量标准，故不能认为其属于纪要规定的“本来只有实施数量较小的毒品犯罪的故意”。

其次，被告人申时雄实际贩卖的 6000 余克海洛因不是特情引诱的结果。按照《大连会议纪要》对“数量引诱”的界定，行为人实施数量较大的毒品犯罪与特情人员的引诱之间应当具有因果关系，即只有行为人放弃原先较小数量而选择更大的毒品数量是特情人员引诱造成的，才符合“数量引诱”的条件。本案中，被告人申时雄本来打算贩卖 3500 克海洛因，让陈某某联系买家，陈某某提出了想购买 5000 克海洛因，数量相对较大，但后来被告人申时雄称自己实有 6000 余克海洛因，让陈某某问买主“董哥”是否全要。显然，被告人实际拥有和欲贩卖的毒品数量超过了特情人员提出的数量，不是特情引诱造成的。即使陈某某不提出要购买 5000 克海洛因，被告人申时雄也要出售自己手中的 6000 余克海洛因。因此，其最终实际贩卖的 6000 余克海洛因不是特情引诱的结果。

综上，被告人申时雄贩卖 6000 余克海洛因的行为，不符合认定数量引诱的条件，不能认定为数量引诱。对于类似本案的情形，《大连会议纪要》提出了处理原则，即“对已持有毒品待售或者有证据证明已准备实施大宗毒品犯罪者，采取特情贴靠、接洽而破获的案件，不存在犯罪引诱，应当依法处理”。据此，被告人申时雄贩卖海洛因数量巨大，且系主犯，罪行极其严重，应当对其适用死刑立即执行。

——最高人民法院刑事审判第一、二、三、四、五庭主办：《刑事审判参考》2009 年第 2 集（总第 67 集），法律出版社 2009 年版，第 65~70 页。

1225. 孕妇、哺乳期妇女毒品犯罪案件的处理

关键词

毒品犯罪　孕妇、哺乳期妇女

附录：最高人民法院法官著述

司法实践中办理这类案件还应当注意以下问题：一是要贯彻宽严相济的刑事政策，严厉打击幕后组织、策划和指挥者，对组织利用、教唆孕妇、哺乳期妇女走私、贩卖、运输、制造毒品的，从重处罚；对孕妇、哺乳期妇女参与毒品犯罪情节较轻的，或者具有自首、立功、被胁迫参加犯罪、坦白等法定或者酌定从宽处罚情节的，依法予以从宽处罚。二是要积极妥善解决涉及孕妇、哺乳期妇女的案件管辖、强制措施等问题。对其可以依法采取取保候审、监视居住等强制措施，并根据被告人的具体情况和案情的变化及时变更强制措施，但不能放任不管，拖延诉讼。三是对案件事实清楚、证据确实充分，不妨碍诉讼进行的，要及时依法起诉和审理，以有效地遏制利用孕妇、哺乳期妇女进行毒品犯罪的蔓延势头。

——高贵君、王勇、吴光侠：《〈办理毒品犯罪案件适用法律若干问题的意见〉的理解与适用》，载《人民司法·应用》2008 年第 5 期（总第 544 期）。

1226. 为贩卖毒品向公安特情人员购买毒品行为的定性

关键词

贩卖毒品罪　购买毒品　特情人员

《刑事审判参考》指导案例

苏永清贩卖毒品案（《刑事审判参考》指导案例第 208 号）

裁判要点：为贩卖毒品向公安特情人员购买毒品的，应以贩卖毒品罪处罚。

根据最高人民法院对“贩卖毒品”所作的解释以及司法实践，如果毒品

交易的卖方不是公安特情和公安机关，而是其他真正的毒贩，由于交易双方已就毒品交易种类、数量、价格、时间、地点等基本交易事项达成一致，那么，即使交易双方未能实际完成毒品交易而被公安机关当场抓获的，对毒品交易的双方都应以“能犯的”既遂处理。这一点是认定贩卖毒品罪与其他刑事犯罪既未遂问题的一项重要区别。对于出面与行为人进行所谓“毒品交易”，充当毒品“卖方”的实际上是公安特情和公安机关，公安特情和公安机关没有也不可能真正将毒品卖给被告人。换言之，从一开始就不可能实现行为人为贩毒而购毒的犯罪目的。我们认为，对这种因犯罪分子意志以外的因素而不可能实现其贩毒目的的情形，应当根据《刑法》第 23 条第 2 款的规定，对其比照既遂犯予以从轻或减轻处罚，以真正贯彻、落实《刑法》第 5 条规定的“刑罚的轻重，应当与犯罪分子所犯的罪行和承担的刑事责任相适应”，即所谓的罪责刑相适应原则。

——最高人民法院刑事审判第一庭、第二庭编：《刑事审判参考》2002 年第 5 辑（总第 28 辑），法律出版社 2003 年版，第 70~73 页。

1227. 制造毒品案件中，缴获的毒品系液态毒品，判处死刑应当特别慎重

关键词

制造毒品罪　液态毒品　死刑

《刑事审判参考》指导案例

林清泉制造毒品案（《刑事审判参考》指导案例第 1228 号）

裁判要点：虽然在液体中检出了甲基苯丙胺既视为制毒既遂，但毕竟还是液态毒品，仍属半成品，应当与制造出毒品成品的既遂有所区别。本案缴获的毒品全是液态，被告人未能制造出甲基苯丙胺成品，行为危害性相对较小，且归案后认罪态度好，确有悔罪表现，可对被告人判处死刑缓期二年执行。

对此，我们的意见是，由于毒品具有滥用性、依赖性、危害性、管制性四大特征，因此，在定义毒品成品时，通常是指可以直接用于销售和滥用的毒品，而毒品半成品通常是指未制成成品前的中间产品。通过化学方法制造毒品的，一般已经全部或者部分完成化学反应，但对于以制造甲基苯丙胺为最终目的的犯罪，制成含有甲基苯丙胺成分的晶体的，才能视为制出成品，

制出含甲基苯丙胺成分的液体、固液混合物等的，应视为制出半成品。

《全国部分法院审理毒品犯罪案件工作座谈会纪要》规定，已经制成毒品，达到实际掌握的死刑数量标准的，可以判处死刑；数量特别巨大的，应当判处死刑。根据上述规定，在决定能否对被告人判处死刑时，制出成品的数量是更为重要的考虑因素。认定的制造毒品数量虽已达到实际掌握的死刑数量标准，但尚未制造出成品的，或者仅制造出少量成品，绝大多数为粗制毒品或者半成品的，由于其社会危害与已经制成成品待售的情形有明显不同，故一般不宜对被告人适用死刑。这样考虑的原因在于，毒品半成品因无法被直接吸食、消费，与毒品成品的危害紧迫性不一样，其客观危害没那么紧迫。

此外，毒品犯罪的数量虽然能反映毒品犯罪行为社会危害性的大小，对定罪量刑有非常重要的意义，但它仍只是依法惩处毒品犯罪的一个基础情节，而不是唯一情节。因此，在执行毒品犯罪数量标准时不能将之简单化、绝对化，特别是对被告人可能判处死刑的案件，更不能简单地将数量标准作为判处死刑的唯一尺度。是否判处死刑还必须综合考虑被告人犯罪情节、危害后果、主观恶性等多种因素。

——最高人民法院刑事审判第一、二、三、四、五庭主办：《刑事审判参考》（总第 112 辑），法律出版社 2018 年版，第 63~69 页。

1228. 毒品犯罪上下家、共同犯罪的死刑适用

关键词

贩卖毒品罪　共同犯罪　死刑适用标准

最高人民法院司法政策精神

（四）死刑适用问题

当前，我国毒品犯罪形势严峻，审判工作中应当继续坚持依法从严惩处毒品犯罪的指导思想，充分发挥死刑对于预防和惩治毒品犯罪的重要作用。要继续按照《大连会议纪要》的要求，突出打击重点，对罪行极其严重、依法应当判处死刑的被告人，坚决依法判处。同时，应当全面、准确贯彻宽严相济刑事政策，体现区别对待，做到罚当其罪，量刑时综合考虑毒品数量、犯罪性质、情节、危害后果、被告人的主观恶性、人身危险性及当地的禁毒形势等因素，严格审慎地决定死刑适用，确保死刑只适用于极少数罪行极其严重的犯罪分子。

1. 运输毒品犯罪的死刑适用

对于运输毒品犯罪，应当继续按照《大连会议纪要》的有关精神，重点

打击运输毒品犯罪集团首要分子，组织、指使、雇用他人运输毒品的主犯或者毒枭、职业毒犯、毒品再犯，以及具有武装掩护运输毒品、以运输毒品为业、多次运输毒品等严重情节的被告人，对其中依法应当判处死刑的，坚决依法判处。

对于受人指使、雇用参与运输毒品的被告人，应当综合考虑毒品数量、犯罪次数、犯罪的主动性和独立性、在共同犯罪中的地位作用、获利程度和方式及其主观恶性、人身危险性等因素，予以区别对待，慎重适用死刑。对于有证据证明确属受人指使、雇用运输毒品，又系初犯、偶犯的被告人，即使毒品数量超过实际掌握的死刑数量标准，也可以不判处死刑；尤其对于其中被动参与犯罪，从属性、辅助性较强，获利程度较低的被告人，一般不应当判处死刑。对于不能排除受人指使、雇用初次运输毒品的被告人，毒品数量超过实际掌握的死刑数量标准，但尚不属数量巨大的，一般也可以不判处死刑。

一案中有多人受雇运输毒品的，在决定死刑适用时，除各被告人运输毒品的数量外，还应结合其具体犯罪情节、参与犯罪程度、与雇用者关系的紧密性及其主观恶性、人身危险性等因素综合考虑，同时判处二人以上死刑要特别慎重。

2. 毒品共同犯罪、上下家犯罪的死刑适用

毒品共同犯罪案件的死刑适用应当与该案的毒品数量、社会危害及被告人的犯罪情节、主观恶性、人身危险性相适应。涉案毒品数量刚超过实际掌握的死刑数量标准，依法应当适用死刑的，要尽量区分主犯间的罪责大小，一般只对其中罪责最大的一名主犯判处死刑；各共同犯罪人地位作用相当，或者罪责大小难以区分的，可以不判处被告人死刑；二名主犯的罪责均很突出，且均具有法定从重处罚情节的，也要尽可能比较其主观恶性、人身危险性方面的差异，判处二人死刑要特别慎重。涉案毒品数量达到巨大以上，二名以上主犯的罪责均很突出，或者罪责稍次的主犯具有法定、重大酌定从重处罚情节，判处二人以上死刑符合罪刑相适应原则，并有利于全案量刑平衡的，可以依法判处。

对于部分共同犯罪人未到案的案件，在案被告人与未到案共同犯罪人均属罪行极其严重，即使共同犯罪人到案也不影响对在案被告人适用死刑的，可以依法判处在案被告人死刑；在案被告人的罪行不足以判处死刑，或者共同犯罪人归案后全案只宜判处其一人死刑的，不能因为共同犯罪人未到案而对在案被告人适用死刑；在案被告人与未到案共同犯罪人的罪责大小难以准确认定，进而影响准确适用死刑的，不应对在案被告人判处死刑。

对于贩卖毒品案件中的上下家，要结合其贩毒数量、次数及对象范围，犯罪的主动性，对促成交易所发挥的作用，犯罪行为的危害后果等因素，综

合考虑其主观恶性和人身危险性，慎重、稳妥地决定死刑适用。对于买卖同宗毒品的上下家，涉案毒品数量刚超过实际掌握的死刑数量标准的，一般不能同时判处死刑；上家主动联络销售毒品，积极促成毒品交易的，通常可以判处上家死刑；下家积极筹资，主动向上家约购毒品，对促成毒品交易起更大作用的，可以考虑判处下家死刑。涉案毒品数量达到巨大以上的，也要综合上述因素决定死刑适用，同时判处上下家死刑符合罪刑相适应原则，并有利于全案量刑平衡的，可以依法判处。

一案中有多名共同犯罪人、上下家针对同宗毒品实施犯罪的，可以综合运用上述毒品共同犯罪、上下家犯罪的死刑适用原则予以处理。

办理毒品犯罪案件，应当尽量将共同犯罪案件或者密切关联的上下游案件进行并案审理；因客观原因造成分案处理的，办案时应当及时了解关联案件的审理进展和处理结果，注重量刑平衡。

3. 新类型、混合型毒品犯罪的死刑适用

甲基苯丙胺片剂（俗称“麻古”等）是以甲基苯丙胺为主要毒品成分的混合型毒品，其甲基苯丙胺含量相对较低，危害性亦有所不同。为体现罚当其罪，甲基苯丙胺片剂的死刑数量标准一般可以按照甲基苯丙胺（冰毒）的2倍左右掌握，具体可以根据当地的毒品犯罪形势和涉案毒品含量等因素确定。涉案毒品为氯胺酮（俗称“K粉”）的，结合毒品数量、犯罪性质、情节及危害后果等因素，对符合死刑适用条件的被告人可以依法判处死刑。综合考虑氯胺酮的致瘾癖性、滥用范围和危害性等因素，其死刑数量标准一般可以按照海洛因的10倍掌握。

涉案毒品为其他滥用范围和危害性相对较小的新类型、混合型毒品的，一般不宜判处被告人死刑。但对于司法解释、规范性文件明确规定了定罪量刑数量标准，且涉案毒品数量特别巨大，社会危害大，不判处死刑难以体现罚当其罪的，必要时可以判处被告人死刑。

——《最高人民法院关于印发〈全国法院毒品犯罪审判工作座谈会纪要〉的通知》(2015年5月18日，法〔2015〕129号)。

《刑事审判参考》指导案例

孙奇志等贩卖毒品案（《刑事审判参考》指导案例第1230号）

裁判要点：在对贩卖毒品上下家决定死刑适用时，犯罪的主动性和对促成交易所发挥的作用，是应着重考虑的因素。并非一律“杀上家不杀下家”，下家对促成交易起更大作用的，也可以考虑判处下家死刑。

办理毒品犯罪案件，对毒品上家还是下家判处死刑，是审判实践中比较突出和较难把握的问题。对此，《全国法院毒品犯罪审判工作座谈会纪要》特别规定："对于贩卖毒品案件中的上下家，要结合其贩毒数量、次数及对象范围、犯罪的主动性、对促成交易所发挥的作用、犯罪行为的危害后果等因素，综合考虑其主观恶性和人身危险性，慎重、稳妥地决定死刑适用……上家主动联络销售毒品，积极促成毒品交易的，通常可以判处上家死刑；下家积极筹资，主动向上家约购毒品，对促成毒品交易起更大作用的，可以考虑判处下家死刑。"上述规定明确了两点：其一，在对贩卖毒品上下家决定死刑适用时，犯罪的主动性和对促成交易所发挥的作用，是应着重考虑的因素；其二，并非一律"杀上家不杀下家"，下家对促成交易起更大作用的，也可以考虑判处下家死刑。

最高人民法院于 2008 年印发的《全国部分法院审理毒品犯罪案件工作座谈会纪要》明确规定，对于共同犯罪中有多个主犯或者共同犯罪人的，要全面考察各主犯或者共同犯罪人在共同犯罪中实际发挥作用的差别，主观恶性和人身危险性方面的差异，对罪责或者人身危险性更大的主犯或者共同犯罪人判处更重的刑罚。如果共同犯罪中毒品数量刚达到实际掌握的死刑数量标准，但各共同犯罪人作用相当，或者责任大小难以区分的，可以不判处死刑立即执行。《全国法院毒品犯罪审判工作座谈会纪要》进一步规定，在对毒品犯罪从严惩处的同时，亦应全面、准确贯彻宽严相济刑事政策，体现区别对待，做到罚当其罪，量刑时综合考虑毒品数量、犯罪性质、情节、危害后果、被告人的主观恶性、人身危险性及当地的禁毒形势等因素，严格审慎地决定死刑适用，确保死刑只适用于极少数罪行极其严重的犯罪分子。

——最高人民法院刑事审判第一、二、三、四、五庭主办：《刑事审判参考》（总第 112 辑），法律出版社 2018 年版，第 77~85 页。

常茂、吴江运输毒品案（《刑事审判参考》指导案例第 1307 号）

裁判要点：判处二名以上主犯死刑符合罪刑相适应原则的，对罪责稍次的主犯亦可适用死刑。

我们认为，同一案件存在多名主犯的，在适用死刑时应遵循两个基本原则：一是慎重适用死刑，在符合法律规定和政策精神的情况下，尽量只对其中罪责最大的一名主犯适用死刑；二是不存在机械的死刑适用的"人数指标"，判处二人以上死刑符合罪刑相适应原则，并有利于全案量刑平衡的，可以依法判处。

1. 对于涉案毒品数量刚超过实际掌握的死刑数量标准，依法应当适用死

刑的，一般只对其中罪责最大的一名主犯适用死刑

司法实践中，对于毒品犯罪的量刑通常遵循“数量加情节”的原则，毒品犯罪数量对毒品犯罪的定罪，特别是量刑具有重要的基础性影响，在某种意义上直接关系到对被告人能否适用死刑。当然，毒品数量并不是毒品犯罪量刑的唯一考虑因素，还要综合考虑被告人的犯罪情节、危害后果、主观恶性等多种因素。2015 年最高人民法院印发的《全国法院毒品犯罪审判工作座谈会纪要》即体现了这一精神，依据该纪要的规定，对于涉案毒品数量刚超过实际掌握的死刑数量标准，依法应当适用死刑的，各主犯间的作用能够区分主次的，对于罪责稍次的主犯一般可不适用死刑。

2. 涉案毒品数量达到巨大以上，罪责稍次的主犯具有法定、重大酌定从重处罚情节，判处二人以上死刑符合罪刑相适应原则，并有利于全案量刑平衡的，可以依法判处

在涉案毒品数量达到巨大以上的情况下，判处罪责稍次的主犯死刑仍需具备两个条件：一是判处二人以上死刑符合罪刑相适应原则，并有利于全案量刑平衡；二是具有法定或重大酌定从重处罚情节。关于法定或重大酌定从重处罚情节的范围，通常包括：（1）累犯、毒品再犯、毒枭、职业毒犯等主观恶性深、人身危险性大的犯罪分子；（2）属于走私、制造毒品和大宗贩卖毒品等源头性犯罪的；（3）武装掩护走私、贩卖、运输、制造毒品的，或以暴力抗拒检查、拘捕，情节严重的；（4）利用、教唆未成年人实施毒品犯罪，或者向未成年人出售毒品的；（5）其他反映被告人主观恶性深、人身危险性大的情节。

——崔祥莲撰稿、管应时审编：《常茂、吴江运输毒品案——对毒品共同犯罪案件如何准确把握死刑政策》，载最高人民法院刑事审判第一、二、三、四、五庭主办：《刑事审判参考》（总第 120 集），法律出版社 2019 年版，第 69~73 页。

1229. 毒品犯罪的共同犯罪认定

关键词

毒品犯罪　共同犯罪

最高人民法院司法政策精神

九、毒品案件的共同犯罪问题

毒品犯罪中，部分共同犯罪人未到案，如现有证据能够认定已到案被告人为共同犯罪，或者能够认定为主犯或者从犯的，应当依法认定。没有实施

毒品犯罪的共同故意，仅在客观上为相互关联的毒品犯罪上下家，不构成共同犯罪，但为了诉讼便利可并案审理。审理毒品共同犯罪案件应当注意以下几个方面的问题：

一是要正确区分主犯和从犯。区分主犯和从犯，应当以各共同犯罪人在毒品共同犯罪中的地位和作用为根据。要从犯意提起、具体行为分工、出资和实际分得毒赃多少以及共犯之间相互关系等方面，比较各个共同犯罪人在共同犯罪中的地位和作用。在毒品共同犯罪中，为主出资者、毒品所有者或者起意、策划、纠集、组织、雇佣、指使他人参与犯罪以及其他起主要作用的是主犯；起次要或者辅助作用的是从犯。受雇佣、受指使实施毒品犯罪的，应根据其在犯罪中实际发挥的作用具体认定为主犯或者从犯。对于确有证据证明在共同犯罪中起次要或者辅助作用的，不能因为其他共同犯罪人未到案而不认定为从犯，甚至将其认定为主犯或者按主犯处罚。只要认定为从犯，无论主犯是否到案，均应依照刑法关于从犯的规定从轻、减轻或者免除处罚。

二是要正确认定共同犯罪案件中主犯和从犯的毒品犯罪数量。对于毒品犯罪集团的首要分子，应按集团毒品犯罪的总数量处罚；对一般共同犯罪的主犯，应按其所参与的或者组织、指挥的毒品犯罪数量处罚；对于从犯，应当按照其所参与的毒品犯罪的数量处罚。

三是要根据行为人在共同犯罪中的作用和罪责大小确定刑罚。不同案件不能简单类比，一个案件的从犯参与犯罪的毒品数量可能比另一案件的主犯参与犯罪的毒品数量大，但对这一案件从犯的处罚不是必然重于另一案件的主犯。共同犯罪中能分清主从犯的，不能因为涉案的毒品数量特别巨大，就不分主从犯而一律将被告人认定为主犯或者实际上都按主犯处罚，一律判处重刑甚至死刑。对于共同犯罪中有多个主犯或者共同犯罪人的，处罚上也应做到区别对待。应当全面考察各主犯或者共同犯罪人在共同犯罪中实际发挥作用的差别，主观恶性和人身危险性方面的差异，对罪责或者人身危险性更大的主犯或者共同犯罪人依法判处更重的刑罚。

——《最高人民法院印发〈全国部分法院审理毒品犯罪案件工作座谈会纪要〉的通知》（2008年12月1日，法〔2008〕324号）。

（二）共同犯罪认定问题

办理贩卖毒品案件，应当准确认定居间介绍买卖毒品行为，并与居中倒卖毒品行为相区别。居间介绍者在毒品交易中处于中间人地位，发挥介绍联络作用，通常与交易一方构成共同犯罪，但不以牟利为要件；居中倒卖者属于毒品交易主体，与前后环节的交易对象是上下家关系，直接参与毒品交易并从中获利。居间介绍者受贩毒者委托，为其介绍联络购毒者的，与贩毒者构成贩卖毒品罪的共同犯罪；明知购毒者以贩卖为目的购买毒品，受委托为其介绍联络贩毒者的，与购毒者构成贩卖毒品罪的共同犯罪；受以吸食为目的的购毒者委托，为其介绍联络贩毒者，毒品数量达到刑法第三百四十八条规定的最低数量标准的，一般与购毒者构成非法持有毒品罪的共同犯罪；同时与贩毒者、购毒者共谋，联络促成双方交易的，通常认定与贩毒者构成贩卖毒品罪的共同犯罪。居间介绍者实施为毒品交易主体提供交易信息、介绍交易对象等帮助行为，对促成交易起次要、辅助作用的，应当认定为从犯；对于以居间介绍者的身份介入毒品交易，但在交易中超出居间介绍者的地位，对交易的发起和达成起重要作用的被告人，可以认定为主犯。

两人以上同行运输毒品的，应当从是否明知他人带有毒品，有无共同运输毒品的意思联络，有无实施配合、掩护他人运输毒品的行为等方面综合审查认定是否构成共同犯罪。受雇于同一雇主同行运输毒品，但受雇者之间没有共同犯罪故意，或者虽然明知他人受雇运输毒品，但各自的运输行为相对独立，既没有实施配合、掩护他人运输毒品的行为，又分别按照各自运输的毒品数量领取报酬的，不应认定为共同犯罪。受雇于同一雇主分段运输同一宗毒品，但受雇者之间没有犯罪共谋的，也不应认定为共同犯罪。雇用他人运输毒品的雇主，及其他对受雇者起到一定组织、指挥作用的人员，与各受雇者分别构成运输毒品罪的共同犯罪，对运输的全部毒品数量承担刑事责任。

——《最高人民法院关于印发〈全国法院毒品犯罪审判工作座谈会纪要〉的通知》（2015 年 5 月 18 日，法〔2015〕129 号）。

附录：理解与适用

（二）共同犯罪认定问题

对于毒品案件的共同犯罪问题，《全国部分法院审理毒品犯罪案件工作座谈会纪要》（以下简称《大连会谈纪要》）已经作了一些规定，应当继续参照执行。《全国法院毒品犯罪审判工作座谈会纪要》（以下简称《纪要》）结合近年来的实践，又对两方面的问题作了具体规定。

1. 居间介绍买卖毒品的认定与处理。

（1）关于居间介绍买卖毒品与居中倒卖毒品的区分。贩卖毒品案件中，一些犯罪分子为减轻罪责，往往辩称自己是居间介绍者，不是真正的购毒者或者贩毒者。由于居间介绍买卖毒品者与居中倒卖毒品者在罪责和量刑上存在差别，认定时要准确区分。《纪要》从二者在毒品交易中所处的地位、发挥的作用、是否成立共同犯罪、有无获利及获利方式等方面对其作了区分。

（2）关于居间介绍买卖毒品的共同犯罪认定。原则上，居间介绍者与哪一方交易主体存在犯罪共谋，并有更加积极、密切的联络交易行为，就认定其与哪一方构成共同犯罪。其中，受以吸食毒品为目的的购毒者委托为其介绍贩毒者的，不能因为其行为客观上促进了贩卖行为而简单认定为贩毒者的共犯，一般仍要按照购毒者的行为性质认定。对于同时受贩毒者、购毒者双方委托为其联络、促成交易的，为了便于司法认定和处理，一般认定与贩毒者构成共同犯罪。但作为例外，如果居间介绍者与以贩卖为目的的购毒者关系更为紧密，且购毒者对促成毒品交易起更大作用的，可以认定居间介绍者与购毒者构成共同犯罪。

（3）关于居间介绍买卖毒品者的地位作用认定。居间介绍者不是毒品交易的一方主体，对促成交易起帮助作用，故一般应当认定为从犯。但对个别以居间介绍者的身份介入毒品交易，但在交易中超出居间介绍者地位，对促成交易起重要、直接作用的被告人，可以认定为主犯。

2. 运输毒品共同犯罪的认定。《大连会议纪要》对该问题没有明确规定，因其关系到各运毒者运输毒品数量的认定及共同犯罪中的地位作用认定，实践中存在认识分歧，故需要加以规范。《纪要》主要规定了如何判断同行运输毒品者是否构成共同犯罪，以及实践中两种典型的受雇于同一雇主运输毒品但不认定为共同犯罪的情形。需要说明的是，《纪要》规定不构成共同犯罪的仅限于受雇者之间，雇主以及其他对全体受雇者起到一定组织、指挥作用的人员则与受雇者分别构成共同犯罪，对运输的全部毒品数量承担刑事责任。

——高贵君、马岩、方文军、李静然：《〈全国法院毒品犯罪审判工作座谈会纪要〉的理解与适用》，载《人民司法 · 应用》2015 年第 13 期（总第 720 期）。

1230. 如何区分毒品代购和加价购买

关键词

毒品　代购　加价购买

最高人民法院司法政策精神

一、毒品案件的罪名确定和数量认定问题

对于吸毒者实施的毒品犯罪，在认定犯罪事实和确定罪名时要慎重。吸毒者在购买、运输、存储毒品过程中被查获的，如没有证据证明其是为了实施贩卖等其他毒品犯罪行为，毒品数量未超过刑法第三百四十八条规定的最低数量标准的，一般不定罪处罚；查获毒品数量达到较大以上的，应以其实际实施的毒品犯罪行为定罪处罚。

——《最高人民法院印发〈全国部分法院审理毒品犯罪案件工作座谈会纪要〉的通知》（2008 年 12 月 1 日，法〔2008〕324 号）。

二、关于毒品犯罪法律适用的若干具体问题

（一）罪名认定问题

贩毒人员被抓获后，对于从其住所、车辆等处查获的毒品，一般均应认定为其贩卖的毒品。确有证据证明查获的毒品并非贩毒人员用于贩卖，其行为另构成非法持有毒品罪、窝藏毒品罪等其他犯罪的，依法定罪处罚。

吸毒者在购买、存储毒品过程中被查获，没有证据证明其是为了实施贩卖毒品等其他犯罪，毒品数量达到刑法第三百四十八条规定的最低数量标准的，以非法持有毒品罪定罪处罚。吸毒者在运输毒品过程中被查获，没有证据证明其是为了实施贩卖毒品等其他犯罪，毒品数量达到较大以上的，以运输毒品罪定罪处罚。

行为人为吸毒者代购毒品，在运输过程中被查获，没有证据证明托购者、代购者是为了实施贩卖毒品等其他犯罪，毒品数量达到较大以上的，对托购者、代购者以运输毒品罪的共犯论处。行为人为他人代购仅用于吸食的毒品，在交通、食宿等必要开销之外收取"介绍费"、"劳务费"，或者以贩卖为目的收取部分毒品作为酬劳的，应视为从中牟利，属于变相加价贩卖毒品，以贩卖毒品罪定罪处罚。

购毒者接收贩毒者通过物流寄递方式交付的毒品，没有证据证明其是为了实施贩卖毒品等其他犯罪，毒品数量达到刑法第三百四十八条规定的最低数量标准的，一般以非法持有毒品罪定罪处罚。代收者明知是物流寄递的毒品而代购毒者接收，没有证据证明其与购毒者有实施贩卖、运输毒品等犯罪的共同故意，毒品数量达到刑法第三百四十八条规定的最低数量标准的，对代收者以非法持有毒品罪定罪处罚。

行为人利用信息网络贩卖毒品、在境内非法买卖用于制造毒品的原料或者配剂、传授制造毒品等犯罪的方法，构成贩卖毒品罪、非法买卖制毒物品罪、传授犯罪方法罪等犯罪的，依法定罪处罚。行为人开设网站、利用网络聊天室等组织他人共同吸毒，构成引诱、教唆、欺骗他人吸毒罪等犯罪的，依法定罪处罚。

——《最高人民法院关于印发〈全国法院毒品犯罪审判工作座谈会纪要〉的通知》（2015 年 5 月 18 日，法〔2015〕129 号）。

《刑事审判参考》指导案例

齐先贺贩卖、运输毒品案（《刑事审判参考》指导案例第 1385 号）

裁判要点：如果双方事先没有约定，事后代购者向托购者隐瞒重要价格信息等从中牟利，实质上即相当于变相加价贩卖，代购者即成为托购者的实际上家，而不再是居间介绍人。

毒品“代购”一词始于 2000 年 4 月印发的《全国法院审理毒品犯罪案件工作座谈会纪要》(已废止)的规定:“有证据证明行为人不是以营利为目的,为他人代买仅用于吸食的毒品,毒品数量超过刑法第三百四十八条规定数量最低标准,构成犯罪的,托购者、代购者均构成非法持有毒品罪。”2008 年 12 月印发的《全国部分法院审理毒品犯罪案件工作座谈会纪要》(以下简称《大连会议纪要》)对此予以完善:“有证据证明行为人不以牟利为目的,为他人代购仅用于吸食的毒品,毒品数量超过刑法第三百四十八条规定的最低数量标准的,对托购者、代购者应以非法持有毒品罪定罪。代购者从中牟利,变相加价贩卖毒品的,对代购者应以贩卖毒品罪定罪。明知他人实施毒品犯罪而为其居间介绍、代购代卖的,无论是否牟利,都应以相关毒品犯罪的共犯论处。”2015 年 5 月印发的《全国法院毒品犯罪审判工作座谈会纪要》在《大连会议纪要》的基础上进一步补充规定:“行为人为吸毒者代购毒品,在运输过程中被查获,没有证据证明托购者、代购者是为了实施贩卖毒品等其他犯罪,毒品数量达到较大以上的,对托购者、代购者以运输毒品罪的共犯论处。行为人为他人代购仅用于吸食的毒品,在交通、食宿等必要开销之外收取‘介绍费’‘劳务费’,或者以贩卖为目的收取部分毒品作为酬劳的,应视为从中牟利,属于变相加价贩卖毒品,以贩卖毒品罪定罪处罚。”

根据以上规定,毒品代购有广义和狭义之分,狭义的毒品代购,是指行为人受吸毒者委托无偿为吸毒者代为购买仅用于吸食的毒品。广义的毒品代购,既包括狭义的毒品代购,也包括明知他人实施毒品犯罪而为其代购毒品以及介绍毒品买卖等情形。在狭义的毒品代购中,如果代购毒品数量超过《刑法》第三百四十八条规定的最低数量标准的,对托购者、代购者均应以非法持有毒品罪定罪处罚;如果代购毒品在运输途中被查获,且没有证据证明托购者、代购者是为了实施贩卖毒品等其他犯罪,毒品数量达较大以上的,对托购者、代购者以运输毒品罪的共犯论处;如果代购者从中牟利的,对代购者以贩卖毒品罪定罪处罚。

司法实践中,为他人代购毒品一般可分两种情况:一种情况是托购者自己直接或者间接与贩毒者进行联系,但因为时间、地点或其他一些特殊原因,托购者无法或不愿亲自前往,即委托代购者向贩毒者代为购买指定数量、品种或者价格等相对固定的毒品。此种情形下,代购者主观上有帮助托购者购买毒品的故意,客观上充当了托购者的工具,替代托购者去购买了毒品,如果其明知托购者是为贩卖而代购,不论其是否牟利,当然与托购者构成贩卖毒品罪的共犯。另一种情况是托购者不知购毒渠道,但知道代购者有毒品来源,即委托代购者代为购买。此种情形下,虽然代购者并未将毒品买卖双方介绍到一起,看似是一种为他人代买的行为,但此时代购者因为自己认识和熟悉贩毒者,在得知托购者有购毒需求后,即通过自己的撮合让托购者实现了其购毒的需求，也帮助贩毒者顺利找到了买家，故其实质上仍然是一种具有居间性质的行为。如果代购者明知托购者购买毒品的目的是贩卖，则与托购者构成贩卖毒品罪的共犯。本案中，齐先贺的行为显然不属于第一种情形，虽接近第二种情形但仍有区别。因为，第二种情形下的代购实质仍为居间介绍，且第二种情形下的毒品代购，托购者与代购者之间也需以存在委托关系为前提，即代购者必须是受托购者的委托而代为购买毒品。在委托关系中，托购者与代购者必须事先对代为购买毒品的数量、种类、价格、代购者是否获利及获利多少、获利方式等均需有明确约定。如果双方事先没有约定，事后代购者向托购者隐瞒重要价格信息等从中牟利，实质上即相当于变相加价贩卖，代购者即成为托购者的实际上家，而不再是居间介绍人。本案中，从三人供述看，信平、信国与齐先贺对双方是委托关系还是上下家关系并不明确，此时即需要结合毒品的实际交易过程来分析。在案证据显示，信平、信国与齐先贺事先对齐先贺是否获利，获利多少、获利方式等均无约定，但在实际交易时，齐先贺先以每克 40 元的价格与贩毒者完成交易，而后对信平、信国隐瞒该重要价格信息，再以每克 80 元的价格卖与信平、信国，此时，齐先贺实际上已经是信平、信国的上家而非共犯，故齐先贺与信平、信国不构成贩卖毒品罪的共犯。

——曾广东、郭艳地撰稿、周峰审编：《齐先贺贩卖、运输毒品案——如何区分毒品代购与加价贩卖》，载最高人民法院刑事审判第一、二、三、四、五庭主办：《刑事审判参考》（总第 124 集），法律出版社 2020 年版，第 151~155 页。

1231. 共同犯罪中作用相对较大的主犯因具有法定从轻情节而未判处死刑的，对其他主犯能否适用死刑

关键词

共同犯罪　主犯　从轻情节　死刑

《刑事审判参考》指导案例

高洪雷等贩卖、运输毒品，介绍卖淫案（《刑事审判参考》指导案例第 1279 号）

裁判要点：在毒品共同犯罪中作用相对较大的主犯因具有法定从宽情节而未判处死刑的，对其他罪责相对较小的主犯不应“升格”判处死刑。

（二）在毒品共同犯罪中作用相对较大的主犯因具有法定从宽情节而未判处死刑的，对其他罪责相对较小的主犯不应“升格”判处死刑

司法实践中经常遇到这样的情形，毒品共同犯罪中的某一主犯的罪行极其严重，依法应当判处死刑，但因其具有自首或者立功等法定从宽处罚情节，法院对其从宽判处死刑缓期执行，而另一名主犯所犯罪行亦很严重，但其在共同犯罪中所起作用略小于前者，对其能否判处死刑立即执行？本案就属于这种情形。被告人高洪雷与杨军练贩卖、运输毒品数量大，已超过适用死刑的毒品数量标准。二人在共同犯罪中均起主要作用，均系主犯，且二人积极预谋并筹集毒资，主动向毒品上家约购毒品，并前往上家所在地购买毒品，相对于毒品上家而言，对促成毒品交易起到了更大作用，杨军练又系累犯，可以说二人均属罪行极其严重。那么，本案能否同时判处两名被告人死刑，或者应当对哪一名被告人适用死刑？这就需要立足案情本身，根据罪责刑相适应原则作出稳妥裁判。

2015 年印发的《全国法院毒品犯罪审判工作座谈会纪要》规定：“毒品共同犯罪的死刑适用应当与该案的毒品数量、社会危害及被告人的犯罪情节、主观恶性、人身危险性相适应。涉案毒品数量刚超过实际掌握的死刑数量标准，依法应当适用死刑的，要尽量区分主犯间的罪责大小，一般只对其中罪责最大的一名主犯判处死刑。”根据这一规定，毒品共同犯罪的死刑适用要严格贯彻罪责刑相适应原则，涉案毒品的数量不同，毒品犯罪造成的社会危害不同，适用死刑的具体情况也有所区别。对于贩卖、运输毒品共同犯罪中有两名以上主犯，涉案毒品数量刚超过实际掌握的死刑数量标准的，应当全面考察各主犯在共同犯罪中实际发挥作用的差别，一般只选择其中罪责最大的一名主犯依法判处死刑；即便两名以上主犯均具有法定从重处罚情节，也要充分比较主观恶性和人身危险性方面的差异，同时判处二人死刑应当特别慎重。换言之，即便同为罪行极其严重且依法可以判处死刑的主犯，也要注意区分彼此之间罪责大小，进一步区分出罪行最为严重者，并非一律判处死刑立即执行，更不能在罪责最为严重的主犯没有被判处死刑的情况下，对罪责稍次的主犯“升格”适用死刑。

——最高人民法院刑事审判第一、二、三、四、五庭主办：《刑事审判参考》（总第 115 辑），法律出版社 2019 年版，第 79~85 页。

1232. 居间介绍买卖毒品行为的定性

关键词

贩卖毒品罪　居间介绍

最高人民法院司法政策精神

一、毒品案件的罪名确定和数量认定问题

有证据证明行为人不以牟利为目的，为他人代购仅用于吸食的毒品，毒品数量超过刑法第 348 条规定的最低数量标准的，对托购者、代购者应以非法持有毒品罪定罪。代购者从中牟利，变相加价贩卖毒品的，对代购者应以贩卖毒品罪定罪。明知他人实施毒品犯罪而为其居间介绍、代购代卖的，无论是否牟利，都应以相关毒品犯罪的共犯论处。

——《最高人民法院印发〈全国部分法院审理毒品犯罪案件工作座谈会纪要〉的通知》(2008 年 12 月 1 日，法〔2008〕324 号)。

《最高人民法院公报》案例

杨武、宋帮林等贩卖毒品案

裁判要点：被告人陈世伟明知被告人宋凯从事贩毒活动，仍介绍宋凯向他人贩卖“麻古”约 4.5 克，其行为成立贩卖毒品的共犯，应以贩卖毒品罪论处。

——《最高人民法院公报》2012 年第 8 期。

《刑事审判参考》指导案例

马盛坚等贩卖毒品案(《刑事审判参考》指导案例第 248 号)

裁判摘要：贩卖毒品犯罪中的居间介绍行为，应分别情况而论。

1. 居间介绍人为吸毒者介绍卖毒者，帮助吸毒者购买毒品的。在这种情况下，居间介绍人的行为在客观上虽然对卖毒者的贩毒活动起到了帮助作用，促成了毒品交易，具有一定的社会危害性，但从主观上看，居间介绍人并没有帮助卖毒者进行贩卖毒品的故意，而仅是为了帮助吸毒者能够买到毒品，使其达到消费毒品的目的。因此，原则上不能以贩卖毒品罪的共犯论处。对此，最高人民法院 2000 年下发的《全国法院审理毒品犯罪案件工作座谈会纪要》中也明确指出：有证据证明行为人不是以营利为目的，为他人代买仅用于吸食的毒品，毒品数量未超过《刑法》第 348 条规定数量最低标准，构成犯罪的，托购者、代购者均构成非法持有毒品罪。该规定表明，即便是为吸毒者向贩毒者代购毒品的，只要不是以从中加价牟利为目的，都不能以贩卖毒品罪的共犯论处。如需定罪处罚的，也只能以非法持有毒品罪追究刑事责任。

2. 居间介绍人为以贩卖毒品为目的的购毒者介绍卖毒者，帮助其购买毒品的。在这种情况下，只要居间介绍人明知他人购买毒品的目的是贩卖，仍为之介绍卖毒者，帮助其购买毒品的，无论其是否从中获利，都表明其与以贩卖毒品为目的的购毒者之间存在共同故意，并成为后者的帮助犯，应以贩卖毒品罪的共犯论处。反之，如果居间介绍人确实不知他人购买毒品的目的是贩卖，虽然其居间介绍行为客观上促成了交易双方的毒品贩卖活动，但既不能成立以贩卖毒品为目的的购毒者的帮助犯，也不能成立卖毒者的帮助犯，即不应以贩卖毒品罪的共犯论处。

3. 居间介绍人为卖毒者介绍买毒人，在二者之间牵线搭桥，促成毒品交易的，不论居间介绍是否从中获利，只要居间介绍人明知是出卖毒品，就得成立卖毒者的帮助犯，应当以贩卖毒品罪的共犯论处。

——最高人民法院刑事审判第一庭、第二庭编：《刑事审判参考》2003 年第 3 辑（总第 32 辑），法律出版社 2003 年版，第 60~65 页。

附录：最高人民法院主流观点

我们认为，应区分情况分别处理：

1. 居间人为吸毒者提供信息或者以其他方式帮助吸毒者购买毒品的，不能以贩卖毒品罪的共犯论处。因为虽然居间人的行为客观上对贩毒者也起了帮助作用，有社会危害性，但考虑到他与贩毒者之间事前没有通谋，没有贩卖毒品的共同故意，而是仅仅为了帮助吸毒者买到毒品。因此对这种行为不以犯罪论处，可由公安机关给予治安处罚。

2. 居间人为贩卖毒品的人介绍毒源信息的，应以贩卖毒品罪的共犯论处。但这种情况下必须是居间人明知对方是以贩卖毒品为目的。居间人明知对方以贩卖为目的，仍然帮助其提供毒源信息，其行为就成了贩毒者贩卖行为的组成部分，是一种帮助贩卖毒品的行为。虽然贩卖者还只是实施了购买行为，但并不影响贩卖毒品罪的成立。因为贩卖毒品的行为是由购买、卖出等若干个环节组成的，只要实施了购买、卖出任何一个环节，就构成本罪。毒贩寻找货源伺机购买的行为是贩卖毒品罪的一个组成部分，为其提供信息的行为就应当认定为贩卖毒品罪的共犯。

——高憬宏、杨万明主编：《基层人民法院法官培训教材（实务卷·刑事审判篇）》，人民法院出版社 2005 年版，第 388~389 页。

1233. 居间介绍买卖毒品与居中倒卖毒品的区分

关键词

毒品 居间介绍 居中倒卖

《刑事审判参考》指导案例

孙奇志等贩卖毒品案（《刑事审判参考》指导案例第1230号）

裁判要点：居间介绍者不是毒品交易的一方主体，在交易中处于中间人地位，对毒品交易起帮助、促成作用；居中倒卖者虽然也处于毒品交易链条的中间环节，但在每一个具体的交易环节中都是一方交易主体，对交易的发起和达成起决定性作用。

最高人民法院于2015年5月18日印发的《全国法院毒品犯罪审判工作座谈会纪要》规定，办理贩卖毒品案件，应当准确认定居间介绍买卖毒品行为，并与居中倒卖毒品行为相区别。居间介绍者在毒品交易中处于中间人地位，发挥介绍联络作用，通常与交易一方构成共同犯罪，但不以牟利为要件；居中倒者属于毒品交易主体，与前后环节的交易对象是上下家关系，直接参与毒品交易并从中获利。二者区分的关键在于在毒品交易中所处的地位和作用不同。居间介绍者不是毒品交易的一方主体，在交易中处于中间人地位，对毒品交易起帮助、促成作用；居中倒卖者虽然也处于毒品交易链条的中间环节，但在每一个具体的交易环节中都是一方交易主体，对交易的发起和达成起决定性作用。就量刑而言，对居中倒卖毒品者的处罚一般要重于居间介绍者。

——最高人民法院刑事审判第一、二、三、四、五庭主办：《刑事审判参考》（总第112辑），法律出版社2018年版，第77~85页。

1234. 以毒品冲抵价款行为的定性

关键词

贩卖毒品罪 以毒品冲抵价款 数罪并罚

《刑事审判参考》指导案例

庄木根、刘平平、郑斌非法买卖枪支、贩卖毒品案（《刑事审判参考》指导案例第 463 号）

裁判要点：以毒品冲抵部分买卖枪支价款的行为构成贩卖毒品罪，该贩卖毒品行为与非法买卖枪支行为之间不存在牵连关系，应予数罪并罚。

（一）以毒品冲抵部分买卖枪支价款的行为构成贩卖毒品罪

那么，就本案而言，以毒品冲抵部分买卖枪支价款是否属于非法销售毒品行为呢？这涉及如何界定“贩卖”“销售”的含义问题。我们认为，在对我国《刑法》中贩卖毒品罪中“贩卖”“销售”的刑法意义进行界定时，必须根据我国的立法状况结合国家对毒品犯罪的刑事政策，进行实质意义上的合目的性解释，而非仅仅从字面意义上理解。对毒品犯罪，我国历来采取的是严厉打击的刑事政策，贩卖毒品罪作为流通领域内的毒品犯罪，其危害主要表现在生产出的毒品经贩卖后流入社会实现扩散，严重妨害了国家对麻醉药品和精神药品的管制，对不特定多数人的身体健康造成损害，败坏社会风气。从实质上而言，贩卖的本质就是一种有偿的转让行为，即毒品的交易存在对价，但这种对价的体现形式，不应仅仅局限于金钱，也可以是以毒品易货，或是以毒品抵债等，因为这些转让形式实质上均属于有偿转让，转让人都通过国家法律禁止的不法行为取得了经济上的利益，毒品都流入了社会，其社会危害与典型的换取金钱的贩卖行为在法益侵害上没有本质的区别，应当成立贩卖毒品行为。

（二）贩卖毒品行为与非法买卖枪支行为之间不存在牵连关系，应予数罪并罚

就本案而言，如前所述，被告人郑斌以毒品冲抵部分买卖枪支价款的行为已经单独成罪，构成贩卖毒品罪，根据刑法分则的规定，贩卖毒品罪属于《刑法》分则第六章妨害社会管理秩序罪，侵犯的是国家对于毒品的管制秩序；其非法买卖枪支的行为亦构成犯罪，非法买卖枪支罪属于《刑法》分则第二章危害公共安全罪，侵犯的是公共安全，可见，被告人郑斌以毒品冲抵部分买卖枪支价款作为其实施非法买卖枪支犯罪的方法行为，与非法买卖枪支的目的行为侵犯的法益并不属于同一法益，这两个犯罪行为不能够充足一个犯罪构成，而分别符合不同的犯罪构成，依照上述牵连关系的认定原则，显然被告人郑斌贩卖毒品的行为与非法买卖枪支的行为不能成立牵连犯所要求的牵连关系，因而不能构成牵连犯，而应以贩卖毒品罪与非法买卖枪支罪

实行数罪并罚。

——最高人民法院刑事审判第一、二、三、四、五庭主办：《刑事审判参考》2007 年第 6 集（总第 59 集），法律出版社 2008 年版，第 1~7 页。

1235. 非法贩卖麻醉药品、精神药品行为的定性

关键词

非法贩卖麻醉药品、精神药品

最高人民法院司法政策精神

（七）非法贩卖麻醉药品、精神药品行为的定性问题

行为人向走私、贩卖毒品的犯罪分子或者吸食、注射毒品的人员贩卖国家规定管制的能够使人形成瘾癖的麻醉药品或者精神药品的，以贩卖毒品罪定罪处罚。

行为人出于医疗目的，违反有关药品管理的国家规定，非法贩卖上述麻醉药品或者精神药品，扰乱市场秩序，情节严重的，以非法经营罪定罪处罚。

——《最高人民法院关于印发〈全国法院毒品犯罪审判工作座谈会纪要〉的通知》（2015 年 5 月 18 日，法〔2015〕129 号）。

附录：理解与适用

（七）非法贩卖麻醉药品、精神药品行为的定性问题

近年来，非法贩卖盐酸曲马多、安钠咖、美沙酮等麻精药品的案件不断出现，对此类案件如何定性，实践中存在不小争议，《纪要》对该问题作了原则性规定。

麻精药品具有双重属性，无论通过合法销售渠道还是非法销售渠道流通，只要被患者正常使用发挥疗效作用的，就属于药品；只有脱离管制被吸毒人员滥用的，才属于毒品。因此，列入《麻醉药品品种目录》和《精神药品品种目录》的麻精药品并不等同于毒品，也并非所有非法贩卖麻精药品的行为都应当被认定为贩卖毒品罪，而应具体情况具体分析。

《纪要》根据贩卖对象作出区别规定：第一，对于向走私、贩卖毒品的犯罪分子或者吸食、注射毒品的人员进行贩卖的，应当以贩卖毒品罪定罪处罚。第二，对于出于医疗目的，违反药品管理法的相关规定，向无资质的药品经营人员、私立医院、诊所、药店或者病人非法贩卖的，侵犯的是国家对药品的正常经营管理秩序，故不应认定为贩卖毒品罪。符合非法经营罪的定罪标准的，依法定罪处罚。需要说明的是，实践中有的被告人向不特定对象贩卖

麻精药品，如果没有证据证明其是故意向走私、贩卖毒品的犯罪分子或者吸食、注射毒品的人员进行贩卖的，根据有利于被告人的原则，一般不宜认定为贩卖毒品罪。

——高贵君、马岩、方文军、李静然：《〈全国法院毒品犯罪审判工作座谈会纪要〉的理解与适用》，载《人民司法·应用》2015 年第 13 期（总第 720 期）。

1236. 违规大量向他人出售咖啡因，不明知他人用于贩卖给吸毒人员的不构成贩卖毒品罪

关键词

贩卖毒品罪　主观不明知

《刑事审判参考》指导案例

武汉同济药业有限公司等四单位及孙伟民等人贩卖、运输、制造、转移毒品案（《刑事审判参考》指导案例第 528 号）

裁判要点：在不明知他人购买咖啡因是用于贩卖给吸毒人员的情况下，违反国家对精神药品及咖啡因生产经营的管理规定，非法大量出售咖啡因的行为不构成贩卖毒品罪，而应认定其构成非法经营罪。

所谓毒品，是指鸦片、海洛因、甲基苯丙胺、吗啡、大麻、可卡因等国家进行严格管制的能够使人形成瘾癖的麻醉药品和精神药品。我国现行《麻醉药品和精神药品品种目录》（国食药监安〔2005〕481 号）中将咖啡因列为第二类精神药品，国家对其实行特殊管理。国务院《麻醉药品和精神药品管理条例》、国家药品监督管理局《咖啡因管理规定》对其生产、购销、运输、出口等均作了严格的规定与限制，如《咖啡因管理规定》第十四条“购销咖啡因实行购用证明和核查制度”、第十七条“购买时必须使用原件”、第十八条“咖啡因生产和经营企业销售咖啡因时，必须核查购买者的身份和有关证明，严禁向无咖啡因购用证明的单位或个人销售咖啡因。一证分次销售咖啡因，每次都要严格购销手续。禁止超过咖啡因购用证明批准数量供应咖啡因”、第十九条“咖啡因的购销活动中不得使用现金交易”。从上述规定可以看出，国家对于咖啡因的购销经营实施严格的管控，若违反国家管理规定出售咖啡因，则很有可能触犯刑法，构成犯罪。

本案中，乐山制药系经卫生部、国家药品监督管理局批准生产咖啡因的企业，与同济药业均是有权经营咖啡因的企业。2001 年 3 月同济药业初次去乐山制药采购咖啡因时出示了有效期为 2001 年 6 月 11 日至 2001 年 9 月 11 日，批准购用量为 4000 千克的咖啡因购用证明复印件及单位营业执照，乐山制药主管领导王时春及销售负责人任光华对其经营咖啡因有关证件审查后，从 2001 年 3 月 14 日至 2002 年 5 月 10 日这 15 个月的时间内即连续超量、超期限审批进行销售，共计向同济药业非法销售咖啡因 38350 千克，非法营业额达 190 余万元。同济药业从乐山制药购回大量的咖啡因，并非用于制药的正常生产经营，而是改变包装后直接出售给贩毒人员，使咖啡因流入社会，后果严重，其行为触犯了我国刑法第三百四十七条的规定，构成贩卖毒品罪。而对乐山制药犯罪事实的定性，二审法院改变一审法院的定罪，认定其构成非法经营罪，主要理由是乐山制药违反国家规定非法出售大量咖啡因的行为与同济药业的行为在主客观方面是完全不同的：

第一，主观故意不同。乐山制药在销售咖啡因期间，曾两次派任光华去武汉，考察同济药业的生产能力及所销售的咖啡因的去向，得到的答复是具有实际生产能力及正常的生产去向。乐山制药据此认为同济药业是有经营权的企业，购买咖啡因只是用于制药的正常生产经营，而对同济药业向贩毒人员出售并不知情。应当说，乐山制药尽到了一定的审查义务，其销售、运输等事项均正常、公开办理，本案无充分的证据可证明乐山制药具有贩卖毒品的故意。但乐山制药违反了我国法规对购销咖啡因必须使用购用证明原件，且禁止超过证明批准数量供应咖啡因，不得使用现金交易等有关规定，其明知咖啡因作为国家规定的专营、专卖药品，购销咖啡因应有健全的手续而故意违反，因此乐山制药具有违法经营的故意。而同济药业则是明知咖啡因流散到社会将成为毒品，仍将其违规购得的大量咖啡因向贩毒分子出售，其主观上具有贩毒的故意。

第二，客观行为不同。乐山制药对经营对象有一定的审查行为，仅向具有经营权的特定企业销售，其销售、运输等行为均正常、公开办理，且其违法销售咖啡因的行为仅局限在合法的生产企业之间；而同济药业无视国家的规定，将违规购得的咖啡因暗中向社会上的贩毒分子任意贩卖，导致咖啡因这类属国家严格管制的药品非法流入社会，严重地危害了人民的身体健康。

第三，因果关系不同。乐山制药的销售行为与同济药业获得咖啡因具有因果关系，但对同济药业向社会贩毒的结果并不知情，故其不应对同济药业向社会贩毒承担相应的刑事责任，只承担其违法经营的法律责任。同济药业向贩毒分子出售咖啡因与由此产生危害社会的结果之间具有直接因果关系，故应承担贩卖毒品的刑事责任。

综上，根据主客观相一致的定罪原则，乐山制药违反国家对精神药品及咖啡因生产经营的管理规定，非法大量出售咖啡因，主观上没有贩卖毒品的故意，但其非法经营行为严重扰乱了市场秩序，符合我国刑法第二百二十五条的规定，应认定其构成非法经营罪。

——最高人民法院刑事审判第一、二、三、四、五庭主办：《刑事审判参考》2009 年第 2 集（总第 67 集），法律出版社 2009 年版，第 1~13 页。

1237. 同时为自己和他人运输毒品的认定

关键词

运输毒品罪　共同犯罪

《刑事审判参考》指导案例

冯忠义、艾当生贩卖、运输毒品案（《刑事审判参考》指导案例第 547 号）

裁判要点：被告人同时为自己和他人运输毒品，受雇替他人运输毒品的行为系共同犯罪。

毒品共同犯罪是指二人以上共同故意实施走私、贩卖、运输、制造毒品等犯罪行为。仅在客观上相互关联而缺少共同故意的毒品犯罪行为，如买卖毒品的双方，不构成共犯。本案中，被告人冯忠义贩卖给被告人艾当生海洛因 709 克，虽然二被告人的犯罪行为指向同一对象，但冯忠义的主观故意是销售毒品，而艾当生的主观故意是购买毒品，二人的主观故意不同，仅是买卖毒品的行为客观上相互关联，故不构成共同犯罪。冯忠义运输自己所有的海洛因 1781 克，艾当生运输自己所有的海洛因 709 克，二被告人这种运输毒品行为是分别独立实施的，没有共同运输同一毒品的主观故意，故二人在此范围内的运输毒品行为不构成共同犯罪。但在被告人艾当生受冯忠义雇佣、指使，替冯忠义运输海洛因 1050 克的行为中，二被告人具有共同运输同一毒品的故意，二人的行为指向同一对象，应当构成共同犯罪。其中，冯忠义作为雇佣者，在共同犯罪中所起作用大于艾当生。

——最高人民法院刑事审判第一、二、三、四、五庭主办：《刑事审判参考》2009 年第 2 集（总第 67 集），法律出版社 2009 年版，第 113~117 页。

1238. 制造毒品罪的认定与处罚

关键词

制造毒品罪

最高人民法院司法政策精神

四、制造毒品的认定与处罚问题

鉴于毒品犯罪分子制造毒品的手段复杂多样、不断翻新，采用物理方法加工、配制毒品的情况大量出现，有必要进一步准确界定制造毒品的行为、方法。制造毒品不仅包括非法用毒品原植物直接提炼和用化学方法加工、配制毒品的行为，也包括以改变毒品成分和效用为目的，用混合等物理方法加工、配制毒品的行为，如将甲基苯丙胺或者其他苯丙胺类毒品与其他毒品混合成麻古或者摇头丸。为便于隐蔽运输、销售、使用、欺骗购买者，或者为了增重，对毒品掺杂使假，添加或者去除其他非毒品物质，不属于制造毒品的行为。

已经制成毒品，达到实际掌握的死刑数量标准的，可以判处死刑；数量特别巨大的，应当判处死刑。已经制造出粗制毒品或者半成品的，以制造毒品罪的既遂论处。购进制造毒品的设备和原材料，开始着手制造毒品，但尚未制造出粗制毒品或者半成品的，以制造毒品罪的未遂论处。

——《最高人民法院印发〈全国部分法院审理毒品犯罪案件工作座谈会纪要〉的通知》(2008 年 12 月 1 日，法〔2008〕324 号)。

1239. 制造毒品失败行为的犯罪形态

关键词

制造毒品罪　犯罪未遂

《刑事审判参考》指导案例

朱海斌等制造、贩卖毒品案(《刑事审判参考》指导案例第 486 号)

裁判要点：行为人基于制造毒品的故意制造毒品，因意志以外的原因未能制造出毒品的行为，构成制造毒品罪(未遂)。因制造出的毒品已经丢弃，无法进行检验，制毒原材料也无法提取的，如何

处理应根据证据情况具体分析。

（一）行为人基于制造毒品的故意制造毒品，因意志以外的原因未能制造出毒品的行为，构成制造毒品罪（未遂）

制造毒品罪是结果犯，行为人制造出《刑法》规定的毒品才能构成犯罪既遂，因行为人意志以外的原因未能制造出毒品的，构成犯罪未遂。根据《刑法》第 347 条第 1 款的规定，制造毒品，无论数量多少，都应当追究刑事责任。该条第 2、3、4 款根据毒品数量的多少，配置了相应的法定刑。根据刑法该条规定，我们认为，对“无论数量多少”，应理解为首先是有“数量”，因为没有“数量”，就不存在“多”与“少”的问题。因此，只有制造出具有一定“数量”的毒品，才构成制造毒品罪的既遂。如果制造毒品失败，即行为人已购入制毒原材料并已开始制造但没有制造出成品的，因缺乏毒品数量要素，制毒行为没有产生法定的犯罪结果，根据刑法总则的相关规定，该行为应认定制造毒品罪的未遂。对于此种行为应如何量刑，应结合客观情况进行分析：（1）制造毒品失败的行为系由于制毒原材料大量掺假或制毒工艺存在无法弥补的缺陷等原因，客观上制毒不能成功的情况下，属于不能犯的未遂，因缺乏数量量刑依据，故可结合具体的犯罪情节比照既遂犯从轻或减轻处罚；（2）制造毒品失败的行为系由于制毒手法不熟练等原因，而客观上能够制毒成功的情况下，属于能犯的未遂，该行为的毒品数量能够推算出来，故可结合犯罪数量比照既遂从轻或减轻处罚。具体的毒品数量应根据行为人使用的制毒方法，按照“就低不就高”的原则来推算。

（二）因制造出的毒品已经丢弃，无法进行检验，制毒原材料也无法提取的，如何处理应根据证据情况具体分析

司法实践中，确定制造出的物品是否为《刑法》规定的毒品，通常需要进行毒品鉴定，这是认定毒品犯罪的依据，也是追究刑事责任的前提。但是对于制毒行为已经完成，成品却已灭失，如被丢弃或吸食，制毒原材料也无法提取的情形，因缺乏必要的毒品鉴定结论，亦没有充分的证据证实所制造出的物品即为刑法规定的毒品的，可分为以下几种情况处理：（1）在毒品灭失的情况下，仅有被告人供述的，亦缺乏其他相关证据证实被告人实施制毒犯罪的，如没有提取到制毒工具，亦没有证人证实购买制毒原材料的，不能仅依靠被告人的供述确定毒品数量并予以定案。根据《刑事诉讼法》第 46 条[①]的规定，只有被告人供述，没有其他证据的，不能认定被告人有罪和处以刑罚。（2）在毒品灭失的情况下，毒品交易双方或者毒品共犯的被告人均供认已经制造出“毒品”，且根据其他证据能够逻辑地推定制造出毒品的，应当

① 本条现为《中华人民共和国刑事诉讼法》（2018 年修正）第五十五条。

认定犯罪既遂。毒品的数量可以根据双方一致的供认予以认定，若双方的供述不一致，则采取“就低不就高”有利被告人的原则进行认定。（3）在毒品灭失的情况下，毒品交易双方或者毒品共犯的被告人均供认制造毒品，但对毒品的品质有疑义，因成品灭失致使无法鉴定，也缺乏证据证明制毒原材料为何物的，按照排除合理怀疑的证明标准，可以认定为犯罪未遂。具体的毒品数量应当根据被告人的供述，结合“就低不就高”原则来确定。

——最高人民法院刑事审判第一、二、三、四、五庭主办：《刑事审判参考》2008年第2集（总第61集），法律出版社2008年版，第51~57页。

1240. 加工、生产混合型毒品“麻古”的行为性质

关键词

制造毒品罪　混合型毒品　麻古

《刑事审判参考》指导案例

高国亮、李永望等贩卖、制造毒品案（《刑事审判参考》指导案例第501号）

裁判要点：虽然生产“麻古”是一种物理加工过程，但并非几种毒品的简单混合，也不同于在毒品中掺杂掺假，而是含有一定技术含量，需要经反复的含量配比试验和质量把关才能制造成功以满足特定人群的吸食要求，因此其加工、生产的行为应该认定为制造毒品罪。

在审判实践中，如排除通过物理方式加工、生产混合型毒品为制造毒品行为，势必会放纵此类犯罪，有违严厉打击毒品犯罪的基本政策。实践中，加工、生产混合型毒品的情况很多，危害性很大，制造混合型毒品“麻古”的过程并不是简单地在毒品中掺杂、掺假，也不仅仅是简单的几种毒品的混合，而是具有一定规模和技术含量的加工、配制过程。例如在本案中，被告人李永望专门雇用了相关人员进行加工、生产，并请来具有专门制造“麻古”技术的人员对被雇佣者进行技术上的指导，运用自动压片机等机器设备，利用被告人高国亮提供的甲基苯丙胺和咖啡因为主要原料，根据一定的配方和配比度经过反复试验，并由高国亮对生产出来的“麻古”进行质量把关后多次返工才制造成功。这个过程具有相当的技术性。虽然在此过程中并没有产生化学变化，但并非几种毒品的简单混合，变化也不仅仅是毒品的口味，混

合型毒品服用后会使人体产生不同于单一型毒品的药瘾性反应。此外，在实践中专门雇人生产混合型毒品的情况很普遍，被雇人员往往只是参与了加工、生产过程，并不参与毒品的运输、贩卖等过程，因此，如果加工、生产混合型毒品不认定为制造毒品罪，那么对这部分被雇人员无法追究刑事责任，不能使他们承受刑罚的震慑力。即使原来的雇主因贩卖毒品等罪名被追究刑事责任，而他们由于受现实利益的牵引，可能还会投向其他的雇主，继续从事生产、加下混合型毒品的活动，这无疑不利于打击毒品犯罪。例如在本案中被李永望雇用来生产"麻古"的杨敬岗、郝永亮等人只参与了加工、生产过程而没有参与贩卖过程，如不定制造毒品罪，对这部分明知是要制造毒品而加工、生产的人员往往无法追究其刑事责任，在抓获现行等情形下最大限度上也只能以非法持有毒品罪追究他们的刑事责任，这样显然会造成罪刑不相适应，实质上是放纵犯罪。

——最高人民法院刑事审判第一、二、三、四、五庭主办:《刑事审判参考》2008 年第 4 集（总第 63 集），法律出版社 2008 年版，第 47~53 页。

1241. 如何结合在案证据认定毒品运输方和接应方的犯罪事实并准确定性

关键词

贩卖、运输毒品罪　证据

《刑事审判参考》指导案例

傅勇、朱小勇贩卖、运输毒品，石远德运输毒品案（《刑事审判参考》指导案例第 1053 号）

裁判要点：被告人携带大量毒品，在运输毒品行为完成后仍在当地逗留并邀集他人吸毒，其行为主观上不仅有运输毒品的故意，还有贩卖该宗毒品的目的。而本案的另一被告人作为毒品接应方，在没有证据证实其是毒品下家或者贩卖毒品共犯的情况下，其行为宜以运输毒品罪论处。

本案中，涉案毒品的接应方被告人傅勇、石远德归案后，均指证被告人朱小勇是毒品的运输方，公安机关根据该线索将朱小勇抓获归案。朱小勇归案后辩称，案发期间其不在杭州，不认识傅勇等人，没有实施指控的贩卖、运输毒品行为。

1. 我们认为，在案证据能够认定朱小勇与该起毒品犯罪事实的关联。具体分析如下：

第一，傅勇供称，案发当晚其接到朱小勇电话称，朱小勇带货从广东来到杭州，车在服务区抛锚，让傅勇找人开车接应，傅勇随即指使石远德、郭俊富前往接应，并将朱小勇的手机号码告诉石远德二人。二人接应毒品返回途中，路遇交警查酒驾，石远德将毒品扔在路边围墙内，后被警方抓获，其间石远德电话告知傅勇丢弃毒品的位置等情况，傅勇和严勇、郭俊富等人返回现场查找毒品过程中被抓获归案。傅勇的供述能够直接建立朱小勇与该起毒品犯罪事实的关联。傅勇归案后经辨认确认朱小勇的身份。

第二，石远德供述的内容与傅勇的供述相符，石远德归案后辨认出朱小勇，并辨认出与朱小勇会合的地点和丢弃涉案毒品的具体位置。

第三，证人杨成证实，其之前为朱小勇开过一次车，案发当日杨成驾车与朱小勇从东莞前往杭州。当晚到达杭州，因车子跑不快，朱小勇打电话让朋友帮忙，朱小勇随后将一箱红牛饮料交给对方，当晚杨成和朱小勇入住临平宾馆，用杨成的身份证登记入住。杨成经辨认确认朱小勇的身份。

第四，证人沈希丹证实，案发当晚其接到朱小勇电话在临平宾馆见面，其到达宾馆房间后见到朱小勇，看见茶几上有冰毒和吸毒工具便吸食。沈希丹经辨认确认朱小勇的身份。

第五，武警官兵和办案警察证实，案发当晚，石远德将装有大包白色晶体的红牛纸箱扔进武警三中队营房南门，武警官兵发现内有可疑白色晶体，交警随即将石远德抓获。武警官兵在现场守候，抓获前来寻找毒品的傅勇等人。

第六，涉案毒品经鉴定重 999.6 克，检出甲基苯丙胺成分。

第七，旅客住宿登记表证实，2013 年 2 月 21 日 2 时 7 分，杨成登记入住杭州临平宾馆，2 月 22 日 22 时 56 分离开。

第八，车辆运行轨迹及照片证实，涉案车辆在案发当日的行驶路线，与被告人傅勇、石远德和证人杨成证实的情况吻合。

第九，手机通话清单证实，朱小勇案发当日与傅勇等人的手机联络情况。上述证据能够证实，朱小勇案发当日与杨成驾车来到杭州，与傅勇联络接应后，将涉案毒品交给前来接应的石远德等人。尽管朱小勇始终不认罪，但在案证据足以认定朱小勇携带毒品来到杭州的犯罪事实。

2. 结合案情和在案证据能够认定朱小勇主观上具有贩卖毒品的目的。具体分析如下：

关于朱小勇行为的定性，是本案的争议焦点。本案毒品犯罪的客观形态停止在运输阶段，在案证据足以认定朱小勇运输毒品的犯罪事实。由于朱小勇否认犯罪，不承认贩毒，负责接应的傅勇仅供称朱小勇告知其携带毒品来杭州，不知晓涉案毒品的来源和去向。因此，没有直接证据证实朱小勇对该宗毒品有贩卖的主观目的，但结合案情和在案证据，能够认定朱小勇主观上具有贩卖毒品的目的，进而认定其构成贩卖、运输毒品罪。

第一，本案中有多人指证朱小勇系毒贩。傅勇供称，其曾向朱小勇购买大量毒品，公安机关在其暂住处查获的冰毒、海洛因及麻古即是从朱小勇处购买。傅勇还供述其从朱小勇处购买上述毒品的细节，因没有证据佐证傅勇的供述，故未认定上述毒品犯罪事实。但傅勇对朱小勇毒贩身份的指认具有相当的可信度。同时，与朱小勇熟识的广东籍吸毒人员均指证朱小勇系毒贩。朱小勇在广东东莞的宾馆房间内被公安机关抓获时，同时被抓获的伍海林、钱直生、杨垒均与朱小勇较为熟悉、来往频密。上述人员均证实，朱小勇日常提供毒品供几人吸食；另证人伍海林证明一个重要细节，即其曾听见朱小勇在接听、拨打电话时谈到贩卖毒品事宜，伍海林与朱小勇无利害关系，无诬告陷害之嫌，其证言的可信度较高。

第二，根据朱小勇的客观行为能够推断认定朱小勇具有贩卖毒品的主观目的。本案中，朱小勇携带毒品从广东前往杭州，从其运输毒品的方式，联系傅勇接应毒品的过程等方面，显然不是单纯运输毒品。首先，该宗毒品数量大，达 999.6 克，明显超出个人在合理时段内的正常吸食量。其次，朱小勇因运输毒品的车辆发生故障，随即联系傅勇接应毒品，并将毒品交给傅勇指派前来接应的石远德等人。如朱小勇仅是负责运输毒品，在毒品交接完成后，通常会立即返回广东，但朱小勇继续驱车前往余杭临平，并邀集沈希丹等人在宾馆房间吸毒，反映出朱小勇并非首次踏足临平，在当地已有熟悉的涉毒人员圈，再次，傅勇一直供称其是接到朱小勇电话才去接应毒品，现无证据证实傅勇是该宗毒品的下家，也无证据显示另有他人是该宗毒品的上家。朱小勇仅因运输毒品的车辆发生故障，就联系傅勇等人接应，并直接让傅勇派来接应的人将毒品运走，此举显然并非单纯的运输毒品者所能为之。此外，石远德受傅勇指使接应毒品后返回途中被交警拦截，石远德随即向傅勇报告该情况，傅勇随即与朱小勇通话联络，傅勇甚至以身犯险从临平赶至现场寻找毒品，这反映出朱小勇对该宗毒品密切关注，并始终控制傅勇等人接应毒品的行为。最后，公安机关从朱小勇住处查获毒品甲基苯丙胺 36.94 克，进一步印证傅勇等人指证朱小勇系毒贩的情况。

结合案情和在案证据，我们认为，可以认定朱小勇不是单纯的运输毒品者，主观上具有贩卖该宗毒品的目的，对朱小勇的行为应当认定为贩卖、运输毒品罪。

本案中，结合案情和在案证据，足以认定被告人傅勇、石远德接应运输毒品的犯罪事实。对傅勇而言，如能认定其是涉案毒品的下家，或者与朱小勇具有共同贩卖毒品的故意，则其行为构成贩卖、运输毒品罪。

虽然从案情分析，傅勇有可能是朱小勇所运毒品的下家，或者是与朱小勇共同贩毒的同伙，但朱小勇拒不认罪（缺乏指证傅勇购买该宗毒品的直接证据），傅勇、石远德等人始终供称是因朱小勇的车辆发生故障而接应毒品，没有证据证实傅勇是该宗毒品的下家或者傅勇与朱小勇共同贩卖该宗毒品，且从朱小勇在当地的活动情况看，朱小勇在当地并非仅认识傅勇一人。因此，仅凭傅勇的接应毒品行为，不能认定其构成贩卖毒品罪。当然，对公安机关从傅勇身上及暂住处查获的大宗毒品甲基苯丙胺，可以认定傅勇的行为构成贩卖毒品罪。

综上，结合案情和在案证据，对该宗毒品犯罪事实，认定被告人朱小勇构成贩卖、运输毒品罪，认定被告人傅勇、石远德构成运输毒品罪，是正确的。

——最高人民法院刑三庭：《傅勇、朱小勇贩卖、运输毒品，石远德运输毒品案》，载最高人民法院刑事审判第一、二、三、四、五庭主办：《刑事审判参考》2014年第6集（总第101集），法律出版社2015年版，第130~133页。

1242. 为吸食者代购少量毒品的行为的定性

关键词

贩卖毒品罪　代购毒品

《刑事审判参考》指导案例

刘继芳贩卖毒品案（《刑事审判参考》指导案例第1014号）

裁判要点：被告人为他人代购毒品行为，其代购毒品数量没有超过正常吸食范围，目的是用于吸食，未存在加价贩卖、从中牟利的情节，故而为吸毒者代购毒品的行为不构成犯罪。

（一）不以牟利为目的，为他人代购用于吸食的毒品，毒品数量未达到非法持有毒品罪的定罪标准的，不应认定为犯罪

本案审理过程中，对被告人刘继芳为杨淑双两次代购毒品的行为如何定性，存在三种意见。第一种意见认为，刘继芳的行为构成贩卖毒品罪。理由是，刘继芳购买毒品的上线没有到案，目前没有确实、充分的证据证实刘继芳的行为系代购，也无法证实刘继芳未从中牟利，现有证据仅证实刘继芳与杨淑双进行了毒品与现金的交易，故应当认定其行为构成贩卖毒品罪。第二

种意见认为，刘继芳的行为构成贩卖毒品罪。理由是，刘继芳虽系为杨淑双代购毒品，但现有证据证实，刘继芳购买毒品的上线系其本人提供而非托购者杨淑双提供，此种情况下，刘继芳具有代购与居间介绍的双重身份，客观上起到了帮助其上线向杨淑双贩卖毒品的作用，应当认定为贩卖毒品罪的共犯。第三种意见认为，刘继芳的代购行为不构成犯罪。理由是，有证据证明刘继芳为吸食毒品者杨淑双代购毒品，没有证据证实其在代购中牟利，且其代购毒品数量未达到非法持有毒品罪的入罪标准，故不应以犯罪论处。

我们同意第三种意见。具体理由如下：

1. 为他人代购用于吸食的毒品，且没有从中牟利的，不能认定为贩卖毒品罪。关于为吸毒者代购毒品行为的定性，2000 年 4 月印发的《全国法院审理毒品犯罪案件工作座谈会纪要》（以下简称《南宁会议纪要》，已废止）指出："有证据证明行为人不是以营利为目的，为他人代买仅用于吸食的毒品，毒品数量超过刑法第三百四十八条规定的数量最低标准，构成犯罪的，托购者、代购者均构成非法持有毒品罪。"2008 年印发的《全国部分法院审理毒品犯罪案件工作座谈会纪要》（以下简称《大连会议纪要》）在《南宁会议纪要》的基础上，对为吸毒人员代购毒品行为的定性等问题作出了更为详细、完善的规定。《大连会议纪要》指出："有证据证明行为人不以牟利为目的，为他人代购仅用于吸食的毒品，毒品数量超过刑法第三百四十八条规定的最低数量标准的，对托购者、代购者应以非法持有毒品罪定罪。代购者从中牟利、变相加价贩卖毒品的，对代购者应以贩卖毒品罪定罪。明知他人实施毒品犯罪而为其居间介绍、代购代卖的，无论是否牟利，都应以其实施的毒品犯罪的共犯论处。"根据《大连会议纪要》的规定，对于为他人代购毒品的行为，不能一律认定为犯罪，构成犯罪的也不是都要按照贩卖毒品罪处理，而应当具体分析、区别对待。首先，明知他人实施毒品犯罪而为其代购毒品的，如明知他人购买毒品的目的是贩卖而帮助其联系购买毒品的，行为人主观上有为他人贩卖毒品提供帮助的共同犯罪故意，客观上有非法买卖毒品的行为，因此无论其是否从中获利，都应当按照贩卖毒品罪的共犯处理。其次，为他人代购仅用于吸食的毒品，代购者从中牟利的，实际上相当于变相加价销售毒品，且该行为与刑法第三百五十五条规定的以牟利为目的向吸食、注射毒品的人提供麻醉药品、精神药品的行为性质类似，对代购者应以贩卖毒品罪论处。再次，为吸毒者代购用于吸食的毒品，代购者没有从中加价牟利的，代购者购买毒品的根本目的在于满足托购者的吸食需要，代购者购买毒品的行为虽然在客观上促成了毒品交易，但其在主观上没有贩卖毒品的共同犯罪故意，故对其不能以贩卖毒品罪的共犯论处。在这种情况下，代购者代购的毒品数量未达到非法持有毒品罪的定罪标准的，不以犯罪论处；数量达到定罪标准的，对托购者、代购者均应认定为非法持有毒品罪。

上述规范性文件之所以专门对为吸毒者代购毒品行为的定性作出规定，是由于在我国吸毒行为本身以及为吸毒而购买或者持有少量毒品的行为均不构成犯罪。而不以牟利为目的，为吸毒者代购用于吸食的毒品的行为，与吸毒者自身购买用于吸食的毒品的行为在本质上相似。这种情况下，代购者只是充当了吸毒者购买毒品行为的代理人，吸毒者和代购者的目的均在于吸食和消费毒品，而不是促进毒品流通和贩卖。因此，对于为吸毒者代购毒品的行为应当结合具体情况作出处理，为他人代购仅供吸食的毒品且未牟利的，不应认定为贩卖毒品罪。由于毒品属于国家严格管制的麻醉药品和精神药品范畴，严禁个人非法持有，刑法第三百四十八条对此也作了明文规定，故对于托购者和代购者购买的毒品数量较大，达到非法持有毒品罪的定罪数量标准的，应当依法定罪处罚。

本案中，对于被告人刘继芳两次为他人代购毒品行为的定性，主要应当从两个方面进行分析：一是刘继芳为他人代购毒品的目的。现有证据证实，代购者刘继芳与托购者杨淑双均系吸毒人员，且二人共同租住于一套房屋内，均知道对方吸食毒品。刘继芳的供述与杨淑双的证言一致证实，杨淑双委托刘继芳代为购买毒品的目的是用于吸食而非贩卖，也没有证据证实杨淑双有贩毒行为。且从二人所证实的代购毒品数量看，两次共计约 0.8 克，并没有超过正常的吸食量范围，案发后公安人员还从杨淑双处查获了部分其委托刘继芳代购后尚未吸食的毒品。因此，根据现有证据可以认定刘继芳系为吸毒人员代购用于吸食的毒品。二是刘继芳有无从中牟利。刘继芳交代，其受杨淑双委托向自己的上家购买毒品后如数交给杨，未从中赚取差价。杨淑双的证言也没有提到刘继芳存在加价贩卖的情节。因目前为刘继芳提供毒品的上家没有到案，没有其他直接证据证实刘继芳为杨淑双提供的毒品系加价贩卖，从中牟利。结合其他间接证据分析，刘继芳为杨淑双代购毒品的价格没有明显超出当地的毒品交易价格，且刘继芳第二次为杨淑双代购 0.5 克甲基苯丙胺时收取 350 元。低于其向潘海波贩卖相同数量毒品的售价 400 元，亦间接显示刘继芳无加价贩卖的情形。且从刘继芳、杨淑双的关系看，刘继芳纯粹出于帮忙而代购，符合双方特殊的交往关系。综上，刘继芳两次为他人代购用于吸食的毒品，没有证据证实其有加价贩卖的行为，不能认定其构成贩卖毒品犯罪，且因刘继芳代购毒品的数量未达到非法持有毒品罪的定罪数量标准，故其代购行为不构成犯罪。

2. 证明行为人是否具有牟利目的的举证责任应当由公诉机关承担，举证不能的，应当依法认定行为人不具有牟利目的。本案在审理过程中，有观点认为，因没有确实、充分的证据证实被告人刘继芳未从代购行为中牟利，而现有证据能够证实刘继芳确与杨淑双进行了毒品与现金的交易，故应当认定其行为构成贩卖毒品罪。我们认为，这种观点不能成立，不能因为无法证实刘继芳是否从中牟利，就推定刘继芳从中牟利，进而认定其构成贩卖毒品罪。

对于《大连会议纪要》中“有证据证明行为人不以牟利为目的”的规定，司法实践中存在两种理解：一种意见认为，行为人不以牟利为目的，要有相关的证据证明，没有证据证明的，就应当推定其以牟利为目的。另一种意见认为，以牟利为目的是代购行为构成犯罪的构成要件，属于有罪指控的内容，应当通过证据加以证明。如果不能通过证据证明的，不能认定其以牟利为目的。我们同意后一种理解。根据刑事诉讼法第四十九条的规定，公诉案件中被告人有罪的举证责任由人民检察院承担。对于为吸毒者代购毒品的行为，公诉机关若要指控行为人为他人代购毒品的行为构成贩卖毒品罪，应当举证证明行为人具有牟利目的，举证不能的，不能认定其具有牟利的目的。刑事诉讼证明有时并不能证明某一待证事实确实存在，待证事实常常会处于一种模棱两可的状态，既没有确实、充分的证据证实待证事实存在，也不能明确认定待证事实不存在，在对待证事实的证明达不到要求的情况下，应由承担举证责任的一方承担举证不利的后果，也就是承担法院对待证事实不予认定的后果。

本案中，被告人刘继芳为吸毒人员杨淑双代购用于吸食的毒品，刘继芳有无从中牟利，关系到其是否构成贩卖毒品犯罪。刘继芳否认其从代购行为中获利，辩称其没有加价贩卖毒品，向刘继芳提供毒品的上家没有归案，托购者杨淑双也不能证实刘继芳为其提供的毒品系加价贩卖，故现有证据不足以证实刘继芳有以牟利为目的为他人代购毒品的行为，根据举证责任的归责原则，应当由公诉机关对该事实承担举证责任，如公诉机关提供的证据达不到确实、充分的证明标准，则公诉机关承担指控的罪名不能成立的后果。一审法院在公诉机关提供的证实刘继芳牟利的证据未达相应证明标准的情况下，以“无法证实刘继芳未从中牟利”反向推定刘继芳牟利，实际上是将本该由公诉机关承担的举证不能的后果，反过来由被告人承担。这种推定本质上是一种有罪推定，严重违背了刑事诉讼法关于举证责任的规定。二审法院以没有证据证实刘继芳从中牟利，不应认定其代购行为构成贩卖毒品罪为由，对一审认定的事实依法改判，是正确的。

3. 应当坚持主客观相统一原则，不能因为代购者的行为客观上起到帮助上线贩卖毒品的作用，就认定其构成贩卖毒品罪。本案中，由于被告人刘继芳为杨淑双寻找毒品来源并帮助后者购买毒品，有意见认为刘继芳的行为具有代购与居间介绍的双重性质。我们认为，这种意见不能成立，刘继芳的行为属于帮助托购者寻找卖毒者的代购行为。理由是，为购毒者寻找卖毒者的居间行为与代购行为在形式上虽有相似之处，但区分两者的关键在于：居间介绍贩卖毒品的，居间介绍者在毒品交易中起到中间人的作用，不是一方交易主体，真正的交易主体是卖毒者与购毒者；代购毒品的，代购者起到的是一方代理人的作用，是实际参与毒品交易的一方主体，托购者并不参与具体的交易环节。刘继芳在毒品交易过程中充当的是杨淑双的代理人的角色，是直接购买毒品的一方交易主体，故对其行为应当认定为代购行为。另外，刘继芳的行为虽然在客观上促成了卖毒者的贩毒活动，但其主观上并没有帮助卖毒者贩卖毒品的故意，其目的在于帮助托购者杨淑双购买毒品用于吸食，故对刘继芳不能以贩卖毒品罪的共犯论处。

综上，被告人刘继芳两次为杨淑双代购毒品的行为不构成犯罪，由此认定刘继芳存在多次贩卖毒品的情节，不能成立。

——最高人民法院刑五庭：《刘继芳贩卖毒品案》，载最高人民法院刑事审判第一、二、三、四、五庭主办：《刑事审判参考》2014 年第 4 集（总第 99 集），法律出版社 2015 年版，第 91~96 页。

1243. 毒品案件中代购者与托购者的罪责的认定

关键词

毒品　代购者　托购者　罪责认定

《刑事审判参考》指导案例

陈恒武、李祥光贩卖、运输毒品案（《刑事审判参考》指导案例第 1229 号）

裁判要点：明知他人实施毒品犯罪而为其居间介绍、代购代卖的，无论是否牟利，都应以相关毒品犯罪的共犯论处。

办理毒品犯罪案件时，要注意对“居间介绍”或者“代购代卖”的准确认定。《全国部分法院审理毒品犯罪案件工作座谈会纪要》明确指出：“明知他人实施毒品犯罪而为其居间介绍、代购代卖的，无论是否牟利，都应以相关毒品犯罪的共犯论处。”一般而言，“居间者”或者“托购者”的罪责相对较小。但上述情况不是绝对的，仍要结合具体案情和证据问题具体分析。

——最高人民法院刑事审判第一、二、三、四、五庭主办：《刑事审判参考》（总第 112 辑），法律出版社 2018 年版，第 70~76 页。

1244. 毒品来源有证据欠缺案件注意要点

关键词

贩卖毒品罪 证据

《刑事审判参考》指导案例

刘依善等贩卖毒品案（《刑事审判参考》指导案例第1051号）

裁判要点：对于毒品来源有证据欠缺的案件，在审判中发现的取证、举证不足问题要加强调查研究，并以适当形式反馈给侦查机关、检察机关，促进毒品案件取证、举证水平的提高。对于因证据不足不能认定毒品上家的，在认定案件事实时一般可以模糊表述被告人所贩卖毒品的来源，确有必要写明的，可以采取“据被告人供述……”的方式。

（二）对于毒品来源有证据欠缺的案件应当注意的问题

从司法实践情况看，对于有一定证据指向是毒品上家的被告人，因证据不充足而导致无法认定，确实不利于打击毒品犯罪。作为审判机关，其职责是审查、裁判公诉机关指控的犯罪事实，符合定案要求的应当依法定罪处刑，但对于达不到法定证明标准的，则不能作出有罪判决。工作中对于类似本案的情况，至少要注意以下两个层面的问题：

一是对审判中发现的取证、举证不足问题要加强调查研究，并以适当形式反馈给侦查机关、检察机关，促进毒品案件取证、举证水平的提高。其中，取证工作是案件质量的基础和前提。这也是贯彻以审判为中心的刑事诉讼制度的要求。如上所述，本案有一定证据指向喻某、施修更有向刘依善贩卖毒品的可能性，从在案证据特别是刘依善的供述分析，本案实际上本有进一步侦查的空间。体现在：（1）刘依善到天津之后，其与喻某、施修更主要通过电话联络，刘称喻某、施修更离开天津后还频繁给其打电话催要毒资。卷宗材料也显示，在抓获刘依善和厚金花的当天，公安机关依法扣押了喻某、施修更的各两部手机。而刘依善首次供述即交代了其毒品上家，侦查机关本有条件第一时间查询双方的通话记录，以固定上家身份的相关证据。（2）刘依善供述其曾给上家汇款，但侦查机关没有及时收集银行卡的汇款记录等证据。（3）刘依善供述曾经在时代大厦6楼租房间，以备上家查验销售毒品情况，公安机关也曾出具说明称时代大厦是警方掌握的贩毒多发地，在确定刘依善藏匿毒品处所时，曾查看时代大厦各楼层录像，但对于喻某、施修更等人是否曾到602房间一节没有作出说明。（4）刘依善供述中提到喻某、施修更来天津时还有另一男子，但侦查机关没有就此问题开展工作。上述问题待案件进入审判阶段后，已难以补查补正，由此导致难以准确认定刘依善所贩卖毒品的来源。

二是审判环节的工作方法问题。对于因证据不足不能认定毒品上家的，在认定案件事实时一般可以模糊表述被告人所贩卖毒品的来源，确有必要写明的，可以采取“据被告人供述……”的方式。例如，本案一审判决书在事实认定部分，写明“据刘依善供称，施修更与喻某于2012年12月7日到本市塘沽后，两次共给其冰毒2900克”；二审裁定对毒品来源则未予表述。这两种写法都有各自道理。另外，还要注意的是，有些毒品案件的上下家因到案时间有先后并不在同一案件中审理。如果先审理的案件进入二审阶段，而后到案的上家或者下家刚进入一审阶段，则对两个案件审理时都要注意了解关联案件的处理情况，以便全面、准确认定犯罪事实。如果明确认定本案被告人的毒品来源于另案被告人，而审理另案被告人的法院因证据问题又不认定此人曾实施该贩毒行为，则会造成两案判决结果在事实认定的矛盾。这是工作中要尽量避免的情况。

——最高人民法院刑五庭：《刘依善等贩卖毒品案》，载最高人民法院刑事审判第一、二、三、四、五庭主办：《刑事审判参考》2014年第6集（总第101集），法律出版社2015年版，第119~120页。

1245. 被告人拒不供认毒品来源且不能证明其系受人指使、雇佣参与运输毒品犯罪的处理

关键词

运输毒品罪　不供认毒品来源　主观明知　从严处罚

《刑事审判参考》指导案例

王平运输毒品案（《刑事审判参考》指导案例第782号）

裁判要点：运输毒品，拒不供认毒品来源，不能证明系受人指使、雇佣参与运输毒品的，应当根据案件具体情况准确认定被告人的主观明知，且应从严惩处。

（一）根据案件具体情况准确认定被告人的主观明知

运输毒品罪是一种故意犯罪。就本罪而言，行为人要认识到自己行为会发生危害社会的结果，必须首先认识到自己运输的对象是毒品。司法实践中，被告人常以不明知行为对象是毒品为由进行辩解，对此审查认定往往成为定案关键。最高人民法院、最高人民检察院、公安部 2007 年联合发布的《办理毒品犯罪案件适用法律若干问题的意见》(以下简称《意见》) 列举了 7 种具体情形，最高人民法院 2008 年印发《全国部分法院审理毒品犯罪案件工作座谈会纪要》(以下简称《纪要》) 列举了 9 种具体情形，对上述 16 种情形，被告人不能作出合理解释，且没有证据证实确属被蒙骗的，可以认定被告人主观上明知是毒品。如果有其他证据足以认定被告人应当知道的，可以认定被告人主观上明知。

本案中，被告人王平辩称不知道自己驾驶的轿车内有毒品，又无同案犯供述或者其他证据直接证实其主观上明知。但是，根据本案的具体情形，足以认定其明知运输的是毒品：第一，王平独自驾驶变速箱挡板内藏匿有毒品甲基苯丙胺（“麻古”）的轿车，选择县际公路、避开高速公路和地州城市，从云南省西双版纳州边境向内地行驶；绿春县公安边防检查站缉查盘问时，王平称没有携带违禁物，但神情慌张；边防武警检查车辆查获毒品时，王平便意欲逃跑。从这些情形足以推定其主观上明知。第二，公安边检站证实：之所以严格盘查王平，是因为在其车内闻到疑似“麻古”的香味；车内查获的二包毒品中，在两包最内层透明塑料包装袋上提取到王平的指纹，说明王平直接接触过毒品内包装。从王平的嗅觉、视觉能力分析，参照正常人的常识、心智判断，王平应当知道其接触的是毒品。第三，案发时途经检查站的两位群众证实，王平被查获后想逃跑，被抓住后不停地大哭，说明其对运输毒品的行为及严重法律后果是有认识的，该表现也有助于推定其主观上明知。

（二）运输毒品，拒不供认毒品来源，不能证明系受人指使、雇佣参与运输毒品的，应予严惩

被告人王平归案后，拒不供述毒品来源。审理过程中形成两种意见：第一种意见认为，本案毒品来源不明，不排除王平受他人指使、雇佣运输毒品的可能性，王平没有走私、贩卖毒品或者再犯、累犯等情节，可以不核准死刑。第二种意见认为，王平从四川到云南边境地区购买了作案所用的轿车，拆开车内挡板藏匿毒品，选择隐蔽路线，独立长途驾驶运输，拒不供述毒品、毒资来源和归属，所持银行卡有大额资金流动，并非单纯运输毒品者，应当核准王平死刑。

我们认为，第二种意见既体现了刑法严厉打击毒品犯罪的精神，又体现了在运输毒品犯罪案件中应当区别不同情形适用宽严相济刑事政策的导向，是可取的。

刑法第三百四十七条将运输毒品和走私、贩卖、制造毒品相并列，设置

同一幅度的法定刑，表明刑法对这四种行为的危害性作等量评价。原因在于，运输毒品罪的“运输”行为是毒品从生产、制造领域或者走私、贩卖等源头，进入国内毒品市场或者流通领域的枢纽环节，对促进毒品在国内非法流通、交易起到重要作用。就该类犯罪的社会危害而言，一般不次于其他毒品犯罪。因此，刑法对运输毒品罪在罪状描述、法定刑设置两方面均体现了严厉打击的态度。在罪状表述上，刑法第三百四十七条第一款特别提示，运输毒品“无论数量多少，都应当追究刑事责任”；在法定刑设置上，配置了严厉的、最高直至死刑的法定刑。

就个案来说，具体的运输毒品犯罪行为社会危害性差异悬殊，行为人的主观恶性也差异较大，因而对运输毒品犯罪行为不能不加区分一概从严处罚，特别是在判处死刑的问题上要区别对待。根据《纪要》精神，对两种运输毒品的情形要区别对待，不能一概从严。一是确实不进入流通环节的运输毒品行为，不以运输毒品罪论处。对于吸毒者在购买、运输、存储毒品过程中被查获的，如果没有证据证实其是为了实施贩卖等其他毒品犯罪行为，毒品数量也未超过非法持有毒品罪的最低数量标准的，一般不定罪处罚。另外，对于以贩养吸的涉毒犯罪，已被吸食的部分不计入毒品犯罪数额；有证据证明不以牟利为目的，为他人代购仅用于吸食的毒品，数量达到非法持有毒品罪标准的，以非法持有毒品定罪。上述规定说明，运输毒品罪针对的是客观上可能导致毒品流向社会的运输行为，对有证据足以认定所运输的毒品不会进入贩卖、流通领域的，不能作为本罪惩处、打击的对象。二是对有证据证明确属受人指使、雇佣参与运输毒品犯罪，又系初犯、偶犯的，可以从轻处罚。这类单纯的运输毒品行为多系走私、贩卖、制造毒品等严重犯罪的从属行为，具有从属性、辅助性的特点，行为人受雇佣从事运输行为，不直接连接毒品的源头和流通环节，其社会危害性比在毒品犯罪上下游之间起居间作用的运输毒品行为要轻。实践中，对运输毒品犯罪，同样坚持贯彻宽严相济刑事政策，根据犯罪的具体情况，区别对待，做到该宽则宽，当严则严，宽严相济，罚当其罪，打击和孤立极少数，教育、感化和挽救大多数。

单纯的运输毒品行为，是指“有证据证明确属受人指使、雇佣参与运输毒品犯罪，又系初犯、偶犯”。单纯的运输毒品行为，其行为人不是毒品的所有者、买家或卖家，不少是贫困边民、下岗工人或者无业人员等弱势人群，只为赚取少量运费而为他人运输毒品，这些人的社会危害性和人身危险性相对不大，如果对该类行为主体不加区别一律与走私、贩卖、制造毒品的行为主体同样处刑，就违背了罪责刑相适应原则，也与宽严相济刑事政策不符。

对并非上述单纯的运输毒品的行为，实践中体现出从严打击的精神，也即对于运输毒品数量超过实际掌握的死刑数量标准，又不能证明系受人指使、雇佣参与运输毒品的，可以判处重刑直至死刑。这种判罚完全符合立法严惩毒品犯罪的目的，也符合打击该类犯罪的司法实践需要。运输毒品犯罪具有隐蔽性、中转性、跨地域性的特征，司法实践中很多案件只能查获“掐头去尾”的运输毒品这一环节，如果被告人不如实供述毒品、毒资的来源和归属，则难以查获毒品从源头到市场的整条犯罪产业链，也难以查明被告人在产业链中的地位和作用。一些被告人试图借此避重就轻、逃避打击。因此，在确定运输毒品犯罪分子的量刑时，应当区分单纯运输毒品的案件和仅因证据不够充分而就低认定为运输毒品的案件，确保对运输毒品罪的量刑不枉不纵。

本案被告人王平从四川省到云南边境地区长期活动，专门购买车辆并拆开车内挡板，将毒品包装后藏匿于挡板内，选择隐蔽路线，独立长途驾车运输，充分表明其行为独立、积极、主动；其拒不供述毒品、毒资来源和归属，所持银行卡有大额资金流动，说明其并非单纯运输毒品者，不排除王平自行贩卖毒品的可能性；王平运输毒品的数量是实际掌握适用死刑数量标准的数倍以上，且没有法定、酌定从轻处罚情节，对其适用死刑，符合宽严相济刑事政策的精神。

——最高人民法院刑事审判第一、二、三、四、五庭主办：《刑事审判参考》2012 年第 3 集（总第 86 集），法律出版社 2013 年版，第 65~69 页。

1246. 在毒品中添加非毒品物质不构成制造毒品罪

关键词

制造毒品罪　非毒品物质

《刑事审判参考》指导案例

凌万春、刘光普贩卖、制造毒品案（《刑事审判参考》指导案例第 800 号）

裁判要点：在毒品中添加非毒品物质的行为不能认定为制造毒品罪。

本案在审理过程中，关于被告人在毒品中添加非毒品物质——咖啡的行为是否构成制造毒品罪的定性，形成两种意见。一种意见认为，刘光普等人把毒品“麻古”“摇头丸”“Y 仔”等混合的行为构成制造毒品罪；另一种意见认为，刘光普等人把毒品“麻古”“摇头丸”“Y 仔”等混合的行为，不是为了制造出一类新毒品，也没有制造出新毒品，其目的是混合后加入咖啡中以便于贩卖，因此不属于制造毒品。我们赞同被告人的行为不构成制造毒品罪的意见。

《全国部分法院审理毒品犯罪案件工作座谈会纪要》(以下简称《纪要》)第四条规定,“制造毒品不仅包括非法用毒品原植物直接提炼和用化学方法加工、配置毒品的行为,也包括以改变毒品成分和效用为目的,用混合等物理方法加工、配制毒品的行为,如用甲基苯丙胺或者其他苯丙胺类毒品与其他毒品混合成麻古或者摇头丸”。主张本案被告人的行为构成制造毒品罪的观点,主要是根据该条规定。然而,我们认为,《纪要》提到的物理方法制造毒品有明确的指向,即制造“麻古”“摇头丸”等成分相对固定、毒品性能有所变化的新型毒品。本案中,刘光普、凌万春等人将“摇头丸”“Y仔”与“K粉”混合后加入袋装“雀巢”咖啡内贩卖,主观目的并不是制造出一种新类型的毒品,而是通过这种混合的形式达到表面上似乎是贩卖咖啡以掩人耳目的目的,其主观目的是贩卖毒品。在客观行为上,这种物理混合的方式只是简单地把一些毒品和咖啡掺杂起来,既没有严格的比例配置规范要求,也没有专业化的配比工艺程序,还不足以达到改变毒品成分和效用的程度,没有形成新的混合型毒品,不属于制造毒品的行为。对被告人的这种行为以贩卖毒品罪论处,既不符合客观事实,也不符合其主观意愿,因此,一审、二审将其认定为制造毒品罪不准确,最高人民法院经复核后予以纠正。

——最高人民法院刑事审判第一、二、三、四、五庭主办:《刑事审判参考》2012年第4集(总第87集),法律出版社2013年版,第74~79页。

1247. 被告人对不同种毒品实施同一犯罪行为是否按比例折算成一种毒品予以累加后量刑

关键词

不同种毒品 按比例折算

最高人民法院研究室答复

四川省高级人民法院:

你院川高法〔2009〕390号《关于被告人对不同种毒品实施同一犯罪行为是否按比例折算成一种毒品予以累加后量刑的请示》收悉。经研究,答复如下:

根据《全国部分法院审理毒品犯罪案件工作座谈会纪要》的规定,对被告人一人走私、贩卖、运输、制造两种以上毒品的,不实行数罪并罚,量刑时可综合考虑毒品的种类、数量及危害,依法处理。故同意你院处理意见。

此复

——《最高人民法院研究室关于被告人对不同种毒品实施同一犯罪行为是否按比例折算成一种毒品予以累加后量刑的答复》(2009年8月17日，法研〔2009〕146号)，载张军主编、最高人民法院研究室编:《司法研究与指导》2012年第1辑（总第1辑），人民法院出版社2012年版，第98~102页。

1248. 对家族式毒品共同犯罪中作用相对较小主犯的酌情从轻量刑

关键词

毒品犯罪　共同犯罪　主犯　从轻处罚

《刑事审判参考》指导案例

侯占齐、李文书、侯金山等人走私、贩卖毒品案（《刑事审判参考》指导案例第530号）

裁判要点：在家族式毒品共同犯罪中，被告人论罪当判死刑，但在共同犯罪中所起作用相对较小、所居地位相对较低，可酌情从轻判处刑罚。

近些年来，毒品犯罪呈现团伙化、集团化的趋势，而以家族成员为主组成团伙实施毒品犯罪的案件也开始增多。这是由于家族成员之间因以血缘、亲属关系为纽带，相互信任，关系紧密，凝聚力强，便于统一行动，如果共同实施犯罪就更为隐秘，因而不容易被查处，提高了作案的成功率。

刑法第二十五条第一款规定，“共同犯罪是指二人以上共同故意犯罪”，而共同犯罪的主犯，根据刑法第二十六条第一款的规定，指的是组织、领导犯罪集团进行犯罪活动或者共同犯罪中起主要作用的人。对于主犯的量刑，刑法第二十六条第三、四款作了规定，即对组织、领导犯罪集团的首要分子，按照集团所犯的全部罪行处罚，而其他主犯，应当按照其所参与的或者组织、指挥的全部犯罪处罚。那么，在司法实践中，对于同属毒品共同犯罪的主犯，但相比之下，所起作用相对较小、所居地位相对较低的，应否均处同样刑罚呢?

根据刑法第六十一条，对于犯罪分子决定刑罚的时候，应当根据犯罪的事实、犯罪的性质、情节和对于社会的危害程度。在毒品犯罪案件中，毒品数量是决定行为社会危害性大小的重要标准。据此，世界上许多国家一般都把毒品数量作为定罪量刑的主要依据，我国刑法第三百四十七条、第三百四十八条及《最高人民法院关于审理毒品案件定罪量刑标准有关问题的解释》[①]也有相关规定。但是，毒品数量不是也不能成为定罪量刑的唯一标准，特别是对于共同毒品犯罪案件，更要考虑各被告人在共同犯罪中的地位作用，这是准确适用刑罚的前提。同理，对于家族式毒品共同犯罪的主犯，量刑时不应只看涉案的毒品数量，也要看在共同犯罪中的地位、作用。在司法实践中，一案有多个主犯的，量刑时应当具体分析各主犯所起作用大小、所居地位高低，做到区别对待。对于在共同犯罪中所居地位重要、所起作用大的主犯，量刑上应该重处；反之，对于在共同犯罪中所居地位较低、所起作用小的主犯，量刑上应有所区别，以体现罪刑的均衡。

本案是一起典型的家族式毒品共同犯罪案件，家族成员中有多人分别被判处死刑、死缓。其中，被告人侯金山参与了三起贩毒犯罪，从境外携带毒品入境并驾车运输至安徽阜阳进行贩卖，涉及毒品数量巨大，在其家族共同犯罪中起主要作用，系主犯。但是，侯金山毕竟不是毒品共同犯罪的组织、领导者，而是在其父亲侯占齐的带领下参与犯罪的，其对参与的毒品犯罪并未出资，其主要任务是驾车运输毒品。单纯从涉案毒品来看，侯金山涉案的毒品数量巨大，论罪当判死刑，但是与其父亲侯占齐相比，其所起作用相对较小、地位相对较低，主观恶性也相对较小，虽同为主犯，量刑上也不能搞“一刀切”，而应区别对待，故对其可酌情从轻判处，在对作用更大、地位更高的其父侯占齐判处死刑立即执行的情况下，可对其判处死缓。另一方面，本案被告人王敬州参与了第三起毒品犯罪，涉案毒品数量也很大，论罪应当判处死刑，但是，其携带的毒品尚未流入社会造成实际危害，况且其涉案的毒品数量比被告人侯金山还要少些，如果对侯金山适用死缓而对王敬州判处死刑立即执行，量刑上就不平衡，故对王敬州亦可酌情从轻判处死缓。据此，最高人民法院经复核分别改判被告人侯金山、王敬州死缓是适当的，符合刑法的规定，也体现了宽严相济刑事政策的精神。

综上，毒品数量是毒品犯罪量刑的重要标准，但不是唯一标准。在司法实践中，量刑时不仅要按照被告人参与的犯罪所涉毒品数量，还要综合考量被告人在共同犯罪中的地位、作用，犯意的提出、毒资的筹集、毒源的寻找、毒品的出售、毒品是否流入社会造成实际危害等情节；同时，也要审查被告人是否具备法定的或其他酌定的从重、从轻、减轻处罚的情节。对于同属毒品共同犯罪的主犯，论罪当判死刑，但在对地位更高、作用更大的主犯判处死刑立即执行的情况下，对在共同犯罪中所起作用较小、所居地位较低的，尤其是本案这种家族式毒品共同犯罪中，从人道的角度出发，可以酌情从轻

---

① 该解释已被《最高人民法院关于审理毒品犯罪案件适用法律若干问题的解释》（2016 年 4 月 6 日，法释〔2016〕8 号）废止。

判处刑罚。

——最高人民法院刑事审判第一、二、三、四、五庭主办:《刑事审判参考》2009年第2集（总第67集），法律出版社2009年版，第20~27页。

1249. 毒品犯罪案件中立功情节的认定及对被告人从轻处罚的界限

关键词

毒品犯罪　立功　如实供述罪行　功是否足以抵罪

《刑事审判参考》指导案例

胡俊波走私、贩卖、运输毒品，走私武器、弹药案（《刑事审判参考》指导案例第801号）

裁判要点：公安机关根据被告人供述抓获共同犯罪同案犯的，不应认定被告人有立功表现；被告人如实供述并协助抓获上、下家，应当认定被告人有立功表现；对被告人的立功行为是否从宽处罚，应当根据“功是否足以抵罪”的情况而定。

（一）公安机关根据被告人供述抓获共同犯罪同案犯的，不应认定被告人有立功表现

被告人胡俊波在二审期间检举称，别人帮其“带来”4万多颗毒品和一支9毫米口径手枪、12发子弹，唐照堃偷走手枪和子弹，带至重庆市，可能和重庆“3·19案”有关。“3·19案”是2009年3月19日重庆发生的某部队一名哨兵被枪杀、抢走自动步枪的恶性案件，案发后警方广泛悬赏征集线索，至今案件未破。重庆警方高度重视胡俊波的检举，经认真核查，查明2008年胡俊波带“马仔”唐军、唐照堃从缅甸贩卖20万颗“麻古”和一支9毫米口径手枪到成都，“二唐”偷走4万颗“麻古”和该枪后，胡俊波一直怀恨在心。重庆警方抓获“二唐”后，未发现“二唐”涉“3·19案”，故以涉嫌非法持有枪支罪将“二唐”移送起诉：本案二审法院认为，胡俊波的行为构成立功，但最高人民法院经审查认为，胡俊波检举唐军、唐照堃非法持有枪支的行为不构成立功。

胡俊波供述“二唐”“偷走”自己的枪支，前提是承认自己“带来”毒品和枪支。经重庆警方查证，又进一步查明该枪系胡俊波伙同“二唐”走私入境的。根据《最高人民法院关于处理自首和立功若干具体问题的意见》(以下

简称《意见》）第三条第二款的规定，被告人如实供述本人其他罪行是否与司法机关已掌握的罪行属同种罪行，一般应当以罪名区分。如实供述的其他犯罪与司法机关已掌握的犯罪属选择性罪名或者在法律、事实上密切关联，应当认定为同种罪行。虽然胡俊波如实供述的这一罪行暂未被查清和指控，基于“不告不理”的诉讼原则，本案二审法院对该起犯罪事实未予审理查明。但很明显胡俊波如实供述的罪行与司法机关已掌握的其先后实施的一系列走私、贩卖、运输毒品、走私武器、弹药犯罪在法律、事实上密切关联，应当认定为同种罪行。换言之，胡俊波在供述其犯罪事实的过程中，理应如实供述同案犯及涉案毒品和枪支的去向。胡俊波检举揭发“二唐”与重庆“3·19案”有关，经查不属实。因胡俊波并未揭发同案犯在共同犯罪以及关联犯罪之外的其他犯罪线索，故其揭发行为不构成立功。

在毒品犯罪中，走私、贩卖、运输、制造行为往往形成多人协同、上下家衔接作案的非法产业网络、链条，其成员经常还涉及其他犯罪行为。其中，犯罪团伙、犯罪集团的首要分子、共同犯罪的主犯、职业毒贩、毒品再犯等，往往掌握同案犯等涉案人员的个人信息和犯罪情况，其供述他人罪行的动机错综复杂，是否构成立功情节要特别慎重把握。审判实践中，我们应当注意以下几点：第一，审查被告人自身是否参与其供述的罪行，甄别其供述的是共同犯罪的事实还是他人犯罪行为，或者同案犯共同犯罪抑或关联犯罪以外的其他犯罪。第二，审查检举的罪行是否查证属实。根据《意见》第六条的规定，侦查机关出具材料，表明在三个月内还不能查证并抓获被检举的，或者不能查实的，人民法院审理案件可不再等待查证结果。根据被告人检举破获的他人犯罪案件，如果已有审判结果，应当依据判决确认的事实认定是否查证属实；如果被检举的他人犯罪案件尚未进入审判程序，可以依据侦查机关提供的书面查证情况认定是否查证属实。第三，审查供述线索来源是否合法。根据《意见》第四条第一款的规定，犯罪分子通过贿买、暴力、胁迫等非法手段获取他人犯罪线索并检举揭发的，不能认定为有立功表现。刑法设立立功制度的本意是要求被告人检举时具有真诚悔悟、弃恶从善的积极心态，而非利用非法手段获取线索后和司法机关讨价还价，换取从宽处罚。从本案看，“二唐”所持有的枪支来源于胡俊波和“二唐”的共同运输枪支犯罪行为，与胡俊波所犯之罪紧密关联。胡俊波在一审被判处死刑之后才交代“二唐”的犯罪线索，体现出其具有避重就轻的主观心态，且无真诚悔罪、弃恶从善的积极表现，认定其立功与立法本意不符。

（二）被告人如实供述并协助抓获上、下家，应当认定被告人有立功表现

被告人胡俊波到案后，供述其欲将毒品运往湖北省武汉市贩卖。公安人员押解胡俊波前往武汉市，由胡俊波打电话联系下家约定交易，在武汉市临江饭店抓获前来接取毒品的胡环香。普洱市中级人民法院经审理认为，胡俊

波协助公安机关抓获胡环香的行为构成立功。在毒品犯罪案件中，司法机关根据被告人的供述和通过被告人的协助抓捕毒品犯罪上、下家，是打击毒品犯罪活动中特有而常见的侦破手段。被告人协助延伸侦查的行为，有助于司法机关打击毒品犯罪产业窝点、链条，反映出被告人具有真诚悔罪的心态。这种行为应当构成立功。在具体案件中，要特别注意区分被告人供述其本人实施的犯罪涉及的上、下家和供述上、下家实施其他犯罪两种情形。如果被告人供述的上、下家罪行，经审查，与被告人所犯之罪并无关联，则属于检举他人犯罪行为的立功表现；如果仅如实供述上、下家涉案人员个人信息和涉及本案的犯罪情况，而没有协助抓获的行为，不属于立功表现。毒品犯罪上、下家所处毒品产业链条地位、作用不同，相互之间没有实施同一毒品罪行的共同故意，具体实施的罪行也不尽相同，各自的罪名（如有的主体可能构成走私制毒物品罪、非法买卖制毒物品罪等）和法定刑都可能不同，不构成共同犯罪。被告人到案后供述上、下家的犯罪行为，从字面理解似乎属于"检举、揭发'他人'犯罪行为"，但是，被告人及其上、下家所实施的罪行客观上相互关联，具有对合关系，即共同促进毒品犯罪行为的完成，缺少一方的犯罪行为，其他方的犯罪行为就无法实施或者完成。对任何一个环节的行为人而言，其罪行的实施或者完成，以其上、下家对应行为的实施和完成为必要条件，其所实施或者完成的罪行必然涉及上、下家的犯罪行为，检举上、下家的犯罪行为，也就不超出其如实供述的犯罪事实范围，因此，仅有供述行为并不构成立功情节。只有被告人协助司法机关抓获上、下家时，才能依法认定为立功。

（三）对被告人的立功行为是否从宽处罚，应当根据"功是否足以抵罪"的情况而定

刑法对立功情节作出从宽处理的原则性规定。然而，在毒品犯罪案件中，由于被告人处于毒品犯罪产业网络链条之中，和其他类型的犯罪分子比较，具备掌握其他涉案人员情况和罪行的天然优势，即可能通过举报一些从犯、"马仔"的犯罪事实获取立功机会，争取从宽处理的结果。这种举报行为并未体现出行为人真诚悔罪，也不意味行为人的人身危险性、主观恶性有所减小。对于毒品犯罪，犯罪行为人的立功行为是否足以从宽处罚，《全国部分法院审理毒品犯罪案件工作座谈会纪要》（以下简称《纪要》）规定了"功是否足以抵罪"的标准。根据《纪要》的规定，如果行为人的罪行极其严重，但只有一般立功表现的，可不予从轻处罚；如果行为人检举、揭发的是其他犯罪案件中罪行同样严重的犯罪分子，或者协助抓获的是同案中的其他首要分子、主犯，原则上可以从轻或者减轻处罚；如果协助抓获的只是同案中的从犯或者"马仔"，功不足以抵罪，或者从轻处罚后全案处刑明显失衡的，不予从轻处罚；对于从犯、"马仔"立功，特别是协助抓获毒枭、首要分子、主犯的，

应当从轻处罚。

我们认为，本案被告人胡俊波属于“功不足以抵罪”情形。理由如下：

1、胡俊波供述“二唐”非法持有枪支的行为不构成立功；其如实供述的罪行与公安机关已掌握的其先后实施的一系列走私、贩卖、运输毒品，走私武器、弹药犯罪在法律、事实上密切关联，应当认定为同种罪行，因此仅属有积极表现，不构成立功；其协助公安机关抓获胡环香的行为构成立功。

2. 胡俊波在被判处重刑暂予监外执行（保外就医）期间从事毒品犯罪，是共同犯罪的主犯和毒品惯犯；归案后长期拒不如实供述自己的罪行，除拨打电话联系下家派遣胡环香接取毒品外，拒不如实供述毒品的来源和下家主犯；其不但走私、贩卖、运输毒品 2 万余克而且走私枪支、弹药，罪行极其严重，协助抓获的只是下家的“马仔”，功不足以抵罪，如从轻处罚，将会造成全案处刑明显失衡。

3. 从侦查经过分析，胡俊波归案后在最初三次被讯问时均拒不供认罪行，认罪后亦不供述武汉市下家主犯的真实情况，通过打电话联系下家派人接取毒品抓获胡环香后又翻供，拒不认罪，称毒品是公安人员逼着让指认和承认的，胡环香是公安让帮忙抓的。胡俊波在一审被判处死刑之后才交代“二唐”实施犯罪的线索，且在供述时避重就轻，体现出其借检举、揭发逃避罪责的主观心态。

——最高人民法院刑事审判第一、二、三、四、五庭主办：《刑事审判参考》2012 年第 4 集（总第 87 集），法律出版社 2013 年版，第 80~86 页。

1250. 毒品犯罪的缓刑、财产刑适用及减刑、假释

关键词

毒品犯罪　缓刑　财产刑　减刑　假释

最高人民法院司法政策精神

十三、毒品案件财产刑的适用和执行问题

刑法对毒品犯罪规定了并处罚金或者没收财产刑，司法实践中应当依法充分适用。不仅要依法追缴被告人的违法所得及其收益，还要严格依法判处被告人罚金刑或者没收财产刑，不能因为被告人没有财产，或者其财产难以查清、难以分割或者难以执行，就不依法判处财产刑。要采取有力措施，加大财产刑执行力度。要加强与公安机关、检察机关的协作，对毒品犯罪分子来源不明的巨额财产，依法及时采取查封、扣押、冻结等措施，防止犯罪分子及其亲属转移、隐匿、变卖或者洗钱，逃避依法追缴。要加强不同地区法

院之间的相互协作配合。毒品犯罪分子的财产在异地的，第一审人民法院可以委托财产所在地人民法院代为执行。要落实和运用有关国际禁毒公约规定，充分利用国际刑警组织等渠道，最大限度地做好境外追赃工作。

——《最高人民法院印发〈全国部分法院审理毒品犯罪案件工作座谈会纪要〉的通知》（2008 年 12 月 1 日，法〔2008〕324 号）。

（五）缓刑、财产刑适用及减刑、假释问题

对于毒品犯罪应当从严掌握缓刑适用条件。对于毒品再犯，一般不得适用缓刑。对于不能排除多次贩毒嫌疑的零包贩毒被告人，因认定构成贩卖毒品等犯罪的证据不足而认定为非法持有毒品罪的被告人，实施引诱、教唆、欺骗、强迫他人吸毒犯罪及制毒物品犯罪的被告人，应当严格限制缓刑适用。

办理毒品犯罪案件，应当依法追缴犯罪分子的违法所得，充分发挥财产刑的作用，切实加大对犯罪分子的经济制裁力度。对查封、扣押、冻结的涉案财物及其孳息，经查确属违法所得或者依法应当追缴的其他涉案财物的，如购毒款、供犯罪所用的本人财物、毒品犯罪所得的财物及其收益等，应当判决没收，但法律另有规定的除外。判处罚金刑时，应当结合毒品犯罪的性质、情节、危害后果及被告人的获利情况、经济状况等因素合理确定罚金数额。对于决定并处没收财产的毒品犯罪，判处被告人有期徒刑的，应当按照上述确定罚金数额的原则确定没收个人部分财产的数额；判处无期徒刑的，可以并处没收个人全部财产；判处死缓或者死刑的，应当并处没收个人全部财产。

对于具有毒枭、职业毒犯、累犯、毒品再犯等情节的毒品罪犯，应当从严掌握减刑条件，适当延长减刑起始时间、间隔时间，严格控制减刑幅度，延长实际执行刑期。对于刑法未禁止假释的前述毒品罪犯，应当严格掌握假释条件。

——《最高人民法院关于印发〈全国法院毒品犯罪审判工作座谈会纪要〉的通知》（2015 年 5 月 18 日，法〔2015〕129 号）。

附录：理解与适用

（五）缓刑、财产刑适用及减刑、假释问题

为进一步规范毒品犯罪的刑罚适用与执行，加大惩处毒品犯罪力度，《全国法院毒品犯罪审判工作座谈会纪要》（以下简称《纪要》）在这方面作了一些新规定，包括三方面内容。第一，《纪要》明确了从严掌握毒品犯罪缓刑适用条件的原则，并结合实践规定了几种不适用及限制适用缓刑的情形。第二，《纪要》结合 2013 年新刑诉法司法解释等相关规定，明确了对毒品犯罪案件查封、扣押、冻结的涉案财物及其孳息的判缴，确定罚金数额的原则，判处没收财产刑的幅度等问题。需要说明的是，该部分中“法律另有规定的除外”是新刑诉法司法解释的原文规定，主要是为了应对实践中的复杂情况，在此予以保留。另外，对于判处无期徒刑的，刑法及相关司法解释均未规定应当并处没收个人全部财产，故《纪要》规定为可以并处没收个人全部财产。第三，《纪要》对部分严重毒品罪犯的减刑、假释作出限制，参考了中央政法委有关文件和最高人民法院有关减刑、假释的司法解释。

——高贵君、马岩、方文军、李静然：《〈全国法院毒品犯罪审判工作座谈会纪要〉的理解与适用》，载《人民司法·应用》2015 年第 13 期（总第 720 期）。

1251. 贩卖、运输经过取汁的罂粟壳废渣是否构成贩卖、运输毒品罪

关键词

贩卖、运输毒品罪

最高人民法院研究室答复

四川省高级人民法院：

你院川高法〔2010〕438 号《关于被告人贩卖、运输经过取汁的罂粟壳废渣是否构成贩卖、运输毒品罪的请示》收悉。经研究，答复如下：

最高人民法院研究室认为，根据你院提供的情况，对本案被告人不宜以贩卖、运输毒品罪论处。主要考虑：（1）被告人贩卖、运输的是经过取汁的罂粟壳废渣，吗啡含量只有 0.01%，含量极低，从技术和成本看，基本不可能用于提取吗啡；（2）国家对经过取汁的罂粟壳并无明文规定予以管制，实践中有关药厂也未按照管制药品对其进行相应处理；（3）无证据证明被告人购买、加工经过取汁的罂粟壳废渣是为了将其当作毒品出售，具有贩卖、运输毒品的故意。如果查明行为人有将罂粟壳废渣作为制售毒品原料予以利用的故意，可建议由公安机关予以治安处罚。

——《最高人民法院研究室关于贩卖、运输经过取汁的罂粟壳废渣是否构成贩卖、运输毒品罪的答复》（2010 年 9 月 27 日，法研〔2010〕168 号）。

1252. 关于走私、非法买卖麻黄碱类复方制剂等行为的定性

关键词

制毒物品犯罪　制造毒品罪　麻黄碱类复方制剂

最高人民法院司法政策精神

一、关于走私、非法买卖麻黄碱类复方制剂等行为的定性

以加工、提炼制毒物品制造毒品为目的，购买麻黄碱类复方制剂，或者运输、携带、寄递麻黄碱类复方制剂进出境的，依照刑法第三百四十七条的规定，以制造毒品罪定罪处罚。

以加工、提炼制毒物品为目的，购买麻黄碱类复方制剂，或者运输、携带、寄递麻黄碱类复方制剂进出境的，依照刑法第三百五十条第一款、第三款的规定，分别以非法买卖制毒物品罪、走私制毒物品罪定罪处罚。

将麻黄碱类复方制剂拆除包装、改变形态后进行走私或者非法买卖，或者明知是已拆除包装、改变形态的麻黄碱类复方制剂而进行走私或者非法买卖的，依照刑法第三百五十条第一款、第三款的规定，分别以走私制毒物品罪、非法买卖制毒物品罪定罪处罚。

非法买卖麻黄碱类复方制剂或者运输、携带、寄递麻黄碱类复方制剂进出境，没有证据证明系用于制造毒品或者走私、非法买卖制毒物品，或者未达到走私制毒物品罪、非法买卖制毒物品罪的定罪数量标准，构成非法经营罪、走私普通货物、物品罪等其他犯罪的，依法定罪处罚。

实施第一款、第二款规定的行为，同时构成其他犯罪的，依照处罚较重的规定定罪处罚。

——《最高人民法院、最高人民检察院、公安部印发〈关于办理走私、非法买卖麻黄碱类复方制剂等刑事案件适用法律若干问题的意见〉的通知》（2012年6月18日，法发〔2012〕12号）。

《刑事审判参考》指导案例

王小情、杨平先等非法买卖制毒物品案（《刑事审判参考》指导案例第802号）

裁判要点：以非法贩卖为目的，利用麻黄碱类复方制剂加工、提炼制毒物品的，应当认定为非法买卖制毒物品罪。

麻黄碱类物质是制造甲基苯丙胺等苯丙胺类合成毒品的主要原料，属于《易制毒化学品管理条例》品种目录列管的第一类易制毒化学品，即刑法中规定的制毒物品。麻黄碱类复方制剂是含有麻黄碱类物质和其他药物成分的药品复方制剂，常见的如新康泰克胶囊、麻黄碱苯海拉明片等。通过加工、提炼甚至手工分离的方法，就可以从麻黄碱类复方制剂中提取麻黄碱类物质。近年来，制造甲基苯丙胺等合成毒品犯罪在我国迅速蔓延，由于麻黄碱类物质及其单方制剂在我国被作为易制毒化学品进行严格管控，犯罪分子难以获得，于是转而寻求相对易于获取的麻黄碱类复方制剂作为制毒原料。据统计，我国查获的制造甲基苯丙胺犯罪中的制毒原料一半以上是麻黄碱类复方制剂，部分地区已形成“非法买卖麻黄碱类复方制剂—加工、提炼麻黄碱类物质—制造甲基苯丙胺”的产业链。同时，随着司法机关对制造毒品犯罪打击力度的加大，也有部分犯罪分子不再直接制造毒品，而是利用麻黄碱类复方制剂加工、提炼出麻黄碱类物质后进行走私、非法贩卖。利用麻黄碱类复方制剂加工、提炼制毒物品，实际上是一种非法制造制毒物品的行为。实践中，此类行为已成为关联上游走私、非法买卖麻黄碱类复方制剂和下游制造毒品、走私、非法买卖制毒物品犯罪的关键环节，必须依法惩治。然而，刑法第三百五十条规定了走私制毒物品罪和非法买卖制毒物品罪，没有将非法制造制毒物品的行为规定为犯罪。因此，对于行为人尚未实施或者没有证据证明其实施走私、非法买卖制毒物品或者制造毒品犯罪的情形中利用麻黄碱类复方制剂加工、提炼制毒物品的行为定性，一度是困扰办案人员的一个难题。

麻黄碱类物质的性质特殊，仅限于以下三种特定用途：一是制药；二是制造苯丙胺类毒品；三是作为化工生产中的一种拆分剂（此类用途少之又少）。利用麻黄碱类复方制剂提炼出麻黄碱类物质后，再用于制药或者工业生产不但有悖常理，而且成本过高，目前，实践中还不存在这样的个案。根据实践情况分析，利用麻黄碱类复方制剂加工、提炼麻黄碱类物质，其目的通常有三个：一是制造毒品；二是非法买卖制毒物品；三是走私制毒物品。行为人或是为本人制造毒品、走私、非法买卖制毒物品创造条件，或者是为他人制造毒品、走私、非法买卖制毒物品提供帮助。由于刑法未将非法制造制毒物品的行为规定为犯罪，对于利用麻黄碱类复方制剂加工、提炼制毒物品的行为，应当立足现有法律规定，根据行为人实施加工、提炼行为的具体目的，从该行为与制造毒品或者制毒物品犯罪的关系来认定。根据2012年6月18日最高人民法院、最高人民检察院、公安部联合发布的《关于办理走私、非法买卖麻黄碱类复方制剂等刑事案件适用法律若干问题的意见》（以下简称《意见》）的规定，以制造毒品或者走私、非法买卖制毒物品为目的，利用麻黄碱类复方制剂加工、提炼制毒物品的，分别按照制造毒品罪、走私制毒物品罪或者非法买卖制毒物品罪定罪处罚；明知他人制造毒品或者走私、非法买卖制毒物品，为其利用麻黄碱类复方制剂加工、提炼制毒物品的，分别以制造毒品罪、走私制毒物品罪或者非法买卖制毒物品罪的共犯论处。

本案中，复方茶碱麻黄碱片属于麻黄碱类复方制剂，是一种止咳平喘的常用药品，其中所含盐酸麻黄碱是国家列管的麻黄碱类制毒物品。被告人杨平先以非法贩卖麻黄碱类制毒物品为目的，购买复方茶碱麻黄碱片后，租用厂房、雇用人员为其加工、提炼麻黄碱，并贩卖牟利。其行为包括非法制造制毒物品和非法贩卖制毒物品两部分。由于刑法未规定非法制造制毒物品罪，对非法制造制毒物品的行为，要结合行为人的目的来定性。综合在案证据分析，杨平先制造制毒物品的目的是用于贩卖，故对其制造制毒物品的行为应当认定为非法买卖制毒物品罪。被告人曾红宝、刘林全、刘林辉虽未直接实施非法买卖制毒物品犯罪，但三被告人明知杨平先非法贩卖麻黄碱类制毒物品牟利，而为其利用麻黄碱类复方制剂加工、提炼制毒物品或者为其提供其他帮助，应当以非法买卖制毒物品罪的共犯论处。鉴于三被告人均受杨平先雇佣而参与犯罪，起次要作用，依法可以认定为从犯。在三被告人中，曾红宝的作用相对大于刘林全和刘林辉。

——最高人民法院刑事审判第一、二、三、四、五庭主办：《刑事审判参考》2012 年第 4 集（总第 87 集），法律出版社 2013 年版，第 87~93 页。

解群英等非法买卖制毒物品、张海明等非法经营案（《刑事审判参考》指导案例第 803 号）

裁判要点：将麻黄碱类复方制剂拆借成粉末进行买卖的，应当认定为非法买卖制毒物品罪。

根据刑法第三百五十条的规定，非法买卖制毒物品罪，是指违反国家规定在境内非法买卖醋酸酐、乙醚、三氯甲烷或者其他用于制造毒品的原料或者配剂的行为。我国对制毒物品实行列管模式，国务院 2005 年发布的《易制毒化学品管理条例》所附《易制毒化学品的分类和品种目录》共列举了 23 种制毒物品。其中，麻黄碱（亦称麻黄素）、伪麻黄碱、消旋麻黄碱、去甲麻黄碱、甲基麻黄碱、麻黄浸膏、麻黄浸膏粉等（包括盐类、原料药及其单方制剂）均系列管的制毒物品。国家对这些易制毒化学品进行严格控制，对它们的生产、经营、购买、运输、进出口实行分类管理和许可制度，禁止使用现金或实物进行交易。

麻黄碱类复方制剂是含有麻黄碱类物质和其他药物成分的药品复方制剂，是用于治疗感冒和咳嗽的常用药品，除新康泰克外，常见的还有白加黑感冒片、麻黄碱苯海拉明片、消咳宁等。麻黄碱类复方制剂具有双重属性：一方面，为日常生活中的常用药品，且大多为非处方药，故不属于国家列管的制毒物品范围。对于非法买卖麻黄碱类复方制剂的，不能直接将其作为非法买卖易制毒化学品的行为来处理。另一方面，通过物理提炼甚至手工分离的方法，可以从麻黄碱类复方制剂中提炼出麻黄碱类物质，而麻黄碱类物质是当前境内制造甲基苯丙胺等苯丙胺类合成毒品的主要原料。将麻黄碱类物质从复方制剂中剥离出来，改变了麻黄碱类复方制剂的药品属性，可以作为制毒物品处理。

本案中麻黄碱类复方制剂是新康泰克，通用名称为复方盐酸伪麻黄碱缓释胶囊，其主要成分为盐酸伪麻黄碱，可用于制造冰毒。被告人解群英、梁兴、解飞明知新康泰克胶囊中所含盐酸伪麻黄碱系国家列管的易制毒化学品，为获取非法利益，雇人将所购新康泰克药品拆封，并将胶囊内的粉末装入塑料袋后向外非法出售，其行为改变了新康泰克胶囊的药品属性，即解群英、梁兴、解飞所贩卖的不再是药品，而是制剂内的麻黄碱类物质。从所获高额利润分析，解群英、梁兴、解飞已明知其未将新康泰克作为日常用药来出售，而是作为制毒物品出售。根据《意见》第一条第三款的规定，将麻黄碱类复方制剂拆除包装、改变形态后进行走私或者非法买卖，或者明知是已拆除包装、改变形态的麻黄碱类复方制剂而进行走私或者非法买卖的，依照刑法第三百五十条第一款、第三款的规定，分别以走私制毒物品罪、非法买卖制毒物品罪定罪处罚。解群英、梁兴、解飞的行为属于将麻黄碱类复方制剂拆改包装、改变形态后进行非法买卖的情形，故其行为构成非法买卖制毒物品罪。

——最高人民法院刑事审判第一、二、三、四、五庭主办：《刑事审判参考》2012 年第 4 集（总第 87 集），法律出版社 2013 年版，第 94~101 页。

1253. 利用麻黄碱类复方制剂加工、提炼制毒物品行为的定性

关键词

制造毒品罪　制毒物品犯罪　麻黄碱类复方制剂

最高人民法院司法政策精神

二、关于利用麻黄碱类复方制剂加工、提炼制毒物品行为的定性

以制造毒品为目的，利用麻黄碱类复方制剂加工、提炼制毒物品的，依照刑法第三百四十七条的规定，以制造毒品罪定罪处罚。

以走私或者非法买卖为目的，利用麻黄碱类复方制剂加工、提炼制毒物品的，依照刑法第三百五十条第一款、第三款的规定，分别以走私制毒物品罪、非法买卖制毒物品罪定罪处罚。

——《最高人民法院、最高人民检察院、公安部印发〈关于办理走私、非法买卖麻黄碱类复方制剂等刑事案件适用法律若干问题的意见〉的通知》（2012 年 6 月 18 日，法发〔2012〕12 号）。

附录：理解与适用

利用麻黄碱类复方制剂加工、提炼制毒物品，也是常见的涉麻黄碱类复方制剂犯罪的表现形式，实践中已成为关联上下游犯罪的关键环节，迫切需要予以惩治。此类行为实际上是一种非法制造制毒物品的行为，但因刑法并未将这种行为规定为犯罪，故对于单纯利用麻黄碱类复方制剂加工、提炼制毒物品，但尚未实施或者没有证据证明实施了走私、非法买卖制毒物品或者制造毒品犯罪的，结合实际情况来看，利用麻黄碱类复方制剂加工、提炼制毒物品，属于为制造毒品或者走私、非法买卖制毒物品而创造条件、生产制毒物品的行为。因此，《意见》规定，根据行为人实施此类行为的具体目的，分别按照制造毒品罪、走私制毒物品罪或者非法买卖制毒物品罪定罪处罚。

需要特别说明的是，经广泛调研并咨询有关专家后了解到，麻黄碱类物质的性质特殊，仅限于以下三种特定用途：一是制药，二是合成苯丙胺类毒品，三是作为化工生产中的一种拆分剂（此类用途少之又少）。利用麻黄碱类复方制剂加工、提炼麻黄碱类物质后，再用于制药或者工业生产不但有悖常理，而且成本过高，实践中无一个案，故利用麻黄碱类复方制剂加工、提炼麻黄碱类物质的，可以推定系出于实施毒品犯罪的非法目的。对于其中有证据证明以制造毒品或者走私、非法买卖制毒物品为目的的，分别按照制造毒品罪、走私制毒物品罪或者非法买卖制毒物品罪定罪处罚。对于没有证据证明具体目的的，结合实践并从有利于行为人的角度，可以推定其存在非法买卖制毒物品的故意，按照非法买卖制毒物品罪定罪处罚。

——高贵君、马岩、李静然：《〈关于办理走私、非法买卖麻黄碱类复方制剂等刑事案件适用法律若干问题的意见〉的理解和适用》，载《人民司法·应用》2012 年第 17 期（总第 652 期）。

1254. 走私、非法买卖麻黄碱类复方制剂等犯罪行为人主观目的与明知的认定

关键词

制造毒品罪　制毒物品犯罪　麻黄碱类复方制剂　主观目的　主观明知

最高人民法院司法政策精神

五、关于犯罪嫌疑人、被告人主观目的与明知的认定

对于本意见规定的犯罪嫌疑人、被告人的主观目的与明知，应当根据物证、书证、证人证言以及犯罪嫌疑人、被告人供述和辩解等在案证据，结合犯罪嫌疑人、被告人的行为表现，重点考虑以下因素综合予以认定：

1. 购买、销售麻黄碱类复方制剂的价格是否明显高于市场交易价格；

2. 是否采用虚假信息、隐蔽手段运输、寄递、存储麻黄碱类复方制剂；

3. 是否采用伪报、伪装、藏匿或者绕行进出境等手段逃避海关、边防等检查；

4. 提供相关帮助行为获得的报酬是否合理；

5. 此前是否实施过同类违法犯罪行为；

6. 其他相关因素。

——《最高人民法院、最高人民检察院、公安部印发〈关于办理走私、非法买卖麻黄碱类复方制剂等刑事案件适用法律若干问题的意见〉的通知》（2012年6月18日，法发〔2012〕12号）。

附录：理解与适用

《意见》规定了几种不同的主观目的和明知情形，本款对犯罪嫌疑人、被告人主观目的与明知的认定作出提示性规定，为办案人员提供分析、判断的切入点和方法。适用本款规定时，需要注意以下两点：第一，在认定犯罪嫌疑人、被告人的主观目的和明知时，物证、书证、证人证言及犯罪嫌疑人、被告人供述和辩解等证据往往能够起到最重要、最直接的证明作用，故应当作为认定的首要依据。第二，认定犯罪嫌疑人、被告人的主观目的和明知时，也要结合犯罪嫌疑人、被告人的客观行为表现综合判断，主要有以下几个主要的判断因素：（1）作为药品的麻黄碱类复方制剂有其正常的价格浮动区间，犯罪嫌疑人、被告人购买、销售麻黄碱类复方制剂的价格明显高于市场交易价格的，一般可排除经营药品目的，说明其对行为性质有一定认识。（2）犯罪嫌疑人、被告人采用虚假身份、地址等信息办理发货、提货手续，或者采用伪装、夹藏等手段运输、寄递、存储麻黄碱类复方制剂的，目的在于掩饰麻黄碱类复方制剂的性质及发货人、提货人的真实身份，说明其对行为性质有一定认识。（3）犯罪嫌疑人、被告人采用伪报、伪装、藏匿或者绕行进出境等手段逃避海关、边防等检查的，目的在于掩饰其所运输、携带物品的性质，说明其对行为性质有一定认识。（4）对于共同犯罪人，如果其实施相关帮助行为所获得的报酬明显超过正常劳务报酬的，说明其对行为性质有一定认识。（5）犯罪嫌疑人、被告人此前实施过同类违法犯罪行为的，对其行为

性质一般应当存在明知。鉴于实践中还存在其他可供判断的因素，故设置了兜底项。

——高贵君、马岩、李静然：《〈关于办理走私、非法买卖麻黄碱类复方制剂等刑事案件适用法律若干问题的意见〉的理解和适用》，载《人民司法·应用》2012年第17期（总第652期）。

1255. 走私、非法买卖麻黄碱类复方制剂等犯罪的数量认定与标准

关键词

制毒物品犯罪　制造毒品罪　麻黄碱类复方制剂　数量认定　数量标准

最高人民法院司法政策精神

六、关于制毒物品数量的认定

实施本意见规定的行为，以走私制毒物品罪、非法买卖制毒物品罪定罪处罚的，应当以涉案麻黄碱类复方制剂中麻黄碱类物质的含量作为涉案制毒物品的数量。

实施本意见规定的行为，以制造毒品罪定罪处罚的，应当将涉案麻黄碱类复方制剂所含的麻黄碱类物质可以制成的毒品数量作为量刑情节考虑。

多次实施本意见规定的行为未经处理的，涉案制毒物品的数量累计计算。

七、关于定罪量刑的数量标准

实施本意见规定的行为，以走私制毒物品罪、非法买卖制毒物品罪定罪处罚的，涉案麻黄碱类复方制剂所含的麻黄碱类物质应当达到以下数量标准：麻黄碱、伪麻黄碱、消旋麻黄碱及其盐类五千克以上不满五十千克；去甲麻黄碱、甲基麻黄碱及其盐类十千克以上不满一百千克；麻黄浸膏、麻黄浸膏粉一百千克以上不满一千千克。达到上述数量标准上限的，认定为刑法第三百五十条第一款规定的“数量大”。

实施本意见规定的行为，以制造毒品罪定罪处罚的，无论涉案麻黄碱类复方制剂所含的麻黄碱类物质数量多少，都应当追究刑事责任。

——《最高人民法院、最高人民检察院、公安部印发〈关于办理走私、非法买卖麻黄碱类复方制剂等刑事案件适用法律若干问题的意见〉的通知》（2012年6月18日，法发〔2012〕12号）。

附录：最高人民法院法官著述

《刑法》第三百五十七条第二款规定：“毒品的数量以查证属实的走私、

贩卖、运输、制造、非法持有毒品的数量计算，不以纯度折算。”但对于制毒物品的数量，刑法并未作出不以纯度折算的规定。制毒物品的定罪量刑数量标准，主要是根据有效的制毒物品成分制成毒品的数量比例确定的。麻黄碱类复方制剂是由麻黄碱类物质和其他成分混合而成的药品制剂，其中的麻黄碱类物质才是制毒物品，才能够制造毒品，直接按照涉案麻黄碱类复方制剂数量定罪量刑不但缺乏科学性，也会导致处罚过于严厉，有违罪刑相适应原则。因此，在对相关行为按照制毒物品犯罪处罚时，应当将涉案麻黄碱类复方制剂所含麻黄碱类物质的数量认定为制毒物品的数量。关于数量计算方法，对于正规厂家出产的成品药剂，可以按照其药品批准证明文件中列明的成分、含量进行计算；对于已拆除包装、改变形态的麻黄碱类复方制剂，则需要进行含量鉴定。

对于根据《关于办理走私、非法买卖麻黄碱类复方制剂等刑事案件适用法律若干问题的意见》(以下简称《意见》)规定认定为制造毒品罪的，量刑时也应当将涉案麻黄碱类复方制剂所含麻黄碱类物质的数量作为制毒物品的数量予以考虑。尤其是对于没有实际制成毒品的案件，可综合考虑相当数量的麻黄碱类制毒物品通常可以制成多少毒品，比照作为对被告人量刑的依据。

实践中，犯罪分子为逃避刑事制裁，往往采取少量多次、化整为零等手段非法贩运麻黄碱类复方制剂。为保障打击效果，《意见》规定，对多次实施上述行为未经处理的，应累计计算其中制毒物品的数量。

关于定罪量刑的数量标准

《意见》规定了对相关行为按照制毒物品犯罪处理时，不同麻黄碱类物质的定罪数量标准和认定为数量大的标准。其中，对于麻黄碱、伪麻黄碱、去甲麻黄碱、甲基麻黄碱及其盐类，麻黄浸膏、麻黄浸膏粉的定罪量刑数量标准，最高人民法院2000年制定的《关于审理毒品案件定罪量刑标准有关问题的解释》、“两高一部”2009年制定的《关于办理制毒物品犯罪案件适用法律若干问题的意见》已作出规定，《意见》仍延续原有规定。关于消旋麻黄碱及其盐类的定罪量刑数量标准，以往的规范性文件中没有规定，但实践中存在相关案例，经调研、论证，在《意见》中对其定罪量刑数量标准作出规定。《刑法》第三百四十七条第一款规定：“走私、贩卖、运输、制造毒品，无论数量多少，都应当追究刑事责任，予以刑事处罚。”因此，上述麻黄碱类物质的定罪数量标准仅适用于按照制毒物品犯罪处罚的情形，在按照制造毒品罪处罚时，涉案麻黄碱类复方制剂所含麻黄碱类物质的数量不受前款规定的最低数量标准的限制，即无论数量多少，都应当追究刑事责任。

——高贵君、马岩、李静然：《〈关于办理走私、非法买卖麻黄碱类复方制剂等刑事案件适用法律若干问题的意见〉的理解和适用》，载《人民司法·应用》2012年第17期(总第652期)。

1256. 制毒物品犯罪的认定

关键词

制毒物品犯罪　推定明知　数量标准

最高人民法院司法政策精神

一、关于制毒物品犯罪的认定

（一）本意见中的“制毒物品”，是指刑法第三百五十条第一款规定的醋酸酐、乙醚、三氯甲烷或者其他用于制造毒品的原料或者配剂，具体品种范围按照国家关于易制毒化学品管理的规定确定。

（二）违反国家规定，实施下列行为之一的，认定为刑法第三百五十条规定的非法买卖制毒物品行为：

1. 未经许可或者备案，擅自购买、销售易制毒化学品的；

2. 超出许可证明或者备案证明的品种、数量范围购买、销售易制毒化学品的；

3. 使用他人的或者伪造、变造、失效的许可证明或者备案证明购买、销售易制毒化学品的；

4. 经营单位违反规定，向无购买许可证明、备案证明的单位、个人销售易制毒化学品的，或者明知购买者使用他人的或者伪造、变造、失效的购买许可证明、备案证明，向其销售易制毒化学品的；

5. 以其他方式非法买卖易制毒化学品的。

（三）易制毒化学品生产、经营、使用单位或者个人未办理许可证明或者备案证明，购买、销售易制毒化学品，如果有证据证明确实用于合法生产、生活需要，依法能够办理只是未及时办理许可证明或者备案证明，且未造成严重社会危害的，可不以非法买卖制毒物品罪论处。

（四）为了制造毒品或者走私、非法买卖制毒物品犯罪而采用生产、加工、提炼等方法非法制造易制毒化学品的，根据刑法第二十二条的规定，按照其制造易制毒化学品的不同目的，分别以制造毒品、走私制毒物品、非法买卖制毒物品的预备行为论处。

（五）明知他人实施走私或者非法买卖制毒物品犯罪，而为其运输、储存、代理进出口或者以其他方式提供便利的，以走私或者非法买卖制毒物品罪的共犯论处。

（六）走私、非法买卖制毒物品行为同时构成其他犯罪的，依照处罚较重的规定定罪处罚。

二、关于制毒物品犯罪嫌疑人、被告人主观明知的认定

对于走私或者非法买卖制毒物品行为，有下列情形之一，且查获了易制毒化学品，结合犯罪嫌疑人、被告人的供述和其他证据，经综合审查判断，可以认定其“明知”是制毒物品而走私或者非法买卖，但有证据证明确属被蒙骗的除外：

1. 改变产品形状、包装或者使用虚假标签、商标等产品标志的；

2. 以藏匿、夹带或者其他隐蔽方式运输、携带易制毒化学品逃避检查的；

3. 抗拒检查或者在检查时丢弃货物逃跑的；

4. 以伪报、藏匿、伪装等蒙蔽手段逃避海关、边防等检查的；

5. 选择不设海关或者边防检查站的路段绕行出入境的；

6. 以虚假身份、地址办理托运、邮寄手续的；

7. 以其他方法隐瞒真相，逃避对易制毒化学品依法监管的。

三、关于制毒物品犯罪定罪量刑的数量标准

（一）违反国家规定，非法运输、携带制毒物品进出境或者在境内非法买卖制毒物品达到下列数量标准的，依照刑法第三百五十条第一款的规定，处三年以下有期徒刑、拘役或者管制，并处罚金：

1. 1- 苯基 -2- 丙酮五千克以上不满五十千克；

2. 3，4- 亚甲基二氧苯基 -2- 丙酮、去甲麻黄素（去甲麻黄碱）、甲基麻黄素（甲基麻黄碱）、羟亚胺及其盐类十千克以上不满一百千克；

3. 胡椒醛、黄樟素、黄樟油、异黄樟素、麦角酸、麦角胺、麦角新碱、苯乙酸二十千克以上不满二百千克；

4. N- 乙酰邻氨基苯酸、邻氨基苯甲酸、哌啶一百五十千克以上不满一千五百千克；

5. 甲苯、丙酮、甲基乙基酮、高锰酸钾、硫酸、盐酸四百千克以上不满四千千克；

6. 其他用于制造毒品的原料或者配剂相当数量的。

（二）违反国家规定，非法买卖或者走私制毒物品，达到或者超过前款所列最高数量标准的，认定为刑法第三百五十条第一款规定的“数量大的”，处三年以上十年以下有期徒刑，并处罚金。

——《最高人民法院、最高人民检察院、公安部关于办理制毒物品犯罪案件适用法律若干问题的意见》（2009 年 6 月 23 日，公通字〔2009〕33 号）。

《最高人民法院公报》案例

海南省洋浦经济开发区初级检察院诉谢杰威、梁雁玲走私制毒物品案

裁判摘要：判断某种物品是否为制毒物品，应当依据国家相关

法律、行政法规的规定。国家相关法律、行政法规未规定为制毒物品的，即使该物品可以用于制造毒品，亦不能将其认定为制毒物品。

经查，原审被告人谢杰威在越南开办海皇公司，从事虾壳素、虾壳糠的生产属实，该项生产需要使用盐酸、烧碱等化学原料也是事实。因越南当地的盐酸价格高于中国，为降低生产成本，提高经营利益，谢杰威、梁雁玲实施了从国内购买盐酸，然后走私运到越南的用于生产的行为，其行为虽然具有走私的故意，也具有非法牟利的目的，但谢杰威、梁雁玲并不了解盐酸是否属于制毒物品，是否可以用来制造毒品，且所走私的盐酸系浓度在 30% 以下的副产盐酸。谢杰威、梁雁玲走私盐酸的目的是海皇公司加工生产虾壳素、虾壳糠，并非运到越南进行非法交易，更不是为了制造毒品。为此，海皇公司经过申报，在越南取得了进口 22000 吨盐酸的批文。根据《刑法》的规定，构成走私制毒物品罪必须在主观上具有明知是制毒物品而走私的犯罪故意，抗诉机关关于"只要行为人主观上明知是在走私盐酸，就可以认定具有走私制毒物品的犯罪故意，至于行为人是否知道盐酸是易制毒物品．不能作为认定其是否具有走私制毒物品的主观故意的依据"的抗诉理由不能成立。综上，不能认定谢杰威、梁雁玲具有走私制毒物品的犯罪故意。

——《最高人民法院公报》2007 年第 9 期。

1257. 容留他人吸毒且提供毒品并收取毒品费用的行为，如何定性

关键词

容留他人吸毒罪

最高人民法院司法解释

第十二条　容留他人吸食、注射毒品，具有下列情形之一的，应当依照刑法第三百五十四条的规定，以容留他人吸毒罪定罪处罚：

（一）一次容留多人吸食、注射毒品的；

（二）二年内多次容留他人吸食、注射毒品的；

（三）二年内曾因容留他人吸食、注射毒品受过行政处罚的；

（四）容留未成年人吸食、注射毒品的；

（五）以牟利为目的容留他人吸食、注射毒品的；

（六）容留他人吸食、注射毒品造成严重后果的；

（七）其他应当追究刑事责任的情形。

向他人贩卖毒品后又容留其吸食、注射毒品，或者容留他人吸食、注射毒品并向其贩卖毒品，符合前款规定的容留他人吸毒罪的定罪条件的，以贩卖毒品罪和容留他人吸毒罪数罪并罚。

容留近亲属吸食、注射毒品，情节显著轻微危害不大的，不作为犯罪处理；需要追究刑事责任的，可以酌情从宽处罚。

——《最高人民法院关于审理毒品犯罪案件适用法律若干问题的解释》（2016年4月6日，法释〔2016〕8号）。

《刑事审判参考》指导案例

孙德柱贩卖毒品、容留他人吸毒案（《刑事审判参考》指导案例第1384号）

裁判要点：一般情况下，只要行为人有向他人提供毒品、收取费用的行为即可认定贩卖毒品，无须证明行为人从中获利。

容留他人吸毒罪中行为人的犯罪动机多样，有聚众取乐型，也有谋取利益型。实践中，本罪多发生在旅馆、饭店及茶馆、歌舞厅、棋牌室等休闲娱乐场所，行为人大都是出于招揽生意或者牟取非法收入而容留他人吸毒。容留吸毒的方式一般是仅提供场所，并不包含提供毒品。出于“以牟利为目的”而容留他人吸毒行为的，《最高人民法院关于审理毒品犯罪案件适用法律若干问题的解释》（以下简称《毒品解释》）规定，此情形下容留他人吸毒行为构成容留他人吸毒罪的，没有人数、次数及其他后果的限制。根据《毒品解释》第十二条第一款第五项规定，“以牟利为目的容留他人吸食、注射毒品的”，以容留他人吸毒罪定罪处罚。

问题的关键在于如何理解这里的“以牟利为目的”？在容留他人吸毒的场所向吸毒者提供毒品并收取毒品费用的行为，是贩卖毒品的犯罪行为还是容留他人吸毒行为的定罪量刑情节？我们认为，这里的“以牟利为目的”，指的是通过容留他人吸毒行为而获取场所费用或者管理费用等利益，而不是贩卖毒品所获取的利益。理由如下：（1）符合《毒品解释》的规定。根据《毒品解释》第十二条第二款的规定：“向他人贩卖毒品后又容留其吸食、注射毒品，或者容留他人吸食、注射毒品并向其贩卖毒品，符合前款规定的容留他人吸毒罪的定罪条件的，以贩卖毒品罪和容留他人吸毒罪数罪并罚。”（2）提供场所容留他人吸毒和提供收费毒品是两个互相独立的行为。本案中，被告人孙德柱容留他人吸毒行为与提供收费毒品即贩卖毒品行为，虽然发生在同一个场所，且行为人为同一主体，侵犯的客体从大的方面讲，也都是国家对毒品的管制，但行为的客观方面却是不相同的。前者实施的是提供吸毒场所行为，后者实施的是贩卖毒品行为。（3）符合行为本身的罪质，也有利于突出打击重点。从罪质方面看，贩卖毒品罪的罪质明显重于容留他人吸毒罪的罪质，即使因为法律规定可以作一罪处理，也是重罪吸收轻罪，而不是轻罪吸收重罪。因而认为构成容留他人吸毒罪一罪的观点显然不成立。（4）“以牟利为目的”并非构成容留他人吸毒罪的必要条件。《毒品解释》只是规定了行为人在“以牟利为目的”的情形下，对容留他人吸毒行为构成犯罪的条件作了有别于其他情形的规定，但不能因为《毒品解释》的这一规定，而将贩卖毒品行为的牟利特征理解为容留他人吸毒罪的必要构成要件。

在实践中，行为人在收取费用时，如果不提供毒品，仅提供场所，对这种情形认定为“以牟利为目的”的容留他人吸毒行为，没有争议。有争议的是，行为人不仅提供吸毒场所，而且提供毒品、收取费用，但却与吸毒者言明，此费用仅是场所费用及其他非毒品费用，如茶水费等，且明确毒品系赠食的情况下，其行为性质应该如何认定？我们认为，对此种情形，要透过现象看本质。在一般情况下，行为人所收取的费用当然包括购买毒品的费用。实际上，这是行为人销售毒品的一种方式，销售毒品的数量就是其提供的毒品数量。根据司法解释的规定，贩卖毒品与容留吸毒均应单独评价。需要注意的是，一般情况下，只要行为人有向他人提供毒品、收取费用的行为即可认定贩卖毒品，而无须证明行为人从中获利。但同样需要注意，避免对收取费用行为进行重复评价，尤其在“以牟利为目的”构成容留他人吸毒罪的情形中，除非有证据支持行为人收取的费用中既包括贩卖毒品的费用，也包括提供场地、吸毒便利的费用。

——马晓国撰稿、陆建红审编：《孙德柱贩卖毒品、容留他人吸毒案——容留他人吸毒且提供毒品并收取毒品费用的行为如何定性》，载最高人民法院刑事审判第一、二、三、四、五庭主办：《刑事审判参考》（总第 124 集），法律出版社 2020 年版，第 145~148 页。

1258. 容留他人吸毒罪的量刑

关键词

容留他人吸毒罪　量刑

最高人民法院司法政策精神

（二十二）容留他人吸毒罪

1. 构成容留他人吸毒罪的，在一年以下有期徒刑、拘役幅度内确定量刑起点。

2. 在量刑起点的基础上，根据容留他人吸毒的人数、次数等其他影响犯罪构成的犯罪事实增加刑罚量，确定基准刑。

3. 构成容留他人吸毒罪的，根据容留他人吸毒的人数、次数、违法所得数额、危害后果等犯罪情节，综合考虑被告人缴纳罚金的能力，决定罚金数额。

4. 构成容留他人吸毒罪的，综合考虑容留他人吸毒的人数、次数、危害后果等犯罪事实、量刑情节，以及被告人主观恶性、人身危险性、认罪悔罪表现等因素，决定缓刑的适用。

——《最高人民法院、最高人民检察院印发〈关于常见犯罪的量刑指导意见（试行）〉的通知》（2021 年 6 月 16 日，法发〔2021〕21 号）。

1259. 非法生产易制毒物品罪与非罪的界限

关键词

易制毒物品

《中华人民共和国刑法修正案（九）》条文

四十一、将刑法第三百五十条第一款、第二款修改为："违反国家规定，非法生产、买卖、运输醋酸酐、乙醚、三氯甲烷或者其他用于制造毒品的原料、配剂，或者携带上述物品进出境，情节较重的，处三年以下有期徒刑、拘役或者管制，并处罚金；情节严重的，处三年以上七年以下有期徒刑，并处罚金；情节特别严重的，处七年以上有期徒刑，并处罚金或者没收财产。

明知他人制造毒品而为其生产、买卖、运输前款规定的物品的，以制造毒品罪的共犯论处。"

附录：最高人民法院主流观点

非法生产、买卖、运输制毒物品犯罪的客观方面表现是："违反国家规定，非法生产、买卖、运输醋酸酐、乙醚、三氯甲烷或者其他用于制造毒品的原料、配剂，或者携带上述物品进出境。"这里需要把握以下两点：

1. 关于违反国家规定。按照《刑法》第九十六条规定，本法所称违反国家规定，是指违反全国人民代表大会及其常务委员会制定的法律和决定，国务院制定的行政法规、规定的行政措施、发布的决定和命令。《中华人民共和国禁毒法》第二十一条中规定，国家对易制毒化学品的生产、经营、购买、运输实行许可制度。禁止非法生产、买卖、运输、储存、提供、持有、使用易制毒化学品。第二十二条中规定，国家对易制毒化学品的进口、出口实行许可制度。本条的违反国家规定，是指除了依照国家规定，经过法定审批手续以外，非法生产、买卖、运输以及携带这些物品进出境的行为。国家对易制毒化学品的生产、经营、购买、运输和进口、出口实行分类管理和许可制度。国务院有关部门应当按照规定的职责，对进口、出口易制毒化学品依法进行管理，禁止走私易制毒化学品。根据禁毒法和国务院有关规定，生产、买卖、运输、进出口易制毒化学品的，应当按照相关规定履行相关手续。这里所规定的“生产”，包括制造、加工、提炼等不同环节。

2. 罪与非罪的界限把握。有些易制毒化学品一般同时具有正常的生产、生活、医药等用途，对于为生产、生活需要，但在生产、运输等过程中违反有关规定的，如具有生产药用麻黄素资质的合法企业，未按照要求履行批准手续，或者超过批准数量、品种要求而生产的，个人未办理许可证明或者备案证明而购买高锰酸钾等易制毒化学品的，等等，在追究刑事责任的过程中，需要划清罪与非罪的界限。最高人民法院、最高人民检察院、公安部《关于办理制毒物品犯罪案件适用法律若干问题的意见》中规定，易制毒化学品生产、经营、使用单位或者个人未办理许可证明或者备案证明，购买、销售易制毒化学品，如果有证据证明确实用于合法生产、生活需要，依法能够办理只是未及时办理许可证明或者备案证明，且未造成严重社会危害的，可不以非法买卖制毒物品罪论处。《刑法修正案（九）》在对本条作出修改时，在入罪条件中增加了“情节较重”的规定，目的是划清罪与非罪的界限。

——最高人民法院研究室、最高人民法院刑法修改工作小组办公室编著：《〈刑法修正案（九）〉条文及配套司法解释理解与适用》，人民法院出版社2015年版，第363~364页。

1260. 旅馆经营者发现客人在房间内吸毒不予制止行为的定性

关键词

容留他人吸毒罪　旅馆经营

《刑事审判参考》指导案例

聂凯凯容留他人吸毒案（《刑事审判参考》指导案例第1032号）

裁判要点：被告人作为案发旅馆的实际经营者，其对于旅馆房间拥有场所上的管理权和支配权，在其到房间送毛巾等物品时，发现客人吸食毒品的行为后，既未作制止，也未向公安机关报告，放

任吸毒行为的继续发生，其行为客观上为他人吸食毒品提供了场所，构成容留他人吸毒罪。

（一）客留他人吸毒罪的主观方面包括间接故意

根据刑法第三百五十四条的规定，容留他人吸毒罪是指容留他人吸食、注射毒品的行为。对于此处的容留，应当理解为允许他人在自己管理的场所吸食、注射毒品或者为他人吸食、注射毒品提供场所的行为。容留他人吸毒罪属于行为犯，主观方面只能由故意构成，但对于是否包括间接故意，即放任型的容留他人吸毒行为是否构成本罪，则有不同看法。一种意见认为，容留他人吸毒罪的主观方面必须出于直接故意。理由是，容留他人吸毒罪是指行为人明知他人吸食、注射毒品仍然提供场所，表明行为人主动、积极地实现犯罪目的，追求结果的发生，其主观上不存在放任危害结果发生的可能性。另一种意见认为，容留他人吸毒罪的主观方面包括间接故意。理由是，犯罪故意包括直接故意和间接故意，从刑法对该罪的罪状规定来看，并未排斥间接故意构成本罪的情形；如果将放任型的容留他人吸毒行为排除在本罪范围之外，不利于对容留他人吸毒行为的有效打击，有违立法原意。我们赞同后一种意见，即容留他人吸毒罪的主观方面包括间接故意。直接故意与间接故意虽然存在区别，但二者并非对立关系，而是具有统一性。在刑法分则中，凡是由故意构成的犯罪，刑法分则条文均未排除间接故意。在适用法律时，一般不宜将间接故意排除在某一故意犯罪的构成要件之外。具体到本罪，立法原意旨在打击为他人吸食、注射毒品提供场所的行为，实质是处罚吸毒违法行为的“帮助犯”，以最大限度地遏制吸毒行为的发生。因此，容留他人吸毒罪的主观方面包括间接故意，这样的理解既不违反立法原意和刑法理论，也符合我国厉行禁毒的一贯立场和坚决主张。换言之，容留他人吸毒行为，既可以主动实施，也可以被动实施。

需要说明的是，虽然容留他人吸毒罪的主观方面包括间接故意，但并非对于所有放任型的容留他人吸毒行为都要追究刑事责任。在个案处理上，要根据案件的具体情况区别对待。例如，房主出租房屋后，偶然发现他人在房屋内吸食、注射毒品未予制止或者报案的，一般不成立本罪；行为人放任共同生活的家庭成员在自家住所吸食、注射毒品的，一般也不成立本罪。根据2012 年最高人民检察院、公安部联合制定的《关于公安机关管辖的刑事案件立案追诉标准的规定（三）》，并非对所有容留他人吸毒行为都要追究刑事责任。该规定第十一条规定了容留他人吸毒案件的立案追诉标准，具体内容是：提供场所，容留他人吸食、注射毒品，涉嫌下列情形之一的，应予立案追诉：（1）容留他人吸食、注射毒品 2 次以上的；（2）一次容留 3 人以上吸食、注射毒品的；（3）因容留他人吸食、注射毒品被行政处罚，又容留他人吸食、注射毒品的；（4）容留未成年人吸食、注射毒品的；（5）以牟利为目的容留他人吸食、注射毒品的；（6）容留他人吸食、注射毒品造成严重后果或者其他情节严重的。在最高人民法院出台容留他人吸毒案件的定罪量刑标准之前，审理此类案件时可以参照该立案追诉标准。

（二）旅馆经营者对于入住客人的吸毒行为有义务制止或者向公安机关报告

根据《禁毒法》第十五条的规定，飞机场、火车站、长途汽车站、码头以及旅店、娱乐场所等公共场所的经营者、管理者，负责本场所的禁毒宣传教育，落实禁毒防范措施，预防毒品违法犯罪行为在本场所内发生。根据《治安管理处罚法》第五十六条的规定，旅馆业的工作人员对住宿的旅客不按规定登记姓名、身份证件种类和号码的，或者明知住宿的旅客将危险物质带入旅馆，不予制止的，处200元以上500元以下罚款。经国务院批准，公安部发布的《旅馆业治安管理办法》第九条规定，旅馆工作人员发现违法犯罪分子，形迹可疑的人员和被公安机关通缉的罪犯，应当立即向当地公安机关报告，不得知情不报或隐瞒包庇。该办法第十二条规定，旅馆内严禁卖淫、嫖宿、赌博、吸毒、传播淫秽物品等违法犯罪活动。由此可见，依照相关法律法规的规定，旅馆经营者对于入住客人在房间内的吸毒行为，有义务予以制止或者向公安机关报告。

本案中，被告人聂凯凯作为案发旅馆的实际经营者，其对于旅馆房间拥有场所上的管理权和支配权。5名吸毒人员（含1名未成年人）先后入住聂凯凯经营的旅馆，并在房间内吸食毒品。尽管聂凯凯事先并不明知该5名客人入住的真实目的是吸食毒品，但其在到房间送毛巾等物品时，发现这5名客人吸食毒品的行为后，既未作制止，也未向公安机关报告，放任吸毒行为的继续发生，其行为客观上为他人吸食毒品提供了场所，符合容留他人吸毒罪的构成要件。参照上述立案追诉标准，本案同时具有容留他人吸食毒品2次以上、容留未成年人吸食毒品等情形，依法应当追究刑事责任。

需要说明的是，对于旅馆经营者发现入住客人在房间内吸食毒品不予制止的，尽管可以以容留他人吸毒罪追究刑事责任，但此种情形毕竟不同于事先明知他人吸食毒品而提供场所的行为，旅馆经营者也没有从吸毒人员处收取除应收房费外的其他费用，故量刑时可以酌情从轻处罚。这也是贯彻执行宽严相济刑事政策的必然要求。

四会市人民法院根据本案事实，结合被告人聂凯凯的坦白情节，以容留他人吸毒罪判处其拘役五个月，并处罚金人民币一千元，定罪准确，量刑适当。

——最高人民法院刑五庭：《聂凯凯容留他人吸毒案》，载最高人民法院刑事审判第一、二、三、四、五庭主办：《刑事审判参考》2014年第5集（总第 100 集），法律出版社 2015 年版，第 79~82 页。

1261. 认定妨害兴奋剂管理罪应注意的问题

关键词

妨害兴奋剂管理罪

《中华人民共和国刑法修正案（十一）》条文

四十四、在刑法第三百五十五条后增加一条，作为第三百五十五条之一：“引诱、教唆、欺骗运动员使用兴奋剂参加国内、国际重大体育竞赛，或者明知运动员参加上述竞赛而向其提供兴奋剂，情节严重的，处三年以下有期徒刑或者拘役，并处罚金。

“组织、强迫运动员使用兴奋剂参加国内、国际重大体育竞赛的，依照前款的规定从重处罚。”

最高人民法院司法解释

第一条　运动员、运动员辅助人员走私兴奋剂目录所列物质，或者其他人员以在体育竞赛中非法使用为目的走私兴奋剂目录所列物质，涉案物质属于国家禁止进出口的货物、物品，具有下列情形之一的，应当依照刑法第一百五十一条第三款的规定，以走私国家禁止进出口的货物、物品罪定罪处罚：

（一）一年内曾因走私被给予二次以上行政处罚后又走私的；

（二）用于或者准备用于未成年人运动员、残疾人运动员的；

（三）用于或者准备用于国内、国际重大体育竞赛的；

（四）其他造成严重恶劣社会影响的情形。

实施前款规定的行为，涉案物质不属于国家禁止进出口的货物、物品，但偷逃应缴税额一万元以上或者一年内曾因走私被给予二次以上行政处罚后又走私的，应当依照刑法第一百五十三条的规定，以走私普通货物、物品罪定罪处罚。

对于本条第一款、第二款规定以外的走私兴奋剂目录所列物质行为，适用《最高人民法院、最高人民检察院关于办理走私刑事案件适用法律若干问题的解释》（法释〔2014〕10 号）规定的定罪量刑标准。

第二条　违反国家规定，未经许可经营兴奋剂目录所列物质，涉案物质属于法律、行政法规规定的限制买卖的物品，扰乱市场秩序，情节严重的，应当依照刑法第二百二十五条的规定，以非法经营罪定罪处罚。

第三条　对未成年人、残疾人负有监护、看护职责的人组织未成年人、残疾人在体育运动中非法使用兴奋剂，具有下列情形之一的，应当认定为刑法第二百六十条之一规定的“情节恶劣”，以虐待被监护、看护人罪定罪处罚：

（一）强迫未成年人、残疾人使用的；

（二）引诱、欺骗未成年人、残疾人长期使用的；

（三）其他严重损害未成年人、残疾人身心健康的情形。

第四条 在普通高等学校招生、公务员录用等法律规定的国家考试涉及的体育、体能测试等体育运动中，组织考生非法使用兴奋剂的，应当依照刑法第二百八十四条之一的规定，以组织考试作弊罪定罪处罚。

明知他人实施前款犯罪而为其提供兴奋剂的，依照前款的规定定罪处罚。

第五条 生产、销售含有兴奋剂目录所列物质的食品，符合刑法第一百四十三条、第一百四十四条规定的，以生产、销售不符合安全标准的食品罪、生产、销售有毒、有害食品罪定罪处罚。

第六条 国家机关工作人员在行使反兴奋剂管理职权时滥用职权或者玩忽职守，造成严重兴奋剂违规事件，严重损害国家声誉或者造成恶劣社会影响，符合刑法第三百九十七条规定的，以滥用职权罪、玩忽职守罪定罪处罚。

依法或者受委托行使反兴奋剂管理职权的单位的工作人员，在行使反兴奋剂管理职权时滥用职权或者玩忽职守的，依照前款规定定罪处罚。

第七条 实施本解释规定的行为，涉案物质属于毒品、制毒物品等，构成有关犯罪的，依照相应犯罪定罪处罚。

第八条 对于是否属于本解释规定的“兴奋剂”“兴奋剂目录所列物质”“体育运动”“国内、国际重大体育竞赛”等专门性问题，应当依据《中华人民共和国体育法》《反兴奋剂条例》等法律法规，结合国务院体育主管部门出具的认定意见等证据材料作出认定。

——《最高人民法院关于审理走私、非法经营、非法使用兴奋剂刑事案件适用法律若干问题的解释》（2019 年 11 月 18 日，法释〔2019〕16 号）。

附录：最高人民法院主流观点

1. 与使用兴奋剂相关行为的刑事责任认定

为依法惩治违规使用兴奋剂行为，《刑法修正案（十一）》施行前，最高人民法院于 2019 年 11 月 18 日发布了《审理兴奋剂刑事案件解释》，对使用兴奋剂相关行为的刑事责任进行明确。《刑法修正案（十一）》施行后，对于与兴奋剂相关联行为的刑事责任仍然可以按照《审理兴奋剂刑事案件解释》认定：（1）走私兴奋剂目录所列物质的刑事责任认定。依照《审理兴奋剂刑事案件解释》第 1 条规定：“运动员、运动员辅助人员走私兴奋剂目录所列物质，或者其他人员以在体育竞赛中非法使用为目的走私兴奋剂目录所列物质，涉案物质属于国家禁止进出口的货物、物品，具有下列情形之一的，应当依照《刑法》第151条第3款的规定，以走私国家禁止进出口的货物、物品罪定罪处罚：（一）一年内曾因走私被给予二次以上行政处罚后又走私的；（二）用于或者准备用于未成年人运动员、残疾人运动员的；（三）用于或者准备用于国内、国际重大体育竞赛的；（四）其他造成严重恶劣社会影响的情形。”“实施前款规定的行为，涉案物质不属于国家禁止进出口的货物、物品，但偷逃应缴税额一万元以上或者一年内曾因走私被给予二次以上行政处罚后又走私的，应当依照《刑法》第一百五十三条的规定，以走私普通货物、物品罪定罪处罚。对于本条第一款、第二款规定以外的走私兴奋剂目录所列物质行为，适用《最高人民法院、最高人民检察院关于办理走私刑事案件适用法律若干问题的解释》（法释〔2014〕10号）规定的定罪量刑标准。”（2）非法经营兴奋剂目录所列物质的刑事责任认定。依照《审理兴奋剂刑事案件解释》第2条规定：“违反国家规定，未经许可经营兴奋剂目录所列物质，涉案物质属于法律、行政法规规定的限制买卖的物品，扰乱市场秩序，情节严重的，应当依照《刑法》第225条的规定，以非法经营罪定罪处罚。”

2. 国际、国内体育竞赛外其他领域违规使用兴奋剂的刑事责任认定

本罪规定的使用兴奋剂的情形限于参加国内、国际体育竞赛中，但目前兴奋剂使用面临着社会化的趋势，在一些体育测试、竞赛选拔、普通体育竞赛中也有所使用，这些情形不构成本罪。可以根据具体情况分别认定：（1）对未成年人、残疾人负有监护、看护职责的人组织未成年人、残疾人在体育运动中非法使用兴奋剂行为。依照《审理兴奋剂刑事案件解释》第3条规定：“对未成年人、残疾人负有监护、看护职责的人组织未成年人、残疾人在体育运动中非法使用兴奋剂，具有下列情形之一的，应当认定为《刑法》第260条之一规定的‘情节恶劣’，以虐待被监护、看护人罪定罪处罚：（一）强迫未成年人、残疾人使用的；（二）引诱、欺骗未成年人、残疾人长期使用的；（三）其他严重损害未成年人、残疾人身心健康的情形。”因此，符合司法解释规定情形的，应以《刑法》第260条之一规定的虐待被监护、看护人罪定罪处罚。（2）在法律规定的国家考试中使用兴奋剂的行为。依照《审理兴奋剂刑事案件解释》第4条规定：“在普通高等学校招生、公务员录用等法律规定的国家考试涉及的体育、体能测试等体育运动中，组织考生非法使用兴奋剂的，应当依照《刑法》第284条之一的规定，以组织考试作弊罪定罪处罚。”“明知他人实施前款犯罪而为其提供兴奋剂的，依照前款的规定定罪处罚。”

——胡云腾主编：《刑法罪名精释（第五版）》，人民法院出版社2022年版，第1311~1312页。

1262. 毒品犯罪再犯的认定及处罚

关键词

毒品犯罪　再犯　累犯　从重处罚

最高人民法院司法政策精神

11. 要依法从严惩处累犯和毒品再犯。凡是依法构成累犯和毒品再犯的，即使犯罪情节较轻，也要体现从严惩处的精神。尤其是对于前罪为暴力犯罪或被判处重刑的累犯，更要依法从严惩处。

——《最高人民法院印发〈关于贯彻宽严相济刑事政策的若干意见〉的通知》（2010 年 2 月 8 日，法发〔2010〕9 号）。

八、毒品再犯问题

根据刑法第 356 条规定，只要因走私、贩卖、运输、制造、非法持有毒品罪被判过刑，不论是在刑罚执行完毕后，还是在缓刑、假释或者暂予监外执行期间，又犯刑法分则第六章第七节规定的犯罪的，都是毒品再犯，应当从重处罚。

因走私、贩卖、运输、制造、非法持有毒品罪被判刑的犯罪分子，在缓刑、假释或者暂予监外执行期间又犯刑法分则第六章第七节规定的犯罪的，应当在对其所犯新的毒品犯罪适用刑法第 356 条从重处罚的规定确定刑罚后，再依法数罪并罚。

对同时构成累犯和毒品再犯的被告人，应当同时引用刑法关于累犯和毒品再犯的条款从重处罚。

——《最高人民法院印发〈全国部分法院审理毒品犯罪案件工作座谈会纪要〉的通知》（2008 年 12 月 1 日，法〔2008〕324 号）。

（六）累犯、毒品再犯问题

累犯、毒品再犯是法定从重处罚情节，即使本次毒品犯罪情节较轻，也要体现从严惩处的精神。尤其对于曾因实施严重暴力犯罪被判刑的累犯、刑满释放后短期内又实施毒品犯罪的再犯，以及在缓刑、假释、暂予监外执行期间又实施毒品犯罪的再犯，应当严格体现从重处罚。

对于因同一毒品犯罪前科同时构成累犯和毒品再犯的被告人，在裁判文书中应当同时引用刑法关于累犯和毒品再犯的条款，但在量刑时不得重复予以从重处罚。对于因不同犯罪前科同时构成累犯和毒品再犯的被告人，量刑时的从重处罚幅度一般应大于前述情形。

——《最高人民法院关于印发〈全国法院毒品犯罪审判工作座谈会纪要〉的通知》(2015 年 5 月 18 日，法〔2015〕129 号)。

附录：理解与适用

（六）累犯、毒品再犯问题

《全国部分法院审理毒品犯罪案件工作座谈会纪要》(以下简称《大连会谈纪要》) 在此方面已有一些规定,《全国法院毒品犯罪审判工作座谈会纪要》(以下简称《纪要》) 对《大连会议纪要》的相关规定作了补充和完善。第一,《纪要》进一步明确了累犯、毒品再犯情节对毒品犯罪案件量刑的影响，强调要根据宽严相济刑事政策的要求，对累犯、毒品再犯依法从严惩处，并具体规定了其中几类严惩的重点。第二,《纪要》规定了同时具有累犯、毒品再犯情节的刑罚适用及法条引用问题。《大连会议纪要》规定，对同时构成累犯和毒品再犯的被告人，应当同时引用刑法关于累犯和毒品再犯的条款从重处罚。对此类被告人是否要重复予以从重处罚，实践中有不同认识。《纪要》对《大连会议纪要》的上述规定加以完善，区分两种情形作出规定：一是对于因同一毒品犯罪前科同时构成累犯和毒品再犯的被告人，在裁判文书中应当同时引用刑法关于累犯和毒品再犯的条款，但在量刑时不得重复予以从重处罚；二是对于因不同犯罪前科同时构成累犯和毒品再犯的被告人，一般情况下，从重处罚幅度要大于前述情形。

——高贵君、马岩、方文军、李静然:《〈全国法院毒品犯罪审判工作座谈会纪要〉的理解与适用》，载《人民司法 · 应用》2015 年第 13 期（总第 720 期）。

《最高人民法院公报》案例

黎锦华等贩卖毒品案

裁判摘要：最高人民法院认为，同案犯赵俭耳贩卖毒品数量大，且曾因犯贩卖毒品罪被判刑，在暂予监外执行期间又犯贩卖毒品罪，系毒品再犯，应依法从重处罚，并数罪并罚。

法院认为，被告人黎锦华明知是毒品而贩卖，被告人刘华、赵俭耳、邓德华、熊建设以贩卖为目的购买毒品，刘华、熊建设还曾向他人贩卖毒品，其行为均已构成贩卖毒品罪；邓德华伙同他人抢劫财物，其行为还构成抢劫罪。黎锦华贩卖毒品数量大，社会危害大，罪行极其严重，且曾因犯罪被判刑，主观恶性深，人身危险性大，应依法惩处。赵俭耳贩卖毒品数量大，且曾因犯贩卖毒品罪被判刑，在暂予监外执行期间又犯贩卖毒品罪，系毒品再犯，应依法从重处罚，并数罪并罚。邓德华贩卖毒品数量大，还犯有抢劫罪，且曾因犯罪被判刑，主观恶性深，人身危险性大，应依法惩处并数罪并罚。熊建设多次贩卖毒品，数量大，且曾两次因犯罪被判刑，主观恶性深，人身危险性大，应依法惩处。刘华多次贩卖毒品，数量大，鉴于其归案后协助公安机关抓获黎锦华，有重大立功表现，可依法从轻处罚。据此，依法对被告人黎锦华判处并核准死刑，对被告人赵俭耳、邓德华、熊建设均判处无期徒刑，对被告人刘华判处有期徒刑十五年。

——《最高人民法院公报》2012 年第 8 期。

《刑事审判参考》指导案例

王会陆、李明等人贩卖、运输毒品案（《刑事审判参考》指导案例第 546 号）

裁判要点：共同犯罪中罪责相对较小但系毒品再犯的，亦应当从严惩处。

最高人民法院 2008 年 12 月印发的《全国部分法院审理毒品犯罪案件工作座谈会纪要》提出："对于共同犯罪中有多个主犯或者共同犯罪人的，处罚上也应做到区别对待。应当全面考察各主犯或者共同犯罪人在共同犯罪中实际发挥作用的差别，主观恶性和人身危险性方面的差异，对罪责或者人身危险性更大的主犯或者共同犯罪人依法判处更重的刑罚。"据此，对本案中均为主犯的被告人王会陆和李明在量刑上存在区别对待的余地，即但从被告人李明在共同犯罪中的地位、作用看，在对比其罪责更大的被告人王会陆适用死刑立即执行的情况下，可对其不适用死刑立即执行。但是，李明系毒品再犯，前次因贩卖毒品罪已被判处过有期徒刑十五年，在刑满释放不到二年的时间内又犯本罪，足见其主观恶性和人身危险性极大，应依法从重处罚。据此，最高人民法院复核后依法也核准了被告人李明的死刑。

——最高人民法院刑事审判第一、二、三、四、五庭主办：《刑事审判参考》2009 年第 2 集（总第 67 集），法律出版社 2009 年版，第 109~112 页。

第八节 组织、强迫、引诱、容留、介绍卖淫罪

1263. 刑法意义上“卖淫”概念的理解

关键词

卖淫

附录：理解与适用

关于如何理解刑法意义上的“卖淫”一词，理论界有一定的争议，司法实践中争议更大。认识相对一致的主要有：（1）对传统意义上提供性交服务并收取财物的行为应当认定为卖淫。（2）男性也可以提供卖淫服务。随着社会的发展变迁，男性也存在为获取物质利益而与不特定的女性发生性关系的现象。将此现象理解为卖淫，已经得到了立法和司法的肯定。1979年《刑法》第一百四十条①规定：“强迫妇女卖淫的，处三年以上十年以下有期徒刑。”第一百六十九条②规定：“以营利为目的，引诱、容留妇女卖淫的，处五年以下有期徒刑、拘役或者管制；情节严重的，处五年以上有期徒刑，可以并处罚金或者没收财产。”《全国人民代表大会常务委员会关于禁止卖淫嫖娼的决定》（以下简称《决定》）将强迫妇女卖淫罪细化为组织（他人）卖淫罪、强迫（他人）卖淫罪，将引诱、容留妇女卖淫罪也修改为引诱、容留、介绍（他人）卖淫罪，并增加规定了引诱幼女卖淫罪。1997年刑法修订时，采用了《决定》中关于组织、强迫、引诱、容留、介绍卖淫罪的表述。（3）肛交、口交应当列入卖淫的方式。这既是对传统卖淫概念的突破，也能被大众所认同.在男男可以卖淫、女女可以卖淫的现实情况及法律规定下，肛交、口交显然是同性卖淫的主要方式，且异性卖淫也可采取肛交、口交的方式。三者的共性都是一方生殖器进入另一方的体内，均属于进入式性活动。并且，从传播性病的角度看，此三种方式，均可引起性病的传播。

争议最大的是提供手淫等非进入式而是接触式的色情服务能否认定为刑法意义上的卖淫？对此，各地理解不一，学界争议也不小。起草小组经广泛调研，充分论证和协商后，仍未能取得一致意见。但是，公安部曾经于2001

① 本条现为《中华人民共和国刑法》（2020年修正）第三百五十八条。

② 本条现为《中华人民共和国刑法》（2020年修正）第三百五十九条。

年2月18日作出公复字〔2001〕4号的《关于对同性之间以钱财为媒介的性行为定性处理问题的批复》。该批复称：根据《中华人民共和国治安管理处罚条例》和全国人大常委会《关于严禁卖淫嫖娼的决定》的规定，不特定的异性之间或者同性之间以金钱、财物为媒介发生不正当性关系的行为，包括口淫、手淫、鸡奸等行为，都属于卖淫嫖娼行为，对行为人应当依法处理。这一批复能否作为认定刑法意义上卖淫概念的依据？我们认为，刑法上卖淫的概念，严格说属于立法解释的权限范围，不宜由司法机关做出解释。但是，司法实践中应当明确如下几点：第一，司法解释未对卖淫的概念作出解释，属于权限原因，但这并不影响各地司法实践的处理。第二，行政违法不等同于刑事犯罪，违法概念也不等同于犯罪概念。违反行政法律、法规的行为不等同于构成犯罪。前述公安部的批复，依然可以作为行政处罚和相关行政诉讼案件的依据，但不能作为定罪依据。行政法规扩大解释可以把所有的性行为方式都纳入卖淫行为方式并进行行政处罚，但刑法罪名的设立、犯罪行为的界定及解释应遵循谦抑性原则，司法解释对刑法不应进行扩张解释。因此，司法实践中对于如何认定刑法意义上的卖淫，应当依照刑法的基本含义，结合大众的普遍理解及公民的犯罪心理预期等进行认定，并严格遵循罪刑法定原则。据此，不宜对刑法上的卖淫概念作扩大解释，刑法没有明确规定手淫行为属于刑法意义上的“卖淫”，因而对相关行为就不宜入罪。第三，在目前情况下，也不能将刑法意义上的卖淫局限于性交行为，对于性交之外的肛交、口交等进入式的性行为，应当依法认定为刑法意义上的卖淫。第四，待条件成熟时，应当建议由立法机关作出相应解释或由立法直接规定。

——周峰、党建军、陆建红、杨华：《〈关于审理组织、强迫、引诱、容留、介绍卖淫刑事案件适用法律若干问题的解释〉的理解与适用》，载《人民司法·应用》2017年第25期（总第792期）。

1264. 组织卖淫罪的概念

关键词

组织卖淫罪

最高人民法院司法解释

第一条　以招募、雇佣、纠集等手段，管理或者控制他人卖淫，卖淫人员在三人以上的，应当认定为刑法第三百五十八条规定的“组织他人卖淫”。

组织卖淫者是否设置固定的卖淫场所、组织卖淫者人数多少、规模大小，不影响组织卖淫行为的认定。

——《最高人民法院、最高人民检察院关于办理组织、强迫、引诱、容留、介绍卖淫刑事案件适用法律若干问题的解释》(2017 年 7 月 21 日，法释〔2017〕13 号)。

附录：理解与适用

司法实践中，对如何认定组织卖淫，一直存在困惑。《最高人民法院、最高人民检察院关于执行〈全国人民代表大会常务委员会关于严禁卖淫嫖娼的决定〉的若干问题的解答》[①]（以下简称《解答》）规定："组织他人卖淫罪，是指以招募、雇佣、强迫、引诱、容留等手段，控制多人从事卖淫的行为。"我们认为，《解答》的基本内涵还是正确的。体现在：一是组织卖淫需要具备组织行为，既包括将卖淫人员组织在一起的行为，也包括将卖淫人员组织起来后实施卖淫的行为；二是卖淫者的人数。但是，司法实践也表明，《解答》关于组织卖淫的定义需要完善。

一是组织行为方面。《解答》的缺陷有两处：一是容易混淆引诱、容留、介绍卖淫与组织卖淫的概念，因此，《最高人民法院、最高人民检察院关于办理组织、强迫、引诱、容留、介绍卖淫刑事案件适用法律若干问题的解释》（以下简称《解释》）采用了"招募、雇佣、纠集等手段"的表述方法，将引诱、容留等手段隐含在组织人员的方法之中，以将组织卖淫与一般的引诱、容留及介绍行为区分开来。二是容易混淆组织卖淫和强迫卖淫的概念。虽然在某种程度上组织卖淫可以包括强迫卖淫，但是，强迫卖淫涵盖不了组织卖淫。因此，《解释》将《解答》的"控制他人卖淫"改为"管理或者控制他人卖淫"，以体现不少卖淫人员是自愿卖淫，并且接受组织者的管理。

调研中有人提出，组织卖淫行为应体现在行为人的组织性上。经研究认为，刑法中类似于黑社会组织犯罪这类的组织性犯罪与本罪在本质上是不一样的。本罪的罪质特征主要体现在其组织行为上，如一个人也可以组织他人卖淫，而不是体现在组织者的组织机构上。

二是规模要件即卖淫人数方面。《解答》关于控制多人卖淫的概念总体上是对的，而且多人就是指三人以上，也符合刑法术语的一般理解，在调研中，有意见认为，只要符合"管理或者控制他人卖淫"的形式，即使组织一人或者二人也可以以组织卖淫罪处理。为澄清这种认识，并且明确组织卖淫和容留卖淫的区别，同时也避免在同一个法律文件内出现对一个名词自我解释的现象，《解释》将组织卖淫罪中被组织人员的人数明确规定为三人以上。

三是场所要件。在一般情况下，组织卖淫行为人是设置或者变相设置卖

---

① 本文件已被《最高人民法院、最高人民检察院关于废止 1980 年 1 月 1 日至 1997 年 6 月 30 日期间制发的部分司法解释和司法解释性质文件的决定》(法释〔2013〕1 号) 废止。

淫场所的，如以宾馆、洗浴中心、会所为固定场所或者以经营宾馆、洗浴中心、会所等为名，行组织卖淫之实。但近些年来，面对严厉的“扫黄”活动，一些不法之徒采取动态管理方式，即不建立固定的卖淫窝点，而是利用现代化的交通与通信设施，指挥、控制着多人从事卖淫活动。这种动态管理模式，将组织卖淫行为化整为零，或者将分散的单个卖淫行为组织起来，既能扩大卖淫的范围，又便于逃避公安机关的追查。这类没有固定场所的组织卖淫行为，依然明显地体现出组织者的管理、控制行为，即卖淫者并非作为单个个体而存在，而是受制于组织者，随时接受他们的指令去办事，有一定的组织性和纪律性。

基于以上理由，《解释》第 1 条规定：“以招募、雇佣、纠集等手段，管理或者控制他人卖淫，卖淫人数在三人以上的，应当认定为《刑法》第三百五十八条规定的组织他人卖淫。组织卖淫者是否设置固定的卖淫场所、组织卖淫者人数多少、规模大小，不影响组织卖淫行为的认定。”

——周峰、党建军、陆建红、杨华：《〈关于审理组织、强迫、引诱、容留、介绍卖淫刑事案件适用法律若干问题的解释〉的理解与适用》，载《人民司法·应用》2017 年第 25 期（总第 792 期）。

1265. 组织男性从事同性性交易行为构成组织卖淫罪

关键词

组织卖淫罪　同性卖淫

《刑事审判参考》指导案例

李宁组织卖淫案（《刑事审判参考》指导案例第 303 号）

裁判要点：组织卖淫罪，是指组织他人卖淫的行为。组织男性从事同性性交易，构成组织卖淫罪。

我们认为，“卖淫”，就其常态而言，虽是指女性以营利为目的，与不特定男性从事性交易的行为；但随着立法的变迁，对男性以营利为目的，与不特定女性从事性交易的行为，也应认定为“卖淫”；而随着时代的发展、社会生活状况的变化，“卖淫”的外延还可以、也应当进一步扩大，亦即还应当包括以营利为目的，与不特定同性从事性交易的行为（为论述方便，以下简称此种卖淫行为为“同性卖淫”）。对“卖淫”作如上界定，并不违背刑法解释原理和罪刑法定原则，相反，是刑法立法精神的当然要求，主要理由是：

（一）如上所述，至今，刑法本身及相关立法、司法解释均未曾对刑法中“卖淫”一词的内涵作出过明确界定，均未曾明确限定“卖淫”仅限于异性之间的性交易行为。鉴于此，认为“卖淫”也包括同性卖淫，并不与现行立法和有效刑法解释相抵触；或者说，至少在形式上并不违背罪刑法定原则。

（二）由于种种原因，辞典，尤其是非专业性辞典对某一刑法用语的解释，往往与我们对该刑法用语所作的规范解释不尽一致，有的甚至与刑法本身规定相冲突。

（三）我们认为，《刑法》所规定的“卖淫”的本质特征在于，其是以营利为目的，向不特定的人出卖肉体的行为。至于行为人的性别是男是女，以及其对象是异性还是同性，均不是判断、决定行为人的行为是否构成“卖淫”所要考察的因素。

（四）根据刑法解释原理，对刑法用语，应当适应社会发展，结合现实语境，作出符合同时代一般社会观念和刑法精神的解释。这并不违背罪刑法定原则，相反是贯彻罪刑法定原则的当然要求。

——最高人民法院刑事审判第一庭、第二庭编：《刑事审判参考》2004 年第 3 集（总第 38 集），法律出版社 2004 年版，第 137~142 页。

附录：最高人民法院主流观点

1. 如何认定刑法意义上的“卖淫”行为

所谓卖淫，一般是指以营利为目的，与不特定对方（不限于异性）发生性关系以满足不特定对方性欲的行为。认定刑法意义上的“卖淫”，有两个关键问题，一是是否要求必须“以营利为目的”；二是“卖淫”行为的外延如何把握。关于第一个问题，一般认为，“以营利为目的”是卖淫行为的常态，虽然不是判断卖淫行为的必要条件，但在实践中不以营利为目的的卖淫行为实属罕见，可以认为，以营利为目的是组织卖淫罪的不成文构成要件。该问题没有太多讨论的现实意义。这里重点讨论第二个问题，如何理解刑法意义上的“卖淫”行为内涵与外延。卖淫的具体表现即行为外延，《刑法》及相关司法解释对此均无明确规定，理论界与实务界也有一定的争议。目前认识相对一致的主要有：[①]（1）对传统意义上的提供性交服务并收取财物的行为应当认定为卖淫。（2）男性也可以提供卖淫服务。随着社会的发展变迁，男性也存在为获取物质利益而与不特定的女性发生性关系的现象，以及男性进行同性

---

① 参见周峰、党建军、陆建红、杨华：《〈关于审理组织、强迫、引诱、容留、介绍卖淫刑事案件适用法律若干问题的解释〉的理解与适用》，载《人民司法》2017 年第 25 期。

卖淫活动。将此现象理解为卖淫，已经得到了立法和司法的肯定。[①]如现行《刑法》关于组织卖淫罪的表述是组织“他人”卖淫而非仅仅组织“妇女”卖淫可见一斑。（3）肛交、口交应当列入卖淫的方式。这既是对传统卖淫概念的突破，也能被大众所认同，在男男之间、女女之间可以卖淫的现实情况及法律规定下，肛交、口交显然是同性卖淫的主要方式，且异性卖淫也可采取肛交、口交的方式。肛交、口交的共性都是一方生殖器进入另一方的体内，均属于进入式性活动，与自然意义上的性交行为具有等同性。并且，从传播性病的角度看，此三种方式的性活动，均可引起性病的传播。争议最大莫过于提供手淫等非进入式的色情服务能否认定为刑法意义上的“卖淫”行为？理论与实务中有肯定说与否定说之争。肯定说主要是持公安部的相关行政性文件为依据。公安部在对同性之间的卖淫活动如何处理的相关意见中曾规定：不特定的异性之间或者同性之间以金钱、财物为媒介发生不正当性关系的行为，包括口淫、手淫、鸡奸等行为，都属于卖淫嫖娼行为，对行为人应当依法处理。[②]否定说认为，公安部批复可作为行政执法和行政处罚的依据，但并不能当然成为认定刑法意义上卖淫概念的依据。因为行政违法不等同于刑事犯罪，违法概念也不等同于犯罪概念。出于社会良好秩序管理的需要，行政法规及规章扩大解释可以把所有的性行为方式都纳入到卖淫行为范畴并进行行政处罚，但刑法罪名的设立、犯罪行为的界定及解释应遵循谦抑性原则，司法解释对刑法规范上的概念不应进行过度扩张解释。因此，司法实践中对于如何认定刑法意义上的卖淫，应当依照刑法的基本含义，结合大众的普遍理解及公民的犯罪心理预期等进行认定，并严格遵循罪刑法定原则。如前所述，卖淫行为之所以可包括肛交、口交的方式，因其具有最普通共识的卖淫行为——提供性交服务的基本特质：都是一方生殖器进入另一方的体内，均属于进入式性活动，均可引起性病传播的危险等，而手淫虽然也能满足性欲，但其显然不具有上述三种行为方式的共性特质，在刑法意义上，若将其也解释为“卖淫”行为，实属不当的扩大解释甚至是类推解释。故此，我们认为，在《刑法》及相关司法解释没有明确规定手淫行为属于《刑法》意义上的“卖淫”的情况下，对以营利为目的提供手淫服务的行为不宜入罪。

——胡云腾主编：《刑法罪名精释（第五版）》，人民法院出版社2022年版，第1315~1316页。

---

① 如江苏南京法院审理的李某组织卖淫案。参见最高人民法院刑事审判第一、二、三、四、五庭主办：《中国刑事审判指导案例》（妨害社会管理秩序罪），法律出版社2009年版，第294~296页。

② 参见2001年2月18日《公安部关于对同性之间以钱财为媒介的性行为定性处理问题的批复》（公复字〔2001〕4号）。

1266. 组织卖淫共同犯罪中的主犯认定

关键词

组织卖淫罪　共同犯罪　主犯认定

《刑事审判参考》指导案例

方斌等组织卖淫案（《刑事审判参考》指导案例第 1268 号）

裁判要点：在组织卖淫共同犯罪中，主要投资人（所有人）一般应认定为主犯。

（一）在组织卖淫共同犯罪中，主要投资人（所有人）一般应认定为主犯

1. 组织卖淫罪有主犯、从犯之分

司法实践中有观点认为，组织卖淫罪只有主犯，没有从犯。我们不认同这种观点。任何一种犯罪，在数人共同犯罪的形态中，除都是主犯或者共同正犯的情况外，均应按照各自在犯罪中所起到的作用大小，区分为主犯和从犯。在通常情况下，组织卖淫犯罪涉及的人员较多、关系复杂，既有组织者、各类管理人员，又有一般的服务人员。他们之间有不同的职责分工，共同参与犯罪活动，要根据其行为区分不同的罪责，确定主犯、从犯。

2. 在组织卖淫共同犯罪中，主要投资人一般应认定为主犯

对于主要投资人而言，其实际上是卖淫场所的所有人或实际经营者，虽然通常并不直接参与卖淫场所的日常经营管理，而是通过雇用、指使管理人员负责卖淫场所的日常经营运行，但主要投资人在整个组织卖淫共同犯罪过程中起到了组织、策划、指挥等主要作用，具有绝对的支配权和领导地位，其他参与组织卖淫犯罪的人员都受其指挥、服从其领导，二者之间是上下级的关系。故主要投资人在犯罪组织中的地位高、作用大，属于"幕后黑手""老板""大哥"，当然应该对组织卖淫活动承担全部责任，是第一主犯。

——最高人民法院刑事审判第一、二、三、四、五庭主办：《刑事审判参考》（总第 115 辑），法律出版社 2019 年版，第 11~18 页。

1267. 如何认定组织卖淫行为

关键词

组织卖淫罪　容留卖淫罪

《刑事审判参考》指导案例

高洪霞、郑海本等组织卖淫、协助组织卖淫案（《刑事审判参考》指导案例第 78 号）

裁判要点：是否有组织性是区分组织卖淫罪和容留卖淫罪的关键。建立了卖淫组织，对卖淫者进行管理，组织、安排卖淫活动的，构成组织卖淫罪。

判定行为人是否有组织行为和居于组织地位应把握以下几个方面：

1. 是否建立了卖淫组织。无论是否具有固定的卖淫场所，组织卖淫罪必然要建立相应的卖淫组织。卖淫组织的建立一般首先是组织者采取各种手段纠集卖淫人员，纠集的方法有多种，如招募、雇佣、强迫、引诱、为多次组织其卖淫而容留等。其次，其实施的行为既可能是暴力性、欺骗性的，也可能是非暴力、非欺骗性的，特别是在一些色情行业泛滥的地区，社会上存在数量较多的自愿从事或已经从事卖淫活动的人员，组织者只需提供相应的条件，如设立变相从事卖淫的发廊、歌舞厅、洗浴按摩场所，就很容易纠集到卖淫人员，再进一步发展成地下妓院。在纠集卖淫人员的过程中，组织者是处于发起、负责的地位，其目的是掌握一定的卖淫人员，以实现组织卖淫，从中牟利的目的。

2. 是否对卖淫者进行管理。在纠集到多名从事卖淫活动的人员后，组织者要实施一定的管理行为，支配、监督卖淫人员，使之服从、接受管理安排。组织者通过制定、确立相关的人、财、物管理方法，与卖淫人员之间形成组织和被组织、管理和被管理的关系。需要注意的是，组织者对卖淫人员进行人身和财产控制，是组织卖淫罪的一种典型行为，但并不是该罪的构成要件。凡是组织者采取招募、雇佣、强迫、引诱、容留等手段，使卖淫人员处于自己的管理、支配之下，将其卖淫纳入卖淫组织的约束中，均应视为对卖淫者进行管理。

3. 是否组织、安排卖淫活动。主要是指组织者在卖淫组织中有无参与组织、安排具体的卖淫活动，具体方式有推荐、介绍卖淫女进行卖淫活动，招揽嫖客，为卖淫活动安排相关服务、保障人员，提供物质便利条件等。

容留卖淫罪是仅为卖淫人员提供进行卖淫活动的处所的行为。与组织卖淫罪相比较，容留卖淫罪没有形成卖淫组织，行为人没有组织、管理卖淫活动。组织卖淫的行为人有引诱、容留卖淫行为的，均应作为组织卖淫的手段之一，可作为量刑情节考虑，不实行数罪并罚。但是，根据《刑法》第 361 条的规定，旅馆业、饮食服务业、文化娱乐业、出租汽车业等单位的人员，利用本单位的条件，引诱、容留、介绍他人卖淫的，以组织卖淫罪定罪处罚。

——最高人民法院刑事审判第一庭编:《刑事审判参考》2000 年第 6 辑（总第 11 辑），法律出版社 2000 年版，第 16~25 页。

1268. 如何区分协助组织卖淫罪与组织卖淫罪

关键词

组织卖淫罪　协助组织卖淫罪

《刑事审判参考》指导案例

胡杨等协助组织卖淫案（《刑事审判参考》指导案例第 1309 号）

裁判要点：组织卖淫罪和协助组织卖淫罪都可能存在一人犯罪和数人共同犯罪的情况，只要是数人共同犯罪，除都是主犯的外，都应当有主从犯之分，应当根据他们在共同组织卖淫或者协助组织卖淫犯罪活动中起的作用，按照《刑法》关于共同犯罪的相关规定确定，不能将组织卖淫罪的从犯认定为协助组织卖淫罪。

（一）组织卖淫罪和协助组织卖淫罪是两个独立的罪名，有具体的罪状和单独的法定刑

组织卖淫罪与协助组织卖淫罪是两个密切相关的犯罪，从本质上说，两者同属于一种共同犯罪，因为两者事先在主观上都有共同的意思联络，都明知自己行为发生的危害后果，客观上又都实施了在共同故意指导下的关联行为。但我国《刑法》第三百五十八条明确规定了组织卖淫罪和协助组织卖淫罪的罪状和法定刑，《最高人民法院、最高人民检察院关于办理组织、强迫、引诱、容留、介绍卖淫刑事案件适用法律若干问题的解释》又作出了进一步细化规定。

协助组织卖淫罪是从组织卖淫罪中分离出来的，两罪的犯罪构成特征有相似之处，在犯罪主体、客体和主观方面基本一致，比较容易混淆。但《刑

法》条文对这两种犯罪的情况作了具体的规定和描述，两罪拥有独特的犯罪构成特征，在主观故意的具体内容、行为方式等方面存在明显区别，界限比较分明。区分组织卖淫罪和协助组织卖淫罪的关键点是行为人是否实施了“组织行为”，认定时需注意以下三个方面：

1. 组织他人卖淫的行为贯穿于组织卖淫活动的整个过程，既包括将卖淫人员组织在一起的行为，也包括将卖淫人员组织起来后实施卖淫的行为。

2. 组织他人卖淫的行为既是一种组织行为，也是一种实行行为，它不同于刑法关于共同犯罪中的组织犯的意义。共同犯罪中的组织犯是指组织、策划、指挥他人去实施犯罪，其组织行为本身不是具体实施犯罪的实行行为，而组织卖淫罪中的组织、策划、指挥行为本身就是实行行为。

3. 组织他人卖淫的行为着眼点在于“管理”和“控制”，即是否以招募、雇佣、纠集等手段对卖淫人员达到人身、财产、行为等方面的管理和控制，即卖淫人员服从于组织行为，受组织卖淫人员的管理和控制，而协助者没有权力参与对卖淫人员的指挥、管理和控制。

（二）组织卖淫罪和协助组织卖淫罪均可能存在主从犯的区分，不能简单地将组织卖淫罪的从犯认定为协助组织卖淫罪的正犯

1. 组织卖淫罪的共同犯罪人之间也可以区分主从犯

司法实践中有观点认为，组织卖淫罪的犯罪分子都是主犯。理由是：第一，根据《刑法》第二十六条第一款规定的“主犯是指组织、领导犯罪集团进行犯罪活动或者在共同犯罪中起主要作用的”，那么行为人只要构成组织卖淫罪，要么是组织、领导卖淫集团的首要分子，要么是在组织卖淫共同犯罪中起主要作用的，就都是主犯；第二，既然将协助组织卖淫罪从组织卖淫罪中分离出来，组织卖淫罪就不存在从犯了。

我们认为组织卖淫罪中也是能够区分主从犯的。第一，组织行为人的地位、作用并非完全相同。虽然组织卖淫犯罪本身蕴含的犯罪构成要件要求行为人实施的是组织行为，但实施这种组织行为未必是一般意义上的组织犯，其组织对象既包括其他共同犯罪人，也包括卖淫人员。组织卖淫罪中可以有多名组织者，多名组织者内部之间还存在主从之分。所以组织他人卖淫的组织者不一定是组织犯，也就不一定是首要分子，在多名组织者之间也是存在分工的，对于其中处于从属地位、发挥次要作用、听命于人的应当以从犯论处。第二，司法实践中，普遍认为协助组织卖淫行为是组织卖淫行为的帮助犯，帮助犯是起辅助作用的从犯，但从犯不一定是帮助犯。协助组织卖淫行为从组织卖淫罪中分离出来，组织卖淫共同犯罪中还存在另外一种起次要作用的从犯。第三，从刑法理论上说，既然是共同犯罪，就有主从犯的区分问题。

2. 协助组织卖淫罪的共同犯罪人之间也可以区分主从犯

有观点认为协助组织卖淫罪没有主犯，其理由就在于协助组织卖淫罪其实是法律将原本属于组织卖淫罪的从犯予以单独规定罪名的结果，故所有协助组织卖淫行为人，就其行为本质来说，都属于组织卖淫罪的从犯。

我们认为，这种观点既不符合刑法关于主从犯划分的理论，也与司法实践不相符。第一，从刑法理论上说，凡是共同犯罪案件，一般来说都存在罪犯之间有主有从的问题，当然也有可能共同犯罪人都是主犯，但不可能都是从犯。协助组织卖淫罪与组织卖淫罪分离，单独成罪后，显然不能在组织卖淫罪的范围内讨论协助组织卖淫罪有无主犯，而是要以协助组织卖淫罪为评价对象，判断协助行为本身的主从之分。《刑法》将协助组织卖淫罪从组织卖淫罪中分离出来，其主要原因就是协助组织卖淫行为的类型化。组织卖淫罪实施过程中需要保镖、打手、管账人予以协助已经成为常态，而"协助者"们往往由于分工不同而获利不同，因此，他们在共同犯罪中所起的作用不同，罪责也相应有所区别。第二，司法实践中，一些协助组织卖淫行为往往不依附于组织卖淫者，相反却有自己相对独立的组织，如专门的运输组织、专门的培训机构、专门的保镖组织。这些相对独立的组织，往往不止与一个卖淫犯罪团伙发生关系，而是同时与多个卖淫犯罪团伙发生关系。因此，那种认为协助组织卖淫行为一定是组织卖淫行为从犯的观点与犯罪方式的变化已经不相称了。在这些相对独立的协助组织卖淫机构内，完全有可能存在主从犯的区分问题。

综上，我们认为，组织卖淫罪和协助组织卖淫罪都可能存在一人犯罪和数人共同犯罪的情况，只要是数人共同犯罪，除都是主犯的外，都应当有主从犯之分，应当根据他们在共同组织卖淫或者协助组织卖淫犯罪活动中起的作用，按照《刑法》关于共同犯罪的相关规定确定，不能将组织卖淫罪的从犯认定为协助组织卖淫罪。

——田文莎撰稿、陆建红审编：《胡杨等协助组织卖淫案——如何区分协助组织卖淫罪与组织卖淫罪》，载最高人民法院刑事审判第一、二、三、四、五庭主办：《刑事审判参考》（总第 120 集），法律出版社 2019 年版，第 82~87 页。

1269. 组织卖淫罪的从犯与协助组织卖淫罪的区分

关键词

组织卖淫罪　从犯　协助组织卖淫罪

最高人民法院司法解释

第四条 明知他人实施组织卖淫犯罪活动而为其招募、运送人员或者充当保镖、打手、管账人等的，依照刑法第三百五十八条第四款的规定，以协助组织卖淫罪定罪处罚，不以组织卖淫罪的从犯论处。

在具有营业执照的会所、洗浴中心等经营场所担任保洁员、收银员、保安员等，从事一般服务性、劳务性工作，仅领取正常薪酬，且无前款所列协助组织卖淫行为的，不认定为协助组织卖淫罪。

——《最高人民法院、最高人民检察院关于办理组织、强迫、引诱、容留、介绍卖淫刑事案件适用法律若干问题的解释》（2017 年 7 月 21 日，法释〔2017〕13 号）。

《刑事审判参考》指导案例

杨恩星等组织卖淫案（《刑事审判参考》指导案例第 1269 号）

裁判要点：协助组织卖淫罪是将组织卖淫罪的帮助行为单独成罪，而非将组织卖淫罪的所有从犯单独成罪。协助组织卖淫罪与组织卖淫罪的从犯的本质区别在于行为不同，而非作用大小。

本案中，被告人杨恩星与逄锦敏合伙经营卖淫店，杨恩星租赁房屋、负责在网上发布招嫖信息、客服、记账、招聘和管理卖淫女等工作，逄锦敏负责接送嫖客、给出租车司机结账、招聘卖淫女、望风等现场管理工作，二人招聘多名卖淫女从事卖淫活动，均分收益。杨恩星和逄锦敏的行为属典型的组织卖淫行为，且均系主犯，审理时对二人均构成组织卖淫罪并不存在争议。但对于被告人纪文峰的行为如何定性，存在两种不同观点：

第一种观点认为，纪文峰的行为构成协助组织卖淫罪。理由是，纪文峰为杨恩星和逄锦敏的组织卖淫活动充当客服，负责接听嫖客电话、指引嫖客前往指定地点进行嫖娼、创建卖淫店工作微信群、面试卖淫女，这些行为对于杨恩星和逄锦敏所实施的犯罪来说均属于帮助行为，故构成协助组织卖淫罪。

第二种观点认为，纪文峰的行为构成组织卖淫罪，但由于其在组织卖淫犯罪中与两名同案犯相比，起次要作用，故应认定为组织卖淫罪的从犯。

我们同意第二种观点，主要理由如下：

（一）协助组织卖淫罪是将组织卖淫罪的帮助行为单独成罪，而非将组织卖淫罪的所有从犯单独成罪

我国 1979 年刑法没有规定协助组织卖淫罪。1991 年《全国人民代表

大会常务委员会关于严禁卖淫嫖娼的决定》第一次从法律上确认了组织卖淫罪和协助组织卖淫罪。随后，最高人民法院、最高人民检察院于 1992 年出台《关于执行〈全国人民代表大会常务委员会关于严禁卖淫嫖娼的决定〉的若干问题的解答》[①] 在第三条解释了协助组织卖淫罪的罪状，即“协助组织他人卖淫罪，是指在组织他人卖淫的共同犯罪中起帮助作用的行为。如充当保镖、打手、管账人等”。1997 年刑法吸纳了上述内容。2011 年，《刑法修正案（八）》修改了本罪的罪状，将“协助组织他人卖淫的”修改为“为组织卖淫的人招募、运送人员或者有其他协助组织他人卖淫行为的”。2017 年 7 月 25 日实施的《最高人民法院、最高人民检察院关于办理组织、强迫、引诱、容留、介绍卖淫刑事案件适用法律若干问题的解释》（以下简称《涉卖淫刑案解释》）对本罪罪状进行了详细的解释，即“明知他人实施组织卖淫犯罪活动而为其招募、运送人员或者充当保镖、打手、管账人等的，依照刑法第三百五十八条第四款的规定，以协助组织卖淫罪定罪处罚，不以组织卖淫罪的从犯论处”。

从以上协助组织卖淫罪的相关规定可以看出，组织卖淫罪与协助组织卖淫罪在一般情况下属于实质上的共同犯罪，协助组织卖淫行为属于组织卖淫行为中的帮助行为。在我国刑法理论中，一般来说，帮助犯从属于正犯，与正犯构成共同犯罪。在刑法没有对帮助犯设置具体罪状并单独规定法定刑的情况下，对帮助犯只能适用正犯的法定刑，并结合刑法总则规定的从犯处罚原则进行处罚。但考虑到实践中某些帮助行为已出现类型化趋势，社会危害性也较大，为加大对此类行为的打击，我国刑法分则将部分帮助行为规定为独立犯罪，如刑法第一百零七条规定的资助危害国家安全犯罪活动罪，第一百二十条之一第一款规定的帮助恐怖活动罪以及第三百五十八条第四款规定的协助组织卖淫罪。协助组织卖淫行为单独成罪，主要是由于司法实践中组织卖淫者往往不能单独完成犯罪，需要合作者或者帮助者才能顺利实施组织卖淫行为。在组织卖淫者开设“娱乐场所”的过程中，离不开保镖、打手、管账人等的“协助”，这些协助组织行为已经常态化、类型化，甚至可以说必不可少。而由于其中犯罪人之间的分工不同、作用不同，导致各自承担的刑事责任也是不同的。因此，将这些协助组织行为从组织卖淫行为中分离出来，进行区别定罪量刑。此外，司法实践中也存在不少协助者独立于组织卖淫者的情况，如一些行为人专门负责招募、雇用、运输、培训卖淫者，他们不仅仅服务于某一个组织卖淫团伙，而是同时为数个组织卖淫团伙服务。这种情况下，如果简单地按照共同犯罪理论，将其作为某一个组织卖淫团伙的共犯

---

① 本文件已被《最高人民法院、最高人民检察院关于废止 1980 年 1 月 1 日至 1997 年 6 月 30 日期间制发的部分司法解释和司法解释性质文件的决定》（法释〔2013〕1 号）废止。

来处理，就很可能会遗漏掉协助者的其他协助行为。

综上，协助组织卖淫者可以认为是组织卖淫者的帮助犯，在帮助犯没有单独成罪的情况下，确实属于从犯的一种，但并不是从犯的全部。在协助组织卖淫行为单独成罪以后，对该行为不再按照组织卖淫罪的从犯处理，而是作为独立的犯罪定罪量刑。但这并不意味着组织卖淫罪中不存在从犯，或者说组织卖淫罪的从犯就是协助组织卖淫罪。实践中有种观点认为，组织卖淫罪一般是由数人或者多个环节组成的共同犯罪行为，凡是共同组织卖淫罪的主犯都应当定性为组织卖淫罪，凡是共同组织卖淫罪的从犯都应当定协助组织卖淫罪。我们认为，这种观点是错误的，协助组织卖淫罪是一种独立的犯罪，而不是共同组织卖淫罪的从犯；共同组织卖淫罪的从犯，应当定性为组织卖淫罪，而不能定性为协助组织卖淫罪。

（二）协助组织卖淫罪与组织卖淫罪的从犯的本质区别在于行为不同，而非作用大小

组织卖淫罪的从犯与协助组织卖淫罪的区分历来是司法实践中的难点。我们认为，协助组织卖淫行为属于帮助犯，帮助犯与主行为实施者即实行犯是按照分工不同划分的，即帮助犯不实施主行为，两者的本质区别在于行为人在组织卖淫活动过程中的分工，而不是作用大小。在组织卖淫活动中，凡是对卖淫者的卖淫活动直接进行管理、控制的行为人，体现为以招募、雇佣、强迫、引诱、容留等手段，管理、控制多人从事卖淫，核心是策划、指挥、管理、控制、安排、调度等组织行为，应当构成组织卖淫罪。其中起主要作用的是主犯，起次要、辅助作用的是从犯，但从犯实施的行为也应是组织行为，只是这种组织行为相对于主要组织者而言作用相对次要。而协助组织卖淫罪中行为人所实施的行为不能是组织行为，不与卖淫行为发生直接联系，只能是在外围保障卖淫活动顺利进行的辅助行为。根据刑法和《涉卖淫刑案解释》的规定，协助组织卖淫罪的客观行为主要表现为：以招工为名，通过广告、互联网等方式，协助诱骗、招募妇女卖淫，但本身不参与组织卖淫活动；提供交通工具，为组织卖淫者接送、转移卖淫人员，只收取相应运输费用；充当保镖，看家护院、望风放哨；充当打手，协助强迫妇女卖淫；为组织卖淫者充当管账人等。

在司法实践中，对于将组织他人卖淫场所中的“老板”认定为组织者是没有异议的，但对于经理、领班等其他管理人员能否认定为组织者存在争议。我们认为，在整个卖淫组织中，出资者、指挥者固然属于组织卖淫者，经理、领班等其他管理人员也实施具体的管理行为，只是其地位和作用相对于出资者、指挥者来说较小，但只要与卖淫人员之间存在管理与被管理的关系，而不是实施单纯的帮助行为，其实质上就实施了组织卖淫罪的实行行为，故也应将这部分管理人员的管理行为认定为组织卖淫行为。

——最高人民法院刑事审判第一、二、三、四、五庭主办:《刑事审判参考》(总第115辑),法律出版社2019年版,第19~24页。

1270. 如何区分组织卖淫罪与介绍卖淫罪

关键词

组织卖淫罪 介绍卖淫罪

《刑事审判参考》指导案例

阎吉粤介绍卖淫案(《刑事审判参考》指导案例第1350号)

裁判要点:在对象同一性可以确定的情况下,组织卖淫行为通过介绍卖淫等行为实现组织卖淫的目的。因组织卖淫行为包含了介绍卖淫等行为,后一类行为当然地包含在组织卖淫行为中。在针对同一对象的情形下,不再对介绍卖淫等行为单独进行刑法上的评价,而是依照组织卖淫罪定罪处理。

实践中,一些组织卖淫行为容易与介绍卖淫行为相混淆,主要原因是有的组织卖淫行为,就是采取介绍等手段,进而管理、控制卖淫活动的,即组织卖淫包含了介绍卖淫的内容。这在我国刑法理论上称之为"包容竞合",即指一个罪名的外延是另一罪名外延的一部分,但是犯罪构成的内容已超出外延窄的情形,其适用原则是全部法、完全法优于部分法、不完全法。换言之,虽然甲、乙两罪之间从逻辑上看,没有竞合关系,但是由于立法者的设定,甲、乙两罪之间存在包容(完全法)和被包容关系(不完全法)的关系,行为符合甲罪的构成要件,也同时符合乙罪的构成要件,但是行为人仅成立甲罪,而排斥乙罪的适用,即重罪包容轻罪[①]。根据"包容竞合"理论,在对象同一性可以确定的情况下,组织卖淫行为通过介绍卖淫等行为实现组织卖淫的目的。因组织卖淫行为包含了介绍卖淫等行为,后一类行为当然的包含在组织卖淫行为中。在针对同一对象的情形下,不再对介绍卖淫等行为单独进行刑法上的评价,而是依照组织卖淫罪定罪处理。

——李剑撰稿、陆建红审编:《阎吉粤介绍卖淫案——利用"QQ"网络建群为群成员卖淫嫖娼活动提供方便的行为应如何定性》,载最高人民法院刑事审判第一、二、三、四、五庭主办:《刑事审判参考》(总第122集),法律

① 参见周光权:《刑法总论》(第三版),中国人民大学出版社2016年版,第377页。

出版社 2020 年版，第 114~116 页。

1271. 如何区分组织卖淫罪与容留卖淫罪

关键词

组织卖淫罪　容留卖淫罪

《刑事审判参考》指导案例

周兰英组织卖淫案（《刑事审判参考》指导案例第 1292 号）

裁判要点：组织卖淫与容留卖淫的最大区别在于行为人对卖淫人员是否实施了管理、控制行为。

组织卖淫，尤其是以容留卖淫为手段的组织卖淫与单纯的容留卖淫的主要区别在于：首先，行为人对卖淫人员的卖淫活动是否实施了管理、控制行为，即组织卖淫行为人最主要的行为特征是对卖淫活动进行了管理、控制，而容留卖淫行为人对卖淫人员的卖淫活动既不管理，更不控制，而仅仅提供固定或者临时租借的场所以及流动场所，对卖淫人员在何时卖淫、向谁卖淫、如何收费等均不过问，只收取一定的场所费用甚至不收取任何费用，至于卖淫人员的日常活动，均由卖淫人员自行安排。其次，两者在人数上也有一定的区别，即组织卖淫中的卖淫人员必须达到三人以上，而容留卖淫中的卖淫人员可以在三人以上，也可以在三人以下。例如，根据《最高人民法院、最高人民检察院关于办理组织、强迫、引诱、容留、介绍卖淫刑事案件适用法律若干问题的解释》第八条第一款第三项的规定，容留未成年人、孕妇、智障人员、患有严重性病的人卖淫的，容留一人即构成容留卖淫罪。如果行为人虽然实施了组织行为，但被组织卖淫人员的人数不到三人的，这种情况下只能依法降格作容留或介绍卖淫处理。

——陆建红撰稿、周峰审编：《周兰英组织卖淫案——如何区分组织卖淫罪与容留卖淫罪》，载最高人民法院刑事审判第一、二、三、四、五庭主办：《刑事审判参考》（总第 117 集），法律出版社 2019 年版，第 65~69 页。

1272. 如何认定松散型管理的组织卖淫行为与容留卖淫的区别

关键词

松散型管理　容留卖淫罪　组织卖淫罪

附录：最高人民法院法官著述

组织卖淫，尤其是以容留卖淫为手段的组织卖淫，与单纯的容留卖淫，最主要的区别在于行为人对卖淫人员的卖淫活动是否实施了管理、控制行为。组织卖淫行为人最主要的行为特征是对卖淫活动进行了管理、控制，而容留卖淫行为人对卖淫人员的卖淫活动既不管理，更不控制，而仅仅提供固定或者临时租借的场所以及流动场所，收取一定的场所费用甚至不收取任何费用，对卖淫人员在何时卖淫、向谁卖淫、如何收费等均不过问，至于卖淫人员的日常活动，均由卖淫人员自行安排。

实践中，有的犯罪分子实施组织卖淫犯罪行为时，利用发廊、按摩店等，招募多名卖淫人员，但卖淫人员来去自由，与犯罪分子之间没有人身管理关系。此时，我们应该透过现象看本质。控制、限制和管理卖淫人员除卖淫活动外的行为，是一般组织卖淫犯罪存在的普遍现象，但是，组织卖淫罪强调的是犯罪分子对卖淫人员卖淫活动的管理和控制。犯罪分子是否对卖淫人员卖淫以外的活动进行管理和控制，并不是组织卖淫罪的本质特征。即使卖淫人员来去自由，只要犯罪分子收取和分配卖淫人员卖淫所收取的费用，为卖淫活动提供食宿和通风报信等，而不是卖淫人员收取嫖资后向犯罪分子缴纳场所费用的，就应当认定犯罪分子的行为性质为组织卖淫，而不是容留卖淫。实践中，有的法院建议，对于非集团化、公司化的非规模性组织卖淫案件，要充分考虑被告人对卖淫人员的控制和管理程度，卖淫人员人身自由程度和社会危害性等因素，对仅有一两名经营者负责收取嫖资或者管理的，只要行为人没有引诱、强迫行为，一般以容留、介绍卖淫罪定罪处罚。我们认为，这种观点没有认识到组织卖淫罪与容留卖淫罪的最本质区别，也与刑法及《最高人民法院、最高人民检察院关于办理组织、强迫、引诱、容留、介绍卖淫刑事案件适用法律若干问题的解释》突出打击重点，严惩组织卖淫犯罪的精神不相符。

——陆建红：《审理组织、强迫、引诱、容留、介绍卖淫等刑事案件若干疑难问题探讨——基于对〈最高人民法院、最高人民检察院关于办理组织、强迫、引诱、容留、介绍卖淫刑事案件适用法律若干问题的解释〉的再次解读》，载最高人民法院刑事审判第一、二、三、四、五庭主办：《刑事审判参考》（总第 117 集），法律出版社 2019 年版，第 213~215 页。

1273. 特殊行业人员通风报信行为与协助组织卖淫罪的区分

关键词

特殊行业人员　通风报信　协助组织卖淫罪

附录：最高人民法院法官著述

《刑法》第三百五十八条第四款规定，“为组织卖淫的人招募、运送人员或者有其他协助组织他人卖淫行为的”，构成协助组织卖淫罪，其中“其他协助组织他人卖淫行为”是指在组织他人卖淫的活动中，起协助、帮助作用的其他行为，如为“老鸨”充当保镖、打手，为组织卖淫活动看门望哨或者管账等。此罪中“为组织卖淫活动看门望哨”行为易与本罪行为相混淆，为更好理解这两种罪，司法实践中正确适用，有必要进行区分。二者在构成要件方面完全不同。

1. 主体范围不同。协助组织卖淫罪是一般主体，凡达到刑事责任年龄，具有刑事责任能力的自然人均可构成此罪，而本罪是特殊主体，只限于“旅馆业、饮食服务业、文化娱乐业、出租汽车业等单位的人员”。

2. 犯罪行为表现不同。协助组织卖淫罪的客观方面表现为实施了对组织他人卖淫犯罪活动起协助作用的犯罪行为，协助对象是犯组织卖淫罪的行为人，协助行为可以是为组织卖淫犯罪行为人充当打手、保镖、管账、望风等，而本罪是帮助行为，帮助的对象可以是违法分子，也可以是犯罪分子，犯罪分子不局限于犯组织卖淫罪的人，还可以是协助组织卖淫的人，强迫、容留、介绍卖淫的人等，帮助行为仅指通风报信。

3. 发生时间不同。协助组织卖淫罪行为的发生没有具体时间要求，行为人在任何时间都可以实施犯罪行为，而本罪的发生必须是在公安机关查处卖淫、嫖娼活动时。

4. 侵害的客体不同。两罪虽然都同属于《刑法》第六章第八节，侵犯的客体是社会治安管理秩序和社会道德风尚，但本罪还妨害公安机关行使职权，破坏公安机关的正常查处活动，且依照《刑法》第三百一十条的规定定罪处罚。

——陆建红、田文莎：《特殊行业人员通风报信行为的认定》，载最高人民法院刑事审判第一、二、三、四、五庭主办：《刑事审判参考》（总第 120 集），法律出版社 2019 年版，第 226 页。

1274. 如何理解组织、强迫卖淫“造成被组织、强迫卖淫的人自残、自杀或者其他严重后果”这一情节严重的情形

关键词

组织、强迫卖淫　情节严重

附录：最高人民法院法官著述

根据《最高人民法院、最高人民检察院关于办理组织、强迫、引诱、容留、介绍卖淫刑事案件适用法律若干问题的解释》第二条第五项、第五条第五项、第六条第一款第四项的规定，造成被组织卖淫的人，被招募、运送卖淫的人以及被强迫卖淫的人自残、自杀或者其他严重后果的，应当分别认定为组织卖淫“情节严重”、协助组织卖淫“情节严重”和强迫卖淫“情节严重”。

对此要件的理解，应当明确以下几点：(1) 这里的“自残、自杀”不是基于组织卖淫、协助组织卖淫以及强迫卖淫犯罪分子故意的行为。如果是上述犯罪分子的故意行为，则应当依照《刑法》第三百五十八条第三款的规定，以故意杀人、故意伤害罪等对犯罪分子数罪并罚。所犯故意杀人罪、故意伤害罪，如果应当判处死刑的，可以依法判处死刑。(2) 这里“自残、自杀”是一种结果，而不是行为本身，即卖淫人员的自残、自杀行为必须导致严重残疾或者死亡的结果，如果行为人仅有自残、自杀的行为，但没有造成严重残疾或者死亡结果的，不能认定为造成卖淫人员自残、自杀的情形。(3) 这里的其他严重后果，是指与严重残疾、死亡基本同质的后果，如造成卖淫人员严重精神病致不能自理生活的，造成多人重伤的，等等。(4) 卖淫人员在卖淫期间发生死亡、严重残疾等严重后果，且该严重后果与卖淫活动有紧密的因果或者条件关系的，应当认定为“其他严重后果”。例如，四川省宜宾市某区人民法院审理被告人胡宗友、李仲达组织卖淫案，卖淫人员牟某某于2016年8月15日在进行卖淫活动时，因嫖资纠纷被嫖客陈旋杀害。在该案中，卖淫人员的死亡既非卖淫人员的自杀引起，也非被告人胡宗友、李仲达所实施，但发生在卖淫活动期间，且因嫖资纠纷而引发，因此，与卖淫活动有着刑法意义上的紧密联系，应当认定为“其他严重后果”。

——陆建红：《审理组织、强迫、引诱、容留、介绍卖淫等刑事案件若干疑难问题探讨——基于对〈最高人民法院、最高人民检察院关于办理组织、强迫、引诱、容留、介绍卖淫刑事案件适用法律若干问题的解释〉的再次解读》，载最高人民法院刑事审判第一、二、三、四、五庭主办：《刑事审判参

考》（总第 117 集），法律出版社 2019 年版，第 216 页。

1275. 多次强迫已满十四周岁的未成年人卖淫是否构成强迫卖淫罪的“情节严重”

关键词

未成年人卖淫　强迫卖淫罪

《刑事审判参考》指导案例

王道军强迫卖淫案（《刑事审判参考》指导案例第 1308 号）

裁判要点：强迫卖淫罪的“情节严重”主要从强迫卖淫的人数、造成的伤亡后果以及被强迫卖淫人员的特殊情况，如孕妇、智障人员、患有严重性病的人等方面考虑，而“多次”强迫卖淫不作为强迫卖淫罪的法定加重处罚情节。可以作为酌定情节在量刑时予以考虑。

《最高人民法院、最高人民检察院关于办理组织、强迫、引诱、容留、介绍卖淫刑事案件适用法律若干问题的解释》（以下简称《涉卖淫刑案解释》）对于强迫卖淫罪的“情节严重”主要从强迫卖淫的人数、造成的伤亡后果以及被强迫卖淫人员的特殊情况，如孕妇、智障人员、患有严重性病的人等方面考虑，而“多次”强迫卖淫不作为强迫卖淫罪的加重处罚情节。这主要是考虑两个原因：一是以往司法实践中所用的“人次”的标准，如十人次以上构成“情节严重”，将强迫卖淫的人数和次数并列作为情节严重的情形是不科学的。从实践中查处的情况来看，强迫卖淫案件中一个卖淫女几十次甚至几百次卖淫的都有，而人数是很难达到这么大量的，所以人数与次数在社会危害性上不具有同质性，强迫卖淫的次数与人数相比，显然人数反映的危害比次数大得多。二是强迫卖淫的次数问题取证比较困难，经常是通过卖淫女的回忆和估计来计算的，往往会比较缺乏证据的印证。因此，《涉卖淫刑案解释》没有将强迫卖淫的次数作为认定“情节严重”的情形。但这并不意味着强迫卖淫的次数对量刑就没有影响。《涉卖淫刑案解释》第十条规定：“组织、强迫、引诱、容留、介绍他人卖淫的次数，作为酌定情节在量刑时予以考虑。”据此，强迫卖淫的次数在已经查实的情况下，在法定刑幅度范围内应当作为量刑的情节予以考虑。本案中，被告人王道军强迫刚满十四周岁的未成年人卖淫，根据《刑法》第三百五十八条第二款“组织、强迫未成年人卖淫的，依照前款的规定从重处罚"的规定，应依法从重处罚。同时，王道军强迫未成年人卖淫四次，属于"多次"强迫他人卖淫，根据《涉卖淫刑案解释》第十条的规定，应当酌定从重处罚。一、二审法院判决被告人王道军犯强迫卖淫罪，判处有期徒刑七年，并处罚金三万元是基本适当的。

——符莲香撰稿、陆建红审编：《王道军强迫卖淫案——多次强迫已满十四周岁的未成年人卖淫是否构成强迫卖淫罪的"情节严重"》，载最高人民法院刑事审判第一、二、三、四、五庭主办：《刑事审判参考》（总第 120 集），法律出版社 2019 年版，第 76~81 页。

1276. 强奸幼女后，将幼女送至组织卖淫行为人处进行卖淫活动的定性

关键词

奸淫幼女　强奸罪　协助组织卖淫罪

《刑事审判参考》指导案例

张海峰组织卖淫、李志强协助组织卖淫、饶有才容留卖淫案（《刑事审判参考》指导案例第 1310 号）

裁判要点：奸淫幼女后，将幼女送至组织卖淫行为人处进行卖淫活动的，应当以强奸罪和协助组织卖淫罪数罪并罚。

1997 年《刑法》第三百五十八条将"强奸后迫使卖淫的"规定为强迫卖淫罪的法定加重情节。但对协助组织卖淫者"强奸后迫使卖淫的"如何定罪处罚未明确规定。根据《刑法修正案（九）》的规定，组织，强迫他人卖淫，并有强奸犯罪行为的，依照数罪并罚的规定处罚。从上述规定来看，《刑法》历来只对组织、强迫卖淫行为人实施强奸行为如何定罪处罚作出规定，而对协助组织卖淫行为人奸淫卖淫人员的行为如何定罪处理没有予以单独规定。针对这种情况，《最高人民法院、最高人民检察院关于办理组织、强迫、引诱、容留、介绍卖淫刑事案件适用法律若干问题的解释》第七条第一款明确规定，"犯组织、强迫卖淫罪，并有杀害、伤害、强奸、绑架等犯罪行为的，依照数罪并罚的规定处罚。协助组织卖淫行为人参与实施上述行为的，以共同犯罪论处"。该规定是对《刑法修正案（九）》的进一步完善，对司法实践起到了规范、指导作用。但是，该解释的这一规定，也只是针对协助组织卖淫行为人参与组织、强迫卖淫行为人的强奸共同犯罪如何处理作出的规定，

而对协助组织卖淫行为人单独对卖淫人员实施强奸行为如何定罪处罚并未作出规定。我们认为，解释之所以未对此作出规定，是因为对此类行为不需要特别规定，只要依照《刑法》规定和《刑法》理论进行定罪处罚。协助组织卖淫行为人单独对卖淫人员实施强奸行为的，不论是发生在协助组织卖淫行为前还是协助组织卖淫行为实施过程中，由于其与组织卖淫行为人在强奸犯罪上没有共同的犯意，遂应当罪责自负。因此，本案中，被告人李志强在实施协助组织卖淫行为前和实施过程中，对幼女董某某进行奸淫的行为，构成强奸罪。至于其强奸的目的是否为将董某某供张海峰组织卖淫犯罪所用，不影响其强奸罪的成立。同时，根据《刑法》第二百三十六条第二款的规定，奸淫不满十四周岁的幼女的，应当从重处罚。

——李莹莹、常树军、陈文馨撰稿、陆建红审编：《张海峰组织卖淫、李志强协助组织卖淫、饶有才容留卖淫案——强奸幼女后，将幼女送至组织卖淫行为人处进行卖淫活动的如何定性》，载最高人民法院刑事审判第一、二、三、四、五庭主办：《刑事审判参考》（总第 120 集），法律出版社 2019 年版，第 89~93 页。

1277. 介绍智障人员卖淫行为的定罪和处罚

关键词

介绍智障人员卖淫

《刑事审判参考》指导案例

郭某某介绍卖淫案（《刑事审判参考》指导案例第 1311 号）

裁判要点：介绍智障人员卖淫一般是按照介绍卖淫罪定罪处罚。介绍人在介绍卖淫过程中还对智障人员实施了奸淫，此时应以强奸罪对介绍人定罪处罚，其介绍卖淫行为亦构成犯罪的，则以强奸罪和介绍卖淫罪数罪并罚。

介绍智障人员卖淫一般是按照介绍卖淫罪定罪处罚。但在下列情形下，要以强奸罪定罪处罚。（1）介绍人在介绍卖淫过程中还对智障人员实施了奸淫，此时应以强奸罪对介绍人定罪处罚，其介绍卖淫行为亦构成犯罪的，则以强奸罪和介绍卖淫罪数罪并罚。（2）嫖客的行为构成强奸罪，且介绍人也明知所介绍的人员属于无性自我防卫能力的智障人员的。嫖客的行为是否构成强奸罪，取决于两个条件：一是嫖客是否明知卖淫人员是智障人员；二是智障人员是否属于无性自我防卫能力人。介绍人介绍智障且属于无性自我防卫能力的人员卖淫，嫖客也明知卖淫人员系无性自我防卫能力的智障人员而与之发生性关系的，即便该卖淫人员主动与嫖客发生性关系，或者在发生性关系时未表现出反抗，嫖客的行为亦构成强奸罪，介绍人则构成强奸罪的共犯。对介绍人的介绍行为不再以介绍卖淫罪定罪处罚。之所以对介绍人和嫖客不能简单地以强奸罪定罪处罚，是因为强奸罪系重罪，保护的是性的自主决定权，而一名性自我防卫能力削弱的智障人员并不能完全否定其对性有自主决定能力，定罪应更加慎重。如果嫖客并不明知卖淫人员是智障人员，即便卖淫人员被鉴定为无性自我防卫能力，也不能成立强奸罪。此时介绍人亦不构成强奸罪，因为介绍卖淫行为本身并不是强奸罪的实行行为，介绍人不能单独成为强奸罪的主体，而只能成为强奸罪的共犯。在嫖客不构成强奸罪的情况下，对介绍人应以介绍卖淫罪定罪处罚。

本案中，卖淫人员姜某某经鉴定系轻度精神发育迟滞患者，性自我防卫能力明显削弱。因此，姜某某尚不属于完全无性自我防卫能力人。嫖客郭某某、王某某等人也是通过被告人郭某某手机发布的招嫖信息而实施嫖娼行为，对姜某某的智障问题并不清楚。因此，嫖客郭某某、王某某等人的嫖娼行为不构成强奸罪。被告人郭某某介绍姜某某卖淫的行为也就不构成强奸罪。对此介绍卖淫行为应当以介绍卖淫罪定罪处罚。

——高蕾撰稿、陆建红审编:《郭某某介绍卖淫案——介绍智障人员卖淫行为的定罪和处罚》，载最高人民法院刑事审判第一、二、三、四、五庭主办:《刑事审判参考》(总第120集)，法律出版社2019年版，第95~98页。

1278. 卖淫行为尚未完成的，容留卖淫罪可以认定既遂

关键词

容留卖淫罪　卖淫行为尚未完成

《刑事审判参考》指导案例

阳怀容留卖淫案(《刑事审判参考》指导案例第1312号)

裁判要点：容留卖淫罪是行为犯，卖淫嫖娼的行为是否完成不影响本罪既遂的成立。

容留卖淫罪是行为犯，只要实施了容留他人卖淫的行为，满足各项入罪要件的，不论卖淫嫖娼行为实际上是否完成，不影响本罪既遂的成立。换言

之，卖淫者在行为人的容留下，已与嫖娼者达成合意并基于该合意着手实施卖淫嫖娼行为的，无论卖淫嫖娼行为本身是否完成，容留卖淫罪均应认定既遂。事实上，卖淫嫖娼是一个过程，为卖淫嫖娼所做的谈价格、找地点、性交易前准备、性交易过程等均属卖淫嫖娼的组成部分，只要上述一个或数个行为是在行为人的容留下实施的，即构成容留卖淫罪的既遂。

——杜军燕撰稿、陆建红审编：《阳怀容留卖淫案——容留卖淫罪的司法认定》，载最高人民法院刑事审判第一、二、三、四、五庭主办：《刑事审判参考》（总第120集），法律出版社2019年版，第100~104页。

1279. 一年内曾因容留卖淫行为被行政处罚又实施容留卖淫行为的定性

关键词

容留卖淫行为　行政处罚

最高人民法院司法解释

第八条　引诱、容留、介绍他人卖淫，具有下列情形之一的，应当依照刑法第三百五十九条第一款的规定定罪处罚：

（一）引诱他人卖淫的；

（二）容留、介绍二人以上卖淫的；

（三）容留、介绍未成年人、孕妇、智障人员、患有严重性病的人卖淫的；

（四）一年内曾因引诱、容留、介绍卖淫行为被行政处罚，又实施容留、介绍卖淫行为的；

（五）非法获利人民币一万元以上的。

利用信息网络发布招嫖违法信息，情节严重的，依照刑法第二百八十七条之一的规定，以非法利用信息网络罪定罪处罚。同时构成介绍卖淫罪的，依照处罚较重的规定定罪处罚。

引诱、容留、介绍他人卖淫是否以营利为目的，不影响犯罪的成立。

引诱不满十四周岁的幼女卖淫的，依照刑法第三百五十九条第二款的规定，以引诱幼女卖淫罪定罪处罚。

被引诱卖淫的人员中既有不满十四周岁的幼女，又有其他人员的，分别以引诱幼女卖淫罪和引诱卖淫罪定罪，实行并罚。

——《最高人民法院、最高人民检察院关于办理组织、强迫、引诱、容留、介绍卖淫刑事案件适用法律若干问题的解释》（2017年7月21日，法释

〔2017〕13 号)。

《刑事审判参考》指导案例

王怀珍容留卖淫案(《刑事审判参考》指导案例第 1386 号)

裁判要点：一年内因引诱、容留、介绍卖淫犯罪被判处刑罚的不适用《最高人民法院、最高人民检察院关于办理组织、强迫、引诱、容留、介绍卖淫刑事案件适用法律若干问题的解释》第八条第一款第四项规定。

(一)"一年内曾因引诱、容留、介绍卖淫行为被行政处罚，又实施容留、介绍卖淫行为的"含义

《最高人民法院、最高人民检察院关于办理组织、强迫、引诱、容留、介绍卖淫刑事案件适用法律若干问题的解释》(以下简称)《涉卖淫刑案解释》规定，一年内曾因引诱、容留、介绍卖淫行为被行政处罚，又实施容留、介绍卖淫行为的，以容留、介绍卖淫罪定罪处罚。此规定是对具有同类行为被行政处罚过的人作出降低入罪门槛的规定，主要是考虑此类人员主观恶性较深，人身危害性更大些，因此，相对于没有受过行政处罚的行为人，在入罪门槛上设置较低的标准。对于这一规定应从以下几方面来理解：

1. 本规定的前半句包括"引诱、容留、介绍卖淫行为"，而后半句只有"容留、介绍卖淫行为"，没有引诱卖淫行为。这是因为，根据《涉卖淫刑案解释》的规定，引诱他人卖淫一人即构成犯罪，因此，对于引诱他人卖淫的行为，不存在是否需要受过行政处罚才能构罪的问题，而是直接认定构成引诱卖淫罪。那么前半句规定的"引诱卖淫行为"该如何理解呢？我们认为，虽然引诱他人卖淫一人就构成犯罪，但是《治安管理处罚法》仍然有引诱卖淫的规定，这是由行政违法上的"卖淫"概念与刑事犯罪中的"卖淫"概念不同造成的。行政处罚中的"引诱卖淫"存在的空间主要在于引诱他人进行手淫和引诱他人卖淫未遂的情形，这两种情形均不作刑事处罚，但根据公安部《关于对同性之间以钱财为媒介的性行为定性处理问题的批复》的规定，"不特定的异性之间或者同性之间以金钱、财物为媒介发生不正当性关系的行为，包括口淫、手淫、鸡奸等行为，都属于卖淫嫖娼行为，对行为人应当依法处理"，即可以治安处罚。综上，本规定前半句的"引诱、容留、介绍卖淫行为"中的"卖淫"既包括刑法上的卖淫行为也包括治安管理处罚法上的卖淫行为，而后半句的"容留、介绍卖淫行为"中的"卖淫"仅指刑法上的卖淫行为。本规定的入罪包括两种情形：一是行为人一年内曾因容留、介绍卖淫行为被行政处罚，又实施容留、介绍卖淫行为的，前行为既包括容留、介

绍卖淫的行为未达到容留、介绍卖淫罪入罪标准的刑法上的卖淫行为，也包括容留、介绍他人手淫等不认为是犯罪的行为，后行为则要求是刑法上的卖淫行为；二是行为人一年内曾因引诱卖淫行为被行政处罚，又实施容留、介绍卖淫行为的，这里前行为是引诱他人手淫等不认为是犯罪的行为，后行为同样要求是刑法上的卖淫行为。

2. 关于“一年内”的时间起止如何计算的问题。我们认为，此处的“一年内”是指自然跨度上满一年，就是前一次行为与后一次行为的时间跨度在一年的十二个月内。如果前一个行为与后一个行为发生的时间超出了十二个月，即使只多出一天，也属于超过一年，不属于“一年内”了。此外，关于“一年内”的时间起算节点如何认定，在司法实践中也存在困惑，我们认为，“一年内”的时间起算节点是指行为的发生时间，而不是行为的行政处罚时间。这主要是考虑行为的发生时间是固定的，而行政处罚时间则可能由于行政执法机关等多种原因有所拖延，从有利于被告人的原则出发，应理解为行为的发生时间，即前后两个行为发生的时间在一年内。

（二）一年内因引诱、容留、介绍卖淫犯罪被判处刑罚的不适用前述入罪规定

《涉卖淫刑案解释》公布实施后，司法实践中出现了一些曾因引诱、容留、介绍卖淫犯罪被判处刑罚的行为人，（特别是在一年之内）又实施容留、介绍卖淫行为的情况，此种情形下如果后实施的容留、介绍卖淫行为未达到一般入罪标准的，能否比照适用《涉卖淫刑案解释》第八条第一款第四项关于“一年内曾因引诱、容留、介绍卖淫行为被行政处罚，又实施容留、介绍卖淫行为的”规定而认定构成犯罪呢？

有的观点认为，根据“举轻以明重”的解释原理，“一年内曾因引诱、容留、介绍卖淫行为被行政处罚，又实施容留、介绍卖淫行为的”，要以容留、介绍卖淫罪定罪处罚，那么，一年内因引诱、容留、介绍卖淫犯罪被判处刑罚，又实施同类违法行为的，更应当被评价为刑事犯罪行为。对此，我们认为，一年内因引诱、容留、介绍卖淫犯罪被判处刑罚的不适用《涉卖淫刑案解释》第八条第一款第四项规定。主要理由是：

1. 符合罪刑法定原则。《涉卖淫刑案解释》第八条第一款对《刑法》所规定的引诱、容留、介绍卖淫罪的入罪标准已经作了明确而详尽的规定，并包涵了司法实践中方方面面的情况，实践中应当严格依照该规定执行，而不宜再突破《涉卖淫刑案解释》规定的入罪标准。

2. “举轻以明重”规则的适用应有一定限制性。“举轻以明重”，其基本含义是，如果《刑法》将较轻的甲行为规定为犯罪，那么比甲行为更严重的乙行为，应当构成犯罪；如果《刑法》对较轻的甲行为规定了重处罚，那么比甲行为更严重的乙行为，也应当受到重处罚。显然，举轻以明重，是从轻的、

小的方面向重的、大的方面推论，是就入罪、处罚重而言的，或者说，是就不利于被告人的结论而言。由于刑法实行罪刑法定原则，在适用“举轻以明重”的规则进行解释时，不能简单地以案件事实严重为由定罪处刑，否则就涉嫌类推。对于一年内曾因引诱、容留、介绍卖淫行为被判处刑罚，又实施容留、介绍卖淫行为的，前一行为已经被刑法所评价，如果将前一次的犯罪行为，作为后一次行为是否构成犯罪的标准，则有重复评价之嫌，对后一次行为应严格适用《涉卖淫刑案解释》的入罪标准判断是否构罪。

3. 符合刑法的谦抑性原则。从司法实践来看，《刑法》第六章第八节的罪名当中，社会危害性较大，需要重点打击的主要是组织、强迫卖淫类犯罪，这是由于此类犯罪通常具有一定规模性，容易造成较大的社会影响或者衍生其他犯罪，而引诱、容留、介绍卖淫类犯罪，除了具有“情节严重”情形之外的，在刑法本节犯罪中属于罪小刑轻类的犯罪，根据刑法的谦抑性原则，不宜再降低入罪标准或扩大《刑法》的处罚范围。

——杨华撰稿、陆建红审编：《王怀珍容留卖淫案——容留卖淫罪的入罪标准》，载最高人民法院刑事审判第一、二、三、四、五庭主办：《刑事审判参考》（总第 124 集），法律出版社 2020 年版，第 157~161 页。

1280. 协助组织卖淫罪之罪与非罪问题

关键词

协助组织卖淫罪　罪与非罪

附录：最高人民法院法官著述

实践中，公安机关在查处组织卖淫案件时，往往是“一锅烩”，不仅抓捕组织卖淫者和主要协助组织卖淫者，对一般协助卖淫行为性质不明显的人员也一并抓获。对此类人员应具体情况具体分析，不能一概而论地都予以定罪处罚。那种认为只要是在卖淫场所工作的人，都应当按照协助组织卖淫罪定罪的观点是错误的。

如果行为人协助组织卖淫行为性质明显的，不论其从事何种协助行为，均应以协助组织卖淫罪定罪处罚。但对协助组织卖淫行为性质不明显的，则不宜轻易定罪处罚。区分协助卖淫行为性质是否明显，主要看以下三个方面：一是从其工作场所来区分。如果是在隐蔽场所，非合法经营场所，则不存在协助行为性质不明显的问题。这是前提条件。行为人明知是非法场所，仍然实施协助行为，不能认定为协助性质不明显。因此，在会所、洗浴中心等合法经营场所，是认定协助行为性质不明显的首要条件。二是以从事工作性质来区分。充当保镖、打手、管账等工作的，从其平时工作中就应发现组织卖淫犯罪活动。而从事一般性的服务工作，如打扫卫生、迎宾、一般结账等一般性服务工作的，就不一定能在主观上具有协助组织卖淫的故意。三是从所获取的利益来区分。这是认定行为人与组织卖淫者关系密切程度的重要方法之一。仅领取正常的一般性薪酬且协助行为的，与领取高额工资者，明显不同。上述三个方面结合起来，可以确定协助行为性质是否明显。

就缩小犯罪打击面的角度而言，政策上也需要从宽掌握，除在组织卖淫或协助组织卖淫中发挥重要作用的人员外，一般情节显著轻微、从事一般工作并领取固定工资的人员，不宜按照协助组织卖淫罪处理。因此，《最高人民法院、最高人民检察院关于审理组织、强迫、引诱、容留、介绍卖淫刑事案件适用法律若干问题的解释》第四条第二款规定，在具有营业执照的会所、洗浴中心等经营场所担任保洁员、收银员、保安员等，从事一般服务性、劳务性工作，仅领取正常薪酬，且无“明知他人实施组织卖淫犯罪活动而为其招募、运送人员或者充当保镖、打手管账人等”等协助组织卖淫行为的，不认定为协助组织卖淫罪。

此外，协助组织卖淫行为是组织卖淫行为的帮助行为，故组织卖淫行为是否构成犯罪，对协助组织卖淫行为是否构成犯罪也是有影响的。如果组织卖淫行为情节显著轻微，不构成犯罪，则显然相应的协助组织卖淫行为也不能认定为犯罪；如果组织卖淫行为情节较轻，比如人员较少、次数很少等，则也要考虑相应的协助组织卖淫行为是否属于情节显著轻微、危害不大，不以犯罪论处的情况。

——张剑：《协助组织卖淫罪的定罪量刑问题》，载最高人民法院刑事审判第一、二、三、四、五庭主办：《刑事审判参考》（总第 122 集），法律出版社 2020 年版，第 217~218 页。

1281. 什么是协助组织卖淫罪的“情节严重”

关键词

协助组织卖淫罪　情节严重

最高人民法院司法解释

第五条　协助组织他人卖淫，具有下列情形之一的，应当认定为刑法第三百五十八条第四款规定的“情节严重”：

（一）招募、运送卖淫人员累计达十人以上的；

（二）招募、运送的卖淫人员中未成年人、孕妇、智障人员、患有严重性病的人累计达五人以上的；

（三）协助组织境外人员在境内卖淫或者协助组织境内人员出境卖淫的；

（四）非法获利人民币五十万元以上的；

（五）造成被招募、运送或者被组织卖淫的人自残、自杀或者其他严重后果的；

（六）其他情节严重的情形。

——《最高人民法院、最高人民检察院关于办理组织、强迫、引诱、容留、介绍卖淫刑事案件适用法律若干问题的解释》（2017年7月21日，法释〔2017〕13号）。

附录：理解与适用

从刑法关于组织卖淫罪、协助组织卖淫罪的刑罚幅度配置看，协助组织卖淫罪的刑罚幅度实际上相当于组织卖淫罪从犯的刑罚幅度。因此，其“情节严重”的标准，基本可以参照组织卖淫罪“情节严重”的标准来确定。仅对其中非法获利一项作了调整。主要考虑协助组织卖淫的获利，一般情况下明显小于组织卖淫者的获利。因此，解释按照组织卖淫罪“情节严重”获利起点的一半即五十万元作为协助组织卖淫罪“情节严重”的起点。其他“情节严重”选项的量化标准与组织卖淫罪“情节严重”的量化标准一致。

——周峰、党建军、陆建红、杨华：《〈关于审理组织、强迫、引诱、容留、介绍卖淫刑事案件适用法律若干问题的解释〉的理解与适用》，载《人民司法·应用》2017年第25期（总第792期）。

1282. 组织、强迫卖淫罪“情节严重”的认定

关键词

组织卖淫罪　强迫卖淫罪　情节严重

最高人民法院司法解释

第六条第二款　行为人既有组织卖淫犯罪行为，又有强迫卖淫犯罪行为，且具有下列情形之一的，以组织、强迫卖淫“情节严重”论处：

（一）组织卖淫、强迫卖淫行为中具有本解释第二条、本条前款规定的“情节严重”情形之一的；

（二）卖淫人员累计达到本解释第二条第一、二项规定的组织卖淫“情节严重”人数标准的；

（三）非法获利数额相加达到本解释第二条第四项规定的组织卖淫“情节

严重”数额标准的。

——《最高人民法院、最高人民检察院关于办理组织、强迫、引诱、容留、介绍卖淫刑事案件适用法律若干问题的解释》（2017 年 7 月 21 日，法释〔2017〕13 号）。

附录：理解与适用

司法实践中，常有行为人实施组织卖淫行为的同时又实施强迫卖淫行为的情形。对此类行为人的犯罪“情节严重”标准如何确定？特别是组织卖淫未达到“情节严重”标准，强迫卖淫亦未达到“情节严重”标准的情况下，能否综合考虑认定为组织、强迫卖淫“情节严重”的情节？经研究认为，组织、强迫卖淫犯罪是选择性罪名，如果行为人既实施组织卖淫行为又实施强迫卖淫行为的，应当以组织、强迫卖淫罪定罪处罚。其“情节严重”的标准，应当依照《最高人民法院、最高人民检察院关于办理组织、强迫、引诱、容留、介绍卖淫刑事案件适用法律若干问题的解释》（以下简称《解释》）关于组织卖淫罪“情节严重”、强迫卖淫罪“情节严重”的标准综合考虑。在组织卖淫、强迫卖淫分别均未达到“情节严重”标准的情况下，如果符合规定情形的，依然能综合认定为组织、强迫卖淫“情节严重”。为此，《解释》第 6 条第 2 款规定，行为人既有组织卖淫犯罪行为，又有强迫卖淫犯罪行为，且具有以下情形之一的，以组织、强迫卖淫“情节严重”论处：（一）组织卖淫、强迫卖淫行为中具有本《解释》第 2 条、第 6 条第 1 款规定的“情节严重”情形之一的；（二）卖淫人员累计达到本《解释》第 2 条第 1、2 项规定的组织卖淫“情节严重”人数标准的；（三）非法获利数额相加达到本《解释》第 2 条第 4 项规定的组织卖淫“情节严重”数额标准的。

——周峰、党建军、陆建红、杨华：《〈关于审理组织、强迫、引诱、容留、介绍卖淫刑事案件适用法律若干问题的解释〉的理解与适用》，载《人民司法·应用》2017 年第 25 期（总第 792 期）。

《刑事审判参考》指导案例

胡宗友、李仲达组织卖淫案（《刑事审判参考》指导案例第 1291 号）

裁判要点：卖淫女在实施卖淫违法行为时被嫖客杀害的，应当认定为组织卖淫罪的“情节严重”。

《最高人民法院、最高人民检察院关于办理组织、强迫、引诱、容留、介绍卖淫刑事案件适用法律若干问题的解释》第二条规定了组织卖淫罪“情节严重”的六种情形。根据该条第五项的规定，造成被组织卖淫的人自残、自杀或者其他严重后果的，应当认定为组织卖淫罪“情节严重”。如何理解该条文中的“其他严重后果”？首先，这里的严重后果不是基于组织者的故意行为。如果是组织者的故意行为，则应当依照《刑法》第三百五十八条第三款的规定，以故意杀人罪、故意伤害罪等对组织者实施数罪并罚。[①] 其次，理解该条文中的“其他严重后果”的内涵和外延，应当按照体系解释的方法。体系解释是刑法解释方法之一，其目的在于避免断章取义，以便实现刑法或者刑法条文内部的协调与平衡。因为“法律条文只有当它处于与它有关的所有条文的整体之中才显出真正的含义，或它所出现的项目会明确该条文的真正含义。有时把它与其他条文——其他法令或者同一法典的其他条款——一比较，其含义也就明确了”。[②] 对不明确的规定应当通过明确的规定来考查其含义。因此，对“其他严重后果”，应当基于罪刑法定原则的要求，按照体系解释方法，遵循同类解释规则进行。据此，我们认为，这里的“其他严重后果”是指与严重残疾、死亡基本同质的后果，如造成被害人精神病致不能生活自理的，造成多人重伤的，等等，而不是没有任何范围约束的严重结果。最后，这里的“其他严重后果”，必须是被害人即卖淫女在卖淫期间发生的，且该严重后果与卖淫活动有紧密的因果或者条件关系。

——张华锋撰稿、陆建红审编：《胡宗友、李仲达组织卖淫案——卖淫女被嫖客杀害的，能否认定为组织卖淫罪的“情节严重”》，载最高人民法院刑事审判第一、二、三、四、五庭主办：《刑事审判参考》（总第 117 集），法律出版社 2019 年版，第 57~61 页。

1283. 组织、强迫卖淫行为人及协助组织卖淫行为人实施杀害、伤害、强奸、绑架等犯罪行为的处理

关键词

组织卖淫罪　强迫卖淫罪　数罪并罚

最高人民法院司法解释

第七条　根据刑法第三百五十八条第三款的规定，犯组织、强迫卖淫罪，并有杀害、伤害、强奸、绑架等犯罪行为的，依照数罪并罚的规定处罚。协助组织卖淫行为人参与实施上述行为的，以共同犯罪论处。

---

① 参见周峰、党建军、陆建红、杨华：《〈关于办理组织、强迫、引诱、容留、介绍卖淫刑事案件适用法律若干问题的解释〉的理解与适用》，载《人民司法·应用》2017 年第 25 期。

② ［法］亨利·莱维·布律尔：《法律社会学》，许钧译，上海人民出版社 1987 年版，第 70 页。

根据刑法第三百五十八条第二款的规定，组织、强迫未成年人卖淫的，应当从重处罚。

——《最高人民法院、最高人民检察院关于办理组织、强迫、引诱、容留、介绍卖淫刑事案件适用法律若干问题的解释》（2017 年 7 月 21 日，法释〔2017〕13 号）。

附录：理解与适用

刑法修正案（九）取消了组织、强迫卖淫罪的死刑，对犯罪分子实施杀人、伤害、强奸、绑架行为的，进行了立法上的技术处理，即由原来的一罪处罚改为数罪并罚。这样，可以确保取消组织、强迫卖淫罪的死刑后，对有杀害、伤害、强奸、绑架等犯罪行为的犯罪分子，如果应当判处死刑时，可以依法判处死刑。《最高人民法院、最高人民检察院关于办理组织、强迫、引诱、容留、介绍卖淫刑事案件适用法律若干问题的解释》（以下简称《解释》）第 7 条第 1 款对此作了重申。

由于刑法对协助组织卖淫者参与上述杀害、伤害、强奸、绑架行为如何处理没有明确规定，《解释》第 7 条第 1 款对此予以明确，即以共同犯罪论处。在杀人、伤害、强奸、绑架犯罪中，由于刑法修正案（九）已经将这些行为从组织、强迫卖淫中剥离出来，作为一个独立的犯罪处理，因此，组织、强迫卖淫行为人和协助组织卖淫行为人在杀人、伤害、强奸、绑架犯罪中的地位、作用，并不一定依照他们在组织、强迫卖淫犯罪中的地位、作用来认定，而是依照他们在杀人、伤害、强奸、绑架犯罪中的具体情况确定主从犯地位。

——周峰、党建军、陆建红、杨华：《〈关于审理组织、强迫、引诱、容留、介绍卖淫刑事案件适用法律若干问题的解释〉的理解与适用》，载《人民司法·应用》2017 年第 25 期（总第 792 期）。

1284. 卖淫刑事案件中此罪与彼罪、一罪与数罪的问题

关键词

组织卖淫罪　强迫卖淫罪　引诱、容留、介绍卖淫罪　数罪并罚

最高人民法院司法解释

第三条　在组织卖淫犯罪活动中，对被组织卖淫的人有引诱、容留、介绍卖淫行为的，依照处罚较重的规定定罪处罚。但是，对被组织卖淫的人以外的其他人有引诱、容留、介绍卖淫行为的，应当分别定罪，实行数罪并罚。

第六条　强迫他人卖淫，具有下列情形之一的，应当认定为刑法第三百五十八条第一款规定的“情节严重”：

（一）卖淫人员累计达五人以上的；

（二）卖淫人员中未成年人、孕妇、智障人员、患有严重性病的人累计达三人以上的；

（三）强迫不满十四周岁的幼女卖淫的；

（四）造成被强迫卖淫的人自残、自杀或者其他严重后果的；

（五）其他情节严重的情形。

行为人既有组织卖淫犯罪行为，又有强迫卖淫犯罪行为，且具有下列情形之一的，以组织、强迫卖淫“情节严重”论处：

（一）组织卖淫、强迫卖淫行为中具有本解释第二条、本条前款规定的“情节严重”情形之一的；

（二）卖淫人员累计达到本解释第二条第一、二项规定的组织卖淫“情节严重”人数标准的；

（三）非法获利数额相加达到本解释第二条第四项规定的组织卖淫“情节严重”数额标准的。

第八条　引诱、容留、介绍他人卖淫，具有下列情形之一的，应当依照刑法第三百五十九条第一款的规定定罪处罚：

（一）引诱他人卖淫的；

（二）容留、介绍二人以上卖淫的；

（三）容留、介绍未成年人、孕妇、智障人员、患有严重性病的人卖淫的；

（四）一年内曾因引诱、容留、介绍卖淫行为被行政处罚，又实施容留、介绍卖淫行为的；

（五）非法获利人民币一万元以上的。

利用信息网络发布招嫖违法信息，情节严重的，依照刑法第二百八十七条之一的规定，以非法利用信息网络罪定罪处罚。同时构成介绍卖淫罪的，依照处罚较重的规定定罪处罚。

引诱、容留、介绍他人卖淫是否以营利为目的，不影响犯罪的成立。

引诱不满十四周岁的幼女卖淫的，依照刑法第三百五十九条第二款的规定，以引诱幼女卖淫罪定罪处罚。

被引诱卖淫的人员中既有不满十四周岁的幼女，又有其他人员的，分别以引诱幼女卖淫罪和引诱卖淫罪定罪，实行并罚。

——《最高人民法院、最高人民检察院关于办理组织、强迫、引诱、容留、介绍卖淫刑事案件适用法律若干问题的解释》（2017年7月21日，法释〔2017〕13号）。

附录：理解与适用

1. 关于既组织卖淫，又强迫卖淫，如何定罪的问题。行为人既有组织卖淫行为，又有强迫卖淫行为的，依照组织、强迫卖淫罪定罪处罚，其“情节严重”的认定，依照《最高人民法院、最高人民检察院关于办理组织、强迫、引诱、容留、介绍卖淫刑事案件适用法律若干问题的解释》(以下简称《解释》) 第6条第2款确定。

2. 关于组织卖淫活动中并有引诱、容留、介绍卖淫行为的定罪问题。一种情况是对被组织卖淫的人有引诱、容留、介绍卖淫行为的，依照处罚较重的规定处罚。一般情况下，组织卖淫罪的处罚重于引诱、容留、介绍卖淫罪，但引诱的对象是不满十四周岁的幼女时，则存在引诱幼女卖淫罪重于组织卖淫罪的可能，即：组织卖淫未达到情节严重时，其法定刑幅度为五年以上十年以下有期徒刑，而引诱幼女卖淫罪的法定刑幅度为五年以上（十五年以下）有期徒刑，此时，引诱幼女罪的处罚重于组织卖淫罪，应依照引诱幼女罪定罪处罚，组织卖淫行为作为犯罪情节考虑。如果组织卖淫犯罪达到“情节严重”时，因其法定最高刑为无期徒刑，应当以组织卖淫罪一罪定罪处罚。另一种情况是，对被组织卖淫者以外的其他人实施引诱、容留、介绍卖淫行为的，则仍应当分别定罪，实行数罪并罚。

3. 引诱、容留、介绍卖淫罪的罪名确定。应当根据行为人实施的具体行为确定罪名。如行为人既引诱又容留又介绍卖淫的，定引诱、容留、介绍卖淫罪，只实施其中两项或一项行为的，以行为性质定，如引诱、容留卖淫罪；引诱、介绍卖淫罪；容留、介绍卖淫罪；引诱卖淫罪；容留卖淫罪；介绍卖淫罪。

4. 行为人既引诱他人卖淫，又引诱幼女卖淫的定罪问题。依照《解释》第8条第5款的规定，以引诱幼女卖淫罪和引诱卖淫罪并罚。

——周峰、党建军、陆建红、杨华：《〈关于审理组织、强迫、引诱、容留、介绍卖淫刑事案件适用法律若干问题的解释〉的理解与适用》，载《人民司法·应用》2017年第25期（总第792期）。

1285. 组织卖淫中有引诱、介绍卖淫行为的法律适用

关键词

组织卖淫罪　引诱、介绍卖淫行为

《刑事审判参考》指导案例

于维、彭玉蓉组织卖淫案（《刑事审判参考》指导案例第 1293 号）

裁判要点：当行为人以引诱、容留、介绍的手段组织卖淫时，既可构成组织卖淫罪，又可构成引诱、容留、介绍卖淫罪的，择一重罪处罚。

对于此种情况下的法律适用问题，我们认为，组织卖淫罪与引诱、容留、介绍卖淫罪在手段上有重合之处，均可以表现为引诱、容留、介绍卖淫行为。一般认为，组织卖淫罪与引诱、容留、介绍卖淫罪系法条竞合关系，其适用原则为重法优于轻法。当行为人以引诱、容留、介绍的手段组织卖淫时，既可构成组织卖淫罪，又可构成引诱、容留、介绍卖淫罪的，择一重罪处罚。根据刑法第三百五十八条第一款的规定，组织卖淫的，处五年以上十年以下有期徒刑，并处罚金；情节严重的，处十年以上有期徒刑或者无期徒刑，并处罚金或没收财产。而刑法第三百五十九条第一款规定，引诱、容留、介绍卖淫的，处五年以下有期徒刑，拘役或者管制，并处罚金；情节严重的，处五年以上有期徒刑，并处刑罚。两相比较，组织卖淫罪的处罚重于引诱、容留、介绍卖淫罪，故一般按照组织卖淫罪进行处罚。但是，引诱卖淫中有一种特殊情形，就是引诱不满十四周岁的幼女卖淫。根据刑法第三百五十九条第二款的规定，引诱不满十四周岁的幼女卖淫的，处五年以上有期徒刑，并处罚金。因此，在某些情况下，引诱幼女卖淫罪的处罚可能重于组织卖淫罪，即组织卖淫犯罪未达到“情节严重”时，其法定刑幅度为五年以上十年以下有期徒刑，而引诱幼女卖淫罪的法定刑幅度为五年以上（十五年以下）有期徒刑。此时应依照引诱幼女卖淫罪定罪处罚，组织卖淫行为作为犯罪情节考虑。如果组织卖淫犯罪达到“情节严重”时，因其法定最高刑为无期徒刑，一般应当以组织卖淫罪一罪定罪处罚。

——潘洁撰稿、陆建红审编：《于维、彭玉蓉组织卖淫案——组织卖淫中有引诱、介绍卖淫行为的如何适用法律》，载最高人民法院刑事审判第一、二、三、四、五庭主办：《刑事审判参考》（总第 117 集），法律出版社 2019 年版，第 71~74 页。

1286. 在组织卖淫过程中采取非法限制卖淫人员人身自由等强迫行为的认定

关键词

组织卖淫罪　协助组织卖淫罪　非法限制人身自由　强迫行为

《刑事审判参考》指导案例

丁宝骏、何红等组织卖淫、协助组织卖淫案（《刑事审判参考》指导案例第 1294 号）

裁判要点：行为人实施的非法限制卖淫人员自由等强制性质的行为应包含在组织卖淫罪的“管理和控制”行为之中，不宜单独评价。作为组织卖淫罪的帮助犯，行为人为协助组织卖淫而实施非法限制卖淫人员自由等行为的，亦只定协助组织卖淫罪一罪。

实践中，卖淫组织中的卖淫人员为了追求经济利益，或是自愿卖淫并接受组织管理，或是经人介绍、引诱加入卖淫组织实施卖淫行为。行为人将卖淫人员组织起来统一管理、控制，以非法拘禁、殴打、侮辱等手段强制卖淫人员服从组织管理，强迫手段是组织、管理、控制的具体表现，行为人的目的仍是组织卖淫，根据罪刑法定原则，应直接定为组织卖淫罪，其中限制人身自由等手段行为可作为组织卖淫罪的量刑情节考虑。《最高人民法院、最高人民检察院关于执行〈全国人民代表大会常务委员会关于严禁卖淫嫖娼的决定〉如若干问题的解答》第二条曾明确规定，“在组织他人卖淫的犯罪活动中，对被组织卖淫的人有强迫、引诱、容留、介绍卖淫行为的，应当作为组织他人卖淫罪的量刑情节予以考虑，不实行数罪并罚”。《最高人民法院、最高人民检察院关于执行〈全国人民代表大会常务委员会关于严禁卖淫嫖娼的决定〉如若干问题的解答》根据 2013 年 1 月 18 日起施行的《最高人民法院、最高人民检察院关于废止 1980 年 1 月 1 日至 1997 年 6 月 30 日期间制发的部分司法解释和司法解释性质文件的决定》已经失效，但其对于组织卖淫犯罪中强迫行为的处置是司法实践中处理案件的普遍做法。需要注意的是，如果组织者故意实施的以上行为直接导致被组织者伤亡的，应当依照《刑法》第三百五十八条第三款的规定，以故意杀人罪、故意伤害罪等对组织者进行数罪并罚。另外，组织者对被组织者以外的其他人实施非法拘禁、殴打行为的，也应当按照其实施的行为定罪，与组织卖淫罪数罪并罚。

——李伟、张朝国、徐明哲撰稿、陆建红审编：《丁宝骏、何红等组织卖淫、协助组织卖淫案——在组织卖淫过程中采取非法限制卖淫人员人身自由等强迫行为的，应如何认定》，载最高人民法院刑事审判第一、二、三、四、五庭主办：《刑事审判参考》（总第 117 集），法律出版社 2019 年版，第 76~81 页。

1287. 引诱、容留、介绍卖淫罪的构罪标准

关键词

引诱、容留、介绍卖淫罪　构罪标准

最高人民法院司法解释

第八条　引诱、容留、介绍他人卖淫，具有下列情形之一的，应当依照刑法第三百五十九条第一款的规定定罪处罚：

（一）引诱他人卖淫的；

（二）容留、介绍二人以上卖淫的；

（三）容留、介绍未成年人、孕妇、智障人员、患有严重性病的人卖淫的；

（四）一年内曾因引诱、容留、介绍卖淫行为被行政处罚，又实施容留、介绍卖淫行为的；

（五）非法获利人民币一万元以上的。

利用信息网络发布招嫖违法信息，情节严重的，依照刑法第二百八十七条之一的规定，以非法利用信息网络罪定罪处罚。同时构成介绍卖淫罪的，依照处罚较重的规定定罪处罚。

引诱、容留、介绍他人卖淫是否以营利为目的，不影响犯罪的成立。

引诱不满十四周岁的幼女卖淫的，依照刑法第三百五十九条第二款的规定，以引诱幼女卖淫罪定罪处罚。

被引诱卖淫的人员中既有不满十四周岁的幼女，又有其他人员的，分别以引诱幼女卖淫罪和引诱卖淫罪定罪，实行并罚。

——《最高人民法院、最高人民检察院关于办理组织、强迫、引诱、容留、介绍卖淫刑事案件适用法律若干问题的解释》（2017 年 7 月 21 日，法释〔2017〕13 号）。

附录：理解与适用

1. 关于引诱、容留、介绍卖淫罪的入罪标准。主要从以下几个方面考虑：

一是从卖淫人数考虑。二是从卖淫人员的类别考虑。三是参照其他司法解释的范例，对具有同类行为被行政处罚过的人作出降低入罪门槛的规定。四是根据行为人获利情况确定入罪标准。（1）关于引诱他人卖淫问题。虽然刑法关于引诱、容留、介绍卖淫规定在同一个定罪量刑条款，但从罪质看，引诱他人卖淫，是让本没有卖淫意愿的人走上了卖淫的道路，而容留、介绍卖淫的对象，本身就是曾经卖淫，至少是具有卖淫意愿的人。因此，《最高人民法院、最高人民检察院关于办理组织、强迫、引诱、容留、介绍卖淫刑事案件适用法律若干问题的解释》（以下简称《解释》）对引诱他人卖淫的构罪条件，不作任何人数的限定，即只要引诱一人卖淫即构成犯罪。同时，《解释》对引诱幼女卖淫的刑法规定进行了重申。并且规定，对行为人既引诱幼女卖淫，又引诱其他人员卖淫的，以引诱幼女卖淫罪和引诱卖淫罪并罚，以增加办理此类案件时的可操作性，并明确《解释》对引诱幼女卖淫犯罪从严打击的立场。（2）关于容留、介绍他人卖淫的基本入罪标准。《解释》将容留、介绍二人作为入罪标准，主要理由，一是符合法律规范的阶梯性规定。根据《治安管理处罚法》规定，引诱、容留、介绍他人卖淫的，并不是不管情节轻重，都以犯罪处罚，而是存在治安处罚的空间。2008年最高人民检察院、公安部《关于公安机关管辖的刑事案件立案追诉标准的规定（一）》第78条规定容留、介绍卖淫案的立案追诉标准之一是容留、介绍二人次以上卖淫（其他标准分别是被容留、介绍的人已满十四周岁未满十八周岁，患有艾滋病或者患有梅毒、淋病等严重性病，其他容留、介绍卖淫应予追究刑事责任的情形）。可见，以人次计算，一般二人次以上才予以刑事立案。二是更具可操作性。司法实践表明，引诱、容留、介绍人数的认定比次数的认定在证据上更加简便，侦查机关取证的难度也更低些。

2. 关于容留、介绍特殊人员卖淫的入罪标准问题。特殊人员指未成年人、孕妇、智障人员、患有严重性病的人。这类人员要么是法律特别保护的对象，要么其卖淫对社会会造成更大危害，如患有严重性病的人。因此，《解释》规定，容留上述特殊人员卖淫的，不受二人的人数限制，即容留上述人员一人卖淫即构成容留卖淫罪。

3. 关于具有同类行为被行政处罚过的人的入罪门槛问题。《解释》规定，一年内曾因引诱、容留、介绍卖淫行为被行政处罚，又实施容留、介绍卖淫行为的，以容留、介绍卖淫罪定罪处罚。这样规定，是因为此类人员主观恶性较深，人身危害性更大些，因此，在入罪门槛上更低些。需要说明的是，《解释》规定，引诱他人卖淫一人即构成犯罪，但治安管理处罚法依然有引诱卖淫的规定，我们认为，治安管理处罚法所规定的引诱卖淫主要是指引诱他人手淫的情况（这里涉及卖淫的概念，将在下文中详述）。此外，引诱他人卖淫未成功的，也可以予以治安处罚，但均不作刑事处罚。因此，《解释》所规定的因引诱、容留、介绍卖淫被行政处罚的内容与《解释》的条文及治安管理处罚法并不矛盾。由于《解释》对于引诱卖淫行为构成犯罪不需要前科劣迹的条件，因此只对容留、介绍卖淫行为，在具有前述前科劣迹的情况下以犯罪化处理。司法实践中，可能存在引诱他人手淫等被治安处罚，又实施引诱他人手淫等行为的情况，对此，原则上也不适用刑法处罚。对引诱他人卖淫的犯罪行为，应当严格按照刑法关于犯罪的有关规定认定。

4. 关于非法获利的构罪数额问题。调研中，有的地方法院和公安机关建议将容留、介绍卖淫的次数规定一个入罪标准。经研究，如前所述，次数问题在认定证据上有难度，且容留、介绍不同的人卖淫和容留、介绍相同的人卖淫，从社会影响和危害性来看，肯定前者更大些。但是，容留、介绍次数多，即使是针对同一个卖淫人员，其危害还是相对较大的。为了织密法网，同时考虑查处非法收入比查处容留、介绍的次数更容易，操作性更强，《解释》从非法获利的角度，涵括容留、介绍卖淫的次数问题，经与相关方面研究，确定非法获利一万元以上作为入罪标准。

5. 关于是否必须以营利为目的才能构成本罪的问题。1979 年刑法将以营利为目的作为引诱、容留卖淫的犯罪构成要件予以规定。1997 年刑法取消了“以营利为目的”的要件规定。刑法条文中，有的犯罪没有规定“以营利为目的”，但实际操作中，还是应当将获利作为构成要件。但是，本罪却不然。之所以取消“以营利为目的”，主要是考虑到，实践中往往遇到并非“以营利为目的”而是出于奸淫或者其他目的而引诱、容留、介绍卖淫的情况，如果规定必须“以营利为目的”，就难以追究此类人的刑事责任。[①] 为了使司法实务中更加明确此点，《解释》强调“引诱、容留、介绍他人卖淫是否以营利为目的，不影响本罪的成立。”

6. 关于通过网络、短信发布招嫖信息等公开介绍卖淫的入罪问题。调研时，不少公安机关、法院反映，网络、短信发布招嫖信息等公开介绍卖淫的情况比较严重，应当予以犯罪化处理。在征求意见过程中，全国人大常委会法工委刑法室提出，关于利用网络招嫖问题，在刑法修正案（九）公布前，没有明确规定。但是刑法修正案（九）将利用信息网络发布违法犯罪信息的行为专门规定为犯罪，因此，对于利用网络、短信发布招嫖信息的行为，适用《刑法》第二百八十七条之一的规定，以非法利用信息网络罪追究刑事责任更为妥当。对于能够查实，同时线下实施了介绍卖淫活动，构成犯罪的，可适用介绍卖淫罪追究刑事责任。据此，《解释》第 8 条第 2 款规定：“利用信息网络发布招嫖违法信息，情节严重的，依照《刑法》第二百八十七条之

① 高铭暄：《中华人民共和国刑法的孕育诞生和发展完善》，北京大学出版社 2012 年版，第 583 页。

一的规定，以非法利用信息网络罪定罪处罚。同时构成介绍卖淫罪的，依照处罚较重的规定定罪处罚。”

——周峰、党建军、陆建红、杨华：《〈关于审理组织、强迫、引诱、容留、介绍卖淫刑事案件适用法律若干问题的解释〉的理解与适用》，载《人民司法·应用》2017 年第 25 期（总第 792 期）。

1288. 引诱、容留、介绍卖淫罪的量刑

关键词

引诱、容留、介绍卖淫罪　量刑

最高人民法院司法政策精神

（二十三）引诱、容留、介绍卖淫罪

1. 构成引诱、容留、介绍卖淫罪的，根据下列情形在相应的幅度内确定量刑起点：

（1）情节一般的，在二年以下有期徒刑、拘役幅度内确定量刑起点。

（2）情节严重的，在五年至七年有期徒刑幅度内确定量刑起点。

2. 在量刑起点的基础上，根据引诱、容留、介绍卖淫的人数等其他影响犯罪构成的犯罪事实增加刑罚量，确定基准刑。

3. 旅馆业、饮食服务业、文化娱乐业、出租汽车业等单位的主要负责人，利用本单位的条件，引诱、容留、介绍他人卖淫的，增加基准刑的 10%~20%。

4. 构成引诱、容留、介绍卖淫罪的，根据引诱、容留、介绍卖淫的人数、次数、违法所得数额、危害后果等犯罪情节，综合考虑被告人缴纳罚金的能力，决定罚金数额。

5. 构成引诱、容留、介绍卖淫罪的，综合考虑引诱、容留、介绍卖淫的人数、次数、危害后果等犯罪事实、量刑情节，以及被告人主观恶性、人身危险性、认罪悔罪表现等因素，决定缓刑的适用。

——《最高人民法院、最高人民检察院印发〈关于常见犯罪的量刑指导意见（试行）〉的通知》（2021 年 6 月 16 日，法发〔2021〕21 号）。

1289. 引诱、容留、介绍卖淫罪“情节严重”的认定

关键词

引诱、容留、介绍卖淫罪 情节严重

最高人民法院司法解释

第九条 引诱、容留、介绍他人卖淫，具有下列情形之一的，应当认定为刑法第三百五十九条第一款规定的“情节严重”：

（一）引诱五人以上或者引诱、容留、介绍十人以上卖淫的；

（二）引诱三人以上的未成年人、孕妇、智障人员、患有严重性病的人卖淫，或者引诱、容留、介绍五人以上该类人员卖淫的；

（三）非法获利人民币五万元以上的；

（四）其他情节严重的情形。

——《最高人民法院、最高人民检察院关于办理组织、强迫、引诱、容留、介绍卖淫刑事案件适用法律若干问题的解释》（2017年7月21日，法释〔2017〕13号）。

附录：理解与适用

《最高人民法院、最高人民检察院关于办理组织、强迫、引诱、容留、介绍卖淫刑事案件适用法律若干问题的解释》（以下简称《解释》）从人数、非法获利情况等方面对引诱、容留、介绍卖淫“情节严重”问题作了规定。关于人数方面，《解释》将引诱他人卖淫与容留、介绍他人卖淫分别对待，将引诱、容留、介绍一般人员卖淫与引诱、容留、介绍特殊人员卖淫区别对待。根据浙江、江苏、广东、上海等地的经验，一般都将容留、介绍十人卖淫作为“情节严重”的起点，《解释》采纳了这一相对比较成熟的做法。同时，引诱他人卖淫的，按照容留、介绍卖淫人数的一半计算，即以五人为起点，引诱、容留、介绍特殊人员卖淫的，减半计算“情节严重”的起点。据此，《解释》第9条规定，“引诱五人以上或者引诱、容留、介绍十人以上卖淫的”，应当认定为“情节严重”。“引诱三人以上的未成年人、孕妇、智障人员、患有严重性病的人卖淫，或者引诱、容留、介绍五人以上该类人员卖淫的”，应当认定为“情节严重”。关于以非法获利为依据认定“情节严重”的问题，《解释》以构成犯罪基数的五倍即一万元的五倍五万元作为“情节严重”的起点标准。

需要说明的是，引诱、容留、介绍卖淫是选择性罪名。如果被引诱卖淫

的人数达到五人以上的，即构成“情节严重”。如果被引诱卖淫的人数不到五人，但被引诱、容留、介绍卖淫的人数达到十人以上的，也构成“情节严重”。

——周峰、党建军、陆建红、杨华：《〈关于审理组织、强迫、引诱、容留、介绍卖淫刑事案件适用法律若干问题的解释〉的理解与适用》，载《人民司法·应用》2017年第25期（总第792期）。

1290. 组织、强迫、引诱、容留、介绍卖淫次数的处理

关键词

组织卖淫罪　强迫卖淫罪　引诱、容留、介绍卖淫罪　卖淫次数

最高人民法院司法解释

第十条　组织、强迫、引诱、容留、介绍他人卖淫的次数，作为酌定情节在量刑时考虑。

——《最高人民法院、最高人民检察院关于办理组织、强迫、引诱、容留、介绍卖淫刑事案件适用法律若干问题的解释》（2017年7月21日，法释〔2017〕13号）。

附录：理解与适用

总的来说，认定组织、强迫、引诱、容留、介绍他人卖淫“情节严重”，应当从卖淫人数、时间长度、社会影响等方面综合考虑，不能仅以卖淫次数认定“情节严重”。《最高人民法院、最高人民检察院关于办理组织、强迫、引诱、容留、介绍卖淫刑事案件适用法律若干问题的解释》（以下简称《解释》）对于组织、强迫、引诱、容留、介绍卖淫的“情节严重”，主要从人数及造成的后果考虑，并且将非法获利情况作为认定犯罪构成和犯罪情节严重的依据之一。但是，卖淫次数在已经查实的情况下，在法定刑幅度范围内应当作为量刑的情节予以考虑。根据以上考虑，《解释》第10条规定，“组织、强迫、引诱、容留、介绍他人卖淫的次数，作为酌定情节在量刑时考虑。”此规定，既在于明确犯罪构成、犯罪情节严重的认定不以卖淫次数为界线，又在于指导各级法院在办理此类案件时，如何运用好卖淫次数这一事实因素。

——周峰、党建军、陆建红、杨华：《〈关于审理组织、强迫、引诱、容留、介绍卖淫刑事案件适用法律若干问题的解释〉的理解与适用》，载《人民司法·应用》2017年第25期（总第792期）。

1291. 传播性病罪的认定及故意传播艾滋病的处理

关键词

传播性病罪　故意传播艾滋病

最高人民法院司法解释

第十一条　具有下列情形之一的，应当认定为刑法第三百六十条规定的“明知”：

（一）有证据证明曾到医院或者其他医疗机构就医或者检查，被诊断为患有严重性病的；

（二）根据本人的知识和经验，能够知道自己患有严重性病的；

（三）通过其他方法能够证明行为人是“明知”的。

传播性病行为是否实际造成他人患上严重性病的后果，不影响本罪的成立。

刑法第三百六十条规定所称的“严重性病”，包括梅毒、淋病等。其他性病是否认定为“严重性病”，应当根据《中华人民共和国传染病防治法》《性病防治管理办法》的规定，在国家卫生与计划生育委员会规定实行性病监测的性病范围内，依照其危害、特点与梅毒、淋病相当的原则，从严掌握。

第十二条　明知自己患有艾滋病或者感染艾滋病病毒而卖淫、嫖娼的，依照刑法第三百六十条的规定，以传播性病罪定罪，从重处罚。

具有下列情形之一，致使他人感染艾滋病病毒的，认定为刑法第九十五条第三项“其他对于人身健康有重大伤害”所指的“重伤”，依照刑法第二百三十四条第二款的规定，以故意伤害罪定罪处罚：

（一）明知自己感染艾滋病病毒而卖淫、嫖娼的；

（二）明知自己感染艾滋病病毒，故意不采取防范措施而与他人发生性关系的。

——《最高人民法院、最高人民检察院关于办理组织、强迫、引诱、容留、介绍卖淫刑事案件适用法律若干问题的解释》（2017年7月21日，法释〔2017〕13号）。

附录：理解与适用

（一）关于传播性病罪的有关问题

1. 如何界定行为人对自己患有性病的“明知”。传播性病罪以行为人明知自己患有严重性病为前提，但司法实践中，行为人常否认知道自己患有性病，因此有必要对哪些情况下能够认定行为人明知自己患有性病予以明确。为此，《最高人民法院、最高人民检察院关于办理组织、强迫、引诱、容留、介绍卖淫刑事案件适用法律若干问题的解释》（以下简称《解释》）第 11 条第 1 款规定了应当认定为明知自己患有性病的三种情形，即：（1）有证据证明曾到医院或者其他医疗机构就医或者检查，被诊断为患有严重性病的；（2）根据本人的知识和经验，能够知道自己患有严重性病的；（3）通过其他方法能够证明行为人是“明知”的。

2. 关于严重性病的范围。刑法关于“严重性病”仅列举了梅毒、淋病，其他严重性病未作明确规定。全国人大常委会法制工作委员会刑法室编著的《中华人民共和国刑法修正案（九）解读》认为，[①] 对其他“严重性病”，司法机关应在传染病防治法中规定的性病和卫生部规定实行性病监测的性病范围内从严掌握，不能将普通性病都作为严重性病，防止扩大打击面。也就是说，该性病必须是与梅毒、淋病的危害特点相当的性病。《解释》采用了这一观点，并据此规定：其它性病是否认定为“严重性病”，应当根据传染病防治法、《性病防治管理办法》的规定，在国家卫生与计划生育委员会规定实行性病监测的性病范围内，依照其危害、特点与梅毒、淋病相当的原则，从严掌握。

3. 传播性病罪是否属结果犯？行为人明知自己患有严重性病而卖淫、嫖娼后，被害人是否实际染上严重性病，取决于多方面的原因，同时，性病的发作也有个过程，有的个体潜伏期甚至达数年。因此，如果将发生严重性病的传染结果作为传播性病罪的构成要件，容易使犯罪分子逃避打击。因此，《解释》规定，传播性病行为是否实际造成他人染上性病的后果，不影响本罪的成立。

需要说明的是，有的行为人虽然明知自己患有严重性病而卖淫、嫖娼，但注意采取了防护措施，又确实没有致他人染上严重性病的，一般不以传播性病罪处理。

（二）关于故意传播艾滋病的定罪问题

《刑法》第三百六十条所列举的严重性病中，并未列举出艾滋病。而艾滋病的危害，实际上远远大于梅毒、淋病等。梅毒、淋病等严重性病，基本可以经过治疗而痊愈，艾滋病则很难根治，且易致人死亡。全国人大常委会法制工作委员会刑法室编著的刑法修正案（九）解读认为，性病包括艾滋病。司法实践中，对此争议比较大。有学者及司法工作者提出，考虑到传播艾滋病与其他性病在侵害法益、侵害方式及所涉及人群等方面的相似性，以及艾

① 臧铁伟主编：《中华人民共和国刑法修正案（九）解读》，中国法制出版社 2015 年版，第 299 页。

滋病的高度传染性、对人体的严重危害性和不可治愈性，建议将传播艾滋病认定为传播性病罪为宜，但在量刑上，对故意传播艾滋病的行为人，予以从重处罚。也有的提出，对故意传播艾滋病的行为应当以故意伤害罪等罪名定罪处罚。

我们经研究认为：

1. 关于艾滋病的性质，应当认定为严重性病。根据有关法规、规章的规定，并征询国家卫生与计划生育委员会意见后，我们认为，艾滋病属于性病，而且是最严重的性病。卫生部 1991 年 8 月 12 日发布的《性病防治管理办法》第 2 条明确将艾滋病规定为性病的一种，并列于淋病、梅毒之前。国务院 2006 年 1 月 18 日通过的《艾滋病防治条例》表明，国家把对艾滋病的防治放到了更加重要的战略高度，以将艾滋病与其他性病区别开来。《艾滋病防治条例》第 62 条规定，艾滋病病毒感染者或者艾滋病病人故意传播艾滋病的，依法承担民事赔偿责任；构成犯罪的，依法追究刑事责任。2013 年 1 月 1 日起施行的修改后的《性病防治管理办法》更加重视艾滋病的防治。该办法在艾滋病的防治机制、咨询及疫情上报方面均与一般性病一起规定，并突出艾滋病的预防工作。如该办法第四条规定，“性病防治工作与艾滋病防治工作相结合，将性病防治工作纳入各级艾滋病防治工作协调机制，整合防治资源，实行性病艾滋病综合防治。”国家卫计委在复函中也称：根据艾滋病的危害程度和特点，当前艾滋病较梅毒、淋病属于危害更加严重的性病。

2. 关于故意传播艾滋病的定性。由于艾滋病属于最严重的性病，因此，《解释》规定，明知自己患有艾滋病或者感染艾滋病病毒而卖淫、嫖娼的，以传播性病罪，从重处罚。

在调研中，有意见提出，有的行为人通过卖淫、嫖娼传播艾滋病的目的，就是报复社会或者使被传播者得病死亡或者无法治愈。有的艾滋病患者不一定通过卖淫嫖娼的途径，而是通过其他方式传播，如一夜情、通奸等，这些行为危害极大。对此，如何适用法律，司法实践中存在困惑。如果有证据能够证明行为人是出于故意伤害等目的而传播艾滋病的，仅仅以传播性病罪处罚，明显有轻纵犯罪之嫌。为此，《解释》将故意传播艾滋病行为，分两种情况予以规定。一种情况是，明知自己患有艾滋病或者感染艾滋病病毒而卖淫、嫖娼，但没有致使他人感染艾滋病病毒的，以传播性病罪定罪处罚。另一种情况下，故意传播艾滋病病毒致使他人感染艾滋病病毒的，以故意伤害罪定罪处罚。其中，卖淫、嫖娼以外的性行为，以“故意不采取防范措施”为前提。这主要是考虑到艾滋病患者的生活、交友等方面不应受到歧视，而应当受到尊重。只要采取防范措施，其正当的性权利应当得到依法保护。但是由于艾滋病病毒的易传染性，这类人与他人发生性关系时，应当采取防范措施，确保不致艾滋病病毒的传染。

关于致使他人染上艾滋病病毒的伤情问题。经研究，并经征求国家卫生与计划生育委员会等部门及部分专家的意见，认为，《刑法》第九十五条对重伤的定义中，第三项“其他对于人身健康有重大伤害的”，可以适用于故意将艾滋病传染给他人，并致使他人染上艾滋病的情形，即染上艾滋病病毒的，可以认定为重伤。至于重伤等级，在《人体损伤程度鉴定标准》修改前，一般可依照《刑法》第二百三十四条第二款规定，犯故意伤害罪“致人重伤的，处三年以上十年以下有期徒刑。”如果致人死亡的，则可在“十年以上有期徒刑、无期徒刑或者死刑”的幅度内量刑，但适用死刑应当格外慎重。

——周峰、党建军、陆建红、杨华：《〈关于审理组织、强迫、引诱、容留、介绍卖淫刑事案件适用法律若干问题的解释〉的理解与适用》，载《人民司法·应用》2017年第25期（总第792期）。

1292. 强迫卖淫罪“情节严重”的认定

关键词

强迫卖淫罪　情节严重

最高人民法院司法解释

第六条　强迫他人卖淫，具有下列情形之一的，应当认定为刑法第三百五十八条第一款规定的“情节严重”：

（一）卖淫人员累计达五人以上的；

（二）卖淫人员中未成年人、孕妇、智障人员、患有严重性病的人累计达三人以上的；

（三）强迫不满十四周岁的幼女卖淫的；

（四）造成被强迫卖淫的人自残、自杀或者其他严重后果的；

（五）其他情节严重的情形。

行为人既有组织卖淫犯罪行为，又有强迫卖淫犯罪行为，且具有下列情形之一的，以组织、强迫卖淫“情节严重”论处：

（一）组织卖淫、强迫卖淫行为中具有本解释第二条、本条前款规定的“情节严重”情形之一的；

（二）卖淫人员累计达到本解释第二条第一、二项规定的组织卖淫“情节严重”人数标准的；

（三）非法获利数额相加达到本解释第二条第四项规定的组织卖淫“情节严重”数额标准的。

——《最高人民法院、最高人民检察院关于办理组织、强迫、引诱、容留、介绍卖淫刑事案件适用法律若干问题的解释》(2017年7月21日，法释〔2017〕13号)。

附录：理解与适用

1997年《刑法》第三百五十八条第一款规定了组织、强迫卖淫罪“情节严重”的五种情形。根据该条规定，强迫他人卖淫“情节严重”是指：(一)强迫不满十四周岁的幼女卖淫的；(二)强迫多人卖淫或者多次强迫他人卖淫的；(三)强奸后迫使卖淫的；(四)造成被强迫卖淫的人重伤、死亡或者其他严重后果的。该条第二款还规定，有前款所列情形之一，情节特别严重的，处无期徒刑或者死刑，并处没收财产。刑法修正案(九)取消了组织、强迫卖淫罪的死刑，并取消了关于“情节特别严重”的规定，仅规定“情节严重”的量刑幅度。同时对强奸后迫使卖淫的，规定应当以强奸罪和强迫卖淫罪数罪并罚，不再认定为强迫卖淫“情节严重”；杀害被强迫卖淫人员的，应当以故意杀人罪和强迫卖淫罪并罚，不再认定为强迫卖淫“情节严重”。因此，如何在刑法修正案(九)的框架内确定强迫卖淫情节严重的问题，也显得非常迫切。

起草小组参考1997年刑法对强迫卖淫罪“情节严重”的有关规定，基于刑法修正案(九)取消“情节严重”具体规定、取消强迫卖淫罪死刑条款的实际情况，认为仍然应当规定强迫卖淫罪“情节严重”的具体情形，但必须遵循刑法修正案(九)规定的精神，并且强迫卖淫罪的“情节严重”标准应当在门槛设置上低于组织卖淫罪。主要原因是强迫卖淫罪的行为人对卖淫人员的人身具有更大的侵害性。以此为立足点，起草小组提出了强迫卖淫罪“情节严重”的以下内容：(1)卖淫人员累计达五人以上。此标准参照组织卖淫罪人员的一半标准设置，体现对强迫卖淫罪更严厉打击的精神。(2)卖淫人员中未成年人、孕妇、智障人员、患有严重性病的人累计达三人以上。本项规定对未成年人、孕妇、患有严重性病的人而言，人数标准参照组织卖淫罪人员的一半标准设置，体现对强迫卖淫罪更严厉打击的精神。(3)强迫不满十四周岁的幼女卖淫。本项对于强迫幼女卖淫的问题专门作出规定，即强迫幼女卖淫的，不需要人数的限定，只要强迫幼女卖淫的，即属于“情节严重”。理由有二：其一，与组织卖淫罪的构成要件要求组织三人以上卖淫不同的是，强迫卖淫罪的构成要件没有人数限制，只要卖淫人员是被强迫卖淫的即可。其二，《刑法》第三百五十九条第二款规定的引诱幼女卖淫罪的量刑幅度，相当于引诱他人卖淫“情节严重”的量刑幅度。此规定所蕴含的立法精神是，针对幼女实施的犯罪行为应当作为加重处罚情节。据此，强迫幼女卖淫也应当体现比强迫其他人员卖淫更严厉的处罚。(4)造成被强迫卖淫者自残、自杀或者其他严重后果的。此规定，与组织卖淫罪理由相同。

——周峰、党建军、陆建红、杨华：《〈关于审理组织、强迫、引诱、容留、介绍卖淫刑事案件适用法律若干问题的解释〉的理解与适用》，载《人民司法·应用》2017 年第 25 期（总第 792 期）。

1293. 被强迫者未实施卖淫行为不影响强迫卖淫罪的构成

关键词

强迫卖淫罪　行为犯

附录：司法信箱

问题：被告人卞某以找工作为名将女青年吴某等三人从贵州骗到江苏滨海，要其卖淫挣钱。当日晚，卞某要求三女卖淫遭拒绝。此后，卞某以偿还费用相要挟，逼迫三女写了借条。后卞某以吴某欠钱为由，要其卖淫，因吴某不同意而卖淫未成。公安机关查获了此案，公诉机关以卞某的行为构成强迫卖淫罪提起公诉。对卞某的行为是否构成犯罪，在审理中有不同看法：一种意见认为，卞某的行为构成强迫卖淫罪。理由是卞某有强迫他人卖淫的故意和行为，因被控制的妇女反抗，未发生卖淫的结果，是属犯罪形态上的未完成，不影响卞某强迫他人卖淫罪的构成；另一种意见认为卞某的行为不构成犯罪。理由是刑法规定的强迫卖淫罪，是指以暴力、胁迫、虐待或其他手段迫使他人卖淫的行为，构成此罪，行为人不仅要具有犯罪的故意和行为，还应具备被其逼迫的对象实施了卖淫的事实，两者缺其一即不构成此罪。

《人民司法》研究组认为：根据《刑法》第 358 条的规定，强迫卖淫罪是指以暴力、胁迫、虐待或者其他非法手段，迫使他人违背真实意愿进行卖淫的行为。因此，只要行为人实施了以强制手段逼迫他人卖淫的行为，即构成本罪，至于被强迫卖淫者是否实际实施了卖淫行为，不影响本罪的构成。

——《人民司法》2000 年第 4 期（总第 435 期）。

1294. 通过互联网发布卖淫信息的行为构成组织卖淫罪

关键词

介绍卖淫罪　互联网发布卖淫信息

《刑事审判参考》指导案例

林庆介绍卖淫案（《刑事审判参考》指导案例第 193 号）

裁判要点：通过电脑、利用互联网发布卖淫信息的行为构成介绍卖淫罪。

根据《刑法》第359条的罪状规定，介绍卖淫罪当属行为犯。对于行为犯既、未遂的判断，应以法定的犯罪行为是否完成作为区分标准，并不要求发生特定的结果，更不需要特定目的的实现。当然，这并不等于说行为犯不存在未遂的问题，如果行为刚着手实施，尚未完成即停止下来的，也应认定为未遂。行为人利用家中电脑登录互联网上的黄色网站，并发布卖淫女信息，这些信息通过信号传输，使凡登录该网站的人都能接收到卖淫女的信息。随着他发布信息行为的完成，行为人介绍卖淫的行为亦已完成，并不存在因其意志以外的原因而导致犯罪停止在未完成形态上的情况。

对于介绍卖淫罪情节严重的认定问题，两高于1992年发布的《关于执行〈全国人大关于严禁卖淫嫖娼的决定〉的若干问题的解答》①第7条规定："引诱、容留、介绍他人卖淫，情节严重的，一般有以下几种情形：（一）多次引诱、容留、介绍他人卖淫的；（二）引诱、容留、介绍多人卖淫的；……"第9条第（2）项规定："对《决定》和本《解答》中的'多人'、'多次'，的'多'，是指'三'以上的数（含本数）"。鉴于全国人大《关于严禁卖淫嫖娼的决定》已在1997年《刑法》修订后纳入刑法典中，有关条文的实质内容没有变化，因此，根据最高人民法院《关于认真学习贯彻修订后〈中华人民共和国刑法〉的通知》第5条的规定，对于现行刑法中关于介绍卖淫罪的"情节严重"的认定问题，仍可参照适用该解释的内容。

行为人的介绍卖淫行为是在互联网上完成的，互联网具有传播信息面大，可接受信息人员众多，人数不确定的特点，具有严重的社会危害性，应认定为情节严重。

——最高人民法院刑事审判第一庭、第二庭编：《刑事审判参考》2002年第4集（总第27集），法律出版社2002年版，第42~46页。

1295. 介绍嫖娼能否以介绍卖淫论处

关键词

介绍嫖娼　介绍卖淫罪

---

① 本文件已被《最高人民法院、最高人民检察院关于废止1980年1月1日至1997年6月30日期间制发的部分司法解释和司法解释性质文件的决定》（法释〔2013〕1号）废止。

附录：最高人民法院法官著述

我们认为，不能将单纯地介绍嫖娼行为与介绍卖淫行为混淆起来。理由如下：一是《最高人民法院、最高人民检察院关于办理组织、强迫、引诱、容留、介绍卖淫刑事案件适用法律若干问题的解释》（以下简称《涉卖淫刑案解释》）未将“营利为目的”规定为引诱、容留、介绍卖淫罪的构成要件，其目的不是以惩处介绍嫖娼行为。《涉卖淫刑案解释》作此规定的主要目的是考虑到实践中往往遇到并非“以营利为目的”而是出于奸淫或者其他目的而引诱、容留、介绍卖淫的情况，如果规定必须“以营利为目的”，就不好追究此类人的刑事责任。[①] 为了让基层法院在实务中更加明确此点，《涉卖淫刑案解释》强调“引诱、容留、介绍他人卖淫是否以营利为目的，不影响本罪的成立”。因此，《涉卖淫刑案解释》的这一规定，并没有将介绍嫖娼行为以介绍卖淫论处的意思。二是刑法惩罚的是介绍卖淫行为，不能随意将惩处范围扩大到介绍嫖娼行为。虽然在实践中，介绍卖淫和介绍嫖娼行为因其表现形式的多样性和复杂性，往往容易重叠和混淆，但不能因此而不加区分。既不能进行无限扩张，把介绍嫖娼行为一律作为介绍卖淫行为纳入刑法打击范围，也不能将貌似介绍嫖娼实际属于介绍卖淫的行为排除在刑法打击范围之外。为了卖淫人员或者组织、强迫、引诱、容留卖淫行为人的利益而介绍他人去嫖娼的，依法应当认定为介绍他人卖淫。仅仅知道卖淫窝点或联系方式等，而与卖淫方面的相关人员没有关联性，介绍他人去嫖娼的，属于介绍嫖娼，不应当认定为刑法意义上的介绍卖淫。区别介绍卖淫与介绍嫖娼的关键在于行为人主要是为了组织、强迫、引诱、容留卖淫行为人的利益或者卖淫人员的利益还是为了嫖娼人员的非法需求而介绍。前者属于介绍卖淫，后者属于介绍嫖娼。

——陆建红：《审理组织、强迫、引诱、容留、介绍卖淫等刑事案件若干疑难问题探讨——基于对〈最高人民法院、最高人民检察院关于办理组织、强迫、引诱、容留、介绍卖淫刑事案件适用法律若干问题的解释〉的再次解读》，载最高人民法院刑事审判第一、二、三、四、五庭主办：《刑事审判参考》（总第117集），法律出版社2019年版，第220~221页。

---

① 参见高铭暄：《中华人民共和国刑法的孕育诞生和发展完善》，北京大学出版社2012年版，第583页。

1296. 介绍卖淫罪与介绍嫖娼行为的区别

关键词

介绍卖淫罪　介绍嫖娼

最高人民法院审判业务意见

所谓介绍卖淫，是指为卖淫人员介绍嫖客的淫媒行为，表现为替卖淫者寻找、招徕、介绍嫖客，在卖淫者和嫖客之间牵线搭桥、沟通撮合，使卖淫嫖娼活动得以实现的行为。所谓介绍嫖娼，严格意义上讲，主要是指为嫖客介绍何处有暗娼、如何联系或者直接将嫖客带往卖淫地点等。介绍卖淫和介绍嫖娼，总的来说都是一种淫媒行为，但二者也是有区别的。介绍卖淫者是直接为卖淫人员服务的，甚至干脆就是受雇于卖淫人员，常常会从卖淫人员那里收取介绍费或者借助其他方式获取利益，如娱乐服务业等介绍卖淫以招徕生意从中获取更多利润等。一般而言，介绍卖淫者与卖淫人员关系更为密切、利益相关，介绍卖淫者对卖淫者的情况更为知情，有固定联系，有的甚至对卖淫者有相当的操控能力，可以招之即来。而单纯的介绍嫖娼行为，介绍嫖娼者往往不具备上述营利性、固定性、经常性等特点，多是偶发的。根据《治安管理处罚条例》[①] 第 30 条“严厉禁止卖淫、嫖宿暗娼以及介绍或者容留卖淫、嫖宿暗娼，违者处 15 日以下拘留、警告、责令具结悔过或者依照规定实行劳动教养，可以并处 5000 元以下罚款”的规定，尽管介绍卖淫与介绍嫖宿暗娼都是一种行政违法行为，但根据刑法规定，介绍他人卖淫同时还是妨害社会管理秩序、妨害社会风化的一种犯罪行为，依法应予刑事惩处。而单纯的介绍嫖娼行为则没有被规定为犯罪。介绍嫖娼行为尽管在客观上也会促进卖淫业，对社会管理秩序和社会风化也有一定的妨害性，但其危害程度远未达到动用刑罚进行处罚的必要，因此，立法者将介绍卖淫行为规定为犯罪，而没有将介绍嫖娼行为犯罪化。

我们说，一般的介绍嫖娼行为不能作为犯罪处理，但也不排除实践中存在的貌似介绍嫖娼，但实为介绍卖淫者的帮助者，可以成为介绍卖淫罪共犯的情况。现实生活中，介绍嫖娼行为中的介绍嫖娼者与介绍卖淫者之间关系可能是复杂多样的，正确的方法是辨清介绍卖淫者和介绍嫖娼者之间的关系以及是否存在介绍卖淫的共同故意。具体来说，如果介绍卖淫和介绍嫖娼由二人以上经预谋或勾结在一起分工协作完成，不论是否以营利为目的（介绍

① 本文件已被《中华人民共和国治安管理处罚法》废止。

卖淫罪不需要以营利为目的的结论，可以从立法的前后变化中得出，1979 年《刑法》第 169 条规定“以营利为目的，引诱、容留妇女卖淫的，处五年以下有期徒刑、拘役或者管制；情节严重的，处五年以上有期徒刑，可以并处罚金或者没收财产。”1991 年全国人大常务委员会将此修改为“引诱、容留、介绍他人卖淫的，处五年以下有期徒刑或者拘役，并处五千元以下罚金；情节严重的，处五年以上有期徒刑，并处一万元以下罚金。”新刑法基本上吸收了后一规定的内容。其中的重要修改之一就是：在增加介绍卖淫行为的同时，取消了以营利为目的这一构成条件），营利后分成与否，均可构成共同介绍卖淫犯罪，反之双方没有任何关系，两个行为是完全分开、独立的，则对介绍嫖娼者而言，不能认为是犯罪。

——最高人民法院刑事审判第一、二庭：《如何区分介绍卖淫和介绍嫖娼行为》，载最高人民法院刑事审判第一庭、第二庭编：《刑事审判参考》2002 年第 3 集（总第 26 集），法律出版社 2002 年版，第 202~205 页。

《刑事审判参考》指导案例

吴祥海介绍卖淫案（《刑事审判参考》指导案例第 376 号）

裁判要点：在处理介绍卖淫嫖娼的案件时，必须注意现实生活中介绍卖淫嫖娼行为的多样性和复杂性，两者之间存在交叉之处。

我国《刑法》第 359 条规定，介绍卖淫罪是指为卖淫人员寻找、招揽、介绍嫖客，在卖淫人员与嫖客之间牵线搭桥、沟通撮合，从而使卖淫嫖娼活动得以实现的行为。介绍卖淫罪的行为人往往同卖淫者之间存有关系，行为人的目的在于通过行为的实施使卖淫者的卖淫行为能够实现。

《刑法》所规定的介绍卖淫罪往往与行政处罚中规定的介绍嫖娼行为既有联系又有区别，两者的联系在于为使卖淫嫖娼活动最终得以实现，行为人为卖淫者与嫖娼者牵线搭桥，也就是行为人与卖淫者与嫖娼者都可能存在联系。

需要指出的是，实际生活中，介绍他人卖淫与介绍嫖娼行为往往容易有重叠和混淆的现象。在处理介绍卖淫嫖娼的案件时，必须注意现实生活中介绍卖淫嫖娼行为的多样性和复杂性，正确区分某一行为到底是介绍卖淫行为还是介绍嫖娼行为，正确区分罪与非罪。

——最高人民法院刑事审判第一庭、第二庭编：《刑事审判参考》2005 年第 6 集（总第 47 集），法律出版社 2006 年版，第 61~63 页。

1297. 明知自己有性病而与多人通奸的行为的认定

关键词

传播性病罪　与多人通奸

附录：司法信箱

问题：张某因患有性病，与妻子分居生活，在分居生活期间与多名女子通奸。请问张某的行为是触犯了《刑法》第360条规定的传播性病罪，还是应承担民事责任？

《人民司法》研究组认为：《刑法》第360条规定的传播性病罪，其客观方面应当是“明知自己患有梅毒、淋病等严重性病卖淫、嫖娼的”。认定构成该罪需要注意二点：一是患有梅毒、淋病等严重性病。严重性病主要是指对人体健康危害较重或者传染性较强、发病率较高的性病，除了列举的梅毒、淋病外，对其他严重性病应当在《传染病防治法》规定的性病和卫生部规定实行性病监测的性病范围内从严掌握，普通性病不能作为严重性病。二是行为人主观上明知。三是行为人进行卖淫、嫖娼。根据来信中提及的情况，张某患有性病，但是否属于严重性病不明确；关键的是，“张某在分居生活期间与多名女子通奸”，而不是卖淫、嫖娼，因此，从来信所说的情况来看，张某不构成《刑法》第360条规定的传播性病罪。张某虽然不构成传播性病罪，但如果因与他人发生性行为，将性病传染给他人的，受害人可以请求民事侵权损害赔偿，张某应当承担侵权赔偿责任。

——《人民司法·应用》2008年第13期（总第552期）。

第九节　制作、贩卖、传播淫秽物品罪

1298. 在互联网上刊载淫秽物品赚取广告收入行为的认定

关键词

传播淫秽物品牟利罪　以牟利为目的

《刑事审判参考》指导案例

何肃黄、杨柯传播淫秽物品牟利案（《刑事审判参考》指导案例第120号）

裁判要点：以赚取广告收入为目的，在互联网上刊载淫秽物品的行为，应当认定为“以牟利为目的”传播淫秽物品。

本案如何定性，关键在于对被告人何肃黄、杨柯所赚取广告收入能否认定为牟利。从我国互联网的发展现状来看，用户访问网站和网页一般是不支付费用的，网站、网页经营者的主要收入来自国内外公司支付的广告费用，而广告的多少、广告费用的高低又取决于用户对该网站、网页的访问量。因此，一些网站、网页的经营者为了获取广告收入，采用各种方法以吸引用户，增加访问人数，从而赚取广告收入。也就是说，网站、网页经营者的广告收入，实际上就是其经营所获得的利润。被告人何肃黄、杨柯以获取广告收入为目的，在互联网上刊载淫秽物品吸引网民、增加访问人数的行为，应当认定为以牟利为目的传播淫秽物品。

——最高人民法院刑事审判第一庭、第二庭编：《刑事审判参考》2001年第8辑（总第19辑），法律出版社2001年版，第39~45页。

1299. 编写添加淫秽色情内容的手机网站建站程序并贩卖行为的认定

关键词

制作、贩卖淫秽物品牟利罪　淫秽物品

《刑事审判参考》指导案例

唐小明制作、贩卖淫秽物品牟利案（《刑事审判参考》指导案例第664号）

裁判要点：随着淫秽物品内容的扩大、视频文件、音频文件、电子刊物、图片、文章、短信息等淫秽电子信息的出现，国际互联网、手机WAP网同样可以作为表现淫秽物品的一种形式，制作含有淫秽内容的手机WAP网站并进行贩卖的，应当以制作、贩卖淫秽物品牟利罪认定。

本案中，被告人唐小明编写了开设WAP手机网站的建站程序，并向该程序内添加了淫秽色情小说。唐小明编写建站程序的行为本身不具有可罚性，该程序只是提供了能够生成网页的工具，但其向该程序内添加淫秽色情小说，其行为实质是改变了淫秽小说的内容载体，使得该小说能够以网页的形式显示，通过手机网站传播，故其行为属于制作淫秽物品。唐小明制作淫秽物品后，最终目的是通过该程序牟利，其以不同价格将该程序出售给多人的行为是贩卖行为，故其针对同一添加有淫秽内容的建站程序实施了制作、贩卖行为。

——最高人民法院刑事审判第一、二、三、四、五庭主办：《刑事审判参考》2011年第1集（总第78集），法律出版社2011年版，第10~14页。

1300. 贩卖指向淫秽视频链接的行为定性和数量认定

关键词

贩卖淫秽物品牟利罪　数量认定　淫秽视频

最高人民法院审判业务意见（研究室研究意见）

有关部门就淫秽视频个数如何认定问题征求最高人民法院研究室意见。最高人民法院研究室经研究认为：

对淫秽视频以自然的个数计算认定，即不考虑各个视频的内容之间是否存在关联，只要行为人提供直接链接的视频是独立的视频文件，就认定为一个视频。

——《最高人民法院研究室关于淫秽视频个数如何认定的研究意见》，载张军主编、最高人民法院研究室编著：《司法研究与指导》2012年第2辑（总第2辑），人民法院出版社2012年版，第163~165页。

《刑事审判参考》指导案例

李志雷贩卖淫秽物品牟利案（《刑事审判参考》指导案例第666号）

裁判要点：被告人李志雷贩卖指向淫秽视频链接的行为符合贩卖淫秽物品牟利罪的客观方面，其贩卖的数量达到规定标准的五倍以上，应属情节严重。

1. 本案中，被告人贩卖淫秽视频的准确数量应以其贩卖的链接指向的淫秽视频的数量来计算，但本案链接指向包含部分淫秽网站，指向种类复杂，难以界定，无法按照具体种类的数量标准计算。考虑到被告人实际获利较少，从有利于被告人的角度出发，宜以贩卖的压缩文件数来认定。

2. 被告人李志雷在"淘宝网"上开设店铺贩卖内含上千淫秽视频链接的压缩文件，其每次贩卖均以该压缩文件为最小单位，压缩文件所含内容亦基本相同，购买者无法选择里面的视频链接内容，只能以该压缩文件一件商品进行购买，故以内含淫秽视频链接的压缩文件为单位计算淫秽视频文件数量更符合被告人的客观行为。

3. 由于《最高人民法院、最高人民检察院关于办理利用互联网、移动通讯终端、声讯台制作、复制、出版、贩卖、传播淫秽电子信息刑事案件具体应用法律若干问题的解释》第四条规定的是"在自己所有、管理或者使用的网站或者网页上提供直接链接的"情形，该情形因为是面向不特定多数人，只要登录该网站的人就有可能点击下载，传播的范围比较广。而本案被告人李志雷在其贩卖的压缩文件中提供指向淫秽视频的链接，该链接仅供购买了该压缩文件的买家或其周围人使用，与公开在网站、网页上提供的指向淫秽电子信息的链接相比，其传播范围窄，传播速度慢，影响力小，社会危害性也较之更轻。因此，若按照同种方式计算数量，量刑上明显不均衡。从罪责刑相适应的角度看，一、二审法院认定被告人李志雷利用互联网贩卖淫秽物品属情节严重是适当的。

——最高人民法院刑事审判第一、二、三、四、五庭主办：《刑事审判参考》2011 年第 1 集（总第 78 集），法律出版社 2011 年版，第 22~29 页。

1301. 利用互联网建立主要用于传播淫秽电子信息的群组行为构成传播淫秽物品罪

关键词

传播淫秽物品罪

最高人民法院司法解释

第三条 利用互联网建立主要用于传播淫秽电子信息的群组，成员达三十人以上或者造成严重后果的，对建立者、管理者和主要传播者，依照刑法第三百六十四条第一款的规定，以传播淫秽物品罪定罪处罚。

——《最高人民法院、最高人民检察院关于办理利用互联网、移动通讯终端、声讯台制作、复制、出版、贩卖、传播淫秽电子信息刑事案件具体应用法律若干问题的解释（二）》（2010 年 2 月 2 日，法释〔2010〕3 号）。

《刑事审判参考》指导案例

胡鹏等传播淫秽物品案（《刑事审判参考》指导案例第 671 号）

裁判要点：设立群组主要用于传播淫秽电子信息，群组成员超过三十人或造成严重后果的，构成传播淫秽物品罪。

1. 该群组的设立主要用于传播淫秽电子信息

根据 2004 年“两高”制定的《关于办理利用互联网、移动通讯终端、声讯台制作、复制、出版、贩卖、传播淫秽电子信息刑事案件具体应用法律若干问题的解释》（以下简称《解释》）第九条的规定，淫秽电子信息包括具体描绘性行为或者露骨宣扬色情的诲淫性的视频文件、音频文件、电子刊物、图片、文章、短信息等互联网、移动通讯终端电子信息。其中，视频文件又包括电影、表演、动画等形式。群组受即时聊天特性和受众获取信息需求的影响，主要以传播淫秽图片和短信聊天沟通交流淫秽色情内容为主，形式相对简单。

群组的设立要求主要用于传播淫秽电子信息，除传播淫秽电子信息这一主题，并不以淫秽话题、传播淫秽电子信息为主要内容，但后来又转移至其他主题，则必须综合判断，不能一概认定该群组的设立主要是用于传播淫秽电子信息。在具体判断一个群组是不是主要用于传播淫秽电子信息时，可以从申请加入该群组的留言、历史聊天记录、资源共享内容、群组内通告等方式来判断。

2. 要求成员具有三十人以上或者造成严重后果的

从司法实务来看，大部分群组的成员数不超过 50 人。我们认为，建立主要用于传播淫秽电子信息的群组，其发展成员超过 30 人即具有较大的社会危害性。当然，群的成员越多，意味着其社会危害性越大，实践中，以成员数来作为评判该群社会危害性的一个标准，在量刑幅度内酌情从重处罚。此外，需要注意的是，30 人是法定下限标准，如果没有造成严重后果而低于此数则不构成犯罪。因为本罪侵犯的客体是社会管理秩序和社会主义道德风尚，其传播行为具备将淫秽信息在社会上广为散播的特征，如果向特定的人转移淫秽物品或者在小规模的群内如亲朋好友的群内散播则不构成犯罪。

构成本罪的另一个选择性客观要件是“造成严重后果”。“造成严重后果”，是指利用群组传播淫秽电子信息对社会危害严重、需要追究刑事责任的情形。目前，已经发现一些以未满十四周岁未成年人的淫秽信息为主要内容的群组。不法分子通过这些群组获取和交换淫秽图片，交流奸淫猥亵幼童的经验，刺激更多的人在现实社会中实施奸淫猥亵幼童的行为，对未成年人造成了严重的侵害。还有一些群组要求成员加入该群组的条件即为本人实施的性侵犯照片（即所谓的“原创图片”），这些以本人现实犯罪或不法行为为前提条件的网络传播淫秽物品犯罪，更要予以严厉打击，构成数罪的，应当依法数罪并罚。

——最高人民法院刑事审判第一、二、三、四、五庭主办：《刑事审判参考》2011 年第 1 集（总第 78 集），法律出版社 2011 年版，第 67~73 页。

1302. 以手机卡为载体复制、贩卖淫秽电子信息的处理

关键词

手机卡　复制、贩卖淫秽电子信息

附录：最高人民法院法官著述

在司法实践中，出现了以手机卡为载体复制、贩卖淫秽电子信息的刑事案件。基本案件事实大致如下：手机、电脑个体店主在销售、维修手机、手机卡、电脑过程中，应顾客要求或者主动向顾客的手机卡或者存储卡内复制淫秽视频文件（几十个到数百个不等），并收取费用（十至数十元）。针对该类案件的罪名选定和定罪量刑标准，司法实践存在不同意见。①

1. 罪名选定。对于此类案件应当如何确定罪名，存有不同看法：第一种意见认为，行为人通过复制淫秽电子信息的方式牟利，应当将罪名确定为复制淫秽物品牟利罪；第二种意见认为，行为人复制淫秽电子信息的行为，是为了出卖电子信息并牟取物质利益，系贩卖行为不可分割的组成部分，其既非单纯的复制行为，亦非复制和贩卖两个独立的行为，而应当认定为贩卖淫秽物品牟利罪；第三种意见主张根据行为人实际实施的行为确定罪名，行为人向他人手机卡、存储卡内贩卖淫秽电子信息并收取费用，且已复制于电脑内的淫秽电子信息也是为了牟利而复制的，实施的是复制、贩卖两个行为，故应当认定为复制、贩卖淫秽物品牟利罪。本书赞同第三种观点。制作、复制、出版、贩卖、传播淫秽电子信息牟利罪系选择性罪名，对于选择性罪名的适用应当以准确概括犯罪行为为标准，本案中行为人的实施行为既涉及了贩卖前的复制行为，也涉及了贩卖行为，故应当认定为复制、贩卖淫秽物品

---

① 正如有论者所指出的，一方面，手机卡是移动通讯终端最重要的组成部分，其可以存储大量淫秽电子信息，有别于光盘、书刊、画册等传统实物载体。另一方面，通过读卡器向手机卡中复制、贩卖淫秽视频只是一种“点对点”传播淫秽物品的行为，不同于利用互联网等途径传播淫秽物品。这些新的特点，导致这类案件在审判上产生诸多分歧，案件处理结果迥异。参见肖江峰：《利用手机卡存储功能复制、贩卖淫秽物品牟利犯罪的法律适用》，载《人民司法》2014 年第 17 期。

牟利罪。[1]

2. 定罪量刑标准。对于此类案件的定罪量刑标准，存在两种不同意见：第一种意见认为，手机属于移动通讯终端，以手机卡为载体复制、贩卖淫秽电子信息系利用移动通讯终端复制、贩卖淫秽电子信息，应当适用《最高人民法院、最高人民检察院关于办理利用互联网、移动通讯终端、声讯台制作、复制、出版、贩卖、传播淫秽电子信息刑事案件具体应用法律若干问题的解释》(以下简称《淫秽电子信息犯罪解释（一）》) 第 1 条的规定，即复制、贩卖淫秽视频文件 20 个以上的，以复制、贩卖淫秽物品牟利罪定罪处罚。第二种意见认为，以手机卡为载体复制、贩卖淫秽电子信息的，仍然属于手对手贩卖以实物为载体的淫秽物品，不适应《淫秽电子信息犯罪解释（一）》的规定，而应当将淫秽视频扩张解释为软件，从而适用《最高人民法院关于审理非法出版物刑事案件具体应用法律若干问题的解释》(以下简称《非法出版物解释》) 的相关规定定罪量刑。[2]

本书认为，以上两种观点均值得进一步商榷。《淫秽电子信息犯罪解释（一）》只适用于利用互联网、移动通讯终端、声讯台制作、复制、出版、贩卖、传播淫秽电子信息的犯罪。这类利用互联网、公共通讯网络实施的淫秽电子信息犯罪，较之传统的淫秽物品犯罪，具有广泛性、迅速性的特点，从而社会危害性更大。因此，《淫秽电子信息犯罪解释（一）》针对这类犯罪规定了单独的定罪量刑标准，较之一般淫秽物品犯罪，从严予以打击。利用移动通讯终端实施淫秽电子信息犯罪，实际上是指利用移动通讯网络实施淫秽电子信息犯罪，不包括以手机卡为载体实施的淫秽电子信息犯罪。以手机卡为载体复制、贩卖淫秽电子信息，无异于传统的手对手方式的贩卖淫秽电子信息，确实更为接近于《非法出版物解释》中规定的行为。但是，将“淫秽视频”解释为“淫秽软件”，超越了司法解释用语的可能含义，且以手机卡为载体传播的淫秽视频通常时间长度较短，也不能同《非法出版物解释》规定的影碟、录像带直接等同，故直接适用《非法出版物解释》也不可取。较为适宜的是，对相关案件的定罪量刑可以参照适用《非法出版物解释》规定的标准，并注意切实把握罪责刑相适应原则。

---

① 有论者进一步指出：“行为人不可能只实施复制行为，与顾客之间还必然会有关于淫秽视频交易的合意过程，包括价格商讨、视频选择等，这些内容则属于贩卖行为。可见，不仅是贩卖淫秽物品牟利罪，还是复制淫秽物品牟利罪，都无法全面还行为人的所有行为。”参见肖江峰：《利用手机卡存储功能复制、贩卖淫秽物品牟利犯罪的法律适用》，载《人民司法》2014 年第 17 期。

② 也有意见主张将淫秽视频视为淫秽影碟，指出：“淫秽影碟的载体虽是光盘，但在使用过程中设备读取播放的其实是刻录于光盘上的淫秽视频。作为外在形式的光盘数量按‘张’为单位计，但作为光盘内容的淫秽视频亦可按‘个’为单位计。我们计算作为载体的光盘的数量，其实就是在计算淫秽视频的数量。所以，两者适用同一个司法解释不存在根本冲突。”参见肖江峰：《利用手机卡存储功能复制、贩卖淫秽物品牟利犯罪的法律适用》，载《人民司法》2014 年第 17 期。

——喻海松:《网络犯罪十二讲》，法律出版社2018年版，第363~365页。

1303. 利用互联网上网服务营业场所制作、复制、传播淫秽电子信息的处理

关键词

互联网　淫秽电子信息

附录：最高人民法院法官著述

2010年，某地破获了一起利用互联网上网服务营业场所制作、复制、传播淫秽电子信息的案件。经鉴定，属于淫秽电子信息的视频文件有68个。但是，对于互联网上网服务场所内部局域网是否属于互联网，该案是否可以适用《最高人民法院、最高人民检察院关于办理利用互联网、移动通讯终端、声讯台制作、复制、出版、贩卖、传播淫秽电子信息刑事案件具体应用法律若干问题的解释》(以下简称《淫秽电子信息犯罪解释（一）》) 的有关规定进行定罪处罚存在争议。

关于利用互联网上网服务营业场所制作、复制、传播淫秽电子信息行为，是否应当适用《淫秽电子信息犯罪解释（一）》的相关规定，本书认为，互联网是指直接进行国际联网的计算机信息网络。互联网上网服务营业场所内部局域网不属于互联网，在互联网上网服务营业场所内部局域网内制作、复制、传播淫秽电子信息的行为不适用《淫秽电子信息犯罪解释（一）》的规定。主要考虑如下：

第一，从解释的界限来看，不宜将互联网上网服务营业场所内部局域网解释为互联网。《计算机信息网络国际联网管理暂行规定》第3条第2项对互联网有着明确的界定，即“直接进行国际联网的计算机信息网络”。这也是人们对于互联网的通行理解。而通过查阅国务院及各部委的有关法律、规章，虽未见对局域网是否属于互联网有明确界定，但从相关规定来看，互联网应当不包括局域网。《互联网上网服务营业场所管理条例》第16条第2款规定：“互联网上网服务营业场所经营单位提供上网消费者使用的计算机必须通过局域网方式接入互联网，不得直接接入互联网。”从这一规定可以看出，互联网上网服务营业场所内部局域网实际上是连接上网消费者使用的计算机与互联网的媒介，虽然同互联网相连，但不属于互联网。因此，在《淫秽电子信息犯罪解释（一）》未对互联网作出特殊界定的前提下，不宜对互联网作出不同于通行理解和专门法规的解释。

第二，从《淫秽电子信息犯罪解释（一）》的起草背景来看，互联网不包括内部局域网。《淫秽电子信息犯罪解释（一）》只适用于利用互联网、移动通讯终端、声讯台制作、复制、出版、贩卖、传淫淫秽电子信息的犯罪。这类利用互联网、公共通讯网络实施的淫秽电子信息犯罪，较之传统的淫秽物品犯罪，具有广泛性、迅速性的特点，从而社会危害性更大。因此，《淫秽电子信息犯罪解释（一）》针对这类犯罪规定了单独的定罪量刑标准，较之一般淫秽物品犯罪，从严予以打击。以互联网为例，由于互联网能够直接进行国际联网，其开放性、及时性、大容量等特点使淫秽色情内容不断泛滥，且表现出不同于传统淫秽物品的特征，从而使有必要专门针对这些行为作出统一规定。而内部局域网不具备上述特性，不属于《淫秽电子信息犯罪解释（一）》的规制对象。

第三，从《淫秽电子信息犯罪解释（一）》的具体内容来看，互联网上网服务营业场内部局域网不属于互联网。《淫秽电子信息犯罪解释（一）》是针对利用直接进行国际联网的计算机信息网络制作、复制、出版、贩卖、传播淫秽电子信息作出的专门规定。例如，《淫秽电子信息犯罪解释（一）》第3条规定的制作、复制、出版、贩卖、传播淫秽电影、表演、动画等视频文件、淫秽音频文件、淫秽电子刊物、图片、文章、短信息等定罪量刑的标准就是依据互联网能够直接进行国际联网的特性而制定的。正是基于互联网开放性、及时性、大容量等特点，利用互联网实施上述行为的社会危害性远大于传统方式，从而定罪量刑的标准也应专门予以规定。而利用相对封闭的互联网上网服务营业场内部局域网制作、复制、传播淫秽电子信息行为在社会危害性上小于利用互联网实施的行为，因而不应适用《淫秽电子信息犯罪解释（一）》规定的定罪量刑标准。

第四，从罪责刑相适应原则的要求来看，不宜对利用互联网上网服务营业场内部局域网制作、复制、传播淫秽电子信息行为适用《淫秽电子信息犯罪解释（一）》的相关规定定罪量刑。罪责刑相适应原则是我国刑法的基本原则。根据《刑法》第5条的规定，刑罚的轻重，应当与犯罪分子所犯罪行和承担的刑事责任相适应。这就要求根据行为的社会危害性程度，来确定相对合理的刑罚。由于局域网的相对封闭性和使用主体的相对小范围，通过局域网传播淫秽物品的危害性一定比通过互联网传播的危害性小。通过互联网传播淫秽电子信息，可以将淫秽电子信息传播至互联网连接的世界各国，而通过局域网传播淫秽电子信息，只能传播至局域网内部的使用者。在互联网上发布淫秽电子信息，互联网上数以亿计的网民都可以访问查看，而在局域网上发布淫秽电子信息，只有局域网内部相对少的使用者可以查看。可见，利用互联网上网服务营业场内部局域网制作、复制、传播淫秽电子信息行为同利用互联网制作、复制、传播淫秽电子信息行为相比，前者的社会危害性程度远远低于后者，在刑罚上自然应当轻于后者。因此，基于罪责刑相适应原则，对利用互联网上网服务营业场内部局域网制作、复制、传播淫秽电子信息行为，不能直接适用《淫秽电子信息犯罪解释（一）》，其定罪量刑标准应远远高于《淫秽电子信息犯罪解释（一）》的定罪量刑标准。

第五，不适用《淫秽电子信息犯罪解释（一）》的规定，并不会导致放纵违法犯罪行为。对于不属于《淫秽电子信息犯罪解释（一）》规定的制作、复制、传播淫秽电子信息的案件，可以根据数量、后果等综合判断其社会危害性，构成犯罪的，直接根据《刑法》规定定罪处罚；不构成犯罪的，依照《治安管理处罚法》的规定予以处罚。

——喻海松：《网络犯罪十二讲》，法律出版社2018年版，第365~368页。

1304. 行为人利用淫秽物品招揽顾客，推销合法产品的行为，认定为传播淫秽物品牟利罪

关键词

淫秽物品　招揽顾客　推销产品　传播淫秽物品牟利罪

《刑事审判参考》指导案例

周菊清传播淫秽物品案（《刑事审判参考》指导案例第 1444 号）

裁判要点：行为人在个人网站或者微信群内传播淫秽物品，其目的只是增加关注度，从而为销售合法产品创造商机。其既没有让被传播者支付信息费，也没有通过网站本身或者微信群作广告赚取广告费，不能认定为传播淫秽物品牟利罪中的“牟利”情节，只构成传播淫秽物品罪。

我国刑法在第三百六十三条和第三百六十四条分别规定了传播淫秽物品牟利罪和传播淫秽物品罪，两罪构成要件的区别主要在于前者要求以牟利为目的，而后者并无此要求。本案被告人周菊清为了吸引顾客、销售男性保健品，在微信群内发布淫秽视频链接，对于这种利用淫秽物品促销合法产品的行为，究竟构成传播淫秽物品牟利罪还是传播淫秽物品罪，在司法实践中存在争议。

一种意见认为，对于传播淫秽物品牟利罪中“牟利”情节的判断，不应局限于行为人是否通过传播淫秽物品直接进行牟利，同时还包括行为人以传

播淫秽物品为手段间接牟取经济利益的情形。本案中，被告人周菊清利用淫秽物品进行促销，就是把传播淫秽物品作为一种吸引他人眼球的手段，以吸引到更多的顾客，扩大销售额，从而获取更多的利润，最终目的还是为了牟利，符合传播淫秽物品牟利罪的构成要件，应当以该罪论处。

另一种意见认为，商家的一切营业行为都是围绕着“营利”这一目的，但并非所有的行为都能够认定为是传播淫秽物品牟利罪中的“牟利”。行为人在个人网站或者微信群内传播淫秽物品，其目的只是增加关注度，从而为销售合法产品创造商机。其既没有让被传播者支付信息费，也没有通过网站本身或者微信群作广告赚取广告费，不能认定为传播淫秽物品牟利罪中的“牟利”情节，只构成传播淫秽物品罪。

我们赞同后一种意见，理由分析如下：

（一）利用淫秽电子信息促销合法产品获利，不属于司法解释规定的利用网络传播淫秽物品牟利情形

根据传播淫秽物品行为能否直接获取非法利润，可以将牟利目的分为直接牟利与间接牟利两种形式。其中，所谓直接牟利，是指只要行为人完成了传播淫秽物品犯罪行为，就能直接获取到非法利润。直接牟利是网络传播淫秽物品牟利的一种传统方式，即网络用户通过支付费用，在网站上浏览、下载、使用相关淫秽信息、文件，或者是表面上为免费而实际上通过线路转换收取高额的网费或短信费用等。所谓间接牟利，是指行为人完成了传播淫秽物品犯罪行为后，还需要行为人或第三者实施其他行为才能获取利润。传播淫秽物品间接牟利是一种更新型、更流行的牟利方式，主要是通过提供免费的淫秽信息文件吸引网络用户，增加网站点击率，提高网站知名度，从而吸引广告商，获取高额广告费。与传统的直接牟利方式不同，间接牟利所获得的利益并非直接来自淫秽物品，而是来自第三方支付的商业广告收入，淫秽物品传播在其中起到一个推动利益产生的作用。

那么，上述两种牟利方式是否都属于传播淫秽物品牟利罪中的“牟利”情节呢？对此，有观点认为，传播淫秽物品牟利罪中的“牟利”情节，仅包括通过传播淫秽物品本身直接获取非法利益的情形，例如，通过移动存储介质为他人提供淫秽电子信息的复制件并收取费用或通过会员注册费等形式收取淫秽电子信息服务费等。我们认为，从传播淫秽物品牟利罪的罪状来看，“牟利”情节并不以直接牟利为限，还应当包括间接牟利。从司法实践来看，淫秽网站提供淫秽信息服务而直接收取信息费的情形越来越少，更多的淫秽网站都是免费向用户开放，通过增加点击率、提高知名度来赚取巨额的广告赞助费。虽然淫秽网站的建立者不能从淫秽信息中直接获利，但其通过赚取广告费所获得的间接经济利益更大。这种间接经济利益与直接经济利益在本质上是一样的，无非是利益的来源不同而已。为此，2004 年《最高人民法

院、最高人民检察院关于办理利用互联网、移动通讯终端、声讯台制作、复制、出版、贩卖、传播淫秽电子信息刑事案件具体应用法律若干问题的解释》（以下简称《解释》）第一条规定："以牟利为目的，利用互联网、移动通讯终端制作、复制、出版、贩卖、传播淫秽电子信息，以会员制方式出版、贩卖、传播淫秽电子信息，注册会员达二百人以上的，或者利用淫秽电子信息收取广告费、会员注册费或者其他费用，违法所得一万元以上的，以制作、复制、出版、贩卖、传播淫秽物品牟利罪定罪处罚。"从司法解释层面确认了传播淫秽电子信息牟利既包括直接牟利，也包括间接牟利。其中，行为人通过网站直接贩卖淫秽电子信息，或者在用户注册加入淫秽网站成为会员后要求使用银行卡、手机等网上结算手段支付费用的方式，均属于直接向被传播者收取淫秽电子信息服务费的直接牟利方式；而通过提供免费的淫秽网站或网页吸引网络用户，增加网站点击率和知名度，从而吸引广告商，获取高额广告费的，则属于间接牟利方式，二者均可以认定为传播淫秽物品牟利罪。

具体到本案，被告人周菊清虽然在微信群内发布淫秽视频链接，但是其既没有向被传播者收取淫秽视频链接的信息服务费，也没有通过其创建的微信群作广告赚取广告费，其目的只是吸引顾客，更好地销售男性保健品，获利来源在于男性保健品的销售额，故不属于《解释》所规定的两种牟利方式。

根据罪刑相适应原则，对传播淫秽物品牟利罪中的"牟利"应作严格解释

由于具有牟利目的的传播行为具有更大的危害性，传播淫秽物品牟利罪要远远重于传播淫秽物品罪。[①] 传播淫秽物品牟利罪的法定最高刑可至无期徒刑；而传播淫秽物品罪的法定最高刑只有二年有期徒刑。如此一来，行为人主观上是否具有牟利目的就成为认定何种罪名、适用何种法定刑的关键所在。从《解释》的规定来看，行为人所获利益除了通过向被传播者直接收取淫秽电子信息服务费之外，还包括通过提供免费的淫秽电子信息来吸引浏览量，并借此发布广告赚取高额广告费这样一种间接的牟利方式。间接牟利的获利不是直接来自淫秽物品，而是借助淫秽物品来获取利益，淫秽物品只是起到一个获利工具的作用。那么，除了《解释》所规定的间接牟利方式之外，对于行为人在出售产品或提供服务时附送淫秽物品，或者利用淫秽物品招揽顾客进行促销，然后从合法产品的销售或服务中获取利益的，针对这种间接牟利的方式能否认定为传播淫秽物品牟利罪，这就涉及如何对"牟利"情节这

① 一方面，牟利目的表明行为人以犯罪为手段来获取非法利润，说明行为人的主观恶性更重，更应当受到谴责与非难；另一方面，牟利目的为行为人积极主动、反复实施传播淫秽物品行为提供了动力，并会促使行为人进一步扩大传播行为的规模，对社会的危害更为严重，故刑法配置了更为严厉的法定刑。

一构成要件进行解释的问题。

法官在适用法律处理各种案件的过程中，不可避免地需要对法律进行解释。从某种意义上来说，法官适用法律其实就是一个解释法律的过程。根据罪刑相适应原则的要求，我们在对某一罪状用语进行解释的时候，需要考虑法条所规定的法定刑以及依此法条最终可能作出的宣告刑的轻重，使解释的结论符合罪刑相适应原则。[①] 如前所述，传播淫秽物品牟利罪仅仅因为在构成要件上需要“以牟利为目的”，在法定刑的设置上要远远重于传播淫秽物品罪。为此，我们对“牟利”情节应当进行严格解释，以将那些轻微的传播淫秽物品间接牟利的行为，排除在该罪的犯罪构成之外。而且，在现代法治社会中，谦抑性是刑法追求的价值目标，只有在迫不得已的情况下才能动用刑罚，能够动用较轻刑罚足以制裁的不应判处较重的刑罚。针对传播淫秽物品、卖淫嫖娼等“风化犯罪”，除了传播给未成年人之外，我们应当持谨慎的态度，严格按照《解释》规定进行司法判断，防止对“牟利”要件作扩大解释。从《解释》的规定来看，网络传播淫秽物品“牟利”主要包括直接收取淫秽电子信息服务费，以及通过网站或网页间接赚取高额广告费两种方式。无论哪种方式，行为人所牟取的利益均来源于所传播的淫秽电子信息或者是传播淫秽电子信息的行为本身，其牟利方式与传播淫秽电子信息行为之间存在着直接的、必然的因果关系。对于虽利用淫秽物品招揽顾客，但是其所获利益直接来源于其他合法产品或服务的情形，无论是根据《解释》的规定，还是罪刑相适应原则的要求，均不宜认定为传播淫秽物品牟利罪。

具体到本案，被告人周菊清通过微信从事男性保健品销售经营活动，在微信群里发布淫秽视频链接，供群成员浏览，其目的在于扩大所售商品的受众人数，增加交易机会，提高商品的销售量。其所获利益来源于卖出的男性保健品，而非淫秽物品本身或者传播淫秽物品行为本身，这种牟利方式与传播淫秽物品行为之间并不存在直接的、必然的因果关系，故不应认定为传播淫秽物品牟利罪。一审法院对其以传播淫秽物品罪定罪处罚是恰当的。

——聂昭伟撰稿、陆建红审编：《周菊清传播淫秽物品案——为推销合法产品而利用淫秽物品招揽顾客的行为，能否认定为传播淫秽物品牟利罪》，载最高人民法院刑事审判第一、二、三、四、五庭编：《刑事审判参考》（总第129 辑），人民法院出版社 2022 年版，第 80~84 页。

---

① 对此，正如张明楷教授所指出：“法定刑影响、制约着相应犯罪构成要件的解释。因为法定刑首先反映出国家对犯罪行为的否定评价和对犯罪人的谴责态度，所以，解释者必须善于联系法定刑的轻重解释犯罪的构成要件，将轻微行为排除在重法定刑的犯罪构成之外，使严重行为纳入重法定刑的犯罪构成之内。”参见张明楷：《许霆案的刑法学分析》，载《中外法学》2009 年第 1 期。

1305. 对于免费会议厅形式的网络淫秽视频聊天宜认定为组织淫秽表演罪

关键词

免费会议厅　组织淫秽表演罪　网络淫秽视频聊天

附录：最高人民法院法官著述

免费会议厅形式的网络淫秽视频聊天通常不牟利，参与人员也通常不固定，无严格的组织者。通常有人主持，会议室的管理员可以指定任何人主持，但会议室的管理员不一定参与淫秽表演活动。任何人均可免费注册自己的号码，并登录到任意会议室。建设者或者管理员可以设定权限或密码，只有知道密码的人才能登录会议室。也有视频表演的会议室通常是任何人均可自愿登录。关于此种情形的淫秽视频聊天行为的定罪量刑，存在如下不同观点：有观点认为，构成传播淫秽物品牟利罪或者传播淫秽物品罪；也有观点认为构成聚众淫乱罪；还有观点认为构成组织淫秽表演罪。本书认为，对此种行为不宜按照传播淫秽物品牟利罪（传播淫秽物品罪）或者聚众淫乱罪追究刑事责任，而对组织者宜以组织淫秽表演罪定罪处罚。分析如下：

（1）传播淫秽物品牟利罪（传播淫秽物品罪）的犯罪对象为淫秽物品，即必须有物品这个载体，包括有形载体和无形载体。无论是有形载体，还是无形载体，都必须具有可再现性。"传播淫秽物品的行为之所以具有需要刑法惩治的必要性，是因为淫秽物品具有反复被多人传观的可能性，具有波及范围广、涉及人数多的特点。否则，如果不具有被多数人反复观看的可能性，就不具备传播淫秽物品（牟利）罪罪质所要求的社会危害性，不能以传播淫秽物品（牟利）罪论处，构成其他犯罪的，可以按其他犯罪论处。"[①] 网络淫秽视频聊天采取的是实时视频信息传输的模式，淫秽视频信息不能保存在服务器硬盘中，也不能够在事后再现，随案移送的光盘中记录的视频信息仅是公安机关通过技术手段录制下的视频文件，并不代表其原始的存在形态。[②] 因此，网络淫秽视频聊天并非以淫秽物品的形式存在，而仅仅是以视频流的形式存在。

（2）即使将视频流理解为淫秽物品，也存在量化的困难。根据现有司法

---

① 王明辉、唐煜枫：《"裸聊行为"入罪之法理分析》，载《法学》2007年第8期。

② 参见刘兆欣等：《管理网络聊天室并进行"裸聊"如何处理》，载《人民检察》2007年第7期。

解释的规定，传播淫秽视频文件20个以上的，方可构成传播淫秽物品牟利罪，传播淫秽视频文件40个以上的，方可构成传播淫秽物品罪。这就对视频流的量化提出了要求，而视频流的量化难以操作。而且，这还要求公安机关通过技术手段录制下视频，会造成取证困难，难以据此定罪量刑。

（3）将网络淫秽视频聊天的行为认定为传播淫秽物品，会导致刑法适用的混乱。网络淫秽视频聊天，传播的仅仅是视频流，如果将此认定为传播淫秽视频，则组织播放淫秽的电影、录像等音像制品的行为也应当是在传播淫秽视频，应当认定为传播淫秽物品罪。《刑法》实际上专门规定了组织播放淫秽音像制品罪。那么，司法实践中，组织播放淫秽的电影、录像等音像制品的行为实际上同时触犯了传播淫秽物品罪和组织播放淫秽音像制品罪，根据从一重处断原则，应当以传播淫秽物品罪定罪处罚，这明显同司法实践的做法不符。

（4）网络淫秽视频聊天的行为也不符合聚众淫乱罪的犯罪构成。聚众淫乱罪主要表现为群奸群宿、跳全裸体舞或进行性交以外的其他性变态活动，如鸡奸、兽奸等。[①] 由此可见，聚众淫乱以多人进行身体之间有接触的性行为或变相性行为为前提，而网络淫秽视频聊天的行为不符合这一特性。需要注意的是，法律确实未明确规定聚众淫乱以身体接触为前提。但是，从民众的通常认识出发，“淫乱活动”应当理解为有身体接触，虚拟空间中的聚众裸聊由于未发生身体接触，解释为“淫乱”，似不符合民众的一般预期。而且，就处罚力度而言，聚众淫乱罪的法定刑为“五年以下有期徒刑、拘役或者管制”，而组织淫秽表演罪的法定刑为“三年以下有期徒刑、拘役或者管制”“三年以上十年以下有期徒刑”，故适用组织淫秽表演罪似更能加大惩治力度。因此，聚众裸聊的行为不应认定为聚众淫乱罪，认定为组织淫秽表演罪更为合适。

（5）对组织者应当以组织淫秽表演罪追究刑事责任。[②] 在免费会议厅形式的淫秽视频聊天中，存在多个人员角色：①建设者，开设会议室需要缴纳一定费用，且往往根据会议室大小的不同而费用有所区分；②管理员，建设者

---

① 参见高铭暄、马克昌主编：《刑法学》（第3版），中国法制出版社2007年版，第649~650页。

② 有论者对此类案件属于组织淫秽表演行为作了进一步论证：“此类案件应属于组织淫秽表演行为。其一，组织性。综观本案，从聊天软件的设计到‘宝贝’的招募，从广告的发布到费用的收取和分发，从表演的方式到会员的发展都是有组织、有计划的过程。其二，互动性。表演者表演的内容是根据观看者购买的虚拟礼物的价值而定的，双方可以通过远程语音实现互动交流，表演者可以根据观看者的要求作出相应动作，组织者还可以通过公共广播等形式制造现场气氛，煽动表演者和观看者情绪，从而制造更火爆的表演效果。其三，从观看者的角度考察。观看者之所以愿意支付较高的对价、并在特定时间、登录特定系统观看表演，正是因为这种具备互动性的现场表演可以更大满足其欲望，比观看录制好的、不能互动的视频更刺激、更具吸引力。”吴加明、季爱华：《利用网络聊天室组织淫秽表演的定罪与量刑》，载《中国检察官》2012年第22期。

不一定是管理员，很多情况下建设者不是管理员，而是由其他人管理；③主持人，负责在会议室内主持活动，管理员不一定是主持人（也可能不存在主持人）；④参与者。本书认为，建设者、管理员、主持人都应当认定为网络淫秽视频聊天的组织者，应当以组织淫秽表演罪定罪处罚。

——喻海松：《网络犯罪二十讲》，法律出版社2022年版，第572~574页。

1306. 仅为提高浏览权限而担任淫秽网站版主的行为认定

关键词

传播淫秽物品牟利罪　共同犯罪

《刑事审判参考》指导案例

陈继明等传播淫秽物品牟利案（《刑事审判参考》指导案例第769号）

裁判要点：明知他人建立淫秽网站牟利，为提高浏览权限申请为版主，对网站进行管理、编辑和维护，应当构成传播淫秽物品牟利罪的共犯。

本案被告人史迎庆、盛家志对网站中描绘嫖娼过程过于简单的帖子或没有上传色情图片的帖子进行删除，而对详细描绘整个嫖娼过程并上传色情图片的帖子进行加分和恢复。二被告人虽然主观上意识到其管理、编辑行为必然会吸引更多的网民进行点击和浏览，大大提升网站的“人气”，对陈继明利用网站牟利的行为起到积极帮助作用，但是仍积极申请成为网站管理人员，对淫秽网站进行管理、编辑和维护。同时，陈继明也明知史迎庆、盛家志的管理行为对其行为会起到帮助作用，而接受二被告人的申请，同意其参加该网站管理、编辑和维护。可见，史迎庆、盛家志与陈继明属于共同犯罪，史迎庆、盛家志的行为完全符合帮助犯的构成要件。

——最高人民法院刑事审判第一、二、三、四、五庭主办：《刑事审判参考》2012年第2集（总第85集），法律出版社2012年版，第82~87页。

1307. 传播淫秽物品的网站版主的刑事责任

关键词

传播淫秽物品罪　定罪标准

最高人民法院司法解释

第五条　网站建立者、直接负责的管理者明知他人制作、复制、出版、贩卖、传播的是淫秽电子信息，允许或者放任他人在自己所有、管理的网站或者网页上发布，具有下列情形之一的，依照刑法第三百六十四条第一款的规定，以传播淫秽物品罪定罪处罚：

（一）数量达到第一条第二款第（一）项至第（五）项规定标准十倍以上的；

（二）数量分别达到第一条第二款第（一）项至第（五）项两项以上标准五倍以上的；

（三）造成严重后果的。

——《最高人民法院、最高人民检察院关于办理利用互联网、移动通讯终端、声讯台制作、复制、出版、贩卖、传播淫秽电子信息刑事案件具体应用法律若干问题的解释（二）》（2010 年 2 月 2 日，法释〔2010〕3 号）。

《刑事审判参考》指导案例

冷继超传播淫秽物品案（《刑事审判参考》指导案例第 671 号）

裁判要点：网站版主属于网站的直接管理者，明知是淫秽信息，又允许或放任其存在，涉及的淫秽信息数量达到法律规定的标准的，应当以传播淫秽物品罪认定。

普通网民利用网络传播淫秽电子信息的方式，主要是上传、下载、实时传送淫秽图片、视频、文字，或者创建淫秽电子信息的超链接。而对于版主来说，他们享有特殊的权限，能够接触到更广泛的资源，因此，他们可以通过对所管理网站、论坛、版块行使管理权限，为淫秽信息制造和维护传播环境。具体表现为：

明知所管理的网站、论坛、版块是淫秽网站、论坛、版块，仍从事管理工作，维护该淫秽网站、论坛、版块的正常运行；虽然其所管理的网站、论坛、版块并非专门的淫秽网站、论坛、版块，但其明知存在含有淫秽电子信息的主题帖，仍对该主题帖进行编辑、加工等操作，为淫秽信息的传播提供环境，鼓励淫秽信息上传者；明知所管理的网站、论坛、版块中存在淫秽电子信息，但对涉及淫秽信息的主题帖子不予及时删除，对淫秽信息的传播持纵容、默许的态度。

……

应当注意，计算淫秽电子信息的数量应有一定的时间、空间界限：

空间上，应以行为人参与管理的版块为限。由于版主的级别不同，所管理的版块层次也有所差别。对于最低层次的版主，其所涉及的淫秽电子信息数量自然只计算其所实际参与管理的版块；而对于较高层次的版主、总版主，则应既计算其直接管理的版块，也计算其通过监督下设子版主工作而间接参与管理的子版块的淫秽电子信息数量。

时间上，应以行为人担任版主的期间作为计算区间。既要计算行为人在此期间由其本人上传和编辑的淫秽电子信息数量，也要计算在此期间虽然不是其主动上传和编辑，但因其采取默许态度而上传到其管理论坛中的淫秽电子信息。

——最高人民法院刑事审判第一、二、三、四、五庭主办：《刑事审判参考》2011 年第 1 集（总第 78 集），法律出版社 2011 年版，第 67~73 页。

1308. 通过投放广告等方式向淫秽网站直接或者间接提供资金或提供费用结算服务行为的认定

关键词

制作、复制、出版、贩卖、传播淫秽物品牟利罪　共同犯罪

最高人民法院司法解释

第七条　明知是淫秽网站，以牟利为目的，通过投放广告等方式向其直接或者间接提供资金，或者提供费用结算服务，具有下列情形之一的，对直接负责的主管人员和其他直接责任人员，依照刑法第三百六十三条第一款的规定，以制作、复制、出版、贩卖、传播淫秽物品牟利罪的共同犯罪处罚：

（一）向十个以上淫秽网站投放广告或者以其他方式提供资金的；

（二）向淫秽网站投放广告二十条以上的；

（三）向十个以上淫秽网站提供费用结算服务的；

（四）以投放广告或者其他方式向淫秽网站提供资金数额在五万元以上的；

（五）为淫秽网站提供费用结算服务，收取服务费数额在二万元以上的；

（六）造成严重后果的。

实施前款规定的行为，数量或者数额达到前款第（一）项至第（五）项规定标准五倍以上的，应当认定为刑法第三百六十三条第一款规定的"情节严重"；达到规定标准二十五倍以上的，应当认定为"情节特别严重"。

——《最高人民法院、最高人民检察院关于办理利用互联网、移动通讯终端、声讯台制作、复制、出版、贩卖、传播淫秽电子信息刑事案件具体应用法律若干问题的解释（二）》（2010 年 2 月 2 日，法释〔2010〕3 号）。

《刑事审判参考》指导案例

魏大巍、戚本厚传播淫秽物品牟利案（《刑事审判参考》指导案例第 667 号）

裁判要点：明知是淫秽网站，利用淫秽网站投放广告销售产品，向淫秽网站直接或者间接地提供资金，应以传播淫秽物品牟利罪认定。

随着网络时代的到来，利用网站投放广告来增加产品受众范围，促进产品销售，提高产品知名度和影响力，已经成为市场经济的一种新型营销模式。但由于我国目前对网络广告的监管尚不十分规范，一些不法分子借机利用淫秽网站投放广告销售产品，向淫秽网站直接或者间接地提供资金，变相资助淫秽网站的运营，助长了淫秽网站的扩张和蔓延，其行为也因此具有较大的社会危害性。

为依法打击淫秽网站，切断淫秽网站的利益链条，最高人民法院、最高人民检察院出台了《关于办理利用互联网、移动通讯终端、声讯台制作、复制、出版、贩卖、传播淫秽电子信息刑事案件具体应用法律若干问题的解释（二）》，该解释第七条规定，明知是淫秽网站，以牟利为目的，通过投放广告等方式向其直接或者间接提供资金，或者提供费用结算服务，符合特定情形的，依照刑罚第三百六十三条第一款的规定，以制作、复制、出版、贩卖、传播淫秽物品牟利罪的共同犯罪处罚。

——最高人民法院刑事审判第一、二、三、四、五庭主办：《刑事审判参考》2011 年第 1 集（总第 78 集），法律出版社 2011 年版，第 30~39 页。

附录：理解与适用

《最高人民法院、最高人民检察院关于办理利用互联网、移动通讯终端、声讯台制作、复制、出版、贩卖、传播淫秽电子信息刑事案件具体应用法律若干问题的解释（二）》第 7 条共分两款，明确了以牟利为目的，通过投放广告等方式向淫秽网站直接或者间接提供资金，或者提供费用结算行为的定性问题，为本解释的核心内容之一。

淫秽网站的犯罪成本虽然较低，但仍然需要一定的资金来源以维护其日常运作。从司法实践来看，除了部分收费网站（主要为电脑网站）采取收受会员费等方式牟取利益外，大部分淫秽网站靠加盟广告联盟，在自己的网站上为广告联盟的广告代码提供链接以获取利益。合作的方式有点击合作，即淫秽网站获取广告代码，如果有人点击广告则自动记录，由广告联盟或广告主付费给网站；而更多的是分成合作，即用户下载淫秽网站广告所链接的服务，淫秽网站就能获取相应的分成。通过这种方式，广告商（广告联盟）和广告主往往获取巨大利润。因此，有必要严厉打击向淫秽网站投放广告及其他提供资金的行为，才能真正切断通过传播淫秽电子信息获取利益的链条。此外，淫秽网站经常采用第三方支付平台进行支付，支付平台从中收取服务费。因此，对明知是淫秽网站仍然为其提供资金结算帮助的支付平台进行打击，也是切断其利益链条的有效途径。总之，对明知是淫秽网站，以牟利为目的，通过投放广告等方式向其直接或者间接提供资金，或者提供费用结算，情节严重的，有必要对直接负责的主管人员和其他直接责任人员，以制作、复制、出版、贩卖、传播淫秽物品牟利罪的共同犯罪论处。

在此，有两个问题需要特别说明：

（1）这里涉及隔地共同犯罪的情况。在这种情况下，可能存在对实行犯的刑事管辖权实际无法行使的情况。经研究，以牟利为目的，通过投放广告等方式向淫秽网站直接或者间接提供资金，或者提供费用结算的行为具有较大社会危害性，在实行犯未归案的情况下，对其他犯罪人可以共同犯罪予以定罪处罚。

（2）基于宽严相济刑事政策的考量，对于此条共犯的成立应设立单独的定罪量刑标准，只对情节严重的行为予以惩治。

第1款对实施上述行为构成制作、复制、出版、贩卖、传播淫秽物品牟利罪的共同犯罪设置了独立的标准：第（1）项以提供资金的网站数量为标准，即向10个以上淫秽网站投放广告或者以其他方式提供资金的构成犯罪；第（2）项以投放广告数量为标准，即向淫秽网站投放广告在20条以上的构成犯罪；第（3）项以为淫秽网站提供费用结算服务的网站数量为标准，即向10个以上淫秽网站提供费用结算服务的构成犯罪；第（4）项以提供资金的数量为标准，即以投放广告或者其他方式向淫秽网站提供资金数额在5万元以上的构成犯罪；第（5）项以提供费用结算服务所收取服务费数额为标准，即为淫秽网站提供费用结算服务，收取服务费数额在2万元以上的构成犯罪；第（6）项是关于兜底条款的规定。

第2款规定了情节严重和情节特别严重的认定标准。本条的起刑点、情节严重和情节特别严重的标准之间为5倍的倍数关系。

——喻海松：《〈关于办理利用互联网、移动通讯终端、声讯台制作、复制、出版、贩卖、传播淫秽电子信息刑事案件具体应用法律若干问题的解释（二）〉的理解与适用》，载《人民司法·应用》2010年第5期（总第592期）。

1309. 淫秽电子信息的实际被点击数如何认定

关键词

制作、复制、出版、贩卖、传播淫秽物品牟利罪　电子信息的点击数

《刑事审判参考》指导案例

罗刚等传播淫秽物品牟利案（《刑事审判参考》指导案例第669号）

裁判要点：在排除虚假计数、自点击数、无效点击数、重复计数的前提下，本案28张淫秽图片的实际点击数系82973次，罗刚等人依法构成传播淫秽物品牟利罪。

综上，我们认为，在计算实际被点击数时主要需要考虑的是排除人为设置的虚假计数、网站的自点击数、有证据证实的无效点击数以及因为手机WAP上网的特性导致的对同一电子文件设置的重复计数，从而得出实际被点击数。对于其他需要排除的计数方式，必须有必要和充分的证据证实才能予以排除，而且实践中这种排除的范围不能过大。一是排除的范围越精确，则法定的点击数越接近甚至等同于传播人数，这样定罪标准与传统介质相比显然过低，不利于对此犯罪行为的打击。二是计算的标准越复杂，越增加法律的适用成本，加大法律适用的难度，实践中难以把握，且易引起不必要的争议。

——最高人民法院刑事审判第一、二、三、四、五庭主办：《刑事审判参考》2011年第1集（总第78集），法律出版社2011年版，第49~58页。

杨勇传播淫秽物品牟利案（《刑事审判参考》指导案例第723号）

裁判要点：上诉人杨勇在所建网站上链接大量淫秽电子信息并在互联网和移动通信网络中传播，加入广告联盟后，其利用淫秽电子信息增加广告点击量，以实现牟利目的，应当以传播淫秽物品牟

利罪追究刑事责任。一审未区分普通电子信息与淫秽电子信息的被点击数，导致淫秽电子信息实际被点击数事实不清，故不予认定。

1. 要区分包含淫秽信息的普通网站与淫秽网站。如果认定某个网站为淫秽网站，且该网站内的电子信息均为淫秽信息，那么，淫秽电子信息的实际被点击数就等同于截至案发当日该网站的实际被点击数。如果淫秽网站内的电子信息主要是淫秽信息，同时存在少量普通信息，那么淫秽电子信息的实际被点击数就可能略低于截至案发当日该网站的实际被点击数。相比之下，如果普通网站的某些板块存在淫秽电子信息，由于该网站同时存在普通信息与淫秽信息，在认定淫秽电子信息的实际被点击数时，就应当区分普通电子信息与淫秽电子信息的被点击数，不能笼统地将整个网站的实际被点击数认定为淫秽电子信息的实际被点击数。

2. 要区分“点击数”与“实际被点击数”。网站经营者出于牟利目的，通常会想方设法提高网站点击率，从而扩大网站影响，获取更多的广告费收入。因此，淫秽网站的点击数能够反映其社会危害性的大小。但在实践中，一些淫秽网站为了营造声势或者获取更多的非法利益，故意将点击率计数器的初始值设为 10 万次甚至更多，或者将点击率计数器计数办法设置为点击一次计数 10 次甚至更多，还有些网站管理者亲自或者指使、雇佣少数人持续点击淫秽电子信息，从而导致网站的点击数呈现虚增状态，不能真实反映淫秽网站的实际危害。为贯彻罪责刑相适应原则，准确认定淫秽网站的实际危害，在计算淫秽电子信息的实际被点击数时，如查明确实存在虚增点击数的情况，就应当扣除上述虚增的点击数。

——最高人民法院刑事审判第一、二、三、四、五庭主办：《刑事审判参考》2011 年第 4 集（总第 81 集），法律出版社 2012 年版，第 57~64 页。

1310. 以牟利为目的与多人进行网络视频裸聊行为的认定

关键词

传播淫秽物品牟利罪　视频裸聊

《刑事审判参考》指导案例

方惠茹传播淫秽物品牟利案（《刑事审判参考》指导案例第 641 号）

裁判要点：淫秽物品的根本属性在于其淫秽性，随着时代的发展，淫秽信息与信息载体已相对分离，对淫秽物品的理解也不应只

局限于淫秽信息载体，裸聊视频具备淫秽物品本质的属性，应合理扩张解释为淫秽物品。以牟利为目的，“点对面”地进行网络裸聊，将淫秽信息公开化，应当认定为传播淫秽物品牟利罪。

首先，同其他淫秽物品一样，网络裸聊行为所传递出来的信息具有强烈的淫秽性。淫秽性是淫秽物品的本质属性，在具体判断时可以参照国家新闻出版署 1988 年《关于认定淫秽色情物的暂行规定》第二条的规定……网络裸聊是一种通过网络聊天室、摄像头，向特定或不特定的他人展示自己裸体的行为，由此向观众所传递出来的信息显然具有强烈的淫秽性。

其次，传播淫秽物品犯罪还要求犯罪行为符合“传播”的特点，将淫秽信息广为扩散，从而影响公众对于性的感情，具有严重的社会危害性，需要动用刑罚加以惩罚。所谓“传播”，一般是指散布或者使他人可以得到或获取；也就是说，传播必须具有一定范围的公然性，或者说必须使不特定多数人能够获取或使用。在此意义上，网络裸聊并不能一概视为传播行为。其中，对于“点对点”式裸聊，其最突出的特点就是私密性，裸聊在双方之间秘密进行，并不会影响到公众对于性的感情，这种行为不符合传播淫秽物品犯罪的要求，因而这种通常发生于夫妻、情侣之间或者为填补精神空虚的陌生人之间裸聊，仅仅是公民私德范畴内的行为，应该依靠道德约束而不应该动用刑罚调整。与之相反，对于“点对面”式的裸聊，情况有本质区别。这种裸聊方式使人类的各种性行为公开化，违背了人类的性羞耻感，严重侵害了社会风尚中的善良性风尚和性道德。

……

事实上，随着电子技术的发展，信息与信息载体的关系已经摆脱了传统模式的局限，二者之间产生了分离，信息对现实生活的作用无须借助载体，可以单独直接进行。在这种情况下，不应纠缠于信息有无载体这个问题，而应重点关注信息本身的内容是否具有淫秽性。某种行为，只要向社会大众传递出来的信息具有强烈的淫秽性，就应当以传播淫秽物品犯罪论处。

——最高人民法院刑事审判第一、二、三、四、五庭主办：《刑事审判参考》2010 年第 4 集（总第 75 集），法律出版社 2011 年版，第 80~86 页。

1311. 利用网络视频组织淫秽表演行为的认定

关键词

组织淫秽表演罪　传播淫秽物品牟利罪

《刑事审判参考》指导案例

重庆访问科技有限公司等单位及郑立等人组织淫秽表演案（《刑事审判参考》指导案例第 673 号）

裁判要点：各被告单位和被告人以牟利为目的，利用网络视频多次组织淫秽表演的行为，构成组织淫秽表演罪，且情节严重。

组织淫秽表演罪和传播淫秽物品牟利罪同属妨害社会管理秩序类犯罪，但两罪在犯罪主体和客观方面均存在差异：组织淫秽表演罪的关注点在于组织行为和淫秽表演行为，追究的淫秽表演组织者的刑事责任；而传播淫秽物品牟利罪的关注点则在于与淫秽物品相关的传播行为，追究的淫秽物品传播者的刑事责任。在网络媒体发达的现代社会，犯罪手段和方法的不断更新，许多犯罪分子开始利用网络实施相应的犯罪行为，这给网络犯罪罪名的准确认定带来了一定的挑战。实践中，对于新型网络犯罪，需要立足犯罪构成要件仔细甄别各类犯罪，确保定罪准确。

本案中，被告单位和被告人通过网络视频组织淫秽表演的犯罪行为就属于组织淫秽表演的一种新型表现形式。伴随着娱乐场所管理的规范化，传统类型的组织淫秽表演犯罪很容易遭到查处，犯罪风险较大，而通过一对一收费型网络视频方式组织淫秽表演，仅针对网站付费会员提供服务，由于组织表演者、表演者和观看者均处于不同的场所和空间，向会员收费和相应的表演行为均通过网络进行，犯罪活动更加具有隐蔽性，因此这种犯罪手段颇受违法犯罪分子的青睐。无论是传统的组织人员进行“现场面对面式”淫秽表演，还是现代的借助网络媒体组织人员进行“视频面对面式”淫秽表演，均为组织淫秽表演的表现形式，均应构成组织淫秽表演罪。

——最高人民法院刑事审判第一、二、三、四、五庭主办：《刑事审判参考》2011 年第 1 集（总第 78 集），法律出版社 2011 年版，第 80~88 页。

1312. 刑法意义上淫秽表演的界定

关键词

组织淫秽表演罪　淫秽表演

《刑事审判参考》指导案例

董志尧组织淫秽表演案（《刑事审判参考》指导案例第 770 号）

裁判要点：模特在不特定的摄影者面前暴露生殖器、摆出淫秽姿势供其拍摄属于刑法意义上的淫秽表演，该种拍摄活动的组织者应以组织淫秽表演罪认定。

刑法意义上的“淫秽表演”，是指公然以体态性的动作露骨宣扬色情，如跳脱衣舞、裸体舞、性交表演、手淫、口淫表演等。淫秽表演有两个特征：一是诲淫性，即行为必须具有客观上挑起他人不正常性刺激、性兴奋的作用。如果表演行为不具有这种作用，就不会危害社会的健康性风尚，也就没有运用刑罚进行惩治的正当根据。二是公开性，即必须在多数人或者不特定人面前进行表演。如果淫秽表演只在特定少数人面前进行，其所产生的危害也只局限于这些特定的少数人，就不会对社会的健康性风尚产生不良影响。相反，淫秽表演如果在多数人或者不特定人面前进行，其影响范围就会超出特定受众，危害社会的健康性风尚。本案中，模特在摄影者镜头前的表演，完全符合淫秽表演的上述两个特征。首先，从诲淫性看，模特在摄像过程中不仅有暴露性器官的行为，而且还当众作出很多淫秽的姿势，客观上能够引起他人的性刺激、性兴奋。属于以体态动作露骨宣扬色情，有关部门也因此将该表演鉴定为淫秽表演节目。其次，从公开性看，尽管模特进行淫秽表演的受众并非类似电影观众那样一般意义上的观众，而是拍摄淫秽图像的摄影者，但这些摄影者是董志尧从互联网上公开招募而来，只要交纳拍摄费用，携带较为高端的相机，就能参与拍摄活动，成为该淫秽表演活动的受众。由此可见，参与摄影活动的人具有不特定性，且随着拍摄场次的增多，这类受众的人数也增多。因此，本案中的模特属于在不特定多数受众面前露骨宣扬色情，其表演行为属于刑法意义上的淫秽表演。

——最高人民法院刑事审判第一、二、三、四、五庭主办：《刑事审判参考》2012 年第 2 集（总第 85 集），法律出版社 2012 年版，第 88~93 页。

第十一章　贪污贿赂罪

1313. 依法从严惩治腐败犯罪，实现职务犯罪审判工作高质量发展

关键词

职务犯罪　腐败犯罪　审判工作

附录：最高人民法院法官著述

一、依法严惩贪污贿赂、渎职等犯罪，着力巩固发展反腐败斗争压倒性胜利

习近平总书记指出，要坚持无禁区、全覆盖、零容忍，坚持重遏制、强高压、长震慑，坚持受贿行贿一起查，坚决防止党内形成利益集团。当前，行贿人“围猎”党员领导干部仍是腐败犯罪发生的重要原因，人民法院要突出重点，对以下行贿行为进行严厉惩处：一是多次行贿、巨额行贿以及向多人行贿，特别是党的十八大后不收敛不收手的；二是党员和国家工作人员行贿的；三是在国家重要工作、重点工程、重大项目中行贿的；四是在组织人事、执纪执法司法、生态环保、财政金融、安全生产、食品药品、帮扶救灾、养老社保、教育医疗等领域行贿的；五是实施重大商业贿赂的，等等。

二、积极参与反腐败国际追逃追赃工作，不断织密反腐败“天网”

反腐败国际追逃追赃是反腐败斗争的重要组成部分。习近平总书记指出：“不管腐败分子逃到哪里，都要缉拿归案、绳之以法。”充分体现了党中央对反腐败国际追逃追赃的坚定决心。2018 年刑事诉讼法修改设立缺席审判制度，这是反腐败国际追逃追赃的重大制度创新，人民法院积极采取有效措施予以稳步推进。此类案件的被告人即使不出庭，在事实清楚，证据确实、充分的情况下，通过缺席审判程序仍然能够依法对其定罪量刑，明确其犯罪分子的身份，对犯罪所得予以追缴。目前，关于缺席审判程序适用的专门司法解释正在紧锣密鼓制定之中，一批缺席审判案件将陆续落地，这将向已经外逃和可能外逃的贪腐分子发出强烈信号——无论逃到天涯海角，也逃脱不了法律

的制裁。

三、全力配合国家监察体制改革，扎实做好法法衔接工作

为加强党对反腐败工作的统一领导，推进国家治理体系和治理能力现代化，党中央作出国家监察体制改革的重大决策部署。随着宪法、监察法、刑事诉讼法的修订制定工作相继完成，当前国家监察体系总体框架已经基本建立，国家监察体制改革取得重大阶段性成果。在最高人民法院的有力指导下，全国各级法院坚决贯彻党中央关于国家监察体制改革的重大决策部署，把配合推进国家监察体制改革作为重大政治任务，结合职能职责采取有力措施予以贯彻落实。特别是，自觉地把法法衔接工作放到推进国家治理体系和治理能力现代化的大局中谋划，聚焦国家监察体制改革中的新情况新问题，主动与监察、检察机关对接，有针对性提出对策，建立对接机制，制定对接办法，加强沟通，依法配合，加速磨合，取得显著成效。

在办理案件过程中，人民法院对发现的涉嫌违纪违法案件线索及时移送给纪检监察机关。目前，党员、国家工作人员身份信息核查、刑事案件信息通报、违纪违法线索移送等相关方面已经形成工作机制并在全国法院推开。最高人民法院并已会同中央纪委国家监委、最高人民检察院、公安部专门就国家监察体制改革司法审判配套工作中的程序问题制定了相关文件，内容包括管辖、证据、涉案财物处理等多个方面。此外，最高人民法院正会同有关部门抓紧研究制定《关于办理贪污贿赂刑事案件适用法律若干问题的解释（二）》等一批配套司法解释，进一步规范监察与刑事司法衔接中的实体及程序问题，着力提升反腐败斗争的整体效能。

新时代新征程对人民法院的职务犯罪审判工作提出了新的更高要求。我们要认真学习贯彻习近平总书记“七一”重要讲话精神，践行习近平法治思想，进一步增强做好职务犯罪审判工作的政治责任感和使命感。要按照周强院长对全国法院刑事审判工作座谈会所作批示要求以及全国法院刑事审判工作座谈会的具体部署，牢固坚持党的绝对领导，增强“四个意识”、坚定“四个自信”、做到“两个维护”，充分履行审判职能作用，把严的主基调长期坚持下去，为深入推进全面从严治党、巩固发展反腐败斗争压倒性胜利提供有力支撑。要牢固坚持以审判为中心，深入贯彻宽严相济刑事政策，严格落实罪刑法定、疑罪从无、证据裁判原则，严把案件事实关、证据关和法律适用关，确保将每一起案件办成经得住历史和法律检验的铁案。要树牢风险意识，强化责任担当，加强组织保障，健全审判管理，确保职务犯罪审判工作扎实开展、有序推进、稳妥进行。要按照政治坚定、业务精通、经验丰富、作风优良的标准要求，打造一支讲操守、讲奉献、能战斗、敢担当、守纪律的尖兵强队，努力实现职务犯罪审判工作高质量发展。

——王晓东：《依法从严惩治腐败犯罪　实现职务犯罪审判工作高质量发

展》，载《人民法院报》2021年10月14日，第5版。

1314. 关于“贪污贿赂犯罪、恐怖活动犯罪等”犯罪案件的范围

关键词

贪污贿赂犯罪　恐怖活动犯罪

最高人民法院司法解释

第六百零九条　刑事诉讼法第二百九十八条规定的“贪污贿赂犯罪、恐怖活动犯罪等”犯罪案件，是指下列案件：

（一）贪污贿赂、失职渎职等职务犯罪案件；

（二）刑法分则第二章规定的相关恐怖活动犯罪案件，以及恐怖活动组织、恐怖活动人员实施的杀人、爆炸、绑架等犯罪案件；

（三）危害国家安全、走私、洗钱、金融诈骗、黑社会性质组织、毒品犯罪案件；

（四）电信诈骗、网络诈骗犯罪案件。

——《最高人民法院关于适用〈中华人民共和国刑事诉讼法〉的解释》（2021年1月26日，法释〔2021〕1号）。

附录：最高人民法院主流观点

《最高人民法院关于适用〈中华人民共和国刑事诉讼法〉的解释》（法释〔2021〕1号，以下简称《刑事诉讼法解释》）第六百零九条吸收《最高人民法院、最高人民检察院关于适用犯罪嫌疑人、被告人逃匿、死亡案件违法所得没收程序若干问题的规定》第一条对《最高人民法院关于适用〈中华人民共和国刑事诉讼法〉的解释》（法释〔2012〕21号）第五百零七条的规定作出修改完善，规定：“刑事诉讼法第二百九十八条规定的‘贪污贿赂犯罪、恐怖活动犯罪等’犯罪案件，是指下列案件：（一）贪污贿赂、失职渎职等职务犯罪案件；（二）刑法分则第二章规定的相关恐怖活动犯罪案件，以及恐怖活动组织、恐怖活动人员实施的杀人、爆炸、绑架等犯罪案件；（三）危害国家安全、走私、洗钱、金融诈骗、黑社会性质组织、毒品犯罪案件；（四）电信诈骗、网络诈骗犯罪案件。”需要注意的是：

（1）《最高人民法院、最高人民检察院关于适用犯罪嫌疑人、被告人逃匿、死亡案件违法所得没收程序若干问题的规定》第一条规定：“下列犯罪案件，应当认定为刑事诉讼法第二百八十条第一款规定的‘犯罪案件’：（一）贪污、挪用公款、巨额财产来源不明、隐瞒境外存款、私分国有资产、私分罚没财

物犯罪案件；（二）受贿、单位受贿、利用影响力受贿、行贿、对有影响力的人行贿、对单位行贿、介绍贿赂、单位行贿犯罪案件；（三）组织、领导、参加恐怖组织，帮助恐怖活动，准备实施恐怖活动，宣扬恐怖主义、极端主义、煽动实施恐怖活动，利用极端主义破坏法律实施，强制穿戴宣扬恐怖主义、极端主义服饰、标志，非法持有宣扬恐怖主义、极端主义物品犯罪案件；（四）危害国家安全、走私、洗钱、金融诈骗、黑社会性质的组织、毒品犯罪案件。”“电信诈骗、网络诈骗犯罪案件，依照前款规定的犯罪案件处理。”经研究认为，该条第一款第一项、第二项规定的犯罪案件可以统称为“贪污贿赂犯罪案件”。主要考虑是：《国家监察委员会管辖规定（试行）》（国监发〔2018〕1号）第四章明确了职务犯罪案件的管辖范围。其中，第十一条规定：“国家监察委员会负责调查行使公权力的公职人员涉嫌贪污贿赂、滥用职权、玩忽职守、权力寻租、利益输送、徇私舞弊以及浪费国家资财等职务犯罪案件。”第十二条对贪污贿赂犯罪案件作了进一步明确，规定：“贪污贿赂犯罪案件，包括贪污罪；挪用公款罪；受贿罪；单位受贿罪；利用影响力受贿罪；行贿罪；对有影响力的人行贿罪；对单位行贿罪；介绍贿赂罪；单位行贿罪；巨额财产来源不明罪；隐瞒境外存款罪；私分国有资产罪；私分罚没财物罪；非国家工作人员受贿罪；对非国家工作人员行贿罪；对外国公职人员、国际公共组织官员行贿罪。”

（2）《监察法》第四十八条规定：“监察机关在调查贪污贿赂、失职渎职等职务犯罪案件过程中，被调查人逃匿或者死亡，有必要继续调查的，经省级以上监察机关批准，应当继续调查并作出结论。被调查人逃匿，在通缉一年后不能到案，或者死亡的，由监察机关提请人民检察院依照法定程序，向人民法院提出没收违法所得的申请。”据此，在《刑事诉讼法解释》第六百零九条第一项规定中新增了“失职渎职等职务犯罪案件”。

——《刑事诉讼法解释》起草小组：《〈最高人民法院关于适用《中华人民共和国刑事诉讼法》的解释〉理解与适用》，载最高人民法院刑事审判第一、二、三、四、五庭编：《刑事审判参考》（总第126辑），人民法院出版社2021年版，第217~218页。

1315. 高校科研经费贪污案件的司法认定

关键词

高校科研经费　贪污罪

《刑事审判参考》指导案例

吴常文贪污案（《刑事审判参考》指导案例第1430号）

裁判要点：科研经费具有明确的专属性，并非课题组的私有财产，课题组对项目承担单位管理的科研经费不具有随意处置的权利；行为人通过虚列支出、虚开发票等手段套取科研经费转入个人实际控制的公司或关联公司，公司确有参与科研合作的，应从公司参与科研项目实施和完成情况、公司实际为科研项目的支出情况、科研经费真实去向等方面，综合认定行为人对套取的科研经费是否具有非法占有目的。

近年来围绕高校科研项目及经费管理发生的问题事件持续成为社会关注的热点。在高校（本文中均指国有事业单位属性的高等院校及其分支机构，下文不再标注）科研项目经费贪污案审判实务中，比较常见的辩解辩护意见是，项目课题组完成科研任务交出项目成果，就可以支配项目经费，项目课题组尤其是课题组负责人有权决定如何使用资金，不存在贪污的情形。因而，项目立项后科研经费下达到项目承担单位的高校后，项目经费是否还属于公共财产，课题组完成科研项目、任务交出科研成果后是否可以任意支配项目经费，成为争议焦点。

此外，在产学研一体化改革背景下，高校承担单位以外的科研项目的情况比较常见，其中部分科研人员尤其是项目负责人以个人实际控制的公司等相关公司参与科研项目为借口，利用项目及经费管理上的漏洞，在项目申报和实施过程中，通过虚增子课题、虚列开支、夸大成本等手段，将部分科研经费转入相关公司，达到套取科研经费的目的。行为人往往以转入相关公司的经费实际用于科研项目或者相关公司参与完成科研任务等为由，辩解不具有非法占有科研经费的目的，并提出一些似是而非的证据，此种情形下，判定行为人是否具有非法占有目的也是案件审判中的难点。

针对上述问题，现结合本案例，具体分析如下：

科研经费具有明确的专属性，并非课题组的私有财产，课题组对项目承担单位管理的科研经费不具有随意处置的权利

1. 无论纵向科研经费还是横向科研经费均属于公共财产，科研人员仅拥有使用权而非所有权。

科研经费根据项目及经费来源不同，分为纵向科研经费和横向科研经费。纵向科研经费系由各级政府部门批准立项的科研项目经费，来源于国家财政拨款，属于中央或地方财政资金，即使划拨给高校后，其性质仍属于国有财

产，并非项目承担单位、课题组，更非课题项目负责人的财产。纵向科研经费属于国有财产或者公共财产，在理论界是主流观点，在实务中也争议不大。而对于横向科研经费的性质，学术界、实务界均有分歧意见。横向科研项目一般是指高校或科研院所接受第三方委托进行的各类科研开发、科技服务、科技研究等项目，双方权利义务依照科研服务合同加以界定。有观点认为，横向科研经费因其来源非为公款，在进入项目承担单位的高校后，不能界定为公共财产，因而行为人侵吞横向科研经费的行为也不构成贪污罪。

我们认为，首先，课题组科研人员及课题组负责人虽然可以在课题实施过程中、完成后获得一定的绩效奖励和间接费用等，但对科研经费并不具有所有权，仅具有依照预算及相关经费管理规定、项目协议书规定加以使用的权利。那种认为“项目承担单位与项目主管部门签订项目协议书，课题组与项目承担单位实行内部责任制，项目协议属于民事合同，课题组只要履行完成科研任务、交出科研成果的义务，就可以随意处置科研经费”的观点，与项目主管部门、项目承担单位按照各层面的科研项目及其资金的管理规定对科研经费进行全程、全方位的监管相矛盾，不能成立。

其次，横向科研经费与纵向科研经费在本质上并无不同。根据《教育部、财政部关于进一步加强高校科研经费管理的若干意见》的规定，高校取得的各类经费，不论其资金来源渠道，均为学校收入，必须全部纳入学校财务部门统一管理、集中核算，并确保科研经费专款专用。鉴此，科研经费不论其资金来源渠道，划拨、转入至承接项目的高校后，均属于高校的公共财产。高校性质属于国有事业单位的，相关科研经费的性质则属于国有资产。与横向科研经费相比，纵向科研经费因其来源于财政资金，在预算制定、资金使用、资金结算、信息公开等方面有着更为严格的规定，具有明显的行政管理属性。但横向科研项目及其经费使用也要接受作为承担单位的高校等部门的监管，横向科研经费进入高校后也属于高校管理的资金。对此，教育部、财政部在《关于加强中央部门所属高校科研经费管理的意见》专门规定，纵向科研经费和横向科研经费应当全部纳入学校财务统一管理，按照相关科研经费管理办法、委托方或科研合同的要求合理使用。

最后，尽管项目委托单位可能因为看中课题组负责人的学术水平和科研能力，才选择课题组负责人所在的高校作为科研项目承担单位，但科研项目的立项、实施、验收、鉴定不是课题组负责人个人单打独斗、单枪匹马就能完成，它离不开高校组织并提供的相关科研力量、配套的关联学科人才和提供符合条件的实验场地和科研设备，离不开高校利用自身资源和品牌效应保障科研项目顺利立项、实施、验收、评估鉴定、成果转化等。无论是在硬件还是软件上，项目课题组都依托于所在的高校。同时，高校作为项目承担单位还承担项目协议所规定的义务和责任，有别于课题组、更非课题组负责人个人作为项目承担单位承担协议规定的义务和责任。因此，认定科研经费进入项目承担单位的高校属于学校的资金，符合权责利一致的原则，明显具有合理性。课题组必须按照学校相关规定合理使用科研经费，不得违反规定使用虚开发票虚列开支等方式套取科研经费占为己有，损害国家、高校的利益。

综上，虽然纵向科研项目与横向科研项目的经费来源不同，管理机构层级、相关规定也有较大差异，但是在项目承担单位均为高校而非具体科研人员的情形下，项目科研经费总体属于公共财产的性质没有改变。本案中，海洋大学作为国有事业单位法人，其作为项目承担单位获得的科研经费，不论来源如何，均属于国有财产。

2. 国家为激励科研创新、调动科研人员积极性，适度放宽对科研经费管理，增加科研经费使用的灵活性，并不意味着科研人员可以将科研经费随意挪作他用，甚至非法占为己有。

属于国家下拨款项的纵向科研经费属于财政资金，必须专款专用。《国务院关于改进加强中央财政科研项目和资金管理的若干意见》(国发〔2014〕11号)对规范科研项目经费使用的行为作出规定："科研人员和项目承担单位要依法依规使用项目经费，不得擅自调整外拨资金，不得利用虚假票据套取资金，不得通过编造虚假合同、虚构人员名单等方式虚报冒领劳务费和专家咨询费，不得通过虚构测试化验内容、提高测试化验支出标准等方式违规开支测试加工费，不得随意调账变动支出、随意修改记账凭证、以表代账应付财务审计和检查。"同时，该规定对于结余资金的处理也作出了规定："项目在研期间，年度剩余资金可以结转下一年度继续使用。项目完成任务目标并通过验收，且承担单位信用评价好的，项目结余资金按规定在一定期限内由单位统筹安排用于科研活动的直接支出，并将使用情况报项目主管部门；未通过验收和整改后通过验收的项目，或承担单位信用评价差的，结余资金按原渠道收回。"上述规定根据项目验收情况的不同，对结余资金的处理分为三种处理方式，但均系用于科研用途，不可私自挪作他用，包括不可作为奖励分配给项目组成员，更遑论本案中套取科研经费用以营利的行为。

横向科研项目则由作为项目承担单位的高校的财务部门统一调配使用、监督管理，需遵循科研服务合同的预定，用于实现合同目的，结余经费也需要遵循高校关于科研项目及其经费管理制度、财务管理规定及合同约定进行处理，项目课题组负责人同样不得以任何名义挪作他用，更不能予以侵吞。

目前，我国科研经费的管理、使用、分配中确实存在管理制度不完善、激励机制不健全等问题，如因科研活动存在一定不确定性，科研经费预算编制无法与资金使用完全一致，经费管理不能适应科研活动开展的需要进行及时调整；报销项目规定过于注重形式，容易使部分费用无法报销；资金拨付不及时，有时需要科研人员先行垫付；等等。上述科研经费管理制度上存在的问题，也使得实践中科研人员通过编制虚假预算、以虚假发票冲账、伪造账目等手段套取科研经费的现象时有发生。为激励科研创新，调动科研人员积极性，提高科研经费使用的灵活性，促进科研经费使用效率，中共中央、国务院先后印发了《关于深化体制机制改革加快实施创新驱动发展战略的若干意见》《关于改进加强中央财政科研项目和资金管理的若干意见》等文件，国家及有关部委对科研经费管理作出一系列松绑、激励规定，比如在项目总预算不变的情况下直接费用中的多数科目预算可自主调剂，允许项目承担单位在间接费用中按照实际贡献支出绩效奖励等，但国家对科研经费管理趋于灵活并不意味着允许以虚假事由、虚假支出套取科研教育经费。国家工作人员利用职务上的便利套取科研经费非法占为己有的，属于贪污行为，应依法惩处。依法惩处视科研经费为"唐僧肉"进行肆意侵吞的非法行为，是保护国有资产等公共财产不流失、保护国家和高校利益、保障科研经费切实用于科研项目的切实需要。

需要注意的是，有种观点认为高校科研人员只是从事技术性服务工作，不具有管理项目经费的公权力，不具备贪污罪中利用从事公务的职务便利这一客观要件。我们认为，这种观点是片面的。因为无论是纵向科研项目还是横向科研项目，国家主管部门、省市相关部门及高校各层级制定的对科研项目及资金进行管理的各类规范性文件，除规定不同层级的主管部门对科研项目及资金进行监管、监督外，还规定科研项目课题组负责人必须对科研经费的使用等进行具体管理。因此，课题组负责人不仅是科研的负责人，而且还是科研经费管理环节中的重要一环。课题组负责人使用发票等财务凭证向所在高校报销相关经费时，其实质上就经手了科研经费的使用、处置等。经手是管理职权的一种表现方式。高校的科研经费属于公共财产，明确地说属于国有财产，经手国有财产属于管理国有财产的一种方式，属于从事公务。因此，即使科研项目课题组负责人本身不具有国家工作人员的身份，但其被授权具体管理科研经费，即具有了从事公务的职务便利。根据刑法规定，即符合贪污罪的主体要件。

行为人通过虚列支出、虚开发票等手段套取科研经费转入个人实际控制的公司或关联公司，公司确有参与科研合作的，应从公司参与科研项目实施和完成情况、公司实际为科研项目的支出情况、科研经费真实去向等方面，综合认定行为人对套取的科研经费是否具有非法占有目的

在科研经费贪污案中，关联公司是出现频率较高的关键词，其中部分涉案科研人员曾作出杰出的科研贡献，在科研界引发强烈反响。同样，涉案的关联公司很多也确实参与科研合作。在此种情况下，判定行为人对套取的科研经费是否具有非法占有目的时，既不能不作具体分析简单地将套取行为一概认定为贪污，也不能不加分析机械套用"疑罪从无"而导致放纵犯罪，应

当综合全案证据认真审查项目协议书规定的各方的权利义务和甄别套取的科研经费是实际用于科研还是被行为人违背管理规定凭空占有，准确把握罪与非罪的界限。

——管友军、陈将领、李莹撰稿、王晓东审编：《吴常文贪污案——高校科研经费贪污案件的司法认定》，载最高人民法院刑事审判第一、二、三、四、五庭编：《刑事审判参考》(总第128辑)，人民法院出版社2021年版，第116~124页。

1316. 受贿人收受的财物用于公务接待的，其定罪量刑如何体现

关键词

受贿罪 公务接待

附录：最高人民法院法官著述

司法实践当中经常遇见被告人辩称贪污贿赂款物用于公务支出等情形，这些情形对于定罪量刑究竟有没有影响？对此，有两种不同的意见：一种意见认为，贪污贿赂款物用于公务支出的，只是一个量刑的情节，应当认定为犯罪，并且属于犯罪既遂，在量刑时作为酌定的从轻情节考量。另一种意见认为，贪污贿赂款物用于公务支出的，不仅是定罪问题，同时也是量刑问题，而且在贪污贿赂犯罪中要有所区分。如上述案例中，被告人收受的60万元部分用于私人消费，部分用于公务接待，如在公务接待部分确实属于必须，又不是超规格接待的部分，在认定犯罪数额时就可以减掉，如果是超规格接待的部分应认定犯罪数额，贪污罪也是如此，公用的部分都视为从轻的量刑情节，但是，对于极其特殊的案件，由于公用最终也无法报销或返还的，可以认定为未遂。

上述问题既关系到法律的统一适用，也关系到依法惩治腐败的实际效果，司法解释对此明确规定为犯罪，那么，量刑时是认定为一般的从轻情节还是认定为未遂，实践中应当如何把握?《刑法修正案(九)》以及《最高人民法院、最高人民检察院关于办理贪污贿赂刑事案件适用法律若干问题的解释》的公布实施是按照全面依法治国、全面从严治党的战略部署，根据中央就反腐败工作提出的一系列新精神、新要求，对贪污贿赂犯罪的新情况、新问题进行的重新规范。在坚决依法从严惩治腐败犯罪，持续保持高压态势，有效遏制腐败蔓延势头的同时，把制度反腐、法治反腐提到了更加突出、更加重要的位置，要求坚持运用法治思维和法治方式惩治腐败，适应社会发展变化需要不断提高惩治腐败的法治水平，做到宽严得当、于法有据。正是在这一

背景之下，立法机关通过制定《刑法修正案（九）》，对贪污贿赂犯罪的刑法规定作出调整；最高人民法院、最高人民检察院梳理出贪污贿赂刑事案件办理当中需要解决的具体法律适用问题。其中，对于司法实践中出现的新情况、新问题在刑法规定框架内积极予以回应，使长期存在争议的问题形成共识。针对实践中常见的被告人辩解贪污贿赂款物用于公务支出的问题，明确根据在案证据可以认定存在贪污、受贿主观故意的，将不影响定罪。从过去的司法实践来看，有些接受财物用于公务支出的行为，有的定罪，有的没有定罪，上述司法解释对贪污贿赂犯罪的界限又进行了重新界定，对上述行为认定犯罪有了明确的法律依据。那么，对此情形量刑时如何考虑呢，是认定未遂，还是认定为一般的酌定从轻情节呢？对此不能一概而论，应当根据不同的案件、不同的情节作出相应的处理。实际中，有的犯罪情节轻微，纪检监察机关没有起诉到法院，因此不能进行刑事追究；有些案件起诉到法院，但是，贪污受贿的财物用于公务也要分为不同的情形，如同一单位的同事是否知情以及知情的程度等因素都是考量量刑的情节，如果同一部门的同事不知道被告人将贪污受贿的财物用于公务支出，只有被告人自己知情，那么，事后还需要偿还以及可以后续报销，如果是这样，就属于一般的量刑情节。如果贪污受贿的财物用于公务支出，而且这项支出是一项长远性的支出，是否将来可以报销或者归还等都是未知的因素，单位其他成员可能不愿意付出，而单位也不能付出，并且单位同事均知晓此情形的，可以认定为未遂。如果同一单位的同事均不知情，只能认定为一般的从轻情节。此外，对于贪污受贿犯罪定罪量刑情节的理解和适用中，《最高人民法院、最高人民检察院关于办理贪污贿赂刑事案件适用法律若干问题的解释》对于受贿罪规定的情节，既适用于定罪，也适用于加重量刑。如赃款赃物用于非法活动的，这是基于两次违法行为的特殊危害性而作出的否定评价，贪污后进而将赃款赃物用于非法活动，具有更为严重的危害性。实践中可以根据个案情况结合非法活动的比例数和绝对数综合判断。又如，拒不交代赃款赃物去向致使赃款赃物无法追缴或者拒不配合追缴工作，致使无法追缴的，这是综合行为人认罪悔罪态度和损害后果而提出的，不同于客观原因不能追缴，因行为人拒绝配合致使赃款赃物无法追缴的，不仅损失后果不能依法挽回，而且反映出行为人毫无认罪悔罪之态度。相反，就贪污受贿的财物用于公务活动的行为在量刑时应当与用于非法活动对比来掌握，如某案例中，L某受贿的60万元，有多大的比例用于公务接待，这种接待是否是必需的，是否属于超规格的，是否属于边疆地区无法解决的问题等应进行详细区分，同时，还要考察被告人的主观故意，贪污受贿财物就是为了公用，还是主要以占有为目的，只有很少部分财物用于公用等，然后根据实际情况作出判断，有些可以认定为未遂，有些只是酌定的从轻量刑情节，如果伴有自首、立功等情形，可以作为减轻的量刑情节。对于《最高人民法院、最高人民检察院关于办理贪污贿赂刑事案件适用法律若干问题的解释》规定的其他相关定罪量刑情节，也应当秉承这一思路进行认定。因此，第二种意见是正确的。

——王晓东：《贪污贿赂、渎职犯罪司法实务疑难问题解析》，人民法院出版社2020年版，第271~273页。

1317. 收受情人款项无法排除收钱行为系二人为重组家庭做准备的可能，不宜认定为受贿行为受贿罪

关键词

受贿罪　情人款项

《刑事审判参考》指导案例

王甲受贿案（《刑事审判参考》指导案例第1464号）

裁判要点：所谓“合理怀疑”，不能是概括的、模糊的，而应当是具体的，以普通人的判断标准和经验法则为基础，依据现有证据对法律事实进行判断，如果认为有其他结果可能性，即足以动摇事实认定基础，构成合理怀疑。

对本案被告人王甲收受其情人款项的行为能否认定为受贿罪，研究过程中存在两种观点：第一种观点认为，王甲利用职务上的便利，对王乙职务提升及危机化解提供帮助，故王乙给予王甲的钱款均应认定为受贿数额；第二种观点认为，王甲收受钱款行为与王乙请托行为之间缺乏对应，且王甲与王乙系情人关系，无法排除王甲收受王乙钱款行为系二人为重组家庭做准备的可能，故王甲收受王乙钱款的行为不宜认定为受贿行为。

我们倾向同意第二种观点，具体理由如下：

在普通行贿、受贿案件中，无论收受财物与谋取利益之间的时间线被拉得再长，甚至是行贿、受贿双方约定国家工作人员在职时“办事”、退休后收钱，谋利与收钱之间的对应关系仍是不言自明的，一般不需要特别证明。但当行贿、受贿双方存在特定关系时，则需要进一步证明。本案中，无论是被告人王甲还是证人王乙，都对王甲为王乙谋取利益一事以及王乙将钱财交给王甲一事供证清晰。但本案中王甲为王乙谋利和王甲收取王乙钱财一事之间的对应关系尚未达到证据确实、充分的标准，存在合理怀疑。

首先，被告人王甲与王乙存在情人关系，且已到谈婚论嫁的地步，存在

财产混同的情形。在案证据显示，在2009年8月至2012年10月长达三年时间内，被告人王甲与王乙二人从恋爱交往、约定各自离婚、购置“婚房”后同居、为子女出国筹备留学费用直至最后分手，保持长达三年的情人关系，虽然有不道德的因素，但二人在交往过程中是希望最终组成家庭的。并且王甲按照约定先与前夫离婚，后王乙在王甲的压力下曾两次起诉离婚，但又因为其他因素两次撤诉，直至2012年6月王乙在保证书中仍承诺尽快娶王甲为妻。二人在同居过程中存在财产混同。王乙将自己的工资卡等交由王甲保管，并不时将工资、奖金等打入此卡，共计98.86万元，公诉机关亦未将此部分数额计入犯罪金额，本身也表明公诉机关认可二人财产部分混同的情况。

其次，被告人王甲为王乙谋取利益以及王乙送钱给王甲，都不排除情感因素驱使下的自愿付出。《刑事诉讼法》第五十五条规定“证据确实、充分”要求“综合全案证据，对所认定事实已排除合理怀疑”。所谓“合理怀疑”，不能是概括的、模糊的，而应当是具体的，以普通人的判断标准和经验法则为基础，依据现有证据对法律事实进行判断，如果认为有其他结果可能性，即足以动摇事实认定基础，构成合理怀疑。

本案中，应当考虑二人具有重组家庭的计划和感情基础，在此情形下，情人一方为另一方在事业提拔和责任追究方面建言献策、通风报信、出面斡旋有关领导，虽有违纪之嫌，但确属人之常情。同样，王乙送钱给被告人王甲根据二人的供述、证言，既有基于以后共同生活的想法，也有基于感情为了取悦、赢得对方信任或者不能离婚为了补偿对方而支付的因素，如王乙在分手后借款230万元转给王甲，就不排除是因为分手而给予的财产切割或者精神补偿。倘若二人最终结为夫妻，双方间的财物往来就会成为二人的共同财产，二人就成为真正的利益共同体，就更不存在权钱交易的空间。王甲的供述与王乙的证言均能反映二人主观上从未将其视为一种交易，而是情感因素驱使下的自愿付出。双方的供证还得到部分证据的佐证，如王乙两次起诉离婚的诉讼证据、王乙的保证书等。

综上，本案现有证据无法证实被告人王甲收受钱款行为与为王乙谋利之间存在对应性，更无法证实其有索贿行为。现有证据链无法得到唯一结论，且根据经验法则和逻辑规则，合理怀疑足以动摇事实认定，故不宜将被告人王甲收受王乙钱款的行为认定为受贿行为。

需要说明的是，收受情人款项的行为应当综合案件进行判断，如果仅仅是在权钱交易的同时进行权色交易，那么情人关系不影响受贿行为性质的判断，但如果像本案这种，双方有共同生活的基础且有共同组成家庭的计划，则应当进一步研判，排除其他可能性。

——朱锡平、石魏、段凰撰稿、于同志审编：《王甲受贿案——收受情人款项的性质认定》，载最高人民法院刑事审判第一、二、三、四、五庭编:《刑事审判参考》(总第130辑),最高人民法院出版社2022年版,第118~128页。

1318. 职务犯罪案件从严惩处的范围和政策法律界限

关键词

职务犯罪 从严处罚 案件范围

最高人民法院司法政策精神

8. 对于国家工作人员贪污贿赂、滥用职权、失职渎职的严重犯罪,黑恶势力犯罪、重大安全责任事故、制售伪劣食品药品所涉及的国家工作人员职务犯罪,发生在社会保障、征地拆迁、灾后重建、企业改制、医疗、教育、就业等领域严重损害群众利益、社会影响恶劣、群众反映强烈的国家工作人员职务犯罪,发生在经济社会建设重点领域、重点行业的严重商业贿赂犯罪等,要依法从严惩处。

对于国家工作人员职务犯罪和商业贿赂犯罪中性质恶劣、情节严重、涉案范围广、影响面大的,或者案发后隐瞒犯罪事实、毁灭证据、订立攻守同盟、负案潜逃等拒不认罪悔罪的,要坚决依法从严惩处。

对于被告人犯罪所得数额不大,但对国家财产和人民群众利益造成重大损失、社会影响极其恶劣的职务犯罪和商业贿赂犯罪案件,也应依法从严惩处。

要严格掌握职务犯罪法定减轻处罚情节的认定标准与减轻处罚的幅度,严格控制依法减轻处罚后判处三年以下有期徒刑适用缓刑的范围,切实规范职务犯罪缓刑、免予刑事处罚的适用。

43. 对减刑、假释案件,要采取开庭审理与书面审理相结合的方式。对于职务犯罪案件,尤其是原为县处级以上领导干部罪犯的减刑、假释案件,要一律开庭审理。对于故意杀人、抢劫、故意伤害等严重危害社会治安的暴力犯罪分子,有组织犯罪案件中的首要分子和其他主犯以及其他重大、有影响案件罪犯的减刑、假释,原则上也要开庭审理。书面审理的案件,拟裁定减刑、假释的,要在羁押场所公示拟减刑、假释人员名单,接受其他在押罪犯的广泛监督。

——《最高人民法院印发〈关于贯彻宽严相济刑事政策的若干意见〉的通知》(2010年2月8日,法发〔2010〕9号)。

最高人民法院审判业务意见

在坚持依法从严惩处职务犯罪的同时，同样需要根据《关于贯彻宽严相济刑事政策的若干意见》（以下简称《意见》）第 14 条、第 25 条的规定，体现宽严“相济”，做到严中有宽、宽以济严。以贿赂犯罪为例说明如下：（1）对于收受财物后于案发前退还或上交所收财物的，应当区分情况作出不同处理：收受请托人财物后及时退还或者上交的，因其受贿故意不能确定，同时为了感化、教育潜在受贿犯罪分子，故不宜以受贿处理；受贿后因自身或者与其受贿有关联的人、事被查处，为掩饰犯罪而退还或者上交的，因受贿行为既已完毕，且无主动悔罪之意思，故不影响受贿罪的认定。（2）对于行业、领域内带有一定普遍性、涉案人员众多的案件，要注意区别对待，防止因打击面过宽导致不良的社会效果。特别是对于普通医生的商业贿赂犯罪问题，更要注意运用多种手段治理应对。对收受回扣数额大的；明知药品伪劣，但为收受回扣而要求医院予以采购的；为收受回扣而给病人大量开药或者使用不对症药品，造成严重后果的；收受回扣造成其他严重影响的等情形，应依法追究刑事责任。（3）对于性质恶劣、情节严重、涉案范围广、影响面大的商业贿赂犯罪案件，特别是对于顶风作案的，或者案发后隐瞒犯罪事实、毁灭证据、订立攻守同盟、负案潜逃等企图逃避法律追究的，应当依照《意见》第 8 条第 2 款的规定依法从严惩处的同时，对于在自查自纠中主动向单位、行业主管（监管）部门讲清问题、积极退赃的，或者检举、揭发他人犯罪行为，有自首、立功情节的，应当依照《意见》有关规定依法从轻、减轻或者免予处罚。

——最高人民法院刑事审判第二庭：《宽严相济在经济犯罪和职务犯罪案件审判中的具体贯彻》，载《人民法院报》2010 年 4 月 7 日。

1319. 职务犯罪中非监禁刑的适用

关键词

职务犯罪　非监禁刑　宽严相济刑事政策

最高人民法院司法政策精神

一、严格掌握职务犯罪案件缓刑、免予刑事处罚的适用。职务犯罪案件的刑罚适用直接关系反腐败工作的实际效果。人民法院、人民检察院要深刻认识职务犯罪的严重社会危害性，正确贯彻宽严相济刑事政策，充分发挥刑罚的惩治和预防功能。要在全面把握犯罪事实和量刑情节的基础上严格依照刑法规定的条件适用缓刑、免予刑事处罚，既要考虑从宽情节，又要考虑从严情节；既要做到刑罚与犯罪相当，又要做到刑罚执行方式与犯罪相当，切实避免缓刑、免予刑事处罚不当适用造成的消极影响。

二、具有下列情形之一的职务犯罪分子，一般不适用缓刑或者免予刑事处罚：

（一）不如实供述罪行的；

（二）不予退缴赃款赃物或者将赃款赃物用于非法活动的；

（三）属于共同犯罪中情节严重的主犯的；

（四）犯有数个职务犯罪依法实行并罚或者以一罪处理的；

（五）曾因职务违纪违法行为受过行政处分的；

（六）犯罪涉及的财物属于救灾、抢险、防汛、优抚、扶贫、移民、救济、防疫等特定款物的；

（七）受贿犯罪中具有索贿情节的；

（八）渎职犯罪中徇私舞弊情节或者滥用职权情节恶劣的；

（九）其他不应适用缓刑、免予刑事处罚的情形。

三、不具有本意见第二条规定的情形，全部退缴赃款赃物，依法判处三年有期徒刑以下刑罚，符合刑法规定的缓刑适用条件的贪污、受贿犯罪分子，可以适用缓刑；符合刑法第三百八十三条第一款第（三）项的规定，依法不需要判处刑罚的，可以免予刑事处罚。

不具有本意见第二条所列情形，挪用公款进行营利活动或者超过三个月未还构成犯罪，一审宣判前已将公款归还，依法判处三年有期徒刑以下刑罚，符合刑法规定的缓刑适用条件的，可以适用缓刑；在案发前已归还，情节轻微，不需要判处刑罚的，可以免予刑事处罚。

四、人民法院审理职务犯罪案件时应当注意听取检察机关、被告人、辩护人提出的量刑意见，分析影响性案件案发前后的社会反映，必要时可以征求案件查办等机关的意见。对于情节恶劣、社会反映强烈的职务犯罪案件，不得适用缓刑、免予刑事处罚。

五、对于具有本意见第二条规定的情形之一，但根据全案事实和量刑情节，检察机关认为确有必要适用缓刑或者免予刑事处罚并据此提出量刑建议的，应经检察委员会讨论决定；审理法院认为确有必要适用缓刑或者免予刑事处罚的，应经审判委员会讨论决定。

——《最高人民法院、最高人民检察院印发〈关于办理职务犯罪案件严格适用缓刑、免予刑事处罚若干问题的意见〉的通知》（2012年8月8日，法发〔2012〕17号）。

最高人民法院审判业务意见

在依照《意见》第 14 条、第 15 条、第 16 条规定适用缓刑等非监禁刑时，应当充分考虑到当前职务犯罪案件缓刑等非监禁刑适用比例偏高的实际情况，以及职务犯罪案件适用非监禁刑所需要的社会民意基础和过多适用非监禁刑可能带来的社会负面影响。贪污、受贿犯罪分子具有下列情形之一的，一般不得适用缓刑：致使国家、集体和人民利益遭受重大损失或者影响恶劣的；不退赃或者退赃不积极，无悔罪表现的；犯罪动机、手段等情节恶劣，或者将赃款用于非法经营、走私、赌博、行贿等违法犯罪活动的；属于共同犯罪中情节严重的主犯，或者犯有数罪的；曾因职务、经济违法犯罪行为受过行政处分或者刑事处罚的；犯罪涉及的财物属于救灾、抢险、防汛、防疫、优抚、扶贫、移民、救济、捐助、社会保险、教育、征地、拆迁等专项款项和物资的。渎职犯罪分子具有下列情形之一的，一般不适用缓刑：（1）依法减轻处罚后判处三年有期徒刑以下刑罚的；（2）渎职犯罪造成特别恶劣影响的；（3）渎职行为同时构成其他犯罪，以渎职犯罪一罪处理或者实行数罪并罚的。

——最高人民法院刑事审判第二庭：《宽严相济在经济犯罪和职务犯罪案件审判中的具体贯彻》，载《人民法院报》2010 年 4 月 7 日。

1320. 在贪污贿赂犯罪案件中，何种情形可以判处终身监禁

关键词

贪污贿赂犯罪　终身监禁

附录：最高人民法院法官著述

《刑法修正案（九）》中规定了贪污贿赂犯罪案件可以判处终身监禁，对此，“两高”的司法解释也进行了细化，但是，在实践中该如何掌握有两种不同的意见：一种意见认为，死刑的终身监禁体现在刑法修正案中，应该是一种独立的刑罚，在决定刑罚的时候，判处终身监禁的被告人，罪行要轻于判处死刑立即执行的被告人，要重于判处死刑缓期二年执行的被告人，因此，在量刑时就要确定其是否适用终身监禁。另一种意见认为，贪污贿赂犯罪案件中判处终身监禁不是一种独立的刑罚，是判处死刑的一种特殊的执行方式，死刑包括三种执行方式，一是死刑立即执行；二是死刑终身监禁；三是死刑缓期二年执行。死刑的终身监禁就是应当判处死刑的被告人，鉴于其有其他的从轻或者减轻的情节，按照宽严相济的刑事政策，可以暂不予执行死刑，

判处缓期二年执行，但是不同于一般的死刑缓期二年执行，两者区别巨大，终身监禁二年以后改判为无期徒刑后，不得减刑和假释；一般的死刑缓期二年执行经过两年后可以减为无期徒刑或者有期徒刑。与第一种意见相同，死刑的终身监禁作为可以不执行死刑的一种替代方法，但是，需要在对被告人决定刑罚时一并作出。

根据2015年11月1日实施的《刑法修正案（九）》对《刑法》第383条的修改，第1款第（3）项规定，“贪污受贿数额特别巨大或者有其他特别严重情节，处十年以上有期徒刑或者无期徒刑，并处罚金或者没收财产；数额特别巨大，并使国家和人民利益遭受特别重大损失的，处无期徒刑或者死刑，并处没收财产”。第4款规定，“犯第一款罪，有第三项规定情形被判处死刑缓期执行的，人民法院根据犯罪情节等情况可以同时决定在其死刑缓期二年期满依法减为无期徒刑后，终身监禁，不得减刑、假释”。2016年4月18日公布的《最高人民法院、最高人民检察院关于办理贪污贿赂刑事案件适用法律若干问题的解释》对死刑的终身监禁进行了细化，第4条规定，贪污、受贿数额特别巨大，犯罪情节特别严重、社会影响特别恶劣、给国家和人民利益造成特别重大损失的，即“四个特别”，可以判处死刑。符合前款规定的情形，但具有自首、立功，如实供述自己罪行、真诚悔罪、积极退赃，或者避免、减少损害结果的发生等情节，不是必须立即执行的，可以判处死刑缓期二年执行，符合第1款规定情形的，根据犯罪情节等情况可以判处死刑缓期二年执行，同时裁判决定在其死刑缓期执行二年期满依法减为无期徒刑后，终身监禁，不得减刑、假释。根据上述法律、司法解释的规定，对贪污贿赂犯罪判处死刑终身监禁的需要把握以下几个方面：

1. 判处死刑终身监禁的被告人首先需要达到判处死刑的条件。《刑法》第383条第1款第（3）项规定，贪污受贿数额特别巨大，并使国家和人民利益遭受特别重大损失的，处无期徒刑或者死刑。《刑法》中判处死刑有两个条件，而这两个条件应当包括死刑立即执行、死刑终身监禁和死刑缓期二年执行三种情形。在司法解释中，将死刑的条件细化为“四个特别”，即贪污、受贿数额特别巨大，犯罪情节特别严重、社会影响特别恶劣、给国家和人民利益造成特别重大损失。犯罪数额虽然不是量刑的唯一标准，但是也是一个重要的、其他情节不可替代的情节。什么样的情形可以判处死刑呢？第一是数额特别巨大。《刑法》规定数额特别巨大的起点标准300万元，是判处十年以上有期徒刑、无期徒刑的起点，实践中发现，已经判处死刑终身监禁的案件犯罪数额都在2亿元以上。

2. 根据《最高人民法院、最高人民检察院关于办理贪污贿赂刑事案件适用法律若干问题的解释》第4条第2款、第3款的规定，符合“四个特别”，可以判处死刑的情形，但具有自首、立功，如实供述自己罪行、真诚悔罪、积极退赃，或者避免、减少损害结果的发生等情节，不是必须立即执行的，可以判处死刑缓期二年执行；根据犯罪情节等情况可以判处死刑缓期二年执行，同时裁判决定在其死刑缓期执行二年期满依法减为无期徒刑后，终身监禁，不得减刑、假释。

3. 判处死刑终身监禁与一般的死缓的区别。终身监禁具有制度刚性，一旦作出将无条件执行，不受服刑期间表现的影响，即便服刑期间有重大立功表现，也不得减刑、假释，属于仅次于死刑立即执行的刑罚方法。一般的被判处死刑缓期二年执行的被告人，在二年缓刑执行期间没有发现违法犯罪的，在二年执行期满后应当减为无期徒刑，死缓执行期间有重大立功表现可以减为二十五年有期徒刑。而判处死刑终身监禁的被告人在二年缓刑执行期间即便有重大立功表现，也不能减刑、假释，不适用《刑法》第 78 条的规定。因此，《刑法》第 67 条、第 68 条规定，自首、立功包括重大立功都属于可以从轻、减轻处罚的情节，不再有必须减轻的规定，避免与终身监禁的条文发生冲突。

4. 判处终身监禁值得注意的问题。对于终身监禁规定的执行，要从实体和程序两个方面来把握其具体适用：第一，通过《刑法》第 383 条直接对接，明确判处终身监禁主要适用于原本可能判处死刑立即执行的被告人，必须达到应当判处死刑的条件。第二，明确一审、二审人民法院针对死刑终身监禁的判决要在作出死刑缓期二年执行的判决中同时作出，不是在死刑缓期二年执行期满减为无期徒刑时作出。第三，在判决书上的表述为：被告人 X 某犯贪污罪，判处死刑缓期二年执行，在缓期二年执行期满减为无期徒刑后不得减刑、假释。第四，对于符合终身监禁适用条件的要坚决判处终身监禁，以此发挥终身监禁在填补死刑立即执行和一般死缓之间的空档、严肃惩治严重腐败犯罪中的特殊作用，为严格控制死刑立即执行的适用赢取有利的外部环境，杜绝依法应当判处终身监禁的被告人降低为普通的死刑缓期二年执行。第五，对终身监禁要慎重适用，防止出现片面从重，切忌防止将依法应当适用一般死缓的被告人为显示从重执法而不当升格拔高判处终身监禁。

——王晓东：《贪污贿赂、渎职犯罪司法实务疑难问题解析》，人民法院出版社 2020 年版，第 299~304 页。

1321. 何种情形下受贿罪与渎职罪并罚

关键词

受贿罪　渎职罪　数罪并罚

附录：最高人民法院法官著述

在受贿犯罪当中，受贿人往往在为请托人谋取利益时存在渎职行为。在受贿行为和渎职行为均构成犯罪的情况下，是择一重罪处罚还是实行数罪并罚上，理论界争议不休，实践中也有不同的意见。目前对于何种情形下对受贿罪与渎职罪并罚共同适用的问题，实践中有三种意见：第一种意见认为，在受贿犯罪中，由于受贿人滥用职权的行为给国家造成损失的应当数罪并罚，“两高”在《最高人民法院、最高人民检察院关于办理贪污贿赂刑事案件适用法律若干问题的解释》中有明确的规定，应当按照规定执行。第二种意见认为，受贿犯罪中，受贿人的渎职行为给国家财产造成损失是由于受贿行为与渎职行为属于牵连犯罪，应当按照从一重罪处罚的规定。“两高”在《最高人民法院、最高人民检察院关于办理国家出资企业中职务犯罪案件具体应用法律若干问题的意见》中已经明确规定，应当按照一罪处罚。第三种意见认为，关于受贿犯罪中由于受贿行为给国家财产造成损失的是否同渎职罪并罚的问题，还应当区分不同规定的情况处理，有的要并罚，有的不能并罚，即便并罚，理由也有不同，应当具体问题具体分析。

根据2016年4月18日《最高人民法院、最高人民检察院关于办理贪污贿赂刑事案件适用法律若干问题的解释》第17条的规定，不管是国家机关工作人员还是国有公司、企业的工作人员，同时构成受贿罪和刑法分则第三章第三节、第九章规定的渎职犯罪的，除刑法另有规定外，均应当以受贿罪和渎职犯罪数罪并罚。这种观点与2013年1月9日实施的《最高人民法院、最高人民检察院关于办理渎职刑事案件适用法律若干问题的解释（一）》关于“国家机关工作人员实施渎职犯罪并收受贿赂，同时构成受贿罪的，除刑法另外有规定外，以渎职犯罪和受贿罪数罪并罚”的规定是一致的。但是，上述解释与此前发布的《最高人民法院、最高人民检察院关于办理国家出资企业中职务犯罪案件具体应用法律若干问题的意见》关于国家工作人员实施渎职犯罪并收受贿赂，同时构成受贿罪的，择一重罪处罚的规定相左，影响到了司法处理的统一性和严肃性。对于多个司法解释如何来理解，我们可以通过实践来探索。根据案件的事实、证据和情节依法作出判断。

一、受贿犯罪与渎职行为互不联系的并罚

1. 渎职行为虽然不是基于受贿发生，但是，也不是在正常履职的过程中进行，是独立的犯罪行为。如滥用职权的行为与行贿人没有任何的关系，其滥用职权的行为是基于其原上级领导的授意，或者出于感恩之情做出的，造成国家财产损失数额特别巨大，独立构成滥用职权罪，一人犯数罪，对其实行数罪并罚，属于一般情形的数罪并罚。

2. 职行为不是基于受贿发生，而是在正常的履职过程中进行，也应与受贿犯罪实行并罚。如在工作过程中滥用职权，违规擅自决定进行国有资产高风险投资，使国家利益遭受特别重大损失，符合国有公司人员滥用职权罪的构成要件。一人犯数罪，应当数罪并罚。

二、受贿犯罪与渎职行为相互关联但不能并罚

例如，被告身份不符合滥用职权罪的主体要件要求，以权谋私，收受贿赂，并滥用职权为请托人谋取利益，其受贿犯罪与滥用职权密切相关，但是，却不能数罪并罚。根据《刑法》第 397 条、《全国人民代表大会常务委员会关于〈中华人民共和国刑法〉第九章渎职罪主体适用问题的解释》及《最高人民法院、最高人民检察院关于办理渎职刑事案件适用法律若干问题的解释（一）》第 7 条的规定，滥用职权罪的犯罪主体包括：（1）国家机关工作人员；（2）在依照法律、法规规定行使国家行政管理职权的组织中从事公务的人员；（3）在受国家机关委托代表国家机关行使职权的组织中从事公务的人员；（4）虽未列入国家机关人员编制，但在国家机关中从事公务的人员。对于其行为性质。由于被告在实施上述滥用职权行为的同时，有收受贿赂行为，参照《最高人民法院、最高人民检察院关于办理国家出资企业中职务犯罪案件具体应用法律若干问题的意见》第 4 条“从一重罪处罚”的规定，对其以受贿罪一罪定罪处罚。

三、受贿犯罪与渎职行为相互关联，数罪并罚

例如，被告行为符合《最高人民法院、最高人民检察院关于办理贪污贿赂刑事案件适用法律若干问题的解释》第 17 条明确从重打击滥用职权损害国家、人民利益的受贿犯罪，明确国家工作人员收受贿赂、违反规定为他人谋取利益，同时构成受贿罪和渎职犯罪的，实行数罪并罚。

四、在受贿犯罪中渎职的是否要数罪并罚

在受贿犯罪中渎职的是否要数罪并罚，其争论之点无非是牵连犯择一重罪处罚的理论，以及是否存在重复评价问题。事实上，在刑法理论上也不乏类似的规定，有的择一重罪处罚；有的重复评价。最终不能说明哪一个更有根据和更有理论价值，最终的检验标准体现在量刑上，是否造成罪刑失衡，是否有利于法律适用标准的统一掌握。因此，该问题具有一定的复杂性，应当慎重对待、妥善处理，不能简单地以违反禁止重复评价为由而不适用数罪并罚，也不能因为有司法解释的规定，只要受贿中给造成国家财产损失的就一律数罪并罚。因此，在具体案件中，要根据受贿犯罪、渎职犯罪的事实、社会危害性、量刑的标准进行比较平衡。通常情况下，数罪并罚的案件，渎职罪造成的危害后果要远远大于受贿罪造成的危害，在对受贿罪进行评价达不到罪刑相适应的目的时才进行数罪并罚。同时，即便适用数罪并罚，还要考虑犯罪的事实、社会危害性，采用的是限制加重原则，给执行刑期有较大的裁量空间，对于存在上述情节竞合的情形，是否适用数罪并罚，其本身不

是问题，关键是要把握好总的执行刑期，做到罪责刑相适应、罚当其罪，这才是立法和司法的真谛所在。

——王晓东：《贪污贿赂、渎职犯罪司法实务疑难问题解析》，人民法院出版社 2020 年版，第 244~248 页。

1322. “两高”《关于办理贪污贿赂刑事案件适用法律若干问题的解释》“数额较大”的起点规定为 3 万元，但并不意味着低于 3 万元的贪污、受贿行为不予追究刑事责任

关键词

数额较大　贪污罪　受贿罪

最高人民法院司法解释

第一条第二款　贪污数额在一万元以上不满三万元，具有下列情形之一的，应当认定为刑法第三百八十三条第一款规定的“其他较重情节”，依法判处三年以下有期徒刑或者拘役，并处罚金：

（一）贪污救灾、抢险、防汛、优抚、扶贫、移民、救济、防疫、社会捐助等特定款物的；

（二）曾因贪污、受贿、挪用公款受过党纪、行政处分的；

（三）曾因故意犯罪受过刑事追究的；

（四）赃款赃物用于非法活动的；

（五）拒不交待赃款赃物去向或者拒不配合追缴工作，致使无法追缴的；

（六）造成恶劣影响或者其他严重后果的。

第三款　受贿数额在一万元以上不满三万元，具有前款第二项至第六项规定的情形之一，或者具有下列情形之一的，应当认定为刑法第三百八十三条第一款规定的“其他较重情节”，依法判处三年以下有期徒刑或者拘役，并处罚金：

（一）多次索贿的；

（二）为他人谋取不正当利益，致使公共财产、国家和人民利益遭受损失的；

（三）为他人谋取职务提拔、调整的。

——《最高人民法院、最高人民检察院关于办理贪污贿赂刑事案件适用法律若干问题的解释》（2016 年 4 月 18 日，法释〔2016〕9 号）。

最高人民法院审判业务意见

“数额较大”的起点规定为 3 万元，但并不意味着低于 3 万元的贪污、受贿行为不予追究刑事责任。贪污、受贿数额满 1 万元，同时具有《解释》规定的情节的，同样应当追究刑事责任。对于贪污、受贿行为，除了刑罚处罚外，还有党纪、政纪处分，有些虽未达到刑事追诉标准被追究刑事责任，但违反党纪、政纪的，仍然要被追究纪律责任。

——最高人民法院：《关于〈最高人民法院、最高人民检察院关于办理贪污贿赂刑事案件适用法律若干问题的解释〉的问答》，载最高人民法院刑事审判第一、二、三、四、五庭编：《刑事审判参考》总第 106 集，法律出版社 2017 年版，第 274 页。

1323. 贪污罪犯罪形态的认定

关键词

贪污罪　犯罪既遂　犯罪未遂

最高人民法院司法政策精神

（一）贪污罪既遂与未遂的认定

贪污罪是一种以非法占有为目的的财产性职务犯罪，与盗窃、诈骗、抢夺等侵犯财产罪一样，应当以行为人是否实际控制财物作为区分贪污罪既遂与未遂的标准。对于行为人利用职务上的便利，实施了虚假平账等贪污行为，但公共财物尚未实际转移，或者尚未被行为人控制就被查获的，应当认定为贪污未遂。行为人控制公共财物后，是否将财物据为己有，不影响贪污既遂的认定。

——《最高人民法院关于印发〈全国法院审理经济犯罪案件工作座谈会纪要〉的通知》（2003 年 11 月 13 日，法〔2003〕167 号）。

附录：最高人民法院主流观点

关于贪污罪既遂与未遂区分标准问题，刑法理论上存在以下三种不同观点：一是“失控说”。该说主张贪污罪既遂的标准应当以公共财物的所有人失去对公共财物的控制为标准，即以是否实际失去财物支配权作为区分贪污罪既遂与未遂的标准。二是“控制说”。该说主张贪污罪既遂的标准应当以行为人取得对公共财物的实际控制与支配为标准。三是“占有说”。该说主张贪污罪既遂的标准是行为人实际非法占有了公共财物，即实际取得财物。[①]

我们认为，失控说扩大了贪污罪既遂形态范围，从而变相加重了行为人的刑事责任；占有说忽视了贪污犯罪形式的复杂性，缩小了贪污罪既遂形态范围，可能放纵贪污犯罪；控制说既考虑所有人对财物的失控，又考虑行为人对财产的控制，抓住了财物被非法占有的实质，不仅成为刑法理论界通说，而且符合立法原意，也有司法解释和有关规范性文件作为依据。如最高人民法院2003年11月13日印发的《全国法院审理经济犯罪案件工作座谈会纪要》中指出："贪污罪是一种以非法占有为目的的财产性职务犯罪，与盗窃、诈骗、抢夺等侵犯财产罪一样，应当以行为人是否实际控制财物作为区分贪污罪既遂与未遂的标准。对于行为人利用职务上的便利，实施了虚假平账等贪污行为，但公共财物尚未实际转移，或者尚未被行为人控制就被查获的，应当认定为贪污未遂。行为人控制了公共财物后，是否将财物据为己有，不影响贪污既遂的认定。"最高人民法院、最高人民检察院2010年1月1日印发的《关于办理国家出资企业中职务犯罪案件具体应用法律若干问题的意见》第一条第二款规定，所隐匿财产在改制过程中已为行为人实际控制，或者国家出资企业改制已经完成的，以犯罪既遂处理。全面准确理解这里的"实际控制"，应当注意以下几点：一是行为人对财物的"实际控制"，意味着财物既脱离了所有人的实际控制，又排除了第三人的实际控制。二是"实际控制"并非仅指财物完全转移到行为人手上。如票据、信用卡等财物，行为人虽未实际取得现金，但已使财物所有权人丧失了对该财物的实际控制，而行为人已经现实地具有随时支配财物的可能性时就形成实际控制。三是实际控制财物，并非仅指行为人将财物非法据为己有，还包括转给其亲戚、朋友或者其他单位及个人非法占有。对此，前述《关于办理国家出资企业中职务犯罪案件具体应用法律若干问题的意见》第四条第三款就明确指出，国家出资企业中的国家工作人员在公司、企业改制或者国有资产处置过程中徇私舞弊，将国有资产低价折股或者低价出售给特定关系人持有股份或者本人实际控制的公司、企业，致使国家利益遭受重大损失的，以贪污罪定罪处罚。

指导案例11号中，被告人杨延虎等人及其辩护人提出杨延虎案发时并未取得土地使用权证，并未实际控制安置土地，属于贪污未遂。根据审理查明事实，案发时安置所得土地虽尚未核发土地使用权证，但该地块上建造的商铺房已竣工并交付使用，且杨延虎之妻已将建成的商铺出租并收取租金。因此，杨延虎等人已对土地实际控制，并从中收益，应认定为贪污既遂，杨延虎等人及其辩护人提出贪污未遂的异议不能成立。

——最高人民法院案例指导工作办公室：《指导案例11号〈杨延虎等贪

① 参见孟庆华、高秀东：《贪污罪的定罪与量刑》，人民法院出版社2001年版，第248~249页。

污案〉的理解与参照》。

1324. 国家工作人员以单位名义向被其职权制约的相关单位索要财物并占为己有的行为构成贪污罪

关键词

贪污罪　受贿罪　国家工作人员

《刑事审判参考》指导案例

阎怀民、钱玉芳贪污、受贿案（《刑事审判参考》指导案例第334号）

裁判要点：对于国家工作人员利用职务上的便利，以本单位的名义向具有被其职权制约的相关单位索要财物并占为己有的行为，在索要人的真实意图和被索要人的行为指向不相对应时，应认定为贪污。

此一行为的特殊性在于被告人没有利用职务上的便利直接占有本单位原有的公共财物，而是将以单位名义向其他单位索要的财物占为己有。这种较特殊的犯罪手段和犯罪对象，是本案定贪污罪还是受贿罪存在争议的根源所在。

根据《刑法》第385条规定，受贿罪是国家工作人员利用职务上的便利，索取他人财物，或者非法收受他人财物，为他人谋取利益的行为，本质上体现为一种钱权交易关系。在具体的受贿犯罪中，国家工作人员（受贿或索贿主体）与"他人"（行贿主体）间，应当具有主观认知上的对应性和客观行为上的互动性。由于被索要人既无对索要人个人索贿的主观认知，亦无向其个人行贿的主观故意和客观行为，不具有行为的违法性，在此情形下，如果将索要人的行为认定为索贿性质，势必相应地形成对被索要人的行为具有向索要人个人行贿性质的法律评价，其结论显然与事实和法律不符。

由于贪污罪侵犯的客体主要是公共财产所有权，受贿罪侵犯的客体主要是国家的廉政制度。故而此类案件性质的认定时，财物的权属是否已经合法转移至被告人单位的认定，也是确认行为性质的关键。

——最高人民法院刑事审判第一庭、第二庭编：《刑事审判参考》2005年第1集（总第42集），法律出版社2005年版，第51~61页。

附录：最高人民法院主流观点

一般而言，通过犯罪对象，可以对贪污与受贿作出清楚的界定。行为人所取得的财物系他人（包括单位）的财物，即为受贿；所取得的财物系本单位的公共财物（包括本单位管理、使用或者运输中的私人财物），即为贪污。但是，在经济往来中，国家工作人员利用签订、履行合同的职务便利，经由交易对方以各种名义的回扣、手续费等形式给付其个人的财物，不能不加区别地一概认定为《刑法》第385条第2款规定的受贿行为，而应当结合交易的真实情况，具体分析、认定。如在购销活动中，行为人收受的各种名义的回扣、手续费等实际上来源于虚增标的金额，或者卖出方行为人收受的各种名义的回扣、手续费，实际上来源于降低标的金额者，因该回扣或者手续费实质上属于本单位的额外支出或者应得利益，实际上侵犯的是本单位的财产权利，属于一种变相的贪污行为。

——高憬宏、杨万明主编:《基层人民法院法官培训教材（实务卷·刑事审判篇）》，人民法院出版社2005年版，第421~422页。

1325. 国家工作人员侵吞本公司股票发行差价款行为的构成贪污罪

关键词

贪污罪　股票发行差价款　本单位财物

《刑事审判参考》指导案例

江仲生等贪污案（《刑事审判参考》指导案例第311号）

裁判要点：被告人利用职务便利，将本单位财物非法占为己有的行为，根据《刑法》第271条第2款的规定，应以贪污罪定罪处罚。至于侵吞的股票发行差价款，只要属于“本单位财物”，是否为“公共财物”，不影响贪污罪的认定。

本案是否具备贪污罪的对象要件，即四被告人出售公司股票所获并予侵占的差价款是否属于公司财物？是审理中的争议焦点。

我们认为，四被告人出售公司股票属履职行为而非个人行为，所售股票全部收益应归公司所有。本案股票出售行为，究竟属于四被告人的履职行为还是个人行为，或者说属于公司的发行行为还是个人认购后的炒卖行为，直接决定着股票收益的权属，因而是认定本案对象事实时首先需要解决的一个问题。在本案中，基于以下几点事实和理由，足以认定四被告人出售公司股票属职务行为，所售股票收益均应归公司所有。第一，根据公司董事不得买卖本公司股票的相关规定，四被告人没有购买公司股票的合法依据。对此，四被告人主观上是明知的，有意规避该规定，将本公司股票与他公司股票交换后再予出售的行为事实，足可说明这一点。第二，对公司股票进行管理、组织发行，是四被告人的职责所在。这至少为认定四被告人出售公司股票行为属于代表公司所为的职务行为提供了一个合理的前提。第三，股票是四被告人通过管理、发行股票职务从公司董事会秘书处直接支领的，四被告人在领取股票时并没有支付购买股票所需的相应价款，有关先买后卖的辩解、辩护意见与事实不符。第四，本案行为在支领、出售直至返回股本金整个过程中，即便在名义上也没有反映出四被告人的个人特征。第五，出售股票之后返回股本金，属于事后行为，对于出售行为性质的认定不具有决定性意义。第六，本案股本金之外的收益归属，根本上取决于出售股票行为是个人行为还是单位行为。在没有明确的规定或者约定的情况下，将职务行为所取得的、公司预期利益之外的收益视为个人收益是不能成立的，凡是应归公司所有而没有归公司的，便是给公司造成了损失。所以，关于公司已经收回股本金，公司利益没有受损，股本金之外的收益应归个人所有的辩解、辩护意见同样是站不住脚的。

综上，四被告人利用职务便利，将本单位财物非法占为己的行为，根据《刑法》第 271 条第 2 款的规定，应以贪污罪定罪处罚。至于侵吞的股票发行差价款，只要属于“本单位财物”，是否为“公共财物”，不影响贪污罪的认定。

——最高人民法院刑事审判第一庭、第二庭编：《刑事审判参考》2004 年第 4 集（总第 39 集），法律出版社 2005 年版，第 44~53 页。

1326. 侵吞的收取的“支教费”“点招费”等的，构成贪污罪财物

关键词

贪污罪　支教费　点招费　公共财产

《最高人民法院公报》案例

天津市人民检察院第一分院诉高玉林等五人贪污、受贿案（判决时间：1997 年 12 月 10 日，二审法院：天津市高级人民法院）

裁判摘要：利用职权，巧立名目以“支教费”名义收取的款项为公款，利用职务之便侵吞公款，构成贪污罪。首先提出犯意并指使分赃，在共同犯罪中起主要作用的，系主犯，应当从重处罚；在主犯指使下贪污公款的，系从犯，应当比照主犯从轻处罚。

被告人高玉林、张洪斌、张泽田、李树青、樊本奎利用职权，巧立名目以“支教费”的名义收取的款项，其所有权应当属于国家。高玉林、张洪斌、张泽田、李树青、樊本奎身为国家工作人员，利用职务之便侵吞公款，数额特别巨大，触犯了全国人大常委会《关于惩治贪污罪、贿赂罪的补充规定》[①]第1条第1款的规定，均已构成贪污罪，应当依照该补充规定第2条（1）的规定处罚。检察机关指控高玉林、张洪斌的犯罪事实，均经庭审质证，事实清楚，证据确凿，定性准确，二被告人的辩解理由不能成立。高玉林首先提出犯意并指使分赃，在共同犯罪中起主要作用，依照《中华人民共和国刑法》第23条[②]的规定，是本案主犯，应当对共同贪污犯罪的全部犯罪数额承担刑事责任，且其本人侵吞公款数额特别巨大，犯罪情节特别严重，社会影响极坏，应当从重惩罚。张洪斌、张泽田、李树青、樊本奎是在高玉林的指使下贪污公款，依照《刑法》第24条[③]的规定，都是从犯，应当根据各被告人的犯罪情节，比照主犯从轻处罚。其中樊本奎能揭发检举其他被告人的犯罪并已被查证属实，有立功表现，依照《刑法》第63条、第59条和第67条的规定，可以减轻处罚。张洪斌、张泽田利用职务之便收受他人贿赂，已经触犯《关于惩治贪污罪、贿赂罪的补充规定》第4条的规定，构成受贿罪，应当依照该补充规定第5条、第2条的规定处罚。张洪斌、张泽田一人犯两罪，应当依照《刑法》第64条的规定，实行数罪并罚。依照《关于惩治贪污罪、贿赂罪的补充规定》第12条的规定，对本案追缴各被告人贪污的公共财物，应当退回原单位。

——《最高人民法院公报》1998年第1期。

《刑事审判参考》指导案例

尚荣多等贪污案（《刑事审判参考》指导案例第312号）

裁判要点：招生工作中违反规定收取的“点招费”，在行政主管部门作出处置之前应认定为公共财产，被告人截留、私分“点招费”

① 本规定已被《中华人民共和国刑法》（1997年修订）废止。

② 本条现为《中华人民共和国刑法》（2020年修正）第二十六条。

③ 本条现为《中华人民共和国刑法》（2020年修正）第二十七条。

的行为，具备贪污罪的对象要件。

我们认为，不管基于合法还是非法事由，在行为当时处于国家机关、国有公司、企业、集体企业和人民团体等单位占有、持有状态下的私人财产，均应认定为公共财产，因为此时的责任主体是这些单位，如果期间财产遭受到了损失，这些单位将需承担赔偿责任。"点招费"的收取系经校务会研究决定、并以学校的名义作出的，且收取后的"点招费"实际处于学校的占有、支配之下，如果学生家长依法提起诉讼，学校负有依规定返还或者赔偿的对外责任，同时考虑到该学校属于国有事业单位，故在有关部门查处之前将之视为公共财产是妥当的，也是符合《刑法》第91条第2款规定精神的。

——最高人民法院刑事审判第一庭、第二庭编：《刑事审判参考》2004年第4集（总第39集），法律出版社2005年版，第54~61页。

1327. 租赁国有企业的人员利用职务便利盗卖国有资产行为的，构成贪污罪

关键词

贪污罪　盗卖国有资产

《刑事审判参考》指导案例

朱洪岩贪污案（《刑事审判参考》指导案例第355号）

裁判要点：租赁国有企业的人员利用职务上的便利盗卖国有财产并私分的行为，应当以贪污罪定罪处罚。

《刑法》第382条第2款规定："受国家机关、国有公司、企业、事业单位、人民团体委托管理、经营国有财产的人员，利用职务上的便利，侵吞、窃取、骗取或者以其他手段非法占有国有财物的，以贪污论。"对于其中的"委托"应当如何理解的问题，最高人民检察院于1999年9月19日下发的《关于人民检察院直接受理立案侦查案件立案标准的规定（试行）》作出了如下规定："受委托管理、经营国有财产"是指因承包、租赁、聘用等而管理、经营国有财产。2003年11月13日，最高人民法院下发的《全国法院审理经济犯罪案件工作座谈会纪要》（以下简称《纪要》）中规定："受委托管理、经营国有财产"是指因承包、租赁、临时聘用等管理、经营国有财产。可见，承包、租赁和聘用是"受委托"的主要方式，不同之处在于《纪要》对聘用

的范围限制在"临时聘用"。因为长期受聘用的人员直接可视为国家工作人员，对于其利用职务上便利侵吞国有财产的，可以直接适用《刑法》第 382 条第 1 款的规定处罚，而临时聘用人员由于尚未与国有单位形成固定的劳动关系，难以认定其为国家工作人员。因此，将临时聘用的人员纳入《刑法》第 382 条第 2 款规定的受委托人员范畴，符合《刑法》的立法精神和保护国有资产的价值取向。

尽管委托方式多种多样，实践中除了承包、租赁和临时聘用以外，不排除其他形式存在的可能，但其共同的特征在于，委托双方属于平等的民事主体关系，这种委托是国有单位以平等主体身份就国有财产的管理、经营与被委托者达成的协议，本质上是民事委托关系，因此有别于《刑法》第 93 条规定的"委派"。委派的实质是任命，具有一定的行政性，被委派者在委派事项及是否接受委派方面，与委派方不是处于平等地位而是具有行政隶属性质，两者间的关系具有隶属性和服从性。

——最高人民法院刑事审判第一庭、第二庭编：《刑事审判参考》2005 年第 4 集（总第 45 集），法律出版社 2006 年版，第 18~22 页。

1328. 利用职务便利为自己与他人合作的项目谋取利益后明显超出出资比例获取分红的行为定性

关键词

利用职务之便　出资比例　受贿罪　分红

《刑事审判参考》指导案例

张帆受贿案（《刑事审判参考》指导案例第 1250 号）

裁判要点："利用职务便利"为项目谋利，不属于股东正常参与项目的经营管理行为，没有足额出资但按照约定比例分红的，则认定获取的超额分红中应含有他人的份额，亦即收受了他人财物，构成受贿罪。

根据刑法及相关规定，受贿罪的基本构成要件有三个方面：一是利用职务上的便利，这一要件以主体要件适格为前提；二是为他人谋取利益，以他人请托或知情并因此给予财物为条件；三是权钱交易，即索取或非法收受他人财物。三者缺一不可。本案被告人张帆主体要件适格，其为自己实际出资、与他人合作的项目谋取利益，从项目获取财物的基本事实没有争议，问题的焦点在于：（1）被告人“利用职务便利”为项目谋利，是否属于股东正常参与项目的经营管理行为；（2）被告人为自己谋利的同时是否也为他人谋利；（3）被告人获取的分红中是否有他人份额，也即是否收受了他人财物。现解析如下：

（一）被告人张帆“利用职务便利”为项目谋利，不属于股东正常参与项目的经营管理行为

关于第一个问题，存在两种意见：第一种意见认为，被告人为自己投资的项目协调关系属于股东参与自己所投资项目的经营管理行为。第二种意见认为，被告人为项目协调关系利用的是其职务赋予的公权便利，不属于普通的经营管理行为。

我们同意第二种意见，理由如下：

受贿犯罪的对象是公权力，公权力的题中之义是其不可私用性。一旦行为人利用了职务便利使之为私人获利，不论该“私人”是否包含自己，由于其侵犯了公权力的不可私用性，均不属于普通的经营管理行为。

（二）被告人张帆为自己谋利的同时亦为他人谋利

关于第二个问题，亦存在两种意见：第一种意见认为，被告人为自己投资的项目协调关系是为自己谋利，缺乏“为他人谋利”这一受贿罪构成要件。第二种意见认为，被告人并非该项目的独立或主要投资受益人，其为自己谋利的同时，也为其他股东谋取了利益并因此成为其他股东让渡收益的原因，权钱交易特征明显。

我们同意第二种意见，理由如下：

太和世家项目不论发起、出资、分配利润，自始至终不是张帆一人，张帆仅在其中占有少量比例（约定 20%，实际只出资 15% 余），项目所获利润并非张帆一人所有，其完全明知自己是在为整个项目的土地获得和顺利进行而向他人打招呼，是为项目所涉每个股东谋取利益；此后的分红情况和证人证言进一步证明，张帆拥有并利用了能为项目协调解决问题、为股东谋取利益的职权，这是其他股东同意张帆出资 15% 余却按 20% 分红的原因所在。

因此，尽管张帆自己在项目中亦有所出资，亦有利益，不影响认定其主观明知并客观在为自己谋利的同时为他人谋取了利益，并成为后面其要求从其他股东的份额里获得超额分红的对价，从而具备了受贿犯罪的第二个要件。

（三）被告人张帆获取的超额分红中应含有他人的份额，亦即收受了他人财物

受贿犯罪侵犯的核心法益是公权的廉洁性，即不可收买性。如果张帆没有收受他人财物的故意和行为，即使其利用了职务便利为项目谋取利益，同时符合上述两个构成要件，亦不能构成受贿罪。本案中，张帆未足额投资，但其他股东考虑到需要其职务帮助，同意其仍按约定比例分红，后其按约定

比例而非实际投资比例获得分红，而其多获得的分红款正是本属于其他股东而由其他股东让渡的利润。

——最高人民法院刑事审判第一、二、三、四、五庭主办：《刑事审判参考》（总第 113 辑），法律出版社 2019 年版，第 96~102 页。

1329. 国有公司改制中利用职务便利隐匿并实际控制国有资产的行为构成贪污罪

关键词

贪污罪　国企改制　隐匿国有资产　利用职务之便

最高人民法院司法政策精神

一、关于国家出资企业工作人员在改制过程中隐匿公司、企业财产归个人持股的改制后公司、企业所有的行为的处理

国家工作人员或者受国家机关、国有公司、企业、事业单位、人民团体委托管理、经营国有财产的人员利用职务上的便利，在国家出资企业改制过程中故意通过低估资产、隐瞒债权、虚设债务、虚构产权交易等方式隐匿公司、企业财产，转为本人持有股份的改制后公司、企业所有，应当依法追究刑事责任的，依照刑法第三百八十二条、第三百八十三条的规定，以贪污罪定罪处罚。

——《最高人民法院、最高人民检察院印发〈关于办理国家出资企业中职务犯罪案件具体应用法律若干问题的意见〉的通知》（2010 年 12 月 2 日，法发〔2010〕49 号）。

《刑事审判参考》指导案例

王妙兴贪污、受贿、职务侵占案（《刑事审判参考》指导案例第 734 号）

裁判要点：在国有公司改制过程中，利用职务便利，隐匿并实际控制国有资产的行为应认定为贪污罪而非国有公司人员滥用职权罪。

贪污罪和国有公司人员滥用职权罪虽然都可由国有公司人员构成，但存在明显区别：一是在造成国有资产损失的主观心理状态上，贪污罪是由直接故意构成，而国有公司人员滥用职权罪对国有资产造成的损失往往是非直接故意所致；二是在主观目的上，贪污罪是以非法占有为目的，而国有公司人

员滥用职权罪一般不具有非法占有的目的；三是在客观表现上，贪污罪是以侵吞、窃取、骗取等方法非法占有公共财产，而国有公司人员滥用职权罪是以超越职权或者不适当行使职权，造成国有公司严重损失。

本案被告人王妙兴利用职务便利隐匿国有资产的行为虽然也是一种滥用职权的具体表现，但因其在主观上具有非法占有该国有资产的直接故意和目的，客观上已经实际控制和掌握了该国有资产，这与国有公司人员滥用职权罪中主客观特征不同。2010 年《最高人民法院、最高人民检察院关于办理国家出资企业中职务犯罪案件具体应用法律若干问题的意见》第一条规定，"国家工作人员或者受国家机关、国有公司、企业、事业单位、人民团体委托管理、经营国有财产的人员利用职务上的便利，在国家出资企业改制过程中故意通过低估资产、隐瞒债权、虚设债务、虚构产权交易等方式隐匿公司、企业财产，转为本人持有股份的改制后公司、企业所有，应当依法追究刑事责任的，依照刑法第三百八十二条、第三百八十三条的规定，以贪污罪定罪处罚"。因此，对王妙兴的行为以贪污罪定罪处罚具有充足的法律依据。

——最高人民法院刑事审判第一、二、三、四、五庭主办：《刑事审判参考》2011 年第 5 集（总第 82 集），法律出版社 2012 年版，第 77~83 页。

附录：最高人民法院法官著述

国家工作人员或者受国家机关、国有公司、企业、事业单位、人民团体委托管理、经营国有财产的人员利用职务上的便利，在国家出资企业改制过程中故意通过低估资产、隐瞒债权、虚设债务、虚构产权交易等方式隐匿公司、企业财产，转为本人持有股份的改制后公司、企业所有的行为，应以贪污罪定罪处罚。主要理由是：

1. 依法从严惩处符合国家有关政策精神。早在 2003 年《国务院办公厅转发国务院国有资产监督管理委员会关于规范国有企业改制工作意见的通知》中即明确要求，"对国有资产监督管理机构工作人员、企业领导人员利用改制之机转移、侵占、侵吞国有资产的，隐匿资产、提供虚假会计资料造成国有资产流失的，营私舞弊、与买方串通低价转让国有产权的，严重失职、违规操作、损害国家和群众利益的，要进行认真调查处理。其中涉嫌犯罪的，依法移交司法机关处理"。

2. 以贪污罪定罪处罚具有法律依据。此类行为的基本特征是财产所有权已经发生转移，国有资产已经受到实质侵害，且处于行为人的实际控制之下。对于贪污罪中非法占有，不应狭隘地理解为非法据为已有。行为人将隐匿资产转归改制后企业所有或者处分给其他股东，属于对赃物的具体处置，不影响行为性质的认定。此类行为具有明显的非法侵占国有资产的主观故意，客观上行为人已经实际控制了非法利益，符合刑法关于贪污罪的本质规定。

3. 对行为人追究刑事责任有可能对改制后企业的经营和发展造成一定的影响，在政策把握上确实应当予以重视，对此，笔者将在后文展开说明。至于追究刑事责任是否会引发社会稳定问题，有必要一分为二地看待。实践中，大量群体性事件正是由于企业改制当中的腐败问题本身引发的，而非对腐败问题的查处。

——裴显鼎、刘为波：《国企改制中职务犯罪相关法律适用问题》，载《法律适用》2011 年第 6 期（总第 303 期）。

1330. 不具有身份的人参与身份犯共同犯罪的行为定性

关键词

贪污罪　职务侵占罪　身份犯　共同犯罪

最高人民法院司法解释

为依法审理贪污或者职务侵占犯罪案件，现就这类案件如何认定共同犯罪问题解释如下：

第一条　行为人与国家工作人员勾结，利用国家工作人员的职务便利，共同侵吞、窃取、骗取或者以其他手段非法占有公共财物的，以贪污罪共犯论处。

第二条　行为人与公司、企业或者其他单位的人员勾结，利用公司、企业或者其他单位人员的职务便利，共同将该单位财物非法占为己有，数额较大的，以职务侵占罪共犯论处。

第三条　公司、企业或者其他单位中，不具有国家工作人员身份的人与国家工作人员勾结，分别利用各自的职务便利，共同将本单位财物非法占为己有的，按照主犯的犯罪性质定罪。

——《最高人民法院关于审理贪污、职务侵占案件如何认定共同犯罪几个问题的解释》（2000 年 6 月 30 日，法释〔2000〕15 号）。

《最高人民法院公报》案例

上海市人民检察院第一分院诉唐志华等五人贪污、职务侵占、企业人员受贿案（判决时间：2001 年 5 月 8 日，二审法院：上海市高级人民法院）

裁判摘要：既非国家工作人员也非集体企业工作人员的行为人，勾结国有企业工作人员及集体企业工作人员，利用职务之便，侵占购货款及其他公款，分别构成贪污罪、职务侵占罪。以侵犯财产为

目的的共同故意犯罪中，不排除个别行为人不参与分赃的情形。

上诉人唐志华勾结原审被告人张龙海、上诉人刘恺恺等国有企业工作人员，勾结上诉人邵先初、张勇分别在国有企业和集体企业担任厂长、副厂长的职务便利，将国有企业和集体企业的购货款和其他公款占为己有，唐志华、邵先初、张勇的行为构成职务侵占罪。邵先初利用职务便利，收受他人价值2.48万元的贿赂，其行为还构成企业人员受贿罪，均应依法惩处。4名上诉人的上诉理由与查明的事实不符，不予采纳。一审判决认定的事实清楚、证据确凿，适用法律正确，量刑适当，审判程序合法，应当维持。

——《最高人民法院公报》2002年第2期。

1331. 社保工作人员骗取企业为非企业人员参保并私自收取养老保险费行为的，构成贪污罪

关键词

贪污罪　社保工作人员　私自收取养老保险费

《刑事审判参考》指导案例

李成兴贪污案（《刑事审判参考》指导案例第771号）

裁判要点：社保工作人员骗取企业为非企业人员缴纳养老保险费，同时收取参保人员缴纳的养老保险费，或利用企业"空名户"名额收取参保人员已被抵缴的养老保险费，并占为己有的行为构成贪污罪。

（一）诈骗罪与贪污罪的行为人在客观方面都可能采取虚构事实、隐瞒真相的方法，但诈骗罪的主体是一般主体，客观上要求行为人未利用职务上的便利条件。本案被告人李成兴身为国家工作人员，利用职务上的便利非法占有公共财物，应当认定构成贪污罪。

（二）利用"空名户"继续保持保险关系，使参保人员因"空名户"而无须向国家缴纳参保费（因为企业已为"空名户"向社保统筹账户缴纳了保险预征款），同时又私自收取参保户已被抵缴了的保险费。与第一种行为一样，李成兴向这批占用"空名户"名额的参保人员收取的参保费本应该是向国家补交的保险费，属于社会养老保险基金，具有公共财物的性质。虽然从表面上看，社会养老保险基金并没有损失，因为企业已经缴纳了用以充当保险费

的预征款。但实际上，社会养老保险基金受到了损失，因为这批参保人员不符合抵充“空名户”保险费的资格，应该另行向国家缴纳与其保险类别相应的参保费。就犯罪手段而言，李成兴利用“空名户”的漏洞，能够顺利将应缴未缴的参保费占为己有，与其职务上的便利离不开关系，属于利用职务便利侵吞公共财物的行为。

（三）将非企业人员替代“空名户”后立即停保套取国家作为保险费的部分预征款。进入社保统筹账户的预征款，其公共财物的性质毋庸置疑，依规定只能由企业实有人员占用“空名户”并停保后才可以退还约三分之一给参保个人。李成兴编造虚假的企业人员，能够顺利套领这笔退款，与其职务上的便利也密切相关，属于利用职务骗取公共财物的行为。总之，李成兴通过职务上的便利．利用上述两种方式侵吞、骗取公共财物的行为，符合贪污罪的构成特征，应当以贪污罪论处。

——最高人民法院刑事审判第一、二、三、四、五庭主办：《刑事审判参考》2012 年第 2 集（总第 85 集），法律出版社 2012 年版，第 97~98 页。

1332. 利用受国家税务机关委托行使代收税款的便利侵吞税款行为的，应认定为贪污罪

关键词

贪污罪　侵吞税款　代征税款

《刑事审判参考》指导案例

黄明惠贪污案（《刑事审判参考》指导案例第 692 号）

裁判要点：利用国家税务机关委托行使代收税款的便利侵吞税款的行为，应认定为贪污罪。

被告人黄明惠受税务机关委托代为行使征收税款的权力，属于刑法第九十三条第二款规定的“其他依照法律从事公务的人员”，其利用职务便利侵吞代收税款的行为构成贪污罪。理由如下：

被告人黄明惠属于刑法第九十三条第二款规定的“其他依照法律从事公务的人员”，其私自截留、侵吞税款的行为，应根据刑法第三百八十二条第一款定罪处罚。征税权是国家权力的当然组成部分，税收征管活动也是国家行政管理活动的重要组成部分，属于一种公务执行活动。根据《税收征管法实施细则》第四十四条的规定，税务机关根据有利于税收控管和方便纳税的原

则，可以按照国家有关规定委托有关单位和人员代征零星分散和异地缴纳的税收，并发给委托代征证书。受委托代征税款的单位和人员应当按照代征证书的要求，以税务机关的名义依法征收税款，纳税人不得拒绝；纳税人拒绝的，受委托单位和个人应当及时报告税务机关。由该规定不难分析，受国家税务机关委托代征税款的单位和人员代为征收相关税款的行为，实质上就是代表国家税务机关征收税款，是一种依照《税收征管法实施细则》从事公务的行为。本案中，黄明惠及其经营的食品站在与税务机关签订《委托代征税款协议》、接受税务机关依法作出的代征税款的委托之后，以税务机关的名义进行的代征生猪流通环节增值税的行为，属于在特定条件下行使国家税收征管权，符合刑法第九十三条第二款规定的"依照法律从事公务活动"。黄明惠在从事代征税款时，应以国家工作人员论。黄明惠在受委托代征税款期间，以非法占有为目的，利用代征税款的职务便利，私自截留、侵吞代征的税款，不但侵犯了国有财产所有权，而且侵犯了代征税款职务的廉洁性，其行为触犯了刑法第三百八十二条第一款的规定，应构成贪污罪。

——最高人民法院刑事审判第一、二、三、四、五庭主办：《刑事审判参考》2011 年第 2 集（总第 79 集），法律出版社 2012 年版，第 98~99 页。

1333. 贪污罪中非法占有目的的认定

关键词

贪污罪　非法占有　主观目的

《刑事审判参考》指导案例

胡滋玮贪污案（《刑事审判参考》指导案例第 292 号）

裁判要点：贪污罪中的非法占有目的需结合公款的具体去向及行为人的处置意思来加以综合认定，实践中应注意区分形式上的"侵占"行为与贪污罪中以非法占有为目的的侵吞行为，以免客观归罪。

在本案中，被告人胡滋玮在 1991 年至 1993 年间，利用担任苏州物资集团公司汽车经营公司总经理、苏州物资集团公司第三贸易公司总经理的职务便利，在公司的经营活动中，采用"虚开发票""收入不入账""串票经营""两价结算""抬高进价、故意亏损"及虚设"外汇补差""联合经营钢材业务利润分成"等手段，将公司的公款钱款予以截留，并藏匿于他公司。应当说，该行为较为完整地具备了贪污罪客观方面的一些要件，且在当前国有公司经营领域发生的贪污行为中具有一定的代表性，即利用职务便利、采取虚构事实的或者隐瞒真相等手段、将公司经营利润予以截留。同时在无相反证据、事实的情况下，根据上述行为通常足以推定行为人具有非法占有所截留、隐匿公款的主观目的。

——最高人民法院刑事审判第一、二、三、四、五庭主办:《〈刑事审判参考〉(1999~2011)分类集成》第六册，法律出版社 2012 年版，第 47 页。

1334. 国家工作人员利用职务便利以国有企业亏损弥补个人损失行为的，构成贪污罪

关键词

贪污罪　非法占有目的　个人损失

《最高人民法院公报》案例

上海市黄浦区人民检察院诉窦沛颖、冼晓玲贪污案(判决时间：2002 年 8 月 21 日，被告人未上诉)

裁判摘要：被告人身为国有企业中的工作人员利用职务之便，在为各自单位从事期货交易活动中，利用职务便利，将私人账户上的期货合约在价格下跌时转入国有企业账户，以国有企业亏损来弥补个人损失的手段非法占有国有财物，构成贪污罪。

被告人窦沛颖、冼晓玲身为国有企业中的工作人员，在为各自单位从事期货交易活动中，利用职务便利，采取欺骗手法，将私人账户上的期货合约在价格下跌时分别转入国有企业的账户，造成国有企业在转入当天的持仓亏损分别为 3.84 万元、2.8 万元。这种向国有企业转嫁个人损失的做法，虽然没有表现为直接地占有国有财物，但实质是以用国有企业亏损来弥补个人损失的手段占有国有财物，是非法占有的一种行为。依照《刑法》第 382 条的规定，窦沛颖、冼晓玲的行为构成贪污罪，公诉机关指控的罪名成立。本案的贪污数额，应按窦沛颖、冼晓玲移仓当日的结算价计算。

被告人窦沛颖、冼晓玲身为国有企业中的工作人员，利用职务便利，实施了把价格下跌的私人账户期货合约转入国有企业账户的行为，移仓当日给国有企业造成共计 6.64 万元的当天持仓亏损，这是认定二人行为构成贪污罪的事实基础。二人转入的期货合约在国有企业持仓期间发生的盈亏，虽与二

人的转入行为有一定联系，但不由二人的转入行为决定，而是由期货行情决定。因此这时发生的盈亏，不是认定二人行为能否构成犯罪的情节，只是对二人量刑时可考虑的因素。

——《最高人民法院公报》2003 年第 2 期。

1335. 利用职务便利，以民间借贷形式收受请托人高额利息的行为应如何认定

关键词

利用职务之便　民间借贷　高额利息

《刑事审判参考》指导案例

沈财根受贿案（《刑事审判参考》指导案例第 1447 号）

裁判要点：国家工作人员利用职务上的便利给予请托人照顾，又以个人名义向请托人出借钱款，收取高额利息完成利益输送，属于以借贷为名的受贿行为。

（一）以借贷为名受贿行为的认定

我们认为，国家工作人员利用职务上的便利给予请托人照顾，又以个人名义向请托人出借钱款，收取高额利息完成利益输送，属于以借贷为名的受贿行为。

国家工作人员与请托人之间以借贷为名的贿赂关系与正常民间借贷有本质区别，表现在：（1）从双方之间的关系来看，在正常民间借贷中，一般双方原来就有经济往来，或者双方是亲戚、朋友、同事、同学等较密切关系；在请托人和受托人之间的借贷中，出借人是国家工作人员，借款人是国家工作人员管理、制约、监督的对象，通常双方平时没有经济往来，借款发生在双方达成权钱交易的合意之后。（2）从是否有借款需求来看，在正常民间借贷中，借款人有借款需求，一般主动向出借人提出借款要求；在请托人和受托人之间的借贷中，出借人不管借款人是否需要资金，有些甚至是主动提出出借资金来为后续的利益输送布局。（3）从借款后的行为表现来看，在正常民间借贷中，借款人为了使出借人放心将资金借给他，一般会告知出借人借用资金的目的、使用过程，以及归还日期、归还的利息等，以言语和行动表达资金处于安全之中；在请托人和受托人之间的借贷中，出借人通常不过问或不具体过问资金用途、还款保障、借款利息，也不关心何时可以归还。（4）

从出借资金的来源来看，在正常民间借贷中，出借人一般是将自有资金借给对方；在请托人和受托人之间的借贷中，不但有出借人将自有资金出借给对方的情况，还存在出借人将从他人处以无息或低息借款的资金再出借给借款人，从而赚取高额差价的情况。（5）从回报上看，在正常民间借贷中，借款人给出借人的利息一般是与正常经济活动所产生的收益相匹配；在请托人和受托人之间的借贷中，借款人给予出借人高额的利息，获取的利息与资金正常产生的收益严重不成比例。

（二）关于受贿数额的认定

对于数额的认定有几种观点：第一种观点认为，以全部的利息款（282万元）来认定受贿数额；第二种观点认为，以超过银行同期贷款利率的数额来认定受贿数额；第三种观点认为，参照《最高人民法院关于审理民间借贷案件适用法律若干问题的规定》第二十五条的规定，对超出借贷合同成立时民间借贷的保护上限（本案行为当时，《民间借贷规定》尚未修正，当时的保护上限是年利率24%）的部分认定受贿数额；第四种观点认为，以超过同期从他人处借款的最高年利率18%的部分来认定受贿数额。

我们同意第四种观点，理由是：（1）将利息全额认定为受贿数额不妥。被告人沈财根确实将50万元和90万元借给杨荣强，而且长达十年，杨荣强除向沈财根借款外，还向他人借款，并将所借款项用于公司经营，对沈财根放款的140万元本金完全不予认可有失公平。（2）以超过借贷合同成立时民间借贷的保护上限的差额认定受贿数额不妥。基于正常的民间借贷建立在双方平等协商、意思自治的基础上，法律对民间借贷设定利率保护上限，以维护金融秩序的稳定、有序。本案不是正常民间借贷，在认定受贿数额时套用民事法律规定并不合适。（3）宜以借款人同期从他人处借款的最高利率的差额来认定受贿数额。本案杨荣强除了从被告人沈财根处借得款项外，还从亲戚、朋友处借款，一般为年利率12%，最高为年利率18%，扣除杨荣强同期从他人处借款的最高年利率18%部分来认定受贿数额，既考虑到被告人与借款人之间权钱交易的受贿行为应予打击，又注意适当保护被告人的合法权益。

另外，需要说明的是，我们在本案中采取扣除杨荣强同期从他人处借款的最高年利率18%部分来认定受贿数额的方法，主要还是考虑被告人沈财根给杨荣强的借款确实用于杨荣强的公司经营，有实际的借款关系为基础，只是在此之上附加了利益输送，如果能查明整个借款关系都是虚假的，换言之，如果根据证据可以认定借款人本身无借款需要，国家工作人员也明知借款人无借款需要，仍将款项“借”给借款人，款项放在借款人处完全是幌子，以此来收取高额利息，而且借款人实际也并未使用该款项，那么根据主客观相一致原则，在认定受贿数额时，国家工作人员获得的所有利息均应认定为受贿数额。

——管友军、陈克娥撰稿、陆建红审编：《沈财根受贿案——利用职务便利，以民间借贷形式收受请托人高额利息的行为应如何认定》，载最高人民法院刑事审判第一、二、三、四、五庭编：《刑事审判参考》（总第 129 辑），人民法院出版社 2022 年版，第 104~108 页。

1336. 国有企业改制过程中隐匿公司财产，转为其个人和部分职工持股的改制后公司所有的行为应如何定性

关键词

国有企业　改制　隐匿公司财产

《刑事审判参考》指导案例

林财私分国有资产案（《刑事审判参考》指导案例第 1401 号）

裁判要点：国有企业改制过程中隐匿公司财产，转为其个人和部分职工持股的改制后公司所有的行为，应根据改制后公司的股权情况进行区分定性。

国有企业改制过程中，很多企业是通过设立内部职工参股的形式对公司进行改制。公司、企业在改制过程中隐匿公司、企业财物归职工集体持股的改制后公司所有的行为的性质认定，是司法实践中较为棘手的一个问题。为此，“两高”《关于办理国家出资企业中职务犯罪案件具体应用法律若干问题的意见》（以下简称《国企职务犯罪意见》）第二条第一款规定，国有公司、企业违反国家规定，在改制过程中隐匿公司、企业财产，转为职工集体持股的改制后公司、企业所有的，对其直接负责的主管人员和其他直接责任人员，以私分国有资产罪定罪处罚；该条第二款规定，改制后的公司、企业中只有改制前公司、企业的管理人员或者少数职工持股，改制前公司、企业的多数职工未持股的，以贪污罪定罪处罚。第一款和第二款的区分关键就在于改制后公司的股权情况，即改制后公司是属于职工集体持股还是高管或少数职工持股。

本案中，改制前深发公司拥有的新信州公司 20% 股权、三块出租小汽车牌照及 7 块大巴客运线路标志牌，改制后仍作为无形资产由深发公司（股东为保税公司）所有。涉案 10 块出租小汽车营运牌照（第一单）的 206 万余元分红款，亦由深发公司和保税公司所有，被告人林财个人未占有。因此，对林财的行为性质存在争议，主要分歧在于对本案是适用《国企职务犯罪意见》

第二条第一款，还是适用第二款，对于本案改制后公司是属于职工集体持股的公司还是少数职工持股的公司，存在两种观点：

第一种观点认为，被告人林财及改制后公司职工持股的问题，应当综合考虑国企改制的特殊背景及个别企业的特殊性，不能以经营层控股、经营者持大股就简单地否定企业为职工集体持股。从外部股权及职工内部股权关系看，林财并非处于控股地位，鉴于管理人员持大股、职工集体持小股的做法是特定时期内国有企业改制的通行做法，对林财按照直接负责的主管人员应以私分国有资产罪定罪处罚。

《国企职务犯罪意见》规定了区分的基本原则，但难以对实践中各种复杂情形一一作出规定。对于何为"职工集体持股"，如何确定高层管理人员与普通职工的持股比例问题，《国企职务犯罪意见》中并没有明确规定。我们认为，在持股比例问题上，还存在一个具体情况具体分析的问题。考虑到管理人员持大股，职工集体持小股是过去一段时期内企业改制的通行做法，故不能简单据此认定为贪污。但是，对于数额比例明显极端的个案，究竟属于私分国有资产还是贪污，则有必要根据案件具体情况进行实质认定。应当综合考虑国企改制的特殊背景及个别企业的特殊性，对职工集体持股的认定不宜把握太严——要求企业职工必须人人持股、均衡持股，不能以经营层控股、经营者持大股就简单将企业排除在职工集体持股的情形之外。

——何凌云、廖丽红撰稿、韩维中审编：《林财私分国有资产案——国有企业改制过程中隐匿公司财产，转为改制后其个人和部分职工持股的公司所有的行为应如何定性》，载最高人民法院刑事审判第一、二、三、四、五庭编：《刑事审判参考》(总第125辑)，人民法院出版社2020年版，第122~129页。

1337. 国有控股、参股公司、企业不属于私分国有资产罪中的"国有公司、企业"

关键词

国有控股、参股　私分国有资产罪

《刑事审判参考》指导案例

工商银行神木支行、童某等国有公司人员滥用职权案（《刑事审判参考》指导案例第1234号）

裁判要点：国有控股、参股公司、企业不属于私分国有资产罪

中的“国有公司、企业”。对私分国有资产罪与单位受贿罪中的“国有公司、企业”均应作限制解释，即仅指国有独资公司、企业。

对私分国有资产罪与单位受贿罪中的“国有公司、企业”均应作限制解释，即仅指国有独资公司、企业。主要理由如下：（1）从资产性质分析，将私分国有资产罪中的“国有公司、企业”限制解释为“国有独资公司、企业”更符合立法原意。私分国有资产罪的犯罪主体是国家机关、国有公司、企业、事业单位、人民团体，犯罪对象是国有资产，从同一罪名罪质分析，私分国有资产罪中单位主体的资产性质应当保持大致同一。本罪中“国家机关、国有公司、企业、事业单位、人民团体”是并列主体，国家机关的资产是纯国有资产，国有公司、企业、事业单位、人民团体的资产也应当是纯国有资产，而上述单位主体中符合该条件要求的，只有国有独资公司、企业。（2）从罪名设置分析，将私分国有资产罪中的“国有公司、企业”作限制解释更符合立法原意。刑法将私分国有资产罪设置在第八章“贪污贿赂罪”中，且仅与同章中单位受贿罪的犯罪主体、对单位行贿罪的犯罪对象一样，都是国家机关、国有公司、企业、事业单位、人民团体，故对私分国有资产罪中的“国有公司、企业”参照单位受贿罪中的犯罪主体、对单位行贿罪的犯罪对象来解释具有一定立法依据。作为单位受贿罪的犯罪主体、对单位行贿罪的犯罪对象，国有公司、企业仅指国有独资公司、企业，这一点基本无异议。因此，参照单位受贿罪犯罪主体、对单位行贿罪犯罪对象的范围，对私分国有资产罪中的“国有公司、企业”应当限制解释为“国有独资公司、企业”。（3）从法益保护角度分析，将私分国有资产罪中的“国有公司、企业”作限制解释不会影响国有资产的保护。

国有控股、参股公司、企业工作人员私分本公司、企业国有资产的行为依法可以构成国有公司、企业人员滥用职权罪。

——最高人民法院刑事审判第一、二、三、四、五庭主办：《刑事审判参考》（总第112辑），法律出版社2018年版，第109~115页。

1338. 在企业改制期间隐匿国有资产，转为国家参股、众多经营管理人员和职工持股的改制后企业的行为，构成贪污罪还是私分国有资产罪

关键词

企业改制　隐匿国有资产　贪污罪　私分国有资产罪

《刑事审判参考》指导案例

佟茂华、牛玉杰私分国有资产，佟茂华挪用公款、受贿案（《刑事审判参考》指导案例第 1313 号）

裁判要点：在企业改制期间隐匿国有资产，转为国家参股、众多经营管理人员和职工持股的改制后企业的行为，应以私分国有资产罪论处。

《最高人民法院、最高人民检察院关于办理国家出资企业中职务犯罪案件具体应用法律若干问题的意见》第二条第二款规定的以贪污罪定罪处罚的情形，主要针对由少数人共同实施，企业其他人员不知情或不知实情，分取利益范围以参与决策、具体实施贪污行为以及为贪污行为提供帮助等少数某一层面的人（如企业管理层）为限的情形，而对由单位决定并统一组织实施，在企业内部一定程度公开，企业不同层面的多数人员获得利益的情形，一般应当认定为私分国有资产罪。

就本案而言，佟茂华、牛玉杰借改制之机，通过虚列债务、隐瞒收入手段降低国有经营性净资产数额时，主要目的是降低国有股份比例，以期完成管理层集体控股、法人代表持大股的改制目标，并为改制后的企业以及阜汽总公司全体职工谋取利益，而非实现个人或少数人非法占有国有资产的目的，所实施的前述行为体现为单位意志，并在阜汽总公司内部具有一定的公开性，对二人应以私分国有资产罪论处。

——陈华舒撰稿、韩维中审编：《佟茂华、牛玉杰私分国有资产，佟茂华挪用公款、受贿案——如何认定国企改制期间和国家出资企业中的职务犯罪》，载最高人民法院刑事审判第一、二、三、四、五庭主办：《刑事审判参考》（总第 120 集），法律出版社 2019 年版，第 111~113 页。

1339. 行政划拨的出租车营运牌照等无形资产是否属于国有资产范围

关键词

行政划拨　出租车营运牌照　无形资产　国有资产范围

《刑事审判参考》指导案例

林财私分国有资产案（《刑事审判参考》指导案例第 1401 号）

裁判要点：行政划拨的出租车营运牌照等无形资产亦属于国有资产范围。

2009年施行的《企业国有资产法》第二条规定："本法所称企业国有资产（以下简称国有资产），是指国家对企业各种形式的出资形成的权益。"2011年修订的《企业国有资产监督管理暂行条例》第三条规定："本条例所称企业国有资产，是指国家对企业各种形式的投资和投资所形成的权益，以及依法认定为国家所有的其他权益。"中国资产评估协会1996年5月7日颁布的《资产评估操作规范意见（试行）》（该意见虽于2011年2月21日废止，但在保税公司改制期间有效）第九十二条、第九十四条规定：无形资产是指特定主体控制的不具有独立实体，而对生产经营长期持续发挥作用并带来经济利益的一切经济资源；无形资产包含生产许可证、特许经营权、租赁权、土地使用权等；无形资产评估须以产权利益主体变动为前提或假设前提，以无形资产的获利能力为评估对象，以无形资产所能产生的收益为基础，如果某项无形资产成为其他资产发挥效用或生产经营活动中必不可少的因素，一般它就应该成为评估对象。《国企职务犯罪意见》也规定，隐匿公司、企业财产的方式包括故意低估资产、隐瞒债权、虚设债务、虚构产权交易等。《最高人民法院、最高人民检察院关于办理商业贿赂刑事案件适用法律若干问题的意见》第七条指出，商业贿赂中的财物，既包括金钱和实物，也包括可以以金钱计算数额的财产性利益。《最高人民法院、最高人民检察院关于办理贪污贿赂刑事案件适用法律若干问题的解释》第十二条规定，贿赂犯罪中的财物，包括货币、物品和财产性利益。财产性利益包括可以折算为货币的物质利益如房屋装修、债务免除等，以及需要支付货币的其他利益如会员服务、旅游等。

根据上述法律法规及司法解释的规定，相关犯罪的犯罪对象既包括有体物，也包括无形资产、财产性利益等。由此可见，在2007年之前深发公司所拥有的上述出租车营运牌照，按照当时行政管理规定虽不允许转让，但深发公司具有永久使用权，而作为一项特许经营权，其可行使占有、使用和收益的权利，也能够以金钱计算其经济价值，具有经济利益，是一项能为经营者带来效益或者收益的资产。因此，该部分资产应属于《中华人民共和国刑法》及其相关司法解释所规定的"财产性利益"，或者说，属于无形资产，其应当属于国有资产的范畴，在企业改制时应当纳入改制时的国有资产。

——何凌云、廖丽红撰稿、韩维中审编：《林财私分国有资产案——国有企业改制过程中隐匿公司财产，转为改制后其个人和部分职工持股的公司所有的行为应如何定性》，载最高人民法院刑事审判第一、二、三、四、五庭编：《刑事审判参考》（总第125辑），人民法院出版社2020年版，第

122~132页。

1340. 非国家工作人员和国家工作人员主体的区分认定

关键词

非国家工作人员受贿罪 主体

附录：最高人民法院主流观点

非国家工作人员受贿罪的主体通常是非国有单位的人员，但也并非都是如此。在我国的刑法体系中，对于贿赂行为，并非只要是国有单位的人员就构成《刑法》385条规定的“受贿罪”，只要是非国有单位的人员就构成《刑法》163条规定的“非国家工作人员受贿罪”，还是要结合单位性质、行为人的身份和从事工作的性质（是否从事公务）来综合认定，典型的如《办理商业贿赂刑事案件意见》将学校、医疗机构的人员划分为国家工作人员和非国家工作人员。因此，需要在认定犯罪性质时谨慎对待。非国有公司、企业、单位中的国家工作人员也可能构成受贿罪。依照《刑法》第163条第3款的规定，国有公司、企业或者其他国有单位中从事公务的人员和国有公司、企业或者其他国有单位委派到非国有公司、企业以及其他单位从事公务的人员，如有受贿行为，按照受贿罪处理。依法组建的评标委员会、竞争性谈判采购中谈判小组、询价采购中询价小组中国家机关或者其他国有单位的代表，由于他们已经被《刑法》拟制为国家工作人员，如有受贿行为，应当依照《刑法》第385条、第386条的规定，以受贿罪定罪处罚。

——胡云腾主编：《刑法罪名精释（第五版）》，人民法院出版社2022年版，第297页。

1341. 贪污犯罪从宽处罚的要点

关键词

从宽处罚

《中华人民共和国刑法修正案（九）》条文

四十四、将刑法第三百八十三条修改为：“对犯贪污罪的，根据情节轻重，分别依照下列规定处罚：

（一）贪污数额较大或者有其他较重情节的，处三年以下有期徒刑或者拘役，并处罚金。

（二）贪污数额巨大或者有其他严重情节的，处三年以上十年以下有期徒刑，并处罚金或者没收财产。

（三）贪污数额特别巨大或者有其他特别严重情节的，处十年以上有期徒刑或者无期徒刑，并处罚金或者没收财产；数额特别巨大，并使国家和人民利益遭受特别重大损失的，处无期徒刑或者死刑，并处没收财产。

对多次贪污未经处理的，按照累计贪污数额处罚。

犯第一款罪，在提起公诉前如实供述自己罪行、真诚悔罪、积极退赃，避免、减少损害结果的发生，有第一项规定情形的，可以从轻、减轻或者免除处罚；有第二项、第三项规定情形的，可以从轻处罚。

犯第一款罪，有第三项规定情形被判处死刑缓期执行的，人民法院根据犯罪情节等情况可以同时决定在其死刑缓期执行二年期满依法减为无期徒刑后，终身监禁，不得减刑、假释。”

附录：最高人民法院主流观点

《刑法修正案（九）》第四十四条对贪污犯罪从宽处罚作了特别规定，该条第三款单独规定一款，而且规定更加明确，也更为严格。该款规定的适用主要需把握以下几点：

1. 犯贪污罪的行为人必须如实供述自己罪行、真诚悔罪、积极退赃。如实供述自己罪行，是指犯罪人对自己所犯的罪行，要如实、无保留地向司法机关供述；真诚悔罪，是指犯罪人对自己所犯罪行真心悔过；积极退赃，是指犯罪人积极主动退还贪污所得的财物。这里规定的如实供述自己罪行、真诚悔罪、积极退赃，是并列条件，不是选择条件，因此要求是同时具备。这三点反映了犯罪人主观上的认罪态度和悔罪表现的程度。

2. 避免、减少损害结果的发生。这是要求犯罪人不仅主观上认罪、悔罪，客观上还要达到避免、减少损害结果的发生的实际效果。

3. 针对不同程度的犯罪，从宽的幅度也不同。对于“贪污数额较大或者有其他较重情节”的，可以从轻、减轻或者免除处罚；但对“贪污数额巨大或者有其他严重情节的”以及“贪污数额特别巨大或者有其他特别严重情节的”两档比较严重的情形，则是可以从轻处罚，不能减轻或者免除处罚。这个规定充分体现了宽严相济的刑事政策，对较轻的贪污受贿犯罪，从宽的幅度比较大，对比较严重的贪污受贿犯罪，从宽的幅度较小。

4. 犯罪人的认罪态度和悔罪表现时间要求在提起公诉以前。提起公诉，是指人民检察院对侦查终结移送起诉的案件，经审查，认为犯罪事实已经查清，证据确实、充分，依法应当追究刑事责任的，按照审判管辖的规定，提交人民法院审判的诉讼活动。提起公诉，表明案件事实和证据已经查清楚，可以依法对该犯罪人进行审判。

——最高人民法院研究室、最高人民法院刑法修改工作小组办公室编著：《〈刑法修正案（九）〉条文及配套司法解释理解与适用》，人民法院出版社2015年版，第385页。

1342. 利用企业改制把公共财产转到自己或亲属所投资企业行为的定性

关键词

贪污罪　企业改制　转移公共财产

最高人民法院司法政策精神

一、关于国家出资企业工作人员在改制过程中隐匿公司、企业财产归个人持股的改制后公司、企业所有的行为的处理

国家工作人员或者受国家机关、国有公司、企业、事业单位、人民团体委托管理、经营国有财产的人员利用职务上的便利，在国家出资企业改制过程中故意通过低估资产、隐瞒债权、虚设债务、虚构产权交易等方式隐匿公司、企业财产，转为本人持有股份的改制后公司、企业所有，应当依法追究刑事责任的，依照刑法第三百八十二条、第三百八十三条的规定，以贪污罪定罪处罚。贪污数额一般应当以所隐匿财产全额计算；改制后公司、企业仍有国有股份的，按股份比例扣除归于国有的部分。

所隐匿财产在改制过程中已为行为人实际控制，或者国家出资企业改制已经完成的，以犯罪既遂处理。

第一款规定以外的人员实施该款行为的，依照刑法第二百七十一条的规定，以职务侵占罪定罪处罚；第一款规定以外的人员与第一款规定的人员共同实施该款行为的，以贪污罪的共犯论处。

在企业改制过程中未采取低估资产、隐瞒债权、虚设债务、虚构产权交易等方式故意隐匿公司、企业财产的，一般不应当认定为贪污；造成国有资产重大损失，依法构成刑法第一百六十八条或者第一百六十九条规定的犯罪的，依照该规定定罪处罚。

——《最高人民法院、最高人民检察院关于办理国家出资企业中职务犯罪案件具体应用法律若干问题的意见》（2010年12月2日，法发〔2010〕49号）。

《最高人民法院公报》案例

上海市人民检察院第二分院诉王一兵贪污案（判决时间：2003 年 9 月 30 日，二审法院：上海市高级人民法院）

裁判摘要：在企业改制过程中，国有企业工作人员利用受委派在国有、集体联营企业中从事公务的职务便利，将国有、集体联营企业的公共财产转移至自己及亲属控股的个人股份制企业并非法占有，应认定构成贪污罪。

——《最高人民法院公报》2004 年第 5 期。

无锡市北塘区人民检察院诉束兆龙贪污案（判决时间：2005 年 3 月 18 日，一审法院：无锡市北塘区人民法院）

裁判摘要：根据《刑法》第 382 条第 1 款的规定，被告人在国有事业单位改制中，利用职务便利隐瞒国有资产，并将其转移到改制后自己占有投资份额的公司中，构成了贪污罪，但贪污数额应按照被告人在改制后的公司中所占投资份额的比例认定。

被告人束兆龙身为国家工作人员，利用担任国有事业单位法定代表人的职务便利，在国有事业单位改制中隐瞒国有资产，并将国有资产转移到自己占有投资份额的公司中，其行为符合以骗取的手段非法占有公共财物的特征，构成贪污罪。“非法占有”，是贪污罪客观方面应当具有的特征之一。束兆龙在隐瞒原设计所管理的国有资产时，明知这些资产将来只能由原设计所改制后形成的有限责任公司取得，其个人不能直接非法占有。在这种情况下，束兆龙仍实施了隐瞒国有资产的行为。这是因为在主观上，束兆龙有通过按投资份额得到部分国有资产的犯罪动机，客观上也只有这样干，束兆龙才能实现对部分国有资产的非法占有。因此按束兆龙在嘉德公司的投资比例 25% 计算，被束兆龙隐瞒的 391787.78 元国有资产中的 9.79 万余元，才是束兆龙实施贪污行为主观上想得到、客观上也已经实现的贪污数额；391787.78 元国有资产中的 10% 即 3.91 万余元，仍是国有事业单位市政设计院在嘉德公司内占有的国有资产；391787.78 元国有资产中的 65% 即 25 万余元，是束兆龙犯罪行为给国有资产造成的损失，应当在量刑时考虑。将原设计所被隐瞒的国有资产全部认定为束兆龙的贪污数额，无法解释市政设计院按投资份额分享到的 3.91 万余元的财产性质。这样认定既不符合事实，也不符合法律规定。

——《最高人民法院公报》2005 年第 7 期。

《刑事审判参考》指导案例

徐华、罗永德贪污案（《刑事审判参考》指导案例第 121 号）

裁判要点：在国有企业改制中隐瞒资产真实情况，利用国企改制非法占有国有资产，并造成巨额国有资产潜在流失的行为不构成国有公司人员滥用职权罪而构成贪污罪；如果财产没有被行为人实际控制，构成贪污未遂。

根据《刑法修正案（一）》第 2 条的规定，国有公司人员滥用职权罪是指国有公司工作人员严重不负责任或者滥用职权，造成国有公司破产或者严重损失，致使国家利益遭受重大损失的行为。本案中，二被告人乘国有公司改制之机，利用职务上的便利，采用隐瞒真相的手段将应当上缴的国有资产转入以其自己为股东的新公司中，形式上属于徇私舞弊、滥用职权的行为，也造成了国有资产的流失，但二被告人的最终目的是将这部分国有资产转入自己作为股东的公司，其行为在性质上应认定为非法占有国有资产，而不是徇私舞弊、滥用职权。所谓徇私舞弊，是指为了个人利益或徇私情而弄虚作假，不正当地行使职权的行为。徇私舞弊是一种渎职行为，从词义上讲不外乎徇私情和徇私利，其中的徇私利包括徇行为人本人之私利。因而在逻辑上，徇私舞弊行为不排除以非法占有为表现形式。但是，当非法占有的数额已达到有关贪利型犯罪（如贪污罪）的处罚标准时，应以贪利型犯罪定罪处罚，而不能再认定为单纯的渎职犯罪。

贪污罪属于直接故意犯罪，是结果犯，存在着未遂形态。一般而言，贪污罪应以行为人是否实际取得财物为区分既遂与未遂的标准。本案中，路桥燃料有限公司于 2000 年 9 月 7 日缴清国资款后，该 47 万余元资产即脱离国资部门的控制。此后，资产转移手续一直在办理之中，该笔资产尚未到达改制后的路桥燃料有限公司账上，即没有为二被告人所实际控制，因此，可以认定二被告人的行为构成贪污犯罪未遂。

——最高人民法院刑事审判第一庭、第二庭编：《刑事审判参考》2001 年第 8 辑（总第 19 辑），法律出版社 2001 年版，第 46~52 页。

1343. 国家机关工作人员受委派在集体所有制企业任职后，又经所在地企业职工代表大会选举继续任职，并由企业上级行政主管部门批复同意的，仍应以国家工作人员论

关键词

贪污罪　国家工作人员

最高人民法院司法政策精神

（二）国家机关、国有公司、企业、事业单位委派到非国有公司、企业、事业单位、社会团体从事公务的人员的认定

所谓委派，即委任、派遣，其形式多种多样，如任命、指派、提名、批准等。不论被委派的人身份如何，只要是接受国家机关、国有公司、企业、事业单位委派，代表国家机关、国有公司、企业、事业单位在非国有公司、企业、事业单位、社会团体中从事组织、领导、监督、管理等工作，都可以认定为国家机关、国有公司、企业、事业单位委派到非国有公司、企业、事业单位、社会团体从事公务的人员—如国家机关、国有公司、企业、事业单位委派在国有控股或者参股的股份有限公司从事组织、领导、监督、管理等工作的人员，应当以国家工作人员论：国有公司、企业改制为股份有限公司后原国有公司、企业的工作人员和股份有限公司新任命的人员中，除代表国有投资主体行使监督、管理职权的人外不以国家工作人员论。

——《最高人民法院关于印发〈全国法院审理经济犯罪案件工作座谈会纪要〉的通知》（2003 年 11 月 13 日，法〔2003〕167 号）。

《最高人民法院公报》案例

重庆市人民检察院第一分院诉严先贪污案（判决时间：2002 年 11 月 21 日，经最高人民法院复核）

裁判摘要：根据《刑法》第 382 条第 1 款的规定，国家机关工作人员受委派在集体所有制企业任职后，又经所在地企业职工代表大会选举继续任职，并由企业上级行政主管部门批复同意的，仍应以国家工作人员论。其利用职务便利，采取指使他人做假账、通过转账划款、提取现金等手段侵吞公款的行为，构成贪污罪。

被告人严先受中共重庆市委组织部委派，挂职担任重庆弹簧厂副厂长和

经重庆弹簧厂职代会选举并经国家机关原重庆市机械工业管理局批复同意担任该厂厂长，均属于受国家机关委派从事公务，对其应以国家工作人员论。其在担任重庆弹簧厂副厂长、厂长期间利用职务便利，采取让本单位财会人员做假账、通过转账划款、提取现金等手段，侵吞公款共计人民币157.4万余元的行为已构成贪污罪。其贪污数额特别巨大，并携款潜逃，尚有140余万元赃款未能追回，情节特别严重，论罪应当判处死刑。但鉴于其在二审期间检举其他犯罪嫌疑人藏匿地点，协助公安机关抓获其他犯罪嫌疑人，有立功表现，对其判处死刑，可不立即执行。一审判决、二审裁定认定的事实清楚、证据确实、充分。审判程序合法。但一审判决、二审裁定认定严先担任重庆弹簧厂厂长，属于集体企业人员，对其在担任该厂厂长期间侵吞公款的行为认定为侵占罪，而未认定为贪污罪不当，应予纠正。

——《最高人民法院公报》2004年第12期。

1344. 受委托管理、经营国有财产人员的认定

关键词

贪污罪　国有财产　受委托人员

《刑事审判参考》指导案例

张珍贵、黄文章职务侵占案（《刑事审判参考》指导案例第274号）

裁判要点：构成受委托管理、经营国有财产的人员必须符合三个条件：一是委托主体必须是国家机关、国有公司、企业、事业单位、人民团体；二是必须存在委托和被委托关系；三是委托内容必须是特定的事务，即从事对国有财产的管理、经营这样一种特殊的事务。

受委托管理、经营国有财产的人员毕竟不是国家工作人员，“以贪污论”毕竟不是“以国家工作人员论”，在司法实践中，应当严格掌握其认定标准。

首先，受委托管理、经营国有财产不同于国有单位对其内部工作人员的任命、聘任或者委派。国有单位任命、聘任其工作人员担任一定职务，在本单位从事经营、管理活动的人员，以及基于投资或者领导关系委派到非国有单位从事经营、管理、监督活动的人员，在性质上均属于国有单位的内部人员，国有单位对其所作的任命、聘任或者委派，属于单位内部的工作安排，从这一点来讲，双方不是平等的关系。根据《刑法》第93条第2款的规定，

这些人员属于依法律、依职权或者授权从事的公务，应当以国家工作人员论。

其次，受委托管理、经营国有财产也不同于国有单位非国家工作人员从事的不具有公务性质的生产、服务等劳务活动。委托的内容必须限于对国有资产进行管理、经营。

——最高人民法院刑事审判第一庭、第二庭编：《刑事审判参考》2003 年第 6 集（总第 35 集），法律出版社 2005 年版，第 55~63 页。

附录：最高人民法院法官著述

《刑法》为了加强对国有财产的保护而在第 382 条第 2 款中特别规定："受国家机关、国有公司、企业、事业单位、人民团体委托管理、经营国有财产的人员，利用职务上的便利，侵吞、窃取、骗取或者以其他手段非法占有国有财物的，以贪污论。"受委托管理、经营国有财产的人员不是国家工作人员，也不能以国家工作人员论，因此，只能成为贪污犯罪的主体，不能成为受贿、挪用公款等其他国家工作人员职务犯罪的主体。在形式上，无论是在受托前还是在受托后，受托人与委托单位之间都不存在行政上的隶属关系。对于国有单位中非从事公务的工作人员，即使是合同工，一旦在国有单位内部承担管理、经营国有财产的职责，则应当直接认定为国有单位中从事公务的人员，而不是受委托管理、经营国有财产的人员；如其被国有单位聘用后指派到非国有单位管理、经营国有财产，则属于受委派从事公务的人员，也不是受委托管理、经营国有财产的人员。在实质上，受托人行使了管理、经营国有资产的职责。这里的"管理国有资产"，是一种具有公共事务性质的活动，不仅仅意味着对国有资产进行保管，通常还意味着受托人对国有财产具有一定的处分权。所谓管理，是指具有监守或者保管公共财物的职权。经营者在经营期间通常同时行使管理职权，对公共财物具有处置权。所谓经营，是指将公共财物投放市场作为资本使其增值的商业活动，或者利用公共财物从事营利性活动。虽然管理、经营国有财产也是从事公务的具体表现，但不是从事公务的全部内容。因此，《全国法院审理经济犯罪案件工作座谈会纪要》进一步明确："受委托管理、经营国有财产，是指因承包、租赁、临时聘用等管理、经营国有财产"。

——郭清国：《贪污贿赂和渎职犯罪案件刑法适用的新问题》，载《人民司法》2005 年第 3 期（总第 494 期）。

1345. “国家机关、国有公司、企业、事业单位委派到非国有公司、企业、事业单位、社会团体从事公务”人员的认定

关键词

受贿罪　非国家工作人员

《刑事审判参考》指导案例

朱思亮非国家工作人员受贿案（《刑事审判参考》指导案例第 1233 号）

裁判要点：经国家出资企业中负有管理、监督国有资产职责的组织批准或者研究决定，代表其在国有控股、参股公司及其分支机构中从事组织、领导、监督、经营、管理工作的人员，应当认定为国家工作人员。

《最高人民法院、最高人民检察院关于办理国家出资企业中职务犯罪案件具体应用法律若干问题的意见》(以下简称《意见》)对于如何认定“国家机关、国有公司、企业、事业单位委派到非国有公司、企业、事业单位、社会团体从事公务”(以下简称“受委派从事公务”)规定：“经国家出资企业中负有管理、监督国有资产职责的组织批准或者研究决定，代表其在国有控股、参股公司及其分支机构中从事组织、领导、监督、经营、管理工作的人员，应当认定为国家工作人员。”据此，委派的主体应限于两类组织：一是刑法明确规定的“国家机关、国有公司、企业、事业单位”；二是上述《意见》中规定的“国家出资企业中负有管理、监督国有资产职责的组织”。

所谓“从事公务”，是指代表国家机关、国有公司、企业、事业单位、人民团体等履行组织、领导、监督、管理等职责。公务主要表现为与职权相联系的公共事务以及监督、管理国有财产的职务活动。“从事公务”是认定国家工作人员的本质特征。公务具有国家代表性、职能性和管理性，三者缺一不可。对于受国家机关委派从事公务的，主要表现为管理公共事务或者经营管理国有资产；对于受国家出资企业委派的，主要是代表国有投资主体对国有资产行使监督管理权，使其保值增值，体现国有投资主体的意志。一般来说，委派主体属于国家机关或者以国有资本出资，是受委派者从事经营管理国有资产的前提。

——最高人民法院刑事审判第一、二、三、四、五庭主办：《刑事审判参考》(总第 112 辑)，法律出版社 2018 年版，第 102~108 页。

1346. 国有公司长期聘用的管理人员是国家工作人员

关键词

挪用公款罪　贪污罪　管理人员　国有公司

《刑事审判参考》指导案例

刘某挪用公款案（《刑事审判参考》指导案例第 406 号）

裁判要点：国有公司长期聘用的管理人员属于国有公司中从事公务的人员，其利用职务便利挪用本单位资金归个人使用，构成犯罪的，应当以挪用公款罪定罪处罚。

国有公司长期聘用的管理人员属于《刑法》第 93 条第 2 款规定的国有公司中从事公务的人员，其利用职务便利挪用本单位资金归个人使用，构成犯罪的，应当以挪用公款罪定罪处罚。

在认定行为人系从事公务的情况下，区分行为人是国有公司中从事公务的人员还是受国有公司委托管理、经营国有财产的人员，关键就落到了对于《刑法》第 382 条第 2 款规定的受国有公司委托管理、经营财产的人员中的“委托”应当如何理解的问题。对此，《纪要》规定：“受委托经营、管理国有财产”是指因承包、租赁、临时聘用等管理、经营国有财产。可见，承包、租赁、聘用是“受委托”的主要方式，但需要注意的是，《纪要》将这里的聘用限制在“临时聘用”。因为长期受聘用的人员与所在单位已经形成了较为固定的劳动关系，尤其是受聘担任较高职务的情况，其享有的权利义务与正式在编人员没有大的差别，将其直接视为国家工作人员符合当前国有单位工作人员构成来源变化的特点，所以应认定为国家工作人员；而对于临时聘用人员，由于尚未与国有单位形成固定劳动关系，难以认定为国家工作人员，将临时聘用人员纳入《刑法》第 382 条第 2 款规定的受委托人员范畴，符合立法的精神和国有资产保护的实际。故此，被告人被国有公司长期聘用，担任分公司的领导职务，管理、经营国有财产，应属于国有公司中的工作人员，而非受国有公司委托管理、经营国有财产的人员。

综上，被告人作为国有公司长期聘用的管理人员，利用职务便利挪用本单位资金归个人使用，数额巨大、超过三个月未归还的行为，应当以挪用公款罪追究刑事责任。

——最高人民法院刑事审判第一、二、三、四、五庭主办：《刑事审判参

考》2006年第4集（总第51集），法律出版社2006年版，第38~44页。

1347. 已办理退休手续但依然从事公务的人员是国家工作人员

关键词

挪用公款罪　退休离职　国家工作人员

《刑事审判参考》指导案例

王铮贪污、挪用公款案（《刑事审判参考》指导案例第422号）

裁判要点：已办理退休手续，但仍然实际享有控制公款权力的国家工作人员，可以构成挪用公款罪主体。当款项领取凭证和事由与核销凭证出现矛盾时，应依据财务核销凭证来认定公款用途及行为性质。

一般而言，国家工作人员从事公务的时间始于具备一定身份职责，终于退休离职。然而，实践中，由于办理退休手续和工作的实际交接完成均需要一定的时间，从而导致国家工作人员在达到法定退休年龄或者符合退休条件的，办理退休手续与交接工作往往交叉进行：有的是先办理退休手续后交接工作，有的是先交接工作后办理退休手续，而交接工作与办理退休手续的具体时间及其所用时间长短，各地、各单位，甚至不同的人也都不完全相同。有的已办理退休手续但未实际交出工作，有的虽未办理完退休手续但已实际交出原有工作，这就给认定此阶段行为人的主体资格带来了不小的困惑。如果一律以退休时间为准来确定行为人的主体资格，就可能导致有的人虽已退休，但仍享有职权，对其渎职腐败行为不负相应的法律责任；而有的人虽然还未办理退休手续，但已经完成了工作交接，实际没有相应的职权，却要承担相应的职责、负相应的法律责任的现象。为准确惩罚犯罪防止放纵犯罪的发生，同时也要注意保障人权避免出现这种责权不对等而殃及无辜，我们认为，对处于离退休阶段的人员是否属于国家工作人员的认定，应从实际出发，从单纯以身份本身来判断主体性质的标准转变为以职权和职责为主，兼顾身份作为判断主体性质的标准，强调职权和职责对于主体性质的关键性。具体而言，应以行为人实际交接工作的时间为准，认定其是否具有国家工作人员相应的职权和应履行相应的职责，确定其行为是否属于“从事公务”，这样才能准确地区分罪与非罪。2002年12月28日全国人大常委会《关于〈中华人民共和国刑法〉第九章渎职罪主体适用问题的解释》中“虽未列入国家机关人员编制但在国家机关中从事公务的人员，在代表国家机关行使职权时，有渎职行为，构成犯罪的，依照刑法关于渎职罪的规定追究刑事责任”的规定，即体现了摒弃身份论，以“从事公务”作为认定国家工作人员本质特征的基本精神。

——最高人民法院刑事审判第一、二、三、四、五庭主办：《刑事审判参考》2006年第6集（总第53集），法律出版社2007年版，第59~66页。

1348. 由国有公司负责人口头提名、非国有公司聘任的管理人员应以国家工作人员论

关键词

挪用公款罪　受委派从事公务

《刑事审判参考》指导案例

顾荣忠挪用公款、贪污案（《刑事审判参考》指导案例第446号）

裁判要点：受国有公司委派到非国有公司从事公务的人员的认定关键要把握好“受委派”和“从事公务”两个特征。

对于受委派，2003年《全国法院经济犯罪案件工作座谈会纪要》（以下简称《纪要》）指出：“所谓委派，即委任、派遣，其形式多种多样，如任命、指派、提名、批准等。不论被委派的人身份如何，只要是接受国家机关、国有公司、企业、事业单位委派，代表国家机关、国有公司、企业、事业单位在非国有公司、企业、事业单位、社会团体中从事组织、领导、监督、管理等工作，都可以认定为国家机关、国有公司、企业、事业单位委派到非国有公司、企业、事业单位、社会团体从事公务的人员—如国家机关、国有公司、企业、事业单位委派在国有控股或者参股的股份有限公司从事组织、领导、监督、管理等工作的人员，应当以国家工作人员论：国有公司、企业改制为股份有限公司后原国有公司、企业的工作人员和股份有限公司新任命的人员中，除代表国有投资主体行使监督、管理职权的人外不以国家工作人员论。”据此，这里的“委派”在形式上可以不拘一格，如任命、指派、提名、推荐、认可、同意、批准等均可，无论是书面委任文件还是口头提名，只要是有证据证明属上述委派形式之一即可，这是与我国现阶段有关国家工作人员身份来源变动多样性的实际情况相符合。

“受委派”的含义

对于“从事公务”,《纪要》指出:“从事公务，是指代表国家机关、国有公司、企业事业单位、人民团体等履行组织、领导、监督、管理等职责。公务主要表现为与职权相联系的公共事务以及监督、管理国有财产的职务活动。如国家机关工作人员依法履行职责，国有公司的董事、经理、监事、会计、出纳人员等管理、监督国有财产等活动，属于从事公务。”据此，从事公务人员是以国家工作人员论的实质特征，即必须代表国家机关、国有公司、企业、事业单位在非国有公司、企业、事业单位、社会团体中从事组织、领导、监督、管理等公务活动，亦即具有国有单位的直接代表性和从事工作内容的公务性。

——最高人民法院刑事审判第一、二、三、四、五庭主办:《中国刑事审判指导案例》(6)，法律出版社2012年版，第136~137页。

1349. 原国企中国家工作人员在国有企业改制过程中仍属于国家工作人员

关键词

挪用公款罪　企业改制　国家工作人员

《刑事审判参考》指导案例

马平华挪用公款案（《刑事审判参考》指导案例第510号）

裁判要点：原国企中国家工作人员在国有企业改制过程中仍属于国家工作人员。

被告人马平华在国有公司改制为国有控股公司过程中仍然具有国家工作人员身份，本案中，土综公司第一次改制完成（即2004年1月13日申请变更注册）前，因属国有独资公司，被告人马平华作为该公司的总经理，属于在国有公司中从事公务的人员，符合刑法第九十三条第二款的规定，应以国家工作人员论。第一次改制后至2005年7月第二次改制完成前，土综公司改制为国有控股公司，在此阶段马平华实际具有了双重身份：一方面，他在改制的公司中实际占有35%的股份，成为土综公司的第二大股东；另一方面，在由政府部门召开的相关会议上，南通市委组织部决定由经营管理60%国有股权的众和公司出面推荐马平华任董事长，然后通过股东大会选举履行相关手续，再由董事会聘任其担任总经理职务。因为可以认定马平华是受国有众和控股公司的委派，负有对占土综公司60%股权的国有资产行使监督、管理职权。

——最高人民法院刑事审判第一、二、三、四、五庭主办：《中国刑事审判指导案例》（6），法律出版社 2012 年版，第 143 页。

1350. 村民小组长在特定情形下属于“其他依照法律从事公务的人员”

关键词

贪污罪　受贿罪　基层组织　国家工作人员

《刑事审判参考》指导案例

廖常伦贪污、受贿案（《刑事审判参考》指导案例第 594 号）

裁判要点：农村村民小组组长及其工作人员，如果是在协助人民政府从事行政管理工作，应当属于“其他依照法律从事公务的人员”。

2000 年全国人大常委会《关于〈中华人民共和国刑法〉第九十三条第二款的解释》对“村民委员会等村基层组织”在何种情形下属于“其他依照法律从事公务的人员”的规定，主要是基于国家工作人员的本质属性和我国农村工作的现实情况。国家的正常管理活动，是通过国家政治、经济、文化等各部门的国家工作人员依法履行职务，即依法从事公务来实现的。依法从事公务，是指国家工作人员，依照法律规定的职责和权能，按照法定程序，代表国家进行的具有国家管理性质的活动。根据我国宪法规定，村民委员会并非我国的政权组织，也不是基层政权的派出机构，而是一个基层群众自治组织，其基本职责是通过“民主选举、民主决策、民主管理、民主监督”方式来管理行政村的集体性事务。作为群众性的自治组织，村民委员会本身没有管理社会事务的职责与权能，其工作人员不具备从事公务人员的主体身份与资格。但是，法律赋予村民委员会的职能，并不只是办理本村的公共事务和公益事业，还有协助人民政府开展工作的职能。《中华人民共和国村民委员会组织法》第四条第二款[①]规定，“村民委员会协助乡、民族乡、镇人民政府开展工作”，虽然只是简单规定了村民委员会有协助乡级人民政府开展工作的职责，但从我国的立法看，有几十部法律及规范性文件，对村民委员会的协助

---

① 本条现为《中华人民共和国村民委员会组织法》（2018 年修正）第五条第二款。

职责予以规定，协助的范围涉及计划生育、婚姻登记、代缴个人所得税、无偿献血、土地征用、救灾救济等。村民委员会组成人员虽然在法律上不直接行使行政管理权力，但这些行政权的行使却离不开村民委员会的协助。当村民委员会从事协助乡级人民政府有关行政管理工作时，村民委员会被赋予了相应的职责与权能，其工作人员相应被赋予了从事相关公务的身份与权力资格，他们的活动就是依法法律从事公务的活动。综上，对农村基层组织组成人员，不能简单地从外在身份来判断其是否为国家工作人员，而应当主要从其是否"依照法律从事公务"这一国家工作人员的本质属性来进行判断。如果其从事的仅是集体经济组织中的事务，由于村民自治范围内的村、组集体事务不属于公务的范畴，就不能以国家工作人员论；如果其从事的是行政管理事务，其工作则体现了政府对社会的组织、管理职能，就是在依法从事公务，就应当属于"其他依照法律从事公务的人员"的范围，以国家工作人员论。

——最高人民法院刑事审判第一、二、三、四、五庭主办：《中国刑事审判指导案例》(6)，法律出版社2012年版，第77~78页。

1351. 机关干部虚填住宿费发票予以报销行为的定性

关键词

贪污罪　虚填住宿费发票

附录：司法信箱

问题：某市一名机关干部利用某些城市发票管理混乱之机，在近几年中以转院治病为名多次去外地，而后虚填住宿费发票在本单位多报销住宿费2万余元。其采用的主要方法是：不在旅店住宿，但向某旅店索要发票，或在街上购买发票，自己填写报销；住旅店时间短，但发票上填写的住宿时间长，一人住宿，但在发票上填写二人费用，借此多报费用；旅店收费低，发票存根金额小，但报销时发票填写的金额却大，借此多套资金。对此案定性有两种观点：一是该行为已违反国家法律及相关规定，且虚填报销数额较大，已构成犯罪。另一种观点认为，虽然该行为违反了国家对发票的管理规定，但所填数额并未超过规定的住宿标准，可视为行为人应享受的待遇，所以不构成犯罪。

《人民司法》研究组认为：《刑法》第382条规定，国家工作人员利用职务上的便利，侵吞、窃取、骗取或者以其他手段非法占有公共财物的，是贪污罪。根据来信介绍的情况，该机关干部采取虚填住宿费发票的手段，在本单位多报销住宿费 2 万余元，其行为符合贪污罪的犯罪构成，应以贪污罪定罪处罚。至于该机关干部虚填住宿发票的数额并未超过规定的标准，并不影响其行为构成贪污罪，可作为量刑酌定情节予以考虑。

——《人民司法》2002 年第 1 期（总第 456 期）。

1352. 土地使用权具有财产性利益，可以成为贪污的对象

关键词

贪污罪　土地使用权

最高人民法院司法政策精神

第七条　商业贿赂中的财物，既包括金钱和实物，也包括可以用金钱计算数额的财产性利益，如提供房屋装修、含有金额的会员卡、代币卡（券）、旅游费用等。具体数额以实际支付的资费为准。

——《最高人民法院、最高人民检察院关于印发〈关于办理商业贿赂刑事案件适用法律若干问题的意见〉的通知》（2008 年 11 月 20 日，法发〔2008〕33 号）。

一、关于国家出资企业工作人员在改制过程中隐匿公司、企业财产归个人持股的改制后公司、企业所有的行为的处理

国家工作人员或者受国家机关、国有公司、企业、事业单位、人民团体委托管理、经营国有财产的人员利用职务上的便利，在国家出资企业改制过程中故意通过低估资产、隐瞒债权、虚设债务、虚构产权交易等方式隐匿公司、企业财产，转为本人持有股份的改制后公司、企业所有，应当依法追究刑事责任的，依照刑法第三百八十二条、第三百八十三条的规定，以贪污罪定罪处罚。贪污数额一般应当以所隐匿财产全额计算；改制后公司、企业仍有国有股份的，按股份比例扣除归于国有的部分。

所隐匿财产在改制过程中已为行为人实际控制，或者国家出资企业改制已经完成的，以犯罪既遂处理。

第一款规定以外的人员实施该款行为的，依照刑法第二百七十一条的规定，以职务侵占罪定罪处罚；第一款规定以外的人员与第一款规定的人员共同实施该款行为的，以贪污罪的共犯论处。

在企业改制过程中未采取低估资产、隐瞒债权、虚设债务、虚构产权交易等方式故意隐匿公司、企业财产的，一般不应当认定为贪污；造成国有资产重大损失，依法构成刑法第一百六十八条或者第一百六十九条规定的犯罪

的，依照该规定定罪处罚。

——《最高人民法院、最高人民检察院关于办理国家出资企业中职务犯罪案件具体应用法律若干问题的意见》（2010年12月2日，法发〔2010〕49号）。

最高人民法院指导性案例

杨延虎等贪污案（最高人民法院指导案例11号）

裁判摘要：土地使用权具有财产性利益，可以成为贪污的对象。土地使用权具有财产性利益，属于《刑法》第三百八十二条第一款规定中的“公共财物”，可以成为贪污的对象。

关于被告人杨延虎等人及其辩护人提出被告人王月芳应当获得土地安置补偿，涉案土地属于集体土地，不能构成贪污罪的辩护意见。经查，王月芳购房时系居民户口，按照法律规定和义乌市拆迁安置有关规定，不属于拆迁安置对象，不具备获得土地确权的资格，其在共和村所购房屋既不能获得土地确权，又不能得到拆迁安置补偿。杨延虎等人明知王月芳不符合拆迁安置条件，却利用杨延虎的职务便利，通过将王月芳所购房屋谎报为其祖传旧房、虚构王月芳与王某祥分家事实，骗得旧房拆迁安置资格，骗取国有土地确权。同时，由于杨延虎利用职务便利，杨延虎、王月芳等人弄虚作假，既使王月芳所购旧房的房主赵某某按无房户得到了土地安置补偿，又使本来不应获得土地安置补偿的王月芳获得了土地安置补偿。《中华人民共和国土地管理法》第二条、第九条[①]规定，我国土地实行社会主义公有制，即全民所有制和劳动群众集体所有制，并可以依法确定给单位或者个人使用。对土地进行占有、使用、开发、经营、交易和流转，能够带来相应经济收益。因此，土地使用权自然具有财产性利益，无论国有土地，还是集体土地，都属于刑法第三百八十二条第一款规定中的“公共财物”，可以成为贪污的对象。王月芳名下安置的地块已在2002年8月被征为国有并转为建设用地，义乌市政府文件抄告单也明确该处的拆迁安置土地使用权登记核发国有土地使用权证。因此，杨延虎等人及其辩护人所提该项辩护意见，不能成立。

——《最高人民法院关于发布第三批指导性案例的通知》（2012年9月18日，法〔2012〕227号）。

---

① 本条现为《中华人民共和国土地管理法》（2019年修正）第二条、第十条。

说明

指导案例11号杨延虎等贪污案，旨在为处理新类型贪污案件提供指导。该案例进一步明确，认定此类型贪污罪，要考虑新形势下公共财产的新特点，利用职务上便利的新特点和行为人身份的新特点，不可只拘泥于计划经济时代的传统观念。本案例说明，贪污罪中的利用职务上的便利，既包括利用本人职务上主管、管理公共财物的职务便利，也包括利用职务上有隶属关系的其他国家工作人员的职务便利；作为贪污罪对象的“公共财物”，既包括动产，也包括不动产，并包括土地使用权；土地使用权既包括国有土地使用权，也包括集体所有土地使用权；土地使用权属于可以用金钱计算数额的财产性利益，本质上属于刑法第三百八十二条第一款规定中的“公共财物”，利用职务便利非法占有土地使用权的，应当认定为贪污罪。该指导案例解决了司法实践中处理此类型案件遇到的疑难问题，对于依法有效惩治新类型职务犯罪、推进反腐败斗争深入开展具有重要现实意义。

附录：最高人民法院主流观点

指导案例11号旨在为处理新类型贪污案件提供指导，其裁判要点确认，贪污罪中的利用职务上的便利，是指利用职务上主管、管理、经手公共财物的权力及方便条件，既包括利用本人职务上主管、管理公共财物的职务便利，也包括利用职务上有隶属关系的其他国家工作人员的职务便利；作为贪污罪对象的“公共财物”，既包括动产，也包括不动产，并包括国有和集体所有土地使用权；土地使用权具有用金钱计算数额的财产性利益，本质上属于《刑法》第三百八十二条第一款规定中的“公共财物”，利用职务便利非法占有土地使用权的，能够构成贪污罪。该裁判要点根据刑法、司法解释和规范性文件的有关规定，明确了利用职务上便利和公共财物的含义，解决了土地使用权能否成为贪污对象的争议问题，对于依法惩治腐败具有重要现实意义。下面对裁判要点及其相关问题逐一分析说明。

关于土地使用权是否属于公共财物问题

根据我国《刑法》第三百八十二条第一款规定，贪污罪的犯罪对象主要是公共财物。根据《刑法》第一百八十三条第二款和第二百七十一条第二款的特别规定，非国有保险公司的保险金和非国有公司、企业以及其他单位的财物，也可以成为贪污罪的对象。关于土地使用权是否属于公共财物，能否成为贪污罪的对象，刑法没有具体规定，刑法理论界对此鲜有论述，司法实践中有的认为因土地属于不动产，所有权的转移必须经法定的登记程序才能实现，土地不能成为贪污的对象。该指导性案例对此持肯定意见，认为土地使用权可以成为贪污罪的对象，其主要理由如下：

首先，土地属于公共财物。根据《刑法》第九十一条有关公共财产的解释，公共财产包括国有财产、劳动群众集体所有的财产以及用于扶贫和其他公益事业的社会捐助或者专项基金的财产。根据《中华人民共和国土地管理法》第二条和第九条的规定，我国土地实行社会主义公有制，即全民所有制和劳动群众集体所有制，并可以依法确定给单位或者个人使用。因此，土地当然属于“公共财物”。

其次，土地使用权属于“财物”的范围。关于“财物”的范围，最高人民法院、最高人民检察院2008年11月20日印发的《关于办理商业贿赂刑事案件适用法律若干问题的意见》第七条指出，商业贿赂中的财物，既包括金钱和实物，也包括可以用金钱计算数额的财产性利益。虽然土地所有权实行公有制，但是土地所有权与使用权可以分离，个人或者单位可以拥有土地使用权，对土地能够进行占有、使用、开发、经营，并可以带来相应经济收益。因此土地使用权具有财产性利益，属于“财物”的范围。

再次，土地使用权可以成为贪污罪的对象已为有关规范性文件所肯定。最高人民法院、最高人民检察院2010年1月1日印发的《关于办理国家出资企业中职务犯罪案件具体应用法律若干问题的意见》（法发〔2010〕49号）第一条第一款规定，国家工作人员或者受国家机关、国有公司、企业、事业单位、人民团体委托管理、经营国有财产的人员利用职务上的便利，在国家出资企业改制过程中故意通过低估资产、隐瞒债权、虚设债务、虚构产权交易等方式隐匿公司、企业财产，转为本人持有股份的改制后公司、企业所有，应当依法追究刑事责任的，依照《刑法》第三百八十二条、第三百八十三条的规定，以贪污罪定罪处罚。根据国家国有资产管理局1993年12月制定的《国有资产产权界定和产权纠纷处理暂行办法》有关规定，有权代表国家投资的部门和机构以货币、实物和所有权属于国家的土地使用权、知识产权等形成的资产，界定为国有资产。由此可以得出在国家出资企业改制过程中故意低估土地使用权，转为本人持有股份的改制后公司、企业所有的，可以构成贪污罪。

最后，土地使用权能够被非法占有。虽然土地等不动产所有权的转移需要登记，但是所有权的转移与贪污罪构成要件中的“非法占有”是不同概念，非法占有可能并不具备形式上的所有权。土地使用权虽与房产等实物财产有所不同，但土地使用权是国有或者集体所有土地财产权的重要部分，具有占有、使用、收益的权能，具有财产性利益，能够被国家工作人员利用职务便利非法占有。

本案例中，根据义乌市稠城街道办事处文件规定，非本村集体经济组织成员只有在村内有祖传合法旧房的才可得到拆迁安置。被告人王月芳（杨延虎之妻妹）虽然形式上购买了赵某某的房屋，但是该房屋不是王月芳祖传的房屋，王月芳并不属于拆迁安置对象，不具备获得土地确权的资格，也不能得到拆迁安置。被告人杨延虎等人对此心知肚明，遂虚构“该房子是由王月芳在1983年建造并一直使用”等事实，让所在的共和村及相关村干部出具虚假证明。在土地确权和报批过程中，杨延虎为了王月芳获得土地确权，利用其职务便利，给指挥部下属科室、义乌市相关职能部门打招呼。在办理相关手续过程中，违反有关规定，对王月芳的拆迁安置资格也没有经过张榜公布等程序。有关部门也是基于杨延虎的职权而违规操作，让王月芳最终获得国有土地使用权。王月芳被安置的地块位于义乌市稠城街道长春村，该地块已于2002年8月经浙江省人民政府批准征为国有并转为建设用地。义乌市政府文件抄告单亦明确长春村的拆迁安置土地使用权登记核发国有土地使用权证。因此，杨延虎利用职务便利非法占有土地使用权，能够构成贪污罪。

——最高人民法院案例指导工作办公室：《指导案例11号〈杨延虎等贪污案〉的理解与参照》。

1353. 贪污罪与挪用公款罪的界限

关键词

贪污罪　挪用公款罪　主观方面　客观方面

最高人民法院司法政策精神

（八）挪用公款转化为贪污的认定

挪用公款罪与贪污罪的主要区别在于行为人主观上是否具有非法占有公款的目的：挪用公款是否转化为贪污，应当按照主客观相一致的原则，具体判断和认定行为人主观上是否具有非法占有公款的目的—在司法实践中，具有以下情形之一的可以认定行为人具有非法占有公款的目的：

1. 根据《最高人民法院关于审理挪用公款案件具体应用法律若干问题的解释》第六条的规定行为人“携带挪用的公款潜逃的”，对其携带挪用的公款部分，以贪污罪定罪处罚。

2. 行为人挪用公款后采取虚假发票平账、销毁有关账目等手段，使所挪用的公款已难以在单位财务账目上反映出来，且没有归还行为的，应当以贪污罪定罪处罚。

3. 行为人截取单位收入不入账，非法占有，使所占有的公款难以在单位财务账上反映出来，且没有归还行为的，应当以贪污罪定罪处罚。

4. 有证据证明行为人有能力归还所挪用的公款而拒不归还，并隐瞒挪用的公款去向的，应当以贪污罪定罪处罚。

——《最高人民法院关于印发〈全国法院审理经济犯罪案件工作座谈会纪要〉的通知》(2003年11月13日，法发〔2003〕167号)。

《刑事审判参考》指导案例

梁某挪用公款、张某挪用公款、盗窃案(《刑事审判参考》指导案例第194号)

裁判要点：挪用公款罪与贪污罪在侵犯的客体、客观行为、主观目的及犯罪主体上都存在差异。

司法实践中，两罪的区分通常是看行为人有无平账的行为。如果使用虚假票据平账，账面与实际资金情况一致的，这样对于单位来说，其账上的资金已被用于合理的支出，账上已没有这笔款，这样行为人支取公款的行为被完全掩盖，其可以达到侵吞公款的目的，这种情况才属于真正意义上的平账。虽然从单位账面上看似乎是平的，但实际上账面与库存资金情况根本不符，很容易发现账上的亏空，在这种情况下行为人是不能够达到侵吞公款的目的的，也就是说行为人未做到真正意义上的平账。

当然，是否平账只是判断构成贪污罪还是挪用公款罪的一般标准，而不是唯一标准。例如，行为人挪用公款后为应付查账而暂时平账，不能因其暂时平账改变挪用公款的定性；又如行为人直接侵吞公款并挥霍殆尽，即使未平账也应认定其构成贪污罪。因此，对行为人行为的定性的关键还在于看其主观上对于公共财物是具有非法占有还是非法使用的故意。那么如何判断行为人的主观故意，除了行为人自己的供述外，更重要的是通过客观外现的行为表现来分析，其中包括行为人动用公款的手段、对账目的处理、公款的用途和归还情况等。

需要注意的是，“不想还”与“不能还”反映了行为人不同的主观故意和主观恶性，“不想还”是指行为人有能力归还而不归还，反映出其主观上非法占有的故意，有较大的主观恶性；“不能还”是指行为人想归还但客观上没有能力归还，行为人主观上只有挪用公款的故意，其主观恶性相对较小，不能因公款未还而不问缘由就推定行为人主观上要非法占有公款，这种客观归罪对于行为人有失公允，已被新刑法废止。

——最高人民法院刑事审判第一庭、第二庭编：《刑事审判参考》2002年第4辑(总第27辑)，法律出版社2002年版，第47~53页。

彭国军贪污、挪用公款案(《刑事审判参考》指导案例第236号)

裁判要点：贪污罪是以非法占有公共财物为目的，而挪用公款罪则是以非法使用公款为目的。两罪区别的关键在于行为人主观上是否以非法占有为目的，客观上是否实施了侵吞公款的行为。

行为人案发前有归还公款的行为，一般被认为是其主观上有归还公款的意愿，没有非法占有的目的。但是，不能一概而论，不能凡有归还行为就一概以挪用公款论、归还行为是与挪用行为相对应的，正是因为行为人出于挪用的目的，而不是非法占有的目的，才会发生归还行为，因此，这种归还对于为一般具有主动性、自觉性的特征。在有些案件中，行为人虽然“归还”了部分公款，但不是主动、自觉地归还，而是为了使其犯罪行为不被发现的一种掩盖行为，所以其所谓的“归还”行为实质上是掩盖其犯罪的行为，不能据此认定其没有非法占有的目的。但是已“归还”的部分不应再计算为侵吞公款的数额。

我们认为，不能仅因被告人潜逃而简单地推定其对全部公款都具有非法占有的目的。大多数情况下，行为人潜逃是因为其实施了挪用公款的犯罪行为且畏惧承担刑事法律责任而潜逃，是一种畏罪行为，其主观上是出于畏惧的心理。行为人挪用公款已属犯罪既遂，其畏惧案发而潜逃不影响其犯罪行为的性质，也就是说对未携带的公款，其主观上不一定转化为不打算归还该公款，该公款仍是客观上不能归还。当然，对于行为人潜逃时携带的挪用的公款，以及如果查明行为人有能力归还挪用的公款而拒不归还，如采取隐匿、转移挪用的公款的手段拒不归还，则说明行为人的主观犯意已由非法使用公款转化为非法占有公款，应当以贪污罪定罪处罚。

——最高人民法院刑事审判第一庭、第二庭编：《刑事审判参考》2003 年第 2 辑（总第 31 辑），法律出版社 2003 年版，第 57~64 页。

附录：最高人民法院主流观点

4. 划清挪用公款罪与贪污罪的界限

两罪的本质区别：（1）主观方面内容不同。主要区别是主观上是否具有非法占有公款的目的。前者是为了临时“使用”而暂时占有公款，准备将来归还；后者则是为了将公款据为己有，不准备归还。（2）行为方式不同。前者因属非法借用，因此总是在账面、他人面前留有“挪用”的痕迹，甚至留下借条、没有平账，一查一问便可知道公款被行为人挪用；后者则通常存在隐瞒、掩盖其侵吞、窃取、骗取公款的行为，因此，很难发现公款已被侵占，即使因怀疑而追查，也很难弄清该公款已被行为人非法占有，因为行为人已采取虚假发票平账、涂改或者销毁了账簿，以假货、次货填补了被自己侵吞的货物等。

对于挪用公款后不退还的，在《全国人民代表大会常务委员会关于惩治贪污罪贿赂罪的补充规定》[①]中规定，“挪用公款数额较大不退还的，以贪污罪论处”。但是现行《刑法》第384条中明确，对于挪用公款数额巨大不退还的，“处十年以上有期徒刑或者无期徒刑”，即仍然属于挪用公款罪。但是并不是所有不退还的行为都应当认定为挪用公款罪，《审理挪用公款刑事案件解释》作了限定，即是指挪用公款数额巨大，因“客观原因”不能退还，这里的“客观原因”主要是指主观上愿意还，但客观上没有退还的能力或者可能性，如果是主观上的不归还，应认定为贪污。到底是否是客观上的不退还，应根据行为人挪用目的、事后行为以及主观意愿来认定。“不退还”的时间，根据《审理挪用公款刑事案件解释》规定，应掌握在人民法院审理该案一审宣判前没有退还。

按照《全国法院审理经济犯罪案件工作座谈会纪要》的规定，在司法实践中，具有一些特殊情形的，可以认定为具有非法占有公款的目的，进而将挪用行为转化认定为贪污罪，其中包括：（1）根据《审理挪用公款刑事案件解释》第6条的规定行为人“携带挪用的公款潜逃的”，对其携带挪用的公款部分，以贪污罪定罪处罚。（2）行为人挪用公款后采取虚假发票平账、销毁有关账目等手段，使所挪用的公款已难以在单位财务账目上反映出来，且没有归还行为的，应当以贪污罪定罪处罚。（3）行为人截取单位收入不入账，非法占有，使所占有的公款难以在单位财务账目上反映出来，且没有归还行为的，应当以贪污罪定罪处罚。（4）有证据证明行为人有能力归还所挪用的公款而拒不归还，并隐瞒挪用的公款去向的，应当以贪污罪定罪处罚。

——胡云腾主编：《刑法罪名精释（第五版）》，人民法院出版社2022年版，第1433~1434页。

1354. 截留本单位利润款的贪污行为与收受回扣的受贿行为的区分

关键词

贪污罪　受贿罪　截留利润款　收受回扣

《刑事审判参考》指导案例

胡启能贪污案（《刑事审判参考》指导案例第275号）

---

① 该文件已废止。

裁判要点：国家工作人员利用职务便利，将属于本公司应得的利润款据为己有的，构成贪污罪。

一般而言，通过犯罪对象，可以对贪污与受贿作出清楚的界定。行为人所取得的财物系他人（包括单位）的财物，即为受贿；所取得的财物系本单位的公共财物（包括本单位管理、使用或者运输中的私人财物），即为贪污。但是，在经济往来中，国家工作人员利用签订、履行合同的职务便利，经由交易对方以各种名义的回扣、手续费等形式给付其个人的财物，不能不加区别地一概认定为《刑法》第385条第2款规定的受贿行为，而应当结合交易的真实情况，具体分析行为人所获得的财物实际上是属于经济往来的对方单位，还是行为人单位，审慎加以区分，然后准确认定其行为的性质。在购销活动中，如果购入方行为人收受的各种名义的回扣、手续费等实际上来源于虚增标的金额，或者卖出方行为人收受的各种名义的回扣、手续费，实际上来源于降低标的金额者，因该回扣或者手续费实质上属于本单位的额外支出或者应得利益，实际上侵犯的是本单位的财产权利，就应当特别注意是否是一种变相的贪污行为。如行为人在转卖进口化肥配额指标及进口实物化肥中所收受的巨额款项，尽管从形式上看是通过合同对方以所谓回扣或者手续费的名义取得的，但是，行为人收取的这些款项均是其要求合同对方将应付本单位的配额指标及实物化肥转让款中以支付部分现金的方式交给其个人，无证据证明该款项系合同对方给付其个人的贿赂款。从犯罪对象及后果方面来看，行为人所在单位要么承受不必要的额外开支，要么丧失了可获得的财产利益，实际上遭受财产损失的是本单位，而非交易对方；从行为方式方面来看，行为人是以欺骗本单位为手段，在本单位不知情或者不知真情的情况下，通过要求交易对方支付部分现金的方式，将应当归本单位所得的利润截留后直接据为己有；从行为人的主观故意来看，也是出于贪污的故意而非受贿的故意，即行为人主观上就是为了在交易过程中假对方之手非法占有本单位的利润，而不是为了通过交易为对方谋取利益，并从交易对方收取回扣、手续费等好处。不仅行为人明知其占有的是本单位的财产而非对方单位的财物，其交易对方也明知相关款项并非从己方财产或者可得利益中支付。因此，对行为人利用职务便利，将本应归本单位所有的经营进口化肥配额指标及实物化肥的利润款据为己有的行为，依法认定为贪污罪。

——最高人民法院刑事审判第一庭、第二庭编：《刑事审判参考》2004年第6集（总第35集），法律出版社2004年版，第64~77页。

1355. 共同贪污与私分国有资产罪的界限

关键词

共同贪污　私分国有资产罪

最高人民法院司法政策精神

二、关于国有公司、企业在改制过程中隐匿公司、企业财产归职工集体持股的改制后公司、企业所有的行为的处理

国有公司、企业违反国家规定，在改制过程中隐匿公司、企业财产，转为职工集体持股的改制后公司、企业所有的，对其直接负责的主管人员和其他直接责任人员，依照刑法第三百九十六条第一款的规定，以私分国有资产罪定罪处罚。

改制后的公司、企业中只有改制前公司、企业的管理人员或者少数职工持股，改制前公司、企业的多数职工未持股的，依照本意见第一条的规定，以贪污罪定罪处罚。

——《最高人民法院、最高人民检察院关于办理国家出资企业中职务犯罪案件具体应用法律若干问题的意见》(2010 年 12 月 2 日，法发〔2010〕49 号)。

《最高人民法院公报》案例

云南省人民检察院诉褚时健等贪污、巨额财产来源不明案（判决时间：1999 年 1 月 9 日，二审法院：云南省高级人民法院）

裁判摘要：共同行为人以个人占有为目的，利用职务之便，秘密私分公款，构成贪污罪，而非集体私分国有资产罪。共同行为人主观上有共同私分公款的故意，客观上已将公款从公司银行账户转到案外人账户，虽尚未实际分赃，但已使公司对该款失去了控制与占有，实际支配权在被告人，款项的所有权已被非法侵犯，属犯罪既遂。

——《最高人民法院公报》1999 年第 2 期。

《刑事审判参考》指导案例

刘忠伟私分国有资产案（《刑事审判参考》指导案例第 122 号）

裁判要点：以单位名义将国有资产私分给一个单位内部某一层次的所有人或者大多数人，构成私分国有资产罪。

只要其行为符合私分国有资产罪的构成特征，即使私分的范围是单位全体职工中的相对少数人，亦应以私分国有资产罪追究刑事责任。理由如下：

第一，由于单位的领导层、管理层的意志、行为所起的决定作用，单位领导集体作出决定或者由负责人决定，违反国家规定给本单位集体或者一定层次以上的领导、管理层“发奖金”“发红包”与共同贪污犯罪在犯意的形成、行为特征上有明显不同。这种行为的社会危害性比单位少数人暗中非法占有公款的贪污行为也有区别。将这种行为以贪污罪处理，不仅扩大了打击面，社会效果也不好。

第二，单位违反国家规定，经领导集体或负责人决定，在一定层次的所有人或者大多数人范围内“发奖金”“发红包”，决策者不仅仅是为了个人的利益，因此，符合单位犯罪的特征。

综上，违反国家规定，以单位名义，在一定规模、一定层次以上的多人（如中层干部或者某一管理层的层面上）范围内集体私分国有资产的，应以私分国有资产罪定罪处罚。

——最高人民法院刑事审判第一庭、第二庭编：《刑事审判参考》2001 年第 8 辑（总第 19 辑），法律出版社 2001 年版，第 53~61 页。

杨代芳贪污、受贿案（《刑事审判参考》指导案例第 312 号）

裁判要点：被告人伙同他人，将所管理的部分国家建设专项资金用于少数人购买住房的行为，应认定为贪污罪。

被告人伙同他人套取国家建设专项资金向他单位购买集资住房的整个行为表面上都是以单位的名义作出的，这是对本案以贪污罪定性存在疑虑的地方，也是主张本案应认定为私分国有资产罪的主要理由所在。我们认为，根据上述三点关于贪污罪与私分国有资产罪区分界限的说明，本案不符合私分国有资产罪的行为构成，有关以贪污罪定性的疑虑也完全可以消除：首先，本行为不具有单位意志的代表性，不属于单位行为。私分国有资产行为必须是代表单位意志的行为，否则，假借单位名义谋个人之私利的个人侵占行为将不能得到排除。而被告人对国家建设资金并无自主支配、使用权，无权决定资金的具体用途。其次，将套取出来的资金用于购买住房也非为多数人谋利，因此也不具备“以单位名义”的法定要件。其次，本行为不具有相对的公开性。第三，实际分取财物人员不具有多数性和广泛性特点。如前所述，多数性和广泛性的判断，不能单纯地以人数的多寡为依据，应当结合决策、执行人员与其他人员的比例关系加以具体分析，从而区分出究竟是为了个人利益，还是为了单位多数人利益。

——最高人民法院刑事审判第一庭、第二庭编：《刑事审判参考》2004年第4集（总第39集），法律出版社2005年版，第54~61页。

李祖清等被控贪污案（《刑事审判参考》指导案例第377号）

裁判要点：从立法的原意和私分国有资产案件在审判实践中反映的特点来看，私分国有资产罪与共同贪污的区别主要在主观故意和行为方式两个方面。

私分国有资产罪与贪污罪的共同贪污二罪侵犯的客体，都是双重客体，即国家廉政建设制度和国有财产（公共财物）的所有权，其客观方面均表现为集体非法占有公共财物或者国有资产，二者很相似。因此，有必要正确区分二者的界限。笔者认为，从立法的原意和私分国有资产案件在审判实践中反映的特点来看，二者的区别主要在主观故意和行为方式两个方面。第一，从主观故意方面看，贪污罪中的共同贪污要求每个成员均有非法占有公共财物的贪污故意，且犯罪动机主要是以权谋私。而私分国有资产罪的主观故意则表现为单位的主管人员明知私分国有资产违反国家规定，但为了达到占有国有资产的目的，而抱着法不责众的侥幸心理，以单位集体的名义实施私分行为。其动机一方面是为了提高单位工作人员的工作积极性，改善福利待遇，另一方面也是为了自己获取私利找借口。因此，其主观故意不是单纯为个人私利，而是在单位全体成员或者绝大多数成员的许可或要求的背景下，更多地体现了单位的整体犯意和利益归属的团体性。第二，从行为方式上来看，二者的表现方式不同。共同贪污通常表现为非法占有公共财物的人共同利用职务上的便利，共同实施，一般是秘密进行的，并且想方设法将有关账目抹平，以掩盖非法占有公共财物的事实。而私分国有资产行为则表现为在单位意志的支配下，集体共同私分，而大多数分得财产的人对是否私分没有决定权，并且在单位内部往往是公开的，有的还作了详细的财务记录。从证据体系的角度来看，该行为特征客观地印证了行为人的主观故意。围绕上述主观、客观特征，有助于审判实践中客观地甄别证据，准确地认定事实。

——最高人民法院刑事审判第一庭、第二庭编：《刑事审判参考》2005年第6集（总第47集），法律出版社2006年版，第64~75页。

高建华等贪污案（《刑事审判参考》指导案例第462号）

裁判要点：在“党委扩大会”上共谋“集资购房”，将公款用于单位多人购买私房，构成共同贪污。使用公款购买房屋构成贪污的，犯罪对象是公款不是房屋。对于行为人贪污房产的行为，只要行为人对房产已经达到实际控制状态，即使产权证尚未办理，也不影响贪污犯罪既遂的成立。私自截留公款以单位的名义买房，由个人非法占有，构成贪污罪。

（一）在“党委扩大会”上共谋“集资购房”，将公款用于单位多人购买私房，构成共同贪污

本案中，被告人高建华、岳保生、张艳萍、许福成，都是该办事处的领导成员，在党委扩大会上研究决定使用公款为其个人“集资”购买私房时，均利用了自己的职务便利，形成了明确的侵吞公款的共同主观故意，该扩大会实质上是被告人利用领导管理层决策的形式来掩盖共同实施贪污的手段。会后，各行为人又相互配合，各自按会议预谋方案将公款用于购买个人私房，将公款据为己有。从非法占有公款的主体看，基本上是参与会议的少数人员，并不是单位大多数人或者所有人。从该行为的公开程度看，会议要求对单位其他职工保密，且单位正式财务账上不显示这一支出，因为是以个人名义购房，在单位固定资产上也不进行房产登记。因此，本案第一起事实不符合私分国有资产罪的特征，而是完全符合共同贪污犯罪的构成要件，应追究参与会议决策的各被告人的刑事责任，一、二审法院以贪污罪对该起事实定性是正确的。

（二）使用公款以个人名义购买房屋构成贪污罪的，犯罪对象是公款而不是房屋

根据我国《刑法》的规定，贪污罪的对象为“公共财物”。参照《刑法》第 91 条关于公共财产的规定，这里的“公共财物”一般包括以下四类财物，即国有财物、劳动群众集体所有的财物、用于扶贫和其他公益事业的社会捐助或者专项基金以及在国家机关、国有公司、企业、事业单位和人民团体管理、使用或者运输中的私人财物。可见，贪污罪的对象既包括动产，也包括不动产。本案较大的争议是第一起事实中，四被告人使用公款以个人名义购买房屋，贪污对象是公款还是房屋。从行为对象看，被告人高建华等动用祥云大厦给付铭功路办事处的拆迁补偿款，所有权应当属于该办事处，性质应为该办事处的公款。

此外，本案还需探讨的一个问题是，贪污房产没有办理房屋产权证书的，是否影响贪污既遂的成立。对本案第一起事实，一审法院认为高建华等人的贪污对象是公房，由于未办理产权证，行为人尚未获得房屋的所有权，故属于贪污未遂。虽然二审法院改判认定该笔贪污的对象是公款而非房产，从而

回避了既遂、未遂的问题，但也暴露出司法实践中，对于贪污不动产既遂、未遂的判断标准仍然存在一定争议，有必要在此予以厘清。

我们认为，不动产的转让行为在民法上是一种要式法律行为，只有办理房屋产权证书后，买受人才拥有该房屋的合法所有权，但是，民事法律上所有权的转移与贪污罪构成要件中的“非法占有”是不同的概念，将刑法上的非法占有的认定标准完全等同于民法上的合法所有的认定标准是不妥当的。刑法上非法占有的实现并不以得到民事法律上的确认为充足，是否在法律上取得了对物的所有权，并不能对事实上占有某物的认定构成障碍。贪污不动产与贪污动产在既遂、未遂的认定标准上是一样的，就是看行为人是否实际控制公有财物，如果单位已经失去对公有财物的实际控制，而行为人已经实际控制财物，就应当认定为既遂。行为人是否实际办理不动产的私有产权证，不影响贪污既遂的认定。在实践中，有的行为人控制公有不动产后，为逃避责任，有可能一直不办理私有产权证，如果因此就认定为未遂，则会放纵对该行为的惩治，有违刑法本意。因此，对于行为人贪污房产的行为，只要行为人对房产已经达到实际控制状态，即使产权证尚未办理，也不影响贪污犯罪既遂的成立。

（三）私自截留公款以单位的名义买房，由个人非法占有，构成贪污罪

我们认为，虽然被告人高建华利用职务之便，私盖单位印章，以单位名义签订购房协议，但并不意味着实质上该房屋的实际控制就由单位掌控了。从客观行为上看，在购房协议上所盖的单位公章，是高建华私自偷盖，签的经办人张绍华也系高伪冒，单位并不知情，并不代表单位本意，以单位名义买房的目的就是为了事发后能混淆视听、掩盖真相。从客观结果上看，这套房在单位除了高、张二人外，无其他人知晓，拆迁办应付给房管局的这26万余元公款没有入房管局财务账，单位财务账上也没有记载说明，高建华离任时也未给原单位领导或主管部门登记或说明，也就是说，该笔款项从1997年3月起就已经脱离了单位的控制，而被高建华实际控制和占有，其私自以单位名义买房的行为实质，是为实施掩盖个人贪污公款的本质。如果不案发，则该笔款项以及该房则将一直被高所实际控制。从主观上看，高建华1997年3月指使局长助理张绍华买房时，侵吞公款的意图十分明确，就是想自己在中亨花园买商品房自己去住，让张去将拆迁办给的拆迁补偿款直接交到中亨公司，并交代张这事不要跟其他人说，单位其他人并不知道此房的存在，没有为单位购买公房的意图，在案发前长达近4年的时间内，该房事实上也是一直由高建华前妻实际居住。综上，高建华已经完成了将公款侵吞、由个人非法占有的贪污行为，已构成贪污罪，而不仅是一般的住房违纪行为。至于案发时高建华将房屋办理公房租赁手续，此时距公款被其私吞已近4年之久，单位早已完全丧失对该公款的控制，其贪污行为已全部实施完毕，显然属于

贪污既遂后的事后退赃，并不能改变其4年前侵吞公款的行为性质。

——最高人民法院刑事审判第一、二、三、四、五庭主办：《刑事审判参考》2007年第5集（总第58集），法律出版社2008年版，第62~71页。

1356.《关于办理贪污贿赂刑事案件适用法律若干问题的解释》对挪用公款罪定罪量刑标准的调整

关键词

挪用公款罪　定罪量刑

最高人民法院司法解释

第五条　挪用公款归个人使用，进行非法活动，数额在三万元以上的，应当依照刑法第三百八十四条的规定以挪用公款罪追究刑事责任；数额在三百万元以上的，应当认定为刑法第三百八十四条第一款规定的“数额巨大”。具有下列情形之一的，应当认定为刑法第三百八十四条第一款规定的“情节严重”：

（一）挪用公款数额在一百万元以上的；

（二）挪用救灾、抢险、防汛、优抚、扶贫、移民、救济特定款物，数额在五十万元以上不满一百万元的；

（三）挪用公款不退还，数额在五十万元以上不满一百万元的；

（四）其他严重的情节。

第六条　挪用公款归个人使用，进行营利活动或者超过三个月未还，数额在五万元以上的，应当认定为刑法第三百八十四条第一款规定的“数额较大”；数额在五百万元以上的，应当认定为刑法第三百八十四条第一款规定的“数额巨大”。具有下列情形之一的，应当认定为刑法第三百八十四条第一款规定的“情节严重”：

（一）挪用公款数额在二百万元以上的；

（二）挪用救灾、抢险、防汛、优抚、扶贫、移民、救济特定款物，数额在一百万元以上不满二百万元的；

（三）挪用公款不退还，数额在一百万元以上不满二百万元的；

（四）其他严重的情节。

——《最高人民法院、最高人民检察院关于办理贪污贿赂刑事案件适用法律若干问题的解释》（2016年4月18日，法释［2016］9号）

最高人民法院审判业务意见

1998年《最高人民法院关于审理挪用公款案件具体应用法律若干问题的解释》(以下简称《挪用公款解释》)已经实施了18年，有关数额标准明显不适应当前司法实践情况，有必要进行调整。

《解释》对挪用公款罪定罪量刑标准的调整，主要有三点：一是将各地可以根据本地情况制定具体执行的数额幅度标准修改为全国统一的数额标准，同时适当提高了具体数额标准。二是增加规定了挪用公款进行非法活动“数额巨大”的标准。《挪用公款解释》第三条对挪用公款进行非法活动的，仅规定了追究刑事责任的数额起点和“情节严重”，而未对“数额巨大”标准作出规定。实践中，对挪用公款进行非法活动中“数额巨大”如何适用存在疑问。《解释》对此明确了“三百万元以上的”的数额标准。三是对挪用公款“情节严重”作了进一步明确。《解释》对“情节严重”的认定采取“数额+从重情形”的模式，从而使规定更为合理和科学。

——最高人民法院：《关于〈最高人民法院、最高人民检察院关于办理贪污贿赂刑事案件适用法律若干问题的解释〉的问答》，载最高人民法院刑事审判第一、二、三、四、五庭编：《刑事审判参考》总第106集，法律出版社2017年版，第282页。

1357.职务犯罪中自首、立功的认定和处理

关键词

职务犯罪　自首　立功

最高人民法院司法政策精神

一、关于自首的认定和处理

根据刑法第67条第1款的规定，成立自首需同时具备自动投案和如实供述自己的罪行两个要件。犯罪事实或者犯罪分子未被办案机关掌握，或者虽被掌握，但犯罪分子尚未受到调查谈话、讯问，或者未被宣布采取调查措施或者强制措施时，向办案机关投案的，是自动投案。在此期间如实交代自己的主要犯罪事实的，应当认定为自首。

犯罪分子向所在单位等办案机关以外的单位、组织或者有关负责人员投案的，应当视为自动投案。

没有自动投案，在办案机关调查谈话、讯问、采取调查措施或者强制措施期间，犯罪分子如实交代办案机关掌握的线索所针对的事实的，不能认定

为自首。

没有自动投案，但具有以下情形之一的，以自首论：（1）犯罪分子如实交代办案机关未掌握的罪行，与办案机关已掌握的罪行属不同种罪行的；（2）办案机关所掌握线索针对的犯罪事实不成立，在此范围外犯罪分子交代同种罪行的。

单位犯罪案件中，单位集体决定或者单位负责人决定而自动投案，如实交代单位犯罪事实的，或者单位直接负责的主管人员自动投案，如实交代单位犯罪事实的，应当认定为单位自首。单位自首的，直接负责的主管人员和直接责任人员未自动投案，但如实交代自己知道的犯罪事实的，可以视为自首；拒不交代自己知道的犯罪事实或者逃避法律追究的，不应当认定为自首。单位没有自首，直接责任人员自动投案并如实交代自己知道的犯罪事实的，对该直接责任人员应当认定为自首。

对于具有自首情节的犯罪分子，办案机关移送案件时应当予以说明并移交相关证据材料。

对于具有自首情节的犯罪分子，应当根据犯罪的事实、性质、情节和对于社会的危害程度，结合自动投案的动机、阶段、客观环境，交代犯罪事实的完整性、稳定性以及悔罪表现等具体情节，依法决定是否从轻、减轻或者免除处罚以及从轻、减轻处罚的幅度。

二、关于立功的认定和处理

立功必须是犯罪分子本人实施的行为。为使犯罪分子得到从轻处理，犯罪分子的亲友直接向有关机关揭发他人犯罪行为，提供侦破其他案件的重要线索，或者协助司法机关抓捕其他犯罪嫌疑人的，不应当认定为犯罪分子的立功表现。

据以立功的他人罪行材料应当指明具体犯罪事实；据以立功的线索或者协助行为对于侦破案件或者抓捕犯罪嫌疑人要有实际作用。犯罪分子揭发他人犯罪行为时没有指明具体犯罪事实的；揭发的犯罪事实与查实的犯罪事实不具有关联性的；提供的线索或者协助行为对于其他案件的侦破或者其他犯罪嫌疑人的抓捕不具有实际作用的，不能认定为立功表现。

犯罪分子揭发他人犯罪行为，提供侦破其他案件重要线索的，必须经查证属实，才能认定为立功。审查是否构成立功，不仅要审查办案机关的说明材料，还要审查有关事实和证据以及与案件定性处罚相关的法律文书，如立案决定书、逮捕决定书、侦查终结报告、起诉意见书、起诉书或者判决书等。

据以立功的线索、材料来源有下列情形之一的，不能认定为立功：（1）本人通过非法手段或者非法途径获取的；（2）本人因原担任的查禁犯罪等职务获取的；（3）他人违反监管规定向犯罪分子提供的；（4）负有查禁犯罪活动职责的国家机关工作人员或者其他国家工作人员利用职务便利提供的。

犯罪分子检举、揭发的他人犯罪，提供侦破其他案件的重要线索，阻止他人的犯罪活动，或者协助司法机关抓捕的其他犯罪嫌疑人，犯罪嫌疑人、被告人依法可能被判处无期徒刑以上刑罚的，应当认定为有重大立功表现。其中，可能被判处无期徒刑以上刑罚，是指根据犯罪行为的事实、情节可能判处无期徒刑以上刑罚。案件已经判决的，以实际判处的刑罚为准。但是，根据犯罪行为的事实、情节应当判处无期徒刑以上刑罚，因被判刑人有法定情节经依法从轻、减轻处罚后判处有期徒刑的，应当认定为重大立功。

对于具有立功情节的犯罪分子，应当根据犯罪的事实、性质、情节和对于社会的危害程度，结合立功表现所起作用的大小、所破获案件的罪行轻重、所抓获犯罪嫌疑人可能判处的法定刑以及立功的时机等具体情节，依法决定是否从轻、减轻或者免除处罚以及从轻、减轻处罚的幅度。

三、关于如实交代犯罪事实的认定和处理

犯罪分子依法不成立自首，但如实交代犯罪事实，有下列情形之一的，可以酌情从轻处罚：（1）办案机关掌握部分犯罪事实，犯罪分子交代了同种其他犯罪事实的；（2）办案机关掌握的证据不充分，犯罪分子如实交代有助于收集定案证据的。

犯罪分子如实交代犯罪事实，有下列情形之一的，一般应当从轻处罚：（1）办案机关仅掌握小部分犯罪事实，犯罪分子交代了大部分未被掌握的同种犯罪事实的；（2）如实交代对于定案证据的收集有重要作用的。

四、关于赃款赃物追缴等情形的处理

贪污案件中赃款赃物全部或者大部分追缴的，一般应当考虑从轻处罚。

受贿案件中赃款赃物全部或者大部分追缴的，视具体情况可以酌定从轻处罚。

犯罪分子及其亲友主动退赃或者在办案机关追缴赃款赃物过程中积极配合的，在量刑时应当与办案机关查办案件过程中依职权追缴赃款赃物的有所区别。

职务犯罪案件立案后，犯罪分子及其亲友自行挽回的经济损失，司法机关或者犯罪分子所在单位及其上级主管部门挽回的经济损失，或者因客观原因减少的经济损失，不予扣减，但可以作为酌情从轻处罚的情节。

——《最高人民法院、最高人民检察院印发〈关于办理职务犯罪案件认定自首、立功等量刑情节若干问题的意见〉的通知》（2009年3月12日，法发〔2009〕13号）。

最高人民法院审判业务意见

自首、立功是法定的从宽情节。实践中要注意依照《意见》第17条、第18条等规定，结合“两高”《关于办理职务犯罪案件认定自首、立功等量刑情节若干问题的意见》的规定，做好职务犯罪案件审判工作中宽严相济刑事政策与法律规定的有机结合，具体如下：（1）要严格掌握自首、立功等量刑情节的法定标准和认定程序，确保自首、立功等量刑情节认定的严肃性和规范性的。（2）对于具有自首情节的犯罪分子，应当根据犯罪事实并结合自动投案的动机、阶段、客观环境，交代犯罪事实的完整性、稳定性以及悔罪表现等具体情节，依法决定是否从轻、减轻或者免除处罚以及从轻、减轻处罚的幅度。（3）对于具有立功情节的犯罪分子，应当根据犯罪事实并结合立功表现所起作用的大小、所破获案件的罪行轻重、所抓获犯罪嫌疑人可能判处的法定刑以及立功的时机等具体情节，依法决定是否从轻、减轻或者免除处罚以及从轻、减轻处罚的幅度。（4）对于犯罪分子依法不成立自首，但主动交代犯罪事实的，应当视其主动交代的犯罪事实情况及对证据收集的作用大小、酌情从轻处罚。（5）赃款赃物追回的，应当注意区分贪污、受贿等不同性质的犯罪以及犯罪分子在追赃中的具体表现，决定是否从轻处罚以及从轻处罚的幅度。

——最高人民法院刑事审判第二庭：《宽严相济在经济犯罪和职务犯罪案件审判中的具体贯彻》，载《人民法院报》2010 年 4 月 7 日。

《刑事审判参考》指导案例

吴江、李晓光挪用公款案（《刑事审判参考》指导案例第 709 号）

裁判要点：职务犯罪中，被告人须在纪律监察部门对其采取明确的调查措施前投案方能构成自动投案，在此前提下符合自首其他构成要件的，应认定为自首；根据司法机关的安排，采取各种有效方式将其他同案犯所处位置予以明确，从而使侦查机关抓获其同案犯的，应认定为立功。

自动投案和如实供述自己的罪行是构成自首的实质要件，职务犯罪中的自首认定同样应具备这两个实质要件。但是，由于职务犯罪的侦查具有不同于普通犯罪的特点，主要表现为一般具有纪律监察部门的前置性调查程序，因此，必须对这种前置性的调查程序予以实事求是的认定，以准确界定职务犯罪案件中自首的成立标准。

由于纪律监察部门的办案活动所采取的调查谈话、调查措施与司法机关的侦查措施在内容、目的、效果方面具有相似，立足于自首主要反映被告人认罪悔罪及有利于司法机关侦破案件的制度特征和价值取向，最高人民法院在《职务意见》中规定："没有自动投案，在办案机关调查谈话、讯问、采取调查措施或者强制措施期间，犯罪分子如实交代办案机关掌握的线索所针对的事实的，不能认定为自首。”同时，《职务意见》对职务犯罪中的自动投案也予以明确规定：“犯罪事实或者犯罪分子未被办案机关掌握，或者虽被掌握，但犯罪分子尚未受到调查谈话、讯问，或者未被宣布采取调查措施或者强制措施时，向办案机关投案的，是自动投案。”这里的办案机关包括纪检机关及刑事侦查机关等法定职能部门，如果犯罪分子在其犯罪事实未被司法机关掌握之前，向所在单位等办案机关以外的单位、组织或者有关负责人员投案的，应当视为自动投案。

在《意见》中，协助抓捕其他犯罪嫌疑人分为四种具体情形，即（1）按照司法机关的安排，以打电话、发信息等方式将其他犯罪嫌疑人（包括同案犯）约至指定地点；（2）按照司法机关的安排，当场指认、辨认其他犯罪嫌疑人（包括同案犯）；（3）带领侦查人员抓获其他案件犯罪嫌疑人（包括同案犯）；（4）提供司法机关尚未掌握的其他案件犯罪嫌疑人的联络方式、藏匿地址。但是基于犯罪行为的复杂性、多样性，法律规范不可能穷尽所有协助抓捕同案犯的行为类型，需要审判人员在审判实践中予以个案认定。

——最高人民法院刑事审判第一、二、三、四、五庭主办：《刑事审判参考》2011 年第 3 集，（总第 80 集），法律出版社 2011 年版，第 108~109 页。

刘某、姚某挪用公款案（《刑事审判参考》指导案例第 755 号）

裁判要点：职务犯罪案件中“办案机关掌握的线索”，不限于直接查证犯罪事实的线索，还包括与查证犯罪事实有关联的线索。

由于职务犯罪案件的侦办程序有一定特殊性，职务犯罪案件中，对自首的认定往往存在不少争议。为解决这些问题，2009 年最高人民法院会同最高人民检察院制度定了《关于办理职务犯罪案件认定自首、立功等量刑情节若干问题的意见》（以下简称《意见》）。根据《意见》第一条的规定，没有自动投案，在办案机关调查谈话、讯问、采取调查措施或者强制措施期间，犯罪分子如实交代办案机关掌握的线索所针对事实的，不能认定为自首。但办案机关所掌握的线索针对的犯罪事实不成立，在此范围外犯罪分子交代同种罪行的，以自首论。可见，在办案机关未掌握犯罪事实，但掌握相关线索的情况下，即使犯罪分子交代该线索所针对的犯罪事实，也不能认定为自首。近年来，人民群众对依法从严打击职务犯罪的呼声越来越高。《意见》对职务犯罪自首规定了较普通犯罪更为严格的条件，符合实践中打击职务犯罪的司法需要。

既然办案机关掌握的线索是认定职务犯罪自首的重要标准，那么如何准确理解和把握“办案机关掌握的线索”范围，就成为职务犯罪自首认定最关键的问题之一。“线索”本身是一个中性概念，线索不等于犯罪事实本身，有时甚至不能起到直接查证犯罪事实的作用。在刑事案件中，“线索”大致可以分为两种类型：一种是能够直接查证犯罪事实的线索；另一种是不能直接查证犯罪事实，但与查证犯罪事实有关联的线索。如果办案机关掌握了第一类线索，就应视为掌握了一定的犯罪事实，犯罪分子在被据此调查谈话时交代犯罪事实的，不能认定为自首。如果办案机关掌握了第二类线索，因该类线索不能直接查证犯罪事实，犯罪分子在被调查谈话期间交代犯罪事实的，是否构成自首存在争议。我们认为，根据《意见》的精神，这种情形同样不能认定为自首。根据此类线索虽不能直接认定犯罪事实，但此类线索具有指向犯罪事实的作用。办案机关掌握此类线索后，能够研判行为人可能涉嫌的犯罪性质和类型。一般而言，办案机关找行为人调查谈话具有一定的针对性，行为人由此交待犯罪事实的，应该认定属于此线索针对的事实，不能认定为自首。

——最高人民法院刑事审判第一、二、三、四、五庭主办：《刑事审判参考》2012 年第 1 集（总第 84 集），法律出版社 2012 年版，第 66~67 页。

1358. 挪用公款并携款潜逃行为的定性

关键词

贪污罪　挪用公款罪　携款潜逃

最高人民法院司法解释

第六条　携带挪用的公款潜逃的，依照刑法第三百八十二条、第三百八十三条的规定定罪处罚。

——《最高人民法院关于审理挪用公款案件具体应用法律若干问题的解释》（1998 年 4 月 29 日，法释〔1998〕9 号）。

《最高人民法院公报》案例

重庆市人民检察院诉陈新贪污、挪用公款案（判决时间：2003 年 1 月 7 日，最高人民法院复核）

裁判摘要：国有银行工作人员，利用职务便利挪用公款，携带公司银行账户凭证和全部炒股手续潜逃，将其中的公款置于自己控制之下，有能力归还而拒不归还，主观上具有非法占有的故意，其行为构成贪污罪。

最高人民法院认为，被告人陈新身为国有银行工作人员，利用职务上的便利，采用扣押客户进账单，以自制的虚假进账单进行替换的手段，多次挪用客户资金人民币843万元，用于炒股牟利，尔后归还的行为，已构成挪用公款罪。其采取虚增账上资金，自制虚假单据的手段，将公款4000万元人民币挪入自己控制的账户中，用于填平挪用的资金缺口、个人消费和炒股牟利，在罪行即将败露时，携带现金及银行汇票等699万余元潜逃，并带走全部炒股手续和其控制的各公司银行账户凭证，将尚未带走的公款置于自己控制之下，有能力归还而拒不归还，主观上具有非法占有的故意，其行为已构成贪污罪。贪污数额特别巨大，案发后尚有481万余元未能追回，犯罪情节特别严重，应依法惩处；挪用公款数额巨大，情节严重，亦应依法惩处。

——《最高人民法院公报》2004年第1期。

1359. 挪用公款存单为本人或者他人质押贷款行为的定性

关键词

挪用公款罪　公款存单　质押贷款

最高人民法院司法政策精神

（四）挪用有价证券、金融凭证用于质押行为性质的认定

挪用金融凭证、有价证券用于质押，使公款处于风险之中，与挪用公款为他人提供担保没有实质的区别，符合刑法关于挪用公款罪规定的，以挪用公款罪定罪处罚，挪用公款数额以实际或者可能承担的风险数额认定。

——《最高人民法院关于印发〈全国法院审理经济犯罪案件工作座谈会纪要〉的通知》（2003年11月13日，法〔2003〕167号）。

最高人民法院审判业务意见

国家工作人员利用职务上的便利，挪用公款存单为本人或者他人质押贷款的，属于挪用公款行为，构成犯罪的，应当依照《刑法》第384条的规定定罪处罚。理由如下：

（一）公款包括公款存单等财产权利凭证

关于挪用公款应是以货币形式挪用，而不是以票据、存单形式挪用，对法律未明文规定的，不应作扩大解释，而只应按字面意思来理解，我们认为，这并非对法律做扩大解释，也并非不遵守刑法的罪刑法定原则。罪刑法定是刑法的基本原则，其本意是避免在法无明文规定的情形下对被告人定罪量刑，必须认真遵守，但是，上述意见显然没有能够认真理解《刑法》对公款的规

定。《刑法》规定的挪用公款，从立法原意分析，虽然在许多情形下可能都是指货币状态下的公款，但是绝对没有排除其他形式或者状态的公款。

（二）挪用公款存单进行质押属于财产权利的使用

需要说明的是，挪用公款存单进行质押，不能完全认定为挪用公款进行营利活动。挪用公款的用途，应视贷款的具体情况而定。挪用人使用贷款，可能进行集资、购买股票、经商等各种营利活动，可能进行赌博、走私等非法活动，还可能进行买房、交学费、看病等合法活动。因此，不能将挪用公款存单质押仅限定为挪用公款进行营利活动。

（三）关于“按期归还贷款”对是否构成挪用公款罪的影响

在存单质押的情形下，虽然贷款人使用的款项并非存单上的公款，而是银行贷款，但是挪用人毕竟是挪用了公款存单进行质押，在利用存单进行质押这一点上还是挪用了公款；并且以此为基础，利用质押得到的贷款进行其他活动。因此，不管挪用人是否按期归还贷款，挪用存单为自己和他人质押贷款的，都属于挪用公款行为，不因是否按期归还或者是否造成损失而改变其挪用行为的性质。挪用公款罪并非结果犯罪，不以造成后果作为构成犯罪的要件，而是以实施挪用行为为构成要件。

——最高人民法院刑事审判第一、二庭：《挪用公款存单为本人或者他人质押贷款的行为应如何定性》，载最高人民法院刑事审判第一庭、第二庭编：《刑事审判参考》2002 年第 4 集（总第 27 集），法律出版社 2002 年版，第 207~210 页。

1360. 挪用本单位国债行为的定性

关键词

挪用公款罪　国债　营利活动

《刑事审判参考》指导案例

郭如鳌、张俊琴、赵茹贪污、挪用公款案（《刑事审判参考》指导案例第 383 号）

裁判要点：挪用本单位国债给他人进行营利性活动的行为构成挪用公款罪。

一种意见认为，公款应当是指货币资金，国债并非公款，挪用国债不构成挪用公款罪。另一种意见认为，国债是一种特别的公款，它完全具有公款的特性，挪用国债符合法定情形构成犯罪的，应按挪用公款罪追究刑事责任。

我们赞同第二种观点。理由是：

第一，单位国债系单位公款。因此，在现行《刑法》中，公款并非只有货币资金一种形式，还包括特定款物。在认定公款时，应当从挪用公款行为通过利用货币的结算、支付职能侵犯“公共财产使用收益权”的角度，准确把握挪用公款罪中公款的特征，即公款首先代表公共财产所有权，并且具有可以流动及进行结算、支付等特点。

第二，行为人挪用本单位国债给他人进行营利性活动的行为构成挪用公款罪。根据《刑法》第384条的规定，挪用公款罪是指国家工作人员利用职务上的便利，挪用公款归个人使用，进行非法活动，或者挪用公款数额较大，进行营利活动，或者挪用公款数额较大，超过三个月未还的行为。

应当注意的是，对于营利型的挪用公款犯罪，不需要“超过三个月未还”的时间限制，只要行为人实施了挪用数额较大的公款供他人使用进行营利活动的行为，即可追究其刑事责任。

——最高人民法院刑事审判第一、二、三、四、五庭主办：《刑事审判参考》2006年第1集（总第48集），法律出版社2006年版，第41~57页。

1361. 利用职务便利内外勾结违规透支信用卡行为的定性

关键词

挪用公款罪　信用卡诈骗罪　贪污罪　利用职务之便

《刑事审判参考》指导案例

冯安华、张高祥挪用公款案（《刑事审判参考》指导案例第356号）

裁判要点：与银行等金融机构中的国家工作人员相勾结，利用国家工作人员的职务之便，违规进行信用卡透支的行为的构成挪用公款罪。

与银行等金融机构中的国家工作人员相勾结，利用国家工作人员的职务之便，违规进行信用卡透支的行为，究竟构成信用卡诈骗罪、贪污罪还是挪用公款罪，主要取决于行为人对银行资金的主观心态是“非法占有”还是“非法占用”。如果行为人以非法占有为目的，以信用卡透支获取银行资金的，根据《刑法》第383条第2款和《最高人民法院关于审理贪污、职务侵占案件如何认定共同犯罪几个问题的解释》第1条的规定，应构成贪污罪的共犯，而不是构成信用卡诈骗罪的共犯。如果行为人通过信用卡透支只是为了暂时使用银行公款，并无非法占有银行公款的目的，则其行为符合挪用公款罪的犯罪构成，应以挪用公款罪定罪处罚。

——最高人民法院刑事审判第一庭、第二庭编：《刑事审判参考》2005 年第 4 集（总第 45 集），法律出版社 2006 年版，第 23~28 页。

1362. 个人决定以单位名义将公款借给其他单位使用且没有谋取个人利益的不构成挪用公款罪

关键词

挪用公款罪　个人行为　个人利益

《刑事审判参考》指导案例

张威同挪用公款案（《刑事审判参考》指导案例第 502 号）

裁判要点：个人决定以单位名义将公款借给其他单位使用，没有谋取个人利益的不构成挪用公款罪。

个人决定以单位名义将公款借给其他单位使用，没有谋取个人利益的不构成挪用公款罪。

我们认为，首先，三正世纪学校是带有公益性质、具有法人资格的全日制学校，属于合法民办非企业单位，从本案证据情况看，张威同借款给三正世纪学校，是在三正世纪学校贷款没有办下来的情况下，单位之间相互救急的行为，不应认定将公款借给私立学校进行筹建工作就是进行营利活动。私立学校具有公益性和营利性双重性质，单纯地扩大某一方面属性都不合适，应当具体分析所借公款的用途，毕竟将公款用于筹建学校与将公款直接投入经营营利活动不是一回事。其次，那种认为三正世纪学校是以营利为目的的全收费学校，并根据《最高人民法院关于审理挪用公款案件具体应用法律若干问题的解释》第 2 条第 2 款关于“挪用公款给他人使用，明知使用人用于营利活动或者非法活动的，应当认定为挪用人挪用公款进行营利活动或者非法活动”的规定，认为张威同就是挪用公款进行营利活动的观点，属于对司法解释的误读，挪用公款的本质是公款私用、牟取私利，而本案张威同借款给三正世纪学校，主要是为了给公款的所有权单位即新村村委会谋取利益，解决村委会 4 年没有提留资金紧张的问题，没有任何证据证明张威同主观上是为了谋取个人私利而借出公款，也没有任何证据证明张威同谋取了个人私利，这与公款私用、以公款谋取个人私利的挪用公款行为，具有本质上的区别，因此其行为亦不属于挪用公款进行营利活动。

在排除了张威同借出公款的行为属于挪用公款进行非法活动和进行营利活动的情况下，就要判断其行为是否属于挪用公款归个人使用的情形，对此，全国人民代表大会常务委员会《关于〈中华人民共和国刑法〉第384条第1款的解释》将挪用公款“归个人使用”解释为三种情形：（1）将公款供本人、亲友或者其他自然人使用的；（2）以个人名义将公款供其他单位使用的；（3）个人决定以单位名义将公款供其他单位使用，谋取个人利益的。由于本案公款使用方为单位，故只要考察其行为是否符合上述解释规定的后两种情形，就可作出其是否构成挪用公款罪的判断。

首先，张威同决定出借的210万元征地补偿款，从现有证据上看，是以村委会名义借出的，不是以个人名义借出的。

其次，张威同决定借出210万元后，经村委会讨论决定，向三正世纪学校借出600万元，张威同虽在村委会研究时对先前借出的210万元未作说明，但在与三正世纪学校履行合同时实际上包含了这210万元，且没有任何证据证明张威同因此谋取了个人利益，故其行为不属于全国人大常委会《关于〈中华人民共和国刑法〉第384条第1款的解释》中第（3）项规定的“个人决定以单位名义将公款供其他单位使用，谋取个人利益的”情形。

综上，张威同将公款借给三正世纪学校，既不是“以个人名义将公款挪给他人使用”，也不是“个人决定以单位名义将公款供其他单位使用，谋取个人利益”，所以张威同个人决定借出公款给三正世纪学校使用的行为不符合立法解释规定的挪用公款“归个人使用”，因此不构成挪用公款罪，二审据此改判张威同无罪是正确的。

——最高人民法院刑事审判第一、二、三、四、五庭主办：《刑事审判参考》2008年第4集（总第63集），法律出版社2008年版，第54~59页。

1363. 挪用公款并借给承包经营者发工资属于挪用公款进行营利活动

关键词

挪用公款罪　营利活动

附录：司法信箱

问题：某院在审理一国家工作人员挪用公款案中，因被告人挪用较大数额公款后借给建筑工程队的个人承包经营者在年终发放工资，且款已在40天内自动还清。对此产生了以下三种处理意见：一种意见认为，被告人挪用公款后借给他人发工资，因工资是一种劳动报酬，所以不能以“进行营利活动”论处；第二种意见认为，因为工资是生产经营中的一种成本，其性质与为生产购买原材料的资金一样，都是为“营利”服务的，而且借给其他自然人也属个人范畴，所以应以“进行营利活动”论处；第三种意见认为，挪用公款，数额较大，“进行营利活动”是指挪用人自己进行营利活动，如将款存入银行或用作炒股，而非借给他人“进行营利活动”。本案被告人挪用公款未超过3个月未还，所以不构成挪用公款罪。请问哪种意见正确？

《人民司法》研究组认为： 挪用公款借给承包经营者作为年终发放职工工资款，该笔款项属于承包经营活动中必须支付的经营成本，故属于用于“营利活动”。至于被告人是否构成挪用公款给个人使用、“进行营利活动”，应当查明其是否明知挪用公款的用途。如果被告人明知是给承包经营者用于发放职工工资，则被告人挪用公款数额较大的，构成挪用公款罪。如果不明知是用于发放职工工资，则被告人挪用公款数额较大，超过3个月未还的，才构成挪用公款罪。

——《人民司法》2000年第1期（总第432期）。

1364. 办公室会计（临时工）挪用移民资金归个人使用的行为可以构成挪用公款罪

关键词

挪用公款罪　挪用特定款物罪　临时工　移民资金

附录：司法信箱

问题： 被告人李某系某乡政府移民办公室的会计（临时工），在经手管理10万元移民资金的过程中，挪用其中3万余元归个人使用，超过3个月未还。检察机关以李某犯挪用公款罪提起公诉。法院在确定该案性质时有3种意见。第一种意见认为李某构成挪用特定款物罪。理由是：被告人李某系被乡政府确定为移民办临时会计，临时被委托管理移民资金，不具有国家工作人员身份，不构成挪用公款罪。但挪用特定款物罪在主体上并不要求系国家工作人员，客观上李某挪用移民资金归个人使用，数额较大，情节严重，侵犯了移民资金的专用权，符合挪用特定款物罪的特征。第二种意见认为李某不构成挪用特定款物罪。理由是：根据学理解释，挪用特定款物罪在客观上表现为将特定款物挪用于其他公用事业，不包括挪作个人使用。第三种意见认为李某构成挪用公款罪，理由是：《刑法》第93条规定的国家工作人员是指国家机关中从事公务的人员，并无正式与临时之分，即只要是在国家机关中从事公务（包括受委托），都是国家工作人员。

《人民司法》研究组认为：《刑法》第93条第2款规定："国有公司、企业、事业单位、人民团体中从事公务的人员和国家机关、国有公司、企业、事业单位委派到非国有公司、企业、事业单位、社会团体从事公务的人员，以及其他依照法律从事公务的人员，以国家工作人员论。"根据来信介绍的情况，被告人李某系某乡政府移民办会计（临时工），负责经管移民资金，故李某协助人民政府从事行政管理工作，属于上述规定中"其他依照法律从事公务的人员"。其将3万余元移民资金挪用归个人使用，超过3个月未还的行为，已构成挪用公款罪，应当依照《刑法》第384条的规定，以挪用公款罪从重处罚。

——《人民司法》2001年第9期（总第452期）。

1365. 出借公款给个人承包经营的企业使用的定性

关键词

挪用公款罪　个人承包企业

附录：司法信箱

问题：某院审理一起刑事案件，公诉机关指控被告人将公款出借给个人承包经营的企业使用，构成挪用公款罪。但根据2002年4月28日全国人大常委会第二十七次会议通过的《关于〈刑法〉第384条第1款的解释》第1项的规定，"将公款供本人、亲友或其他自然人使用的"，属于挪用公款"归个人使用"，构成挪用公款罪。为此，对本案的处理存在两种意见，一种意见认为公诉机关指控被告人挪用公款罪的罪名成立，理由是被告人出借公款虽是给单位使用，但该企业是由个人承包经营，属于挪用公款归自然人使用的范畴。另一种意见是，公诉机关指控的罪名不成立，理由是被告人出借公款是给企业使用，无论该企业的经营方式如何，它都是一个企业法人，不是自然人。应如何理解和适用全国人大常委会的该项立法解释？被告人应否定罪？

《人民司法》研究组认为：关于如何认定挪用公款归个人使用的问题，全国人大常委会《关于〈刑法〉第三百八十四条第一款的解释》作出了明确的规定。根据该解释，以下三种情形属于挪用公款归个人使用：①将公款供本人、亲友或者其他自然人使用的；②以个人名义将公款供其他单位使用的；③个人决定以单位名义将公款供其他单位使用，谋取个人利益的。

根据来信，被告人将公款出借给个人承包经营的企业使用，显然不属于将公款供本人、亲友或者其他自然人使用，但被告人如果是以个人名义将公款供该企业使用，或者个人决定以单位名义将公款供该企业使用，谋得个人利益的，则属于挪用公款归个人使用，应以挪用公款罪定罪处罚。

——《人民司法》2002 年第 11 期（总第 466 期）。

1366. 在构成挪用公款罪的前提下多次挪用公款属于挪用公款“情节严重”

关键词

挪用公款罪　多次挪用　情节严重

附录：司法信箱

问题：对于挪用公款罪中，多次挪用公款是否属于情节严重的量刑情节，存在两种不同意见。一种意见认为，只要多次挪用公款，数额较大，即属情节严重。其理由是根据 1998 年《最高人民法院关于审理挪用公款案件若干问题的解释》第 3 条的规定，多次挪用公款属于情节严重的情形之一；另一种意见认为，挪用公款数额接近巨大的标准，且多次挪用公款的，才属情节严重。其理由是如果被告人多次挪用公款数额仅仅达到较大的起点标准，即按情节严重对其量刑，则罪刑不相适应，不符合立法本意。

《人民司法》研究组认为：根据 1998 年《最高人民法院关于审理挪用公款案件具体应用法律若干问题的解释》第 3 条的规定，《刑法》第 384 条规定的“情节严重”主要指以下五种情况：一是挪用公款数额巨大；二是挪用公款数额虽未达到巨大，但挪用公款手段恶劣；三是多次挪用公款；四是因挪用公款严重影响生产、经营，造成严重损失等情形；五是挪用公款归个人使用，进行非法活动，挪用公款数额在五万元至十万元以上的。因此，在构成挪用公款犯罪前提下，多次挪用公款的，就属于挪用公款“情节严重”。

——《人民司法》2003 年第 12 期（总第 479 期）。

1367. 村民委员会人员利用职务之便所挪用款项的性质无法区分的处理

关键词

挪用公款罪　挪用资金罪　职务之便

《刑事审判参考》指导案例

陈焕林等挪用资金、贪污案（《刑事审判参考》指导案例第454号）

裁判要点：无法区分被挪用款项性质的，以挪用资金罪追究村民委员会等村基层组织人员的刑事责任。

根据刑法的规定，挪用公款罪与挪用资金罪除了犯罪主体上的区别外，在行为对象和行为特征上也存在明显不同：挪用公款罪的行为对象必须是公款，而挪用资金罪的行为对象则为公司、企业或者其他单位的资金；挪用公款利用的是从事公务之便，而挪用资金利用的则是从事公司、企业或其他单位的特定职务之便。根据全国人大常委会的立法解释，对于协助人民政府从事行政管理工作的七项事务，村基层组织人员以国家工作人员论，由于七项事务中所涉及的款项为公款，利用的是从事公务之便，故村基层组织人员利用此职务之便挪用这些款项的构成挪用公款罪；如果村基层组织人员从事的并非上述立法解释规定的七项事务，而是村内自治管理服务工作，其所利用的是村内自治管理服务工作之便，故利用此职务之便挪用村集体资金的构成挪用资金罪。当然，在能够准确区分所挪用的款项来源，确定利用的职务便利性质的情况下，按照上述原则定罪处罚是比较明晰的，而在农村基层组织人员所挪用款项的具体性质以及利用何种职务之便无法查清的情况下，由于无法区分他们究竟是利用何种职务便利挪用何种款项，主体身份无法明确，因此根据刑法的谦抑原则，应该从有利于被告人的角度出发，以刑罚较轻的罪名对被告人进行定罪处罚。

——最高人民法院刑事审判第一、二、三、四、五庭主办：《中国刑事审判指导案例》（6），法律出版社2012年版，第110~111页。

1368. 个人决定以单位名义将公款借给其他单位使用，虽在事后收受对方财物但难以证实借款当时具有谋取个人利益目的的行为定性

关键词

挪用公款罪　受贿罪　事后收受财物　谋取个人利益

《刑事审判参考》案例

姚太文贪污、受贿案（《刑事审判参考》指导案例第805号）

裁判要点：个人决定以单位名义将公款借给其他单位使用，虽然在事后收受对方财物，但难以证实借款当时具有谋取个人利益目的的，仅构成受贿罪一罪，不构成挪用公款罪。

（一）本案被告人姚太文的行为不构成挪用公款罪

本案中，姚太文的供述、证人王步前的证言及借款协议均证实，姚太文决定以吉林省慈善总会名义借款给吉林省大力实业公司的时间是1999年，吉林省大力实业公司还款的时间是2000年6月至2001年8月。姚太文因上述借款事宜收受王步前贿赂的10万元的时间是2003年春节期间。由于姚太文的行为属于个人决定以单位名义将公款借给其他单位使用情形，要认定构成挪用公款罪，必须是姚太文主观上具有谋取个人利益的目的。然而，姚太文借款当时谋取个人利益的意图并不明显，在案证据也难以证实姚太文与王步前具有事后收受贿赂的合意或者默契，故姚太文以个人名义借款吉林省大力实业公司的行为，不属于《全国人民代表大会常务委员会关于〈中华人民共和国刑法〉第三百八十四条第一款的解释》第三项所规定的“个人决定以单位名义将公款供其他单位使用，谋取个人利益的”情形，其行为不构成挪用公款罪。

（二）《全国人民代表大会常务委员会关于〈中华人民共和国刑法〉第三百八十四条第一款的解释》中第三种“挪用公款归个人使用”情形不适用挪用公款罪和受贿罪并罚的规定

《全国人民代表大会常务委员会关于〈中华人民共和国刑法〉第三百八十四条第一款的解释》将“挪用公款归个人使用”的含义分为三种类型：一是将公款供本人、亲友或者其他自然人使用的；二是以个人名义将公款供其他单位使用的；三是个人决定以单位名义将公款供其他单位使用，谋取个人利益的。如果挪用公款的行为属于前述第一、二种情形，则挪用公款罪的构成不以行为人谋取个人利益为要件，即无论是否收受他人财物，均不影响挪用公款罪的成立。如果在此过程中，行为人又趁机索要或者收受他人财物的，则行为人已超出挪用公款罪的犯罪故意，即产生新的受贿罪的犯意，根据《最高人民法院关于审理挪用公款案件具体应用法律若干问题的解释》第七条的规定，因挪用公款索取、收受贿赂构成犯罪的，依照数罪并罚的规定处罚。如果行为人挪用公款的行为属于前述第三种情形，则挪用公款罪的构成必须以行为人谋取个人利益为要件，该情形下收受贿赂的行为，可能同时被认定为谋取个人利益，即一行为同时构成挪用公款罪和受贿罪，应当按照想象竞合犯从一重罪处断原则，以受贿罪定罪处罚。如果在此种情况下仍然机械照搬适用《最高人民法院关于审理挪用公款案件具体应用法律若干问题的解释》第七条的规定，对行为人以挪用公款罪和受贿罪实行并罚，则实质上是对谋取个人利益的事实（包括挪用公款的事实）进行了双重评价，违反了刑法禁止重复评价的原则。

——最高人民法院刑事审判第一、二、三、四、五庭主办：《刑事审判参考》2012年第4集（总第87集），法律出版社2012年版，第107~110页；

1369. 受贿罪的认定

关键词

受贿罪　职务便利　谋取非法利益

最高人民法院司法政策精神

（六）以借款为名索取或者非法收受财物行为的认定

国家工作人员利用职务上的便利以借为名向他人索取财物，或者非法收受财物为他人谋取利益的，应当认定为受贿。具体认定时，不能仅仅看是否有书面借款手续，应当根据以下因素综合判定：（1）有无正当、合理的借款事由；（2）款项的去向；（3）双方平时关系如何、有无经济往来；（4）出借方是否要求国家工作人员利用职务上的便利为其谋取利益；（5）借款后是否有归还的意思表示及行为；（6）是否有归还的能力；（7）未归还的原因；等等。

（七）涉及股票受贿案件的认定

在办理涉及股票的受贿案件时，应当注意：（1）国家工作人员利用职务上的便利，索取或非法收受股票，没有支付股本金，为他人谋取利益，构成受贿罪的，其受贿数额按照收受股票时的实际价格计算。（2）行为人支付股本金而购买较有可能升值的股票，由于不是无偿收受请托人财物，不以受贿罪论处。（3）股票已上市且已升值，行为人仅支付股本金，其"购买"股票时的实际价格与股本金的差价部分应认定为受贿。

——《最高人民法院关于印发〈全国法院审理经济犯罪案件工作座谈会纪要〉的通知》（2003年11月13日，法〔2003〕167号）。

二、关于收受干股问题

干股是指未出资而获得的股份。国家工作人员利用职务上的便利为请托人谋取利益，收受请托人提供的干股的，以受贿论处。进行了股权转让登记，或者相关证据证明股份发生了实际转让的，受贿数额按转让行为时股份价值计算，所分红利按受贿孳息处理。股份未实际转让，以股份分红名义获取利益的，实际获利数额应当认定为受贿数额。

三、关于以开办公司等合作投资名义收受贿赂问题

国家工作人员利用职务上的便利为请托人谋取利益，由请托人出资，“合作”开办公司或者进行其他“合作”投资的，以受贿论处。受贿数额为请托人给国家工作人员的出资额。

国家工作人员利用职务上的便利为请托人谋取利益，以合作开办公司或者其他合作投资的名义获取“利润”，没有实际出资和参与管理、经营的，以受贿论处。

四、关于以委托请托人投资证券、期货或者其他委托理财的名义收受贿赂问题

国家工作人员利用职务上的便利为请托人谋取利益，以委托请托人投资证券、期货或者其他委托理财的名义，未实际出资而获取“收益”，或者虽然实际出资，但获取“收益”明显高于出资应得收益的，以受贿论处。受贿数额，前一情形，以“收益”额计算；后一情形，以“收益”额与出资应得收益额的差额计算。

——《最高人民法院、最高人民检察院关于印发〈关于办理受贿刑事案件适用法律若干问题的意见〉的通知》(2007年7月8日，法发〔2007〕22号)。

四、医疗机构中的国家工作人员，在药品、医疗器械、医用卫生材料等医药产品采购活动中，利用职务上的便利，索取销售方财物，或者非法收受销售方财物，为销售方谋取利益，构成犯罪的，依照刑法第385条的规定，以受贿罪定罪处罚。

医疗机构中的非国家工作人员，有前款行为，数额较大的，依照刑法第163条的规定，以非国家工作人员受贿罪定罪处罚。

医疗机构中的医务人员，利用开处方的职务便利，以各种名义非法收受药品、医疗器械、医用卫生材料等医药产品销售方财物，为医药产品销售方谋取利益，数额较大的，依照刑法第163条的规定，以非国家工作人员受贿罪定罪处罚。

五、学校及其他教育机构中的国家工作人员，在教材、教具、校服或者其他物品的采购等活动中，利用职务上的便利，索取销售方财物，或者非法收受销售方财物，为销售方谋取利益，构成犯罪的，依照刑法第385条的规定，以受贿罪定罪处罚。

学校及其他教育机构中的非国家工作人员，有前款行为，数额较大的，依照刑法第163条的规定，以非国家工作人员受贿罪定罪处罚。

学校及其他教育机构中的教师，利用教学活动的职务便利，以各种名义非法收受教材、教具、校服或者其他物品销售方财物，为教材、教具、校服

或者其他物品销售方谋取利益，数额较大的，依照刑法第163条的规定，以非国家工作人员受贿罪定罪处罚。

六、依法组建的评标委员会、竞争性谈判采购中谈判小组、询价采购中询价小组的组成人员，在招标、政府采购等事项的评标或者采购活动中，索取他人财物或者非法收受他人财物，为他人谋取利益，数额较大的，依照刑法第163条的规定，以非国家工作人员受贿罪定罪处罚。

依法组建的评标委员会、竞争性谈判采购中谈判小组、询价采购中询价小组中国家机关或者其他国有单位的代表有前款行为的，依照刑法第385条的规定，以受贿罪定罪处罚。

——《最高人民法院、最高人民检察院关于印发〈关于办理商业贿赂刑事案件适用法律若干问题的意见〉的通知》（2008年11月20日，法发〔2008〕33号）。

《最高人民法院公报》案例

广东省湛江市人民检察院诉曹秀康受贿案（判决时间：1999年6月1日，最高人民法院复核）

判决要旨：行为人利用职务之便，收受他人财物并为其谋取非法利益，构成受贿罪。行为人收受财物数额巨大，犯罪情节特别严重，依法应予严惩。

关于上诉人曹秀康及其辩护律师提出的第一点上诉理由，经查，曹秀康是因涉嫌受贿被检察机关采取强制措施后，如实交代了本人的犯罪事实。这种行为属于认罪态度好，并非《刑法》规定的自首行为。第二点上诉理由，经查，在曹秀康被采取强制措施后，其妻曾将部分款、物交给侦查机关，称这是曹秀康拿回家中的，来源不清楚。这些款、物，起诉书中没有涉及，公诉机关也未移送，一审判决对此作处理，是正确的。第三点上诉理由，经查，1998年4月，湛江市湛兴实业公司经理林柏青和董事长杨衢青曾到曹秀康的办公室，将以“少报多进”的手段走私进口小麦、油菜籽的打算告诉了曹，请曹在货物入境后给予放行，并明确表示事成后送给其200万元人民币。曹秀康向他们明确表示了不会去查处他们的走私犯罪活动。林柏青、杨衢青走私成功后，曹秀康收受了他们贿送的人民币200万元。该事实证据俱在，曹秀康辩称林柏青、杨衢青的走私活动是在其不知道的情况下完成的，显系推卸罪责。第四点上诉理由，经查，海关总署在〔1997〕235号文中对36个集装箱的车身总成的处理意见是没收，而曹秀康却作罚款处理，并未按海关总署的批文办理。第五点上诉理由，经查不属实。曹秀康的上诉理由均不能成立，不予采纳。曹秀康在任湛江海关关长期间，利用职务上的便利，多次收受走私分子的财物，并为走私分子谋取非法利益，使国家关税受到巨额损失，其行为已构成《刑法》第385条第1款规定的受贿罪。曹秀康受贿数额巨大，在其影响下，湛江海关相关相当一部分干部参与走私放私犯罪，给国家造成的关税损失无法估算，其犯罪情节特别严重。依照《刑法》第386条的规定，对曹秀康的犯罪行为应当依照《刑法》第383条第1款第（1）项[①]、第57条第1款的规定予以严惩。曹秀康犯罪所得的一切财物，应当依照《刑法》第64条的规定予以追缴。

——《最高人民法院公报》1999年第4期。

济南市人民检察院诉王怀忠受贿、巨额财产来源不明案（判决时间：2004年2月11日，最高人民法院复核）

裁判摘要：被告人受贿数额特别巨大，并具有多次索贿的法定从重处罚情节，且为逃避法律制裁，在有关部门查处其涉嫌经济犯罪期间，仍继续向他人索贿，将索取的巨额贿赂用于企图阻止有关部门对其经济犯罪问题的查处，受贿犯罪情节特别恶劣，社会危害性极大，罪行极其严重。

最高人民法院经复核认为，被告人王怀忠身为国家工作人员，利用职务上的便利，索取他人人民币275万元，非法收受他人人民币230万元、澳币1万元，共计折合人民币517.1万元，为有关单位和个人谋取利益，其行为已构成受贿罪；王怀忠的财产和支出明显超过合法收入，差额巨大，本人对价值人民币480.581103万元的巨额财产不能说明合法来源，其行为已构成巨额财产来源不明罪。王怀忠受贿数额特别巨大，并具有多次索贿的法定从重处罚情节。更为恶劣的是，王怀忠为逃避法律制裁，在有关部门查处其涉嫌经济犯罪期间，仍继续向他人索贿，且将索取的巨额贿赂用于企图阻止有关部门对其经济犯罪问题的查处，受贿犯罪情节特别恶劣，社会危害性极大，罪行极其严重。在法院审理期间，王怀忠检举他人犯罪，经有关部门查证，其检举或者无时间、地点等具体情节，不具备立案查证条件，或者所涉人员在王怀忠检举之前已经被举报、查处，或者不构成犯罪，王怀忠的行为不符合《刑法》第68条第1款关于立功的规定，不具有法定的从轻处罚情节。在一审期间，王怀忠拒不认罪；二审期间，王怀忠对其所犯大部分罪行予以供认，

① 该条文已被《中华人民共和国刑法修正案（九）》（2015年8月29日）修改为“贪污数额较大或有其他较重情节的，处三年以下有期徒刑或者拘役，并处罚金。”

但对有确凿证据证明的其他犯罪事实仍予以否认，不足以从轻处罚。

——《最高人民法院公报》2004年第3期。

1370. 受贿罪有悔罪立功表现的处理

关键词

受贿罪 悔罪立功 从轻处罚

最高人民法院司法政策精神

十二、关于正确贯彻宽严相济刑事政策的问题

依照本意见办理受贿刑事案件，要根据刑法关于受贿罪的有关规定和受贿罪权钱交易的本质特征，准确区分罪与非罪、此罪与彼罪的界限，惩处少数，教育多数。在从严惩处受贿犯罪的同时，对于具有自首、立功等情节的，依法从轻、减轻或者免除处罚。

——《最高人民法院、最高人民检察院关于印发〈关于办理受贿刑事案件适用法律若干问题的意见〉的通知》（2007年7月8日，法发〔2007〕22号）。

《最高人民法院公报》案例

北京市人民检察院诉铁英受贿案（判决时间：1997年7月25日，一审法院：北京市第一中级人民法院）

裁判摘要：国家工作人员，利用职务上的便利，收受他人给予的巨额财物为他人谋取利益，构成受贿罪，若其确有悔罪立功表现，可酌情从轻处罚。

北京市人民检察院分院指控被告人铁英犯有受贿罪的事实清楚，证据确实、充分。铁英身为国家工作人员，利用职务上的便利，收受他人给予的巨额财物为他人谋取利益，依照全国人大常委会《关于惩治贪污罪贿赂罪的补充规定》[①]（以下简称《补充规定》）第4条第1款的规定，其行为已构成受贿罪，且其犯罪情节严重。鉴于铁英在庭审中能如实供述犯罪事实，并能揭发检举他人犯罪，确有悔罪立功表现，且赃款、赃物均已全部追缴等情节，故可对其酌情从轻处罚，应当依照《补充规定》第5条第1款、第2条第1款

① 本规定已被《中华人民共和国刑法》（1997年修订）废止。

第（1）项和《中华人民共和国刑法》第 52 条的规定予以惩处。

——《最高人民法院公报》1997 年第 3 期。

北京市人民检察院第二分院诉李嘉廷受贿案（判决时间：2003 年 6 月 20 日，二审法院：北京市高级人民法院）

裁判摘要：被告人身为国家工作人员，利用职务便利，为他人谋取利益，单独或伙同其子非法收受他人钱财，其行为构成受贿罪，鉴于其有立功表现，且认罪悔过，赃款全部追缴等情形，对其判处死刑可不立即执行。

综上，李嘉廷身为国家工作人员，利用职务上的便利，为他人谋取利益，单独或伙同其子李勃非法收受他人钱款，其行为已构成受贿罪。李嘉廷利用职务之便收受巨额贿赂，其行为严重侵害了国家工作人员职务的廉洁性，损害了国家工作人员的声誉，破坏了国家机关的正常工作秩序，犯罪情节特别严重，应依法惩处。一审法院根据李嘉廷犯罪的事实、性质、情节和对于社会的危害程度，鉴于李嘉廷有立功表现，并提供线索，对侦破相关案件起了重要作用，且认罪悔罪，赃款已全部追缴的情节作出的判决，定罪及适用法律正确，量刑适当，审判程序合法，应予维持。

——《最高人民法院公报》2003 年第 5 期。

《刑事审判参考》指导案例

汪光斌受贿案（《刑事审判参考》指导案例第 607 号）

裁判要点：特殊情况下，“协助司法机关抓获其他犯罪嫌疑人”的认定；立功线索来源非基于职务获取，可依法认定为立功。

（一）虽然行为人检举的其他犯罪嫌疑人的藏匿地点是其户籍所在地，公安机关对户籍所在地的情况亦已掌握，但只要其提供的线索对公安机关抓获犯罪嫌疑人起到实际帮助作用，依法应当认定为“协助司法机关抓获其他犯罪嫌疑人”。

我们认为，判断行为人提供的线索是否属于抓捕其他犯罪嫌疑人的重要线索，关键在于行为人提供线索的行为在公安机关的抓捕行动中是否起到实际帮助作用，并且应当以公安机关是否实际将有关犯罪嫌疑人抓捕归案作为确认依据，即行为人的检举行为和公安机关抓获其他犯罪嫌疑人之间是否具有直接的因果关系。在本案中，汪光斌检举的李某某的藏匿地点是其户籍所在地，虽然该地址已为公安机关掌握，但该信息系被作为犯罪嫌疑人的基本信息情况，而非作为李某某被抓获前的明确藏匿地为公安机关所掌握。实际情况是，公安机关曾实施抓捕未果后即失去了李某某藏匿地的线索，而正是汪光斌的检举行为明确了李某某被捉获前的藏匿地点为其户籍所在地，才使得公安机关启动指向明确的追捕行动，并实际抓获了李某某。应当说，汪光斌的检举行为对公安机关成功抓获李某某起到了实际帮助作用，该检举行为与公安机关抓获李某某之间是有直接因果关系的。在汪光斌提供的线索指引下，公安机关及时抓获了犯罪嫌疑人，破获案件，节省了司法资源，符合立功制度设立的意旨，应当认定为协助司法机关抓获其他犯罪嫌疑人，汪光斌的检举行为属于立功表现。

（二）汪光斌在担任看守所副所长期间获得的立功线索，只要线索来源不是基于职务获取，可依法认定为立功。

第一，从体系解释来看，在刑法、相关司法解释以及司法解释性文件中关于职务犯罪的提法，涉及“职务”以及相关用语“职权或者地位形成的便利条件”“职务上的便利”“职务上的行为”，等都有动词“利用”加以限定。虽然最高人民法院、最高人民检察院《关于办理职务犯罪案件认定自首、立功等量刑情节若干问题的意见》（以下简称《意见》）中没有使用“利用”一词，但我们不能由此认为，这里不需要利用职务上的便利。从法律对于职务犯罪的规定来看，刑法惩治的是利用“职务”的渎职行为，《意见》亦是针对职务犯罪专门出台的。负有查禁犯罪职责的行为人在案发前有报告、移送或者处置违法犯罪案件的职责，但没有及时报告、移送或处置的，是一种不履行职责的渎职行为。犯罪后将犯罪线索检举揭发，实质上是其职责的怠于履行，只能视为对其渎职的补救。《意见》规定的四种不能认定为立功的第（1）、（3）、（4）种情形均系违法行为。任何人不应从其违法行为中获利，这是基本的司法准则。因此，对于职务犯罪行为人利用职务获取的立功线索、材料来源，依法不应当认定为立功。但对于没有利用职务获取的犯罪线索应依法认定为立功。因为《刑法》规定的身份犯都是相对的，任何职务犯罪行为人除了其刑法评价的法定身份以外还有作为一般犯罪主体的非法定身份，对于具有特定身份的人基于非法定身份实施的行为，其身份对其进行刑法评价时不产生影响。例如，国家工作人员没有利用职务便利实施一般盗窃行为时，国家工作人员的身份对其定罪量刑是没有法定影响的，如果职务犯罪行为人没有利用其职务实施犯罪行为，难以构成职务犯罪。同理，没有利用职务获取立功线索、材料来源，对职务犯罪中立功等量刑情节的评价是不产生影响的。本案中，汪光斌获取的立功线索并没有利用职务上的便利，而是基于与被检举犯罪嫌疑人的亲友关系在生活中获取，与《意见》规定的相关范围并不一致，因此认定汪光斌的行为成立立功符合对《刑法》的体系解释。

第二，从《刑法》的规定来看，法律设立立功制度的目的在于鼓励犯罪分子检举揭发其他犯罪行为，协助司法机关及时侦破案件。成立立功的结果是犯罪分子可能得到从轻或者减轻处罚，其实质根据主要有两点：一方面，犯罪分子在犯罪后揭发他人犯罪行为或者提供重要线索从而得以侦破其他案件，将功抵过，体现了犯罪分子的一定悔罪态度；另一方面，犯罪分子在犯罪后揭发他人犯罪行为或者提供重要线索，有利于司法机关及时发现侦破其他犯罪案件，有利于节约司法资源，降低司法成本。可见，功利与公正并重是立功制度的本质特征。从制定《意见》的背景来看，主要是由于司法实践中职务犯罪案件轻刑适用比例偏高，立功等量刑情节的认定和运用不够规范，导致职务犯罪案件刑罚适用的统一性和严肃性大打折扣，致使部分职务犯罪案件在处理上失之于宽，需要严格加以规范。《意见》解决的是在立功线索来源上公正和功利两种价值诉求的内在平衡问题，即不能以牺牲公正为代价获取功利，行为人如果利用查禁犯罪的职务获取立功线索，不应当认定为立功。同理，没有利用职务获取的立功线索当然依法应认定为立功。本案中，汪光斌获取的立功线索并非利用职务便利获取，不属于《意见》规定的有关四种不认定立功的情形，其提供的线索实现了节省司法成本的效果，体现了其一定悔罪态度，认定立功符合《刑法》设立立功制度的目的。

第三，从《人民警察法》的规定来看，汪光斌获取立功线索的行为不属于职务行为。《人民警察法》第十九条规定：人民警察在非工作时间，遇有其职责范围内的紧急情况，应当履行职责。《人民警察法》第六条对公安机关人民警察的职责分为十三类，公安机关的内设机构也是根据《人民警察法》的规定相应地分为交通警察、刑事侦查警察、治安警察、户籍及出入境管理警察等。每个公安民警的职责依其所在部门和职位而确定。例外的情况是，《人民警察法》第二十一条规定：人民警察遇到公民人身、财产安全受到侵犯或者处于其他危难情形，应当立即救助。由以上规定出发，公安人员除遇到公民人身、财产受到侵犯或者出于其他危难情形以外，是不能随便超越职权行使职责的。本案中，汪光斌的立功线索针对的是该犯罪嫌疑人已经实施犯罪行为，是已发生了的犯罪事实，并不属于《人民警察法》第二十一条规定的公安机关的人民警察应当立即予以处理的情形。对于犯罪事实的侦查和犯罪嫌疑人的追捕按照相关规定也应由相关侦查人员负责。汪光斌作为异地看守所副所长，并没有侦破此案件的法定职责，因而认定汪光斌的行为成立立功并不违反《人民警察法》的规定。

——最高人民法院刑事审判第一、二、三、四、五庭主办：《刑事审判参考》2010 年第 1 集（总第 72 集），法律出版社 2010 年版，第 76~80 页。

沈同贵受贿案（《刑事审判参考》指导案例第 707 号）

裁判要点：阻止他人犯罪活动，但因他人未达到刑事责任年龄而未追究刑事责任的，应认定为“阻止他人犯罪活动”构成立功。

《最高人民法院关于处理自首和立功若干具体问题的意见》(以下简称《意见》)第六条虽只规定了检举、揭发或者协助抓获立功，但我们认为，司法实践中可以参照其规定，对“阻止他人犯罪活动”立功进行认定，理由如下：其一，从立法意图上考虑，“阻止他人犯罪活动”与“检举揭发他人犯罪行为”“协助司法机关抓捕其他犯罪嫌疑人”是《解释》中并列的应认定为立功的几种情形之一，且《意见》本身对“他人犯罪活动”的表述即体现了与《最高人民法院关于处理自首和立功具体应用法律若干问题的解释》相一致的立法取向。其二，从功利主义的角度考虑，比起事后检举揭发犯罪的行为，当场阻止他人犯罪可以更及时有效地维护被侵害的法益，具备更大的价值。既然事后检举揭发犯罪成立立功的条件已更宽泛，“阻止他人犯罪活动”也理应予以进一步鼓励和保护。其三，从刑罚目的上考虑，当场阻止犯罪在很多情形下要承担较大的风险，体现了行为人较积极的悔罪态度。参照《意见》对于检举、揭发及协助抓获立功的规定，在符合立法意图的前提下，更加积极地肯定此行为，有助于促进行为人改造思想、消除犯罪意志，更好实现刑罚的特殊预防。

基于以上分析，我们认为《解释》第五条中的“阻止他人犯罪活动”，是指行为人以制止、规劝、告发等积极主动的行为，使他人的犯罪活动在客观上停止，使法益免遭侵害或得到有效保护。

——最高人民法院刑事审判第一、二、三、四、五庭主办：《刑事审判参考》2011 年第 3 集(总第 80 集)，法律出版社 2011 年版，第 93 页。

1371. 单位领导研究决定收受回扣款并为领导个人牟取私利的行为定性

关键词

受贿罪　单位受贿罪　回扣款

《刑事审判参考》指导案例

左佳等受贿、贪污、挪用公款案(《刑事审判参考》指导案例第 195 号)

裁判要点：单位领导研究决定收受、私分回扣款的行为，署名为单位、实为单位领导个人牟取私利，应以个人受贿定罪处罚。

如认定收受回扣属于单位行为，则行为人收受回扣、继而私分，将不仅需承担单位受贿的刑事责任，同时还将构成贪污罪。确定是否属于单位行为、构成单位犯罪，应从两方面来把握，一是以单位名义实施犯罪，即由单位集体研究决定，或者由单位的负责人或者被授权的其他人员决定、同意；二是为单位谋取利益或者违法所得大部分归单位所有。行为人收取回扣款，系经单位领导研究决定的，但行为人在根据单位决定收取回扣款后，未如实向单位汇报，而是进行私分，因此，该贿赂款并未归单位所有。可见，收受回扣款虽经单位领导集体研究决定，但主观方面不是为了单位利益，而是名为单位、实为单位领导个人牟取私利，故不应认定为单位受贿，应对单位具体参与的人员以个人受贿罪定罪处罚。

——最高人民法院刑事审判第一庭、第二庭编：《刑事审判参考》2002 年第 4 辑（总第 27 辑），法律出版社 2002 年版，第 54~66 页。

1372. 国家机关设立的非常设性工作机构中从事公务的非正式在编人员受贿行为的认定

关键词

受贿罪　非常设性机构　国家工作人员　正当馈赠

《刑事审判参考》指导案例

钱政德受贿案（《刑事审判参考》指导案例第 399 号）

裁判要点：地方人民政府设立的行使特定管理职能的非常设性机构，是地方人民政府的组成部分，亦属于国家行政机关。只要是在国家机关中从事公务，即使是非正式在编人员，亦属于《刑法》第 93 条第 1 款规定的“国家工作人员”。在司法实践中，区分受贿与正当馈赠，通常可以从双方关系、财物价值、请托事项等方面综合把握。

被告人虽不是国家机关的正式在编人员，但根据全国人民代表大会常务委员会《关于〈中华人民共和国刑法〉第九章渎职罪主体适用问题的解释》“虽未列入国家机关人员编制但在国家机关中从事公务的人员，在代表国家机关行使职权时，有渎职行为，构成犯罪的，依照刑法关于渎职罪的规定追究刑事责任”的规定，认定是否属于“在国家机关中从事公务的人员”，并不要求行为人具有国家机关在编人员的身份，而是重点强调是否在国家机关中从事公务。只要在国家机关中从事公务，即使是工人、农民身份，亦应认定为《刑法》第93条第1款规定的“国家工作人员”。

——最高人民法院刑事审判第一、二、三、四、五庭主办：《刑事审判参考》2006年第3集（总第50集），法律出版社2006年版，第43~48页。

1373. 经国家机关的党委研究决定任命为集体所有制企业的经营管理人员利用职务便利要求合作单位为其亲属提供低价住房行为的认定

关键词

受贿罪　国家机关工作人员　受贿数额

《刑事审判参考》指导案例

李葳受贿案（《刑事审判参考》指导案例第340号）

裁判要点：经国家机关的党委研究决定任命为集体所有制企业的经营管理人员能认定为国家机关委派到非国有企业中从事公务的人员。利用与其他单位共同开发房地产的职务便利要求合作单位为其亲属提供低价住房的行为，实质上属于利用职务便利索要财物。索取的财物是否为被告人自己占有，不影响受贿罪的成立。被告人支付少量购房款用以掩盖索贿犯罪行为的，其受贿数额应为房屋当时的实际价值与实际支付价款的差额。

2. 被告人在合作开发房地产过程中，要求合作单位为其亲属提供低价住宅，实质上属于利用职务便利索要财物。索取的财物是否为被告人自己占有，不影响受贿罪的成立。

受贿犯罪案件中，存在利用职务便利为请托人谋取利益的行为人没有直接占有受贿款物的情形，但这并不影响其受贿罪的成立。2003年11月13日最高人民法院法〔2003〕167号通知印发的《全国法院审理经济犯罪案件工作座谈会纪要》关于受贿罪中共同受贿犯罪的认定规定：“国家工作人员利用职务上的便利为他人谋取利益，并指定他人将财物送给其他人，构成犯罪的，应以受贿罪定罪处罚。”被告人利用本人职务上的便利，直接要求合作单位为其亲属提供低价住房的，符合规定中“指定他人将财物送给其他人”的特征，对其应以受贿罪论处。

3. 被告人支付少量购房款用以掩盖索贿犯罪行为的，其受贿数额应为房屋当时的实际价值与实际支付价款的差额。

对于国家工作人员利用职务上的便利，索要财物后支付少量现金的行为，能否以受贿犯罪追究刑事责任，以及认定为受贿犯罪的，犯罪数额如何计算，司法实践早已有比较成熟的做法。如 1985 年 7 月 8 日最高人民法院、最高人民检察院联合发布的《关于当前办理经济犯罪案件中具体应用法律的若干问题的解答（试行）》[①] 在关于国家工作人员利用职务上的便利，为他人谋取利益，接受对方物品，只付少量现金，可否定为受贿以及受贿金额应如何计算的问题中指出："国家工作人员利用职务上的便利，为他人谋取利益，收受物品，只付少量现金，这往往是行贿、受贿双方为掩盖犯罪行为的一种手段，情节严重，数量较大的，应认定为受贿罪。受贿金额以行贿人购买物品实际支付的金额扣除受贿人已支付现金额计算。行贿人的物品未付款或无法计算行贿人支付金额的，应以受贿人收受物品当时当地的市场零售价格扣除受贿人已支付现金额来计算。"这一规定仍具有现实意义。参照这一规定的精神，将房屋当时的实际价值与实际支付价款之差额，认定为受贿数额是正确的。

——最高人民法院刑事审判第一庭、第二庭编：《刑事审判参考》2005 年第 2 集（总第 43 集），法律出版社 2005 年版，第 45~51 页。

1374. 国家工作人员以"劳务报酬"为名收受请托人财物行为的定性

关键词

受贿罪　国有事业单位　劳务报酬

《刑事审判参考》指导案例

方俊受贿案（《刑事审判参考》指导案例第 407 号）

裁判要点：只要在国有事业单位中从事公务，无论是否属于正式在编人员，均应认定为国家工作人员。区分国家工作人员受贿与收取合理劳务报酬的界限在于国家工作人员是利用职务便利为他人谋取利益收受财物还是利用个人技术换取报酬。

（二）区分国家工作人员受贿与收取合理劳务报酬的界限在于国家工作人

① 本文件已被《最高人民法院关于废止 1980 年 1 月 1 日至 1997 年 6 月 30 日期间发布的部分司法解释和司法解释性质文件（第九批）的决定》（法释〔2013〕2 号）废止。

员是利用职务便利为他人谋取利益收受财物还是利用个人技术换取报酬

受贿行为的社会危害本质在于职务便利与金钱交易（通常表述为权钱交易），侵犯国家工作人员的职务廉洁性。对于国家工作人员利用职务之便，为他人谋取利益收受财物的，应认定为受贿；对于国家工作人员没有利用职务便利，仅仅是利用个人的技术、管理专长为他人提供服务，收取相应报酬的，因为没有职权与金钱交易性质，故该报酬属于合理收入，不应认定为受贿。可见，受贿与收取合理劳务报酬的区分关键就在于国家工作人员是利用职务便利为他人谋取利益而收受的财物，还是利用个人技术为他人提供服务取得相应报酬。

由以上可以看出，在纷繁复杂的个案中，如何正确区分正当的劳务报酬与非法的行贿受贿的界限，司法中应当注意从以下几个方面进行综合把握：1. 国家工作人员是利用职务便利为他人谋取利益收受财物还是利用个人技术换取报酬；2. 是否确实提供了有关服务；3. 接受的财物是否与提供的服务等值。

——最高人民法院刑事审判第一、二、三、四、五庭主办：《刑事审判参考》2006 年第 4 集（总第 51 集），法律出版社 2006 年版，第 45~52 页。

1375. 国家工作人员利用职务便利索要高额投资回报的，构成受贿罪

关键词

受贿罪　高额投资回报

《刑事审判参考》指导案例

胡发群受贿、巨额财产来源不明案（《刑事审判参考》指导案例第 384 号）

裁判要点：国家工作人员假借投资合伙经营，在实际并未经营的情况下，利用职务便利强要“合伙”相对方支付高额投资回报的行为构成受贿罪。

被告人以合伙经营为名，利用职务便利强要支付高额投资回报，属于索贿行为。随着反腐斗争的愈加深入，腐败分子收受贿赂的方式也逐渐发生变化，由赤裸裸直接地收受财物，演变为间接地收受物品只付少量现金，或者赌博时光赢不输，或者以合伙经营的形式收受“高额回报”等方式。无论收

受贿赂的方式如何变化，贿赂的本质，即国家工作人员利用职权索取或非法收受他人财物，为他人谋取利益的性质没有变。只要符合这一本质特征，就是贿赂犯罪。

——最高人民法院刑事审判第一、二、三、四、五庭主办：《刑事审判参考》2006年第1集（总第48集），法律出版社2006年版，第58~66页。

1376. 国家工作人员以“合办”公司的名义或以交易形式收受贿赂的认定

关键词

受贿罪　合办公司　变相受贿

最高人民法院司法政策精神

三、关于以开办公司等合作投资名义收受贿赂问题

国家工作人员利用职务上的便利为请托人谋取利益，由请托人出资，“合作”开办公司或者进行其他“合作”投资的，以受贿论处。受贿数额为请托人给国家工作人员的出资额。

国家工作人员利用职务上的便利为请托人谋取利益，以合作开办公司或者其他合作投资的名义获取“利润”，没有实际出资和参与管理、经营的，以受贿论处。

——《最高人民法院、最高人民检察院关于印发〈关于办理受贿刑事案件适用法律若干问题的意见〉的通知》（2007年7月8日，法发〔2007〕22号）。

《最高人民法院公报》案例

潘玉梅、陈宁受贿案（最高人民法院指导案例3号）

裁判摘要：国家工作人员利用职务上的便利为请托人谋取利益，并与请托人以“合办”公司的名义获取“利润”，没有实际出资和参与经营管理的，以受贿论处。

法院生效裁判认为：关于被告人潘玉梅、陈宁及其辩护人提出二被告人与陈某共同开办多贺公司开发土地获取“利润”480万元不应认定为受贿的辩护意见。经查，潘玉梅时任迈皋桥街道工委书记，陈宁时任迈皋桥街道办事处主任，对迈皋桥创业园区的招商工作、土地转让负有领导或协调职责，

二人分别利用各自职务便利，为陈某低价取得创业园区的土地等提供了帮助，属于利用职务上的便利为他人谋取利益；在此期间，潘玉梅、陈宁与陈某商议合作成立多贺公司用于开发上述土地，公司注册资金全部来源于陈某，潘玉梅、陈宁既未实际出资，也未参与公司的经营管理。因此，潘玉梅、陈宁利用职务便利为陈某谋取利益，以与陈某合办公司开发该土地的名义而分别获取的480万元，并非所谓的公司利润，而是利用职务便利使陈某低价获取土地并转卖后获利的一部分，体现了受贿罪权钱交易的本质，属于以合办公司为名的变相受贿，应以受贿论处。

——《最高人民法院关于发布第一批指导性案例的通知》(2011年12月20日，法〔2011〕354号)。

说明

本指导案例所涉四个问题（第1108、1110~1112题）虽然在2007年7月8日印发的《最高人民法院、最高人民检察院关于办理受贿刑事案件适用法律若干问题的意见》(以下简称《受贿意见》)中有所规定，但是刑法和司法解释尚未明确具体规定，并且四个问题具有一定代表性，同时出现在一个案例中很难得。该指导性案例的发布，对于依法惩治新形势下出现的新类型受贿犯罪，加大惩治腐败力度，推进反腐败斗争深入开展，具有重要意义。其一，它针对近年来受贿案件出现的一些新情况、新问题，透过合办公司、低价购房等表面现象，抓住了受贿罪权财交易的本质，对利用更具有隐蔽性、复杂性的新手段受贿提出了具体明确的处理意见，解决了司法实践中经常遇到、存在认识分歧的问题，有利于统一认识，及时、有效地依法查处手段翻新、花样百出的新类型受贿犯罪案件，有利于依法从严惩处腐败犯罪。其二，它对新类型受贿行为的细化及其罪与非罪界限的区分，划清了国家工作人员经济生活和社会交往的应有边界，可以教育和警示国家工作人员廉洁自律、遵纪守法，提高拒腐防变、掉入受贿犯罪泥潭的警惕性和自觉性。其三，它具有宣传法制和教育群众的作用，有利于人民群众依法监督国家工作人员的职务行为，提高人民群众参与惩治腐败犯罪的积极性，从而推动反腐败斗争的全面和深入开展。

附录：最高人民法院主流观点

该指导案例的裁判要点确认，国家工作人员以“合办”公司的名义或以交易形式收受贿赂的、承诺“为他人谋取利益”未谋取利益而受贿的以及为掩饰受贿犯罪而退赃的，不影响受贿罪的认定，从而对近年来以新的手段、新的形式收受贿赂案件的处理提供了明确具体指导。

关于以合办公司等合作投资名义收受贿赂问题

裁判要点确认：国家工作人员利用职务上的便利为请托人谋取利益，并与请托人以“合办”公司的名义获取“利润”，没有实际出资和参与经营管理的，以受贿论处。该裁判要点针对近年来出现的受贿新手段、新形式，在《最高人民法院、最高人民检察院关于办理受贿刑事案件适用法律若干问题的意见》（以下简称《受贿意见》）第3条第2款的基础上明确解决了以合办公司等名义收受贿赂问题。理解和参照适用这一裁判要点，需要注意把握以下几点：

（1）关于是否以受贿论处的认定标准。对于国家工作人员以本人或者他人（亲属或者其他关系密切人员）名义，参与合办公司或者进行其他合作投资，是否以受贿论处，关键在于国家工作人员本人有无实际出资。如果国家工作人员真实出资，即使未参与经营管理，也不能认定为受贿罪。这主要是因为根据《公司法》规定，是否出资，是能否取得收益的依据。该裁判要点在规定没有实际出资的同时，附加了国家工作人员不参与经营管理的条件。这主要考虑到，规定“不参与经营管理”是以确认名义出资而非真实出资为前提的；是否实际出资与是否参与经营管理是相互关联的，可以相互印证，“不参与经营管理”是判断是否名义出资的一个方面。同时，经营管理行为在一定情况下（如个人以劳务出资合伙）也可能成为合伙出资的一种方式。所以，裁判要点关于此种情形是否认定为受贿，坚持的标准仍然是名义、虚假出资还是实际、真实出资。

（2）关于受贿数额的认定。国家工作人员利用职务便利为请托人谋取利益，以开办公司等合作投资名义收受贿赂的，如何具体认定其受贿数额呢？根据《受贿意见》第3条的规定，结合司法实践中的具体表现形式，我们认为应当区分不同情况予以认定：

一是国家工作人员既没有实际出资，又没有参与管理、经营，以合作开办公司或者进行其他合作投资名义获取“利润”。此种情形属于“虚假出资、虚假合作”，即国家工作人员出资数额没有明确，或者虽然协议中有明确的出资数额，但是国家工作人员只是虚假出资和虚假合作，都没有获取所谓“利润”的任何正当理由和法律依据，属于打着合办公司或者其他合作投资的幌子，行权钱交易之实的变相受贿行为，其获取的所谓“利润”数额应当认定为受贿数额。

二是国家工作人员没有出资，由请托人出资，合作开办公司或者进行其他合作投资。此种情形属于“虚假出资、真实合作”，即国家工作人员的出资额虽然由请托人出资，系虚假出资，但是其出资数额在协议中有明确记载，且国家工作人员参与了经营管理，并分担经营风险，有真实合作成分。对于此种情形应当将出资额认定为受贿数额没有异议，但是对于经营利润应否计入受贿数额，司法实践中有不同意见。有意见认为，此类行为多发生在暴利行业，利润金额往往远大于出资额；出资额是该出而未出，利润额是不该得而非法得，收受利润应当视为一个连续的受贿行为。该指导性案例则认为，此种情形的受贿数额为请托人给国家工作人员的出资额，经营利润认定为受贿资本的非法孳息。其主要理由是：首先，将收受出资及其利润割裂开来合并计算，忽视了出资不同于其他物品的特殊性和利润对出资资本的依附性，有重复评价之嫌；其次，此种情形与前述第一种情形有所不同，国家工作人员虽然虚假出资，但是其参与经营管理，并分担经营风险，有真实合作成分。

三是国家工作人员有实际出资，但收取了超出出资比例应得的收益。此种情形是否一律属于受贿，司法实践中也有不同意见。有意见认为，此种情形应当一律认定为受贿，因为国家工作人员只是象征性地出资，却获得额外的巨额利润。这与以交易形式收受贿赂性质相同，属于变相受贿，受贿数额应以收益额与实际出资应得收益额的差额计算。我们认为，此种情形是否属于受贿，关键看国家工作人员是否利用职务便利为其他合作人谋取利益。如果国家工作人员利用职务便利为其他合作人谋取利益，因为符合受贿权财交易的本质特征，则不论全体合作人是否明确约定不按出资比例分红，都应当将收取的超出出资比例的部分认定为受贿数额。

（3）关于垫资问题的处理。司法实践中还有一种垫资的情形，即国家工作人员利用职务上的便利为请托人谋取利益，由请托人垫付资金，国家工作人员或者其指定的第三人以参与合作开办公司或者进行其他合作的形式，不参与经营管理而获取经营利润。对此，是否认定为受贿有不同意见。肯定意见认为，此种情形即使国家工作人员事后归还了请托人的垫付款，也应当以实际收受的利润部分追究受贿责任。因为由请托人垫付出资，只是一种更为隐蔽的受贿手段，归还出资的本意是掩盖非法收受的投资收益，这种行为同样属于打着合办公司或者其他合作投资的名义，行受贿之实的行为。反对意见认为，按照“谁出资，谁收益”的原则，既然是垫付，就意味着国家工作人员是投资方，自然可以获取投资的收益。我们认为，由于这一问题比较复杂，应当结合案件具体情况，根据是否真实出资、是否权钱交易这一根本判断标准，进行具体分析认定。此种情形下，判断国家工作人员是否真实出资，不能仅仅看是否有垫付出资的书面约定，应当根据以下因素综合判定：有无正当合理的垫资事由和垫资原因；双方平时关系如何、有无经济往来；垫资方是否要求国家工作人员利用职务上的便利为其谋取利益；国家工作人员是否利用职务上的便利为垫资方谋取利益；垫资后是否有归还的意思表示和行为；是否有归还能力；等等。

需要指出的是，该指导案例与《受贿意见》有关规定列举的具体情形有所不同，该案例中合作开办公司的名义人并非国家工作人员本人，而是以其亲属的名义，并且被告人及其辩护人辩称注册资金由请托人垫付，一审和二审法院根据证据查明的事实均未认定为垫付出资。我们认为，该案例中辩护方提出的垫付出资，不过是一种更为隐蔽的受贿手段。因为从垫资的事由和垫资原因来看，垫资方即请托人出于要求被告人潘玉梅、陈宁利用职务上的便利为其谋取利益的原因而为其各垫资20万元；作为国家工作人员的二被告人利用职务上的便利，为垫资方谋取了低价获取100亩土地和不按协议支付土地款的利益；双方在受贿的当年通过第三人介绍认识，平时没有经济往来；二被告人有归还垫资20万的能力，垫资后直至案发没有归还的意思表示和行为；从公司成立后经营情况来看，2003年9月公司注册成立至2004年6月将公司及其土地转让期间，公司没有实际生产经营，只是建起围墙，接通水电，连厂房都没建。可见，二被告人没有任何实际出资，垫资不过是个借口和幌子，二人各获取480万元公司“利润”，实际是利用职务便利让请托人低价获取土地后，又转卖土地获利的一部分。

——最高人民法院案例指导工作办公室：《指导案例3号〈潘玉梅、陈宁受贿案〉的理解与参照》。

1377. 交易型受贿犯罪数额及索贿的认定

关键词

交易型受贿　犯罪数额　索贿

《刑事审判参考》指导案例

吴仕宝受贿案（《刑事审判参考》指导案例第1431号）

裁判要点：交易型受贿数额按照交易时当地市场价格与实际支付价格的差额计算。市场价格则包括商品经营者事先设定的不针对特定人的最低优惠价格。

（一）交易型受贿犯罪及犯罪数额的认定

1. 交易型受贿的特征

与传统受贿犯罪相比，交易型受贿具有双重交易性质。一方面市场交易客观存在，双方以货币及服务为媒介进行价值交换；另一方面交易不对等，请托人所承担的对价不仅包括物品的价值，还包括受贿人手中的公权力，受贿人正是以其手中的权力来换取交易中的差价，实现权钱交易。从这一点看，交易型受贿与传统意义上直接收受财物的受贿，虽然手法不同，本质并无区别，应当纳入刑事规制的范围。2007年《最高人民法院、最高人民检察院关于办理受贿刑事案件适用法律若干问题的意见》(以下简称《意见》)规定,国家工作人员利用职务上的便利为请托人谋取利益,以下列交易形式收受请托人财物的,以受贿论处:(1)以明显低于市场的价格向请托人购买房屋、汽车等物品的;(2)以明显高于市场的价格向请托人出售房屋、汽车等物品的;(3)以其他交易形式非法收受请托人财物的。

2. 受贿数额为市场承包价与实际支付价格的差额

对于本案中交易型受贿犯罪的数额应当如何认定,讨论中存在以下两种意见:

第一种意见认为,根据被告人不应从犯罪获取利益的原则,受贿数额应为被告人吴仕宝获取的全部利润,即以承包经营收益和承包价的差额计算。

第二种意见认为,受贿数额应以客货运公司出租车的最低市场承包价与被告人吴仕宝承包价的差额来计算。

我们同意第二种意见,这是因为,交易本身是一种市场行为,尤其本案中被告人获取的是出租车的经营权,而经营行为又以追求利益为指向,可能带来一定的利润,也存在一定程度的风险。因此,在计算交易型受贿犯罪的数额时,应当从交易行为中剥离出权钱交易的部分,区分经营行为的利润与行为人的受贿数额。因此,《意见》规定,交易型受贿数额按照交易时当地市场价格与实际支付价格的差额计算。市场价格则包括商品经营者事先设定的不针对特定人的最低优惠价格。

(二)索贿的把握标准

索贿,是指国家工作人员利用职务上的便利,主动向他人索要或勒索并收受财物。无论是主观罪过还是客观危害,索贿都要比受贿严重。我国刑法第三百八十六条规定索贿的从重处罚,2016年出台的《最高人民法院、最高人民检察院关于办理贪污贿赂刑事案件适用法律若干问题的解释》中也将多次索贿认定为其他较重情节。但实践中对于索贿情节的理解存在差异,把握的标准亦不一致,存在以下几种意见:

第一种意见认为,区别索要还是一般收受的标准在于贿赂首先由谁提出,在权钱交易中,只要是受贿人主动提起,就应当认定为索贿。

第二种意见认为,刑法第三百八十九条第三款规定,因被勒索给予国家工作人员以财物,没有获得不正当利益的,不是行贿。刑法第三百八十五规定的“索取”与此处的“被勒索”具有对应性,即索贿具有明显的勒索性、胁迫性,只有行贿人能够明确感受到行为人利用职务便利进行勒索时,才能认定索贿。

我们认为,上述两种意见均未精准把握索贿的内涵,因而在界定索贿的外延时失于偏颇。

首先,实践中有的行为人故意拖延甚至拒绝办理应当办理的事项,或者利用职务便利进行打击报复以要挟对方行贿，这种情形当然构成索贿。但索贿中“索”是指索取、主动索要，将其理解为“勒索”则是不当地限制了索贿的范围，亦会导致轻纵犯罪。

其次，由于权力的稀缺资源性，实践中有的行贿人主动围猎国家工作人员，积极寻找机会实现权钱交易，但很多时候“苦于无门”，因而当被告人主动提出时，行贿人是“心甘情愿”甚至“求之不得”。此种情形与行贿人主动提出、受贿人欣然接受的情形无论从本质还是从危害性程度而言都没有太大区别。而刑法之所以对索贿行为规定了较重的刑罚，是因为相比一般受贿行为而言，索贿行为对国家工作人员职务廉洁性的危害更甚，社会影响更恶劣，如果仅因为被告人主动开口而认定索贿，并予以从重处罚，与立法精神未免有出入。

我们认为，受贿犯罪中应当根据被告人的职务、地位及其影响、是否为行贿人谋取利益、是否主动提起犯意、行贿人的利益是否违法等多个情节来综合判断行贿是否违背了行贿人的意愿，进而确定是否构成索贿。具体办案中可以从以下几点进行把握：（1）并非国家工作人员先提出的均构成索贿，但是索贿应当是国家工作人员率先通过明示或者暗示的方式向请托人表达了收取财物的意图。（2）索贿的本质是违背了行贿人的意愿，虽然不要求达到被胁迫、勒索的程度，但是应当能够反映出行贿人是出于压力、无奈、不情愿才交付财物。（3）实践中可以根据受贿人给请托人谋取利益的大小，受贿人提出的财物要求是否在请托人心理预期之内，请托人请托的事项是否违法等进行综合判断。比如，请托人本来就是谋取违法的利益，对于让渡部分“利润”早有心理预期，双方对于行受贿事实属于“心知肚明”，此时即使是受贿人率先提出受贿的具体数额，一般也不宜认定为索贿。

本案中，被告人吴仕宝以所掌握的职权为条件，向管理服务对象施加精神压力，迫使对方同意其低价承包出租车，是权钱交易的主动方、造意者、提起人。金某的证言证实，因为其公司的所有业务都是运管所主管的，吴仕宝提出来，其不敢不答应，因而在第一次给了傅某15辆出租车的经营权，后来几次傅某向其要经营权，其都没有答应，都是吴仕宝又给其打招呼，其没有办法才给了傅某。上述情节也得到傅某证言的印证，充分反映出金某行贿的被动性。故法院综合本案证据，最终依法认定了吴仕宝具有索贿情节。

——胡晓景、段凰撰稿、于同志审编：《吴仕宝受贿案——交易型受贿犯罪数额及索贿的认定》，载最高人民法院刑事审判第一、二、三、四、五庭编：《刑事审判参考》（总第128辑），人民法院出版社2021年版，第129~133页。

1378. 国家工作人员明知他人有请托事项而收受其财物，视为承诺“为他人谋取利益”

关键词

受贿罪　为他人谋取利益

最高人民法院司法政策精神

（二）“为他人谋取利益”的认定

为他人谋取利益包括承诺、实施和实现三个阶段的行为。只要具有其中一个阶段的行为，如国家工作人员收受他人财物时，根据他人提出的具体请托事项，承诺为他人谋取利益的，就具备了为他人谋取利益的要件。明知他人有具体请托事项而收受其财物的，视为承诺为他人谋取利益。

——《最高人民法院关于印发〈全国法院审理经济犯罪案件工作座谈会纪要〉的通知》（2003 年 11 月 13 日，法〔2003〕167 号）。

最高人民法院指导性案例

潘玉梅、陈宁受贿案（最高人民法院指导案例 3 号）

裁判要点：国家工作人员明知他人有请托事项而收受其财物，视为承诺“为他人谋取利益”，是否已实际为他人谋取利益或谋取到利益，不影响受贿的认定。

关于被告人潘玉梅及其辩护人提出潘玉梅没有为许某某实际谋取利益的辩护意见。经查，请托人许某某向潘玉梅行贿时，要求在受让金桥大厦项目中减免 100 万元的费用，潘玉梅明知许某某有请托事项而收受贿赂；虽然该请托事项没有实现，但“为他人谋取利益”包括承诺、实施和实现不同阶段的行为，只要具有其中一项，就属于为他人谋取利益。承诺“为他人谋取利益”，可以从为他人谋取利益的明示或默示的意思表示予以认定。潘玉梅明知他人有请托事项而收受其财物，应视为承诺为他人谋取利益，至于是否已实际为他人谋取利益或谋取到利益，只是受贿的情节问题，不影响受贿的认定。

——《最高人民法院关于发布第一批指导性案例的通知》（2011 年 12 月 20 日，法〔2011〕354 号）。

说明

本案旨在解决新形式、新手段受贿罪的认定问题。该案例确认：国家工作人员以“合办”公司的名义或以交易形式收受贿赂的、承诺“为他人谋取利益”未谋取利益而受贿的，以及为掩饰犯罪而退赃的，不影响受贿罪的认定，从而对近年来以新的手段收受贿赂案件的处理提供了明确指导。对于依法惩治受贿犯罪，有效查处新形势下出现的新类型受贿案件，推进反腐败斗争深入开展，具有重要意义。

附录：最高人民法院主流观点

该指导案例的裁判要点确认，国家工作人员以“合办”公司的名义或以交易形式收受贿赂的、承诺“为他人谋取利益”未谋取利益而受贿的以及为掩饰受贿犯罪而退赃的，不影响受贿罪的认定，从而对近年来以新的手段、新的形式收受贿赂案件的处理提供了明确具体指导。

关于“为他人谋取利益”问题

裁判要点确认：国家工作人员明知他人有请托事项而收受其财物，视为承诺“为他人谋取利益”，是否已实际为他人谋取利益或谋取到利益，不影响受贿的认定。该裁判要点在最高人民法院 2003 年 11 月 13 日印发的《全国法院审理经济犯罪案件工作座谈会纪要》（以下简称《纪要》）中关于受贿罪“为他人谋取利益”有关规定的基础上，进一步明确了“为他人谋取利益”的具体含义。

“为他人谋取利益”一直是刑法理论的争议问题，也是司法实践中认定受贿罪的疑难问题。我们认为，“为他人谋取利益”是指行为人利用职务上的便利，为行贿人谋取各种好处，从而作为收受贿赂的对价，体现了受贿罪权钱交易的本质特征。“利益”则包括物质利益和非物质利益，正当、合法利益和不正当、非法利益。对此，最高人民法院、最高人民检察院早在 1989 年 11 月 6 日印发的《关于执行〈关于惩治贪污罪贿赂罪的补充规定〉若干问题的解答》中就明确指出，为他人谋取的利益是否正当、是否实现，不影响受贿罪的成立。1999 年 9 月 16 日印发施行的《最高人民检察院关于人民检察院直接受理立案侦查案件立案标准的规定（试行）》在受贿案的有关规定中，对此再次予以重申。根据前述《纪要》规定，为他人谋取利益包括承诺、实施和实现三个阶段的行为。只要具有其中一个阶段的行为，如国家工作人员收受他人财物时，根据他人提出的具体请托事项，承诺为他人谋取利益的，就具备了为他人谋取利益的要件。明知他人有请托事项而收受其财物的，视为承诺为他人谋取利益。这是因为，尽管国家工作人员可能没有表示明确意见，但其在明知有请托事项的前提下而收受对方财物，则以其收受财物行为默示表明已承诺为他人谋取利益。本案例中，被告人潘玉梅明知房地产开发商许某某有请托事项，要求减免100万元基础开挖费用，而低价购买了对方开发的一套房屋，应当视为承诺为请托人谋取利益，至于有无实际为其谋取利益或是否谋取到利益，不影响受贿的性质。

司法实践中，从为他人谋取利益的发展阶段来看，可以包括以下四种表现形式：（1）承诺为他人谋取利益，未实际进行谋取。此时，为他人谋取利益是行为人主观上的一种意图，也可能是虚假承诺，而未付诸实施，往往可以通过与行贿人约定或者收受财物的默示等活动表现出来。（2）正在为他人谋取利益，尚未实现。这时行为人已经着手实施利用职务便利为他人谋取利益的行为，尽管谋取的利益尚未实现，但可以根据为他人谋取利益的实际行为加以认定。（3）已为他人谋取部分利益，尚未完全实现。这时已经谋取到部分利益，比较容易认定。（4）为他人谋取的利益全部实现。这时为他人谋取利益已经完全转化为客观行为，为行贿人办理了请托事项，满足了行贿人的利益需求，充分体现了受贿权钱交易的本质。

——最高人民法院案例指导工作办公室：《指导案例3号〈潘玉梅、陈宁受贿案〉的理解与参照》。

1379. 国家工作人员为家乡“做功德”是否属于受贿犯罪

关键词

国家工作人员　做功德　受贿犯罪

附录：最高人民法院法官著述

对于国家工作人员来说，自己没有收受财物，而是要求请托人将财物捐赠给自己的家乡修路“做功德”，该种行为是否构成受贿罪，取决于国家工作人员是否利用自己的职务为请托人谋取利益，取决于请托人按照国家工作人员的要求进行的捐赠是基于其本人的捐赠习惯，还是按照国家工作人员的主观意愿完成，而不取决于是将财物捐赠给国家工作人员的家乡，还是将财物送给国家工作人员本人。是否构成受贿罪，要看受贿罪保护的法益是否被侵害，即国家公职人员职务的廉洁性是否被侵害，至于是将财物交给国家工作人员还是捐赠给国家公职人员的家乡不影响犯罪的构成。国家工作人员，为了给家乡“做功德”将自己主动承诺的义务转嫁给请托人，为了谋求自己的功德，将自己的受贿所得转给家乡村。这种财物的转移，改变不了国家工作人员职务被收买的结果，也不能弥补对国家工作人员职务廉洁性所造成的侵害，又有具体谋利事项，应该说权钱交易特征是明显的，因而，应当认定构成受贿罪。

随着经济社会的发展变化，贪污贿赂犯罪呈现出一些新情况、新特点，给司法实践带来了新的问题。正如过去司法实践中遇到的被告人将贪污贿赂款物用于公务支出等情形一样，属于赃物的去向问题，并不能改变犯罪的本质。根据《最高人民法院、最高人民检察院关于办理贪污贿赂刑事案件适用法律若干问题的解释》的规定，贪污贿赂款物用于公务支出的问题，根据在案证据可以明确认定存在贪污、受贿主观故意的，将不影响定罪。

诚然，请托人的捐款行为并非一律作为犯罪评价，如果请托人是一名慈善家，捐款行为不是基于国家工作人员的要求，而是通过其他渠道得知的，主动自愿捐献，与其请托行为没有必然的联系，也不是基于谋取利益而捐款的，就不能认定构成受贿犯罪。

——王晓东：《贪污贿赂、渎职犯罪司法实务疑难问题解析》，人民法院出版社 2020 年版，第 204~205 页。

1380. 如何认定以明显低于市场价购买房屋的受贿形式

关键词

低价购买房屋　受贿形式

《刑事审判参考》指导案例

寿永年受贿案（《刑事审判参考》指导案例第 1432 号）

裁判要点：区分新房和“二手房”买卖，分别确定不同种类房屋交易中的市场价；应当以差价绝对值为基础，同时兼顾折扣率的高低，综合判断购房价是否明显低于市场价。

2007 年《最高人民法院、最高人民检察院关于办理受贿刑事案件适用法律若干问题的意见》（以下简称《意见》）指出的几种受贿方式，均掩藏在买卖房屋、汽车物品，委托投资证券、期货或者其他委托理财，合伙开办公司等日常的民事、经济行为之中。其中，对于以低价购房形式的受贿犯罪，《意见》指出，国家工作人员利用职务上的便利为请托人谋取利益，以明显低于市场的价格向请托人购买房屋等物品的，以受贿论处；前款所列市场价格包括商品经营者事先设定的不针对特定人的最低优惠价格，受贿数额按照交易时当地市场价格与实际支付价格的差额计算。但对于甄别正常购房优惠和低价购房受贿具有决定作用的两个关键问题，即如何具体认定市场价和何谓明显低于市场价，没有进一步展开叙述。司法实践中，对于房产市场存在的多种价格中哪一个属于市场价、哪个时间点作为认定市场价的基准点以及如何认定明显低于市场价的标准等关键问题，意见分歧较大。本文从房产交易的常见种类、国家工作人员与请托人之间房产转让的具体特点出发，结合本案例，对上述问题进行具体分析，以归纳出房屋市场价的认定方法和购买价明显低于市场价的判断标准。

区分新房和“二手房”买卖，分别确定不同种类房屋交易中的市场价

由于新房和“二手房”的定价机制不同，因而有必要按照新房买卖和“二手房”买卖分别分析市场价的认定方法。

1. 新房买卖中房屋市场价的认定方法

《意见》指出，针对不特定人的最低优惠价也属于市场价。在以低价购房实施行贿、受贿的案件中，售房者、购房者都会以购房价是市场价，享受的价格优惠是给予所有人的优惠作为否定行贿、受贿的理由。因此，判断何为真正的优惠价对于认定房屋的市场价具有重要的现实意义。

我们认为，判断以“优惠价”、VIP 价、成本价、内部价等各种名义出现的销售价是不是给予购房者正常的优惠价，是不是市场价，应当按照以下规则认定:（1）判断所谓的购房优惠是否事先真实存在。在收集、审查证据上，主要依靠房产开发商或者经销商的证人证言、内部资料、促销广告、同期房屋销售合同等证据综合认定所谓的“优惠价”、VIP 价、成本价、内部价是否事先真实存在。（2）审查这些优惠价是否针对不特定人制定。是不是符合相应条件的不特定购房者都能享受对应的优惠，是判断所谓的“优惠价”、VIP 价、内部价、成本价能不能成为市场价的第二个条件。如果并非符合相应购房条件的所有购房者都能享受，而是个别或极少数与房产开发商或者经销商具有特定关系的人才可以享受，那么这些价格就不能被认定为《意见》所指的针对不特定人的优惠价，也就不能被认定为市场价。（3）判断国家工作人员是否具备享受优惠的条件。房产开发商或者经销商制定的所谓的“优惠价”、VIP 价、内部价、成本价等，一般是针对不同条件的购房者推出的。通常根据购房者是不是公司股东、员工，或者一次性付现款、首付的比例大小、按揭贷款是公积金贷款还是商业贷款、商业贷款的比例大小等付款方式的不同，或者出售的具体房屋的不同特点，比如房屋材质、所在位置、房屋结构、楼层、采光、通风、层高等，或者结合付款方式和房屋的不同特点等，分别制定优惠价格。涉案的国家工作人员如果不具备享受这些优惠的条件，而享受了购房的优惠价格，就不能认定国家工作人员是以市场价购买这套房屋。反之，享受的优惠价格则可以认定为市场价。

需要注意的是，在所谓的优惠价难以判断，需要通过评估认定某一套房屋的市场价时，特别要注意市场价不是指整个小区所有房屋平均的售价，而

是同类别（商品房标准套房、排屋、独栋别墅）、同时期、同地段、同结构、同楼层等最近似品质的房屋市场销售价。如果评估机构依据的样本没有按照上述最近似品质的原则收集的，则评估结论很可能因为不具有科学性而不具有可采性。

2.“二手房”买卖中房屋市场价的认定

在低价购房类受贿案件中，有的请托人在得知国家工作人员的购房意向后，或者将自己已经购买的房屋低价卖给国家工作人员，或专门购买房屋再低价转售给国家工作人员。与前述利用新房买卖中的差价受贿有所不同的是，在购买“二手房”收受差价贿赂过程中，“二手房”有三个价格：一个是行贿人的买入价；第二个是转让价，即行贿人和受贿的国家工作人员之间转让房屋的价格；第三个是受贿人从行贿人处转让房屋时该房屋在当地市场上的交易价格。这三个价格中，第一个和第二个价格均已客观存在，第三个价格往往是在案发后由办案机关取样再由评估机构评估，从这个意义上来说也可以称为评估价。究竟以哪种价格作为房屋的市场价，实践中存在争议。

刑法上涉案物品价值、价格的认定，往往直接关系行为人的刑事责任，因而有必要遵循大体一致的认定规则。有些贵重物品比如房屋、汽车、名人书画等，受市场价格波动的影响比较明显，在商品流转过程中可能出现多个价格。一般来说，犯罪数额的认定应当体现危害行为发生时涉案物品的市场价值，这样才能相对客观反映行为的社会危害性和行为人的主观恶性。这和以行为时的法律判断行为是否构成犯罪的定罪原则，是一样的原理。在“二手房”买卖收受差价贿赂的犯罪中，房屋市场价的认定首先应当参考房屋的买入价，如果买入时的市场行情与行贿人和国家工作人员发生转让时的市场行情变化较大的，则应按照转让行为发生时的市场价认定。

有两个司法解释确立的物品价值认定的规则，可以作为“二手房”转让受贿中房屋价值认定的参考依据。一是2013年发布的《最高人民法院、最高人民检察院关于办理盗窃刑事案件适用法律若干问题的解释》，其中第四条规定，被盗财物有有效价格证明的，根据有效价格证明认定；无有效价格证明，或者根据价格证明认定盗窃数额明显不合理的，应当按照有关规定委托估价机构估价。二是2015年发布的《最高人民法院、最高人民检察院关于办理妨害文物管理等刑事案件适用法律若干问题的解释》，其中第十四条规定，依照文物价值定罪量刑的，根据涉案文物的有效价格证明认定文物价值；无有效价格证明，或者根据价格证明认定明显不合理的，根据销赃数额认定，或者结合该解释第十五条规定的鉴定意见、报告认定。上述两个司法解释确定的涉案物品价值的认定规则是：首先考虑按买入价格计算，在买入价缺少有效证明，或者犯罪行为发生当时的市场价格与原买入价格相差较大时，可以按照作案当时的市场价格计算。

上述认定规则可以作为“二手房”转让受贿中房屋市场价认定的借鉴，主要有以下理由：（1）按房屋的买入价计算，与《意见》规定的“按照交易时当地市场价格计算”并不冲突。因为行贿人的买入价格本身就是被交易行为验证过的当地市场价格。（2）按买入价认定市场价，相对而言更能体现认定行贿、受贿双方犯罪的主客观一致性。因为对于行贿人、受贿人来说，主观明知程度最高的就是买入价。如果在市场行情变化不大的情况下，当评估价格明显高于买入价格时，容易造成行贿、受贿双方共同怀疑评估本身的合理性。相反，当评估价格明显低于买入价时，又不能客观反映双方的主观恶性程度。因此，在这两种情况下，以有效证据证明的买入价认定为市场价比较稳妥。当然，买入价证据不实或者行贿人买入时与转让给受贿人时的市场行情发生明显变化的，则应当按照委托评估的“交易时当地市场价格”认定为市场价。而判断市场行情有无变化，则需要进行以下判断：一是收集最近似品质的“二手房”交易价格进行比较；二是按照规定委托评估机构估价。当评估机构的评估价与收集的交易价格趋势一致时，评估意见可以采纳为证据；当评估价与买入价相差不大时，如上文所述，以买入价作为该套房屋转让时的市场价比较稳妥；当评估价与买入价相差较大（通常是评估价远高于转让价），又与收集其他证据表明的市场行情一致，如果有证据证明国家工作人员明知市场行情大体走势的，则将评估价认定为转让时的市场价，以评估价与转让价之间的差价作为受贿数额加以认定，是合适的。

（二）购房价是否明显低于市场价的判断标准

有种意见认为，房价折扣率通常能反映交易行为背离公平交易规则的程度，可以将折扣率作为判断购房价是否明显低于市场价的主要标准。比如新房买卖中，在市场优惠价为开发商定价的9.9~9.8折的情况下，国家工作人员向请托人购房的价格为定价9.5折甚至更低的，享受的“优惠”明显高于正常优惠的程度，应当认定为购房价明显低于市场价。另一种意见认为，房屋属于贵重物品，在房屋总价动辄百万元计甚至千万元的社会现状下，折扣率不能全面反映交易行为背离公平交易规则的程度，应当以国家工作人员从请托人处的购房价与房屋市场价的差价绝对值作为判断购房价是否明显低于市场价的标准。

我们认为，以差价绝对值多少或者以折扣率的高低为判断的唯一标准，均有失偏颇。比如，一套市场总价为1000万元的新房（已经扣除了开发商或者经销商事先设定的针对不特定人的最大优惠），作为请托人的开发商或者经销商在市场价的基础上再给予国家工作人员20万元的优惠，虽然差价绝对值已经超过受贿罪数额巨大的标准，但购房折扣率为2%，对于市场价1000万元的房屋来说，980万元的购房价虽然低了，但是对于1000万元的市场价来说，偏离公平交易的程度没有达到明显的程度，认定国家工作人员以明显低于市场的价格购房并构成受贿，有违社会常理，容易造成打击面过宽、处罚过于严苛的现象。相反，一套市场总价为 100 万元的房屋，请托人在市场价的基础上再给予国家工作人员 10 万元的“优惠”，即购房价为 90 万元，虽然差价绝对值不大，没有达到受贿数额巨大的标准，但购房折扣率已经达到了不常见的 10%，偏离市场价的程度明显，可以认定为以明显低于市场的价格购房，可能构成受贿罪。因而，我们认为，应当以差价绝对值为基础，同时兼顾折扣率的高低，综合判断购房价是否明显低于市场价，避免造成打击面过宽和放纵犯罪两个方面的弊端。同样，文中所述市场价的认定方法和明显低于市场价的判断标准，也适用于国家工作人员以明显高于市场的价格出售房屋给请托人收受贿赂的情形。

需要指出的是，认定国家工作人员向请托人以明显低于市场的价格购房构成受贿，客观上还需要国家工作人员利用职务便利为请托人谋利，主观上还需要国家工作人员明知或者应当知道其购房获得的差价不是正常的市场优惠，而是权钱交易的结果，才能认定其成立受贿罪。综合以上因素，能够清晰地将以明显低于市场价购买房屋形式的受贿与正常的房屋买卖区分开来，前者的本质是权钱交易，房屋买卖只是用来掩盖这一非法行为的外在形式。

本案中，被告人寿永年从请托人处购买的三处房产，其购房价与市场价（评估价）的差价在 51 万元至 162 万元之间，绝对数额达到了数额巨大，同时差价与市场价相比，达到了 14.09% 至 29.31%，即购房价只有市场价的 85.91% 至 70.69%，明显偏离市场价，应当认定为以明显低于市场价格购买房屋。卷中证据显示，行贿人钱某某和张某均供述，因为寿永年在用地一系列事宜上给他们提供了帮助，并知道特定关系人和寿永年的关系，才给予特定关系人特别的购房折扣；寿永年也供述其明知市场房价和房价上涨的形势，之所以要求钱某某和张某给予折扣也是因为自己曾经利用职权给他们提供了便利。

综上，被告人寿永年利用职务上的便利，为他人谋取利益，以明显低于市场价购买房屋的形式受贿，行为构成受贿罪。法院根据其犯罪的事实、性质、情节和对社会的危害程度，对寿永年以受贿罪定罪处罚，是正确的。

——管友军、陈曜撰稿、王晓东审编：《寿永年受贿案——如何认定以明显低于市场价购买房屋的受贿形式》，载最高人民法院刑事审判第一、二、三、四、五庭编：《刑事审判参考》（总第 128 辑），人民法院出版社 2021 年版，第 137~143 页。

1381. 国有媒体记者以威胁曝光为由索要钱财的行为定性

关键词

受贿罪 国有媒体记者 职务便利

《刑事审判参考》指导案例

李万、唐自成受贿案（《刑事审判参考》指导案例第 608 号）

裁判要点：对国有媒体记者以威胁曝光为由向有关单位索要钱财的行为应认定为受贿。

（一）记者从事的新闻报道等业务活动属于职务行为，利用采访等实现舆论监督的手段索要财物的，属于“利用职务上的便利”。

在我国，记者并不是“独立人士”或者“自由职业者”，而是以所属新闻媒体等单位的名义从事业务活动。记者从事的采访报道等活动属于职务行为，在相关法律法规中有明确的规定。根据《中华人民共和国著作权法》第十八条的规定，公民为完成法人或者非法人单位工作任务所创作的作品是职务作品。据此，记者经过采访撰写的新闻报道理应属于职务作品。最高人民法院《关于审理名誉权案件若干问题的解答》[①]第八条规定，作者（当然主要是指新闻记者）与新闻出版单位为隶属关系，涉案作品系履行职务所形成的，只列新闻出版单位为被告。新闻出版总署 2005 年《新闻记者证管理办法》第十四条规定，不得用记者证从事非职务行为。新闻出版总署 2008 年《关于进一步做好新闻采访活动保障工作的通知》第五条更是明文指出：“新闻采访活动是新闻记者的职务行为。”这表明记者持记者证进行的正常采访活动就是职务行为。由上可见，记者从事的新闻报道等业务活动，绝不是单纯的“个体性的劳务”，而是以所属新闻媒体单位名义进行的职务活动，属于一种职务行为。

（二）国有媒体记者对公共事务行使舆论监督权，属于从事公务活动，其利用舆论监督权索取他人财物的，符合受贿罪权钱交易的本质特征。

——最高人民法院刑事审判第一、二、三、四、五庭主办：《刑事审判参考》2010 年第 1 集（总第 72 集），法律出版社 2010 年版，第 84~85 页。

① 本文件已被《最高人民法院关于废止部分司法解释及相关规范性文件的决定》（法释〔2020〕16 号）废止。

1382. 国家工作人员通过其情人职务上的行为收受贿赂并为他人谋取不正当利益的行为定性

关键词

受贿罪　索取财物

《刑事审判参考》指导案例

陆某受贿案（《刑事审判参考》指导案例第 754 号）

裁判要点：同时具备本人的职权或者地位形成的便利条件和其与其他国家工作人员的密切关系，原则上应当以受贿罪论处。

陆某除了是刘某的下属，有工作上的联系外，其还与刘某有不正当的男女关系。一方面，其与刘某有工作联系，可以利用本人职权形成的便利条件，通过刘某职务上的行为为请托人谋取不正当利益；另一方面，其与刘某有情人关系，不能排除其可通过“枕边风”影响刘某，进而通过刘某职务上的行为为请托人谋取不正当利益。一种观点认为，对于此种既有国家工作人员身份，又有情人身份的人实施的“斡旋受贿”行为，究竟认定为受贿罪还是利用影响力受贿罪，应根据其影响其他国家工作人员的职务行为是其公职人员身份还是情人身份。此种观点不但会带来证明的困难，而且与立法意图和政策精神背道而驰。在现实生活中，除了言词证据，很难获得其他能够界定究竟是以国家工作人员身份还是情人身份来影响其他国家工作人员职务行为的证据。如果行为人主观上避重就轻，不愿如实供述，那么几乎所有的此类案件就只能以利用影响力受贿罪论处。立法者当初之所以增设利用影响力受贿罪，就是为了严密法网，加大对受贿犯罪的打击力度；但如果增设罪名的结果却是使本应适用较重处罚的罪名变得只能适用较轻处罚的罪名，其中不合理性不言自明。

正确区分刑法第三百八十八条规定的受贿与刑法第三百八十八条之一规定的利用影响力受贿的界限，不能忽视立法演变所体现的立法原意。1979 年刑法只规定了国家工作人员利用职务上的便利收受贿赂，应追究刑事责任。1997 年刑法修订时，增设了应当追究国家工作人员利用本人职权或者地位形成的便利条件受贿的情形。随着近年来，与国家工作人员有亲属关系、亲密关系的人利用国家工作人员职务行为这样或那样的影响实施的受贿行为增多，2009 年《刑法修正案（七）》增设了利用影响力受贿的情形。这种立法变化反映立法者严密法网，不断加大受贿犯罪惩治力度的立法初衷。在利用影响力受贿过程中，行为人对国家工作人员（或者离职的国家工作人员）是用亲属、友情、同乡等关系施加影响，并无权力制约关系或者职权或者地位形成的便利条件，社会危害性相对较低，故刑法规定适用相对轻缓的刑罚。因此，具有国家工作人员身份，又具有情人身份的行为人利用第三人的职务行为受贿的定性，往往会面临刑法第三百八十五条与第三百八十八条，第三百八十八条与第三百八十八条之一的适用争议。然而，如果我们能够注意到立法的前后变化，准确把握立法意图和司法政策精神，就不难确立上述争议的解决原则。究竟以哪个罪名进行处断，我们认为，只要国家工作人员同时具备本人的职权或者地位形成的便利条件和其与其他国家工作人员的密切关系，原则上应当依照刑法第三百八十八条的规定，以受贿罪论处；但确有证据证实国家工作人员仅利用了其与被其利用的其他国家工作人员的密切关系的，应当依照刑法第三百八十八条之一的规定，以利用影响力受贿罪论处。

——最高人民法院刑事审判第一、二、三、四、五庭主办：《刑事审判参考》2012 年第 1 集（总第 84 集），法律出版社 2012 年版，第 62~63 页。

1383. 以“合作投资房产”名义收受贿赂的认定

关键词

受贿罪　投资房产　收受贿赂

《刑事审判参考》指导案例

朱永林受贿案（《刑事审判参考》指导案例第 724 号）

裁判要点：利用职务便利为他人谋取利益后，参与“合作”投资房产有部分出资行为但不承担投资风险，在项目获得利润后收受投资本金和收益的，构成受贿罪。

朱永林以“合作投资”为名，却未实际投资，在项目获得利润后收受“合作者”苏四荣的投资本金，属于非法收受他人财物。国家工作人员利用职务上的便利为他人谋取利益，以合作开办公司或者进行合作投资的名义收受他人财物，是近几年来司法实践中出现的新情况。对此种情形能否认定为收受贿赂或索取贿赂，2007 年 7 月 8 日最高人民法院、最高人民检察院联合发布的《关于办理受贿刑事案件适用法律若干问题的意见》明确规定：国家工作人员利用职务上的便利为请托人谋取利益，由请托人出资，“合作”开办公司或者进行其他“合作”投资的，以受贿论处；国家工作人员利用职务上的便利为请托人谋取利益，以合作开办公司或者其他合作投资的名义获取“利润”，没有实际出资和参与管理、经营的，以受贿论处。据此，以合作开办公司或者进行其他合作投资的名义收受财物，是否构成受贿，关键在于国家工作人员本人有无实际出资。

——最高人民法院刑事审判第一、二、三、四、五庭主办：《刑事审判参考》2011 年第 4 集（总第 81 集），法律出版社 2011 年版，第 68~69 页。

1384. 国家工作人员在国有企业改制期间与企业解除劳动关系后收受贿赂构成受贿罪

关键词

受贿罪　国企改制　解除劳动关系

《刑事审判参考》指导案例

黄长斌受贿案（《刑事审判参考》指导案例第 693 号）

裁判要点：国有企业改制期间，国家工作人员与企业解除劳动关系后，还可被认定为国家工作人员，从而构成受贿罪。

（一）判断被告人黄长斌是否属于国家工作人员，应以其是否从事公务为依据

我国刑法第九十三条规定：“本法所称国家工作人员，是指国家机关中从事公务的人员。国有公司、企业、事业单位、人民团体中从事公务的人员和国家机关、国有公司、企业、事业单位委派到非国有公司、企业、事业单位、社会团体从事公务的人员，以及其他依照法律从事公务的人员，以国家工作人员论。”据此，国家工作人员的本质特征是从事公务，认定国家工作人员也应以是否从事公务为依据。基于签订劳动关系解除协议就否定黄长斌是国家工作人员的结论是不妥当的。

第一，国有企业在改制期间仍然是国有企业，其资产仍然是国有资产，其中从事监督、管理国有资产等公务的人员依然应认定为国家工作人员。认为签订了解除劳动关系协议，办理了失业登记，黄长斌就不能再认定为国家工作人员的观点，过于看重形式，忽视国家工作人员的本质特征，因而不可取。20 世纪 90 年代后期，关于国家工作人员的认定，曾经存在“身份论”和“职责论”的激烈争论。1997 年刑法修订后，理论界和实务界的主流观点

均认为，国家工作人员的认定，应采纳“职责论”，即不是单纯通过被告人的“身份”（一般是审查有无干部履历表）来认定，而应结合被告人是否从事公务来判断其是否属于国家工作人员：因此，黄长斌是否为国家工作人员，不是取决于其形式上是否与电表厂解除劳动关系，而是取决于其实质上是否仍然在电表厂从事监督、管理国有资产等公务。

第二，电表厂改制期间，黄长斌作为厂长和改制领导小组组长，是电表厂的“一把手”，对电表厂国有资产的监督和管理负第一位的责任，应属国有企业中从事公务的人员。在案证据证实，黄长斌虽然于 2002 年 1 月与电表厂签订了解除劳动关系的协议并进行了失业登记，但其并非一般职工，其厂长职务并未免除，仍然是厂长和改制领导小组组长。黄长斌作为改制期间的留守人员之一，其仍在电表厂领取薪酬，对国有资产仍负有监督、管理等职责，应认定其为国家工作人员。

——最高人民法院刑事审判第一、二、三、四、五庭主办：《刑事审判参考》2011 年第 2 集（总第 79 集），法律出版社 2011 年版，第 104~105 页。

1385. 国有医疗机构中的事业编制人员，利用从事信息管理的职务便利，非法收受医药营销人员财物应当以受贿罪定罪处罚

关键词

受贿罪　国家工作人员　医疗机构

《最高人民法院公报》案例

上海市嘉定区人民检察院诉丁利康受贿案

裁判摘要：国有医疗机构中，从事医疗数据统计、传输、维护等信息管理工作的事业编制人员，其统计、传输、维护的信息和数据系国有医疗机构对医疗业务进行管理、监督、决策的重要依据，属于医保信息，工作内容具有公务性质，该人员系国有事业单位中从事公务的人员，应以国家工作人员论。该类人员利用从事信息管理的职务便利，非法收受医药营销人员财物，向其提供本医疗机构药品使用情况统计数据等信息，为相关药品生产、销售企业以不正当手段销售药品提供便利的行为，应当依照《中华人民共和国刑法》第三百八十五条第一款的规定，以受贿罪定罪处罚。

上海市第二中级人民法院二审认为，一审被告人丁利康是国有事业单位

上海市嘉定区马陆镇社区卫生服务中心的事业编制人员。丁利康作为办公室信息管理员，工作职责包括监控信息数据库使用情况、管理用户权限、协助相关部门进行医保数据的统计、传输等信息管理工作，并对数据的真实性、准确性和安全性负责。这些信息是国有事业单位医院对医疗业务进行管理、监督、决策的重要依据。丁利康管理、监控医院用药数据等医保信息，是履行公共事务管理、监督等职责，从事的活动具有公务性质，故其应以国家工作人员论。丁利康身为国有事业单位中从事公务的国家工作人员，利用信息管理的职权，私自向药商提供数据，收受钱款，符合受贿罪钱权交易的特征，其还利用具有单位电脑采购建议权的职务便利，在计算机网络日常维护管理工作中，收取电脑设备供应商的礼券、消费卡，相关金额应与前述收取医药销售代表的贿赂款累计，一并以受贿罪论处。原判认定丁利康收受贿赂的行为及数额正确，但定性错误，导致适用法律及量刑不当，依法应予纠正。抗诉机关及上海市人民检察院第二分院的意见正确。丁利康自动投案，并如实供述自己的罪行，系自首，案发后又退出赃款，具有悔罪表现，采纳指定辩护人提出对丁从轻处罚并宣告缓刑的意见。

——《最高人民法院公报》2014 年第 9 期。

1386. 行为人在案发前主动退还贿赂款的行为的处理

关键词

受贿罪　贿赂款

最高人民法院司法政策精神

九、关于收受财物后退还或者上交问题

国家工作人员收受请托人财物后及时退还或者上交的，不是受贿。

国家工作人员受贿后，因自身或者与其受贿有关联的人、事被查处，为掩饰犯罪而退还或者上交的，不影响认定受贿罪。

——《最高人民法院、最高人民检察院关于办理受贿刑事案件适用法律若干问题的意见》（2007 年 7 月 8 日，法发〔2007〕22 号）。

《刑事审判参考》指导案例

周标受贿案（《刑事审判参考》指导案件第 1017 号）

裁判要点：被告人利用职务上的便利收受他人现金，既有收受他人贿赂的主观故意，又有接受并使用他人贿赂款的具体行为，只

是因考虑到无法给请托人谋取利益，出于害怕犯罪暴露而主动向请托人退还贿赂款，虽然属于“主动退还”情形，但不属于《关于办理受贿刑事案件适用若干法律问题的意见》规定的“及时退还”情形，故对其行为应当依法以受贿罪论处。鉴于被告人在被司法机关查处一年前，主动退还所收财物，且未为他人谋取利益，到案后如实供述犯罪，体现出的社会危害程度和主观恶性较小，同时具有悔罪表现，可以对其减轻处罚。

（一）行为人在案发前主动退还贿赂款的行为，应当区分三种情形进行处理

1. 案发前退还财物的三种情形。《关于办理受贿刑事案件适用若干法律问题的意见》（以下简称《意见》）第九条规定：“国家工作人员收受请托人财物后及时退还或者上交的，不是受贿。国家工作人员受贿后，因自身或者与其受贿有关联的人、事被查处，为掩饰犯罪而退还或者上交的，不影响认定受贿罪。”

《意见》列举了案发前退还（上交）财物的两种情形：一种是“及时退还或者上交的”，可简称为“及时退还”；另一种是“为掩饰犯罪而退还或者上交的”，可简称为“被动退还”。其中“及时退还”情形，要求行为人主观上没有受贿的故意，客观上表现为及时退还或者上交，不存在犯罪故意，故不构成犯罪。值得注意的是，判断行为人是否具有受贿故意，不能仅根据其本人供述，还应当结合其收受和退还财物的具体行为进行综合分析。首先，“及时退还”情形的行为人收受他人财物并非本人意愿，往往受当时的时空条件限制不得已接收或者“误收”，如请托人放下财物即离开，无法追及的；掺夹到正常物品中当时无法发现的；等等。其次，退还必须“及时”，在条件允许的情况下，一般是指即时退还。如将礼盒拿回家后发现里面放有现金，第二天即退还的。实践中，对“及时”不能作绝对化理解，只要在客观障碍条件消除后退还都算“及时”。如行为人因病无法及时退还，待数月后身体痊愈退还也应视为“及时”。而“被动退还”情形，行为人在接受财物时存在受贿故意，后因自身或者与受贿相关联的人、事被查处，为了掩饰犯罪，才被动退还或者上交。这种情形下，行为人退还的时间距离接受财物的时间相对较长，距离被正式查处的时间相对较短，行为人对犯罪并没有真实悔意，一般不影响受贿罪的认定和处罚。另外，因请托人索要财物而不得已退还的，也应属于“被动退还”情形。

除《意见》列举的两种退还情形外，在实践中还有一种情形，即行为人虽未及时退还或者上交，但在收受财物后至案发前的期间内主动退还或者上交的。此种情形可以简称为“主动退还”。在该情形下，行为人在接受财物时

存在受贿的故意，但经过一定时间段后，因主客观原因等诸多因素的变化，自己主动退还或者上交收受的财物。从法理分析，行为人既具有受贿的故意，又具有受贿的行为，且犯罪过程已经完成，因此，应当构成受贿罪（既遂），至于后面的退还行为，应当视为犯罪后的“退赃”，可以作为处罚时的量刑情节，但不能改变已然犯罪的性质。

本案中，被告人周标利用职务上的便利，收受他人现金24万元，既有收受他人贿赂的主观故意，又有接受并使用他人贿赂款的具体行为，只是因考虑到无法给请托人谋取利益，出于害怕犯罪暴露而主动向请托人退还贿赂款，虽然属于“主动退还”情形，但不属于《意见》规定的“及时退还”情形，故对其行为应当依法以受贿罪论处。

2.“主动退还”情形的处理。实践中，“主动退还”的情况复杂多样，是否追究刑事责任司法机关把握的标准不一，故《意见》对此种情形未作规定。近年来，“主动退还”被追诉的案件越来越多，如何把握此类案件被告人的刑事责任，成为人民法院审判中的难题。我们认为，对于“主动退还”情形，可以结合收受财物的时间长短、数额大小以及是否牟利等具体情况，选择适用不以犯罪论处，依法从轻、减轻或者免除处罚。

（1）如上所述，“主动退还”一般不会影响构成犯罪，但在少数情况下，行为人虽然接受财物时存在受贿故意，但在较短时间内即出现悔悟，且未为对方谋取利益即主动退还财物，情节显著轻微危害不大的，可不以犯罪论处。如某公职人员收受他人财物回家后，经亲属规劝或者自己权衡利害得失，旋即将财物退还。这种情形，就不应以犯罪论处。

（2）在构成犯罪的前提下，考虑到行为人“主动退还”虽然属于“退赃”情节，但表明其有悔罪表现，主观恶性较小，对职务廉洁性的损害也相应减小，故对其从宽处罚往往能获得民众认同。另对不同退赃行为比较分析，在实践中，被告人到案后的“积极退赃”行为尚可作为从轻处罚的情节，“主动退还”与“积极退赃”相比，行为人体现的主观恶性更小，社会危害更低，举重以明轻，对“主动退还”情形更应当从宽处罚。可见，对案发前“主动退还”的行为从宽处罚有一定的法理基础、司法基础和民意基础。反之，如果无视“主动退还”与“积极退赃”的区别，则容易产生“白退不如抓住再说”的不良引导作用，不利于激励行为人及时悔罪，也与宽严相济的刑事政策背道而驰。

在具体案件中，对从宽处罚幅度的把握应当考虑以下三个方面的因素：（1）从退还的时间来看，“主动退还”一般介于“及时退还”和“被动退还”之间，退还时间的迟早反映了悔罪程度的大小，一般而言，越接近“及时退还”情形的，从宽处罚的幅度就越大；越接近“被动退还”情形，退还越晚的，从宽处罚的幅度就越小；（2）从是否为请托人谋取利益来看，“主动退还”时已为请托人谋取了利益，尤其是非法利益的，从宽的幅度就越小，没有或者不愿为请托人谋取利益的，从宽的幅度就越大；（3）收受财物数额的大小，也影响从宽的幅度。根据以上三个方面的因素，结合行为人到案后的认罪态度等情况，分别确定从轻、减轻或免予刑事处罚。对案发前“主动退还”的，首先应当考虑从轻处罚；对数额不大，且没有为他人牟利，退还时间早，犯罪情节轻微的，可免予刑事处罚；根据案件的实际情况，如果在法律规定的幅度内处罚仍明显偏重的，可以依照刑法第六十三条第二款的规定，在法定刑以下判处刑罚。

本案中，鉴于被告人周标在接受贿赂五个月后、被司法机关查处一年前，主动退还所收财物，且未为他人谋取利益，到案后如实供述犯罪，体现出的社会危害程度和主观恶性较小，同时具有悔罪表现，如果按照受贿数额对其判处十年以上有期徒刑，仍然明显偏重，所以万宁县人民法院依照刑法第六十三条第二款的规定，对其减轻处罚。

——最高人民法院刑二庭：《周标受贿案》，载最高人民法院刑事审判第一、二、三、四、五庭主办：《刑事审判参考》2014 年第 4 集（总第 99 集），法律出版社 2015 年版，第 113~116 页。

1387. 明知他人有与自己职务相关的请托事项，仍然将自己房屋以明显高于市场价格租给请托人的视为承诺为他人谋取利益

关键词

受贿罪　承诺

《刑事审判参考》指导案例

凌吉敏受贿案（《刑事审判参考》指导案例第 1019 号）

裁判要点：被告人明知他人有与自己职权相关的请托事项，仍然将自己房屋以明显高于市场同期三倍的价格租给请托人的，实质上是收受请托人的财物，视为被告人承诺为他人谋取利益，属于采取交易形式变相收受贿赂，其行为构成受贿罪。

（一）明知他人有与自己职务相关的请托事项，仍然将自己房屋以明显高于市场的价格租给请托人的，视为承诺为他人谋取利益

利用职务便利为他人谋取利益是收受型受贿犯罪的构成要件之一，包含两个方面：为他人谋取利益以及谋取利益与行为人职务相关。首先，要准确

理解“为他人谋取利益”。为他人谋取利益是一个行为过程，包括主观故意的发生即行贿、受贿双方形成合意，具体的谋取利益行为即利用职务便利实际为他人谋取利益和最终的结果即行贿人因受贿人的职务行为谋取到了利益三个部分。只要具备其中一个部分，就可以认定具备了为他人谋取利益的构成要件。最高人民法院 2003 年印发的《全国法院审理经济犯罪案件工作座谈会纪要》明确指出，为他人谋取利益包括承诺、实施和实现三个阶段的行为，只要具有其中一个阶段的行为，就应认定为他人谋取利益。值得注意的是，实施牟利行为并不一定要经过承诺或者合意阶段。国家工作人员在正常工作中，通过职务行为为他人谋利后，获利人为感谢而送与财物，国家工作人员予以收受的，尽管事前获利人没有专门请托国家工作人员利用职务为其谋利，双方没有就谋利和收送财物进行共谋，也不影响受贿罪的成立。之前国家工作人员正常的履职行为同样符合受贿罪中“利用职务便利为他人谋取利益”的构成要件。

承诺可以是明示的方式，也可以是默示的方式。明示的方式就是当请托人请托时，明确答应帮忙办事。默示的方式是当请托人请托时，国家工作人员不明确表态是否帮忙，但通过行为可以判断出其态度，如收下了请托人的财物。按照前述《全国法院审理经济犯罪工作座谈会纪要》的规定，“明知他人有具体请托事项而收受其财物的，视为承诺为他人谋取利益”。

其次，要全面把握谋取利益与职务行为的相关性。受贿罪的一个典型特征就是权钱交易。“权”就是“职务”，整个受贿犯罪行为都是围绕国家工作人员的职务行为展开的。受贿人为行贿人谋取的利益必须与其职权有关，也就是利用了职务上的便利，但职务便利不要求必须在自己工作的职责范围内具体主管、负责、承办某项公共事务，也不必是自己的本职工作。如果处在职权的控制、制约、影响范围内，也可以认定为存在职务便利；通过自己职权控制、制约、影响的其他国家工作人员的行为来完成，也属于利用职务便利为他人谋取利益。如担任单位领导职务的，通过单位内部的下属（不论是否属于自己的主管部门）或者下级单位的国家工作人员的职务为他人谋取利益。

谋取利益的行为方式可以是积极的作为，也可以是消极的不作为。作为就是按照请托人的请托，利用职务便利，为请托人实施牟利行为；不作为就是发现请托人的行为存在违规之处，负有调查处理责任的国家工作人员有意不履行自己的职责，不查处请托人的违规行为，从而实现请托人的利益。谋取利益的行为可以是非正常履职行为，即谋取不正当利益，也可以是正常履职行为；可以是决定性行为，也可以是非决定性行为。国家工作人员的职务行为可能只是请托人谋取利益过程中所经的一个环节，如需要层层审批的行政事务，最终的批准权可能在于某个领导，但在交由领导审批前，也需要经过各部门相关人员的审查。虽然这种审查只是工作程序中的一个环节，并不能最终决定事项是否批准，但这一审查程序同样是这些人员的职务行为。

本案中，当作为请托方的扶余华侨农场提出让被告人凌吉敏帮忙申请补贴的请托事项时，凌吉敏当时未明确表态。当归侨、难侨与离退人员生活补贴下发至扶余华侨农场后，扶余华侨农场未按要求用于发放离退人员的养老金，而是将上述补贴违规用于缴纳在职职工的养老保险。凌吉敏作为负责农垦企业（包括扶余华侨农场）参加养老保险有关政策的制定和后续专项资金分配工作的人员，负有监管资金使用的职责，发现问题后应当及时纠正。但在此过程中，凌吉敏明知扶余华侨农场有与其职权相关的请托事项，仍然以明显高于市场的价格向扶余华侨农场出租自己的房屋，实质上是收受请托人的财物，可以视为凌吉敏默示同意为扶余华侨农场谋取利益。

（二）以明显高于市场的价格让请托人租赁其房屋，实质上是一种变相收受请托人财物的行为，属于采取交易形式变相收受贿赂

最高人民法院、最高人民检察院于2007年联合下发的《关于办理受贿刑事案件适用法律若干问题的意见》（以下简称《意见》）明确了实践中出现的几种新类型收受财物的方式及数额认定标准，其中在“关于以交易形式收受贿赂问题”中，明确了三种交易方式：以明显低于市场的价格向请托人购买房屋、汽车等物品的；以明显高于市场的价格向请托人出售房屋、汽车等物品的；以其他交易形式非法收受请托人财物的。

对于前两种方式比较容易理解，明显低于市场价格购买和明显高于市场价格出售这两种行为形式上是一种市场买卖行为，系双方自愿处置财产，看似合法合理，但从内容看，这两种行为明显违背市场交易规律，低价买入和高价卖出对买卖的相对方都是不利的，在正常的市场交易中都不会出现。因此，这两种行为表面上是平等的交易，实质上包含了一种权钱交易。请托人之所以接受这样的交易价格，不是因为物有所值，而是因为其中包含了国家工作人员利用职务便利为请托人谋取利益的对价，超出市场价格的差额就是“权钱交易”的价格。对于“以其他交易形式非法收受请托人财物”，《意见》虽然没有如前两种行为方式限制“明显低于”“明显高于”的条件，但在具体认定时，仍然需要比较具体交易行为与正常市场交易行为的差距。对于明显违背市场交易规律，国家工作人员由此获取了非法利益的，可以认定为“以其他交易形式非法收受请托人财物”。而收受财物的具体数额，应当为实际支付的价格与交易时当地市场价格的差额。

本案中，2003年至2011年间，被告人凌吉敏将房屋出租给扶余华侨农场，其中2003年至2009年每年租金10万元，2010年、2011年每年租金12万元，9年间共计收取租金94万元。而按照价格认证中心的鉴定意见，凌房屋在上述时间段的市场租金总计只有306136元。凌吉敏实际收取的租金是

市场同期租金的3倍多，明显高于市场价格，故这种“租赁”表面是一种市场交易行为，实际属于“以其他交易形式非法收受请托人财物”，非法收受的财物数额为实际支付价格与交易时当地市场价格的差额，即633864元。

综上，被告人凌吉敏在明知扶余华侨农场有与其职权相关的请托事项，以明显高于市场价格的租金向请托人出租房屋，属于变相收受请托人的财物，其行为构成受贿罪，受贿数额为实际收取的租金与市场租金的差额。

——最高人民法院刑五庭：《凌吉敏受贿案》，载最高人民法院刑事审判第一、二、三、四、五庭主办：《刑事审判参考》2014年第4集（总第99集），法律出版社2015年，第130~131页。

1388. 村民委员会主任在村自行修建道路中收受他人贿赂行为的定性

关键词

非国家工作人员受贿罪　村民委员会主任

《刑事审判参考》指导案例

高世银非国家工作人员受贿案（《刑事审判参考》指导案例第960号）

裁判要点：在农村集体土地上修建道路属于村民自治范围内的事务，建设主体为村集体经济组织或者村民委员会。从事村民自治范围经营、管理活动的村民委员会人员，不属于其他依照法律从事公务的人员。该类人员利用上述便利条件，非法收受他人财物，为他人谋取利益构成犯罪的，应当以非国家工作人员受贿罪追究刑事责任。

（一）经村民代表会议决定，在村集体土地上自行修建道路，属于村民自治范围内的事务

“柑木”公路硬化工程所占土地的性质为农民集体所有土地，而非国有土地。根据《土地管理法》第十条的规定，“农民集体所有的土地依法属于村农民集体所有的，由村集体经济组织或者村民委员会经营、管理”。第八条第二款规定，“农村和城市郊区的土地，除由法律规定属于国家所有的以外，属于农民集体所有”。而国土资源部对在集体所有的土地上修建并管理的道路的权属则作了进一步明确。国土资源部印发的《确定土地所有权和使用权的若干规定》第二十二条规定：“乡（镇）或村在集体所有的土地上修建并管理的道

路、水利设施用地，分别属于乡（镇）或村农民集体所有。”据此，各级政府在农民集体土地上修建道路等公共设施，只有经法定程序，将农民集体土地转为建设用地，并按标准给予补偿后，才能把农民集体土地转为国有建设用地。本案中，綦江县建设乡村道路，并不是将农村集体土地转为国有建设用地后由有关政府部门组织建设，而是由政府补贴部分资金，在不改变土地性质的前提下，由各村自行修建并负责给予农户相应补偿。所以，綦江县、永新镇两级政府虽然给予了相应的资金补贴，并规定镇政府负责工程的组织实施，以及镇政府或者镇政府指导下的村民委员会为道路建设的责任主体，但均未改变“柑木”公路所占土地的性质为村集体土地。

“柑木”公路硬化工程属于长田村村民自治范围内的事务，建设主体为长田村及村民委员会。关于村民委员会的主体性质、工作职能，《村民委员会组织法》作了十分明确的规定。《村民委员会组织法》第二条规定：“村民委员会是村民自我管理、自我教育、自我服务的基层群众性自治组织，实行民主选举、民主决策、民主管理、民主监督。村民委员会办理本村的公共事务和公益事业，调解民间纠纷，协助维护社会治安，向人民政府反映村民的意见、要求和提出建议。”第八条规定：“村民委员会依照法律规定，管理本村属于村农民集体所有的土地和其他财产，引导村民合理利用自然资源，保护和改善生态环境。”本案中，“柑木”公路硬化工程，系在村农民集体土地上建设的公共项目，系村民自治范围内的事务，永新镇政府赋予镇公路建设领导小组对全镇公路建设项目的申报、规划、招投标和组织实施的权力，不及于“柑木”公路硬化工程。长田村村民代表会议依法有权决定硬化“柑木”公路，村民委员会具体执行村民代表会议的决定，是合法的修路主体。

（二）被告人高世银不属于“其他依照法律从事公务的人员，以国家工作人员论”的情形

从立法沿革和相关规范性文件的规定来看，村民委员会等村基层组织人员从事村民自治范围内的活动不属于“其他依照法律从事公务的人员”。（1）全国人大常委会法制工作委员会向全国人大常委会所作的《关于〈中华人民共和国刑法〉第九十三条第二款的解释（草案）》的说明中，建议全国人大常委会把《刑法》九十三条第二款解释为“农村村民委员会等基层组织依法……从事村公共事务的管理工作属于依法从事公务，应以国家工作人员论”。但全国人大常委会最终删除了“从事村公共事务的管理工作”，改为“协助人民政府从事下列行政管理工作”。（2）《最高人民检察院关于贯彻执行〈全国人民代表大会常务委员会关于《中华人民共和国刑法》第九十三条第二款的解释〉的通知》明确指出：“对村民委员会等村基层组织人员从事属于村民自治范围的经营、管理活动不能适用《解释》的规定。”根据上述法律及文件规定，高世银组织、实施“柑木”公路硬化工程建设，属于从事村民自治

范围内的事务，不能“以国家工作人员论”。

同时，依据綦江县、永新镇两级政府的相关规定，虽然高世银有协助政府从事指导工程建设及监管政府补贴资金等行政管理工作的责任，但是高世银未利用这种便利，而是利用其代表长田村村民委员会组织、实施“柑木”公路硬化工程建设具有的便利条件收受贿赂，被告人实施犯罪与协助政府工作无关。

综上，只有依法把村农民集体土地转为国有土地，在该土地上修建道路等公共设施才属于公务活动，系“政府工程”。反之，相关建设活动仍然属于村民自治范围内的事务，建设主体为村集体经济组织或者村民委员会。从事村民自治范围经营、管理活动的村民委员会人员，不属于其他依照法律从事公务的人员。如果该类人员利用上述便利条件，非法收受他人财物，为他人谋取利益构成犯罪的，应当以非国家工作人员受贿罪追究刑事责任。

——最高人民法院刑一庭：《高世银非国家工作人员受贿案》，载最高人民法院刑事审判第一、二、三、四、五庭主办：《刑事审判参考》2014 年第 2 集（总第 97 集），法律出版社 2014 年版，第 21~23 页。

1389. 特定关系人与国家工作人员是否成立受贿罪共犯

关键词

受贿罪　特定关系人　共同犯罪

《刑事审判参考》指导案例

蒋勇、唐薇受贿案（《刑事审判参考》指导案例第 585 号）

裁判要点：国家工作人员和特定关系人共谋后，特定关系人直接接受请托事项并收受财物，国家工作人员利用自己的职务便利为请托人谋取利益，应认定为国家工作人员与特定关系人共同受贿。

受贿罪中国家工作人员收受财物的具体方式主要有三种：一是本人直接收受并归本人使用；二是本人直接收受但交给他人使用；三是对于他人明确送给本人的财物，本人不直接收取而是指示送财物的人将财物交给其指定的特定关系人。前两种情形属于受贿不言自明，对于第三种情形，最高人民法院、最高人民检察院 2007 年印发的《关于办理受贿刑事案件适用法律若干问题的意见》也明确规定应认定为受贿罪中国家工作人员收受财物的表现形式，并规定，特定关系人与国家工作人员通谋共同实施有关收受财物行为为，应认定为受贿罪的共犯。

本案中，唐薇直接收受请托人的请托事项，并以收取费用为名收取请托人支付款项，不符合上述三种情形中的任何一种，是否可认定为国家工作人员收受财物？我们认为，前述三种情形只是国家工作人员直接收受财物的常见表现形式，实践中的情形并不局限于此。国家工作人员收受财物的方式还可表现为间接收受，主要有两种：一是特定关系人或其他第三人收受财物后告知国家工作人员，由国家工作人员为请托人谋取利益；二是国家工作人员与特定关系人或其他第三人共谋后，由特定关系人或其他第三人直接收受财物。这两种间接收受财物方式，前一种的特定关系人或其他第三人收受财物得到了国家工作人员的事后认可，后一种是出于国家工作人员的事前安排或认可。这两种方式表面上虽然不是国家工作人员直接出面收受财物，但本质上也是国家工作人员收受财物，国家工作人员和特定关系人及其他第三人也应构成共同受贿。

——最高人民法院刑事审判第一、二、三、四、五庭主办：《中国刑事审判指导案例》(6)，法律出版社2012年版，第214页。

罗菲受贿案（《刑事审判参考》指导案例第1143号）

裁判要点：被告人系国家工作人员张某的特定关系人，其明知请托人系为感谢和讨好张某并得到张某职务上的帮助、关照而给予其财物，明知张某利用职务便利为请托人谋取了利益的情况下，仍收受请托人的财物并于事先征得张某的同意或事后告知了张某，足以认定其与张某形成了受贿"通谋"，二人具有共同受贿的故意，故而应当认定被告人的行为构成了受贿罪的共犯。

根据现行刑法规定及共同犯罪理论，二人以上基于共同的故意实施共同的犯罪行为即成立共同犯罪。这里的共同故意既包括事前通谋的情况，也包括事中通谋的情况。同时，同一犯罪可以由不同行为环节构成，各行为人在共同犯罪故意的支配下分别实施了构成共同犯罪整体行为的某一部分行为，即可认定为共同参与了犯罪实施。就受贿罪而言，受贿行为由两部分组成：一是为他人谋利，二是收受他人财物。据此，特定关系人只要主观上与国家工作人员形成受贿的通谋，客观上实施了部分受贿行为，对其以受贿罪共犯论处是符合刑法规定和共同犯罪理论的。

对于特定关系人成立受贿罪共犯的认定，虽然根据《纪要》的有关规定，国家工作人员的近亲属收受请托人财物构成受贿罪共犯的前提条件是其向国家工作人员代为转达请托事项，但司法实践中不能将此规定作为认定特定关系人成立受贿罪共犯的排他性标准。因为这一规定主要针对的是当时司法实践中较为突出的一类情形，为了统一认识，才予以例示性写入《纪要》，属于注意规定而非创设新的共犯认定标准。而关于非国家工作人员成立受贿罪共犯的条件，《纪要》同时也有总则性规定，即“根据刑法关于共同犯罪的规定，非国家工作人员与国家工作人员勾结伙同受贿的，应当以受贿罪的共犯追究刑事责任。非国家工作人员是否构成受贿罪共犯，取决于双方有无共同受贿的故意和行为”。据此，虽不具有代为转达请托事项行为，但特定关系人与国家工作人员具有受贿通谋和行为的，仍构成受贿罪共犯。因此，《纪要》并未改变刑法关于受贿罪共同犯罪认定的基本标准，那种将向国家工作人员代为转达请托事项认定为国家工作人员的近亲属构成受贿罪共犯的必要条件的认识是对《纪要》有关规定的片面理解，实际是对受贿罪限定了较一般共同犯罪更为严格的条件，与刑法共同犯罪理论不符，不能适应当前打击腐败犯罪形势的需要，在实践中更会造成放纵部分特定关系人的负面效果。

对此，2007 年《最高人民法院、最高人民检察院关于办理受贿刑事案件适用法律若干问题的意见》中就专门予以强调，“特定关系人与国家工作人员通谋，共同实施前款行为（国家工作人员利用职务上的便利为请托人谋取利益，授意请托人将有关财物给予特定关系人——笔者注）的，对特定关系人以受贿罪的共犯论处”。该规定就未再提及代为转达请托事项这一条件，符合刑法共同犯罪理论的一般要求，进一步明确了受贿罪共犯“通谋 + 行为”的认定标准。

这里的“通谋”指的是双方对于受贿故意的意思联络、沟通。从“通谋”发生的时段上看，既包括事先通谋，也包括事中通谋，即虽然特定关系人与国家工作人员事先未就为请托人谋利并收受财物形成共同的犯意联络，但其在对国家工作人员利用职务便利为他人谋利的事实明知的情况下仍代国家工作人员收受财物，应认定与国家工作人员具有通谋。从“通谋”的形式上看，既有特定关系人与国家工作人员之间明示性的谋议，也有心照不宣的默契配合，当然，后一种情况要求相互对对方行为和意思具有确定性明知。从“通谋”的内容上看，特定关系人与国家工作人员不仅对收受请托人财物具有共同意思沟通，而且对由国家工作人员利用职务便利为请托人谋利具有共同意思联络。需要指出的是，对于特定关系人没有事先与国家工作人员通谋，仅是在请托人给予国家工作人员财物时在场的，一般不宜认定为受贿罪共犯。

此外，2016 年 4 月 18 日公布实施的《最高人民法院、最高人民检察院关于办理贪污贿赂刑事案件适用法律若干问题的解释》第十六条第二款规定“特定关系人索取、收受他人财物，国家工作人员知道后未退还或者上交的，应当认定国家工作人员具有受贿的故意。”此规定实际上将认定“通谋”成立的时段进一步予以延伸，因为该规定针对的情况，往往是国家工作人员已经利用职务便利为请托人谋取了利益，其特定关系人收受请托人财物的行为已经完成，只不过国家工作人员在为请托人谋利时对其特定关系人收受财物并不知情（此时如果案发，则特定关系人可能构成利用影响力受贿罪，国家工作人员可能构成渎职犯罪，但因为彼此缺乏受贿犯意的沟通而并不构成受贿罪共犯），如果事后特定关系人将其收受请托人财物的情况告知了国家工作人员，则国家工作人员具有退还或上交财物的法定义务，否则就视为其与特定关系人之间具有了受贿的共同故意，双方就应均以受贿罪共犯论处。

本案中，被告人罗菲系国家工作人员张曙光的特定关系人。在案证据证实，罗菲对于请托人杨建宇与张曙光之间具有请托谋利关系知情，即罗菲明知杨建宇系为感谢和讨好张曙光并得到张的职务上的帮助、关照而给予其财物，明知张曙光利用职务便利为杨建宇谋取了利益的情况下，仍收受杨建宇给予的财物并于事先征得张曙光的同意或事后告知了张曙光，张曙光对之予以认可，足以认定其与张曙光形成了受贿“通谋”，二人具有共同受贿的故意，罗菲收受杨建宇财物的行为系张曙光受贿行为的组成部分，因此，法院对罗菲以受贿罪共犯定罪处罚是正确的。

至于被告人罗菲事后对杨建宇给其的款物予以消费、使用、存入银行账户，并在张曙光案发后将部分财物转移，虽具有掩饰、隐瞒犯罪所得的故意，但鉴于其之前收受财物的行为已作为受贿行为评价，与张曙光成立受贿罪共犯，其上述行为属于事后不可罚的行为，依法只应以受贿一罪处理。

——最高人民法院刑二庭：《罗菲受贿案》，载最高人民法院刑事审判第一、二、三、四、五庭主办：《刑事审判参考》（总第106集），法律出版社2017年版，第50~52页。

1390. 受贿罪中“特定关系人”的界定

关键词

受贿罪　特定关系人

最高人民法院司法政策精神

六、关于特定关系人“挂名”领取薪酬问题

国家工作人员利用职务上的便利为请托人谋取利益，要求或者接受请托人以给特定关系人安排工作为名，使特定关系人不实际工作却获取所谓薪酬的，以受贿论处。

七、关于由特定关系人收受贿赂问题

国家工作人员利用职务上的便利为请托人谋取利益，授意请托人以本意见所列形式，将有关财物给予特定关系人的，以受贿论处。

特定关系人与国家工作人员通谋，共同实施前款行为的，对特定关系人以受贿罪的共犯论处。特定关系人以外的其他人与国家工作人员通谋，由国家工作人员利用职务上的便利为请托人谋取利益，收受请托人财物后双方共同占有的，以受贿罪的共犯论处。

十一、关于“特定关系人”的范围

本意见所称“特定关系人”，是指与国家工作人员有近亲属、情妇（夫）以及其他共同利益关系的人。

——《最高人民法院、最高人民检察院关于印发〈关于办理受贿刑事案件适用法律若干问题的意见〉的通知》(2007年7月8日，法发〔2007〕22号)。

《刑事审判参考》指导案例

周小华受贿案（《刑事审判参考》指导案例第584号）

裁判要点：受贿罪中特定关系人的认定。

根据《意见》规定，特定关系人是指“与国家工作人员有近亲属、情妇（夫）以及其他共同利益关系的人”。近亲属是个法律术语，具有特定含义，根据我国刑事诉讼法第八十二条[1]第（六）项的规定，近亲属是指“夫、妻、父、母、子、女、同胞兄弟姐妹”。其他共同利益关系的人，关键在于该人是否与国家工作人员有共同利益关系。对于共同利益关系的理解，应注意把握两点：一是共同利益关系主要是指经济利益关系，纯粹的同学、同事、朋友关系不属于共同利益关系，因为受贿罪的本质是权钱交易，没有经济利益往来的不符合受贿本质特征；二是共同利益关系不限于共同财产关系，除共同财产关系外，情夫情妇等关系亦属于特定关系。

——最高人民法院刑事审判第一、二、三、四、五庭主办：《中国刑事审判指导案例》(6)，法律出版社2012年版，第209~210页。

---

① 本条现为《中华人民共和国刑事诉讼法》(2018年修正)第一百零八条。

1391. 分别在国有独资公司委派到国有参股公司、国有参股公司改制为非国家出资企业任职期间收受贿赂的行为如何定性

关键词

收受贿赂

《刑事审判参考》指导案例

杨孝理受贿、非国家工作人员受贿案（《刑事审判参考》指导案例第855号）

裁判要点：分别在国有独资公司委派到国有参股公司、国有参股公司改制为非国家出资企业任职期间收受贿赂的行为如何定性？

公诉机关认为，被告人杨孝理在前后担任银龙公司、银力公司经理期间收受贿赂的行为，均构成受贿罪。尤溪县人民法院认为，杨孝理在银龙公司担任经理期间收受的贿赂构成受贿罪；而在银力公司担任经理期间收受的贿赂则构成非国家工作人员受贿罪。可见，本案争议的焦点在于杨孝理在银龙公司、银力公司担任经理期间主体身份的认定。

我们认为，尤溪县人民法院的判决是正确的。具体理由如下：

（一）杨孝理担任银龙公司经理的身份属于委派型国家工作人员

刑法第九十三条第二款规定："国有公司、企业、事业单位、人民团体中从事公务的人员和国家机关、国有公司、企业、事业单位委派到非国有公司、企业、事业单位、社会团体从事公务的人员，以及其他依照法律从事公务的人员，以国家工作人员论。"该条规定的国有公司、企业仅限于国有独资公司、企业。本案中尤溪县电力公司系国有独资公司，也就是刑法意义上的国有公司。根据最高人民法院2003年发布的《全国法院审理经济犯罪案件工作座谈会纪要》（以下简称《纪要》）规定"所谓委派，即委任、派遣，其形式多种多样，如任命、指派、提名、批准等。"银龙公司系尤溪县电力公司的参股公司，虽然国有股份占34%，不具有国有控股地位，但其经营的业务范围属于特种行业，在很大程度上受尤溪县电力公司的监督管理，因此，尤溪县电力公司有权向银龙公司委派工作人员参与经营管理。根据《纪要》相关规定，被告人杨孝理作为国有公司尤溪县电力公司的职工，接受尤溪县电力公司任命，代表国有公司在国有参股公司银龙公司出任经理职务，从事组织、领导、监督、管理等工作，应当以国家工作人员论。杨孝理作为国家工作人

员在银龙公司从事的管理行为系监督、管理国有财产的职务活动，根据《纪要》的相关规定，应当认定为“从事公务”。因此，杨孝理在银龙公司任职期间，具备国家工作人员身份，进行的管理活动是从事公务行为，其利用担任经理的职务便利，在办理电器电工配件采购与货款结算、电力线路架设、变压器安装工程等过程中收受他人贿赂30000元，构成受贿罪。

（二）杨孝理担任银力公司经理的身份不属于国家工作人员

根据最高人民法院、最高人民检察院2010年联合发布的《关于办理国家出资企业中职务犯罪案件具体应用法律若干问题的意见》（以下简称《意见》）的规定，被告人的身份是否属于国家工作人员，主要从三个方面予以认定：一是被告人所在公司本身的性质；二是被告人职务任命的形式；三是被告人从事的工作性质。以下分而论之：

1. 杨孝理所在的银力公司不属于国家出资企业。根据《意见》规定，“国家出资企业”包括国家出资的国有独资公司、国有独资企业，以及国有资本控股公司、国有资本参股公司。银龙公司进行了改制，国有股份全部撤出，改制后成立的银力公司系尤溪县电力公司职工个人出资，杨孝理个人亦出资6.3万元，该公司没有国有股份，不属于国家出资企业。

2. 杨孝理担任银力公司经理是该公司全体股东大会研究决定的。改制后的银力公司与尤溪县电力公司已经没有任何隶属或者控制关系，杨孝理担任银力公司经理，是经该公司全体股东大会研究决定的，而不是由尤溪县电力公司委派任命。银力公司股东大会任命杨孝理为公司经理，主要基于其经营管理公司的业务能力与水平，与其个人的尤溪县电力公司职工身份以及与尤溪县电力公司本身没有任何关联。

3. 杨孝理行使的职权不具有公务的性质。根据《纪要》规定，从事公务，是指代表国家机关、国有公司、企业事业单位、人民团体等履行组织、领导、监督、管理等职责。公务主要表现为与职权相联系的公共事务以及监督、管理国有财产的职务活动。如国家机关工作人员依法履行职责，国有公司的董事、经理、监事、会计、出纳人员等管理、监督国有财产等活动，属于从事公务。杨孝理在银力公司行使经理职权，管理电力公司职工个人出资的资金，其行为不具有公务性质。杨孝理利用担任银力公司经理的职务便利，收受他人贿赂30000元，为他人牟利，其行为构成非国家工作人员受贿罪。

（三）杨孝理在改制前后身份发生变化的犯罪应当数罪并罚

根据《意见》关于改制前后主体身份发生变化的犯罪的处理规定：“国家工作人员在国家出资企业改制前后利用职务上的便利实施犯罪，在其不再具有国家工作人员身份后又实施同种行为，依法构成不同犯罪的，应当分别定罪，实行数罪并罚。”杨孝理在银龙公司任职期间系国家工作人员，在银力公司任职期间不具有国家工作人员身份，其在改制前后接受贿赂的行为，因身份发生变化，分别构成受贿罪和非国家工作人员受贿罪，应当数罪并罚。

——《杨孝理受贿、非国家工作人员受贿案——分别在国有独资公司委派到国有参股公司、国有参股公司改制为非国家出资企业任职期间收受贿赂的行为如何定性》，载最高人民法院刑事审判第一、二、三、四、五庭主办：《刑事审判参考》2013年第2集（总第91集），法律出版社2014年版，第91~95页。

1392. 对于依照公司法规定产生的公司负责人在特殊情况下应认定为受国家单位委派从事公务的人员

关键词

受贿罪　受国家单位委派从事公务的人员

《刑事审判参考》指导案例

曹军受贿案（《刑事审判参考》指导案例第335号）

裁判要点：对于依照《中华人民共和国公司法》规定产生的公司负责人不能因为有限责任公司经理须经过股东会的选举程序而否认其受国有单位委派从事公务的性质。

根据公司法第五十一条规定，有限责任公司，股东人数较少和规模较小的，可以设一名执行董事，不设立董事会的；执行董事可以兼任公司经理。第三十八条规定，有限责任公司的董事由股东会选举。1996年6月，在兴隆公司改制为有限责任公司后，被告人曹军被股东推举为执行董事兼经理。因此，曹军担任兴隆公司经理的职务源于股东的推举。但公司法第四十一条规定，股东会会议由股东按照出资比例行使表决权。由于兴隆有限公司实质上是南通农行出资设立的，南通农行对于聘任曹军担任兴隆有限公司经理具有决定性作用。这种聘任，正属于刑法第九十三条第二款规定的“委派”。对此，《全国法院审理经济犯罪案件工作座谈会纪要》明确：“所谓委派，即委任、派遣，其形式多种多样，如任命、指派、提名、批准等。不论被委派的人身份如何，只要是接受国家机关、国有公司、企业、事业单位委派，代表国家机关、国有公司、企业、事业单位在非国有公司、企业、事业单位、社会团体中从事组织、领导、监督、管理等工作，都可以认定为国家机关、国有公司、企业、事业单位委派到非国有公司、企业、事业单位、社会团体从事公务的人员—如国家机关、国有公司、企业、事业单位委派在国有控股或者参股的股份有限公司从事组织、领导、监督、管理等工作的人员，应当以国家工作人员论。”需要说明的是，在国有公司、企业转制过程中，国有公司、企业委派人员到其控股或者参股的公司中行使监督、管理国有资产的情况比较复杂，既有事前、事中的提名、推荐、指派、任命，也有事后的认可、同意、批准、聘任等。委派的形式可以多种多样，依照何种程序、形式取得非国有公司的管理职位，对于是否属于受国有单位委派的认定不具有决定性的意义。随着国有企业改革的深化和人事制度的完善，股份制将成为国有资本的主要实现形式。除了国有独资公司的董事会成员由相关部门直接委派之外，其他公司的董事会成员和总经理均需由股东会选举或者董事会决定，而国有出资单位依法仅享有提名、推荐等出资者的权利。如果将依照公司法由股东依选举产生或者董事会聘任的非国有公司中负责国有资本经营管理的人员一律不认定为受委派从事公务的人员，那么，将从根本上排除在刑事司法中认定国有公司、企业委派从事公务人员的可能性。因此，只要经过了国有单位的委派程序，并在非国有单位中履行组织、领导、监督、管理等公务性的职责，就应当认定为受国有单位委派从事公务，不能因为被委派人员能否担任相应职务还需要根据公司法规定由股东会选举或者董事会聘任，而否认被委派人员是受国有公司、企业委派从事公务的性质。本案中，曹军接受国有企业南通农行的委派，担任兴隆有限公司经理，并实际行使了管理国有资产的职责，应当认定为刑法第九十三条第二款规定的受国有企业委派到非国有公司中从事公务的人员。

——最高人民法院刑事审判第一、二、三、四、五庭主办：《中国刑事审判指导案例》（6），法律出版社 2012 年版，第 182~183 页。

1393. 收受无具体金额的会员卡及未出资而委托他人购买股票获利应当认定为受贿

关键词

受贿罪　会员卡　投资理财

《刑事审判参考》指导案例

梁晓琦受贿案（《刑事审判参考》指导案例第 335 号）

裁判要点：收受无具体金额的会员卡及未出资而委托他人购买股票获利的金额计算方式。

《最高人民法院、最高人民检察院关于办理商业贿赂刑事案件适用法律若干问题的意见》第七条规定："商业贿赂中的财物，既包括金钱和实物，也包括可以用金钱计算数额的财产性利益，如提供房屋装修、含有金额的会员卡、代币卡（券）、旅游费用等。具体数额以实际支付的资费为准。"该规定将商业贿赂罪中"财物"的外延解释为，既包括金钱和实物，也包括可以用金钱计算数额的财产性利益。虽然该规定是针对商业贿赂案件作出的，但我们在处理受贿罪时遇到类似问题时，也可参照执行上述司法解释。理由是：首先，商业贿赂犯罪认定被告人的受贿金额，与被告人实际所获利益不符，有违评价的客观准确；另一方面，有的案件中，也可能出现行贿人与受贿人为规避法律制裁，往往卡（券）面标注金额远远低于实际可消费金额，甚至不标注金额而让持卡（券）人无限制地消费，这时如果仍以标注金额计算受贿金额明显不符合案件的客观事实，给犯罪分子留下逃避处罚的机会，因此，解释以"以实际支付的资费为准"计算具体受贿数额，符合刑法主客观一致的定罪原则。

委托理财是近年来我国逐渐兴起的投资理财的方式，对于实现客户资金的保值增值具有一定的作用，但也成为滋生腐败、权钱交易的新土壤。国家工作人员借委托请托人投资证券、期货或者其他委托理财的名义收受请托人财物的情况时有发生。为了打击这类犯罪，《最高人民法院、最高人民检察院关于办理受贿刑事案件适用法律若干问题的意见》第四条对此作了规定："国家工作人员利用职务上的便利为请托人谋取利益，以委托请托人投资证券、期货或者其他委托理财的名义，未实际出资而获取'收益'，或者虽然实际出资，但获取'收益'明显高于出资应得收益的，以受贿论处。据此，前一情形的受贿数额，以'收益'额计算；后一情形，以'收益'额与出资应得收益额的差额计算。"实践中，以投资理财名义收受贿赂的情形十分复杂，在计算受贿数额时，应当区分具体情况进行处理：

（1）国家工作人员未实际出资，由请托人出资以国家工作人员名义购买记名股票等证券，其受贿数额应当为请托人为购买该记名股票等证券的出资额。至于国家工作人员所得的股票等证券的收益，应按受贿孳息处理。

（2）国家工作人员未实际出资，由请托人出资为其购买无记名股票等证券，如果股票等证券获利后，请托人收回购买股票等证券的出资额，应以国家工作人员所持股票等证券的实际收益计算其受贿数额；如果请托人没有收回购买股票等证券的出资额，应以请托人购买股票等证券的出资额加上国家工作人员所持股票的实际收益计算受贿数额；案发时股票等证券还未转让出售的，应以案发时该股票等证券的市场行情计算受贿数额。

（3）国家工作人员并未实际出资，而委托请托人购买股票等证券，请托人也未交付股票等证券，而是直接将收益交付国家工作人员，这种情况下，无论请托人是否真正购买股票等证券，其交付给国家工作人员的资金即为受贿数额。

——最高人民法院刑事审判第一、二、三、四、五庭主办：《中国刑事审判指导案例》（6），法律出版社 2012 年版，第 205~207 页。

1394. 共同受贿案件中受贿数额认定问题

关键词

共同受贿　受贿数额

最高人民法院审判业务意见（研究室研究意见）

有关部门就共同受贿案件中受贿数额认定问题征求最高人民法院研究室意见。最高人民法院研究室经研究认为：

对于共同受贿犯罪，被告人"受贿所得数额"原则上应当以其参与或者组织、指挥的共同受贿数额认定。但在难以区分主从犯的共同受贿案件中，行贿人的贿赂款分别或者明确送给多人，且按照各被告人实际所得数额处罚更能实现罪刑相适应的，依法按照被告人实际所得数额，并考虑共同受贿犯罪情况予以处罚。

——《最高人民法院研究室关于共同受贿案件中受贿数额认定问题的研究意见》，载张军主编、最高人民法院研究室编著：《司法研究与指导》2012 年第 2 辑（总第 2 辑），人民法院出版社 2012 年版，第 148~154 页。

1395. 国家工作人员和非国家工作人员通谋共同受贿的认定

关键词

受贿罪　共同犯罪　国家工作人员　非国家工作人员

最高人民法院司法政策精神

（五）共同受贿犯罪的认定

根据刑法关于共同犯罪的规定，非国家工作人员与国家工作人员勾结伙同受贿的，应当以受贿罪的共犯追究刑事责任。非国家工作人员是否构成受贿罪共犯，取决于双方有无共同受贿的故意和行为，国家工作人员的近亲属向国家工作人员代为转达请托事项，收受请托人财物并告知该国家工作人员，或者国家工作人员明知其近亲属收受了他人财物，仍按照近亲属的要求利用职权为他人谋取利益的，对该国家工作人员应认定为受贿罪，其近亲属以受贿罪共犯论处。近亲属以外的其他人与国家工作人员通谋，由国家工作人员利用职务上的便利为请托人谋取利益，收受请托人财物后双方共同占有的，构成受贿罪共犯，国家工作人员利用职务上的便利为他人谋取利益，并指定他人将财物送给其他人。构成犯罪的，应以受贿罪定罪处罚。

——《最高人民法院关于印发〈全国法院审理经济犯罪案件工作座谈会纪要〉的通知》(2003 年 11 月 13 日，法发〔2003〕167 号)。

非国家工作人员与国家工作人员通谋，共同收受他人财物，构成共同犯罪的，根据双方利用职务便利的具体情形分别定罪追究刑事责任：

（1）利用国家工作人员的职务便利为他人谋取利益的，以受贿罪追究刑事责任。

（2）利用非国家工作人员的职务便利为他人谋取利益的，以非国家工作人员受贿罪追究刑事责任。

（3）分别利用各自的职务便利为他人谋取利益的，按照主犯的犯罪性质追究刑事责任，不能分清主从犯的，可以受贿罪追究刑事责任。

——《最高人民法院、最高人民检察院关于印发〈关于办理商业贿赂刑事案件适用法律若干问题的意见〉的通知》(2008 年 11 月 20 日，法发〔2008〕33 号）第十一条。

《最高人民法院公报》案例

北京市人民检察院第一分院诉成克杰受贿案（判决时间：2000 年 9 月 7 日，最高人民法院复核）

裁判摘要：国家工作人员利用职务之便，为他人谋取利益，单独或伙同共同受贿人收受他人财物，受贿数额特别巨大，构成受贿罪。共同受贿人因分工不同，即使款项未由被告人经手收受和保管，不影响对其受贿犯罪的认定。

本院认为，被告人成克杰在担任中共广西壮族自治区委员会副书记、广西壮族自治区人民政府主席期间，利用职务上的便利，为他人谋取利益，单独或伙同李平非法收受他人财物，其行为触犯了《中华人民共和国刑法》第 385 条第 1 款的规定，已构成受贿罪。成克杰与李平共谋为各自离婚后结婚聚敛钱财，由李平出面与请托人联系请托事项并收取贿赂款，由成克杰利用职务上的便利，为请托人在承接工程、解决资金、职务晋升等事项上谋取利益，成克杰主观上具有与李平共同收受贿赂的故意，客观上具有利用职务便利为请托人谋取利益并与李平共同收受贿赂的行为，因此，成克杰的行为具备了共同受贿犯罪的主客观要件。成克杰、李平共同受贿的款物由李平保管，其中大部分款物由李平经手收受，这是二人共同受贿犯罪的分工，这些款物未由成克杰经手收受和保管，并不影响对成克杰受贿犯罪的认定。成克杰作为高级领导干部，利用职务上的便利，进行权钱交易，收受巨额贿赂，受贿数额特别巨大；其行为严重侵害了国家公职人员职务行为的廉洁性，严重损害了国家公职人员的声誉，严重破坏了国家机关的正常工作秩序，造成了极为恶劣的社会影响，犯罪情节特别严重，应依法惩处。虽然成克杰曾表示愿意将受贿赃款退回，但本案的赃款是在李平的配合下被追缴的，成克杰的退赃表示，对本案赃款的追缴未起到任何实质性的作用，且赃款的追缴，并不能挽回成克杰的受贿行为对国家所造成的巨大损失和由此产生的极为恶劣的社会影响，成克杰不具有法定从轻、减轻处罚情节。

——《最高人民法院公报》2000 年第 5 期。

1396. 收受银行卡未实际支取行为的定性

关键词

受贿罪　银行卡

最高人民法院司法政策精神

第八条　收受银行卡的，不论受贿人是否实际取出或者消费，卡内的存款数额一般应全额认定为受贿数额。使用银行卡透支的，如果由给予银行卡的一方承担还款责任，透支数额也应当认定为受贿数额。

——《最高人民法院、最高人民检察院关于印发〈关于办理商业贿赂刑事案件适用法律若干问题的意见〉的通知》（2008 年 11 月 20 日，法发〔2008〕33 号）。

《最高人民法院公报》案例

北京市人民检察院第二分院诉程绍志受贿案（判决时间：2003 年 3 月 12 日，二审法院：北京市高级人民法院）

裁判摘要：国家工作人员，利用职务上的便利，为他人谋取利益，收受他人的银行卡并改动密码，至案发时虽未实际支取卡中存款，但主观上明显具有非法占有的故意，应视为收受钱款的行为已经实施终了，构成了受贿罪。

程绍志身为国家工作人员，利用职务上的便利，为他人谋取利益，非法收受他人巨额钱财，其行为已构成受贿罪，依法应予惩处。程绍志及其辩护人分别所提“一审判决认定的第一起事实定性不准，证据不足，程绍志没有利用职务便利为他人谋利”等上诉理由和辩护意见，经查，程绍志身为国家工作人员，利用职务上的便利，收受陈汉顺给予的“一卡通”银行卡后即变更密码，并长期将该卡存放在其在银行租用的保险箱中，直至案发被查获的事实，显见其主观上对该卡及卡中存款有非法占有的故意，虽尚未实际领取该存款，但其收受钱款的行为已经实施终了，故已构成受贿罪。程绍志提出“一卡通”银行卡是陈汉顺委托其购买股票所用，并无证据证实。对于程绍志及其辩护人所提“一审判决认定的第二起事实与实际不符，程绍志没有收受应新海给予的 26000 美元，现没有具有说服力的证据可佐证程绍志是否收受了应新海给予的美元，且证人证言相互矛盾，一审判决适用法律不当”等上诉理由和辩护意见，经查，程绍志非法收受应新海给予 26000 美元的事实，不仅有证人应新海的多次证言证实，且证人王珏的证言亦证实其曾将应新海带来的贿赂款两万多美元交给了程绍志。对于此项受贿的数额，一审法院根据相关证据予以认定无误。故程绍志及其辩护人分别所提前述上诉理由及辩护意见，缺乏事实依据，不予采纳。

——《最高人民法院公报》2004 年第 1 期。

1397. 收受贿赂但尚未为他人谋取实际利益的定性

关键词

受贿罪　实际利益

最高人民法院司法政策精神

（二）“为他人谋取利益”的认定

为他人谋取利益包括承诺、实施和实现三个阶段的行为。只要具有其中一个阶段的行为，如国家工作人员收受他人财物时，根据他人提出的具体请托事项，承诺为他人谋取利益的，就具备了为他人谋取利益的要件。明知他人有具体请托事项而收受其财物的，视为承诺为他人谋取利益。

——《最高人民法院关于印发〈全国法院审理经济犯罪案件工作座谈会纪要〉的通知》（2003 年 11 月 13 日，法发〔2003〕167 号）。

《最高人民法院公报》案例

成都市人民检察院诉刘爱东贪污、受贿案（判决时间：2004 年 2 月 4 日，

二审法院：四川省高级人民法院）

裁判摘要：根据《刑法》第三百八十五条第一款的规定，国家工作人员明知他人有具体请托事项，仍利用职务之便收受其财物的，虽尚未为他人谋取实际利益，其行为亦构成受贿罪。

《刑法》第385条第1款规定的“为他人谋取利益”，应当包括承诺、实施和实现三个阶段。行为人只要实施了其中一个阶段的行为，就构成“为他人谋取利益”这一要件。被告人刘爱东身为国家工作人员，明知他人因其具有能在建设工程方面给予关照的职务而送钱，仍利用职务之便接受所送的钱款，是承诺为他人谋取利益。事后，刘爱东虽然没有给送钱人谋取实际利益，但却否定不了收受这笔钱财时的权钱交易情形。刘爱东收受王志明、张映松所送钱款的行为符合受贿罪的本质特征，应依法处罚。经查，刘爱东给谭绍林工作垫付款1万元以及给谭绍林、龙玉祥、刘大明三人奖金、加班费2.5万元属实，这是刘爱东对受贿所得作出的处分，不影响对受贿数额的认定，故对刘爱东关于“原判认定受贿数额有误”的上诉理由，不予采纳。刘爱东收受贿赂10万元，正是《刑法》第383条第1项①规定的犯罪数额底线。刘爱东的受贿罪是其自首，且受贿后没有给行贿人谋取实际利益，并已在案发后退清全部赃款，有悔罪表现。在此情况下，原判尽管是依照《刑法》第383条第1项规定的最低刑罚对刘爱东判刑，仍显过重。根据本案具体情节，对刘爱东可减轻处罚。刘爱东上诉请求从轻处罚一节，应酌情考虑。

——《最高人民法院公报》2004年第9期。

1398.“事后受财”构成受贿

关键词

受贿罪　事后受财　事先约定　离退休

最高人民法院司法解释

江苏省高级人民法院：

你院苏高法〔1999〕65号《关于国家工作人员在职时为他人谋利，离退

① 该条文已被《中华人民共和国刑法修正案（九）》（2015年8月29日）、《最高人民法院、最高人民检察院关于办理贪污贿赂刑事案件适用法律若干问题的解释》（2016年4月18日，法释〔2016〕9号）修改，仅供参考。

休后收受财物是否构成受贿罪的请示》收悉。经研究，答复如下：

国家工作人员利用职务上的便利为请托人谋取利益，并与请托人事先约定，在其离退休后收受请托人财物，构成犯罪的，以受贿罪定罪处罚。

此复

——《最高人民法院关于国家工作人员利用职务上的便利为他人谋取利益离退休后收受财物行为如何处理问题的批复》（2000年7月13日，法释〔2000〕21号）。

最高人民法院司法政策精神

第十条　关于在职时为请托人谋利，离职后收受财物问题

国家工作人员利用职务上的便利为请托人谋取利益之前或者之后，约定在其离职后收受请托人财物，并在离职后收受的，以受贿论处。

国家工作人员利用职务上的便利为请托人谋取利益，离职前后连续收受请托人财物的，离职前后收受部分均应计入受贿数额。

——《最高人民法院、最高人民检察院关于印发〈关于办理受贿刑事案件适用法律若干问题的意见〉的通知》（2007年7月8日，法发〔2007〕22号）。

《刑事审判参考》指导案例

陈晓受贿案（《刑事审判参考》指导案例第64号）

裁判要点：没有充分证据证明行为人在利用职务便利为他人谋取利益时就意在以后收受对方的财物，但行为人事后收受对方财物时，却明知对方送的财物是因为自己的职务行为使对方获取了利益的，构成受贿罪。

处理此类案件时有一种观点值得注意，即认为收受贿赂和为他人谋取利益是受贿犯罪两个不可分割的整体，行为人在实施上述行为时的主观故意应当是一致的，即行为人既要在收受财物时明知所收受的财物的性质而予以收受，也要在为他人谋取利益时明知已收取了财物或将因此收受他人的财物。此类案件中，行为人明知所收受的财物的性质并希望收受是明确的，但对明知对方将送财物及希望为对方谋取利益以收受财物却无充分证据证实，因此，此类案件构成犯罪的主观要件并不完全具备。我们认为，这种认识是不妥的。受贿罪中的行为可以由手段行为和目的行为两部分组成，前者就是指利用职务上的便利，为他人谋取利益，而后者则是指收受他人贿赂，二者联系紧密。由于收受财物时双方均明知是基于受贿方此前利用职务便利为行贿方谋取利

益的行为，因此，两个阶段的行为与后来表现出来的故意构成了一个有机的整体。本案中，虽然无充分证据证实陈晓在实施职务行为时具有收受财物的故意，但在后来收受财物时，其受贿的故意是明显的，即其明知收受的财物是因为此前为行贿人谋取了好处，故应当认定其具备受贿犯罪的故意。

第四，处理此类案件，还有一个重要的适用刑法原则：如果对于事后收受财物，且在行使权力为行贿方谋利时双方无暗示、约定以后给予好处，就属于受贿证据不足，不能认定犯罪，那么，刑法规定的受贿罪将会被稍有智慧的行为人予以规避，受贿将大行其道地、光明磊落地进行。这显然不是立法的本意。也就是说，对某一类行为是否应依法追究刑事责任，在充分论证其犯罪构成的基础上，还必须考虑裁判的后果：是促进了社会正常秩序的维护，还是敞开了大门，使稍做手脚者均可“绕过”法律规定，使立法的某一条文实际上被废止。本案的处理就是这样，如果陈晓的行为可不受追究，作为一个案例，社会广为知晓后，哪一个潜在的受贿人还会“事前”“事中”受贿？原本廉洁的国家工作人员怎么不可以“事后”得到好处、报答，从而规避刑罚处罚呢？这样，受贿罪将不复存在。因此，对所谓的“事后受贿”，也应当依法定罪处刑。出于以上考虑，对于特殊形式可能与典型犯罪方法、手段不同的行为，决定适用刑法追究行为人刑事责任的前提是：根据《刑法》分则条文规定，实践中，某一具体行为具有特殊性，是否适用刑法定罪有争议；而若不予追究，这种特殊行为方式就会被广为效仿，成为一种带有普遍性的行为，刑法明确规定的典型犯罪行为都会照此模仿，那么这一类犯罪就等于被废止，这显然是不能被允许的。

——最高人民法院刑事审判第一庭编：《刑事审判参考》2000 年第 3 辑（总第 8 辑），法律出版社 2000 年版，第 47~54 页。

附录：最高人民法院法官著述

“事后受财”不是法律术语，从本案的情况看，该行为具有以下特点：

（一）客观上，行为人实施的是正当的职务行为，且该职务行为为对方获取了巨额财物，行为人于事后收取了对方的钱财。

（二）在主观上，无充分证据证明行为人实施职务行为时就意在以后收受对方的钱财，但事后行为人收受对方钱财时，却明知对方送的财物是因为自己的行为使对方获取了利益。

根据该行为的上述特点，我们认为该行为构成受贿罪，理由是：

第一，“事后受财”的行为同样侵犯了受贿罪的客体。

第二，客观上具备了受贿犯罪的构成要件。

第三，具备了受贿罪的主观方面的要件。

本案中，行为人明知所收受的钱的性质并希望收受是明确的，但对明知对方将送钱及希望为对方谋取利益以收受财物却并无充分证据证实，因此，本案构成犯罪的主观要件并不完全具备。我们认为，这种认识是不妥的。受贿罪的行为由手段行为与目的行为两部分组成，前者是指利用职务上的便利，为他人谋取利益，而后者则是指收受他人贿赂，二者联系紧密，构成了一个有机的整体。这类犯罪，刑法上还有很多，如强奸罪、抢劫罪等。由于两种行为的联系，通常情况下，行为人的犯罪故意在实施手段行为时就确定了，这一故意一直延续到目的行为实施终了，因而，行为人的故意在实施手段行为和实施目的行为时是一致的。但是，在特殊情况下，亦会出现二者故意不一致的情况，这就是手段行为基于其他故意实施完毕，产生新的故意并实施目的行为，但这一情况并不影响对该行为的定性。如行为人基于伤害的故意控制了被害人，但未形成伤害后果，后行为人故意发生了变化，产生抢劫故意，实施了抢劫的行为。对于这种情况，无疑仍应定抢劫罪。因此，手段行为与目的行为的故意并非总是一致。以二行为的故意不一致来否定行为人的犯罪故意是不当的。本案中，虽然被告人在实施职务行为时无充分证据证实具有收受财物的故意，但在收受财物时，其故意则是明显的，应当认定其具备受贿犯罪的故意。

——王锦亚：《陈晓受贿案——“事后受财”是否构成受贿》，载《法律适用》2000 年第 6 期（总第 166 期）。

1399. 收受贿赂物品未办理权属变更问题的处理

关键词

受贿罪　权属变更

最高人民法院司法政策精神

第八条　关于收受贿赂物品未办理权属变更问题

国家工作人员利用职务上的便利为请托人谋取利益，收受请托人房屋、汽车等物品，未变更权属登记或者借用他人名义办理权属变更登记的，不影响受贿的认定。

认定以房屋、汽车等物品为对象的受贿，应注意与借用的区分。具体认定时，除双方交代或者书面协议之外，主要应当结合以下因素进行判断：（1）有无借用的合理事由；（2）是否实际使用；（3）借用时间的长短；（4）有无归还的条件；（5）有无归还的意思表示及行为。

——《最高人民法院、最高人民检察院关于印发〈关于办理受贿刑事案件适用法律若干问题的意见〉的通知》（2007 年 7 月 8 日，法发〔2007〕

22号）。

1400. 受贿罪关于“利用职务上的便利”和“利用职权或地位形成的便利条件”规定的区分

关键词

受贿罪　利用职务之便　利用职权或地位形成的便利条件

最高人民法院司法政策精神

（一）关于“利用职务上的便利”的认定

刑法第385条第1款规定的“利用职务上的便利”，既包括利用本人职务上主管、负责、承办某项公共事务的职权，也包括利用职务上有隶属、制约关系的其他国家工作人员的职权。担任单位领导职务的国家工作人员通过不属自己主管的下级部门的国家工作人员的职务为他人谋取利益的，应当认定为“利用职务上的便利”为他人谋取利益。

（三）“利用职权或地位形成的便利条件”的认定

刑法第388条规定的“利用本人职权或者地位形成的便利条件”，是指行为人与被其利用的国家工作人员之间在职务上虽然没有隶属、制约关系，但是行为人利用了本人职权或者地位产生的影响和一定的工作联系，如单位内不同部门的国家工作人员之间、上下级单位没有职务上隶属、制约关系的国家工作人员之间、有工作联系的不同单位的国家工作人员之间等。

——《最高人民法院关于印发〈全国法院审理经济犯罪案件工作座谈会纪要〉的通知》（2003年11月13日，法〔2003〕167号）。

最高人民法院指导性案例

杨延虎等贪污案（最高人民法院指导案例11号）

裁判要点：贪污罪中的“利用职务上的便利”，是指利用职务上主管、管理、经手公共财物的权力及方便条件，既包括利用本人职务上主管、管理公共财物的职务便利，也包括利用职务上有隶属关系的其他国家工作人员的职务便利。

法院生效裁判认为：关于被告人杨延虎的辩护人提出杨延虎没有利用职务便利的辩护意见不能成立。经查，义乌国际商贸城指挥部系义乌市委、市政府为确保国际商贸城建设工程顺利进行而设立的机构，指挥部下设确权报批科，工作人员从国土资源局抽调，负责土地确权、建房建设用地的审核及报批工作，分管该科的副总指挥吴某某也是国土资源局的副局长。确权报批科作为指挥部下设机构，同时受指挥部的领导，作为指挥部总指挥的杨延虎具有对该科室的领导职权。贪污罪中的“利用职务上的便利”，是指利用职务上主管、管理、经手公共财物的权力及方便条件，既包括利用本人职务上主管、管理公共财物的职务便利，也包括利用职务上有隶属关系的其他国家工作人员的职务便利。本案中，杨延虎正是利用担任义乌市委常委、义乌市人大常委会副主任和兼任指挥部总指挥的职务便利，给下属的土地确权报批科人员及其分管副总指挥打招呼，才使得王月芳等人虚报的拆迁安置得以实现。

——《最高人民法院关于发布第三批指导性案例的通知》(2012年9月18日，法〔2012〕227号)。

说明

该指导案例的发布，解决了司法实践中处理此类案件遇到的疑难问题，对于依法有效惩治新形势下出现的新类型贪污犯罪，加大惩治腐败力度，推进反腐败斗争深入开展，具有重要现实意义。一是该案例针对新形势下贪污案件出现的新情况、新问题、新特点，不拘泥于计划经济时代的传统观念，考虑到市场经济新形势下“公共财物”和“利用职务上便利”的新特点，抓住了贪污罪利用职务便利非法占有公共财物的本质，对利用更具有隐蔽性、复杂性的手段贪污提出具体处理意见，解决了司法实践中经常遇到、存在认识分歧的疑难问题，有利于依法从严惩处腐败犯罪。二是该案例对职务行为和贪污对象的具体化及其罪与非罪界限的区分，划清了国家工作人员在经济活动中的应有边界，有利于教育和警示国家工作人员遵纪守法、廉洁自律、提高拒腐防变的警惕性和自觉性。三是该案例具有宣传法治和教育群众的作用，有利于广大群众依法监督国家工作人员的职务行为，提高人民群众参与惩治腐败犯罪的积极性，从而推动反腐败斗争深入开展。

附录：最高人民法院主流观点

指导案例11号旨在为处理新类型贪污案件提供指导，其裁判要点确认，贪污罪中的利用职务上的便利，是指利用职务上主管、管理、经手公共财物的权力及方便条件，既包括利用本人职务上主管、管理公共财物的职务便利，也包括利用职务上有隶属关系的其他国家工作人员的职务便利；作为贪污罪对象的“公共财物”，既包括动产，也包括不动产，并包括国有和集体所有土地使用权；土地使用权具有用金钱计算数额的财产性利益，本质上属于《刑法》第三百八十二条第一款规定中的“公共财物”，利用职务便利非法占有土地使用权的，能够构成贪污罪。该裁判要点根据刑法、司法解释和规范性文件的有关规定，明确了利用职务上便利和公共财物的含义，解决了土地使用权能否成为贪污对象的争议问题，对于依法惩治腐败具有重要现实意义。下面对裁判要点及其相关问题逐一分析说明。

关于“利用职务上的便利”问题

贪污罪作为一种贪利性渎职犯罪，利用职务便利是其显著特征，是认定贪污罪的前提条件，也是区别于其他侵犯财产犯罪的主要标志。对于何谓职务上的便利，刑法没有明确规定，刑法理论上对此理解存在不同观点，具有代表性的主要有以下几种。第一种观点认为，利用职务上的便利是指利用自己暂时合法管理财产的便利。第二种观点认为，利用职务上的便利，不仅是指直接利用自己主管或者分管某项工作的职权，而且包括凭借自己职务的间接影响，通过人情、人事关系等实施贪污的情形。第三种观点认为，利用职务上的便利是指利用自己职权范围内的权力和地位形成的主管、经手、管理公共财物的便利条件，不是指利用他人职务上的便利（共同犯罪除外），也不单纯是利用工作上的便利。[①] 第四种观点认为，利用职务上的便利，主要是利用职权范围所具有的管理、经营公共财物的便利条件，是直接利用职务上的便利，不包括间接利用职务上的便利。[②] 第五种观点认为，利用职务上的便利，是指国家工作人员利用其职务范围内的权力和地位所形成的主管、管理、经手公共财物的有利条件，而不是利用与其职务无关的仅因工作关系对作案环境比较熟悉，凭其身份便于进出本单位、易于接近作案目标的方便条件。[③] 第六种观点认为，利用职务上的便利，是指利用自己主管、管理、经手公共财物的职权以及与职务有关的便利条件。“与职务有关”是指虽然不是直接利用职权，但是利用了本人职权或者地位形成的便利条件，也叫间接利用职务之便。[④]

我们认为，第一种观点对利用职务便利的理解过于狭隘，将不直接管理财物的主管行为排除在贪污行为之外了。第二种观点对利用职务便利的理解扩展到包括人情、人事关系，过于宽泛。第三种观点没有严格区分职务便利与工作便利，也排除了既利用自己职务便利，又同时利用他人职务便利的情形。第四种观点排除了间接利用职务便利，列举的“经营”似有多余，因其可以被“管理”和“经手”所包含。第五种和第六种观点比较妥当，与该指导性案例裁判要点基本一致。这不仅是目前刑法理论界多数学者的主张，符合立法原意，而且有相关司法解释作为依据，符合惩治贪污犯罪的实际需要。

---

① 参见陈正云、钱航：《国家工作人员职务经济犯罪的定罪与量刑》，人民法院出版社 2000 年版，第 180 页。

② 参见孟庆华、高秀东：《贪污罪的定罪与量刑》，人民法院出版社 2001 年版，第 123 页。

③ 参见高铭暄主编：《刑法学》（新编本），北京大学出版社 1998 年版，第 555 页。

④ 参见徐武生：《经济犯罪与经济纠纷》，法律出版社 1998 年版，第 213 页。

如最高人民法院、最高人民检察院1985年7月18日《关于当前办理经济犯罪案件中具体应用法律的若干问题的解答（试行）》（已失效）就曾指出：利用职务上的便利，是指利用职务上的主管、管理、经手公共财物的便利条件。例如，出纳员利用职务上保管现金的便利，盗窃由其保管的公款，是贪污罪；如果出纳员仅是利用对本单位的情况熟悉的条件，盗窃由其他国家工作人员保管的公共财物，则是盗窃罪。最高人民检察院1999年9月16日印发的《关于人民检察院直接受理立案侦查案件立案标准的规定（试行）》在贪污罪中指出，"利用职务上的便利"是指利用职务上主管、管理、经手公共财物的权力及方便条件。最高人民法院2003年11月13日印发的《全国法院审理经济犯罪案件工作座谈会纪要》在受贿罪中指出，"利用职务上的便利"，既包括利用本人职务上主管、负责、承办某项公共事务的职权，也包括利用职务上有隶属、制约关系的其他国家机关工作人员的职权。由此可见，利用职务上的便利，是指行为人利用主管、管理、经手公共财物的职权及与职务有关的方便条件，既包括利用本人直接管理、经手公共财物的职务便利，也包括利用职务上有隶属关系的其他国家工作人员的职务便利，因为在后一种情况下行为人虽然未直接管理公共财物，但是具有主管公共财物的职务便利。

本案例中，义乌国际商贸城指挥部系浙江省义乌市委、市政府为确保国际商贸城建设工程顺利进行而设立的机构。指挥部下设确权报批科，工作人员从国土资源局抽调，分管该科室的副总指挥吴某某是国土资源局的副局长。在实际工作中，该科室等同于国土资源局设在指挥部的派出机构，负责土地确权、建房建设用地的审核及报批工作。确权报批科作为指挥部下设机构，同时也受指挥部领导。被告人杨延虎作为指挥部总指挥当然对该科具有领导职权。同时，杨延虎还担任义乌市委常委、义乌市人大常委会副主任的领导职务，与义乌市国土资源局具有领导与被领导的隶属关系。本案例中杨延虎正是利用"主管"的职务便利，给确权报批科的科长及分管副总指挥打招呼，利用了与其职务上有隶属关系的其他国家机关工作人员的职权，才使得虚假的土地确权得以实现。

——最高人民法院案例指导工作办公室：《指导案例11号〈杨延虎等贪污案〉的理解与参照》。

1401. 利用职务便利为他人谋取利益，授意他人向第三人出借款项，还款义务最终被免除的，是否属于受贿

关键词

利用职务之便　受贿罪

《刑事审判参考》指导案例

雷政富受贿案（《刑事审判参考》指导案例第 885 号）

裁判要点：利用职务便利为他人谋取利益，授意他人向第三人出借款项，还款义务最终被免除的，属于受贿。

本案的争议焦点是明勇智按照雷政富的要求将 300 万元出借给肖烨，肖烨拒绝还款后，雷政富自揽债务责任，明勇智表示免除债务责任，能否认定为雷政富受贿。争议的原因在于此案的特殊性：一是雷政富并没有直接收到明勇智的 300 万元；二是明勇智免除的并非雷政富本人的债务。

1. 免除债务能否成为受贿罪的对象

本案需要明确的第一个问题是免除债务能否成为受贿对象。长期以来，我国刑法学关于受贿罪犯罪对象的争议一直不断并且十分激烈。主要有以下三种观点：一是财物说。该观点认为受贿罪对象应当仅限于有形的财物，即金钱和物品。二是财产性利益说。该观点认为贿赂通常是指金钱和物品，物品包括动产和不动产，但在某些特定场合，贿赂也可以指财产性利益，如债权、劳务等。三是利益说。该观点认为，受贿对象不仅包括财物、财产性利益，还应当包括其他非财产性利益。

我们赞同第二种观点，具体理由如下：一是虽然以财物说认定受贿对象是我国刑法学界的传统观点，但是随着受贿犯罪手段的不断翻新，行受贿犯罪变得更为隐蔽、复杂，财产性利益事实上已经成为贿赂的一种常见形式，财物说已不能适应打击职务犯罪的形势要求。二是利益说是对现行法律规定的“财物”的无限扩大解释，这种无限扩大解释背离了立法本意。三是财产性利益说既符合现实的需要也不违背立法精神。根据相关司法解释的规定，贪污贿赂犯罪中的“财物”已不局限于传统意义上的金钱和物品。2007 年《最高人民法院、最高人民检察院关于办理受贿刑事案件适用法律若干问题的意见》（以下简称《办理受贿意见》）出台后，对“财物”的解释有所扩张，“财物”不再限于金钱和物品。2008 年最高人民法院、最高人民检察院联合发布的《关于办理商业贿赂刑事案件适用法律若干问题的意见》（以下简称《商业贿赂意见》）第七条明确规定：“商业贿赂中的财物，既包括金钱和实物，也包括可以用金钱计算数额的财产性利益，如提供房屋装修、含有金额的会员卡、代币卡（券）、旅游费用等。”可见，在相关指导性规范文件中，受贿对象已不限于有形的财物，在特定场合，受贿对象也可以是财产性利益，如免除债务、免费旅游、提供劳务等可以直接用货币计算的利益。

2. 免除第三人债务能否成为受贿罪的对象

基于前述分析，免除债务能够成为受贿罪的对象，但免除第三人债务，能否成为受贿的对象，仍有争议。我们认为，刑法第三百八十五条没有明确规定国家工作人员索取或者收受他人贿赂必须是自己直接占有，因此行为人索取或者收受贿赂，由第三人占有的，也可以成立受贿罪。《办理受贿意见》第七条规定："国家工作人员利用职务上的便利为请托人谋取利益，授意请托人以本意见所列形式，将有关财物给予特定关系人的，以受贿论。"既然免除债务可以作为一种财产性利益解释为刑法第三百八十五条规定的"财物"，且索取或者收受贿赂包括请托人向第三人提供贿赂的情形，那么免除第三人债务理所当然可以成为受贿罪的对象。

本案中，被告人雷政富利用职务便利为明勇智谋取利益，授意明勇智向肖烨出借款项，还款义务被免除的，构成受贿罪。具体分析如下：

（1）雷政富利用职务之便为明勇智谋取了利益。明勇智与证人邓某、廖某、梁某的证言、雷政富在侦查阶段的供述、相关会议记录等，均证实雷政富在勇智公司承接工程及工程提前回购、支付工程款等事项中为勇智公司谋取了利益。雷政富的供述、明勇智的陈述还证实，明勇智得到雷政富的帮助后，曾向雷许诺会表示感谢。

（2）明勇智"出借"给肖烨的钱款是基于雷政富的要求及其所需实际等同于"出借"给雷政富，免除肖烨的债务实际等同于免除雷政富的债务，更何况明勇智是在雷政富自揽还款责任后免除，即实质上免除的是雷政富本人的还款义务。本案中，肖烨与雷政富具有敲诈与被敲诈的经济利益关系，肖烨敲诈的是雷政富，明勇智实际是代雷政富支付敲诈款。肖烨不愿归还明勇智 300 万元债务，是因为其敲诈的本是雷政富，在其看来，雷政富出面出借的 300 万元，无须由其归还，如要归还，也应当由雷政富归还；在雷政富看来，明勇智出借给肖烨 300 万元，显然是基于其职务的影响，肖烨是将自己作为敲诈对象，且名义上是借款，实质上是非法占有；而在明勇智看来，其最初是基于雷政富的职务影响才将 300 万元出借给肖烨，还款期满肖烨搪塞不还时，雷政富提出该笔还款由雷本人来还，其经权衡便当即免除雷还款的义务。因此，明勇智免除肖烨的债务，实质上是免除雷政富的债务。

（3）明勇智出借 300 万元以及后来免除该债务都是基于雷政富的职务影响。雷政富之所以在受到肖烨要挟时联系明勇智"借款"，原因在于勇智公司此前在承接工程等事项上得到雷的帮助，并希望继续得到关照，为此明勇智还向雷政富许诺会表示感谢。明勇智与肖烨事前并不认识，对肖烨个人信用、公司经营状况、资产情况毫不知情，之所以出借巨额资金给肖烨是基于雷政富的要求以及雷以前和今后对勇智公司的帮助。在肖烨明确不归还涉案 300 万元，雷政富主动表示承担该债务时，明勇智表示免除该债务亦是基于雷政富此前对勇智公司的帮助以及想继续得到雷的关照。

（4）明勇智表示免除债务时双方即达成行受贿合意。肖烨提出“借款”300万元时，是以“借款”的名义行敲诈之实。雷政富虽然明知肖烨敲诈，授意明某支付巨额资金给肖烨，但其主观上是希望肖烨归还的，之后还为肖烨介绍工程，为肖烨还款提供条件。明勇智此时是基于雷政富的职务影响才出借300万元，但双方尚未达成行受贿的合意。在“借款”到期后，明勇智多次向肖烨催收，肖烨以资金紧张为由予以搪塞。明勇智告知雷政富后，雷政富主动表明由自己承担还款义务，明勇智遂提出无须归还，即对肖烨的债务予以免除，雷政富也予以认可。可见，双方就肖烨300万元“借款”不用归还的合意，实质上是雷政富与明勇智达成了行受贿合意。明勇智免除肖烨的债务，放弃通过诉讼等正当程序向肖烨及其公司主张权利，是基于雷政富职务的影响，明勇智放弃对该款的追索，获益的是雷政富本人，其实质是雷政富与明勇智的权钱交易。

综上，本案300万元“借款”实际上是明勇智通过出借资金的方式，为肖烨敲诈雷政富的款项买单，无论是明勇智答应借款给肖烨，还是放弃对该“借款”的追索，目的是出于对雷之前对其公司关照的感谢，并希望继续得到雷的关照，都是基于雷政富的职权。至于明勇智是否知道雷牵涉到不雅视频，不影响对案件性质的认定。本案表面上看雷政富本人没有获得财物，但请托人的行贿指向是明确的，最后免除第三人肖烨的债务，完全是基于国家工作人员雷政富的意思，而第三人之所以获利，完全源于雷政富与明勇智之间的权钱交易和雷政富最终对该财产的处分意思。该笔款项名为肖烨公司与明勇智公司的民间借贷款，实为明勇智与雷政富之间的权钱交易款，属于贿赂款的性质。

——袁胜强、蒋佳芸：《雷政富受贿案——利用职务便利为他人谋取利益，授意他人向第三人出借款项，还款义务最终被免除的，是否属于受贿》，载最高人民法院刑事审判第一、二、三、四、五庭主办：《刑事审判参考》2013年第4集（总第93集），法律出版社2014年版，第83~90页。

1402. 以“感情投资”或者房产交易等形式收受贿赂的犯罪数额认定

关键词

受贿罪 “感情投资” 房产交易 犯罪数额

最高人民法院司法政策精神

第一条 关于以交易形式收受贿赂问题

国家工作人员利用职务上的便利为请托人谋取利益，以下列交易形式收受请托人财物的，以受贿论处：

（1）以明显低于市场的价格向请托人购买房屋、汽车等物品的；

（2）以明显高于市场的价格向请托人出售房屋、汽车等物品的；

（3）以其他交易形式非法收受请托人财物的。

受贿数额按照交易时当地市场价格与实际支付价格的差额计算。

前款所列市场价格包括商品经营者事先设定的不针对特定人的最低优惠价格。根据商品经营者事先设定的各种优惠交易条件，以优惠价格购买商品的，不属于受贿。

——《最高人民法院、最高人民检察院关于印发〈关于办理受贿刑事案件适用法律若干问题的意见〉的通知》（2007年7月8日，法发〔2007〕22号）。

《刑事审判参考》指导案例

马平、沈建萍受贿案（《刑事审判参考》指导案例第470号）

裁判要点：以“感情投资”方式多次收受数额巨大的财物，最后被告人接受具体请托为请托人谋利的，应当将多次收受的财物数额予以累计，以受贿犯罪论处。以房产交易形式收受贿赂的，受贿数额应当按照交易时该房产的市场价格与实际支付价格的差额计算。

1. 以“感情投资”方式多次收受数额巨大的财物，最后被告人接受具体请托为请托人谋利的，应当将多次收受的财物数额予以累计，以受贿犯罪论处

本案中，金江水泥项目开始之前，天龙公司总经理刘栋华对被告人马平虽无具体请托事项，但正是看中了马平作为县委书记所拥有的权力地位有可能为其公司谋取利益，才多次以房产交易形式送给马平数额巨大的财物以“联络感情”，为日后谋取利益进行“先期投资”。对此，天龙公司的总经理刘栋华、副总经理叶显军的证言证实了其这种“感情投资”的主观动机；在金江水泥项目开始之前多次接受天龙公司的“感情投资”过程中，马平明确作出过承诺“以后有什么事找我，能帮的一定帮”，沈建萍对此亦曾多次供认，因此马平、沈建萍主观上对对方为何多次给予其购买房产的大幅优惠的原因是明知的。在金江水泥项目工程开始后，天龙公司总经理刘栋华等人就向马平提出到铜梁县投资水泥项目希望其给予帮助，马平多次利用其职务之便为天龙公司在铜梁县投资的金江水泥项目的引进、文件审批、用地审批、办理采矿许可证、贷款、道路建设等方面谋取了利益。也就是说，从一开始，本

案的行、受贿双方就清楚地知道这种财物的给予是建立在“权钱交易”的基础之上的，行贿人正是看重这样的“投资”具有可期待的利益，受贿人亦通过明示或暗示承诺以日后利用职务之便为行贿人谋利作为“回报”，一旦行贿人提出具体请托，收受人接受具体请托为“投资人”谋利，那么这种“投资”就实现了“回报”，行贿、受贿双方的“权钱交易”就告完成。这种接受先期“感情投资”的受贿方式是当前贿赂犯罪不断演化的一个新形式，具有更大的隐蔽性和危害性，完全符合受贿罪的构成要件，应当依照刑法以受贿论处。对于受贿数额，应当将历次收受的财物予以累计计算。

2. 以房产交易形式收受贿赂的，受贿数额应当按照交易时该房产的市场价格与实际支付价格的差额计算

关于受贿数额的认定，《解答》规定，“受贿金额以行贿人购买物品实际支付的金额扣除受贿人已付的金额来计算，行贿人的物品未付款或无法计算行贿人支付金额的，应以受贿人收受物品当时当地的市场零售价格扣除受贿人已付现金额来计算”。《关于办理受贿刑事案件适用法律若干问题的意见》（以下简称《意见》）规定，“受贿数额按照交易时当地市场价格与实际支付价格的差额计算”。从上述规定可以看出，对于以房产交易形式收受贿赂如何认定受贿数额的基本原则，两个解释的精神是一致的，司法实践中一般应当按照交易时当地市场价格与实际支付价格的差额计算。这里的“交易时当地市场价格”，指的是交易双方签订房产买卖合同并开始依约支付价款之时的价格。本案涉及的房产交易中，由于被告人取得产权证时或实际处分房地产时与签订房屋买卖合同、支付对价时存在较长的时间差异，导致同一房产在这些时点之间的市场价格差异甚大，根据《意见》的规定，应当将每笔房产交易签订合同并按约支付对价时的市场价格认定为“交易时当地市场价格”，其与实际支付价格的差额认定为受贿数额。这是因为，从签订合同并履约时起，以后房产价格的涨跌幅度属于市场规律起作用的范畴，既有可能上涨，亦有可能下跌，并非行、受贿人所能控制，究竟应以哪个时点的价格认定不能统一，难以操作；另一方面，从主客观相一致的定罪原则出发，以签约并支付对价时的市场价格与实际支付价格之差认定为受贿数额符合行贿、受贿双方的客观认识，更具实质合理性。

——最高人民法院刑事审判第一、二、三、四、五庭主办：《刑事审判参考》2007 年第 6 集（总第 59 集），法律出版社 2008 年版，第 46~56 页。

1403. 赌博贿赂的定性

关键词

受贿罪　行贿罪　赌博贿赂

最高人民法院司法政策精神

第五条　关于以赌博形式收受贿赂的认定问题

根据最高人民法院、最高人民检察院《关于办理赌博刑事案件具体应用法律若干问题的解释》第7条规定，国家工作人员利用职务上的便利为请托人谋取利益，通过赌博方式收受请托人财物的，构成受贿。

实践中应注意区分贿赂与赌博活动、娱乐活动的界限。具体认定时，主要应当结合以下因素进行判断：（1）赌博的背景、场合、时间、次数；（2）赌资来源；（3）其他赌博参与者有无事先通谋；（4）输赢钱物的具体情况和金额大小。

——《最高人民法院、最高人民检察院关于印发〈关于办理受贿刑事案件适用法律若干问题的意见〉的通知》（2007年7月8日，法发〔2007〕22号）。

附录：最高人民法院法官著述

所谓赌博贿赂，是指以赌博为名，行贿赂之实。为此，《关于办理赌博刑事案件具体应用法律若干问题的解释》（以下简称《解释》）第7条规定："通过赌博或者为国家工作人员赌博提供资金的形式实施行贿、受贿行为，构成犯罪的，依照刑法关于贿赂犯罪的规定定罪处罚。"

需要注意的有两点：一是通过赌博形式实施行贿受贿中，行贿人和受贿人均直接参与形式上的赌博；通过为国家工作人员赌博提供资金的形式实施行贿受贿中，行贿人不直接参与赌博，只是为受贿人赌博提供资金。无论哪一种形式，受贿人均直接参与形式上的赌博。二是认定赌博贿赂必须符合刑法规定的受贿罪和行贿罪的具体构成要件，诸如受贿人有利用职务上的便利，索取行贿人的赌资的行为，或者有非法收受行贿人赌资，为行贿人谋取利益的行为，行贿人是为谋取非法利益而提供赌资，等等。

——祝二军：《准确适用刑事法律　依法惩治赌博犯罪》，载《人民司法》2005年第6期（总第497期）。

1404. 在贿赂犯罪案件中，受贿人首先向行贿人提出财物要求的是否都认定为索贿

关键词

贿赂犯罪案件

附录：最高人民法院法官著述

在行贿、受贿犯罪中，是否受贿人首先向请托人提出明确具体的财物要求就一律都认定为索贿？对此有两种不同的意见，一种意见认为，在行贿、受贿犯罪中，受贿人主动向请托人提出具体明确的财物要求，受贿人是主动的，而请托人是被动的，就应当认定为索贿；另一种意见认为，虽然索贿案件中，都是受贿人首先向请托人提出具体明确的财物要求，即索贿都是受贿人首先提出的，但是，并不一定受贿人首先向请托人提出具体明确的财物要求就一定构成索贿，还要根据受贿人给请托人谋取利益的大小，请托人事先是否对受贿人有承诺，受贿人提出的具体、明确的财物要求是否在请托人预先已知承受的范围之内，以及请托人得知受贿人的要求时内心的表现等多种因素进行考量，然后，才能确定是否构成索贿。我们认为，第二种意见是正确的。

——王晓东：《贪污贿赂、渎职犯罪司法实务疑难问题解析》，人民法院出版社 2020 年版，第 120 页。

1405. 受贿人受贿后又将财物退还或者交公的定性

关键词

受贿罪　退还或交公　从轻处罚

最高人民法院司法政策精神

第九条　关于收受财物后退还或者上交问题

国家工作人员收受请托人财物后及时退还或者上交的，不是受贿。

国家工作人员受贿后，因自身或者与其受贿有关联的人、事被查处，为掩饰犯罪而退还或者上交的，不影响认定受贿罪。

——《最高人民法院、最高人民检察院关于印发〈关于办理受贿刑事案件适用法律若干问题的意见〉的通知》（2007 年 7 月 8 日，法发〔2007〕

22号)。

附录:司法信箱

问题:某院在审理被告人孔某受贿一案中,对被告人孔某(原县医院院长)犯受贿罪没有异议,但对于如何确定受贿金额存有两种意见。一种意见是被告人孔某受贿3.7万元,但在离任之前将其中1万元红包退回给县医院的财务室,这1万元不能作为受贿金额计算。另一种意见认为,受贿罪是行为犯,一旦受贿行为发生,不管是否为利益人谋取过利益,均构成受贿罪,受贿金额也由此确定。因此,受贿人将受贿款交到县医院财务室的行为只是犯罪后的补救行为,对受贿罪的构成不产生任何影响,应当认定是受贿金额,但可以酌定从轻处罚。

《人民司法》研究组认为:根据《刑法》第385条规定,国家工作人员利用职务上的便利,索取他人财物,或者收受他人财物,为他人谋取利益的。是受贿罪。因此,不论是索取他人财物,还是收受他人财物,其行为都蕴含着对受贿结果的要求。受贿罪是结果犯,不是行为犯,是否收受了他人财物,是受贿罪既遂与未遂的认定标准。受贿人受贿后又将财物退还或者交公,这种退还或者交公仍然是构成犯罪前提下的退还或者交公,对受贿罪的构成没有影响,但对量刑具有一定的意义,因其主观恶性和社会危害性相应减轻,处理时可以依法适当从宽。

——《人民司法·应用》2007年第6期(总第521期)。

1406. 受国有公司委派担任非国有公司诉讼代理人过程中收受他人财物构成受贿罪

关键词

受贿罪 诉讼代理人

《刑事审判参考》指导案例

王海峰受贿、伪造证据案(《刑事审判参考》指导案例第110号)

裁判要点:受国有公司委派担任非国有公司诉讼代理人过程中收受他人财物构成受贿罪。

(一)被告人王海峰的受贿罪名成立

被告人王海峰在担任中钢公司诉讼代理人期间,利用职务上的便利,帮助对方当事人伪造证据，非法收受人民币 8 万元的行为，能否以受贿罪追究刑事责任，关键在于：一是王海峰在担任中钢公司诉讼代理人时是否属于国家工作人员；二是王海峰伪造证据的行为是否利用了国家工作人员的职务便利。我们认为：

首先，根据《刑法》第 385 条的规定，受贿罪只能由国家工作人员构成，非国家工作人员，只能成为受贿罪的共犯，不能单独构成受贿罪。

其次，受贿罪的成立还必须以行为人利用国家工作人员的职务便利，为他人谋取利益为条件。行为人没有国家工作人员的职务，或者虽有国家工作人员的职务，但在为他人谋取利益时没有利用自己的职务或职务上的便利的，均不构成受贿罪。

（二）对被告人王海峰应以受贿罪和帮助伪造证据罪并罚

我们认为，《刑法》第 386 条删除了《关于惩治贪污罪贿赂罪的补充规定》第 5 条第 2 款“因受贿而进行违法活动构成其他罪的，依照数罪并罚的规定处罚”的规定，是从立法技术角度考虑的，并不是说对这种情况不再适用数罪并罚的规定，而是由于刑法总则中对数罪并罚问题已有明确规定，没有必要在刑法分则具体条文中再作规定。在没有新的法律规定或者司法解释规定之前，只要行为人的行为构成了数罪，符合《刑法》关于数罪并罚的规定，就应当按照《刑法》第 69 条第 1 款的规定实行数罪并罚。除非法律有特别规定，如《刑法》第 399 条第 3 款规定，司法工作人员贪赃枉法，有徇私枉法或者枉法裁判犯罪行为，同时又构成受贿罪的，“依照处罚较重的规定定罪处罚”，不按照数罪并罚的规定处罚。

——最高人民法院刑事审判第一庭、第二庭编：《刑事审判参考》2001 年第 6 集（总第 17 集），法律出版社 2001 年版，第 24~29 页。

1407. 社区卫生服务中心网管员为医药销售代表“拉单”收受财物的行为定性

关键词

受贿罪　社区卫生服务中心网管员　拉单　收受财物

《刑事审判参考》案例

吕辉受贿案（《刑事审判参考》指导案例第 806 号）

裁判要点：社区卫生服务中心网管员为医药销售代表“拉单”收受财物的行为构成受贿罪。

近年来，商业贿赂在一些领域和行业滋生蔓延并有愈演愈烈之势，严重危害我国市场经济的健康发展。为此，最高人民法院、最高人民检察院2008年11月20日联合发布了《关于办理商业贿赂刑事案件适用法律若干问题的意见》(以下简称《意见》)。根据《意见》第四条的规定，医疗机构中的国家工作人员，在药品、医疗器械、医用卫生材料等医药产品采购活动中，利用职务上的便利，索取销售方财物，或者非法收受销售方财物，为销售方谋取利，构成犯罪的，以受贿罪定罪处罚。医疗机构中的非国家工作人员，有前款行为，数额较大的，以非国家工作人员受贿罪定罪处罚。医疗机构中的医人员，利用开处方的职务便利，以各种名义非法收受药品、医疗器械、医用卫生材料等医药产品销售方财物，为医药产品销售方谋取利益，数额较大，以非国家工作人员受贿罪定罪处罚。本案在审理过程中，对新港卫服中心，嘉兴卫服中心的所有制性质以及吕辉身份的定性，控辩双方争议很大。我们认为，新港卫服中心和嘉兴卫服中心系国有事业单位，吕辉收受贿赂的为构成受贿罪。具体理由如下：

（一）经过客观、全面地分析证据，应当认定新港卫服中心和嘉兴卫服中心系国有事业单位。

（二）国家工作人员应当以是否从事公务为依据，被告人吕辉从事的活动具有公务性质，应当认定为国家工作人员。

国家工作人员的本质特征是从事公务，认定是否是国家工人员也应当以是否从事公务为依据。本案中，对被告人吕辉能否认定为国家工作人员并不取决于其“身份”(是临时工还是正式工)，而取决于其职责，应当结合吕辉是否从事公务来判断其是否属于国家工作人员。本案的理过程中，对吕辉负责采购计算机及其设备系从事公务没有争议，但对于吕辉对社区卫生服务中心的信息进行维护是否属于从事公务争议较大。经查，吕辉对社区卫生服务中心的网络信息予以维护的范围包括对医生的工作量、业务总金额、看病人次、人均费用、药品所占业务总金额的比例等进行统计、汇总，监控医生超量或者异常用药情况，及时向院办公室汇报，并确保统计数据的真实性、安全性和保密性。可见，吕辉在事业单位中履行了对国有资产的管理及对公共事务的监督职责，从事的活动具有公务性质，应当将其认定为国家工作人员。

值得注意的是，应当将吕辉利用网络管理员的职务便利，收受供货单位相关人员以及医药销售代表给予的财物，并在采购计算机及配件和提供医生药品用量信息等方面为他们谋取利益的行为与医生利用开处方的职务便利，收受药品、医疗器械、医用卫生材料等医药产品销售方财物的行为，以及医生收受红包的行为相区分。医生开处方的行为属于不具备职权内容的劳务活动、技术服务工作，应当以非国家工作人员论。当其利用处方权收受医药产品销售方给予的回扣时，由于其处方权具有对医药购销的实质性影响，能够被贿赂所左右，可以构成非国家工作人员受贿罪；而当其利用自身的专业技能为患者进行诊疗时，此时的医生与患者是一种平等的医疗服务关系，医生需要遵循专业知识和工作规则为患者服务，不存在受到贿赂影响的职务行为，故医生收受患者红包的行为属于行业不正之风，不能以犯罪论处，可对其进行批评教育或者纪律处分。本案中，吕辉基于其具有公务性质的职务行为获取了不正当的报酬，依法构成受贿罪。

——最高人民法院刑事审判第一、二、三、四、五庭主办：《刑事审判参考》2012 年第 4 集（总第 87 集），法律出版社 2012 年版，第 111~117 页；

1408. 向非国家工作人员介绍贿赂行为如何定性

关键词

向非国家工作人员介绍贿赂行为　罪刑法定原则

最高人民法院审判业务意见（研究室研究意见）

有关部门就向非国家工作人员介绍贿赂行为如何定性问题征求最高人民法院研究室意见。最高人民法院研究室经研究认为：

对于向非国家工作人员介绍贿赂行为，根据罪刑法定原则，不宜定罪处罚。但对于确已明显构成行贿共犯或者受贿共犯的，予以定罪处罚，也依法有据，并不违反罪刑法定原则。

——《最高人民法院研究室关于向非国家工作人员介绍贿赂行为如何定性问题的研究意见》，载张军主编、最高人民法院研究室编著：《司法研究与指导》2012 年第 2 辑（总第 2 辑），人民法院出版社 2012 年版，第 155~157 页。

1409. 因挪用公款索取、收受贿赂或者行贿构成犯罪的应数罪并罚

关键词

挪用公款罪　受贿罪　行贿罪　共同犯罪　数罪并罚

《刑事审判参考》指导案例

鞠胤文挪用公款、受贿案（《刑事审判参考》指导案例第 385 号）

裁判要点：最高人民法院《关于审理挪用公款案件具体应用法

律若干问题的解释》第7条第1款规定，“因挪用公款索取、收受贿赂构成犯罪的，依照数罪并罚的规定处罚”。第8条规定，“挪用公款给他人使用，使用人与挪用人共谋，指使或者参与策划取得挪用款的，以挪用公款罪的共犯定罪处罚”。被告人通过行贿手段与国家工作人员共谋挪用公款，其手段行为构成了行贿罪，目的行为构成挪用公款罪，以挪用公款罪与行贿罪并罚。

因挪用公款而构成其他犯罪的，理论上属于牵连犯。学理上，对于牵连犯，一般认为应采取从一重罪从重论处的原则，但法律和司法解释明确规定实行数罪并罚的除外。最高人民法院1998年《关于审理挪用公款案件具体应用法律若干问题的解释》第7条规定，因挪用公款索取、收受贿赂构成犯罪的，依照数罪并罚的规定处罚。问题是，对于因挪用公款而构成行贿罪的，应该从一重罪从重论处还是两罪并罚？我们认为，受贿罪和行贿罪是刑法意义上的对合犯，往往相伴相生，既然司法解释对挪用公款罪与受贿罪的牵连犯规定两罪并罚，对于挪用公款罪与行贿罪的牵连犯，也应按照这个原则处理，否则将可能出现一个案件中挪用公款罪的共犯，一方行贿另一方受贿，受贿者构成挪用公款罪和受贿罪两罪，而行贿者只构成挪用公款罪或者行贿罪一罪的不平等现象。

——最高人民法院刑事审判第一、二、三、四、五庭主办：《刑事审判参考》2006年第1集（总第48集），法律出版社2006年版，第67~77页。

1410. 合法的债权债务关系与非法收受他人财物的区分

关键词

受贿罪　债权债务关系

《刑事审判参考》指导案例

孙昆明受贿案（《刑事审判参考》指导案例第1144号）

裁判要点：本案中，被告人与行贿人签订的购房协议不仅建立在行贿人请托被告人利用职权办理事项的基础上，且该协议约定了双方不对等的权利义务关系，有违合同的平等原则，悖于正常的市场交易。加之该协议所售卖的房屋不能过户，协议不具备实际履行的条件。故而可以认定被告人与行贿人并不存在真实的债权债务关系，而是以借款为名，非法收受他人财物。

民法通则第八十四条规定："债是按照合同的约定或者依照法律的规定，在当事人之间产生的特定的权利和义务关系。"① 债权，是指得请求他人为一定行为（作为或不作为）的权利。相对于债权者为债务，即必须为一定行为（作为或不作为）的义务。基于权利义务相对原则，债权和债务都不能单独存在。引起债权债务关系发生的最主要、最常见的依据则是当事人之间的契约行为。合同的订立应当遵守平等、自愿、公平、诚实信用和善良风俗原则。合法的债权债务关系受法律保护。相反，违反上述原则的合同不受法律保护。

在实践中，行为人为了逃避侦查，常常将行贿、受贿行为伪装成合法的债权债务关系，常见的有欠条形式、交易形式、收受干股、合作投资、委托理财等。对此，应当结合具体案情，对涉案行为进行实质审查，符合权钱交易本质的，应当认定为受贿。所谓"权"指的就是国家工作人员的"职权"。这种职权既包括本人职务上主管、负责、承办某项公共事务的职权，也包括利用职务上有隶属、制约关系的其他国家工作人员的职权，还包括担任单位领导职务的国家工作人员通过不属自己主管的下级部门的国家工作人员的职务而获得的"间接职权"。因而，当国家工作人员收受的财物与其职权密切相关时，即可认定是"非法收受"。

本案中，孙昆明提议刘某某用房屋买卖合同加高倍违约金的方式支付贿赂款。孙昆明起草了房屋买卖协议，协议约定刘某某同意自协议签订之日起7个工作日内支付孙昆明首付款100万元，每延迟1天付款，刘某某需支付房屋出售价的1%的违约金。孙昆明办理好有关房屋产权手续后7个工作日内通知刘某某支付尾款并协助刘某某办理过户手续。刘某某接到孙昆明支付尾款通知之日起7个工作日内支付尾款，每延迟1天付款，刘某某需支付房屋出售价的1%的违约金，若刘某某在1个月内未足额付清尾款，则孙昆明不再将本房屋出售给刘某某，且已经收取的房屋首付款100万元不退还。如果孙昆明未能在2013年6月底前办理好本房屋产权手续，孙昆明须将所收刘某某100万首付扣掉刘某某首付违约金后退还。事实上，孙昆明的房子是单位集体盖的，无法过户，合同实质上无法履行。事过半年后，孙昆明因得知有人因类似问题被查处之后，找到刘某某补写了一张30万元的欠条，但欠条上未署还款日期。孙昆明在法庭审理中提出30万元房款系民事债务，不应当认定为受贿。

对此，一二审法院均认为：第一，从购房协议的内容看，双方存在不对等的权利义务关系，即刘某某违约时需支付高额的违约金，而孙昆明违约时

---

① 该条文已被《中华人民共和国民法典》（2020年5月28日）第一百一十八条修改为："民事主体依法享有债权。债权是因合同、侵权行为、无因管理、不当得利以及法律的其他规定，权利人请求特定义务人为或者不为一定行为的权利。"

不但无须承担任何责任，在退还首付款时还要扣除刘某某需支付的违约金，这些约定有悖于正常的市场交易。第二，孙昆明所售房屋不能过户，协议不具备实际履行的条件。第三，从借条可以看出，孙昆明在返还刘某某首付款时，未就差额部分出具欠条，而是在半年后为了逃避审查才补写欠条，且未就还款情况作出约定，孙昆明在客观上也没有偿还刘某某款项的具体行为。第四，案中证据反映，长丰房地产开发公司在向总包方和分包人支付工程款方面处于主导地位，孙昆明作为长丰房地产开发公司的董事长，在支付工程款方面具有决定权。长丰房地产开发公司支付工程款的进度直接决定了恒安消防工程公司获得工程款的时间。刘某某的证言也证明正基于此，其才会与孙昆明签订一份不可能履行的房屋买卖合同。根据上述因素综合判断，孙昆明与刘某某并不存在真实的债权债务关系，而是以借款为名，非法收受他人财物。

需要注意的是，在案件审理过程中，有意见认为，涉案的30万元属于《最高人民法院、最高人民检察院关于办理贪污贿赂刑事案件适用法律若干问题的解释》(以下简称《解释》)第十二条规定的“财产性利益”。我们认为，这种意见值得商榷。

《解释》第十二条规定:“贿赂犯罪中的‘财物’，包括货币、物品和财产性利益。财产性利益包括可以折算为货币的物质利益如房屋装修、债务免除等，以及需要支付货币的其他利益如会员服务、旅游等。后者的犯罪数额，以实际支付或者应当支付的数额计算。”实践中经常出现的财产性利益主要有两种:一是行贿人支付货币购买后转送给受贿人消费;二是行贿人在社会上作为商品销售的自有利益，免费提供给受贿人消费。两种情况实质相同，均应作为贿赂犯罪处理。本案中，虽然“合同”中写明孙昆明不履行合同义务的情况下不退还刘某某违约金，表面上符合“债务免除”的规定，但究其本质，其合同乃至合同规定的债务关系都是虚拟的，而“财产性利益”中“债务免除”的前提是双方存在真实的债权债务关系，因而涉案的30万元钱款属于被告人非法收受的货币，而不是财产性利益。

实践中，财产性利益也经常表现为某种债权债务关系，包括积极财产的增加和消极财产的减少，如使自己或第三人取得债权、使他人免除自己或第三人的债务、债务延期履行等。准确界定贿赂犯罪的界限，认定行为是受贿还是正常的债权债务关系，关键还是要把握“权钱交易”这个本质特征。首先要判断行为人是否利用了职务上的便利为对方谋取了利益，其次要判断债权债务关系是否符合正常的市场交易规则。对于明显有违公平原则、加重一方义务的合同要注意审查双方订立合同的本意，依法打击以“合同”之名行贿赂之实的行为。

——最高人民法院刑二庭:《孙昆明受贿案》，载最高人民法院刑事审判第一、二、三、四、五庭主办:《刑事审判参考》(总第106集)，法律出版社2017年版，第56~58页。

1411. 单位行贿罪的认定

关键词

单位行贿罪

《刑事审判参考》指导案例

被告单位成都主导科技有限责任公司、被告人王黎单位行贿案（《刑事审判参考》指导案例第1282号）

裁判要点：公司的法定代表人，谋取单位利益，代表单位实施行贿行为，且行贿款来源于单位，所谋取的利益归属于单位的，构成单位行贿罪。

本案中，关于应当追究被告人王黎单位行贿罪的刑事责任还是行贿罪的刑事责任，存在不同意见。

一种意见认为，被告人王黎的行为构成行贿罪。主要理由如下：一是本案犯意的提起、实施行贿过程以及最后完成行贿的，都是王黎。整个行贿行为没有经单位集体决定，虽然行贿款是单位的，但整体上属于形式上设立公司法人，实际上以个人意志运作的情形。二是王黎占有公司70%的股份，受益最大，王黎是权钱交易的一方主体，应当以行贿罪追究其刑事责任。

另一种意见认为，被告单位成都主导公司的行为构成单位行贿罪，应当追究被告人王黎单位行贿罪的刑事责任。主要理由如下：一是王黎作为成都主导公司的法定代表人，系为谋取单位利益，代表被告单位实施行贿行为，目的是确保公司产品进入高铁市场。二是本案所涉行贿款均来源于成都主导公司，且所谋取利益归属于被告单位。王黎作为法定代表人与铁路方洽谈，以公司名义签署合同，利益按股份比例通过年终分红的形式分配。三是被告单位成都主导公司于2000年设立，系依法设立的具有法人资格的有限责任公司，经营业务系向铁路部门供应多种产品，不属于有关司法解释规定的"个人为进行违法活动而设立公司实施犯罪和设立公司后以实施犯罪为主要活动"的情形。

我们赞同后一种意见，被告单位成都主导公司及被告人王黎构成单位行贿罪。主要理由是：

1. 本案符合单位行贿罪主体和对象特征。（1）主体适格。被告单位成都主导公司系依法设立的具有法人资格的有限责任公司，合同的签订均以被告单位名义，并且开具发票列入单位利润，排除了被告单位形式上设立公司法人，实际上以个人意志运作和获利的情况；成都主导公司2000年设立，成立以来向铁路部门供应多种产品，不属于“个人为进行违法活动而设立公司实施犯罪和设立公司后以实施犯罪为主要活动”的情形。（2）符合单位行贿犯罪对象的身份特征。在案证据证明，刘瑞扬在与王黎认识及交往期间均在铁道部、北京铁路局担任领导职务，在铁道部车辆管理验收处任职期间负责铁道车辆相关检修、检测、检修专用设备的技术评审、鉴定、选型和推广等方面工作，任北京铁路局动车段工程建设指挥部指挥长期间负责该单位全面工作，主管计财、技术装备部，具有国家工作人员身份。

2. 本案符合单位行贿罪的主、客观特征。（1）王黎作为被告单位法定代表人，主观上系为单位谋取利益而实施行贿行为。（2）王黎向刘瑞扬行贿，目的是确保单位产品形成市场竞争优势乃至垄断，无论被告单位产品本身是否具有实际竞争优势，只要属于为了通过行贿获取更多竞争优势，就应当认定为“谋取不正当利益”。（3）本案签订合同、收取货款、开具发票等活动均是以被告单位名义，王黎没有绕开单位私自经营产品和截留货款，其本人获取利益系根据单位经营情况，通过分红、奖金等形式从公司支取，虽然王黎占有大部分股份，收益最大，但是，在法律上自然人的人格与单位是不同的，即便是同一个公司，也不能将两个不同主体混用，从而否认单位行为的性质。

——最高人民法院刑事审判第一、二、三、四、五庭主办：《刑事审判参考》（总第115辑），法律出版社2019年版，第97~103页。

1412. 民营企业中，在股东只有夫妻二人的情况下，如何区分单位行贿和个人行贿

关键词

民营企业　单位行贿　个人行贿

附录：最高人民法院法官著述

关于单位犯罪和个人犯罪的问题自刑法规定单位犯罪之初就始终存在争议，无论理论界还是实务界都是如此。单位犯罪设立之前，对经过集体决定，以单位方式进行的行为无法追究刑事责任。因此，单位犯罪的设立实质上就是解决法不责众的问题。虽然单位犯罪还存在《公司法》与《刑法》的衔接问题，特别是在民营企业中，在股东只有夫妻二人的情况下更是难以区分，

但是，通过主客观相结合、形式要件与实质要件相结合的方法，这一问题也并非难以解决，正确判别单位犯罪和个人犯罪可以依据以下三个原则：

一、形式要件与实质要件相结合

个人利用单位犯罪、单位犯罪、为犯罪而成立公司的表现形式不同，本质内容也不尽相同。但是，通过将形式和内容相结合进行分析判断就可以明确。首先，并不是以单位的名义实施的行为就是单位犯罪。如果公司实际控制人和决策人均为单独个人，配偶未参加经营和管理，仅为挂名股东，公司财产均系其夫妻二人共同财产。个人行为，形式上是为单位，实质上是为其个人。其次，以单位名义实施的个人犯罪在其他类罪中也经常出现。如在挪用公款犯罪的案件中比较普遍。因此，1998 年《最高人民法院关于审理挪用公款案件具体应用法律若干问题的解释》第 1 条规定，《刑法》第 384 条规定的“挪用公款归个人使用”，包括挪用者本人使用或者给他人使用。第 2 款规定，挪用公款给私有公司、私有企业使用的，属于挪用公款归个人使用。2001 年《最高人民法院关于如何认定挪用公款归个人使用有关问题的解释》[①]第 1 条规定，国家工作人员利用职务上的便利，以个人名义将公款借给其他自然人或者不具有法人资格的私营独资企业、私营合伙企业等使用的，属于挪用公款归个人使用。2002 年《全国人民代表大会常务委员会关于〈中华人民共和国刑法〉第三百八十四条第一款的解释》[②]对《刑法》第 384 条第 1 款规定的国家工作人员利用职务上的便利，挪用公款“归个人使用”的含义问题进行了解释，规定“个人决定以单位的名义将公款供其他单位使用，谋取个人利益的”属于挪用公款“归个人使用”。这一系列的解释就是从形式到内容的具体结合。“揭开公司面纱制度”，即能帮助确定行贿犯罪的主体是真正的单位还是个人，如在职务侵占罪中的“单位”就不包括一人公司。将个人利用单位进行犯罪和单位犯罪剥离开。再次，根据《刑法》第 393 条的规定，单位为谋取不正当利益而行贿，或者违反国家规定，给予国家工作人员以回扣、手续费，情节严重的，对单位判处罚金，并对直接负责的主管人员和其他直接责任人员，处五年以下有期徒刑或者拘役，并处罚金。因行贿取得的违法所得归个人所有的，依照本法第 389 条、第 390 条的规定定罪处罚。该规定明确了用违法所得来判断行为是单位犯罪还是个人犯罪，如果被告人单位只有两个股东，又是夫妻，财产归其二人所有，属于个人行贿行为。《最高人民

① 《最高人民法院关于如何认定挪用公款归个人使用有关问题的解释》（法释〔2001〕29 号）于 2001 年 9 月 18 日由最高人民法院审判委员会第 1193 次会议讨论通过，2001 年 10 月 17 日公布，2001 年 10 月 26 日施行，2013 年 4 月 8 日废止。

② 《全国人民代表大会常务委员会关于〈中华人民共和国刑法〉第三百八十四条第一款的解释》于 2002 年 4 月 28 日由第九届全国人民代表大会常务委员会第二十七次会议通过。

检察院关于人民检察院直接受理立案侦查案件立案标准的规定（试行）》[①]规定，因行贿取得的违法所得归个人所有的，依照本规定关于个人行贿的规定立案，追究其刑事责任。

二、主观要素与客观要素相结合

当一个具体犯罪的主体既可以是自然人又可以是单位时，应当从单位犯罪的意志和利益整体性去区分和判断是单位犯罪还是自然人犯罪，单位犯罪意志的整体性要求单位意志不是单位内部某个成员的意志，也不是各个成员意志的简单相加，而是单位领导或者在代表单位整体利益的领导、指挥、决策、执行过程中形成的具有单位整体性的意志，即单位整体的意志。公司法上的单位并不都能自然成为单位犯罪的主体，如前文提到的职务侵占罪的犯罪主体就排除了一人公司，在单位行贿罪中也应当排除一人公司。《公司法》虽然没有明确对股份有限公司的股东的性质提出要求，但是，单位行贿罪的主体一般应当是以下几种情况：一是三人以上的股东，在职务犯罪中要有直接负责的主管人员和其他直接责任人员，还有未参加犯罪的无责任人员；二是直接负责的主管人员和其他直接责任人是同一个人，如两名股东的，有控股人员直接为了单位的利益实施的，另一个应当不涉及犯罪，也不能直接通过犯罪获得利益；三是全体股东通过公司获得股份内的间接利益；四是夫妻二人为两个股东的单位，二人共同研究为了单位的利益而实施的行贿一般认定为单位行为，这类存在单位利益与个人利益完全重合的问题；五是公司实际控制人和决策人均为单独个人，其配偶未参加经营和管理，仅为挂名股东，公司财产均系其夫妻二人共同财产。此种情形，就是个人以单位名义实施犯罪为个人谋取利益，不能认定为单位犯罪。

三、刑事法律与民事法律相互融合

有意见认为，《公司法》不但未禁止夫妻为股东设立股份有限公司，还允许设立一人公司，因此认为，只要不是个人为进行违法犯罪活动而设立公司实施犯罪的，为个人犯罪，否则，以单位的名义实施的行为都是单位犯罪。这是明显的偷换概念，无论民法、公司法都规定公司的财产与股东或者实际控制人个人的财产混同时，股东对公司的债务承担连带责任。这与刑法的规定是一致的。个人以单位为名，以谋取个人利益为实的行为都是个人行为。

——王晓东：《贪污贿赂、渎职犯罪司法实务疑难问题解析》，人民法院出版社2020年版，第155~158页。

---

① 《最高人民检察院关于人民检察院直接受理立案侦查案件立案标准的规定（试行）》（高检发释字〔1999〕2号）于1999年8月6日由最高人民检察院第九届检察委员会第41次会议通过，1999年9月16日公布、施行。

1413. 假借奖金、福利等名义变相集体私分国有资产行为与一般财经违纪行为的区分

关键词

私分国有资产罪　财经违纪行为　分配权

《刑事审判参考》指导案例

张金康、夏琴私分国有资产案（《刑事审判参考》指导案例第 293 号）

裁判要点：假借奖金、福利等名义变相集体私分国有资产行为与超标准、超范围发放奖金、福利等一般财经违纪行为的区分，要参照单位经营利润情况、单位对所分资产是否具有自主支配、分配权等情况综合分析。

私分国有资产行为首先是一种违反国家规定的行为。根据《刑法》第 96 条规定，违反国家规定，是指违反全国人民代表大会及其常务委员会制定的法律和决定，国务院制定的行政法规、规定的行政措施、发布的决定和命令。据此，国家机关、国有公司、企业、事业单位、人民团体依照相关国家规定发放奖金、津贴、福利等行为，如国家机关、事业单位、社会团体等依照预算法和有关预算外资金管理法规规定用预算外资金发放奖金、津贴、补贴以及国有公司依照公司法相关规定将所提取的法定公益金用于本公司职工集体福利等，因属合法行为，当然不能认为是变相私分国有资产。鉴于我国国有单位尤其是国有企业在改革、改制过程中出现了一些财务管理不够规范和不够完善的现实状况，在私分国有资产罪中的违反国家规定的具体理解和掌握上，一定要具体情况具体分析，实事求是、合情合理地予以认定。不宜将违反规定超标准、超范围等乱发、滥发奖金、福利的财经违纪行为，一概认定为集体私分行为，以避免刑事打击面过大。具体判断方面，可参照单位经营利润情况、单位对所分资产是否具有自主支配、分配权等情况综合分析。对于在单位财力状况允许的范围内以及将单位具有一定自主支配权的钱款违反规定分配给单位成员，未造成严重社会危害后果的行为，一般不宜认定为私分行为。相反，下列情形一般可以认定为私分国有资产行为：第一，在单位没有经营效益甚至经营亏损的情况下，变卖分配国有财产等严重违背国有财产的经营管理职责，妨害国有公司、企业的正常生产、经营活动的；第二，单位将无权自主支配、分配的钱款通过巧立名目、违规做账等手段从财务账

上支出，或者将应依法上缴财务入账的正常或者非正常收入予以截留，变造各种栏目进行私分发放等，严重破坏国家财政收支政策的贯彻落实的。

——最高人民法院刑事审判第一庭、第二庭编：《刑事审判参考》2004年第2集（总第37集），法律出版社2004年版，第73~77页。

1414. 县交通局稽查队代征的车船使用税、代办的个体工商管理费的返还款及停车费属于《刑法》第三百九十六条第一款所规定的“国有资产”

关键词

私分国有资产罪　返还款　停车费

最高人民法院审判业务意见（研究室研究意见）

有关部门就如何理解私分国有资产问题征求最高人民法院研究室意见。最高人民法院研究室经研究认为：

县交通局稽查队代征的车船使用税、代办的个体工商管理费的返还款均属于利用国家公权力收取的费用，虽然系违法代收，但仍无法改变款项的公款性质。县交通局稽查队收到的停车费也属于公款。因此，县交通局稽查队代征的车船使用税、代办的个体工商管理费的返还款及停车费属于刑法第三百九十六条第一款所规定的“国有资产”。

——《最高人民法院研究室关于如何理解私分国有资产问题的研究意见》，载张军主编、最高人民法院研究室编著：《司法研究与指导》2012年第2辑（总第2辑），人民法院出版社2012年版，第173~177页。

1415. “国有资产”的认定

关键词

私分国有资产罪　国有资产　违法所得

《刑事审判参考》指导案例

李祖清等被控贪污案（《刑事审判参考》指导案例第377号）

裁判要点：私分国有资产罪中的国有资产，是指广义的国有资产。行政事业单位违反行政法规，滥用职权而乱收费、乱摊派、乱

罚款所得的款项，应认定为国有资产，构成私分国有资产罪的犯罪对象。

根据上述规定，行政事业单位违反行政法规，滥用职权而乱收费、乱摊派、乱罚款所得的款项，应认定为国有资产，构成私分国有资产罪的犯罪对象。其理由是：第一，从所有权的取得方式看。国家从社会的公共利益出发，凭借其依法享有的公共权力，采用征税、国有化、没收、征收等强制手段取得的财产所有权，这是国家财产取得的主要来源。“三乱”收入从表现形式上符合国有资产取得的法定形式，其法律效力在有关部门查处之前是毋庸置疑的。因此，行政机关各种违法收取的费用符合国有资产取得的规定，属于国有资产。第二，根据我国法律规定，一切违法所得都应没收上缴国库，收款单位根本没有支配、处分权。同时，这些款项都是收款单位以国家名义强制收取的，被收款方也认为是国有单位收取的，如要举报控告也是控告国有单位，最终由国家负责清退和赔偿。同时，根据《刑法》第 91 条第 2 款规定的精神，对于国家实际上占有、使用、处分的资产，应视为国有资产。第三，财产犯罪的对象范围不以合法所有或者持有的财物为限。因此，刑法上的财产，更多强调的是财产的经济价值性；而非合法性。即便是不受民法保护或者为相关行政法规所明文禁止的财物，如赌资、赃物、违禁品等，只要具有一定的经济价值，并且与《刑法》的基本保护精神不相违背，则同样可以成为财产犯罪的对象，并应当受到《刑法》的保护。

——最高人民法院刑事审判第一庭、第二庭编：《刑事审判参考》2005 年第 6 集（总第 47 集），法律出版社 2006 年版，第 64~75 页。

1416. 如何处理巨额财产来源不明案件中的疑难问题

关键词

巨额财产来源不明罪

附录：最高人民法院法官著述

一、对巨额财产来源不明罪办理的切入点

一是根据广大群众的举报，对那些群众反映强烈，影响较大，党的十八大以后不收手、问题线索反映集中、现在重要岗位且可能还要提拔使用的领导干部，虽然没有明确的贪污贿赂的证据，可以从巨额财产来源不明入手加大查办力度。二是结合党员领导干部填报的“个人事项报告”，有申报巨额财产的，将申报的财产明显超过收入，又没有明确来源，或者来源无法得到证实的作为查办的线索。

二、对于财产来源“合法”与“不合法”的界定

个人财产大致分为三个部分，一是合法财产；二是违法财产；三是涉犯罪的财产。除了上述三种情形外就是来源不明的财产。犯罪获得的财产以及违法获得的财产构成不合法财产，除了犯罪获得的财产和非法所得的财产之外的财产为合法财产和来源不明的财产。

合法的财产包括国家工作人员个人财产和与其共同生活的家庭成员所有的合法收入，包括工资、奖金、稿酬、继承等法律和政策允许的各种收入；财产包括房产、家具、生活用品、学习用品及股票、债券、存款等动产和不动产。

不合法的财产包括通过犯罪获得的财产和未构成犯罪，通过违纪违法获得的财产。2017年1月5日开始实施的《最高人民法院、最高人民检察院关于适用犯罪嫌疑人、被告人逃匿、死亡案件违法所得没收程序若干问题的规定》第6条明确了不同情形下对违法所得的认定：第一种情形，即原始形态的违法所得，是指通过实施犯罪直接或者间接产生、获得的任何财产；第二种情形，即转变、转化形态的违法所得，是指违法所得已经部分或者全部转变、转化为其他财产的，转变、转化后的财产；第三种情形，即单纯收益和添附收益形态的违法所得，是指来自违法所得转变、转化后的财产收益，或者来自已经与违法所得相混合财产中违法所得相应部分的收益，这是目前对不合法财产的最完整的概括，是与《联合国反腐败公约》内容最为贴切的解释。

根据《最高人民法院关于印发〈全国法院审理经济犯罪案件工作座谈会纪要〉的通知》关于巨额财产来源不明罪中行为人不能说明巨额财产来源合法的认定的规定，《刑法》第395条第1款规定的“不能说明”，包括以下情况：（1）行为人拒不说明财产的具体来源；（2）行为人无法说明财产的具体来源；（3）行为人所说的财产来源经司法机关查证并不属实；（4）行为人所说的财产来源因线索不具体等原因，司法机关无法查实，但能排除存在来源合法的可能性和合理性的。对于一般情形的犯罪，如对于夫妻双方都是公职人员，又未有投资经商等情况的，能够规范处理。但是，实践中很多问题仍然难以解决，特别是家庭成员中有投资、经商情形的，处理起来困难重重。适用上述规定的前提，一方面，要发现财产，那些尚未发现，即便行为人提供线索仍然不能确认财产在哪里的，是处理中的难题。另一方面，面对大量的财物，行为人本人不能说明财产来源的合法性，但是，如果其配偶、共同生活的人提供大量繁杂的书证，在短时间无法判断的，仍然难以认定。因此，对于财产来源“合法”与“不合法”的界定需要明确的时间起止节点，对个人犯罪中家庭财产的析产，对家庭成员中有投资、经营情况的，需要提前交

由审计机关审计，确定财产性质等，巨额财产来源不明罪这一司法制度有待进一步加强和完善。

三、对“说明来源”应明确具体的时限

《最高人民法院关于印发〈全国法院审理经济犯罪案件工作座谈会纪要〉的通知》对巨额财产来源不明罪中行为人不能说明巨额财产来源合法的认定规定了四种情况。上述规定在具体执行中，法律没有明确规定起止时限，司法解释也没有具体的说明。但是，实践中，

“说明来源”是有时限要求的，如案件审理期限、羁押的时间等的限制。所有的案件都是在一定的时限内结案的。那么，行为人拒不说明财产来源，无法说明财产的来源，应限定在什么样的时间段？行为人所说的财产来源经司法机关查证并不属实，如果在审判阶段又出现新的证据，证明财产来源属实的，又应当如何处理？“行为人所说的财产来源因线索不具体等原因，司法机关无法查实，但能排除存在来源合法的可能性和合理性的”，这一规定有依赖于被告人供述的嫌疑，与《刑事诉讼法》第55条“只有被告人的供述，没有其他证据的，不能认定被告人有罪和处以刑罚”的规定相悖，在实践中极其容易出现错误，而且有完全依据主观判断、客观归罪的倾向。因此，要确立行为人应在具体明确的起止时限内“说明来源”，否则承担不利后果的规定。

根据《最高人民法院关于印发〈全国法院审理经济犯罪案件工作座谈会纪要〉的通知》关于巨额财产来源不明罪中“非法所得”的数额计算的规定，《刑法》第395条规定的“非法所得”，一般是指行为人的全部财产与能够认定的所有支出的总和减去能够证实的有真实来源的所得。在具体计算时，应注意以下问题：(1) 应把国家工作人员个人财产和与其共同生活的家庭成员的财产、支出等一并计算，而且一并减去他们所有的合法收入以及确属与其共同生活的家庭成员个人的非法收入；(2) 行为人所有的财产包括房产、家具、生活用品、学习用品及股票、债券、存款等动产和不动产；行为人的支出包括合法支出和不合法支出，包括日常生活、工作、学习费用、罚款及向他人行贿的财物等；行为人的合法收入包括工资、奖金、稿酬、继承等法律和政策允许的各种收入；(3) 为了便于计算犯罪数额，对于行为人的财产和合法收入，一般可以从行为人有比较确定的收入和财产时开始计算。按照该纪要的规定，实践中，有很多财产无法处理。例如，该纪要规定，为了便于计算犯罪数额，对于行为人的财产和合法收入，一般可以从行为人有比较确定的收入和财产时开始计算。那么，什么时间可以确定“比较确定的收入”，在很多情况下，不确定收入并不一定少于确定的收入，财产的来源是多方面的，婚前的财产、继承的财产等按照何时计算都应明确具体的时间节点。

四、对“差额特别巨大”的综合认定

关于如何认定“差额特别巨大的”，法律没有规定，司法解释也没有明确。什么样的数额属于“差额特别巨大的”，与“差额巨大的”分界点是多少呢？出现上述的问题实际并不奇怪，问题的答案也不能是统一的数字。因为我国幅员辽阔，经济发展不平衡，对贪污犯罪的量刑在实施了三十多年后摒弃以数额计价论罪，而适用数额加情节的量刑方法就是这个道理。数额加情节的量刑方法不仅适用于主刑，对附加刑也仍然适用。巨额财产来源不明罪属于贪污类罪中的一种，应当同样适用数额加情节的原则，因此，对“差额特别巨大的”也应当综合全面认定。

犯罪数额是量刑的重要情节，其直接反映被告人的主观恶性及社会危害性，对量刑具有直接影响，在没有其他量刑情节影响的情况下，量刑与犯罪数额呈正比关系，既罚当其罪，又不失严肃性。在贪污犯罪中，犯罪数额属于其他影响犯罪构成的犯罪事实，也属于量刑情节，巨额财产来源不明罪在立法上将数额明确作为定罪的标准和量刑的标准，使犯罪数额与被告人的刑期成正比。但是，要根据不同的地区、经济发展环境，同案中贪污、受贿的数额等因素综合考虑。各省（市）高级人民法院应根据各地自身实际情况，以《刑法》及相关司法解释为基础，在一省（市）范围内制定统一标准，对巨额财产来源不明罪中“差额特别巨大的”的适用加以规范。

五、对相关巨额财产来源不明问题的处理

实践中，将巨额财产来源不明罪中的财物用来执行贪污、贿赂犯罪财产性判项的做法是错误的，必须予以纠正。罚金、没收财产都是执行被告人的合法财产。犯罪涉案的财物依法追缴，违法的予以没收。巨额财产来源不明罪定罪的财物予以追缴，不能作为财产性判项来执行是因为，一方面减轻了被告人的刑罚，另一方面给国家的财产造成了损失，也是违反法律规定的。

司法实践中，巨额财产来源不明的案件要正确区分被告人的合法财产、违纪财产、犯罪所得财产，不能说明来源的才属于巨额财产来源不明，具体案件中，应当从以下几个方面收集整理证据：

第一部分：证明被告人家庭财产共计数额的证据（包括银行存款、股票等金融资产；黄金、白银、玉石、家具等贵重物品）。

一、银行存款、股票等金融资产（包括银行存款、股票及关联存款等）

（一）银行存款（人民币存款；美元存款；英镑存款；欧元存款；澳元存款等）

（二）股票及关联存款

1. 股票余额；

2. 银行余额；

3. 共有股票余额；

4. 开放式基金；

5. 共有的股票总资产及关联银行账户余额；

6. 共有资产投资形成的余额。

（三）关联人存款

1. 利用他人身份的存款；

2. 借用他人身份的存款。

二、黄金、白银、玉石、家具等贵重物品

金条及黄金制品、白银、珍珠、钟表、相机、玉石、象牙、家具、纪念币、纪念钞等贵重物品。

三、现金人民币、美元、欧元、日元、港元等四、被告人贪污或受贿数额与犯罪事实相同

第二部分：证明被告人家庭支出财产的证据（包括购买房产、日常消费、购买车辆、投资、借款，其他家庭支出财产等）。

一、房产支出

二、家庭人均消费支出

1. 个人消费支出；

2. 家庭消费支出；

3. 子女成年前消费支出。

根据2003年最高人民法院印发的《最高人民法院关于印发〈全国法院审理经济犯罪案件工作座谈会纪要〉的通知》的规定，支出是指国家工作人员个人及与其共同生活的家庭成员所有支出的总和。应当包括子女的支出情况（未成年时的支出，××××年××月××日至××××年××月××日人均消费支出）。

三、购车支出

四、投资支出五、借贷支出

第三部分　证明被告人能够说明来源的财产的证据（包括被告人的工资收入；稿费收入；卖房获利收入；借款；房租收入；炒股获利；银行利息收入；受贿所得及升值部分等）。

一、被告人工资收入

1. 被告人工资；

2. 证明家庭成员工资收入。二、稿费收入主要为书证

1. 出版社财务部书证；

2. 发行社财务部书证。三、卖房获利收入

四、借款

五、房屋租金收入六、炒股获利

1. 未上市股票获利；

2. 炒股获利。

七、银行利息收入八、受贿所得

九、能够说明来源的其他财产

综上所述，最终得出被告人巨额财产来源不明的具体数额，才能正确认定犯罪事实，正确适用刑罚。

——王晓东：《贪污贿赂、渎职犯罪司法实务疑难问题解析》，人民法院出版社 2020 年版，第 83~90 页。

1417. 如何在犯罪嫌疑人死亡案件中认定实施巨额财产来源不明犯罪

关键词

受贿罪　贪污罪　违法所得　巨额财产来源不明罪

《刑事审判参考》指导案例

任润厚受贿、贪污、巨额财产来源不明违法所得没收申请案（《刑事审判参考》指导案例第 1235 号）

裁判要点：法院只要在立案阶段查明有证据证明犯罪嫌疑人、被告人实施了巨额财产来源不明犯罪，审理阶段如没有利害关系人对申请没收的相应财产主张权利，或者虽然主张权利但未提供相关证据，或提供的证据没有达到优势证据证明标准，即可以认定相应财产属于巨额财产来源不明违法所得及其他涉案财产，裁定予以没收。

有观点认为，认定巨额财产来源不明罪一个必不可少的环节是犯罪嫌疑人、被告人对财产来源作出说明，而在犯罪嫌疑人、被告人逃匿、死亡案件中，特别是在犯罪嫌疑人、被告人死亡案件中，犯罪嫌疑人、被告人没有说明财产来源的机会，因此，此类案件无法达到巨额财产来源不明罪的认定标准，巨额财产来源不明罪不宜适用违法所得没收程序。

我们认为，《最高人民法院、最高人民检察院关于适用犯罪嫌疑人、被告人逃匿、死亡案件违法所得没收程序若干问题的规定》（以下简称《追赃规定》）第一条明确将巨额财产来源不明罪列入违法所得没收程序适用罪名，符合刑事诉讼法增设违法所得没收程序的立法本意，且不会因此导致违法所得范围任意扩大，对犯罪嫌疑人、被告人以及利害关系人的合法财产权利造成侵害。法院只要在立案阶段查明有证据证明犯罪嫌疑人、被告人实施了巨额财产来源不明犯罪，审理阶段如没有利害关系人对申请没收的相应财产主张权利，或者虽然主张权利但未提供相关证据，或提供的证据没有达到优势证据证明标准，即可以认定相应财产属于巨额财产来源不明违法所得及其他涉案财产，裁定予以没收。主要理由如下：

1. 犯罪嫌疑人、被告人未到案作出说明一般不会影响巨额财产来源不明基本事实的认定。如果在案物证、书证、证大证言等证据足以证明“国家工作人员的财产、支出明显超过合法收入，差额巨大”，那么犯罪嫌疑人、被告人没有到案说明来源一般不会影响巨额财产来源不明犯罪的认定。因为此种情形下，犯罪嫌疑人、被告人即使到案对财产、支出明显超过合法收入作出说明，也基本上是进一步交代财产具体来源于贪污还是受贿，而非说明财产来源于合法收入，否则证明明显超过合法收入的相关证据就不充分。

2. 违法所得没收程序的本质特征决定了巨额财产来源不明犯罪事实证明标准有所降低。巨额财产来源不明违法所得的认定本质上系对明显超过合法收入的财产权属的确认，不涉及对犯罪嫌疑人、被告人的定罪处罚，对巨额财产来源不明犯罪事实的证明标准，可以比照普通刑事案件有所降低。特别是在犯罪嫌疑人、被告人逃匿案件中，犯罪嫌疑人、被告人到案后还可以按照普通刑事诉讼程序重新进行审理。因此，降低证明标准未必最终对犯罪嫌疑人、被告人的合法财产权利造成不当侵害，即使造成不当侵害，也可以有相应的救济机制矫正。

3. 利害关系人对申请没收的财产主张权利可以起到补充说明财产来源的作用。虽然巨额财产来源不明犯罪事实系在立案受理阶段认定的，但这一阶段认定的犯罪事实不要求巨额财产来源不明的数额十分准确，可以综合物证、书证、证人证言，包括犯罪嫌疑人、被告人的近亲属的证言认定。鉴于巨额财产来源不明数额直接涉及违法所得及其他涉案财产的认定，可以在开庭审理过程中通过对证据示证、质证进一步查证。犯罪嫌疑人、被告人的近亲属以及其他利害关系人可以申请参加诉讼，对申请没收的财产（包括巨额财产来源不明）主张权利。查明数额有误的，可以对具体数额进行调整。《追赃规定》第十七条第二款进一步明确，对于申请没收巨额财产来源不明犯罪案件的违法所得，没有利害关系人主张权利，或者虽然主张权利但提供的证据没有达到相应证明标准的，申请没收的财产视为属于违法所得及其他涉案财产。

——最高人民法院刑事审判第一、二、三、四、五庭主办：《刑事审判参考》（总第 112 辑），法律出版社 2018 年版，第 116~130 页。

THE COLLECTION OF THE SUPREME PEOPLE'S COURT'S JUDICIAL RULES (4rd)

最高人民法院
司法观点集成

〔第四版〕

刑 事 卷

④

人民法院出版社 编

人 民 法 院 出 版 社

总 目 录

第一编　刑法总则

第二编　刑法分则

第三编　程　序

第四册目录

第十二章 渎职罪

第三编 程 序

第十三章 综 合

第十四章 管 辖

第十五章　辩　护

第十六章 证 据

第十七章　强制措施

第十八章　刑事附带民事诉讼

第十九章 立案、侦查、提起公诉

第二十章 审判组织

第二十一章 第一审程序

第二十二章 认罪认罚案件的审理

第二十三章 第二审程序

第二十四章　死刑复核程序

第二十五章　审判监督程序

第二十六章　涉外刑事案件程序的审理

第二十七章　刑事执行程序

第二十八章 未成年人刑事案件审理程序的规定

第二十九章 当事人和解的公诉案件诉讼程序

第三十章 犯罪嫌疑人、被告人逃匿、死亡案件违法所得的没收程序

第三十一章 依法不负刑事责任的精神病人的强制医疗程序

第三十二章　涉案赃物的处理

第十二章　渎职罪

1418. 渎职行为致使债权无法实现属于造成经济损失

关键词

渎职行为　重大损失　债权无法实现

最高人民法院司法解释

第一条　国家机关工作人员滥用职权或者玩忽职守，具有下列情形之一的，应当认定为刑法第三百九十七条规定的“致使公共财产、国家和人民利益遭受重大损失”：

（一）造成死亡1人以上，或者重伤3人以上，或者轻伤9人以上，或者重伤2人、轻伤3人以上，或者重伤1人、轻伤6人以上的；

（二）造成经济损失30万元以上的；

（三）造成恶劣社会影响的；

（四）其他致使公共财产、国家和人民利益遭受重大损失的情形。

具有下列情形之一的，应当认定为刑法第三百九十七条规定的“情节特别严重”：

（一）造成伤亡达到前款第（一）项规定人数3倍以上的；

（二）造成经济损失150万元以上的；

（三）造成前款规定的损失后果，不报、迟报、谎报或者授意、指使、强令他人不报、迟报、谎报事故情况，致使损失后果持续、扩大或者抢救工作延误的；

（四）造成特别恶劣社会影响的；

（五）其他特别严重的情节。

第八条　本解释规定的“经济损失”，是指渎职犯罪或者与渎职犯罪相关联的犯罪立案时已经实际造成的财产损失，包括为挽回渎职犯罪所造成损失而支付的各种开支、费用等。立案后至提起公诉前持续发生的经济损失，应一并计入渎职犯罪造成的经济损失。

——《最高人民法院、最高人民检察院关于办理渎职刑事案件适用法律若干问题的解释（一）》（2012 年 12 月 7 日，法释〔2012〕18 号）。

最高人民法院司法政策精神

六、关于渎职罪

（一）渎职犯罪行为造成的公共财产重大损失的认定

根据刑法规定，玩忽职守、滥用职权等渎职犯罪是以致使公共财产、国家和人民利益遭受重大损失为构成要件的。其中，公共财产的重大损失，通常是指渎职行为已经造成的重大经济损失。在司法实践中，有以下情形之一的，虽然公共财产作为债权存在，但已无法实现债权的，可以认定为行为人的渎职行为造成了经济损失：（1）债务人已经法定程序被宣告破产；（2）债务人潜逃，去向不明；（3）因行为人责任，致使超过诉讼时效；（4）有证据证明债权无法实现的其他情况。

——《最高人民法院关于印发〈全国法院审理经济犯罪案件工作座谈会纪要〉的通知》（2003 年 11 月 13 日，法〔2003〕167 号）。

附录：最高人民法院法官著述

根据《刑法》规定，致使公共财产、国家和人民利益遭受重大损失，是玩忽职守、滥用职权等渎职犯罪的必要构成条件。虽然重大损失的内涵丰富、外延宽泛，很难予以统一，但造成重大的经济损失，应当认定为致使公共财产、国家和人民利益遭受重大损失，这一点是没有疑义的。通常情况下，认定是否造成了经济损失比较容易，但对于行为人的渎职行为致使债权无法实现的，能否认定为行为人的渎职行为造成了经济损失，司法实践中存在分歧。《纪要》明确："在司法实践中，有以下情形之一的，虽然公共财产作为债权存在，但已无法实现债权的，可以认定为行为人的渎职行为造成了经济损失：（1）债务人已经法定程序被宣告破产；（2）债务人潜逃，去向不明；（3）因行为人责任，致使超过诉讼时效；（4）有证据证明债权无法实现的其他情况。"

——郭清国：《贪污贿赂和渎职犯罪案件刑法适用的新问题》，载《人民司法》2005 年第 3 期（总第 494 期）。

1419. 滥用职权罪中滥用职权与损害后果之间因果关系的认定

关键词

滥用职权罪

《刑事审判参考》指导案例

李明违法发放林木采伐许可证案（《刑事审判参考》指导案例第 694 号）

裁判要点：要通过对介入因素的考察，认定发放林木采伐许可证的行为与森林遭受严重破坏后果之间刑法上的因果关系。

刑法中的因果关系体现了我国刑法的基本原则——罪责自负，它的基本含义是：行为人只能对其危害行为及其造成的危害结果承担刑事责任。当危害结果发生时，要使行为人对该结果负责任，就必须查明其所实施的危害行为与该结果之间具有因果关系，这种因果关系是在危害结果发生时行为人负刑事责任的必要条件。在司法实践中，危害行为与危害结果之间的因果关系通常并不难确定，但在“一果多因”“一因多果”等情况中因果关系的认定往往变得异常复杂。

我们认为，认定因果关系，应当以行为时客观存在的一切事实为基础，依据一般人的经验进行判断，特别是在“一果多因”的情况下，危害后果的发生是在行为人实施行为后多个因素的介入下而产生的，应当通过考察行为人的行为导致结果发生的可能性大小、介入因素对结果发生的作用大小、介入因素的异常程度等来判断行为人的行为与结果之间是否存在因果关系。如果行为人的行为导致最后结果发生的可能性越高，则认定因果关系存在的理由越足，反之则不然；介入因素对结果发生的作用越大，认定因果关系存在的理由越不足，反之则不然；介入因素的异常程度越高，认定因果关系存在的理由越足，反之则不然。

——最高人民法院刑事审判第一、二、三、四、五庭主办：《刑事审判参考》2011 年第 2 集（总第 79 集），法律出版社 2011 年版，第 110~112 页。

包智安受贿、滥用职权案（《刑事审判参考》指导案例第 327 号）

裁判要点：滥用职权行为与损失后果之间没有必然因果关系不构成滥用职权罪。

第一，被告人包智安的滥用职权行为与南京计时器厂、南京钟厂、南京长乐玻璃厂将资金拆借给正大公司而造成重大损失没有必然的因果关系。……没有证据证实包智安在企业拆借过程中起决定性的作用，3 家企业将资金拆借给正大公司是 3 家企业决策机构作出的一种企业行为，非法拆借与遭受经济损失之间存在直接的因果关系，所造成的重大损失与包智安的滥用职权行为之间没有刑法上的因果关系。

第二，正大公司破产是南京计时器厂、南京钟厂、南京长乐玻璃厂不能收回借款的直接原因，但正大公司破产、无力偿还所拆借资金系由正大公司经营管理不善、资金周转困难等多种原因造成的，不是包智安帮助促成借款造成的，直接责任人应是该公司的负责人，而不是该公司的上级主管部门领导包智安，况且资金借来后亦用于正大公司的正常经营活动，与该公司的破产无必然的因果关系。

第三，鉴证不具有担保性质，南京市劳动局不需要对南京计时器厂、南京钟厂、南京长乐玻璃厂的资金拆借损失承担赔偿责任。

综上，包智安出具鉴证书的行为与造成重大经济损失之间不具有刑法上的因果关系，其行为不符合滥用职权罪的构成要件，其对超越职权行为最终发生的结果，只能承担行政领导责任，而不是刑事责任。

——最高人民法院刑事审判第一、二、三、四、五庭主办：《中国刑事审判指导案例》(6)，法律出版社 2012 年版，第 558 页。

1420. 渎职犯罪的因果关系判断

关键词

渎职犯罪　玩忽职守罪

《刑事审判参考》指导案例

龚晓玩忽职守案（《刑事审判参考》指导案例第 294 号）

裁判要点：玩忽职守行为客观存在，但是失职行为与特大交通事故之间不存在刑法上的因果关系，不认定为玩忽职守。

《机动车驾驶证管理办法》第十九条规定，“对持有准驾驶车型 A、B、N、P 驾驶证的……每年审验一次”，“审验时进行身体检查”。据此规定，车辆管理所须对持有准驾车型 B 驾驶证的蒋明凡进行一年一度审验，且审验时必须进行身体检查。但无论是体检或审验，其效力都只及于检审的当年度。因此，龚晓于 1999 年为蒋明凡出具的虚假体检结论的效力只及于 2000 年度审验以前。在此之后的各年度审验中，该体验结论便不具有效力。这意味着在此后的各年度审验中，蒋明凡只有经重新体检合格后，方能够通过审验。而在蒋明凡驾驶的客车肇事之前的 2000 年、2001 年和 2002 年的年度审验中，本不应通过审验的蒋明凡却又多次通过彭水县公安局交通警察大队的审验，这说明在上述年度审验中，从事驾驶员体检工作的有关人员均未按规定对蒋明凡进行身体检查或对体检结果进行审查，同样存在未履行其职责或未正确履行职责的玩忽职守行为。因此，认定谁的失职行为与“8.20”特大交通事故之间存在刑法上的因果关系是正确评价被告人龚晓行为性质的关键所在。

在判断行为与结果之间是否存在刑法上的因果关系时，应以行为时客观存在的一切事实为基础，依据一般人的经验进行判断。在存在介入因素的场合下，判断介入因素是否对因果关系的成立产生阻却影响时，一般是通过是否具有“相当性”的判断来加以确定的。在“相当性”的具体判断中，一般可以从以下三个方面来进行：（1）最早出现的实行行为导致最后结果发生的概率的高低。概率高者，因果关系存在；反之，不存在。（2）介入因素异常性的大小。介入因素过于异常的，实行行为和最后结果之间的因果关系不存在；反之，因果关系存在。（3）介入因素对结果发生的影响力。影响力大者，因果关系不存在；反之，因果关系存在。当然，如果介入行为与此前行为对于结果的发生作用相当或者互为条件时，均应视为原因行为，同时成立因果关系。

故此，龚晓的失职行为与交通事故之间不存在刑法上的因果关系。尽管被告人龚晓客观上存在失职行为，可依照其他有关规定予以行政处分，但其行为不构成玩忽职守罪。

——最高人民法院刑事审判第一、二、三、四、五庭主办：《中国刑事审判指导案例》（6），法律出版社2012年版，第578~579页。

1421. 交通运输管理站工作人员在执行公务中超越职权造成他人伤亡的构成滥用职权罪

关键词

滥用职权罪　交通运输管理站工作人员　超越职权

《刑事审判参考》指导案例

王刚强、王鹏飞滥用职权案（《刑事审判参考》指导案例第345号）

裁判要点：交通运输管理站工作人员在执行公务中超越职权造成他人伤亡构成滥用职权罪。

（一）被告人在执行公务中超越职权造成他人伤亡的行为构成了犯罪

我国法律、法规对逃避检查的逃逸车辆，公路稽查人员能否进行追赶的确没有明确规定，正因为没有明文规定，作为执法的公路稽查人员对逃避检查的逃逸车辆就不能“追赶”，因为法律、法规没有授权你“追赶”，如“追赶”就是超越职权的滥用职权行为。根据《刑法》第 397 条第 1 款的规定，滥用职权，致使公共财产、国家和人民利益遭受重大损失的就要追究刑事责任。也就是说，作为执法者，在执法中不能超越法律的授权，否则就构成了违法，造成严重后果的就构成了犯罪。

（二）被告人在执行公务中超越职权的行为构成了滥用职权罪而不构成过失致人死亡罪

1. 滥用职权罪侵犯的客体是国家的正常管理活动，而过失致人死亡罪侵犯的客体是公民的人身权利。

2. 滥用职权罪的主体是特殊主体，即必须是国家机关工作人员，而过失致人死亡罪的主体是一般主体。

3. 滥用职权罪在主观上对滥用职权是故意的，对危害后果是过失的。被告人故意违反规定，其行为符合滥用职权罪的主观要件。

4. 滥用职权罪在客观上实施了超越职权或不正当行使职权的行为，而过失致人死亡罪在客观上没有实施滥用职权的行为。综上，被告人的行为符合滥用职权罪的特征，而不符合过失致人死亡罪的特征，故应以滥用职权罪追究其刑事责任。

——最高人民法院刑事审判第一庭、第二庭编：《刑事审判参考》2005 年第 3 集（总第 44 集），法律出版社 2006 年版，第 42~48 页。

1422. 国家机关工作人员以单位名义擅自出借公款给其他单位使用未谋取个人利益的行为的定性

关键词

滥用职权罪　国家机关工作人员　出借公款

《刑事审判参考》指导案例

张群生滥用职权案（《刑事审判参考》指导案例第 563 号）

裁判要点：国家机关工作人员以单位名义擅自出借公款给其他单位使用，未谋取个人利益，给出借单位造成损失的，可构成滥用职权罪。

滥用职权罪属于职务犯罪，挪用公款罪从本质上讲也属于一种渎职行为，两种犯罪主要区别在犯罪构成尤其是客观方面的行为表现上：

一是两罪侵犯的客体不同。挪用公款罪不但侵犯了国家工作人员职务的廉洁性，还侵犯了公共财产的使用收益权，而滥用职权罪侵犯的是国家机关的正常活动。为保证国家机关工作人员正当、合理地行使职权，国家有关机关制定、颁布了一系列法律、法规和规章来规范、约束其工作人员的职务行为。这些规定既是国家机关工作人员行使和运用各自职权的法律依据和保障，也是其职务行为的界限、范围和行动的准则，因而是每一个国家机关工作人员的法定责任和义务。职权的不正当运用尤其是滥用，不仅违反了这些规定中关于正当、合理运用职权的基本要求，从而妨害国家机关的正常管理活动和秩序，而且还会给公共财产、国家和人民利益造成不可估量甚至无法弥补的损害。

二是两罪主体都是特殊主体，但又有所不同。挪用公款罪的犯罪主体是国家工作人员，其范围刑法第九十三条有明确规定。滥用职权罪的犯罪主体是国家机关工作人员，关于其范围的界定，2002 年全国人大常委会《关于〈中华人民共和国刑法〉第九章渎职罪主体适用问题的解释》亦作出规定，两类人员具有包容关系，即国家工作人员包括了国家机关工作人员。

三是两罪客观方面不同。挪用公款罪是利用职务之便，擅自决定将公款挪归个人使用的行为，具体而言有三种行为表现。滥用职权罪表现为违反法律规定的权限和程序，滥用职权，致使公共财产、国家和人民利益遭受重大损失的行为。滥用职权的行为在客观上表现为两种情形：一是不认真地运用权力，即在履行职务的过程中，未尽到注意义务，在其职务范围内随便、随意或马虎地行使权力；二是过度地运用权力，即在履行职务的过程中，超越职务范围去行使权力，或者在职务范围内超越权力运用的前提、条件、程序、内容等要求而行使权力。前者是不认真履行职责，后者则是超越限度或没有限度地履行职责，均以作为的方式表现出来。

四是两罪的主观方面不同。挪用公款罪只能由故意构成，滥用职权罪主观方面一般由过失构成，特殊情况下也不排除间接故意的存在。判断故意还是过失，应当以行为人对其所实施行为的危害结果所持的心理态度，而不是行为人对行为本身的心理态度为标准。作为国家机关工作人员，对其职权的法律依据、行使范围与程序以及职权滥用的危害后果，通常具有一定明知，不管是出于何种动机而滥用职权，一般较难以认定行为人是在希望或积极追求公共财产、国家和人民利益遭受重大损失之危害后果的发生；但实践中确实存在行为人明知违反职责义务的行为会造成危害结果，但为了某种利益而对危害结果的发生采取放任态度，则其主观心态就不再出于过失而应当属于故意了。

——最高人民法院刑事审判第一、二、三、四、五庭主办：《中国刑事审判指导案例》(6)，法律出版社 2012 年版，第 560 页。

1423. 滥用职权同时又受贿应数罪并罚

关键词

滥用职权罪　受贿罪　数罪并罚

最高人民法院司法解释

第三条　国家机关工作人员实施渎职犯罪并收受贿赂，同时构成受贿罪的，除刑法另有规定外，以渎职犯罪和受贿罪数罪并罚。

第四条　国家机关工作人员实施渎职行为，放纵他人犯罪或者帮助他人逃避刑事处罚，构成犯罪的，依照渎职罪的规定定罪处罚。

国家机关工作人员与他人共谋，利用其职务行为帮助他人实施其他犯罪行为，同时构成渎职犯罪和共谋实施的其他犯罪共犯的，依照处罚较重的规定定罪处罚。

国家机关工作人员与他人共谋，既利用其职务行为帮助他人实施其他犯罪，又以非职务行为与他人共同实施该其他犯罪行为，同时构成渎职犯罪和其他犯罪的共犯的，依照数罪并罚的规定定罪处罚。

——《最高人民法院、最高人民检察院关于办理渎职刑事案件适用法律若干问题的解释（一）》(2012 年 12 月 7 日，法释〔2012〕18 号)。

《刑事审判参考》指导案例

黄德林滥用职权、受贿案（《刑事审判参考》指导案例第 652 号）

裁判要点：行为人在实施滥用职权等渎职犯罪行为的同时又收受贿赂应当实行数罪并罚。

实行数罪并罚与刑法第三百九十九条第四款的规定并不矛盾。上述行为一方面构成了受贿犯罪，另一方面又触犯了刑法规定的其他罪名，对于这些行为人是定一罪还是按照数罪来定罪处罚？在 1997 年刑法修订前，争议还是比较少的，类似情况被明确规定为两罪，并均按数罪并罚原则处理。如 1988 年全国人大常委会《关于惩治贪污贿赂罪的补充规定》[①] 明确规定："因受贿而进行违法犯罪活动构成其他犯罪的，按照数罪并罚的规定处罚。"问题的产

---

① 失效依据《中华人民共和国刑法》(1997 年修正)。

生主要与修订刑法增加了对徇私枉法、民事、行政枉法裁判罪的特别规定有关。刑法第三百九十九条第四款规定："司法工作人员收受贿赂，有前三款行为的，同时又构成本法第三百八十五条规定之罪的，依照处罚较重的规定定罪处罚。"有人据此提出，这是刑法取消了上述规定，对因受贿而进行违法活动构成其他犯罪的，也应依照处罚较重的规定定罪处罚。我们认为，这是对刑法规定的误解。刑法第三百九十九条第四款对司法工作人员作此规定有特殊的考虑，属于特别规定，仅限于该条所涉的四个罪名，不是刑法总则条文，不具有普遍适用的意义。相反，刑法第三百九十九条第四款并非对牵连犯从一重罪处断的认可，该法条本身也说明刑法承认二罪的存在。

其五，数罪并罚贯彻了上级法院的相关指导性意见。2001 年，最高人民法院刑一庭审判长会议达成了以下意见："受贿兼有徇私舞弊减刑、假释的，同时符合两个罪的构成，应当认定为两罪，实行数罪并罚。"(《关于被告人受贿后徇私舞弊为服刑罪犯减刑、假释的行为应定一罪还是数罪的研究意见》，载《刑事审判参考》2001 第 3 辑）该意见虽然不是司法解释，但对审理好同类案件有指导意义。2002 年 7 月 8 日最高人民法院、最高人民检察院、海关总署颁布的《关于办理走私刑事案件适用法律若干问题的意见》第十六条规定："海关工作人员收受贿赂又放纵走私的，应以受贿罪和放纵走私罪数罪并罚。"虽然这是对走私类犯罪所作的规定，但也有指导意义。

——最高人民法院刑事审判第一、二、三、四、五庭主办：《中国刑事审判指导案例》(6)，法律出版社 2012 年版，第 564~565 页。

1424. 滥用职权释放犯罪嫌疑人并将公款出借搞"资产解冻"活动造成重大损失的行为定性

关键词

滥用职权罪　重大损失　公款出借

《刑事审判参考》指导案例

韩义昌徇私舞弊、挪用公款案（《刑事审判参考》指导案例第 31 号）

裁判要点：滥用职权，释放犯罪嫌疑人并将公款借给其搞"资产解冻"活动、造成重大损失的行为，应定玩忽职守罪。

徇私舞弊罪是根据 1979 年刑法第一百八十八条确定的罪名。它是指司法工作人员徇私舞弊，对明知是无罪的人而使他受追诉、对明知是有罪的人而故意包庇不使他受追诉，或者故意颠倒黑白做枉法裁判的行为。该罪在客观上表现为舞弊行为，即对无罪的人而使他受追诉、对有罪的人故意包庇而不使他受追诉，或者故意颠倒黑白做枉法裁判；在主观上，出于徇私的动机，并明知所追诉的是无罪的人或所包庇的是有罪的人。在实践中，徇私的情况有多种：有的是袒护、包庇亲友、同事；有的是贪图钱财；有的是泄愤报复；还有的是贪图女色。本案中，被告人韩义昌明知唐运斌因涉嫌贩卖假币等问题被收审，却谎称唐是根据中央领导指示搞"资产解冻"的，进而指使西峰市公安局将唐释放，其行为已符合徇私舞弊罪的客观特征。但从其动机看，韩义昌释放唐是上当受骗，误信是为了搞"资产解冻"这一工作的需要，而不是为了徇私情。因不具备徇私舞弊罪的主观要件，故韩义昌释放唐运斌的行为不构成徇私舞弊罪。应构成玩忽职守罪。

——最高人民法院刑事审判第一、二、三、四、五庭主办：《中国刑事审判指导案例》（6），法律出版社 2012 年版，第 592 页。

1425. 玩忽职守罪的追诉时效应从玩忽职守罪成立之日起计算

关键词

玩忽职守罪　追诉期限

最高人民法院司法政策精神

（二）玩忽职守罪的追诉时效

玩忽职守行为造成的重大损失当时没有发生，而是玩忽职守行为之后一定时间发生的，应从危害结果发生之日起计算玩忽职守罪的追诉期限。

——《最高人民法院关于印发〈全国法院审理经济犯罪案件工作座谈会纪要〉的通知》（2003 年 11 月 13 日，法〔2003〕167 号）。

附录：最高人民法院法官著述

《刑法》第 89 条第 1 款规定："追诉期限从犯罪之日起计算；犯罪行为有连续或继续状态的，从犯罪行为终了之日起计算。"由于行为人实施玩忽职守行为往往与客观危害后果的最终发生之间具有较长的时间间隔，对于玩忽职守罪的追诉时效存在着以行为人实施玩忽职守行为时起计算还是以危害后果发生时起计算的争议。考虑到：（1）玩忽职守罪是结果犯，以发生刑法所规定的危害结果——"致使公共财产、国家和人民利益遭受重大损失"作为犯罪构成的必要条件。在危害结果发生之前，行为人发现了工作失误，及时纠正，采取必要的补救措施，或者其他人采取了有效措施，防止了危害结果的发生，或者没有发生危害结果，都不构成犯罪。只有该玩忽职守行为所导致的客观危害后果实际发生时，该行为才成为犯罪行为，玩忽职守犯罪才能成立。(2)玩忽职守罪是不作为犯，在客观上表现为国家机关工作人员不履行或者不正确履行其应尽的职责，在犯罪成立之前即危害结果发生之前，行为人的这种不作为的玩忽职守行为一直处于持续状态。《纪要》明确："玩忽职守行为造成的重大损失当时没有发生，而是玩忽职守行为之后一定时间发生的，应从危害结果发生之日起计算玩忽职守罪的追诉期限。"换言之，玩忽职守罪的追诉时效应从玩忽职守罪成立之日起计算。

——郭清国：《贪污贿赂和渎职犯罪案件刑法适用的新问题》，载《人民司法》2005 年第 3 期(总第 494 期)。

1426. 林业主管部门工作人员玩忽职守的立案标准问题

关键词

玩忽职守罪 立案标准 林业部门

附录：司法信箱

问题：我院在审理被告人张某玩忽职守案的过程中，查明被告人张某是林业主管部门工作人员。2005 年张某不认真履行对伐区的检查监督职责，造成林木被滥伐了 260 立方米(价值 6.5 万元)，森林遭受严重破坏。对该案如何适用司法解释，存在两种意见。一种意见认为，根据最高人民检察院《关于对林业主管部门工作人员在发放林木采伐许可证之外滥用职权玩忽职守致使森林遭受严重破坏的行为适用法律问题的批复》(2007 年 5 月 16 日施行)的规定，应依照《刑法》第三百九十七条的规定，以玩忽职守罪追究刑事责任；另一种意见认为，被告人张某玩忽职守的行为发生在 2005 年，根据 2001 年"两高"通过的《关于适用刑事司法解释时间效力问题的规定》第 2 条、第 3 条的规定，应当适用《关于人民检察院直接受理立案侦查案件立案标准的规定(试行)》第 2 条第 3 款的规定。请问以上哪种意见正确?

《人民司法》研究组认为：最高人民检察院《关于适用刑事司法解释时间效力问题的规定》第 3 条规定："对于新的司法解释实施前发生的行为，行为时已有相关司法解释，依照行为时的司法解释办理，但适用新的司法解释对犯罪嫌疑人、被告人有利的，适用新的司法解释。"本案发生于 2005 年，当时《关于人民检察院直接受理立案侦查案件立案标准的规定(试行)》(1999 年 8 月 6 日起施行)已有关于玩忽职守案立案标准的规定。此后，2007 年 5 月 16 日最高人民检察院《关于对林业主管部门工作人员在发放林木采伐许可证之外滥用职权玩忽职守致使森林遭受严重破坏的行为适用法律问题的批复》又对林业主管部门工作人员玩忽职守案的立案标准作出了新的规定。两相比较，适用新解释并非对被告人有利，故同意来信中的第二种意见，本案应适用行为时的司法解释。

——《人民司法》2011 年第 1 期（总第 612 期）。

1427. 辩护律师将在法院复制的案件证据材料让被告人亲属查阅的行为不构成犯罪

关键词

故意泄露国家秘密罪　辩护律师　查阅权

《最高人民法院公报》案例

河南省沁阳市人民检察院诉于萍故意泄露国家秘密案（判决时间：2002 年 5 月 23 日，二审法院：焦作市中级人民法院）

裁判摘要：律师在担任刑事被告人的辩护人期间，将通过合法程序获得的案件证据材料让当事人的亲属查阅，不构成故意泄露国家秘密罪。

本案中上诉人于萍让马明刚亲属查阅的案卷材料，是其履行律师职责时，通过合法手续，在法院从马明刚贪污案的案卷中复印的。这些材料，虽然在检察机关的保密规定中被规定为机密级国家秘密，但当案件进入审判阶段后，审判机关没有将检察机关随案移送的证据材料规定为国家秘密。于萍不是国家机关工作人员，也不属于检察机关保密规定中所指的国家秘密知悉人员。作为刑事被告人的辩护人，于萍没有将法院同意其复印的案件证据材料当作国家秘密加以保守的义务。检察机关在移送的案卷上，没有标明密级；整个诉讼活动过程中，没有人告知于萍，马明刚贪污案的案卷材料是国家秘密，不得泄露给马明刚的亲属，故也无法证实于萍明知这些材料是国家秘密而故意泄露。因此，于萍在担任辩护人期间，将通过合法手续获取的案卷材料让当事人亲属查阅，不构成故意泄露国家秘密罪。于萍及其辩护人关于不构成犯罪的辩解理由和辩护意见成立，应予采纳。原判认定的基本事实清楚，审判程序合法，但适用法律错误，应予改判。

——《最高人民法院公报》2004 年第 2 期。

1428. 利用中考命题工作的便利将考前辅导内容作为中考试题构成故意泄露国家秘密罪

关键词

故意泄露国家秘密罪　中考命题

《刑事审判参考》指导案例

李宝安、訾旺木、李兴安故意泄露国家秘密案（《刑事审判参考》指导案例第 258 号）

裁判要点：利用参加中考命题工作的便利将考前辅导内容作为正式试题，情节严重的，应当以故意泄露国家秘密罪定罪处罚。

我们认为，行为人与有关中学教师探讨教学重点，介绍答题方法，属于正常的教学研究活动。但是，行为人在明知自己很可能被任命为中考命题人员的情况下，当有关学校教师向其打听中考试题内容时，将自己的命题方案先行透露给他们；在被正式通知为中考试卷命题人后，虽然未直接向他人泄露考试内容，但又违反命题规则和保密纪律，故意有针对性地将其曾透露给有关教师的内容作为中考试卷的主干命题。主观上，行为人明知自己的先行透露行为及后续的命题行为会造成属国家机密的中考试题泄露的后果，仍实施了上述行为，其具有泄漏国家秘密的故意，客观上，行为人先行透露了“命题”内容，使该内容广为传播，后又利用命题人的身份将该内容作为正式试题，造成了参加中考的考生成绩全部作废的严重后果。其先行透露加后续命题行为与造成的严重后果具有直接的因果关系。上述行为的性质与先命题后透露的典型泄密行为并无实质的差异。行为人的行为符合故意泄露国家秘密罪的构成要件，构成故意泄露国家秘密罪。

——最高人民法院刑事审判第一庭、第二庭编：《刑事审判参考》2003 年第 4 集（总第 33 集），法律出版社 2003 年版，第 53~59 页。

1429. 徇私枉法罪中“情节严重”的认定

关键词

徇私枉法罪　情节严重　行为犯

《刑事审判参考》指导案例

李永宾徇私枉法、接送不合格兵员案（《刑事审判参考》指导案例第237号）

裁判要点：徇私枉法罪中“情节严重”的认定，一般应当从行为人的手段是否恶劣、后果是否严重、是否造成恶劣社会影响等方面综合分析认定。

徇私枉法罪是行为犯，一般不以是否发生行为人所追求的后果为条件，只要行为人在刑事诉讼过程中实施了上述其中的一种徇私枉法或者徇情枉法行为，且不属于“情节显著轻微危害不大的”情形，应当认定构成犯罪，“处五年以下有期徒刑或者拘役”；对于徇私枉法行为“情节严重的，处五年以上十年以下有期徒刑；情节特别严重的，处十年以上有期徒刑”。由此看出，徇私枉法罪的成立，是不以“情节严重”为必要条件的。“情节严重”和“情节特别严重”只是本罪加重处罚的情节，直接影响着对行为人犯徇私枉法罪的量刑。虽然刑法和有关司法解释没有规定徇私枉法“情节严重”和“情节特别严重”的具体情形，但参照审判实践经验，对于《刑法》规定的情节犯和情节加重犯。一般应当从行为人的手段是否恶劣、后果是否严重、是否造成恶劣社会影响等方面综合分析认定。就徇私枉法罪而言，对于因行为人的私枉法或者徇情枉法行为，致使无辜的人被追究刑事责任，或者使已经构成犯罪的人逃脱了刑事追究，或者重罪轻判、轻罪重判，严重损害社会主义法制尊严的，应当根据具体犯罪事实、性质、情节和对于社会的危害程度认定为徇私枉法“情节严重”或者“情节特别严重”。

——最高人民法院刑事审判第一庭、第二庭编：《刑事审判参考》2003年第2辑（总第31辑），法律出版社2003年版，第65~72页。

1430. 放弃履行职责致其他行政机关不能行使政处罚权行为的定性

关键词

放弃履行职责　行政处罚权

《刑事审判参考》指导案例

卢高春滥用职权案（《刑事审判参考》指导案例第1433号）

裁判要点：被告人所在单位虽无行政处罚权，但被告人安排工作人员放弃履行职责，进而造成行政违法行为人逃避行政处罚及行政处罚款流失的损害后果，其行为符合滥用职权罪的构成要件。

本案中“风陵渡煤焦管理站查验补征煤炭可持续发展基金”，属于风陵渡煤焦管理站受地方税务机关委托的而行使的行政管理职权。对经过风陵渡煤焦管理站出省的运煤车辆核查回收煤炭销售票是对无煤炭销售票进行处罚的前提，而被告人安排其所在风陵渡煤焦管理站工作人员不履行核查回收煤炭销售票的行为，使得未获得煤炭销售票运煤车辆逃避了本应受到的处罚，导致行政机关无法行使行政处罚权，进而导致行政处罚款的流失。换而言之，被告人所在单位虽无行政处罚权，但被告人安排工作人员放弃履行职责，使本应受到行政处罚的行为不能被发现，导致相关行政机关无法行使行政处罚权，其行为与行政处罚款流失之间有直接因果关系。

综上，被告人作为受委托行使行政管理职权的国有企业负责人，安排工作人员放弃履行行政管理职责，导致其他行政机关无法行使行政管理职权，进而造成行政违法行为人逃避行政处罚及行政处罚款流失的损害后果，其行为符合滥用职权罪的构成要件，法院以滥用职权罪追究其刑事责任是正确的。

——柴喆撰稿、韩维中审编：《卢高春滥用职权案——放弃履行职责致其他行政机关不能行使政处罚权行为的定性》，载最高人民法院刑事审判第一、二、三、四、五庭编：《刑事审判参考》（总第128辑），人民法院出版社2021年版，第148页。

1431. 枉法调解行为能否纳入枉法仲裁罪规制范围

关键词

枉法调解

《刑事审判参考》指导案例

曾德明枉法仲裁案（《刑事审判参考》指导案例第1402号）

裁判要点：劳动仲裁中的调解属于仲裁活动；仲裁调解书与裁决书具有同等法律效力；枉法调解的社会危害性与枉法裁决并无本质差别。劳动仲裁中的枉法调解行为属于枉法仲裁罪规制范围。

需要明确的是，这里所说的“调解”，是《劳动争议调解仲裁法》第三章

“仲裁”中的调解，而非劳动争议调解仲裁法第二章“调解”中的调解组织进行的调解活动。仲裁调解，是指在仲裁程序中，双方当事人在仲裁庭的主持下，自愿协商、相互谅解，就争议的解决达成协议的活动。在案件受理后仲裁裁决作出之前，仲裁庭经双方当事人同意，均能进行调解。枉法仲裁罪的犯罪对象是仲裁裁决，仲裁裁决是仲裁庭按照仲裁法和仲裁规则在审理案件过程中或审结后，根据查明的事实和认定的证据，依法对当事人提交仲裁的争议事项所作的权威性决断。我们认为，仲裁活动中的枉法调解行为，也应当属于枉法仲裁罪的规制范围。理由是：

1. 劳动仲裁中的调解属于仲裁活动

劳动争议仲裁调解是指在仲裁庭主持下，仲裁当事人在自愿协商、互谅互让基础上达成协议，从而解决纠纷的一种制度。根据劳动争议调解仲裁法第四十二条规定，仲裁庭在作出裁决前，应当先行调解。调解达成协议的，仲裁庭应当制作调解书。《劳动人事争议仲裁办案规则》第四章“仲裁调解”，专门对仲裁调解作了详细的规定。显然，劳动争议仲裁调解系在仲裁庭主持下进行的前置必经仲裁程序，是劳动仲裁程序的有机组成部分。

2. 仲裁调解书与裁决书具有同等法律效力

根据劳动争议调解仲裁法规定，经仲裁庭调解，双方当事人达成协议的，仲裁庭应当制作调解书。调解书要写明仲裁请求和当事人协议的结果，并由仲裁员签名，加盖仲裁委员会印章，仲裁调解书经双方当事人签收后即发生法律效力，对于争议双方都具有法律约束力和执行力。当事人对发生法律效力的调解书、裁决书，应当依照规定的期限履行，一方当事人逾期不履行的，另一方当事人可以依照《中华人民共和国民事诉讼法》的有关规定向人民法院申请执行，受理申请的人民法院应当依法执行。可见，仲裁调解书与仲裁裁决书均为仲裁庭在仲裁活动中对仲裁事项作出的实体或程序处置结果，在法律约束力、执行力上都是具有同等效力的。

3. 枉法调解的社会危害性与枉法裁决并无本质差别

劳动仲裁中的调解与裁决一样，同样要查明事实、分清是非，遵循合法原则。而枉法调解的本质与枉法裁决的本质相同，都是承担仲裁职责的人员超越当事人和法律的授权，故意违背事实和法律作出的有损当事人正当合法权益的枉法行为。两者均违背了仲裁员公平中立进行仲裁程序、勤勉审慎履行职责的基本职责要求，是对法律直接、严重的破坏。枉法调解与枉法裁决一样，一方面侵犯了当事人的合法权益，使权益人的合法权益得不到应有的保障；另一方面又扰乱了正常的仲裁活动，使人们丧失对仲裁公正性的信赖。

——程敏撰稿、韩维中审编：《曾德明枉法仲裁案——劳动仲裁中的枉法调解行为能否构成枉法仲裁罪》，载最高人民法院刑事审判第一、二、三、四、五庭编：《刑事审判参考》（总第125辑），人民法院出版社2020年版，第 133~140 页。

1432. 枉法仲裁罪的"情节严重"的认定

关键词

枉法仲裁　情节严重

《刑事审判参考》指导案例

曾德明枉法仲裁案（《刑事审判参考》指导案例第 1402 号）

裁判要点：判断枉法仲裁行为是否属"情节严重"，应以枉法仲裁罪构成要件为基础，参照上述规定，综合考虑枉法仲裁行为的主观恶性（包括动机和目的）、手段、后果等要素进行认定。

实践中，判断枉法仲裁行为是否属"情节严重"，应以枉法仲裁罪构成要件为基础，参照上述规定，综合考虑枉法仲裁行为的主观恶性（包括动机和目的）、手段、后果等要素进行认定：

1. 从枉法仲裁的动机和目的判断

枉法仲裁罪的犯罪主观方面是故意，动机与目的并不是犯罪的构成要件，无论是出于徇私的动机，如贪图钱财，袒护亲友，泄愤报复或其他私情私利，还是出于其他如地方保护主义、受地方党政领导干预或为仲裁机构牟取不当利益等，均可以构成本罪。但是，行为人枉法仲裁的动机与目的，对于行为人主观故意的认定、行为是否能够认定为"情节严重"以及刑罚的裁量有着直接的关系。一般而言，行为人出于徇私情、私利而违背事实和法律作出错误裁决行为，主观故意明显，造成严重后果的，应当认定为"情节严重"。而对于行为人没有明确的动机和目的，违背事实和法律作出错误裁决行为的，则应当从行为人是否有明显违反法定程序，是否明知当事人及其代理人伪造、隐匿、毁灭证据，是否妨害证人作证，并结合行为人的业务水平等，综合分析与判断行为人是否有枉法仲裁的故意，如存在伪造、毁灭、隐匿证据或妨害证人作证行为的，即可认定存在枉法的故意，并进而判断是否为"情节严重"。如由于行为人的过失，或者因仲裁水平、能力的低下而造成错判的情形，则不能构成枉法仲裁罪。在量刑上，如因接受吃请、收礼受贿等原因徇私情枉法仲裁与受领导干预枉法仲裁相比，前者应明显重于后者。

2. 从枉法仲裁的手段判断

《最高人民检察院关于渎职侵权犯罪案件立案标准的规定》（以下简称

《渎职侵权立案标准》）对于枉法裁判罪中“情节严重”第四至六项规定的情形，都是严重侵犯对方当事人或第三人利益的裁决行为，体现的是法定程序和价值的严重破坏，这一点对于民事、行政诉讼抑或是仲裁并无本质的区别。对此，枉法仲裁罪完全可以参照适用。

3. 从枉法仲裁的后果判断

承担仲裁职责的人员的枉法仲裁行为给公民人身、财产和国家、集体财产造成重大损失和恶劣社会影响的，可以认定为“情节严重”。在以造成后果为主要评判标准时，也可以参照《渎职侵权立案标准》中第一至三项规定来判断，但应当考虑的是，毕竟民事、行政枉法裁判行为侵害的是国家司法机关的正常职能活动，且其法定刑要高于枉法仲裁罪，这说明枉法仲裁罪的社会危害性要低于民事、行政枉法裁判罪，所以在参照《渎职侵权立案标准》来认定枉法仲裁是否达到“情节严重”时，其标准可以根据当地实际情况略高于民事、行政枉法裁判罪。

需要指出的是，本罪是情节犯，即使未造成人员伤害、财产损失，当承担仲裁职责的人员有上文所述的其他严重情节，仍然可以构成本罪。至于原仲裁案件的裁决结果是否被撤销或执行，并不影响枉法仲裁罪的成立，可作为“情节严重”的辅助判断。

——程敏撰稿、韩维中审编：《曾德明枉法仲裁案——劳动仲裁中的枉法调解行为能否构成枉法仲裁罪》，载最高人民法院刑事审判第一、二、三、四、五庭编：《刑事审判参考》（总第125辑），人民法院出版社2020年版，第133~143页。

1433. 行为人受贿后徇私舞弊为服刑罪犯减刑、假释行为的罪数认定

关键词

徇私舞弊减刑、假释、暂予监外执行罪　受贿罪

最高人民法院司法解释

第三条　国家机关工作人员实施渎职犯罪并收受贿赂，同时构成受贿罪的，除刑法另有规定外，以渎职犯罪和受贿罪数罪并罚。

第四条　国家机关工作人员实施渎职行为，放纵他人犯罪或者帮助他人逃避刑事处罚，构成犯罪的，依照渎职罪的规定定罪处罚。

国家机关工作人员与他人共谋，利用其职务行为帮助他人实施其他犯罪行为，同时构成渎职犯罪和共谋实施的其他犯罪共犯的，依照处罚较重的规

定定罪处罚。

国家机关工作人员与他人共谋，既利用其职务行为帮助他人实施其他犯罪，又以非职务行为与他人共同实施该其他犯罪行为，同时构成渎职犯罪和其他犯罪的共犯的，依照数罪并罚的规定定罪处罚。

——《最高人民法院、最高人民检察院关于办理渎职刑事案件适用法律若干问题的解释（一）》（2012年12月7日，法释〔2012〕18号）。

最高人民法院审判业务意见

最高人民法院刑事审判第一庭认为：被告人受贿后徇私舞弊为服刑犯减刑、假释的行为，同时符合受贿罪和徇私舞弊减刑、假释罪的犯罪构成，应当认定为受贿罪和徇私舞弊减刑、假释罪，实行两罪并罚，理由如下：

一、不同的犯罪构成要件是区分一罪与数罪的根本标准。具体地说，行为人出于一个犯意，实施一种犯罪行为，侵害一个犯罪客体，构成一罪；行为人出于数个犯意，实施数种犯罪行为，侵害数个犯罪客体，则构成数罪。因此，可以说两罪既非法条竞合关系，也非刑法意义上的牵连关系。受贿兼有徇私舞弊减刑、假释的，同时符合两个罪的构成，应当认定为两罪。

二、对受贿并徇私舞弊减刑、假释的行为实行数罪并罚并不违反对同一行为禁止重复评判的原则。

三、对受贿并徇私舞弊减刑、假释行为认定为两罪、实行并罚，与《刑法》第399条第3款的特别规定并不矛盾。

同理，对其他徇私型渎职犯罪，如被告人同时符合受贿罪与相应徇私型渎职犯罪的构成，且刑法无特别规定的，也应按照这一原则办理。

——最高人民法院刑事审判第一、二庭：《关于被告人受贿后徇私舞弊为服刑罪犯减刑、假释的行为应定一罪还是数罪的研究意见》，载最高人民法院刑事审判第一庭、第二庭编：《刑事审判参考》2001年第3辑（总第14辑），法律出版社2001年版，第73~76页。

1434. 认定徇私舞弊不移交刑事案件罪不以未移交的犯罪嫌疑人已被生效判决确定有罪为前提

关键词

徇私舞弊不移交刑事案件罪　生效判决

《最高人民法院公报》案例

江苏省宜兴市人民检察院诉丁锡方徇私舞弊不移交刑事案件案（判决时

间：2002年6月19日，二审法院：无锡市中级人民法院）

裁判摘要：上诉人身为林政稽查大队大队长，在查办滥伐林木案件过程中，明知行为人滥伐林木数额巨大，依法应受刑罚处罚，却徇私舞弊，隐瞒真相，不向司法机关移送案件，放纵犯罪，其行为构成徇私舞弊不移交刑事案件罪。

——《最高人民法院公报》2003年第6期。

1435. 徇私舞弊不征税款罪的认定

关键词

徇私舞弊不征税款罪　税务机关工作人员　重大损失

《刑事审判参考》指导案例

蒙某受贿案（《刑事审判参考》指导案例第257号）

裁判要点：徇私舞弊不征、少征税款罪，是指税务机关的工作人员徇私舞弊，不征或者少征应征税款，致使国家税收遭受重大损失的行为。

徇私舞弊不征、少征税款罪，是1997年《刑法》修订后新增设的一个选择性罪名。根据《刑法》第404条的规定，是指税务机关的工作人员徇私舞弊，不征或者少征应征税款，致使国家税收遭受重大损失的行为。其构成特征为：1. 主体必须是税务机关的工作人员，包括各级税务局、税务分局以及税务所的工作人员。非税务机关人员不能构成本罪；2. 主观方面必须是故意，并出于徇私的动机。所谓“徇私”，即徇个人私情、私利，徇单位之私不能理解为“徇私”；3. 客观方面实施了不征或少征应征税款，并使国家税收遭受重大损失的行为。具体表现为擅自决定税收的停征、减征或者免征，即为徇私情对应当征收税款的不征收，对应当征收的税款少征收；或者对纳税人欠缴税款的，本应通知银行或者其他金融机构从纳税人存款中扣缴，而不通知不扣缴；对应当扣押、查封、拍卖价值与欠税人应纳税款相当的物品的，而不扣押、不查封或不拍卖等等。另外，税务机关的工作人员实施的前述行为，必须是使国家税收遭受重大损失的才能构成犯罪，这是区分罪与非罪的界限，如果不征或者少征应征税款数额较小，没有使国家的税收遭受重大损失，就不能按本罪处理，而应当追究行为人的行政责任。

此外，行为是否构成徇私舞弊不征税款罪，关键是徇私舞弊不征、少征税款罪客观方面要件“重大损失”如何认定。我们认为，在以“重大损失”为构成要件的渎职犯罪中，“损失”如何认定，直接关系到罪与非罪以及刑罚的轻重。不同的渎职犯罪，“损失”的范围、认定方法并不完全一致，司法机关在办理案件时，应根据不同犯罪不同案情具体分析、判定。在“损失”数额因追缴、退赔等原因在案件侦办、审理过程中发生变化的情况下，司法机关应该在实事求是原则的基础上以一定的时间点作为计算界限，以利于准确侦办、指控犯罪和定罪量刑。

——最高人民法院刑事审判第一庭、第二庭编：《刑事审判参考》2003 年第 4 集（总第 33 集），法律出版社 2003 年版，第 46~52 页。

1436. 签订合同失职被骗罪是否以对方当事人的行为构成诈骗犯罪为要件

关键词

国家机关工作人员签订、履行合同失职被骗罪　直接主管人员　重大损失

最高人民法院审判业务意见

关于《刑法》第 167 条规定的“签订、履行合同失职被骗罪”和第 406 条规定的“国家机关工作人员签订、履行合同失职罪”是否以对方构成诈骗犯罪为要件的问题，最高人民法院刑事审判第二庭认为：认定签订、履行合同失职被骗罪和国家机关工作人员签订、履行合同失职罪应当以对方当事人涉嫌诈骗，行为构成犯罪为前提：但司法机关在办理或者审判行为人被指控犯有上述两罪的案件过程中，不能以对方当事人已经被人民法院判决构成诈骗犯罪作为认定本案当事人构成签订、履行合同失职被骗罪或者国家机关工作人员签订、履行合同失职罪的前提。也就是说，司法机关在办理案件过程中，只要认定对方当事人的行为已经涉嫌构成诈骗犯罪，就可依法认定行为人构成签订、履行合同失职被骗罪或者国家机关工作人员签订、履行合同失职罪，而不需要搁置或者中止审理，直至对方当事人被人民法院审理并判决构成诈骗犯罪。

——最高人民法院刑事审判第一、二庭：《关于签订、履行合同失职被骗罪是否以对方当事人的行为构成诈骗犯罪为要件的意见》，载最高人民法院刑事审判第一庭、第二庭编：《刑事审判参考》2001 年第 4 辑（总第 15 辑），

法律出版社 2001 年版，第 77 页。

1437. 海关工作人员收受贿赂又放纵走私行为的处理

关键词

放纵走私罪　海关工作人员　收受贿赂　数罪并罚

最高人民法院司法政策精神

十六、关于放纵走私罪的认定问题

依照刑法第四百一十一条的规定，负有特定监管义务的海关工作人员徇私舞弊，利用职权，放任、纵容走私犯罪行为，情节严重的，构成放纵走私罪。放纵走私行为，一般是消极的不作为。如果海关工作人员与走私分子通谋，在放纵走私过程中以积极的行为配合走私分子逃避海关监管或者在放纵走私之后分得赃款的，应以共同走私犯罪追究刑事责任。

海关工作人员收受贿赂又放纵走私的，应以受贿罪和放纵走私罪数罪并罚。

——《最高人民法院、最高人民检察院、海关总署关于印发〈办理走私刑事案件适用法律若干问题的意见〉的通知》（2002 年 7 月 8 日，法〔2002〕139 号）。

附录：最高人民法院主流观点

最高人民法院、最高人民检察院、海关总署《关于办理走私刑事案件适用法律若干问题的意见》（以下简称《走私案件意见》）认为，海关工作人员收受贿赂又放纵走私的，应以受贿罪和放纵走私罪数罪并罚。对此，不同观点认为，海关工作人员收受贿赂后又徇私舞弊放纵走私的，应以受贿罪或者放纵走私罪择一重罪处罚。理由是：此种情形下，若以放纵走私罪和受贿罪实行数罪并罚，则不符合对同一行为不得进行重复评价的刑法原理，而是应当把放私行为作为受贿罪的“为行贿人牟利益”的要件，或者把受贿作为放纵走私罪的原因行为（有时是目的行为）予以认定，从而按照牵连犯的处断原则予以解决。这种观点还引用《刑法》第 399 条第 3 款关于徇私枉法罪、枉法裁判罪和受贿罪择一重处罚的规定为佐证。《走私案件意见》没有采纳这一观点，而是主张以放纵走私罪和受贿罪实行数罪并罚。理由是：《刑法》第 399 条第 3 款是对特殊情况的特殊规定，不能作为分析理解《刑法》其他条文的依据。同时，受贿罪的“为行贿人谋利益”既包括正当利益，也包括不正当利益和具有违法犯罪性质的利益，其中因为“为行贿人谋利益”而构成其他犯罪的，属于谋利益的极端表现，应实行数罪并罚，以示从严打击。

——高憬宏、杨万明主编：《基层人民法院法官培训教材（实务卷 · 刑事审判篇）》，人民法院出版社 2005 年版，第 141 页。

1438. 负有查禁犯罪活动职责的国家机关工作人员帮助违法行为人逃避行政处罚行为的定性

关键词

帮助犯罪分子逃避处罚罪　国家机关工作人员　违法行为人

《刑事审判参考》指导案例

潘楠博帮助犯罪分子逃避处罚、受贿案（《刑事审判参考》指导案例第 357 号）

裁判要点：负有查禁犯罪活动职责的国家机关工作人员，向违法行为人通风报信，帮助逃避行政处罚的，不构成帮助犯罪分子逃避处罚罪。

帮助犯罪分子逃避处罚罪，是我国 1997 年修订《刑法》在第 417 条新增设的罪名，是指负有查禁犯罪活动职责的国家机关工作人员，向犯罪分子通风报信、提供便利，帮助犯罪分子逃避处罚的行为。

关于帮助犯罪分子逃避处罚罪中的“犯罪分子”，我们认为，不需要以法院已经作出生效刑事判决为必要条件。因为《刑法》并未作这种限定，并且在罪刑关系确定以后，负有查禁犯罪活动职责的国家工作人员便无法再帮助其逃避处罚。如果将“犯罪分子”机械地理解为已经法院判决的人，将会导致检察机关虽发现行为人有帮助犯罪分子逃避处罚的犯罪事实存在，却因该犯罪分子尚未判决而不能对该行为人进行立案侦查的后果，这与刑法的立法本意是相悖的。帮助犯罪分子逃避处罚罪中的“犯罪分子”，只能是正在实行犯罪或者有证据证明涉嫌犯罪的犯罪嫌疑人。当负有查禁犯罪活动职责的国家机关工作人员明知这种事实发生和存在，却故意帮助犯罪分子逃避处罚，即可构成本罪。根据刑事诉讼法的规定，刑事立案的标准为“认为有犯罪事实需要追究刑事责任”。所以，前述第二种观点比较妥当。

——最高人民法院刑事审判第一庭、第二庭编：《刑事审判参考》2005 年第 4 集（总第 45 集），法律出版社 2006 年版，第 29~36 页。

1439. 帮助犯罪分子逃避处罚罪与帮助伪造证据罪的区别

关键词

帮助犯罪分子逃避处罚罪　帮助伪造证据罪　犯罪主体　客观方面

《刑事审判参考》指导案例

李刚等帮助犯罪分子逃避处罚案（《刑事审判参考》指导案例第 186 号）

裁判要点：帮助犯罪分子逃避处罚罪和帮助伪造证据罪，在客观行为上都可以表现为帮助对象实施伪造证据的帮助行为，但两罪在犯罪主体、客观表现、主观故意内容、构成犯罪的情节要求、帮助对象等方面存在明显的区别。

根据《刑法》第 307 条第 2 款的规定，帮助伪造证据罪，是指帮助当事人伪造证据，情节严重的行为。可见，帮助犯罪分子逃避处罚罪和帮助伪造证据罪，在客观行为上都可以表现为帮助对象实施伪造证据的帮助行为，但两罪也存在许多明显的区别：1. 前者的犯罪主体为特殊主体，只能是有查禁犯罪活动职责的国家机关工作人员。而后者则是诉讼活动中当事人以外的一般主体。2. 客观方面，前罪主要表现为如上所述的向犯罪分子或其亲属通风报信、提供便利的行为。而后罪则表现为为当事人伪造证据提供帮助。至于帮助的形式可以是多种多样，如出谋划策、提供便利、工具、指示串供、翻供等等。3. 主观方面，前罪行为人的帮助目的只能是明知是犯罪分子而有意帮助其逃避处罚。而在后罪，无论行为人采取何种帮助方式，其主观上都明知自己的行为是在为当事人伪造证据提供帮助，其故意内容就是想通过妨害司法机关查明真实案情来达到替当事人开脱责任或者嫁祸他人的目的。如果行为人不知道自己的行为是在为当事人伪造证据提供帮助，尽管客观上起到了帮助的效果，也不能构成帮助伪造证据罪。4. 在构成犯罪的情节要求方面，前者刑法条文中对其行为并没有情节严重的要求，也不论被帮助的犯罪分子是否已实际逃避了处罚。而后者的行为人所实施的帮助行为只有达到情节严重的程度才能构成犯罪。所谓"情节严重"通常是指行为人的帮助行为严重干扰了司法、诉讼活动，或者造成了冤假错案等严重后果，或者是帮助重大案犯伪造证据使其逃避法律制裁等等。如果行为人实施的帮助行为，情节轻微或者显著轻微则无须以犯罪论处。5. 在帮助对象方面，前罪中的被帮助人只能是犯罪分子，即实施了犯罪行为应予刑罚处罚的人，不管该犯罪分子是否已被采取了强制措施。而后罪的被帮助人即“当事人”，既包括刑事案件中的自诉人、被告人、被害人，也可以包括民事、经济、行政等案件中的原告、被告、第三人等。

——最高人民法院刑事审判第一庭、第二庭编：《刑事审判参考》2002 年第 3 辑（总第 26 辑），法律出版社 2002 年版，第 72~77 页。

1440. 教师不能成为招收学生徇私舞弊罪的主体

关键词

招收学生徇私舞弊罪　犯罪主体

最高人民法院审判业务意见

最高人民法院刑事审判第一庭、第二庭认为：关于教师能否成为招收学生徇私舞弊罪主体的问题，《刑法》第 418 条所规定的招收学生徇私舞弊罪的主体是国家机关工作人员，学校的教师属于文教事业单位人员，不属于国家机关工作人员，因此不能成为招收学生徇私舞弊罪的构成主体；教师接受委托或者聘请临时担任考试监考员等与招收学生相关职务的，并不具有国家机关工作人员身份，同样不能成为招收学生徇私舞弊罪的犯罪主体。

——最高人民法院刑事审判第一、二庭：《关于教师能否成为招收学生徇私舞弊罪主体问题》，载最高人民法院刑事审判第一庭、第二庭编：《刑事审判参考》2001 年第 2 辑（总第 13 辑），法律出版社 2001 年版，第 86 页。

1441. 参与案件侦查工作的公安机关借用人员可以认定为司法工作人员

关键词

公安机关借用人员　司法工作人员

最高人民法院司法政策精神

（一）国家机关工作人员的认定

刑法中所称的国家机关工作人员。是指在国家机关中从事公务的人员、包括在各级国家权力机关、行政机关、司法机关和军事机关中从事公务的人员。

根据有关立法解释的规定，在依照法律、法规规定行使国家行政管理职权的组织中从事公务的人员，或者在受国家机关委托代表国家行使职权的组织中从事公务的人员、或者虽未列入国家机关人员编制但在国家机关中从事公务的人员，视为国家机关工作人员。在乡（镇）以上中国共产党机关、人民政协机关中从事公务的人员，司法实践中也应当视为国家机关工作人员。

——《最高人民法院关于印发〈全国法院审理经济犯罪案件工作座谈会纪要〉的通知》(2003 年 11 月 13 日，法〔2003〕167 号)。

《刑事审判参考》指导案例

杨有才帮助犯罪分子逃避处罚案（《刑事审判参考》指导案例第 129 号）

裁判要点：公安机关的借用人员受指派办理案件，具有侦查职责，应定为司法工作人员。

立法确认国家机关工作人员的本质在于“从事公务”，外延是在“国家机关中”，并没有明确国家机关工作人员必须具有干部身份……在我国各级国家机关中从事公务的人员，大多数是具有干部或者公务员身份，但随着各级国家机关中的用人制度和人事制度的不断改革，也不排除有一些是聘用、借用的人员。如设在铁路、林业、农垦、油田、矿山等大型国有企业中的公安机关中的工作人员，他们中很多来自企业，人事管理由企业负责，但从事的工作性质却是行使国家权力，执行国家公务……认定是不是国家机关工作人员，关键要看其是不是在国家机关中从事一定的公务，行使一定的公权力，而不在于其是不是具有国家干部身份。当然从事公务仍应以具有一定身份为前提，但这种身份以“能使其具有从事公务必须的权力”即可，而不必非得是国家干部，只要是国家机关依法通过录用、聘用、委派甚至借用的途径给予一定的工作岗位并赋予一定的公务职责，就应该视为国家工机关工作人员。最高人民法院《关于未被公安机关正式录用的人员、狱医能否构成失职致使在押人员脱逃罪主体问题的批复》[①] 等都体现了这种立法和司法精神。本案被告人杨有才虽为公安机关借用人员，不具有国家干部身份，但却在公安机关受委派从事着国家公务，当然是国家机关工作人员，完全可以成为渎职罪的主体。同时，根据《中华人民共和国刑法》第九十四条规定“本法所称的司法工作人员，是指具有侦查、检察、审判、监管职责的工作人员”，杨有才在公安机关借用期间，先后在治安科、刑侦大队工作，参与了多起案件的办理工作，在受指派办理铁东海等人奸淫幼女一案中，参与了传唤、抓捕、押解、审讯

① 本文件已被《最高人民法院关于废止部分司法解释（第十三批）的决定》(法释〔2019〕11 号）废止。

等工作，可以说侦查工作的主要职责他都参与了，应当认定为国家机关工作人员中的司法工作人员。

——最高人民法院刑事审判第一、二、三、四、五庭主办:《中国刑事审判指导案例》(6)，法律出版社 2012 年版，第 604~605 页。

第三编　程　序

第十三章　综　合

1442. 推进以审判为中心的刑事诉讼制度改革

关键词

以审判为中心　刑事诉讼制度

最高人民法院司法政策精神

一、未经人民法院依法判决，对任何人都不得确定有罪。人民法院、人民检察院和公安机关办理刑事案件，应当分工负责，互相配合，互相制约，保证准确、及时地查明犯罪事实，正确应用法律，惩罚犯罪分子，保障无罪的人不受刑事追究。

二、严格按照法律规定的证据裁判要求，没有证据不得认定犯罪事实。侦查机关侦查终结，人民检察院提起公诉，人民法院作出有罪判决，都应当做到犯罪事实清楚，证据确实、充分。

侦查机关、人民检察院应当按照裁判的要求和标准收集、固定、审查、运用证据，人民法院应当按照法定程序认定证据，依法作出裁判。

人民法院作出有罪判决，对于证明犯罪构成要件的事实，应当综合全案证据排除合理怀疑，对于量刑证据存疑的，应当作出有利于被告人的认定。

三、建立健全符合裁判要求、适应各类案件特点的证据收集指引。探索建立命案等重大案件检查、搜查、辨认、指认等过程录音录像制度。完善技术侦查证据的移送、审查、法庭调查和使用规则以及庭外核实程序。统一司法鉴定标准和程序。完善见证人制度。

四、侦查机关应当全面、客观、及时收集与案件有关的证据。

侦查机关应当依法收集证据。对采取刑讯逼供、暴力、威胁等非法方法收集的言词证据，应当依法予以排除。侦查机关收集物证、书证不符合法定程序，可能严重影响司法公正，不能补正或者作出合理解释的，应当依法予以排除。

对物证、书证等实物证据，一般应当提取原物、原件，确保证据的真实性。需要鉴定的，应当及时送检。证据之间有矛盾的，应当及时查证。所有证据应当妥善保管，随案移送。

五、完善讯问制度，防止刑讯逼供，不得强迫任何人证实自己有罪。严格按照有关规定要求，在规范的讯问场所讯问犯罪嫌疑人。严格依照法律规定对讯问过程全程同步录音录像，逐步实行对所有案件的讯问过程全程同步录音录像。

探索建立重大案件侦查终结前对讯问合法性进行核查制度。对公安机关、国家安全机关和人民检察院侦查的重大案件，由人民检察院驻看守所检察人员询问犯罪嫌疑人，核查是否存在刑讯逼供、非法取证情形，并同步录音录像。经核查，确有刑讯逼供、非法取证情形的，侦查机关应当及时排除非法证据，不得作为提请批准逮捕、移送审查起诉的根据。

六、在案件侦查终结前，犯罪嫌疑人提出无罪或者罪轻的辩解，辩护律师提出犯罪嫌疑人无罪或者依法不应追究刑事责任的意见，侦查机关应当依法予以核实。

七、完善补充侦查制度。进一步明确退回补充侦查的条件，建立人民检察院退回补充侦查引导和说理机制，明确补充侦查方向、标准和要求。规范补充侦查行为，对于确实无法查明的事项，公安机关、国家安全机关应当书面向人民检察院说明理由。对于二次退回补充侦查后，仍然证据不足、不符合起诉条件的，依法作出不起诉决定。

八、进一步完善公诉机制，被告人有罪的举证责任，由人民检察院承担。对被告人不认罪的，人民检察院应当强化庭前准备和当庭讯问、举证、质证。

九、完善不起诉制度，对未达到法定证明标准的案件，人民检察院应当依法作出不起诉决定，防止事实不清、证据不足的案件进入审判程序。完善撤回起诉制度，规范撤回起诉的条件和程序。

十、完善庭前会议程序，对适用普通程序审理的案件，健全庭前证据展示制度，听取出庭证人名单、非法证据排除等方面的意见。

十一、规范法庭调查程序，确保诉讼证据出示在法庭、案件事实查明在法庭。证明被告人有罪或者无罪、罪轻或者罪重的证据，都应当在法庭上出示，依法保障控辩双方的质证权利。对定罪量刑的证据，控辩双方存在争议的，应当单独质证；对庭前会议中控辩双方没有异议的证据，可以简化举证、质证。

十二、完善对证人、鉴定人的法庭质证规则。落实证人、鉴定人、侦查人员出庭作证制度，提高出庭作证率。公诉人、当事人或者辩护人、诉讼代理人对证人证言有异议，人民法院认为该证人证言对案件定罪量刑有重大影响的，证人应当出庭作证。

健全证人保护工作机制，对因作证面临人身安全等危险的人员依法采取保护措施。建立证人、鉴定人等作证补助专项经费划拨机制。完善强制证人到庭制度。

十三、完善法庭辩论规则，确保控辩意见发表在法庭。法庭辩论应当围绕定罪、量刑分别进行，对被告人认罪的案件，主要围绕量刑进行。法庭应当充分听取控辩双方意见，依法保障被告人及其辩护人的辩论辩护权。

十四、完善当庭宣判制度，确保裁判结果形成在法庭。适用速裁程序审理的案件，除附带民事诉讼的案件以外，一律当庭宣判；适用简易程序审理的案件一般应当当庭宣判；适用普通程序审理的案件逐步提高当庭宣判率。规范定期宣判制度。

十五、严格依法裁判。人民法院经审理，对案件事实清楚，证据确实、充分，依据法律认定被告人有罪的，应当作出有罪判决。依据法律规定认定被告人无罪的，应当作出无罪判决。证据不足，不能认定被告人有罪的，应当按照疑罪从无原则，依法作出无罪判决。

十六、完善人民检察院对侦查活动和刑事审判活动的监督机制。建立健全对强制措施的监督机制。加强人民检察院对逮捕后羁押必要性的审查，规范非羁押性强制措施的适用。进一步规范和加强人民检察院对人民法院确有错误的刑事判决和裁定的抗诉工作，保证刑事抗诉的及时性、准确性和全面性。

十七、健全当事人、辩护人和其他诉讼参与人的权利保障制度。

依法保障当事人和其他诉讼参与人的知情权、陈述权、辩论辩护权、申请权、申诉权。犯罪嫌疑人、被告人有权获得辩护，人民法院、人民检察院、公安机关、国家安全机关有义务保证犯罪嫌疑人、被告人获得辩护。

依法保障辩护人会见、阅卷、收集证据和发问、质证、辩论辩护等权利，完善便利辩护人参与诉讼的工作机制。

十八、辩护人或者其他任何人，不得帮助犯罪嫌疑人、被告人隐匿、毁灭、伪造证据或者串供，不得威胁、引诱证人作伪证以及进行其他干扰司法机关诉讼活动的行为。对于实施上述行为的，应当依法追究法律责任。

十九、当事人、诉讼参与人和旁听人员在庭审活动中应当服从审判长或独任审判员的指挥，遵守法庭纪律。对扰乱法庭秩序、危及法庭安全等违法行为，应当依法处理；构成犯罪的，依法追究刑事责任。

二十、建立法律援助值班律师制度，法律援助机构在看守所、人民法院派驻值班律师，为犯罪嫌疑人、被告人提供法律帮助。

完善法律援助制度，健全依申请法律援助工作机制和办案机关通知辩护工作机制。对未履行通知或者指派辩护职责的办案人员，严格实行责任追究。

二十一、推进案件繁简分流，优化司法资源配置。完善刑事案件速裁程序和认罪认罚从宽制度，对案件事实清楚、证据充分的轻微刑事案件，或者犯罪嫌疑人、被告人自愿认罪认罚的，可以适用速裁程序、简易程序或者普通程序简化审理。

——《最高人民法院、最高人民检察院、公安部、国家安全部、司法部关于推进以审判为中心的刑事诉讼制度改革的意见》（2016 年 10 月 10 日，法发〔2016〕18 号）。

一、坚持严格司法原则，树立依法裁判理念

1. 坚持证据裁判原则，认定案件事实，必须以证据为根据。重证据，重调查研究，不轻信口供，没有证据不得认定案件事实。

2. 坚持非法证据排除原则，不得强迫任何人证实自己有罪。经审查认定的非法证据，应当依法予以排除，不得作为定案的根据。

3. 坚持疑罪从无原则，认定被告人有罪，必须达到犯罪事实清楚，证据确实、充分的证明标准。不得因舆论炒作、上访闹访等压力作出违反法律的裁判。

4. 坚持程序公正原则，通过法庭审判的程序公正实现案件裁判的实体公正。发挥庭审在查明事实、认定证据、保护诉权、公正裁判中的决定性作用，确保诉讼证据出示在法庭、案件事实查明在法庭、诉辩意见发表在法庭、裁判结果形成在法庭。

二、规范庭前准备程序，确保法庭集中审理

5. 对被告人及其辩护人申请排除非法证据，证据材料较多、案情重大复杂，或者社会影响重大等案件，人民法院可以召开庭前会议。

庭前会议在法庭或者其他办案场所进行，由审判人员主持，控辩双方参加，必要时可以通知被告人到场。

6. 人民法院可以在庭前会议中组织控辩双方展示证据，听取控辩双方对在案证据的意见，并梳理存在争议的证据。对控辩双方在庭前会议中没有争议的证据，可以在庭审中简化举证、质证。

人民法院可以在庭前会议中听取控辩双方对与审判相关问题的意见，询问控辩双方是否提出申请或者异议，并归纳控辩双方的争议焦点。对控辩双方没有争议或者达成一致意见的事项，可以在庭审中简化审理。

被害方提起附带民事诉讼的，可以在庭前会议中进行调解。

7. 控辩双方对管辖、回避、出庭证人名单等事项提出申请或者异议，可能导致庭审中断的，人民法院可以在庭前会议中对有关事项依法作出处理，确保法庭集中、持续审理。

对案件中被告人及其辩护人申请排除非法证据的情形，人民法院可以在庭前会议中核实情况、听取意见。人民检察院可以决定撤回有关证据；撤回的证据，没有新的理由，不得在庭审中出示。被告人及其辩护人可以撤回排除非法证据的申请；撤回申请后，没有新的线索或者材料，不得再次对有关证据提出排除申请。

8. 人民法院在庭前会议中听取控辩双方对案件事实证据的意见后，对明显事实不清、证据不足的案件，可以建议人民检察院补充侦查或者撤回起诉。

对人民法院在庭前会议中建议撤回起诉的案件，人民检察院不同意的，人民法院开庭审理后，没有新的事实和理由，一般不准许撤回起诉。

9. 控辩双方在庭前会议中就相关事项达成一致意见，又在庭审中提出异议的，应当说明理由。

召开庭前会议应当制作笔录，由参加人员核对后签名。

审判人员应当制作庭前会议报告，说明庭前会议的基本情况、程序性事项的处理结果、控辩双方的争议焦点以及就相关事项达成的一致意见。

10. 对召开庭前会议的案件，在法庭调查开始前，法庭应当宣布庭前会议报告的主要内容，实现庭前会议与庭审的衔接。

三、规范普通审理程序，确保依法公正审判

11. 证明被告人有罪或者无罪、罪轻或者罪重的证据，都应当在法庭上出示，依法保障控辩双方的质证权。

对影响定罪量刑的关键证据和控辩双方存在争议的证据，一般应当单独质证。

12. 法庭应当依照法定程序审查、核实、认定证据。证据未经当庭出示、辨认、质证等法庭调查程序查证属实，不得作为定案的根据。

13. 采取技术侦查措施收集的证据，当庭质证可能危及有关人员的人身安全，或者可能产生其他严重后果的，应当采取不暴露有关人员身份、不公开技术侦查措施和方法等保护措施。

法庭决定在庭外对技术侦查证据进行核实的，可以召集公诉人、侦查人员和辩护律师到场。在场人员应当履行保密义务。

14. 控辩双方对证人证言有异议，人民法院认为证人证言对案件定罪量刑有重大影响的，应当通知证人出庭作证。控辩双方申请证人出庭的，人民法院通知证人出庭后，申请方应当负责协助相关证人到庭。

证人没有正当理由不出庭作证的，人民法院在必要时可以强制证人到庭。

根据案件情况，可以实行远程视频作证。

15. 控辩双方对鉴定意见有异议，人民法院认为鉴定人有必要出庭的，应当通知鉴定人出庭作证。

16. 证人、鉴定人、被害人因出庭作证，本人或者其近亲属的人身安全面临危险的，人民法院应当采取不公开其真实姓名、住址、工作单位和联系方式等个人信息，或者不暴露其外貌、真实声音等保护措施。必要时，可以建议有关机关采取专门性保护措施。

人民法院应当建立证人出庭作证补助专项经费机制，对证人出庭作证所支出的交通、住宿、就餐等合理费用给予补助。

17. 人民法院应当依法履行指定辩护和通知辩护职责，确保被告人依法获得法律援助。

配合有关部门逐步扩大法律援助范围，健全法律援助值班律师制度，为派驻人民法院的值班律师提供办公场所及必要的工作条件。

18. 法庭应当依法保障控辩双方在庭审中的发问、质证、辩论等诉讼权利。对控辩双方当庭提出的申请或者异议，法庭应当作出处理。

法庭可以在审理过程中归纳控辩双方的争议焦点，引导控辩双方针对影响定罪量刑的实质性问题进行辩论。对控辩双方的发言与案件无关、重复或者扰乱法庭秩序等情形，法庭应当予以提醒、制止。

19. 法庭应当充分听取控辩双方的量刑建议和意见，根据查明的事实、情节，参照量刑指导意见规范量刑，保证量刑公正。

20. 法庭应当加强裁判说理，通过裁判文书展现法庭审理过程。对控辩双方的意见和争议，应当说明采纳与否的理由。对证据采信、事实认定、定罪量刑等实质性问题，应当阐释裁判的理由和依据。

四、完善证据认定规则，切实防范冤假错案

21. 采取刑讯逼供、暴力、威胁等非法方法收集的言词证据，应当予以排除。

收集物证、书证不符合法定程序，可能严重影响司法公正，不能补正或者作出合理解释的，对有关证据应当予以排除。

22. 被告人在侦查终结前接受检察人员对讯问合法性的核查询问时，明确表示侦查阶段不存在刑讯逼供、非法取证情形，在审判阶段又提出排除非法证据申请，法庭经审查对证据收集的合法性没有疑问的，可以驳回申请。

检察人员在侦查终结前未对讯问合法性进行核查，或者未对核查过程全程同步录音录像，被告人在审判阶段提出排除非法证据申请，人民法院经审查对证据收集的合法性存在疑问的，应当依法进行调查。

23. 法庭决定对证据收集的合法性进行调查的，应当先行当庭调查。但为防止庭审过分迟延，也可以在法庭调查结束前进行调查。

24. 法庭对证据收集的合法性进行调查的，应当重视对讯问过程录音录像的审查。讯问笔录记载的内容与讯问录音录像存在实质性差异的，以讯问录音录像为准。

对于法律规定应当对讯问过程录音录像的案件，公诉人没有提供讯问录音录像，或者讯问录音录像存在选择性录制、剪接、删改等情形，现有证据不能排除以非法方法收集证据情形的，对有关供述应当予以排除。

25. 现有证据材料不能证明证据收集合法性的，人民法院可以通知有关侦查人员出庭说明情况。不得以侦查人员签名并加盖公章的说明材料替代侦查人员出庭。

经人民法院通知，侦查人员不出庭说明情况，不能排除以非法方法收集证据情形的，对有关证据应当予以排除。

26. 法庭对证据收集的合法性进行调查后，应当当庭作出是否排除有关证据的决定。必要时，可以宣布休庭，由合议庭评议或者提交审判委员会讨论，再次开庭时宣布决定。

在法庭作出是否排除有关证据的决定前，不得对有关证据宣读、质证。

27. 通过勘验、检查、搜查等方式收集的物证、书证等证据，未通过辨认、鉴定等方式确定其与案件事实的关联的，不得作为定案的根据。

28. 收集证据的程序、方式存在瑕疵，严重影响证据真实性，不能补正或者作出合理解释的，有关证据不得作为定案的根据。

29. 证人没有出庭作证，其庭前证言真实性无法确认的，不得作为定案的根据。证人当庭作出的证言与其庭前证言矛盾，证人能够作出合理解释，并与相关证据印证的，可以采信其庭审证言；不能作出合理解释，而其庭前证言与相关证据印证的，可以采信其庭前证言。

经人民法院通知，鉴定人拒不出庭作证的，鉴定意见不得作为定案的根据。

30. 人民法院作出有罪判决，对于定罪事实应当综合全案证据排除合理怀疑。

定罪证据不足的案件，不能认定被告人有罪，应当作出证据不足、指控的犯罪不能成立的无罪判决。定罪证据确实、充分，量刑证据存疑的，应当作出有利于被告人的认定。

五、完善繁简分流机制，优化司法资源配置

31. 推进速裁程序改革，逐步扩大速裁程序适用范围，完善速裁程序运行机制。

对被告人认罪的轻微案件，探索实行快速审理和简便裁判机制。

32. 推进认罪认罚从宽制度改革，对适用速裁程序、简易程序或者普通程序简化审理的被告人认罪案件，法庭应当告知被告人享有的诉讼权利，依法审查被告人认罪认罚的自愿性和真实性，确认被告人了解认罪认罚的性质和法律后果。

法庭确认被告人自愿认罪认罚，同意适用简化审理程序的，应当落实从宽处罚的法律制度。被告人当庭不认罪或者不同意适用简化审理程序的，应当适用普通程序审理。

33. 适用速裁程序审理的案件，应当当庭宣判。适用简易程序审理的案件，一般应当当庭宣判。适用普通程序审理的案件，逐步提高当庭宣判率。

——《最高人民法院印发〈关于全面推进以审判为中心的刑事诉讼制度改革的实施意见〉的通知》（2017 年 2 月 17 日，法发〔2017〕5 号）。

1443. 程序法定原则

关键词

程序法定原则　刑事诉讼程序

附录：最高人民法院主流观点

程序法定原则是刑事诉讼法的基本原则之一，其基本内容有两点：一是立法方面的要求，即刑事诉讼程序应当由法律事先明确规定，也就是刑事诉讼“有法可依”；二是司法方面的要求，即刑事诉讼活动应当依据国家法律规定的刑事诉讼程序进行，也就是刑事诉讼“有法必依”。[①]《最高人民法院关于适用〈中华人民共和国刑事诉讼法〉的解释》第六十二条[②]规定：“审判人员应当依照法定程序收集、审查、核实、认定证据。”这是程序法定的刑事诉讼法基本原则在证据部分的具体化，对于审判环节乃至整个刑事诉讼切实贯彻落实程序法定原则，具有重要意义。

审判人员审查、核实和认定证据遵守程序法定原则，是现代刑事法治的必然要求，对于维护司法公正，保障公民的人权，具有重要意义。基于我国当前的司法国情，对于程序法定原则中的“法”宜作广义理解，不限于法律，还包括在法律规定的范围内对其予以细化和补充的司法解释和其他规范性文件。这实际上更为有利于规范审判人员的行为，确保其更为规范地收集、审查、核实、认定证据。基于上述考虑，为确保程序法定原则在证据部分的贯彻落实，需要注意以下几点：

1. 收集、审查、核实、认定证据的相关规定具有明确性和可操作性。程序法定要求对刑事诉讼程序作出明确和可操作的规定，从而为司法机关严格遵守法定程序进行刑事诉讼奠定基础。就法律规定而言，2012 年刑事诉讼法修改，证据部分的条文大幅增加，且相关法律规定从原则变为具体细化，可操作性明显增强。然而，任何法律规定都难以穷尽复杂的司法现实，需要通过司法解释予以补充；而且，普遍适用于纷繁复杂的司法现实的法律规定必然会具有相对的抽象性和概括性，需要司法解释予以进一步细化，以适用于

① 参见徐静村主编：《刑事诉讼法学》（第二版），法律出版社 2011 年版，第 51 页。

② 本条现为《最高人民法院关于适用〈中华人民共和国刑事诉讼法〉的解释》（法释〔2021〕21 号）第七十条。

具体案件。因此，在刑事诉讼法进一步丰富和发展证据部分规定之余，通过司法解释的方式进一步完善规范审查、核实、认定证据的相关规定，同程序法定原则并不冲突，相反，是落实程序法定原则的应有之义。《最高人民法院关于适用〈中华人民共和国刑事诉讼法〉的解释》根据刑事诉讼法相关规定和司法实践具体情况，对证据制度作出了全面、系统、具体的规定，进一步丰富和发展了证据审查、核实和认定的"有法可依"，为在证据领域切实贯彻程序法定原则创造了前提条件。

2. 审判人员必须严格遵守和执行收集、审查、核实、认定证据的相关规定。在刑事诉讼法和《最高人民法院关于适用〈中华人民共和国刑事诉讼法〉的解释》对证据制度作出明确规定的情况下，审判人员应当严格执行上述规定，在审查、核实和认定证据的过程中不仅要严格遵守刑事诉讼法的相关规定，也同样应当严格遵守司法解释和其他规范性文件对证据审查、核实、认定的相关要求，真正做到"有法必依"，切实提高依法审查、核实、认定证据和认定案件事实的能力，确保刑事案件审判的质量和效率。

3. 严格遵守刑事诉讼法和司法解释关于违法取证相应法律后果的规定。程序法定原则的贯彻，必须以确立和执行违法制裁为后盾。一方面，对于违反法定程序收集、审查和运用证据的行为应当予以制裁，依法追究纪律、行政乃至刑事责任，这是当然之义。更为重要的是，审判人员在刑事案件的审判过程中，对于违反法定程序收集的证据，依法应当予以排除的，要坚决予以排除，不得作为定案的根据，以凸显程序法定原则的程序性法律后果。根据刑事诉讼法的相关规定，《最高人民法院关于适用〈中华人民共和国刑事诉讼法〉的解释》对各类证据的排除作出了具体规定，并设专节对非法证据排除程序作出进一步的明确规定。在司法实践中，审判人员应当严格执行上述规定，切实依照法定程序运用程序性制裁规定。除了依法排除采用刑讯逼供等非法方法收集的犯罪嫌疑人、被告人供述和采用暴力、威胁等非法方法收集的证人证言、被害人陈述外，也要对不符合法定程序，可能严重影响司法公正，不能补正或者作出合理解释的物证、书证予以排除。同时，对于《最高人民法院关于适用〈中华人民共和国刑事诉讼法〉的解释》规定的各类证据中不得作为定案根据的情形，也要严格执行，不得作为定案的根据。唯有如此，才是真正执行了关于证据收集、审查、核实、认定的规定，才能更加有效地对侦查人员、检察人员和审判人员的违法取证行为予以制约，切实维护司法公正。

——杨万明主编:《新刑事诉讼法司法适用解答》，人民法院出版社 2018 年版，第 25~26 页。

1444. 刑事诉讼的证明责任

关键词

刑事诉讼　证明责任

附录：最高人民法院主流观点

所谓证明责任，亦称举证责任，是指“控辩双方在向法院提出自己诉讼主张的同时，应当承担提供证据加以证明的责任，使法官确信其举出的证据事实，能够证明其诉讼主张的确实性”。[①] 刑事诉讼法第五十一条规定：“公诉案件中被告人有罪的举证责任由人民检察院承担，自诉案件中被告人有罪的举证责任由自诉人承担。”刑事诉讼法就刑事诉讼中的证明责任分配原则作出明确规定，具有重要意义。司法实践中应当根据刑事诉讼法的规定把握证明责任问题。

关于刑事诉讼法第五十一条使用的“举证责任”一词，有论者认为：“关于证明责任的构成，学界已基本达成共识，即由行为责任和结果责任两部分组成，前者指提供证据的责任，后者指如果不提供证据将承担不利于己方的诉讼后果……如果承认证明责任的发明就是为了解决事实真伪不明的疑难情况下确定诉讼后果的需要，那么行为责任就是形式，结果责任才是实质。行为责任和结果责任相辅相成，才构成证明责任的完整内涵。基于此，笔者主张上述规定中的‘举证责任’一词应当替换为‘证明责任’。”[②] 我们认为，虽然刑事诉讼法第五十一条最终仍然使用了“举证责任”一词，而没有使用“证明责任”一词，但对“举证责任”应当理解为包括行为责任和结果责任两部分内容。具体而言，司法实践中应注意把握以下几点：

1. 刑事诉讼法确立的证明责任原则并不排斥犯罪嫌疑人应当如实回答侦查人员的提问。刑事诉讼法第一百二十条第一款规定：“犯罪嫌疑人对侦查人员的提问，应当如实回答。但是对与本案无关的问题，有拒绝回答的权利。”该规定并不意味着要求被告人承担证明责任，同公诉案件中被告人有罪的证明责任由人民检察院承担并不矛盾。被告人在侦查阶段如果不如实回答侦查人员提问，甚至拒绝回答侦查人员的提问，法院既不能因此作出被告人有罪的判决，也不能在被告人构成犯罪的情况下对其加重处罚。换言之，犯罪嫌疑人如实回答侦查人员提问的规定，并不意味着被告人在侦查阶段不如实回

---

① 程荣斌主编：《刑事诉讼法》，中国人民大学出版社 1999 年版，第 202 页。
② 汪建成：《刑事证据制度的重大变革及其展开》，载《中国法学》2011 年第 6 期。

答侦查人员的提问，就应当承担举证不能的不利后果。而且，刑事诉讼法第一百二十条第二款的规定对此作了进一步诠释，该款规定："侦查人员在讯问犯罪嫌疑人的时候，应当告知犯罪嫌疑人享有的诉讼权利，如实供述自己罪行可以从宽处理和认罪认罚的法律规定。"这意味着法律之所以规定犯罪嫌疑人如实回答侦查人员提问，是为了给犯罪嫌疑人以争取宽大处理的权利，与公诉案件中被告人有罪的证明责任由人民检察院承担的原则之间并不冲突。

2. 刑事诉讼法确立的证明责任原则包含公诉机关对量刑事实的证明责任。应当运用证据证明的案件事实，既包括被告人是否构成犯罪的定罪事实，也包括量刑事实。特别是对于死刑案件而言，量刑情节往往直接影响到案件中对特定的被告人是否适用死刑，尤须重视。尽管刑事诉讼法第五十一条所明确的是"被告人有罪"即定罪事实的证明责任，未明确涉及量刑事实的证明责任。但基于我国当前司法实践的现实情况，特别是在刑事公诉案件辩护率较低的背景下，辩方收集证据的能力较弱，由公诉机关收集相关证据，更有利于查明案件事实。而且，人民检察院不仅仅是公诉机关，也是国家法律监督机关，负有客观公正的义务。因此，应当强调由公诉机关承担对量刑事实的证明责任。人民检察院不仅应当对被告人构成犯罪承担证明责任，也应当对被告人从重处罚或者从宽处罚的量刑情节承担证明责任。而人民法院要认真审查法定量刑情节和酌定量刑情节，促使人民检察院树立定罪事实与量刑事实并重的理念，认真收集与定罪量刑有关的证据材料。

3. 刑事诉讼法确立的证明责任原则并不排斥被告人对推定结论进行反证。根据法律、司法解释或者其他规范性文件的规定，司法实践中经常会根据客观实际情况对明知、故意或者目的等主观事实或其他事实进行推定，而对这种推定的否定需要由被告人证明。有论者认为，这是证明责任的倒置，即"刑事案件的证明责任一般由控方或提出具体事实主张的一方承担，但在某些情况下，法律也可以规定证明责任由辩方或者主张具体事实的相对方承担"，是"立法在特殊情况下对证明责任的非常规性配置"。[①]我们认为，根据已有证据证实的事实直接认定另一事实的存在，这种推定具有法律真实性，对于此种推定的举证责任是由公诉方或者自诉人承担的，而对于此种推定结论的反证则应由被告人承担。这不宜将此理解为举证责任倒置，而是被告人对自己辩解主张所承担的举证责任，与刑事诉讼法确立的举证责任承担原则并不冲突。公诉案件中被告人有罪的证明责任完全且无例外地属于控方，被告人并不承担证明责任。在法律、司法解释或者其他规范性文件允许进行推定的情形下，并不意味着举证责任的转移或者倒置，只是在控方证实了相应的基础事实并形成法律上的推定时，才将提供证据责任转移给被告方，说服责任

① 参见何家弘、刘品新：《证据法学》（第四版），法律出版社2011年版，第297页。

始终属于控方。

4. 刑事诉讼法确立的证明责任原则并不排斥辩护人对特定证据材料的开示义务。刑事诉讼法第四十二条规定："辩护人收集的有关犯罪嫌疑人不在犯罪现场、未达到刑事责任年龄、属于依法不负刑事责任的精神病人的证据，应当及时告知公安机关、人民检察院。"这是刑事诉讼法在规定控方证明责任的基础上，确立了辩护人对特定证据材料的开示义务。这同控方承担证明责任的规定并不冲突，其宗旨在于避免证据突袭，及时开示证明被告人无罪的证据材料，更好地维护被告人的合法权益，也避免司法资源的不必要耗费。因此，辩护人在侦查、审查起诉阶段收集到上述证据材料的，应当及时告知公安机关、人民检察院；而在开庭前收集到相关证据材料的，也应当通过庭前会议或者其他方式及时告知人民法院。

——杨万明主编：《新刑事诉讼法司法适用解答》，人民法院出版社 2018 年版，第 29~32 页。

1445. 人民法院对于刑事申诉的审查

关键词

刑事申诉

附录：最高人民法院主流观点

根据《最高人民法院关于适用〈中华人民共和国刑事诉讼法〉的解释》第三百七十三条至三百七十六条规定看，在对刑事申诉进行审查时，应注意以下问题：

1. 关于由何级法院审查问题，原则上由终审法院审查，但第二审人民法院裁定准许撤回上诉的案件，申诉人对第一审判决提出申诉的，可以由第一审人民法院审查处理。作这样的规定，是因为案件经终审法院审理后发生法律效力，终审法院对于生效裁判的内容最了解，由其进行审查，更为适当。如果由终审法院的下级法院来审查，显然不利于有效纠错，而如果不分情况均由终审法院的上级法院来审查，不仅会过分加重上级法院的负担，而且也不见得更利于纠正其中的错误。所以，上一级人民法院对未经终审人民法院审查处理的申诉，可以告知申诉人向终审人民法院提出申诉，或者直接交终审人民法院审查处理，并告知申诉人。但是，对于已向上级法院提出申诉疑难、复杂、重大案件，也可以由上级法院直接审查。

对未经终审人民法院及其上一级人民法院审查处理，直接向上级人民法院申诉的，上级人民法院可以告知申诉人向下级人民法院提出。

2. 关于死刑案件申诉的审查作有特别规定，即由原核准的人民法院直接审查处理。因为原核准的人民法院是最后审理案件的法院，案件经核准审理后才交付执行，从时间上来讲，原核准法院是接触案件情况最近的法院，进行审查也更加便利。但是，如果原核准法院认为由原审人民法院审查更为适宜的，也可以交由原审人民法院审查，因为核准法院所核准的，毕竟是原审法院的裁判。但原审人民法院审查后，不能自行处理，应当写出审查报告，提出处理意见，层报原核准的人民法院审查处理。

3. 审查的时间有明确规定，即对于立案审查的申诉案件，应当在三个月内作出决定，至迟不得超过六个月。当然，这是对于立案审查的申诉案件而言的，对于未立案的申诉案件就不适用该时间规定了。那么，什么样的申诉案件是应当立案的申诉案件呢，对此，《最高人民法院关于适用〈中华人民共和国刑事诉讼法〉的解释》未明确规定，但可以将其理解为符合法定的申诉主体条件、提交了符合要求的申诉材料、符合《最高人民法院关于适用〈中华人民共和国刑事诉讼法〉的解释》规定的审查法院级别要求且此前未经审查法院立案审查过的案件。

4. 对于何为“新的证据”有了明确的界定。根据《最高人民法院关于适用〈中华人民共和国刑事诉讼法〉的解释》第三百七十六条[①]规定，具有下列情形之一，可能改变原判决、裁定据以定罪量刑的事实的证据，应当认定为“新的证据”：（1）原判决、裁定生效后新发现的证据；（2）原判决、裁定生效前已经发现，但未予收集的证据；（3）原判决、裁定生效前已经收集，但未经质证的证据；（4）原判决、裁定所依据的鉴定意见，勘验、检查等笔录或者其他证据被改变或者否定的。

——杨万明主编：《新刑事诉讼法司法适用解答》，人民法院出版社 2018 年版，第 293~294 页。

1446. 人民法院与外国法院的刑事司法协助

关键词

外国法院　刑事司法协助

附录：最高人民法院主流观点

刑事诉讼法第十八条规定：“根据中华人民共和国缔结或者参加的国际条

---

① 本条现为《最高人民法院关于适用〈中华人民共和国刑事诉讼法〉的解释》（法释〔2021〕21号）第四百五十八条。

约，或者按照互惠原则，我国司法机关和外国司法机关可以相互请求刑事司法协助。”当前，随着国家间交往日益频繁，人员流动日益增多，跨国犯罪也呈增长趋势。建立和实行刑事司法协助，既有利于有效打击犯罪，也体现了对他国司法主权的尊重。自1987年以来，我国已与40多个国家签订了专门刑事司法协助条约或者含有刑事司法协助内容的双边条约，并参加了载有司法协助条款的《1961年麻醉品单一公约》《1970年海牙公约》《1971年蒙特利尔公约》《1988年联合国禁止非法贩卖麻醉药品和精神药品公约》等国际公约，目前正在起草《中华人民共和国刑事司法协助法（草案）》[①]。对我国参加或者缔结的国际条约规定有刑事司法协助内容的，人民法院和外国法院可以相互请求刑事司法协助；如我国与有关国家没有缔结司法协助条约，也没有共同参加载有司法协助条款的国际公约的，人民法院与该国法院也可以按照互惠原则相互请求刑事司法协助。1990年2月，我国向日本提出引渡劫机到日本的犯罪分子张振海，因当时两国间没有刑事司法协助协定，我国在提出引渡的同时，承诺在今后类似案件中，将向日方提供类似协助，这就是按照互惠原则开展的刑事司法协助。[②]

对外国法院请求人民法院提供刑事司法协助，应当进行审查，如请求的事项有损我国的主权、安全、社会公共利益的，应当不予协助。反之，则应当根据有关国际条约规定或者依照互惠原则办理，属于人民法院职权范围的，应当给予协助；不属于人民法院职权范围的，应当要求外交部或者有关部门转职能部门办理。需要说明的是，在我国与有关国家签订的司法协助条约中，对可拒绝提供协助的情形通常有具体规定。如《中华人民共和国政府和美利坚合众国政府关于刑事司法协助的协定》第三条规定：“有下列情形之一的，被申请方中央机关可拒绝提供协助：（一）请求涉及的行为根据被请求方境内的法律不构成犯罪；但双方可以商定，就某一特定犯罪或特定领域的犯罪提供协助，不论该行为是否根据双方境内的法律均构成犯罪；（二）请求涉及的犯罪纯属军事犯罪；（三）执行请求将会损害被请求方的主权、安全、公共秩序、重大公共政策或其他根本利益；（四）请求涉及政治犯罪，或请求系出于政治动机，或有充足理由认为，请求的目的是基于某人的种族、宗教、国籍或政治见解而对该人进行侦查、起诉、处罚或其他诉讼程序；（五）执行请求将有悖于被请求方宪法；（六）被请求方已经对请求所涉及的同一犯罪嫌疑人或被告人就同一犯罪作出最终裁决；（七）请求提供的协助与案件缺乏实质联系。”“在根据本条拒绝协助前，被请求方中央机关应与请求方中央机关协商，

① 2018年10月26日第十三届全国人民代表大会常务委员会第六次会议通过了《中华人民共和国国际刑事司法协助法》，自公布之日起施行。

② 参见徐静村主编：《刑事诉讼法学》，法律出版社2011年版，第373页。

考虑可否在其认为必要的条件下给予协助。如果请求方接受附加条件的协助，则应遵守这些条件。”对外国法院提出的协助请求，人民法院应当依照有关条约的具体规定进行认真审查。

——杨万明主编:《新刑事诉讼法司法适用解答》，人民法院出版社2018年版，第312~313页。

第十四章　管　辖

1447. 公安、检察、法院协作管辖的规定

关键词

公安、检察、法院协作管辖

最高人民法院司法政策精神

1. 公安机关侦查刑事案件涉及人民检察院管辖的贪污贿赂案件时，应当将贪污贿赂案件移送人民检察院；人民检察院侦查贪污贿赂案件涉及公安机关管辖的刑事案件，应当将属于公安机关管辖的刑事案件移送公安机关。在上述情况中，如果涉嫌主罪属于公安机关管辖，由公安机关为主侦查，人民检察院予以配合；如果涉嫌主罪属于人民检察院管辖，由人民检察院为主侦查，公安机关予以配合。

2. 刑事诉讼法第二十四条中规定："刑事案件由犯罪地的人民法院管辖。"刑事诉讼法规定的"犯罪地"，包括犯罪的行为发生地和结果发生地。

3. 具有下列情形之一的，人民法院、人民检察院、公安机关可以在其职责范围内并案处理：

（一）一人犯数罪的；

（二）共同犯罪的；

（三）共同犯罪的犯罪嫌疑人、被告人还实施其他犯罪的；

（四）多个犯罪嫌疑人、被告人实施的犯罪存在关联，并案处理有利于查明案件事实的。

——《最高人民法院、最高人民检察院、公安部等关于实施刑事诉讼法若干问题的规定》（2012年12月26日）。

1448. 检察机关起诉的属于法院管辖的自诉案件的处理

关键词

检察机关起诉　自诉案件　立案管辖

附录：司法信箱

问题：检察机关就某案件向法院提起公诉后（如侮辱妇女案件），经法院审理认定起诉书指控的被告人的犯罪事实清楚，证据充分，足以证明被告人的行为构成犯罪。但在案件定性上，法院认定的罪名与检察机关起诉的罪名不一致（如起诉指控被告人犯侮辱妇女罪，法院认定被告人犯侮辱罪），而且法院认定的罪名又不属于检察机关的管辖范围，属于法院直接受理的告诉才处理的自诉案件。对此，一种意见认为，法院可以直接改变指控罪名，以侮辱罪作出有罪判决；另一种意见认为，此案属于人民法院直接受理的告诉才处理的自诉案件，应建议检察机关撤诉，告之被害人来法院自诉，如检察机关不同意撤诉，法院应以起诉指控的罪名证据不足，不能成立，判决宣告被告人无罪。请问这种情况应如何处理？

《人民司法》研究组认为：根据《刑事诉讼法》第15条的规定："对于依照刑法告诉才处理的犯罪，没有告诉或者撤回告诉的，应当撤销案件，或者不起诉，或者终止审理，或者宣告无罪。"根据你来信介绍的情况，检察机关向人民法院提起公诉，案经法院审查，认为属于刑法告诉才处理的犯罪，应当决定不予受理；如果已经开庭审理，认为被告人的行为构成犯罪，但认定的罪名与起诉的罪名不一致，且属于告诉才处理的犯罪，应当裁定终止审理。

——《人民司法》2001年第2期（总第445期）。

1449. 轻伤案件当事人和解后，检察机关又提起刑事诉讼的处理

关键词

轻伤案件　当事人和解　立案管辖

附录：司法信箱

问题：2000年8月5日，傅某致吴某轻伤后，在公安机关的主持下，傅某与吴某达成了和解协议，傅某赔偿了吴某的经济损失，吴某也没有再向法院提起刑事自诉。2003年公诉机关仍就此事实，以傅某犯故意伤害罪向法院

提起刑事诉讼。法院在受理时就能否受理此案，存在两种意见。一种意见认为，双方当事人在公诉机关已作了和解处理，吴某也未再自诉，公诉机关仍以此事提起公诉，法院可以不予受理。另一种意见认为，当事人在公安机关的和解只是处理附带民事部分，刑事部分未作处理。此案法院应当受理。请问上述哪一种意见正确？

《人民司法》研究组认为：根据《最高人民法院关于执行〈中华人民共和国刑事诉讼法〉若干问题的解释》有关案件管辖的规定，《刑法》第260条第1款规定的故意伤害致人轻伤的案件，属于《刑事诉讼法》第170条第（2）项规定的“被害人有证据证明的轻微刑事案件”，是自诉案件。这类自诉案件原则上应当由被害人直接向人民法院起诉，只有其中证据不足、可由公安机关受理的，才应当移送公安机关立案侦查并作为公诉案件起诉到人民法院。因此，对于你来信中提到的人民法院应否受理傅某致吴某轻伤害公诉案件，要考虑两方面情况：一是对被告人的刑事追诉期限是否已过；二是该案件是否属于被害人证据不足，应当进入公诉案件程序的案件。

——《人民司法》2004年第6期（总第485期）。

1450. 自诉的重婚案件的受理

关键词

自诉案件　重婚行为　立案管辖

最高人民法院答复

广东省高级人民法院：

你院《关于重婚案件中受骗的一方当事人能否作为被害人向法院提起诉讼问题的请示》，经研究，答复如下：

重婚案件中的被害人，既包括重婚者在原合法婚姻关系中的配偶，也包括后来受欺骗而与重婚者结婚的人。鉴于受骗一方当事人在主观上不具有重婚的故意，因此，根据你院《请示》中介绍的案情，陈若容可以作为本案的被害人。根据最高人民法院、最高人民检察院1983年7月26日《关于重婚案件管辖问题的通知》中关于“由被害人提出控告的重婚案件……由人民法院直接受理”的规定，陈若容可以作为自诉人，直接向人民法院提起诉讼。

——《最高人民法院研究室关于重婚案件中受骗的一方当事人能否作为被害人向法院提起诉讼问题的电话答复》（1992年11月7日）。

附录：司法信箱

问题：在重婚案件的被害人没有向公安机关控告的情况下，公安机关立案侦查，人民检察院提起公诉，法院应否受理？也就是说，对重婚案件是否也可以作为自诉案件受理？

《人民司法》研究组认为：根据《刑法》《刑事诉讼法》及相关司法解释的规定，重婚案件不属于告诉才处理的案件，人民检察院可以依法向人民法院提起公诉。在人民检察院没有提起公诉，而被害人有证据证明的情况下，直接向人民法院起诉的，也应当依法受理。

——《人民司法》2002 年第 4 期（总第 459 期）。

1451. 经常居住地法院对重婚罪具有刑事管辖权

关键词

重婚罪　经常居住地　刑事管辖权　域外证据

《刑事审判参考》指导案例

自诉人桥本郁子诉被告人桥本浩重婚案（《刑事审判参考》指导案例第 748 号）

裁判要点：重婚犯罪行为在一定时间和空间内处于继续状态，但期间内犯罪地可能会发生移动和变化。外籍被告人与我国公民于国内登记结婚，只要在居住地工作和生活已满一年，其经常居住地亦是犯罪地，故经常居住地法院可以行使刑事管辖权。

重婚罪是指自己有配偶而重婚的，或者明知他人有配偶而与之结婚的行为。刑法学界通说认为重婚罪属于继续犯。继续犯，是指犯罪行为自着手实行之时直至其构成既遂、且通常在既遂之后至犯罪行为终了的一定时间内，该犯罪行为及其所引起的不法状态同时处于持续过程中的犯罪形态，又称持续犯。继续犯具有两个主要特征：第一，犯罪行为的继续性。犯罪行为的继续性应理解为自犯罪行为的着手实行到实行终了，直至不法状态解除的过程中，犯罪行为一直呈现一种持续状态。第二，犯罪行为及其所引起的不法状态同时继续。犯罪行为所引起的不法状态，是指犯罪行为对客体造成损害所形成的一种持续结果或状态。继续犯犯罪行为的持续实施与客体遭侵害之结果或状态的持续是同时或同步的。重婚罪完全符合上述特征。婚姻既是一种状态，同时也是一种行为。重婚者在举行重婚结婚时，其犯罪行为已经既遂，但重婚状态的存续是犯罪行为的继续，而不仅仅是不法状态的继续。重婚罪的本质是重婚行为侵犯了一夫一妻的婚姻家庭关系。把握了该本质，才能对重婚罪有清楚的认识。举行重婚结婚虽然构成了重婚罪的既遂，但以夫妻关系非法同居的行为并没有结束，举行重婚结婚正表明重婚行为的开始而不是意味着其终止。因此，不应当把举行重婚结婚的行为和以后的以夫妻关系非法同居的行为人为地割裂开来，而应看作是完整统一的重婚行为。虽然重婚犯罪行为在一定时间和空间内处于继续状态，但期间内犯罪地可能会发生移动和变化。外籍被告人与我国公民于国内登记结婚，只要在居住地工作和生活已满一年，其经常居住地亦是犯罪地，故经常居住地法院可以行使刑事管辖权。

——张华松：《自诉人桥本郁子诉被告人桥本浩重婚案——涉及重婚罪的管辖及域外证据在刑事审判中的审核采信》，载最高人民法院刑事审判第一、二、三、四、五庭主办：《刑事审判参考》2012 年第 1 集（总第 84 集），法律出版社 2012 年版，第 23~27 页。

1452. 审理经济犯罪案件参照适用检察院、公安部立案追诉标准的规定

关键词

经济犯罪　立案　追诉标准

最高人民法院司法政策精神

全国地方各级人民法院、各级军事法院、各铁路运输中级法院和基层法院，新疆生产建设兵团各级法院：

今年 5 月 18 日，最高人民检察院、公安部印发了最高人民检察院、公安部《关于公安机关管辖的刑事案件立案追诉标准的规定（二）》（以下简称《标准二》）。《标准二》规定了公安机关经济犯罪侦查部门管辖的 86 种刑事案件的立案追诉标准。为切实做好经济犯罪审判工作，及时、准确打击经济犯罪，有效维护市场经济秩序，现就人民法院在审理经济犯罪案件中参照适用《标准二》的有关问题通知如下：

一、最高人民法院对相关经济犯罪的定罪量刑标准没有规定的，人民法院在审理经济犯罪案件时，可以参照适用《标准二》的规定。

二、各级人民法院在参照适用《标准二》的过程中，如认为《标准二》的有关规定不能适应案件审理需要的，要结合案件具体情况和本地实际，依

法审慎稳妥处理好案件的法律适用和政策把握，争取更好的社会效果。

三、最高人民法院将在进一步总结审判经验的基础上，对审判实践中亟需相关经济犯罪定罪量刑标准作出具体规定。在此之前，拟通过有关工作会议、司法文件、公布典型案例等方式，对人民法院经济犯罪案件审判工作加强指导，以不断提高经济犯罪案件审判水平，更好地服务经济社会发展和依法惩处经济犯罪工作的需要。

——《最高人民法院关于在经济犯罪审判中参照适用最高人民检察院、公安部〈关于公安机关管辖的刑事案件立案追诉标准的规定（二）〉的通知》（2010 年 6 月 21 日，法发〔2010〕22 号）。

1453. 内地法院对部分犯罪行为发生在境外但犯罪准备工作发生在内地的案件具有管辖权

关键词

审判管辖　犯罪行为地　非法占有

《最高人民法院公报》案例

张子强等非法买卖、运输爆炸物、抢劫、绑架、走私武器、弹药、非法买卖、运输枪支、弹药、私藏枪支、弹药上诉案（判决时间：1998 年 12 月 4 日，二审法院：广东省高级人民法院）

裁判摘要：部分犯罪行为虽然是在香港实施，但是组织、策划等实施犯罪的准备工作均发生在内地；实施犯罪所使用的枪支、爆炸物及主要的作案工具均是从内地非法购买后走私运到香港，内地法院对案件享有管辖权。

上诉人张子强及其辩护人称：本案犯罪行为实施地在香港，侵犯的客体是香港居民的人身权和财产权，应由香港法院管辖，一审法院管辖不当等。

广东省高级人民法院认为：本案指控的犯罪，有些犯罪行为虽然是在香港实施，但是组织、策划等实施犯罪的准备工作，均发生在内地；实施犯罪所使用的枪支、爆炸物及主要的作案工具均是从内地非法购买后走私运到香港，依照《中华人民共和国刑事诉讼法》第 24 条的规定，内地法院对本案依法享有管辖权。

——《最高人民法院公报》1999 年第 1 期。

1454. 恐怖活动和极端主义犯罪案件管辖原则

关键词

恐怖活动　极端主义

最高人民法院司法政策精神

（一）组织、领导、参加恐怖组织罪，帮助恐怖活动罪，准备实施恐怖活动罪，宣扬恐怖主义、煽动实施恐怖活动罪，强制穿戴宣扬恐怖主义服饰、标志罪，非法持有宣扬恐怖主义物品罪的第一审刑事案件由中级人民法院管辖；宣扬极端主义罪，利用极端主义破坏法律实施罪，强制穿戴宣扬极端主义服饰、标志罪，非法持有宣扬极端主义物品罪的第一审刑事案件由基层人民法院管辖。高级人民法院可以根据级别管辖的规定，结合本地区社会治安状况、案件数量等情况，决定实行相对集中管辖，指定辖区内特定的中级人民法院集中审理恐怖活动和极端主义犯罪第一审刑事案件，或者指定辖区内特定的基层人民法院集中审理极端主义犯罪第一审刑事案件，并将指定法院名单报最高人民法院备案。

——《最高人民法院、最高人民检察院、公安部、司法部关于印发〈最高人民法院、最高人民检察院、公安部、司法部关于办理恐怖活动和极端主义犯罪案件适用法律若干问题的意见〉的通知》（2018 年 3 月 16 日，高检会〔2018〕1 号）。

1455. 信用卡诈骗犯罪中异地使用信用卡案件的管辖规定

关键词

信用卡诈骗罪　异地使用信用卡

最高人民法院司法政策精神

各省、自治区、直辖市高级人民法院，人民检察院，公安厅、局，新疆维吾尔自治区高级人民法院生产建设兵团分院、新疆生产建设兵团人民检察院、公安局：

近年来，信用卡诈骗流窜作案逐年增多，受害人在甲地申领的信用卡，被犯罪嫌疑人在乙地盗取了信用卡信息，并在丙地被提现或消费。犯罪嫌疑人企图通过空间的转换逃避刑事打击。为及时有效打击此类犯罪，现就有关案件管辖问题通知如下：

对以窃取、收买等手段非法获取他人信用卡信息资料后在异地使用的信用卡诈骗犯罪案件，持卡人信用卡申领地的公安机关、人民检察院、人民法院可以依法立案侦查、起诉、审判。

——《最高人民法院、最高人民检察院、公安部关于信用卡诈骗犯罪管辖有关问题的通知》（2011 年 8 月 8 日，公通字〔2011〕29 号）。

1456. 电信网络诈骗犯罪的案件管辖

关键词

电信网络诈骗　案件管辖

最高人民法院司法政策精神

五、依法确定案件管辖

（一）电信网络诈骗犯罪案件一般由犯罪地公安机关立案侦查，如果由犯罪嫌疑人居住地公安机关立案侦查更为适宜的，可以由犯罪嫌疑人居住地公安机关立案侦查。犯罪地包括犯罪行为发生地和犯罪结果发生地。

“犯罪行为发生地”包括用于电信网络诈骗犯罪的网站服务器所在地，网站建立者、管理者所在地，被侵害的计算机信息系统或其管理者所在地，犯罪嫌疑人、被害人使用的计算机信息系统所在地，诈骗电话、短信息、电子邮件等的拨打地、发送地、到达地、接受地，以及诈骗行为持续发生的实施地、预备地、开始地、途经地、结束地。

“犯罪结果发生地”包括被害人被骗时所在地，以及诈骗所得财物的实际取得地、藏匿地、转移地、使用地、销售地等。

（二）电信网络诈骗最初发现地公安机关侦办的案件，诈骗数额当时未达到“数额较大”标准，但后续累计达到“数额较大”标准，可由最初发现地公安机关立案侦查。

（三）具有下列情形之一的，有关公安机关可以在其职责范围内并案侦查：

1. 一人犯数罪的；
2. 共同犯罪的；
3. 共同犯罪的犯罪嫌疑人还实施其他犯罪的；
4. 多个犯罪嫌疑人实施的犯罪存在直接关联，并案处理有利于查明案件事实的。

（四）对因网络交易、技术支持、资金支付结算等关系形成多层级链条、跨区域的电信网络诈骗等犯罪案件，可由共同上级公安机关按照有利于查清犯罪事实、有利于诉讼的原则，指定有关公安机关立案侦查。

（五）多个公安机关都有权立案侦查的电信网络诈骗等犯罪案件，由最初受理的公安机关或者主要犯罪地公安机关立案侦查。有争议的，按照有利于查清犯罪事实、有利于诉讼的原则，协商解决。经协商无法达成一致的，由共同上级公安机关指定有关公安机关立案侦查。

（六）在境外实施的电信网络诈骗等犯罪案件，可由公安部按照有利于查清犯罪事实、有利于诉讼的原则，指定有关公安机关立案侦查。

（七）公安机关立案、并案侦查，或因有争议，由共同上级公安机关指定立案侦查的案件，需要提请批准逮捕、移送审查起诉、提起公诉的，由该公安机关所在地的人民检察院、人民法院受理。

对重大疑难复杂案件和境外案件，公安机关应在指定立案侦查前，向同级人民检察院、人民法院通报。

（八）已确定管辖的电信诈骗共同犯罪案件，在逃的犯罪嫌疑人归案后，一般由原管辖的公安机关、人民检察院、人民法院管辖。

——《最高人民法院、最高人民检察院、公安部关于办理电信网络诈骗等刑事案件适用法律若干问题的意见》（2016年12月19日，法发〔2016〕32号）。

1457. 利用信息网络实施黑恶势力犯罪案件的管辖

关键词

黑恶势力　利用信息网络犯罪　管辖

最高人民法院司法政策精神

四、利用信息网络实施黑恶势力犯罪案件管辖

14. 利用信息网络实施的黑恶势力犯罪案件管辖依照《关于办理黑社会性质组织犯罪案件若干问题的规定》和《关于办理网络犯罪案件适用刑事诉讼程序若干问题的意见》的有关规定确定，坚持以犯罪地管辖为主、被告人居住地管辖为辅的原则。

15. 公安机关可以依法对利用信息网络实施的黑恶势力犯罪相关案件并案侦查或者指定下级公安机关管辖，并案侦查或者由上级公安机关指定管辖的公安机关应当全面调查收集能够证明黑恶势力犯罪事实的证据，各涉案地公安机关应当积极配合。并案侦查或者由上级公安机关指定管辖的案件，需要提请批准逮捕、移送审查起诉、提起公诉的，由立案侦查的公安机关所在地

的人民检察院、人民法院受理。

16. 人民检察院对于公安机关提请批准逮捕、移送审查起诉的利用信息网络实施的黑恶势力犯罪案件，人民法院对于已进入审判程序的利用信息网络实施的黑恶势力犯罪案件，被告人及其辩护人提出的管辖异议成立，或者办案单位发现没有管辖权的，受案人民检察院、人民法院经审查，可以依法报请与有管辖权的人民检察院、人民法院共同的上级人民检察院、人民法院指定管辖，不再自行移交。对于在审查批准逮捕阶段，上级检察机关已经指定管辖的案件，审查起诉工作由同一人民检察院受理。人民检察院、人民法院认为应当分案起诉、审理的，可以依法分案处理。

17. 公安机关指定下级公安机关办理利用信息网络实施的黑恶势力犯罪案件的，应当同时抄送同级人民检察院、人民法院。人民检察院认为需要依法指定审判管辖的，应当协商同级人民法院办理指定管辖有关事宜。

——《最高人民法院、最高人民检察院、公安部、司法部关于办理利用信息网络实施黑恶势力犯罪刑事案件若干问题的意见》（2019 年 7 月 23 日，公通字〔2019〕28 号）。

1458. 发生在网络世界中的诽谤案件，如何确定法院管辖权

关键词

网络诽谤　管辖　实施地　结果地　最终目的地

附录：最高人民法院法官著述

网络诽谤是指借助网络等现代传播信息手段，捏造、散布虚假事实，损害他人名誉的行为。网络与传统诽谤相比，有其更为鲜明的特性，因为对网络诽谤的管制更容易产生公民言论自由和公民名誉权的价值冲突。确定诽谤罪的管辖应以犯罪行为地为依据，但是，要想确定犯罪行为地却非常困难。原因有两点：第一，行为地的不确定性。网络犯罪共有的特点是犯罪嫌疑人的行为可能只具有相对确定性，甚至完全不确定。第二，结果地的不确定性。犯罪结果可能仅在一地，也可能在多地。如果多地都具有管辖权，那么管辖权的冲突便很难调和。对于解决这一难题，我们认为，在具体确认网络诽谤犯罪刑事管辖权时应以网络犯罪行为实施地、网络犯罪行为结果地、网络行为的最终目的地作为合理依据。

（1）网络犯罪行为实施地。网络犯罪行为须通过一定的计算机设备进行，应当以行为人为中心，以实施犯罪行为的设备为线索，认定犯罪行为地。行为人实施犯罪的计算机终端、服务器等设备是相对固定的，因此，行为人实

施网络犯罪的服务器、计算机终端等设备所在地可以视为犯罪行为地。

（2）网络犯罪行为结果地。由于网络传输的全球性，对于任何上网的行为，受其危害影响的地点都会数不胜数，若以此作为管辖权的基础，必然会造成管辖法院的泛滥。但网上侵犯商业秘密、间谍犯罪、网络入侵、散布破坏性病毒、逻辑炸弹、放置后门程序、偷窥、复制、更改或者删除计算机信息等犯罪有一个共性，就是必须侵入他人的计算机信息网络才能作案。因此将所侵入的系统局域网、计算机终端等设备所在地作为犯罪结果地，其所在地法院拥有管辖权当无异议。

（3）网络行为的最终目的地。人类的任何行为都具有目的性，网络行为也不例外。对于网络侵权行为案件而言，由于行为地的难以确定，也可以考虑将行为目的作为确定管辖的连接点。如果行为人使网络上的特定人得到信息数据，并希望他人访问该网页，或者有意向特定的目标发送信息、数据，这种积极的、主动的接触目的与目标所在地构成直接故意的关联。这种直接故意的关联，可以推定为行为人的意思表示是接受被指向地的法律，构成被指向地法院管辖的基础。

——张述元主编:《刑事诉讼法及配套规定新释新解与适用指南》，中国法制出版社 2020 年版，第 132~133 页。

1459. 网络犯罪案件的管辖

关键词

网络犯罪案件　管辖

最高人民法院司法政策精神

二、关于信息网络犯罪案件的管辖

2. 信息网络犯罪案件由犯罪地公安机关立案侦查。必要时，可以由犯罪嫌疑人居住地公安机关立案侦查。

信息网络犯罪案件的犯罪地包括用于实施犯罪行为的网络服务使用的服务器所在地，网络服务提供者所在地，被侵害的信息网络系统及其管理者所在地，犯罪过程中犯罪嫌疑人、被害人或者其他涉案人员使用的信息网络系统所在地，被害人被侵害时所在地以及被害人财产遭受损失地等。

涉及多个环节的信息网络犯罪案件，犯罪嫌疑人为信息网络犯罪提供帮助的，其犯罪地、居住地或者被帮助对象的犯罪地公安机关可以立案侦查。

3. 有多个犯罪地的信息网络犯罪案件，由最初受理的公安机关或者主要犯罪地公安机关立案侦查。有争议的，按照有利于查清犯罪事实、有利于诉讼的原则，协商解决；经协商无法达成一致的，由共同上级公安机关指定有关公安机关立案侦查。需要提请批准逮捕、移送审查起诉、提起公诉的，由立案侦查的公安机关所在地的人民检察院、人民法院受理。

4. 具有下列情形之一的，公安机关、人民检察院、人民法院可以在其职责范围内并案处理：

（1）一人犯数罪的；

（2）共同犯罪的；

（3）共同犯罪的犯罪嫌疑人、被告人还实施其他犯罪的；

（4）多个犯罪嫌疑人、被告人实施的犯罪行为存在关联，并案处理有利于查明全部案件事实的。

对为信息网络犯罪提供程序开发、互联网接入、服务器托管、网络存储、通讯传输等技术支持，或者广告推广、支付结算等帮助，涉嫌犯罪的，可以依照第一款的规定并案侦查。

有关公安机关依照前两款规定并案侦查的案件，需要提请批准逮捕、移送审查起诉、提起公诉的，由该公安机关所在地的人民检察院、人民法院受理。

5. 并案侦查的共同犯罪或者关联犯罪案件，犯罪嫌疑人人数众多、案情复杂的，公安机关可以分案移送审查起诉。分案移送审查起诉的，应当对并案侦查的依据、分案移送审查起诉的理由作出说明。

对于前款规定的案件，人民检察院可以分案提起公诉，人民法院可以分案审理。

分案处理应当以有利于保障诉讼质量和效率为前提，并不得影响当事人质证权等诉讼权利的行使。

6. 依照前条规定分案处理，公安机关、人民检察院、人民法院在分案前有管辖权的，分案后对相关案件的管辖权不受影响。根据具体情况，分案处理的相关案件可以由不同审级的人民法院分别审理。

7. 对于共同犯罪或者已并案侦查的关联犯罪案件，部分犯罪嫌疑人未到案，但不影响对已到案共同犯罪或者关联犯罪的犯罪嫌疑人、被告人的犯罪事实认定的，可以先行追究已到案犯罪嫌疑人、被告人的刑事责任。之前未到案的犯罪嫌疑人、被告人归案后，可以由原办案机关所在地公安机关、人民检察院、人民法院管辖其所涉及的案件。

8. 对于具有特殊情况，跨省（自治区、直辖市）指定异地公安机关侦查更有利于查清犯罪事实、保证案件公正处理的重大信息网络犯罪案件，以及在境外实施的信息网络犯罪案件，公安部可以商最高人民检察院和最高人民法院指定侦查管辖。

9. 人民检察院对于审查起诉的案件，按照刑事诉讼法的管辖规定，认为应当由上级人民检察院或者同级其他人民检察院起诉的，应当将案件移送有管辖权的人民检察院，并通知移送起诉的公安机关。人民检察院认为需要依照刑事诉讼法的规定指定审判管辖的，应当协商同级人民法院办理指定管辖有关事宜。

10. 犯罪嫌疑人被多个公安机关立案侦查的，有关公安机关一般应当协商并案处理，并依法移送案件。协商不成的，可以报请共同上级公安机关指定管辖。

人民检察院对于审查起诉的案件，发现犯罪嫌疑人还有犯罪被异地公安机关立案侦查的，应当通知移送审查起诉的公安机关。

人民法院对于提起公诉的案件，发现被告人还有其他犯罪被审查起诉、立案侦查的，可以协商人民检察院、公安机关并案处理，但可能造成审判过分迟延的除外。决定对有关犯罪并案处理，符合《中华人民共和国刑事诉讼法》第二百零四条规定的，人民检察院可以建议人民法院延期审理。

——《最高人民法院、最高人民检察院、公安部关于办理信息网络犯罪案件适用刑事诉讼程序若干问题的意见》（2022年8月26日，法发〔2022〕23号）。

1460. 网络赌博犯罪案件的管辖规定

关键词

网络赌博　审判管辖　指定管辖

最高人民法院司法政策精神

四、关于网络赌博犯罪案件的管辖

网络赌博犯罪案件的地域管辖，应当坚持以犯罪地管辖为主、被告人居住地管辖为辅的原则。

“犯罪地”包括赌博网站服务器所在地、网络接入地，赌博网站建立者、管理者所在地，以及赌博网站代理人、参赌人实施网络赌博行为地等。

公安机关对侦办跨区域网络赌博犯罪案件的管辖权有争议的，应本着有利于查清犯罪事实、有利于诉讼的原则，认真协商解决。经协商无法达成一致的，报共同的上级公安机关指定管辖。对即将侦查终结的跨省（自治区、直辖市）重大网络赌博案件，必要时可由公安部商最高人民法院和最高人民检察院指定管辖。

为保证及时结案，避免超期羁押，人民检察院对于公安机关提请审查逮捕、移送审查起诉的案件，人民法院对于已进入审判程序的案件，犯罪嫌疑人、被告人及其辩护人提出管辖异议或者办案单位发现没有管辖权的，受案人民检察院、人民法院经审查可以依法报请上级人民检察院、人民法院指定管辖，不再自行移送有管辖权的人民检察院、人民法院。

——《最高人民法院、最高人民检察院、公安部关于办理网络赌博犯罪案件适用法律若干问题的意见》(2010 年 8 月 31 日，公通字〔2010〕40 号)。

1461. 在列车上犯罪的管辖规则

关键词

列车　犯罪　管辖

最高人民法院司法解释

第五条　在列车上的犯罪，被告人在列车运行途中被抓获的，由前方停靠站所在地负责审判铁路运输刑事案件的人民法院管辖。必要时，也可以由始发站或者终点站所在地负责审判铁路运输刑事案件的人民法院管辖。

被告人不是在列车运行途中被抓获的，由负责该列车乘务的铁路公安机关对应的审判铁路运输刑事案件的人民法院管辖；被告人在列车运行途经车站被抓获的，也可以由该车站所在地负责审判铁路运输刑事案件的人民法院管辖。

——《最高人民法院关于适用〈中华人民共和国刑事诉讼法〉的解释》(2021 年 1 月 26 日，法释〔2021〕1 号)。

附录：最高人民法院主流观点

《最高人民法院关于铁路运输法院案件管辖范围的若干规定》(法释〔2012〕10 号) 第一条第三款规定 "在列车上的犯罪，由犯罪发生后该列车最初停靠的车站所在地或者目的地的铁路运输法院管辖"。根据实践反映的问题，《最高人民法院关于适用〈中华人民共和国刑事诉讼法〉的解释》(法释〔2021〕1 号，以下简称《刑事诉讼法解释》) 第五条作了修改完善，规定："在列车上的犯罪，被告人在列车运行途中被抓获的，由前方停靠站所在地负责审判铁路运输刑事案件的人民法院管辖。必要时，也可以由始发站或者终点站所在地负责审判铁路运输刑事案件的人民法院管辖。""被告人不是在列车运行途中被抓获的，由负责该列车乘务的铁路公安机关对应的审判铁路运输刑事案件的人民法院管辖；被告人在列车运行途经车站被抓获的，也可以由该车站所在地负责审判铁路运输刑事案件的人民法院管辖。"

对比可以发现，《刑事诉讼法解释》第五条重新确立了在列车上犯罪的管辖规则。具体而言:(1)当前一些铁路运输法院处于改革期，有些地方已经把铁路运输案件交给地方法院管辖。因此，一概要求“铁路运输法院管辖”，与实际不符。(2)本条规定由“前方停靠站”而非“最初停靠站”所在地的负责审判铁路运输刑事案件的人民法院管辖，主要考虑是:“最初停靠站”只能是发现犯罪后停靠的第一个站点，而第一个站点有大有小，小站点可能根本没有警力羁押犯罪嫌疑人，不便于管辖，而用“前方停靠站”则涵盖范围更广，更符合实际需求。(3)在一些案件中，列车刚刚驶出始发地即发生犯罪案件并抓获犯罪嫌疑人，在此种情况下，由列车始发地的负责审判铁路运输刑事案件的人民法院管辖，更具合理性。(4)对于被告人不是在列车运行途中被抓获的，规定由负责该列车乘务的铁路公安机关对应的审判铁路运输刑事案件的人民法院管辖。但是实践中存在被告人实施犯罪后下车，在车站即被抓获的情形。为便于执法办案，避免移送案件浪费侦查资源，此种情形也可以由该车站所在地负责审判铁路运输刑事案件的人民法院管辖。

——《刑事诉讼法解释》起草小组:《〈最高人民法院关于适用《中华人民共和国刑事诉讼法》的解释〉理解与适用》，载最高人民法院刑事审判第一、二、三、四、五庭编:《刑事审判参考》(总第126辑)，人民法院出版社2021年版，第113~114页。

1462. 在国际列车上犯罪的管辖规则

关键词

国际列车 犯罪 管辖

最高人民法院司法解释

第六条 在国际列车上的犯罪，根据我国与相关国家签订的协定确定管辖；没有协定的，由该列车始发或者前方停靠的中国车站所在地负责审判铁路运输刑事案件的人民法院管辖。

——《最高人民法院关于适用〈中华人民共和国刑事诉讼法〉的解释》(2021年1月26日，法释〔2021〕1号)。

附录：最高人民法院主流观点

2012年《刑事诉讼法解释》第六条规定:“在国际列车上的犯罪，根据我国与相关国家签订的协定确定管辖；没有协定的，由该列车最初停靠的中国车站所在地或者目的地的铁路运输法院管辖。”实践中存在国际列车在离开最后一座中国车站后，行为人在中国境内实施犯罪，但前方无停靠的中国车站的情形，无法依据现有规定进行管辖。鉴此，2012年《刑事诉讼法解释》第六条作了修改完善，规定："在国际列车上的犯罪，根据我国与相关国家签订的协定确定管辖；没有协定的，由该列车始发或者前方停靠的中国车站所在地负责审判铁路运输刑事案件的人民法院管辖。"

——《刑事诉讼法解释》起草小组：《〈最高人民法院关于适用《中华人民共和国刑事诉讼法》的解释〉理解与适用》，载最高人民法院刑事审判第一、二、三、四、五庭编：《刑事审判参考》（总第126辑），人民法院出版社2021年版，第114页。

1463. 走私犯罪刑事案件管辖

关键词

走私犯罪　审判管辖　犯罪地

最高人民法院司法政策精神

一、关于走私犯罪案件的管辖问题

根据刑事诉讼法的规定，走私犯罪案件由犯罪地的走私犯罪侦查机关立案侦查。走私犯罪案件复杂，环节多，其犯罪地可能涉及多个犯罪行为发生地，包括货物、物品的进口（境）地、出口（境）地、报关地、核销地等。如果发生刑法第154条、第155条规定的走私犯罪行为的，走私货物、物品的销售地、运输地、收购地和贩卖地均属于犯罪行为的发生地。对有多个走私犯罪行为发生地的，由最初受理的走私犯罪侦查机关或者由主要犯罪地的走私犯罪侦查机关管辖。对管辖有争议的，由共同的上级走私犯罪侦查机关指定管辖。

对发生在海（水）上的走私犯罪案件由该辖区的走私犯罪侦查机关管辖，但对走私船舶有跨辖区连续追缉情形的，由缉获走私船舶的走私犯罪侦查机关管辖。

人民检察院受理走私犯罪侦查机关提请批准逮捕、移送审查起诉的走私犯罪案件，人民法院审理人民检察院提起公诉的走私犯罪案件，按照《最高人民法院、最高人民检察院、公安部、司法部、海关总署关于走私犯罪侦查机关办理走私犯罪案件适用刑事诉讼程序若干问题的通知》（署侦〔1998〕742号）的有关规定执行。

——《最高人民法院、最高人民检察院、海关总署关于印发〈办理走私刑事案件适用法律若干问题的意见〉的通知》（2002年7月8日，法〔2002〕139号）。

最高人民法院审判业务意见

一、关于走私犯罪案件的管辖问题

关于刑事案件的管辖问题，《刑事诉讼法》有明确规定，走私犯罪案件也应当遵守《刑事诉讼法》规定的由犯罪地或者犯罪嫌疑人、被告人居住地司法机关管辖的原则。但由于走私犯罪案件的复杂性，其犯罪地可能涉及多个犯罪行为发生地，如货物、物品的进口（境）、出口（境）地、报关地、运输地、销售地等。对此，与会代表认为，对于走私犯罪案件有多个犯罪行为发生地的，一般由最初受理案件的走私犯罪侦查机关管辖，如有特殊情况，可由共同的上级走私犯罪侦查机关指定管辖；对于发生在海（水）上的走私犯罪案件，由该辖区的走私犯罪侦查机关管辖，但对走私船舶有连续追击情形或者执行专项缉私活动的，可由押解走私船舶停泊地的走私犯罪侦查机关管辖。

人民检察院受理走私犯罪侦查机关提请批准逮捕、移送审查起诉的走私犯罪案件，人民法院审理人民检察院提起公诉的走私犯罪案件，按照 1998 年 12 月 3 日最高人民法院、最高人民检察院、公安部、司法部、海关总署《关于走私犯罪侦查机关办理走私犯罪案件适用刑事诉讼程序若干问题的通知》的有关规定执行。

——最高人民法院刑事审判第一、二庭：《准确适用法律　严惩走私犯罪——打击走私犯罪工作座谈会综述》，载最高人民法院刑事审判第一庭、第二庭编：《刑事审判参考》2002 年第 2 辑（总第 25 辑），法律出版社 2002 年版，第 154~155 页。

1464. 拐卖妇女、儿童犯罪案件的管辖

关键词

拐卖妇女、儿童罪　审判管辖

最高人民法院司法政策精神

4. 拐卖妇女、儿童犯罪案件依法由犯罪地的司法机关管辖。拐卖妇女、儿童犯罪的犯罪地包括拐出地、中转地、拐入地以及拐卖活动的途经地。如果由犯罪嫌疑人、被告人居住地的司法机关管辖更为适宜的，可以由犯罪嫌疑人、被告人居住地的司法机关管辖。

5. 几个地区的司法机关都有权管辖的，一般由最先受理的司法机关管辖。犯罪嫌疑人、被告人或者被拐卖的妇女、儿童人数较多，涉及多个犯罪地的，

可以移送主要犯罪地或者主要犯罪嫌疑人、被告人居住地的司法机关管辖。

6. 相对固定的多名犯罪嫌疑人、被告人分别在拐出地、中转地、拐入地实施某一环节的犯罪行为，犯罪所跨地域较广，全案集中管辖有困难的，可以由拐出地、中转地、拐入地的司法机关对不同犯罪分子分别实施的拐出、中转和拐入犯罪行为分别管辖。

7. 对管辖权发生争议的，争议各方应当本着有利于迅速查清犯罪事实，及时解救被拐卖的妇女、儿童，以及便于起诉、审判的原则，在法定期间内尽快协商解决；协商不成的，报请共同的上级机关确定管辖。

正在侦查中的案件发生管辖权争议的，在上级机关作出管辖决定前，受案机关不得停止侦查工作。

——《最高人民法院、最高人民检察院、公安部、司法部印发〈关于依法惩治拐卖妇女儿童犯罪的意见〉的通知》（2010 年 3 月 15 日，法发〔2010〕7 号）。

1465. 撤销缓刑案件的管辖和审理

关键词

撤销缓刑　审判管辖　漏罪

附录：最高人民法院法官著述

根据《刑法》第 77 条的规定："被宣告缓刑的犯罪分子，在缓刑考验期限内有下列三种情形之一的，应当撤销缓刑，执行原判刑罚：1. 犯新罪；2. 发现判决宣告以前还有其他罪没有判决的；3. 违反法律、行政法规或者国务院公安部门有关缓刑的监督管理规定，情节严重的。"那么，由谁经由何种程序来撤销缓刑呢？对此，《最高人民法院关于执行〈中华人民共和国刑事诉讼法〉若干问题的解释》第 356 条、第 357 条分别作了规定，即：

第一种情况，被宣告缓刑的犯罪分子，在缓刑考验期限内因再犯新罪或者被发现判决宣告以前还有其他罪没有判决，应当撤销缓刑的，一般应由审判新罪的人民法院在审判新罪时，对原判决、裁定宣告的缓刑予以撤销。我们认为这种特别管辖规定是没有必要的。因为对于被宣告缓刑的犯罪分子再犯新罪或者发现漏罪的情况而言，首先要解决的是其新罪的侦查、起诉和审判问题，新罪审判不涉及原判事实、定罪与量刑，只是根据原判以后出现的新情况改变原判刑罚的执行方式。因此，审判新罪的法院在宣告新罪判决的同时，可以径行依法撤销原判的缓刑宣告。这样做，既是诉讼便利、经济的要求，也可避免因设定特别管辖而带来的不必要的繁琐，有利于对被宣告缓刑的罪犯在异地所实施的犯罪进行及时侦查、起诉和审判。因此，对被宣告缓刑的犯罪分子因再犯新罪或者发现漏罪依法需要撤销缓刑的，将撤销缓刑宣告权赋予审判新罪的人民法院是恰当的。

第二种情况，被宣告缓刑的犯罪分子，在缓刑考验期内违反法律、行政法规或者国务院公安部门有关缓刑的监督管理规定，情节严重，依法应当撤销缓刑的，原作出缓刑裁判的人民法院应当自收到同级公安机关提出的撤销缓刑建议书之日起 1 个月内依法作出裁定。

——李武清、汪鸿滨：《王园被撤销缓刑案——撤销缓刑案件的管辖、审理和羁押时间折抵》，载最高人民法院刑事审判第一庭、第二庭编：《刑事审判参考》2003 年第 3 集（总第 32 集），法律出版社 2003 年版，第 2~3 页。

1466. 毒品犯罪案件的管辖

关键词

毒品犯罪　审判管辖　犯罪地　被告人居住地

最高人民法院司法政策精神

一、关于毒品犯罪案件的管辖问题

根据刑事诉讼法的规定，毒品犯罪案件的地域管辖，应当坚持以犯罪地管辖为主、被告人居住地管辖为辅的原则。

“犯罪地”包括犯罪预谋地，毒资筹集地，交易进行地，毒品生产地，毒资、毒赃和毒品的藏匿地、转移地，走私或者贩运毒品的目的地以及犯罪嫌疑人被抓获地等。

“被告人居住地”包括被告人常住地、户籍地及其临时居住地。

对怀孕、哺乳期妇女走私、贩卖、运输毒品案件，查获地公安机关认为移交其居住地管辖更有利于采取强制措施和查清犯罪事实的，可以报请共同的上级公安机关批准，移送犯罪嫌疑人居住地公安机关办理，查获地公安机关应继续配合。

公安机关对侦办跨区域毒品犯罪案件的管辖权有争议的，应本着有利于查清犯罪事实，有利于诉讼，有利于保障案件侦查安全的原则，认真协商解决。经协商无法达成一致的，报共同的上级公安机关指定管辖。对即将侦查终结的跨省（自治区、直辖市）重大毒品案件，必要时可由公安部商最高人民法院和最高人民检察院指定管辖。

为保证及时结案，避免超期羁押，人民检察院对于公安机关移送审查起诉的案件，人民法院对于已进入审判程序的案件，被告人及其辩护人提出管辖异议或者办案单位发现没有管辖权的，受案人民检察院、人民法院经审可以依法报请上级人民检察院、人民法院指定管辖，不再自行移送有管辖权的人民检察院、人民法院。

——《最高人民法院、最高人民检察院、公安部关于印发〈办理毒品犯罪案件适用法律若干问题的意见〉的通知》（2007 年 12 月 18 日，公通字〔2007〕84 号）。

十一、毒品案件的管辖问题

毒品犯罪的地域管辖，应当依照刑事诉讼法的有关规定，实行以犯罪地管辖为主、被告人居住地管辖为辅的原则。考虑到毒品犯罪的特殊性和毒品犯罪侦查体制，“犯罪地”不仅可以包括犯罪预谋地、毒资筹集地、交易进行地、运输途经地以及毒品生产地，也包括毒资、毒赃和毒品藏匿地、转移地、走私或者贩运毒品目的地等。“被告人居住地”，不仅包括被告人常住地和户籍所在地，也包括其临时居住地。

对于已进入审判程序的案件，被告人及其辩护人提出管辖异议，经审查异议成立的，或者受案法院发现没有管辖权，而案件由本院管辖更适宜的，受案法院应当报请与有管辖权的法院共同的上级法院依法指定本院管辖。

——《最高人民法院印发〈全国部分法院审理毒品犯罪案件工作座谈会纪要〉的通知》（2008 年 12 月 1 日，法〔2008〕324 号）。

附录：理解与适用

（一）毒品犯罪的犯罪地、被告人居住地的范围

由于不少毒品犯罪往往包括走私、制造、运输、贩卖等多个环节，每个环节都可能涉及不同的地域，而且毒品犯罪大多是共同犯罪，参与犯罪的多个被告人可能来自不同的地区，因此，《办理毒品犯罪案件适用法律若干问题的意见》（以下简称《意见》）规定，毒品犯罪的地域管辖，应当坚持《刑事诉讼法》规定的以犯罪地管辖为主、被告人居住地管辖为辅的原则。但是，考虑到毒品犯罪的特殊性和毒品犯罪的侦查机制，有必要根据《刑事诉讼法》的管辖规定，结合毒品犯罪的特殊情况，对犯罪地、被告人居住地作进一步解释。即犯罪地既可以包括犯罪预谋地、毒资筹集地、交易进行地、毒品生产地，也可以包括毒资、毒赃、毒品藏匿地、转移地，走私或贩卖毒品目的地以及犯罪嫌疑人抓获地等。被告人居住地不仅包括被告人常住地、户籍地，还包括其临时居住地。

（二）跨区域毒品犯罪的管辖问题

实践中，有的毒品犯罪往往涉及几个省、市、自治区，而且多名共同作案人往往会来自不同的居住地。依照《刑事诉讼法》和《意见》的前述规定，

所涉及地域的有关司法机关对这些毒品犯罪案件均有管辖权，从而可能造成拥有管辖权的机关之间的争议或者推诿，影响及时追赃、缉捕犯罪嫌疑人，影响及时起诉和审判，甚至产生拖延诉讼、超期羁押的现象。为解决这一问题，《意见》规定，公安机关对侦办的跨区域毒品犯罪案件的管辖权有争议的，应本着有利于查清犯罪事实、有利于诉讼、有利于保障案件侦查安全的原则，认真协商解决。经协商无法达成一致的，报共同的上级公安机关指定管辖。为保证及时结案，避免超期羁押，对已进入审查起诉、审判程序的案件，被告人及其辩护人提出管辖异议或者司法机关发现没有管辖权的，受理案件的法院、检察院应当报请其上级机关依照《刑事诉讼法》第26条规定的精神指定管辖，不再自行移送管辖。对即将侦查终结的跨省（自治区、直辖市）重大毒品案件，必要时可由公安部协商最高人民法院和最高人民检察院指定管辖。

（三）办理孕妇、哺乳期妇女毒品犯罪案件注意的问题

一是要贯彻宽严相济的刑事政策，严厉打击幕后组织、策划和指挥者，对组织利用、教唆孕妇、哺乳期妇女走私、贩卖、运输、制造毒品的，从重处罚；对孕妇、哺乳期妇女参与情节较轻的，或者具有自首、立功、被胁迫参加犯罪、坦白等法定或酌定从宽情节的，依法予以从宽处罚。二是要积极妥善解决涉及孕妇、哺乳期妇女的案件管辖、强制措施等问题。对其可以依法采取取保候审、监视居住等强制措施，并根据被告人的具体情况和案情的变化及时变更强制措施，但不能放任不管，拖延诉讼。三是对案件事实清除、证据确实充分，不妨碍诉讼进行的，要及时依法起诉和审理，以有效地遏制利用孕妇、哺乳期妇女进行毒品犯罪的蔓延势头。

——高贵君、王勇、吴光侠：《关于〈办理毒品犯罪案件适用法律若干问题的意见〉的理解与适用》，载《人民司法》2008年第5期（总第544期）。

1467. 海上发生的刑事案件的管辖

关键词

海上刑事案件　管辖

最高人民法院司法政策精神

一、对海上发生的刑事案件，按照下列原则确定管辖：

（一）在中华人民共和国内水、领海发生的犯罪，由犯罪地或者被告人登陆地的人民法院管辖，如果由被告人居住地的人民法院审判更为适宜的，可以由被告人居住地的人民法院管辖；

（二）在中华人民共和国领域外的中国船舶内的犯罪，由该船舶最初停泊的中国口岸所在地或者被告人登陆地、入境地的人民法院管辖；

（三）中国公民在中华人民共和国领海以外的海域犯罪，由其登陆地、入境地、离境前居住地或者现居住地的人民法院管辖；被害人是中国公民的，也可以由被害人离境前居住地或者现居住地的人民法院管辖；

（四）外国人在中华人民共和国领海以外的海域对中华人民共和国国家或者公民犯罪，根据《中华人民共和国刑法》应当受到处罚的，由该外国人登陆地、入境地、入境后居住地的人民法院管辖，也可以由被害人离境前居住地或者现居住地的人民法院管辖；

（五）对中华人民共和国缔结或者参加的国际条约所规定的罪行，中华人民共和国在所承担的条约义务的范围内行使刑事管辖权的，由被告人被抓获地、登陆地或者入境地的人民法院管辖。

前款第一项规定的犯罪地包括犯罪行为发生地和犯罪结果发生地。前款第二项至第五项规定的入境地，包括进入我国陆地边境、领海以及航空器降落在我国境内的地点。

——《最高人民法院、最高人民检察院、中国海警局关于海上刑事案件管辖等有关问题的通知》（2020 年 2 月 20 日，海警〔2020〕1 号）。

1468. 对正在服刑罪犯的犯罪的管辖

关键词

正在服刑罪犯　管辖

附录：最高人民法院主流观点

根据《最高人民法院关于适用〈中华人民共和国刑事诉讼法〉的解释》第十一条[①]规定，对正在服刑罪犯的犯罪管辖，应注意以下四种情况：

1. 发现了宣判前还有其他罪没有判决的，即发现了服刑罪犯还有漏罪的，由原审地人民法院管辖；由罪犯服刑地或者犯罪地的人民法院审判更为适宜的，可以由罪犯服刑地或者犯罪地的人民法院管辖。需要注意的是，“原审地人民法院”不一定是“原审人民法院”。因为，有可能漏罪应由中级人民法院管辖，而原审法院是基层人民法院；或者相反。因此，需要根据漏罪案件的具体情况，确定由原审地基层人民法院或者中级人民法院管辖。

---

① 本条现为《最高人民法院关于适用〈中华人民共和国刑事诉讼法〉的解释》（法释〔2021〕21 号）第十三条。

2. 罪犯在服刑期间又犯罪的，即又犯新罪的，由服刑地的人民法院管辖。根据新罪案件的具体情况，确定由服刑地的基层、中级或者高级人民法院管辖。

3. 服刑罪犯在服刑期间犯脱逃罪，且脱逃期间没有实施其他犯罪的，也由服刑地的人民法院管辖。

4. 对于服刑罪犯脱逃期间又实施新的犯罪，如果是在脱逃罪犯被抓回服刑地后发现的，由服刑地人民法院管辖，对罪犯的脱逃罪、在脱逃期间实施的新的犯罪一并审判，并根据原判刑罚和已执行刑罚的情况，确定罪犯应执行的刑罚。

如果脱逃罪犯在脱逃期间实施了新的犯罪，在犯罪地被抓获并发现了其实施的新的犯罪的，由犯罪地的人民法院管辖，对罪犯的脱逃罪、在脱逃期间实施的新的犯罪一并审判，并根据原判刑罚和已执行刑罚的情况，确定罪犯应执行的刑罚。

——杨万明主编:《新刑事诉讼法司法适用解答》，人民法院出版社 2018 年版，第 6~7 页。

1469. 几个法院同时具有管辖权时，如何确定最佳审理法院

关键词

管辖权　最佳审理法院

附录：最高人民法院法官著述

几个法院同时具有管辖权时，如何确定最佳审理法院？本书以一案例来说明：家住甲市的被告人张某、刘某、王某三人纠合在一起，张某“提出弄个小姐玩玩”，刘、王二人同意。当晚 10 时许，被告人刘某将本单位面包车开出，三人驾车在通往乙市的公路上伺机作案。当女青年陈某骑车迎面而来时，刘某突然急刹车，张、王二人跳下车将女青年陈某劫持到车上，汽车朝乙市开去。途中三名被告人轮奸了该女青年，直到车开到乙市境内后，轮奸行为仍未实施终了。受害人被轮奸后又被抛出车外，恰被乙市的治安联防队员发现并及时报案，乙市公安机关当夜将逃窜至乙市的张某、刘某、王某三名被告人抓获归案。

本案中，甲市法院与乙市法院对管辖存在争议。甲市法院认为，此案应由乙市法院受理。理由是，第一，此案被告人的犯罪行为始于甲市，但犯罪行为的完成无疑是在乙市境内，乙市也是犯罪地的一部分；第二，此案是由乙市公安机关侦破，并由乙市检察院审查起诉的，乙市法院受理更为方便。

而乙市法院则认为，此案应由甲市法院受理。理由是，被告人的主要犯罪行为是在甲市实施的，并且被告居住在甲市，根据《刑事诉讼法》第十九条的规定，甲市法院应该受理此案。对于本案，如何确定最佳审理法院？

我们认为：根据《刑事诉讼法》第二十五条、第二十六条的规定，刑事案件由犯罪地的人民法院管辖。如果由被告人居住地的人民法院审判更为适宜的，可以由被告人居住地人民法院管辖。几个同级人民法院都有管辖权的案件，由最初受理的人民法院管辖。在必要的时候，可以移送主要犯罪地的人民法院审判。根据上述规定，我国刑事案件的管辖，实行以犯罪地人民法院管辖为主、以被告人居住地人民法院管辖为辅的原则。犯罪地包括犯罪预备地、犯罪行为实施地、犯罪结果发生地和销赃地。被告人的居住地，包括被告人户籍所在地、住所地。由被告人居住地人民法院审判需以由其审判更为适宜为条件。所谓“更为适宜”，一般是指：（1）被告人流窜作案，犯罪地难以确定，而其居住地群众更为了解案情，对被告人的押送又比较安全和方便的。（2）被告人在当地民愤极大，群众强烈要求在其居住地进行审判的。（3）被告人可能判处有期徒刑、拘役缓刑或者管制而应在被告人居住地进行监督考察和改造的案件。

要确定管辖，必须解决“犯罪地”“居住地”“主要犯罪地”“最初受理地”等地法院管辖的可行性问题。本案的犯罪行为开始于甲市，但轮奸行为分别实施于甲、乙两市，可以说甲、乙两市都是犯罪地。虽然劫持和轮奸行为始发于甲市，但作为本案的一个重要情节——女青年陈某被轮奸并被抛出车外，被告驾车逃跑，则发生在乙市。由“居住地”法院审判，要符合“由居住地法院审判更为适宜”这一条件。而本案发案在甲市，破案在乙市，如果将案件再移送甲市法院审判是“不适宜”的。至于“最初受理的法院”，本案在向乙市法院起诉时，该院即提出异议，尚未受理，不存在“最初受理的法院”。因此，最佳的受理法院应该是乙市法院。

——张述元主编：《刑事诉讼法及配套规定新释新解与适用指南》，中国法制出版社 2020 年版，第 146~147 页。

1470. 第二审人民法院发回重审后，检察机关撤诉后向原一审人民法院的下级人民法院重新提起公诉的，如何处理管辖法院

关键词

检察机关撤诉　重新提起公诉　管辖法院

附录：最高人民法院法官著述

第二审人民法院发回重审后，检察机关撤诉后向原一审人民法院的下级人民法院重新提起公诉的，如何处理管辖法院？即发回重审的案件检察机关降格起诉，人民法院应如何处理以及如何确定管辖？

对此，2012年《刑事诉讼法解释》第21条[①]规定："第二审人民法院发回重新审判的案件，人民检察院撤回起诉后，又向原第一审人民法院的下级人民法院重新提起公诉的，下级人民法院应当将有关情况层报原第二审人民法院。原第二审人民法院根据具体情况，可以决定将案件移送原第一审人民法院或者其他人民法院审判。"实践中，应当正确理解和适用本条司法解释的规定。

（1）明确这一司法解释的目的。实践中，对于一些第二审人民法院发回重新审判的案件，人民检察院撤回起诉后，又向原第一审人民法院的下级人民法院重新提起公诉，意图通过降低管辖级别而规避原第二审人民法院的监督，进而取得有利的诉讼结果，但案件当事人对此提出了管辖权异议，导致审判的公正性面临质疑。为了杜绝此类情况的发生，有必要严格规范降低管辖级别的程序。对于人民检察院撤回起诉后降低管辖级别的，下级人民法院应当将有关情况层报原第二审人民法院，由原第二审人民法院依法确定管辖法院，从而避免引发程序性争议，以确保审判取得良好的效果。

（2）明确本条司法解释适用对象是发回重审的案件。本条规定针对的对象是第二审人民法院发回重新审判的案件。对于此类案件，人民检察院基于诉讼结果的考虑，可能在撤回起诉后通过降低管辖级别的方式，规避第二审人民法院对案件的审查把关。实践中，该类案件主要是指原审第一审由中级人民法院管辖的案件，高级人民法院在第二审发回重新审判后，人民检察院在撤回起诉后降低管辖级别，向原审第一审中级人民法院的下级人民法院提起公诉。

（3）降低级别管辖要严加控制。2012年《刑事诉讼法解释》中有关管辖制度的多条规定都涉及提级管辖的问题，提级管辖在实践中有助于维护被告人的诉讼权益，确保案件质量。但相反，将案件降级管辖，除非符合《刑事诉讼法》有关级别管辖的规定，否则将不利于被告人的诉讼权益。基于规避上一级人民法院审查把关目的而进行的降级管辖，将影响案件的审判质量。因此，基于程序公正性和案件质量等方面的考虑，对于降低管辖级别的情况，要严格予以控制。原则上，只有基于《刑事诉讼法》有关级别管辖的规定，

---

① 本条现为《最高人民法院关于适用〈中华人民共和国刑事诉讼法〉的解释》（法释〔2021〕21号）第二十三条。

对于原审第一审由中级人民法院管辖的案件，原审第二审人民法院发回重审后，人民检察院撤回起诉，发现案件的事实证据发生变化，依照法律规定应由基层人民法院管辖，不属于中级人民法院管辖范围的，才能够降低管辖级别，向基层人民法院提起公诉。

（4）人民检察院降低级别管辖的，要层报原第二审人民法院。为了避免人民检察院以获得有利的诉讼结果为目的降低管辖级别，对于第二审人民法院发回重新审判的案件，人民检察院撤回起诉后，又向原第一审人民法院的下级人民法院重新提起公诉的，下级人民法院应当将有关情况层报原第二审人民法院。通过案件管辖变更情况层报制度，能够确保原第二审人民法院及时依法审查管辖变更的理由是否合法，从而避免不必要的管辖权异议。基于该制度，人民检察院在决定降低管辖级别前，必须要提供充分的理由来表明其做法的合法性和正当性。

（5）原第二审人民法院应当依法确定管辖法院。下级人民法院将人民检察院降低级别管辖的情况层报原第二审人民法院后，原第二审人民法院要依法进行审查。对于变更管辖依法有据的情形，可以准许，并同意原第一审人民法院的下级人民法院受理案件。对于人民检察院降低级别管辖于法无据的情况，原第二审人民法院不应同意原第一审人民法院的下级人民法院受理案件。根据具体情况，原第二审人民法院可以决定将案件移送原第一审人民法院审判，维持原有的管辖级别。在原第一审人民法院不宜受理该案时，也可以决定将案件移送其他人民法院审判。

——张述元主编：《刑事诉讼法及配套规定新释新解与适用指南》，中国法制出版社 2020 年版，第 150~151 页。

1471. 关于指定管辖规则

关键词

指定管辖

最高人民法院司法解释

第十八条　有管辖权的人民法院因案件涉及本院院长需要回避或者其他原因，不宜行使管辖权的，可以请求移送上一级人民法院管辖。上一级人民法院可以管辖，也可以指定与提出请求的人民法院同级的其他人民法院管辖。

——《最高人民法院关于适用〈中华人民共和国刑事诉讼法〉的解释》（2021 年 1 月 26 日，法释〔2021〕1 号）。

附录：最高人民法院主流观点

2012 年《刑事诉讼法解释》第十八条规定："上级人民法院在必要时，可以指定下级人民法院将其管辖的案件移送其他下级人民法院审判。"据此，上级法院的指定管辖似只能针对下级法院已经管辖的案件，这与实践需求和操作不完全相符。调研中，地方法院普遍建议明确指定管辖的具体情形。

经研究认为，被指定管辖的人民法院可以是本来就有管辖权的法院，也可以是本来没有管辖权，但是因为更为适宜审理案件而被赋予管辖权的法院。实践中，具体情形包括：（1）管辖不明或者存在争议的案件。（2）国家工作人员犯罪，不宜由其犯罪地或者居住地人民法院管辖的案件。例如，司法机关工作人员犯罪，因所在单位工作人员可能系其同事，依法需要回避。为避免其任职辖区人民法院审判案件引发争议，将案件指定由其他法院管辖，更为妥当。又如，重大职务犯罪案件通常指定被告人任职地点以外的法院管辖。（3）其他需要指定管辖的案件。例如，人民法院工作人员的近亲属犯罪的（犯罪地或居住地属于该院辖区），虽然不属于国家工作人员犯罪，但根据具体情况，也可能不宜由该院管辖，需要指定其他人民法院管辖。又如，专业性较强的刑事案件，可以指定具有相关审判经验的法院管辖。基于此，《最高人民法院关于适用〈中华人民共和国刑事诉讼法〉的解释》（法释〔2021〕1 号，以下简称《刑事诉讼法解释》）第二十条第二款规定："有关案件，由犯罪地、被告人居住地以外的人民法院审判更为适宜的，上级人民法院可以指定下级人民法院管辖。"

需要提及的是，征求意见过程中，有意见提出，司法实务中指定管辖过于随意，甚至泛化，与刑事诉讼法的规定似有不符。经研究，采纳上述意见，《刑事诉讼法解释》第二十条第二款将指定管辖限定在"由犯罪地、被告人居住地以外的人民法院审判更为适宜的"情形，以防止不当适用。

——《刑事诉讼法解释》起草小组：《〈最高人民法院关于适用《中华人民共和国刑事诉讼法》的解释〉理解与适用》，载最高人民法院刑事审判第一、二、三、四、五庭编：《刑事审判参考》（总第 126 辑），人民法院出版社 2021 年版，第 116 页。

1472. 环境污染犯罪案件管辖的问题

关键词

环境污染犯罪　管辖

最高人民法院司法政策精神

12. 会议针对环境污染犯罪案件的管辖问题进行了讨论。会议认为，实践中一些环境污染犯罪案件属于典型的跨区域刑事案件，容易存在管辖不明或者有争议的情况，各级人民法院、人民检察院、公安机关要加强沟通协调，共同研究解决。

会议提出，跨区域环境污染犯罪案件由犯罪地的公安机关管辖。如果由犯罪嫌疑人居住地的公安机关管辖更为适宜的，可以由犯罪嫌疑人居住地的公安机关管辖。犯罪地包括环境污染行为发生地和结果发生地。“环境污染行为发生地”包括环境污染行为的实施地以及预备地、开始地、途经地、结束地以及排放、倾倒污染物的车船停靠地、始发地、途经地、到达地等地点；环境污染行为有连续、持续或者继续状态的，相关地方都属于环境污染行为发生地。“环境污染结果发生地”包括污染物排放地、倾倒地、堆放地、污染发生地等。

多个公安机关都有权立案侦查的，由最初受理的或者主要犯罪地的公安机关立案侦查，管辖有争议的，按照有利于查清犯罪事实、有利于诉讼的原则，由共同的上级公安机关协调确定的公安机关立案侦查，需要提请批准逮捕、移送审查起诉、提起公诉的，由该公安机关所在地的人民检察院、人民法院受理。

——《最高人民法院、最高人民检察院、公安部、司法部、生态环境部关于办理环境污染刑事案件有关问题座谈会纪要》（2019 年 2 月 20 日，高检会〔2019〕3 号）。

附录：理解与适用

实践中，一些环境污染犯罪案件属于典型的跨区域刑事案件，容易存在管辖不明或者有争议的情况。基于此，《最高人民法院、最高人民检察院、公安部、司法部、生态环境部关于办理环境污染刑事案件有关问题座谈会纪要》（以下简称《纪要》）专门对环境污染犯罪案件的管辖问题作出专门规定。

一是跨区域环境污染犯罪案件管辖地。《纪要》规定：“跨区域环境污染案件由犯罪地的公安机关管辖。如果由犯罪嫌疑人居住地的公安机关管辖更为适宜的，可以由犯罪嫌疑人居住地的公安机关管辖。犯罪地包括环境污染行为发生地和结果发生地。‘环境污染行为发生地’包括环境污染行为的实施地以及预备地、开始地、途经地、结束地以及倾倒、排放污染物的车船停靠地、始发地、途经地、到达地等地点；环境污染行为有连续、持续或者继续状态的，相关地方都属于环境污染行为发生地。‘环境污染结果发生地’包括污染物排放地、倾倒地、堆放地、污染发生地等。”

二是管辖争议的处理。《纪要》规定："多个公安机关都有权立案侦查的，由最初受理的或者主要犯罪地的公安机关立案侦查，管辖有争议的，按照有利于查清犯罪事实、有利于诉讼的原则，由共同的上级公安机关协调确定的公安机关立案侦查，需要提请批准逮捕、移送审查起诉、提起公诉的，由该公安机关所在地的人民检察院、人民法院受理。"

——周加海、喻海松：《〈关于办理环境污染刑事案件有关问题座谈会纪要〉的理解与适用》，载《人民司法·应用》2019年第16期（总第855期）。

1473."套路贷"刑事案件管辖

关键词

套路贷　管辖

最高人民法院司法政策精神

三、依法确定"套路贷"刑事案件管辖

11."套路贷"犯罪案件一般由犯罪地公安机关侦查，如果由犯罪嫌疑人居住地公安机关立案侦查更为适宜的，可以由犯罪嫌疑人居住地公安机关立案侦查。犯罪地包括犯罪行为发生地和犯罪结果发生地。

"犯罪行为发生地"包括为实施"套路贷"所设立的公司所在地、"借贷"协议或相关协议签订地、非法讨债行为实施地、为实施"套路贷"而进行诉讼、仲裁、公证的受案法院、仲裁委员会、公证机构所在地，以及"套路贷"行为的预备地、开始地、途经地、结束地等。

"犯罪结果发生地"包括违法所得财物的支付地、实际取得地、藏匿地、转移地、使用地、销售地等。

除犯罪地、犯罪嫌疑人居住地外，其他地方公安机关对于公民扭送、报案、控告、举报或者犯罪嫌疑人自首的"套路贷"犯罪案件，都应当立即受理，经审查认为有犯罪事实的，移送有管辖权的公安机关处理。

黑恶势力实施的"套路贷"犯罪案件，由侦办黑社会性质组织、恶势力或者恶势力犯罪集团案件的公安机关进行侦查。

12.具有下列情形之一的，有关公安机关可以在其职责范围内并案侦查：

（1）一人犯数罪的；

（2）共同犯罪的；

（3）共同犯罪的犯罪嫌疑人还实施其他犯罪的；

（4）多个犯罪嫌疑人实施的犯罪存在直接关联，并案处理有利于查明案件事实的。

——《最高人民法院、最高人民检察院、公安部、司法部关于办理“套路贷”刑事案件若干问题的意见》（2019年2月28日，法发〔2019〕11号）。

1474. 虚假诉讼犯罪案件的地域管辖

关键词

虚假诉讼罪　地域管辖

最高人民法院司法解释

第十条　虚假诉讼刑事案件由虚假民事诉讼案件的受理法院所在地或者执行法院所在地人民法院管辖。有刑法第三百零七条之一第四款情形的，上级人民法院可以指定下级人民法院将案件移送其他人民法院审判。

——《最高人民法院、最高人民检察院关于办理虚假诉讼刑事案件适用法律若干问题的解释》（2018年9月26日，法释〔2018〕17号）。

附录：理解与适用

刑事诉讼法第二十四条规定，刑事案件由犯罪地的人民法院管辖；如果由被告人居住地的人民法院审判更为适宜的，可以由被告人居住地的人民法院管辖。《最高人民法院关于适用〈中华人民共和国刑事诉讼法〉的解释》第2条规定，犯罪地包括犯罪行为发生地和犯罪结果发生地。根据上述规定，虚假诉讼刑事案件既可以由犯罪行为发生地或者犯罪结果发生地人民法院管辖，也可以由被告人居住地人民法院管辖。但是，在多个人民法院均有管辖权的情况下，有可能导致争夺或者推诿管辖权，还有可能出现虚假民事诉讼案件受理法院与刑事案件受理法院不一致的情况。在受理法院不一致的情况下，由于相关案件材料均集中在虚假民事诉讼案件受理法院，刑事办案机关需要异地调查取证和固定证据，办案成本将大幅增加。更加重要的是，在民事案件审理过程中，被告有可能向异地公安机关报案，称原告方存在虚假诉讼犯罪嫌疑，要求异地公安机关立案侦查，要求民事诉讼案件受理法院中止或者终结民事审判程序，从而达到阻碍民事诉讼正常进行、避免自己败诉的不正当目的。类似情况在实践中已经出现，应当引起高度重视，并采取适当措施予以解决。

我们经研究认为，为了维护正常民事诉讼秩序，解决实践中存在的突出问题，有必要对虚假诉讼刑事案件的地域管辖范围作出进一步明确。有意见提出，为了确保此类民刑交叉案件的公正审理，最好由同一审判组织统一审理相关的民事案件和刑事案件。[①] 在现阶段人民法院内部民事、刑事审判部门存在明确分工的情况下，由同一审判组织统一审理民事案件和刑事案件的条件尚不成熟，由同一地区的人民法院审理相关的民事案件和刑事案件，是现阶段可以作出的最优选择。《最高人民法院、最高人民检察院关于办理虚假诉讼刑事案件适用法律若干问题的解释》（以下简称《解释》）第 10 条明确，虚假诉讼刑事案件由虚假民事诉讼案件的受理法院所在地或者执行法院所在地人民法院管辖。虚假诉讼罪属于轻罪，一般应由基层人民法院管辖。实践中，如果虚假民事诉讼案件的受理法院或者执行法院本身就是基层人民法院，这种情况下，由同一人民法院的刑事审判部门审理相关刑事案件即可；如果虚假民事诉讼案件的受理法院或者执行法院属于中、高级法院，则可以由辖区内基层人民法院审理相关刑事案件。采取这种处理方式，有利于民事和刑事办案机关之间相互协调，确保案件及时、公正处理，并可以防止部分当事人利用地域管辖恶意干扰民事诉讼案件的正常审理。

《解释》起草过程中，有意见提出，为确保此类案件公正审理，审理虚假民事诉讼案件的人民法院应当回避，由异地人民法院审理相关刑事案件。研究认为，一般情况下，人民法院与虚假民事诉讼案件当事人之间并无利益关联，一律实行异地管辖，既无必要，可行性也不高。但是，在司法工作人员利用职权与他人相互串通，共同实施虚假诉讼犯罪的情况下，虚假民事诉讼案件的受理法院或者执行法院应当回避，适用刑事诉讼法第二十六条的规定，实行异地指定管辖。《解释》第 10 条明确，有《刑法》第三百零七条之一第四款情形的，上级人民法院可以指定下级人民法院将案件移送其他人民法院审判。

——周峰、汪斌、李加玺：《〈关于办理虚假诉讼刑事案件适用法律若干问题的解释〉的理解与适用》，载《人民司法·应用》2019 年第 4 期（总第 843 期）。

1475. 外国人犯罪案件的管辖应注意的问题

关键词

外国人犯罪　管辖

附录：最高人民法院主流观点

司法实践中，对于外国人犯罪的管辖，应注意以下几点：

① 张卫平：《民刑交叉诉讼关系处理的规则与法理》，载《法学研究》2018 年第 3 期。

1. 刑事诉讼法中关于级别管辖的规定适用于外国人犯罪的刑事案件。1996年刑事诉讼法规定：外国人犯罪的所有第一审刑事案件由中级人民法院管辖。但是2012年刑事诉讼法已经把这一规定删除。因此，外国人实施的危害我国国家安全、恐怖活动犯罪案件，可能判处无期徒刑、死刑的刑事案件，由中级人民法院行使一审管辖权。外国人实施的其他刑事案件，除依法由最高人民法院、高级人民法院管辖的以外，一般应由基层人民法院管辖。

2. 根据《最高人民法院关于适用〈中华人民共和国刑事诉讼法〉的解释》第四条、第五条、第六条、第七条[①]规定，外国人在中国驻外使领馆内、在中华人民共和国领域外的中国船舶内、在中华人民共和国领域外的中国航空器内的犯罪，属于在中华人民共和国领域内犯罪，和我国公民在上述地方的犯罪一样管辖。外国人在国际列车上实施的侵害我国国家和公民利益的犯罪，和我国公民在国际列车上实施犯罪一样管辖。

3. 根据《最高人民法院关于适用〈中华人民共和国刑事诉讼法〉的解释》第十条[②]规定，对于外国人在中华人民共和国领域外实施的我国缔结或参加的国际条约规定的罪行，我国在所承担条约义务的范围内，行使刑事管辖权，此类案件由被告人被抓获地的人民法院管辖。

4. 根据《最高人民法院关于适用〈中华人民共和国刑事诉讼法〉的解释》第九条[③]规定，外国人在中华人民共和国领域外实施的危害我国国家和公民利益的犯罪，依照我国刑法应受处罚的，由该外国人入境地、入境后居住地或者被害中国公民离境前居住地的人民法院管辖。

——杨万明主编：《新刑事诉讼法司法适用解答》，人民法院出版社2018年版，第5~6页。

---

① 本条现为《最高人民法院关于适用〈中华人民共和国刑事诉讼法〉的解释》（法释〔2021〕21号）第七条、第八条、第六条、第九条。

② 本条现为《最高人民法院关于适用〈中华人民共和国刑事诉讼法〉的解释》（法释〔2021〕21号）第十二条。

③ 本条现为《最高人民法院关于适用〈中华人民共和国刑事诉讼法〉的解释》（法释〔2021〕21号）第十一条。

第十五章 辩 护

1476. 死刑案件中充分保障被告人辩护权的规定

关键词

死刑案件 辩护权 法律援助

最高人民法院司法政策精神

为确保死刑案件的办理质量，根据《中华人民共和国刑事诉讼法》及相关法律、法规和司法解释的有关规定，结合人民法院刑事审判和律师辩护、法律援助工作的实际，现就人民法院审理死刑案件，律师依法履行辩护职责的具体问题规定如下：

一、人民法院对可能被判处死刑的被告人，应当根据刑事诉讼法的规定，充分保障其辩护权及其他合法权益，并充分保障辩护律师依法履行辩护职责。司法行政机关、律师协会应当加强对死刑案件辩护工作的指导，积极争取政府财政部门落实并逐步提高法律援助工作经费。律师办理死刑案件应当恪尽职守，切实维护被告人的合法权益。

二、被告人可能被判处死刑而没有委托辩护人的，人民法院应当通过法律援助机构指定律师为其提供辩护。被告人拒绝指定的律师为其辩护，有正当理由的，人民法院应当准许，被告人可以另行委托辩护人；被告人没有委托辩护人的，人民法院应当通知法律援助机构为其另行指定辩护人；被告人无正当理由再次拒绝指定的律师为其辩护的，人民法院应当不予准许并记录在案。

三、法律援助机构在收到指定辩护通知书三日以内，指派具有刑事案件出庭辩护经验的律师担任死刑案件的辩护人。

四、被指定担任死刑案件辩护人的律师，不得将案件转由律师助理办理；有正当理由不能接受指派的，经法律援助机构同意，由法律援助机构另行指派其他律师办理。

五、人民法院受理死刑案件后，应当及时通知辩护律师查阅案卷，并积极创造条件，为律师查阅、复制指控犯罪事实的材料提供方便。人民法院对承办法律援助案件的律师复制涉及被告人主要犯罪事实并直接影响定罪量刑的证据材料的复制费用，应当免收或者按照复制材料所必须的工本费减收。律师接受委托或者被指定担任死刑案件的辩护人后，应当及时到人民法院阅卷；对于查阅的材料中涉及国家秘密、商业秘密、个人隐私、证人身份等情况的，应当保守秘密。

六、律师应当在开庭前会见在押的被告人，征询是否同意为其辩护，并听取被告人的陈述和意见。

七、律师书面申请人民法院收集、调取证据，申请通知证人出庭作证，申请鉴定或者补充鉴定、重新鉴定的，人民法院应当及时予以书面答复并附卷。

八、第二审开庭前，人民检察院提交新证据、进行重新鉴定或者补充鉴定的，人民法院应当至迟在开庭三日以前通知律师查阅。

九、律师出庭辩护应当认真做好准备工作，围绕案件事实、证据、适用法律、量刑、诉讼程序等，从被告人无罪、罪轻或者减轻、免除其刑事责任等方面提出辩护意见，切实保证辩护质量，维护被告人的合法权益。

十、律师接到人民法院开庭通知后，应当保证准时出庭。人民法院应当按时开庭。法庭因故不能按期开庭，或者律师确有正当理由不能按期出庭的，人民法院应当在不影响案件审理期限的情况下，另行安排开庭时间，并于开庭三日前通知当事人、律师和人民检察院。

十一、人民法院应当加强审判场所的安全保卫，保障律师及其他诉讼参与人的人身安全，确保审判活动的顺利进行。

十二、法官应当严格按照法定诉讼程序进行审判活动，尊重律师的诉讼权利，认真听取控辩双方的意见，保障律师发言的完整性。对于律师发言过于冗长、明显重复或者与案件无关，或者在公开开庭审理中发言涉及国家秘密、个人隐私，或者进行人身攻击的，法官应当提醒或者制止。

十三、法庭审理中，人民法院应当如实、详细地记录律师意见。法庭审理结束后，律师应当在闭庭三日以内向人民法院提交书面辩护意见。

十四、人民法院审理被告人可能被判处死刑的刑事附带民事诉讼案件，在对赔偿事项进行调解时，律师应当在其职责权限范围内，根据案件和当事人的具体情况，依法提出有利于案件处理、切实维护当事人合法权益的意见，促进附带民事诉讼案件调解解决。

十五、人民法院在裁判文书中应当写明指派律师担任辩护人的法律援助机构、律师姓名及其所在的执业机构。对于律师的辩护意见，合议庭、审判委员会在讨论案件时应当认真进行研究，并在裁判文书中写明采纳与否的理由。人民法院应当按照有关规定将裁判文书送达律师。

十六、人民法院审理案件过程中，律师提出会见法官请求的，合议庭根据案件具体情况，可以在工作时间和办公场所安排会见、听取意见。会见活动，由书记员制作笔录，律师签名后附卷。

十七、死刑案件复核期间，被告人的律师提出当面反映意见要求或者提交证据材料的，人民法院有关合议庭应当在工作时间和办公场所接待，并制作笔录附卷。律师提出的书面意见，应当附卷。

十八、司法行政机关和律师协会应当加强对律师的业务指导和培训，以及职业道德和执业纪律教育，不断提高律师办理死刑案件的质量，并建立对律师从事法律援助工作的考核机制。

——《最高人民法院、司法部印发〈关于充分保障律师依法履行辩护职责确保死刑案件办理质量的若干规定〉的通知》(2008年5月21日，法发〔2008〕14号)。

附录：理解与适用

2008年5月21日，最高人民法院、司法部联合发布了《关于充分保障律师依法履行辩护职责、确保死刑案件办理质量的若干规定》(以下简称《规定》)，这是死刑案件核准权统一收归最高人民法院行使之后，继最高人民法院、最高人民检察院、公安部、司法部《关于进一步严格依法办案确保办理死刑案件质量的意见》(以下简称《四家意见》)发布后的又一重要规范性文件。《规定》就充分保障律师依法履行辩护职责、确保死刑案件办理质量提出了较具体、可操作的要求，对刑事诉讼法、律师法、相关司法解释及规范性文件中关于律师参与死刑案件辩护工作的有关规定进行了一些完善和细化，就人民法院、司法行政机关和律师在死刑案件办理过程中的相应职责和义务进行了规范。《规定》的出台，对于进一步规范司法行为，保障律师依法履行辩护职责，充分发挥律师辩护在死刑案件审理中的作用，提高死刑案件质量，促进司法公正具有重要意义。现对《规定》涉及的有关问题的理解与适用说明如下：

四、对《规定》的理解与适用

(一)颇受关注的几个问题

1.关于在死刑复核程序中律师的权利问题。死刑复核权收回最高人民法院后，律师在死刑复核程序中可以行使哪些权利，是理论和实务十分关注的问题。对此，《四家意见》第40条规定："死刑案件复核期间，被告人有权委托辩护人。辩护人提出听取意见要求的，应当听取辩护人的意见，并制作笔录附卷。辩护人提出书面意见的，应当附卷。"在《规定》起草过程中，有意见坚持拓宽律师在死刑复核阶段的权利，增加律师在死刑复核期间可以会见被告人，查阅、复制案件材料的内容。但考虑到我国实行的是两审终审制，死刑复核程序是为确保死刑适用的公正和慎重，在二审终审以外的特殊的司法救济程序，也是法院的特别审核程序，刑事诉讼法等相关法律、法规、司法解释中都没有关于死刑复核期间律师查阅、复制案卷材料及会见被告人的规定，若增加相关内容，缺乏法律依据，且复核阶段会见死刑案件被告人，还涉及公安机关对未决犯的管理问题，不宜由法、司两家的联发文件对此作出规定，故没有采纳该建议。但《规定》也在《四家意见》的基础上，细化了有关内容，明确“死刑案件复核期间，被告人的律师提出陈述意见要求或者提交证据材料的，人民法院有关合议庭应当在工作时间和办公场所接待，并制作笔录附卷”，使复核阶段法官接待律师的工作更加规范，有利于建立法官、律师正常的工作关系。

2. 关于承担死刑案件法律援助律师的资质问题。死刑案件质量必须确保万无一失，由于辩护律师是站在不同甚至相反立场上提出观点或者质疑，有助于法官对案件证据进行全面审查，以及更为慎重地认定事实和作出裁判，因此，辩护的质量对保证死刑案件质量有不可替代的作用。

3. 关于律师应当会见在押被告人的问题。《刑事诉讼法》及司法解释均对辩护律师同在押的被告人会见规定为“可以”。《规定》将会见死刑案件被告人作为律师必须履行的义务，明确提出：“律师应当在开庭前会见在押的被告人，征询是否同意为其辩护，并听取被告人的陈述和意见”，保障了可能判处死刑的被告人的权利。在起草过程中有意见认为，规定“应当”会见过于刚性，有干涉律师自主安排诉讼活动之嫌。鉴于对死刑案件而言，必须坚持比一般刑事案件更为严格的标准，且律师庭前会见被告人是保证辩护质量的前提，更是对可能判处死刑的被告人诉讼权利的尊重和具体保障，故针对死刑案件作出这一硬性规定是必要的。

4. 关于增加对被告人无正当理由再次拒绝指定的律师为其辩护的程序问题。在实践中，被告人没有正当理由却多次拒绝为其指定辩护人，而自己又不委托辩护人的情况时有发生，法律和司法解释对此如何处理没有明确规定，导致诉讼拖延和司法资源浪费，甚至出现个别因上述情况发生致判处死刑的被告人没有辩护人。为解决实践中出现的问题，切实保障可能被判处死刑被告人的辩护权，同时不影响诉讼的正常进行，《规定》明确遇到可能被判处死刑的被告人“无正当理由再次拒绝指定的律师为其辩护的，人民法院应当不予准许并记录在案”。

（二）涉及人民法院保障辩护权的其他规定

1. 关于对提供法律援助的律师免收、减收复制案卷材料费的问题。实践中，死刑案件的辩护大都由法律援助机构指定的律师承担，而法律援助经费有限，这就使律师在承担法律援助义务时面临较多困难，影响了辩护的积极性。司法行政机关及律师协会曾呼吁减免律师复制案卷材料的费用，为律师履行法律援助义务提供方便。对此，2005年9月最高人民法院、最高人民检察院、公安部、司法部会签的《关于刑事诉讼法律援助工作的规定》(以下简称《法援规定》）第20条专门规定："公安机关，人民检察院、人民法院对承办法律援助案件的律师复制必要的相关材料的费用应当予以免收或者减收，减收的标准按复制材料所必需的工本费用计算。"但因在实践中尚未完全落到实处，在起草过程中，有意见建议重申该内容，以切实为法律援助律师提供方便。《规定》采纳了该意见，但考虑到法院的具体情况，也为避免该项权利在实践中被滥用，对可减免费用的复制材料范围作了必要的限制，限定为"涉及被告人主要犯罪事实并直接影响定罪量刑的证据材料"。

2. 关于保障律师发言权的问题。律师的发言权是律师履行职责的前提条件，听取律师的声音不仅是程序的需要，更是避免冤错案件的制度设计。有的法官不能充分听取律师意见，在律师中有一定反映。2004年3月，最高人民法院、司法部《关于规范法官和律师相互关系维护司法公正的若干规定》(以下简称《规范关系规定》）第10条规定："法官在庭审过程中，应当严格按照法律规定的诉讼程序进行审判活动，尊重律师的执业权利，认真听取诉讼双方的意见。律师应当自觉遵守法庭规则，尊重法官权威，依法履行辩护、代理职责。"2006年3月，《最高人民法院关于认真贯彻律师法依法保障律师在诉讼中执业权利的通知》第3条规定："在诉讼活动，特别是庭审过程中，应当充分尊重律师作为诉讼代理人或者辩护人参与举证、质证、辩论、提问等依法享有的诉讼权利。"《规定》吸收了上述内容，再次强调法官应当尊重律师的诉讼权利，严格按照法定诉讼程序进行审判活动，认真听取意见，保障律师发言的完整性。同时也规定，如果出现律师发言过于冗长、明显重复或者与案件无关，或者在公开开庭审理中发言涉及国家秘密、个人隐私，或者进行人身攻击这几种情况的，法官应当提醒或者制止。

3. 关于人民法院书面答复律师申请的问题。《刑事诉讼法》第37条[①]规定："辩护律师可以申请人民法院收集、调取证据，或者申请人民法院通知证人出庭作证。"但实践中存在对上述申请的提出和答复不够规范的问题。对此，《规定》明确律师依法书面向人民法院提出上述事项申请的，人民法院应当及时予以书面答复并附卷。

4. 关于人民法院通知律师查阅新证据的时间问题。为了保障律师的辩护权，亦便于实践中操作，《规定》除了对上述内容予以重申外，还明确规定人民检察院提交新证据的，人民法院应当至迟在开庭3日以前通知律师查阅。

5. 关于通知律师另行安排开庭的时间问题。在起草过程中，有意见提出，为了给律师留出必要的出庭准备时间，建议比照《法援规定》第14条，对另

---

① 本条现为《中华人民共和国刑事诉讼法》(2018年修正）第四十三条。

行安排开庭时间的，明确“应当于开庭三日前”通知律师。《规定》采纳了该意见，明确“人民法院需另行安排开庭时间的，应于开庭三日前通知当事人、律师和人民检察院”。

6. 关于规范法律文书的问题。（1）律师意见虽不是法院判决的依据，但对于法官来说，听取律师的辩护意见并对辩护意见作出必要的回应，既是审判程序和裁判结论具备合法性的前提，也体现对律师职业和执业的尊重。（2）在起草过程中，有意见认为，虽然在《法援规定》中明确规定了在裁判文书中要写明“指派律师的法律援助机构”，但人民法院的文书样式没有这一规定，实践中也基本没有执行，建议取消有关内容；也有意见认为，这一规定很有必要但未落实，应当进行重申。考虑最高法院会签的《法援规定》早已对此明确作出规定，为体现对法律援助工作的重视，维护法律文件的统一性和稳定性，《规定》重申了人民法院在裁判文书中应当写明指派律师担任辩护人的法律援助机构。

——耿景仪、秦鹏：《〈关于充分保障律师依法履行辩护职责、确保死刑案件办理质量的若干规定〉的理解与适用》，载最高人民法院刑事审判第一、二、三、四、五庭主办：《刑事审判参考》2008 年第 4 集（总第 63 集），法律出版社 2008 年版，第 64~73 页。

1477. 辩护人的范围

关键词

辩护人范围

附录：最高人民法院主流观点

辩护权是被告人的法定诉讼权利，被告人除自己行使辩护权以外，还可以委托其他符合法律规定的人辩护。根据《最高人民法院关于适用〈中华人民共和国刑事诉讼法〉的解释》第三十八条[①]的规定，一名被告人可以委托一至二人作为辩护人。刑事诉讼法第三十三条对辩护人的范围作了规定，《最高人民法院关于适用〈中华人民共和国刑事诉讼法〉的解释》第三十五条作了进一步明确。据此，人民法院审判案件，应当充分保障被告人依法享有的辩护权利。但是，下列人员不得担任辩护人：（1）正在被执行刑罚或者处于缓刑、假释考验期间的人；（2）依法被剥夺、限制人身自由的人；（3）无行为

① 本条现为《最高人民法院关于适用〈中华人民共和国刑事诉讼法〉的解释》（法释〔2021〕21 号）第四十三条第一款。

能力或者限制行为能力的人；（4）人民法院、人民检察院、公安机关、国家安全机关、监狱的现职人员；（5）人民陪审员；（6）与本案审理结果有利害关系的人；（7）外国人或者无国籍人；（8）被开除公职和被吊销律师、公证员执业证书的人。需要注意的是，前述第四项至第八项规定的人员，如果是被告人的监护人、近亲属，由被告人委托担任辩护人的，可以准许。

关于此次刑事诉讼法修改，增加规定“被开除公职和被吊销律师、公证员执业证书的人”，不得作为辩护人，主要考虑有两点：一是与律师法相衔接。2017 年 9 月 1 日，第十二届全国人民代表大会常务委员会第二十九次会议对律师法作了修改，规定“被开除公职或者被吊销律师、公证员执业证书的人”，不予颁发律师执业证书，这些人员无法获取律师执业资格，自然不能作为辩护律师。二是进一步保护犯罪嫌疑人、被告人的合法权利。一段时间以来，一些被开除公职或者被吊销律师、公证员执业证书的人，以“亲友”等为名参与刑事诉讼，妨害诉讼顺利进行，侵害犯罪嫌疑人、被告人的合法权利。将“被开除公职和被吊销律师、公证员执业证书的人”排除在“辩护人”范围之外，符合刑事诉讼法的立法精神，对于案件公正审理，保障犯罪嫌疑人、被告人的合法权益，具有重要意义。

此外，根据《最高人民法院关于适用〈中华人民共和国刑事诉讼法〉的解释》第三十六条①的规定，审判人员和人民法院其他工作人员从人民法院离任后二年内，不得以律师身份担任辩护人。审判人员和人民法院其他工作人员从人民法院离任后，不得担任原任职法院所审理案件的辩护人，但作为被告人的监护人、近亲属进行辩护的除外。审判人员和人民法院其他工作人员的配偶、子女或者父母不得担任其任职法院所审理案件的辩护人，但作为被告人的监护人、近亲属进行辩护的除外。

根据《最高人民法院关于适用〈中华人民共和国刑事诉讼法〉的解释》第三十七条②的规定，律师，人民团体、被告人所在单位推荐的人，或者被告人的监护人、亲友被委托为辩护人的，人民法院应当核实其身份证明和授权委托书。

需要注意的是，《最高人民法院关于适用〈中华人民共和国刑事诉讼法〉的解释》第三十八条第二款③规定：“一名辩护人不得为两名以上的同案被告人，或者未同案处理但犯罪事实存在关联的被告人辩护。”主要是因为，有些

① 本条现为《最高人民法院关于适用〈中华人民共和国刑事诉讼法〉的解释》（法释〔2021〕21号）第四十一条。

② 本条现为《最高人民法院关于适用〈中华人民共和国刑事诉讼法〉的解释》（法释〔2021〕21号）第四十二条。

③ 本条现为《最高人民法院关于适用〈中华人民共和国刑事诉讼法〉的解释》（法释〔2021〕21号）第四十三条第二款。

案件的被告人虽然并非共同犯罪的被告人，但犯罪实施存在关联，如毒品犯罪的上下家；有些共同犯罪案件虽然系共同犯罪案件，但分案处理。如果一名辩护人同时为上述两类案件中的两名以上被告人提供辩护，势必存在“利益冲突”，可能会损害被告人的合法权利，影响案件公正审理。

——杨万明主编：《新刑事诉讼法司法适用解答》，人民法院出版社 2018 年版，第 15~16 页。

1478. 犯罪嫌疑人、被告人申请提供法律援助的，应当按照有关规定指派法律援助律师

关键词

法律援助　申请权利

最高人民法院司法政策精神

三、法律援助机构可以根据人民法院、人民检察院、看守所实际工作需要，通过设立法律援助工作站派驻值班律师或及时安排值班律师等形式提供法律帮助。

工作站应当悬挂统一标牌，配备必要的办公设施，设立指引标识，并放置法律援助格式文书以及相关业务介绍资料。

工作站应当公示法律援助范围、条件、值班律师工作职责及当日值班律师基本信息等。

四、法律援助机构综合社会律师和法律援助机构律师政治素质、职业道德水准、业务能力、执业年限等确定法律援助值班律师人选，建立法律援助值班律师名册。有条件的地方可以组建法律援助值班律师库。

五、法律援助机构根据人民法院、看守所法律援助工作站法律咨询需求量和当地律师资源状况，合理安排值班律师工作时间。律师值班可以相对固定专人或者轮流值班，在律师资源短缺地区可以探索采用现场值班和电话、网络值班相结合的方式。

六、法律援助机构应当将值班律师名册或人员信息送交或告知人民法院、人民检察院、公安机关及看守所。法律援助值班律师在人民法院、看守所法律援助工作站提供值班律师服务应持律师执业证书，实行挂牌上岗，向当事人表明法律援助值班律师身份。

值班律师在接待当事人时，应当现场记录当事人咨询的法律问题和提供的法律解答，解释法律援助的条件和范围，对认为初步符合法律援助条件的当事人引导其申请法律援助。

社会律师和法律援助机构律师应当接受法律援助机构的安排提供值班律师服务。值班律师应当遵守相关法律规定、职业道德、执业纪律，不得误导当事人诉讼行为，严禁收受财物，严禁利用值班便利招揽案源、介绍律师有偿服务及其它违反值班律师工作纪律的行为。值班律师应当依法保守工作中知晓的国家秘密、商业秘密和当事人隐私，犯罪嫌疑人、刑事被告人或者其他人准备或者正在实施危害国家安全、公共安全以及严重危害他人人身安全的犯罪事实和信息除外。

——《最高人民法院、最高人民检察院、公安部、国家安全部、司法部印发〈关于开展法律援助值班律师工作的意见〉的通知》(2017年8月8日，司发通〔2017〕84号)。

附录：理解与适用

《最高人民法院、最高人民检察院、公安部、国家安全部、司法部关于办理刑事案件严格排除非法证据若干问题的规定》(以下简称《严格排除非法证据规定》)第19条规定："犯罪嫌疑人、被告人申请提供法律援助的，应当按照有关规定指派法律援助律师。法律援助值班律师可以为犯罪嫌疑人、被告人提供法律帮助，对刑讯逼供、非法取证情形代理申诉、控告。"法律援助值班律师制度是《最高人民法院、最高人民检察院、公安部、国家安全部、司法部关于推进以审判为中心的刑事诉讼制度改革的意见》针对刑事辩护率低、辩护质量不高等问题，提出的重大改革举措，其中第二十条第一款规定："法律援助机构在看守所、人民法院派驻值班律师，为犯罪嫌疑人、被告人提供及时有效的法律帮助。"。目前，司法部正会同最高人民法院、最高人民检察院、公安部、国家安全部起草《关于开展法律援助值班律师工作的意见》，就法律援助值班律师的基本职责、运行模式、工作管理和保障等问题作出具体规定，为犯罪嫌疑人、被告人提供及时有效的法律帮助。

——戴长林、刘静坤、朱晶晶：《〈关于办理刑事案件严格排除非法证据若干问题的规定〉的理解与适用》，载《人民司法·应用》2017年第22期(总第789期)。

1479. 指派辩护与代理的规定

关键词

辩护权　指派辩护　法律援助

最高人民法院司法政策精神

第二条 犯罪嫌疑人、被告人因经济困难没有委托辩护人的，本人及其近亲属可以向办理案件的公安机关、人民检察院、人民法院所在地同级司法行政机关所属法律援助机构申请法律援助。

具有下列情形之一，犯罪嫌疑人、被告人没有委托辩护人的，可以依照前款规定申请法律援助：

（一）有证据证明犯罪嫌疑人、被告人属于一级或者二级智力残疾的；

（二）共同犯罪案件中，其他犯罪嫌疑人、被告人已委托辩护人的；

（三）人民检察院抗诉的；

（四）案件具有重大社会影响的。

第三条 公诉案件中的被害人及其法定代理人或者近亲属，自诉案件中的自诉人及其法定代理人，因经济困难没有委托诉讼代理人的，可以向办理案件的人民检察院、人民法院所在地同级司法行政机关所属法律援助机构申请法律援助。

第四条 公民经济困难的标准，按案件受理地所在的省、自治区、直辖市人民政府的规定执行。

第五条 公安机关、人民检察院在第一次讯问犯罪嫌疑人或者采取强制措施的时候，应当告知犯罪嫌疑人有权委托辩护人，并告知其如果符合本规定第二条规定，本人及其近亲属可以向法律援助机构申请法律援助。

人民检察院自收到移送审查起诉的案件材料之日起3日内，应当告知犯罪嫌疑人有权委托辩护人，并告知其如果符合本规定第二条规定，本人及其近亲属可以向法律援助机构申请法律援助；应当告知被害人及其法定代理人或者近亲属有权委托诉讼代理人，并告知其如果经济困难，可以向法律援助机构申请法律援助。

人民法院自受理案件之日起3日内，应当告知被告人有权委托辩护人，并告知其如果符合本规定第二条规定，本人及其近亲属可以向法律援助机构申请法律援助；应当告知自诉人及其法定代理人有权委托诉讼代理人，并告知其如果经济困难，可以向法律援助机构申请法律援助。人民法院决定再审的案件，应当自决定再审之日起3日内履行相关告知职责。

犯罪嫌疑人、被告人具有本规定第九条规定情形的，公安机关、人民检察院、人民法院应当告知其如果不委托辩护人，将依法通知法律援助机构指派律师为其提供辩护。

第六条 告知可以采取口头或者书面方式，告知的内容应当易于被告知人理解。口头告知的，应当制作笔录，由被告知人签名；书面告知的，应当将送达回执入卷。对于被告知人当场表达申请法律援助意愿的，应当记录在案。

第七条 被羁押的犯罪嫌疑人、被告人提出法律援助申请的，公安机关、人民检察院、人民法院应当在收到申请24小时内将其申请转交或者告知法律援助机构，并于3日内通知申请人的法定代理人、近亲属或者其委托的其他人员协助向法律援助机构提供有关证件、证明等相关材料。犯罪嫌疑人、被告人的法定代理人或者近亲属无法通知的，应当在转交申请时一并告知法律援助机构。

第八条 法律援助机构收到申请后应当及时进行审查并于7日内作出决定。对符合法律援助条件的，应当决定给予法律援助，并制作给予法律援助决定书；对不符合法律援助条件的，应当决定不予法律援助，制作不予法律援助决定书。给予法律援助决定书和不予法律援助决定书应当及时发送申请人，并函告公安机关、人民检察院、人民法院。

对于犯罪嫌疑人、被告人申请法律援助的案件，法律援助机构可以向公安机关、人民检察院、人民法院了解案件办理过程中掌握的犯罪嫌疑人、被告人是否具有本规定第二条规定情形等情况。

第九条 犯罪嫌疑人、被告人具有下列情形之一没有委托辩护人的，公安机关、人民检察院、人民法院应当自发现该情形之日起3日内，通知所在地同级司法行政机关所属法律援助机构指派律师为其提供辩护：

（一）未成年人；

（二）盲、聋、哑人；

（三）尚未完全丧失辨认或者控制自己行为能力的精神病人；

（四）可能被判处无期徒刑、死刑的人。

第十条 公安机关、人民检察院、人民法院通知辩护的，应当将通知辩护公函和采取强制措施决定书、起诉意见书、起诉书、判决书副本或者复印件送交法律援助机构。

通知辩护公函应当载明犯罪嫌疑人或者被告人的姓名、涉嫌的罪名、羁押场所或者住所、通知辩护的理由、办案机关联系人姓名和联系方式等。

第十一条 人民法院自受理强制医疗申请或者发现被告人符合强制医疗条件之日起3日内，对于被申请人或者被告人没有委托诉讼代理人的，应当向法律援助机构送交通知代理公函，通知其指派律师担任被申请人或被告人的诉讼代理人，为其提供法律帮助。

人民检察院申请强制医疗的，人民法院应当将强制医疗申请书副本一并送交法律援助机构。

通知代理公函应当载明被申请人或者被告人的姓名、法定代理人的姓名和联系方式、办案机关联系人姓名和联系方式。

第十二条 法律援助机构应当自作出给予法律援助决定或者自收到通知

辩护公函、通知代理公函之日起3日内，确定承办律师并函告公安机关、人民检察院、人民法院。

法律援助机构出具的法律援助公函应当载明承办律师的姓名、所属单位及联系方式。

第十三条 对于可能被判处无期徒刑、死刑的案件，法律援助机构应当指派具有一定年限刑事辩护执业经历的律师担任辩护人。

对于未成年人案件，应当指派熟悉未成年人身心特点的律师担任辩护人。

第十四条 承办律师接受法律援助机构指派后，应当按照有关规定及时办理委托手续。

承办律师应当在首次会见犯罪嫌疑人、被告人时，询问是否同意为其辩护，并制作笔录。犯罪嫌疑人、被告人不同意的，律师应当书面告知公安机关、人民检察院、人民法院和法律援助机构。

第十五条 对于依申请提供法律援助的案件，犯罪嫌疑人、被告人坚持自己辩护，拒绝法律援助机构指派的律师为其辩护的，法律援助机构应当准许，并作出终止法律援助的决定；对于有正当理由要求更换律师的，法律援助机构应当另行指派律师为其提供辩护。

对于应当通知辩护的案件，犯罪嫌疑人、被告人拒绝法律援助机构指派的律师为其辩护的，公安机关、人民检察院、人民法院应当查明拒绝的原因，有正当理由的，应当准许，同时告知犯罪嫌疑人、被告人需另行委托辩护人。犯罪嫌疑人、被告人未另行委托辩护人的，公安机关、人民检察院、人民法院应当及时通知法律援助机构另行指派律师为其提供辩护。

第十六条 人民检察院审查批准逮捕时，认为犯罪嫌疑人具有应当通知辩护的情形，公安机关未通知法律援助机构指派律师的，应当通知公安机关予以纠正，公安机关应当将纠正情况通知人民检察院。

第十七条 在案件侦查终结前，承办律师提出要求的，侦查机关应当听取其意见，并记录在案。承办律师提出书面意见的，应当附卷。

第十八条 人民法院决定变更开庭时间的，应当在开庭3日前通知承办律师。承办律师有正当理由不能按时出庭的，可以申请人民法院延期开庭。人民法院同意延期开庭的，应当及时通知承办律师。

第十九条 人民法院决定不开庭审理的案件，承办律师应当在接到人民法院不开庭通知之日起10日内向人民法院提交书面辩护意见。

第二十条 人民检察院、人民法院应当对承办律师复制案卷材料的费用予以免收或者减收。

第二十一条 公安机关在撤销案件或者移送审查起诉后，人民检察院在作出提起公诉、不起诉或者撤销案件决定后，人民法院在终止审理或者作出裁决后，以及公安机关、人民检察院、人民法院将案件移送其他机关办理后，应当在5日内将相关法律文书副本或者复印件送达承办律师，或者书面告知承办律师。

公安机关的起诉意见书，人民检察院的起诉书、不起诉决定书，人民法院的判决书、裁定书等法律文书，应当载明作出指派的法律援助机构名称、承办律师姓名以及所属单位等情况。

第二十二条 具有下列情形之一的，法律援助机构应当作出终止法律援助决定，制作终止法律援助决定书发送受援人，并自作出决定之日起3日内函告公安机关、人民检察院、人民法院：

（一）受援人的经济收入状况发生变化，不再符合法律援助条件的；

（二）案件终止办理或者已被撤销的；

（三）受援人自行委托辩护人或者代理人的；

（四）受援人要求终止法律援助的，但应当通知辩护的情形除外；

（五）法律、法规规定应当终止的其他情形。公安机关、人民检察院、人民法院在案件办理过程中发现有前款规定情形的，应当及时函告法律援助机构。

第二十三条 申请人对法律援助机构不予援助的决定有异议的，可以向主管该法律援助机构的司法行政机关提出。司法行政机关应当在收到异议之日起5个工作日内进行审查，经审查认为申请人符合法律援助条件的，应当以书面形式责令法律援助机构及时对该申请人提供法律援助，同时通知申请人；认为申请人不符合法律援助条件的，应当维持法律援助机构不予援助的决定，并书面告知申请人。

受援人对法律援助机构终止法律援助的决定有异议的，按照前款规定办理。

第二十四条 犯罪嫌疑人、被告人及其近亲属、法定代理人，强制医疗案件中的被申请人、被告人的法定代理人认为公安机关、人民检察院、人民法院应当告知其可以向法律援助机构申请法律援助而没有告知，或者应当通知法律援助机构指派律师为其提供辩护或者诉讼代理而没有通知的，有权向同级或者上一级人民检察院申诉或者控告。人民检察院应当对申诉或者控告及时进行审查，情况属实的，通知有关机关予以纠正。

第二十五条 律师应当遵守有关法律法规和法律援助业务规程，做好会见、阅卷、调查取证、解答咨询、参加庭审等工作，依法为受援人提供法律服务。

律师事务所应当对律师办理法律援助案件进行业务指导，督促律师在办案过程中尽职尽责，恪守职业道德和执业纪律。

第二十六条 法律援助机构依法对律师事务所、律师开展法律援助活动进行指导监督，确保办案质量。

司法行政机关和律师协会根据律师事务所、律师履行法律援助义务情况实施奖励和惩戒。

公安机关、人民检察院、人民法院在案件办理过程中发现律师有违法或者违反职业道德和执业纪律行为，损害受援人利益的，应当及时向法律援助机构通报有关情况。

第二十七条 公安机关、人民检察院、人民法院和司法行政机关应当加强协调，建立健全工作机制，做好法律援助咨询、申请转交、组织实施等方面的衔接工作，促进刑事法律援助工作有效开展。

第二十八条 本规定自 2013 年 3 月 1 日起施行。2005 年 9 月 28 日最高人民法院、最高人民检察院、公安部、司法部下发的《关于刑事诉讼法律援助工作的规定》同时废止。

——《最高人民法院、最高人民检察院、公安部、司法部印发〈关于刑事诉讼法律援助工作的规定〉的通知》（2013 年 2 月 4 日，司发通〔2013〕18 号）。

1480. 关于律师带助理参加庭审的规则

关键词

庭审规则　律师助理

最高人民法院司法解释

第六十八条 律师担任辩护人、诉讼代理人，经人民法院准许，可以带一名助理参加庭审。律师助理参加庭审的，可以从事辅助工作，但不得发表辩护、代理意见。

——《最高人民法院关于适用〈中华人民共和国刑事诉讼法〉的解释》（2021 年 1 月 26 日，法释〔2021〕1 号）。

附录：最高人民法院主流观点

《最高人民法院关于适用〈中华人民共和国刑事诉讼法〉的解释》（法释〔2021〕1 号）第六十八条吸收《最高人民法院、最高人民检察院、公安部、国家安全部、司法部关于依法保障律师执业权利的规定》第二十五条第二款的规定，明确："律师担任辩护人、诉讼代理人，经人民法院准许，可以带一名助理参加庭审。律师助理参加庭审的，可以从事辅助工作，但不得发表辩护、代理意见。"据此，辩护律师可以向人民法院申请带一名律师助理参与庭审，从事记录等辅助工作。需要注意的是，《刑事诉讼法解释》第六十八条规定的“发表辩护、代理意见”是概称，包括申请回避、举证、质证、辩论以及发表辩护、代理意见等诉讼行为，这些行为都应当由辩护人、诉讼代理人完成，不能交由律师助理代为实施。

——《刑事诉讼法解释》起草小组：《〈最高人民法院关于适用《中华人民共和国刑事诉讼法》的解释〉理解与适用》，载最高人民法院刑事审判第一、二、三、四、五庭编：《刑事审判参考》（总第126辑），人民法院出版社2021年版，第126~127页。

1481. 同一律师不能担任不同案件中的同案犯的辩护人

关键词

律师辩护　共同犯罪嫌疑人　同一犯罪事实

附录：司法信箱

问题： 我们在审理一起故意伤害案件过程中，发现被告人甲、乙系共同犯罪。甲移送审查起诉时，一律师为其出庭辩护，乙当时在逃。次年乙被抓获并被指控，该律师又作为乙的辩护人出庭为乙辩护。根据《最高人民法院关于刑事诉讼法若干问题的解释》（以下简称《解释》）第35条的规定：“一名被告人委托辩护人不得超过两人。在共同犯罪的案件中，一名辩护人不得为两名以上的同案被告人辩护。”对此，我们在审理中有两种意见：第一种意见认为，根据《解释》，“同案被告人”中的“同案”应是共同犯罪中同案犯的意思。甲乙是同案犯，故该律师在担任了甲的辩护人后，不得再担任乙的辩护人；第二种意见认为，《解释》第35条的“同案”，是指人民法院立案受理的案号。被告人甲、乙分别被起诉后，法院立案分别登记案号，此时，甲乙已是两个不同案号的案件被告人，故该律师可以担任乙的辩护人。请问哪种意见正确？

《人民司法》研究组认为：《最高人民法院关于执行刑事诉讼法若干问题的解释》第35条规定，在共同犯罪案件中，一名辩护人不得为两名以上的同案被告人辩护。这个规定主要是考虑到如何认定共同犯罪中各被告人相互之间的刑事责任问题，该规定中“同案”是指共同犯罪案件。共同犯罪的被告人分案审理的，依然是同案犯。因此，我们同意第一种意见，即该律师在担任了甲被告人的辩护人后，不得再担任乙被告人的辩护人。

——《人民司法》2007年第1期（总第516期）。

1482. 值班律师的诉讼地位、具体职责及指派值班律师的程序

关键词

值班律师

最高人民法院司法政策精神

一、法律援助机构在人民法院、看守所派驻值班律师，为没有辩护人的犯罪嫌疑人、刑事被告人提供法律帮助。

人民法院、人民检察院、公安机关应当告知犯罪嫌疑人、刑事被告人有获得值班律师法律帮助的权利。犯罪嫌疑人、刑事被告人及其近亲属提出法律帮助请求的，人民法院、人民检察院、公安机关应当通知值班律师为其提供法律帮助。

二、法律援助值班律师应当依法履行下列工作职责：

（一）解答法律咨询。

（二）引导和帮助犯罪嫌疑人、刑事被告人及其近亲属申请法律援助，转交申请材料。

（三）在认罪认罚从宽制度改革试点中，为自愿认罪认罚的犯罪嫌疑人、刑事被告人提供法律咨询、程序选择、申请变更强制措施等法律帮助，对检察机关定罪量刑建议提出意见，犯罪嫌疑人签署认罪认罚具结书应当有值班律师在场。

（四）对刑讯逼供、非法取证情形代理申诉、控告。

（五）承办法律援助机构交办的其他任务。

法律援助值班律师不提供出庭辩护服务。符合法律援助条件的犯罪嫌疑人、刑事被告人，可以依申请或通知由法律援助机构为其指派律师提供辩护。

三、法律援助机构可以根据人民法院、人民检察院、看守所实际工作需要，通过设立法律援助工作站派驻值班律师或及时安排值班律师等形式提供法律帮助。

工作站应当悬挂统一标牌，配备必要的办公设施，设立指引标识，并放置法律援助格式文书以及相关业务介绍资料。

工作站应当公示法律援助范围、条件、值班律师工作职责及当日值班律师基本信息等。

——《最高人民法院、最高人民检察院、公安部、国家安全部、司法部印发〈关于开展法律援助值班律师工作的意见〉的通知》（2017 年 8 月 8 日，司发通〔2017〕84 号）。

附录：最高人民法院主流观点

法律援助值班律师制度是保障犯罪嫌疑人、被告人获得法律帮助的重要措施。在认罪认罚从宽制度试点期间，《最高人民法院、最高人民检察院、公安部、国家安全部、司法部关于在部分地区开展刑事案件认罪认罚从宽制度试点工作的办法》中多处明确将值班律师与辩护人予以区分，如第五条、第八条、第十条；最高人民法院、最高人民检察院、公安部、国家安全部、司法部 2017 年 8 月 28 日联合印发的《关于开展法律援助值班律师工作的意见》第二条第二款更是明确规定："法律援助值班律师不提供出庭辩护服务……"修正后的《刑事诉讼法》第三十六条在吸纳上述规定的基础上明确规定："犯罪嫌疑人、被告人没有委托辩护人，法律援助机构没有指派律师为其提供辩护的，由值班律师为犯罪嫌疑人、被告人提供法律咨询、程序选择建议、申请变更强制措施、对案件处理提出意见等法律帮助"，也是将值班律师与辩护人区分开来。由此可见，修改后的《刑事诉讼法》已经明确值班律师并不等同于辩护人。值班律师制度的设置目的，是为了给没有辩护人的犯罪嫌疑人、被告人提供高效、便捷、专业的法律帮助服务。值班律师制度，是整个法律援助制度中的一项专门制度，是法律援助的一种新类型，对于保持控辩之间的平衡、促进司法公正、保障人权方面起着非常重要的作用。

值班律师的职责与辩护人不同，主要是为没有辩护人的犯罪嫌疑人、被告人提供法律帮助。根据修正后的《刑事诉讼法》《关于开展法律援助值班律师工作的意见》的相关规定，在认罪认罚从宽制度中，值班律师的职责主要是：为自愿认罪认罚的犯罪嫌疑人、被告人提供法律咨询、程序选择建议、申请变更强制措施等法律帮助；对检察机关定罪量刑建议提出意见；犯罪嫌疑人、被告人签署认罪认罚具结书时在场进行见证。值班律师不承担出庭辩护职责。

人民法院、人民检察院、公安机关作为办案机关，应当告知犯罪嫌疑人、被告人有权获得值班律师的法律帮助，有权约见值班律师。犯罪嫌疑人、被告人没有委托辩护人，法律援助机构没有指派律师为其提供辩护的，办案机关应当通知值班律师为其提供法律咨询、程序选择建议、申请变更强制措施等法律帮助，即只要犯罪嫌疑人、被告人没有辩护人，不需要其提出申请，办案机关就要通知值班律师为其提供法律帮助，并及时安排值班律师会见犯罪嫌疑人、被告人，并为值班律师会见犯罪嫌疑人、被告人提供便利。值班律师会见应当制作会见笔录。

——胡云腾主编、最高人民法院刑事审判第一庭编著：《认罪认罚从宽制度的理解与适用》，人民法院出版社 2018 年版，第 91~92 页。

1483. 应为值班律师履责提供必要的程序保障

关键词

值班律师　程序保障

最高人民法院司法政策精神

七、法律援助机构要加强对法律援助值班律师工作运行的业务指导，组织开展对值班律师职责、服务内容、执业纪律、刑事诉讼法律知识方面的业务培训，及时统计汇总犯罪嫌疑人、刑事被告人涉嫌罪名、简要案情、咨询意见等信息，定期运用征询所驻单位意见、当事人回访等措施了解值班律师履责情况，对值班律师实行动态化管理。

法律援助机构要向律师协会通报法律援助值班律师履责情况。律师协会要将法律援助值班律师履责情况纳入律师年度考核及律师诚信服务记录。

司法行政机关要加强对律师提供值班律师服务的日常监督管理，总结并不断提升值班律师服务质量水平。对律师在值班律师工作中违反职业道德和执业纪律的行为依法依规处理。

八、人民法院、人民检察院、看守所为法律援助工作站提供必要办公场所和设施。看守所为法律援助值班律师会见提供便利。

人民法院、人民检察院、公安机关、国家安全机关、司法行政机关建立刑事法律援助工作联席会议制度，定期沟通法律援助值班律师工作情况。

九、对于律师资源短缺的地区和单位，法律援助机构要根据律师资源和刑事法律援助需求等，统筹调配律师资源，探索建立政府购买值班律师服务机制，保障法律援助值班律师工作正常有序开展。

——《最高人民法院、最高人民检察院、公安部、国家安全部、司法部印发〈关于开展法律援助值班律师工作的意见〉的通知》（2017年8月8日，司发通〔2017〕84号）。

附录：最高人民法院法官著述

为充分发挥值班律师制度的作用，确保值班律师提供有效法律帮助，实践中应注意为值班律师履责提供必要的程序保障：

第一，办案机关应当为犯罪嫌疑人、被告人约见值班律师提供便利。根据《刑事诉讼法》第36条的规定，办案机关应当告知犯罪嫌疑人、被告人有权约见值班律师，使犯罪嫌疑人、被告人及时了解有约见值班律师的权利；对于有约见值班律师需要的犯罪嫌疑人、被告人，办案机关应当主动安排，提供便利，使得值班律师能够及时参与到案件中来，为犯罪嫌疑人、被告人提供“一对一”的法律帮助。

第二，办案机关应当为值班律师了解案件情况提供便利。根据《刑事诉讼法》第173条的规定，审查起诉阶段检察机关应当就犯罪嫌疑人涉嫌的犯罪事实、定罪和适用法律、从宽处罚的建议、程序的选择等事项听取值班律师的意见，并为值班律师了解案件有关情况提供必要的便利。这里的“必要的便利”，应当包括安排会见犯罪嫌疑人和允许查阅卷宗材料或者进行证据开示，便于值班律师全面了解案件情况，帮助犯罪嫌疑人作出合适的程序选择，并能够就案件处理提出实质意见。

第三，推广值班律师转为法律援助指派律师的做法。2018年《刑事诉讼法》修改过程中，有观点认为应将值班律师定位为辩护人，以切实保障犯罪嫌疑人、被告人获得有效法律帮助。修改后的《刑事诉讼法》将值班律师定位为提供法律帮助的人，且没有直接赋予会见权和阅卷权以及庭审辩护权，法律帮助走形式的现象仍不可避免。为有效解决此问题，可借鉴北京经验，推广值班律师转法律援助指派辩护律师的做法，即审查起诉阶段犯罪嫌疑人同意量刑建议签署具结书后，通过办理委托手续，值班律师转为辩护律师，有权参加庭审为该被告人进行辩护，值班律师出庭辩护的费用仍由法律援助机构承担。该做法既能加强不同诉讼阶段值班律师的衔接，又能及时为犯罪嫌疑人、被告人提供有效的法律帮助。

——杨立新：《认罪认罚从宽制度理解与适用》，载《国家检察官学院学报》2019年第1期。

1484. 值班律师是否有权阅卷和会见在押的犯罪嫌疑人、被告人

关键词

值班律师　阅卷权　会见权

附录：最高人民法院主流观点

对于值班律师是否有权阅卷和会见在押的犯罪嫌疑人、被告人，存在不同意见。一种意见认为，阅卷和会见是值班律师履职的需要，应当予以保障。特别是值班律师要对案件处理提意见，不了解案件情况，无法提出专业意见。一种意见认为，值班律师不是辩护人，其提供的是初步、低限度服务，服务对象全覆盖，一律赋予阅卷权和会见权，既不现实也无必要，考虑到值班律师法律服务的多样性，应区分情况进行规定。第十三届全国人大常委会第六次会议通过《关于修改〈中华人民共和国刑事诉讼法〉的决定》基本采纳了

第二种意见，未明确值班律师有权阅卷和会见在押的犯罪嫌疑人、被告人，但根据值班律师履职内容和实际需要，对其权利作了灵活规定。一是在刑事诉讼法第一百七十三条第三款中规定，人民检察院就犯罪嫌疑人涉嫌犯罪事实、罪名和从宽处罚建议等听取值班律师意见的，应当提前为值班律师了解案件有关情况提供必要的便利。二是在刑事诉讼法第三十六条第二款中规定，犯罪嫌疑人、被告人有权约见值班律师，人民法院、人民检察院、看守所应当为犯罪嫌疑人、被告人约见值班律师提供便利。依犯罪嫌疑人、被告人申请，值班律师可以会见犯罪嫌疑人、被告人，符合其职责定位，也能满足履职需要。

——最高人民法院刑一庭课题组[①]：《刑事诉讼中认罪认罚从宽制度的适用》，载《人民司法·应用》2018年第34期（总第837期）。

1485. 值班律师能否转任辩护人

关键词

刑事诉讼程序　值班律师　辩护人

附录：最高人民法院主流观点

关于值班律师转任辩护人。值班律师法律帮助是一种新型的法律援助服务，拓宽了法律援助的渠道和形式。对没有委托辩护人的犯罪嫌疑人、被告人，符合应当指派辩护条件的，由法律援助机构指派律师为其提供辩护；不符合应当指派辩护条件的，指派值班律师为犯罪嫌疑人、被告人提供法律帮助。这是当前律师资源有限、分布不平衡等现实条件下，实现法律援助全覆盖的合理选择。从试点情况看，值班律师为试点顺利开展提供了重要保障，但实施中也遇到一些问题和困难。如值班律师往往不跟案、多为值班制，不同诉讼阶段由不同律师担任，无法参与案件诉讼全程，工作缺乏连续性，实质参与度不够，发挥作用有限。针对这些问题，一些律师资源相对充足的地方，如北京、杭州、福州等地，探索值班律师转任辩护人机制，对可能判处3年有期徒刑以上刑罚的认罪认罚案件，协调指派值班律师出庭辩护，取得了良好效果。考虑认罪认罚案件的特殊性，课题组认为，对于有条件的地方，在刑事诉讼法框架基础上，可以探索值班律师转任辩护人机制，简单轻罪案件指派值班律师提供法律帮助，复杂重罪案件可以指派值班律师转任辩护人，提供辩护服务，提升法律援助的针对性和实效性。

① 课题组组长：沈亮；课题组成员：管应时、杨立新、孟伟、何东青。

——最高人民法院刑一庭课题组：《刑事诉讼中认罪认罚从宽制度的适用》，载《人民司法·应用》2018年第34期（总第837期）。

1486. 关于辩护人提交书面辩护意见的问题

关键词

辩护人　书面辩护意见

最高人民法院司法解释

第二百九十条　辩护人应当及时将书面辩护意见提交人民法院。

——《最高人民法院关于适用〈中华人民共和国刑事诉讼法〉的解释》（2021年1月26日，法释〔2021〕1号）。

附录：最高人民法院主流观点

根据司法实践反映的问题，《最高人民法院关于适用〈中华人民共和国刑事诉讼法〉的解释》（法释〔2021〕1号，以下简称《刑事诉讼法解释》）第二百九十条对辩护人及时提交辩护意见作出指引性规定，明确："辩护人应当及时将书面辩护意见提交人民法院。"

（1）讨论中，有意见建议明确庭审结束后提交书面辩护意见的具体时限。经研究认为，相关情况复杂，难以对时限作出明确具体规定，实践中可以裁量把握。需要注意的是，辩论原则是审判阶段应当遵循的基本原则，辩护人庭审发表的意见都是辩护意见，庭审笔录中应予载明，而且辩护人要在庭审笔录上签名。因此，书面辩护意见仅是庭审辩护的一个补充，如果庭审中辩护人已经充分发表了辩护意见，并记录在案，庭后不提交书面辩护意见对审判人员裁判没有影响。基于此，《刑事诉讼法解释》第二百九十条明确规定"辩护人应当及时将书面辩护意见提交人民法院"。对于经人民法院告知后仍不提交辩护意见的，以当庭发表的意见为准。

（2）关于书面辩护意见与当庭发表的意见不一致的处理问题，存在不同意见。有意见认为，辩护意见与当庭发表的意见存在实质性差异的，以当庭发表的意见为准。理由是：考虑到庭审中心主义、庭审实质化和公开审理的要求，当庭发表的意见经控辩双方质证、辩论，更能体现以审判为中心的刑事诉讼制度改革要求。明确以当庭发表的意见为准，可以促使辩护人庭前认真准备、庭上充分辩护。而且，认可在庭后提交与当庭发表意见差异较大的书面辩护意见，还可能带来需要二次开庭等一系列问题，浪费司法资源。另有意见认为，应当以庭后提交的书面辩护意见为准，理由是：刑事审判应当坚持实体正义优先的原则，对于庭后提交的书面辩护意见与当庭发表意见不一致，且有相关证据证明，则应当采信书面辩护意见。必要时，可以通过庭外听取控辩双方意见或者二次开庭加以解决，不宜以节约司法资源为由对合理的书面辩护意见“视而不见”。

经研究认为，此种情形下，既有书面辩护意见，也有当庭发表意见，不宜简单“一刀切”，宜根据具体情况作出妥善处理。原则上应当以当庭发表的意见为准，但是，如果当庭发表的意见明显不妥当，书面辩护意见确有道理的，也可以采纳书面辩护意见。在裁判文书中，可以客观反映辩护意见的前后变化。鉴于相关问题比较复杂，《刑事诉讼法解释》未作统一规定，交由司法实践裁量处理。

（3）征求意见过程中，有意见提出，二审案件存在大量不开庭审理的情况，建议增加规定在指定日期提交辩护意见，以提升诉讼效率，有效维护辩护权。经研究认为，《刑事诉讼法解释》第二百九十条规定“辩护人应当及时将书面辩护意见提交人民法院”，可以参照适用于二审不开庭的情形。据此，人民法院可以要求辩护人在指定的合理期限内提交书面辩护意见。

——《刑事诉讼法解释》起草小组：《〈最高人民法院关于适用《中华人民共和国刑事诉讼法》的解释〉理解与适用》，载最高人民法院刑事审判第一、二、三、四、五庭编：《刑事审判参考》（总第126辑），人民法院出版社2021年版，第162~164页。

1487. 关于扰乱法庭秩序不得继续担任辩护人、诉讼代理人的问题

关键词

扰乱法庭秩序　辩护人　代理人

最高人民法院司法解释

第三百一十条　辩护人严重扰乱法庭秩序，被责令退出法庭、强行带出法庭或者被处以罚款、拘留，被告人自行辩护的，庭审继续进行；被告人要求另行委托辩护人，或者被告人属于应当提供法律援助情形的，应当宣布休庭。

辩护人、诉讼代理人被责令退出法庭、强行带出法庭或者被处以罚款后，具结保证书，保证服从法庭指挥、不再扰乱法庭秩序的，经法庭许可，可以继续担任辩护人、诉讼代理人。

辩护人、诉讼代理人具有下列情形之一的，不得继续担任同一案件的辩

护人、诉讼代理人：

（一）擅自退庭的；

（二）无正当理由不出庭或者不按时出庭，严重影响审判顺利进行的；

（三）被拘留或者具结保证书后再次被责令退出法庭、强行带出法庭的。

——《最高人民法院关于适用〈中华人民共和国刑事诉讼法〉的解释》（2021 年 1 月 26 日，法释〔2021〕1 号）。

附录：最高人民法院主流观点

2012 年《刑事诉讼法解释》只规定“辩护人严重扰乱法庭秩序，被强行带出法庭或者被处以罚款、拘留，被告人自行辩护的，庭审继续进行；被告人要求另行委托辩护人，或者被告人属于应当提供法律援助情形的，应当宣布休庭”，未明确辩护人擅自退庭或者被强行带出法庭后能否继续担任本案的辩护人。为维护正常法庭秩序、确保审判顺利进行，经认真总结经验、广泛征求意见，2018 年 4 月，最高人民法院、司法部联合发布了《关于依法保障律师诉讼权利和规范律师参与庭审活动的通知》，对相关问题作了明确。该通知施行以来，对规范法庭秩序、有效保障当事人合法权益发挥了重要作用，取得了良好效果。鉴此 2012 年《刑事诉讼法解释》第三百一十条吸收相关规定，明确：“辩护人严重扰乱法庭秩序，被责令退出法庭、强行带出法庭或者被处以罚款、拘留，被告人自行辩护的，庭审继续进行；被告人要求另行委托辩护人，或者被告人属于应当提供法律援助情形的，应当宣布休庭。”“辩护人、诉讼代理人被责令退出法庭、强行带出法庭或者被处以罚款后，具结保证书，保证服从法庭指挥、不再扰乱法庭秩序的，经法庭许可，可以继续担任辩护人、诉讼代理人。”“辩护人、诉讼代理人具有下列情形之一的，不得继续担任同一案件的辩护人、诉讼代理人：（一）擅自退庭的；（二）无正当理由不出庭或者不按时出庭，严重影响审判顺利进行的；（三）被拘留或者具结保证书后再次被责令退出法庭、强行带出法庭的。”在理解和适用《刑事诉讼法解释》第三百一十条时，需要把握以下两点：

第一，庭审是控辩审三方共同参与的严肃的诉讼活动，法庭是控辩审三方共同使用的庄严的诉讼场所。在庭审过程中，服从法庭指挥，理性表达意见，是保障庭审正常进行的基本要求，也是对法律人职业素养的基本要求。从审判实践来看，绝大多数律师能本着职业精神，遵守法庭纪律，维护法庭秩序，认真履行辩护职责，但也存在个别律师“闹庭”的情况。表现为：一旦其自认为正确的诉求没有得到即时满足，就“罢庭”而去，或者不服从法庭指挥，哄闹法庭，等等。组织一次庭审并不容易，特别是当事人、辩护人、诉讼代理人人数众多的案件，在送达传票和通知书、确定开庭时间、提押被告人等方面需要做大量协调工作。不服从法庭指挥，扰乱法庭秩序，不仅严重影响庭审正常进行，也会严重影响中国律师群体乃至中国司法、中国法治的形象，依法依规予以规制，理所当然。

第二，法院、法官要尊重律师，保障律师诉讼权利。法庭应当严格执行法定程序，平等对待诉讼各方，合理分配各方发问、质证、陈述和辩论、辩护的时间，充分听取律师意见，依法及时回应、满足律师的合理诉求。对于律师在法庭上就案件事实认定和法律适用的正常发问、质证和发表辩护意见，不能随意打断或者制止。对于发问、质证、辩护意见与案件无关或者重复、冗长的，可以提醒、制止。法庭既要威严，也要保持理性、平和、克制。对不服从法庭指挥的，要区分情节轻重作出妥当处理。要提高驾驭庭审、应对复杂状况的能力。对因一时情绪激烈，言语失当的，可以警告、训诫，原则上不采取责令律师退出法庭或者强行带离法庭的措施；必要时可以休庭处置，交流提醒，促其冷静。但是，对无视多次警告、训诫，反复挑战法庭权威，甚至哄闹法庭、擅自退庭的，必须依法依规及时妥当处理，防止事态升级、秩序失控。

——《刑事诉讼法解释》起草小组:《〈最高人民法院关于适用《中华人民共和国刑事诉讼法》的解释〉理解与适用》，载最高人民法院刑事审判第一、二、三、四、五庭编:《刑事审判参考》(总第 126 辑)，人民法院出版社 2021 年版，第 166~168 页。

1488. 关于讯问录音录像的查阅规则

关键词

讯问录音录像

最高人民法院司法解释

第五十四条 对作为证据材料向人民法院移送的讯问录音录像，辩护律师申请查阅的，人民法院应当准许。

——《最高人民法院关于适用〈中华人民共和国刑事诉讼法〉的解释》(2021 年 1 月 26 日，法释〔2021〕1 号)。

附录：最高人民法院主流观点

关于侦查讯问录音录像，《最高人民法院刑事审判第二庭关于辩护律师能否复制侦查机关讯问录像问题的批复》(〔2013〕刑他字第 239 号，以下简称《批复》) 规定："自人民检察院对案件审查起诉之日起，辩护律师可以查阅、摘抄、复制案卷材料，但其中涉及国家秘密、个人隐私的，应严格履行保密义务。你院请示的案件，侦查机关对被告人的讯问录音录像已经作为证据材料向人民法院移送并已在庭审中播放，不属于依法不能公开的材料，在辩护律师提出要求复制有关录音录像的情况下，应当准许。”《刑事诉讼法解释》原本拟吸收上述规定。征求意见过程中，存在不同认识。一种意见建议不作规定。理由是：关于讯问录音录像的性质，目前刑事诉讼法及《最高人民法院、最高人民检察院、公安部、国家安全部、司法部、全国人大常委会法制工作委员会关于实施刑事诉讼法若干问题的规定》（以下简称《关于实施刑事诉讼法若干问题的规定》）均将其定性为证明取证合法性的证明材料，有别于证据材料。并且，录音录像中可能涉及关联案件线索、国家秘密、侦查秘密等，尤其是危害国家安全犯罪案件、职务犯罪案件，较为敏感。如允许复制，在信息化时代，一旦传播到互联网中，可能会带来重大国家安全及舆情隐患。将录音录像定性为“取证合法性的证明材料”而非证据材料，并且根据需要调取，较为符合实际。《最高人民法院、最高人民检察院、公安部、国家安全部、司法部、全国人大常委会法制工作委员会关于实施刑事诉讼法若干问题的规定》第十九条和《最高人民法院、最高人民检察院、公安部、国家安全部、司法部关于办理刑事案件严格排除非法证据若干问题的规定》（法发〔2017〕15号，以下简称《非法证据排除规定》）第二十二条均采取了上述立场。实践中有个别办案机关将讯问录音录像放入案卷随案移送，这属于因对法律、司法解释理解不到位导致的不规范做法，应当予以纠正，不能因此认为讯问录音录像就是证据。另一种意见认为，讯问录音录像证明讯问过程的合法性，对于律师应该公开。如果将允许查阅、复制的范围限定为“在庭审中举证、质证的且不属于不能公开的材料”，有可能在执行中成为法院限制律师复制的理由。如果讯问录音录像涉密，可以按照涉密规定处理。

经研究，2012年《刑事诉讼法解释》第五十四条对《批复》予以吸收并作适当调整，规定：“对作为证据材料向人民法院移送的讯问录音录像，辩护律师申请查阅的，人民法院应当准许。”具体而言：（1）根据刑事诉讼法第四十条的规定，辩护律师自人民检察院对案件审查起诉之日起，可以查阅本案的案卷材料。对于移送人民法院的录音录像，无论是否已经在庭审中举证质证，无论是直接用于证明案件事实还是用于证明取证合法性，均应当属于案卷材料的范围。基于此，《刑事诉讼法解释》第五十四条未再限定为“已在庭审中播放”。而且，移送的证据材料，对诉讼参与人应当是公开的。特别是，在公开审理的案件中举证、质证的相关证据材料，包括录音录像在内，由于不少案件要进行庭审直播，人民群众均可观看、下载。此种情形下，再以“防止录音录像广泛传播”为由禁止辩护律师查阅讯问录音录像，于理不合。即使讯问录音录像涉及国家秘密、个人隐私、商业秘密，辩护律师为行使辩护权，也是可以查阅的。并且，《刑事诉讼法解释》第五十五条对此已作充分考虑，专门规定了保密和不得违反规定泄露、披露案件信息、材料的相关问题。（2）较之一般证据材料，讯问录音录像确实具有一定特殊性。特别是作为证明取证合法性的录音录像，可能涉及侦查办案的策略方法，也可能涉及其他关联案件和当事人隐私，一律允许复制，恐难以控制传播面以及一旦泄露可能带来的影响。从实践来看，允许查阅，即可以满足辩护律师的辩护需要，充分保障其权益。基于此，《刑事诉讼法解释》第五十四条明确为“辩护律师申请查阅的，人民法院应当准许”，即对于查阅申请应当一律准许，但对复制未再作明确要求。（3）《刑事诉讼法解释》第五十四条规定的“讯问录音录像”，不限于作为证据材料移送人民法院的“侦查录音录像”，也包括作为证据材料向人民法院移送的相关监察调查过程的录音录像。《人民检察院刑事诉讼规则》第二百六十三条第二款规定：“对于监察机关移送起诉的案件，认为需要调取有关录音、录像的，可以商监察机关调取。”第七十六条规定：“对于提起公诉的案件，被告人及其辩护人提出审前供述系非法取得，并提供相关线索或者材料的，人民检察院可以将讯问录音、录像连同案卷材料一并移送人民法院。”当然，如果相关监察调查过程的录音录像未移送人民法院的，自然不属于可以查阅的范围。

——《刑事诉讼法解释》起草小组：《〈最高人民法院关于适用《中华人民共和国刑事诉讼法》的解释〉理解与适用》，载最高人民法院刑事审判第一、二、三、四、五庭编：《刑事审判参考》（总第126辑），人民法院出版社2021年版，第123~125页。

1489. 关于查阅、摘抄、复制案卷材料的保密要求

关键词

查阅、摘抄、复制　案卷材料　保密要求

最高人民法院司法解释

第五十五条　查阅、摘抄、复制案卷材料，涉及国家秘密、商业秘密、个人隐私的，应当保密；对不公开审理案件的信息、材料，或者在办案过程中获悉的案件重要信息、证据材料，不得违反规定泄露、披露，不得用于办案以外的用途。人民法院可以要求相关人员出具承诺书。

违反前款规定的，人民法院可以通报司法行政机关或者有关部门，建议给予相应处罚；构成犯罪的，依法追究刑事责任。

——《最高人民法院关于适用〈中华人民共和国刑事诉讼法〉的解释》（2021年1月26日，法释〔2021〕1号）。

附录：最高人民法院主流观点

《最高人民法院关于适用〈中华人民共和国刑事诉讼法〉的解释》(法释〔2021〕1号，以下简称《刑事诉讼法解释》)第五十五条强调了查阅、摘抄、复制案卷材料在保密方面的相关要求，规定："查阅、摘抄、复制案卷材料，涉及国家秘密、商业秘密、个人隐私的，应当保密；对不公开审理案件的信息、材料，或者在办案过程中获悉的案件重要信息、证据材料，不得违反规定泄露、披露，不得用于办案以外的用途。人民法院可以要求相关人员出具承诺书。""违反前款规定的，人民法院可以通报司法行政机关或者有关部门，建议给予相应处罚；构成犯罪的，依法追究刑事责任。"

征求意见过程中，有意见建议删去《刑事诉讼法解释》第五十五条，理由是：律师法中已有关于律师违反保密义务的相关规定，律师行业规范中也对此进行了约束，不必在此赘述。关于"人民法院可以要求相关人员出具承诺书"的规定，根据律师法第三十八条的规定，律师应当保守在执业活动中知悉的国家秘密、商业秘密和当事人隐私。若律师违反保密义务，无论是否出具承诺书，都可以依法依规对其违法或犯罪行为予以追究。经研究，未采纳上述意见。主要考虑是：(1)律师法、《最高人民法院、最高人民检察院、公安部、国家安全部、司法部关于依法保障律师执业权利的规定》、中华全国律师协会《律师办理刑事案件规范》已对相关问题作出明确，本条只是作了照应性规定。(2)实践中，绝大多数律师能够保守在执业活动中知悉的秘密和相关信息，但也有极个别律师违反保密义务，违法违规散布有关案件信息，《刑事诉讼法解释》作出规定，有利于警示和规制。

——《刑事诉讼法解释》起草小组：《〈最高人民法院关于适用《中华人民共和国刑事诉讼法》的解释〉理解与适用》，载最高人民法院刑事审判第一、二、三、四、五庭编：《刑事审判参考》(总第126辑)，人民法院出版社2021年版，第125~126页。

1490. 辩护律师查阅、摘抄、复制的"等证据材料"是否应作等外解释

关键词

辩护律师　查阅、摘抄、复制　证据材料

最高人民法院司法政策精神

第二十一条　辩护律师自人民检察院对案件审查起诉之日起，可以查阅、

摘抄、复制讯问笔录、提讯登记、采取强制措施或者侦查措施的法律文书等证据材料。其他辩护人经人民法院、人民检察院许可，也可以查阅、摘抄、复制上述证据材料。

——《最高人民法院、最高人民检察院、公安部、国家安全部、司法部关于办理刑事案件严格排除非法证据若干问题的规定》(2017年6月20日，法发〔2017〕15号)。

附录：最高人民法院主流观点

《刑事诉讼法》第三十八条[①]对律师阅卷范围明确规定："辩护律师自人民检察院对案件审查起诉之日起，可以查阅、摘抄、复制本案的案卷材料。"《检察诉讼规则》第四十七条也明确规定："自案件移送审查起诉之日起，人民检察院应当允许辩护律师查阅、摘抄、复制本案的案卷材料。案卷材料包括案件的诉讼文书和证据材料。"而本《规定》采用了明文列举加"等"的表述。从案卷材料范围分析，实际查阅、摘抄、复制的范围应当比本《规定》列举的"讯问笔录、提讯登记、采取强制措施或者侦查措施的法律文书"范围要广，故此处的"等"应当作等外解释，至少应当包括录音录像资料。最高人民法院在2013年9月对广东省高级人民法院下发的《关于辩护律师能否复制侦查机关讯问录像问题的批复》中明确，"侦查机关对被告人的讯问录像已经作为证据材料向人民法院移送并已在庭审中播放的，不属于依法不能公开的材料。在辩护律师提出要求复制有关录音录像的情况下，应当允许"。该批复明确录音录像范围是已在庭审中播放的录音录像。2017年3月1日，最高人民法院出台的《关于人民法院庭审录音录像的若干规定》第十一条进一步规定："当事人、辩护律师、诉讼代理人等可以依照规定复制录音或者誊录庭审录音录像，必要时人民法院应当配备相应设施。"这样规定的主要理由是，根据刑事诉讼法、民事诉讼法及相关司法解释的规定，案件当事人、辩护律师和诉讼代理人等依法有权申请摘抄、复制有关案件材料。庭审同步录音录像作为案件材料的一种，与庭审笔录具有相同的法律意义和功能，因此上述主体可以依法申请复制或者誊录。值得注意的是，上述文件规定的录音录像范围是人民法院庭审录音录像，与公安机关、检察机关作为证据使用的录音录像范围不完全一致。具体案件中，公诉机关未必将录音录像资料全部播放完毕，可能选择重点部分播放，因此上述批复中已在庭审中播放的录音录像与公诉机关作为证据使用的录音录像范围也不完全一致。实践中，对于公诉机关作为证据使用的录音录像，案件当事人、辩护律师和诉讼代理人等能否全

---

① 2018年10月26日被《全国人民代表大会常务委员会关于修改〈中华人民共和国刑事诉讼法〉的决定》修改为第四十条，下同。

部复制，依然存在不同观点。有观点认为，录音录像毕竟不同于一般的书面讯问笔录，有的录音录像包含一定的侦查秘密与讯问技巧，如复制后在社会上传播可能对将来侦查工作带来一定负面影响。故对于录音录像资料，查阅时可比照普通证据材料或者案卷材料无限制要求，但摘抄、复制需要考虑其特殊性，可由侦查机关根据具体情况决定。我们认为，鉴于有的录音录像未全部当庭播放，且有的录音录像中部分可能确实涉及侦查秘密、讯问技巧，故当前将录音录像资料分为庭审录音录像（包括当庭播放部分的录音录像）与未当庭播放部分的录音录像。对于庭审录音录像，应当严格依照上述司法解释贯彻执行；对于未当庭播放部分的录音录像，除了考虑国家秘密、个人隐私、商业秘密，侦查秘密、讯问技巧也是现实不可不考虑的因素。具体如何规范，有待实践中进一步研究。

对于涉及国家秘密、个人隐私、商业秘密的案件，案件当事人、辩护律师和诉讼代理人等在复制、誊录案件的庭审录音录像时，应当遵守有关规定，不得披露、散布相关信息，也不得将其用于本案辩护、代理以外的其他用途。对于其他辩护人而言，查阅、摘抄、复制录音录像资料的限制要求应当比上述主体更应从严把握。

——裴显鼎主编:《非法证据排除程序适用指南》(第二版)，法律出版社2018年版，第45~46页。

第十六章　证　据

1491. 切实贯彻证据裁判原则

关键词

证据裁判原则

《刑事审判参考》指导案例

寸跃先抢劫案（《刑事审判参考》指导案例第 572 号）

裁判要点：在证据审查、事实认定上，尤其要重视严格贯彻证据裁判原则，切实落实好“一审是基础，二审是关键”的把关作用，确保死刑案件的审判质量。

刑事案件的审判主要分为认定事实和适用法律两项内容，准确认定事实是正确适用法律的前提，事实认定不准确正确适用法律就无从谈起。从这个意义上说，认定事实是否准确是保证案件审判质量的关键。而证据是认定事实的基础和依据，取证工作越扎实，对证据的审查把关越严格，事实认定的准确性就越有保证。死刑案件，关乎人命，对证据审查、事实认定的要求也更高，必须确保定案证据的确实、充分，对证据裁判原则的严格贯彻尤为必要和突出。具体而言，在侦查阶段，要及时、全面收集、固定案件证据，特别是客观性证据，防止取证工作上的疏漏导致对事实认定留下事后难以弥补的缺憾；在审判阶段，要严格依法对每一项证据进行庭审质证，准确认定每一证据的效力和证明力，避免因质证工作不到位而在事实认定上“带病”采信证据从而作出有“瑕疵”的裁判结论。

本案是一起恶性抢劫杀人案件。被告人寸跃先在入室盗窃过程中因被发现而连杀一名老人和一名儿童，情节极为恶劣，后果和罪行极其严重，论罪当判处死刑。该案在法律适用方面不存在疑难问题，关键是做好取证工作，严格审查证据，确保案件事实的认定准确。本案在最初的一、二审过程中，中院和高院两级法院认定本案犯罪事实的证据有：（1）公安机关出具的抓获寸跃先的证明材料。（2）在寸跃先的指认下，提取了寸作案时所穿的衣服和作案工具匕首。（3）DNA 检验鉴定书，证实提取的匕首和寸跃先的西服上均留有被害人的血迹。（4）尸体检验报告，证实杨续正系被他人用锐器多次切割颈部致右颈内静脉断离引起急性失血性休克死亡；寸小懂系被他人用锐器切割颈部致左颈内静脉破裂、右颈总动脉断离、右颈内静脉断离引起急性失血性休克死亡，与寸跃先所供用刀划割被害人颈部的情节相符。（5）现场勘验检查笔录，所证案发现场的情况与寸跃先所供作案过程、作案后蘸血在地板上写字等情节吻合。（6）证人杨汝明的证言及辨认笔录，证实案发前晚寸跃先搭乘其三轮车到案发地。（7）证人田桂涛、杨春盛等人的证言，所证案发现场情况及案发前被害人家中有人唱歌的情况，与现场勘查笔录、寸跃先所供因被害人家中有人唱歌，在门外等到第二天凌晨 1 点半左右再作案等情节吻合。（8）证人高庆生的证言，证实寸跃先作案后到“大丽宾馆”住宿。（9）被告人寸跃先供述的作案过程及在现场用血留下字迹等情节与其他证据相互印证。

最高人民法院在第一次复核时，发现本案证据存在以下问题：第一，被告人寸跃先作案时所穿西服、裤子作为关键的客观性证据，在收集、固定程序上不规范，影响案件基本事实的认定。《最高人民法院关于执行〈中华人民共和国刑事诉讼法〉若干问题的解释》第二百九十条规定，对作为证据使用的实物应当随案移送。本案一审判决、二审裁定载明提取了寸跃先作案时所穿西服、裤子，卷中也有该西服、裤子的扣押清单，但没有材料说明这些衣物是否作为证据随案移送。如未能移送，根据《公安机关办理刑事案件程序规定》第二百一十八条“对不能随案移送的物证，应当拍成照片”的规定，案卷中应当附有衣物照片，但案卷中也没有这些照片。并且，从一审庭审笔录看，庭审时出示、质证了物证照片，但又未写明是否包括这些衣物的照片。由此可认为，庭审中没有对寸跃先作案时所穿衣物或者衣物照片进行质证。这样，仅根据扣押物品清单，不足以将这些衣物认定为物证并作为定案根据，致使从西服上检出有被害人血迹的 DNA 鉴定结论的证明力严重受损。第二，作案工具提取过程不明。被告人寸跃先将作案工具匕首丢弃在宾馆房间内，但其离开宾馆距公安人员提取匕首时，间隔数日，此间是否有人打扫或者入住该房间时发现或者动过该匕首，均没有相关说明，有违常理。第三，案卷中没有材料说明公安机关如何锁定寸跃先为犯罪嫌疑人，即侦破情况不明。第四，寸跃先到案后检举揭发他人犯罪是否查证属实，情况不明。第五，寸跃先为制造不在场的证据而购买车票的情况不明。综合这些证据问题，尤其是前两个客观性证据存在问题，最高人民法院认为本案证据方面存在无法排除的合理怀疑，影响了对案件基本事实的认定，故将本案发回重审。

本案经最高人民法院发回重审后，二审法院经依法重新开庭审理，对上述证据问题进行了补充和查证：第一，关于寸跃先作案时所穿西服、裤子，公安机关在重审阶段补充移送了这些衣物的照片，并经重审当庭质证。第二，关于作案工具，公安机关补充了证据材料，证实寸跃先藏匿匕首的位置在卫生间浴盆下方的检修口内，该检修口内能见度较差且口径较小，通常情况下无法看到该匕首。服务员当时进行常规打扫时未发现异常情况，在公安人员提取匕首前也没有其他人入住过该房间。第三，关于案件侦破情况，公安机关在重审阶段补充出具了相关说明材料，即公安机关根据现场物品有翻动迹象，经调查了解到寸跃先平时在村里经常有偷窃行为，遂对其展开调查。寸跃先称案发前一天20时许即离家到昆明打工，而公安人员通过技术侦查手段发现其手机案发当天8时许在鹤庆县有信息登录；另据三轮摩托车司机反映，案发前一天晚9、10时许，他载寸跃先到过被害人家附近。据此，公安机关确定寸跃先具有重大作案嫌疑。这种破案过程自然、合理，没有疑点。第四，关于寸跃先的检举揭发，经查证，在寸跃先检举他人犯罪行为之前，相关犯罪嫌疑人已作了交代，故其不具有立功表现。第五，关于车票来源，经查，寸跃先作案后为应对公安机关调查，在昆明购买了1张鹤庆县开往昆明市的过期车票。据此，最高人民法院第二次复核时认为，经二审法院补充有关证据，本案事实清楚，证据确实、充分，遂依法核准了寸跃先死刑立即执行。

本案从部分事实不清、证据不足到事实清楚、证据确实、充分，从最高人民法院第一次复核时不核准死刑到第二次复核时核准死刑，整个审理过程集中体现了法院严格贯彻证据裁判原则在死刑案件中的重要性和必要性。虽然本案通过发回重审弥补了证据上的缺陷，并最终核准死刑立即执行，实现了实体正义，但并不是每一个证据有问题的案件都能通过发回重审取得这种效果。取证工作的时效性很强，如果在侦查阶段未能及时、全面收集、固定证据，若一、二审也未能通过严格审查把关来及时补充、核实证据，则案件进入死刑复核阶段，往往会因时过境迁而丧失补证机会，从而最终对实体裁判产生影响。因此，在证据审查、事实认定上，尤其要重视严格贯彻证据裁判原则，切实落实好“一审是基础，二审是关键”的把关作用，确保死刑案件的审判质量。

——徐琛：《寸跃先抢劫案——死刑案件如何切实贯彻证据裁判原则》，载最高人民法院刑事审判第一、二、三、四、五庭主办：《刑事审判参考》2009年第4集（总第69集），法律出版社2009年版，第66~71页。

1492. 不轻信口供原则

关键词

不轻信口供原则　证据

最高人民法院司法政策精神

第一条　严禁刑讯逼供和以威胁、引诱、欺骗以及其他非法方法收集证据，不得强迫任何人证实自己有罪。对一切案件的判处都要重证据，重调查研究，不轻信口供。

——《最高人民法院、最高人民检察院、公安部、国家安全部、司法部关于办理刑事案件严格排除非法证据若干问题的规定》（2017 年 6 月 20 日，法发〔2017〕15 号）。

附录：最高人民法院主流观点

实践中，要注意避免以下两种对习惯性表述的误读：（1）认为从《刑事诉讼法》关于“重证据，不轻信口供”的规定分析，口供不属于证据之列。我们认为，《刑事诉讼法》第四十八条明确规定，被告人供述是《刑事诉讼法》规定的七种证据之一，被告人的口供经过查证属实，同样可以作为司法人员认定案情、判决案件的一种根据。“重证据，不轻信口供”只是一种表述习惯，而不是严格逻辑分类意义上的表述，将口供从证据中分离出来，在于强调口供作为证据种类的特殊性，不能据此将口供和证据对立起来。（2）认为口供仅指认罪供述。实践中，不少理论研究者和实务工作者往往把被告人不承认犯罪的案件，说成是“零口供”案件。实际上，“零口供”案件只是一种习惯性表述。“零口供”不是说被告人没有口供，只是口供内容是不承认实施了犯罪。虽然《刑事诉讼法》第四十八条明文列举的是被告人供述和辩解，而没有直接表述为口供，但从文义解释分析，口供包括有罪的供述和无罪的辩解。

——裴显鼎主编：《非法证据排除程序适用指南》（第二版），法律出版社 2018 年版，第 6~7 页。

1493. 证据裁判原则

关键词

证据裁判

附录：最高人民法院主流观点

证据裁判原则，也被称为证据裁判主义，是现代刑事诉讼普遍奉行的基本原则，可以谓之为证据法之纲，对于强化司法人员的证据意识具有重要意义。证据裁判原则要求将证据作为认定案件事实的根据，进而作为定罪量刑的根据。在西方不少国家的刑事诉讼法中，证据裁判原则是法律的明文规定。而在我国，刑事诉讼法虽然没有明确规定证据裁判原则，但第五十条关于查证属实的证据作为定案根据的规定、第五十五条关于对一切案件的判处都要重证据的规定、第二百条关于根据已经查明的事实、证据和有关的法律规定作出判决规定，无疑都体现了证据裁判原则的精神。为了强化证据裁判意识，《最高人民法院、最高人民检察院、公安部、国家安全部、司法部关于办理死刑案件审查判断证据若干问题的规定》第二条规定："认定案件事实，必须以证据为根据。"这一规定是我国对证据裁判原则的首次法律表述，正如有论者所指出的："这就宣布了证据裁判原则在我国的正式确立，这对于增强司法人员证据意识、完善证据规则，反对口供主义，都具有重要意义。"① 应该说，证据裁判规则不仅对于办理死刑案件具有重大意义，也是整个刑事诉讼证据制度的基础。因此，《最高人民法院关于适用〈中华人民共和国刑事诉讼法〉的解释》吸收《死刑案件证据审查规定》第二条的规定，在第六十一条明确规定："认定案件事实，必须以证据为根据。"这一规定奠定了证据裁判原则在我国刑事审判中的基础地位，确认了证据在刑事诉讼中的中心位置，意义重大而深远。

根据证据裁判原则的要求，刑事裁判必须建立在案件事实的基础上，而案件事实必须以证据为根据。具体表现为：

1. 对证据材料加强审查判断。刑事诉讼法第五十条中规定："可以用于证明案件事实的材料，都是证据。"从理论上而言，刑事诉讼法在证据的概念上放弃了"事实说"，改为采用"材料说"。从实务角度而言，这一修改强调公诉机关在起诉时提交给人民法院的证据，只是"证据材料"。而对于证据材料的审查判断，是人民法院的审判职责。人民法院审查判断哪些证据材料具有

---

① 陈光中：《刑事证据制度改革若干理论与实践问题之探讨》，载《中国法学》2010年第6期。

证据能力，能够被作为证据使用，哪些证据材料不具有证据能力，属于应当排除的对象。而具有证据能力的材料会被留下作为证据，从而进一步审查判断其证明力，而同时具有证据能力和证明力的材料才会最终成为裁判的根据，成为定案的根据。

2. 以证据为根据认定案件事实。这实际上是要求对案件事实的认定不能建立在证据以外的其他根据之上，如人类历史上曾经存在神灵裁判等，而只能是通过证据来认定案件事实。需要注意的是，刑事裁判所依据的是根据证据所认定的案件事实，即通过严格法庭审理程序认定的法律事实，而并非原始状态的客观事实。当然，这种法律事实是建立在原始客观事实的基础之上的，是根据案件所收集和审查认定的证据，对原始客观事实的还原和重构，是由定案根据最终所拼接成的“模型”。不能排除的是，由于人类认识能力的限制，对某些证据的收集不能，从而导致最终所构建的“模型”与原始客观事实尚有差异，此时，只能按照根据证据所认定的案件事实、而非主观臆想的案件事实作出裁判。

与之相关的是，相比侦查人员、检察人员而言，审判人员是距离案件发生最远的主体。而侦查人员和检察人员，特别是侦查人员，有时可能在执行职务的过程中目睹犯罪发生，或者经历了现场勘验、收集证据等活动，对于原始客观事实的认知和还原相对容易。而随着案件被移送起诉，特别是到了审判阶段，法官距离犯罪发生时间久远，而且一般不会直接勘验现场、主动收集相关证据，其对原始案件事实的还原只能是通过公诉机关提供的相关证据。根据刑事诉讼法第七条的规定，人民法院、人民检察院和公安机关进行刑事诉讼，应当分工负责，互相配合，互相制约，以保证准确有效地执行法律。而在审判环节，法官对原始案件事实的还原程度，很大程度上取决于侦查、公诉机关对案件证据材料的收集程度。因此，只有公安机关和人民检察院做好相关的证据收集工作，审判人员才能通过审查、判断、运用证据程序，建立起最为接近案件原始事实状态的模型，依照所认定的案件法律事实，准确定罪量刑。

——杨万明主编：《新刑事诉讼法司法适用解答》，人民法院出版社 2018 年版，第 23~24 页。

1494. 刑事证据标准的理解与适用

关键词

证据标准　证据审查　证明责任　事实审查

最高人民法院司法政策精神

必须依法排除非法的证据。在案件审理中，要做到非法的证据不能采信，对于非法取得的证据，凡经查证属实，就应当坚决排除；在判断证据是否确实、充分时，要注重审查证据之间、证据与待证事实之间是否存在矛盾，是否具有排他性，能否排除合理怀疑。任何没有合法、充分证据支持的指控事实不能予以认定。要改变过去重言词证据的传统做法。我们已经初步确立了非法言词证据的排除规则，对于非法取得的证据特别是以刑讯逼供取得的口供，不能作为定案的依据，应当坚决予以排除。

必须正确处理“两个事实”的关系。根据法律规定，办理任何案件都必须坚持“以事实为根据”。这里讲的事实，指的是经过法定程序依据合法证据而确认的客观事实，亦即通常所讲的法律事实。

我们在办理刑事案件中，当然要追求完全忠实于事实真相的目标，力求使认定的案件事实是完全的客观事实。然而，由于错综复杂的原因，由于受认识能力和手段的限制，我们认定的案件事实不可能是完全的客观事实，只能是通过法律程序依据合法证据而确认的客观事实，即法律事实。因此，办案中的客观事实与法律事实是相互联系而又有所区别的辩证统一，客观事实是法律事实的基础，法律事实则是客观事实的反映。把二者对立起来、割裂开来的认识和做法是不正确的、有害的。

我们要尽最大努力提高审查判断证据的能力，通过合法证据证明案件事实，使认定案件的法律事实更加接近客观事实。要在司法证据证明活动中，以追求客观事实为目标，力求使通过法律程序认定的法律事实反映案件的客观事实，真正做到法律事实与客观事实的辩证统一。

——姜兴长：《忠实履行司法审判职责　确保刑事案件办案质量》，载《人民司法》2007 年第 1 期（总第 516 期）。

附录：最高人民法院主流观点

定罪既是事实评价，又是法律评价，事实认定与法律适用是定罪过程的两个基本方面，二者紧密结合，不可或缺。证据，乃认定犯罪的事实根据，但证据绝无跨越事实认定而与法律适用直接联系的可能。因此，我们必须将证明责任、证明对象、证明标准（这三者之间也密切相关）与犯罪构成结合起来认定犯罪。

一、犯罪构成事实是刑事诉讼中的主要事实（证明对象）

我们认为，虽然我国司法实践中未将定罪和量刑明确区分为两个独立的程序，但毫无疑问，只有在确定有罪之后才存在量刑问题。量刑情节只限于确定某一法定刑幅度之后对量刑有影响的事实情况，与犯罪构成事实有严格区别。对于犯罪构成事实与对量刑情节的事实的证明在证明责任和证明标准两方面均有很大差异。对于定罪而言，可以说其证明对象就是犯罪构成（要件）事实。

作为证明对象的犯罪构成事实，包括犯罪主体要件、犯罪主观要件和犯罪客观要件的事实，而犯罪客体要件的事实即危害行为侵犯法益的事实实际上不需要证明，通过对犯罪客观要件的事实证明即可直接作出认定。具体而言，犯罪主体要件事实包括责任能力（共同要素）和特殊主体身份（选择要素）的事实，犯罪主观要件事实包括故意、过失（共同要素）和特定目的（选择要素）的事实，犯罪客观要件事实包括危害行为（共同要素）、危害结果（选择要素）和特定时间、地点、方法（选择要素）的事实。我们以故意杀人罪为例来分析，故意杀人罪的具体构成要件事实包括杀人罪主体要件事实（年满14周岁、有责任能力）、杀人罪主观要件事实（杀人之故意）和杀人罪客观要件事实（杀人之危害行为、被害人死亡结果）。当然，在故意杀人罪的未完成形态中，被害人死亡结果这一事实并不存在。

二、犯罪构成要件与证明责任的分配

我们认为，我国《刑法》关于各个犯罪的构成要件规定以及我国《刑事诉讼法》第162条关于“证据不足，不能认定被告人有罪的，应当作出被告人证据不足、指控的犯罪不能成立的无罪判决”的规定（此规定实际上是根据无罪推定原则作出的。）实际上就是关于我国刑事诉讼证明责任分配标准。根据这个分配标准，我国刑事诉讼中的犯罪构成事实（即刑事诉讼的主要事实）的证明责任是完全置于控诉方的，当指控的犯罪构成事实处于真伪不明，法官不能产生有罪的确信时，控诉方将承担不依其主张的犯罪构成事实裁判的负担，而被告人不承担证明责任。

因此，刑事诉讼中的证明责任，是指控诉方承担的在其指控的犯罪构成事实出现真伪不明时法院判决其败诉（即犯罪不成立）的负担。提供证据责任由本证和反证两方面内容组成，就控诉方指控被告人犯罪构成事实存在这一主张而言，承担证明责任的控诉方所实施的提供证据行为称作本证；不承担证明责任的被告方实施的对本证的证明进行防御而提供证据的行为称作反证。我们一般所称控诉方承担的“举证责任”，首先应当是证明责任，而后才有提供证据责任。控诉方（本证方）为了避免抽象的证明责任的实际发生（法官作出无罪判决）而主动实施提供证据的行为，以使法官形成对自己有利的心证。控诉方的提供证据责任是指其在具体的诉讼过程中实施的提供证据的行为责任，它是由证明责任决定的，是证明责任的派生或“投影”。如果在一个具体的诉讼中，法官能够根据控诉方的本证和被告方的反证情况对裁判依据的事实形成有罪的心证，证明责任将不会实际发生。如果证明责任实际发生，所产生的诉讼上的不利结果（败诉），当然由控诉方承担。被告方

（反证方）虽然不承担证明责任，但是如果他在本证成立的情况下不实施提供证据的行为或实施的提供证据行为不足以使法官形成对自己有利的心证，难以动摇法官对控诉方主张的心证，被告人则要承担可能败诉（犯罪成立）的结果。

三、证明标准是证明犯罪构成事实存在的标准即定罪标准

证明责任的本质就是一种负担，既有负担，必有所解除。那么，证明到何种程度方能解除负担，解除负担的标志是什么呢？这就产生了证明程度，或者说证明标准的问题。

与证明标准联系是密切的概念当推证明责任，证明责任是从诉讼主体角度观察的证明标准，实质上是证明标准的主体化；证明标准是从诉讼客体角度观察的证明责任，实质上是证明责任的客体化。证明责任和证明标准的由此成为一对相匹配的概念，形影相随，密不可分。

我们必须将证明标准与证明责任联系起来研究，证明责任和证明标准形影相随，密不可分。证明标准是从诉讼客体角度观察的证明责任，实质上是证明责任的客体化。而证明责任与证明对象又是紧密联系的，二者能够双向说明，相互规定。因此，可以这样说明，我国刑事诉讼中的证明标准就是控诉方对指控的犯罪构成事实（证明对象）所要证明到法官确信其存在的程度，此时控诉方的证明责任方可解除。那么，这个证明标准应该是什么呢？当控诉方不能证明其指控的犯罪构成事实存在（即法官存有合理怀疑）时，证明责任将实际发生即控诉方将承担法官不依其主张裁判的负担，因此，控诉方如欲解除其证明责任获得有罪的认定，则需将证明对象证明到使法官不再存有合理怀疑的程度。也正是在这个认识的基础上，无论是英美法系国家还是大陆法系国家将“排除合理怀疑”或者与“排除合理怀疑”并无本质差异的“高度盖然性”作为有罪认定的证明标准。

我国《刑事诉讼法》规定的证明标准是“事实清楚，证据确实、充分”，这个标准非常注重标准的客观性。但对于控诉方指控被告人犯罪构成事实是否存在的判断，显然只能由法官最后作出。因此，我们认为，刑事诉讼的证明标准即定罪标准并非单纯的客观标准，既应强调有罪认定需要的证明程度的客观方面，也不应忽视有罪认定需要的证明程度的主观方面。作为可以作出最终有罪认定的标准，一方面要求法官经过细致慎重的推理，认为确实已存在进行最终事实认定的客观基础，另一方面则要求法官凭良心和诚挚，从其人格上确信被起诉的犯罪已经发生、被告人实施了该犯罪这一事实的存在，即内心确信的状态。只有达到了这两个方面的条件，才认为法官达到了可以作出有罪判断的标准。

——高憬宏、杨万明主编：《基层人民法院法官培训教材（实务卷·刑事审判篇）》，人民法院出版社 2005 年版，第 442~443 页。

1495. 被告人翻供的情况下可以根据供证关系认定案件事实

关键词

被告人　证据　翻供　供述　辩解

《刑事审判参考》指导案例

杨淑敏故意杀人案（《刑事审判参考》指导案例第 599 号）

裁判要点：在被告人翻供情况下，可以通过分析其有罪供述、无罪辩解与其他证据之间的关系认定案件事实。

供证关系，即口供与在案其他证据之间的关系，在当前口供作为定案重要证据的情况下，对于分析和认定案件事实具有重要价值。从取证时间上看，供证关系有先供后证和先证后供两种类型。先供后证系侦查机关根据口供取得其他证据，如物证、书证、证言等，可信度高，证明力强；先证后供系侦查机关取得其他证据后才获得被告人口供，在需要进一步判断口供自愿性的情况下，供述的证明力相对较弱。从证据指向上看，供证关系有同向和逆向之分。同向供证关系意味着口供得到了其他证据的印证，而逆向供证关系则说明口供与其他证据存在矛盾。司法实践中，案件的证据情况个案差别较大，供证关系的样态对案件事实认定有着不同影响。对于有目击证人且有指向性极强的客观性证据的案件，供证的顺序对事实认定的影响相对较小，且被告人也较少翻供；对于没有目击证人，或者缺少指向性极强的客观性证据的案件，特别是在被告人翻供的情况下，对供证顺序和指向的分析对于认定案件事实就显得较为突出和重要。

本案没有目击证人，也缺乏足以锁定被告人杨淑敏作案的强有力的客观证据，而被告人自审查起诉阶段起翻供，在此情况下，需综合全案证据特别是杨淑敏的有罪供述、无罪辩解与其他证据之间的关系进行分析，才能准确认定案件事实。我们认为，根据在案证据特别是供证关系，本案可以认定系杨淑敏实施了故意杀害梁德宏的犯罪行为。首先，被告人杨淑敏供述的内容自然、合理，且得到了其他证据的印证。其次，杨淑敏的翻供内容与其他证据相矛盾，不能成立。

根据上述分析，虽然被告人杨淑敏翻供不承认杀人犯罪，但综合在案证据，足以认定杨淑敏实施故意杀人行为的事实清楚，证据确实、充分。杨淑敏图财害命，犯罪情节极其恶劣，后果和罪行极其严重，且认罪后又翻供，无悔罪表现，故应对其依法判处并核准死刑。

——何泽宏：《杨淑敏故意杀人案——在被告人翻供的情况下如何根据供证关系正案》最高人民法院刑事审判第一、二、三、四、五庭主办：《刑事审判参考》2010年第1集（总第72集），法律出版社2010年版，第22~26页。

1496. 关于刑事案件签名、盖章、捺指印的问题

关键词

签名　盖章　捺指印

最高人民法院司法解释

第六百五十二条　诉讼期间制作、形成的工作记录、告知笔录等材料，应当由制作人员和其他有关人员签名、盖章。宣告或者送达裁判文书、通知书等诉讼文书的，应当由接受宣告或者送达的人在诉讼文书、送达回证上签名、盖章。

诉讼参与人未签名、盖章的，应当捺指印；刑事被告人除签名、盖章外，还应当捺指印。

当事人拒绝签名、盖章、捺指印的，办案人员应当在诉讼文书或者笔录材料中注明情况，有见证人见证或者有录音录像证明的，不影响相关诉讼文书或者笔录材料的效力。

——《最高人民法院关于适用〈中华人民共和国刑事诉讼法〉的解释》（2021年1月26日，法释〔2021〕1号）。

附录：最高人民法院主流观点

《刑事诉讼法》及相关司法解释条文中，频频出现“签名、盖章”“签名或者盖章”“签名、盖章、捺指印”等表述，其适用条件和含义究竟有无区别，签名、盖章的人员范围应当如何掌握，当事人拒绝签名的如何处理，等等，需要统一规范。基于此，《最高人民法院关于适用〈中华人民共和国刑事诉讼法〉的解释》（法释〔2021〕1号）第六百五十二条规定：“诉讼期间制作、形成的工作记录、告知笔录等材料，应当由制作人员和其他有关人员签名、盖章。宣告或者送达裁判文书、通知书等诉讼文书的，应当由接受宣告或者送达的人在诉讼文书、送达回证上签名、盖章。”“诉讼参与人未签名、盖章的，应当捺指印；刑事被告人除签名、盖章外，还应当捺指印。”“当事人拒绝签名、盖章、捺指印的，办案人员应当在诉讼文书或者笔录材料中注明情况，有见证人见证或者有录音录像证明的，不影响相关诉讼文书或者笔录材料的

效力。”

实践中应注意三点：一是对于自然人，应当签名，不要求盖章。未签名的，应当捺指印。自然人盖章的，也还应当捺指印，因为个人印章往往没有备案，难以鉴定其真伪。二是对于单位，应当盖章，不要求其法定代表人或者其他个人签名，除非另有规定，因为此系一贯做法，且单位印章一般有备案，容易鉴定其真伪。三是根据审判实践通常做法，对刑事被告人作出特殊要求，即除签名外，还应当捺指印。如果是被告单位，则可只盖章，不要求其法定代表人或者其他个人捺指印。

征求意见过程中，有意见建议增加电子签名和电子指纹捺印法律效力的相关内容，明确在刑事诉讼活动中，诉讼参与人在电子法律文书上电子签名、电子指纹捺印与其在纸质法律文书上手写签名、按捺指印具有同等法律效力。经研究认为，对于相关问题可以按照有关规定执行，待时机成熟再作明确规定为宜。

——《刑事诉讼法解释》起草小组：《〈最高人民法院关于适用《中华人民共和国刑事诉讼法》的解释〉理解与适用》，载最高人民法院刑事审判第一、二、三、四、五庭编：《刑事审判参考》（总第 126 辑），人民法院出版社 2021 年版，第 222 页。

1497. 非同案共犯供述的证明力的认定

关键词

证据　非同案共犯　供述　证明力

《刑事审判参考》指导案例

张世明抢劫案（《刑事审判参考》指导案例第 590 号）

裁判要点：非同案共犯具有一定的“旁观者”“局外人”色彩，在对已经过庭审质证确认的被告人供述的判断和运用方面，相对于同案共犯的供述要更灵活一些，允许在一定前提下据此对被告人定罪判刑。

在刑事司法中，共犯与同案被告人是两个不同的概念。共犯是实体法上的概念，是指共同犯罪的人；而同案被告人则是程序法上的概念，是指在同一诉讼程序中被司法机关共同追诉的人，二者所涵盖的范围并非完全重合的。一般情况下，共同犯罪人都是同案处理的（即同案共犯），但是，在某些情况下，如案犯归案时间不同时，实践中也存在将共犯另案处理的可能（即非同案共犯）。这样，如何认定先受审的被告人供述对后受审共犯案件的证明力，是正确处理此类案件不可回避的重要问题。

在审理后受审共犯案件中，对于非同案共犯中先受审的被告人的供述，一些司法机关将这类共犯口供作为后审共犯案件的证人证言，认为先审结案件的被告人口供是经过调查属实的，其真实性建立在较牢靠的基础上，且该被告人与后案审理的共犯人在利害关系上已牵扯不大，实际上已成为后审者犯罪事实的知情人，其诉讼地位当然发生变化，而成为另案诉讼的证人。许多国家也持这一观点，例如在英国，如果共犯因同一被指控的犯罪行为被分别审判，则他们就不是共同被告人，在每个分离的审判中，都可以作证；日本法律也认为，共同被告人在同一程序中不得同时作为其他同案被告人的证人；但在分离程序中，既与被告人地位分离立于第三人的地位，自得作为其他共同被告人的证人，且其证言与一般证言相同。

国外立法之所以能作这样的规定，是与其整个司法制度的设置密不可分的，是以充分保障被告人的辩护权以及确立了传闻证据、交叉询问等证据规则为前提的。然而在我国目前的情况下，适用这种处理方式处理案件是欠妥的，极易导致冤错案件的发生，因为非同案共犯的供述与普通的证人证言有着本质的不同：（1）从证明主体与案件的利害关系来看，二者具有本质的区别。在我国，证人与案件审理结果在法律上没有直接的利害关系，而被告人是被追诉和可能被定罪的对象，与案件结果存在直接的利害关系，属于诉讼当事人，二者的地位存在明显差异。（2）从所证明内容的范围而言，被告人供述的范围更广，其作的有罪供述会更直接、全面地反映出犯罪的动机、目的、时间、地点、手段、过程、后果等案件事实，特别是在证明犯罪主观目的与动机方面更是具有无可比拟的作用。相对而言，由于并非案件的直接当事人，证人证言具有一定的局限性，只能证明案件的主要情节或部分情节，而不能像被告人口供那样全面、具体。（3）从所证明内容的真实性而言，非同案被告人的供述存在更大的虚假可能性。相对证人而言，被告人作为刑事诉讼中被追究刑事责任的对象，由于口供直接影响到司法机关对其刑事责任的追究，因而其真实性容易受到各种原因的影响，也容易出现反复。特别是对于先受审的被告人来说，由于其供述无须像证人证言那样与后审理的非同案共犯进行当庭对质，在缺乏足够的质证程序予以制约的条件下，不排除有推卸责任的可能。

综上，无论是形式上还是实质上，将非同案共犯的供述界定为被告人的供述这一证据种类更为合适。但在适用刑事诉讼法第四十六条“只有被告人供述，没有其他证据的，不能认定被告人有罪或处以刑罚”的规定时，考虑到非同案共犯毕竟具有一定的“旁观者”“局外人”色彩，在对已经过庭审质证确认的被告人供述的判断和运用方面，相对于同案共犯的供述要更灵活一些，允许在一定前提下据此对被告人定罪判刑，甚至判处死刑，是符合刑事诉讼实际的。

——朱晶晶：《张世明抢劫案——非同案共犯罪供述的证明力认定》，载最高人民法院刑事审判第一、二、三、四、五庭主办：《刑事审判参考》2009年第6集（总第71集），法律出版社2010年版，第30~35页。

1498. 采用“犯意诱发型”诱惑侦查方式获取的言词证据属非法证据，应予排除

关键词

非法证据　诱惑侦查

《刑事审判参考》指导案例

吴晴兰非法出售珍贵、濒危野生动物案（《刑事审判参考》指导案例第604号）

裁判要点：“犯意诱发型”诱惑侦查方式属于“制造犯罪”，利用该侦查方式获取言词证据违反了我国刑事诉讼法关于禁止以引诱、欺骗方法收集证据的规定，所获取的证据应当予以排除。

（二）对因被诱惑侦查手段引诱而实施犯罪的被告人，应当根据案件的具体情况进行处理。

诱惑侦查带有一定程度的欺骗性，与刑事诉讼的正义价值追求相矛盾，具有无法克服的缺陷，如侵犯公民隐私权和人格自主权、可能使人们对司法公正性失去信赖、导致侦查权的滥用等，诱惑侦查的合法性和妥当性一直饱受争议。尽管诱惑侦查存在诸多弊端，但不可否认的是该方法在侦查实践中确是一种高效的秘密侦查手段，尤其是在一些所谓无被害人的严重犯罪中，如贩卖毒品、伪造货币和买卖伪币等犯罪，诱惑侦查对全面取证、及时破获案件有着不可替代的作用，在世界各国的侦查中也都有使用，只是各国对该方法的使用都有严格的法律限制。

目前，我国对于诱惑侦查的立法规制很少，只有一些零散规定，如公安部《刑事特情工作规定》规定：“严禁刑事特情诱人犯罪。”最高人民法院《全国部分法院审理毒品犯罪案件工作座谈会纪要》对诱惑侦查破获的毒品死刑案件如何量刑作了指导性规定：“对因‘犯意引诱’实施毒品犯罪的被告

人，根据罪刑相适应原则，应当依法从轻处罚，无论涉案毒品数量多大，都不应判处死刑立即执行……对因‘数量引诱’实施毒品犯罪的被告人，应当依法从轻处罚，即使毒品数量超过实际掌握的死刑数量标准，一般也不判处死刑立即执行。”在我国，鉴于诱惑侦查对于破获一些严重犯罪所具有的不可替代的特殊作用，应当承认其在一定条件下的采用是允许的，上述有关规定也体现了这一精神，但为了减少其可能带来的负面影响，在有关立法规定尚不完备的情况下，对诱惑侦查在司法中进行严格限制的重要性就尤为突出了。

我们认为，在司法实践中，对于存在诱惑侦查的案件，人民法院应当根据现有的法律和司法解释，结合司法正义的基本精神，参照国外对诱惑侦查的相关规定，认真审查诱惑侦查手段的合法性，并根据案件的具体情况进行处理。

对于“犯意诱发型”诱惑侦查。诱惑侦查适用的是发现犯罪人，而绝不是“制造”犯罪人。法律的本质就是管理公民、维护社会秩序，促使公民向善守法、遵守秩序，如果国家机关利用法律手段诱使人性中的丑恶萌发，促使公民犯罪，这与法律的正义性是相悖的。因此，对于“犯意诱发型”的诱惑侦查，由于其实质上是借诱惑侦查之名行制造犯罪之实，一般情况下不应允许。法院在审理此类案件时，对被告人定罪应当慎重，一般情况下不应认定被告人有罪或者应对被告人免予刑事处罚。

对于“机会提供型”诱惑侦查，其适用对象一般是已经有证据证明正在参与、实施犯罪或者有迹象表明可能实施犯罪的人员，其实质是为了发现犯罪人，而并未诱使被诱惑者产生犯罪意图。“机会提供型”诱惑侦查中，已有证据显示被诱惑者具有重大犯罪嫌疑或犯罪意图，侦查人员的诱惑行为只是强化了被诱惑者固有的犯罪意图或者加重了其犯罪情节（如增加了犯罪次数或者犯罪数量等），只要符合法律规定的条件，可以采用。法院在审理此类案件时，应当认定被告人有罪，但在量刑时，应结合具体案情，对因诱惑因素而加重的犯罪情节部分在量刑时应予以考虑，一般不应判处最重之刑。

本案中，侦查机关使用了“犯意诱发型”诱惑侦查方式，使原本无犯罪意图的吴晴兰产生犯意并实施了犯罪行为，属于“制造犯罪”，侦查方式不具有合法性。利用该侦查方式获取的言词证据，由于违反了我国刑事诉讼法关于禁止以引诱、欺骗方法收集证据的规定，属于非法证据，应当予以排除。在此情况下，本案指控证据不足，依法应当宣告吴晴兰无罪。对于本案而言，退一步讲，即使有足够证据证明吴晴兰实施了非法出售珍贵、濒危野生动物的行为，但因公安机关对其使用了“犯意诱发型”诱惑侦查方式，而案件中并没有证据证明吴晴兰之前有过违法犯罪记录，其本人一直合法经营小餐馆，无社会危害性和人身危险性；加之其在本案中只是起居间介绍的作用，从中获取的介绍费仅为20~30元，即使认定其参与犯罪，也是从犯，情节显著轻微，也可不以犯罪论处。综上，二审法院对一审予以改判，宣告被告人吴晴兰无罪是正确的。

——冉容、崔祥莲、林梅：《吴晴兰非法出售珍贵、濒危野生动物案——“犯意诱发型”案件如何处理》，载最高人民法院刑事审判第一、二、三、四、五庭主办：《刑事审判参考》2010年第1集（总第72集），法律出版社2010年版，第55~58页。

1499. 法庭获取的新证据未经庭审质证不能作为定案的根据

关键词

新证据　庭审质证　定案依据

《刑事审判参考》指导案例

王雪玲故意伤害案（《刑事审判参考》指导案例第260号）

裁判要点：质证是司法证明的一个基本环节，是法官在认证之前的一个必经程序，法庭获取的新证据未经庭审质证的证据不能作为定案的根据。

（一）未经庭审质证的证据不得作为定案的根据

在司法实践中，庭审质证方面暴露出的问题比较突出，问题之一是质证不充分、走过场，在个别情况下，有的法官甚至将未经质证的证据作为定案的根据。本案一审法院对证明被害人张新歌五级伤残的法医鉴定未经庭审质证，便作为认定被告人王雪玲构成以特别残忍手段致人重伤造成严重残疾的根据，明显违反了法律和司法解释规定的诉讼程序。

作为法定证据种类之一的鉴定结论，当然也必须经过庭审质证，才能作为定案的根据。根据刑事诉讼法和司法解释的规定，在法庭审理过程中，鉴定人应当出庭宣读鉴定结论，但经人民法院准许不出庭的除外；公诉人、当事人和辩护人、诉讼代理人经审判长许可，可以提请审判长传唤鉴定人出庭作证；对未到庭的鉴定人的鉴定结论，应当当庭宣读，审判人员应当听取公诉人、当事人和辩护人、诉讼代理人的意见；当事人及其法定代理人有权对鉴定人申请回避；公诉人、当事人和辩护人、诉讼代理人经审判长许可，可以对鉴定人发问，审判人员可以询问鉴定人；当事人和辩护人、诉讼代理人有权申请重新鉴定；法庭对于需要重新鉴定的，应当宣布延期审理。

（二）法院庭外调查所取得的新证据也必须经过庭审质证

对于法院庭外调查所取得的证据应当经何种程序进入诉讼成为定案根据，有人认为，鉴于法院直接获取的证据在法庭上再出示并听取各方意见，难以避免法官受质询的尴尬，因此，只要取证时通知控辩双方到场，就不需要再于法庭举证、质证，而可以直接作为定案的根据。我们认为，法院庭外调查所取得的证据同样必须经过质证，才能作为定案的根据。刑事诉讼法规定证据必须经过查证属实，才能作为定案的根据。司法解释则规定得更为明确，“证据必须经过当庭出示、辨认、质证等法庭调查程序查证属实，否则不能作为定案的根据。”法院采取庭外调查的手段获取证据并非庭审，所取证据应当接受法庭的审查，即使法官庭外调查核实时控辩双方已到场也不例外（庭审还要求对社会公开）。因为此系获取新证据而非对庭审已出示并经质证的证据进行核实，因此庭审质证是必经程序。至于如何对这些证据进行质证，我们认为，由于证据是由法官所取，由法官宣读出示即可，法官还应当听取控辩双方的意见。法官认证时应当考虑控辩双方的意见，并综合全案证据决定这些证据的价值和取舍，不宜在庭上与控方或辩方就这些证据进行辩论。法官应当摆正自己的位置，遵守“控审分离”原则。法官行使的是审判职能，担当法庭听证者和裁判者的角色，法官不承担任何举证责任，切不可混淆控诉和审判职能，充当“第二公诉人”。法官应尽量将自己的活动集中到法庭上进行。法官在不得不亲自进行庭外调查时，应尽量通知控辩双方同时到场参与进行，法官在庭外调查中收集得到的任何新证据都必须提交法庭，并允许控辩双方对证人、鉴定人提问，否则不能作为定案的根据。总之，质证是司法证明的一个基本环节，是法官在认证之前的一个必经程序。未经质证，不得认证，这是我们必须坚持的一个原则。

——南英、罗国良、潘家玲、付宝玉:《王雪玲故意伤害案——法庭获取的新证据未经庭审质证不得作为定案的根据》，载最高人民法院刑事审判第一庭、第二庭编:《刑事审判参考》2003 年第 5 集（总第 34 集），法律出版社 2004 年版，第 9~12 页。

1500. 关于法定代理人或者合适成年人不在场的未成年证人证言的处理

关键词

未成年证人证言　法定代理人　合适成年人　不在场

最高人民法院司法解释

第九十条　证人证言的收集程序、方式有下列瑕疵，经补正或者作出合理解释的，可以采用；不能补正或者作出合理解释的，不得作为定案的根据：

（一）询问笔录没有填写询问人、记录人、法定代理人姓名以及询问的起止时间、地点的；

（二）询问地点不符合规定的；

（三）询问笔录没有记录告知证人有关权利义务和法律责任的；

（四）询问笔录反映出在同一时段，同一询问人员询问不同证人的；

（五）询问未成年人，其法定代理人或者合适成年人不在场的。

——《最高人民法院关于适用〈中华人民共和国刑事诉讼法〉的解释》（2021年1月26日，法释〔2021〕1号）。

附录：最高人民法院主流观点

《最高人民法院关于适用〈中华人民共和国刑事诉讼法〉的解释》（法释〔2021〕1号）第九十条规定："证人证言的收集程序、方式有下列瑕疵，经补正或者作出合理解释的，可以采用；不能补正或者作出合理解释的，不得作为定案的根据：……（五）询问未成年人，其法定代理人或者合适成年人不在场的。"

根据《刑事诉讼法》第二百八十一条的规定，对于在法定代理人无法通知、不能到场或者是共犯的情况下，应当通知合适成年人到场。有意见认为，对于询问未成年证人，法定代理人或相关人员未到场的，该未成年证人提供的证言不得作为定案的根据。经研究认为，瑕疵证据不同于非法证据，并不涉及严重违反法定程序和侵犯人权的问题，只是证据的真实性受到证据瑕疵的影响。瑕疵证据不能直接予以排除，而是看证据瑕疵问题能否得到解决。询问未成年证人时法定代理人或合适成年人未到场的，违反了刑事诉讼法相关规定，但考虑未成年证人的证言对认定案件事实具有重要作用，且在法定代理人或合适成年人未到场情况下作伪证的可能性并不大，不宜绝对排除，宜认定为证人证言收集程序存在瑕疵，允许补正和合理解释为妥。

——《刑事诉讼法解释》起草小组：《〈最高人民法院关于适用《中华人民共和国刑事诉讼法》的解释〉理解与适用》，载最高人民法院刑事审判第一、二、三、四、五庭编：《刑事审判参考》（总第126辑），人民法院出版社2021年版，第133页。

1501. 关于法定代理人或者合适成年人不在场的未成年被告人供述的排除

关键词

未成年被告人　法定代理人　合适成年人　不在场

最高人民法院司法解释

第九十四条　被告人供述具有下列情形之一的，不得作为定案的根据：

（一）讯问笔录没有经被告人核对确认的；

（二）讯问聋、哑人，应当提供通晓聋、哑手势的人员而未提供的；

（三）讯问不通晓当地通用语言、文字的被告人，应当提供翻译人员而未提供的；

（四）讯问未成年人，其法定代理人或者合适成年人不在场的。

——《最高人民法院关于适用〈中华人民共和国刑事诉讼法〉的解释》（2021 年 1 月 26 日，法释〔2021〕1 号）。

附录：最高人民法院主流观点

《最高人民法院关于适用〈中华人民共和国刑事诉讼法〉的解释》（法释〔2021〕1 号）第九十四条规定："被告人供述具有下列情形之一的，不得作为定案的根据：……（四）讯问未成年人，其法定代理人或者合适成年人不在场的。"该项规定是新增内容。

征求意见中，有意见认为，此种情况下似不宜绝对排除。例如，在被告人本人及其法定代理人对相关证据无异议的情况下，该供述可以作为证据使用。经研究认为，合适成年人制度基于儿童最大利益原则和国家亲权理论而设立，是国家刑事司法制度对未成年人诉权的一种特殊保护。合适成年人参与未成年人刑事诉讼程序，具有监督讯问活动、抚慰未成年人的紧张情绪、帮助未成年人与讯问人员有效沟通等职能。刑事诉讼法第二百八十一条已经明确规定，对于未成年人刑事案件，在讯问和审判的时候，是"应当"而非"可以"通知法定代理人、合适成年人到场。因此，对无法定代理人或者合适成年人在场的未成年被告人供述，取证程序严重违反法律强制规定，无法保障被告人供述的真实性，故应直接强制性排除。而且，经了解，司法实践中均是如此操作的，不存在问题。基于此，决定增加上述规定。

——《刑事诉讼法解释》起草小组：《〈最高人民法院关于适用《中华人民共和国刑事诉讼法》的解释〉理解与适用》，载最高人民法院刑事审判第

一、二、三、四、五庭编：《刑事审判参考》（总第126辑），人民法院出版社2021年版，第133~134页。

1502. 未成年证人的法定代理人不能在参加了侦查人员对未成年证人的询问后再提供证言

关键词

未成年证人　法定代理人　成年亲属

附录：最高人民法院法官著述

未成年证人心理、智力不够成熟，因此询问未成年证人时，应当通知其法定代理人到场。无法通知、法定代理人不能到场或者不宜到场的，也可以通知未成年证人的其他成年亲属，所在学校、单位、居住地基层组织或者未成年人保护组织的代表到场。这里的法定代表人“不宜到场”的情形，就包括其法定代理人也是了解案情的人员或者是案件的被害人。这时，该法定代理人就不宜再到场参加侦查机关对该未成年证人的询问，而应该通知该未成年证人的其他成年亲属，所在学校、单位、居住地基层组织或者未成年人保护组织的代表到场，并将有关情况记录在案。否则，如果未成年证人在其法定代理人在场的情况下作了证，该法定代理人亦就同一案件事实作证或陈述，就违反了《刑事诉讼法》第一百二十四条第二款关于询问证人应当个别进行的规定，属于取证程序违法，并且容易使人产生该法定代理人的陈述或证言可能受到未成年证人证言的影响的怀疑，该法定代理人的证言将不能被法庭采信。因此，对未成年证人及其法定代理人取证时，必须遵守询问证人应当个别进行的规定，否则将会因取证程序违法而导致法定代理人的证言丧失证据资格能力。

——张述元主编：《刑事诉讼法及配套规定新释新解与适用指南》，中国法制出版社2020年版，第832~833页。

1503. 在只有供述、且供述不稳定并与其他证据相矛盾的情况下能否对案件作出有罪判决

关键词

故意杀人罪　强奸罪　证据

《刑事审判参考》指导案例

胡某故意杀人、强奸案（《刑事审判参考》指导案例第929号）

裁判要点：被告人被指控强奸杀害他人，除被告人本人在侦查阶段所作有罪供述外，没有其他证据可以将被告人与案件联系起来，而被告人在庭审中翻供、指出受到非法逼供的辩解不能完全排除，本案证据属于不能排除合理怀疑情形，不能据此对被告人作出有罪判决。

（一）除供述外没有指向明确的证据，且供述不稳定、与其他证据相矛盾的案件，不能作出有罪判决

本案审理过程中，关于刑事诉讼法规定的“事实清楚，证据确实、充分”的定案标准尚无具体的判断方法，实践中把握的尺度不一，容易给冤假错案的发生留下空间。襄阳市中级人民法院能够顶住压力，坚持证据裁判规则，严格把握“证据确实、充分”的证明标准，成功防范一起冤假错案，难能可贵。2010年6月，为明确证据裁判标准，切实减少冤假错案风险隐患，最高人民法院会同最高人民检察院、公安部、国家安全部、司法部联合出台了《关于办理死刑案件审查判断证据若干问题的规定》（以下简称《证据规定》）。《证据规定》对死刑案件的取证、质证、认证和排除非法证据等重要问题作出了系统详尽规定。《证据规定》第五条规定：“办理死刑案件，对被告人犯罪事实的认定，必须达到证据确实、充分。证据确实、充分是指：（一）定罪量刑的事实都有证据证明；（二）每一个定案的证据均已经法定程序查证属实；（三）证据与证据之间、证据与案件事实之间不存在矛盾或者矛盾得以合理排除；（四）共同犯罪案件中，被告人的地位、作用均已查清；（五）根据证据认定案件事实的过程符合逻辑和经验规则，由证据得出的结论为唯一结论。”2012年修改后的刑事诉讼法也规定了判断“证据确实、充分”的三项标准：（1）定罪量刑的事实都有证据证明；（2）据以定案的证据均经法定程序查证属实；（3）综合全案证据，对所认定事实已排除合理怀疑。对照上述规定，具体联系本案，我们认为，公诉机关提供的证据没有达到“证据确实、充分”的定案标准：

1. 本案除被告人胡某曾作的有罪供述外，没有指向性明确的实物证据、言词证据

根据胡某所作的有罪供述，现场或者被害人体内应当留有胡某的精斑；胡某割被害人颈部所用的镰刀及其所穿的衣服上可能有被害人的血迹。但根据侦查材料，从现场及被害人体内没有提取到胡某的精斑，也未从胡某的镰

刀及其所穿的衣服上检出被害人的血迹。鉴于胡某在有罪供述中始终称自己强奸时射精了，襄阳市中级人民法院认为在现场或者被害人体内应当留有胡某的精斑等痕迹．遂多次询问侦查机关是否提取了精斑等痕迹物证。侦查机关一直答复称，胡某强奸时系体外射精，因案发后下过雨，所以没有提取到相关痕迹物证。同时，本案虽有多名证人，但这些证人的证言只能证实案发前被害人的行踪及发现被害人尸体的情况，无法将胡某与案件联系起来。

2. 被告人胡某的有罪供述虽然与现场方位、现场遗留的部分物品、被害人的衣着以及尸体状态等情况吻合，但却存在很多疑点

具体疑点如下：（1）胡某始终未供述侦查机关掌握之外的隐蔽性情节，且有些细节的供述前后不一。（2）胡某的有罪供述与现场勘查笔录、尸体鉴定意见存在诸多矛盾。①胡某称作案时见被害人未穿内裤，但现场勘查情况是被害人穿有内裤；②胡某称其强奸时射精了，但卷内没有反映从苏某阴道内检出精斑的材料；③胡某称其持镰刀割了被害人颈部1刀，但被害人颈部有一大一小2处创口；④胡某称其持镰刀砸击过被害人阴部，但被害人阴部没有挫伤，且在胡的镰刀上未检出DNA成分；⑤胡某称用1条细绳勒过被害人颈部，并将细绳扔在现场，但现场并未发现任何细绳；⑥现场树枝上有触摸血迹、现场地上有莲藕，但胡某对这些情节并未作任何供述。上述矛盾，有些可以用记忆误差或者以侦查人员讯问遗漏来解释，而有些则难以用记忆误差来解释。如对被害人是否穿有内裤、是否持镰刀砸击过被害人阴部等重要细节。若胡某确系凶手，不可能对此记忆不清。

3. 被告人胡某的有罪供述不排除系侦查人员通过非法手段获取

胡某当庭翻供称，其没有强奸杀害被害人，之前的有罪供述系因侦查人员不让其睡觉，其被迫编造的。根据卷内材料，侦查人员共讯问过胡某7次。讯问时间分别为：2009年4月16日3：15~4：25（胡某否认犯罪）、同月17日20：10~21：20（胡某供认了自己强奸、杀人的事实，此后供述稳定）、同月18日4：10~6：50（以上3次讯问地点均在派出所）、同月18日15：40~18：30（讯问地点为刑警大队）、同月20日15：00~15：30（在刑警大队宣布对胡某刑事拘留）、同月30日15：30~16：00和同年6月17日15：30~16：30（讯问地点均为看守所）。从上述讯问时间和地点看，侦查人员对胡某的前5次审讯是在看守所以外的场所进行的，其中有2次审讯是在凌晨。尽管没有直接证据证实侦查人员采取殴打、体罚等暴力方式对胡某刑讯逼供，但从审讯时间上分析，胡某辩称侦查人员不让其睡觉、对其变相刑讯逼供的可能性较大，故其所作有罪供述的证明力较低。

综上分析可见，公诉机关指控被告人胡某强奸杀害苏某，除胡某本人在侦查阶段所作有罪供述外，没有其他证据可以将胡某与本案联系起来，而胡某在庭审中翻供，所提受到非法逼供的辩解不能完全排除，故本案证据属于

不能排除合理怀疑情形，未达到事实不清、证据不足的定案标准，襄阳市中级人民法院据此建议公诉机关撤回起诉，较好地体现了证据裁判原则的要求。

——最高人民法院刑五庭：《胡某故意杀人、强奸案》，载最高人民法院刑事审判第一、二、三、四、五庭主办：《刑事审判参考》2013年第6集（总第95集），法律出版社2014年版，第68~70页。

1504. “证据确实、充分”的证明标准的把握

关键词

证明标准　证据质量　证明力

《刑事审判参考》指导案例

陈某强奸案（《刑事审判参考》指导案例第396号）

裁判要点：对证据的审查、判断要在客观、全面分析证据内容及证明力，确定证据证明方向的基础上，从正面论证、反面认证以及补充论证等多角度对证据的充分性问题进行论证，以确定案件事实是否达到了证据确实、充分的程度。

审判人员审理案件的结果正确与否，建立在正确认定事实的基础之上。正确认定事实的过程实际上就是审判人员审查、判断证据的过程。审查、判断证据应当从两方面入手：一是审查证据的证据能力，这是解决证据适格性的问题，即证据必须合法取得才具有证据资格，才能作为案件事实的认定依据；二是判断证据的证明力，即证据事实对案件事实有无证明作用以及证明程度如何。在同一案件的适格证据中，往往既有对被告人有利的证据，也有对被告人不利的证据。甚至在同一个证据中，既有对被告人有利的内容，也有对被告人不利的内容。本案也是如此，既有证明被告人陈某无罪的证据，也有证明被告人有罪的证据。在这种情况下，审判人员应当客观、全面地分析证据的证明力。如果只简单地采信证明被告人有罪的证据，或者相反，都是不客观、不全面的。强奸案件的证据具有特殊性，即直接证明强奸行为是否成立的直接证据往往只有被告人供述和被害人陈述。在这种“一对一”的情况下，简单地采信被害人陈述或被告人供述都是不正确的，容易放纵犯罪或者冤枉无辜。应当将被害人陈述和被告人供述结合其他间接证据进行分析、比较、整合，去伪存真。一是要将被告人供述与被害人陈述两者间进行比较分析，发现是否存在矛盾之处；二是将间接证据与被告人供述或被害人陈述

进行比较分析，在比较分析的基础上，确定各个证据的证明力。

在客观、全面分析证据内容及证明力，确定证据证明方向的基础上，再从正面论证、反面认证以及补充论证等多角度对证据的充分性问题进行论证，以此确定案件事实是否达到了证据确实、充分的程度。一是正面论证，即论证证明被告人陈某实施暴力行为的证据是否充分。如前所说，本案直接证据只有相互矛盾的被害人陈述和被告人供述，其他间接证据又无法证明被告人实施了暴力行为。因此，各证据之间无法形成认定被告人采用暴力手段强奸事实成立的证据链条。二是反面论证，即论证根据现有的证据是否能够排除必要的合理怀疑。本案中，众多合理怀疑得不到排除，如，被害人的衣物除裙子拉链脱开外，其他暴力行为过程中极易损坏的物件却完好无损，这些迹象与被告人采用暴力手段行为很不相称；在案发过程中被害人对可以求救、逃离的机会不予利用；等等。三是补充论证，即论证能否排除被告人采取胁迫或者其他手段，致使被害人不能抗拒、不敢抗拒、不知抗拒事实的存在。本案可以排除被害人酒醉导致不知反抗或不能反抗的情形，也可以排除被告人采用胁迫手段迫使被害人不敢反抗而强行与之发生性行为的情形。

——沈亮、王培中：《陈某强奸案——如何把握强奸案件“证据确实、充分”的证明标准》，载最高人民法院刑事审判第一、二、三、四、五庭主办：《刑事审判参考》2006 年第 3 集（总第 50 集），法律出版社 2006 年版，第 24~27 页。

郑福田、傅兵抢劫案（《刑事审判参考》指导案例第 779 号）

裁判要点：在共同犯罪案件中，证实被告人参与作案的证据仅有其先前的有罪供述及其他同案被告人的当庭指证，此外再无任何证据证实其有罪的情况下，不能仅凭口供定罪。在主要依靠被告人供述等言词证据定案的情况下，应重点审查被告人的有罪供述是否稳定，其供述的作案细节与同案被告人的供述能否印证（特别是必须亲临现场才能感知的细节），是否根据被告人的有罪供述延伸收集到其他可印证的证据。

1996 年刑事诉讼法第一百六十二条第一项规定：“案件事实清楚，证据确实、充分，依据法律认定被告人有罪的，应当作出有罪判决。”这是审判实践中认定被告人有罪的证明标准，其中包含“案件事实清楚”和“证据确实、充分”两个方面。首先，“案件事实清楚”，是指司法人员对于有关定罪量刑的事实均已查清楚，而对于不影响定罪量刑的细枝末节则没有必要去纠缠。那么，哪些属于有关定罪量刑的事实和情节？“两高三部”2010 年出台的

《关于办理死刑案件审查判断证据若干问题的规定》(以下简称《办理死刑案件证据规定》)第五条第三款规定:“办理死刑案件，对于以下事实的证明必须达到证据确实、充分:(一)被指控的犯罪事实的发生;(二)被告人实施了犯罪行为与被告人实施犯罪行为的时间、地点、手段、后果以及其他情节;(三)影响被告人定罪的身份情况;(四)被告人有刑事责任能力;(五)被告人的罪过;(六)是否共同犯罪及被告人在共同犯罪中的地位、作用;(七)对被告人从重处罚的事实。”这一规定不仅适用于死刑案件，对判断其他类型案件是否“事实清楚”也有重要的指导意义。其次，“证据确实、充分”是认定被告人有罪时对据以定案的证据的质和量的总体要求。“确实”是对证据的质的要求，是指据以定案的每个证据都必须是客观真实的，而且具有关联性，能够证明案件事实。“充分”是对证据的量的要求，是指经审理认定的犯罪事实必须有足够的证据加以证实。《办理死刑案件证据规定》第五条第二款规定:“证据确实、充分是指:(一)定罪量刑的事实都有证据证明;(二)每一个定案的证据均已经法定程序查证属实;(三)证据与证据之间、证据与案件事实之间不存在矛盾或者矛盾得以合理排除;(四)共同犯罪案件中，被告人的地位、作用均已查清;(五)根据证据认定案件事实的过程符合逻辑和经验规则，由证据得出的结论为唯一结论。”据此判断证据是否已达确实、充分的方法，就是看通过在案证据形成的有罪事实是否能排除合理怀疑。达到这一标准的，可以认定被告人有罪;否则，就不能认定有罪。对共同犯罪案件也是如此。

司法实践中证据不足的情形并不少见。证据不足，是指虽然有证据证明犯罪嫌疑人、被告人有犯罪嫌疑，但现有证据在质量和数量上未达到确实、充分的证明程度。证据不足的表现形式通常有:(1)犯罪构成要件缺乏充分的证据予以证明;(2)证据的客观真实性存在疑问，无法查证属实;(3)证据之间存在矛盾，不能合理排除;(4)依据现有证据能够得出不同结论，不能排除其他可能性。证据不足所产生的法律后果就是应当根据疑罪从无原则对被告人判决无罪。

本案的焦点问题是，证实被告人傅兵伙同被告人郑福田入室抢劫的事实是否清楚，证据是否确实、充分，能否得出傅兵有罪的唯一结论。首先，在案证据足以证实郑福田参与作案的事实。郑福田在侦查阶段供述较稳定，供称独自用菜刀砍死女房东后劫取财物。虽然郑福田在庭审中又称与傅兵共同作案，且其所供伤害被害人的身体部位、刀数与尸检报告载明的被害人受伤情况有出入，但根据其稳定的有罪供述和在案发现场提取的其遗留的血指纹，综合证人证言、鉴定意见等其他证据，可以认定其参与实施本案抢劫犯罪。

但是，对于被告人傅兵的指控在证据上未达到确实、充分的证明标准，不能排除傅兵没有作案时间、郑福田另与他人商议共同作案等疑点。傅兵被抓获后，在侦查机关多次供述其参与作案，尤其是其所作供述中对伤害被害人的身体部位和刀数、对案发现场和被害人具体情况的描述，与尸检报告、现场勘查笔录等载明的情况基本吻合，这是检察机关指控傅兵参与抢劫的主要根据。但是我们认为，在案证据表明傅兵有重大作案嫌疑，但尚未达到证据确实、充分，排除合理怀疑的标准。具体理由如下：

第一，侦破经过对认定傅兵是否参与作案不具有直接的证明作用。本案案发后，公安机关在现场提取了一枚血指纹，经比对发现该指纹系郑福田所留，并利用技术手段抓获使用过郑福田手机号的手机机主傅兵。后经布控，又将郑福田抓获。这种侦破过程表明，傅兵与郑福田有交往，不排除与案件有关联，但不足以据此在傅兵与案件之间建立紧密联系。

第二，被告人傅兵在数次有罪供述中对其作案过程所做的供述不一致，具体包括：（1）所供作案时间不稳定；（2）所供作案人数有变化；（3）所供作案刀具的来源和特征不稳定；（4）对作案现场的供述及所供开门过程不稳定；（5）对作案现场室内布局的供述不稳定；（6）对其本人作案时的衣着和作案后处理情况的供述不稳定；（7）对所抢赃物男式手表处理情况的供述不稳定。

第三，被告人傅兵的有罪供述与在案其他证据之间存在矛盾，具体包括：（1）傅兵多次供述案发前打郑福田或郑的女友赵艳倩的手机找到郑福田，而郑福田供称自己没有手机，赵艳倩证实其手机已丢失，通话记录显示赵艳倩的手机自案发前5天起已无通话记录；（2）在作案时间上，傅兵的供述（凌晨1点）与郑福田的供述（6时，天刚亮）、证人胡龙泉的证言（凌晨3时许被女人的呼救声惊醒）存在矛盾；（3）傅兵供述郑福田作案时穿深色T恤、黑皮鞋，而郑福田则供称自己当时穿白色T恤、拖鞋；（4）傅兵供述从作案现场拿走一块金黄色男表，证人熊安阳（系被害人刘某某之子）则证实丢失一块银白色男表；（5）傅兵供述的所抢现金数额与郑福田所供不一致。

第四，被告人傅兵否认参与犯罪的同时辩称案发当晚与同事陈棵一起在龙华上网，没有作案时间。经查，富士康公司确有陈棵其人，但已无法查找；傅兵所称当晚上网的网吧也未找到，故其上网记录没有提取到。

第五，被告人傅兵与郑福田过去只是普通同事，各自先后从原单位离职后也无交往，且二人也无其他特殊身份关系。因此，郑福田仅因所谓的“攻守同盟”（傅兵曾供称其与郑福田约定，一旦被抓不能供出对方，郑福田在庭审中做过类似供述），而在侦查阶段坚称系其本人单独作案以承担全部责任的行为，不符合一般犯罪分子趋利避害的普遍心理。

通过上述分析，证实被告人傅兵参与作案的证据仅有其先前的有罪供述及被告人郑福田的当庭指证，此外再无任何证据证实其有罪。由于被告人供述的自愿性难以准确判定，在没有其他证据支撑的情况下不能仅凭口供定罪。

在主要依靠被告人供述等言词证据定案的情况下，应重点审查被告人的有罪供述是否稳定，其供述的作案细节与同案被告人的供述能否印证（特别是必须亲临现场才能感知的细节），是否根据被告人的有罪供述延伸收集到其他可印证的证据。本案中傅兵的有罪供述前后不一且当庭翻供，之前的有罪供述与郑福田的供述及其他证据存在多处矛盾，其供述中没有现场感知的个性化细节能与郑福田的供述相印证。公安机关也未能根据傅兵的供述延伸收集到其他可印证其有罪供述的证据，如未找到被其扔弃的手表，提取的其"作案"时所穿衣物上未检出被害人血迹，未调查其"作案"后回厂时间及衣着等。认定傅兵有罪的证据不符合"证据与证据之间、证据与案件事实之间不存在矛盾或者矛盾得以合理排除"的要求，其有罪供述及郑福田指证其参与作案的供述的真实性本身也存在疑问。同时，对傅兵提出的没有作案时间的辩解，公安机关也未能找到陈棵（当晚与傅兵一起上网）和网吧核实相关情况，无法排除傅兵没有作案时间的可能。因此，认定傅兵犯抢劫罪的证据不足，无法排除合理怀疑，不能认定傅兵有罪。广东省高级人民法院将本案发回重审后，深圳市中级人民法院依法判决傅兵无罪是正确的。

——李慧群：《郑福田、傅兵抢劫案——对共同犯罪案件，如何把握"证据确实、充分"的证明标准》，载最高人民法院刑事审判第一、二、三、四、五庭主办：《刑事审判参考》2012年第3集（总第86集），法律出版社2013年版，第48~54页。

说明

司法实践中把握"证据确实、充分"的证明标准：（1）据以定罪的证据均已查证属实；（2）每个证据必须和待查证的犯罪事实之间存在客观联系，具有证明力；（3）属于犯罪构成要件的事实均有相应的证据加以证明；（4）现有证据总体上已足以对所要证明的犯罪事实得出确实无疑的结论，即排除其他一切可能性而得出唯一结论。最高人民法院主流观点阐述了在具体个案中，除以上四点之外，尚需要综合全案证据判断证据的证据效力和证明力，并采用"排除合理怀疑"的方法辅助判断是否达到"证据确实、充分"的证明标准。

1505. 运用间接证据定案应注意的问题

关键词

间接证据

《刑事审判参考》指导案例

杨飞故意杀人案（《刑事审判参考》指导案例第512号）

裁判要点：在直接证据缺乏、单纯运用间接证据定案时，对间接证据的把握应特别慎重。

司法实践中，在没有直接证据的情况下，单纯运用间接证据定案需要特别慎重，注意从以下几个方面对间接证据的使用进行把握：

第一，没有任何一个间接证据能直接证明案件的主要事实，每个证据须同其他证据相结合才具有证明作用。

第二，任何一个间接证据的证明意义，都是由间接证据与案件事实之间的客观联系及与其他证据的相互结合所决定的。间接证据的运用不仅取决于间接证据本身的真实性，也取决于它在证据体系中的地位及其与案件之间的客观联系。

第三，所有间接证据形成证据链条后可得出唯一的、排他的结论。在其他完全依靠间接证据定案的案件中，因具体案情不同，排他性的证明可能会比较困难，这对证据的要求就更高。如果间接证据之间不能形成完整的证据链条，出现证据链条裂痕，不能得出唯一的、排他的结论，则只能根据“疑罪从无”的原则处理。

第四，在完全依靠间接证据定案时，其中任何一个间接证据被推翻了，就必须重新审视整个证据链条，如果在同一案件中存在两种以上的可能性，并且各有一些证据支持，就要重新调查，认真研究，直到排除其他可能性，才能作出正确的结论。如果被告人的辩解具有一定可信度，会对证据链条的完整性形成有效冲击，影响定案。

——王勇、黄小明：《杨飞故意杀人案——对于被告人拒不认罪且无目击证人的案件，如何运用间接证据定案》，载最高人民法院刑事审判第一、二、三、四、五庭主办：《刑事审判参考》2008年第6集（总第65集），法律出版社2009年版，第13~16页。

1506.“没有被告人供述，证据充分确实的，可以认定被告人有罪和处以刑罚”的理解

关键词

被告人供述　非法言词证据　刑讯逼供

《刑事审判参考》指导案例

张建国贩卖毒品案（《刑事审判参考》指导案例第453号）

裁判要点：对没有被告人供述案件定罪量刑时，各类证据之间的矛盾必须得到排除，形成一个互相补充、互相印证、完整、缜密的证据锁链，能够得出唯一的证明结论。

一般而言，司法实践中，在把握被告人供述等言词证据时，应当注意遵循下列原则：一是不能仅凭言词证据尤其不能仅凭同案被告人供述认定犯罪事实。由于作证主体的利害相关性和证言来源的特点决定，同案被告人供述等言词证据往往具有易变性、主观性等缺点。如果仅凭同案被告人供述定案，那么，整个案件事实认定的基础就极不扎实，容易因同案被告人供述的改变而改变。尤其是对判处被告人死刑的案件，更不能仅凭同案被告人供述予以定案，必须有其他证据如物证、书证来直接保障和补强同案被告人供述的证明力，以保证证明结论的排他性。二是严格排除非法言词证据，尤其要严格排除同案被告人的非法言词证据，确保同案被告人供述不是在刑讯逼供、威胁、引诱的情况下所作。同时，必须排除同案被告人之间串供的可能性。这不仅仅为了正当程序，为了保障人权的要求，就此类案件来说，更重要的是为了确保案件事实认定的客观真实性。三是各类证据之间的矛盾必须得到排除，形成一个互相补充、互相印证、完整、缜密的证据锁链，能够得出唯一的证明结论。

——陆建红、王培中、沈亮：《张建国贩毒案——如何理解和把握刑事诉讼法第四十六条关于“没有被告人供述，证据充分确实的，可以认定被告人有罪和处以刑罚”的规定》，载最高人民法院刑事审判第一、二、三、四、五庭主办：《刑事审判参考》2007年第4集（总第57集），法律出版社2007年版，第48~55页。

说明

口供作为可以直接证明案件事实的关键证据，其“证据之王”的地位虽然被一再削弱，但在司法实践中仍然被广泛认可。那么，在没有口供或者只有口供的情况下，如何认定案件事实，就要求法官摆脱对口供的高度依赖性，不轻信口供，更多地分析其他证据。如果能够形成一个完整的证据链，仍然可以达到证据确实、充分的证明标准。

1507. 假冒伪劣烟草制品鉴定规定

关键词

刑事诉讼　鉴定　烟草制品

最高人民法院司法政策精神

假冒伪劣烟草制品的鉴定工作，由国家烟草专卖行政主管部门授权的省级以上烟草产品质量监督检验机构，按照国家烟草专卖局制定的假冒伪劣卷烟鉴别检验管理办法和假冒伪劣卷烟鉴别检验规程等有关规定进行。

假冒伪劣烟草专用机械的鉴定由国家质量监督部门，或其委托的国家烟草质量监督检验中心，根据烟草行业的有关技术标准进行。

——《最高人民法院、最高人民检察院、公安部、国家烟草专卖局关于印发〈关于办理假冒伪劣烟草制品等刑事案件适用法律问题座谈会纪要〉的通知》（2003 年 12 月 23 日，高检会〔2003〕4 号）。

1508. 音像制品中光盘及母盘鉴定规定

关键词

刑事诉讼　鉴定　音像制品　光盘

最高人民法院司法政策精神

一、鉴定范围和内容

鉴定中心负责对各地人民法院、人民检察院、公安机关、司法行政机关、新闻出版行政机关、音像行政管理部门和其他行政执法机关在办理制黄贩黄、侵权盗版案件中所查获的光盘及母盘进行鉴定，确定送检光盘及母盘的生产企业。

企事业单位因业务工作需要，提出鉴定申请的，鉴定中心也可以进行上述鉴定。

二、鉴定程序

办案单位认为需要进行行政、司法鉴定的，应持有本单位所在地县级以上人民法院、人民检察院、公安机关、司法行政机关或其他行政执法机关出具的公函；新闻出版行政机关、音像行政管理部门办案需要鉴定的，由当地省级以上新闻出版机关、音像行政管理部门出具委托鉴定公函。企事业单位需要鉴定的，由本单位向鉴定中心出具委托鉴定公函。鉴定中心在接受鉴定委托后，应立即组织2名以上专业技术人员进行鉴定，在30天以内出具《中华人民共和国公安部光盘生产源鉴定书》(见附件)，并报公安部治安管理局备案。

委托鉴定可通过寄递方式提出。

三、鉴定费用

鉴定中心接受人民法院、人民检察院、公安机关、司法行政机关、新闻出版行政机关、音像行政管理部门或其他行政执法机关委托鉴定的，不收取鉴定费用。

鉴定中心接受企事业单位委托鉴定的，按照国家有关规定收取鉴定费用。

四、鉴定的法律效力

鉴定中心出具的鉴定书可以作为定案依据。

——《最高人民法院、最高人民检察院、公安部、司法部、新闻出版署关于公安部光盘生产源鉴定中心行使行政、司法鉴定权有关问题的通知》(2000年3月9日，公通字〔2000〕21号)。

1509. 假冒商品鉴定规定

关键词

刑事诉讼　鉴定　假冒商品

最高人民法院司法政策精神

一、对于提起公诉的生产、销售伪劣产品、假冒商标、非法经营等严重破坏社会主义市场经济秩序的犯罪案件，所涉生产、销售的产品是否属于"以假充真""以次充好""以不合格产品冒充合格产品"难以确定的，应当根据《解释》第1条第5款的规定，由公诉机关委托法律、行政法规规定的产品质量检验机构进行鉴定。

二、根据《解释》第3条和第4条的规定，人民法院受理的生产、销售假药犯罪案件和生产、销售不符合卫生标准的食品犯罪案件，均需有"省级以上药品监督管理部门设置或者确定的药品检验机构"和"省级以上卫生行政部门确定的机构"出具的鉴定结论。

三、经鉴定确系伪劣商品，被告人的行为既构成生产、销售伪劣产品罪，又构成生产、销售假药罪或者生产、销售不符合卫生标准的食品罪，或者同时构成侵犯知识产权、非法经营等其他犯罪的，根据《刑法》第149条第2款和《解释》第10条的规定，应当依照处罚较重的规定定罪处罚。

——《最高人民法院关于审理生产、销售伪劣商品刑事案件有关鉴定问题的通知》（2001年5月21日，法〔2001〕70号）。

附录：理解与适用

一、关于生产、销售伪劣商品行为方式的界定和鉴定问题

在查处生产、销售伪劣产品犯罪过程中，对于某些行为是否属于“在产品中掺杂、掺假”“以假充真”“以次充好”“以不合格产品冒充合格产品”，可能无法直接判断，这就涉及鉴定问题。对此，应该委托法律、行政法规规定的产品质量检验机构进行鉴定。例如，《产品质量法》第19条规定：“产品质量检验机构必须具备相应的检测条件和能力，经省级以上人民政府产品质量监督部门或者其授权的部门考核合格后，方可承担产品质量检验工作。法律、行政法规对产品质量检验机构另有规定的，依照有关法律、行政法规的规定执行。”《标准化法》第19条规定：“县级以上政府标准化行政主管部门，可以根据需要设置检验机构，或者授权其他单位的检验机构，对产品是否符合标准进行检验。法律、行政法规对检验机构另有规定的，依照法律、行政法规的规定执行。处理有关产品是否符合标准的争议，以前款规定的检验机构的检验数据为准。”

三、关于两个“足以”的鉴定问题

根据《刑法》第141条、第143条的规定，构成生产、销售假药罪、生产、销售不符合卫生标准的食品罪的前提，分别是行为“足以严重危害人体健康”和“足以造成严重食物中毒事故或者其他严重食源性疾患”。这就涉及对两个“足以”进行鉴定的问题。

2001年2月28日修订通过的《药品管理法》第5条规定：“国务院药品监督管理部门主管全国药品监督管理工作。国务院有关部门在各自的职责范围内负责与药品有关的监督管理工作。省、自治区、直辖市人民政府药品监督管理部门负责本行政区域内的药品监督管理工作。省、自治区、直辖市人民政府有关部门在各自的职责范围内负责与药品有关的监督管理工作。”第6条规定：“药品监督管理部门设置或者确定的药品检验机构，承担依法实施药品审批和药品质量监督检查所需的药品检验工作。”据此，我们理解：生产、销售的假药是否“足以严重危害人体健康”，应由经省级以上药品监督管理部门设置或者确定的药品检验机构鉴定。《关于办理生产、销售伪劣商品刑事案件具体应用法律若干问题的解释》（以下简称《解释》）第3条第1款对此进行了规定。

《食品卫生法》第36条规定：“国务院和省、自治区、直辖市人民政府的卫生行政部门，根据需要可以确定具备条件的单位作为食品卫生检验单位，进行食品卫生检验并出具检验报告。”据此，我们理解：不符合卫生标准的食

品是否“足以造成严重食物中毒事故或者其他严重食源性疾患”，应由经省级以上卫生行政部门确定的机构进行鉴定。《解释》第4条第1款对此进行了规定。

——熊选国:《〈关于办理生产、销售伪劣商品刑事案件具体应用法律若干问题的解释〉的理解与适用》，载最高人民法院刑事审判第一庭编:《刑事审判参考》2001年第5集（总第16集），法律出版社2001年版，第42~49页。

1510. 仅有文物鉴定机构公章而无鉴定人签名的鉴定意见的效力认定

关键词

鉴定意见 鉴定人签名

《刑事审判参考》指导案例

蓑口义则走私文物案（《刑事审判参考》指导案例第416号）

裁判要点：文物鉴定不同于其他鉴定，文物鉴定主要凭鉴定人的学识、经验等主观因素作出结论，需要多名专家分别鉴定后再讨论，最终作出集体意见并以集体名义出具相关鉴定意见。国家文物局出具的鉴定意见上虽没有鉴定人的签名，但盖有国家文物鉴定委员会的公章，从外在形式上看，该鉴定意见上并无鉴定人的签名，不符合鉴定意见的形式要件，但实际上，该鉴定意见是在严格依照国家文物鉴定委员会有关鉴定程序基础上作出的，记载有参与鉴定的各鉴定人的资质、签名等情况的材料被保存在国家文物鉴定委员会有关机构中，也不存在责任不清的问题，对该鉴定意见，人民法院可以采纳。

对这份没有鉴定人签名的鉴定意见能否作为证据采用的问题，我们认为，应当从以下几个方面进行综合考虑。

1. 鉴定意见作为一种证据，是否采纳、如何采纳，法官享有审查裁量权。《刑事诉讼法》等有关法规虽然规定了有关证据应具备的形式要件，但对形式上不符合有关规定的证据是否一概排除采信并无硬性规定。即便在那些已经建立起非法证据排除规则的国家，绝大多数也只是对采取非法取证方法、侵犯他人合法权益取得的证据才考虑作为非法证据予以排除，而对仅仅形式不合法的证据多数并不当然丧失其作为证据的资格。而且，出于种种原因，在司法实践中证据的形式要件具有一定瑕疵的情况并不鲜见，一个证据能否在诉讼中被采用，关键在于其是否具有合法性、客观性、真实性，法律之所以对形式要件进行规定其目的也在于保证证据真实合法的需要。因此，对于形式不符合有关形式要件的鉴定意见，是否能够作为定案证据使用，不能简单地一概而论，法官应对鉴定意见进行科学审查，综合考虑该证据所证明的内容、形式要件的瑕疵对证据真实性的影响力大小等因素，确定鉴定意见的中立性、真实性、客观性，并结合作出鉴定意见的鉴定机构的资质、专业性等因素加以判断，决定是否采信。

2. 文物鉴定是一种比较特殊的鉴定形式，不同于法医、物证、声像资料类等有比较客观的检测方法、比较严格的客观标准的司法鉴定，文物鉴定主要凭鉴定人的学识、经验等主观因素作出结论，不同的人对同一物品可能得出截然不同的结论，因此，这才需要多名专家分别鉴定后再讨论，最终作出集体意见并以集体名义出具相关鉴定意见。国家文物局下属的国家文物鉴定委员会是目前公认的最具权威的文物鉴定机构，其权威性源自鉴定人的专业水准、鉴定程序的规范性，以国家文物鉴定委员会的名义而不是以专家个人名义出具鉴定意见的操作惯例本身也反映出了文物鉴定的特殊性。因此，在鉴定意见的形式上，文物鉴定意见与其他司法鉴定意见可能存在不同也是客观原因造成的。

3. 本案中，国家文物局出具的鉴定意见上虽没有鉴定人的签名，但盖有国家文物鉴定委员会的公章，即该鉴定意见是以国家文物鉴定委员会的名义出具，并非以鉴定人的名义出具。国家文物鉴定委员会出具鉴定意见，历来遵循个人鉴定并签署意见后，再将个人意见提交鉴定委员会上集体讨论，形成统一意见后以鉴定委员会名义出具鉴定意见的过程。鉴定意见并非没有体现鉴定人的个人意见，体现其个人意见并签名的意见书作为国家文物鉴定委员会出具最终鉴定意见的依据保存在国家文物鉴定委员会的有关机构中，作为日后复查的凭证。因此，从外在形式上看，该鉴定意见上并无鉴定人的签名，不符合鉴定意见的形式要件，但实际上，该鉴定意见是在严格依照国家文物鉴定委员会有关鉴定程序基础上作出的，记载有参与鉴定的各鉴定人的资质、签名等情况的材料被保存在国家文物鉴定委员会有关机构中，也不存在责任不清的问题。

正是基于上述原因，法院在能够确认该鉴定意见具有法定证明力的情况下，法院才未仅以形式“不符合”有关司法鉴定意见的要求而排除使用该鉴定意见，应当说是妥当的。当然，如果国家文物局出具的鉴定意见能够严格按照司法部《司法鉴定程序通则（试行）》的规定要求，每个参与鉴定并发表意见的鉴定人都能够在鉴定意见上签名并加盖国家文物局的印章，充足形式要件，或者将体现每个鉴定人意见并签名的意见书随卷提供，那么此案中的有关争议也就不会发生，也就更能使得控辩各方对于诉讼证据的采信做到信服。

——许任刚：《蓑口义则走私文物案——走私古脊椎动物、古人类化石的行为应以走私文物罪定罪处罚，走私古脊椎动物、古人类化石以外的其他古生物化石的行为不能以走私文物罪定罪处罚》，载最高人民法院刑事审判第一、二、三、四、五庭主办：《刑事审判参考》2008年第6集（总第53集），法律出版社2009年版，第15~18页。

1511. 鉴定意见仅针对事实问题，不能对法律问题作出判断

关键词

鉴定意见　事实问题　法律问题

附录：最高人民法院主流观点

哪些问题需要鉴定？什么样的鉴定结论可以进入法官审查判断的视野？这在司法实践中经常会困扰司法人员。我们从一起案件着手，探讨一下鉴定的范围问题。

这起案件就是于萍被控故意泄露国家秘密案。

显然，本案中遇到的鉴定问题就是有关鉴定的范围的。我们认为，鉴定结论仅针对事实问题，不能对法律问题作出判断。本案保密部门受检察部门委托对于萍让马明刚亲属查阅的在法院复制的案件证据材料是否是国家秘密进行了鉴定，一审法院采纳了保密部门做出的鉴定结论并据以认定被告人于萍构成泄露国家秘密罪。这种做法是错误的。

如果法官在没有鉴定结论的帮助下已完全能作出裁断，该鉴定结论就是多余的，就应当被排除在证据调查的范围之外，不能进入法官审查判断的视野，更不用说对其证明力进行评价了。明确鉴定结论的这种作用一方面为其自身的存在提供了合理性，另一方面还具有更为重要的法律意义，即规定了鉴定发挥作用的界限。首先，鉴定应仅限于事实问题，而对与此相关的法律问题鉴定人不得发表意见。第二，鉴定结论应仅仅针对案件事实中有关的专门问题作出，至于属于普通的常识性问题范围之内的事实认定，鉴定人在认识能力上并不占有任何优势，所以仍属于法官的职责，鉴定人不得干预。

因此，本案保密部门的鉴定结论，并非针对事实问题而作，不具有证据资格，更不能将其作为最终定案的依据。

——高憬宏、杨万明主编：《基层人民法院法官培训教材（实务卷·刑事

审判篇）》，人民法院出版社 2005 年版，第 460~461 页。

1512. 应从证据能力和证明力两个方面对刑事鉴定意见的审查判断

关键词

刑事诉讼　鉴定意见　审查判断

附录：最高人民法院主流观点

如前所述，鉴定结论是鉴定人基于专门知识的科学判断，但它也有一定的局限性。那么，如何审查鉴定结论呢？我们认为，应当从以下两个方面着手来审查鉴定结论：

1. 审查鉴定结论的证据能力

（1）交付鉴定的问题是否属于应当鉴定的范围。

（2）鉴定人是否具有鉴定资格。

（3）鉴定结论的形式是否符合法律要求。

（4）鉴定程序是否符合法律的要求。

此外，根据最高人民检察院《关于 CPS 多道心理测试鉴定结论能否作为诉讼证据使用的批复》所确定的测谎鉴定结论排除规则，对于测谎结果即 CPS 多道心理测试鉴定结论，法院不能作为证据使用。

2. 鉴定结论证明力审查判断

证据的证明力属于法官自由裁量的范围，法律一般不作规定。对于鉴定结论的裁量，包括两方面，一是其与待证事实的关联性，从鉴定结论本身推导出案件事实的强度和频度越大，其证明作用就越大；一是其真实性、可靠性。我们认为，一般情况下，以下几方面因素会影响到鉴定结论的真实性、可靠性：鉴定人知识水平的高低和鉴定经验的多少是鉴定结论真实性、可靠性的重要衡量因素；鉴定所使用的仪器设备的先进程度是衡量鉴定结论真实性、可靠性的又一个重要标志；用作鉴定之基础的事实材料的可靠性对鉴定结论的真实性、可靠性具有决定作用；当鉴定人在鉴定过程中受到某些外界因素的影响而形成一定的预断和偏见时，鉴定结论的可靠性也将受到影响，等等。当然，法官审查鉴定结论的证明力时还应当将其与同案当中的其他证据一起综合考虑，以准确评定鉴定结论的证明力。

需要指出的是，在司法实践中，有些法官习惯于对鉴定结论进行书面审查，满足于案卷中已有的书面鉴定结论，只是将鉴定结论在法庭上宣读一下，很少通知鉴定人到庭作证。我们认为，鉴定人出庭接受询问既是程序正当的要求也是发现真实的要求，根据直接、言词原则，法官应尽可能要求鉴定人出庭，以保障对鉴定结论的正确认定。

——高憬宏、杨万明主编：《基层人民法院法官培训教材（实务卷·刑事审判篇）》，人民法院出版社 2005 年版，第 460~461 页。

1513. 如何结合临床诊断证明和司法精神病鉴定意见准确认定被告人作案时的刑事责任能力

关键词

刑事责任能力　司法鉴定　临床诊断证明

《刑事审判参考》指导案例

连恩青故意杀人案（《刑事审判参考》指导案例第 1286 号）

裁判要点：对于有精神障碍的行为人，在医院临床诊断或司法鉴定过程中，可能会因诊断或鉴定角度不同、侧重点不同而得出不同的结论。当二者关于被告人精神状态的判断不一致时，法官要严格、审慎审查，结合相关证据准确认定被告人作案时的刑事责任能力。

行为人所患是持久妄想性障碍还是疑病症，医院诊断结果与司法鉴定意见并不一致。这就需要法官根据两种精神障碍的不同特征，结合被告人的具体症状作出判定。一般而言，对精神障碍者刑事责任能力进行判断分两个层次：第一层次是判断行为人是否有精神障碍，及患有何种精神障碍；第二层次是进一步判断行为人是否因精神障碍而致辨认或者控制行为的能力减弱或丧失。

医院临床诊断与司法鉴定意见不一致，是因为诊断与鉴定角度不同、侧重点不同。若仅关注患者“坚信自己患有严重疾病”，而没关注其“身体的某一部分确有不适”，就会诊断为持久妄想性障碍；反之，考虑患者“身体的某一部分确有不适”，只是其关注程度与实际健康状况很不相称，就会诊断为疑病症。

——余淼、许常海撰稿、管应时审编：《连恩青故意杀人案——如何结合临床诊断证明和司法精神病鉴定意见准确认定被告人作案时的刑事责任能力》，载最高人民法院刑事审判第一、二、三、四、五庭主办：《刑事审判参考》（总第 117 集），法律出版社 2019 年版，第 24~28 页。

1514. 省文物鉴定委员会出具的鉴定意见，能否作为定案证据使用

关键词

鉴定意见　难以确定的专门性问题

最高人民法院审判业务意见

相关专业机构就有关文物毁损情况出具的书面意见，即使不符合法定证据种类中鉴定意见的要求，但根据《刑事诉讼法》的相关规定，如该意见能够用于证明案件事实，经查证属实，可以作为定案证据使用。鉴定事项通常限于“难以确定的专门性问题”，对于综合全案证据材料，依据司法经验可以直接作出判断的问题，可以不作为“难以确定的专门性问题”。

——姜伟主编、最高人民法院第四巡回法庭编：《最高人民法院第四巡回法庭疑难案件裁判要点与观点》，人民法院出版社 2020 年版，第 601~604 页。

1515. 鉴定人未签字的书画鉴定意见能否采信

关键词

鉴定人未签字　书画鉴定意见

《刑事审判参考》指导案例

杨玉成受贿案（《刑事审判参考》指导案例第 1400 号）

裁判要点：物价局价格认定中心仅能对书画价格进行认定，其不具有书画真伪鉴定资质，不能委托此类专家对书画的真伪进行鉴定，应委托有书画真伪鉴定资质的专业鉴定机构对涉案书画进行重新鉴定。

在决定对涉案四幅书画作品选取《文物鉴定评估办法》指定的鉴定机构进行鉴定后，我们了解到江苏省内具有涉案文物鉴定资质的单位有三家，分别为南京博物院、苏州文物商店、淮安博物馆。南京博物院接受委托后对本案涉案四幅书画作品先进行了鉴定，鉴定结论为四幅书画作品均为假，但南京博物院出具的鉴定报告中没有鉴定人签字，仅有南京博物院的公章。

关于该份鉴定报告能否作为定案证据，办案中存在两种不同意见。第一种意见认为，南京博物院并非仅就该份鉴定报告不进行鉴定人署名，该份鉴定报告为南京博物院专家现场鉴定所下结论，鉴定专家虽未在鉴定报告签字，但鉴定报告加盖了南京博物院公章，可作为定案证据。若对鉴定人或鉴定意见存在异议，可至博物院当面询问鉴定人。第二种意见认为，鉴定人签字是基本的鉴定原则，是强制性规定，未经鉴定人签字的鉴定意见一律不能作为定案的证据。

我们同意第二种意见，最终委托淮安博物馆对涉案四幅书画作品进行重新鉴定。理由如下：

1. 鉴定文书经过鉴定人签字才能作为定案证据是法律的强制性规定。《全国人民代表大会常务委员会关于司法鉴定管理问题的决定》（以下简称《司法鉴定管理问题的决定》）、司法部《司法鉴定程序通则》《文物鉴定评估办法》均对鉴定人签字作出了明确规定，《最高人民法院关于适用〈中华人民共和国刑事诉讼法〉的解释》第八十五条[①]规定："鉴定意见具有下列情形之一的，不得作为定案的根据：……（七）鉴定文书缺少签名、盖章的。鉴定人不签字的专家意见一律不得作为定案证据。"《刑事诉讼法解释》第八十五条为强制性规定，未经鉴定人签字的鉴定意见不能作为定案证据。

2. 鉴定人签字代表了鉴定人对鉴定意见的认可，是鉴定人承担鉴定责任的依据。《司法鉴定管理问题的决定》第十条规定："司法鉴定实行鉴定人负责制。鉴定人应当独立进行鉴定，对鉴定意见负责并在鉴定书上签名或者盖章。"我国司法鉴定实行鉴定人负责制，因此，鉴定人对于其出具的鉴定意见应该承担责任，鉴定人在鉴定文书上签名或个人盖章，在代表鉴定文书来源于签名者的同时，还代表着签名者确认文书的内容，并对文书的完整性及意见负责。鉴定机构在鉴定文书的盖章表明文书由该单位确认，是鉴定机构承担责任的依据，鉴定机构的盖章并不能代替鉴定人的签字，鉴定机构的盖章不是鉴定人承担责任的依据，鉴定人在鉴定机构在鉴定文书盖章的同时，需要在鉴定文书上署名或签章，作为其承担责任的依据。

3. 鉴定人签字有利于保障被告人的诉讼权利。本质上，鉴定人的鉴定意见对刑事诉讼被告人的权利产生了处置和影响，当事人应知道对其权利产生处置和影响的鉴定人姓名，以行使申请鉴定人回避、审查鉴定人资质、申请鉴定人出庭说明情况等诉讼权利，若鉴定人不在鉴定报告签字，则被告人的权利无法保障。

综上，二审法院依据法律及相关司法解释规定，委托国家文物局指定的

---

① 本条现为《最高人民法院关于适用〈中华人民共和国刑事诉讼法〉的解释》（法释〔2021〕21号）第九十八条。

涉案文物鉴定评估机构对本案涉案书画进行真伪鉴定，并严格按照刑事诉讼法关于证据的审查规定进行审查，最终采信了资质齐备、形式完整的文物鉴定意见，是正确的。

——刘蔼强、蒋凌军、王天奇撰稿、韩维中审编：《杨玉成受贿案——职务犯罪涉案书画真伪如何认定》，载最高人民法院刑事审判第一、二、三、四、五庭编：《刑事审判参考》（总第 125 辑），人民法院出版社 2020 年版，第 111~121 页。

1516. 关于就专门性问题出具的报告的使用

关键词

专门性问题　报告

最高人民法院司法解释

第一百条　因无鉴定机构，或者根据法律、司法解释的规定，指派、聘请有专门知识的人就案件的专门性问题出具的报告，可以作为证据使用。

对前款规定的报告的审查与认定，参照适用本节的有关规定。

经人民法院通知，出具报告的人拒不出庭作证的，有关报告不得作为定案的根据。

——《最高人民法院关于适用〈中华人民共和国刑事诉讼法〉的解释》（2021 年 1 月 26 日，法释〔2021〕1 号）。

附录：最高人民法院主流观点

根据《刑事诉讼法》第五十条第一款的规定，可以用于证明案件事实的材料，都是证据。在司法实践中，大量的关于专门性问题的报告被用于证明案件事实，有些还被用于证明与定罪量刑直接相关的构成要件的事实，发挥着与鉴定意见同等重要的作用。无论从法条的规定来看，还是从司法实务的操作出发，该类报告可以并已经作为证据使用，特别是在盗窃、诈骗等侵财案件中，被广泛运用的价格认定报告就属于本条所讲的“报告”。目前看来，现实中的专业性问题层出不穷，司法鉴定的范围却非常有限，无法一一涵盖，允许出具报告已不仅仅是应急之策，而是已成为常态。而“作为定罪量刑的参考”，并不能反映明确的态度。基于此，《刑事诉讼法解释》第一百条作了相应调整，规定：“因无鉴定机构，或者根据法律、司法解释的规定，指派、聘请有专门知识的人就案件的专门性问题出具的报告，可以作为证据使用。”“对前款规定的报告的审查与认定，参照适用本节的有关规定。”“经人民法院通知，出具报告的人拒不出庭作证的，有关报告不得作为定案的根据。”

——《刑事诉讼法解释》起草小组:《〈最高人民法院关于适用《中华人民共和国刑事诉讼法》的解释〉理解与适用》，载最高人民法院刑事审判第一、二、三、四、五庭编:《刑事审判参考》(总第126辑)，人民法院出版社2021年版，第134页。

1517. 关于事故调查报告的使用

关键词

事故调查报告

最高人民法院司法解释

第一百零一条　有关部门对事故进行调查形成的报告，在刑事诉讼中可以作为证据使用；报告中涉及专门性问题的意见，经法庭查证属实，且调查程序符合法律、有关规定的，可以作为定案的根据。

——《最高人民法院关于适用〈中华人民共和国刑事诉讼法〉的解释》(2021年1月26日，法释〔2021〕1号)。

附录：最高人民法院主流观点

司法实践中，事故调查报告被广泛运用。此类证据的特点是:(1)以行政机关或者事故调查组名义出具，且很多时候是集体讨论的结果。(2)内容多涉及单位就其职权范围，依照一定的程序对某一事实进行审查、认定。(3)技术性强，具有不可替代性。例如，火灾事故调查报告记录了火灾的起火时间、起火点、可能的起火原因等对案件事实认定至关重要的因素。由于上述材料无法归入现行的证据种类，实践中对其能否作为刑事证据使用，存在不同认识。基于此,《最高人民法院关于适用〈中华人民共和国刑事诉讼法〉的解释》(法释〔2021〕1号，以下简称《刑事诉讼法解释》)第一百零一条规定:“有关部门对事故进行调查形成的报告，在刑事诉讼中可以作为证据使用；报告中涉及专门性问题的意见，经法庭查证属实，且调查程序符合法律、有关规定的，可以作为定案的根据。”

需要注意的是，根据《刑事诉讼法解释》第一百零一条规定，“报告中涉及专门性问题的意见，经法庭查证属实，且调查程序符合法律、有关规定的”，才能作为定案的根据。首先，事故调查报告中涉及的对专门性问题的意见，其性质实际与鉴定意见类似，也需要接受控辩双方质证，接受法庭调查，只有经查证属实，且调查程序符合法律、有关规定的，才能作为定案的根据。

其次，事故调查报告中常常会涉及其他事项，有关事项与事实认定无关或者不属于专门性问题的，不具有证据性质，不能作为定案的根据。

——《刑事诉讼法解释》起草小组：《〈最高人民法院关于适用《中华人民共和国刑事诉讼法》的解释〉理解与适用》，载最高人民法院刑事审判第一、二、三、四、五庭编：《刑事审判参考》（总第126辑），人民法院出版社2021年版，第134~135页。

1518. 对利用互联网煽动颠覆国家政权案件证据的审查判断

关键词

颠覆国家政权罪　利用互联网犯罪　电子证据

《刑事审判参考》指导案例

刘某某煽动颠覆国家政权案（《刑事审判参考》指导案例第126号）

裁判要点：审查认定利用互联网实施煽动颠覆国家政权犯罪的证据。

利用互联网犯罪的大部分证据属于计算机证据。计算机证据又称为电子证据，是指在计算机或计算机系统运行过程中产生的证明案件事实的电磁记录物，如记载案件事实的计算机软盘、硬盘。与传统证据相比，计算机证据的特点在于：1. 计算机证据属于高科技证据，少受主观因素影响，具有精密性、准确性。与传统的证人、被害人陈述等证据相比，客观性较强。但是计算机证据又极易被删改、剪接，而且不容易留下痕迹。另外，技术操作或供电系统、通信网络等出现差错也会影响证据的客观性。2. 计算机证据与行为主体之间的关系不容易确定。比如，由于网上发表文章多匿名，故文章的真实作者不易确定。这就要求在审查判断计算机证据时必须注意：其一，证据的真实性。必须注意审查证据是否已被篡改、变更。为此，审查应注意以下几个方面：（1）证据收集过程是否合法。我国刑事诉讼法明确要求追依法定程序收集证据，对计算机证据来讲，如果收集过程不合法，其真实性就更容易受到影响。（2）计算机证据的来源、形成时间、地点，确定是否存在修改、变更的可能。（3）储存、记录等技术设备的质量与性能。一般来讲，低劣设备储存的信息，其真实性比高灵敏度设备储存信息的真实性弱。（4）操作人员的技术水平。操作人员的技术水平对计算机证据的客观性也有一定影响，对此不容忽视。其二，证据的关联性。证据只有与案件相关联，才能起到证明作用。计算机证据与案件联系的形式较复杂，且不易辨别。因此，必须注意计算机证据与案件事实的具体联系，正确判断计算机证据的证明力，决不能一概而论。其三，与其他证据相联系。计算机证据容易失真，所以，必须将计算机证据与其他证据相结合，综合判断证据的效力。

——最高人民法院刑事审判第一、二、三、四、五庭主办：《中国刑事审判指导案例》（1），法律出版社2012年版，第153~154页。

1519. 拐卖妇女、儿童犯罪案件的证据认定

关键词

拐卖妇女、儿童罪　证据规则

最高人民法院司法政策精神

四、证据

11. 公安机关应当依照法定程序，全面收集能够证实犯罪嫌疑人有罪或者无罪、犯罪情节轻重的各种证据。

要特别重视收集、固定买卖妇女、儿童犯罪行为交易环节中钱款的存取证明、犯罪嫌疑人的通话清单、乘坐交通工具往来有关地方的票证、被拐卖儿童的DNA鉴定结论、有关监控录像、电子信息等客观性证据。

取证工作应当及时，防止时过境迁，难以弥补。

12. 公安机关应当高度重视并进一步加强DNA数据库的建设和完善。对失踪儿童的父母，或者疑似被拐卖的儿童，应当及时采集血样进行检验，通过全国DNA数据库，为查获犯罪，帮助被拐卖的儿童及时回归家庭提供科学依据。

13. 拐卖妇女、儿童犯罪所涉地区的办案单位应当加强协作配合。需要到异地调查取证的，相关司法机关应当密切配合；需要进一步补充查证的，应当积极支持。

——《最高人民法院、最高人民检察院、公安部、司法部印发〈关于依法惩治拐卖妇女儿童犯罪的意见〉的通知》（2010年3月15日，法发〔2010〕7号）。

1520. 猥亵儿童犯罪案件的证据审查

关键词

猥亵儿童罪　证据审查

《刑事审判参考》指导案例

林求平猥亵儿童案（《刑事审判参考》指导案例第 988 号）

裁判要点：审查猥亵儿童案件的证据时应当注意案件的发生、破案经过是否自然，被害人陈述的客观真实性，充分考察间接证据对案件事实的印证作用。

（一）猥亵幼儿案件的证据特点和审查判断证据应注意的问题

猥亵类犯罪通常隐蔽性较强，针对幼儿实施的猥亵尤甚。因幼儿尚不能理解这种带有性象征意义的行为方式，也无性的自我保护意识，认知和语言表达能力受限，多数情况下不会主动把受到猥亵的情况告诉家人，而且如果猥亵手段未在幼儿身体上留下明显损伤痕迹，也很难被幼儿的家人及时发现。因此，在侦查取证方面，这类案件的证据往往“先天不足”。一方面很难取得关联性的客观物证，基本上靠言词证据定案。另一方面作为被害人的幼儿，因年幼对于所受猥亵的具体情况，包括时间、地点、次数、具体侵害方式等难以准确、完整陈述，加之猥亵行为人也很可能心存侥幸，拒不供认犯罪，导致此类案件取证非常困难。在我国传统观念中，与性相关的隐私十分重要，直接关涉被害人的名誉，加上猥亵儿童类案件中熟人作案的比例较高，因此，被侵害幼儿的亲属（主要是父母）在控告犯罪时通常会非常慎重，恶意诬告陷害的情况较少发生。由于上述诸多因素的影响，此类案件的证据审查判断和定案标准也有独特性，所以在审查判断证据时，应当特别注意把握好以下几个方面：

1. 要认真审查案件的发、破案经过是否自然。案件的发、破案经过，虽然不能作为认定被告人有罪的关键性证据，但是在性侵害未成年人案件缺乏客观性物证的情况下，如果发、破案经过自然、正常、及时，则有助于法官形成内心确信。在猥亵幼儿案件中，通常是幼儿的亲属报案，此时要特别注意审查双方的关系，是否存在矛盾或者债务关系，以分析判断是否存在诬告、陷害的可能。

2. 要慎重判断被害人陈述的客观真实性。在猥亵幼儿案件中，被害幼儿对于事情经过的陈述是否符合其年龄特点、认知水平和表达能力是判断的核心、哪怕其陈述不尽完整或者多次表述可能在细节方面有所差异，只要被害人所述的基本情况是其有能力认知和表达，并且是经过合法程序收集的，应当认定其陈述具有证据资格和证明力。

3. 要仔细分析供证关系。通常情况下，如果被告人供认犯罪，供证之间在“存在猥亵事实”这一主要事实方面能够相印证，在多次猥亵情况下即使不影响对整体犯罪事实的认定。在被告人先供认犯罪后又翻供的情况下，需要重点审查被告人翻供的原因是否合理，否认犯罪的理由是否充分或者有证据支持。如果被告人不能合理说明翻供的原因或者所作无罪辩解与全案证据矛盾，而其有罪供述与其他在案证据能够相互印证，可以采信其有罪供述。

4. 要充分考察间接证据对案件事实的印证作用。在被害人陈述和被告人供述“一对一”，且二者之间存在一定矛盾，或者被告人拒不供认犯罪的情况下，为了查清事实，排除合理怀疑，还应当着重考虑间接证据对案件事实的印证作用。如被告人是否有性侵犯罪前科，案发前后被告人与被害人接触的情况，被告人是否有异常表现，是否存在不能解释的证据疑点或者反证等。以是否存在猥亵行为为中心，通过认真梳理证据之间的印证关系，仔细述能起到补强作用，足以排除合理怀疑，即使被告人拒不供认，亦不影响对猥亵犯罪事实的认定。

——最高人民法院刑一庭：《林求平猥亵儿童案》，载最高人民法院刑事审判第一、二、三、四、五庭主办：《刑事审判参考》2014 年第 3 集（总第 98 集），法律出版社 2014 年，第 61~62 页。

1521. 零口供、零直接客观证据的猥亵儿童犯罪案件中犯罪事实的认定

关键词

猥亵儿童罪　犯罪事实

《刑事审判参考》指导案例

林求平猥亵儿童案（《刑事审判参考》指导案例第 988 号）

裁判要点：在零口供、零客观证据的强制猥亵案件中，被害人的陈述与其他证人证言以及间接客观性证据等能够相互印证的，可以认定犯罪事实。

（二）被害幼女的陈述、幼女的目击证言以及其他有利害关系亲属的证言在一定条件下可以作为定案证据

1. 被害人江某的陈述及目击证人陈某的证言具有证据资格，可以作为定案证据。根据1996年第二款（现行刑事诉讼法第六十条第二款）的规定，“生理上、精神上有缺陷或者年幼，不能辨别是非、不能正确表达的人，不能作证人”。同时，根据新旧刑事诉讼法及相关司法解释的规定，对证人证言被害人陈述的审查判断，基本遵循同样的适用原则。本案中，被害人江某、证人陈某年幼，是否依照刑事诉讼法的规定将江某的陈述、陈某的目击证言排除在定罪证据之外，第一审、第二审法院对此存在不同的意见。我们认为，对刑事诉讼法的上述条款，不能机械理解与适用。对于幼儿的陈述、证言是否予以采信，关键在于其对所发生的事实能否作出与其年龄相符的判断和表述。实践中应当区分不同情形，综合考虑案件的具体情况，尤其是幼儿所作陈述、证言的内容以及与其他证据的印证情况，相关陈述、证言是在什么情况下收集等因素，作出准确判断。

本案中，被害人江某时年4岁半，证人陈某将近5岁，二人关于被告人林求平“将江某的短裤拉下来一点，用手在江某的下体（小便的地方）抓”的描述一致。该描述中涉及的人物具体、行为方式简单。一方面，这个年龄阶段的孩子虽然理解和表达能力有限，对林求平抓摸江某阴部的行为所代表的性象征意义不能完整理解，但二幼女对于身体部位（小便的地方）的认知能力和简单行为方式（用手摸）的表述能力显然已经具备，二幼女对林求平行为的描述符合其年龄阶段的认知水平。江某的陈述和陈某的证言即体现出这一特征，诚如二审裁定书中的分析，“二人在回答时均明显带有孩子口气并附随动作”。另一方面，从证据收集程序看，侦查人员询问是在江某和陈某的监护人陪同下进行的，证据收集程序合法。因此，江某的陈述和陈某的证言具有客观性、关联性、合法性，可以作为定案证据。

2. 目击证人周某虽然与被害人具有利害关系，但其证言具有证据资格，可以作为定案证据

目击证人周某在目睹林求平猥亵江某后，制止了林求平的行为，并将此事告知了江某的母亲陈某云。周某系江某的舅妈，其与陈某云均系被害人的近亲属，即利害关系人，但这种与被害人的利害关系并不能成为否定二人证言证据资格和证据效力的理由。我们认为，遭受性侵害对儿童的身心是极大的伤害，基于常理分析，被害人的亲属通常不会愿意以牺牲孩子的名誉，甚至是正常的人生为代价，作虚假的控告。当然，基于证人与被害人利益的一致性，为慎重起见，也应当通过分析被害方与被告方的关系、案发前有无其他矛盾等背景情况，排除诬告、陷害的可能。本案中，周某系目击证人，其证实的情况与被害人江某的陈述及另一名目击证人陈某的证言相互吻合。周

某目睹后告诉江某的母亲陈某云，周某的证言系直接证据，证明力强；陈某云的证言虽系传来证据，但听到周某所讲后即报案，表明发、破案经过自然，而且江某的陈述、陈某的证言均属于初始证据，证明效力较高。另查明，林求平与江某家案发前并无矛盾，林求平在归案之初主动供述两家关系很好，不存在江某亲属诬告林求平的迹象。因此，二人的证言尤其是周某的证言对于本案的认定具有关键作用。

——最高人民法院刑一庭：《林求平猥亵儿童案》，载最高人民法院刑事审判第一、二、三、四、五庭主办：《刑事审判参考》2014 年第 3 集（总第 98 集），法律出版社 2014 年，第 62~64 页。

1522. 在零口供、零客观证据的猥亵儿童案件中如何确定定罪证据

关键词

猥亵儿童罪

《刑事审判参考》指导案例

林求平猥亵儿童案（《刑事审判参考》指导案例第 988 号）

裁判要点：被害人因阴部疾患诊疗的情况间接印证了被猥亵的事实，而被告人辩解自相矛盾，无法自圆其说，综合被害幼女的陈述、幼女的目击证言以及其他有利害关系亲属的证言，本案不存在不可解释的疑点，在案证据已经形成完整证据链。

（三）在零口供、零客观证据的强制猥亵案件中，被害幼女的陈述与其他证人证言以及间接客观性证据等能够相互印证的，可以认定犯罪事实

本案系零口供案件，且未能提取到任何关联性的直接客观物证，一审、二审法院在对同样的证据进行审查判断过程中，对于本案是否达到定案的证据标准存在不同意见，同一法院内部在讨论过程中，也存在不同意见。

我们认为，依据现有证据认定林求平猥亵江某的事实清楚，证据确实、充分。除了被害幼女的陈述、同行幼女的目击证言以及有利害关系亲属的证言（本案裁判理由第二部分的证据）外，还有以下证据补充证实：

1. 被害人江某因阴部疾患诊疗的情况间接印证了林求平猥亵江某的事实。江某陈述此前林求平也对其实施过同类行为。根据医院病历的原始记载，江某在案发前一个半月即因患阴道炎就诊，病情于本案事发前两日好转。但事

发次日，经医院诊断，江某“小阴唇红，少许血迹”，此后几日施用抗生素治疗。虽然不能根据上述情况直接认定江某患病系林求平猥亵造成，但江某发病的时段，尤其是事发次日诊断的情况与本案事实的关联度较高，系增强法官认定犯罪事实内心确信的有力佐证。

2. 被告人林求平虽然始终不供认实施过猥亵行为，但其承认当时脱了江某的裤子，而且其关于此节的解释前后不一，自相矛盾。最初林求平供述因为江某摔倒了，称腿疼，其帮助查看，发现江某右大腿外侧有红肿，正在揉摸之时周某刚好走进来。之后，林求平在一审期间提交了题为“关于要求立即纠正冤案的呼吁”的书面意见，其中的描述是：“江某说腿部会痒，我想用药替她擦痒，便将她的裤子一边拉下一点看什么原因造成”；在二审庭审中则称在周某进来之前其已将江某的裤子穿好，周某不可能看到。关于江某摔倒致大腿部位红肿一节，江某和陈某均否认，侦查人员则证实，案发次日在江某母亲陈某云陪同下，侦查人员查看了江某腿部，未发现异常之处。林求平关于此节的辩解自相矛盾，且与在案证据相矛盾，不应采纳。林求平虽然始终不供认犯罪，但其承认脱了江某的裤子，并对此行为的原因无法自圆其说，在此情况下，结合在案其他证据，可依常理作出对其不利的推断，进一步增强了法官认定林求平对江某实施了猥亵行为这一犯罪事实的内心确信。

3. 本案并不存在明确的不可解释的疑点或者反证。（1）针对周某在代售店门口是否能够一眼看到在屋内床上的人的行为，侦查机关、检察机关、人民法院共同组织人员在被告人亲属及被害人亲属的见证下，到现场进行模拟实验，参与实验的所有人一致认同在门口能够看到人在屋内床上实施的行为。（2）关于被害人江某对林求平是否用手指插入其阴道的两次陈述不一的问题，因江某尚年幼，其对于具体细节的描述往往达不到准确的程度，但不能因此否定其陈述的真实性、客观性，不构成不可解释的疑点。（3）关于是否存在江某家为侵吞借款而诬告林求平的情况。江某的父亲此前曾向林求平借款3万元，并约定了利息。林求平在侦查阶段和两次一审庭审中从未提及江家为侵吞借款而以此事为由对其进行敲诈，二审庭审中关于此节的供述无证据证实，且江家所借3万元已于案发后本息如数归还。江、林两家素无矛盾，江某系幼女，江家为侵吞3万元借款而以江某的名誉为代价，并冒险诬告陷害林求平，显然不符合常理。

综合上述分析，本案在案证据已形成完整证据链，认定被告人林求平猥亵江某的犯罪事实清楚，证据确实、充分。二审法院撤销原审的无罪判决，按照猥亵儿童罪对被告人林求平定罪处罚是确定的。

——最高人民法院刑一庭：《林求平猥亵儿童案》，载最高人民法院刑事审判第一、二、三、四、五庭主办：《刑事审判参考》2014年第3集（总第98集），法律出版社2014年，第64~65页。

1523. 无直接证据的“零口供”案件的审查要点

关键词

直接证据　零口供　审查要点和证据运用

《刑事审判参考》指导案例

朱纪国盗窃案（《刑事审判参考》指导案例第 1392 号）

裁判要点：“零口供”下以间接证据定案，应严格坚持法定证明标准，遵循证据审查规则和疑罪从无原则。

在盗窃、行贿、受贿等案件中，犯罪行为较为隐蔽、犯罪过程较为平和，通常缺乏相关录音录像、证人证言等直接证据，现场也不会留下暴力打斗、挣扎抗拒等痕迹，一旦犯罪嫌疑人拒不供述或作无罪辩解，案件很可能面临证据不足的窘境。如何把握好此类案件的审查要点、运用好间接证据定案，做到不枉不纵，是司法实践的难点。

对于被告人拒不供述且无其他直接证据的，只要间接证据符合《最高人民法院关于适用〈中华人民共和国刑事诉讼法〉的解释》第一百零五条之规定，亦可认定被告人有罪。“零口供”下以间接证据定案，应严格坚持法定证明标准，遵循证据审查规则和疑罪从无原则。以单个证据品质为前提、以证据多（双）向印证为主导，合理运用推定认定案件事实。同时，应当确保间接证据之间的协调性、间接证据形成的证明体系的完整性、间接证据推理出的结论的唯一性。

（一）把握“零口供”案件的审查要点

在审查在案证据客观性、关联性、合法性的基础上，着重审查发破案经过是否客观、自然；客观性证据的指向是否明确、单一；被告人的供述或无罪辩解是否合理。

1. 审查发（破）案经过是否客观、自然

发（破）案经过是指刑事案件的案发以及侦查机关寻找、锁定并抓获犯罪嫌疑人的过程。侦查机关出具的发（破）案经过虽然不是证据本身，却是证据赖以“溯源”的根本，立足发（破）案经过构建证据体系，既能在主观层面反映侦查人员从立案到破案的思维演进过程（即发现罪行、获取证据、锁定犯罪嫌疑人的思维判断过程），又能在客观层面表明证据体系的构建、完善过程和犯罪嫌疑人抓获经过等情况。客观、翔实的发破案经过材料有助于全面掌握案件事实证据、合理构建证据体系，进而确定案件事实。对于“零口供”案件，认真审查发（破）案经过是否客观、自然，其意义尤为重要。

2. 审查客观性证据指向是否明确、单一

物证、书证、视频监控等客观性证据，受主观因素影响较小，具有较为稳定的表现形式和判断标准。相比于言词证据的主观性和反复性，客观性证据能够更加客观、稳定地证明案件真实情况，具有极强的证明力。对于“零口供”案件，证据审查的重点自然要从口供转向物证、书证等客观性较强的证据。实践中，客观性证据的指向性越明确、单一，越有利于定案。

3. 审查被告人供述或无罪辩解是否合理

对被告人供述和辩解的审查，是准确认定案件事实的重要方面，通常可以通过分析被告人辩解的内容是否合理、稳定，是否与在案其他间接证据相互印证来判断。被告人的供述和无罪辩解若有合理根据，能对现有证据提出反证，如有不在场或无作案时间的证据等，对于查明案件事实会有很大的作用。若被告人的无罪辩解不合常理、自相矛盾，或者与其他已查明的客观事实和证据相矛盾，反而可以增强法官认定其作案的内心确信，甚至反向印证案件的主要事实。

（二）审查运用间接证据构建证据体系

1. 审查间接证据能否相互印证，是否存在无法排除的矛盾或者疑问。对于“零口供”案件，需要在审查单个间接证据具备证明能力的基础上，通过比对不同证据所含信息的内容同一或指向同一，将单一间接证据链接起来，形成相互支撑、协调一致的证明体系。如果间接证据之间不相符合，相互脱节，就应当通过进一步补充调查，查证清楚之后，才确定它们的证明力。只有对所有应予证明的案件事实和情节都有相应确实的间接证据予以证明，并且间接证据之间形成环环相扣的闭合证明锁链后才可以定案。

2. 合理运用事实推定排除合理怀疑，得出唯一肯定结论。在相关间接证据查证属实、相互印证并形成完整证据链条之后，法官要以事实推定为媒介并运用逻辑推理和经验法则，将在案间接证据串联起来回溯再现案件事实，得出唯一肯定的结论。在“零口供”且无直接证据证明案件主要事实的情况下，必然要求以事实推定的方式认定案件事实，但是事实推定是建立在盖然性的基础上，因此，为确保推理的严密性和结论的准确性，推理的每一环节必须符合逻辑和经验法则。

——邬小骋、潘自强撰稿、牛克乾审编：《朱纪国盗窃案——无直接证据的“零口供”案件审查要点和证据运用》，载最高人民法院刑事审判第一、二、三、四、五庭编：《刑事审判参考》（总第125辑），人民法院出版社2020年版，第40~47页。

1524. 共同犯罪中“零口供”被告人犯罪事实的认定

关键词

证据 零口供 共同犯罪

《刑事审判参考》指导案例

屠桂军等故意杀人案（《刑事审判参考》指导案例第789号）

裁判要点：多人共同犯罪案件中，对“零口供”被告人的犯罪事实的认定，关键是对在案言词证据进行综合判断、运用。

总之，认定多人共同犯罪案件中“零口供”被告人的犯罪事实，关键是对在案言词证据进行综合判断、运用。首先，要对各证人证言和被告人供述进行纵向分析，如果证言、供述有变化，则须分析该言词证据改变的特点、原因，结合取证时间、环境及该人与案件是否有利害关系、是否可能受到诱导等因素，从宏观上判断该言词证据是否可信。其次，要对各证人证言和被告人供述进行横向分析，查找各言词证据之间是否有一致的内容，是否足以否定“零口供”被告人的辩解，从微观上判断哪些言词证据可采信。再次，要对各证人证言和被告人供述进行反向分析，合理排除证言、供述之间的矛盾，分析证言、供述间细节不一致是由主观判断差别造成的，还是由相关人员虚假性、包庇性作证造成的，特别是要确认被告人辩解和证人证言相结合尚不足以合理证明相反事实。最后，要对各证人证言和被告人供述进行立体分析，将证人证言和被告人供述指向一致的部分，结合案件其他事实证据，如各被告人与被害人的关系、平时有无矛盾，各被告人平时表现、相互间有无“隶属”关系等，判断能否形成完整的证据链条，最终确定“零口供”被告人的犯罪事实。

——黄鹏：《屠桂军等故意杀人案——共同犯罪中“零口供”被告人犯罪事实的认定》，载最高人民法院刑事审判第一、二、三、四、五庭主办：《刑事审判参考》2012年第4集（总第87集），法律出版社2013年版，第6~13页。

1525. 走私刑事案件的证据运用

关键词

走私犯罪　证据规则　电子证据

最高人民法院司法政策精神

二、关于电子数据证据的收集、保全问题

走私犯罪侦查机关对于能够证明走私犯罪案件真实情况的电子邮件、电子合同、电子账册、单位内部的电子信息资料等电子数据应当作为刑事证据予以收集、保全。

侦查人员应当对提取、复制电子数据的过程制作有关文字说明，记明案由、对象、内容，提取、复制的时间、地点，电子数据的规格、类别、文件格式等，并由提取、复制电子数据的制作人、电子数据的持有人和能够证明提取、复制过程的见证人签名或者盖章，附所提取、复制的电子数据一并随案移送。

电子数据的持有人不在案或者拒绝签字的，侦查人员应当记明情况；有条件的可将提取、复制有关电子数据的过程拍照或者录像。

——《最高人民法院、最高人民检察院、海关总署关于印发〈办理走私刑事案件适用法律若干问题的意见〉的通知》（2002年7月8日，法〔2002〕139号）。

最高人民法院审判业务意见

二、关于证据问题

座谈会主要就走私普通货物、物品偷逃应缴税额的举证责任问题进行了研究，一致认为，在办理走私普通货物、物品犯罪案件中，应当由走私犯罪案件管辖地的海关出具《涉嫌走私的货物、物品偷逃税款海关核定证明书》（以下简称《核定证明书》）。海关出具的《核定证明书》属于鉴定结论，经走私犯罪侦查机关、人民检察院和人民法院审查确认、庭审质证，可以作为证据使用。走私犯罪侦查机关、人民检察院和人民法院对海关出具的《核定证明书》有异议的，或者因核定偷逃税款的事实或者计核依据发生变化，需要补充核定或者重新核定的，可以要求原出具《核定证明书》的海关补充核定或者重新核定；犯罪嫌疑人、被告人或者其辩护人对《核定证明书》有异议，向走私犯罪侦查机关、人民检察院或者人民法院申请重新核定的，经走私犯罪侦查机关、人民检察院或者人民法院批准或者同意，可以重新核定。重新核定应当另行指派专人进行。

——最高人民法院刑事审判第一、二庭：《准确适用法律　严惩走私犯罪——打击走私犯罪工作座谈会综述》，载最高人民法院刑事审判第一庭、第二庭编：《刑事审判参考》2002年第2集（总第25集），法律出版社2002年版，第154~155页。

1526. 环境污染刑事案件鉴定的问题

关键词

环境污染　鉴定意见

最高人民法院司法解释

第十四条　对案件所涉的环境污染专门性问题难以确定的，依据司法鉴定机构出具的鉴定意见，或者国务院环境保护主管部门、公安部门指定的机构出具的报告，结合其他证据作出认定。

——《最高人民法院、最高人民检察院关于办理环境污染刑事案件适用法律若干问题的解释》（2016年12月23日，法释〔2016〕29号）。

最高人民法院司法政策精神

14. 关于鉴定的问题

会议指出，针对当前办理环境污染犯罪案件中存在的司法鉴定有关问题，司法部将会同生态环境部，加快准入一批诉讼急需、社会关注的环境损害司法鉴定机构，加快对环境损害司法鉴定相关技术规范和标准的制定、修改和认定工作，规范鉴定程序，指导各地司法行政机关会同价格主管部门制定出台环境损害司法鉴定收费标准，加强与办案机关的沟通衔接，更好地满足办案机关需求。

会议要求，司法部应当根据《关于严格准入严格监管提高司法鉴定质量和公信力的意见》（司发〔2017〕11号）的要求，会同生态环境部加强对环境损害司法鉴定机构的事中事后监管，加强司法鉴定社会信用体系建设，建立黑名单制度，完善退出机制，及时向社会公开违法违规的环境损害司法鉴定机构和鉴定人行政处罚、行业惩戒等监管信息，对弄虚作假造成环境损害鉴定评估结论严重失实或者违规收取高额费用、情节严重的，依法撤销登记。鼓励有关单位或者个人向司法部、生态环境部举报环境损害司法鉴定机构的违法违规行为。

会议认为，根据《环境解释》的规定精神，对涉及案件定罪量刑的核心或者关键专门性问题难以确定的，由司法鉴定机构出具鉴定意见。实践中，这类核心或者关键专门性问题主要是案件具体适用的定罪量刑标准涉及的专门性问题，比如公私财产损失数额、超过排放标准倍数、污染物性质判断等。对案件的其他非核心或者关键专门性问题，或者可鉴定也可不鉴定的专门性问题，一般不委托鉴定。比如，适用《环境解释》第一条第二项“非法排放、倾倒、处置危险废物三吨以上”的规定对当事人追究刑事责任的，除可能适用公私财产损失第二档定罪量刑标准的以外，则不应再对公私财产损失数额或者超过排放标准倍数进行鉴定。涉及案件定罪量刑的核心或者关键专门性问题难以鉴定或者鉴定费用明显过高的，司法机关可以结合案件其他证据，并参考生态环境部门意见、专家意见等作出认定。

——《最高人民法院、最高人民检察院、公安部、司法部、生态环境部关于办理环境污染刑事案件有关问题座谈会纪要》(2019 年 2 月 20 日)。

附录：理解与适用

鉴定难是困扰环境污染刑事案件办理的难题之一。为解决这一实际困难，《最高人民法院、最高人民检察院关于办理环境污染刑事案件适用法律若干问题的解释》(以下简称《解释》) 第 14 条规定：“对案件所涉的环境污染专门性问题难以确定的，依据司法鉴定机构出具的鉴定意见，或者国务院环境保护主管部门、公安部门指定的机构出具的报告，结合其他证据作出认定。”据此，对环境污染专门性问题确立了鉴定与检验“两条腿走路”的原则。在此基础上，《最高人民法院、最高人民检察院、公安部、司法部、生态环境部关于办理环境污染刑事案件有关问题座谈会纪要》(以下简称《纪要》) 针对环境污染犯罪案件的司法鉴定问题作出进一步规定。

一是规范环境损害司法鉴定工作。2016 年 1 月，最高人民法院、最高人民检察院、司法部和环境保护部就环境损害司法鉴定实行统一登记管理和规范环境损害司法鉴定工作作出明确规定。司法部会同生态环境部，依法准入了一批诉讼急需、社会关注的环境损害司法鉴定机构。截至 2019 年 1 月底，全国经省级司法行政机关审核登记的环境损害司法鉴定机构达 109 家，鉴定人 2000 余名，基本实现省域全覆盖，环境损害司法鉴定的供给能力大大提升，为打击环境违法犯罪提供了有力支撑。顺带提及的是，环境保护部依据《解释》规定，于 2014 年 1 月、2016 年 2 月分两批指定推荐的 29 家环境损害鉴定评估推荐机构（第一批 12 家机构，协作单位 7 家；第二批 17 家机构，协作单位 2 家），目前大多数已审核登记成为环境损害司法鉴定机构。《纪要》要求进一步规范环境损害司法鉴定工作，加快准入一批诉讼急需、社会关注的环境损害司法鉴定机构，加快对环境损害司法鉴定相关技术规范和标准的制定、修改和认定工作，规范鉴定程序，指导各地司法行政机关会同价格主管部门制定出台环境损害司法鉴定收费标准，加强与办案机关的沟通衔接，更好地满足办案机关需求。

二是强化对环境损害司法鉴定机构的监管。《纪要》要求司法部会同生态环境部，加强对环境损害司法鉴定机构的事中事后监管，加强司法鉴定社会信用体系建设，建立黑名单制度，完善退出机制，及时向社会公开违法违规的环境损害司法鉴定机构和鉴定人行政处罚、行业惩戒等监管信息，对弄虚作假造成环境损害鉴定评估结论严重失实或者违规收取高额费用、情节严重的，依法撤销登记。鼓励有关单位和个人向司法部、生态环境部举报环境损害司法鉴定机构的违法违规行为。

三是妥当把握司法鉴定的范围。根据《解释》和《纪要》的规定，司法鉴定限于涉及案件定罪量刑的核心或关键专门性问题难以确定的情形。实践中，这类核心或关键专门性问题主要是案件具体适用的定罪量刑标准涉及的专门性问题，比如公私财产损失的数额、超过排放标准的倍数、污染物性质判断等。对案件的其他非核心或关键专门性问题，或者可鉴定也可不鉴定的专门性问题，一般不委托鉴定。比如，适用《解释》第1条第（3）项“非法排放、倾倒、处置危险废物三吨以上”的规定对当事人追究刑事责任的，除可能适用公私财产损失第二档定罪量刑标准的以外，则不应再对公私财产损失数额或者超过排放标准倍数进行鉴定。涉及案件定罪量刑的核心或关键专门性问题难以鉴定或者鉴定费用明显过高的，司法机关可以结合案件其他证据，并参考生态环境部门意见、专家意见等作出认定。

——周加海、喻海松：《〈关于办理环境污染刑事案件有关问题座谈会纪要〉的理解与适用》，载《人民司法·应用》2019年第16期（总第855期）。

1527. 跨国犯罪中境外证据的审查与认定

关键词

跨国犯罪　境外证据

最高人民法院大法官著述

一、对境外证据的程序审查和认定

我国刑事诉讼法第五十条第一款规定：“可以用于证明案件事实的材料，都是证据。”我们认为，来自境外的证据，只要能够证明案件的真实情况且符合证据法定要求的，就应当作为证据在审理刑事案件中使用。根据提供证据主体的不同，审查方式也有所不同。一是对司法机关通过刑事司法协助途径获取的境外证据的审查。我国刑事诉讼法第十八条规定：“根据中华人民共和国缔结或者参加的国际条约，或者按照互惠原则，我国司法机关和外国司法机关可以相互请求刑事司法协助。”我国相关法规规定了侦查机关在调取境外证据时应当履行严格的程序，人民法院在审理案件时则需要审查侦查机关是否按照法定程序请求国际刑事司法协助。《最高人民法院、最高人民检察院、公安部关于办理电信网络诈骗等刑事案件适用法律若干问题的意见》中规定：“依照国际条约、刑事司法协助、互助协议或平等互助原则，请求证据材料所在地司法机关收集，或通过国际警务合作机制、国际刑警组织启动合作取证程序收集的境外证据材料，经查证属实，可以作为定案的依据。公安机关应对其来源、提取人、提取时间或者提供人、提供时间以及保管移交的过程等作出说明。”法院在审理其他案件时也遵循这样的规则，境外证据如果符合程序规定，即取得与境内证据同等的效力。二是对当事人、辩护人、诉讼代理人提供的境外证据的审查。我国法律规定，当事人及其辩护人、诉讼代理人提供来自境外的证据材料的，该证据材料应当经所在国公证机关证明，由所在国中央外交主管机关或者其授权机关认证，并经我国驻该国使、领馆认证。在审理案件时，对于此类材料，法院在程序上需要审查是否经过了相关公证、认证手续。

二、对境外证据的实质审查和认定

我国刑事诉讼法第五十条第三款规定：“证据必须经过查证属实，才能作为定案的根据。”经过上述程序审查后，境外证据则具备了相应的证据资格，至于该证据的证明内容是否被采纳，需要法院对证据进行实质审查。通常，法院从证据的“三性”，即客观性、关联性和合法性进行审查、判断。所谓客观性，强调为了确保证据的真实而进行审查，例如，对物证、书证需要审查是否为原物、原件等，确有不便搬运、不宜保存等情形的，应当制作足以反映原物、原件全部特征的复制品。需要指出的是，我国刑事诉讼法在2012年修改时增加规定了电子数据作为证据的类型之一。电子证据的出现让境外证据交换变得便捷、迅速，甚至使侦查机关在取得授权后可以进行远程取证，但也更容易存在剪切、拼凑、篡改、添加等伪造、变造的情形。2016年，最高人民法院、最高人民检察院、公安部联合发布了《关于办理刑事案件收集提取和审查判断电子数据若干问题的规定》，确立了电子证据的收集程序、规则，法院也据此审查电子证据的来源、完整性，以确保其客观、真实地反映案件事实。所谓关联性，是要求证据必须与案件有关联，当单一证据无法反映完整事实时，应当与其他证据相互印证，形成完整的证据体系，共同反映案件事实，证据之间应当没有矛盾。例如，最高人民法院、最高人民检察院、公安部、司法部联合发布的《关于依法惩治拐卖妇女儿童犯罪的意见》规定，对于拐卖妇女儿童犯罪，“要特别重视收集、固定买卖妇女、儿童犯罪行为交易环节中钱款的存取证明、犯罪嫌疑人的通话清单、乘坐交通工具往来有关地方的票证、被拐卖儿童的DNA鉴定结论、有关监控录像、电子信息等客观性证据”。所谓合法性，强调对证据的收集应当依照法定程序进行。我国刑事诉讼法第五十二条明确规定，“严禁刑讯逼供和以威胁、引诱、欺骗以及其他非法方法收集证据，不得强迫任何人证实自己有罪”，并且设立了非法证据排除规则。由于不同国家之间取证程序存在差别，对境外证据的合法性需要结合案件的具体情况加以认定。

三、对境外证据的庭审质证

我国法律规定，证据未经当庭出示、辨认、质证等法庭调查程序查证属实，不得作为定案的根据。境外证据也必须经过庭审质证。这里主要涉及两个问题：一是境外证据的转化问题。对于境外单位（含境外司法机构、政府机构和国际组织）或者个人提供的证据，境外提供者没有特殊限定的，可以直接作为证据使用。如果境外证据提供者对证据的使用有特殊要求的，应当由侦查机关针对境外原始证据的限定条件和特殊要求，将境外原始证据的取证过程和具体内容转化为工作说明的形式，并在庭审中质证。二是相关人员的出庭问题。共同作案人、警察、证人、鉴定人、翻译人等出庭作证对于确保庭审实质化和公正审判有重要的意义。由于不同国家的法律对作证资格，作证人员的权利、义务，知情人的豁免承诺、保护措施等所做的规定不同，跨国作证也一直是实践中的难点。司法实践中，法院也在逐步认可、推广证人视频作证的形式。网络传输技术使证人无须亲临法庭现场，免除后顾之忧，简易、快速地完成庭审调查和质证。我们相信互联网时代的信息化建设完全可以让法院产生正义的方式更加高效，让人们实现正义的途径更加便捷。

——裴显鼎：《跨国犯罪中境外证据的审查与认定》，载最高人民法院刑事审判第一、二、三、四、五庭主办：《刑事审判参考》（总第115辑），法律出版社2019年版，第160~163页。

1528. 到案经过、抓获经过等说明材料的审查判断

关键词

到案经过　抓获经过　情况说明

附录：最高人民法院主流观点

每一本刑事案卷中基本上都有“情况说明”的存在，“情况说明”在刑事司法实践中大量存在并广泛应用，其中以侦查机关出具的到案经过或者抓获经过等材料最为常见。有论者曾经对检察机关的案卷进行了调研，“全部98件案件，共计170份情况说明，其中每件案件平均就约有1.8份情况说明。其

中可能判处无期徒刑以上的案件 20 件，共计情况说明 57 份，每件案件平均约有 3 份情况说明；一般案件 78 件，共计情况说明 113 份，每件案件平均约有 1.4 份情况说明”。[①]

关于到案经过、抓获经过等“情况说明”的属性，即“情况说明”是否属于证据，学术界和实务界存在不同看法，形成不同意见：（1）第一种观点认为，“情况说明”仅仅是一种证据材料，而非法定证据形式。[②]（2）第二种观点认为，从内容上看，多数“情况说明”应属于证据，但形式上或多或少存在瑕疵，与案件具有关联性的“情况说明”，根据内容和形式综合考虑应当保留的可以分别归入证人证言、鉴定结论、书证、勘验检查笔录、视听资料等法定证据形式。[③]（3）第三种观点认为，多数“情况说明”仅仅是证据材料而不是证明案件事实的证据，能成为刑事证据的“情况说明”大多数应归入证人证言，少数可归入视听资料。[④]我们赞同第一种观点，即侦查机关出具的到案经过等“情况说明”在属性上难以归入刑事诉讼法第五十条规定的证据种类。

到案经过或者抓获经过等“情况说明”虽然不属于法定的证据种类，但其中的大部分内容对于准确认定案件事实和确定程序性事项具有重要意义。例如，其中有关到案经过的说明，描述了被告人主动投案的过程，如果被告人到案后如实供述罪行，则该“情况说明”对于准确认定被告人的自首情节具有重要意义。又如，在一些类型的案件中，被告人的抓获地点同时可能是确定案件管辖权的重要依据。而且，这些“情况说明”对于印证案件证据的真实性，准确认定案件事实，增加法官的内心确信具有重要意义，可以作为加强法官内心确信的辅助材料使用。

如前所述，侦查机关出具的到案经过、抓获经过等材料的广泛运用，具有其内在的合理性。然而，随着司法实践的广泛运用，此 2 类材料的规范问题应当引起重视。《最高人民法院关于适用〈中华人民共和国刑事诉讼法〉的解释》第一百零八条[⑤]规定：“对侦查机关出具的被告人到案经过、抓获经过等材料，应当审查是否有出具该说明材料的办案人、办案机关的签名、盖章。对到案经过、抓获经过或者确定被告人有重大嫌疑的根据有疑问的，应当要求侦查机关补充说明。”根据这一规定，结合司法实践，应当从如下几个方面

① 黄维智：《刑事案件中“情况说明”的适当定位》，载《法学》2007 年第 7 期。

② 参见徐晖：《“情况说明”作为证据应严格规范》，载《检察日报》2004 年 1 月 19 日。

③ 参见黄维智：《刑事案件中“情况说明”的适当定位》，载《法学》2007 年第 7 期。

④ 参见张少林：《刑事案件中的“情况说明”之我见》，载《贵州警官职业学院学报》2008 年第 5 期。

⑤ 本条现为《最高人民法院关于适用〈中华人民共和国刑事诉讼法〉的解释》（法释〔2021〕21 号）第一百四十二条。

对情况说明予以规范：

1. 形式上的规范。侦查机关出具的被告人到案经过等材料，需要注意签字、盖章处的规范问题。目前，在到案经过等材料的落款处，有些是出具该说明材料的办案人签名，有些是无出具该说明材料的办案人签名但盖有办案机关的公章，有些既有出具该说明材料的办案人签名也盖有侦查机关的公章。我们认为，侦查机关出具的到案经过等材料，应当由出具该说明材料的办案人、办案机关的签名或者盖章，即同时办案人的签名和办案机关的盖章。一方面，这便于人民法院和有关部门对说明材料进行审查和核实，有利于确保说明材料的真实性，也便于对不合法"说明材料"的相关责任人员的追责；另一方面，在说明材料上加盖办案人、办案机关的签名或者盖章，有利于强化出具说明材料的侦查机关和办案人员的责任意识，防止说明材料的滥用。

2. 内容上的规范。侦查机关出具的到案经过、抓获经过等材料的内容也亟待进一步规范。目前，有的说明材料过于简单，未能全面反映被告人有重大犯罪嫌疑、侦查破案的整个过程等情节，不利于准确认定事实。而且，有的案件还存在多份彼此不一致甚至矛盾的说明材料，给法院对到案经过等的审查判断带来了困难。从实践来看，对于侦查机关出具的到案经过等说明材料的内容需要在以下几个方面加以规范：（1）说明材料所说明的问题应当属于加盖公章的侦查机关的职责范围内，如果说明的问题超出了该侦查机关的职责范围，则属于无效说明。（2）有关说明材料应当相对详细，较为全面地反映对案件事实有关的情节，特别是对认定被告人自首、立功等情节有直接关系的到案经过等内容，应当具体详细。（3）依照刑事诉讼法第二编第二章第八节规定采取技术侦查措施的案件，由于技术侦查措施的使用、特别是毒品犯罪案件中有关人员隐匿身份实施侦查可能影响到被告人的刑罚裁量，需要侦查机关出具到案经过、抓获经过等说明材料。根据刑事诉讼法的相关规定，侦查机关不应以需要保密为由，而不出具相关情况说明。当然，如果相关说明材料需要保密的，可以单独列卷，表明密级移送，而审判人员在审查上述说明材料时也应当予以保密。

3. 补充说明的规范。为确保正确认定案件事实，人民法院在审查过程中，对到案经过、抓获经过或者确定被告人有重大嫌疑的根据有疑问的，应当要求侦查机关补充说明。

——杨万明主编：《新刑事诉讼法司法适用解答》，人民法院出版社 2018 年版，第 125~127 页。

1529. 侦查机关应当依法全面取证

关键词

侦查机关　全面取证

最高人民法院司法政策精神

第八条　侦查机关应当依照法定程序开展侦查，收集、调取能够证实犯罪嫌疑人有罪或者无罪、罪轻或者罪重的证据材料。

——《最高人民法院、最高人民检察院、公安部、国家安全部、司法部关于办理刑事案件严格排除非法证据若干问题的规定》（2017 年 6 月 20 日，法发〔2017〕15 号）。

附录：理解与适用

为提高办案人员的证据意识和程序意识，最大限度地减少关键证据没有收集或者没有依法收集等情形，《最高人民法院、最高人民检察院、公安部、国家安全部、司法部关于办理刑事案件严格排除非法证据若干问题的规定》第 8 条对取证程序作出总的原则性要求："侦查机关应当依照法定程序开展侦查，收集、调取能够证实犯罪嫌疑人有罪或者无罪、罪轻或者罪重的证据材料。"侦查人员要严格按照法律规范的要求收集证据，既要重视收集被告人有罪、罪重的证据，也要重视收集被告人无罪、罪轻的证据；既要重视收集言词证据，也要重视实物证据的收集和运用；既要重视收集证明犯罪事实的证据材料，也要重视收集能够证明取证合法合规的证据材料，比如讯问笔录、讯问录音录像、提讯登记、体检记录、采取强制措施或者侦查措施的法律文书等，尽可能地减少证据合法性、真实性方面的争议。

——戴长林、刘静坤、朱晶晶：《〈关于办理刑事案件严格排除非法证据若干问题的规定〉的理解与适用》，载《人民司法·应用》2017 年第 22 期（总第 789 期）。

1530. 关于技术调查、侦查证据的审查与认定

关键词

技术调查、侦查证据

最高人民法院司法解释

第一百一十六条　依法采取技术调查、侦查措施收集的材料在刑事诉讼中可以作为证据使用。

采取技术调查、侦查措施收集的材料，作为证据使用的，应当随案移送。

——《最高人民法院关于适用〈中华人民共和国刑事诉讼法〉的解释》（2021年1月26日，法释〔2021〕1号）。

附录：最高人民法院主流观点

《刑事诉讼法》第一百五十四条规定："依照本节规定采取侦查措施收集的材料在刑事诉讼中可以作为证据使用……"据此，通过技术调查、侦查措施收集的材料具有刑事诉讼的证据资格已无异议。实践中存在的问题是，哪些技术调查、侦查证据材料应当随案移送？技术调查、侦查证据材料相对特殊，使用不当可能暴露有关人员的身份、技术方法，威胁有关人员的安全，增强潜在犯罪人的反调查能力或反侦查能力。因此，实践中，通常采取将技术调查、侦查证据材料转化为被告人供述、证人证言等其他证据的方式来证明案件事实。但是，如果技术调查、侦查证据材料无法完全转化，需要运用技术调查、侦查证据材料本身来直接证明案件事实时，是否应当随案移送？经研究认为，如果技术调查、侦查证据材料要作为证据使用，则必须随案移送，进而接受法庭审查；未随案移送、未经法庭审查的，不可能具有诉讼证据的性质和功能，更不能作为定案根据；技术调查、侦查证据材料未随案移送的，人民法院只能根据在案证据认定案件事实。

基于此，《最高人民法院关于适用〈中华人民共和国刑事诉讼法〉的解释》以下简称《刑事诉讼法解释》）第一百一十六条规定："依法采取技术调查、侦查措施收集的材料在刑事诉讼中可以作为证据使用。""采取技术调查、侦查措施收集的材料，作为证据使用的，应当随案移送。"《刑事诉讼法解释》第一百二十二条进一步规定："人民法院认为应当移送的技术调查、侦查证据材料未随案移送的，应当通知人民检察院在指定时间内移送。人民检察院未移送的，人民法院应当根据在案证据对案件事实作出认定。"

《刑事诉讼法解释》第一百一十七条明确了移送技术调查、侦查证据材料的保护措施及相关问题，规定："使用采取技术调查、侦查措施收集的证据材料可能危及有关人员的人身安全，或者可能产生其他严重后果的，可以采取下列保护措施：（一）使用化名等代替调查、侦查人员及有关人员的个人信息；（二）不具体写明技术调查、侦查措施使用的技术设备和技术方法；（三）其他必要的保护措施。"

技术调查、侦查证据并非单独的证据种类，而是通常表现为视听资料、电子数据等类型，故根据证据分类审查规定进行审查判断即可。基于此，《刑事诉讼法解释》第一百一十九条进一步强调了关于技术调查、侦查本身应当审查的要点，规定："对采取技术调查、侦查措施收集的证据材料，除根据相关证据材料所属的证据种类，依照本章第二节至第七节的相应规定进行审查外，还应当着重审查以下内容：（一）技术调查、侦查措施所针对的案件是否符合法律规定；（二）技术调查措施是否经过严格的批准手续，按照规定交有关机关执行；技术侦查措施是否在刑事立案后，经过严格的批准手续；（三）采取技术调查、侦查措施的种类、适用对象和期限是否按照批准决定载明的内容执行；（四）采取技术调查、侦查措施收集的证据材料与其他证据是否矛盾；存在矛盾的，能否得到合理解释。"

《刑事诉讼法解释》第一百二十条明确了技术调查、侦查证据材料的当庭调查及庭外核实的有关问题，规定："采取技术调查、侦查措施收集的证据材料，应当经过当庭出示、辨认、质证等法庭调查程序查证。""当庭调查技术调查、侦查证据材料可能危及有关人员的人身安全，或者可能产生其他严重后果的，法庭应当采取不暴露有关人员身份和技术调查、侦查措施使用的技术设备、技术方法等保护措施。必要时，审判人员可以在庭外对证据进行核实。"

《刑事诉讼法解释》第一百二十一条明确了裁判文书应当注意的问题，规定："采用技术调查、侦查证据作为定案根据的，人民法院在裁判文书中可以表述相关证据的名称、证据种类和证明对象，但不得表述有关人员身份和技术调查、侦查措施使用的技术设备、技术方法等。"

——《刑事诉讼法解释》起草小组：《〈最高人民法院关于适用《中华人民共和国刑事诉讼法》的解释〉理解与适用》，载最高人民法院刑事审判第一、二、三、四、五庭编：《刑事审判参考》（总第126辑），人民法院出版社2021年版，第135~137页。

1531. 技术侦查是否存在最长期限

关键词

最长期限　技术侦查

附录：最高人民法院法官著述

技术侦查是否存在最长期限。《刑事诉讼法》第十五条规定批准决定自签发之日起三个月以内有效。对于复杂、疑难案件，期限届满仍有必要继续采取技术侦查措施的，经过批准，有效期可以延长，每次不得超过三个月。对延长的次数没有限制，只要根据案件的需要，经过批准，就可以持续采取技术侦查措施。这导致许多人士认为现有的关于期限的规定近乎于没有期限，因为凡是使用技术侦查手段的案件均为“严重犯罪案件”，很容易就被解释为“复杂疑难”案件，从而可以无限期地使用技术侦查手段，这显然不利于保护公民的隐私权。但是从实务角度来看，实践中存在大量需要长期监控、盯防的案件，如果一刀切式地规定一个最长期限不符合侦查实践。而且，本条也规定了“对于不需要继续采取技术侦查措施的，应当及时解除”，这就要求执行机关应当尽可能将技术侦查手段适用期间予以缩短，减少对公民隐私权干预的时长。

——张述元主编：《刑事诉讼法及配套规定新释新解与适用指南》，中国法制出版社2020年版，第1005~1006页。

1532. 行政机关收集的证据材料在刑事诉讼中的使用

关键词

行政机关　证据材料　刑事诉讼

最高人民法院司法解释

第七十五条　行政机关在行政执法和查办案件过程中收集的物证、书证、视听资料、电子数据等证据材料，经法庭查证属实，且收集程序符合有关法律、行政法规规定的，可以作为定案的根据。

根据法律、行政法规规定行使国家行政管理职权的组织，在行政执法和查办案件过程中收集的证据材料，视为行政机关收集的证据材料。

——《最高人民法院关于适用〈中华人民共和国刑事诉讼法〉的解释》（2021年1月26日，法释〔2021〕1号）。

最高人民法院司法政策精神

二、关于办理侵犯知识产权刑事案件中行政执法部门收集、调取证据的效力问题

行政执法部门依法收集、调取、制作的物证、书证、视听资料、检验报告、鉴定结论、勘验笔录、现场笔录，经公安机关、人民检察院审查，人民法院庭审质证确认，可以作为刑事证据使用。

行政执法部门制作的证人证言、当事人陈述等调查笔录，公安机关认为有必要作为刑事证据使用的，应当依法重新收集、制作。

——《最高人民法院、最高人民检察院、公安部关于办理侵犯知识产权

刑事案件适用法律若干问题的意见》（2011 年 1 月 10 日，法发〔2011〕3 号）。

附录：理解与适用

从司法实践来看，不少刑事案件首先是由有关行政机关在行政执法和查办案件过程中依法调查后，再移送公安机关、人民检察院立案侦查的。具体而言，行政执法机关在依法查处违法行为过程中，如发现违法事实涉及的金额、违法事实的情节、违法事实造成的后果等，根据刑法和司法解释以及其他规定，涉嫌构成犯罪，依法需要追究刑事责任的，应当依法向公安机关移送。而公安机关接受行政执法机关移送的涉嫌犯罪案件后，依照刑法、刑事诉讼法以及司法解释和其他规定，对所移送的案件进行审查，认为有犯罪事实，需要追究刑事责任的，应当依法决定立案。接下来，公安、司法机关依照刑法、刑事诉讼法以及司法解释和其他规定，依法采取强制措施、移送起诉和审判，追究犯罪嫌疑人、被告人的刑事责任。

在行政执法和刑事司法的衔接过程之中，对于行政执法机关收集的证据能否采用以及如何采用问题，1996 年刑事诉讼法未作规定。而从司法实践来看，无论是行政执法部门依法收集、调取、制作的物证、书证、视听资料、检验报告、鉴定意见、勘验笔录、现场笔录，还是行政执法部门制作的证人证言、当事人陈述等调查笔录，通常都要求在移送刑事司法处理后由侦查机关重新收集。这不仅在一定程度上造成了资源的浪费，更为严重的是，一些证据材料存在灭失的可能，待进入司法程序后侦查机关无法重新收集。因此，将行政机关在行政执法和查办案件过程中收集的证据一律排除在刑事诉讼之外，不能直接作为证据使用，对于司法机关查明案件事实带来了困难，不利于刑事诉讼充分发挥打击犯罪和保障人权的职能。这一处理原则逐渐不能满足司法实践的需要，司法实务部门的规范性文件业已开始作出突破。2011 年 1 月 10 日，《最高人民法院、最高人民检察院、公安部关于办理侵犯知识产权刑事案件适用法律若干问题的意见》第一次在规范性文件中对行政执法部门收集、调取的证据在刑事诉讼中的效力问题作出了规定。根据证据的性质不同，区分两种情形进行处理：①（1）行政执法部门依法收集、调取、制作的物证、书证、视听资料、检验报告、鉴定意见、勘验笔录、现场笔录，经公安机关、人民检察院审查，人民法院庭审质证确认，可以作为刑事证据使用。主要考虑：物证、书证、视听资料、检验报告、鉴定意见、勘验笔录、现场笔录，具有较强的客观性。对于这些证据，公安机关、人民检察院在办理侵犯知识产权案件中，经过审查，认为符合证据的客观性、关联性、合法性属

① 参见逄锦温、刘福谦、王志广、丛媛：《〈关于办理侵犯知识产权刑事案件适用法律若干问题的意见〉的理解与适用》，载《人民司法·应用》2011 年第 5 期（总第 616 期）。

性的，就可以作为刑事证据使用，不需要重新调取；在审判阶段经过庭审质证确认的，就可以作为定罪量刑的依据。（2）行政执法部门制作的证人证言、当事人陈述等调查笔录，公安机关认为有必要作为刑事证据使用的，应当依法重新收集、制作。主要考虑：证人证言、当事人陈述等调查笔录属于言词证据，可变性较强，在办案中，公安机关认为有必要作为刑事证据使用的，必须依法重新收集、制作。

为加强行政执法与刑事司法之间的衔接，提高诉讼效率，更好地证明案件事实，2012年刑事诉讼法修改时，增加了行政机关收集的证据材料在刑事诉讼中作为证据使用的规定。刑事诉讼法第五十四条第二款规定："行政机关在行政执法和查办案件过程中收集的物证、书证、视听资料、电子数据等证据材料，在刑事诉讼中可以作为证据使用。"《最高人民法院关于适用〈中华人民共和国刑事诉讼法〉的解释》第六十五条[①]进一步规定："行政机关在行政执法和查办案件过程中收集的物证、书证、视听资料、电子数据等证据材料，在刑事诉讼中可以作为证据使用；经法庭查证属实，且收集程序符合有关法律、行政法规规定的，可以作为定案的根据。根据法律、行政法规规定行使国家行政管理职权的组织，在行政执法和查办案件过程中收集的证据材料，视为行政机关收集的证据材料。"[②]司法实践中适用上述规定需要注意以下问题：

1. 行政机关的外延。根据刑事诉讼法第五十四条第二款的规定，行政机关在行政执法和查办案件过程中收集的物证、书证、视听资料、电子数据等证据材料，在刑事诉讼中可以直接作为证据使用。所谓"行政执法"，是指执行行政管理方面的法律、法规赋予的职责，如工商、质检部门履行市场监管职责，税务部门履行税收征管职责，证券监督管理部门履行资本市场监管职责等。所谓"查办案件"，是指依法调查、处理行政违纪案件，如工商部门查办侵犯知识产权案件，税务部门查办逃税案件，行政监察机关查办行政违纪案件。[③]需要注意的是，这里的"行政机关"不限于工商、税务等行政机关，也包括证券监管部门等行政机关以外根据法律、法规规定行使国家行政管理职权的组织。因此，《最高人民法院关于适用〈中华人民共和国刑事诉讼

① 本条现为《最高人民法院关于适用〈中华人民共和国刑事诉讼法〉的解释》（法释〔2021〕21号）第七十五条第一款。

② 所谓"作为证据使用"，是指可以直接作为证据使用，不需要再转换。需要注意的是，这里所明确的只是行政证据在刑事诉讼中的证据资格问题，即能否作为刑事证据使用；而能否作为定案的根据，还需要看能否查证属实。

③ 参见王尚新、李寿伟主编：《〈关于修改刑事诉讼法的决定〉释解与适用》，人民法院出版社2012年版，第48页。

法〉的解释》第六十五条第二款[①]规定："根据法律、行政法规规定行使国家行政管理职权的组织，在行政执法和查办案件过程中收集的证据材料，视为行政机关收集的证据材料。"例如，证券法第一百八十条规定："国务院证券监督管理机构依法履行职责，有权采取下列措施：（一）对证券发行人、上市公司、证券公司、证券投资基金管理公司、证券服务机构、证券交易所、证券登记结算机构进行现场检查；（二）进入涉嫌违法行为发生场所调查取证……"可见，国务院证券监督管理机构虽然不属于行政机关，但属于根据法律规定行使国家行政管理职权的组织，其在查处案件中收集的相关证据材料，可以视为行政机关收集的证据材料。但是，实践中行政主体还包括受行政机关委托代表行政机关行使职权的组织，这些组织不属于刑事诉讼法第五十二条规定的"行政机关"，其在行政执法和查办案件过程中收集的有关证据材料，不能视为行政机关收集的证据材料。

2. "物证、书证、视听资料、电子数据等证据材料"的具体内涵。对于刑事诉讼法第五十四条第二款中的"物证、书证、视听资料、电子数据等证据材料"的"等"，存在不同认识。有意见认为，应当理解为"等内"，即只包括物证、书证、视听资料、电子数据等实物证据；也有意见认为，应当理解为包括物证、书证、视听资料、电子数据等非言词证据；还有意见认为，应当理解为"等外"，即包括物证、书证、视听资料、电子数据等实物证据以外的言词证据。对此，《最高人民法院关于适用〈中华人民共和国刑事诉讼法〉的解释》第六十五条第一款[②]中规定："行政机关在行政执法和查办案件过程中收集的物证、书证、视听资料、电子数据等证据材料，在刑事诉讼中可以作为证据使用。"我们认为，对于"物证、书证、视听资料、电子数据等证据材料"，原则上应当作"等内"解释。主要考虑如下：（1）实物证据具有较强的客观性，将其直接转换为刑事诉讼中的证据，而不需要重新收集，有利于对案件事实的查明，提高诉讼效率，也不会影响到对当事人权利的保障。（2）言词证据具有较强的主观性，容易发生变化，且行政机关收集言词证据等程序明显不如公安司法机关收集言词证据严格，因此，如果直接允许行政机关收集的言词证据可以在刑事诉讼中使用，难以保障言词证据的真实性，不利于对当事人权利的保障。而且，与实物证据在行政执法和查办案件过程中不及时收集容易发生灭失不同，由公安司法机关重新收集言词证据，在司法实践中并不困难。因此，对行政机关收集的实物证据和言词证据在刑事诉讼中

---

① 本条现为《最高人民法院关于适用〈中华人民共和国刑事诉讼法〉的解释》（法释〔2021〕21号）第七十五条第二款。

② 本条现为《最高人民法院关于适用〈中华人民共和国刑事诉讼法〉的解释》（法释〔2021〕21号）第七十五条第一款。

的使用采用不同标准，符合我国刑事诉讼的实际情况。在司法实践中，对于涉嫌构成犯罪的案件，行政机关在将案件移送公安机关时，对于收集的物证、书证、视听资料、电子数据等证据材料，可以连同案件有关材料移送公安机关立案侦查，而这些证据材料在刑事诉讼中可以作为证据使用，没有必要在进入刑事程序后由侦查机关重新收集。(3)这一认识同立法机关相关工作人员的理解也是一致的。① 对于行政机关在行政执法和办案过程中收集的言词证据，确因相关人员死亡、失踪或者丧失作证能力，无法重新收集，而相关言词证据来源、收集程序合法，并有其他证据相印证，经审查符合法定要求的，可以例外的在刑事诉讼中作为证据使用。

需要注意的是，对于行政机关收集的鉴定意见、勘验笔录、检查笔录等证据材料，刑事诉讼法第五十四条第二款和《最高人民法院关于适用〈中华人民共和国刑事诉讼法〉的解释》第六十五第一款均未明确是否可以在刑事诉讼中作为证据使用。我们认为，鉴定意见、勘验笔录、检查笔录等证据材料在取得方式、客观性方面与书证、物证、电子数据和视听资料有较大差别。直接承认这三类证据材料在刑事诉讼中的证据资格，不符合刑事诉讼的价值取向。因此，司法实践中，对于鉴定意见、勘验笔录、检查笔录等证据材料，如果在案件进入刑事诉讼中可以重新鉴定、收集的，应当由公安、司法机关依法重新鉴定、收集。但是，司法实践中也确实存在无法重新鉴定、收集的情况。例如，因为时过境迁，现场已经被破坏，无法重新进行勘验、检查；检材不复存在，无法重新进行鉴定。根据司法实践中的具体情况，鉴定意见和勘验笔录、检查笔录确属无法重新鉴定、收集，或者无需重新鉴定、收集的，经司法人员审查，也可以作为证据使用。

对于证人证言等言词证据材料，应当在案件进入刑事诉讼后由公安、司法机关予以重收收集或者转换。例如，经侦查机关向犯罪嫌疑人、被害人、证人当面核实其在行政机关所作证言后，相应言词证据实际上就从行政机关收集的证据转化为刑事证据，具有刑事诉讼的证据资格。当然，具体的转换方式可以根据案件具体情况把握。司法实践中的情况十分复杂。部分案件的证人可能长期居住在国外，短期内无法回国，或者已经死亡，对于这些证人证言无法当面核实，一律排除在刑事诉讼的证据以外，不符合司法实践的具体情况。因此，对行政机关收集的言词证据的具体转换方式可以由司法实践根据案件具体情况予以把握。

3. 行政机关收集的证据材料在刑事诉讼中的审查判断标准。行政机关在

---

① 参与刑事诉讼法修改的同志指出，刑事诉讼法第五十四条第二款涉及的证据材料的范围是"物证、书证、视听资料、电子数据等实物证据，不包括证人证言等言词证据"。参见王尚新、李寿伟主编：《〈关于修改刑事诉讼法的决定〉释解与适用》，人民法院出版社2012年版，第48页。

行政执法和查办案件过程中收集的物证、书证、视听资料、电子数据等证据材料，在刑事诉讼中可以作为证据使用的，也应当经当庭出示、辨认、质证等法庭调查程序查证属实，才能作为定案的根据。对于经审查不符合真实性、合法性、关联性标准的证据材料，应当依法予以排除。

需要注意的是，行政执法程序不同于刑事诉讼程序，适用不同的标准。那么，对于行政机关收集的可以在刑事诉讼中作为证据使用的证据材料，人民法院应当以什么标准审查判断行政机关取证程序是否合法，是适用刑事诉讼法规定的标准还是适用行政法规规定的标准？经研究认为，从逻辑上而言，行政机关在行政执法和查办案件的过程中，尚不知道所涉及的案件是否达到犯罪的程度，是否会进入刑事诉讼程序，无法也不应当适用刑事诉讼程序的规定收集相关证据材料，只能依照法律、行政法规关于行政执法和查办案件的相关规定。因此，《最高人民法院关于适用〈中华人民共和国刑事诉讼法〉的解释》第六十五条第一款中规定："……经法庭查证属实，且收集程序符合有关法律、行政法规规定的，可以作为定案的根据。"

4. 行政机关在行政执法和查办案件过程中应当全面、规范收集证据。当前司法实践中，就行政机关移送的刑事案件而言，证据多为行政机关移送后公安机关重新收集，而行政机关往往不注重全面、规范收集相关证据，导致很多证据未被及时固定，影响了案件的办理。以生产、销售伪劣产品，假冒注册商标案件为例，行政机关一般只注重收集现场查获的产品的违法或者侵权的证据，而不太注意收集相关购买用于制造、生产侵权产品的原料及生产、销售相关的记录、发票等原始证据。这些案件在公安机关介入后，因时过境迁，导致有关证据被销毁、灭失，案件进入司法程序后无法进一步完善、固定证据，影响了案件事实的认定。[①] 因此，在刑事诉讼法已明确行政机关收集证据材料在刑事诉讼中可以使用前提下，司法机关应当积极与行政机关沟通协调，促进行政机关在行政执法和查办案件过程中应当全面、规范收集证据，为刑事诉讼查明案件事实奠定基础。

5. 监察法对监察机关收集证据在刑事诉讼中的使用问题作了专门规定。该法第三十三条第一款、第二款规定："监察机关依照本法规定收集的物证、书证、证人证言、被调查人供述和辩解、视听资料、电子数据等证据材料，在刑事诉讼中可以作为证据使用。""监察机关在收集、固定、审查、运用证据时，应当与刑事审判关于证据的要求和标准相一致。"

——杨万明主编：《新刑事诉讼法司法适用解答》，人民法院出版社 2018 年版，第 34~39 页。

① 参见《江苏泰州：行政机关收集的证据拿来就能用》，载《检察日报》2012 年 5 月 14 日。

1533. 关于行政机关在行政执法和查办案件过程中收集证据材料的使用

关键词

行政机关 证据材料

最高人民法院司法解释

第七十五条 行政机关在行政执法和查办案件过程中收集的物证、书证、视听资料、电子数据等证据材料，经法庭查证属实，且收集程序符合有关法律、行政法规规定的，可以作为定案的根据。

根据法律、行政法规规定行使国家行政管理职权的组织，在行政执法和查办案件过程中收集的证据材料，视为行政机关收集的证据材料。

——《最高人民法院关于适用〈中华人民共和国刑事诉讼法〉的解释》（2021年1月26日，法释〔2021〕1号）。

附录：最高人民法院主流观点

《最高人民法院关于适用〈中华人民共和国刑事诉讼法〉的解释》（法释〔2021〕1号，以下简称《刑事诉讼法解释》）第七十五条规定："行政机关在行政执法和查办案件过程中收集的物证、书证、视听资料、电子数据等证据材料，经法庭查证属实，且收集程序符合有关法律、行政法规规定的，可以作为定案的根据。""根据法律、行政法规规定行使国家行政管理职权的组织，在行政执法和查办案件过程中收集的证据材料，视为行政机关收集的证据材料。"需要注意的是：

（1）刑事诉讼法第五十四条第二款规定："行政机关在行政执法和查办案件过程中收集的物证、书证、视听资料、电子数据等证据材料，在刑事诉讼中可以作为证据使用。"实践中，有观点认为，勘验、检查等笔录的客观性强，且往往条件消失后，不能重复制作，而重复鉴定亦无必要，故对于上述行政证据材料，应当承认其刑事证据资格。基于此，《刑事诉讼法解释》第七十五条原本拟增加规定"勘验、检查等笔录"和"鉴定意见"在刑事诉讼中可以作为证据使用。征求意见过程中，有意见提出："由于行政机关收集勘验、检查等笔录、鉴定意见等证据的程序与刑事诉讼法的规定存在差异，且基于各方面等原因，这些证据可能存在无法有效检验、质证等情况，刑事诉讼法未对行政机关收集的勘验、检查等笔录、鉴定意见在刑事诉讼中的证据效力作出规定。这些证据如果在刑事诉讼中使用，并作为定案的依据，应当严格慎重把握。”另有意见认为，勘验、检查笔录、鉴定意见是有一定主观性的证据材料，与书证、物证等客观性证据不同，不宜采用相同的证据审查认定规则。特别是行政执法过程中的“鉴定意见”效力不同于司法鉴定。司法鉴定需要有鉴定资质，而行政执法过程中的鉴定意见往往由行政机关自己作出，或者由不具有司法鉴定资质的机构作出，不具有相同的公信力，不应直接作为证据使用。经研究，采纳上述意见，沿用《最高人民法院关于适用〈中华人民共和国刑事诉讼法〉的解释》（法释〔2012〕21号）第六十五条第一款的规定，且与刑事诉讼法第五十四条第二款的规定保持一致。

需要注意的是，《刑事诉讼法解释》第七十五条规定的是“物证、书证、视听资料、电子数据等证据材料”在刑事诉讼中可以作为证据使用，对其中的“等”，原则上应作“等内”解释，即通常只限于物证、书证、视听资料、电子数据，不包括鉴定意见、勘验、检查笔录；但是，根据案件具体情况，进入刑事诉讼程序后，如已不具备重新鉴定、勘验、检查的条件，且有证据证明行政机关进行的鉴定、勘验、检查程序合法，相关证据能与其他证据相印证，确有必要作“等外”解释的，则可以个案处理。

（2）《刑事诉讼法解释》第七十五条原本拟增加一款作为第二款：“行政机关在行政执法和查办案件过程中收集的证人证言、当事人陈述、辨认笔录，需要在刑事诉讼中作为证据使用的，应当重新收集。确有证据证实相关人员因死亡、丧失作证能力等，无法重新收集的，该证据可以在刑事诉讼中作为证据使用；经法庭调查，证言、陈述的收集程序合法，并有其他证据相印证的，可以作为定案的根据。”讨论中，有意见认为，相比于刑事司法程序，行政执法办案对程序规范、权利保障的要求较为宽松。言词证据具有易变性，故对于言词证据特别是证人证言的审查通常要遵守直接言词原则。而作出上述规定，将导致对言词证据的质证权难以落实。此外，还有可能被滥用、不当适用，规避刑事诉讼法的相关规定。例如，一旦证人联系不上，就以证人失踪为由，要求使用、采信行政机关对其录取的证言。经研究，采纳上述意见，删去相关规定。司法实践中，对行政机关收集的言词证据，在刑事诉讼中作为证据材料使用的，必须作更为严格的限制，即仅限于确实无法重新收集，但又必须使用的，且有证据证明取证程序合法、能与其他证据相印证的极特殊情形。

（3）征求意见过程中，有意见建议《刑事诉讼法解释》第七十五条增加一款，明确“公安机关在办理行政案件过程中所收集的言词证据，需要在刑事诉讼中作为证据使用的，无须重新收集”。理由是：公安机关具有行政执法和刑事司法的双重职能，在办理行政案件和刑事案件中对于取证程序的要求是完全相同的。并且，根据《公安机关办理行政案件程序规定》的有关规定，对发现或者受理的案件暂时无法确定为刑事案件或者行政案件的，可以按照行政案件的程序办理。在办理过程中，认为涉嫌构成犯罪的，应当按照《公安机关办理刑事案件程序规定》办理。因此，公安机关在办理行政案件过程中收集的证据，应当可以用作刑事诉讼中的证据。经研究认为，上述观点似有不妥，对于公安机关在行政执法过程中收集的言词证据，依法应当在刑事立案之后重新收集。主要考虑是：第一，公安机关具有行政执法和刑事司法的双重职能，这就决定了公安机关的取证活动未必就是刑事侦查，而可能是行政执法，应当受刑事诉讼法第五十四条第二款的规范。第二，监察机关收集的证据材料，无论是言词证据还是实物证据，在刑事诉讼中都可以作为刑事证据使用。其依据在于监察法第三十三条第一款"监察机关依照本法规定收集的物证、书证、证人证言、被调查人供述和辩解、视听资料、电子数据等证据材料，在刑事诉讼中可以作为证据使用"的规定。如果公安机关在行政执法过程中收集的言词证据也需要在刑事诉讼中直接使用，则需要在刑事诉讼法或者其他法律中作出专门规定。

——《刑事诉讼法解释》起草小组：《〈最高人民法院关于适用《中华人民共和国刑事诉讼法》的解释〉理解与适用》，载最高人民法院刑事审判第一、二、三、四、五庭编：《刑事审判参考》（总第126辑），人民法院出版社2021年版，第129~132页。

1534. 贪腐犯罪案件证据要素的审查

关键词

贪腐犯罪　证据审查

附录：最高人民法院法官著述

对贪腐案件的审理过程中，要以审判为中心，就是以证据为中心，根据依法查明的事实和证据来认定犯罪事实是否成立，是否构成犯罪，以及此罪与彼罪，这是审理贪腐案件的基础。

首先，要对贪腐犯罪的主体进行审查，主体身份是重要内容，贪腐犯罪属于职务犯罪，主体身份占有十分重要的地位，实践中要审查被告人的名字，很多被告人有多个姓名要审查清楚，在不同的犯罪中是以不同的身份出现的，在认定犯罪时要表述清楚，被告人的年龄要与身份证明一致，如很多被判处刑罚的原省部级被告人就有不同的年龄。其任职的时间要具体明确，任职的时间要与实施犯罪行为的时间一一对应，明确当时利用那个职务的便利进行贪腐犯罪行为，有的被告人担任领导的职务时间长、职务多。但是在认定具体犯罪事实的时候，一定要其职务的任职时间与实施行为时的时间一一对应才能保证其科学性和公正性。行贿人是企业老板或者是企业的实际控制人要分别标明清楚，是董事长或者总经理，或者实际控制人，董事、股东等要具体明确，在进行行贿时是为单位谋取利益还是为个人谋取利益，其主观故意要查清，同时，要查清企业的工商登记相关资料，如果存在收受股权的贪腐犯罪，要将工商登记中股权是否变更，以及变更的内容、变更的时间都要查清，包括企业的代码、企业性质，是否属于国有参股、控股的企业，即便是企业改制、破产或者更名也要将涉嫌行贿企业的登记资料查清，在认定事实的时候，要使用行贿时企业的名称，不能用改过的名称或者现在的名称，因行为之时涉及的仅仅原有的企业，虽然在资产以及债权债务的承继关系上存在关联，但是，贪腐犯罪问题上与现有的名称没有关系，这涉及企业的名誉权问题。

其次，要调取收受财物和赠送财物人之间的关系，是否存在亲属关系，是否为三代以内的血亲和姻亲关系，是否有公共的权利和义务，特别是有共同的赡养和扶助义务。两人之间是否有赠与关系、有无礼尚往来的关系、有无债权债务的关系，有无共同经营的关系，两人之间是否存在领导与被领导、管理与被管理、监督与被监督关系。接受财物方是否为对方谋取过利益，或者有将来可能为对方谋取利益的目的等。

再次，涉及企业改制预留财产的贪腐案件需要查明改制后企业的性质，是国有参股、控股企业，还是国有独资企业，抑或没有国有参股、控股的民营企业或者外资企业。在企业担任主要的领导人身份是否有所转变，是否还属于国家工作人员或者从事公务的人员。在涉及企业分配财物的贪腐案件中还要查明分配资金的性质，是由领导班子集体研究决定，还是主要领导个人决定，还是以领导班子会议之名体现主要领导个人意志；在财物的分配过程中参与人数的多少，是所有都参加还是个别人参加，分配的透明度如何；是全体人员知悉，还是个别核心人员知晓，分配的比例如何；是主要负责人或者核心人员占有较大的比例，还是比例基本平衡。在惩治反腐犯罪案件中，如果能够查明上述要素，获得确凿的证据，得出的结论是唯一和确定的，那么，对绝大部分贪腐案件的审理就轻松和顺畅，就可以避免出现冤假错案，或者事实不清、证据不足，多次反复的案件。

——王晓东：《新时代背景下惩治贪腐犯罪若干问题的思考——基于审判贪腐案件的实践展开》，载《法治研究》2018 年第 6 期。

1535. 关于黑社会性质组织的审判程序和证据审查

关键词

黑社会性质组织 审判程序 证据审查

最高人民法院司法政策精神

四、关于审判程序和证据审查

（一）分案审理问题

为便宜诉讼，提高审判效率，防止因法庭审理过于拖延而损害当事人的合法权益，对于被告人人数众多，合并审理难以保证庭审质量和庭审效率的黑社会性质组织犯罪案件，可分案进行审理。分案应当遵循有利于案件顺利审判、有利于查明案件事实、有利于公正定罪量刑的基本原则，确保有效质证、事实统一、准确定罪、均衡量刑。对于被作为组织者、领导者、积极参加者起诉的被告人，以及黑社会性质组织重大犯罪的共同作案人，分案审理影响庭审调查的，一般不宜分案审理。

（二）证明标准和证据运用问题

办理黑社会性质组织犯罪案件应当坚持"事实清楚，证据确实、充分"的法定证明标准。黑社会性质组织犯罪案件侦查取证难度大，"四个特征"往往难以通过实物证据来加以证明。审判时，应当严格依照刑事诉讼法及有关司法解释的规定对相关证据进行审查与认定。在确保被告人供述、证人证言、被害人陈述等言词证据取证合法、内容真实，且综合全案证据，已排除合理怀疑的情况下，同样可以认定案件事实。

（三）法庭举证、质证问题

审理黑社会性质组织犯罪案件时，合议庭应当按照刑事诉讼法及有关司法解释的规定有效引导控辩双方举证、质证。不得因为案件事实复杂、证据繁多，而不当限制控辩双方就证据问题进行交叉询问、相互辩论的权利。庭审时，应当根据案件事实繁简、被告人认罪态度等采取适当的举证、质证方式，突出重点；对黑社会性质组织的"四个特征"应单独举证、质证。为减少重复举证、质证，提高审判效率，庭审中可以先就认定具体违法犯罪事实的证据进行举证、质证。对认定黑社会性质组织行为特征的证据进行举证、质证时，之前已经宣读、出示过的证据，可以在归纳、概括之后简要征询控辩双方意见。对于认定组织特征、经济特征、非法控制特征（危害性特征）的证据，举证、质证时一般不宜采取前述方式。

（四）对出庭证人、鉴定人、被害人的保护问题人民法院受理黑社会性质组织犯罪案件后，应当及时了解在侦查、审查起诉阶段有无对证人、鉴定人、被害人采取保护措施的情况，确保相关保护措施在审判阶段能够紧密衔接。开庭审理时，证人、鉴定人、被害人因出庭作证，本人或其近亲属的人身安全面临危险的，应当采取不暴露外貌、真实声音等出庭作证措施。必要时，可以进行物理隔离，以音频、视频传送的方式作证，并对声音、图像进行技术处理。有必要禁止特定人员接触证人、鉴定人、被害人及其近亲属的，以及需要对证人、鉴定人、被害人及其近亲属的人身和住宅采取专门性保护措施的，应当及时与检察机关、公安机关协调，确保保护措施及时执行到位。依法决定不公开证人、鉴定人、被害人真实姓名、住址和工作单位等个人信息的，应当在开庭前核实其身份。证人、鉴定人签署的如实作证保证书应当列入审判副卷，不得对外公开。

——《全国部分法院审理黑社会性质组织犯罪案件工作座谈会纪要》（2015年10月13日，法〔2015〕291号）。

附录：理解与适用

（三）关于审判程序和证据审查

1、关于分案审理问题

并案审理是审理共同犯罪案件的一般原则，我国刑事诉讼法和相关司法解释对于哪些案件可以分案审理未作明确规定。黑社会性质组织犯罪案件普遍具有人数多、事实多、罪名多的特点，一律并案审理不仅会给审判工作造成困难，而且也不利于保护被告人的合法权利。例如，某些重大涉黑案件庭审时间长达数十天，不仅被告人超期羁押的情况难以避免，而且也无法充分保障每一名被告人都能有效地行使举证、质证、辩解、辩护等诉讼权利。因此，《全国部分法院审理黑社会性质组织犯罪案件工作座谈会纪要》（以下简称《纪要》）规定，“对于被告人人数众多，合并审理难以保障庭审质量和庭审效率的黑社会性质组织犯罪案件，可分案进行审理”，这为解决这一问题提供了依据。同时，为了避免分案审理带来的弊端，《纪要》还明确了分案审理的基本原则和一般性要求。应当特别说明的是，在审判实践中分案审理只能是例外情形，凡有条件并案审理的涉黑案件不得随意分案。

2、关于证明标准和证据运用问题

黑社会性质组织犯罪案件收集证据的难度极大，且“四个特征”往往要靠被告人供述、证人证言、被害人陈述等言词证据来证明，证据的稳定性较差。根据这一特点，《纪要》强调涉黑案件应当坚持“事实清楚，证据确实、充分”的法定证明标准，同时也按照刑事诉讼法和相关司法解释的规定，对如何依据言词证据认定案件事实进行了说明。

3、关于法庭举证、质证问题

由于法庭举证、质证环节耗时较长，在一些黑社会性质组织犯罪案件的庭审过程中存在举证、质证不规范、随意限制控辩双方质证权利等问题，个别案件甚至没有对“四个特征”问题进行有针对性的举证、质证。另外，由于黑社会性质组织行为特征的认定与个罪事实在证据上多有交叉，法庭审理过程中又往往容易出现重复举证、质证问题。为规范这一庭审环节，《纪要》对法庭举证、质证提出具体要求，同时提供了避免重复举证、质证的具体方案。

4、关于对出庭证人、鉴定人、被害人的保护问题

《纪要》对证人、鉴定人、被害人保护的衔接问题作了原则性规定，要求人民法院主动了解情况，确保相关保护措施紧密斜街。此外，《纪要》还对刑事诉讼法规定的“采取不暴露外貌、真实声音等出庭作证措施”进行了一定的细化，规定可以采取音频、视频传送的方式作证。

——戴长林、朱和庆、刘广三、周川、张向东：《〈全国部分法院审理黑社会性质组织犯罪案件工作座谈会纪要〉的理解与适用》，载最高人民法院刑事审判第一、二、三、四、五庭编：《刑事审判参考》总第107集，法律出版社2017年版，第149~150页。

1536. 办理黑恶势力刑事案件财产处置要全面收集证据

关键词

黑恶势力　涉案财产　证据收集

最高人民法院司法政策精神

二、依法采取措施全面收集证据

6. 公安机关侦查期间，要根据《公安机关办理刑事案件适用查封、冻结措施相关规定》（公通字〔2013〕30号）等有关规定，会同有关部门全面调查黑恶势力及其成员的财产状况，并可以根据诉讼需要，先行依法对下列财产采取查询、查封、扣押、冻结等措施：

（1）黑恶势力组织的财产；

（2）犯罪嫌疑人个人所有的财产；

（3）犯罪嫌疑人实际控制的财产；

（4）犯罪嫌疑人出资购买的财产；

（5）犯罪嫌疑人转移至他人名下的财产；

（6）犯罪嫌疑人涉嫌洗钱以及掩饰、隐瞒犯罪所得、犯罪所得收益等犯罪涉及的财产；

（7）其他与黑恶势力组织及其违法犯罪活动有关的财产。

7. 查封、扣押、冻结已登记的不动产、特定动产及其他财产，应当通知有关登记机关，在查封、扣押、冻结期间禁止被查封、扣押、冻结的财产流转，不得办理被查封、扣押、冻结财产权属变更、抵押等手续。必要时可以提取有关产权证照。

8. 公安机关对于采取措施的涉案财产，应当全面收集证明其来源、性质、用途、权属及价值的有关证据，审查判断是否应当依法追缴、没收。

证明涉案财产来源、性质、用途、权属及价值的有关证据一般包括：

（1）犯罪嫌疑人、被告人关于财产来源、性质、用途、权属、价值的供述；

（2）被害人、证人关于财产来源、性质、用途、权属、价值的陈述、证言；

（3）财产购买凭证、银行往来凭据、资金注入凭据、权属证明等书证；

（4）财产价格鉴定、评估意见；

（5）可以证明财产来源、性质、用途、权属、价值的其他证据。

9. 公安机关对应当依法追缴、没收的财产中黑恶势力组织及其成员聚敛的财产及其孳息、收益的数额，可以委托专门机构评估；确实无法准确计算的，可以根据有关法律规定及查明的事实、证据合理估算。

人民检察院、人民法院对于公安机关委托评估、估算的数额有不同意见的，可以重新委托评估、估算。

10. 人民检察院、人民法院根据案件诉讼的需要，可以依法采取上述相关措施。

——《最高人民法院、最高人民检察院、公安部、司法部关于办理黑恶势力刑事案件中财产处置若干问题的意见》（2019 年 2 月 28 日，高检发〔2019〕28 号）。

1537. 办理严重暴力恐怖犯罪案件如何把握证据标准

关键词

暴力恐怖犯罪　证据标准

《刑事审判参考》指导案例

阿卜杜苏布尔 · 图尔迪巴柯等故意杀人、抢劫、故意伤害、故意毁坏财物案（《刑事审判参考》指导案例第 1221 号）

裁判要点：办理严重暴力恐怖、宗教极端犯罪案件，在坚持严打方针的同时，要坚持证据裁判原则、严格执行法定证明标准。

对某些犯罪坚持依法从严惩治，并不意味着办案证据标准的降低。两者不是一个层面的问题，前者属于刑事政策范畴，后者属于证据制度范畴，不能将两者混淆。那种认为从严惩治犯罪，就可以随意降低办案证据标准的认识和做法，是错误的。对暴力恐怖、宗教极端犯罪，既要通过依法裁判、从严惩处，树立法治威严，坚决打击暴恐分子的嚣张气焰，有效维护人民权益和社会安宁，也要牢固坚持证据裁判原则，严格执行法定证明标准，依法准确认定案件事实，确保案件的办案质量。

——最高人民法院刑事审判第一、二、三、四、五庭主办：《刑事审判参考》(总第112辑)，法律出版社2018年版，第8~15页。

1538. 户籍证明与其他证据互相矛盾或有重大瑕疵时，被告人犯罪年龄如何认定

关键词

户籍证明　未成年人　刑事责任年龄

《最高人民法院公报》案例

上海市长宁区人民检察院诉韩某某盗窃案（一审法院：上海市长宁区人民法院）

裁判摘要：刑事案件被告人年龄认定尤其是临界年龄认定发生争议，穷尽证据调查和证明手段仍无法查明，或者查实的证据有瑕疵、相互矛盾或者证明力较低的，一般采用以下规则处理：一是户籍优先原则。《出生医学证明》是户口登记机关登记出生的重要依据，公安机关作出确认当事人身份关系包括年龄的具体行政行为具有法律效力。在调取的户籍资料与其他书证如学籍资料记载的入学日期、与其他证人证言等存在相互矛盾时，以认定户籍登记资料为

原则，对户籍登记资料不予采信为例外[①]。二是书证优先原则。有关部门存档的书证，尤其是在案发前形成的书证客观性较强，其证明的内容与证人证言存在相互矛盾时，以书证认定优于证人证言为原则，对书证不予采信为例外。三是参考鉴定原则。司法骨龄鉴定意见对判断被鉴定人年龄有科学参考价值。如果骨龄鉴定意见不能准确确定被告人实施犯罪行为时的实际年龄，存在一定的跨龄鉴定幅度，该鉴定意见不能单独作为认定年龄的证据加以适用，应当结合其他证据且必须是有效证据慎重判断才能作出综合认定。不能排除证据之间的矛盾，无充分证据证明被告人实施被指控犯罪时已满18周岁且确实无法查明的，应按有利于被告人的原则，推定其不满18周岁。

上海市长宁区人民法院认为：被告人韩某某以非法占有为目的，多次盗窃他人财物，其行为已构成盗窃罪，依法应承担刑事责任，并处罚金。公诉机关指控的犯罪事实清楚，证据确实充分，指控成立。被告人韩某某及其合适成年人、指定辩护人对此均无异议。

为了证实被告人的出生日期，本案穷尽证据调查和证明手段。通过调取档案资料、听取当事人陈述和走访邻居等证人、开展司法骨龄鉴定等方式，尽力收集所有证据。但上述证据有的有瑕疵，有的相互矛盾，有的证明力较低，对此如何评判，一般采用以下规则：一是户籍优先原则。《出生医学证明》是户口登记机关登记出生的重要依据，公安机关作出确认当事人身份关系包括年龄的具体行政行为具有法律效力。在调取的户籍资料与其他书证如学籍资料记载的入学日期、与其他证人证言等存在相互矛盾时，以认定户籍登记资料为原则，对户籍登记资料不予采信为例外。二是书证优先原则。有关部门存档的书证，尤其是在案发前形成的书证客观性较强，其证明的内容与证人证言存在相互矛盾时，以书证认定优于证人证言为原则，对书证不予采信为例外。三是参考鉴定原则。司法骨龄鉴定意见对判断被鉴定人年龄有科学参考价值。如果骨龄鉴定意见不能准确确定被告人实施犯罪行为时的实际年龄，存在一定的跨龄鉴定幅度，该鉴定意见不能单独作为认定年龄的证据加以适用，应当结合其他证据且必须是有效证据慎重判断才能作出综合认定。

---

① 2021年1月1日起施行的《民法典》第十五条对自然人的出生时间的认定作出了新规定："自然人的出生时间和死亡时间，以出生证明、死亡证明记载的时间为准；没有出生证明、死亡证明的，以户籍登记或者其他有效身份登记记载的时间为准。有其他证据足以推翻以上记载时间的，以该证据证明的时间为准。

但是，由于韩某某的父母违规超生，违规办理出生证明手续，违规办理户籍登记手续，致使留存在国家机关或机构内的与韩某某出生日期有关的档案资料存在一定瑕疵，与有的证人证言所反映的内容互相矛盾，使得形成于案发前的档案资料应当成为具有客观证明效力的证据难以认定。韩某某父母的行为已经严重扰乱了国家机关正常工作秩序，严重影响了司法机关正常办案，也严重损害了被告人韩某某的合法权益，应当对此承担相应的法律责任。

鉴于通过法庭调查确实无法查明被告人韩某某真实的出生日期，为了避免将未成年人犯罪当作成年人犯罪处理，保护被告人的合法权利，法院根据掌握的韩某某陈述与部分证人证言相互印证、与学籍资料中的初中入学日期以及司法骨龄鉴定中存在的未成年人年龄段的鉴定意见没有矛盾等现有证据材料，依法推定被告人韩某某实施被指控的犯罪时已满16周岁不满18周岁，系未成年人。

——《最高人民法院公报》2018年第1期。

1539. 证据收集合法性的证明标准把握以及排除非法证据后案件的处理

关键词

运输毒品罪　证明标准　非法证据排除

《刑事审判参考》指导案例

李志周运输毒品案（《刑事审判参考》指导案例第1039号）

裁判要点：由于公诉机关未能提供关于被告人供述收集合法性的证据，故不能排除存在刑事诉讼法第五十四条规定的以非法方法收集供述的情形，因此对被告人的供述依法应当排除。但其他在案证据仍能够证明被告人实施了公诉机关指控的运输毒品犯罪行为，所以应当认定被告人行为构成运输毒品罪。

（一）如何把握证据收集合法性的证明标准

刑事诉讼法第五十七条第一款[①]规定："在对证据收集的合法性进行法庭调查的过程中，人民检察院应当对证据收集的合法性加以证明。"第五十八

① 本条规定本条现为《中华人民共和国刑事诉讼法》(2018年修正)第五十九条。

条[①]规定："对于经过法庭审理，确认或者不能排除存在本法第五十四条规定的以非法方法收集证据情形的，对有关证据应当予以排除。"

根据上述规定，人民检察院对证据收集合法性事实的证明，应当达到证据确实、充分的证明标准，即排除存在刑事诉讼法第五十四条规定的以非法方法收集证据的情形。主要理由如下：一方面，证据是认定案件事实的基础，对证据收集合法性的审查是判断该证据能否作为定案依据的关键。如果据以定案的证据在合法性方面存疑，那么以之为基础指控的犯罪事实显然也达不到"证据确实、充分"的证明标准。对证据收集合法性事实的证明标准与刑事案件定罪的证明标准在本质上是一致的。另一方面，强调公诉机关对证据收集合法性的证明应当达到证据确实、充分的证明标准，有助于规范侦查取证行为，落实不得强迫自证其罪原则的要求，减少刑讯逼供及其他非法取证情形的发生，切实保障人权，防范冤假错案。

人民检察院可以通过多种方式证明取证的合法性，例如，可以出示讯问笔录、体检笔录，播放讯问过程同步录音录像，或者提请法庭通知侦查人员或者其他人员出庭作证。本案中，为证明证据收集的合法性，公诉人当庭出示了以下证据：江西省莲花县看守所出具的《说明》，萍乡市公安局安源分局出具的情况说明、关于李志周等人被抓获的情况和审讯情况的补充说明，安源分局后埠派出所出具的情况说明、办案说明，安源分局缉毒大队出具的易洪涛贩毒案抓获情况及审讯情况说明、办案说明、说明，又对参与审讯的陈翔、陶平华、浒渤等 13 名侦查人员逐一进行了询问，提取了证人证言，13 名侦查人员也均出具了情况说明，声明在审讯中无刑讯逼供行为。

需要强调的是，上述证据材料数量虽多，但本质上都是办案单位和办案人员的说明材料，根据《最高人民法院关于适用〈中华人民共和国刑事诉讼法〉的解释》第一百零一条第二款的规定，此类说明材料不能单独作为证明取证过程合法的根据。对于能够证明证据收集合法性的关键证据，如讯问过程的同步录音录像、被告人李志周出入派出所的监控视频等，公诉机关未能提供。

一审法院经审查认为，对于被告人李志周供述收集的合法性，公诉机关未能提供确实、充分的证据予以证实，本案不能排除存在刑事诉讼法第五十四条规定的以非法方法收集供述的情形，对李志周的供述，依法应当排除。主要理由如下：（1）根据《看守所入所人员身体检查表》的记载，李志周头部受伤的事实可以得到确认，控辩双方对此均无异议。现有证据证实，李志周头部伤情是在抓获当时至进入看守所前的时间段内形成的。李志周入所前后表现异常，在人所前均在讯问笔录上签字捺印，入所后在涉及其可能承担

① 本条规定本条现为《中华人民共和国刑事诉讼法》（2018 年修正）第六十条。

刑事责任的讯问笔录上均未签字捺印。(2)针对李志周提供的在派出所接受讯问时遭到刑讯逼供导致头部受伤的具体线索，办案单位所作的李志周头部伤情系抓捕时反抗所致的解释缺乏证据支持：一是一同在现场被抓捕的易洪涛、廖婷证明三人均无逃跑、反抗的行为；二是办案民警均称抓捕当时没有看见李志周受伤。(3)公诉机关提供的证明取证合法的证据材料，均是办案单位和办案人员出具的说明材料，不能单独作为证明取证过程合法的根据。(4)对于能够证明取证合法的关键证据，公诉机关未能提供。例如，李志周出入后埠派出所的监控视频未能提供；讯问李志周的同步录音录像未能提供；第一次讯问笔录中没有记载李志周受伤的情况；抓获情况及审讯情况说明中也没有李志周受伤的反映。据此，公诉机关提供的证明取证合法的证据未能达到确实、充分的证明标准，一审法院依法排除李志周的有罪供述，是依法有据的。

(二)排除非法证据后案件的处理方式

非法证据排除规则解决的是特定证据能否作为诉讼证据使用的证据资格问题。非法证据排除应与案件的实体处理区分开来，针对证据收集合法性的争议，之所以建立独立的调查和裁判程序，并要求法庭先行调查并当庭作出裁决，就是要与案件的实体处理剥离。排除了非法证据，并不意味着案件一定要宣告无罪，还应综合审查其他在案证据，依法认定案件事实。

排除非法证据后，基于其他在案证据的情况，案件的处理大致可分为三种情形：案件事实清楚，证据确实、充分，依法能够认定被告人有罪的，应当作出有罪判决；证据不足，不能认定被告人有罪的(排除的是据以定罪的关键证据)，应当作出证据不足、指控的犯罪事实不能成立的无罪判决；案件部分事实清楚，证据确实、充分的，应当依法认定该部分事实并作出相应处理(实践中排除非法证据的案件多属此种情形)。

本案中，虽然被告人李志周的有罪供述被法院认定为非法证据，并依法予以排除，但其他在案证据仍能够证明李志周实施了公诉机关指控的运输毒品犯罪行为。例如，搜查笔录及扣押物品清单、照片证实，办案民警系从坐在汽车后座的李志周手中持有的黑色布袋中搜出涉案毒品；证人廖婷的证言、同案被告人易洪涛的供述均证实李志周对此次去湖南联系毒品事宜是明知的，且实施了运输毒品的行为；等等。上述证据足以认定被告人李志周有运输毒品的主观目的，并在易洪涛安排下参与实施了具体的运输毒品行为。

综上分析，人民法院认定被告人李志周的行为构成运输毒品罪是正确的。

——最高人民法院刑三庭：《李志周运输毒品案》，载最高人民法院刑事审判第一、二、三、四、五庭主办：《刑事审判参考》2014年第6集(总第101集)，法律出版社2015年版，第13~15页。

1540. 涉黑犯罪案件的证据要求以及视听资料的收集、使用

关键词

黑社会性质组织犯罪　证据规则　视听资料

最高人民法院司法政策精神

4. 关于认定黑社会性质组织犯罪的证据要求。办理涉黑案件同样应当坚持案件“事实清楚，证据确实、充分”的法定证明标准。但应当注意的是，“事实清楚”是指能够对定罪量刑产生影响的事实必须清楚，而不是指整个案件的所有事实和情节都要一一查证属实；“证据确实、充分”是指能够据以定罪量刑的证据确实、充分，而不是指案件中所涉全部问题的证据都要达到确实、充分的程度。对此，一定要准确理解和把握，不要纠缠那些不影响定罪量刑的枝节问题。比如，在可以认定某犯罪组织已将所获经济利益部分用于组织活动的情况下，即使此部分款项的具体数额难以全部查实，也不影响定案。

7. 关于视听资料的收集、使用。公安机关在侦查时要特别重视对涉黑犯罪视听资料的收集。对于那些能够证明涉案犯罪组织具备黑社会性质组织的“四个特征”及其实施的具体违法犯罪活动的录音、录像资料，要及时提取、固定、移送。通过特殊侦查措施获取的视听资料，在移送审查起诉时，公安机关对证据的来源、提取经过应予说明。

——《最高人民法院、最高人民检察院、公安部关于印发〈办理黑社会性质组织犯罪案件座谈会纪要〉的通知》（2009 年 12 月 9 日，法〔2009〕382 号）。

1541. 可能判处死刑的毒品犯罪案件，毒品鉴定结论中应有含量鉴定的结论

关键词

死刑　毒品犯罪　毒品含量　鉴定结论

最高人民法院司法政策精神

四、关于死刑案件的毒品含量鉴定问题

可能判处死刑的毒品犯罪案件，毒品鉴定结论中应有含量鉴定的结论。

——《最高人民法院、最高人民检察院、公安部关于印发〈办理毒品犯罪案件适用法律若干问题的意见〉的通知》(2007年12月18日，公通字〔2007〕84号)。

附录：理解与适用

五、关于死刑案件毒品含量的鉴定问题

虽然《刑法》第357条第2款规定："毒品的数量以查证属实的走私、贩卖、运输、制造、非法持有毒品的数量计算，不以纯度折算。"但是，毒品纯度的高低是毒品含有毒性成分多少的重要标志，纯度高的毒品流入社会后，其危害性必然大于纯度低的毒品。进行毒品含量鉴定，是贯彻罪责刑相适应原则的必然要求，是量刑科学化、规范化的保障。特别是死刑案件，当毒品大量掺假、含量极低，毒品不是同一种类、成分复杂，或者同种有毒成分因含量不同而分属于不同种类毒品时，如果不进行毒品含量鉴定，容易造成量刑不公、有悖于罪责刑相适应原则。这已得到理论界和司法实务部门的认同，一些地方法院、检察院与公安部门已共同解决了毒品案件含量鉴定问题。因此，为了避免死刑案件的量刑失衡，确保把死刑案件办成铁案，结合我国刑事政策、毒品犯罪态势、目前鉴定力量和设备条件等实际情况，《办理毒品犯罪案件适用法律若干问题的意见》(以下简称《意见》)明确规定，可能判处死刑的毒品犯罪案件，毒品鉴定结论中应有含量鉴定的结论。毒品鉴定结论中毒品品名的认定应以国家食品药品监督管理局、公安部、卫生部最新发布的《麻醉药品品种目录》《精神药品品种目录》为依据。

在司法实践中，对可能判处死刑的毒品案件，今后必须一律进行毒品含量鉴定。对缺少作为定罪量刑重要证据的毒品含量鉴定结论的，公诉机关可以建议延期审理，自行或退回公安机关补充侦查；上级法院还可以部分事实不清为由，将案件发回重新审判。对毒品鉴定结论有疑义的，可以进行补充鉴定或重新鉴定。因某种原因不能作出补充或重新鉴定的，判处死刑时应特别慎重。

——高贵君、王勇、吴光侠:《〈关于办理毒品犯罪案件适用法律若干问题的意见〉的理解与适用》，载最高人民法院刑事审判第一、二、三、四、五庭主办:《刑事审判参考》2008年第2集(总第61集)，法律出版社2008年版，第62~71页。

在司法实践中，对可能判处死刑的毒品案件，今后必须一律进行毒品含量鉴定。对缺少作为定罪量刑重要证据的毒品含量鉴定结论的，公诉机关根据《刑事诉讼法》第140条和第165条规定，可以建议延期审理，自行或退回公安机关补充侦查；上级法院还可以根据《刑事诉讼法》第189条或《最高人民法院关于执行刑事诉讼法若干问题的解释》第 285 条的规定，以部分事实不清、证据不足为由，将案件发回重新审判。对毒品鉴定结论有疑义的，可以进行补充鉴定或重新鉴定。因某种原因不能作出补充或重新鉴定的，判处死刑时应特别慎重。此外，对不可能判处死刑的毒品案件是否进行含量鉴定问题，《意见》目前没有明确规定。我们认为，具备鉴定条件或认为需要鉴定含量的，也应当进行毒品含量鉴定。

——高贵君、王勇、吴光侠：《和谐语境下的死刑适用》，载《人民司法》2008 年第 5 期（总第 544 期）。

1542. 没有查获毒品，被告人供述又不一致的证据认定

关键词

毒品犯罪　供述吻合　证据认定

《刑事审判参考》指导案例

张玉梅、刘玉堂、李永生贩卖毒品案（《刑事审判参考》指导案例第 367 号）

裁判要点：在毒品犯罪案件中，当被告人的口供与同案其他被告人供述吻合，并且完全排除诱供、逼供、串供等情形，被告人的口供与同案被告人的供述才可以作为定案的根据。

毒品犯罪的一个显著特点就是一般具有隐蔽性，毒品犯罪证据的收集比较困难。毒品犯罪案件的证据一般或多或少地具有某些瑕疵。《纪要》规定，在审理毒品犯罪案件中，对于毒品、毒资等已不存在，或者被告人翻供，审查证据和认定事实存在困难的情况下，仅凭被告人口供是不能定案的。只有当被告人的口供与同案其他被告人供述吻合，并且完全排除诱供、逼供、串供等情形，被告人的口供与同案被告人的供述才可以作为定案的根据。对仅有口供作为定案根据的，对其判处死刑立即执行要特别慎重。

——聂洪勇：《张玉梅、刘玉堂、李永生贩卖毒品案——在毒品犯罪死刑复核案件中，对于毒品大量掺假的情况，在量刑时是否应该考虑》，载最高人民法院刑事审判第一庭、第二庭编：《刑事审判参考》2005 年第 5 集（总第 46 集），法律出版社 2006 年版，第 55~65 页。

1543. 毒品共同犯罪案件中被告人先后翻供的案件事实的认定

关键词

毒品犯罪　证据　翻供　案件事实

《刑事审判参考》指导案例

谢怀清等贩卖、运输毒品案（《刑事审判参考》指导案例第 605 号）

裁判要点：犯罪嫌疑人、被告人在侦查审判阶段先后翻供，但没有证据证实其以前所作有罪供述违背其自愿性，翻供内容的合理性不足，不足以推翻有罪前供。

毒品犯罪隐蔽性强，一般没有目击证人，也没有类似于故意杀人、抢劫等案件中遗留作案痕迹的犯罪现场，取证工作有一定特殊性，且难度较大。同时，毒品犯罪分子到案后不认罪或者翻供的现象在司法实践中较为常见，特别是在幕后起组织、指挥作用的毒品犯罪分子，由于不直接出现在毒品交易地点或运输途中，到案后不认罪的情况非常普遍。为避免因犯罪分子不认罪或者翻供而导致定罪证据不足的现象，对犯罪分子在交易或者运输毒品过程中及时进行抓捕，即"人赃俱获"，对于依法有力打击毒品犯罪十分重要。但是，即使是"人赃俱获"的案件，犯罪分子也可能不认罪或者翻供以逃避罪责。对于被告人翻供的，既不能无视其翻供内容，一律采信其以往所作有罪或者罪重供述，也不能遇翻供就生疑，认为前供一律被否定，从而得出案件没有有罪供述乃至事实不清的结论。对于翻供案件，应当结合全案证据进行综合分析，审查被告人的翻供理由是否成立，内容是否可信，进而确认有罪事实是否成立。

本案是一起共同犯罪案件，被告人田斌、谢涛受谢怀清雇佣，为其从云南运输海洛因到重庆，谢怀清在幕后进行组织、指挥。证据上，有"人赃俱获"的特点，即公安人员从田斌、谢涛驾驶的货车上当场查获了一个机油壶，内有海洛因 3724.2 克，另有手机通话清单、谢怀清给田斌汇款的记录、同车驾驶员周太明的证言等若干辅助性证据。但是，田斌到案后一直不认罪，称公安人员查获的装有海洛因的机油壶并非其车上的；谢怀清从侦查阶段后期开始翻供，仅承认公安人员从其暂住处查获 336 克海洛因、一支手枪、9 发子弹和从源丰宾馆查获另一支手枪是事实，不承认此前所供雇佣田斌、谢涛从云南运输毒品回重庆的事实；而谢涛在侦查期间虽供认与田斌一起为谢怀清运输海洛因，但也自一审庭审开始翻供。因此，对三被告人翻供的审查和判定，成为认定本案犯罪事实的关键。

我们认为，据现有证据，可认定公安机关查获的3724.2克海洛因系谢怀清雇佣田斌、谢涛所运输的毒品，而谢怀清、谢涛的翻供均不成立。具体分析如下：

（1）公安人员从田斌、谢涛驾驶的货车上当场查获了用机油壶装着的海洛因3724.2克。这是本案最重要的客观性证据，确认此点是认定田斌、谢涛二人运输毒品的基础。

（2）谢怀清和谢涛在侦查期间均供认系谢怀清雇佣田斌、谢涛以正常货运为掩护从云南运输毒品到重庆，二人所供内容详细、自然，能相互印证，并与其他证据吻合，高度可信。

（3）谢怀清、谢涛的翻供内容及田斌的辩解均有明显矛盾之处．且在一些关键问题上不能作出合理解释，不足以推翻前供。

综上，虽然谢怀清在侦查阶段后期翻供，谢涛在审判阶段翻供，但没有证据证实二人以前所作有罪供述违背其自愿性，翻供内容的合理性不足，不足以推翻有罪前供。根据谢怀清、谢涛的有罪供述和在案的其他证据，可以认定谢怀清雇佣田斌、谢涛从云南运输海洛因3724.2克的事实，法院据此以毒品犯罪追究三被告人的刑事责任是正确的。

——最高人民法院刑事审判第一、二、三、四、五庭主办：《刑事审判参考》2010年第1集（总第72集），法律出版社2010年版，第62~66页。

1544. 利用互联网犯罪证据的审查判断

关键词

互联网犯罪　证据规则　管理制度

《刑事审判参考》指导案例

刘某某煽动颠覆国家政权案（《刑事审判参考》指导案例第123号）

裁判要点：就利用互联网犯罪的整个案件来讲，应注意审查下列证据：1. 关于犯罪主体的证据。因为一般人上互联网不使用真名，所以，必须查明行为人的真实姓名与身份。根据《计算机信息网络国际联网安全保护管理办法》第10条第5项的规定，互联单位、接入单位及使用计算机信息网络国际联网的法人和其他组织应当建立计算机信息网络电子公告系统的用户登记和信息管理制度。根据

《互联网信息服务管理办法》第 14 条的规定："互联网信息服务提供者和互联网接入服务提供者，应当记录提供的信息内容及其发布时间、互联网地址或者域名；互联网接入服务提供者应当记录上网用户的上网时间、用户账号、互联网地址或者域名、主叫电话号码等信息。"有关单位对上网用户、电子公告系统用户上网时间、账号等的登记是认定利用互联网犯罪案件犯罪主体的重要证据。2. 表明行为人与犯罪行为之间有必然联系的证据。某些情况下，即使查清了与署名相对应的真名，犯罪行为也不一定是"真名"人所为，还应注意有无冒名的情况。这就需要一系列的证据证实。

——党建军、蔡金芳：《刘某某煽动颠覆国家政权案——对利用互联网煽动颠覆国家政权的案件如何审查判断证据》，载最高人民法院刑事审判第一庭编：《刑事审判参考》2001 年第 9 集（总第 20 集），法律出版社 2001 年版，第 6~7 页。

1545. 关于调取讯问录音录像的问题

关键词

讯问录音录像

最高人民法院司法解释

第七十四条 依法应当对讯问过程录音录像的案件，相关录音录像未随案移送的，必要时，人民法院可以通知人民检察院在指定时间内移送。人民检察院未移送，导致不能排除属于刑事诉讼法第五十六条规定的以非法方法收集证据情形的，对有关证据应当依法排除；导致有关证据的真实性无法确认的，不得作为定案的根据。

——《最高人民法院关于适用〈中华人民共和国刑事诉讼法〉的解释》（2021 年 1 月 26 日，法释〔2021〕1 号）。

附录：最高人民法院主流观点

刑事诉讼法对讯问录音录像问题作了明确，监察法第四十一条第二款也规定"调查人员进行讯问以及搜查、查封、扣押等重要取证工作，应当对全过程进行录音录像，留存备查"。而且，相关主管部门也对重要取证环节的录音录像作了进一步细化规定。但是，从司法实践来看，个别案件仍然存在由于未随案移送相关录音录像导致证据存疑的情况，甚至经人民法院调取仍未提供。为将相关法律规定落到实处，切实保障被告人的合法权益，《最高人民法院关于适用〈中华人民共和国刑事诉讼法〉的解释》（法释〔2021〕1号，以下简称《刑事诉讼法解释》）第七十四条规定："依法应当对讯问过程录音录像的案件，相关录音录像未随案移送的，必要时，人民法院可以通知人民检察院在指定时间内移送。人民检察院未移送，导致不能排除属于刑事诉讼法第五十六条规定的以非法方法收集证据情形的，对有关证据应当依法排除；导致有关证据的真实性无法确认的，不得作为定案的根据。"

征求意见过程中，有意见建议删去《刑事诉讼法解释》第七十四条。理由是：根据刑事诉讼法和《关于实施刑事诉讼法若干问题的规定》，讯问录音录像无需随案移送，而是根据需要调取。无论是刑事诉讼法还是《最高人民法院、最高人民检察院、公安部、国家安全部、司法部关于办理刑事案件严格排除非法证据若干问题的规定》，都没有将"未依法对取证过程进行录音录像"或者"录音录像未随案移送"作为排除非法证据的情形。关于检察机关未提供讯问过程录音录像以证明取证合法性的问题，可以依据刑事诉讼法关于非法证据排除的规定处理。经研究，未采纳上述意见。主要考虑是：《刑事诉讼法解释》第七十四条规定与上述规范性文件的规定并不矛盾。《刑事诉讼法解释》第七十四条规定的是经人民法院调取仍未移送，进而导致相关证据的真实性、合法性或者关联性无法确认的情形。对此，无论依据哪个规范性文件的规定，还是刑事诉讼基本法理，都不能作为定案的根据。本条规定只是对此类情形予以细化，并无不妥。

需要注意的是，《刑事诉讼法解释》第七十四条规定的"讯问过程录音录像"不限于侦查讯问过程录音录像，也包括监察调查讯问过程录音录像。《国家监察委员会与最高人民检察院办理职务犯罪案件工作衔接办法》第二十七条第二款规定："国家监察委员会对调查过程的录音、录像不随案移送最高人民检察院。最高人民检察院认为需要调取与指控犯罪有关并且需要对证据合法性进行审查的讯问录音录像，可以同国家监察委员会沟通协调后予以调取……"可见，调查过程的录音录像虽然不随案移送，但可以依法调取。

——《刑事诉讼法解释》起草小组：《〈最高人民法院关于适用《中华人民共和国刑事诉讼法》的解释〉理解与适用》，载最高人民法院刑事审判第一、二、三、四、五庭编：《刑事审判参考》（总第126辑），人民法院出版社2021年版，第128~129页。

1546. 审查讯问笔录的证据能力

关键词

讯问笔录 证据能力

《刑事审判参考》指导案例

王平受贿案（《刑事审判参考》指导案例第 1166 号）

裁判要点：对讯问笔录自身的审查，应当注意以下内容：讯问是否在刑事立案之后进行；讯问笔录是否明确载明讯问时间、地点；讯问是否违反规定较长时间持续进行（是否存在疲劳讯问）；讯问过程中是否保证犯罪嫌疑人饮食和必要的休息时间；讯问场所是否符合法律规定；讯问人员是否符合法律规定；讯问时是否告知如实陈述自己罪行可以从轻或者减轻处罚的法律规定；讯问笔录是否交犯罪嫌疑人核对或者向其宣读；讯问笔录是否由犯罪嫌疑人签名捺指印；讯问过程是否进行录音录像，等等。

（一）对仅存部分讯问录音录像的案件，如何结合讯问录音录像审查判断讯问笔录的证据能力

在职务犯罪案件中，被告人供述通常是关键的定案证据，为确保被告人供述的合法性和真实性，《最高人民检察院讯问职务犯罪嫌疑人实行全程同步录音录像的规定》（2014 年修订）第二条规定："讯问犯罪嫌疑人时，应当对每一次讯问的全过程实施不间断的录音、录像。讯问录音、录像是人民检察院在直接受理侦查职务犯罪案件工作中规范讯问行为、保证讯问活动合法性的重要手段。讯问录音、录像应当保持完整，不得选择性录制，不得剪接、删改。"有的案件，办案单位仅提交部分讯问录音录像，此种情况下，如何结合讯问录音录像审查判断讯问笔录的证据能力，值得深入研究。

实践中，审查讯问笔录的证据能力，首先应当关注讯问笔录自身。讯问笔录应当符合法律规定的形式要求，体现讯问程序的合法性。对讯问笔录自身的审查，应当注意以下内容：讯问是否在刑事立案之后进行；讯问笔录是否明确载明讯问时间、地点；讯问是否违反规定较长时间持续进行（是否存在疲劳讯问）；讯问过程中是否保证犯罪嫌疑人饮食和必要的休息时间；讯问场所是否符合法律规定；讯问人员是否符合法律规定；讯问时是否告知如实陈述自己罪行可以从轻或者减轻处罚的法律规定；讯问笔录是否交犯罪嫌疑

人核对或者向其宣读；讯问笔录是否由犯罪嫌疑人签名捺指印；讯问过程是否进行录音录像，等等。如果讯问笔录的形式不符合法律规定的要求，反映出可能存在非法讯问情形，或者讯问笔录的真实性存疑，就需要结合讯问录音录像审查讯问笔录的合法性和真实性。

——最高人民法院刑事审判第一、二、三、四、五庭主办：《刑事审判参考》（总第 108 辑），法律出版社 2017 年版，第 12~17 页。

1547. 辨认笔录的审查与认定

关键词

辨认笔录

最高人民法院司法解释

第一百零四条　对辨认笔录应当着重审查辨认的过程、方法，以及辨认笔录的制作是否符合有关规定。

第一百零五条　辨认笔录具有下列情形之一的，不得作为定案的根据：

（一）辨认不是在调查人员、侦查人员主持下进行的；

（二）辨认前使辨认人见到辨认对象的；

（三）辨认活动没有个别进行的；

（四）辨认对象没有混杂在具有类似特征的其他对象中，或者供辨认的对象数量不符合规定的；

（五）辨认中给辨认人明显暗示或者明显有指认嫌疑的；

（六）违反有关规定，不能确定辨认笔录真实性的其他情形。

——《最高人民法院关于适用〈中华人民共和国刑事诉讼法〉的解释》（2021 年 1 月 26 日，法释〔2021〕1 号）。

附录：最高人民法院主流观点

辨认是侦查过程中经常使用的一种手段和方式，是指侦查人员为了查明案件事实，在必要的时候让被害人、犯罪嫌疑人或者证人对与犯罪有关的物品、文件、尸体、场所或者犯罪嫌疑人进行辨别、确认的侦查活动。辨认的内容主要包括：（1）让被害人、证人和犯罪嫌疑人对与犯罪有关的物品、文件、尸体进行辨认；（2）让被害人、证人对犯罪嫌疑人进行辨认；（3）让犯罪嫌疑人对其他犯罪嫌疑人进行辨认。辨认经过和结果，应当制作辨认笔录，由侦查人员签名，辨认人、见证人签字或者盖章。1996 年刑事诉讼法对辨认该种侦查行为及其结果未作规定，2012 年刑事诉讼法根据司法实践的需要，明确将辨认笔录与勘验、检查、侦查实验等笔录并列，共同作为一类法定证据形式。需要注意的是，刑事诉讼法对于辨认的具体程序未作规定，而勘验、检查、侦查实验等其他方式在刑事诉讼法中都有具体程序。因此，要结合相关司法解释和规范性文件的规定，对辨认的具体程序注意把握，以注意审查判断辨认笔录。《最高人民法院关于适用〈中华人民共和国刑事诉讼法〉的解释》第九十条对辨认笔录的审查判断作出了明确规定。具体而言，辨认笔录具有下列情形之一的，不得作为定案的根据：

1. 辨认不是在侦查人员主持下进行的。辨认是一项侦查措施，应当由侦查人员主持机关组织进行。为了查明案情，公安机关组织对犯罪嫌疑人进行辨认，应当经办案部门负责人批准。人民检察院组织对犯罪嫌疑人进行辨认，应当经检察长批准。因此，根据相关规定，辨认应当在人民检察院或者公安机关的侦查人员的主持下进行，主持辨认的侦查人员不得少于二人，以利于互相协助、互相监督。如果辨认不是在侦查人员主持下进行的，辨认不具有合法性，也无法确定辨认笔录的真实性，辨认笔录自然不能作为定案的根据。

2. 辨认前使辨认人见到辨认对象的。在辨认前，应当向辨认人详细询问被辨认人或者被辨认物的具体特征，禁止辨认人见到被辨认人或者被辨认物，并应当告知辨认人有意作假辨认应负的法律责任。如果辨认前使辨认人见到辨认对象，则会使后续的辨认流于形式，影响辨认结果的真实性。

3. 辨认活动没有个别进行的。在组织几名辨认人对同一被辨认人或者同一物品进行辨认时，应当由辨认人个别进行，在某个辨认人进行辨认时，其他的辨认人不能在场，以避免辨认人之间的相互干扰，确保辨认结果的客观性。必要的时候，可以有见证人在场。

4. 辨认对象没有混杂在具有类似特征的其他对象中，或者供辨认的对象数量不符合规定的。辨认时，应当将辨认对象混杂在其他对象中。具体辨认的数量应当根据最高人民检察院、公安部的司法解释和规范性文件的规定予以确定。

需要注意的是，从司法实践来看，有关证据不具备混杂辨认条件的情形有以下几种：一是难以找到类似特征参照物的情形，比如尸体、场所；二是参照物特征几乎完全相同的情形，比如人民币等种类物，根本无法区分；三是辨认人能够准确描述物品独有特征的情形。如对手机的辨认，辨认人能够说出手机内短信息内容、手机外观磨损细节及部位等特征，可不用混杂辨认。再如对车辆进行辨认，辨认人能够描述车辆外观某些特定位置被碰撞过，车内某些不为外人所知的损坏、车架号等独有特征的，也不需采用混杂辨认。需要注意的是，对尸体、场所等特定辨认对象没有必要进行辨认，自然不涉及混杂辨认规则的问题。具体而言：其一，对于种类物的辨认可以依附于其他物品，如偷的钱包里面的钱，往往是直接对钱包进行辨认；也可以不走辨认的程序，丢了几百块钱，数额对上了就可以了。而如果无法依附于其他物品，对于种类物的辨认则没有意义，无需进行辨认。其二，对于尸体、场所等难以找到类似特征参照物的情形和辨认人能够准确描述物品独有特征的情形，则无须进行辨认，由相关人员直接指认即可。

5. 辨认中给辨认人明显暗示或者明显有指认嫌疑的。辨认时，不得给辨认人任何暗示，否则，给辨认人明显暗示或者明显有指认嫌疑的，则无法保证辨认结果的真实性。

6. 违反有关规定、不能确定辨认笔录真实性的其他情形。需要注意的是，对于其他一些情形，如主持辨认的侦查人员少于三人，辨认笔录无见证人签名、记录过于简单等情形，通过有关办案人员的补正或者作出合理解释，确认辨认笔录真实性的，辨认笔录可以作为证据使用。

——杨万明主编：《新刑事诉讼法司法适用解答》，人民法院出版社2018年版，第72~74页。

1548. 电子数据的界定

关键词

电子数据　证据界定

最高人民法院司法政策精神

第一条　电子数据是案件发生过程中形成的，以数字化形式存储、处理传输的，能够证明案件事实的数据。

电子数据包括但不限于下列信息、电子文件：

（一）网页、博客、微博客、朋友圈、贴吧、网盘等网络平台发布的信息；

（二）手机短信、电子邮件、即时通信、通讯群组等网络应用服务的通信信息；

（三）用户注册信息、身份认证信息、电子交易记录、通信记录、登录日志等信息；

（四）文档、图片、音视频、数字证书、计算机程序等电子文件。

以数字化形式记载的证人证言、被害人陈述以及犯罪嫌疑人、被告人供述和辩解等证据，不属于电子数据。确有必要的，对相关证据的收集、提取、移送、审查，可以参照适用本规定。

——《最高人民法院、最高人民检察院、公安部关于办理刑事案件收集提取和审查判断电子数据若干问题的规定》（2016年9月9日，法发〔2016〕

22号)。

附录：理解与适用

《最高人民法院、最高人民检察院、公安部关于办理刑事案件收集提取和审查判断电子数据若干问题的规定》(以下简称《规定》)第1条采取“概括+例举+排除”的方式，对电子数据作了明确界定。具体而言，第1款对电子数据作了概括规定：“电子数据是案件发生过程中形成的，以数字化形式存储、处理、传输的，能够证明案件事实的数据。”之所以限定为“案件发生过程中”，是为了将案件发生后形成的证人证言、被害人陈述以及犯罪嫌疑人、被告人供述和辩解等电子化的言词证据排除在外。需要注意的是，对“案件发生过程中”不应作过于狭义的把握，从而理解为必须是实行行为发生过程中。例如，性侵犯罪发生前行为人与被害人往来的短信、网络诈骗实施前行为人设立的钓鱼网站等，只要与案件事实相关的，均可以视为“案件发生过程中”形成的电子数据。

根据《规定》第1条第2款的规定，电子数据包括但不限于下列信息、电子文件：(1)网页、博客、微博客、朋友圈、贴吧、网盘等网络平台发布的信息；(2)手机短信、电子邮件、即时通信、通讯群组等网络应用服务的通信信息；(3)用户注册信息、身份认证信息、电子交易记录、通信记录、登录日志等信息；(4)文档、图片、音视频、数字证书、计算机程序等电子文件。需要注意的是，其一，以数字化形式存储的音视频属于电子数据而非视听资料，而以模拟信号存储的磁带、录像带等音视频仍然属于视听资料。其二，上述信息虽然都属于电子数据，但对不同类型的电子数据的取证程序要求可能存在差别，如对于通信信息的收集、提取可能涉及技术侦查措施，应当经过严格的批准手续。

电子数据是一种新的证据类型。目前，对于如何科学划分电子数据与其他类型证据的界限存在不同认识。例如，讯问过程的录音录像究竟应归为“犯罪嫌疑人、被告人供述和辩解”，还是应归为“视听资料”“电子数据”，或者既是“犯罪嫌疑人、被告人供述和辩解”也是“视听资料”“电子数据”？经研究，我们认为，不宜单纯依据载体形式区分证据类型。以笔录形式记载的证人证言、被害人陈述以及犯罪嫌疑人、被告人供述和辩解等言词证据，虽然记载形式是笔录，但在证据分类上应纳入言词证据而非笔录的范畴。

同理，以数字化形式记载的言词证据，虽然载体是电子数据，但在证据分类上也应纳入言词证据而非电子数据的范畴。更重要的是，根据刑事诉讼法的规定，不同类型的证据在取证方法、取证程序上有不同的要求，对有关证据审查判断的要点也不同。例如，对于以录像形式反映的犯罪嫌疑人供述，不仅要审查录像提取、保管、移送等是否符合相应要求，更要审查讯问的主体、方法、程序等是否法律规定。鉴此，为更为充分地保护刑事诉讼相关主体的合法权益，《规定》第 1 条第 3 款规定："以数字化形式记载的证人证言、被害人陈述以及犯罪嫌疑人、被告人供述和辩解等证据，不属于电子数据。确有必要的，对相关证据的收集、提取、移送、审查，可以参照适用本规定。"当然，对电子数据与其他类型证据的区分问题，还可以进一步研究探讨。

——周加海、喻海松：《〈关于办理刑事案件收集提取和审查判断电子数据若干问题的规定〉的理解与适用》，载《人民司法·应用》2017 年第 28 期（总第 795 期）。

1549. 以电子数据形式存在的音像资料不能纳入视听资料的范畴

关键词

电子数据　音像资料　视听资料

最高人民法院司法政策精神

第一条　电子数据是案件发生过程中形成的，以数字化形式存储、处理、传输的，能够证明案件事实的数据。

电子数据包括但不限于下列信息、电子文件：

（一）网页、博客、微博客、朋友圈、贴吧、网盘等网络平台发布的信息；

（二）手机短信、电子邮件、即时通信、通讯群组等网络应用服务的通信信息；

（三）用户注册信息、身份认证信息、电子交易记录、通信记录、登录日志等信息；

（四）文档、图片、音视频、数字证书、计算机程序等电子文件。

以数字化形式记载的证人证言、被害人陈述以及犯罪嫌疑人、被告人供述和辩解等证据，不属于电子数据。确有必要的，对相关证据的收集、提取、移送、审查，可以参照适用本规定。

——《最高人民法院、最高人民检察院、公安部关于办理刑事案件收集提取和审查判断电子数据若干问题的规定》（2016 年 9 月 9 日，法发〔2016〕22 号）。

附录：最高人民法院法官著述

目前，对于电子数据的具体范围，以及电子数据与其他证据种类的界分，尚存在不同认识。根据《最高人民法院、最高人民检察院、公安部关于办理刑事案件收集提取和审查判断电子数据若干问题的规定》第1条第1款的规定，对于电子数据形式的实物证据属于电子数据的范畴，应当没有疑义。这实际上也反映了证据种类随着现代科学技术发展而变化的趋势。例如，视听资料本身是现代科学技术发展的产物，而科学技术、特别是信息技术的发展，又使得音像资料进一步发展：传统的音像资料主要储存在磁带、录像带、VCD、DVD等实物中，但现在越来越多的音像资料是以电子数据的形式存在的。1996年《刑事诉讼法》未将电子数据规定为独立的证据种类，故当时不少电子数据都被纳入视听资料的范畴从而证明犯罪事实。[①] 这种做法是法学理论和实务针对立法局限的一种变通。但是，在《刑事诉讼法》已经将电子数据作为独立证据种类的背景下，对于以电子数据的形式而存在的音像资料不能再纳入视听资料的范畴。电子数据是独立的证据种类，其与视听资料的界限不能否认，二者之间不存在交叉重合的地方。如果说在电子数据成为独立的证据种类之前，有主张将以电子数据形式存在的视听资料也纳入视听资料的范畴的话，那么在2012年《刑事诉讼法》施行后，这类视听资料应当被纳入电子数据的范畴。可以认为，视听资料与电子数据形式的视听资料的区别，就在于由于现代科技的发展使得视听资料先后出现了不同载体。以录音磁带、录像带、唱片、CD、光盘等实物存储介质存储的音像资料与以电子数据形式存在的音像资料，同为音像资料，但就证据种类归属而言，前者属于视听资料的范畴，后者属于电子数据的范畴。

——喻海松：《刑事电子数据的规制路径与重点问题》，载《环球法律评论》2019年第1期。

1550. 以电子数据形式存在的言词证据不应纳入电子数据范畴

关键词

电子数据　言词证据

附录：最高人民法院法官著述

在司法实践中，对于以电子数据形式存在的言词证据的种类归属，存在

① 例如，有论者认为："视听资料是载有能够证明有关案件事实的内容的录音带、录像带、电影胶片、电子计算机的磁盘等，以其所载的音响、活动影像和图形，以及电子计算机所存储的资料等来证明案件事实的证据。"参见陈光中主编：《刑事诉讼法》（第三版），北京大学出版社、高等教育出版社2009年版，第205页。在这一界定中，至少有一部分电子数据，即电子计算机所存储的资料，被纳入到视听资料的范畴。

较大争议。例如，询问证人的录音录像究竟应归为“证人证言”，还是应归为“视听资料”“电子数据”，或者既是“证人证言”也是“视听资料”“电子数据”？实际上，按照《最高人民法院、最高人民检察院、公安部关于办理刑事案件收集提取和审查判断电子数据若干问题的规定》第1条第1款将电子数据限定为“案件发生过程中”的规定，电子数据不包括案件发生后形成的电子化的言词证据。[①]本文认为，上述规定将电子数据形式的言词证据不纳入电子数据的范畴是妥当的。主要理由有两点：第一，从长期刑事诉讼实践来看，对于言词证据不宜单纯根据载体划入其他证据种类的范畴。以笔录形式记载的言词证据，并未因为其记载形式而不再纳入言词证据的范畴。同理，以数字化形式记载的言词证据，也不能因为其载体是电子数据，将其纳入电子数据的范畴，而应当仍然将其归属于言词证据。第二，将上述证据作为言词证据，更加符合人权保障的要求。不同类型的证据，依据《刑事诉讼法》规定的不同取证方法、取证程序，其审查判断的要点也不一样。例如，对于以录像形式呈现的犯罪嫌疑人口供，不仅要审查录像是否客观真实，更要审查讯问的主体、方法、程序等是否合法。因此，将电子数据形式的言词证据作为言词证据进行审查判断，可以更为充分地保护刑事诉讼相关主体的合法权益。

——喻海松：《刑事电子数据的规制路径与重点问题》，载《环球法律评论》2019年第1期。

1551. 电子数据的完整性是真实性的前提和基础

关键词

电子数据完整性

最高人民法院司法政策精神

第二十三条 对电子数据是否完整，应当根据保护电子数据完整性的相应方法进行验证：

（一）审查原始存储介质的扣押、封存状态；

（二）审查电子数据的收集、提取过程，查看录像；

（三）比对电子数据完整性校验值；

（四）与备份的电子数据进行比较；

---

① 当然，基于实践需要，对于“案件发生过程中”不应作过于狭义的把握，从而理解为必须是实行行为发生过程中。例如，性侵害犯罪发生前行为人与被害人往来的短信、网络诈骗实施前行为人设立的钓鱼网站等，只要与案件事实相关的，均可视为“案件发生过程中”形成的电子数据。

（五）审查冻结后的访问操作日志；

（六）其他方法。

第二十四条　对收集、提取电子数据是否合法，应当着重审查以下内容：

（一）收集、提取电子数据是否由二名以上侦查人员进行，取证方法是否符合相关技术标准；

（二）收集、提取电子数据，是否附有笔录、清单，并经侦查人员、电子数据持有人（提供人）、见证人签名或者盖章；没有持有人（提供人）签名或者盖章的，是否注明原因；对电子数据的类别、文件格式等是否注明清楚；

（三）是否依照有关规定由符合条件的人员担任见证人，是否对相关活动进行录像；

（四）电子数据检查是否将电子数据存储介质通过写保护设备接入到检查设备；有条件的，是否制作电子数据备份，并对备份进行检查；无法制作备份且无法使用写保护设备的，是否附有录像。

——《最高人民法院、最高人民检察院、公安部关于办理刑事案件收集提取和审查判断电子数据若干问题的规定》（2016年9月9日，法发〔2016〕22号）。

附录：最高人民法院法官著述

传统证据法认为，证据具有三性，即客观性、关联性和合法性。作为证据的种类之一，电子数据无疑也具有上述三性。在此，有必要探讨电子数据的真实性、特别是其下位概念“完整性”的有关问题。

与物证、书证等传统证据种类不同，电子数据本质上是以电子形式存储或者传输的数据。正是由于电子数据的特殊存在形式，即只需要敲击键盘，即可对其进行增加、删除、修改，故一般认为其具有易变性的特征。因此，如何确保收集、提取的电子数据不被篡改、破坏，即保证电子数据的完整性，是电子数据收集提取和审查判断过程中需要特别把握的一个问题。

从《最高人民法院、最高人民检察院、公安部关于办理刑事案件收集提取和审查判断电子数据若干问题的规定》中不难发现，电子数据完整性是真实性的要素之一，甚至是最重要的要素。第23条规定对电子数据真实性的判断，应当着重审查电子数据的完整性是否可以保证；[①] 第24条规定根据保护电子数据完整性的方法相应验证电子数据是否完整。[②] 可见，电子数据的完整性

① 参见《最高人民法院、最高人民检察院、公安部关于办理刑事案件收集提取和审查判断电子数据若干问题的规定》第22条。

② 参见《最高人民法院、最高人民检察院、公安部关于办理刑事案件收集提取和审查判断电子数据若干问题的规定》第23条，这几项内容与第5条规定收集提取电子数据应当采取的完整性保护方法相对应。

是真实性的前提和基础，如果电子数据缺乏完整性，则自然无法保证其真实性，其所表达的内容或者证明的事实就可能并非客观存在的。

——喻海松：《刑事电子数据的规制路径与重点问题》，载《环球法律评论》2019 年第 1 期。

1552. 电子数据真实性的审查与判断

关键词

电子数据真实性

最高人民法院司法政策精神

第二十二条 对电子数据是否真实，应当着重审查以下内容：

（一）是否移送原始存储介质；在原始存储介质无法封存、不便移动时，有无说明原因，并注明收集、提取过程及原始存储介质的存放地点或者电子数据的来源等情况；

（二）电子数据是否具有数字签名、数字证书等特殊标识；

（三）电子数据的收集、提取过程是否可以重现；

（四）电子数据如有增加、删除、修改等情形的，是否附有说明；

（五）电子数据的完整性是否可以保证。

——《最高人民法院、最高人民检察院、公安部关于办理刑事案件收集提取和审查判断电子数据若干问题的规定》（2016 年 9 月 9 日，法发〔2016〕22 号）。

附录：理解与适用

电子数据具有开放性特征，越来越与日益开放的互联网联系在一起，而网络电子数据的一个重要特点是可以不受时空限制获取数据。同时，电子数据又有易变性与稳定性并存的特征，一方面只需要敲击键盘，即可对其进行增加、删除、修改；另一方面，绝大多数情况下对于电子数据的增加、删除、修改都会留有一定的痕迹，而且多数情况被破坏的数据都可以通过技术手段被恢复到破坏前的状况。这些特征决定了对电子数据真实性审查不可避免要具有一定的技术性，同时司法实务也希望能够出台更具操作性的审查规范。基于此，《最高人民法院、最高人民检察院、公安部关于办理刑事案件收集提取和审查判断电子数据若干问题的规定》（以下简称《规定》）第 22 条规定从五个方面审查电子数据的真实性：

（1）是否移送原始存储介质；在原始存储介质无法封存、不便移动时，有无说明原因，并注明收集、提取过程及原始存储介质的存放地点或者电子数据的来源等情况。

（2）电子数据是否具有数字签名、数字证书等特殊标识。数字签名，是指利用特定算法对电子数据进行计算，得出的用于验证电子数据来源和完整性的数据值。数字证书，是指包含数字签名并对电子数据来源、完整性进行认证的电子文件。实践中可以通过对电子数据附带的数字签名或者数字证书进行认证，以验证电子数据的真实性。例如，从某黑客教学网站通过网络在线提取了一个公开下载的恶意软件，当审查该软件的真实性时，一般可以通过重复提取进行验证，但是可能出现该软件已经被网站删除而无法重复提取的情况。如果最初提取该软件时同时提取了该软件附带的数字签名（通常包含数字签名和网站证书，一般网站均带有证书），即使网站上软件已被删除的情况下，通过验证数字签名仍然可以证明该软件来自该网站。实践中，对数字签名、数字证书的验证既可以由审判人员通过简单的软件工具进行验证，也可以请具有专门知识的人帮助验证，还可以请有关侦查人员进行验证演示。需要强调的是，并非所有的电子数据都有数字签名或者数字证书，不能因为电子数据没有数字签名或者数字证书就否定其真实性。

（3）电子数据的收集、提取过程是否可以重现。电子数据即使已经被提取，其提取过程仍然可以被完全、准确、一致的重现，审查电子数据时，也可以充分利用该特性通过复现收集、提取过程进行审查，比如审查电子数据检查过程中从扣押的原始存储介质中恢复的电子数据真实性时，除了审查扣押时的有关笔录和原始存储介质的封存状态外，还可以再次进行数据恢复，并比较两次数据恢复的内容是否相同。鉴于此，《规定》提出了复现性审查来判断电子数据真实性的相应规则。需要强调的是，实践中并非所有的电子数据收集、提取过程都可以复现，比如拒绝服务攻击案件中从网络截取的攻击数据包，或者从计算机内存中提取的电子数据，这些数据在拒绝服务攻击结束或者计算机关机后就会消失，收集、提取过程无法复现，不能因收集、提取过程不能重现就否定电子数据的真实性。

（4）电子数据如有增加、删除、修改等情形的，是否附有说明。一般情况下，电子数据发生增加、删除、修改，其真实性必然受到质疑。但是，电子数据发生增加、删除、修改的，并不必然导致其不真实，例如：为了使部分损坏的视频文件能够正常播放，在视频文件的文件头增加某些信息；为了查看乱码电子文档，修改文档文件头的某些字节；或者为了打开部分损坏的电子图片，对文件错误的字节进行修改（通常修改的数据很少，目的是正常展示图片，不会影响图片的内容）。为此，在审查电子数据真实性时，当发现电子数据存在增加、删除、修改的情形时，应当进一步审查：如果增删改是为了顺利展示或者分析电子数据，对电子数据所承载的内容或者证明的事实没有影响，可以认为其是真实的；如果故意篡改或者保管不当导致的增删改，则无法保证电子数据所承载的内容不受影响，也就无法保证其真实性。

（5）电子数据的完整性是否可以保证。电子数据完整性是保证电子数据真实的重要因素，如果电子数据完整性遭到破坏，则意味着电子数据可能被篡改或者破坏，其真实性也无法保证。鉴于此，《规定》在审查电子数据时，仍然从证据的三性出发，从真实性、合法性、关联性地角度提出审查要点。同时，将电子数据完整性纳入了真实性范畴，在进行真实性审查时必须进行完整性审查。

——周加海、喻海松：《〈关于办理刑事案件收集提取和审查判断电子数据若干问题的规定〉的理解与适用》，载《人民司法·应用》2017 年第 28 期（总第 795 期）。

1553. 电子数据关联性的审查与判断

关键词

电子数据　证据关联性

最高人民法院司法政策精神

第二十五条　认定犯罪嫌疑人、被告人的网络身份与现实身份的同一性，可以通过核查相关 IP 地址、网络活动记录、上网终端归属、相关证人证言以及犯罪嫌疑人、被告人供述和辩解等进行综合判断。

认定犯罪嫌疑人、被告人与存储介质的关联性，可以通过核查相关证人证言以及犯罪嫌疑人、被告人供述和辩解等进行综合判断。

——《最高人民法院、最高人民检察院、公安部关于办理刑事案件收集提取和审查判断电子数据若干问题的规定》（2016 年 9 月 9 日，法发〔2016〕22 号）。

附录：最高人民法院法官著述

随着电子数据取证的逐步规范，司法实践中对电子数据的真实性和合法性的争论逐渐减少。但是，对于电子数据与待证事实是否存在关联，则可能是未来审查判断刑事电子数据的关键与重点。只有与案件事实存在关联的电子数据，才能作为证据使用；不存在关联的，不应当作为证据使用。考虑到关于电子数据关联性的理论研究和实践经验相对薄弱，《最高人民法院、最高人民检察院、公安部关于办理刑事案件收集提取和审查判断电子数据若干问题的规定》（以下简称《刑事电子数据规定》）仅对电子数据的关联性审查与判断作出原则性规定，留待将来进一步丰富完善。

根据《刑事电子数据规定》，电子数据关联性涉及虚实对应和人机关联两个方面。[①] 针对司法实践中经常遇到的虚拟身份与真实身份对应的判断难题，《刑事电子数据规定》要求综合各种证据材料进行判断，以确定网络身份与现实身份的同一性。[②] 针对行为人与存储介质关联判断的难题，《刑事电子数据规定》强调通过相关证人证言和口供辩解等证据材料综合作出判断。[③] 需要强调的是，司法实践中还应当重视提取包括指纹、DNA 等在内的痕迹物证，以综合判断存储介质是否与行为人存在关联。此外，由于技术原因，电子数据的形式多种多样、涉及面较宽，因而涉及案件事实的电子数据的范围也相应较宽。因此，在司法实践中，要注意全面收集与案件事实有关联的电子数据、包括外围数据，避免有所遗漏。特别是对于犯罪嫌疑人删除或者由于其他原因被删除的电子数据，应当借助一定的技术手段予以恢复，以更为全面地证明案件事实。通过全面综合审查，审查电子数据之间以及电子数据与其他证据之间的关系，从而确认电子数据与待证事实之间的关系。

——喻海松:《刑事电子数据的规制路径与重点问题》，载《环球法律评论》2019 年第 1 期。

1554. 电子数据合法性的审查与判断

关键词

电子数据合法性

附录：最高人民法院主流观点

对于收集、提取电子数据合法性的审查判断，《最高人民法院、最高人民检察院、公安部关于办理刑事案件收集提取和审查判断电子数据若干问题的规定》第二十四条从以下几个方面作了规定：（1）收集、提取电子数据是否由二名以上侦查人员进行，取证方法是否符合相关技术标准。（2）收集、提

---

① 这实际上也是有论者所概括的电子数据的“双联性”，即内容关联性与载体关联性。前者是指“电子证据的数据信息同案件事实之间的关联性”，后者是指“电子证据的信息载体同当事人或其他诉讼参与人之间的关联性”。参见刘品新:《电子证据的关联性》，《法学研究》2016 年第 6 期，第 175 页。

② 参见《最高人民法院、最高人民检察院、公安部关于办理刑事案件收集提取和审查判断电子数据若干问题的规定》第 25 条第 1 款。

③ 参见《最高人民法院、最高人民检察院、公安部关于办理刑事案件收集提取和审查判断电子数据若干问题的规定》第 25 条第 2 款。

取电子数据，是否附有笔录、清单，并经侦查人员、电子数据持有人（提供人）、见证人签名或者盖章；没有持有人（提供人）签名或者盖章的，是否注明原因；对电子数据的类别、文件格式等是否注明清楚。（3）是否依照有关规定由符合条件的人员担任见证人，是否对相关活动进行录像。审查见证人签名或者录像，是核实电子数据完整性的必要手段，应当对上述情况进行审查。需要注意的是，通常只有在刑事诉讼法及有关规定要求见证人见证的情况下，才应审查是否由符合条件的人员担任见证人，在无见证人的情况下，审查是否对相关活动进行了录像。（4）对于进行电子数据检查的，还应当审查检查过程是否将电子数据存储介质通过写保护设备接入到检查设备；有条件的，是否制作电子数据备份，并对备份进行检查；无法制作备份且无法使用写保护设备的，是否附有录像。

——杨万明主编：《新刑事诉讼法司法适用解答》，人民法院出版社2018年版，第96~97页。

1555. 电子数据的检查

关键词

电子数据　证据检查

最高人民法院司法政策精神

第十六条　对扣押的原始存储介质或者提取的电子数据，可以通过恢复、破解、统计、关联、比对等方式进行检查。必要时，可以进行侦查实验。

电子数据检查，应当对电子数据存储介质拆封过程进行录像，并将电子数据存储介质通过写保护设备接入到检查设备进行检查；有条件的，应当制作电子数据备份，对备份进行检查；无法使用写保护设备且无法制作备份的，应当注明原因，并对相关活动进行录像。

电子数据检查应当制作笔录，注明检查方法、过程和结果，由有关人员签名或者盖章。进行侦查实验的，应当制作侦查实验笔录，注明侦查实验的条件、经过和结果，由参加实验的人员签名或者盖章。

——《最高人民法院、最高人民检察院、公安部关于办理刑事案件收集提取和审查判断电子数据若干问题的规定》（2016年9月9日，法发〔2016〕22号）。

附录：最高人民法院法官著述

就传统证据而言，无论是书证还是物证，侦查过程通常只涉及现场侦查和鉴定两个阶段，主要侦查工作通过前一阶段的勘验、搜查、提取、扣押等可以完成，对于专门性问题的判断通过后一阶段可以解决。然而，对于电子数据而言，上述两个阶段可能尚难以完成全部侦查任务。例如，对现场提取的加密电子数据无法直接移送的，应当进一步解密；对现场制作的存储介质镜像文件由于数据删除也无法直接移送的，应当进一步恢复提取被删除的数据。实践中，无论是电子数据的解密，还是电子数据的恢复，通常都难以在现场完成，但也不宜都作为专门性问题通过鉴定作出判断。基于此，在电子数据现场取证和专门性问题判断的鉴定程序之间亟须增加一个阶段，即电子数据的检查环节，以作为现场取证工作的自然延续，但也不属于对专门性问题作出判断的鉴定程序。按照上述思路，《最高人民法院、最高人民检察院、公安部关于办理刑事案件收集提取和审查判断电子数据若干问题的规定》（以下简称《刑事电子数据规定》）第16条对电子数据检查的有关问题作了明确。①

上述规定施行以来，司法实践中存在较大争议的问题是，对于电子数据的检查是否需要见证人。见证人制度是我国刑事诉讼制度的重要组成部分。在刑事诉讼中，一些活动需要见证，以确保公安司法人员进行刑事诉讼活动的合法性，以及对相关笔录和清单记载的真实性，保证刑事司法公正。《刑事电子数据规定》明确了收集、提取电子数据的见证人，要求除客观原因外应当依照刑事诉讼法的规定由符合条件的人员担任见证人。②需要注意的是，应当依据《刑事诉讼法》的规定判断相关电子数据取证活动是否需要由见证人进行见证。③目前，并无规定明确要求见证人对电子数据检查进行见证，故不能以电子数据的检查环节没有见证人为由而认为其所获取的电子数据不具有完整性、真实性。从实践来看，要求电子数据的检查环节由见证人进行见证不符合现实情况，且国外电子数据的检查环节也并无此类规定和要求。但是，《刑事电子数据规定》对检查过程中电子数据的真实性、完整性的保护问题作了专门规定。根据《刑事电子数据规定》第16条第2款的规定，对于电子数据检查，首先要求对存储介质的拆封过程进行录像；④而且，此后对存储介质的检查，应当优先通过写保护设备或者制作备份的方式进行检查，即使由于

① 参见《最高人民法院、最高人民检察院、公安部关于办理刑事案件收集提取和审查判断电子数据若干问题的规定》第16条第1款。

② 参见《最高人民法院、最高人民检察院、公安部关于办理刑事案件收集提取和审查判断电子数据若干问题的规定》第15条。

③《刑事诉讼法》对于见证人对侦查活动进行见证的规定，主要有第133条、第139条第1款、第140条以及第142条。

④ 与之相呼应的是，如前所述，《最高人民法院、最高人民检察院、公安部关于办理刑事案件收集提取和审查判断电子数据若干问题的规定》第8条第2款针对电子数据的存储介质作出了“封存前后应当拍摄被封存原始存储介质的照片，清晰反映封口或者张贴封条处的状况”的规定。

客观原因无法使用写保护设备且无法制作备份的，作为补充，也要求对相关活动进行录像。实际上，上述规定严于见证人制度的要求，只要落到实处，完全可以确保电子数据的完整性。

——喻海松：《刑事电子数据的规制路径与重点问题》，载《环球法律评论》2019年第1期。

1556. 电子数据专门性问题的鉴定意见与报告不同时，应如何处理

关键词

电子数据　鉴定意见　机构报告

最高人民法院司法政策精神

第十七条　对电子数据涉及的专门性问题难以确定的，由司法鉴定机构出具鉴定意见，或者由公安部指定的机构出具报告。对于人民检察院直接受理的案件，也可以由最高人民检察院指定的机构出具报告。

具体办法由公安部、最高人民检察院分别制定。

——《最高人民法院、最高人民检察院、公安部关于办理刑事案件收集提取和审查判断电子数据若干问题的规定》（2016年9月9日，法发〔2016〕22号）。

附录：最高人民法院法官著述

目前，具有电子数据鉴定资质的机构[①]偏少，难以满足办案需求。为确保相关案件的及时、顺利办理，经综合有关方面意见，《最高人民法院、最高人民检察院、公安部关于办理网络犯罪案件适用刑事诉讼程序若干问题的意见》规定对网络犯罪案件中相关电子数据涉及的专门性问题，既可以由司法鉴定机构出具鉴定意见，也可以由公安部指定的机构出具报告，即鉴定意见与报告“两条腿走路”。在此基础上，《刑事电子数据规定》第17条作了进一步完善，将上述规则扩展到所有刑事案件相关电子数据涉及的专门性问题难以确定的情形。

鉴定意见系《刑事诉讼法》规定的法定证据种类，而报告系《最高人民法院关于适用〈中华人民共和国刑事诉讼法〉的解释》在总结司法实务经验

① 司法实践中，对于电子数据鉴定是否属于《关于司法鉴定管理问题的决定》规定的三大类鉴定事项，也存在不同认识。

基础上作出的专门规定，前者可以作为定罪量刑的根据，而后者可以作为定罪量刑的参考。因此，在规定对电子数据专门性问题的鉴定意见与报告“两条腿走路”后，司法实践中面临的问题是如何取舍鉴定意见与报告。对于相关电子数据专门性问题鉴定意见与报告并存的情况下，特别是对于鉴定意见与报告提出的意见不同时，如何处理，存在不同认识。本文认为，在电子数据鉴定意见与报告“两条腿走路”原则的基础上，不能仅凭形式而当然地采纳鉴定意见，适宜的做法是作实质审查判断。实际上，证据的外延较为宽泛，可以用于证明案件事实的材料都属于证据的范畴。特别是，电子数据的判断较为复杂，在存在不同认定意见的情况下，对鉴定意见和报告不能仅凭形式作出取舍，而应进一步审查，有利于对专门性问题作出准确判断，确保案件的公正处理。

——喻海松:《刑事电子数据的规制路径与重点问题》，载《环球法律评论》2019 年第 1 期。

1557. 电子数据的备份移送范围界定

关键词

电子数据移送

附录：最高人民法院法官著述

为防止电子数据移送后出现被增删改的情形，在可能的情况下，后续环节的审查判断通常都是针对电子数据的备份进行。基于此，《最高人民法院、最高人民检察院、公安部关于办理刑事案件收集提取和审查判断电子数据若干问题的规定》要求随同移送电子数据的备份。需要注意的是，一律要求对全部电子数据制作备份，既无必要，也不便利。故而，对于此处规定的备份的具体范围，通常应当理解为与案件事实相关的电子数据。

——喻海松:《刑事电子数据的规制路径与重点问题》，载《环球法律评论》2019 年第 1 期。

1558. 关于全案移送证据材料的问题

关键词

全案移送证据材料

最高人民法院司法解释

第七十三条 对提起公诉的案件，人民法院应当审查证明被告人有罪、无罪、罪重、罪轻的证据材料是否全部随案移送；未随案移送的，应当通知人民检察院在指定时间内移送。人民检察院未移送的，人民法院应当根据在案证据对案件事实作出认定。

——《最高人民法院关于适用〈中华人民共和国刑事诉讼法〉的解释》（2021年1月26日，法释〔2021〕1号）。

附录：最高人民法院主流观点

《最高人民法院关于适用〈中华人民共和国刑事诉讼法〉的解释》（法释〔2021〕1号，以下简称《刑事诉讼法解释》）第七十三条规定："对提起公诉的案件，人民法院应当审查证明被告人有罪、无罪、罪重、罪轻的证据材料是否全部随案移送；未随案移送的，应当通知人民检察院在指定时间内移送。人民检察院未移送的，人民法院应当根据在案证据对案件事实作出认定。"这是根据刑事诉讼法第四十一条"辩护人认为在侦查、审查起诉期间公安机关、人民检察院收集的证明犯罪嫌疑人、被告人无罪或者罪轻的证据材料未提交的，有权申请人民检察院、人民法院调取"和《关于实施刑事诉讼法若干问题的规定》第二十四条"人民检察院向人民法院提起公诉时，应当将案卷材料和全部证据移送人民法院，包括犯罪嫌疑人、被告人翻供的材料，证人改变证言的材料，以及对犯罪嫌疑人、被告人有利的其他证据材料"所作的照应性规定。全案移送证据材料有利于全面查明案件事实，是刑事诉讼的基本规则。从近些年纠正的冤错案件来看，一些案件就是因为没有全案移送证据材料，影响了最终裁判。例如安徽"于英生案"，侦查机关没有随案移送现场发现的第三人的血指纹。后经继续侦查，发现该第三人的血指纹即为真凶的血指纹。基于此，应当要求移送全案证据材料。从司法实践来看，个别案件存在由于未随案移送相关证据材料导致案件存疑的情况，甚至经人民法院调取仍未提供。为将相关法律规定落到实处，切实保障被告人的合法权益，有必要专门规定。

需要注意的是，《刑事诉讼法解释》第七十三条专门规定"人民检察院未移送的，人民法院应当根据在案证据对案件事实作出认定"，旨在明确人民检察院经调取未移送的处理规则。这意味着因缺乏证据材料导致有关事实存疑的，应当依法作出有利于被告人的认定。例如，在辩方举证证明被告人未满十八周岁的情况下，由于人民检察院拒绝移送相关证据导致年龄存疑的，应当作有利于被告人的认定，即认定其不满十八周岁。

——《刑事诉讼法解释》起草小组：《〈最高人民法院关于适用《中华人

民共和国刑事诉讼法》的解释〉理解与适用》，载最高人民法院刑事审判第一、二、三、四、五庭编：《刑事审判参考》(总第126辑)，人民法院出版社2021年版，第127~128页。

1559. 办理刑事案件时收集提取和审查判断电子数据的规定

关键词

电子数据

最高人民法院司法政策精神

一、一般规定

第一条　电子数据是案件发生过程中形成的，以数字化形式存储、处理、传输的，能够证明案件事实的数据。

电子数据包括但不限于下列信息、电子文件：

（一）网页、博客、微博客、朋友圈、贴吧、网盘等网络平台发布的信息；

（二）手机短信、电子邮件、即时通信、通讯群组等网络应用服务的通信信息；

（三）用户注册信息、身份认证信息、电子交易记录、通信记录、登录日志等信息；

（四）文档、图片、音视频、数字证书、计算机程序等电子文件。

以数字化形式记载的证人证言、被害人陈述以及犯罪嫌疑人、被告人供述和辩解等证据，不属于电子数据。确有必要的，对相关证据的收集、提取、移送、审查，可以参照适用本规定。

第二条　侦查机关应当遵守法定程序，遵循有关技术标准，全面、客观、及时地收集、提取电子数据；人民检察院、人民法院应当围绕真实性、合法性、关联性审查判断电子数据。

第三条　人民法院、人民检察院和公安机关有权依法向有关单位和个人收集、调取电子数据。有关单位和个人应当如实提供。

第四条　电子数据涉及国家秘密、商业秘密、个人隐私的，应当保密。

第五条　对作为证据使用的电子数据，应当采取以下一种或者几种方法保护电子数据的完整性：

（一）扣押、封存电子数据原始存储介质；

（二）计算电子数据完整性校验值；

（三）制作、封存电子数据备份；

（四）冻结电子数据；

（五）对收集、提取电子数据的相关活动进行录像；

（六）其他保护电子数据完整性的方法。

第七条 初查过程中收集、提取的电子数据，以及通过网络在线提取的电子数据，可以作为证据使用。

二、电子数据的收集与提取

第七条 收集、提取电子数据，应当由二名以上侦查人员进行。取证方法应当符合相关技术标准。

第八条 收集、提取电子数据，能够扣押电子数据原始存储介质的，应当扣押、封存原始存储介质，并制作笔录，记录原始存储介质的封存状态。

封存电子数据原始存储介质，应当保证在不解除封存状态的情况下，无法增加、删除、修改电子数据。封存前后应当拍摄被封存原始存储介质的照片，清晰反映封口或者张贴封条处的状况。

封存手机等具有无线通信功能的存储介质，应当采取信号屏蔽、信号阻断或者切断电源等措施。

第九条 具有下列情形之一，无法扣押原始存储介质的，可以提取电子数据，但应当在笔录中注明不能扣押原始存储介质的原因、原始存储介质的存放地点或者电子数据的来源等情况，并计算电子数据的完整性校验值：

（一）原始存储介质不便封存的；

（二）提取计算机内存数据、网络传输数据等不是存储在存储介质上的电子数据的；

（三）原始存储介质位于境外的；

（四）其他无法扣押原始存储介质的情形。

对于原始存储介质位于境外或者远程计算机信息系统上的电子数据，可以通过网络在线提取。

为进一步查明有关情况，必要时，可以对远程计算机信息系统进行网络远程勘验。进行网络远程勘验，需要采取技术侦查措施的，应当依法经过严格的批准手续。

第十条 由于客观原因无法或者不宜依据第八条、第九条的规定收集、提取电子数据的，可以采取打印、拍照或者录像等方式固定相关证据，并在笔录中说明原因。

第十一条 具有下列情形之一的，经县级以上公安机关负责人或者检察长批准，可以对电子数据进行冻结：

（一）数据量大，无法或者不便提取的；

（二）提取时间长，可能造成电子数据被篡改或者灭失的；

（三）通过网络应用可以更为直观地展示电子数据的；

（四）其他需要冻结的情形。

第十二条　冻结电子数据，应当制作协助冻结通知书，注明冻结电子数据的网络应用账号等信息，送交电子数据持有人、网络服务提供者或者有关部门协助办理。解除冻结的，应当在三日内制作协助解除冻结通知书，送交电子数据持有人、网络服务提供者或者有关部门协助办理。

冻结电子数据，应当采取以下一种或者几种方法：

（一）计算电子数据的完整性校验值；

（二）锁定网络应用账号；

（三）其他防止增加、删除、修改电子数据的措施。

第十三条　调取电子数据，应当制作调取证据通知书，注明需要调取电子数据的相关信息，通知电子数据持有人、网络服务提供者或者有关部门执行。

第十四条　收集、提取电子数据，应当制作笔录，记录案由、对象、内容、收集、提取电子数据的时间、地点、方法、过程，并附电子数据清单，注明类别、文件格式、完整性校验值等，由侦查人员、电子数据持有人（提供人）签名或者盖章；电子数据持有人（提供人）无法签名或者拒绝签名的，应当在笔录中注明，由见证人签名或者盖章。有条件的，应当对相关活动进行录像。

第十五条　收集、提取电子数据，应当根据刑事诉讼法的规定，由符合条件的人员担任见证人。由于客观原因无法由符合条件的人员担任见证人的，应当在笔录中注明情况，并对相关活动进行录像。

针对同一现场多个计算机信息系统收集、提取电子数据的，可以由一名见证人见证。

第十六条　对扣押的原始存储介质或者提取的电子数据，可以通过恢复、破解、统计、关联、比对等方式进行检查。必要时，可以进行侦查实验。

电子数据检查，应当对电子数据存储介质拆封过程进行录像，并将电子数据存储介质通过写保护设备接入到检查设备进行检查；有条件的，应当制作电子数据备份，对备份进行检查；无法使用写保护设备且无法制作备份的，应当注明原因，并对相关活动进行录像。

电子数据检查应当制作笔录，注明检查方法、过程和结果，由有关人员签名或者盖章。进行侦查实验的，应当制作侦查实验笔录，注明侦查实验的条件、经过和结果，由参加实验的人员签名或者盖章。

第十七条　对电子数据涉及的专门性问题难以确定的，由司法鉴定机构出具鉴定意见，或者由公安部指定的机构出具报告。对于人民检察院直接受理的案件，也可以由最高人民检察院指定的机构出具报告。

具体办法由公安部、最高人民检察院分别制定。

三、电子数据的移送与展示

第十八条 收集、提取的原始存储介质或者电子数据，应当以封存状态随案移送，并制作电子数据的备份一并移送。

对网页、文档、图片等可以直接展示的电子数据，可以不随案移送打印件；人民法院、人民检察院因设备等条件限制无法直接展示电子数据的，侦查机关应当随案移送打印件，或者附展示工具和展示方法说明。

对冻结的电子数据，应当移送被冻结电子数据的清单，注明类别、文件格式、冻结主体、证据要点、相关网络应用账号，并附查看工具和方法的说明。

第十九条 对侵入、非法控制计算机信息系统的程序、工具以及计算机病毒等无法直接展示的电子数据，应当附电子数据属性、功能等情况的说明。

对数据统计量、数据同一性等问题，侦查机关应当出具说明。

第二十条 公安机关报请人民检察院审查批准逮捕犯罪嫌疑人，或者对侦查终结的案件移送人民检察院审查起诉的，应当将电子数据等证据一并移送人民检察院。人民检察院在审查批准逮捕和审查起诉过程中发现应当移送的电子数据没有移送或者移送的电子数据不符合相关要求的，应当通知公安机关补充移送或者进行补正。

对于提起公诉的案件，人民法院发现应当移送的电子数据没有移送或者移送的电子数据不符合相关要求的，应当通知人民检察院。

公安机关、人民检察院应当自收到通知后三日内移送电子数据或者补充有关材料。

第二十一条 控辩双方向法庭提交的电子数据需要展示的，可以根据电子数据的具体类型，借助多媒体设备出示、播放或者演示。必要时，可以聘请具有专门知识的人进行操作，并就相关技术问题作出说明。

四、电子数据的审查与判断

第二十二条 对电子数据是否真实，应当着重审查以下内容：

（一）是否移送原始存储介质；在原始存储介质无法封存、不便移动时，有无说明原因，并注明收集、提取过程及原始存储介质的存放地点或者电子数据的来源等情况；

（二）电子数据是否具有数字签名、数字证书等特殊标识；

（三）电子数据的收集、提取过程是否可以重现；

（四）电子数据如有增加、删除、修改等情形的，是否附有说明；

（五）电子数据的完整性是否可以保证。

第二十三条 对电子数据是否完整，应当根据保护电子数据完整性的相应方法进行验证：

（一）审查原始存储介质的扣押、封存状态；

（二）审查电子数据的收集、提取过程，查看录像；

（三）比对电子数据完整性校验值；

（四）与备份的电子数据进行比较；

（五）审查冻结后的访问操作日志；

（六）其他方法。

第二十四条 对收集、提取电子数据是否合法，应当着重审查以下内容：

（一）收集、提取电子数据是否由二名以上侦查人员进行，取证方法是否符合相关技术标准；

（二）收集、提取电子数据，是否附有笔录、清单，并经侦查人员、电子数据持有人（提供人）、见证人签名或者盖章；没有持有人（提供人）签名或者盖章的，是否注明原因；对电子数据的类别、文件格式等是否注明清楚；

（三）是否依照有关规定由符合条件的人员担任见证人，是否对相关活动进行录像；

（四）电子数据检查是否将电子数据存储介质通过写保护设备接入到检查设备；有条件的，是否制作电子数据备份，并对备份进行检查；无法制作备份且无法使用写保护设备的，是否附有录像。

第二十五条 认定犯罪嫌疑人、被告人的网络身份与现实身份的同一性，可以通过核查相关 IP 地址、网络活动记录、上网终端归属、相关证人证言以及犯罪嫌疑人、被告人供述和辩解等进行综合判断。

认定犯罪嫌疑人、被告人与存储介质的关联性，可以通过核查相关证人证言以及犯罪嫌疑人、被告人供述和辩解等进行综合判断。

第二十六条 公诉人、当事人或者辩护人、诉讼代理人对电子数据鉴定意见有异议，可以申请人民法院通知鉴定人出庭作证。人民法院认为鉴定人有必要出庭的，鉴定人应当出庭作证。

经人民法院通知，鉴定人拒不出庭作证的，鉴定意见不得作为定案的根据。对没有正当理由拒不出庭作证的鉴定人，人民法院应当通报司法行政机关或者有关部门。

公诉人、当事人或者辩护人、诉讼代理人可以申请法庭通知有专门知识的人出庭，就鉴定意见提出意见。

对电子数据涉及的专门性问题的报告，参照适用前三款规定。

第二十七条 电子数据的收集、提取程序有下列瑕疵，经补正或者作出合理解释的，可以采用；不能补正或者作出合理解释的，不得作为定案的根据：

（一）未以封存状态移送的；

（二）笔录或者清单上没有侦查人员、电子数据持有人（提供人）、见证人签名或者盖章的；

（三）对电子数据的名称、类别、格式等注明不清的；

（四）有其他瑕疵的。

第二十八条 电子数据具有下列情形之一的，不得作为定案的根据：

（一）电子数据系篡改、伪造或者无法确定真伪的；

（二）电子数据有增加、删除、修改等情形，影响电子数据真实性的；

（三）其他无法保证电子数据真实性的情形。

五、附则

第二十九条 本规定中下列用语的含义：

（一）存储介质，是指具备数据信息存储功能的电子设备、硬盘、光盘、优盘、记忆棒、存储卡、存储芯片等载体。

（二）完整性校验值，是指为防止电子数据被篡改或者破坏，使用散列算法等特定算法对电子数据进行计算，得出的用于校验数据完整性的数据值。

（三）网络远程勘验，是指通过网络对远程计算机信息系统实施勘验，发现、提取与犯罪有关的电子数据，记录计算机信息系统状态，判断案件性质，分析犯罪过程，确定侦查方向和范围，为侦查破案、刑事诉讼提供线索和证据的侦查活动。

（四）数字签名，是指利用特定算法对电子数据进行计算，得出的用于验证电子数据来源和完整性的数据值。

（五）数字证书，是指包含数字签名并对电子数据来源、完整性进行认证的电子文件。

（六）访问操作日志，是指为审查电子数据是否被增加、删除或者修改，由计算机信息系统自动生成的对电子数据访问、操作情况的详细记录。

第三十条 本规定自 2016 年 10 月 1 日起施行。之前发布的规范性文件与本规定不一致的，以本规定为准。

——《最高人民法院、最高人民检察院、公安部印发〈关于办理刑事案件收集提取和审查判断电子数据若干问题的规定〉的通知》（2016 年 9 月 9 日，法发〔2016〕22 号）。

1560. 网络赌博犯罪案件中电子证据的收集与保全

关键词

网络赌博　犯罪　电子证据

最高人民法院司法政策精神

五、关于电子证据的收集与保全

侦查机关对于能够证明赌博犯罪案件真实情况的网站页面、上网记录、电子邮件、电子合同、电子交易记录、电子账册等电子数据，应当作为刑事证据予以提取、复制、固定。

侦查人员应当对提取、复制、固定电子数据的过程制作相关文字说明，记录案由、对象、内容以及提取、复制、固定的时间、地点、方法，电子数据的规格、类别、文件格式等，并由提取、复制、固定电子数据的制作人、电子数据的持有人签名或者盖章，附所提取、复制、固定的电子数据一并随案移送。

对于电子数据存储在境外的计算机上的，或者侦查机关从赌博网站提取电子数据时犯罪嫌疑人未到案的，或者电子数据的持有人无法签字或者拒绝签字的，应当由能够证明提取、复制、固定过程的见证人签名或者盖章，记明有关情况。必要时，可对提取、复制、固定有关电子数据的过程拍照或者录像。

——《最高人民法院、最高人民检察院、公安部关于办理网络赌博犯罪案件适用法律若干问题的意见》(2010 年 8 月 31 日，公通字〔2010〕40 号)。

1561. 电信网络诈骗犯罪的证据收集和审查判断

关键词

电信网络诈骗　证据收集

最高人民法院司法政策精神

六、证据的收集和审查判断

（一）办理电信网络诈骗案件，确因被害人人数众多等客观条件的限制，无法逐一收集被害人陈述的，可以结合已收集的被害人陈述，以及经查证属实的银行账户交易记录、第三方支付结算账户交易记录、通话记录、电子数据等证据，综合认定被害人人数及诈骗资金数额等犯罪事实。

（二）公安机关采取技术侦查措施收集的案件证明材料，作为证据使用的，应当随案移送批准采取技术侦查措施的法律文书和所收集的证据材料，并对其来源等作出书面说明。

（三）依照国际条约、刑事司法协助、互助协议或平等互助原则，请求证据材料所在地司法机关收集，或通过国际警务合作机制、国际刑警组织启动合作取证程序收集的境外证据材料，经查证属实，可以作为定案的依据。公安机关应对其来源、提取人、提取时间或者提供人、提供时间以及保管移交的过程等作出说明。

对其他来自境外的证据材料，应当对其来源、提供人、提供时间以及提取人、提取时间进行审查。能够证明案件事实且符合刑事诉讼法规定的，可以作为证据使用。

——《最高人民法院、最高人民检察院、公安部关于办理电信网络诈骗等刑事案件适用法律若干问题的意见》（2016 年 12 月 19 日，法发〔2016〕32 号）。

1562. 证据排除规则

关键词

法庭调查　证据排除规则　认证规则

最高人民法院司法政策精神

第四十六条　通过勘验、检查、搜查等方式收集的物证、书证等证据，未通过辨认、鉴定等方式确定其与案件事实的关联的，不得作为定案的根据。

法庭对鉴定意见有疑问的，可以重新鉴定。

第四十七条　收集证据的程序、方式不符合法律规定，严重影响证据真实性的，人民法院应当建议人民检察院予以补正或者作出合理解释；不能补正或者作出合理解释的，有关证据不得作为定案的根据。

第四十八条　证人没有出庭作证，其庭前证言真实性无法确认的，不得作为定案的根据。

证人当庭作出的证言与其庭前证言矛盾，证人能够作出合理解释，并与相关证据印证的，应当采信其庭审证言；不能作出合理解释，而其庭前证言与相关证据印证的，可以采信其庭前证言。

第四十九条　经人民法院通知，鉴定人拒不出庭作证的，鉴定意见不得作为定案的根据。

有专门知识的人当庭对鉴定意见提出质疑，鉴定人能够作出合理解释，并与相关证据印证的，应当采信鉴定意见；不能作出合理解释，无法确认鉴定意见可靠性的，有关鉴定意见不能作为定案的根据。

第五十条　被告人的当庭供述与庭前供述、自书材料存在矛盾，被告人能够作出合理解释，并与相关证据印证的，应当采信其当庭供述；不能作出合理解释，而其庭前供述、自书材料与相关证据印证的，可以采信其庭前供述、自书材料。

法庭应当结合讯问录音录像对讯问笔录进行全面审查。讯问笔录记载的内容与讯问录音录像存在实质性差异的，以讯问录音录像为准。

——《人民法院办理刑事案件第一审普通程序法庭调查规程（试行）》（2017年11月27日，法发〔2017〕31号）。

附录：理解与适用

一是关键证据的关联性规则。通过勘验、检查、搜查等方式搜集的物证、书证等证据，未通过辨认、鉴定等方式确定其与案件事实的关联的，不得作为定案的根据。鉴定意见通常是关键证据，为避免错误采信不科学、不可靠的鉴定意见，法庭对鉴定意见有疑问的，可以重新鉴定。

二是存疑的瑕疵证据的排除规则。瑕疵证据不同于非法证据，并不直接予以排除，而是看证据瑕疵能否得到解决。收集证据的程序、方式不符合法律规定，严重影响证据真实性的，人民法院应当建议人民检察院予以补正或者作出合理解释；不能补正或者作出合理解释的，有关证据不能作为定案的根据。

三是存疑的传闻证据的排除规则。尽管我国尚未实行严格的传闻证据排除规则，但证人没有出庭作证，其庭前证言真实性无法确认的，不得作为定案的根据。基于我国诉讼制度和证据规则，证人的当庭证言并不必然优于庭前证言。证人当庭作出的证言与其庭前证言矛盾，证人能够作出合理解释，并与相关证据印证的，应当采信其庭审证言；不能作出合理解释，而其庭前证言与相关证据印证的，可以采信其庭前证言。

对于鉴定意见，法律实行较为严格的传闻证据排除规则。经人民法院通知，鉴定人拒不出庭作证的，鉴定意见不得作为定案的根据。对于有专门知识的人的意见，其本身不是诉讼证据，但影响到鉴定意见的认证。有专门知识的人当庭质疑鉴定意见，鉴定人能够作出合理解释，并与相关证据印证的，可以采信鉴定意见；不能作出合理解释，无法确认鉴定意见可靠性的，有关鉴定意见不能作为定案的根据。与证人证言类似，被告人的当庭供述与庭前供述、自书材料存在矛盾，被告人能够作出合理解释，并与相关证据印证的，应当采信其当庭供述；不能作出合理解释，而其庭前供述、自书材料与相关证据印证的，可以采信其庭前供述、自书材料。

——戴长林、刘静坤：《人民法院办理刑事案件第一审普通程序法庭调查规程（试行）理解与适用》，载《人民法院报》2018年1月17日。

1563. 鉴定意见的排除规则

关键词

鉴定意见　证据排除规则

附录：最高人民法院主流观点

根据《最高人民法院关于适用〈中华人民共和国刑事诉讼法〉的解释》第八十五条[①]的规定，鉴定意见具有下列情形之一的，不得作为定案的根据：（1）鉴定机构不具备法定资质，或者鉴定事项超出该鉴定机构业务范围、技术条件的；（2）鉴定人不具备法定资质，不具有相关专业技术或者职称，或者违反回避规定的；（3）送检材料、样本来源不明，或者因污染不具备鉴定条件的；（4）鉴定对象与送检材料、样本不一致的；（5）鉴定程序违反规定的；（6）鉴定过程和方法不符合相关专业的规范要求的；（7）鉴定文书缺少签名、盖章的；（8）鉴定意见与案件待证事实没有关联的；（9）违反有关规定的其他情形。

需要注意的是，在司法实践中，许多案件存在多次补充鉴定或者重新鉴定的现象，但是，通过多次补充鉴定或者重新鉴定并未能够解决刑事诉讼中的这些待证的专门性问题。而且，2012年刑事诉讼法将“鉴定结论”修改为“鉴定意见”，这一证据种类名称的改变，表明鉴定意见同其他证据一样，并不具有更高的证明价值，必须通过审判人员综合全案证据审查判断，才能作为定案的根据。这也是从立法层面要求改变过去司法鉴定中惟鉴定结论是从，多次鉴定、重复鉴定的现象。因此，应当不鼓励，或者说不支持寄希望于通过多次补充鉴定或者重新鉴定解决问题，而应当清醒认识到人民法院是刑事案件的裁判者，负有对鉴定意见进行审查判断的权力和职责，应当通过结合全案证据，通知鉴定人出庭作证、通知有专门知识的人出庭就鉴定意见提出意见等方式，准确评判鉴定意见的证明价值和可靠性，妥善解决刑事诉讼中的专门性问题，准确认定案件事实。

司法实践中还需要注意的是多份不同鉴定意见并存时的处理方法。在当前的司法实践中，多份不同鉴定意见并存的现象比较普遍，且难以在短时间内得到完全改变，这为审判人员取舍鉴定意见增大了难度。对此，我们认为，应当充分运用刑事诉讼法增加的相关制度，立足当前的司法实践，妥善解决这一问题：（1）充分适用鉴定人出庭和有专门知识的人出庭制度，根据控辩双方的申请通知有专门知识的人出庭，以促使控辩双方对专门性问题形成共识，增强审判人员对鉴定意见审查判断的内心确信。（2）对于通过鉴定人、有专门知识的人出庭也未能形成结论的情形，人民法院也应当慎用重新鉴定制度。在可能的情况下，可以由控辩双方合意选定鉴定人进行鉴定，从而尽可能地消除双方的分歧，促使双方就鉴定意见形成共识。当然，如果控辩双

---

① 本条规定本条现为《最高人民法院关于适用〈中华人民共和国刑事诉讼法〉的解释》（法释〔2021〕21号）第九十八条。

方无法达成合意，人民法院可以依法指定鉴定人进行重新鉴定。重新鉴定的意见仍然需要通过法庭质证、法庭审查判断。

——杨万明主编：《新刑事诉讼法司法适用解答》，人民法院出版社 2018 年版，第 67~68 页。

1564. 非法证据的标准

关键词

非法证据标准

最高人民法院司法解释

第一百二十三条 采用下列非法方法收集的被告人供述，应当予以排除：

（一）采用殴打、违法使用戒具等暴力方法或者变相肉刑的恶劣手段，使被告人遭受难以忍受的痛苦而违背意愿作出的供述；

（二）采用以暴力或者严重损害本人及其近亲属合法权益等相威胁的方法，使被告人遭受难以忍受的痛苦而违背意愿作出的供述；

（三）采用非法拘禁等非法限制人身自由的方法收集的被告人供述。

第一百二十四条 采用刑讯逼供方法使被告人作出供述，之后被告人受该刑讯逼供行为影响而作出的与该供述相同的重复性供述，应当一并排除，但下列情形除外：

（一）调查、侦查期间，监察机关、侦查机关根据控告、举报或者自己发现等，确认或者不能排除以非法方法收集证据而更换调查、侦查人员，其他调查、侦查人员再次讯问时告知有关权利和认罪的法律后果，被告人自愿供述的；

（二）审查逮捕、审查起诉和审判期间，检察人员、审判人员讯问时告知诉讼权利和认罪的法律后果，被告人自愿供述的。

第一百二十五条 采用暴力、威胁以及非法限制人身自由等非法方法收集的证人证言、被害人陈述，应当予以排除。

第一百二十六条 收集物证、书证不符合法定程序，可能严重影响司法公正的，应当予以补正或者作出合理解释；不能补正或者作出合理解释的，对该证据应当予以排除。

认定“可能严重影响司法公正”，应当综合考虑收集证据违反法定程序以及所造成后果的严重程度等情况。

——《最高人民法院关于适用〈中华人民共和国刑事诉讼法〉的解释》（2021 年 1 月 26 日，法释〔2021〕1 号）。

最高人民法院司法政策精神

第一条 采用下列非法方法收集的被告人供述，应当予以排除：

（一）采用殴打、违法使用戒具等暴力方法或者变相肉刑的恶劣手段，使被告人遭受难以忍受的痛苦而违背意愿作出的供述；

（二）采用以暴力或者严重损害本人及其近亲属合法权益等进行威胁的方法，使被告人遭受难以忍受的痛苦而违背意愿作出的供述；

（三）采用非法拘禁等非法限制人身自由的方法收集的被告人供述。

采用刑讯逼供方法使被告人作出供述，之后被告人受该刑讯逼供行为影响而作出的与该供述相同的重复性供述，应当一并排除，但下列情形除外：

（一）侦查期间，根据控告、举报或者自己发现等，侦查机关确认或者不能排除以非法方法收集证据而更换侦查人员，其他侦查人员再次讯问时告知诉讼权利和认罪的法律后果，被告人自愿供述的；

（二）审查逮捕、审查起诉和审判期间，检察人员、审判人员讯问时告知诉讼权利和认罪的法律后果，被告人自愿供述的。

第二条 采用暴力、威胁以及非法限制人身自由等非法方法收集的证人证言、被害人陈述，应当予以排除。

第三条 采用非法搜查、扣押等违反法定程序的方法收集物证、书证，可能严重影响司法公正的，应当予以补正或者作出合理解释；不能补正或者作出合理解释的，对有关证据应当予以排除。

——《人民法院办理刑事案件排除非法证据规程（试行）》（2017 年 12 月 11 日，法发〔2017〕31 号）。

附录：最高人民法院主流观点

所谓排除非法证据，是指在刑事诉讼中，对于以非法方法收集的证据，应当予以排除，不得作为认定被告人有罪的根据。依据刑事诉讼法第五十六条的规定，非法证据包括非法言词证据和非法实物证据。

1. 非法言词证据。对于采用刑讯逼供等非法方法收集的犯罪嫌疑人、被告人供述和采用暴力、威胁等非法方法收集的证人证言、被害人陈述，应当一律予以排除。证人证言、被害人陈述、犯罪嫌疑人、被告人供述系言词证据，可变性较强，容易受到外界的干扰形成有违案件事实的证据。因此，各国对采用刑讯逼供、暴力、威胁等方法非法收集的言词证据，通常都是规定绝对排除。刑事诉讼法也坚持了这一立场，对非法言词证据予以绝对排除。

概言之，所谓非法言词证据，就是违反法律规定收集的证人证言、被害人陈述、犯罪嫌疑人、被告人供述等证据。根据刑事诉讼法第五十六条的规定，非法言词证据可以大致划分为两类：（1）采用刑讯逼供等非法方法收集的犯罪嫌疑人、被告人供述。根据《人民法院办理刑事案件排除非法证据规程（试行）》第一条第一款的规定，采用下列非法方法收集的被告人供述，应当予以排除：①采用殴打、违法使用戒具等暴力方法或者变相肉刑的恶劣手段，使被告人遭受难以忍受的痛苦而违背意愿作出的供述；②采用以暴力或者严重损害本人及其近亲属合法权益等进行威胁的方法，使被告人遭受难以忍受的痛苦而违背意愿作出的供述；③采用非法拘禁等非法限制人身自由的方法收集的被告人供述。对于重复性供述的排除，《人民法院办理刑事案件排除非法证据规程（试行）》第一条第二款规定，采用刑讯逼供方法使被告人作出供述，之后被告人受该刑讯逼供行为影响而作出的与该供述相同的重复性供述，应当一并排除，但下列情形除外：①侦查期间，根据控告、举报或者自己发现等，侦查机关确认或者不能排除以非法方法收集证据而更换侦查人员，其他侦查人员再次讯问时告知诉讼权利和认罪的法律后果，被告人自愿供述的；②审查逮捕、审查起诉和审判期间，检察人员、审判人员讯问时告知诉讼权利和认罪的法律后果，被告人自愿供述的。（2）采用暴力、威胁等非法方法收集的证人证言、被害人陈述。《人民法院办理刑事案件排除非法证据规程（试行）》第二条规定："采用暴力、威胁以及非法限制人身自由等非法方法收集的证人证言、被害人陈述，应当予以排除。"

2. 非法实物证据。对于违反法律规定收集的物证、书证，应当有选择地予以排除。物证、书证属于实物证据的范畴，实物证据不同于言词证据，具有不以人的意志为转移的客观性，故不宜根据其获取手段的非法性作一律排除。正如有学者所指出的，通过对欧美国家证据排除规则的考察，绝对的非法证据排除规则存在诸多弊端，相对的非法证据排除规则具有极大的优越性，我国应确立相对的非法证据排除规则。[①] 基于对我国经济社会发展情况和现实司法实践，刑事诉讼法采纳了相对的非法证据排除规则，第五十六条第一款中规定："收集物证、书证不符合法定程序，可能严重影响司法公正的，应当予以补正或者作出合理解释；不能补正或者作出合理解释的，对该证据应当予以排除。"《人民法院办理刑事案件排除非法证据规程（试行）》第三条进一步规定："采用非法搜查、扣押等违反法定程序的方法收集物证、书证，可能严重影响司法公正的，应当予以补正或者作出合理解释；不能补正或者作出合理解释的，对有关证据应当予以排除。"

之所以对书证、物证相对排除，而非绝对排除，主要考虑如下：（1）实

---

① 此种主张的主要考虑是：国民的心理承受能力决定了不能将所有的非法证据全部予以排除；刑事诉讼的目的决定了对一些非法获得的物证不可能绝对排除；物证不以人的主观意志的客观实在性决定了获取不当一般不能改变物证的这一属性；确立相对的非法证据排除规则也是国际上的通例。参见樊崇义等：《刑事诉讼法修改专题研究报告》，中国人民公安大学出版社 2004 年版，第 258~259 页。

物证据不同于言词证据的特点，在很多案件中这些证据具有唯一性，往往不可替代，而且实物证据具有一定的客观性，能够较真实地反映案件事实，一律排除不符合实际，不利于对犯罪的惩治。（2）非法收集物证、书证的情况比较复杂，有的情节比较轻微，且可以通过补正和说明情况，解决证据的合法性和真实性问题，不宜一律排除。（3）当前，我国取得实物证据的手段、条件尚不完备，刑事侦查的科学技术手段尚落后于同刑事犯罪斗争的实际需要。所以，对非法实物证据只能实行有限、附条件的排除。（4）从世界范围来看，即使在英美等发达国家，也不是对非法收集的物证、书证一律排除。例如，20 世纪 80 年代以来，面对日益汹涌的犯罪浪潮，美国联邦最高法院对非法证据排除规则逐步设立了一些例外规则，如“最终或者必然发现的例外”“善意的例外”“在国外取得的证据的例外”等。[①]目前，世界各国对于非法获取的证人证言等言词证据通常都规定一律予以排除，但是对于非法实物证据的排除各国有不同的规定。

对于刑事诉讼法第五十六条第一款规定的违反法定程序收集物证、书证，是否“可能严重影响司法公正”，可以根据案件的具体情况予以判断。《最高人民法院关于适用〈中华人民共和国刑事诉讼法〉的解释》第九十五条第二款[②]规定：“认定刑事诉讼法第五十四条（修改后刑事诉讼法第五十六条）规定的‘可能严重影响司法公正’，应当综合考虑收集物证、书证违反法定程序以及所造成后果的严重程度等情况。”一般而言，可以考量以下情节：（1）收集物证、书证行为违反法定程序的程度。非法收集物证、书证的行为，可能是违反法律规定的违法行为，也可能是涉嫌或者构成刑讯逼供罪、暴力取证罪或者其他犯罪的犯罪行为。因此，可以从收集物证、书证行为的非法性程度判断该收集行为是否可能严重影响司法公正。通常而言，收集物证、书证行为涉嫌或者构成犯罪的，该违反法定程序收集物证、书证的行为可以认定为“可能严重影响司法公正”。（2）违反法定程序收集物证、书证手段所侵害的法益及其程度。违反法律规定收集物证、书证可能有多种手段，有直接针对生命、健康的侵害，也有针对其他人身权利的侵害，还有仅仅是采用威胁、欺骗等手段；程度也可能有多种，有严重的侵害，也有较为轻微的侵害。一般而言，非法收集物证、书证的手段对于生命、健康造成严重侵害的，应认定为“可能严重影响司法公正”。（3）违反法定程序收集物证、书证的司法工作人员的主观罪过。司法工作人员在非法收集物证、书证的过程中，既可能

① 参见陈光中主编：《刑事诉讼法》（第三版），北京大学出版社、高等教育出版社 2009 年版，第 182 页。

② 本条规定本条现为《最高人民法院关于适用〈中华人民共和国刑事诉讼法〉的解释》（法释〔2021〕21 号）第一百二十六条第二款。

存在故意，也可能存在过失。对于违反法定程序收集物证、书证的行为，主观罪过程度轻，且没有其他严重情节的，一般不宜认定为“可能严重影响司法公正”。（4）违反法定程序收集物证、书证的重要性程度。非法收集物证、书证的情况较为复杂，可能是整个案件的关键性证据，也可能是一般证据，甚至是一些无关紧要的证据。如果关键性证据系违反法律规定收集的，则“可能严重影响司法公正”。

——杨万明主编：《新刑事诉讼法司法适用解答》，人民法院出版社2018年版，第100~102页。

1565. 非法证据的范围

关键词

非法证据排除　证人证言　被害人陈述

最高人民法院司法政策精神

第六条　采用暴力、威胁以及非法限制人身自由等非法方法收集的证人证言、被害人陈述，应当予以排除。

——《最高人民法院、最高人民检察院、公安部、国家安全部、司法部关于办理刑事案件严格排除非法证据若干问题的规定》（2017年6月20日，法发〔2017〕15号）。

《刑事审判参考》指导案例

黄金东受贿、陈玉军行贿案（《刑事审判参考》指导案例第1165号）

裁判要点：采用非法限制被告人人身自由的方法取得供述，属于刑事诉讼法第五十条规定的“其他非法方法”，由此取得的供述应当予以排除，不得作为诉讼证据使用

（二）采用非法限制被告人人身自由的方法取得供述，属于刑事诉讼法第五十条规定的“其他非法方法”，由此取得的供述应当予以排除，不得作为诉讼证据使用

刑事诉讼法第五十条规定，严禁刑讯逼供和以威胁、引诱、欺骗以及其他非法方法收集证据，不得强迫任何人证实自己有罪。在司法实践中，有的办案单位未经依法批准就对犯罪嫌疑人、被告人采取强制措施，或者在采取强制措施超过法定期限后仍然非法羁押犯罪嫌疑人、被告人，通过非法限制

人身自由的方法取得供述，明显违反法定程序，且严重侵犯犯罪嫌疑人、被告人的人权，应当被视为刑事诉讼法第五十条规定的与刑讯逼供和威胁、引诱、欺骗并列的“其他非法方法”。[①]

——最高人民法院刑事审判第一、二、三、四、五庭主办：《刑事审判参考》（总第108辑），法律出版社2017年版，第7~11页。

附录：最高人民法院主流观点

在具体案件中适用本条时，要注意把握以下三点：一是收集的是两种言词证据。本条明确的仅是言词证据，即被告人供述以外的证人证言和被害人陈述。二是非法收集的方法不限于暴力、威胁以及非法限制人身自由三种典型手段。本条的“等”应当作“等外”解释，即除了上述三种典型手段外，还包括其他非法方法。三是实行强制排除原则。对采用暴力、威胁以及非法限制人身自由等非法方法收集的证人证言、被害人陈述，实行强制排除。

——裴显鼎主编：《非法证据排除程序适用指南》（第二版），法律出版社2018年版，第18页。

附录：最高人民法院法官著述

1. 采用刑讯逼供方法取得的供述，应当予以排除。即采取殴打、违法使用戒具等暴力方法或者变相肉刑的恶劣手段，使犯罪嫌疑人、被告人遭受难以忍受的痛苦而违背意愿作出的供述，应当予以排除。实践中，要根据案件情况和在案证据正确区分非法取证与不文明司法的行为，避免将所有采用此类方法收集的证据一律作为非法证据予以排除，实现惩罚犯罪与保障人权的有机统一。

2. 采用威胁方法取得的供述，应当予以排除。采用以暴力或者严重损害本人及其近亲属合法权益等进行威胁的方法，使犯罪嫌疑人、被告人遭受难以忍受的痛苦而违背意愿作出的供述，应当予以排除。司法实践中，常见的威胁方式有对犯罪嫌疑人进行恐吓将对其使用暴力，揭露其个人隐私或者痛苦往事，对其近亲属采取强制措施，对其配偶、子女追究相应责任或者影响子女前途，对有病的犯罪嫌疑人进行恐吓将对其不予治疗，等等。[②]

3. 采用非法限制人身自由方法取得的供述，应当予以排除。司法实践中，有的办案单位违反法定程序非法拘禁犯罪嫌疑人，或者在强制措施超过法定

---

① 对此，2017年最高人民法院、最高人民检察院、公安部、国家安全部、司法部联合出台的《关于办理刑事案件严格排除非法证据若干问题的规定》第四条明确规定：“采用非法拘禁等非法限制人身自由的方法收集的犯罪嫌疑人、被告人供述，应当予以排除。”

② 陈光中主编：《非法证据排除规则实施问题研究》，北京大学出版社2014年版，第11页。

期限后仍非法羁押犯罪嫌疑人，应视为刑事诉讼法规定的“其他非法方法”。立足司法实际，《最高人民法院、最高人民检察院、公安部、国家安全部、司法部关于办理刑事案件严格排除非法证据若干问题的规定》(以下简称《严格排除非法证据规定》)规定：“采用非法拘禁等非法限制人身自由的方法收集的犯罪嫌疑人、被告人供述，应当予以排除。”

4. 确立重复性供述排除规则。采用刑讯逼供方法使犯罪嫌疑人、被告人作出供述，之后犯罪嫌疑人、被告人受该刑讯逼供行为影响而作出的与该供述相同的重复性供述，应当一并排除。考虑司法实际需要，重复性供述一概予以排除，不利于实现惩罚犯罪与保障人权的平衡，《严格排除非法证据规定》对重复性供述排除规则设定了两种例外情形：一是（侦查阶段）主体变更的例外。侦查期间，根据控告、举报或者主动发现等，侦查机关确认或者不能排除以非法方法收集证据而更换侦查人员，其他侦查人员再次讯问时告知诉讼权利和认罪的法律后果，犯罪嫌疑人自愿供述的，之后收集的重复性供述可以作为证据使用。二是诉讼阶段变更的例外。审查逮捕、审查起诉和审判期间，检察人员、审判人员讯问时告知诉讼权利和认罪的法律后果，犯罪嫌疑人、被告人自愿供述的，有关供述可以作为证据使用。

5. 非法收集的证人证言和被害人陈述的排除规则。采用暴力、威胁以及非法限制人身自由等非法方法收集的证人证言、被害人陈述，应当予以排除。对此类严重侵犯证人、被害人权利的非法证据，应当实行强制排除。

6. 非法实物证据的排除规则。收集物证、书证不符合法定程序，可能严重影响司法公正的，应当予以补正或者作出合理解释。《严格排除非法证据规定》规范的非法实物证据也主要是针对侦查机关采取非法搜查、扣押等措施收集的实物证据。所谓非法搜查、扣押，主要是指未经依法批准或授权而滥用搜查、扣押措施。

——戴长林：《非法证据排除制度的新发展及重点问题研究》，载《法律适用》2018 年第 1 期。

1566. 非法证据和瑕疵证据的区分

关键词

非法证据 瑕疵证据

附录：最高人民法院法官著述

虽然各国非法证据排除规则不尽相同，但设立这一规则的初衷是相同的——都是从人权保障价值出发的。只有当某一证据的取证手段侵犯了相关人的基本权利时，排除这一证据才能实现人权保障的初衷；如果某种证据的取证手段没有侵犯相关人的基本权利却排除该证据的使用，既不能实现犯罪控制的目的，也对保障人权没有意义，显然是得不偿失的。[①]

非法证据和瑕疵证据都有特定的含义，虽然两者都涉及证据的合法性问题，但存在有重大差异，不能混淆。具体区别如下：第一，违法的程度存在实质差异。非法证据是指通过违反法定程序并且侵犯宪法权利或者重要诉讼权利的方式取得的证据，而瑕疵证据通常是指形式要件存在瑕疵（或者缺陷）的证据，比如收集调取的物证、书证，在相关笔录上没有侦查人员签名的；笔录填写的讯问时间、讯问人有误或者存在矛盾的，等等。瑕疵证据虽然也涉及违反取证程序的情形，但此类违法属于轻微违法，并未侵犯宪法权利。这是非法证据与瑕疵证据最本质的区别。第二，法庭的认定方式存在差异。非法证据排除规则涉及的是取证合法性问题，法庭对证据收集合法性的调查，要启动专门的程序，而对于适用瑕疵证据排除规则的情形，无需启动专门的调查程序。司法实践中，有些办案人员未能认识到非法证据和瑕疵证据的区别，或者将非法证据视为瑕疵证据，不予排除，或者将瑕疵证据视为非法证据，直接予以排除，这两种做法都是错误的。

——戴长林：《非法证据排除制度的新发展及重点问题研究》，载《法律适用》2018 年第 1 期。

1567. 非法证据的排除规则

关键词

非法证据排除　法庭调查　讯问合法性

最高人民法院司法政策精神

第一条　采用下列非法方法收集的被告人供述，应当予以排除：

（一）采用殴打、违法使用戒具等暴力方法或者变相肉刑的恶劣手段，使被告人遭受难以忍受的痛苦而违背意愿作出的供述；

（二）采用以暴力或者严重损害本人及其近亲属合法权益等进行威胁的方法，使被告人遭受难以忍受的痛苦而违背意愿作出的供述；

（三）采用非法拘禁等非法限制人身自由的方法收集的被告人供述。

采用刑讯逼供方法使被告人作出供述，之后被告人受该刑讯逼供行为影响而作出的与该供述相同的重复性供述，应当一并排除，但下列情形除外：

① 汪建成：《中国需要什么样的非法证据排除规则》，载《环球法律评论》2006 年第 5 期。

（一）侦查期间，根据控告、举报或者自己发现等，侦查机关确认或者不能排除以非法方法收集证据而更换侦查人员，其他侦查人员再次讯问时告知诉讼权利和认罪的法律后果，被告人自愿供述的；

（二）审查逮捕、审查起诉和审判期间，检察人员、审判人员讯问时告知诉讼权利和认罪的法律后果，被告人自愿供述的。

第二条　采用暴力、威胁以及非法限制人身自由等非法方法收集的证人证言、被害人陈述，应当予以排除。

第三条　采用非法搜查、扣押等违反法定程序的方法收集物证、书证，可能严重影响司法公正的，应当予以补正或者作出合理解释；不能补正或者作出合理解释的，对有关证据应当予以排除。

——《人民法院办理刑事案件排除非法证据规程（试行）》（2017年11月27日，法发〔2017〕31号）。

第七条　收集物证、书证不符合法定程序，可能严重影响司法公正的，应当予以补正或者作出合理解释；不能补正或者作出合理解释的，对有关证据应当予以排除。

——《最高人民法院、最高人民检察院、公安部、国家安全部、司法部关于办理刑事案件严格排除非法证据若干问题的规定》（2017年6月20日，法发〔2017〕15号）。

附录：理解与适用

1. 明确被告人供述的排除规则。对被告人供述合法性的认定是目前非法证据排除规则的核心问题。《人民法院办理刑事案件排除非法证据规程（试行）》（以下简称《非法证据排除规程》）重申中央改革文件对非法证据范围的规定，明确规定采用刑讯逼供、威胁、非法限制人身自由等方法收集的供述应当予以排除。同时，《非法证据排除规程》重点强调了重复性供述排除规则及两种例外情形：采用刑讯逼供方法使被告人作出供述，之后被告人受该刑讯逼供行为影响而作出的与该供述相同的重复性供述，应当一并排除，但下列情形除外：（一）侦查期间，根据控告、举报或者主动发现等，侦查机关确认或者不能排除以非法方法收集证据而更换侦查人员，其他侦查人员再次讯问时告知诉讼权利和认罪的法律后果，被告人自愿供述的；（二）审查逮捕、审查起诉和审判期间，检察人员、审判人员讯问时告知诉讼权利和认罪的法律后果，被告人自愿供述的。

2. 明确证人证言和被害人陈述的排除规则。采取暴力、威胁以及非法限制人身自由等方法收集证人证言、被害人陈述，不仅严重损害司法的公正性和公信力，而且通过非法取证所刻意制造的虚假印证，极易导致冤假错案。

《非法证据排除规程》明确，采用暴力、威胁以及非法限制人身自由等非法方法收集的证人证言、被害人陈述，应当予以排除。

3. 明确实物证据的排除规则。为有效保护公民住宅权、隐私权等宪法权利，《非法证据排除规程》重申《最高人民法院、最高人民检察院、公安部、国家安全部、司法部关于办理刑事案件严格排除非法证据若干问题的规定》（以下简称《严格排除非法证据规定》）相关规定，确立了非法实物证据的排除规则，并将非法实物证据进一步限定为采用非法搜查、扣押等措施取得的实物证据，即：采用非法搜查、扣押等违反法定程序的方法收集物证、书证，可能严重影响司法公正的，应当予以补正或者作出合理解释；不能补正或者作出合理解释的，对有关证据应当予以排除。所谓"非法搜查、扣押"，主要是指未经依法批准或授权而滥用搜查、扣押措施。

司法实践中，要正确区分非法证据和瑕疵证据。刑事诉讼法规定的非法证据有特定的含义，只有通过违反法定程序并且严重侵犯人权（或者严重影响司法公正）的非法方法收集的证据，才属于"非法证据"；瑕疵证据虽然也涉及违反取证程序的情形，但一般是指收集证据的时间、地点、签名等技术性违法，并不侵犯被告人基本权利，例如，询问证人的地点不符合规定的，收集调取的物证、书证，在勘查笔录、提取笔录上没有侦查人员等相关人员签名的等等，这些并非非法证据排除制度意义上的"非法证据"。实践中，多地法院将非法证据与瑕疵证据相混淆，不当地扩大了非法证据的范围，冲淡了非法证据排除制度的功能和价值，应当引起重视。

——戴长林、朱晶晶：《人民法院办理刑事案件排除非法证据规程（试行）理解与适用（上）》，载《人民法院报》2018 年 1 月 24 日。

要准确把握非法实物证据的认定标准。基于对公民住宅权、隐私权等的法律保护，许多国家的刑事诉讼法将非法实物证据主要限定为采用非法搜查、扣押等措施取得的实物证据。《严格排除非法证据规定》规范的非法实物证据也主要是针对侦查机关采取非法搜查、扣押等措施收集的实物证据。所谓非法搜查、扣押，主要是指未经依法批准或授权而滥用搜查、扣押措施。《严格排除非法证据规定》之所以规定对非法收集的实物证据实行裁量排除，主要理由是：通过非法搜查、扣押收集物证、书证的行为，尽管侵犯了公民的宪法权利，但毕竟与刑讯逼供等非法方法存在较大差异，此类非法收集实物证据的行为，一般不会改变实物证据的属性和状态，因此，从兼顾实体公正和程序公正的角度，不宜对非法实物证据实行强制排除。司法实践中，人民法院可以综合考虑收集物证、书证违反法定程序以及所造成后果的严重程度等情况，决定是否排除非法实物证据。如果侦查人员在制止犯罪、抓捕犯罪嫌疑人、避免证据灭失等紧急情况下，未经依法批准，采用搜查、扣押等措施收集物证、书证，在作出补正或合理解释后，有关实物证据可以作为证据使用。

——戴长林、刘静坤、朱晶晶：《〈关于办理刑事案件严格排除非法证据若干问题的规定〉的理解与适用》，载《人民司法·应用》2017年第22期（总第789期）。

1568. 刑讯逼供的范围及程度要求

关键词

非法证据排除　刑讯逼供

最高人民法院司法政策精神

第二条　采取殴打、违法使用戒具等暴力方法或者变相肉刑的恶劣手段，使犯罪嫌疑人、被告人遭受难以忍受的痛苦而违背意愿作出的供述，应当予以排除。

——《最高人民法院、最高人民检察院、公安部、国家安全部、司法部关于办理刑事案件严格排除非法证据若干问题的规定》（2017年6月20日，法发〔2017〕15号）。

附录：理解与适用

从条文内容看，2010年《非法证据排除规定》和刑事诉讼法均未明确刑讯逼供的具体内涵。《人民检察院刑事诉讼规则（试行）》第65条对刑讯逼供作出如下界定："刑讯逼供是指使用肉刑或者变相使用肉刑，使犯罪嫌疑人在肉体或者精神上遭受剧烈疼痛或者痛苦以逼取供述的行为。"《最高人民法院、最高人民检察院、公安部、国家安全部、司法部关于办理刑事案件严格排除非法证据若干问题的规定》（以下简称《严格排除非法证据规定》）第2条进一步规定："采取殴打、违法使用戒具等暴力方法或者变相肉刑的恶劣手段，使犯罪嫌疑人、被告人遭受难以忍受的痛苦而违背意愿作出的供述，应当予以排除。"正确理解本条规定，主要有以下要求：

一要准确认定变相肉刑的范围。在起草《严格排除非法证据规定》过程中，围绕是否对变相肉刑的方法作出列举式规定，存在不同的意见。一种意见认为，为加强人权司法保障，解决实践中变相肉刑认定难的问题，应当通过列举诸如冻、饿、晒、烤、疲劳讯问等手段对变相肉刑作出规定。另一种意见认为，不宜对变相肉刑作出列举式规定，理由是：冻、饿、晒、烤、疲劳讯问等手段与变相肉刑不能划等号，判断是否属于刑讯逼供应当考虑诸多因素，而且冻、饿、晒、烤、疲劳讯问的程度在实践中难以量化，无法操作。《严格排除非法证据规定》最终采纳了第二种意见。但这样规定，并不意味着采用冻、饿、晒、烤或疲劳讯问等方法收集的证据具有合法性，而是为人民法院认定非法证据留下了合理的裁量空间。对于司法实践中侦查人员故意冻、饿、晒、烤或疲劳讯问等情形，人民法院可根据具体情节、是否对被告人在肉体上造成难以忍受的痛苦，或者对被告人身体造成的损伤和严重后果等因素判断是否构成非法证据。

二要准确把握对刑讯逼供等非法方法的程度要求。《严格排除非法证据规定》明确了对刑讯逼供等非法方法的程度要求，并非采用殴打、违法使用戒具等方法收集的供述都要予以排除，只有使犯罪嫌疑人、被告人遭受难以忍受的痛苦而违背意愿作出的供述，也就是非法方法与取得供述存在因果关系的情形，才予以排除。实践中，要根据案件情况和在案证据正确区分非法取证与不文明司法的行为，避免将所有采用此类方法收集的证据一律作为非法证据予以排除，实现惩罚犯罪与保障人权的有机统一。

——戴长林、刘静坤、朱晶晶:《〈关于办理刑事案件严格排除非法证据若干问题的规定〉的理解与适用》，载《人民司法 · 应用》2017 年第 22 期（总第 789 期）。

1569. “违法使用戒具”的认定

关键词

违法使用戒具

最高人民法院司法政策精神

第二条　采取殴打、违法使用戒具等暴力方法或者变相肉刑的恶劣手段，使犯罪嫌疑人、被告人遭受难以忍受的痛苦而违背意愿作出的供述，应当予以排除。

——《最高人民法院、最高人民检察院、公安部、国家安全部、司法部关于办理刑事案件严格排除非法证据若干问题的规定》（2017 年 6 月 20 日，法发〔2017〕15 号）。

附录：最高人民法院主流观点

实践中，违法使用戒具包括使用的戒具本身违法、使用对象违法、使用时限违法以及使用程序违法。（1）使用的戒具本身违法。根据《公安部关于看守所使用戒具问题的通知》第一条、第四条的规定，要依照规定使用统一制式的手铐、脚镣和警绳，其他戒具一律禁止使用。戒具的制式标准由公安部另行制定。手铐的最大重量不得超过0.5公斤，脚镣的最大重量不得超过5公斤。严禁给人犯戴双铐、背铐、双镣。（2）戒具使用对象违法。根据《看守所条例》第十七条中的规定，对已被判处死刑、尚未执行的犯人，必须加戴戒具。对有事实表明可能行凶、暴动、脱逃、自杀的人犯，经看守所所长批准，可以使用戒具。如果使用对象不属于已被判处死刑、尚未执行的犯人或可能行凶、暴动、脱逃、自杀的人犯，使用目的不是防止犯人自杀、逃跑、行凶或进行其他破坏活动，都属于违法使用戒具。《公安部关于看守所使用戒具问题的通知》第二条第二款对戒具使用范围作了适度扩大规定，增加了严重闹监，非使用戒具不足以制止的情形和被押解、提讯、出庭受审或者出所就医等途中，需要戴戒具的情形。（3）戒具使用时限违法。根据《公安部关于看守所使用戒具问题的通知》第五条的规定，戴手铐、脚镣的时间不得超过15天（已判处死刑的除外）。特殊情况下，经主管公安处、局长批准，戴戒具的时间可以适当延长。看守所干警要加强对戴戒具的人犯的教育，在其危险性消除时，应当立即解除戒具。超出15天，或者时间超过15天未经规定程序批准，属于使用时限违法。（4）戒具使用程序违法。根据《看守所条例》第十七条第二款中的规定：经看守所所长批准，可以使用械具。在紧急情况下，可以先行使用，然后报告看守所所长。上述情形消除后，应当予以解除。未经规定程序批准，属于违法使用戒具。

——裴显鼎主编：《非法证据排除程序适用指南》（第二版），法律出版社2018年版，第8~9页。

1570. 疲劳讯问的认定要点

关键词

讯问笔录　疲劳讯问

《刑事审判参考》指导案例

王平受贿案（《刑事审判参考》指导案例第1166号）

裁判要点：尽管法律没有对讯问持续的时间作出明确规定，但如果长时间连续讯问超出合理的限度，没有为犯罪嫌疑人、被告人提供必要的休息时间，使犯罪嫌疑人、被告人遭受难以忍受的痛苦而违背意愿作出供述，就应当认定为疲劳讯问，并依法排除有关供述。

关于讯问时间，刑事诉讼法未作专门规定，但刑事诉讼法第一百一十七条第二款规定，传唤、拘传持续的时间不得超过 12 小时，特殊情况不得超过 24 小时。一般认为，长时间、连续不断的疲劳讯问是一种变相肉刑的恶劣取证手段，实践中对疲劳讯问构成非法取证方法这一点已经基本达成共识。2013 年最高人民法院印发的《关于建立健全防范刑事冤假错案工作机制的意见》第八条将疲劳讯问明确规定为非法取证方法。但是难点在于如何认定疲劳讯问，即讯问持续多长时间才能认定为疲劳讯问？实务部门普遍反映，有必要明确疲劳讯问的时间界限。

根据法律规定，讯问犯罪嫌疑人，应当保证犯罪嫌疑人的饮食和必要的休息时间。尽管法律没有对讯问持续的时间作出明确规定，但如果长时间连续讯问超出合理的限度，没有为犯罪嫌疑人、被告人提供必要的休息时间，使犯罪嫌疑人、被告人遭受难以忍受的痛苦而违背意愿作出供述，就应当认定为疲劳讯问，并依法排除有关供述。

——最高人民法院刑事审判第一、二、三、四、五庭主办：《刑事审判参考》（总第 108 辑），法律出版社 2017 年版，第 12~17 页。

1571. 对采用威胁、引诱、欺骗方法取得的证据是否应当排除

关键词

非法证据排除　刑讯逼供

最高人民法院司法政策精神

第三条　采用以暴力或者严重损害本人及其近亲属合法权益等进行威胁的方法，使犯罪嫌疑人、被告人遭受难以忍受的痛苦而违背意愿作出的供述，应当予以排除。

——《最高人民法院、最高人民检察院、公安部、国家安全部、司法部关于办理刑事案件严格排除非法证据若干问题的规定》（2017 年 6 月 20 日，法发〔2017〕15 号）。

附录：理解与适用

2012 年刑事诉讼法明确规定，严禁刑讯逼供和以威胁、引诱、欺骗以及其他非法的方法收集证据，但与此同时，关于非法供述证据的界定沿用了《最高人民法院、最高人民检察院、公安部、国家安全部、司法部关于办理刑事案件排除非法证据若干问题的规定》的表述，即，“采用刑讯逼供等非法方法收集的犯罪嫌疑人、被告人供述，应当予以排除”，并未提及威胁、引诱、

欺骗方法。导致实践中对采用威胁、引诱、欺骗方法取得的证据是否应当排除存在较大的争议。一种意见认为，刑事诉讼法采用的是“宽禁止、严排除”的立法模式，虽然原则上禁止采用威胁、引诱、欺骗的非法方法，但并未将采用此类非法方法取得的证据明确纳入排除规则的范畴。另一种意见认为，在法律已有明确禁止性规定的前提下，依法排除采用威胁、引诱、欺骗方法取得的证据，既有规范依据，也有利于保障人权，并不存在法律上的障碍。《最高人民法院、最高人民检察院、公安部、国家安全部、司法部关于办理刑事案件严格排除非法证据若干问题的规定》(以下简称《严格排除非法证据规定》)第3条规定：“采用以暴力或者严重损害本人及其近亲属合法权益等进行威胁的方法，使犯罪嫌疑人、被告人遭受难以忍受的痛苦而违背意愿作出的供述，应当予以排除”，从规范层面上明确了采用威胁方法取得的供述应当予以排除。正确理解本条规定，主要有以下要求：

一要准确把握威胁的认定标准。尽管与刑讯逼供相比，威胁没有直接对人的身体实施暴力行为，但因涉及对自由意志权这一基本人权的侵犯，故在侵犯人权的程度上接近刑讯逼供，两者均属强迫方法。如果威胁达到了使犯罪嫌疑人、被告人遭受难以忍受的精神痛苦而违背意愿作出供述的程度，就应当对采用此类威胁方法取得的供述实行强制排除。

侦查实践中为了通过讯问获取供述，侦查人员在选择讯问方法时，往往会试图给犯罪嫌疑人施加一定的心理压力，从这个角度讲，威胁与合法侦查策略之间存在一定的交叉。为了有效划分二者之间的法律界限，有必要区分一般意义上的威胁和排除规则意义上的威胁。在日常生活中，只要以不利的后果作为要挟，都属于威胁。但排除规则意义上的威胁，与供述的自愿性紧密相关，主要是指对犯罪嫌疑人采用威逼胁迫的手段迫使其违背意愿作出供述。对于讯问过程中一般性的威吓、呵斥，由于程度轻微，不足以迫使犯罪嫌疑人违背意愿供述，虽然属于不规范的讯问，但并不构成排除规则意义上的威胁。《严格排除非法证据规定》立足司法实际，对威胁方法作出了具体限定，即以暴力或者严重损害本人及其近亲属合法权益等进行威胁。司法实践中，常见的威胁方式有恐吓犯罪嫌疑人将对其使用暴力，揭露个人隐私，对其近亲属采取强制措施，对其配偶、子女追究相应责任等等。

二要准确把握以引诱、欺骗等方法收集供述的合法性。从刑事诉讼法规定看，威胁、引诱、欺骗是与刑讯逼供并列的非法方法，并且威胁、引诱、欺骗三种非法方法之间也是并列关系。实际上，刑讯逼供、威胁、引诱、欺骗四种方法之间在违法和侵权的程度上是存在一定差异的。刑讯逼供方法直接侵犯犯罪嫌疑人的人身权和意志自由权，对基本人权的侵犯程度最高；威胁方法虽未直接侵犯犯罪嫌疑人的身体，但对犯罪嫌疑人的精神实施强迫，侵犯了意志自由权，侵权程度仅次于刑讯逼供；引诱、欺骗方法并未对犯罪嫌疑人的身体或者精神实施强迫，未直接侵犯人身权和意志自由权，但可能会影响司法公正。

对于采用引诱、欺骗方法取得的供述是否应当作为非法证据予以排除，在起草《严格排除非法证据规定》过程中，也存在不同意见。一种意见认为，不应当排除采用引诱、欺骗方法取得的供述。主要理由是：法律并未将采用引诱、欺骗方法取得的供述纳入应当排除的非法证据范围，而且引诱、欺骗与讯问技巧难以截然区分，对引诱、欺骗取得的供述是否应当排除，关键看是否系虚假供述。另一种意见认为，应当对采用引诱、欺骗方法收集的供述予以排除。主要理由是：第一，既然刑事诉讼法严禁引诱、欺骗，采用此类方法收集的供述就应当排除，否则，这种缺乏制裁后果的规定在实践中难以落实，有损法律的权威。同时，采用此类方法收集供述，极易导致冤假错案发生。第二，通过总结实践经验，对引诱、欺骗方法的范围作出合理限定，能够与合法讯问策略区分开来。办案人员在办案过程中采用以非法利益进行引诱的方法（例如，对吸毒的犯罪嫌疑人称，只要认罪就可以为其提供毒品）或者以严重违背社会公德的方式进行欺骗的方法（例如，对犯罪嫌疑人谎称其老母遭遇车祸，只有认罪才能见面），显然不符合公正司法的要求，不仅无法对社会公正起到引领作用，反而可能会产生破坏作用。第三，从国外法律对引诱、欺骗方法的禁止性规定看，主要是防止滥用此类方法导致宗教伦理、社会公德、司法制度的公信等受到负面影响，一旦出现此种负面影响，司法公正也就无从谈起。《严格排除非法证据规定》综合考虑各种因素，未对这一问题作出明确规定，但司法实践中，如果侦查人员采用以非法利益进行引诱的方法或者以严重违背社会公德的方式进行欺骗的方法收集犯罪嫌疑人、被告人供述，可能严重影响司法公正的，对有关供述应当予以排除。

——戴长林、刘静坤、朱晶晶：《〈关于办理刑事案件严格排除非法证据若干问题的规定〉的理解与适用》，载《人民司法·应用》2017年第22期（总第789期）。

附录：最高人民法院法官著述

对于采用引诱、欺骗方法取得的供述是否应当作为非法证据予以排除，在起草《最高人民法院、最高人民检察院、公安部、国家安全部、司法部关于办理刑事案件严格排除非法证据若干问题的规定》（以下简称《严格排除非法证据规定》）过程中，也存在不同意见。

《严格排除非法证据规定》综合考虑各种因素，未对这一问题作出明确规定，但司法实践中，如果办案人员在办案过程中采用以非法利益进行引诱的方法（例如，对吸毒的犯罪嫌疑人称，只要认罪就可以为其提供毒品）或者以严重违背社会公德的方式进行欺骗的方法（例如，对犯罪嫌疑人谎称其老母遭遇车祸，只有认罪才能见面），收集犯罪嫌疑人、被告人供述，可能严重影响司法公正的，对有关供述应当予以排除。

——戴长林：《非法证据排除制度的新发展及重点问题研究》，载《法律适用》2018 年第 1 期。

1572. 犯罪嫌疑人、被告人申请排除非法证据的，应当提供相关线索或者材料

关键词

犯罪嫌疑人　被告人　非法证据排除

最高人民法院司法政策精神

第二十条　犯罪嫌疑人、被告人及其辩护人申请排除非法证据，应当提供涉嫌非法取证的人员、时间、地点、方式、内容等相关线索或者材料。

——《最高人民法院、最高人民检察院、公安部、国家安全部、司法部印发〈关于办理刑事案件严格排除非法证据若干问题的规定〉的通知》（2017 年 6 月 20 日，法发〔2017〕15 号）。

附录：理解与适用

《最高人民法院、最高人民检察院、公安部、国家安全部、司法部关于办理刑事案件严格排除非法证据若干问题的规定》第 20 条规定："犯罪嫌疑人、被告人及其辩护人申请排除非法证据，应当提供涉嫌非法取证的人员、时间、地点、方式、内容等相关线索或者材料。"该规定从兼顾惩罚犯罪和诉讼效率等角度考虑，要求犯罪嫌疑人、被告人在申请排除非法证据的同时，提供可能存在刑讯逼供或者其他非法取证行为的材料或者线索，这样可以防止申请权的滥用，避免造成司法资源的浪费。

关于相关线索或者材料，要有具体的指向性，有据可查。如果被告人仅泛泛地辩称自己遭到刑讯逼供，而提不出任何涉嫌对其刑讯的人员、时间、地点、方式等细节信息，就未能完成初步的举证责任。相关线索是指涉嫌非法取证的人员、时间、地点、方式等线索；相关材料是指能够反映非法取证的伤情照片、体检记录、医院病历、讯问笔录、讯问录音录像或者同监室人员的证言等材料。需要强调的是，尽管要求被告人方提出排除非法证据申请时应当提供相关线索或者材料，但这只是初步的举证责任，只要使人民法院对证据收集的合法性产生疑问即可，不能让被告人方承担侦查人员取证合法性事项的证明责任。

——戴长林、刘静坤、朱晶晶：《〈关于办理刑事案件严格排除非法证据若干问题的规定〉的理解与适用》，载《人民司法·应用》2017年第22期（总第789期）。

1573. 审查逮捕、审查起诉阶段排除非法证据的基本程序

关键词

非法证据排除　审查逮捕　审查起诉

最高人民法院司法政策精神

第五条　采用刑讯逼供方法使犯罪嫌疑人、被告人作出供述，之后犯罪嫌疑人、被告人受该刑讯逼供行为影响而作出的与该供述相同的重复性供述，应当一并排除，但下列情形除外：

（一）侦查期间，根据控告、举报或者自己发现等，侦查机关确认或者不能排除以非法方法收集证据而更换侦查人员，其他侦查人员再次讯问时告知诉讼权利和认罪的法律后果，犯罪嫌疑人自愿供述的；

（二）审查逮捕、审查起诉和审判期间，检察人员、审判人员讯问时告知诉讼权利和认罪的法律后果，犯罪嫌疑人、被告人自愿供述的。

第十六条　审查逮捕、审查起诉期间讯问犯罪嫌疑人，应当告知其有权申请排除非法证据，并告知诉讼权利和认罪的法律后果。

第十七条　审查逮捕、审查起诉期间，犯罪嫌疑人及其辩护人申请排除非法证据，并提供相关线索或者材料的，人民检察院应当调查核实。调查结论应当书面告知犯罪嫌疑人及其辩护人。

人民检察院在审查起诉期间发现侦查人员以刑讯逼供等非法方法收集证据的，应当依法排除相关证据并提出纠正意见，必要时人民检察院可以自行调查取证。

人民检察院对审查认定的非法证据，应当予以排除，不得作为批准或者决定逮捕、提起公诉的根据。被排除的非法证据应当随案移送，并写明为依法排除的非法证据。

第十八条　人民检察院依法排除非法证据后，证据不足，不符合逮捕、起诉条件的，不得批准或者决定逮捕、提起公诉。

对于人民检察院排除有关证据导致对涉嫌的重要犯罪事实未予认定，从而作出不批准逮捕、不起诉决定，或者对涉嫌的部分重要犯罪事实决定不起诉的，公安机关、国家安全机关可要求复议、提请复核。

——《最高人民法院、最高人民检察院、公安部、国家安全部、司法部

关于办理刑事案件严格排除非法证据若干问题的规定》(2017年6月20日,法发〔2017〕15号)。

附录:理解与适用

审查逮捕、审查起诉是刑事诉讼的关键环节,前者决定是否对犯罪嫌疑人采取审前羁押措施,后者决定是否将案件移送法院审判,这两个阶段都涉及证据合法性的审查判断问题。为确保人民检察院充分履行法律监督职责,及时保障犯罪嫌疑人的合法权益,《最高人民法院、最高人民检察院、公安部、国家安全部、司法部关于办理刑事案件严格排除非法证据若干问题的规定》(以下简称《严格排除非法证据规定》)第三部分"审查逮捕、审查起诉"设置了审查逮捕、审查起诉阶段排除非法证据的基本程序。

1. 讯问时的权利告知。《严格排除非法证据规定》第16条规定:"审查逮捕、审查起诉期间讯问犯罪嫌疑人,应当告知其有权申请排除非法证据,并告知诉讼权利和认罪的法律后果。"讯问犯罪嫌疑人时告知诉讼权利,既是法律的内在要求,也能促使犯罪嫌疑人尽早提出排除非法证据申请,进而尽早解决证据合法性争议。需要指出的是,《严格排除非法证据规定》第5条第2款设立了重复性供述排除规则的例外情形,其中一个重要的例外就是诉讼阶段变更的例外,即审查逮捕、审查起诉期间,检察人员讯问时告知诉讼权利和认罪的法律后果,犯罪嫌疑人自愿供述的,之后收集的重复性供述可以作为证据使用。为与该规定相衔接,审查逮捕、审查起诉期间检察人员讯问犯罪嫌疑人,应当告知相关诉讼权利和认罪的法律后果,确保犯罪嫌疑人供述的自愿性。

2. 依申请或者依职权排除。与侦查阶段排除非法证据的模式类似,人民检察院在审查逮捕、审查起诉阶段排除非法证据,也分为依申请排除和依职权排除两种模式。《严格排除非法证据规定》第17条第1款规定,审查逮捕、审查起诉期间,犯罪嫌疑人及其辩护人申请排除非法证据,并提供相关线索或者材料的,人民检察院应当调查核实。调查结论应当书面告知犯罪嫌疑人及其辩护人。第2款规定,人民检察院在审查起诉期间发现侦查人员以刑讯逼供等非法方法收集证据的,应当依法排除相关证据并提出纠正意见,必要时人民检察院可以自行调查取证。这里需要明确两个问题:第一,依申请排除非法证据的主体。刑事诉讼法没有明确规定具体由人民检察院哪个部门负责这一工作。对此,《人民检察院刑事诉讼规则(试行)》第69条规定,"对于非法证据的调查核实……在审查起诉阶段由公诉部门负责。"第二,人民检察院对非法证据调查核实的方式。在调查核实过程中,人民检察院可以讯问犯罪嫌疑人,询问办案人员,询问在场人员及证人,听取辩护律师意见,调取讯问笔录、讯问录音、录像,调取、查询犯罪嫌疑人出入看守所的身体检查记录及相关材料,以及进行伤情、病情检查或者鉴定,等等。

3. 对非法证据的处理。《严格排除非法证据规定》第17条第3款规定，人民检察院对审查认定的非法证据，应当予以排除，不得作为批准或者决定逮捕、提起公诉的根据。被排除的非法证据应当随案移送，并写明为依法排除的非法证据。这里所谓的“审查认定的非法证据”，并不限定于“确有以非法方法收集证据的情形”，而是应当与刑事诉讼法第五十八条作相同理解，即，人民检察院经审查确认或者不能排除以非法方法收集证据情形的，对有关证据应当予以排除。

4. 排除非法证据后对案件的处理。《严格排除非法证据规定》第18条第1款规定：“人民检察院依法排除非法证据后，证据不足，不符合逮捕、起诉条件的，不得批准或者决定逮捕、提起公诉。”实践中，一些案件的关键证据属非法证据，除该证据外可能缺乏必要证据证明犯罪事实，为确保案件质量，人民检察院既要严格依法排除非法证据，又要在排除非法证据后严格把握案件证明标准，不得将定罪证据存在疑问、证据不足的案件提起公诉。

——戴长林、刘静坤、朱晶晶：《〈关于办理刑事案件严格排除非法证据若干问题的规定〉的理解与适用》，载《人民司法·应用》2017年第22期（总第789期）。

1574. 法庭审理阶段对非法证据排除申请的调查

关键词

法庭审理阶段　非法证据排除申请

最高人民法院司法政策精神

第四条　依法予以排除的非法证据，不得宣读、质证，不得作为定案的根据。

第六条　证据收集合法性的举证责任由人民检察院承担。

人民检察院未提供证据，或者提供的证据不能证明证据收集的合法性，经过法庭审理，确认或者不能排除以非法方法收集证据情形的，对有关证据应当予以排除。

第十八条　人民法院决定对证据收集的合法性进行法庭调查的，应当先行当庭调查。对于被申请排除的证据和其他犯罪事实没有关联等情形，为防止庭审过分迟延，可以先调查其他犯罪事实，再对证据收集的合法性进行调查。

在对证据收集合法性的法庭调查程序结束前，不得对有关证据宣读、质证。

第二十条　公诉人对证据收集的合法性加以证明，可以出示讯问笔录、提讯登记、体检记录、采取强制措施或者侦查措施的法律文书、侦查终结前对讯问合法性的核查材料等证据材料，也可以针对被告人及其辩护人提出异议的讯问时段播放讯问录音录像，提请法庭通知侦查人员或者其他人员出庭说明情况。不得以侦查人员签名并加盖公章的说明材料替代侦查人员出庭。

庭审中，公诉人当庭不能举证或者为提供新的证据需要补充侦查，建议延期审理的，法庭可以同意。

第二十一条 被告人及其辩护人可以出示相关线索或者材料，并申请法庭播放特定讯问时段的讯问录音录像。

被告人及其辩护人向人民法院申请调取侦查机关、人民检察院收集但未提交的讯问录音录像、体检记录等证据材料，人民法院经审查认为该证据材料与证据收集的合法性有关的，应当予以调取；认为与证据收集的合法性无关的，应当决定不予调取，并向被告人及其辩护人说明理由。

被告人及其辩护人申请人民法院通知侦查人员或者其他人员出庭说明情况，人民法院认为确有必要的，可以通知上述人员出庭。

——《人民法院办理刑事案件排除非法证据规程（试行）》（2017 年 12 月 11 日，法发〔2017〕31 号）。

附录：最高人民法院主流观点

根据刑事诉讼法、《最高人民法院关于适用〈中华人民共和国刑事诉讼法〉的解释》和《人民法院办理刑事案件排除非法证据规程（试行）》的规定，法庭审理阶段对非法证据排除申请的调查应当注意以下问题：

1. 对当庭提出的非法证据排除申请的处理。被告人及其辩护人在开庭审理前未申请排除非法证据，在庭审过程中提出申请的，应当说明理由。人民法院经审查，对证据收集的合法性有疑问的，应当进行调查；没有疑问的，应当驳回申请。人民法院驳回排除非法证据的申请后，被告人及其辩护人没有新的线索或者材料，以相同理由再次提出申请的，人民法院不再审查。

2. 先行当庭调查原则与例外。人民法院决定对证据收集的合法性进行法庭调查的，应当先行当庭调查。对于被申请排除的证据和其他犯罪事实没有关联等情形，为防止庭审过分迟延，可以先调查其他犯罪事实，再对证据收集的合法性进行调查。需要注意的是，《人民法院办理刑事案件排除非法证据规程（试行）》第四条规定："依法予以排除的非法证据，不得宣读、质证，不得作为定案的根据。"第十八条第二款进一步强调："在对证据收集合法性的法庭调查程序结束前，不得对有关证据宣读、质证。"

3. 证据收集合法性的法庭调查步骤。法庭决定对证据收集的合法性进行调查的，一般按照以下步骤进行：（1）召开庭前会议的案件，法庭应当在宣读起诉书后，宣布庭前会议中对证据收集合法性的审查情况，以及控辩双方的争议焦点；（2）被告人及其辩护人说明排除非法证据的申请及相关线索或者材料；（3）公诉人出示证明证据收集合法性的证据材料，被告人及其辩护人可以对相关证据进行质证，经审判长准许，公诉人、辩护人可以向出庭的侦查人员或者其他人员发问；（4）控辩双方对证据收集的合法性进行辩论。

4. 证据收集合法性的证明责任与证明方式。刑事诉讼法第五十九条第一款规定："在对证据收集的合法性进行法庭调查的过程中，人民检察院应当对证据收集的合法性加以证明。"根据这一规定，在法庭调查中，对证据收集的合法性的证明责任由人民检察院承担，人民检察院应当对证据收集的合法性加以证明。这种举证责任倒置的规定是国际通行的做法。据此，《人民法院办理刑事案件排除非法证据规程（试行）》第六条进一步规定："证据收集合法性的举证责任由人民检察院承担。""人民检察院未提供证据，或者提供的证据不能证明证据收集的合法性，经过法庭审理，确认或者不能排除以非法方法收集证据情形的，对有关证据应当予以排除。"

刑事诉讼法第五十九条第二款规定："现有证据材料不能证明证据收集的合法性的，人民检察院可以提请人民法院通知有关侦查人员或者其他人员出庭说明情况；人民法院可以通知有关侦查人员或者其他人员出庭说明情况。有关侦查人员或者其他人员也可以要求出庭说明情况。经人民法院通知，有关人员应当出庭。"《人民法院办理刑事案件排除非法证据规程（试行）》进一步规定，公诉人对证据收集的合法性加以证明，可以出示讯问笔录、提讯登记、体检记录、采取强制措施或者侦查措施的法律文书、侦查终结前对讯问合法性的核查材料等证据材料，也可以针对被告人及其辩护人提出异议的讯问时段播放讯问录音录像，提请法庭通知侦查人员或者其他人员出庭说明情况。不得以侦查人员签名并加盖公章的说明材料替代侦查人员出庭。庭审中，公诉人当庭不能举证或者为提供新的证据需要补充侦查，建议延期审理的，法庭可以同意。

此外，《人民法院办理刑事案件排除非法证据规程（试行）》进一步规定了被告人及其辩护人出示和申请调取相关材料以及申请通知相关人员出庭的问题。被告人及其辩护人可以出示相关线索或者材料，并申请法庭播放特定讯问时段的讯问录音录像。被告人及其辩护人向人民法院申请调取侦查机关、人民检察院收集但未提交的讯问录音录像、体检记录等证据材料，人民法院经审查认为该证据材料与证据收集的合法性有关的，应当予以调取；认为与证据收集的合法性无关的，应当决定不予调取，并向被告人及其辩护人说明理由。被告人及其辩护人申请人民法院通知侦查人员或者其他人员出庭说明情况，人民法院认为确有必要的，可以通知上述人员出庭。

需要注意的是，播放同步录音录像资料应当具有一定的针对性，不宜全程播放。根据法律规定和司法实践，讯问被告人的同步录音录像，动辄十几个小时，甚至更长的时间，如果全程播放录音录像资料，会严重影响庭审效率，而且，全程播放也没有必要。因此，如果围绕当事人及其辩护人、诉讼代理人提出的相关线索或者材料，进行有针对性的播放审查，既能对被告人供述的合法性进行有效审查，也能促进庭审效率的提升。例如，江苏省常州市高新区法院在审理被告人钱某一案中，关于“侦查人员是否用警棍打击被告人膝盖和有无伤痕”，侦查人员出庭作证说，案发后曾带被告人回家搜查，并允许其在家中脱下秋衣、换上冬衣，当时被告人家人均在现场，未看见膝伤。随后，公诉人播放当日的同步录音录像，并将画质定格在其完好无损的两膝上。最终，法庭采纳了侦查人员的证言。[①]

5. 法庭对证据收集合法性调查的审查方法。法庭对证据收集的合法性进行调查的，应当重视对讯问录音录像的审查，重点审查以下内容：（1）讯问录音录像是否依法制作。对于可能判处无期徒刑、死刑的案件或者其他重大犯罪案件，是否对讯问过程进行录音录像。（2）讯问录音录像是否完整。是否对每一次讯问过程录音录像，录音录像是否全程不间断进行，是否有选择性录制、剪接、删改等情形。（3）讯问录音录像是否同步制作。录音录像是否自讯问开始时制作，至犯罪嫌疑人核对讯问笔录、签字确认后结束；讯问笔录记载的起止时间是否与讯问录音录像反映的起止时间一致。（4）讯问录音录像与讯问笔录的内容是否存在差异。对与定罪量刑有关的内容，讯问笔录记载的内容与讯问录音录像是否存在实质性差异，存在实质性差异的，以讯问录音录像为准。

此外，侦查人员或者其他人员出庭的，应当向法庭说明证据收集过程，并就相关情况接受发问。对发问方式不当或者内容与证据收集的合法性无关的，法庭应当制止。经人民法院通知，侦查人员不出庭说明情况，不能排除以非法方法收集证据情形的，对有关证据应当予以排除。

人民法院对控辩双方提供的证据来源、内容等有疑问的，可以告知控辩双方补充证据或者作出说明；必要时，可以宣布休庭，对证据进行调查核实。法庭调查核实证据，可以通知控辩双方到场，并将核实过程记录在案。对于控辩双方补充的和法庭庭外调查核实取得的证据，未经当庭出示、质证等法庭调查程序查证属实，不得作为证明证据收集合法性的根据。

6. 对证据收集合法性的调查决定。人民法院对证据收集的合法性进行调查后，应当当庭作出是否排除有关证据的决定。必要时，可以宣布休庭，由合议庭评议或者提交审判委员会讨论，再次开庭时宣布决定。

经法庭审理，具有下列情形之一的，对有关证据应当予以排除：（1）确认以非法方法收集证据的；（2）应当对讯问过程录音录像的案件没有提供讯问录音录像，或者讯问录音录像存在选择性录制、剪接、删改等情形，现有

① 参见《侦查人员出庭拆穿逼供谎言》，载《检察日报》2012年8月20日。

证据不能排除以非法方法收集证据的；（3）侦查机关除紧急情况外没有在规定的办案场所讯问，现有证据不能排除以非法方法收集证据的；（4）驻看守所检察人员在重大案件侦查终结前未对讯问合法性进行核查，或者未对核查过程同步录音录像，或者录音录像存在选择性录制、剪接、删改等情形，现有证据不能排除以非法方法收集证据的；（5）其他不能排除存在以非法方法收集证据的。

人民法院对证据收集合法性的审查、调查结论，应当在裁判文书中写明，并说明理由。

——杨万明主编：《新刑事诉讼法司法适用解答》，人民法院出版社 2018 年版，第 106~109 页。

1575. 二审法院经审查认为原判据以定案的证据系非法证据应当予以排除的，需要区分情形对案件作出处理

关键词

毒品犯罪　非法证据排除

《刑事审判参考》指导案例

黄志坚等贩卖、运输毒品案（《刑事审判参考》指导案例第 1167 号）

裁判要点：被告人在上诉中提出排除非法证据申请，二审法院经审查认为原判据以定案的证据系非法证据，依法应当予以排除的，应当区分情形对案件作出相应的处理。

被告人在上诉中提出排除非法证据申请，二审法院经审查认为原判据以定案的证据系非法证据，依法应当予以排除的，应当区分情形对案件作出相应的处理：[①]

① 对此，2017 年最高人民法院、最高人民检察院、公安部、国家安全部、司法部联合出台的《关于办理刑事案件严格排除非法证据若干问题的规定》第四十条规定："第一审人民法院对被告人及其辩护人排除非法证据的申请未予审查，并以有关证据作为定案根据，可能影响公正审判的，第二审人民法院可以裁定撤销原判，发回原审人民法院重新审判。第一审人民法院对依法应当排除的非法证据未予排除的，第二审人民法院可以依法排除非法证据。排除非法证据后，原判决认定事实和适用法律正确、量刑适当的，应当裁定驳回上诉或者抗诉，维持原判；原判决认定事实没有错误，但适用法律有错误，或者量刑不当的，应当改判；原判决事实不清楚或者证据不足的，可以裁定撤销原判，发回原审人民法院重新审判。"

一种情形是被告方在一审程序中提出排除非法证据申请，但一审法院未予审查，径行驳回被告方的申请。如果被告方申请排除的证据系关键定案证据，而一审法院对该申请未予审查，并以有关证据作为定案根据，可能影响公正审判的，二审法院可以将其作为违反法律规定的诉讼程序的情形，裁定撤销原判，发回重审。

另一种情形是被告方在一审程序中提出排除非法证据申请，一审法院经过审查后对证据收集合法性进行调查，最终认定取证合法，进而驳回被告方的申请。如果二审法院经审查认为，一审法院有关证据收集合法性的处理结果并不准确，有关证据应当作为非法证据予以排除的，则需要进一步区分案件情况作出处理：排除有关证据后其他证据仍然能够证明被告人有罪的，二审法院可以依法排除有关证据，并在认定被告人有罪的基础上维持原判；排除有关证据后，案件事实不清，证据不足的，二审法院可以裁定撤销原判，发回重审。

需要指出的是，为了强化裁判说理，二审法院对于证据收集合法性的审查处理结果，以及案件的最终处理结果，都应当充分说明理由。

——最高人民法院刑事审判第一、二、三、四、五庭主办：《刑事审判参考》（总第108辑），法律出版社2017年版，第18~25页。

1576. 是否可以让证人到指定的非侦查机关以外的地点接受询问

关键词

侦查机关　临时设置　证人　本人同意

附录：最高人民法院法官著述

实践中，侦查机关在办理案件时，除了在犯罪现场、证人工作单位和居住地、证人提出的地点、侦查机关四类地点询问证人之外，有时为了办案的需要，从有利于获取证言、保证证人作证的积极性方面考虑，会在居委会、村委会、宾馆等场所设置临时办案点，指定证人到临时设置的办案点接受询问，只要事先征得被询问的证人本人同意，出示了侦查机关的证明文件并依法进行询问，就不违反《刑事诉讼法》第124条第1款的规定。但是如果强迫证人到指定的非上述四类法定询问地点询问的，则属于违法询问，应当予以禁止。

——张述元主编：《刑事诉讼法及配套规定新释新解与适用指南》，中国法制出版社2020年版，第831~832页。

1577. 刑事诉讼证明标准的主客观相统一性的把握

关键词

抢劫罪　破坏电力设备罪　证明标准

《刑事审判参考》指导案例

袁某抢劫、破坏电力设备案（《刑事审判参考》指导案例第 1010 号）

裁判要点：对于被告人抢劫致死被害人的事实，虽然根据现有证据，结合办案经验和逻辑分析，系被告人所为的可能性很大，但现场没有提取到证实被告人作案的有力客观证据，根据被告人供述提取到的个别证据价值不大，部分影响定罪量刑的关键事实缺乏确凿证据证明，证实被害人的死因、身份、死亡时间的证据尚不能排除合理怀疑，对犯罪事实无法得出确定、唯一的结论。因此在本起事实的证据审查认定上，坚持疑罪从无原则，对于虽有被告人供述但在案证据达不到“事实清楚，证据确实、充分”这一法定证明标准的事实，不予认定。

证明标准是指法律规定的运用证据证明待证事实所要达到的程度和要求。刑事诉讼证明标准的核心是运用证据证明案件事实需要达到何种程度才可以确认犯罪并据以定罪量刑。在我国刑事诉讼中，认定被告人有罪的证明标准是“事实清楚，证据确实、充分”。修正后的刑事诉讼法第五十三条在规定“证据确实、充分”条件的同时，借鉴了英美证据体系中“排除合理怀疑”的表述。这一规定是对我国刑事诉讼证明标准的科学完善，旨在进一步确立主客观相统一的证明标准。“事实清楚，证据确实、充分”的标准主要体现了刑事诉讼证明标准的客观性，侧重于对证据本身质和量的要求。但是，对于诉讼证明是否达到这一客观标准，需要由法官根据控方的举证活动，结合自身的专业知识和经验、常识，形成主观认知和内心确信。法官需要以“事实清楚，证据确实、充分”为客观标准，通过主观上达到“排除合理怀疑”的内心确信程度，从而作出有罪裁判。因此，刑事诉讼证明标准实际上包含着主客观这两个相辅相成、不可分割的方面。在两者的关系上，客观标准是衡量主观标准的依据，并对主观标准起着根本性制约作用，有利于避免主观标准的不确定性；主观标准是客观标准实现的途径，有利于防止客观标准的机械性。审判工作中，应当坚持主客观相统一的原则，既不能机械地执行客观标准，也不能过分强调主观标准，尤其在当前配套制度尚未完备的情况下，为防范冤假错案件的发生，主观标准更应受到客观标准的制约。本案对袁某抢劫致死陈某某犯罪事实的认定，就体现了主客观相统一的刑事诉讼证明标准的运用，特别是如何看待内心确信问题。

——最高人民法院刑五庭：《袁某抢劫破坏电力设备案》，载最高人民法院刑事审判第一、二、三、四、五庭主办：《刑事审判参考》2014年第4集（总第99集），法律出版社2015年版，第62~67页。

1578. 关键证据存在疑点，无法排除合理怀疑的案件，应当宣告无罪

关键词

关键证据存疑　排除合理怀疑　宣告无罪

《刑事审判参考》指导案例

晏朋荣故意杀人、抢劫案（《刑事审判参考》指导案例第738号）

裁判要点：有罪判决的证明要求案件事实清楚，证据确实、充分，对关键证据存在疑点，无法排除合理怀疑的案件，应当宣告被告人无罪

（一）对证据存疑的案件的审查

1. 对定案证据进行综合审查是基础

对定案证据进行综合审查，是证据审查的首要工作。实践中，对于一些证据存疑的案件，往往会先从具体问题入手进行审查。比如，纠结于犯罪动机是否合理、是否有他人参与作案等事实证据的审查，而忽视了对全部证据特别是定案证据的证据链条是否完整、整体的证明力是否确实、充分等进行综合审查。对于所有的案件，都应当首先审查各个证据与案件事实是否有客观联系，是否能够形成证据链条，该链条是否完整、合理、有逻辑性，从整体上判断全案证据是否确实、充分。

2. 对犯罪动机合理性、他人参与作案可能性等“干扰性”情节进行审查，是排除或确定证据间疑点的辅助手段

实践中，在审查一些存在证据问题的案件时，往往会过多关注被告人的作案动机，把动机是否符合情理作为认定供述客观性、能否排除合理怀疑的重要依据，甚至把动机不合理直接作为不能排除的合理怀疑。这种认识有失

偏颇，作案动机是犯罪人作案时的心理活动，是案件事实的一部分，主要依靠被告人的供述认定，如果被告人故意隐瞒，很难对其犯罪动机进行准确认定。因此，在有些案件中查不清犯罪动机是正常的，是法律事实和客观事实的差异在具体案件中的体现。能否查明动机，与案件是否构成“铁案”、犯罪事实是否清楚并无直接的关系。至于动机是否合理，更是我们站在一般人角度分析得出的结论，主观性很强，不足以作为产生怀疑的合理依据。犯罪动机、他人参与作案的可能性等类似情节，对定案证据是否确实、充分并无直接影响。如果定案证据确实、充分，足以认定被告人犯罪事实，这些情节的干扰作用自然消失。

（二）对无罪案件的证据标准的把握

根据《刑事诉讼法》第一百六十二条的规定，有罪判决的证明要求是案件事实清楚，证据确实、充分。事实清楚，是指凡与定罪量刑有关的事实和情节，都必须查清，证据确实、充分是对定案证据质和量的总体要求。“确实”是质的要求，包括查证属实、与待证事实客观联系、与证明对象范围一致及证明力强等。“充分”是量的要求，首先要求能够收集、应当收集的证据均已依法收集，其次要求犯罪构成要件的事实均有相应证据证明，最后要求所有证据的总和足以使案件事实得出确定无疑的结论，排除其他一切可能。结合最高人民法院、最高人民检察院、公安部、国家安全部、司法部联合制定的《关于办理死刑案件审查判断证据若干问题的规定》，可以总结出有罪判决的证明标准：第一，有罪判决必须满足事实清楚，证据确实、充分的证明要求；第二，满足证据确实、充分的证明要求必须达到客观真实并排除合理怀疑的证明标准；第三，客观真实并排除合理怀疑具体体现为作为定案根据的证据形成封闭锁链并排除相互的冲突和矛盾，所证明的案件事实具有唯一性。

刑事案件的证明责任由指控人（公诉机关、自诉人）承担，被告人无须“自证无罪”，因此无罪判决的证明标准与有罪判决并不相同，只要指控证据未达到有罪判决的证明标准。简言之，只要存在被告人无罪的可能性，就表明关于有罪的证明至少未达到排除合理怀疑的要求，即应考虑认定被告人无罪。换言之，对于无罪事实的证明并不需要达到确实、充分，排除合理怀疑的程度，只要无罪事实存在，足以影响到证据不足，不能认定被告人有罪即可。

——周进、徐西、徐万祥：《晏朋荣故意杀人、抢劫案——关键证据存在疑点，无法排除合理怀疑的案件，应当宣告无罪》，载最高人民法院刑事审判第一、二、三、四、五庭主办：《刑事审判参考》2011年第6集（总第83集），法律出版社2012年版，第27~32页。

1579. 关于瑕疵证据的采信与排除

关键词

瑕疵证据

《刑事审判参考》指导案例

吴金义故意杀人案（《刑事审判参考》指导案例第579号）

裁判要点：来源不清或来源存疑的物证及据此得出的鉴定结论不能作为定案的依据。

案件现场的痕迹物证包括遗留在现场的血迹、体液及其斑痕、手印等，是较为稳定和可靠的客观性证据。对痕迹物证依法及时提取并进行鉴定，对证明案件事实、准确认定犯罪人具有至关重要的作用。但是，如果证据的来源不合法或来源存疑，势必会影响到对证据的客观性、证据与案件本身的关联性的判断。我们认为，鉴定结论只能证明该物证与被告人（被害人）等之间的联系，不能证明该物证与案件本身的关联性。要通过审查该鉴定结论所使用的检材来源是否清楚，提取是否合法，来判断该物证与案件之间是否存在关联性，而不能以鉴定结论作为痕迹物证审查判断的依据。对经查证物证来源不清，经补充调查核实仍然存疑的，该物证不能作为定案证据，依此作出的鉴定结论也不能采信。在侦查实践中，对痕迹物证的收集、保管和鉴定往往是一个薄弱环节。有的案件勘验、检查不及时，导致错过收集某些痕迹物证的时机；有的案件勘验、检查笔录不详尽，对现场提取的痕迹、物证未作记载或表述不明确；有的案件缺少现场照片或者现场照片不能反映现场全貌，导致一些案件贻误时机，证据难查；遗漏丢失，证据难补。证据不足，案件难定，在审判实践中，重鉴定结论，轻物证检材来源的审查；重物证，轻提取、辨认物证程序的审查；重客观性证据，轻该客观证据与案件其他证据之间联系的审查的现象还在一定程度上存在，从而影响了案件质量，应当引起足够的重视。

本案中，一、二审法院认定被告人吴金义故意杀人的主要证据有证明吴金义在南京市打工期间曾离开南京数日的证人证言，证明被害人孙某某、吴学坤系他人扼颈后形成机械性窒息死亡的尸体检验报告，证明案发现场床帮上提取的手印是吴金义左手掌所留的手印痕迹鉴定书，吴金义在侦查阶段的认罪供述等。

经审查，本案在侦查阶段对痕迹物证的收集、固定、鉴定等方面存在重大瑕疵，具体表现如下：（一）部分物证的提取不全或丢失。（二）作为一、二审定案依据的关键证据“血掌印”来源不清。（三）结合“血掌印”的鉴定经过，该“血掌印”的鉴定结论不能作为证据采信。

综合全案证据审查判断，部分物证提取不全或丢失，导致其他证据证明力减弱；关键物证“血掌印”的来源不清，虽然鉴定结论能够证明在案的掌印系被告人所留，但不能证明该检材就是现场床帮上的“血掌印”；现场勘查中记载的其他“血指印”未通过鉴定等形式予以固定，不能完全排除其他人作案的可能；在案的证人证言亦不能证明被告人作案。尽管被告人吴金义有罪供述的主要内容（如现场房间的结构、尸体的位置和朝向、从现场逃跑的路线等）与现场情况基本吻合，但被告人对被害人家比较熟悉，且在案发多年后才归案，作了有罪供述后又翻供，其口供的可信度较低。综上，本案的有罪证据不能形成完整的证据链，达到确实、充分的程度，故最高人民法院依法作出不核准被告人吴金义死刑，发回重审的裁定是正确的。

——李智明：《吴金义故意杀人案——物证提取不全或来源不清案件的证据审查》，载最高人民法院刑事审判第一、二、三、四、五庭主办：《刑事审判参考》2009年第5集（总第70集），法律出版社2009年版，第34~39页。

王维喜强奸案（《刑事审判参考》指导案例第763号）

裁判要点：对于来源不明的“物证”以及对该“物证”所作的鉴定意见不能作为定案证据。

司法实践中，侦查人员违反法定程序收集证据材料的现象并不少见。这类违反法定程序收集的证据，一般称为“瑕疵证据”。未依法定程序取得的瑕疵证据与利用非法手段取得的非法证据有本质的区别，最高人民法院、最高人民检察院、公安部、国家安全部、司法部联合印发的《关于办理死刑案件审查判断证据若干问题的规定》（以下简称《死刑证据规定》）对瑕疵证据的采信和排除作了明确规定，一、二审法院准确适用相关规定，对被告人王维喜第二起强奸事实未予认定是正确的。具体阐述如下：

（一）对证据收集、复制、保管工作均不符合相关法律规定，导致该证据来源存疑，且有关办案人员无法补正或者作出合理解释，因此相关证据不能作为定案证据

《死刑证据规定》第九条第三款规定：“对物证、书证的来源及收集过程有疑问，不能作出合理解释的，该物证、书证不能作为定案的根据。”同时，根据《死刑证据规定》第九条第二款的规定，对于物证、书证的收集程序、

方式存在该规定所列瑕疵，通过有关办案人员的补正或者作出合理解释的，可以采纳。可见，对瑕疵证据并非绝对排除，而是附条件地采信。如果所附条件不具备，则不应采信。

（二）如果相关证据是鉴定意见能够作为证据的基础，当相关证据不能作为定案的根据时，上述鉴定意见也不能作为定案的根据

鉴定意见是由专业人员以其专业知识对既有证据的证明力进行的说明，其合法性和关联性首先要依附既有证据的合法性和关联性。从某种角度来讲，既有证据与对其进行的相关鉴定是一个整体，既有证据被排除了，相关鉴定意见也不能作为定案根据。这与西方学者针对非法证据所主张的“毒树之果”理论不同。在“毒树之果”理论中，“树”与“果”是两种不同的证据材料，各自相对独立，只不过“树”提供了发现“果”的线索。因此，对以非法方法收集的证据为线索，通过合法方法收集的证据，并不绝对排除。

根据《死刑证据规定》第二十三条第四项、第二十四条第六项的规定，对鉴定意见，应当审查检材的来源、取得、保管、送检是否符合法律及有关规定，与相关提取笔录、扣押物品清单等记载的内容是否相符，检材是否充足、可靠。送检材料、样本来源不明或者确实被污染且不具备鉴定条件的，鉴定意见不能作为定案的根据。

——聂昭伟：《王维喜强奸案——关于瑕疵证据的采信与排除》，载最高人民法院刑事审判第一、二、三、四、五庭主办：《刑事审判参考》2012年第2集（总第85集），法律出版社2012年版，第46~52页。

1580. 被告人翻供情况下合理怀疑的排除

关键词

证据　翻供　排除合理怀疑

《刑事审判参考》指导案例

胡建明抢劫案（《刑事审判参考》指导案例第778号）

裁判要点：办理死刑案件特别是翻供案件，应当严格按照“案件事实清楚、证据确实、充分”的证明标准，通过正向肯定和反向否定的双向分析，在证据审查和采信环节严格把关，形成严密的证据体系，排除合理怀疑，确保准确认定案件事实，防止冤假错案发生。

（二）证据采信和事实认定上的疑问能得到排除

排除合理怀疑与证据确实、充分是对有罪证明标准不同角度的两种界定。证据确实、充分是从正面对证据的质和量提出的要求，而排除合理怀疑是从反向角度对证据的充分程度提出的判断标准。作出任何一个有罪判决，都应当要求在案证据足以排除被告人无罪的任何合理怀疑，在案证据所得出的有罪结论是唯一的，具有排他性。将排除合理怀疑作为有罪判决"证据确实、充分"的标准，已经为2012年修正的刑事诉讼法所确认。实践中，这一标准已被推行，特别是在近年来死刑案件的办理过程中更是得到广泛执行。具体到本案，从前文的正向分析已基本可以认定被告人胡建明实施了三起抢劫犯罪。但是，由于胡建明翻供，且提出了具体辩解，其妻子也作证称胡没有作案时间，所以很有必要分析胡建明的翻供理由是否成立，翻供内容是否真实，其妻子的证言是否可采信，从而使本案的证据体系达到排除合理怀疑的标准。

1. 关于是否存在刑讯逼供

被告人胡建明进入审判阶段后翻供，否认实施抢劫犯罪，辩称其有罪供述系受到刑讯逼供。经查，胡头部的少许伤痕（硬币大小）系在抓捕过程中形成。根据公安机关出具的情况说明，抓捕时胡建明反抗激烈，被按倒在地，由此形成头面部伤。从照片和审讯录像看，胡建明右额部确有少许伤痕，考虑到胡于2004年3月28日17时30分左右被抓获，次日9时进行审讯录像，抓捕和审讯间隔不久，故其头部伤痕系在抓捕过程中形成的解释是可信的。同时，审讯录像经当庭播放，录像内容证实没有对胡建明刑讯逼供。胡建明作有罪供述时语速平稳，神态平和，供述自然、连贯，除供述所犯罪行外，还与审讯人员聊天，内容涉及人生观、价值观等，没有刑讯迹象。因此，可以认定胡建明系自愿作出有罪供述，其提出受到刑讯逼供的翻供理由不成立。

2. 关于被告人的无罪辩解能否成立

胡建明在第一次审讯时供述罗某的汽车系其从初次认识的王斌（音）处购买的赃车，其尚有部分款项未付，未涉及其他事实。审判阶段否认实施抢劫犯罪，在前两次一审、二审期间辩称孙某的汽车和罗某的汽车均系其从王斌处接取并予以代管，其供述的是王实施的犯罪事实。在第三次一审补充起诉抢劫段某的事实后，胡建明否认实施该起犯罪，但未提出辩解。最高人民法院复核提讯中，胡建明又辩称抢劫段某亦系王斌所为。我们认为，胡建明的无罪辩解不成立。主要理由在于：（1）胡建明翻供主要针对本案侦查工作中的疏漏，如未组织辨认、指认，抛尸现场也未留下痕迹等，并未着力证实自己没有作案时间，其也说不清楚在相关涉案时间段内的行踪，提供不出不在场的证据，反而刻意回避此问题。（2）胡建明关于与王斌的认识、交往过程、两辆汽车的性质、接车地点的供述极不稳定，多次反复且相互矛盾，王斌是否真实存在值得怀疑。同时，胡建明自称与王斌交往不深，王斌不太可能主动对其讲述杀人劫车事实，胡更不可能甘愿替王斌承担命案的罪责。退而言之，假设胡建明所述王斌犯罪的情况属实，胡不仅没有为王承担命案罪责的理由，相反更应积极提供线索协助公安机关抓获王以证自身清白。但胡提供不出王的联系方式、住址等情况，也提供不出认识王的证人。这表明胡关于王实施抢劫作案后将车交与其保管的供述系编造的，其翻供内容不可信。

3. 关于被告人的有罪供述是否真实

胡建明在被抓获后不久作了 2 次有罪供述。第一次供述非常详细，供认其抢劫作案 4 次。第二次供述相对简单，所供内容与第一次一致。在这 2 次供述中，胡建明所供作案过程连贯、渐进，细节突出，一些情节系先供后证，证明力强。其中，胡建明主动供述的抢劫段某的事实是公安机关本不掌握的。此外，胡建明还主动供述了 2003 年 8 月其第一次实施的抢劫出租车未遂的事实。被害司机挣扎时将车撞到路边熄火，胡因过于紧张、手段不熟练，仅将司机勒昏后即逃离。被害人因没有遭受明显暴力侵害和财产损失，未报案，公安机关也未掌握。该起抢劫事实与本案认定的 3 起抢劫事实在作案工具、作案手段、作案对象上均有相似之处。从胡建明的供述可以看出，其前两起抢劫的对象系合法运营的出租车司机，后两起系无证运营的出租车司机，表明其在抢劫对象的选择、作案手法的熟练程度上有所渐进，符合作案规律。因此，胡建明的有罪供述自然、可信。

4. 关于被告人妻子的证言能否采信

在胡建明归案当天，胡的妻子陈锁秀作证称，罗某被害的前后几天胡均在家，或休息，或与他人下象棋。第二次一审期间，陈锁秀再次出具上述证言。我们认为，陈锁秀的证言不足采信，主要理由是：（1）陈锁秀所证胡建明的起居作息、接触人员情况本身存在矛盾，也与胡第一次供述中所供自己的行踪不符，且所证与胡下棋的人员无法查实。（2）陈锁秀与胡建明系夫妻，与案件处理结果有直接利害关系，不排除其在个别陈述中有包庇胡的可能。（3）胡建明供称其和陈锁秀感情较好，陈在他因盗窃犯罪被判刑的几年间不离不弃。据此分析，陈锁秀既然已证实胡建明没有作案时间，正常情况下，作为夫妻会尽心为胡寻找不在场的证据，而陈锁秀非但无所作为，相反却在胡被抓获后的第三天即匆忙搬离生活多年的住地，此后未关注过胡案进展，行为很反常。这不仅证实陈锁秀对胡某不信任，也证实陈的证言不可信。

综上，办理死刑案件特别是翻供案件，应当严格按照“案件事实清楚、证据确实、充分”的证明标准，通过正向肯定和反向否定的双向分析，在证据审查和采信环节严格把关，形成严密的证据体系，排除合理怀疑，确保准确认定案件事实，防止冤假错案发生。

——任能能：《胡建明抢劫案——在被告人翻供的情况下，如何排除合理怀疑》，载最高人民法院刑事审判第一、二、三、四、五庭主办：《刑事审判参考》2012 年第 3 集（总第 86 集），法律出版社 2013 年版，第 40~47 页。

1581.DNA 鉴定意见的关联性及被告人的翻供的审查判断

关键词

DNA 鉴定意见　证据关联性　翻供

《刑事审判参考》指导案例

康文良故意杀人案（《刑事审判参考》指导案例第 1272 号）

裁判要点：查认证 DNA 鉴定意见，不仅要审查其客观性、合法性，更要审查其与案件事实的关联性以及关联程度；对于被告人曾做过有罪供述，后又翻供的，要高度重视审查翻供理由和有罪供述的证明力。

（一）审查认证 DNA 鉴定意见，不仅要审查其客观性、合法性，更要审查其与案件事实的关联性以及关联程度

在颠覆“口供为王”的刑事司法理念变革中，对 DNA 鉴定意见、物证、书证等客观性特征更为突出的证据的证明作用的认识得到显著提升。在很多刑事审判人员看来，那是客观的“不变”证据，但没有认识到 DNA 鉴定意见相对于言词证据而言，虽客观性、合法性可以得到较高程度的保障，但关联性及关联程度需要审判人员认真深入地审查认证，尤其不能将 DNA 鉴定意见与案件事实存在的一般关联性当作排他性，从而作为定案的依据。

（二）对于被告人曾做过有罪供述，后又翻供的，要高度重视审查翻供理由和有罪供述的证明力

在刑事司法实践中，有时仍然存在过于相信和重视公安机关、检察机关收集的有罪证据和提出的有罪指控，包括不尽规范的情况说明，而忽视被告方的辩解、辩护意见；在被告人作出有罪供述后，对其后来的翻供不加认真审查，简单地视为狡辩；只注重有罪供述与其他证据的印证情况，而忽视其中不能印证以及供述不自然、不合理的部分，为错误认定案件事实埋下隐患等问题。

——最高人民法院刑事审判第一、二、三、四、五庭主办：《刑事审判参考》（总第 115 辑），法律出版社 2019 年版，第 37~43 页。

1582. 根据被告人的供述、指认提取到了隐蔽性很强的物证，且与其他证据相互印证并排除串供、逼供、诱供等可能性的，可以认定有罪

关键词

被告人供述　隐蔽性物证　证据补强

《刑事审判参考》指导案例

高佑铭抢劫案（《刑事审判参考》指导案例第1261号）

裁判要点：根据被告人的供述、指认提取到了隐蔽性很强的物证、书证，且与其他证明犯罪事实发生的证据互相印证，并排除串供、逼供、诱供等可能性的，可以认定有罪。但在具体适用环节仍需要综合、审慎判断，特别是要注意做好口供的补强工作。

本案中，被告人高佑铭始终供认抢劫致人死亡的犯罪事实，此外再无直接证据证明犯罪行为系被告人实施；根据被告人指认提取的部分物证可以将被告人与被害人相关联，但据此认定系被告人作案，则还需要排除其他合理怀疑。因此，如何综合审查判断在案间接证据，从而认定被告人供述的真实可靠性，进而确认犯罪事实，在此情况下能否对被告人适用死刑，系本案以及类似案件的难点。

《最高人民法院、最高人民检察院、公安部、国家安全部、司法部关于办理死刑案件审查判断证据若干问题的规定》第三十四条规定："根据被告人的供述、指认提取到了隐蔽性很强的物证、书证，且与其他证明犯罪事实发生的证据互相印证，并排除串供、逼供、诱供等可能性的，可以认定有罪。"对前述问题，虽然司法解释文件作出了规定，但在具体适用环节仍需要综合、审慎判断，特别是要注意做好口供的补强工作。本案提供了主要通过审查被告人供述定罪的认定方法，诠释了关于口供补强规则。

——最高人民法院刑事审判第一、二、三、四、五庭主办：《刑事审判参考》（总第114辑），法律出版社2019年版，第71~77页。

1583. 被害人对涉案物品的指认能否作为定案证据需要结合证人证言等进行综合判断

关键词

被害人指认　涉案物品　证人证言

《刑事审判参考》指导案例

李瑞华盗窃案（《刑事审判参考》指导案例第1458号）

裁判要点：对于非特定对象的指认笔录的采信应当结合言词证据进行综合把握。

我们认为，关于被害人对涉案物品的指认能否作为定案证据需要结合证人证言等进行综合判断，具体如下：

1."指认"不同于"辨认"

（1）从法律依据看，刑事诉讼法第五十条规定明确了辨认笔录是证据的一种形式。相对于"辨认"的法律明确规定，"指认"在刑事诉讼法中仅出现过一次，而且是作为紧急情况下先行拘留的条件之一；最高人民检察院、公安部的相关司法解释、规章中也没有提及"指认"，即"指认"没有严格的法律依据。（2）从法律含义看，"辨认"是指侦查人员为了查明案情，在符合法定条件的情况下，依法组织被害人、证人或者犯罪嫌疑人对与犯罪有关的物品、文件、尸体、场所或者犯罪嫌疑人进行辨认的一种侦查活动。"辨认"的最主要特征是"区别特点，加以判断并认定"[①]。"指认"是指侦查人员为了查明案情，在特定情况下，组织有关人员对与犯罪有关的特定人员、物品、影像资料等进行确认的一种活动。[②]"指认"的最主要特征是对象的特定性，直接确认是或者否。（3）从操作程序看，《公安机关办理刑事案件程序规定》专门规定了"辨认"一节，明确主持辨认的侦查人员数量不得少于两人；辨认犯罪嫌疑人时，被辨认的人数不得少于七人；辨认犯罪嫌疑人照片时，照片不得少于十张等。对于"指认"则没有相关规定。

因而，"指认"没有严格的法律依据，也没有规范的操作程序，故司法实

---

① 《现代汉语辞海》，光明日报出版社2002年版，第64页。

② 董军、贾腾云：《刑事侦查活动中"指认"适用的规范化探析》，载《北京政法职业学院学报》2019年第3期。

践中对于指认的审查应当更为严格，是否采纳作为定案证据需要具体情况具体分析。

2. 审查被害人对涉案物品的指认需要与询问笔录相结合

通常辨认对象往往会有一定数量的陪衬物，而指认的对象是特定物。当然，对于某些特殊情况下的辨认是可以不选取其他陪衬物。如《公安机关办理刑事案件程序规定》第二百六十条规定，对场所、尸体等特定辨认对象进行辨认，或者辨认人能够准确描述物品独有特征的，陪衬物不受数量的限制。这就为被害人对涉案物品的指认作为定案证据采纳提供了依据。但由于指认的本质在于对特定的人或物等进行直接确认，这一天然属性作为侦查手段具有明显的缺陷，若没有相应的规范操作程序，在司法实践中很容易演变为一种诱导式、指规式的违法取证方式。因而，对于非特定对象的指认笔录的采信应当结合言词证据进行综合把握。

本案中，被害人对涉案物品指认的具体情况，合议庭适用以下标准予以采纳认定：若被害人在对从被告人李瑞华家中搜查出来的涉案物品照片进行指认前的询问笔录中能够清晰、准确描述出物品的特征，且与其指认的实物照片一致的，即对于“先证后指”的，可以采纳作为定案证据；否则，不采纳作为定案证据。

——许东俊撰稿、于同志审编：《李瑞华盗窃案——如何审查被告方提出的非法证据排除申请及被害人对涉案物品的指认》，载最高人民法院刑事审判第一、二、三、四、五庭编：《刑事审判参考》（总第130辑），最高人民法院出版社2022年版，第80~88页。

1584. 被害人陈述的审查与认定

关键词

被害人陈述

附录：最高人民法院主流观点

被害人是犯罪行为的直接被侵害者，对案件事实、尤其是自己被犯罪行为的侵害情况有直接的感知，在刑事诉讼中，要注意充分运用被害人陈述，以最大程度地查明案件事实。《最高人民法院关于适用〈中华人民共和国刑事诉讼法〉的解释》第七十九条[①]规定：“对被害人陈述的审查与认定，参照适

① 本条现为《最高人民法院关于适用〈中华人民共和国刑事诉讼法〉的解释》（法释〔2021〕21号）第九十二条。

用本节的有关规定。”对于被害人陈述的审查与认定，应当注意适用前述有关证人证言的相关规定。但是，在审查与认定被害人陈述的过程中，还需要根据被害人陈述的特点，注意以下问题：

1. 正确甄别被害人陈述的范围。（1）被害人陈述不包括其在向公安机关、司法机关所作陈述中的对案件事实的分析判断和诉讼请求。证据是可以用于证明案件事实的材料，故只有与案件事实相关的材料才属于证据的范畴。由于被害人在犯罪过程中遭受了犯罪分子的侵害，故其对犯罪嫌疑人、被告人充满怨恨，在向司法机关的陈述中往往包含了要求司法机关严惩犯罪嫌疑人、被告人等案件事实以外的内容。从实践来看，“被害人陈述中往往包括三部分内容：一是对案件事实的陈述；二是对案件事实的分析判断；三是诉讼请求。”[①] 这就要求司法工作人员对被害人陈述的内容加以甄别判断，只有关于案件事实的陈述才可以作为证据在刑事诉讼中运用。被害人的猜测性、评论性、推断性的陈述，不能作为证据使用，但是根据一般生活经验判断符合事实的除外。（2）单位被害人陈述。被害人陈述是被害人向司法机关就案件情况所作陈述，因此，其以被害人具有陈述的能力为前提。在被害人是单位的情况下，由于单位缺乏向司法机关进行陈述的能力，故通常都是由其法定代表人或者其他相关人员代替单位向司法机关作陈述。上述陈述，并非上述人员的个人陈述，也并非证人证言，而是上述人员代表被害单位所作的被害人陈述。

2. 审慎审查被害人陈述。被害人往往直接历经犯罪过程，其陈述能够直接查明和证明案件事实。但是，由于被害人对犯罪嫌疑人、被告人的惩罚愿望十分强烈，且案件的处理结果与被害人具有直接利害关系，因此，被害人陈述容易受到其情感、情绪等主观因素的影响，容易夸大犯罪事实和情节，有时候容易出现失实的现象。这就要求司法工作人员加大对被害人陈述的审查力度，审慎审查和认定被害人陈述。

——杨万明主编：《新刑事诉讼法司法适用解答》，人民法院出版社 2018 年版，第 56~57 页。

1585. 为逃避执行，在民事判决确定前转移、隐匿财产等，致使人民法院判决长期无法执行的行为的定性

关键词

逃避执行　转移、隐匿财产

① 陈光中主编：《刑事诉讼法》（第三版），北京大学出版社、高等教育出版社 2009 年版，第 200 页。

《刑事审判参考》指导案例

杨建荣、颜爱英、姜雪富拒不执行判决、裁定案（《刑事审判参考》指导案例第 1396 号）

裁判要点：隐藏、转移财产等行为延续至民事裁判生效后，属于执行阶段中的拒不执行判决、裁定行为，应以拒不执行判决、裁定罪论处。

从时间上看，构成拒不执行判决、裁定罪的行为应当是从裁判生效后开始计算，但在民事裁判生效前，甚至在进入民事诉讼程序前，转移、隐匿财产等行为是否构成拒不执行判决、裁定罪？我们认为，只要转移、隐匿财产等行为状态持续至民事裁判生效后，情节严重的，即可构成拒不执行判决、裁定罪。理由如下：

（1）拒不执行判决、裁定罪的本意是处罚有能力执行而拒不执行的执行义务人。（2）"有执行能力"的时间应从法院判决、裁定生效后起算。执行义务人在收到人民法院送达的判决、裁定后，就视为已经知晓自己的权利义务。在判决、裁定生效后，无论是否进入执行程序或者是否收到执行通知书，均应当按照判决、裁定确定的义务执行。

——金朝文、张旭撰稿、陆建红审编：《杨建荣、颜爱英、姜雪富拒不执行判决、裁定案——为逃避执行，在民事裁判前转移财产并持续至执行阶段的行为如何定性》，载最高人民法院刑事审判第一、二、三、四、五庭编：《刑事审判参考》（总第 125 辑），人民法院出版社 2020 年版，第 68~75 页。

1586. 域外证据在刑事审判中的审查与认定

关键词

合同诈骗罪　域外证据

《刑事审判参考》指导案例

沈容焕合同诈骗案（《刑事审判参考》指导案例第 578 号）

裁判要点：对境外证据的审查与认定应根据提供证据的主体不同而加以区分。

（一）对境外证据的审查与认定应根据提供证据的主体不同而加以区分

证据是人民法院在审理案件中确认案件事实的基础。在涉外刑事案件中，由于案件当事人涉及外国人、外国企业或组织，行为人的犯罪行为地或结果地、刑事证据所在地、证人所在地可能在境外，则不可避免地会发生司法机关、当事人、辩护人、诉讼代理人向境外取证，有些证据在我国境外形成的事实。这些证据产生、形成于境外，使得法院无论是对证据的形式要件还是实质内容的审查都存在一定的难度。

《最高人民法院关于执行〈中华人民共和国刑事诉讼法〉若干问题的解释》（以下简称《刑事诉讼法解释》）第三百二十条第三款规定："在中华人民共和国领域外居住的外国人寄给中国律师或者中国公民的授权委托书，必须经所在国公证机关证明、所在国外交部或者其授权机关认证，并经中国驻该国使、领馆认证，才具有法律效力。但中国与该国之间有互免认证协定的除外。"该条文规定了外国人委托中国律师或公民参加刑事诉讼的授权委托书应当办理有关公证、认证手续，但其规定所指对象仅为授权委托书，而我国刑事诉讼法以及《刑事诉讼法解释》均未对涉外刑事案件中涉及案件事实的境外证据材料的审查与认定作特别规定，这就需要我们在审判实践中结合现有法律规定，依据刑事证据审查的基本原理，总结出一套审查、认定规则。

1. 对于我国司法机关通过刑事司法协助获取的境外证据的审查与认定

国际刑事司法协助是主权国之间依照有关国际条约或双向互惠原则，协助或代为履行一定的刑事诉讼程序或实现刑事实体权力的活动。《中华人民共和国刑事诉讼法》第十七条[①]规定："根据中华人民共和国缔结或者参加的国际条约，或者按照互惠原则，我国司法机关和外国司法机关可以相互请求刑事司法协助。"该规定确认了我国司法机关在国际刑事司法协助中的主体地位和主导作用。根据国际刑事司法协助的内容、使用的条件和程序，可以将国际刑事司法协助的范围归纳为六大类：文书送达、信息通报、调查取证、引渡、刑事案件的诉讼转移、外国刑事判决的承认和执行。其中，调查取证具体是指各种物证、书证、视听资料的收集、保全；对证人的询问；与犯罪有关的场所、物品、人员的勘验、检查、搜查；与犯罪有关的财物的查封、扣押等。由于我国请求刑事司法协助的相对方是外国的司法机关，因此，对于由外国司法机关进行的调查取证，只要其具备了完整的证据属性，即客观性、关联性和合法性，即可对该证据进行认定。但是对该证据的证明内容是否采纳，人民法院应当结合案件的其他证据作出判断，不能因为该证据是外国司法机关提供的就直接确认其效力。值得注意的是，公安机关、检察机关在请求国际刑事司法协助工作中必须严格遵守相关程序规定。我国《公安机关办

---

① 本条规定本条现为《中华人民共和国刑事诉讼法》（2018 年修正）第十八条。

理刑事案件程序规定》第三百四十九条规定:“地方公安机关需要请求外国警方提供刑事司法协助或者警务合作的,应当按照有关条约或者合作协议的规定提出刑事司法协助或者警务合作请求书,所附文件及相应译文,经省、自治区、直辖市公安机关审核后报送公安部审批。”该《规定》第三百五十条规定:“地方公安机关需要通过国际刑警组织缉捕罪犯或者犯罪嫌疑人、查询资料、调查取证的,应当提出申请层报公安部审批。”我国《人民检察院刑事诉讼规则》第四百五十九条规定:“地方各级人民检察院需要向缔约的外国一方请求提供司法协助,应当按有关条约的规定提出司法协助请求书、调查提纲及所附文件和相应的译文,经省级人民检察院审核后,报送最高人民检察院。”该《规则》第四百六十条规定:“最高人民检察院收到地方各级人民检察院请求缔约的外国一方提供司法协助的材料后,应当依照有关条约进行审查。对符合条约有关规定、所附材料齐全的,应当连同上述材料一并转递缔约另一方的中央机关,或者交由其他中方中央机关办理;对不符合条约规定或者材料不齐全的,应当退回提出请求的人民检察院补充或者修正。”人民法院在审理案件中应当审查公安、检察机关是否遵守上述程序请求国际刑事司法协助。因为这关系到提供、收集证据的法定程序问题,公安、检察机关在请求国际刑事司法协助工作中应当遵循程序合法的原则。

本案中,由于被告人沈容焕系韩国人,涉案的SIMPSON商社系在韩国成立的公司,关于SIMPSON商社的成立、经营情况需要由韩国方面提供;沈容焕代表SIMPSON商社向菲西尔公司采购女式羽绒服和女式麂皮绒夹克后将货物销售给了美国的:Pacific Whale Textile Corporation,沈容焕辩称Pacific Whale Textile Corporation未付清全部货款,故其也未向菲西尔公司付清货款。关于美国的:Pacific Whale Textile Corporation是否向SIMPSON商社付清了全部货款,需要向美国的Pacific Whale Textile Corporation取证。上海市公安局遂请求韩国警方和美国警方提供司法协助,并按照《公安机关办理刑事案件程序规定》中规定的程序,提供了调查提纲及译文,经公安部审批后递交给了韩国和美国警方。韩国和美国警方根据我国警方的要求进行了调查取证,提供了“关于复韩警方协查沈容焕合同诈骗案事”“关于协查沈容焕涉嫌合同诈骗案”的函等证据,上述证据符合客观性、关联性、合法性的要求,一审法院予以认定,并结合被告人沈容焕的供述,对韩国警方所调查的SIMPSON商社成立于2005年5月2日,具有正常经营活动,沈容焕系该商社营业董事,负责处理所有业务等内容予以采信;对Pacific Whale Textile Corporation的负责人James Lee向美国警方所作的Pacific Whale Textile Corporation已向韩国SIMPSON商社付清全部货款的陈述,并结合沈容焕出具的收到货款的收条,一审法院对美国警方的调查内容予以采信。

2. 对于当事人、辩护人、诉讼代理人提供的境外证据的审查与认定对于当事人、辩护人、诉讼代理人向人民法院提供的在我国领域外形成的证据如何审查与认定，我们认为可以借鉴民事诉讼程序中的相关规定。2002 年 4 月 1 日起施行的《最高人民法院关于民事诉讼证据的若干规定》（以下简称《民事诉讼证据规定》）第十一条规定："当事人向人民法院提供的证据系在中华人民共和国领域外形成的，该证据应当经所在国公证机关予以证明，并经中华人民共和国驻该国使领馆予以认证，或者履行中华人民共和国与该所在国订立的有关条约中规定的证明手续。当事人向人民法院提供的证据是在香港、澳门、台湾地区形成的，应当履行相关的证明手续。"该条款弥补了 1991 年 4 月 9 日通过的我国民事诉讼法中境外证据规定的空白。因为我国民事诉讼法在第四编"涉外民事诉讼程序的特别规定"中仅规定了外国当事人参加诉讼的授权委托书应当办理有关公证认证手续，对涉及案件事实的证据材料的审查认定未作规定。从条文内容看，《民事诉讼证据规定》第十一条的规定与民事诉讼法第二百四十二条的规定基本相同，但是将所指对象的范围从授权委托书扩大到了证据。《民事诉讼证据规定》第十一条的规定目的在于，如果证明案件事实的某些证据形成于我国境外，确认这些证据的有效性存在很大风险，因此对境外提供证据的本身施加了程序及手续上的限制，以增强其真实性和合法性，消除司法权的地域局限给民事诉讼带来的不利影响。刑事诉讼中，对于当事人、辩护人、诉讼代理人提供的在我国领域外形成的证据，由于该证据不是通过国际刑事司法协助途径取得，同样存在法院确认这些证据的有效性、真实性问题，因此法院对这些证据的审查与认定可以借鉴《民事诉讼证据规定》中的相关规定，同时也要充分注意到刑事诉讼的证明标准要求高于民事诉讼的证明标准的问题。民事诉讼法对于外国当事人参加诉讼的授权委托书规定需经所在国公证机关证明，并经我国驻该国使领馆认证；刑事诉讼法对于外国当事人参加诉讼的授权委托书除了由民事诉讼法规定的要经所在国公证机关证明，并经我国驻该国使领馆认证外，还需要由所在国外交部或者其授权机关认证。因此，对于在刑事诉讼过程中，当事人、辩护人、诉讼代理人向法院提供的在我国领域外形成的证据也应经所在国公证机关证明、所在国外交部或者其授权机关认证，并经我国驻该国使、领馆认证。对履行了上述证明手续的证据，法院才能予以认定。但并不是说只要经过了公证、认证手续的证据材料，其真实效力即得到了确认，其证明力相等于公证文件，对该证据的证明内容是否采纳，人民法院仍应当结合案件的其他证据进行审查后才能作出判断。

另外，虽然刑事诉讼法中未列明提交外文书证必须附有中文译文，但是根据我国刑事诉讼中使用中国通用语言文字的原则，无论是公安、检察机关通过司法协助取得的外文书证，还是当事人、辩护人、诉讼代理人提供的外文书证，都应由证据提供者将外文书证交有资质的翻译机构进行翻译。在翻译无误的情况下，法院只需对中文译文进行审查，控、辩双方只需对中文译文进行质证即可，而不必引用外文书证的原文。但是，如果控辩双方对译文的用词产生争议，而关键词语的翻译对案件处理结果有影响的情况下，法院还是应当慎重审查外文书证原件，并作出正确认定。

——最高人民法院刑事审判第一、二、三、四、五庭主办:《刑事审判参考》2009年第5辑（总第70辑），法律出版社2009年版，第24~33页。

自诉人桥本郁子诉被告人桥本浩重婚案（《刑事审判参考》指导案例第748号）

裁判要点：在涉外司法实践中，出于本国审判的需要，对于并非承认身份关系、无给付内容或者不需要执行的外国法院民商事判决，适用公证认证程序证明其真实性，可视正在审理的案件具体情况，作为证据中的书证，其所查明的事实在我国刑事判决中予以确认。

1. 域外证据在刑事审判中的审核与采信

对于当事人、辩护人、诉讼代理人向人民法院提供的在我国领域外形成的证据如何审查与认定，我国刑事法律法规尚无相关规定，需要我们在司法实践中探索和总结。

（1）民事、行政法律法规审查域外证据的审判实践

参考民事、行政法律法规的相关规定，可以看出，民事、行政审判实践对域外证据的审核采信，从起初要求所有证据都必须履行公证认证程序否则不予认定，到实际操作过程中灵活合理地区分证据适用公证认证程序，彰显了公正和效率。

我国1991年4月9日全国人民代表大会通过的《中华人民共和国民事诉讼法》(2007年10月修正)《民事诉讼法》第四编“涉外民事诉讼程序的特别规定”第二百四十条规定:“在中华人民共和国领域内没有住所的外国人、无国籍人、外国企业和组织委托中华人民共和国律师或者其他人代理诉讼，从中华人民共和国领域外寄交或者托交的授权委托书，应当经所在国公证机关证明，并经中华人民共和国驻该国使领馆认证，或者履行中华人民共和国与该所在国订立的有关条约中规定的证明手续后，才具有效力。”该条款规定了外国当事人参加民事诉讼的授权委托书应当办理有关公证认证程序，但对涉及案件事实的证据材料的审查认定未作规定。2002年4月1日起施行的《最高人民法院关于民事诉讼证据的若干规定》(以下简称《民事证据规定》）第十一条规定:“当事人向人民法院提供的证据系在中华人民共和国领域外形成

的，该证据应当经所在国公证机关予以证明，并经中华人民共和国驻该国使领馆予以认证，或者履行中华人民共和国与该所在国订立的有关条约中规定的证明手续。当事人向人民法院提供的证据是在香港、澳门、台湾地区形成的，应当履行相关的证明手续。”该条款规定了域外证据应履行与授权委托书相同的公证认证手续，是因为证明案件事实的某些证据发生于国外、产生于国外，人民法院的司法权无法达到，对境外形成的证据的调查又存在着现实的诸多障碍，依据这些证据来判断案件事实自然又多了一层误判的风险。因此，有必要对境外提供证据的本身施加了程序或手续上的限制，以增强其真实性和合法性，尽力消除司法权的地域性给民事诉讼带来的不利影响。该条款第一次明确规定了域外证据要适用公证、认证程序。随后同年 10 月 1 日起施行的《最高人民法院关于行政诉讼证据若干问题的规定》第十六条规定：“当事人向人民法院提供的在中华人民共和国领域外形成的证据，应当说明来源，经所在国公证机关证明，并经中华人民共和国驻该国使领馆认证，或者履行中华人民共和国与证据所在国订立的有关条约中规定的证明手续。”至此，我国司法机关以司法解释的形式规定了民事、行政审判中域外证据应当适用公证、认证证明程序，所形成的制度常被国内学者称为“域外证据公证证明制度（规则）”。

域外证据公证证明制度主要包括两种方式：公证和认证。公证是指公证机关对法律行为、有法律意义的文书和事实的真实性和合法性进行证明的活动。根据国家主权和平等原则，国家之间相互没有管辖权，因而发生于一国之内的公证事务，应当由该国的公证机关公证证明，所以域外证据由所在国公证机关予以证明。认证是指外交领事机关对公证文书上印章和签字的真实性进行证明的活动。因为在一国境内有权进行公证的机关可能为数甚众，他们所出具的公证文书如果不经过认证，对于外国而言极难辨其真伪，而经由外交或领事机关进行认证，则其真实性可以得到确认。认证的目的是使一国公证机关所制作的公证文书能为使用国有关当局确信和承认，其作用在于向文书使用国证实文书的真实性。但域外证据公证证明制度的规定较为原则和生硬，有较多弊病：第一，公证和认证程序是作为证据能力的要件还是确定证明力的要件不明确。如是前者，则未经公证和认证程序的域外证据材料根本不能作为证据使用。如是后者，则本身就是法官自由心证的裁量范畴。第二，忽视了各国公证制度的差异。公证制度是国家根据本国的生活习惯、文化传统和现实生活需要而决定是否设定的，不是所有国家都有法定的公证制度，且各国之间的具体公证制度并不相同。大陆法系国家的公证文书具有准司法功能和法定证据效力，而英美法系国家的公证文书仅负责形式真实性，不审查内容的真实性，不具备法定证据效力。第三，履行证明手续的证据范围过于宽泛。我国民事诉讼法规定了一些证据形式，即使用我国的《公证法》

去衡量，亦难以操作，但对全世界的域外证据却都要求公证应是不太科学的。第四，可能带来诉讼的不经济和不效率。对于一个以域外证据为主的案件，涉案证据可能多达上百份或更多，需要耗费大量的人力、物力和财力，在一定程度上影响了公正和效率的实现。

鉴于域外证据公证证明制度理论上存在重大弊端，给案件审理设置障碍，我国审判实践中对该制度进行了纠正。五矿钢铁有限责任公司诉伟嘉船务有限公司等海上货物运输合同货差纠纷案中，广州海事法院在一审判决书中明确承认，对域外证据公证认证是为了证明其真实性，未经公证认证的证据并不是就不应被采信，而只是因无法确认其真实性而不能采信。对该案中未经公证认证的三份提单（外资 SKAB 公司出具），因可与其他证据相互印证，故对提单的真实性及所载明的内容予以确认。广东省高级人民法院更是在二审判决书中对未经公证认证的商业发票（一审法院未认定其真实性）亦予以确认。2005 年 11 月《最高人民法院第二次全国涉外商事海事审判工作会议纪要》(简称《纪要》) 第 39 条规定："对当事人提供的在我国境外形成的证据，人民法院应根据不同情况分别作如下处理：（1）对证明诉讼主体资格的证据，应履行相关的公证、认证或者其他证明手续；（2）对其他证据，由提供证据的一方当事人选择是否办理相关的公证、认证或者其他证明手续，但人民法院认为确需办理的除外。对在我国境外形成的证据，不论是否已办理公证、认证或者其他证明手续，人民法院均应组织当事人进行质证，并结合当事人的质证意见进行审核认定。" 2007 年最高人民法院民事审判第四庭在"涉外商事海事审判实务问题解答"（简称《解答》）第 16 条认为："当事人向人民法院提供的证据系在我国领域外形成的，该证据应当经所在国公证机关予以证明，并经我国驻该国使领馆予以认证，或者履行我国与该所在国订立的有关条约中规定的证明手续。但如果其所在国与我国没有外交关系，则该证据应经与我国有外交关系的第三国驻该国使领馆认证，再转由我国驻该第三国使领馆认证。但是，对于用于国际流通的商业票据、我国驻外使领馆取得的证据材料、通过双边司法协助协定或者外交途径取得的证据材料以及当事人没有异议的证据材料，则无需办理公证、认证或者其他证明手续。" 在知识产权审判领域，最高人民法院在 2007 年 1 月 11 日公布的《关于全面加强知识产权审判工作为建设创新型国家提供司法保障的意见》中也对该问题有所涉及："对于域外形成的公开出版物等可以直接初步确认其真实性的证据材料，除非对方当事人对其真实性能够提出有效质疑而举证方又不能有效反驳，无需办理公证认证等证明手续。"（简称《意见》)《纪要》规定根据证据的种类不同适用公证、认证程序，赋予当事人选择权，给予法官自由裁量权，更为灵活、合理、可行。《解答》进一步规定了国际流通的商业票据等四种证据材料无需适用公证、认证程序，更利于审判实践操作。《意见》表明域外证据的公证认证特别证明程序并不必然具有强制性。《纪要》《解答》和《意见》虽然是人民法院的内部纪要、问题解答和意见，无法对抗属司法解释性质的《民事证据规定》，但对于审判实践有重要的指导作用，即公证认证仅是证明证据真实性的一种方式。除此之外，还可以通过当事人质证等其他方式加以证明。如果在域外证据真实性能够得到证明的情形下，仅因为没有履行公证认证程序就排除其证据能力，实际上是对域外证据的不公正限制。

（2）刑事审判实践对域外证据的审核与采信

对于我国司法机关通过刑事司法协助请求外国司法机关调查取得的证据，法院无需就该证据本身施加程序及手续上的限制，只要其具备了完整的证据属性，即可予以认定。1998年6月《最高人民法院关于执行〈中华人民共和国刑事诉讼法〉若干问题的解释》第十八章“涉外刑事案件审理程序”中第三百二十条第三款规定：“在中华人民共和国领域外居住的外国人寄给中国律师或者中国公民的授权委托书，必须经所在国公证机关证明、所在国外交部或者其授权机关认证，并经中国驻该国使、领馆认证，才具有法律效力。但中国与该国之间有互免认证协定的除外。”该条款规定了外国人委托中国律师或公民参加刑事诉讼的授权委托书应当办理有关公证、认证手续，但规定所指对象仅为授权委托书。有种观点认为《民事证据规定》第十一条规定与《民事诉讼法》第二百四十条规定基本相同，将授权委托书扩大到了证据。对域外证据可借鉴《民事证据规定》中的相关规定，同时注意到刑事诉讼的证明标准要求高于民事诉讼的证明标准，因此在刑事诉讼过程中对于当事人在向人民法院提供的在我国领域外形成的证据也应经所在国公证机关证明、所在国外交部或者其授权机关认证，并经我国驻该国使、领馆认证。这种观点不能成立。刑事、民事诉讼法有关授权委托书的相关规定均是审查诉讼代理人身份是否真实，其目的是防止无权代理人代当事人出庭参加诉讼活动的情况，但该规定不能作为审查域外证据的法律依据。首先，授权委托书不是刑事、民事诉讼法规定的证据，只对诉讼过程产生程序上的影响，而不会像证据那样对案件实体产生影响。其次，证据具有不可替换性和重复性，不能撤回或更改，但授权委托书可由当事人在诉讼过程中随时撤销或更换。第三，授权委托书的性质是法律文书，将对一种法律文书的要求扩大到所有证据，并无逻辑和法律上的依据。

刑事诉讼中应区分证据适用公证认证程序。《刑事诉讼法》第四十二条[①]规定：证据有下列七种：（一）物证、书证；（二）证人证言；（三）被害人陈述；（四）犯罪嫌疑人、被告人供述和辩解；（五）鉴定结论；（六）勘验、检查笔录；（七）视听资料。判断域外证据是否需要适用公证认证程序，既要维

① 本条规定本条现为《中华人民共和国刑事诉讼法》（2018年修正）第五十条。

护我国的国家主权，也要根据不同的证据类型，从刑事诉讼的基本原则、证据合法性及真实性的判断标准等上位原则及制度出发，不应一概而论。域外证据通常使用涉外公证、领事认证的方式这一“国际惯例”，其针对的仅是涉外书证，特别是公文书。公文书是指外国有关权力机关颁布的具有明确法律意义的文书，如一国的法律条文、判决书、行政裁定书、政府函件、身份证明等，其形式上的真实性，应当根据证据形成国的法律加以判定，国内法院囿于司法权的限制无法判断文书的真伪，由证据形成国有关机关对公文书形式的真实性予以证明，有利于诉讼的便捷和公正。但证据的不同性质决定了不可能所有的证据形式都能够由国外公证认证。对于物证，我国虽然将物证规定为证据的一个种类，但实践中往往将物证作为勘验、鉴定或保全的对象和内容，如枪支、毒品、足迹、刀等物证，通常需结合有关的鉴定结论及勘验检查笔录等证明案件事实，而鉴定结论、勘验检查笔录、视听资料等证据，根据刑事诉讼法的相关规定，需有司法机关的参与，上述证据当不存在公证认证的前提，即不属于当事人提供的域外证据，故物证亦无公证认证的必要。对于证人证言，域外证人对其证言公证认证，仅是对证人与其证言的关系予以认证，无法对证言的真实性予以肯定的证明，且会受讯问人立场与水平的限制与影响，无法适应庭审的需要，不具备实质上的意义。对于被害人陈述，因为利益关系，被害人往往在公证人员面前作有利于自己的陈述，公证认证无法证实其陈述的真实性；对于被告人供述，我国规定被告人必须到庭接受审判，不可能缺席判决，故被告人的供述应为域内证据，亦无公证认证的必要。综上，刑事诉讼中除了书证以外的其他证据或是无法公证认证，或是公证认证无实际意义。司法实践中，江苏省高级人民法院、人民检察院、公安厅、司法厅于2008年3月31日制定《关于刑事案件证据若干问题的意见》（简称《刑事证据意见》）第十五条规定：“提供的证据系在中华人民共和国领域外形成的，应当依法履行必要的证明手续。中华人民共和国缔结或者参加的国际条约有特别规定的，适用该国际条约的规定，但是，我国声明保留的条款除外。侦查机关从中华人民共和国领域外取得的证据，因特殊原因未履行上述证明手续，但其真实性得到其他证据佐证的，可以作为证据使用。侦查机关在获取上述证据材料后，应当对其来源、提取人、提取时间及提供人和提供时间等作出书面说明，连同其他证据一并移送检察机关、审判机关审查。”《刑事证据意见》摒弃了对域外证据施加的强制公证认证手续，在域外证据真实性得到确认的基础上，由审判机关予以审核采信，是刑事司法实践对域外证据审查的有益探索。我们认为，公证认证等证明手续仅能证明域外证据的真实性和合法性。就本质而言，域外证据和域内证据并无不同，故笔者建议：对于当事人、辩护人、诉讼代理人提供的中华人民共和国领域外形成的书证，应经所在国公证机关证明，并经我国驻该国使、领馆认证。其他证据的真实性能够确认的，无需办理公证认证等证明手续。

2. 外国法院的民商事判决在我国刑事审判中的审查认定

外国法院判决的承认与执行一般限于民商事领域。刑罚性判决和行政法方面的判决具有惩罚性或较强的公法性质，不能在他法域内生效，因此，判决的民商事性质是承认与执行的前提。我国内地法院承认与执行外国民商事法院判决的案例并不多见，多是对外国离婚判决的承认，较少外国商事判决案例。我国与日本国之间没有缔结或者参加相互承认和执行法院判决、裁定的国际条约，亦未建立相应的互惠关系，因此我国对于日本法院判决不予承认和执行。但该判决指的是具有执行内容的商事判决。本案中，认定桥本浩伪造桥本郁子署名离婚无效、桥本郁子恢复与桥本浩夫妻关系致桥本浩构成重婚的重要依据是日本国京都家庭裁判所、大阪高等裁判所的一、二审民事判决，该判决并非要求我国承认和执行，我国刑事审判对于外国法院的此类民商事判决如何审查认定，实践中尚未见相关判例。

我国是多法域的国家，内地法院对其他法域判决认定的事实予以确认已有法律规定。2006 年 4 月 1 日起生效的《内地与澳门特别行政区关于相互认可和执行民商事判决的安排》第三条规定："一方法院作出的具有给付内容的生效判决，当事人可以向对方有管辖权的法院申请认可和执行。没有给付内容，或者不需要执行，但需要通过司法程序予以认可的判决，当事人可以向对方法院单独申请认可，也可以直接以该判决作为证据在对方法院的诉讼程序中使用。"该条规定为我国法院确认外国法院民商事判决认定的事实提供了法律参考。外国法院判决是对讼争当事人的权利义务作出法律上的确定，不仅认定了相应的案件事实，而且还引用相应的法律作为确定权利义务的依据。在英美法国家，判决中还包括法官对判决的解释以及规则的创制。我们认为，在涉外司法实践中，出于本国审判的需要，对于并非承认身份关系、无给付内容或者不需要执行的外国法院民商事判决，适用公证认证程序证明其真实性，可作为证据中的书证，其所查明的事实在我国刑事判决中予以确认。但对于外国法院基于案件事实所作的法律判断，由于系外国法官根据该国程序法及实体法所作的综合性法律确定，因涉及我国的司法主权等问题，应不予确认。

本案中，自诉人桥本郁子向人民法院提供的居民票、全部事项证明、通知、离婚登记文书等证据均为各自独立的书证，而京都家庭裁判所根据桥本郁子的陈述等证据，结合上述书证等，认定了桥本浩伪造桥本郁子署名申报离婚的事实，判决离婚无效，经大阪高等裁判所二审维持。日本法院的判决系终局性判决，没有给付内容、不需要执行，亦非夫妻关系身份确认，认定了桥本浩伪造桥本郁子署名申报离婚的事实。被告人桥本浩对此予以认可。如对日本判决认定不予确认则人民法院须将与本案大量相关日本国证据公证认证，甚至需传唤有关证人到庭作证等，最后审核确认的事实却与日本国判决认定的事实相同，徒添讼累。

——最高人民法院刑事审判第一、二、三、四、五庭主办：《刑事审判参考》2012 年第 1 集（总第 84 集），法律出版社 2012 年版，第 23~27 页。

1587. 公诉人应如何证明证据收集合法性

关键词

证据收集合法性

最高人民法院司法政策精神

第三十一条 公诉人对证据收集的合法性加以证明，可以出示讯问笔录、提讯登记、体检记录、采取强制措施或者侦查措施的法律文书、侦查终结前对讯问合法性的核查材料等证据材料，有针对性地播放讯问录音录像，提请法庭通知侦查人员或者其他人员出庭说明情况。

被告人及其辩护人可以出示相关线索或者材料，并申请法庭播放特定时段的讯问录音录像。

侦查人员或者其他人员出庭，应当向法庭说明证据收集过程，并就相关情况接受发问。对发问方式不当或者内容与证据收集的合法性无关的，法庭应当制止。

公诉人、被告人及其辩护人可以对证据收集的合法性进行质证、辩论。

——《最高人民法院、最高人民检察院、公安部、国家安全部、司法部关于办理刑事案件严格排除非法证据若干问题的规定》（2017 年 6 月 20 日，法发〔2017〕15 号）。

附录：理解与适用

根据刑事诉讼法的规定，人民检察院承担证明被告人有罪的举证责任。基于该要求，人民检察院除了要证明指控的犯罪构成要件事实成立外，也要证明其用于证明犯罪构成要件事实成立的证据具有合法性。在诉讼过程中，被告人方质疑相关证据的合法性，实质上是对控诉方主张该证据具有合法性这一事实的否认，控诉方需要承担提供证据责任并承担举证不能的不利后果。《最高人民法院、最高人民检察院、公安部、国家安全部、司法部关于办理刑事案件严格排除非法证据若干问题的规定》第 31 条规定："公诉人对证据收集的合法性加以证明，可以出示讯问笔录、提讯登记、体检记录、采取强制措施或者侦查措施的法律文书、侦查终结前对讯问合法性的核查材料等证据材料，有针对性地播放讯问录音录像，提请法庭通知侦查人员或者其他人员出庭说明情况。”根据这一规定，公诉人对证据收集的合法性主要有以下几种证明方式：

第一，出示讯问笔录、提讯登记、体检记录、批准采取强制措施或者侦查措施的法律文书等证据材料。此类证据材料能够直接反映提押、讯问和采取有关措施的法律手续是否完备，与证据收集的合法性紧密相关。需要注意的是，这里规定的“出示讯问笔录”，与法庭在证据调查阶段“对讯问笔录宣读、质证”存在本质区别。这里规定的“出示讯问笔录”，关注的是供述的证据能力问题，因供述的合法性尚存争议，故此时不能宣读讯问笔录的具体内容，只是通过出示讯问笔录，基于讯问笔录显示的讯问时间、地点、提问内容、笔录篇幅等事项，审查讯问过程的合法性。相比之下，“对讯问笔录宣读、质证”关注的是供述的证明力问题，即在确认讯问笔录具有证据能力的前提下，通过当庭宣读、质证，决定能否将之作为定案的根据。

第二，出示侦查终结前对讯问合法性的核查材料。对讯问合法性的核查笔录和同步录音录像可以直接反映被告人是否提出过刑讯逼供或者非法取证问题，对确认证据收集合法性具有重要作用。与侦查讯问笔录和讯问录音录像的出示方式不同，公诉人出示对讯问合法性的核查材料时，可以宣读核查材料的相关内容或者播放核查录音录像，被告人可以进行质证、辩论。对于被告人提出排除非法证据申请的重大案件，法庭要着重审查检察人员在侦查终结前是否对讯问合法性进行核查，是否对核查过程同步录音录像，录音录像是否存在剪接、删改等情形。

第三，有针对性地播放讯问录音录像。在被告人供述的合法性尚存争议的情况下，与不能宣读讯问笔录同理，也不能全部播放讯问录音录像。所谓“有针对性地播放”，应当是指针对被告人及其辩护人提出异议的时段播放；对被告人及其辩护人没有提出异议的时段，没有必要播放。实践中，被告人及其辩护人对某次讯问笔录的合法性提出异议，要求公诉人当庭播放特定时段的讯问录音录像，但公诉人拒不播放该段讯问录音录像，或者播放被告人方未提出异议的其他时段的讯问录音录像，这种做法不符合法律和司法解释要求。

第四，可以提请法庭通知收集证据的侦查人员或者其他人员出庭说明情况，不得以侦查人员签名并加盖公章的说明材料替代侦查人员出庭。侦查人员或者其他人员出庭，应当向法庭说明证据收集过程，并就相关情况接受发问。对发问方式不当或者内容与证据收集的合法性无关的，法庭应当制止。经人民法院通知，侦查人员不出庭说明情况，不能排除以非法方法收集证据情形的，对有关证据应当予以排除。以上规定既有助于严格实行非法证据排除规则，也有助于督促办案机关注意收集证明取证合法性的证据材料，减少不必要的证据合法性争议。

——戴长林、刘静坤、朱晶晶:《〈关于办理刑事案件严格排除非法证据若干问题的规定〉的理解与适用》,载《人民司法·应用》2017年第22期(总第789期)。

1588. 证据收集合法性事实的证明标准与犯罪构成事实的证明标准在本质上应当是一致的

关键词

证据收集合法性　证据证明标准

附录:理解与适用

证据收集合法性事实是犯罪构成事实附带的事实,与犯罪构成要件事实的证明存在紧密关联,因此,证据收集合法性事实的证明标准与犯罪构成事实的证明标准在本质上应当是一致的。《最高人民法院、最高人民检察院、公安部、国家安全部、司法部关于办理刑事案件严格排除非法证据若干问题的规定》第34条规定:"经法庭审理,确认存在本规定所规定的以非法方法收集证据情形的,对有关证据应当予以排除。法庭根据相关线索或者证据对证据收集的合法性有疑问,而人民检察院未提供证据或者提供的证据不能证明证据收集的合法性,不能排除存在本规定所规定的以非法方法收集证据情形的,对有关证据应当予以排除。对依法予以排除的证据,不得宣读、质证,不得作为判决的根据。"根据本条规定,法庭对非法证据的认定,可以分为两种情形:

第一,确认以非法方法收集证据的情形。如果被告人及其辩护人提出排除非法证据的申请后,提供了明确的证据材料,能够证明办案人员对其实施了刑讯逼供等非法取证行为,例如,被告人提供了讯问后遭到刑讯逼供形成的血衣,并且体表存在明显的身体损伤,相关证人亦证实办案人员有刑讯逼供行为,此时就能够确认以非法方法收集证据。

第二,不能排除以非法方法收集证据的情形。这一证明标准是从人民检察院对证据收集合法性负有举证责任出发作出的规定。实际上,"不能排除以非法方法收集证据",是对证据收集合法性事实适用"证据确实、充分"证明标准的内在要求。如果被告人及其辩护人向人民法院提出排除非法证据的申请,法院经审查发现人民检察院未能对证据收集的合法性提供证据,或者提供的证据未能达到确实、充分的证据标准,就属于"不能排除以非法方法收集证据"的情形。

——戴长林、刘静坤、朱晶晶:《〈关于办理刑事案件严格排除非法证据若干问题的规定〉的理解与适用》，载《人民司法·应用》2017年第22期（总第789期）。

1589. 控辩双方如何对证据收集合法性裁判进行救济

关键词

证据收集合法性　非法证据　权利救济

附录：理解与适用

第三十八条　人民检察院、被告人及其法定代理人提出抗诉、上诉，对第一审人民法院有关证据收集合法性的审查、调查结论提出异议的，第二审人民法院应当审查。

被告人及其辩护人在第一审程序中未申请排除非法证据，在第二审程序中提出申请的，应当说明理由。第二审人民法院应当审查。

人民检察院在第一审程序中未出示证据证明证据收集的合法性，第一审人民法院依法排除有关证据的，人民检察院在第二审程序中不得出示之前未出示的证据，但在第一审程序后发现的除外。

第三十九条　第二审人民法院对证据收集合法性的调查，参照上述第一审程序的规定。

第四十条　第一审人民法院对被告人及其辩护人排除非法证据的申请未予审查，并以有关证据作为定案根据，可能影响公正审判的，第二审人民法院可以裁定撤销原判，发回原审人民法院重新审判。

第一审人民法院对依法应当排除的非法证据未予排除的，第二审人民法院可以依法排除非法证据。排除非法证据后，原判决认定事实和适用法律正确、量刑适当的，应当裁定驳回上诉或者抗诉，维持原判；原判决认定事实没有错误，但适用法律有错误，或者量刑不当的，应当改判；原判决事实不清楚或者证据不足的，可以裁定撤销原判，发回原审人民法院重新审判。

——《最高人民法院、最高人民检察院、公安部、国家安全部、司法部关于办理刑事案件严格排除非法证据若干问题的规定》（2017年6月20日，法发〔2017〕15号）。

附录：最高人民法院主流观点

对于控辩双方对证据收集合法性裁判不服的情形，2012年刑事诉讼法并未规定专门的救济程序。《最高人民法院关于适用〈中华人民共和国刑事诉讼法〉的解释》对此作出了原则性规定，要求二审法院对证据收集合法性争议进行审查并依法作出相应处理。《最高人民法院、最高人民检察院、公安部、国家安全部、司法部关于办理刑事案件严格排除非法证据若干问题的规定》（以下简称《严格排除非法证据规定》）第38条至第40条立足司法实践，对相关问题作出具体规定。

一是明确控辩双方对一审有关证据收集合法性的处理结果不服的救济程序。控辩双方对证据收集合法性裁判不服，不能单独就此提出上诉、抗诉，但可在上诉、抗诉中将之作为部分理由。如果控辩双方在上诉、抗诉中对一审有关证据收集合法性的审查、调查结论提出异议，二审法院应当进行审查。

二是明确被告人二审期间首次提出排除非法证据申请的处理方式。被告人及其辩护人在二审程序中首次申请排除非法证据的，应当说明其未在一审中提出申请的理由，二审法院应当进行审查。如果被告人及其辩护人在审判前及一审过程中没有提出排除非法证据的申请，通常就表明其对证据收集合法性没有异议，但考虑到中国目前的刑事案件辩护率较低，一些被告人缺乏律师帮助，未能及时行使排除非法证据的申请权，或者被告人及其辩护人在第一审庭审后才发现涉嫌非法取证的相关线索或者材料等情形，基于对被告人辩护权的程序保障，允许其在二审期间申请排除非法证据，但应当要求其提供正当理由。

三是明确人民检察院对证据收集合法性的举证时限。对于被告人及其辩护人在一审程序中申请排除非法证据的情形，人民检察院应当积极举证证明取证合法性，有效消除证据收集合法性争议。为避免因人民检察院怠于举证而引发不必要的程序争议，如果人民检察院在一审程序中未出示证明证据收集合法性的证据，一审法院依法排除有关证据的，人民检察院在二审期间不得出示之前未出示的证据，但一审后发现的新证据除外。

四是明确二审程序中对证据收集合法性的调查及处理。有的案件，被告人及其辩护人在一审期间提出排除非法证据申请，但一审法院没有对申请进行审查，并以有关证据作为定案根据，对此种情形应当如何处理，在实践中存在不同认识。《严格非法证据排除规定》第40条第1款明确规定："第一审人民法院对被告人及其辩护人排除非法证据的申请没有审查，并以有关证据作为定案根据，可能影响公正审判的，第二审人民法院可以裁定撤销原判，发回原审人民法院重新审判。"

对于第一审人民法院对依法应当排除的非法证据未予排除的，第二审人民法院可以依法排除相关证据。排除非法证据后，应当按照下列情形分别作出处理：（一）原判决认定事实和适用法律正确、量刑适当的，应当裁定驳回上诉或者抗诉，维持原判；（二）原判决认定事实没有错误，但适用法律有错误，或者量刑不当的，应当改判；（三）原判决事实不清楚或者证据不足的，可以裁定撤销原判，发回原审人民法院重新审判。

需要明确的是，审判监督程序、死刑复核程序中对证据收集合法性的审查、调查，参照上述规定。

——戴长林、刘静坤、朱晶晶：《〈关于办理刑事案件严格排除非法证据若干问题的规定〉的理解与适用》，载《人民司法·应用》2017 年第 22 期（总第 789 期）。

1590. 如何在裁判文书中写明人民法院对证据收集合法性的审查、调查结论以及相关理由

关键词

证据收集合法性　法庭质证　非法证据排除

最高人民法院司法政策精神

第三十六条　人民法院对证据收集合法性的审查、调查结论，应当在裁判文书中写明，并说明理由。

——《最高人民法院、最高人民检察院、公安部、国家安全部、司法部关于办理刑事案件严格排除非法证据若干问题的规定》（2017 年 6 月 20 日，法发〔2017〕15 号）。

附录：最高人民法院主流观点

在具体案件中，如何在裁判文书中写明人民法院对证据收集合法性的审查、调查结论以及相关理由，《最高人民法院、最高人民检察院、公安部、国家安全部、司法部关于办理刑事案件严格排除非法证据若干问题的规定》未作明确。司法实践中，一般区分以下四种情形：

第一种情形，人民检察院能够证明证据收集的合法性，证据经法庭质证后予以采信，被告人、辩护人坚持非法证据排除申请。在此种情形下，裁判文书应载明采信该证据并说明相关理由。为凸显裁判说理，可在控辩焦点评判部分载明，法庭启动调查程序后，人民检察院提出相关证据证明证据收集的合法性或者作出合理解释和说明，人民法院认为不存在非法取证情形，庭审中检察机关出示相关证据并经庭审质证，可以确认。被告人、辩护人相关排除非法证据的申请不予支持。

第二种情形，人民检察院不能证明证据收集的合法性，不能排除存在以非法方法收集证据的情形，人民检察院坚持认为取证合法的，裁判文书要载明排除非法证据的决定并说明相关理由。如对于人民检察院提出的证明被告

人犯罪事实的某个证据，被告人、辩护人提供相关线索或者材料申请非法证据排除，经法庭审查并启动调查程序，认定该证据系非法取得或者不能排除非法取证的可能性，故不能作为定案的根据，对被告人、辩护人关于排除相关证据的申请予以支持。

第三种情形，人民检察院主动撤回了被告人、辩护人申请排除的非法证据，意味着不会在庭审中出示相关证据，故裁判文书中不需要说明。如召开过庭前会议，因为庭前会议而撤回的，可在庭前会议记录中载明上述情况，无须在裁判文书中说明。

第四种情形，被告人、辩护人在提出排除非法证据申请后，人民检察院提供相关证据证明证据收集的合法性，被告人、辩护人后撤回排除非法证据申请的，裁判文书可以不载明相关情况。但如仅是口头表达认可，并未提出撤回申请的，依然应当在裁判文书中载明。

——裴显鼎主编:《非法证据排除程序适用指南》(第二版)，法律出版社2018年版，第67~68页。

第十七章 强制措施

1591. 强制措施的实施细则

关键词

强制措施 取保候审 监视居住 拘留 逮捕

最高人民法院司法政策精神

四、强制措施

13. 被取保候审、监视居住的犯罪嫌疑人、被告人无正当理由不得离开所居住的市、县或者执行监视居住的处所，有正当理由需要离开所居住的市、县或者执行监视居住的处所，应当经执行机关批准。如果取保候审、监视居住是由人民检察院、人民法院决定的，执行机关在批准犯罪嫌疑人、被告人离开所居住的市、县或者执行监视居住的处所前，应当征得决定机关同意。

14. 对取保候审保证人是否履行了保证义务，由公安机关认定，对保证人的罚款决定，也由公安机关作出。

15. 指定居所监视居住的，不得要求被监视居住人支付费用。

16. 刑事诉讼法规定，拘留由公安机关执行。对于人民检察院直接受理的案件，人民检察院作出的拘留决定，应当送达公安机关执行，公安机关应当立即执行，人民检察院可以协助公安机关执行。

17. 对于人民检察院批准逮捕的决定，公安机关应当立即执行，并将执行回执及时送达批准逮捕的人民检察院。如果未能执行，也应当将回执送达人民检察院，并写明未能执行的原因。对于人民检察院决定不批准逮捕的，公安机关在收到不批准逮捕决定书后，应当立即释放在押的犯罪嫌疑人或者变更强制措施，并将执行回执在收到不批准逮捕决定书后的三日内送达作出不批准逮捕决定的人民检察院。

——《最高人民法院、最高人民检察院、公安部、国家安全部、司法部、全国人大常委会法制工作委员会关于实施刑事诉讼法若干问题的规定》(2012年12月26日)。

1592. 取保候审的适用条件

关键词

取保候审

最高人民法院司法政策精神

第一条　为了规范适用取保候审，贯彻落实少捕慎诉慎押的刑事司法政策，保障刑事诉讼活动顺利进行，保护公民合法权益，根据《中华人民共和国刑事诉讼法》及有关规定，制定本规定。

第二条　对犯罪嫌疑人、被告人取保候审的，由公安机关、国家安全机关、人民检察院、人民法院根据案件的具体情况依法作出决定。

公安机关、人民检察院、人民法院决定取保候审的，由公安机关执行。国家安全机关决定取保候审的，以及人民检察院、人民法院办理国家安全机关移送的刑事案件决定取保候审的，由国家安全机关执行。

第三条　对于采取取保候审足以防止发生社会危险性的犯罪嫌疑人，应当依法适用取保候审。

决定取保候审的，不得中断对案件的侦查、起诉和审理。严禁以取保候审变相放纵犯罪。

第四条　对犯罪嫌疑人、被告人决定取保候审的，应当责令其提出保证人或者交纳保证金。

对同一犯罪嫌疑人、被告人决定取保候审的，不得同时使用保证人保证和保证金保证。对未成年人取保候审的，应当优先适用保证人保证。

第五条　采取保证金形式取保候审的，保证金的起点数额为人民币一千元；被取保候审人为未成年人的，保证金的起点数额为人民币五百元。

决定机关应当综合考虑保证诉讼活动正常进行的需要，被取保候审人的社会危险性，案件的性质、情节，可能判处刑罚的轻重，被取保候审人的经济状况等情况，确定保证金的数额。

第六条　对符合取保候审条件，但犯罪嫌疑人、被告人不能提出保证人也不交纳保证金的，可以监视居住。

前款规定的被监视居住人提出保证人或者交纳保证金的，可以对其变更为取保候审。

——《最高人民法院、最高人民检察院、公安部、国家安全部关于印发〈关于取保候审若干问题的规定〉的通知》（2022年9月5日，公通字〔2022〕25号）。

附录：最高人民法院主流观点

一、取保候审的适用条件应当如何把握

一般情况下，对于具有下列情形之一的被告人，可以适用取保候审。(1)可能判处管制、拘役或者独立适用附加刑的；(2)可能判处有期徒刑以上刑罚，采取取保候审不致发生社会危险的；(3)应当逮捕但患有严重疾病的，或者是正在怀孕、哺乳自己婴儿的妇女。另外，根据《关于执行〈中华人民共和国刑事诉讼法〉若干问题的解释》(以下简称《刑事诉讼法解释》)第80条第(2)项“对已经逮捕的被告人，案件不能在法律规定的期限内审结的，可以变更强制措施”的规定，也可以对其适用取保候审。

取保候审制度的设立是为了依法保证刑事诉讼活动，保障犯罪嫌疑人、被告人的合法权益，减少羁押。因此，不羁押的前提条件是被取保候审者的社会危险性不大，适用取保候审不会妨碍侦查、起诉、审判活动的正常进行。如果不具备这一条件，则不能适用取保候审。公安部《公安机关办理刑事案件程序规定》、最高人民检察院《人民检察院刑事诉讼规则》对不适用取保候审的情形也做了相关的规定。在理解和执行司法解释关于取保候审的规定时，应当根据犯罪的性质、危害程度，可能判处的刑罚以及被告人的个人情况(如是否有前科、家庭情况、群众反映等)进行具体分析。根据相关的法律规定，对下列被告人不宜适用取保候审：(1)累犯或者有犯罪前科的；(2)曾在取保候审期间有逃避侦查、起诉、审判行为的；(3)可能对被害人、证人、检举人及其亲属的人身、财产进行侵害的；(4)流窜作案的；(5)住址、身份不明的；(6)可能逃跑、自杀或继续犯罪的。

三、适用取保候审能否同时采用保证人和保证金两种方式

《刑事诉讼法》第53条[①]规定：“人民法院、人民检察院和公安机关决定对犯罪嫌疑人、被告人取保候审，应当责令犯罪嫌疑人、被告人提出保证人或者交纳保证金。”据此，取保候审的保证方式有两种：

1.保证人保证，是指司法机关责令犯罪嫌疑人、被告人提供保证人，保证人担保被取保候审人在取保候审期间不离开居住的县、市，在传讯时及时到案，不妨碍侦查、起诉和审判。根据《刑事诉讼法解释》第69条的规定：“对于符合取保候审条件，但无力交纳保证金的被告人以及未成年人或者具有其他不宜收取保证金情形的，在决定取保候审时，可以责令其提供一至二名保证人。”

保证人必须是有固定住所和收入，与案件没有牵连，能够履行保证义务，享有政治权利且人身自由没有受到限制的人。保证人在取保候审期间应当监督被保证人遵守《刑事诉讼法》第56条的规定，发现被保证人可能或者已经违

① 本条现为《中华人民共和国刑事诉讼法》(2018年修正)第六十八条。

反该条规定的，应当及时向执行机关报告；保证人未及时报告的，应对保证人处以1000元以上2万元以下的罚款；根据案件事实，已经构成犯罪的被告人在取保候审期间逃匿，保证人与该被告人串通，协助其逃匿以及明知其藏匿地点而拒绝向司法机关提供的，对保证人应当依照《刑法》有关规定追究刑事责任；取保候审的被告人同时也是附带民事诉讼被告人的，保证人还应当承担连带赔偿责任，但应当以其保证前附带民事诉讼原告人提起的诉讼请求数额为限。

2. 保证金保证，是指司法机关责令犯罪嫌疑人、被告人交纳一定数量的保证金，担保其不得离开所居住的县、市，在传讯时及时到案，不妨碍侦查、起诉和审判。根据最高人民法院、最高人民检察院、公安部、国家安全部《关于取保候审若干问题的规定》，采取保证金形式取保候审的，保证金的起点数额为1000元，没有上限，以人民币交纳。人民法院在适用保证金保证时，应当以被取保候审人不逃避、妨碍审判活动为原则，同时综合考虑当地的经济发展水平，被告人的社会危险性，案件的性质、情节，可能判处刑罚的轻重，被告人的经济状况等情况，确定收取保证金的数额。

《刑事诉讼法》没有明确规定犯罪嫌疑人、被告人在取保候审时是否可以同时采取保证人保证和保证金保证。保证人保证和保证金保证作为取保候审时采取的两种不同的保证方式，司法机关在适用时需要根据案件的具体情况，考虑采取何种方式更便于被取保候审人履行法律规定的义务。两种方式的适用对象、适用时需要考虑的问题有很大的差别，同时，被取保候审人的社会危害性相对较小，采取一种保证方式足以促使其履行法定义务。因此，根据《刑事诉讼法解释》第72条，对同一被告人决定取保候审的，不得同时使用这两种保证方式，即不能够要求被取保候审人同时提供保证人并交纳保证金。

——高憬宏、杨万明主编：《基层人民法院法官培训教材（实务卷·刑事审判篇）》，人民法院出版社2005年版，第467~468页。

1593. 对涉嫌危险驾驶罪中的犯罪嫌疑人、被告人能否直接采取强制措施

关键词

危险驾驶罪　强制措施

《刑事审判参考》指导案例

孟令悟危险驾驶案（《刑事审判参考》指导案例第905号）

裁判要点：根据《中华人民共和国刑事诉讼法》第七十九条

的规定，采取逮捕强制措施必须同时具备“有证据证明有犯罪事实”“可能判处徒刑以刑罚”“采取取保候审尚不足以防止发生社会危险性”三个条件，而根据《刑法》第一百三十三条的规定，危险驾驶罪的最高法定刑是拘役，因此在危险驾驶罪中不具备对犯罪嫌疑人、被告人直接采取逮捕强制措施的条件。

（一）对于涉嫌犯危险驾驶罪的犯罪嫌疑人、被告人不能直接采取逮捕强制措施，除非在取保候审、监视居住期间严重违反相关规定

1. 根据相关法律规定，对涉嫌犯最高法定刑为拘役的犯罪嫌疑人、被告人不能直接采取强制措施。1996 年刑事诉讼法第六十条第一款规定，“对有证据证明有犯罪事实，可能判处徒刑以上刑罚的犯罪嫌疑人、被告人，采取取保候审、监视居住等方法，尚不足以防止发生社会危险性，而有逮捕必要的，应即依法逮捕。”2012 年修改后刑事诉讼法第七十九条[①]第一款规定，“对有证据证明有犯罪事实，可能判处徒刑以上刑罚的犯罪嫌疑人、被告人，采取取保候审尚不足以防止发生下列社会危险性的，应当予以逮捕”。比较分析，刑事诉讼法关于逮捕条件在修改前后没有大的变化（修改后不含监视居住）。根据上述规定，采取逮捕强制措施必须同时具备“有证据证明有犯罪事实”“可能判处徒刑以上刑罚”“采取取保候审尚不足以防止发生社会危险性”这三个条件，缺一不可。而根据刑法第一百三十三条之一的规定，危险驾驶罪的最高法定刑是拘役，是刑法中唯一不包含有期徒刑以上刑罚的罪名，也就成为唯一不能对犯罪嫌疑人、被告人直接采取逮捕强制措施的罪名。就本案而言，虽然审理时适用的是 1996 年刑事诉讼法，但关于采取逮捕强制措施的条件没有实质的变化，故对本案被告人不能直接采取逮捕强制措施。

2. 在取保候审、监视居住期间严重违反相关规定的，可以采取逮捕强制措施。1996 年刑事诉讼法第五十六条第二款规定，“被取保候审的犯罪嫌疑人、被告人违反前款规定，已交纳保证金的，没收保证金，并且区别情形，责令犯罪嫌疑人、被告人具结悔过，重新交纳保证金、提出保证人或者监视居住、予以逮捕”；第五十七条第二款规定，“被监视居住的犯罪嫌疑人、被告人违反前款规定，情节严重，予以逮捕”。该两款规定是否受 1996 年刑事诉讼法第六十条规定的逮捕条件的限制，即只有可能判处徒刑以上刑罚的犯罪嫌疑人、被告人，违反取保候审或者监视居住规定的才可以逮捕，实践中存在不同意见。肯定意见认为，刑事诉讼法关于逮捕措施规定中的“可能判处徒刑以上刑罚”是适用逮捕必需的前提条件，危险驾驶罪不符合逮捕对刑罚的要求，应当绝对排除适用逮捕措施。否定意见认为，尽管刑事诉讼法关

---

① 本条现为《中华人民共和国刑事诉讼法》（2018 年修正）第八十一条。

于逮捕措施的规定中明确了“可能判处徒刑以上刑罚”的条件，但刑事诉讼法在规定适用逮捕措施的条件之前，已在取保候审和监视居住的规定中明确了违反该两种强制措施的，可以予以逮捕，故对危险驾驶罪可以有条件地适用逮捕措施，即涉嫌犯危险驾驶罪的犯罪嫌疑人、被告人违反取保候审规定，或者违反监视居住规定情节严重的，均可对其予以逮捕。我们同意否定意见的观点。1996年刑事诉讼法及配套司法解释中均未限定只有可能判处有期徒刑以上刑罚的犯罪嫌疑人、被告人违反取保候审、监视居住规定的，才可以予以逮捕。另外，从2012年修改后刑事诉讼法的有关规定分析，第七十九条第三款明确规定“被取保候审、监视居住的犯罪嫌疑人、被告人违反取保候审、监视居住规定，情节严重的，可以予以逮捕”。因此，不管是适用1996年刑事诉讼法，还是适用2012年修改后的刑事诉讼法，对涉嫌犯危险驾驶罪的犯罪嫌疑人、被告人违反取保候审、监视居住规定，情节严重的，均可予以逮捕。值得注意的是，对涉嫌犯危险驾驶罪的犯罪嫌疑人、被告人原则上不能采取监视居住，但是对被取保候审者既不能提出保证人，也不交纳保证金的，可以采取监视居住。因此，在危险驾驶案件中也可能存在犯罪嫌疑人、被告人违反监视居住规定的情况。

——最高人民法院刑五庭：《孟令悟危险驾驶案》，载最高人民法院刑事审判第一、二、三、四、五庭主办：《刑事审判参考》2013年第5集（总第94集），法律出版社2014年版，第62~64页。

1594. 走私犯罪案件中逮捕强制措施的适用条件

关键词

强制措施　走私犯罪　逮捕条件

最高人民法院司法政策精神

四、关于走私犯罪嫌疑人的逮捕条件

对走私犯罪嫌疑人提请逮捕和审查批准逮捕，应当依照《刑事诉讼法》第60条规定的逮捕条件来办理。一般按照下列标准掌握：

（一）有证据证明有走私犯罪事实

1. 有证据证明发生了走私犯罪事实

有证据证明发生了走私犯罪事实，须同时满足下列两项条件：

（1）有证据证明发生了违反国家法律、法规，逃避海关监管的行为；

（2）查扣的或者有证据证明的走私货物、物品的数量、价值或者偷逃税额达到刑法及相关司法解释规定的起刑点。

2. 有证据证明走私犯罪事实系犯罪嫌疑人实施的

有下列情形之一，可认为走私犯罪事实系犯罪嫌疑人实施的：

（1）现场查获犯罪嫌疑人实施走私犯罪的；

（2）视听资料显示犯罪嫌疑人实施走私犯罪的；

（3）犯罪嫌疑人供认的；

（4）有证人证言指证的；

（5）有同案的犯罪嫌疑人供述的；

（6）其他证据能够证明犯罪嫌疑人实施走私犯罪的。

3. 证明犯罪嫌疑人实施走私犯罪行为的证据已经查证属实的

符合下列证据规格要求之一，属于证明犯罪嫌疑人实施走私犯罪行为的证据已经查证属实的：

（1）现场查获犯罪嫌疑人实施犯罪，有现场勘查笔录、留置盘问记录、海关扣留查问笔录或者海关查验（检查）记录等证据证实的；

（2）犯罪嫌疑人的供述有其他证据能够印证的；

（3）证人证言能够相互印证的；

（4）证人证言或者同案犯供述能够与其他证据相互印证的；

（5）证明犯罪嫌疑人实施走私犯罪的其他证据已经查证属实的。

（二）可能判处有期徒刑以上的刑罚

是指根据《刑法》第 151 条、第 152 条、第 153 条、第 347 条、第 350 条等规定和最高人民法院《关于审理走私刑事案件具体应用法律若干问题的解释》等有关司法解释的规定，结合已查明的走私犯罪事实，对走私犯罪嫌疑人可能判处有期徒刑以上的刑罚。

（三）采取取保候审、监视居住等方法，尚不足以防止发生社会危险性而有逮捕必要的

主要是指：走私犯罪嫌疑人可能逃跑、自杀、串供、干扰证人作证以及伪造、毁灭证据等妨碍刑事诉讼活动的正常进行的，或者存在行凶报复、继续作案可能的。

——《最高人民法院、最高人民检察院、海关总署关于印发〈办理走私刑事案件适用法律若干问题的意见〉的通知》（2002 年 7 月 8 日，法〔2002〕139 号）。

1595. 纠防和杜绝超期羁押

关键词

强制措施　超期羁押

最高人民法院司法政策精神

目前，超期羁押现象在全国许多地方没有得到有效遏制，“前清后超”“边清边超”“押而不决”等现象仍然不断发生，人民群众反映强烈。各级人民法院、人民检察院和公安机关要坚持以“三个代表”重要思想为指导，坚持司法为民的工作要求，严格执行刑事诉讼法的有关规定，切实提高办理刑事案件的质量和效率，维护人民法院、人民检察院和公安机关的公正形象，坚决纠正和预防超期羁押现象，尊重和保障犯罪嫌疑人、被告人的合法权益。现就有关问题通知如下：

一、进一步端正执法思想，牢固树立实体法和程序法并重、打击犯罪和保障人权并重的刑事诉讼观念。社会主义司法制度必须保障在全社会实现公平和正义。人民法院、人民检察院和公安机关依法进行刑事诉讼，既要惩罚犯罪，维护社会稳定，也要尊重和保障人权，尊重和保障犯罪嫌疑人、被告人的合法权益，是依法惩罚犯罪和依法保障人权的有机统一。任何人，在人民法院依法判决之前，都不得被确定有罪。在侦查、起诉、审判等各个阶段，必须始终坚持依法进行诉讼，认真遵守刑事诉讼法关于犯罪嫌疑人、被告人羁押期限的规定，坚决克服重实体、轻程序，重打击、轻保障的错误观念，避免因超期羁押而侵犯犯罪嫌疑人、被告人合法权益现象的发生。

二、严格适用刑事诉讼法关于犯罪嫌疑人、被告人羁押期限的规定，严禁随意延长羁押期限。犯罪嫌疑人、被告人被羁押的，人民法院、人民检察院和公安机关在刑事诉讼的不同阶段，要及时办理换押手续。在侦查阶段，要严格遵守拘留、逮捕后的羁押期限的规定；犯罪嫌疑人被逮捕以后，需要延长羁押期限的，应当符合刑事诉讼法第一百二十四条、第一百二十六条或者第一百二十七条规定的情形，并应当经过上一级人民检察院或者省、自治区、直辖市人民检察院的批准或者决定。在审查逮捕阶段和审查起诉阶段，人民检察院应当在法定期限内作出决定。在审判阶段，人民法院要严格遵守刑事诉讼法关于审理期限的规定；需要延长一个月审理期限的，应当属于刑事诉讼法第一百二十六条规定的情形之一，而且应当经过省、自治区、直辖市高级人民法院批准或者决定。

凡不符合刑事诉讼法关于重新计算犯罪嫌疑人、被告人羁押期限规定的，不得重新计算羁押期限。严禁滥用退回补充侦查、撤回起诉、改变管辖等方式变相超期羁押犯罪嫌疑人、被告人。

三、准确适用刑事诉讼法关于取保候审、监视居住的规定。人民法院、人民检察院和公安机关在对犯罪嫌疑人、被告人采取强制措施时，凡符合取保候审、监视居住条件的，应当依法采取取保候审、监视居住。对已被羁押的犯罪嫌疑人、被告人，在其法定羁押期限已满时必须立即释放，如侦查、起诉、审判活动尚未完成，需要继续查证、审理的，要依法变更强制措施为取保候审或者监视居住，充分发挥取保候审、监视居住这两项强制措施的作用，做到追究犯罪与保障犯罪嫌疑人、被告人合法权益的统一。

四、坚持依法办案，正确适用法律，有罪依法追究，无罪坚决放人，人民法院、人民检察院和公安机关在刑事诉讼过程中，要分工负责，互相配合，互相制约，依法进行，避免超期羁押现象的发生。在侦查、起诉、审判等各个诉讼阶段，凡发现犯罪嫌疑人，被告人不应或者不需要追究刑事责任的，应当依法撤销案件，或者不起诉，或者终止审理，或者宣告无罪。公安机关、人民检察院要严格执行刑事诉讼法关于拘留、逮捕条件的规定，不符合条件的坚决不拘、不提请批准逮捕或者决定不批准逮捕。人民检察院对于经过两次补充侦查或者在审判阶段建议补充侦查并经人民法院决定延期审理的案件，不再退回公安机关；对于经过两次补充侦查，仍然证据不足、不符合起诉条件的案件，要依法作出不起诉的决定。公安机关要依法加强对看守所的管理，及时向办案机关通报超期羁押情况。人民法院对于人民检察院提起公诉的案件，经过审理，认为证据不足，不能认定被告人有罪的，要依法作出证据不足、指控的犯罪不能成立的无罪判决。第二审人民法院经过审理，对于事实不清或者证据不足的案件，只能一次裁定撤销原判、发回原审人民法院重新审判；对于经过查证，只有部分犯罪事实清楚、证据充分的案件，只就该部分罪行进行认定和宣判；对于查证以后，仍然事实不清或者证据不足的案件，要依法作出证据不足、指控的犯罪不能成立的无罪判决，不得拖延不决，迟迟不判。

五、严格执行超期羁押责任追究制度。超期羁押侵犯犯罪嫌疑人、被告人的合法权益，损害司法公正，对此必须严肃查处，绝不姑息。本通知发布以后，凡违反刑事诉讼法和本通知的规定，造成犯罪嫌疑人、被告人超期羁押的，对于直接负责的主管人员和其他直接责任人员，由其所在单位或者上级主管机关依照有关规定予以行政或者纪律处分；造成犯罪嫌疑人、被告人超期羁押，情节严重的，对于直接负责的主管人员和其他直接责任人员，依照刑法第三百九十七条的规定，以玩忽职守罪或者滥用职权罪追究刑事责任。

六、对于重大、疑难、复杂的案件，涉外案件，新类型案件以及危害国家安全案件涉及的适用法律问题，应及时报请全国人大常委会作出立法解释或者最高人民法院、最高人民检察院作出司法解释。

执行本通知的情况，请及时层报最高人民法院、最高人民检察院和公安部。

——《最高人民法院、最高人民检察院、公安部关于严格执行刑事诉讼法，切实纠防超期羁押的通知》（2003年11月12日，法〔2003〕163号）。

为了严格执行刑事诉讼法的有关规定，实现人民法院“公正与效率”的工作主题，牢固树立司法为民的观念，切实提高办理刑事案件的质量和效率，严厉打击犯罪，尊重和保障人权，全国各级人民法院在今年集中清理超审限和超期羁押案件之后，必须建立并完善严格防止超期羁押的司法工作机制，推行十项制度，努力实现防止超期羁押工作的规范化、制度化、法制化。现特作如下通知：

一、全面实行以审限管理为中心的案件流程管理制度，建立超期羁押预警机制，切实防止超期羁押。各级人民法院在审理案件过程中，应当严格遵守刑事诉讼法关于审理期限的规定，进一步实行以审限管理为中心的案件流程管理制度，建立超期羁押预警机制。对被羁押的被告人，及时办理换押手续。对审理时间达到法定审限三分之二的案件，以“催办通知”的方式，向承办案件审判庭和承办案件法官催办；对审理时间接近法定审限的案件，以“审限警示”的方式，向承办案件审判庭和承办案件法官发送“审限警示”。

二、实行严格依法适用取保候审、监视居住等法律措施的制度。各级人民法院必须实行严格适用刑事诉讼法关于取保候审、监视居住规定的制度。对被告人符合取保候审、监视居住条件的，应当依法采取取保候审、监视居住。对过失犯罪等社会危险性较小且符合法定条件的被告人，应当依法适用取保候审、监视居住等法律措施。对已被羁押超过法定羁押期限的被告人，应当依法予以释放；如果被告人被羁押的案件不能在法定期限内审结，需要继续审理的，应当依法变更强制措施。

三、建立及时通报制度，告知法院羁押期限。根据法定事由，例如依法延期审理、中止审理、进行司法精神病鉴定等，人民法院依法办理法律手续延长审限的案件，不计入审限。人民法院应当及时将上述不计入审限的情况书面通知看守所、被告人及其家属，并说明审限延长的理由。对于人民检察院因抗诉等原因阅卷的案件，根据《最高人民法院关于严格执行案件审理期限制度的若干规定》（法释〔2000〕29号），其占用的时间不计入审限，人民法院应当及时将情况书面通知看守所、被告人及其家属，并说明理由。

四、完善依法独立审判制度，规范以至逐步取消内部请示的做法。人民法院审理刑事案件，应当依照刑事诉讼法的规定独立审判，坚持两审终审制。除了适用法律疑难案件以外，不得向上级人民法院请示。要规范以至逐步取消内部请示的做法。

五、建立严格的案件发回重审制度。按照刑事诉讼法以及《最高人民法院、最高人民检察院、公安部关于严格执行刑事诉讼法，切实纠防超期羁押通知》的规定，第二审人民法院经过审理，对于原判决事实不清楚或者证据不足的案件，只能裁定撤销原判，发回原审人民法院重新审判一次，严格禁止多次发回重审。

六、坚持依法办案，有罪依法追究，无罪坚决放人。人民法院审理刑事案件，依法惩罚犯罪、保障人权，有罪依法追究，无罪坚决放人。经过审理，对于案件事实清楚，证据确实、充分，依据法律认定被告人有罪的，应当作出有罪判决；对于经过审理，只有部分犯罪事实清楚、证据确实、充分的案件，只就该部分事实和证据进行认定和判决；对于审理后，仍然证据不足，在法律规定的审限内无法收集充分的证据，不能认定被告人有罪的案件，应当坚决依法作出证据不足、指控的犯罪不能成立的无罪判决，绝不能搞悬案、疑案，拖延不决，迟迟不判。

七、完善及时宣判制度。人民法院依法作出判决后，应当按照法律规定及时公开宣判并送达执行通知书，不得为了营造声势而延期宣判和执行。

八、建立高效率的送达、移送卷宗制度。依照刑事诉讼法规定，法定期间不包括路途上的时间。人民法院在审判过程中，因送达裁判文书以及第一审案件审结后进入第二审程序，或者第二审案件审结后进入死刑复核程序等移送卷宗的案件，路途上的时间不计入审限。人民法院应当积极采取各种措施，努力改进送达、移送案卷等工作，尽量缩短占用的时间，使其更加制度化、规范化，不得无故拖延。

九、坚持超期羁押案件月报制度，做到月清月结。人民法院应当坚持超期羁押案件月报制度，每月定期向上级人民法院书面报告；最高人民法院每月定期向全国法院发布《全国法院超期羁押案件情况月报》。积极采取措施，努力做到超期羁押案件月清月结。

十、严格执行超期羁押责任追究制度。凡故意违反刑事诉讼法和《最高人民法院、最高人民检察院、公安部关于严格执行刑事诉讼法，切实纠防超期羁押通知》的规定，造成被告人超期羁押的，对于直接负责的主管人员和其他责任人员，由其所在单位或者上级主管机关依照有关规定予以行政处分或者纪律处分，构成犯罪的，依法追究刑事责任

——《最高人民法院关于推行十项制度切实防止产生新的超期羁押的通知》（2003年11月30日，法发〔2003〕22号）。

1596. 采用保证金形式取保候审应注意的问题

关键词

保证金　取保候审

附录：最高人民法院主流观点

根据刑事诉讼法第六十八条、第七十一条第三款、第七十二条、第七十

三条的规定，保证金保证和保证人保证是取保候审的两种形式，决定对同一犯罪嫌疑人、被告人取保候审时，不能同时适用保证人保证和保证金保证。

1. 保证金形式取保候审的决定机关和执行机关。能否采取保证金形式取保候审由人民法院、人民检察院、公安机关、国家安全机关及其他法律授权的机关依法决定。人民法院、人民检察院决定的，由公安机关执行；国家安全机关决定取保候审的，以及人民法院、人民检察院在办理国家安全机关移送的犯罪案件时决定取保候审的，由国家安全机关执行。走私犯罪侦查机关决定对走私犯罪嫌疑人采取取保候审的，应通知并移送走私犯罪嫌疑人居住地公安机关执行。执行包括保证金的统一收取和管理，没收、退还保证金决定的作出等。提供保证金的人根据决定机关送达的《取保候审决定书》，将保证金一次性存入执行机关指定银行的专门账户。

2. 以保证金形式保证的取保候审人应具有的条件。刑事诉讼法没有对以保证金形式保证和以保证人形式保证应具有的条件作出区分，《最高人民法院关于适用〈中华人民共和国刑事诉讼法〉的解释》仅明确了几种可以采取保证人形式保证的情形，第一百一十七条规定："对下列被告人决定取保候审的，可以责令其提出一至二名保证人：（一）无力交纳保证金的；（二）未成年或者已满七十五周岁的；（三）不宜收取保证金的其他被告人。"采取保证金形式保证的，被取保候审人除符合法律规定的条件外，其本人或者其法定代理人、亲友、所在单位等可以代其交纳保证金。如果被取保候审人没有经济来源、无力交纳保证金或者依靠他人生活，一般不适用保证金保证。如被取保候审人是未成年人或者已满七十五周岁的老人，身体残疾依靠他人扶养等，应适用保证人保证。

3. 保证金的数额和币种。刑事诉讼法第七十二条规定，确定保证金数额应考虑保证诉讼活动正常进行的需要，被取保候审人的社会危险性，案件的性质、情节，可能判处刑罚的轻重，被取保候审人的经济状况等情况，但没有规定保证金数额的上限和下限，也没有限定币种。《最高人民法院关于适用〈中华人民共和国刑事诉讼法〉的解释》第一百一十九条规定："对决定取保候审的被告人使用保证金保证的，应当依照刑事诉讼法第七十二条第一款的规定确定保证金的具体数额，并责令被告人或者为其提供保证金的单位、个人将保证金一次性存入公安机关指定银行的专门账户。"

4. 以保证金形式取保候审的具体程序。提供保证金的人应当将银行出具的交纳保证金的凭证交决定机关核实。决定机关核实无误后，将《取保候审决定书》《取保候审执行通知书》、银行出具的收款凭证以及案由、犯罪人的基本情况等相关材料一并送交执行机关执行。执行机关核实后，通知被取保候审人居住地派出所执行。负责具体执行的派出所应当指定专人负责对被取保候审人的监督考察。执行时，执行人员应当告知被取保候审人应当遵守的法律规定，主要是刑事诉讼法第七十一条的规定，以及违反规定和重新犯罪应承担的法律后果，并责令被取保候审人交出护照等出境证件和驾驶证件。负责监督考察的人员应定期将执行情况报告县级公安机关和通知决定机关。执行时，被取保候审人有正当理由要求离开居住的市、县的，应当经县级执行机关批准。执行机关批准时，应征求决定机关的意见。

——杨万明主编：《新刑事诉讼法司法适用解答》，人民法院出版社 2018 年版，第 140~141 页。

1597. 关于继续取保候审、监视居住的决定规则

关键词

继续取保候审　监视居住

最高人民法院司法解释

第一百四十七条　人民法院根据案件情况，可以决定对被告人拘传、取保候审、监视居住或者逮捕。

对被告人采取、撤销或者变更强制措施的，由院长决定；决定继续取保候审、监视居住的，可以由合议庭或者独任审判员决定。

——《最高人民法院关于适用〈中华人民共和国刑事诉讼法〉的解释》（2021 年 1 月 26 日，法释〔2021〕1 号）。

附录：最高人民法院主流观点

《最高人民法院关于适用〈中华人民共和国刑事诉讼法〉的解释》（法释〔2012〕21 号）第一百一十三条第二款规定："对被告人采取、撤销或者变更强制措施的，由院长决定。"征求意见过程中，有意见建议将"由院长决定"修改为"由院长、庭长或承办案件的审判员决定"，理由是：被告人在取保候审或监视居住的情况下，经常存在案件不能正常审结、一审与二审相互转换、宣判缓刑、判处无罪等情形，上述程序皆有法律规定，可以根据具体情况决定，只规定由院长决定显然已不适应当前司法体制改革的要求。经研究，《最高人民法院关于适用〈中华人民共和国刑事诉讼法〉的解释》以下简称《刑事诉讼法解释》）第一百四十七条部分采纳上述意见，规定："人民法院根据案件情况，可以决定对被告人拘传、取保候审、监视居住或者逮捕。""对被告人采取、撤销或者变更强制措施的，由院长决定；决定继续取保候审、监视居住的，可以由合议庭或者独任审判员决定。"主要考虑是：（1）强制措施的变更涉及对被告人人身自由的限制或者剥夺，应当十分慎重。《刑事诉讼法》

第八十九条规定："人民检察院审查批准逮捕犯罪嫌疑人由检察长决定。重大案件应当提交检察委员会讨论决定。"与之对应，法院阶段变更强制措施，一般也应当由院长决定为宜。但是，在审判阶段延续此前所采取的强制措施的，可以由合议庭或者独任审判员决定。（2）据《刑事诉讼法解释》起草小组进一步向人民检察院了解情况，不少地方检察机关对于延续侦查阶段的取保候审、监视居住的，也不需要报请检察长批准。

——《刑事诉讼法解释》起草小组：《〈最高人民法院关于适用《中华人民共和国刑事诉讼法》的解释〉理解与适用》，载最高人民法院刑事审判第一、二、三、四、五庭编：《刑事审判参考》（总第126辑），人民法院出版社2021年版，第137~138页。

1598. 关于继续取保候审、监视居住的期限

关键词

继续取保候审　监视居住　期限

最高人民法院司法解释

第一百六十二条　人民检察院、公安机关已经对犯罪嫌疑人取保候审、监视居住，案件起诉至人民法院后，需要继续取保候审、监视居住或者变更强制措施的，人民法院应当在七日以内作出决定，并通知人民检察院、公安机关。

决定继续取保候审、监视居住的，应当重新办理手续，期限重新计算；继续使用保证金保证的，不再收取保证金。

——《最高人民法院关于适用〈中华人民共和国刑事诉讼法〉的解释》（2021年1月26日，法释〔2021〕1号）。

附录：最高人民法院主流观点

《最高人民法院关于适用〈中华人民共和国刑事诉讼法〉的解释》（法释〔2012〕21号）第一百二十七条第三款规定："人民法院不得对被告人重复采取取保候审、监视居住措施。"司法实践反映上述规定存在歧义。例如，一审法院对于取保候审的被告人决定逮捕，逮捕后因患病等原因不能羁押的，仍然只能取保候审，此种情况是否属于"重复取保候审"有不同认识。鉴此，删去该款规定。

在不同审判程序中，是否可以对被告人各采取不超过十二个月的取保候审、不超过六个月的监视居住措施，存在不同认识。例如，一审已经取保候审十二个月，二审可否再次取保候审。考虑到实际情况，《最高人民法院关于

适用〈中华人民共和国刑事诉讼法〉的解释》(法释〔2021〕1号，以下简称《刑事诉讼法解释》)第一百六十二条第三款原本拟规定："在同一个审判程序中，人民法院对被告人取保候审最长不得超过十二个月，监视居住最长不得超过六个月。"征求意见过程中，存在不同认识。有意见提出，刑事诉讼法第七十九条第一款规定，人民法院对犯罪嫌疑人、被告人取保候审最长不得超过十二个月，监视居住最长不得超过六个月。法律没有规定在不同的审判程序中取保候审、监视居住的期限可以分别计算。经研究认为，分阶段把握取保候审、监视居住的期限更符合实际。上述意见可能会导致对符合取保候审、监视居住适用条件的被告人，由于期限的限制，不得已变更为羁押性强制措施的情形，反而不利于被告人，不符合降低羁押性强制措施适用的基本趋势。但鉴于对有关问题的认识尚未统一，《刑事诉讼法解释》未作明确规定。待条件成熟时，再通过适当方式明确。

此外，征求意见过程中，有意见建议增加规定："第二审人民法院审理期间，一审法院对被告人已经采取的取保候审、监视居住尚未到期的，继续有效，二审法院应当及时通知执行机关变更办案单位；已经到期需要继续采取取保候审、监视居住强制措施的，可以委托一审法院代为办理相关手续。"理由是：(1)参照在押被告人不同阶段仅需办理换押手续，而无须另行决定逮捕的做法，有利于提高诉讼效率；(2)一审法院已经办理过相关强制措施，且负责判决的交付执行，委托一审法院办理相关手续，有利于统一协调，减少不必要的诉讼耗费。经研究认为，上述意见认为二审法院应当与一审法院共用取保候审、监视居住的期限，又认为二审法院在借用一审法院的取保候审、监视居住的期限到期后，可以重复决定取保候审、监视居住，明显违背刑事诉讼法和《刑事诉讼法解释》的相关规定，故未予采纳。相关问题可以交由司法实践裁量把握。但需要指出的是，如果二审法院未重新办理取保候审、监视居住手续，则二审阶段的取保候审、监视居住期限只能是一审阶段取保候审、监视居住的剩余时间。

——《刑事诉讼法解释》起草小组：《〈最高人民法院关于适用《中华人民共和国刑事诉讼法》的解释〉理解与适用》，载最高人民法院刑事审判第一、二、三、四、五庭编：《刑事审判参考》(总第126辑)，人民法院出版社2021年版，第138~139页。

1599. 关于强制措施的自动解除制度

关键词

强制措施

最高人民法院司法解释

第一百七十二条 被采取强制措施的被告人，被判处管制、缓刑的，在社区矫正开始后，强制措施自动解除；被单处附加刑的，在判决、裁定发生法律效力后，强制措施自动解除；被判处监禁刑的，在刑罚开始执行后，强制措施自动解除。

——《最高人民法院关于适用〈中华人民共和国刑事诉讼法〉的解释》（2021 年 1 月 26 日，法释〔2021〕1 号）。

附录：最高人民法院主流观点

鉴于对于交付执行刑罚的罪犯，此前采取强制措施的，法院不会出具解除强制措施文书，《最高人民法院关于适用〈中华人民共和国刑事诉讼法〉的解释》（法释〔2021〕1 号，以下简称《刑事诉讼法解释》）第一百七十二条设立强制措施的自动解除制度，规定："被采取强制措施的被告人，被判处管制、缓刑的，在社区矫正开始后，强制措施自动解除；被单处附加刑的，在判决、裁定发生法律效力后，强制措施自动解除；被判处监禁刑的，在刑罚开始执行后，强制措施自动解除。"

需要注意的是，《刑事诉讼法解释》第一百七十二条规定的"社区矫正开始""刑罚开始执行"，是指已经实际开始执行刑罚或者缓刑，而非送交执行手续。主要考虑是：被采取强制措施的被告人在实际执行刑罚前，强制措施不当然解除。实践中，有观点认为，强制措施均为判决生效前的措施，其逻辑是判决一旦生效就进入了执行程序，对罪犯监禁、监外执行或者社区矫正，不存在判决生效后还要采取强制措施的问题。这一观点不符合实际情况，有部分被判处监禁刑的被告人，由于看守所拒收或者由于等待监外执行鉴定等原因，即使判决已经生效，实际上却未能被收监执行，一方面监禁刑尚未实际执行，另一方面没有其他监管措施，势必造成监管漏洞，可能存在被判刑未实际执行又犯新罪的情况，对于审判人员也存在渎职风险，故在监禁刑判决尚未实际执行前，对被告人仍然存在监管的必要。而且，强制措施是为了保证刑事诉讼而非仅是为了刑事审判的顺利进行而设置的措施，刑罚执行也是刑事诉讼的一个重要环节。因此，应当明确强制措施的自动解除从交付执行刑罚而非判决、裁定生效之日起。

——《刑事诉讼法解释》起草小组：《〈最高人民法院关于适用《中华人民共和国刑事诉讼法》的解释〉理解与适用》，载最高人民法院刑事审判第一、二、三、四、五庭编：《刑事审判参考》（总第 126 辑），人民法院出版社 2021 年版，第 139~140 页。

1600. 关于自诉案件解除强制措施的问题

关键词

自诉案件 强制措施

最高人民法院司法解释

第三百三十条 裁定准许撤诉的自诉案件，被告人被采取强制措施的，人民法院应当立即解除。

——《最高人民法院关于适用〈中华人民共和国刑事诉讼法〉的解释》（2021年1月26日，法释〔2021〕1号）。

附录：最高人民法院主流观点

《最高人民法院关于适用〈中华人民共和国刑事诉讼法〉的解释》（法释〔2012〕21号）第二百七十三条规定："裁定准许撤诉或者当事人自行和解的自诉案件，被告人被采取强制措施的，人民法院应当立即解除。"征求意见过程中，有意见提出，司法实践存在自诉人和解要求撤回自诉，人民法院不予准许的情形。基于此，宜明确法院立即解除强制措施的前置条件，即将"当事人自行和解"限制为当事人和解后撤诉经裁定准许或制作刑事调解书生效。经研究，《最高人民法院关于适用〈中华人民共和国刑事诉讼法〉的解释》（法释〔2021〕1号）部分采纳上述意见，于第三百三十条规定："裁定准许撤诉的自诉案件，被告人被采取强制措施的，人民法院应当立即解除。"主要考虑是：上述意见确有一定道理。司法实践中，对于当事人和解的自诉案件，可以由人民法院视情裁定准许撤回自诉或者出具刑事调解书，此种情形下"立即解除强制措施"，自然应当满足裁定准许撤诉或者刑事调解书生效的条件。但是，这并不意味着当事人自行和解的，人民法院就一律裁定准许撤诉或者出具刑事调解书。例如重婚案件，即使自诉人谅解，与被告人达成和解，人民法院仍然可能会作出刑事判决。

需要进一步提及的是，刑事诉讼法第二百一十二条第一款规定"人民法院对自诉案件，可以进行调解；自诉人在宣告判决前，可以同被告人自行和解或者撤回自诉。本法第二百一十条第三项规定的案件不适用调解"。显而易见，此处规定的"调解"不是一般的刑事附带民事赔偿的调解，而是与刑事定罪量刑的裁判一样，属于自诉案件的结案方式。

——《刑事诉讼法解释》起草小组：《〈最高人民法院关于适用《中华人民共和国刑事诉讼法》的解释〉理解与适用》，载最高人民法院刑事审判第

一、二、三、四、五庭编：《刑事审判参考》（总第126辑），人民法院出版社2021年版，第171~172页。

1601. 逮捕犯罪嫌疑人、被告人应具备的条件以及注意事项

关键词

逮捕　犯罪嫌疑人　被告人

附录：最高人民法院法官著述

逮捕是将犯罪嫌疑人、被告人羁押，剥夺其人身自由，以保证诉讼活动顺利进行的最为严厉的刑事强制措施。修改后的《刑事诉讼法》细化了逮捕的条件，使逮捕的适用更为审慎、严格、规范。

从《刑事诉讼法》的规定看，逮捕分为应当逮捕和可以逮捕两类。应当逮捕又包括三种情况：一是有证据证明有犯罪事实，可能判处徒刑以上刑罚，采取取保候审措施，尚不足以防止发生《刑事诉讼法》第81条第1款规定的社会危险性的。所谓"有证据证明有犯罪事实"，一般是指同时具备以下三种情形：有证据证明发生了犯罪事实；有证据证明该犯罪事实是犯罪嫌疑人实施的；证明犯罪嫌疑人实施犯罪行为的证据已经查证属实的。"有证据证明有犯罪事实"，并不要求查清全部犯罪事实，其中"犯罪事实"即可以是单一犯罪行为的事实，也可以是数个犯罪行为中任何一个犯罪行为的事实。判断是否具有"社会危险性"，应当将犯罪嫌疑人、被告人涉嫌犯罪的性质、情节、认罪认罚等情况作为考虑因素。《最高人民检察院、公安部关于逮捕社会危险性条件若干问题的规定（试行）》对相关情况也作出了规定。二是有证据证明有犯罪事实，可能判处十年有期徒刑以上刑罚的。三是可能判处徒刑以上刑罚，曾经故意犯罪或者身份不明的。"曾经故意犯罪"，并不是指故意犯罪以后的任何时候再犯可能判处徒刑以上刑罚之罪的都应当逮捕，而应当区分案情。例如再次所犯之罪为过失犯罪的，则不宜一律逮捕；再如再犯之罪情节较轻的，也不宜一律逮捕。

可以逮捕包括两种情况：一是取保候审期间违反取保候审规定，情节严重的。二是监视居住期间违反规定，情节严重的。实践中，对于违反取保候审、监视居住规定，情节严重，需要逮捕的，是否还需符合一般逮捕条件的可能判处徒刑以上刑罚的条件，存有争议。如上所述，《全国人民代表大会常务委员会关于〈中华人民共和国刑事诉讼法〉第七十九条第三款的解释》的规定："对于被取保候审、监视居住的可能判处徒刑以下刑罚的犯罪嫌疑人、被告人，违反取保候审、监视居住规定，严重影响诉讼活动正常进行的，可

以予以逮捕。”也就是说，不需要符合一般逮捕条件中的可能判处徒刑以上刑罚的条件。这是因为，犯罪嫌疑人、被告人有逃跑、干扰证人作证、毁灭、伪造证据或者串供等违反取保候审、监视居住规定的行为，妨碍刑事诉讼的正常进行，甚至可能引发新的犯罪，是典型的具有社会危险性的情形。针对被取保候审、监视居住人违反取保候审、监视居住规定，严重影响诉讼活动正常进行，可以予以逮捕的专门规定，既适用于可能判处徒刑以上刑罚被取保候审、监视居住的犯罪嫌疑人、被告人，也适用于可能判处徒刑以下刑罚被取保候审、监视居住的犯罪嫌疑人、被告人。

——张述元主编:《刑事诉讼法及配套规定新释新解与适用指南》，中国法制出版社 2020 年版，第 558~559 页。

1602. 同等情况下是否优先对盲、聋、哑人或尚未完全丧失辨认或者控制自己行为能力的精神病人等限制刑事责任能力人适用非羁押性强制措施

关键词

认罪认罚从宽制度　非羁押性强制措施

附录：最高人民法院主流观点

行为人的人身危险性不同于行为的社会危害性。行为的社会危害性是对犯罪行为追究责任的基础，以社会危害性为依据对行为人进行处罚必须以责任存在为前提。责任的本质是对拥有自由意志者选择违反规范行为的非难。而未成年人、盲、聋、哑人或者尚未完全丧失辨认或者控制自己行为能力的精神病人由于生理原因，责任能力较弱，因此，刑法规定对他们处罚较正常人更轻。而逮捕措施的适用，除审查刑罚和证据要件外，主要是对行为人的人身危险性进行审查，确保刑事诉讼程序顺利进行。人身危险性是再次实施危害社会行为的可能性，与行为人的责任能力无关，如强制医疗是针对无刑事责任能力者而实施的。因此，实践中对认罪认罚的盲、聋、哑人或尚未完全丧失辨认或者控制自己行为能力的精神病人等限制刑事责任能力人是否优先适用非羁押性强制措施不宜一概而论，而应综合考虑其人身危险性。

需要注意的是，对于怀孕的妇女、75 周岁以上的老人、患病的犯罪嫌疑人、被告人等行动能力受影响，需要特殊照顾的人，在综合判断其实施妨碍刑事诉讼行为的可能性不大的情形下，可以优先适用非羁押性强制措施。对于未成年犯罪嫌疑人、被告人，更是应坚持“教育、感化、挽救”的方针，尽可能减少羁押措施的适用，优先考虑非羁押性强制措施。

——胡云腾主编、最高人民法院刑事审判第一庭编著：《认罪认罚从宽制度的理解与适用》，人民法院出版社2018年版，第13~14页。

1603. 如何评估逮捕要件中的社会危险性

关键词

逮捕　社会危害性

附录：最高人民法院主流观点

社会危险性是基于现有的已知素材对将来和未知的预测，不可能绝对准确无误。评估的素材之间，如犯罪嫌疑人、被告人的主观表现与其所实施犯罪行为的客观方面，也可能会出现矛盾或冲突。在评估社会危险性时，司法人员应把握几个重点：一是案件性质、起因以及罪行的轻重。一般而言，所实施的罪行较轻微的犯罪嫌疑人、被告人，他们再犯的可能性较小。除此之外，由于行为的社会危害性不大，行为人的社会危险性通常也不高。二是犯罪嫌疑人、被告人生活、就业情况。三是犯罪嫌疑人、被告人的平时表现，行事是否极端；有无吸毒、酗酒等不良嗜好，是否易怒或情绪波动较大，有无表露出仇视社会等反社会人格。四是是否为惯犯、累犯等常习性犯罪分子。五是是否共同犯罪中的从犯、胁从犯，中止犯。六是悔罪态度；认罪只是悔罪的前提，认罪并不一定导致人身危险性降低，只有真诚悔罪才会减少再犯可能性。七是执行取保候审、监视居住的难度。对于既没有户籍地公安机关出具的身份证明，也没有公安人口信息网的登记身份信息，无法查实身份的认罪认罚犯罪嫌疑人、被告人，在决定采取取保候审或监视居住的强制措施时必须慎重。此外，对于未成年人犯罪案件，要注意审查其监护人是否有足够监管能力等。

——胡云腾主编、最高人民法院刑事审判第一庭编著：《认罪认罚从宽制度的理解与适用》，人民法院出版社2018年版，第14页。

第十八章　刑事附带民事诉讼

1604. 做好刑事附带民事诉讼的调解工作

关键词

刑事附带民事诉讼　调解方法

最高人民法院审判业务意见

一、积极探索附带民事调解的方式、方法

与单纯民事案件的调解不同，附带民事调解具有更多复杂的因素，更需要讲究方式方法。一是把握调解时机，将一审作为调解的基础和关键环节，并将调解贯穿于刑事案件的整个审理过程。要尽可能争取在一审达成协议，把矛盾化解在基层。一审期间没有明显效果的，二审期间应加大调解力度，做更多更细致的工作。二是立足于有效化解矛盾，耐心细致地做好思想疏导和法律、政策的宣传解释，尽力化解“心结”，缓和双方对立关系，消除可能导致“案结事难了”的不稳定因素。要把调解作为审理附带民事诉讼案件的必经程序，同时，对于刑事自诉案件，尽可能多做化解矛盾的调解工作，促进双方自行和解；对民间纠纷引发的轻伤害等轻微刑事案件，也可以在不违反法律规定的前提下，尝试做一些促进和解的工作。对于经过做工作，被告人认罪悔过，愿意赔偿被害人损失，取得被害人谅解，从而达成和解协议的，可以对被告人依法从宽处理。三是在查明事实、辨明责任的基础上开展调解。调解前首先应当查明被告人犯罪的事实、情节，被害人所遭受的经济损失和被告人的经济状况，并充分了解案件发生的背景，辨明被害人对引发本案有无责任及责任大小等，依法确定被告人的责任，准确界定被害人的权利，统筹兼顾双方当事人的合法权益。四是调动一切可以调动的力量参与调解，包括律师、相关职能部门、基层组织以及当事人的亲友、单位、社区等，以理服人，以情动人，综合运用法律、政策、经济等手段和教育、协商、疏导等办法，形成做好调解疏导工作的良好氛围和合力。

二、着力提高刑事法官的调解能力

正确裁判的能力是高水平的司法能力，善于调解的能力也是高水平的司法能力。调解要求法官不仅精通法律知识，准确适用法律，还要具有化解矛盾纠纷、善于做群众工作的能力。法官仅仅懂得刑事法律是远远不够的，如果没有做好刑事审判工作新的司法理念，不能正确分析刑事案件发生的起因，矛盾纠纷的演化、性质和特点，不善于把握刑事与民事相互间的法律关系，没有为人民群众排忧解难的责任感和善于做好工作的方式、方法，就不可能做好民事调解工作，不可能实现案件的最佳裁判效果。刑事法官应当深入社会，了解生活，不断完善调解艺术，创新调解方法，提高诉讼调解的司法能力，既要通过积极、负责的调解工作，有效化解矛盾纠纷，使个案得到妥善处理，又要宣传国家法律和宽严相济政策，有意识地引导民众法治意识的提高和法治理念进步。各级人民法院也要总结调解经验，加大培训力度，为刑事法官提高诉讼调解的司法能力和水平创造条件。

三、健全和完善调解促进机制和配套制度

不断完善调解促进机制，一是在绩效考核方面，对调解结案的法官应当给予激励、鼓励的评价。要把调解结案作为评判法官审判能力和审判效果的一个重要指标，通过嘉奖激励机制，充分调动法官调解结案的积极性。二是要把法官裁判结案后当事人申诉、上访的情况作为对法官绩效考核、评价的重要因素，促进法官不断增强司法能力，更加重视、投入更大精力做好矛盾化解工作，争取“案结事了”，避免出现“依法裁判”后非但未能定分止争、化解矛盾，反而激化冲突，以致引发挑战司法权威的闹访、缠诉等问题。

健全和完善调解配套制度，积极探索安抚被害方情绪的新举措。如用足用好现有法律规定，根据当事人的申请或依职权及时采取财产保全措施，为解决赔偿问题奠定基础；对于被告人案发后积极赔偿，并认罪、悔罪的，依法作为酌定量刑情节予以考虑，以增强被告人履行赔偿义务的积极性，尽量弥补被害方经济损失；对于刑罚执行，可以建议监管机关对被告人的减刑从严控制，以满足被害方报应的情感需求；落实刑事被害人救助工作，对于因受到犯罪行为侵害、无法及时获得有效赔偿、存在特殊生活困难的被害人及其亲属，给予适当的资金救助等。

——最高人民法院刑事审判第四庭：《加强附带民事调解努力化解社会矛盾》，载《人民法院报》2010 年 4 月 21 日。

1605. 国家赔偿与附带民事诉讼的民事赔偿的区别

关键词

国家赔偿　刑事附带民事诉讼

附录：最高人民法院法官著述

二者的构成要件不同。国家赔偿的构成要件相对严格，第一，必须是国家机关或者国家机关工作人员作为侵权的主体；第二，必须是国家机关或者国家机关工作人员行使职权过程中的职权行为，且该行为违法；第三，造成了损害后果；第四，违法行为与损害后果之间有必然的因果关系。只有同时符合上面四个要件并经依法确认的，才能取得国家赔偿。民事赔偿的构成要件则强调以下四项，第一，行为人有责任能力；第二，有违法或者过错侵权行为；第三，造成了损害后果；第四，行为与损害后果之间有必然的因果关系。

二者的赔偿性质不同。国家赔偿必然要受到国家财力的制约以及现行法律、法规未完全配套的限制，这就决定了国家赔偿具有法定性、惩戒性、补偿性、限制性，是对国家机关及其工作人员违法行使职权行为的惩戒，是在法定范围内依照法定标准对当事人所造成的损失给予一定的经济补偿；附带民事诉讼的民事赔偿具有对等赔偿性质，造成了多少损失，就应当赔偿多少。

二者的赔偿范围不同。国家赔偿基于其主导思想和所遵循的原则，对赔偿范围采取法定限制原则，只有法律规定的才承担赔偿责任，主要体现在行政机关错误采取行政强制措施、在行政执法过程中违法使用暴力或其他手段造成他人身体伤害或死亡，刑事司法中错误拘留、错误逮捕、错误羁押，司法机关在行使职权过程中违法使用暴力或其他手段造成他人身体伤害或死亡，人民法院在民事诉讼、行政诉讼过程中违法采取强制措施、保全措施，或对生效法律文书执行错误等行为造成损害的情形。附带民事诉讼的民事赔偿的范围是受到刑事追究的具有责任能力的侵权人违法或者过错行为造成被害人物质损失的情形。可以看出，附带民事诉讼的民事赔偿范围要广于国家赔偿，这主要是由国家侵权责任的特殊主体身份决定的。

特别法优于普通法。《刑事诉讼法》中附带民事诉讼条款是针对普通公民侵害他人合法权益并造成物质损失的情形，是规定普通侵权主体的条款；国家赔偿法则是针对特殊的侵权主体，即规定国家机关或者国家机关工作人员这一特定的侵权主体违法侵权造成损害的法律。国家赔偿法对刑事诉讼法和民法通则的规定来说是特别法。应当本着特别法优于普通法的原则，优先适用国家赔偿法。

同一侵权事实不能取得两次赔偿。如适用两次赔偿，则会出现因一个侵权事实而由两个不同的赔偿主体进行赔偿的情形，这是不符合法律公平原则的。所以明确本案适用国家赔偿后，应当驳回彭某的附带民事诉讼请求。

——苏戈：《国家赔偿与附带民事诉讼中民事赔偿之区别》，载《人民司法》1997 年第 7 期（总第 402 期）。

1606. 有权提起附带民事诉讼原告人的范围

关键词

刑事附带民事诉讼　原告人范围

最高人民法院司法解释

第一百七十五条　被害人因人身权利受到犯罪侵犯或者财物被犯罪分子毁坏而遭受物质损失的，有权在刑事诉讼过程中提起附带民事诉讼；被害人死亡或者丧失行为能力的，其法定代理人、近亲属有权提起附带民事诉讼。

因受到犯罪侵犯，提起附带民事诉讼或者单独提起民事诉讼要求赔偿精神损失的，人民法院一般不予受理。

第一百七十九条　国家财产、集体财产遭受损失，受损失的单位未提起附带民事诉讼，人民检察院在提起公诉时提起附带民事诉讼的，人民法院应当受理。

人民检察院提起附带民事诉讼的，应当列为附带民事诉讼原告人。

被告人非法占有、处置国家财产、集体财产的，依照本解释第一百七十六条的规定处理。

——《最高人民法院关于适用〈中华人民共和国刑事诉讼法〉的解释》（2021年1月26日，法释〔2021〕1号）。

附录：司法信箱

问题：我院审理一起放火案件，被告人将国有企业所有的职工住房烧坏，造成损失。人民检察院在提起公诉时没有提起附带民事诉讼，对此应如何处理，存在意见分歧。第一种意见认为受害单位可以直接向人民法院提起附带民事诉讼，也可以由被害人（房屋使用人）提起附带民事诉讼；或者由受害单位委托房屋使用人提起附带民事诉讼。第二种意见认为受害单位不能作为附带民事诉讼的原告。理由是《刑事诉讼法》规定的被害人是指自然人，不包括法人。而且，《刑事诉讼法》已明确规定"人民检察院可以提起附带民事诉讼"，人民检察院提起附带民事诉讼，既代表了国家的利益，也代表了被害单位的利益。人民检察院没有提起附带民事诉讼而受害单位认为需要提起的，可以向人民检察院提出建议，不能自行提起附带民事诉讼。请问：国家、企事业单位能否作为附带民事诉讼的原告直接向人民法院提起诉讼？

《人民司法》研究组认为：根据《刑事诉讼法》的规定，被害人由于被告人的犯罪行为而遭受物质损失的，在刑事诉讼过程中，有权提起附带民事诉讼。最高人民法院有关司法解释据此规定，人民法院受理刑事案件后，因犯罪行为遭受物质损失的被害人，包括公民、法人和其他组织以及已死亡被害人的近亲属、无行为能力或者限制行为能力被害人的法定代理人，有权提起附带民事诉讼。如果是国家财产、集体财产遭受损失，受损失的单位未提起附带民事诉讼，人民检察院在提起公诉时提起附带民事诉讼的，人民法院应当受理。

据来信提供的情况，被告人放火烧毁单位所有的职工住房，单位因为被告人的犯罪行为而遭受物质损失的，以及原告职工因住房烧毁遭受财产损失的，均可以在人民法院受理刑事案件后，直接向人民法院提起附带民事诉讼。

——《人民司法》1997 年第 12 期（总第 407 期）。

1607. 死亡受害人身份不明时，附带民事赔偿原告范围

关键词

附带民事诉讼　死亡受害人身份不明

《刑事审判参考》指导案例

于景森故意伤害案（《刑事审判参考》指导案例第 26 号）

裁判要点：在被害人已死亡的案件中，由于当事人的死亡，其诉讼权利能力和诉讼行为能力均归于消灭，无法以自己的名义提起诉讼，在这种情况下，被害人的近亲属在附带民事诉讼中的诉讼地位为原告人。

刑事案件的被害人在没有丧失诉讼行为能力的情况下，是附带民事诉讼当然的原告人。《最高人民法院关于执行〈中华人民共和国刑事诉讼法〉若干问题的解释》第 84 条规定："已死亡被害人的近亲属、无行为能力或者限制行为能力被害人的法定代理人，有权提起附带民事诉讼。"根据该规定，在被害人已死亡的案件中，由于当事人的死亡，其诉讼权利能力和诉讼行为能力均归于消灭，无法以自己的名义提起诉讼，而其民事权利又需要有人主张，因此，附带民事诉讼程序专门规定其近亲属可以起诉。在这种情况下，被害人的近亲属在附带民事诉讼中的诉讼地位为原告人。近亲属的范围为《刑事诉讼法》第 82 条[①]规定的"夫、妻、父、母、子、女、同胞兄弟姊妹"。另

① 本条现为《中华人民共和国刑事诉讼法》（2018 年修正）第一百零八条。

外，上述近亲属都拥有独立的、完整的诉权，即每个近亲属都有权就被告人给被害人造成的全部物质损失单独提起附带民事诉讼，多名近亲属还可以作为共同原告人共同起诉。

应当看到，无行为能力或者限制行为能力被害人的法定代理人在附带民事诉讼中的诉讼地位与已死亡被害人近亲属有所不同，无行为能力或者限制行为能力被害人是独立的诉讼主体，具有诉讼权利能力，其原告人的身份不因其诉讼行为能力的丧失而改变，因此，其法定代理人在诉讼中的地位也只能是法定代理人，而不能是原告人。

——张军、范春明、陈庆颐：《于景森故意伤害案——刑事附带民事诉讼案件的范围、当事人以及民事赔偿的范围、数额应如何确定》，载最高人民法院刑事审判第一庭编：《刑事审判参考》1999 年第 4 集（总第 4 集），法律出版社 1999 年版，第 17~18 页。

附录：司法信箱

问题：我院审理的一起交通肇事案件，因被告人朱某驾车致死的被害人系经公安机关用各种方式仍无法查明其身份之人，且肇事车辆已投保强制险及第三者责任险，保额共为人民币 20 万元。为确保日后被害人的利害关系人追索附带民事赔偿，审委会讨论认为，先由有关组织机构代为进行民事诉讼，所得赔偿款予以提存。但应由谁代为起诉，出现了三种意见。第一种意见认为：应当由被害人事故发生地的居民委员会、村民委员会或者民政部门代为起诉。第二种意见认为，道路交通事故社会求助基金管理机构有权向交通事故责任人追偿。第三种意见认为，应由肇事地公安机关交通管理部门代为诉讼。请问哪一种意见正确？

《人民司法》研究组认为：根据《最高人民法院关于审理人身损害赔偿案件适用法律若干问题的解释》第 1 条的规定，本案的赔偿权利人是死亡被害人的近亲属，是有权提起附带民事赔偿诉讼的民事主体。根据民事诉讼法第一百零八条的规定，原告必须是与案件有直接利害关系的公民、法人和其他组织，死亡被害人的近亲属符合这一条件。来信中提到的被害人事故发生地的居民委员会、村民委员会或者民政部门，或者肇事地的公安交通管理部门，都与案件没有直接利害关系，因此，不是适格的原告。现死亡被害人身份不明，也就不能确定谁是其近亲属，也就是说，没有确定的原告提起附带民事诉讼。因此，我们认为，本案由于没有适格的原告，无法提起附带民事赔偿诉讼。

——《人民司法》2011 年第 1 期（总第 612 期）。

1608. 刑事附带民事诉讼被告人的范围

关键词

刑事附带民事诉讼　物质损失　被告人

最高人民法院司法解释

第一百八十条第一款　附带民事诉讼中依法负有赔偿责任的人包括：

（一）刑事被告人以及未被追究刑事责任的其他共同侵害人；

（二）刑事被告人的监护人；

（三）死刑罪犯的遗产继承人；

（四）共同犯罪案件中，案件审结前死亡的被告人的遗产继承人；

（五）对被害人的物质损失依法应当承担赔偿责任的其他单位和个人。

——《最高人民法院关于适用〈中华人民共和国刑事诉讼法〉的解释》（2021年1月26日，法释〔2021〕1号）。

《最高人民法院公报》案例

西安市人民检察院诉裴国良侵犯商业秘密案（裁定时间：2006年10月11日，二审法院：陕西省高级人民法院）

裁判摘要：根据《最高人民法院关于执行〈中华人民共和国刑事诉讼法〉若干问题的解释》，行为人窃取他人技术秘密供自己所在的公司使用，从而给技术秘密权利人造成特别严重后果的，在追究行为人侵犯商业秘密罪的刑事责任时，可以根据附带民事诉讼原告人的请求，将行为人所在公司列为附带民事诉讼被告人一并追究侵权的民事赔偿责任。

最高人民法院《关于执行〈中华人民共和国刑事诉讼法〉若干问题的解释》的相关规定，被告人裴国良受聘于附带民事诉讼被告人中冶公司，是项目技术负责人。裴国良为完成中冶公司交付的设计任务，将窃取附带民事诉讼原告人西安重研所的技术秘密上传到中冶公司局域网，供中冶公司的设计人员在为川威公司、泰山公司设计、制造板坯连铸机时使用。裴国良是为履行公职而直接侵权，其行为属于单位侵权，应当由其所在单位中冶公司承担侵权的民事责任。客观上，中冶公司也是靠裴国良上传的图纸，才能在短时间内为川威公司、泰山公司完成板坯连铸机的设计、制造工作，从而谋取了巨额利润。中冶公司的行为与裴国良的行为共同导致侵犯西安重研所合法民事权益的损害结果发生，均与损害结果之间存在着法律上的因果关系。单从民事角度讲，中冶公司也应对西安重研所遭受的经济损失承担赔偿责任。将中冶公司列为本案附带民事诉讼被告人，不仅合法，而且合理。

《中华人民共和国刑法》第 219 条第 1 款第（1）、（3）项规定："以盗窃、利诱、胁迫或者其他不正当手段获取权利人的商业秘密，违反约定或者违反权利人有关保守商业秘密的要求，披露、使用或者允许他人使用其所掌握的商业秘密，从而给商业秘密的权利人造成重大损失的，处三年以下有期徒刑或者拘役，并处或者单处罚金；造成特别严重后果的，处三年以上七年以下有期徒刑，并处罚金。"第 3 款规定："本条所称商业秘密，是指不为公众所知悉，能为权利人带来经济利益，具有实用性并经权利人采取保密措施的技术信息和经营信息。"最高人民法院、最高人民检察院《关于办理侵犯知识产权刑事案件具体应用法律若干问题的解释》第 7 条第 2 款规定："给商业秘密的权利人造成损失数额在 250 万元以上的，属于《刑法》第 219 条规定的'造成特别严重后果'，应当以侵犯商业秘密罪判处三年以上七年以下有期徒刑，并处罚金。"凌钢连铸机主设备图纸，是不对外公开、且能给附带民事诉讼原告人西安重研所带来经济利益的技术信息。西安重研所通过制定规定，与单位职工签订含有保密条款的劳动合同，对此技术信息采取了保密措施，使此项技术成为该单位的商业秘密。被告人裴国良利用工作之便盗窃该商业秘密，并提供给他人使用，从而使西安重研所遭受 1782 万元的经济损失，后果特别严重，其行为构成侵犯商业秘密罪，应依法惩处。西安市人民检察院指控裴国良的罪名成立。

《中华人民共和国民法通则》第 106 条第 1 款规定："公民、法人违反合同或者不履行其他义务的，应当承担民事责任。"第 2 款规定："公民、法人由于过错侵害国家的、集体的财产，侵害他人财产、人身的，应当承担民事责任。"第 130 条规定："二人以上共同侵权造成他人损害的，应当承担连带责任。"附带民事诉讼被告人中冶公司为了牟取巨额利润，利用他人的商业秘密履行合同，既是侵权行为的直接受益人，也是给附带民事诉讼原告人西安重研所造成经济损失的直接责任人，应当承担赔偿损失的民事责任。

——《最高人民法院公报》2006 年第 12 期。

《刑事审判参考》指导案例

倪以刚等聚众斗殴案（《刑事审判参考》指导案例第 350 号）

裁判要点：侵权行为发生时行为人不满十八周岁，在诉讼时已满十八周岁，并有经济能力的，应当承担民事责任，行为人没有经

济能力的，应当由原监护人承担民事责任。

本案中被告人刘旭在作案时不满18周岁，而在本案的开庭时（2004年10月11日）已满18周岁，刘旭的母亲即附带民事诉讼被告人纪扬州承担的是直接的赔偿责任，还是补充的赔偿责任呢?《民法通则》第133条规定："无民事行为能力人、限制民事行为能力人造成他人损害的，由监护人承担民事责任。"最高人民法院《关于贯彻执行〈中华人民共和国民法通则〉若干问题的意见（试行）》第161条第1款规定："侵权行为发生时行为人不满十八周岁，在诉讼时已满十八周岁，并有经济能力的，应当承担民事责任，行为人没有经济能力的，应当由原监护人承担民事责任。"也就说在此情况下，行为人自己承担责任是基础和前提，只有在其无能力情况下，原监护人才应承担赔偿责任。但无能力如何判断呢？我们认为，在审理程序中重点解决应否赔偿事宜，无时间和手段去查明行为人的经济能力状况；而在执行程序中，可以通过查询、查封、冻结、调查等执行手段查明侵权人的经济能力，所以对此能力的判断应留待执行程序中作出。故在对民事侵权部分作出判决时，原监护人只应对侵权人不能赔偿部分承担补充责任。本案中，应判决纪扬州对被告人刘旭不能支付部分承担补充赔偿责任，而不是纪扬州直接承担赔偿责任。

——周猛：《倪以刚等聚众斗殴案——如何把握聚众斗殴罪的犯罪构成及转化要件》，载最高人民法院刑事审判第一庭、第二庭编：《刑事审判参考》2005年第3集（总第44集），法律出版社2006年版，第82~84页。

高泳故意伤害案（《刑事审判参考》指导案例第371号）

裁判要点：在刑事附带民事诉讼案件中，只要行为人实施犯罪行为的目的或起因是出于执行职务或实施业务活动，其引起的损失就应当由其单位承担。但行为人在实施业务活动和执行职务的过程中并非出于实施业务活动和执行职务的目的或并非由实施业务活动和执行职务而实施的犯罪行为，其造成的损失就应由行为人自己承担。

在刑事附带民事诉讼案件中，判断刑事被告人的犯罪行为是否属于执行职务或实施业务活动的行为是一个比较困难的问题。我们认为，只要行为人实施犯罪行为的目的或起因是出于执行职务或实施业务活动，其引起的损失就应当由其单位承担。但行为人在实施业务活动和执行职务的过程中并非出于实施业务活动和执行职务的目的或并非由实施业务活动和执行职务而实施的犯罪行为，其造成的损失就应由行为人自己承担。例如被告人作为市场管理人员为清理市场内乱摆摊乱设点而打伤市场内乱摆摊的人，则由此造成物质损失引起的附带民事诉讼应由市场作为附带民事诉讼被告人。而如果被告人的职务是在某公司当清洁工却乘机杀害来公司办事的人，则由此造成物质损失引起的附带民事诉讼，应由其本人作为附带民事诉讼被告人，而不应将其公司作为附带民事诉讼被告人。

——江瑾：《高泳故意伤害案——法人或其他组织的工作人员在执行职务中致人伤害的，应由该法人或组织承担民事责任》，载最高人民法院刑事审判第一庭、第二庭编：《刑事审判参考》2005 年第 6 集（总第 47 集），法律出版社 2006 年版，第 23~26 页。

1609. 被害人或者其法定代理人、近亲属可以提起附带民事诉讼的时间不应作太多限制

关键词

附带民事诉讼　起诉时间

附录：最高人民法院主流观点

《最高人民法院关于适用〈中华人民共和国刑事诉讼法〉的解释》规定：“附带民事诉讼应当在刑事案件立案后及时提起。”据此，被害人或者其法定代理人、近亲属在一审宣告判决以前都可以提起附带民事诉讼，但是为了诉讼的顺利进行，被害人或者其法定代理人、近亲属应当及时提起附带民事诉讼。

有意见认为，这样不利于提高诉讼效率，建议将提起附带民事诉讼的时间限定在一审法庭辩论结束前，这样既能保障被害方的诉讼权利，也能提高诉讼效率。实践中确实存在因为解决附带民事诉讼的问题而降低诉讼效率的现象，这是客观事实。但是我们应当看到，附带民事诉讼制度能够在刑事诉讼过程中，在解决被告人刑事责任的同时，一并解决被害人物质损失的赔偿问题，有利于节约诉讼资源，便于诉讼参与人参加诉讼；有利于有效维护被害方的合法权益，及时弥补被害方因犯罪行为造成的物质损失；有利于有效化解社会矛盾，切实贯彻宽严相济刑事政策，实现“案结事了”。经研究认为，被害人及其法定代理人、近亲属提起附带民事诉讼的时间不应当作太多限制，主要考虑：其一，有利于充分发挥附带民事诉讼制度的优势，化解矛盾，实现“案结事了”。实践中也存在一些查找被害人及其法定代理人、近亲属等确有困难的现实，有的几经查询方才找到，如果一旦错过庭审调查、辩

论阶段即认为其没有提起附带民事诉讼的权利，显然不利于发挥附带民事诉讼制度的功能，也会增加被害方对司法的不信任。其二，对被害人及其法定代理人、近亲属提起附带民事诉讼的时间作此限制，一旦错过提起附带民事诉讼的起诉时间，被害方也会另行提起民事诉讼，整体上并不能节约司法资源，相反，民事诉讼还要以刑事诉讼查明的犯罪事实为基础，反而不利于节约司法资源。综上，我们认为，附带民事诉讼应当在刑事案件立案后及时提起，一审宣告判决前，被害人及其法定代理人、近亲属都可以提起附带民事诉讼，不应作过多限制。

——杨万明主编：《新刑事诉讼法司法适用解答》，人民法院出版社2018年版，第156~157页。

1610. 刑事附带民事诉讼的赔偿范围

关键词

刑事附带民事诉讼　赔偿范围　物质损失

最高人民法院司法解释

第一百七十五条　被害人因人身权利受到犯罪侵犯或者财物被犯罪分子毁坏而遭受物质损失的，有权在刑事诉讼过程中提起附带民事诉讼；被害人死亡或者丧失行为能力的，其法定代理人、近亲属有权提起附带民事诉讼。

因受到犯罪侵犯，提起附带民事诉讼或者单独提起民事诉讼要求赔偿精神损失的，人民法院一般不予受理。

第一百七十六条　被告人非法占有、处置被害人财产的，应当依法予以追缴或者责令退赔。被害人提起附带民事诉讼的，人民法院不予受理。追缴、退赔的情况，可以作为量刑情节考虑。

——《最高人民法院关于适用〈中华人民共和国刑事诉讼法〉的解释》（2021年1月26日，法释〔2021〕1号）。

最高人民法院司法政策精神

（五）关于刑事附带民事诉讼问题

关于附带民事诉讼的赔偿范围，在没有司法解释规定之前，应注意把握以下原则：一是要充分运用现有法律规定，在法律许可的范围内最大限度地补偿被害人因被告人的犯罪行为而遭受的物质损失。物质损失应包括已造成的损失，也包括将来必然遭受的损失。二是赔偿只限于犯罪行为直接造成的物质损失，不包括精神损失和间接造成的物质损失。三是要适当考虑被告人的赔偿能力。被告人的赔偿能力包括现在的赔偿能力和将来的赔偿能力，对未成年被告人还应考虑到其监护人的赔偿能力，以避免数额过大的空判引起的负面效应，被告人的民事赔偿情况可作为量刑的酌定情节。四是要切实维护被害人的合法权益。附带民事原告人提出起诉的，对于没有构成犯罪的共同致害人，也要追究其民事赔偿责任。未成年致害人由其法定代理人或者监护人承担赔偿责任。但是，在逃的同案犯不应列为附带民事诉讼的被告人。

——《最高人民法院关于印发〈全国法院维护农村稳定刑事审判工作座谈会纪要〉的通知》(1999 年 10 月 27 日，法〔1999〕217 号)。

关于刑事附带民事诉讼的赔偿范围，刑法、刑事诉讼法以及最高人民法院《关于刑事附带民事诉讼范围的规定》明确规定，被害人只对其因犯罪行为遭受的物质损失提起附带民事诉讼，而不包括对精神损害提起附带民事诉讼。司法实践中，全国多数法院也是把刑事附带民事诉讼的赔偿范围限定在被害人因犯罪行为遭受的物质损失之内。

但也有观点认为，现行刑法、刑事诉讼法和有关司法解释将刑事附带民事诉讼原告人的赔偿请求范围限制在物质损失而排除精神损害赔偿的规定，与民事诉讼有关规定不一致，不利于我国法律之间的协调和统一，同时，由于限制了当事人部分诉讼权利，也使得刑事被害人的损失得不到充分而全面的赔偿，对被害人有失公正。2004 年最高人民法院《关于审理人身损害赔偿案件适用法律若干问题的解释》(以下简称《解释》)颁布施行后，这种观点的影响力有所增强，司法实践中一些法院开始对赔偿范围有所突破，如参照《解释》判赔死亡赔偿金，导致命案的赔偿数额大幅度提高，城市的赔偿数额一般近 30 万元，农村的赔偿数额大致为 10 多万元。这一变化确实满足了部分当事人的诉讼请求，但由此产生的最大问题不仅与刑法、刑事诉讼法的规定发生冲突，造成执法混乱，而且绝大多数判决成为空判，相应引发的申诉、上访增多。

为了进一步明确刑事附带民事诉讼的赔偿范围，统一执法标准，最高人民法院于 2007 年启动了统一刑事附带民事诉讼赔偿范围、赔偿标准的司法解释起草工作，并取得了阶段性成果。但是，关于刑事附带民事诉讼的赔偿范围，一直存有争议，不仅存在法律障碍，最高人民法院相关审判庭之间也有不同意见，与立法机关认识亦不统一，特别是去年年底侵权责任法通过后，如何协调侵权责任法与刑法、刑事诉讼法的关系还有待进一步研究，因此，司法解释出台尚需时日。

在新的司法解释出台以前，我们认为应保持法律政策施行的稳定性，继续执行“济南会议”“五刑会议”对刑事附带民事诉讼案件确定的赔偿范围。

1. 精神损害赔偿不在刑事附带民事赔偿范围之内

不可否认，犯罪行为的确会给刑事附带民事诉讼原告人造成一定的精神上的损害，特别是故意杀人、故意伤害、强奸、绑架等犯罪行为，不但给被害人的生命、健康以及婚姻、家庭带来灾难，而且给被害人及其亲人造成了巨大的精神创伤。如果单从造成的危害后果来看，赔偿被害人的精神损害完全是应该的。但是由于刑事附带民事诉讼具有不同于单纯民事诉讼的特点，在目前刑事附带民事诉讼中，精神损害不宜列入赔偿范围。主要考虑到：

第一，《刑法》第 36 条第 1 款规定："由于犯罪行为而使被害人遭受经济损失的，对犯罪分子除依法给予刑事处罚外，并应根据情况判处赔偿经济损失。"《刑事诉讼法》第 77 条第 1 款规定："被害人由于被告人的犯罪行为而遭受物质损失的，在刑事诉讼过程中，有权提起附带民事诉讼。"作为刑事法律两大支柱的刑法和刑事诉讼法分别将刑事附带民事诉讼赔偿范围限定为经济损失或物质损失。据此，最高人民法院《关于刑事附带民事诉讼范围问题的规定》和《关于人民法院是否受理刑事案件被害人提起精神损害赔偿民事诉讼问题的批复》，明确将精神损害赔偿排除于刑事附带民事诉讼的赔偿范围之外。刑法和刑事诉讼法是全国人大制定的基本法律，在我国的法律体系中其效力仅仅低于宪法。因此，在刑法和刑事诉讼法没有修改之前，不能扩大刑事附带民事诉讼赔偿范围。

第二，从表面来看，一般民事诉讼中允许提起精神损害赔偿，而刑事附带民事诉讼赔偿范围不包括精神损害赔偿，有损法律精神和法律之间的协调和统一。但事实并非如此。首先，对被告人判处其一定的刑罚，不仅是对被告人的制裁，本身就包含对被害人及其亲属遭受的精神损害的一种抚慰，而且是非常重要的精神抚慰。其次，单纯的民事侵权，被告人只承担经济上的赔偿责任，而刑事案件的被告人不但要承担民事上的物质损害赔偿责任，更要承担严厉的刑事责任。在确定刑罚的过程中，犯罪行为对被害人造成的物质损失和精神损害程度已经作为重要量刑情节予以考虑，如再进行精神损害的赔偿，就有重复评价之嫌。因此，无视刑事附带民事诉讼与单纯民事诉讼的差别，断言刑事附带民事诉讼不赔偿被害人的精神损害有违法律精神造成了法律之间不协调的说法是不能成立的。

第三，刑罚是国家最严厉的制裁方法，刑事判决的执行力是国家权威最重要的表现形式。在通常连被害人的物质损失都难以得到充分赔偿的情形下，再扩大刑事附带民事损失的赔偿范围，将导致更多的刑事判决无法执行，形成无实质意义的空判，这不仅会极大伤害刑事审判的权威，还会在双方当事人之间以及双方当事人与法院之间造成新的矛盾。

2. 刑事附带民事赔偿的物质损失应当限定为直接物质损失

刑事附带民事诉讼赔偿的物质损失应当是直接、现实的物质损失。具体而言，主要包括医疗费、误工费、护理费、交通费、住宿费、住院伙食补助费、必要的营养费等合理费用。如果被害人致残的，物质损失还应包括残疾辅助器具费以及因康复护理、继续治疗而发生的康复费、护理费、后续治疗费等合理费用。如果被害人死亡的，丧葬费以及被害人亲属办理丧葬事宜实际支出的交通费、住宿费和误工损失等合理费用亦属于直接的物质损失。需要特别指出的是，死亡赔偿金既具有一定的精神抚慰性质，又包含尚未发生的期待利益，故不属于直接物质损失，不能纳入判决赔偿的范围。

需要说明的是，对于被告人自愿超出上述范围作出赔偿的，只要具有正当性、合理性，有利于实现被害方的合法权益，有利于化解矛盾纠纷，可以不受限制。

——南英：《化解社会矛盾的制度平台——关于刑事附带民事诉讼、刑事和解（节录）》，2010 年全国高中级法院贯彻落实宽严相济刑事政策培训班讲话。

《最高人民法院公报》案例

天津市红桥区人民检察院诉李焕强故意毁坏财物案（一审法院：天津市红桥区人民法院）

裁判摘要：1. 行为人从停车场将他人的机动车偷开后造成车辆损坏，构成故意毁坏财物罪的，虽然开办停车场的单位与车主之间存在车辆保管合同关系，但该单位不属于依法负有刑事附带民事赔偿责任的主体，其与车主之间发生的合同纠纷同因犯罪行为引起的刑事附带民事赔偿责任系不同的法律关系。车主以该单位为刑事附带民事诉讼被告，并主张该单位对犯罪人应负的刑事附带民事赔偿责任承担连带责任的，依法不予支持。

2. 根据最高人民法院《关于刑事附带民事诉讼范围问题的规定》第 1 条、第 2 条的规定，因人身权利受到犯罪侵犯而遭受物质损失或者财物被犯罪分子毁坏而遭受物质损失的，可以提起刑事附带民事诉讼。被害人因犯罪行为遭受的物质损失，是指被害人因犯罪行为已经遭受的实际损失和必然遭受的损失。据此，刑事附带民事赔偿的范围应当限定为被害人因犯罪行为遭受的直接经济损失。

天津市红桥区人民法院认为：被告人、刑事附带民事诉讼被告李焕强因偷开涉案机动车给刑事附带民事诉讼原告李诚造成经济损失，依法应承担刑事附带民事赔偿责任。根据最高人民法院《关于执行〈中华人民共和国刑事诉讼法〉若干问题的解释》第 86 条的规定，刑事附带民事诉讼中依法负有赔偿责任的人包括刑事被告人及没有被追究刑事责任的其他共同致害人、未成年刑事被告人的监护人、已被执行死刑的罪犯的遗产继承人、共同犯罪案件中在案件审结前已死亡的被告人的遗产继承人、其他对刑事被告人的犯罪行为依法应当承担民事赔偿责任的单位和个人。根据本案事实，刑事附带民事诉讼被告公安红桥分局虽然与李诚之间存在车辆保管合同关系，但不属于上述规定中依法负有刑事附带民事赔偿责任的人，其同李诚之间的合同纠纷，与因李焕强的犯罪行为引起的刑事附带民事赔偿责任系不同的法律关系，本案不予处理。李诚以公安红桥分局为刑事附带民事诉讼被告，并主张公安红桥分局对李焕强应负的刑事附带民事赔偿责任承担连带责任，没有事实根据和法律依据，依法不予支持。

根据最高人民法院《关于刑事附带民事诉讼范围问题的规定》第 1 条、第 2 条的规定，因人身权利受到犯罪侵犯而遭受物质损失或者财物被犯罪分子毁坏而遭受物质损失的，可以提起刑事附带民事诉讼。被害人因犯罪行为遭受的物质损失，是指被害人因犯罪行为已经遭受的实际损失和必然遭受的损失。据此，刑事附带民事赔偿的范围应当限定为被害人因犯罪行为遭受的直接经济损失。本案中，被告人、刑事附带民事诉讼被告李焕强的犯罪行为给刑事附带民事诉讼原告李诚造成的直接经济损失包括涉案车辆毁损的价值以及所丢失的车载音像设备的价值，共计人民币 14683 元。李诚提出的营运损失、违约金损失、保证金损失等均不属于因犯罪行为遭受的直接经济损失，故对其相关主张不予支持。李诚可就上述间接经济损失另行提起民事诉讼。

——《最高人民法院公报》2007 年第 4 期。

1611. 取得被害人承诺的犯罪行为，被害人仍可在刑事诉讼中提起附带民事诉讼

关键词

组织出卖人体器官罪　被害人承诺　附带民事诉讼

《刑事审判参考》指导案例

周凯章等人组织出卖人体器官案（《刑事审判参考》指导案例第 1060 号）

裁判要点：被告人虽然获得了被害人关于出售器官的口头或书面同意，但该被害人承诺只表明被害人愿意接受器官被摘除、健康受损的结果，仅具有否定故意伤害罪成立的作用。在被告人的组织安排下，被害人的肾脏被割除并移入他人体内，自身健康严重受损，该后果的发生与被告人的组织安排和实施器官割除手术的行为有直

接因果关系，被告人应该对此另行承担民事赔偿责任。因此，被害人在本案中可以提起附带民事诉讼，要求被告人承担赔偿责任。

（一）对获得被害人承诺的犯罪，被害人仍可提起附带民事诉讼

在我国刑法中，被害人的承诺若符合一定条件，也可以排除侵害行为的违法性。在以违反被害人意志为前提的犯罪中，如非法侵入住宅罪、故意毁坏财物罪等，被害人的承诺可以使上述行为消除社会危害性，从而不构成犯罪。而有些情形下，被害人承诺因被害人不具有承诺能力或被害人所作承诺违反法律的禁止性规定及公序良俗而无效，该承诺不影响犯罪的成立。如在拐卖、拐骗儿童犯罪或组织出卖人体器官犯罪中，即使得到被拐卖儿童或器官出售人的承诺，仍可能构成犯罪。我国法律不认可人体器官买卖具有合法性，相反，刑法将组织出卖人体器官的行为规定为犯罪。

本案中，被告人周凯章等人虽然获得了被害人关于出售器官的口头或书面同意，但该被害人承诺只表明被害人愿意接受器官被摘除、健康受损的结果，仅具有否定故意伤害罪成立的作用。公民自愿出售器官的承诺违反了《人体器官移植条例》关于严禁买卖人体器官的规定和公序良俗，对周凯章等人的行为构成组织出卖人体器官罪并无实质影响。在周凯章等人的组织安排下，被害人的肾脏被割除并移入他人体内，自身健康严重受损，该犯罪后果的发生与周凯章等人的组织安排和实施器官割除手术的行为有直接因果关系，周凯章等人应该对此另行承担民事赔偿责任。因此，被害人在本案中可以提起附带民事诉讼，要求周凯章等人承担赔偿责任。关于周凯章提出赔偿义务主体应为接受器官移植人员的上诉理由，我们认为，虽然被害人的器官被周凯章等人分别植入他人体内，但接受器官移植的人并未直接实施侵害被害人身体健康的行为，与周凯章等人也并无共同犯罪故意，并未直接对被害人的身体健康构成侵害，故无须承担民事赔偿责任。

——最高人民法院刑五庭：《周凯章等人组织出卖人体器官案》，载最高人民法院刑事审判第一、二、三、四、五庭主办：《刑事审判参考》2014 年第 7 集（总第 102 集），法律出版社 2016 年版，第 41~42 页。

1612. 残疾赔偿金是否属于附带民事诉讼赔偿的范围

关键词

组织出卖人体器官罪　附带民事诉讼　残疾赔偿金

《刑事审判参考》指导案例

周凯章等人组织出卖人体器官案（《刑事审判参考》指导案例第 1060 号）

裁判要点：《中华人民共和国侵权责任法》和《最高人民法院关于审理人身损害赔偿案件适用法律若干问题的解释》均明确规定死亡赔偿金、残疾赔偿金属于物质损失。此外，在本案中判赔残疾赔偿金有利于最大限度地维护被害方的合法权益。因此，本案中附带民事诉讼原告人的残疾赔偿金请求应当得到支持。

刑事附带民事诉讼的赔偿范围一直是困扰刑事司法工作的一个突出问题。我国刑事诉讼法及相关司法解释将刑事附带民事诉讼的赔偿范围限定于物质损失，这与刑法总则中对犯罪分子根据情况判处赔偿经济损失的规定一致，但立法并未对“物质损失”或“经济损失”作出明确界定。最高人民法院 2000 年制定的《关于刑事附带民事诉讼范围问题的规定》（已废止）第二条规定：被害人因犯罪行为遭受的物质损失，是指被害人因犯罪行为已经遭受的实际损失和必然遭受的损失。但关于死亡赔偿金和残疾赔偿金（以下简称“两金”）是否属于物质损失的问题，在以往争议较大。根据最高人民法院 2001 年制定的《关于确定民事侵权精神损害赔偿责任若干问题的解释》第九条的规定，“两金”属于精神损害抚慰金，故不属于附带民事诉讼的赔偿范围。但最高人民法院 2004 年制定的《关于审理人身损害赔偿案件适用法律若干问题的解释》（以下简称《人身损害赔偿解释》）又将死亡赔偿金、残疾赔偿金界定为物质损失，是对未来可期待收入损失的赔偿，因而属于财产损害赔偿；2007 年 7 月 1 日施行的《中华人民共和国侵权责任法》（以下简称《侵权责任法》）第十六条也再次确认了“两金”属于物质损失的范围，至此，“两金”属于物质损失获得了法律上的依据。

但在司法实践中，各地法院对刑事附带民事诉讼中是否判赔“两金”仍把握不一。最高人民法院对该问题采取的是“原则不判 + 例外可判”的政策立场，即在刑事附带民事诉讼中原则上不判赔“两金”，但被告人有赔偿能力的或驾驶机动车构成犯罪的除外。主要理由有以下两方面：一是我国刑事犯罪案件中，被告人大多经济条件较差，无赔偿能力或赔偿能力很低，若不加区分地一律判赔“两金”，势必会造成大量“空判”，引发缠讼、闹访，不利于维护社会稳定。二是在刑事附带民事诉讼中，判决被告人承担刑事责任是对被害方进行抚慰和救济的主要方式，民事赔偿是补充方式。被告人已经因为犯罪被判刑，在此情况下仍要求被告人承担高额的赔偿责任，一定程度上会造成双重处罚的问题。但从法理上讲，赔偿责任和赔偿能力是两回事，是否具有赔偿能力不应成为决定被告人是否承担赔偿责任的前提。因此，最高人民法院在2013年实施的《关于适用〈中华人民共和国刑事诉讼法〉的解释》（以下简称《解释》）中对此作了相对模糊的规定，即在附带民事诉讼的赔偿范围中未明确列明“两金”，而是在列明其他赔偿事项后用一个“等”字兜底，允许法院在审理案件时灵活把握。

我们认为，本案中，相关法院判决被告人周凯章等人赔偿3名附带民事诉讼原告人主张的残疾赔偿金是正确的，主要理由如下：

第一，将残疾赔偿金纳入物质损失有合法依据。从立法上看，《侵权责任法》已将“两金”纳入物质损失的范围，将“两金”认定为对被害人未来可期待收入损失的赔偿。虽然《解释》第一百五十五条第二款中未明确列明“两金”属于附带民事诉讼的赔偿范围，但根据第三款之规定，对于驾驶机动车致人伤亡构成犯罪的，附带民事诉讼的赔偿范围包括“两金”。这表明最高人民法院在《解释》中明确认可“两金”属于附带民事诉讼中的物质损失的范围，否则该条款就违反了刑事诉讼法关于附带民事诉讼只应赔偿物质损失的规定。根据《解释》第一百五十五条第二款，犯罪行为造成被害人人身损害的，应当赔偿医疗费、护理费、交通费等为治疗和康复支付的合理费用，以及因误工减少的收入；造成被害人残疾的，还应当赔偿残疾生活辅助具费等费用；造成被害人死亡的，还应当赔偿丧葬费等费用。此处的“残疾生活辅助具费等费用”，可以理解为除了残疾生活辅助具费以外还有其他费用，如残疾赔偿金。

第二，本案中判赔残疾赔偿金有利于最大限度地维护被害方合法权益。现有证据证实，被告人周凯章等人通过组织贩卖3名被害人暨附带民事诉讼原告人的器官获利78万元，却仅支付给上述3名原告人共6万元，周凯章等人实际获利70余万元。而3名原告人因犯罪所受的直接物质损失总共仅有数千元，在此情况下，如果法院不判令周凯章等人赔偿3名原告人的残疾赔偿金，则周凯章等人的大部分获利将作为违法所得被罚没，上交国库，这无疑不利于保护3名原告人的合法权益。可见，本案将残疾赔偿金纳入附带民事诉讼的赔偿范围有法律依据，并有利于最大限度地维护被害人的合法权益，也不会造成“空判”，影响法院生效判决的权威。

——最高人民法院刑五庭：《周凯章等人组织出卖人体器官案》，载最高人民法院刑事审判第一、二、三、四、五庭主办：《刑事审判参考》2014年第7集（总第102集），法律出版社2016年版，第42~44页。

1613. 关于因受到犯罪侵犯起诉要求赔偿精神损失的处理规则

关键词

犯罪侵犯　精神损失赔偿

最高人民法院司法解释

第一百七十五条　被害人因人身权利受到犯罪侵犯或者财物被犯罪分子毁坏而遭受物质损失的，有权在刑事诉讼过程中提起附带民事诉讼；被害人死亡或者丧失行为能力的，其法定代理人、近亲属有权提起附带民事诉讼。

因受到犯罪侵犯，提起附带民事诉讼或者单独提起民事诉讼要求赔偿精神损失的，人民法院一般不予受理。

——《最高人民法院关于适用〈中华人民共和国刑事诉讼法〉的解释》（2021年1月26日，法释〔2021〕1号）。

附录：最高人民法院主流观点

《刑事诉讼法》第一百零一条规定，被害人由于被告人的犯罪行为而遭受物质损失的，在刑事诉讼过程中，有权提起附带民事诉讼。《民法典》第一百八十七条规定，民事主体因同一行为应当承担民事责任、行政责任和刑事责任的，承担行政责任或者刑事责任不影响承担民事责任。《民法典》第一千一百八十三条第一款规定，侵害自然人人身权益造成严重精神损害的，被侵权人有权请求精神损害赔偿。对于因犯罪行为遭受精神损失的，能否提起附带民事诉讼或者单独提起民事诉讼要求赔偿精神损失，存在不同认识。经研究，《最高人民法院关于适用〈中华人民共和国刑事诉讼法〉的解释》（法释〔2021〕1号）第一百七十五条第二款基本沿用《最高人民法院关于适用〈中华人民共和国刑事诉讼法〉的解释》（法释〔2012〕21号）第一百三十八条的规定，仅将第二款规定的“人民法院不予受理”调整为“人民法院一般不予受理”，规定：“因受到犯罪侵犯，提起附带民事诉讼或者单独提起民事诉讼要求赔偿精神损失的，人民法院一般不予受理。”主要考虑如下：

第一，《刑事诉讼法》第一百零一条明确规定“被害人由于被告人的犯罪行为而遭受物质损失的，在刑事诉讼过程中，有权提起附带民事诉讼”；第一百零三条规定：“人民法院审理附带民事诉讼案件，可以进行调解，或者根据物质损失情况作出判决、裁定。”若认为对精神损失可以另行提起民事诉讼，则意味着刑事诉讼法有关只有遭受物质损失的才能提起附带民事诉讼、附带民事诉讼只能根据物质损失判赔的规定就将失去实际意义。绝大部分被害人肯定会选择在刑事案件审结后，另行提起民事诉讼，要求同时赔偿物质损失和精神损失，这样势必导致附带民事诉讼制度被架空、虚置，使附带民事诉讼制度有利于切实维护被害方合法权益、有利于化解社会矛盾、有利于贯彻宽严相济刑事政策、有利于节约司法资源等重要功能无法发挥。

第二，若认为对精神损失可以另行提起民事诉讼，则意味着就同一犯罪行为，被害方可以同一理由两次提出损失赔偿要求，势必存在“一事两诉”的问题。

第三，从司法实践看，刑事案件审结后，特别是被告人被送监服刑或者执行死刑后，往往连有关赔偿被害方物质损失的附带民事判决都难以得到实际执行。若赋予被害方对精神损失可以另行提起民事诉讼的权利，只会制造“空判”，引发新的社会矛盾。

——《刑事诉讼法解释》起草小组：《〈最高人民法院关于适用《中华人民共和国刑事诉讼法》的解释〉理解与适用》，载最高人民法院刑事审判第一、二、三、四、五庭编：《刑事审判参考》（总第126辑），人民法院出版社2021年版，第140~141页。

1614. 关于“死亡赔偿金、残疾赔偿金”刑事附带民事诉讼的判赔规则

关键词

死亡赔偿金　残疾赔偿金　刑事附带民事诉讼　判赔规则

最高人民法院司法解释

第一百九十二条　对附带民事诉讼作出判决，应当根据犯罪行为造成的物质损失，结合案件具体情况，确定被告人应当赔偿的数额。

犯罪行为造成被害人人身损害的，应当赔偿医疗费、护理费、交通费等为治疗和康复支付的合理费用，以及因误工减少的收入。造成被害人残疾的，还应当赔偿残疾生活辅助器具费等费用；造成被害人死亡的，还应当赔偿丧葬费等费用。

驾驶机动车致人伤亡或者造成公私财产重大损失，构成犯罪的，依照《中华人民共和国道路交通安全法》第七十六条的规定确定赔偿责任。

附带民事诉讼当事人就民事赔偿问题达成调解、和解协议的，赔偿范围、数额不受第二款、第三款规定的限制。

——《最高人民法院关于适用〈中华人民共和国刑事诉讼法〉的解释》（2021年1月26日，法释〔2021〕1号）。

附录：最高人民法院主流观点

“死亡赔偿金、残疾赔偿金”（以下简称“两金”，含被扶养人生活费）通常高达七八十万元甚至上百万元，是否属于附带民事诉讼的判赔范围，一直是争议焦点、难点。2003年之前，将“两金”理解为精神损失，均不在附带民事诉讼判赔范围，但《最高人民法院关于审理人身损害赔偿案件适用法律若干问题的解释》（法释〔2003〕20号，以下简称《人身损害赔偿解释》）首次明确“两金”属于物质损失。但是，此规定是否适用于刑事附带民事诉讼案件，实践中存在不同认识，一些地方在附带民事诉讼中判赔“两金”，导致“空判”问题突出、调解难度增大、缠讼闹访凸显，影响宽严相济刑事政策的贯彻。在2006年的第五次全国法院刑事审判工作会议上，最高人民法院院领导在总结讲话中首次提出：“死亡补偿费不能作为人民法院判决确定赔偿数额的根据。《最高人民法院关于适用〈中华人民共和国刑事诉讼法〉的解释》（法释〔2012〕21号，以下简称2012年《刑事诉讼法解释》）制定时，最高人民法院审判委员会对“两金”问题作了重点审议、研究，明确“两金”不在附带民事诉讼的判赔范围，但调解、和解的，赔偿范围、数额不受限制。此后，各级人民法院严格执行2012年《刑事诉讼法解释》的相关规定，整体实施良好。但是，关于“两金”问题的争论一直存在。第六次全国法院刑事审判工作会议上，最高人民法院院领导在总结讲话时再次强调，要求严格执行2012年《刑事诉讼法解释》的相关规定。

整体看来，不判赔“两金”是基于被告人普遍无力赔偿以及“空判”所引发的系列问题等而“不得已”作出的务实选择。此次征求意见过程中，有意见认为，《民法典》第一千一百七十九条规定，侵害他人造成残疾的，应当赔偿残疾赔偿金；造成死亡的，应当赔偿死亡赔偿金。在民法典的背景下，应当作出适当调整。经进一步认真研究，综合考虑司法实践情况，《最高人民法院关于适用〈中华人民共和国刑事诉讼法〉的解释》（法释〔2021〕1号，以下简称《刑事诉讼法解释》）第一百九十二条维持2012年《刑事诉讼法解释》第一百五十五条的规定不变，规定：“对附带民事诉讼作出判决，应当根据犯罪行为造成的物质损失，结合案件具体情况，确定被告人应当赔偿的数额。”“犯罪行为造成被害人人身损害的，应当赔偿医疗费、护理费、交通费等为治疗和康复支付的合理费用，以及因误工减少的收入。造成被害人残疾的，还应当赔偿残疾生活辅助器具费等费用；造成被害人死亡的，还应当赔偿丧葬费等费用。”“驾驶机动车致人伤亡或者造成公私财产重大损失，构成犯罪的，依照《中华人民共和国道路交通安全法》第七十六条的规定确定赔偿责任。”“附带民事诉讼当事人就民事赔偿问题达成调解、和解协议的，赔偿范围、数额不受第二款、第三款规定的限制。”简而言之，除驾驶机动车致人伤亡或者造成公私财产重大损失的案件外，“两金”不在附带民事诉讼的判赔范围，但调解、和解的，赔偿范围、数额不受限制。主要考虑是：

第一，根据法律、法理以及我国的法文化传统，对附带民事诉讼不应适用与单纯民事诉讼相同的标准。《刑事诉讼法》第一百零一条规定：“被害人由于被告人的犯罪行为而遭受物质损失的，在刑事诉讼过程中，有权提起附带民事诉讼。”第一百零三条规定：“人民法院审理附带民事诉讼案件，可以进行调解，或者根据物质损失情况作出判决、裁定。”而根据有关民事法律的规定，对民事侵权行为，还可判令被告人承担精神损害赔偿责任。由此可见，附带民事诉讼与单纯民事诉讼存在明显不同；依据法律规定，对二者不能适用相同赔偿标准。立法对附带民事诉讼与单纯民事诉讼的赔偿责任作出不同规定，是与两类不同诉讼的性质和我国的法文化传统相适应的。单纯民事案件，责令被告人作出相应赔偿，是对被害方进行抚慰、救济的唯一手段，故有理由要求被告人承担相应更重的赔偿责任；由于无须承担刑事责任，被告人往往也有意愿、有能力作出相应赔偿。而附带民事诉讼则不同，被告人不仅要在民事方面承担赔偿责任，还要承担相应的刑事责任。判决被告人承担刑事责任，既是对犯罪的惩处、重新犯罪的预防，也是对被害方抚慰、救济的主要方式。以故意杀人案件为例，如判处被告人死刑，实已让其“以命抵命”，显然不应再要求其作出与单纯民事案件相同的精神损害赔偿，否则势必存在双重处罚的问题。传统上“打了不罚、罚了不打”的观念、做法，正是根源于此。

第二，应当深刻认识我国国情与其他国家存在的重大差异。有观点提出，在一些发达国家，因犯罪行为引发的赔偿和单纯民事赔偿适用的是同一标准。在这些国家，被告人也大多无力赔偿，也存在“空判”问题。因此，我国没有理由“特殊”。这种观点没有充分认识其他国家在经济社会发展和司法权威方面与我国存在的巨大差异：在发达国家，由于有相对完善的社会保障制度，被害人国家救助工作开展早、力度大，被害方往往无须寄望被告人作出赔偿，国家会给予其生活救济。由于能得到国家的救济，即使形成“空判”，也不会引发缠讼、闹访问题。而我国的情况则完全不同，判决得不到执行就会引发申诉、上访，影响社会和谐稳定。

第三，按单纯民事案件的经济赔偿标准判赔导致“空判”现象突出，严重影响案件的裁判效果。如依照民事案件的赔偿标准判赔，则意味着，对命案，被害人是城镇居民的，仅死亡赔偿金一项，多则高达上百万；是农村居民的，一般也要赔七八十万元。而刑事案件的被告人绝大多数经济状况差、赔偿能力弱，有的被执行死刑或者其他刑罚后，更无法承担如此高额的赔偿责任，相关判决往往成为“法律白条”。据调研，凡套用民事标准判赔的，赔偿到位率都极低。

第四，赔偿标准过高，实际极不利于维护被害人的合法权益，不利于矛盾化解。表面上看，设定高额赔偿标准似乎对被害人有利，但实际情况是：由于刑事被告人的实际赔偿能力很低，甚至没有，而被害方的期待、“要价”又过高，远远超过被告人的承受能力，导致不少案件中原本愿意代赔的被告人亲属索性不再代赔，结果导致被害方反而得不到任何赔偿，“人财两空”。严重犯罪中这种情况尤为普遍。赔偿数额虚高，还导致附带民事调解和矛盾化解的工作难度大大增加。套用单纯民事案件的赔偿标准确定附带民事案件的赔偿数额，常常使被害方对巨额赔偿抱有不切实际的期待，一旦被告人不能足额赔偿，就认为其没有悔罪诚意和表现，以致民事调解工作、矛盾化解工作根本无法开展。此外，根据《最高人民法院关于加强和规范人民法院国家司法救助工作的意见》(法发〔2016〕16号)，对刑事被害人的救助金额需要综合考虑多种因素，从实践调研的情况看，国家给予司法救助金额一般在几万元左右。如将死亡赔偿金、残疾赔偿金也纳入附带民事赔偿范围，两者相差悬殊，显然救助工作也无法发挥实际作用。

第五，对民法典的有关规定应当正确理解。《民法典》第一百八十七条规定：“民事主体因同一行为应当承担民事责任、行政责任和刑事责任的，承担行政责任或者刑事责任不影响承担民事责任；民事主体的财产不足以支付的，优先用于承担民事责任。”有观点据此认为，对附带民事诉讼应适用与单纯民事诉讼相同的赔偿标准。经研究认为，对该条规定应当准确理解，应当将该条规定和《民法典》第十一条规定结合起来分析。《民法典》第十一条规定：“其他法律对民事关系有特别规定的，依照其规定。”(该条吸收了侵权责任法第五条“其他法律对侵权责任另有特别规定的，依照其规定”的规定并作了扩充）犯罪是严重的、特殊的侵权行为，刑法和刑事诉讼法是专门规定这种侵权行为的基本法。显然，处理犯罪行为的赔偿问题，应当优先适用刑法和刑事诉讼法的相关规定，而不应当适用主要规定民事侵权的侵权责任法规定。

第六，2012年《刑事诉讼法解释》施行八年多来，有关规定在促进附带民事诉讼达成调解、保障被害方获得实际赔偿等方面发挥了较好的作用。此次征求意见过程中，绝大多数意见建议维持原来的解释规定。

根据《刑事诉讼法解释》第一百九十二条的规定，同时结合附带民事诉讼审判工作实际，司法适用中应当注意：(1）对于附带民事诉讼，应当切实加大调解工作力度。在不违反自愿、合法原则的前提下，赔偿范围和数额不受限制。应当尽可能通过调解，使被害方获得实际赔偿。(2）如调解不成，通过判决结案，则应当充分考虑刑事案件被告人多为没有正常收入的无业人员和进城务工人员、赔偿能力很低的实际，实事求是地仅就被害人遭受的物质损失作出判决。对犯罪行为造成被害人人身损害的，应当赔偿医疗费、护理费、交通费等为治疗和康复支付的合理费用，以及因误工减少的收入。造成被害人残疾的，还应当赔偿残疾生活辅助器具费等费用；造成被害人死亡的，还应当赔偿丧葬费等费用。除被告人确有赔偿能力的以外，原则上不应将死亡赔偿金、残疾赔偿金纳入判决赔偿的范围。（3）对因驾驶机动车致人伤亡或者公私财产遭受重大损失，构成犯罪的，要根据《道路交通安全法》第七十六条的规定确定赔偿责任，即“机动车发生交通事故造成人身伤亡、财产损失的，由保险公司在机动车第三者责任强制保险责任限额范围内予以赔偿；不足的部分，按照下列规定承担赔偿责任……”（4）对符合条件的被害方，可以开展刑事被害人救助工作，给予相应国家救助。

——《刑事诉讼法解释》起草小组：《〈最高人民法院关于适用《中华人民共和国刑事诉讼法》的解释〉理解与适用》，载最高人民法院刑事审判第一、二、三、四、五庭编：《刑事审判参考》（总第 126 辑），人民法院出版社 2021 年版，第 141~145 页。

1615. 刑事附带民事诉讼的赔偿原则

关键词

刑事附带民事诉讼　赔偿原则　被害人权益

《刑事审判参考》指导案例

李洪前故意杀人案（《刑事审判参考》指导案例第 341 号）

裁判要点：人民法院判处附带民事诉讼案件的赔偿，应当实行全额赔偿的原则。

我们认为，在解决附带民事诉讼赔偿问题时，应实行全部赔偿原则。实行人承担赔偿责任的范围，应当与侵权行为造成物质损失的范围对等，也就是说，侵权行为所造成的损失应当全部赔偿，不能因被告人赔偿能力有限或没有赔偿能力而少赔或不赔。

目前，一些法院采取视被告人赔偿能力判赔的做法，最主要还是考虑全额赔偿后无法执行，即空判，有损判决的权威性、严肃性，甚至成为影响社会稳定的因素。根据前面的分析，我们认为，如果不空判，而是视被告人赔偿能力判赔，才有损法律的权威性、严肃性，才不利于保护被害人的合法权益，才不利于使被害人服判息诉，并成为影响社会稳定的因素。对于空判问题，完全可以通过执行程序来解决。判决生效后，对于被告人暂时没有赔偿能力的，可以裁定中止执行，待中止事由消失后，继续执行。对于被告人丧失赔偿能力的，可以裁定终结执行。

司法实践中存在一个较为普遍的做法，在判处被告人死刑立即执行的案件中，对附带民事赔偿请求一律判处免予赔偿。我们认为，这种做法是错误的。如果在追究被告人刑事责任过程中不予追究其民事赔偿责任，容易导致公众对司法公正的误解和被害人的心理失衡，造成矛盾激化，不利于社会稳定。固然，其他判处被告人各种不同刑罚（包括死缓）的案件中，被告人的赔偿能力均有可能发生变化，而判处被告人死刑立即执行的案件中，被告人的赔偿能力则是相对确定的。但这仅仅影响案件的执行，并不对判决产生任何影响。何况，即使一审判处被告人死刑立即执行，一审判决后还有二审、死刑复核程序，被告人并不一定最终判处死刑立即执行。因此，对于判处被告人死刑立即执行的，对附带民事诉讼也应当依法判决实行全额赔偿。罪犯被执行死刑后，无财产可供执行，又无义务承担人的，按照《民事诉讼法》第 235 条第（3）项的规定，裁定终结执行。顺便指出，虽然《解释》第 86 条规定附带民事诉讼中依法负有赔偿责任的人包括“已被执行死刑的罪犯的遗产继承人”，但“已被执行死刑的罪犯的遗产继承人”实际上不可能成为附带民事诉讼的被告人。按照我国《刑事诉讼法》的规定，刑事诉讼与附带民事诉讼应当完成于同一程序即刑事附带民事诉讼程序，罪犯被执行死刑必然是在整个刑事附带民事诉讼程序结束后进行。只有被告人被执行死刑后才会有遗产及遗产继承人。在第一审判决宣告以前，被告人是否判处死刑尚不明确，自然就不存在将被告人的遗产继承人列为附带民事诉讼被告人的问题。而按照《解释》第 89 条规定，有权提起附带民事诉讼的人在第一审判决宣告以前没有提起的，不得再提起附带民事诉讼，但可以在刑事判决生效后另行提起民事诉讼。因此，“已被执行死刑的罪犯的遗产继承人”要么成为被害人另行提起的民事诉讼的被告人，要么在执行死刑罪犯的遗产时被法院裁定为被执行人，在遗产的范围内偿还债务。

——党建军、罗国良、闵星：《李洪前故意杀人案——人民法院判处附带民事诉讼案件的赔偿，应当实行全额赔偿的原则》，载最高人民法院刑事审判第一庭、第二庭编：《刑事审判参考》2005 年第 3 集（总第 44 集），法律出版社 2006 年版，第 1~14 页。

1616. 刑事附带民事诉讼的赔偿标准

关键词

刑事附带民事诉讼　赔偿标准

最高人民法院司法解释

第一百九十二条 对附带民事诉讼作出判决，应当根据犯罪行为造成的物质损失，结合案件具体情况，确定被告人应当赔偿的数额。

犯罪行为造成被害人人身损害的，应当赔偿医疗费、护理费、交通费等为治疗和康复支付的合理费用，以及因误工减少的收入。造成被害人残疾的，还应当赔偿残疾生活辅助器具费等费用；造成被害人死亡的，还应当赔偿丧葬费等费用。

驾驶机动车致人伤亡或者造成公私财产重大损失，构成犯罪的，依照《中华人民共和国道路交通安全法》第七十六条的规定确定赔偿责任。

附带民事诉讼当事人就民事赔偿问题达成调解、和解协议的，赔偿范围、数额不受第二款、第三款规定的限制。

——《最高人民法院关于适用〈中华人民共和国刑事诉讼法〉的解释》（2021年1月26日，法释〔2021〕1号）。

最高人民法院司法政策精神

最高人民法院在“济南会议”和“五刑会议”上指出，审理刑事附带民事损失案件要适当考虑被告人的赔偿能力。司法实践中，对此也有不同看法，认为判决和执行是有区别的，判不判、判多判少是判决的问题，能不能赔是执行问题，不能相混淆。我们认为，不能将判决和执行简单割裂开来，没有实现可能的权利并无实质意义。判决时不考虑被告人的赔偿能力，表面上强化了对被害人权益的保护力度，但实际上却往往导致被害人的权益落空，容易引发许多问题。例如，由于被告人无力赔偿，造成执行不能，被害人得不到任何赔偿，经常引发申诉上访等“有理取闹”，造成法院工作被动；又如，由于被害人无法得到“足额”赔偿，向法院施压，强烈要求判处被告人重刑甚至是死刑，给刑罚的准确适用带来巨大困难。所以，从我国基本国情和刑事审判工作实际出发，在具体决定赔偿数额时除可以参照最高人民法院《关于审理人身损害赔偿适用法律若干问题的解释》的规定，还应坚持“济南会议”和“五刑会议”确定的兼顾被告人实际赔偿能力的原则。具体可以分为以下几种情况：

一是被告人具备赔偿能力的，应当根据案件具体情况对刑事附带民事部分依法进行调解。经调解被告人自愿赔偿的，即使数额可能高于《解释》规定的标准，法院也应允许；调解不成的，法院可参照《解释》规定的赔偿标准，依法作出裁判。概言之，就是“判有标准，调无限制”。

二是被告人不具备赔偿能力包括不具备充分赔偿能力的，法院也应当根据案件具体情况对刑事附带民事部分依法进行调解。当事人双方能够就赔偿问题达成协议的，人民法院制作调解书；调解不成的，则应以查明的被告人可供执行的个人合法财产为限确定赔偿数额；被告人确无赔偿能力的，原则上不再判赔。概言之，就是“考虑执行，避免空判”。

不具备充分赔偿能力的被告人在处刑上有两种情况，一种是可能被判处死刑立即执行，另一种是可能被判处死刑缓期执行、无期徒刑或有期徒刑长刑等刑罚。如果不正视这一事实，简单套用《解释》标准，作出根本无执行可能的判决，只能是导致案结事不了，将矛盾引向法院，最终损害司法权威、影响社会稳定。另外，在民事诉讼中，对于被告人死亡的案件，是以其所留遗产作为承担责任的限额。被告人被执行死刑可以类比于自然死亡，以其可供执行的个人合法财产作为承担赔偿责任的限额也符合法理。

对于应当被判处死刑缓期执行、无期徒刑或有期徒刑长刑等刑罚且不具备充分赔偿能力的被告人，调解不成的，应以查明的被告人可供执行的个人合法财产为限确定赔偿数额；被告人确无赔偿能力的，原则上不再判赔。主要理由是：

第一，避免双重惩罚。实践中，对于在判决时没有赔偿到位的被告人，如无其他情形，一般在刑事部分不再会考虑酌情从轻处罚。此时，若仍要求被告人对尚未赔偿的部分在服刑后继续履行，相当于双重惩罚。例如，甲、乙二被告犯有危害程度相当的伤害罪行。判决前，甲赔偿到位，被判处有期徒刑二年；乙没有赔偿到位，被判处有期徒刑 3 年。若要求乙在刑满后仍继续赔偿，则意味着对于相似的犯罪，乙要比甲多承担一年有期徒刑的刑事责任。这是违反罪刑相适应原则和禁止双重惩罚精神的。

第二，避免空判。对于判决时没有履行能力的被告人，仍参照《解释》规定的标准全额判赔，则会形成“空判”。因为对于这部分服刑前没有充分赔偿能力的被告人来说，在服刑后也难以具备继续履行能力，要求其对服刑前未履行的赔偿义务继续履行，几乎没有可能性。

第三，避免案结事不了。如果要求被告人服刑期满后仍继续承担未尽的赔偿责任，则势必会导致案结事不了，使得本已渐趋平复的社会秩序又起波澜，不利于从根本上化解矛盾。

需要指出的是，对于上述不再判赔的情形，应在裁判中载明理由，并充分向被害人作出解释说明，使其理解，必要时可通过司法救助为其解脱生活困境。

——南英：《化解社会矛盾的制度平台——关于刑事附带民事诉讼、刑事和解（节录）》，2010 年全国高中级法院贯彻落实宽严相济刑事政策培训班讲话。

1617. 不构成犯罪的案件附带民事诉讼部分的处理

关键词

刑事附带民事诉讼　不构成犯罪　被告人

附录：最高人民法院主流观点

一、对于被告人的行为不构成犯罪的案件，应当对附带民事诉讼部分一并处理

我们认为，这种理由是不能成立的。从法理上分析，刑事诉讼中的犯罪行为与实体意义上的犯罪行为是两个不同的概念。《刑法》规定的犯罪，是观念层面的犯罪，只有通过刑事诉讼，才会有犯罪的认定；通过刑事诉讼认定的犯罪，才是现实层面的犯罪，国家才得以实现刑罚权。未经人民法院依法判决，对任何人都不得确定有罪，也就是说，只有经过人民法院的实体判决，才能确定被告人的行为是否构成犯罪，而人民法院的实体判决，必须经过法定的刑事诉讼程序才能作出。因此，只要存在刑事诉讼中的犯罪行为，或者说，一旦启动对被告人的刑事诉讼程序，有权提起附带民事诉讼的人即可提起附带民事诉讼，附带民事诉讼并不以被告人的行为被人民法院依法确定为犯罪为前提。人民法院既然受理了附带民事诉讼，就应当对其与刑事部分一并作出实体处理。《刑事诉讼法解释》第 101 条[①] 规定："人民法院认定公诉案件被告人的行为不构成犯罪的，对已经提起的附带民事诉讼，经调解不能达成协议的，应当一并作出刑事附带民事判决。"第 205 条[②] 规定："审理自诉案件，对于依法宣告无罪的案件，其附带民事诉讼部分应当依法进行调解或者一并作出判决。"应当说，《刑事诉讼法解释》的规定是与法理吻合的。

对附带民事诉讼部分一并作出处理的问题，还涉及对设立附带民事诉讼制度的目的的认识。刑事附带民事诉讼，是指人民法院在依法追究被告人刑事责任的同时，附带解决被害人由于被告人的犯罪行为而遭受的物质损失而进行的诉讼。《刑法》第 36 条规定："由于犯罪行为而使被害人遭受经济损失的，对犯罪分子除依法给予刑事处罚外，并应根据情况判处赔偿经济损失。"《刑事诉讼法》第 77 条[③] 规定："被害人由于被告人的犯罪行为而遭受物质损

---

① 本条现为《最高人民法院关于适用〈中华人民共和国刑事诉讼法〉的解释》（法释〔2021〕21 号）第一百九十七条。

② 本条现为《最高人民法院关于适用〈中华人民共和国刑事诉讼法〉的解释》（法释〔2021〕21 号）第三百三十三条。

③ 本条现为《中华人民共和国刑事诉讼法》（2018 年修正）第一百零一条。

失的，在刑事诉讼过程中，有权提起附带民事诉讼。”根据这些规定，被害人在其财产或人身权利遭到犯罪行为侵害并造成物质损失时，即可在追究犯罪人刑事责任的同时，要求赔偿经济损失，由人民法院在审判刑事案件时一并处理。

二、对于被告人的行为不构成犯罪的案件，对附带民事诉讼部分应当分别情况一并处理

法院对刑事案件立案并受理附带民事诉讼后，就应当对刑事附带民事诉讼进行审理并作出实体裁判，无论对刑事诉讼作出何种裁判，都应当对附带民事诉讼作出实体裁判。在法院对被告人不是作出有罪判决的情形，法院仍应当对附带民事诉讼部分一并作出处理，具体而言，包括以下几种情形：

（1）根据《刑事诉讼法解释》第176条第（3）项、第（4）项的规定对被告人判决宣告无罪的，应当对附带民事诉讼部分进行调解或者一并作出判决。

（2）根据《刑事诉讼法解释》第176条第（6）项的规定判决宣告被告人不负刑事责任的，应当对附带民事诉讼进行调解或者一并判决被告人与其监护人共同承担民事责任（被告人的监护人既是被告人的法定代理人，也是附带民事诉讼共同被告人）。

（3）根据《刑事诉讼法解释》第176条第（7）项的规定判决宣告被告人不负刑事责任的，应当根据《最高人民法院关于贯彻执行〈中华人民共和国民法通则〉若干问题的意见》第182条的规定分别处理，如果是过去不知道有精神病的成年人，精神病突发时致人损害的，应当对附带民事诉讼进行调解或者一并判决被告人本人承担民事责任；如过去有精神病，其突然发病致人损害的，按照《民法通则》第17条的规定，应当追加顺序在前的有监护能力的人为附带民事诉讼共同被告人，并对附带民事诉讼进行调解或者一并判决被告人和附带民事诉讼共同被告人承担民事责任［根据《刑事诉讼法解释》第176条第（7）项的规定对被告人作出不负刑事责任的判决的情形中，如被告人在审理附带民事诉讼时无诉讼行为能力，则由其监护人作为法定代理人代为诉讼］。

（4）根据《刑事诉讼法解释》第176条第（8）项的规定裁定终止审理的，应当对附带民事诉讼部分进行调解或者一并作出判决。

（5）根据《刑事诉讼法解释》第176条第（9）项的规定裁定终止审理或者判决宣告被告人无罪的，如有附带民事诉讼共同被告人或者被告人有遗产，应当对附带民事诉讼部分继续审理，进行调解或者一并判决附带民事共同诉讼被告人、被告人的继承人承担民事责任，如无附带民事诉讼共同被告人或者被告人没有遗产，则对附带民事诉讼一并裁定诉讼终结。

三、对于被告人的行为不构成犯罪的自诉案件，也应对附带民事诉讼部

分一并处理

虽然《刑事诉讼法解释》中“认定公诉案件被告人的行为不构成犯罪的”与《刑事诉讼法解释》表述的“对于依法宣告无罪的案件”有所区别，但如前所述，无论人民法院是否认定被告人的行为构成犯罪，无论人民法院对刑事部分作出何种裁判，都应当对附带民事诉讼部分进行调解或者一并作出判决。因此，对于认定被告人的行为不构成犯罪的自诉案件，人民法院分别对被告人作出无罪判决（包括证据不足，指控的犯罪不能成立的无罪判决和被告人死亡但确认被告人无罪的判决）、被告人不负刑事责任的判决、终止审理的裁定时，也应当按照前述做法对附带民事诉讼部分一并处理。由于我国刑事诉讼中的公诉转化自诉制度的存在，法律赋予被害人对国家追诉机关不追究被告人刑事责任的案件提起自诉的权利，几乎全部有被害人的公诉案件都有可能转化为自诉案件，因此，《刑事诉讼法解释》第 176 条所规定的对刑事案件裁判的各种情形都可能在自诉案件中出现。

——高憬宏、杨万明主编：《基层人民法院法官培训教材（实务卷 · 刑事审判篇）》，人民法院出版社 2005 年版，第 473~474 页。

1618. 刑事附带民事诉讼的先予执行

关键词

刑事附带民事诉讼　先予执行

附录：最高人民法院法官著述

先予执行是民事诉讼中的一项制度，《民事诉讼法》第 106 条至第 108 条对先予执行进行了规定，它是指法院受理案件以后裁判生效之前，在当事人之间权利义务关系明确，不先予执行将严重影响申请人的生活或者生产经营的，而被申请人又有履行能力的情况下，人民法院可以对追索赡养费、扶养费、抚育费、抚恤金、医疗费用的、追索劳动报酬或者其他因情况紧急需要先予执行的案件的当事人申请，裁定先予执行。申请人败诉的，应当赔偿被申请人因先予执行遭受的财产损失。该项制度主要为了解决当事人在生活或生产上的燃眉之急。关于先予执行问题是否适用于附带民事诉讼，《刑事诉讼法》和《最高人民法院关于适用〈中华人民共和国刑事诉讼法〉的解释》都没有明确规定，但这一制度对于及时救治特殊被害人、解决特殊被害人的经济困难特别重要，如伤害案件、交通肇事案件，不先予执行医药费，被害人就无法住院治疗，杀人案件中，不先予执行丧葬费就无法安排被害人丧葬事宜等。《最高人民法院关于审理刑事附带民事诉讼案件有关问题的批复》规定："根据《最高人民法院关于执行〈中华人民共和国刑事诉讼法〉若干问题的解释》第一百条的规定，对于附带民事诉讼当事人提出先予执行申请的，人民法院应当依照民事诉讼法的有关规定，裁定先予执行或者驳回申请。"该批复明确民事诉讼中的先予执行制度适用于附带民事诉讼。尽管批复的制定依据已经废止，但《最高人民法院关于执行〈中华人民共和国刑事诉讼法〉若干问题的解释》中第一百条的规定仍然保留在《最高人民法院关于适用〈中华人民共和国刑事诉讼法〉的解释》第一百六十三条规定之中，亦即人民法院审理刑事附带民事诉讼案件，除刑法、刑事诉讼法以及刑事司法解释已有规定的以外，适用民事法律的有关规定。因此该批复确立的精神仍应沿用，附带民事诉讼中的先予执行制度应该可以适用。刑事诉讼周期比民事诉讼周期要长，先予执行制度有利于保护被害人的利益，及时化解矛盾，实现案结事了。采取先予执行时，既要考虑被害人的需要，又要兼顾被告人的经济状况。先予执行的数额应折抵附带民事判决中所确定的赔偿数额。

——张述元主编：《刑事诉讼法及配套规定新释新解与适用指南》，中国法制出版社 2020 年版，第 688~689 页。

1619. 附带民事诉讼原告人与共同犯罪中部分被告人达成调解协议的处理

关键词

刑事附带民事诉讼　共同犯罪　调解协议

最高人民法院司法解释

第一百八十五条　侦查、审查起诉期间，有权提起附带民事诉讼的人提出赔偿要求，经公安机关、人民检察院调解，当事人双方已经达成协议并全部履行，被害人或者其法定代理人、近亲属又提起附带民事诉讼的，人民法院不予受理，但有证据证明调解违反自愿、合法原则的除外。

——《最高人民法院关于适用〈中华人民共和国刑事诉讼法〉的解释》（2021 年 1 月 26 日，法释〔2021〕1 号）。

《刑事审判参考》指导案例

程文岗等故意伤害案（《刑事审判参考》指导案例第 513 号）

裁判要点：在刑事附带民事诉讼中，应当允许刑事附带民事诉讼原告人与部分被告人自愿达成调解协议，此种情形的调解宜采取

部分撤诉的方式结案，对调解不成的其他被告人应当按照其应承担的赔偿份额依法作出判决。

一、应当允许刑事附带民事诉讼原告人与部分被告人自愿达成调解协议

我们认为，这种意见并不妥当，审判中应当允许原告人同部分有赔偿能力的被告人达成调解协议。主要考虑是：第一，在刑事附带民事诉讼中，要求共同被告人负连带责任是为了充分保障原告人实现其求偿权，但按照意思自治原则，原告人也有权处分自己的合法权益，可以放弃对部分被告人的赔偿要求及该部分被告人对其他被告人所承担的赔偿份额的连带责任。同时，原告人这样处分其权利后，其他被告人不再按照犯罪行为所造成的损失总额承担赔偿责任，而是对已扣除原告人放弃的赔偿份额后的赔偿数额承担责任，故不会损害其他共同被告人的利益。第二，实践中，部分被告人亲属之所以愿意与原告人达成赔偿协议，多是希望法院在量刑时对该被告人予以从轻处罚。如不允许原告人与部分被告人在判决前达成和解，因被告人本人并没有赔偿能力，其亲属在判决后也没有赔偿积极性，则原告人实际上丧失了获得赔偿的机会，反而不利于保障原告人的权益。由此可见，本着切实保障原告人权利的原则，可以允许原告人与部分有赔偿能力的被告人达成赔偿协议。同时，考虑到部分被告人在判决前作出的赔偿通常不是足额赔偿，原告人仍希望通过法院的判决从其他被告人处获得进一步赔偿，故法院对其他共同被告人应承担的相应民事赔偿责任仍应依法作出判决。

二、此种情形的调解宜采取部分撤诉的方式结案

依照《刑事诉讼法》和相关司法解释的规定，附带民事部分达成调解协议的，实践中有三种结案方式，即以调解笔录的方式结案、以刑事附带民事调解书方式结案和以原告人撤回附带民事诉讼方式结案。我们认为，附带民事诉讼原告人与部分被告人达成调解协议的，以调解笔录或调解书方式结案较难操作，因为全案附带民事诉讼并没有得到调解解决，在作出判决时仍要制作刑事附带民事诉讼判决书，对未能调解的被告人所承担的份额进行判决，故宜以原告人对部分被告人撤诉的方式进行处理。具体操作上，原告人与部分被告人达成调解后，双方应签订调解协议，写明被告人向原告人赔偿的数额、方式以及原告人申请向法院撤回对该被告人的附带民事诉讼等内容。

对于附带民事诉讼原告人的撤诉申请，法院是否应进行审查及如何进行审查，刑事诉讼法及相关司法解释没有明确规定。我们认为，撤诉是当事人处分其诉讼权利的行为，但当事人必须在法律规定的范围内行使该项权利。民事诉讼法规定法院对原告人的撤诉申请有审查权，审理刑事附带民事诉讼案件也可参照该规定，对原告人的撤诉申请进行审查。审查内容一般包括撤诉申请是否系当事人的真实意思表示，是否有损社会公共利益和他人的合法

权益等；在有多名共同诉讼人的场合，还应审查共同诉讼人是否一致同意申请撤诉。

对于准许撤诉的裁定，可以口头或者书面形式作出，口头裁定的，应当记录在案。在附带民事诉讼中，为提高诉讼效率，一般可以口头方式对撤诉申请作出裁定，如撤诉申请涉及的当事人情况较为复杂，有可能产生争议的，则应制作书面裁定书。对于口头裁定，应当制作准许撤诉笔录，写明原告人申请撤诉的内容，由法官宣布经审查该撤诉申请系当事人的真实意愿表示，符合法律规定，裁定准许撤诉，并由申请撤诉的原告人在笔录上签名确认。

三、对调解不成的其他被告人应当按照其应承担的赔偿份额依法作出判决

在附带民事诉讼原告人对部分被告人撤诉后，法院仍要制作刑事附带民事判决书，对没有达成调解的其他被告人作出民事赔偿判决。判决书也要对已经达成调解、原告人申请对部分被告人撤诉等情况完整地加以反映。在当事人基本情况部分，仍应完全列出附带民事诉讼被告人，包括已与原告人达成调解协议的被告人；在法院审理经过中，应写明附带民事诉讼原告人起诉、与部分被告人达成调解协议、原告人申请撤回部分起诉等情况；在控辩双方意见部分，对已经调解的被告人对附带民事诉讼的答辩意见，可不予表述；在审理查明部分，应对犯罪行为所造成的全部损失情况予以表述；在判决结果部分，应仅对未达成调解的其他被告人作出判决，判令连带承担扣除原告人申请撤诉部分后的赔偿额。对于各被告人的具体赔偿份额，应根据被告人在共同犯罪中的具体行为和责任大小予以确定；如各被告人地位、作用差别不明显，难以准确划分责任大小的，可判定各共同被告人承担同等赔偿责任。

——王勇、余剑：《程文岗等故意伤害案——共同犯罪案件中附带民事诉讼原告人与部分被告人达成调解协议的如何处理》，载最高人民法院刑事审判第一、二、三、四、五庭主办：《刑事审判参考》2008 年第 6 集（总第 65 集），法律出版社 2009 年版，第 20~27 页。

1620. 人民法院确定被告人森林生态环境修复义务时，可以参考专家意见及专业意见，明确履行修复义务的具体要求

关键词

滥伐林木罪　生态修复　补植复绿　专家意见　保证金

最高人民法院指导性案例

秦家学滥伐林木刑事附带民事公益诉讼案（最高人民法院指导案例

172 号）

裁判要点：1. 人民法院确定被告人森林生态环境修复义务时，可以参考专家意见及林业规划设计单位、自然保护区主管部门等出具的专业意见，明确履行修复义务的树种、树龄、地点、数量、存活率及完成时间等具体要求。

2. 被告人自愿交纳保证金作为履行生态环境修复义务担保的，人民法院可以将该情形作为从轻量刑情节。

法院生效裁判认为：被告人秦家学违反森林法规定，未经林业主管部门许可，无证滥伐白云山国家级自然保护区核心区内的公益林，数量巨大，构成滥伐林木罪。辩护人提出的被告人系初犯、认罪，积极交纳补植补绿的保证金 66025 元到法院的执行账户，有悔罪表现，应当从轻判处的辩护意见，予以采信。白云山国家级自然保护区位于中国十七个生物多样性关键地区之一的武陵山区及酉水流域，是云贵高原、四川盆地至雪峰山区、湘中丘陵之间动植物资源自然流动通道的重要节点，是长江流域洞庭湖支流沅江的重要水源涵养区，其森林资源具有保持水土、维护生物多样性等多方面重要作用。被告人所承包、栽植并管理的树木，已经成为白云山国家级自然保护区森林资源的不可分割的有机组成部分。被告人无证滥伐该树木且数量巨大，其行为严重破坏了白云山国家级自然保护区生态环境，危及生物多样性保护，使社会公共利益遭受到严重损害，性质上属于一种侵权行为。附带民事公益诉讼不是传统意义上的民事诉讼，公益诉讼起诉人也不是一般意义上的受害人。公益诉讼起诉人要求被告人承担恢复原状法律责任的诉讼请求，于法有据，予以支持。根据保靖县林业勘测规划设计队出具的“土地坳”补植补造作业设计说明以及白云山自然保护区管理局、保靖县林业局等部门专家提供的专业资料和建议，参照森林法第三十九条第二款规定，对公益诉讼起诉人提出的被告人应补种树木的诉讼请求，应认为有科学、合理的根据和法律依据，予以支持。辩护人提出被告人作为林地承包者的经营权利也应当依法保护的意见，有其合理之处，在具体确定被告人法律责任时予以考虑。遂作出上述判决。

——《最高人民法院关于发布第 31 批指导性案例的通知》（2021 年 12 月 1 日，法〔2021〕286 号）。

说明

指导案例 172 号秦家学滥伐林木刑事附带民事公益诉讼案明确，人民法院确定被告人森林生态环境修复义务时，可以参考专家意见及林业规划设计单位、自然保护区主管部门等出具的专业意见，明确履行修复义务的具体要求。被告人自愿交纳保证金作为履行生态环境修复义务担保的，人民法院可以将该情形作为从轻量刑情节。

1621. 公安、检察机关的调解与法院调解的效力

关键词

调解　附带民事诉讼　调解协议

附录：最高人民法院法官著述

根据《刑事诉讼法》以及《最高人民法院关于适用〈中华人民共和国刑事诉讼法〉的解释》的相关规定，附带民事诉讼的调解贯穿于刑事诉讼过程中，公安和检察机关在侦查和审查起诉阶段也可以进行调解。但是需要注意审前程序中的调解与人民法院调解的效力有根本的区别。《最高人民法院关于适用〈中华人民共和国刑事诉讼法〉的解释》第一百四十八条①规定，侦查、审查起诉期间，有权提起附带民事诉讼的人提出赔偿要求，经公安机关、人民检察院调解，当事人双方已经达成协议并全部履行，被害人或者其法定代理人、近亲属又提起附带民事诉讼的，人民法院不予受理，但有证据证明调解违反自愿、合法原则的除外。也就是在调解未违反自愿、合法原则情况下，如果当事人未达成调解协议或者虽达成调解协议但未全部履行的，被害方又提起附带民事诉讼的，人民法院可以受理。这是因为法律没有规定当事人可以就审前程序中当事人双方达成的调解协议申请强制执行，若当事人想获得执行，只能向人民法院提起附带民事诉讼。最高人民法院在统一制定的民事调解书格式上明确申明“调解书与判决书具有同等法律效力”，当事人双方对调解书不得上诉，但可以作为申请强制执行的依据。因此审判阶段的调解，即法院调解，一旦双方达成调解协议且调解协议生效，调解协议即取得法律强制力，当事人依调解书可以申请法院强制执行。

关于在审判阶段达成调解协议是否必须制作调解书，《最高人民法院关于适用〈中华人民共和国刑事诉讼法〉的解释》第一百五十三条②规定进行过规定，调解协议以制作调解书为原则，以不制作调解书为例外。一般来说，经

---

① 本条现为《最高人民法院关于适用〈中华人民共和国刑事诉讼法〉的解释》（法释〔2021〕21号）第一百八十五条。

② 本条现为《最高人民法院关于适用〈中华人民共和国刑事诉讼法〉的解释》（法释〔2021〕21号）第一百九十条。

调解达成协议的，应当制作调解书。调解书经双方当事人签收后，即具有法律效力。但是如果调解达成协议并即时履行完毕的，可以不制作调解书，但应当制作笔录，经双方当事人、审判人员、书记员签名或者盖章后即发生法律效力。

——张述元主编：《刑事诉讼法及配套规定新释新解与适用指南》，中国法制出版社 2020 年版，第 695 页。

1622. 在刑事附带民事诉讼过程中未提起附带民事诉讼，另行提起民事诉讼的处理规则

关键词

刑事附带民事诉讼　民事诉讼

最高人民法院司法解释

第二百条　被害人或者其法定代理人、近亲属在刑事诉讼过程中未提起附带民事诉讼，另行提起民事诉讼的，人民法院可以进行调解，或者根据本解释第一百九十二条第二款、第三款的规定作出判决。

——《最高人民法院关于适用〈中华人民共和国刑事诉讼法〉的解释》（2021 年 1 月 26 日，法释〔2021〕1 号）。

附录：最高人民法院主流观点

根据《最高人民法院关于适用〈中华人民共和国刑事诉讼法〉的解释》（法释〔2012〕21 号，以下简称 2012 年《刑事诉讼法解释》）第一百六十四条[①]的规定，在刑事附带民事诉讼过程中未提起附带民事诉讼，另行提起民事诉讼的，人民法院应当优先进行调解。达成调解协议的，赔偿范围、数额不受限制；如果作出判决，则应当“根据物质损失情况作出判决”，即除因驾驶机动车致人伤亡或者公私财产遭受重大损失的案件外，不应判赔“两金”。

但是，如前所述，《最高人民法院关于审理人身损害赔偿案件适用法律若干问题的解释》将“两金”规定为物质损失，故 2012 年《刑事诉讼法解释》第一百六十四条的规定在适用中存在一定的混乱。特别是，《最高人民法院公报》2019 年第 3 期“尹瑞军诉颜礼奎健康权、身体权纠纷案”的裁判摘要提出：“刑事案件的受害人因犯罪行为受到身体伤害，未提起刑事附带民事

---

① 本条现为《最高人民法院关于适用〈中华人民共和国刑事诉讼法〉的解释》（法释〔2021〕21 号）第二百条。

诉讼，而是另行提起民事侵权诉讼的，关于残疾赔偿金是否属于物质损失范畴的问题，刑事诉讼法及司法解释没有明确规定。刑事案件受害人因犯罪行为造成残疾的，今后的生活和工作必然受到影响，导致劳动能力下降，造成生活成本增加，进而相应减少物质收入，故残疾赔偿金应属于物质损失的范畴，应予赔偿。”鉴此，为统一法律适用，《最高人民法院关于适用〈中华人民共和国刑事诉讼法〉的解释》（法释〔2021〕1号，以下简称《刑事诉讼法解释》）第二百条作出适当调整，规定：“被害人或者其法定代理人、近亲属在刑事诉讼过程中未提起附带民事诉讼，另行提起民事诉讼的，人民法院可以进行调解，或者根据本解释第一百九十二条第二款、第三款的规定作出判决。”据此，在刑事附带民事诉讼过程中未提起附带民事诉讼，另行提起民事诉讼的，人民法院应当优先进行调解。达成调解协议的，赔偿范围、数额不受限制；如果作出判决，则应当“根据物质损失情况作出判决”，即除因驾驶机动车致人伤亡或者公私财产遭受重大损失的案件外，不应判赔“两金”。

征求意见过程中，有意见提出，《民法典》第一百八十七条规定，民事主体因同一行为应当承担民事责任、行政责任和刑事责任的，承担行政责任或者刑事责任不影响承担民事责任。《民法典》第一千一百八十三条第一款规定，侵害自然人人身权益造成严重精神损害的，被侵权人有权请求精神损害赔偿。对于因犯罪行为遭受精神损失的，在刑事案件审结后，被害人另行提起民事诉讼，人民法院判赔的范围和标准是否适用刑事附带民事诉讼的有关规定的问题，与民事诉讼法律制度相关联，情况复杂，涉及面广，各方面认识仍不一致，建议再作研究。经进一步认真研究，综合考虑司法实践情况，《刑事诉讼法解释》第二百条维持了上述规定。主要考虑是：

第一，对被害人等在刑事诉讼过程中未提起附带民事诉讼，另行提起民事诉讼的，理应适用与附带民事诉讼相同的判赔范围与标准。否则，势必会导致同样行为不同处理的问题，既有违类案类判的基本法理，也会导致附带民事诉讼制度被架空，影响该制度重要功能的发挥。

第二，对另行提起民事诉讼的，适用不同的判赔范围和标准，表面上看似乎对被害人等有利，实际恰恰相反：绝大多数情况下，一旦刑事部分审结，被告人被送交执行刑罚，甚至执行死刑，就根本不可能再对被害人等作出赔偿，其亲友也不可能代赔。基于贯彻宽严相济刑事政策，便利案件处理的基本考虑，不应当将“两金”纳入单独提起民事诉讼的判赔范围。

——《刑事诉讼法解释》起草小组：《〈最高人民法院关于适用《中华人民共和国刑事诉讼法》的解释〉理解与适用》，载最高人民法院刑事审判第一、二、三、四、五庭编：《刑事审判参考》（总第126辑），人民法院出版社2021年版，第145~147页。

1623. 宣告无罪自诉案件的附带民事部分处理问题

关键词

宣告无罪　无罪自诉案件　附带民事部分

最高人民法院司法解释

第三百三十三条　对自诉案件，应当参照刑事诉讼法第二百条和本解释第二百九十五条的有关规定作出判决。对依法宣告无罪的案件，有附带民事诉讼的，其附带民事部分可以依法进行调解或者一并作出判决，也可以告知附带民事诉讼原告人另行提起民事诉讼。

——《最高人民法院关于适用〈中华人民共和国刑事诉讼法〉的解释》（2021年1月26日，法释〔2021〕1号）。

附录：最高人民法院主流观点

从司法实践来看，由于刑事附带民事诉讼不收取诉讼费，个别案件存在当事人滥用自诉权的问题。对于宣告无罪的自诉案件，要求对附带民事部分一并作出处理，会进一步加剧这一问题。鉴于自诉案件与公诉案件存在较大差异，不宜采用同一处理模式。基于此，《最高人民法院关于适用〈中华人民共和国刑事诉讼法〉的解释》（法释〔2021〕1号，以下简称《刑事诉讼法解释》）第三百三十三条对《最高人民法院关于适用〈中华人民共和国刑事诉讼法〉的解释》（法释〔2012〕21号）第二百七十六条对依法宣告无罪的自诉案件"其附带民事部分应当依法进行调解或者一并作出判决"的规定作了适当调整，规定："对自诉案件，应当参照刑事诉讼法第二百条和本解释第二百九十五条的有关规定作出判决。对依法宣告无罪的案件，有附带民事诉讼的，其附带民事部分可以依法进行调解或者一并作出判决，也可以告知附带民事诉讼原告人另行提起民事诉讼。"

征求意见过程中，有意见提出，从自诉案件第一审程序整章体系来看，对于缺乏罪证或者无罪的自诉案件，除说服自诉人撤回起诉和调解外，另有三种处理方式：第一，立案阶段不予受理；第二，经审查缺乏罪证的，裁定驳回起诉，这指的是开庭审理之前的书面审查；第三，经过开庭后认定被告人无罪或不能认定被告人有罪的，应当作出判决（无罪判决）。实践中对自诉案件经开庭审理后，认为被告人无罪或不能认定被告人有罪的，既有只作出驳回起诉的程序处理的，又有作无罪判决实体处理的，做法不统一。基于此，建议将《刑事诉讼法解释》第三百三十三条中的自诉案件限定为已开庭审理的自诉案件。经研究认为，所涉问题较为复杂，不宜一概而论。但是，通常而言，对于已经开庭审理的自诉案件，原则上不能再说服自诉人撤回起诉或者驳回起诉，应当作出无罪判决。

此外，司法实践多次反映自诉案件审限过短和增加规定报请批准延长审限的问题。经研究认为，刑事诉讼法第二百一十二条第二款对自诉案件的审理期限作了专门规定。根据该条规定，被告人未被羁押的自诉案件，应当在受理后六个月以内宣判，不能适用刑事诉讼法第二百零八条关于延长审理期限的规定。而且，自诉案件的性质与公诉案件有本质的区别，因此，公诉案件的延长审限，自诉案件不能简单套用。自诉案件的结案方式灵活多样，可以和解结案、调解结案、判决结案，目的是尽快恢复社会秩序，充分尊重当事人的处分权。因此，为自诉案件设置与公诉案件无区别的审限延长程序似不合理。鉴此，未对自诉案件报请延长审限问题作出规定。被告人未被羁押的自诉案件的审限不足的问题客观存在，实践中，一方面，要严格审限管理，尽量在规定时间内审结相关自诉案件；另一方面，也可以根据实践情况裁量处理。据了解，有的地方法院通过让自诉人撤诉后再行提起自诉的方式解决审限不足问题，实属“无奈之举”。

——《刑事诉讼法解释》起草小组：《〈最高人民法院关于适用《中华人民共和国刑事诉讼法》的解释〉理解与适用》，载最高人民法院刑事审判第一、二、三、四、五庭编：《刑事审判参考》（总第126辑），人民法院出版社2021年版，第172~173页。

1624. 附带民事诉讼案件的时效应当遵从刑事诉讼追诉时效

关键词

刑事附带民事诉讼　追诉时效　立案

《刑事审判参考》指导案例

张勇故意伤害案（《刑事审判参考》指导案例第418号）

裁判要点：附带民事诉讼案件的时效应当遵从刑事诉讼追诉时效。

我国《刑事诉讼法》第77条[①]规定：“被害人由于被告人的犯罪行为而遭

① 本条现为《中华人民共和国刑事诉讼法》（2018年修正）第一百零一条。

受物质损失的，在刑事诉讼过程中，有权提起附带民事诉讼。”这是针对刑事附带民事诉讼所规定的一种特殊时效。刑事案件发生后，大多数案件需要经过公安机关一段时期的侦查才能破案，抓获罪犯，进入刑事诉讼程序。此前，有的被害人可能已经明确知道了实施侵害行为的具体人，有的被害人可能并不清楚甚至根本不知道具体是谁侵犯了他的权利。后一种情形由于权利人尚未“知道或应当知道”具体侵害人，无法提起民事诉讼，其民事诉讼时效当然无从算起。而前一种情形（如本案），由于大多数普通公民并不十分了解诉讼法及具体诉讼程序，被害人往往会把提出民事赔偿权利的主张与报案等行为混为一谈，以为报了案，抓了人，就等着国家给他做主就行了。被害人在不十分清楚的情况下，产生这种想法也是很自然的。从这一角度讲，如果要求被害人此时即对刑事、民事诉讼时效作出明确无误的区分，从而判断自己应当何时向何机关主张自己的何种权利，显然有些不近情理。

犯罪行为具有较为严重的社会危害性，因此，刑事追诉时限规定得较长。在附带民事诉讼审理过程中，案件的管辖、审判组织、期间和送达、诉讼费用、起诉时间等规定，均应服从、受制于刑事诉讼。就附带民事诉讼案件起诉时间而言，根据该解释第 89 条“附带民事诉讼应当在刑事案件立案以后第一审判决宣告以前提起”的规定，被害人只要在一审判决宣告以前提起刑事附带民事诉讼，就应当认为是在“刑事诉讼过程中”提起的，就没有超出刑事附带民事诉讼提起的时效，而不必受民事诉讼时效的限制。《刑事诉讼法》之所以对提起附带民事诉讼规定了特殊时效，是为了最大限度地保护被害人与犯罪作斗争的积极性，最大限度地保障其合法权益不受犯罪侵害。

当然，如果被害人单独提起民事诉讼，则应当遵循民法关于诉讼时效的规定。但特别需要注意的是，对于因犯罪行为而造成的物质损失，不论是提起附带民事诉讼，还是单独提起民事诉讼，在对现行法律关于民事诉讼时效中止、中断规定的理解和适用上，既不能将民事诉讼时效中断的法定事由中的“提起诉讼”仅仅理解为提起独立的民事诉讼，而对于被害人向公安司法机关控告犯罪，或公安机关、检察机关在开始刑事诉讼程序后告知被害人，被害人向公安、检察机关提出赔偿的权利主张排除在外，也不能将因犯罪处于秘密状态，犯罪嫌疑人尚未查获，被害人只知权利被侵害，但不知侵害人是谁而不能主张权利的情况，排除在法律规定的中止诉讼时效的法定事由之外。

——罗国良、黄顺祥、黄志：《张勇故意伤害案——刑事附带民事诉讼案件民事部分的诉讼时效如何计算》，载最高人民法院刑事审判第一、二、三、四、五庭主办：《刑事审判参考》2006 年第 6 集（总第 53 集），法律出版社 2007 年版，第 31~35 页。

1625. 刑事附带民事案件中，附带民事诉讼赔偿只是酌定从轻处罚情节

关键词

附带民事诉讼 和解 赔偿

附录：最高人民法院法官著述

《最高人民法院关于适用〈中华人民共和国刑事诉讼法〉的解释》第一百五十七条对附带民事诉讼中赔偿与刑罚作了明确规定，审理刑事附带民事诉讼案件，人民法院应当结合被告人赔偿被害人物质损失的情况认定其悔罪表现，并在量刑时予以考虑。这为民事赔偿与从轻量刑之间的实体转换提供法律依据，把能否积极赔偿被害方损失、取得被害方谅解作为对被告人量刑轻重的重要考量因素。实际上，围绕附带民事诉讼调解是有一些争议的，如是否会造成不公平，是否会"花钱买刑"或者"花钱买命"。不公平是指有经济能力的人可以通过附带民事诉讼中调解进行赔偿而获得较为宽缓的处理，而没有经济能力的人由于不能赔偿而不能达成和解，导致了不公平。这种观点有一定的道理，但这种不公平只是事实上的不公平，而不是法律机会上的不公平。一些现存的刑事诉讼制度也会带来事实上的不公平。比如，没有经济能力的人不能适用保证金保证，也不能聘请律师为其辩护，但不能就此否认保证金保证和委托辩护制度，而是需要通过相关制度的建设来弥补其不足。因此刑事和解这个问题是可以通过相关配套措施的完善来加以解决的。"花钱买刑"或者"花钱买命"，是指有些刑事和解案件通过赔偿，减轻或者免除了刑罚甚至是改判死刑。这个表面上虽是金钱与刑罚的交易，但附带民事诉讼中和解是建立在加害人真心悔过的基础之上，而不是简单地以经济赔偿换取宽缓处理。而且必须注意到《最高人民法院关于适用〈中华人民共和国刑事诉讼法〉的解释》规定中附带民事诉讼赔偿只是酌定从轻处罚情节，并不是"应当"从轻、减轻或者免除处罚的理由，即附带民事诉讼赔偿只是一个酌定量刑情节，是否从轻还要考虑案件性质以及被害人的态度。《最高人民法院关于贯彻宽严相济刑事政策的若干意见》第二十三条规定，被告人案发后对被害人积极进行赔偿，并认罪、悔罪的，依法可以作为酌定量刑情节予以考虑。因婚姻家庭等民间纠纷激化引发的犯罪，被害人及其家属对被告人表示谅解的，应当作为酌定量刑情节予以考虑。犯罪情节轻微，取得被害人谅解的，可以依法从宽处理，不需判处刑罚的，可以免予刑事处罚。因此案件的最终处理应该是由办案机关根据案件的性质、罪行的严重程度、附带民事诉讼调

解情况、被害人谅解程度、被告人平时表现、人身危险性及其他悔罪表现等来综合考量，不是凡有赔偿即可从轻处罚。对于严重危害社会或人民群众安全感的案件，即便有赔偿，也不能从轻，以免在社会上产生不良影响。

——张述元主编：《刑事诉讼法及配套规定新释新解与适用指南》，中国法制出版社 2020 年版，第 693~695 页。

1626. 对在侦查、审查起诉期间当事人已达成赔偿协议并已给付，被害人又提起附带民事诉讼的处理

关键词

赔偿协议　刑事附带民事诉讼

附录：最高人民法院主流观点

侦查、审查起诉期间，有权提起附带民事诉讼的人提出赔偿请求，经公安机关、人民检察院调解，当事人双方已经达成协议并全部履行，被害人或者其法定代理人、近亲属又提起附带民事诉讼的，人民法院不予受理，但有证据证明调解违反自愿、合法原则的除外。主要考虑：（1）在侦查、审查起诉期间，有权提起附带民事诉讼的人提出赔偿请求的，公安机关、人民检察院可以依法进行调解，积极促进双方调解的达成，对于认罪认罚的案件，符合适用速裁程序条件的，可以适用速裁程序，减少当事人诉累，节约司法资源，有利于社会矛盾的及时有效化解和宽严相济刑事政策的贯彻落实。（2）如被害方因犯罪行为遭受的损失已得到了赔偿，相应也就丧失了再起诉要求赔偿的权利。此外，对此类案件，如仍规定人民法院要受理的话，势必会“鼓励”不诚实、不守信的行为，助长人们投机取巧、得寸进尺的心理，也会影响公安、检察机关做调解工作的积极性，不利于社会矛盾及时有效化解。

同时，对此规定需要注意以下问题：其一，如被告人已经按照调解协议约定，实际履行全部赔偿义务的，即使赔偿数额低于法律、《最高人民法院关于适用〈中华人民共和国刑事诉讼法〉的解释》规定的数额，人民法院也可以不受理被害人或者其法定代理人、近亲属提出的附带民事诉讼，除非有证据证明调解违反自愿、合法原则。其二，如有证据证明调解协议的达成存在乘人之危（如利用被害方急需获得赔偿款用以支付医疗费用，而大大压低赔偿数额）、显失公平（如在造成人身伤害的情况下，约定的赔偿数额远不足以支付被害人的后续治疗费用）等问题，则应当认定调解违反自愿、合法原则，如被害人及其法定代理人、近亲属提起附带民事诉讼的，人民法院应当受理。其三，被害方与被告人一方在侦查或者审查起诉阶段达成的调解协议并实际

履行的，调解协议、履行协议的证明等作为证据材料应当附卷随案移送人民法院。

——杨万明主编:《新刑事诉讼法司法适用解答》，人民法院出版社2018年版，第158页。

第十九章　立案、侦查、提起公诉

1627. 司法实践中适用拘传应注意的问题

关键词

强制措施　拘传

附录：最高人民法院主流观点

刑事诉讼法第六十六条规定："人民法院、人民检察院和公安机关根据案件情况，对犯罪嫌疑人、被告人可以拘传、取保候审或者监视居住。"第一百一十九条第二款规定："传唤、拘传持续的时间不得超过十二小时；案情特别重大、复杂，需要采取拘留、逮捕措施的，传唤、拘传持续的时间不得超过二十四小时。"第一百一十九条第三款规定："不得以连续传唤、拘传的形式变相拘禁犯罪嫌疑人。传唤、拘传犯罪嫌疑人，应当保证犯罪嫌疑人的饮食和必要的休息时间。"

拘传，是指人民法院、人民检察院和公安机关根据案件情况，对未被羁押的犯罪嫌疑人、被告人，依法强制其到案接受讯问的一种强制措施。与传唤相比，拘传具有强制性，在一定的时间内限制了犯罪嫌疑人、被告人的人身自由。拘传应在立案后适用，目的不限于获取犯罪嫌疑人、被告人的口供，还包括核对案件相关证据，进一步了解案情，为办案机关的下一步活动提供认知。

1. 适用拘传的机关和程序。决定适用拘传的主体是人民法院、人民检察院和公安机关，国家安全机关、军队保卫部门以及其他法律授权的机关根据案件情况，可以决定适用拘传。适用拘传，应由案件承办人员提出书面意见，并附相关材料，经部门负责人审核后，报请人民法院院长、人民检察院检察长或者公安机关负责人批准，由人民法院院长、人民检察院检察长或者公安机关负责人签发拘传证（票）后实施。拘传的执行人员不得少于二人。拘传时，应向被拘传人出示拘传证（票），并责令被拘传人在拘传证（票）上签名（盖章）、捺指印。被拘传人拒绝签名（盖章）、捺指印的，执行人员应在拘传证（票）注明。对抗拒拘传的，可以使用约束性警械。拘传未成年人不得使用警械，但是确有行凶、逃跑、自杀、自残等现实危险的除外。

2. 拘传的时间。一次拘传持续的时间一般不得超过十二小时，从被拘传人到案时起算。被拘传人到案后，应当责令其在拘传证（票）填写到案时间。讯问结束后，应当由其在拘传证（票）填写讯问结束时间。被拘传人拒绝填写的，由执行人员在拘传证（票）注明，不得以连续拘传的形式变相拘禁被拘传人。经讯问，发现案情特别重大、复杂，需要变更为拘留、逮捕措施，办理相关审批手续的，拘传的时间可以延长，但是不得超过二十四小时。拘传应当保证被拘传人的饮食和必要的休息时间。对于“案情特别重大、复杂”的情况，难以具体列举，由实践中具体把握。关于两次拘传的间隔时间和连续拘传的次数，也由实践具体把握。

3. 拘传的地点。对被拘传人讯问的地点，应是被拘传人所在市、县内的指定地点或者他的住处，不得进行异地拘传。被拘传人的工作单位、户籍地和居住地不在同一市、县的，拘传应当在被拘传人工作单位所在的市、县进行；特殊情况下，也可以在被拘传人户籍地和居住地所在的市、县内进行。

——杨万明主编：《新刑事诉讼法司法适用解答》，人民法院出版社 2018 年版，第 138~139 页。

1628. 侦查阶段如何保障犯罪嫌疑人认罪认罚的自愿性

关键词

侦查阶段　认罪认罚自愿性

附录：最高人民法院主流观点

对犯罪嫌疑人、被告人认罪认罚自愿性的保障，是认罪认罚从宽制度设计的核心所在。在侦查阶段，应从以下三个方面保障犯罪嫌疑人认罪认罚的自愿性。

一是保障犯罪嫌疑人知悉认罪认罚的性质和后果。侦查机关应当通过明确告知犯罪嫌疑人享有的诉讼权利，如实供述自己罪行、愿意接受处罚可以从宽处理和认罪认罚的法律规定，保障其知悉权。重点是告知犯罪嫌疑人依法享有不被强迫自证其罪的权利，从而为其自主决定是否认罪认罚提供保障。

二是保障犯罪嫌疑人获得律师帮助的权利。律师拥有的法律专业知识和获取诉讼信息的能力可以有效弥补犯罪嫌疑人法律知识水平的不足，为其选择最有利的策略。侦查机关应当告知犯罪嫌疑人有权委托辩护律师或者通知法律援助机构指派律师为其提供辩护，犯罪嫌疑人没有委托辩护律师、法律援助机构没有指派律师为其提供辩护的，由值班律师为其提供法律帮助。可以说，保障犯罪嫌疑人获得律师帮助，是侦查阶段保障犯罪嫌疑人自愿认罪的必要条件。侦查机关和看守所应当告知犯罪嫌疑人有权约见值班律师，看守所应为犯罪嫌疑人约见值班律师提供便利。

三是讯问活动全程录音录像。对讯问活动进行全程录音录像是保障讯问依法进行的重要措施。对于认罪认罚案件而言，更具有重要意义。一方面，有利于保障犯罪嫌疑人不被强迫自证其罪；另一方面，有利于后续的审查起诉和审判阶段对自愿性的审查。

——胡云腾主编、最高人民法院刑事审判第一庭编著：《认罪认罚从宽制度的理解与适用》，人民法院出版社 2018 年版，第 93~94 页。

1629. 在侦查阶段对犯罪嫌疑人进行权利告知时应注意的问题

关键词

侦查阶段　全面告知原则

附录：最高人民法院主流观点

一、坚持全面告知原则

根据本条规定，侦查人员告知的内容主要包括三项：犯罪嫌疑人享有的诉讼权利，如实供述自己罪行可以从宽处理的法律规定和认罪认罚的法律规定。这里的三项内容内涵比较丰富，在实践中应逐项细化，切忌笼统告知。其中犯罪嫌疑人享有的诉讼权利，应结合修改后的《刑事诉讼法》的规定，增加告知“没有委托辩护人或者没有获得法律援助辩护的犯罪嫌疑人享有获得值班律师会见和提供法律帮助的权利”。对于认罪认罚的法律规定，应重视程序从宽后果的告知，即应当释明认罪认罚的犯罪嫌疑人可以获得轻缓的强制措施并有程序选择权。同时，对于实体从宽后果，应当释明认罪时间、程度、价值都会影响到从宽处理，会影响到从宽的幅度，从而鼓励犯罪嫌疑人尽早认罪。

二、告知方式上应坚持“告知”与“释明”相结合原则

司法实践中，侦查人员一般采用书面告知诉讼权利的方式履行告知义务，即在讯问之前会将《犯罪嫌疑人诉讼权利义务告知书》送达给犯罪嫌疑人，告知书的页尾留有犯罪嫌疑人的签名栏，这有利于保障犯罪嫌疑人的诉讼权利。但由于许多犯罪嫌疑人文化程度不高，不能真正理解告知书的内容和意义，且不敢直接向侦查人员询问，从而导致告知容易流于形式，不利于犯罪嫌疑人全面领会和理解权利内容。为保障认罪认罚的自愿性，侦查人员在履

行告知义务时，不能仅仅送达一张权利义务告知书，还应当尽到解释和说明的义务，以保障被追诉人对认罪认罚法律规定和后果的知悉权。实践中办案时间往往较紧，无法也没有必要对每一条列出的诉讼权利进行详细解释说明，应着重围绕以下几项内容进行口头告知和详细说明：一是认罪认罚从宽的法律规定，重点是阐明认罪认罚从宽的法律精神。二是认罪认罚的法律后果，包括犯罪嫌疑人所涉嫌的罪名和刑法关于该罪名的法定刑规定，以及认罪认罚的程序从简、强制措施从轻和实体处理从宽的具体规定。三是获得有效法律帮助的权利。告知犯罪嫌疑人没有委托辩护人或者获得法律援助指派律师辩护的，有权获得值班律师的法律帮助，并有权约见值班律师。

三、审查起诉和审判阶段应加强对认罪认罚自愿性的审查

权利告知是认罪认罚自愿性的保障。对于侦查机关违反告知义务导致犯罪嫌疑人基于错误认识而翻供的，检察机关和人民法院在采信证据时应进行严格审查。对涉嫌属于非法证据的，应启动非法证据排除程序，以确保犯罪嫌疑人系在知悉权利、充分了解后果的基础上自愿选择认罪认罚。

——胡云腾主编、最高人民法院刑事审判第一庭编著：《认罪认罚从宽制度的理解与适用》，人民法院出版社 2018 年版，第 18~19 页。

1630. 关于“可能判处无期徒刑、死刑的案件”“重大犯罪案件”的认定

关键词

无期徒刑　死刑案件　重大犯罪案件

附录：最高人民法院主流观点

1. 关于“可能判处无期徒刑、死刑的案件”的认定

有观点认为，关于“可能判处无期徒刑、死刑的案件”的规定存在未审先判的嫌疑，同时因“可能判处”缺乏客观标准，容易导致实践认定时存在分歧。该问题有一定探讨必要，故对“可能判处无期徒刑、死刑的案件”的表述渊源（出处）进行如下梳理和分析。

采用“可能判处无期徒刑、死刑的案件”表述主要有两处：一处是《刑事诉讼法》第二十条关于级别管辖的规定，明确“可能判处无期徒刑、死刑的案件”由中级人民法院管辖；另一处是 1998 年《最高人民法院关于处理自首和立功具体应用法律若干问题的解释》（以下简称《自首立功解释》）的规定。该文件第七条第二款在对“重大犯罪”“重大案件”“重大犯罪嫌疑人”明确认定标准时采用了“可能判处无期徒刑、死刑的案件”的表述。但如何认

定“可能判处无期徒刑、死刑的案件”，上述规定没有明确。为解决实践中分歧，最高人民法院、最高人民检察院2009年出台的《关于办理职务犯罪案件认定自首、立功等量刑情节若干问题的意见》进行了原则性规定。根据该文件第二条第五款的规定，可能被判处无期徒刑、死刑的案件，是指根据犯罪行为的事实、情节可能判处无期徒刑以上刑罚。因被判刑人有法定情节经依法从轻、减轻处罚后判处有期徒刑的，应当认定为重大立功。从该规定分析，判断可能判处无期徒刑所依据的事实、情节是犯罪成立时的事实、情节，不包括犯罪成立后的事实、情节，如立案侦查后积极退缴赃款赃物、弥补经济损失、自首情节等，不应评价在内。根据犯罪成立时的事实、情节，对应的法定刑幅度包含无期徒刑、死刑的案件，应当认定为“可能判处无期徒刑、死刑的案件”。鉴于规范侦讯制度重在侦查阶段，是否录音录像在侦查阶段就应明确，不可能等到交付审判时判断，故实践中那种将本条规定的“可能判处无期徒刑、死刑的案件”理解为“案件交付审判适用的法定刑或者量刑档次包含无期徒刑、死刑的案件”的观点依据不足。

2. 关于“重大犯罪案件”的认定

目前，对“重大犯罪案件”明确认定标准的司法解释主要有三个：一是1998年《自首立功解释》第七条第二款明确的“可能被判处无期徒刑以上刑罚或者案件在本省、自治区、直辖市或者全国范围内有较大影响的”犯罪案件。二是最高人民法院、最高人民检察院2016年联合出台的《关于办理贪污贿赂刑事案件适用法律若干问题的解释》(以下简称《贪污贿赂解释》)第十四条第二款明确的“已经或者可能被判处十年有期徒刑以上刑罚或者案件在本省、自治区、直辖市或者全国范围内有较大影响的”犯罪案件。三是最高人民法院、最高人民检察院2017年联合出台的《关于适用犯罪嫌疑人、被告人逃匿、死亡案件违法所得没收程序若干问题的规定》(以下简称《没收规定》)第二条明确的“在省、自治区、直辖市或者全国范围内具有较大影响，或者犯罪嫌疑人、被告人逃匿境外的”犯罪案件。《贪污贿赂解释》对“重大案件”明确的刑罚标准显然轻于《自首立功解释》。主要理由是：立功作为法定从轻、减轻处罚情节，在认定上应当严格把握，同时要建立均衡阶梯，将重大立功与一般立功对应的刑罚标准区别开来，故《自首立功解释》将“重大案件”的标准明确为无期徒刑以上刑罚有一定合理性。但18年后，随着司法理念的发展，职务犯罪定罪量刑标准的整体调整，判处无期徒刑以上刑罚的职务犯罪大幅减少，因此《贪污贿赂解释》将“重大案件”的标准明确为十年有期徒刑以上刑罚。而《没收规定》旨在不让犯罪分子通过犯罪获取收益，切断外逃人员财源，迫使其归案受审，将违法所得没收程序的适用范围限制在可能判处无期徒刑以上刑罚或者十年有期徒刑以上刑罚犯罪，与立法原意不符，也不利于反腐败斗争的深入推进。综合上述分析，可以基本得出以下结论：

（1）应当将在省、自治区、直辖市或者全国范围内具有较大影响的犯罪案件认定为“重大犯罪案件”。上述三个司法解释均明确了这一点，如要排除适用此标准，应当提供更加充足的理由和依据。（2）应当区分不同的罪名或者不同诉讼程序的案件明确不同的认定标准。《自首立功解释》从刑罚角度明确了“可能判处无期徒刑以上刑罚”的标准；《贪污贿赂解释》从刑罚角度明确了“可能判处十年有期徒刑以上刑罚”的标准；而《没收规定》没有从刑罚角度明确标准，将“犯罪嫌疑人、被告人逃匿境外”明确为认定标准。对于符合上述司法解释规定条件认定为重大犯罪案件的，都属于《最高人民法院、最高人民检察院、公安部、国家安全部、司法部关于办理刑事案件严格排除非法证据若干问题的规定》第十条中的“其他重大犯罪案件”，应当对讯问过程进行录音录像。至于对于犯罪嫌疑人、被告人逃匿、死亡案件，因犯罪嫌疑人、被告人不在案，对其近亲属或者重要利害关系人的询问应尽可能参照重大案件中犯罪嫌疑人、被告人的做法，做到录音录像。（3）公安部、最高人民检察院的相关文件对本部门具有约束力。如《公安机关办理刑事案件程序规定》第二百零三条对“其他重大犯罪案件”界定为“是指致人重伤、死亡的严重危害公共安全犯罪、严重侵犯公民人身权利犯罪，以及黑社会性质组织犯罪、严重毒品犯罪等重大故意犯罪案件”。上述规定对加强和规范录音录像制度具有积极作用，对公安机关侦查案件具有强制约束力，对审查起诉阶段检察机关办理上述案件也具有参考意义。

——裴显鼎主编：《非法证据排除程序适用指南》（第二版），法律出版社2018年版，第23~25页。

1631. 黑社会性质组织犯罪案件应建立相对独立的涉案财物处置程序

关键词

黑社会性质组织　涉案财物　处置程序

最高人民法院司法政策精神

三、准确处置涉案财产

11. 公安机关、人民检察院应当加强对在案财产审查甄别。在移送审查起诉、提起公诉时，一般应当对采取措施的涉案财产提出处理意见建议，并将采取措施的涉案财产及其清单随案移送。

人民检察院经审查，除对随案移送的涉案财产提出处理意见外，还需要对继续追缴的尚未被足额查封、扣押的其他违法所得提出处理意见建议。

涉案财产不宜随案移送的，应当按照相关法律、司法解释的规定，提供相应的清单、照片、录像、封存手续、存放地点说明、鉴定、评估意见、变价处理凭证等材料。

12. 对于不宜查封、扣押、冻结的经营性财产，公安机关、人民检察院、人民法院可以申请当地政府指定有关部门或者委托有关机构代管或者托管。

对易损毁、灭失、变质等不宜长期保存的物品，易贬值的汽车、船艇等物品，或者市场价格波动大的债券、股票、基金等财产，有效期即将届满的汇票、本票、支票等，经权利人同意或者申请，并经县级以上公安机关、人民检察院或者人民法院主要负责人批准，可以依法出售、变现或者先行变卖、拍卖，所得价款由扣押、冻结机关保管，并及时告知当事人或者其近亲属。

——《最高人民法院、最高人民检察院、公安部、司法部关于办理黑恶势力刑事案件中财产处置若干问题的意见》(2019年2月28日，高检发〔2019〕28号)。

1632. 对黑社会性质组织经营性资产要慎用、用好代管、托管措施

关键词

黑社会性质组织　经营性资产代管、托管

最高人民法院司法政策精神

12. 对于不宜查封、扣押、冻结的经营性财产，公安机关、人民检察院、人民法院可以申请当地政府指定有关部门或者委托有关机构代管或者托管。

对易损毁、灭失、变质等不宜长期保存的物品，易贬值的汽车、船艇等物品，或者市场价格波动大的债券、股票、基金等财产，有效期即将届满的汇票、本票、支票等，经权利人同意或者申请，并经县级以上公安机关、人民检察院或者人民法院主要负责人批准，可以依法出售、变现或者先行变卖、拍卖，所得价款由扣押、冻结机关保管，并及时告知当事人或者其近亲属。

——《最高人民法院、最高人民检察院、公安部、司法部关于办理黑恶势力刑事案件中财产处置若干问题的意见》(2019年2月28日，高检发〔2019〕28号)。

1633. 公职人员涉黑涉恶违法犯罪线索如何移送

关键词

公职人员　涉黑涉恶　犯罪线索移送

最高人民法院司法政策精神

四、形成打击公职人员涉黑涉恶违法犯罪的监督制约、配合衔接机制

9. 监察机关、公安机关、人民检察院、人民法院在查处、办理公职人员涉黑涉恶违法犯罪案件过程中，应当分工负责，互相配合，互相制约，通过对办理的黑恶势力犯罪案件逐案筛查、循线深挖等方法，保证准确有效地执行法律，彻查公职人员涉黑涉恶违法犯罪。

10. 监察机关、公安机关、人民检察院、人民法院要建立完善查处公职人员涉黑涉恶违法犯罪重大疑难案件研判分析、案件通报等工作机制，进一步加强监察机关、政法机关之间的配合，共同研究和解决案件查处、办理过程中遇到的疑难问题，相互及时通报案件进展情况，进一步增强工作整体性、协同性。

11. 监察机关、公安机关、人民检察院、人民法院、司法行政机关要建立公职人员涉黑涉恶违法犯罪线索移送制度，对工作中收到、发现的不属于本单位管辖的公职人员涉黑涉恶违法犯罪线索，应当及时移送有管辖权的单位处置。

移送公职人员涉黑涉恶违法犯罪线索，按照以下规定执行：

（1）公安机关、人民检察院、人民法院、司法行政机关在工作中发现公职人员涉黑涉恶违法犯罪中的涉嫌贪污贿赂、失职渎职等职务违法和职务犯罪等应由监察机关管辖的问题线索，应当移送监察机关。

（2）监察机关在信访举报、监督检查、审查调查等工作中发现公职人员涉黑涉恶违法犯罪线索的，应当将其中涉嫌包庇、纵容黑社会性质组织犯罪等由公安机关管辖的案件线索移送公安机关处理。

（3）监察机关、公安机关、人民检察院、人民法院、司法行政机关在工作中发现司法工作人员涉嫌利用职权实施的侵犯公民权利、损害司法公正案件线索的，根据有关规定，经沟通后协商确定管辖机关。

12. 监察机关、公安机关、人民检察院接到移送的公职人员涉黑涉恶违法犯罪线索，应当按各自职责及时处置、核查，依法依规作出处理，并做好沟通反馈工作；必要时，可以与相关线索或案件并案处理。

对于重大疑难复杂的公职人员涉黑涉恶违法犯罪案件，监察机关、公安

机关、人民检察院可以同步立案、同步查处，根据案件办理需要，相互移送相关证据，加强沟通配合，做到协同推进。

13. 公职人员涉黑涉恶违法犯罪案件中，既涉嫌贪污贿赂、失职渎职等严重职务违法或职务犯罪，又涉嫌公安机关、人民检察院管辖的违法犯罪的，一般应当以监察机关为主调查，公安机关、人民检察院予以协助。监察机关和公安机关、人民检察院分别立案调查（侦查）的，由监察机关协调调查和侦查工作。犯罪行为仅涉及公安机关、人民检察院管辖的，由有关机关依法按照管辖职能进行侦查。

14. 公安机关、人民检察院、人民法院对公职人员涉黑涉恶违法犯罪移送审查起诉、提起公诉、作出裁判，必要时听取监察机关的意见。

15. 公职人员涉黑涉恶违法犯罪案件开庭审理时，人民法院应当通知监察机关派员旁听，也可以通知涉罪公职人员所在单位、部门、行业以及案件涉及的单位、部门、行业等派员旁听。

——《国家监察委员会、最高人民法院、最高人民检察院、公安部、司法部关于在扫黑除恶专项斗争中分工负责、互相配合、互相制约严惩公职人员涉黑涉恶违法犯罪问题的通知》（2019年10月20日，国监发〔2019〕3号）。

1634. 符合恶势力、恶势力犯罪集团认定标准的，应在法律文书中明确定性，并列明事实依据

关键词

恶势力　恶势力犯罪集团　法律文书

最高人民法院司法政策精神

17. 人民法院、人民检察院、公安机关经审查认为案件符合恶势力认定标准的，应当在起诉意见书、起诉书、判决书、裁定书等法律文书中的案件事实部分明确表述，列明恶势力的纠集者、其他成员、违法犯罪事实以及据以认定的证据；符合恶势力犯罪集团认定标准的，应当在上述法律文书中明确定性，列明首要分子、其他成员、违法犯罪事实以及据以认定的证据，并引用刑法总则关于犯罪集团的相关规定。被告人及其辩护人对恶势力定性提出辩解和辩护意见，人民法院可以在裁判文书中予以评析回应。

恶势力刑事案件的起诉意见书、起诉书、判决书、裁定书等法律文书，可以在案件事实部分先概述恶势力、恶势力犯罪集团的概括事实，再分述具体的恶势力违法犯罪事实。

18. 对于公安机关未在起诉意见书中明确认定，人民检察院在审查起诉期间发现构成恶势力或者恶势力犯罪集团，且相关违法犯罪事实已经查清，证据确实、充分，依法应追究刑事责任的，应当作出起诉决定，根据查明的事实向人民法院提起公诉，并在起诉书中明确认定为恶势力或者恶势力犯罪集团。人民检察院认为恶势力相关违法犯罪事实不清、证据不足，或者存在遗漏恶势力违法犯罪事实、遗漏同案犯罪嫌疑人等情形需要补充侦查的，应当提出具体的书面意见，连同案卷材料一并退回公安机关补充侦查；人民检察院也可以自行侦查，必要时可以要求公安机关提供协助。

对于人民检察院未在起诉书中明确认定，人民法院在审判期间发现构成恶势力或恶势力犯罪集团的，可以建议人民检察院补充或者变更起诉；人民检察院不同意或者在七日内未回复意见的，人民法院不应主动认定，可仅就起诉指控的犯罪事实依照相关规定作出判决、裁定。

审理被告人或者被告人的法定代理人、辩护人、近亲属上诉的案件时，一审判决认定黑社会性质组织有误的，二审法院应当纠正，符合恶势力、恶势力犯罪集团认定标准，应当作出相应认定；一审判决认定恶势力或恶势力犯罪集团有误的，应当纠正，但不得升格认定；一审判决未认定恶势力或恶势力犯罪集团的，不得增加认定。

19. 公安机关、人民检察院、人民法院应当分别以起诉意见书、起诉书、裁判文书所明确的恶势力、恶势力犯罪集团，作为相关数据的统计依据。

——《最高人民法院、最高人民检察院、公安部、司法部关于办理恶势力刑事案件若干问题的意见》（2019 年 2 月 28 日，法发〔2019〕10 号）。

附录：理解与适用

《最高人民法院、最高人民检察院、公安部、司法部关于办理恶势力刑事案件若干问题的意见》（以下简称《意见》）第 14 条第 2 款规定："在相关法律文书的犯罪事实认定部分，可使用'恶势力'等表述加以描述。"这是相比以往规范性文件的一大创新之处，首次提出了恶势力的法律文书表述问题，对于办理恶势力刑事案件的制度化、规范化具有重要意义。《意见》基于一年多来扫黑除恶专项斗争的司法实践，对恶势力刑事案件法律文书的制作规范作了进一步完善，主要体现在以下方面：

一是《意见》第 17 条将"可使用'恶势力'等表述加以描述"的要求上升为"应当"明确表述或者定性。主要考虑，认定恶势力、恶势力犯罪集团是对犯罪嫌疑人、被告人的否定性评价，一旦认定就要在刑事诉讼各阶段对其体现整体从严，对犯罪嫌疑人、被告人的实体和程序利益影响重大。《意见》要求在法律文书中一律明确表述恶势力或者明确恶势力犯罪集团的定性，不仅体现了司法公开的基本精神，也是对当事人知情权和辩解、辩护权的进一步保障。此外，在相关法律文书中明确表述恶势力或者明确恶势力犯罪集团的定性，还有利于侦查、审查起诉、审判、执行各阶段工作的顺畅衔接，进一步提高恶势力刑事案件办理的法治化、规范化水平。

二是《意见》提出了恶势力刑事案件法律文书的制作要求和指引。《意见》明确要求认定恶势力的案件，要同时在法律文书事实部分列明恶势力的纠集者、其他成员、违法犯罪事实以及据以认定的证据；符合恶势力犯罪集团认定标准的，同时应当列明首要分子、其他成员、违法犯罪事实以及据以认定的证据，并引用刑法总则关于犯罪集团的相关规定。同时，《意见》还明确“被告人及其辩护人对恶势力定性提出辩解和辩护意见，人民法院可以在裁判文书中予以评析回应”，既统一了实践中的不同做法，也符合裁判说理的工作要求。

——朱和庆、周川、李梦龙：《〈关于办理恶势力刑事案件若干问题的意见〉的理解与适用》，载《人民司法》2019年第19期（总第858期）。

第二十章　审判组织

1635. 人民检察院检察长列席人民法院审判委员会会议的规定

关键词

审判委员会　检察长　列席

最高人民法院司法政策精神

一、人民检察院检察长可以列席同级人民法院审判委员会会议。

检察长不能列席时，可以委托副检察长列席同级人民法院审判委员会会议。

二、人民检察院检察长列席人民法院审判委员会会议的任务是，对于审判委员会讨论的案件和其他有关议题发表意见，依法履行法律监督职责。

三、人民法院审判委员会讨论下列案件或者议题，同级人民检察院检察长可以列席：

（一）可能判处被告人无罪的公诉案件；

（二）可能判处被告人死刑的案件；

（三）人民检察院提出抗诉的案件；

（四）与检察工作有关的其他议题。

四、人民法院院长决定将本意见第三条所列案件或者议题提交审判委员会讨论的，人民法院应当通过适当方式告知同级人民检察院。人民检察院检察长决定列席审判委员会会议的，人民法院应当将会议议程、会议时间通知人民检察院。

对于人民法院审判委员会讨论的议题，人民检察院认为有必要的，可以向人民法院提出列席审判委员会会议；人民法院认为有必要的，可以邀请人民检察院检察长列席审判委员会会议。

五、人民检察院检察长列席审判委员会会议的，人民法院应当将会议材料在送审判委员会委员的同时送人民检察院检察长。

六、人民检察院检察长列席审判委员会会议，应当在会前进行充分准备，必要时可就有关问题召开检察委员会会议进行讨论。

七、检察长或者受检察长委托的副检察长列席审判委员会讨论案件的会议，可以在人民法院承办人汇报完毕后、审判委员会委员表决前发表意见。

审判委员会会议讨论与检察工作有关的其他议题，检察长或者受检察长委托的副检察长的发言程序适用前款规定。

检察长或者受检察长委托的副检察长在审判委员会会议上发表的意见，应当记录在卷。

八、人民检察院检察长列席审判委员会会议讨论的案件，人民法院应当将裁判文书及时送达或者抄送人民检察院。

人民检察院检察长列席的审判委员会会议讨论的其他议题，人民法院应当将讨论通过的决定文本及时送给人民检察院。

九、出席、列席审判委员会会议的所有人员，对审判委员会讨论内容应当保密。

十、人民检察院检察长列席审判委员会会议的具体事宜由审判委员会办事机构和检察委员会办事机构负责办理。

——《最高人民法院、最高人民检察院印发〈关于人民检察院检察长列席人民法院审判委员会会议的实施意见〉的通知》（2010年1月12日，法发〔2010〕4号）。

附录：理解与适用

《最高人民法院、最高人民检察院关于人民检察院检察长列席人民法院审判委员会会议的实施意见》（以下简称《实施意见》）的主要内容：检察院列席审判委员会的人员范围。人民法院组织法第十条第三款明确规定："各级人民法院审判委员会会议由院长主持，本级人民检察院检察长可以列席。"根据上述法律规定和中央司改文的精神，《实施意见》第1条规定：人民检察院检察长可以列席同级人民法院审判委员会会议。检察长不能列席时，可以委托副检察长列席同级人民法院审判委员会会议。这就进一步明确了检察院列席法院审判委员会的人员只能是检察长，检察长如果因为特殊原因不能列席法院审判委员会的，可以委托副检察长列席。除检察长或检察长委托的副检察长外，检察机关的其他工作人员不能受检察长的委托列席人民法院审判委员会。检察长列席审判委员会的案件范围和相关议题范围。《实施意见》第3条明确规定，人民法院审判委员会讨论下列案件或者议题，同级人民检察院检察长可以列席：可能判处被告人无罪的公诉案件；可能判处被告人死刑的案件；人民检察院提出抗诉的案件；与检察工作有关的其他议题。《实施意见》第4条第2款同时规定，对于人民法院审判委员会讨论的议题，人民检察院认为有必要的，可以向人民法院提出列席审判委员会会议；人民法院认为有必要的，可以邀请人民检察院检察长列席审判委员会会议。从《实施意见》的上述规定来看，检察院检察长列席法院审判委员会的案件范围，主要集中在刑事案件中可能判处被告人无罪的公诉案件、可能判处被告人死刑的案件以及人民检察院提出抗诉的案件。在民事、行政案件中，也主要是集中在人民检察院提出抗诉的案件。对于其他议题，检察长列席审判委员会，则主要限于与检察工作有关的议题。当然，对于人民法院审判委员会讨论的其他议题，人民检察院认为有必要的，可以向人民法院提出列席审判委员会会议。

检察长列席审判委员会的启动程序。

《实施意见》第4条规定："人民法院院长决定将本意见第3条所列案件或者议题提交审判委员会讨论的，人民法院应当通过适当方式告知同级人民检察院。人民检察院检察长决定列席审判委员会会议的，人民法院应当将会议议程、会议时间通知人民检察院。"这是关于人民法院和人民检察院如何启动检察长列席审判委员会的程序规定，包括了以下两层含义：

1. 人民法院院长决定将本意见第3条所列案件或者议题（即可能判处被告人无罪的公诉案件、可能判处被告人死刑的案件、人民检察院提出抗诉的案件和与检察工作有关的其他议题）提交审判委员会讨论的，人民法院应当通过适当方式告知同级人民检察院。也就是说，人民法院决定将上述案件和议题提交审判委员会讨论时，应当通过适当的方式告知同级人民检察院，由检察院决定是否列席法院审判委员会。《实施意见》所说的"通过适当的方式告知"，既包括通过书面文件告知，也包括通过传真、电话和电子邮件等方式告知。"两高"之所以如此作出规定，主要是考虑到各级人民法院每年提交审判委员会讨论的案件较多，如果都以书面的方式告知同级检察院，工作量很大，也不方便实际操作。因此，为了节省人力、物力资源，同时又方便检察机关及时了解审判委员会即将讨论的相关案件与议题，《实施意见》只是规定法院通过适当的方式告知，并没有明确规定到底应通过何种具体的方式告知。因此，各级人民法院、各级专门人民法院可以在现有的条件下，采取比较方便、适当的方式告知同级检察院，准备将《实施意见》第3条所规定的案件提交审判委员会讨论，请检察院决定是否准备列席法院审判委员会。可以说，法院通过适当方式告知检察院准备召开审判委员会，将由审判委员会讨论《实施意见》第3条所列的案件或议题是检察长列席审判委员会的前提；没有适当方式的通知，检察长无法知道审判委员会是否会讨论《实施意见》第3条所规定的案件和议题，也就无法决定是否列席审判委员会。

2. 人民检察院检察长决定列席审判委员会会议的，人民法院应当将会议议程、时间通知人民检察院，以便检察长按时列席法院审判委员会，或委托副检察长列席审判委员会。

检察长列席审判委员会会议有关材料的发送。《实施意见》第5条规定：

“人民检察院检察长列席审判委员会会议的，人民法院应当将会议材料在送审判委员会委员的同时送人民检察院检察长。”第8条同时规定：“人民检察院检察长列席审判委员会会议讨论的案件，人民法院应当将裁判文书及时送达或者抄送人民检察院。人民检察院检察长列席的审判委员会会议讨论的其他议题，人民法院应当将讨论通过的决定文本及时送给人民检察院。”这两条规定都涉及检察长列席审判委员会的会议材料的发送问题，涉及相关材料的发送种类、发送范围和发送时间。首先是人民检察院检察长在决定列席审判委员会会议后，人民法院要在召开审判委员会之前，将会议材料发送给列席审判委员会的检察长或副检察长，发送的时间要求与审判委员会委员同步；审判委员会讨论后，发送的材料一般是裁判文书。案件承办人员所写的案件审理报告是否属于发送范围，《实施意见》没有明确规定，从实际操作来讲，未纳入发送的范围。在司法实践中，一些地方法院为了保密需要，将案件相关材料在审判委员会会议上临时发给与会的审判委员会委员，此时将案件相关材料发给列席的检察长或副检察长，也是一种同时和同步。当然，也有一些法院在审判委员会召开前将案件相关材料发送给审判委员会委员，那么，按《实施意见》的规定，也应当同时送列席审判委员会的检察长或副检察长。《实施意见》第8条明确规定人民检察院检察长列席审判委员会会议讨论的案件，人民法院应当将裁判文书及时送达或者抄送人民检察院。人民检察院检察长列席的审判委员会会议讨论的其他议题，人民法院应当将讨论通过的决定文本及时送给人民检察院。及时发送裁判文书和决定文本是《实施意见》明确规定的范围，不易发生歧义。

检察长发表意见的时间与程序。

《实施意见》第7条规定：“检察长或者受检察长委托的副检察长列席审判委员会讨论案件的会议，可以在人民法院承办人汇报完毕后、审判委员会委员表决前发表意见。审判委员会会议讨论与检察工作有关的其他议题，检察长或者受检察长委托的副检察长的发言程序适用前款规定。”这就明确了列席审判委员会的检察长或受检察长委托的副检察长在审判委员会的发言时间。检察长或者受委托的副检察长列席审判委员会，职责是履行法律监督职责，如何履行这种法律监督职责?《实施意见》规定了检察长、受委托的副检察长的发表意见程序——检察长或者受检察长委托的副检察长列席审判委员会会议，可以在人民法院承办人汇报完毕后、审判委员会委员表决前发表意见。这里的“可以”，只是明确检察长或受检察长委托的副检察长有发表意见的权利，而不是规定其必须发表意见，检察长或者副检察长可以发表意见，也可以不发表意见。必须说明的是，之所以明确在人民法院承办人汇报完毕之后、审判委员会委员表决之前，一方面是为了方便列席会议的检察长或副检察长能够了解案件或者相关议题的基本情况，便于其发表意见；另一方面，也是保证审判委员会委员依法独立地作出决定，依法行使表决权。这与我国刑事诉讼法、民事诉讼法、行政诉讼法所规定的人民法院依法独立行使审判权的规定是一致的。

除此之外，《实施意见》还对出席、列席审判委员会会议的所有人员的保密义务以及相关办事机构等方面作出了规定。各级人民法院、检察院以及专门人民法院、检察院在执行过程中如有问题，可以分别向最高人民法院、最高人民检察院报告情况，以便于“两高”进一步深入调研，不断完善这一具有中国特色的社会主义司法制度。

——何能高：《〈关于人民检察院检察长列席人民法院审判委员会会议实施意见〉的理解与适用》，载《人民司法》2012年第5期（总第640期）。

1636. 关于刑事案件提交审委会讨论决定的案件范围

关键词

死刑缓期执行　审委会

最高人民法院司法解释

第二百一十六条　合议庭审理、评议后，应当及时作出判决、裁定。

对下列案件，合议庭应当提请院长决定提交审判委员会讨论决定：

（一）高级人民法院、中级人民法院拟判处死刑立即执行的案件，以及中级人民法院拟判处死刑缓期执行的案件；

（二）本院已经发生法律效力的判决、裁定确有错误需要再审的案件；

（三）人民检察院依照审判监督程序提出抗诉的案件。

对合议庭成员意见有重大分歧的案件、新类型案件、社会影响重大的案件以及其他疑难、复杂、重大的案件，合议庭认为难以作出决定的，可以提请院长决定提交审判委员会讨论决定。

人民陪审员可以要求合议庭将案件提请院长决定是否提交审判委员会讨论决定。

对提请院长决定提交审判委员会讨论决定的案件，院长认为不必要的，可以建议合议庭复议一次。

独任审判的案件，审判员认为有必要的，也可以提请院长决定提交审判委员会讨论决定。

——《最高人民法院关于适用〈中华人民共和国刑事诉讼法〉的解释》（2021年1月26日，法释〔2021〕1号）。

附录：最高人民法院主流观点

主要是死缓案件应否提交审委会讨论决定。《最高人民法院关于健全完善人民法院审判委员会工作机制的意见》（法发〔2019〕20号，以下简称《审委会意见》）第八条列明了“应当提交审委会讨论决定”的案件范围，规定：“高级人民法院、中级人民法院拟判处死刑的案件，应当提交本院审判委员会讨论决定。”最高人民法院审管办负责人在关于该意见的“答记者问”中指出：“高级人民法院、中级人民法院拟判处死刑的案件，既包括拟判处死刑立即执行的案件，也包括拟判处死刑缓期二年执行的案件。”征求意见过程中，多数意见提出，死刑缓期二年执行的案件数量较多，一律提请审判委员会讨论决定，工作量倍增，实难做到。而且，以往死缓案件不提交审判委员会讨论，未发现存在问题。经综合考虑有关因素，《最高人民法院关于适用〈中华人民共和国刑事诉讼法〉的解释》（法释〔2021〕1号，以下简称《刑事诉讼法解释》）第二百一十六条第二款对《审委会意见》第八条的规定作出调整，规定：“对下列案件，合议庭应当提请院长决定提交审判委员会讨论决定：（一）高级人民法院、中级人民法院拟判处死刑立即执行的案件，以及中级人民法院拟判处死刑缓期执行的案件；（二）本院已经发生法律效力的判决、裁定确有错误需要再审的案件；（三）人民检察院依照审判监督程序提出抗诉的案件。”

此外，关于《审委会意见》第八条明确规定应当提交审委会讨论决定的“涉及国家安全、外交、社会稳定等敏感案件和重大、疑难、复杂案件”“法律适用规则不明的新类型案件”“拟宣告被告人无罪的案件”“拟在法定刑以下判处刑罚或者免予刑事处罚的案件”，《刑事诉讼法解释》第二百一十六条第二款亦未明确规定为应当提交审委会讨论决定的情形，确有必要的，可以纳入第三款“对合议庭成员意见有重大分歧的案件、新类型案件、社会影响重大的案件以及其他疑难、复杂、重大的案件，合议庭认为难以作出决定的，可以提请院长决定提交审判委员会讨论决定”的情形。这一修改主要有如下考虑：（1）在司法解释中过多列举应当提交审委会讨论的情形，恐会导致对合议庭独立审理案件的质疑，难以保证效果。（2）据了解，各地法院对提交审委会讨论决定的案件范围往往有细化规定，《刑事诉讼法解释》不作明确规定，亦不会导致滥用。

——《刑事诉讼法解释》起草小组：《〈最高人民法院关于适用《中华人民共和国刑事诉讼法》的解释〉理解与适用》，载最高人民法院刑事审判第一、二、三、四、五庭编：《刑事审判参考》（总第126辑），人民法院出版社2021年版，第149~150页。

第二十一章　第一审程序

1637. 公诉案件的庭前审查程序

关键词

公诉案件　庭前审查

最高人民法院司法解释

第二百一十八条　对提起公诉的案件，人民法院应当在收到起诉书（一式八份，每增加一名被告人，增加起诉书五份）和案卷、证据后，审查以下内容：

（一）是否属于本院管辖；

（二）起诉书是否写明被告人的身份，是否受过或者正在接受刑事处罚、行政处罚、处分，被采取留置措施的情况，被采取强制措施的时间、种类、羁押地点，犯罪的时间、地点、手段、后果以及其他可能影响定罪量刑的情节；有多起犯罪事实的，是否在起诉书中将事实分别列明；

（三）是否移送证明指控犯罪事实及影响量刑的证据材料，包括采取技术调查、侦查措施的法律文书和所收集的证据材料；

（四）是否查封、扣押、冻结被告人的违法所得或者其他涉案财物，查封、扣押、冻结是否逾期；是否随案移送涉案财物、附涉案财物清单；是否列明涉案财物权属情况；是否就涉案财物处理提供相关证据材料；

（五）是否列明被害人的姓名、住址、联系方式；是否附有证人、鉴定人名单；是否申请法庭通知证人、鉴定人、有专门知识的人出庭，并列明有关人员的姓名、性别、年龄、职业、住址、联系方式；是否附有需要保护的证人、鉴定人、被害人名单；

（六）当事人已委托辩护人、诉讼代理人或者已接受法律援助的，是否列明辩护人、诉讼代理人的姓名、住址、联系方式；

（七）是否提起附带民事诉讼；提起附带民事诉讼的，是否列明附带民事诉讼当事人的姓名、住址、联系方式等，是否附有相关证据材料；

（八）监察调查、侦查、审查起诉程序的各种法律手续和诉讼文书是否齐全；

（九）被告人认罪认罚的，是否提出量刑建议、移送认罪认罚具结书等材料；

（十）有无刑事诉讼法第十六条第二项至第六项规定的不追究刑事责任的情形。

第二百一十九条 人民法院对提起公诉的案件审查后，应当按照下列情形分别处理：

（一）不属于本院管辖的，应当退回人民检察院；

（二）属于刑事诉讼法第十六条第二项至第六项规定情形的，应当退回人民检察院；属于告诉才处理的案件，应当同时告知被害人有权提起自诉；

（三）被告人不在案的，应当退回人民检察院；但是，对人民检察院按照缺席审判程序提起公诉的，应当依照本解释第二十四章的规定作出处理；

（四）不符合前条第二项至第九项规定之一，需要补充材料的，应当通知人民检察院在三日以内补送；

（五）依照刑事诉讼法第二百条第三项规定宣告被告人无罪后，人民检察院根据新的事实、证据重新起诉的，应当依法受理；

（六）依照本解释第二百九十六条规定裁定准许撤诉的案件，没有新的影响定罪量刑的事实、证据，重新起诉的，应当退回人民检察院；

（七）被告人真实身份不明，但符合刑事诉讼法第一百六十条第二款规定的，应当依法受理。

对公诉案件是否受理，应当在七日以内审查完毕。

——《最高人民法院关于适用〈中华人民共和国刑事诉讼法〉的解释》（2021年1月26日，法释〔2021〕1号）。

最高人民法院司法政策精神

25. 刑事诉讼法第一百八十一条规定："人民法院对提起公诉的案件进行审查后，对于起诉书中有明确的指控犯罪事实的，应当决定开庭审判。"对于人民检察院提起公诉的案件，人民法院都应当受理。人民法院对提起公诉的案件进行审查后，对于起诉书中有明确的指控犯罪事实并且附有案卷材料、证据的，应当决定开庭审判，不得以上述材料不充足为由而不开庭审判。如果人民检察院移送的材料中缺少上述材料的，人民法院可以通知人民检察院补充材料，人民检察院应当自收到通知之日起三日内补送。

人民法院对提起公诉的案件进行审查的期限计入人民法院的审理期限。

——《最高人民法院、最高人民检察院、公安部、国家安全部、司法部、全国人大常委会法制工作委员会关于实施刑事诉讼法若干问题的规定》（2012

年12月26日)。

附录：最高人民法院主流观点

1. 关于第二项，将“法律处分”修改为“处分”。主要考虑：根据2016年《最高人民法院、最高人民检察院关于办理贪污贿赂刑事案件适用法律若干问题的解释》，贪污数额在一万元以上不满三万元，曾因贪污、受贿、挪用公款受过党纪、行政处分的，应当认定为《刑法》第三百八十三条第一款规定的“其他较重情节”。本条使用的“法律处分”范围偏小，修改后“处分”的表述可以将党纪处分和政务处分等处分形式均纳入其中。此外，增加“被采取留置措施的情况”等规定。

征求意见过程中，有意见建议将本项规定的“有多起犯罪事实的，是否在起诉书中将事实分别列明”修改为“有多起犯罪事实的，一般应当在起诉书中将事实分别列明”，即对于犯罪手段相同的同一犯罪可以概括叙写。例如，有的盗窃案，可以确定犯罪嫌疑人、被告人多次盗窃及盗窃数额，无法确定具体次数，不易区分。经研究认为，本条规定的是立案审查的事项，只是要求对于所诉案件有多起事实的，是否在起诉书中将事实分别列明，但并未要求所诉案件一律要将多起事实分别列明。对于前述情形，概括叙写即可。

2. 关于第三项，为做好法律衔接，增加对技术调查措施批准决定和所收集的证据材料的审查要求。

3. 关于第四项，征求意见过程中，有意见建议在末尾增加“对作为证据使用的实物，实行集中统一保管的，移送物品清单即可视为随案移送实物”。理由是：目前在司法实践中，有些地方实行了涉案财物集中统一保管，不需要向法院移送实物，只需审查是否随案移送物品清单即可。经研究认为，上述意见确有道理，且系司法实践中部分地方已经采用的做法。但是，鉴于涉案财物集中统一保管制度施行时间不长，一些具体举措还处于探索阶段，在有的地方还没有落实到位，故本解释暂不作出明确规定。

4. 关于第五项、第六项，征求意见过程中，有意见建议删除该两项中的“住址”。理由是：鉴定人、有专门知识的人、辩护人、诉讼代理人是以其技能专业参与诉讼，提供单位即可，不需提供住址。经研究，未采纳上述意见。主要考虑：(1)要求提供相关人员的住址，主要是为了送达传票方便。特别是按照单位地址无法送达的情况下，需要向相关人员的住址进行送达。(2)相关规定并非此次新增规定，而是沿用《2012年解释》的规定。司法实践并未反映存在突出问题，维持不变为宜。

……

1. 关于本条第一款第三项，征求意见过程中，有意见建议修改为“被告人无法及时到案的，应当退回人民检察院……”理由是：实践中，有的案件被告人被取保候审，人民法院即以“被告人不在案”为由不受案，导致检察机关为保证诉讼顺利进行，不得不对不符合逮捕条件的犯罪嫌疑人逮捕羁押，影响被告人合法权益。经研究认为，本项针对的情形是被告人因脱逃等不在案，且不符合缺席审判适用条件的情形，并非指一律要对被告人采纳羁押性强制措施。而且，该项规定系沿用《2012 年解释》的规定，司法实践反映适用良好，可以继续沿用。

2.《2012 年解释》第一百八十一条第一款第六项规定“符合刑事诉讼法第十五条第二项至第六项规定情形的，应当裁定终止审理或者退回人民检察院”。考虑到本条针对的是立案审查的处理情形，删去了“裁定终止审理”的规定。

——李少平主编:《最高人民法院关于适用〈中华人民共和国刑事诉讼法〉的解释理解与适用》，人民法院出版社 2021 年版，第 313 页。

关于如何进行庭前审查,《最高人民法院关于执行〈中华人民共和国刑事诉讼法〉若干问题的解释》第 116 条作了较为详细的规定。除按照该条规定的十种情形进行审查外，在司法实践中，应当着重审查以下内容:

1. 公诉机关的指控是否存在错误。

2. 在指控犯罪事实即证据方面是否存在争议，存在哪些问题。

3. 有关材料是否齐备。

4. 公诉机关是否建议适用简易程序。

——高憬宏、杨万明主编:《基层人民法院法官培训教材（实务卷 · 刑事审判篇）》，人民法院出版社 2005 年版，第 493~495 页。

1638. 人民法院办理刑事案件第一审普通程序法庭调查规程

关键词

法庭调查规程

最高人民法院司法政策精神

为贯彻落实《最高人民法院、最高人民检察院、公安部、国家安全部、司法部关于推进以审判为中心的刑事诉讼制度改革的意见》，规范法庭调查程序、提高庭审质量和效率，确保诉讼证据出示在法庭，案件事实查明在法庭、诉辩意见发表在法庭、裁判结果形成在法庭。根据法律规定，结合司法实际，制定本规程。

一、一般规定

第一条　法庭应当坚持证据裁判原则，认定案件事实，必须以证据为根据。

法庭调查应当以证据调查为中心，证据未经当庭出示、辨认、质证等法庭调查程序查证属实，不得作为定案的根据。

第二条　法庭应当坚持居中裁判原则，不偏不倚地审判案件，保障控辩双方诉讼地位平等。

公诉案件中，人民检察院承担被告人有罪的举证责任，被告人不承担证明自己无罪的责任。人民检察院应当随案移送并当庭出示被告人有罪或无罪、罪轻或罪重的所有证据，以及证明取证合法性的证据材料，不得隐匿证据或者人为取舍证据。

第三条　法庭应当坚持集中审理原则，规范庭审准备程序，避免庭审出现不必要的延迟和中断。

承办法官应当在开庭前阅卷，拟定法庭审理提纲，并向合议庭成员通报开庭准备情况。召开庭前会议的，可以依法处理可能导致庭审中断的程序性事项，组织控辩双方展示证据，归纳控辩双方争议焦点。

第四条　法庭应当坚持诉权保障原则，依法解决控辩双方争议，保障被告人及其辩护人的诉讼权利。

为依法维护被告人质证权，准确查明案件事实，必要时应当通知证人、被害人、鉴定人、侦查人员或者有关人员出庭。

第五条　法庭应当坚持程序公正原则，严格执行法定的审判程序，通过法庭审理的程序公正实现案件裁判的实体公正。

被告人不认罪的案件，对与定罪和量刑有关的事实、证据应当分别进行调查。被告人当庭认罪的案件，法庭调查可以主要围绕量刑和其他有争议的问题进行。

二、开庭讯问、发问程序

第六条　对于召开庭前会议的案件，在法庭调查开始前，法庭应当宣布庭前会议报告的主要内容。对于庭前会议中达成一致意见的事项，法庭向控辩双方核实后当庭予以确认；对于未达成一致意见的事项，法庭可以归纳争议焦点，听取控辩双方意见，并依法作出处理。

有多起犯罪事实的案件，可以在有关犯罪事实的法庭调查开始前，分别宣布庭前会议报告的相关内容。

第七条　公诉人宣读起诉书后，审判长应当询问被告人对起诉指控的犯罪事实是否有异议，并听取其供述和辩解。经审判长准许，公诉人可以就起诉书指控的犯罪事实讯问被告人，也可以先出示有关证据，再就有关犯罪事实讯问被告人。

经审判长准许，被害人及其法定代理人、诉讼代理人可以就公诉人讯问的犯罪事实补充发问；附带民事诉讼原告人及其法定代理人、诉讼代理人可以就附带民事部分的事实向被告人发问；被告人及其法定代理人、诉讼代理人可以在控诉一方就某一问题讯问完毕后向被告人发问，有多名被告人的案件，辩护人对被告人的发问，应当在审判长主持下，先由被告人本人的辩护人进行，再由其他被告人的辩护人进行。

第八条 有多名被告人的案件，讯问各名被告人应当分别进行。

同案被告人供述之间存在实质性差异的，法庭可以传唤有关被告人到庭对质。审判长可以分别讯问被告人，就供述的实质性差异进行调查核实。经审判长准许，控辩双方可以向被告人讯问、发问，审判长认为有必要的，可以准许被告人之间相互发问。

第九条 申请参加庭审的被害人众多，且案件不属于附带民事诉讼范围的，被害人可以推选若干代表人参加庭审；推选不出代表人的，人民法院可以指定若干代表人。

对被告人发问完毕后，其他证据出示前，在审判长主持下，被害人可以就起诉书指控的犯罪事实作出陈述，经审判长准许，控辩双方可以在被害人陈述后向被害人发问。

第十条 为核实被告人是否自愿认罪，解决案件事实证据存在的疑问，审判人员可以讯问被告人，也可以向被害人、附带民事诉讼原告人发问。

第十一条 被告人庭前不认罪，当庭又认罪的，法庭核实被告人认罪的自愿性和真实性后，可以重点围绕量刑事实、证据进行调查。

被告人认罪后又当庭反悔的，法庭应当调查核实反悔的理由，并对与定罪和量刑有关的事实、证据进行全面调查。

三、出庭作证程序

第十二条 控辩双方可以申请法庭通知证人、鉴定人、侦查人员和有专门知识的人等出庭。

被害人及其法定代理人、诉讼代理人，附带民事诉讼原告人及其诉讼代理人也可以提出上述申请。

第十三条 控辩双方对证人证言、被害人陈述有异议，申请证人、被害人出庭，人民法院经审查认为证人证言、被害人陈述对案件定罪量刑有重大影响的，应当通知证人、被害人出庭。

控辩双方对鉴定意见有异议，申请鉴定人或者有专门知识的人出庭，人民法院经审查认为有必要的，应当通知鉴定人或者有专门知识的人出庭。

控辩双方对侦破经过、证据来源、证据真实性或者证据收集合法性等有异议，申请侦查人员或者有关人员出庭，人民法院经审查认为有必要的，应当通知侦查人员或者有关人员出庭。

人民法院通知证人、被害人、鉴定人、侦查人员、有专门知识的人等出庭后，控辩双方负责协助对本方诉讼主张有利的有关人员到庭。

第十四条　对于应当出庭作证的证人，在庭审期间因身患严重疾病、行动极为不便或者身处国外短期无法回国等客观原因确实无法出庭的，可以通过视频等方式远程作证。

前款规定适用于被害人、鉴定人、侦查人员。

第十五条　人民法院通知出庭的证人，无正当理由拒不出庭的，经院长同意，可以强制其出庭，但是被告人的配偶、父母、子女除外。

强制证人出庭的，应当由院长签发强制证人出庭令，并由法警执行，必要时，可以商请公安机关协助执行。

第十六条　证人、鉴定人、被害人因出庭作证，本人或者其近亲属的人身安全面临危险的，人民法院应当采取不公开其真实姓名、住址和工作单位等个人信息，或者不暴露其外貌、真实声音等保护措施。

决定对出庭作证的证人、鉴定人、被害人采取不公开个人信息的保护措施的，审判人员应当在开庭前核实其身份，对证人、鉴定人如实作证的保证书不得公开，在判决书、裁定书等法律文书中可以使用化名等代替其个人信息。

审判期间，证人、鉴定人、被害人提出保护请求的，人民法院应当立即审查，确有必要的，当及时决定采取相应的保护措施。必要时，可以商请公安机关采取专门性保护措施。

第十七条　证人出庭作证所支出的交通、住宿、就餐等合理费用，列入证人出庭作证补助专项经费，在出庭作证后由人民法院依照规定程序发放。

第十八条　证人、鉴定人出庭，法庭应当当庭核实其身份，与当事人以及本案的关系，审查证人、鉴定人的作证能力、专业资质，并告知其有关作证的权利义务和法律责任。

证人、鉴定人作证前，应当保证向法庭如实提供证言、说明鉴定意见，并在保证书上签名。

第十九条　证人出庭后，先由对本诉讼主张有利的控辩一方发问；发问完毕后，经审判长准许，对方也可以发问。

控辩双方发问完毕后，可以归纳本方对证人证言的意见，控辩双方如有新的问题，经审判长准许，可以再行发问。

审判人员认为必要时，可以询问证人。经审判长准许，被告人可以向证人发问。

第二十条　向证人发问应当遵循以下原则：

（一）发问内容应当与案件事实有关；

（二）不得采用诱导方式发问；

（三）不得威胁或者误导证人；

（四）不得损害证人人格尊严；

（五）不得泄露证人个人隐私。

第二十一条 控辩一方发问方式不当或者内容与案件事实无关，违反有关发问规则的，对方可以提出异议。对方当庭提出异议的，发问方应当说明发问理由，审判长判明情况予以支持或者驳回；对方未当庭提出异议的，审判长也可以根据情况予以制止。

第二十二条 控辩双方可以通过提问的方式向证人询问与案件事实有关的问题，也可以让证人向法庭自由陈述其所亲自感知的案件事实。

审判长认为证人当庭陈述的内容与案件事实无关或者明显重复的，可以进行必要的提示。

第二十三条 有多名证人的案件，向证人发问应当分别进行。

证人出庭作证前，应当在法庭指定的地点等候，不得谈论案情。证人出庭作证后，审判长应当通知法警引导其退庭。证人不得旁听对案件的审理。

被害人不参加法庭审理，仅出庭陈述案件事实的，参照适用前款规定。

第二十四条 证人证言之间存在实质性差异的，法庭可以传呼有关证人到庭对质。

审判长可以分别询问证人，就证言的实质性差异进行调查核实。经审判长准许，控辩双方可以向证人发问。审判长认为有必要的，可以准许证人之间相互发问。

第二十五条 证人出庭作证的，其庭前证言一般不再出示、宣读，但以下情形除外：

（一）证人出庭作证时遗忘或者遗漏庭前证言的关键内容，需要向证人作出必要提示的；

（二）证人的当庭证言与庭前证言存在矛盾，需要证人作出合理解释的。

为核实证据来源、证据真实性等问题，或者唤起证人记忆，经审判长准许，控辩双方可以在询问证人时向其出示物证、书证等证据。

第二十六条 控辩双方可以申请法庭通知有专门知识的人出庭，协助本方就鉴定意见进行质证。有专门知识的人可以向鉴定人发问，或者对案件中的专业性问题提出意见。

申请有专门知识的人出庭，应当提供人员名单，并不得超过二人。有多种类鉴定意见的，可以相应增加人数。

必要时，法庭可以依职权通知有专门知识的人出庭。

第二十七条 对被告人、被害人、鉴定人、侦查人员、有专门知识的人的讯问、发问，参照适用证人的有关规定。

作出同一份鉴定意见的多名鉴定人或者多名有专门知识的人可以同时出庭，不受分别发问规则的限制。

四、物证、书证等证据的举证、质证程序

第二十八条　审判长应当驾驭庭审过程，组织控辩双方举证、质证，全面调查核实案件中可以影响定罪量刑的事实证据问题，准确查明案件事实。

起诉书指控的被告人的犯罪事实为两起以上的，法庭调查一般应当分别进行。

第二十九条　开庭讯问、发问程序结束后，公诉人先行举证。公诉人举证完毕后，被告人及其辩护人可以举证，公诉人出示某一证据后，经审判长准许，被告人及其辩护人可以出示证据予以反驳。

控辩一方举证后，对方可以发表质证意见，必要时，控辩双方可以对争议的证据进行多次质证。

被告人及其辩护人认为公诉人出示的有关证据对本方诉讼主张有利的，可以在发表质证意见时予以认可，或者在发表辩护意见时直接使用有关证据。

第三十条　对于控辩双方随案移送或者庭前提交，但没有当庭出示的证据，审判长可以进行必要的提示；对于其中可能影响定罪量刑的关键证据，审判长应当要求控辩双方出示。

对于案件中可能影响定罪量刑的事实、证据存在疑问，控辩双方没有提及的，审判长应当引导控辩双方发表质证意见，并依法调查核实。

第三十一条　法庭应当重视对证据收集合法性的审查，对证据收集的合法性有疑问的，应当调查核实证明取证合法性的证据材料。

对于被告人及其辩护人申请排除非法证据，依法提供有关线索或者材料。法庭对证据收集的合法性有疑问，决定进行调查的，应当先行当庭调查。

第三十二条　对于可能影响定罪量刑的关键证据和控辩双方存在争议的证据，一般应当单独举证、质证。

对于控辩双方无异议的非关键性证据，可以仅就证据的名称及其证明的事项作出说明。

第三十三条　对于物证、书证、视听资料、电子数据等证据应当出示原物、原件。取得原物、原件确有困难的，可以出示照片、录像、副本、复制件等足以反映原物、原件外形和特征以及真实内容的材料，并说明理由。

对于鉴定意见和勘验、检查、辨认、侦查实验等笔录，应当出示原件。

第三十四条　控辩双方出示证据，应当重点围绕与案件事实相关内容或者控辩双方存在争议的内容进行。

出示证据时，可以借助多媒体设备等方式出示，播放或者演示证据内容。

第三十五条　控辩双方对证人证言、被害人陈述、鉴定意见无异议，上述人员不需要出庭的，以及上述人员因客观原因无法出庭且无法通过视频等方式作证的，可以出示，宣读庭前收集的书面证据材料或者庭前制定的作证过程录音录像。

被告人当庭供述与庭前供述的实质性内容一致的，可以不再出示庭前供述；当庭供述与庭前供述存在实质性差异的，可以出示、宣读庭前供述中存在实质性差异的内容。

第三十六条 采用技术侦查措施收集的证据，应当当庭出示。当庭出示、辨认、质证可能危及有关人员的人身安全，或者可能产生其他严重后果的，应当采取不暴露有关人员身份，不公开技术侦查措施和方法等保护措施。

法庭决定在庭外对技术侦查证据进行核实的，可以召集公诉人和辩护律师到场，在场人员应当在保密承诺书上签名，并履行保密义务。

第三十七条 法庭对证据有疑问的，可以告知控辩双方补充证据或者作出说明；必要时可以在其他证据调查完毕后宣布休庭，对证据进行调查核实。

对于控辩双方补充和法庭庭外调查核实取得的证据，应当经过庭审质证才能作为定案的根据。但是，对于不影响定罪量刑的非关键性证据和有利于被告人的量刑证据，经庭外征求意见，控辩双方没有异议的除外。

根据案情审理需要，法庭可以组织控辩双方到现场核实情况，并将核实过程记录在案。

第三十八条 控辩一方申请出示庭前未移送或提交人民法院的证据，对方提出异议的，申请方应当说明理由，审判长经过审查认为理由成立并确有审查必要的，应当准许。

对方提出需要对新的证据作质证准备的，法庭应当宣布休庭，并确定准备的时间。

第三十九条 法庭审理过程中，控辩双方申请通知新的证人到庭，调取新的证据，申请重新鉴定或者勘验的，应当提供证人的基本信息、证据的存放地点，说明拟证明的案件事实，要求重新鉴定或者勘验的理由，法庭认为有必要的，应当同意，并宣布延期审理；不同意的，应当说明理由并继续审理。

第四十条 公开审理案件时，控辩双方提出涉及国家秘密、商业秘密或者个人隐私的证据的，法庭应当制止，有关证据确与本案有关的，可以根据具体情况，决定将案件转为不公开审理，或者对相关证据的法庭调查不公开进行。

第四十一条 审判期间，公诉人发现案件需要补充侦查，建议延期审理的，法庭应当同意，但建议延期审理不得超过两次。

人民检察院将补充收集的证据移送人民法院的，人民法院应当通知辩护人、诉讼代理人查阅、摘抄、复制。辩护方提出需要对补充收集的证据作辩护准备的，法庭可以确定准备辩护的时间。

补充侦查期限届满后，经人民法院通知，人民检察院未将案件移送人民法院，且未说明原因的，人民法院可以决定按人民检察院撤诉处理。

第四十二条　人民法院向人民检察院调取需要调查核实的证据材料，或者根据被告人及其辩护人的申请，向人民检察院调取在侦查、审查起诉期间收集的有关被告人无罪或者罪轻的证据材料，应当通知人民检察院在收到调取证据材料的决定书后三日内移交。

第四十三条　法庭除应当审查被告人是否具有法定量刑情节外，还应当根据案件情况审查以下影响量刑的情节：

（一）案件起因；

（二）被害人有无过错及过错程度，是否对矛盾激化负有责任及责任大小；

（三）被告人的近亲属是否协助抓获被告人；

（四）被告人平时表现，有无悔罪态度；

（五）退赃、退赔及赔偿情况；

（六）被告人是否取得被害人或者其近亲属谅解；

（七）影响量刑的其他情节。

第四十四条　审判期间，被告人提出有自首、坦白、立功等法庭量刑情节，或者人民法院发现被告人可能有自首、坦白、立功等法定量刑情节，而人民检察院移送的案卷中没有相关证据材料的，应当通知人民检察院移送。

审判期间，被告人提出新的立功情节，并提供相关线索或者材料的，人民法院可以建议人民检察院补充侦查。

第四十五条　被告人当庭不认罪或者辩护人作无罪辩护的，法庭对与量刑有关的事实、证据进行调查时，被告人及其辩护人可以当庭发表质证意见，出示证明被告人罪轻的证据。必要时，审判长可以告知被告人及其辩护人，参加量刑事实、证据的调查并不影响无罪辩护。

五、认证规则

第四十六条　对于控辩双方提出的事实证据争议，法庭应当当庭进行审查，经审查后当庭作出处理的，应当一并说明理由；需要庭后评议作出处理的，应当在裁判文书中说明理由。

第四十七条　法庭经审查认定的非法证据，应当依法予以排除，不得出示、质证。

第四十八条　对于经过控辩双方质证的证据，法庭应当结合控辩双方质证意见，从证据与待证事实的关联程度、证据之间的印证关系、证据自身的真实性程度等方面，综合判断证据能否作为定案的根据。

证据与待证事实不存在关联，或者证据自身存在无法解释的疑问，或者证据与待证事实以及其他证据存在无法排除的矛盾的，不得作为定案的根据。

第四十九条　通过勘验、检查、搜查等方式搜集的物证、书证等证据，未通过辨认、鉴定等方式确定其与案件事实的关联的，不得作为定案的根据。

法庭对鉴定意见有疑问的，可以重新鉴定。

第五十条　收集证据的程序、方式不符合法律规定，严重影响证据真实性的，人民法院应当建议人民检察院予以补正或者作出合理解释；不能补正或者作出合理解释的，有关证据不能作为定案的根据。

第五十一条　证人没有出庭作证，其庭前证言真实性无法确认的，不得作为定案的根据。

证人当庭作出的证言与其庭前证言矛盾，证人能够作出合理解释，并与相关证据印证的，应当采信其庭审证言；不能作出合理解释，而其庭前证言与相关证据印证的，可以采信其庭前证言。

第五十二条　经人民法院通知，鉴定人拒不出庭作证的，鉴定意见不得作为定案的根据。

有专门知识的人当庭对鉴定意见提出质疑，鉴定人能够作出合理解释，并与相关证据印证的，可以采信鉴定意见；不能作出合理解释，无法确认鉴定意见可靠性的，有关鉴定意见不能作为定案的根据。

第五十三条　被告人的当庭供述与庭前供述、自书材料存在矛盾，被告人能够作出合理解释，并与相关证据印证的，应当采信其当庭供述；不能作出合理解释，而其庭前供述、自书材料与相关证据印证的，可以采信其庭前供述、自书材料。

第五十四条　法庭在庭审过程中审查认定或者排除的证据，应当当庭说明理由；庭后评议认定或者排除的证据，应当在裁判文书中说明理由。

第五十五条　法庭认定被告人有罪，必须达到犯罪事实清楚，证据确实、充分，对于定罪事实应当综合全案证据排除合理怀疑，定罪证据不足的案件，不能认定被告人有罪，应当作出证据不足、指控的犯罪不能成立的无罪判决。定罪证据确实、充分，量刑证据存疑的，应当作出有利于被告人的认定。

第五十六条　本程序自发布之日起试行。

——《人民法院办理刑事案件第一审普通程序法庭调查规程》（2017 年 6 月 6 日，法〔2017〕173 号）。

附录：理解与适用

推进庭审实质化改革，法庭调查规程是重中之重。规程在总结传统庭审经验基础上，将证据裁判、居中裁判、集中审理、诉权保障和程序公正确立为法庭调查的基本原则，规范开庭讯问、发问程序，落实证人、鉴定人出庭作证制度，完善各类证据的举证、质证、认证规则，确保诉讼证据出示在法庭、案件事实查明在法庭、诉辩意见发表在法庭、裁判结果形成在法庭。

1. 关于庭前会议和法庭审理的衔接机制

对于召开庭前会议的案件，法庭调查开始前应当宣布庭前会议报告主要内容。对于庭前会议中达成一致意见的事项，法庭向控辩双方核实后当庭予以确认；对于未达成一致意见的事项，法庭可以归纳争议焦点，听取控辩双方意见，并依法作出处理。概言之，庭前会议中初步处理的所有事项，最终都要通过法庭审理程序进行确认，该确认程序既是对庭前会议功能的肯定，也能避免庭前会议处理结果面临不必要的争议。

2. 关于开庭讯问、发问程序

公诉人宣读起诉书后，审判长应当询问被告人对起诉书指控的犯罪事实有无异议，并听取其供述和辩解。在核实被告人是否认罪后，根据案件情况，公诉人可以就起诉书指控的犯罪事实讯问被告人，也可以先出示有关证据，再就有关犯罪事实讯问被告人。

为维护被告人质证权，对同案被告人供述之间存在实质性差异的情形，法庭可以传唤有关被告人到庭对质。为规范对质程序，审判长可以分别讯问被告人，就供述的实质性差异进行调查核实；经审判长准许，控辩双方可以向被告人讯问、发问，被告人之间可以相互发问。

对于被告人庭前不认罪，当庭又认罪的情形，要核实被告人认罪的自愿性和真实性，再重点围绕量刑事实、证据进行调查。为切实防范冤错案件，对于被告人认罪后又当庭反悔的，应当调查核实反悔的理由，并对与定罪量刑有关的事实证据进行全面调查。

3. 关于出庭作证程序

为维护被告人质证权，准确审查判断证据，控辩双方对证人证言、被害人陈述、鉴定意见以及侦破经过、证据来源、证据真实性或者证据合法性有异议，申请证人、被害人、鉴定人、有专门知识的人、侦查人员或者有关人员出庭，人民法院经审查认为有必要的，应当通知上述人员出庭。人民法院通知有关人员出庭后，控辩双方负责协助对本方诉讼主张有利的有关人员到庭。实践中要妥善处理法庭通知出庭、控辩双方协助到庭和法庭强制到庭的关系，切实提高出庭率。

为规范发问程序，证人出庭后，先由对本方诉讼主张有利的控辩一方发问；发问完毕后，经审判长准许，对方也可以发问。控辩双方发问完毕后，可以归纳本方对证人证言的意见；控辩双方如有新的问题，经审判长准许，可以再行发问。为确保发问效果，控辩双方可以通过提问的方式向证人询问与案件事实有关的问题，也可以让证人向法庭自由陈述其所亲自感知的案件事实。

证人出庭作证的，其庭前证言一般不再出示、宣读，但以下情形除外：证人出庭作证时遗忘或者遗漏庭前证言的关键内容，需要向证人作出必要提示；或者证人的当庭证言与庭前证言存在矛盾，需要证人作出合理解释。为核实证据来源、证据真实性等问题，或者唤起证人记忆，经审判长准许，控辩双方可以在询问证人时向其出示物证、书证等证据。

4. 关于物证、书证等证据的举证、质证程序

对于控辩双方随案移送或者庭前提交，但没有当庭出示的证据，审判长可以进行必要的提示；对于其中可能影响定罪量刑的关键证据，应当要求控辩双方出示。对于案件中可能影响定罪量刑的事实、证据存在疑问，控辩双方没有提及的，审判长应当引导控辩双方发表质证意见，并依法调查核实。

为兼顾庭审质量和效率，对于可能影响定罪量刑的关键证据和控辩双方存在争议的证据，一般应当单独举证、质证；对于控辩双方无异议的非关键性证据，可以仅就证据的名称及其证明的事项作出说明。控辩双方出示证据，应当重点围绕与案件事实相关的内容或者控辩双方存在争议的内容进行。

控辩双方对证人证言、被害人陈述、鉴定意见无异议，上述人员不需要出庭的，以及上述人员因客观原因无法出庭且无法通过视频等方式作证的，可以出示、宣读庭前收集的书面证据材料或者庭前制作的作证过程录音录像。被告人当庭供述与庭前供述的实质性内容一致的，可以不再出示庭前供述；当庭供述与庭前供述存在实质性差异的，可以出示、宣读庭前供述中存在实质性差异的内容。

5. 关于法庭认证规则

对于经控辩双方质证的证据，法庭应当结合质证意见，从证据与待证事实的关联程度、证据之间的印证联系、证据自身的真实性程度等方面，综合判断证据能否作为定案的根据。证据与待证事实不存在关联，或者证据自身存在无法解释的疑问，或者证据与待证事实以及其他证据存在无法排除的矛盾的，不得作为定案的根据。

通过勘验、检查、搜查等方式收集的物证、书证等证据，未通过辨认、鉴定等方式确定其与案件事实的关联的，不得作为定案的根据。法庭要重视对鉴定意见的审查，对鉴定意见有疑问的，可以重新鉴定。

对于证据收集程序、方式不符合法律规定要求的瑕疵证据，要分析瑕疵是否影响证据真实性，进而决定能否作为定案的根据，不能将之混同为非法证据予以排除。收集证据的程序、方式不符合法律规定，严重影响证据真实性的，人民法院应当建议人民检察院予以补正或者作出合理解释；不能补正或者作出合理解释的，有关证据不得作为定案的根据。

法庭在庭审过程中审查认定或者排除的证据，应当当庭说明理由；庭后评议认定或者排除的证据，应当在裁判文书中说明理由。实践中要妥善处理当庭认证和庭后认证的关系，努力提高当庭认证率和当庭宣判率。

——戴长林、刘静坤：《让以审判为中心的刑事诉讼制度改革落地见效——对“三项规程”重点内容的解读》，载《人民法院报》（2017 年 6 月 28 日）。

1639. 公诉机关未随案移送实物证据的处理

关键词

随案移送　实物证据

附录：司法信箱

问题： 最高人民法院、最高人民检察院、公安部、国家安全部、司法部、全国人大常委会法制工作委员会《关于刑事诉讼法实施中若干问题的规定》第48条第1款规定："对作为证据使用的实物，应当依法随案移送。对不宜移送的，应当将其清单、照片或者其他证明文件随案移送，不得以未移送赃款赃物为由，拒绝受理案件。"这一规定有两点内容，第一点是作为证据使用的实物，应当随案移送。第二点是针对不宜移送的实物，规定应当将其清单、照片或者其他证明文件随案移送，人民法院不应拒绝受理案件。但对不属不宜移送的实物，如公诉机关不将实物移送，法院应否拒绝受理？

《人民司法》研究组认为： 根据最高人民法院、最高人民检察院、公安部、国家安全部、司法部、全国人大常委会法制工作委员会《关于刑事诉讼法实施中若干问题的规定》第48条第1款的规定："对作为证据使用的实物，应当依法随案移送。对不宜移送的，应当将其清单、照片或者其他证明文件随案移送，不得以未移送赃款赃物为由，拒绝受理案件。"但对于应当依法随案移送作为证据使用的实物，没有依法随案移送的，人民法院根据《最高人民法院关于执行〈中华人民共和国刑事诉讼法〉若干问题的解释》第116条、第117条第2款的规定："应当通知人民检察院在3日内补送。"

——《人民司法》2000年第2期（总第433期）。

1640. 按公诉程序提起的轻伤害案件，被害人提出不追究被告人刑事责任的处理

关键词

轻伤案件　公诉程序

附录：司法信箱

问题： 我院在处理按公诉程序提起轻伤害案件过程中，有被害人因民事部分已与被告人自行和解或其他原因而向法院提出不追究被告人的刑事责任

的请求。对此产生两种意见：第一种意见认为，虽是轻伤害案件，但案件是通过公诉程序提起的，被害人无权提出变更公诉机关的公诉意见。第二种意见认为，轻伤害案件属告诉才处理的自诉案件，被害人有权提出是否追究被告人的刑事责任的要求。请问哪种意见正确?

《人民司法》研究组认为：属于《刑法》第234条第1款规定的故意伤害案件已经由人民检察院向人民法院提起公诉的，被害人不得擅自变更公诉机关的公诉意见，但可以将自己的意见向人民检察院反映，请求人民检察院撤回起诉。人民检察院根据《人民检察院刑事诉讼规则》第351条规定的“可以要求撤回起诉”条件，决定是否向人民法院申请撤诉。

——《人民司法》2004年第4期（总第483期）。

1641. 庭前会议的功能定位

关键词

庭前会议　功能定位

最高人民法院司法政策精神

第二条　庭前会议中，人民法院可以就与审判相关的问题了解情况，听取意见，依法处理回避、出庭证人名单、非法证据排除等可能导致庭审中断的事项，组织控辩双方展示证据，归纳争议焦点，开展附带民事调解。

——《人民法院办理刑事案件庭前会议规程（试行）》（2017年11月27日，法发〔2017〕31号）。

附录：理解与适用

1. 解决可能导致庭审中断的程序性申请和异议，确保庭审集中审理、持续审理。庭前会议中，人民法院可以依法处理有关回避、出庭证人名单、非法证据排除等可能导致庭审中断的事项。在公诉方提起指控之后，辩护方可能提出各种程序性申请和异议，例如申请回避，申请特定证人出庭，申请排除非法证据，或者对管辖权提出异议，等等。对于上述申请或者异议，通过庭前会议集中解决，可避免庭审中断。

2. 组织证据展示，明确事实、证据争点，确保庭审充分审理、高效审理。庭前会议中，人民法院可以组织控辩双方展示证据，归纳控辩双方争议焦点。由于控辩双方的争点在庭审前就已经初步明确，法庭就可以围绕上述争议问题组织控辩双方积极举证、质证和辩论，突出庭审调查的针对性，提高庭审辩论的充分性，确保庭审的成效。

3. 庭前会议不能弱化庭审，更不能取代庭审。人民法院可以在开庭审理前召开庭前会议，就与审判相关的问题了解情况，听取意见，开展必要的庭审准备工作。该条明确了庭前会议召开目的是开展必要的庭审准备工作，因此庭前会议可以进行证据展示，但不能以证据展示取代庭审举证和质证；可以整理事实和证据争点，是为了突出庭审重点，确保庭审质效，不能弱化和取代庭审调查、辩论等。

——戴长林、鹿素勋：《人民法院办理刑事案件庭前会议规程（试行）理解与适用》，载《人民法院报》2018 年 1 月 31 日。

1642. 庭前会议的适用范围

关键词

庭前会议

最高人民法院司法政策精神

第一条　人民法院适用普通程序审理刑事案件，对于证据材料较多、案情疑难复杂、社会影响重大或者控辩双方对事实证据存在较大争议等情形的，可以决定在开庭审理前召开庭前会议。

控辩双方可以申请人民法院召开庭前会议。申请召开庭前会议的，应当说明需要处理的事项。人民法院经审查认为有必要的，应当决定召开庭前会议；决定不召开庭前会议的，应当告知申请人。

被告人及其辩护人在开庭审理前申请排除非法证据，并依照法律规定提供相关线索或者材料的，人民法院应当召开庭前会议。

第十条　庭前会议中，主持人可以就下列事项向控辩双方了解情况，听取意见：

（一）是否对案件管辖有异议；

（二）是否申请有关人员回避；

（三）是否申请不公开审理；

（四）是否申请排除非法证据；

（五）是否申请提供新的证据材料；

（六）是否申请重新鉴定或者勘验；

（七）是否申请调取在侦查、审查起诉期间公安机关、人民检察院收集但未随案移送的证明被告人无罪或者罪轻的证据材料；

（八）是否申请向证人或有关单位、个人收集、调取证据材料；

（九）是否申请证人、鉴定人、侦查人员、有专门知识的人出庭，是否对出庭人员名单有异议；

（十）与审判相关的其他问题。

对于前款规定中可能导致庭审中断的事项，人民法院应当依法作出处理，在开庭审理前告知处理决定，并说明理由。控辩双方没有新的理由，在庭审中再次提出有关申请或者异议的，法庭应当依法予以驳回。

——《人民法院办理刑事案件庭前会议规程（试行）》（2017 年 11 月 27 日，法发〔2017〕31 号）。

附录：理解与适用

1. 证据材料较多，案情疑难复杂的案件。如：涉及多个罪名、多起事实或者多名被告人的黑社会性质组织犯罪案件、经济犯罪案件等，庭审的事实、证据调查工作量较大，有必要召开庭前会议整理事实、证据争点。通过庭前会议有效区分存在争议和无争议的事实、证据，能够确保庭审更具针对性，大幅度提高庭审效率。

2. 社会影响重大，舆论广泛关注的案件。一些案件事实并不复杂，当事人争议也不大，但案件本身由于当事人身份、案件后果等因素引起社会普遍关注。此类案件通常需要制定周密的庭审预案，因此有必要召开庭前会议就相关问题听取相关当事人等的意见，确保庭审顺利进行，在确保程序公正的同时充分发挥庭审的法制宣传教育功能。

3. 控辩双方对事实证据存在较大争议的案件。此类案件召开庭前会议，一方面可以听取控辩双方对事实证据的意见，整理案件争议焦点，另一方面控辩双方经过庭前会议初次交锋，互相明了对方观点，也能在庭前会议后为庭审辩论做好充分准备，实现控辩双方平等、有效对抗，有利于提高庭审质量。

4. 当事人提出的申请或者异议可能导致庭审中断的案件。《人民法院办理刑事案件庭前会议规程（试行）》列举了对案件管辖提出异议，申请有关人员回避等可能导致庭审中断的情形。如果控辩双方对上述事项存在较大争议并提出异议，人民法院可召开庭前会议，在庭前妥善解决争议，避免庭审被迫中断。

——戴长林、鹿素勋：《人民法院办理刑事案件庭前会议规程（试行）理解与适用》，载《人民法院报》2018 年 1 月 31 日。

1643. 庭前会议对证据收集合法性争议的处理

关键词

庭前会议　证据收集合法性

最高人民法院司法政策精神

第十二条　在庭前会议中，人民法院对证据收集的合法性进行审查的，一般按照以下步骤进行：

（一）被告人及其辩护人说明排除非法证据的申请及相关线索或者材料；

（二）公诉人提供证明证据收集合法性的证据材料；

（三）控辩双方对证据收集的合法性发表意见；

（四）控辩双方对证据收集的合法性未达成一致意见的，审判人员归纳争议焦点。

第十三条　在庭前会议中，人民检察院应当通过出示有关证据材料等方式，有针对性地对证据收集的合法性作出说明。人民法院可以对有关材料进行核实，经控辩双方申请，可以有针对性地播放讯问录音录像。

第十四条　在庭前会议中，人民检察院可以撤回有关证据。撤回的证据，没有新的理由，不得在庭审中出示。

被告人及其辩护人可以撤回排除非法证据的申请。撤回申请后，没有新的线索或者材料，不得再次对有关证据提出排除申请。

第十五条　控辩双方在庭前会议中对证据收集的合法性达成一致意见的，法庭应当在庭审中向控辩双方核实并当庭予以确认。对于一方在庭审中反悔的，除有正当理由外，法庭一般不再进行审查。

控辩双方在庭前会议中对证据收集的合法性未达成一致意见，人民法院应当在庭审中进行调查，但公诉人提供的相关证据材料确实、充分，能够排除非法取证情形，且没有新的线索或者材料表明可能存在非法取证的，庭审调查举证、质证可以简化。

——《人民法院办理刑事案件庭前会议规程（试行）》（2017年11月27日，法发〔2017〕31号）。

附录：最高人民法院主流观点

1. 庭前全面阅卷。为全面掌握案件情况，确保法庭集中审理，承办法官在开庭审理前应当阅卷，并对证据收集的合法性进行审查：（1）被告人在侦查、审查起诉阶段是否提出排除非法证据申请；提出申请的，是否提供相关线索或者材料。（2）侦查机关、人民检察院是否对证据收集的合法性进行调查核实；调查核实的，是否作出调查结论。（3）对于重大案件，人民检察院驻看守所检察人员在侦查终结前是否核查讯问的合法性，是否对核查过程同步录音录像；进行核查的，是否作出核查结论。（4）对于人民检察院在审查逮捕、审查起诉阶段排除的非法证据，是否随案移送并写明为依法排除的非法证据。对证据收集的合法性进行审查后，人民法院认为需要补充证据材料的，应当通知人民检察院在三日内补送。

2. 权利告知。人民法院向被告人及其辩护人送达起诉书副本时，应当告知其有权在开庭审理前申请排除非法证据并同时提供相关线索或者材料。上述情况应当记录在案。在开庭审理前告知被告人有权申请排除非法证据，可以有效防止被告人到庭审阶段才提出相关申请，保证庭审的集中性和有序性。同时，为确保被告方有效取得相关线索或者材料，依法申请排除非法证据，被告人申请排除非法证据，但没有辩护人的，人民法院应当通知法律援助机构指派律师为其提供辩护。

3. 关于申请的提出及对申请的审查。为防止被告人滥用申请权，避免造成司法资源的浪费，《人民法院办理刑事案件排除非法证据规程（试行）》（以下简称《非法证据排除规程》）对被告人提出申请的条件、形式及时限等问题进行了规范。

（1）申请的条件。被告人及其辩护人申请排除非法证据，应当提供相关线索或者材料。“线索”是指内容具体、指向明确的涉嫌非法取证的人员、时间、地点、方式等；“材料”是指能够反映非法取证的伤情照片、体检记录、医院病历、讯问笔录、讯问录音录像或者同监室人员的证言等。如果被告人仅仅泛泛地辩称自己遭到刑讯逼供，而提不出任何涉嫌对其刑讯的人员、时间、地点、方式等细节信息，就未能完成初步的举证责任。（2）申请的形式。被告人及其辩护人申请排除非法证据，应当向人民法院提交书面申请。被告人书写确有困难的，可以口头提出申请，但应当记录在案，并由被告人签名或者捺印。（3）申请的时限。被告人及其辩护人申请排除非法证据，应当在开庭审理前提出，但在庭审期间发现相关线索或者材料等情形除外。

根据司法实际，人民法院受理被告人的申请后，对申请的审查及处理方式可分为以下三种情形：（1）被告人及其辩护人申请排除非法证据，并提供相关线索或者材料的，人民法院应当召开庭前会议，并在召开庭前会议三日前将申请书和相关线索或者材料的复制件送交人民检察院。（2）被告人及其辩护人申请排除非法证据，未提供相关线索或者材料的，人民法院应当告知其补充提交。被告人及其辩护人未能补充的，人民法院对申请不予受理，并在开庭审理前告知被告人及其辩护人。（3）对于可能判处无期徒刑、死刑或者黑社会性质组织犯罪、严重毒品犯罪等重大案件，被告人在驻看守所检察人员对讯问的合法性进行核查询问时，明确表示侦查阶段没有刑讯逼供等非法取证情形，在审判阶段又提出排除非法证据申请的，应当说明理由，人民法院经审查对证据收集的合法性没有疑问的，可以驳回申请；驻看守所检察人员在重大案件侦查终结前未对讯问的合法性进行核查询问，或者未对核查询问过程全程同步录音录像，被告人及其辩护人在审判阶段提出排除非法证据申请，提供相关线索或者材料，人民法院对证据收集的合法性有疑问的，应当依法进行调查。

4. 庭前会议中证据的出示方式。为充分发挥庭前会议程序在解决证据收集合法性争议方面的预期功能，需要促使控辩双方就争议问题充分交换意见，积极进行协商。关于在庭前会议中能否播放讯问录音录像和通知相关人员到会的问题，在起草过程中形成三种意见：一种意见认为，在庭前会议中能否播放录音录像或者通知相关人员到会，情况比较复杂，可交由审判人员根据案件情况作出判断，不宜具体规定；一种意见认为，为了避免庭前会议取代法庭审理的质疑，应当明确禁止在庭前会议中播放录音录像或者通知相关人员到会，待庭审一并解决；第三种意见认为，录音录像与讯问笔录等书面材料性质相同，对于有讯问录音录像的案件，在庭前会议中播放录音录像有助于尽早解决证据合法性争议，确保法庭集中审理。根据试点工作和征求意见情况，我们同意第三种意见，即：人民法院可以对有关材料进行核实，经控辩双方申请，可以有针对性地播放讯问录音录像。

5. 庭前会议对证据收集合法性争议的处理方式。立足司法实际，《非法证据排除规程》将庭前会议对证据收集合法性的处理方式概括为四种情形：（1）在庭前会议中，人民检察院可以撤回有关证据。撤回的证据，没有新的理由，不得在庭审中出示。（2）被告人及其辩护人可以撤回排除非法证据的申请；撤回申请后，没有新的线索或者材料，不得再次对有关证据提出排除申请。（3）控辩双方在庭前会议中对证据收集的合法性达成一致意见的，法庭应当在庭审中向控辩双方核实并当庭予以确认。对于一方在庭审中反悔的，除有正当理由外，法庭一般不再进行审查。（4）对于控辩双方在庭前会议中对证据收集是否合法未达成一致意见的情形，《最高人民法院、最高人民检察院、公安部、国家安全部、司法部关于办理刑事案件严格排除非法证据若干问题的规定》（以下简称《严格排除非法证据规定》）第26条规定，人民法院对证据收集的合法性有疑问的，应当在庭审中进行调查；人民法院对证据合法性没有疑问，且没有新的线索或材料表明可能存在非法取证的，可以决定不再进行调查。但有意见认为，该规定容易引起以庭前会议取代法庭调查的质疑。根据司法实际和试点工作情况，《非法证据排除规程》规定："控辩双方在庭前会议中对证据收集的合法性未达成一致意见，人民法院应当在庭审中进行调查，但公诉人提供的相关证据材料确实、充分，能够排除非法取证情形，且没有新的线索或者材料表明可能存在非法取证的，庭审调查举证、质证可以简化。”这一规定对《严格排除非法证据规定》予以细化和完善，实现了庭前会议和法庭调查的衔接，既是对庭前会议功能和效力的肯定，也可以避免庭前会议处理结果面临不必要的争议，与《严格排除非法证据规定》在本质上是一致的。

——戴长林、朱晶晶:《人民法院办理刑事案件排除非法证据规程（试行）理解与适用（上）》，载《人民法院报》2018 年 1 月 24 日。

1644. 庭前会议的效力以及与庭审的衔接方式

关键词

庭前会议

最高人民法院司法政策精神

第十条 庭前会议中，主持人可以就下列事项向控辩双方了解情况，听取意见：

（一）是否对案件管辖有异议；

（二）是否申请有关人员回避；

（三）是否申请不公开审理；

（四）是否申请排除非法证据；

（五）是否申请提供新的证据材料；

（六）是否申请重新鉴定或者勘验；

（七）是否申请调取在侦查、审查起诉期间公安机关、人民检察院收集但未随案移送的证明被告人无罪或者罪轻的证据材料；

（八）是否申请向证人或有关单位、个人收集、调取证据材料；

（九）是否申请证人、鉴定人、侦查人员、有专门知识的人出庭，是否对出庭人员名单有异议；

（十）与审判相关的其他问题。

对于前款规定中可能导致庭审中断的事项，人民法院应当依法作出处理，在开庭审理前告知处理决定，并说明理由。控辩双方没有新的理由，在庭审中再次提出有关申请或者异议的，法庭应当依法予以驳回。

第二十条 人民法院可以在庭前会议中归纳控辩双方的争议焦点。对控辩双方没有争议或者达成一致意见的事项，可以在庭审中简化审理。

人民法院可以组织控辩双方协商确定庭审的举证顺序、方式等事项，明确法庭调查的方式和重点。协商不成的事项，由人民法院确定。

第二十五条　宣布庭前会议报告后，对于庭前会议中达成一致意见的事项，法庭向控辩双方核实后当庭予以确认；对于未达成一致意见的事项，法庭可以归纳控辩双方争议焦点，听取控辩双方意见，依法作出处理。

控辩双方在庭前会议中就有关事项达成一致意见，在庭审中反悔的，除有正当理由外，法庭一般不再进行处理。

——《人民法院办理刑事案件庭前会议规程（试行）》（2017年11月27日，法发〔2017〕31号）。

附录：理解与适用

1.人民法院在庭前会议可以决定的事项。对可能导致庭审中断的程序性事项，例如申请回避、提出管辖权异议、对出庭证人名单提出异议等，人民法院可以在庭前会议中作出处理决定，在开庭审理前告知处理决定，并说明理由。控辩双方没有新的理由，在庭审中再次提出有关申请或者异议的，法庭应当依法予以驳回。

2.控辩双方可以在庭前会议中对相关问题进行协商并作出合意决定。在庭前会议中，控辩双方不仅可以向审判人员反映情况，发表意见，而且可以积极地协商解决相应的争议问题。如，对于被告人及其辩护人提出的非法证据排除申请，人民法院不能在庭前会议中作出决定，但控辩双方可以对此交换意见，经过控辩双方出示证据、进行协商，可以作出合意决定，被告人及其辩护人可以选择撤回申请，公诉人也可以选择不将该证据作为指控犯罪的根据。同时，控辩双方可以协商决定事实证据争点，明确有争议的证据和没有争议的证据，进而确定庭审调查的重点。

3.庭前会议处理结果的拘束力。《人民法院办理刑事案件庭前会议规程（试行）》规定，要通过在庭审中宣读庭前会议报告，确定庭前会议处理事项的拘束力。首先，对于庭前会议处理的可能导致庭审中断的程序性事项，控辩双方没有新的理由，在庭审中再次提出有关申请或者异议的，法庭应当依法予以驳回。其次，对于庭前会议中达成一致意见的事项，法庭向控辩双方核实后当庭予以确认。控辩双方在庭前会议中就有关事项达成一致意见，又在庭审中反悔的，除有正当理由外，法庭一般不再对有关事项进行处理。第三，对于未达成一致意见的事项，法庭可以归纳控辩双方争议焦点，听取控辩双方意见，并依法作出处理。

——戴长林、鹿素勋：《人民法院办理刑事案件庭前会议规程（试行）理解与适用》，载《人民法院报》2018年1月31日。

1645. 对于经庭前会议展示双方没有异议的证据，是否还需进行庭审举证、质证等法庭调查程序

关键词

庭前会议　示证　法庭调查

《刑事审判参考》指导案例

王伟男诈骗案（《刑事审判参考》指导案例第1422号）

裁判要点：人民法院在庭前会议组织展示证据，不得以此替代正式的庭审证据；未经当庭出示、辨认、质证等法庭调查程序查证属实，不得作为定案的根据。

对于经庭前会议展示双方没有异议的证据，是否还需进行庭审举证、质证等法庭调查程序？二审法院在审理过程中有两种不同意见：第一种意见认为，被告人在庭前会议上已经对这部分证据进行了辨认，被告人及辩护人均表示没有异议，而且被告人对诈骗的犯罪事实没有异议，上诉也只是认为原判认定的部分诈骗数额不对，对原审法院部分证据未经法庭举证、质证也未提出异议，原审法院虽然在法庭审理的程序上存在瑕疵，但没有违反法律规定的诉讼程序，也未剥夺或限制被告人的诉讼权利，应在查清被告人上诉所提有异议的诈骗数额后，依法判处。第二种意见认为，原审法院对部分证据不经法庭调查，只通过庭前会议就予以采信并作为定案的依据，违反了法律规定的诉讼程序，应发回重审。我们同意第二种意见，主要理由如下。

人民法院在庭前会议中可以依法处理可能导致庭审中断的程序性事项，组织展示证据，归纳控辩双方争议的焦点，但不得以此替代正式的庭审

庭前会议解决的是程序性问题和保障当事人的诉讼权利，庭前会议不是法定必备程序，根据需要而确定，因此庭前会议应定位于庭前准备程序，不能因为召开了庭前会议而弱化庭审，更不能取代庭审。

需要注意的是，庭前会议是组织控辩双方展示证据，而不是出示证据。展示的意思是把证据展现出来，告诉对方在庭审中我方要出示哪些证据；出示的意思是把证据拿出来给对方看，是征求对方意见。

本案中，原审法院混淆了两者的概念，在庭前会议中以出示证据代替了展示证据，不符合《人民法院办理刑事案件庭前会议规程（试行）》（以下简称《庭前会议规程》）的相关规定。对于庭前会议控辩双方展示证据的目的以

及展示证据后的处理，《庭前会议规程》第十九条第二款明确规定："对于控辩双方在庭前会议中没有争议的证据材料，庭审时举证、质证可以简化。"如前所述，庭前会议不能取代庭审，召开庭前会议的目的是保障庭审的顺利进行，对控辩双方没有争议的证据材料，在庭审时举证、质证可以简化，但是不能不举证、质证。本案中，原审法院在庭前会议出示证据，因控辩双方没有争议，就决定该证据不在庭审中举证、质证，混淆了庭前会议和庭审的区别，违反了法律规定。

（二）证据未经当庭出示、辨认、质证等法庭调查程序查证属实，不得作为定案的根据

按照证据裁判原则，认定案件事实，必须以证据为根据。证据是刑事诉讼的核心和基础，脱离了证据这一基础，最终认定的所谓"事实"只能是无源之水、无本之木。但是，证据最终要作为定案的根据还必须要经过庭审的举证、质证，由法官审查判断控辩双方提供的证据的合法性、真实性、关联性，这是必需的法定诉讼程序，也是以庭审为中心的根本要求。证据未经质证不得认证，这是证据裁判原则在刑事诉讼中的具体落实，更是司法人员在实践当中必须遵守的原则。特别是近年来，随着以审判为中心的刑事诉讼制度改革全面推进，这一原则对于实现庭审实质化，对于确保案件质量，对于保障司法公正更是起到了积极的促进作用。同时，已经出台的一系列法律法规和政策文件也都对这一原则进行了重申和更加详细的规定，如《中央政法委关于切实防止冤假错案的规定》第六条规定："坚持证据裁判原则。……证据未经当庭出示、辨认、质证等法庭调查程序查证属实的，不得作为定案的根据。"《最高人民法院、最高人民检察院、公安部、国家安全部、司法部关于推进以审判为中心的刑事诉讼制度改革的意见》第十一条规定："规范法庭调查程序，确保诉讼证据出示在法庭、案件事实查明在法庭。证明被告人有罪或者无罪、罪轻或者罪重的证据，都应当在法庭上出示，依法保障控辩双方的质证权利。对定罪量刑的证据，控辩双方存在争议的，应当单独质证……"另外，最高人民法院制定的《关于推进以审判为中心的刑事诉讼制度改革的实施意见》《人民法院办理刑事案件第一审普通程序法庭调查规程（试行）》亦明确规定，控辩双方的证据必须在法庭上出示、接受质证，否则不得作为定案的根据。本案中，一审法院第一次审理时没有在庭审中举证、质证，将在庭前会议中出示的证据作为定案的根据，不符合刑事诉讼的证据裁判原则，违反了相关法律规定，应依法予以纠正。

最高人民法院制定的"三项规程"，对于充分发挥审判特别是庭审在刑事诉讼中的决定性作用，对于构建更加精密化、规范化、实质化的刑事审判制度有着重要的意义，是我们在刑事审判实践中必须遵守的规定。诚然，在实施"三项规程"过程中，可能还需要通过实践来进一步完善，在试行期间，

各级人民法院和广大刑事审判人员可以在规定的框架内进行一些符合法律规定的、适当的创新和探索，但是对于证据裁判、未经质证不得认证、不得以庭前会议取代庭审这些基本的原则和规定，坚决不能违反和突破，否则会造成严重的程序违法，甚至极有可能导致错案发生。因此，我们在刑事审判实践中，要认真贯彻落实刑事诉讼的各项基本原则，严格遵守法律法规的规定，确保案件的审判质量，保证公正司法，从而实现良好的政治效果、法律效果和社会效果。

——魏保国撰稿、周川审编：《王伟男诈骗案——庭前会议的示证不能代替庭审的举证、质证和认证》，载最高人民法院刑事审判第一、二、三、四、五庭编：《刑事审判参考》（总第128辑），人民法院出版社2021年版，第54~58页。

1646. 涉众型案件被害人参与诉讼的方式

关键词

被害人参与诉讼　被害人代表人参与诉讼

最高人民法院司法政策精神

第九条　申请参加庭审的被害人众多，且案件不属于附带民事诉讼范围的，被害人可以推选若干代表人参加或者旁听庭审，人民法院也可以指定若干代表人。

对被告人讯问、发问完毕后，其他证据出示前，在审判长主持下，参加庭审的被害人可以就起诉书指控的犯罪事实作出陈述。经审判长准许，控辩双方可以在被害人陈述后向被害人发问。

——《人民法院办理刑事案件第一审普通程序法庭调查规程（试行）》（2017年11月27日，法发〔2017〕31号）。

附录：理解与适用

有的案件，特别是非法集资等涉众型案件，被害人数量众多，分散各地，要处理好被害人合法权益保护和庭审顺利进行的关系问题。现阶段，基于一些地方的实践探索，可以考虑建立被害人代表人参与诉讼制度。具体言之，申请参加庭审的被害人众多，且案件不属于附带民事诉讼范围的，被害人可以推选若干代表人参加或者旁听庭审，人民法院也可以指定若干代表人。

对于被害人参与庭审的案件，为避免其他证据影响被害人的陈述内容，有必要注意被害人当庭陈述的时间节点。实践中，可以考虑让被害人先行向法庭提供证据。对被告人发问完毕后，其他证据出示前，在审判长主持下，参加庭审的被害人可以就起诉书指控的犯罪事实作出陈述。经审判长准许，控辩双方可以在被害人陈述后向被害人发问。

——戴长林、刘静坤：《人民法院办理刑事案件第一审普通程序法庭调查规程（试行）理解与适用》，载《人民法院报》2018年1月17日。

1647. 审理期间被告人患精神病的处理

关键词

被告人　精神病人

附录：司法信箱

问题：本院受理被告人荣某盗窃案。荣某作案时是正常人，且无精神病个人史和家族史。但关押一段时间后就装疯扮傻，表现为时哭时笑，自言自语，玩弄大便等，致使法庭审理无法进行。为此法院将其送省精神病院作司法精神病鉴定，结论为其有受审能力。当继续开庭时，荣某仍装疯扮傻，拒不回答审判人员的提问。请问，对此可否凭起诉书指控的事实、证据及荣某原供述追究其刑事责任？

《人民司法》研究组认为：对于被告人在法院依法审理案件期间显露精神病病态，致使法庭审理无法进行的，人民法院应当视具体情况裁定中止审理，并应根据《刑事诉讼法》第120条的规定，将被告人交由省级人民政府指定的医院对其进行精神病医学鉴定。如果经法定程序鉴定认定被告人具有刑事责任能力，人民法院应当恢复对案件的审理。在恢复审理以后，人民法院可以根据起诉和在法庭上认定的证据，依法作出判决。

——《人民司法》1997年11期（总第406期）。

问题：刘某在任某市土特产公司的经理期间，为替丈夫还赌债，共贪污公款9万元。此事被上级审计部门发现，在领导找其谈话时，刘某主动向检察机关交代了所有的犯罪行为，但是在审理期间，由于思想压力过大导致精神分裂，致使案件无法继续审理。请问，刘某治愈后是否负刑事责任，是否受追诉期限的限制？

《人民司法》研究组认为：根据《最高人民法院关于执行〈中华人民共和国刑事诉讼法〉若干问题的解释》第181条的规定："在审判过程中，自诉人或者被告人患精神病或者其他严惩疾病，以及案件起诉到人民法院后被告人脱逃，致使案件在较长时间内无法继续审理的，人民法院应当裁定中止审理。

中止审理的原因消失后，应当恢复审理。中止审理的期间不计入审理期限。”本案被告人刘某在审判期间，由于思想压力过大而导致精神分裂，人民法院应当裁定中止审理。如果刘某治愈，应当恢复审理。刘某实施犯罪行为时并无精神疾病，故其仍应负刑事责任。对于刘某的犯罪行为，司法机关已经进行追诉，故对刘某治愈后的恢复审理，不受追诉时效的限制。

——《人民司法》2004 年第 10 期（总第 489 期）。

附录：《刑事审判参考》编辑部答疑

问题：我们在开庭审理一抢劫案件过程中，发现被告人精神不正常，经鉴定，被告人属于无刑事责任能力的精神病患者。对此，能否依照《最高人民法院关于执行〈中华人民共和国刑事诉讼法〉若干问题的解释》第 176 条第（7）项的规定，判决宣告被告人不负刑事责任？

《刑事审判参考》编辑部认为：根据《刑法》第 18 条的规定，精神病人是否需要承担刑事责任，应当取决于其在实施危害社会的行为时是否具有刑事责任能力。因此，在审理期间发现被告人属于无刑事责任能力的精神病患者的，首先应当根据《刑事诉讼法》第 120 条第 2 款的规定，对被告人在实施危害社会的行为时是否有刑事责任能力进行精神病的医学鉴定，然后根据不同情况分别处理：

一、经鉴定，被告人作案时有刑事责任能力，只是在审理期间精神病发作而暂时无诉讼能力的，依照《最高人民法院关于执行〈中华人民共和国刑事诉讼法〉若干问题的解释》第 181 条第 1 款的规定，应当裁定中止审理，待其康复后恢复审理。

二、经鉴定，被告人作案时有刑事责任能力，但在审理期间精神病发作，终身不能恢复而丧失诉讼能力的，参照《最高人民法院关于执行〈中华人民共和国刑事诉讼法〉若干问题的解释》第 176 条第（9）项的规定，可以裁定终止审理。但根据已查明的案件事实和认定的证据材料，能够确认被告人无罪的，应当判决宣告被告人无罪。

三、经鉴定，被告人作案时不能辨认或者不能控制自己的行为，属于无刑事责任能力的，依照《最高人民法院关于执行〈中华人民共和国刑事诉讼法〉若干问题的解释》第 176 条第（7）项的规定，应当判决宣告被告人不负刑事责任。

——最高人民法院刑事审判第一、二、三、四、五庭主办：《刑事审判参考》2006 年第 3 集（总第 50 集），法律出版社 2006 年版，第 144~145 页。

1648. 关于对被告人讯问、发问的时间

关键词

被告人讯问、发问

最高人民法院司法解释

第二百四十二条　在审判长主持下，公诉人可以就起诉书指控的犯罪事实讯问被告人。

经审判长准许，被害人及其法定代理人、诉讼代理人可以就公诉人讯问的犯罪事实补充发问；附带民事诉讼原告人及其法定代理人、诉讼代理人可以就附带民事部分的事实向被告人发问；被告人的法定代理人、辩护人，附带民事诉讼被告人及其法定代理人、诉讼代理人可以在控诉方、附带民事诉讼原告方就某一问题讯问、发问完毕后向被告人发问。

根据案件情况，就证据问题对被告人的讯问、发问可以在举证、质证环节进行。

——《最高人民法院关于适用〈中华人民共和国刑事诉讼法〉的解释》（2021年1月26日，法释〔2021〕1号）。

附录：最高人民法院主流观点

《最高人民法院关于适用〈中华人民共和国刑事诉讼法〉的解释》（法释〔2021〕1号）第二百四十二条第三款规定："根据案件情况，就证据问题对被告人的讯问、发问可以在举证、质证环节进行。"主要考虑是：《法庭调查规程》第七条第二款规定："在审判长主持下，公诉人可以就起诉书指控的犯罪事实讯问被告人，为防止庭审过分迟延，就证据问题向被告人的讯问可在举证、质证环节进行……"经研究认为，这一规定具有合理性。在证据较多、案情较为复杂的案件中，公诉人在讯问环节涉及大量与证据有关的细节问题，会影响庭审节奏，且公诉人讯问与相关证据之间的关联性也难以体现，其讯问的针对性不强，故吸收《法庭调查规程》的相关规定。同时，考虑到不仅公诉人的讯问涉及这一问题，其他诉讼参与人的发问也如此。故单列为第三款，作出统一规定。

征求意见过程中，有意见提出，对于限制行为能力的成年人参加庭审时，应当参照未成年人的规定，要求法定代理人或者合适成年人到场。经研究认为，对于上述问题刑事诉讼法未作明确规定，但基于权利保障的考虑，人民法院在具体案件中可以裁量处理。

——《刑事诉讼法解释》起草小组：《〈最高人民法院关于适用《中华人民共和国刑事诉讼法》的解释〉理解与适用》，载最高人民法院刑事审判第一、二、三、四、五庭编：《刑事审判参考》（总第126辑），人民法院出版社2021年版，第156~157页。

1649. 关于人民法院就新的事实和补查补证通知人民检察院的问题

关键词

补查补证

最高人民法院司法解释

第二百九十七条 审判期间，人民法院发现新的事实，可能影响定罪量刑的，或者需要补查补证的，应当通知人民检察院，由其决定是否补充、变更、追加起诉或者补充侦查。

人民检察院不同意或者在指定时间内未回复书面意见的，人民法院应当就起诉指控的事实，依照本解释第二百九十五条的规定作出判决、裁定。

——《最高人民法院关于适用〈中华人民共和国刑事诉讼法〉的解释》（2021年1月26日，法释〔2021〕1号）。

附录：最高人民法院主流观点

《最高人民法院关于适用〈中华人民共和国刑事诉讼法〉的解释》（法释〔2021〕1号，以下简称《刑事诉讼法解释》）第二百九十七条规定："审判期间，人民法院发现新的事实，可能影响定罪量刑的，或者需要补查补证的，应当通知人民检察院，由其决定是否补充、变更、追加起诉或者补充侦查。""人民检察院不同意或者在指定时间内未回复书面意见的，人民法院应当就起诉指控的事实，依照本解释第二百九十五条的规定作出判决、裁定。"需要注意的是：

（1）征求意见过程中，有意见提出，实践中，人民法院往往会要求人民检察院补充、补强证据材料，但现行司法解释对于合议庭发现案件需要补充侦查的，没有相关依据启动补充侦查程序，有必要对合议庭的补充侦查建议权予以明确。对此予以明确后，也可解决控辩双方对于在审判阶段由侦查机关补充调取的证据材料的来源合法性争议。经研究认为，上述问题在司法实践中客观存在，人民法院在审理案件过程中出现不少情形下需要人民检察院补查补证甚至补充侦查。基于此，《刑事诉讼法解释》第二百九十七条第一款就人民法院发现需要补查补证情形的处理作了相应规定。需要注意的是，根据以审判为中心的刑事诉讼制度改革的要求，法院应当坚持裁判中立原则，不能成为控诉方，故而本条第一款只是规定“通知人民检察院，由其决定是否补充、变更、追加起诉或者补充侦查”，即强调人民法院要依据在案证据依法裁判，确保司法公正和中立。

（2）从司法实践来看，极个别案件中，人民检察院对人民法院补充或者变更起诉的建议长时间不予回复，久拖不决。《最高人民法院、最高人民检察院、公安部、国家安全部、司法部、全国人大常委会法制工作委员会关于实施刑事诉讼法若干问题的规定》第三十条专门规定：“人民法院审理公诉案件，发现有新的事实，可能影响定罪的，人民检察院可以要求补充起诉或者变更起诉，人民法院可以建议人民检察院补充起诉或者变更起诉。人民法院建议人民检察院补充起诉或者变更起诉的，人民检察院应当在七日以内回复意见。”从司法实践来看，人民检察院通常无法在七日以内作出是否补充或者变更起诉的决定，往往需要通过补充侦查后才能作出相应决定。而且，补充起诉或变更起诉，相当于一次全新起诉，需要重新组织开庭。因此，此种情形下，人民法院宜协调人民检察院作出建议补充侦查的回复，从而在案件重新移送人民法院后重新计算审理期限，有效避免此种情况下案件审理期限不够的问题。当然，根据《刑事诉讼法解释》第二百九十七条第二款的规定，人民检察院不同意或者在指定时间内未回复书面意见的，人民法院应当就起诉指控的事实，依照《刑事诉讼法解释》第二百九十五条的规定作出判决、裁定。

——《刑事诉讼法解释》起草小组：《〈最高人民法院关于适用《中华人民共和国刑事诉讼法》的解释〉理解与适用》，载最高人民法院刑事审判第一、二、三、四、五庭编：《刑事审判参考》（总第126辑），人民法院出版社2021年版，第164~165页。

1650. 证人出庭作证制度的细化与保障

关键词

证人出庭作证制度

最高人民法院司法解释

第二百五十三条 证人具有下列情形之一，无法出庭作证的，人民法院可以准许其不出庭：

（一）庭审期间身患严重疾病或者行动极为不便的；

（二）居所远离开庭地点且交通极为不便的；

（三）身处国外短期无法回国的；

（四）有其他客观原因，确实无法出庭的。

具有前款规定情形的，可以通过视频等方式作证。

第二百五十四条 证人出庭作证所支出的交通、住宿、就餐等费用，人民法院应当给予补助。

第二百五十五条 强制证人出庭的，应当由院长签发强制证人出庭令，由法警执行。必要时，可以商请公安机关协助。

第二百五十六条 证人、鉴定人、被害人因出庭作证，本人或者其近亲属的人身安全面临危险的，人民法院应当采取不公开其真实姓名、住址和工作单位等个人信息，或者不暴露其外貌、真实声音等保护措施。辩护律师经法庭许可，查阅对证人、鉴定人、被害人使用化名情况的，应当签署保密承诺书。

审判期间，证人、鉴定人、被害人提出保护请求的，人民法院应当立即审查；认为确有保护必要的，应当及时决定采取相应保护措施。必要时，可以商请公安机关协助。

第二百五十七条 决定对出庭作证的证人、鉴定人、被害人采取不公开个人信息的保护措施的，审判人员应当在开庭前核实其身份，对证人、鉴定人如实作证的保证书不得公开，在判决书、裁定书等法律文书中可以使用化名等代替其个人信息。

——《最高人民法院关于适用〈中华人民共和国刑事诉讼法〉的解释》（2021 年 1 月 26 日，法释〔2021〕1 号）。

1651. 出庭作证的具体流程

关键词

出庭作证

最高人民法院司法政策精神

第十八条 证人、鉴定人出庭，法庭应当当庭核实其身份、与当事人以及本案的关系，审查证人、鉴定人的作证能力、专业资质，并告知其有关作证的权利义务和法律责任。

证人、鉴定人作证前，应当保证向法庭如实提供证言、说明鉴定意见，并在保证书上签名。

第十九条 证人出庭后，先向法庭陈述证言，然后先由举证方发问；发问完毕后，对方也可以发问。根据案件审理需要，也可以先由申请方发问。

控辩双方向证人发问完毕后，可以发表本方对证人证言的质证意见。控辩双方如有新的问题，经审判长准许，可以再行向证人发问。

审判人员认为必要时，可以询问证人。法庭依职权通知证人出庭的情形，审判人员应当主导对证人的询问。经审判长准许，被告人可以向证人发问。

第二十条　向证人发问应当遵循以下规则：

（一）发问内容应当与案件事实有关；

（二）不得采用诱导方式发问；

（三）不得威胁或者误导证人；

（四）不得损害证人人格尊严；

（五）不得泄露证人个人隐私。

第二十一条　控辩一方发问方式不当或者内容与案件事实无关，违反有关发问规则的，对方可以提出异议。对方当庭提出异议的，发问方应当说明发问理由，审判长判明情况予以支持或者驳回；对方未当庭提出异议的，审判长也可以根据情况予以制止。

第二十二条　审判长认为证人当庭陈述的内容与案件事实无关或者明显重复的，可以进行必要的提示。

第二十三条　有多名证人出庭作证的案件，向证人发问应当分别进行。

多名证人出庭作证的，应当在法庭指定的地点等候，不得谈论案情，必要时可以采取隔离等候措施。证人出庭作证后，审判长应当通知法警引导其退庭。证人不得旁听对案件的审理。

被害人没有列为当事人参加法庭审理，仅出庭陈述案件事实的，参照适用前款规定。

第二十四条　证人证言之间存在实质性差异的，法庭可以传唤有关证人到庭对质。

审判长可以分别询问证人，就证言的实质性差异进行调查核实。经审判长准许，控辩双方可以向证人发问。审判长认为有必要的，可以准许证人之间相互发问。

第二十五条　证人出庭作证的，其庭前证言一般不再出示、宣读，但下列情形除外：

（一）证人出庭作证时遗忘或者遗漏庭前证言的关键内容，需要向证人作出必要提示的；

（二）证人的当庭证言与庭前证言存在矛盾，需要证人作出合理解释的。

为核实证据来源、证据真实性等问题，或者帮助证人回忆，经审判长准许，控辩双方可以在询问证人时向其出示物证、书证等证据。

第二十六条　控辩双方可以申请法庭通知有专门知识的人出庭，协助本方就鉴定意见进行质证。有专门知识的人可以与鉴定人同时出庭，在鉴定人作证后向鉴定人发问，并对案件中的专门性问题提出意见。

申请有专门知识的人出庭，应当提供人员名单，并不得超过二人。有多种类鉴定意见的，可以相应增加人数。

第二十七条 对被害人、鉴定人、侦查人员、有专门知识的人的发问，参照适用证人的有关规定。

同一鉴定意见由多名鉴定人作出，有关鉴定人以及对该鉴定意见进行质证的有专门知识的人，可以同时出庭，不受分别发问规则的限制。

——《人民法院办理刑事案件第一审普通程序法庭调查规程（试行）》（2017年11月27日，法发〔2017〕31号）。

附录：理解与适用

一是到庭核实程序。证人、鉴定人出庭，法庭应当当庭核实其身份、与当事人以及本案的关系，审查证人、鉴定人的作证能力、专业资质，并告知其有关作证的权利义务和法律责任。其中，对证人应当重点审查作证能力，对鉴定人应当重点审查专业资质。证人、鉴定人作证前，应当保证向法庭如实提供证言、说明鉴定意见，并在保证书上签名。

二是发问程序。向证人发问，实际上就是对证人证言的举证、质证过程。证人出庭后，先向法庭陈述其所感知的案件事实，然后一般先由举证方发问；发问完毕后，对方也可以发问。控辩一方申请证人出庭的情形，也可以先由申请方发问。这种以举证方先发问为原则、申请方先发问为补充的发问模式，既能与庭审司法证明的过程契合，也有助于确保证人全面客观地陈述案件事实。

向证人发问，应当以归纳争议、充分质证、解决争议为宗旨。控辩双方发问完毕后，可以发表本方对证人证言的质证意见，避免对证人证言质证过于延迟以及无法得到有效回应等问题。控辩双方如有新的问题，经审判长准许，可以再行发问。审判人员认为必要时，可以询问证人。法庭依职权通知证人出庭的情形，审判人员应当主导对证人的询问。经审判长准许，被告人可以向证人发问。

三是发问原则。向证人发问，发问内容应当与案件事实有关，不得采用诱导方式发问，不得威胁或者误导证人，不得损害证人人格尊严，不得泄露证人个人隐私。一些实行交叉询问制度的国家，并不禁止在反询问环节提出诱导性问题，鉴于我国尚未确立类似的交叉询问机制，司法实践中缺乏必要经验，故暂未作出类似规定。为规范向证人发问的程序，法庭应当有效发挥主导作用。控辩一方发问方式不当或者内容与案件事实无关，违反有关发问规则的，对方可以提出异议。对方当庭提出异议的，发问方应当说明发问理由，审判长判明情况予以支持或者驳回；对方未当庭提出异议的，审判长也可以根据情况予以制止。审判长认为证人当庭陈述的内容与案件事实无关或者明显重复的，可以进行必要的提示。

四是发问方式。为避免证人之间互相影响，对于有多名证人出庭作证的案件，向证人发问应当分别进行。证人出庭作证前，应当在法庭指定的地点等候，不得谈论案情，必要时可以采取隔离等候措施。证人出庭作证后，审判长应当通知法警引导其退庭。证人不得旁听对案件的审理。鉴于被害人与证人的身份具有共同点，又有内在的差异，被害人出庭作证的程序应当与证人有所区别。被害人不参加法庭审理，仅出庭陈述案件事实的，参照适用证人的有关规定；被害人出庭陈述案件事实后旁听庭审的，应当在证人出庭作证前陈述案件事实。

五是对质程序。参照被告人对质程序，审判长可以分别询问证人，就证言的实质性差异进行调查核实。经审判长准许，控辩双方可以向证人发问。在此基础上，审判长认为有必要的，可以准许证人之间相互发问。

六是庭前证言的出示。基于直接言词原则的要求，证人出庭作证的，其庭前证言一般不再出示、宣读，但以下情形除外：证人出庭作证时遗忘或者遗漏庭前证言的关键内容，需要向证人作出必要提示的；证人的当庭证言与庭前证言存在矛盾，需要证人作出合理解释的。在这两种情况下，出示庭前证言是提示证人、核实证言的必然要求。同时，为核实证据来源、证据真实性等问题，或者帮助证人回忆，经审判长准许，控辩双方可以在询问证人时向其出示物证、书证等证据。

七是有专门知识的人出庭。控辩双方可以申请法庭通知有专门知识的人出庭，协助本方就鉴定意见进行质证。有专门知识的人可以与鉴定人同时出庭，在鉴定人作证后向鉴定人发问，并对案件中的专门性问题提出意见。申请有专门知识的人出庭，应当提供人员名单，并不得超过二人。有多种类鉴定意见的，可以相应增加人数。同一鉴定意见涉及多名鉴定人的情形，有关鉴定人，以及对该鉴定意见进行质证的有专门知识的人，可以同时出庭，不受分别发问规则的限制。

——戴长林、刘静坤：《人民法院办理刑事案件第一审普通程序法庭调查规程（试行）理解与适用》，载《人民法院报》2018年1月17日。

1652. 各类证据的举证方式

关键词

证据　举证方式

最高人民法院司法政策精神

第三十二条　物证、书证、视听资料、电子数据等证据，应当出示原物、原件。取得原物、原件确有困难的，可以出示照片、录像、副本、复制件等足以反映原物、原件外形和特征以及真实内容的材料，并说明理由。

对于鉴定意见和勘验、检查、辨认、侦查实验等笔录，应当出示原件。

第三十三条　控辩双方出示证据，应当重点围绕与案件事实相关的内容或者控辩双方存在争议的内容进行。

出示证据时，可以借助多媒体设备等方式出示、播放或者演示证据内容。

第三十四条　控辩双方对证人证言、被害人陈述、鉴定意见无异议，有关人员不需要出庭的，或者有关人员因客观原因无法出庭且无法通过视频等方式作证的，可以出示、宣读庭前收集的书面证据材料或者作证过程录音录像。

被告人当庭供述与庭前供述的实质性内容一致的，可以不再出示庭前供述；当庭供述与庭前供述存在实质性差异的，可以出示、宣读庭前供述中存在实质性差异的内容。

第三十五条　采用技术侦查措施收集的证据，应当当庭出示。当庭出示、辨认、质证可能危及有关人员的人身安全，或者可能产生其他严重后果的，应当采取不暴露有关人员身份、不公开技术侦查措施和方法等保护措施。

法庭决定在庭外对技术侦查证据进行核实的，可以召集公诉人和辩护律师到场。在场人员应当履行保密义务。

——《人民法院办理刑事案件第一审普通程序法庭调查规程（试行）》（2017 年 11 月 27 日，法发〔2017〕31 号）。

附录：理解与适用

一是最佳证据规则的要求。对于物证、书证、视听资料、电子数据等证据应当出示原物、原件。取得原物、原件确有困难的，可以出示照片、录像、副本、复制件等足以反映原物、原件外形和特征以及真实内容的材料，并说明理由。对于鉴定意见和勘验、检查、辨认、侦查实验等笔录，应当出示原件。

二是注意举证与证明的关联。为确保举证和证明具有针对性，控辩双方出示证据，应当重点围绕与案件事实相关内容或者控辩双方存在争议的内容进行。出示证据时，可以借助多媒体设备等方式出示、播放或者演示证据内容。

三是书面言词证据举证的特殊要求。控辩双方对证人证言、被害人陈述、鉴定意见无异议，上述人员不需要出庭的，以及上述人员因客观原因无法出庭且无法通过视频等方式作证的，可以出示、宣读庭前收集的书面证据材料或者庭前制作的作证过程录音录像。被告人当庭供述与庭前供述的实质性内容一致的，可以不再出示庭前供述；当庭供述与庭前供述存在实质性差异的，可以出示、宣读庭前供述中存在实质性差异的内容。

四是技术侦查证据的举证要求。基于未经质证不得认证的基本原则，采用技术侦查措施收集的证据，应当当庭出示。当庭出示、辨认、质证可能危及有关人员的人身安全，或者可能产生其他严重后果的，应当采取不暴露有关人员身份、不公开技术侦查措施和方法等保护措施。为规范庭外核实程序，使之成为庭审证据调查的规范延伸，法庭决定在庭外对技术侦查证据进行核实的，可以召集公诉人和辩护律师到场。在场人员应当履行保密义务。

——戴长林、刘静坤：《人民法院办理刑事案件第一审普通程序法庭调查规程（试行）理解与适用》，载《人民法院报》2018 年 1 月 17 日。

1653. 人民法院作出与指控的罪名不一致的有罪判决的，应当设法保障被告方的辩护权

关键词

指控罪名　辩护权

最高人民法院司法解释

第二百九十五条　对第一审公诉案件，人民法院审理后，应当按照下列情形分别作出判决、裁定：

（一）起诉指控的事实清楚，证据确实、充分，依据法律认定指控被告人的罪名成立的，应当作出有罪判决；

（二）起诉指控的事实清楚，证据确实、充分，但指控的罪名不当的，应当依据法律和审理认定的事实作出有罪判决；

（三）案件事实清楚，证据确实、充分，依据法律认定被告人无罪的，应当判决宣告被告人无罪；

（四）证据不足，不能认定被告人有罪的，应当以证据不足、指控的犯罪不能成立，判决宣告被告人无罪；

（五）案件部分事实清楚，证据确实、充分的，应当作出有罪或者无罪的判决；对事实不清、证据不足部分，不予认定；

（六）被告人因未达到刑事责任年龄，不予刑事处罚的，应当判决宣告被告人不负刑事责任；

（七）被告人是精神病人，在不能辨认或者不能控制自己行为时造成危害

结果，不予刑事处罚的，应当判决宣告被告人不负刑事责任；被告人符合强制医疗条件的，应当依照本解释第二十六章的规定进行审理并作出判决；

（八）犯罪已过追诉时效期限且不是必须追诉，或者经特赦令免除刑罚的，应当裁定终止审理；

（九）属于告诉才处理的案件，应当裁定终止审理，并告知被害人有权提起自诉；

（十）被告人死亡的，应当裁定终止审理；但有证据证明被告人无罪，经缺席审理确认无罪的，应当判决宣告被告人无罪。

对涉案财物，人民法院应当根据审理查明的情况，依照本解释第十八章的规定作出处理。

具有第一款第二项规定情形的，人民法院应当在判决前听取控辩双方的意见，保障被告人、辩护人充分行使辩护权。必要时，可以再次开庭，组织控辩双方围绕被告人的行为构成何罪及如何量刑进行辩论。

——《最高人民法院关于适用〈中华人民共和国刑事诉讼法〉的解释》（2021年1月26日，法释〔2021〕1号）。

附录：最高人民法院主流观点

需要特别注意的是判决认定罪名与指控罪名不一致的问题。判决是人民法院依据审理查明的案件事实，依法对案件作出的实体认定，认定的主体是人民法院，因此，判决认定的罪名不受起诉指控罪名的限制，如指控的罪名是故意杀人，人民法院经审理查明被告人并不具有故意杀人的故意，而是持有故意伤害的故意，依法认定被告人构成故意伤害罪。故而，人民法院通过审理认定的罪名与指控的罪名不一致的，应当按照审理认定的罪名作出有罪判决。需要注意的是，由于法庭审理是围绕指控的罪名进行，特别是控辩双方主要围绕指控的罪名能否成立开展辩论，因此，人民法院作出与指控的罪名不一致的有罪判决的，应当设法保障被告方的辩护权。基于这一考虑，《最高人民法院关于适用〈中华人民共和国刑事诉讼法〉的解释》第二百四十一条[①]第二款专门规定："具有前款第二项规定情形的，人民法院应当在判决前听取控辩双方的意见，保障被告人、辩护人充分行使辩护权。必要时，可以重新开庭，组织控辩双方围绕被告人的行为构成何罪进行辩论。"审判实践中，人民法院拟根据审判认定的罪名作出有罪判决前，应当采取多种方式就变更罪名问题听取控辩双方的意见，既可以召集控辩双方在庭外共同听取意见，也可以在庭外分别听取控辩双方的意见。根据案件的具体情况，在案件

① 本条现为《最高人民法院关于适用〈中华人民共和国刑事诉讼法〉的解释》（法释〔2021〕21号）第二百九十五条。

社会影响较大、拟认定的罪名重于指控罪名等必要时，可以重新开庭，组织控辩双方围绕罪名确定问题进行辩论。

——杨万明主编：《新刑事诉讼法司法适用解答》，人民法院出版社 2018 年版，第 206 页。

1654. 法庭辩论中的量刑程序

关键词

法庭辩论　量刑程序

最高人民法院司法解释

第二百八十二条　人民检察院可以提出量刑建议并说明理由；建议判处管制、宣告缓刑的，一般应当附有调查评估报告，或者附有委托调查函。

当事人及其辩护人、诉讼代理人可以对量刑提出意见并说明理由。

第二百八十三条　对被告人认罪的案件，法庭辩论时，应当指引控辩双方主要围绕量刑和其他有争议的问题进行。

对被告人不认罪或者辩护人作无罪辩护的案件，法庭辩论时，可以指引控辩双方先辩论定罪问题，后辩论量刑和其他问题。

——《最高人民法院关于适用〈中华人民共和国刑事诉讼法〉的解释》（2021 年 1 月 26 日，法释〔2021〕1 号）。

附录：最高人民法院主流观点

根据刑事诉讼法及《最高人民法院关于适用〈中华人民共和国刑事诉讼法〉的解释》的相关规定，把握法庭辩论中的量刑程序应当注意以下问题：

1. 量刑建议与量刑意见。《最高人民法院关于适用〈中华人民共和国刑事诉讼法〉的解释》第二百三十条[①]对量刑建议和量刑意见作出规定，明确："人民检察院可以提出量刑建议并说明理由，量刑建议一般应当具有一定的幅度。当事人及其辩护人、诉讼代理人可以对量刑提出意见并说明理由。"

人民检察院可以提出量刑建议。人民检察院是公诉机关，依法行使公诉权，人民检察院依法提起公诉，意味着对被告人的行为应当追究刑事责任，而刑事责任的追究自然包括认定罪名和科处刑罚。可见，量刑建议应当是提起公诉的重要内容，也是充分发挥其公诉职责的必备环节，而量刑建议权是

---

① 本条现为《最高人民法院关于适用〈中华人民共和国刑事诉讼法〉的解释》（法释〔2021〕1 号）第二百八十二条。

公诉权的重要组成部分。因此，人民检察院在提起公诉时，可以就案件的刑罚裁量问题提出建议。需要注意的是，量刑建议一般应当具有一定的幅度。人民检察院提出量刑建议，一般应当制作量刑建议书，与起诉书一并移送人民法院；根据案件的具体情况，人民检察院也可以在公诉意见书中提出量刑建议。量刑建议书中一般应当载明人民检察院建议对被告人处以刑罚的种类、刑罚幅度、刑罚执行方式及其理由和依据。换言之，人民检察院在提起量刑建议时不宜采用建议法院对被告人“从轻”“减轻”或者“免除”处罚这种模糊的表述方式，而是一般应当提出相对明确的建议，写明建议对被告人处以刑罚的种类、刑罚幅度、刑罚执行方式，并说明理由和依据。

根据刑事诉讼法第一百零八条的规定，刑事诉讼中的当事人包括被害人、自诉人、犯罪嫌疑人、被告人、附带民事诉讼的原告人和被告人。当事人是刑事诉讼程序的主体，享有一系列诉讼权利，自然包括参与法庭审理程序中的量刑程序并发表意见的权利。让当事人参与量刑调查和辩论，了解量刑程序的情况，并发表量刑意见，切实保障了当事人在刑事诉讼中的主体地位，是司法民主的重要体现。同时，也有利于查明与量刑有关的事实、证据，促进量刑过程的公开、透明，规范刑罚裁量权的行使。因此，在诉讼过程中，当事人和辩护人、诉讼代理人可以提出量刑意见，并说明理由。人民法院应当采取切实有效的措施，保障当事人和辩护人、诉讼代理人参与与量刑有关的事实、证据的调查，在量刑辩论环节在审判长的主持下就量刑发表意见，并知悉量刑的结果和理由。

需要注意的是，量刑建议与量刑裁量是不同的概念，量刑裁量是专属于人民法院的司法权力，无论是检察机关的量刑建议，还是当事人和辩护人、诉讼代理人的量刑意见，对于人民法院都不具有强制约束力，只具有参考价值。因此，人民法院应当以法律为依据，在查明的量刑事实的前提下，充分考虑公诉人、当事人和辩护人、诉讼代理人发表的量刑建议、意见，独立作出刑罚裁量。

2. 法庭辩论中的量刑程序。在法庭辩论程序中围绕与量刑有关的事实、证据进行辩论。2012 年刑事诉讼法修改时，不仅将量刑调查纳入了法庭调查程序，也将与量刑有关的事实、证据的辩论纳入了法庭辩论程序。因此，法庭辩论不仅要围绕与被告人是否构成犯罪进行辩论，也应当围绕被告人罪重、罪轻的事实进行辩论，并且要保证量刑辩论的相对独立性。

在法庭辩论过程中进行量刑辩论要注意如下问题：（1）根据《最高人民法院关于适用〈中华人民共和国刑事诉讼法〉的解释》第二百三十一条[①]的

① 本条现为《最高人民法院关于适用〈中华人民共和国刑事诉讼法〉的解释》（法释〔2021〕21 号）第二百八十三条。

规定，应当区分情况处理：对被告人认罪的案件，法庭辩论时，可以引导控辩双方主要围绕量刑和其他有争议的问题进行。对被告人不认罪或者辩护人作无罪辩护的案件，法庭辩论时，可以引导控辩双方先辩论定罪问题，后辩论量刑问题。（2）量刑辩论活动应当在审判长的主持下，按照下列顺序进行：①公诉人、自诉人及其诉讼代理人发表量刑建议或意见。公诉人代表人民检察院，在总结法庭调查的与定罪量刑有关的事实、证据的基础上，根据法律，集中阐释人民检察院对被告人的量刑建议，即建议对被告人处以刑罚的种类、刑罚幅度、刑罚执行方式，并说明理由和依据。在自诉案件中，自诉人及其代理人也可以就对被告人处以刑罚的种类、刑罚幅度、刑罚执行方式表达意见，并说明理由和根据。②被害人（或者附带民事诉讼原告人）及其诉讼代理人发表量刑意见。被害人是刑事诉讼的当事人和犯罪行为直接侵害的对象，保障其参与量刑辩论的权利，是被害人作为刑事诉讼程序主体应有的权利，具有重要意义。因此，被害人及其诉讼代理人可以就对被告人科处刑罚的种类、刑罚幅度、刑罚执行方式等问题发表意见，并说明理由和根据。而且，在被害人已经死亡的情况下，附带民事诉讼原告人参与庭审时，也可以就与量刑有关的问题发表意见。③被告人及其辩护人进行答辩并发表量刑意见。作为被告人，量刑问题是继定罪问题之后其最为关心的问题之一。无论是对人民法院的量刑过程，还是量刑结果，被告人都予以关注。因此，被告人及其辩护人在量刑辩论环节也应进行答辩并发表量刑意见。尤其是辩护人，应当以法庭调查的事实为基础，综合全案情况，依据相关法律规定，从维护被告人权益的角度出发，阐明对被告人应当适用的刑罚的种类、刑罚幅度、刑罚执行方式，说明被告人应当罪轻、从轻、减轻、免除处罚的情况，并对说明相关理由和根据。

——杨万明主编：《新刑事诉讼法司法适用解答》，人民法院出版社 2018 年版，第 202~204 页。

1655. 量刑事实的法庭调查

关键词

法庭调查　量刑事实

最高人民法院司法政策精神

第四十二条　法庭除应当审查被告人是否具有法定量刑情节外，还应当根据案件情况审查以下影响量刑的情节：

（一）案件起因；

（二）被害人有无过错及过错程度，是否对矛盾激化负有责任及责任大小；

（三）被告人的近亲属是否协助抓获被告人；

（四）被告人平时表现，有无悔罪态度；

（五）退赃、退赔及赔偿情况；

（六）被告人是否取得被害人或者其近亲属谅解；

（七）影响量刑的其他情节。

第四十三条 审判期间，被告人及其辩护人提出有自首、坦白、立功等法定量刑情节，或者人民法院发现被告人可能有上述法定量刑情节，而人民检察院移送的案卷中没有相关证据材料的，应当通知人民检察院移送。

审判期间，被告人及其辩护人提出新的立功情节，并提供相关线索或者材料的，人民法院可以建议人民检察院补充侦查。

第四十四条 被告人当庭不认罪或者辩护人作无罪辩护的，法庭对定罪事实进行调查后，可以对与量刑有关的事实、证据进行调查。被告人及其辩护人可以当庭发表质证意见，出示证明被告人罪轻或者无罪的证据。被告人及其辩护人参加量刑事实、证据的调查，不影响无罪辩解或者辩护。

——《人民法院办理刑事案件第一审普通程序法庭调查规程（试行）》（2017 年 11 月 27 日，法发〔2017〕31 号）。

附录：理解与适用

根据量刑规范化改革的要求，为确保量刑公正，在法庭调查环节要专门对量刑事实证据进行调查。法庭除应当审查被告人是否具有法定量刑情节外，还应当根据案件情况审查案件起因、被害人有无过错及过错程度等影响量刑的情节。

审判期间，被告人提出有自首、坦白、立功等法庭量刑情节，或者人民法院发现被告人可能有自首、坦白、立功等法定量刑情节，而人民检察院移送的案卷中没有相关证据材料的，应当通知人民检察院移送。类似地，被告人提出新的立功情节，并提供相关线索或者材料的，人民法院可以建议人民检察院补充侦查。

被告人当庭不认罪或者辩护人作无罪辩护的，法庭对与量刑有关的事实、证据进行调查时，被告人及其辩护人可以当庭发表质证意见，出示证明被告人罪轻的证据。一些案件中，被告方始终坚持无罪辩护，不愿参加量刑事实的法庭调查，为切实维护被告方的量刑辩护权，必要时，审判长可以告知被告人及其辩护人，参加量刑事实、证据的调查并不影响无罪辩护，消除被告方参加量刑事实调查的顾虑。

——戴长林、刘静坤：《人民法院办理刑事案件第一审普通程序法庭调查规程（试行）理解与适用》，载《人民法院报》2018年1月17日。

1656. 关于建立相对独立的量刑程序

关键词

相对独立的量刑程序

最高人民法院司法解释

第二百七十六条　法庭审理过程中，对与量刑有关的事实、证据，应当进行调查。

人民法院除应当审查被告人是否具有法定量刑情节外，还应当根据案件情况审查以下影响量刑的情节：

（一）案件起因；

（二）被害人有无过错及过错程度，是否对矛盾激化负有责任及责任大小；

（三）被告人的近亲属是否协助抓获被告人；

（四）被告人平时表现，有无悔罪态度；

（五）退赃、退赔及赔偿情况；

（六）被告人是否取得被害人或者其近亲属谅解；

（七）影响量刑的其他情节。

第二百七十七条　审判期间，合议庭发现被告人可能有自首、坦白、立功等法定量刑情节，而人民检察院移送的案卷中没有相关证据材料的，应当通知人民检察院在指定时间内移送。

审判期间，被告人提出新的立功线索的，人民法院可以建议人民检察院补充侦查。

第二百七十八条　对被告人认罪的案件，在确认被告人了解起诉书指控的犯罪事实和罪名，自愿认罪且知悉认罪的法律后果后，法庭调查可以主要围绕量刑和其他有争议的问题进行。

对被告人不认罪或者辩护人作无罪辩护的案件，法庭调查应当在查明定罪事实的基础上，查明有关量刑事实。

第二百八十条　合议庭认为案件事实已经调查清楚的，应当由审判长宣布法庭调查结束，开始就定罪、量刑、涉案财物处理的事实、证据、适用法律等问题进行法庭辩论。

第二百八十一条　法庭辩论应当在审判长的主持下，按照下列顺序进行：

（一）公诉人发言；

（二）被害人及其诉讼代理人发言；

（三）被告人自行辩护；

（四）辩护人辩护；

（五）控辩双方进行辩论。

第二百八十二条 人民检察院可以提出量刑建议并说明理由；建议判处管制、宣告缓刑的，一般应当附有调查评估报告，或者附有委托调查函。

当事人及其辩护人、诉讼代理人可以对量刑提出意见并说明理由。

第二百八十三条 对被告人认罪的案件，法庭辩论时，应当指引控辩双方主要围绕量刑和其他有争议的问题进行。

对被告人不认罪或者辩护人作无罪辩护的案件，法庭辩论时，可以指引控辩双方先辩论定罪问题，后辩论量刑和其他问题。

第二百八十四条 附带民事部分的辩论应当在刑事部分的辩论结束后进行，先由附带民事诉讼原告人及其诉讼代理人发言，后由附带民事诉讼被告人及其诉讼代理人答辩。

第二百八十五条 法庭辩论过程中，审判长应当充分听取控辩双方的意见，对控辩双方与案件无关、重复或者指责对方的发言应当提醒、制止。

第二百八十六条 法庭辩论过程中，合议庭发现与定罪、量刑有关的新的事实，有必要调查的，审判长可以宣布恢复法庭调查，在对新的事实调查后，继续法庭辩论。

第二百八十七条 审判长宣布法庭辩论终结后，合议庭应当保证被告人充分行使最后陈述的权利。

被告人在最后陈述中多次重复自己的意见的，法庭可以制止；陈述内容蔑视法庭、公诉人，损害他人及社会公共利益，或者与本案无关的，应当制止。

在公开审理的案件中，被告人最后陈述的内容涉及国家秘密、个人隐私或者商业秘密的，应当制止。

第二百八十八条 被告人在最后陈述中提出新的事实、证据，合议庭认为可能影响正确裁判的，应当恢复法庭调查；被告人提出新的辩解理由，合议庭认为可能影响正确裁判的，应当恢复法庭辩论。

——《最高人民法院关于适用〈中华人民共和国刑事诉讼法〉的解释》（2021年1月26日，法释〔2021〕1号）。

附录：理解与适用

进一步推进量刑规范化工作。量刑规范化是贯彻落实科学发展观，满足人民群众对刑事审判工作新要求、新期待的具体措施；是实现量刑公正，维护社会公平正义的必然要求；是规范自由裁量权，确保国家法律统一实施的重要保证；是实现审判公开，树立司法公信力和司法权威的重大举措。量刑规范化是中央确定的重要司法改革项目，也是人民法院“三五”改革纲要的重要内容。最高人民法院决定，从2009年6月1日起，在全国法院开展量刑规范化试点工作。各级人民法院正在严格贯彻落实中央司法改革部署和人民法院“三

五”改革纲要精神，积极稳妥地推进量刑规范工作。贯彻宽严相济刑事政策与推进量刑规范化在本质上是一致的。从价值取向上看，宽严相济刑事政策是通过强调不同情况区别对待来实现司法公正；量刑规范化是通过强调相同情况相同对待来实现司法公正。二者是一个问题的两个侧面，其实是一体的。从具体要求上看，宽严相济刑事政策要求宽严有据，罚当其罪；量刑规范化也要求规范法官的自由裁量权，防止重罪轻判，轻罪重判，维护法制统一。我们传统的量刑制度比较粗放，法定刑幅度较大，不利于把握宽和严的标准，也不利于实现宽以济严和严以济宽。通过量刑规范化改革，法官的量刑越来越精细，何为宽、何为严也就愈加明确，宽严相济也就可以得到更好的落实。《意见》发布后，社会上有群众担心，《意见》的精神能否在实践中得到正确适用？特别是个别法官是否会故意歪曲《意见》的精神，滥用手中的裁判权以权谋私？这种担心是可以理解的，但我们有一系列的制度保障。目前，正在全国各地法院试点的量刑规范化工作，正是为了更好地落实宽严相济刑事政策而实行的一项制度。《意见》第35条对量刑规范化工作提出了明确的政策性指导意见，强调要注意总结审判经验，积极稳妥地推进量刑规范化工作。要规范法官的自由裁量权，逐步把量刑纳入法庭审理程序，增强量刑的公开性和透明度，充分实现量刑的公正和均衡，不断提高审理刑事案件的质量和效率。这有助于确保量刑规范化工作积极、稳妥、顺利地开展。

——高贵君、李睿懿、毛宜全、侯宏林：《〈关于贯彻宽严相济刑事政策的若干意见〉的理解与适用》，载《人民司法》2010年第7期（总第594期）。

1657. 对推卸责任型翻供进行审查判断的思路

关键词

推卸责任型翻供　辩解　承揽责任

《刑事审判参考》指导案例

卞修柱抢劫案（《刑事审判参考》指导案例第498号）

裁判要点：在司法实践中，被告人翻供通常分为承揽责任和推

卸责任两种类型，多数翻供属于推卸责任型翻供，即将犯罪或罪重的责任推卸到他人身上，推卸责任型翻供有多种情形，审理时应根据被告人推卸责任的对象不同对案件进行审查判断。

从被告人翻供的目的和内容看，可将翻供分为承揽责任和推卸责任两种类型。实践中，承揽责任型翻供客观存在，如共同犯罪中的未成年被告人获悉自己不会被判处死刑后把主要责任揽到自己身上，但此种翻供较为少见，多数翻供属于推卸责任型翻供，即将犯罪或罪重的责任推卸到他人身上。根据被告人推卸责任的对象不同，推卸责任型翻供有多种情形：单纯否认犯罪是自己所为；将责任推卸到难以查证的他人身上；将责任推卸到在逃的共同犯罪人身上；将责任推卸到与案件有关联的人（如被害人、证人）身上等。大体上，被告人翻供的内容越具体，细节越多，且能够自圆其说，越能得到其他证据的印证，就越能引起司法人员对原来认定事实的合理怀疑，建立起对被告人有利的内心确信。所以，推卸责任型翻供的具体情形不同，在审查判断案件中所引起的法律效果也有很大不同，具体分述如下：

1. 对于被告人到案前期作过有罪供述，后期单纯否认有罪，或者辩称自己与他人共同作案且责任较小，但不能提供他人任何具体情况的，这种翻供因“空口无凭”，没有任何证据支持，不足以引起司法人员对被告人翻供理由和内容的信任，故一般不会对已经认定的犯罪事实产生影响，翻供内容不会被采信，此行为可以反映出被告人的“认罪态度不好”。

2. 对于被告人将主要责任推卸到某个具体的“他人”身上，能够提供“他人”的部分自然情况，但不足以确定此人是否存在，或者经查确有此人存在，但因其不在户籍地或者常住地而无法找到的，被告人的翻供会具有不同程度的可信度。在被告人能够叙述案件细节，“他人”参与作案与在案证据并无明显矛盾时，司法人员对被告人的犯罪事实容易产生一定疑问，在判决时会对被告人作出一定有利认定。

3. 对于被告人将主要责任推卸到在逃的共同犯罪人身上，而在案证据表明案件确属共同犯罪，且有部分犯罪嫌疑人未归案，现有证据又不足以否定其翻供内容的，一般应当作出有利于被告人的判决，尤其是故意杀人、抢劫致人死亡等命案，判决时应当留有余地。

4. 对于被告人翻供将主要责任推卸到被害人、证人等与案件有密切联系的人身上时，其可信程度根据案件类型和具体情况而不同。被告人将责任推卸到被害人身上，通常是称被害人对案发有过错，或者系被害人在搏斗中自伤等。由于没有目击证人，被害人是否有过错或者自伤，仅有被告人翻供后的供述，这时要看被告人翻供理由是否成立，是否符合情理，翻供内容能否自圆其说，是否能得到伤情或者死因鉴定结论的支持，是否与其他证据相契合。一般而言，被告人到案后始终供认被害人有过错或者自伤的，比被告人到案的后期翻供称被害人有过错或者自伤的，要更为可信。

被告人翻供将主要责任推卸到证人身上，常见于有特情介入的毒品犯罪案件中，被告人主要是称受到特情人员的犯意引诱或者数量引诱，从而达到减轻罪责的目的。在其他刑事案件中被告人也可能翻供将责任推卸到证人身上，被告人或者称被害方的某一证人系案件的惹起者，以证明被害方有过错，或者称某一证人系教唆者、指使者甚至作案人。对于前者，要查明该证人与被害人之间的具体关系，确定证人的行为是否足以转移到被害人身上，成为影响对被告人定罪量刑的"被害人过错"。对于后者，因该证人存在着向犯罪人转化的可能，故要按照有罪判决的要求来审查判断证据，如没有确实充分的证据证明该证人系被告人所称的教唆者、指使者或者参与者的，则被告人的翻供内容不成立。即使根据实践经验认为被告人的翻供内容有一定可信度，在没有确实充分证据的条件下，也不能使该证人向犯罪人的角色转化。

——王勇、方文军:《卞修柱抢劫案——对推卸责任型翻供如何进行审查判断》，载最高人民法院刑事审判第一、二、三、四、五庭主办:《刑事审判参考》2008 年第 4 集（总第 63 集），法律出版社 2008 年版，第 26~28 页。

徐科故意杀人案（《刑事审判参考》指导案例第 729 号）

裁判要点：被告人在庭前认罪后又翻供或者提出辩解的情形在审判实践中较常见，对此需要认真审查被告人的翻供理由或辩解，并结合其他证据判断其翻供理由或辩解是否成立。对于被告人称其因遭到刑讯逼供而作出庭前认罪供述的情况，还要审查其供述是否属于非法证据。在被告人的翻供理由或者辩解不成立的情况下，则要审查被告人的庭前认罪供述与其他证据能否相互印证并形成完整的证据体系。

翻供与辩解既有区别又有联系。翻供通常是指被告人在庭前认罪后又否认自己的庭前认罪供述（即否定自己的犯罪行为），这种否认既包括对认罪供述证据资格的否认，如主张其庭前（主要是指侦查阶段）认罪供述系刑讯逼供所得；也包括对其庭前认罪供述证明力的否认，如主张其庭前认罪供述并不真实。而辩解则通常是指被告人对其行为性质或者罪责大小所提出的意见，如主张公诉机关指控的犯罪事实并不存在，或者主张其行为是正当防卫，或者提出自己具有自首、立功等从轻、减轻甚至免除处罚情节。被告人在庭前认罪后提出的无罪辩解可以被视为翻供而罪轻辩解则一般不被视为翻供。如果被告人始终未曾认罪，则不存在翻供的问题，但被告人仍然可能会提出无罪甚至罪轻的辩解。由于被告人供述具有虚假性和反复性，如果片面相信被告人的认罪供述，忽视其他在案证据和被告人的翻供理由或辩解，极易导致错误定罪。司法实践表明，虚假供述是导致刑事错案的最主要原因之一。为避免因错误采纳被告人的虚假供述而导致错案，刑事诉讼法第四十六条规定："对一起案件的判处都要重证据，重调查研究，不轻信口供。只有被告人供述，没有其他证据的，不能认定被告人有罪和处以刑罚……"不轻信口供，既包括不轻信有罪口供，也包括不轻信翻供口供或辩解。如果轻信被告人的翻供理由或辩解，也很可能会不当地放纵犯罪。因此，司法实践中，应当坚持证实与证伪并重的理念，对被告人认罪供述和翻供理由或辩解的审查判断给予同等重视。《最高人民法院、最高人民检察院、公安部、国家安全部、司法关于办理死刑案件审查判断证据若干问题的规定》（以下简称《办理死刑案件证据规定》）第二十二条确立了被告人翻供后其庭前认罪供述的采信规则。根据该规定，对被告人供述和辩解的审查，应当结合控辩双方提供的所有证据以及被告人本人的全部供述和辩解。被告人庭前供述一致，庭审中翻供，但被告人不能合理说明翻供理由或者其辩解与全案证据相矛盾，而庭前供述与其他证据能够相互印证的，可以采信被告人的庭前供述。司法实践中，被告人在庭前认罪后又翻供或者提出辩解的情形比较常见。对此需要认真审查被告人的翻供理由或辩解，并结合其他证据审断其翻供理由或辩解是否成立。对于被告人称其因遭到刑讯逼供而作出庭前认罪供述的情况，还要审查其供述是否属于非法证据。在被告人的翻供理由或者辩解不成立的情况下，则要审查被告人的庭前认罪供述与其他证据能否相互印证并形成完整的证据体系。

——刘静坤、王英：《徐科故意杀人案——如何审查判断被告人的翻供和辩解及结合被告人的庭前认罪供述认定案件事实》，载最高人民法院刑事审判第一、二、三、四、五庭主办：《刑事审判参考》2011 年第 5 集（总第 82 集），法律出版社 2012 年版，第 40~49 页。

1658. 人民法院可以直接认定被告人的自首或立功情节

关键词

自首　立功

《刑事审判参考》指导案例

梁国雄、周观杰等贩卖毒品案（《刑事审判参考》指导案例第 373 号）

裁判要点：对自首和立功的认定，属于对被告人有利情节的认

定，在侦查机关出具了经查证属实的证明材料后，人民法院可直接自由裁量。

公诉机关在起诉书中没有叙述被告人自首或立功事实，也未认定具有自首或立功情节，但人民法院判决对此均作了认定，这种做法是否符合法律程序，这一直是个存在争议的问题。

立功、自首的存在与否，仍属于量刑情节事实的范畴，而对于量刑情节事实的认定，是否需要经过庭审质证程序？对此，理论上存在争议，实践中全国各地法院的做法也不尽统一。有的人民法院在收到侦查机关出具的经查证属实的证明材料后，再征求公诉机关的意见，然后决定是否予以认定。有的法院则不征求任何单位的意见而直接决定。因自首和立功行为可能发生在一审、二审和复核审等各个审判阶段，特别是立功问题，发生在判决生效后死刑执行前的频率很高，我们认为，量刑情节的事实与定罪事实的证明标准和程序应当是有所不同的，对被告人定罪事实的认定，应贯彻严格证明标准，而对被告人量刑情节事实的认定，可实行优势证明标准。程序上，因对自首和立功的认定，属于对被告人有利情节的认定，为避免诉讼资源的浪费和审限的拖延，在侦查机关出具了经查证属实的证明材料后，人民法院可直接自由裁量。

——薛淑兰、蔡金芳：《梁国雄、周观杰等贩卖毒品案——为贩卖毒品者交接毒品行为的定性及自首、立功的认定问题》，载最高人民法院刑事审判第一庭、第二庭编：《刑事审判参考》2005 年第 6 集（总第 47 集），法律出版社 2006 年版，第 45~46 页。

1659. 指控事实不清、证据不足，应判决宣告被告人无罪

关键词

事实不清　证据不足　无罪判决

《最高人民法院公报》案例

河南省郑州市人民检察院诉黄新故意杀人案（判决时间：2002 年 7 月 30 日，一审法院：郑州市中级人民法院）

裁判要点：公诉机关的指控事实不清、证据不足，应判决宣告被告人无罪。

郑州市中级人民法院认为：公诉机关指控被告人犯罪，必须做到指控的事实清楚，证据确实、充分。在本案中，根据现有证据，起诉书指控被告人黄新杀害刘燕的动机事实不清，证据不足。根据证据显示，凶手杀害刘燕时所使用的手段是用手扼颈、用电源线勒颈并用单刃刺器刺伤左颈部，致刘燕因“机械性窒息合并失血性休克而死亡”，而公诉机关出示的证据，不能证实黄新实施了这一直接、具体的行为杀害了刘燕。起诉书指控黄新犯故意杀人罪的证据，只有关于被害人刘燕死亡时间的鉴定结论这个唯一的间接证据，而刑事技术鉴定书记载的被害人尸斑、角膜、瞳孔等尸体现象，按照法医学文献推定的死亡时间与鉴定书关于刘燕死亡时间的鉴定结论之间存在着明显矛盾，现有证据对此不能予以合理的解释。公诉机关在法庭调查中没有能够对“死者刘燕阴道分泌物中的大量精子出自何人”“刘燕遇害前是否被他人强奸”等重大疑点问题进行说明，现有证据亦不能对此给予合理的解释。这说明，本案的事实并没有调查清楚，公诉机关提供的现有证据，明显不足以证明刘燕确系黄新所杀。由于事实不清，证据不足，郑州市人民检察院指控被告人黄新杀害刘燕不能成立，故不予支持。被告人黄新及其辩护人关于公诉机关的指控事实不清、证据不足的辩解、辩护意见依法得以成立，应予采纳。

——《最高人民法院公报》2003 年第 3 期。

1660. 人身伤害鉴定期间的审限计算

关键词

人身伤害　鉴定期间　审理期限

附录：司法信箱

问题：1996 年《最高人民法院关于执行〈中华人民共和国刑事诉讼法〉若干问题的解释（试行）》第 111 条规定重新鉴定时间不计入审理期限。1998 年《最高人民法院关于执行〈中华人民共和国刑事诉讼法〉若干问题的解释》第 156 条规定同意当事人和辩护人申请重新鉴定的，宣布延期审理 1 个月，延期审理的时间不计入审限。我们在审理付某故意伤害一案中，对该案的医学鉴定结论有疑问，依照 1998 年《解释》第 59 条规定由省级人民政府指定的医院重新鉴定。请问，鉴定期间的审限如何计算？

《人民司法》研究组认为：根据《刑事诉讼法》以及《最高人民法院关于执行〈中华人民共和国刑事诉讼法〉若干问题的解释》和《关于严格执行案件审理期限制度的若干规定》等规定，对被告人做精神病鉴定的期间，当事人、诉讼代理人、辩护人申请重新鉴定法院决定延期审理的期间等期间不计入审理期限。对于人民法院决定进行人身伤害鉴定的期间、法律及司法解释均未规定不计入审理期限或重新计算。因此，人民法院决定进行人身伤害鉴定的期间应当计入审理期限。

——《人民司法》2007年第3期（总第518期）。

1661. 关于上一级法院批准延长审限的规则

关键词

延长审限

最高人民法院司法解释

第二百一十条　对可能判处死刑的案件或者附带民事诉讼的案件，以及有刑事诉讼法第一百五十八条规定情形之一的案件，上一级人民法院可以批准延长审理期限一次，期限为三个月。因特殊情况还需要延长的，应当报请最高人民法院批准。

申请批准延长审理期限的，应当在期限届满十五日以前层报。有权决定的人民法院不同意的，应当在审理期限届满五日以前作出决定。

因特殊情况报请最高人民法院批准延长审理期限，最高人民法院经审查，予以批准的，可以延长审理期限一至三个月。期限届满案件仍然不能审结的，可以再次提出申请。

——《最高人民法院关于适用〈中华人民共和国刑事诉讼法〉的解释》（2021年1月26日，法释〔2021〕1号）。

附录：最高人民法院主流观点

征求意见过程中，有意见提出，关于延长审限问题。2012年《刑事诉讼法》解决了长期困扰刑事审判的审限不够这一“老大难”问题。但在执行过程中，由于《刑事诉讼法》没有明确规定上级法院尤其是高级人民法院审批延长审限的次数，一些地方自行决定高级人民法院可以审批两次，或者在延期审理后又延长审限两次，影响了法律适用的严肃性。基于此，建议对高级人民法院批准延长审限的次数作出明确规定。经研究认为，《刑事诉讼法》第二百零八条第一款明确规定：“人民法院审理公诉案件，应当在受理后二个月以内宣判，至迟不得超过三个月。对于可能判处死刑的案件或者附带民事诉讼的案件，以及有本法第一百五十八条规定情形之一的，经上一级人民法院批准，可以延长三个月；因特殊情况还需要延长的，报请最高人民法院批准。”据此明显可见，高级人民法院只能批准延长一次审限。因此，根据上述意见，《最高人民法院关于适用〈中华人民共和国刑事诉讼法〉的解释》（法释〔2021〕1号）第二百一十条第一款规定："对可能判处死刑的案件或者附带民事诉讼的案件，以及有刑事诉讼法第一百五十八条规定情形之一的案件，上一级人民法院可以批准延长审理期限一次，期限为三个月。因特殊情况还需要延长的，应当报请最高人民法院批准。"

——《刑事诉讼法解释》起草小组：《〈最高人民法院关于适用《中华人民共和国刑事诉讼法》的解释〉理解与适用》，载最高人民法院刑事审判第一、二、三、四、五庭编：《刑事审判参考》（总第126辑），人民法院出版社2021年版，第148页。

1662. 一审法院对事实不清、证据不足发回重审的案件处理

关键词

事实不清　证据不足　发回重审

《刑事审判参考》指导案例

陈某强奸案（《刑事审判参考》指导案例第396号）

裁判要点：对于二审以"事实不清、证据不足"发回重审的案件，在事实、证据没有变化的情况下，一般不能作出与第一次判决相同的判决。

我们认为，我国在审级制度上，实行两审终审。除死刑案件和没有法定减轻处罚情节的法定刑以下量刑案件外，二审法院的裁判是终审裁判，二审以事实不清、证据不足的理由作出的发回重审裁定，也是终审裁定。因此，可以认为，"案件事实不清、证据不足"的结论，也是具有终审效力的结论。一审法院继续以原一审的证据作出相同的事实认定，并作出相同的判决，是对终审效力的不尊重。正确的做法应当是，原审法院应当充分利用发回重审的机会，就原判决存在的问题加以纠正，对事实不清的，通过诉讼程序予以查清；对证据不足的，如果经过审理，没有新的证据，则应当作出证据不足、指控的犯罪不能成立的无罪判决。在事实、证据没有变化的情况下，不应作出与第一次判决相同的判决。

——沈亮、王培中：《陈某强奸案——如何把握强奸案件"证据确实、充分"的证明标准》，载最高人民法院刑事审判第一、二、三、四、五庭主办：《刑事审判参考》2006年第3集（总第50集），法律出版社2006年版，第

23~24 页。

1663. 裁判文书对修正后刑法修正案及条文的表述

关键词

刑法修正案 裁判文书

最高人民法院司法解释

各省、自治区、直辖市高级人民法院，解放军军事法院，新疆维吾尔自治区高级人民法院生产建设兵团分院：

近来，一些法院就在裁判文书中引用修正前后刑法条文如何具体表述问题请示我院。经研究，批复如下：

一、根据案件情况，裁判文书引用 1997 年 3 月 14 日第八届全国人民代表大会第五次会议修订的刑法条文，应当根据具体情况分别表述：

（一）有关刑法条文在修订的刑法施行后未经修正，或者经过修正，但引用的是现行有效条文，表述为“《中华人民共和国刑法》第 ×× 条”。

（二）有关刑法条文经过修正，引用修正前的条文，表述为“1997 年修订的《中华人民共和国刑法》第 ×× 条”。

（三）有关刑法条文经两次以上修正，引用经修正、且为最后一次修正前的条文，表述为“经 ×××× 年《中华人民共和国刑法修正案（×）》修正的《中华人民共和国刑法》第 ×× 条”。

二、根据案件情况，裁判文书引用 1997 年 3 月 14 日第八届全国人民代表大会第五次会议修订前的刑法条文，应当表述为“1979 年《中华人民共和国刑法》第 ×× 条”。

三、根据案件情况，裁判文书引用有关单行刑法条文，应当直接引用相应该条例、补充规定或者决定的具体条款。

四、《最高人民法院关于在裁判文书中如何引用修订前、后刑法名称的通知》（法〔1997〕192 号）、《最高人民法院关于在裁判文书中如何引用刑法修正案的批复》（法释〔2007〕7 号）不再适用。

——《最高人民法院关于在裁判文书中如何表述修正前后刑法条文的批复》（2012 年 5 月 15 日，法释〔2012〕7 号）。

附录：理解与适用

《最高人民法院关于在裁判文书中如何表述修正前后刑法条文的批复》（以下简称《批复》）共 4 个条文，对在裁判文书中引用 1997 年 3 月 14 日八届全国人大五次会议修订前后的刑法条文、单行刑法条文如何具体表述问题作出了明确规定。

（一）引用1997年3月14日八届全国人大五次会议修订的刑法条文的表述问题

《批复》第1条明确了在裁判文书中引用1997年3月14日第八届全国人民代表大会第五次会议修订的刑法条文如何表述的问题。对于此种情形，应当区分三种情况分别表述：

1. 有关刑法条文在1997年10月1日后未经修正，或者经过修正，但引用的是现行有效条文，表述为"《中华人民共和国刑法》第××条"。例如，《刑法》第二百六十三条（抢劫罪）在1997年10月1日后未经修正，故引用该条文的，应当表述为"《中华人民共和国刑法》第二百六十三条"；又如，《刑法》第二百六十四条（盗窃罪）经2011年2月25日刑法修正案（八）修正，如根据案件情况和从旧兼从轻原则，对被告人应适用修正后即现行有效刑法条文的，也应表述为"《中华人民共和国刑法》第二百六十四条"。有关刑法条文在1997年10月1日后如未经修正，引用时应表述为"《中华人民共和国刑法》第××条"，对此不存在认识分歧。但对有关刑法条文在1997年10月1日后经过修正，而引用的是现行有效条文的，应当如何表述，在《批复》起草过程中曾有不同意见。有一种意见认为，为明确起见，此种情形下，应表述为"经××××年《中华人民共和国刑法修正案（×）》修正的《中华人民共和国刑法》第××条"。经研究，没有采纳这一意见，主要是考虑：从便利司法实践出发，对有关刑法条文的表述应尽可能简洁。而绝大多数案件、常态案件无疑是要适用现行有效的刑法条文，因此，如有关条文在1997年10月1日后经过修正，而引用的是现行有效条文的，表述为"《中华人民共和国刑法》第××条"，最为简洁、可取。相反，如规定此种情形下要表述为"经××××年《中华人民共和国刑法修正案（×）》修正的《中华人民共和国刑法》第××条"，在新旧法衔接的短暂过渡期过去后仍一直要沿用这样表述，显然失之繁琐；此外，按此种表述，如引用的是修正前刑法，直接表述为《中华人民共和国刑法》不合适，因易让人误解为是现行刑法；表述为"经《中华人民共和国刑法修正案（×）》修正前的《中华人民共和国刑法》"同样也很繁琐。

2. 有关刑法条文在1997年10月1日后经过修正，引用修正前的条文，表述为"1997年修订的《中华人民共和国刑法》第××条"。例如，《刑法》第六十五条（一般累犯）曾经2011年2月25日刑法修正案（八）修正，如根据案件情况和从旧兼从轻原则，对被告人应适用修正前刑法条文的，则应表述为"1997年修订的《中华人民共和国刑法》第六十五条"。再如，《刑法》第一百九十一条（洗钱罪）曾经2001年12月29日刑法修正案（三）、

2006年6月29日刑法修正案（六）两次修正，如根据案件情况和从旧兼从轻原则，对被告人应适用两次修正前，即1997年修订刑法时规定的第一百九十一条的，也应表述为“1997年修订的《中华人民共和国刑法》第一百九十一条”。

3. 有关刑法条文在1997年10月1日后经两次以上修正，引用经修正且为最后一次修正前的条文，表述为“经××××年《中华人民共和国刑法修正案（×）》修正的《中华人民共和国刑法》第××条”。例如，《刑法》第二百二十五条（非法经营罪）曾经1999年12月25日刑法修正案、2009年2月28日刑法修正案（七）两次修正，如根据案件情况和从旧兼从轻原则，对被告人应适用经1999年刑法修正案修正后的《刑法》第二百二十五条的，则应表述为“经1999年《中华人民共和国刑法修正案》修正的《中华人民共和国刑法》第二百二十五条”。

需要说明的是，截至目前，有关刑法条文在1997年10月1日后经两次以上修正的只有7个条文，因此，按此种方式表述的应该极少。

（二）引用1997年3月14日八届全国人大五次会议修订前刑法条文的表述问题

《批复》第2条明确了在裁判文书中如何表述所引用的1997年3月14日第八届全国人民代表大会第五次会议修订前的刑法条文的问题。《批复》沿用法〔1997〕192号通知的规定，对此种情形应表述为“1979年《中华人民共和国刑法》第××条”。

（三）引用单行刑法条文的表述问题

在1997年3月14日第八届全国人民代表大会第五次会议修订刑法前，单行刑法大量存在，包括条例、补充规定和决定；1997年修订刑法通过后，全国人大常委会也曾制定《关于惩治骗购外汇、逃汇和非法买卖外汇犯罪的决定》等单行刑法。在司法实践中，少数案件存在适用单行刑法的可能。鉴此，《批复》第3条规定，根据案件情况，裁判文书引用有关单行刑法条文，应当直接引用相应该条例、补充规定或者决定的具体条款。

（四）法〔1997〕192号通知、法释〔2007〕7号批复的效力问题

鉴于《批复》已对在裁判文书中如何表述修正前后刑法条文问题作出了新的规定，《批复》第4条明确规定《最高人民法院关于在裁判文书中如何引用修订前、后刑法名称的通知》（法〔1997〕192号）、《最高人民法院关于在裁判文书中如何引用刑法修正案的批复》（法释〔2007〕7号）不再适用。

——胡云腾、周加海、喻海松：《〈关于在裁判文书中如何表述修正前后刑法条文的批复〉的理解与适用》，载《人民司法》2012年第13期（总第648期）。

1664. 死刑限制减刑案件的审理程序

关键词

死刑限制减刑案件

最高人民法院司法解释

第一条 根据刑法第五十条第二款的规定，对被判处死刑缓期执行的累犯以及因故意杀人、强奸、抢劫、绑架、放火、爆炸、投放危险物质或者有组织的暴力性犯罪被判处死刑缓期执行的犯罪分子，人民法院根据犯罪情节、人身危险性等情况，可以在作出裁判的同时决定对其限制减刑。

第七条 人民法院对被判处死刑缓期执行的被告人所作的限制减刑决定，应当在判决书主文部分单独作为一项予以宣告。

第八条 死刑缓期执行限制减刑案件审理程序的其他事项，依照刑事诉讼法和有关司法解释的规定执行。

——《最高人民法院关于死刑缓期执行限制减刑案件审理程序若干问题的规定》(2011年4月25日，法释〔2011〕8号)。

附录：理解与适用

一、《规定》的起草思路

刑法修正案（八）确立的死刑缓期执行限制减刑制度，是我国刑罚制度的重大改革，也是一项全新的事物。对于刑法规定的人民法院可以“同时决定”限制减刑如何操作，理解上会存在一定分歧，在《规定》起草过程中也有不同意见。我们认为，对《刑法》第五十条第二款规定的可以同时决定限制减刑，应当理解为由人民法院在判处被告人死刑缓期执行的判决书中一并宣告限制减刑，且中级人民法院、高级人民法院和最高人民法院可以分别决定限制减刑。主要理由包括如下三点：

第一，符合立法本意。最高人民法院2007年提出延长部分死缓犯实际执行期的立法建议，该立法建议采取的宣告模式就是由人民法院在作出死刑缓期执行的判决书中一并宣告，而不是在刑罚执行过程中另行宣告。刑法修正案（八）对第五十条第二款的规定，虽然在延长部分死缓犯实际执行期的途径和适用限制减刑的死缓犯类型方面与立法建议有所区别，但对限制减刑决定采取的宣告模式，仍然吸纳了最高人民法院提出的立法建议。因此，从立法本意出发，应当把《刑法》第五十条第二款规定的可以同时决定限制减刑，理解为在判处被告人死刑缓期执行的判决书中一并宣告。

三、死刑缓期执行限制减刑案件的审理程序

（一）中级人民法院、高级人民法院和最高人民法院可以分别决定限制减刑。《规定》没有明确规定中级人民法院一审对判处死刑缓期执行的被告人可以同时决定限制减刑，但从《规定》第1条和第2条中可以解读出该项内容。同时，根据刑事诉讼法的规定，中级人民法院管辖可能判处无期徒刑、死刑的普通刑事案件，如果中级人民法院对被告人判处死刑缓期执行，且符合《刑法》第五十条第二款规定的条件，自然可以同时决定限制减刑。

四、决定限制减刑的判决书主文部分样式

《规定》第7条规定："人民法院对被判处死刑缓期执行的被告人所作的限制减刑决定，应当在判决书主文部分单独作为一项予以宣告。"这是对判决书如何宣告限制减刑决定的规定，是对《规定》第3条、第5条第1款、第6条第2款规定的限制减刑情形中判决书主文表述的统一规定。在判决书主文部分把限制减刑的决定单独作为一项予以表述，既能使判决主文层次分明，清晰展示法院作出的限制减刑决定，便于当事人了解判决的具体内容，也便于审判工作中操作，特别是当二审法院撤销原判的限制减刑时，便于文书表述。鉴于此，即便对于一案中同时判处两名以上被告人死刑缓期执行并限制减刑的，也应对各人的限制减刑判决分别单独表述，不能合并为一项进行概括表述。现参照《法院刑事诉讼文书样式》和最高人民法院复核死刑案件文书样式，结合审判实践，就《规定》主要涉及的6种判决书主文样式略作说明。关于中级人民法院一审判处死刑缓期执行并宣告限制减刑的判决书主文部分。可表述为：一、被告人×××犯××罪，判处死刑，缓期二年执行（写明附加刑）。二、对被告人×××限制减刑。

需要说明的是，上述样式针对的都是最普通的情形。对于判决主文部分有其他内容的，可参照《法院刑事诉讼文书样式》作相应补充、变动。

此外，根据当前制作裁判文书的要求，人民法院决定对被告人限制减刑的，应当在判决书理由部分说明限制减刑的具体理由；二审法院如撤销一审法院作出的限制减刑判决，也应当相应说明撤销的具体理由。

五、《规定》的时间效力

《规定》于2011年4月25日公布，自5月1日起与刑法修正案（八）同步施行。由于对判处死刑缓期执行的被告人限制减刑较之于未限制减刑的情形，明显加重了对被告人的处罚，根据"从旧兼从轻"的刑法适用原则，对于2011年4月30日以前判决已经发生法律效力的判处死刑缓期执行的案件，不适用《规定》。那么，对于犯罪行为发生在《规定》施行以前，但在《规定》施行后才审结的案件，是否可以适用《规定》？我们认为，应当区别情形对待。对于其中本可以判处死刑立即执行，在刑法修正案（八）施行后，转而判处死刑缓期执行并限制减刑的案件，可以适用《规定》。具体理由是，限制减刑的死刑缓期执行较之于以往不限制减刑的死刑缓期执行，其惩罚的严厉性明显增强，同等条件下不利于被告人，但是，根据刑法规定的适用限制减刑的具体条件和司法实践情况，刑法修正案（八）施行后，对被告人判处死刑缓期执行并限制减刑，针对的是以往因死缓刑的实际执行期过短，不能做到罪刑相适应，进而判处了死刑立即执行的案件。今后，对这部分案件，由于有了限制减刑制度，就可以判处死刑缓期执行并限制减刑。相对于判处死刑立即执行而言，判处死刑缓期执行并限制减刑属于较轻的刑罚。同时，"两高"2001年《关于适用刑事司法解释时间效力问题的规定》第2条规定："对于司法解释实施前发生的行为，行为时没有相关司法解释，司法解释施行后尚未处理或者正在处理的案件，依照司法解释的规定办理。"据此，对于2011年4月30日以前犯罪，《规定》出台后尚处于一审、二审或者死刑复核阶段的案件，依照修正前刑法可以判处死刑立即执行，但依照修正后刑法判处死刑缓期执行并限制减刑能做到罚当其罪的，可以适用《规定》。但是，值得注意的是，对于判处死刑缓期执行不限制减刑已经符合罪刑相适应原则，原本就不应当限制减刑的案件，即使在《规定》施行后审结的，也不能适用《规定》，否则，就违反了"从旧兼从轻"原则。

——高贵君、马岩、方文军：《〈关于死刑缓期执行限制减刑案件审理程序若干问题的规定〉的理解与适用》，载《人民司法》2011年第11期（总第622期）。

1665. 人民法院与公诉机关认定的罪名不一致的处理

关键词

罪名认定　辩护权　重新开庭

最高人民法院司法解释

第二百九十五条　对第一审公诉案件，人民法院审理后，应当按照下列情形分别作出判决、裁定：

（一）起诉指控的事实清楚，证据确实、充分，依据法律认定指控被告人的罪名成立的，应当作出有罪判决；

（二）起诉指控的事实清楚，证据确实、充分，但指控的罪名不当的，应当依据法律和审理认定的事实作出有罪判决；

（三）案件事实清楚，证据确实、充分，依据法律认定被告人无罪的，应当判决宣告被告人无罪；

（四）证据不足，不能认定被告人有罪的，应当以证据不足、指控的犯罪不能成立，判决宣告被告人无罪；

（五）案件部分事实清楚，证据确实、充分的，应当作出有罪或者无罪的判决；对事实不清、证据不足部分，不予认定；

（六）被告人因未达到刑事责任年龄，不予刑事处罚的，应当判决宣告被告人不负刑事责任；

（七）被告人是精神病人，在不能辨认或者不能控制自己行为时造成危害结果，不予刑事处罚的，应当判决宣告被告人不负刑事责任；被告人符合强制医疗条件的，应当依照本解释第二十六章的规定进行审理并作出判决；

（八）犯罪已过追诉时效期限且不是必须追诉，或者经特赦令免除刑罚的，应当裁定终止审理；

（九）属于告诉才处理的案件，应当裁定终止审理，并告知被害人有权提起自诉；

（十）被告人死亡的，应当裁定终止审理；但有证据证明被告人无罪，经缺席审理确认无罪的，应当判决宣告被告人无罪。

对涉案财物，人民法院应当根据审理查明的情况，依照本解释第十八章的规定作出处理。

具有第一款第二项规定情形的，人民法院应当在判决前听取控辩双方的意见，保障被告人、辩护人充分行使辩护权。必要时，可以再次开庭，组织控辩双方围绕被告人的行为构成何罪及如何量刑进行辩论。

——《最高人民法院关于适用〈中华人民共和国刑事诉讼法〉的解释》（2021年1月26日，法释〔2021〕1号）。

《刑事审判参考》指导案例

赵祥忠工程重大安全事故案（《刑事审判参考》指导案例第39号）

裁判要点：对起诉指控的事实清楚，证据确实、充分，指控罪名与人民法院经审理认定的罪名不一致的，人民法院可以而且应当改变罪名，作出有罪判决。

人民法院在审查公诉机关指控犯罪嫌疑人的犯罪是否成立时，应当以事实为根据，以法律为准绳，确定犯罪行为是否存在，犯罪事实是否成立。在查清事实、证据的基础上，根据刑法规定的罪刑法定原则和罪刑相适应的原则，确定相应的罪名和刑罚。《刑事诉讼法》第162条第（1）项规定："案件事实清楚，证据确实、充分，依据法律认定被告人有罪的，应当作出有罪判决。"这里所谓依据法律，也就是依据刑法的有关规定。对被告人的犯罪行为，根据刑法分则规定构成哪一种罪，就应当定哪种罪名。公诉机关指控的罪名与人民法院经审理案件后认定的罪名不一致，这在审判实践中常有发生。对此，只要公诉机关指控的犯罪事实存在，证据确凿，且刑法分则又明确规定该行为构成犯罪，则应当定罪处罚。1998年9月2日，最高人民法院《关于执行〈中华人民共和国刑事诉讼法〉若干问题的解释》第176条第（2）项对此作出了明确规定："起诉指控的事实清楚，证据确实、充分，指控的罪名与人民法院审理认定的罪名不一致的，应当作出有罪判决。"也就是说，对起诉指控的事实清楚，证据确实、充分，指控罪名与人民法院经审理认定的罪名不一致的，人民法院可以而且应当改变罪名，作出有罪判决。

——高贵君：《赵祥忠工程重大安全事故案——人民法院可否变更起诉罪名定罪处刑》，载最高人民法院刑事审判第一庭：《刑事审判参考》2000年第1集（总第6集），法律出版社2000年版，第4~5页。

祝久平以危险方法危害公共安全案（《刑事审判参考》指导案例第319号）

裁判要点：在对被告人的辩护权并无实质性影响的情况下，法院可以直接变更罪名，按照审理认定的罪名作出有罪判决。

本案中法院审理认定的事实与公诉机关指控的事实完全一致。但依据同一事实，公诉机关认为依法应当构成寻衅滋事罪，而法院却认为应构成以危险方法危害公共安全罪。由此引发了关于法院能否直接将指控的轻罪名（寻衅滋事罪）变更为重罪名（以危险方法危害公共安全罪）这一程序性问题的争议。

1. 法院认定事实与指控事实一致的，可以变更指控罪名

因法律原因导致罪名变更时，由于案件的基础事实没有发生变化，对于案件事实的法律评价属于法院的职权，法院可以依职权径行变更罪名而不受公诉意见的约束。法院不能逾越起诉的范围而对未经起诉的人或者事实进行审判，但在事实同一的条件下，实行职权主义诉讼模式的大陆法系国家一般允许法院自由认定事实和适用法律。在德国和法国，法院都可以作出不同于起诉书的对案件事实的法律评价。即便是实行混合制诉讼模式的意大利和日本也有类似的规定。《意大利刑事诉讼法》第521条规定："法官在判决时可以对事实作出不同于指控中定性的法律认定，只要所认定的犯罪未超出其管辖权。"《日本刑事诉讼法》第312条也规定："法院鉴于审理过程中认为适当时，可以命令对诉讼原因或处罚条文予以追加或变更。"也就是说，法院审判，应以起诉指控的犯罪事实和被告人为范围，但法院在不妨碍事实同一的前提下，可以自由认定事实和适用法律进行定罪量刑，法院可以根据其认定

的案件事实，变更指控所援引的罪名。例如，检察机关起诉被告人犯有抢劫罪，法院可以判处抢夺罪。这里所谓“事实同一”，只要求基本事实相同，并不要求法院认定的案件事实与起诉所指控的事实完全一致。我国刑事诉讼法虽然含有对不告不理原则加以认同的精神，但法律没有对法院在审判活动中能否适用与检察机关指控的罪名不同的罪名来定罪作出规定，而最高人民法院的司法解释［《解释》第176条第（2）项］在一定程度上弥补了立法的缺陷。

2. 法院增加罪名或者由轻罪名变为重罪名的，须经一定的程序予以变更

司法实践中，在法院认定事实与公诉机关指控事实一致的情况下，由于对法律的不同理解，出现指控的罪名与法院审理认定的罪名不一致的情形是较为常见的。概括起来，大体可包括以下四类基本情形：（1）指控的是重罪名，法院审理认定为轻罪名；（2）指控的是轻罪名，法院审理认定为重罪名；（3）指控的是数罪名（二罪名以上），法院审理只认定为构成其中的一罪名；（4）指控的是一罪名，法院审理认定为构成包括指控罪名在内的数罪名（二罪名以上）。对上述情形的处理，有的观点认为，无论属于何种情形，法院均可直接变更或增减指控罪名（从广义上说增减指控罪名亦属变更指控罪名）。我们认为，对上述情形不加区别，一律予以直接变更并不妥当，而应区分不同情形分别加以处理。

对上述第（2）种和第（4）种情形（即法院增加罪名或者法院由轻罪名变为重罪名的情形）而言，由于法院变更指控罪名的结果是不利于被告人的，且对被告人及其辩护人的辩护权构成实质性的影响，即被告人当庭辩论和辩护的内容仅是围绕指控的罪名展开，因不知悉法院最后所要变更的罪名而无法进行当庭辩论和辩护，我们认为，在这种法院增加罪名或者法院由轻罪名变为重罪名的情形下，虽然不必经过检察机关的补充、变更起诉程序，但不能直接变更罪名，仍须经过一定的告知和异议程序。法院应将其适用新罪的意向告知控辩双方，听取双方的意见，控辩双方还可就此展开辩论，法院在此基础上作出判决。

对上述第（1）种和第（3）种情形（即法院减少罪名或者法院由重罪名变为轻罪名的情形）而言，由于法院变更指控罪名的结果是有利于被告人的，在对被告人的辩护权并无实质性影响的情况下，法院可以直接变更罪名，即按照审理认定的罪名作出有罪判决。

——汪鸿滨、罗国良、尹晓涛、郇习顶：《祝久平以危险方法危害公共安全案——人民法院认定事实与指控事实一致的，能否直接将指控的轻罪名变更为重罪名》，载最高人民法院刑事审判第一庭、第二庭编：《刑事审判参考》2004年第5集（总第40集），法律出版社2005年版，第43~47页。

附录：司法信箱

问题：我们在审理一起刑事案件时，检察院是以窝赃罪和销赃罪的罪名起诉的，但法院认为应定盗窃罪，故检察院拒绝出庭支持公诉，理由是起诉罪名和审判罪名不符。请问此类问题如何处理？

《人民司法》研究组认为：我们认为，人民法院审理案件，开庭前应以人民检察院起诉的罪名予以公告，庭审结束，经合议庭评议案件或者审判委员会讨论案件后，如果认为原起诉的罪名不妥，人民法院可以庭审查明的案件事实和有关法律，在判决书中另定罪名并确定刑罚。人民法院不能在开庭审判前就改变起诉的罪名，以法院所拟的罪名来审判。至于本案的罪名究竟应当定窝赃罪、销赃罪还是应当定盗窃罪，须根据庭审后查明的案件事实和有关法律认真研究后才能作出判断。

——《人民司法》1994 年第 2 期（总第 361 期）。

问题：审判实践中，曾出现这样的情况：检察机关直接受理的案件（如贪污案件）提起公诉后，法院经审理认定起诉书指控的被告人犯罪事实清楚，有充分的证据证明被告人的行为构成犯罪。但在案件定性上，法院认定的罪名与检察机关起诉指控的罪名不一致（如起诉指控被告人犯贪污罪，法院认定被告人犯盗窃罪），而检察机关始终坚持自己的定性。对此，一种意见认为，法院可以直接变更指控罪名，作出有罪判决。另一种意见认为，第一种意见的处理方式违反了刑事诉讼法关于案件管辖的规定，在此情形下，法院应仅就检察机关起诉指控的罪名进行认定，应以起诉指控的罪名证据不足，不能成立，判决宣告被告人无罪。请问对这种情况应如何处理？

《人民司法》研究组认为：根据《最高人民法院关于执行〈中华人民共和国刑事诉讼法〉若干问题的解释》第 176 条第（2）项的规定："起诉指控的事实清楚，证据确实、充分，指控的罪名与人民法院审理认定的罪名不一致的，应当作出有罪判决。"这里并未排除人民法院审理认定的罪名不属检察机关管辖范围的情形。因此，对于检察机关直接受理的案件，符合上述规定的，即使人民法院审理认定的罪名不属检察机关管辖的范围，也应当依法作出有罪判决。

——《人民司法》2000 年第 4 期（总第 435 期）。

问题：我院受理了一起检察机关自行侦查并提起公诉的贪污案件，但根据庭审查证确认的事实，审判人员认为该案检察机关的指控定性错误，被告人的行为应构成职务侵占罪。对于法院能否直接改变本案检察机关指控的罪名，我们有两种不同意见。一种意见认为，职务侵占罪与贪污罪的法定侦查主体不一致，检察机关超越管辖范围侦查获得的证据不能作为法院定案的依据，故法院不能直接改变检察机关指控的罪名；另一种意见认为，法院可以直接改变检察机关的罪名。

《人民司法》研究组认为：根据《最高人民法院关于执行〈中华人民共和国刑事诉讼法〉若干问题的解释》第176条第（2）项的规定："对于公诉机关起诉指控的事实清楚，证据确实、充分，指控的罪名与人民法院审理认定的罪名不一致的，应当作出有罪判决。"即人民法院可以直接改变检察机关指控的罪名。因此，对于你来信提到的，检察机关经自行侦查后提起公诉的贪污案件，如果经人民法院审理，认为指控的事实清楚，证据确实、充分，但被告人的行为不构成贪污罪，而构成职务侵占罪的，人民法院可以职务侵占罪对被告人定罪处罚。

——《人民司法》2004年第11期（总第490期）。

问题：某法院受理了一起检察院以被告人构成盗窃罪提起公诉的案件，经合议庭审理认为被告人的行为不构成盗窃罪，而定性为侵占罪。根据《刑事诉讼法》的相关规定，侵占罪属告诉才处理的案件，为此我院建议检察院将案件退回，由被害人提出自诉。但检察院认为盗窃罪提起公诉后，法院将被告人的行为定性为侵占罪是法院的事情，检察院不会将案件退回。对此案件如何处理，合议庭有两种意见：一种意见认为，如检察院坚决不退回案件，就直接宣判被告人无罪；另一种意见则认为，法院有定罪处罚的权力，有权改变检察院提起公诉的罪名，对被告人直接以侵占罪定罪处罚。请问哪种意见正确？

《人民司法》研究组认为：根据《最高人民法院关于执行〈中华人民共和国刑事诉讼法〉若干问题的解释》第176条第（2）项规定："起诉指控的事实清楚，证据确实、充分，指控的事实与人民法院审理认定的罪名不一致的，人民法院应当作出有罪判决。"因此，我们倾向于来信中的第二种意见，即人民法院可以改变人民检察院提起公诉的罪名，以审理认定的罪名作出裁判。

——《人民司法》2008年第3期（总第542期）。

问题：某法院在审理人民检察院提起公诉的被告人某甲贪污一案中发现，该案被告人应认定为职务侵占罪而非贪污罪。但该案是由县检察院反贪局立案侦查的。对该案处理存在两种意见：一种意见认为该案属公安机关立案侦查范围，检察机关违反刑事诉讼法规定立案侦查所取得的证据都不具备证据的合法性要件，应建议检察机关补充侦查，由公安机关侦查完毕再行处理，否则应作出证据不足、指控的犯罪不能成立的无罪判决；另一种意见则认为该案应直接建议检察机关变更起诉，若检察机关不同意，法院就起诉指控的犯罪事实作出被告人某甲犯职务侵占罪的有罪判决。请问以上哪一种意见正确？

《人民司法》研究组认为：《最高人民法院关于执行〈中华人民共和国刑事诉讼法〉若干问题的解释》第176条第（2）项规定："起诉指控的事实清楚，证据确实、充分，指控的事实与人民法院审理认定的罪名不一致的，人民法院应当作出有罪判决。"因此，人民法院可以改变人民检察院提起公诉的罪名，以审理认定的罪名做出裁判。当然，比较好的处理方式是建议人民检察院变更起诉，以便听取控辩双方的意见；如果检察院不同意变更起诉，应当在听取控辩双方的意见后依法作出判决。因此，我们基本同意来信中的第二种意见。

——《人民司法》2008年第7期（总第546期）。

问题：被告人陈某自2006年3月以来伪造各类印章43枚。检察机关根据《刑法》第280条第1款，以陈某犯伪造国家机关印章罪向人民法院提起公诉。法院经审理查明，被告人陈某私刻各类国家机关印章28枚和公司、企业、事业单位，人民团体印章15枚，构成两种罪，建议检察机关撤回该案重新起诉，检察机关未予答复。法院对该案如何定罪存在两种意见。第一种意见认为，检察机关仅起诉被告人构成一种罪，法院应对其指控的罪名，以伪造国家机关印章28枚定伪造国家机关印章罪（对伪造的另15枚印章不作判断）。第二种意见认为，检察机关指控的犯罪事实已构成两种罪名，且这一犯罪事实已经法院审理属实，只是由于认识上的误差没有对被告人两种罪名起诉。法院应依据查明的案件事实，依照《刑法》第280条第1款、第2款，对被告人以构成伪造国家机关印章罪和伪造公司、企业、事业单位、人民团体印章罪定罪量刑。请问以上哪种意见正确？

《人民司法》研究组认为：根据《最高人民法院关于执行〈中华人民共和国刑事诉讼法〉若干问题的解释》第176条第（2）项规定："起诉指控的事实清楚，证据确实、充分，指控的事实与人民法院审理认定的罪名不一致的，人民法院应当作出有罪判决。"因此，对于人民检察院仅起诉被告人构成一罪，人民法院经审理认为，检察机关指控的犯罪事实已经构成两个罪名，应当以人民法院审理认定的两个罪名作出有罪判决。需要说明的是，这种情形增加了罪名，但实际上人民法院定罪量刑针对的是检察机关指控的犯罪事实，并没有增加新的案件事实，没有违背不告不理原则。

——《人民司法》2009年第11期（总第574期）。

1666. 法院变更公诉机关指控罪名的处理程序

关键词

法院变更指控罪名

《刑事审判参考》指导案例

李冉寻衅滋事案（《刑事审判参考》指导案例第798号）

裁判要点：法院依法审理后认为公诉机关指控的事实清楚但罪名不当的，可以变更罪名，但应当遵循一定的原则和相应程序。

（一）法院依法审理后认为公诉机关指控的事实清楚但罪名不当的，可以变更罪名

侦查、起诉、审判由不同机关负责，是刑事诉讼程序的基本分工，控审分离、不告不理，是现代刑事诉讼的基本理念。一般认为，不告不理原则有几项基本要求：一是未经起诉，法院不得实施任何形式的法庭审理活动；二是法院审判的范围应当限于公诉机关指控的范围，而不得审理和判决任何未经起诉的行为，从而最大限度地确保法院的中立性、被动性和超然性。换言之，公诉机关的指控范围对法院的审判活动起到限定作用。法院在审理过程中发现被告人还有其他犯罪事实或者公诉机关还有未指控的犯罪嫌疑人的，可以建议检察机关补充或者变更起诉，而不能直接改变起诉内容进行审理。

有观点认为，为了严格遵循不告不理的原则，法院的审理和判决不仅不能超越起诉书指控的被告人和事实，还应当受到公诉机关对被告人行为所作的法律评价的限制。换言之，法院只能判定公诉机关指控的罪名是否成立，如果指控的罪名不成立，就应当判决被告人无罪。我们认为，这种观点是对刑事诉讼不告不理等基本原则的误读，也不符合刑事司法实践需要。起诉书对犯罪事实的法律评价及所援引的条文，只具有辅助确定审判范围的作用，对法院不具有约束力，对案件事实的法律评价属于法院的职权，法院可以依职权径行变更罪名，包括由轻罪名改为重罪名。反之，如果认为法院仅能针对起诉书指控的罪名是否成立进行评价，而不能变更罪名，那么意味着，法院要么按照公诉机关错误的指控罪名进行认定，要么宣告被告人无罪，再由公诉机关变更起诉罪名，重新进行审理后，予以定罪。这种处理方式容易造成程序空转、诉讼拖延，增加当事人诉累和诉讼成本，为司法实践所不取。

还有一种观点认为，法院可以变更起诉罪名，但只能将较重的罪名改成

较轻的罪名；反之，则应当受到限制。

根据修正后的刑事诉讼法第一百九十五条第一项（即修正前刑事诉讼法第一百六十二条第一项）的规定，只要案件事实清楚，证据确实、充分，被告人的行为符合刑法分则确定的某一犯罪构成，法院就有权力也有义务依法作出有罪判决。最高人民法院1998年出台的《关于执行〈中华人民共和国刑事诉讼法〉若干问题的解释》（以下简称《1998年解释》）第一百七十六条第二项对起诉指控的事实清楚，证据确实、充分，指控罪名与人民法院审理认定的罪名不一致的案件，明确规定应当作出有罪判决。2012年刑事诉讼法修正后，最高人民法院出台的《关于适用〈中华人民共和国刑事诉讼法〉的解释》（以下简称《2012年解释》）对《1998年解释》的上述规定，亦予以确认，由此体现出在变更起诉罪名问题上，立法和司法解释均持肯定立场，变更罪名不仅包括将重罪变更为轻罪，还包括将轻罪变更为重罪。

关于是否应当变更指控罪名的问题，其他国家的一些做法值得借鉴。相对而言，大陆法系国家对法院变更公诉指控罪名的要求较为宽松。例如，《德国刑事诉讼法典》第一百五十五条规定："（一）法院的调查与裁判，只能延伸到起诉书中写明的行为和诉讼指控的人员。（二）在此界限内，法官有权力和义务自行主动，尤其在刑法的适用上，法院不受提出的申请之约束。"英美法系国家实行较为严格的罪状制度，即审理活动限定在起诉指控的范围之内，变更起诉罪名原则上是不允许的，但也存在一些例外。如果变更的罪名可以包含在指控的罪名之内，两者存在包容关系，就可以变更罪名认定等。

本案中，被告人李冉酒后无故对被害人郭辰进行殴打，又拿走上来劝架的刘柳的手机，从形式上看，符合抢劫罪中以暴力手段劫取他人财物的特征。但是，从实质上分析，根据刘柳的证言、郭辰的陈述和李冉的供述，李冉殴打郭辰时与刘柳并无冲突，后因刘柳上前劝架，李冉担心刘柳通过手机打电话找人报复，遂拿走刘柳手机。因此，现有证据不足以证实李冉实施暴力行为是为了劫取他人财物，李冉的行为更符合寻衅滋事犯罪中"随意殴打他人，强拿硬要财物"的行为特征，法院对公诉机关指控李冉犯罪的事实予以确认，即判决认定的事实并未超出公诉指控的范围，仅对指控事实的法律评价即罪名认定予以变更，是正当的，也具有充足的法律依据。

（二）法院变更公诉机关指控的罪名应当遵循一定的原则和相应程序

法院有权变更公诉机关指控的罪名，但应当遵循一定的原则，即拟认定的新罪名所依据的事实与公诉机关指控的事实须具有同一性，简言之，即必须是同一被告人和同一犯罪行为。是否认定为同一犯罪行为，应当以构成要件为判断标准，只有足以体现新罪名构成要件要素的主要事实与公诉机关指控事实大体一致或者前者能为后者所涵盖的，法院才能变更罪名。否则，经审理后发现新的应当追究刑事责任的被告人或者指控事实之外的其他犯罪事实，则应当视具体情况，由公诉机关通过变更或者追加起诉的方式加以解决。

对于变更公诉机关指控的罪名应该遵循何种程序，法律和司法解释均没有明确规定。在审判实践中，法院经过庭审后，如果认为起诉罪名不准确，通常不再另行开庭组织控辩双方就可能判处的新罪名进行辩论，而只是以口头通知方式告知控辩双方，有时连口头通知也没有，这种做法的确存在一些弊端，主要是：在控辩双方皆不知晓的情况下，单方面变更起诉罪名，缺乏庭审调查与辩论作为基础，使得与案件结局有直接利害关系的控辩双方无法有针对性地参与诉讼，尤其是剥夺了被告人针对新罪名的辩护权，有违控审分离、不告不理、依法保障被告人辩护权等诉讼原则之嫌，因此受到一定质疑。在那些允许法官变更指控罪名的国家，为了避免被告人的辩护权在变更过程中受到侵害，通常都会对法官变更指控罪名的行为设置一定的程序性限制，以此保障被告人的防御权，这种做法具有一定的借鉴意义。例如，《德国刑事诉讼法典》第二百五十六条规定："如果先前未曾特别对被告人告知法律观点已变更，并且给予他辩护的机会的，对被告人不允许根据不同于法院准予起诉所依据的刑法作判决。"法国刑事诉讼法对变更起诉问题亦有类似的程序性限制规定，即在审理中发现案件事实的法律评价与起诉指控不一致，审判长应当提出二个或者若干个辅助问题，方便辩护方行使辩护权。

为规范法院变更起诉罪名的程序，《2012 年解释》第二百四十一条规定，变更指控罪名的，在作出判决前，应当听取控辩双方的意见，保障被告人、辩护人充分行使辩护权，必要时，可以重新开庭，组织控辩双方围绕被告人的行为构成何罪进行辩论。在今后的审判实践中，对于需要变更公诉机关指控罪名的，不论是将指控的轻罪改为重罪，还是重罪改为轻罪，法院都必须履行告知义务，听取控辩双方的意见，给予被告方充分的提前准备辩护的时间；在被告人明确提出请求的情况下，法院可以暂时中断法庭审判，以便被告人、辩护人为辩护作好充分准备；已经结束庭审，在宣判前出现上述情形的，必要时应当重新开庭审理。

在具体操作程序上，我们提供如下建议，以供参考：

1. 听取控辩双方意见的情形及方式。在今后的司法审判中，只要人民法院变更罪名的，都应当听取控辩双方的意见，必要时，重新开庭。然而，如何听取控辩双方的意见，即采取何种听取方式，值得进一步研究。我们认为，可以根据具体情况，分别处理。如果在法庭调查、辩论或者最后陈述阶段，审判人员认为已经查明的事实构成的犯罪与公诉机关指控的罪名可能不同的，可就法律适用提出辅助性问题，表明本案定罪问题存在争议，可能会变更罪名，并当庭询问控辩双方的意见。如果在庭审结束后审判人员认为需要变更罪名的，可以采取书面方式听取控辩双方的意见，以口头方式听取的，可就听取意见的情况制作笔录并附卷。

2. 如何把握应当重新开庭的尺度。法院变更公诉机关指控罪名的程序设置，要兼顾保障被告人辩护权与诉讼效率、诉讼经济的原则。是否确有必要重新开庭，由审判人员自由裁量，原则上以是否涉及犯罪事实变更为判断标准，以足以保障被告人的知情权、辩护权为限，不必过分追求形式上是否重新开庭。在具体把握上，一般应当考虑如下因素：

（1）变更罪名是否涉及对公诉机关指控的罪名所依据的犯罪事实的变更，如果涉及，应当开庭审理。法庭审理后发现新的应当追究刑事责任的被告人或者指控事实之外的其他犯罪事实的，应当通过公诉机关变更或者追加起诉的方式加以解决。这一点没有争议，实践中容易产生认识分歧的主要有两种情形：第一种情形是，变更罪名需要查证新的事实、证据。例如，公诉机关指控被告人犯挪用资金罪，庭审结束后，法院认为有一定的在案证据反映被告人具有非法占有目的，并且掌握了部分新证据或者证据线索，可能需要变更为职务侵占罪，在该情形下就有必要重新开庭，就事实和罪名变更问题组织法庭调查、质证和辩论。第二种情形是，如果法院拟变更认定的罪名不是根据起诉书指控的主要事实得出，而是根据与指控的主要事实有关联的案件起因、作案动机等次要事实进行变更的，那么在该情形下，即使次要事实在起诉书中有所反映，原则上也应当开庭审理。例如，公诉机关指控被告人曾收受贿赂（案发前已主动退还，根据有关规定及本案情节，受贿罪可免除处罚）枉法裁判，以枉法裁判罪进行起诉，受贿这一事实情节尽管在起诉书中有部分记载，却只是证明被告人实施枉法裁判行为的起因和动机，而不是证明其枉法裁判的直接事实依据。如果法院经审理后，认为起诉书指控的事实成立，被告人应当构成受贿罪，那么，虽然受贿事实与民事枉法裁判事实有交叉、关联关系，但毕竟又相对独立，当公诉机关指控中涉及的次要事实成为拟变更罪名的主要事实依据的，为了尊重公诉机关的指控意见和充分保障被告人的辩护权，应当重新开庭审理，组织控辩双方围绕新罪名进行辩论。当然，如果罪名之间本身即存在牵连、吸收或者法条竞合关系，起诉书已对全部涉案事实作了十分明确的记载，指控事实没有主次之分，庭审中对可能涉及的拟变更的新罪名的相关事实证据也进行了充分质证、辩论，法院只是在上述罪名之间选择适用何种罪名的问题上与公诉机关意见不一致，那么，也可不再重新开庭。

（2）变更罪名对被告人辩护权的影响程度。对于重罪指控，法院拟改判轻罪的，如果被告人、辩护人已经发表罪轻或者无罪的辩护意见，鉴于其辩护权已经得到了保障，故一般情况下无须再次开庭审理。对于公诉机关的轻罪指控，法院拟改判重罪的，应当充分保障被告人对于重罪罪名的辩护权利，审判人员应当认真听取控辩双方尤其是辩方的意见；控辩双方意见分歧较大的，可以重新开庭，围绕罪名变更问题进行审理、辩论。

本案中，公诉机关指控被告人李冉犯抢劫罪，法院经开庭审理后认为，根据公诉机关指控的事实，李冉的行为构成寻衅滋事罪，鉴于法院认定的事实依据与指控事实具有同一性，只是对案件事实的法律评价发生了变化，且是有利于被告人的变更，不影响被告人辩护权的行使，故法院在听取控辩双方意见的基础上，可以依法直接变更罪名。需要指出的是，对于变更罪名的，在法律适用方面，除了应当援引变更后的罪名的相关刑法条文，还应当援引刑事诉讼法和相关司法解释的规定，使变更起诉于法有据。

——最高人民法院刑事审判第一、二、三、四、五庭主办：《刑事审判参考》2012年第4集（总第87集），法律出版社2013年版，第60~66页。

1667. 关于公诉人当庭发表与起诉书不同意见的处理规则

关键词

公诉人　当庭意见　起诉书　不同意见

最高人民法院司法解释

第二百八十九条　公诉人当庭发表与起诉书不同的意见，属于变更、追加、补充或者撤回起诉的，人民法院应当要求人民检察院在指定时间内以书面方式提出；必要时，可以宣布休庭。人民检察院在指定时间内未提出的，人民法院应当根据法庭审理情况，就起诉书指控的犯罪事实依法作出判决、裁定。

人民检察院变更、追加、补充起诉的，人民法院应当给予被告人及其辩护人必要的准备时间。

——《最高人民法院关于适用〈中华人民共和国刑事诉讼法〉的解释》（2021年1月26日，法释〔2021〕1号）。

附录：最高人民法院主流观点

实践中，个别案件存在公诉人当庭发表与起诉书不同意见的情形，甚至属于当庭变更、追加、补充或者撤回起诉的情形。对此如何处理，存在不同认识。有观点认为，刑事诉讼法规定的起诉主体是人民检察院，起诉书是加盖人民检察院印章的法律文书。我国法律没有赋予公诉人独立于检察院之外的主体地位，也没有允许公诉人变更起诉书的内容。鉴于这一问题在实践和理论中尚存争议，对于不涉及追加或者变更起诉的，到底采纳起诉书还是公诉意见书，属于法庭裁量范畴；对于需要追加、补充或者变更起诉的情况，人民法院应当休庭。另有观点认为，无论是否“属于变更、追加、补充或者撤回起诉”，此种情形均应当以当庭意见为准，以促使公诉人谨慎发表当庭意见。否则，当庭发表意见后，又不提供书面意见的，法院将无法处理，也有违司法诚信。

经研究认为，相关情况较为复杂，处理规则难以一概而论，需要区别对待。经综合考虑上述意见，《最高人民法院关于适用〈中华人民共和国刑事诉讼法〉的解释》（法释〔2021〕1号，以下简称《刑事诉讼法解释》）第二百八十九条规定：“公诉人当庭发表与起诉书不同的意见，属于变更、追加、补充或者撤回起诉的，人民法院应当要求人民检察院在指定时间内以书面方式提出；必要时，可以宣布休庭。人民检察院在指定时间内未提出的，人民法院应当根据法庭审理情况，就起诉书指控的犯罪事实依法作出判决、裁定。”“人民检察院变更、追加、补充起诉的，人民法院应当给予被告人及其辩护人必要的准备时间。”司法适用中需要注意的是：

（1）《刑事诉讼法解释》第二百八十九条所称“公诉人当庭发表与起诉书不同的意见”，是指在起诉后未出现新的事实证据情况下，公诉人发表与起诉书不同意见的情形。对于出现新的事实、特别是体现被告人认罪悔罪态度的新事实，直接由法庭根据新的事实证据作出认定即可。例如，自首的被告人在开庭后翻供的，法庭可以直接不认定自首；认罪认罚的被告人在开庭后不认罪、不接受量刑建议的，法庭可以直接不认定认罪认罚；有的被告人在起诉后才退赃退赔，法庭可以直接认定退赃退赔这一情节。对于上述情形，无须由公诉人对起诉书作出变更，法庭在听取双方意见后直接认定即可。

（2）公诉人当庭发表与起诉书不同的意见，情况较为复杂：有的变更不影响定罪量刑，如对作案时间发表不同意见，直接变更即可。更多情形下则对定罪量刑会产生影响，但具体情况又存在差异：有的是直接变更罪名，如由职务侵占罪调整为贪污罪；有的涉及法定刑幅度的调整，如盗窃金额由10万元调整为1万元；有的只是涉及具体犯罪情节的认定，如盗窃金额由3500元调整为3000元。如果属于变更、追加、补充或者撤回起诉等重大事项的，应当以书面方式提出。而且，上述情形下，是否应当休庭，也不能简单作出统一规定，而应当交由实践裁量处理。例如，起诉书认定的盗窃金额是3500元，公诉人当庭发现计算有误，应当为3000元，量刑档次未发生变化，且所作变更有利于被告人，法庭可以继续开庭审理，但应当在庭后要求人民检察院以书面方式作出变更；相反，如果公诉人当庭改变起诉罪名，特别是由轻罪名改重罪名的，则休庭为宜，以更好地保障被告人的辩护权。又如，公诉人当庭追加起诉的，则可以以起诉书指控的罪行先行开庭，休庭后待人民检察院以书面方式追加起诉后，再行开庭就追加的起诉进行审理。

（3）人民检察院变更、追加、补充起诉的，人民法院应当给予被告人及其辩护人必要的准备时间，以充分保障被告人合法权益。

——《刑事诉讼法解释》起草小组:《〈最高人民法院关于适用《中华人民共和国刑事诉讼法》的解释〉理解与适用》,载最高人民法院刑事审判第一、二、三、四、五庭编:《刑事审判参考》(总第126辑),人民法院出版社2021年版,第161~162页。

1668. 人民法院对出庭公诉人发表的与起诉书不一致的公诉意见如何处理

关键词

出庭公诉人 公诉意见 起诉书

《刑事审判参考》指导案例

王皓集资诈骗案(《刑事审判参考》指导案例第1452号)

裁判要点:公诉人对起诉书指控基本内容进行变更、追加、补充或撤回起诉的,应当以书面形式提出,并加盖人民检察院印章。人民法院应当要求人民检察院提交变更、追加、补充或撤回起诉决定书。人民检察院不提交的,人民法院应当以起诉书为准,不得以公诉人当庭变更、追加、补充或撤回起诉意见为准。

司法实践中,出庭公诉人发表与起诉书不一致的公诉意见并不少见。比如在非法集资案件中,公诉人基于来自集资参与人的信访压力等因素,在发表起诉书指控意见后,附带发表与起诉书指控不一致的个人意见。对此情况,人民法院如何处理?我们认为应当在充分保障被告人、辩护人辩护权和程序正当的原则下,区分情况处理。

1. 对基本内容的变更、追加、补充或撤回

与起诉书基本内容不一致的情形主要包括三类:(1)对被告人身份信息、犯罪事实、指控罪名及法律适用的变更。(2)追加、补充指控新的事实。(3)撤回起诉。此三类情形足以影响对被告人的定罪量刑和人民法院裁判严肃性、准确性。

处理原则:基于前述分析,公诉人对起诉书指控基本内容进行变更、追加、补充或撤回起诉的,应当以书面形式提出,并加盖人民检察院印章。人民法院应当要求人民检察院提交变更、追加、补充或撤回起诉决定书。人民检察院不提交的,人民法院应当以起诉书为准,不得以公诉人当庭变更、追加、补充或撤回起诉意见为准。

庭审程序如何进行，我们认为宜平衡权利保护与庭审效率区别处理，具体而言：（1）对被告人不利的变更，如将轻罪名变更为重罪名，以休庭为宜（通常人民检察院也会建议休庭），由人民检察院出具书面变更起诉决定书后，继续开庭；人民检察院不出具的，人民法院应当以起诉书为准，并依据法律和审理认定的事实作出判决。（2）对被告人有利的变更，如将累犯变更为普通犯罪前科，公诉人当庭表示认可新的事实的，被告人和辩护人同意开庭的，可以先行开庭，人民检察院庭后提交书面变更起诉书。（3）追加、补充起诉的，因出现新的事实和新的证据，应当休庭或先行审理原起诉书指控事实，对追加、补充起诉事实再行开庭。（4）撤回起诉的，可以休庭，也可以继续庭审但不作出裁判，公诉机关提交撤回起诉决定书后，再行裁判。

需要指出的是，提起公诉后，出现新的量刑事实，如立功、退赔、认罪认罚，人民法院可以直接依据新的事实和新的证据作出裁判，无须要求人民检察院变更、补充起诉。

2. 对非基本内容的变更

实践中，对非基本内容的变更主要包括两类：对笔误的补正和对量刑建议（部分案件尤其是适用速裁程序审理的案件，起诉书会载明量刑建议）的调整。

处理原则：（1）对笔误的补正，可以要求公诉机关以书面形式提出，对适用简易程序、速裁程序的，也可以由公诉人当庭补正，但应在庭审笔录中予以记录。需要说明的是，必须严格界定笔误的范围，不得以补正笔误为名变更基本事实。（2）对量刑建议的调整，应当坚持必要和简便原则，可以由公诉机关以书面形式提出或由公诉人当庭提出。人民法院认为调整后的量刑建议适当的，应当予以采纳；人民法院告知人民检察院调整，人民检察院不调整量刑建议或者调整后仍然明显不当的，人民法院应当依法作出判决。

庭审程序：（1）对笔误的补正，无须休庭，根据案件具体情况，以记录公诉人当庭意见或由公诉机关庭后提交变更起诉书方式处理。（2）对量刑建议的调整，如公诉人当庭提出的，人民法院应充分履行告知和释明职责，并主动向被告人释明相关法律规定以及接受量刑建议的后果，使其明确对刑罚判罚的预期。对于被告人认可的，应当记录在案，无须重新制作认罪认罚具结书。对于调整后加重被告人刑罚的情形，被告人因没有辩护人而申请值班律师提供法律帮助的，人民法院应当准许；对于调整后减轻被告人刑罚的情形，因不涉及辩护权利的保障问题，可以不通知值班律师提供法律帮助。

——付想兵、刘杰撰稿、鹿素勋审编：《王皓集资诈骗案——公诉人当庭发表与起诉书不一致意见的处理规则》，载最高人民法院刑事审判第一、二、三、四、五庭编：《刑事审判参考》（总第130辑），最高人民法院出版社2022年版，第32~39页。

1669. 关于对提起公诉案件的并案或者分案处理规则

关键词

公诉案件　并案处理　分案处理

最高人民法院司法解释

第二百二十条　对一案起诉的共同犯罪或者关联犯罪案件，被告人人数众多、案情复杂，人民法院经审查认为，分案审理更有利于保障庭审质量和效率的，可以分案审理。分案审理不得影响当事人质证权等诉讼权利的行使。

对分案起诉的共同犯罪或者关联犯罪案件，人民法院经审查认为，合并审理更有利于查明案件事实、保障诉讼权利、准确定罪量刑的，可以并案审理。

——《最高人民法院关于适用〈中华人民共和国刑事诉讼法〉的解释》（2021年1月26日，法释〔2021〕1号）。

附录：最高人民法院主流观点

同案同审是诉讼的一般原则。但从实践看，有的案件，同案被告人多达几十人甚至上百人，如作为一个案件审理，势必会加长诉讼周期，既影响庭审质量和效率，也会增加当事人等诉讼参与人的诉累。对此类案件，分案审理，有其现实必要性。但是，分案审理不能随意为之，更不能通过分案审理的方式变相剥夺当事人质证权。为规范分案处理问题，《最高人民法院关于适用〈中华人民共和国刑事诉讼法〉的解释》（法释〔2021〕1号，以下简称《刑事诉讼法解释》）增设第二百二十条，规定："对一案起诉的共同犯罪或者关联犯罪案件，被告人人数众多、案情复杂，人民法院经审查认为，分案审理更有利于保障庭审质量和效率的，可以分案审理。分案审理不得影响当事人质证权等诉讼权利的行使。"同时，在《刑事诉讼法解释》第二百六十九条进一步规定："审理过程中，法庭认为有必要的，可以传唤同案被告人、分案审理的共同犯罪或者关联犯罪案件的被告人等到庭对质。"

实践中，还存在起诉分案不当的现象，即本应作为一案起诉、一案审理的案件被分拆为两个甚至多个案件起诉。为此，《刑事诉讼法解释》第二百二十条第二款规定："对分案起诉的共同犯罪或者关联犯罪案件，人民法院经审查认为，合并审理更有利于查明案件事实、保障诉讼权利、准确定罪量刑的，可以并案审理。"

征求意见过程中，有意见建议明确分案审理或者并案审理的具体操作事宜。经研究认为，相关问题可以在司法实践裁量把握。对此，可以协商人民检察院合并或者分别起诉；人民法院在职责范围内并案或者分案的，通常可以采取决定的方式。

——《刑事诉讼法解释》起草小组：《〈最高人民法院关于适用《中华人民共和国刑事诉讼法》的解释〉理解与适用》，载最高人民法院刑事审判第一、二、三、四、五庭编：《刑事审判参考》（总第126辑），人民法院出版社2021年版，第150~151页。

1670. 关于并案审理规则

关键词

并案审理原则

最高人民法院司法解释

第二十四条 人民法院发现被告人还有其他犯罪被起诉的，可以并案审理；涉及同种犯罪的，一般应当并案审理。

人民法院发现被告人还有其他犯罪被审查起诉、立案侦查、立案调查的，可以参照前款规定协商人民检察院、公安机关、监察机关并案处理，但可能造成审判过分迟延的除外。

根据前两款规定并案处理的案件，由最初受理地的人民法院审判。必要时，可以由主要犯罪地的人民法院审判。

——《最高人民法院关于适用〈中华人民共和国刑事诉讼法〉的解释》（2021年1月26日，法释〔2021〕1号）。

附录：最高人民法院主流观点

从实践来看，人民法院受理案件后，发现被告人还有犯罪的，主要包括以下情形：发现被告人还有犯罪被立案侦查、立案调查的；发现被告人还有犯罪被审查起诉的；发现被告人还有犯罪被起诉的。对于上述情形，应当区分情况进行处理。其中，对于起诉至人民法院的，可以并案审理；涉及同种罪的，一般应当并案审理。

司法实践反映，并案审理不仅涉及人民法院，还涉及人民检察院。如果前后两案是起诉至同一人民法院的，并案处理相对容易操作；如果起诉至不同法院，特别是不同省份的法院的，并案处理就涉及两地法院、两地检察院的工作衔接和配合，具体操作程序繁杂、费时费力、十分困难。基于此，《最高人民法院关于适用〈中华人民共和国刑事诉讼法〉的解释》（法释〔2021〕

1号，以下简称《刑事诉讼法解释》）第二十四条第一款规定："人民法院发现被告人还有其他犯罪被起诉的，可以并案审理；涉及同种犯罪的，一般应当并案审理。"

需要注意的是，《刑事诉讼法解释》第二十四条第一款规定"一般应当"并案审理的限于涉及同种罪的情形。从应然层面而言，对于同种罪，特别是分案处理可能导致对被告人刑罚裁量不利的，应当并案审理。有些案件，确实无法与原提起公诉的人民检察院、拟并案审理的人民法院对应的人民检察院以及上级人民检察院协商一致的，只能分案处理，在刑罚裁量时酌情考虑。故而，《刑事诉讼法解释》第二十四条第一款使用的表述是"一般应当"而非"应当"；对于分案处理对被告人的刑罚裁量无实质不利影响（如一罪被判处死刑、无期徒刑，采用吸收原则进行并罚的）和确实无法就并案问题协商一致的，可以分案审理。

《刑事诉讼法解释》第二十四条第二款明确了人民法院发现被告人还有其他犯罪被审查起诉、立案侦查、立案调查的并案处理规则，规定："人民法院发现被告人还有其他犯罪被审查起诉、立案侦查、立案调查的，可以参照前款规定协商人民检察院、公安机关、监察机关并案处理，但可能造成审判过分迟延的除外。"据此，此种情形下，应当参照第一款规定的原则协商人民检察院、公安机关、监察机关并案处理。实践中，如果确实协商不成的，可以继续审理。有些案件强行要求并案处理，可能导致审理时间过长，判前羁押时间人为加长，反而对被告人不利。

《刑事诉讼法解释》第二十四条第三款进一步明确了依照前两款规定并案处理后的管辖规则，规定："根据前两款规定并案处理的案件，由最初受理地的人民法院审判。必要时，可以由主要犯罪地的人民法院审判。"需要注意的是：（1）之所以规定"由最初受理地的人民法院审判"而非"由最初受理的人民法院审判"，主要考虑是：如果最初受理的是基层法院，而还有罪行是由地市级检察院审查起诉，则并案时就不是由最初受理的基层法院，而是由最初受理地的中级人民法院管辖。（2）考虑到有些案件由主要犯罪地人民法院审判更为便利，故规定"必要时，可以由主要犯罪地的人民法院审判"。如果多个犯罪不属于同级人民法院管辖，一般可以认为属于中级人民法院管辖的犯罪属于主要犯罪，从而适用上述规定，由该中级人民法院并案处理。

此外，《最高人民法院关于判决宣告后又发现被判刑的犯罪分子的同种漏罪是否实行数罪并罚问题的批复》（法复〔1993〕3号）规定："人民法院的判决宣告并已发生法律效力以后，刑罚还没有执行完毕以前，发现被判刑的犯罪分子在判决宣告以前还有其他罪没有判决的，不论新发现的罪与原判决的罪是否属于同种罪，都应当依照《刑法》第六十五条的规定实行数罪并罚。但如果在第一审人民法院的判决宣告以后，被告人提出上诉或者人民检察院提出抗诉，判决尚未发生法律效力的，第二审人民法院在审理期间，发现原审被告人在第一审判决宣告以前还有同种漏罪没有判决的，第二审人民法院应当依照刑事诉讼法第一百三十六条第三项的规定，裁定撤销原判，发回原审人民法院重新审判，第一审人民法院重新审判时，不适用刑法关于数罪并罚的规定。”司法实践反映，该批复要求二审法院发现被告人有同种漏罪没有判决的，一律发回一审人民法院重新审判，出发点在于避免被告人因为分案处理在刑罚裁量上遭致不利后果，但是规定过于绝对，在一些案件中不具有可操作性。问题相对突出的有两种情形：一是被告人被判处无期徒刑、死刑的，分案审理对其刑罚裁量并无实质不利的；二是一些案件无法与人民检察院在并案审理上协调一致的。前一种情形分案处理并无不妥，后一种情形只能分案处理。基于此，《刑事诉讼法解释》第二十五条在该批复的基础上，根据司法实践反映的问题作了相应调整，规定：“第二审人民法院在审理过程中，发现被告人还有其他犯罪没有判决的，参照前条规定处理。第二审人民法院决定并案审理的，应当发回第一审人民法院，由第一审人民法院作出处理。”具体而言，根据《刑事诉讼法解释》第二十五条规定，第二审人民法院在审理过程中，发现被告人还有其他犯罪被起诉，决定发回第一审人民法院并案审理的，由第一审人民法院根据下列规则作出处理：（1）对于其他犯罪尚未作出生效判决的，应当并案审理。对于其他犯罪系同种犯罪的，不能适用数罪并罚的规定；对于其他犯罪系异种犯罪的，应当根据《刑法》第六十九条的规定进行数罪并罚。（2）对于其他犯罪已经作出生效判决，但刑罚尚未执行完毕的，应当根据《刑法》第七十条的规定进行数罪并罚。

——《刑事诉讼法解释》起草小组：《〈最高人民法院关于适用《中华人民共和国刑事诉讼法》的解释〉理解与适用》，载最高人民法院刑事审判第一、二、三、四、五庭编：《刑事审判参考》（总第126辑），人民法院出版社2021年版，第117~119页。

1671. 自诉案件级别管辖的确定

关键词

自诉案件　审判管辖

附录：最高人民法院主流观点

对于自诉案件的级别管辖，应当根据案件的具体情况而定。告诉才处理与被害人有证据证明的轻微刑事案件，由于其法定刑较低，自诉人应当向基层人民法院提起自诉。对于公诉转自诉案件则不能一概而论。如果被告人涉嫌的犯罪行为较为严重，可能被判处无期徒刑以上刑罚，自诉人可以向中级人民法院提起自诉；被告人涉嫌犯罪行为较为轻微，可能判处的刑期低于无期徒刑的，自诉人则应向基层人民法院起诉。

——高憬宏、杨万明主编：《基层人民法院法官培训教材（实务卷·刑事审判篇）》，人民法院出版社 2005 年版，第 509 页。

1672. 自诉人的范围

关键词

自诉人　被害人　死亡　法定代理人　近亲属

附录：最高人民法院主流观点

1. 人身、财产权利遭受犯罪行为侵害的被害人是当然的自诉人，即被害人可以自己的名义向人民法院提起刑事自诉，其他人则都不具备这种资格。自诉案涉及的犯罪性质与情节均比较轻微，而且被告人往往与被害人有一定的关系，如亲属、同事、朋友关系，所以，对这类案件，法律赋予被害人以起诉权，其目的就在于尽快恢复为犯罪所侵害的社会关系，维护社会稳定。

2. 在被害人死亡的情况下，其近亲属或法定代理人则可以自诉人身份提起自诉，如侮辱、诽谤案的被害人自杀的，其近亲属或法定代理人可以自诉人身份提出追究犯罪的诉讼请求。应当说，在被害人未死亡的情况下，自诉人身份应为其独有，而在被害人死亡的情况下，被害人的近亲属及法定代理人则依法享有了追诉权。

3. 如果被害人丧失行为能力或为限制行为能力人的，其法定代理人或近亲属可以代为告诉，但自诉人仍为被害人。根据我国《民法通则》的相关规定，无民事行为能力人、限制民事行为能力人的监护人是他的法定代理人，而监护人应当履行监护职责，保护被监护人的人身、财产及其他合法权益。所以，对于丧失行为能力人或限制行为能力人来讲，当能够提起自诉的侵害事实发生后，其法定代理人是当然的代理诉讼的人。基于此原因，《刑事诉讼法》及司法解释明确规定，对于丧失行为能力或限制行为能力人，其法定代理人可以代为告诉。但法定代理人仅仅是代理人，而非自诉人。

如果丧失行为能力、限制行为能力的被害人的法定代理人没有代为告诉，丧失行为能力、限制行为能力被害人的近亲属也可代为告诉，但被害人仍为自诉人。当被害人因受强制、威吓等原因无法告诉，以及由于年老、患病、盲、聋、哑等原因不能亲自告诉，其近亲属代为告诉时，被害人仍然是自诉人，被害人的近亲属为代为告诉人。一般来讲，被害人应以自诉人的身份表达追究犯罪的请求并向人民法院提交自诉状。但在某些情况下，被害人虽然有追究犯罪愿望，但迫于种种原因而难以直接表达追究犯罪请求并提交诉状。

——高憬宏、杨万明主编：《基层人民法院法官培训教材（实务卷·刑事审判篇）》，人民法院出版社2005年版，第509~511页。

1673. 自诉人与代为告诉人的区别

关键词

自诉人　代为告诉人

最高人民法院司法解释

第五条　刑事自诉状应当记明以下事项：

（一）自诉人或者代为告诉人、被告人的姓名、性别、年龄、民族、文化程度、职业、工作单位、住址、联系方式；

（二）被告人实施犯罪的时间、地点、手段、情节和危害后果等；

（三）具体的诉讼请求；

（四）致送的人民法院和具状时间；

（五）证据的名称、来源等；

（六）有证人的，载明证人的姓名、住所、联系方式等

——《最高人民法院关于人民法院登记立案若干问题的规定》（2015年4月15日，法释〔2015〕8号）。

附录：最高人民法院主流观点

《刑法》第九十八条规定："本法所称的告诉才处理，是指被害人告诉才处理。如果被害人因受强制、威吓无法告诉的，人民检察院和被害人近亲属也可以告诉。"《刑事诉讼法》第一百一十二条[①]规定："对于自诉案件，被害人有权向人民法院直接起诉。被害人死亡或者丧失行为能力的，被害人的法定代理人、近亲属有权向人民法院起诉。人民法院应当依法受理。"《刑诉法司法解释》第二百五十九条[②]规定："自诉案件必须符合以下条件……（三）被害人告诉……"第二百六十条[③]规定："本解释第一条规定的案件，如果被害人

① 本条现为《中华人民共和国刑事诉讼法》（2018年修正）第一百一十四条。

② 本条现为《最高人民法院关于适用〈中华人民共和国刑事诉讼法〉的解释》（法释〔2021〕21号）第三百一十六条。

③ 本条现为《最高人民法院关于适用〈中华人民共和国刑事诉讼法〉的解释》（法释〔2021〕21号）第三百一十七条。

死亡、丧失行为能力或者因受强制、威吓等无法告诉，或者是限制行为能力人以及因年老、患病、盲、聋、哑等不能亲自告诉，其法定代理人、近亲属告诉或者代为告诉的，人民法院应当依法受理。被害人的法定代理人、近亲属告诉或者代为告诉，应当提供与被害人关系的证明和被害人不能亲自告诉的原因的证明。”自诉人是指以自己的名义向人民法院起诉，在请求人民法院通过审判追究被告人刑事责任的自诉案件中处于原告地位的人，与被告人一起都是自诉案件的当事人。根据上述规定，能够成为自诉人的应该包括以下：(1)被害人，即遭受犯罪行为侵害的人。(2)被害人的法定代理人或者近亲属。这些人成为自诉人的前提是被害人死亡、丧失行为能力或因强制、威吓无法告诉。被害人的法定代理人或者近亲属作为自诉人时，是以自己的名义起诉。(3)人民检察院。《刑法》第九十八条明确规定了人民检察院可以告诉的情形。关于人民检察院告诉的性质存在争议。有观点认为，人民检察院告诉就是自诉转公诉，即检察院的告诉是公诉。我们认为，认定这里的检察院告诉属于公诉没有法律依据，应该仍然是自诉，是人民检察院代表被害人个人提起的自诉，与代表国家提起的公诉的是不一样的，适用的法律规范也应该是《刑事诉讼法》及其司法解释关于自诉的规定。

这里要注意区分自诉人和代为告诉人。代为告诉人这个概念来源于《刑诉法司法解释》第二百六十条。代为告诉人是否就是自诉人，这在认识上是存在分歧的。分析前述《刑法》《刑事诉讼法》及其司法解释关于自诉的规定，自诉人是自身享有告诉权利的人，即享有以自己名义起诉的权利的人。凡法律规定具有告诉权利的，就是自诉人。自诉人一般为被害人，但特殊情况下非被害人也有以自己名义起诉的权利，可以成为自诉人。代为告诉人，只享有代他人告诉的权利，这里的“代”类似于“代理”的含义，而这里被“代理”的他人则是被害人，是真正享有告诉权利的人，才是自诉人。根据上述法律、司法解释的规定：当被害人死亡、丧失行为能力或因强制、威吓无法告诉时，法定代理人或近亲属则享有告诉的权利，可以成为自诉人，以自己的名义起诉，是当事人；当被害人是限制行为能力人以及因年老、患病、盲、聋、哑等不能亲自告诉时，法定代理人或者近亲属则只享有代为告诉的权利，不是自诉人，只能“代理”被害人告诉，即不是以自己的名义起诉，是以被害人的名义起诉。在代为告诉的情况下，自诉人仍然是被害人。代为告诉人的诉讼地位如何确定？如前所述，《刑事诉讼法》中没有代为告诉人的概念，此概念来源于《刑事诉讼法》司法解释。当代为告诉人是法定代理人时，则以《刑事诉讼法》规定的法定代理人的诉讼地位认定之。难点在于代为告诉人是近亲属而非法定代理人时，如何确定其诉讼地位？个人认为，其诉讼地位类似于法定代理人，在确定其诉讼权利时，类推适用法定代理人的规定为宜，在诉讼文书中则列为代为告诉人。

单位能否成为自诉人也是一个争议的问题。法律对此没有明确。这涉及对于《刑法》《刑事诉讼法》及其司法解释中“被害人”的理解，是否包含被害单位。我们认为单位能够成为自诉人。首先，在《刑事诉讼法》的规定中从来没有出现被告单位或被害单位这两个概念，只有被告人和被害人。而事实上，单位犯罪是《刑法》明文规定的。因此，在《刑事诉讼法》中被告人是包含了被告单位的。同理，被害人也应当包含被害单位。即《刑事诉讼法》中被告人、被害人中的“人”均包括了自然人和单位。其次，单位作为刑事案件的被害人在客观上存在，且并不少见。除了侵犯人身权利、民主权利等只能以自然人为对象的犯罪外，很多犯罪中单位都可能成为被害人。为了维护被犯罪侵害的单位的合法权利，应当允许单位为自诉人。同时，在告诉才处理的案件中，如果被害人是单位，不允许单位自诉，则相应的犯罪就没有办法追究，显然不妥当。如侵占罪为告诉才处理。如果行为人代为保管的他人财物为单位财物，行为人非法占为己有，数额较大，拒不退还时，只能由单位提起自诉。否则无法追究行为人的责任。单位自诉的，应由其法定代表人或者主要负责人代表单位起诉和参与诉讼。

——景汉朝主编:《最高人民法院关于登记立案司法解释理解与适用》，人民法院出版社 2016 年版，第 86~88 页。

1674. 被害人提起自诉案件的范围

关键词

自诉案件　受案范围　代为告诉

最高人民法院司法解释

第三百一十六条　人民法院受理自诉案件必须符合下列条件：

（一）符合刑事诉讼法第二百一十条、本解释第一条的规定；

（二）属于本院管辖；

（三）被害人告诉；

（四）有明确的被告人、具体的诉讼请求和证明被告人犯罪事实的证据。

——《最高人民法院关于适用〈中华人民共和国刑事诉讼法〉的解释》（2021 年 1 月 26 日，法释〔2021〕1 号）。

附录：最高人民法院主流观点

根据《刑事诉讼法》第 170 条和《刑事诉讼法解释》第 1 条的规定，被害人可以对以下三类案件提起自诉：

1. 告诉才处理的案件，即由被害人或其法定代理人提出告诉人民法院才予直接受理的案件，包括侮辱、诽谤案（《刑法》第 246 条规定的，但是严重危害社会秩序和国家利益的除外）、暴力干涉婚姻自由案（《刑法》第 257 条第 1 款规定的）、虐待案（《刑法》第 260 条第 1 款规定的）、侵占案（《刑法》第 270 条规定的）。上述案件，由于与被害人切身利益相关，《刑事诉讼法》赋予被害人提起诉讼的权利。如果被害人放弃追诉权，司法机关不能主动追究。所以，上述案件，只能由被害人向人民法院提起自诉。在司法实践中，存在问题较大的是侵占案，检察机关将侵占案提起公诉的现象屡屡发生。

2. 有证据证明的轻微刑事案件，即案件性质、情节、危害轻微，被害人有证据证明的案件，包括故意伤害案（《刑法》第 234 条第 1 款规定的）、非法侵入住宅案（《刑法》第 245 条规定的）、侵犯通讯自由案（《刑法》第 252 条规定的）、重婚案（《刑法》第 258 条规定的）、遗弃案（《刑法》第 261 条规定的）、生产销售伪劣商品案（《刑法》分则第三章第一节规定的，但是严重危害社会秩序和国家利益的除外）、侵犯知识产权案（《刑法》分则第三章第七节规定的，但是严重危害社会秩序和国家利益的除外）、属于《刑法》分则第四章、第五章规定的，对被告人可能判处三年有期徒刑以下刑罚的案件。这类案件是由 1979 年《刑事诉讼法》关于法院直接受理的"其他不需要进行侦查的轻微刑事案件"转化而来，实质是可以通过自诉程序处理的公诉案件。从理论上说，对这类案件，被害人可提起自诉，国家追诉机关亦可提起公诉。但是，在被害人选择自诉的情况下，应当尊重被害人自诉权。应当注意的是，对这类案件提起自诉，被害人需提供证明被告人实施了犯罪行为的证据。这类案件，如果被害人未收集到充分证据，可由公安机关受理的，人民法院应将案件移送公安机关。被害人在自身收集不到证据的情况下，也可以直接向公安机关控告，公安机关不能因这类案件可以提起自诉而拒绝受理。

3. 被害人有证据证明对被告人侵犯自己人身、财产权利的行为应当依法追究刑事责任，而公安机关或者人民检察院不予追究刑事责任的案件。这一规定赋予被害人对自己有一定证据证明的侵犯自己人身、财产权利的人民检察院与公安机关又不予追究的行为以起诉权，有利于改变被害人告状无门的状况，保障被害人合法权益。此类案件实际由公诉案件转化而来，称为"公诉转自诉"案件。被害人对此类案件提起自诉，应当提供公安机关或者人民检察院已经作出的对某案不予追究的书面决定，如不立案、不起诉决定书等等。

——高憬宏、杨万明主编：《基层人民法院法官培训教材（实务卷·刑事审判篇）》，人民法院出版社 2005 年版，第 509 页。

1675. 自诉案件的提起与处理

关键词

自诉案件　自诉状

最高人民法院司法解释

第三百一十八条　提起自诉应当提交刑事自诉状；同时提起附带民事诉讼的，应当提交刑事附带民事自诉状。

第三百一十九条　自诉状一般应当包括以下内容：

（一）自诉人（代为告诉人）、被告人的姓名、性别、年龄、民族、出生地、文化程度、职业、工作单位、住址、联系方式；

（二）被告人实施犯罪的时间、地点、手段、情节和危害后果等；

（三）具体的诉讼请求；

（四）致送的人民法院和具状时间；

（五）证据的名称、来源等；

（六）证人的姓名、住址、联系方式等。

对两名以上被告人提出告诉的，应当按照被告人的人数提供自诉状副本。

第三百二十条　对自诉案件，人民法院应当在十五日以内审查完毕。经审查，符合受理条件的，应当决定立案，并书面通知自诉人或者代为告诉人。

具有下列情形之一的，应当说服自诉人撤回起诉；自诉人不撤回起诉的，裁定不予受理：

（一）不属于本解释第一条规定的案件的；

（二）缺乏罪证的；

（三）犯罪已过追诉时效期限的；

（四）被告人死亡的；

（五）被告人下落不明的；

（六）除因证据不足而撤诉的以外，自诉人撤诉后，就同一事实又告诉的；

（七）经人民法院调解结案后，自诉人反悔，就同一事实再行告诉的；

（八）属于本解释第一条第二项规定的案件，公安机关正在立案侦查或者人民检察院正在审查起诉的；

（九）不服人民检察院对未成年犯罪嫌疑人作出的附条件不起诉决定或者附条件不起诉考验期满后作出的不起诉决定，向人民法院起诉的。

第三百二十二条　自诉人对不予受理或者驳回起诉的裁定不服的，可以提起上诉。

第二审人民法院查明第一审人民法院作出的不予受理裁定有错误的，应当在撤销原裁定的同时，指令第一审人民法院立案受理；查明第一审人民法院驳回起诉裁定有错误的，应当在撤销原裁定的同时，指令第一审人民法院进行审理。

第三百二十三条　自诉人明知有其他共同侵害人，但只对部分侵害人提起自诉的，人民法院应当受理，并告知其放弃告诉的法律后果；自诉人放弃告诉，判决宣告后又对其他共同侵害人就同一事实提起自诉的，人民法院不予受理。

共同被害人中只有部分人告诉的，人民法院应当通知其他被害人参加诉讼，并告知其不参加诉讼的法律后果。被通知人接到通知后表示不参加诉讼或者不出庭的，视为放弃告诉。第一审宣判后，被通知人就同一事实又提起自诉的，人民法院不予受理。但是，当事人另行提起民事诉讼的，不受本解释限制。

第三百二十四条　被告人实施两个以上犯罪行为，分别属于公诉案件和自诉案件，人民法院可以一并审理。对自诉部分的审理，适用本章的规定。

第三百二十五条　自诉案件当事人因客观原因不能取得的证据，申请人民法院调取的，应当说明理由，并提供相关线索或者材料。人民法院认为有必要的，应当及时调取。

对通过信息网络实施的侮辱、诽谤行为，被害人向人民法院告诉，但提供证据确有困难的，人民法院可以要求公安机关提供协助。

第三百二十六条　对犯罪事实清楚，有足够证据的自诉案件，应当开庭审理。

第三百二十七条　自诉案件符合简易程序适用条件的，可以适用简易程序审理。

不适用简易程序审理的自诉案件，参照适用公诉案件第一审普通程序的有关规定。

——《最高人民法院关于适用〈中华人民共和国刑事诉讼法〉的解释》（2021 年 1 月 26 日，法释〔2021〕1 号）。

1676. 自诉案件受理应注意的问题

关键词

自诉案件

附录：最高人民法院法官著述

在司法实践中，对于自诉案件受理还需要注意以下几个问题：（1）根据《最高人民法院关于适用〈中华人民共和国刑事诉讼法〉的解释》第二百六十四条[①]的规定，对已经立案，经审查缺乏罪证的自诉案件，自诉人提不出补充证据的，人民法院应当说服其撤回起诉或者裁定驳回起诉；自诉人撤回起诉或者被驳回起诉后，又提出了新的足以证明被告人有罪的证据，再次提起自诉的，人民法院应当受理。（2）根据《最高人民法院关于适用〈中华人民共和国刑事诉讼法〉的解释》第二百六十六条[②]的规定，自诉人明知有其他共同侵害人，但只对部分侵害人提起自诉的，人民法院应当受理，并告知其放弃告诉的法律后果；自诉人放弃告诉，判决宣告后又对其他共同侵害人就同一事实提起自诉的，人民法院不予受理。共同被害人中只有部分人告诉的，人民法院应当通知其他被害人参加诉讼，并告知其不参加诉讼的法律后果。被通知人接到通知后表示不参加诉讼或者不出庭的，视为放弃告诉。第一审宣判后，被通知人就同一事实又提起自诉的，人民法院不予受理。但是，当事人另行提起民事诉讼的，不受《最高人民法院关于适用〈中华人民共和国刑事诉讼法〉的解释》限制。

——张述元主编：《刑事诉讼法及配套规定新释新解与适用指南》，中国法制出版社 2020 年版，第 1329~1330 页。

1677. 自诉案件的反诉应当注意的问题

关键词

自诉案件　反诉

最高人民法院司法解释

第三百三十四条　告诉才处理和被害人有证据证明的轻微刑事案件的被告人或者其法定代理人在诉讼过程中，可以对自诉人提起反诉。反诉必须符合下列条件：

（一）反诉的对象必须是本案自诉人；

---

① 本条现为《最高人民法院关于适用〈中华人民共和国刑事诉讼法〉的解释》（法释〔2021〕21号）第三百二十一条。

② 本条现为《最高人民法院关于适用〈中华人民共和国刑事诉讼法〉的解释》（法释〔2021〕21号）第三百二十三条。

（二）反诉的内容必须是与本案有关的行为；

（三）反诉的案件必须符合本解释第一条第一项、第二项的规定。

反诉案件适用自诉案件的规定，应当与自诉案件一并审理。自诉人撤诉的，不影响反诉案件的继续审理。

——《最高人民法院关于适用〈中华人民共和国刑事诉讼法〉的解释》（2021年1月26日，法释〔2021〕1号）。

附录：最高人民法院主流观点

刑事诉讼法第二百一十三条规定："自诉案件的被告人在诉讼过程中，可以对自诉人提起反诉。反诉适用自诉的规定。"根据这一规定，自诉案件在审理过程中，被告人可以对自诉人提出反诉，即被告人可以针对自诉人起诉其构成犯罪的事实，反诉自诉人侵犯其合法权益的行为构成犯罪，请求人民法院依法追究自诉人的刑事责任。《最高人民法院关于适用〈中华人民共和国刑事诉讼法〉的解释》第二百七十七条对反诉的条件作出了明确规定。具体而言，应当注意以下问题：

1. 可以提起反诉的自诉案件范围。如前所述，自诉案件包括三种类型，并非所有的自诉案件被告人都可以提起反诉，告诉才处理和被害人有证据证明的轻微刑事案件的被告人或者其法定代理人在诉讼过程中，可以对自诉人提起反诉。对于被害人有证据证明对被告人侵犯自己人身、财产权利的行为应当依法追究刑事责任，而公安机关或者人民检察院不予追究被告人刑事责任的案件，由于此类案件系公诉转自诉案件，原本属于公诉案件的范畴，因此，被告人在诉讼过程中不可以对自诉人提起反诉。此类案件的被告人如果认为自诉人侵犯其合法权益的行为构成犯罪的，应当请求公安机关立案处理，符合自诉条件的，也可以向人民法院单独提出自诉。

2. 对于告诉才处理和被害人有证据证明的轻微刑事案件，反诉必须符合下列条件：（1）反诉的对象必须是本案自诉人。反诉是与自诉相关联的诉讼，针对本案自诉人以外的人无法提起反诉，只能单独提起自诉或者请求公安机关立案处理。（2）反诉的内容必须是与本案有关的行为。如果是针对与本案无关的行为提起诉讼，无论是针对本案自诉人，抑或其他主体，均不能提起反诉。（3）反诉的案件必须符合《最高人民法院关于适用〈中华人民共和国刑事诉讼法〉的解释》第一条第一项、第二项的规定。

3. 由于反诉案件的事实与自诉案件的事实具有相关性，将二者一并审理，有利于查明案件事实，也有利于提高诉讼效率。因此，《最高人民法院关于适用〈中华人民共和国刑事诉讼法〉的解释》第二百七十七条[①]第二款规定："反诉案件适用自诉案件的规定，应当与自诉案件一并审理。"在司法实践中，对于提起反诉的条件、对提起反诉的审查、反诉案件的审理等都适用自诉案件的相关规定。需要注意的是，在自诉案件与反诉案件一并审理的过程中，双方当事人都既是自诉人又是被告人，具有双重身份，在诉讼中具有相同的诉讼地位和诉讼权利。

4. 反诉是一个独立的诉讼，是在自诉案件审理的过程中，被告人就自诉人实施的与本案有关联的犯罪行为，要求人民法院追究其刑事责任的诉讼。因此，反诉以自诉的存在为前提，但是，这并未否定反诉是一个独立的诉讼。因此，《最高人民法院关于适用〈中华人民共和国刑事诉讼法〉的解释》第二百七十七条第二款规定："自诉人撤诉的，不影响反诉案件的继续审理。"因此，自诉案件审理过程中，自诉人撤回起诉的，人民法院应当继续审理反诉案件。

——杨万明主编：《新刑事诉讼法司法适用解答》，人民法院出版社 2018 年版，第 224~226 页。

1678. 自诉案件中如何理解"有证据证明"

关键词

自诉　有证据证明

最高人民法院司法解释

第五条　刑事自诉状应当记明以下事项：

（一）自诉人或者代为告诉人、被告人的姓名、性别、年龄、民族、文化程度、职业、工作单位、住址、联系方式；

（二）被告人实施犯罪的时间、地点、手段、情节和危害后果等；

（三）具体的诉讼请求；

（四）致送的人民法院和具状时间；

（五）证据的名称、来源等；

（六）有证人的，载明证人的姓名、住所、联系方式等

——《最高人民法院关于人民法院登记立案若干问题的规定》（2015 年 4 月 15 日，法释〔2015〕8 号）。

---

① 本条现为《最高人民法院关于适用〈中华人民共和国刑事诉讼法〉的解释》（法释〔2021〕21 号）第三百三十四条。

附录：最高人民法院主流观点

本条第（五）、（六）项要求自诉状记明证据的名称、来源，证人的姓名、住址、联系方式等。《刑事诉讼法》及司法解释在自诉案件立案受理上对证据要求有一定的特殊性，需要予以重点说明。

《刑事诉讼法》第一百八十一条[①]规定："人民法院对提起公诉的案件进行审查后，对于起诉书中有明确的指控犯罪事实的，应当决定开庭审判。"因此，人民法院对提起公诉的案件在决定受理时只作形式上的审查，对于起诉书指控的犯罪事实是否有充分的证据证实，不是立案受理时要解决的问题，应当由审判解决。对于自诉案件，《刑事诉讼法》及司法解释在确定自诉案件范围时将"有证据证明"作为构成第二、三类自诉案件的条件。《刑事诉讼法》第二百零五条[②]规定：人民法院对自诉案件缺乏罪证的，如果自诉人提不出补充证据，应当说服自诉人撤回自诉，或者裁定驳回。《刑诉法司法解释》第二百五十九条在规定自诉案件受理条件时，其第（四）项规定：有"证明被告人犯罪事实的证据"；第二百六十三条进一步规定了应说服自诉人撤诉或裁定不予受理的情形包括"缺乏罪证"；第二百六十九条规定开庭条件时，也强调了"有足够的证据"。由此可见，对于自诉案件在立案受理时，现行法律及司法解释均有证据上的要求。即对自诉案件立案受理时的审查不是单纯的形式审查，而是需要就是否有证据证明指控的犯罪事实进行实质审查。如何把握这里实质审查的程度，即如何理解这里的"有证据证明"是存在疑问和争议的。特别是在推行立案登记制，要求进一步降低立案门槛，保障当事人诉权的背景下，该疑问被进一步放大。

自诉案件在立案受理时要求有证据证明犯罪，这一规定一直以来备受诟病。首先，违背了"立审分离"的原则，不利于保护当事人的诉权。立案阶段进行实质性判断，混淆了立案与审判，使大量自诉因达不到证据要求而无法受理。实践中人民法院以证据不足而不予受理自诉案件的情形较为常见。相较于公诉案件中的公安和检察机关，自诉人自我收集证据的能力十分有限，进一步加剧了这一情形。这也是群众反映"立案难"的一个重要原因。其次，存在逻辑矛盾。立案受理时即要求确定有证据证明犯罪，则审判没有存在的必要，或者存在也只是走过场了。第三，"有证据证明犯罪"这一标准模糊，实践中难以把握。是指只要有证据就行，无论证明的程度，还是要有充分的证据，或是确实充分的证据，并不明确。

我们认为，现行的法律、司法解释的规定是否适当，可以讨论。但在法

---

① 本条现为《中华人民共和国刑事诉讼法》（2018 年修正）第一百八十六条。

② 本条现为《中华人民共和国刑事诉讼法》（2018 年修正）第二百一十一条。

律和司法解释没有修改的情况下，应该执行现有规定。关键在于要结合法理和司法实践对现有规定作出适当解读。可以根据诉讼阶段的不同将自诉案件的证明标准粗略分为立案的证明标准、决定开庭审判的证明标准和定罪量刑的证明标准。依据前述《刑事诉讼法》及司法解释的规定，立案的证明标准为有证据证明犯罪。决定开庭审理的证明标准为有足够的证据证明犯罪。定罪量刑的证明标准则是所有刑事案件在审理之后作出有罪裁判时应当掌握的标准，即证据确实充分。进一步分析会发现，立案的证明标准和决定开庭审理的证明标准应该是一致的。立案的证明标准为有证据证明犯罪，这显然不能解读为只要有证据就行，无论程度如何，哪怕只是一个孤证。如果这样理解，实际上等同于在立案受理阶段对证据没有要求，只进行形式审查，设定此标准没有意义。案件受理后至决定开庭审判，其间没有当事人补充证据的程序要求，决定开庭审判时如果需要对已受理的案件进行审查，也只是一次重复性的审查，以发现受理时的疏漏，在证明的标准要求上与受理案件时应是一致的。立案受理和决定开庭审理一致的证明标准应该确定为有足够的证据证明犯罪（比有证据证明犯罪更明确的表述），简要表述就是——证据充分。

何为证据充分？刑事审判中在证明标准上经常提及的是“证据确实充分”，这是刑事裁判的证明标准。可以将其分解为证据确实和证据充分两个方面去把握。证据确实解决的是证据的真实性的问题。而证据真实性的认定是通过确认证据的证据资格来完成的。证据资格指证据具有关联性、合法性、真实性（证据“三性”），从而可以成为认定案件事实的依据。关联性，指证据与要证明的事实具有关联，能起到证明作用。合法性，指证据收集的程序合法并具有法律规定的形式要件，不能作为非法证据而予以排除。真实性，指证据的内容符合客观实际。通过庭审质证等审查判断程序，认定某个用以证明犯罪事实的证据，形式上合法，内容也是客观的，同时也能对待证的事实起到一定的证明作用，则该证据对于证明待证的事实而言，就是确实的证据。证据确实，不等于充分。证据充分，指证据足以证明待证的事实，解决的是证据的证明力问题。单个证据即孤证的证明力较弱，因此往往需要多个证据的结合才能达到充分的程度。如何判断证据充分？《刑事诉讼法》确定了学界的公认标准及其表述：排除合理怀疑。因此，认定案件事实达到证据“确实充分”，就是将多个符合“三性”的证据结合起来综合考虑，认定其相互印证，形成闭合的证据链，根据一般经验、认识规律判断，否定该事实的其他合理怀疑都应被排除了。换言之，符合“三性”的证据，结合起来（个别情况下单个证据也能）达到排除合理怀疑的程度，则达到了证据确实充分的要求。

由此可见，单纯的证据充分，没有解决证据资格或“证据确实”的问题，与裁判的证明标准相比是欠缺的。这正好说明立案受理阶段和审判阶段的证明标准不同。单纯以证据充分为立案阶段的证明标准，不会混淆立案与审判。所以我们认为，在立案受理阶段对自诉的证据要求为有证据证明犯罪，即证据充分，具体为：在不具体审查判断自诉人提供证据的关联性、合法性、客观性的前提下，只就这些证据之间彼此印证的程度，结合一般经验和认识规律，能达到排除合理怀疑的程度。具备此证据条件，则应当立案受理并开庭审理。庭审则重点审查各证据是否具备“三性”，将真正符合“三性”的证据确定下来作为定案依据（即查证属实）；同时综合判断具备“三性”的证据是否能彼此印证，对待证事实达到排除合理怀疑，最终满足“证据确实充分”的要求。

根据以上分析，结合本条第（五）、（六）项规定，自诉状应围绕能充分证明指控犯罪事实的证据，记明证据的名称、来源；有证人的，记明证人的姓名、住址、联系方式等。

——景汉朝主编：《最高人民法院关于登记立案司法解释理解与适用》，人民法院出版社 2016 年版，第 91~94 页。

1679. 自诉案件中如何理解“明确的被告人”

关键词

自诉案件　明确的被告人

最高人民法院司法解释

第六条　当事人提出起诉、自诉的，应当提交以下材料：

（一）起诉人、自诉人是自然人的，提交身份证明复印件；起诉人、自诉人是法人或者其他组织的，提交营业执照或者组织机构代码证复印件、法定代表人或者主要负责人身份证明书；法人或者其他组织不能提供组织机构代码的，应当提供组织机构被注销的情况说明；

（二）委托起诉或者代为告诉的，应当提交授权委托书、代理人身份证明、代为告诉人身份证明等相关材料；

（三）具体明确的足以使被告或者被告人与他人相区别的姓名或者名称、住所等信息；

（四）起诉状原本和与被告或者被告人及其他当事人人数相符的副本；

（五）与诉请相关的证据或者证明材料。

——《最高人民法院关于人民法院登记立案若干问题的规定》（2015 年 4 月 15 日，法释〔2015〕8 号）。

附录：最高人民法院主流观点

根据诉讼法的规定，民事、行政起诉和刑事自诉都要有明确的被告或被告人。因此，起诉、自诉应当提交能使被告或被告人得以明确以区别于他人的信息材料。

关于明确的被告或被告人问题，在行政案件或刑事自诉案件的立案中没有太多的疑问，但民事案件则不然。实践中如何判断原告的起诉有明确的被告，一直是困扰人民法院民事案件立案阶段的一个重要问题。所谓明确的被告，从其本意上说，就是被告可以识别，可以与其他人相区别而不至于混淆。能使被告区别于他人的信息很多，如姓名、性别、年龄、住址、社会关系、身份证号码、工作单位、其他户籍登记内容等等。很显然，信息越多，越利于确定被告。实践中，姓名、性别等基本身份信息和住址信息是用以确定被告的主要信息，特别是其中的有效住址信息，对于人民法院找到被告，直接送达或留置送达诉讼文书十分重要。因此，一段时期，人民法院将明确的住址信息作为认定被告是否明确的重要依据。2003年12月1日起施行的《最高人民法院关于适用简易程序审理民事案件的若干规定》第八条第二项规定："原告不能提供被告准确的送达地址，人民法院经查证后仍不能确定被告送达地址的，可以被告不明确为由裁定驳回原告起诉。"显然，住址不是确定被告的必要信息，上述规定是从有利于人民法院工作的角度出发对"明确的被告"做了限制理解，限制了当事人的诉权。2004年12月2日，《最高人民法院关于依据原告起诉时提供的被告住址无法送达应如何处理问题的批复》对上述规定进行了修正，规定："人民法院依据原告起诉时所提供的被告住址无法直接送达或者留置送达，应当要求原告补充材料。原告因客观原因不能补充或者依据原告补充的材料仍不能确定被告住址的，人民法院应当依法向被告公告送达诉讼文书。人民法院不得仅以原告不能提供真实、准确的被告住址为由裁定驳回起诉或裁定终结诉讼。"2015年2月4日公布施行的《最高人民法院关于适用〈中华人民共和国民事诉讼法〉的解释》第二百零九条规定："原告提供被告的姓名或者名称、住所等信息具体明确，足以使被告与他人相区别的，可以认定为有明确被告。"该解释没有强调要提供被告准确的送达地址。

综合而言，无论民事、行政起诉还是刑事自诉，起诉人、自诉人只要能够通过提供被告或被告人的姓名或者名称、住所等信息，使被告与他人区别，则被告就是能够被识别的，即可以认定为有明确的被告或被告人。对于提供的信息材料反映的被告不明确的，人民法院可以告知其补正。被告不补正或补正后仍不能确定明确的被告的，人民法院应裁定或决定不予受理、不予立案。

——景汉朝主编：《最高人民法院关于登记立案司法解释理解与适用》，人民法院出版社 2016 年版，第 98~100 页。

1680. 自诉案件中自诉人提交的材料不符合要的处理

关键词

自诉案件　自诉人提交的材料

最高人民法院司法解释

第六条　当事人提出起诉、自诉的，应当提交以下材料：

（一）起诉人、自诉人是自然人的，提交身份证明复印件；起诉人、自诉人是法人或者其他组织的，提交营业执照或者组织机构代码证复印件、法定代表人或者主要负责人身份证明书；法人或者其他组织不能提供组织机构代码的，应当提供组织机构被注销的情况说明；

（二）委托起诉或者代为告诉的，应当提交授权委托书、代理人身份证明、代为告诉人身份证明等相关材料；

（三）具体明确的足以使被告或者被告人与他人相区别的姓名或者名称、住所等信息；

（四）起诉状原本和与被告或者被告人及其他当事人人数相符的副本；

（五）与诉请相关的证据或者证明材料。

——《最高人民法院关于人民法院登记立案若干问题的规定》（2015 年 4 月 15 日，法释〔2015〕8 号）。

附录：最高人民法院主流观点

起诉、自诉人提交的材料，大体可分为两类，一类是作为起诉基础条件的材料，这些材料是用以说明起诉、自诉符合法律规定的条件的，属于必要的材料，一旦缺乏，可能导致案件不能登记立案；另一类是进一步支持诉求的材料，欠缺不会影响到登记立案。前述四项所列的材料中，大多属于第一类材料。本项中所列的关于与诉请有关的证据或证明材料同样包括此两类材料。其中第一类材料主要是：（1）民事案件中，说明原告与本案有直接利害关系的证据材料；行政案件中说明原告是符合《行政诉讼法》第二十五条规定的公民、法人或者其他组织的材料；刑事自诉案件中说明自诉人符合自诉主体的材料。（2）民事、行政案件中，支持诉求之事实和理由的证明材料（一定程度上能说明被告与起诉人存在作为诉讼请求基础的法律关系）；刑事自诉案件中，说明起诉案件属于法律规定的自诉案件范围的材料，以及证明被告人犯罪事实的证据材料。(3) 说明起诉、自诉案件属于受诉人民法院管辖的材料等。第二类材料则是起诉人、自诉人所能提供的有利于支持诉求的证据及其他材料。这些材料的多少及其证明效力不影响案件的立案受理，但会影响甚至决定随后的诉讼结果。

根据三大诉讼法的规定，这里证据或者证明材料的种类主要包括：(1) 物证；(2) 书证；(3) 证人证言；(4) 视听资料；(5) 电子数据；(6) 鉴定意见等。在刑事诉讼中，还包括：被害人陈述；犯罪嫌疑人、被告人供述和辩解；勘验、检查、辨认、侦查实验等笔录。在民事诉讼中，还包括：当事人陈述；勘验笔录。在行政诉讼中，还包括：当事人陈述；勘验笔录、现场笔录。凡是符合上述证据形式的材料，与诉请相关的，起诉、自诉人均可以作为支持自己起诉的材料提交法院。法院根据这些证据材料，对起诉是否符合起诉条件进行判断并作出是否受理的决定。

为有效指导当事人诉讼，本条对当事人起诉、自诉应当提交的材料尽量作了细化的规定。但需要明确的是，如前所述，这些材料分为两大类，即说明起诉符合起诉条件的必要材料和其他支持起诉的材料。登记立案时，首先要根据法律规定的起诉、自诉的条件，重点审查必要材料。在审查这些必要材料时，对于本条各项明确规定的内容，应当要求尽量符合，但也不能僵化地理解这些规定。是否符合登记立案的条件，关键在于当事人提交的材料所能证明的事实是否满足起诉或自诉的条件。事实上，上述规定的内容中，有的是程序性的硬性规定，如需要授权委托书证明被委托人具有代理权等，大多则实际是一种经验的总结，即提供这些材料一般可以证明相应的事实。但很多时候并非证明这些事实只能依靠这些材料，即一些规定只是具有指导性质，这里有一个区别对待的问题。对于一些程序性的硬性规定，当然要完全符合要求；而对于多数是基于经验总结而作出的规定，则不应苛求完全符合要求，即便提供的材料不能满足，但客观上也能证明作为起诉条件的事实存在，也应当认为符合要求。对于第二类其他支持起诉的材料，在登记立案阶段不是审查的主要内容，不决定能否登记立案。但审查人员也应尽量给予当事人指导，帮助、方便当事人行使诉讼权利，也为案件的实体审理打下好的基础。

——景汉朝主编：《最高人民法院关于登记立案司法解释理解与适用》，人民法院出版社 2016 年版，第 100~101 页。

1681. 提起公诉转自诉案件的条件

关键词

公诉转自诉案件

《刑事审判参考》指导案例

张德军故意伤害案（《刑事审判参考》指导案例第400号）

裁判要点：提起自诉的案件还必须符合三个条件：一是受理案件的范围仅限于侵犯公民人身权利和侵犯公民财产权利方面的犯罪行为，其他类型的犯罪行为不在此列。如果公民针对人身权利、财产权利以外的犯罪行为或者一般的违法行为提起刑事诉讼，且不符合其他法定自诉情形的，法院应当不予受理并依法裁定驳回起诉。二是必须是被侵权当事人有证据依法向公安机关或者人民检察院举报、控告被告人的犯罪行为后，公安机关不予立案，或者人民检察院已决定对被告人不予起诉，并经当事人提出复议建议后仍维持不予立案或者不予起诉决定的，当事人才可以向人民法院直接提起刑事诉讼。因此，法院受理此类案件的前提条件，是公安机关或者人民检察院针对当事人的控告已经出具了不予立案或者不予起诉的书面决定。三是提起人应是犯罪行为的被害人或者是其法定代理人、近亲属，但后者必须是在被害人死亡、丧失行为能力或者因受强制、威吓等原因无法告诉，或者是限制行为能力人以及由于年老、患病、盲聋哑和严重残疾不能亲自告诉的，才能成为自诉人。

值得注意的是，对依照上述规定提起自诉的案件还必须符合三个条件：一是受理案件的范围仅限于侵犯公民人身权利和侵犯公民财产权利方面的犯罪行为，其他类型的犯罪行为不在此列。如果公民针对人身权利、财产权利以外的犯罪行为或者一般的违法行为提起刑事诉讼，且不符合其他法定自诉情形的，法院应当不予受理并依法裁定驳回起诉。二是必须是被侵权当事人有证据依法向公安机关或者人民检察院举报、控告被告人的犯罪行为后，公安机关不予立案，或者人民检察院已决定对被告人不予起诉，并经当事人提出复议建议后仍维持不予立案或者不予起诉决定的，当事人才可以向人民法院直接提起刑事诉讼。因此，法院受理此类案件的前提条件，是公安机关或者人民检察院针对当事人的控告已经出具了不予立案或者不予起诉的书面决定。三是提起人应是犯罪行为的被害人或者是其法定代理人、近亲属，但后者必须是在被害人死亡、丧失行为能力或者因受强制、威吓等原因无法告诉，或者是限制行为能力人以及由于年老、患病、盲聋哑和严重残疾不能亲自告诉的，才能成为自诉人。

——黄尔梅、周峰：《张德军故意伤害案——见义勇为引发他人伤亡的如何处理》，载最高人民法院刑事审判第一、二、三、四、五庭主办：《刑事审判参考》2006 年第 4 集（总第 51 集），法律出版社 2006 年版，第 4~6 页。

1682. 开庭审理后发现检察机关起诉的案件系自诉案件的处理

关键词

开庭审理　公诉转自诉

《刑事审判参考》指导案例

李富盗窃案（《刑事审判参考》指导案例第 558 号）

裁判要点：对于公诉机关指控的事实清楚，但案件系“绝对自诉”案件的，由于公诉机关不具备自诉主体资格，法院不能据此改变起诉罪名，直接作出有罪判决。

本案中，被告人李富及其辩护人对公诉机关指控的事实不持异议，根据公诉机关指控的事实看，李富的行为系侵占行为，不构成盗窃罪。但是侵占案件属于绝对自诉案件，法院是否可以在没有自诉人起诉的情况下，直接根据公诉机关指控的事实作出认定李富犯侵占罪的有罪判决呢?

2. 公诉机关指控的事实清楚，但指控案件系“绝对自诉”案件的，由于公诉机关不具备自诉主体资格，法院不能据此改变起诉罪名，直接作出有罪判决。

根据刑事诉讼法第一百七十条的规定，自诉案件可以分为以下三种类型：

一是绝对自诉案件，即该条第（一）项规定的“告诉才处理的案件”，此类案件，必须是被害人向人民法院提起自诉后，才由法院审查决定是否受理和开庭审判的案件，如果被害人不具备刑法第九十八条规定的受到强制、威吓无法告诉的情形，公诉机关无权对此类案件提起公诉。它包括以下四种案件：（1）侮辱、诽谤案（严重危害社会秩序和国家利益的除外）；（2）暴力干涉婚姻自由案（致使被害人死亡的除外）；（3）虐待案（致使被害人重伤、死亡除外）；（4）侵占案。

二是相对自诉案件，即该条第（二）项规定的“被害人有证据证明的轻微刑事案件”，此类案件，被害人如果有证据能证明，可以直接向人民法院提起自诉，也可经侦查机关侦查后，由公诉机关向人民法院提起公诉。此类案件包括以下八种：（1）故意伤害案；（2）非法侵入他人住宅案；（3）侵犯通信自由案；（4）重婚案；（5）遗弃案；（6）生产销售伪劣商品案（严重危害社会秩序和国家利益的除外）；（7）侵犯知识产权案（严重危害社会秩序和国家利益的除外）；（8）刑法第四章侵犯公民人身权利、民主权利罪、第五章侵犯财产罪规定的，对被告人可能判处三年有期徒刑以下刑罚的案件。

三是转自诉案件，即该条第（三）项规定的案件，指被害人有证据证明被告人侵犯自己人身、财产权利的行为应当追究刑事责任，且可能判处三年以上有期徒刑的案件，而公安机关或者检察院不予追究被告人刑事责任的案件。此类案件，本应是公诉案件，但公安、检察院如果对被告人不予追究，被害人自己有证据能够证明案件事实的，可以直接向人民法院提起自诉。

上述三类自诉案件中，公诉机关仅对第二类、第三类案件享有起诉权，如果法院在开庭审理后认为起诉指控的这类案件的事实清楚，证据确实、充分，但指控的罪名与人民法院审理认定的罪名不一致的，法院在不影响被告人辩解、辩护权等诉讼权利行使的情况下，依法应当直接作出认定罪名的有罪判决。但对于第一类的自诉案件，由于自诉人享有绝对的自诉权，除非被害人具有刑法第九十八条规定的受强制、威吓无法告诉时，公诉机关才有权告诉，否则公诉机关无权起诉，法院也不能就此作出有罪判决。

本案中，公诉机关指控被告人李富犯罪的事实清楚，证据也确实、充分，但由于李富的行为属于侵占行为，侵占案系“绝对自诉”案件，而本案被害人并不存在受强制、威吓无法告诉的情况，因此，公诉机关不具备起诉主体资格，无权对本案提起诉讼。至案发时止，被害人黄河货运公司尚未向法院提起自诉，法院显然不能根据公诉机关指控的事实，直接改变指控罪名，作出李富犯侵占罪的有罪判决。

3. 公诉机关发现指控的犯罪系“绝对自诉”案件后，要求撤回起诉的，法院依法可以裁定准许。

公诉机关起诉了本应自诉的案件，属主体不适格，严格来说最好的处理方法应该如民事诉讼一样，作出驳回起诉的裁定。但是刑事诉讼法及最高人民法院和最高人民检察院（以下简称两高）的司法解释中，只有驳回自诉人自诉的规定，没有驳回检察机关起诉的规定。不过，两高在司法解释中对公诉机关的这种不当起诉作了补救性的规定：公诉机关在提起公诉后、判决宣告前发现起诉不当的，可以要求撤回起诉，法院审查后可以依法裁定准许撤回起诉。最高人民检察院颁布的《人民检察院刑事诉讼规则》（以下简称《规则》）第三百五十一条规定：“在人民法院宣告判决前，人民检察院……发现不存在犯罪事实，犯罪事实并非被告人所为，或者不应当追究被告人刑事责任的，可以要求撤回起诉。”这里的“不应当追究被告人刑事责任”的情形，包括刑诉法第十五条规定的六种情形，其中，该条第（四）项规定：“依照刑法告诉才处理的犯罪，没有告诉或者撤回告诉的案件；”本案的实际性质系“绝对自诉”案件，至案发时止，被害人虽然表示其考虑提起自诉，但毕竟还未正式向法院提起告诉，故至审理时止，本案属于“告诉才处理的犯罪，没有告诉”的情形，因此，公诉机关可以“不应当追究被告人刑事责任的情形”为由要求撤回起诉。根据《解释》第一百七十七条规定：“在宣告判决前，人民检察院要求撤回起诉的，人民法院应当审查人民检察院撤回起诉的理由，并作出是否准许的裁定。”法院可以据此作出是否准许撤回起诉的裁定。由于裁定撤回起诉这一结案方式的法律后果是中止正在进行的审判程序，但其并非终止诉讼，公诉机关撤诉后，被害人可以自行决定是否提起自诉，不影响被害人行使自诉权。同时根据《规则》第三百五十三条第四款“撤回起诉后，没有新的事实或者新的证据不得再行起诉”和《解释》第一百一十七条第（四）项“依照本解释第一百七十七条规定，人民法院裁定准许检察院撤诉的案件，没有新的事实、证据，人民检察院重新起诉的，人民法院不予受理”的规定，撤回起诉后，公诉机关在没有新的事实或证据的情况下，不得就同一事实再行起诉被告人，即使再诉，人民法院也应当裁定不予受理。这样，避免了被告人因同一事实和证据再受公诉机关追诉的情况发生，也有效维护了被告人的合法权益。

综上，我们认为，广州市海珠区法院根据本案具体案情，作出准许公诉机关撤回起诉的裁定，完全符合法律规定。

4. 公诉机关起诉了“绝对自诉”案件后，坚持不撤回起诉的，法院可以裁定终止审理。公诉机关起诉了“绝对自诉”案件后，如果公诉机关坚持不撤回起诉，法院应当怎么处理？我们认为，如果检察院坚持对本案不撤回起诉，法院可以依照刑事诉讼法第十五条的规定“裁定终止审理”。刑事诉讼法第十五条规定：“有下列情形之一的，不追究刑事责任，已经追究的，应当撤销案件，或者不起诉，或者终止审理，或者宣告无罪……（四）依照刑法告诉才处理的犯罪，没有告诉或者撤回告诉的案件……”该项规定有四层含义：一是本项规定只适用于绝对自诉案件，相对自诉和转自诉案件不适用本项规定；二是本项规定只适用于没有告诉或者撤回告诉的绝对自诉案件，即没有告诉或者自诉人撤回告诉是适用本项规定的前提条件，如果被害人已经提起告诉或者自诉人起诉后并未撤回告诉的，则不适用本项规定；三是对于这类没有告诉或者自诉人撤回告诉的绝对自诉案件，已经启动刑事追究程序的，应当分不同情况，分别以撤销案件，或者不起诉，或者终止审理，或者宣告无罪四种方式来终结案件的审理；四是以这四种处理方式终结的这类案件，不仅在程序上，也存实体上发生了终结性的法律效力，即自此后不再追究被告人的刑事责任。

本案属于“绝对自诉”案件，至案发时止，被害人未正式向法院提起告诉，故至审理时止，本案仍属下本条规定的“没有告诉”的情形。公诉机关在没有被害人受威吓、强制等无法告诉的情形下，对本案提起了公诉，属于越权公诉，法院用“裁定终止审理”方式审结本案，其法律效力是在程序上和实体上终结本次不当公诉的案件。但其并不影响被害人行使自诉权，在法律规定的追诉期内，被害人还可以就被告人的侵害行为向法院提起自诉，法院审查后可以就被害人的自诉另行立案审理。因此，公诉机关起诉了“绝对自诉”案件后，坚持不撤回起诉的，法院可以裁定终止审理。

——冉容、王路真：《李富盗窃案——开庭审理后发现检察机关起诉的案件系自诉案件的应当如何处理》，载最高人民法院刑事审判一、二、三、四、五庭主办：《刑事审判参考》2009 年第 3 集（总第 68 集），法律出版社 2009 年版，第 26~33 页。

1683. 自诉人提出撤诉请求的处理

关键词

自诉人提出撤诉请求

最高人民法院司法解释

第三百二十九条　判决宣告前，自诉案件的当事人可以自行和解，自诉人可以撤回自诉。

人民法院经审查，认为和解、撤回自诉确属自愿的，应当裁定准许；认为系被强迫、威吓等，并非自愿的，不予准许。

第三百三十条　裁定准许撤诉的自诉案件，被告人被采取强制措施的，人民法院应当立即解除。

——《最高人民法院关于适用〈中华人民共和国刑事诉讼法〉的解释》（2021 年 1 月 26 日，法释〔2021〕1 号）。

附录：最高人民法院主流观点

1. 对于属于《最高人民法院关于执行〈中华人民共和国刑事诉讼法〉若干问题的解释》（以下简称《刑事诉讼法解释》）第 188 条规定的七种情形之一的，应当说服自诉人撤回自诉，或者裁定驳回起诉。经人民法院说服，自诉人要求撤诉，人民法院经审查属于上述七种情形之一的，应当准许自诉人撤诉。

2. 自诉人基于种种原因主动要求撤回起诉的，需审查自诉人撤诉是否基于自愿。如果自诉人因受到强制、威吓或欺骗等而撤诉的，人民法院应当不予准许。自诉人提出撤诉，被告人以自己的行为未构成犯罪为由，请求人民法院继续审理澄清事实的，人民法院应当不允许撤诉。

3. 当事人自行和解后，自诉人需向人民法院提出撤诉请求。对于以自行和解为前提的撤诉，需注意自行和解内容是否违反法律和公共利益，是否侵犯他人合法权益，对于和解内容违反法律和公共利益或侵犯他人合法权益的，人民法院不应准许撤诉。

4. 自诉人经两次合法传唤，无正当理由，拒不到庭的，或未经法庭许可中途退庭的，人民法院应当推定自诉人撤诉，并按自诉人撤诉处理。

经人民法院准许自诉人撤诉的具有以下效力：

1. 对于刑事附带民事诉讼，自诉人撤诉的效力及于民事诉讼。

2. 共同侵害人为两人以上，自诉人撤销对部分侵害人的自诉的，其效力不及于其他共同侵害人。

3. 自诉人为两人以上，其中部分人撤诉的，不影响案件的继续审理，也就是说，部分自诉人撤诉的效力不及于其他自诉人。

——高憬宏、杨万明主编：《基层人民法院法官培训教材（实务卷·刑事审判篇）》，人民法院出版社 2005 年版，第 513~514 页。

1684. 自诉人请求撤诉，该案的另一被害人又另行自诉的处理

关键词

自诉案件　撤诉　另行自诉

附录：司法信箱

问题：季某的丈夫胡某与张某的妻子王某公开同居生活二年多，季某无奈之下，外出打工下落不明。张某在多次接王某回家无望的情况下，收集了确凿、充分证明胡某、王某有重婚罪的证据，向法院提起刑事自诉。法院立案后，通知季某参与自诉。当季某来法院时，不愿参加张某提起的自诉，而请求另行自诉，并要求追究胡某、王某的重婚罪。但此时张某已向法院表示愿意原谅两被告人，可能撤回其起诉。对季某的起诉是否受理或受理后如何处理该案，存在两种不同意见：一、季某与张某一样，均是胡某、王某犯重婚罪的被害人，且起诉的犯罪事实、起诉的被告人一致，依法有权提起自诉，故应该受理，并与张某提起的自诉案合并审理。二、应待张某提起的自诉案

撤诉结案后，另案受理。理由是：虽然季某自诉的犯罪事实、被告人均与张某自诉的一致，但张某已表示将提出撤诉申请，如两诉合并审理，若季某坚持要追究两被告人刑事责任，则结案无法一致，无法合并审理，故应另案受理。请问该案应如何处理？

《人民司法》研究组认为： 根据你来信介绍的案情，季某与张某同为胡某、王某涉嫌重婚犯罪的被害人，均有权提起自诉。故人民法院应当受理季某提起的自诉。如果受理季某的自诉后，张某尚未正式提出撤诉申请，可将季某提起的自诉与张某的自诉合并审理。

——《人民司法》2002年第3期（总第458期）。

1685. 自诉案件数罪并罚后可能判处三年以上有期徒刑的处理

关键词

自诉案件　数罪并罚　三年以上有期徒刑

附录：司法信箱

问题： 我院受理的一起刑事自诉案件中，自诉人起诉被告人故意毁坏财物和故意伤害两个罪名。经审理查明，被告人损毁自诉人财产价值约7000元，后又殴打自诉人致轻伤，自诉人指控被告人所犯两罪均成立。根据《刑事诉讼法》及《最高人民法院关于执行〈中华人民共和国刑事诉讼法〉若干问题的解释》的规定，人民法院受理被告人可能被判处3年以下有期徒刑的轻微刑事案件，而此案若实行数罪并罚，则可能对被告人判处3年以上有期徒刑。请问此案应如何处理？

《人民司法》研究组认为：《最高人民法院关于执行〈中华人民共和国刑事诉讼法〉若干问题的解释》（以下简称《解释》）第1条规定了人民法院直接受理的自诉案件的范围，其中第（2）项列举了8种人民检察院没有提起公诉，被害人有证据证明的轻微刑事案件。对于这8种案件，只要被害人直接向人民法院起诉的，人民法院应当依法受理。在此需要说明的是，《解释》第1条第（2）项关于"对上列8项案件，……认为对被告人可能判处3年有期徒刑以上刑罚的，应当移送公安机关立案侦查"的规定，仅是指对所列8项犯罪中的一罪可能判处3年有期徒刑以上刑罚的，人民法院不受理自诉人的起诉，而应移送公安机关立案侦查，并不包括自诉人起诉被告人犯所列8种犯罪中两种以上的犯罪，经数罪并罚对被告人决定执行3年有期徒刑以上刑罚的情形。根据你来信介绍的情况，自诉人起诉被告人的故意毁坏财物和故意伤害两项犯罪，均属于《解释》第1条第（2）项规定的自诉案件的范围，人民法院应当依法受理。

——《人民司法》2001 年第 1 期（总第 444 期）。

1686. 自诉案件审理中调解的适用

关键词

自诉案件　调解

最高人民法院司法解释

第三百二十八条　人民法院审理自诉案件，可以在查明事实、分清是非的基础上，根据自愿、合法的原则进行调解。调解达成协议的，应当制作刑事调解书，由审判人员、法官助理、书记员署名，并加盖人民法院印章。调解书经双方当事人签收后，即具有法律效力。调解没有达成协议，或者调解书签收前当事人反悔的，应当及时作出判决。

刑事诉讼法第二百一十条第三项规定的案件不适用调解。

——《最高人民法院关于适用〈中华人民共和国刑事诉讼法〉的解释》（2021 年 1 月 26 日，法释〔2021〕1 号）。

最高人民法院司法政策精神

40. 对于刑事自诉案件，要尽可能多做化解矛盾的调解工作，促进双方自行和解。对于经过司法机关做工作，被告人认罪悔过，愿意赔偿被害人损失，取得被害人谅解，从而达成和解协议的，可以由自诉人撤回起诉，或者对被告人依法从轻或免予刑事处罚。对于可公诉、也可自诉的刑事案件，检察机关提起公诉的，人民法院应当依法进行审理，依法定罪处罚。对民间纠纷引发的轻伤害等轻微刑事案件，诉至法院后当事人自行和解的，应当予以准许并记录在案。人民法院也可以在不违反法律规定的前提下，对此类案件尝试做一些促进和解的工作。

——《最高人民法院印发〈关于贯彻宽严相济刑事政策的若干意见〉的通知》（2010 年 2 月 8 日，法发〔2010〕9 号）。

附录：理解与适用

进一步建立健全刑事和解制度。《意见》第 40 条强调，要逐步建立健全刑事犯罪案件的刑事和解制度。刑事自诉案件的罪行一般比较轻微，当事人双方矛盾并不十分尖锐，具备和解可能。对于此类案件，要尽可能多做化解矛盾的调解工作，促进双方自行和解。如果经过司法机关做工作，被告人认罪悔过，愿意赔偿被害人损失，取得被害人谅解，从而达成和解协议的，可以同意自诉人撤回起诉，或者对被告人依法适用缓刑、从轻判处非监禁刑或免予刑事处罚。对于可公诉也可自诉的刑事案件，检察机关提起公诉的，人民法院应当依法进行审理，依法定罪处罚。对民间纠纷引发的轻伤害等轻微刑事案件，诉至法院后当事人自行和解的，应当予以准许并记录在案。人民法院也可以在不违反法律规定，充分保障被害人合法权益的前提下，对此类案件尝试做一些促进和解的工作，如果被告人真诚认罪，被害人谅解，公诉机关认可的，也可以从宽处罚。

——高贵君、李睿懿、毛宜全、侯宏林：《〈关于贯彻宽严相济刑事政策的若干意见〉的理解与适用》，载《人民司法·应用》2010年第7期（总第594期）。

1687. 罪证不足的自诉案件的裁判方式

关键词

自诉案件　证据不足

最高人民法院司法解释

第三百二十一条　对已经立案，经审查缺乏罪证的自诉案件，自诉人提不出补充证据的，人民法院应当说服其撤回起诉或者裁定驳回起诉；自诉人撤回起诉或者被驳回起诉后，又提出了新的足以证明被告人有罪的证据，再次提起自诉的，人民法院应当受理。

——《最高人民法院关于适用〈中华人民共和国刑事诉讼法〉的解释》（2021年1月26日，法释〔2021〕1号）。

《刑事审判参考》指导案例

姚乃君等非法行医案（《刑事审判参考》指导案例第561号）

裁判要点：对罪证不足的刑事附带民事自诉案件可不经开庭审理直接驳回起诉。

（一）刑事自诉案件立案后，对罪证不足的，法院可不经开庭审理直接驳回自诉人的起诉。

对于刑事自诉案件立案后是否应当开庭审理，司法实践中有较大争议：一种意见认为，刑事自诉案件的立案标准不能等同于定罪标准，只要起诉符合程序上的基本形式标准，就应当立案并开庭审理，在法庭上就被告人是否有罪进行调查和辩论，最后作出裁决；另一种意见认为，刑事自诉案件的庭前审查程序不同于公诉案件，如法院经过审查认定自诉人指控被告人犯罪的证据不足，且自诉人提不出补充证据的，即可不经开庭审理直接驳回起诉。

我们同意第二种意见，具体分析如下：

在公诉案件中，人民法院对于起诉书中有明确的指控犯罪事实并且附有证据目录、证人名单和主要证据复印件的，应当决定开庭审理，至于公诉机关依据这些立案材料能否成立对被告人的指控，不在庭前审查的范围。也就是说，公诉案件的庭前审查程序是一种形式审查，实质性审查要通过开庭审理来完成，也即要通过开庭审理才能作出最终有罪或无罪判决。而刑事自诉案件的庭前审查程序与此却大不相同，根据刑事诉讼法第一百七十一条和《最高人民法院关于执行（中华人民共和国刑事诉讼法）若干问题的解释》第一百九十二条的规定，人民法院对自诉案件可分别情形作出处理：（1）对犯罪事实清楚，有足够证据的案件，应当开庭审判；（2）对缺乏罪证的自诉案件，如果自诉人提不出补充证据，应当说服自诉人撤回自诉，或者裁定驳回起诉；（3）对于已经立案，经审查缺乏罪证的自诉案件，自诉人经说服撤回起诉或者被驳回起诉后，又提出新的足以证明被告人有罪的证据，再次提起自诉的，人民法院应当受理。由此可见，自诉案件的庭前审查程序具有实质性内容，其审查结果不仅可以成为决定是否开庭审理的条件，也可直接导致驳回起诉。即如果自诉人提交的控诉证据达不到确实、充分的程度，且不能补充证据的，经说服自诉人撤诉无效后，法院可不经开庭审理直接驳回起诉。实践中，自诉案件的庭前审查要经历立案庭审查和刑事审判庭审查两个阶段，二者之间有一定交叉重叠。自诉案件通过这两个阶段的审查，法官在开庭前便可对证据的充足度、被告人是否有罪、是否应予处罚等问题形成实质性判断。自诉案件一旦开庭，意味着法官已经基本确认被告人的行为能够构成犯罪。由此，对于经庭前审查程序认为罪证不足的自诉案件，也就可以采取不经开庭审理而直接裁定驳回起诉的审结方式，这样处理，既实现了案件的公正处理，又提高了诉讼效率，使得有关当事人免受诉累，有利于司法资源的合理配置。

本案中，自诉人王某某向法院提交的证据主要是其因隆胸手术遭受伤害的就诊、检查资料及损伤程度鉴定结论等，无法获得对三被告人的讯问笔录及相关专业经历、资格证明等证据。一审法院立案后，为查明案情，依法向公安机关和检察机关调取了大量证据。这些证据可证实被告人系非法行医，但不能证实被告人非法行医达到“情节严重”的程度，而根据刑法第三百三十六条之规定，构成非法行医罪要求必须达到“情节严重”。2008 年最高人民法院公布了《关于审理非法行医刑事案件具体应用法律若干问题的解释》，但本案一审和二审均发生于2006年，其间尚无相关司法解释对非法行医“情节严重”作出具体解释。当时实践中普遍掌握的判断标准主要是：因非法行医造成就诊人身体健康受到严重损害，甚至致人死亡或者身体严重残疾的；经医疗卫生行政主管部门多次制止，屡教不改，长期从事非法行医的；非法行医致多人身体受到损害，影响恶劣的，等等。可见，本案依据现有的证据尚不足以作出三被告人非法行医的行为达到“情节严重”的程度。据此，一审法院根据当时司法实践掌握的定罪标准，认定王某某起诉三被告人犯非法行医罪的证据不足是正确的，在说服自诉人王某某撤诉无效后，不经开庭审理而直接作出驳回王某某起诉的裁定，是符合法律规定的。

（二）在直接驳回刑事自诉部分的情况下，对附带民事诉讼宜一并驳回。

对刑事部分驳回起诉后如何处理附带民事诉讼部分，实践中有不同意见。有观点认为，附带民事诉讼本质系民事诉讼，而刑事诉讼的证明标准与民事诉讼不同，虽然本案刑事部分不能认定被告人有罪，但在案证据足以证明三被告人对自诉人所受伤害存在严重过错，应当承担民事赔偿责任，故仍应继续就民事部分进行审理。

对此，我们认为，刑事附带民事诉讼制度是刑事诉讼和民事诉讼在特定情况下的一种程序上的有机结合，目的是在解决被告人刑事责任的同时，一并解决因犯罪行为引发的损害赔偿责任问题，如此既有利于实现审判公正，也有利于提高诉讼效率，方便当事人诉讼。如果自诉案件通过庭前审查认定刑事部分罪证不足，则相应的民事诉讼即不属于刑事附带民事诉讼，不宜由刑事审判庭继续审理，当事人可另行提起民事诉讼。如果由刑事审判庭继续审理这种单纯的民事案件，则大量不构成犯罪的民事侵权案件都可能通过“报案—不予立案—转为刑事附带民事自诉案件”的方式进入刑事审判庭，占用刑事审判资源，这显然与我国设立刑事附带民事诉讼制度的立法本意不符。同时，在现行司法工作机制下，刑事审判和民事审判由不同业务庭负责，如由刑事法官审理纯民事案件，一定程度存在专业知识与经验不足的问题，不利确保案件的审判质量。因此，一审法院在驳回自诉人王某某的刑事自诉的同时一并驳回其附带民事诉讼是妥当的，合法合理。

——黄小明：《姚乃君等非法行医案——对罪证不足的刑事附带民事自诉案件可不经开庭审理直接驳回起诉》，载最高人民法院刑事审判一、二、三、四、五庭主办：《刑事审判参考》2009年第3集（总第68集），法律出版社2009年版，第48~53页。

1688. 关于自诉案件不适用速裁程序的问题

关键词

自诉案件　速裁程序

最高人民法院司法解释

第三百二十七条　自诉案件符合简易程序适用条件的，可以适用简易程序审理。

不适用简易程序审理的自诉案件，参照适用公诉案件第一审普通程序的有关规定。

——《最高人民法院关于适用〈中华人民共和国刑事诉讼法〉的解释》（2021年1月26日，法释〔2021〕1号）。

附录：最高人民法院主流观点

《最高人民法院关于适用〈中华人民共和国刑事诉讼法〉的解释》（法释〔2021〕1号，以下简称《刑事诉讼法解释》）第三百二十七条规定："自诉案件符合简易程序适用条件的，可以适用简易程序审理。""不适用简易程序审理的自诉案件，参照适用公诉案件第一审普通程序的有关规定。"征求意见过程中，有意见建议增加自诉案件可以适用速裁程序的规定。经研究认为，目前对于自诉案件能否适用速裁程序，存在不同认识。全国人大常委会法工委刑法室在针对修改后刑事诉讼法的理解与适用中指出："自诉案件由自诉人自行提起，案件没有经过侦查、审查起诉，人民法院在开庭前很难判断证据是否确实、充分。同时，自诉案件自诉人与被告人往往对案件事实等存在较大争议。此外，由于没有检察机关等国家机关主持，也无法在审前提出量刑建议、签署认罪认罚具结书。从这些情况来看，自诉案件是不适合适用速裁程序审理的。"[①] 基于此，《刑事诉讼法解释》第三百二十七条未规定自诉案件可以适用速裁程序。

——《刑事诉讼法解释》起草小组：《〈最高人民法院关于适用《中华人民共和国刑事诉讼法》的解释〉理解与适用》，载最高人民法院刑事审判第一、二、三、四、五庭编：《刑事审判参考》（总第126辑），人民法院出版社2021年版，第171页。

---

① 王爱立、雷建斌主编：《〈中华人民共和国刑事诉讼法〉释解与适用》，人民法院出版社2018年版，第418页。

1689. 应当说服自诉人撤回起诉或者裁定不予受理的情形

关键词

自诉人 撤回起诉

最高人民法院司法解释

第三百二十条 对自诉案件，人民法院应当在十五日以内审查完毕。经审查，符合受理条件的，应当决定立案，并书面通知自诉人或者代为告诉人。

具有下列情形之一的，应当说服自诉人撤回起诉；自诉人不撤回起诉的，裁定不予受理：

（一）不属于本解释第一条规定的案件的；

（二）缺乏罪证的；

（三）犯罪已过追诉时效期限的；

（四）被告人死亡的；

（五）被告人下落不明的；

（六）除因证据不足而撤诉的以外，自诉人撤诉后，就同一事实又告诉的；

（七）经人民法院调解结案后，自诉人反悔，就同一事实再行告诉的；

（八）属于本解释第一条第二项规定的案件，公安机关正在立案侦查或者人民检察院正在审查起诉的；

（九）不服人民检察院对未成年犯罪嫌疑人作出的附条件不起诉决定或者附条件不起诉考验期满后作出的不起诉决定，向人民法院起诉的。

——《最高人民法院关于适用〈中华人民共和国刑事诉讼法〉的解释》（2021年1月26日，法释〔2021〕1号）。

附录：最高人民法院主流观点

《最高人民法院关于适用〈中华人民共和国刑事诉讼法〉的解释》（法释〔2021〕1号，以下简称《刑事诉讼法解释》）第三百二十条第二款规定："具有下列情形之一的，应当说服自诉人撤回起诉；自诉人不撤回起诉的，裁定不予受理：（一）不属于本解释第一条规定的案件的；（二）缺乏罪证的；（三）犯罪已过追诉时效期限的；（四）被告人死亡的；（五）被告人下落不明的；（六）除因证据不足而撤诉的以外，自诉人撤诉后，就同一事实又告诉的；（七）经人民法院调解结案后，自诉人反悔，就同一事实再行告诉的；（八）属于本解释第一条第二项规定的案件，公安机关正在立案侦查或者人民检察院正在审查起诉的；（九）不服人民检察院对未成年犯罪嫌疑人作出的附条件不起诉决定或者附条件不起诉考验期满后作出的不起诉决定，向人民法院起诉的。”需要注意的是：

（1）根据《刑事诉讼法》第二百一十一条的规定，人民法院审查后，对于犯罪事实清楚，有足够证据的自诉案件，应当依法受理，并开庭审判。需要注意的是，人民法院对提起的自诉应当进行全面审查，既要审查自诉材料是否符合形式要求，也要审查犯罪事实是否清楚，证据是否足够。但是，对于自诉的审查并非实体审查，更不是判断被告人是否构成犯罪，故不得以“被告人的行为不构成犯罪”为由，说服自诉人撤回起诉或者裁定不予受理，[①]对于此类自诉案件，仍然应当开庭审判并作出判决。

（2）征求意见过程中，有意见建议明确对于公安机关已受案查处，被害人又要求自诉解决的案件，应当如何处理。经研究认为，除告诉才处理的案件外，对于公安机关已立案侦查的，应当按照处理公诉案件的方式解决。基于此，采纳上述意见，《刑事诉讼法解释》第三百二十条第二款增设第八项。需要注意的是，对于公安机关立案侦查后或者人民检察院审查起诉后，不予追究犯罪嫌疑人刑事责任的，被害人当然可以依据“公诉转自诉”案件的规定提起自诉，故表述为“属于本解释第一条第二项规定的案件，公安机关正在立案侦查或者人民检察院正在审查起诉的”，即强调此类案尚在处理过程中。

征求意见过程中，有意见建议在《刑事诉讼法解释》第三百二十条第二款增加一项，规定：“被害人不服人民检察院对未成年犯罪嫌疑人作出附条件不起诉决定以及考验期满作出不起诉的决定，向人民法院起诉的”。理由是：《全国人民代表大会常务委员会关于〈中华人民共和国刑事诉讼法〉第二百七十一条第二款的解释》规定：“人民检察院办理未成年人刑事案件，在作出附条件不起诉的决定以及考验期满作出不起诉的决定以前，应当听取被害人的意见。被害人对人民检察院对未成年犯罪嫌疑人作出的附条件不起诉的决定和不起诉的决定，可以向上一级人民检察院申诉，不适用《刑事诉讼法》第一百七十六条关于被害人可以向人民法院起诉的规定。”经研究，采纳上述意见，《刑事诉讼法解释》第三百二十条第二款增设第九项。

征求意见过程中，有意见建议在《刑事诉讼法解释》第三百二十条第二款增加一项，规定：“检察机关撤回起诉，法院准予撤诉后，被害人又提起自诉的案件。”经研究认为，相关问题较为复杂，不宜一概而论。如果没有新的

---

① 1979年刑事诉讼法第一百二十六条规定，被告人的行为不构成犯罪的案件，应当说服自诉人撤回自诉或者裁定驳回。但1996年刑事诉讼法删除了这一规定，此后刑事诉讼法维持了1996年刑事诉讼法的规定。

证据，此种情形通常属于《刑事诉讼法解释》第三百二十条第二款第二项规定的"缺乏罪证的"情形，可以依据该项规定处理；如果有新的证据，即属于应当受理的范畴。基于此，未采纳上述意见。

——《刑事诉讼法解释》起草小组:《〈最高人民法院关于适用《中华人民共和国刑事诉讼法》的解释〉理解与适用》，载最高人民法院刑事审判第一、二、三、四、五庭编:《刑事审判参考》(总第126辑)，人民法院出版社2021年版，第168~170页。

1690. 刑事自诉经审查不符合法律规定的起诉条件的处理

关键词

刑事自诉　不予受理

最高人民法院司法解释

第九条　人民法院对起诉、自诉不予受理或者不予立案的，应当出具书面裁定或者决定，并载明理由。

——《最高人民法院关于人民法院登记立案若干问题的规定》(2015年4月15日，法释〔2015〕8号)。

附录：最高人民法院主流观点

(1)不属于《最高人民法院关于适用〈中华人民共和国刑事诉讼法〉的解释》第一条规定的人民法院直接受理的案件；(2)缺乏罪证的；(3)犯罪已过追诉时效期限的；(4)被告人死亡的；(5)被告人下落不明的；(6)除因证据不足而撤诉的以外，自诉人撤诉后，就同一事实又告诉的；(7)经人民法院调解结案后，自诉人反悔，就同一事实再行告诉的；(8)自诉人明知有其他共同侵害人，但只对部分侵害人提起自诉的，人民法院告知其放弃告诉的法律后果，自诉人放弃告诉，判决宣告后又对其他共同侵害人就同一事实提起自诉的，人民法院不予受理；(9)共同被害人中只有部分人告诉的，人民法院应当通知其他被害人参加诉讼，并告知其不参加诉讼的法律后果，被通知人接到通知后表示不参加诉讼或者不出庭的，视为放弃告诉，第一审宣判后，被通知人就同一事实又提起自诉的，人民法院不予受理。

在立案实践中，对原告的起诉经审查认为不符合法律规定的起诉条件时，并不是所有情形均当然地立即作出书面裁定，而应根据情况作不同处理。对于明显不符合起诉条件的案件，可以先向起诉人释明。释明后，起诉人表示理解并且同意法院的指引和释明意见，可以不出具书面裁定；如果起诉人不同意法院的释明意见，仍然坚持起诉，则应按照相关诉讼法的规定，出具书面裁定。

——景汉朝主编：《最高人民法院关于登记立案司法解释理解与适用》，人民法院出版社 2016 年版，第 116~117 页。

1691. 不予受理（不予立案）与驳回起诉的适用

关键词

不予受理　驳回起诉

最高人民法院司法解释

第一条　人民法院对依法应该受理的一审民事起诉、行政起诉和刑事自诉，实行立案登记制。

——《最高人民法院关于人民法院登记立案若干问题的规定》（2015 年 4 月 15 日，法释〔2015〕8 号）。

附录：最高人民法院主流观点

在实行立案登记制后，人民法院出具不予受理（不予立案）或驳回起诉的裁定逐渐增多。如上海法院 2015 年 5 月至 12 月，出具不予受理裁定 1,286 件，同比增长 173.6%。在实践中，有些法院混淆了不予受理（不予立案）与驳回起诉裁定的适用条件，将应当裁定驳回起诉的案件，裁定不予受理，或者将应当裁定不予受理的，驳回起诉等。对此，需要对两者的区别作进一步厘清。

裁定不予受理与裁定驳回起诉均属于对程序问题作出的判定。根据诉讼法的规定，不予受理（不予立案）是在人民法院决定立案前，认为起诉不符合受理条件，作出的书面裁定。驳回起诉是在人民法院已经立案后，认为起诉不符合受理条件，作出的书面裁定。两者的根本区别在于，法院是否已经立案。不予受理意味着法院没有立案，作出的裁定只是针对原告单方的。因此，在不予受理裁定书中是不列原告和被告的，只称为起诉人。驳回起诉意味着法院已经受理，但认为起诉不符合诉讼要件，因此，作出驳回起诉的裁定。在驳回起诉裁定书中，是列明原被告的。

从目前法律规定看，基本上，不予受理（不予立案）和驳回起诉的适用条件是一致的。如《民事诉讼法》及司法解释规定，人民法院应当保障当事人依照法律规定享有的起诉权利。对符合本法第一百一十九条的起诉，必须受理。符合起诉条件的，应当在 7 日内立案，并通知当事人；不符合起诉条件的，应当在7日内作出裁定书，不予受理。立案后发现不符合起诉条件或者属于《民事诉讼法》第一百二十四条规定情形的，裁定驳回起诉。基于此，在过去实践中，往往不加区分地进行适用。但在实行立案登记制后，除法律明确规定外，应当尽可能对不符合形式要件的适用不予受理的裁定。如提交材料不符合要求，且未在规定期限内补正或者经补正仍不符合要求的，裁定不予受理或不予立案；对不符合诉讼要件的适用驳回起诉的裁定。如原告诉讼主体不适格，可以立案后裁定驳回起诉。作如此区分的理由主要是，明确不符合起诉要件或者说形式要件的后果是不予立案。不符合诉讼要件或者说实质要件的后果是驳回起诉。

——景汉朝主编：《最高人民法院关于登记立案司法解释理解与适用》，人民法院出版社2016年版，第57~58页。

1692. 人民法院对自诉案件作出按撤诉处理的裁定不能上诉

关键词

自诉案件　撤诉　上诉权

最高人民法院司法解释

第三百三十一条　自诉人经两次传唤，无正当理由拒不到庭，或者未经法庭准许中途退庭的，人民法院应当裁定按撤诉处理。

部分自诉人撤诉或者被裁定按撤诉处理的，不影响案件的继续审理。

——《最高人民法院关于适用〈中华人民共和国刑事诉讼法〉的解释》（2021年1月26日，法释〔2021〕1号）。

附录：司法信箱

问题：《刑事诉讼法》第171条规定："自诉人经两次依法传唤无正当理由拒不到庭的，或者未经法庭许可中途退庭的，按撤诉处理。"对裁定按撤诉处理的自诉案件自诉人能否上诉，有两种意见：第一种意见认为，对能否上诉，目前尚无法律规定，可准许上诉；第二种意见认为，裁定按撤诉处理的案件，应视为自诉人自动放弃诉讼权利，而不是法院依法剥夺其诉讼权利，参照民事诉讼法有关立法精神，不能上诉。请问哪种意见正确？

《人民司法》研究组认为：根据《刑事诉讼法》第171条规定：人民法院对"自诉人经两次依法传唤，无正当理由拒不到庭的，或者未经法庭许可中途退庭的，按撤诉处理"，即认为自诉人自动放弃自诉权，依法裁定自诉人撤诉。这种按撤诉处理的自诉案件，由于是自诉人以消极的故意行为，放弃自己的诉讼权利。因此，对于人民法院作出的此类按撤诉处理的自诉案件的裁定，自诉人不能上诉。

——《人民司法》1997 年第 10 期（总第 405 期）。

1693. 被告人下落不明自诉案件的审理

关键词

自诉期间　下落不明

最高人民法院司法解释

第三百三十二条　被告人在自诉案件审判期间下落不明的，人民法院可以裁定中止审理；符合条件的，可以对被告人依法决定逮捕。

——《最高人民法院关于适用〈中华人民共和国刑事诉讼法〉的解释》（2021 年 1 月 26 日，法释〔2021〕1 号）。

1694. 自诉案件的裁判

关键词

判决　审理期限

最高人民法院司法解释

第三百三十三条　对自诉案件，应当参照刑事诉讼法第二百条和本解释第二百九十五条的有关规定作出判决。对依法宣告无罪的案件，有附带民事诉讼的，其附带民事部分可以依法进行调解或者一并作出判决，也可以告知附带民事诉讼原告人另行提起民事诉讼。

——《最高人民法院关于适用〈中华人民共和国刑事诉讼法〉的解释》（2021 年 1 月 26 日，法释〔2021〕1 号）。

附录：最高人民法院主流观点

从司法实践来看，由于刑事附带民事诉讼不收取诉讼费，个别案件存在当事人滥用自诉权的问题。对于宣告无罪的自诉案件，要求对附带民事部分一并作出处理，会进一步加剧这一问题。基于此，本条对 2012 年《刑事诉讼法解释》第二百七十六条关于依法宣告无罪的自诉案件“其附带民事部分应当依法进行调解或者一并作出判决”的规定作了适当调整。

征求意见过程中，有意见提出，从自诉案件第一审程序整章体系来看，对于缺乏罪证或者无罪的自诉案件，除说服自诉人撤回起诉和调解外，另有三种处理方式：第一，立案阶段不予受理；第二，经审查缺乏罪证的，裁定驳回起诉，这指的是开庭审理之前的书面审查；第三，经过开庭后认定被告人无罪或不能认定被告人有罪的，应当作出判决（无罪判决）。实践中对自诉案件经开庭审理后，认为被告人无罪或不能认定被告人有罪的，既有只作出驳回起诉的程序处理的，又有作无罪判决实体处理的，做法不统一。故建议将本条中的自诉案件限定为已开庭审理的自诉案件。经研究认为，所涉问题较为复杂，不宜一概而论。但是，通常而言，对于已经开庭审理的自诉案件，原则上不能再说服自诉人撤回起诉或者驳回起诉，应当作出无罪判决。

此外，司法实践多次反映自诉案件审限过短和增加规定报请批准延长审限的问题。经研究认为，《刑事诉讼法》第二百一十二条第二款对自诉案件的审理期限作了专门规定。根据该条规定，被告人未被羁押的自诉案件，应当在受理后六个月以内宣判，不能适用第二百零八条关于延长审理期限的规定。而且，自诉案件的性质与公诉案件有本质的区别，因此，公诉案件的延长审限，自诉案件不能简单套用。自诉案件的结案方式灵活多样，可以和解结案、调解结案、判决结案，目的是尽快恢复社会秩序，充分尊重当事人的处分权。因此，为自诉案件设置与公诉案件无区别的审限延长程序似不合理。鉴此，未对自诉案件报请延长审限的问题作出规定。被告人未被羁押的自诉案件的审限不足的问题客观存在，实践中，一方面要严格审限管理，尽量在规定时间内审结相关自诉案件；另一方面，也可以根据实践情况裁量处理。据了解，有的地方法院通过让自诉人撤诉后再行提起自诉的方式解决审限不足问题，实属“无奈之举”。

——李少平主编：《最高人民法院关于适用〈中华人民共和国刑事诉讼法〉的解释理解与适用》，人民法院出版社2021年版，第388页。

1695. 适用自诉案件程序审理侵犯知识产权犯罪的问题

关键词

自诉案件　侵犯知识产权犯罪　证据审查

《刑事审判参考》指导案例

舒亚眉、陈宝华侵犯著作权案（《刑事审判参考》指导案例第146号）

裁判要点：侵犯著作权等知识产权的刑事案件既可能作为公诉

案件处理，也可能作为自诉案件处理。

因此，侵犯著作权等知识产权的刑事案件既可能是被害人提起自诉的案件，也可能是由检察院提起公诉的案件。1. 作为自诉案件处理的：（1）情节轻微，对被告人可能判处三年有期徒刑以下刑罚，被害人起诉所提供的证据确实、充分，检察机关没有提起公诉的案件；（2）被害人有证据证明对被告人侵犯自己著作权等知识产权的行为应当依法追究刑事责任，而公安机关或者人民检察院已经作出不予追究的书面决定的案件。2. 作为公诉案件处理的：（1）严重危害社会秩序和国家利益的侵犯知识产权案；（2）被害人直接向人民法院起诉，经审查，其中证据不足，应移送公安机关立案侦查的案件；（3）被害人直接向人民法院起诉，经审查，对被告人可能判处三年有期徒刑以上刑罚的案件。

——张军、朱平：《舒亚眉、陈宝华侵犯著作权案——侵犯著作权罪如何认定》，载最高人民法院刑事审判第一庭、第二庭编：《刑事审判参考》2001年第12集（总第23集），法律出版社2002年版，第25~26页。

附录：最高人民法院法官著述

（1）侵犯知识产权犯罪案件的被害人直接向人民法院起诉的，人民法院可以依法受理。但对于其中证据不足，可以由公安机关受理的，或者认为被告人可能判处三年有期徒刑以上刑罚的，则应当移送公安机关立案侦查。

（2）为了更好地保护被害人的诉权，如果侵犯知识产权犯罪案件的被害人已经死亡、丧失行为能力或者因受强制、威吓等原因无法告诉，或者限制行为人能力人以及由于年龄、患病、盲、聋、哑等原因不能亲自告诉，而由其法定代理人、近亲属代为告诉的，人民法院也应当受理。但代为告诉人应当提供与被害人关系的证明和被害人不能亲自告诉的原因的证明。

（3）按照举证原则，在诉讼中，自诉人与被告人对侵犯知识产权的犯罪行为均负有举证责任。当事人确实因客观原因不能取得并提供有关证据，而申请人民法院调取证据的，人民法院经审查认为确有必要的，可以依职权调取。

（4）可以进行调解、自行和解和提起反诉。人民法院审理侵犯知识产权犯罪案件，在查明事实，分清是非的基础上可以进行调解。自诉人在宣告判决前可以同被告人自行和解或者撤回自诉。被告人或者其法定代理人在诉讼过程中可以对自诉人提起反诉。反诉适用自诉的规定，应当与自诉案件一并审理。原自诉人撤诉的，不影响反诉案件的继续审理。

——周道鸾：《关于审理侵犯知识产权犯罪案件适用法律的几个问题》，载《法律适用》1998年第9期（总第150期）。

实践中法院受理的自诉案件数量较少，这个程序没有发挥应有的功用。因此为切实保障当事人的刑事自诉权利，《最高人民法院、最高人民检察院关于办理侵犯知识产权刑事案件具体应用法律若干问题的解释（二）》第5条对此问题进一步重申，明确被害人有证据证明的侵犯知识产权刑事案件，直接向人民法院起诉的，人民法院应当依法审理，严重危害社会秩序和国家利益的侵犯知识产权刑事案件，由人民检察院依法提起公诉。

需要指出，根据最高人民法院、最高人民检察院、公安部、国家安全部、司法部、全国人民代表大会常务委员会法制工作委员会《关于刑事诉讼法实施中若干问题的规定》[①]（1998年1月19日）和《刑事诉讼法解释》的规定，被害人直接向人民法院起诉的侵犯知识产权犯罪案件，人民法院应当依法受理，对于其中证据不足、可由公安机关受理的，应当移送公安机关立案侦查，被害人向公安机关控告的，公安机关应当受理。

——李洪江：《〈关于办理侵犯知识产权刑事案件具体应用法律若干问题的解释（二）〉的理解与适用》，载最高人民法院刑事审判第一、二、三、四、五庭主办：《刑事审判参考》2007年第3集（总第56集），法律出版社2007年版，第66~68页。

1696. 自诉案件中反诉的处理

关键词

自诉案件　反诉

最高人民法院司法解释

第三百三十四条　告诉才处理和被害人有证据证明的轻微刑事案件的被告人或者其法定代理人在诉讼过程中，可以对自诉人提起反诉。反诉必须符合下列条件：

（一）反诉的对象必须是本案自诉人；

（二）反诉的内容必须是与本案有关的行为；

（三）反诉的案件必须符合本解释第一条第一项、第二项的规定。

反诉案件适用自诉案件的规定，应当与自诉案件一并审理。自诉人撤诉的，不影响反诉案件的继续审理。

---

① 本文件已被《最高人民法院、最高人民检察院公安部、国家安全部、司法部、全国人大常委会关于实施刑事诉讼法若干问题的规定》（2012年12月26日）废止。

——《最高人民法院关于适用〈中华人民共和国刑事诉讼法〉的解释》（2021年1月26日，法释〔2021〕1号）。

附录：最高人民法院主流观点

反诉在一审判决宣告之前都可以提起。但是，如果被告人在本诉的审理活动全部结束以后再提起反诉，法庭往往需要重复开庭、调查、辩论等，容易造成司法资源的浪费。基于此，本条原本拟将提起反诉的时间限定为一审法庭辩论结束前；法庭辩论结束后被告人提起反诉的，告知其另行提起诉讼。对此，存在不同认识。讨论中，有意见认为应当继续沿用原规定。理由是：（1）刑事诉讼法第二百一十三条明确规定“自诉案件的被告人在诉讼过程中，可以对自诉人提起反诉”。据此，对于开庭后被告人才发现自己有权提出反诉的，有权立即向人民法院提出。将“诉讼过程中”解释为“法庭辩论终结前”，在实质上限制和影响了自诉案件被告人诉讼权利的行使，对该条款进行限缩解释时应格外慎重。（2）相对于重新起诉之后面临的重新立案、分案审理而言，允许被告人在开庭之后判决宣告以前提出反诉，并不浪费司法资源。（3）之所以规定自诉和反诉一并审理，就是因为两个诉存在紧密关联，如果人为拆分审理，不利于查明事实并作出公正的判决。经慎重研究，鉴于存在不同认识，本条沿用原规定，不再作出调整。

——李少平主编：《最高人民法院关于适用〈中华人民共和国刑事诉讼法〉的解释理解与适用》，人民法院出版社2021年版，第388页。

1697. 反诉事实和自诉事实具有关联性，将两者合并审理时应注意的问题

关键词

反诉事实　自诉事实

附录：最高人民法院法官著述

告诉才处理和被害人有证据证明的轻微刑事案件的被告人在诉讼过程中享有反诉的权利，可以对自诉人提起反诉。反诉是指在自诉案件审理过程中，自诉案件的被告作为被害人向受理自诉案件的人民法院控告自诉人犯有与本案有关联的犯罪行为，要求人民法院追究其刑事责任的诉讼。由于反诉事实和自诉事实具有关联性，将两者合并审理时应注意的问题，有助于案件事实的查明，也有助于诉讼效率的提高。在司法实践中应注意以下几个问题：（1）反诉的对象必须是本案的自诉人。（2）反诉的内容必须是与本案有关的行为。

（3）反诉的案件必须是告诉才处理的案件和人民检察院没有提起公诉、被害人有证据证明的轻微刑事案件。也就是说，对于被害人有证据证明对被告人侵犯自己人身、财产权利的行为应当追究刑事责任，而公安机关或者人民检察院不予追究的案件，不可以提起反诉。这是由其本身公诉案件的性质决定的。如果被告人认为自诉人存在侵犯自己合法权益的行为且构成犯罪，则可以请求公安机关立案或者单独提起自诉。（4）反诉以自诉的存在为前提，但反诉本质上是一个独立的诉讼。如果原自诉人撤诉的，不影响反诉案件的继续审理。（5）反诉案件的审理适用自诉案件的规定，并应当与自诉案件一并审理。在一并审理的过程中，双方当事人既是自诉人，又是被告人，具有双重身份，在诉讼中具有同等的诉讼权利。

——张述元主编：《刑事诉讼法及配套规定新释新解与适用指南》，中国法制出版社 2020 年版，第 1335 页。

1698. 故意杀人案件可以作为自诉案件受理

关键词

故意杀人罪　自诉案件

《刑事审判参考》指导案例

陈金权故意杀人案（《刑事审判参考》指导案例第 523 号）

裁判要点：故意杀人案件如果符合自诉案件的受理条件，可以由人民法院直接受理。

故意杀人案件如果符合自诉案件的受理条件，可以由人民法院直接受理。《最高人民法院关于执行〈中华人民共和国刑事诉讼法〉若干问题的解释》（以下简称《解释》）第 186 条对人民法院受理自诉案件的条件作了明确规定："人民法院受理的自诉案件必须符合下列条件：（一）属于刑事诉讼法第 170 条、本解释第 1 条规定的案件；（二）属于本院管辖的；（三）刑事案件的被害人告诉的；（四）有明确的被告人、具体的诉讼请求和能证明被告人犯罪事实的证据。人民法院受理《刑事诉讼法》第 170 条第（3）项规定的自诉案件，还应当符合《刑事诉讼法》第 86 条、第 145 条的规定。"本案在管辖权、被告人以及诉讼请求方面均没有异议，由于本案中被害人已经死亡，其妻子侯泽棉、母亲毛贤英作为近亲属，具有代为告诉的权利，故提起自诉的主体资格也没有异议。争议的焦点体现在两个方面：（1）本案是否属于自诉案件的受案范围；（2）自诉人所举证据系公安机关收集的，对该证据能否予以采信。

（一）本案属于自诉案件的受案范围

依据《解释》第 186 条的规定，“公诉转自诉”案件需同时符合《刑事诉讼法》第 86 条、第 145 条、第 170 条及《解释》第 1 条的相关规定。《刑事诉讼法》第 86 条[①]规定：“人民法院、人民检察院或者公安机关……认为没有犯罪事实，或者犯罪事实显著轻微，不需要追究刑事责任的时候，不予立案，并且将不立案的原因通知控告人。控告人如果不服，可以申请复议。”第 145 条[②]规定：“对于有被害人的案件，决定不起诉的人民检察院应当将不起诉决定书送达被害人。被害人如果不服，可以自收到决定书后七日以内向上一级人民检察院申诉，请求提起公诉。人民检察院应当将复查决定告知被害人。对人民检察院维持不起诉决定的，被害人可以向人民法院起诉。被害人也可以不经申诉，直接向人民法院起诉。”《解释》第 1 条：“人民法院直接受理的自诉案件包括：……（三）被害人有证据证明对被告人侵犯自己人身、财产权利的行为应当依法追究刑事责任，而公安机关或者人民检察院已经做出不予追究的书面决定的案件。”依据上述规定，“公诉转自诉”案件必须同时符合以下条件：（1）公安机关或者人民检察院不予追究被告人刑事责任，此为程序性条件，体现为公安机关，人民检察院已经作出不予追究的书面决定，如不予立案决定、撤销案件决定，不起诉决定；（2）被害人必须有证据证明对被告人侵犯自己人身、财产权利的行为应当依法追究刑事责任，此为实质性条件，要求被害人对自己的诉求有证据予以证明，首先要求被害人提供的证据能够证明被告人实施了侵犯其人身、财产权利的行为；其次要求所提供的证据能够证明应当对被告人的行为依法追究刑事责任；（3）案件范围为侵犯被害人人身、财产权利的案件，既要求案件有明确的被害人，又要求被告人的行为系侵犯人身、财产权利的行为，对危害国家安全、危害国防利益、贪污贿赂等案件以及侵犯公民其他权利的案件均不能提起自诉。现行法律并未对“公诉转自诉”案件的严重程度作出限制性规定，未明确要求是重大刑事案件还是轻微刑事案件。故只要符合上述条件，即便属于故意杀人等重大刑事案件，也可以作为自诉案件由人民法院直接受理。

（二）自诉人所举证据虽系公安机关收集，但并不影响采信

证据的证明力通常以“三性”即“合法性、客观性、关联性”来判断。证据的“客观性、关联性”主要在案件的审理阶段予以审查，立案阶段着重审查证据的“合法性”。证据的合法性要求包括：收集、运用证据的主体要合

---

① 本条现为《中华人民共和国刑事诉讼法》（2018 年修正）第一百一十二条。

② 本条现为《中华人民共和国刑事诉讼法》（2018 年修正）第一百八十条。

法，每个证据收集的程序要合法，证据必须具有合法形式，证据必须是经法定程序查证属实。在“公诉转自诉”案件中，收集、运用证据的主体包括：（1）自诉人。在自诉案件中自诉人负有举证责任，具有依法自行收集证据的权利；（2）侦查机关、公诉机关。《刑事诉讼法》第145条规定：“……被害人也可以不经申诉，直接向人民法院起诉。人民法院受理案件后，人民检察院应当将有关案件材料移送人民法院。”可见，在“公诉转自诉”案件中，移交所提取的证据材料系公诉机关职责所在，其所移交的由侦查机关依法收集的证据在主体方面具有合法性是毋庸置疑的。此外，《刑事诉讼法》第171条[①]规定：“人民法院对于自诉案件进行审查后……法庭审理过程中，审判人员对证据有疑问，需要调查核实的，适用本法第158条的规定。”可见，人民法院在自诉案件的审理过程中虽不负有收集证据的义务，但可以通过勘验、检查、扣押、鉴定和查询、冻结，对证据进行调查核实。

由上可见，现行法律并无关于自诉案件中的证据必须由自诉人自行依法收集的限制性规定，收集证据的主体既可以是自诉人本人也可以是侦查机关、公诉机关，只要符合“合法性、客观性、关联性”标准即可作为证据使用。本案中自诉人所提供的大量证人证言、现场勘查笔录、现场照片、现场勘查图，尸体检验报告书、尸体检验照片等证据均系侦查机关依职权收集，对案件事实有证明意义，并经庭审予以质证，均符合“三性”要求，具有证明力，应当作为定案证据予以采信。

——薛淑兰、李山中、崔祥莲：《陈金权故意杀人案——故意杀人案件能否由人民法院作为自诉案件直接受理》，载最高人民法院刑事审判第一、二、三、四、五庭主办：《刑事审判参考》2009年第1集（总第66集），法律出版社2009年版，第28~35页。

1699. 侵占案属于告诉才处理的自诉案件

关键词

侵占罪　告诉才处理　自诉案件

《刑事审判参考》指导案例

王严侵占案（《刑事审判参考》指导案例第7号）

裁判要点：侵占案规定是告诉才处理的自诉案件，由人民法院

---

① 本条现为《中华人民共和国刑事诉讼法》（2018年修正）第二百一十一条。

直接受理。

第一，依据我国刑法、刑事诉讼法的规定，侵占案是告诉才处理的案件，属于自诉案件。

根据《刑法》第 270 条第 3 款明确规定，本条罪，告诉的才处理。可见，侵占案属于公诉案件，还是告诉才处理的案件，刑法是作了明确规定的。

告诉才处理的案件是自诉案件。关于自诉案件的范围，《刑事诉讼法》第 170 条列举了三种，即：告诉才处理的案件；被害人有证据证明的轻微刑事案件；被害人有证据证明对被告人侵犯自己人身、财产权利的行为应当依法追究刑事责任，而公安机关或者人民检察院不予追究被告人刑事责任的案件。1998 年 9 月 8 日起施行的《最高人民法院关于执行〈中华人民共和国刑事诉讼法〉若干问题的解释》第 1 条第 1 项“告诉才处理的案件”中就包括《刑法》第 270 条规定的侵占案。

显然，我国法律和司法解释都是将侵占案规定为告诉才处理的案件，属于自诉案件。根据《刑事诉讼法》第 18 条第 3 款的规定，自诉案件由人民法院直接受理。

第二，侵占案依法告诉才处理，是尊重当事人诉权的表现，也有利于司法机关集中力量打击严重危害社会的犯罪分子。

此外，与公诉案件比较而言，告诉才处理的案件毕竟有其独特之处。告诉才处理的案件所包含的犯罪在社会危害性上比公诉案件明显要轻一些。所以，立法时将这类案件规定为自诉案件，由受害人决定是否交付国家司法机关审查与裁判。在一定意义上，这也有利于节省国家司法资源的投入，以集中力量去惩处其他严重危害社会的犯罪活动。

——高憬宏、党建军：《王严侵占案——侵占案是告诉才处理的案件》，载最高人民法院刑事审判第一庭：《刑事审判参考》1999 年第 1 集（总第 1 集），法律出版社 1999 年版，第 44~46 页。

1700. 单位犯罪案件没有诉讼代表人出庭的处理

关键词

单位犯罪　诉讼代表人

最高人民法院司法解释

第三百三十七条　开庭审理单位犯罪案件，应当通知被告单位的诉讼代表人出庭；诉讼代表人不符合前条规定的，应当要求人民检察院另行确定。

被告单位的诉讼代表人不出庭的，应当按照下列情形分别处理：

（一）诉讼代表人系被告单位的法定代表人、实际控制人或者主要负责人，无正当理由拒不出庭的，可以拘传其到庭；因客观原因无法出庭，或者下落不明的，应当要求人民检察院另行确定诉讼代表人；

（二）诉讼代表人系其他人员的，应当要求人民检察院另行确定诉讼代表人。

——《最高人民法院关于适用〈中华人民共和国刑事诉讼法〉的解释》（2021年1月26日，法释〔2021〕1号）。

附录：最高人民法院主流观点

我们认为，没有诉讼代表人出庭，属于被告没有到庭，人民法院不得缺席审判被告单位，应当根据《刑事诉讼法解释》第181条第2款的规定，裁定对被告单位中止审理。但是，对于单位犯罪直接负责的主管人员和其他直接责任人员在案的，应当适用《刑法》分则关于单位犯罪的条款先行追究直接负责的主管人员和其他直接责任人员的刑事责任，并按照《刑法》第64条的规定，对于犯罪单位的违法所得、犯罪工具等一并作出处理。

——高憬宏、杨万明主编：《基层人民法院法官培训教材（实务卷·刑事审判篇）》，人民法院出版社2005年版，第518~519页。

1701. 对未作为单位犯罪起诉的单位犯罪案件的处理

关键词

单位犯罪　犯罪主体　起诉

最高人民法院司法解释

第三百四十条　对应当认定为单位犯罪的案件，人民检察院只作为自然人犯罪起诉的，人民法院应当建议人民检察院对犯罪单位追加起诉。人民检察院仍以自然人犯罪起诉的，人民法院应当依法审理，按照单位犯罪直接负责的主管人员或者其他直接责任人员追究刑事责任，并援引刑法分则关于追究单位犯罪中直接负责的主管人员和其他直接责任人员刑事责任的条款。

——《最高人民法院关于适用〈中华人民共和国刑事诉讼法〉的解释》（2021年1月26日，法释〔2021〕1号）。

最高人民法院司法政策精神

对未作为单位犯罪起诉的单位犯罪案件的处理。对于应当认定为单位犯罪的案件，检察机关只作为自然人犯罪案件起诉的，人民法院应及时与检察机关协商，建议检察机关对犯罪单位补充起诉。如检察机关不补充起诉的，人民法院仍应依法审理，对被起诉的自然人根据指控的犯罪事实、证据及庭审查明的事实，依法按单位犯罪中的直接负责的主管人员或者其他直接责任人员追究刑事责任，并应引用刑罚分则关于单位犯罪追究直接负责的主管人员和其他直接责任人员刑事责任的有关条款。

——《最高人民法院关于印发〈全国法院审理金融犯罪案件工作座谈会纪要〉的通知》（2001 年 1 月 21 日，法〔2001〕8 号）

《刑事审判参考》指导案例

周云华虚假注册资本案（《刑事审判参考》指导案例第 99 号）

裁判要点：人民法院经审理认为系单位犯罪，但检察机关的起诉书却未将单位作为被告人，人民法院不能直接对未起诉的单位判处刑罚。

涉及单位管理人员的犯罪是单位犯罪还是自然人犯罪，对某些案件而言确实很难区分。司法实践中经常出现这样的情形：人民法院经审理认为系单位犯罪，但检察机关的起诉书却未将单位作为被告人，在这种情况下，人民法院能否直接对未起诉的单位判处刑罚？答案是否定的。众所周知，“不告不理”是基本的诉讼原则。其基本含义是，没有起诉，就不能审判。“不告不理”的实质是以诉制审从而防止滥用审判权，保障公民合法权益，保障司法公正。否则，当事人依法应当享有的诉讼权利无法得到保障。因此，当人民法院在审判中发现未被起诉的单位构成犯罪时，不能直接对未被起诉的单位判处刑罚。正是基于这一考虑，2001 年 1 月 21 日《全国法院审理金融犯罪案件工作座谈会纪要》明确规定：“对应当认定为单位犯罪的案件，检察机关只作为自然人犯罪案件起诉的，人民法院应及时与检察机关协商，建议检察机关对犯罪单位补充起诉。如检察机关不补充起诉的，人民法院仍应依法审理，对被起诉的自然人……追究刑事责任……”也就是说，对检察机关以自然人起诉的单位犯罪案件，如处于一审阶段，人民法院应与检察机关协商，建议检察机关补充起诉。检察机关不予补充起诉的，人民法院只能依法追究被起诉的自然人的责任，而不能直接追究单位的责任。依此精神，二审法院遇到上述情况，也只能追究被起诉的自然人的刑事责任。对犯罪的单位，可建议检察机关另行起诉。

——高憬宏、梁子安：《周云华虚报注册资本案——检察机关以自然人犯罪起诉的单位犯罪案件应如何正确处理》，载最高人民法院刑事审判第一庭：

《刑事审判参考》2001年第5集（总第16集），法律出版社2001年版，第9~10页。

附录：最高人民法院主流观点

《全国法院审理金融犯罪案件工作座谈会纪要》认为，此类案件，原则上按照单位犯罪案件处理，但在处罚时，依法只处罚单位犯罪案件中的主管人员和其他直接责任人员。理由是：

第一，根据修改后的《刑事诉讼法》规定，无论人民检察院提取公诉的案件是否事实清楚、证据是否确实、充分，只要“起诉书中有明确的指控犯罪事实并且附有证据目录、证人名单和主要证据复印件或者照片的，应当决定开庭审判”。

第二，按照“不告不理”的原则，无论在何种情况下，人民法院都不能主动对于未起诉的事实和人（含单位）径行审理和判决。

第三，单位犯罪与个人犯罪的刑事责任是不同的，对于单位犯罪案件中有关直接负责的主管人员或者其他直接责任人员，按照自然人犯罪追究刑事责任，违反了“以事实为根据，以法律为准绳”的原则，也不能体现罪刑相适应的原则。

第四，《最高人民法院关于执行〈中华人民共和国刑事诉讼法〉若干问题的解释》第215条规定：“人民法院审理单位犯罪案件，被告单位被注销或者宣告破产，但单位犯罪直接负责的主管人员和其他直接责任人员应当负刑事责任的，应当继续审理。”参照这一规定的精神，对于本属于单位犯罪的案件，而检察机关作为自然人犯罪案件起诉的，人民法院应当继续审理。但是，在审理过程中，人民法院对案件事实的认定和处理应当实事求是，对被起诉的自然人根据具体情况按单位犯罪中的直接负责的主管人员或直接责任人员处罚。

基于以上考虑，《全国法院审理金融犯罪案件工作座谈会纪要》明确：“对于应当认定为单位犯罪的案件，检察机关只作为自然人犯罪案件起诉的，人民法院应及时与检察机关协商，建议检察机关对犯罪单位补充起诉。如检察机关不补充起诉的，人民法院仍应依法审理，对被起诉的自然人根据指控的犯罪事实、证据及庭审查明的事实，依法按单位犯罪中的直接负责的主管人员或者其他直接责任人员追究刑事责任。”应当注意的是，由于此类案件没有被告单位，人民法院在追究有关人员刑事责任，制作裁判文书时，不能将单位列为被告，但应引用刑罚分则关于单位犯罪追究直接负责的主管人员和其他直接责任人员刑事责任的有关条款。

——杨万明、郭清国：《〈全国法院审理金融犯罪案件工作座谈会纪要〉的理解与运用》，载最高人民法院刑事审判第一庭：《刑事审判参考》2001年第 4 集（总第 15 集），法律出版社 2001 年版，第 63~67 页。

本属于单位犯罪的案件，检察机关按照自然人犯罪起诉的，人民法院如何处理，在司法实践中有不同的做法：（1）将案件退回人民检察院，不予受理；（2）裁定中止审理，退回人民检察院补充侦查；（3）直接将犯罪的单位列为被告，继续审理；（4）按照自然人犯罪案件处理，继续审理；（5）按照单位犯罪案件处理，但在处罚时，只处罚单位犯罪案件中的主管人员和其他直接责任人员，不处罚单位。其中，第（5）种做法体现了立法本意。

——高憬宏、杨万明主编：《基层人民法院法官培训教材（实务卷 · 刑事审判篇）》，人民法院出版社 2005 年版，第 520~521 页。

我们认为，对于上述情形，应当告知人民检察院对犯罪单位补充起诉，若人民检察院坚持对犯罪单位不起诉的，则仅对起诉的个人进行审理。理由为：

1.《刑事诉讼法》第 7 条规定："人民法院、人民检察院和公安机关进行刑事诉讼，应当分工负责，互相配合，互相制约，以保证准确有效地执行法律。"可见，人民法院、人民检察院虽然都是司法机关，但在刑事诉讼中各有分工，担负不同的职责，不能超越法律规定的职权，否则即为违法。按照刑事诉讼法的规定，审判权由人民法院行使，但必须在控诉和辩护的基础上进行。所以，当人民法院发现犯罪但人民检察院没有起诉时，不能径行审判。

2. 人民法院与公安、检察机关一样，担负着惩罚犯罪、保护人民的职责。基于这样的职责，人民法院发现犯罪时，有义务将有关情况告知有关司法机关。这一点在《刑事诉讼法》的有关条款中已有反映。

3.《最高人民法院关于执行〈中华人民共和国刑事诉讼法〉若干问题的解释》第 117 条对案件经审查后如何处理作了规定，其中第（1）项规定了退回人民检察院的情形，第（4）、（5）项规定了不予受理的情形，但均未涉及上述情形，因此，对于上述情形不能不予受理或退回人民检察院。

——郭彦东、王锦亚：《审理走私普通货物、物品犯罪案件若干问题》，载《人民司法》1996 年第 2 期（总第 385 期）。

附录：司法信箱

问题：单位犯罪中检察机关只起诉个人的，应如何处理？

某院在审理一起虚开增值税专用发票案中，查明王某在担任某公司法定代表人期间，多次安排本公司会计张某开具增值税专用发票，为公司抵扣税款 15 万余元。案发后，检察机关以虚开增值税专用发票罪将王某、张某起诉至法院。在审理过程中，法院发现王某和张某系以单位名义、为单位利益而实施犯罪，且其违法所得归单位所有，本案属单位犯罪，建议检察机关补充起诉王某、张某所在单位。但检察机关坚持不起诉单位而只起诉个人。对如何处理本案，第一种意见认为：法院应以刑法分则中有关单位犯罪处刑的相关条款直接认定被告人王某、张某犯有虚开增值税专用发票罪，并承担相应的刑事责任。第二种意见认为：本案属单位犯罪，公诉机关未起诉单位，法院不能以单位犯罪的相应条款只判处被告人个人承担刑事责任，对被告人应以证据不足判决无罪。请问哪种意见正确？

《人民司法》研究组认为：2001年印发的《全国法院审理金融犯罪案件工作座谈会纪要》规定，对于应当认定为单位犯罪的案件，检察机关只作为自然人犯罪案件起诉的，人民法院应及时与检察机关协商，建议检察机关对犯罪单位补充起诉。如检察机关不补充起诉的，人民法院仍应依法审理，对被起诉的自然人根据指控的犯罪事实、证据及庭审查明的事实，依法按单位犯罪中的直接负责的主管人员或者其他直接责任人员追究刑事责任，并应引用刑罚分则关于单位犯罪追究直接负责的主管人员和其他直接责任人员刑事责任的有关条款。

——《人民司法·应用》2010年第13期（总第600期）。

1702. 单位被注销、宣告破产或者分立、合并、资产重组等情况下的刑事责任追究

关键词

单位犯罪　刑事责任追究

最高人民法院司法解释

第三百四十四条　审判期间，被告单位被吊销营业执照、宣告破产但尚未完成清算、注销登记的，应当继续审理；被告单位被撤销、注销的，对单位犯罪直接负责的主管人员和其他直接责任人员应当继续审理。

第三百四十五条　审判期间，被告单位合并、分立的，应当将原单位列为被告单位，并注明合并、分立情况。对被告单位所判处的罚金以其在新单位的财产及收益为限。

——《最高人民法院关于适用〈中华人民共和国刑事诉讼法〉的解释》（2021年1月26日，法释〔2021〕1号）。

最高人民法院司法政策精神

十九、关于单位走私犯罪后发生分立、合并或者其他资产重组情形以及

单位被依法注销、宣告破产等情况下，如何追究刑事责任的问题

单位走私犯罪后，单位发生分立、合并或者其他资产重组等情况的，只要承受该单位权利义务的单位存在，应当追究单位走私犯罪的刑事责任。走私单位发生分立、合并或者其他资产重组后，原单位名称发生更改的，仍以原单位（名称）作为被告单位。承受原单位权利义务的单位法定代表人或者负责人为诉讼代表人。

单位走私犯罪后，发生分立、合并或者其他资产重组情形，以及被依法注销、宣告破产等情况的，无论承受该单位权利义务的单位是否存在，均应追究原单位直接负责的主管人员和其他直接责任人员的刑事责任。

人民法院对原走私单位判处罚金的，应当将承受原单位权利义务的单位作为被执行人。罚金超出新单位所承受的财产的，可在执行中予以减除。

——《最高人民法院、最高人民检察院、海关总署印发〈关于办理走私刑事案件适用法律若干问题的意见〉的通知》（2002年7月8日，法〔2002〕139号）。

最高人民法院审判业务意见

关于单位犯罪后，犯罪单位发生分立、合并或者其他资产重组等情况的，以及犯罪单位被依法撤销、宣告破产等情况下，如何追究刑事责任及裁判文书中应如何表述的问题，最高人民法院刑二庭审判长会议进行了研究，一致意见如下：

一、根据法律规定，单位实施危害社会的行为，《刑法》规定为单位犯罪的，应追究单位的刑事责任。

二、根据《刑法》的规定，对于单位犯罪，无论是实行双罚制还是单罚制，都应追究单位犯罪中直接负责的主管人员或者其他直接责任人员的刑事责任。

三、根据我国《刑法》犯罪主体和刑罚主体相统一的原则，犯罪单位发生分立、合并或者其他资产重组情况的，应当追究原犯罪单位的刑事责任，而不能追究承受原犯罪单位权利义务的新单位的刑事责任。制作裁判文书时，仍应以原单位（名称）作为被告单位，原单位名称发生更改的，在原单位名称后用括号注明"何时已变更为×××单位"字样；承受原单位权利义务的新单位法定代表人或者负责人为诉讼代表人。

四、人民法院对发生了分立、合并或者其他资产重组的原犯罪单位追究刑事责任判处罚金时，应当将承受原单位权利义务的新单位作为被执行人；罚金超出新单位所承受的财产的，可依法在执行中予以减除。在判决书主文部分，可表述为：××单位犯××罪，判处罚金××元；鉴于该单位已于××时被合并到（或分立为等）××单位，故该罚金向××单位（新）执行。

——最高人民法院刑事审判第一、二庭:《关于单位犯罪后，犯罪单位发生分立、合并或者其他资产重组等情况的，以及犯罪单位被依法撤销、宣告破产等情况下，如何追究刑事责任及裁判文书中应如何表述问题的意见》，载最高人民法院刑事审判第一、二庭编:《刑事审判参考》2003 年第 2 集（总第 31 集），法律出版社 2003 年版，第 206~207 页。

《刑事审判参考》指导案例

河南省三星实业公司集资诈骗案（《刑事审判参考》指导案例第 72 号）

裁判要点：对于单位犯罪案件，因单位被注销或宣告破产，检察机关只起诉指控有关责任人员的，应依单位犯罪的有关规定，追究其相应的刑事责任。

三星公司作为企业法人，已于 1998 年 8 月 6 日被河南省工商行政管理局吊销企业法人营业执照，其作为法人的资格已经终止，行为能力和权利能力均已丧失，依照《刑事诉讼法》第 15 条第（5）项的规定，不能再追究三星公司的刑事责任。因此，检察机关没有将三星公司作为被告单位向人民法院提起公诉，符合法律规定。依照最高人民法院《关于执行〈中华人民共和国刑事诉讼法〉若干问题的解释》第 215 条“人民法院审理单位犯罪案件，被告单位被注销或宣告破产，但单位犯罪直接负责主管人员和其他直接责任人员应当负刑事责任的，应当继续审理”的规定，司法机关应当依法追究对三星公司集资诈骗犯罪行为负有直接责任的主管人员和其他人员的刑事责任。即单位犯罪案件，因单位被注销或宣告破产，检察机关只起诉指控有关责任人员的，人民法院认为被告人的行为已构成犯罪，且系单位犯罪的责任人员的，应依单位犯罪的有关规定，追究其相应的刑事责任。

——白富忠、田立文、夏汉清:《河南省三星实业公司集资诈骗案——犯罪后单位被注销如何追究相关人员的刑事责任》，载最高人民法院刑事审判第一庭:《刑事审判参考》2000 年第 5 集（总第 10 集），法律出版社 2000 年版，第 22~23 页。

普宁市流沙经济发展公司等单位虚开增值税专用发票案（《刑事审判参考》指导案例第 232 号）

裁判要点：在犯罪单位发生分立、合并或者其他资产重组等情形下，其权利义务被变更后的单位承担，只要承受犯罪单位权利义务的单位存在，就应当追究单位犯罪的刑事责任。

我们认为，根据立法规定和一般的刑法理论，如果实施犯罪的主体没有死亡，只要没有超过法定追诉时效，就应当依法追究刑事责任。我国《刑事诉讼法》第 15 条第（5）项规定："犯罪嫌疑人、被告人死亡的""不追究刑事责任，已经追究的，应当撤销案件，或者不起诉，或者终止审理，或者宣告无罪"。最高人民法院《关于执行〈中华人民共和国刑事诉讼法〉若干问题的解释》第 215 条规定："人民法院审理单位犯罪案件，被告单位被注销或宣告破产，但单位犯罪直接负责的主管人员和其他直接责任人员应当负刑事责任的，应当继续审理。"根据上述规定，在犯罪单位被依法注销或宣告破产的情况下，由于其作为法人的资格已经终止，行为能力和权利能力均已丧失，犯罪单位实质上已经"死亡"，因此不能再追究单位的刑事责任。但在犯罪单位发生分立、合并或者其他资产重组等情形下，其权利义务被变更后的单位承担，从某种意义上讲，犯罪单位并不是完全的消灭或者说"死亡"。从"有罪必罚"和"罪责自负"的角度出发，只要承受犯罪单位权利义务的单位存在，就应当追究单位犯罪的刑事责任。

2002 年 8 月最高人民法院、最高人民检察院、海关总署联合下发的《办理走私刑事案件适用法律若干问题的意见》第 19 条规定可以作为办理单位犯罪包括单位税收犯罪案件中，遇到单位犯罪后发生分立、合并或者其他资产重组情形以及被依法注销、宣告破产等情况下，如何追究刑事责任的参照。

——裴显鼎、牛克乾：《普宁市流沙经济发展公司等单位虚开增值税专用发票案——单位共同虚开增值税专用发票如何定罪处罚》，载最高人民法院刑事审判第一、二庭编：《刑事审判参考》2003 年第 2 集（总第 31 集），法律出版社 2003 年版，第 30~32 页。

附录：最高人民法院主流观点

单位实施《刑法》分则规定为犯罪的行为后，犯罪单位被注销或者宣告破产，也就意味着该单位在法律上的"死亡"，受刑主体已经消灭，依照《刑事诉讼法》第 15 条第（5）项关于"犯罪嫌疑人、被告人死亡的"不追究刑事责任的规定精神，不应再追究该单位的刑事责任。但单位犯罪案件的受刑主体不仅仅是犯罪单位，在实行单罚制时甚至不是单位，对单位犯罪负直接责任的主管人员和其他直接责任人员，是单位犯罪案件的主要受刑主体，因此，《刑事诉讼法解释》第 215 条规定："人民法院审理单位犯罪案件，被告单位被注销或者宣告破产，但单位犯罪直接负责的主管人员和其他直接责任人员应当负刑事责任的，应当继续审理。"此种情况下，应当注意的是，由于犯罪单位已经消灭，在审理过程中不应再将原犯罪单位作被告单位，只须直接适用刑罚分则关于单位犯罪追究直接负责的主管人员和其他直接责任人员刑事责任的有关条款，追究有关责任人员的刑事责任。

单位实施犯罪行为后，发生分立、合并或者其他资产重组等情况的，该单位虽然在形式上归于消灭，但法律上的权利义务仍然存在，即由变更后的单位承受，仍应追究原犯罪单位的刑事责任。在审理过程中，仍应将实施犯罪的单位（名称）作为被告单位，由承受原单位权利义务的新单位法定代表人或者负责人为诉讼代表人。在对被告单位判处罚金时，应当将承受原单位权利义务的新单位作为被执行人；罚金数额超出新单位所承受的财产的，可依法在执行中予以减除。

——高憬宏、杨万明主编：《基层人民法院法官培训教材（实务卷·刑事审判篇）》，人民法院出版社2005年版，第519页。

1703. 对于应当认定为单位犯罪而检察机关只作为自然人犯罪提起公诉的案件的处理

关键词

单位犯罪　补充起诉　继续审理

最高人民法院司法解释

第三百四十条　对应当认定为单位犯罪的案件，人民检察院只作为自然人犯罪起诉的，人民法院应当建议人民检察院对犯罪单位追加起诉。人民检察院仍以自然人犯罪起诉的，人民法院应当依法审理，按照单位犯罪直接负责的主管人员或者其他直接责任人员追究刑事责任，并援引刑法分则关于追究单位犯罪中直接负责的主管人员和其他直接责任人员刑事责任的条款。

——《最高人民法院关于适用〈中华人民共和国刑事诉讼法〉的解释》（2021年1月26日，法释〔2021〕1号）。

最高人民法院司法政策精神

根据《刑法》和最高人民法院《关于审理单位犯罪案件具体应用法律有关问题的解释》的规定，以单位名义实施犯罪，违法所得归单位所有的，是单位犯罪。

对于应当认定为单位犯罪的案件，检察机关只作为自然人犯罪案件起诉的，人民法院应及时与检察机关协商，建议检察机关对犯罪单位补充起诉。如检察机关不补充起诉的，人民法院仍应依法审理，对被起诉的自然人根据指控的犯罪事实、证据及庭审查明的事实，依法按单位犯罪中的直接负责的主管人员或者其他直接责任人员追究刑事责任，并应引用刑罚分则关于单位犯罪追究直接负责的主管人员和其他直接责任人员刑事责任的有关条款。

——《最高人民法院关于印发〈全国法院审理金融犯罪案件工作座谈会纪要〉的通知》（2001年1月21日，法〔2001〕8号）

附录：最高人民法院法官著述

如检察机关不补充起诉的，人民法院仍应依法审理，对被起诉的自然人根据指控的犯罪事实、证据及庭审查明的事实，依法按单位犯罪中的直接负责的主管人员或者其他直接责任人员追究刑事责任。其理由是：

第一，根据《刑事诉讼法》第150条的规定，无论人民检察院提取公诉的案件事实是否清楚，证据是否确实、充分，只要"起诉书中有明确的指控犯罪事实并且附有证据目录、证人名单和主要证据复印件或者照片的，应当决定开庭审判"。也就是说，对于人民检察院提起公诉的案件，人民法院不能不予受理，也不能主动将案件退回人民检察院补充侦查。同时，此类案件也不符合中止审理的条件。

第二，人民法院审理案件应遵循不告不理原则，无论在何种情况下，人民法院都不能主动对于未起诉的事实和人（含单位）径行审理和判决。对于未被起诉的单位，当然不能将其直接列为被告单位。

第三，本属于单位犯罪的案件，按照自然人犯罪追究有关直接负责的主管人员或者其他直接责任人员的刑事责任，违反了"以事实为根据，以法律为准绳"的原则。

因此，对于本属于单位犯罪的案件，而检察机关只作为自然人犯罪案件起诉，未起诉被告单位的，人民法院应当继续审理。在审理过程中，人民法院对案件事实的认定和处理应当"以事实为根据，以法律为准绳"，对被起诉的自然人根据具体情况按单位犯罪中的直接负责的主管人员或直接责任人员处罚。应当注意的是，由于此类案件不能径行对单位判处刑罚，人民法院在制作裁判文书时，既不能将单位列为被告，也不能引用刑法总则关于单位犯罪的条款，但应引用刑罚分则关于单位犯罪追究直接负责的主管人员和其他直接责任人员刑事责任的有关条款。

——郭清国：《审理金融犯罪案件适用法律的若干问题》，载《人民司法》2001年第8期（总第451期）。

1704. 关于对中止审理案件的缺席审判

关键词

中止审理案件　缺席审判

最高人民法院司法解释

第六百零五条 因被告人患有严重疾病导致缺乏受审能力，无法出庭受审，中止审理超过六个月，被告人仍无法出庭，被告人及其法定代理人、近亲属申请或者同意恢复审理的，人民法院可以根据刑事诉讼法第二百九十六条的规定缺席审判。

符合前款规定的情形，被告人无法表达意愿的，其法定代理人、近亲属可以代为申请或者同意恢复审理。

——《最高人民法院关于适用〈中华人民共和国刑事诉讼法〉的解释》（2021年1月26日，法释〔2021〕1号）。

附录：最高人民法院主流观点

《最高人民法院关于适用〈中华人民共和国刑事诉讼法〉的解释》（法释〔2021〕1号）第六百零五条规定："因被告人患有严重疾病导致缺乏受审能力，无法出庭受审，中止审理超过六个月，被告人仍无法出庭，被告人及其法定代理人、近亲属申请或者同意恢复审理的，人民法院可以根据刑事诉讼法第二百九十六条的规定缺席审判。""符合前款规定的情形，被告人无法表达意愿的，其法定代理人、近亲属可以代为申请或者同意恢复审理。"

需要注意的是：（1）根据刑事诉讼法第二百九十六条的规定，此种缺席审判的适用对象是患有严重疾病无法出庭的被告人。经研究认为，此处规定的"患有严重疾病无法出庭"实际上是指没有受审能力，而不能作其他泛化解释，更不能将被告人因身体残疾不便到庭参加诉讼就理解为此处规定的"患有严重疾病无法出庭"。（2）被告人缺乏受审能力，不少情况下无法表达意愿，应当允许其法定代理人、近亲属代为申请或者同意恢复审理。否则，刑事诉讼法第二百九十六条规定将流于形式，在实践中无法适用。

征求意见过程中，有意见建议删除"缺乏受审能力"的表述。理由是：被告人"患有严重疾病，无法出庭"并不等于"没有受审能力"。实践中，司法精神病鉴定机构的鉴定项目包括"受审能力"项，主要是指被告人不能感知、理解诉讼活动的内涵和后果，不具有相应的认知、判断和表达能力，故无法接受审判的情形。而被告人"患有严重疾病、无法出庭"也包括被告人因身体原因，如靠呼吸机维持生命等，无法出席法庭接受审判，但其对诉讼活动的认知、判断、理解能力并不一定受限，不宜简单将二者画等号。经研究，未采纳该意见。主要考虑是：对于后一种情形，可以通过到医院开庭等便民方式予以解决。采用缺席审判方式，恐不利于对被告人诉讼权益的保护，也不符合设立缺席审判制度的初衷。

征求意见过程中，有意见建议明确是否限定申请或同意恢复审理人员的顺序，法定代理人不同意的，其他近亲属同意是否有效，是否仅需近亲属中一人同意即可。经研究认为，相关问题宜交由司法实践裁量把握。实践中，如绝大多数近亲属反对，只有个别近亲属申请或者同意恢复审理的，原则上不宜适用缺席审判程序；但是现有证据证明被告人无罪，可能作出无罪判决的，也可以视情考虑恢复审理。

——《刑事诉讼法解释》起草小组：《〈最高人民法院关于适用《中华人民共和国刑事诉讼法》的解释〉理解与适用》，载最高人民法院刑事审判第一、二、三、四、五庭编：《刑事审判参考》（总第126辑），人民法院出版社2021年版，第214~215页。

1705. 严格刑事缺席审判适用条件

关键词

刑事缺席审判

附录：最高人民法院法官著述

严格刑事缺席审判适用条件。刑事缺席审判制度是一种特别程序的特别程序，因此，不同于普通的刑事诉讼程序，也不同于一般的特别程序。在《最高人民法院、最高人民检察院关于适用犯罪嫌疑人、被告人逃匿、死亡案件违法所得没收程序若干问题的规定》（以下简称《规定》）中将适用的条件定为重大犯罪，缺席审判作为更为特别的程序适用重大犯罪案件是一个基本的条件。当时设定这一条件的依据有两个，一是1998年出台的《最高人民法院关于处理自首和立功具体应用法律若干问题的解释》（以下简称《自首立功解释》）第7条第2款明确的“可能被判处无期徒刑以上刑罚或者案件在本省、自治区、直辖市或者全国范围内有较大影响的”犯罪案件；二是2016年“两高”出台的《关于办理贪污贿赂刑事案件适用法律若干问题的解释》（以下简称《贪污贿赂解释》）第14条第2款明确的“已经或者可能被判处十年有期徒刑以上刑罚或者案件在本省、自治区、直辖市或者全国范围内有较大影响的”犯罪案件。

《规定》第2条采取了原则性规定：一是援引《自首立功解释》《贪污贿赂解释》将“重大犯罪案件”定位在“在全省、自治区、直辖市或者全国范围内具有较大影响的犯罪案件”的标准；二是明确了犯罪嫌疑人、被告人逃匿境外的犯罪案件。

《监察法》规定适用《规定》的案件类型是“有必要继续调查的，经省级以上监察机关批准，应当继续调查并作出结论”。虽然《监察法》未直接明确违法所得没收程序必须适用于“重大犯罪案件”且“依照刑法规定应当追缴违法所得及其他涉案财产”的案件类型，但从《监察法》“有必要继续调查的，经省级以上监察机关批准，应当继续调查并作出结论”的规定，可以推论出监察机关适用违法所得没收程序的案件类型：一是“有必要继续调查”。二是“经省级以上监察机关批准”。该规定一方面明确了监察机关继续调查的批准权限，另一方面体现了案件比较重大，在审批权限的级别上对应于省级以上监察机关。三是“应当继续调查并作出结论”。上述第三点是对继续调查必须作出结论的专门要求，综合上述关于“有必要继续调查”和“经省级以上监察机关批准”的分析，《监察法》关于违法所得没收程序适用案件类型的规定更加原则，但最终实践指向都是重大且依照刑法应当追缴违法所得及其他涉案财产的犯罪案件。从这个意义上讲，《监察法》和《刑事诉讼法》关于违法所得没收程序适用案件类型的规定可谓完全一致的。

作为刑事缺席审判的程序应当比《规定》规定得更加严格和苛刻，只适用那些逃亡境外的腐败分子，经劝返、引渡、遣返方式仍拒绝归案，或者已经死亡，有必要对其财产没收，或者必须给予刑罚处罚的腐败分子。

——王晓东：《国际追逃追赃视野下的我国刑事缺席审判制度》，载《法律适用》2018 年第 23 期。

1706. 完善刑事缺席审判与违法所得没收程序的衔接

关键词

刑事缺席审判　违法所得没收程序

附录：最高人民法院法官著述

1. 将追逃追赃程序设置为前置程序。由于刑事缺席审判的程序刚刚创立，很多条件尚不具备，更没有充足的时间进行司法实践。缺席审判的制度的许多原则、规定、程序都是借助于追逃追赃《最高人民法院、最高人民检察院关于适用犯罪嫌疑人、被告人逃匿、死亡案件违法所得没收程序若干问题的规定》(以下简称《规定》) 上建立起来的，完全可以预见适用刑事缺席审判的案件是极少数的案件，毕竟它是特别程序中的特别程序，在尚未建立独立体系之前，仍在普通程序和追逃追赃《规定》中生存，注定是小众的。在刑事缺席审判的程序中适用的前提、范围、罪名种类都与追逃追赃《规定》是相同的，我们设立缺席审判的目的就是将逃亡境外的腐败分子绳之以法，最理想的效果就是人赃俱获，追逃有追赃，按照现行的司法规律和长期的司法实践，笔者认为，刑事缺席审判的前置条件就是首先适用犯罪嫌疑人、被告人逃匿、死亡的财产没收程序，因为要适用刑事缺席审判程序首先的对象是逃亡境外的贪腐贿赂犯罪分子，这与追逃追赃特别程序所规定的主体是相同的；其次，追逃追赃的特别程序要求对犯罪嫌疑人或者被告人要进行通缉，在一年不到案后再可以启动申请没收财产的程序，那么，刑事缺席审判也一定需要一定的强制措施，同样犯罪嫌疑人、被告人在境外，也需要通缉的强制措施，时间不一定需要一年，但是，应当是必要的程序，特别是用国际刑警组织的红色通报，其他国家的警察和国际刑警组织就有义务对境外的犯罪嫌疑人、被告人进行限制人身自由的盘问和羁押。在此，无论是追逃追赃的财产没收程序抑或刑事缺席审判程序都需要对犯罪嫌疑人或者被告人进行通知，上述程序是完全相同的。我们相信，外逃的腐败犯罪绝大多数通过劝返、引渡和遣返是可以达到回国的目的的，所以，对外逃的腐败分子优先使用的是这些追逃追赃的方式，在拒不回国的犯罪分子中，启动财产没收程序可以查封、扣押、冻结其境内外的财产，只用这些程序穷尽后，仍然拒不回国的犯罪分子才适用刑事缺席审判程序。不仅是极其个别的案件、极少数的犯罪分子才适用缺席审判的程序，因此，刑事缺席审判也是刑事诉讼中的特别程序，在实施中，应当以犯罪嫌疑人、被告人逃匿、死亡的财产没收程序为前置条件才能适用。

——王晓东：《国际追逃追赃视野下的我国刑事缺席审判制度》，载《法律适用》2018年第23期。

1707. 中止审理与终止审理、延期审理的不同

关键词

终止审理　中止审理　延期审理

附录：最高人民法院法官著述

1. 中止审理与终止审理、延期审理的不同。终止审理是指在案件审理过程中，由于出现某些特定的情形而使案件失去继续审理的必要性，从而结束对案件的审理不再重新开始的一项诉讼制度。根据《刑事诉讼法》的规定，当具有犯罪已过追诉时效期限、经特赦令赦免、被告人死亡等情形时，人民法院应当终止审理。终止审理的效力是终结对案件的法庭审判活动，审判程序不再重新开始，由此而产生的刑事诉讼法律关系和诉讼直接归于消灭；而中止审理则是暂时中断对案件的法庭审判活动，刑事诉讼法律关系和诉讼尚在维系之中，当中止审理的原因消失后，再重新恢复审理。

2. 中止审理与延期审理不同。延期审理是指在法庭审判过程中，由于遇

到了影响审判继续进行的情况，法庭依法决定将案件的审理推迟，等到影响审理进行的原因消失后，再继续开庭审理的一项诉讼制度。中止审理与延期审理都是因法定事由，由法院决定暂停审理的诉讼制度，两者的区别在于：第一，中止审理和延期审理的理由不同。中止审理的原因主要是因为与案件有直接利害关系的当事人不能到庭，尤其是被告人不能到庭受审，因而使案件不能继续审理。而延期审理则是因故不能按照原定时间开庭审理，或者是在开庭后因故不能继续审理，而决定顺延审判期日的一种制度。第二，中止审理是中止诉讼程序，因而中止审理的期间不计入审判期限；延期审理则只是中断审判的具体时间，而不是诉讼活动的停止，因而延期的期间一般要计入审判期限。第三，中止审理是暂时停止一切与该案有关的诉讼活动；而延期审理只是顺延审判期日，不妨碍进行与法庭审理有关的其他诉讼活动，如下一次开庭审理的准备活动等。

——张述元主编：《刑事诉讼法及配套规定新释新解与适用指南》，中国法制出版社 2020 年版，第 1309~1310 页。

1708. 社会热点案件在刑事案件裁判文书中如何强化说理评判

关键词

热点刑事案件　刑事裁判文书　说理评判

附录：最高人民法院法官著述

于欢案二审判决书，从以下六个方面强化了说理评判：第一，归纳诉讼参与各方的争议焦点。将各方的意见概括为“事实和证据”“法律适用”“刑罚裁量”“诉讼程序”四个方面，将控辩对抗的庭审特质充分展示出来，文书评判和说理更有针对性，也更加条理清晰、层次感强。特别是，这几方面也是人民群众关注和热议的焦点。通过概括归纳案件的争点、疑点，也有利于直面矛盾问题，回应社会关切。第二，坚持中立裁判立场，加强回应性说理。在提出每个问题后，首先摆出各方的争执性意见，然后进行评判，指明各自存在的问题，最后给出是否采纳的确定性的评判意见。第三，评判各方意见时，紧密结合案件事实、证据、程序、法律、情理、逻辑等展开，抽丝剥茧，层层剖析，辨法析理，以理服人。第四，列出专题探讨本案的事实、证据问题，重视对双方质证中有争议的证据的分析、认证。第五，针对各方在量刑上的不同诉求，并考虑人民群众对量刑的高度关注，专门阐述刑罚裁量的具体依据。二审判决书综合分析了于欢行为的危害后果、于欢当庭不认罪、无悔罪表示和杜某侮辱行为及其对于欢情绪的影响、被害方过错、于欢归案后如实供述等法定、酌定从重、从宽量刑情节，十分清晰地释明了对于欢防卫过当行为予以显著减轻处罚、判处五年实刑的缘由。第六，针对各方争议的焦点，敢于审查，勇于发声，表明立场，突出地表现在对诉讼程序的审查和判断上。二审判决书把程序审查作为一个专门问题，对被告人及其辩护人提出的被害人亲属在检察机关、政府部门任职，可能干扰案件查办，应当排除相关证据、对案件移送或指定管辖等意见，进行认真审查并立足于事实和证据进行评判。这种聚焦案件疑点、争点与难点，注重回应性说理的做法，对裁判文书制作尤其是社会关注度高、控辩双方争议大的刑事热点案件的文书制作，具有重要借鉴意义。

裁判，顾名思义，要在全面倾听双方意见的基础上中立地做出抉择。所以，裁判文书的说理评判，一要有明确的对象，二要有双方的意见，三要有充分的评判依据，四要有确定的裁判结论。无对象的评判类似于隔空放炮，只有单方的意见就容易沦于自言自语，无依据、不说理的评判无异于妄断，不给出确定性的结论就谈不上裁判。这些做法自然难以让人从心理层面认同和接受判决结论，难以让人信服，司法权威也就难以在人民群众心中树立。所以，刑事案件裁判文书的制作，不仅要重视评判说理，还要关注评判说理的具体方式方法。

于欢二审判决书非常注重说理，强调以理服人。一是重事理，注重从生活经验逻辑出发作出评判。例如，从案发时于欢可透过接待室玻璃清晰看见停在院内的警车警灯闪烁，认定于欢“应当知道民警并未离开”；从于欢的姑母证言所说“见对方一人捂着肚子说‘没事没事，来真的了’”，认定“于欢面临的不法侵害并不紧迫和严重”；从被害人郭某系被背后捅伤等方面，认定于欢的防卫行为明显超过必要限度造成重大损害；从本案发生于“冠县这个不大的县城”，系熟人社会里发生的民间纠纷，认定其“与陌生人之间实施的类似行为的危险性和危害性显有不同”，等等。这种基于生活本身的逻辑和理性的推论，容易让当事人和人民群众信服。二是重法理。对本案认定于欢防卫过当、构成故意伤害罪涉及到的不法侵害、防卫行为、特殊防卫、防卫限度等相关法律问题详加阐释、论证。三是重学理。在分析于欢行为性质时既紧扣法律条文规定，又充分吸收了学术界关于正当防卫的最新研究成果，将学理融合于其中，并力求丰富发展正当防卫的学术理论。四是重情理。站在人民群众的立场上，将心比心、换位思考，对于欢及杜某等人的行为进行深入分析、客观评定，既从法律上判断，也从常识常情及伦理道德上分析。

可见，于欢案二审判决在坚持严格依法裁判的同时，高度关注社情民意，在评判说理中将案件置于天理、国法、人情之中综合考量，强调裁判既不能背离法律，也不能违背文化传统、常情常理以及人民群众的公平正义观念。事实上，我国是有着数千年文化传统的国家，天理、国法、人情是深深扎根人们心中的正义观念。法院裁判必须尊重人民群众的朴素情感和基本的道德诉求，自觉维护我国传统文化和社会主义核心价值观所倡导的道德伦理，做到遵循法度、顺应天理、合乎人情，实现法理情的有机结合。

——于同志：《论热点刑事案件裁判文书的制作——以于欢故意伤害案二审判决书为例》，载《人民司法·应用》2018 年第 4 期（总第 807 期）。

1709. 妥善处置社会热点刑事案件应考虑判决书的形式表达

关键词

热点刑事案件　刑事判决书

附录：最高人民法院法官著述

此外，让人民群众理解、认同判决，还要考虑判决书的形式表达。判决书既是法院对特定个案裁判活动的书面记载，也是一种社会公共产品，其价值不在于高深的理论，而在于蕴含其中的能为人们感受到的裁判规则和基本道理。判决书要为人民群众所接受，首先必须容易让人读得懂、看得明白，领会其中传达的道理。纵观于欢案二审判决书，从文书结构到文字表述，从逻辑顺序到理据分析，都精心打磨，力求用通俗易懂、平实准确的语言，用人民群众易于接受的表达方式，说清裁判的依据和思路，讲明裁判的道理和规则。在裁判说理上讲究充分、透彻，在语言表述上力求准确、妥贴。例如，在评判“辱母”情节时，使用了“严重违法、亵渎人伦，应当受到惩罚与谴责”的表述，用语鲜明，语气强烈；对被害人亲属所提偿付死亡赔偿金、被抚养人生活费的诉求依法不予支持，但考虑到被害人杜某某的四名未成年子女的实际生活困难，又提出“可依法救济”，爱憎分明，既较好地贯彻了平等保护理念，也充分体现了司法的善意和温情。判决有情感、有温度，就容易引人共鸣，由此也会提升裁判的权威性和公信力。可以说，于欢案二审判决书的相关表述是字斟句酌、反复推敲的结果，其出发点就是打造一份让人们能理解、能接受、能认可的“大众化判决书”。这对妥善处置人民群众高度关注的热点刑事案件来说，是极其重要的。

——于同志：《论热点刑事案件裁判文书的制作——以于欢故意伤害案二审判决书为例》，载《人民司法·应用》2018 年第 4 期（总第 807 期）。

1710. 适用简易程序的基本条件

关键词

简易程序　受理条件

最高人民法院司法解释

第三百五十九条　基层人民法院受理公诉案件后，经审查认为案件事实清楚、证据充分的，在将起诉书副本送达被告人时，应当询问被告人对指控的犯罪事实的意见，告知其适用简易程序的法律规定。被告人对指控的犯罪事实没有异议并同意适用简易程序的，可以决定适用简易程序，并在开庭前通知人民检察院和辩护人。

对人民检察院建议或者被告人及其辩护人申请适用简易程序审理的案件，依照前款规定处理；不符合简易程序适用条件的，应当通知人民检察院或者被告人及其辩护人。

第三百六十条　具有下列情形之一的，不适用简易程序：

（一）被告人是盲、聋、哑人的；

（二）被告人是尚未完全丧失辨认或者控制自己行为能力的精神病人的；

（三）案件有重大社会影响的；

（四）共同犯罪案件中部分被告人不认罪或者对适用简易程序有异议的；

（五）辩护人作无罪辩护的；

（六）被告人认罪但经审查认为可能不构成犯罪的；

（七）不宜适用简易程序审理的其他情形。

——《最高人民法院关于适用〈中华人民共和国刑事诉讼法〉的解释》（2021 年 1 月 26 日，法释〔2021〕1 号）。

附录：最高人民法院主流观点

1. 关于事实清楚，证据充分

事实清楚，证据充分，意味着基本犯罪构成清楚，即犯罪的主、客体及犯罪主、客观方面清楚，且有足够数量与质量的证据证明。司法实践中，当法院认定的事实、情节与起诉书指控的犯罪事实、情节有一定差异时如何处理存在争议。有人认为，只要法院认定与起诉书指控存在差异就不属于事实清楚，就不应适用简易程序。我们认为，对此问题应当具体分析，区别对待。如果人民法院在定罪上与起诉书存在差异，或者法院倾向于在定性和处刑上重于起诉的罪名，就不应适用简易程序，反之，则不影响简易程序的适用。

2. 关于被告人及辩护人对所指控的基本犯罪事实没有异议

被告人及辩护人对起诉书指控的基本犯罪事实没有异议，意味着被告人或辩护人对影响定罪量刑的主要犯罪事实不予否认。简易程序与普通程序相比毕竟在审判环节上有所简化，因而相对复杂的案件难以通过简易程序查明案情。如果被告人及辩护人对指控的基本犯罪事实予以否认，也是难以通过简易程序解决定罪量刑问题的。所以，《简易程序意见》将被告人及辩护人对指控的基本犯罪事实没有异议作为适用简易程序的条件之一。当然，如果被告人或辩护人仅仅在某些无关紧要的环节上与指控存在异议，则不影响简易程序的适用。实践中，当被告人及辩护人否认主要犯罪事实时，检察机关或人民法院则不能适用简易程序。但是，有关人员可以向被告人等说明相关法律和司法解释，并视情而定。如果被告人自愿承认了主要犯罪事实，同意适用简易程序审理的，也可以在其他条件具备的情况下决定是否建议或适用简易程序。

——高憬宏、杨万明主编：《基层人民法院法官培训教材（实务卷·刑事审判篇）》，人民法院出版社 2005 年版，第 516~517 页。

附录：司法信箱

问题：本案可否适用简易程序审理？

某院依法受理了甲、乙、丙故意伤害一案，对三被告人依法可能判处 3 年以下有期徒刑。三被告人均自愿认罪，因第一被告人甲系本案主犯，投案后没有如实供述其所知的同案犯，故公诉机关未能认定其自首。但公诉机关建议本案适用简易程序审理。对本案应适用何种程序审理，该院存在两种不同意见。第一种意见认为：依照刑事诉讼法第一百七十四条第（一）项之规定，对依法可能判处 3 年以下有期徒刑、拘役、管制、单处罚金的公诉案件，事实清楚、证据充分，人民检察院建议或同意适用简易程序的，可适用简易程序审理，故本案可适用简易程序审理。另一种意见认为：第一被告人甲系本案主犯，未能如实供述其所知的同案犯，应视为其对犯罪事实予以部分否认，故本案不宜适用简易程序审理，应适用普通程序审理。请问以上哪种意见正确？

人民司法研究组认为：根据最高人民法院、最高人民检察院、司法部《关于适用简易程序审理公诉案件的若干意见》第 1 条、第 2 条的规定，对于同时具有下列情形的公诉案件，可以适用简易程序审理：（1）事实清楚、证据充分；（2）被告人及辩护人对所指控的基本犯罪事实没有异议；（3）依法可能判处 3 年以下有期徒刑、拘役、管制或者单处罚金。而对于比较复杂的共同犯罪案件，则不应适用简易程序审理。本案共同犯罪的主犯虽在投案、认罪后未能如实供述所知的同案犯，但如在人民检察院提起公诉之前能够如实供述同案犯，或者对共同犯罪事实没有异议，人民检察院建议适用简易程序的，则可以适用简易程序；如果其始终拒不如实供述同案犯的，则不宜适用简易程序审理。

——《人民司法·应用》2010年第15期（总第602期）。

1711. 适用简易程序公开审判案件的公告方式

关键词

简易程序　公开审判　公告方式

最高人民法院司法解释

第三百六十二条　适用简易程序审理案件，人民法院应当在开庭前将开庭的时间、地点通知人民检察院、自诉人、被告人、辩护人，也可以通知其他诉讼参与人。

通知可以采用简便方式，但应当记录在案。

第三百六十三条　适用简易程序审理案件，被告人有辩护人的，应当通知其出庭。

——《最高人民法院关于适用〈中华人民共和国刑事诉讼法〉的解释》（2021年1月26日，法释〔2021〕1号）。

附录：司法信箱

问题：我们在办案中，对适用简易程序公开审判的刑事案件是否应当先期公告的问题产生了争议。一种观点认为，根据《刑事诉讼法》的规定，适用简易程序公开审判的案件与普通程序的公诉案件一样，应当先期公告。理由是:《刑事诉讼法》规定人民法院审判案件，除法律对简易程序所作的特别规定外，其他仍应按普通程序办理。况且简易程序审理的刑事案件基本上当庭宣判，倘若不在开庭前先期公告，往往极少有人到庭旁听，这样就使公开审判流于形式。另一种观点认为，可视每个案件的特殊性区别对待。适用简易程序公开审判的刑事案件的被告人若系长年居无定所（或在外地）的，又是从事经商、航运等工作的，鉴于审限短、通知困难等原因，待被告人到法院后，可以不先期公告，在办理送达手续后即开庭。理由：目前《刑事诉讼法》及《最高人民法院关于执行〈中华人民共和国刑事诉讼法〉若干问题的解释》均没有明确规定对适用简易程序公开审判的刑事案件应当先期公告，因而这样操作并不违反法律规定。

《人民司法》研究组认为：《刑事诉讼法》第 151 条[①] 第（5）项规定："公开审判的案件，在开庭 3 日以前先期公布案由、被告人姓名、开庭时间和地点。"这一规定是针对所有公开审判的案件作出的，既适用于公开审判的公诉案件，也适用于公开审判的自诉案件；既适用于适用普通程序公开审判的案件，也适用于适用简易程序公开审判的案件。因此对于适用简易程序公开审判的案件，也应当先期公布案由、被告人姓名、开庭时间和地点。

——《人民司法》2000 年第 12 期（总第 443 期）。

说明

根据修正后的刑事诉讼法作出解释已经将之前的简易程序与普通程序简化审合二为一，统一称之为简易程序，对于开庭通知，则规定应当在开庭三日前通知人民检察院、自诉人、被告人、辩护人，也可以通知其他诉讼参与人。

1712. 追逃追赃案件不能适用简易程序

关键词

追逃追赃案件　简易程序

附录：最高人民法院主流观点

追逃回国的被告人如果认罪认罚，能否对其适用简易程序审理？我们认为，国际追逃追赃案件不能适用简易程序审理，主要理由如下：

一是根据现行法律规定，此类案件不宜适用简易程序。《刑事诉讼法》第 299 条第 1 款规定："没收违法所得的申请，由犯罪地或者犯罪嫌疑人、被告人居住地的中级人民法院组成合议庭进行审理。"《刑事诉讼法》第 21 条规定："中级人民法院管辖下列第一审刑事案件：（一）危害国家安全、恐怖活动案件；（二）可能判处无期徒刑、死刑的案件。"可见，中院管辖权对应的案件不宜适用简易程序。

二是依据司法解释规定，此类案件不符合简易程序适用条件。《最高人民法院、最高人民检察院关于适用犯罪嫌疑人、被告人逃匿、死亡案件违法所得没收程序若干问题的规定》第 2 条明确规定，犯罪嫌疑人、被告人逃匿境外的，应当认定为违法所得没收程序适用的"重大犯罪案件"。考虑到犯罪嫌疑人、被告人逃匿境外，特别是"红通人员"，在本省、自治区、直辖市甚至

① 本条现为《中华人民共和国刑事诉讼法》（2018 年修正）第一百八十七条。

在全国范围内都具有重大影响，这也是《刑事诉讼法》增设违法所得没收程序最主要的动因，故将“逃匿境外”作为“重大”的一项认定标准。而《刑事诉讼法》第 215 条规定不适用简易程序的一个条件就是案件有重大社会影响。因此，对于从境外回国的被告人，即使犯罪事实清楚，被告人认罪认罚，仍然不能对其适用简易程序。

三是从国际追逃追赃的特殊政治意义看，也不宜对此类案件适用简易程序。自党的十八大以来，党中央全面加强追逃追赃工作，树立了良好国际形象，赢得了海内外广泛赞誉，国际追逃追赃工作已经成为党和国家的一张“亮丽名片”。而对外逃分子的审判正是展示我国司法文明的一个重要窗口。此类案件的审判工作往往直接关系到党和国家形象，关系到外交工作大局，程序的正当性以及被告人权利的保护显得尤为重要。在简易程序中，由于被告人认罪认罚，基于诉讼经济原则的考虑，被告人的部分诉讼权利被简化，而这一制度安排在具体的追逃追赃案件中很有可能引起不必要的猜疑和误解，为了确保案件取得良好的政治效果，应当对其适用普通程序审理。

——裴显鼎主编:《追逃追赃案件疑难问题及程序指引》，人民法院出版社 2022 年版，第 181~182 页。

1713. 适用速裁程序审理案件可以集中开庭、逐案审理的问题

关键词

速裁程序

最高人民法院司法解释

第三百七十二条 适用速裁程序审理案件，可以集中开庭，逐案审理。公诉人简要宣读起诉书后，审判人员应当当庭询问被告人对指控事实、证据、量刑建议以及适用速裁程序的意见，核实具结书签署的自愿性、真实性、合法性，并核实附带民事诉讼赔偿等情况。

——《最高人民法院关于适用〈中华人民共和国刑事诉讼法〉的解释》（2021 年 1 月 26 日，法释〔2021〕1 号）。

附录：最高人民法院主流观点

从当前司法实践来看，速裁程序在实践中一定程度遇冷，适用积极性不高，究其原因，一是与简易程序相比，速裁的“速”体现不明显；二是审限较短，案件周转不灵。为此，速裁程序要真正发挥其效率，必须在“速”字上着力。具体而言，集中审理有利于发挥速裁程序的“速”。基于此，《最高

人民法院关于适用〈中华人民共和国刑事诉讼法〉的解释》(法释〔2021〕1号)第三百七十二条规定:“适用速裁程序审理案件,可以集中开庭,逐案审理。公诉人简要宣读起诉书后,审判人员应当当庭询问被告人对指控事实、证据、量刑建议以及适用速裁程序的意见,核实具结书签署的自愿性、真实性、合法性,并核实附带民事诉讼赔偿等情况。”

征求意见过程中,有意见建议删除“由公诉人简要宣读起诉书”。理由是:为简化庭审流程,鉴于此前已送达起诉书,被告人认罪认罚,且人民法院会核对被告人认罪认罚意愿的真实性等,故建议对公诉机关是否摘要宣读起诉书不作强制性规定。经研究,未采纳上述意见。而且,《最高人民法院、公安部、国家安全部、司法部关于适用认罪认罚从宽制度的指导意见》第四十四条亦明确要求“公诉人简要宣读起诉书”。

需要注意的是,适用速裁程序审理案件,虽无法庭调查和法庭辩论环节,但审判人员仍应当庭询问被告人对指控的证据有无异议,被告人无异议的,即应当视为经过了庭审质证程序。所以,速裁程序中作为定案根据的证据,实际上也经过了庭审举证、质证程序,不存在例外。

——《刑事诉讼法解释》起草小组:《〈最高人民法院关于适用《中华人民共和国刑事诉讼法》的解释〉理解与适用》,载最高人民法院刑事审判第一、二、三、四、五庭编:《刑事审判参考》(总第126辑),人民法院出版社2021年版,第183页。

1714. 刑事被告人或上诉人出庭受审时的着装

关键词

刑事被告人　上诉人　受审时的着装

最高人民法院司法政策精神

为进一步加强刑事被告人人权保障,彰显现代司法文明,人民法院开庭时,刑事被告人或上诉人不再穿着看守所的识别服出庭受审。人民法院到看守所提解在押刑事被告人或上诉人的,看守所应当将穿着正装或便装的在押刑事被告人或上诉人移交人民法院。

——《最高人民法院、公安部关于刑事被告人或上诉人出庭受审时着装问题的通知》(2015年2月10日,法〔2015〕45号)。

1715. 正确把握速裁程序与简易程序的关系

关键词

速裁程序　简易程序

附录：最高人民法院主流观点

要正确把握速裁程序与简易程序的关系。简易程序是以“认罪”为程序分流点，速裁程序是以“认罪认罚”为程序分流点，是对认罪案件分流处理的层次化、精细化改造，在简易程序基础上，将认罪并且认罚的案件分流出来，进一步简化诉讼程序，是简易程序的再简化。具体讲，主要区别如下：一是适用范围不同。速裁程序适用于基层人民法院审理的依法可能判处三年以下有期徒刑、拘役、管制、单处罚金的案件。而简易程序适用于基层人民法院审理的案件，也就是说，可能判处十五年有期徒刑以下刑罚，数罪并罚可能判处二十五年有期徒刑以下刑罚的被告人认罪案件，都可适用简易程序。二是适用条件不同。适用速裁程序的案件，不仅要求被告人认罪，而且还要认罚，适用法律无争议，才可适用速裁程序。简易程序仅要求被告人认罪，无论适用法律是否存在争议，均可适用简易程序。三是诉讼程序不同。速裁程序比简易程序更为简略，体现在四个方面：其一，省略法庭调查、法庭辩论环节。适用速裁程序的案件，法官当庭确认被告人自愿认罪、接受人民检察院量刑建议、同意适用速裁程序的，可不进行法庭调查、法庭辩论，当庭宣判。其二，送达期限不受《刑事诉讼法》规定的限制。根据《刑事诉讼法》及相关司法解释，人民法院审理刑事案件，开庭通知应当提前3日进行。速裁程序对开庭通知时间不作限制，法院应当提前将开庭的时间、地点通知人民检察院、被告人、辩护人，但无须提前3日，通知可以采取简便方式，如电话通知。其三，适当缩短办案期限。根据《刑事诉讼法》相关规定，人民检察院审查起诉的期限为一个月，简易程序案件人民法院审理期限为20日，对可能判处的有期徒刑超过三年的，可以延长至一个半月。速裁案件人民检察院审查起诉的期限为10日，最长不超过15日；人民法院审理期限为10日，最长不超过15日。其四，适用速裁程序的案件，被告人签有认罪认罚具结书，明确、正式同意适用速裁程序，庭前法官仅进行书面审查，无须再听取被告人意见，而适用简易程序的案件，按相关司法解释，庭审前还要询问被告人对指控犯罪事实及适用简易程序的意见。这样就为“一步到庭”创造了条件。如天津探索“直接到庭”的速裁模式，法官收到案件后，先阅卷，符合速裁程序适用条件的，直接排期、电话通知，开庭当天将被告人传唤或提押到庭后送达起诉书，然后直接开庭。

——胡云腾主编、最高人民法院刑事审判第一庭编著：《认罪认罚从宽制度的理解与适用》，人民法院出版社2018年版，第64~65页。

1716. 适用简易程序审理案件中被告人的辩护权的保障

关键词

简易程序　被告人　辩护权

附录：最高人民法院主流观点

与适用普通程序相比，适用简易程序审理案件，只是程序上的简化和省略，以提高诉讼效率，但不是对被告人应有诉权的简化和省略。对于被告人的辩护权，应和适用普通程序审理一样，予以充分保障。实践中，应注意以下几点：

1. 开庭审理前，依法告知被告人可以委托辩护人。被告人符合法律援助条件的，应通知法律援助机构指派律师为被告人提供辩护。在自诉案件中，人民法院自受理案件之日起三日以内，应当告知被告人有权委托辩护人。《最高人民法院关于适用〈中华人民共和国刑事诉讼法〉的解释》第二百九十一条[①]规定："适用简易程序审理的案件，符合刑事诉讼法第三十四条（注：修改后刑事诉讼法第三十五条）第一款规定的，人民法院应当告知被告人及其近亲属可以申请法律援助。"

2. 开庭审理案件，被告人有辩护人的，应通知其出庭。《最高人民法院关于适用〈中华人民共和国刑事诉讼法〉的解释》第二百九十三条[②]规定："适用简易程序审理案件，被告人有辩护人的，应当通知其出庭。"辩护人出庭，是因为刑事诉讼法要求公诉案件公诉人应当出庭，辩护人出庭，有利于控辩平衡和充分保障被告人辩护权。

3. 应保障被告人及其辩护人在庭审中和控方的辩论权，辩护人的辩护权，出示、宣读证据以及请求证人出庭作证等要求，应和普通程序一样得到维护。刑事诉讼法第二百一十八条规定："适用简易程序审理案件，经审判人员许可，被告人及其辩护人可以同公诉人、自诉人及诉讼代理人互相辩论。"第二

① 本条现为《最高人民法院关于适用〈中华人民共和国刑事诉讼法〉的解释》（法释〔2021〕21号）第三百六十一条。

② 本条现为《最高人民法院关于适用〈中华人民共和国刑事诉讼法〉的解释》（法释〔2021〕21号）第三百六十三条。

百一十九条中规定，适用简易程序审理案件，不受本章第一节关于送达期限、讯问被告人、询问证人、鉴定人、出示证据、法庭辩论程序规定的限制。此处的法庭辩论程序的规定，应是指辩论顺序等程序性规定，被告人辩护的时间等应予充分保障。

——杨万明主编：《新刑事诉讼法司法适用解答》，人民法院出版社 2018 年版，第 240~241 页。

1717. 适用速裁程序审理的认罪认罚案件能否采取视频方式开庭

关键词

认罪认罚从宽制度　速裁程序　视频开庭

附录：最高人民法院法官著述

适用速裁程序审理的认罪认罚案件能否采取视频方式开庭，存在不同意见。一种意见认为，采取视频方式开庭审理案件，不符合审判直接原则，也缺乏临场感、庄重感、亲历性；另一种意见认为，简化庭审程序，应当允许采取灵活方式，包括视频方式开庭。我们认为，视频开庭符合审判直接原则。直接原则要求法官亲自听取各方意见、亲自审核证据，视频方式提讯、开庭也是法官亲力亲为，与直接原则并不矛盾，视频开庭和传统审判方式现场开庭并没有实质区别。现场开庭是物理空间上的面对面交流，视频方式是虚拟空间上的面对面交流，两者只是形式不同，但都符合直接原则。周强院长指出，沿用传统的办案手段，已经远远不能适应当前审判工作的客观需要，必须加快推进信息化建设与应用，加强远程提讯、远程庭审等音视频应用，通过信息技术手段实现审判工作科学发展。考虑速裁案件事实清楚、控辩双方无争议；视频开庭在缓解派警压力、减少提押风险、节约司法资源、提高庭审效率方面优势明显，且从目前了解的情况看，很多地方技术条件已较成熟，完全可以通过视频方式达到面对面交流的效果，我们认为，有条件的地方可以探索视频开庭。但要坚持必要性原则，确保庭审效果。

——孟伟、何东青、杨立新：《刑事案件速裁程序适用若干问题》，载《人民司法·应用》2019 年第 4 期（总第 843 期）。

1718. 刑事速裁案件能否上诉以及二审审理方式

关键词

刑事速裁案件

附录：最高人民法院法官著述

关于速裁案件上诉权。速裁程序试点中，被告人上诉率很低，仅为2%左右，且相当一部分被告人对判决本身并无意见，只是为了留所服刑或者拖延判决生效时间而提出上诉。对速裁案件的上诉权是否应当予以限制，存在不同意见。一种意见认为，速裁案件应当取消上诉权，实行一审终审。理由是：被告人选择速裁程序，应视为放弃上诉权，是认罪认罚、服从判决、接受改造的表现。如果被告人因为认罪认罚得到从宽处罚又提出上诉，有悖诉讼诚信，且有失公平。另一种意见认为，不宜取消上诉权。二审终审是刑事诉讼法的基本原则，上诉权是被告人的核心诉讼权利之一，不宜取消；对于技术性上诉可通过二审处理解决。第十三届全国人大常委会第六次会议通过《关于修改〈中华人民共和国刑事诉讼法〉的决定》采纳了第二种意见，对速裁案件上诉权未作限制。

关于审理方式。我们认为，速裁案件事实证据、法律适用均无争议，通过法律帮助、告知权利、书面具结、当庭询问、最后陈述等途径，已充分保障了被告人选择程序、发表意见、参与诉讼的权利，因此，二审应以不开庭审理为原则。原判认定事实和适用法律正确、量刑适当的，应当裁定驳回上诉，维持原判；原判认定事实没有错误，但适用法律有错误，或者量刑不当的，应当改判；原判事实不清或者证据不足的，应当裁定撤销原判，发回原审人民法院适用普通程序重新审判。二审在判断原判是否属于事实不清、证据不足时，可以重点审查被告人一审时认罪认罚的自愿性、真实性、合法性，以及二审时是否出现新的影响定罪量刑的事实、证据等问题。

——孟伟、何东青、杨立新：《刑事案件速裁程序适用若干问题》，载《人民司法·应用》2019年第4期（总第843期）。

1719. 被告单位在特殊状态下的刑事责任承担规则

关键词

被告单位特殊状态　刑事责任承担规则

最高人民法院司法解释

第三百四十四条 审判期间，被告单位被吊销营业执照、宣告破产但尚未完成清算、注销登记的，应当继续审理；被告单位被撤销、注销的，对单位犯罪直接负责的主管人员和其他直接责任人员应当继续审理。

——《最高人民法院关于适用〈中华人民共和国刑事诉讼法〉的解释》（2021年1月26日，法释〔2021〕1号）。

附录：最高人民法院主流观点

《最高人民法院关于适用〈中华人民共和国刑事诉讼法〉的解释》（法释〔2012〕21号）第二百八十六条[①]规定："审判期间，被告单位被撤销、注销、吊销营业执照或者宣告破产的，对单位犯罪直接负责的主管人员和其他直接责任人员应当继续审理。"经研究认为，上述规定不尽合理，只有在犯罪主体消亡的情况下，才不再继续追究刑事责任。被告单位被撤销、注销的情况下，可以认为是被告单位主体消亡，此时对单位不再追究，而直接追究单位犯罪直接责任人员的责任，是合适的。但是，在被告单位只是被吊销营业执照或者宣告破产但未完成清算、注销登记的情况下，被告单位这一责任主体还是存在的，并未消亡，其可以承担民事责任，同理也可以承担刑事责任，故此时应当对案件继续审理，并对被告单位作出刑事判决。基于此，《最高人民法院关于适用〈中华人民共和国刑事诉讼法〉的解释》（法释〔2021〕1号）第三百四十四条对被告单位在特殊状态下的刑事责任承担问题，区分单位被"撤销、注销"和"吊销营业执照、宣告破产"的情形分别确立不同的处理规则，规定："审判期间，被告单位被吊销营业执照、宣告破产但尚未完成清算、注销登记的，应当继续审理；被告单位被撤销、注销的，对单位犯罪直接负责的主管人员和其他直接责任人员应当继续审理。"

讨论中，对进入破产程序的被告单位是否应当继续审理存在不同认识：一种意见认为，其主体资格未消亡，应当继续审理；另一种意见认为，"资不抵债"是单位进入破产程序的前提条件，在此情况下，如果继续审理并对被告单位判处罚金，从可预期的角度完全属于不能执行的空判，因此建议对于进入破产程序但尚未清算完毕的被告单位终止审理。经研究，采纳前一种意见，维持上述修改不变。如前所述，在被告单位宣告破产但未完成清算、注销登记的情况下，被告单位这一责任主体还是存在的，并未消亡，其可以承担民事责任，同理也可以承担刑事责任，故此时应当对案件继续审理，并对

---

① 本条现为《最高人民法院关于适用〈中华人民共和国刑事诉讼法〉的解释》（法释〔2021〕21号）第三百四十四条。

被告单位作出刑事判决。

此外，实践反映，存在被告单位为逃避罚金等而恶意注销的情形，本条原本拟明确规定对于恶意注销的，案件应当继续审理。征求意见过程中，有意见提出，这一规定的出发点值得肯定，有利于打击恶意逃避单位责任的行为，但是如何认定恶意注销，以及在单位注销的情况下，如何追究单位责任，被告单位如何列席，以及判处的罚金如何执行，均存在操作困难。经研究，未再作明确规定。主要考虑是：第一，进入审判程序后被告单位被恶意注销的情况应该较为罕见，受案法院可以监督制约。第二，追究被告单位刑事责任的唯一方式是判处罚金。对于被告单位基于逃避罚金等动机恶意注销的，法定代表人、实际控制人、主要负责人往往都会实际获益。而上述人员作为被告单位的主管人员或者直接负责的责任人员被追究刑事责任，在被告单位被恶意注销的情况下，可以通过对上述人员多判处罚金的方式予以弥补，且对于被告单位的违法所得也可以继续追缴，不会造成处罚的漏洞。

——《刑事诉讼法解释》起草小组:《〈最高人民法院关于适用《中华人民共和国刑事诉讼法》的解释〉理解与适用》，载最高人民法院刑事审判第一、二、三、四、五庭编:《刑事审判参考》(总第126辑)，人民法院出版社2021年版，第176~177页。

1720. 正确理解和把握按被告人自报身份审判的条件

关键词

抢劫罪　被告人身份

《刑事审判参考》指导案例

户猛抢劫案（《刑事审判参考》指导案例第1064号）

裁判要点：本案虽然犯罪事实清楚，证据确实、充分，由于侦查阶段工作不够细致，相关工作未补充完善，并未穷尽侦查手段，致被告人身份存疑。因此不属于经审查判断仍无法查实被告人身份的情形，不能按被告人自报身份审判。

（三）正确理解和适用按自报身份审判的条件

刑事诉讼法第一百五十八条[①]第二款规定：“犯罪嫌疑人不讲真实姓名、

① 本条现为《中华人民共和国刑事诉讼法》(2018年修正)第一百六十条。

住址，身份不明的，应当对其身份进行调查，侦查羁押期限自查清之日起计算，但是不得停止对其犯罪行为的侦查取证。对于犯罪事实清楚，证据确实、充分，确实无法查明其身份的，也可以按其自报的姓名起诉、审判。"《公安机关办理刑事案件程序规定》第一百四十八条对以自报内容认定被告人姓名、身份、住址也作出了相同的规定。据此，在刑事审判中，按被告人自报身份审判，必须符合以下两个条件：

1. 犯罪事实清楚，证据确实、充分。按自报认定被告人身份的前提条件是认定被告人犯罪的事实清楚，证据确实、充分，也就意味着对被告人犯罪的事实或行为已有充分的证据证实，且该事实或行为在现有证据下，能够完全证实是被告人实施。如果犯罪事实本身的证据并不充分，则不适用按被告人自报身份审判的规定。

2. 确实无法查明身份。按自报认定被告人身份的必要条件是被告人身份确实无法查明，即司法机关使用所有手段得到的证据都确实无法查实被告人的真实身份。确实无法查明身份，包括了两个方面的内容：（1）侦查机关经过大量工作，穷尽了可以利用的手段，包括专门机关的技术工作和群众调查工作。（2）无法查实，即依据侦查机关搜集到的证据确实无法证实被告人身份情况，同时没有相反证据证明被告人自报身份的真伪。

就本案而言，认定被告人抢劫的事实均已有确实、充分的证据予以证实，无继续侦查的必要。但是，被告人身份事项的查明手段尚未穷尽，得不出无法查实的结论。一是证明被告人身份的在案证据相互矛盾，尚未排除合理怀疑。查明被告人身份是一项复杂、细致的工作，需要根据被告人持有的身份证与原户籍所在地登记资料比对核实，有时还需要到被告人原籍所在地的户籍管理机关调取相关材料，甚至还要向被告人自报身份所在地的基层组织、亲友、熟人进行调查以最终确认。任何环节的错漏、敷衍都可能造成被告人主体身份的失真。本案中，公安机关并未展开全面调查，未调取"户猛""户磊"的详细原始户籍材料比对以及询问"户猛""户磊"住所地的基层组织、亲属、村民、同学等；二是本案在死刑复核阶段，发现了被告人身份事实的许多疑点。最高人民法院通过严格审查，对被告人身份信息的所有相关证据进行比较、核实，同时利用复核提讯的机会，有针对性地设计讯问方式和提纲，运用技巧进行提讯后，被告人承认自己是"户磊"，且该供述得到其亲属证言印证。经进一步审查发现：被告人真实姓名系"户磊"、冒用其兄"户猛"之名办理的身份证；被告人参与四起抢劫，同案犯并不知道其真实姓名，在供述中对其称呼均不一致；被告人在侦查阶段、起诉阶段及一二审阶段均称自己叫户猛，侦查机关仅泛泛记录，未作深入调查、核实。因此，一二审认定被告人的自报身份存在疑点，需要进一步查清。

综上，本案由于侦查阶段工作不够细致，相关工作未补充完善，并未穷尽侦查手段，致被告人身份存疑，因此，不属于经审查判断仍无法查实被告人身份的情形，不能按被告人自报身份审判。尤其本案是死刑案件，对身份事实的审查更应该严格把关。

——最高人民法院刑四庭:《户猛抢劫案》，载最高人民法院刑事审判第一、二、三、四、五庭主办:《刑事审判参考》2014 年第 7 集（总第 102 集），法律出版社 2016 年版，第 63~66 页。

第二十二章　认罪认罚案件的审理

1721. 推进认罪认罚从宽制度深入有效实施

关键词

认罪认罚从宽制度

最高人民法院司法政策精神

三、凝聚共识，推进认罪认罚从宽制度深入有效实施

2018 年刑事诉讼法修改，确立了认罪认罚从宽制度。两年多来，制度实施总体情况良好，但也出现了一些问题。各级法院要严格执行法律、司法解释和“两高三部”《关于适用认罪认罚从宽制度的指导意见》，深入学习贯彻最高人民法院部署要求，确保认罪认罚从宽制度准确、统一、有效实施。

一要牢牢把握以审判为中心的刑事诉讼制度发展方向。认罪认罚从宽制度，是在推进以审判为中心的刑事诉讼制度改革背景下，进一步在实体上落实宽严相济、在程序上落实繁简分流、提升刑事司法效能的重大举措，是我国刑事法律、政策发展和司法实践经验的总结提炼，决不是国外辩诉交易制度的简单翻版。贯彻落实认罪认罚从宽制度，并没有改变公检法三机关分工负责、互相配合、互相制约的关系，审判权必须也只能由人民法院依法行使。定罪量刑作为审判权的核心内容，具有专属性，检察机关的量刑建议仍然属于程序职权，只是求刑权，是否适当、是否采纳，要由人民法院依法裁判。各级法院要切实履行法定职责，在分工负责的基础上加强配合制约，严格依法办案。对于检察机关提出的量刑建议，人民法院既要充分尊重，又要严格依法进行审查；对于事实清楚，证据确实、充分，指控罪名准确，量刑建议适当的，应当依法采纳；对于量刑建议明显不当的，应当告知检察机关调整，检察机关不予调整或者调整后仍然明显不当的，应当依法及时作出判决，确保每一件认罪认罚案件公正处理。

二要准确把握认罪认罚从宽制度的适用重点和适用原则。贯彻认罪认罚从宽制度，要准确把握适用重点，牢牢坚持宽严相济、罪责刑相适应、证据

裁判原则，防止定罪把关不严、量刑轻重失衡、程序繁简失当。对于相对轻罪的案件及一些过失犯、未成年犯，社会危害不大且案情明了的，要用好用足认罪认罚从宽制度，促进涉案矛盾化解和社会和谐稳定。坚持宽严相济，就是要区分不同性质的犯罪，实行区别对待。被告人认罪认罚的，法律规定是“可以”从宽，并非“应当”从宽。对于严重危害国家安全、公共安全、严重影响人民群众安全感的案件，对于社会普遍关注、群众反映强烈的重大敏感案件，对于被告人主观恶性深、人身危险性大的案件，适用认罪认罚从宽必须慎重，该重判的要坚决依法重判，决不能不加区分一律从宽，什么案件都适用认罪认罚从宽处理。坚持罪责刑相适应，就是要根据犯罪的事实、性质、情节和对社会的危害程度，综合考虑认罪认罚的阶段、程度、价值及悔罪表现等情况，依法确定是否从宽及从宽幅度，确保刑罚轻重与罪责大小相匹配。坚持证据裁判，就是要坚守“事实清楚，证据确实、充分”的法定证明标准，不能因为被告人认罪认罚，就降低证明标准，将本应疑罪从无的案件简单从宽处理。同时，也要防止对本可定罪的案件，因工作不到位、责任心不强、业务水平不高，而轻易作为疑案处理或者在量刑上留有余地，放纵犯罪分子。

三要立足职能定位依法审理认罪认罚案件。要依法充分发挥审判对侦查、起诉的把关、制约作用，特别是要发挥庭审应有功能，重点对认罪认罚自愿性、真实性和定罪量刑关键事实、证据进行审查核实。关于量刑建议形式，具体采取幅度刑还是确定刑，属于检察职权，但对量刑建议是否采纳，属于法院职权，依法履行好法院职责是提高认罪认罚案件质量的关键。要严格把握速裁、简易程序适用条件，避免一味从“简”求“快”，特别要防止将涉及敏感因素、复杂背景、蕴含风险的案件，适用认罪认罚从宽简单化处理，引发法律、社会风险。要充分保障被告人诉讼权利和实体权利，上诉权是被告人的基本诉讼权利，对于被告人认罪认罚后又提出上诉的，二审法院要坚持全面审查，区分不同情形，严格依法作出公正裁判。对于原判认定事实和适用法律正确、量刑适当的，应当裁定驳回上诉、维持原判，不能仅仅因为被告人上诉、检察机关就此抗诉，就认为一审判决确有错误、量刑不当而改判加重量刑。要保证裁判文书质量，认罪认罚案件的裁判文书可以适当简化，但也要让人看得明白，要把案件事实和裁判理由说清楚，被告人认罪认罚，具有自首、坦白、达成和解、取得谅解等从宽情节的，应当在裁判文书中写明，避免误读。

四要协同推进认罪认罚从宽制度准确有效实施。认罪认罚从宽制度贯穿侦查、起诉、审判各环节，是一项系统性、整体性很强的工作。高级人民法院要增强系统观念，加强监督指导，切不可因为绝大部分案件都在基层法院而放松调研指导。既要防止徇私枉法、滥用职权等违法情况发生，也要注意避免因政策把握偏差、司法能力不足导致制度实施偏离正确方向。

——《最高人民法院党组成员、副院长李少平在全国法院刑事审判工作座谈会上的讲话（节选）》，载最高人民法院刑事审判第一、二、三、四、五庭编：《刑事审判参考》总第130辑，人民法院出版社2022年版，第169~170页。

最高人民法院大法官著述

一、准确把握认罪认罚从宽制度适用重点和原则

要准确把握适用重点。对于相对轻罪的案件及一些过失犯罪、未成年人犯罪案件，社会危害不大且案情明了，具备从宽条件的，要用好用足认罪认罚从宽制度，促进涉案矛盾及时化解和社会和谐稳定。对于严重危害国家安全、公共安全、严重影响人民群众安全感的案件，对于社会普遍关注、群众反映强烈的重大敏感案件，对于被告人主观恶性深、人身危险性大的案件，该重判的要坚决依法重判，决不能不加区分、简单一律从宽。对于案情复杂或者蕴藏着复杂因素的案件，不能简单化处理。

要贯彻宽严相济刑事政策。认罪认罚从宽制度，是宽严相济刑事政策的具体化、制度化。要区分不同性质的犯罪，实行区别对待，该宽则宽，当严则严，确保宽严有据、宽严得当。需要强调的是，对于认罪认罚的犯罪嫌疑人、被告人，法律规定是“可以”依法从宽处理，要依据事实和法律综合考量，避免片面从严、一味从宽两种错误倾向。对于犯罪性质恶劣、情节后果严重，认罪认罚不足以从轻处罚的，必须依法严惩。对于当事人自行达成和解谅解的案件，人民法院也要认真审查，具有前述严重情节的，严格依法处理。

要遵循罪责刑相适应原则。对认罪认罚的被告人量刑，要根据犯罪的事实、性质、情节和对社会的危害程度，综合考虑认罪认罚的具体情况，依法确定是否从宽及从宽幅度，确保量刑与罪责大小相匹配，宽严适度、罚当其罪。一方面要看罪行的严重程度。对罪行较轻、人身危险性较小的初犯、偶犯，从宽幅度可以大一些；罪行较重、人身危险性较大的，以及累犯、再犯，则要依法从严掌握。另一方面要看认罪认罚的主动性、及时性、稳定性、全面性，是否确有悔罪表现，以及对司法机关及时侦破案件的作用，来决定从宽的具体幅度。对于检察机关提出的量刑建议明显偏离罪责刑相适应原则、影响法律统一适用的，即便被告人、辩护人和被害人没有提出异议，人民法院也应当认真审查、依法裁判，确保量刑公正，维护法律权威。

要坚持证据裁判原则。坚守“事实清楚，证据确实、充分”的法定证明标准，无论被告人认罪与否、刑罚轻重，都应当适用统一证明标准，不能因为被告人认罪，就降低证明标准，对本应疑罪从无的案件按认罪认罚从宽简

单处理。同时，也要防止对本可定罪的案件，因办案人员工作不到位、责任心不强、业务水平不高，而轻易作为疑案处理或者在量刑上留有余地，放纵犯罪分子。要注意把握被告人认罪对取证、举证、认证的影响，一方面，认罪口供是定案的直接证据，真实、自愿、合法的口供，可以大大增强内心确信；另一方面，也不能单靠口供，该补查的不补查，该把关的不把关，防止出现过分倚重口供定案的现象。

要坚持公检法三机关配合制约原则。公检法三机关之间分工负责、互相配合、互相制约，是我国刑事诉讼法的一项基本原则，是准确有效执行法律的基本保证。贯彻认罪认罚从宽制度，公检法三机关配合制约的关系没有变化，控辩审三方的职能配置和诉讼格局没有变化，人民法院对案件质量审查把关的职责要求没有变化。侦查权、检察权、审判权仍是由公检法三机关分别依法行使，定罪量刑作为审判权的核心内容，具有专属性，检察机关的量刑建议仍然属于程序职权，是否适当、是否采纳，要由人民法院依法裁判。各级人民法院要忠实履行宪法法律赋予的刑事审判职责，在分工负责的基础上加强配合、完善制约，严格依法办案，切实把好事实证据关、法律适用关、审判程序关，保障无罪的人不受刑事追究、有罪的人受到公正惩罚。

二、积极推进认罪认罚从宽制度依法有效实施

切实履行法定审判职责。发挥好刑事审判对侦查起诉的制约引导作用，发挥好人民法院维护公平正义最后一道防线的把关作用，从事实认定、证据采信、定罪量刑、程序适用等方面，严格依法进行审查，确保每一个认罪认罚案件依法公正处理。

一是严格规范诉讼程序。准确把握速裁、简易程序适用条件，避免一味从“简”求“快”。完善速裁程序运行机制，北京、西安、青岛等地探索的全流程简化模式，天津、南京等地建立的“一步到庭”模式，都是有益尝试，各地法院可以互相借鉴学习，继续整合、探索完善，强化职能衔接，提升办案质效。要落实庭审实质化，发挥庭审对查明事实、保护诉权、公正裁判的决定性作用，特别是要重点对认罪认罚自愿性、真实性和定罪量刑关键事实、关键证据进行审查核实，避免庭审流于形式。发现案件事实不清、证据不足或者被告人不再认罪认罚，依法应当转换程序的，要及时转程序审理。

二是完善案件审理机制。全面审查认罪认罚案件事实的真实性、被告人认罪认罚的自愿性、程序适用的正当性和量刑建议的适当性。完善量刑建议审查机制，对于检察机关提出的量刑建议，人民法院既要充分尊重，又要严格依法审查；对于事实清楚，证据确实、充分，指控罪名准确，量刑建议适当的，人民法院应当依法采纳；对于量刑建议明显不当的，应当告知检察机关调整，检察机关不予调整或者调整后仍然明显不当的，人民法院应当依法及时作出判决。

三是切实保障当事人权利。要充分保障被告人的各项诉讼权利和实体权利，与司法行政机关加强协调，支持值班律师依法履职，保障被告人获得及时、充分、有效的法律帮助，确保其知悉法律后果、自愿认罪认罚。上诉权是被告人的基本诉讼权利，要切实予以保障。对于被告人认罪认罚后又提出上诉的，二审法院要坚持全面审查，区分不同情形，严格依照刑事诉讼法的规定分别作出裁判。对于原判认定事实和适用法律正确、量刑适当的，应当裁定驳回上诉、维持原判，不能仅仅因为被告人上诉、检察机关就此抗诉，就认为一审判决确有错误、量刑不当而改判加重刑罚。同时，也要保障被害人的有效参与，充分听取其意见，将双方是否达成调解和解等作为量刑的重要考虑因素，依法保护被害人权益。

协同有效发挥制度功能作用。认罪认罚从宽制度实施，涵盖实体、程序、工作机制多个方面，涉及公检法司等多个部门，是一项系统性、整体性很强的工作。改革启动以来，各地法院紧紧依靠党委政法委领导，协调解决工作难题，取得了积极成效。如江苏、辽宁等地法院协调有关部门，专门出台意见，细化量刑建议形式、说理、调整的标准和程序，规范认罪认罚案件办理协作、信息通报机制，推动工作有效开展；杭州、福清等地探索值班律师转任辩护人机制，对可能判处三年有期徒刑以上刑罚的被告人，指派值班律师提供辩护服务，提升法律援助的针对性和实效性。改革越深入，越要注意协同。各级人民法院要进一步加强与公安机关、检察机关、司法行政机关等部门的沟通协调，增强共识、凝聚合力，切实解决实施中出现的问题和困难，更好发挥认罪认罚从宽制度的功能作用，为维护社会安定和谐、公平正义提供有力司法服务和保障。

——沈亮：《凝聚共识　推进认罪认罚从宽制度深入有效实施》，载《人民法院报》2021年7月22日，第5版。

1722. 人民法院应当如何做好认罪认罚从宽制度工作

关键词

人民法院　认罪认罚从宽制度

最高人民法院司法政策精神

2018年刑事诉讼法修改确立的认罪认罚从宽制度，是为了更好实现司法公正与效率相统一的重要制度安排。各级人民法院要严格贯彻执行刑事诉讼法、《新刑诉法解释》相关规定和“两高三部”《关于适用认罪认罚从宽制度的指导意见》，吃透立法精神、领会制度内涵、把握正确方向，确保认罪认罚从宽制度准确、统一、有效实施。我认为，工作中需要注意以下几个问题。

一是要切实依法履行好人民法院的审判职责。认罪认罚从宽制度，是在我国刑事诉讼法律框架内，在推进以审判为中心的刑事诉讼制度改革背景下，进一步在实体上落实宽严相济、在程序上落实繁简分流、提升刑事司法效能的重要举措。贯彻落实认罪认罚从宽制度，并没有改变公检法三机关之间分工负责、互相配合、互相制约的关系，诉讼中控辩审三方的格局没有变化。各级人民法院要切实履行刑事审判职责，在分工负责的基础上加强配合、完善制约，坚持依法办案。对于检察机关提出的量刑建议，人民法院应当认真尽责审查，对于依法应当采纳的予以采纳；对于量刑建议明显不当，检察机关不予调整或者调整后仍然明显不当的，应当依法及时作出判决。今天发布的《新刑诉法解释》第三百五十四条，对量刑建议是否明显不当的判断标准和方法作了指引性规定。

二是要始终坚持罪责刑相适应、宽严相济、证据裁判等法律原则。从2016年在部分地区先行试点到2018年年底在全国实施，最高人民法院就反复强调，贯彻认罪认罚从宽制度，一定要坚持罪责刑相适应、宽严相济、证据裁判原则，防止定罪把关不严、量刑轻重失衡、程序繁简失当。坚持罪责刑相适应，就是根据犯罪的事实、性质、情节和对社会的危害程度，综合考虑认罪认罚的具体情况，依法确定是否从宽及从宽幅度，确保量刑与罪责大小相匹配，宽严适度、罚当其罪。坚持贯彻宽严相济刑事政策，就是要区分不同性质的犯罪，该宽则宽，当严则严。对于认罪认罚案件，法律规定是“可以”依法从宽处理，并非“应当”依法从宽处理。据此，结合司法实践，认罪认罚从宽制度适用的重点，应当是案情明了、影响不大、处刑不重的案件，如常见多发的危险驾驶案件、普通的盗窃案件、因民间矛盾引发的较轻犯罪案件，等等。对于严重危害公共安全犯罪、严重影响人民群众安全感的暴力犯罪，如绑架、抢劫、爆炸犯罪，以及社会影响恶劣、各界广泛关注的案件，如性侵未成年人犯罪等挑战法律和社会伦理底线的严重犯罪，即使被告人认罪认罚，该重判的仍要坚决依法重判，要通过严谨的审理程序、充分的裁判说理、恰当的刑罚适用，彰显公平正义、回应社会关切、维护法律威严。坚持证据裁判，就是要坚守“事实清楚，证据确实、充分”的法定证明标准，不能因为被告人认罪认罚，就降低证明标准，将本应疑罪从无的案件简单从轻处理，要发挥庭审应有功能，特别是要重点对认罪认罚自愿性、真实性和定罪量刑关键事实进行审查核实，确保案件审判质效。

三是要协同推进认罪认罚从宽制度准确、有效实施。认罪认罚从宽制度实施，涵盖实体、程序、工作机制多个方面，贯穿侦查、起诉、审判多个环节，涉及公检法司等多个部门，是一项系统性、整体性很强的工作。各级人民法院要加强与检察机关、公安机关、司法行政机关等部门的沟通协调，增强共识，凝聚合力，最大限度发挥认罪认罚从宽制度在促进司法公正、化解社会矛盾、优化司法资源配置、创新社会治理方面的功能作用。

——沈亮：《就认罪认罚从宽制度相关问题答记者问》，载最高人民法院刑事审判第一、二、三、四、五庭编：《刑事审判参考》(总第127辑)，人民法院出版社2021年版，第127~129页。

1723. 适用认罪认罚从宽制度，如何准确把握“认罪越早、从宽越多”的刑罚评价取向

关键词

认罪认罚从宽制度　刑罚评价

《刑事审判参考》指导案例

吴春兰、鲁长学容留卖淫案（《刑事审判参考》指导案例第1413号）

裁判要点：“认罪越早、从宽越多”必须结合认罪价值以及案件性质、情节后果等因素综合考量。

“认罪越早、从宽越多”的刑罚评价取向，符合宽严相济刑事政策区别对待的要求，在我国刑法总则以及量刑规范化指导意见中均有体现。2019年出台的《最高人民法院、最高人民检察院、公安部、国家安全部、司法部关于适用认罪认罚从宽制度的指导意见》明确规定：“办理认罪认罚案件，应当区别认罪认罚的不同诉讼阶段、对查明案件事实的价值和意义，是否确有悔罪表现，以及罪行严重程度等，综合考量确定从宽的限度和幅度。在刑罚评价上，主动认罪优于被动认罪，早认罪优于晚认罪，彻底认罪优于不彻底认罪，稳定认罪优于不稳定认罪。”该规定所确立的“认罪越早、从宽越多”的刑罚评价取向，对于鼓励真正的犯罪嫌疑人尽早认罪，与国家和被害人和解，减少控辩对抗，缩短诉讼周期，节约国家追诉犯罪成本和实现被追诉人自我救赎均具有重要意义。从厦门集美地区看，认罪认罚从宽制度实施后，侦查机关引入“认罪越早、从宽越多”理念对犯罪嫌疑人开展认罪教育，第一次讯问认罪率达到54.9%，远远高于认罪认罚从宽制度实施前的认罪率，且犯罪嫌疑人供述稳定，这一方面有利于案件事实的及时查明，另一方面也给犯罪嫌疑人提供了通过选择尽早认罪从而获得更多从宽处罚的机会，充分发挥了认罪认罚从宽制度在及时惩罚犯罪和全面落实宽严相济刑事政策中的作用。需要注意的是，“认罪越早，从宽越多”是一个原则，具体是否从宽以及从宽

幅度仍要根据案件性质、情节后果等因素，结合认罪的价值和意义综合考量，确保罪责刑相适应。

本案中，被告人吴春兰、鲁长学在共同犯罪中的地位、作用相当。吴春兰虽系自动投案，但到案后未如实供述自己的罪行，故依法不能认定为自首。被告人鲁长学归案后即如实供述自己的罪行，属侦查阶段的坦白，对案件事实的及时准确查明具有重要意义。一审合议庭评议时，综合考量二被告人认罪阶段和作用的不同，在量刑规范化框架内作出不同的刑罚评价：二被告人的地位、作用相当，其基准刑均确定为十五个月。吴春兰当庭认罪，有自动投案情节，减让基准刑的10%，宣告刑为十三个月；鲁长学在侦查阶段认罪，减让基准刑的25%，宣告刑为十一个月。一审法院综合考虑二被告人认罪时间早晚以及认罪作用大小等因素，确定不同的从宽幅度，体现了区别对待的刑事政策，有利于发挥制度的指引功能。

——王绮撰稿、杨立新审编：《吴春兰、鲁长学容留卖淫案——如何正确把握“早认罪优于晚认罪”的刑罚评价精神》，载最高人民法院刑事审判第一、二、三、四、五庭编：《刑事审判参考》（总第127辑），人民法院出版社2021年版，第46~47页。

1724. 关于认罪认罚从宽制度的适用范围

关键词

认罪认罚从宽制度

附录：最高人民法院主流观点

认罪认罚从宽制度适用没有特别的范围限制，这是其制度定位所决定的。认罪认罚从宽制度是宽严相济、坦白从宽刑事政策的具体化和制度化，而宽严相济是贯穿于刑事立法和刑事司法的基本刑事政策，适用于所有刑事案件，就像自首、坦白一样，没有特别的范围限制。因此，认罪认罚从宽制度原则上没有限定适用的罪名和刑罚。这也是《关于修改〈中华人民共和国刑事诉讼法〉的决定》（以下简称《决定》）在刑事诉讼法“任务和基本原则”中规定认罪认罚从宽处理原则的考虑，明确适用于各类刑事案件，贯穿指导刑事诉讼各阶段。

犯罪嫌疑人、被告人具备以下条件的，可以考虑适用认罪认罚从宽制度：（1）自愿如实供述自己的罪行，承认指控的主要犯罪事实，即“认罪”。实践中，可以表现为自首、坦白，也可以是当庭自愿认罪等形式。承认指控的主要犯罪事实，仅对个别细节提出异议的，或者对犯罪事实没有异议，仅对行为性质提出辩解且表示接受司法机关认定意见的，不影响“认罪”的认定。（2）愿意接受处罚，即“认罚”。这里的“罚”，指的是“刑罚”，既包括主刑，也包括附加刑。实践中，“认罚”考察的重点是犯罪嫌疑人、被告人的悔罪态度和悔罪表现。犯罪嫌疑人、被告人真诚悔罪，接受检察机关量刑建议，尽力退赃退赔的，应当认定为“认罚”；犯罪嫌疑人、被告人表面上接受量刑建议、承诺缴纳罚金，背后却隐匿、转移财产致使财产刑无法执行的，显无真诚悔罪态度，不宜认定为“认罚”。

认罪认罚从宽制度没有限定适用的对象，未成年犯罪嫌疑人、被告人可以适用认罪认罚从宽制度。对认罪认罚的未成年犯罪嫌疑人、被告人依法从宽处理，符合宽严相济刑事政策，也符合未成年人司法“教育、感化、挽救”方针政策。需要注意的是，刑事诉讼法第一百七十四条第二款第二项规定，未成年犯罪嫌疑人的法定代理人、辩护人对其认罪认罚提出异议的，不需要签署认罪认罚具结书。该规定并未排除未成年人适用认罪认罚从宽制度，只是从未成年人心智不成熟，需最大限度保护角度考虑，不要求未成年人签署认罪认罚具结书，不能因为未成年人没有签署具结书就排除适用认罪认罚从宽制度。

犯罪嫌疑人、被告人是盲、聋、哑人，尚未完全丧失辨认或者控制自己行为能力的精神病人的，不排除适用认罪认罚从宽制度。对于盲、聋、哑人、限制刑事责任能力人，能否适用认罪认罚从宽制度，存在较大争议。第一种意见认为，这几类人有生理缺陷或者精神障碍，一定程度影响其诉讼能力，应排除适用认罪认罚从宽制度。第二种意见认为，有些盲、聋、哑人、限制刑事责任能力人能够自主、理性表达认罪认罚意愿，一律排除有违法律平等适用的原则。《决定》采纳了第二种意见，未排除特殊群体适用认罪认罚从宽制度，同时在刑事诉讼法第一百七十四条第二款第一项中规定，前述人员认罪认罚的，不需要签署认罪认罚具结书，并明确此类人员不适用速裁程序或者简易程序审理，以保障其诉讼权利。

——最高人民法院刑一庭课题组：《刑事诉讼中认罪认罚从宽制度的适用》，载最高人民法院刑事审判第一、二、三、四、五庭编：《刑事审判参考》（总第127辑），人民法院出版社2021年版，第207~209页。

1725. 关于认罪认罚从宽制度的适用原则

关键词

认罪认罚从宽制度

最高人民法院司法政策精神

1. 贯彻宽严相济刑事政策。落实认罪认罚从宽制度，应当根据犯罪的具体情况，区分案件性质、情节和对社会的危害程度，实行区别对待，做到该宽则宽，当严则严，宽严相济，罚当其罪。对可能判处三年有期徒刑以下刑罚的认罪认罚案件，要尽量依法从简从快从宽办理，探索相适应的处理原则和办案方式；对因民间矛盾引发的犯罪，犯罪嫌疑人、被告人自愿认罪、真诚悔罪并取得谅解、达成和解、尚未严重影响人民群众安全感的，要积极适用认罪认罚从宽制度，特别是对其中社会危害不大的初犯、偶犯、过失犯、未成年犯，一般应当体现从宽；对严重危害国家安全、公共安全犯罪，严重暴力犯罪，以及社会普遍关注的重大敏感案件，应当慎重把握从宽，避免案件处理明显违背人民群众的公平正义观念。

2. 坚持罪责刑相适应原则。办理认罪认罚案件，既要考虑体现认罪认罚从宽，又要考虑其所犯罪行的轻重、应负刑事责任和人身危险性的大小，依照法律规定提出量刑建议，准确裁量刑罚，确保罚当其罪，避免罪刑失衡。特别是对于共同犯罪案件，主犯认罪认罚，从犯不认罪认罚的，人民法院、人民检察院应当注意两者之间的量刑平衡，防止因量刑失当严重偏离一般的司法认知。

3. 坚持证据裁判原则。办理认罪认罚案件，应当以事实为根据，以法律为准绳，严格按照证据裁判要求，全面收集、固定、审查和认定证据。坚持法定证明标准，侦查终结、提起公诉、作出有罪裁判应当做到犯罪事实清楚，证据确实、充分，防止因犯罪嫌疑人、被告人认罪而降低证据要求和证明标准。对犯罪嫌疑人、被告人认罪认罚，但证据不足，不能认定其有罪的，依法作出撤销案件、不起诉决定或者宣告无罪。

4. 坚持公检法三机关配合制约原则。办理认罪认罚案件，公、检、法三机关应当分工负责、互相配合、互相制约，保证犯罪嫌疑人、被告人自愿认罪认罚，依法推进从宽落实。要严格执法、公正司法，强化对自身执法司法办案活动的监督，防止产生“权权交易”“权钱交易”等司法腐败问题。

——《最高人民法院、最高人民检察院、公安部、国家安全部、司法部印发〈关于适用认罪认罚从宽制度的指导意见〉的通知》（2019 年 10 月 11 日，高检发〔2019〕13 号）。

附录：最高人民法院主流观点

在试点授权审议和前期调研时，一些同志对认罪认罚从宽制度适用存在顾虑，担心量刑把握不准，不加区分一律从宽，出现“重罪轻判”“花钱买刑”，造成打击不力或者权钱交易；担心证据把握不严，过分依赖口供，不加审查即予定罪，放松证明要求，疑罪降格处理，甚至造成错案。为确保试点正确实施，在《关于在部分地区开展刑事案件认罪认罚从宽制度试点工作的办法》(以下简称《试点方案》)框架下，《试点办法》进一步明确适用范围、规范程序标准，确立了坚持宽严相济、坚持罪责刑相适应和坚持证据裁判三个原则，为改革依法稳妥有序开展提供了基本遵循和有力保障。认罪认罚从宽制度全面推开施行，要正确把握其适用原则。

一要贯彻宽严相济刑事政策。避免"一律从宽""一味从严"两种错误倾向。对于认罪认罚"从宽"的把握，需要注意以下几方面：首先，是依法从宽，而非法外从宽。刑事诉讼法规定了认罪认罚依法从宽的处理原则，具体如何从宽，还要根据刑法、刑事诉讼法等具体规定进行把握。如前所述，认罪认罚从宽不是单一的法律制度，而是自首、坦白、速裁程序、和解程序等法律制度和诉讼程序的集合，认罪认罚也不是单一的量刑情节，要分别适用自首、坦白、当庭自愿认罪、真诚悔罪认罚、取得谅解和解等法定、酌定从宽情节，依法决定是否从宽、怎么从宽、从宽多少，特别是减轻、免除处罚，必须于法有据。其次，是可以从宽，而非一律从宽。如同自首从宽一样，都是"可以"从宽，要依据事实和法律综合考量。"可以"从宽应当理解为"一般应当"从宽，没有特殊理由的，都应当体现法律规定和政策精神，从宽处罚。对那些犯罪性质恶劣、犯罪手段残忍、社会危害严重、群众反映强烈的犯罪分子，其认罪坦白不足以从轻处罚的，必须依法严惩。

二要坚持罪责刑相适应原则。对认罪认罚的被告人量刑，要根据犯罪的事实、性质、情节和对社会的危害程度，综合考虑认罪认罚的具体情况，依法确定是否从宽以及从宽幅度。要考虑其所犯罪行的轻重、应负刑事责任的大小和人身危险性的大小，做到罪责刑相适应。一方面，要看认罪认罚的主动性、及时性、稳定性、全面性，是否确有悔罪表现，以及对及时侦破案件的作用，来决定是否从宽及具体幅度。例如，主动投案与被动归案，到案即供述与多次讯问后才供述，始终稳定供述与时供时翻，全部供述犯罪事实与隐瞒次要犯罪事实，在确凿罪证面前才认罪与带领公安人员找到重要物证、人证，对于这些情形，在确定从宽幅度时应当有适当区别。另一方面，要看罪行的严重程度。罪行较轻、人身危险性较小的，特别是初犯、偶犯，从宽幅度可以大一些；罪行较重、人身危险性较大的，以及累犯、再犯，从宽幅度可以小一些，甚至不考虑从宽。

三要坚持证据裁判原则。根据刑事诉讼法第六条的规定，办理任何刑事案件，都必须以事实为根据，以法律为准绳。认罪认罚案件也不例外，应当坚持证据裁判原则。公安、检察机关应当依法全面收集、固定、审查、运用证据，人民法院应当按照法定程序认定和采纳证据，统一适用"事实清楚，证据确实、充分"的法定证明标准。所有刑事案件，无论被告人认罪与否、刑罚轻重，都应当适用同一证明标准。不能因为被告人认罪，就降低证明标准，对疑罪降格认定处理。这个原则底线，任何时候都不能突破。同时，也要防止对本可定罪的案件，因司法人员业务水平不高、能力不够、经验不足，而作为疑案处理。在具体审查把握上，要注意被告人认罪对取证、举证、认证的影响。首先，证明方式相对简便，一定程度降低取证、举证、认证难度。司法证明可分两种方式：一是通过对直接证据所包含的证据事实进行印证和补强，从而达到证明待证事实的效果；二是通过将若干间接证据所包含的证据事实进行逻辑推理，使其形成较为完整的证据锁链，从而排他性地认定待证事实的存在。在许多案件特别是轻罪案件中，口供往往是最全面、详细的直接证据，有了真实、自愿、合法的口供，可以大大增强内心确信，再加上其他证据补强，一般就可以定案，比不认罪案件需要排疑完成反向证明，相对简单些。其次，审查程序可以简化，适用速裁或者简易程序审理认罪认罚案件，省略、简化庭审举证、质证环节。

——最高人民法院刑一庭课题组：《刑事诉讼中认罪认罚从宽制度的适用》，载最高人民法院刑事审判第一、二、三、四、五庭编：《刑事审判参考》（总第127辑），人民法院出版社2021年版，第209~211页。

1726. 如何准确把握认罪认罚从宽制度中的“认罪”

关键词

认罪认罚从宽制度　认罪

最高人民法院司法政策精神

6. “认罪”的把握。认罪认罚从宽制度中的“认罪”，是指犯罪嫌疑人、被告人自愿如实供述自己的罪行，对指控的犯罪事实没有异议。承认指控的主要犯罪事实，仅对个别事实情节提出异议，或者虽然对行为性质提出辩解但表示接受司法机关认定意见的，不影响“认罪”的认定。犯罪嫌疑人、被告人犯数罪，仅如实供述其中一罪或部分罪名事实的，全案不作“认罪”的认定，不适用认罪认罚从宽制度，但对如实供述的部分，人民检察院可以提出从宽处罚的建议，人民法院可以从宽处罚。

——《最高人民法院、最高人民检察院、公安部、国家安全部、司法部印发〈关于适用认罪认罚从宽制度的指导意见〉的通知》（2019年10月11日，高检发〔2019〕13号）。

要准确把握“认罪”。这里的“认罪”，是指犯罪嫌疑人、被告人自愿如实供述自己的罪行，承认指控的犯罪事实。对此，可以按照刑法关于自首、坦白中“如实供述自己的罪行”来把握。承认指控的主要犯罪事实，仅对个别细节提出异议的，或者对犯罪事实没有异议，仅对行为性质提出辩解的，不影响“认罪”的认定。最高人民法院《关于处理自首和立功具体应用法律若干问题的解释》《关于被告人对行为性质的辩解是否影响自首成立问题的批复》《关于办理职务犯罪案件认定自首、立功等量刑情节若干问题的意见》《关于处理自首和立功若干具体问题的意见》，对如何认定“如实供述”，已有比较明确的规定，可以照此把握。实践中，“认罪”可以表现为自首、坦白，也可以是当庭自愿认罪等形式，要综合全案事实、情节，结合认罪的形式、阶段、程度、价值以及悔罪表现等情况，决定是否从宽、如何从宽。

——李少平：《在全国法院推进刑事案件认罪认罚从宽制度工作部署会上的讲话》，载最高人民法院刑事审判第一、二、三、四、五庭编：《刑事审判参考》(总第127辑)，人民法院出版社2021年版，第107页。

附录：最高人民法院法官著述

“认罪”，是指犯罪嫌疑人、被告人自愿如实供述自己的罪行，承认指控的犯罪事实。“如实供述自己的罪行”，应当依照《中华人民共和国刑法》(以下简称刑法)关于自首、坦白的规定以及关于自首、立功相关司法解释的规定予以把握。“认罪”实质上就是“认事”，认主要犯罪事实。犯罪嫌疑人、被告人对指控的个别细节有异议或者对行为性质的辩解不影响“认罪”的认定。“认罪”可以是自首、坦白，也可以是当庭认罪等其他表现形式。不同表现形式的“认罪”反映了犯罪人对待犯罪的不同态度，在从宽处理上会得到不同评价。是否从宽以及从宽幅度会结合认罪的价值以及认罪的阶段等因素综合考量。

实践中“认罪”的情形较为复杂，为指导实践，《最高人民法院、最高人民检察院、公安部、国家安全部、司法部关于适用认罪认罚从宽制度的指导意见》(以下简称《认罪认罚从宽指导意见》)对“认罪”的认定进行了细化，明确规定：犯罪嫌疑人、被告人虽然对行为性质提出辩解但表示接受司法机关认定意见的，不影响“认罪”的认定；犯罪嫌疑人、被告人犯数罪，仅如实供述其中一罪或者部分罪名事实的，全案不作“认罪”的认定，不适用认罪认罚从宽制度，但对如实供述的部分，实体上可给予从宽考量。

——杨立新：《关于认罪认罚从宽制度常见问题释疑》，载最高人民法院刑事审判第一、二、三、四、五庭编：《刑事审判参考》(总第127辑)，人民法院出版社2021年版，第136页。

1727. 如何准确把握认罪认罚从宽制度中的“认罚”

关键词

认罪认罚从宽制度　认罚

最高人民法院司法政策精神

7. “认罚”的把握。认罪认罚从宽制度中的“认罚”，是指犯罪嫌疑人、被告人真诚悔罪，愿意接受处罚。“认罚”，在侦查阶段表现为表示愿意接受处罚；在审查起诉阶段表现为接受人民检察院拟作出的起诉或不起诉决定，认可人民检察院的量刑建议，签署认罪认罚具结书；在审判阶段表现为当庭确认自愿签署具结书，愿意接受刑罚处罚。

“认罚”考察的重点是犯罪嫌疑人、被告人的悔罪态度和悔罪表现，应当结合退赃退赔、赔偿损失、赔礼道歉等因素来考量。犯罪嫌疑人、被告人虽然表示“认罚”，却暗中串供、干扰证人作证、毁灭、伪造证据或者隐匿、转移财产，有赔偿能力而不赔偿损失，则不能适用认罪认罚从宽制度。犯罪嫌疑人、被告人享有程序选择权，不同意适用速裁程序、简易程序的，不影响“认罚”的认定。

——《最高人民法院、最高人民检察院、公安部、国家安全部、司法部印发〈关于适用认罪认罚从宽制度的指导意见〉的通知》（2019 年 10 月 11 日，高检发〔2019〕13 号）。

要准确把握“认罚”。这里的“认罚”，是指犯罪嫌疑人、被告人真诚悔罪、明确表示愿意接受司法机关给予的处罚，特别是接受检察机关提出的量刑建议，对检察机关建议判处的刑罚种类、幅度及刑罚执行方式没有异议。这里的“刑罚”，原则上包括主刑和附加刑。根据案件具体情况，检察机关对主刑提出的量刑建议，可以有一定的幅度，也可以是确定的刑期，还可以附条件，如区分达成和解与未达成和解、预缴罚金与未缴纳罚金等情形。刑罚执行方式是量刑重要内容，提前解决适用争议，方便案件后续处理，也可避免检察机关事先不提意见、待法院宣告缓刑后又抗诉，或者被告人自以为是缓刑、在被判处实刑后提起上诉的情况。检察机关对财产刑提出量刑建议的，一般应当提出确定的数额，以便法院确定和被告人认同。需要注意的是，“认罚”考察的重点，是犯罪嫌疑人、被告人的悔罪态度和悔罪表现。实践中，犯罪嫌疑人、被告人主动退赃退赔、积极赔偿损失、取得谅解和解、同意适用程序，等等，也是其悔罪认罚的表现。犯罪嫌疑人、被告人真诚悔罪，接受检察机关量刑建议，尽力退赃退赔的，应当认定为“认罚”；犯罪嫌疑人、被告人表面上接受量刑建议、承诺缴纳罚金，背后却“暗度陈仓”，隐匿、转移财产致使财产刑无法执行的，显无真诚的悔罪态度，不宜认定为“认罚”。

——李少平:《在全国法院推进刑事案件认罪认罚从宽制度工作部署会上的讲话》，载最高人民法院刑事审判第一、二、三、四、五庭编:《刑事审判参考》(总第127辑)，人民法院出版社2021年版，第107~108页。

附录：最高人民法院法官著述

“认罚”是指犯罪嫌疑人、被告人真诚悔罪，愿意接受处罚。这里的“接受处罚”，是指接受刑罚处罚。“认罚”在不同的诉讼阶段有不同的要求和不同的表现形式。侦查阶段，“认罚”表现为犯罪嫌疑人如实供述自己的罪行并表示愿意接受处罚；审查起诉阶段，“认罚”表现为犯罪嫌疑人签署认罪认罚具结书（刑事诉讼法规定不需要签署具结书的情形除外)，认可检察机关提出的量刑建议；审判阶段，“认罚”表现为被告人当庭确认签署具结书的自愿性，或者当庭认罪悔罪。需要注意的是，被告人当庭认罪悔罪的，由法庭记录在案，并就量刑听取控辩双方意见，综合案件事实、性质、情节、后果以及被告人认罪悔罪的意义大小，依法作出裁判。实践中，被告人当庭认罪，法庭休庭由控辩双方进行协商的做法应予纠正。

“认罚”考察的重点是犯罪嫌疑人、被告人的悔罪态度和悔罪表现，因此，犯罪嫌疑人、被告人主动退赃退赔、积极赔偿损失等也是“认罚”的表现。相反，犯罪嫌疑人、被告人表面“认罚”，暗中却串供、干扰证人作证、毁灭、伪造证据或者隐匿、转移财产，有能力退赃退赔而不退赃退赔的，不能认定为“认罚”。当然，对于真诚悔罪愿意接受刑罚处罚，但确无能力退赃退赔的，仍可以适用认罪认罚从宽制度，但在实体从宽幅度上要与有退赃退赔、积极赔偿损失或者预交罚金表现的区分开来，严格把握。

——杨立新:《关于认罪认罚从宽制度常见问题释疑》，载最高人民法院刑事审判第一、二、三、四、五庭编:《刑事审判参考》(总第127辑)，人民法院出版社2021年版，第136~137页。

1728. 如理把握认罪认罚从宽制度程序上的从宽处理

关键词

认罪认罚从宽制度　从宽

最高人民法院司法政策精神

三、认罪认罚后“从宽”的把握

8.“从宽”的理解。从宽处理既包括实体上从宽处罚，也包括程序上从简处理。“可以从宽”，是指一般应当体现法律规定和政策精神，予以从宽处理。但可以从宽不是一律从宽，对犯罪性质和危害后果特别严重、犯罪手段特别残忍、社会影响特别恶劣的犯罪犯罪嫌疑人、被告人，认罪认罚不足以从轻处罚的，依法不予从宽处罚。

办理认罪认罚案件，应当依照刑法、刑事诉讼法的基本原则，根据犯罪的事实、性质、情节和对社会的危害程度，结合法定、酌定的量刑情节，综合考虑认罪认罚的具体情况，依法决定是否从宽、如何从宽。对于减轻、免除处罚，应当于法有据；不具备减轻处罚情节的，应当在法定幅度以内提出从轻处罚的量刑建议和量刑；对其中犯罪情节轻微不需要判处刑罚的，可以依法作出不起诉决定或者判决免予刑事处罚。

9. 从宽幅度的把握。办理认罪认罚案件，应当区别认罪认罚的不同诉讼阶段、对查明案件事实的价值和意义、是否确有悔罪表现，以及罪行严重程度等，综合考量确定从宽的限度和幅度。在刑罚评价上，主动认罪优于被动认罪，早认罪优于晚认罪，彻底认罪优于不彻底认罪，稳定认罪优于不稳定认罪。

认罪认罚的从宽幅度一般应当大于仅有坦白，或者虽认罪但不认罚的从宽幅度。对犯罪嫌疑人、被告人具有自首、坦白情节，同时认罪认罚的，应当在法定刑幅度内给予相对更大的从宽幅度。认罪认罚与自首、坦白不作重复评价。

对罪行较轻、人身危险性较小的，特别是初犯、偶犯，从宽幅度可以大一些；罪行较重、人身危险性较大的，以及累犯、再犯，从宽幅度应当从严把握。

——《最高人民法院、最高人民检察院、公安部、国家安全部、司法部印发〈关于适用认罪认罚从宽制度的指导意见〉的通知》（2019 年 10 月 11 日，高检发〔2019〕13 号）。

程序上从宽处理，从三方面进行把握。一是简化审判程序，保障被告人获得迅速审判的权利。对于基层人民法院管辖的认罪认罚案件，可以适用简易程序或者速裁程序进行审判；对于其他认罪认罚案件，适用普通程序简化审理。二是对认罪认罚的犯罪嫌疑人、被告人，优先考虑适用非羁押强制措施。三是附条件提前终止诉讼，主要是特殊案件的审前分流处理，由公安机关撤销案件，或者由检察机关作不起诉处理，不涉及审判环节。

要严格规范诉讼程序。认罪认罚从宽制度的一个重要方面，是对认罪认罚案件简化程序，从快办理，但不能一味从“简”求“快”，必须遵循刑事诉讼法的基本原则，确保程序公正。一是严格把握速裁程序适用条件。被告人对指控罪名提出异议，辩护人作无罪辩护，被告人与被害人未就附带民事赔偿事项达成和解、调解协议，案件有重大社会影响等法定排除情形的，都不得适用速裁程序。二是完善速裁程序运行机制。各地先前探索的“轻刑快审”机制，和试点探索的刑拘直诉模式、全流程简化模式、“一步到庭”模式，都是有益尝试，各地法院可以学习借鉴，继续整合、探索完善，推动诉讼全程简化提速。需要注意的是，速裁程序省略法庭调查、法庭辩论这一核心环节后，一些地方的庭审程式化倾向突出。刑事诉讼法规定，速裁案件不进行法庭调查、法庭辩论，这是授权性规定，并不是说，速裁程序就不能进行法庭调查、法庭辩论。对定罪量刑的关键事实该问的还是要问，庭审的功能还是要体现。对被告人认罪认罚的自愿性、真实性，对拟判处非监禁刑被告人的人身危险性，对被告人的法庭教育，应当在庭审中查清说明，必要时要多问几句、多说几句，以发挥庭审应有功能。三是规范简易程序适用。要依照刑事诉讼法和相关司法解释，严格把握适用条件，发现案件有法定排除情形的，如被告人是盲聋哑人或者限制刑事责任能力的精神病人，共同犯罪中部分被告人不认罪，案件有重大社会影响，等等，应当转为普通程序审理。此外，对涉及国家秘密的案件，在审理方式、举证质证、律师查阅复制卷宗时，要严格遵守法律和司法解释等有关规定。

要切实保障当事人权利。一方面，要充分保障被告人的各项诉讼权利和实体权利，尊重其诉讼主体地位和程序选择权，确保认罪认罚自愿性；另一方面，也要强调被害人的有效参与，充分听取其意见，依法保护被害人权益，做到“从简不减损权利”。一是确保被告人获得及时、充分、有效的法律帮助。有辩护人或者值班律师参与，是认罪认罚案件的必备条件。被告人没有辩护人的，应当及时通知值班律师提供法律帮助。对于符合应当指定辩护条件的，要依法通知法律援助机构指派律师为被告人提供辩护。各级法院要与司法行政机关加强协调，为派驻法律援助值班律师提供适当的办公场所，支持值班律师依法履职。二是确保被告人知悉认罪认罚的法律后果，促使其自愿认罪认罚，自愿选择诉讼程序。要告知被告人依法享有的诉讼权利，告知其认罪认罚的法律后果，听取被告人及其辩护人或值班律师的意见，对认罪认罚的自愿性和认罪认罚具结书内容的真实性、合法性认真审查核实。适用速裁程序、简易程序，必须征得被告人同意。三是切实保护被害人的合法权益，依法听取被害人及其代理人意见，并将双方是否达成和解、谅解协议，作为量刑的重要考虑因素。被告人认罪认罚，但没有赔礼道歉、退赃退赔、赔偿损失，未能与被害人达成调解或者和解协议的，在从宽时要区别对待。

要坚持以审判为中心的刑事诉讼制度发展方向。检察机关实行“捕诉合一”改革以后，主办检察官及其办案团队的权力增大了，人民法院相互配合、相互制约的责任也相应增大了。严格审查检察机关对认罪认罚案件提出的量刑建议，是强化认罪认罚法律效果的重要保障。对于认罪认罚案件，人民法院依法作出判决时，一般应当采纳人民检察院指控的罪名和量刑建议，但有可能影响公正审判的除外。需要明确的是，办理认罪认罚案件，公检法三机关之间分工负责、相互配合、相互制约的关系没有变化，裁判权只能由人民法院依法行使。定罪量刑作为审判权的核心内容，具有专属性，检察机关的量刑建议仍然属于程序职权，是否适当、是否采纳应由人民法院依法裁判。要依法充分发挥审判特别是庭审对侦查、起诉活动的把关、制约作用，对于起诉指控的事实清楚、罪名准确、量刑建议适当的案件，应采纳起诉的罪名和量刑建议依法作出有罪判决；对于被告人不构成犯罪、不应当追究其刑事责任，或者被告人否认指控犯罪事实，以及认罪认罚违背被告人意愿或者具有其他可能影响公正审判情形的，人民法院应当依法作出判决；对于量刑建议明显不当的，或者被告人、辩护人对量刑建议提出异议且有道理的，人民法院可以建议检察机关调整，也可以在听取控辩双方意见的基础上依法径行作出判决。

——李少平：《在全国法院推进刑事案件认罪认罚从宽制度工作部署会上的讲话》，载最高人民法院刑事审判第一、二、三、四、五庭编：《刑事审判参考》（总第127辑），人民法院出版社2021年版，第109~111页。

1729. 认罪认罚案件中赔偿和解与从宽处罚的关系

关键词

认罪认罚从宽制度　量刑　赔偿和解　从宽处罚

最高人民法院司法政策精神

8. “从宽”的理解。从宽处理既包括实体上从宽处罚，也包括程序上从简处理。“可以从宽”，是指一般应当体现法律规定和政策精神，予以从宽处理。但可以从宽不是一律从宽，对犯罪性质和危害后果特别严重、犯罪手段特别残忍、社会影响特别恶劣的犯罪犯罪嫌疑人、被告人，认罪认罚不足以从轻处罚的，依法不予从宽处罚。

办理认罪认罚案件，应当依照刑法、刑事诉讼法的基本原则，根据犯罪的事实、性质、情节和对社会的危害程度，结合法定、酌定的量刑情节，综合考虑认罪认罚的具体情况，依法决定是否从宽、如何从宽。对于减轻、免除处罚，应当于法有据；不具备减轻处罚情节的，应当在法定幅度以内提出从轻处罚的量刑建议和量刑；对其中犯罪情节轻微不需要判处刑罚的，可以依法作出不起诉决定或者判决免予刑事处罚。

9. 从宽幅度的把握。办理认罪认罚案件，应当区别认罪认罚的不同诉讼阶段、对查明案件事实的价值和意义、是否确有悔罪表现，以及罪行严重程度等，综合考量确定从宽的限度和幅度。在刑罚评价上，主动认罪优于被动认罪，早认罪优于晚认罪，彻底认罪优于不彻底认罪，稳定认罪优于不稳定认罪。

认罪认罚的从宽幅度一般应当大于仅有坦白，或者虽认罪但不认罚的从宽幅度。对犯罪嫌疑人、被告人具有自首、坦白情节，同时认罪认罚的，应当在法定刑幅度内给予相对更大的从宽幅度。认罪认罚与自首、坦白不作重复评价。

对罪行较轻、人身危险性较小的，特别是初犯、偶犯，从宽幅度可以大一些；罪行较重、人身危险性较大的，以及累犯、再犯，从宽幅度应当从严把握。

——《最高人民法院、最高人民检察院、公安部、国家安全部、司法部印发〈关于适用认罪认罚从宽制度的指导意见〉的通知》（2019年10月11日，高检发〔2019〕13号）。

附录：最高人民法院主流观点

要正确处理赔偿和解与从宽处罚的关系。赔偿损失、达成和解是量刑重要因素，特别是对民间矛盾激化引发的案件，量刑时一般要予以充分考虑。被告人对检察机关指控犯罪事实及量刑建议没有异议，但未能退赃退赔、赔偿损失的，虽然也有可能构成认罪认罚，但从宽幅度要与取得谅解、达成和解的案件适当区别。当然也要注意具体情况具体分析，不能将赔偿与从宽完全等同起来，特别是对严重破坏社会治安犯罪，不能仅仅因为赔偿被害人损失，就一律给予从宽处罚；也不能仅仅因为被告人没有取得谅解，特别是因被害人漫天要价未达成和解的，就排除适用认罪认罚从宽制度。基于此，《最高人民法院、最高人民检察院、公安部、国家安全部、司法部关于在部分地区开展刑事案件认罪认罚从宽制度试点工作的办法》规定赔偿和解是量刑的重要考虑因素，是酌定情节，而非认罪认罚从宽的前提条件。被告人真诚悔罪认罚，接受量刑建议，有赔偿意愿，但无赔偿能力，不影响适用认罪认罚从宽制度，可对其酌情从宽处罚。被告人认罪认罚，符合形式要件，也有赔偿能力，但拒不赔偿的，实无悔罪表现，一般不宜从宽处罚。

——最高人民法院刑一庭课题组[①]：《刑事诉讼中认罪认罚从宽制度的适用》，载《人民司法·应用》2018 年第 34 期（总第 837 期）。

1730. 认罪认罚从宽制度适用的不同诉讼阶段的任务和要求

关键词

认罪认罚从宽制度　诉讼阶段　从宽制度

附录：最高人民法院主流观点

修改后的《刑事诉讼法》将认罪认罚从宽作为一项重要原则予以规定，意味着认罪认罚从宽贯穿于整个刑事诉讼活动之中，适用于所有诉讼阶段，但每个诉讼阶段的任务和具体要求不同。

1. 侦查阶段主要任务为鼓励、保障犯罪嫌疑人自愿、尽早认罪，并落实认罪从宽。具体要求：一是侦查机关应当保障犯罪嫌疑人自愿认罪，告知其如实供述自己罪行可以从宽处理和认罪认罚的法律规定。二是落实认罪从宽。犯罪嫌疑人自愿认罪的，侦查机关应当记录在案，随案移送，并在起诉意见书中写明认罪的时间、认罪对于侦破案件的价值等有关情况。对于轻罪案件中自愿认罪的犯罪嫌疑人，应加大非羁押性强制措施的适用力度。

2. 审查起诉阶段主要任务为控辩双方进行量刑协商，并落实认罪认罚从宽。参加量刑协商的诉讼主体包括检察官、犯罪嫌疑人及其辩护人或者值班律师。检察官作为控方代表，有权提出程序适用以及量刑建议；辩护人或者值班律师应为犯罪嫌疑人提供有效法律帮助以保障犯罪嫌疑人理解认罪认罚的性质和后果，权衡利弊后自愿作出选择。犯罪嫌疑人同意控方量刑建议和程序适用的，应当在辩护人或者值班律师在场的情况下签署认罪认罚具结书。检察机关的量刑建议应当体现从宽，办理案件的程序应当体现从简从快。对于犯罪情节轻微的认罪认罚犯罪嫌疑人，检察院可以作酌定不起诉处理。

3. 审判阶段增设“自愿性”审查程序，通过公开庭审由法官对被告人认罪认罚的自愿性进行审查，并在对案件进行全面审理的基础上，作出是否采纳量刑建议的裁决。可以说，审判阶段最主要的任务有三个方面：一是审查认罪认罚的自愿性；二是实体上落实认罪认罚从宽；三是程序上实现繁简分流，简案快审。

——胡云腾主编、最高人民法院刑事审判第一庭编著：《认罪认罚从宽制度的理解与适用》，人民法院出版社 2018 年版，第 88~89 页。

---

① 课题组组长：沈亮；课题组成员：管应时、杨立新、孟伟、何东青。

1731. 犯罪嫌疑人、被告人签署“具结书”应当满足的条件

关键词

具结书　认罪认罚从宽制度

最高人民法院司法政策精神

31. 签署具结书。犯罪嫌疑人自愿认罪，同意量刑建议和程序适用的，应当在辩护人或者值班律师在场的情况下签署认罪认罚具结书。犯罪嫌疑人被羁押的，看守所应当为签署具结书提供场所。具结书应当包括犯罪嫌疑人如实供述罪行、同意量刑建议、程序适用等内容，由犯罪嫌疑人、辩护人或者值班律师签名。

犯罪嫌疑人认罪认罚，有下列情形之一的，不需要签署认罪认罚具结书：

（一）犯罪嫌疑人是盲、聋、哑人，或者是尚未完全丧失辨认或者控制自己行为能力的精神病人的；

（二）未成年犯罪嫌疑人的法定代理人、辩护人对未成年人认罪认罚有异议的；

（三）其他不需要签署认罪认罚具结书的情形。

上述情形犯罪嫌疑人未签署认罪认罚具结书的，不影响认罪认罚从宽制度的适用。

——《最高人民法院、最高人民检察院、公安部、国家安全部、司法部印发〈关于适用认罪认罚从宽制度的指导意见〉的通知》（2019年10月11日，高检发〔2019〕13号）。

附录：最高人民法院主流观点

修改后的《刑事诉讼法》第一百七十四条从基本条件和排除情形正反两个方面规定了犯罪嫌疑人签署认罪认罚具结书的条件。

一是签署认罪认罚具结书必须满足的条件。首先，是实质要件，主要包括：（1）犯罪嫌疑人自愿认罪；（2）犯罪嫌疑人自愿认罚，即认可检察机关提出的量刑建议；（3）犯罪嫌疑人同意适用简化的审理程序，如速裁程序、简易程序或普通程序的简化审理。这三个方面都是出自犯罪嫌疑人的真实意愿，是对指控犯罪事实、拟处刑罚和适用审理程序的认可，可以简称为认罪、认罚、认程序。上述实质要件既是签署具结书时应当重点把握的问题，也是法庭审理过程中审查的重点，是保障认罪认罚从宽制度得以健康运转的核心。其次，是形式要件，即犯罪嫌疑人签署认罪认罚具结书，应当有辩护人或值

班律师在场。修改后的《刑事诉讼法》吸收《最高人民法院、最高人民检察院、公安部、国家安全部、司法部关于在部分地区开展刑事案件认罪认罚从宽制度试点工作的办法》(以下简称《试点办法》)的原有规定，明确犯罪嫌疑人签署具结书时辩护人或值班律师应当在场，旨在保障认罪认罚的犯罪嫌疑人获得有效法律帮助，以便犯罪嫌疑人在法律专业人士的帮助下，对指控犯罪事实和证据、对法律适用问题、程序选择问题有真正的了解，其核心目的仍然是保障犯罪嫌疑人认罪认罚的自愿性、真实性和明智性。需要强调的是，辩护人或值班律师在场是签署认罪认罚具结书的刚性条件，是认罪认罚自愿性、真实性、明智性的制度保障，是一项不可缺少的必要条件。实践中，不能因为犯罪嫌疑人自己声称不需要律师帮助为由而取消。

二是不需要签署认罪认罚具结书的情形。主要包括：（1）犯罪嫌疑人是盲、聋、哑人，或者是尚未完全丧失辨认或者控制自己行为能力的精神病人；（2）未成年犯罪嫌疑人的法定代理人、辩护人对未成年人认罪认罚有异议的；（3）其他不宜适用的情形。需要指出的是上述三种情形，《试点办法》第二条曾将其规定为不适用认罪认罚从宽制度的情形。修改后的《刑事诉讼法》将其规定为不需要签署具结书的情形，实际上是想避免人们产生错误认识，即前述第一、二种情形不适用认罪认罚从宽制度，有违制度适用平等原则。这种错误认识源于没有弄清楚《试点办法》第二条的宗旨，《试点办法》第二条之所以将前述第一、二种情形排除在认罪认罚从宽制度适用之外，是出于对生理上或者精神上有缺陷的被告人给予更加完善的程序保障的考量，而对于未成年人犯罪案件唯有其法定代理人、辩护人对认罪认罚的自愿性提出异议时才排除适用，其目的也是为了提供更为完善的程序保障。道理如同简易程序的适用也有考虑犯罪主体生理、精神状况从而对适用范围作出限制，而这种限制丝毫不影响实体上和程序上的从宽处理，因为《刑法》《刑事诉讼法》对此已经专门作出了规定。至于其他不宜适用的情形，从司法实践看，主要是指危害国家安全的犯罪、严重暴力犯罪、严重破坏社会治安的犯罪，以及社会普遍关注的重大、敏感案件。

——胡云腾主编、最高人民法院刑事审判第一庭编著：《认罪认罚从宽制度的理解与适用》，人民法院出版社 2018 年版，第 95~97 页。

1732. 认罪认罚从宽制度量刑建议的范围和形式

关键词

认罪认罚从宽制度　量刑建议

最高人民法院司法政策精神

33. 量刑建议的提出。犯罪嫌疑人认罪认罚的，人民检察院应当就主刑、附加刑、是否适用缓刑等提出量刑建议。人民检察院提出量刑建议前，应当充分听取犯罪嫌疑人、辩护人或者值班律师的意见，尽量协商一致。

办理认罪认罚案件，人民检察院一般应当提出确定刑量刑建议。对新类型、不常见犯罪案件，量刑情节复杂的重罪案件等，也可以提出幅度刑量刑建议。提出量刑建议，应当说明理由和依据。

犯罪嫌疑人认罪认罚没有其他法定量刑情节的，人民检察院可以根据犯罪的事实、性质等，在基准刑基础上适当减让提出确定刑量刑建议。有其他法定量刑情节的，人民检察院应当综合认罪认罚和其他法定量刑情节，参照相关量刑规范提出确定刑量刑建议。

犯罪嫌疑人在侦查阶段认罪认罚的，主刑从宽的幅度可以在前款基础上适当放宽；被告人在审判阶段认罪认罚的，在前款基础上可以适当缩减。建议判处罚金刑的，参照主刑的从宽幅度提出确定的数额。

——《最高人民法院、最高人民检察院、公安部、国家安全部、司法部印发〈关于适用认罪认罚从宽制度的指导意见〉的通知》(2019 年 10 月 11 日，高检发〔2019〕13 号)。

附录：最高人民法院主流观点

关于量刑建议的范围和形式。量刑建议是人民检察院对提起公诉的被告人，依法就其适用的刑罚种类、幅度及执行方式等向人民法院提出的建议。量刑建议与犯罪指控一样，都是公诉权的有机组成部分，是人民检察院依法履行公诉职能的重要途径。2012 年《最高人民法院关于适用〈中华人民共和国刑事诉讼法〉的解释》(以下简称《解释》)、《人民检察院刑事诉讼规则》(以下简称《规则》) 均对量刑建议作了原则性规定，明确人民检察院可以向人民法院提出量刑建议。对于量刑建议的形式，《解释》要求量刑建议一般应当具有一定的幅度，即“幅度刑”建议，《规则》要求量刑建议可以具有一定的幅度，也可以提出具体确定的建议，即“确定刑”建议。这两个规定总体上是统一的，量刑建议一般应有一定幅度，特殊情况也可以提出具体确定的量刑建议。

认罪认罚从宽制度试点时，进一步明确了量刑建议的范围和形式。考虑认罪认罚案件的特点，要求量刑建议一般应当包括主刑、附加刑，并明确刑罚执行方式，即是否适用缓刑；可以提出相对明确的量刑幅度，也可以根据案件具体情况，提出确定刑期的量刑建议。刑罚执行方式是量刑重要内容，提前明确量刑意见，方便案件后续处理，及时启动社会调查评估，为法院适用缓刑提供重要参考。试点中，有些地方对量刑建议形式存在不同认识，有的检察机关更倾向对轻罪案件提出确定量刑建议，也有的认为提出确定量刑建议有难度，更倾向提出幅度量刑建议。

《决定》采纳试点做法，明确犯罪嫌疑人认罪认罚的，检察机关应当就主刑、附加刑、是否适用缓刑等提出量刑建议。检察机关提出量刑建议，是办理认罪认罚案件的必经环节。对于量刑建议的形式，课题组认为，应当根据案件具体情况确定，可以是确定刑，也可为幅度刑，还可附条件，如区分达成和解与未达成和解、预缴罚金与未缴纳罚金等情形，这样既符合量刑规律，又方便灵活把握，更好地适应实践需要。要求轻罪案件原则上应当提出确定刑期的量刑建议，不符合司法实际。许多罪名尚未有量刑指导意见，即便有量刑指导意见的案件，还允许存在一定幅度的裁量权。对有量刑指导意见、量刑标准相对成熟的轻罪案件，有把握的可以提出确定量刑建议，其他案件最好提出幅度量刑建议。当然，幅度也不宜过大。需要指出的是，根据《规则》第400条的规定，检察机关提出量刑建议，应当说明依据和理由，利于促成被告人认罪认罚，也方便法院审查。

关于量刑建议的审查采纳标准。《决定》强化了检察机关量刑建议的法律效果，明确了人民法院对认罪认罚案件的裁判原则。对于认罪认罚案件，人民法院依法作出判决时，一般应当采纳人民检察院指控的罪名和量刑建议，但有可能影响公正审判的除外；量刑建议明显不当的，可以建议调整，或者依法作出判决。需要指出的是，办理认罪认罚案件，公检法之间的相互制约关系没有变化，裁判权仍是人民法院的法定职权。定罪量刑是审判权的核心内容，检察机关提出建议，由人民法院依法判决。要充分发挥审判特别是庭审对侦查、公诉活动的把关、制约作用，对起诉指控的事实清楚、罪名准确、量刑建议适当的案件，应当采纳起诉指控和量刑建议作出有罪判决。对于被告人不构成犯罪或者不应当追究刑事责任、违背意愿认罪认罚、否认指控犯罪事实，以及其他可能影响公正审判的情形，人民法院应当依法作出判决；对量刑建议明显不当的，或者被告人、辩护人对量刑建议提出异议的，可以建议检察机关调整，或者直接依法作出判决，但在判决前应当听取控辩双方意见，保障被告人及其辩护人充分行使辩护权。

——最高人民法院刑一庭课题组[①]:《刑事诉讼中认罪认罚从宽制度的适用》，载《人民司法·应用》2018年第34期（总第837期）。

① 课题组组长：沈亮；课题组成员：管应时、杨立新、孟伟、何东青。

1733. 认罪认罚案件中，人民法院对量刑建议的处理

关键词

认罪认罚从宽制度　量刑建议

最高人民法院司法政策精神

40. 量刑建议的采纳。对于人民检察院提出的量刑建议，人民法院应当依法进行审查。对于事实清楚，证据确实、充分，指控的罪名准确，量刑建议适当的，人民法院应当采纳。具有下列情形之一的，不予采纳：

（一）被告人的行为不构成犯罪或者不应当追究刑事责任的；

（二）被告人违背意愿认罪认罚的；

（三）被告人否认指控的犯罪事实的；

（四）起诉指控的罪名与审理认定的罪名不一致的；

（五）其他可能影响公正审判的情形。

对于人民检察院起诉指控的事实清楚，量刑建议适当，但指控的罪名与审理认定的罪名不一致的，人民法院可以听取人民检察院、被告人及其辩护人对审理认定罪名的意见，依法作出裁判。

人民法院不采纳人民检察院量刑建议的，应当说明理由和依据。

41. 量刑建议的调整。人民法院经审理，认为量刑建议明显不当，或者被告人、辩护人对量刑建议有异议且有理有据的，人民法院应当告知人民检察院，人民检察院可以调整量刑建议。人民法院认为调整后的量刑建议适当的，应当予以采纳；人民检察院不调整量刑建议或者调整后仍然明显不当的，人民法院应当依法作出判决。

适用速裁程序审理的，人民检察院调整量刑建议应当在庭前或者当庭提出。调整量刑建议后，被告人同意继续适用速裁程序的，不需要转换程序处理。

——《最高人民法院、最高人民检察院、公安部、国家安全部、司法部印发〈关于适用认罪认罚从宽制度的指导意见〉的通知》（2019年10月11日，高检发〔2019〕13号）。

附录：最高人民法院主流观点

认罪认罚案件中的量刑建议，是基于被告人的认罪认罚在实体上作出量刑减让的一种承诺，而承诺最重要的意义是被告人对认罪认罚后果能有个合理的预期。然而，承诺能否实现以及多大程度上实现，仍由人民法院裁判决

定。具体而言，要由法院在公开的庭审中对被告人认罪认罚的自愿性及具结书的真实性、合法性进行审查，对认罪认罚的事实基础和证据基础进行审查，对定罪和量刑进行审查，这里的审查是全面的、实质性的而且应当是有效的。因为，人民法院的审判是认罪认罚案件的后防线，它要防止无辜者被错误定罪，要防止证据不足的案件通过认罪认罚消化处理，因而增加错误定罪的风险，要防止认罪认罚系受到刑讯逼供、胁迫的结果，要防止量刑不公。一句话，法院承担着确保刑罚公平公正实现的任务和职责。因此，人民法院是否采纳量刑建议，首先，要审查认罪认罚是否自愿，案件事实是否清楚，证据是否确实、充分；其次，要审查指控罪名是否准确，量刑建议是否适当。只有案件事实清楚、证据确实、充分，定罪准确，量刑建议适当的，人民法院才应当采纳量刑建议。反之，人民法院不应当采纳量刑建议，依法作出判决。

可以说，关于量刑建议采纳的规定，是认罪认罚从宽制度设计中的核心与难点问题。这里的“难”体现在两个方面：一是要把认罪认罚案件中的量刑建议的效力与非认罪案件中的量刑建议作出区别，唯有如此，才能鼓励犯罪嫌疑人、被告人尽早认罪，从而使得案件及时、准确查明，以节约有限的司法资源，用于处理疑难、复杂、争议大的刑事案件。二是要把认罪认罚案件的“协商”结果与法院的庭审结果区别开来。量刑建议不是简单地等于“预期庭审结果”乘以一定的折扣比率，受诸多结构性因素、制度性因素、心理因素的影响，量刑建议可能会偏离庭审结果，因此，法院应当把住最后一道关，确保案件得到公正处理。正是基于对以上两个问题的充分考量，《最高人民法院、最高人民检察院、公安部、国家安全部、司法部关于在部分地区开展刑事案件认罪认罚从宽制度试点工作的办法》第二十条作出了除法定情形外，人民法院一般应当采纳量刑建议的规定，试点中取得了好的法律效果和社会效果。修改后的《刑事诉讼法》固定了试点成果，将上述规定上升为法律规范。在认罪认罚从宽制度推广过程中，人民法院要充分认识到受量刑规则不完善、检察机关量刑建议经验有限、律师有效帮助难以真正实现、控辩协商不同于庭审等因素的影响，即便是认罪认罚案件，检察机关提出了量刑建议，人民法院仍然承担着最终定罪量刑的裁判权。换言之，认罪认罚从宽制度，并没有改变刑事诉讼中的权力配置，仅仅是为认罪认罚案件的处理提供了一条通道，确保案件能够区别对待，合理分流，司法资源得到合理配置，在更高层面上实现公正与效率的统一。因此，认罪认罚案件中，人民法院“一般应当”采纳量刑建议，旨在鼓励被告人尽早认罪认罚，尊重控辩双方就量刑进行沟通的结果。但是当法定除外情形出现时，量刑建议则不会被采纳。这恰恰体现了量刑建议仍属于求刑权的范畴，定罪量刑仍然由法院决定的属性，也恰恰体现了我国认罪认罚从宽制度与当事人主义诉讼模式下的辩诉交易的不同。当事人主义诉讼模式下的辩诉交易可以就指控、量刑以及指控和量刑进行讨价还价，从而达成指控协议、量刑协议或者混合协议。而我国认罪认罚从宽制度，只能对认罪认罚的犯罪嫌疑人、被告人给予量刑减让，而不允许就罪数、罪名进行协商（特殊案件除外）。当然，对于不采纳量刑建议也是要适当限制的，否则认罪认罚从宽制度很难推广，其作用也难以发挥。

根据修改后的《刑事诉讼法》第二百零一条的规定，人民法院不应采纳量刑建议的情形包括：

一是被告人不构成犯罪或者不应当追究刑事责任的。此类案件即使被告人认罪认罚，人民法院也不得采纳检察机关的量刑建议，以确保案件公正处理。

二是被告人违背意愿认罪认罚的。对被告人认罪认罚自愿性的保障，是认罪认罚制度正当性的必然要求，当审判环节发现被告人违背意愿认罪认罚情形的，则不再适用认罪认罚从宽程序，而应当转为普通程序重新审理。

三是被告人否认指控的犯罪事实的。如实供述自己的罪行，承认指控的犯罪事实，是适用认罪认罚从宽制度的必备要件，当被告人否认指控犯罪事实时，意味着适用认罪认罚从宽制度的必备要件缺失，只能转普通程序重新审理。

四是起诉指控的罪名与审理认定的罪名不一致的。量刑建议从性质上而言是求刑权，它以准确定罪为前提。当起诉指控的罪名与审理认定的罪名不一致时，人民法院应以审理认定的罪名为基础作出公正裁判，毋庸置疑，检察机关的量刑建议不应被采纳。

五是其他可能影响公正审判的情形。认罪认罚从宽制度是一项综合性制度，既有实体法律的完善，又有诉讼程序的改革；既涉及侦查、起诉、审判各个诉讼环节，又涉及刑罚观念、执法理念、资源配置等多个方面。因此，当审判环节发现有其他可能影响公正审判的情形时，从制度和刑罚的正当性要求出发，人民法院不应采纳检察机关的量刑建议。

需要说明的是，修改后的《刑事诉讼法》第二百零一条并没有将《最高人民法院、最高人民检察院、公安部、国家安全部、司法部关于在部分地区开展刑事案件认罪认罚从宽制度试点工作的办法》所规定的“量刑建议明显不当”单独作为不得采纳量刑建议的情形，而是规定可以通过调整量刑建议或者人民法院依法作出判决来解决，实质上也认可了对“量刑建议明显不当”的，人民法院不得采纳量刑建议的原有规定，我们可以将其归之为“其他可能影响公正审判的情形”。在认罪认罚从宽制度推广过程中，检察机关仍需要进一步掌握量刑方法并积累量刑经验，以提高量刑建议的科学性和准确性。

——胡云腾主编、最高人民法院刑事审判第一庭编著：《认罪认罚从宽制度的理解与适用》，人民法院出版社 2018 年版，第 111~113 页。

1734. 认罪认罚案件适用速裁程序应注意的问题

关键词

认罪认罚从宽制度　审判程序

最高人民法院司法政策精神

42. 速裁程序的适用条件。基层人民法院管辖的可能判处三年有期徒刑以下刑罚的案件，案件事实清楚，证据确实、充分，被告人认罪认罚并同意适用速裁程序的，可以适用速裁程序，由审判员一人独任审判。人民检察院提起公诉时，可以建议人民法院适用速裁程序。

有下列情形之一的，不适用速裁程序办理：

（一）被告人是盲、聋、哑人，或者是尚未完全丧失辨认或者控制自己行为能力的精神病人的；

（二）被告人是未成年人的；

（三）案件有重大社会影响的；

（四）共同犯罪案件中部分被告人对指控的犯罪事实、罪名、量刑建议或者适用速裁程序有异议的；

（五）被告人与被害人或者其法定代理人没有就附带民事诉讼赔偿等事项达成调解或者和解协议的；

（六）其他不宜适用速裁程序办理的案件。

43. 速裁程序的审理期限。适用速裁程序审理案件，人民法院应当在受理后十日以内审结；对可能判处的有期徒刑超过一年的，应当在十五日以内审结。

44. 速裁案件的审理程序。适用速裁程序审理案件，不受刑事诉讼法规定的送达期限的限制，一般不进行法庭调查、法庭辩论，但在判决宣告前应当听取辩护人的意见和被告人的最后陈述意见。

人民法院适用速裁程序审理案件，可以在向被告人送达起诉书时一并送达权利义务告知书、开庭传票，并核实被告人自然信息等情况。根据需要，可以集中送达。

人民法院适用速裁程序审理案件，可以集中开庭，逐案审理。人民检察院可以指派公诉人集中出庭支持公诉。公诉人简要宣读起诉书后，审判人员应当当庭询问被告人对指控事实、证据、量刑建议以及适用速裁程序的意见，核实具结书签署的自愿性、真实性、合法性，并核实附带民事诉讼赔偿等情况。

适用速裁程序审理案件，应当当庭宣判。集中审理的，可以集中当庭宣判。宣判时，根据案件需要，可以由审判员进行法庭教育。裁判文书可以简化。

45. 速裁案件的二审程序。被告人不服适用速裁程序作出的第一审判决提出上诉的案件，可以不开庭审理。第二审人民法院审查后，按照下列情形分别处理：

（一）发现被告人以事实不清、证据不足为由提出上诉的，应当裁定撤销原判，发回原审人民法院适用普通程序重新审理，不再按认罪认罚案件从宽处罚；

（二）发现被告人以量刑不当为由提出上诉的，原判量刑适当的，应当裁定驳回上诉，维持原判；原判量刑不当的，经审理后依法改判。

——《最高人民法院、最高人民检察院、公安部、国家安全部、司法部印发〈关于适用认罪认罚从宽制度的指导意见〉的通知》（2019年10月11日，高检发〔2019〕13号）。

附录：最高人民法院主流观点

对于被告人认罪认罚的一审案件，应当根据案件情况，区分适用速裁程序、简易程序或者普通程序简化审理。截至2018年7月，18个地区审结的试点案件中，适用速裁程序审结的占68.5%，适用简易程序审结的占24.9%，适用普通程序审结的占6.6%，形成速裁程序、简易程序、普通程序有序衔接的多层次诉讼程序体系。此次刑事诉讼法修改，在第三编第二章“第一审程序”增加第四节“速裁程序”，成为普通程序、简易程序之后的第三种法定审判程序。

人民法院开庭审理认罪认罚案件，无论适用何种程序，都应当审查认罪认罚的自愿性和认罪认罚具结书内容的真实性、合法性，这是认罪认罚案件审理与其他案件审理的重要区别。适用普通程序或者简易程序审理认罪认罚案件，在法定审理规程基础上，要注意加强认罪认罚自愿性审查。速裁程序是专门针对被告人认罪认罚的轻罪案件设计的审判程序，也就是说，认罪认罚是速裁程序适用的前提，其他案件不能适用。实践中，要重点把握好以下问题：

关于速裁程序的适用范围。根据刑事诉讼法第二百二十二条第一款规定，认罪认罚案件同时符合以下条件的，可以适用速裁程序进行审理：一是基层人民法院管辖的可能判处三年有期徒刑以下刑罚的案件，即危害国家安全、暴力恐怖犯罪以外的可能判处三年有期徒刑以下刑罚的案件。二是案件事实清楚，证据确实、充分，如果事实不清、证据存疑，不能适用速裁程序。三是被告人同意适用速裁程序，确保被告人的程序选择权。

关于排除适用的情形。根据刑事诉讼法第二百二十三条，有下列情形之一的，不适用速裁程序：（1）被告人是盲、聋、哑人，或者是尚未完全丧失辨认或者控制自己行为能力的精神病人的；（2）被告人是未成年人的；（3）案件有重大社会影响的；（4）共同犯罪案件中部分被告人对指控的犯罪事实、罪名、量刑建议或者适用速裁程序有异议的；（5）被告人与被害人或者其法定代理人没有就附带民事诉讼赔偿等事项达成调解或者和解协议的；（6）其他不宜适用速裁程序的情形。

对第四种情形排除适用速裁程序，主要考虑：适用速裁程序的案件，必须事实证据、适用法律、程序选择均无争议，否则不能省略法庭调查、法庭辩论环节。多名被告人的共同犯罪案件往往案情复杂，证据相互关联，被告人供述也需相互印证核实。为慎重公正处理，只要其中一名被告人对指控事实、罪名、量刑建议或者适用程序有异议，就不能适用速裁程序。

对第五种情形排除适用速裁程序，主要考虑：被害人或者其法定代理人有权提起附带民事诉讼，参加法庭调查、法庭辩论，而速裁程序简化庭审、当庭宣判，如果附带民事诉讼部分没有达成和解、调解，被害人基本权益难以保障。而且，积极赔偿被害人，也是被告人悔罪认罚的重要表现，故将当事人没有达成和解或者调解协议规定为排除适用速裁程序的情形。有意见认为，不应以当事人达成和解为前提，只要被告人积极尽力赔偿，即便未达成和解，也可以适用速裁程序。考虑认定被告人“积极尽力赔偿”，实践中不好把握，而且我国被害人救助制度还有待不断完善，如果被告人赔偿不到位，被害人救助也未落实，被害人权益几无保障，故对未达成和解、调解的案件排除适用速裁程序。同时需要明确，此类案件仍有可能适用认罪认罚从宽制度，但要适用简易程序或者普通程序审理。另需说明的是，因被害方无法查找、未提起附带民事诉讼而未达成和解、调解协议的，不属于本条规定的排除情形，不影响速裁程序适用。

关于速裁程序的启动。速裁程序是审判程序，适用的决定权在人民法院，人民检察院有建议权。刑事诉讼法第二百二十二条第二款规定，人民检察院在提起公诉的时候，可以建议人民法院适用速裁程序。人民检察院在提起公诉前，经审查，认为被告人符合本条第一款规定条件的，在提起公诉时，可以建议人民法院对提起公诉的案件适用速裁程序进行审理。对于最终是否适用速裁程序，由人民法院根据案件和被告人意见作出决定。检察机关没有提出建议，人民法院经审查认为可以适用速裁程序的，在征得被告人同意后，也可决定适用速裁程序。

关于省略法庭调查辩论。适用速裁程序审理案件，不进行法庭调查、法庭辩论，是指人民法院可以根据审理案件的实际需要，不进行法庭调查、法庭辩论。需要注意的是，这是授权性规定，根据实际审理需要，一般不进行法庭调查辩论，当然必要时也可以进行。对被告人认罪认罚的自愿性、真实性，对拟判处非监禁刑被告人的人身危险性，对被告人的法庭教育，应当在庭审中查清说明，发挥庭审的应有功能。有意见认为，速裁程序简化庭审，省略法庭调查、法庭辩论，有悖以审判为中心刑事诉讼制度改革精神。课题组认为，速裁程序不仅符合以审判为中心改革精神，而且是推进改革的重要举措。以审判为中心，就是要发挥庭审应有的功能和作用，推进庭审实质化。诉讼的主要目的在于解决争议，法庭审理的功能主要在于查明事实、解决争议。对于认罪认罚案件，定罪量刑均无争议，应当尽量简化庭审，避免烦冗流于形式。疑难复杂案件的庭审过于简略，这是一种“走过场”，而简单轻微案件的庭审过于繁琐，则是另一种意义上的“走过场”，关键还是要区分案件，区别对待。

关于速裁程序和简易程序的关系。简易程序是以认罪为程序分流点，速裁程序是以认罪、认罚为程序分流点，是对认罪案件分流处理的层次化、精细化改造，在简易程序基础上，将认罪并且认罚的案件分流出来，进一步简化诉讼程序，是简易程序的再简化。具体讲，主要区别如下：一是适用范围不同，此毋庸赘言。二是适用条件不同。适用速裁程序的案件，不仅要求被告人认罪，而且还要认罚，适用法律无争议，才可适用速裁程序。简易程序仅要求被告人认罪，无论适用法律是否存在争议，均可适用简易程序。三是诉讼程序不同。速裁程序比简易程序更为简略，体现在4个方面。其一，省略法庭调查、法庭辩论环节。其二，送达期限不受刑事诉讼法规定的限制。根据刑事诉讼法及相关司法解释，人民法院适用简易程序审理刑事案件，开庭通知应当提前3日进行。速裁程序对开庭通知时间不作限制，法院应当提前将开庭的时间、地点通知人民检察院、被告人、辩护人，但无须提前3日。其三，适当缩短办案期限。根据刑事诉讼法相关规定，人民检察院审查起诉的期限为1个月，简易程序案件人民法院审理期限为20日，对可能判处的有期徒刑超过三年的，可以延长至一个半月，与普通程序案件无异。而速裁案件人民检察院审查起诉的期限为10日，最长不超过15日；人民法院审理期限为10日，最长不超过15日。其四，适用简易程序的案件，按相关司法解释，庭前要当面询问被告人对指控犯罪事实及适用简易程序的意见，而适用速裁程序的案件，被告人签署认罪认罚具结书，明确同意适用速裁程序，庭前法官仅进行书面审查，无须再讯问被告人听取意见，这样就为“一步到庭”创造了条件。如天津法院试点探索“直接到庭”的速裁模式，法官收到案件后，先阅卷，符合速裁程序适用条件的，直接排期、电话通知，开庭当天将被告人传唤或提押到庭后送达起诉书，然后直接开庭、当庭宣判。

关于速裁案件二审程序。速裁程序试点中，被告人上诉率很低，仅为2%左右，且相当一部分被告人对判决本身并无意见，只是为了留所服刑或者拖延判决生效时间而提出上诉，给审判工作带来被动。课题组认为，速裁案件事实证据、法律适用均无争议，通过法律帮助、告知权利、书面具结、当庭询问、最后陈述等途径，已充分保障了被告人选择程序、发表意见、参与诉讼的权利，因此，二审应以不开庭审理为原则。原判认定事实和适用法律正确、量刑适当的，应当裁定驳回上诉，维持原判；原判认定事实没有错误，但适用法律有错误，或者量刑不当的，应当改判；原判事实不清或者证据不足的，应当裁定撤销原判，发回原审人民法院适用普通程序重新审判。二审在判断原判是否属于事实不清、证据不足时，可以重点审查被告人一审时认罪认罚的自愿性、真实性、合法性，以及二审时是否出现新的影响定罪量刑的事实、证据等问题。因速裁程序审理的特殊性，二审发回重审不应作为考核一审法院的指标。

——最高人民法院刑一庭课题组[①]：《刑事诉讼中认罪认罚从宽制度的适用》，载《人民司法·应用》2018年第34期（总第837期）。

附录：最高人民法院法官著述

认罪认罚自愿性审查对于确保司法公正具有重要意义。《刑事诉讼法》第190条第2款规定，被告人认罪认罚的，审判长应当审查认罪认罚的自愿性和认罪认罚具结书内容的真实性、合法性。由于我国采实质真实主义，因此，《刑事诉讼法》所规定的认罪认罚自愿性司法审查应是实质审查，以确保认罪认罚的自愿性、明知性和明智性，同时要确保自愿性建立在事实基础上，“即认罪应当基于客观事实，认罚应当符合罪责刑相适应原则”[②]，防止无辜者被迫认罪和权权交易、权钱交易的发生。鉴于目前值班律师在认罪认罚协商机制中发挥的作用有限，为确保案件质量，笔者建议从以下几方面强化庭审自愿性审查：

1. 认知能力审查，即审查被告人是否能够明确理解相关规定，是否具有认罪认罚意思表示的认知能力和精神状态；

2. 知悉性审查，即审查被告人是否准确知悉其所享有的诉讼权利和认罪认罚的法律规定；

3. 自愿性审查，即审查被告人对指控的犯罪事实、罪名和量刑建议有无异议，当庭了解被告人有无受到刑讯、威胁、利诱、欺骗，是否存在未公开的允诺，是否获得值班律师、辩护人的法律帮助和在场见证具结书签署等；[③]

4. 基础事实审查，即审查认罪认罚案件是否达到事实清楚，证据确实、

---

① 课题组组长：沈亮；课题组成员：管应时、杨立新、孟伟、何东青。

② 胡云腾：《认罪认罚从宽制度的理解与适用》，人民法院出版社2018年版，第47页。

③ 胡云腾：《认罪认罚从宽制度的理解与适用》，人民法院出版社2018年版，第326页。

充分的要求，防止证据不足案件被认罪认罚所消化，严守防范冤假错案、罪及无辜的底线。

——杨立新：《认罪认罚从宽制度理解与适用》，载《国家检察官学院学报》2019 年第 1 期。

1735. 认罪认罚的被告人反悔后，此前的有罪供述仍可作为定案根据

关键词

认罪认罚从宽制度　被告人反悔权　有罪供述

最高人民法院司法政策精神

十一、认罪认罚的反悔和撤回

51. 不起诉后反悔的处理。因犯罪嫌疑人认罪认罚，人民检察院依照刑事诉讼法第一百七十七条第二款作出不起诉决定后，犯罪嫌疑人否认指控的犯罪事实或者不积极履行赔礼道歉、退赃退赔、赔偿损失等义务的，人民检察院应当进行审查，区分下列情形依法作出处理：

（一）发现犯罪嫌疑人没有犯罪事实，或者符合刑事诉讼法第十六条规定的情形之一的，应当撤销原不起诉决定，依法重新作出不起诉决定；

（二）认为犯罪嫌疑人仍属于犯罪情节轻微，依照刑法规定不需要判处刑罚或者免除刑罚的，可以维持原不起诉决定；

（三）排除认罪认罚因素后，符合起诉条件的，应当根据案件具体情况撤销原不起诉决定，依法提起公诉。

52. 起诉前反悔的处理。犯罪嫌疑人认罪认罚，签署认罪认罚具结书，在人民检察院提起公诉前反悔的，具结书失效，人民检察院应当在全面审查事实证据的基础上，依法提起公诉。

53. 审判阶段反悔的处理。案件审理过程中，被告人反悔不再认罪认罚的，人民法院应当根据审理查明的事实，依法作出裁判。需要转换程序的，依照本意见的相关规定处理。

54. 人民检察院的法律监督。完善人民检察院对侦查活动和刑事审判活动的监督机制，加强对认罪认罚案件办理全过程的监督，规范认罪认罚案件的抗诉工作，确保无罪的人不受刑事追究、有罪的人受到公正处罚。

——《最高人民法院、最高人民检察院、公安部、国家安全部、司法部印发〈关于适用认罪认罚从宽制度的指导意见〉的通知》（2019 年 10 月 11 日，高检发〔2019〕13 号）。

附录：最高人民法院法官著述

赋予被告人反悔权是认罪认罚自愿性的反向保障，《最高人民法院、最高人民检察院、公安部、国家安全部、司法部关于在部分地区开展刑事案件认罪认罚从宽制度试点工作的办法》和《刑事诉讼法》都通过规定转程序机制赋予被告人反悔权。根据《刑事诉讼法》第226条之规定，人民法院在审理过程中发现被告人违背意愿认罪认罚或者被告人否认指控的犯罪事实的，应当转程序重新审理。据此，被告人在审判阶段有权否定原来的有罪供述，有权对检察机关指控的罪名和量刑建议提出异议，即不受原先表示的约束。实践中，需要强调的是，对于发现被告人违背意愿认罪认罚或者被告人否认指控犯罪事实而转程序审理的案件，应坚持“以审判为中心”，充分发挥庭审查明事实的功能，严格司法，公正裁判，切实防止一旦转程序即从严惩处的错误做法。此外，对于被告人此前的有罪供述能否作为定案根据使用的问题，《刑事诉讼法》没有做出明确规定。理论界与实务界有两种不同的观点，一种观点认为，被告人此前的有罪供述应当予以排除，不能作为定罪根据；另一种观点认为，应坚持严格的证据审查原则，对于具备客观性、关联性和合法性的供述仍可作为定案的根据。笔者同意后一种观点。

——杨立新：《认罪认罚从宽制度理解与适用》，载《国家检察官学院学报》2019年第1期。

1736. 对于涉及因素复杂，社会影响大的案件，如何把握认罪认罚从宽制度的适用

关键词

认罪认罚从宽制度　社会影响大

《刑事审判参考》指导案例

黄来珠交通肇事案（《刑事审判参考》指导案例第1403号）

裁判要点：认罪认罚从宽制度的适用应当坚持宽严相济刑事政策，对于民间矛盾引发的案件特别是过失犯罪，要找好宽严相济的平衡点；被告人确有认罪认罚表现，程序上未按认罪认罚模式从简处理的，不影响实体从宽处罚。

（一）切忌通过认罪认罚从宽简单处理重大、复杂案件

认罪认罚从宽制度集程序与实体于一身，它赋予认罪认罚的犯罪嫌疑人、被告人以程序选择权，同时实体上给予从宽处理，以此鼓励犯罪嫌疑人、被告人自愿选择认罪认罚；它通过附带民事诉讼赔偿和刑事责任一体化解决促进被告人和被害人权益保障实现平衡。认罪认罚从宽制度不仅着眼于案件繁简分流，而且注重矛盾化解，实现恢复性司法。认罪认罚从宽制度虽没有适用罪名和可能判处刑罚的限制，但是认罪认罚从宽制度的适用应当坚持宽严相济刑事政策，对于民间矛盾引发的案件特别是过失犯罪，要找好宽严相济的平衡点，着力做好矛盾化解工作，实现社会和谐。对于涉及社会敏感因素、复杂背景、隐藏着风险的案件，即便是被告人认罪认罚，切忌一味图快，简单化处理。

被告人确有认罪认罚表现，程序上未按认罪认罚模式从简处理的，不影响实体从宽处罚

根据《中华人民共和国刑事诉讼法》第十五条的规定，犯罪嫌疑人、被告人认罪认罚的，可以依法从宽处理。这里的“从宽处理”包括实体从宽与程序从简两个方面，二者之间是相互独立的关系。基于案件本身情况，例如案件涉及复杂因素，社会影响大，部分被告人不认罪认罚等，犯罪嫌疑人、被告人虽有认罪认罚表现，但程序上未按认罪认罚模式从简处理的，并不影响实体上对被告人从宽处罚。《中华人民共和国刑事诉讼法》第十五条的规定是在程序法层面对宽严相济刑事政策的制度化和深化发展，是公安司法机关对认罪认罚犯罪嫌疑人、被告人可以“实体从宽、程序从简”的原则性依据，目的是鼓励真正的犯罪嫌疑人、被告人尽早向司法机关坦白罪行，获得从宽处理，多层次实现认罪认罚从宽制度的应有功能。

——宋一心撰稿、杨立新审编：《黄来珠交通肇事案——对于涉及因素复杂、社会影响大的案件，如何把握认罪认罚从宽制度的适用》，载最高人民法院刑事审判第一、二、三、四、五庭编：《刑事审判参考》（总第127辑），人民法院出版社2021年版，第3~5页。

1737. 对于民间矛盾引发的刑事案件，如何用好认罪认罚从宽制度

关键词

民间矛盾　认罪认罚从宽制度

《刑事审判参考》指导案例

雒法池、雒法高等故意伤害案（《刑事审判参考》指导案例第1405号）

裁判要点：对于因民间矛盾引发尚未严重影响人民群众安全感的刑事案件，要依法维护被害人合法权益，注重听取被害人意见，积极促进当事双方就民事赔偿达成和解或者调解协议；被告人通过赔礼道歉、积极赔偿与被害方达成和解、调解协议获得被害方谅解的，程序可以从简实体一般应当从宽，全面落实宽严相济刑事政策。

（一）对民间矛盾引发的刑事案件要适用认罪认罚从宽制度，做好矛盾化解工作

认罪认罚从宽制度，不仅着眼于案件繁简分流，优化司法资源配置，同时着眼于矛盾化解和社会关系的恢复。对于因民间矛盾引发尚未严重影响人民群众安全感的刑事案件，犯罪嫌疑人、被告人自愿认罪、真诚悔罪的，办案机关要用足用好认罪认罚从宽制度，及时化解社会矛盾，促进社会和谐；要依法维护被害人合法权益，注重听取被害人意见，积极促进当事双方就民事赔偿达成和解或者调解协议；被告人通过赔礼道歉、积极赔偿与被害方达成和解、调解协议获得被害方谅解的，程序可以从简实体一般应当从宽，全面落实宽严相济刑事政策。

（二）正确适用认罪认罚从宽制度，有力推动治理能力现代化

认罪认罚从宽制度的建立，大背景是我国经济社会发展、刑事犯罪结构发生了重大变化，新时代人民群众在民主、法治、公平、正义、安全等方面有更高标准的要求。认罪认罚从宽制度，通过程序从简和实体从宽处理，有利于促进犯罪嫌疑人、被告人真诚悔罪，减少与国家和被害人的对抗，降低国家追诉犯罪和改造罪犯的成本。认罪认罚从宽制度，通过附民赔偿责任和刑事责任一体化解决，有利于被害人所受损失及时得到赔偿，受伤害的感情及时得到慰藉。认罪认罚从宽制度的全面落实，给犯罪嫌疑人、被告人提供了获得被害人谅解的机会，有利于矛盾的化解和社会秩序的恢复。认罪认罚从宽制度是推进国家治理能力现代化的重要举措，因此，要充分认识认罪认罚从宽制度的多元价值，发挥好其应有功能。

本案中，被告人双方因相邻权纠纷引发互殴，参与互殴的四人均受轻伤，两家四人均被提起公诉。因为刑案的发生，两家矛盾一度不可调和甚至扬言要鱼死网破，成为影响村居和谐的“定时炸弹”。青岛市即墨区人民法院受理案件后，没有简单下判，而是把化解双方矛盾作为办案的重点。办案法官经过阅卷明确案件矛盾的症结和根源，即十厘米房基的权属问题，先后三次到案发现场进行实地勘查，通过走访了解当地乡规民约，并到村委、土地所、经管中心调阅了地籍等原始档案，找到村干部、双方长辈等关系人反复做工作，最终分清了权属。后在人民法院主持下，本案民事赔偿部分当事双方达成和解，相互谅解，并请求法院不再追究对方的刑事责任。鉴于双方矛盾在

庭前及时化解，人民法院主动启动认罪认罚从宽程序，组织控辩双方庭前协商后被告人签字具结，对案件适用普通程序审理，采纳公诉机关的缓刑量刑建议，依法作出判决。一审宣判后，四被告人均不上诉，检察机关亦不抗诉，案件取得了法律效果和社会效果的统一，充分发挥了认罪认罚从宽制度化解社会矛盾，修复社会关系，实现恢复性司法，促进社会和谐的价值和功能。

——王浩撰稿、杨立新审编：《雒法池、雒法高等故意伤害案——民间矛盾引发的案件如何适用认罪认罚从宽制度》，载最高人民法院刑事审判第一、二、三、四、五庭编：《刑事审判参考》（总第127辑），人民法院出版社2021年版，第11~12页。

1738. 对于轻罪案件，如何适用认罪认罚从宽制度

关键词

轻罪案件　认罪认罚从宽制度

《刑事审判参考》指导案例

马贺飞盗窃案（《刑事审判参考》指导案例第1406号）

裁判要点：实践中，要把轻罪案件作为适用认罪认罚从宽制度的重点，既有利于及时惩治犯罪，又有利于发挥刑罚的教育矫治功能，有利于罪犯顺利回归社会。

（一）轻罪案件应作为认罪认罚从宽制度适用的重点

2018年修改后的《中华人民共和国刑事诉讼法》将认罪认罚从宽制度规定为基本原则，在适用范围上没有罪名和可判处刑罚的限制，确保认罪认罚的犯罪嫌疑人、被告人平等获得从宽处理的权利；同时，通过增设速裁程序，形成由速裁、简易、普通程序构成的有序衔接的刑事诉讼体系，构建了认罪认罚案件的处理模式，以从程序和实体两个方面全面贯彻落实宽严相济刑事政策，从而在更高层次上实现公正与效率的统一。实践中，要把轻罪案件作为适用认罪认罚从宽制度的重点，既有利于及时惩治犯罪，又有利于发挥刑罚的教育矫治功能，有利于罪犯顺利回归社会。

（二）轻罪案件应用好用足认罪认罚从宽制度，充分发挥刑罚的教育矫治功能

认罪认罚从宽制度的完善，其中一个很重要的任务是把宽严相济刑事政策在程序法上进一步制度化、规范化、程序化，让这一政策在程序上有保障，

更好地得到落实。实践中，要把占全部刑事案件 80% 以上的三年有期徒刑以下的轻刑案件，作为适用认罪认罚从宽制度的重点，用足用好认罪认罚从宽制度。程序上，要根据案件性质、刑罚轻重、案件难易以及被告人的选择，采取与之相适应的诉讼程序，符合速裁程序和简易程序适用条件的，依法适用速裁和简易程序，充分发挥速裁、简易程序的分流功能，避免程序空转，在更高层次上实现公正与效率的统一。强制措施的适用上，要把犯罪嫌疑人、被告人认罪认罚作为其是否具有社会危险性的重要考虑因素，能不捕的，不捕，减少羁押；犯罪情节轻微，依法可不判处刑罚的，可不诉的，不诉；符合缓刑适用条件的，依法判处缓刑，扩大非监禁刑的适用。既要通过及时惩治犯罪发挥刑罚的惩罚功能，又要通过给出路发挥刑罚的教育矫治功能，减少社会对立面，促进社会长治久安。

本案中，被告人犯罪情节轻微，涉案金额不大，被抓获后即承认盗窃事实，具有坦白情节，节约了侦查机关取证的成本；同时，公安机关在被告人住所查获了上述被盗物品，并及时发还相关被害人。侦查阶段，公安机关根据案件情节及被告人认罪认罚情况，对被告人采取取保候审。审查起诉阶段，被告人认罪认罚，签署具结书，同意量刑建议和简易程序的适用。公诉机关根据案件情节以及被告人认罪认罚的作用、意义，综合考量单处附加刑从轻处理，建议适用单处罚金和简易程序。审判阶段，人民法院经审查依法决定适用简易程序，公开开庭审查了被告人认罪认罚的自愿性以及签署具结书的合法性和事实基础，根据庭审查明的事实，依法采纳公诉机关的量刑建议，对被告人判处罚金人民币一千元。宣判后，被告人不上诉、检察机关不抗诉，案件取得了好的法律效果和社会效果。

——朱纪红、亓淑云撰稿、杨立新审编：《马贺飞盗窃案——轻罪案件如何适用认罪认罚从宽制度》，载最高人民法院刑事审判第一、二、三、四、五庭编：《刑事审判参考》（总第 127 辑），人民法院出版社 2021 年版，第 14~16 页。

1739. 犯罪嫌疑人、被告人自愿认罪认罚，而辩护人作无罪辩护的案件，能否适用认罪认罚从宽制度

关键词

自愿认罪认罚　辩护人　无罪辩护

附录：最高人民法院法官著述

犯罪嫌疑人、被告人自愿认罪认罚，而辩护人作无罪辩护的，能否适用

认罪认罚从宽制度，已经引起社会关注。对此，应明确以下几点认识：

一要明确案件是否适用认罪认罚从宽制度，以犯罪嫌疑人、被告人是否自愿认罪认罚为前提，不以辩护人作有罪辩护为前提。根据刑事诉讼法的规定，辩护人有权根据事实和法律提出无罪辩护意见。

二要明确辩护人作无罪辩护的，犯罪嫌疑人、被告人的程序选择权受到限制，即案件依法不能适用速裁和简易审判程序，只能适用普通程序审理。

三要明确虽然适用程序受到限制，如果辩护人的无罪辩护意见不能成立，实体仍要根据犯罪嫌疑人、被告人认罪认罚的价值和意义来考虑是否从宽把握。需要强调的是，如果辩护人的无罪辩护意见成立，不能因被告人认罪认罚将本应宣告无罪的案件作从轻处罚处理。

此外，审查起诉阶段犯罪嫌疑人自愿认罪认罚，同意签署具结书，而辩护人提出无罪辩护意见，拒绝到场或者虽到场但拒绝签字的，如何处理？对此，检察机关应当尊重犯罪嫌疑人的自愿选择，并通知辩护人到场，辩护人拒绝签字的，记录在案，一并提交法庭，便于法庭全面审查被告人的认罪悔罪表现。

——杨立新：《关于认罪认罚从宽制度常见问题释疑》，载最高人民法院刑事审判第一、二、三、四、五庭编：《刑事审判参考》（总第127辑），人民法院出版社2021年版，第141页。

1740. 关于认罪认罚从宽制度中的自愿性审查

关键词

认罪认罚从宽制度　自愿性审查

最高人民法院司法政策精神

28. 自愿性、合法性审查。对侦查阶段认罪认罚的案件，人民检察院应当重点审查以下内容：

（一）犯罪嫌疑人是否自愿认罪认罚，有无因受到暴力、威胁、引诱而违背意愿认罪认罚；

（二）犯罪嫌疑人认罪认罚时的认知能力和精神状态是否正常；

（三）犯罪嫌疑人是否理解认罪认罚的性质和可能导致的法律后果；

（四）侦查机关是否告知犯罪嫌疑人享有的诉讼权利，如实供述自己罪行可以从宽处理和认罪认罚的法律规定，并听取意见；

（五）起诉意见书中是否写明犯罪嫌疑人认罪认罚情况；

（六）犯罪嫌疑人是否真诚悔罪，是否向被害人赔礼道歉。

经审查，犯罪嫌疑人违背意愿认罪认罚的，人民检察院可以重新开展认罪认罚工作。存在刑讯逼供等非法取证行为的，依照法律规定处理。

29. 证据开示。人民检察院可以针对案件具体情况，探索证据开示制度，保障犯罪嫌疑人的知情权和认罪认罚的真实性及自愿性。

——《最高人民法院、最高人民检察院、公安部、国家安全部、司法部印发〈关于适用认罪认罚从宽制度的指导意见〉的通知》（2019 年 10 月 11 日，高检发〔2019〕13 号）。

附录：最高人民法院主流观点

第十三届全国人大常委会第六次会议通过《关于修改〈中华人民共和国刑事诉讼法〉的决定》在刑事诉讼法第三编第二章第一节公诉案件开庭程序一条中增加了第二款："被告人认罪认罚的，审判长应当告知被告人享有的诉讼权利和认罪认罚的法律后果，审查认罪认罚的自愿性和认罪认罚具结书内容的真实性、合法性。"强化认罪认罚自愿性审查，是认罪认罚从宽制度有效运行的关键，也是以往程序中没有专门涉及的环节。不论是普通程序、简易程序还是速裁程序，对认罪认罚案件，庭审的对象重点和功能定位，都要作相应调整，庭审时要重点对认罪认罚的自愿性和认罪认罚具结书内容的真实性、合法性进行审查核实。前期试点中，一些地方法院针对认罪认罚案件的特点，并参考国外认罪答辩程序的有益经验，探索在庭审中从知悉性、自愿性、事实基础等方面加强认罪认罚自愿性审查。

关于知悉性审查。保障被告人的知情权，确保其知悉自己享有的诉讼权利和认罪认罚的法律后果，是被告人自愿、稳定认罪认罚的前提基础。实践中，有的被告人存在模糊认识，草率认罪认罚、签署具结书后又反悔，影响认罪认罚从宽制度的适用和效果。主要通过以下方式保障被告人的知情权：一是公安机关、检察机关告知；二是辩护人或者值班律师咨询；三是人民法院开庭时告知。开展知悉性审查，除了开庭时告知诉讼权利和法律后果外，还可围绕被告人知情权是否得以保障，法定告知主体是否履行告知义务、提供法律咨询来进行审查；除了当庭询问核实，也可审查相关诉讼文书，如诉讼权利告知书、提供法律帮助通知书，等等。

关于自愿性审查，即狭义上的自愿性审查，审查被告人作出认罪认罚是否受到利诱、威胁或者强制，确保认罪认罚的自愿性，防止无辜者被迫认罪、受到错误追究。实践中，可通过庭前阅卷和当庭核实，审查被告人认罪认罚、签署具结书是否出于自己的意愿，是否受到人身伤害、暴力威胁或者精神强制。要注意审查认罪认罚具结书是否有辩护人或者值班律师在场见证签署。根据刑事诉讼法第一百七十四条的规定，犯罪嫌疑人认罪认罚的，应当在辩护人或者值班律师在场的情况下签署认罪认罚具结书，保障犯罪嫌疑人自愿认罪认罚、签署具结书，这是审查认罪认罚自愿性和具结书形式真实性、合法性的重要方面。

关于事实基础审查。这是认罪认罚从宽制度准确适用的关键，是审查认罪认罚具结书内容真实性、合法性的重要方式。通过事实基础审查，确保被告人认罪认罚具有事实基础。缺乏事实基础的认罪认罚，可分为两类：一是缺乏定罪事实基础的认罪，如被告人被迫认罪、代人顶罪、冒名顶替等；二是缺乏量刑事实基础的认罚，如被告人接受检察机关明显不当的量刑建议。对于认罪认罚案件，人民法院应当全面审查案卷材料，严格审查涉及定罪、量刑的关键事实和证据，确保被告人认罪认罚具有事实基础。如果事实基础存疑，可能存在被告人不构成犯罪、违背意愿认罪认罚等情形，应当适用普通程序进行审理，核查清楚后依法作出判决。不能因为被告人认罪认罚，就放松对事实证据、定罪量刑的审查把关。

——最高人民法院刑一庭课题组[①]：《刑事诉讼中认罪认罚从宽制度的适用》，载《人民司法·应用》2018年第34期（总第837期）。

二要全面履行告知义务，确保认罪认罚的自愿性。全面履行告知义务，首先要求告知对象的全面。既向犯罪嫌疑人告知，也要向被害人告知，且犯罪嫌疑人或被害人是多人的，要告知每一个人，不能部分告知，以确保每一个当事人都知晓其法定权利和认罪认罚相关规定，保证认罪认罚从宽平等适用的机会。司法实践中，多人共同犯罪的案件大量存在，部分人认罪部分人不认罪的情况也大量存在，对此要坚持全面告知原则，对于在侦查阶段不认罪的犯罪嫌疑人，应进行更深入的告知工作而不是弃之不管，不再告知。其次，要求告知内容的全面，即全面告知诉讼权利、认罪认罚制度的内容、性质和后果。最后，告知要充分，即告知的内容要让当事人充分了解，对相关内容能够理解和把握，不会产生重大误解和疏漏。司法实践中，对当事人的相关告知工作往往有标准化的书面文本，这一方面可以使告知内容更加规范，但同时也容易使告知工作书面化、形式化，即只是简单照本宣科或者直接让当事人在告知文书上签字了事，没有对当事人进行深入浅出的解释，达不到让当事人真正了解和理解的本意。这是告知工作应当着力避免的，特别是认罪认罚案件，全面履行告知义务，直接关系到认罪认罚自愿性的保障，因此，检察机关应严格履行告知义务。

一要保障对认罪认罚自愿性的判断做到形式和实质的统一。在实践中，经常出现犯罪嫌疑人从归案开始即自称认罪悔罪，但实际上其对所认之罪、定罪证据、刑罚裁量等问题根本无从理解。这种缺乏信息基础与智力支持的

① 课题组组长：沈亮；课题组成员：管应时、杨立新、孟伟、何东青。

"自愿"实难认定为法律上的"自愿"，只有被告人充分理解认罪认罚的含义及后果，其认罪认罚才可能是真正"自愿"的。

需要注意的是，由于被追诉人法律知识的缺乏以及信息的不对称，此处的了解认罪认罚的性质和法律后果在实践中的掌握一般达到概括性认识即可，而并非要求被追诉人对认罪认罚的性质和指控性质、法律后果、诉讼权利的认知达到确定性认识的程度，否则将会导致认罪认罚自愿性认定的困难，必将极大地限制认罪认罚程序的适用范围。

二要确保认罪认罪自愿性建立在事实基础上。构建认罪认罚自愿性审查机制的重要作用在于防止发生无辜者被迫认罪和权权交易、权钱交易等，这就要求认罪认罚必须基于一定的事实基础，即认罪应当基于客观事实，认罚应当符合罪责刑相适应原则。

当然，认罪认罚案件因在审理过程中法庭调查和法庭辩论阶段的简化，在程序运行方面减轻了控方参与庭审举证、质证等方面的程序性负担和任务，在一定程度上降低了证据的查证要求，但这种降低并非降低对证据客观真实的要求，认定犯罪事实仍需达到排除合理怀疑的心证门槛。

三要确保被告人认罪认罚选择的自由。认罪认罚从宽制度的启动建立在被告人自愿的基础之上，允许其撤回所认之"罪"与"罚"或重新选择审判程序乃是保障其自愿性的有效机制之一。可以自始选择认罪认罚，也可以允许其在自始选择认罪认罚后又反悔而撤回。一旦被告人选择撤回，司法机关需要向其说明撤回的效果，包括可以被采取羁押措施、不再享受量刑优惠、且不得再主张适用特定程序等内容，确保被追诉人对是否撤回以及撤回的效果作出理性判断。

应该注意的是，对于选择认罪认罚之后又撤回的被告人，应当确保其获得以庭审实质化为核心内容的公正审判，而不能以不认罪为由对其从严惩处。

——胡云腾主编、最高人民法院刑事审判第一庭编著：《认罪认罚从宽制度的理解与适用》，人民法院出版社 2018 年版，第 30~31、46~47 页。

《全国人民代表大会常务委员会关于修改〈中华人民共和国刑事诉讼法〉的决定》在刑事诉讼法第三编第二章第一节公诉案件开庭程序一条中增加了第二款："被告人认罪认罚的，审判长应当告知被告人享有的诉讼权利和认罪认罚的法律后果，审查认罪认罚的自愿性和认罪认罚具结书内容的真实性、合法性。"强化认罪认罚自愿性审查，是认罪认罚从宽制度有效运行的关键，也是以往程序中没有专门涉及的环节。不论是普通程序、简易程序还是速裁程序，对认罪认罚案件，庭审的对象重点和功能定位，都要作相应调整，庭审时要重点对认罪认罚的自愿性和认罪认罚具结书内容的真实性、合法性进行审查核实。前期试点中，一些地方法院针对认罪认罚案件的特点，并参考国外认罪答辩程序的有益经验，探索在庭审中从知悉性、自愿性、事实基础等方面加强认罪认罚自愿性审查。

关于知悉性审查。保障被告人的知情权，确保其知悉自己享有的诉讼权利和认罪认罚的法律后果，是被告人自愿、稳定认罪认罚的前提基础。实践中，有的被告人存在模糊认识，草率认罪认罚、签署具结书后又反悔，影响认罪认罚从宽制度的适用和效果。主要通过以下方式保障被告人的知情权：一是公安机关、检察机关告知；二是辩护人或者值班律师提供咨询；三是人民法院开庭时告知。开展知悉性审查，除了开庭时告知诉讼权利和法律后果外，还可围绕被告人知情权是否得以保障，法定告知主体是否履行告知义务、提供法律咨询来进行审查；除了当庭询问核实，也可审查相关诉讼文书，如诉讼权利告知书、提供法律帮助通知书；等等。

关于自愿性审查，即狭义上的“自愿性审查”，审查被告人作出认罪认罚是否受到利诱、威胁或者强制，确保认罪认罚的自愿性，防止无辜者被迫认罪、受到错误追究。实践中，可通过庭前阅卷和当庭核实，审查被告人认罪认罚、签署具结书是否出于自己的意愿，是否受到人身伤害、暴力威胁或者精神强制。要注意审查认罪认罚具结书是否有辩护人或者值班律师在场见证签署，根据刑事诉讼法第一百七十四条的规定，犯罪嫌疑人认罪认罚的，应当在辩护人或者值班律师在场的情况下签署认罪认罚具结书，保障犯罪嫌疑人自愿认罪认罚、签署具结书，这是审查认罪认罚自愿性和具结书形式真实性、合法性的重要方面。

关于事实基础审查。这是认罪认罚从宽制度准确适用的关键，是审查认罪认罚具结书内容真实性、合法性的重要方式。通过事实基础审查，确保被告人认罪认罚具有事实基础。缺乏事实基础的认罪认罚，可分为两类：一是缺乏定罪事实基础的认罪，如被告人被迫认罪、代人顶罪、冒名顶替等；二是缺乏量刑事实基础的认罚，如被告人接受检察机关明显不当的量刑建议。对于认罪认罚案件，人民法院应当全面审查案卷材料，严格审查涉及定罪、量刑的关键事实和证据，确保被告人认罪认罚具有事实基础。如果事实基础存疑，可能存在被告人不构成犯罪、违背意愿认罪认罚等情形，应当适用普通程序进行审理，核查清楚后依法作出判决。不能因为被告人认罪认罚，就放松对事实证据、定罪量刑的审查把关。

——最高人民法院刑一庭课题组：《刑事诉讼中认罪认罚从宽制度的适用》，载最高人民法院刑事审判第一、二、三、四、五庭编：《刑事审判参考》（总第 127 辑），人民法院出版社 2021 年版，第 215~216 页。

1741. 认罪认罚从宽制度在审判环节的适用

关键词

认罪认罚从宽制度　审判环节

附录：最高人民法院法官著述

修改后的刑事诉讼法对侦查、审查起诉阶段认罪认罚案件的办理作出了明确规定。实践中，对于审判环节当庭认罪、庭后认罪以及二审认罪案件的处理，认识上存在模糊，做法上存在一些值得商榷之处，有必要统一认识，并予以规范。

一是一审开庭前被告人认罪认罚的处理。一审开庭前被告人认罪认罚的，被告人享有选择适用速裁、简易程序的诉讼权利，人民法院根据被告人的选择，依法可以启动适用认罪认罚从宽制度的程序。同时，要在开庭前将决定适用的程序告知控辩双方，便于控辩双方做好出庭准备。

二是一审被告人当庭认罪认罚的处理。被告人当庭认罪并表示愿意接受法院判罚的，法庭应当记录在案，并针对被告人认罪认罚的具体表现，组织控辩双方围绕认罪认罚对案件特别是对量刑的影响发表意见，并在听取控辩双方意见的基础上依法作出裁判。实践中，一些法院采取法庭休庭后再由控辩双方庭下协商，被告人签署具结书的做法是没有必要的。控辩之间的量刑协商仅发生在审查起诉阶段，被告人在庄严的法庭上当庭认罪认罚的，法庭要将被告人的态度和控方的意见记录在案，并根据庭审查明的事实和认罪认罚的作用大小依法作出裁判，这是由审判权的性质以及审判程序诉讼构造的完整性所决定的。

三是一审庭审结束后、宣判前被告人认罪认罚的处理。对此，法庭要根据被告人认罪认罚对案件处理的影响及有无退赃、积极赔偿等实际悔罪表现综合考量，认为有必要恢复庭审听取控辩双方意见的，可以恢复法庭调查；认为没有必要恢复法庭调查的，综合全案证据依法作出裁判，如果作为从宽处罚情节的，应当在裁判文书中载明法律依据。

四是二审程序中被告人认罪认罚的处理。二审程序中被告人才认罪认罚的，二审法院要根据被告人认罪认罚的价值以及有无退赃退赔、赔偿损失、预交罚金等悔罪表现，全面审查后考虑是否从宽。经审查，被告人虽然认罪认罚，但无退赃退赔等实际悔罪表现，一审量刑适当的，二审审理后应维持原判；经审查，被告人认罪认罚又确有积极退赃退赔等悔罪表现，可予以从宽处罚的，从宽幅度应当与第一审程序中认罪认罚的有所区别，彰显“早认罪认罚优于晚认罪认罚"的刑罚评价取向，鼓励犯罪嫌疑人、被告人尽早认罪认罚。实践中，需要注意的是，二审的审理对象是一审未生效裁判，而不再是检察机关提出的量刑建议，因此，不能将二审程序中出庭履行职务的检察官的发表意见权，与提出量刑建议权相混淆。

——杨立新:《关于认罪认罚从宽制度常见问题释疑》，载最高人民法院刑事审判第一、二、三、四、五庭编:《刑事审判参考》(总第127辑)，人民法院出版社2021年版，第139~140页。

1742. 如何正确看待"认罪认罚具结书"的效力

关键词

认罪认罚具结书

最高人民法院司法政策精神

31. 签署具结书。犯罪嫌疑人自愿认罪，同意量刑建议和程序适用的，应当在辩护人或者值班律师在场的情况下签署认罪认罚具结书。犯罪嫌疑人被羁押的，看守所应当为签署具结书提供场所。具结书应当包括犯罪嫌疑人如实供述罪行、同意量刑建议、程序适用等内容，由犯罪嫌疑人、辩护人或者值班律师签名。

犯罪嫌疑人认罪认罚，有下列情形之一的，不需要签署认罪认罚具结书:

(一)犯罪嫌疑人是盲、聋、哑人，或者是尚未完全丧失辨认或者控制自己行为能力的精神病人的;

(二)未成年犯罪嫌疑人的法定代理人、辩护人对未成年人认罪认罚有异议的;

(三)其他不需要签署认罪认罚具结书的情形。

上述情形犯罪嫌疑人未签署认罪认罚具结书的，不影响认罪认罚从宽制度的适用。

——《最高人民法院、最高人民检察院、公安部、国家安全部、司法部印发〈关于适用认罪认罚从宽制度的指导意见〉的通知》(2019年10月11日，高检发〔2019〕13号)。

附录：最高人民法院主流观点

关于认罪认罚具结书的效力，一般可以从以下两个方面理解：一是从形式上看，认罪认罚具结书是犯罪嫌疑人、被告人的单方声明书，是认可控方指控犯罪事实、罪名、建议刑罚和适用审理程序的声明。因为，声明认可的内容意味着对某些法定诉讼权利的放弃，意味着对不利后果的承担，所以，这一单方声明是允许犯罪嫌疑人、被告人单方撤回的，即允许其反悔。允许其反悔的时间节点最晚应当在一审法庭裁判作出之前，尤其是在法庭调查其认罪自愿性和真实性、明智性时，可以提出反悔。二是从实质上看，认罪认罚具结书实际上是控辩双方协商与合意的结果。犯罪嫌疑人、被告人所认之罪是公诉机关所指控之罪，所认之罚也是公诉机关建议之罚。尤其是所认之罚，在其签署具结书表示认可之前，存在着公诉机关与犯罪嫌疑人、被告人之间的互动协商过程，实际上是双方“合意”的结果。从这个角度上讲，认罪认罚具结书虽形式上是单方声明，但实质上具有合意之性质，是司法机关与犯罪嫌疑人、被告人共同沟通协商、共同认可的法律文件，具有法定的效力。也正是基于这一点，认罪认罚具结书一旦签署，对犯罪嫌疑人、被告人而言是有拘束力的。如果犯罪嫌疑人、被告人签署具结书后反悔的，办案机关应当向其说明反悔的法律后果，包括可以采取羁押性强制措施、不再享受量刑从宽、不得主张适用速裁程序等内容，确保犯罪嫌疑人、被告人签署具结书是其真实意思表示。

——胡云腾主编、最高人民法院刑事审判第一庭编著：《认罪认罚从宽制度的理解与适用》，人民法院出版社 2018 年版，第 97~98 页。

附录：最高人民法院法官著述

关于认罪认罚具结书的效力，一般可以从以下两个方面理解：一是从形式上看，认罪认罚具结书是犯罪嫌疑人的单方声明书，是认可控方指控犯罪事实、罪名、建议刑罚和适用审理程序的声明。声明认可的内容意味着对某些法定诉讼权利的放弃，也可能会因此承担不利的后果。因此，刑事诉讼法设计一系列程序确保犯罪嫌疑人、被告人认罪认罚的自愿性，并规定犯罪嫌疑人、被告人享有反悔权。一旦犯罪嫌疑人、被告人反悔的，不再按认罪认罚案件处理。二是从实质上看，认罪认罚具结书实际上是控辩双方就量刑进行协商后达成的合意。因此，认罪认罚具结书一旦签署，一定意义上对犯罪嫌疑人具有拘束力。如果犯罪嫌疑人签署具结书后又反悔的，办案机关应当向其说明反悔的法律后果，包括对强制措施、程序选择以及实体从宽的影响，确保犯罪嫌疑人、被告人在全面了解认罪认罚性质和后果的基础上自愿作出选择。

——杨立新：《关于认罪认罚从宽制度常见问题释疑》，载最高人民法院刑事审判第一、二、三、四、五庭编：《刑事审判参考》（总第 127 辑），人民法院出版社 2021 年版，第 143 页。

1743. 如何看待认罪认罚案件被告人的上诉权

关键词

认罪认罚案件　被告人　上诉权

附录：最高人民法院法官著述

关于认罪认罚案件被告人的上诉权问题，在2014年速裁程序试点时，有意见提出应对被告人的上诉权应予限制，确保办案效率。2016年认罪认罚从宽制度试点时，考虑到二审终审制是我国刑事诉讼法的重大制度，速裁程序的适用范围相较2014年试点时的范围有了很大变化，速裁程序试点范围仅限于可能判处一年以下有期徒刑、拘役、管制或者依法单处罚金的案件，而且仅限于危险驾驶、交通肇事、盗窃等常见的11个罪名。而认罪认罚从宽制度试点中速裁程序的适用范围，扩大到基层人民法院管辖的可能判处三年有期徒刑以下刑罚的案件。从近几年的统计数据看，该部分案件占到了人民法院审结的全部刑事案件的80%以上。认罪认罚从宽制度试点时仍然保留速裁案件被告人的上诉权。同时，也对适用速裁的认罪认罚案件，被告人提出上诉设置处理方式，即“第二审人民法院对被告人不服适用速裁程序作出的第一审判决提起上诉的案件，可以不开庭审理。经审理认为原判认定事实和适用法律正确、量刑适当的，应当裁定驳回上诉，维持原判；原判认定事实没有错误，但适用法律有错误，或者量刑不当的，应当改判；原判事实不清或者证据不足的，应当裁定撤销原判，发回原审人民法院适用普通程序重新审判。”①2018年修改刑事诉讼法时，对认罪认罚案件被告人的上诉权未作限制。目前，从调研情况看，认罪认罚案件上诉率远远低于一般案件，且大多为留所服刑的技术性上诉。上诉虽有违与检方达成的认罪认罚具结书，但上诉权毕竟是被告人的基本诉讼权利，司法机关应当正确看待。实践中，二审法院要区分上诉的不同情形，依法作出不同处理。

一是对于被告人以量刑过重为由上诉的，二审法院依法可以不开庭审理。原判量刑适当的，依法作出裁定驳回上诉，维持原判；原判量刑不当的，经审理后依法改判。

二是对于被告人以事实不清、证据不足为由提出上诉的速裁案件，根据《最高人民法院、最高人民检察院、公安部、国家安全部、司法部关于适用认

① 《最高人民法院、最高人民检察院、公安部、国家安全部、司法部关于在部分地区开展刑事案件认罪认罚从宽制度试点工作的办法》第二十三条。

罪认罚从宽制度的指导意见》第45条的规定，应当发回原审法院适用普通程序重新审判，不再按认罪认罚案件从宽处罚。在理解与适用本条规定时，需要注意把握以下几点：第一，本条仅适用于一审适用速裁程序审理的案件；第二，发回重审必须是事实不清、证据不足的案件，避免程序空转；第三，经重新审判后，认为被告人的行为不构成犯罪的，应当依法宣告被告人无罪；认为原有指控成立，被告人构成犯罪的，依法作出有罪判决，原有的认罪认罚优惠不再享有。本规定考虑到一审庭审具有查明案件事实的功能。适用速裁程序审理的案件，案件证据往往未经过法庭举证、质证，因案情明了，认罪认罚从宽法院作出判决，如果被告人以事实不清提出上诉，发回重审按普通程序审理，要发挥一审庭审查明案件事实的作用，毕竟二审程序主要功能是纠错和保障法律统一适用。同时，发回重审也是为了保障被告人的上诉权。发回重审后人民法院作出的一审判决，被告人仍然有权提出上诉。如果依照刑事诉讼法第二百三十六条的规定由二审直接查清事实后改判，即便是被告人不服的，只能通过再审程序解决。需要指出的是，发回重审按普通程序审判，目的不是要加重被告人刑罚，而是用最完备的审判程序审理事实不清、证据不足，控辩双方有较大分歧的案件，防止出现冤假错案。

三是对于被告人以适用法律有错误为由提出上诉的，二审法院可以不开庭审理。原判认定事实没有错误，但适用法律有错误的，应当依法改判。原判没有错误的，依法作出裁定驳回上诉。

实践中，办案机关应当尊重和保障被告人的上诉权，毕竟上诉权是法律赋予被告人的基本诉讼权利，不主张检察机关用抗诉对抗上诉。因为，刑事诉讼法明确规定了被告人上诉的处理程序，而且明确规定了抗诉的理由是“一审裁判确有错误”。

——杨立新：《关于认罪认罚从宽制度常见问题释疑》，载最高人民法院刑事审判第一、二、三、四、五庭编：《刑事审判参考》（总第127辑），人民法院出版社2021年版，第149~151页。

1744. 认罪认罚从宽制度中量刑建议的效力

关键词

认罪认罚从宽制度　量刑建议

附录：最高人民法院主流观点

在认罪认罚从宽制度的设计中，检察机关的“量刑建议”是体现“从宽”程度和幅度的具体载体，是检察机关基于犯罪嫌疑人的认罪认罚，综合全案情况作出的一种具有司法公信力性质的承诺。[①] 认罪认罚案件中的"量刑建议"，从权力性质上而言仍属于公诉权的范畴，仍属于请求权。然而，认罪认罚案件中的"量刑建议"具有特殊的作用和意义。于犯罪嫌疑人、被告人而言，量刑建议是让犯罪嫌疑人、被告人知悉认罪认罚后果的直观的、具体的正式载体，是控辩双方沟通、协商的结果，是检察机关对"认罪认罚"作出的"从宽"承诺。于审判机关而言，审判机关能否采纳量刑建议以及采纳的程度，关系到检察机关对被告人的承诺是否真正实现，从根本上看，关系到认罪认罚从宽制度的功能和价值的实现。因此，认罪认罚从宽制度中的量刑建议，应尽可能明确和确定，产生的过程要充分保障犯罪嫌疑人、被告人获得有效法律帮助，确保结果的科学合理性和公正公平性。然而，检察机关的量刑建议毕竟是求刑权，最终对案件作出裁判的是审判机关，而非检察机关，"那么实现检察机关量刑建议与审判机关量刑决定一致性的最大化成为摆在当前的严峻问题"。[②] 而该问题的解决不会是一蹴而就的，一方面，需要积极总结认罪认罚从宽制度试点量刑建议工作经验；另一方面，需要适时制定全国统一适用的量刑指导意见，统一检法两家认识，保证认罪认罚从宽制度的效果。

——胡云腾主编、最高人民法院刑事审判第一庭编著：《认罪认罚从宽制度的理解与适用》，人民法院出版社2018年版，第103页。

附录：最高人民法院法官著述

《刑事诉讼法》第201条规定，除影响公正审判的情形外，人民法院一般应当采纳人民检察院的量刑建议。从试点情况看，截止到2018年9月底，量刑建议的采纳率为96.03%，抗诉和上诉率分别0.04%、3.35%。低抗诉率和上诉率反映出当法院的裁判建立在控辩双方充分表达意见基础上时，更容易获得控辩双方的认可和尊重。实践中，对量刑建议的效力需要注意从以下几个方面把握：

第一，要充分认识认罪认罚案件中的量刑建议是带有公信力的承诺，与非认罪案件中的量刑建议有本质区别。人民法院在审查量刑建议时，应对控辩双方的合意给予尊重。

第二，要正确认识"量刑建议"的性质仍属于求刑权的范畴，要把认罪认罚案件的"协商"结果与法院的庭审结果区别开来。量刑建议不是简单地

---

① 孔杰、王强、孙娟：《认罪认罚从宽制度中的量刑建议》，载胡卫列、董桂文、韩大元主编：《认罪认罚从宽制度的理论与实践》，中国检察出版社2017年版，第493页。

② 孔杰、王强、孙娟：《认罪认罚从宽制度中的量刑建议》，载胡卫列、董桂文、韩大元主编：《认罪认罚从宽制度的理论与实践》，中国检察出版社2017年版，第499页。

等于“预期庭审结果”乘以一定的折扣比率，受诸多结构性因素、制度性因素、心理因素的影响，量刑建议会偏离庭审结果，因此，法院应当把住最后一道关，确保案件得到公正处理。认罪认罚从宽制度，并没有改变刑事诉讼中的权力配置。“办理认罪认罚案件，公检法三机关之间的分工负责、相互配合和相互制约关系没有变化，裁判权只能由人民法院依法行使。定罪量刑作为审判权的核心内容，具有专属性，检察机关提出的量刑建议，本质上仍然属于程序职权，是否妥当应当由人民法院依法判决。”[①] 指控的事实清楚、罪名准确、量刑建议适当的案件，应采纳起诉的罪名和量刑建议作出有罪判决。“对于被告人不构成犯罪或者不应当追究其刑事责任，或者违背被告人意愿的认罪认罚，或者被告人否认指控犯罪事实，以及具有其他可能影响公正审判的情形的，人民法院应当依法公正审理；对于量刑建议不当的，或者被告人、辩护人对量刑建议提出异议的，人民法院可以建议检察机关调整，也可以径行判决，并注意在庭审中听取控辩双方发表的意见，实现尊重检察机关量刑建议权与充分保障被告人及其辩护人行使辩护权有机统一”。[②]

——杨立新：《认罪认罚从宽制度理解与适用》，载《国家检察官学院学报》2019 年第 1 期。

1745. 认罪认罚从宽制度中的量刑建议审查

关键词

认罪认罚从宽制度　量刑建议

附录：最高人民法院主流观点

强化认罪认罚的法律途径和法律效果，是认罪认罚从宽制度改革的重要内容。而规范检察机关量刑建议工作机制，则是强化认罪认罚法律效果的重要保障。《全国人民代表大会常务委员会关于修改〈中华人民共和国刑事诉讼法〉的决定》（以下简称《决定》）在刑事诉讼法第一百七十六条中增加一款：“犯罪嫌疑人认罪认罚的，人民检察院应当就主刑、附加刑、是否适用缓刑等提出量刑建议，并随案移送认罪认罚具结书等材料。”并增加第二百零一条规定：“对于认罪认罚案件，人民法院依法作出判决时，一般应当采纳人民检察院指控的罪名和量刑建议，但有下列情形的除外：（一）被告人的行为不构成犯罪或者不应当追究其刑事责任的；（二）被告人违背意愿认罪认罚的；（三）

① 胡云腾：《认罪认罚从宽制度的理解与适用》，人民法院出版社 2018 年版，第 8 页。
② 胡云腾：《认罪认罚从宽制度的理解与适用》，人民法院出版社 2018 年版，第 8 页。

被告人否认指控的犯罪事实的；（四）起诉指控的罪名与审理认定的罪名不一致的；（五）其他可能影响公正审判的情形。人民法院经审理认为量刑建议明显不当，或者被告人、辩护人对量刑建议提出异议的，人民检察院可以调整量刑建议。人民检察院不调整量刑建议或者调整量刑建议后仍然明显不当的，人民法院应当依法作出判决。"

关于量刑建议的范围和形式。量刑建议是人民检察院对提起公诉的被告人，依法就其适用的刑罚种类、幅度及执行方式等向人民法院提出的建议。量刑建议与犯罪指控一样，都是公诉权的有机组成部分，是人民检察院依法履行公诉职能的重要途径。认罪认罚从宽制度试点时，进一步明确了量刑建议的范围和形式。考虑认罪认罚案件的特点，要求量刑建议一般应当包括主刑、附加刑，并明确刑罚执行方式，即是否适用缓刑；可以提出相对明确的量刑幅度，也可以根据案件具体情况，提出确定刑期的量刑建议。刑罚执行方式是量刑重要内容，提前明确量刑意见，方便案件后续处理，及时启动社会调查评估，为法院适用缓刑提供重要参考。试点中，有些地方对量刑建议形式存在不同认识，有的检察机关更倾向对轻罪案件提出确定量刑建议，也有的认为提出确定量刑建议有难度，更倾向提出幅度量刑建议。

《决定》采纳试点做法，明确犯罪嫌疑人认罪认罚的，检察机关应当就主刑、附加刑、是否适用缓刑等提出量刑建议。检察机关提出量刑建议，是办理认罪认罚案件的必经环节。对于量刑建议的形式，我们认为，应当根据案件具体情况确定，可以是确定刑，也可为幅度刑，还可附条件，如区分达成和解与未达成和解、预缴罚金与未缴纳罚金等情形，这样符合量刑规律，又方便灵活把握，更好适应实践需要。要求轻罪案件原则上应当提出确定刑期的量刑建议，不符合司法实际。许多罪名尚未有量刑指导意见，即便有量刑指导意见的案件，还允许存在一定幅度的裁量权。对有量刑指导意见、量刑标准相对成熟的轻罪案件，有把握的可以提出确定量刑建议，其他案件最好提出幅度量刑建议，当然，幅度也不宜过大。需要指出的是，根据《最高人民法院、最高人民检察院、公安部、国家安全部、司法部关于适用认罪认罚从宽制度的指导意见》第33条的规定，检察机关提出量刑建议，应当说明依据和理由，利于促成被告人认罪认罚，也方便法院审查。

关于量刑建议的审查采纳标准。《决定》强化了检察机关量刑建议的法律效果，明确了人民法院对认罪认罚案件的裁判原则。对于认罪认罚案件，人民法院依法作出判决时，一般应当采纳人民检察院指控的罪名和量刑建议，但有可能影响公正审判的除外；量刑建议明显不当的，可以建议调整，或者依法作出判决。需要指出的是，办理认罪认罚案件，公检法之间的相互制约关系没有变化，裁判权仍是人民法院的法定职权。定罪量刑是审判权的核心内容，检察机关提出建议，由人民法院依法判决。要充分发挥审判特别是庭审对侦查、公诉活动的把关、制约作用，对起诉指控的事实清楚、罪名准确、量刑建议适当的案件，应当采纳起诉指控和量刑建议作出有罪判决。对于被告人不构成犯罪或者不应当追究刑事责任、违背意愿认罪认罚、否认指控犯罪事实，以及其他可能影响公正审判的情形，人民法院应当依法作出判决；对量刑建议明显不当的，或者被告人、辩护人对量刑建议提出异议且有理有据的，建议人民检察院调整，人民检察院不调整量刑建议或者调整后仍明显不当的，人民法院应当作出判决。

——最高人民法院刑一庭课题组：《刑事诉讼中认罪认罚从宽制度的适用》，载最高人民法院刑事审判第一、二、三、四、五庭编：《刑事审判参考》（总第127辑），人民法院出版社2021年版，第216~218页。

1746. 人民法院不采纳人民检察院指控的罪名和量刑建议的例外情形

关键词

罪名建议　量刑建议

附录：最高人民法院法官著述

关于人民法院不采纳人民检察院指控的罪名和量刑建议的例外情形，具体有以下几种：

第一，被告人的行为不构成犯罪或者不应当追究其刑事责任。刑事诉讼法应保障无罪的人不受刑事追究。如果被告人的行为不构成犯罪或者不应当追究刑事责任，比如情节显著轻微危害不大，根据刑法不认为是犯罪的；或者依照刑法告诉才处理的犯罪，没有告诉的，等等。在这种情况下，就算被告人自认为或者误认为构成犯罪，并且认罪认罚，人民法院也不应当采纳人民检察院指控的罪名和量刑建议。在这种情况下，已不宜适用简易程序和速裁程序，人民法院应当按照普通程序重新审理，并根据已经查明的事实、证据和有关的法律规定，依法认定被告人无罪，作出无罪判决；对证据不足，不能认定被告人有罪的，作出证据不足、指控的犯罪不能成立的无罪判决。

第二，被告人违背意愿认罪认罚。被告人自愿如实供述自己的罪行，对指控的犯罪事实没有异议，同意人民检察院量刑建议并签署具结书的案件，才可以作为认罪认罚案件处理。如果被告人不是自愿认罪认罚，则可能存在司法不公正。为了确保让无罪的人不受刑事追究，有罪的人受到公正惩罚，人民法院在庭审过程中，如果发现被告人虽然表现出认罪认罚，如签署具结书等，但是违背意愿作出的，包括对被指控的犯罪事实、对被指控的罪名以及量刑建议存在异议等情况，应不采纳人民检察院指控的罪名和量刑建议，根据庭审掌握的相关证据，依法作出判决。这里需要注意的是，根据本法第三编第二章第四节"速裁程序"的规定，基层人民法院对于符合刑事诉讼法规定的案件，被告人认罪认罚并同意适用速裁程序的，可以适用速裁程序。适用速裁程序的案件一般不进行法庭调查、法庭辩论，但在判决宣告前应当听取辩护人的意见和被告人的最后陈述意见。如果在审理过程中，发现被告人对犯罪行为的定罪和量刑建议没有异议，但是适用速裁程序违背其真实意愿的，人民法院应当按照刑事诉讼法第三编第二章第一节或者第三节的规定重新审理。

第三，被告人否认指控的犯罪事实。在法庭审理过程中，如果被告人否认指控的犯罪事实，将不再具有适用认罪认罚从宽制度的法律基础，也不能再依照认罪认罚制度作出依法从宽的处理。为保障司法公正，人民法院对于人民检察院在审查起诉阶段基于被告人认罪认罚作出的定罪与量刑建议将不再采纳。同时，人民法院对于这类原先适用简易程序和速裁程序审理的案件，应当依法转为普通程序审理。

第四，起诉指控的罪名与审理认定的罪名不一致。人民法院经过审理，案件事实清楚，证据确实、充分，但是指控的罪名与审理认定的罪名不一致，应当按照审理认定的罪名作出判决。由于人民法院认定的罪名发生了变化，自然所作判决不受人民检察院指控罪名的约束，同时，人民检察院基于原指控的罪名提出的量刑建议也不再具有参考价值。

第五，其他可能影响公正审判的情形。该条还设置了人民法院在审理过程中发现可能存在的影响公正审判的其他情形作为兜底条款。比如，人民法院依法作出判决前，刑法被修改，被告人的行为依照修改后的刑法处罚更轻的，人民法院就不应采纳人民检察院指控的罪名和量刑建议。

——张述元主编：《刑事诉讼法及配套规定新释新解与适用指南》，中国法制出版社 2020 年版，第 1286~1287 页。

1747. 如何审查认罪认罚案件量刑建议以及二审法院如何处理检察机关因一审法院未建议调整量刑建议而提出的抗诉

关键词

认罪认罚案件 量刑建议 检察机关抗诉

《刑事审判参考》指导案例

苏桂花开设赌场案（《刑事审判参考》指导案例第 1409 号）

裁判要点：人民法院在庭审中要重点审查认罪认罚的自愿性，审查起诉阶段签署具结书的合法性以及有无事实基础，并根据庭审查明的事实，对起诉的罪名是否准确以及量刑建议是否适当等内容进行全面审查。检察机关因一审法院未建议调整量刑建议而抗诉的，二审法院不应以程序违法发回重审。

（一）认罪认罚案件人民法院依法应当进行全面实质审查

人民法院对认罪认罚案件进行全面实质审查，确保审判的公正性，是人民法院的法定职责。这是由我国刑事诉讼的特点以及司法职权配置所决定的。我国的认罪认罚从宽制度与美国的辩诉交易制度有本质的区别，也不是辩诉交易制度的翻版。对于检察机关按认罪认罚案件提起公诉的，人民法院应当依法审查是否符合认罪认罚从宽制度的适用条件，被告人是否真正具有认罪认罚情节。符合认罪认罚从宽制度适用条件的，庭审中要重点审查认罪认罚的自愿性，审查起诉阶段签署具结书的合法性以及有无事实基础，并根据庭审查明的事实，对起诉的罪名是否准确以及量刑建议是否适当等内容进行全面审查。总之，要充分发挥庭审功能，确保认罪认罚案件质量。

（二）人民法院应对量刑建议进行全面审查

根据《中华人民共和国刑事诉讼法》（以下简称刑事诉讼法）第二百零一条第一款的规定，量刑建议的采纳是附条件的，因此，人民法院在查清事实，正确适用法律的基础上，应对量刑建议进行实质审查，具体包括以下几个方面：一要审查量刑建议适用的刑种是否适当。刑期相同，但刑种适用不当的，属于量刑建议明显不当。二要对拟宣告刑与量刑建议的刑期进行比较。既要考虑二者相差的绝对值，又要考虑差值所占的比例。对于较长的刑期来说，虽然所占比例不高但差值绝对值较大的，属于明显不当。反过来，对刑期较短的案件来说，虽然差值的绝对值不大但所占比例较高的，仍然属于量刑建议明显不当。[①] 三要注重类案检索，确保类案量刑平衡和法律适用的统一。类案检索后发现量刑建议与类案量刑明显不平衡的，量刑建议亦属明显不当。四要对认罪认罚案件与一般案件的量刑进行比较。认罪认罚案件量刑重于一般案件影响司法公正的，量刑建议亦属明显不当。

（三）检察机关因一审法院未建议调整量刑建议而抗诉的，二审法院不应以程序违法发回重审

刑事诉讼法规定量刑建议调整的目的，本质在于缓和检察机关量刑建议准确性欠缺和司法裁判量刑公平性要求之间的差距。因此，刑事诉讼法明确

---

① 臧德胜：《论认罪认罚案件中量刑建议的效力及在司法裁判中的运用——从两起认罪认罚抗诉案件的二审裁判展开》，载《中国法律评论》2020 年第 2 期。

规定，人民法院认为量刑建议明显不当的，人民检察院可以调整量刑建议；人民检察院不调整量刑建议的，人民法院应当依法作出判决。实践中，人民法院在庭审中已就量刑充分听取控辩双方意见，并在此基础上依法径行作出判决的，不属于程序违法，符合确保裁判形成在法庭的庭审实质化要求，同时还避免了因量刑建议调整造成审判周期的延长和司法资源的浪费。检察机关以此提起抗诉的，二审法院应全面审查，审理后认为一审判决事实认定、定罪量刑没有错误的，不应以程序违法为由发回重审。

——张新文撰稿、杨立新审编：《苏桂花开设赌场案——如何审查认罪认罚案件量刑建议以及二审法院如何处理检察机关因一审法院未建议调整量刑建议而提出的抗诉》，载最高人民法院刑事审判第一、二、三、四、五庭编：《刑事审判参考》(总第127辑)，人民法院出版社2021年版，第26~30页。

1748. 认罪认罚案件中指控罪名与审理认定罪名不一致时的处理

关键词

认罪认罚案件　指控罪名　审理认定罪名

《刑事审判参考》指导案例

孙惠中以危险方法危害公共安全案(《刑事审判参考》指导案例第1449号)

裁判要点：对于检察机关适用认罪认罚从宽制度提起公诉的刑事案件，人民法院经审理后认为指控的罪名不当，法院应在听取控辩双方意见基础上，依据法律规定和审理认定的罪名作出判决。

1. 认罪认罚案件中量刑建议权的属性及效力

《刑事诉讼法》第一百七十六条第二款规定："犯罪嫌疑人认罪认罚的，人民检察院应当就主刑、附加刑、是否适用缓刑等提出量刑建议，并随案移送认罪认罚具结书等材料。"该条规定明确检察机关具有量刑建议权。定罪量刑作为审判权的核心内容，具有专属性，认罪认罚从宽制度并没有改变刑事诉讼中的职权配置。检察机关的量刑建议权属于求刑权，是公诉权的组成部分，而包含量刑建议的公诉权是完整意义上的请求权。[①] 至于检察机关定罪量刑建议是否被采纳，仍需人民法院依法审理后作出裁判决定。

---

① 胡云腾主编：《认罪认罚从宽制度的理解与适用》，人民法院出版社2018年版，第37页。

认罪认罚案件中的量刑建议，与非认罪认罚案件的量刑建议既有相同之处，又有所不同。相同之处在于都是检察机关根据指控的犯罪事实就被告人应当判处的刑罚向法院提出请求意见的权力，不同之处在于认罪认罚案件中检察机关的量刑建议以犯罪嫌疑人认罪认罚和放弃一定的诉讼权利换取检察机关量刑的减让而形成，是控辩双方协商后达成的“合意”，甚至一定程度上反映了被害方的意见，这种“合意”的达成以犯罪嫌疑人认罪认罚为前提，以检察机关的量刑减让为承诺。[①] 因此，认罪认罚案件中的量刑建议，其效力与非认罪认罚案件不完全相同，即经过犯罪嫌疑人签署具结书同意的量刑建议，除刑事诉讼法第二百零一条第一款规定的情形外，人民法院一般应当采纳，充分体现对控辩合意的尊重。但是，即便在认罪认罚案件中，量刑建议权的权力属性并未改变，仍然属于求刑权的范畴，不是检察机关代为行使法院裁判权。人民法院对认罪认罚案件中的量刑建议仍要从事实基础、证据能力、认罪认罚的自愿性以及法律的正确适用等方面进行实质审查。

2. 法院改变公诉机关指控罪名的诉讼程序

《最高人民法院关于适用〈中华人民共和国刑事诉讼法〉的解释》第二百九十五条第一款第二项及第三款规定：“起诉指控的事实清楚，证据确实、充分，但指控的罪名不当的，应当依据法律和审理认定的事实作出有罪判决；”“具有第一款第二项规定情形的，人民法院应当在判决前听取控辩双方的意见，保障被告人、辩护人充分行使辩护权。必要时，可以再次开庭，组织控辩双方围绕被告人的行为构成何罪及如何量刑进行辩论。”该司法解释的上述规定先是从实体上明确在犯罪事实同一的范围内，法院有权对起诉不当的罪名进行纠正，同时也对相应的诉讼程序进行了补充和完善。

——周广明撰稿、陆建红审编：《孙惠中以危险方法危害公共安全案——认罪认罚案件中指控罪名与审理认定罪名不一致时的处理》，载最高人民法院刑事审判第一、二、三、四、五庭编：《刑事审判参考》（总第130辑），人民法院出版社2022年版，第8~15页。

1749. 案件证明标准不能因被告人认罪认罚而降低

关键词

出入境证件　证明标准　认罪认罚从宽制度

---

① 胡云腾主编：《认罪认罚从宽制度的理解与适用》，人民法院出版社2018年版，第38页。

《刑事审判参考》指导案例

张永利出售出入境证件案（《刑事审判参考》指导案例第1411号）

裁判要点：认定被告人有罪的证明标准不应因被告人认罪认罚而降低。

虽然被告人认罪认罚降低了控方指控的难度，但没有理由也不应降低证明标准，这是我国认罪认罚从宽制度与辩诉交易的重要区别。认罪认罚从宽制度的最大风险是无辜的人因认罪认罚被错误定罪，因此，从试点到2018年修改《中华人民共和国刑事诉讼法》，坚持从准入和准出两个环节严把证明标准关。修改后的《中华人民共和国刑事诉讼法》第二百二十二条明确规定速裁程序的适用以案件事实清楚，证据确实、充分为前提；同时，第二百零一条第一款明确规定被告人的行为不构成犯罪或者不应当追究刑事责任的，人民法院不得采纳检察机关的量刑建议。审理发现认罪认罚案件需要转程序审理的，应当及时转程序审理。上述一系列程序设计，旨在最大限度降低制度风险，防止无辜的人被错误定罪。因此，人民法院对认罪认罚案件的审查，应从证据采信、事实认定、定罪量刑、程序操作等方面进行全面的、实质的审查；不仅要把好认罪认罚自愿性的审查关，而且要严格落实庭审实质化的要求；发现事实不清、证据不足依法应当转程序的要及时转程序重新审理；要严格证据审查，严把事实证据关，不因控辩协商一致就降低裁判标准，切实防范发生冤假错案。

——王杨撰稿、杨立新审编：《张永利出售出入境证件案——案件的证明标准不因被告人认罪认罚而降低》，载最高人民法院刑事审判第一、二、三、四、五庭编：《刑事审判参考》（总第127辑），人民法院出版社2021年版，第36~39页。

1750. 认罪认罚案件被告人以量刑过重为由上诉的，二审法院应如何处理

关键词

认罪认罚案件　量刑过重　上诉

《刑事审判参考》指导案例

杨灏然贩卖毒品案（《刑事审判参考》指导案例第1412号）

裁判要点：被告人仅以量刑过重为由提出上诉的，二审法院应当坚持全面审查原则，发现原判量刑过重的，应当依法改判。原判量刑适当的，应当依法驳回上诉，维持原判。

（一）要正确对待认罪认罚案件被告人的上诉权

认罪认罚案件被告人的上诉权要不要限制的问题，2014 年速裁程序试点时，曾有过讨论。当时的速裁程序适用于可能判处一年以下刑罚的案件，且仅限于危险驾驶、交通肇事、盗窃、诈骗、抢夺、伤害、寻衅滋事、非法拘禁、毒品犯罪、行贿犯罪等 11 个罪名，适用速裁程序的主要目的在于分流提速，因此，当时对是否限制被告人上诉权的讨论有其必要性。但在 2016 年认罪认罚从宽制度试点时，速裁程序的适用范围已扩大到三年有期徒刑以下刑罚的案件，近几年该部分案件占到全部刑事案件的 80%，且认罪认罚从宽制度的适用并没有罪名和可能判处刑罚的限制，因此，不论是《中央全面深化改革领导小组关于认罪认罚从宽制度改革试点方案》还是《最高人民法院、最高人民检察院、公安部、国家安全部、司法部关于在部分地区开展刑事案件认罪认罚从宽制度试点工作的办法》，均未对被告人的上诉权作出限制。2018 年修改《中华人民共和国刑事诉讼法》增加规定认罪认罚从宽制度和速裁程序，并未对认罪认罚案件中被告人的上诉权进行限制，因此，被告人的上诉权应当受到尊重和保障，二审终审制仍然是我国刑事诉讼法的基本制度。

（二）被告人以量刑过重为由上诉的，二审法院应坚持全面审查和依法裁判原则

实践中，被告人以量刑过重为由上诉的，不能因此否定一审对认罪认罚情节的认定。要注意到审查起诉阶段控辩协商不充分、有效法律帮助难以保障甚至一审法院对自愿性及量刑建议审查不严的现象不同程度地存在。因此，被告人仅以量刑过重为由提出上诉的，二审法院应当坚持全面审查原则，案件可以不开庭审理。发现原判量刑过重的，应当依法改判。原判量刑适当的，应当依法驳回上诉，维持原判，切实发挥二审的救济和纠错功能，依法保障被告人的合法权益。

（三）检察机关因被告人上诉而提起抗诉的，二审法院要坚持全面审查和依法裁判原则

实践中，被告人认罪认罚，人民法院依法采纳检察机关量刑建议，被告人以量刑过重为由上诉，检察机关因被告人上诉而抗诉的，二审法院应坚持全面审查和依法裁判原则。审理后发现一审裁判认定事实、证据采信、适用法律和量刑均无错误的情况下，应当依法驳回上诉、抗诉，维持原判。不能仅因被告人就量刑提出上诉就简单否定认罪认罚情节，也不能仅因检察机关抗诉就一律加重被告人刑罚。二审法院应注重发挥纠错功能，确保认罪认罚

案件的公正处理和法律的统一适用。

本案中，被告人杨灏然在审查起诉阶段自愿签署认罪认罚具结书，同意检察机关的量刑和程序适用建议。一审法院经审查决定适用速裁程序，公开开庭审理中，告知被告人认罪认罚的法律规定，释明认罪认罚的性质和后果，重点审查了被告人认罪认罚的自愿性，确认被告人签署具结书系自愿、合法，且具有事实基础。公诉机关指控的事实清楚，证据确实、充分，指控罪名准确，量刑建议适当，一审法院依法予以采纳。二审审理认为，一审法院作出的裁判在事实认定、证据采纳、定罪量刑以及程序适用上没有错误，故依法作出裁定准许被告人撤回上诉，检察机关撤回抗诉。

——魏彤撰稿、杨立新审编:《杨灏然贩卖毒品案——认罪认罚案件被告人以量刑过重为由提起上诉是否影响对原认罪认罚情节的认定》，载最高人民法院刑事审判第一、二、三、四、五庭编:《刑事审判参考》(总第127辑)，人民法院出版社2021年版，第42~43页。

第二十三章　第二审程序

1751. 上诉的形式及上诉状的内容

关键词

上诉形式　上诉状

最高人民法院司法解释

第三百七十九条　人民法院受理的上诉案件，一般应当有上诉状正本及副本。

上诉状内容一般包括：第一审判决书、裁定书的文号和上诉人收到的时间，第一审人民法院的名称，上诉的请求和理由，提出上诉的时间。被告人的辩护人、近亲属经被告人同意提出上诉的，还应当写明其与被告人的关系，并应当以被告人作为上诉人。

——《最高人民法院关于适用〈中华人民共和国刑事诉讼法〉的解释》（2021 年 1 月 26 日，法释〔2021〕1 号）。

1752. 对上诉人要求撤回上诉的，人民法院应根据要求撤回上诉的阶段不同，分别作出处理

关键词

上诉人　撤回上诉

最高人民法院司法解释

第三百八十三条　上诉人在上诉期限内要求撤回上诉的，人民法院应当准许。

上诉人在上诉期满后要求撤回上诉的，第二审人民法院经审查，认为原判认定事实和适用法律正确，量刑适当的，应当裁定准许；认为原判确有错

误的，应当不予准许，继续按照上诉案件审理。

被判处死刑立即执行的被告人提出上诉，在第二审开庭后宣告裁判前申请撤回上诉的，应当不予准许，继续按照上诉案件审理。

——《最高人民法院关于适用〈中华人民共和国刑事诉讼法〉的解释》（2021 年 1 月 26 日，法释〔2021〕1 号）。

各省、自治区、直辖市高级人民法院、人民检察院，解放军军事法院、军事检察院，新疆维吾尔自治区高级人民法院生产建设兵团分院、新疆生产建设兵团人民检察院：

近来，有的高级人民法院、省级人民检察院请示，对第一审被判处死刑立即执行的被告人提出上诉后，在第二审开庭审理中又要求撤回上诉的，是否允许撤回上诉。经研究，批复如下：

第一审被判处死刑立即执行的被告人提出上诉，在上诉期满后第二审开庭以前申请撤回上诉的，依照《最高人民法院、最高人民检察院关于死刑第二审案件开庭审理程序若干问题的规定（试行）》第四条的规定处理。在第二审开庭以后宣告裁判前申请撤回上诉的，第二审人民法院应当不准许撤回上诉，继续按照上诉程序审理。

最高人民法院、最高人民检察院以前发布的司法解释、规范性文件与本批复不一致的，以本批复为准。

——《最高人民法院、最高人民检察院关于对死刑判决提出上诉的被告人在上诉期满后宣判前提出撤回上诉人民法院是否准许的批复》（2010 年 8 月 6 日，法释〔2010〕10 号）。

第四条 对死刑判决提出上诉的被告人，在上诉期满后第二审开庭前要求撤回上诉的，第二审人民法院应当进行审查。合议庭经过阅卷、讯问被告人、听取其他当事人、辩护人、诉讼代理人的意见后，认为原判决事实清楚，适用法律正确，量刑适当的，不再开庭审理，裁定准许被告人撤回上诉；认为原判决事实不清，证据不足或者无罪判为有罪，轻罪重判的，应当不准许撤回上诉，按照第二审程序开庭审理。

——《最高人民法院、最高人民检察院关于死刑第二审案件开庭审理程序若干问题的规定（试行）》（2006 年 9 月 21 日，法释〔2006〕8 号）。

附录：最高人民法院主流观点

对上诉人要求撤回上诉的，人民法院应根据要求撤回上诉的阶段不同，分别作出处理：

1. 在上诉期满前要求撤回上诉的，人民法院应当准许。《最高人民法院关于适用〈中华人民共和国刑事诉讼法〉的解释》第三百零四条[①]规定:“上诉人在上诉期限内要求撤回上诉的,人民法院应当准许。”需要注意的是,对于上诉期内撤回上诉的,第一审人民法院无需再移送案件。

2. 在上诉期满后要求撤回上诉的,应当由二审人民法院进行审查。审查后的结果有两种:一是认为原判决认定事实和适用法律正确,量刑适当的,应当裁定准许撤回上诉。一审判决、裁定应当自二审人民法院裁定书送达原上诉人之日起生效。二是认为原判决事实不清,证据不足或者将无罪判为有罪、轻罪重判等,应当不准许撤回上诉,并按照上诉程序进行审理。《最高人民法院关于适用〈中华人民共和国刑事诉讼法〉的解释》第三百零五条[②]第一款规定:“上诉人在上诉期满后要求撤回上诉的,第二审人民法院应当审查。经审查,认为原判认定事实和适用法律正确,量刑适当的,应当裁定准许撤回上诉;认为原判事实不清、证据不足或者将无罪判为有罪、轻罪重判等的,应当不予准许,继续按照上诉案件审理。”第三百零八条规定,在上诉、抗诉期满后要求撤回上诉、抗诉,第二审人民法院裁定准许的,第一审判决、裁定应当自第二审裁定书送达上诉人或者抗诉机关之日起生效。

3. 一审被判处死刑立即执行的被告人提出上诉,在上诉期满后二审开庭前要求撤回上诉的,二审人民法院除了应当进行书面审查外,还应当采取特别的审查方式,即讯问被告人,听取其他当事人、辩护人、诉讼代理人的意见。经审查认为原判认定事实和适用法律正确,量刑适当的,应当裁定准许撤回上诉;认为原判事实不清、证据不足或者将无罪判为有罪、轻罪重判等的,应当不予准许,继续按照二审程序开庭审理。最高人民法院、最高人民检察院2010年施行的《关于对死刑判决提出上诉的被告人在上诉期满后宣判前提出撤回上诉人民法院是否准许的批复》中规定:“第一审被判处死刑立即执行的被告人提出上诉,在上诉期满后第二审开庭以前申请撤回上诉的,依照《最高人民法院、最高人民检察院关于死刑第二审案件开庭审理程序若干问题的规定(试行)》第四条的规定处理……”而最高人民法院、最高人民检察院2006年施行的《关于死刑第二审案件开庭审理程序若干问题的规定(试行)》第四条规定:“对死刑判决提出上诉的被告人,在上诉期满后第二审开庭前要求撤回上诉的,第二审人民法院应当进行审查。合议庭经过阅卷、讯问被告人、听取其他当事人、辩护人、诉讼代理人的意见后,认为原判决事实清楚,适用法律正确,量刑适当的,不再开庭审理,裁定准许被告人撤回

---

① 条规定对应《最高人民法院关于适用〈中华人民共和国刑事诉讼法〉的解释》(法释〔2021〕21号)第三百八十三条。

② 本条现为《最高人民法院关于适用〈中华人民共和国刑事诉讼法〉的解释》(法释〔2021〕21号)第三百八十三条。

上诉；认为原判决事实不清，证据不足或者将无罪判为有罪，轻罪重判等的，应当不准许撤回上诉，按照第二审程序开庭审理。”

此外，关于第二审人民法院裁定准许被告人撤回上诉后，是否还需要启动死刑复核程序以及如何启动死刑复核程序的问题。经研究认为，死刑复核程序与上诉程序是性质不同的两种程序，为确保慎重适用死刑，死刑复核程序还需另行启动，《最高人民法院关于适用〈中华人民共和国刑事诉讼法〉的解释》其他章节已有规定。

4. 一审被判处死刑立即执行的被告人提出上诉，在二审开庭以后宣告裁判前申请撤回上诉的，第二审人民法院应当不准许撤回上诉，继续按照上诉程序审理。《最高人民法院关于适用〈中华人民共和国刑事诉讼法〉的解释》第三百零五条[①]第二款规定：“被判处死刑立即执行的被告人提出上诉，在第二审开庭后宣告裁判前申请撤回上诉的，应当不予准许，继续按照上诉案件审理。”本规定来源于2010年《最高人民法院、最高人民检察院关于对死刑判决提出上诉的被告人在上诉期满后宣判前提出撤回上诉人民法院是否准许的批复》：第一审被判处死刑立即执行的被告人提出上诉，在第二审开庭以后宣告裁判前申请撤回上诉的，第二审人民法院应当不准许撤回上诉，继续按照上诉程序审理。规定本内容在于强调对死刑立即执行上诉案件的慎重，开庭后宣判前不再允许撤回上诉。

——杨万明主编：《新刑事诉讼法司法适用解答》，人民法院出版社2018年版，第253~254页。

1753. 上级人民检察院向同级人民法院撤回抗诉后又决定支持抗诉的效力

关键词

抗诉

最高人民法院研究室答复

湖北省高级人民法院：

你院鄂高法〔2009〕282号《关于上级人民检察院向同级人民法院撤回抗诉后又决定支持抗诉的效力问题的请示》收悉。经研究，答复如下：

抗诉期满后第二审人民法院宣告裁判前，上级人民检察院认为下级人民

① 本条现为《最高人民法院关于适用〈中华人民共和国刑事诉讼法〉的解释》（法释〔2021〕21号）第三百八十三条。

检察院的抗诉不当，向同级人民法院撤回抗诉，而后又重新支持抗诉的，应区分不同情况处理：如果人民法院未裁定准许人民检察院撤回抗诉的，原抗诉仍然有效；如果人民法院已裁定准许撤回抗诉的，对同级人民检察院重新支持抗诉不予准许。

此复

——《最高人民法院研究室关于上级人民检察院向同级人民法院撤回抗诉后又决定支持抗诉的效力问题的答复》(2009 年 12 月 23 日，法研〔2009〕226 号)，载张军主编、最高人民法院研究室编：《司法研究与指导》2012 年第 1 辑（总第 1 辑），人民法院出版社 2012 年版，第 103~107 页。

1754. 检察机关在提起抗诉后可能会提出撤回抗诉的要求，人民法院需要根据具体情况作出处理

关键词

检察机关　抗诉期满　撤诉

附录：最高人民法院法官著述

检察机关在提起抗诉后可能会提出撤回抗诉的要求。人民法院需要根据具体情况作出处理：一是检察机关在抗诉期满之前撤回抗诉的，由于此时案件尚未移送上级人民法院，该撤诉不会产生不良影响，因此，应当准许其撤诉。二是检察机关在抗诉期满后提出撤诉的，第二审人民法院要区分不同情形分别对待。如果原审检察机关的上一级人民检察院在抗诉期满后，第二审人民法院决定开庭审理案件之前，提出撤诉，则第二审人民法院可以允许其撤诉；如果第二审人民法院已经开庭审理或者在判决宣告前，同级人民检察院要求撤诉的，人民法院要根据案件的情况决定是否准许：如果经过审理，发现原审事实不清、证据不足或者适用法律存在错误，需要发回重审或者依法改判的，应当不准许撤诉，并按照抗诉程序继续审理；如果经过审理认为案件事实清楚、证据充分，原审定罪量刑适当的，应当准许其撤诉，终止对案件的审理，并通知第一审人民法院和当事人。三是检察机关提起抗诉的案件，第二审人民法院决定开庭审理时，检察机关接到开庭通知后，既没有派员出庭参加诉讼且不说明理由，也不撤回抗诉的，此时，由于案件没有合适的起诉主体，根据不告不理原则，第二审人民法院应当按照撤回抗诉处理，终止对案件的审理。

——张述元主编：《刑事诉讼法及配套规定新释新解与适用指南》，中国法制出版社 2020 年版，第 1399 页。

1755. 一审判决后当事人不上诉而申请人民检察院抗诉再审的案件人民法院是否收取诉讼费问题

关键词

抗诉再审　当事人不上诉　诉讼费

最高人民法院研究室答复

内蒙古自治区高级人民法院：

你院《关于一审判决后不上诉，直接申请人民检察院抗诉的案件是否收取诉讼费的请示》收悉。经研究，答复如下：

依照《诉讼费用交纳办法》第九条的规定，适用民事诉讼法和行政诉讼法规定的审判监督程序审理的案件，当事人不交纳案件受理费。但是，下列两种情形除外：一是当事人有新的证据，足以推翻原判决、裁定，向人民法院申请再审，人民法院经审查决定再审的案件；二是当事人对人民法院第一审判决或者裁定未提出上诉，第一审判决、裁定或者调解书发生法律效力后又申请再审，人民法院经审查决定再审的案件。对于一审判决后当事人不上诉，而申请人民检察院抗诉再审的案件不属于上述两种例外情形，故人民法院受理此类案件不应收取诉讼费。

此复

——《最高人民法院研究室关于一审判决后当事人不上诉而申请人民检察院抗诉再审的案件人民法院是否收取诉讼费问题的答复》(2012 年 9 月 4 日，法研〔2012〕122 号)，载最高人民法院研究室编：《司法研究与指导》2013 年第 2 辑（总第 4 辑），人民法院出版社 2014 年版，第 120~123 页。

1756. 关于对附带民事部分提出上诉的处理规则

关键词

附带民事部分　提出上诉

最高人民法院司法解释

第四百零九条　第二审人民法院审理对附带民事部分提出上诉，刑事部分已经发生法律效力的案件，应当对全案进行审查，并按照下列情形分别处理：

（一）第一审判决的刑事部分并无不当的，只需就附带民事部分作出处理；

（二）第一审判决的刑事部分确有错误的，依照审判监督程序对刑事部分进行再审，并将附带民事部分与刑事部分一并审理。

——《最高人民法院关于适用〈中华人民共和国刑事诉讼法〉的解释》（2021 年 1 月 26 日，法释〔2021〕1 号）。

附录：最高人民法院主流观点

《最高人民法院关于适用〈中华人民共和国刑事诉讼法〉的解释》（法释〔2021〕1 号，以下简称《刑事诉讼法解释》）第四百零九条根据司法实践反映的问题对《最高人民法院关于适用〈中华人民共和国刑事诉讼法〉的解释》（法释〔2012〕21 号）第三百一十三条、第三百三十一条的规定作出整合和修改完善，规定："第二审人民法院审理对附带民事部分提出上诉，刑事部分已经发生法律效力的案件，应当对全案进行审查，并按照下列情形分别处理：（一）第一审判决的刑事部分并无不当的，只需就附带民事部分作出处理；（二）第一审判决的刑事部分确有错误的，依照审判监督程序对刑事部分进行再审，并将附带民事部分与刑事部分一并审理。"

需要注意的是，对于仅对附带民事诉讼部分提出上诉，刑事部分已经发生法律效力的，第二审人民法院应当进行全案审查。发现刑事部分有错误的，应当依照审判监督程序提审或者指令再审。由于刑事部分的审理系民事部分的基础，应当将附带民事部分和刑事部分一并审理。如果二审法院对刑事部分提审的，则应由其对刑事再审与附带民事二审合并审理；如果二审法院指令一审法院对刑事部分再审的，则应当将附带民事部分发回后与刑事再审并案审理。

征求意见过程中，有意见提出，按照以往的做法，对刑事部分提出上诉的处理，往往制作刑事裁定书，而不是刑事附带民事裁定书。建议明确对民事部分提出上诉的处理，是否需要制作刑事附带民事诉讼裁定书。经研究认为，由于民事部分附属于刑事部分，应当制作刑事附带民事诉讼文书，包括判决书和裁定书。《刑事诉讼法解释》第四百零九条第一项规定就附民部分作出处理，包括维持、改判和发回重审。附带民事部分事实清楚，适用法律正确的，应当以刑事附带民事裁定维持原判，驳回上诉。附带民事部分确有错误的，以刑事附带民事判决对附带民事部分作出改判或者以刑事附带民事裁定发回重审。

针对原审判决的附带民事诉讼部分提出上诉的，《刑事诉讼法解释》第四百零九条原本拟规定"第一审判决的附带民事部分事实清楚，适用法律正确的，应当以刑事附带民事裁定维持附带民事部分的原判，驳回上诉"。征求意见过程中，有意见建议明确，二审法院对于仅民事部分上诉且事实清楚，适用法律正确的案件，主文是沿用以前的“驳回上诉，维持原判”，还是按照该规定主文写“维持附带民事部分的原判，驳回上诉”，建议予以明确。经研究，鉴于司法实践中多数法院直接表述为“驳回上诉，维持原判”的实际情况，可以交由司法实践裁量处理，故《刑事诉讼法解释》第四百零九条未作明确规定。

——《刑事诉讼法解释》起草小组：《〈最高人民法院关于适用《中华人民共和国刑事诉讼法》的解释〉理解与适用》，载最高人民法院刑事审判第一、二、三、四、五庭编：《刑事审判参考》（总第126辑），人民法院出版社2021年版，第192~193页。

1757. 被告人及同案被告人在二审期间均可以委托辩护人

关键词

同案被告人　委托辩护

最高人民法院司法解释

第三百九十二条　第二审期间，被告人除自行辩护外，还可以继续委托第一审辩护人或者另行委托辩护人辩护。

共同犯罪案件，只有部分被告人提出上诉，或者自诉人只对部分被告人的判决提出上诉，或者人民检察院只对部分被告人的判决提出抗诉的，其他同案被告人也可以委托辩护人辩护。

——《最高人民法院关于适用〈中华人民共和国刑事诉讼法〉的解释》（2021年1月26日，法释〔2021〕1号）。

1758. 二审不开庭审理的案件范围

关键词

二审不开庭审理　案件范围

最高人民法院司法解释

第三百九十四条　对上诉、抗诉案件，第二审人民法院经审查，认为原判事实不清、证据不足，或者具有刑事诉讼法第二百三十八条规定的违反法定诉讼程序情形，需要发回重新审判的，可以不开庭审理。

——《最高人民法院关于适用〈中华人民共和国刑事诉讼法〉的解释》(2021年1月26日，法释〔2021〕1号)。

附录：最高人民法院主流观点

3. 通常可以决定不开庭审理的情形有：(1)被告人、自诉人及其法定代理人虽然对一审判决认定的事实、证据提出异议，但二审人民法院认为对定罪量刑没有影响的；(2)被告人、自诉人及其法定代理人对第一审判决认定的事实和证据没有异议，仅对罪名和量刑提出异议的；(3)被告人一方在二审审理期间提出有利于被告人的新证据，控辩双方无异议的；(4)根据刑事诉讼法第二百二十七条的规定，因一审人民法院的审理有违反诉讼程序情形之一，而应当发回重审的。

——张军主编：《〈中华人民共和国刑事诉讼法〉适用解答》，人民法院出版社2012年版，第337页。

1759. 二审法院发现一审法院的审理有违反法律规定的诉讼程序的情形的，应当裁定撤销原判，发回原审人民法院重新审判

关键词

死刑案件　审判委员会　违反诉讼程序　发回重审

《刑事审判参考》指导案例

高朝能贩卖、运输毒品案(《刑事审判参考》指导案例第1232号)

裁判要点：一审未经审判委员会讨论的死刑判决、裁定，属于“可能影响公正审判”的情形，二审法院应当裁定撤销原判，发回重审。

刑事诉讼法第二百二十七条规定了第二审人民法院发现第一审人民法院的审理有五种违反法律规定的诉讼程序的情形之一的，应当裁定撤销原判，发回原审人民法院重新审判。其中第五种情形是“其他违反法律规定的诉讼程序，可能影响公正审判的”。第二百三十九条[①]规定：“最高人民法院复核死刑案件，应当作出核准或者不核准死刑的裁定。对于不核准死刑的，最高人民法院可以发回重新审判或者予以改判。”《最高人民法院关于适用〈中华人民

① 本条现为《中华人民共和国刑事诉讼法》(2018年修正)第二百五十条。

共和国刑事诉讼法〉的解释》第三百五十条[①]第六项规定："原审违反法定诉讼程序，可能影响公正审判的，应当裁定不予核准，并撤销原判，发回重新审判。"

综观刑事诉讼法第二百二十七条规定的五项因程序违法而应当发回重审的情形，可以分为两类：一类是一旦违反就必须发回重审的情形，如第一项"违反本法有关公开审判的规定的"、第二项"违反回避制度的"、第四项"审判组织的组成不合法的"。另一类是根据对公正审判的影响程度来衡量该程序违法为是否发回重审的情形，如第三项"剥夺或者限制了当事人的法定诉讼权利，可能影响公正审判的"、第五项"其他违反法律规定的诉讼程序，可能影响公正审判的"。对于第三项规定的"剥夺或者限制了当事人的法定诉讼权利"的情形中，什么情况属于"可能影响公正审判的"情形？毫无疑问，剥夺被告人的辩护权、限制被告人的辩护权情节严重、没有在法定期限内向被告人送达起诉书副本等，肯定属于"可能影响公正审判"的情况。至于限制被告人的辩护权情节轻微、一些法律手续不完善等情形，如果没有影响公正审判的，则属于程序"瑕疵"，不必因此而发回重审。而第五项规定的"其他违反法律规定的诉讼程序"的情形，显然是个"兜底条款"，适用于立法未能涵盖的可能出现的所有情形，自然无法一一列举。

那么，死刑案件未经审判委员会讨论而由合议庭直接宣判，是否属于"违反法律规定的诉讼程序，可能影响公正审判"呢？我们可以从刑事诉讼法第二百二十七条列举的前四项规定所蕴含的法律用意进行判断。前四项规定的情形中，第一、二、四项都是违反了刑事诉讼法明文规定的诉讼原则和制度的情形，因此，没有他项选择，只能发回重审。第四项的含义如前所述。据此，如果一种情形违反了刑事诉讼法明确规定的原则和制度，那么，不论其是否实际影响了公正审判，都应当发回重审。但如果不属于违反刑事诉讼法明确规定的原则和制度，就要考察其是否可能影响公正审判了。

——最高人民法院刑事审判第一、二、三、四、五庭主办：《刑事审判参考》（总第 112 辑），法律出版社 2018 年版，第 94~101 页。

---

① 本条现为《最高人民法院关于适用〈中华人民共和国刑事诉讼法〉的解释》（法释〔2021〕21 号）第四百二十九条。

1760. 二审期间，第二审人民法院对人民检察院、当事人提交的新证据以及重新鉴定、补充鉴定的要求或者意见的处理

关键词

新证据　重新鉴定　补充鉴定

最高人民法院司法解释

第三百九十五条　第二审期间，人民检察院或者被告人及其辩护人提交新证据的，人民法院应当及时通知对方查阅、摘抄或者复制。

——《最高人民法院关于适用〈中华人民共和国刑事诉讼法〉的解释》（2021 年 1 月 26 日，法释〔2021〕1 号）。

第十二条　合议庭应当在开庭前查明有关情况并做好以下准备工作：

（一）在第一审判决宣判后，被告人是否有检举、揭发行为需要查证核实的；

（二）是否存在可能导致延期审理的情形；

（三）必要时应当讯问被告人；

（四）拟定庭审提纲，确定需要开庭审理的内容；

（五）将开庭的时间、地点在开庭三日以前通知人民检察院；

（六）通知人民检察院、被告人及其辩护人在开庭五日以前提供出庭作证的证人、鉴定人名单；

（七）将传唤当事人和通知辩护人、证人、鉴定人和翻译人员的传票和通知书，在开庭三日以前送达；

（八）人民检察院向第二审人民法院提交新证据的，第二审人民法院应当通知被告人的辩护律师或者经许可的其他辩护人在开庭前到人民法院查阅；被告人及其辩护人向第二审人民法院提交新证据的，第二审人民法院应当通知人民检察院在开庭前到人民法院查阅；

（九）人民检察院在审查期间进行重新鉴定或者补充鉴定的，作出的鉴定应当及时提交人民法院，人民法院应当在开庭三日以前将鉴定结论告知当事人及其诉讼代理人、辩护人；被害人及其诉讼代理人或者被告人及其辩护人提出重新鉴定、补充鉴定要求并经第二审人民法院同意的，作出的鉴定应当及时提交人民法院，人民法院应当在开庭三日以前将鉴定结论告知对方当事人及其诉讼代理人、辩护人并通知人民检察院；

（十）公开审判的案件，在开庭三日以前先期公布案由、被告人姓名、开

庭时间和地点；

（十一）其他准备工作。

上述活动情形应当写入笔录，由审判人员和书记员签名。

——《最高人民法院、最高人民检察院关于死刑第二审案件开庭审理程序若干问题的规定（试行）》（2006年9月21日，法释〔2006〕8号）。

附录：最高人民法院主流观点

《最高人民法院关于适用〈中华人民共和国刑事诉讼法〉的解释》第三百一十九条[①]规定："第二审期间，人民检察院或者被告人及其辩护人提交新证据的，人民法院应当及时通知对方查阅、摘抄或者复制。"本条源于最高人民法院、最高人民检察院2006年施行的《关于死刑第二审案件开庭审理程序若干问题的规定》第十二条第一款第八项、第九项。该规定的内容仍然有效。

有意见认为，当事人及其诉讼代理人、辩护人申请重新鉴定、补充鉴定并经第二审人民法院同意的，人民法院应当及时委托鉴定，在开庭前将鉴定意见告知对方，并通知人民检察院。理由是：对于重新鉴定、补充鉴定，当事人及其诉讼代理人或者辩护人只有申请权，人民法院有决定权，是适格的委托主体，为诉讼效率起见，人民法院同意的，应及时委托。经研究认为，此意见虽有一定道理，但其他文件已有规定，直接依照相关文件的规定办理即可。

也有意见认为，对于证人、鉴定人出庭的问题，刑事诉讼法都规定了相应的强制或者处置方法，但对于驳回申请人申请强制证人出庭、鉴定人出庭的救济措施如何，刑事诉讼法并没有规定，第二审法院应当贯彻全面审查原则，审查第一审人民法院对申请人申请证人、鉴定人出庭的处理情况。可规定："第一审人民法院已经就相关证人、鉴定人出庭作出处理的，二审期间，申请人没有新的事实和理由再次申请相关证人、鉴定人出庭的，第二审人民法院经审查后，相关证人、鉴定人出庭没有必要的，可以直接驳回申请人的申请；相关证人、鉴定人确有出庭必要的，应当以事实不清、证据不足为由发回重审，也可以参照一审证人、鉴定人出庭程序查清事实后改判。"经研究认为，证人、鉴定人出庭的问题较为复杂，在刑事诉讼法没有规定相关内容的情况下，司法解释不宜作出规定。另外，刑事诉讼法第二百四十二条已规定，审理中的问题可以参照第一审程序中的相关规定。

——杨万明主编：《新刑事诉讼法司法适用解答》，人民法院出版社2018年版，第261~262页。

---

① 本条现为《最高人民法院关于适用〈中华人民共和国刑事诉讼法〉的解释》（法释〔2021〕21号）第三百九十五条。

1761. 原审人民法院对经二审人民法院裁定发回重新审判的案件，能否加重被告人的刑罚

关键词

发回重审　加重刑罚

最高人民法院司法解释

第四百零三条　被告人或者其法定代理人、辩护人、近亲属提出上诉，人民检察院未提出抗诉的案件，第二审人民法院发回重新审判后，除有新的犯罪事实且人民检察院补充起诉的以外，原审人民法院不得加重被告人的刑罚。

对前款规定的案件，原审人民法院对上诉发回重新审判的案件依法作出判决后，人民检察院抗诉的，第二审人民法院不得改判为重于原审人民法院第一次判处的刑罚。

——《最高人民法院关于适用〈中华人民共和国刑事诉讼法〉的解释》（2021年1月26日，法释〔2021〕1号）。

最高人民法院答复

上海市高级人民法院：

你院沪高法〔2013〕279号《关于上诉发回重审案件重审判决后确需改判的应当通过何种程序进行的请示》收悉。经研究，答复如下：

根据刑事诉讼法第二百二十六条第一款[①]规定，对被告人上诉、人民检察院未提出抗诉的案件，第二审人民法院发回原审人民法院重新审判的，只要人民检察院没有补充起诉新的犯罪事实，原审人民法院不得加重被告人的刑罚。原审人民法院对上诉发回重新审判的案件依法作出维持原判的判决后，人民检察院抗诉的，第二审人民法院也不得改判加重被告人的刑罚。

此复

——《最高人民法院研究室关于上诉发回重审案件重审判决后确需改判的应当通过何种程序进行的答复》（2014年2月24日，法研〔2014〕26号）。

附录：最高人民法院主流观点

刑事诉讼法第二百三十七条中规定，第二审人民法院发回原审人民法院

① 本条现为《中华人民共和国刑事诉讼法》（2018年修正）第二百三十七条。

重新审判的案件，除有新的犯罪事实，人民检察院补充起诉的以外，原审人民法院也不得加重被告人的刑罚。《最高人民法院关于适用〈中华人民共和国刑事诉讼法〉的解释》第三百二十七条[①]又重申了这一规定。由此可知，对发回重审的案件，原审人民法院不得加重被告人的刑罚；有新的犯罪事实、人民检察院补充起诉的，原审人民法院可以改判加重，但应慎重把握。

有意见提出，一是除“补充起诉”外，“变更起诉”也应当不受上诉不加刑原则的限制。理由是：实践中，发回重审后，人民检察院完全有可能变更指控罪名，尤其是变更为重罪名重新起诉。在此情况下，若仍然限制原审人民法院不得加重被告人的刑罚，显然不符合罪刑相适应原则。二是对“新的犯罪事实”实践中存在不同认识。例如，某一盗窃案件因一审程序违法而被发回重审，同时认定事实有误，应是盗窃数额巨大而一审法院错误认定为较大，对此是否属于“新的犯罪事实”，被发回重审后，能否加重被告人的刑罚？经研究上述意见认为，意见一关于“变更起诉”不受上诉不加刑原则限制的主张于法无据。从立法的规定看，原审法院重审只能在有新的犯罪事实、人民检察院补充起诉的情况下才可以加重原判刑罚，否则不能加重。人民检察院变更起诉的，没有新的犯罪事实出现，人民法院判决时可以改变罪名，但不能加重原判刑罚。关于意见二，根据通常的理解，“新的犯罪事实”应是指原起诉书中没有的犯罪事实，对于认定数额有误的情况，不属于发现了“新的犯罪事实”，确需改判的，可通过审监程序进行。

此外，需要注意的是，《最高人民法院研究室关于上诉发回重审案件重审判决后确需改判的应当通过何种程序进行的答复》（法研〔2014〕26号）提出：“根据刑事诉讼法第二百二十六条（注：修改后刑事诉讼法第二百三十七条）第一款规定，对被告人上诉、人民检察院未提出抗诉的案件，第二审人民法院发回原审人民法院重新审判的，只要人民检察院没有补充起诉新的犯罪事实，原审人民法院不得加重被告人的刑罚。原审人民法院对上诉发回重新审判的案件依法作出维持原判的判决后，人民检察院抗诉的，第二审人民法院也不得改判加重被告人的刑罚。”主要考虑：一是刑事诉讼法第二百三十七条第二款中的“抗诉”应当理解为人民检察院对一审人民法院第一次审判结果提出的抗诉，而非对二审人民法院发回重新审判结果的抗诉。二是如果允许人民检察院对原一审判决未予抗诉，而对二审人民法院发回重审结果进行抗诉，增加被告人刑罚的话，那么“上诉不加刑原则”必将被架空，无法保障被告人合法权益。

——杨万明主编：《新刑事诉讼法司法适用解答》，人民法院出版社2018

① 本条现为《最高人民法院关于适用〈中华人民共和国刑事诉讼法〉的解释》（法释〔2021〕1号）第四百零三条。

年版，第265~266页。

1762. 坚持限制发回重审原则，应注意的问题

关键词

限制发回重审

附录：最高人民法院主流观点

理解限制发回重审原则，应把握以下方面：

1. 限制发回重审原则仅适用于因原判事实不清楚、证据不足被发回，原审人民法院重审后，被告人二次上诉或者人民检察院二次抗诉，二审人民法院经审理，仍然认为事实不清、证据不足这种情况。二审人民法院第二次审理，仍然认为事实不清、证据不足的，应当依法作出判决或者裁定，不能再发回原审人民法院。

2. 具有刑事诉讼法第二百三十八条规定的情形之一，或者违反第二百三十九条规定的，不受限制发回重审的限制，即二审法院经审理，认为一审法院在重新审判中违反刑事诉讼法第二百三十八条、第二百三十九条规定的程序性事项，可以再次发回。

有意见认为，对于裁判文书漏列诉讼当事人和判项的，可以发回重审。经研究认为，此种情形，如是裁判错误，应当通过相关程序纠正；如是失误所致或打印疏忽，可由原审法院通过裁定纠正。

有意见认为，因刑事附带民事部分不符合法律规定而发回重新审判的案件，除可能影响公正审判的，不得再发回重新审判。理由是：实践中，发回重审的案件中一部分是因为刑事附带民事问题不符合法律规定而发回重审：一方面，发回重审，必将导致被告人被长期羁押、诉讼效率低下、司法公信和权威受损，进而影响刑事部分判决的公正性；另一方面，附带民事部分因为存在调解、和解可能性，且根据自愿、合法原则，刑事附带民事部分违法后法律救济措施相对刑事部分灵活。因此，应当限制因附带民事部分不符合法律规定而发回重审的次数。经研究，我们认为，刑事附带民事诉讼的情形较为复杂，是否需要发回重审，还应根据案情决定。刑事诉讼法对限制发回重审作了明确规定，应当严格依照法律的规定处理，不符合应当限制情形的，如不属于事实不清楚、证据不足或者没有违反相关程序性规定的，可以不受限制发回重审原则的限制。因此，不能对附带民事诉讼的情况一律限制发回重审。

——杨万明主编：《新刑事诉讼法司法适用解答》，人民法院出版社2018

年版，第 268~269 页。

1763. 对被害人的合法财产的处理

关键词

被害人　合法财产

最高人民法院司法解释

第四百三十八条　对被害人的合法财产，权属明确的，应当依法及时返还，但须经拍照、鉴定、估价，并在案卷中注明返还的理由，将原物照片、清单和被害人的领取手续附卷备查；权属不明的，应当在人民法院判决、裁定生效后，按比例返还被害人，但已获退赔的部分应予扣除。

——《最高人民法院关于适用〈中华人民共和国刑事诉讼法〉的解释》（2021 年 1 月 26 日，法释〔2021〕1 号）。

附录：最高人民法院主流观点

《最高人民法院关于适用〈中华人民共和国刑事诉讼法〉的解释》第三百六十条[①]规定，对被害人的合法财产，权属明确的，应当依法及时返还，但须经拍照、鉴定、估价，并在案卷中注明返还的理由，将原物照片、清单和被害人的领取手续附卷备查；权属不明的，应当在人民法院判决、裁定生效后，按比例返还被害人，但已获退赔的部分应予扣除。具体而言：

1. 权属明确，可以确认属于特定被害人所有的，应当依法及时返还。对权属明确的财物，公安、司法机关应当依法及时返还，不必等到判决生效后再返还。当然，如果必须作为证据使用，且须当庭出示的物证，则应当暂缓返还，并向被害人说明原因。比如，被告人盗窃被害人的一辆汽车，该车显然不必在法庭上出示，故应当在辨认、拍照后及时返还被害人。

2. 权属不明的，应当在判决生效后，按比例返还被害人。在具有多名被害人的案件中，如果在案财物涉及多名被害人，权属不明确，不能确认系哪一被害人所有，且在案财物不足以清偿所有被害人损失的，就应当在判决生效后，按比例返还被害人。比如，在案财物是作为种类物的货币或者存款等，就应当按照各被害人因犯罪而损失的财物占全部在案财物的比例返还给被害人，但已获退赔的应予扣除。

---

① 本条现为《最高人民法院关于适用〈中华人民共和国刑事诉讼法〉的解释》（法释〔2021〕21 号）第四百三十八条。

需要指出的是，对于当前一些地方司法实践中常见的集资类刑事案件，除了涉及被害人集资款的本金之外，还可能涉及较大数额的利息。由于此类非法集资通常涉及高额利息，并由此严重干扰金融管理秩序，因此，一般认为，对于非法集资款的本金，应当及时返还被害人，但对于超出本金部分的利息，则不予保护。实际上，非法集资类案件在资金链断裂之后，公安、司法机关查封、扣押、冻结的犯罪嫌疑人、被告人财物已经无法偿还所有被害人投入的本金，此种情况下，应当优先考虑按比例偿还各被害人的本金，确保各被害人最大限度地收回本金。

——杨万明主编：《新刑事诉讼法司法适用解答》，人民法院出版社 2018 年版，第 285 页。

1764. 人民检察院应当派员出庭而无故不出庭的抗诉案件的处理

关键词

抗诉案件　无故不出庭

最高人民法院司法解释

第三百九十七条　开庭审理上诉、抗诉的公诉案件，应当通知同级人民检察院派员出庭。

抗诉案件，人民检察院接到开庭通知后不派员出庭，且未说明原因的，人民法院可以裁定按人民检察院撤回抗诉处理。

——《最高人民法院关于适用〈中华人民共和国刑事诉讼法〉的解释》（2021 年 1 月 26 日，法释〔2021〕1 号）。

附录：最高人民法院主流观点

2012 年《刑事诉讼法解释》征求意见稿曾借鉴 1998 年《刑事诉讼法解释》第二百四十三条的规定，明确对人民检察院不派员出庭的案件，人民法院应当裁定按人民检察院撤回抗诉处理。有意见提出，人民检察院提出抗诉后不派员出庭，是严重违反职责的行为，但人民检察院是国家法律监督机关，规定按撤回抗诉处理不妥。也有意见认为，检察机关抗诉，一方面是行使法律监督职能，另一方面是行使控诉职能，抗诉后出庭是履行其控诉职能的应有之义，提出控诉后而不出庭是不履行控诉职责的表现。作为中立的裁判者，人民法院无法强迫不出庭支持自己意见的控诉方出庭。不出庭支持自己的抗诉意见，表明检察机关原来的抗诉意见发生了转变，裁定按其撤诉处理，实际上是支持其以不出庭形式表达的不抗诉的意见，是对其控诉自主权的尊重，这在法理上并无不当。且从实践中看，检察机关不出庭支持其抗诉意见的，多为抗诉意见没有法律依据或者抗诉错误，在错案责任追究制的制约下，抗诉后不便主动撤回。如不裁定按撤回抗诉处理，有些案件长期无法处理，影响了司法权威，由此带来的超审限等问题也有很大的负面作用。经多方征求意见，解释将“应当裁定按人民检察院撤回抗诉处理”修改为“可以裁定按人民检察院撤回抗诉处理”。

针对本条，还有其他一些意见：一是增加规定“同级人民检察院和辩护人因特殊情形不能按时出庭的，应当向第二审人民法院申请延期审理”，理由是：实践中，控辩双方因为出差、与其他紧急工作冲突、患病等特殊情形不按时出庭的问题较为突出，真正拒不出庭的极少。二是检察院接到开庭通知后不派员出庭的，应当限定接到通知后的期限。三是可以规定开庭审理二审上诉案件，同级人民检察院经通知不到庭的，庭审正常进行。可具体规定为：“上诉案件，人民检察院接到开庭通知后不派员出庭的，人民法院应视情形作出处理：（一）二审法院审查认为原判事实清楚，证据确实、充分的，可以在公诉人缺席的情况下开庭审理并依法作出裁判；（二）对二审出现新的事实和证据，可能影响定罪量刑的案件，可以在公诉人缺席的情况下开庭审理，径行作出裁判，并将裁判结果通知同级人民检察院。”经研究没有采纳上述意见，主要考虑：一是刑事诉讼法在二审程序中没有规定可以延期审理的情形，实践中多是通过协商确定开庭日期的，如明确规定可申请延期审理，反而导致申请延期审理的情形增多，或给有关方不出庭以借口。二是关于可以在检察人员缺席的情况下开庭审理、径行判决的建议，没有法律依据，且在出现新证据的情况下，无法质证，难以保证案件审判质量。

——江必新主编：《〈最高人民法院关于适用《中华人民共和国刑事诉讼法》的解释〉的理解与适用》，中国法制出版社 2013 年版，第 296~297 页。

1765. 二审不开庭审理案件的质量保证与远程视频讯问

关键词

不开庭审理　讯问被告人

最高人民法院司法解释

第四百条　第二审案件依法不开庭审理的，应当讯问被告人，听取其他当事人、辩护人、诉讼代理人的意见。合议庭全体成员应当阅卷，必要时应当提交书面阅卷意见。

——《最高人民法院关于适用〈中华人民共和国刑事诉讼法〉的解释》

（2021 年 1 月 26 日，法释〔2021〕1 号）。

最高人民法院司法政策精神

14. 关于二审不开庭审理的案件提讯被告人的问题

第二审人民法院决定不开庭审理的案件是否必须提讯被告人?

根据刑事诉讼法的规定，讯问被告人是第二审人民法院不开庭审理案件的必经程序，只要是不开庭审理的案件，都应当提讯被告人。为提高工作效率，节约司法资源，除赴羁押地提讯外，有条件的地方可以考虑进行远程视频提讯。目前远程视频提讯技术已经较为成熟，相当多的地方法院已经在案件审理过程中使用该技术。实践证明，对事实清楚，证据确实、充分的案件，通过远程视频提讯被告人，既不会影响上诉人的辩护权，又能够提高办案效率，值得推广适用。今后，还应当积极探索实行远程视频开庭。

——张军:《在全国法院学习贯彻修改后刑事诉讼法培训班上的总结讲话》，载最高人民法院刑事审判第一、二、三、四、五庭主办:《刑事审判参考》2012 年第 2 集（总第 85 集），法律出版社 2012 年版，第 172 页。

1766. 二审能否审理并予以认定公诉机关指控但一审没有认定的犯罪事实

关键词

贩卖、运输毒品罪　二审程序

《刑事审判参考》指导案例

曾某平等贩卖、运输毒品案（《刑事审判参考》指导案例第 1131 号）

裁判要点：被告人被指控实施多起贩卖、运输毒品事实，一审法院经审理认定其中两起犯罪事实证据不足。在此情况下二审法院认为该两起犯罪事实系被告人实施，进而对被告人追加认定该两起犯罪事实，这种做法不仅未能为被告人提供法律救济，反而作出不利于被告的认定，与二审程序的法律救济功能相悖，也有违不告不理原则的基本精神。

该问题涉及二审程序的审理原则和审查范围。许多国家的二审都实行法律审，并且实行有限审理，即主要限定为对上诉理由的审理。根据我国刑事诉讼法第二百二十二条第一款的规定，第二审人民法院应当就第一审判决认定的事实和适用法律进行全面审查，不受上诉或者抗诉范围的限制。可见，我国刑事二审程序实行全面审理原则，且不是单纯的法律审，而是一并审理事实问题和法律问题。尽管如此，并不意味着二审程序的审查范围毫无边界，法律其实已经对此作出了适当的限制，即二审应当对“一审判决认定的事实和适用法律”进行审查。进一步来讲，对于一审判决没有认定的部分犯罪事实（抗诉案件除外），二审法院无须（或者不应当）进行审查，更不能追加认定该部分犯罪事实。

将二审程序的审理范围限定于“一审判决认定的事实和适用法律”，符合二审程序的功能定位和相应的诉讼原则。

从二审程序的功能定位来看，因被告人上诉而启动的二审程序，主要功能是为被告人提供法律救济。实践中，被告人对一审判决认定的事实或者适用法律不服，可以依法提出上诉，请求二审法院对相关问题进行审理，以期获得有利于己方的裁判。对于因被告人上诉而启动的二审案件，如果二审法院审查一审未予认定的部分犯罪事实，进而追加认定该部分犯罪事实，不仅未能为被告人提供法律救济，反而作出不利于被告人的认定，这显然与二审程序的法律救济功能相悖。

同时，为确保被告人的上诉权，刑事诉讼法确立了上诉不加刑的基本原则。第二百二十六条第一款明确规定，第二审人民法院审理被告人或者他的法定代理人、辩护人、近亲属上诉的案件，不得加重被告人的刑罚。据此，对于被告人一方上诉的案件，二审法院追加认定一审未予认定的部分不利于被告人的犯罪事实，即使最终并未加重被告人的刑罚，这种做法也有违上诉不加刑原则的基本精神。

此外，对于一审法院未予认定的部分犯罪事实，检察机关并未提出抗诉，就表明检察机关对此并无异议。此种情况下，对于原本不属于二审审查范围的事项，二审法院基于不告不理原则的基本精神，不应当主动审查并追加认定。

本案中，公诉机关指控被告人曾某平实施多起贩卖、运输毒品事实，一审法院认定其中两起犯罪事实证据不足。具体如下：其一，公诉机关指控，2010 年 8 月 14 日早上，付某某受曾某平、吴某某指使，在某市驿通车站乘坐大巴车将 274.61 克甲基苯丙胺片剂运往某市。一审法院认为，认定曾某平、吴某某指使付某某运输该宗毒品的证据不足，不能确定该宗毒品为曾某平夫妇所有，据此笼统认定付某某是为他人运输毒品。其二，公诉机关指控 2010 年 8 月 24 日，从曾某某住处查获的甲基苯丙胺片剂 363.59 克，是曾某平交由曾某某保管的。一审法院认为，认定曾某平委托曾某某保管该宗毒品的证据不足，不能确定该宗毒品是曾某平委托保管，据此笼统认定在曾某某住处查获该宗毒品的犯罪事实。二审法院认为，一审应当认定该两起犯罪事实系曾某平实施，进而对曾某平追加认定该两起犯罪事实，这种做法不符合法律规定的要求。最高人民法院在死刑复核过程中，依法对该两起犯罪事实不予认定，并对事实作出改判，是妥当的。

有意见认为，对类似案件，二审法院经审查认为，现有证据足以认定一审未予认定相关的犯罪事实，可以启动审判监督程序。我们倾向于认为，尽管我国法律并未明确规定一事不再理原则，但对于一审未予认定的犯罪事实，在被告人提出上诉且检察机关未提出抗诉的情况下，也不宜启动审判监督程序。

——最高人民法院刑三庭：《曾某平等贩卖、运输毒品案》，载最高人民法院刑事审判第一、二、三、四、五庭主办：《刑事审判参考》(总第105集)，法律出版社2016年版，第101~102页。

1767. 在仅有附带民事诉讼原告人提出上诉的情况下对刑事部分应当适用的审理程序

关键词

故意杀人罪　故意伤害罪

《刑事审判参考》指导案例

李某故意杀人、故意伤害案（《刑事审判参考》指导案例第1023号）

裁判要点：根据《最高人民法院关于对判处死刑的被告人未提出上诉、共同犯罪的部分被告人或者附带民事诉讼原告人提出上诉的案件应适用何种程序审理的批复》的规定："……中级人民法院一审判处死刑的案件，被判处死刑的被告人未提出上诉，仅附带民事诉讼原告人提出上诉的，高级人民法院应当适用第二审程序对附带民事诉讼依法审理，并由同一审判组织对未提出上诉的被告人的死刑判决进行复核，作出是否同意判处死刑的裁判。"该批复针对的是死刑案件，但处理原则应当适用于死缓案件。

一审判处被告人死缓刑的刑事附带民事诉讼案件，仅有附带民事诉讼原告人提出上诉的情形，对刑事部分应当适用何种程序审理？

（一）一审判处被告人死缓的刑事附带民事诉讼案件，仅有附带民事诉讼原告人提出上诉的情形，对刑事部分应当适用复核程序审理

最高人民法院2010年3月17日发布的《关于对判处死刑的被告人未提

出上诉、共同犯罪的部分被告人或者附带民事诉讼原告人提出上诉的案件应适用何种程序审理的批复》规定："……中级人民法院一审判处死刑的案件，被判处死刑的被告人未提出上诉，仅附带民事诉讼原告人提出上诉的，高级人民法院应当适用第二审程序对附带民事诉讼依法审理，并由同一审判组织对未提出上诉的被告人的死刑判决进行复核，作出是否同意判处死刑的裁判。"该批复针对的是死刑案件，但处理原则应当适用于死缓案件。

根据上述批复，中级人民法院一审判处被告人死缓的案件，被告人未提出上诉，检察机关亦未提出抗诉，仅有附带民事诉讼原告人提出上诉，高级人民法院应当适用第二审程序对附带民事诉讼依法审理，并由同一审判组织对未提出上诉的被告人死缓判决的刑事部分进行复核。本案中，H 省高级人民法院对全案适用第二审程序进行审理，明显违反了上述批复的规定程序。

（二）高级人民法院复核审不得违反上诉不加刑原则

2012 年修改后刑事诉讼法第二百二十六条[①]规定："第二审人民法院发回原审人民法院重新审判的案件，除有新的犯罪事实，人民检察院补充起诉的以外，原审人民法院不得加重被告人的刑罚。"《最高人民法院关于适用〈中华人民共和国刑事诉讼法〉的解释》（以下简称《解释》）第三百四十九条第二款规定："高级人民法院复核死刑缓期执行案件，不得加重被告人的刑罚。"上述规定了明确了上诉不加刑原则的基本要求。本案一审、二审期间，修改后的刑事诉讼法已经通过，但尚未施行，不过，对于修改后刑事诉讼法中有利于被告人的规定，应当在法律通过后就严格遵照执行。

H 省高级人民法院基于对案件事实证据的认识分歧，以事实不清为由将本案发回 A 市中级人民法院重新审判，直接导致本案在事实证据没有变化的情况下，A 市检察机关不当地改变部分指控罪名、变更起诉，A 市中级人民法院重新审理后，采纳了指控意见，改变了部分认定的罪名，最终认定的罪名由一罪变成两罪，并在此基础上加重了对被告人判处的刑罚，将死缓改为死刑立即执行。H 省高级人民法院的做法不仅直接违反修改后的刑事诉讼法的规定，也违背了 1996 年刑事诉讼法不得通过发回重审变相加重被告人刑罚的立法精神。

（三）高级人民法院经复核不同意判处被告人死刑的，应当提审或者发回重新审判

对中级人民法院一审判处被告人死刑且未提出上诉、抗诉的案件，高级人民法院经复核后不同意判处死刑的，根据 1996 年刑事诉讼法第二百条的规定（2012 年修正后刑事诉讼法第二百三十六条作了相同规定）："中级人民法院判处死刑的第一审案件，被告人不上诉的，应当由高级人民法院复核后，

① 本条现为《中华人民共和国刑事诉讼法》（2018 年修正）第二百三十七条。

报请最高人民法院核准。高级人民法院不同意判处死刑的，可以提审或者发回重新审判。”鉴于审判实践中对提审的性质和审级存在认识上的分歧，《解释》第三百四十四条规定：“高级人民法院同意判处死刑的，应当在作出裁定后十日内报请最高人民法院核准；不同意的，应当依照第二审程序提审或者发回重新审判。”然而，对于具体哪些情形依照第二审程序提审，哪些情形发回重新审判，《解释》未作明确规定。

对该问题的解决，可以从《解释》第三百四十九条的规定中寻找思路。该条具体规定如下：“高级人民法院复核死刑缓期执行案件，应当按照下列情形分别处理：（一）原判认定事实和适用法律正确、量刑适当、诉讼程序合法的，应当裁定核准；（二）原判认定的某一具体事实或者引用的法律条款等存在瑕疵，但判处被告人死刑缓期执行并无不当的，可以在纠正后作出核准的判决、裁定；（三）原判认定事实正确，但适用法律有错误，或者量刑过重的，应当改判（四）原判事实不清、证据不足的，可以裁定不予核准，并撤销原判，发回重新审判，或者依法改判；（五）复核期间出现新的影响定罪量刑的事实、证据的，可以裁定不予核准，并撤销原判，发回重新审判，或者依照本解释第二百二十条规定审理后依法改判；（六）原审违反法定诉讼程序，可能影响公正审判的，应当裁定不予核准，并撤销原判，发回重新审判。”从上述规定看，高级人民法院复核死刑缓期执行案件时，对程序违法的案件只能裁定发回重新审判；对事实不清、证据不足的案件，既可以发回重新审判，也可以依法改判；对事实清楚，但适用法律错误或者量刑过重的案件，只能依法改判。

基于上诉不加刑原则的精神，复核阶段改判的，也不得判处更重的刑罚。对于适用法律错误或者量刑过重的案件，相对于提审而言，直接改判无疑更有助于提高审判效率、节约司法资源。对于程序违法的案件，显然没有必要经过提审再裁定发回重新审判。对于事实不清、证据不足的案件，即使经过提审，最终处理结果也只有两种，或者裁定发回重新审判，或者依法作出证据不足、指控的犯罪不能成立的无罪判决。其中，对发回重新审判的案件，根本无须经过提审，完全可以经复核直接发回重新审判；如果不发回重审，经提审后也可以改判无罪，但审判实践中很少有此种情形。

通过以上分析，不难发现，刑事诉讼法所规定的“高级人民法院不同意判处死刑的，可以提审或者发回重新审判”中的“可以提审”实际上属于沉默条款。所谓的提审程序既无助于保障被告人权利，也无助于提高审判效率、节约司法资源。鉴于此，建议立法机关在修改刑事诉讼法时将“可以提审或者发回重新审判”修改为“可以改判或者发回重新审判”。如果立法机关考虑限制高级人民法院复核改判的做法，也可将“可以提审或者发回重新审判”修改为“可以发回重新审判”。

综上，本案中，一审判处被告人李某死缓，仅有附带民事诉讼原告人提出上诉，H 省高级人民法院对刑事部分适用第二审程序审理，违反了法定诉讼程序，并且基于对案件事实证据的认识分歧，以部分事实不清、证据不足为由发回重新审判，导致一审法院在检察机关变更指控的情况下改判被告人李某死刑立即执行。这种通过发回重审变相加重被告人刑罚的做法，影响了公正审判。最高人民法院以程序违法为由裁定不核准被告人李某死刑，发回 H 省高级人民法院重新审判，是妥当的。

——最高人民法院刑三庭：《李某故意杀人、故意伤害案》，载最高人民法院刑事审判第一、二、三、四、五庭主办：《刑事审判参考》2014 年第 5 集（总第 100 集），法律出版社 2015 年版，第 35~37 页。

1768. 二审开庭审理过程中检察人员当庭提出发回重审建议后人民法院能否对案件继续审理

关键词

二审开庭　发回重审

最高人民法院研究室答复

青海省高级人民法院：

你院青刑他字〔2010〕1 号《关于二审开庭审理过程中检察人员当庭提出发回重审建议的人民法院能否对案件继续审理问题的请示》收悉。经研究，答复如下：

人民法院在第二审刑事案件开庭审理过程中，检察人员当庭提出原判事实不清，建议发回原审人民法院重新审判的，应当继续审理并对检察员提出的有关事实不清、证据不足的问题进行重点审查，之后根据刑事诉讼法第一百八十九条的规定，依法作出裁判。

——《最高人民法院研究室关于二审开庭审理过程中检察人员当庭提出发回重审建议后人民法院能否对案件继续审理问题的答复》（2010 年 11 月 30 日，法研〔2010〕207 号），载张军主编、最高人民法院研究室编：《司法研究与指导》2012 年第 1 辑（总第 1 辑），人民法院出版社 2012 年版，第 125~129 页。

1769. 确保死刑案件的案件质量

关键词

死刑案件　案件质量

最高人民法院司法政策精神

36. 第二审人民法院应当及时查明被判处死刑立即执行的被告人是否委托了辩护人。没有委托辩护人的，应当告知被告人可以自行委托辩护人或者通知法律援助机构指定承担法律援助义务的律师为其提供辩护。人民法院应当通知人民检察院、被告人及其辩护人在开庭五日以前提供出庭作证的证人、鉴定人名单，在开庭三日以前送达传唤当事人的传票和通知辩护人、证人、鉴定人、翻译人员的通知书。

37. 审理死刑第二审案件，应当依照法律和有关规定实行开庭审理。人民法院必须在开庭十日以前通知人民检察院查阅案卷。同级人民检察院应当按照人民法院通知的时间派员出庭。

38. 第二审人民法院作出判决、裁定后，当庭宣告的，应当在五日以内将判决书或者裁定书送达当事人、辩护人和同级人民检察院；定期宣告的，应当在宣告后立即送达。

——《最高人民法院关于进一步严格依法办案确保办理死刑案件质量的意见》(2007 年 3 月 9 日，法发〔2007〕11 号)。

说明

适用“上诉不加刑”原则的具体情形包括，第一审人民法院没有判处附加刑的，第二审人民法院判决改变罪名后，不得判处附加刑；第一审人民法院原判附加刑较轻的，第二审人民法院不得改判较重的附加刑，也不得以事实不清或者证据不足发回第一审人民法院重新审理；必须依法改判的，应当在第二审判决、裁定生效后，按照审判监督程序重新审判。

1770. 刑事案件终审判决和裁定发生法律效力的时间

关键词

终审判决　终审裁定　法律效力

最高人民法院司法解释

各省、自治区、直辖市高级人民法院，解放军军事法院，新疆维吾尔自治区高级人民法院生产建设兵团分院：

近来，有的法院反映，关于刑事案件终审判决和裁定何时发生法律效力问题不明确。经研究，批复如下：根据《中华人民共和国刑事诉讼法》第一百六十三条、第一百九十五条和第二百零八条规定的精神，终审的判决和裁定自宣告之日起发生法律效力。

此复

——《最高人民法院关于刑事案件终审判决和裁定何时发生法律效力问题的批复》（2004 年 7 月 26 日，法释〔2004〕7 号）。

附录：理解与适用

三、《批复》的主要理由

《批复》规定："根据《中华人民共和国刑事诉讼法》第一百六十三条、第一百九十五条和第二百零八条（分别为现行刑事诉讼法第一百九十六条、第二百三十一条和第二百四十八条）规定的精神，终审的判决和裁定自宣告之日起发生法律效力。"《批复》的规定是符合立法的原意和审判实践的要求的。主要理由是：

1.《刑事诉讼法》第一百六十三条[①]第一款规定："宣告判决，一律公开进行。"这说明法律要求人民法院在审判实践中坚持审判公开的原则，不仅坚持程序公开，也要坚持裁判公开，即要将法官对案件的结论性评价或对某些实体和程序问题的处理向社会公众公开宣示，无论是公开开庭审判的案件还是依法不公开审理的案件，所作的判决和裁定都应当公开宣告。因此，审判实践中不允许判决、裁定不经宣告就生效的情形，即任何判决和裁定都应当宣告。

2.《刑事诉讼法》第一百九十五条[②]规定："第二审人民法院审判上诉或者抗诉案件的程序，除本章已有规定的以外，参照第一审程序的规定进行。"从这一条的规定看，在第二审程序中坚持审判公开、裁判公开的原则是不能变的，对于作出终审的判决和裁定的人民法院来说，由于地域原因委托下级人民法院代为送达终审的判决和裁定，应当要求下级法院代为宣告后立即将裁判文书送达被告人。

3. 之所以要规定终审的判决和裁定自宣告之日起生效，还因为《刑事诉

① 本条现为《中华人民共和国刑事诉讼法》（2018 年修正）第二百零二条。

② 本条现为《中华人民共和国刑事诉讼法》（2018 年修正）第二百四十二条。

讼法》没有规定送达的期限。刑事诉讼中送达的方式有直接送达、留置送达、委托送达、邮寄送达、转交送达五种形式。由于送达的方式不同，如何确定送达之日，仍会发生歧义，从而导致不能确定判决和裁定的生效之日。因此，应当将终审的判决和裁定的生效时间规定为宣告之日，而不是送达之日。

4. 能够更好地维护被告人合法权益。对刑事案件终审的判决和裁定何时发生法律效力问题加以明确，规定为自宣告之日起发生法律效力，可以避免因延误送达或者其他原因影响判决的生效执行，更好地维护被告人的合法权益。

综上，终审的判决和裁定自宣告之日起发生法律效力的规定符合立法原意，同时也是符合我国审判实践要求的。

——李晓：《关于刑事案件终审的判决和裁定何时发生法律效力问题司法解释的理解与适用》，载《人民司法》2004 年第 8 期（总第 487 期）。

1771. 一审当庭宣判案件的上诉期限起算

关键词

当庭宣判　上诉期限

附录：司法信箱

问题：在审判实践中，对按照普通程序审理并当庭宣判的一审（含刑事、民事、行政）案件，应如何确定当事人的上诉期限，有两种不同的意见：第一种意见认为，无论是当庭宣判时立即送达判决书，还是事后送达判决书，当事人的上诉期限均应从当庭宣判的第二日（或次日）起计算。第二种意见认为，当庭宣告判决的一审刑事、民事案件，其不服判决的上诉期限，应依照《刑事诉讼法》第 163 条、第 183 条，《民事诉讼法》第 75 条、第 134 条第 2 款、第 147 条以及《最高人民法院关于适用〈中华人民共和国民事诉讼法〉若干问题的意见》第 79 条、第 165 条的规定予以确定，即从接到（或已经送达）判决书的第二日（或次日）起计算。对当庭宣告判决并立即送达判决书的，则应从当庭宣判送达的第二日（或次日）起计算。关于行政案件，因行政诉讼法没有当庭宣判的规定，根据有关司法解释，可参照《民事诉讼法》的有关规定执行。请问上述两种意见哪一种正确？

《人民司法》研究组认为：当事人对一审法院作出的判决、裁定不服的，均可在上诉期限内向上一级法院提出上诉。上诉期限的计算，是从判决书或裁定书送达当事人的次日起计算。来信所述按照普通程序审理并当庭宣告判决的一审案件，如果当庭送达判决书、裁定书的，上诉期限应从第二日起计算；如果庭后送达的，上诉期限从送达之次日起计算。由此可见，上诉期限的起算是以判决书或裁定书的送达或接到为准。我们同意来信第二种意见。

——《人民司法》2001 年第 11 期（总第 454 期）。

1772. 上诉期满要求撤回上诉的处理规则

关键词

上诉期满　撤回上诉

最高人民法院司法解释

第三百八十三条　上诉人在上诉期限内要求撤回上诉的，人民法院应当准许。

上诉人在上诉期满后要求撤回上诉的，第二审人民法院经审查，认为原判认定事实和适用法律正确，量刑适当的，应当裁定准许；认为原判确有错误的，应当不予准许，继续按照上诉案件审理。

被判处死刑立即执行的被告人提出上诉，在第二审开庭后宣告裁判前申请撤回上诉的，应当不予准许，继续按照上诉案件审理。

——《最高人民法院关于适用〈中华人民共和国刑事诉讼法〉的解释》（2021 年 1 月 26 日，法释〔2021〕1 号）。

附录：最高人民法院主流观点

《最高人民法院关于适用〈中华人民共和国刑事诉讼法〉的解释》（法释〔2012〕21 号）第三百零五条[①]第一款规定："上诉人在上诉期满后要求撤回上诉的，第二审人民法院应当审查。经审查，认为原判认定事实和适用法律正确，量刑适当的，应当裁定准许撤回上诉；认为原判事实不清、证据不足或者将无罪判为有罪、轻罪重判等的，应当不予准许，继续按照上诉案件审理。《最高人民法院关于适用〈中华人民共和国刑事诉讼法〉的解释》（法释〔2021〕1 号，以下简称《刑事诉讼法解释》）第三百八十三条第二款吸收上述规定，并作适当调整。考虑到基于上诉不加刑原则的限制，二审不会对上诉人的权益造成影响，故该款规定："上诉人在上诉期满后要求撤回上诉的，第二审人民法院经审查，认为原判认定事实和适用法律正确，量刑适当的，应当裁定准许；认为原判确有错误的，应当不予准许，继续按照上诉案

---

① 本条现为《最高人民法院关于适用〈中华人民共和国刑事诉讼法〉的解释》（法释〔2021〕21 号）第三百八十三条。

件审理。”

需要注意的是，《刑事诉讼法解释》第三百八十三条第二款规定，上诉人在上诉期满后要求撤回上诉，第二审人民法院经审查“认为原判确有错误的，应当不予准许”。讨论中，有意见建议明确“应当不予准许”是裁定还是决定，是否采用书面形式。经研究认为，实践中可以裁量处理：一般可以出具书面裁定，也可以继续开庭，而后在裁判文书中一并作出说明。

此外，实践反映，上诉人经人民法院传唤拒不到庭，甚至脱逃，是逃避法律制裁，主动放弃二审机会。此种情形实际等同于要求撤回上诉，故应当按照上诉人要求撤回上诉处理，即区分在上诉期限内和上诉期满后两种情形，适用《刑事诉讼法解释》第三百八十三条的规定处理。征求意见过程中，有反对意见提出，对于第二审程序中上诉人不到庭甚至脱逃的情形，根据《刑事诉讼法》第二百四十二条、第二百零六条的规定，人民法院可以依法中止审理。虽然民事诉讼中有类似不到庭视为撤诉的规定，但刑事诉讼不同于民事诉讼。视为撤回上诉，既不利于保护当事人的诉讼权利，也不一定解决诉讼效率的问题。例如，法院审理后初步认为原判事实不清、证据不足或者将无罪判为有罪、轻罪重判等的，即使上诉人无故不到庭，仍然需要进行审理。经研究认为，所涉问题在司法实践中客观存在，应当予以解决。随着非羁押性强制措施的广泛适用，诉讼过程中被告人不到庭的情形有增多的趋势，经传唤拒不到庭是其主动放弃二审，应当采取措施防止案件久拖不决。但反对意见也确有道理，应当充分保障上诉人的实体权利和程序权利，特别是防止判决事实不清、证据不足或者将无罪判为有罪、轻罪重判。基于此，未再作出明确规定，交由司法实践裁量把握。根据具体情况，对于被告人无法到案的，可以中止审理，必要时对被告人商公安机关上网追逃，这样处理有利于案件最终审结。

——《刑事诉讼法解释》起草小组：《〈最高人民法院关于适用《中华人民共和国刑事诉讼法》的解释〉理解与适用》，载最高人民法院刑事审判第一、二、三、四、五庭编：《刑事审判参考》（总第 126 辑），人民法院出版社 2021 年版，第 184~186 页。

1773. 抗诉期满要求撤回抗诉的处理规则

关键词

执诉期满　撤回抗诉

最高人民法院司法解释

第三百八十五条 人民检察院在抗诉期限内要求撤回抗诉的，人民法院应当准许。

人民检察院在抗诉期满后要求撤回抗诉的，第二审人民法院可以裁定准许，但是认为原判存在将无罪判为有罪、轻罪重判等情形的，应当不予准许，继续审理。

上级人民检察院认为下级人民检察院抗诉不当，向第二审人民法院要求撤回抗诉的，适用前两款规定。

——《最高人民法院关于适用〈中华人民共和国刑事诉讼法〉的解释》（2021年1月26日，法释〔2021〕1号）。

附录：最高人民法院主流观点

《最高人民法院关于适用〈中华人民共和国刑事诉讼法〉的解释》（法释〔2012〕21号）第三百零七条[①]规定："人民检察院在抗诉期限内撤回抗诉的，第一审人民法院不再向上一级人民法院移送案件；在抗诉期满后第二审人民法院宣告裁判前撤回抗诉的，第二审人民法院可以裁定准许，并通知第一审人民法院和当事人。"考虑到对抗诉案件的二审继续审理可以加重被告人刑罚，《最高人民法院关于适用〈中华人民共和国刑事诉讼法〉的解释》（法释〔2021〕1号，以下简称《刑事诉讼法解释》）第三百八十五条第一款、第二款明确人民检察院在抗诉期满后要求撤回抗诉的，只有"认为原判存在将无罪判为有罪、轻罪重判等情形的"，才不予准许，规定："人民检察院在抗诉期限内要求撤回抗诉的，人民法院应当准许。""人民检察院在抗诉期满后要求撤回抗诉的，第二审人民法院可以裁定准许，但是认为原判存在将无罪判为有罪、轻罪重判等情形的，应当不予准许，继续审理。"

需要注意的是，"继续审理"是指继续按照抗诉案件开庭审理。此种案件本由抗诉启动，虽已提出撤回抗诉但法院因故不予准许，这属于诉讼程序上的重大事项，并且在实体上也可能发生重大变化（原判有罪改判无罪，或原审重判改为轻判），因此应当一律开庭审理。

征求意见过程中，有意见提出，司法实践中，已遇到原公诉机关对第一审判决抗诉，上级人民检察院不支持抗诉，要求撤回抗诉，但第二审法院认为抗诉成立，不准许撤回抗诉的案件。建议明确此种情形如何处理。经研究认为，人民检察院要求撤回抗诉的，人民法院应当进行审查，自然就包括裁

---

① 本条现为《最高人民法院关于适用〈中华人民共和国刑事诉讼法〉的解释》（法释〔2021〕21号）第三百八十五条。

定不准许撤诉的情形。此种情形下，二审应当继续进行。当然，司法实践中可能还会遇到检察机关不派员出庭等问题，对此宜协调解决。基于上述考虑，《刑事诉讼法解释》第三百八十五条第三款专门明确了上级人民检察院认为下级人民检察院抗诉不当，向第二审人民法院要求撤回抗诉的处理规则，规定："上级人民检察院认为下级人民检察院抗诉不当，向第二审人民法院要求撤回抗诉的，适用前两款规定。"

——《刑事诉讼法解释》起草小组:《〈最高人民法院关于适用《中华人民共和国刑事诉讼法》的解释〉理解与适用》，载最高人民法院刑事审判第一、二、三、四、五庭编:《刑事审判参考》(总第126辑)，人民法院出版社2021年版，第186页。

1774. 检察机关在法定抗诉期限内提出的口头抗诉无效

关键词

检察机关　法定期限　口头抗诉

《刑事审判参考》指导案例

杨庆龙强奸、抢劫案（《刑事审判参考》指导案例第154号）

裁判要点：检察机关在法定抗诉期限内提出的口头抗诉无效。

根据我国《刑事诉讼法》的规定，刑事二审案件的提起有两种途径：一是刑事案件的被告人、自诉人和他们的法定代理人不服第一审判决、裁定时，有权提出上诉；二是地方各级人民检察院认为本级人民法院第一审判决、裁定确有错误时，应当向上一级人民法院提出抗诉。但《刑事诉讼法》对以何种形式行使上诉权和抗诉权作了不同规定。《刑事诉讼法》第180条[①]第1款规定："被告人、自诉人和他们的法定代理人不服地方各级人民法院第一审判决、裁定，有权用书状或者口头向上一级人民法院上诉。"《刑事诉讼法》第184条[②]规定："地方各级人民检察院对同级人民法院第一审判决、裁定的抗诉，应当通过原审人民法院提出抗诉书，并且将抗诉书抄送上一级人民检察院。"由此可以看出，法律规定检察机关行使抗诉权与被告人、自诉人和他们的法定代理人行使上诉权在形式上是有明显区别的。1. 根据法律规定，被告

① 本条现为《中华人民共和国刑事诉讼法》(2018年修正)第二百二十七条。

② 本条现为《中华人民共和国刑事诉讼法》(2018年修正)第二百三十二条。

人、自诉人和他们的法定代理人不仅可以用书面形式提出上诉，而且可以口头形式提出上诉。这表明被告人、自诉人和他们的法定代理人不服原裁判的，有权向上一级人民法院提出上诉，其上诉既可以是书面形式，也可以是口头形式，即可以任意选择其中一种形式提出上诉。这是行使上诉权的法定方式。2. 根据法律规定，检察机关抗诉应当提出抗诉书。所谓抗诉书，应该是指以文字语言的形式组合而成的一种书面法律文书。这表明，检察机关提出抗诉的，只能以书面形式，这是行使抗诉权的法定方式。法律之所以如此规定，是因为考虑到有的被告人、自诉人和他们的法定代理人不具有文字表达能力，为了更好地保护他们的合法权益，法律赋予他们可以口头形式提出上诉，行使上诉权。而检察机关则不存在文字表达障碍。而且，检察机关作为国家公诉机关和法律监督机关，理应对其提出有别于一般当事人的更高要求，以利于体现、维护其法律地位和法律尊严以及其执法的严肃性。

——最高人民法院刑事审判第一庭、第二庭编：《刑事审判参考》2002 年第 1 集（总第 24 集），法律出版社 2002 年版，第 31~32 页。

1775. 抗诉期限届满后，上一级检察院在支持抗诉时增加抗诉对象的处理

关键词

抗诉期限　抗诉对象

《刑事审判参考》指导案例

孙超等抢劫、盗窃、掩饰隐瞒犯罪所得案（《刑事审判参考》指导案例第 765 号）

裁判要点：抗诉期限届满后，上一级人民检察院在支持抗诉时增加抗诉对象，对被告人的权利造成实质损害，抗诉期限届满后，上一级人民检察院在支持抗诉时增加抗诉对象，违反抗诉期限的法律规定。

（二）抗诉期限届满后，上一级人民检察院在支持抗诉时增加抗诉对象，对被告人的权利造成实质损害

起诉与抗诉同属公诉的一部分，是检察机关在不同的诉讼阶段履行公诉职能的具体表现形式。根据刑事诉讼法的规定，在第一审程序中，公诉机关可以根据不同情况追加、变更起诉，这是许多国家普遍采用的做

法不但可以实现诉讼救济，而且因处于第一审阶段，有多种途径、方式对被告人进行救济，一般不会对其权利造成实质损害。但是，在二审程序中，如果允许检察院（包括上下两级检察院）在抗诉期限届满后也可以追加抗诉内容，则会对被告人的权利造成实质损害：

第一，共同犯罪案件中被告人“上诉不加刑”的权利得不到保障。《最高人民法院关于执行〈中华人民共和国刑事诉讼法〉若干问题的解释》第二百五十八条规定：“共同犯罪案件中，人民检察院只对部分被告人的判决提出抗诉的，第二审人民法院对其他第一审被告人不得加重刑罚。”据此，抗诉期限届满后，如果检察院只对共同犯罪案件中部分被告人的判决提出抗诉，二审程序中的其他被告人，检察院不能提出、二审法院也不能加重其刑罚，这是一种具有司法人道主义精神的制度设计。如果允许检察院在抗诉期限届满后、二审程序终结前可将该部分被告人追加为抗诉对象，会使部分被告人再次面对国家追诉，使二审程序中被告人最终是否享有“上诉不加刑”的权利完全由检察院决定。这种结果明显违背立法原意。

第二，追加抗诉会使部分被告人的辩护权遭受控诉袭击。被告人知悉抗诉书内容是其依法行使辩护权的前提，正因如此，刑事诉讼法规定，地方各级人民检察院提出抗诉的，原审人民法院在向上一级人民法院移送案件材料的同时，要将抗诉书副本送交当事人。如果上一级人民检察院支持抗诉时增加抗诉对象，被追加被告人享有的辩护准备时间相对于其他被告人较短，甚至可能快开庭时才知道自己的诉讼地位发生了巨大变化，不利于其辩护权的保障。从这种角度来讲，追加抗诉属于一种“控诉突袭”。如果允许追加抗诉，被告人则很难充分行使辩护权。

第三，控辩之间的平等无法实现。现行的刑事诉讼程序是按照控辩平衡原则进行设计的。考虑到国家公权力量强大，刑事诉讼法还规定了一系列配套制度对辩方进行特殊的保护。比如，就上诉和抗诉而言，对被告人提出上诉规定得相对宽松，只要被告人在一审宣判后十日内提出上诉意思表示，无论口头还是书面，都视为有效上诉；对于检察院提出抗诉，则不仅要求应当在抗诉期限内提起，而且一旦提起，抗诉对象、内容便相对特定化，不得随意追加、变更。如果允许检察院追加抗诉，无疑意味着赋予了检察机关特权，陷被告人于讼累之苦，最终导致控辩之间严重失衡。

（三）抗诉期限届满后，上一级人民检察院在支持抗诉时增加抗诉对象，违反抗诉期限的法律规定

任何诉讼行为和诉讼活动都必须在法定期限内进行，这是诉讼活动必须坚持的基本原则，各类诉讼主体均应一体遵行。

综上，温州市中级人民法院对温州市人民检察院在抗诉期限届满、支持抗诉时，增加抗诉对象的做法不予支持是正确的。

——最高人民法院刑事审判第一、二、三、四、五庭主办：《刑事审判参考》2012 年第 2 集（总第 85 集），法律出版社 2012 年版，第 63~65 页。

1776. 刑事诉讼中尚未提起上诉的被告人在上诉期限内死亡的处理

关键词

上诉期限　被告人死亡

附录：司法信箱

问题：在刑事诉讼中，未上诉的被告人在上诉期限内死亡，请问此时应如何处理？被告人的法定代理人、近亲属、辩护人能否依被告人的生前意思表示行使上诉权？

《人民司法》研究组认为：《刑事诉讼法》第 11 条[①]规定："被告人死亡的，不追究刑事责任，已经追究的，应当撤销案件，或者不起诉，或者宣告无罪。"《最高人民法院关于审理刑事案件程序的具体规定》第 127 条规定："人民法院对具有下列情形的案件，应当分别作出处理……（五）被告人死亡的，裁定终止审理；其中，根据已有的证据材料，能够确认被告人无罪的，判决宣告被告人无罪。"根据上述法律和司法解释中的规定，尚未提出上诉的被告人在上诉期限内死亡的，由于一审判决尚未发生法律效力，应当由作出一审判决的人民法院裁定终止审理；能够确认被告人无罪的，应依法判决宣告被告人无罪。

《刑事诉讼法》第 129 条[②]规定："当事人或者他们的法定代理人，不服地方各级人民法院第一审判决、裁定，有权用书状或者口头向上一级人民法院上诉。被告人的辩护人和近亲属，经被告人同意，可以提出上诉。"根据来信中反映的情况，由于被告人已死亡，其近亲属、辩护人如果依据被告人生前的意思表示行使上诉权，应当是依据被告人生前明确的意思表示。

——《人民司法》1996 年第 2 期（总第 385 期）。

---

① 本条现为《中华人民共和国刑事诉讼法》（2018 年修正）第十六条。

② 本条现为《中华人民共和国刑事诉讼法》（2018 年修正）第二百二十七条。

1777. 上诉人申请撤回上诉之后又反悔的处理

关键词

上诉人 撤回上诉

附录:《刑事审判参考》编辑部答疑

问题: 山东省昌邑市人民法院审理昌邑市人民检察院指控被告人夏爱文、许成文犯抢劫罪一案，于2002年5月17日作出〔2002〕昌刑初字第57号刑事判决，以抢劫罪判处被告人夏爱文有期徒刑七年，并处罚金人民币三千元；判处被告人许成文有期徒刑六年，并处罚金人民币三千元。一审宣判后，被告人夏爱文、许成文均不服，在法定上诉期间内向潍坊市中级人民法院提出上诉。

上诉期满后，潍坊市中级人民法院在提审被告人时，二被告人均书面申请撤回上诉。潍坊中院经审查认为，原审判决认定上诉人夏爱文、许成文犯抢劫罪的事实清楚，证据确实、充分，适用法律正确，量刑适当，审判程序合法。遂依照《最高人民法院关于执行〈中华人民共和国刑事诉讼法〉若干问题的解释》[①]第239条之规定，裁定：准许上诉人夏爱文、许成文撤回上诉；昌邑市人民法院〔2002〕昌刑初字第57号刑事判决自本裁定送达之日起发生法律效力。

在送达二审裁定时，二被告人均又以不同意申请撤诉为由，拒绝接收裁定书。

在申请撤回上诉之后继而翻悔的，二审法院应否继续审理？对此，二审法院形成了两种不同意见：

一种意见认为，在二审审理期间上诉人可以对自己提出的撤诉申请翻悔，因为法律并没有规定上诉人不可以对撤诉申请进行翻悔，这同样是上诉人的上诉权利。上诉人可以拒绝接收二审准许撤诉的裁定书，因为按照规定，原审判决是在二审准许撤诉的裁定送达之日起发生法律效力，上诉人拒绝接收二审裁定，原审判决并不能发生法律效力，这时二审法院应及时审理并作出终审裁决。

另一种意见认为，上诉人对二审期间提出的撤诉申请不能翻悔，二审裁定一经作出，非依法定程序不能更改，上诉人不能对撤诉申请提出翻悔，而且不能拒绝接收准许撤诉的二审裁定，如果拒不接收二审裁定，对该裁定可

① 该司法解释已被《中华人民共和国刑事诉讼法》(2012年修正)废止。

以采取留置送达的方式。一经送达，原审判决即发生法律效力。一审法院可以依法办理送监执行手续，由公安机关送交监狱执行刑罚。

《刑事审判参考》编辑部认为：我们同意第一种意见，上诉人在申请撤回上诉之后继而翻悔的，二审法院应当继续审理、另行作出终审裁决。理由如下：

（一）上诉期满后撤回上诉申请并不直接导致二审程序终结

《最高人民法院关于执行〈中华人民共和国刑事诉讼法〉若干问题的解释》（以下称《解释》）第239条之规定："被告人、自诉人、附带民事诉讼的原告人和被告人及其法定代理人在上诉期满后要求撤回上诉的，应当由第二审人民法院进行审查。如果认为原判决认定事实和适用法律正确，量刑适当，应当裁定准许被告人撤回上诉；如果认为原判决事实不清，证据不足或者将无罪判为有罪，轻罪重判等，应当不准撤回上诉，并按照上诉程序进行审理。"据此，上诉期满后撤回上诉的成立，需同时具备两个要件：一是上诉人的上诉撤回申请；二是二审法院的审查准许。其中，前者为前提性要件，后者为决定性要件，两者互为依存，共同构成成立撤回上诉的充足要件。上诉人在上诉期满后的撤回上诉申请并不直接导致二审程序终结的法律后果，撤回上诉能否成立，最终需由二审法院决定。这是上诉期满后与上诉期限内被告人在上诉权处分上的不同点。在上诉期限内，被告人的撤诉行为将直接导致诉讼程序的终结（当然，被告人在上诉期限内可以再行提起上诉）。也就是说，在上诉期限内被告人享有完整的决定是否上诉的权利，而在上诉期满后被告人不具有独立处分上诉权的权利。上诉人在上诉审期间提出撤回上诉申请，是否准许撤回上诉，要由第二审法院审查决定。之所以赋予二审法院对撤诉申请的审查监督权，其目的在于确保上诉人诉权的充分实现，使上诉人的合法权益得到尽可能的保障。

（二）准许撤回上诉申请的裁定在没有送达上诉人的情况下，一审判决不发生法律效力；上诉人对撤回上诉申请翻悔的，第二审法院作出的准许撤回上诉申请的裁定已失去了赖以成立的前提，已经开始的二审审理程序应当继续进行，并另行作出裁决

《刑事诉讼法》第180条[①]第3款规定："对被告人的上诉权，不得以任何借口加以剥夺。"被告人的上诉权是一种绝对的权利。在已经提起上诉审理的情况下，除非撤回上诉的申请出自作为原审被告人的上诉人的意愿，且一审判决并不损害上诉人的合法权益，才能准许上诉人撤回上诉的申请以终结二审程序。《解释》第244条规定："对于在上诉、抗诉期满前撤回上诉、抗诉的案件，第一审判决、裁定在上诉、抗诉期满之日起生效；对于在上诉、抗

① 本条现为《中华人民共和国刑事诉讼法》（2018年修正）第二百二十七条。

诉期满后要求撤回上诉、抗诉，第二审人民法院裁定准许的，第一审判决裁定应当自第二审人民法院裁定书送达原上诉人或者抗诉的检察机关之日起生效。”与其他终审判决、裁定不同，对于准许撤回上诉和抗诉申请的裁定，之所以要在上诉、抗诉期满之日和裁定书送达之日起生效，是因为这种终结二审程序的终审裁定根源于被告人和检察机关放弃上诉和抗诉的权利。

对于被告人要求撤回上诉的，二审法院经审查作出准许撤回上诉申请的裁定虽然是由二审法院依照审判权单方作出的，但该裁定必须有一个基本前提，即上诉人的撤诉申请。既然赋予了上诉人申请撤回上诉的权利，那么，当然允许其享有在撤回上诉尚未成立情况下翻悔的权利。在准许撤回上诉申请的裁定书已经作出但尚未送达的情况下，该裁定并不具有法律效力，一审判决自然也不发生法律效力。因此，准许撤回上诉的裁定制作完毕，并不意味着审理程序终结。上诉人在准许撤回上诉申请的裁定书送达之前撤回申请的，二审法院应当按照二审程序继续进行审理，并对一审判决另行作出裁决。此外，由于准许撤回上诉的裁定，是基于上诉人对诉权的自由处分而作出的，以送达为生效标志，因此，对准许撤回上诉的裁定不能采用留置送达方式，不能在违背上诉人意愿的情况下使其发生法律效力。

——最高人民法院刑事审判第一庭、第二庭编:《刑事审判参考》2002 年第 6 集（总第 29 集），法律出版社 2003 年版，第 177~180 页。

1778. 关于法定刑以下判处刑罚案件层报复核的程序

关键词

法定刑以下　判处刑罚　层报复核

最高人民法院司法解释

第四百一十四条　报请最高人民法院核准在法定刑以下判处刑罚的案件，应当按照下列情形分别处理：

（一）被告人未上诉、人民检察院未抗诉的，在上诉、抗诉期满后三日以内报请上一级人民法院复核。上级人民法院同意原判的，应当书面层报最高人民法院核准；不同意的，应当裁定发回重新审判，或者按照第二审程序提审；

（二）被告人上诉或者人民检察院抗诉的，上一级人民法院维持原判，或者改判后仍在法定刑以下判处刑罚的，应当依照前项规定层报最高人民法院核准。

——《最高人民法院关于适用〈中华人民共和国刑事诉讼法〉的解释》

（2021 年 1 月 26 日，法释〔2021〕1 号）。

附录：最高人民法院主流观点

《最高人民法院关于适用〈中华人民共和国刑事诉讼法〉的解释》（法释〔2021〕1 号，《刑事诉讼法解释》）第四百一十四条根据司法实践反映的问题对《最高人民法院关于适用〈中华人民共和国刑事诉讼法〉的解释》（法释〔2012〕21 号，以下简称 2012 年《刑事诉讼法解释》）第三百三十六条的规定作出修改完善，规定："报请最高人民法院核准在法定刑以下判处刑罚的案件，应当按照下列情形分别处理：（一）被告人未上诉、人民检察院未抗诉的，在上诉、抗诉期满后三日以内报请上一级人民法院复核。上级人民法院同意原判的，应当书面层报最高人民法院核准；不同意的，应当裁定发回重新审判，或者按照第二审程序提审；（二）被告人上诉或者人民检察院抗诉的，上一级人民法院维持原判，或者改判后仍在法定刑以下判处刑罚的，应当依照前项规定层报最高人民法院核准。"需要注意的是：

（1）关于被告人未上诉、人民检察院未抗诉的情形。2012 年《刑事诉讼法解释》第三百三十六条第一项规定，对此情形，上一级人民法院不同意的，"应当裁定发回重新审判，或者改变管辖按照第一审程序重新审理。原判是基层人民法院作出的，高级人民法院可以指定中级人民法院按照第一审程序重新审理"。讨论中，有意见认为，如果上一级人民法院是高级人民法院，由其按照第一审程序重新审理，则可能导致最高人民法院成为二审法院，似有不妥。另有意见认为，对于原判是基层人民法院作出的，高级人民法院复核认为原判刑罚畸重的，依照原规定，只能发回重审或者指定中级人民法院按照第一审程序重新审理，程序烦琐，不便操作。基于此，宜借鉴死刑复核程序中高级人民法院不同意一审死刑判决的可以依照第二审程序提审的规定，直接作出改判。经研究，采纳上述意见，作出相应调整。

（2）关于被告人上诉、人民检察院未抗诉的情形。有意见认为，此种情形下，第二审人民法院可以直接加重刑罚，或者以量刑过轻为由发回原审人民法院重新审判，原审人民法院不受刑事诉讼法第二百三十七条第一款关于上诉不加刑原则的限制。主要考虑是：法定刑以下判处刑罚案件较为特殊，依法需要层报最高人民法院核准。对于一审在法定刑以下判处刑罚的案件，如果上级法院经复核或者审理认为不符合在法定刑以下判处刑罚的条件，应当允许上级法院改判加刑或者通过发回重审加重刑罚，否则，将会使得一审法院"绑架"上级法院，导致法定刑以下判处刑罚案件的核准程序流于形式，无法发挥监督制约作用。基于上述考虑，《刑事诉讼法解释》第四百一十四条原本拟明确规定，对于法定刑以下判处刑罚的案件，"上级人民法院按照第二审程序改判，或者发回原审人民法院重新审判的，不受刑事诉讼法第二百三十七条第一款规定的限制”。

讨论中，有意见认为，上述规则存在不妥，可能导致适用法定刑以下核准程序案件的被告人反而遭受不利的后果。例如，被告人应当适用的法定最低刑为十年有期徒刑，如果一审对其在法定刑以下判处刑罚，无论人民检察院是否提出抗诉，二审可能对其加重至十二年；但如果一审对其判处法定最低刑十年有期徒刑，则在人民检察院未提出抗诉的情况下，二审无法加重其刑罚。基于此，为避免上述不合理现象，建议明确在人民检察院未抗诉的情况下，第二审人民法院可以加重刑罚，但只能在法定最低刑以下的幅度内加重刑罚，即无论如何，不得加重至法定刑以上的幅度。在法定刑以下判处刑罚的案件固然特殊，但如果被告人上诉，案件就会进入二审程序。二审法院无论改判还是发回重审，都应当遵守上诉不加刑原则，至少需要明确在人民检察院未抗诉的情况下，只能在法定最低刑以下的幅度内加重刑罚。

鉴于对上述问题存在不同认识，《刑事诉讼法解释》第四百一十四条未作规定，待进一步研究、统一认识后再通过其他方式作出明确。

——《刑事诉讼法解释》起草小组：《〈最高人民法院关于适用《中华人民共和国刑事诉讼法》的解释〉理解与适用》，载最高人民法院刑事审判第一、二、三、四、五庭编：《刑事审判参考》（总第 126 辑），人民法院出版社 2021 年版，第 193~195 页。

1779. 法定刑以下判处刑罚案件的程序问题

关键词

法定刑以下　判处刑罚

《刑事审判参考》指导案例

杜中亚、李章舵贪污、非法转让土地使用权、诈骗案（《刑事审判参考》指导案例第 1445 号）

裁判要点：同一案件中有多名被告人的，对其中部分被告人在法定刑以下量刑，应当仅对在法定刑以下判处刑罚的被告人的量刑部分报核；被告人犯数罪的，对其中一罪在法定刑以下量刑，原则上应将被告人所犯该罪的量刑部分层报最高人民法院核准。

（一）同一案件中有多名被告人的，对其中部分被告人在法定刑以下量刑，应当仅对在法定刑以下判处刑罚的被告人的量刑部分报核刑事诉讼法及其解释规定了对被告人在法定刑以下判处刑罚的报送、复核程序，但对于同一案件存在多名被告人，部分在正常幅度内量刑，部分在法定刑以下量刑的情形，是否需要全案报送最高人民法院法院核准未作明确规定，实践中做法不尽统一。

我们认为，对于此种情况，应当仅对在法定刑以下判处刑罚的被告人的量刑部分报核，其他被告人的判决正常生效，不受报核程序的影响。理由如下：

1. 法定刑以下判处刑罚的核准程序是刑事诉讼中一项特殊的审判程序，是对二审终审审级制度的补充。审理法院在没有法定减轻处罚情节的前提下对被告人减轻处罚，本身是对法律的一种突破，为了监督、平衡法院的特殊减轻处罚权，刑法规定此类案件应当层报最高人民法院核准。因此，上级法院和最高人民法院监督、审查的重点是根据案件的具体特殊情况是否应当在法定刑以下判处刑罚，无须再对正常量刑幅度内判处刑罚的同案被告人进行审查。

2. 虽然刑事诉讼法及相关解释没有明文规定此种情况，但可以参照死刑核准程序进行办理。《最高人民法院关于适用〈中华人民共和国刑事诉讼法〉的解释》第四百三十条[①]规定，同案审理的案件中，部分被告人被判处死刑，对未被判处死刑的同案被告人需要羁押执行刑罚的，应当在其判决、裁定生效后十日内交付执行。因而，我们同样有理由认为，法定刑以下判处刑罚的报核程序也不影响同案被告人判决、裁定的生效。并且，相对于死刑核准程序而言，法定刑以下判处刑罚的案件涉及的犯罪事实可能更轻，同案被告人判处的刑罚可能更短，如果都要等到最高人民法院核准后才生效，不仅会影响同案被告人的执行，而且很可能会造成最高人民法院尚未核准，判决的刑期已经届满，导致对同案被告人权利的实质侵犯，也造成下级法院在报核此类案件时多一层顾虑。

本案中，任丘市人民法院作出一审判决，被告人上诉后，沧州市中级人民法院作出二审判决，并依法将案件层报最高人民法院核准。但一、二审对同案被告人李万有、刘松青均是在法定刑幅度内判处刑罚，因而两名同案被告人的定罪、量刑部分在二审判决后已经生效。沧州市中级人民法院仅需对被告人杜中亚、李章舵在法定刑以下量刑部分向河北省高级人民法院、最高人民法院报送核准，而不应将全案一并报核。

（二）被告人犯数罪的，对其中一罪在法定刑以下量刑，原则上应将被告人所犯该罪的量刑部分层报最高人民法院核准

---

① 该处引用的是法释〔2012〕21 号解释，对应 2021 年修正的法释〔2021〕1 号解释第五百一十二条。

本案中，报核的两名被告人分别犯贪污罪、非法转让土地使用权罪和诈骗罪，其中贪污罪、非法转让土地使用权罪是在正常幅度内量刑，只有诈骗罪是在法定刑以下量刑。对于此种被告人犯数罪的，对其中一罪或者部分罪名在法定刑以下量刑的情况，下级法院的报核范围和上级法院的审查范围，存在两种不同意见：

第一种意见认为，对于此种情况，审理案件的法院应当仅就法定刑以下量刑罪名进行报核，对于其他罪名及综合刑期无须报核，上级法院也仅对报核罪名进行审查。

第二种意见认为，下级法院的报核范围和上级法院的审查范围应当是涉案被告人的全部量刑，包括法定刑以下量刑罪名、其他罪名和综合刑期。

我们认为，对于此种情况，原则上审理案件的法院应当将法定刑以下量刑的罪名和综合刑期部分层报最高人民法院核准，但上级法院发现被告人其他罪名在正常幅度内的量刑部分明显不当的，也应当指出。理由如下：

1. 审理法院对法定刑以下量刑罪名进行报核，上级法院就该罪名进行审查是法定刑以下量刑程序的应有之义。同时，对于被告人犯数罪的情况，影响被告人实质刑期的除了单个罪名的判罚，还包括综合刑期的判罚。因此，上级法院不仅需要审查对所涉罪名的量刑是否适当，还需要审查该罪名的量刑在综合刑期中所占比例是否适当。换句话说，在最高人民法院核准被告人所涉罪名在法定刑以下的判罚之前，被告人的综合刑期也不可能生效，最高人民法院的核准判决也必然包括对综合刑期的实质判断。

2. 对于被告人其他罪名在正常幅度内的判罚，原则上属于审理法院的管辖和裁量范围，因而不属于审查、核准的范围。最高人民法院在下发核准裁定时，可以不表述相关罪名的事实及量刑。有观点认为，在无明文规定时，应当参照死刑复核案件裁判文书的样式，而死刑复核裁定书中写明了死刑被告人的非死刑罪名的犯罪事实。我们认为，法定刑以下核准案件与死刑复核案件存在区别：一是法律明文规定死刑复核应当全面审查案件，而对法定刑以下核准案件则无此种规定；二是死刑案件中死刑被告人的非死刑罪名同样影响对该被告人主观恶性、人身危险性的评价，关系到被告人是否被核准死刑的最终裁判结果，因而必须在文书中列明，但是法定刑以下核准案件多是因为一些客观的、特殊的事由、情势出现后导致在正常的量刑幅度内对被告人判处刑罚会显失公平，通常与被告人是否犯其他罪影响不大。因此，通常情况下最高人民法院的核准裁定不必表述非报核罪名的事实及量刑情况。

但是，如果最高人民法院在审查中发现其他罪名的量刑明显不当的，考虑被告人的判决尚未生效，无论从公平正义还是从诉讼经济的角度都应当指出，并可以作出不核准的裁定。

本案第一次报核时，最高人民法院原则上仅对被告人杜中亚、李章舵所犯诈骗罪的量刑进行审查，但在审查过程中发现，在非法转让土地所有权一节，二被告人是将村集体土地转让本村村民作为宅基地使用，且所得收益用于村开支，原一、二审对二被告人所犯非法转让集体土地使用权罪的量刑偏重；且从全案考虑，二被告人经集体决策，为偿还建设村小学所欠债务实施诈骗行为，涉案款项亦主要用于该债务偿还，没有将赃款据为己有，原二审确定的综合刑期偏重。故最高人民法院第一次未核准本案，发回沧州市中级人民法院重审。沧州市中级人民法院调整刑期及其他问题后，将二审判决中杜中亚、李章舵所犯诈骗罪在法定刑以下量刑部分再次层报最高人民法院复核。最高人民法院针对二被告人所犯诈骗罪部分进行详细评析，并作出核准裁定。

——段凰撰稿、于同志审编：《杜中亚、李章舵贪污、非法转让土地使用权、诈骗案——法定刑以下判处刑罚案件的相关程序问题》，载最高人民法院刑事审判第一、二、三、四、五庭编：《刑事审判参考》（总第 129 辑），人民法院出版社 2022 年版，第 90~93 页。

1780. 法定刑以下量刑案件的程序问题

关键词

法定刑以下　量刑

最高人民法院裁判文书

杜中亚、李章舵贪污、非法转让土地使用权、诈骗案［最高人民法院（2020）最高法刑核 45265337 号刑事裁定书］

裁判要旨：同一案件中有多名被告人的，对其中部分被告人在法定刑以下量刑，应当仅对在法定刑以下判处刑罚的被告人的量刑部分报核；被告人犯数罪的，对其中一罪在法定刑以下量刑，原则上应将被告人所犯该罪的量刑部分层报最高人民法院核准。

最高人民法院认为，被告人杜中亚、李章舵以非法占有为目的，共同虚构事实骗取他人财物的行为，依法均已构成诈骗罪。本起犯罪虽系村委会集体决策、实施，二被告人亦未私自占有赃款，但根据《全国人民代表大会常务委员会关于〈中华人民共和国刑法〉第三十条的解释》的规定，公司、企业、事业单位、机关、团体等单位实施刑法规定的危害社会的行为，刑法分则和其他法律未规定追究单位的刑事责任的，对组织、策划、实施该危害社会行为的人依法追究刑事责任，故应以诈骗罪追究二被告人的刑事责任。二被告人诈骗财物59万元，属于数额特别巨大，依法应当在“十年以上有期徒刑或者无期徒刑，并处罚金或者没收财产”的量刑幅度内判处刑罚，但鉴于二被告人犯罪的主观动机是为了解决村内小学建设资金，犯罪所得亦被实际用于学校建设，二被告人的主观恶性和行为的社会危害性均相对较小，因此，对二人可以在上述法定刑幅度以下，即“三年以上十年以下有期徒刑，并处罚金”的量刑幅度内判处刑罚。第一审、第二审判决认定的二被告人犯诈骗罪的事实清楚，证据确实、充分，定罪准确。审判程序合法。第二审判决量刑适当。依照《中华人民共和国刑法》第六十三条第二款和《最高人民法院关于适用〈中华人民共和国刑事诉讼法〉的解释》第三百三十八条之规定，裁定如下：核准沧州市中级人民法院（2019）冀09刑终309号刑事判决中对被告人杜中亚、李章舵均以诈骗罪判处有期徒刑三年，并处罚金人民币五万元的部分。

——最高人民法院刑事审判第一、二、三、四、五庭编：《刑事审判参考》（总第129辑），人民法院出版社2022年版，第255~256页。

1781. 出庭支持抗诉的检察人员超出抗诉书范围提出抗诉意见的处理

关键词

抗诉意见　超出抗诉书范围

《刑事审判参考》指导案例

李林故意杀人案（《刑事审判参考》指导案例第222号）

裁判要点：人民法院对于出庭支持抗诉的检察人员超出抗诉书范围提出的抗诉意见不应采纳。

三、人民法院对于出庭支持抗诉的检察人员超出抗诉书范围提出的抗诉意见不应采纳

司法实践中，如果检察人员在二审法庭上发表的抗诉意见超出抗诉书范围，人民法院应当如何处理？法律对此没有明确规定。对此，二审法院可以依据《刑事诉讼法》有关规定的精神，以切实保障被告人充分有效行使辩护权和有利于司法公正为原则，区别情况作出处理。其中，对于出庭检察人员超出抗诉书范围当庭发表的新的不利于被告人的抗诉主张，法庭应不予采纳。

所谓超出抗诉书范围，主要指当庭提出的与抗诉书所载抗诉主张不一致的即新的抗诉主张，如更换罪名或追加、减少罪名或新的量刑主张。值得注意的是，有时出庭检察人员当庭发表的新的抗诉主张相比较，可能更有利于被告人，即使这样，二审法院一般也不宜作为抗诉意见直接采纳。因为，检察机关提出的抗诉意见究竟是否有利于被告人，只是对上下级检察机关的不同抗诉主张进行比较而言的。对被告人来讲，未必是正确的，被告人也未必接受。比如，抗诉书提出被告人的犯罪行为构成抢劫罪的抗诉意见，出席二审法庭的检察人员却主张被告人的行为构成盗窃罪。表面看来，出庭检察人员发表的抗诉意见有利于被告人。但是，被告人及辩护人还可能认为被告人无罪。因此，无论属于哪种情形，被告人均需要进行充分的辩护准备。而对于检察人员在法庭上提出的新的抗诉意见，被告人是无法进行准备的。如果人民法院采纳此种意见，就会限制甚至剥夺被告人对超越抗诉书范围的新的辩护意见的辩护权，不仅最终影响公正审判，而且与我们充分尊重、切实保障被告人辩护权的立法精神相悖。但是，在不影响被告人辩护权的前提下，人民法院对于检察人员当庭发表的正确意见也可以“采纳”，但这种“采纳”不是对抗诉意见的采纳，而仅仅是对一种正确意见的吸收。如果出席二审法庭的检察人员仅仅是对抗诉书所载的抗诉理由进行补充或对不妥当之处进行修改，未提出新的抗诉主张，则不属于超越抗诉书范围。

——最高人民法院刑事审判第一庭、第二庭编：《刑事审判参考》2003 年第 1 集（总第 30 集），法律出版社 2003 年版，第 24~25 页。

1782. 二审期间上级检察机关提出不同于下级意见的处理

关键词

检察机关　上下级意见不同

《刑事审判参考》指导案例

王建辉、王小强等故意杀人、抢劫案（《刑事审判参考》指导案例第 380 号）

裁判要点：在二审期间，上级公诉机关提出不同于下级公诉机关的公诉意见，应当以上级公诉机关的意见为最后意见。

在二审期间，上级公诉机关提出不同于下级公诉机关的公诉意见，应当以上级公诉机关的意见为最后意见。二审法院在开庭审理王建辉等故意杀人、抢劫、故意伤害一案中，天津市人民检察院出庭提出，一审认定被告人王建辉强奸犯罪的证据不足。进入二审程序后，上级公诉机关与下级公诉机关就此问题出现截然不同的意见，这在司法实践中是不多见的。法院在此问题的处理上出现了两种不同的意见。第一种意见认为，应对案件进行实体上的审理。查明被告人王建辉的强奸犯罪是否属实，然后按被告人王建辉是否犯有强奸罪的具体情况作出裁判；第二种意见认为，依照《刑事诉讼法》进行程序上的审理。当控辩双方就同一犯罪一致持否定意见时，人民法院应撤销对此事实的认定，不予审理。我们同意第二种意见。理由是，《人民检察院刑事诉讼规则》第7条规定："在刑事诉讼中，上级人民检察院对下级人民检察院作出的决定，有权予以撤销或者变更；发现下级人民检察院已办结的案件有错误的，有权指令下级人民检察院纠正。"因此，上级公诉机关与下级公诉机关对案件事实的认定意见不一致时，人民法院应以上级公诉机关的意见作为参加诉讼的公诉意见。上级公诉机关否认了下级公诉机关对某一犯罪的认定，就是撤销了国家对被告人此种"犯罪"的追诉。换言之，审判机关对上下级公诉机关不一致的意见，只能以上级公诉机关的意见作为公诉意见，依法没有取舍的余地。其次，在刑事诉讼中，就同一犯罪事实公诉方不同意追诉，而被告人又不承认犯罪的情况下，则不成立诉讼，人民法院不能在没有诉辩双方参与的情况下进行审判和裁决，否则作出的判决缺乏诉讼前提和程序上的基础，是明显违反诉讼程序的。二审法院采纳了天津市人民检察院的意见，撤销一审法院对王建辉犯强奸罪的认定和判决，是正确的。

——最高人民法院刑事审判第一、二、三、四、五庭主办：《刑事审判参考》2006年第1集（总第48集），法律出版社2006年版，第21~22页。

1783. 上诉发回重审案件重审判决后确需改判的应当通过何种程序进行

关键词

发回重审　改判

最高人民法院答复

上海市高级人民法院：

你院沪高法〔2013〕279号《关于上诉发回重审案件重审判决后确需改判的应当通过何种程序进行的请示》收悉。经研究，答复如下：

根据刑事诉讼法第二百二十六条第一款规定，对被告人上诉、人民检察院未提出抗诉的案件，第二审人民法院发回原审人民法院重新审判的，只要人民检察院没有补充起诉新的犯罪事实，原审人民法院不得加重被告人的刑罚。原审人民法院对上诉发回重新审判的案件依法作出维持原判的判决后，人民检察院抗诉的，第二审人民法院也不得改判加重被告人的刑罚。

此复

——《最高人民法院研究室关于上诉发回重审案件重审判决后确需改判的应当通过何种程序进行的答复》（2014 年 2 月 24 日，法研〔2014〕26 号）。

1784. 关于上诉不加刑原则的把握

关键词

上诉不加刑

最高人民法院司法解释

第四百零一条　审理被告人或者其法定代理人、辩护人、近亲属提出上诉的案件，不得对被告人的刑罚作出实质不利的改判，并应当执行下列规定：

（一）同案审理的案件，只有部分被告人上诉的，既不得加重上诉人的刑罚，也不得加重其他同案被告人的刑罚；

（二）原判认定的罪名不当的，可以改变罪名，但不得加重刑罚或者对刑罚执行产生不利影响；

（三）原判认定的罪数不当的，可以改变罪数，并调整刑罚，但不得加重决定执行的刑罚或者对刑罚执行产生不利影响；

（四）原判对被告人宣告缓刑的，不得撤销缓刑或者延长缓刑考验期；

（五）原判没有宣告职业禁止、禁止令的，不得增加宣告；原判宣告职业禁止、禁止令的，不得增加内容、延长期限；

（六）原判对被告人判处死刑缓期执行没有限制减刑、决定终身监禁的，不得限制减刑、决定终身监禁；

（七）原判判处的刑罚不当、应当适用附加刑而没有适用的，不得直接加重刑罚、适用附加刑。原判判处的刑罚畸轻，必须依法改判的，应当在第二审判决、裁定生效后，依照审判监督程序重新审判。

人民检察院抗诉或者自诉人上诉的案件，不受前款规定的限制。

——《最高人民法院关于适用〈中华人民共和国刑事诉讼法〉的解释》（2021 年 1 月 26 日，法释〔2021〕1 号）。

附录：最高人民法院主流观点

《最高人民法院关于适用〈中华人民共和国刑事诉讼法〉的解释》（法

释〔2021〕1号）第四百零一条规定："审理被告人或者其法定代理人、辩护人、近亲属提出上诉的案件，不得对被告人的刑罚作出实质不利的改判，并应当执行下列规定：（一）同案审理的案件，只有部分被告人上诉的，既不得加重上诉人的刑罚，也不得加重其他同案被告人的刑罚；（二）原判认定的罪名不当的，可以改变罪名，但不得加重刑罚或者对刑罚执行产生不利影响；（三）原判认定的罪数不当的，可以改变罪数，并调整刑罚，但不得加重决定执行的刑罚或者对刑罚执行产生不利影响；（四）原判对被告人宣告缓刑的，不得撤销缓刑或者延长缓刑考验期；（五）原判没有宣告职业禁止、禁止令的，不得增加宣告；原判宣告职业禁止、禁止令的，不得增加内容、延长期限；（六）原判对被告人判处死刑缓期执行没有限制减刑、决定终身监禁的，不得限制减刑、决定终身监禁；（七）原判判处的刑罚不当、应当适用附加刑而没有适用的，不得直接加重刑罚、适用附加刑。原判判处的刑罚畸轻，必须依法改判的，应当在第二审判决、裁定生效后，依照审判监督程序重新审判。""人民检察院抗诉或者自诉人上诉的案件，不受前款规定的限制。"该条第一款所列情形只是提示规则，并未囊括司法实践的所有情形，仅针对当前反映比较突出的问题作了相应规定。主要考虑如下：

（1）关于第二项。《刑法》第八十一条第二款规定："对累犯以及因故意杀人、强奸、抢劫、绑架、放火、爆炸、投放危险物质或者有组织的暴力性犯罪被判处十年以上有期徒刑、无期徒刑的犯罪分子，不得假释。"据此，实践中可能存在二审改变一审认定的罪名，并未加重刑罚，但对刑罚执行产生不利影响。例如，二审将一审认定的盗窃罪改判为抢劫罪，仍维持十二年有期徒刑的刑罚，但对二审改判的罪名不得假释，对被告人产生不利影响。基于此，第二项专门增加了不得"对刑罚执行产生不利影响"的限制。

（2）关于第三项。《最高人民法院关于适用〈中华人民共和国刑事诉讼法〉的解释》（法释〔2012〕21号）第三百二十五条[①]第一款第三项规定："原判对被告人实行数罪并罚的，不得加重决定执行的刑罚，也不得加重数罪中某罪的刑罚。"经研究认为，这一规则过于绝对和烦琐，不利于司法实践操作，宜作出调整。例如，一审认定两个罪名，分别判处五年和三年有期徒刑，数罪并罚决定执行七年有期徒刑。按照原有规则，既不能加重总和刑期，也不能加重数罪中某罪的刑期。经研究认为，上诉不加刑是指不能使上诉人遭致不利的刑罚，偏重于决定执行的刑罚。因此，此种情况下，在决定执行的刑罚不变和对刑法执行不产生不利影响时，应当允许加重数罪中某罪的刑罚。基于此，作出相应调整。实践中，还存在两种实质上对上诉人有利的调整罪

① 本条现为《最高人民法院关于适用〈中华人民共和国刑事诉讼法〉的解释》（法释〔2021〕21号）第四百零一条。

数的情形：一是原判对被告人判处一罪的，不得改判为数罪；但是，在认定的犯罪事实不变的情况下，改判数罪后决定执行的刑罚低于原判刑罚的，可以改判为数罪。二是原判对被告人实行数罪并罚的，在认定的犯罪事实不变的情况下，改判为一罪的，在对刑罚执行无不利影响的情况下，可以在不超过原判决定执行刑罚的情况下加重其中某一罪刑罚。对此，《最高人民法院研究室关于上诉不加刑原则具体运用有关问题的答复》（法研〔2014〕6号）规定："对于原判数罪并罚的上诉案件，在不超过原判决定执行的刑罚，且对刑罚执行也无不利影响的情况下，可以将其中两个或者两个以上的罪名改判为一罪并加重该罪的刑罚。"例如，一审认定被告人犯盗窃罪，判处有期徒刑五年，犯抢劫罪，判处有期徒刑五年，数罪并罚，决定执行有期徒刑八年。二审认定的犯罪事实与一审相同，但是对行为性质的评价发生变化，认为抢劫相关事实应当评价为盗窃。此种情形下，改判盗窃一罪，可以在五年以上八年以下的幅度内裁量刑罚。同为八年有期徒刑，如果是因为数罪被判处的，较之一罪被判处的，在减刑、假释时对被告人更为不利。因此，上述改判不违反上诉不加刑原则。基于上述考虑，形成第三项"原判认定的罪数不当的，可以改变罪数，并调整刑罚，但不得加重决定执行的刑罚或者对刑罚执行产生不利影响"规定。

（3）关于第四项。讨论中，有意见提出，第四项规定"原判对被告人宣告缓刑的，不得撤销缓刑"，但实践中可能存在二审期间被告人不认罪等不符合缓刑适用条件的情形。此种情况下如继续适用缓刑，可能危害社会。经研究认为，目前仍只能严格执行这一规定，确有必要的，通过审判监督程序予以纠正。

（4）关于第七项。讨论中，有意见提出，原判事实清楚，证据确实、充分，但适用法律错误的，如认定自首有误、应当剥夺政治权利而未剥夺政治权利等，如何处理，建议作出明确。经研究认为，上述情形或者属于因法律适用错误导致刑罚畸轻，或者属于因法律认识错误而没有适用附加刑，根据上诉不加刑原则，只能予以维持。需要注意的是，就司法实践操作而言，二审应当在裁判文书中写明一审判决存在的适用法律错误，从而导致判处的刑罚畸轻、应当适用附加刑而没有适用的结果，但是，根据上诉不加刑原则的规定，维持一审判处的刑罚不变。讨论中，对于第七项的处理规则本身也存在异议，有意见认为，此种情形下，二审维持原判是根据上诉不加刑原则作出的裁定，依据刑事诉讼法的规定，并无错误。而根据刑事诉讼法关于审判监督程序的规定，针对生效判决、裁定的再审限于"确有错误"的情形。上述情形明显不符合这一规定，依法也不得启动审判监督程序。基于实事求是的考虑，本条第一款第七项作了微调，将依法通过审判监督程序进行改判限定为在"原判判处的刑罚畸轻，必须依法改判的"情形，对于原判刑罚不当，但尚未达到畸轻程度的，如漏判附加剥夺政治权利，对本应在“三年以上七年以下有期徒刑”的幅度内判处三年六个月有期徒刑的案件判处二年六个月有期徒刑的，基于裁判稳定的考虑，一般不再启动审判监督程序。

（5）征求意见过程中，有意见提出，实践中有几种情况建议明确：对于改变罪数后，附加刑必须改变的如何处理？例如，一审认定被告人构成数罪，判处附加刑罚金五万元，二审改判为一罪的，但附加刑规定为“并处没收财产”。此种情况下，罚金五万元是否可以改为没收财产五万元？经研究认为，所涉问题较为复杂，不宜一概而论，宜坚持实质判断的原则。如果在主刑方面给予较大幅度的减轻，则适当增加附加刑，应当是允许的；但是，在主刑维持不变的情况下，原则上不宜加重附加刑，通常也不宜将罚金调整为没收财产，更不应作出主刑稍微减轻、附加刑大幅加重，对被告人实质明显不利的调整。

——《刑事诉讼法解释》起草小组：《〈最高人民法院关于适用《中华人民共和国刑事诉讼法》的解释〉理解与适用》，载最高人民法院刑事审判第一、二、三、四、五庭编：《刑事审判参考》（总第126辑），人民法院出版社2021年版，第187~190页。

1785. 判决结果与一审相同，但定罪量刑依据的部分事实发生变化的二审裁判方式

关键词

部分事实变化　裁判方式

《刑事审判参考》指导案例

贺淑华非法行医案（《刑事审判参考》指导案例第421号）

裁判要点：对于二审认定的部分事实发生变化，但定罪量刑与一审相同的案件，是否采用二审判决书予以改判，应该以变化部分的事实是否影响案件实体处理为准。如果发生变化的部分事实，不影响案件实体处理的，则无须改判，可以按照第一种处理方式，用裁定书驳回上诉，维持原判；如果发生变化的部分事实，影响到案件实体处理，则应当按照第三种处理方式用判决书进行改判。

我们认为，二审改判制作的刑事判决书，是二审法院根据二审查实的案情和有关刑事法律的规定，确认原判决在认定事实、适用法律或者定罪量刑

等案件的实体问题上有错误，从而依法作出全部或部分改判的法律文书。因此，对于二审认定的部分事实发生变化，但定罪量刑与一审相同的案件，是否采用二审判决书予以改判，应该以变化部分的事实是否影响案件实体处理为准。如果发生变化的部分事实，不影响案件实体处理的，则无须改判，可以按照第一种处理方式，用裁定书驳回上诉，维持原判；如果发生变化的部分事实，影响到案件实体处理，则应当按照第三种处理方式用判决书进行改判。

就本案而言，一审认定被告人非法行医造成就诊人和胎儿死亡，而二审只能认定被告人非法行医造成就诊人死亡的事实，不能认定被告人非法行医致胎儿死亡的事实。二审认定的犯罪行为危害后果轻于一审，一般情况下，二审可以据此在一审基础上减轻被告人的刑罚，所以胎儿死亡这一事实影响到本案的实体处理，二审应当用判决书对该部分事实进行改判。由于本案的原判刑罚已经是法定起点刑，被告人又无法定减轻情节，二审不能在一审基础上再予以减轻处罚，故应当判决维持原判的定罪和量刑。不能因为二审认定的罪名和裁量的刑罚与一审相同，就用裁定书予以维持。对于类似案件，均应当按照上述第三种处理方式，用判决书予以改判。

——最高人民法院刑事审判第一、二、三、四、五庭主办：《刑事审判参考》2006 年第 6 集（总第 53 集），法律出版社 2007 年版，第 57~58 页。

1786. 人民检察院对基层人民法院判处有期徒刑的案件提起抗诉的，第二审法院不能直接改判无期徒刑

关键词

抗诉　改判

附录：《刑事审判参考》编辑部答疑

问题： 基层人民法院判处被告人有期徒刑的案件，人民检察院认为量刑过轻，提起抗诉；二审人民法院经审理，认为应当对被告人判处无期徒刑。那么，二审人民法院能否直接改判无期徒刑？

《刑事审判参考》编辑部认为：基层人民法院判处被告人有期徒刑的案件，人民检察院提起抗诉，二审人民法院经审理，认为应当对被告人判处无期徒刑的，二审法院不能直接改判无期徒刑。理由如下：

首先，根据《刑事诉讼法》的规定，可能判处无期徒刑、死刑的第一审普通刑事案件由中级人民法院管辖，基层人民法院只能管辖上级人民法院管辖之外的第一审普通刑事案件。如果二审法院直接改判，意味着二审法院在

二审程序的审理中，对依照法律本来不是自己二审的案件进行了审理，等于默认了基层人民法院对可能判处无期徒刑刑事案件的管辖权，同时也侵犯了中级人民法院对可能判处无期徒刑刑事案件的管辖权和高级人民法院对该类案件二审的审判权。从某种意义上来讲，这就违反了我国《刑事诉讼法》的规定。因此，二审法院不能直接改判。

其次，二审人民法院对人民检察院提起抗诉的案件，经审理认为应当判处无期徒刑的，表明基层人民法院审理了其无权管辖的案件，即基层人民法院审理一审刑事案件违反了刑事诉讼法中有关管辖的规定，属于《刑事诉讼法》第 191 条第（5）项规定的“其他违反法律规定的诉讼程序，可能影响公正审判的情形”。因此，二审法院可以参照《刑事诉讼法》第 191 条的规定，裁定撤销原判，发回原审人民法院。需要说明的是，这里的发回原审人民法院，不是由原审基层人民法院重新审理，因为基层人民法院对可能判处无期徒刑的刑事一审案件没有管辖权。

综上，人民检察院对基层人民法院判处有期徒刑的案件提起抗诉，二审法院经审理认为应当判处无期徒刑的，不能直接改判无期徒刑。二审法院应当参照《刑事诉讼法》第 191 条（现行刑事诉讼法第二百二十七条，编者注）的规定，裁定撤销原判，发回原审人民法院；原审人民法院应当按照《刑事诉讼法》中有关管辖的规定，将该案移送到有管辖权的人民法院审理。在具体操作上，二审法院应当向原审人民法院下达将案件移送中级人民法院的决定书，并且应当书面通知同级人民检察院。

——最高人民法院刑事审判第一庭、第二庭编：《刑事审判参考》2005 年第 2 集（总第 43 集），法律出版社 2005 年版，第 205~206 页。

1787. 二审期间被告人退赃的处理

关键词

二审案件　被告人退赃

附录：司法信箱

问题：在我院审理被告人陈某盗窃一案过程中，被告人拒不退赃，我院依法作出一审判决，被告人在法定期间提出上诉。在二审审理期间，被告人及亲属退清全部赃款。据此，二审法院认定被告人积极退赃，应依法从轻处罚，一审法院对被告人的量刑偏重，并作了改判。请问：被告人在二审期间退赃，能否认定被告人具有从轻情节？二审法院能否据此对一审法院的判决进行改判？

《人民司法》研究组认为：根据来信提供的情况分析，被告人在二审期间退清全部赃款，并且第二审人民法院依法予以收缴的，如果一审判决以退赃问题作为从重处罚的情节之一，对被告人判处刑罚的，二审期间可以根据被告人的退赃表现并结合案件的其他情况，对被告人酌情予以从轻处罚，对一审判决予以改判。

——《人民司法》1997 年第 8 期（总第 403 期）。

1788. 高级人民法院对于最高人民法院以不应当判处死刑为由发回改判的案件，不必再听取辩护律师和检察机关的意见

关键词

发回改判

最高人民法院司法解释

第四百三十四条 死刑复核期间，辩护律师要求当面反映意见的，最高人民法院有关合议庭应当在办公场所听取其意见，并制作笔录；辩护律师提出书面意见的，应当附卷。

——《最高人民法院关于适用〈中华人民共和国刑事诉讼法〉的解释》（2021 年 1 月 26 日，法释〔2021〕1 号）。

附录：最高人民法院主流观点

高级人民法院对于最高人民法院以不应当判处死刑为由发回改判的案件，是否还要听取辩护律师和检察机关的意见？经研究认为，高级人民法院在此阶段没有必要再听取辩护律师和检察机关的意见。主要理由是：第一，对于发回重审的案件，高级人民法院在报送核准之前已经依照法律规定适用二审程序审理，并已充分听取检察机关和辩护律师的意见，没有必要重复听取。第二，最高人民法院以不应当判处死刑为由发回重审，意味着高级人民法院应当改判死缓甚至更轻的刑罚，判决结果有利于被告人，不听取控辩双方意见不会影响对被告人权利的保护。第三，最高人民法院发回重审后，高级人民法院再次适用的二审程序具有一定特殊性，不须完全按照报核前的二审程序操作。

——江必新主编：《最高人民法院刑事诉讼法司法解释理解与适用》，人民法院出版社 2015 年版，第 962 页。

第二十四章　死刑复核程序

1789. 加强统筹，认真做好死缓二审案件开庭审理工作

关键词

死刑缓期执行　开庭审理

最高人民法院司法政策精神

二、加强统筹，认真做好死缓二审案件开庭审理工作

刑事诉讼法规定，被告人被判处死刑的上诉案件，人民法院应当组成合议庭开庭审理。为严格落实刑事诉讼法，新刑事诉讼法解释规定，自今年3月1日起，死刑缓期二年执行第二审案件一律开庭审理。在此，我强调几个问题。

一要充分认识死缓二审案件开庭的重大意义。推动死缓二审案件一律开庭审理，是人民法院学习贯彻习近平法治思想、深入推进全面依法治国的重要举措，是严格执行刑法、刑事诉讼法的重要举措，是进一步完善审判程序、保证死缓案件质量的重要举措。目前来看，死缓案件存在的问题还不少，特别是少数因证据问题判处死缓的案件，存在酿成冤错案件的现实风险。高级人民法院要深刻认识做好死缓二审案件开庭审理工作的重大意义，切实增强责任感和紧迫感，精心组织，周密部署，确保相关工作要求有条不紊落实到位。

二要严格依法做好死缓二审案件开庭审理工作，确保案件质量。开庭审理死缓二审案件，应当严格依照刑事诉讼法及司法解释的规定，对一审判决认定的事实、证据和适用法律进行全面审查，在此基础上，重点审查对一审判决有争议的问题或者有疑问的部分。要进一步推进庭审实质化，参照死刑二审案件开庭的经验做法，完善死缓二审案件开庭的审理程序和方式，确保庭审质量，确保死缓判决的公正和慎重。

三要大力推进远程视频提讯、开庭系统建设使用。要在依法保障当事人诉讼权利和庭审质量的基础上，积极运用智慧法院建设成果，对案情相对简

单、事实清楚、证据确实、充分的死缓二审案件采取远程视频方式提讯、开庭，提高办案效率。最高人民法院去年对推进疫情防控常态化下提讯等工作专门印发了通知，今年 4 月又召开了全国法院远程视频提讯机制建设推进会，大力推动在看守所建设远程视频提讯系统。截至 6 月 30 日，全国各地已投入使用且有提讯、开庭需求的 2427 家看守所中，2411 家已完成远程视频提讯系统建设，覆盖率达 99%。这一成果来之不易，是全国各级法院高度重视、多措并举、共同努力的结果，工作成绩值得充分肯定。

——《最高人民法院党组成员、副院长李少平在全国法院刑事审判工作座谈会上的讲话（节选）》，载最高人民法院刑事审判第一、二、三、四、五庭编:《刑事审判参考》总第 130 辑，人民法院出版社 2022 年版，第 166~168 页。

1790. 严格依法办案确保办理死刑案件质量

关键词

死刑案件　审判质量

最高人民法院司法政策精神

二、办理死刑案件应当遵循的原则要求

（一）坚持惩罚犯罪与保障人权相结合

3. 我国目前正处于全面建设小康社会、加快推进社会主义现代化建设的重要战略机遇期，同时又是人民内部矛盾凸显、刑事犯罪高发、对敌斗争复杂的时期，维护社会和谐稳定的任务相当繁重，必须继续坚持“严打”方针，正确运用死刑这一刑罚手段同严重刑事犯罪作斗争，有效遏制犯罪活动猖獗和蔓延势头。同时，要全面落实“国家尊重和保障人权”宪法原则，切实保障犯罪嫌疑人、被告人的合法权益。坚持依法惩罚犯罪和依法保障人权并重，坚持罪刑法定、罪刑相适应、适用刑法人人平等和审判公开、程序法定等基本原则，真正做到有罪依法惩处，无罪不受刑事追究。

（二）坚持保留死刑，严格控制和慎重适用死刑

4.“保留死刑，严格控制死刑”是我国的基本死刑政策。实践证明，这一政策是完全正确的，必须继续贯彻执行。要完整、准确地理解和执行“严打”方针，依法严厉打击严重刑事犯罪，对极少数罪行极其严重的犯罪分子，坚决依法判处死刑。我国现在还不能废除死刑，但应逐步减少适用，凡是可杀可不杀的，一律不杀。办理死刑案件，必须根据构建社会主义和谐社会和维护社会稳定的要求，严谨审慎，既要保证根据证据正确认定案件事实，杜绝

冤错案件的发生，又要保证定罪准确，量刑适当，做到少杀、慎杀。

（三）坚持程序公正与实体公正并重，保障犯罪嫌疑人、被告人的合法权利

5. 人民法院、人民检察院和公安机关进行刑事诉讼，既要保证案件实体处理的正确性，也要保证刑事诉讼程序本身的正当性和合法性。在侦查、起诉、审判等各个阶段，必须始终坚持依法进行诉讼，坚决克服重实体、轻程序，重打击、轻保护的错误观念，尊重犯罪嫌疑人、被告人的诉讼地位，切实保障犯罪嫌疑人、被告人充分行使辩护权等诉讼权利，避免因剥夺或者限制犯罪嫌疑人、被告人的合法权利而导致冤错案件的发生。

（四）坚持证据裁判原则，重证据、不轻信口供

6. 办理死刑案件，要坚持重证据、不轻信口供的原则。只有被告人供述，没有其他证据的，不能认定被告人有罪；没有被告人供述，其他证据确实充分的，可以认定被告人有罪。对刑讯逼供取得的犯罪嫌疑人供述、被告人供述和以暴力、威胁等非法方法收集的被害人陈述、证人证言，不能作为定案的根据。对被告人作出有罪判决的案件，必须严格按照《刑事诉讼法》第162条的规定，做到"事实清楚，证据确实、充分"。证据不足，不能认定被告人有罪的，应当作出证据不足、指控的犯罪不能成立的无罪判决。

（五）坚持宽严相济的刑事政策

7. 对死刑案件适用刑罚时，既要防止重罪轻判，也要防止轻罪重判，做到罪刑相当，罚当其罪，重罪重判，轻罪轻判，无罪不罚。对罪行极其严重的被告人必须依法惩处，严厉打击；对具有法律规定"应当"从轻、减轻或者免除处罚情节的被告人，依法从宽处理；对具有法律规定"可以"从轻、减轻或者免除处罚情节的被告人，如果没有其他特殊情节，原则上依法从宽处理；对具有酌定从宽处罚情节的也依法予以考虑。

三、认真履行法定职责，严格依法办理死刑案件

（一）侦查

8. 侦查机关应当依照《刑事诉讼法》、司法解释及其他有关规定所规定的程序，全面、及时收集证明犯罪嫌疑人有罪或者无罪、罪重或者罪轻等涉及案件事实的各种证据，严禁违法收集证据。

9. 对可能属于精神病人、未成年人或者怀孕的妇女的犯罪嫌疑人，应当及时进行鉴定或者调查核实。

10. 加强证据的收集、保全和固定工作。对证据的原物、原件要妥善保管，不得损毁、丢失或者擅自处理。对与查明案情有关需要鉴定的物品、文件、电子数据、痕迹、人身、尸体等，应当及时进行刑事科学技术鉴定，并将鉴定报告附卷。涉及命案的，应当通过被害人近亲属辨认、DNA鉴定、指纹鉴定等方式确定被害人身份。对现场遗留的与犯罪有关的具备同一认定检

验鉴定条件的血迹、精斑、毛发、指纹等生物物证、痕迹、物品，应当通过DNA 鉴定、指纹鉴定等刑事科学技术鉴定方式与犯罪嫌疑人的相应生物检材、生物特征、物品等作同一认定。侦查机关应当将用作证据的鉴定结论告知犯罪嫌疑人、被害人。如果犯罪嫌疑人、被害人提出申请，可以补充鉴定或者重新鉴定。

11. 提讯在押的犯罪嫌疑人，应当在羁押犯罪嫌疑人的看守所内进行。严禁刑讯逼供或者以其他非法方法获取供述。讯问犯罪嫌疑人，在文字记录的同时，可以根据需要录音录像。

12. 侦查人员询问证人、被害人，应当依照《刑事诉讼法》第 97 条的规定进行。严禁违法取证，严禁暴力取证。

13. 犯罪嫌疑人在被侦查机关第一次讯问后或者采取强制措施之日起，聘请律师或者经法律援助机构指派的律师为其提供法律咨询、代理申诉、控告的，侦查机关应当保障律师依法行使权利和履行职责。涉及国家秘密的案件，犯罪嫌疑人聘请律师或者申请法律援助，以及律师会见在押的犯罪嫌疑人，应当经侦查机关批准。律师发现有刑讯逼供情形的，可以向公安机关、人民检察院反映。

14. 侦查机关将案件移送人民检察院审查起诉时，应当将包括第一次讯问笔录及勘验、检查、搜查笔录在内的证明犯罪嫌疑人有罪或者无罪、罪重或者罪轻等涉及案件事实的所有证据一并移送。

15. 对于可能判处死刑的案件，人民检察院在审查逮捕工作中应当全面、客观地审查证据，对以刑讯逼供等非法方法取得的犯罪嫌疑人供述、被害人陈述、证人证言应当依法排除。对侦查活动中的违法行为，应当提出纠正意见。

（二）提起公诉

16. 人民检察院要依法履行审查起诉职责，严格把握案件的法定起诉标准。

17. 人民检察院自收到移送审查起诉的案件材料之日起三日以内，应当告知犯罪嫌疑人有权委托辩护人；犯罪嫌疑人经济困难的，应当告知其可以向法律援助机构申请法律援助。辩护律师自审查起诉之日起，可以查阅、摘抄、复制本案的诉讼文书、技术性鉴定材料，可以同在押的犯罪嫌疑人会见和通信。其他辩护人经人民检察院许可，也可以查阅、摘抄、复制上述材料，同在押的犯罪嫌疑人会见和通信。人民检察院应当为辩护人查阅、摘抄、复制材料提供便利。

18. 人民检察院审查案件，应当讯问犯罪嫌疑人，听取被害人和犯罪嫌疑人、被害人委托的人的意见，并制作笔录附卷。被害人和犯罪嫌疑人、被害人委托的人在审查起诉期间没有提出意见的，应当记明附卷。人民检察院对证人证言笔录存在疑问或者认为对证人的询问不具体或者有遗漏的，可以对证人进行询问并制作笔录。

19. 人民检察院讯问犯罪嫌疑人时，既要听取犯罪嫌疑人的有罪供述，又要听取犯罪嫌疑人无罪或罪轻的辩解。犯罪嫌疑人提出受到刑讯逼供的，可以要求侦查人员作出说明，必要时进行核查。对刑讯逼供取得的犯罪嫌疑人供述和以暴力、威胁等非法方法收集的被害人陈述、证人证言，不能作为指控犯罪的根据。

20. 对可能属于精神病人、未成年人或者怀孕的妇女的犯罪嫌疑人，应当及时委托鉴定或者调查核实。

21. 人民检察院审查案件的时候，对公安机关的勘验、检查，认为需要复验、复查的，应当要求公安机关复验、复查，人民检察院可以派员参加；也可以自行复验、复查，商请公安机关派员参加，必要时也可以聘请专门技术人员参加。

22. 人民检察院对物证、书证、视听资料、勘验、检查笔录存在疑问的，可以要求侦查人员提供获取、制作的有关情况。必要时可以询问提供物证、书证、视听资料的人员，对物证、书证、视听资料委托进行技术鉴定。询问过程及鉴定的情况应当附卷。

23. 人民检察院审查案件的时候，认为事实不清、证据不足或者遗漏罪行、遗漏同案犯罪嫌疑人等情形，需要补充侦查的，应当提出需要补充侦查的具体意见，连同案卷材料一并退回公安机关补充侦查。公安机关应当在一个月以内补充侦查完毕。人民检察院也可以自行侦查，必要时要求公安机关提供协助。

24. 人民检察院对案件进行审查后，认为犯罪嫌疑人的犯罪事实已经查清，证据确实、充分，依法应当追究刑事责任的，应当作出起诉决定。具有下列情形之一的，可以确认犯罪事实已经查清：（1）属于单一罪行的案件，查清的事实足以定罪量刑或者与定罪量刑有关的事实已经查清，不影响定罪量刑的事实无法查清的；（2）属于数个罪行的案件，部分罪行已经查清并符合起诉条件，其他罪行无法查清的；（3）作案工具无法起获或者赃物去向不明，但有其他证据足以对犯罪嫌疑人定罪量刑的；（4）证人证言、犯罪嫌疑人的供述和辩解、被害人陈述的内容中主要情节一致，只有个别情节不一致且不影响定罪的。对于符合第（2）项情形的，应当以已经查清的罪行起诉。

25. 人民检察院对于退回补充侦查的案件，经审查仍然认为不符合起诉条件的，可以作出不起诉决定。具有下列情形之一，不能确定犯罪嫌疑人构成犯罪和需要追究刑事责任的，属于证据不足，不符合起诉条件：（1）据以定罪的证据存在疑问，无法查证属实的；（2）犯罪构成要件事实缺乏必要的证据予以证明的；（3）据以定罪的证据之间的矛盾不能合理排除的；（4）根据证据得出的结论具有其他可能性的。

26. 人民法院认为人民检察院起诉移送的有关材料不符合《刑事诉讼法》第 150 条规定的条件，向人民检察院提出书面意见要求补充提供的，人民检察院应当在收到通知之日起三日以内补送。逾期不能提供的，人民检察院应当作出书面说明。

（三）辩护、提供法律帮助

27. 律师应当恪守职业道德和执业纪律，办理死刑案件应当尽职尽责，做好会见、阅卷、调查取证、出庭辩护等工作，提高辩护质量，切实维护犯罪嫌疑人、被告人的合法权益。

28. 辩护律师经证人或者其他有关单位和个人同意，可以向他们收集证明犯罪嫌疑人、被告人无罪或者罪轻的证据，申请人民检察院、人民法院收集、调取证据，或者申请人民法院通知证人出庭作证，也可以申请人民检察院、人民法院依法委托鉴定机构对有异议的鉴定结论进行补充鉴定或者重新鉴定。对于辩护律师的上述申请，人民检察院、人民法院应当及时予以答复。

29. 被告人可能被判处死刑而没有委托辩护人的，人民法院应当通过法律援助机构指定承担法律援助义务的律师为其提供辩护。法律援助机构应当在收到指定辩护通知书三日以内，指派有刑事辩护经验的律师提供辩护。

30. 律师在提供法律帮助或者履行辩护职责中遇到困难和问题，司法行政机关应及时与公安机关、人民检察院、人民法院协调解决，保障律师依法履行职责。

（四）审判

31. 人民法院受理案件后，应当告知因犯罪行为遭受物质损失的被害人、已死亡被害人的近亲属、无行为能力或者限制行为能力被害人的法定代理人，有权提起附带民事诉讼和委托诉讼代理人。经济困难的，还应当告知其可以向法律援助机构申请法律援助。在审判过程中，注重发挥附带民事诉讼中民事调解的重要作用，做好被害人、被害人近亲属的安抚工作，切实加强刑事被害人的权益保护。

32. 人民法院应当通知下列情形的被害人、证人、鉴定人出庭作证：（一）人民检察院、被告人及其辩护人对被害人陈述、证人证言、鉴定结论有异议，该被害人陈述、证人证言、鉴定结论对定罪量刑有重大影响的；（二）人民法院认为其他应当出庭作证的。经人民法院依法通知，被害人、证人、鉴定人应当出庭作证；不出庭作证的被害人、证人、鉴定人的书面陈述、书面证言、鉴定结论经质证无法确认的，不能作为定案的根据。

33. 人民法院审理案件，应当注重审查证据的合法性。对有线索或者证据表明可能存在刑讯逼供或者其他非法取证行为的，应当认真审查。人民法院向人民检察院调取相关证据时，人民检察院应当在三日以内提交。人民检察院如果没有相关材料，应当向人民法院说明情况。

34. 第一审人民法院和第二审人民法院审理死刑案件，合议庭应当提请院长决定提交审判委员会讨论。最高人民法院复核死刑案件，高级人民法院复核死刑缓期二年执行的案件，对于疑难、复杂的案件，合议庭认为难以作出决定的，应当提请院长决定提交审判委员会讨论决定。审判委员会讨论案件，同级人民检察院检察长、受检察长委托的副检察长均可列席会议。

35. 人民法院应当根据已经审理查明的事实、证据和有关的法律规定，依法作出裁判。对案件事实清楚，证据确实、充分，依据法律认定被告人有罪的，应当作出有罪判决；对依据法律认定被告人无罪的，应当作出无罪判决；证据不足，不能认定被告人有罪的，应当作出证据不足、指控的犯罪不能成立的无罪判决；定罪的证据确实，但影响量刑的证据存有疑点，处刑时应当留有余地。

36. 第二审人民法院应当及时查明被判处死刑立即执行的被告人是否委托了辩护人。没有委托辩护人的，应当告知被告人可以自行委托辩护人或者通知法律援助机构指定承担法律援助义务的律师为其提供辩护。人民法院应当通知人民检察院、被告人及其辩护人在开庭五日以前提供出庭作证的证人、鉴定人名单，在开庭三日以前送达传唤当事人的传票和通知辩护人、证人、鉴定人、翻译人员的通知书。

37. 审理死刑第二审案件，应当依照法律和有关规定实行开庭审理。人民法院必须在开庭十日以前通知人民检察院查阅案卷。同级人民检察院应当按照人民法院通知的时间派员出庭。

38. 第二审人民法院作出判决、裁定后，当庭宣告的，应当在五日以内将判决书或者裁定书送达当事人、辩护人和同级人民检察院；定期宣告的，应当在宣告后立即送达。

四、人民法院、人民检察院、公安机关依法互相配合和互相制约

49. 人民法院、人民检察院、公安机关办理死刑案件，应当切实贯彻“分工负责，互相配合，互相制约”的基本诉讼原则，既根据法律规定的明确分工，各司其职，各负其责，又互相支持，通力合作，以保证准确有效地执行法律，共同把好死刑案件的质量关。

50. 人民法院、人民检察院、公安机关应当按照诉讼职能分工和程序设置，互相制约，以防止发生错误或者及时纠正错误，真正做到不错不漏，不枉不纵。人民法院、人民检察院和公安机关的互相制约，应当体现在各机关法定的诉讼活动之中，不得违反程序干扰、干预、抵制其他机关依法履行职权的诉讼活动。

51. 在审判过程中，发现被告人可能有自首、立功等法定量刑情节，需要补充证据或者补充侦查的，人民检察院应当建议延期审理。延期审理的时间

不能超过一个月。查证被告人揭发他人犯罪行为，人民检察院根据犯罪性质，可以依法自行查证，属于公安机关管辖的，可以交由公安机关查证。人民检察院应当将查证的情况在法律规定的期限内及时提交人民法院。

五、严格执行办案责任追究制度

52. 故意违反法律和本意见的规定，或者由于严重不负责任，影响办理死刑案件质量，造成严重后果的，对直接负责的主管人员和其他直接责任人员，由其所在单位或者上级主管机关依照有关规定予以行政处分或者纪律处分；徇私舞弊、枉法裁判构成犯罪的，依法追究刑事责任。

——《最高人民法院、最高人民检察院、公安部、司法部印发〈关于进一步严格依法办案确保办理死刑案件质量的意见〉的通知》（2007 年 3 月 9 日，法发〔2007〕11 号）。

1791. 最高人民法院复核死刑案件可以直接改判的问题

关键词

死刑复核案件

最高人民法院司法解释

第四百二十九条　最高人民法院复核死刑案件，应当按照下列情形分别处理：

（一）原判认定事实和适用法律正确、量刑适当、诉讼程序合法的，应当裁定核准；

（二）原判认定的某一具体事实或者引用的法律条款等存在瑕疵，但判处被告人死刑并无不当的，可以在纠正后作出核准的判决、裁定；

（三）原判事实不清、证据不足的，应当裁定不予核准，并撤销原判，发回重新审判；

（四）复核期间出现新的影响定罪量刑的事实、证据的，应当裁定不予核准，并撤销原判，发回重新审判；

（五）原判认定事实正确、证据充分，但依法不应当判处死刑的，应当裁定不予核准，并撤销原判，发回重新审判；根据案件情况，必要时，也可以依法改判；

（六）原审违反法定诉讼程序，可能影响公正审判的，应当裁定不予核准，并撤销原判，发回重新审判。

——《最高人民法院关于适用〈中华人民共和国刑事诉讼法〉的解释》（2021 年 1 月 26 日，法释〔2021〕1 号）。

附录：最高人民法院主流观点

1996 年刑事诉讼法未规定最高人民法院复核死刑案件可以改判。2007 年，为统一行使死刑案件核准权，最高人民法院制定了《最高人民法院关于复核死刑案件若干问题的规定》(法释〔2007〕4 号，以下简称《复核死刑规定》)。其中，第四条规定：“最高人民法院复核后认为原判认定事实正确，但依法不应当判处死刑的，裁定不予核准，并撤销原判，发回重新审判。”同时，规定了两种“可以改判”的情形，即第六条规定：“数罪并罚案件，一人有两罪以上被判处死刑，最高人民法院复核后，认为其中部分犯罪的死刑裁判认定事实不清、证据不足的，对全案裁定不予核准，并撤销原判，发回重新审判；认为其中部分犯罪的死刑裁判认定事实正确，但依法不应当判处死刑的，可以改判并对其他应当判处死刑的犯罪作出核准死刑的判决。”第七条规定：“一案中两名以上被告人被判处死刑，最高人民法院复核后，认为其中部分被告人的死刑裁判认定事实不清、证据不足的，对全案裁定不予核准，并撤销原判，发回重新审判；认为其中部分被告人的死刑裁判认定事实正确，但依法不应当判处死刑的，可以改判并对其他应当判处死刑的被告人作出核准死刑的判决。”之所以作出上述规定，主要有两点考虑：一是当时对死刑复核能否改判尚有不同认识；二是尽量把改判可能引发的问题解决在地方。2012 年刑事诉讼法修改，采纳最高人民法院建议，吸收《复核死刑规定》的上述规定，在 2012 年刑事诉讼法第二百三十九条（修改后刑事诉讼法第二百五十条）规定：“最高人民法院复核死刑案件，应当作出核准或者不核准死刑的裁定。对于不核准死刑的，最高人民法院可以发回重新审判或者予以改判。”

《最高人民法院关于适用〈中华人民共和国刑事诉讼法〉的解释》(法释〔2012〕21 号，以下简称 2012 年《刑事诉讼法解释》) 起草时，结合上述考虑和法律修改的背景，考虑到《复核死刑规定》在司法适用中未出现明显问题，故沿用《复核死刑规定》第四条，在第三百五十条规定：“最高人民法院复核死刑案件，应当按照下列情形分别处理：……（五）原判认定事实正确，但依法不应当判处死刑的，应当裁定不予核准，并撤销原判，发回重新审判；……”同时，在第三百五十一条、第三百五十二条，继续沿用了对一人犯数个死罪和一案有两人被判处死刑案件可以部分改判的规定。

征求意见过程中，有意见建议增加予以改判的规定。理由是：刑事诉讼法已经规定，对于不核准死刑的，最高人民法院可以发回重新审判或者予以改判。对仅量刑不当的，最高人民法院复核没有必要全部发回重审。从节约司法资源的角度考虑，应当规定可以改判。但是，也有意见认为，死刑复核程序要体现其特殊性质，防止成为“第三审”。并且，如作出上述修改，可能导致地方法院不能担当作为，把矛盾、风险化解在地方，而是推由最高人民法院改判，导致信访压力加剧。

经综合考虑上述意见，《刑事诉讼法解释》第四百二十九条规定："最高人民法院复核死刑案件，应当按照下列情形分别处理：……（五）原判认定事实正确、证据充分，但依法不应当判处死刑的，应当裁定不予核准，并撤销原判，发回重新审判；根据案件情况，必要时，也可以依法改判；……"同时，删除了2012年《刑事诉讼法解释》第三百五十一条、第三百五十二条规定。主要考虑是：从2012年以来的司法实践看，确有案件系由最高人民法院直接改判，例如《刑事审判参考》第117集刊登的"被告人柔柯耶姆·麦麦提故意杀人案"，该被告人被新疆阿克苏中院一审判处死刑，剥夺政治权利终身，在法定期限内无上诉、抗诉，新疆高院经复核同意原判并报最高人民法院核准，最高人民法院审判委员会经讨论依法决定不核准死刑，以故意杀人罪改判被告人死刑缓期二年执行，剥夺政治权利终身。还有一些案件，存在非死刑罪名适用有瑕疵的情况，如由于盗窃罪司法解释调整导致原来的盗窃罪判处的刑罚需要调整，并没有新的事实证据，全案发回似意义不大，且过于浪费司法资源。但是，规定最高人民法院在死刑复核程序中可以直接改判，也可能带来的一系列问题，需要引起重视。故而，仍应坚持"以发回重审为原则，以依法改判为例外"的原则，即对不予核准死刑的案件，一般应发回重审，只有改判没有"后遗症"的，出于诉讼效率的考虑，才予以直接改判。

——《刑事诉讼法解释》起草小组：《〈最高人民法院关于适用《中华人民共和国刑事诉讼法》的解释〉理解与适用》，载最高人民法院刑事审判第一、二、三、四、五庭编：《刑事审判参考》（总第126辑），人民法院出版社2021年版，第196~198页。

1792. 死刑复核案件中权利告知及申请的方式和时限

关键词

死刑复核案件　权利告知及申请

附录：最高人民法院主流观点

根据2019年最高人民法院发布的《关于死刑复核及执行程序中保障当事人合法权益的若干规定》，高级人民法院在向被告人送达依法作出的死刑裁判文书时，应当告知其在最高人民法院复核死刑阶段有权委托辩护律师，并将告知情况记入宣判笔录。该条关于被告人在死刑复核阶段有权委托辩护律师的规定，因为要将告知情况计入宣判笔录，故相当于书面告知，可以确保被告人获知权利。法律援助法规定了对死刑复核案件被告人依申请提供法律援助，因此保障被告人及时获知该项权利并向最高人民法院提出申请尤为重要，以书面方式告知、提出申请更有利于保护被告人的合法权利，为此最高人民法院设计了《死刑复核案件被告人法律援助申请书》，该申请书包含了权利告知以及让被告人决定是否提出法律援助申请两项内容。考虑到最高人民法院复核的死刑案件分布在全国各地，且从提高诉讼效率和诉讼经济的角度，由高级人民法院在向被告人送达依法作出的死刑裁判文书时代为向被告人"书面告知"更为实际，也即由高级人民法院将《死刑复核案件被告人法律援助申请书》送交被告人，告知权利并由被告人决定是否申请法律援助，被告人申请法律援助的，《死刑复核案件被告人法律援助申请书》随案移送最高人民法院，最高人民法院据此函告司法部法律援助中心指派律师为被告人提供辩护。

关于被告人申请法律援助的时限问题，因为对死刑复核案件被告人实行的是依申请通知辩护，要及时启动法律援助，并要在保障权利的前提下避免诉讼拖延，规定被告人申请法律援助的时限是必要的。但因为被告人可能会委托辩护律师为其提供辩护，所以要给被告人留出与亲属沟通的时间，以便被告人作出选择。同时，为了让高级人民法院能够将《死刑复核案件被告人法律援助申请书》随案移送最高人民法院，《规定》确定了被告人申请法律援助要在十日内提出的时限要求。

此外，考虑到权利告知等事项是由高级人民法院代为完成，最高人民法院另在操作细则中强调，发现被告人没有申请法律援助、没有委托辩护人的，在讯问被告人时应当予以核实；对被告人未委托辩护律师或者未申请法律援助的，应当告知其在最高人民法院复核死刑阶段有申请法律援助的权利，被告人表示申请法律援助的，应当记录在审讯笔录中，无须再让被告人签署法律援助申请书，可以据此函告司法部法律援助中心指派律师为被告人提供辩护，以切实保障被告人获得法律援助的权利，避免出现错漏。

——罗国良、鹿素勋：《〈最高人民法院、司法部关于为死刑复核案件被告人依法提供法律援助的规定（试行）〉的理解与适用》，载最高人民法院刑事审判第一、二、三、四、五庭编：《刑事审判参考》（总第132辑），人民法院出版社2022年版，第148~149页。

1793. 死刑复核案件中终止法律援助的情形

关键词

死刑复核案件　终止法律援助

附录：最高人民法院主流观点

根据《最高人民法院、司法部关于为死刑复核案件被告人依法提供法律援助的规定（试行）》（以下简称《规定》）第五条、第六条，终止法律援助有两种情形：一是在告知被告人为其指派的辩护律师的情况后，被告人拒绝指派的律师为其辩护的，最高人民法院应当准许，并根据具体情况决定是否需要由司法部终止法律援助；二是被告人在死刑复核期间自行委托辩护律师的，司法部法律援助中心应当作出终止法律援助的决定。

对于第一种情形，《规定》最初并未考虑终止法律援助，而是采用《最高人民法院关于适用〈中华人民共和国刑事诉讼法〉的解释》第五十条第二款的处理方式，规定了“死刑复核案件被告人拒绝指派的律师为其辩护的，最高人民法院应当查明原因。理由正当的，应当准许，但被告人应当另行委托辩护人；被告人未委托辩护人的，最高人民法院应当在三日内通知司法部法律援助中心另行指派律师为其提供辩护”。后经讨论认为，法律援助法规定对死刑复核案件被告人是依申请提供法律援助，不同于一、二审程序对可能判处死刑的被告人实行强制辩护，死刑复核阶段被告人拒绝指派的律师为其辩护的，最高人民法院应当允许，可以不再为被告人另行指派律师或者要求其自行委托辩护律师，并终止法律援助。同时，考虑到存在被告人拒绝的理由正当且坚持申请法律援助的情形，对此也不宜终止法律援助，可以视情况通知法律援助机构为被告人另行指派律师为其提供辩护。

此外，《规定》第五条还规定应该告知被告人为其指派的辩护律师的情况，一方面体现了对被告人人格的尊重，另一方面是要明确被告人是否同意指派的辩护律师为其提供辩护。一般情况下，为被告人指派了辩护律师后，最高人民法院可以在讯问被告人时告知指派的辩护律师的情况，并听取被告人的意见。特殊情况下，最高人民法院也可以委托高级人民法院代为告知，比如，被告人在最高人民法院讯问时才提出法律援助申请的，之后为被告人指派了辩护律师，最高人民法院不必仅为告知被告人指派的辩护律师情况而再次讯问被告人，此种情形即可委托高级人民法院代为告知并听取被告人意见。

——罗国良、鹿素勋：《〈最高人民法院、司法部关于为死刑复核案件被告人依法提供法律援助的规定（试行）〉的理解与适用》，载最高人民法院刑事审判第一、二、三、四、五庭编：《刑事审判参考》（总第 132 辑），人民法院出版社 2022 年版，第 151~152 页。

1794. 高级人民法院不能在死刑复核程序中直接改判案件

关键词

死刑复核程序

最高人民法院司法解释

第四百三十一条　高级人民法院依照复核程序审理后报请最高人民法院核准死刑，最高人民法院裁定不予核准，发回高级人民法院重新审判的，高级人民法院可以依照第二审程序提审或者发回重新审判。

——《最高人民法院关于适用〈中华人民共和国刑事诉讼法〉的解释》（2021 年 1 月 26 日，法释〔2021〕1 号）。

1795. 在死刑复核程序中发现一审、二审对被告人的姓名等身份信息及是否构成累犯等事实可能认定有误的，应如何处理

关键词

死刑复核程序　身份信息　累犯　事实认定有误

《刑事审判参考》指导案例

张某文抢劫、抢夺案（《刑事审判参考》指导案例第 1340 号）

裁判要点：在死刑复核程序中发现一审、二审认定的被告人姓名、是否构成累犯等事实不清的，应发回一审法院重新审判。

最高人民法院在复核本案过程中，发现一审、二审认定的案件事实中有部分事实不能确认，主要包括：（1）被告人张某文的身份事实不清，在案证据及在复核阶段补充的材料证实，被告人真实姓名可能为王伟军，王伟军假冒了战友张某文的姓名等身份信息。一审、二审认定被告人的姓名等身份信息可能有误。（2）被告人的前科事实无法确认。被告人与前科刑事判决书中的张某文是否为同一人，有待查证，其前科事实无法确认，是否构成累犯

存疑。

对该案在死刑复核阶段应如何处理，有三种意见：第一种意见认为，根据法律规定，办理死刑案件认定被告人姓名、是否构成累犯等事实必须达到证据确实、充分的程度。被告人“张某文”假冒他人姓名，身份不清，且可能假冒他人姓名被判过刑，认定其构成累犯的事实亦存疑，应当不核准“张某文”死刑，撤销一审、二审判决，发回一审法院重新审判。第二种意见认为，根据《最高人民法院关于适用〈中华人民共和国刑事诉讼法〉的解释》第三百五十条第二项关于“原判认定的某一具体事实或者引用的法律条款等存在瑕疵，但判处被告人死刑并无不当的，可以在纠正后作出核准的判决、裁定”的规定，在死刑复核阶段发现被告人的姓名、前科等事实认定错误的，只要判处被告人本人死刑没有错误，可以将被告人的姓名更正后核准死刑。第三种意见认为，根据《刑事诉讼法》第一百五十八条第二款[①]关于“犯罪嫌疑人不讲真实姓名、住址、身份不明的，应当对其身份进行调查，侦查羁押期限自查清其身份之日起计算，但是不得停止对其犯罪行为的侦查取证。对于犯罪事实清楚，证据确实、充分，确实无法查明其身份的，也可以按其自报的姓名起诉、审判”的规定，被告人实施抢劫、抢夺犯罪的事实清楚，证据确实、充分，为节约司法资源，依法可按其自报的姓名进行审判。

我们同意第一种意见，即在死刑复核程序中发现一审、二审认定的被告人姓名、是否构成累犯等事实不清的，应发回一审法院重新审判。

——范冬明撰稿、马岩审编：《张某文抢劫、抢夺案——死刑复核程序中发现一审、二审对被告人身份、是否构成累犯等事实认定错误的，应如何处理》，载最高人民法院刑事审判第一、二、三、四、五庭主办：《刑事审判参考》（总第122集），法律出版社2020年版，第46~47页。

1796. 在死刑复核案件中如何正确处理自首从宽及法定从重处罚的关系

关键词

死刑复核案件　再审改判　自首　强奸罪　从重处罚

最高人民法院裁判文书

杨光毅强奸案［最高人民法院（2021）最高法刑核78493152号刑事裁

---

① 此处引用的是2018年修正前的《刑事诉讼法》，对应修正后的《刑事诉讼法》第一百六十条第二款。

定书］

裁判要旨：对既有自首情节，又有从重处罚情节，是否应当对自首予以从宽处理，应当根据被告人所犯罪行的性质、情节、对于社会的危害程度及其一贯表现、悔罪情况以及自首的具体情况等综合评判。本案原审被告人犯罪动机极其卑劣，犯罪手段极其残忍，犯罪情节极其恶劣，危害后果极其严重，人身危险性极大，罪行极其严重，即便构成自首，也不足以对其从轻、减轻处罚。

最高人民法院认为，原审被告人杨光毅奸淫不满十四周岁的幼女，其行为构成强奸罪。杨光毅强奸幼女情节恶劣，且致被害人杨某某死亡，依法应当在十年以上有期徒刑、无期徒刑或者死刑的幅度内判处刑罚。杨光毅奸淫仅十周岁的幼女，依法应当从重、从严惩处。杨光毅为发泄私欲，无视国法，经事先预谋，携带刀具强行劫持幼女，采取掐颈、刺破眼球、捅刺颈部等极端残忍手段对杨某某实施奸淫，且奸淫之后将杨某某装袋捆扎，用扔、踢、滚等方式带下山，恐被害人不死又将其在水中浸泡，后抛尸于山林隐蔽处。杨光毅的犯罪动机卑劣，犯罪手段特别残忍，犯罪情节特别恶劣，危害后果特别严重。

案发后，原审被告人杨光毅在父亲陪同下到公安机关投案并如实供述了强奸致死被害人的主要犯罪事实，系自首。但杨光毅系在公安机关已掌握一定线索并对其排查询问后迫于压力而投案；虽交代了强奸致人死亡等主要犯罪事实，但对有关强奸的部分重要事实予以隐瞒；虽然认罪，但原审、再审及死刑复核期间并未实质悔罪；其投案虽对案件侦破起到积极作用，但并未达到至关重要的程度。是否因杨光毅自首而对其从宽处罚，应当在全面考察其所犯罪行的性质、情节和对社会的危害程度的基础上，结合其主观恶性、人身危险性和自首的具体情况等综合评判。

严厉惩处严重损害未成年人身心健康的犯罪行为是我国法律的明确规定。保留死刑，严格控制和慎重适用死刑，是我国现阶段的死刑政策。根据法律规定及死刑政策，对于罪行不是十分严重的犯罪分子，不得适用死刑，但是，对于罪行极其严重，严重影响人民群众安全感的暴力犯罪分子依法判处死刑，是我国的民情所在，民愿所向，民意所期。杨光毅的犯罪行为既违国法，又悖天理，更逆人情，严重突破国家法律界线，严重挑战伦理道德底线，严重冲击社会公共安全红线，社会危害性极大。杨光毅主观恶性深，人身危险性大，罪行极其严重，依法应当予以严惩。杨光毅虽有自首情节，但依法不足以对其从宽处罚。广西壮族自治区高级人民法院（2020）桂刑再6号刑事判决认定的事实清楚，证据确实、充分，定罪准确，量刑适当。审判程序合法。

依照《中华人民共和国刑事诉讼法》第二百四十六条、第二百五十条和《最高人民法院关于适用〈中华人民共和国刑事诉讼法〉的解释》第三百五十条第一项[①]的规定，裁定核准广西壮族自治区高级人民法院（2020）桂刑再6号维持第一审以强奸罪判处原审被告人杨光毅死刑，剥夺政治权利终身的刑事判决。

——中国裁判文书网。

1797. 通报最高人民检察院的死刑案件范围限于最高人民检察院提出意见的案件

关键词

死刑复核结果　通报

最高人民法院司法解释

第四百三十五条　死刑复核期间，最高人民检察院提出意见的，最高人民法院应当审查，并将采纳情况及理由反馈最高人民检察院。

第四百三十六条　最高人民法院应当根据有关规定向最高人民检察院通报死刑案件复核结果。

——《最高人民法院关于适用〈中华人民共和国刑事诉讼法〉的解释》（2021年1月26日，法释〔2021〕1号）。

附录：最高人民法院主流观点

刑事诉讼法第二百四十条第二款规定："在复核死刑案件过程中，最高人民检察院可以向最高人民法院提出意见。最高人民法院应当将死刑复核结果通报最高人民检察院。"也就是说，死刑复核程序中，最高人民检察院既可以作为控诉一方向最高人民法院提出意见，也可以行使法律监督职能对死刑复核案件进行监督，最高人民法院应当将死刑复核结果通报最高人民检察院。

司法实践中对"最高人民法院应当将死刑复核结果通报最高人民检察院"的死刑案件范围有不同的认识，一种意见认为，最高人民法院应当将所有死刑案件的复核结果通报最高人民检察院，理由是法律规定没有区分是所有死刑案件还是最高人民检察院提出意见的死刑案件；另一种意见认为，最高人民法院向最高人民检察院通报复核结果的案件仅限于最高人民检察院提出意

---

① 本条规定现对应《最高人民法院关于适用〈中华人民共和国刑事诉讼法〉的解释》（法释〔2021〕1号）第四百二十九条第一项。

见的死刑案件。我们倾向于后一种意见，因为立法机关并没有将该内容分开写，作为同一款的规定，后半句应当是对前半句的补充或者限定，如果后半句和前半句没有必然的关系的话，应当分为两款写才不会产生歧义，因此，最高人民法院向最高人民检察院通报复核结果的案件限于最高人民检察院提出意见的死刑案件。通报死刑复核结果的文书使用一般公文比较适宜，因为死刑复核程序是一种特殊程序而不是一种诉讼程序，法院诉讼文书样式也不包括“通报”的格式。

——张军主编:《〈中华人民共和国刑事诉讼法〉适用解答》，人民法院出版社2012年版，第343~344页。

1798.死刑复核案件的审理中应注意的事项与原则

关键词

死刑复核程序 注意事项

最高人民法院司法政策精神

39.复核死刑案件，应当对原审裁判的事实认定、法律适用和诉讼程序进行全面审查。

40.死刑案件复核期间，被告人委托的辩护人提出听取意见要求的，应当听取辩护人的意见，并制作笔录附卷。辩护人提出书面意见的，应当附卷。

41.复核死刑案件，合议庭成员应当阅卷，并提出书面意见存查。对证据有疑问的，应当对证据进行调查核实，必要时到案发现场调查。

42.高级人民法院复核死刑案件，应当讯问被告人。最高人民法院复核死刑案件，原则上应当讯问被告人。

43.人民法院在保证办案质量的前提下，要进一步提高办理死刑复核案件的效率，公正、及时地审理死刑复核案件。

44.人民检察院按照法律规定加强对办理死刑案件的法律监督。

——《最高人民法院、最高人民检察院、公安部、司法部印发〈关于进一步严格依法办案确保办理死刑案件质量的意见〉的通知》(2007年3月9日，法发〔2007〕11号)。

附录：最高人民法院法官著述

死刑复核程序，是指依法享有死刑核准权的人民法院，对于下级人民法院判处死刑的案件进行审核，确认下级法院对被告人判处死刑的判决、裁定是否正确，是否应发生法律效力的特别审判程序。依法审理好死刑复核案件，是刑事审判工作中的一项极为重要的任务。本文仅就如何审理死刑复核案件的问题谈点粗浅的看法。

一、坚持少杀、慎杀的指导思想和原则

死刑是剥夺犯罪分子生命的刑罚。我国现阶段犯罪现象还很严重，在今后相当长一个时期内还不能废除死刑。但我国一贯坚持的死刑政策是：不废除死刑，但对死刑的适用采取少杀、慎杀，坚决防止错杀；对于可杀可不杀的犯罪分子坚决不杀。

二、坚持全面审查原则

全面审查原则，是指复核死刑案件必须审查案件的全部事实和证据。包括审查案件的事实和情节是否清楚，证据是否充分，适用法律是否正确，量刑是否适当，审判程序是否合法等。

三、严格执行程序法，做到程序公正

程序公正是刑事诉讼法的价值目标。作为刑事审判程序中十分重要的死刑复核程序尤其应当注意程序的合法性，包括审查侦查、起诉和审判的程序是否合法，特别要注意查明是否存在可能影响案件正确审理的严重违法行为。

四、严把案件事实关

案件事实是正确定罪量刑的前提，是决定判处死刑与否的关键。死刑复核程序的主要任务就是对原审判决认定的事实是否正确进行核实确认。案件事实是指案件所涉及的全部事实。

五、严把证据关

死刑复核是对案件进行全面审查，犯罪事实是否清楚，就要看证据是否具有真实性、合法性。

六、严把适用法律关

首先，要严格审查适用的死刑标准是否正确。其次，应严格按照罪刑法定原则，根据刑法关于犯罪构成要件的规定，准确区分死刑罪名与非死刑罪名的界限，防止错误地将本属非死刑罪名的行为认定为死刑罪名的行为。

七、认真对待辩护方的意见

辩护方的意见，包括被告人的辩解、辩护人的辩护意见以及被告人家属亲友的申诉意见等。我国刑事诉讼法对死刑复核程序没有作出律师可以介入的规定，但这不等于对律师的辩护意见、被告人的辩解等可以等闲视之。

八、正确对待法外量刑因素

社会舆论、民意往往成为法外量刑的因素。“民愤很大”、被害人家属的要求等等常常成为对被告人从重处罚的理由，甚至成为判处死刑的理由。犯罪是在特定的社会环境中发生的，在一定范围内，社会公众形成对犯罪分子的谴责、愤怒或同情的情绪及态度是很正常的。但民意又有其局限性，它会受到新闻媒体或社会舆论的影响，片面性和感情色彩较重。而且，公众在本地区对某种犯罪产生的公愤或同情而形成的社会舆论，不完全来自法律规定，而主要来自道德规范，故社会舆论强烈程度并不一定与犯罪的危害程度成正比。由于犯罪行为通过新闻媒介的宣传形成了社会舆论，难免有夸大或渲染的因素，与案件真实性可能有一定距离，其影响就难免是负面的。在民意和社会舆论声势浩大的情况下，会给法院形成压力，甚至影响法官的意志及正确判案。所以，这是应当特别注意的，法官应做到严格依法办事，努力排除外界因素的影响。

另外，对于被告人的量刑在考虑社会治安形势和刑事政策时要适度，不能以服从形势和政策的需要为由而不依法办事。比如有些地方在“严打”整治中只讲从严，不讲从宽，对具有自首、立功等法定从轻情节的，也判处死刑，这实际上是错误理解了“严打”整治与依法办案的关系。对于被害方的意见也要正确对待。实践中，有的法院过分迁就被害人家属的要求，只要被害人家属一闹，就不坚持原则，将本不该判处死刑的也判处死刑。对于复核程序中发现上述问题的，一定要坚决纠正。当然，处理案件不能孤立办案，应当在讲究法律效果的同时争取最好的社会效果，但不能违反法律规定，把不该核准死刑的也核准死刑。

——宋楚潇：《论死刑复核案件的审理》，载《法律适用》2003 年第 10 期（总第 211 期）。

1799. 最高人民法院复核死刑案件，可以直接改判罪名并核准死刑

关键词

死刑复核程序　改判罪名　核准死刑

《刑事审判参考》指导案例

吕升艺故意杀人案（《刑事审判参考》指导案例第 458 号）

裁判要点：最高人民法院复核认为原判事实清楚、量刑适当，但定罪不准的，可以直接改变罪名并核准被告人死刑。

据上述规定，最高人民法院对原判事实清楚、量刑适当，但定罪不准的，可以直接改变罪名并同时核准被告人死刑。这是因为，从理论上讲，对于被告人应当判处死刑的案件，最高人民法院复核后直接改变罪名并核准死刑并不违反《刑事诉讼法》的基本原则。只要复核认定的犯罪事实不超出报请复

核的范围，复核直接改变罪名就没有违反不告不理的原则；被告人已被判处极刑，复核直接改变罪名并核准死刑也不可能再加重被告人的刑罚，因此复核直接改变罪名没有违反上诉不加刑原则；此外，复核直接改变罪名，避免了单纯由于定罪不准而发回重审，节约了司法成本，使当事人免受诉累，有利于诉讼活动的经济性。

——最高人民法院刑事审判第一、二、三、四、五庭主办：《刑事审判参考》2007年第5集（总第58集），法律出版社2008年版，第33页。

1800. 死刑缓期执行期间发现漏罪，经判决后仍决定执行死刑缓期二年执行的核准程序

关键词

死刑缓期执行　漏罪　数罪并罚　重新核准

《刑事审判参考》指导案例

范昌平抢劫、盗窃案（《刑事审判参考》指导案例第402号）

裁判要点：新的死缓判决应报请高级人民法院重新核准。死刑缓期执行的期间应从新的死缓判决确定之日起计算，已经执行的死缓期间不应计算在新的死缓判决的执行期间之内

（一）新的死缓判决应报请高级人民法院重新核准

《刑事诉讼法》第201条[①]规定："中级人民法院判处死刑缓期二年执行的案件，由高级人民法院核准。"第208条第（3）项规定，最高人民法院核准的死刑的判决和高级人民法院核准的死刑缓期二年执行的判决，是发生法律效力的判决。最高人民法院《关于执行〈中华人民共和国刑事诉讼法〉若干问题的解释》第278条第1款规定："中级人民法院判处死刑缓期二年执行的第一审案件，被告人不上诉、人民检察院不抗诉的，应当报请高级人民法院核准。"根据上述法律、司法解释的规定，对于判处被告人死刑缓期二年执行的判决，必须经有核准权的人民法院核准以后才能发生法律效力。安徽省阜阳市中级人民法院根据《刑法》第70条的规定，对范昌平作出的〔2004〕阜刑初字第87号刑事判决，虽然与〔2003〕阜刑初字第68号刑事判决结果一致，但是该判决是基于范昌平在死缓执行期间发现漏罪而重新启动的一审程

① 《中华人民共和国刑事诉讼法》（2018年修正）第二百四十八条。

序，是对范昌平全部犯罪行为进行重新评判后所作出的判决，其性质仍为一审判决。故（2004）阜刑初字第 87 号刑事判决，必须报请安徽省高级人民法院重新核准后，才能发生法律效力。对于（2004）阜刑初字第 87 号刑事判决，范昌平可以提出上诉，检察机关也可以抗诉。安徽省高级人民法院在复核时，完全可以根据最高人民法院《关于执行〈中华人民共和国刑事诉讼法〉若干问题的解释》第 278 条的有关规定，按照案件的具体情形作出“予以核准”“发回重审”或“改判”的处理决定。

（二）对范昌平死刑缓期执行的期间应从新的死缓判决确定之日起计算，已经执行的死缓期间不应计算在新的死缓判决的执行期间之内

首先，《刑法》第 51 条规定：“死刑缓期执行的期间，从判决确定之日起计算”。第 47 条规定：“有期徒刑的刑期，从判决执行之日起计算；判决执行以前先行羁押的，羁押一日折抵刑期一日”。显然，死缓执行期间的计算方法与有期徒刑的刑期计算方法明显不同。就本案而言，安徽省阜阳市中级人民法院根据《刑法》第 70 条的规定，基于发现范昌平在死缓执行期间有漏罪而作出的（2004）阜刑初字第 87 号刑事判决，该判决通过数罪并罚的方式吸收了（2003）阜刑初字第 68 号刑事判决的内容，因此，（2003）阜刑初字第 68 号刑事判决已经没有独立存在的意义，死缓执行期间也自然要从发生法律效力的判决确定之日起计算。其次，只有有期徒刑才存在刑期问题，《刑法》第 70 条关于“已经执行的刑期，应当计算在新判决决定的刑期以内”的规定，只是针对有期徒刑以下的刑种而言的，而死缓不是一个独立的刑种，只是死刑的一种执行方式，死刑缓期二年执行中的“二年”是死缓的执行期间，具有考验罪犯的意义，如果罪犯在二年之内没有故意犯罪，对罪犯就不再执行死刑，因此，死刑缓期二年执行中的“二年”不属“已经执行的刑期”，不能予以折抵。据此，对范昌平死刑缓期执行的期间，应从新的死缓判决确定之日起计算，也就是从安徽省高级人民法院（2005）皖刑复字第 63 号刑事裁定宣告或送达范昌平之日起计算，原死缓判决已经执行的期间不应计算在新的死缓执行期间之内。

——最高人民法院刑事审判第一、二、三、四、五庭主办：《刑事审判参考》2006 年第 4 集（总第 51 集，案例第 402 号），法律出版社 2006 年版，第 17~19 页。

1801. 死刑缓期执行期间故意犯罪“情节恶劣”应如何把握

关键词

死刑　缓期执行期间　故意犯罪　情节恶劣

《刑事审判参考》指导案例

高某某故意伤害案（《刑事审判参考》指导案例第 1369 号）

裁判要点：死刑缓期执行期间故意犯罪“情节恶劣”的认定，应当根据故意犯罪的动机、手段、造成的危害后果等犯罪情节，并结合罪犯在缓期执行期间的改造、悔罪表现等，综合作出判断。

根据修正后《刑法》第五十条第一款的规定，对于被判处死刑缓期执行的罪犯，如果在死刑缓期执行期间故意犯罪，情节恶劣的，报请最高人民法院核准后执行死刑。这里的“情节恶劣”该如何把握，目前尚没有司法解释予以规定。有观点认为，应当与《刑法》其他故意犯罪条文中规定的“情节恶劣”作同一理解；也有观点认为，应当以其故意犯罪所判处的刑罚为准，凡被判处三年有期徒刑以上刑罚或者五年有期徒刑以上刑罚的，均应当执行死刑。

我们认为，这两种观点均存在不妥之处，理由如下：

第一，现行《刑法》分则中关于“情节恶劣”的规定共有十条，其中危险驾驶罪，出版歧视、侮辱少数民族作品罪，打击报复会计、统计人员罪，虐待罪，遗弃罪，寻衅滋事罪，虐待部属罪，遗弃伤病军人罪，虐待俘虏罪九个条文将“情节恶劣”规定为构成犯罪的基本条件，也就是说，属于入罪条款，针对的是故意犯罪的一般情形；另外，就是强奸罪条文中“强奸妇女奸淫幼女情节恶劣的”处十年以上有期徒刑、无期徒刑或者死刑的规定。如果将“情节恶劣”理解为故意犯罪的一般情形，意味着所有的故意犯罪都属于“情节恶劣”的情形，就抵消了《刑法修正案（九）》对死缓罪犯故意犯罪执行死刑增加“情节恶劣”这一限制条件的意义，无疑不符合立法的原意。如果将“情节恶劣”理解为强奸罪条文中所规定的可能判处十年有期徒刑以上刑罚的严重情形，则死缓罪犯变更执行死刑的条件过于严格，既不符合民意，也不利于刑罚执行机关对罪犯的改造和管理。

第二，在我国刑法理论中，“情节恶劣”既包括对被告人主观心态或人格的判断，也包括对其客观行为表现的判断。死缓罪犯在监狱的封闭环境中可能实施的犯罪种类有限，但也存在死缓罪犯由于脱逃或者其他原因而脱管于社会的可能性，在后一种情况下，其可能实施一般自然人为主体的大多数种类犯罪。在死缓罪犯是否变更执行死刑的问题上，如果按其故意犯罪可能判处的刑罚搞“一刀切”，也不能应对实践中千差万别的情形。

因此，合理的做法是通过追本溯源，从“为什么对被告人缓期执行”出发来寻找“为什么对被告人执行死刑”的答案，换句话说，设置死缓制度的目的决定了死缓的适用条件，同样也就决定了死缓的撤销条件。

死缓制度设置的目的是减少和限制死刑，体现了社会主义人道精神。《刑法》第四十八条规定："死刑只适用于罪行极其严重的犯罪分子。对于应当判处死刑的犯罪分子，如果不是必须立即执行的，可以判处死刑同时宣告缓期二年执行。"对该规定应当从以下两个方面理解：一方面，死刑缓期执行不是一种独立的刑种，而是死刑的一种执行方法，是对于本应当判处死刑的犯罪分子，考虑其存在一定情节，因此对其死刑不予立即执行，而是判决缓期二年执行，予以考察，以观后效。这就决定了死缓的适用对象仍是罪行极其严重的犯罪分子。另一方面，刑事责任的评价要素既包括犯罪行为的社会危害性大小，也包括犯罪人的主观恶性和人身危险性大小。死刑适用于社会危害性极为严重的罪行，在判断被告人所判处死刑是否属于"不是必须立即执行"的情形，还要从其主观恶性和人身危险性方面来分析，能否给其一个改过自新、重新做人的机会。因而，对于罪犯在缓期执行期间的故意犯罪，判断是否属于"情节恶劣"应予执行死刑，也应从其所犯新罪体现出来的主观恶性和人身危险性来评价。在司法实践中，判断是否达到"情节恶劣"的程度，可以根据犯罪的动机、手段、造成的危害后果等犯罪情节，并结合罪犯在缓期执行期间的改造、悔罪表现等，综合作出判断。具体而言：

1. 从犯罪原因上看，如果死缓罪犯所犯新罪事出有因，被害人有一定的过错或者责任，或者说系受被害人刺激而为，则说明该罪犯主观上并没有积极地对抗改造；如果其出于狭隘心态而针对他人或者不特定多数人实施犯罪，并且没有可归责于该罪犯以外的原因，则充分说明其主观上仍抱有仇恨社会的心态、抗拒改造。

2. 从犯罪手段及后果上看，如果被告人的犯罪手段节制，未造成特别严重后果，说明其内心对法制尚有敬畏之心，仍有改造余地；如果其行为毫无节制，受制于意外因素才被终止，或者造成特别严重的后果，则说明其行为不计后果，无视甚至蔑视法制，没有再改造的可能性。

3. 从死缓罪犯在缓期执行期间的整体表现来看，如果其在考验期间一贯表现不好，经常有不服管教、故意违反监规的行为，说明其主观上具有拒绝改造的心态，认定其故意犯罪是否属于"情节恶劣"时应当将这些情况考虑进来，从严对待；如果其在考验期间一贯表现良好，积极接受改造，则认定其故意犯罪是否属于情节恶劣时也应当结合其平时表现，从宽对待。

4. 死缓罪犯新犯故意犯罪被判处三年有期徒刑以上刑罚或者五年有期徒刑以上刑罚的，可以作为判断"情节恶劣"的重要参考，但不能一概而论，仍应结合上述三个情节予以综合判断。比如，对于被告人出于正当防卫的目的而实施故意杀人或者故意伤害犯罪，可能也会被判处五年以上有期徒刑，但如果绝对认定这种情况下即应执行死刑，恐怕与社会公众的道德价值观念也相违背；如果死缓罪犯实施以不特定多数人为犯罪对象的故意犯罪，如实施放火、爆炸、决水、投毒等，即使因未遂仅被判处三年以上五年以下有期徒刑的，但犯罪已反映出该罪犯极端仇视社会的心理和反社会人格，主观恶性和人身危险性极大，也应当判决报请最高人民法院核准死刑。

——蔡智玉撰稿、周峰审编：《高某某故意伤害案——死刑缓期执行期间故意犯罪案件“情节恶劣”的把握》，载最高人民法院刑事审判第一、二、三、四、五庭主办：《刑事审判参考》（总第124集），法律出版社2020年版，第40~43页。

1802. 如何处理判处死刑的被告人在上诉期满后申请撤回上诉的问题

关键词

故意杀人罪　强制猥亵妇女罪[①]　撤回上诉

《刑事审判参考》指导案例

尹斌故意杀人、强制猥亵妇女案（《刑事审判参考》指导案例第924号）

裁判要点：被判处死刑的被告人在上诉期满前申请撤回上诉的，高级人民法院对案件的审理应当适用复核程序。被判处死刑的被告人在上诉期满后二审开庭前申请撤诉的，可以参照普通刑事案件的一般做法，根据不同情形做出准许撤回上诉和不准许撤回上诉两种处理。被告人提出上诉，在二审开庭过程中或者庭审结束后宣告裁判前申请撤回上诉的，二审法院应当不准许撤回上诉，继续按照上诉程序审理。

通常情况下，判处死刑的被告人为了保住自己的生命，在一审宣判后都会提出上诉，但实践中也有少数被告人在一审判处死刑后并不提出上诉。而在提出上诉的被告人中，一部分人又会在提出上诉后申请撤回上诉，有的是在上诉期满前申请撤回上诉，有的则是在上诉期满后申请撤回上诉。至于申请撤回上诉的原因，从被告人心理角度看，主要是这些被告人认为自己罪有应得，难逃一死，上诉没有实际意义。有的被告人甚至希望尽快被执行死刑，

---

① 根据全国人民代表大会常务委员会通过的《中华人民共和国刑法修正案（九）》（2015年8月29日），强制猥亵、侮辱罪。

尽早获得解脱。由于被告人上诉后申请撤诉涉及对刑事诉讼法和司法解释有关规定的准确适用，故，有必要结合司法实践中的具体情形，对该问题作一分析。

（一）判处死刑的被告人上诉后在上诉期满前申请撤回上诉的

对于这种情形，司法解释规定得十分明确，处理上没有困难。最高人民法院 1998 年制定的《关于执行〈中华人民共和国刑事诉讼法〉若干问题的解释》（以下简称《98 年解释》）第二百三十八条规定："被告人、自诉人、附带民事诉讼的原告人和被告人及其法定代理人在上诉期限内要求撤回上诉的，应当准许。"最高人民法院 2012 年制定的《关于适用〈中华人民共和国刑事诉讼法〉的解释》（以下简称《2012 年解释》）第三百零四条[①]基本保留了原规定："上诉人在上诉期限内要求撤回上诉的，人民法院应当准许。"据此，判处死刑的被告人上诉后在上诉期内又申请撤诉的，高级人民法院对案件的审理应当适用复核程序。

（二）判处死刑的被告人在上诉期满后二审开庭审理前申请撤回上诉的

对此情形如何处理，以往实践中争议较大，处理上也不统一。为解决此类问题，最高人民法院、最高人民检察院 2010 年联合作出了《关于对死刑判决提出上诉的被告人在上诉期满后宣判前提出撤回上诉人民法院是否准许的批复》（以下简称《2010 年批复》）。《2010 年批复》明确规定，对此类问题，应当依照"两高"2006 年制定的《关于死刑第二审案件开庭审理程序若干问题的规定（试行）》（以下简称《程序规定试行》）第四条的规定处理。而根据《程序规定试行》第四条的规定，二审法院对于上诉人提出的撤诉申请应当进行审查，合议庭经过阅卷、讯问被告人、听取其他当事人、辩护人、诉讼代理人的意见后，认为原判事实清楚，适用法律正确，量刑适当的，可不再开庭审理，裁定准许被告人撤回上诉；认为原判事实不清、证据不足或者无罪判为有罪，轻罪重判的，应当不准许撤回上诉，按照第二审程序开庭审理。这种规定与《98 年解释》第二百三十九条的精神是一致的。《2012 年解释》第三百零五条第一款保留了该规定。由此可见，对于判处死刑的被告人在上诉期满后二审开庭前申请撤诉的，《2012 年解释》没有作出特殊规定，可以参照普通刑事案件的一般做法，根据不同情形作出准许撤回上诉和不准许撤回上诉两种处理。

审判实践中，在具体处理此类问题时，有三点值得注意：

一是如果二审法院经阅卷审查后发现需要对一些证据进行调查核实的，是否裁定准许上诉人撤回上诉？结论是否定的。由于死刑案件证据要求高，

---

① 本条现为《最高人民法院关于适用〈中华人民共和国刑事诉讼法〉的解释》（法释〔2021〕21 号）第三百八十三条。

而侦查取证工作水平整体上还不理想，审判阶段需要补查补正的情况仍然很多，故二审法院经阅卷审查后发现需要对一些证据进行调查核实的，特别是有些新证据需要开庭质证后予以采信的，不应当裁定准许上诉人撤诉，而应当通过二审开庭质证来解决证据问题。并且，由于现行刑事诉讼法对二审发回重审的次数作了限制，故二审法院也应当尽最大努力把证据问题解决在二审环节，避免发回重审。只在确有必要发回一审法院解决证据问题的情况下，才可以发回重审。

二是如果准许被告人撤回上诉，高级人民法院能否直接将二审准许撤诉裁定报送最高人民法院核准死刑？结论是否定的。按照目前的文书样式，准许撤回上诉裁定并不在主文部分对实体处理作出表态，最高人民法院在复核文书中对这种撤诉裁定无法表述，最高人民法院也没有核准一个准许撤诉裁定的先例。在最高人民法院收回核准权之初，曾出现个别高级人民法院直接将准许撤诉裁定报最高人民法院核准的情况，造成了工作上的麻烦，后通过法定程序予以纠正。也就是说，对于准许撤诉的，高级人民法院还应在裁判文书中明确表示同意原判，才能将该裁定报送最高人民法院核准。本案就是这样处理的。被告人尹斌一审被判处死刑，其口头提出上诉，后又在上诉期满后开庭审理前口头撤诉，辽宁省高级人民法院经阅卷审查，讯问被告人并听取指定辩护人的意见后，认为原判认定事实清楚，适用法律正确，量刑适当，遂裁定准许尹斌撤回上诉，同时在裁定书中明确表示同意原判，并将该裁定报最高人民法院核准。这种做法是正确的。如果仅裁定准许撤诉，而未表示同意原判，则最高人民法院不能直接核准该撤诉裁定。

三是对于高级人民法院裁定准许撤回上诉的，其审判程序属于二审还是复核？结论是后者。有观点认为，这种情况下高级人民法院以二审案件立案，裁判文书的案号也是刑“终”字而不是刑“复”字，故仍属于二审程序。我们认为，被告人上诉确实启动了二审程序，故在高级人民法院裁定准许撤诉前案件属于二审程序，但在被告人提出撤诉申请后，高级人民法院通过审查，认为原判认定事实和适用法律正确，量刑适当的，则不再开庭审理，直接裁定准许撤诉。由于刑事诉讼法和《2012 年解释》明确规定，二审案件必须开庭审理，而准许撤诉的案件可以不再开庭审理，且裁定书中表述的也是“同意”而非“维持”原判，故该情形下适用的是复核程序而不是二审程序。至于高级人民法院裁判文书的案号用“终”字号，只是审判管理上的问题，不影响案件的复核程序性质。由此，最高人民法院在复核裁判文书的“本院认为”部分，评价高级人民法院的审理情况时，应当表述为“×××高级人民法院复核裁定认定的事实清楚……”，而不能称之为“二审裁定”。

（三）判处死刑的被告人上诉后在二审开庭后申请撤回上诉的

对于此类情形，以往争议也较大。实践中曾出现被告人在二审庭审中申请撤回上诉，高级人民法院继续开庭，在庭审结束后又裁定准许被告人撤回上诉，并按照复核程序将同意原判的裁定报送最高人民法院核准的情形。为统一法律适用，《2010 年批复》规定，被告人在第二审开庭以后宣告裁判前申请撤回上诉的，二审法院应当不准许撤回上诉，继续按照上诉程序审理。《2012 年解释》第三百零五条第二款保留了这一规定。据此，对于判处死刑的被告人提出上诉，在二审开庭过程中或者庭审结束后宣告裁判前申请撤回上诉的，高级人民法院应当不予准许，继续按照上诉案件审理。这样处理，较好地平衡了司法效率与司法公正之间的关系。因为既然二审已经开庭，再准许撤诉，对于提高二审效率实际意义不大。

此外，值得一提的是，如果死刑案件属于共同犯罪，其中没有判处死刑的被告人提出上诉，而判处死刑的被告人没有提出上诉的，应当全案适用二审程序。以往对此曾有争议，有观点认为，对没有上诉的死刑被告人可以采用复核程序。为了解决对此类问题的认识分歧，最高人民法院 2010 年作出的《关于对被判处死刑的被告人未提出上诉、共同犯罪的部分被告人或者附带民事诉讼原告人提出上诉的案件应适用何种程序审理的批复》明确规定，中级人民法院一审判处死刑的案件，被判处死刑的被告人未提出上诉，共同犯罪的其他被告人提出上诉的，高级人民法院应当适用第二审程序对全案进行审查，并对涉及死刑之罪的事实和适用法律依法开庭审理，一并处理。《2012 年解释》第三百一十七条[①]第二款保留了该规定："被判处死刑立即执行的被告人没有上诉，同案的其他被告人上诉的案件，第二审人民法院应当开庭审理。"也就是说，对于共同犯罪案件中判处死刑的被告人没有上诉，而没有判处死刑的被告人提出上诉的案件，高级人民法院不仅应适用二审程序进行审理，而且要开庭审理。如果不开庭审理，就属于程序违法，最高人民法院复核时遇到此类案件，应当依法裁定不予核准，发回重审。

——最高人民法院刑五庭：《尹斌故意杀人、强制猥亵妇女案》，载最高人民法院刑事审判第一、二、三、四、五庭主办：《刑事审判参考》2013 年第 6 集（总第 95 集），法律出版社 2014 年版，第 36~39 页。

① 本条现为《最高人民法院关于适用〈中华人民共和国刑事诉讼法〉的解释》（法释〔2021〕21 号）第三百九十三条。

1803. 死刑复核程序中发现二审法院剥夺被告人上诉权的，如何处理

关键词

死刑复核程序　上诉权

《刑事审判参考》指导案例

王春红、徐满等抢劫案（《刑事审判参考》指导案例第 1262 号）

裁判要点：告人在法定期限内口头提出上诉的，应视为有效上诉；死刑上诉案件未开庭审理的，属于严重违反法定诉讼程序，可能影响公正审判，应依法发回重审。

最高人民法院在复核本案时发现，一审法院宣判时被告人王春红、徐满均表示提出上诉，宣判笔录明确记录了两人的上诉要求，但某省高级人民法院却以复核程序审理了本案，并报请最高人民法院核准。对高级人民法院以复核程序审理被告人口头提出上诉案件的，在最高人民法院死刑复核阶段应如何处理，形成两种意见。第一种意见认为，高级人民法院未依法适用二审程序公开开庭审理，剥夺了被告人的上诉权，侵犯了被告人的辩护权，严重违反法定诉讼程序，可能影响公正审判，依法应发回重审。第二种意见认为，某省高级人民法院虽未按照二审程序公开开庭审理，但提讯了王春红、徐满，充分听取了二人的意见，并为二人指定了辩护人，保障了辩护权的充分行使，并不影响案件的公正审判，不必发回重审，依法可核准死刑。我们同意第一种意见，具体理由如下：

（一）被告人在法定期限内口头提出上诉的，应视为有效上诉

刑事诉讼法第二百二十七条第一款规定："被告人、自诉人和他们的法定代理人，不服地方各级人民法院第一审的判决、裁定，有权用书状或者口头向上一级人民法院上诉……"同时，该条第三款规定："对被告人的上诉权，不得以任何借口加以剥夺。"据此，被告人以书面或口头形式提出的上诉，均属于有效上诉表示，应当受到刑事诉讼法的严格保护。被告人的上诉权是刑事诉讼中的基本诉讼权利，不得以任何形式和借口予以剥夺。《最高人民法院关于适用〈中华人民共和国刑事诉讼法〉的解释》第三百条第一款规定："人民法院受理的上诉案件，一般应当有上诉状正本及副本。"此处规定"一般"应当有上诉状正本及副本，是出于更全面地了解和掌握被告人的上诉理由而

作出的原则性规定，并不是否定被告人口头上诉的法律效力。

（二）死刑上诉案件未开庭审理的，属于严重违反法定诉讼程序，可能影响公正审判，应依法发回重审

刑事诉讼法第二百三十四条第一款规定："第二审人民法院对于下列案件，应当组成合议庭，开庭审理……（二）被告人被判处死刑的上诉案件……"《最高人民法院关于适用〈中华人民共和国刑事诉讼法〉的解释》第三百一十七条第一款进一步明确了"被告人被判处死刑立即执行的上诉案件"应当开庭审理。有意见认为，本案中某省高级人民法院提讯了一审被判处死刑的被告人王春红、徐满，听取了二人意见，并为二人指定了辩护人，听取了辩护人意见，虽未开庭审理，但充分保障了被告人的诉讼权利。中级人民法院、高级人民法院认定王春红、徐满犯抢劫罪的事实清楚，证据确实、充分，对二人均应判处死刑。因此，虽然某省高级人民法院未适用二审程序公开开庭审理违反法定诉讼程序，但实质上并不影响公正审判，依法可予核准。

我们认为，在一审法院判处被告人王春红、徐满死刑，两人均明确提出上诉的情况下，某省高级人民法院适用复核程序审理本案，不但剥夺了被告人申请回避的权利、当庭举证质证及辩护的权利，而且导致同级检察机关不能参与案件的二审程序，指控犯罪、监督审判的职能缺失，属于严重违反法定诉讼程序。开庭审理是刑事诉讼法规定的基本原则，是审判公正的制度保障，是法律的刚性规定，其目的是最大限度地保障被告人辩护权的充分行使，保障人权，彰显程序正义，确保实体公正。如果仅以实体公正为宗旨，完全抛开程序正义的要求，既不符合注重程序正义、充分保障人权的现代刑事司法理念，也可能为案件的实体处理埋下隐患。因此，对于依法应当开庭审理的案件未开庭审理的，原则上应认定此种做法"可能影响公正审判"，这也是刑事诉讼法规定二审开庭审理制度的应有之义，特别是对死刑案件，更要坚持最高标准、最严要求。

——最高人民法院刑事审判第一、二、三、四、五庭主办：《刑事审判参考》（总第114辑），法律出版社2019年版，第78~82页。

第二十五章　审判监督程序

1804. 刑事案件再审立案程序的规范

关键词

再审　立案

最高人民法院司法政策精神

第一条　各级人民法院、专门人民法院对本院或者上级人民法院对下级人民法院作出的终审裁判，经复查认为符合再审立案条件的，应当决定或裁定再审。

人民检察院依照法律规定对人民法院作出的终审裁判提出抗诉的，应当再审立案。

第二条　地方各级人民法院、专门人民法院负责下列案件的再审立案：

（一）本院作出的终审裁判，符合再审立案条件的；

（二）下一级人民法院复查驳回或者再审改判，符合再审立案条件的；

（三）上级人民法院指令再审的；

（四）人民检察院依法提出抗诉的。

第三条　最高人民法院负责下列案件的再审立案：

（一）本院作出的终审裁判，符合再审立案条件的；

（二）高级人民法院复查驳回或者再审改判，符合再审立案条件的；

（三）最高人民检察院依法提出抗诉的，

（四）最高人民法院认为应由自己再审的。

第四条　上级人民法院对下级人民法院作出的终审裁判，认为确有必要的，可以直接立案复查，经复查认为符合再审立案条件的，可以决定或裁定再审。

第六条　申请再审或申诉一般由终审人民法院审查处理。

上一级人民法院对未经终审人民法院审查处理的申请再审或申诉，一般交终审人民法院审查；对经终审人民法院审查处理后仍坚持申请再审或申诉的，应当受理。

对未经终审人民法院及其上一级人民法院审查处理，直接向上级人民法院申请再审或申诉的，上级人民法院应当交下一级人民法院处理。

第七条 对终审刑事裁判的申诉，具备下列情形之一的，人民法院应当决定再审：

（一）有审判时未收集到的或者未被采信的证据，可能推翻原定罪量刑的；

（二）主要证据不充分或者不具有证明力的；

（三）原裁判的主要事实依据被依法变更或撤销的；

（四）据以定罪量刑的主要证据自相矛盾的；

（五）引用法律条文错误或者违反刑法第12条的规定适用失效法律的；

（六）违反法律关于溯及力规定的；

（七）量刑明显不当的；

（八）审判程序不合法，影响案件公正裁判的；

（九）审判人员在审理案件时索贿受贿、徇私舞弊并导致枉法裁判的。

第十条 人民法院对刑事案件的申诉人在刑罚执行完毕后两年内提出的申诉，应当受理；超过两年提出申诉，具有下列情形之一的，应当受理：

（一）可能对原审被告人宣告无罪的；

（二）原审被告人在本条规定的期限内向人民法院提出申诉，人民法院未受理的；

（三）属于疑难、复杂、重大案件的。

不符合前款规定的，人民法院不予受理。

——《最高人民法院印发〈关于规范人民法院再审立案的若干意见（试行）〉的通知》（2002年9月10日，法发〔2002〕13号）。

1805. 再审中刑事自诉人死亡的处理

关键词

审判监督程序　自诉人死亡

附录：司法信箱

问题： 对再审中出现原审自诉人死亡，该案应如何处理有不同的认识。一种意见认为，应由原审自诉人的法定代理人参加诉讼继续审理。另一种意见认为，为了不放纵犯罪，应由检察机关代表国家提起公诉继续审理。请问哪种意见正确？

《人民司法》研究组认为：根据《最高人民法院关于执行〈中华人民共和国刑事诉讼法〉若干问题的解释》第187条的规定，对于依照审判监督程序审理的刑事自诉案件，如果原审自诉人已经死亡，人民法院应当将再审决定通知原审自诉人的法定代理人、近亲属。如果其法定代理人、近亲属要求参加诉讼的，人民法院应当准许。

——《人民司法》2002年第4期（总第459期）。

1806. 判决生效后查实有立功表现的适用审判监督程序审理

关键词

审判监督程序　立功　判决生效

附录：司法信箱

问题：赵某因涉嫌盗窃犯罪被公安机关关押审查，赵某在此期间检举了他人的杀人犯罪，但未能得到查证。赵某因犯盗窃罪，被判处有期徒刑。判决发生法律效力并交付执行后，公安机关对赵某检举他人的杀人犯罪得以查证属实。赵某得知后，即向原审人民法院提出申诉，其对原审判决并无意见，但要求对其检举他人杀人犯罪的立功表现，在法律上予以认定。请问根据赵某的立功表现，应适用何种程序对赵某的案件进行审理？

《人民司法》研究组认为：根据《刑法》第68条及《最高人民法院关于处理自首和立功具体应用法律若干问题的解释》的有关规定，犯罪分子揭发他人犯罪的行为，只有经查证属实的，才构成立功。因此，赵某虽然在公安侦查阶段即检举他人的杀人犯罪行为，但未经查证属实，原判不认定其具有立功表现是正确的。鉴于判决发生法律效力后，赵某检举的他人犯罪案件得以侦破，且立功是决定被告人量刑轻重的重要事实，故本案属于《刑事诉讼法》第204条第（1）项规定的“有新的证据证明原判决、裁定认定的事实确有错误”的情形，人民法院可以通过审判监督程序进行改判。另外，赵某在公安侦查阶段检举他人犯罪的行为，不属于《刑法》第78条规定的在刑罚执行期间有立功表现可以减刑的情形，故不能因此而对其适用减刑。

——《人民司法》2002年第9期（总第464期）。

1807. 对刑罚执行完毕后发现新的证据，又因同一事实被以新的罪名重新起诉的案件的审理

关键词

审判监督程序　刑罚执行完毕　新证据　同一事实再审

附录：《刑事审判参考》编辑部答疑

问题：（一）被告人杭某因同一犯罪事实已被定罪处刑，且已服刑期满，现人民检察院又就同一犯罪事实对杭某提起公诉，人民法院应适用何种程序进行审理？

一种意见认为，应当由区人民法院按照审判监督程序撤销以窝藏罪判处被告人杭某有期徒刑一年的刑事判决，区人民检察院撤回起诉，再由市人民检察院将被告人杭某与后归案的同案犯王某一起以故意杀人罪向市中级人民法院提起公诉，市中级人民法院按照一审程序进行审理。

另一种意见认为，对被告人杭某不能与后归案的同案犯并案按照一审程序进行审理，而应按审判监督程序再审。理由是：一审程序与审判监督程序是完全不同的程序，适用的法律亦不同，既然某区人民法院在原判认定事实上确有错误，已按审判监督程序进行了再审，撤销了原判，就已经进入了审判监督程序。按照刑事诉讼法有关审判监督程序的规定，如发现原判事实确有错误，应该按审判监督程序进行再审，因此对被重新起诉的杭某应按审判监督程序进行审判。

（二）对被告人杭某原服过的刑期在新刑罚中如何计算？

被告人杭某因同一犯罪事实已被定罪判刑并已服刑一年，现重新定罪量刑，存在刑期折抵问题，即如判处杭某无期徒刑，杭某原服过的刑期无从折抵，无疑在客观上加重了对杭某的处罚，有失公平；如判处杭某有期徒刑，对杭某原服过的刑期可否折抵刑期亦无明确的司法解释，折抵无依据，不折抵亦有失公平。

《刑事审判参考》编辑部认为：（一）杭某、姚某、王某三人构成故意杀人罪的共犯

虽然本案中的杀人行为是由王某、姚某直接实施的，不是杭某本人实施的，但是杭某被人打伤后怀恨在心，邀集他人蓄谋报复，事先共谋，并两次携带单管猎枪乘坐出租车寻找姚甲，事后与同案犯共同潜逃，因此杭某的行为已经构成故意杀人罪，杭某、王某、姚某 3 人是故意杀人罪的共犯。

（二）共同犯罪案件原则上应当并案按照第一审程序审理

共同犯罪案件原则上对共同犯罪人应并案进行审理，这主要是考虑到以下几个因素：1. 符合诉讼经济原则。共同犯罪案件有几个被告人，但是又是围绕同一犯罪事实，从诉讼经济的角度来看，显然没有必要就每一个被告人都组成合议庭分别进行审判，而应当将这些被告人合并由一个合议庭审判。2. 有利于查清案件事实。对共同犯罪案件并案审理，便于共同犯罪人之间相互质证，有利于查清案件事实。3. 有利于明确被告人在共同犯罪中的作用，便于准确地追究被告人的刑事责任。

本案是共同犯罪案件，杭某、王某、姚某 3 人构成故意杀人罪，应当并案进行审理。既然需要并案审理，其他同案被告人显然不宜适用审判监督程序，因此应当并案按照第一审程序进行审理。

（三）先前作出的判决应当按照审判监督程序撤销

由于被告人杭某已经被基层人民法院以窝藏罪判处了刑罚，且刑罚已经执行完毕，而现在又就同一事实以新的罪名将其起诉，因此应当按照审判监督程序撤销对杭某以窝藏罪判处有期徒刑一年的刑事判决，否则就意味着对杭某的同一个行为进行了两次审判，侵害了被告人的合法权益，而且如果法院的两次判决内容不一致，也损害人民法院判决的权威性。

本案中，某市中级人民法院在审理过程中发现杭某因本案被区法院以窝藏罪判处一年有期徒刑，根据新的证据证明原判决认定的事实确有错误，属于上级人民法院对下级人民法院已经发生法律效力的判决发现确有错误，根据《刑事诉讼法》第 205 条的规定，可以指令下级人民法院再审的情况。作出原判决的基层人民法院，应当按照审判监督程序对原来的案件进行再审。由于本案应当由中级人民法院管辖，因此基层人民法院再审后，应当作出撤销原判决的裁定，然后将案件移送有管辖权的市中级人民法院进行审理。

（四）刑期折抵问题

由于是就同一事实作出判决，虽然先前判决被撤销，但是被告人杭某原判刑罚已执行完毕，因此，刑期折抵问题需要具体情况具体分析。如果对被告人判处有期徒刑的，可以折抵刑期；如果判处死刑或者无期徒刑，则不再折抵刑期。

——最高人民法院刑事审判第一庭、第二庭编：《刑事审判参考》2002 年第 6 集（总第 29 集），法律出版社 2003 年版，第 181~184 页。

1808. 刑事再审指定管辖与发回重审案件的程序适用

关键词

刑事再审程序　指定管辖　发回重审

最高人民法院审判业务意见

一、对生效裁判再审发回重审的，应由哪一个庭重审，文书如何编号。

此类案件应由审监庭重新审理，编立刑再字号。主要理由是，此类案件在性质上属于再审案件，依法应按审判监督程序审理；由下级法院审监庭审理，便于上一级法院审监庭进行指导、监督。

五、经上级法院立案庭指令下级法院再审的刑事案件，下级法院审监庭在审理中遇有适用法律等问题需向上级法院请示的，应由上级法院哪一个庭负责办理。

上级法院立案庭指令下级法院再审后，案件已进入再审程序，立案庭的审查立案工作已经完结。按照立审分离的原则，上级法院立案庭不再对已进入再审程序案件的实体审理进行指导。进入再审程序的案件，下级法院审监庭在审理中对适用法律等问题确需向上级法院请示的，应由上级法院审监庭负责办理。

——最高人民法院审判监督庭《印发〈关于刑事再审工作几个具体程序问题的意见〉的通知》（2003年10月15日，法审〔2003〕10号）。

1809. 原判刑罚执行完毕后，因出现新的证据需改变原判罪名时的处理

关键词

审判监督程序　新证据　改判罪名　刑罚执行完毕

附录：司法信箱

问题：我们在审判实践中遇到，对同一被告人检察院依据当时查明的事实，指控其行为构成包庇罪向法院提起公诉，法院以包庇罪依法判处其有期徒刑，并且所判处的刑罚已执行完毕。现因与该被告人同案的在逃犯被抓获归案，引起原判认定的事实发生变化，根据现有证据证实被告人的行为不构成包庇犯罪，而应当构成故意杀人罪，故检察院又以故意杀人罪向法院起诉。请问对检察院的这一起诉如何处理为妥？

《人民司法》研究组认为：对刑罚已执行完毕的罪犯，由于同案犯归案发现新的证据，又因同一事实被以新的罪名重新起诉，原判人民法院应当按照审判监督程序撤销原判决、裁定，并将案件移送有管辖权的人民法院，按照第一审程序与其他同案被告人并案审理。该被告人已经执行完毕的刑罚，由收案的第一审人民法院在对被指控的新罪作出判决时依法折抵，如果是被判

处有期徒刑的，原执行完毕的刑期可以折抵刑期。

——《人民司法》2006年第1期（总第504期）。

1810. 对已生效裁判不符合新司法解释案件申请再审的处理

关键词

刑事再审　新司法解释

最高人民法院司法政策精神

各省、自治区、直辖市高级人民法院，解放军军事法院，新疆维吾尔自治区高级人民法院生产建设兵团分院：

我院于2001年9月17日发出《对执行〈关于审理非法制造、买卖、运输枪支、弹药、爆炸物等刑事案件具体应用法律若干问题的解释〉有关问题的通知》（以下简称《通知》）后，一些高级人民法院向我院请示，对于符合《通知》的要求，但是已经依照我院于2001年5月16日公布的《关于审理非法制造、买卖、运输枪支、弹药、爆炸物等刑事案件具体应用法律若干问题的解释》（以下简称《解释》）作出生效裁判的案件，当事人提出申诉的，人民法院能否根据《通知》精神再审改判等问题。为准确适用法律和司法解释，现就有关问题通知如下：

《解释》公布后，人民法院经审理并已作出生效裁判的非法制造、买卖、运输枪支、弹药、爆炸物等刑事案件，当事人依法提出申诉，经审查认为生效裁判不符合《通知》规定的，人民法院可以根据案件的具体情况，按照审判监督程序重新审理，并依照《通知》规定的精神予以改判。

——《最高人民法院关于处理涉枪、涉爆申诉案件有关问题的通知》（2003年1月15日，法〔2003〕8号）。

1811. 原审因错误认定被告人具有自首或者立功情节而减轻处罚的，重审纠正后能否加重被告人的刑罚

关键词

故意伤害罪　刑罚

《刑事审判参考》指导案例

钟兆桂、伍斯云等故意伤害案（《刑事审判参考》指导案例第1025号）

裁判要点：修正后的刑事诉讼法对“发回重审不加刑”原则规定了例外情形，即“有新的犯罪事实，人民检察院补充起诉”，所谓“新的犯罪事实”指的是原起诉书中没有指控的犯罪事实和人民检察院补充起诉的新的事实，只有同时具备上述两个条件，原审法院根据重审时查明的新的犯罪事实，才能对被告人加重刑罚；如果新的犯罪事实不成立，亦不能加重被告人的刑罚。对于原判决中认定数额有误、自首、立功、主从犯、既未遂等量刑情节不当的情况，均不属于发现了“新的犯罪事实”，一律不得加重刑罚。

2012 年修正的刑事诉讼法第二百二十六条[①]第一款规定：“第二审人民法院审理被告人或者他的法定代理人、辩护人、近亲属上诉的案件，不得加重被告人的刑罚。第二审人民法院发回原审人民法院重新审判的案件，除有新的犯罪事实，人民检察院补充起诉的以外，原审人民法院也不得加重被告人的刑罚。”与修正前的刑事诉讼法相比，修正后的刑事诉讼法明确规定了“发回重审不加刑”的内容，其目的是更好贯彻“上诉不加刑”的原则，避免二审法院以发回重审的形式变相加重对被告人的刑罚。

同时，修正后的刑事诉讼法对“发回重审不加刑”原则规定了例外情形，即“有新的犯罪事实，人民检察院补充起诉”。对这一例外情形如何理解，实践中存在一定争议。有观点认为，“新的犯罪事实”指的是案件事实，包括定罪事实和量刑事实，对于发回重审的案件，如出现新的量刑事实，应当根据重审查明的事实对被告人定罪量刑，不受发回重审不加刑的限制。我们认为，上述观点不可取，应当从立法本意出发正确理解上述例外规定。

第一，新的犯罪事实是指原起诉书中没有指控的犯罪事实。根据通常及字义的理解，结合法条上下文，新的犯罪事实应当是指原起诉书中没有指控的犯罪事实，既包括定罪事实，也包括量刑情节的事实。

第二，必须是人民检察院补充起诉的新的事实。如果人民检察院没有补充起诉，即使有新的犯罪事实，也不得加重被告人的刑罚。根据刑事公诉案件不诉不理的诉讼原则，人民法院不能审理人民检察院没有起诉指控的犯罪事实。只有同时具备上述两个条件，原审法院根据重审时查明的新的犯罪事实，才能对被告人加重刑罚；如果新的犯罪事实不成立，亦不能加重被告人的刑罚。对于原判决中认定数额有误、自首、立功、主从犯、既未遂等量刑情节不当的情况，均不属于发现了“新的犯罪事实”，一律不得加重刑罚。

第三，如果允许纠正后改判，会导致处理不平衡与不公平的情况发生。根据刑事诉讼法第二百二十五条第一款第三项的规定，原判决事实不清楚或

① 本条现为《中华人民共和国刑事诉讼法》（2018 年修正）第二百三十七条。

者证据不足的，第二审法院可以在查清事实后改判，也可以裁定撤销原判，发回原审人民法院重新审判。也就是说，对于“原判决事实不清楚”的案件，第二审法院有两种结案方式：一是查清事实后改判。在这种情况下，根据上诉不加刑原则，无论是原判决认定的犯罪事实不清，还是认定的量刑情节事实有误，二审法院查清事实后，均不得加重被告人的刑罚。二是发回原审人民法院重新审判。二审法院基于原判决认定被告人的量刑情节事实有误而将案件发回重审，原审法院重新审理时就可能加重被告人的刑罚。如果二审法院选择不同的结案方式，就会产生两种明显不同的结果，这样的裁判结果实质上有悖于上诉不加刑原则，不利于当事人上诉权的行使，有损法律的权威和公正。从这一角度考虑，重新审理时不能仅因变更认定被告人的量刑情节而加重被告人的刑罚。

——最高人民法院刑五庭：《钟兆桂、伍斯云等故意伤害案》，载最高人民法院刑事审判第一、二、三、四、五庭主办：《刑事审判参考》2014 年第 5 集（总第 100 集），法律出版社 2015 年版，第 45~47 页。

1812. 重审阶段未重新举证、质证的原审证据效力认定

关键词

刑事再审　原审证据　证据效力

《刑事审判参考》指导案例

何邓平抢劫案（《刑事审判参考》指导案例第 686 号）

裁判要点：已经原审庭审质证，在重审阶段需要重新举证、质证，未经重新举证、质证的，不能作为定案依据。

（一）从发回重审的后果角度分析

发回重审，是指发回原审人民法院重新审判。案件发回，即产生三种后果。首先，意味着一审法院已作出的判决被撤销，未发生法律效力，不能作为执行的依据。其次，被告人所犯罪行没有得到法律评价，尚未受到法律追究，被告人未承担相应的法律责任，仍属于未决犯。最后，原审判决中认定的事实和证据均没有得到重审的确认，仍属公诉机关指控的事实和证据。换言之，案件回到尚未被法院审理的初始阶段。

既然案件回到尚未被法院审理的阶段，那么重审阶段就必须包括一审应有的所有环节，包括法庭举证、质证环节。重新审判的内容亦应包括公诉机

关指控的所有事实和证据，不论该事实或证据是否曾经被举证、质证。本案因同案被告人存在漏罪，属于因原判事实不清或证据不足而发回重审的情况。在该情况下，法庭举证、质证环节就显得尤为重要。一审法院重审开庭时，仅就补充起诉的事实进行举证、质证，未就曾经原审认定的事实进行举证、质证，该做法不属于对全案重新审判，而是对补充起诉的一起事实进行“补充审理”，违背了重审制度设置的初衷。

（二）从另行组成合议庭的角度分析

庭审举证、质证，从客观结果上讲，有利于查明案件事实，使案件在实体上得到公正有效的处理。最高人民法院、最高人民检察院、公安部、国家安全部、司法部联合发布的《关于办理死刑案件审查判断证据若干问题的规定》和《关于办理刑事案件排除非法证据若干问题的规定》均强调，重视庭审中对证据的分类审查和认定，确保裁判认定的事实证据确实、充分，对存疑的证据不予采信，对非法取得的证据予以排除，不能作为定案的依据。该内容充分表明，庭审举证、质证，是审查判断证据、查明案件事实不可或缺的环节，也是通过程序公正保障实体公正的必然要求。

对于重新审判，法律之所以规定必须另行组成合议庭，是为了避免原合议庭对案件形成先入为主的意见，要求合议庭成员在公开审理的基础上再对全案作出独立的判断。对于新组成合议庭的成员而言，本案是全新的案件，其只有在庭审中全面了解案件的事实和证据，了解控辩双方及附带民事诉讼当事人的意见，才能作出正确的判断。本案重审合议庭成员在仅了解补充起诉的一起事实和证据的基础上就对全案作出判决，几乎是依赖于对卷宗材料的书面审查，而不是依赖于重审时的庭审信息，显然违背了立法原意。

（三）从保障被告人、辩护人诉讼权利的需要角度分析

法庭审理主要分为法庭调查和法庭辩论两个阶段，某种意义上说，法庭调查是法庭辩论的基础。举证、质证作为法庭调查的主要内容，其效果直接决定了法庭辩论的走向，也影响到合议庭对全案的审查判断。控辩双方在此环节中，通过出示与案件相关的证据并对每一证据发表意见，来影响合议庭对证据的采信，从而影响法院对事实的认定和在此基础上形成的对案件的审理结果。被告人与案件事实有着实体上的利害关系，案件裁判结果的不同直接决定着被告人的自由、财产甚至生命等重要权利是否会被剥夺。因此，要保证案件审判程序的公正合理，就必须保障其在诉讼过程中有充分的参与机会，能够对案件裁判结果施加有效的影响。在刑事诉讼中，受诸种条件的限制，绝大多数的证据来自控方，辩方自己能够收集到的证据往往非常有限，辩方很大程度上依赖庭审举证和质证获取有利于己的信息，从而动摇控方的指控，反驳控方的意见，论证本方的主张，防止合议庭偏听偏信。因此，被告人及其辩护人参与质证，有利于保障辩方对审判过程的充分参与，维护审

判程序的公正。

——最高人民法院刑事审判第一、二、三、四、五庭主办:《刑事审判参考》2011 年第 2 集(总第 79 集),法律出版社 2003 年版,第 49~54 页。

1813. 指令再审案件的检察机关

关键词

指令再审　检察机关

附录:最高人民法院主流观点

有意见提出,指令原审人民法院以外的其他人民法院审理案件,应明确由何地检察机关派员出席法庭,可规定“如果指令原审人民法院以外的下级人民法院再审,仍应当由原办案检察机关派员出庭或履行职责。”经研究认为,虽由原办案检察机关派员效率更高;但由被指令法院对应的检察机关派员更符合法理,更利于监督,更为合适。此类问题也存在于因抗诉而导致的二审指令再审中。我们倾向于由被指令法院相对应的同级检察机关派员出庭。《实施刑事诉讼法规定》第二十三条规定可以作为参考:“上级公安机关制定下级公安机关立案侦查的案件,需要逮捕犯罪嫌疑人的,由侦查该案件的公安机关提请同级人民检察院审查批准;需要提起公诉的,由侦查该案件的公安机关移送同级人民检察院审查起诉。”

——江必新主编:《〈最高人民法院关于适用《中华人民共和国刑事诉讼法》的解释〉理解与适用》,中国法制出版社 2013 年版,第 337 页。

1814. 按一审或者二审程序审理审判监督案件

关键词

刑事再审　审判程序

附录:司法信箱

问题: 被告人张某犯运输毒品罪被判处有期徒刑 15 年,并处罚金 5 万元。判决已发生法律效力。市检察院认为一审法院适用法律错误,附加刑应为没收财产而非罚金,向我院提出抗诉。我院认为,检察院抗诉理由成立,原判认定事实清楚,但适用法律错误,应予纠正。法院在研究此案时在适用程序上发生分歧,一种意见认为,此案应由我院按一审程序审理,所作的判决可以上诉、抗诉；另一种意见认为，此案应由我院提审后，按二审程序审理，所作的判决为终审判决。请问哪种意见正确？

《人民司法》研究组认为： 刑事诉讼法第二百零五条规定："最高人民法院对各级人民法院已经发生法律效力的判决和裁定，如果发现确有错误，有权提审或者指令下级人民法院再审。"第二百零六条规定："人民法院按照审判监督程序重新审判的案件，应当另行组成合议庭进行。如果原来是第一审案件，应当依照第一审程序进行审判，所作的判决、裁定，可以上诉、抗诉；如果原来是第二审案件，或者是上级人民法院提审的案件，应当按照第二审程序进行审判，所作的判决、裁定，是终审的判决、裁定。"据此，对张某运输毒品案，你院可指定下级人民法院再审，由其按照第一审程序进行审判，也可以决定由本院提审，按第二审程序进行审判。

——《人民司法》2011 年第 19 期（总第 630 期）。

1815. 上级人民法院指定下级人民法院再审的次数的适用

关键词

再审次数

最高人民法院司法解释

第四百六十一条 上级人民法院发现下级人民法院已经发生法律效力的判决、裁定确有错误的，可以指令下级人民法院再审；原判决、裁定认定事实正确但适用法律错误，或者案件疑难、复杂、重大，或者有不宜由原审人民法院审理情形的，也可以提审。

上级人民法院指令下级人民法院再审的，一般应当指令原审人民法院以外的下级人民法院审理；由原审人民法院审理更有利于查明案件事实、纠正裁判错误的，可以指令原审人民法院审理。

——《最高人民法院关于适用〈中华人民共和国刑事诉讼法〉的解释》（2021 年 1 月 26 日，法释〔2021〕1 号）。

附录：最高人民法院主流观点

关于上级人民法院指定下级人民法院再审的次数，虽然法律及《刑事诉讼法解释》未作明确规定，但也不是随意而为的。一般来讲，同一案件指定同一人民法院再审的次数以一次为限，即经指令某一人民法院再审后仍不能有效纠错的，一般不应再指令该人民法院再审，而应直接提审或指令比该已再审过的人民法院级别更高的人民法院再审。当然，这要看发出指令的人民法院的具体情况，如果发出指令的人民法院系接受指令的人民法院的上一级人民法院，在接受指令的人民法院再审后仍不能有效纠错的，则只能予以提审，而不存在继续指令的问题了。同样，同一案件由同一人民法院提审的次数也只能是一次。因为，案件经某一人民法院提审后，如果该院又启动再审，则属于作出生效裁判的人民法院启动再审的问题，不再属于提审了；如果系更高级别的人民法院指令该院再审，也属于指令再审，不属于提审了；如果系更高级别的人民法院提审，则也不是该法院提审了。

——江必新主编：《最高人民法院刑事诉讼法司法解释理解与适用》，人民法院出版社 2015 年版，第 1021~1022 页。

1816. 指令原审人民法院以外的其他人民法院审理时，由被指令法院所在地的同级检察机关派员出庭更为适当

关键词

检察机关派员出庭

最高人民法院司法解释

第四百六十一条　上级人民法院发现下级人民法院已经发生法律效力的判决、裁定确有错误的，可以指令下级人民法院再审；原判决、裁定认定事实正确但适用法律错误，或者案件疑难、复杂、重大，或者有不宜由原审人民法院审理情形的，也可以提审。

上级人民法院指令下级人民法院再审的，一般应当指令原审人民法院以外的下级人民法院审理；由原审人民法院审理更有利于查明案件事实、纠正裁判错误的，可以指令原审人民法院审理。

——《最高人民法院关于适用〈中华人民共和国刑事诉讼法〉的解释》（2021 年 1 月 26 日，法释〔2021〕1 号）。

附录：最高人民法院主流观点

关于指令原审人民法院以外的其他人民法院审理时，应由何地检察机关派员出庭问题，在讨论中也有不同意见。我们认为，虽然由原检察机关派员出庭可能效率更高，但从有利于检察机关有效履行职责的角度而言，由被指令法院所在地的同级检察机关派员出庭更为适当。《实施刑事诉讼法规定》第 23 条的规定中，也体现了这一精神。该条规定："上级公安机关指定下级公安机关立案侦查的案件，需要逮捕犯罪嫌疑人的，由侦查该案件的公安机关提请同级人民检察院审查批准；需要提起公诉的，由侦查该案件的公安机关移

送同级人民检察院审查起诉。”

——江必新主编：《最高人民法院刑事诉讼法司法解释理解与适用》，人民法院出版社 2015 年版，第 1022~1023 页。

1817. 刑事再审申请的审查

关键词

再审程序　再审申请审查

最高人民法院司法解释

第四百五十七条　对立案审查的申诉案件，应当在三个月以内作出决定，至迟不得超过六个月。因案件疑难、复杂、重大或者其他特殊原因需要延长审查期限的，参照本解释第二百一十条的规定处理。

经审查，具有下列情形之一的，应当根据刑事诉讼法第二百五十三条的规定，决定重新审判：

（一）有新的证据证明原判决、裁定认定的事实确有错误，可能影响定罪量刑的；

（二）据以定罪量刑的证据不确实、不充分、依法应当排除的；

（三）证明案件事实的主要证据之间存在矛盾的；

（四）主要事实依据被依法变更或者撤销的；

（五）认定罪名错误的；

（六）量刑明显不当的；

（七）对违法所得或者其他涉案财物的处理确有明显错误的；

（八）违反法律关于溯及力规定的；

（九）违反法定诉讼程序，可能影响公正裁判的；

（十）审判人员在审理该案件时有贪污受贿、徇私舞弊、枉法裁判行为的。

申诉不具有上述情形的，应当说服申诉人撤回申诉；对仍然坚持申诉的，应当书面通知驳回。

——《最高人民法院关于适用〈中华人民共和国刑事诉讼法〉的解释》（2021 年 1 月 26 日，法释〔2021〕1 号）。

最高人民法院大法官著述

刑事再审程序可按照再审诉讼化的要求，对再审申请的审查进行诉讼化改造，以保障当事人的合法权益。再审审查是再审程序的有机组成部分，是确认生效裁判是否存在法定再审事由，以决定是否启动再审程序的审判活动。再审审查程序实质是再审事由是否存在的审理程序，其审理对象是人民法院生效裁判是否具备再审申请人提出的再审事由，目的是决定是否启动再审程序。我国《刑事诉讼法》对再审审查程序没有规定，《最高人民法院关于适用〈中华人民共和国刑事诉讼法〉的解释》对审查的期限、审查的处理方式、对审查不服的救济作了相应的规定，但存在审查程序不透明、不规范、不公开等诸多问题，需要进行进一步的完善。

1. 关于审查期限和处理方式

《最高人民法院关于适用〈中华人民共和国刑事诉讼法〉的解释》第三百七十五条①规定："对立案审查的申诉案件，应当在三个月内作出决定，至迟不得超过六个月。"该解释的规定已与《民事诉讼法》的规定一致，决定再审的，以再审程序进行审理，不符合再审条件的，驳回再审申请。所不同的是未指明其"决定"的形式以"裁定"来表现。另外，对于一些特殊的案件，还未规定延长期限的审批程序。

2. 关于审查范围

由于对再审申请进行审查是为了审视申请再审人所提出的再审事由是否存在依据并符合法定的再审理由，因而并不需要进行全案审查。科学界定对再审申请的审查范围，对于进一步推进再审申请审查的诉讼化改造，提高审查申请再审案件的效率，有着非常重要的意义。

3. 关于审查方式

由于我国《刑事诉讼法》及相关司法解释对于当事人及其亲属申请再审的申诉如何受理、如何审查、到场人员、具体期限、告知方式等缺乏明确规定，使得这一决定再审或者不再审的过程的透明性严重不足，正当性和公正性容易受到质疑。对此，随着修改后的《民事诉讼法》对于民事再审申请审查方式的明确，有学者主张对于刑事再审申请的审查也可借鉴修改后的《民事诉讼法》的做法，即只要申请具备法定的形式要件就应立案审查，并将诉讼因素引入审查程序中。但也有不少人认为对于刑事再审申请的审查程序是否完全参照民事申诉的审查还有待进一步研究，但在对刑事再审申请的审查程序中应引入一定程度的直接言词因素几乎均无异议。

——江必新：《刑事审判的理念、政策与机制》，人民法院出版社 2019 年版，第 293~295 页。

---

① 本条现为《最高人民法院关于适用〈中华人民共和国刑事诉讼法〉的解释》（法释〔2021〕21 号）第四百五十七条。

1818. 完善再审不加刑原则

关键词

再审不加刑　人权司法保障　司法公正

最高人民法院司法解释

第四百零一条　审理被告人或者其法定代理人、辩护人、近亲属提出上诉的案件，不得对被告人的刑罚作出实质不利的改判，并应当执行下列规定：

（一）同案审理的案件，只有部分被告人上诉的，既不得加重上诉人的刑罚，也不得加重其他同案被告人的刑罚；

（二）原判认定的罪名不当的，可以改变罪名，但不得加重刑罚或者对刑罚执行产生不利影响；

（三）原判认定的罪数不当的，可以改变罪数，并调整刑罚，但不得加重决定执行的刑罚或者对刑罚执行产生不利影响；

（四）原判对被告人宣告缓刑的，不得撤销缓刑或者延长缓刑考验期；

（五）原判没有宣告职业禁止、禁止令的，不得增加宣告；原判宣告职业禁止、禁止令的，不得增加内容、延长期限；

（六）原判对被告人判处死刑缓期执行没有限制减刑、决定终身监禁的，不得限制减刑、决定终身监禁；

（七）原判判处的刑罚不当、应当适用附加刑而没有适用的，不得直接加重刑罚、适用附加刑。原判判处的刑罚畸轻，必须依法改判的，应当在第二审判决、裁定生效后，依照审判监督程序重新审判。

人民检察院抗诉或者自诉人上诉的案件，不受前款规定的限制。

——《最高人民法院关于适用〈中华人民共和国刑事诉讼法〉的解释》（2021年1月26日，法释〔2021〕1号）。

附录：最高人民法院法官著述

再审能否加重原审被告人的刑罚，因再审启动的主体不同而不同。能够确认且没有争议的有两种情况：一是对由人民检察院抗诉的案件，可以加重原审被告人的刑罚；二是从保障原审被告人权利的原则出发，由原审被告人及其近亲属申诉引发启动的再审案件，不能加重原审被告人的刑罚。

那么，因被害人申诉引发启动的再审案件，以及法院依职权自行启动的再审案件能否对原审被告人加刑，实践中莫衷一是。笔者认为，在这两种情况下也应当从有利于保障原审被告人权益的原则出发，适用不加刑原则。理由如下：

1. 因被害人申诉启动再审不能加重原审被告人的刑罚的情况。对于因被害人申诉引发启动再审的案件，加重原审被告人的刑罚，首先，没有合理的法理基础。被害人是指在刑事案件中合法权益遭受犯罪行为侵害的人。公诉案件被害人，享有广泛的诉讼权利，比如，有权聘请律师担任其诉讼代理人，有权参加法庭调查和法庭辩论等等，目的是使其合法权益得到保障和实现。但是，被害人对人民法院一审判决没有上诉的权利，只有抗诉请求权，其请求权依附于人民检察院的抗诉决定权，如果人民检察院不批准其抗诉请求，其诉请则无法得以实现。即便被害人提起附带民事诉讼，其上诉权也仅限于民事部分，对刑事部分仍然没有上诉权。这是基于被害人的权益是由国家公权力为其伸张的法理基础，避免私权复仇所带来的社会危害，而国家也会出于平复社会对被害人的同情和对犯罪的心理恐惧，维护社会秩序的相对稳定，最大限度地主张和保护被害人的权利得到补偿和实现。这种情况下，面对强大的国家机器，被告人处于相对弱势的地位，其合法权利更容易被忽视和遭到剥夺，需要通过更加严密的制度设计加以保护。也就是说，根据这一理论，被害人的权益在案件审理中已经得到国家公权力最大限度的保护，其应有的合法权益已经得到最大化的实现，再赋予其申诉启动再审加重原审被告人的刑罚没有合理的法理基础。

其次，没有明确充分的法律根据。我国刑事诉讼法虽然赋予了被害人一定的申诉权利，但并不能必然启动案件的再审。其申诉理由要经过人民法院依法定程序认可或者由人民检察院提出抗诉才能确定进入再审。如果其申诉得到人民检察院的支持，则其权利可以通过人民检察院的抗诉得到最大限度的保护，在这种情况下的再审如果需要对原审被告人加重刑罚则有明确的法律依据支持，但这并不能说是因为被害人的申诉而加重了对被告人的刑罚处罚，而是对人民检察院行使国家公权力的权威性的认可。对于刑事再审案件，基于被告人面对强大的国家机器所处的弱势地位，各国的刑事再审制度设计都更多是从有利于保护被告人的权利出发的。我国的制度设计相对来说，在这方面对原审被告人的权利保护相对较弱。尽管如此，根据《最高人民法院关于适用〈中华人民共和国刑事诉讼法〉的解释》（以下简称《解释》）第386条[①]的规定，除人民检察院抗诉的外，再审一般不得加重原审被告人的刑罚。所以，面对被害人申诉要求加重原审被告人刑罚的案件，在没有人民检察院抗诉作支持的情况下，法官要善于运用再审不加刑原则裁判案件，劝访息诉。否则，会导致相关刑事判决处于不安定状态，影响司法公正和效率，伤害被

① 本条现为《最高人民法院关于适用〈中华人民共和国刑事诉讼法〉的解释》（法释〔2021〕21号）第四百六十九条。

害人对司法的信心。

2. 人民法院依职权启动再审不能加重原审被告人刑罚的情况。对于人民检察院没有抗诉，当事人没有申诉的案件，人民法院依职权自行主动提起的再审案件，在不利于原审被告人的情况下也应秉承再审不加刑的原则。

首先，这是刑事再审程序设置的目的使然。如前所述，刑事再审程序的目的是保障原审被告人的诉讼权利，即使原审被告人就此前刑事诉讼产生的错误得到一个特别救济的权利。按照现代法治理念和国家权力学说，人民法院是居中裁判者，应当处于中立的立场，不应当是积极的权力主张者。我国法律虽然赋予了人民法院依职权启动再审程序的权力，而且各级人民法院在以往纠正冤假错案方面发挥了积极的重要作用，但是我们也要看到我国刑事诉讼制度不断发展的趋势，是逐步与国际公约和世界发展趋势相吻合的，从我国宪法和刑事诉讼法的规定来看，各种制度的设计都更加注重尊重和保护人权。因此，人民法院启动不利于被告人的再审显然不符合这个目的，也不符合控审分离和不告不理的一般诉讼原则。

其次，对《解释》第 325 条[①] 第（七）项规定要有正确的理解和把握。该条规定“原判事实清楚，证据确实、充分，但判处刑罚畸轻、应当适用附加刑而没有适用的，不得直接加重刑罚、适用附加刑，也不得以事实不清、证据不足为由发回第一审人民法院重新审判。必须依法改判的，应当在第二审判决、裁定生效后，依照审判监督程序重新审判”。这条规定并不意味着人民法院可以依职权启动不利于原审被告人的再审，继而加重原审被告人的刑罚。司法实践中，通常把该规定理解为，在上诉不加刑原则的约束下，遇此情况，只能让第二审裁判生效，之后再通过审判监督程序加重原审被告人的刑罚。这种理解显然有悖于该规定的本意。从条文一再强调不得直接加重刑罚和发回重审的规定来看，它更多突出体现的是对原判给予维持、以保护原审被告人权利的理念。面对必须依法改判的，则规定必须等原裁判生效后按照审判监督程序重新审判。这种制度设计并不是没有考虑到司法成本和资源的消耗，相反正是为了保护原审被告人的合法权益，确保其能穷尽所有司法救济渠道，克服人民法院主动作为加重被告人刑罚的负面作用，切实尊重和保障人权。正是由于这种理念贯穿于我国的刑事诉讼制度，我国刑事诉讼法从第二审到再审、从上诉不加刑到再审不加刑，体现出对被告人的权利保障救济是一脉相承的。如果允许人民法院依职权启动再审，作出加重对原审被告人的处罚，既与司法人权保障的理念相悖，也与我国的刑事司法制度设计的初衷相悖。况且解释规定的依照审判监督程序重新审判，并不必然意味着是由人民法院

① 本条现为《最高人民法院关于适用〈中华人民共和国刑事诉讼法〉的解释》（法释〔2021〕21号）第四百零一条。

依职权启动审判监督程序的方式重新审判，它也可以是由人民法院通过与人民检察院沟通，或者直接由人民检察院以抗诉的方式启动再审，以实现再审纠错的目的。或许有人会说，如果人民检察院不同意抗诉怎么办？笔者认为，随着国家监察体制改革的深入推进，职务犯罪侦查部门的转隶对检察制度带来重要影响，人民检察院对刑事判决、裁定的监督力度在不断加大，二审抗诉和再审抗诉无疑将成为其进行法律监督的主要方式。维护社会公平正义和司法公正是法检两家的共同目标，依法履行职责是法官、检察官的共同使命，如果人民检察院不同意抗诉，说明案件没有错误，抑或有错误但达不到需要通过再审程序进行纠正的程度。

——齐素：《完善再审不加刑原则的实证思考——兼谈〈最高人民法院关于适用《中华人民共和国刑事诉讼法》的解释〉第386条之适用》，载《法律适用》2018年第19期。

1819. 再审不加刑、撤回起诉的法律适用及再审的裁判方法

关键词

再审不加刑　撤回起诉　法律适用

最高人民法院裁判文书

孙某甲、孙某乙等组织、领导、参加黑社会性质组织，故意杀人，敲诈勒索等案［最高人民法院（2016）最高法刑再2号刑事判决书］

裁判摘要：1. 非因人民检察院抗诉提起再审的案件，再审裁判一般不得加重原审被告人的刑罚。再审不加刑是原则，再审加刑是例外并要说明具体理据。

2. 人民检察院违反撤回起诉的法定条件，对已经提起公诉的案件撤回起诉，对当事人的权利保护不利的，人民法院不予准许。

3. 人民检察院撤回起诉的案件，没有新的事实或者新的证据的，不得再行起诉；人民检察院坚持向人民法院起诉的，人民法院应当驳回起诉或者宣告被告人无罪。

4. 发生法律效力的判决并无错误，不论刑罚是否执行完毕，人民法院不得自行撤销；自行撤销后移送人民检察院另行起诉、重新审判的，不得加重被告人的刑罚。

5. 犯罪行为在法定期限内未被司法机关追诉，行为人未实施逃避追诉的行为，亦未实施引发追诉期限中断行为的，不得追诉；人

民检察院将已过追诉时效的行为诉至人民法院，人民法院应当不予受理或者受理后裁定终止审理；超过诉讼时效的行为已被生效判决定罪判罚的，应当依照审判监督程序提审并改判无罪。

2017 年 1 月 20 日，最高人民法院作出（2016）最高法刑再 2 号刑事判决，认为：原审被告人孙某甲故意伤害致被害人任某丙轻伤的行为，构成故意伤害罪；以暴力、威胁方法阻碍国家机关工作人员依法执行公务的行为，构成妨害公务罪；随意殴打他人，辱骂、恐吓他人的行为情节恶劣，构成寻衅滋事罪；变卖已被司法机关查封财产的行为，构成非法处置查封财产罪。原审被告人孙某乙为索取债务非法拘禁姜某甲、隋某的行为，构成非法拘禁罪；随意殴打他人的行为情节恶劣，构成寻衅滋事罪；指使他人作伪证的行为，构成妨害作证罪。原审被告人曲某甲故意伤害致被害人任某丙轻伤的行为，构成故意伤害罪；非法拘禁曲某乙、金某的行为，构成非法拘禁罪；辱骂、恐吓他人的行为情节恶劣，构成寻衅滋事罪；原审被告人周某甲随意殴打他人的行为情节恶劣，构成寻衅滋事罪；敲诈勒索他人财物数额巨大的行为，构成敲诈勒索罪；原审被告人周某乙敲诈勒索他人财物数额巨大的行为，构成敲诈勒索罪；原审被告人梁某某故意伤害致被害人唐某重伤的行为，构成故意伤害罪；原审被告人孙某戊非法拘禁姜某甲、隋某的行为，构成非法拘禁罪。对以上犯罪行为，依法应当追究刑事责任；孙某甲、孙某乙、曲某甲、周某甲等人一人犯数罪，依法应当数罪并罚。

原判认定原审被告人孙某甲、孙某乙故意杀人之犯罪，孙某甲组织、领导黑社会性质组织之犯罪，原审被告人曲某甲、孙某乙、周某甲、周某乙、孙某丁、高某、邹某某参加黑社会性质组织之犯罪，孙某甲敲诈勒索曲某乙之犯罪，孙某甲、曲某甲、周某甲、高某敲诈勒索金某之犯罪，原审被告人孙某丙、李某甲敲诈勒索张某丁之犯罪，孙某丙敲诈勒索赵某甲之犯罪，孙某甲、曲某甲、周某甲、周某乙、孙某丁强迫交易之犯罪，原审被告人孙某庚帮助毁灭证据之犯罪，原审被告人陶某某掩饰、隐瞒犯罪所得收益之犯罪，事实不清、证据不足，不予认定。

原审被告人孙某丁参与 2002 年 4 月 28 日故意伤害任某丙之犯罪，追诉期限为五年。对其应自 2002 年 4 月 28 日至 2007 年 4 月 27 日间进行追诉。在此期限内，孙某丁未实施逃避侦查或审判的行为，亦未实施引发本起犯罪追诉期限中断的新的犯罪。原审被告人梁某某参与 2002 年 7 月 1 日故意伤害葛某甲之犯罪，追诉期限为五年，对其应自 2002 年 7 月 1 日至 2007 年 6 月 30 日间进行追诉。在此期限内，梁某某未实施逃避侦查或审判的行为，虽然梁某某于 2009 年 4 月 6 日又有故意伤害唐某之犯罪，但该行为发生于本起犯罪追诉期限以外，本起犯罪的追诉期限不发生中断。原审被告人孙某己参与 2000 年非法拘禁姜某甲、隋某之犯罪，宽城区人民法院（2005）宽刑初字第 79 号刑事判决未认定孙某己实施本起犯罪，根据孙某己所犯罪行，结合事实，上述行为若被认定为犯罪，可能判处的法定最高刑不满五年，追诉期限应为五年，对其应自 2000 年至 2005 年间进行追诉。在此期限内，孙某己未实施逃避侦查或审判韵行为，亦未实施引发本起犯罪追诉期限中断的新的犯罪。原审被告人李某乙参与 2002 年 9 月非法拘禁张某乙之犯罪，绿园区人民法院（2007）绿刑初字第 186 号刑事判决未认定李某乙成立本起犯罪，上述行为若被认定为犯罪，追诉期限为五年，对其应自 2002 年 9 月至 2007 年 9 月间进行追诉。在此期限内，李某乙未实施逃避侦查或审判的行为，亦未实施引发本起犯罪追诉期限中断的新的犯罪。长春市公安局于 2008 年 1 月 4 日开始对孙某丁、梁某某、孙某己、李某乙实施的上述犯罪立案侦查，已经超过追诉期限。根据《刑事诉讼法》第 15 条第 2 项之规定，对孙某丁、梁某某、孙某己、李某乙依法宣告无罪。

原审被告人孙某乙、孙某戊参与非法拘禁姜某甲、隋某之犯罪均被判处有期徒刑二年六个月，对照宽城区人民法院（2005）宽刑初字第 79 号刑事判决认定的原审被告人孙某甲参与包括非法拘禁姜某甲、隋某在内的五起非法拘禁犯罪仅被判处有期徒刑二年的情况，以及孙某甲、孙某乙、孙某戊在犯罪中的地位和作用，原判对孙某乙、孙某戊犯非法拘禁罪的量刑明显不当，予以纠正。孙某乙妨害作证的行为既非多人多次，亦非手段恶劣，且未造成严重后果，欲包庇孙某甲所犯的非法拘禁罪亦非严重犯罪。原判认定孙某乙妨害作证属于情节严重，与法律规定不符，对其判处有期徒刑四年属量刑过重，应予纠正。

辽宁省鞍山市铁东区人民法院（1997）东刑初字第 94 号刑事判决、长春市宽城区人民法院（2005）宽刑初字第 79 号刑事判决、长春市宽城区人民法院（2005）宽刑初字第 236 号刑事判决、长春市绿园区人民法院（2007）绿刑初字第 186 号刑事判决所涉各项犯罪事实均已判罚且刑罚已执行完毕，该四份生效裁判的事实认定、法律适用和政策把握并无错误，其既判力、安定性和权威性应当予以尊重和维护。有关法院将其撤销后重新审判并加重被告人刑罚，违反法律和司法解释规定，违背宽严相济刑事政策，不符合刑事司法的谦抑理念。判决：

（1）撤销吉林省高级人民法院（2012）吉刑三终字第 48 号刑事判决和吉林省吉林市中级人民法院（2011）吉中刑初字第 56 号刑事判决。

（2）撤销辽宁省鞍山市中级人民法院（2010）鞍审刑终再字第 5 号刑事裁定。

（3）撤销长春市中级人民法院（2008）长刑监字第 12 号再审决定、（2009）长刑监字第 7 号再审决定、（2009）长刑提字第 l 号刑事裁定及长春市宽城区人民法院（2008）长宽刑再字第3号刑事裁定、（2009）长宽刑重字第79号刑事裁定。

（4）撤销长春市中级人民法院（2008）长刑监字第11号再审决定、（2009）长刑监字第8号再审决定、（2009）长刑提字第2号刑事裁定及长春市宽城区人民法院（2008）长宽刑再字第2号刑事裁定、（2009）长宽刑重字第80号刑事裁定。

（5）撤销长春市中级人民法院（2009）长刑监字第10号再审决定、（2009）长刑提字第3号刑事裁定及长春市绿园区人民法院（2009）绿刑重字第3号刑事裁定。

（6）原审被告人孙某甲犯故意伤害罪，判处有期徒刑一年；犯寻衅滋事罪，判处有期徒刑四年；犯妨害公务罪，判处有期徒刑二年；犯非法处置查封财产罪，判处有期徒刑二年，数罪并罚，决定执行有期徒刑八年六个月。

（7）原审被告人孙某乙犯非法拘禁罪，判处有期徒刑一年六个月；犯寻衅滋事罪，判处有期徒刑三年六个月；犯妨害作证罪，判处有期徒刑一年六个月，数罪并罚，决定执行有期徒刑六年。

（8）原审被告人曲某甲犯故意伤害罪，判处有期徒刑二年；犯非法拘禁罪，判处有期徒刑一年六个月；犯寻衅滋事罪，判处有期徒刑三年六个月，数罪并罚，决定执行有期徒刑六年六个月。

（9）原审被告人周某甲犯寻衅滋事罪，判处有期徒刑三年；犯敲诈勒索罪，判处有期徒刑三年六个月，数罪并罚，决定执行有期徒刑六年。

（10）原审被告人周某乙犯敲诈勒索罪，判处有期徒刑三年六个月。

（11）原审被告人梁某某犯故意伤害罪，判处有期徒刑三年。

（12）原审被告人孙某戊犯非法拘禁罪，判处有期徒刑一年六个月。

（13）原审被告人孙某丙无罪。

（14）原审被告人孙某丁无罪。（15）原审被告人高某无罪。（16）原审被告人邹某某无罪。（17）原审被告人孙某己无罪。（18）原审被告人李某乙无罪。（19）原审被告人李某甲无罪。（20）原审被告人陶某某无罪。（21）原审被告人孙某庚无罪。

——《再审不加刑、撤回起诉的法律适用及再审的裁判方法——孙某甲、孙某乙等组织、领导、参加黑社会性质组织，故意杀人，敲诈勒索等案》，载中国应用法学研究所主编：《中华人民共和国最高人民法院案例选（第二辑）》，法律出版社2019年版，第26~30页。

1820. 按审判监督程序改判被告人死刑是否违反再审不加刑原则

关键词

审判监督程序　改判　死刑　再审不加刑

《刑事审判参考》指导案例

王秀敏故意杀人案（《刑事审判参考》指导案例第1338号）

裁判要点：当再审出现新的犯罪事实时，可以加重原审被告人刑罚。

我国《刑事诉讼法》对再审不加刑并没有明确的规定，只是最高人民法院结合各级人民法院的司法实践，根据我国《刑事诉讼法》规定的上诉不加刑的原则引申出的一条原则规定，通过司法解释回归适用于司法实践中，成为再审程序中应当遵循的一项基本原则。《最高人民法院关于适用〈中华人民共和国刑事诉讼法〉的解释》第三百八十六条规定，除人民检察院抗诉的以外，再审一般不得加重原审被告人的刑罚。

对此，一种观点认为，此处“一般”应与前句“除检察机关抗诉的以外”相联系，意即除检察机关抗诉的以外，再审一律不得加重原审被告人刑罚；另一种观点认为，“一般”属于哲学名词，是指一切事物，或者许多个别事物所属的一类事物；亦指事物的共性。反义词是突出、特殊、特别。望文生义，既然“一般”不得加重刑罚，那么，在“特殊”情况下则可以加重刑罚。

我们认同第二种观点，这也是解释制定者的本意，如果将再审不加刑的例外情况仅限于人民检察院的抗诉，恐不能适应目前审判实践的需要，在个案的审判中不能实现罪刑相一致的原则，不能实现公平正义。当然，法官也不能对“特殊”进行扩大化理解，应谨慎适用再审不加刑原则之“一般”规定，牢固树立公正司法、尊重和保障人权的理念，吸纳和树立程序安定、禁止双重危险等理念，强化再审不加刑的理念，保证再审不加刑原则在司法实践中的贯彻落实，确保公正司法，切实维护原审被告人的合法权利，不断提高司法的公信力，努力让人民群众在每一个司法案件中感受到公平正义。

本案中，再审是被害人近亲属申诉引发，基于前述理由，本不应加重原审被告人的刑罚。然而，由于本案出现了新的犯罪事实，故再审对王秀敏判处死刑，没有违反再审不加刑原则。理由如下：

1. 再审不加刑适用于再审事实与原判事实相同的情况。再审程序的目的是保障原审被告人的诉讼权利，使原审被告人就此前刑事诉讼产生的错误得到一个特别救济的权利。如果再审确认的事实和生效裁判确认的事实相同，从再审程序设置的目的出发，再审判决不得加重原审被告人的刑罚，这是再审不加刑的应有之义。

2. 当再审出现新的犯罪事实时，可以加重原审被告人刑罚。再审时王秀敏案罪行发生变化，一是犯罪人数由王秀敏一人变为王秀敏与王团结二人。原生效裁判认定王秀敏一人故意杀人致被害人王某某死亡。经再审确认，王秀敏与王团结合伙将王某某杀害。二是王秀敏在犯罪中的地位和作用大于王团结，是罪行最为严重的主犯。对于王秀敏案，在原审中，出于趋利避害的本能，王秀敏将杀害王某某的责任都推给王团结，致原生效裁判对本案是由王秀敏一人作案，还是与王团结共同作案不清，二人的地位和作用不清，故留有余地对王秀敏判处死刑，缓期二年执行。王团结到案后，经再审确认，犯意由王秀敏提起，王团结由王秀敏纠集，王某某也是由王秀敏骗至案发现场沈丘县周营乡政府办公室三楼其住室内，伙同王团结对王某某实施掐脖、绳勒致王某某死亡的是王秀敏。在王团结逃离现场后，买刀并持刀将王某某尸体肢解的还是王秀敏。王秀敏犯罪动机卑劣，手段极其残忍，罪行极其严重，在共同犯罪中属于罪行最为严重的主犯。据此，原生效裁判所裁量的刑罚已经不符合罪责刑相适应的原则，唯有加刑才能体现公平正义，实现案件处理的法律效果和社会效果的有机统一。

这与上诉不加刑原则规定的精神是一致的。我国《刑事诉讼法》第二百二十六条规定，[①] 第二审人民法院审理被告人或者他的法定代理人、辩护人、近亲属上诉的案件，不得加重被告人的刑罚。第二审人民法院发回原审人民法院重新审判的案件，除有新的犯罪事实，人民检察院补充起诉的以外，原审人民法院也不得加重被告人的刑罚。本案再审程序因王团结到案而启动，检察机关虽没有按照并案处理的方式，以王秀敏起诉书为基础追加、补充起诉王团结及其犯罪事实，但其在人民法院决定将“两王案”并案审理时，同时宣读了两案的起诉书，尤其是王团结的起诉书将二人的罪行指控得清晰明确。我们认为，该起诉书尽管不是典型意义补充起诉，但可以视为补充起诉的一种有效方式。

——齐素撰稿、韩维中审编：《王秀敏故意杀人案——共同犯罪人先后归案后被分案起诉，法院能否并案审理》，载最高人民法院刑事审判第一、二、三、四、五庭主办：《刑事审判参考》（总第 122 集），法律出版社 2020 年版，第 33~37 页。

---

① 此处为 2018 年修正前的《刑事诉讼法》，对应修正后的《刑事诉讼法》第二百三十七条。

1821. 关于依照审判监督程序重新审判的案件与原审被告人其他犯罪案件的合并审理规则

关键词

审判监督程序　合并审理规则

最高人民法院司法解释

第四百六十七条　对依照审判监督程序重新审判的案件，人民法院在依照第一审程序进行审判的过程中，发现原审被告人还有其他犯罪的，一般应当并案审理，但分案审理更为适宜的，可以分案审理。

——《最高人民法院关于适用〈中华人民共和国刑事诉讼法〉的解释》（2021 年 1 月 26 日，法释〔2021〕1 号）。

附录：最高人民法院主流观点

司法实践中，对于依照审判监督程序重新审判，可能存在被告人还有其他犯罪的情况。《最高人民法院关于适用〈中华人民共和国刑事诉讼法〉的解释》（法释〔2021〕1 号，以下简称《刑事诉讼法解释》）第四百六十七条规定："对依照审判监督程序重新审判的案件，人民法院在依照第一审程序进行审判的过程中，发现原审被告人还有其他犯罪的，一般应当并案审理，但分案审理更为适宜的，可以分案审理。"概言之，所涉情形以并案审理为原则，以分案审理为例外。主要考虑是：（1）根据刑法的有关规定，如果通过再审撤销原判以后，需要再审改判之罪和被告人所犯其他犯罪都属于判决宣告前的数罪，应当依照《刑法》第六十九条的规定进行数罪并罚；如果分案处理，只能依照《刑法》第七十条的规定或者第七十一条的规定并罚，两者的最终量刑有时会有差异。（2）从审判实践来看，将再审和其他犯罪的审理合并，程序上可以操作，也有助于提高审判效率。

需要注意的是，《刑事诉讼法解释》第四百六十七条强调需要并案审理的，原则上应当依照第一审程序并案审理，但根据案件情况也可以在第一审程序中分案审理，而后在第二审程序中并案审理。通常而言，一审分案审理的，对于再审犯罪和其他犯罪均上诉的，可以在二审合并处理；对于一个犯罪提出上诉，一个犯罪没有提出上诉的，二审可以按照数罪并罚处理；对于一个犯罪宣告有罪，另一个犯罪宣告无罪的，则不宜合并审理，宜全程分案审理。

——《刑事诉讼法解释》起草小组：《〈最高人民法院关于适用《中华人

民共和国刑事诉讼法》的解释〉理解与适用》，载最高人民法院刑事审判第一、二、三、四、五庭编：《刑事审判参考》（总第126辑），人民法院出版社2021年版，第203页。

1822. 涉产权刑事案件的再审启动

关键词

涉产权刑事案件　挪用资金罪　民营企业　再审程序　顾雏军案

附录：最高人民法院法官著述

根据《最高人民法院、最高人民检察院、公安部关于办理网络犯罪案件适用刑事诉讼程序若干问题的意见》的精神，遵循法律的规定，必须在打击经济犯罪与保护合法权益之间寻找到最佳的平衡点。在对相关案件进行审查时，可以按照这样的思路来处理，即对于民营企业和民营企业家在生产经营过程中的一些不规范行为，只要其行为不是明显与刑法规定相违背的，或者行为的社会危害性不大，情节显著轻微，不必要以刑罚手段来处理但已被追究了刑事责任的，或者行为人与"被害人"之间确实属于民事纠纷，由于有关部门的不当插手而导致被作为刑事案件进行处理的，或者虽然行为具有一定违法性，但认定构成犯罪的事实不清，证据不足的，或者行为人原被认定构成两个以上罪名，但其中至少有一个罪名明显存在问题的，等等，都应当旗帜鲜明地启动再审，使一些行为不构成犯罪，不应当被追究刑事责任，或者虽然构成犯罪，但并不构成这么多项罪名，不应承担如此重的刑事责任的民营企业和民营企业家，能够获得再审救济的机会。在顾雏军案再审中，虽然原判3个罪名中只有两个罪名明显存在问题，且即使该两个罪名也并非事实认定全部错误，但按照实事求是原则，该案还是依法被启动再审，并在进行全面审理后作出改判。

需要指出的是，在目前强调产权司法保护的背景之下，对于涉产权刑事案件的再审启动，必须有平等保护各种经济成分、有效提振企业家信心并振奋企业家精神、激发广大企业家的创业创新动力、促进经济社会持续健康稳定发展的大局意识，以及依法纠错，为营造稳定、公平、透明、可预期的法治化营商环境不懈努力的担当精神。切不可以案件已时隔多年或者法律关系复杂、重新审查存在不少困难为由而搁置，更不能因为担心案件再审改判会带来负面影响而放弃启动再审。对此，习近平总书记曾经提出过明确告诫："不要说有了冤假错案，我们现在纠错会给我们带来什么伤害和冲击，而要看到我们已经给人家带来了什么样的伤害和影响，对我们整个的执法公信力带来什么样的伤害和影响。我们做纠错的工作，就是亡羊补牢的工作。”

——罗智勇：《涉产权刑事案件再审若干问题思考——以顾雏军案再审改判为视角》，载《人民司法·应用》2019年第19期（总第858期）。

1823. 对历史形成的涉产权刑事案件进行再审裁判，应注意的问题

关键词

涉产权刑事案件　挪用资金罪　民营企业　再审程序　顾雏军案

附录：最高人民法院法官著述

笔者认为，人民法院在对历史形成的涉产权刑事案件进行再审裁判时，总的原则是实事求是。具体而言，应当注意以下几点：

第一，要充分认识到这些案件自身的特点和复杂性。与一、二审案件相比，再审案件本来就有其自身的特点，同时，作为涉产权案件，往往发生于社会主义市场经济的发育成长时期，大多融刑事、民事、商事、行政等诸多法律关系于一体，需要在审理中高度审慎、条分缕析、认真梳理、仔细辨别。

第二，要在充分尊重历史的前提下着眼长远。应当立足于案件的事实、证据以及当时法律规定，同时，要综合考量当时的社会背景、政策法规、发展阶段、行业状况等因素，充分尊重历史，客观看待和依法妥善处理改革开放以来各类企业，特别是民营企业经营过程中存在的不规范问题，着眼于不断改革发展、多种经济形式共存共荣的大局。

第三，要精准把握经济违法行为的入刑标准。要从犯罪的基本特征即行为的社会危害性、刑事违法性、应受惩罚性3方面进行深刻分析，正确区分违规、违法与犯罪之间的界限，把准经济纠纷与经济犯罪的性质，分清经济违法行为的不同法律责任，严格执行罪刑法定、疑罪从无原则，对于企业家在生产、经营、融资活动中的创新突破但不违反刑事法律禁止性规定的行为，绝不能以犯罪论处。

第四，要根据再审查明的事实依法裁判。对于原判确有错误并影响被告人定罪量刑的，要旗帜鲜明地坚决予以纠正。完全错误的，彻底纠正，部分错误的，部分纠正。当然，也要防止从一个极端走向另一个极端，为了纠正而纠正的形式主义和片面主义。对于原判事实认定正确，适用法律并无不当的案件，也应大胆地依法维持，切实做到大错大纠、小错小纠、无错不纠。只有这样，才能符合法治要求，得到社会认可，取得社会公信，真正实现法律效果和社会效果的统一。

在顾维军案再审中，再审合议庭对于原审认定的顾维军等人在公司变更登记过程中虚报注册资本的行为，充分考虑其历史背景和客观因素，不以犯罪论处；对原审认定的顾维军等人不按规定提供真实财会报告的行为，充分考虑在案证据不足以证实该行为已造成刑法规定的严重后果的客观实际，不应追究刑事责任；对于原审认定的顾维军等人挪用6300万元的事实，充分考虑认定顾维军指使姜宝军挪用资金的证据不足，且无证据证实姜宝军从中谋取了个人利益等实际情况，不应认定为犯罪。这样处理，既体现了党中央平等保护各类市场主体合法权益、营造公平竞争环境的要求，又向全社会释放了产权司法保护的积极信号，对于激发企业家创业创新动力，维护社会公平正义，促进经济社会持续健康发展，都具有十分重要的意义。与此同时，对于顾维军、张宏从上市公司挪用2.9亿元用于顾维军个人注册公司的行为，充分考虑其利用职务便利，挪用上市公司资金归个人使用，并谋取个人利益，严重扰乱市场经济秩序，给金融和证券市场带来巨大风险，具有严重社会危害性的客观事实，依法认定有罪并判处刑罚。这样处理，充分体现了人民法院实事求是、坚守底线、公正司法的坚定立场和有错必纠、错到哪里纠到哪里、不搞“一风吹”的明确态度，既维护了法律权威，彰显了公平正义，又引导企业家敬畏法律，不踩红线，遵纪守法搞经营，合法合规谋发展。

——罗智勇：《涉产权刑事案件再审若干问题思考——以顾维军案再审改判为视角》，载《人民司法·应用》2019年第19期（总第858期）。

1824. 涉产权刑事案件再审改判后，应对其他相关问题一并处理

关键词

涉产权刑事案件　挪用资金罪　民营企业　再审程序　顾维军案

附录：最高人民法院法官著述

涉产权刑事案件的再审，重点需要解决的是原审被告人是否构成犯罪、是否需要承担刑事责任以及原判刑罚是否符合罪责刑相统一原则的问题。但由于行为人被定罪量刑之后，往往还涉及有关党纪、行政责任的追究问题，且就刑事责任而言，也往往在自由刑之外还涉及财产刑的问题。因此，在经过再审之后，对于原判确实有错误，在宣告原审被告人无罪或者改判较轻刑罚的同时，对其他相关问题应尽可能一并或协调有关部门进行处理。一是对于原判不应一并判处的罚金、没收财产，应当在再审判决书中明确予以撤销，已经执行的应当予以退还；二是对于原判错误判处的追缴违法所得，也应在再审判决书中明确予以撤销，依法予以返还；三是对于宣告无罪的，除以

"情节显著轻微，危害不大"为理由或者原审被告人自愿放弃的外，原判附带民事赔偿责任应一并撤销，并妥善做好附带民事诉讼原告人的工作；四是再审改判后涉及国家赔偿的，应依法告知原审被告人享有申请国家赔偿的权利以及可向人民法院申请国家赔偿；五是涉及其他有关责任追究不当的，应尽可能协调有关部门依法依规予以妥善解决。

——罗智勇：《涉产权刑事案件再审若干问题思考——以顾雏军案再审改判为视角》，载《人民司法·应用》2019年第19期（总第858期）。

[illegible]

[illegible]2010年第10期（总第558期）。

第二十六章　涉外刑事案件程序的审理

1825. 被告人否定自己为证件签署国公民，主张为第三国公民时国籍的认定

关键词

国籍

最高人民法院司法解释

第四百七十七条　外国人的国籍，根据其入境时持用的有效证件确认；国籍不明的，根据公安机关或者有关国家驻华使领馆出具的证明确认。

国籍无法查明的，以无国籍人对待，适用本章有关规定，在裁判文书中写明“国籍不明”。

——《最高人民法院关于适用〈中华人民共和国刑事诉讼法〉的解释》（2021 年 1 月 26 日，法释〔2021〕1 号）。

附录：最高人民法院主流观点

1. 如果第三国确认被告人为本国公民，以确认证明为认定国籍的依据。

2. 如果第三国否定被告人为本国公民，而证件签署国确认其为本国公民的，以有效证件为认定国籍的依据。

3. 如果第三国和证件签署国均确认被告人为本国公民的，认定被告人具有双重国籍。

4. 如果第三国和证件签署国均否认被告人为本国公民，而且也无法确认被告人为其他国家公民的，对被告人以无国籍人员论。

5. 如果第三国与我国无外交关系，也无与我国有外交关系的利益代管国，而证件签署国又否认被告人为本国公民的，因既无法确认、也无法排除被告人的国籍主张，只好按照被告人自报国籍作客观表述。

6. 如果第三国与证件签署国均与我国无外交关系，也无与我国有外交关系的利益代管国的，应当查明被告人否定自己为证件签署国公民的理由是否

成立，然后根据具体情况分别按照被告人自报国籍作客观表述或者以确认证件国认定国籍。

——江必新主编：《最高人民法院刑事诉讼法司法解释理解与适用》，人民法院出版社 2015 年版，第 1067~1068 页。

1826. 被告人无法提供任何能够证明其国籍的有效证件，但又主张自己是某国公民时国籍的认定

关键词

国籍

最高人民法院司法解释

第四百七十七条 外国人的国籍，根据其入境时持用的有效证件确认；国籍不明的，根据公安机关或者有关国家驻华使领馆出具的证明确认。

国籍无法查明的，以无国籍人对待，适用本章有关规定，在裁判文书中写明"国籍不明"。

——《最高人民法院关于适用〈中华人民共和国刑事诉讼法〉的解释》（2021 年 1 月 26 日，法释〔2021〕1 号）。

附录：最高人民法院主流观点

1. 如果被主张国确认被告人为本国公民，以确认证明为认定国籍的依据。

2. 如果被主张国否定被告人为本国公民，对被告人应当以无国籍人员论。

3. 如果被主张国与我国无外交关系，也无与我国有外交关系的利益代管国的，因既无法确认、也无法排除被告人的国籍主张，只好按被告人自报国籍作客观表述。

——江必新主编：《最高人民法院刑事诉讼法司法解释理解与适用》，人民法院出版社 2015 年版，第 1068 页。

1827. 被告人持《中华人民共和国旅行证》以我国台湾地区居民的身份入境，同时又持有其他国家护照时国籍的认定

关键词

国籍

最高人民法院司法解释

第四百七十七条　外国人的国籍，根据其入境时持用的有效证件确认；国籍不明的，根据公安机关或者有关国家驻华使领馆出具的证明确认。

国籍无法查明的，以无国籍人对待，适用本章有关规定，在裁判文书中写明“国籍不明”。

——《最高人民法院关于适用〈中华人民共和国刑事诉讼法〉的解释》（2021年1月26日，法释〔2021〕1号）。

附录：最高人民法院主流观点

按照外交部、最高人民法院、最高人民检察院、公安部、国家安全部、司法部《关于印发〈关于处理涉外案件若干问题的规定〉执行情况讨论会纪要的通知》（外发〔2002〕19号）的规定，如被告人同时持有外国（甚至多国）有效护照和我国有效身份证件，应当以其入境时持有的证件为准。即被告人持《中华人民共和国旅行证》以我国台湾地区居民的身份入境的，视为中国公民；如果持外国护照入境的，以其护照确定身份。如果被告人多次入境的，以最后一次入境时所持的有效证件确定被告人身份。如被告人的身份确有疑问的，由公安机关出入境管理部门协助查明，并通报同级人民政府外事部门。

——江必新主编：《最高人民法院刑事诉讼法司法解释理解与适用》，人民法院出版社2015年版，第1068~1069页。

1828. 对外国人取得中国国籍后身份的认定

关键词

国籍

最高人民法院司法解释

第四百七十七条　外国人的国籍，根据其入境时持用的有效证件确认；国籍不明的，根据公安机关或者有关国家驻华使领馆出具的证明确认。

国籍无法查明的，以无国籍人对待，适用本章有关规定，在裁判文书中写明“国籍不明”。

——《最高人民法院关于适用〈中华人民共和国刑事诉讼法〉的解释》（2021年1月26日，法释〔2021〕1号）。

附录：最高人民法院主流观点

我国不认可双重国籍，根据我国《国籍法》的相关规定，公民到国外定居加入他国国籍视为自动放弃中国国籍。有学者据此提出，外国人取得中国国籍是否也视为自动放弃外国国籍？对于此类人员的国籍如何认定？

关于外国人取得中国国籍是否视为自动放弃外国国籍的问题，目前尚无规范性文件作出直接规定。但外交部、最高人民法院、最高人民检察院、公安部、国家安全部、司法部《关于印发〈关于处理涉外案件若干问题的规定〉执行情况讨论会纪要的通知》明确："我国不承认双重国籍，我在与美加澳等国签订的双边领事条约中，对国籍的认定作出约定。如《中美两国政府关于两国公民团聚、旅行方便等问题的补充换文》中规定，持派遣国旅行证件及接受国签证进入接受国，在旅行证件和签证有效期内被视为派遣国国民。"因此，在派遣情形中，一般以入境时派遣证上记载的国籍认定国籍身份。在非派遣情形中，对外国人取得中国国籍后身份的认定，要根据具体情况进行区别认定：如果外国人取得中国国籍后，犯罪发生时人也在中国，一般以中国国籍认定；如果外国人取得中国国籍后，犯罪发生时人在国外，对国籍的认定要适度兼顾主权原则、国民保护原则。

——江必新主编：《最高人民法院刑事诉讼法司法解释理解与适用》，人民法院出版社2015年版，第1069页。

1829. 刑事诉讼中免除作证义务的外国人的范围

关键词

免除作证义务

最高人民法院司法解释

第四百七十八条 在刑事诉讼中，外国籍当事人享有我国法律规定的诉讼权利并承担相应义务。

——《最高人民法院关于适用〈中华人民共和国刑事诉讼法〉的解释》（2021年1月26日，法释〔2021〕1号）。

附录：最高人民法院主流观点

根据国际条约和我国法律的规定，对特定身份的外国人应当免除其作证义务。这类人员主要是指享有外交特权和领事特权的外国人。对此，《外交特权与豁免条例》作了明确规定。

根据《外交特权与豁免条例》以及我国参加和签订的有关领事关系的条约，下列人员就其执行职务所涉事项，没有作证义务：中国公民或者获得在中国永久居留资格的外国人担任的外国外交代表；非中国公民或者不是在中国永久居留的外国使、领馆服务人员；外国驻中国的使、领馆人员。他们可以就他们因执行职务所涉及事项不向司法机关陈述，而不论这些情况是否与本诉案有关。

在使、领馆中，并不是所有人员都免除作证义务。部分使、领馆工作人员不享有外交特权与豁免，因而这部分人员在刑事诉讼中不应免除其作证的义务。同时，又必须注意在要求这部分人员作证时，应当尽量避免妨碍他们执行公务。[①]

——江必新主编：《最高人民法院刑事诉讼法司法解释理解与适用》，人民法院出版社2015年版，第1071~1072页。

1830.被告人以翻译人员参加过侦查、审查起诉或者一审程序为由，申请翻译人员回避的，应当驳回申请，不予准许

关键词

回避 翻译人员

附录：最高人民法院主流观点

《刑事诉讼法》《刑事诉讼法解释》以及相关规范性文件均没有规定翻译人员参加过侦查、审查起诉或者一审程序的，应当在其他诉讼阶段回避。按照《刑事诉讼法解释》的相关规定，参加过本案侦查、起诉的人员，或者是在一个审判程序中参与过本案审判工作的合议庭组成人员，不得参与本案的其他阶段或者程序的工作。我们认为，翻译人员系以其专业知识参与到诉讼中从事技术性工作的人员，其虽系诉讼参与人，但不属于侦查人员、检察人员和合议庭组成人员，因此，被告人以翻译人员参加过侦查、审查起诉或者一审程序为由，申请翻译人员回避的，应当驳回申请，不予准许。

——江必新主编：《最高人民法院刑事诉讼法司法解释理解与适用》，人民法院出版社2015年版，第1081页。

---

① 参见王铮：《外国人在刑事诉讼中如何履行作证义务》，载《涉外刑事程序与刑事司法协助——办案规范指南》，转引自中国—东盟法律网，www.zgdmlaw.com。

1831. 外国驻华使、领馆官员要求旁听不公开审理的涉外刑事案件的应当不予安排

关键词

旁听　涉外刑事案件

最高人民法院司法解释

第四百八十三条　人民法院审理涉外刑事案件，应当公开进行，但依法不应公开审理的除外。

公开审理的涉外刑事案件，外国籍当事人国籍国驻华使领馆官员要求旁听的，可以向受理案件的人民法院所在地的高级人民法院提出申请，人民法院应当安排。

第四百八十四条　人民法院审判涉外刑事案件，使用中华人民共和国通用的语言、文字，应当为外国籍当事人提供翻译。翻译人员应当在翻译文件上签名。

人民法院的诉讼文书为中文本。外国籍当事人不通晓中文的，应当附有外文译本，译本不加盖人民法院印章，以中文本为准。

外国籍当事人通晓中国语言、文字，拒绝他人翻译，或者不需要诉讼文书外文译本的，应当由其本人出具书面声明。拒绝出具书面声明的，应当记录在案；必要时，应当录音录像。

——《最高人民法院关于适用〈中华人民共和国刑事诉讼法〉的解释》（2021年1月26日，法释〔2021〕1号）。

附录：最高人民法院主流观点

外国驻华使、领馆官员要求旁听不公开审理的涉外刑事案件的，《刑事诉讼法解释》没有明确规定，《实施刑事诉讼法规定》也没有对此予以明确规定。但《关于处理涉外案件若干问题的规定》规定："对于依法不公开审理的涉外案件，外国驻华使、领馆官员要求旁听的，如有关国家与我国已签订的领事条约中明确承担有关义务的，应当履行义务；未明确承担有关义务的，应当根据我国法律规定，由主管部门商同外事部门解决。"在《刑事诉讼法解释》起草过程中，对于是否将上述内容写入，曾进行过专门讨论。经研究，目前，我国只与个别国家在双边领事条约中规定有旁听条款，同时这些双边领事条约均规定有关权利的行使，应当遵照接受国的法律。因此，对依照我国《刑事诉讼法》规定不公开审理的涉外刑事案件，外国驻华使、领馆官员

要求旁听的，应当不予安排。

——江必新主编：《最高人民法院刑事诉讼法司法解释理解与适用》，人民法院出版社 2015 年版，第 1085 页。

1832. 关于“不公开审理的案件中被害人死亡的，被害人近亲属申请旁听的处理

关键词

不公开审理案件　允许旁听

最高人民法院司法解释

第二百二十二条　审判案件应当公开进行。

案件涉及国家秘密或者个人隐私的，不公开审理；涉及商业秘密，当事人提出申请的，法庭可以决定不公开审理。

不公开审理的案件，任何人不得旁听，但具有刑事诉讼法第二百八十五条规定情形的除外。

——《最高人民法院关于适用〈中华人民共和国刑事诉讼法〉的解释》（2021 年 1 月 26 日，法释〔2021〕1 号）。

附录：最高人民法院主流观点

《最高人民法院关于适用〈中华人民共和国刑事诉讼法〉的解释》（法释〔2012〕21 号）第一百八十六条[①]第三款规定：“不公开审理的案件，任何人不得旁听，但法律另有规定的除外。”该款对不公开审理案件任何人不得旁听作了例外规定，源自刑事诉讼法第二百八十五条关于“审判的时候被告人不满十八周岁的案件，不公开审理。但是，经未成年被告人及其法定代理人同意，未成年被告人所在学校和未成年人保护组织可以派代表到场”的规定。《最高人民法院关于适用〈中华人民共和国刑事诉讼法〉的解释》（法释〔2021〕1 号，以下简称《刑事诉讼法解释》）第二百二十二条第三款对表述作了调整，规定：“不公开审理的案件，任何人不得旁听，但具有刑事诉讼法第二百八十五条规定情形的除外。”

征求意见过程中，有意见提出，关于“不公开审理的案件，任何人不得旁听”，实践中经常出现被害人死亡的，被害人近亲属申请旁听的问题。对

---

① 本条现为《最高人民法院关于适用〈中华人民共和国刑事诉讼法〉的解释》（法释〔2021〕21 号）第二百二十二条。

此，有些法院在近亲属提起附带民事诉讼的情况下，同意其作为附带民事诉讼原告人参加诉讼；而在未起诉的情况下则不允许。被害人近亲属旁听庭审的权利不应因其是否提起民事诉讼而有区别。根据人之常情，被害人的个人隐私可能对于父母、夫妻未必是隐私，“任何人不得旁听”过于绝对。故建议规定“有关个人隐私的案件，当事人均同意公开审理的，可以公开审理。案件涉及已死亡的被害人的隐私，其近亲属申请旁听的，是否准许由合议庭根据保护被害人隐私的原则决定”。经研究认为，上述意见确有道理。一般认为，涉及被害人隐私的案件，是否不公开审理，是被害人的权利，应当充分考虑被害人一方的意愿。对于涉及已死亡被害人个人隐私的案件，在被害人近亲属没有通过提起附带民事诉讼的方式参与庭审的情况下，应当考虑被害人近亲属对案件审理进程的特殊关切，将其一律排除在庭审之外，有违情理。但是，从实际考虑，此类案件被害人近亲属往往情绪比较激动，特别是在庭审过程当中，还可能因为示证、质证、辩论等遭受二次伤害，可能不利于审判顺利进行。鉴于所涉问题较为复杂，且认识尚不统一，《刑事诉讼法解释》最终未作明确规定。

——《刑事诉讼法解释》起草小组:《〈最高人民法院关于适用《中华人民共和国刑事诉讼法》的解释〉理解与适用》，载最高人民法院刑事审判第一、二、三、四、五庭编:《刑事审判参考》(总第126辑)，人民法院出版社2021年版，第152~153页。

1833. 外国籍当事人或者其国籍国驻华使、领馆申请自行聘请翻译人员的，人民法院应当严加审查，对可能妨碍案件公正审理的，不应准许

关键词

自行聘请翻译人员

最高人民法院司法解释

第四百八十三条 人民法院审理涉外刑事案件，应当公开进行，但依法不应公开审理的除外。

公开审理的涉外刑事案件，外国籍当事人国籍国驻华使领馆官员要求旁听的，可以向受理案件的人民法院所在地的高级人民法院提出申请，人民法院应当安排。

第四百八十四条 人民法院审判涉外刑事案件，使用中华人民共和国通用的语言、文字，应当为外国籍当事人提供翻译。翻译人员应当在翻译文件

上签名。

人民法院的诉讼文书为中文本。外国籍当事人不通晓中文的，应当附有外文译本，译本不加盖人民法院印章，以中文本为准。

外国籍当事人通晓中国语言、文字，拒绝他人翻译，或者不需要诉讼文书外文译本的，应当由其本人出具书面声明。拒绝出具书面声明的，应当记录在案；必要时，应当录音录像。

——《最高人民法院关于适用〈中华人民共和国刑事诉讼法〉的解释》（2021 年 1 月 26 日，法释〔2021〕1 号）。

附录：最高人民法院主流观点

涉外刑事审判实践中，是否准许外国籍当事人或者其国籍国驻华使、领馆申请自行聘请翻译人员以及翻译费用如何承担，值得探讨。在《刑事诉讼法解释》起草过程中，有观点认为，随着改革开放的深入，涉外刑事案件呈大幅增长趋势，当事人的国籍也越来越多样。有的案件中，要找到通晓当事人所使用的语言、文字的翻译人员十分困难，鉴于这一情况，建议对外国籍当事人或者其国籍国驻华使、领馆申请自行聘请翻译人员的，人民法院可以准许，但有关费用由外国籍当事人或者其国籍国驻华使、领馆承担。反对观点则认为，涉外刑事案件中，翻译工作对于准确查明案件事实具有重要影响，不应准许当事人及其国籍国驻华使、领馆自行聘请翻译。

考虑到观点难以统一，《刑事诉讼法解释》对上述问题未作明确规定。审判实践中，可根据具体案件情况加以把握：如系外国籍被告人或者其国籍国驻华使、领馆申请自行聘请翻译，而该外国籍被告人被指控的并非重大犯罪的，人民法院可以准许；对外国籍被害人或者附带民事诉讼中的外国籍当事人要求自行聘请翻译的，人民法院也可以准许。对自行聘请翻译的，应当由申请人承担翻译费用。当然，对自行聘请翻译的申请，人民法院应当严加审查，对可能妨碍案件公正审理的，不应准许。

——江必新主编：《最高人民法院刑事诉讼法司法解释理解与适用》，人民法院出版社 2015 年版，第 1085~1086 页。

1834. 涉外刑事案件律师在侦查阶段的介入

关键词

辩护律师

最高人民法院司法解释

第四百八十五条　外国籍被告人委托律师辩护，或者外国籍附带民事诉讼原告人、自诉人委托律师代理诉讼的，应当委托具有中华人民共和国律师资格并依法取得执业证书的律师。

外国籍被告人在押的，其监护人、近亲属或者其国籍国驻华使领馆可以代为委托辩护人。其监护人、近亲属代为委托的，应当提供与被告人关系的有效证明。

外国籍当事人委托其监护人、近亲属担任辩护人、诉讼代理人的，被委托人应当提供与当事人关系的有效证明。经审查，符合刑事诉讼法、有关司法解释规定的，人民法院应当准许。

外国籍被告人没有委托辩护人的，人民法院可以通知法律援助机构为其指派律师提供辩护。被告人拒绝辩护人辩护的，应当由其出具书面声明，或者将其口头声明记录在案；必要时，应当录音录像。被告人属于应当提供法律援助情形的，依照本解释第五十条规定处理。

——《最高人民法院关于适用〈中华人民共和国刑事诉讼法〉的解释》（2021年1月26日，法释〔2021〕1号）。

附录：最高人民法院主流观点

《刑事诉讼法》关于辩护律师行使辩护权的规定同样适用于涉外刑事案件，外国籍犯罪嫌疑人自被侦查机关第一次讯问或者被采取强制措施之日起，有权委托辩护人。在侦查期间，只能委托中国律师作为辩护人。

1. 代为委托情形应当注意的事项。根据《刑事诉讼法》第32条、第33条的规定，一是“代为委托人”应当是犯罪嫌疑人的监护人、近亲属，除此之外的其他人均不能成为“代为委托人”。二是由监护人、近亲属代为委托律师的，必须是犯罪嫌疑人在押。未在押的，监护人、近亲属不能行使代为委托权。三是在押的犯罪嫌疑人由其监护人代为委托律师的，由于监护人系法定代理人，有权直接代为委托律师。四是近亲属代为委托律师的，犯罪嫌疑人应有明确的代为委托对象或者代为委托对象已征得犯罪嫌疑人本人同意。实践中，侦查机关对在押的犯罪嫌疑人提出由其近亲属代为委托律师的，应当让犯罪嫌疑人制作书面代为委托书或者记明笔录，并及时向其代为委托人转达。转达情况应当制作转达通知书或者笔录，以备律师签订代为委托书和看守所安排会见时使用。

2. 辩护律师会见安排的时限要求。根据《刑事诉讼法》第37条第2款的规定，辩护律师持律师执业证书、律师事务所证明和委托书或者法律援助公函要求会见在押的外国籍犯罪嫌疑人、被告人的，看守所应当及时安排会见，至迟不得超过48小时。此项规定，吸收了《律师法》的内容，并增加了时限规定，为辩护律师行使会见权提供了有力保障。

3. 特殊犯罪案件辩护律师的会见批准。危害国家安全犯罪、恐怖活动犯罪、特别重大贿赂犯罪案件，在侦查期间辩护律师会见在押的犯罪嫌疑人，应当经侦查机关许可。对上述案件，侦查机关应在羁押外国籍犯罪嫌疑人的同时，将相关情况通知看守所。辩护律师在会见上述外国籍犯罪嫌疑人时，应当向侦查机关提出会见申请，侦查机关在审查相关资质后，应当根据案件具体情况作出许可与否的决定。未经侦查机关许可，看守所有权拒绝会见。虽然属于上述三类案件，但侦查机关在律师会见前未通知看守所而安排会见的，看守所不承担相应责任。

——江必新主编：《最高人民法院刑事诉讼法司法解释理解与适用》，人民法院出版社2015年版，第1088~1089页。

1835. 人民法院审判涉外刑事案件时，委托书、有效证明不要求中文文本

关键词

涉外刑事案件　委托书　有效证明

最高人民法院司法解释

第四百八十六条　外国籍当事人从中华人民共和国领域外寄交或者托交给中国律师或者中国公民的委托书，以及外国籍当事人的监护人、近亲属提供的与当事人关系的证明，必须经所在国公证机关证明，所在国中央外交主管机关或者其授权机关认证，并经中华人民共和国驻该国使领馆认证，或者履行中华人民共和国与该所在国订立的有关条约中规定的证明手续，但我国与该国之间有互免认证协定的除外。

——《最高人民法院关于适用〈中华人民共和国刑事诉讼法〉的解释》（2021年1月26日，法释〔2021〕1号）。

附录：最高人民法院主流观点

委托书、有效证明是否要求中文文本，《刑事诉讼法解释》未作明确规定。一种观点认为，虽然《刑事诉讼法》中未列明提交外文书证必须附有中文译文，但是根据我国刑事诉讼中使用中国通用语言文字的原则，无论是公安、检察机关通过司法协助取得的外文书证，还是当事人、辩护人、诉讼代理人提供的外文书证，都应由证据提供者将外文书证交有资质的翻译机构进

行翻译。在翻译无误的情况下，法院只需对中文译文进行审查，控、辩双方只需对中文译文进行质证即可，而不必引用外文书证的原文。但是，如果控辩双方对译文的用词产生争议，而关键词语的翻译对案件处理结果有影响的情况下，法院还是应当慎重审查外文书证原件，并作出正确认定。

另一种观点认为，虽然《刑事诉讼法解释》第401条第1款规定，人民法院审判涉外刑事案件，使用中华人民共和国通用的语言、文字，应当为外国籍当事人提供翻译，但第2款仅仅明确规定人民法院的诉讼文书应当使用中文文本。据此推理，外国籍当事人从中华人民共和国领域外寄交或者托交给中国律师或者中国公民的委托书，以及外国籍当事人的监护人、近亲属提供的与当事人关系的证明，不要求中文文本。对委托书、有关证明材料的错误理解以及由此所造成的后果由我国司法机关承担。如上世纪90年代江西省某县发生了一起涉外交通肇事案，被害人是外国人，经抢救无效死亡。某县交警大队及时组织双方家属调解，被害人家属口头同意调解结果，但在调解书上签字时使用了英语“nopromise”。所有参与调解的人都误以为被害人签下的是草写的“同意”。几个月之后，被害人家属又通过信访途径要求司法机关追究行为人的刑事责任，理由是其根本未在调解协议书上签同意。

我们认为，后一种观点更为可取。

——江必新主编：《最高人民法院刑事诉讼法司法解释理解与适用》，人民法院出版社2015年版，第1091~1092页。

1836. 对外国籍被告人驱逐出境几种情形的法律适用

关键词

驱逐出境

附录：最高人民法院主流观点

与限制出境相对应的是驱逐出境，以下仅就对外国籍被告人适用驱逐出境几种情形的相关法律适用问题进行论述。

1. 对外国籍被告人如何适用驱逐出境。对外国籍被告人适用驱逐出境，既要考虑被告人犯罪的性质、情节、后果，也要考虑国家间的关系及国际斗争的需要。对于被告人犯罪情节轻微、危害不大或者患有严重疾病、传染病等不宜在中国监狱关押的，可以独立适用驱逐出境。对于论罪应当判处较重刑罚但根据实际情况认为可以独立适用驱逐出境的，应当报高级人民法院审核。对附加驱逐出境的适用，要根据具体案情和处理与有关国家关系的需要决定。对犯危害国家安全、严重危害社会治安等严重犯罪的外国被告人，应当附加驱逐出境；对于罪行较轻且在我国境内有企业、财产，刑满后需继续留驻我国的被告人，可不附加驱逐出境。

2. 被判处无期徒刑或者死缓的外国籍被告人能否同时附加适用驱逐出境。对于判处无期徒刑或者死缓的外国籍被告人，不宜在判决主文中附加适用驱逐出境，否则与主刑的字面含义相矛盾。虽然我国《刑法》规定判处无期徒刑或者死缓的犯罪分子，于刑罚执行期间在一定条件下可以减刑或者假释，但是否减刑或者假释，在判决时均是不确定的。故不能以此为依据对被告人附加适用驱逐出境。

3. 被判处无期徒刑或者死缓的外国籍被告人能否在减刑或者假释裁定中决定驱逐出境。驱逐出境是刑罚的一种，只能在经过审理后作出的判决中依法宣告，而不能在减刑或者假释的裁定中增加适用，否则，既与法理不合，也剥夺了被告人的辩护权和上诉权。

4. 对无国籍被告人能否适用驱逐出境。按照《中华人民共和国出境入境出境管理法》第 89 条的规定，外国人是指依照《国籍法》不具有中国国籍的人。无国籍被告人系非中国公民，属于外国人，故对无国籍被告人可以适用驱逐出境。

5. 被告人犯数罪的如何适用驱逐出境。驱逐出境是一种附加刑，必须在宣告刑中先予表述，然后再在执行刑中予以表述，而不能仅仅在数罪并罚后的执行刑中表述。因为我国《刑法》规定对犯罪的外国人“可以”而不是“必须”驱逐出境，考虑到裁判的简洁，在技术上可以选择一个量刑最重的罪名在宣告刑中附加驱逐出境，其他罪名不表述驱逐出境，然后在执行刑中决定驱逐出境。

——江必新主编:《最高人民法院刑事诉讼法司法解释理解与适用》，人民法院出版社 2015 年版，第 1096~1097 页。

第二十七章　刑事执行程序

1837. 确保死刑案件执行质量

关键词

死刑　案件质量

最高人民法院司法政策精神

（五）执行

45. 人民法院向罪犯送达核准死刑的裁判文书时，应当告知罪犯有权申请会见其近亲属。罪犯提出会见申请并提供具体地址和联系方式的，人民法院应当准许；原审人民法院应当通知罪犯的近亲属。罪犯近亲属提出会见申请的，人民法院应当准许，并及时安排会见。

46. 第一审人民法院将罪犯交付执行死刑前，应当将核准死刑的裁判文书送同级人民检察院，并在交付执行三日以前通知同级人民检察院派员临场监督。

47. 第一审人民法院在执行死刑前，发现有《刑事诉讼法》第 211 条规定的情形的，应当停止执行，并且立即报告最高人民法院，由最高人民法院作出裁定。临场监督执行死刑的检察人员在执行死刑前，发现有《刑事诉讼法》第 211 条规定的情形的，应当建议人民法院停止执行。

48. 执行死刑应当公布。禁止游街示众或者其他有辱被执行人人格的行为。禁止侮辱尸体。

——《最高人民法院、最高人民检察院、公安部、司法部印发〈关于进一步严格依法办案确保办理死刑案件质量的意见〉的通知》（2007 年 3 月 9 日，法发〔2007〕11 号）。

1838. 监外执行工作的加强和规范

关键词

监外执行

最高人民法院司法政策精神

一、加强和规范监外执行的交付执行

1. 人民法院对罪犯判处管制、单处剥夺政治权利、宣告缓刑的，应当在判决、裁定生效后五个工作日内，核实罪犯居住地后将判决书、裁定书、执行通知书送达罪犯居住地县级公安机关主管部门，并抄送罪犯居住地县级人民检察院监所检察部门。

2. 监狱管理机关、公安机关决定罪犯暂予监外执行的，交付执行的监狱、看守所应当将罪犯押送至居住地，与罪犯居住地县级公安机关办理移交手续，并将暂予监外执行决定书等法律文书抄送罪犯居住地县级公安机关主管部门、县级人民检察院监所检察部门。

3. 罪犯服刑地与居住地不在同一省、自治区、直辖市，需要回居住地暂予监外执行的，服刑地的省级监狱管理机关、公安机关监所管理部门应当书面通知罪犯居住地的同级监狱管理机关、公安机关监所管理部门，由其指定一所监狱、看守所接收罪犯档案，负责办理该罪犯暂予监外执行情形消失后的收监、刑满释放等手续，并通知罪犯居住地县级公安机关主管部门、县级人民检察院监所检察部门。

4. 人民法院决定暂予监外执行的罪犯，判决、裁定生效前已被羁押的，由公安机关依照有关规定办理移交。判决、裁定生效前未被羁押的，由人民法院通知罪犯居住地的县级公安机关执行。人民法院应当在作出暂予监外执行决定后五个工作日内，将暂予监外执行决定书和判决书、裁定书、执行通知书送达罪犯居住地县级公安机关主管部门，并抄送罪犯居住地县级人民检察院监所检察部门。

5. 对于裁定假释的，人民法院应当将假释裁定书送达提请假释的执行机关和承担监所检察任务的人民检察院。监狱、看守所应当核实罪犯居住地，并在释放罪犯后五个工作日内将假释证明书副本、判决书、裁定书等法律文书送达罪犯居住地县级公安机关主管部门，抄送罪犯居住地县级人民检察院监所检察部门。对主刑执行完毕后附加执行剥夺政治权利的罪犯，监狱、看守所应当核实罪犯居住地，并在释放罪犯前一个月将刑满释放通知书、执行剥夺政治权利附加刑所依据的判决书、裁定书等法律文书送达罪犯居住地县级公安机关主管部门，抄送罪犯居住地县级人民检察院监所检察部门。

6. 被判处管制、剥夺政治权利、缓刑罪犯的判决、裁定作出后，以及被假释罪犯、主刑执行完毕后附加执行剥夺政治权利罪犯出监时，人民法院、监狱、看守所应当书面告知其必须按时到居住地公安派出所报到，以及不按时报到应承担的法律责任，并由罪犯本人在告知书上签字。自人民法院判决、裁定生效之日起或者监狱、看守所释放罪犯之日起，在本省、自治区、直辖市裁判或者服刑、羁押的应当在十日内报到，在外省、自治区、直辖市裁判或者服刑、羁押的应当在二十日内报到。告知书一式三份，一份交监外执行罪犯本人，一份送达执行地县级公安机关，一份由告知机关存档。

7. 执行地公安机关收到人民法院、监狱、看守所送达的法律文书后，应当在五个工作日内送达回执。

二、加强和规范监外执行罪犯的监督管理

8. 监外执行罪犯未在规定时间内报到的，公安派出所应当上报县级公安机关主管部门，由县级公安机关通报作出判决、裁定或者决定的机关。

9. 执行地公安机关认为罪犯暂予监外执行条件消失的，应当及时书面建议批准、决定暂予监外执行的机关或者接收该罪犯档案的监狱的上级主管机关收监执行。批准、决定机关或者接收该罪犯档案的监狱的上级主管机关审查后认为需要收监执行的，应当制作收监执行决定书，分别送达执行地公安机关和负责收监执行的监狱。执行地公安机关收到收监执行决定书后，应当立即将罪犯收押，并通知监狱到羁押地将罪犯收监执行。

对于公安机关批准的暂予监外执行罪犯，暂予监外执行条件消失的，执行地公安机关应当及时制作收监执行通知书，通知负责收监执行的看守所立即将罪犯收监执行。

10. 公安机关对暂予监外执行罪犯未经批准擅自离开所居住的市、县，经警告拒不改正，或者拒不报告行踪、下落不明的，可以按照有关程序上网追逃。

11. 人民法院决定暂予监外执行罪犯收监执行的，由罪犯居住地公安机关根据人民法院的决定，剩余刑期在一年以上的送交暂予监外执行地就近监狱执行，剩余刑期在一年以下的送交暂予监外执行地看守所代为执行。

12. 暂予监外执行罪犯未经批准擅自离开所居住的市、县，经警告拒不改正的，或者拒不报告行踪、下落不明的，或者采取自伤、自残、欺骗、贿赂等手段骗取、拖延暂予监外执行的，或者两次以上无正当理由不按时提交医疗、诊断病历材料的，批准、决定机关应当根据执行地公安机关建议，及时作出对其收监执行的决定。

对公安机关批准的暂予监外执行罪犯发生上述情形的，执行地公安机关应当及时作出对其收监执行的决定。

13. 公安机关应当建立对监外执行罪犯的考核奖惩制度，根据考核结果，对表现良好的应当给予表扬奖励；对符合法定减刑条件的，应当依法提出减刑建议，人民法院应当依法裁定。执行机关减刑建议书副本和人民法院减刑裁定书副本应当抄送同级人民检察院监所检察部门。

14. 监外执行罪犯在执行期、考验期内，违反法律、行政法规或者国务院公安部门有关监督管理规定的，由公安机关依照《中华人民共和国治安管理处罚法》第60条的规定给予治安管理处罚。

15. 被宣告缓刑、假释的罪犯在缓刑、假释考验期间有下列情形之一的，由与原裁判人民法院同级的执行地公安机关提出撤销缓刑、假释的建议：

（1）人民法院、监狱、看守所已书面告知罪犯应当按时到执行地公安机关报到，罪犯未在规定的时间内报到，脱离监管三个月以上的；

（2）未经执行地公安机关批准擅自离开所居住的市、县或者迁居，脱离监管三个月以上的；

（3）未按照执行地公安机关的规定报告自己的活动情况或者不遵守执行机关关于会客等规定，经过三次教育仍然拒不改正的；

（4）有其他违反法律、行政法规或者国务院公安部门有关缓刑、假释的监督管理规定行为，情节严重的。

16. 人民法院裁定撤销缓刑、假释后，执行地公安机关应当及时将罪犯送交监狱或者看守所收监执行。被撤销缓刑、假释并决定收监执行的罪犯下落不明的，公安机关可以按照有关程序上网追逃。

公安机关撤销缓刑、假释的建议书副本和人民法院撤销缓刑、假释的裁定书副本应当抄送罪犯居住地人民检察院监所检察部门。

17. 监外执行罪犯在缓刑、假释、暂予监外执行、管制或者剥夺政治权利期间死亡的，公安机关应当核实情况后通报原作出判决、裁定的人民法院和原关押监狱、看守所，或者接收该罪犯档案的监狱、看守所，以及执行地县级人民检察院监所检察部门。

18. 被判处管制、剥夺政治权利的罪犯执行期满的，公安机关应当通知其本人，并向其所在单位或者居住地群众公开宣布解除管制或者恢复政治权利；被宣告缓刑的罪犯缓刑考验期满，原判刑罚不再执行的，公安机关应当向其本人和所在单位或者居住地群众宣布，并通报原判决的人民法院；被裁定假释的罪犯假释考验期满，原判刑罚执行完毕的，公安机关应当向其本人和所在单位或者居住地群众宣布，并通报原裁定的人民法院和原执行的监狱、看守所。

19. 暂予监外执行的罪犯刑期届满的，执行地公安机关应当及时通报原关押监狱、看守所或者接收该罪犯档案的监狱、看守所，按期办理释放手续。人民法院决定暂予监外执行的罪犯刑期届满的，由执行地公安机关向原判决人民法院和执行地县级人民检察院通报，并按期办理释放手续。

三、加强和规范监外执行的检察监督

20. 人民检察院对人民法院、公安机关、监狱、看守所交付监外执行活动和监督管理监外执行罪犯活动实行法律监督，发现违法违规行为的，应当及时提出纠正意见。

21. 县级人民检察院对人民法院、监狱、看守所交付本县（市、区、旗）辖区执行监外执行的罪犯应当逐一登记，建立罪犯监外执行情况检察台账。

22. 人民检察院在监外执行检察中，应当依照有关规定认真受理监外执行罪犯的申诉、控告，妥善处理他们反映的问题，依法维护其合法权益。

23. 人民检察院应当采取定期和不定期相结合的方法进行监外执行检察，并针对存在的问题，区别不同情况，发出纠正违法通知书、检察建议书或者提出口头纠正意见。交付执行机关和执行机关对人民检察院提出的纠正意见、检察建议无异议的，应当在十五日内纠正并告知纠正结果；对纠正意见、检察建议有异议的，应当在接到人民检察院纠正意见、检察建议后七日内向人民检察院提出，人民检察院应当复议，并在七日内作出复议决定；对复议结论仍然提出异议的，应当提请上一级人民检察院复核，上一级人民检察院应当在七日内作出复核决定。

24. 人民检察院发现有下列情形的，应当提出纠正意见：

（1）人民法院、监狱、看守所没有依法送达监外执行法律文书，没有依法将罪犯交付执行，没有依法告知罪犯权利义务的；

（2）人民法院收到有关机关对监外执行罪犯的撤销缓刑、假释、暂予监外执行的建议后，没有依法进行审查、裁定、决定的；

（3）公安机关没有及时接收监外执行罪犯，对监外执行罪犯没有落实监管责任、监管措施的；

（4）公安机关对违法的监外执行罪犯依法应当给予处罚而没有依法作出处罚或者建议处罚的；

（5）公安机关、监狱管理机关应当作出对罪犯收监执行决定而没有作出决定的；

（6）监狱、看守所应当将罪犯收监执行而没有收监执行的；

（7）对依法应当减刑的监外执行罪犯，公安机关没有提请减刑或者提请减刑不当的；

（8）对依法应当减刑的监外执行罪犯，人民法院没有裁定减刑或者减刑裁定不当的；

（9）监外执行罪犯刑期或者考验期满，公安机关、监狱、看守所未及时办理相关手续和履行相关程序的；

（10）人民法院、公安机关、监狱、看守所在监外执行罪犯交付执行、监督管理过程中侵犯罪犯合法权益的；

（11）监外执行罪犯出现脱管、漏管情况的；

（12）其他依法应当提出纠正意见的情形。

25. 监外执行罪犯在监外执行期间涉嫌犯罪，公安机关依法应当立案而不立案的，人民检察院应当按照《中华人民共和国刑事诉讼法》第87条的规定办理。

四、加强监外执行的综合治理

26. 各级社会治安综合治理部门、人民法院、人民检察院、公安机关、司法行政机关应当充分认识加强和规范监外执行工作对于防止和纠正监外执行罪犯脱管、漏管问题，预防和减少重新犯罪，促进社会和谐稳定的重要意义，加强对这一工作的领导和检查；在监外执行的交付执行、监督管理、检察监督、综治考评等各个环节中，根据分工做好职责范围内的工作，形成各司其职、各负其责、协作配合、齐抓共管的工作格局。各级社会治安综合治理部门应当和人民检察院共同做好对监外执行的考评工作，并作为实绩评定的重要内容，强化责任追究，确保本意见落到实处。

27. 各级社会治安综合治理部门、人民法院、人民检察院、公安机关、司法行政机关应当每年定期召开联席会议，通报有关情况，研究解决监外执行工作中的问题。交付执行机关和县级公安机关应当每半年将监外执行罪犯的交付执行、监督管理情况书面通报同级社会治安综合治理部门和人民检察院监所检察部门。

28. 各省、自治区、直辖市应当按照中央有关部门的统一部署，认真开展并深入推进社区矫正试点工作，加强和规范对社区服刑人员的监督管理、教育矫正工作，努力发挥社区矫正在教育改造罪犯、预防重新违法犯罪方面的重要作用。社区矫正试点地区的社区服刑人员的交付执行、监督管理工作，参照本意见和依照社区矫正有关规定执行。

——《中央社会治安综合治理委员会办公室、最高人民法院、最高人民检察院、公安部、司法部关于印发〈关于加强和规范监外执行工作的意见〉的通知》（2009年6月25日，高检会〔2009〕3号）。

九、执行

33. 刑事诉讼法第二百五十四条第五款中规定："在交付执行前，暂予监外执行由交付执行的人民法院决定"。对于被告人可能被判处拘役、有期徒刑、无期徒刑，符合暂予监外执行条件的，被告人及其辩护人有权向人民法院提出暂予监外执行的申请，看守所可以将有关情况通报人民法院。人民法院应当进行审查，并在交付执行前作出是否暂予监外执行的决定。

34. 刑事诉讼法第二百五十七条第三款规定："不符合暂予监外执行条件

的罪犯通过贿赂等非法手段被暂予监外执行的，在监外执行的期间不计入执行刑期。罪犯在暂予监外执行期间脱逃的，脱逃的期间不计入执行刑期。”对于人民法院决定暂予监外执行的罪犯具有上述情形的，人民法院在决定予以收监的同时，应当确定不计入刑期的期间。对于监狱管理机关或者公安机关决定暂予监外执行的罪犯具有上述情形的，罪犯被收监后，所在监狱或者看守所应当及时向所在地的中级人民法院提出不计入执行刑期的建议书，由人民法院审核裁定。

35. 被决定收监执行的社区矫正人员在逃的，社区矫正机构应当立即通知公安机关，由公安机关负责追捕。

——《最高人民法院、最高人民检察院、公安部、国家安全部、司法部、全国人大常委会法制工作委员会关于实施刑事诉讼法若干问题的规定》(2012年12月26日)。

29. 加强财产刑的适用和执行。注重发挥财产刑惩罚和预防犯罪的作用，依法适用财产刑，使犯罪分子受到经济上的惩罚，剥夺其重新犯罪的条件。加大赃款赃物的追缴力度，尽可能减少国家和被害人的损失。加强刑事审判庭与执行机构的协调配合，逐步将财产刑的执行工作纳入人民法院的统一执行体系中，真正将财产刑的执行和赃款赃物的追缴落到实处。

——《最高人民法院印发〈最高人民法院关于进一步加强刑事审判工作的决定〉的通知》(2007年8月28日，法发〔2007〕28号)。

1839. 暂予监外执行的规定

关键词

暂予监外执行

最高人民法院司法政策精神

第一条　为了规范暂予监外执行工作，严格依法适用暂予监外执行，根据刑事诉讼法、监狱法等有关规定，结合刑罚执行工作实际，制定本规定。

第二条　对罪犯适用暂予监外执行，分别由下列机关决定或者批准：

（一）在交付执行前，由人民法院决定；

（二）在监狱服刑的，由监狱审查同意后提请省级以上监狱管理机关批准；

（三）在看守所服刑的，由看守所审查同意后提请设区的市一级以上公安机关批准。

对有关职务犯罪罪犯适用暂予监外执行，还应当依照有关规定逐案报请备案审查。

第三条 对暂予监外执行的罪犯，依法实行社区矫正，由其居住地的社区矫正机构负责执行。

第四条 罪犯在暂予监外执行期间的生活、医疗和护理等费用自理。

罪犯在监狱、看守所服刑期间因参加劳动致伤、致残被暂予监外执行的，其出监、出所后的医疗补助、生活困难补助等费用，由其服刑所在的监狱、看守所按照国家有关规定办理。

第五条 对被判处有期徒刑、拘役或者已经减为有期徒刑的罪犯，有下列情形之一，可以暂予监外执行：

（一）患有属于本规定所附《保外就医严重疾病范围》的严重疾病，需要保外就医的；

（二）怀孕或者正在哺乳自己婴儿的妇女；

（三）生活不能自理的。

对被判处无期徒刑的罪犯，有前款第二项规定情形的，可以暂予监外执行。

第六条 对需要保外就医或者属于生活不能自理，但适用暂予监外执行可能有社会危险性，或者自伤自残，或者不配合治疗的罪犯，不得暂予监外执行。

对职务犯罪、破坏金融管理秩序和金融诈骗犯罪、组织（领导、参加、包庇、纵容）黑社会性质组织犯罪的罪犯适用保外就医应当从严审批，对患有高血压、糖尿病、心脏病等严重疾病，但经诊断短期内没有生命危险的，不得暂予监外执行。

对在暂予监外执行期间因违法违规被收监执行或者因重新犯罪被判刑的罪犯，需要再次适用暂予监外执行的，应当从严审批。

第七条 对需要保外就医或者属于生活不能自理的累犯以及故意杀人、强奸、抢劫、绑架、放火、爆炸、投放危险物质或者有组织的暴力性犯罪的罪犯，原被判处死刑缓期二年执行或者无期徒刑的，应当在减为有期徒刑后执行有期徒刑七年以上方可适用暂予监外执行；原被判处十年以上有期徒刑的，应当执行原判刑期三分之一以上方可适用暂予监外执行。

对未成年罪犯、六十五周岁以上的罪犯、残疾人罪犯，适用前款规定可以适度从宽。

对患有本规定所附《保外就医严重疾病范围》的严重疾病，短期内有生命危险的罪犯，可以不受本条第一款规定关于执行刑期的限制。

第八条 对在监狱、看守所服刑的罪犯需要暂予监外执行的，监狱、看守所应当组织对罪犯进行病情诊断、妊娠检查或者生活不能自理的鉴别。罪犯本人或者其亲属、监护人也可以向监狱、看守所提出书面申请。

监狱、看守所对拟提请暂予监外执行的罪犯，应当核实其居住地。需要调查其对所居住社区影响的，可以委托居住地县级司法行政机关进行调查。

监狱、看守所应当向人民检察院通报有关情况。人民检察院可以派员监督有关诊断、检查和鉴别活动。

第九条 对罪犯的病情诊断或者妊娠检查，应当委托省级人民政府指定的医院进行。医院出具的病情诊断或者检查证明文件，应当由两名具有副高以上专业技术职称的医师共同作出，经主管业务院长审核签名，加盖公章，并附化验单、影像学资料和病历等有关医疗文书复印件。

对罪犯生活不能自理情况的鉴别，由监狱、看守所组织有医疗专业人员参加的鉴别小组进行。鉴别意见由组织鉴别的监狱、看守所出具，参与鉴别的人员应当签名，监狱、看守所的负责人应当签名并加盖公章。

对罪犯进行病情诊断、妊娠检查或者生活不能自理的鉴别，与罪犯有亲属关系或者其他利害关系的医师、人员应当回避。

第十条 罪犯需要保外就医的，应当由罪犯本人或者其亲属、监护人提出保证人，保证人由监狱、看守所审查确定。

罪犯没有亲属、监护人的，可以由其居住地的村（居）民委员会、原所在单位或者社区矫正机构推荐保证人。

保证人应当向监狱、看守所提交保证书。

第十一条 保证人应当同时具备下列条件：

（一）具有完全民事行为能力，愿意承担保证人义务；

（二）人身自由未受到限制；

（三）有固定的住处和收入；

（四）能够与被保证人共同居住或者居住在同一市、县。

第十二条 罪犯在暂予监外执行期间，保证人应当履行下列义务：

（一）协助社区矫正机构监督被保证人遵守法律和有关规定；

（二）发现被保证人擅自离开居住的市、县或者变更居住地，或者有违法犯罪行为，或者需要保外就医情形消失，或者被保证人死亡的，立即向社区矫正机构报告；

（三）为被保证人的治疗、护理、复查以及正常生活提供帮助；

（四）督促和协助被保证人按照规定履行定期复查病情和向社区矫正机构报告的义务。

第十三条 监狱、看守所应当就是否对罪犯提请暂予监外执行进行审议。经审议决定对罪犯提请暂予监外执行的，应当在监狱、看守所内进行公示。对病情严重必须立即保外就医的，可以不公示，但应当在保外就医后三个工作日以内在监狱、看守所内公告。

公示无异议或者经审查异议不成立的，监狱、看守所应当填写暂予监外执行审批表，连同有关诊断、检查、鉴别材料、保证人的保证书，提请省级以上监狱管理机关或者设区的市一级以上公安机关批准。已委托进行核实、调查的，还应当附县级司法行政机关出具的调查评估意见书。

监狱、看守所审议暂予监外执行前，应当将相关材料抄送人民检察院。决定提请暂予监外执行的，监狱、看守所应当将提请暂予监外执行书面意见的副本和相关材料抄送人民检察院。人民检察院可以向决定或者批准暂予监外执行的机关提出书面意见。

第十四条　批准机关应当自收到监狱、看守所提请暂予监外执行材料之日起十五个工作日以内作出决定。批准暂予监外执行的，应当在五个工作日以内将暂予监外执行决定书送达监狱、看守所，同时抄送同级人民检察院、原判人民法院和罪犯居住地社区矫正机构。暂予监外执行决定书应当上网公开。不予批准暂予监外执行的，应当在五个工作日以内将不予批准暂予监外执行决定书送达监狱、看守所。

第十五条　监狱、看守所应当向罪犯发放暂予监外执行决定书，及时为罪犯办理出监、出所相关手续。

在罪犯离开监狱、看守所之前，监狱、看守所应当核实其居住地，书面通知其居住地社区矫正机构，并对其进行出监、出所教育，书面告知其在暂予监外执行期间应当遵守的法律和有关监督管理规定。罪犯应当在告知书上签名。

第十六条　监狱、看守所应当派员持暂予监外执行决定书及有关文书材料，将罪犯押送至居住地，与社区矫正机构办理交接手续。监狱、看守所应当及时将罪犯交接情况通报人民检察院。

第十七条　对符合暂予监外执行条件的，被告人及其辩护人有权向人民法院提出暂予监外执行的申请，看守所可以将有关情况通报人民法院。对被告人、罪犯的病情诊断、妊娠检查或者生活不能自理的鉴别，由人民法院依照本规定程序组织进行。

第十八条　人民法院应当在执行刑罚的有关法律文书依法送达前，作出是否暂予监外执行的决定。

人民法院决定暂予监外执行的，应当制作暂予监外执行决定书，写明罪犯基本情况、判决确定的罪名和刑罚、决定暂予监外执行的原因、依据等，在判决生效后七日以内将暂予监外执行决定书送达看守所或者执行取保候审、监视居住的公安机关和罪犯居住地社区矫正机构，并抄送同级人民检察院。

人民法院决定不予暂予监外执行的，应当在执行刑罚的有关法律文书依法送达前，通知看守所或者执行取保候审、监视居住的公安机关，并告知同级人民检察院。监狱、看守所应当依法接收罪犯，执行刑罚。

人民法院在作出暂予监外执行决定前，应当征求人民检察院的意见。

第十九条　人民法院决定暂予监外执行，罪犯被羁押的，应当通知罪犯居住地社区矫正机构，社区矫正机构应当派员持暂予监外执行决定书及时与看守所办理交接手续，接收罪犯档案；罪犯被取保候审、监视居住的，由社区矫正机构与执行取保候审、监视居住的公安机关办理交接手续。

第二十条　罪犯原服刑地与居住地不在同一省、自治区、直辖市，需要回居住地暂予监外执行的，原服刑地的省级以上监狱管理机关或者设区的市一级以上公安机关监所管理部门应当书面通知罪犯居住地的监狱管理机关、公安机关监所管理部门，由其指定一所监狱、看守所接收罪犯档案，负责办理罪犯收监、刑满释放等手续，并及时书面通知罪犯居住地社区矫正机构。

第二十一条　社区矫正机构应当及时掌握暂予监外执行罪犯的身体状况以及疾病治疗等情况，每三个月审查保外就医罪犯的病情复查情况，并根据需要向批准、决定机关或者有关监狱、看守所反馈情况。

第二十二条　罪犯在暂予监外执行期间因犯新罪或者发现判决宣告以前还有其他罪没有判决的，侦查机关应当在对罪犯采取强制措施后二十四小时以内，将有关情况通知罪犯居住地社区矫正机构；人民法院应当在判决、裁定生效后，及时将判决、裁定的结果通知罪犯居住地社区矫正机构和罪犯原服刑或者接收其档案的监狱、看守所。

罪犯按前款规定被判处监禁刑罚后，应当由原服刑的监狱、看守所收监执行；原服刑的监狱、看守所与接收其档案的监狱、看守所不一致的，应当由接收其档案的监狱、看守所收监执行。

第二十三条　社区矫正机构发现暂予监外执行罪犯依法应予收监执行的，应当提出收监执行的建议，经县级司法行政机关审核同意后，报决定或者批准机关。决定或者批准机关应当进行审查，作出收监执行决定的，将有关的法律文书送达罪犯居住地县级司法行政机关和原服刑或者接收其档案的监狱、看守所，并抄送同级人民检察院、公安机关和原判人民法院。

人民检察院发现暂予监外执行罪犯依法应予收监执行而未收监执行的，由决定或者批准机关同级的人民检察院向决定或者批准机关提出收监执行的检察建议。

第二十四条　人民法院对暂予监外执行罪犯决定收监执行的，决定暂予监外执行时剩余刑期在三个月以下的，由居住地公安机关送交看守所收监执行；决定暂予监外执行时剩余刑期在三个月以上的，由居住地公安机关送交监狱收监执行。

监狱管理机关对暂予监外执行罪犯决定收监执行的，原服刑或者接收其档案的监狱应当立即赴羁押地将罪犯收监执行。

公安机关对暂予监外执行罪犯决定收监执行的，由罪犯居住地看守所将罪犯收监执行。

监狱、看守所将罪犯收监执行后，应当将收监执行的情况报告决定或者批准机关，并告知罪犯居住地县级人民检察院和原判人民法院。

第二十五条 被决定收监执行的罪犯在逃的，由罪犯居住地县级公安机关负责追捕。公安机关将罪犯抓捕后，依法送交监狱、看守所执行刑罚。

第二十六条 被收监执行的罪犯有法律规定的不计入执行刑期情形的，社区矫正机构应当在收监执行建议书中说明情况，并附有关证明材料。批准机关进行审核后，应当及时通知监狱、看守所向所在地的中级人民法院提出不计入执行刑期的建议书。人民法院应当自收到建议书之日起一个月以内依法对罪犯的刑期重新计算作出裁定。

人民法院决定暂予监外执行的，在决定收监执行的同时应当确定不计入刑期的期间。

人民法院应当将有关的法律文书送达监狱、看守所，同时抄送同级人民检察院。

第二十七条 罪犯暂予监外执行后，刑期即将届满的，社区矫正机构应当在罪犯刑期届满前一个月以内，书面通知罪犯原服刑或者接收其档案的监狱、看守所按期办理刑满释放手续。

人民法院决定暂予监外执行罪犯刑期届满的，社区矫正机构应当及时解除社区矫正，向其发放解除社区矫正证明书，并将有关情况通报原判人民法院。

第二十八条 罪犯在暂予监外执行期间死亡的，社区矫正机构应当自发现之日起五日以内，书面通知决定或者批准机关，并将有关死亡证明材料送达罪犯原服刑或者接收其档案的监狱、看守所，同时抄送罪犯居住地同级人民检察院。

第二十九条 人民检察院发现暂予监外执行的决定或者批准机关、监狱、看守所、社区矫正机构有违法情形的，应当依法提出纠正意见。

第三十条 人民检察院认为暂予监外执行不当的，应当自接到决定书之日起一个月以内将书面意见送交决定或者批准暂予监外执行的机关，决定或者批准暂予监外执行的机关接到人民检察院的书面意见后，应当立即对该决定进行重新核查。

第三十一条 人民检察院可以向有关机关、单位调阅有关材料、档案，可以调查、核实有关情况，有关机关、单位和人员应当予以配合。

人民检察院认为必要时，可以自行组织或者要求人民法院、监狱、看守所对罪犯重新组织进行诊断、检查或者鉴别。

第三十二条 在暂予监外执行执法工作中，司法工作人员或者从事诊断、检查、鉴别等工作的相关人员有玩忽职守、徇私舞弊、滥用职权等违法违纪行为的，依法给予相应的处分；构成犯罪的，依法追究刑事责任。

第三十三条　本规定所称生活不能自理，是指罪犯因患病、身体残疾或者年老体弱，日常生活行为需要他人协助才能完成的情形。

生活不能自理的鉴别参照《劳动能力鉴定—职工工伤与职业病致残等级分级》（GB/T16180-2006）执行。进食、翻身、大小便、穿衣洗漱、自主行动等五项日常生活行为中有三项需要他人协助才能完成，且经过六个月以上治疗、护理和观察，自理能力不能恢复的，可以认定为生活不能自理。六十五周岁以上的罪犯，上述五项日常生活行为有一项需要他人协助才能完成即可视为生活不能自理。

第三十四条　本规定自2014年12月1日起施行。最高人民检察院、公安部、司法部1990年12月31日发布的《罪犯保外就医执行办法》同时废止。

附件：保外就医严重疾病范围（略）

——《最高人民法院、最高人民检察院、公安部、司法部、国家卫生计生委关于印发〈暂予监外执行规定〉的通知》（2014年10月24日，司发通〔2014〕112号）。

1840. 对犯新罪的被告人宣告缓刑判决、裁定的撤销

关键词

新罪　缓刑　撤销判决、裁定

附录：司法信箱

问题：本院在审理被告人谢某盗窃一案中查明，被告人谢某曾因抢劫被四川省某法院判处缓刑。缓刑考验期限内，又发现判决宣告以前谢某犯盗窃罪。依据《刑法》第77条规定，应当撤销缓刑，对新发现的罪作出判决，把对前罪和后罪所判处的刑罚，依照《刑法》第69条的规定，决定执行的刑罚。但对能否撤销异地法院的一审判决，刑法中没有明确规定。请问，我院能否撤销异地法院的一审判决？

《人民司法》研究组认为：您在来信中提出的审判新罪的法院能否撤销异地法院作出的原宣告缓刑的判决、裁定问题，在《最高人民法院关于执行〈中华人民共和国刑事诉讼法〉若干问题的解释》第356条中已有明确规定。

被宣告缓刑的犯罪分子，在缓刑考验期限内被发现判决宣告以前还有其他罪没有判决，应当撤销缓刑的，由审判新罪的人民法院在审判新罪时，对原判决、裁定宣告的缓刑予以撤销。撤销原宣告缓刑的判决、裁定，包括审

判新罪的法院可以撤销原是本院作出的宣告缓刑的判决、裁定，也包括审判新罪的法院可以撤销其他地方法院作出的宣告缓刑的判决、裁定。审判新罪的人民法院在对原审判决、裁定宣告的缓刑撤销后，应当通知原宣告缓刑的其他人民法院和执行机关。

——《人民司法》1999 年第 8 期（总第 427 期）。

1841. 已被判处缓刑的被告人有漏罪和新罪的审理程序

关键词

缓刑　漏罪　新罪

附录：司法信箱

问题：被告人项某 1999 年被本院以销赃罪判处有期徒刑一年，缓刑一年。现公诉机关以项犯有盗窃罪、另外又发现判决前还漏有盗窃犯罪予以起诉。对该案的处理程序有两种意见。第一种意见认为，应具函给公诉机关，建议将项案撤回起诉，由公安机关向本院提出撤销缓刑意见，再由本院按审判监督程序撤销对项某的缓刑判决，公诉机关对项另案起诉，本院对项案再行审判。理由是缓刑判决已发生法律效力，撤销该判决只能适用审监程序。第二种意见认为，可以对本案直接审判，只要在认定事实和判决理由中阐明被告人犯销赃罪缓刑判决的事实中有部分事实应认定为盗窃罪和判决前遗漏盗窃的事实，撤销本院 1999 年对项的缓刑判决（项还在缓刑考验期），以盗窃罪和销赃罪实行数罪并罚作出判决即可。笔者持第二种意见。请问是否正确？

《人民司法》研究组认为：根据《最高人民法院关于执行〈中华人民共和国刑事诉讼法〉若干问题的解释》第 356 条的规定，被宣告缓刑的犯罪分子，在缓刑考验期限内再犯新罪或者被发现判决宣告以前还有其他罪没有判决，应当撤销缓刑的，由审判新罪的人民法院在审判新罪时，对原判决宣告的缓刑予以撤销；如果原来是上级人民法院判决宣告缓刑的，审判新罪的下级人民法院也可以撤销原判决宣告的缓刑。你来信中涉及的案件，应当适用上述规定，有你院在审判新罪时对原判宣判的缓刑予以撤销，对新犯的罪或者新发现的罪作出判决，把前罪和后罪判处的刑罚，依照《刑法》第 69 条的规定，决定执行的刑罚。

——《人民司法》2000 年第 8 期（总第 440 期）。

1842. 在押被告人被一审法院宣告无罪的执行

关键词

在押被告人　宣告无罪

附录：司法信箱

问题： 我院在审理一起盗窃案中，对被羁押的被告人依法宣告无罪。对如何释放被告人我们有两种意见：一是应在宣判后立即释放；另一种是宣判后押回看守所，由公安机关办理有关手续后再释放。以上哪种意见正确，请予答复。

《人民司法》研究组认为： 对于原在押的被告人被一审法院宣告无罪后应否立即释放，应按以下情况作出处理：人民法院根据《刑事诉讼法》第162条的有关规定，对于案件事实清楚，证据确实、充分，依据法律规定宣告被告人无罪的，以及因证据不足，不能认定被告人有罪而宣告无罪的，均应立即释放。但是人民法院在判决生效前，应当根据案件的具体情况，对被告人变更强制措施，办理取保候审手续。同时应将判决书送原关押公安机关办理解除关押的手续。

——《人民司法》1998年第1期（总第408期）。

问题： 在一审审理的一起故意杀人案件中，法院认为公诉机关认定被告人刘××、金××犯故意杀人罪证据不足，遂依照《刑事诉讼法》第162条第（3）项，宣告刘、金无罪。一审宣判后即当庭释放。因存在上诉期及检察院抗诉的情况，对刘、金是否应取保候审或监视居住，有三种意见：一种意见认为，不应对刘、金取保候审或监视居住。因为法院已经作出了无罪判决，不论该判决是否生效，均不能对无罪的人采取任何强制措施。第二种意见认为，如判决未生效，应当办理取保候审手续。因为一审宣告无罪判决后，在10天上诉期间，判决尚未生效，应当办理取保候审的强制措施，如上诉期满未引起二审程序则解除强制措施；如启动二审程序则继续取保候审。第三种意见认为，如检察机关提出抗诉的，应当由检察机关办理有关手续，而不能由法院办理。以上三种意见哪一种正确？请予答复。

《人民司法》研究组认为： 根据《刑事诉讼法》第209条的规定，第一审人民法院对被告人宣告无罪的，如果被告人在押，在宣判后应当立即释放。对于人民法院根据《刑事诉讼法》第162条第（3）项规定宣告被告人无罪，人民检察院依据新的事实、证据材料重新起诉的，人民法院、人民检察院根据案件情况，可以对被告人采取强制措施。

——《人民司法》2000 年第 6 期（总第 437 期）。

1843. 仅附带民事原告人上诉，对被告人刑罚的执行时间

关键词

刑事附带民事诉讼　原告人上诉　执行

附录：司法信箱

问题：一审法院判决对被告人适用缓刑后，被告人未上诉，检察院也未抗诉，刑事部分已发生法律效力。但附带民事诉讼的原告人提出上诉，对于被告人的刑罚执行问题存在不同的理解。一种意见认为，在刑事部分已发生法律效力后，对被告人解除取保候审或监视居住的措施，将执行通知书送达当地公安机关执行缓刑。另一种意见认为，进入二审程序后，应对全案进行审查，待二审法院作出终审裁定后再执行缓刑。请问哪一种意见正确？

《人民司法》研究组认为：根据《刑事诉讼法》第 208 条的规定，已过上诉期限没有上诉、抗诉的判决和裁定是发生法律效力的判决和裁定，判决和裁定在发生法律效力后执行。对于刑事附带民事诉讼案件，刑事部分被告人未上诉，人民检察院也未抗诉，附带民事诉讼原告人提出上诉，这种情形下，刑事部分已经发生法律效力，依法应当执行；附带民事部分由于当事人上诉没有发生法律效力，需要通过第二审程序进行审理。因此，我们同意来信中的第一种意见，即对发生法律效力的刑事部分应当依法执行。

——《人民司法》2008 年第 5 期（总第 544 期）。

1844. 罪犯在被执行死刑前不愿意会见亲属的处理

关键词

执行死刑　会见亲属

附录：最高人民法院主流观点

有意见提出，如罪犯近亲属提出会见，罪犯不愿意的，应明确以罪犯的意见为先，不予安排会见。经研究认为，实践中罪犯不愿会见的情况确实存在，但并不多见，一般情况下，在劝说无果的情况下，应以罪犯意见为先，不安排会见。

——江必新主编:《〈最高人民法院关于适用《中华人民共和国刑事诉讼法》的解释〉理解与适用》，中国法制出版社 2013 年版，第 375 页。

1845. 案外债权与附带民事赔偿责任的履行顺序

关键词

案外债权　附带民事赔偿责任　履行顺序

附录：最高人民法院主流观点

也有意见提出，应规定案外债权与附带民事赔偿责任的履行顺序，对于有责令退赔情形的，也应明确责令退赔、附民赔偿责任和案外债务三者的履行顺序。经研究认为，此问题争议较大，司法解释不便规定，实践中可根据附带民事赔偿责任、责令退赔、正当债务、财产刑的顺序执行。

——江必新主编:《〈最高人民法院关于适用《中华人民共和国刑事诉讼法》的解释〉理解与适用》，中国法制出版社 2013 年版，第 384 页。

1846. 被宣告缓刑的罪犯可否减刑

关键词

缓刑　减刑

附录：最高人民法院主流观点

2012 年《刑事诉讼法解释》征求意见稿曾参考 1998 年《刑事诉讼法解释》规定了对缓刑罪犯的减刑：罪犯在缓刑考验期内确有重大立功表现，需要予以减刑，并相应缩短缓刑考验期限或者禁止令期限的，应当由负责考察的社区矫正机构提出书面意见，有罪犯所在地的中级人民法院根据当地同级执行机关提出的减刑建议书作出裁定。人民法院应当自收到减刑建议书之日起一个月内依法裁定。有意见提出，缓刑是有条件的不执行原判刑罚，缓刑考验期间不是刑罚执行期间，法律并没有规定对宣告缓刑的可以予以减刑。如确有必要，应由法律作出规定，司法解释予以规定不妥。反对者认为，一是缓刑考验实际也带有执行性质，如刑事诉讼法第二百五十八条规定：“对判处管制、宣告缓刑、假释或者暂予监外执行的罪犯，依法实行社区矫正，由社区矫正机构负责执行。”而根据《刑法》第七十八条规定，被判处管制、拘役、有期徒刑的犯罪分子，在执行期间有悔改或立功表现的，可予减刑。因此，规定缓刑犯可以减刑，并不违反法律规定。二是实践中，个别缓刑犯确有重大立功表现，如不能对其减刑，不利体现刑罚公正，也不利于获得好的矫正效果。经研究，考虑到法律确实没有明确规定，《解释》删除了相关内容，但在实践中，对于确有重大立功表现的缓刑犯，可以考虑减刑并相应缩短缓刑考验期。

——江必新主编：《〈最高人民法院关于适用《中华人民共和国刑事诉讼法》的解释〉理解与适用》，中国法制出版社2013年版，第387~388页。

1847.对身患重病但因不符合暂予监外执行的罪犯，看守所或者监狱拒绝收监的，法院处理措施

关键词

罪犯身患重病、拒绝收监

《刑事审判参考》指导案例

吴秀龙等贩卖毒品案（《刑事审判参考》指导案例第799号）

裁判要点：对不符合刑事诉讼法及相关司法解释关于暂予监外执行条件的罪犯，法院不得决定暂予监外执行，看守所或者监狱拒绝执行法院依法作出收监决定的，法院应当采取积极措施确保收监决定得到有效执行。

（一）对不符合刑事诉讼法及相关司法解释关于暂予监外执行条件的罪犯，法院不得决定暂予监外执行

根据1996年《刑事诉讼法》第二百一十四条的规定，暂予监外执行必须同时符合以下三个条件：

1.暂予监外执行的对象只能是被判处有期徒刑或拘役的罪犯，对于判处无期徒刑以上刑罚的罪犯，不得暂予监外执行。在本案处理过程中，一种意见认为，对判处无期徒刑的罪犯亦可暂予监外执行。理由是：我国《监狱法》第二十五条规定，对于被判处无期徒刑在监内服刑的罪犯，符合《刑事诉讼法》规定的监外执行条件的，可以暂予监外执行。我们认为，《刑事诉讼法》是全国人大于1996年通过的，而《监狱法》是全国人大常委会于1994年通过的，根据上位法优于下位法、后法优于前法的原理，《刑事诉讼法》的效力当然高于监狱法的效力，即对判处无期徒刑以上刑罚的罪犯，不得适用暂予监外执行。

2. 暂予监外执行的罪犯必须具有下列情形之一：患有严重疾病需要保外就医；怀孕或正在哺乳自己婴儿的妇女；生活不能自理。对于因患有严重疾病需保外就医的，必须由省级人民政府指定的医院开具证明文件。根据《罪犯保外就医疾病伤残范围》，患有下列疾病情况之一，且符合其他规定条件者，可准予保外就医：经司法鉴定确诊的经常发作的各种精神病；各种器质性心脏病，心脏功能在三级以上；高血压病Ⅲ期；空洞型肺结核、反复咯血，经两个疗程治疗不愈者，支气管扩张、反复咯血、且合并肺感染者；患有肺脑膜性疾病，同时存在严重呼吸功能障碍者；各种肝硬变所致的失代偿期，如门静脉性肝硬变、坏死后肝硬变、血吸虫性肝硬变等；各种慢性肾脏疾病引起的肾功能不全，经治疗不能恢复者；脑血管疾病、颅内器质疾病所致的肢体瘫痪、明显语言障碍或视力障碍等，经治疗不愈者；各种脊髓疾病及周围神经所致的肢体瘫痪、大小便失禁、生活不能自理者；癫痫频繁大发作，伴有精神障碍者；糖尿病合并心、脑、肾病变或严重继发感染者；胶原性疾病造成脏器功能障碍，治疗无效者；内分泌腺疾病，难以治愈者，达到丧失劳动能力者；白血病、再生障碍性贫血者；寄生虫病侵犯肺、脑、肝等重要器官，造成继发性损害，生活不能自理者；各种恶性肿瘤经过治疗不见好转者；其他各类肿瘤，严重影响肌体功能而不能进行彻底治疗，或者全身状态不佳、肿瘤过大、肿瘤和主要脏器有严重粘连等原因而不能手术治疗或有严重后遗症；艾滋病毒反应阳性者；等等。从上述规定的疾病范围来看，都属严重疾病，且病情严重。

司法实践中，一些看守所担心将患有疾病的罪犯收监后，罪犯如死在看守所将承担责任，一方面，不按规定的程序进行审批，提供一些不具有资质的医院出具的证明文件，有的干脆由看守所的医生出具证明文件；另一方面，有的看守所随意扩大疾病范围，对病情并不严重的高血压、肺结核、性病、糖尿病等罪犯亦不予收监。法院应严格按照法律规定的条件和程序进行把关，对不符合《罪犯保外就医疾病伤残范围》的罪犯，不能暂予监外执行。

此外，为防止保外就医被滥用，进一步规范保外就医的证明条件，修改后的刑事诉讼法对因患有严重疾病需保外就医的，除保留必须由省级人民政府指定的医院开具证明文件外，还增加规定了必须由省级人民政府指定的医院在诊断的基础上才能开具证明文件。

3. 对患有严重疾病需要保外就医或生活不能自理的罪犯适用暂予监外执行，必须不致再危害社会。我们认为，是否会再危害社会，可以从以下几方面把握：一是是否有报复社会或继续犯罪的倾向；二是是否属累犯或性质严重的前科；三是是否属在监外执行期间重新犯罪。司法实践中，经常出现一些患有严重疾病的罪犯在暂予监外执行期间又重新犯罪的情况，特别是毒品犯罪中，一些被告人自恃患有严重疾病，不符合收监条件，在监外执行期间又从事毒品犯罪。我们认为，对在监外执行期间又犯罪的、有报复社会或继续犯罪倾向的、累犯或性质严重前科的罪犯，法院一般不得对其适用暂予监外执行。

综上，本案被告人吴秀龙虽经省级人民政府指定的医院证明具有严重疾病，但因其罪行严重，被判处无期徒刑，不符合暂予监外执行的条件，法院依法对其不适用暂予监外执行是正确的。

（二）看守所或者监狱拒绝执行法院依法作出收监决定的，法院应当采取积极措施确保收监决定得到有效执行

司法实践中，法院对不符合暂予监外执行条件的罪犯作出收监决定后，看守所或者监狱可能会以各种理由拒绝收监。修改后的刑事诉讼法虽对暂予监外执行作了部分修改，但仍然难以从根本上解决该问题。比如，修改后的刑事诉讼法没有规定看守所等违法拒绝收监的法律责任，就很难避免有关机关在部门利益驱动下，违法拒绝收监。有的地方法院在看守所或者监狱拒绝收监后，因种种因素而作出妥协处理，最终对不符合暂予监外执行条件的罪犯准许暂予监外执行。这种做法不但有损法律尊严和司法权威，而且容易使一些犯罪分子对犯罪后不被收监执行心存侥幸，从而使刑罚的一般预防和特殊预防功能大打折扣。

本案在执行过程中，重庆市中级人民法院对吴秀龙依法作出收监决定后，会同公安机关一起将吴秀龙先后送往看守所、监狱，要求看守所、监狱依法对吴秀龙收监，但是看守所、监狱以吴秀龙患有重病为由拒绝将吴秀龙收监。后经多方协调，看守所、监狱才对吴秀龙进行收监。实践中，造成“收监难”的原因是多方面的，但最根本的是缺乏明确的法律适用依据。因此，要解决“收监难”问题，最有效的途径是尽快推动立法或者出台司法解释。在进行相关立法或者出台司法解释时，我们建议对以下几个问题作出明确：一是看守所或者监狱对法院依法作出的收监决定的执行，是一种法律义务。二是看守所或者监狱对罪犯收监后，如对法院的收监决定有异议的，可以向作出收监决定的法院提出书面异议，法院收到书面异议的，应当对收监决定重新核查。经核查，如果收监决定是依法作出的，应当坚持收监决定；如果收监决定确有错误的，应当撤销收监决定并作出暂予监外执行的决定。看守所或者监狱对核查结果仍有异议的，可以向作出收监决定法院的上一级法院提出复议申请，复议申请期间暂不执行收监决定。上一级法院收到复议申请后，对收监决定进行审查，下级法院作出的收监决定是正确的，应当驳回看守所或者监狱的异议申请，维持收监决定，看守所或者监狱必须执行收监决定，不得再拒绝收监；下级法院作出的收监决定确有错误的，应当撤销下级法院的收监决定并作出暂予监外执行决定。三是应当强化责任意识，对违法拒绝收监行为应当规定相应的法律责任。四是大力改善监管场所的医疗条件和水平，保

障身患重病但因不符合暂予监外执行而被收监执行罪犯的权利。

——最高人民法院刑事审判第一、二、三、四、五庭主办:《刑事审判参考》2012年第4集(总第87集),法律出版社2013年版,第67~73页。

1848. 在刑事诉讼中,裁定不仅可以处理程序问题,在特定情况下,也可以处理实体问题

关键词

刑事补充裁定书

最高人民法院司法解释

第七条 由人民法院执行机构负责执行的刑事裁判涉财产部分,刑事审判部门应当及时移送立案部门审查立案。

移送立案应当提交生效裁判文书及其附件和其他相关材料,并填写《移送执行表》。《移送执行表》应当载明以下内容:

(一)被执行人、被害人的基本信息;

(二)已查明的财产状况或者财产线索;

(三)随案移送的财产和已经处置财产的情况;

(四)查封、扣押、冻结财产的情况;

(五)移送执行的时间;

(六)其他需要说明的情况。

人民法院立案部门经审查,认为属于移送范围且移送材料齐全的,应当在七日内立案,并移送执行机构。

——《最高人民法院关于刑事裁判涉财产部分执行的若干规定》(2014年10月30日,法释〔2014〕13号)。

附录:最高人民法院主流观点

实践中,刑事审判部门作出刑事判决后,在某些情况下,又对同一案件涉案财产的处理作出刑事补充裁定书,对赃款赃物的认定、追缴等问题作了更为详细、具体的裁决。这类认定涉案财产法律属性的刑事补充裁定书属于何种性质的法律文书,刑事审判部门对涉案财产的处理作出刑事补充裁定的做法又该如何评价?对此,实务界存有争议。有观点认为,刑事裁定书应当处理程序性问题,而这些刑事补充裁定书处理的是涉案财产认定这一刑事实体法问题,因此,刑事审判部门用补充裁定书的形式处理涉案财产问题违反《刑事诉讼法》的规定,应当通过审判监督程序,撤销原生效判决和刑事补充

裁定书，发回重审。相反观点认为，我国刑事审判案件审限一般较短，刑事审判庭在如此短暂的审限之内要完成对被告人的定罪量刑，还要将涉案财产的性质完全界定清楚，在某些案件中难以做到，而且侦查机关在涉案财产的移送过程中可能出现疏漏等问题，要求刑事审判部门在刑事判决中一次性对全案财物作出周全的判决，并不完全符合刑事审判的现实。因此，有必要对刑事涉案财产的裁判寻求某种补充措施，在案件确有必要的情况下，刑事审判部门可以通过作出补充裁定的方式，对涉案财产性质的认定作出处理。

上述两种观点在司法实践中都有人支持。我们认为，上述第一种观点不成立。在刑事诉讼中，裁定不仅可以处理程序问题，在特定情况下，也可以处理实体问题。例如，根据《刑法》第七十九条、第八十二条的规定，减刑、假释也适用裁定。减刑、假释属于刑事实体法问题，《刑法》《刑事诉讼法》明确规定采用裁定的形式予以处理。根据《刑事诉讼法》第五编“特别程序”第二百八十二条关于犯罪嫌疑人、被告人逃匿、死亡案件违法所得的没收来看，刑事审判庭没收违法所得使用的法律文书就是刑事裁定书。也就是说，在涉案财物的认定和处理方面，《刑事诉讼法》认可采用刑事裁定书的形式处理这一实体问题。从执行工作的角度看，如果刑事审判部门能够以正式法律文书的形式。对涉案财产作出更为明确、具体的裁判，那么对于完成涉案财产的处理将是十分有利的。毕竟涉案财产性质的认定属于刑事审判部门的职责，执行机构不对刑事审判部门的生效裁判进行审查，而是据此对相关财产采取执行措施。刑事补充裁定书为执行机构的财产处置工作，提供了更为具体的指引和约束，有利于刑事裁判涉财产部分的执行。

——最高人民法院执行局编著：《最高人民法院关于刑事裁判涉财产部分执行的若干规定理解与适用》，中国法制出版社 2017 年版，第 100~101 页。

1849. 被执行人死亡、被执行单位终止与财产刑执行

关键词

被执行人死亡　被执行单位终止

最高人民法院司法解释

第九条　判处没收财产的，应当执行刑事裁判生效时被执行人合法所有的财产。

执行没收财产或罚金刑，应当参照被扶养人住所地政府公布的上年度当地居民最低生活费标准，保留被执行人及其所扶养家属的生活必需费用。

——《最高人民法院关于刑事裁判涉财产部分执行的若干规定》（2014 年

10月30日，法释〔2014〕13号）。

附录：最高人民法院主流观点

有观点认为，财产刑是一种刑罚，刑罚是基于犯罪分子专属的“刑事义务”而产生的，在犯罪分子死亡后对其遗产执行财产刑，违背了罪责自负、不株连无辜原则，也不能体现刑罚的特殊预防目的，因此，不能在犯罪分子死亡后对其财产予以没收。同理，对于被执行单位终止的，也不能再执行罚金刑。

我们认为，除死刑判决以外，犯罪人死亡只与自由刑、资格刑等和犯罪分子人身联系密切的刑罚执行有关，与以犯罪人合法所有财产为标的的财产刑执行无关。财产刑执行并不以犯罪分子的生命存在为前提，其指向的财产仍属犯罪分子本人的财产，并且已经在法律上排除了成为可继承财产的可能，并不损害其继承人的利益，不存在违反罪责自负、不株连无辜原则的问题。即使犯罪人已经死亡，其遗产也应先用于清偿其他民事债务，以及履行财产刑缴纳义务，如有剩余，才能由其继承人依法继承。而且，《刑法》规定对一些判处死刑的犯罪分子应没收财产，如果认为犯罪人死亡就不执行财产刑，那么《刑法》关于判处死刑并处没收财产的规定岂不全部成为空文？同理，罚金刑的执行也不以犯罪人或犯罪单位主体资格的存在为前提，其指向的也是犯罪人或犯罪单位合法所有的财产。只要犯罪人或犯罪单位还有财产可供执行，罚金刑就应当继续执行。根据《刑事诉讼法解释》第四百四十四条第（二）项、第（三）项的规定，被执行人死亡或者被执行死刑，且无财产可供执行的，以及被判处罚金的单位终止，且无财产可供执行的，人民法院才应当裁定终结执行。因此，犯罪人死亡和犯罪单位终止并不影响财产刑的执行，人民法院应对犯罪人及犯罪单位遗留的合法财产，依法采取执行措施。只有在被执行人死亡或者被执行单位终止，且无财产可供执行的情况下，人民法院才能依法裁定终结财产刑的执行。

——最高人民法院执行局编著：《最高人民法院关于刑事裁判涉财产部分执行的若干规定理解与适用》，中国法制出版社2017年版，第126页。

1850.《诈骗罪司法解释》与《关于刑事裁判涉财产部分执行的若干规定》中，关于财物是否适用善意取得制度的完整理解

关键词

赃款赃物　善意取得

最高人民法院司法解释

第十一条 被执行人将刑事裁判认定为赃款赃物的涉案财物用于清偿债务、转让或者设置其他权利负担，具有下列情形之一的，人民法院应予追缴：

（一）第三人明知是涉案财物而接受的；

（二）第三人无偿或者以明显低于市场的价格取得涉案财物的；

（三）第三人通过非法债务清偿或者违法犯罪活动取得涉案财物的；

（四）第三人通过其他恶意方式取得涉案财物的。

第三人善意取得涉案财物的，执行程序中不予追缴。作为原所有人的被害人对该涉案财物主张权利的，人民法院应当告知其通过诉讼程序处理。

——《最高人民法院关于刑事裁判涉财产部分执行的若干规定》（2014 年 10 月 30 日，法释〔2014〕13 号）。

第十条 行为人已将诈骗财物用于清偿债务或者转让给他人，具有下列情形之一的，应当依法追缴：

（一）对方明知是诈骗财物而收取的；

（二）对方无偿取得诈骗财物的；

（三）对方以明显低于市场的价格取得诈骗财物的；

（四）对方取得诈骗财物系源于非法债务或者违法犯罪活动的。

他人善意取得诈骗财物的，不予追缴。

——《最高人民法院、最高人民检察院关于办理诈骗刑事案件具体应用法律若干问题的解释》（2011 年 3 月 1 日，法释〔2011〕7 号）。

附录：最高人民法院主流观点

《最高人民法院、最高人民检察院关于办理诈骗刑事案件具体应用法律若干问题的解释》（以下简称《诈骗罪司法解释》）与《最高人民法院关于刑事裁判涉财产部分执行的若干规定》规范的主体不同，一个是刑事审判庭，一个是执行局；适用范围存在差异，一个是只针对骗取财物，一个是生效刑事裁判认定的所有赃款赃物。所以条文的内容又存在显著差异。对比两个条文，有助于把握本条文的特征，加深对本条文的理解。具体而言，理解本条文，应注意如下问题：

（一）财产范围与流转方式

1. 财产范围

与《诈骗罪司法解释》第十条不同，本条适用于生效刑事裁判认定为赃款赃物的所有财物，而《诈骗罪司法解释》第十条只针对诈骗财物。

2. 流转方式

《诈骗罪司法解释》第十条只规定了清偿债务、转让给他人两种流转方式，而本条文增加规定了“设置其他权利负担”的情形。从广义上讲，也可以视为增加了一种财产的流转方式。增加这一流转方式后，条文的适用范围更为广泛，以适应实践中的复杂情形。

整个行为的过程、目的、结果等方面的表述，是直接证据，具有较强的证明力。而且犯罪嫌疑人第一次在公安派出所接受侦查员询问以及刑拘后第一次接受讯问时的供述，由于其思考反侦查的时间相对较少，也没有看守所其他关押人员的所谓“经验传授”，一般而言，其供述相对真实可信。因此，首问证据在整个言词证据系统中，具有举足轻重的作用。但现实中，由于侦查员往往对假币类案件的知识储备不足、经验欠缺，首次询问、讯问的针对性不太强，收集的言词证据系统性也有所欠缺，导致嫌疑人在后续的时间里，有了充足时间来酝酿自己的“口供”，给假币类犯罪案件的办理带来被动。有鉴于此，在特定场合应当允许司法机关推定行为人具有走私的主观故意。为了严惩走私假币犯罪，明确证据标准，强化打击力度，有必要在司法解释中发挥原则的概括性和类型的具体性作用，采取一般原则加具体行为的方式，对犯罪嫌疑人何种行为可推定为“明知”予以明确规定，以期对司法办案实践起到积极的规范和引导作用。针对走私犯罪的一般特征，《走私意见》就行为人主观明知的认定作了一般性规定。《走私意见》第5条第2款规定：“走私主观故意中的‘明知’是指行为人知道或者应当知道所从事的行为是走私行为。具有下列情形之一的，可以认定为‘明知’，但有证据证明确属被蒙骗的除外：（一）逃避海关监管，运输、携带、邮寄国家禁止进出境的货物、物品的；（二）使用特制的设备或者运输工具走私货物、物品的；（三）未经海关同意，在非设关的码头、海（河）岸、陆路边境等地点，运输（驳载）、收购或者贩卖非法进出境货物、物品的；（四）提供虚假的合同、发票、证明等商业单证委托他人办理通关手续的；（五）以明显低于货物正常进（出）口的应缴税额委托他人代理进（出）口业务的；（六）曾因同一种走私行为受过刑事处罚或者行政处罚的；（七）其他有证据证明的情形。”

针对走私假币犯罪的特殊性，对行为人对涉案假币是否明知的认定，应当依据行为人实施假币犯罪行为的过程、方式，假币被查获时的情形等证据，结合行为人的年龄、阅历、智力等情况，进行综合分析判断。具有下列情形之一，行为人不能作出合理解释的，可以认定其“明知”是假币，但有证据证明确属被蒙骗的除外：执法人员在口岸、机场、车站、港口和其他检查站点检查时，要求行为人申报为他人携带的物品，并告知其法律责任，而行为人未如实申报，在其携带的物品中查获假币的；以伪报、藏匿、伪装等蒙蔽手段，逃避执法机关检查，在其携带、运输、邮寄。

（二）应予追缴的情形

本条文规定了在赃款赃物流转后应予追缴的四种情形，分别为：（一）第三人明知是涉案财物而接受的；（二）第三人无偿或者以明显低于市场的价格取得涉案财物的；（三）第三人通过非法债务清偿或者违法犯罪活动取得涉案财物的；（四）第三人通过其他恶意方式取得涉案财物的。

从上述四种情形看，前三种都是关于具体情形的列举，对应《诈骗罪司法解释》第十条所列四种情形；[①] 本条文第四种情形是一个兜底条款，相对于《诈骗罪司法解释》第十条而言，属于新增情形。增加规定兜底性条款，其目的在于扩大适用范围，以适应实践中各种复杂的情形。

（三）第三人善意取得情形下的处理

本条文的第二款分为两个部分，前半部分规定了执行程序对善意取得赃款赃物情形的处理，基本相当于《诈骗罪司法解释》第十条的第二款。但是有所不同的是，相对于《诈骗罪司法解释》第十条第二款的“不予追缴”，本条文增加规定了不予追缴的限制性条件“在执行程序中”。如此规定的原因在于适用财产范围的扩大。在《物权法》及相关司法解释对诈骗财物之外的其他赃款赃物是否适用善意取得未予明确规定的情况下，基于审判与执行分离原则，只规定执行程序中不予追缴，给审判程序留出处理空间，更为稳妥。

（四）第三人善意取得情形下受害人另行救济的问题

本条文第二款的后半部分规定：作为原所有人的被害人对该涉案财物主张权利的，人民法院应当告知其通过诉讼程序处理。即本条文对第三人善意地取得涉案赃款赃物的情形，为受害人提供了另行诉讼进行救济的机会。对此，应从如下方面理解：

1. 法律规范方面。

第一，《物权法》并未禁止赃物适用善意取得制度。《物权法》第一百零七条、第一百一十四条只是规定了遗失物、漂流物等在适用善意取得时要受到限制，并未对赃物的适用问题予以表态。这给赃物能否及在多大程度上适用善意取得留下了解释的空间。

第二，《诈骗罪司法解释》并未禁止通过另行诉讼的方式主张返还赃物。首先，《诈骗罪司法解释》第十条只是规定了对第三人善意取得“诈骗财物”的情形不予追缴，并未涉及“盗抢财物”是否追缴问题。而其他国家与地区的立法例，在善意取得制度是否适用问题上，并未同等对待上述两种财物。各国一般都把盗赃与遗失物并列，作为善意取得制度适用的例外，但是对于诈骗财产一般不予涉及。原因在于两种财物的性质不同，前者是“非因权利人之意思而脱离占有物”，后者则是“依当事人的意思脱离占有物”（虽然是受骗，但的确是主动交出）。进而有人主张，对于前者，应不予适用善意

① 本条文第二种情形是《诈骗罪司法解释》第十条第（二）项、第（三）项的合并。

取得，而对于后者则应予适用善意取得。其次，《诈骗罪司法解释》第十条只是规定了在刑事审判程序中不予追缴，并未予禁止通过另行诉讼的方式主张返还。

第三，《刑事诉讼法解释》第一百三十九条的理解。该条司法解释规定："被告人非法占有、处置被害人财产的，应当依法予以追缴或者责令退赔。被害人提起附带民事诉讼的，人民法院不予受理。追缴、退赔的情况，可以作为量刑情节考虑。"该条规定确立了追缴与责令退赔的强行适用性，对于非法占有、处置被害人财产的情形，不允许通过附带民事诉讼的方式进行救济。与此相关的是，2013年10月21日《最高人民法院关于适用《刑法》第六十四条有关问题的批复》主要内容为："被告人非法占有、处置被害人财产的，应当依法予以追缴或者责令退赔。据此，追缴或者责令退赔的具体内容，应当在判决主文中写明；其中，判决前已经发还被害人的财产，应当注明。被害人提起附带民事诉讼，或者另行提起民事诉讼请求返还被非法占有、处置的财产的，人民法院不予受理。"但是基于如下两个理由，上述司法解释规定和司法性文件不影响本条文关于另行诉讼的规定：第一，两个规则适用情形不同，上述批复约束审判行为，针对的是判决前已经发生的占有、处置行为；而本条文适用于执行程序中，主要针对的是判决后发生的占有、处置行为。比如，判决追缴的财物，判决生效后当事人善意取得了该财产，根据既判力一般原理，判决无法约束判决生效后发生的事实，此时允许受害人另诉救济，既是保护受害人合法权利的需要，也不违反判决的既判力与司法权威。第二，从效力层级看，上述批复是一般的规范性文件，并非司法解释，且出台在前；而本条文是司法解释，且生效在后，所以本条文的法律效力高于该批复。

2. 从法理看，应当允许赃物原所有权人在符合法定条件时行使原物返还请求权。根据《物权法》第一百零七条的规定，遗失物的善意取得都受到限制，对于赃物一概适用善意取得不符合"举轻以明重"的法理。在赃物被其他人取得的情况下，应当允许受害人像遗失物的原所有权人一样，享有"自知道或者应当知道受让人之日起二年内向受让人请求返还原物"的权利。而这种权利，基于审判与执行职能的分离，显然不宜在执行程序中行使，而需通过诉讼程序进行。

——最高人民法院执行局编著：《最高人民法院关于刑事裁判涉财产部分执行的若干规定理解与适用》，中国法制出版社2017年版，第149~152页。

1851. 对于死缓考验期内故意犯罪后执行死刑时间的处理

关键词

死缓考验期　故意犯罪

最高人民法院司法解释

第四百九十九条　最高人民法院的执行死刑命令，由高级人民法院交付第一审人民法院执行。第一审人民法院接到执行死刑命令后，应当在七日以内执行。

在死刑缓期执行期间故意犯罪，最高人民法院核准执行死刑的，由罪犯服刑地的中级人民法院执行。

——《最高人民法院关于适用〈中华人民共和国刑事诉讼法〉的解释》（2021 年 1 月 26 日，法释〔2021〕1 号）。

附录：最高人民法院主流观点

被判处死缓的罪犯在死缓考验期内故意犯罪后是立即报请最高人民法院核准执行死刑，还是要等到死缓考验期满后再去执行死刑。关于这个问题，有的学者认为，死缓变更为死刑立即执行的期限，必须是在两年期满以后，即从死缓判决确定之日起两年之内，对死缓犯不得执行死刑，因为《刑法》之所以规定对死缓犯“缓期二年执行”，目的就在于确定一定的时间期限，对犯罪分子进行综合考察。还有的学者认为，设立死缓制度的宗旨是控制死刑立即执行的实际范围，给死缓犯以生路。但缓期二年执行是有条件的，如果死缓犯在死缓执行期间依然故意犯罪，经查证属实，就应核准执行死刑，不需要等到两年期满以后再执行。我们认为，虽然《刑法》并未对死缓考验期内故意犯罪后执行死刑的时间做出明确的规定，但是通过对《刑法》条文的逻辑推理，便可以得出结论。死缓考验期与其他普通的刑期不同，在死缓考验期内，既对罪犯进行关押，实行劳动改造，同时也对罪犯进行考察，看其是否会继续故意犯罪，如果故意犯罪，则执行死刑。因此，罪犯在死缓考验期内故意犯罪实际上已经起到了考察其改造效果的目的，无需再花费更多的时间进行考验。

——江必新主编：《最高人民法院刑事诉讼法司法解释理解与适用》，人民法院出版社 2015 年版，第 1124~1125 页。

1852. 后罪的预备行为发生在前罪的缓刑考验期内，实行行为发生在缓刑考验期满后，应当撤销前罪的缓刑，与所犯新罪实行并罚

关键词

预备行为　缓刑考验期　实行行为　并罚

《刑事审判参考》指导案例

董军立故意毁坏财物案（《刑事审判参考》指导案例第 1424 号）

裁判要点：虽然前罪所判处缓刑考验期已满，但其所犯新罪仍属在缓刑考验期内发生，故应当依法撤销前罪的缓刑，与所犯新罪实行并罚。

本案的争议焦点是，被告人董军立在缓刑考验期内实施了故意毁坏财物犯罪的预备行为，而其犯罪实行行为发生在缓刑考验期满后。在此情况下，是否应当撤销前罪缓刑，与其所犯后罪实行并罚？对此，存在两种不同观点：

第一种观点认为，被告人董军立着手实行新罪的时间，已过前罪的缓刑考验期，因而不属于在缓刑考验期内犯新罪。而前罪的缓刑考验期限已满，原判的刑罚应依法不再执行，且其社区矫正已被解除。故只需要对其所犯新罪依法判处即可。

第二种观点认为，被告人董军立所犯新罪的实行行为虽然发生在其前罪缓刑考验期满后，但犯罪预备行为发生在前罪缓刑考验期限内。应当将犯罪预备行为与实行行为作为一个完整的犯罪过程来理解，而不能只考察犯罪实行行为的时间。因此，虽然其前罪所判处缓刑考验期已满，社区矫正已被解除，但其所犯新罪仍属在缓刑考验期内发生，故应当依法撤销前罪的缓刑，与所犯新罪实行并罚。

我们同意第二种意见。理由如下：

（一）应当将犯罪预备行为与实行行为作为一个完整的犯罪过程来考察

根据刑法第七十七条的规定，被宣告缓刑的犯罪分子，在缓刑考验期限内犯新罪的，应当撤销缓刑，对新犯的罪作出判决，把前罪与后罪所判处的刑罚，依照刑法第六十九条的规定，决定执行的刑罚。因此，判断被告人董军立故意毁坏财物犯罪是否属于在缓刑考验期限内实施，直接决定了其前罪所判处的缓刑是否应当撤销。

前述第一种观点的缺陷就在于将一个完整犯罪过程的预备行为与实行行

为割裂开来，将犯罪事实发生的时间孤立地定格在实行行为发生的时间上。我们认为，对犯罪预备行为与实行行为应当作为一个完整的犯罪过程来考察。阐述这一问题，首先要弄清犯罪形态与犯罪阶段的关系。故意犯罪既存在形态，也存在阶段。其一，故意犯罪行为是一个过程，由相互连接的预备阶段与实行阶段组成。预备阶段与实行阶段密切相连，前者是为后者做准备的阶段，后者是前者的发展。处在预备阶段的行为是预备行为，处在实行阶段的行为是实行行为。其二，犯罪形态与犯罪阶段相互依存、相互制约。在预备阶段只能出现犯罪预备与中止形态，在实行阶段只能出现犯罪未遂、中止与既遂形态。其三，犯罪形态与犯罪阶段又相互区别。前者是静止的行为状态，后者是动态的发展过程；前者没有先后连续性，后者具有连续性；一个故意犯罪行为不可能出现几种犯罪形态，但可能经过几个阶段。

本案中，虽然被告人孙林泼洒漆料的行为发生在被告人董军立前罪缓刑考验期满后，但其预备行为发生在前罪缓刑考验期限内。而两人故意毁坏财物犯罪的完整过程则由犯意的形成、犯罪预谋阶段、犯罪实行阶段所构成。一般情况下，仅有犯意的形成，是不受刑事处罚的。而犯罪预备阶段，即使行为人仅仅实施了犯罪预备行为，之后再未继续实施犯罪，根据刑法第二十二条的规定，也是可能受到刑事处罚的。如果之后继续实施实行行为，则其预备行为被实行行为所吸收，法律将按照其实行行为进行处罚。按照实行行为处罚并不是说预备阶段的预备行为不受处罚。在量刑时，其预备行为的性质、程度、所体现的犯罪人主观恶性，均是应予以考虑的。因此，不能无视犯罪预备行为，而仅仅依据犯罪实行行为的时间来认定董军立、孙林故意毁坏财物的犯罪实施时间。可以说，两人故意毁坏财物的犯罪时间不是一个时间点，而是一个时间段。综上，二被告人在董军立前罪缓刑考验期限内实施犯罪预备行为，在缓刑考验期满后实施犯罪实行行为，应当认定为犯罪行为在董军立前罪缓刑考验期限内就开始实施。

（二）如果行为人在缓刑考验期限内只实施了犯罪预备行为而没有后续的实行行为，是否撤销前罪缓刑应当具体分析

刑法第二十二条第二款规定，对于预备犯，可以比照既遂犯从轻、减轻处罚或者免除处罚。亦即我国刑法总则规定原则上处罚犯罪预备，但事实上，对犯罪预备的处罚具有例外性。也就是说，许多犯罪预备行为没有达到值得科处刑罚的程度。但刑法分则对于哪些犯罪应当处罚犯罪预备没有明文规定。所以，必须对具体故意犯罪预备行为的可罚性进行考察。我们认为，通常包括以下三种情况：（1）罪质严重的预备行为可以对犯罪预备进行处罚，如故意杀人的预备行为等；（2）罪质一般的预备行为，只有情节严重时，才以犯罪预备论处；（3）罪质轻微的预备行为，一般不轻易以犯罪预备论处。一般来说，罪质的轻重取决于保护法益的重要程度。

在司法实践中，处罚犯罪预备是例外。这是因为：其一，预备行为并不具备犯罪构成的完整要件，行为的社会危害性极其有限，行为人的人身危险性也不明显。其二，犯罪预备行为不能直接对法益造成侵害结果与具体危险状态，因而对法益的威胁并不紧迫，在通常情况下没有值得科处刑罚的实质违法性。其三，犯罪预备行为的外部形态往往是日常生活行为（如行为人购买菜刀准备用于抢劫），如果大量处罚犯罪预备行为，就必然导致原本不是犯罪预备的日常生活行为也受到怀疑，极可能使一些外部形态类似于准备工具的日常生活行为受到刑罚制裁。其四，在犯罪预备阶段，行为人可能随时放弃犯意，如果广泛地处罚预备行为，反而可能促使行为人着手实行犯罪。基于以上理由，对犯罪预备的成立范围必须进行严格限制，即只能将实质上值得刑事处罚的犯罪预备行为作为犯罪处罚。

综上，如果行为人在缓刑考验期限内只是实施了犯罪预备行为，而没有后续的实行行为，可能不需以犯罪处理。如果对其犯罪预备不以犯罪处理，除非行为人符合刑法第七十七条第二款规定的撤销缓刑的情形，否则不能轻易撤销缓刑。但当行为人实施了后续的实行行为，即使实行行为发生在缓刑考验期满之后，或者行为人的预备行为本身有必要进行刑事处罚时，则应当撤销前罪所判处的缓刑，与新罪的犯罪预备所判处的刑罚实行并罚。故本案中法院撤销被告人董军立前罪的缓刑，与后罪进行并罚，是正确的。

——赵仁洋撰稿、陆建红审编：《董军立故意毁坏财物案——后罪的预备行为发生在前罪的缓刑考验期内、实行行为发生在缓刑考验期满后，应否撤销缓刑将前后罪并罚》，载最高人民法院刑事审判第一、二、三、四、五庭编：《刑事审判参考》（总第128辑），人民法院出版社2021年版，第65~69页。

1853. 监狱办理刑事案件有关问题的规定

关键词

监狱办理刑事案件

最高人民法院司法政策精神

为依法惩治罪犯在服刑期间的犯罪活动，确保监狱持续安全稳定，根据有关法律规定，结合工作实际，现就监狱办理刑事案件有关问题规定如下：

一、对监狱在押罪犯与监狱工作人员（监狱警察、工人）或者狱外人员共同犯罪案件，涉案的在押罪犯由监狱立案侦查，涉案的监狱工作人员或者狱外人员由人民检察院或者公安机关立案侦查，在侦查过程中，双方应当相互协作。侦查终结后，需要追究刑事责任的，由侦查机关分别向当地人民检察院移送审查起诉。如果案件适宜合并起诉的，有关人民检察院可以并案向人民法院提起公诉。

二、罪犯在监狱内犯罪，办理案件期间该罪犯原判刑期即将届满需要逮捕的，在侦查阶段由监狱在刑期届满前提请人民检察院审查批准逮捕，在审查起诉阶段由人民检察院决定逮捕，在审判阶段由人民法院决定逮捕；批准或者决定逮捕后，监狱将被逮捕人送监狱所在地看守所羁押。

三、罪犯在监狱内犯罪，假释期间被发现的，由审判新罪的人民法院撤销假释，并书面通知原裁定假释的人民法院和社区矫正机构。撤销假释的决定作出前，根据案件情况需要逮捕的，由人民检察院或者人民法院批准或者决定逮捕，公安机关执行逮捕，并将被逮捕人送监狱所在地看守所羁押，同时通知社区矫正机构。

刑满释放后被发现，需要逮捕的，由监狱提请人民检察院审查批准逮捕，公安机关执行逮捕后，将被逮捕人送监狱所在地看守所羁押。

四、在押罪犯脱逃后未实施其他犯罪的，由监狱立案侦查，公安机关抓获后通知原监狱押回，监狱所在地人民检察院审查起诉。罪犯脱逃期间又实施其他犯罪，在捕回监狱前发现的，由新罪犯罪地公安机关侦查新罪，并通知监狱；监狱对脱逃罪侦查终结后移送管辖新罪的公安机关，由公安机关一并移送当地人民检察院审查起诉，人民法院判决后，送当地监狱服刑，罪犯服刑的原监狱应当配合。

五、监狱办理罪犯在监狱内犯罪案件，需要相关刑事技术支持的，由监狱所在地公安机关提供协助。需要在监狱外采取侦查措施的，应当通报当地公安机关，当地公安机关应当协助实施。

——《最高人民法院、最高人民检察院、公安部、司法部关于印发〈关于监狱办理刑事案件有关问题的规定〉的通知》（2014年8月11日，司发通〔2014〕80号）。

1854. 进入刑事执行程序后，发现有的判项不明确、具体的分情况进行处理

关键词

执行程序　判项不明确、具体

最高人民法院司法解释

第六条　刑事裁判涉财产部分的裁判内容，应当明确、具体。涉案财物

或者被害人人数较多，不宜在判决主文中详细列明的，可以概括叙明并另附清单。

判处没收部分财产的，应当明确没收的具体财物或者金额。

判处追缴或者责令退赔的，应当明确追缴或者退赔的金额或财物的名称、数量等相关情况。

——《最高人民法院关于刑事裁判涉财产部分执行的若干规定》(2014年10月30日，法释〔2014〕13号)。

附录：最高人民法院主流观点

1. 涉及实体问题的应当由审判部门加以明确。凡是关系到财物权属，财物性质以及责任分担大小等涉及当事人实体权益的问题，应该由作出执行依据的审判部门予以明确，否则，会导致执行权的过度扩张或滥用。一般认为，诸如判处没收部分财产的，没有判明没收的具体财产，哪些财产可以作为被告人个人合法财产予以执行的问题；追缴违法所得的，涉案财产是否属于违法所得的问题；被害人为多人，退赔比例不明的，涉案财产应如何分配问题等，均不宜由执行部门予以明确。具体做法上，目前大多由执行部门发函要求审判部门对相关问题予以明确，审判部门应当以补充裁定的形式或者以正式的函文予以答复。但这种做法其实存在不可逾越的程序障碍，因为审判部门对该案的审理已经结束，不经检察院起诉而对财产刑或财产部分判项作进一步说明或处理，缺乏正当性依据；在程序上则存在由原一审法院还是二审法院作出解释说明，作出的解释说明是否还需要送达当事人，当事人对此是否还具有上诉权等问题。也正因如此，审判部门真正以补充裁定方式进行补正的少之又少，明确以函文进行答复的也不多，更多的是以答复内部征求意见或者召开协调会的形式解决，也有相当部分案件被长时间拖延，成为执行中的老大难案件。因此，追根溯源，还是要从执行依据的明确性方面继续努力。

2. 按诉讼、执行阶段具体问题具体分析。鉴于前述做法的程序性障碍短期内无法解决，可以在实践中根据具体情况作不同处理。如果涉案财物是在侦查、检察阶段，分别由侦查机关、检察机关采取强制措施的标的物，那么是否为可以进行执行处置的财物，应由相应的机构对其采取查控措施的实施和法律依据进行释明，然后执行机构再予以处置。如果在刑事判决正文中或者事实、证据列举中出现过，只是审判机构没有在判项中明确，可以由执行部门进行初步判断，交由审判部门确认。

——最高人民法院执行局编著:《最高人民法院关于刑事裁判涉财产部分执行的若干规定理解与适用》，中国法制出版社2017年版，第83~84页。

1855. 保外就医期限届满后未归监又重新犯罪的应如何计算余刑

关键词

抢劫罪　保外就医　余刑

《刑事审判参考》指导案例

潘光荣、赖铭有抢劫案（《刑事审判参考》指导案例第 1127 号）

裁判要点：被告人依法定程序报省级监狱管理部门于 1996 年 11 月 6 日批准办理保外就医一年，合法有效，故该一年的保外就医期间应计入刑罚执行期间。然而，自保外就医期满后，被告人就处于脱管状态，其保外就医期满后的时间不应计入刑罚执行期间。据卷内证据显示，被告人实际办理保外就医手续出监日期为 1996 年 11 月 29 日，1996 年 11 月 6 日至 11 月 29 日期间仍属于在监内服刑期间，因此被告人的余刑应该从 1996 年 11 月 29 日至 1997 年 11 月 28 日一年期满后的第二日，即 1997 年 11 月 29 日开始计算。

（一）被告人潘光荣保外就医一年的时间应计入已执行刑期

根据刑事诉讼法和监狱法有关条文的规定，保外就医是指对于被判处无期徒刑、有期徒刑或者拘役的罪犯，因患有严重疾病，暂予监外执行不致危害社会的，依照法定的程序审批后，由监内执行刑罚变更为暂予监外执行刑罚的一种特殊的刑罚执行方式。保外就医属于暂予监外执行[①]的一种，与缓刑、假释期间的法律效果不同，暂予监外执行期间刑期持续计算，即罪犯在监外治疗疾病的期间计入刑罚执行期间。本案中 A 监狱于 1996 年对被告人潘光荣办理的保外就医一年，是依法定程序报省级监狱管理部门批准的，合法有效，故该一年的保外就医期间应计入刑罚执行期间。一审法院在没有任何证据的情况下否定潘光荣保外就医一年的合法性，在计算潘光荣的余刑时没有扣除合法的保外就医期间是错误的。

（二）被告人潘光荣保外就医期满后的时间不应计入已执行刑期

关于保外就医期满后未收监的，如何计算已执行刑期，现行法律法规的相关规定如下：

---

① 根据《刑事诉讼法》的规定，暂予监外执行有三种情形：一是患有严重疾病需要保外就医的；二是怀孕或正在哺乳自己婴儿的妇女；三是生活不能自理，适用暂予监外执行不致危害社会的。

刑事诉讼法第二百五十七条规定："对暂予监外执行的罪犯，有下列情形之一的，应当及时收监：（一）发现不符合暂予监外执行条件的；（二）严重违反有关暂予监外执行监督管理规定的；（三）暂予监外执行的情形消失后，罪犯刑期未满的。……罪犯在暂予监外执行期间脱逃的，脱逃的期间不计入执行刑期。"《最高人民法院、最高人民检察院、公安部、国家安全部、司法部、全国人大常委会法制工作委员会关于实施刑事诉讼法若干问题的规定》第三十四条规定："刑事诉讼法第二百五十七条第三款规定：'不符合暂予监外执行条件的罪犯通过贿赂等非法手段被暂予监外执行的，在监外执行的期间不计入执行刑期。罪犯在暂予监外执行期间脱逃的，脱逃的期间不计入执行刑期。'对于人民法院决定暂予监外执行的罪犯具有上述情形的，人民法院在决定予以收监的同时，应当确定不计入刑期的期间。对于监狱管理机关或者公安机关决定暂予监外执行的罪犯具有上述情形的，罪犯被收监后，所在监狱或者看守所应当及时向所在地的中级人民法院提出不计入执行刑期的建议书，由人民法院审核裁定。"

从上述规定可以看出，虽然现行法律法规对保外就医期限届满未收监又重新犯罪的，如何计算余刑没有具体的规定，但基本原则是明确、一致的，即保外就医期间违反相关监管规定脱管、脱逃的，脱管、脱逃期间不计入执行刑期。我们认为，这种规定有利于更好地实现保外就医制度的法律效果与社会效果。保外就医制度的本质在于彰显人道主义精神，体现刑罚执行的人性化，是对患严重疾病罪犯的一种人道主义待遇。但在司法实践中，由于监管不力、法律规定缺失等诸多原因，导致"一保到底""保而不医"等保外就医后脱管、漏管问题频繁发生，甚至出现罪犯持续数年脱管，流散社会威胁社会稳定和安全的情况，如本案中的潘光荣就是在脱管后再次实施严重暴力犯罪。因此，对于保外就医如何计入刑罚执行期间的问题，应当以更加严格和审慎的标准来认定，如果将罪犯保外就医期满后未办理延期手续、未归监的时间都计入刑罚执行期间，无异于引导和鼓励保外就医的罪犯违反规定和脱管，这显然与保外就医制度设立的初衷相背离。

本案中，被告人潘光荣保外就医的期限为一年，2000 年 8 月 16 日广西壮族自治区监狱管理局批示要求对潘光荣"收监检查病情"之后，监狱方面多次寻找潘光荣无果，并于 2009 年 3 月 27 日决定以脱逃罪对潘光荣立案，实施网上追捕。A 监狱多份文件均明确：潘光荣 1996 年保外就医一年，收监日期为 1997 年 11 月 28 日，保外就医期满之日起之后的刑期不计入执行刑期。可见，自保外就医期满后，潘光荣就处于脱管状态，其保外就医期满后的时间不应计入刑罚执行期间。公诉机关的观点与潘光荣监外执行期满后脱管、漏管直到脱逃被立案、网上追捕的事实不符。

（三）对被告人潘光荣的余刑应从保外就医一年期满后第二日起算

1994年6月18日《最高人民法院研究室关于服刑罪犯保外就医期限届满后未归监又重新犯罪应如何计算前罪余刑问题的答复》[①]（以下简称《答复》）曾作出明确的规定："服刑罪犯经批准保外就医期应计入执行期，保外就医期限届满后未归监的时间不得计入执行期；又重新犯罪的，其前罪的余刑应从保外就医期限届满第二日起计算至前罪刑满之日为止。"该《答复》虽然已于2013年1月18日被废止，但在本案的处理中仍可以参照《答复》的精神。本案中，虽然A监狱于1996年11月6日批准潘光荣保外就医，但卷内证据显示，1996年11月29日潘光荣才实际办理保外就医手续出监，1996年11月6日至11月29日期间仍属于在监内服刑期间，因此潘光荣的余刑应该从1996年11月29日至1997年11月28日一年期满后的第二日，即1997年11月29日开始计算。一审法院将潘光荣的余刑自1996年11月6日开始计算至2010年发10月2日，共计13年10个月27天，除了前述未将合法的保外就医期限计入刑罚执行刑期的问题外，还存在两个问题：一是与实际案情不符，1996年11月6日至11月29日期间潘光荣仍在监内服刑；二是计算上有误，即使从1996年11月6日开始计算，至2010年10月2日，也应为13年10个月26天，而不是13年10个月27天，即11月6日当天应计算为服刑日。二审法院计算潘光荣的余刑从1997年11月29日至2010年10月2日止，共12年10个月3天，是准确、适当的。

——最高人民法院刑四庭：《潘光荣、赖铭有抢劫案》，载最高人民法院刑事审判第一、二、三、四、五庭主办：《刑事审判参考》（总第105集），法律出版社2016年版，第77~80页。

1856. 对死刑缓期执行罪犯在死刑缓期执行期间执行刑罚，应注意的问题

关键词

死刑缓期执行　执行刑罚

最高人民法院司法解释

第十二条　对中华人民共和国缔结或者参加的国际条约所规定的罪行，中华人民共和国在所承担条约义务的范围内行使刑事管辖权的，由被告人被抓获地、登陆地或者入境地的人民法院管辖。

第四百九十七条　被判处死刑缓期执行的罪犯，在死刑缓期执行期间犯

① 《刑事诉讼法》及《刑法》已有明确规定。

罪的，应当由罪犯服刑地的中级人民法院依法审判，所作的判决可以上诉、抗诉。

认定故意犯罪，情节恶劣，应当执行死刑的，在判决、裁定发生法律效力后，应当层报最高人民法院核准执行死刑。

对故意犯罪未执行死刑的，不再报高级人民法院核准，死刑缓期执行的期间重新计算，并层报最高人民法院备案。备案不影响判决、裁定的生效和执行。

最高人民法院经备案审查，认为原判不予执行死刑错误，确需改判的，应当依照审判监督程序予以纠正。

——《最高人民法院关于适用〈中华人民共和国刑事诉讼法〉的解释》（2021年1月26日，法释〔2021〕1号）。

附录：最高人民法院主流观点

1. 在死刑缓期执行期间没有故意犯罪的，缓期执行期满，由执行机关提出书面意见，报请高级人民法院裁定减刑。根据《刑法》第五十条的规定，没有故意犯罪的，减为无期徒刑；确有重大立功表现的，二年期满后，减为二十五年有期徒刑。

2. 在死刑缓期执行期间故意犯罪的，由罪犯服刑地的中级人民法院依法审判，所作的判决可以上诉、抗诉。认定构成故意犯罪的判决、裁定发生法律效力后，不必一律层报请最高人民法院核准死刑，而是分两种情况处理：其一，故意犯罪，情节恶劣，查证属实，应当执行死刑的，由高级人民法院报请最高人民法院核准死刑。其二，对于故意犯罪未执行死刑的，死刑缓期执行的期间重新计算，并报最高人民法院备案。这里的“故意犯罪未执行死刑”，具体包括两种情况，一是高级人民法院依法认为不应当判处被告人死刑，而未报请最高人民法院核准死刑的；二是最高人民法院依法未核准被告人死刑的。

3. 如果死缓罪犯在缓期执行期间脱逃后犯罪，在犯罪地被抓获并发现了其实施的犯罪的，应由何地人民法院管辖呢?《最高人民法院关于适用〈中华人民共和国刑事诉讼法〉的解释》第十一条[①]第三款规定：“罪犯在脱逃期间犯罪的，由服刑地的人民法院管辖；在犯罪地抓获罪犯并发现其在脱逃期间的犯罪的，由犯罪地的人民法院管辖。”我们认为，死缓期间脱逃后犯罪的管辖属于特别规定，如果故意犯罪情节恶劣，查证属实，应当执行死刑的，从对罪犯所犯罪行的总体把握和层报核准死刑的便利考虑，由服刑地中级人民

① 本条现为《最高人民法院关于适用〈中华人民共和国刑事诉讼法〉的解释》（法释〔2021〕21号）第十三条。

法院管辖更为妥当。

4. 死刑缓期执行的期间，从判决或者裁定核准死刑缓期执行的法律文书宣告或者送达之日起计算。死刑缓期执行期满减为无期徒刑、有期徒刑的，刑期自死刑缓期执行期满之日起计算。

5. 关于《最高人民法院关于适用〈中华人民共和国刑事诉讼法〉的解释》第四百一十五条第二款“认定构成故意犯罪的判决、裁定发生法律效力后，应当层报最高人民法院核准执行死刑”，根据修改后刑事诉讼法第二百六十一条第二款、《刑法修正案（九）》第二条的规定，不再执行。

——杨万明主编：《新刑事诉讼法司法适用解答》，人民法院出版社 2018 年版，第 317~318 页。

第二十八章　未成年人刑事案件审理程序的规定

1857. 未成年人刑事责任年龄的认定

关键词

未成年人犯罪　刑事责任年龄

附录：最高人民法院法官著述

第一，《未成年人刑事案件解释》第2条对“已满十四周岁”“已满十六周岁”“已满十八周岁”如何计算的问题作出了明确规定。在我国，公历是官方规定采用的历法，户籍管理中就明确要求公民必须以公历的出生年月日进行户籍登记。因此，《未成年人刑事案件解释》第2条首先明确规定：“应当以公历的出生年月日计算被告人年龄。”如果查明的被告人年龄是农历的出生年月日，也应当以与之相对应的公历年月日计算被告人年龄。鉴于具体计算“已满……周岁”要涉及年、月、日、时四个时间点。考虑到以日为时间点计算被告人年龄，不但符合刑法规定的要求，也符合人们日常生活的习惯和观念，也易于司法实践中具体操作，因此，《未成年人刑事案件解释》第2条规定：“《刑法》第17条规定的‘周岁’，按照公历的年、月、日计算，从周岁生日的第二天起算。”

第二，基于办理未成年人刑事案件中准确查证被告人年龄的重要性，《未成年人刑事案件解释》第3条将审理未成年人刑事案件“应当查明被告人实施被指控的犯罪时的年龄”作为总的原则和要求予以规定，并且要求“裁判文书中应当写明被告人出生的年、月、日”。

第三，鉴于司法实践中存在大量未成年被告人年龄难以查明的情况，比如，有的案件虽经多方收集证据，但由于种种复杂的原因，根据收集的证据仍无法准确认定被告人年龄；一些被告人系违反计划生育政策超生，没有进行过户籍登记；一些被告人属于《刑事诉讼法》第128条第2款规定的“不讲真实姓名、住址、身份不明的”情况，检察机关以其自报的姓名和年龄起诉到法院的；等等。《未成年人刑事案件解释》第4条专门针对被告人年龄

“确实无法查明的”情形，应当如何处理作出规定，作为对《未成年人刑事案件解释》第 3 条的补充。

《未成年人刑事案件解释》第 4 条区分了两种情形作出规定：第一种情况是该条第 1 款规定的“对于没有充分证据证明被告人实施被指控的犯罪时已经达到法定刑事责任年龄且确实无法查明的，应当推定其没有达到相应法定刑事责任年龄”。准确适用该款应注意把握以下三个方面：（1）必须是在采取了所有手段和措施的情况下，仍然无法查明被告人年龄，属于年龄“确实无法查明”的，才可以适用该规定。需要补充说明的是，目前很多司法机关采取为被告人进行骨龄鉴定的做法。对于骨龄鉴定结论能够确定被告人年龄的，骨龄鉴定结论就可以作为重要依据。但是，有时骨龄鉴定结论只能测度出一个年龄区间，不能确定被告人具体年龄，在这种情况下，骨龄鉴定结论就只能作为辅助性的参考证据材料。（2）确实无法查明的年龄涉及是否已满 14 周岁、已满 16 周岁、已满 18 周岁这三个重要年龄点的。主要是考虑到，这三个年龄点关系到未成年人罪与非罪、此罪与彼罪、应否从轻或者减轻处罚，甚至涉及能否适用死刑的问题。为此，从充分保护人权的角度出发，在涉及这三个年龄界点时确实无法查清的，适用推定原则。（3）应当从有利于被告人的原则对其年龄作出推定，一般可以按照“就低不就高”的原则推定被告人年龄，以避免对不应当追究刑事责任的未成年人追究刑事责任或者对不应当判处死刑的人判处了死刑等情况。

第二种情况是《未成年人刑事案件解释》第 4 条第 2 款规定的“相关证据足以证明被告人实施被指控的犯罪时已经达到法定刑事责任年龄，但是无法准确查明被告人具体出生日期的，应当认定其已经达到相应法定刑事责任年龄”。适用该条应当注意：（1）有充分证据能够证明被告人在实施被指控犯罪时已满 14、16 或者 18 周岁，但被告人的具体出生日期确实无法查明；（2）这种情况下不应因被告人的准确年龄确实无法查清而过分拖延案件的审理，而应当根据该被告人所处的法定刑事责任年龄段依法对其定罪处刑。

——李兵：《〈关于审理未成年人刑事案件具体应用法律若干问题的解释〉的理解与适用》，载最高人民法院刑事审判第一、二、三、四、五庭主办：《刑事审判参考》2006 年第 2 集（总第 49 集），法律出版社 2006 年版，第 63~65 页。

1858. 强化未成年人刑事司法保护

关键词

未成年人　刑事司法保护

最高人民法院司法政策精神

二是强化未成年人刑事司法保护。要深入实施未成年人保护法、预防未成年人犯罪法，认真落实最高人民法院加强新时代未成年人审判工作意见，确保未成年人权益得到切实有效保护，促进未成年人健康成长。这个问题，要把握好两方面：对于侵害未成年人权益犯罪，要坚持零容忍立场，坚决依法严惩杀害、性侵、拐卖、虐待等侵害未成年人犯罪；对于未成年人实施的犯罪，要坚持贯彻“教育、感化、挽救”方针和“教育为主、惩罚为辅”原则，最大限度教育挽救未成年人，同时坚持“宽容但不纵容”，对主观恶性深、手段残忍、后果严重的，坚决依法惩处。

——《最高人民法院党组副书记、常务副院长贺荣在全国法院刑事审判工作座谈会上的讲话（节选）》，载最高人民法院刑事审判第一、二、三、四、五庭编：《刑事审判参考》总第130辑，人民法院出版社2022年版，153~163页。

1859. 犯罪时不满18周岁，审判时已满18周岁的审理方式

关键词

未成年人犯罪

附录：司法信箱

问题：王某15周岁时犯抢劫罪，17周岁时又犯盗窃罪，审判时已满18周岁，法庭在审理时可否依法公开审理？对此有两种意见。一种意见认为，被告人王某犯罪时不满18周岁，法庭在审理时应依法不公开审理。另一种意见认为：被告人王某在审判时已满18周岁，法庭在审理时可以依法公开审理。请问哪一种意见正确？

《人民司法》研究组认为：对于被告人在犯罪时不满18周岁，审判时已满18周岁的刑事案件，人民法院可否公开审理的问题，《最高人民法院关于审理未成年人刑事案件的若干规定》第11条明确规定：“对在开庭审理时不满16周岁的未成年人刑事案件，一律不公开审理。对在开庭审理时不满18周岁的未成年人刑事案件，一般也不公开审理，如果有必要公开审理的，必须经过本院院长批准，并且应限制旁听人数和范围。”据此，是否公开审理未成年人犯罪案件，应当以在开庭审理时被告人的实际年龄为决定依据。对于被告人在犯罪时不满18周岁，审判时已满18周岁的刑事案件，人民法院应当依法公开审理。

——《人民司法》2002 年第 12 期（总第 467 期）。

1860. 未成年人刑事案件的诉讼文书样式

关键词

未成年人犯罪　诉讼文书样式

最高人民法院审判业务意见

全国地方各级人民法院、各级军事法院、各铁路运输中级法院和基层法院、各海事法院，新疆生产建设兵团各级法院：

根据未成年人刑事案件审判工作实际的需要，现将一审未成年人刑事案件适用普通程序的刑事判决书样式和一审未成年人刑事公诉案件适用简易程序的刑事判决书样式印发给你们，请认真执行。

2001 年 6 月 11 日最高人民法院办公厅《关于印发一审未成年人刑事案件适用普通程序的刑事判决书等 4 份补充样式的通知》（法办发〔2001〕1 号）中的法院刑事诉讼文书补充样式 2，即一审未成年人刑事案件适用普通程序的刑事判决书样式，不再执行。

×××人民法院

刑事判决书

（一审未成年人刑事案件适用普通程序用）（××××）×刑初字第××号

（详细样式略）

样式的说明

一、本样式根据《中华人民共和国刑事诉讼法》和《最高人民法院关于审理未成年人刑事案件的若干规定》以及审理未成年人刑事案件实践的需要制定，供第一审人民法院适用普通程序审理未成年人刑事案件时使用。

二、未成年人犯罪有别于成年人犯罪。制作未成年人刑事判决书，应当根据案件的实际情况，充分体现“教育、感化、挽救”的方针和“教育为主、惩罚为辅”的原则，反映“寓教于审、惩教结合”的特点。

三、未成年人刑事裁判文书语言表述应当简洁、通俗易懂、注重说理，便于未成年被告人及其法定代理人理解。

四、首部

1. 未成年被告人的基本情况

（1）姓名和户籍所在地。应当写查明的未成年被告人的姓名和户籍所在地。如果未成年被告人属于刑事诉讼法第一百二十八条第二款规定的“对于犯罪事实清楚，证据确实、充分的，也可以按其自报的姓名移送人民检察院审查起诉”情形的，可以按照被告人自报的姓名予以表述，但应当用括号注明“自报”。户籍所在地可以不写。

被告人自报的姓名在侦查、起诉、审判阶段都不一致的，由法官根据案件情况综合考虑予以确定。

（2）出生年月日。应当写经审理查明的未成年被告人出生的年、月、日。属于《最高人民法院关于审理未成年人刑事案件具体应用法律若干问题的解释》第四条第一款规定的“没有充分证据证明被告人实施被指控的犯罪时已经达到法定刑事责任年龄且确实无法查明的，应当推定其没有达到相应法定刑事责任年龄”情形的，可以分别表述为“实施被指控的犯罪时不满十四周岁”“实施被指控的犯罪时已满十四周岁不满十六周岁”和“实施被指控的犯罪时已满十六周岁不满十八周岁”，同时用括号注明“推定”。

属于第二款规定的“相关证据足以证明被告人实施被指控的犯罪时已经达到法定刑事责任年龄，但是无法准确查明被告人具体出生日期”的，首部应当直接写明被告人“实施被指控的犯罪时已满××周岁”。

（3）文化程度。应当表述实际就学状况。如，可以表述为“小学二年级文化，辍学”或者“初中一年级学生”等。

（4）工作单位、学校、住址。应当写查明的工作单位、学校和住址。户籍所在地和住址一致的，可以不写住址。在户籍所在地以外地方犯罪的，应当写明其被采取强制措施前的住址或者经常居住地。

属于刑事诉讼法第一百二十八条第二款规定的“对于犯罪事实清楚，证据确实、充分的，也可以按其自报的姓名移送人民检察院审查起诉”情形的，可以不写。

（5）所受强制措施的情况。表述为“因涉嫌犯××罪于××××年××月××日被刑事拘留、逮捕（或者被采取其他强制措施）”。

（6）首部应当写明以前是否有因犯罪受到刑事处罚的情形。

2. 法定代理人

（1）未成年被告人没有法定代理人或者无法查到法定代理人的，可以不写法定代理人。

（2）未成年被告人的法定代理人无法出庭或者确实不宜出庭的，应当写明法定代理人，并在审理经过段出庭人员中表述为：“被告人×××的法定代理人×××经法院通知未出庭”或者“被告人×××的法定代理人×××因特殊原因未出庭”等内容。

（3）被告人犯罪时未成年，开庭审理时已成年的，不列法定代理人。

3. 社会调查员参加庭审的，在审理经过段“翻译人员×××”后增加表述为：“翻译人员×××，社会调查员×××等到庭参加诉讼。现已审理终结。”

4. 对未成年人刑事案件实行指定管辖的，在审理经过段可以表述为：“按照 ××× 中级人民法院指定管辖的决定，××× 人民检察院以 ××× 检 × 诉［××××］×× 号起诉书……”直接接审理经过段。

五、事实

（1）概述被告人的性格特点、家庭情况、社会交往、成长经历及实施被指控的犯罪前后的表现等情况时，应当简明扼要，注意保护未成年被告人及其家庭的隐私。写明与被告人量刑密切相关的情况即可。

控辩双方对未成年被告人调查报告反映的情况提出的意见，应予客观表述。

对于人民法院自行调查未成年被告人情况的，可直接在判决书“经审理查明”事实证据之后，表述为：“根据《最高人民法院关于审理未成年人刑事案件的若干规定》的规定，本院经自行调查了解到……”。

（2）事实部分要注意写明有关未成年被告人年龄证据情况；控辩双方对年龄及证据的意见；对控辩双方有异议的年龄、证据要进行分析、认证。

六、理由

注意写明有关认定或者推定未成年被告人实施犯罪时年龄的理由。

对于依照《最高人民法院关于审理未成年人刑事案件具体应用法律若干问题的解释》第四条第一款规定，对被告人的年龄适用推定的，在“本院认为”部分可以表述为：“鉴于通过法庭调查确实无法查明被告人的出生年、月、日，本院根据掌握的现有证据材料，依法推定被告人实施被指控的犯罪时不满十四周岁（或者实施被指控的犯罪时已满十四周岁不满十六周岁，或者实施被指控的犯罪时不满十八周岁）”。

七、对隐私案件的未成年被害人，为保护被害人的名誉，在裁判文书中应当只写姓、不写名，表述为“张某”“王某某”。

隐私案件的未成年被害人提起附带民事诉讼的，则应当在首部“附带民事诉讼原告人”部分表述其真实姓名。

对于未成年刑事案件的证人，应当写明其真实姓名。

八、对于第一审未成年被告人刑事附带民事判决书，可以参阅《法院刑事诉讼文书样式》（样本）3、6、9 及其说明制作。第二审刑事附带民事判决书，可以参阅《法院刑事诉讼文书样式》（样本）12、15 及其说明制作。

九、对于第二审未成年被告人刑事判决书、裁定书，可以参阅本样式以及《法院刑事诉讼文书样式》（样本）11、13、16、17、18 及其说明制作。

××× 人民法院

刑事判决书

（一审公诉未成年人刑事案件适用简易程序用）（××××）× 刑初字第

××号

（详细样式略）

样式的说明

一、本着适用简易程序审理刑事案件，在裁判文书制作上应尽量予以简化的原则，在最高人民法院《一审公诉案件适用简易程序刑事判决书样式》（法发［2003］6号）基础上制定本样式。与《一审公诉案件适用简易程序刑事判决书样式》相比，本样式增加了“被告人×××的情况调查报告”内容及“剖析未成年被告人走上犯罪道路的主客观方面的原因”等部分内容。

二、括号“（ ）”部分的内容是根据案件具体情况应写明的内容，没有相应事项的，不需要写明。

三、第一审未成年人刑事公诉案件适用简易程序的刑事判决书，可以参阅第一审未成年人刑事案件适用普通程序判决书样式及其说明制作。

——最高人民法院办公厅《关于印发一审未成年人刑事案件适用普通程序的刑事判决书样式和一审未成年人刑事公诉案件适用简易程序的刑事判决书样式的通知》（2009年10月12日，法办发〔2009〕25号）。

1861. 对于被告人犯罪时不满十八周岁、法院立案时已满二十周岁的案件，能否由少年法庭审理

关键词

立案　少年法庭

附录：最高人民法院主流观点

我们认为，这类案件由刑事审判庭审理比较合适，但院长也可以根据本院少年法庭审判力量、未成年人刑事案件数量等实际情况，决定由少年法庭审理。

——江必新主编：《〈最高人民法院关于适用《中华人民共和国刑事诉讼法》的解释〉理解与适用》，中国法制出版社2013年版，第397页。

1862. 对未成年人严格限制适用羁押措施

关键词

未成年人　羁押措施

附录：最高人民法院主流观点

减少、减弱刑罚的色彩，着力于教育、感化和挽救，已成为加强未成年人司法保护的发展趋势，逮捕作为最严厉的强制措施，若不慎用必将对未成年人身心产生极大的负面影响。刑事诉讼法第二百八十条规定：“对未成年犯罪嫌疑人、被告人应当严格限制适用逮捕措施。人民检察院审查批准逮捕和人民法院决定逮捕，应当讯问未成年犯罪嫌疑人、被告人，听取辩护律师的意见。对被拘留、逮捕和执行刑罚的未成年人与成年人应当分别关押、分别管理、分别教育。”

我们认为，为更加慎重适用未成年人羁押措施，同时，也避免对应当适用羁押措施而未羁押的情形，人民法院在审判中，应当注重审查是否符合逮捕的条件和是否有继续羁押的必要。被逮捕的未成年被告人有以下情形之一的，人民法院应当及时变更强制措施或者解除逮捕：一是可能对未成年被告人免除处罚、宣告缓刑或者独立适用附加刑的；二是证明未成年被告人有罪的证据可能不充分的；三是其他没有继续羁押必要或者不符合逮捕条件的情形。

此外，对于起诉时未被逮捕的未成年被告人，在审理期间出现符合逮捕条件的情况，且情节严重、确有逮捕必要的，人民法院应当采取逮捕措施。

——杨万明主编：《新刑事诉讼法司法适用解答》，人民法院出版社 2018 年版，第 341 页。

1863. 未成年被告人反对合适成年人到场的处理

关键词

未成年人犯罪　成年人到场

附录：最高人民法院主流观点

我们认为，合适成年人到场应当视为对未成年人心理上和感情上的援助，如果未成年人拒绝合适成年人到场，法庭应当向其讲明合适成年人到场有利于维护其诉讼权利。但是未成年人仍然反对，合适成年人到场可能起到反作用甚至影响诉讼的，法院可以不通知其到场或者允许其退出法庭，并将上述情况记录在案。

——江必新主编：《〈最高人民法院关于适用《中华人民共和国刑事诉讼法》的解释〉理解与适用》，中国法制出版社 2013 年版，第 399 页。

1864. 行为人在十八周岁前后连续实施犯罪的，能否适用前科封存

关键词

十八周岁前后　连续犯罪　前科封存

附录：最高人民法院主流观点

行为人在十八周岁前后连续实施数个行为，构成一罪，被判处五年有期徒刑以下刑罚的，能否适用前科封存的规定？我们认为，行为人连续实施数个行为构成一罪的，如盗窃、诈骗或者抢劫等，犯罪数额累计计算，定罪量刑是综合衡量数个行为后作出的，其十八周岁之前的行为没有作单独评价，无法进行封存，不适用前科封存的规定。但是，如果行为人的主要犯罪事实在十八周岁之前，十八周岁之后的行为单独衡量不能构成犯罪的，人民法院可以决定封存。人民法院决定封存的，应当书面通知当事人、诉讼参与人和其他负有封存义务的机关。

——江必新主编：《〈最高人民法院关于适用《中华人民共和国刑事诉讼法》的解释〉理解与适用》，中国法制出版社2013年版，第410页。

1865. 被封存犯罪记录的未成年人被发现有新的犯罪事实，其犯罪记录是否应当解除封存

关键词

封存犯罪记录　新的犯罪事实

附录：最高人民法院主流观点

我们认为，法律没有明确规定，一般不得解除封存。但也有例外情形：一是未成年人在服刑期间发现漏罪或者再犯新罪，如果漏罪、新罪都是其十八周岁之前实施，且与被封存记录之罪数罪并罚被决定执行五年有期徒刑以上刑罚的，则被封存的犯罪记录应当解除封存。二是如果未成年人服刑期满后发现其在十八周岁之前尚有其他犯罪事实或者重新犯罪的，新判决确定的刑期与被封存之罪的刑期之和超过五年的，人民法院可以根据情况决定是否解除封存。对于以上二种情形，人民法院决定解除封存的，应当书面通知当事人、诉讼参与人和其他负有封存义务的机关。

——江必新主编：《〈最高人民法院关于适用《中华人民共和国刑事诉讼法》的解释〉理解与适用》，中国法制出版社 2013 年版，第 410~411 页。

1866. 未成年人心理测评报告在庭审中的作用

关键词

未成年人心理测评报告　法庭教育

附录：最高人民法院主流观点

心理测评报告在庭审中可以起到什么样的作用，地位如何？争议较大。有意见认为，心理测评主要是了解未成年人的心理特点和人格特征，有针对性地做好心理疏导工作，帮助其更好地接受庭审和教育矫治，一般不得影响量刑。也有意见认为，心理测评结果能够反映未成年人的人身危险性，应当作为量刑的参考。我们认为，考虑到心理测评目前在探索阶段，还很不成熟，经验积累不够丰富，暂时不适合规定为量刑的参考。但法庭审查心理测评报告后，可以将其作为法庭教育的参考。

——江必新主编：《〈最高人民法院关于适用《中华人民共和国刑事诉讼法》的解释〉理解与适用》，中国法制出版社 2013 年版，第 404~405 页。

1867. 对犯罪的未成年人，应做到教育为主、惩罚为辅

关键词

未成年人犯罪

《最高人民法院公报》案例

上海市长宁区人民检察院诉李某某盗窃案

裁判摘要：未成年人犯罪案件的审理方式与成年人犯罪案件不同，应根据实际情况适用《中华人民共和国刑事诉讼法》“未成年人刑事案件诉讼程序”专章中的相关规定，结合心理疏导、法律援助等方式，对犯罪的未成年人进行教育、感化和挽救，做到教育为主、惩罚为辅。同时通过加强社会调查，了解其个人成长经历、案外犯罪原因、羁押表现情况以及监护落实情况和社区矫治意见等，作为是否适用缓刑的量刑参考依据。

上海市长宁区人民法院一审认为，被告人李某某以非法占有为目的，秘密窃取他人财物，数额较大，其行为已构成盗窃罪，应依法承担刑事责任，并处罚金。公诉机关指控的犯罪事实清楚，证据确实充分，指控成立。李某某及其成年亲属、合适成年人、指定辩护人对此均无异议。李某某犯罪时已满16周岁不满18周岁，系未成年人，应当从轻处罚。李某某到案后能如实供述自己的罪行，系坦白，可以从轻处罚。李某某窃取的赃款已被当场追回和发还，没有造成被害人损失，可酌情从轻处罚。公诉人提出的对被告人的上述量刑意见成立，应予采纳。鉴于庭审中新增社会调查情况，被告人已具备所在社区帮教条件，公诉人当庭表示可以适用缓刑的意见可予采纳。李某某的指定辩护人提出李某某犯罪时系未成年人，应当从轻处罚；李某某到案后能坦白认罪，可以从轻处罚；李某某一时冲动，虽构成犯罪但没有造成被害人损失以及李某某家境贫困、家庭结构残缺等，要求在量刑时酌情考虑并处以缓刑的意见与事实相符，法院可予采纳。

被告人李某某因过早离开家庭和学校，缺少家庭和学校教育，导致其法制意识淡薄。李某某初中毕业后，不思进取，盲目交友，独自一人来到上海后没有稳定工作和收入，没有固定住所，在网吧等地闲逛，在不劳而获思想驱动下，最终走上了盗窃的犯罪道路。李某某的母亲离家出走，父亲缺乏管教，致其没有约束自己的行为，从而滋生了子女犯罪，对此负有不可推卸的责任。李某某作案时尚未成年，到案后至庭审中，能自愿认罪认罚；经法庭教育，有悔罪表现。结合社会调查情况中有关其个人成长经历、社会调查意见和羁押期间表现情况等，可在对全案综合考虑基础之上判处其拘役并宣告缓刑，同时判处禁止令执行事项。

希望被告人李某某家长言传身教，切实加强家庭教育，履行保护责任。希望李某某吸取教训，进一步增强法制意识，认真学习文化知识和工作技能，争取回归社会和成年后能找到一份力所能及的工作，多为家庭分担责任。希望李某某在安徽省芜湖市鸠江区司法局工作人员带回原籍社区报到后，遵守法律法规，服从社区监督管理，接受社区和家庭教育，完成公益劳动，珍惜法庭给予的教育挽救和悔过自新的机会，做一名遵纪守法、自食其力、有益社会的好公民。

——《最高人民法院公报》2016年第8期。

1868. 法官高度重视案外延伸工作，为未成年人的社区矫正与复学提供最大便利

关键词

未成年人　社区矫正

最高人民法院公布的典型案例

王某寻衅滋事、故意伤害案

裁判要点：在未成年人犯罪案件中，法官应高度重视案外延伸工作，为未成年人的社区矫正与复学提供最大便利。法院委托司法局对当事人进行社会调查，《调查评估意见书》认为适用非监禁刑有助于其回归社会。主动与未成年人居住的社区和原就读学校联系，落实缓刑期间的监管帮教措施。

（一）基本案情

2012 年 11 月 23 日 21 时许，被告人王某（17 岁，某校学生）酒后送其女友回学校宿舍途中，被害人张某回头看了王某一眼，王某心生不满，遂持刀向张某大腿扎去，致张某轻微伤。张某找来同学刘某、杨某帮忙。被告人王某扎伤张某后，将其女友送回公寓，遇到张某找来的刘某与杨某。杨某拦住王某，双方产生争执，杨某动手打王某。王某再次持刀扎伤杨某，经法医鉴定为重伤。

案发后，被告人王某的法定代理人积极赔偿，与被害人杨某、张某分别达成和解，赔偿了经济损失，取得了被害人的谅解。

（二）裁判结果

北京市第一中级人民法院经审理认为，被告人王某酒后持刀扎伤他人，致一人重伤，一人轻微伤，其行为分别构成了故意伤害罪与寻衅滋事罪，依法应予惩处。王某犯罪时是未成年人，初次犯罪，到案后能够如实供述自己的罪行，认罪悔罪，并积极赔偿被害人损失，取得了被害人的谅解，依法应当减轻处罚。同时王某家庭结构稳定，父母有监管教育能力，当地社区矫正机构愿意协助做好王某的矫正帮教工作，学校愿意接收王某，并配合做好矫正工作，故王某具备监管和帮教条件。据此，判决被告人王某犯故意伤害罪，判处有期徒刑二年三个月；犯寻衅滋事罪，判处有期徒刑六个月，数罪并罚，决定执行有期徒刑二年六个月，缓刑三年。

（三）案例评析

本案突出之处在于法官高度重视案外延伸工作，为未成年人的社区矫正与复学提供最大便利。首先，法院委托司法局对王某进行了社会调查，《调查评估意见书》认为适用非监禁刑有助于王某回归社会，同意接受王某进行社区矫正。随后，法官主动与未成年人居住的社区和原就读学校联系，落实缓刑期间的监管帮教措施。

——《最高人民法院通报未成年人审判典型案例》（2014 年 11 月 24 日），载中国法院网，https：//www.chinacourt.org。

1869. 在少年审判中应引入心理干预，关注未成年犯罪的心理原因

关键词

放火罪　少年审判　心理干预

最高人民法院公布的典型案例

乐某某放火案

裁判要点：本案是少年审判引入心理干预的一起成功案例。该案在审理中开展了如下工作：一是悉心开展社会调查，知悉未成年犯性格特点、成长经历和家庭背景情况，为开展心理干预工作打好基础。二是开展专业心理辅导，掌握未成年犯犯罪的心理原因，有针对性地开展帮教工作。在法庭教育阶段对其进行了心理疏导。判后服刑阶段，少年庭法官也持续跟踪，不定期地与当事人进行交流，用关爱化解内心的偏执。

（一）基本案情

2010 年 11 月初，被告人乐某某多次至上海市嘉定区某地，用随身携带的打火机点燃毛豆秸、稻草等物，焚烧公民财物。其因形迹可疑被群众扭获至派出所，如实供述了其多次放火的事实。

（二）裁判结果

上海市普陀区人民法院经审理认为，被告人乐某某在公共场所故意放火焚烧公私财物，危害公共安全，其行为已构成放火罪。因其实施放火尚未造成严重后果且犯罪时系未成年人且有自首情节，依法应减轻处罚。最终，被告人乐某某因放火罪被判处有期徒刑一年。

（三）案例评析

该案在审理中开展了如下工作：一是悉心开展社会调查，知悉未成年犯性格特点、成长经历和家庭背景情况，为开展心理干预工作打好基础。承办法官调查发现，乐某某自幼父亲去世，后辍学在老家跟随年迈的奶奶一起生活。在老家因3次放火被法院判处刑罚且执行完毕后，跟随3个姑姑来到上海生活。但是在生活中由于缺少家人和长辈的关爱，乐某某的脾气变得日益暴躁及偏激，惹出不少事端。二是开展专业心理辅导，掌握未成年犯犯罪的心理原因，有针对性地开展帮教工作。针对乐某某的上述行为，承办法官委托专业心理测试机构对被告人进行了心理测评，具有心理咨询师资格的承办法官在案件审理前开始介入，多次到看守所与其谈话，从童年经历、成长挫折、认知矫正等角度对其进行了心理干预。在法庭教育阶段对其进行了心理疏导。判后服刑阶段，少年庭法官也持续跟踪，不定期地与乐某某进行交流，用关爱化解他内心的偏执。本案是少年审判引入心理干预的一起成功案例。

——《最高人民法院2014年11月24日发布未成年人审判工作典型案例98例》（2015年2月12日），载最高人民法院官网，http：//www.court.gov.cn/。

1870. 对未成年人负有特殊职责的教师利用被害人年幼、无知、胆小的弱点，采取哄骗的手段对多次实施强奸、猥亵犯罪，应依法从重处罚

关键词

教师　强奸、猥亵幼女

最高人民法院司法政策精神

25. 针对未成年人实施强奸、猥亵犯罪的，应当从重处罚，具有下列情形之一的，更要依法从严惩处：

（1）对未成年人负有特殊职责的人员、与未成年人有共同家庭生活关系的人员、国家工作人员或者冒充国家工作人员，实施强奸、猥亵犯罪的；

（2）进入未成年人住所、学生集体宿舍实施强奸、猥亵犯罪的；

（3）采取暴力、胁迫、麻醉等强制手段实施奸淫幼女、猥亵儿童犯罪的；

（4）对不满十二周岁的儿童、农村留守儿童、严重残疾或者精神智力发育迟滞的未成年人，实施强奸、猥亵犯罪的；

（5）猥亵多名未成年人，或者多次实施强奸、猥亵犯罪的；

（6）造成未成年被害人轻伤、怀孕、感染性病等后果的；

（7）有强奸、猥亵犯罪前科劣迹的。

——《最高人民法院、最高人民检察院、公安部、司法部关于依法惩治性侵害未成年人犯罪的意见》（2013年10月23日，法发〔2013〕12号）。

最高人民法院公布的典型案例

李吉顺强奸、猥亵儿童案

裁判要点：人民教师，对在校学生负有教育、保护的特殊职责，但却利用教师身份，利用被害人年幼、无知、胆小的弱点，采取哄骗的手段在校园内外实施犯罪，多次强奸、猥亵多名幼女，其犯罪更为隐蔽，被害人更加难以抗拒和揭露，其犯罪严重摧残幼女的身心健康，社会影响极为恶劣应依法从重处罚。

（一）基本案情

2011年上半年至2012年6月4日，被告人李吉顺在甘肃省武山县某村小学任教期间，利用在校学生年幼无知、胆小害羞的弱点，先后将被害人王某甲、潘某甲、康甲、康某乙、康丙、杨甲、杨某乙、王某乙、康某丁、刘某甲、杨丙、康某戊、杨丁、李某甲、康某己、刘某乙、杨戊、康某庚、魏某甲、李某乙、李某丙骗至宿舍、教室、村外树林等处奸淫、猥亵，将被害人杨己、潘某乙、杨庚、杨某辛、杨某壬骗至宿舍、教室等处猥亵。李吉顺还多次对同一名被害人或同时对多名被害人实施了奸淫、猥亵。上述26名被害人均系4至11周岁的幼女。

（二）裁判结果

甘肃省天水市人民检察院以被告人李吉顺犯强奸罪、猥亵儿童罪提起公诉。天水市中级人民法院经审理认为，李吉顺利用教师身份，在教室及其宿舍等处长期对20余名未满14周岁的幼女多次实施奸淫、猥亵，其行为已构成强奸罪、猥亵儿童罪，应依法予以并罚。李吉顺犯罪情节极其恶劣，社会危害极大，应予严惩。依照《中华人民共和国刑法》第二百三十六条，第二百三十七条第一款、第三款，第五十七条第一款，第六十九条的规定，对李吉顺以强奸罪判处死刑，剥夺政治权利终身；以猥亵儿童罪判处有期徒刑五年，决定执行死刑，剥夺政治权利终身。

宣判后，被告人李吉顺提出上诉。甘肃省高级人民法院经依法开庭审理，裁定驳回上诉，维持原判，并依法报请最高人民法院核准。最高人民法院经复核认为，李吉顺利用教师特殊身份，对20余名不满12周岁的幼女多次实施奸淫、猥亵，犯罪性质和情节极其恶劣，社会危害极大，罪行极其严重，依法核准李吉顺死刑。罪犯李吉顺已被执行死刑。

（三）典型意义

本案被告人李吉顺作为人民教师，对案件中的被害人负有教育、保护的特殊职责，但其却利用教师身份，多次强奸、猥亵多名幼女，其犯罪更为隐蔽，被害人更加难以抗拒和揭露其犯罪；本案被害人年龄介于4至11周岁之间，均为就读于小学或学前班的学生，李吉顺利用被害人年幼、无知、胆小的弱点，采取哄骗的手段在校园内外实施犯罪，严重摧残幼女的身心健康，社会影响极为恶劣；在被侵害的幼女中，有多名农村留守儿童，作为弱势人群，更易受犯罪侵害，李吉顺针对她们实施犯罪，后果更加严重；李吉顺在一年多时间内，多次强奸、猥亵幼女，人数多达26名，犯罪情节特别恶劣。《关于依法惩治性侵害未成年人犯罪的意见》（以下简称《性侵意见》）第25条规定："针对未成年人实施强奸、猥亵犯罪的，应当从重处罚，具有下列情形之一的，更要依法从严惩处：（1）对未成年人负有特殊职责的人员……实施强奸、猥亵犯罪的；（4）对不满十二周岁的儿童、农村留守儿童、严重残疾或者精神智力发育迟滞的未成年人，实施强奸、猥亵犯罪的；（5）猥亵多名未成年人，或者多次实施强奸、猥亵犯罪的；"李吉顺作为对未成年人负有特殊职责的人员、针对多名不满十二周岁的儿童、农村留守儿童多次实施强奸、猥亵犯罪，符合《性侵意见》第25条中第（1）、（4）、（5）项的情形，应依法从重处罚。人民法院对李吉顺依法判处死刑，是适当的。

——《最高法28日发布惩治性侵害未成年人犯罪典型案例》（2015年5月28日），载最高人民法院官网，http：//www.court.gov.cn/。

1871. 未成年人受到监护人性侵害可申请监护撤销程序

关键词

监护撤销程序

最高人民法院司法政策精神

33. 未成年人受到监护人性侵害，其他具有监护资格的人员、民政部门等有关单位和组织向人民法院提出申请，要求撤销监护人资格，另行指定监护人的，人民法院依法予以支持。

——《最高人民法院、最高人民检察院、公安部、司法部关于依法惩治性侵害未成年人犯罪的意见》（2013年10月23日，法发〔2013〕12号）。

附录：最高人民法院主流观点

经过对从全国法院征集的近几年审结的310余件性侵未成年人的典型案

例进行统计，其中，教师性侵害学生、监护人性侵未成年人的案件比例，分别占全部案例的6%左右，该类案件所占比例不是很高，但是该类犯罪既严重挑战社会基本伦理道德，又因为更为隐蔽，持续时间通常更长，对未成年被害人的伤害更大。对于监护人实施严重侵害未成年人合法权益违法犯罪行为的，《未成年人保护法》《民法通则》规定，法院在此情况下可根据有关人员或单位的申请，撤销其监护人的资格，依法另行指定监护人，但对于“有关人员和单位”及撤销程序和撤销后的救助安置，均没有作出明确的规定，导致实践中监护资格撤销制度可操作性差，基本处于虚置状态，形同默认父母对子女拥有天经地义的绝对监护权，无异于将本已受侵害的被害人再次投入虎口，亟须司法解释予以明确，以更好地保护儿童的合法权益。

根据《最高人民法院、最高人民检察院、公安部、司法部关于依法惩治性侵害未成年人犯罪的意见》的规定，未成年人受到监护人性侵害，其他具有监护资格的人员和单位向法院提出申请，要求撤销监护人资格，另行指定监护人的，法院应当在刑事案件审结后，根据《民事诉讼法》所规定的特别程序审理撤销、变更监护资格诉讼请求。

——黄尔梅主编、最高人民法院刑事审判第一庭编著：《性侵害未成年人犯罪司法政策案例指导与理解适用》，人民法院出版社2014年版，第235页。

1872. 关于法治教育的问题

关键词

法治教育

最高人民法院司法解释

第五百七十六条　法庭辩论结束后，法庭可以根据未成年人的生理、心理特点和案件情况，对未成年被告人进行法治教育；判决未成年被告人有罪的，宣判后，应当对未成年被告人进行法治教育。

对未成年被告人进行教育，其法定代理人以外的成年亲属或者教师、辅导员等参与有利于感化、挽救未成年人的，人民法院应当邀请其参加有关活动。

适用简易程序审理的案件，对未成年被告人进行法庭教育，适用前两款规定。

——《最高人民法院关于适用〈中华人民共和国刑事诉讼法〉的解释》（2021年1月26日，法释〔2021〕1号）。

附录：最高人民法院主流观点

《最高人民法院关于适用〈中华人民共和国刑事诉讼法〉的解释》（法释〔2021〕1号）第五百七十六条根据预防未成年人犯罪法第五十条的规定，对《最高人民法院关于适用〈中华人民共和国刑事诉讼法〉的解释》（法释〔2012〕21号）第四百八十五条的规定作出修改完善，规定："法庭辩论结束后，法庭可以根据未成年人的生理、心理特点和案件情况，对未成年被告人进行法治教育；判决未成年被告人有罪的，宣判后，应当对未成年被告人进行法治教育。""对未成年被告人进行教育，其法定代理人以外的成年亲属或者教师、辅导员等参与有利于感化、挽救未成年人的，人民法院应当邀请其参加有关活动。""适用简易程序审理的案件，对未成年被告人进行法庭教育，适用前两款规定。"

法庭教育可以在法庭调查和辩论结束之后进行，但有罪教育必须在宣判后。实践中需要注意的是：（1）如果在宣判之前已进行法庭教育的，宣判有罪后不必再行教育；如果宣判前没有进行教育，则宣判有罪后必须进行教育。（2）被告人及其法定代理人或者辩护人提出无罪意见的，在庭审中不进行法庭教育，但是判决宣告有罪后仍然要进行教育。（3）对未成年被告人进行教育，其法定代理人以外的成年亲属或者教师、辅导员等参与有利于感化、挽救未成年人的，人民法院应当邀请其参加有关活动。（4）法庭教育，

可以围绕违法行为对社会的危害和处罚的必要性、导致违法行为发生的主客观原因及应当吸取的教训、正确对待人民法院的裁判等内容进行。（5）适用简易程序的案件，也应当进行法庭教育。

——《刑事诉讼法解释》起草小组：《〈最高人民法院关于适用《中华人民共和国刑事诉讼法》的解释〉理解与适用》，载最高人民法院刑事审判第一、二、三、四、五庭编：《刑事审判参考》（总第126辑），人民法院出版社2021年版，第211~212页。

第二十九章 当事人和解的公诉案件诉讼程序

1873. 刑事和解制度的适用

关键词

刑事和解制度

最高人民法院司法政策精神

四、积极探索和开展刑事和解工作

13. 重视发挥刑事和解在化解社会矛盾方面的积极作用。人民法院审理轻微刑事案件，通过当事人双方充分交流、协商，自愿达成和解协议并履行到位，有助于切实保护被害人合法权益，有效化解双方仇怨，避免产生新的矛盾，应当积极推进。

14. 积极探索、推进刑事和解工作。适用刑事和解，既要考虑当事人双方的意愿，也要考虑案件的性质和社会公众的接受能力。现阶段，对自诉案件和可能判处三年有期徒刑以下刑罚的侵犯公民个人权利案件、交通肇事案件，应当积极适用刑事和解，同时注重发挥刑事和解对化解当事人的矛盾、减少社会对抗、促进被告人改造的普遍功能。

15. 注重发挥司法能动作用促进和解。对符合和解条件的案件，做好法律、政策释明工作，在征得双方同意后，调动一切有利于矛盾化解的因素促进和解，引导双方以赔礼道歉、赔偿物质损失、履行特定义务等多种形式达成谅解，及时审查、确认和解协议效力，监督协议履行情况，确保被害人权益得到切实保护。

——《最高人民法院印发〈关于充分发挥刑事审判职能作用深入推进社会矛盾化解的若干意见〉的通知》(2010年12月31日，法发〔2010〕63号)。

(三)刑事和解的原则

刑事和解应当遵循以下几项基本原则:

1. 真实自愿原则。要确保双方当事人自愿参加刑事和解，和解协议是双方自愿真实的意思表示。一方面要保证被告人的悔过和赔偿是出于内心真实的意愿，而不是一种虚伪的投机手段；另一方面也要保证被害人的谅解出于真实自愿，而不是迫于某种外部压力。

2. 协商一致原则。要切实保证双方当事人在充分交流、协商的基础上，对赔偿、责任追究、量刑等关键问题达成一致意见。当事人双方的交流、商谈是实现刑事和解的关键环节。无论是自诉案件，还是轻微公诉案件，都要积极创造条件，促使双方进行对话、交流，努力争取双方协商一致。

3. 合法原则。要严格审查和解协议的内容，和解协议不得违反国家法律、法规的规定和社会公序良俗，不得侵害国家利益、社会公共利益和他人的合法权益。

4. 适度原则。要在现有的法律框架内循序渐进地开展刑事和解工作，对适用和解的案件类型、对被告人最终的处理结果，不仅要考虑当事人双方的意愿，也要充分考虑社会公众对这一新生事物的接受能力，以免给社会公众造成不必要的误解。

5. 双向保护原则。虽然创设刑事和解制度的主要目的是为了强化对被害人权利的保护，但我们在保护被害人权利的同时，也不能忽视对被告人利益的保护，最大限度地实现当事人双方利益的最大化。

6. 书面原则。要以书面形式固定当事人双方达成的和解协议，并在裁判文书中载明。书面和解协议在双方当事人或代理人签字、盖章后，才能作为最终处理的依据。

（四）刑事和解的适用范围

目前，刑事和解尚处在探索阶段，必须循序渐进，严格依照《改革意见》的规定稳步开展，其适用范围严格限定为自诉案件和其他轻微刑事案件。

1. 自诉案件。根据《刑事诉讼法》和有关司法解释的规定，主要包括三种情形：（1）告诉才处理的案件，即侮辱、诽谤案，暴力干涉婚姻自由案，虐待案，侵占案；（2）人民检察院没有提起公诉，被害人有证据证明的轻微刑事案件，即故意伤害案，非法侵入住宅案，侵犯通信自由案，重婚案，遗弃案，生产、销售伪劣商品案，侵犯知识产权案以及对被告人可能判处3年有期徒刑以下刑罚的侵犯人身权利、民主权利和财产权利的案件；（3）被害人有证据证明对被告人侵犯自己人身权利、财产权利的行为应当依法追究刑事责任，而公安机关或者人民检察院已经作出不予追究的书面决定的案件。

2. 检察院提起公诉的轻微刑事案件。对“轻微刑事案件”的理解，司法实践中一般掌握为可能判处3年有期徒刑以下刑罚的案件。如何把握这些案件适用刑事和解的范围，是目前司法实践中的重点和难点。从调研的情况看，各地对此类案件大多采取列举的方式规定适用范围，但具体的规定又不尽相同。我们认为，对“轻微刑事案件”是否可以适用刑事和解，一般应该从以下两方面把握：

第一，考虑犯罪侵犯的客体。由于刑事和解的理论基础在于国家公权力对个人权利的有限让渡，而公民个人仅有权处分自身的权利，所以并不是所有可能判处3年有期徒刑以下刑罚的轻微刑事案件都可以适用刑事和解。侵犯国家利益、社会公共利益的犯罪应排除在刑事和解的范围之外。而对于侵犯公民人身权利、民主权利、财产权利的犯罪，则可以考虑进行刑事和解。

侵犯国家利益、社会公共利益的犯罪应排除在刑事和解的范围之外，这是一般性的原则，但具体案件还要具体分析。例如，交通肇事案件能否适用刑事和解。交通肇事罪在性质上属于危害公共安全的犯罪，侵犯的客体是不特定多数人的人身财产权利，如果根据《改革意见》和最高人民法院《关于贯彻宽严相济刑事政策的若干意见》第40条的规定，刑事和解仅限于刑事自诉案件和轻微刑事案件，交通肇事案件应当排除在刑事和解范围之外。但我们认为，可能判处3年有期徒刑以下刑罚的交通肇事案件可以适用刑事和解。首先，交通肇事案件虽然侵犯了公共安全，但是损害结果是由具体的被害人承受，被害人的损失是认定社会危害性的主要依据，所以，交通肇事更多地体现为对公民个人权利的侵害。其次，交通肇事案件是过失犯罪案件，被告人并不希望危害结果的发生，交通肇事发生后被告人通常会积极赔偿并真诚认罪、悔罪，与此同时，能否及时获得赔偿、恢复损害是被害人最关心的现实问题，双方当事人容易达成和解协议。最后，从司法实践的情况来看，许多地方对交通肇事案件适用刑事和解，得到社会的广泛认同，取得了较好的法律效果和社会效果。

（五）刑事和解的适用条件

刑事和解的适用条件是司法过程中把握可否开展刑事和解的标准。我们认为，刑事和解的适用条件有以下几点：

1. 案件事实清楚。如果案件事实不清，则无法认定当事人责任，刑事和解更无从谈起，甚至还可能会让无辜的人蒙受冤屈，所以案件事实清楚是适用刑事和解必须具备的基础条件。这里的事实清楚，是指案件的主要事实清楚，即根据现有证据足以认定犯罪事实发生，被告人是实施犯罪行为的人。至于对刑事责任没有实质影响的案件事实则没有必要详细查明。

2. 被告人的行为触犯了《刑法》。虽然刑事和解的结果往往是不追究被告人的刑事责任，但被告人的行为构成犯罪并需要追究其刑事责任是能适用刑事和解的前提条件。如果被告人的行为只是一般的行政违法行为或普通民事纠纷，明显不构成犯罪，则不属刑事和解范畴。

3. 被告人认罪。被告人认罪是双方当事人进行对话协商的基础。如果被告人不认罪，双方是不可能就赔礼道歉、赔偿等一系列问题达成一致意见，刑事和解也就无从谈起。

4. 双方自愿。所谓自愿，是指和解的意愿是由被害人和被告人自主意志决定，没有受到任何外来压力的影响。当然，结合审判工作实际，这一条件可以适当放宽，只要双方没有明确表示反对，就可以积极促成双方当事人和解。

（六）刑事和解的程序

人民法院开展刑事和解工作，可以按照下列程序进行：

1. 初步审查。第一，审查案件是否符合起诉条件。公诉案件要按照最高人民法院《关于执行〈中华人民共和国刑事诉讼法〉若干问题的解释》第116条的规定进行审查；自诉案件，要依照上述司法解释第186条的规定进行审查。第二，初步审查被告人的行为是否构成犯罪。第三，审查案件性质，只有侵犯公民个人权利的刑事案件才可以刑事和解。第四，审查被告人的经济状况。赔偿通常是实现和解的重要条件，所以法院应当注意了解被告人及其近亲属有无相应的赔偿能力。

2. 征询当事人意愿。如果一方当事人表示愿意和解，或者双方均未提出和解，但法院审查后认为促成和解更有利于案件处理的，应当告知双方当事人刑事和解的意义、效力以及双方的权利、义务，在征得双方当事人同意的情况下积极促成双方进行协商。

3. 和解协议的达成。双方当事人可以自行协商，达成和解协议。当事人自行协商达成和解协议有困难的，人民法院可以居中调停，也可以委托人民调解委员会等社会力量展开斡旋工作，从而促成双方当事人达成和解。

4. 实质审查。当事人达成和解协议后，法院应当对和解协议进行审查。首先，审查当事人和解协议是否基于当事人的真实意愿。其次，审查和解协议是否违反公共利益和社会的公序良俗。

5. 案件处理。关于自诉案件，如果自诉人与被告人在一审判决宣告前达成和解协议，自诉人撤回自诉的。人民法院审查后应当允许；如果自诉人和被告人在二审阶段达成和解协议的，人民法院审查后裁定准许撤回自诉，并撤销第一审判决或者裁定。根据《国家赔偿法》第17条第3项的规定，由于自诉人撤回告诉而没有追究被告人刑事责任的，即使被告人在一审阶段被定罪和羁押的，法院也不承担国家赔偿责任。

关于检察机关提起公诉的轻微刑事案件，如果被害人与被告人达成和解协议并明确表示不再要求追究被告人刑事责任，人民法院在审查后认为可以不追究被害人刑事责任的，应积极和检察机关沟通，争取由检察机关撤回起诉。检察机关坚持不撤诉的，可以宣告被告人免于刑事处罚，尽量不直接宣告被告人无罪。如果被害人在和解协议中仅同意对被告人从轻、减轻处罚的，人民法院应依照法律的规定并结合案件具体情况酌情对被告人从轻、减轻处罚。

——南英：《化解社会矛盾的制度平台——关于刑事附带民事诉讼、刑事和解（节录）》，2010年在全国高中级法院贯彻落实宽严相济刑事政策培训班上的讲话。

1874. 立案、执行阶段可以适用刑事和解程序

关键词

立案执行阶段　刑事和解程序

最高人民法院司法解释

第五百八十七条　对符合刑事诉讼法第二百八十八条规定的公诉案件，事实清楚、证据充分的，人民法院应当告知当事人可以自行和解；当事人提出申请的，人民法院可以主持双方当事人协商以达成和解。

根据案件情况，人民法院可以邀请人民调解员、辩护人、诉讼代理人、当事人亲友等参与促成双方当事人和解。

——《最高人民法院关于适用〈中华人民共和国刑事诉讼法〉的解释》（2021年1月26日，法释〔2021〕1号）。

附录：最高人民法院主流观点

按照《刑事诉讼法》的规定，刑事和解程序适用的阶段包括侦查、公诉、审判三个阶段，而对刑事诉讼中的立案、执行阶段是否能够适用刑事和解程序则未作规定。有观点认为，立案阶段的主要任务是确定是否存在犯罪事实以及是否需要追究刑事责任，并决定是否有必要作为刑事案件进行立案侦查。鉴于在立案阶段相关案件事实尚不清楚，因此，立案阶段不宜适用刑事和解程序。至于刑罚执行阶段，由于案件的基本事实已经查清，双方当事人对事实已无争议，只要犯罪分子认真悔过，被害人同意的，应当给他们缓和紧张氛围、修复被破坏的社会关系的机会。因此，我们主张，执行阶段也可以适用刑事和解程序。①

我们认为，在讨论刑事和解程序的适用阶段时，要紧密结合《刑事诉讼法》规定刑事和解的立法原意进行分析。十八大提出要创建理性平和的法治氛围，要利用各种条件创造和增加和谐因素。这一最新的政策精神必须在刑事司法中深入贯彻体现。对于轻罪案件，特别是犯罪结果较轻的案件，即使

① 参见王洪坤、唐海涛：《对刑事和解规定建议从三方面修改》，载《检察日报》2011年10月21日。

是在立案阶段，也可以适用和解程序。如恋爱双方因感情纠纷闹分手，男方强行与女方发生性关系未遂。因女方当时报警而案发。本案中，男方并未使用暴力器械，女方到派出所后也当即对男方的行为表示谅解，并恳请派出所主持协商以达成和解。该类案件，既涉及当事人的诸多隐私，又涉及多种情感交织，如在立案阶段进行和解，避免矛盾激化和外扬，对男女双方都不失为最佳的选择。至于执行阶段，也可以有条件地适用和解程序，原理同上，但把握的界限应当比侦查、公诉、审判阶段更严。

——江必新主编：《最高人民法院刑事诉讼法司法解释理解与适用》，人民法院出版社 2015 年版，第 1284 页。

1875. 被害人是单位的刑事案件也适用和解程序

关键词

被害人

最高人民法院司法解释

第五百八十八条 符合刑事诉讼法第二百八十八条规定的公诉案件，被害人死亡的，其近亲属可以与被告人和解。近亲属有多人的，达成和解协议，应当经处于最先继承顺序的所有近亲属同意。

被害人系无行为能力或者限制行为能力人的，其法定代理人、近亲属可以代为和解。

——《最高人民法院关于适用〈中华人民共和国刑事诉讼法〉的解释》（2021 年 1 月 26 日，法释〔2021〕1 号）。

附录：最高人民法院主流观点

被害人虽然不是自然人，但仍具有自身利益，有独立的意志（单位决定）、有人格权（法人名称权、社会信誉、商誉）。单位作为被害人加入到刑事诉讼中，主要目标也是取得经济补偿、恢复社会形象、保证日后正常生产经营。因此，只要被告方悔罪、赔偿损失，被害单位与被告方均可以主动提出适用和解程序。被害单位可以派员与被告方协商，被告方也可以取得被害方的谅解，从而获取从宽处罚的法定事由。[①]

——江必新主编：《最高人民法院刑事诉讼法司法解释理解与适用》，人民法院出版社 2015 年版，第 1289 页。

① 参见陈卫东主编：《刑事诉讼法理解与适用》，人民出版社 2012 年版，第 655 页。

1876. 以书面形式赔礼道歉的要求被告人当面呈交被害方

关键词

书面形式　赔礼道歉

最高人民法院司法解释

第五百八十九条　被告人的近亲属经被告人同意，可以代为和解。

被告人系限制行为能力人的，其法定代理人可以代为和解。

被告人的法定代理人、近亲属依照前两款规定代为和解的，和解协议约定的赔礼道歉等事项，应当由被告人本人履行。

——《最高人民法院关于适用〈中华人民共和国刑事诉讼法〉的解释》（2021年1月26日，法释〔2021〕1号）。

附录：最高人民法院主流观点

作为犯罪行为人悔罪思过方式的赔礼道歉，是刑事和解程序中的重要环节。实践中，赔礼道歉具有安抚被害方心理损伤以及维护社会道德尊严和法律权威的功能。[①] 在具体和解实践中，赔礼道歉并不限口头形式，被告人也可以通过书面形式表达。但是对于书面形式的赔礼道歉，除了要求有被告人的亲笔签名外，是否要求由被告人亲自交给被害方，《刑事诉讼法解释》没有明文规定。我们认为，一般应当要求由被告人亲自交给被害方。只有这样，才能让被害方看见、感觉到被告人悔罪的真诚。

——江必新主编：《最高人民法院刑事诉讼法司法解释理解与适用》，人民法院出版社2015年版，第1290~1291页。

1877. 人民法院不能直接委托人民调解组织等促成和解

关键词

委托人民调解组织和解

---

① 蔡国芹、赵增田：《刑事和解程序中的赔礼道歉及其功能分析》，载《江西警察学院学报》2011年第6期。

最高人民法院司法解释

第五百九十一条 审判期间，双方当事人和解的，人民法院应当听取当事人及其法定代理人等有关人员的意见。双方当事人在庭外达成和解的，人民法院应当通知人民检察院，并听取其意见。经审查，和解自愿、合法的，应当主持制作和解协议书。

——《最高人民法院关于适用〈中华人民共和国刑事诉讼法〉的解释》（2021年1月26日，法释〔2021〕1号）。

附录：最高人民法院主流观点

根据《刑事诉讼法》第278条的规定，和解协议必须在公检法机关主持下制作。有观点据此认为，《刑事诉讼法》修正前人民法院依法可以委托人民调解组织促成和解，《刑事诉讼法》实施后人民法院是否可以委托人民调解组织促成和解，存有疑问。我们认为，《刑事诉讼法》明确规定的是和解协议必须在公检法机关主持下制作，并未限定公检法机关在促成和解过程中不能借助社会力量。近年来，一些地方司法机关有过借助社会力量主持协商和解的成功经验。从《刑事诉讼法》规定和解程序的立法原意分析，人民法院根据案件情况可以邀请人民调解员、辩护人、诉讼代理人、当事人亲友等参与促成双方当事人和解。鉴于公诉案件的和解与刑事处罚密切相关，人民法院不宜将案件直接委托给人民调解组织处理。在人民调解员、辩护人、诉讼代理人、当事人亲友等参与下，双方当事人达成和解的，应当按照法律规定，由审判人员在听取当事人和其他有关人员意见基础上，对和解的自愿性、合法性进行审查，并主持制作和解协议书。

——江必新主编：《最高人民法院刑事诉讼法司法解释理解与适用》，人民法院出版社2015年版，第1296页。

1878. 如何审查和解协议的自愿性、合法性

关键词

和解协议　自愿和解

附录：最高人民法院法官著述

我们认为，应当重点审查以下内容：双方当事人是否自愿和解；犯罪嫌疑人、被告人是否真诚悔罪，是否向被害人赔礼道歉，经济赔偿数额与其所造成的损害和赔偿能力是否相适应；被害人及其法定代理人或者近亲属是否

明确表示对犯罪嫌疑人、被告人予以谅解；是否符合法律规定；是否损害国家利益、集体利益和社会公共利益或者他人的合法权益；是否符合社会公德。审查时，应当听取双方当事人和其他有关人员对和解的意见，告知刑事案件可能从宽处理的法律后果和双方的权利义务，并制作笔录附卷。需要注意的是，对和解协议的自愿性的审查，不应简单地看双方当事人是否在和解协议上签字或者口头承诺，而应当认真听取当事人和其他有关人员的意见，尤其是着力考察犯罪嫌疑人、被告人认罪悔罪的态度、被害人对被告人谅解的程度。如果犯罪嫌疑人、被告人没有真正意识到自己犯罪行为的社会危害性及给被害人带来的巨大物质和精神损害，而只是出于从轻处罚的考虑才提出和解，那么刑事和解就可能成为犯罪分子投机的通道。有的犯罪嫌疑人、被告人虽然口头承认错误，但未必真正悔罪，司法机关不仅要听其言，而且要观其行，要全面分析犯罪嫌疑人、被告人在犯罪前后尤其是案件进入刑事诉讼程序后的表现，尽可能准确判断被告人的真实心理状态。

——张述元主编：《刑事诉讼法及配套规定新释新解与适用指南》，中国法制出版社 2020 年版，第 1663~1664 页。

1879. 自诉案件的和解与公诉案件的和解之间的区别

关键词

自诉案件　公诉案件　和解协议

附录：最高人民法院法官著述

第一，和解主体在诉讼中的地位不同。自诉案件的和解是在起诉方与被诉方之间进行的，是诉讼双方主体之间的协商；公诉案件的和解是在被诉方与作为诉讼参与人的被害人之间进行的，不是追诉主体与犯罪嫌疑人、被告人之间的协商。第二，和解协议的内容不同。自诉案件的和解协议不仅包括赔偿损失、赔礼道歉等内容，还可以涉及诉讼的进程，起诉方可以处置诉讼权利；公诉案件的和解协议针对赔偿损失、赔礼道歉等内容，不能涉及公权力的处置，无权决定诉讼的进程。第三，和解协议的法律效果不同。在自诉案件中，起诉方与被诉方达成和解后，起诉方可以据此决定撤回起诉，从而终止诉讼；在公诉案件中，和解协议只能作为在诉讼各个阶段从宽处理的依据，人民检察院也可以作出不起诉的决定，但前提是符合刑事诉讼法有关不起诉的规定，不能单独据此决定诉讼的进程。

——张述元主编：《刑事诉讼法及配套规定新释新解与适用指南》，中国法制出版社 2020 年版，第 1655 页。

1880. 和解协议书不能涉及被告人的量刑问题

关键词

和解协议书　量刑

最高人民法院司法解释

第五百九十二条　和解协议书应当包括以下内容：

（一）被告人承认自己所犯罪行，对犯罪事实没有异议，并真诚悔罪；

（二）被告人通过向被害人赔礼道歉、赔偿损失等方式获得被害人谅解；涉及赔偿损失的，应当写明赔偿的数额、方式等；提起附带民事诉讼的，由附带民事诉讼原告人撤回起诉；

（三）被害人自愿和解，请求或者同意对被告人依法从宽处罚。

和解协议书应当由双方当事人和审判人员签名，但不加盖人民法院印章。

和解协议书一式三份，双方当事人各持一份，另一份交人民法院附卷备查。

对和解协议中的赔偿损失内容，双方当事人要求保密的，人民法院应当准许，并采取相应的保密措施。

——《最高人民法院关于适用〈中华人民共和国刑事诉讼法〉的解释》（2021年1月26日，法释〔2021〕1号）。

附录：最高人民法院主流观点

关于和解协议书能否涉及被告人的量刑问题，实践中存在争议。有观点主张，和解协议中应当包含被害人对被告人表示谅解并同意对其从宽处罚的内容。反对观点则认为，量刑是司法机关的权限，不容许当事人之间协商。

经研究认为，在公诉案件中，司法机关代表国家对公诉案件的处理不受当事人意志的左右，和解的当事人无权就公诉案件中的刑事责任问题进行"私了"，当事人只能就其自身权利范围内主要是民事权利方面的事项达成和解，不能对公权力的处置内容进行限制，即对案件事实证据认定、是否作为犯罪处理、如何定罪量刑无权自行和解，即双方当事人不能对刑事责任的追究作出具体、明确的约定，即使约定对司法机关也没有约束力。当然，当事人可以就被害方请求或者同意对犯罪嫌疑人、被告人从宽处罚的内容进行协商，被害方可以就此内容提出相关建议。

——江必新主编：《最高人民法院刑事诉讼法司法解释理解与适用》，人民法院出版社2015年版，第1298页。

1881. 对和解赔偿的数额不宜作出限制

关键词

赔偿数额

附录：最高人民法院主流观点

有观点认为，经济赔偿的目的在于有效补偿被害人的物质和精神损失，而非以金钱换取刑罚的减免，因此，建议对当事人和解的赔偿数额作出原则性规定。这样的做法，一方面可以避免社会公众产生“只要有钱不怕犯罪”的误解；另一方面有利于消除被害人“漫天要价”的投机心理，保持刑法的严肃性和权威性。经研究认为，和解赔偿的数额确实普遍比判决赔偿的数额要高，法律也因此对和解从宽作了特别规定。但意思自治毕竟是贯穿和解程序始终的原则，因此，只要双方完全出于自愿，被告人经济条件允许，就不宜作过多限制、干涉，以充分保障被害人合法权益。

——江必新主编：《最高人民法院刑事诉讼法司法解释理解与适用》，人民法院出版社 2015 年版，第 1298~1299 页。

1882. 被告方提供相应担保，被害方同意延期履行、分期履行的，也可视为即时履行

关键词

即时履行

最高人民法院司法解释

第五百九十三条　和解协议约定的赔偿损失内容，被告人应当在协议签署后即时履行。

和解协议已经全部履行，当事人反悔的，人民法院不予支持，但有证据证明和解违反自愿、合法原则的除外。

——《最高人民法院关于适用〈中华人民共和国刑事诉讼法〉的解释》（2021 年 1 月 26 日，法释〔2021〕1 号）。

附录：最高人民法院主流观点

对此，相关规范性文件规定并不一致。《人民检察院刑事诉讼规则（试

行）》第 517 条规定："和解协议书约定的赔偿损失内容，应当在双方签署协议后立即履行，至迟在人民检察院作出从宽处理决定前履行。确实难以一次性履行的，在被害人同意并提供有效担保的情况下，也可以分期履行。"这样规定的主要考虑是，和解协议作为当事人意思自治的表现，司法机关宜充分尊重双方当事人意愿，只要双方当事人自愿同意分期履行的，应当认定和解有效，如果认定和解无效，不仅违反了当事人意思自治原则，也可能侵害被害人权益，反而激化矛盾。而本条第 1 款规定："和解协议约定的赔偿损失内容，被告人应当在协议签署后即时履行。"这样规定的主要考虑是，一旦被告人获得从宽处罚后，拒不履行或者不全部履行赔偿义务，一方面容易使法院对被告人的从宽处罚缺乏客观依据，另一方面和解协议不能作为强制执行的依据，容易激化矛盾，引发被害方申诉、上访。在该情形下，如果有附带民事诉讼的，人民法院可以根据双方当事人意愿，依法制作附带民事调解书，以保障被害人权益，但不得依据《刑事诉讼法》第 279 条的规定对其从宽处罚。

当然，虽然《刑事诉讼法解释》规定了即时履行的原则，但对"即时履行"，不能过于机械理解。实践中确实存在被告方先将赔偿款交到法院，或者提供有效、足额担保，待案件生效后再支付给被害方，以防被害方拿到赔偿后得寸进尺提高赔偿数额或者反悔的情形。我们认为，由于《刑事诉讼法解释》不仅确立了即时履行原则（即本条第 2 款的规定），还确立了履行后不得反悔原则，对于被告方将赔偿款交到法院，或者将存单、房产及贵重物品等交到法院作为履约的抵押、担保，确保裁判生效后全部履行的，也可视为即时履行，认定双方当事人达成和解协议。

——江必新主编：《最高人民法院刑事诉讼法司法解释理解与适用》，人民法院出版社 2015 年版，第 1301~1302 页。

1883. 对侦查、审查起诉阶段达成和解的案件，经庭审质证后，应当对被告人从轻处罚

关键词

和解　质证

最高人民法院司法解释

第五百九十六条　对达成和解协议的案件，人民法院应当对被告人从轻处罚；符合非监禁刑适用条件的，应当适用非监禁刑；判处法定最低刑仍然过重的，可以减轻处罚；综合全案认为犯罪情节轻微不需要判处刑罚的，可

以免予刑事处罚。

共同犯罪案件，部分被告人与被害人达成和解协议的，可以依法对该部分被告人从宽处罚，但应当注意全案的量刑平衡。

——《最高人民法院关于适用〈中华人民共和国刑事诉讼法〉的解释》（2021年1月26日，法释〔2021〕1号）。

附录：最高人民法院主流观点

1. 在侦查阶段的处理

在侦查阶段，对双方当事人达成和解协议的案件，经县级以上公安机关负责人批准，公安机关将案件移送人民检察院审查起诉时，可以提出从宽处理的建议。从宽处理的建议包括建议检察机关作出不起诉的处理，或者建议检察机关向人民法院提出从宽处罚的建议。需要强调的是，对于那些犯罪情节轻微，根据《刑法》规定不需要判处刑罚或者可以免除刑罚的案件，由于《刑事诉讼法》第279条只赋予公安机关向人民检察院提出从宽处理建议的权力，故对此类案件公安机关不能直接作出撤销案件的处理，只能是向人民检察院建议不起诉，由人民检察院通过不起诉的方式作出最后的处理。

2. 在审查起诉阶段的处理

人民检察院对于公安机关移送审查起诉的案件，双方当事人达成和解协议的，可以作为是否需要判处刑罚或者免除刑罚的因素予以考虑，符合法律规定的不起诉条件的，可以决定不起诉。对于依法应当提起公诉的，人民检察院可以向人民法院提出从宽处罚的量刑建议。

犯罪嫌疑人或者其亲友等以暴力、威胁、欺骗或者其他非法方法强迫、引诱被害人和解，或者在协议履行完毕之后威胁、报复被害人的，应当认定和解协议无效。已经作出不批准逮捕或者不起诉决定的，人民检察院根据案件情况可以撤销原决定，对犯罪嫌疑人批准逮捕或者提起公诉。

——江必新主编：《最高人民法院刑事诉讼法司法解释理解与适用》，人民法院出版社2015年版，第1309页。

1884. 和解协议在协议签署后即时履行

关键词

和解协议　履行和解协议

附录：最高人民法院主流观点

和解协议约定的赔礼道歉等内容，无疑应当在协议签订之前或者之时就要履行完毕，这是表明被告人真诚悔罪的基础。但和解协议中的赔偿损失内容，应当何时履行？对此问题存在较大认识分歧：一种观点认为，和解协议约定的赔偿损失内容，一般应当即时履行，但被害方自愿接受延期履行、分期履行的，也应当允许；另一种观点认为，和解协议应当即时履行，至迟应当在第一审判决宣告前履行完毕；第二审期间达成和解协议的，至迟应当在第二审判决宣告前履行完毕。经研究，我们认为，和解协议约定的赔偿内容应当在协议签署后即时履行。主要理由是：

1. 和解协议应当即时履行，对被告人从宽处罚就有牢固的基础。和解是重要的量刑情节，必须确定无疑。如果允许延期履行、分期履行和解协议约定的赔偿损失内容，将会使人民法院对被告人的从宽处罚建立在不确定的基础上，也会使被害方的合法权益难以得到切实保障；一旦被告人获得从宽处罚后，拒不履行或者不全部履行赔偿义务，受上诉不加刑原则所限，二审法院不能加重其刑罚；同时，由于是当事人之间达成的和解协议，也不能作为强制执行的依据，这样，无疑会损害裁判权威，引发被害方申诉、上访等问题，使法院工作陷入被动。

2. 和解协议应当即时履行，可以更好发挥公检法机关化解社会矛盾的合力。如果双方当事人在侦查、审查起诉阶段达成和解协议且即时履行完毕，被害方通常就不会在审判环节又提起附带民事诉讼。这无疑有助于减少不必要的重复劳动，减轻审判环节的负担。

3. 和解协议应当即时履行，可以有效杜绝反悔现象。和解协议应当即时履行，原则上就要求赔偿款到位后再签署和解协议，这就可以有效杜绝反悔现象，也可以在很大程度上解决如何看待和解协议的效力、和解协议能否作为强制执行依据等问题。

——杨万明主编：《新刑事诉讼法司法适用解答》，人民法院出版社 2018 年版，第 360~361 页。

第三十章 犯罪嫌疑人、被告人逃匿、死亡案件违法所得的没收程序

1885.“贪污贿赂犯罪、恐怖活动犯罪等”的认定

关键词

违法所得没收程序 贪污贿赂犯罪 恐怖活动犯罪

附录：最高人民法院主流观点

关于“贪污贿赂犯罪”的认定。是否刑法分则第八章“贪污贿赂罪”规定的所有犯罪都可以适用没收程序？一种意见认为，单位受贿罪、对单位行贿罪、单位行贿罪、介绍贿赂罪、隐瞒境外存款罪、私分国有资产罪和私分罚没财物罪，基本上属于轻罪，不属于“重大犯罪案件”，不宜适用没收程序。另一种意见认为，现实情况较为复杂，上述所列各罪虽然法定刑较轻，但有时违法所得财物数额巨大，如果不适用没收程序，可能让被告人及其家属占便宜，因此，不宜具体列举罪名，由司法机关在实践中掌握。经研究认为，刑事诉讼法第二百八十条第一款规定的“贪污贿赂犯罪”，除贪污罪、受贿罪外，还包括刑法分则第八章规定的利用影响力受贿罪、巨额财产来源不明罪、行贿罪等犯罪，不包括非国家工作人员受贿罪、职务侵占罪等。需要强调的是，刑法分则第八章规定的具体个罪是否适用没收程序，还取决于其是否符合“重大犯罪案件”的认定标准。

关于“恐怖活动犯罪”的认定。根据《全国人大常委会关于加强反恐怖工作有关问题的决定》第二条“恐怖活动是指以制造社会恐慌、危害公共安全或者胁迫国家机关、国际组织为目的，采取暴力、破坏、恐吓等手段，造成或者意图造成人员伤亡、重大财产损失、公共设施损坏、社会秩序混乱等严重社会危害的行为，以及煽动、资助或者以其他方式协助实施上述活动的行为”的规定，恐怖活动犯罪不仅包括组织、领导、参加恐怖组织罪、资助恐怖活动组织罪，还应当包括由恐怖活动组织及其成员实施的，以制造社会恐怖为目的，危害公共安全、危害公民人身或者财产权利、危害社会管理秩

序的放火、决水、爆炸、投放危险物质，非法制造、买卖、运输、储存危险物质。故意杀人、故意伤害、绑架等犯罪。

关于“等”的理解。在征求意见稿中，曾将洗钱罪的其他上游犯罪，即毒品犯罪、黑社会性质组织犯罪、走私犯罪、破坏金融管理秩序罪和金融诈骗罪也纳入违法所得没收程序的适用范围。主要考虑：刑法中的“等”都是指列举未尽，应当还有其他案件可以适用违法所得没收程序，而洗钱罪的七个上游犯罪，均是国际社会共同防范打击的性质较为严重的犯罪，且违法所得及其他涉财物巨大，若不予以追缴，不利于维护国家利益。但是，综合考虑各方面意见后，《解释》暂时没有扩大范围，主要考虑：其一，贪污贿赂犯罪、恐怖活动犯罪对社会稳定与安全、经济发展危害严重，我国参加的有关国际条约对这两类犯罪违法所得的追缴有明确要求；其二，没收程序是新设置的特别程序，尚无实践经验，且因被告人缺席，更需注重程序的正当性，目前不宜扩大范围。如积累经验后，确有进一步扩大适用范围必要的，再作研究确定。

——江必新主编：《〈最高人民法院关于适用《中华人民共和国刑事诉讼法》的解释〉理解与适用》，中国法制出版社 2013 年版，第 427~428 页。

1886. 如何执行没收个人全部财产

关键词

没收个人全部财产

最高人民法院审判业务意见（研究室研究意见）

有关部门就如何执行没收个人全部财产问题征求最高人民法院研究室意见。最高人民法院研究室经研究认为：

刑法第五十九条规定：“没收财产是没收犯罪分子个人所有财产的一部或者全部。没收全部财产的，应当对犯罪分子个人及其扶养的家属保留必需的生活费用。”“在判处没收财产的时候，不得没收属于犯罪分子家属所有或者应有的财产。”第六十四条规定：“犯罪分子违法所得的一切财物，应当予以追缴或者责令退赔。”据此，作为附加刑的没收个人全部财产，应当是没收犯罪分子个人合法所有的全部财产。如相关财产属于违法所得，应通过追缴、退赔程序予以追回；如相关财产确属犯罪分子家属所有或者应有的财产，也不得作为没收对象。在没收财产前，如犯罪分子的财产与其他家庭成员的财产处于共有状态，应当从中分割出属于犯罪分子个人所有的财产后予以没收。

——《最高人民法院研究室关于如何执行没收个人全部财产问题的研究

意见》，载张军主编、最高人民法院研究室编：《司法研究与指导》2012 年第 2 辑（总第 2 辑），人民法院出版社 2012 年版，第 170~172 页。

1887. 对公告的创新适用

关键词

公告　违法所得没收程序　开庭日期

《刑事审判参考》指导案例

张正欣违法所得没收案（《刑事审判参考》指导案例第 1468 号）

裁判要点：公告是违法所得没收案件审理的必经程序，在公告中一并载明开庭日期符合立法本意精神。

公告是违法所得没收案件审理的必经程序，公告除了具有送达犯罪嫌疑人、被告人功能外，还有发现利害关系人、公示催告利害关系人申请参加诉讼、主张权利的功能，是人民法院开庭前最重要的工作之一。根据《刑事诉讼法解释》第六百一十四条规定，公告应当载明以下内容：（1）案由、案件来源；（2）犯罪嫌疑人、被告人的基本情况；（3）犯罪嫌疑人、被告人涉嫌犯罪的事实；（4）犯罪嫌疑人、被告人逃匿、被通缉、脱逃、下落不明、死亡的情况；（5）申请没收的财产的种类、数量、价值、所在地以及已查封、扣押、冻结财产的清单和相关法律手续；（6）申请没收的财产属于违法所得及其他涉案财产的相关事实；（7）申请没收的理由和法律依据；（8）利害关系人申请参加诉讼的期限、方式以及未按照该期限、方式申请参加诉讼可能承担的不利法律后果；（9）其他应当公告的情况。

上述规定，没有明确公告能否一并公布开庭时间。有观点认为，公告不应同时公布开庭日期，理由是：公告的主要目的在于发现和催告利害关系人，确定利害关系人后人民法院才可以确定开庭事宜并将开庭通知在开庭审理三日前送达，受送达人在境外的，至迟在开庭审理三十日以前送达。如果把两者合并，则可能使利害关系人没有足够的应诉时间。例如，境外的利害关系人在公告期最后一天才收到公告，可是开庭日期定在了公告后一周，则缩短了利害关系人的法定应诉期。

对此，我们认为，首先，公告是一种拟制送达方式。六个月公告期已经给予利害关系人足够的时间，利害关系人可以在这个期间的任何时候申请参加诉讼并进行应诉准备，因利害关系人在获悉公告内容的同时明确知道开庭日期，一般都有足够的应诉准备时间；即使如此，公告期满后，法院仍然会根据公告后的应诉情况再预留足够的应诉准备时间，且在开庭前任何时候，参加诉讼的当事人提出延期开庭申请的，法院均会参照法律的一般规定审查申请事由，即在公布开庭日期后可以视情作出延期审理的决定。其次，从立法上看，刑事诉讼法和相关司法解释性文件尚不完善，目前没有规定公告能否一并公布开庭时间。在法律尚未作出明确规定的情况下，依据上述规定第9项“其他应当公告的情况”的规定，在公告中一并载明开庭日期是符合立法本意精神的，亦符合司法规律。最后，从效率上讲，一次公告解决两项工作，能大大提升诉讼效率，节约司法成本，实现以最快速度确权，恢复被侵害的财产权属。

同时，在实践中也会考虑案件的不同情况。本案中，多名利害关系人在境外，与国内亲属保持密切联系，有条件第一时间获悉公告内容，亦有足够时间考虑是否回国参与诉讼，公告中一并公布开庭时间不会对其诉讼权利产生不利影响。本案是违法所得没收程序确立以来第一个在送达公告中公布开庭时间的违法所得没收案件，这一尝试已经被证明是成功可行的，为张正欣贪污违法所得没收案顺利、依法、及时审结奠定了重要基础。在案件的开庭、宣判环节，利害关系人均未对此提出异议，宣判后亦未上诉、申诉。

——曹吴清撰稿、逄锦温审编：《张正欣违法所得没收案——对外逃后死亡的犯罪嫌疑人适用违法所得没收程序的相关法律问题》，载最高人民法院刑事审判第一、二、三、四、五庭编：《刑事审判参考》（总第131辑），人民法院出版社2022年版，第30~32页。

1888. 犯罪嫌疑人、被告人死亡案件适用违法所得没收程序有无罪名限制

关键词

犯罪嫌疑人、被告人死亡　违法所得没收程序

《刑事审判参考》指导案例

于立群违法所得没收案（《刑事审判参考》指导案例第1469号）

裁判要点：对犯罪嫌疑人、被告人死亡案件适用违法所得没收程序不设置罪名限制。

2012 年修正的刑事诉讼法第二百八十条第一款[①]规定："对于贪污贿赂犯罪、恐怖活动犯罪等重大犯罪案件，犯罪嫌疑人、被告人逃匿，在通缉一年后不能到案，或者犯罪嫌疑人、被告人死亡，依照刑法规定应当追缴其违法所得及其他涉案财产的，人民检察院可以向人民法院提出没收违法所得的申请。"对于该条文意应当如何理解，实践中存在争议，即"对于贪污贿赂犯罪、恐怖活动犯罪等重大犯罪案件"这一案件范围仅限于逃匿的犯罪嫌疑人、被告人还是同时包括死亡的犯罪嫌疑人、被告人，存在不同观点。有观点认为，违法所得没收程序无论针对逃匿型还是死亡型被告人、犯罪嫌疑人，都只适用于贪污贿赂犯罪、恐怖活动犯罪等重大犯罪案件。也有观点认为，已死亡的被告人、犯罪嫌疑人无论其行为涉嫌何种罪名，均不影响违法所得没收程序的适用。

对此，2012 年出台的《最高人民法院关于适用〈中华人民共和国刑事诉讼法〉的解释》第五百零七条规定："依照刑法规定应当追缴违法所得及其他涉案财产，且符合下列情形之一的，人民检察院可以向人民法院提出没收违法所得申请：（一）犯罪嫌疑人、被告人实施了贪污贿赂犯罪、恐怖活动犯罪等重大犯罪后逃匿的，在通缉一年后不能到案的；（二）犯罪嫌疑人、被告人死亡的。"这一条文明确区分了逃匿型和死亡型违法所得没收案件的适用条件，与犯罪嫌疑人、被告人逃匿的情形不同，对于犯罪嫌疑人、被告人死亡的，提出没收违法所得申请并没有罪名限制。《最高人民法院、最高人民检察院、公安部、国家安全部、司法部、全国人大常委会法制工作委员会关于实施刑事诉讼法若干问题的规定》第三十八条第二款规定："人民法院在审理案件过程中，被告人死亡的，应当裁定终止审理……人民检察院可以依法另行向人民法院提出没收违法所得的申请。"该规定也未要求对已死亡被告人的案件，需满足特定罪名的要求才可以启动违法所得没收程序。同样，2017 年《最高人民法院、最高人民检察院关于适用犯罪嫌疑人、被告人逃匿、死亡案件违法所得没收程序若干问题的规定》第四条、2021 年《最高人民法院关于适用〈中华人民共和国刑事诉讼法〉的解释》第六百一十一条亦作了内容基本相同的规定。综上，相关司法解释、规范性文件对 2018 年刑事诉讼法第二百九十八条均作出了一致的解释，即对犯罪嫌疑人、被告人死亡案件适用违法所得没收程序不设置罪名限制。

——周颖佳撰稿、黄嵩审编：《于立群违法所得没收案——审理犯罪嫌疑人、被告人死亡型违法所得没收申请案件应当注意的问题》，载最高人民法院刑事审判第一、二、三、四、五庭编：《刑事审判参考》（总第 131 辑），人民法院出版社 2022 年版，第 34~36 页。

---

① 对应 2018 年刑事诉讼法第二百九十八条第一款。

1889. 庭审中对利害关系人所提关于犯罪事实的异议不作法庭调查及法庭辩论

关键词

犯罪事实异议　法庭调查　法庭辩论

《刑事审判参考》指导案例

于立群违法所得没收案（《刑事审判参考》指导案例第 1469 号）

裁判要点：法庭应告知利害关系人只能针对申请没收的财产是否属于违法所得及其他涉案财产提出异议，并围绕这一异议提供相关证据。

在违法所得没收程序中，利害关系人经常会对犯罪嫌疑人、被告人涉嫌犯罪的事实提出异议。具体到本案，利害关系人及其诉讼代理人提出的意见涉及被告人行为构成此罪还是彼罪、有罪还是无罪。对此法庭应当如何处理，存在不同意见：一种观点认为，应由检察机关对利害关系人一方关于犯罪事实的观点进行回应；另一种观点认为，法庭应告知利害关系人只能针对申请没收的财产是否属于违法所得及其他涉案财产提出异议，并围绕这一异议提供相关证据。我们同意后一种观点。理由如下：

第一，从违法所得没收程序的功能看，该程序只是一个对物的诉讼程序，目的是将违法所得上缴国库或返还被害人，不让他人因犯罪行为而获得利益，并不涉及被告人、犯罪嫌疑人的定罪问题。因此，罪与非罪、此罪与彼罪的判断并非违法所得没收程序法庭调查与辩论的内容。

第二，从权利保护和准确认定事实的角度看，违法所得没收程序是在犯罪嫌疑人、被告人未到庭的情况下进行，此时对其涉嫌的犯罪事实进行法庭调查和法庭辩论，实际上侵犯了其辩护权等基本的诉讼权利。加之逃匿的犯罪嫌疑人、被告人完全有可能将来被缉拿归案或者主动到案而被提起刑事诉讼，届时根据新的证据，普通程序认定的犯罪事实有可能与先前违法所得没收程序认定的不一致，因此，也不宜在违法所得没收程序中围绕犯罪事实进行法庭调查与辩论。

第三，从程序的具体设计来看，根据《最高人民法院关于适用〈中华人民共和国刑事诉讼法〉的解释》《违法所得没收规定》的规定，人民法院在立案审查环节就已对是否“有证据证明有犯罪事实”、是否“属于没收违法所得申请受案范围”等犯罪事实及证据进行了初步的审查，《违法所得没收规定》第十五条第一款也明确，出庭的检察人员宣读没收违法所得申请书后，在法庭调查阶段仅就申请没收的财产与犯罪的关联性事实出示、宣读证据。那么，既然出庭的检察人员未出示、宣读刑事部分的证据，利害关系人及其诉讼代理也就无法对相关犯罪事实及证据提出异议，即使利害关系人在法庭调查中对犯罪事实提出异议，也不应开展法庭调查与辩论。

——周颖佳撰稿、黄嵩审编：《于立群违法所得没收案——审理犯罪嫌疑人、被告人死亡型违法所得没收申请案件应当注意的问题》，载最高人民法院刑事审判第一、二、三、四、五庭编：《刑事审判参考》（总第131辑），人民法院出版社2022年版，第36~37页。

1890. 对已死亡被告人的亲友代为退缴退赔的财产，仅能没收其中的违法所得部分

关键词

代为退缴退赔　违法所得

《刑事审判参考》指导案例

于立群违法所得没收案（《刑事审判参考》指导案例第1469号）

裁判要点：对已死亡被告人的亲友代为退缴退赔的财产，能否没收不能一概而论，一般而言，配偶以外的亲友退缴退赔的合法财产不应没收，但是配偶退缴退赔的财产视情予以没收。

普通刑事诉讼程序中，被告人亲友退缴退赔赃款赃物的情况较为常见，但如果被告人在普通刑事诉讼程序中死亡，能否通过违法所得没收程序对亲友已经退缴退赔的财物进行追缴，实践中有两种意见：一种观点认为，亲友在普通程序中先前退缴退赔的财产，是被告人违法所得的替代物，可以没收；另一种观点认为，能否没收不能一概而论，一般而言，配偶以外的亲友退缴退赔的合法财产不应没收，但是配偶退缴退赔的财产视情予以没收。我们同意后一种观点。主要理由如下：

在违法所得没收程序中，法律明确规定仅没收违法所得及其他涉案财产，未规定责令退缴退赔，不同于刑法第六十四条的规定。因此，无论涉案财产是特定物还是种类物，配偶以外的亲友在先前的普通刑事诉讼程序中以自己财产代为退缴退赔的，该钱款明显不属于违法所得，不应予以没收。对于配

偶代为退缴退赔的情况，如果涉案财产是钱款等种类物，而且与家庭财产发生了混同，此时难以区分发生混同的财产哪部分是违法所得，哪部分是合法财产，结合配偶代为退缴退赔的行为，可推定其退缴退赔的财产属于违法所得或涉案财产，依法可予以没收；如果违法所得是特定物，如一个高档按摩椅，但相关证据证明该按摩椅已损毁灭失，被告人配偶退了等额的钱款，则该钱款不应予以没收。

——周颖佳撰稿、黄嵩审编：《于立群违法所得没收案——审理犯罪嫌疑人、被告人死亡型违法所得没收申请案件应当注意的问题》，载最高人民法院刑事审判第一、二、三、四、五庭编：《刑事审判参考》（总第131辑），人民法院出版社2022年版，第38~39页。

1891. 行为人在纪检监察阶段或者在公安机关立案侦查前就死亡的，可以适用违法所得没收程序

关键词

追逃追赃案件　违法没收所得

附录：最高人民法院主流观点

行为人在纪检监察阶段或者在公安机关立案侦查前就死亡的情形。此类情形能否适用违法所得没收程序存在一定争议。有观点认为，《刑事诉讼法》规定适用违法所得没收程序的主体必须是犯罪嫌疑人，“犯罪嫌疑人”的称谓必须是在司法机关刑事立案后，如果行为人在立案侦查前死亡，就不应适用违法所得没收程序。我们认为，“犯罪嫌疑人”并不必然仅限于刑事立案后的主体，如根据《刑事诉讼法》的规定，被害人对侵犯其人身、财产权利的犯罪事实或者犯罪嫌疑人，有权向公安机关、检察机关或者人民法院报案或者控告。由此可知，对于实施《最高人民法院、最高人民检察院关于适用犯罪嫌疑人、被告人逃匿、死亡案件违法所得没收程序若干问题的规定》第1条所列犯罪的主体，即使是在刑事立案之前，也可以“犯罪嫌疑人”进行表述。行为人在纪检监察阶段或者在公安机关立案侦查前就死亡的，可以适用违法所得没收程序，[①]这是基于财物所有权应被恢复的正义需要，如果犯罪分子可以用死亡这一票来否决被害人权益恢复，实现“牺牲一人，幸福全家”的企图，显然是不公平的。实践中我们已经这样执行了，如任某某在2014年8月

① 裴显鼎、王晓东、刘晓虎：《〈关于犯罪嫌疑人、被告人逃匿、死亡案件适用违法所得没收程序若干问题的规定〉的理解与适用》，载《人民司法·应用》2017年第16期。

被纪委以涉嫌违法违纪问题立案调查，但由于当时其已患肺癌晚期在北京医院治疗，处于病危状态，办案机关未对其采取强制措施，9月30日，任某某死亡，未及刑事立案，但最终仍认定其为犯罪嫌疑人，适用违法所得没收程序没收其违法所得。[①]

——裴显鼎主编：《追逃追赃案件疑难问题及程序指引》，人民法院出版社2022年版，第243~244页。

1892. 违法所得没收案件可以由主要违法所得所在地法院管辖

关键词

违法所得没收案件　管辖

附录：最高人民法院主流观点

主要违法所得所在地的人民法院能否行使管辖权?《刑事诉讼法》对此并未作出规定。我们认为，在特定情况下，违法所得没收案件可以由主要违法所得所在地法院管辖。比如，日益猖獗的网络诈骗犯罪中，被告人的经常居住地在境外，犯罪地遍布境内多地，但违法所得均被用于在一地购置房产，这种情况下，可以通过上级法院指定主要违法所得所在地法院管辖，实现最便捷地没收违法所得。

——裴显鼎主编：《追逃追赃案件疑难问题及程序指引》，人民法院出版社2022年版，第251页。

1893. 如何处理违法所得没收程序中利害关系人撤回对涉案财产主张权利的申请

关键词

违法所得没收程序　利害关系人

《刑事审判参考》指导案例

徐进贪污、受贿违法所得没收申请案（《刑事审判参考》指导案例第1471号）

---

① 王晓东：《贪污贿赂、渎职犯罪司法实务疑难问题解析》，人民法院出版社2020年版，第337~338页。

裁判要点：违法所得没收程序中利害关系人撤回对涉案财产主张权利的申请后，人民法院可以选择继续开庭审理。尽管利害关系人在庭审前提出撤回申请，仍应继续通知利害关系人到庭参加诉讼，当庭明确其权利主张。利害关系人撤回申请及财产权属相关情况应在裁判文书中予以确认。

本案中，利害关系人广州某公司、武汉某公司在违法所得没收案件公告期间向人民法院申请参加诉讼，后又在庭审前向人民法院提出撤回申请，同时对正在进行的相关土地产权纠纷的民事诉讼申请撤诉，不再对检察机关申请没收的780.67亩土地中的330亩土地主张权利。对此应当如何处理，刑事诉讼法及相关司法解释没有作出明确规定。此种情况下，人民法院是否需要对案件开庭审理，是否通知利害关系人到庭参加诉讼，对利害关系人撤回申请及财产权属情况是否需要在裁判文书中予以表述，实践中存在争议。

1. 利害关系人提出撤回申请后，人民法院可以选择继续开庭审理

《最高人民法院关于适用〈中华人民共和国刑法〉的解释》（以下简称《刑事诉讼法解释》）第六百一十九条第二款规定："利害关系人申请参加或者委托诉讼代理人参加诉讼的，应当开庭审理。没有利害关系人申请参加诉讼的，或者利害关系人及其诉讼代理人无正当理由拒不到庭的，可以不开庭审理。"《违法所得没收规定》第十四条第二款规定："利害关系人申请参加及委托诉讼代理人参加诉讼的，人民法院应当开庭审理。利害关系人及其诉讼代理人无正当理由拒不到庭，且无利害关系人和其他诉讼代理人参加诉讼的，人民法院可以不开庭审理。"根据上述规定，在案件没有利害关系人参加诉讼的情况下，人民法院只是"可以"不开庭审理，不是"应当"不开庭审理。故在利害关系人提出申请参加诉讼后，又放弃对涉案财产主张权利的情况下，若有必要，人民法院仍可以选择继续开庭审理。本案中，武汉市中级人民法院收到利害关系人广州某公司、武汉某公司提出的撤回申请后，经审查，认为本案利益关系重大，选择继续开庭审理。

2. 本案应通知利害关系人到庭参加诉讼

关于本案是否需要通知利害关系人到庭参加诉讼，一种观点认为利害关系人已提出撤回申请，无须通知利害关系人到庭参加诉讼；另一种观点认为，尽管两名利害关系人在庭审前提出撤回申请，仍应继续通知利害关系人到庭参加诉讼，当庭明确其权利主张。我们同意后一种观点，理由如下：

（1）除近亲属以外的"其他利害关系人"的诉讼地位类似于民事诉讼的第三人[①]，即对他人争议的诉讼标的有独立请求权，可以提起诉讼；或者虽无

① 参考民事诉讼法第五十九条。

独立请求权，但案件的处理过程或结果与其有法律上的利害关系，可以申请参加诉讼，或者由法院通知而参加到诉讼中的人。这里需要区别有独立请求权的第三人和无独立请求权的第三人两种情况。有独立请求权的第三人是指第三人认为案件中原告和被告之间争议的诉讼标的部分或者全部权益是其自己的，其既不是原告也不是被告，相当于提起了一个“新诉”。如申请机关提出涉案财物系犯罪嫌疑人违法所得，应予没收；犯罪嫌疑人的近亲属主张涉案财物系家庭合法财产；第三人提供证据证明，犯罪嫌疑人已经过等价的民事买卖行为将涉案财物卖给第三人，第三人善意取得了该财物，享有独立物权。无独立请求权的第三人是对当事人之间的诉讼标的，没有直接的关系，因此对其没有独立的请求权利，但是案件的处理过程或者结果与其有法律上的利害关系，他们本不是案件的当事人。

在违法所得没收程序中，利害关系人不是类似于民事案件的原告、被告，其不是该程序的启动者，不参加诉讼，也不会终止该诉讼进程，其法律地位相当于民事诉讼中的第三人，只有在法院作出一审裁判之后明确其要承担义务的，到了二审阶段对一审裁决不服，才可能获得了当事人的诉权，有权提起上诉。本案中，检察机关申请没收的其中一块土地涉及两家公司，该两家公司曾向法院提起民事诉讼，对涉案地块主张权利。后该案启动违法所得没收程序，公告期间，该两家公司向法院递交了参加诉讼的申请。此时，我们首先需要进行的是民事诉讼程序，因为需要通过民事诉讼确认该两家公司与涉案财产的关系，确定其是物权所有权人，还是债权所有人，抑或仅属于有利害关系的无独立请求权的第三人。这将直接影响后续的违法所得没收程序。后该两家公司在民事诉讼中撤诉，不再对涉案地块主张权利；同时在该违法所得没收程序中，向法院提交撤回申请的申请。此时，因其在民事诉讼中不再主张权利，则看不出其与涉案财产有直接的关系，即没有独立请求权。在法院裁判其承担义务之前不存在诉权。法院不需要就该问题裁定或者决定准予撤诉，其申请参加诉讼后又提出撤回参加诉讼的申请，不影响整个案件的进程。法庭正常向其发布开庭通知，如果其不到庭，自动丧失权利主张权；如果其到庭，在法庭上阐明行使权利的决定，法院最后根据实际情况在裁定中阐明诉讼过程即可，而不需要专门为此作出裁定。如果以裁定或者决定方式准许利害关系人撤回申请的请求，那么对于这类裁定或决定按照法律规定是无法上诉的，一经作出立即生效，利害关系人没有反悔的机会，反而产生剥夺其实体权利的嫌疑。

作为无独立请求权的第三人，利害关系人如果参加到诉讼中来，其在诉讼中的地位更类似于证人，是为了证明被申请没收的财产性质和权属，通过法庭调查和举证质证、辩论和发表意见，使财产的权属关系明晰，以便法院作出裁定。

（2）从保障利害关系人的诉讼参与权和查明涉案财产权属的角度看，应通知利害关系人到庭参加诉讼。本案利害关系人对涉案 330 亩土地主张权利，诉讼标的巨大。尽管利害关系人在庭审前提出撤回申请，但案件不宜不开庭审理，而应由人民法院通知利害关系人到庭参加诉讼：一方面，有助于明确利害关系人放弃对涉案财产主张权利是否是其真实意思表示，从程序上充分保障了利害关系人的诉讼参与权；另一方面，利害关系人参加诉讼，有助于庭审查明涉案财产权属关系，查明检察机关申请没收的财产是否高度可能属于违法所得。

（3）从保障利害关系人对财产合法权益的角度看，应通知利害关系人到庭参加诉讼。人民法院通知利害关系人到庭参加诉讼，利害关系人可以在庭审中重新对涉案财产主张权利。对于人民法院经审理依法作出的没收裁定，利害关系人可以提出上诉，继续对涉案财产主张权利。故人民法院通知利害关系人到庭参加诉讼，给予其更多权利救济的机会，可以更有效保护利害关系人对财产的合法权益。

3. 利害关系人撤回申请及财产权属相关情况应在裁判文书中予以确认

违法所得没收程序系非定罪程序，不涉及定罪量刑问题，只涉及对涉案财产的处理，是一种确权程序，与民事确权制度有异曲同工之处。本案利害关系人所涉财产利益巨大，两名利害关系人在庭审前提出撤回申请后，在庭审时再次当庭陈述放弃对涉案财产主张权利。人民法院经审理后，对利害关系人放弃权利主张及相关审查情况在裁判文书中直接载明，明确财产权利的归属，一方面凸显出裁定没收涉案财产的合法性，另一方面凸显出对利害关系人合法权益的充分保障，如其反悔，可以在上述期间提出上诉。

——李德慧撰稿、王晓东审编：《徐进贪污、受贿违法所得没收申请案——违法所得没收程序利害关系人参加诉讼相关问题的处理》，载最高人民法院刑事审判第一、二、三、四、五庭编：《刑事审判参考》（总第 131 辑），人民法院出版社 2022 年版，第 51~55 页。

1894. 善意取得制度适用于违法所得没收程序

关键词

善意取得　违法所得没收程序

《刑事审判参考》指导案例

徐进贪污、受贿违法所得没收申请案（《刑事审判参考》指导案例第 1471 号）

裁判要点：违法所得没收程序系对涉案财产处理的程序，基于对善意第三人利益的保护，我们认为，善意取得制度应当适用于违法所得没收程序。

违法所得没收程序适用“谁主张，谁举证”的举证原则，利害关系人为证明其权利主张，需要向法院提交相关证据。本案由于两名利害关系人撤回对涉案财产主张权利的申请，未在庭审中出示证据，人民法院根据检察机关出示的证据，作出没收裁定，对检察机关申请没收的财产予以没收。两名利害关系人是在A公司取得780.67亩土地之后与该公司及其股东发生民事法律关系，如果两名利害关系人在庭审中继续对涉案330亩土地主张权利，本案将涉及两名利害关系人是否对涉案330亩土地使用权构成善意取得的问题，由此引申出善意取得制度是否适用于违法所得没收程序的问题。

违法所得没收程序系对涉案财产处理的程序，基于对善意第三人利益的保护，我们认为，善意取得制度应当适用于违法所得没收程序。人民法院经审理查明，如果检察机关申请没收的财产属于利害关系人善意取得的财物，该财物虽可能来源于犯罪嫌疑人、被告人的违法行为，也不应当予以追缴。判断利害关系人对涉案财物是否构成善意取得，应当依照《民法典》第三百一十一条关于善意取得规定的构成要件：（1）利害关系人获得财物时是善意的，不知道该财物是违法所得及其他涉案财产；（2）利害关系人获得财物时支付了合理的对价；（3）利害关系人所获财物已经交付，属于依法应当登记的，已经到有关部门进行登记。善意取得制度在违法所得没收程序中的适用，可以在依法追缴犯罪嫌疑人、被告人违法所得及其他涉案财产的同时兼顾对利害关系人合法权益的保护。

——李德慧撰稿、王晓东审编：《徐进贪污、受贿违法所得没收申请案——违法所得没收程序利害关系人参加诉讼相关问题的处理》，载最高人民法院刑事审判第一、二、三、四、五庭编：《刑事审判参考》（总第131辑），人民法院出版社2022年版，第55~56页。

1895. 在违法所得没收程序中，如何认定利害关系人并厘清其合法权益保障的范围

关键词

违法所得没收程序　利害关系人

《刑事审判参考》指导案例

黄艳兰贪污违法所得没收案（《刑事审判参考》指导案例第 1472 号）

裁判要点：对涉案房产享有抵押权的银行属于适格利害关系人；声称已受让了涉案房产的住户是否属于适格利害关系人需根据案件实际情况进行认定。

贪污贿赂等犯罪行为直接或者间接获得财产，部分或者全部转变、转化的财产及其收益，以及来自违法所得相混合财产中违法所得相应部分的收益，均应视为“违法所得及其他涉案财产”基于按揭贷款抵押主张的权利范围限于按揭贷款欠款、迟延履行期间的一般债务利息以及实现权利支付的必要费用，还是也包括逾期利息、加倍债务利息（罚息）? 应具体问题具体分析。

根据刑事诉讼法的规定，在违法所得没收程序中，犯罪嫌疑人、被告人的近亲属和其他利害关系人可以申请参加诉讼；利害关系人如果参加诉讼，人民法院应开庭审理。由此可见，利害关系人是违法所得没收程序中十分重要的角色。它是在犯罪嫌疑人、被告人缺席的情况下，因与涉案财产的处置有利害关系，而由法律赋予了参加诉讼的权利。因此，在适用违法所得没收程序中，如何确定利害关系人，进而围绕着双方对涉案财产的主张和提供的相应证据，厘定利害关系人的合法权益范围，是依法裁定没收违法所得至关重要的问题。结合本案，作如下具体分析。

（一）违法所得没收程序中利害关系人的认定标准

本案可能的利害关系人众多，有犯罪嫌疑人的近亲属、房产和账户资金的持有人、房产抵押的相关银行、房产的受让人等。法院首先需要从提出申请的人中准确筛选、认定适格的利害关系人，以切实保障利害关系人的合法权益。近亲属是天然的利害关系人，实践中不存在争议。而对于刑事诉讼法第二百九十九条规定的“其他利害关系人”的认定，实践中还存在不同认识。结合本案具体情况，我们分析如下：

1. 对涉案房产享有抵押权的银行属于适格利害关系人

本案中，检察机关申请没收的绝大部分房产存在银行按揭贷款和抵押，相关银行是否属于适格利害关系人是本案首先要解决的问题。

这里涉及利害关系人认定的一个重要标准，即所谓的利害关系应包含哪些财产权利。

有观点认为，违法所得没收程序中的其他利害关系人仅指对申请没收的财产主张所有权的人。理由是，在刑事诉讼中，违法所得没收程序的任务是要查明申请没收的财产是否是实施犯罪所获得的财产及其收益；换言之，只要涉案财产不属于犯罪嫌疑人、被告人合法所有，就应当上缴国库或者返还给合法权利人。至于所有权以外限制物权的救济，权利人可以通过民事确权方式来保护其合法民事权益，确保刑民各守其分。因此，2012 年《最高人民法院关于适用〈中华人民共和国刑事诉讼法〉的解释》（以下简称 2012 年《刑事诉讼法解释》）第五百一十三条规定的"对申请没收的财产主张所有权的人"应当认定为刑事诉讼法规定的"其他利害关系人"。依此观点，本案中基于抵押担保物权而享有债权的银行应当排除出利害关系人之列。

我们认为，将利害关系人限定在对申请没收的财产主张所有权的人范围过窄。担保物权等其他财产权利同样不可忽视，只要是在启动违法所得没收程序之前善意取得的财产权利都应当受到承认与保护。如果违法所得没收裁定可能直接导致权利主张者丧失在涉案财产上的权利，就应当准许相关权利人提出主张。《最高人民法院关于刑事裁判涉财产部分执行的若干规定》第十三条关于"债权人对执行标的依法享有优于罚金以及没收财产执行顺序的优先受偿权"的规定，也体现了对担保物权的保护。由此，《违法所得没收规定》第七条将利害关系人的范围界定为"对申请没收的财产主张权利的自然人和单位"，这就将利害关系人的范围从所有权拓展至担保物权等主张任何财产性权利的自然人和单位。基于上述规定，2021 年修正的《刑事诉讼法解释》第六百一十六条对 2012 年《刑事诉讼法解释》第五百一十三条第一款进行了修改，将"其他利害关系人"由"对申请没收的财产主张所有权的人"修改为"除犯罪嫌疑人、被告人的近亲属以外的，对申请没收的财产主张权利的自然人和单位"。

具体到本案，证据表明，相关涉案房产的部分购房款来源于相关银行贷款，若涉案房产被法院裁定没收，将直接涉及银行在该房产上抵押权益的处置问题。故法院认定相关银行是本案的适格利害关系人，准予其参加诉讼并支持了银行的相关主张。

2. 声称已受让了涉案房产的住户是否属于适格利害关系人需根据案件实际情况进行认定

在本案公告期间，某涉案房产的住户曾申请作为利害关系人参加诉讼，理由是房产证上的房产持有人即犯罪嫌疑人黄艳兰的近亲属已将涉案房产出售给该住户，且该住户已实际入住。

这里涉及利害关系人认定的另一个重要标准，即如何认定善意第三人的问题。

我国加入并批准生效的《联合国反腐败公约》规定，不得作出损害善意第三人权利的解释。在违法所得没收申请案件中，如发现相关财物确属第三人善意取得，则虽然源于犯罪嫌疑人、被告人，也不应当予以追缴。善意取得应当满足以下条件：（1）第三人主观上为善意，不知财物系违法所得；（2）

取得之物应为法律所允许流通，且在公开市场上通过合理的交易形式取得；（3）支付合理对价；（4）已经取得，即动产已经实现交付，不动产已经完成登记。

本案中，法院经审查发现，申请参加诉讼的住户在与房产名义持有人签订买卖合同时，该住户已得知房产因涉及刑事案件被查封，且仅支付少量定金，也未办理过户手续。据此，法院认为该住户既无主观上的善意，亦无客观上支付合理对价和完成登记的行为，不符合善意第三人的认定条件，不是本案适格的利害关系人，最终依法驳回其作为利害关系人参加诉讼的申请。

（二）利害关系人合法权益范围的界定

1. 犯罪行为所获财产及其收益均属于违法所得

有观点认为，对于转变、转化后的财产以及个人生产经营后形成的添附收益，不应当认定为违法所得。理由是：犯罪嫌疑人、被告人或者近亲属虽然将违法所得作为生产经营的启动资金，但财产增值部分是经过合法生产经营获得的；若对增值部分财产全部没收，背离了合法劳动获得的财产受法律保护的基本原则。同时，为了避免有人从犯罪中受益，可以在裁判时考虑启动资金是违法所得并结合案情，给予一定数额的罚款处罚。

我们认为，贪污贿赂等犯罪行为直接或者间接获得财产，部分或者全部转变、转化的财产及其收益，以及来自违法所得相混合财产中违法所得相应部分的收益，均应视为“违法所得及其他涉案财产”。

具体到本案，桂林市中级人民法院在 2001 年执行物资总公司拖欠银行等单位借款纠纷案中，发现犯罪嫌疑人黄艳兰使用物资总公司公款私人购房并登记在亲属李某平、黄某萍等人名下，后对这些房产予以查封。为了转移剩余房产，黄艳兰与李某平、黄某萍等串通后，基于施某刚系美籍华人、高某杰系施某刚朋友的身份，于 2000 年至 2002 年将湖南大厦的 16 套、名都城的 1 套房产登记在施某刚、高某杰名下，其中涉案湖南大厦房产的合同权益（因尚未办理房产证）先转到施某烈（施某刚的哥哥）名下，之后再登记在施某刚、高某杰名下。在变更登记后，施某刚立即以委托为名将涉案房产交由黄艳兰母亲邓某英全权管理，可见涉案房产仍实际为邓某英控制、使用，且涉案房产的出售、出租收益亦由邓某英控制、使用，上述“买卖行为”是为了逃避追缴的虚假交易。之后，邓某英用部分涉案房产出售款、出租款购买了东苑美墅的 6 套房产，其中 4 套登记在施某刚名下，2 套登记在蒋某名下；部分房产收益存入户名为 SHIXIAOGANG、MICHELLE、秦某的银行账户。同时，施某刚、邓某英及其诉讼代理人均不能证明他们对涉案财产的权利主张。法院根据《违法所得没收规定》第六条的规定，认定黄艳兰指使他人用贪污公款购买后登记在他人名下的房产，邓某英将用公款购买的房产出售、出租后再行购买并登记在施某刚、蒋某名下的房产，以及将用公款购买的房产出售、出租款项存入的银行存款，均属于违法所得及其收益，均应当予以没收。

2. 按揭贷款相关利息是否属于合法权益应当具体问题具体分析

本案权利范围争议最大的问题在于：如何界定利害关系人民生银行上海分行、光大银行市南支行、工商银行虹桥支行基于按揭贷款抵押权主张的权利范围，即基于按揭贷款抵押主张的权利范围限于按揭贷款欠款、迟延履行期间的一般债务利息以及实现权利支付的必要费用，还是也包括逾期利息、加倍债务利息（罚息）？我们认为应具体问题具体分析。

（1）对于按揭贷款欠款、迟延履行期间的一般债务利息应予支持。本案中民生银行上海分行、光大银行市南支行、工商银行虹桥支行与犯罪嫌疑人黄艳兰未串通，亦不明知黄艳兰首付款系侵吞的赃款，依法应当认定为善意第三人，按揭贷款购房欠款及迟延履行期间的一般债务利息在按揭贷款情形中，均进行了抵押担保，其财产利益依法应当保护。

同时，基于公平原则，对于民生银行上海分行、光大银行市南支行、工商银行虹桥支行未受偿的损失部分也应当支持偿付。迟延履行期间的一般债务利息属于可确定的期待利益，按揭贷款购房相对人没有支付，对于银行而言即是一种确定的物质损失。按揭贷款购房后的房价升值部分，本质上属于盈利部分，如果对该收益全部没收，而对善意第三人损失部分的财产利益不予保护，则有违公平原则。同理，民生银行上海分行、光大银行市南支行、工商银行虹桥支行关于请求为实现上述权利支出的必要费用，亦应支持。

（2）对于支付迟延履行期间的逾期利息和加倍债务利息（罚息）的主张不予支持。根据合同法第二百零七条[①]的规定，借款人未按照约定的期限返还借款的，应当按照约定或者国家规定支付逾期利息。本案是因为房产被司法机关查封，而非被执行人有意违约，不属于上述规定情形，故对银行关于支付逾期利息的主张不予支持。

从加倍债务利息（罚息）的本质属性分析，利害关系人主张加倍债务利息（罚息）的理由不能成立。加倍债务利息（罚息）不是物质损失，本质上是对合同相对人的惩罚，属于对人权，谁的过错即对谁主张权利。而本案扣押在案的违法所得是犯罪所得及其产生的收益，其应该属于国家和被害人，不属于黄艳兰的可支配财产。根据《最高人民法院关于适用执行程序中计算迟延履行期间的债务利息适用法律若干问题的解释》第三条第三款的规定，即使是被执行人存在过错，但非因被执行人的申请导致法院中止、暂缓执行的，也不应该计算加倍债务利息。该规定虽然仅适用于生效裁判执行情形，但关于不计算加倍部分债务利息的精神同样可以适用于本案情形。因此，对

① 本条现为《中华人民共和国民法典》第六百七十六条。

银行关于加倍债务利息（罚息）的主张不予支持。

综上，人民法院依法裁定没收登记在施某刚、高某杰名下位于上海市湖南大厦、名都城的17套房产，登记在施某刚、蒋某名下位于上海市东苑美墅的6套房产，以及涉案户名为MICHELLE、SHIXIAOGANG、秦某的银行账号存款90.632159万元、美元2.791866万元；同时支持利害关系人民生银行上海分行、光大银行市南支行、工商银行虹桥支行对相应房产享有的抵押担保权，即购买23套房产的欠款本息及实现上述权利的相关合理费用。法院裁定既依法没收了外逃犯罪嫌疑人的犯罪所得，又合理维护了利害关系人的合法权益，是正确的。

——曹吴清、刘茂盛撰稿、张杰审编：《黄艳兰贪污违法所得没收案——违法所得没收程序中利害关系人的认定及其合法权益的界定》，载最高人民法院刑事审判第一、二、三、四、五庭编：《刑事审判参考》（总第131辑），人民法院出版社2022年版，第61~66页。

1896. 能否以违法所得财产满足合法债权人的债权请求应当分情况讨论

关键词

违法所得　合法债务

附录：最高人民法院主流观点

在行为人存在合法债务的情况下，债权人就违法所得财产提出债务清偿请求的，能否以违法所得财产满足该债权请求呢？我们认为，应当分情况讨论：（1）行为人实施的犯罪中存在被害人的，如贪污罪、挪用公款罪，应优先将该违法所得返还给刑事被害人，理由在于，该项财产直接源于犯罪，即被害人直接受损，故应首先考虑返还权利人，尽可能恢复被损害的社会关系，而第三人所受经济损失，与违法所得财产之间缺少必然联系。（2）行为人实施的犯罪中没有被害人的，如行贿罪，这种情形应注意，这与《刑法》第36条所规定的“应当先承担对被害人的民事赔偿责任”原理是有本质区别的，绝不能混为一谈。国家没收财产从一定意义上讲是对犯罪行为的制裁和对国家经济秩序的一种补偿，第三人的合法债权请求，是犯罪嫌疑人、被告人与债权人这两个处于平等主体地位的民事主体在自愿、平等、等价的基础上产生的权利义务关系，与犯罪行为无关，应通过其他方式进行救济。

——裴显鼎主编：《追逃追赃案件疑难问题及程序指引》，人民法院出版社2022年版，第260页。

1897. 如果被害人的财物是特定物且已经灭失，不宜使用违法所得等价返还

关键词

被害人财物　特定物　等价返还

附录：最高人民法院主流观点

对于有被害人的案件，如果被害人的财物是特定物且已经灭失，是否需要使用违法所得等价返还？我们认为，不宜使用犯罪嫌疑人、被告人的其他违法所得等价返还。理由是，《刑事诉讼法》第300条没有规定“责令退赔”的处理办法，《最高人民法院、最高人民检察院关于适用犯罪嫌疑人、被告人逃匿、死亡案件违法所得没收程序若干问题的规定》也未明确是否要向被害人等价返还损失，可见违法所得没收程序中的财产处理方式与普通刑事诉讼程序不同。这主要是由于违法所得没收程序并不涉及对犯罪人的审判和对犯罪事实的认定，《刑法》第64条规定：犯罪分子违法所得的一切财物，应当予以追缴或者责令退赔，这针对的是有被告人在案的普通程序，是对人的审判。但是违法所得没收程序中的被告人和犯罪嫌疑人都不在案，案件本质上属民事确认之诉，即涉案财产归谁所有的问题，不涉及不在案财物。因此，第64条的这一规定不适用于违法所得没收程序对于财物的处理，违法所得没收程序不允许“替代返还”。

——裴显鼎主编：《追逃追赃案件疑难问题及程序指引》，人民法院出版社2022年版，第349页。

1898. 对于违法所得与合法财产存在混同时的处理原则

关键词

违法所得　合法财产

《刑事审判参考》指导案例

吴为兵受贿违法所得没收案（《刑事审判参考》指导案例第1473号）

裁判要点：混同、添附行为不能否定违法所得的性质，违法所得转化、转变的部分依然应当认定为违法所得，不能认定为与案件

相关的涉案财产。

对于违法所得与合法财产存在混同时，是直接认定为违法所得还是认定为涉案财产，存在两种观点：

第一种观点认为，违法所得与合法财产混同后反复多次投资，或者违法所得用于购买房产、书画、玉石珠宝、投资股票或者设立公司添附个人经营等智力活动而形成的财产，并非行为人直接犯罪所得，还包含了行为人的投资智慧和直接生产经营活动，如直接认定为违法所得不妥，宜认定为与案件相关的涉案财产。

第二种观点认为，混同、添附行为不能否定违法所得的性质，违法所得转化、转变的部分依然应当认定为违法所得，不能认定为与案件相关的涉案财产。

我们赞同第二种观点。根据《违法所得没收规定》第六条的规定，违法所得分为三种类型：一是原始形态的违法所得，即通过实施犯罪直接或者间接产生、获得的任何财产；二是违法所得形态发生转变或转化，即违法所得已经部分或者全部转变、转化为其他财产的，转变、转化后的财产；三是违法所得所产生的收益或孳息，即违法所得转变、转化后的财产收益，或者来自已经与违法所得相混合财产中违法所得相应部分的收益。

在具体审查时，应当注意对申请没收的财物分为三步进行审查：

第一步，审查违法所得与合法财产发生混同时，申请没收的财物形态有无发生变化。例如，被告人受贿所得与个人工资混同后，用于购买银行理财产品后被依法扣押，该财物形态仍为种类物而没有发生变化；选择购买房产、黄金珠宝等，则财物形态即从种类物转化为特定物而发生变化。

第二步，审查申请没收财物发生混同后，该财物有无产生收益或孳息。要特别注意不同种类财物产生的收益或孳息不尽相同，如银行理财产品产生利息收入、房产出租获取的租金，购买房产、黄金珠宝价格上涨产生增值，该财产收益或孳息均应视为违法所得一并予以没收。

第三步，根据比例原则确定没收的数额。当混同的财物并非全部系违法所得时，应当确定违法所得和添附的比例，混同财物发生增值时，一般的计算公式为：违法所得没收数额 =（犯罪所得数额 / 混同物犯罪时价值）× 混同物当前市场价值。本案中，被告人吴为兵将其收受的 10 万元贿赂作为部分购房款，购买价值 139 万余元的别墅 1 套。该笔 10 万元有吴为兵的供述及行贿人的证言相互印证，双方就送钱的请托事项、数额、包装等细节相互印证，吴为兵还就 10 万元系用于购房作了特别说明，再结合检察机关调取的吴为兵买房的合同、付款明细等书证，其受贿时间为 2010 年 12 月，随后其分别于 2011 年 2 月 1 日、2 月 10 日、3 月 14 日支付三笔购房款 25 万元、20

万元、22 万元，受贿与购房间隔时间短，可以认为该 10 万元具有高度可能用于购房。故该笔 10 万元及相应增值部分，可以认定为吴为兵的违法所得予以没收，没收违法所得数额 =（10 万元 /139 万元）× 259 万元，最终得出 18.6 万余元的结论。

实践中还可能存在一种情况，对于转化后的混同物发生贬值或者价格下跌时如何处理，存在一定争议。例如，被告人支付 20 万元购买一辆汽车，其中 5 万元为受贿所得，15 万元为个人合法收入。案发时，该汽车市场评估价为 12 万元。有观点认为，按照比例原则，被告人购买汽车时违法所得与合法财产的比例为 1 ∶ 3，则应当没收违法所得的数额为 4 万元。另一种观点认为，能够确定 5 万元系受贿所得，则不存在比例问题，应当优先将该 5 万元违法所得予以没收。我们赞同第二种观点。解决这个问题，首先应理解没收的是财还是物，上述这种情况，被告人并不是没收汽车这个“物”，这个物的贬值与没收无关，我们应没收的是其违法所得的“财”，被告人将受贿款 5 万元转移到其购买的汽车上，只要该汽车没有贬值到低于 5 万元，我们均应从该汽车上将该 5 万元违法所得全部予以没收。

综上，对于检察机关申请没收的涉案财物，法院经过审查，对其中具有高度可能性系其受贿所得的财物及增值部分予以没收，对于不能达到高度可能属于违法所得的部分依法解除扣押并返还给利害关系人。一审宣判后，双方未提出抗诉或上诉，涉案财物也已顺利执行完毕。无锡地区首例没收违法所得案件圆满审结，并取得了较好社会示范效应。

——范凯、刘芸、梁果撰稿、黄嵩审编：《吴为兵受贿违法所得没收案——违法所得的认定和没收原则》，载最高人民法院刑事审判第一、二、三、四、五庭编：《刑事审判参考》（总第 131 辑），人民法院出版社 2022 年版，第 75~77 页。

1899. 如何理解与把握违法所得没收申请案件的证明标准

关键词

违法所得没收申请　证明标准

《刑事审判参考》指导案例

白静贪污违法所得没收案（《刑事审判参考》指导案例第 1474 号）

裁判要点：违法所得没收程序中对犯罪事实的认定适用“有证据证明有犯罪事实”标准。“高度可能”是证明标准，“优势证据”

是证明原则，二者不能混为一谈。“高度可能”是违法所得没收程序证明标准本身亦是最高标准。

（一）违法所得没收程序中对犯罪事实的认定适用“有证据证明有犯罪事实”标准

在刑事诉讼领域，提起证明标准，自然理解为“事实清楚，证据确实、充分，排除一切合理怀疑”。2012 年修正的刑事诉讼法确立违法所得没收程序后，2012 年《最高人民法院关于适用〈中华人民共和国刑事诉讼法〉的解释》（以下简称 2012 年《刑事诉讼法解释》）第五百一十条规定，对申请没收违法所得的案件，人民法院审理后，对案件事实清楚，证据确实、充分，申请的财产确属违法所得及其他涉案财产的，除依法返还被害人的以外，应当裁定没收。由此可见，当时虽确立了违法所得没收程序，但尚未认识到该特别程序与普通刑事案件证明标准的差异，这也在一定程度上导致该程序在实践中的适用难度较大。

经过五年的探索，2017 年，最高人民法院、最高人民检察院出台《违法所得没收规定》，根据司法实践的具体情况对上述第五百一十条规定进行了修改，在《违法所得没收规定》第九条提出了“有证据证明有犯罪事实”的标准，并在第十条详细规定了“有证据证明有犯罪事实”标准的三个层面含义：有证据证明发生了犯罪事实；有证据证明该犯罪事实是犯罪嫌疑人、被告人实施的；证明犯罪嫌疑人、被告人实施犯罪行为的证据真实、合法。

《违法所得没收规定》对该程序的证明标准与 2012 年《刑事诉讼法解释》的规定不一致，虽然《违法所得没收规定》第二十五条明确规定“之前发布的司法解释与本规定不一致的，以本规定为准”，但司法实践中仍存在分歧。本案申请于 2019 年，法院审理于 2020 年，在审理过程中，对证明标准存在两种意见：

第一种意见认为，申请没收的财产属于违法所得及其他涉案财产的证明标准应与普通刑事案件证明标准一致，即“事实清楚，证据确实、充分”。理由是：人民法院裁定没收违法所得及其他涉案财产，是以犯罪嫌疑人、被告人的行为构成特定犯罪为前提的，尽管该程序不对犯罪嫌疑人、被告人定罪处罚，但仍然对其作出了不利处分，只有坚持普通刑事案件的证明标准，才能确保该程序不被滥用，保障犯罪嫌疑人、被告人的合法权益。因此，应该严格依照 2012 年《刑事诉讼法解释》的规定，对案件事实清楚，证据确实、充分，申请的财产确属违法所得及其他涉案财产的，才能裁定没收。

第二种意见认为，违法所得没收程序的相关规定已经明确，对于相关犯罪事实，只需要有“证据证明发生了犯罪事实”“有证据证明该犯罪事实是犯罪嫌疑人、被告人实施的”“证明犯罪嫌疑人、被告人实施犯罪行为的证据真实、合法”三个条件齐备，达到“有证据证明有犯罪事实”的标准即可。

我们同意第二种意见，理由如下：

首先，违法所得没收程序虽然由于前置条件涉嫌犯罪而归于刑事诉讼范畴，但其本质上是解决财产属性的民事诉讼的确权之诉，是一种特别程序。普通刑事诉讼程序旨在查明犯罪事实，对行为人进行定罪量刑，在涉及行为人定罪事实和量刑事实的证据上，应当达到“事实清楚，证据确实、充分”的证明标准。但违法所得没收程序不以确定行为人的刑事责任为目标，而是在行为人缺席的情况下，旨在通过法定程序对与犯罪行为具有特定关联的财产归属予以确认，将被侵害的财产权利尽快恢复到合法状态。换而言之，没收行为人的违法所得是对被侵犯的财产权的一种确认和恢复，而不是刑罚，不具有惩罚性，不涉及对定罪事实和量刑事实的确认。因此，两个不同程序的本质和所要解决的问题各不相同，证明标准应当有本质区别。

其次，违法所得没收程序中行为人未到案，因此一般情况下既没有机会获取行为人的供述，也没有机会听取行为人的辩解。在证据的完备性上也不同于以被告人在席为基本原则、被告人可以完整参与整个诉讼、完整进行陈述与辩解的普通刑事诉讼程序。当犯罪嫌疑人、被告人在案件审结后归案，对没收裁定提出异议，法院可以重新审理；且原裁判只要不存在司法人员徇私舞弊等情形，都不视为错案。这既符合客观实际，能在行为人未归案时尽快进行涉案财产的确权，又能促进行为人归案说清事实。

再次，如果在违法所得没收程序中坚持“事实清楚，证据确实、充分”的证明标准，则部分嫌疑人、被告人不在案的案件将难以启动违法所得没收程序，这就与刑事诉讼法创立该程序的初衷相背离，难以实现不让犯罪者从其违法行为中获利的追逃追赃目的，也难以及时恢复被破坏的财产权利。

最后，如果在违法所得没收程序中坚持“事实清楚，证据确实、充分”的证明标准，则庭审容易偏离焦点，陷入争论行为人是否实施了犯罪行为，背离了违法所得没收程序解决财产权属的初衷。

因此，在违法所得没收申请案件中，关于是否有犯罪事实，《违法所得没收规定》明确在立案阶段重点审查，审查的标准是“有证据证明有犯罪事实”，而在庭审阶段，重点调查的是申请没收的财产是否属于违法所得及其他涉案财产。

本案中，法院首先需要根据《违法所得没收规定》第九条和第十条的规定，审查是否达到“有证据证明犯罪嫌疑人白静实施了贪污犯罪”。第一，白静曾任农业银行负责债券投资业务的本币投资处副处长、处长等职务，系经单位党委会或党政联席会任命的负有管理国有资产职责的人员，属于国家工作人员，因此，白静符合贪污罪的主体要件。第二，白静指使他人成立了中衡汇公司和力拓维公司，在包商银行开设了资金一般账户和进行银行间债券交易的丙类账户，并与包商银行签订了债券结算代理业务协议，由包商银行代理中衡汇公司、力拓维公司进行债券交易。白静利用职务便利，通过虚增交易环节，使其实际控制的公司在无任何其他经营活动、无任何资金投入的情况下获得巨额利益，后将上述公司账户中资金全部转出占为己有，涉嫌贪污罪。

需要注意的是，违法所得没收案件不要求达到“事实清楚，证据确实、充分”的证明标准，绝不意味着对犯罪事实的认定和行为的定性可以是模糊的。在违法所得没收程序中，对犯罪事实和行为的定性不仅是适用违法所得没收程序的前置程序，而且是认定违法所得及其他涉案财产的基础。人民法院在立案受理阶段，应当对犯罪嫌疑人、被告人涉嫌犯罪的事实进行认真审查并准确定性，以确定能否适用违法所得没收程序。在本案前期工作中，对犯罪嫌疑人白静的主体身份认识不明确，白静涉嫌贪污罪还是职务侵占罪存在争议，后经过详细补证、论证，明确涉案公司是国有公司，犯罪嫌疑人白静的身份属于国家工作人员，最终认定白静涉嫌贪污罪而非职务侵占罪，符合启动违法所得没收程序的前提性条件。

（二）违法所得没收程序中对违法所得的认定适用“高度可能”标准

争议财物是否属于应当没收的涉案财物，是违法所得没收案件证明的核心内容，相应的证明标准也是案件证明工作的重点。既然证明犯罪不需要“事实清楚，证据确实、充分”，那么证明财产来源于犯罪也不可能达到确实、充分的标准。2017年《违法所得没收规定》首次引入“高度可能”标准，于第十七条第一款明确规定，申请没收的财产具有高度可能属于违法所得及其他涉案财产的，应当认定为属于违法所得及其他涉案财产。这一突破性规定引发了普遍的思考，实践中也产生了新的困惑和争议，比如，怎样才算达到“高度可能”？如何衡量这个“高度”？

理解“高度可能”，首先要了解其来源于民事诉讼的优势证据原则。优势证据的证明标准是指当证明某一事实存在或不存在的证据证明力比反对的证据更强，或者比反对的证据可靠性更高，由法官采信具有优势的证据认定案件事实。违法所得没收程序规定的“高度可能”正是借鉴了《最高人民法院关于适用〈中华人民共和国民事诉讼法〉的解释》第一百零八条确立的“优势证据规则”的表述，即“对负有举证证明责任的当事人提供的证据，人民法院经审查并结合相关事实，确信待证事实的存在具有高度可能性的，应当认定该事实存在”。

有观点认为，违法所得毕竟是被认定为具有刑事违法性行为的关联产物，认定并没收犯罪嫌疑人、被告人的违法所得及其财产，必将带来一种类刑罚的评价和定位，因此结果比民事确认权属要严重，相应的证明标准虽借鉴民事优势证据原则但不完全是优势证据标准，而是高于普通民事诉讼证明标准的"高度可能"。

我们认为,"高度可能"是证明标准,"优势证据"是证明原则,二者混为一谈进行比较本身就是伪命题。违法所得没收程序不解决犯罪嫌疑人、被告人的定罪量刑问题,本质上是民事确认之诉,"高度可能"是基于优势证据原则产生的对财物确认权属的唯一证明标准。具体到案件中如何贯彻优势证据原则,得出是否"高度可能",举一个相反案例:在彭旭峰受贿,贾斯语受贿、洗钱违法所得没收申请案[①]中,利害关系人贾某平、蔡某及其诉讼代理人提出检察机关申请没收的其中从贾某平、蔡某处查扣的38万元属于贾斯语的合法财产。法院经审理认为,鉴于货币系种类物,且该38万元并非数额特别巨大,未明显超过彭旭峰、贾斯语的合法收入,不能排除其中含有合法收入的可能性,尚未达到"高度可能"属于违法所得的证明标准,故法院裁定对该38万元不予没收。由此可见,"高度可能"是法官根据事实证据并综合生活常识等因素形成的合理衡量和判断,而不能机械地用某一确定百分比的尺度去认定。

本案中,相关证据证明,白静涉嫌实施贪污犯罪的违法所得全部转入中衡汇公司、力拓维公司,而申请没收的9套房产的购买资金全部直接来源于上述账户,且涉嫌贪污转入上述两个公司的违法所得较全部房产购买价更多;同时,上述9套房产的登记购买人,即相关涉案利害关系人,除其中1套房产的登记购买人牛某(白静妻子)逃匿境外无证言外,均明确表示自己未出资,亦对白静以其名义购买房产的事实不知情,对涉案财产不主张权利。由上述两方面的证据可见,检察机关申请没收的9套房产足以达到"高度可能"属于白静贪污违法所得的证明标准。

(三)"高度可能"是违法所得没收程序证明标准本身亦是最高标准

有观点认为,"高度可能"是《违法所得没收规定》为认定申请没收的财产是否属于违法所得及其他涉案财产设定的最低证明标准。本案中,白静通过假发票平账套取公款,再通过银行转账到其控制账户,相关事实有书证、证人证言予以证明,已经达到"事实清楚,证据确实、充分"的证明标准。对于此类情形,就可以直接表述"事实清楚,证据确实、充分",如果在表述证据证明内容时仍然使用"高度可能",就意味着降低了证据实际的证明力。

我们认为这种观点是错误的。首先,"高度可能"是违法所得没收程序证明标准本身,"事实清楚,证据确实、充分"是普通刑事诉讼程序中证明犯罪嫌疑人、被告人的定罪程序的证明标准,两者不可混为一谈。违法所得没收程序是对物的确权程序,本质上是一种民事诉讼。在违法所得没收程序中表述证据已经达到"事实清楚,证据确实、充分"是混淆了对人与对物两种不

① 参见(2019)湘06刑没初1号违法所得没收裁定。

同程序的证明标准，在对物的确认之诉中引入“事实清楚，证据确实、充分”之对人的定罪标准，不仅是毫无价值的，违背了民事诉讼的证明规则，而且也背离了违法所得没收程序不同于普通刑事诉讼程序的本质。其次，把涉案财产是否属于违法所得的证明标准表述为“高度可能”，是引入对物的权属确认之诉中的最高标准，认为降低了证据实际证明力的理解是对没收程序认识错误。“高度可能”这一“可能”实为从哲学意义上承认人类认知的存伪可能，法律意义上的“确实、充分”并不比“高度可能”更接近真相，“高度可能”是司法机关“结合案件情况，判断一方提供证据的证明力是否明显大于另一方提供证据的证明力，并对证明力较大的证据予以确认”[①]，是经过证据判断得出的高度盖然性，是民事确认之诉的最高证明标准。本案中，正是因为申请机关对白静通过假发票平账套取公款，再通过银行转账到其控制账户的相关事实提供了书证、证人证言予以证明，人民法院才依法经过证据采信、综合判断，作出申请没收的财产“高度可能”属于违法所得的认定。

白静违法所得没收一案，人民法院严格依照法律规定，准确表述和适用了相关证明标准。开庭审理后，明确了“高度可能”的证明标准并进行了宣传报道，使得这一证明标准深入人心，实现了较好的普法效果，被评为2020年度“内蒙古十大法治事件”。2021年新的《刑事诉讼法解释》修改了2012年《刑事诉讼法解释》的相关规定，吸收了《违法所得没收规定》规定的违法所得没收案件“有证据证明有犯罪事实”“高度可能”的证明标准，进一步统一了认识，明确了标准，消弭了纷争。

——曹吴清、王庆华撰稿、黄嵩审编：《白静贪污违法所得没收案——如何把握违法所得没收案件的证明标准》，载最高人民法院刑事审判第一、二、三、四、五庭编：《刑事审判参考》（总第131辑），人民法院出版社2022年版，第80~86页。

---

① 参见2001年《最高人民法院关于民事诉讼证据的若干规定》（已修正）第七十三条。

第三十一章　依法不负刑事责任的精神病人的强制医疗程序

1900. 强制医疗案件中认定被申请人或被告人继续危害社会可能的审查判断要素与方法

关键词

强制医疗审查　继续危害社会可能

最高人民法院指导性案例

徐加富强制医疗案（最高人民法院指导案例 63 号）

裁判要点：审理强制医疗案件，对被申请人或者被告人是否“有继续危害社会可能”，应当综合被申请人或者被告人所患精神病的种类、症状，案件审理时其病情是否已经好转，以及其家属或者监护人有无严加看管和自行送医治疗的意愿和能力等情况予以判定。必要时，可以委托相关机构或者专家进行评估。

法院生效裁判认为：本案被申请人徐加富实施了故意杀人的暴力行为后，经鉴定属于依法不负刑事责任的精神疾病人，其妄想他人欲对其加害而必须携带刀等防卫工具外出的行为，在其病症未能减轻并需继续治疗的情况下，认定其放置社会有继续危害社会的可能。成都市武侯区人民检察院提出对被申请人强制医疗的申请成立，予以支持。诉讼代理人提出了被申请人是否有继续危害社会的可能应由医疗机构作出评估，本案没有医疗机构的评估报告，对被申请人的强制医疗的证据不充分的辩护意见。法院认为，在强制医疗中如何认定被申请人是否有继续危害社会的可能，需要根据以往被申请人的行为及本案的证据进行综合判断，而医疗机构对其评估也只是对其病情痊愈的评估，法律没有赋予医疗机构对患者是否有继续危害社会可能性方面的评估权利。本案被申请人的病症是被害幻觉妄想症，经常假想要被他人杀害，外出害怕被害必带刀等防卫工具。如果不加约束治疗，被申请人不可能不外出，其外出必携带刀的行为，具有危害社会的可能，故诉讼代理人的意见不予采纳。

——《最高人民法院关于发布第13批指导性案例的通知》（2016年6月30日，法〔2016〕214号）。

说明

该指导案例指出，应当从被申请人或者被告人所患精神病的种类、症状，案件审理时其病情是否已经好转，以及其家属或者监护人有无严加看管和自行送医治疗的意愿和能力等情况予以判定。必要时，可以委托相关机构或者专家进行评估。发布该案例，对于保障强制医疗程序的正确适用，解决司法实践中存在的疑难、争议问题，具有指导意义。

附录：最高人民法院主流观点

强制医疗案件中认定有继续危害社会可能是对被申请人或者被告人未来行为进行的预测和推断，总体而言，审查的因素越全面，对其判断越客观，因此需要综合分析判断多种因素得出结论。主要有以下四方面要素：

1. 被申请人所患精神疾病的类型、症状。通常情况下，强制医疗案件中用以证明被申请人或者被告人所患精神疾病类型、症状的证据，主要有鉴定机构对被申请人或者被告人案发时的刑事责任能力、相关病症作出专业的司法鉴定结论以及医院对已经送医救治的精神病患者出具的病情证明。上述司法鉴定结论和病情证明虽然只是案发时和送医救治期间被申请人或者被告人的社会危害性证明，但是可以证明被申请人或者被告人的患病严重程度，若不接受专业治疗，有再次实施暴力行为的可能性。对这类精神病人，可结合其既往病史及治疗情况，判断其有继续危害社会的可能。

2. 案件审理时其病情是否已经好转。精神疾病患者一般缺乏自知力，不认同自己患病，在其自知力没有较大程度恢复的情况下一般无法主动积极参与治疗，而是需要在监管下进行治疗。少数强制医疗案件中，若行为人因精神疾病实施了危害社会的行为，但随后得到精神病医疗机构的治疗，并得到监护人有效的监管。经过治疗，其精神疾病已经得到比较好的治疗或者控制，其本人具有进行后续治疗的意愿和能力，医疗机构可以根据病情变化采取不同的防护措施，其再次危害社会的可能性自然较小。被申请人没有继续危害社会的可能性，也就没有必要再对其进行强制医疗。

3. 家属或监护人有无严加看管和自行送医治疗的意愿和能力。强制医疗属于国家利用社会公共资源对精神病人的社会防卫措施，以避免其继续危害公共安全。通常情况下，实施暴力行为、人身危险性大的精神病人治愈难度大，治疗成本高，家庭监护所需承担的医治和监管的责任比较重，家属或者监护人一般更倾向于由政府对病人进行强制医疗。也有部分精神病人家属或者监护人明确表示愿意自行对被申请人或者被告人进行监管并送医治疗。相较于强制医疗，家庭监管力度较弱，有可能存在因监管不力导致被申请人再次实施危害行为的可能。因此，应当用较严格的标准对家属或者监护人有无严加看管和自行送医治疗的意愿和能力进行审查。法院应当审查患者家属或者监护人对患者进行监管、治疗的现实可行性，审查其是否具备治疗的能力和条件。具体审查的内容应当包括：（1）家属是否具有自行监护的能力，能否尽到监管、治疗职责，是否具备对被申请人或者被告人进行长期治疗的实际条件。（2）家属对其进行治疗的医疗机构是否专业，对具有暴力倾向的重性精神病人能否有效地治疗和监管。

4. 必要时可以委托相关机构或者专家进行评估。病情评估是指通过询问病史、体格检查、临床实验室检查、医技部门辅助检查等检查，对患者心理、生理、病情严重程度、全身状况等作出综合评估，用于指导对患者的诊疗活动。精神卫生法第三十条规定："诊断结论、病情评估表明，就诊者为严重精神障碍患者并有下列情形之一的，应当对其实施住院治疗：（一）已经发生伤害自身的行为，或者有伤害自身的危险的；（二）已经发生危害他人安全的行为，或者有危害他人安全的危险的。"据此，司法实践中，有观点认为病情评估是认定被申请人或者被告人有继续危害社会可能的必要条件，若缺乏病情评估则不应当对其适用强制医疗措施。此观点实质上是混淆了证据证明与司法裁判的关系。[①]对精神病人所做的有继续危害社会可能的病情评估属于刑事证据，是用以证明案件事实的依据。从证据分类角度看，其属于证人证言，是医生运用其医学知识对精神病人的社会危害性作出的专业判断。证人证言必须在法庭上经过公诉人、被害人和被告人、辩护人双方讯问、质证，听取各方证人的证言并经过查实以后，才能作为定案的根据。目前的医学技术依然无法对精神病人的社会危害性进行准确判断和预测，[②]因此，即便经过质证并查实的病情证明，也只能作为认定被申请人或者被告人社会危险性的重要证据，但不是唯一证据。认为人民法院应当依据病情评估作出予以强制医疗决定的观点，是用评估、鉴定代替人民法院的司法裁判。在审判时，若被申请人或者被告人尚未送医救治，人民法院在缺乏病情评估的情况下，仍然应当综合相关证据进行裁判。在综合相关证据无法得出明确结论时，才有必要

① 付继博、季松博：《强制医疗程序中严重危害行为的标准及继续危害可能性的实践把握》，载《中国检察官》2014 年第 16 期。

② 纵博、陈盛：《强制医疗程序中的若干证据法问题解析》，载《中国刑事杂志》2013 年第 7 期。

委托相关机构或者专家进行评估。该案例在讨论中有一种观点认为，《最高人民法院关于适用刑事诉讼法的解释》（法释〔2012〕21号）第541条[①]规定，“强制医疗机构提出解除强制医疗意见，或者被强制医疗的人及其近亲属申请解除强制医疗的，人民法院应当审查是否附有对被强制医疗的人的诊断评估报告。强制医疗机构提出解除强制医疗意见，未附诊断评估报告的，人民法院应当要求其提供。被强制医疗的人及其近亲属向人民法院申请解除强制医疗，强制医疗机构未提供诊断评估报告的，申请人可以申请人民法院调取。必要时，人民法院可以委托鉴定机构对被强制医疗的人进行鉴定。”既然对于被强制医疗的人解除强制医疗措施时，人民法院应当审查相关诊断评估报告，那对精神病人决定强制医疗时也应当审查被申请人或者被告人的病情诊断评估报告。经过讨论认为，依据刑事诉讼法第二百八十四条以及最高人民法院相关司法解释的规定，对精神病人给予强制医疗需要着重审查的，除了其实施危害社会和他人暴力行为时的精神状态、责任能力外，另一方面是其未来继续危害社会的可能性。而对后者的判断，根据实践经验，往往结合被申请人或者被告人在其被送鉴定刑事责任能力时的情况、平时行为特点、在羁押场所的表现等方面情况即可以得出准确的判断。只有少数时候，对被申请人或者被告人的病情现状，法官才需要进一步借助医生的医学上的病情诊断来把握、判断。

在徐家富强制医疗案中，诉讼代理人提出了被申请人是否有继续危害社会的可能应由医疗机构作出评估，而本案没有医疗机构评估报告，对被申请人强制医疗的证据不充分的辩护意见。法院认为，在强制医疗中，如何认定被申请人或者被告人是否有继续危害社会的可能，需要根据其以往的行为及本案的证据进行综合判断，医疗机构对其评估也只是对其病情是否痊愈的评估，法律并没有赋予医疗机构对患者是否有继续危害社会可能性方面进行评估的职责。本案被申请人的病症是被害幻觉妄想症，经常假想要被他人杀害，外出害怕被害必带刀等防卫工具。如果不加约束治疗，被申请人不可能不外出，其外出必携带刀的行为，具有危害社会的可能，故对诉讼代理人的意见未予采纳。

——最高人民法院案例指导工作办公室：《指导案例63号〈徐加富强制医疗案〉的理解与参照——强制医疗案件中有继续危害社会可能的认定》，载《人民司法·案例》2017年第23期（总第790期）。

---

① 本条现为《最高人民法院关于适用〈中华人民共和国刑事诉讼法〉的解释》（法释〔2021〕21号）第六百四十六条。

1901. 依法不负刑事责任的精神病人的强制医疗程序的具体规定

关键词

刑事责任　精神病人　强制医疗程序

最高人民法院司法解释

第六百三十条　实施暴力行为，危害公共安全或者严重危害公民人身安全，社会危害性已经达到犯罪程度，但经法定程序鉴定依法不负刑事责任的精神病人，有继续危害社会可能的，可以予以强制医疗。

第六百三十一条　人民检察院申请对依法不负刑事责任的精神病人强制医疗的案件，由被申请人实施暴力行为所在地的基层人民法院管辖；由被申请人居住地的人民法院审判更为适宜的，可以由被申请人居住地的基层人民法院管辖。

第六百三十二条　对人民检察院提出的强制医疗申请，人民法院应当审查以下内容：

（一）是否属于本院管辖；

（二）是否写明被申请人的身份，实施暴力行为的时间、地点、手段、所造成的损害等情况，并附证据材料；

（三）是否附有法医精神病鉴定意见和其他证明被申请人属于依法不负刑事责任的精神病人的证据材料；

（四）是否列明被申请人的法定代理人的姓名、住址、联系方式；

（五）需要审查的其他事项。

第六百三十三条　对人民检察院提出的强制医疗申请，人民法院应当在七日以内审查完毕，并按照下列情形分别处理：

（一）属于强制医疗程序受案范围和本院管辖，且材料齐全的，应当受理；

（二）不属于本院管辖的，应当退回人民检察院；

（三）材料不全的，应当通知人民检察院在三日以内补送；三日以内不能补送的，应当退回人民检察院。

第六百三十四条　审理强制医疗案件，应当通知被申请人或者被告人的法定代理人到场；被申请人或者被告人的法定代理人经通知未到场的，可以通知被申请人或者被告人的其他近亲属到场。

被申请人或者被告人没有委托诉讼代理人的，应当自受理强制医疗申请或者发现被告人符合强制医疗条件之日起三日以内，通知法律援助机构指派律师担任其诉讼代理人，为其提供法律帮助。

第六百三十五条 审理强制医疗案件，应当组成合议庭，开庭审理。但是，被申请人、被告人的法定代理人请求不开庭审理，并经人民法院审查同意的除外。

审理强制医疗案件，应当会见被申请人，听取被害人及其法定代理人的意见。

第六百三十六条 开庭审理申请强制医疗的案件，按照下列程序进行：

（一）审判长宣布法庭调查开始后，先由检察员宣读申请书，后由被申请人的法定代理人、诉讼代理人发表意见；

（二）法庭依次就被申请人是否实施了危害公共安全或者严重危害公民人身安全的暴力行为、是否属于依法不负刑事责任的精神病人、是否有继续危害社会的可能进行调查；调查时，先由检察员出示证据，后由被申请人的法定代理人、诉讼代理人出示证据，并进行质证；必要时，可以通知鉴定人出庭对鉴定意见作出说明；

（三）法庭辩论阶段，先由检察员发言，后由被申请人的法定代理人、诉讼代理人发言，并进行辩论。

被申请人要求出庭，人民法院经审查其身体和精神状态，认为可以出庭的，应当准许。出庭的被申请人，在法庭调查、辩论阶段，可以发表意见。

检察员宣读申请书后，被申请人的法定代理人、诉讼代理人无异议的，法庭调查可以简化。

第六百三十七条 对申请强制医疗的案件，人民法院审理后，应当按照下列情形分别处理：

（一）符合刑事诉讼法第三百零二条规定的强制医疗条件的，应当作出对被申请人强制医疗的决定；

（二）被申请人属于依法不负刑事责任的精神病人，但不符合强制医疗条件的，应当作出驳回强制医疗申请的决定；被申请人已经造成危害结果的，应当同时责令其家属或者监护人严加看管和医疗；

（三）被申请人具有完全或者部分刑事责任能力，依法应当追究刑事责任的，应当作出驳回强制医疗申请的决定，并退回人民检察院依法处理。

第六百三十八条 第一审人民法院在审理刑事案件过程中，发现被告人可能符合强制医疗条件的，应当依照法定程序对被告人进行法医精神病鉴定。经鉴定，被告人属于依法不负刑事责任的精神病人的，应当适用强制医疗程序，对案件进行审理。

开庭审理前款规定的案件，应当先由合议庭组成人员宣读对被告人的法医精神病鉴定意见，说明被告人可能符合强制医疗的条件，后依次由公诉人和被告人的法定代理人、诉讼代理人发表意见。经审判长许可，公诉人和被告人的法定代理人、诉讼代理人可以进行辩论。

第六百三十九条　对前条规定的案件，人民法院审理后，应当按照下列情形分别处理：

（一）被告人符合强制医疗条件的，应当判决宣告被告人不负刑事责任，同时作出对被告人强制医疗的决定；

（二）被告人属于依法不负刑事责任的精神病人，但不符合强制医疗条件的，应当判决宣告被告人无罪或者不负刑事责任；被告人已经造成危害结果的，应当同时责令其家属或者监护人严加看管和医疗；

（三）被告人具有完全或者部分刑事责任能力，依法应当追究刑事责任的，应当依照普通程序继续审理。

第六百四十条　第二审人民法院在审理刑事案件过程中，发现被告人可能符合强制医疗条件的，可以依照强制医疗程序对案件作出处理，也可以裁定发回原审人民法院重新审判。

第六百四十一条　人民法院决定强制医疗的，应当在作出决定后五日以内，向公安机关送达强制医疗决定书和强制医疗执行通知书，由公安机关将被决定强制医疗的人送交强制医疗。

第六百四十二条　被决定强制医疗的人、被害人及其法定代理人、近亲属对强制医疗决定不服的，可以自收到决定书第二日起五日以内向上一级人民法院申请复议。复议期间不停止执行强制医疗的决定。

第六百四十三条　对不服强制医疗决定的复议申请，上一级人民法院应当组成合议庭审理，并在一个月以内，按照下列情形分别作出复议决定：

（一）被决定强制医疗的人符合强制医疗条件的，应当驳回复议申请，维持原决定；

（二）被决定强制医疗的人不符合强制医疗条件的，应当撤销原决定；

（三）原审违反法定诉讼程序，可能影响公正审判的，应当撤销原决定，发回原审人民法院重新审判。

第六百四十四条　对本解释第六百三十九条第一项规定的判决、决定，人民检察院提出抗诉，同时被决定强制医疗的人、被害人及其法定代理人、近亲属申请复议的，上一级人民法院应当依照第二审程序一并处理。

第六百四十五条　被强制医疗的人及其近亲属申请解除强制医疗的，应当向决定强制医疗的人民法院提出。

被强制医疗的人及其近亲属提出的解除强制医疗申请被人民法院驳回，六个月后再次提出申请的，人民法院应当受理。

第六百四十六条　强制医疗机构提出解除强制医疗意见，或者被强制医疗的人及其近亲属申请解除强制医疗的，人民法院应当审查是否附有对被强制医疗的人的诊断评估报告。

强制医疗机构提出解除强制医疗意见，未附诊断评估报告的，人民法院应当要求其提供。

被强制医疗的人及其近亲属向人民法院申请解除强制医疗，强制医疗机构未提供诊断评估报告的，申请人可以申请人民法院调取。必要时，人民法院可以委托鉴定机构对被强制医疗的人进行鉴定。

第六百四十七条 强制医疗机构提出解除强制医疗意见，或者被强制医疗的人及其近亲属申请解除强制医疗的，人民法院应当组成合议庭进行审查，并在一个月以内，按照下列情形分别处理：

（一）被强制医疗的人已不具有人身危险性，不需要继续强制医疗的，应当作出解除强制医疗的决定，并可责令被强制医疗的人的家属严加看管和医疗；

（二）被强制医疗的人仍具有人身危险性，需要继续强制医疗的，应当作出继续强制医疗的决定。

对前款规定的案件，必要时，人民法院可以开庭审理，通知人民检察院派员出庭。

人民法院应当在作出决定后五日以内，将决定书送达强制医疗机构、申请解除强制医疗的人、被决定强制医疗的人和人民检察院。决定解除强制医疗的，应当通知强制医疗机构在收到决定书的当日解除强制医疗。

第六百四十八条 人民检察院认为强制医疗决定或者解除强制医疗决定不当，在收到决定书后二十日以内提出书面纠正意见的，人民法院应当另行组成合议庭审理，并在一个月以内作出决定。

第六百四十九条 审理强制医疗案件，本章没有规定的，参照适用本解释的有关规定。

——《最高人民法院关于适用〈中华人民共和国刑事诉讼法〉的解释》（2021年1月26日，法释〔2021〕1号）。

1902. 有精神病医学专门知识的人是否应当担任强制医疗案件的陪审员

关键词

强制医疗　精神病医学　陪审员

附录：最高人民法院主流观点

征求意见稿曾规定："审理强制医疗案件，应当听取有精神病医学专门知识的人的意见；条件具备的，应当由有精神病医学专门知识的人担任人民陪审员。”主要考虑：强制医疗案件专业性较强，而法官通常不具备精神病学专门知识，如果让有精神学专门知识的人民陪审员参与案件审理，有利于确保公正审理、提高案件质量。但有部门提出，有精神病学专门知识的人发表意见，应当在案件审理过程中进行，若由其担任人民陪审员，在评议中发表意见而不经过质证程序，似不合适。同时，全国人大常委会《关于完善人民陪审员制度的决定》规定，参加合议庭审判的人民陪审员应当在人民陪审员名单中随机抽取确定。若规定应当由有精神病医学专门知识的人担任人民陪审员，可能违反规定确定人民陪审员。经研究，采纳了该意见，删除了有关内容，由法院在实践中根据案件情况灵活掌握。

——江必新主编:《〈最高人民法院关于适用《中华人民共和国刑事诉讼法》的解释〉理解与适用》，中国法制出版社 2013 年版，第 446 页。

1903. 开庭审理强制医疗案件可以不公开进行

关键词

强制医疗程序

附录：最高人民法院主流观点

我国《精神卫生法》第四条第三款规定：“有关单位和个人应当对精神障碍患者的姓名、肖像、住址、工作单位、病历数据以及其它可能推断出其身份的信息予以保密；但是，依法履行职责需要公开的除外。”司法实践中也一般将精神病病情作为个人隐私加以保护。因此，人民法院审理强制医疗程序案件，根据案件情况，对于确实涉及个人隐私的，可以依法决定不公开审理。

——江必新主编:《〈最高人民法院关于适用《中华人民共和国刑事诉讼法》的解释〉理解与适用》，中国法制出版社 2013 年版，第 447 页。

1904. 强制医疗决定的作出方式

关键词

强制医疗

附录：最高人民法院主流观点

对于经审理查明被告人符合强制医疗条件的，是一并在宣告被告人不负刑事责任的判决中决定对被告人强制医疗，还是另行制作对被告人强制医疗的决定书。两种做法各有优缺点，前者有利于节约司法资源，提高审判效率，但需要在判决书中分别写明对判决部分不服的上诉、抗诉期限是十日，对强制医疗决定部分不服申请复议的期限是五日；后者虽然需要多制作一份决定书，但有利于分别由被告人、自诉人和人民检察院针对判决在十日内提出上诉、抗诉，由被决定强制医疗的人、被害人针对决定在五日内申请复议。司法解释暂未明确采用哪种方法，实践中可以尝试，待实践一段时间后，再进行研究、比较，而后在诉讼文书样式中予以明确。

——江必新主编：《〈最高人民法院关于适用《中华人民共和国刑事诉讼法》的解释〉理解与适用》，中国法制出版社 2013 年版，第 450~451 页。

1905. 高级人民法院在二审中发现被告人可能属于不负刑事责任的精神病人的处理

关键词

强制医疗程序　二审程序

附录：最高人民法院主流观点

高级人民法院在二审中查明被告人属于不负刑事责任的精神病人，可能符合强制医疗条件的，可以裁定发回原审人民法院重新审判，也可以仅判决被告人不负刑事责任，但原则上不宜同时作出强制医疗决定，否则，不服强制医疗决定向上一级人民法院申请复议的，案件就到了最高人民法院，将无谓增加最高人民法院的办案压力，也不利于案件得到及时处理。对于人民法院判决被告人不负刑事责任，未同时作出强制医疗决定的，如果人民检察院发现被告人符合强制医疗条件的，可以另行向基层人民法院提出强制医疗的申请。

——江必新主编：《〈最高人民法院关于适用《中华人民共和国刑事诉讼法》的解释〉理解与适用》，中国法制出版社 2013 年版，第 451 页。

1906. 审理强制医疗案件，对被申请人或者被告人是否“有继续危害社会可能”的认定

关键词

强制医疗　有继续危害社会可能

最高人民法院指导性案例

徐加富强制医疗案（最高人民法院指导案例 63 号）

裁判要点：审理强制医疗案件，对被申请人或者被告人是否“有继续危害社会可能”，应当综合被申请人或者被告人所患精神病的种类、症状，案件审理时其病情是否已经好转，以及其家属或者监护人有无严加看管和自行送医治疗的意愿和能力等情况予以判定。必要时，可以委托相关机构或者专家进行评估。

法院生效裁判认为：本案被申请人徐加富实施了故意杀人的暴力行为后，经鉴定属于依法不负刑事责任的精神病人，其妄想他人欲对其加害而必须携带刀等防卫工具外出的行为，在其病症未能减轻并需继续治疗的情况下，认定其放置社会有继续危害社会的可能。成都市武侯区人民检察院提出对被申请人强制医疗的申请成立，予以支持。诉讼代理人提出了被申请人是否有继续危害社会的可能应由医疗机构作出评估，本案没有医疗机构的评估报告，对被申请人的强制医疗的证据不充分的辩护意见。法院认为，在强制医疗中如何认定被申请人是否有继续危害社会的可能，需要根据以往被申请人的行为及本案的证据进行综合判断，而医疗机构对其评估也只是对其病情痊愈的评估，法律没有赋予医疗机构对患者是否有继续危害社会可能性方面的评估权利。本案被申请人的病症是被害幻觉妄想症，经常假想要被他人杀害，外出害怕被害必带刀等防卫工具。如果不加约束治疗，被申请人不可能不外出，其外出必携带刀的行为，具有危害社会的可能，故诉讼代理人的意见不予采纳。

——《最高人民法院关于发布第十三批指导性案例的通知》(2016 年 6 月 30 日，法〔2016〕214 号)。

说明

该指导案例指出，应当从被申请人或者被告人所患精神病的种类、症状，案件审理时其病情是否已经好转，以及其家属或者监护人有无严加看管和自行送医治疗的意愿和能力等情况予以判定。必要时，可以委托相关机构或者专家进行评估。发布该案例，对于保障强制医疗程序的正确适用，解决司法实践中存在的疑难、争议问题，具有指导意义。

1907. 对精神病人采取强制医疗的具体条件

关键词

精神病人　强制医疗

《刑事审判参考》指导案例

马艳雷强制医疗案（《刑事审判参考》指导案例第 976 号）

裁判要点：被告人在公共场所不顾他人劝阻持菜刀追砍行为具有暴力性，后果亦具有严重性。经依法鉴定，被告人患有精神分裂症，作案时无刑事责任能力，且有继续危害社会的可能，具备强制医疗的条件。

《刑事诉讼法》第二百八十四条规定：“实施暴力行为，危害公共安全或者严重危害公民人身安全，经法定程序鉴定依法不负刑事责任的精神病人，有继续危害社会可能的，可以予以强制医疗。”此条规定了实施强制医疗的三个条件：一是“犯罪”行为的暴力性和后果的严重性；二是对无刑事责任能力的精神病人鉴定的必经性；三是有继续危害社会可能的人身危险性。这三个条件之间是递进式的位阶关系，只有满足前一条件，才能继续判断是否满足后一条件，三个条件均齐备，方可实施强制医疗。由于该条规定得较为笼统，司法实践中具体把握这三个条件，存在过宽或者过严的不同认识，影响强制医疗程序发挥作用。结合本案，对如何把握强制医疗的条件分析如下：

（一）被申请人马艳雷持刀砍击马新红、赵秋菊的行为符合刑法第二百八十四条所规定行为暴力性和后果严重性的要求

对涉案精神病人实施的暴力行为的种类，刑事诉讼法规定得比较概括，即实施暴力，危害公共安全或者严重危害公民人身安全的行为，其特征可归纳为行为的暴力性和后果的严重性。我们认为，为维护社会秩序和公民人身、财产安全，并保障精神病人及代理人与其他相关方通过诉讼充分表达意见，应当适当放宽行为暴力性和后果严重性的判断标准，以充分将此类案件纳入诉讼中予以审查。除刑法第十七条规定的故意杀人、故意伤害致人重伤或者死亡、强奸、抢劫、贩卖毒品，放火、爆炸、投毒罪这些罪名涉及的行为，刑法分则第二章危害公共安全犯罪、第四章侵犯公民人身权利、民主权利犯罪和第五章侵犯财产罪中的抢劫等罪名涉及的行为，只要属于暴力危害公共安全和公民人身安全的都可认定为暴力行为。本案中，马艳雷在公共场所持

刀砍击马新红、赵秋菊头部，因马新红躲避及村民阻拦，二被害人才得以保全性命。马艳雷持刀行凶的行为严重危害公民人身安全，符合行为暴力性和后果严重性的要求。

（二）被申请人马艳雷经依法鉴定，患有精神病，作案时无刑事责任能力

认定被申请人因患有精神病而无刑事责任能力是适用强制医疗的关键步骤。根据刑法第十八条的规定，行为人不仅必须患有刑法所规定的精神病，而且其所患精神病必须引起法定的心理状态或者心理结果，才能被判断为无刑事责任能力或限制刑事责任能力。前者为医学标准，即是否有精神病，后者为心理学标准（法学标准），即不能辨认或者不能控制自己的行为。医学要件是基础，心理学要件是核心。刑事责任能力是指行为人构成犯罪和承担刑事责任所必需的，行为人具备的刑法意义上辨认和控制自己行为的能力。我国刑法规定了三种无刑事责任能力或者限制刑事责任能力的事由，即未成年、精神病和生理缺陷，只有在这三种情况下讨论辨认能力和控制能力才有意义。因此，应当分两步审查判断被申请人是否满足此条件：一是被申请人是否有精神病；二是被申请人是否因精神病而失去辨认能力或者控制能力。

1. 被申请人马艳雷作案时患有精神分裂症。《全国人大常委会关于司法鉴定管理问题的决定》（以下简称《决定》）第一条规定："司法鉴定是指在诉讼活动中鉴定人运用科学技术或者专门知识对诉讼涉及的专门性问题进行鉴别和判断并提供鉴定意见的活动。"具体到精神疾病的司法鉴定，是指应用现代精神医学理论和技术，遵从法定程序，对当事人的精神状态和法定能力进行评定，从而提供专家意见的活动。在刑事案件中，法官在审理过程中需要认定鉴定程序是否合法并结合其他证据，综合评判鉴定意见是否可作为证据予以采信。本案鉴定程序合法：（1）鉴定主体适格。《决定》第六条规定，"申请从事司法鉴定业务的个人、法人或者其他组织，由省级人民政府司法行政部门审核，对符合条件的予以登记，编入鉴定人和鉴定机构名册并公告"。而司法部《司法鉴定程序通则》第十九条规定："司法鉴定机构对同一鉴定事项，应当指定或者选择二名司法鉴定人共同进行鉴定"。根据上述规定，对精神病鉴定等法医类鉴定应当委托省级人民政府司法行政部门编制的名册中的鉴定机构及二名或者二名以上无利害关系的鉴定人共同进行鉴定并制作鉴定意见。洛阳市精神卫生中心属于河南省政府指定的精神病医学鉴定机构，具有专业的司法精神病鉴定资质，出具鉴定意见的三名鉴定人亦具有司法鉴定人资格，与本案无利害关系。（2）鉴定标准科学，依据充分。《最高人民法院关于适用〈中华人民共和国刑事诉讼法〉的解释》（以下简称《解释》）第八十四条规定，对鉴定意见应当着重审查鉴定机构和鉴定人是否具有法定资质，鉴定人是否存在应当回避的情形，鉴定意见的形式要件是否完备，鉴定程序是否符合法律有关规定，鉴定的过程和方法是否符合相关专业的规范要求，

鉴定意见是否明确等。在审查判断鉴定意见时，可重点审查鉴定主体是否适格，及鉴定依据的标准是否科学，提取的材料是否充分等来综合判断。2001年公布的《中国精神障碍分类与诊断标准》（以下简称CCMD-3）将精神障碍分为十类，其中一类为精神分裂症。本案司法精神病鉴定依照CCMD-3的有关诊断标准，通过考察被害人陈述，马艳雷亲属的证言，邻居和其他村民的证言，以及面对面和马艳雷进行交流，认为其言语性幻觉及被害妄想明显存在，对妄想给予特殊的解释，自知力缺失，性格内向、孤僻，人际交往差，敏感多疑，妄想泛化，持续幻听，据此诊断马艳雷有精神分裂症。鉴定书采取的鉴定材料充分，论证逻辑清晰，鉴定意见符合规定。

2. 马艳雷作案时无辨认能力。辨认能力是指行为人辨认自己行为的能力，具体可以从行为动机的合理性与行为的必要性等方面来判断；控制能力是指行为人具备选择自己实施或者不实施为刑法所禁止的行为的能力。辨认能力的存在是控制能力具备的前提条件，即没有辨认能力，就不可能有控制能力。我国采用的择一制的方式，即精神病人在行为时因精神病而导致其辨认能力和控制能力中的一项能力丧失，便可被判定为无刑事责任能力，但在具体考察刑事责任能力时，鉴定意见需对被鉴定人的辨认能力和控制能力分别进行判断，具体分析辨认能力还是控制能力丧失。本案中，马艳雷作案动机明显受疾病的影响，所供的杀人原因均与查证的结果不相符，无法正确辨认事件的前因及其行为在刑法上的意义、性质和后果，受幻觉、妄想的支配，缺乏现实目的，属于病理动机。马艳雷在上述病理性机制的直接影响下实施了杀人行为，辨认能力丧失，无刑事责任能力。

强制医疗程序是修改后的刑事诉讼法增加的特别程序，诉讼过程要有申请人和被申请人及其代理人的充分参与。通过听取各方对鉴定意见的态度，会见涉案精神病人，走访涉案精神病人家属及周边邻居，向主治医生了解。向其他专业人员咨询等方式，综合判断鉴定意见是否客观、真实。如对鉴定意见有争议，可以委托有资质的第三方进行重新鉴定，以保证鉴定意见的真实性。宝丰县人民法院在开庭审理过程中经过举证、质证，充分听取了马艳雷的法定代理人及律师的意见，保障了马艳雷的合法权利。

（三）被申请人马艳雷有继续危害社会的可能性

强制医疗不是对涉案精神病人进行惩戒和制裁，而是对其采取保护性措施，并给予必要的治疗，使其尽快解除痛苦，恢复健康，同时避免继续危害社会。实践中需要依照一定的标准来判断被申请人是否有继续危害社会的可能性。我们认为，判断涉案的精神病人有无继续危害社会可能，可以从精神病人的人身危险和其家属的管控能力两个角度进行审查。精神病人的人身危险包括病理和经验两个层面。病理层面是指涉案精神病人的病情尚未得到有效控制，正在继续发病甚至病情正在恶化，导致其实施暴力行为的病理基础仍然存在甚至出现增强的趋势。经验层面是指涉案精神病人频繁实施暴力行为或者案发后实施了新的暴力行为，根据经验常识判断其具有继续实施暴力行为的可能性。必要时，审判人员可以通过补充询问鉴定人、其他有专门知识的人或其法定代理人进行审查，开庭时，应当让鉴定人出庭作证。条件许可的情况下，还可以亲自观察、询问涉案精神病人。家属的管控能力包括审查涉案精神病人有无家属，家属有无对其进行看管和医疗的意愿及条件。本案中，鉴定意见提出马艳雷还处于疾病发作期，精神症状明显存在，幻觉、妄想突出，建议进行专科监护治疗，严防意外发生。上述情况证实马艳雷实施暴力行为的病理基础仍然存在，结合其此前多次无故伤害同村村民，还有继续实施暴力行为的可能性，加之其父母均系农民，缺乏适当的管制条件，同意对马艳雷实施强制医疗，故本案符合该条规定。

综上，本案被告人马艳雷在公共场所不顾他人劝阻，持菜刀追砍马新红、赵秋菊头部的行为具有暴力性，后果亦具有严重性。经依法鉴定，马艳雷患有精神分裂症，作案时无刑事责任能力，且有继续危害社会的可能。宝丰县人民法院根据宝丰县人民检察院的申请，依照刑法第十八条第一款，刑事诉讼法第二百八十四条、第二百八十五条第一款之规定，作出对马艳雷强制医疗的决定是适当的。

——最高人民法院刑一庭：《马艳雷强制医疗案》，载最高人民法院刑事审判第一、二、三、四、五庭主办：《刑事审判参考》2014 年第 2 集（总第 97 集），法律出版社 2014 年版，第 125~129 页。

1908. 关于解除强制医疗案件的审查方式

关键词

解除强制医疗案件

最高人民法院司法解释

第六百四十七条　强制医疗机构提出解除强制医疗意见，或者被强制医疗的人及其近亲属申请解除强制医疗的，人民法院应当组成合议庭进行审查，并在一个月以内，按照下列情形分别处理：

（一）被强制医疗的人已不具有人身危险性，不需要继续强制医疗的，应当作出解除强制医疗的决定，并可责令被强制医疗的人的家属严加看管和医疗；

（二）被强制医疗的人仍具有人身危险性，需要继续强制医疗的，应当作出继续强制医疗的决定。

对前款规定的案件，必要时，人民法院可以开庭审理，通知人民检察院派员出庭。

人民法院应当在作出决定后五日以内，将决定书送达强制医疗机构、申请解除强制医疗的人、被决定强制医疗的人和人民检察院。决定解除强制医疗的，应当通知强制医疗机构在收到决定书的当日解除强制医疗。

——《最高人民法院关于适用〈中华人民共和国刑事诉讼法〉的解释》（2021年1月26日，法释〔2021〕1号）。

附录：最高人民法院主流观点

据了解，关于解除强制医疗案件，有些地方组成合议庭开庭审查，但个别案件中检察人员未出庭。对于此种情形下检察机关应否派员出庭及发表意见，实践中做法不一。经研究认为，根据刑事诉讼法第三百零七条“人民检察院对强制医疗的决定和执行实行监督”的规定，如果人民法院组成合议庭对解除强制医疗案件进行开庭审查，应当通知同级人民检察院派员出庭，以便于人民检察院更好地对强制医疗的解除履行法律监督职责。鉴此，《最高人民法院关于适用〈中华人民共和国刑事诉讼法〉的解释》（法释〔2021〕1号）第六百四十七条第二款规定：“对前款规定的案件，必要时，人民法院可以开庭审理，通知人民检察院派员出庭。”需要注意的是，通知人民检察院出庭，主要是听取其关于解除强制医疗的意见。

解除强制医疗的案件审查方式，应当根据案件具体情况确定，一般可采用书面方式审查，但应当询问被强制医疗的人及其近亲属，听取强制医疗机构、有精神病医学专门知识的人的意见；如有关方面意见分歧的，特别是强制医疗机构提出解除申请，但经初步审查认为不符合解除条件，拟不予同意，或者被强制医疗的人及其近亲属提出解除申请，经初步审查认为符合条件，但强制医疗机构提出异议的，则应考虑开庭审查。

考虑到强制医疗限制精神病人的人身自由，为保障其合法权益，一旦决定解除强制医疗，就应当立即解除。因此，本条强调，决定解除强制医疗的，人民法院应当通知强制医疗机构在收到决定书的当日解除强制医疗。当然，为了给强制医疗机构一定的准备时间，人民法院可以在决定作出后送达前，先行通知强制医疗机构做好解除强制医疗的准备。

——《刑事诉讼法解释》起草小组：《〈最高人民法院关于适用《中华人民共和国刑事诉讼法》的解释〉理解与适用》，载最高人民法院刑事审判第一、二、三、四、五庭编：《刑事审判参考》（总第126辑），人民法院出版社2021年版，第220页。

第三十二章　涉案赃物的处理

1909. 电信网络诈骗犯罪案件涉案财物的处理

关键词

电信网络诈骗　涉案财物

最高人民法院司法政策精神

七、涉案财物的处理

（一）公安机关侦办电信网络诈骗案件，应当随案移送涉案赃款赃物，并附清单。人民检察院提起公诉时，应一并移交受理案件的人民法院，同时就涉案赃款赃物的处理提出意见。

（二）涉案银行账户或者涉案第三方支付账户内的款项，对权属明确的被害人的合法财产，应当及时返还。确因客观原因无法查实全部被害人，但有证据证明该账户系用于电信网络诈骗犯罪，且被告人无法说明款项合法来源的，根据刑法第六十四条的规定，应认定为违法所得，予以追缴。

（三）被告人已将诈骗财物用于清偿债务或者转让给他人，具有下列情形之一的，应当依法追缴：

1. 对方明知是诈骗财物而收取的；
2. 对方无偿取得诈骗财物的；
3. 对方以明显低于市场的价格取得诈骗财物的；
4. 对方取得诈骗财物系源于非法债务或者违法犯罪活动的。

他人善意取得诈骗财物的，不予追缴。

——《最高人民法院、最高人民检察院、公安部关于办理电信网络诈骗等刑事案件适用法律若干问题的意见》（2016年12月19日，法发〔2016〕32号）。

1910. 关于黑社会性质组织涉案财产的处置

关键词

黑社会性质组织　涉案财产

最高人民法院司法政策精神

3. 关于涉黑犯罪财物及其收益的认定和处置。在办案时，要依法运用查封、扣押、冻结、追缴、没收等手段，彻底摧毁黑社会性质组织的经济基础，防止其死灰复燃。对于涉黑犯罪财物及其收益以及犯罪工具，均应按照《刑法》第六十四条和《司法解释》第七条的规定予以追缴、没收。黑社会性质组织及其成员通过犯罪活动聚敛的财物及其收益，是指在黑社会性质组织的形成、发展过程中，该组织及组织成员通过违法犯罪活动或其他不正当手段聚敛的全部财物、财产性权益及其孳息、收益。在办案工作中，应认真审查涉案财产的来源、性质，对被告人及其他单位、个人的合法财产应依法予以保护。

——《最高人民法院、最高人民检察院、公安部关于印发〈办理黑社会性质组织犯罪案件座谈会纪要〉的通知》（2009年12月9日，法〔2009〕382号）。

五、关于黑社会性质组织犯罪案件审判工作相关问题

（一）涉案财产的处置问题

审理黑社会性质组织犯罪案件时，对于依法查封、冻结、扣押的涉案财产，应当全面审查证明财产来源、性质、用途、权属及价值大小的有关证据，调查财产的权属情况以及是否属于违法所得或者依法应当追缴的其他财物。属于下列情形的，依法应当予以追缴、没收：1. 黑社会性质组织形成、发展过程中，该组织及其组织成员通过违法犯罪活动或其他不正当手段聚敛的财产及其孳息、收益，以及合法获取的财产中实际用于支持该组织存在、发展和实施违法犯罪活动的部分；2. 其他单位、个人为支持黑社会性质组织存在、发展以及实施违法犯罪活动而资助或提供的财产；3. 组织成员通过个人实施的违法犯罪活动所聚敛的财产及其孳息、收益，以及供个人犯罪所用的本人财物；4. 黑社会性质组织及其组织成员个人非法持有的违禁品；5. 依法应当追缴的其他涉案财物。

（二）发挥庭审功能问题

黑社会性质组织犯罪案件开庭前，应当按照重大案件的审判要求做好从物质保障到人员配备等各方面的庭审准备，并制定详细的庭审预案和庭审提

纲。同时，还要充分发挥庭前会议了解情况、听取意见的应有作用，提前了解控辩双方的主要意见，及时解决可能影响庭审顺利进行的程序性问题。对于庭前会议中出示的证据材料，控辩双方无异议的，庭审举证、质证时可以简化。庭审过程中，合议庭应当针对争议焦点和关键的事实、证据问题，有效引导控辩双方进行法庭调查与法庭辩论。庭审时，还应当全程录音录像，相关音视频资料应当存卷备查。

——《全国部分法院审理黑社会性质组织犯罪案件工作座谈会纪要》（2015年10月13日，法〔2015〕291号）。

附录：理解与适用

1. 关于涉案财产的处置

涉案财产的处置是黑社会性质组织犯罪案件审判工作中的“老、大、难”问题，究其根本，关键还是在于取证难度极大。为改变司法实践中的乱象，《纪要》要求审判时“应当全面审查证明财产来源、性质、用途、权属及价值大小的有关证据”，并依照刑法和有关司法解释的规定明确来涉案财产追缴、没收的范围，特别是将追缴、没收“合法获取的财产”的范围限定为“实际用于支持该组织存在、发展和实施违法犯罪活动的部分”，以防止出现侵害合法财产权利的情况。

——戴长林、朱和庆、刘广三、周川、张向东：《〈全国部分法院审理黑社会性质组织犯罪案件工作座谈会纪要〉的理解与适用》，载最高人民法院刑事审判第一、二、三、四、五庭编：《刑事审判参考》总第107集，法律出版社2017年版，第150页。

1911. 黑恶势力犯罪案件中如何依法处置涉案财物

关键词

黑恶势力犯罪　处置涉案财物

《刑事审判参考》指导案例

罗建升等人组织、领导、参加黑社会性质组织案（《刑事审判参考》指导案例第1425号）

裁判要点：从严处置原则注重补偿性和惩罚性刑法手段的运用，突出违法所得的全面追缴及财产刑的判罚，不让犯罪分子通过犯罪获益，并剥夺其再犯的经济能力。

本案是扫黑除恶专项斗争开展以来广州市开庭审理的第一起黑社会性质组织犯罪案件。在本案的审理过程中，法院就如何通过对涉案财物的依法处置实现“打财断血”目标，进行了较为深入的研究和讨论。

（一）涉黑恶刑事案件财产处置应当把握的原则

在审理涉黑恶刑事案件时，也应综合运用补偿性、惩罚性、行政强制措施类的财物处置模式，以“剥夺再犯能力、抑制犯罪动机、没收违法所得”为目标，恢复被黑恶势力犯罪分子破坏的社会秩序，弥补被犯罪直接侵害的被害人的经济损失。由于黑恶势力犯罪组织较普通刑事犯罪团伙具有更强的经济实力，其对人身的侵害性和对社会经济秩序的破坏性也更大，因此涉黑恶案件的财产处置较一般案件也有其特殊之处。根据 2019 年 4 月 9 日《最高人民法院、最高人民检察院、公安部、司法部关于办理黑恶势力刑事案件中财产处置若干问题的意见》（以下简称《意见》），对涉黑恶刑事案件的财产处置，更强调彻底摧毁黑恶势力的经济基础，防止其死灰复燃。结合《意见》，法院在涉黑恶刑事案件财产处置时，应当贯彻以下几个原则：一是从严处置原则。确立以摧毁犯罪分子经济基础为目标的量刑原则，注重补偿性和惩罚性刑法手段的运用，突出违法所得的全面追缴及财产刑的判罚，不让犯罪分子通过犯罪获益，并剥夺其再犯的经济能力。实践中，有时被告人的违法所得或被害人的财产损失难以准确认定，对此可结合各被告人供述、证人证言、账目材料、银行流水等综合认定；对被告人拒不供认，亦无其他证据材料证明，导致确实无法查清的，也可在财产刑中予以适当考虑，确保被告人不从犯罪中获益。二是依法处置原则。对财产刑的适用应结合被告人在黑恶势力组织中的地位、作用，所参与实施违法犯罪活动的次数、性质、地位、作用、违法所得额及造成损失数额等情节依法判处，对罚金的判处还应综合考虑被告人的缴纳能力。同时，严格区分财产来源、性质、权属，对有证据证明是被告人或其家庭成员的合法财产的，仅能将属于被告人的部分用于执行财产性判项，剩余部分应发还被告人或其家属。三是平衡处置原则。对被告人判罚的财产刑应尽量与其主刑相适应，兼顾各被告人之间的平衡，同时结合具体案情决定财产刑，避免财产刑数额的畸高畸低。

（三）确保补偿性刑法手段优先执行

司法实践中，部分案件对涉案财物的处置没有确定赔付顺序，常常将扣押的财物及执行过程中发现的被告人财产线索全部用于没收财产和罚金的执行，而忽视对附带民事赔偿款及追缴违法所得的执行，侵害了被害人的合法权益。刑事案件中，在一个判决中常常出现判处被告人一定数量的财产刑，判令被告人赔偿被害人一定数量的经济损失，与追缴一定数量的违法所得同时存在的情况，当扣押的被告人财物不足以清偿上述判项，又不能及时发现被告人新的财产线索时，该如何执行？是按照起诉的先后顺序，还是按照判项的先后顺序，抑或存在其他规则？刑法第三十六条规定："由于犯罪行为而使被害人遭受经济损失的，对犯罪分子除依法给予刑事处罚外，并应根据情况判处赔偿经济损失。承担民事赔偿责任的犯罪分子，同时被判处罚金，其财产不足以全部支付的，或者被判处没收财产的，应当先承担对被害人的民事赔偿责任。"此条款确立了"民事优先"原则在执行分配中的具体运用，以充分保护相对弱势一方的利益。

在涉黑恶刑事案件的财产执行中，也应坚持"民事优先"原则，补偿性的刑法手段优于惩罚性的刑法手段，被害人人身损害赔偿优于财产权益补偿。因此，当被执行人承担多种赔偿责任，其财产不足以支付时，应按以下顺序支付：首先，执行附带民事赔偿款和退赔被害人损失。对于判决生效后，附带民事原告人没有及时申请执行的，法院要通知其提交申请执行材料，附带民事原告人怠于申请执行的，法院也要在执行财物中保留可分配的份额。对于向被告人追缴及责令退赔的从被害人处获取的财物及对价，应当发还被害人。其次，执行追缴违法所得的没收。最后，执行罚金和没收财产刑。对于后续追查到的被告人新的财产线索，亦应按照上述顺序依次执行。对犯罪工具和违禁品的没收，原则上应当独立执行，在有的案件中犯罪工具存在一定价值，可予以变卖，如果涉案财物不足以赔偿被害人人身及财产损失，也可以考虑变卖款作为赔偿被害人损失的执行标的。

——陈小飞、杨毅撰稿、周川审编：《罗建升等人组织、领导、参加黑社会性质组织案——黑恶势力犯罪案件中如何依法处置涉案财物》，载最高人民法院刑事审判第一、二、三、四、五庭编：《刑事审判参考》(总第128辑)，人民法院出版社2021年版，第76~80页。

1912. 关于涉案财物的先行处置规则

关键词

涉案财物　先行处置

最高人民法院司法解释

第四百三十九条　审判期间，对不宜长期保存、易贬值或者市场价格波动大的财产，或者有效期即将届满的票据等，经权利人申请或者同意，并经院长批准，可以依法先行处置，所得款项由人民法院保管。

涉案财物先行处置应当依法、公开、公平。

——《最高人民法院关于适用〈中华人民共和国刑事诉讼法〉的解释》(2021年1月26日，法释〔2021〕1号)。

附录：最高人民法院主流观点

《关于进一步规范刑事诉讼涉案财物处置工作的意见》提出完善涉案财物先行处置程序。据此，《最高人民法院关于适用〈中华人民共和国刑事诉讼法〉的解释》（法释〔2021〕1号，以下简称《刑事诉讼法解释》）第四百三十九条规定："审判期间，对不宜长期保存、易贬值或者市场价格波动大的财产，或者有效期即将届满的票据等，经权利人申请或者同意，并经院长批准，可以依法先行处置，所得款项由人民法院保管。""涉案财物先行处置应当依法、公开、公平。"

讨论中，有意见提出，一般情况下先行处置要经权利人的申请或者同意，但是在特殊情况下，无法联系到权利人，不马上处理就会造成物品损毁、灭失、变质、贬值（如即将过期的食品、化妆品）的，是否也可以经院长批准后直接处理，建议作出明确。经研究，鉴于《中办、国办涉案财物处置意见》未明确可以在不经权利人申请或者同意的情况下先行处置涉案财物，故《刑事诉讼法解释》不宜作出突破规定，宜交由司法实践根据案件具体情况裁量处理。

——《刑事诉讼法解释》起草小组：《〈最高人民法院关于适用《中华人民共和国刑事诉讼法》的解释〉理解与适用》，载最高人民法院刑事审判第一、二、三、四、五庭编：《刑事审判参考》（总第126辑），人民法院出版社2021年版，第200页。

1913. 关于漏判涉案财物的处理规则

关键词

漏判　涉案财物

最高人民法院司法解释

第四百四十六条　第二审期间，发现第一审判决未对随案移送的涉案财物及其孳息作出处理的，可以裁定撤销原判，发回原审人民法院重新审判，由原审人民法院依法对涉案财物及其孳息一并作出处理。

判决生效后，发现原判未对随案移送的涉案财物及其孳息作出处理的，由原审人民法院依法对涉案财物及其孳息另行作出处理。

——《最高人民法院关于适用〈中华人民共和国刑事诉讼法〉的解释》（2021年1月26日，法释〔2021〕1号）。

附录：最高人民法院主流观点

《最高人民法院关于适用〈中华人民共和国刑事诉讼法〉的解释》(法释〔2021〕1号，以下简称《刑事诉讼法解释》)第四百四十六条规定："第二审期间，发现第一审判决未对随案移送的涉案财物及其孳息作出处理的，可以裁定撤销原判，发回原审人民法院重新审判，由原审人民法院依法对涉案财物及其孳息一并作出处理。""判决生效后，发现原判未对随案移送的涉案财物及其孳息作出处理的，由原审人民法院依法对涉案财物及其孳息另行作出处理。"

适用《刑事诉讼法解释》第四百四十六条规定需要注意：(1)《刑事诉讼法解释》第四百四十六条第一款规定，二审期间一审判决未对随案移送的涉案财物及其孳息作出处理的，可以裁定撤销原判，发回原审人民法院重新审判，由原审人民法院依法对涉案财物及其孳息一并作出处理。此种情形不违反上诉不加刑原则的要求。(2)《刑事诉讼法解释》第四百四十六条规定二审对一审漏判涉案财物、判决生效后对原判漏判涉案财物的处理规则，仅限于"随案移送的涉案财物及其孳息"。此外，《刑事诉讼法解释》原本拟增加规定："对查封、扣押、冻结的涉案财物及其孳息，应当在对被告人作出判决、裁定的同时一并作出处理。但是，对于涉众型犯罪案件或者其他涉案财物情况复杂的案件，一并处理可能导致对被告人的判决、裁定过分迟延的，可以另行作出处理。"原则上，查封、扣押、冻结的财物及其孳息，应当在对被告人作出判决、裁定的同时一并作出处理。但是，有的涉众型案件，如非法集资案件，因为涉案财物及其孳息的权属等问题过于复杂，在有限的时间内难以理清，为了防止对被告人的判决、裁定过分迟延，可以考虑在判决、裁定后，单独对查封、扣押、冻结的财物及其孳息作出处理。讨论中，对上述规定存在不同认识。有意见认为，新增涉案财物另行处理程序缺乏法律依据。根据法理，同一个诉，应当对案涉事实全部作出处理。如果作此规定，容易引发一系列问题需要界定。包括：(1)对涉案财物处理应当以什么程序审理，审理结束后制作什么形式的法律文书？(2)后续涉案财物处理是否有审限且如何计算审限？(3)对定罪量刑作出的判决、裁定是否生效，能否送监服刑？(4)对涉案财物的处理结果能否提出上诉，上诉后是否要全案审查？等等。鉴于对此问题未形成共识，暂未作出明确规定，交由司法实践裁量处理，继续探索。

——《刑事诉讼法解释》起草小组：《〈最高人民法院关于适用《中华人民共和国刑事诉讼法》的解释〉理解与适用》，载最高人民法院刑事审判第一、二、三、四、五庭编：《刑事审判参考》(总第126辑)，人民法院出版社2021年版，第200~201页。

关键词索引

C

D

E

F

G

H

J

K

L

M

N

O

P

Q

R

S

T

X

Y

Z